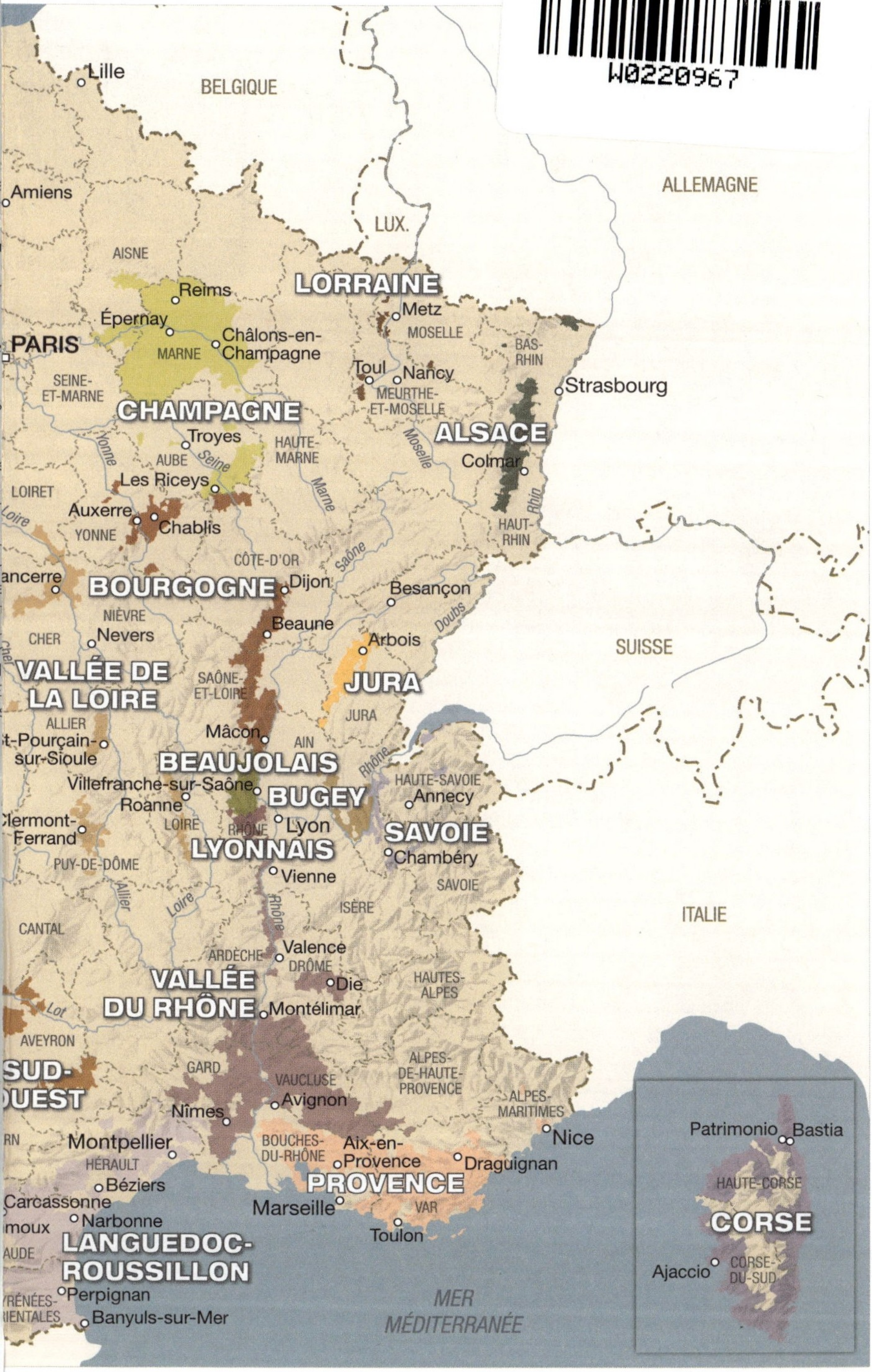
Lille
BELGIQUE
ALLEMAGNE
LUX.
Amiens
AISNE
LORRAINE
Reims
Metz
Épernay
MOSELLE
PARIS
Châlons-en-Champagne
MARNE
BAS-RHIN
Toul
Nancy
SEINE-ET-MARNE
Strasbourg
MEURTHE-ET-MOSELLE
CHAMPAGNE
ALSACE
Troyes
HAUTE-MARNE
Yonne
Seine
AUBE
Moselle
Colmar
Les Riceys
Marne
LOIRET
Rhin
Auxerre
Chablis
Loire
YONNE
HAUT-RHIN
CÔTE-D'OR
Saône
ancerre
BOURGOGNE
Dijon
Besançon
NIÈVRE
Doubs
Beaune
CHER
Nevers
Arbois
SUISSE
VALLÉE DE LA LOIRE
SAÔNE-ET-LOIRE
JURA
JURA
ALLIER
t-Pourçain-sur-Sioule
Mâcon
AIN
BEAUJOLAIS
Rhône
HAUTE-SAVOIE
Villefranche-sur-Saône
BUGEY
Annecy
Roanne
Clermont-Ferrand
LOIRE
RHÔNE
Lyon
SAVOIE
LYONNAIS
Chambéry
PUY-DE-DÔME
Vienne
SAVOIE
Allier
Loire
Rhône
ISÈRE
ITALIE
CANTAL
ARDÈCHE
Valence
DRÔME
VALLÉE DU RHÔNE
Die
HAUTES-ALPES
Lot
Montélimar
AVEYRON
SUD-OUEST
ALPES-DE-HAUTE-PROVENCE
GARD
VAUCLUSE
Avignon
ALPES-MARITIMES
Nîmes
Nice
Patrimonio
Bastia
Montpellier
BOUCHES-DU-RHÔNE
Aix-en-Provence
Draguignan
HÉRAULT
HAUTE-CORSE
Béziers
PROVENCE
Carcassonne
Marseille
VAR
CORSE
Narbonne
Toulon
imoux
LANGUEDOC-ROUSSILLON
AUDE
Ajaccio
CORSE-DU-SUD
Perpignan
MER MÉDITERRANÉE
Banyuls-sur-Mer

LE GUIDE HACHETTE DES VINS

Sélection **2015**

LE GUIDE HACHETTE DES VINS

Sélection 2015

TABLE DES CARTES

SOMMAIRE

SOMMAIRE

10 000 vins à découvrir

LE GUIDE HACHETTE DES VINS : MODE D'EMPLOI

Quels vins sont dégustés ?

Chaque édition est entièrement nouvelle : les vins sélectionnés ont été dégustés dans l'année. Le Guide remet ainsi tous les ans les compteurs à zéro pour déguster le dernier millésime mis en bouteilles. Le vin n'étant pas un produit industriel, chaque nouveau millésime possède des caractéristiques propres. Un producteur peut avoir très bien réussi une année et moins bien la suivante... ou l'inverse ! De plus, chaque année, de nouveaux producteurs s'installent ou arrivent aux commandes de domaines existants. Le Guide vous fait découvrir les meilleurs d'entre eux.

Comment les vins sont-ils dégustés ?

Les vins sont dégustés à l'aveugle. Les dégustateurs ne connaissent ni le nom du producteur, ni celui du vin ou de la cuvée qu'ils goûtent. Cela leur permet de s'affranchir de paramètres subjectifs, tels que la notoriété du domaine ou l'esthétique de l'étiquette. Les jurés connaissent seulement l'appellation et le millésime qu'ils jugent.

Qui déguste les vins ?

Les dégustateurs sont des professionnels du monde du vin (œnologues, négociants, courtiers, sommeliers...). Ils possèdent tous les repères pour juger de la qualité d'un vin et maîtrisent le vocabulaire de la dégustation, ce qui leur permet de bien décrire les vins et donc d'apporter au lecteur l'information la plus complète possible.

Comment sont notés les vins ?

Les vins sont décrits (couleur, qualités olfactives et gustatives) et notés par les jurés sur une échelle de 0 à 5.

Note du dégustateur	Qualité du vin	Note finale du vin
0	vin à défaut	éliminé
1	petit vin ou vin moyen	éliminé
2	vin réussi	cité (sans étoile)
3	vin très réussi	★
4	vin remarquable	★★
5	vin exceptionnel	★★★

Les notes doivent être comparées au sein d'une même appellation. Il est en effet impossible de juger des appellations différentes avec le même barème.

Pourquoi certaines étiquettes sont-elles reproduites et non les autres ?

L'étiquette signale un coup de cœur ♥ décerné à l'aveugle par les jurys à une cuvée. Elle est reproduite librement, sans qu'aucune participation financière directe ou indirecte ne soit demandée au producteur concerné. De même, la présentation des vins aux dégustations du Guide par les producteurs est entièrement gratuite.

Pourquoi certains vins ne sont-ils pas dans le Guide ?

Des vins connus, parfois même réputés, peuvent être absents de cette édition : soit parce que les producteurs ne les ont pas présentés, soit parce qu'ils ont été éliminés.

À quoi correspondent les durées de garde indiquées dans les notices ?

Ces temps de garde sont donnés par les dégustateurs, sous réserve de bonnes conditions de conservation, et sont indicatifs. Ils ne correspondent en aucune façon à une « date limite de consommation », mais au moment où l'on estime que le vin peut commencer à être bu pour être apprécié pleinement (apogée). Certains vins gardent en effet toutes leurs qualités des années après avoir atteint leur apogée (on parle alors de longévité).

Et le plaisir dans tout cela ?

Nous n'oublions pas que le vin est fait pour être bu à table, en bonne compagnie, et qu'une bouteille raconte une histoire qui dépasse le cadre strict de la dégustation technique. C'est pourquoi, une fois la dégustation terminée et l'anonymat levé par nos équipes, le Guide prend plaisir, pour chaque vin retenu, à parler des hommes et des femmes qui le font, des terroirs et des paysages, des meilleurs moments pour le découvrir et des plats pour le mettre en valeur.

AVERTISSEMENTS

• La dégustation à la propriété est bien souvent gratuite. On n'en abusera pas : elle représente un coût non négligeable pour le producteur qui ne peut ouvrir ses vieilles bouteilles.

• Les amateurs qui conduisent un véhicule n'oublieront pas qu'ils ne doivent pas boire le vin, mais le recracher comme le font les professionnels. Si des crachoirs ne sont pas spontanément proposés dans les caves, vous pouvez en demander.

• Les prix présentés sous forme de fourchette (pour les vins, gîtes ruraux et chambres d'hôtes) sont soumis à l'évolution des cours et donnés sous toutes réserves.

• Le pictogramme V signale les producteurs pratiquant la vente à la propriété. Toutefois, certains vins sélectionnés ont parfois une diffusion quasi confidentielle. S'ils ne sont pas disponibles au domaine, nous invitons le lecteur à les rechercher auprès des cavistes (en ville ou en ligne), des grandes surfaces et des négociants, ou sur les cartes des restaurants.

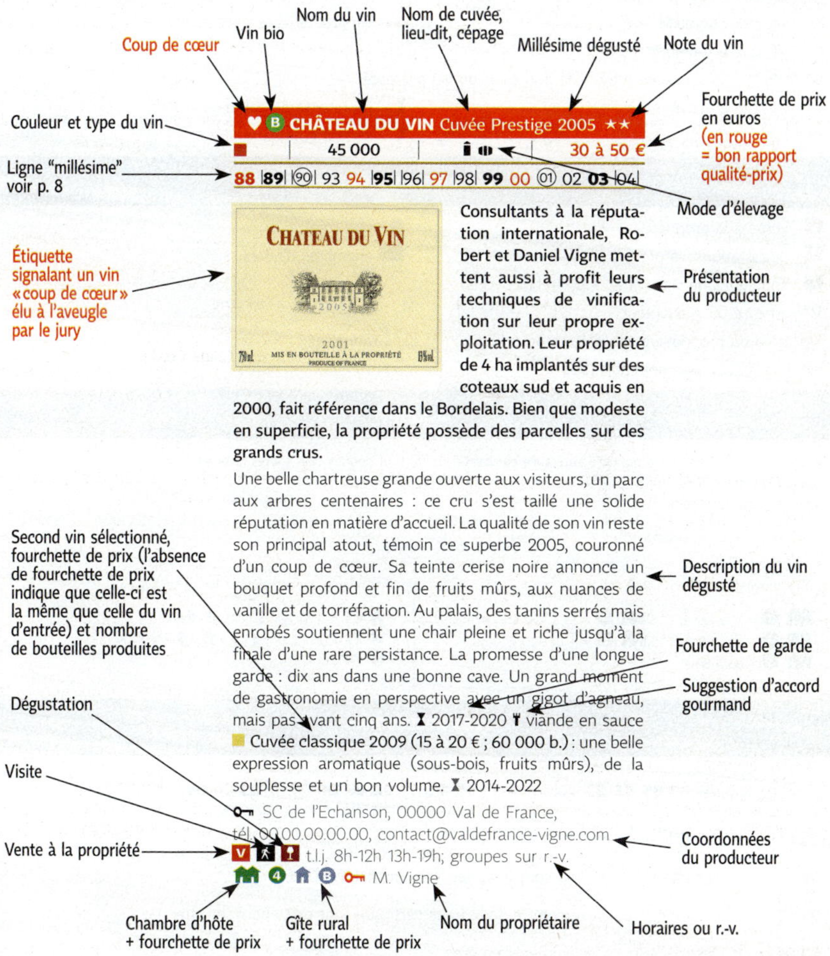

SYMBOLES UTILISÉS DANS LE GUIDE

LES VINS

La reproduction d'une étiquette et le symbole ♥ signalent un « coup de cœur » décerné à l'aveugle par les jurys.

★★★ vin exceptionnel
★★ vin remarquable
★ vin très réussi
vin réussi (cité sans étoile)
2009 millésime ou année du vin dégusté
Ⓑ vin biologique

vin blanc sec tranquille
vin blanc doux tranquille
vin rosé tranquille
vin rouge tranquille
vin blanc effervescent
vin demi-sec effervescent
vin rosé effervescent

50 000, 12 500... nombre moyen de bouteilles du vin présenté

élevage en cuve
élevage en fût
fourchette de garde
accord gourmand

LES PRODUCTEURS

V vente à la propriété
dégustation à la propriété
conditions de visite (r.-v. = sur rendez-vous)
adresse du producteur
nom du propriétaire, si différent de celui figurant dans l'adresse
n.c. information non communiquée
gîte rural
chambres d'hôtes

LES PRIX

• Les prix (prix moyen de la bouteille en France par carton de 12) sont donnés sous toutes réserves.
L'indication de la fourchette de prix en rouge signale un bon rapport qualité/prix.

- 5€	5 à 8 €	8 à 11 €	11 à 15 €	15 à 20 €	20 à 30 €	30 à 50 €	50 à 75 €	75 à 100 €	+ 100 €

• Chambres d'hôtes
Prix moyen par nuit en haute saison

❶ = - de 50 €
❷ = 51 à 65 €
❸ = 66 à 80 €
❹ = 81 à 100 €
❺ = + de 100 €

• Gîte rural
Prix moyen par semaine en haute saison

Ⓐ = - de 300 €
Ⓑ = 301 à 400 €
Ⓒ = 401 à 500 €
Ⓓ = 501 à 600 €
Ⓔ = + de 600 €

LES MILLÉSIMES

(82) **83** **85** |**86**| **89** |90| 91 92 93 |**95**| |**96**| 97 **98** **99** **00** (01) 02 **03** 04 **05**

83 01 les millésimes en rouge sont prêts (01 = millésime 2001)

99 05 les millésimes en noir sont à garder (05 = millésime 2005)

95 02 les millésimes en noir entre deux traits verticaux sont prêts pouvant attendre

83 95 les meilleurs millésimes sont en gras

(90) les millésimes exceptionnels sont dans un cercle

Les millésimes indiqués n'impliquent pas une disponibilité à la vente chez le producteur. On pourra les trouver aussi chez les cavistes ou les restaurateurs.

TRENTE MILLÉSIMES

« Le premier vrai guide d'achat des meilleurs vins français est né : c'est le Guide Hachette des vins de France », peut-on lire sur la quatrième de couverture de l'édition 1985. Une affirmation prophétique : le « Guide Hachette » allait devenir l'un des grands succès de la maison. L'année 1985 s'est révélée aussi comme un grand millésime. Marquée par de grands froids hivernaux et de fortes chaleurs estivales, elle a pleinement justifié l'un des plus célèbres dictons viticoles, « août fait le moût », et donné naissance à des vins de garde dont certains constituent encore des trésors dans les caves des œnophiles.

DES RÈGLES INTANGIBLES

Des trésors que le Guide Hachette s'évertue à dénicher depuis trente éditions dans tous les vignobles français. C'est Catherine Montalbetti qui met en place les principes de sélection du Guide. S'entourant des conseils d'experts, elle fixe des règles simples qui sont restées intangibles. Indépendance : aucune publicité des producteurs, aucun frais d'inscription. Impartialité : les dégustateurs ne connaissent que l'appellation et le millésime des vins qu'ils goûtent, ignorant le nom du producteur et celui du vin. Collégialité : pas de goût unique, pas de « gourou », mais la rencontre de subjectivités – celles de professionnels du vin (œnologues, sommeliers, négociants, producteurs...) provenant de la même région que les vins dégustés –, qui font naître l'objectivité. Diversité : toutes les appellations d'origine contrôlée (« protégée » selon la terminologie européenne), tous les vins de pays (devenus indications géographiques protégées, ou IGP), sont soumis au jugement des palais experts du Guide : le consommateur y trouvera aussi bien des premiers crus classés du Bordelais que des marcillac de l'Aveyron, des côte-rôtie que des IGP d'Ardèche.

LE GUIDE D'ACHAT DE RÉFÉRENCE

En trente ans, le Guide s'est affirmé comme la référence des guides d'achat. En témoigne le nombre croissant de vins présentés : 10 000 vins la première année, 25 000 en 2000, 40 000 depuis quelques années. Cette augmentation des candidatures rend le Guide de plus en plus sélectif. La première année, 10 000 vins, 5000 sélectionnés ; en 2000, 25 000 vins, 8 000 retenus ; aujourd'hui, 40 000 vins pour 10 000. L'organisation s'est démultipliée, passant d'une soixantaine de commissions à près de 150 en 2014. Une organisation parfaitement huilée, reconduite chaque année : le Guide, on ne le dira jamais assez, est entièrement nouveau à chaque édition et donne en septembre un instantané des meilleurs vins mis sur le marché.

UN PROJET COLLECTIF

Planifier les dégustations, réserver les salles, mobiliser dégustateurs et producteurs, réceptionner les échantillons et les « anonymer », faire la synthèse des commentaires, relire, corriger (jusqu'à cinq étapes de corrections pour vérifier quelque 250 000 données techniques !) : le Guide Hachette réunit chaque année un ensemble de compétences impressionnant. Avec le même objectif : la mise en lumière du vignoble français dans toute sa richesse. Synthèse de milliers de dégustations, le Guide Hachette est un projet collectif et non le livre d'un seul auteur. Les éditeurs successifs (Stéphane Rosa, après François Bachelot et Catherine Montalbetti) orchestrent ce travail commun. Alliant rigueur, professionnalisme et enthousiasme, les commissions de dégustation Hachette sont devenues un temps fort de l'année vigneronne. Depuis les premières éditions, les organisations et syndicats professionnels, ainsi que les lycées viticoles, s'y impliquent avec conviction. Nous les en remercions ici vivement, ainsi que tous nos auteurs, fins connaisseurs des vignobles, fidèles pour certains d'entre eux depuis les premières lignes.

TRENTE ANS DE GUIDE HACHETTE EN CHIFFRES

- **800 000 vins dégustés à l'aveugle**
- **250 000 cuvées retenues**
- **10 000 coups de cœur**
- **34 000 pages éditées**
- **250 000 visiteurs uniques par mois et plus de 100 000 notices consultables sur hachette-vins.com**

LES NOUVEAUTÉS DE L'ÉDITION 2015

Si les principes de réalisation restent intangibles, la trentième année a donné l'occasion de renouveler la présentation du Guide, plébiscité pour ses qualités pratiques. Au-delà de la modernisation graphique et typographique, le lecteur trouvera une organisation systématique des cuvées en deux volets : une notice sur le producteur (domaine, négoce, cave coopérative) et la description de la cuvée sélectionnée. L'occasion de montrer, au-delà du vin, les hommes et les femmes qui le font et d'introduire une profondeur historique et géographique. Autre service rendu à l'œnophile, l'estimation de l'apogée de chaque vin sous forme d'une fourchette. Une précision souhaitée par les amateurs qui peuvent ainsi plus facilement gérer leur cave. Pour chaque vin en entrée, on trouvera une suggestion d'accord gourmand. Les vins n'ont-ils pas pour vocation d'être bus à table ? De quoi aider nos lecteurs à maintenir vivante la tradition du « repas gastronomique des Français », inscrit en 2010 au patrimoine immatériel de l'Unesco, repas qui allie l'art du « bien manger » et du « bien boire ».

UNE GÉNÉRATION D'AMATEURS

Participant à la démocratisation du vin de qualité, le Guide Hachette des vins s'est fait le témoin de l'évolution du goût : importance accordée à l'origine géographique, au « terroir », curiosité nouvelle pour les cépages, popularité des grands vignobles historiques, intérêt pour le bio et les vins authentiques, émergence des rosés…

APRÈS LE VIN QUOTIDIEN, LE VIN « PLAISIR »

Lorque paraît la première édition du Guide, toute une civilisation du vin est en train de s'effacer : celle qui apparaît sur certaines photos de Doisneau mettant en scène le vin quotidien. On pense à ce célèbre cliché où un jeune garçon rapporte fièrement à la maison ses deux litres de « vin étoilé ». Le vin de table, produit alimentaire générique issu de coupage, choyé naguère par les ouvriers et paysans pour ses vertus non seulement euphorisantes, mais aussi caloriques. Au milieu des années 1980, la consommation moyenne du Français avoisinait 100 l/an ; elle est tombée aujourd'hui à moins de 57 l/an.

FLORAISON DES AOC, DÉMOCRATISATION DE LA QUALITÉ

Cette désaffection pour le vin ordinaire a paradoxalement contribué au succès du Guide : on boit moins, mais mieux. Quelques années après notre première édition, les pouvoirs publics imposent la modération par la loi Évin (1991). La consommation occasionnelle, devenue festive, incite à un choix attentif : il ne s'agit pas de se tromper ; il importe de faire honneur à ses invités. Pour répondre à cette demande, les producteurs ont renoncé à la viticulture de masse pour se tourner vers la qualité. La production en AOC, qui ne dépassait guère 10 % des vins produits en France au lendemain de la dernière guerre, représente dès 1990 la moitié des volumes. Entre la fin des années 1970 et 2011, l'INAO (aujourd'hui Institut national de l'origine et de la qualité) a reconnu des dizaines d'appellations, consacrant une restructuration réussie de ces vignobles parfois très anciens, mais déclinants ou tournés vers la production de masse. Le Guide Hachette, appuyé par l'INAO, s'est fait le témoin et le promoteur de cette mutation qualitative.

Si les vignobles de prestige tiennent dans le Guide une place conforme à leur rang, l'ouvrage montre l'ascension de ces languedoc, minervois, saint-chinian, baux-de-provence, brissac, anjou-villages, marcillac, buzet… qui offrent des vins de terroir originaux, et même, pour certaines appellations, des cuvées de haut vol. Quant aux vignobles historiques, ils connaissent un regain de prestige grâce à la critique, et les appellations régionales permettent de s'initier à leurs styles de vins sans se ruiner.

Le début des années 1980 a vu aussi émerger les vins de pays, définis à la fin de la décennie précédente : à l'origine, ils étaient considérés comme des vins de table affichant une indication géographique ; aujourd'hui, ils sont définis comme des « vins avec indication géographique » et ne se distinguent des AOC que par un cahier des charges plus souple. Ces vins ont initié les Français aux cépages.

LES MUTATIONS DU GOÛT

Le Guide est un témoin des mutations du goût : on a vu se multiplier au cours des deux dernières décennies du XXe s. les mentions « élevé en fût de chêne » hors des prestigieuses appellations historiques où l'usage du bois est tacite. Ces dernières années, des producteurs revendiquent au contraire l'emploi de la cuve, qui préserve mieux, selon eux, la pureté du fruit et l'expression du terroir. Au début des années 1980, les rouges ont progressé (Entre-deux-Mers, Dordogne et Lot-et-Garonne, rouges de l'Anjou…). Depuis 1990, ce sont les rosés qui ont le vent en poupe : leur consommation a presque triplé : ils représentent près de 30 % des vins commercialisés et, en Provence, plus de 80 % des cuvées produites. Leur progression se lit partout en France. Au cours de la même période, l'essor des crémants régionaux a diversifié la gamme des mousseux de qualité. Pour le champagne, la tendance est aux dosages mesurés et les extra-bruts sont à la mode. En vinification, on limite partout l'usage du soufre.

UNE GÉNÉRATION DE PRODUCTEURS

Une crise majeure, provoquée par la mévente des vins de table, a précédé les années 1980. Le fait marquant de ces trente dernières années est la chute continue du nombre d'exploitations viticoles. Celles qui restent, pour la plupart, se tournent vers la qualité. Devenir vigneron, faire son vin, devient une aventure attrayante : le vinificateur se fait créateur. Cette activité résiste globalement à la concurrence internationale qui a marqué les deux dernières décennies, qu'il s'agisse d'une viticulture de prestige conduite par des firmes du luxe ou d'entreprises familiales sachant faire le dos rond en période de crise.

RESTRUCTURATION DU VIGNOBLE

Les trois premières décennies du Guide correspondent à une grande mutation de la viticulture. Le nombre de producteurs diminue constamment, de même que les superficies cultivées : alors que le vignoble français avoisinait le million d'hectares au début de la période, il est tombé à moins de 800 000 aujourd'hui. Cette restructuration, comparable à celle de la sidérurgie à la même époque, s'est faite dans la douleur. En 1976, les viticulteurs du Midi se révoltent et les pouvoirs publics favorisent la reconversion des vignobles de masse.

LE VIGNERON INDÉPENDANT, UN MODÈLE

Les producteurs se spécialisent, augmentent leur superficie. Durant ces trente ans, ils sont de plus en plus nombreux à vinifier et à miser sur la vente directe. Ils sont mieux formés : BTS « viti », diplôme de commerce international, d'agronomie, d'œnologie. Nombreux sont ceux qui inaugurent leur carrière par un « grand tour » des vignobles du Nouveau Monde. La profession s'est féminisée : en trente ans, le nombre de femmes chefs d'exploitation a sensiblement triplé (près de 30 %). Les œnologues comptent beaucoup de femmes dans leurs rangs. La profession de vigneron attire les classes urbaines supérieures, les capitaines d'industrie et autres chevaliers de la grande distribution en recherche de sens.

PERMANENCE DE LA COOPÉRATION

Si le nombre de viticulteurs apporteurs de raisins à la « coop » ou au négoce a spectaculairement chuté (notamment les pluri-actifs, viticulteurs occasionnels de menus lopins), le négoce et les coopératives restent des intervenants de poids. Ces dernières sont très présentes non seulement dans le Midi, mais aussi dans des régions telles le Bordelais ou la Champagne. Elles ont souvent encouragé la mutation qualitative et permis la préservation de vins de terroir : saint-mont, côtes-d'auvergne, marcillac, vendômois..., les exemples sont légion. Aujourd'hui, elles fusionnent, devenant pour certaines d'énormes groupements. Quelques petites structures subsistent, associations de producteurs passionnés.

PROGRÈS DE L'ŒNOLOGIE

L'œnologie a beaucoup progressé avant l'éclosion du Guide: prévention des défauts, corrections des vendanges, contrôle des températures de fermentation, meilleure préservation des arômes. Les progrès techniques se sont poursuivis pendant trente ans : cuveries thermorégulées, groupes de froid, progrès des machines à vendanger équipées de systèmes de tris utilisées sur les trois quarts des surfaces. Les dégustations du Guide montrent une diminution des vins défectueux. Ceux qui sont éliminés sont plutôt critiqués pour leur côté standard, « passe-partout ».

L'ASCENSION DU BIO

Si les techniques ont progressé, le souci de l'environnement aussi. En 1980, la définition de l'agriculture biologique par les pouvoirs publics français relayés par l'Union européenne consacre le bien fondé d'initiatives individuelles et associatives. Le logo officiel AB a l'âge du Guide : 1985. Dans la première édition du Guide, les pionniers du bio se compent sur les doigts d'une main. Depuis 2008, la viticulture est l'un des secteurs les plus dynamiques du bio (près de 8 % des surfaces). L'édition 2010 du Guide introduit le picto « bio », et l'UE définit enfin, en 2012, le cahier des charges (ainsi que le logo) du « vin bio », à la vigne comme au chai.

À LA RENCONTRE DES AMATEURS

Pendant les trois dernières décennies, les producteurs ont multiplié les occasions de rencontres avec les amateurs. Par nécessité économique, dans un environnement de plus en plus concurrentiel, mais aussi par goût. Lancées par la grande distribution, les foires aux vins apparaissent en 1973. La Conférération nationale des caves particulières, fondée en 1978, popularise les salons. Les vignerons prennent aussi conscience de la richesse paysagère de leur cadre de vie. Saint-Émilion (1999) puis le Val de Loire (2010) sont inscrits au Patrimoine mondial de l'Unesco. L'œnotourisme devient un moyen de valoriser une production à forte identité. Les châteaux bordelais, longtemps rétifs à la vente directe, ouvrent leurs grilles, et « Bordeaux fête le vin ». L'habitat traditionnel est aménagé en gîtes et chambres d'hôtes – signalés dans le Guide depuis l'édition 2003.

LA MONDIALISATION

Lors des précédentes éditions, nous avons souligné qu'en matière de commerce extérieur, la viticulture est le deuxième poste excédentaire. Les Chinois s'intéressent aux vins français, achètent des châteaux. Une menace récente : la création de noms de domaines en .vins et .wine, que la société américaine gérant l'attribution des noms de domaines sur Internet se propose de céder au plus offrant, et qui risque d'aboutir à des usurpations d'appellations. En 2014, les élus reconnaissent que « le vin, produit de la vigne, et les terroirs viticoles font partie du patrimoine culturel, gastronomique et paysager de la France ». Un patrimoine à défendre. Dans ce maquis mondialisé, le Guide Hachette trouve plus que jamais sa raison d'être.

Tout savoir sur le vin

COMMENT IDENTIFIER UN VIN ?

Les rayons des cavistes et des grandes surfaces offrent une large palette de vins français, voire étrangers. Cette variété, qui fait le charme du vin pour l'amateur averti, rend aussi le choix difficile et déroute le néophyte : la France produit à elle seule plusieurs dizaines de milliers de vins qui ont tous des caractères propres. Leur carte d'identité ? L'étiquette. Les pouvoirs publics, français et désormais européens, et les instances professionnelles se sont attachés à la réglementer. Capsules et bouchons complètent l'identification.

LES CATÉGORIES DE VIN

L'étiquette indique l'appartenance du vin à l'une des catégories réglementées en France : vin de France (ex-vin de table), indication géographique protégée IGP (ex-vin de pays), appellation d'origine contrôlée (AOC, AOP pour l'UE).

L'appellation d'origine protégée

La classe reine, celle de tous les grands vins. L'étiquette porte obligatoirement la mention « Appellation X protégée », parfois « X appellation protégée ». Si l'appellation porte le nom d'une entité géographique (région, ensemble de communes, commune, parfois lieu-dit), cette seule provenance ne suffit pas à la définir. Pour bénéficier de l'AOC, un vin doit provenir d'une aire délimitée, caractérisée par ses sols et son climat, plantée de cépages spécifiques cultivés et vinifiés selon les traditions régionales. C'est ce que l'on appelle les « usages locaux, loyaux et constants ».

L'appellation d'origine vin délimité de qualité supérieure

Une catégorie supprimée en 2011, naguère antichambre de l'appellation d'origine contrôlée, et soumise sensiblement aux mêmes règles. Nombreux il y a trente ans, les VDQS ont souvent accédé à l'AOC.

Du domaine et du terroir à l'étiquette.

LA RÉFORME DE LA CLASSIFICATION DES VINS

Mise en place en 2009, cette réforme a entraîné trois changements importants, concernant chaque étage de la pyramide qualitative. Les vins de table sont devenus vins de France, mais ils ont surtout gagné, au-delà du droit de porter comme étendard le nom de notre pays, ce qui n'est pas rien, la possibilité d'afficher cépage(s) et millésime. Deux mentions en général perçues comme qualitatives, ici autorisées pour les vins du bas de l'échelle : on peut légitimement s'interroger sur la pertinence de cette modification réglementaire. Les vins de pays (VDP) sont devenus des IGP, indications géographiques protégées. Un bouleversement majeur puisque auparavant les VDP faisaient partie de la même catégorie que les vins de table ; ils entrent dorénavant dans la famille des vins avec indication géographique, qui comprend également les AOC/AOP. Un changement qui leur donne des droits (protection juridique du nom comme les AOP, appellation d'origine protégée) mais aussi des devoirs : démonstration à faire de leur lien à l'origine et mise en place de procédures de contrôle renforcées. En 2011, les 150 VDP alors existants ont vu leur nombre se réduire à 75. Enfin, les AOP sont depuis cette réforme soumises à de nouveaux modes de contrôle, la tant décriée dégustation systématique d'agrément étant supprimée au profit de contrôles moins fréquents mais plus proches du produit commercialisé. On attendra pour voir l'efficacité de ces nouvelles mesures sur la qualité des vins.

Les IGP/vins de pays

Ils portent le nom de leur lieu de naissance, mais ne sont pas des AOC. La différence ? Les vins de pays ne font pas l'objet d'une délimitation parcellaire, en fonction des types de sol ; ils sont issus de cépages dont la liste est définie réglementairement ; cette liste est plus large que pour les AOC. En un mot, leur rapport au terroir est moins fort. L'étiquette précise la provenance géographique du vin. On lira donc « Indication géographique protégée » (IGP) suivie du nom d'une région (ex : Val de Loire), d'un département (ex : Ardèche) ou d'une zone plus restreinte (ex : Cité de Carcassonne).

Les vins de France

Sans provenance géographique affichée, ils peuvent être issus de coupages, c'est-à-dire de mélanges de vins de plusieurs régions. Cela en fait en général des vins assez standard – sans surprise mais sans personnalité. Si les vins de France sont souvent des produits d'entrée de gamme commercialisés en gros volumes, il existe aussi des vins de table de propriété – souvent des « vins d'auteurs » élaborés hors des canons de l'appellation. Depuis une récente réforme, ces vins sont autorisés à afficher millésime et nom des cépages.

LE RESPONSABLE LÉGAL DU VIN

L'étiquette doit permettre d'identifier le vin et son responsable légal en cas de contestation. Le dernier intervenant dans l'élaboration du vin est celui qui le met en bouteilles ; ce sont obligatoirement son nom et son adresse qui figurent sur l'étiquette. Il peut s'agir d'un négociant, d'une coopérative ou d'un propriétaire-récoltant. Dans certains cas, ces renseignements sont confirmés par les mentions portées au sommet de la capsule de surbouchage.

LA MISE EN BOUTEILLES

L'étiquette mentionne si le vin a été mis en bouteilles à la propriété. L'amateur exigeant netolérera que les mises en bouteilles au domaine, à la propriété ou au château. Les formules « Mis en bouteilles dans la région de production, mis en bouteilles par nos soins, mis en bouteilles dans nos chais, mis en bouteilles par x (x étant un intermédiaire) », pour exactes qu'elles soient, n'apportent pas la garantie d'origine que procure la mise en bouteilles à la propriété où le vin a été vinifié.

LE MILLÉSIME

La mention du millésime, année de naissance du vin, c'est-à-dire de la vendange, n'est pas obligatoire. Elle est portée soit sur l'étiquette, soit sur une collerette collée au niveau de l'épaule de la bouteille. Les vins issus d'assemblage de différentes années ne sont pas millésimés. C'est le cas de certains champagnes et crémants, ou encore de certains vins de liqueur et vins doux naturels. À noter que l'Europe s'est alignée sur la règle en vigueur dans certains pays tiers, selon laquelle il suffit que 85 % du vin soit d'un millésime donné pour que l'étiquette puisse afficher le millésime.

LA CAPSULE

La plupart des bouteilles sont coiffées d'une capsule de surbouchage (capsule représentative de droits ou CRD) qui porte généralement une vignette fiscale, preuve que les droits de circulation auxquels toute boisson alcoolisée est soumise ont été acquittés. Cette vignette permet aussi de déterminer le statut du producteur (propriétaire ou négociant) et la région de production. Elle est verte pour les AOC, bleue pour les vins de pays. En l'absence de capsule fiscalisée, les bouteilles doivent être accompagnées d'un document délivré par le producteur.

LE BOUCHON

Les producteurs de vins de qualité ont éprouvé le besoin de marquer leurs bouchons, car si une étiquette peut être décollée et remplacée frauduleusement, le bouchon, lui, demeure ; l'origine du vin et le millésime y sont ainsi étampés.

LIRE L'ÉTIQUETTE

Sur les étiquettes, les indications foisonnent. Protection de l'origine géographique, de l'environnement, de la santé publique, exigence de traçabilité, souci de marketing : tous ces impératifs successifs les ont fait proliférer. Obligatoires ou facultatives, ces mentions donnent des indices sur le style du vin.

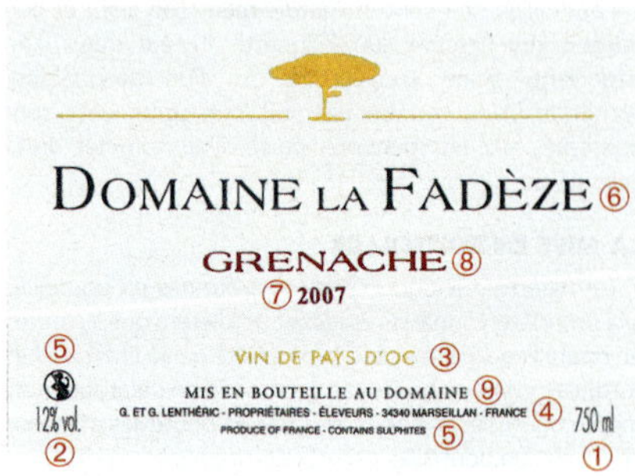

LES MENTIONS OBLIGATOIRES

Obligatoires pour toutes les catégories de vins, ces mentions suffisent à ce que le vin soit légalement mis en vente :

Volume

Voir le chapitre « Acheter : les contenants ».

Degré alcoolique

Cette mention contribue à apprécier le style du vin ; à 11 % vol. ou moins, c'est un vin léger ; à 13 % vol. ou plus, c'est un vin corsé et chaleureux.

Catégorie de vin

Elle indique la place du vin dans une hiérarchie réglementaire : vin de France, indication géographique protégée, vin d'appellation (AOC). Pour ces deux dernières catégories, elle informe aussi sur la provenance géographique du vin.

Embouteilleur

Le nom et l'adresse du responsable légal du vin permettent d'éventuelles réclamations.

Mentions sanitaires

La réglementation européenne a fait ajouter la mention « Contient des sulfites » lorsque le vin contient plus de 10 mg/l de SO_2 (cas fréquent, le soufre étant un antiseptique et un antibactérien utile pour la bonne conservation du vin, et le seuil autorisé bien supérieur) ; les pouvoirs publics français imposent par ailleurs depuis 2007 une mise en garde à l'adresse des femmes enceintes.

LES MENTIONS FACULTATIVES

La marque et le domaine

Pour personnaliser le vin, nombre de producteurs lui donnent une marque : marque commerciale ou, notamment chez les récoltants, nom familial. Les termes de « château » ou « domaine » sont assimilés à des marques.

Le millésime

Souvent indiqué, il n'est pas pour autant obligatoire (voir p. précédente). Cette mention est fort utile, car elle permet d'évaluer les perspectives de garde en fonction de la cotation régionale des millésimes.

Le cépage

La mention du cépage est autorisée pour les vins de pays et certains vins d'appellation. Comme pour le millésime, l'Union européenne a adopté la règle des « 85/15 » : elle permet désormais d'indiquer le nom du cépage, même si 15 % du vin provient d'une autre variété.

Mise en bouteilles à la propriété

Un gage d'authenticité. Les caves coopératives, considérées comme le prolongement de la propriété, ont le droit d'utiliser cette mention. En Champagne, plusieurs sigles indiquent le statut du metteur en bouteilles, par exemple RM pour récoltant-manipulant (un vigneron), NM pour négociant-manipulant ou CM pour coopérative de manipulation (voir chapitre « Champagne »).

Classements

Dans certaines régions, il existe des classements officiels. En Bordelais (Médoc, Graves, Saint-Émilion, Sauternes), ce sont les propriétés et les châteaux qui sont classés. En Bourgogne, ce sont les terroirs : premiers ou grands crus, qui sont des lieux-dits (appelés localement climats). L'Alsace a également ses grands crus (terroirs classés), et la Champagne, ses premiers et grands crus (communes classées).

Bio

Jusqu'en 2012, faute d'accord à l'échelle européenne sur un cahier des charges en matière de vinification biologique, il n'y avait pas de « vin bio », seulement des « vins issus de raisins de l'agriculture biologique » (ou « de raisins biologiques » ou « cultivés en agriculture biologique »). Une telle mention, ainsi que le nom ou le numéro d'agrément de l'organisme certificateur qui vérifie le respect du cahier des charges, éventuellement accompagnée du logo AB, garantissaient une agriculture biologique (il faut cependant noter que certains domaines prestigieux pratiquent une viticulture bio sans le signaler). En 2012, un règlement européen a été publié. En conséquence, à partir de ce millésime, les mentions du type « vin issu de raisins de l'agriculture biologique » ne seront plus autorisées. Elles seront remplacées par le terme de « vin biologique » – à condition évidemment que les producteurs respectent la nouvelle réglementation pour l'élaboration de leurs vins –, accompagné du logo européen et du numéro de code de l'organisme certificateur. Le logo français AB reste facultatif (voir p. 66).

Style de vins

D'autres mentions renseignent sur le style de vins, sur son élaboration. Certaines sont traditionnelles et ont un caractère officiel : « vendanges tardives » (vin blanc moelleux d'Alsace), « sélection de grains nobles » (liquoreux d'Alsace ou d'Anjou), « vin jaune », « vin de paille » (vins originaux du Jura), « méthode traditionnelle » (effervescent résultant d'une seconde fermentation en bouteille). Autres précisions réglementées, le dosage d'un champagne (extra-brut, brut, demi-sec, etc.), qui indique son caractère plus ou moins sec ; en blanc, la mention « sec » ou « doux », utile lorsque l'appellation produit les deux types de vins ; le terme « sur lie », appliqué au muscadet ; l'adjectif « ambré », pour un rivesaltes blanc, tandis que le « tuilé » est rouge. Non réglementées mais utiles, les mentions de l'élevage en fût de chêne, de l'absence de filtration, de soufre, etc. On se réfèrera aux chapitres de chaque région pour une explication détaillée de ces mentions.

Nom de cuvée

On peut trouver sur l'étiquette des noms de lieux-dits, de communes ou de régions qui précisent la provenance : ce sont là des mentions réglementées. Cuvée Prestige, Vieilles Vignes, cuvée au nom des enfants du vigneron : ces mentions identifient un vin, mais elles ne garantissent pas une qualité supérieure. Si vous voulez acquérir une cuvée distinguée par le Guide, notez non seulement le nom du vin, mais aussi, s'il y a lieu, le nom de la cuvée et toutes les mentions qui figurent à côté du nom principal.

ÉTIQUETTE, CONTRE-ÉTIQUETTE, COLLERETTE

Si de nombreuses bouteilles comportent une étiquette unique, où figurent toutes les mentions obligatoires et facultatives, l'usage de la contre-étiquette se répand. Soit elle ne porte que des mentions facultatives (description du vin, conseils pour la température de service et les accords gourmands), soit elle affiche tout ou partie des mentions légales et obligatoires. Dans ce dernier cas, l'étiquette la plus visible a une fonction avant tout esthétique et porte des mentions succintes (marque, nom de cuvée, de commune). L'étiquette légale, placée « au dos » de la bouteille, ressemble à une contre-étiquette. Elle n'en comprend pas moins des précisions essentielles et mérite une lecture attentive. Certaines bouteilles portent une collerette, qui indique en général le millésime si celui-ci ne figure pas sur l'étiquette.

ACHETER : LES CIRCUITS D'ACHATS

En grande surface, chez le caviste, le producteur... Les circuits de distribution du vin sont multiples, chacun présentant ses avantages. À chaque consommateur de trouver la formule qui lui convient.

CHEZ LE PRODUCTEUR

La vente directe permet-elle de faire des économies ? Pas nécessairement, car les producteurs veillent à ne pas concurrencer leurs diffuseurs. Nombre de châteaux bordelais, quand ils vendent aux particuliers, proposent ainsi leurs crus à des prix supérieurs à ceux pratiqués par les détaillants. D'autant que les revendeurs obtiennent, grâce à des commandes massives, des prix plus intéressants que le particulier. En résumé, on achètera sur place les vins de producteurs dont la diffusion est limitée, et non les vins de grands châteaux, sauf millésimes rares ou cuvées spéciales.

L'achat à la propriété, un moyen de découvrir les secrets du vin.

La visite au producteur apporte bien d'autres satisfactions que celle d'une simple bonne affaire : on découvre un paysage, un terroir, des méthodes de travail ; on comprend les relations étroites qui existent entre un homme et son vin.

Sur les routes des Vins, on se souviendra du slogan : « Celui qui conduit est celui qui ne boit pas. » Les producteurs prévoient des crachoirs pour permettre aux conducteurs de goûter comme le font les professionnels.

EN CAVE COOPÉRATIVE

Les coopératives regroupent des producteurs d'une aire géographique donnée : une commune ou une zone plus large. Les adhérents apportent leur raisin et les responsables techniques se chargent du pressurage, de la vinification, de l'élevage et de la commercialisation. L'instauration de chartes de qualité avec les vignerons et la possibilité d'élaborer des cuvées selon la qualité spécifique de chaque livraison de raisin ou selon une sélection de terroirs ouvrent aux meilleures coopératives le secteur des vins de qualité, voire de garde.

CHEZ LE NÉGOCIANT

Le négociant, par définition, achète des vins pour les revendre, mais il est souvent lui-même propriétaire de vignobles : il peut donc agir en producteur et commercialiser sa production, ou bien vendre le vin de producteurs indépendants sans autre intervention que le transfert (cas des négociants bordelais qui ont à leur catalogue des vins mis en bouteilles au château), ou encore signer un contrat de monopole de vente avec une unité de production. Le négociant-éleveur assemble des vins de même appellation fournis par divers producteurs et les élève dans ses chais. Il est ainsi le créateur du produit à double titre : par le choix de ses achats et par l'assemblage qu'il exécute. Le propre d'un négociant est de diffuser, donc d'alimenter les réseaux de vente qu'il ne doit pas concurrencer en vendant chez lui ses vins à des prix très inférieurs.

CHEZ LE CAVISTE

Pour le citadin, c'est le mode d'achat le plus facile et le plus rapide, le plus sûr également lorsque le caviste est qualifié. Il existe nombre de boutiques spécialisées dans la vente de vins de qualité, indépendantes ou franchisées. Qu'est-ce qu'un bon caviste ? C'est celui qui est équipé pour entreposer les vins dans de bonnes conditions et qui sait choisir des vins originaux de producteurs amoureux de leur métier. En outre, le bon détaillant saura conseiller l'acheteur, lui faire découvrir des vins que celui-ci ignore et lui suggérer des accords gastronomiques.

EN GRANDE SURFACE

Aujourd'hui, nombre de grandes surfaces possèdent un rayon spécialisé bien équipé, où les bouteilles sont couchées et souvent classées par région. L'amateur y trouve – notamment en hypermarché – une large gamme, des vins de table aux crus prestigieux. Seuls les appellations confidentielles et les vins de petites propriétés sont moins représentés. Les foires aux vins des grandes surfaces proposent une offre élargie. Si celles de printemps misent plutôt sur les vins d'été à boire jeunes, celles d'automne présentent une importante sélection de crus renommés et de garde à des prix intéressants, même si les grands millésimes des domaines les plus prestigieux ne sont pas toujours disponibles. On consultera au préalable les catalogues, Guide en main, pour repérer cuvées et millésimes, et l'on viendra dès l'ouverture – voire en avant-première.

DANS LES CLUBS

Quantité de bouteilles, livrées en cartons ou en caisses, arrivent directement chez l'amateur grâce aux clubs qui offrent à leurs adhérents un certain nombre d'avantages. Le choix est assez vaste et comporte parfois des vins peu courants. Il faut toutefois noter que beaucoup de clubs sont des négociants.

DANS LES FOIRES ET SALONS

Organisés périodiquement dans les villes, foires et salons permettent aux amateurs de rencontrer un grand nombre de vignerons et de goûter certaines de leurs cuvées sans aller sur le lieu de production. L'offre est abondante, et l'atmosphère souvent conviviale – à condition d'éviter les heures d'affluence... Mieux vaut préparer sa visite, aidé du Guide.

LES VENTES AUX ENCHÈRES

Ces ventes sont organisées par des commissaires-priseurs assistés d'un expert. Il importe de connaître l'origine des bouteilles. Si elles proviennent d'un grand restaurant ou de la riche cave d'un amateur, leur conservation est probablement parfaite, ce qui n'est pas toujours le cas si elles constituent un regroupement de petits lots divers. Les bouteilles dont le niveau n'atteint plus que le bas de l'épaule, ou d'une teinte « usée » (bronze pour les blancs, brune pour les rouges) ont sûrement dépassé leur apogée.

On réalise rarement de bonnes affaires dans les grandes appellations, qui intéressent des restaurateurs. En revanche, les appellations moins connues, moins recherchées par les professionnels, sont parfois très abordables.

ACHETER EN PRIMEUR

Le principe est simple : acquérir un vin avant qu'il ne soit élevé et mis en bouteilles, à un prix supposé inférieur à celui qu'il atteindra à sa sortie de la propriété. Les souscriptions sont ouvertes pour un volume contingenté et pour un temps limité, généralement au printemps et au début de l'été qui suivent les vendanges. Elles sont organisées par les propriétaires, par des sociétés de négoce et des clubs de vente de vins. L'acheteur s'acquitte de la moitié du prix convenu à la commande et s'engage à verser le solde à la livraison des bouteilles, c'est-à-dire de douze à quinze mois plus tard. Ainsi, le producteur s'assure des rentrées d'argent rapides, et l'acheteur réalise une bonne opération... lorsque le cours des vins augmente !

SUR INTERNET

Les cavistes en ligne donnent souvent quelques informations sur les bouteilles qu'ils vendent, voire sur les vignobles ou sur la dégustation, sans aller jusqu'au conseil personnalisé dont on peut bénéficier chez les meilleurs détaillants. Comme les clubs, ils font des offres commerciales (dégustations, visites). On privilégiera les sites connus, qui proposent des dispositifs de paiement sécurisé. On s'assurera des délais de livraison et l'on vérifiera si les prix sont intéressants en prenant en compte le coût du transport.

ACHETER : LES CONTENANTS

Vrac ou bouteille ? De nouveaux conditionnements apparaissent, mais si l'on souhaite acquérir du vin pour qu'il se bonifie en cave, on l'achètera dans la bouteille traditionnelle, en verre lourd et souvent teinté, dont la forme varie fréquemment selon les régions.

ACHETER EN VRAC

Le vin non logé en bouteilles est dit en vrac. La vente en vrac est pratiquée par les producteurs et par des détaillants qui débitent quelques vins « à la tireuse ». Il s'agit le plus souvent de vins d'entrée de gamme ou de qualité moyenne. Il faut garder en mémoire que le producteur sélectionne toujours les meilleures cuves pour ses mises en bouteilles.

L'ACHAT EN BOUTEILLES

Le poids, la couleur et la forme donnent une première indication – certes vague et incertaine – sur le style de vin, sa destination, voire son origine.

Le matériau

À l'instar des Australiens qui lancent du vin en canette alu, on voit apparaître des côtes-du-rhône, bordeaux ou autre beaujolais (nouveau) en bouteilles PET, et du vin de pays en Tetrapak. En France, malgré les progrès du bib, la bouteille de verre reprend ses droits dans l'univers des vins de qualité et a fortiori de garde. Non seulement parce que les vertus de ces nouveaux matériaux restent à prouver pour la conservation, mais aussi parce que la dégustation festive des vins de qualité est associée à un certain cérémonial – ne serait-ce que le bruit du bouchon à l'ouverture.

Le poids

Les bouteilles destinées aux vins de garde, qui s'empileront dans des casiers, doivent être plus lourdes, et plus encore celles qui contiennent des vins effervescents : elles ont à supporter la pression du gaz carbonique.

Les couleurs

Elles vont du verre incolore au brun fumé, en passant par le vert bouteille ou feuille morte. Incolores, les bouteilles enveloppent souvent des vins à boire jeunes, blancs, rouges primeurs ou ces rosés dont la teinte contribue à l'agrément. Elles contiennent parfois des vins de garde liquoreux ; plus rarement, des champagnes : on s'empressera de mettre ces flacons en cave. La lumière a un effet aussi rapide que néfaste sur l'évolution des vins, en particulier des effervescents – dont les cuvées prestige sont d'ailleurs souvent vendues en coffrets. Les vins rouges et blancs secs de garde sont embouteillés dans des flacons de verre teinté qui font dans une certaine mesure écran aux rayons ultraviolets. D'autres couleurs ? On voit apparaître des verres bleus. Une mode récente qui concerne rarement des bouteilles de garde.

Les formes

Certaines sont réglementées, comme la flûte, réservée aux vins d'Alsace, ou le clavelin pour les vins jaunes jurassiens. Dans la plupart des cas, le respect des formes régionales est une question de tradition. La bouteille bordelaise, aux épaules larges destinées à retenir les

LE VRAC AUJOURD'HUI : « CUBI » ET « BIB »

Pour le particulier, l'achat en vrac porte souvent sur d'assez faibles volumes. Le cubitainer, léger et solide, facile à empiler, sert avant tout au transport. En effet, ce petit tonneau moderne, une fois ouvert, laisse passer l'air, et le vin s'oxyde rapidement. De conception plus récente, le bag-in-box ou bib (fontaine à vin) est une solution intermédiaire entre le vrac et la bouteille. Cette poche en plastique rétractable, enveloppée dans un carton et munie d'un robinet, préserve le vin de l'air et permet ainsi de le conserver en bon état pendant deux à trois mois après ouverture. D'une capacité de 3 à 5 l le plus souvent, le bib est adapté à une consommation occasionnelle, quoique sans cérémonie. Il permet également aux restaurateurs de proposer au verre des produits d'une qualité honorable.

Alsace Muscadet Anjou Provence Clavelin Jura Bourgogne Bordeaux Champagne

tanins, est utilisée aussi pour les vins du Sud-Ouest et du Languedoc-Roussillon ; la bouteille bourguignonne aux épaules tombantes s'est répandue dans le Beaujolais, la vallée du Rhône et à Sancerre. La Loire préfère les bouteilles élancées. Des formes nouvelles se répandent, et le producteur peut mettre sa touche personnelle dans le conditionnement.

Le bouchon

Le liège obture la majorité des bouteilles. C'est un matériau étanche qui présente une certaine porosité à l'air. Meilleur est le vin, plus long doit être le bouchon pour permettre une garde optimale. La texture importe aussi. Le bouchon sera plein, non fissuré. Le liège d'une dizaine d'années a toute la souplesse requise pour bien obturer le flacon. Cependant, la capsule à vis, utilisée d'abord pour les spiritueux, est en net progrès, car elle garantit l'absence de goût de bouchon : son utilisation a décuplé en cinq ans ! L'Australie et la Nouvelle-Zélande l'ont adoptée. Des négociants réputés, bourguignons ou bordelais, l'utilisent pour les vins de qualité, notamment pour les blancs. Des producteurs de vins de garde illustres conduisent des expérimentations. Le consommateur européen suivra-t-il le mouvement ? Quant au bouchon synthétique, il se répand pour les vins à boire jeunes.

LE TRANSPORT DU VIN

Les températures

Il faut préserver le vin des températures extrêmes, surtout des températures élevées qui l'affectent définitivement.

La réglementation

Le transport des boissons alcoolisées fait l'objet de taxes fiscales matérialisées soit par une capsule apposée au sommet de chaque bouteille, soit par un document d'accompagnement commercial délivré par le vigneron (notamment pour le transport de vin en vrac). Transporter du vin sans capsule ou document d'accompagnement est assimilé à une fraude fiscale et puni comme telle.

LES GRANDES BOUTEILLES

NOM DE LA BOUTEILLE	EN CHAMPAGNE	EN BORDELAIS
Magnum	2 bouteilles (1,5 l)	2 bouteilles (1,5 l)
Double magnum		4 bouteilles (3 l)
Jéroboam	4 bouteilles (3 l)	6 bouteilles (4,5 l)
Mathusalem	8 bouteilles (6 l)	12 bouteilles (9 l)
Salmanazar	12 bouteilles (9 l)	
Balthazar	16 bouteilles (12 l)	
Nabuchodonosor	20 bouteilles (15 l)	20 bouteilles (15 l)

CONSERVER SON VIN

À l'inverse de la grappe de raisin avide de la lumière solaire, le vin recherche l'ombre. Il mûrit dans un lieu sombre et frais, protégé des vibrations et des odeurs. Il lui faut une atmosphère assez humide sans excès, suffisamment aérée mais à l'abri des courants d'air, et il redoute particulièrement les brusques changements de températures. Faute d'une cave enterrée idéale pour le stockage, ces exigences conduiront souvent à réaliser des aménagements divers, voire à opter pour une solution alternative.

AMÉNAGER SA CAVE

Une bonne cave est un lieu clos, sombre, à l'abri des trépidations et du bruit, exempt de toute odeur, protégé des courants d'air mais bien ventilé, d'un degré hygrométrique de 75 % et surtout d'une température stable, la plus proche possible de 11 ou 12 °C.

Les caves citadines présentent rarement de telles caractéristiques. Il faut donc, avant d'entreposer du vin, améliorer le local : établir une légère aération ou, au contraire, obstruer un soupirail trop ouvert ; humidifier l'atmosphère, en déposant une bassine d'eau contenant un peu de charbon de bois, ou l'assécher par du gravier tout en augmentant la ventilation ; tenter de stabiliser la température en posant des panneaux isolants ; éventuellement, monter les casiers sur des blocs en caoutchouc pour neutraliser les vibrations. Si toutefois une chaudière se trouve à proximité ou si des odeurs de mazout se répandent dans le local, celui-ci ne fera jamais une cave satisfaisante.

ÉQUIPER SA CAVE

L'expérience prouve qu'une cave est toujours trop petite. Le rangement des bouteilles doit donc être rationnel. Le casier à bouteilles classique, à un ou deux rangs, offre bien des avantages : il est peu coûteux et permet un accès facile à l'ensemble des flacons.

Malheureusement, ce casier à alvéoles est volumineux au regard du nombre de bouteilles logées. Si l'on possède une grande quantité de flacons, notamment lorsqu'on achète les mêmes références en quantités importantes, il faut empiler les bouteilles pour gagner de la place. Afin de séparer les piles pour avoir accès aux différents vins, on montera des casiers à compartiments pouvant contenir 24, 36 ou 48 bouteilles en pile, sur deux rangs. Si la cave n'est pas humide à l'excès, si le bois ne pourrit pas, il est possible d'élever des casiers en planches. Il sera nécessaire de les surveiller, car des insectes peuvent s'y installer, qui attaquent les bouchons et rendent les bouteilles couleuses. Les constructeurs proposent aujourd'hui nombre de casiers à compartiments, fixes, empilables et modulables, dans les matériaux les plus divers.

Deux instruments indispensables complètent l'aménagement de la cave : un thermomètre à maxima et minima, et un hygromètre.

RANGER SES BOUTEILLES

Dans la mesure du possible, on entreposera les vins blancs près du sol, les vins rouges au-dessus ; les vins de garde dans les rangées (ou casiers) du fond, les moins accessibles ; les bouteilles à boire, en situation frontale. Si les bouteilles achetées en cartons ne doivent pas demeurer dans leur emballage, celles livrées en caisses de bois peuvent y être conservées un temps, notamment si l'on envisage de revendre le vin. Néanmoins, les caisses prennent beaucoup de place et sont une proie aisée pour les pilleurs de caves. Il faut donc surveiller régulièrement leur état. On repérera casiers et bouteilles par un système de notation (alphanumérique par exemple), à reporter sur le livre de cave.

CONSTITUER SA CAVE

Constituer une cave demande de l'organisation. Au préalable, on évaluera le budget dont on dispose et la capacité de sa cave. Il est utile aussi d'estimer dans les grandes lignes sa consommation annuelle. Ensuite, il convient d'acquérir des vins n'évoluant pas pareil, afin qu'ils n'atteignent pas tous en même temps leur apogée. Et pour ne pas boire toujours les mêmes, fussent-ils les meilleurs, on a intérêt à élargir sa sélection afin de disposer de bouteilles adaptées à différentes occasions et préparations culinaires. Plus le nombre de bouteilles est restreint, plus il faut veiller à les renouveler. On pourra se reporter à nos trois propositions de caves en les adaptant à ses goûts (voir en fin d'ouvrage). Celles-ci n'incluent pas de vins primeurs, ni de vins à boire jeunes. Les valeurs indiquées ne sont, bien sûr, que des ordres de grandeur.

VINS À BOIRE, VINS À ENCAVER

Souhaite-t-on consommer ses vins sur une courte période ou suivre leur évolution dans le temps ? La démarche sera différente. Si l'on recherche une bouteille prête à boire, on privilégiera les bouteilles à boire jeunes ou de courte garde : vins primeurs (de type beaujolais nouveau), vins de pays ou d'appellation régionale. Faut-il écarter les appellations prestigieuses, les vins de garde ? Non, mais on se tournera vers des millésimes à évolution rapide – ces « petits » millésimes qui ont l'avantage d'être prêts plus tôt. Il est difficile de trouver sur le marché de grands vins parvenus à leur apogée. Certains cavistes ou

PAS DE CAVE ?

Si l'on ne dispose pas de cave ou que celle-ci est inutilisable, plusieurs solutions sont possibles :
– acheter une armoire à vin, dont la température et l'hygrométrie sont automatiquement maintenues ;
– construire de toutes pièces, en retrait dans son appartement, un lieu de stockage dont la température varie sans à-coups et ne dépasse pas 16 ° C. Plus la température est élevée, plus le vin évolue rapidement. Or, un vin qui atteint rapidement son apogée dans de mauvaises conditions de garde ne sera jamais aussi bon que s'il avait vieilli lentement dans une cave fraîche ;
– acquérir une cave en kit, à installer dans son logement, ou faire aménager une cave préfabriquée que l'on dispose en général sous la maison. Ces espaces, qui pallient l'absence de cave enterrée, représentent un investissement plus lourd qu'une armoire à vins.

propriétaires en proposent, mais à un prix évidemment très élevé. Lorsqu'on souhaite conserver ses vins dans l'espoir de les voir se bonifier, mieux vaut être très sélectif dans le choix des producteurs et acquérir les meilleurs millésimes (voir tableau des millésimes pages suivantes).

QUAND FAUT-IL BOIRE LE VIN ?

Les vins évoluent de manières très différentes. Ils atteignent leur apogée après une garde plus ou moins longue : de un à vingt ans. Quant à la phase d'apogée, elle varie de quelques mois pour les vins à boire jeunes, à plusieurs décennies pour quelques rares grandes bouteilles.

Le temps de garde varie selon l'appellation – et donc selon le cépage, le terroir et de la vinification. La qualité du millésime influe aussi sur la conservation : un petit millésime peut évoluer deux ou trois fois plus rapidement qu'un autre millésime d'une même appellation. Néanmoins, il est possible d'évaluer le potentiel de garde des vins selon leur origine géographique. À chacun, ensuite, d'ajuster cette garde en fonction des conditions de conservation dans sa cave et de sa connaissance des millésimes.

LES MILLÉSIMES

Les vins de qualité sont millésimés à l'exception des vins de liqueur, de certains vins doux naturels et de nombreux effervescents élaborés par assemblage de plusieurs années. Dans ce cas, la qualité du produit dépend du talent de l'assembleur, mais ces vins ne gagnent pas à vieillir. Des conditions météorologiques au moment de la maturation et de la récolte, la qualité des millésimes varie selon les régions viticoles et selon les producteurs.

QU'EST-CE QU'UN GRAND MILLÉSIME ?

Il est généralement issu de faibles rendements, même si de bonnes conditions climatiques engendrent parfois l'abondance et la qualité, comme en 1989 et en 1990. Le grand millésime résulte souvent de vendanges précoces. Dans tous les cas, il a été élaboré à partir de raisins parfaitement sains, exempts de pourriture.

Peu importe les conditions météorologiques qui ont marqué le début du cycle végétatif : on peut même soutenir que des incidents tels que gel ou coulure (chute de jeunes baies avant maturation) ont des conséquences favorables puisqu'ils diminuent le nombre de grappes par pied. En revanche, la période qui s'étend du 15 août aux vendanges est capitale : un maximum de chaleur et de soleil est alors nécessaire. L'année 1961 demeure le grand millésime du xxe s. A contrario, les années 1963, 1965 et 1968 furent désastreuses, parce qu'elles cumulèrent froid et pluie, d'où une absence de maturité et un fort rendement en raisins gorgés d'eau. Pluie et chaleur ne valent guère mieux, car leur conjonction favorise la pourriture ; 1976 – le grand millésime potentiel du sud-ouest de la France – en a pâti. Quant à la canicule de 2003, elle a parfois grillé le raisin et produit des vins lourds.

COMMENT LIRE UN TABLEAU DE COTATION ?

Il est d'usage de résumer la qualité des millésimes dans des tableaux de cotation, mais il faut en connaître les limites. Ces notes, des moyennes, ne prennent pas en compte les microclimats, pas plus que les efforts de tris de raisins à la vendange ou les sélections des vins en cuve. On peut élaborer un excellent vin dans une année cotée zéro.

Propositions de cotation (de 0 à 20)

	Alsace	Beaujolais	Bordeaux rouge	Bordeaux liquoreux	Bordeaux sec	Bourgogne rouge	Bourgogne blanc	Champagne	Jura (vin jaune)	Languedoc-Roussillon	Provence rouge	Sud-Ouest rouge	Sud-Ouest blanc liquoreux	Loire rouge	Loire blanc liquoreux	Rhône (nord)	Rhône (sud)
1945	20		20	20	18	20	18	20					19				
1946	9		14	9	10	10	13	10					12				
1947	17		18	20	18	18	18	18					20				
1948	15		16	16	16	10	14	11					12				
1949	19		19	20	18	20	18	17					16				
1950	14		13	18	16	11	19	16					14				
1951	8		8	6	6	7	6	7					7				
1952	14		16	16	16	16	18	16					15				
1953	18		19	17	16	18	17	17					18				
1954	9	9	10			14	11	15					9				
1955	17	13	16	19	18	15	18	19					16				
1956	9	6	5										9				
1957	13	11	10	15		14	15						13				
1958	12	7	11	14		10	9						12				
1959	20	13	19	20	18	19	17	17					19				
1960	12	5	11	10	10	10	7	14					9				
1961	19	16	20	15	16	18	17	16					16				
1962	14	13	16	16	16	17	19	17					15				
1963		6					10										
1964	18	8	16	9	13	16	17	18					16				
1965					12								8				
1966	12	11	17	15	16	18	18	17					15				

	Alsace	Beaujolais	Bordeaux rouge	Bordeaux liquoreux	Bordeaux sec	Bourgogne rouge	Bourgogne blanc	Champagne	Jura (vin jaune)	Languedoc-Roussillon	Provence rouge	Sud-Ouest rouge	Sud-Ouest blanc liquoreux	Loire rouge	Loire blanc liquoreux	Rhône (nord)	Rhône (sud)
1967	14	13	14	18	16	15	16						13				
1968																	
1969	16	14	10	13	12	19	18	16					15				
1970	14	13	17	17	18	15	15	17					15				
1971	18	15	16	17	19	18	20	16					17				
1972	9	6	10		9	11	13						9				
1973	16	7	13	12		12	16	16					16				
1974	13	8	11	14		12	13	8					11				
1975	15	7	18	17	18		11	18					15				
1976	19	16	15	19	16	18	15	15					18				
1977	12	9	12	7	14	11	12	9					11				
1978	15	12	17	14	17	19	17	16					17				
1979	16	13	16	18	18	15	16	15					14				
1980	10	10	13	17	18	12	12	14					13			15	
1981	17	14	16	16	17	14	15	15					15				
1982	15	12	18	14	16	14	16	16			17	17	15	14		14	15
1983	20	17	17	17	16	15	16	15	16			16	18	12		16	16
1984	15	11	13	13	12	13	14	5		13		10		10		13	15
1985	19	16	18	15	14	17	17	17	17	18	17	17	17	16	16	17	16
1986	10	15	17	17	12	12	15	12	17	15	16	16	16	13	14	15	13
1987	13	14	13	11	16	12	11	10	16	14	14	14		13		16	12
1988	17	15	16	19	18	16	14	18	16	17	17	18	18	16	18	17	15
1989	16	16	18	19	18	16	18	16	17	16	16	17	17	20	19	18	16
1990	18	14	18	20	17	18	16	18	18	17	16	16	18	17	20	19	19
1991	13	15	13	14	13	14	15	11		14	13	14		12	9	15	13
1992	15	9	12	10	14	15	17	12		13	9	9		14		11	16
1993	13	11	13	8	15	14	13	12		14	11	14	14	13	12	11	14
1994	12	14	14	14	17	14	16	12		12	10	14	15	14	12	14	11
1995	12	16	16	18	17	14	16	16	17	15	15	15	16	17	17	15	16
1996	13	14	15	18	16	17	18	19	18	13	14	14	13	17	17	15	13
1997	16	13	14	18	14	14	17	15	16	13	13	13	16	16	16	14	13
1998	13	13	15	16	14	15	14	13	14	17	16	16	13	14		18	18
1999	10	11	14	17	13	13	12	15	17	15	16	14	10	12	10	16	14
2000	12	12	18	10	16	11	15	15	16	16	14	14	13	16	13	17	15
2001	13	11	15	17	16	13	16	9		16	14	16	18	13	16	17	11
2002	11	10	14	18	16	17	17	17	14	12	11	15	14	14	10	8	9
2003	12	15	15	18	13	17	18	14	17	15	13	14	17	15	17	16	14
2004	13	12	14	10	17	13	15	16	13	15	15	13	15	14	10	12	16
2005	15	18	18	17	18	19	18	14	17	15	12	16	17	16	18	16	18
2006	12	12	14	16	14	14	16	15	15	15	16	13	15	10	10	16	15
2007	16	14	14	17	15	12	13	13	14	16	14	12	14	12	13	15	18
2008	14	14	15	16	15	14	15	16		15	12	13	12	15	12	14	14
2009	15	18	18	18	19	17	16	15		15	14	18	17	17	14	18	16
2010	14	16	18	18	19	16	17	14		17	14	15	12	17	16	16	15
2011	15	14	16	17	15	14	15	13		15	16	14	13	15	15	14	14
2012	16	14	14	12	14	14	15	18		16	14	15	13	13	10	14	14
2013	15	15	14	17	13	14	15	14		17	13	13	15	15	13	14	14

LE SERVICE DES VINS

Si de nombreux vins ne demandent qu'un bon tire-bouchon, on traitera avec ménagement les flacons longuement vieillis. Et quels que soient leur type et leur âge, on apprécie d'autant mieux les vins s'ils sont servis à la bonne température. Si l'on prévoit plus d'une bouteille au cours du repas, on les proposera dans un ordre qui mette chacune en valeur.

DÉBOUCHER

On coupera la capsule en dessous de la bague ou au milieu. Le vin ne doit pas entrer en contact avec le métal de la capsule. Dans le cas où le goulot est ciré, on enlèvera la cire avec un couteau sur la partie supérieure du col. Pour extraire le bouchon, seul le tire-bouchon à vis en queue de cochon donne satisfaction (et le tire-bouchon à lames au maniement toutefois délicat). Il faut veiller à ne pas transpercer le bouchon afin d'éviter que de petits bouts de liège ne tombent dans le vin. Une fois extrait, il ne sert à rien de le humer : le goût de bouchon ne se détecte vraiment que dans le vin lui-même. Ensuite, on goûte le vin avant de le servir aux convives.

SERVIR

Quand déboucher ? De nombreux vins gagnent à prendre un peu d'air. L'aération fait apparaître plus soyeux et plus fondus les jeunes vins rouges tanniques, et permet à tous les vins d'épanouir leurs arômes. Des études ont toutefois montré qu'il ne suffit pas de déboucher la bouteille longtemps à l'avance, la surface en contact avec l'air par le goulot étant trop petite. Pour aérer un vin, on doit le passer en carafe une à deux heures avant le service. Cette opération, inutile pour les vins à boire jeunes tels que les rosés, les blancs vifs ou les rouges gouleyants, est bénéfique pour les autres, y compris les blancs élevés en fût et les moelleux. Elle n'est pas toujours judicieuse pour les vins très âgés, car ils s'oxydent parfois très rapidement, perdant leurs arômes. Pour ces vieux flacons, le passage en carafe vise à séparer, par décantation, le vin des sédiments qui se sont déposés au fond de la bouteille avec le temps. On parle dans ce cas de décantage. On transvase alors le vin avec soin, si possible devant une source lumineuse, et on le déguste sans attendre. Très fragile, le vin vieux est à manier avec précaution : à la cave, on redressera lentement la bouteille, à moins qu'on ne la dépose, à peine relevée, directement dans un panier-verseur.

À QUELLE TEMPÉRATURE ?

On peut tuer un vin en le servant à une température inadéquate. Le mieux est de vérifier la température de service à l'aide d'un thermomètre à vin. La température idéale est fonction du type de vin, de son âge et, dans une moindre mesure, de la température ambiante. Les vins rouges se dégustent à une température plus élevée que les blancs, car le froid durcit leurs tanins. Les vins jeunes se servent plus frais que les vins âgés. Les températures doivent être augmentées d'un degré ou deux lorsque le vin est vieux. Les vins doux et les effervescents s'apprécient frais, mais non glacés. On sert légèrement plus frais les vins destinés à l'apéritif que ceux qui accompagnent le repas. Enfin, on gardera à l'esprit que le vin se réchauffe dans le verre.

LES VERRES

Certaines régions comme l'Alsace ont adopté un type de verre particulier. Dans la pratique, on se contentera soit d'un verre universel (de style verre à dégustation), soit des deux types les plus usités : le verre à bordeaux et le verre à bourgogne. On les remplit modérément, plus près du tiers que de la moitié. On les lave à l'eau claire ou légèrement savonneuse, avant de bien les rincer et de les faire sécher à l'air libre, tête en bas.

L'ORDRE DE SERVICE DES VINS

Rien n'empêche de servir un vin unique pour tout le repas. Cette pratique s'accorde avec les impératifs de modération et la simplicité des repas courants, parfois constitués d'un plat unique. On choisira alors un vin aimable, facile à marier avec la plupart des plats prévus ; on peut aussi réserver la bouteille au plat principal, en suivant les règles d'accord des mets et des vins.

Si l'on souhaite sophistiquer le repas en offrant plusieurs types de vins, on réfléchira à leur ordre de service. Aucun vin ne doit faire regretter le précédent ; il s'agit dont d'aller crescendo, du plus léger au plus corsé. Du plus jeune au plus vieux ? Oui, sauf si le vin jeune est particulièrement chaleureux et puissant : il risque alors de saturer les papilles avant la dégustation du vieux vin, souvent plus délicat. Du blanc au rouge ? Oui, mais attention, certains vins blancs, les liquoreux par exemple, ont une telle puissance qu'ils écrasent les rouges qui les suivent. Il convient donc de les réserver pour la fin du repas.

AU RESTAURANT

Une carte correcte doit comporter, pour chaque vin, les informations suivantes : appellation, millésime, nom du producteur. Une belle carte présentera un large éventail d'appellations et de millésimes. Elle fera la part belle aux vins locaux si l'établissement est situé dans une région viticole.
Pourquoi fait-on goûter le vin au restaurant ? Pas pour savoir si le vin plaît au client, puisqu'il l'a choisi, mais pour vérifier que la bouteille ouverte n'a pas de défaut. Il est parfaitement admis, voire normal, de renvoyer un vin si l'on y trouve – cas le plus fréquent – un goût de bouchon.

Grands vins rouges de Bordeaux à leur apogée	16-17 °C
Grands vins rouges de Bourgogne à leur apogée	15-16 °C
Grands vins rouges avant leur apogée, vins rouges de qualité	14-16 °C
Grands vins blancs secs	12-14 °C
Vins rouges légers, fruités, jeunes	11-12 °C
Vins primeurs et rosés	10 °C
Vins blancs secs vifs et légers	10-12 °C
Champagnes, crémants, vins effervescents	8-9 °C
Vins liquoreux	8-9 °C

LA DÉGUSTATION

Pour l'amateur, savoir déguster, c'est découvrir toutes les facettes du vin en trois étapes : l'œil, le nez, la bouche. Simple exercice de frime, manifestation de snobisme ? Parfois, mais surtout on comprend et on apprécie mieux tout ce que l'on parvient à traduire en mots, ses sensations par exemple. Cela demande un petit effort, mais le plaisir que l'on peut en retirer en vaut la peine. En tout état de cause, déguster doit rester un jeu, un moment de partage.

LES CONDITIONS IDÉALES

Le cadre

Pour une bonne dégustation, mieux vaut être dans une pièce bien éclairée (lumière naturelle ou éclairage ne modifiant pas les couleurs, dit lumière du jour), sans odeurs parasites telles que parfum, fumée (tabac ou cheminée), plat cuisiné ou fleurs. La température ne doit pas dépasser 18-20 °C. Si l'on déguste le vin pour lui-même, le meilleur moment est avant les repas (le matin vers 11 h, l'après-midi vers 18 h). À table, autour d'un plat, le vin révélera une facette de sa personnalité différente mais tout aussi - voire plus - intéressante.

Le verre

Le verre est comme un outil pour le dégustateur. Il est primordial qu'il soit le mieux adapté possible. Un vin ne s'exprimera pasaussi bien - voire pas du tout - dans un verre à moutarde que dans un verre à pied. Un verre incolore, afin que la robe du vin soit bien visible, et si possible fin. Sa forme sera celle d'une tulipe légèrement refermée pour mieux retenir les arômes. Son corps sera séparé du pied par une tige : ainsi, le vin ne se réchauffera pas lorsqu'on tiendra le verre par son pied et pourra facilement être agité pour s'oxygéner et révéler son bouquet. La forme du verre a une telle influence sur l'appréciation olfactive et gustative du vin que l'Association française de normalisation (Afnor) et les instances internationales de normalisation (Iso) ont adopté, après étude, un type de verre qui offre de bonnes garanties d'efficacité, appelé verre INAO. L'Union des œnologues de France a également mis au point des verres à dégustation.

LES ÉTAPES DE LA DÉGUSTATION

La dégustation fait successivement appel à la vue, à l'odorat et au goût - et même au sens tactile, par l'entremise de la bouche, sensible à la température, à la consistance et à la présence de gaz.

L'œil

L'examen de la robe (ensemble des caractères visuels), marquée par le cépage d'origine et le mode d'élaboration, est riche d'enseignements. Il porte sur :

- La limpidité. Aujourd'hui, les vins mis sur le marché sont limpides. Tout au plus peut- on trouver de petits cristaux de bitartrates (insolubles), précipitation que connaissent les vins victimes d'un coup de froid ; leur qualité n'en est pas altérée. On détermine la transparence (vin rouge) en inclinant son verre sur un fond blanc, nappe ou feuille de papier.
- La nuance de la robe. Le mode d'élaboration a parfois une influence sur la teinte : les vins blancs élevés en fût

ont souvent une teinte plus foncée. La couleur de la robe informe surtout sur l'âge du vin et sur son état de conservation. La teinte des vins blancs jeunes, jaune pâle, présente parfois des reflets verts. Avec l'âge, elle fonce, devient jaune d'or, puis cuivrée, voire bronzée. Ces teintes ambrées, normales pour un vin liquoreux, doivent alerter pour un vin sec : il a sans doute dépassé son apogée. Quant aux vins rouges, leur robe affiche des nuances violettes lorsqu'ils sont jeunes. Des reflets orangés ou brique annoncent un vin évolué, qu'il ne faut pas tarder à boire.

– L'intensité de la couleur. On ne confondra pas intensité et nuance (le ton) de la robe. Une couleur claire reflète parfois un vin dilué. Mais l'intensité de la couleur est aussi fonction du cépage : en rouge, par exemple, le cabernet-sauvignon, la syrah et le tannat donnent des robes plus profondes que le pinot noir. Elle peut aussi varier en fonction de la vinification : une macération courte donne des robes légères, une cuvaison longue, des robes foncées, signe d'une plus forte extraction. La robe légère n'est pas forcément un défaut pour un vin

DÉGUSTER POUR ACHETER

Lorsqu'on déguste un vin dans une perspective d'achat, il faut s'assurer qu'on l'apprécie dans de bonnes conditions. On évitera de le goûter au sortir d'un repas, après l'absorption d'eau-de-vie, de café, de chocolat ou de bonbons à la menthe, ou encore après avoir fumé. Attention aux aliments qui modifient la sensibilité du palais, comme le fromage ou les noix (ces dernières améliorent les vins).
Si l'on souhaite acquérir un vin pour le conserver, on se rappellera que ce sont l'alcool, l'acidité et, pour les rouges, la présence des tanins et la bonne qualité qui assurent la garde.

gouleyant à boire jeune : pour juger, on tiendra compte du type du vin.

– Les larmes ou jambes. Il s'agit des écoulements que le vin forme sur la paroi du verre quand on l'anime d'un mouvement rotatif pour humer les arômes. Les larmes traduisent la présence de glycérol, un composé visqueux au goût sucré qui se forme pendant la fermentation et qui donne au vin son onctuosité (le « gras » du vin).

Le nez

Deuxième étape de la dégustation, l'examen olfactif permet aux dégustateurs professionnels de détecter certains défauts rédhibitoires, telles la piqûre acétique ou l'odeur du liège moisi (goût de bouchon). Pour les amateurs, heureusement, il ne s'agit la plupart du temps que de démêler des impressions plus agréables. Le nez du vin rassemble un faisceau de parfums en mouvance permanente, qui se présentent successivement selon la température et l'aération. On commencera par humer ce qui se dégage du verre immobile, puis on imprimera au vin un mouvement de rotation : l'air fait alors son effet et d'autres parfums apparaissent. Les composants aromatiques du vin s'expriment selon leur volatilité. Il s'agit en quelque sorte d'une évaporation du vin, ce qui explique que la température de service soit si importante : trop froide, les arômes ne s'expriment pas ; trop chaude, ils s'évaporent trop rapidement, s'oxydent, et les parfums très volatils disparaissent, tandis que ressortent des éléments aromatiques lourds. La qualité d'un vin est fonction de l'intensité et de la complexité du bouquet. Le vocabulaire relatif aux arômes est riche, car il procède par analogie. Divers systèmes de classification des arômes ont été proposés ; pour simplifier, retenons les familles florale, fruitée, végétale (ou herbacée), épicée, balsamique, animale, empyreumatique (en référence au feu), minérale, lactée et la pâtisserie.

QUALIFICATIFS SE RAPPORTANT À L'EXAMEN VISUEL DE LA ROBE

Nuances		Intensité	Limpidité
Blancs	jaune clair, paille, or, ambré	Légère Soutenue Intense Foncée Profonde	Opaque Louche Voilée Cristalline
Rosés	églantine, œil-de-perdrix, saumon, rose, framboise, grenadine		
Rouges	rubis, cerise, pivoine, pourpre, grenat, violet		

Les principales familles d'arômes	
Florale	Fleurs blanches (aubépine, jasmin, acacia...), tilleul, violette, iris, pivoine, rose
Fruitée	Fruits rouges (cerise, fraise, framboise, groseille), noirs (cassis, mûre, myrtille), jaunes (pêche, abricot, mirabelle), blancs (pomme, poire, pêche blanche), exotiques (fruit de la Passion, mangue, ananas, litchi), agrumes (citron, pamplemousse, orange, mandarine)
Végétale	Herbe, fougère, mousse, sous-bois, champignon, humus, garrigue
Épicée	Poivre, gingembre, cannelle, vanille, girofle, réglisse
Balsamique	Résine, pin, térébenthine, santal
Animale	Viande, gibier, musc, fourrure, cuir
Empyreumatique	Brûlé, fumé, grillé, toasté, torréfié (café, cacao), caramel, tabac, foin séché
Minérale	Pierre à fusil, graphite, pétrole, iode
Pâtisserie	Brioche, miel
Lactée	Beurre frais, crème

La bouche

Une faible quantité de vin est mise en bouche. Pour permettre sa diffusion dans l'ensemble de la cavité buccale, on aspire un filet d'air. À défaut, le vin est simplement mâché. Dans la bouche, il s'échauffe et diffuse de nouveaux éléments aromatiques, recueillis par la voie rétronasale qui utilise le passage reliant le palais aux fosses nasales – étant entendu que les papilles de la langue ne sont sensibles qu'aux quatre saveurs élémentaires : l'amer, l'acide, le sucré et le salé. Voilà pourquoi une personne enrhumée ne peut goûter un vin, la voie rétronasale étant inopérante.

Outre les quatre saveurs élémentaires, la bouche est sensible à la température du vin, à sa viscosité, à la présence ou à l'absence de gaz carbonique et à l'astringence (effet tactile : absence de lubrification par la salive et contraction des muqueuses sous l'action des tanins).

Les degrés de l'acidité

Manque	Satisfaisant			Excès
Plat Mou	Tendre	Frais Vif	Nerveux	Vert, mordant Agressif

Les degrés du sucré

Absence	Satisfaisant			Excès
Sec	Tendre Souple	Doux Moelleux	Liquoreux	Sirupeux, pommadé Lourd

Les degrés de la puissance alcoolique

Manque	Satisfaisant			Excès
Pauvre Mince	Léger	Généreux Vineux	Puissant Chaleureux Capiteux	Alcooleux Brûlant

Les tanins (vins rouges)

Absence	Présence harmonieuse			Présence excessive
Gouleyant, souple	Soyeux, velouté, fondu	Construit, structuré	Charpenté, tannique, solide, viril	Rustique, anguleux, grossier, astringent, âpre, séchant, dur, acerbe

S'EXERCER À LA DÉGUSTATION

Comment commencer ? Il existe dans le commerce des flacons d'arômes qui aident à développer son nez. On peut organiser chez soi des séances d'entraînement, avec jeux de reconnaissance de parfums et dégustations de vins. On apprend beaucoup en comparant : on choisira pour commencer des couples de vins très différents, comme un bourgogne (cépage chardonnay) et un sancerre (cépage sauvignon) en blanc ; un pomerol (dominante de merlot) et un côte-rôtie (syrah) en rouge, ou encore un vin boisé et un autre non boisé. On s'intéressera au goût des aliments ainsi qu'à l'harmonie des vins et des mets. Les passionnés s'inscriront à des stages proposés par de multiples organismes.

C'est en bouche que se révèlent l'équilibre, l'harmonie, l'élégance ou, au contraire, le caractère de vins mal bâtis. L'harmonie des vins blancs et rosés s'apprécie à leur équilibre entre acidité et alcool pour les vins secs, acidité et moelleux (sucre) pour les vins doux. Pour les vins rouges, elle tient à l'équilibre entre l'acidité, l'alcool et les tanins. Ces éléments supportent sa richesse aromatique ; un grand vin se distingue par sa construction rigoureuse et puissante, quoique fondue, par son ampleur et par sa complexité aromatique.

Après cette analyse en bouche, le vin est avalé. Le dégustateur se concentre alors pour mesurer sa persistance aromatique, appelée aussi longueur en bouche. Plus le vin est riche en arômes, plus il est dense et séveux, plus il tapisse les muqueuses du palais et prolonge l'excitation des sens. En somme, plus un vin est long, plus il est estimable. Cette mesure (exprimée en secondes ou caudalies) ne porte que sur la longueur aromatique, à l'exclusion des éléments de structure du vin (acidité, amertume, sucre et alcool).

LA RECONNAISSANCE D'UN VIN

La dégustation consiste le plus souvent à apprécier un vin. Est-il grand, moyen ou petit ? Si son origine est précisée, on cherche parfois à savoir s'il est conforme à son type.

Quant à la dégustation d'identification, ou de reconnaissance, c'est un jeu de société. Elle demande un minimum d'informations. On peut reconnaître un cépage, par exemple le cabernet-sauvignon. Mais de quel pays provient-il ? L'identification des grandes régions françaises est possible, mais il est difficile d'être plus précis : si l'on propose six verres de vin en précisant qu'ils représentent les six appellations communales du Médoc (listrac, moulis, margaux, saint-julien, pauillac, saint-estèphe), combien y aura-t-il de sans-faute ?

Une expérience classique prouve la difficulté de la dégustation de reconnaissance : le dégustateur, les yeux bandés, goûte en ordre dispersé des vins rouges peu tanniques et des vins blancs non aromatiques, de préférence élevés dans le bois. Il doit simplement distinguer le blanc du rouge : il est très rare qu'il ne se trompe pas !

LES ACCORDS METS ET VINS

S'il n'y a pas de vérité absolue pour l'alliance des plats et des vins, il existe néanmoins quelques règles simples qui permettent de réaliser des accords intéressants et d'éviter les pièges. Pour choisir un vin d'accompagnement, on tiendra compte non seulement de l'ingrédient principal de la recette, mais aussi de son mode de cuisson, des assaisonnements, des sauces et des garnitures qui peuvent modifier son goût. Les appellations citées ci-dessous ne sont que des exemples ; rendez-vous sur www.hachette-vins.com et sur iPhone pour plus d'idées d'accords et de recettes.

L'APÉRITIF

C'est le moment idéal pour servir les vins blancs secs, jeunes et fruités (beaujolais blanc, bourgogne-aligoté, vins de Corse et de Savoie...), le champagne et autres vins effervescents. Ils ouvrent l'appétit et n'ont pas l'effet saturant des apéritifs riches en sucre ou en alcool. De plus, ils permettent de vrais accords avec mini tartines, bouchées, verrines et tapas. Certains rosés et rouges légers peuvent également convenir.

LES ENTRÉES

Les blancs frais et onctueux (alsace pinot gris, côtes-du-rhône, saint-véran...) s'accordent parfaitement avec les préparations froides à base de poisson et de fruits de mer, et avec la note beurrée et toastée des quiches et autres tartes salées. Le fruité des rosés s'impose sur les tartes aux légumes, les pizzas ou sur un cocktail de crevettes, tandis qu'un rouge gouleyant (du type beaujolais et autres vins issus de gamay) servi frais sera parfait avec les spécialités de tourtes et pâtés à la viande.

LES CHARCUTERIES

Emblème du casse-croûte, le saucisson sec se marie aux vins rouges tendres et fruités (beaujolais, touraine, irancy). Les jambons crus de qualité s'accordent aussi bien avec un blanc méridional (collioure, patrimonio) qui souligne la délicatesse du gras, qu'avec un rouge charnu (gigondas, irouléguy) qui flatte la partie maigre aux arômes de viande séchée. Rillettes et andouilles font bon ménage avec les blancs vifs à la minéralité tendue (bergerac, jasnières, quincy), tandis que pâtés et terrines appellent des rouges fruités aux tanins aimables (côtes-de-bourg, marcillac, lirac). On réservera les vins rouges plus puissants à la rusticité du boudin noir (cornas, saint-émilion...).

LE FOIE GRAS

Le foie gras en bocal. Moins fondant que le mi-cuit, il impose les vins moelleux ou liquoreux et leur onctuosité (sauternes, vouvray, vendanges tardives d'Alsace, saussignac). Le principe est d'associer le gras du vin au fondant du foie en favorisant la vivacité.

Le foie gras mi-cuit. Son fondant prononcé et sa pureté aromatique autorisent le service d'un champagne demi-sec, sec ou extra-dry, ou encore d'un bourgogne blanc comme un meursault ou un pouilly-fuissé.

L'escalope de foie gras poêlée. Un champagne brut donne un accord tonique. C'est le contraste entre l'onctuosité et l'acidité qui est ici recherché. Il est également possible de servir un vin rouge typé du Sud-Ouest ou du Bordelais (buzet, côtes-de-bergerac, lalande-de-pomerol) : les tanins du vin et l'onctuosité du foie se tempèrent.

LES COQUILLAGES

Plateau de coquillages. Avec un plateau de coquillages, il est préférable d'éviter les vins blancs boisés et opulents. Ils se révèlent amers en présence du caractère iodé de l'huître. On choisira des vins légers, secs, modérément aromatiques et d'une nette minéralité : muscadet, entre-deux-mers, alsace sylvaner et riesling, chablis, languedoc picpoul-de-pinet...

Les coquilles Saint-Jacques. Fondantes, savoureuses et légèrement douces, elles s'associent aux blancs nerveux de la vallée de la Loire ou d'Alsace. Avec une sauce crémée, on favorisera des vins plus tendres, voire légèrement moelleux (palette, montlouis).

Moules marinière. Servies avec des frites, dont le craquant en rehausse le moelleux, elles nécessitent un vin blanc acidulé au caractère primaire : un bourgogne du Mâconnais, un alsace sylvaner ou encore un vin blanc de Provence.

LES CRUSTACÉS

Le tourteau et les gambas. Leur chair filandreuse et moelleuse appelle un vin blanc vif, sur le fruit, d'une relative simplicité (vin-de-savoie, petit-chablis, reuilly). Ces produits s'accommodent très bien des blancs servis avec les coquillages crus.

La langoustine. Sa chair fine et fondante s'allie aux vins blancs délicats et ronds dont le choix définitif sera fait en fonction de la sauce. L'accord peut aller d'un champagne brut à un vin blanc méridional, comme un côtes-du-rhône, sur la note exotique d'une sauce au curry.

Le homard et la langouste. Ils imposent un blanc harmonieux et opulent comme un meursault, un hermitage ou un pessac-léognan. Servis froids accompagnés de mayonnaise, ils s'allient à des vins plus simples, vifs et fruités, comme un chablis, un sancerre ou un faugères blanc.

LES POISSONS CRUS ET LES POISSONS FUMÉS

L'assaisonnement relevé des tartares et des carpaccios appelle des blancs jeunes, frais et sans exubérance des appellations entre-deux-mers ou sancerre. En présence d'épices, il est possible de servir un rosé vineux (côtes-du-roussillon, tavel).

Les poissons fumés comme le saumon, la truite ou l'anguille ont une chair grasse, goûteuse et fondante qui réclame des vins blancs incisifs et de bonne minéralité (mâcon, pouilly-fumé). On recherchera la fraîcheur pour contrecarrer le gras et une pointe de minéralité pour dompter la note fumée.

LES POISSONS CUISINÉS

Poissons grillés et fritures. Les poissons grillés et en friture demandent des vins blancs jeunes, vifs et fruités. La fraîcheur d'un muscadet ou d'un petit-chablis compense le gras de la sardine ou du saumon, tandis que la rondeur d'un minervois souligne le fondant d'une dorade. À l'opposé, le caractère iodé du rouget permet un accord avec un rouge tendre servi frais ou avec un rosé vineux et épicé (ajaccio, vacqueyras).

Poissons au four ou poêlés. Les grosses pièces cuites au four, comme le loup ou la dorade royale, nécessitent un vin blanc onctueux et expressif à l'image d'un hermitage blanc ou d'un côtes-de-provence. Un profil de vin qui convient également à un pavé de cabillaud poêlé. De texture délicate, la sole se marie avec un vin blanc frais, tendre et finement aromatique comme le pessac-léognan ou le meursault.

Poissons cuisinés. Une lotte à la crème impose un bourgogne à maturité ou, pour une note plus méridionale, un châteauneuf-du-pape blanc ; une brandade de morue, un blanc méridional comme un costières-de-nîmes, et les poissons d'eaudouce, des blancs fins et frais comme les graves, touraine, alsace riesling ou roussette-de-savoie.

Poissons et vins rouges. Rougets grillés à la tapenade, thon grillé et ratatouille s'accommodent très bien de vins rouges méridionaux légers, aux tanins ronds et souples, servis frais. La lamproie à la bordelaise appréciera la présence d'un graves rouge, d'un montravel ou d'un blaye.

LES VIANDES

Le bœuf. Tandis que les vins souples, jeunes et fruités (bordeaux clairet, faugères, anjou rouge) accompagnent la texture fondante du steack tartare et du carpaccio, une entrecôte grillée ou un rosbif demandent un vin rouge plus structuré (médoc, bordeaux supérieur, gigondas, chinon...). Les tanins denses et veloutés s'allient alors à la texture riche et serrée de la viande saignante. Pour une côte de bœuf, morceau de choix, on montera en gamme avec un saint-estèphe, un margaux, un saint-julien, un pauillac ou encore un vin structuré du Sud-Ouest : pécharmant, madiran.

La chair confite des viandes braisées et mijotées offrent un moelleux qui appelle des vins évolués aux tanins patinés (beaune, mercurey, châteauneuf-du-pape). Enfin, le traditionnel pot-au-feu, riche en viande fondante et en légumes, demande un vin rouge charnu, généreux, au fruité immédiat. On fera son choix dans les crus du Beaujolais, les côtes-du-rhône ou les vins rouges du Jura.

Le veau. Apprécié pour sa finesse et son fondant, le veau rôti ou en sauce demande des vins tendres et peu tanniques : beaujolais, vins de Loire issus de gamay ou bourgognes de la Côte chalonnaise. Avec une côte de veau à la crème ou une blanquette, il est préférable de servir un blanc tendre et fruité, dont un léger boisé renforcera la rondeur et l'onctuosité de l'accord.

L'agneau. L'agneau grillé ou braisé appelle le thym, le romarin et l'ail, et apprécie les vins rouges du Sud, généreux et épicés comme le corbières ou le côtes-de-provence. Un gigot d'agneau cuit rosé s'accorde avec des rouges de caractère comme les vins du Médoc ou des Corbières. Quant au navarin, il nécessite des vins rouges frais et fruités comme les crus de la vallée du Rhône méridionale qui allient richesse et souplesse.

Le porc. Les blancs légers et fruités (graves, côtes- du-rhône) soulignent la délicatesse d'un filet mignon à la crème, tandis qu'un rôti servi avec des petits légumes demande des rouges fruités et toniques (bourgueil, givry, minervois) pour accompagner de leurs tanins soyeux le fondant de la viande. Braisé ou mijoté, le porc nécessite des vins rouges au fruité compoté et aux tanins souples.

Les abats. Rognons, foie de veau, pied de porc, tripes ou tête de veau s'accordent avec les vins rouges frais aux tanins souples (côtes-du-jura, marcillac, crozes-hermitage). Délicate et fondante, la cervelle d'agneau appelle au contraire un vin blanc léger et fruité, l'andouillette grillée un blanc rond au boisé discret, et les ris de veau un blanc onctueux et peu acide qui allie sa suavité à la douceur de ce mets raffiné.

LES VOLAILLES

Rôties. Le poulet rôti offre un accord savoureux avec un vin rouge tendre et fruité, sans excès de tanins. Par tradition, le cépage pinot noir est mis à l'honneur. Pensez aux bourgognes, aux rouges d'Alsace ou du Centre-Loire. Les beaujolais et les rouges de Loire sont également parfaits. Les amateurs de bordeaux se tourneront vers les appellations régionales ou les vins de côtes.

On accorde chapons et poulardes selon le même principe mais le caractère festif de ces volailles appelle des rouges fins comme les grands bourgognes et tous les vins raisonnablement tanniques.

Pigeon et canard nécessitent des rouges tendres et ronds aux tanins séveux pour faire écho à la texture de la viande douce et juteuse. Les vins méridionaux ont un caractère épicé et des tanins aimables qui seront tout à fait dans le ton.

Mijotées. Avec un coq au vin par exemple, un vin rouge riche et expressif, comme un volnay ou un cahors, offrira après quelques années de cave des tanins patinés et une richesse aromatique qui s'harmoniseront avec la finesse de la sauce et des chairs confites.

Les confits. C'est dans le cassoulet que l'on déguste le plus fréquemment les confits de canard et d'oie. La richesse de ce plat demande des vins rouges charnus, aux tanins ronds et moelleux comme un cahors, un madiran et de nombreux vins du Languedoc comme les corbières, minervois ou cabardès.

Volailles et vins blancs. Par sa texture moelleuse et très fondante, la poularde à la crème demande un vin blanc riche et élégant, de préférence issu de chardonnay. S'il y a des morilles dans la sauce, un côtes-du-jura sublimera ce plat festif.

Traditionnellement servie avec le bouillon lié à la crème, la poule-au-pot se marie avec les vins blancs fruités et ronds, pas trop acides, comme un mercurey ou un mâcon.

Le lapin. Rôti à la fleur de thym, il sera parfait en compagnie d'un rouge du Sud aux arômes de garrigue comme un languedoc ou un côtes-du-rhône. Cuisiné à la moutarde, il s'accorde à la fraîcheur d'un rouge de Loire (bourgueil, chinon, saumur-champigny).

LE GIBIER

À plume. Rôtis, faisans et perdreaux offrent une chair fine et savoureuse qui s'associe aux vins rouges tendres et soyeux comme les bourgognes. Cuits en salmis, ils nécessitent des vins plus structurés et évolués, comme un cahors ou un corbières. Le canard sauvage, au goût prononcé, nécessite des vins de caractère, comme un saint-joseph, un languedoc Pic-Saint-Loup ou un médoc.

Lièvre et lapin de garenne. Le jeune lièvre est délicieux rôti. Sa viande délicate et parfumée nécessite des vins rouges élégants et racés comme un moulis-en-médoc ou un saint-chinian. La sauce du civet est onctueuse et puissante, les vins doivent être corpulents et de bonne évolution. On pense aux châteauneuf-du-pape, bandol, saint-émilion ou aux grands bourgognes (pommard, corton...). On accorde le lapin de garenne selon les mêmes principes en étant plus modeste sur le prestige des cuvées.

Le gros gibier rôti. Avec du chevreuil, de la biche ou du sanglier rôti, il faut choisir un vin rouge au fruité encore vif, pourvu d'une belle structure tannique : fronsac, saint-émilion, fitou, santenay, minervois...

Le gros gibier mijoté. On associe les tanins assagis du vin vieux à la texture veloutée de la sauce, et l'équilibre gustatif est complété par la gamme des arômes confits et épicés. Pour peu que le vin soit légèrement animal, l'harmonie est totale.

LE VIN ET LES ÉPICES

La cuisine épicée s'accorde aux vins rouges et rosés méridionaux qui offrent une richesse aromatique et une puissance propres à tenir tête àla force des épices. Cependant, de nombreux vins blancs vifs et minéraux à base de cépages aromatiques comme le gewurztraminer, le viognier, le sauvignon ou encore le chenin blanc sont parfaits avec les plats à base de curry.

LES FROMAGES

Les pâtes molles à croûte fleurie. Camembert ou brie s'associent aux vins rouges légers et souples, voire gouleyants : un beaujolais, un touraine ou un anjou-gamay ou encore un bourgogne de l'Yonne friand à souhait.

Les pâtes molles à croûte lavée. Époisses, livarot et maroilles demandent des blancs puissants, aromatiques et vifs comme un alsace gewurztraminer. Ce dernier équilibre la force du fromage dont la puissance aromatique fait écho au caractère épicé du vin.

Les pâtes pressées non cuites. Cantal, salers et saint-nectaire apprécient les vins rouges charnus et épicés en harmonie avec la pâte dense de ces fromages de caractère : côtes-du-rhône-villages, gaillac, fronton ou rouges de Provence. Un blanc de caractère, gras et aromatique, comme un châteauneuf-du-pape, révèle le caractère fruité du fromage.

Les pâtes pressées cuites. Comté, beaufort et emmental se marient avec des blancs gras légèrement boisés, aux notes de noisette et de beurre, tels que les vins issus du cépage chardonnay ou, pour un accord très original, un vin jaune du Jura ou un vin de voile de Gaillac.

Les pâtes persillées. Le roquefort et les bleus en général offrent un accord très abouti avec les vins doux naturels rouges tels que les banyuls, rivesaltes ou maury dont la puissance aromatique et l'onctuosité se marieront idéalement avec le gras du fromage. Les liquoreux forment aussi de bons accords, ainsi que les rouges puissants (madiran).

Les fromages de chèvre. Des fromages de caractère qui demandent des vins blancs vifs et fruités comme ceux issus du cépage sauvignon que produisent le Centre-Loire ou la Touraine. Les vins de chardonnay élevés en cuve sont possibles, par exemple un mâcon. Lorsque le fromage est très affiné, un rivesaltes ambré ou un montlouis-sur-loire demi-sec adoucissent l'accord.

LES DESSERTS

Les desserts à base de fruits. Sur une salade de fruits, les vins doux naturels issus de muscat apporteront une riche palette aromatique qui rappelle les fruits frais. De nombreux vins moelleux conviennent également, comme les gaillac,pacherenc-du-vic-bilh ou certains rieslings et gewurztraminers issus de vendanges tardives.

Les pâtisseries à base de fruits rouges appellent des vins doux naturels rouges vintage qui offrent des arômes variés aux nuances de fruits noirs et rouges très mûrs, et d'agréables tanins ronds. Les vins de liqueur (pineau-des-charentes, floc-de-gascogne) conviennent également.

Les tartes s'accordent avec les moelleux et les liquoreux de Loire, du Sud-Ouest, d'Alsace et du Bordelais. Garnies de miel ou de fruits secs, elles demandent un vin doux naturel évolué, tendre et aromatique, comme un vieux banyuls.

Les desserts au chocolat et au café. Sur un dessert riche en cacao, on favorise les vins doux naturels de type oxydatif, élevés longuement en fût, des appellations banyuls ou maury. Ils développent une agréable onctuosité et une touche de rancio qui fait écho à l'amertume du cacao.

Si ce même dessert est servi avec un coulis de fruits rouges, on choisira alors un type vintage ou rimage, vin rouge doux, dense et velouté aux arômes de bigarreau très mûr. Enfin, si le dessert au chocolat contient des fruits confits, des fruits secs ou des épices, et dans le cas d'un dessert au moka, on choisira un vin au caractère évolué comme un rivesaltes ambré ou tuilé.

Les crèmes caramel, crèmes brûlées. L'onctuosité et la finesse des crèmes demandent des blancs moelleux d'une bonne vivacité : un monbazillac, un jurançon ou encore un alsace vendanges tardives qui favoriseront l'équilibre sur la fraîcheur.

LA VIGNE ET LES TERROIRS

À l'origine du vin se trouve une plante domestiquée par l'homme depuis des millénaires. Alliée au terroir, elle lègue au vin un caractère incomparable, différent selon sa variété. Au vigneron ensuite de mettre ces potentialités en valeur. Pour cela, il sélectionne les terroirs et les cépages les mieux adaptés aux sols et aux microclimats.

LA VIGNE, UNE CULTURE MONDIALE

C'est en Transcaucasie (actuelles Géorgie et Arménie) que la culture de la vigne se serait développée dès les temps préhistoriques. Elle se diffusa ensuite en Asie Mineure, puis sur tout le pourtour méditerranéen, suivant ainsi les peuples dans leurs migrations : Égyptiens, Perses, Grecs, Romains et tant d'autres. L'histoire ne fit que se répéter lorsqu'à la fin du XVe s., les cépages européens voyagèrent jusqu'en Amérique avec les conquistadores espagnols. Et les Hollandais ensuite de les implanter en Afrique du Sud, puis les Anglais de les porter jusqu'aux antipodes.

Vitis vinifera

La vigne appartient au genre Vitis dont il existe de nombreuses espèces.

Vitis vinifera, originaire du continent européen, est l'espèce la mieux adaptée à la production vinicole. La quasi-totalité des vins, dans le monde entier, est issue de différentes variétés de *Vitis vinifera* importées d'Europe. D'autres espèces sont originaires d'Amérique ; certaines sont infertiles et d'autres donnent des produits au caractère organoleptique peu apprécié et qualifié de foxé (fourrure de renard). Cependant, ces dernières espèces présentent une résistance aux maladies supérieure. Dans les années 1930, on a donc cherché à créer, par hybridation, de nouvelles variétés moins vulnérables, comme les espèces américaines, mais produisant des vins de la même qualité que ceux de *Vitis vinifera* : ce fut un échec qualitatif. Heureusement, l'analyse chimique de la matière colorante a permis de différencier les vins de *Vitis vinifera* de ceux des vignes hybrides qui ont pu ainsi être éliminées du territoire des AOC.

Le phylloxéra : révolution dans le vignoble

À la fin du XIXe s., un puceron, le phylloxéra, fut introduit en France par importation de plants de vignes américains infestés, mais qui n'avaient pas manifesté la maladie en raison de leur résistance. Il fut responsable de dévastations en Europe, en s'attaquant aux racines de *Vitis vinifera*. Les nombreuses tentatives de protection par des méthodes chimiques se soldèrent par un échec ; le fléau ne put être combattu sans une révolution des modes de culture. Toutes les vignes durent être greffées sur un porte-greffe de vigne américaine résistant au phylloxéra : contrairement à l'hybridation qui crée de nouvelles variétés partageant les caractères des deux parents, le cep garde dans ce cas les propriétés de l'espèce vinifera, mais ses racines ne sont pas infectées par le ravageur. *Vitis vinifera* est aussi sensible à d'autres parasites : par exemple un champignon, le mildiou, et la cicadelle, insecte originaire d'Amérique qui inocule la flavescence, maladie qui détruit la vigne.

À chaque région ses cépages

Vitis vinifera comprend de nombreuses variétés, appelées cépages. Alors que dans certains vignobles les vins proviennent d'un seul cépage (pinot et chardonnay en Bourgogne par exemple), dans d'autres, ils peuvent résulter de l'association de plusieurs variétés complémentaires. Chaque aire viticole a sélectionné les plants les mieux adaptés, mais l'encépagement varie dans le temps au gré de l'évolution du goût des consommateurs et donc des marchés. Sachant qu'il faut attendre quatre ans après sa plantation pour qu'un cep produise du vin, les vignerons ont de plus en plus recours au surgreffage : les greffons d'un nouveau cépage sont greffés sur les anciens pieds de vigne.

Des progrès constants

Chaque cépage admet différents clones, c'est-à-dire des individus qui se distinguent par certaines caractéristiques : plus grande productivité, maturité plus précoce, meilleure résistance aux maladies. Pour les hommes du vin, il s'est toujours agi de sélectionner les meilleures souches tout en veillant à respecter une certaine diversité des clones plantés. Des recherches sont en cours pour améliorer la résistance des vignes grâce à des modifications génétiques.

LES TERROIRS VITICOLES

Prise dans son sens le plus large, la notion de terroir viticole regroupe de nombreuses donnéesd'ordre biologique (choix du cépage), géographique, climatique, géologique et pédologique. Il faut ajouter aussi des facteurs humains – historiques et commerciaux.

L'adaptation au climat

La vigne est cultivée dans l'hémisphère nord entre le 35e et le 50e parallèle, et dans l'hémisphère sud entre le 28e et le 42e parallèle ; elle est donc adaptée à des climats très différents. Cependant, les vignobles les plus proches des pôles permettent essentiellement la culture des cépages blancs, que l'on choisit précoces et dont les fruits peuvent mûrir avant les froids de l'automne ; sous des climats chauds sont cultivés les cépages tardifs. Pour faire du bon vin, il faut un raisin bien mûr, mais la maturation ne doit être ni trop rapide ni trop complète au risque de perdre des éléments aromatiques. Les grands vignobles des zones climatiques marginales sont confrontés à l'irrégularité des conditions climatiques pendant la période de maturation d'une année à l'autre.

Un sol pauvre et bien drainé

La vigne est une plante peu exigeante qui pousse sur des sols pauvres, mais équilibrés. Cette pauvreté est d'ailleurs un élément de la qualité des vins, car elle favorise des rendements limités qui évitent la dilution des pigments colorants, des arômes et des constituants sapides.

Sous un climat chaud et sec, la régulation de l'alimentation en eau se fait par le contrôle de l'irrigation. Sous un climat tempéré et océanique, avec les précipitations variables d'une année à l'autre, le sol du vignoble, par ses propriétés physico-chimiques, joue un rôle essentiel pour réguler l'alimentation en eau de la plante : il apporte de l'eau au printemps, lors de la croissance, et élimine les excès éventuels de pluie pendant la maturation. Un drainage artificiel peut éventuellement pallier les déficiences du sol.

Les sols graveleux et calcaires assurent particulièrement bien ces régulations, mais il existe aussi des crus réputés sur des sols sableux et même argileux. De fait, d'excellents vins peuvent être produits sur des terroirs en apparence très différents. A contrario, des vignobles implantés sur des sols apparemment voisins présentent parfois de grandes disparités de qualité parce que l'aptitude de leur sol à la régularisation de l'eau n'est pas la même.

Tous les goûts sont dans la nature du sol

La couleur ou les caractères aromatiques et gustatifs des vins issus d'un même cépage et produits sous un même climat varient selon la nature du sol et du sous-sol : calcaires, molasses argilo-calcaires, sédiments argileux, sableux ou gravelo-sableux. Par exemple, l'augmentation de la proportion d'argile dans les graves donne des vins plus acides, plus tanniques et corsés, au détriment de la finesse ; le sauvignon blanc prend des arômes plus ou moins puissants sur les calcaires, sur les graves ou sur les marnes.

LE CYCLE DES TRAVAUX DE LA VIGNE

La vigne est une plante bisannuelle, à feuilles caduques, qui se développe selon un cycle régulier au fil des saisons. Tout commence au printemps par la sortie des bourgeons : le débourrement. Puis apparaissent les fleurs au mois de mai, suivies des fruits (la nouaison). En juillet-août, les grains changent progressivement de couleur et les rameaux se couvrent d'une écorce ligneuse : c'est la véraison, puis l'aoûtement. Seule la maturation du raisin déterminera le moment optimal pour vendanger. À l'automne, la vigne perd ses feuilles et entre dans sa période de repos, appelée dormance.

TAILLER

Destinée à équilibrer la production des fruits et à éviter le développement exagéré du bois, la taille annuelle s'effectue normalement entre décembre et mars. La longueur des sarments, choisie en fonction de la vigueur de la plante, commande directement l'importance de la récolte. Les labours de printemps déchaussent la plante, en ramenant la terre vers le milieu du rang, et créent une couche meuble qui restera aussi sèche que possible. Le décavaillonnage consiste à enlever la terre qui reste, sous le rang, entre les ceps.

TRAVAILLER LE SOL

Au début de l'hiver, le vigneron laboure son vignoble : il ramène la terre vers les ceps afin de les protéger des gelées ; une rigole ainsi formée au centre des rangs permet d'évacuer les eaux de ruissellement. Le labour peut être utilisé pour enfouir des engrais.

En fonction des besoins, les travaux du sol sont poursuivis pendant toute la durée du cycle végétatif ; ils détruisent la végétation adventice, maintiennent le sol meuble et évitent les pertes d'eau par évaporation. Le désherbage peut être effectué chimiquement ; s'il est total, il est réalisé à la fin de l'hiver, et les travaux aratoires sont complètement supprimés ; on parle alors de non-culture, celle-ci constituant une économie substantielle. Cependant, certains producteurs soucieux de l'environnement préfèrent les vignes enherbées qui permettent de limiter la vigueur de la plante.

MAÎTRISER LA VIGNE ET SES RENDEMENTS

Pendant toute la période végétative, on procède à différentes opérations pour limiter la prolifération végétale : l'épamprage, suppression de certains rameaux ; le rognage, raccourcissement de leur extrémité ; l'effeuillage, qui permet une meilleure exposition des raisins au soleil ; l'accolage, pour maintenir les sarments dans les vignes palissées.

L'amélioration des conditions de culture a une incidence décisive sur la qualité du vin et sur le rendement de la vigne. Certes, il est possible de modifier considérablement le rendement en agissant sur la fertilisation, la densité des plants à l'hectare, le choix du porte-greffe et la taille. Toutefois, la recherche systématique de forts rendements affecte la qualité. L'abondance doit résulter de facteurs naturels favorables à une vendange saine et équilibrée, apte à produire de grands millésimes. Le rendement maximum se situe entre 45 et 60 hl/ha pour produire de grands vins rouges, un peu plus pour les vins blancs secs. En outre, les meilleurs vins proviennent souvent de vignes suffisamment âgées (trente ans et plus) et ayant parfaitement développé leur système racinaire.

LE CYCLE ANNUEL DE LA VIGNE

PROTÉGER ET TRAITER

Le viticulteur doit également protéger la vigne des maladies : le service de la protection des végétaux diffuse des informations qui permettent de prévoir les traitements nécessaires, par pulvérisation de produits actifs, naturels (agrobiologie) ou issus de la chimie industrielle.

LA LUTTE RAISONNÉE

La vigne est une plante sensible à de nombreuses maladies – mildiou, oïdium, black-rot, pourriture... – qui compromettent la récolte et communiquent aux raisins de mauvais goûts susceptibles de se retrouver dans le vin. Les viticulteurs disposent de moyens de traitement efficaces, facteurs certains de l'amélioration générale de la qualité. Si, par souci de sécurité, les viticulteurs ont autrefois abusé de l'emploi des pesticides chimiques, ils se sentent aujourd'hui impliqués dans la recherche d'une culture raisonnée qui limite les traitements au strict nécessaire. Par ailleurs, l'agrobiologie, s'appuyant sur une biodynamique du sol, cherche à créer des conditions naturelles rendant la vigne moins sensible aux maladies.

ÉVALUER LA MATURITÉ

L'état de maturité du raisin est un facteur essentiel de la qualité du vin. Dans une même région, les conditions climatiques sont variables d'une année sur l'autre, entraînant des différences de constitution des raisins qui déterminent les caractéristiques propres de chaque millésime. Il faut prendre en compte l'existence de plusieurs phénomènes biochimiques intervenant au cours de la maturation : accumulation des sucres, diminution de l'acidité, accumulation et affinement des tanins des raisins rouges et des arômes des raisins blancs. Ils n'évoluent pas tous de manière identique ; l'idéal est d'atteindre au même moment l'optimum qualitatif pour chacun d'eux. Sous les climats tempérés, une bonne maturation suppose un temps chaud et sec. On sait que sous des climats particulièrement chauds, la concentration de sucre dans le raisin, donc de l'alcool dans le vin, peut obliger à vendanger, alors que les tanins des raisins rouges ne sont pas encore mûrs. En tout cas, la date des vendanges doit être fixée avec discernement, en fonction de la situation, de l'évolution de la maturation et de l'état sanitaire du raisin.

VENDANGER

De plus en plus, les vendanges manuelles font place au ramassage mécanique. Les machines, munies de batteurs, font tomber les grains sur un tapis mobile et un ventilateur élimine la plus grande partie des feuilles. La brutalité de l'action sur le raisin n'est pas a priori favorable à la qualité, surtout pour les vins blancs : malgré des progrès considérables dans la conception et la conduite de ces machines, les crus de haute réputation seront les derniers à faire appel à ce procédé de ramassage, parce que leurs moyens financiers leur permettent d'effectuer un travail très soigné (de sélection et de tri des raisins), certainement favorable à la qualité, mais relativement onéreux.

LE CALENDRIER DU VIGNERON

JANVIER

Si la taille s'effectue de décembre à mars, c'est bien « à la Saint-Vincent que l'hiver s'en va ou se reprend ».

FÉVRIER

Le vin se contracte avec l'abaissement de la température. Surveiller les tonneaux pour l'ouillage qui se fait périodiquement toute l'année. Les fermentations malolactiques doivent être alors terminées.

MARS

On « débutte ». On finit la taille : « Taille tôt, taille tard, rien ne vaut la taille de mars. » On met en bouteilles les vins qui se boivent jeunes.

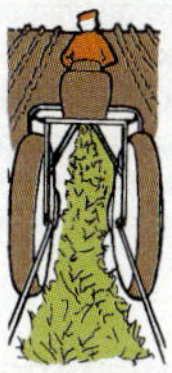

AVRIL

Avant le phylloxéra, on plantait les paisseaux. Maintenant on palisse sur fil de fer, sauf à l'Hermitage, Côte Rôtie et Condrieu.

MAI

On surveille la vigne et on la protège contre les gelées de printemps. Binage.

JUIN

On « accole » les vignes palissées et l'on commence à rogner les sarments. La « nouaison » (= donner des baies) ou la « coulure » vont commander le volume de la récolte.

JUILLET

Les traitements contre les parasites continuent ainsi que la surveillance du vin sous les fortes variations de température.

AOÛT

Travailler le sol serait nuisible à la vigne, mais il faut être vigilant devant les invasions possibles de certains parasites. On prépare la cuverie dans les régions précoces.

SEPTEMBRE

Étude de la maturation par prélèvement régulier des raisins pour fixer la date des vendanges, qui commencent en région méditerranéenne.

OCTOBRE

Les vendanges ont lieu dans la plupart des vignobles et la vinification commence. Les vins de garde vont être mis en fût pour y être élevés.

NOVEMBRE

Les vins primeurs sont mis en bouteilles. On surveille l'évolution des vins nouveaux. La prétaille commence.

DÉCEMBRE

La température des caves doit être maintenue pour assurer l'achèvement des fermentations alcoolique et malolactique.

LA NAISSANCE DU VIN

Depuis quand élabore-t-on du vin ? Depuis que l'homme a découvert que des raisins conservés trop longtemps dans une jarre fermentaient et changeaient de goût, soit entre 6 000 et 8 000 ans avant notre ère. Aujourd'hui, le sens que nous donnons au mot « vin » n'a guère changé, la réglementation européenne le définissant comme « le produit obtenu exclusivement par la fermentation alcoolique, totale ou partielle, de raisins frais, foulés ou non, ou de moûts de raisins ».

LA FERMENTATION ALCOOLIQUE

Le vin naît d'un phénomène microbiologique : des levures se développent à l'abri de l'air et décomposent le sucre du raisin en alcool et en gaz carbonique. C'est la fermentation alcoolique. Il faut environ 17 g de sucre par litre de moût (jus qui s'écoule lors du pressurage de raisins frais) pour produire 1 % vol. d'alcool par la fermentation. Au cours de ce processus, de nombreux produits secondaires apparaissent (glycérol, acide succinique, esters, etc.), qui participent aux arômes et au goût du vin.

D'où viennent ces levures ? De la nature elle-même : elles ont été déposées sur la peau du raisin ou se sont développées dans la cave à l'occasion des manipulations de la vendange. Elles peuvent aussi provenir de cultures en laboratoire : ces levures sélectionnées, déshydratées, sont ajoutées dans la cuve. Elles favorisent un bon déroulement de la fermentation et évitent certains défauts (odeurs de réduction).

Dans certains cas, une souche adaptée permet de révéler les arômes spécifiques d'un cépage, tel le sauvignon, présents à l'état de molécules inodores (les précurseurs d'arômes) dans le raisin. En tout état de cause, la qualité et la typicité du vin reposent essentiellement sur la qualité du raisin, donc sur des facteurs naturels (cépages, crus et terroirs).

La macération des raisins rouges
et le pressurage des raisins blancs

LA TEMPÉRATURE, CLÉ DU SUCCÈS

La fermentation dégage des calories qui provoquent l'échauffement de la cuve. Or, au-delà de 35 °C, le processus risque de s'interrompre brutalement avant que la totalité du sucre ait été transformée en alcool. Les levures meurent et laissent alors le champ libre aux bactéries qui décomposent le sucre restant et produisent de l'acide acétique (acidité volatile) ; il s'agit d'un accident grave, connu sous le nom de « piqûre ». Le vigneron s'attache donc à maîtriser la température à l'aide de divers mécanismes de thermorégulation : serpentins, échangeurs thermiques, cuves Inox informatisées. Les vins rouges fermentent à 28-32 °C afin d'extraire au mieux les constituants de la pellicule du raisin (couleur, tanins), les vins blancs, à 18-20 °C pour protéger les arômes. L'introduction d'oxygène par aération du moût en début de fermentation est nécessaire pour les levures ; c'est une autre condition essentielle pour éviter les arrêts prématurés de la fermentation.

LA FERMENTATION MALOLACTIQUE

Il arrive qu'une seconde fermentation intervienne après la fermentation alcoolique : la fermentation malolactique. Sous l'influence de bactéries, l'acide malique du raisin est décomposé en acide lactique et en gaz carbonique. Les conséquences sont une baisse d'acidité et un assouplissement du vin, avec affinement des arômes. Simultanément, le vin acquiert une meilleure stabilité pour sa conservation. Si les vins rouges s'en trouvent toujours améliorés, l'avantage est moins systématique pour les vins blancs.

COMMENT LIMITER LES RISQUES BACTÉRIENS ?

Au cours de la conservation, il reste toujours des populations bactériennes résiduelles dans le vin qui peuvent provoquer des accidents graves : décomposition de certains constituants du vin ; oxydation et formation d'acide acétique (processus de fabrication du vinaigre). Les soins apportés aujourd'hui à la vinification permettent d'écarter ces risques. La première condition est une parfaite propreté qui évite les contaminations microbiennes excessives ; elle peut être complétée par des procédés d'élimination des microbes présents dans le vin (soutirage, collage, filtration). Enfin, le dioxyde de soufre (SO_2) est un antiseptique très puissant ; bien utilisé, à faible dose, il ne compromet pas la qualité des vins, au contraire.

LES TYPES ET STYLES DE VINS

Au-delà de leur couleur, rouge, blanc ou rosé, les vins se distinguent selon leur type : tranquille ou effervescent. Dans un cas, la surpression du CO_2 dans la bouteille est inférieure à 0,5 kg, dans l'autre, elle dépasse 3 kg (à 20 °C) et un dégagement de gaz carbonique se produit au débouchage. Les vins ont aussi un style : sec ou doux, avec toutes les nuances imaginables entre ces deux saveurs.

Les vins secs

Les vins secs contiennent moins de 4 g/l de sucres résiduels ; le goût sucré n'est donc pas perceptible à la dégustation. Ils sont rouges, blancs ou rosés, tranquilles ou effervescents et présentent une grande variété de caractères selon les cépages, les terroirs et les modes de vinification.

Les vins doux

Les vins doux sont caractérisés par un taux de sucre variable, mais toujours supérieur à 4 g/l : ils peuvent être demi-secs, moelleux (entre 12 et 45 g/l de sucres) ou liquoreux (plus de 45 g/l). Leur production suppose des raisins très mûrs, riches en sucre, dont une partie seulement est transformée en alcool par la fermentation.

Les vins liquoreux proviennent de raisins sur-mûris dont l'extrême concentration est due soit à un passerillage (dessication des baies) sur souche ou sur un lit de paille après la récolte, soit à l'action d'un champignon, le Botrytis cinerea, provoquant dans des conditions particulières une forme de pourriture, qualifiée de « noble » : les baies sont alors vendangées à mesure du développement du botrytis, par tries successives. Le titre alcoométrique de ces vins atteint entre 13 et 16 % vol.

Les vins de liqueur et vins doux naturels

Un vin de liqueur – à ne pas confondre avec un vin liquoreux – est obtenu par addition, avant, pendant ou après la fermentation, d'alcool neutre, d'eau-de-vie de vin, de moût de raisin concentré ou d'un mélange de ces produits. L'objectif est d'interrompre la fermentation afin de garder une grande quantité de sucres résiduels : cette opération est appelée mutage. Le pineau-des-charentes, le floc-de-gascogne et le macvin-du-jura en France, de même que le porto produit dans la vallée du Douro, au Portugal, sont des vins de liqueur. Certains vins mutés français, héritiers d'une longue tradition, portent le nom de vins doux naturels. Issus des cépages muscat, grenache, maccabéo et malvoisie, ils sont originaires du Languedoc-Roussillon, de la vallée du Rhône et de la Corse.

Les vins effervescents

Les vins effervescents doivent leur forte teneur en gaz carbonique (pression de l'ordre de 6 à 8 bar) à une seconde fermentation – la prise de mousse – qui peut s'effectuer en bouteille (selon la méthode traditionnelle, autrefois dite champenoise) ou en cuve (méthode en cuve close). Il existe aussi des vins mousseux gazéifiés, obtenus par addition de gaz, procédé interdit pour les vins de qualité d'appellation.

Quant aux vins pétillants, ils possèdent une pression de gaz carbonique comprise entre 1 et 2,5 bar. Leur degré alcoolique est supérieur à 7 % vol.

LA VINIFICATION ET L'ÉLEVAGE

Selon le type de vin souhaité, la couleur et la qualité du raisin vendangé, le vigneron doit choisir un mode de vinification adapté. Le vin nouveau ainsi obtenu est brut, trouble et gazeux. La phase d'élevage (clarification, stabilisation, affinement de la qualité) va le conduire jusqu'à la mise en bouteilles.

LES VINS ROUGES

La macération et la fermentation

Dans la majorité des cas, le raisin est d'abord égrappé ; les grains sont ensuite foulés et le mélange de pulpe, de pépins et de pellicules est envoyé dans la cuve de fermentation. Dès le début du processus, le gaz carbonique soulève toutes les particules solides qui forment, à la partie supérieure de la cuve, une masse compacte appelée chapeau ou marc.

Dans la cuve, la fermentation alcoolique se déroule en même temps que la macération des pellicules et des pépins dans le jus. La macération apporte au vin rouge sa couleur et sa structure tannique. Les vins destinés à un long vieillissement doivent être riches en tanins et subissent donc une longue macération (de deux à trois semaines) à une température de 25 à 30 °C. En revanche, les vins rouges à consommer jeunes, de type primeurs, doivent être fruités et peu tanniques : leur macération est réduite à quelques jours.

Le pressurage

Après la fermentation, le vinificateur sépare la partie liquide, appelée vin de goutte ou grand vin, des parties solides, le marc : c'est l'écoulage. Il presse le marc de façon à obtenir un vin de presse, plus chargé en extraits, qu'il assemblera éventuellement au vin de goutte, selon les caractères gustatifs souhaités.

Vins de goutte et vins de presse sont remis en cuve séparément pour subir les fermentations d'achèvement : disparition des sucres résiduels et fermentation malolactique. Pour les grands vins, l'écoulage peut être fait directement dans des fûts de chêne, au sein desquels s'effectue la fermentation malolactique. Les vins rouges acquièrent ainsi un caractère boisé plus harmonieux.

LES VINS ROSÉS

Les vins clairets, rosés ou gris sont obtenus par une macération d'importance variable de raisins noirs.

Les rosés de pressurage direct

Les raisins noirs sont vinifiés comme pour élaborer un vin blanc, après un léger pressurage afin d'obtenir un moût peu coloré. De couleur assez pâle, les rosés de pressurage direct doivent être consommés jeunes afin de profiter de leur fraîcheur et de leur fruité.

LA MACÉRATION CARBONIQUE

Il existe d'autres procédés de vinification. Seule la macération carbonique a connu un développement certain. Son succès repose sur le fait que la baie de raisin entière, maintenue à l'abri de l'air, subit une fermentation intracellulaire qui apporte, après fermentation alcoolique, des arômes caractéristiques appréciés.

Les rosés de saignée

La cuve est remplie de raisins comme pour une vinification en rouge classique. Au bout de quelques heures, une certaine proportion de jus est tirée et fermente séparément pour donner un rosé. Le reste de la cuve, complété de raisin, poursuit sa fermentation. Cette technique est souvent utilisée pour obtenir, dans la cuve ainsi saignée, un vin rouge de meilleure qualité, car plus concentré en tanins et en couleur du fait de la diminution du volume de jus par rapport au marc. Les vins rosés de saignée ont une couleur plus soutenue, allant du rose classique au rouge léger des vins clairets. Plus tanniques que les vins de pressurage direct, ils gagnent à être assouplis par une fermentation malolactique.

LES VINS BLANCS SECS

La fermentation alcoolique

Le plus souvent, le vin blanc résulte de la fermentation d'un pur jus de raisin : le pressurage précède donc la fermentation. Dans certains cas, cependant, on effectue une courte macération pelliculaire préfermentaire pour extraire les arômes ; les raisins doivent donc être parfaitement sains et mûrs afin d'éviter des défauts gustatifs (amertume) et olfactifs (mauvaises odeurs). L'extraction du jus doit être faite avec beaucoup de soin, par foulage, égouttage et enfin pressurage. Les derniers jus de presse sont fermentés séparément, car ils sont de moins bonne qualité. Le moût blanc, très sensible à l'oxydation, peut être protégé par addition de dioxyde de soufre. Dès l'extraction du jus, on procède à sa clarification par débourbage. La clarification du moût est nécessaire à la qualité des arômes du vin, mais une clarification trop poussée peut rendre la fermentation difficile, surtout à la température basse (18-20 °C) nécessaire à la qualité du vin.

La fermentation malolactique

Elle n'est généralement pas mise en œuvre pour les vins blancs, car ceux-ci méritent de conserver leur fraîcheur due à l'acidité. En outre, cette fermentation secondaire tend à diminuer l'intensité aromatique des cépages vinifiés. Néanmoins, certains vins blancs peuvent en tirer profit car ils gagnent du gras et du volume s'ils sont élevés en fût et destinés à un long vieillissement (Bourgogne). La fermentation malolactique assure également la stabilisation biologique des vins en bouteille.

LES VINS BLANCS DOUX

La vinification des vins doux suppose des raisins riches en sucre. Une partie du sucre est transformée en alcool, mais la fermentation est arrêtée avant son achèvement : le vinificateur ajoute du dioxyde de soufre et élimine les levures par soutirage ou centrifugation (ou encore par pasteurisation, dans les vins ordinaires seulement).

VINIFICATION DES VINS ROUGES

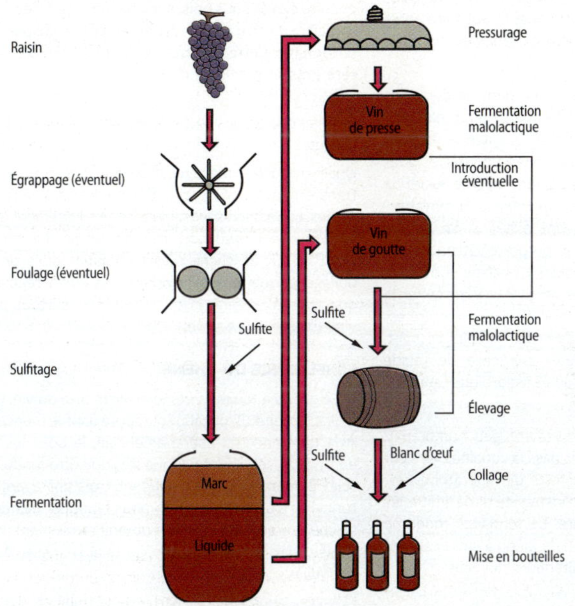

VINIFICATION DES VINS BLANCS

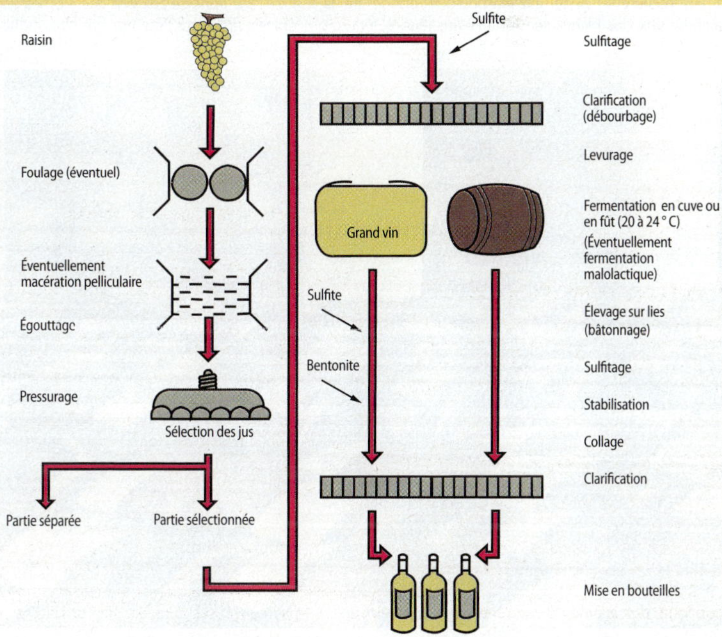

CLARIFIER ET STABILISER

La clarification peut être obtenue par simple sédimentation et décantation (soutirage) si le vin est conservé dans des récipients de petite capacité (fût de bois) pendant un temps suffisamment long. Il faut faire appel à la centrifugation ou aux différents types de filtration lorsque le vin est conservé en cuve.

Compte tenu de sa complexité, le vin peut produire des troubles et à des dépôts. Il s'agit de phénomènes naturels, d'origine microbienne ou chimique. Ces accidents sont extrêmement graves lorsqu'ils ont lieu en bouteille ; pour cette raison, la stabilisation doit être opérée avant le conditionnement. Les accidents microbiens (piqûre bactérienne ou refermentation) sont évités si le vin est conservé dans des conditions de propreté satisfaisantes, à l'abri de l'air et en récipient plein. L'ouillage consiste à faire régulièrement le plein des récipients pour éviter le contact du vin avec l'air. En outre, le dioxyde de soufre est un antiseptique et un antioxydant d'un emploi courant. Son action peut être complétée par celle de l'acide sorbique (antiseptique) ou de l'acide ascorbique (antioxydant).

Les produits utilisés sont relativement peu nombreux : leur mode d'action n'affecte pas la qualité, et leur innocuité est démontrée. Des tests de laboratoire permettent de prévoir les risques d'instabilité et de limiter les traitements au strict nécessaire. Le tendance moderne consiste à agir dès la vinification de façon à limiter autant que possible les traitements ultérieurs des vins.

AFFINER

L'élevage comprend aussi une phase d'affinage. Il s'agit d'abord d'éliminer le gaz carbonique en excès qui provient de la fermentation et dont le taux final dépend du style de vin recherché. Si le gaz carbonique donne de la fraîcheur aux vins blancs secs et aux vins jeunes, il durcit en revanche les vins de garde, en particulier les grands vins rouges.

Une introduction ménagée d'oxygène assure également la transformation nécessaire des tanins des vins rouges jeunes. Elle est indispensable à leur vieillissement ultérieur en bouteille. L'oxydation ménagée se produit spontanément en fût de chêne ; les techniques dites de microbullage permettent d'introduire, de façon régulière, les quantités d'oxygène juste nécessaires, surtout pour les vins conservés en cuve.

LA VINIFICATION EN BARRIQUE

Les grands vins blancs sont vinifiés en barrique ; ils acquièrent ainsi un caractère boisé et fondu. Ils sont ensuite élevés sous bois, sur leurs lies fines (levures) que le maître de chai remet régulièrement en suspension par bâtonnage. Cette pratique permet d'accentuer le caractère gras et moelleux du vin.

L'INFLUENCE DU CHÊNE

Le chêne a toujours été le meilleur allié du vin. Celui de l'Allier (forêt du Tronçais) est réputé dans le monde entier. À la différence du chêne américain, le bois des chênes européens, sessiles et pédonculés, doit être fendu (et non scié) puis exposé à l'air pendant trois ans avant que le tonnelier n'utilise le merrain pour fabriquer des douelles. Le chêne américain permet d'obtenir rapidement une note boisée, mais il n'a pas la complexité et la finesse du chêne de l'Allier.

L'élevage sous bois fait partie de la tradition des grands vins. Il est onéreux (prix d'achat des fûts, travail manuel, pertes par évaporation) et exige une grande rigueur : les fûts devenus vieux peuvent être une source de contamination microbienne.

Le chêne apporte aux vins des arômes complexes (vanille, épices, grillé, etc.) qui doivent s'harmoniser parfaitement

avec ceux du fruit, surtout lorsque le bois est neuf. Il doit donc être réservé à des vins naturellement riches et structurés, capables d'intégrer son caractère sans perdre leur typicité ni s'assécher en vieillissant. Pour nuancer son empreinte, le maître de chai joue sur la durée de l'élevage, sur la proportion de barriques neuves et même sur le degré de chauffe des douelles, susceptible de transmettre des arômes plus ou moins torréfiés. On peut apporter à moindre frais un caractère boisé en faisant macérer dans le vin des copeaux de chêne.

Pascal Ribéreau-Gayon
(pour la partie « De la vigne au vin »).

LA VITICULTURE BIOLOGIQUE

Le Guide Hachette des Vins a introduit un pictogramme pour signaler les vins issus de l'agriculture biologique certifiée. Leur point commun ? Aucun produit de synthèse n'est intervenu dans la culture des raisins d'où ils sont issus. Le « vin bio » est-il différent ? Les cépages, le microclimat, les sols interviennent, autres facteurs de diversité. C'est pourquoi nous n'avons pas testé ces vins à part. Le « vin bio » est-il meilleur ? Tout dépend de l'art du vigneron.

UNE VITICULTURE PLURIELLE

La vigne étant sensible à de nombreux parasites – le phylloxéra, au XIXe s., faillit l'éradiquer du sol européen –, la viticulture a fait depuis cette époque massivement appel à la chimie. L'agriculture biologique, en réaction, s'abstient de tout engrais, désherbant et pesticide de synthèse (avec une tolérance en viticulture pour le cuivre et le soufre). Quant à la biodynamie, c'est une forme d'agrobiologie où la plante est en outre appréhendée dans ses liens avec le cosmos. Les façons et les soins – des préparats naturels dilués à l'extrême selon les principes de l'homéopathie – sont rythmés par les cycles lunaires. Intermédiaire entre l'agriculture conventionnelle et l'agriculture biologique, l'agriculture raisonnée, qui s'efforce de limiter le recours aux produits de synthèse sans les interdire a priori, n'est pas considérée comme biologique.

En France, l'agriculture « bio » a été reconnue par la loi en 1980. Propriété du ministère de l'Agriculture, le logo AB peut être apposé sur l'étiquette des produits certifiés. Dans l'Union européenne, le premier règlement remonte à 1991. Jusqu'en 2012, aucun accord n'avait pu être trouvé à l'échelle européenne sur la définition du « vin biologique » et de son mode d'élaboration : c'est le raisin qui était « bio ».

CONVERSION ET CERTIFICATION

Avant de pouvoir revendiquer la dénomination « AB », le domaine doit passer par une période de conversion de trois ans durant laquelle il respecte les contraintes de l'agrobiologie. Le producteur est tenu de déclarer son activité chaque année auprès des pouvoirs publics. Il passe en outre obligatoirement un contrat avec un des organismes certificateurs accrédités par l'État. Ces instances privées et indépendantes sont chargées d'effectuer des contrôles réguliers dans les exploitations.

L'ENCADREMENT RÉGLEMENTAIRE : DU « RAISIN BIOLOGIQUE » AU « VIN BIOLOGIQUE »

En 2012, un accord sur les critères d'une vinification biologique est intervenu entre les États membres de l'UE si bien qu'un nouveau règlement européen définissant le vin biologique a été publié. Dorénavant, pour produire « bio », il faudra non seulement du raisin biologique, mais aussi une vinification qui respecte le nouveau cahier des charges. Celui-ci dresse la liste des produits œnologiques autorisés, les autres étant interdits (ex. : acide sorbique), et bannit certaines pratiques (ex. : les traitements thermiques supérieurs à 70 °C) ; désormais, tous les intrants devront être « bio ». Par rapport à la vinification traditionnelle, les doses de sulfites doivent être inférieures de 50 mg/l (de 30 mg/l pour les vins dont la teneur en sucres résiduels est supérieure à 2 g/l) – voir également p. 35.

LE PICTO « BIO » DANS LE GUIDE B

Il ne figure que si l'étiquette du vin présenté porte la mention obligatoire : « Vin issu de raisins biologiques » ou « Vin issu de raisins de l'agriculture biologique » accompagnée de la marque de l'organisme certificateur (le logo AB n'est pas obligatoire). Il ne s'applique qu'au vin et au millésime dégustés (certaines exploitations ne sont pas intégralement conduites en agrobiologie ou n'avaient pas achevé leur période de conversion au moment de la récolte). Par ailleurs, certaines propriétés, parfois réputées, suivent une démarche « bio » sans demander la certification. Dans la mesure du possible, nous l'indiquons alors dans le texte.

L'Alsace et la Lorraine

• L'Alsace

Superficie :

15 500 ha

Production :

1 150 000 hl

Types de vins :

Blancs (secs majoritairement, moelleux et liquoreux), effervescents, 10 % de rouges ou rosés

Cépages :

Blancs : riesling, pinot blanc, gewurztraminer, suivis des pinot gris, pinot blanc, auxerrois, sylvaner, muscats, chasselas, klevener de Heiligenstein.

Rouges : pinot noir

• La Lorraine

Superficie :

100 ha

Production :

4 200 hl

Types de vins :

Blancs secs, rosés (vins gris) et rouges tranquilles

Cépages :

Blancs : auxerrois, muller-thurgau, pinot blanc, pinot gris

Rouges et rosés : gamay, pinot noir

L'ALSACE

Vendus dans leur bouteille élancée appelée « flûte », les vins d'Alsace, blancs en majorité, s'identifient par leur cépage : la plupart d'entre eux sont aujourd'hui élaborés à partir d'une seule variété. La région fournit aussi de beaux vins de terroir, en particulier les grands crus, et des effervescents, les crémant-d'alsace.

À l'abri des Vosges

Le vignoble alsacien s'étire sur plus de 170 km, de Thann au sud à Marlenheim au nord, avec à l'extrême nord un îlot limitrophe de l'Allemagne, près de Wissembourg. Il a déserté la plaine pour se concentrer sur les collines qui bordent à l'est le massif vosgien. Les Vosges arrêtent l'humidité océanique, si bien que l'Alsace est l'une des régions les moins arrosées de France, malgré des orages estivaux.

Une mosaïque de sols

La géologie crée une grande diversité de terroirs. La présence d'un champ de failles à la limite du massif ancien et de la plaine du Rhin, fossé d'effondrement, explique que chaque village compte de nombreux types de sols : granites, gneiss, grès, calcaires, marnes, argiles, sables... Chaque cépage s'y exprime différemment.

Une histoire mouvementée

Ce n'est qu'au Moyen Âge que le vignoble alsacien prend son essor, sous l'influence des évêchés et des abbayes, puis des villes. Le XVI^e^s. est un âge d'or. Les riches maisons de style Renaissance, qui font l'attrait des communes viticoles, témoignent de la prospérité de ce temps où les vins d'Alsace étaient exportés dans toute l'Europe.

La guerre de Trente Ans (1618-1648), avec son cortège de pestes et de famines, ruine durablement la viticulture. La paix revient à la fin du Grand Siècle dans une Alsace devenue française; le vignoble s'étend, mais privilégie les cépages communs. Il couvre 30 000 ha en 1828, puis décline à la fin du XIX^e^s., concurrencé par les vins du Midi et ravagé par le phylloxéra. Vers 1948, sa surface est tombée à 9 500 ha.

Après 1945, il bénéficie de la croissance économique et adopte le cadre français des AOC. Les coopératives, apparues précocement en Alsace, représentent aujourd'hui 41 % du marché, à côté des négociants, souvent propriétaires de vignes (39 %), et des vignerons indépendants (20 %).

Des cépages aromatiques

En Alsace, l'expression des arômes est favorisée par la maturation lente des raisins sous des climats tempérés et frais. Le goût des vins dépend largement du cépage, et l'une des particularités de la région est de nommer les siens d'après leur variété d'origine. Le seul cépage rouge, le pinot noir, couvre moins de 10 % des surfaces. Les autres variétés sont le riesling, le pinot blanc, l'auxerrois, le gewurztraminer, le pinot gris, le sylvaner et, plus rares, les muscats, le chasselas, le klevener-de-heiligenstein, ainsi que le chardonnay (pour les effervescents).

L'AOC alsace

Elle représente 72 % de la production. L'étiquette porte le nom du cépage, sauf pour les rares vins d'assemblage (edelzwicker). À côté des vins blancs secs, majoritaires, on trouve des vins plus ou moins tendres, des moelleux et des liquoreux. Le pinot noir est vinifié en rouge et en rosé.

L'AOC crémant-d'alsace

Elle désigne les vins effervescents de la région, issus de la méthode traditionnelle.

VENDANGES TARDIVES ET SÉLECTIONS DE GRAINS NOBLES

Les premières sont des moelleux issus de vendanges surmûries, les secondes des liquoreux issus de vendanges atteintes par la pourriture noble. Ces vins sont soumis à des conditions de production rigoureuses (et en particulier, pour les raisins, à une richesse en sucre minimale très élevée). Ils sont obligatoirement issus de « cépages nobles » : gewurztraminer, riesling, pinot gris et muscat.

Les 51 AOC alsace grand cru

Ce sont de rares (4 % de la production) vins de terroir portant l'empreinte de leur lieu de naissance. Officiellement délimités à partir de 1975, souvent de réputation très ancienne, ils bénéficient de sols, de pentes et d'expositions privilégiés. Ils sont essentiellement réservés aux cépages riesling, gewurztraminer, pinot gris et muscat.

Les dénominations communales et les lieux-dits

Apparus en 2011, ce sont des communes ou secteurs réputés : Blienschwiller et Côtes de Barr (pour le sylvaner), Ottrott, Rodern et Saint-Hippolyte (pour le pinot noir), Wolxheim et Scherwiller (pour le riesling), Heiligenstein (pour le klevener), Côte de Rouffach, Vallée Noble et Val Saint-Grégoire. Des noms de lieux-dits cadastrés, mais non classés en grand cru, peuvent aussi apparaître sur l'étiquette. Tous ces vins sont soumis à des conditions de production plus exigeantes.

LA PREMIÈRE ROUTE DES VINS

La création dès 1953 de la route des Vins d'Alsace a fait de l'Alsace une pionnière en matière de tourisme viticole. Tout au long de l'année, de nombreuses manifestations se déroulent dans les localités qui la jalonnent : foires aux vins (Guebwiller, Ammerschwihr, Ribeauvillé, Barr, Molsheim, Colmar), fêtes des vendanges, marchés de Noël... On citera l'activité de la confrérie Saint-Étienne, née au XIV^e^s. et restaurée en 1947.

ALSACE GEWURZTRAMINER

• Superficie : 2 897 ha • Production : 172 116 hl

Le cépage qui est à l'origine de ce vin est une forme particulièrement aromatique de la famille des traminers. Un traité publié en 1551 le désigne déjà comme une variété typiquement alsacienne. Celle-ci atteint dans ce vignoble un optimum de qualité, ce qui lui a conféré une réputation unique dans la viticulture mondiale. Son vin est corsé, bien charpenté, sec ou moelleux, et caractérisé par un bouquet merveilleux, plus ou moins puissant selon les situations et les millésimes. Le gewurztraminer, qui a une production relativement faible et irrégulière, est un cépage précoce aux raisins très sucrés.

ANDRÉ ACKERMANN Cuvée Noces d'or 2012 ★

■	3 210	🍾	8 à 11 €

André Ackermann a créé en 1980 son exploitation à Rorschwihr, village voisin de Bergheim au sud du Haut-Kœnigsbourg. Son vignoble couvre 6,5 ha.

Ce vin dévoile une palette aromatique complexe associant la rose, le litchi et des parfums plus rares comme la violette. À l'arrière-plan, des fruits surmûris : abricot sec, coing et un trait d'épices. Il attaque avec ampleur et fraîcheur, et se prolonge sur des notes de fruits exotiques et d'abricot sec. Un vin gras, onctueux et doux. (Sucres résiduels : 27 g/l.) ⧗ 2014-2019 🍴 nems au porc frits

🔑 EARL André Ackermann, 25, rte du Vin, 68590 Rorschwihr, tél. 03 89 73 63 87, andre.ackermann@routeduvin.fr V 🚶 🍷 t.l.j. 8h-12h 14h-18h; sam. dim. sur r.-v. 🏠 2 🏠 C

JACKY BAUER & FILS
Vendanges tardives 2011 ★

■	2 400	🍾	15 à 20 €

Jérôme Bauer s'est installé en 1999 sur le domaine créé par son père Jacky. Son vignoble couvre 12 ha, disséminés dans cinq communes entre Wettolsheim, près de Colmar, et Westhalten, à 20 km plus au sud. Parmi les terroirs exploités, trois grands crus : Hatschbourg, Steingrubler et Zinnkoepflé.

D'un jaune doré aux reflets ambrés, ces vendanges tardives libèrent des notes de surmaturation évoquant l'abricot et le coing. Dans le même registre confit et miellé, le palais se montre concentré, opulent, voluptueux, trouvant son équilibre dans une fraîcheur bienvenue. (Sucres résiduels : 102 g/l.) ⧗ 2015-2025 🍴 strudel

🔑 Jérôme Bauer, 14, rue Saint-Michel, 68420 Herrlisheim-près-Colmar, tél. 06 85 01 51 19, jeromebauer.vins@gmail.com V 🚶 🍷 t.l.j. sf dim. 9h-12h 14h-18h

BAUMANN Collection 2012 ★

■	20 000	🍾	11 à 15 €

Le domaine Baumann, ses bâtiments d'exploitation et ses 30 ha de vignes ont été rachetés en 2006 par la famille Sparr. Aujourd'hui, 90 % de la production part à l'export.

Cette cuvée s'ouvre sur des senteurs engageantes d'abricot et de fruits bien mûrs. Les fruits jaunes s'épanouissent dans une bouche ample, équilibrée grâce à une belle fraîcheur. Des notes épicées marquent la finale. (Sucres résiduels : 40 g/l.) ⧗ 2014-2019 🍴 œufs à la coriandre

🔑 Maison Baumann Riquewihr, 8, av. Méquillet, 68340 Riquewihr, tél. 03 89 47 92 14, odile@domaine-baumann.com V 🚶 🍷 t.l.j. 10h-12h 14h-18h

🔑 Famille Sparr

ANDRÉ BLANCK ET SES FILS
Vendanges tardives 2011 ★

■	2 500	15 à 20 €

Établie dans le centre historique de Kientzheim, cette propriété a son siège dans l'ancienne cour des chevaliers de Malte, voisine du château Schwendi et du musée du Vin. Les Blanck cultivent la vigne depuis 1675, et la dernière génération perpétue ce savoir-faire sur les 15 ha de l'exploitation.

Ces vendanges tardives aux reflets or patiné libèrent des parfums discrets d'abricot confit, de figue sèche et d'épices. Ronde et florale à l'attaque, la bouche offre l'équilibre attendu de ce type de vin : de l'ampleur et de la richesse, le tout assorti d'une belle fraîcheur qui donne de l'élégance et étire la finale. (Sucres résiduels : 85 g/l.) ⧗ 2015-2025 🍴 tarte aux quetsches à la cannelle

🔑 EARL André Blanck et Fils, Ancienne Cour des Chevaliers de Malte, 68240 Kientzheim, tél. 03 89 78 24 72, charles.blanck@free.fr V 🚶 🍷 t.l.j. sf dim. 8h-12h 13h-18h 🏠 B

JEAN BOESCH ET PETIT-FILS Breitenberg 2012 ★

■	2 017	🍾	8 à 11 €

L'enfant accompagnait ses grands-parents aux vignes : ainsi naît une vocation. C'est à Soultzmatt, village situé au pied du grand cru Zinnkoepflé, au sud du vignoble, que Jean Boesch, de vieille souche vigneronne, crée le domaine en 1962. Son petit-fils Denis en a pris les rênes en 2002 ; le vignoble couvre aujourd'hui 9 ha.

Ce 2012 livre des fragrances de rose intenses, bien typées du cépage. L'attaque franche introduit une bouche ample et élégante, vivifiée par une fine acidité. La finale de belle longueur est marquée par un plaisant retour de la rose, associée aux fruits mûrs. (Sucres résiduels : 15 g/l.) ⧗ 2014-2017 🍴 mousse au citron

🔑 EARL Jean Boesch et Petit-Fils, 1, rue Wagenbourg, 68570 Soultzmatt, tél. 03 89 47 00 87, jean.boesch@wanadoo.fr V 🚶 🍷 t.l.j. 8h-11h30 13h30-19h; dim. sur r.-v. 🏠 B

FRANÇOIS BOHN 2012 ★★

■	1 200	5 à 8 €

Ancien apporteur de raisins installé à Ingersheim, à l'ouest de Colmar, François Bohn s'est lancé avec brio dans la vinification en 1998. Son vignoble couvre 11 ha et compte plusieurs parcelles en grand cru (Florimont, Sommerberg).

D'un jaune pâle brillant, ce vin associe au nez l'abricot surmûri, les fruits exotiques et les épices douces. Ces arômes s'épanouissent avec exubérance et complexité dans une bouche onctueuse et ample. Soulignée par une fine acidité, la finale est d'une remarquable persistance. (Sucres résiduels : 26 g/l.) ⧗ 2015-2019 🍴 gratin de poires

L'Alsace

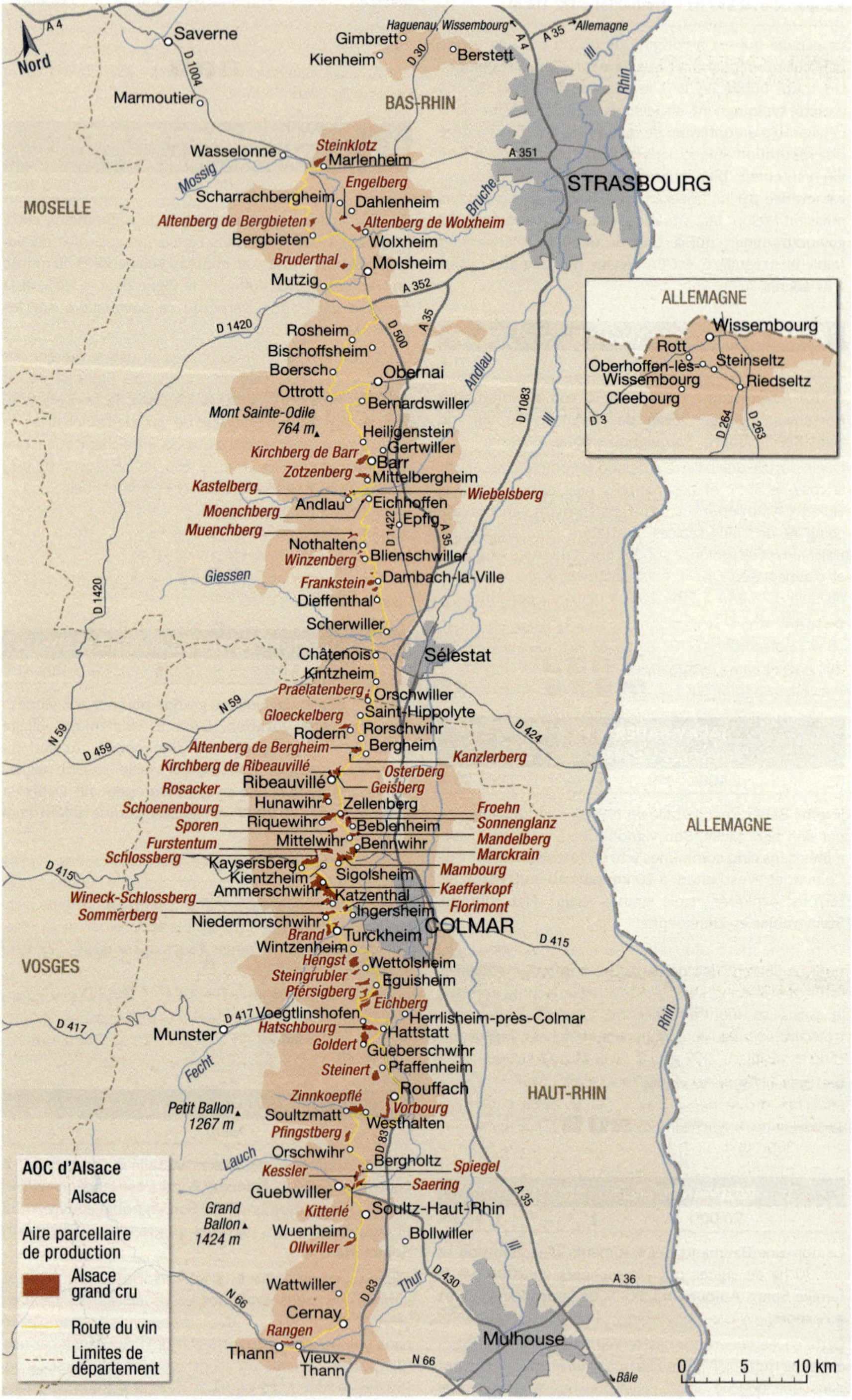

Nord
Saverne
Marmoutier
Wasselonne
Gimbrett
Kienheim
Berstett
Haguenau, Wissembourg
Allemagne
BAS-RHIN
MOSELLE
STRASBOURG
Steinklotz
Marlenheim
Engelberg
Scharrachbergheim
Dahlenheim
Altenberg de Bergbieten
Altenberg de Wolxheim
Bergbieten
Wolxheim
Bruderthal
Molsheim
Mutzig
Mossig
Bruche
Rosheim
Bischoffsheim
Boersch
Obernai
Ottrott
Bernardswiller
Mont Sainte-Odile
764 m
Heiligenstein
Kirchberg de Barr
Gertwiller
Barr
Zotzenberg
Mittelbergheim
Kastelberg
Wiebelsberg
Moenchberg
Andlau
Eichhoffen
Epfig
Muenchberg
Nothalten
Winzenberg
Blienschwiller
Giessen
Frankstein
Dambach-la-Ville
Dieffenthal
Scherwiller
Châtenois
Sélestat
Kintzheim
Praelatenberg
Orschwiller
Gloeckelberg
Saint-Hippolyte
Rodern
Rorschwihr
Altenberg de Bergheim
Bergheim
Kanzlerberg
Kirchberg de Ribeauvillé
Osterberg
Rosacker
Ribeauvillé
Geisberg
Schoenenbourg
Hunawihr
Zellenberg
Froehn
Sporen
Riquewihr
Beblenheim
Sonnenglanz
Furstentum
Mittelwihr
Bennwihr
Mandelberg
Schlossberg
Marckrain
Kaysersberg
Mambourg
Kientzheim
Sigolsheim
Kaefferkopf
Wineck-Schlossberg
Ammerschwihr
Katzenthal
Florimont
Sommerberg
Ingersheim
Niedermorschwihr
Brand
Turckheim
COLMAR
Wintzenheim
VOSGES
Hengst
Wettolsheim
Steingrubler
Eguisheim
Pfersigberg
Eichberg
Voegtlinshofen
Herrlisheim-près-Colmar
Munster
Hatschbourg
Hattstatt
Goldert
Gueberschwihr
Fecht
Steinert
Pfaffenheim
Zinnkoepflé
Rouffach
HAUT-RHIN
Petit Ballon
1267 m
Soultzmatt
Vorbourg
Westhalten
Pfingstberg
Orschwihr
Lauch
Kessler
Bergholtz
Spiegel
Guebwiller
Saering
Grand Ballon
1424 m
Kitterlé
Soultz-Haut-Rhin
Wuenheim
Bollwiller
Ollwiller
Thur
Wattwiller
Cernay
Rangen
Thann
Vieux-Thann
Mulhouse
Bâle
ALLEMAGNE
Rhin
Ill
Andlau
A 4
A 35
A 351
A 352
A 36
D 1004
D 30
D 1420
D 500
D 1083
D 1422
D 424
D 459
N 59
D 415
D 417
D 83
D 430
N 66
AOC d'Alsace
Alsace
Aire parcellaire de production
Alsace grand cru
Route du vin
Limites de département
0 5 10 km
ALLEMAGNE
Wissembourg
Rott
Steinseltz
Oberhoffen-lès-Wissembourg
Riedseltz
Cleebourg
D 3
D 264
D 263

François Bohn, 24, lieu-dit Langematten, 68040 Ingersheim, tél. 03 89 27 31 27, vinsfrancoisbohn@orange.fr V r.-v.

DOM. BOTT FRÈRES Réserve personnelle 2012

10 000		11 à 15 €

Au service du vin depuis 1835, les Bott sont aujourd'hui vignerons et négociants à Ribeauvillé. Trois générations gèrent la maison main dans la main.

Le nez est discret, floral et épicé. L'attaque annonce la couleur : le vin se montre très rond et son équilibre penche vers la douceur. La finale épicée et un rien fumée rehausse l'ensemble. (Sucres résiduels : 54,9 g/l.) 2014-2017 canapés au foie gras

Bott Frères, 13, av. du Gal-de-Gaulle, 68150 Ribeauvillé, tél. 03 89 73 22 50, vins@bott-freres.fr V t.l.j. 9h-12h 14h-18h; f. dim. en janv. fév. mars

♥ BROBECKER Vendanges tardives 2011 ★★

2 300	15 à 20 €

Pascal Joblot a repris en 1998 les rênes du domaine qui porte le nom de son beau-père. L'agriculture raisonnée a précédé la conversion au bio, engagée en 2009. Bien que modeste en superficie (4 ha), la propriété possède des parcelles sur les deux grands crus d'Eguisheim.

D'un bel or brillant, ces vendanges tardives au nez intense séduisent d'emblée. La rose, le litchi, la mangue, le citron, la cannelle et des notes de surmaturation composent une palette aussi élégante que complexe, que l'on retrouve en bouche. Racé, ample et opulent, le palais montre un remarquable équilibre entre le sucre et l'acidité. La finale sur la rose et le poivre est rehaussée d'une touche minérale. (Sucres résiduels : 60 g/l.) 2015-2025 foie gras

Dom. Brobecker, 3, pl. de l'Église, 68420 Eguisheim, tél. 06 87 52 80 72, pascal.joblot@free.fr V r.-v. B Pascal Joblot

CATTIN FRÈRES Vieilles Vignes 2012 ★★

44 500		8 à 11 €

La famille Cattin se spécialise dans la viticulture dès 1850. L'exploitation connaît un réel développement à partir de 1978, avec Jacques et son frère Jean-Marie. La superficie du vignoble a été portée à 54 ha et au domaine s'est adjointe une affaire de négoce qui s'approvisionne sur près de 200 ha. Ingénieur agronome, Jacques (du même prénom que son père) a rejoint l'affaire.

D'un jaune d'or brillant, ce gewurztraminer libère des parfums complexes de rose, d'épices et de fruits confits. Le litchi et des arômes intenses de fruits surmûris s'épanouissent dans un palais ample, bien construit, remarquablement équilibré. La finale persistante et acidulée achève de convaincre. (Sucres résiduels : 15 g/l.) 2015-2025 roquefort, morbier

Cattin Frères, 19, rue Roger-Frémeaux, 68420 Vœgtlinshoffen, tél. 03 89 49 30 21, contact@cattin.fr V t.l.j. sf dim. 8h-12h 14h-18h

DOM. DE LA VILLE DE COLMAR 2012 ★

14 000		8 à 11 €

Le domaine fondé en 1895 par Chrétien Oberlin, célèbre ampélographe, exploite plus de 28 ha en propriété (dont le vignoble des Hospices), avec des parcelles dans plusieurs grands crus.

Ce gewurztraminer dévoile au nez des nuances originales et fraîches d'ananas et de pamplemousse rose. Après une attaque franche, la bouche, ample et de belle structure, reste sur cette ligne vive et élégante, dévoilant des arômes légèrement citronnés. La longue finale est marquée par une nuance poivrée. (Sucres résiduels : 13,4 g/l.) 2014-2019 sauté de veau au curry

Dom. viticole de la ville de Colmar, 2, rue du Stauffen, 68000 Colmar, tél. 03 89 79 11 87, nhaeffelin@domaineviticolecolmar.fr V t.l.j. sf dim. 9h30-12h30 14h-18h

DOM. DOCK Vendanges tardives 2011 ★

2 000		11 à 15 €

L'exploitation conduite par Christian Dock se transmet de père en fils depuis 1870 et couvre 12 ha. Elle est installée à Heiligenstein, village perché sur un coteau dominé par le mont Sainte-Odile. Le klevener-de-heiligenstein est la spécialité de la propriété.

D'un jaune paille intense, ce moelleux libère des parfums complexes de rose, de coing confit et de miel d'acacia. Dans le même registre, la bouche est aromatique, riche et onctueuse, avec une finale fort agréable, longue, fraîche et minérale. Un gewurztraminer vendanges tardives typique. (Sucres résiduels : 65 g/l.) 2014-2019 tarte aux mirabelles

Christian Dock, 20, rue Principale, 67140 Heiligenstein, tél. 03 88 08 02 69, cdock@wanadoo.fr V t.l.j. 8h-12h 13h-19h

B EBLIN-FUCHS Vieilles Vignes 2012 ★

n.c.		11 à 15 €

Établis à Zellenberg, tout près de Riquewihr, José, Henri et Christian Eblin sont les héritiers d'une lignée de vignerons remontant au Moyen Âge. Ils conduisent leur domaine en biodynamie : 10 ha répartis dans six communes, avec des parcelles dans quatre grands crus.

Ce gewurztraminer s'ouvre sur des parfums de pêche blanche et d'agrumes confits. Dans le même registre surmûri, la bouche offre une belle matière aux rondeurs agréables. La finale épicée est assez longue. (Sucres résiduels : 35 g/l.) 2014-2019 poulet au curry

Dom. Eblin-Fuchs, 19, rte des Vins, 68340 Zellenberg, tél. 03 89 47 91 14, alsace@eblin-fuchs.com V r.-v.

DOM. ANDRÉ EHRHART 2012

8 000		5 à 8 €

La famille Ehrhart cultive la vigne depuis 1910, mais c'est André Ehrhart qui, en 1959, spécialise le domaine et a débuté la vente en bouteilles. Dirigée par Antoine depuis 1991, l'exploitation, établie près de Colmar, compte 10 ha, dont quatre en grand cru.

Un nez discret, sur le raisin sec et les épices (clou de girofle et poivre). Au palais, ce gewurztraminer est dominé par des impressions de rondeur, tonifié par ce qu'il faut d'acidité. Un ensemble flatteur. (Sucres résiduels : 41,4 g/l.) ⌛ 2014-2018 🍷 strudel aux pommes

Dom. André Ehrhart & Fils, 68, rue Herzog, 68920 Wettolsheim, tél. 03 89 80 66 16, ehrhart.andre@neuf.fr V t.l.j. sf dim. 8h-12h 13h-18h

ENGEL Vendanges tardives 2011 ★★

	4 000		20 à 30 €

Établie au cœur de l'Alsace viticole, au pied du château du Haut-Kœnigsbourg, la famille commercialise son vin depuis 1958. Les frères Engel exploitent aujourd'hui quelque 20 ha de vignes, dont une bonne part est située dans le grand cru Praelatenberg. Hubert est aux vignes, Christian au chai.

Un millésime faste pour les Engel qui ont décroché l'an dernier un coup de cœur pour leur gewurztraminer 2011. Or patiné, ces vendanges tardives dévoilent une palette aromatique complexe associant l'abricot sec, le coing, le miel et le poivre. Doux et suave à l'attaque, persistant, le palais concilie puissance, opulence et finesse. On y retrouve les arômes variétaux (rose et épices) et les notes de surmaturation (fruits confits) perçus au nez. Une très belle tenue et un plaisir durable. (Sucres résiduels : 81 g/l.) ⌛ 2015-2025 🍷 tarte aux abricots

EARL Vignobles Engel Frères, 1, rue des Vignes, 67600 Orschwiller, tél. 03 88 92 01 83, vins-engel@wanadoo.fr V t.l.j. 9h-11h30 14h-19h (dim. 9h-11h30) A

J. FRITSCH 2012 ★

	5 000		5 à 8 €

Pascal Fritsch a pris en 1977 la suite d'une lignée de vignerons remontant à 1703. Installé dans le petit bourg fortifié de Kientzheim, il exploite 9 ha : pas moins de quarante parcelles disséminées dans quatre communes avec des vignes dans deux grands crus.

Ce gewurztraminer séduit par son nez expressif, partagé entre la pêche, le litchi et les épices. Tout aussi aromatique, de bonne longueur, la bouche conjugue puissance et finesse : une belle étoile pour ce vin d'un réel équilibre. (Sucres résiduels : 36,9 g/l.) ⌛ 2014-2019 🍷 tarte à l'orange

EARL Joseph Fritsch, 31, Grand-Rue, 68240 Kientzheim, tél. 03 89 78 24 27, contact@joseph-fritsch.com V t.l.j. 10h-12h 14h-18h; dim. sur r.-v.

FROEHLICH Vendanges tardives 2011 ★

	1 800		20 à 30 €

Michel Froehlich a pris en 1992 la succession de son père Fernand, qui s'était lancé dans la mise en bouteilles. Si le siège du domaine est situé dans la plaine, au nord de Colmar, les 11 ha de vignes sont disséminés dans quatre villages réputés : Beblenheim, Zellenberg, Ribeauvillé et Riquewihr.

D'un jaune d'or intense, ces vendanges tardives libèrent à l'aération des notes de rose, de litchi, de mangue et d'agrumes. Dans le même registre caractéristique du cépage, le palais se montre riche, gras, voluptueux, de belle longueur. (Sucres résiduels : 70 g/l.) ⌛ 2015-2025 🍷 fromage à pâte persillée

Dom. Fernand Froehlich et Fils, 29, rte de Colmar, 68150 Ostheim, tél. 03 89 86 01 46, froehlich.michel@neuf.fr V t.l.j. sf dim. 8h-11h30 13h30-18h; f. fév. C

JEAN-CLAUDE GUETH Veilleur de nuit 2010 ★★

	1 800		15 à 20 €

Une famille établie depuis deux siècles à Gueberschwihr, au sud de Colmar. Installés en 1970, Jean-Claude et Bernadette Gueth commercialisent leurs vins dès 1982. Aujourd'hui, le domaine couvre 8 ha et leur fille, Muriel Gueth-Biéchy, vinifie depuis 1996.

Jean-Claude Gueth endosse à l'occasion le rôle de veilleur de nuit lors de la fête médiévale du village, d'où le nom de cette cuvée, un gewurztraminer récolté en surmaturité à la mi-octobre. Jaune d'or, ce 2010 libère des senteurs très délicates de mangue confite rehaussées de touches d'épices douces (clou de girofle) que l'on retrouve avec plaisir au palais. La bouche séduit par sa matière très ronde, tonifiée par une pointe d'acidité, et par sa longue persistance. Une harmonie durable. (Sucres résiduels : 100 g/l.) ⌛ 2015-2025 🍷 foie gras

Dom. Jean-Claude Gueth, 3, rue de la Source, 68420 Gueberschwihr, tél. 03 89 49 33 61, cave@vin-alsace-gueth.com V r.-v.

VIGNOBLE HAEFFELIN 2012 ★

	3 200		5 à 8 €

Héritier d'une lignée de vignerons remontant à 1770, Daniel Haeffelin s'est installé en 1987 sur le domaine (16 ha) et a été rejoint en 2012 par son fils Sébastien. En 1993, il a transféré l'exploitation hors des murs d'Eguisheim, tout en maintenant le caveau de vente au cœur de la pittoresque cité médiévale.

Cette cuvée or pâle révèle un nez de fruits surmûris (abricot et agrumes confits). Des nuances qui s'épanouissent dans un palais franc à l'attaque, puissant et généreux, frais en finale. « Un gewurztraminer, un vrai ! », écrit un dégustateur séduit par l'exubérance de ses arômes et par l'équilibre de sa bouche, qui ne cède pas à la lourdeur. (Sucres résiduels : 24,5 g/l.) ⌛ 2014-2017 🍷 kouglof

Vignoble Daniel Haeffelin, 35, Grand-Rue, 68420 Eguisheim, tél. 03 89 41 77 85, vins.alsace.haeffelindaniel@wanadoo.fr V t.l.j. 10h-12h 13h30-18h30; dim. sur r.-v.

B CHRISTIAN ET VÉRONIQUE HEBINGER Vendanges tardives 2011 ★

	2 600		15 à 20 €

Le domaine s'est spécialisé après 1945. Aujourd'hui, Christian et Véronique Hebinger, établis à Eguisheim depuis 1985 et rejoints par Denis, cultivent leurs 11 ha autour de la petite cité médiévale et vers Wintzenheim, en ayant pour fleuron des parcelles en grand cru (Hengst, notamment). Ils conduisent leur domaine en biodynamie et vinifient dans le même esprit.

D'un jaune doré intense, la robe annonce un nez de fruits en surmaturation (abricot, agrumes confits et coing) qui charme par son élégance. L'attaque dévoile d'intenses notes de rose typées du cépage, ainsi qu'une belle matière, très ronde et généreuse, mais équilibrée et racée. La finale est chaleureuse et épicée. (Sucres résiduels : 72,4 g/l.) ⌛ 2015-2025 🍷 tarte aux quetsches

Christian et Véronique Hebinger, 14, Grand-Rue, 68420 Eguisheim, tél. 03 89 41 19 90, hebinger.christian@wanadoo.fr V t.l.j. sf dim. 8h-12h 13h-18h30

BRUNO HERTZ Vendanges tardives 2011 ★★

	n.c.		20 à 30 €

La famille Hertz cultive la vigne depuis le XVIIIe s., vit du vin depuis le début du XXe s. et a pignon sur rue dans le centre historique de la cité médiévale d'Eguisheim, au sud de Colmar. Aujourd'hui, Bruno Hertz, œnologue, exploite 6 ha, dont plusieurs parcelles en grand cru (Pfersigberg, Rangen).

Ce 2011 se révèle bien engageant dans sa robe brillante, d'un jaune d'or intense, et par ses parfums complexes et élégants de fruits secs et de miel. L'attaque tout en rondeur, sur des notes d'abricot, introduit une bouche ample, voire opulente, vivifiée par une finale fraîche et persistante aux nuances d'agrumes. Un équilibre déjà parfait, et durable. (Sucres résiduels : 78 g/l.) ⧗ 2015-2025 ᛉ moelleux aux agrumes

SCEA Bruno Hertz, 9, pl. de l'Église, 68420 Eguisheim, tél. 03 89 41 81 61, lesvinshertz@sfr.fr V r.-v. A

HERTZOG Sainte-Cécile 2012 ★★

	5 800		8 à 11 €

Un domaine de 8 ha établi au sud-ouest de Colmar, à Obermorschwihr, village connu pour son clocher à colombages. Installé en 1977 sur l'exploitation familiale, Sylvain Hertzog a attiré plus d'une fois l'attention grâce à certaines de ses cuvées, couronnées comme la grenouille qui orne parfois ses étiquettes.

D'un jaune d'or intense, ce vin délivre des parfums subtils et frais de fleurs blanches et d'agrumes. La bouche séduit par son fruité complexe (fruits exotiques, agrumes et abricot confit), par son ampleur et sa longueur. Une réelle harmonie. (Sucres résiduels : 35 g/l.) ⧗ 2014-2019 ᛉ nems

Vins d'Alsace Émile Hertzog, 18, rte du Vin, 68420 Obermorschwihr, tél. 03 89 49 31 93, sylvainhertzog@wanadoo.fr V t.l.j. sf 9h-19h 3 B

MICHEL HEYBERGER 2012

	4 300		5 à 8 €

Vignerons depuis 1900, les Heyberger se sont établis dans une maison à colombages au centre de Saint-Hippolyte. Installé en 1975, Michel Heyberger cultive 10 ha de vignes en contrebas du Haut-Kœnigsbourg.

Le nez discret s'ouvre à l'aération sur les notes florales et fruitées caractéristiques du cépage. La rose ancienne s'épanouit jusqu'en finale dans un palais souple, dont l'équilibre penche vers la rondeur. L'ensemble devrait gagner en harmonie au cours des prochains mois. (Sucres résiduels : 30 g/l.) ⧗ 2014-2017 ᛉ foie gras

EARL Michel Heyberger, 4, rue de l'Ancien-Abattoir, 68590 Saint-Hippolyte, tél. 03 89 73 00 78, michel.heyberger@sfr.fr V r.-v.

ROGER HEYBERGER
Bildstoecklé Vendanges tardives 2009 ★

	8 000		15 à 20 €

Les lointaines origines du domaine, conduit depuis 1990 par Denis Heyberger, remontent à 1621. Aujourd'hui, avec 16 ha de vignes disséminés dans sept communes du sud de Colmar, entre Obermorschwihr et Rouffach, le vigneron peut jouer sur une belle palette de terroirs (dont trois grands crus).

S'il n'est pas classé en grand cru, le Bildstoecklé, d'où proviennent ces vendanges tardives, est un lieu-dit réputé, aux sols argilo-calcaires. Il a engendré un joli moelleux au nez intense et complexe de rose et de fruits secs. Tout aussi complexe, le palais offre à profusion les arômes de fleurs et de litchi typés du cépage. Il n'est pas d'une concentration extrême, mais plaît par son équilibre et sa délicatesse. (Sucres résiduels : 39,6 g/l.) ⧗ 2014-2019 ᛉ tarte aux mirabelles

Roger Heyberger et Fils, 5, rue Principale, 68420 Obermorschwihr, tél. 03 89 49 30 01, info@vins-heyberger.fr V t.l.j. sf dim. 8h-11h45 14h-18h30

MARCEL IMMÉLÉ Vendanges tardives 2011 ★★

	5 000		15 à 20 €

Originaire de Suisse, la famille Immélé a fait souche au XIXe s. au sud de Colmar, à Vœgtlinshoffen, un village perché qui offre une vue imprenable sur le vignoble et la plaine d'Alsace. Aujourd'hui, Marcel exploite 9 ha de vignes avec son fils Marc qui l'a rejoint en 1997.

À la robe d'un jaune soutenu répondent des parfums intenses et typés : rose, litchi, abricot confit, raisins secs, mangue. L'attaque, tout en douceur, est relayée par une matière riche et concentrée. On retrouve en bouche la rose, harmonieusement mariée à la mandarine confite et aux épices. La longue finale laisse apparaître une touche de minéralité assez originale. (Sucres résiduels : 60,8 g/l.) ⧗ 2015-2020 ᛉ foie gras de canard

Marcel Immélé, 8, rue Roger-Frémeaux, 68420 Vœgtlinshoffen, tél. 03 89 49 30 51 V t.l.j. 9h-12h 14h-18h; dim. 9h-12h

KARCHER Harth 2012 ★

	12 000		8 à 11 €

Fondée en 1956 et exploitée depuis 1991 par Georges et Nathalie Karcher, cette propriété a son siège au cœur du vieux Colmar, à deux pas de la zone piétonne, dans une ferme de 1602. Une grande partie des 10 ha de vignes est implantée sur des terroirs de graves de la Harth, au nord-ouest de la ville.

Cette cuvée délivre des arômes intenses de litchi, d'agrumes bien mûrs et d'épices douces (clou de girofle et épices des gâteaux de Noël). Franc, ample et onctueux, bien équilibré, le palais est marqué par une pointe de sucres. La finale de bonne longueur, où l'on retrouve les épices, rehausse l'ensemble. (Sucres résiduels : 25 g/l.) ⧗ 2014-2019 ᛉ crumble aux pommes

Dom. Robert Karcher et Fils, 11, rue de l'Ours, 68000 Colmar, tél. 03 89 41 14 42, info@vins-karcher.com V t.l.j. 8h-12h 14h-19h; dim. 8h-12h B

JEAN-CLAUDE KOEHLER ET FILS
Cuvée Frédérique 2012

	2 730		5 à 8 €

Depuis 1621, de nombreuses générations de vignerons se sont succédé sur ce domaine situé à une vingtaine de kilomètres au sud de Colmar – à l'entrée de la Vallée Noble, réputée pour son climat préservé. La famille Koehler exploite 7 ha de vignes, dont des parcelles en grand cru Zinnkoepflé.

Ce 2012 s'annonce par des parfums agréables et bien typés de rose et de poivre. Gras et ample, il est un peu marqué par les sucres, mais il reste bien équilibré et séduit par sa finale où l'on retrouve les épices. (Sucres résiduels : 17 g/l.) ⧗ 2014-2019 ¥ munster

⊶ EARL Jean-Claude Koehler et Fils, 7, rue de Soultzmatt, 68250 Westhalten, tél. 03 89 47 01 23, info@vins-koehler.fr V t.l.j. 8h-12h 13h-18h; dim. sur r.-v.

KUENTZ 2012 ★

	3 000		5 à 8 €

Héritière d'une tradition viticole remontant au milieu du XVIIᵉs., la famille Kuentz est établie à Pfaffenheim, au sud de Colmar. Romain et son fils Michel exploitent 8 ha de vignes autour de leur village, ainsi qu'à Rouffach, Gueberschwihr et Herrlisheim.

D'un jaune soutenu, ce vin délivre des parfums fruités intenses, évocateurs de la surmaturation. Plutôt léger à l'attaque, il monte en puissance, se fait onctueux et gras, sur des arômes d'abricot, de mirabelle et d'agrumes confits. Une pointe épicée conclut agréablement la dégustation. (Sucres résiduels : 32 g/l.) ⧗ 2014-2019 ¥ aiguillettes de canard aux mirabelles

⊶ Kuentz et Fils, 22, rue du Fossé, 68250 Pfaffenheim, tél. 03 89 49 61 90, vinskuentz@yahoo.fr V t.l.j. 9h-12h 13h30-19h; dim. sur r.-v. B

FRANÇOIS ET P.-YVES MEYER
Vendanges tardives 2011 ★

	3 800		11 à 15 €

Depuis le XVᵉs., vingt générations de Meyer se sont succédé dans le village viticole de Blienschwiller, au sud du Bas-Rhin. La famille est attachée aux traditions, notamment aux foudres ovales traditionnels, ce qui n'a pas empêché Pierre-Yves d'aller explorer les vignobles australiens avant son installation en 2002 sur l'exploitation (11,5 ha).

Ce moelleux mêle au nez la rose, le litchi et les fruits jaunes, teintés d'une légère minéralité. La poire et les agrumes s'ajoutent à cette palette dans un palais franc à l'attaque, d'une belle fraîcheur, à la finale épicée (poivre, cardamome) et minérale. Une cuvée intense et fine. (Sucres résiduels : 60 g/l.) ⧗ 2014-2019 ¥ tajine de poulet

⊶ François Meyer, 5, rue du Winzenberg, 67650 Blienschwiller, tél. 03 88 92 45 67, vins.francois.meyer@free.fr V r.-v. A

JOSEPH MOELLINGER & FILS
Sélection de grains nobles 2011 ★

	1 040		20 à 30 €

Joseph Moellinger s'est lancé dans la mise en bouteilles dès 1945. Depuis 1997, son petit-fils Michel conduit l'exploitation, qui couvre 14 ha autour de Wettolsheim, grosse bourgade qui jouxte Colmar au sud-ouest. Il détient des parcelles dans plusieurs grands crus.

Cette sélection de grains nobles s'ouvre sur des notes élégantes de rose et de fruits confits. Dès l'attaque, elle s'impose par sa matière liquoreuse et ronde, équilibrée par une fine acidité qui lui donne de la tenue. La longue finale sur les fruits confits et les épices laisse le souvenir d'une belle harmonie. (Sucres résiduels : 120 g/l ; bouteilles de 50 cl.) ⧗ 2015-2025 ¥ tarte sablée à la mangue

⊶ Joseph Moellinger et Fils, 6, rue de la 5ᵉ-Division-Blindée, 68920 Wettolsheim, tél. 03 89 80 62 02, vins.moellinger@sfr.fr V t.l.j. 8h-12h 13h30-19h; dim. sur r.-v.

ROLLY GASSMANN
Oberer Weingarten de Rorschwihr 2012

	13 000		11 à 15 €

Domaine né de l'union de Marie-Thérèse Rolly avec Pierre Gassmann, établis à Rorschwihr, village dominé par le Haut-Kœnigsbourg. Héritiers de lignées remontant au XVIIᵉs., ces vignerons ont constitué un vaste domaine de 45 ha. Pierre Gassmann élabore de multiples cuvées, vinifiées par lieux-dits et types de sol.

Issu d'un terroir argilo-limoneux, ce gewurztraminer vieil or dévoile des senteurs de coing confituré et de litchi. Dès l'attaque, il révèle une richesse et une puissance soulignées par cette palette aromatique confite. (Sucres résiduels : 55 g/l.) ⧗ 2014-2019 ¥ tarte aux poires et crème d'amande

⊶ Rolly Gassmann, 2, rue de l'Église, 68590 Rorschwihr, tél. 03 89 73 63 28, rollygassmann@wanadoo.fr V r.-v.

GILBERT RUHLMANN FILS
Vendanges tardives 2011 ★

	2 000		20 à 30 €

Fondée en 1958 par Gilbert Ruhlmann, l'exploitation s'étend sur 14 ha autour de Scherwiller, pittoresque village traversé par un ruisseau, près de Sélestat. Elle a son siège dans un corps de ferme du XVIIᵉs. et est exploitée aujourd'hui par la deuxième génération, Guy et Pascal Ruhlmann.

Un nez intense mêlant l'abricot, le miel et la pâte de coings. La rose s'ajoute à cette palette dans une bouche concentrée, riche, ample et puissante, d'une bonne longueur. Un bel équilibre. (Sucres résiduels : 80 g/l.) ⧗ 2015-2025 ¥ pain d'épice et glace vanille

⊶ Gilbert Ruhlmann Fils, 31, rue de l'Ortenbourg, rte des Vins, 67750 Scherwiller, tél. 03 88 92 03 21, vin.ruhlmann@terre-net.fr V t.l.j. 9h-11h30 13h45-19h

JEAN-PAUL SCHAFFHAUSER
Sélection de grains nobles 2011

	1 410		20 à 30 €

Jean-Paul Schaffhauser a débuté la mise en bouteilles en 1984, puis, en 1996, Catherine et Jean-Marc ont pris le relais. Ils exploitent 10 ha de vignes autour de Wettolsheim, près de Colmar, et achètent aussi du raisin à des viticulteurs de la commune. Dans leur gamme, des vins de terroirs (grands crus Hengst et Steingrubler, notamment).

Ce liquoreux délivre des parfums de fleurs et d'épices mâtinés d'un soupçon de grillé. Ample, riche, gras et voluptueux, équilibré par une pointe de fraîcheur, le palais offre des arômes de coing confit et une longue finale épicée. (Sucres résiduels : 115,7 g/l.) ⧗ 2014-2019 ¥ salade de fruits jaunes aux épices

⊶ SARL Jean-Paul Schaffhauser, 8, rte du Vin, 68920 Wettolsheim, tél. 03 89 79 99 97, schaffhauserjpaul@free.fr V t.l.j. sf dim. 8h30-12h 14h-18h30

SCHILLINGER 2012 ★

■	3 000	🍾	5 à 8 €

Le haut clocher roman de grès rose est emblématique du village de Gueberschwihr, qui fut possession des évêques de Bâle et de Strasbourg. C'est dans ce village au sud de Colmar qu'est installé depuis 1988 Gérard Schillinger, à la tête d'un domaine de 5,5 ha.

Un joli nez discret et frais, sur la fleur blanche, avec à l'arrière-plan des touches poivrées. Le palais offre tout ce que l'on attend d'un gewurztraminer : une attaque ronde, une matière puissante et équilibrée, de jolis arômes de fruits jaunes et de fruits exotiques, une finale poivrée harmonieuse. (Sucres résiduels : 31 g/l.) ⧗ 2014-2017 🍴 lotte au safran

EARL Émile Schillinger, 2, rue de la Chapelle, 68420 Gueberschwihr, tél. 03 89 47 91 59 V t.l.j. sf dim. 8h-12h 14h-20h

DOM. SCHIRMER 2012 ★

■	4 500	🍾	5 à 8 €

Les Schirmer sont établis depuis le XIXe s. au sud de Colmar. Lucien Schirmer, qui a spécialisé le domaine dans les années 1970, a passé le relais en 1991 à Thierry. Ce dernier exploite 10,5 ha de vignes, dont une partie est située dans le grand cru du Zinnkoepflé.

Un nez fort engageant, à la fois intense et fin, sur la rose, l'abricot sec et de fraîches notes d'agrumes bien mûrs. La bouche équilibrée, vive et suave à la fois, dévoile des arômes de pain d'épice et de fleur d'oranger. (Sucres résiduels : 34 g/l.) ⧗ 2014-2019 🍴 soufflé au crabe

Dom. Lucien Schirmer et Fils, 22, rue de la Vallée, 68570 Soultzmatt, tél. 03 89 47 03 82, vins.alsace.schirmer@orange.fr V t.l.j. 9h-12h 13h30-19h; dim. sur r.-v.

DOM. SCHLUMBERGER
Vendanges tardives 2011 ★

■	40 000	🍾 🛢	30 à 50 €

Sous l'Empire, les Schlumberger se constituent un vignoble dans la région de Guebwiller, au sud de l'Alsace, prenant la suite des abbés de Murbach, qui avaient mis en valeur ce vignoble avant la Révolution. Sans doute le plus vaste domaine de la région : 130 ha plantés sur des coteaux escarpés, dont une partie est conduite en biodynamie et plus de la moitié exploitée en grand cru.

Ce moelleux séduit par la complexité de ses parfums : rose, fruits exotiques, melon confit, miel. Le palais est riche, fondu, onctueux, ample et persistant, dans un bel équilibre. On y retrouve la palette complexe du nez, avec une touche d'épices douces. (Sucres résiduels : 68 g/l.) ⧗ 2015-2025 🍴 coquelet caramélisé sauce foie gras

Domaines Schlumberger, 100, rue Théodore-Deck, 68500 Guebwiller, tél. 03 89 74 27 00, mail@domaines-schlumberger.com V t.l.j. sf dim. 8h-18h (ven. 17h); sam. sur r.-v.

FRANÇOIS SCHMITT Vendanges tardives 2011 ★

■	1 500	🍾	20 à 30 €

À partir des années 1970, la famille Schmitt développe le domaine, qui couvre aujourd'hui 13 ha au sud du vignoble alsacien. Frédéric, fils aîné de François, a pris les rênes de l'exploitation en 1998 et engagé sa conversion bio en 2013.

Un vin riche et puissant, dont l'équilibre penche vers la rondeur, celle-ci étant soulignée par des arômes de coing et de miel. L'attaque est franche et la finale assez longue, marquée par une pointe d'amertume noble. (Sucres résiduels : 86 g/l.) ⧗ 2015-2025 🍴 carpaccio d'ananas

François Schmitt, 19, rte de Soultzmatt, 68500 Orschwihr, tél. 03 89 76 08 45, info@francoisschmitt.fr V t.l.j. 8h-12h 13h30-19h

J.-M. SOHLER Pflintz 2011 ★

■	1 500	🛢	15 à 20 €

Jean-Marie Sohler et son fils Hervé exploitent leur vignoble autour de Blienschwiller, village viticole au sud de Barr, où la famille est installée depuis plusieurs siècles. Dans leur cave de 1563, ils élèvent les vins dans les foudres traditionnels.

La robe jaune doré aux reflets ambrés annonce un nez bien ouvert sur des notes de surmaturation : miel, raisin de Corinthe et coing. Ces arômes se retrouvent dans un palais puissant, gras, riche et de bonne longueur, équilibré par ce qu'il faut de fraîcheur. (Sucres résiduels : 20 g/l.) ⧗ 2014-2019 🍴 tajine de poulet sauce au miel

Jean-Marie et Hervé Sohler, 16, rue du Winzenberg, 67650 Blienschwiller, tél. 03 88 92 42 93, jeanmarie.sohler@orange.fr V r.-v. E

PAUL SPANNAGEL
Steinbruchreen Vieilles Vignes 2012 ★★★

■	3 000	🍾	11 à 15 €

Le premier de la lignée vivait en 1598 à Katzenthal, village lové dans un vallon à quelques kilomètres à l'ouest de Colmar. Paul Spannagel se lance dans la vente en bouteilles en 1960. Depuis 1988, ce sont Yves et Claudine Spannagel, rejoints en 2011 par Jérôme et Marie, qui perpétuent l'exploitation (7,5 ha avec des parcelles dans deux grands crus).

Il a frôlé le coup de cœur, ce 2012 au nez complexe et élégant de rose et de fruits mûrs, richement épicé (clou de girofle, noix muscade, poivre blanc). Ces nuances intenses et variées s'épanouissent en bouche dès l'attaque, qui dévoile un vin à la fois frais et onctueux, puissant et équilibré, d'une rare persistance. Aucune lourdeur dans ce vin qui offre un remarquable concert d'arômes, invitation au voyage, et une réelle élégance. (Sucres résiduels : 27 g/l.) ⧗ 2014-2019 🍴 magret de canard au miel

Dom. Paul Spannagel, 1, Grand-Rue, 68230 Katzenthal, tél. 03 89 27 01 70, paul.spannagel@gmail.com V t.l.j. 9h-12h 14h-18h

PIERRE SPARR Grande Réserve 2012

■	18 200	🍾	8 à 11 €

Les lointaines origines de cette maison remontent à la fin du XVIIe s. Après 1945, Pierre Sparr a remonté l'affaire, mise à mal, comme le reste de Sigolsheim, par les combats de la Poche de Colmar. Aujourd'hui, les deux générations qui lui succèdent perpétuent l'entreprise disposant de 15 ha de vignes en propre et d'une structure de négoce.

Au nez, de plaisantes fragrances de rose et de notes de fruits mûrs, relayées par un palais tout aussi agréable, où la rose s'allie à la poire. La finale est réveillée par une légère acidité. Un gewurztraminer bien typé. (Sucres résiduels : 18 g/l.) 2014-2018 nems

Maison Pierre Sparr Successeurs, 2, rue de la 1re-Armée-Française, 68240 Sigolsheim, tél. 03 89 78 24 22, info@vins-sparr.com V t.l.j. sf dim. lun. 9h-12h 14h-18h

STRAUB 2012

	3 300		5 à 8 €

Installé en 1980 sur le domaine familial, entre Barr et Sélestat, Jean-Marie Straub cultive 7 ha de vignes autour de Blienschwiller, dont plusieurs parcelles dans le grand cru local. Dans sa cave voûtée de 1714 s'alignent les foudres traditionnels en bois.

Ce 2012 mêle au nez la rose, la pivoine et les fruits mûrs. Le litchi s'ajoute à cette palette dans un palais équilibré, gras et de bonne longueur. Bien dans le ton de l'AOC. (Sucres résiduels : 20 g/l.) 2014-2019 poulet au curry

Jean-Marie Straub, 61, rte des Vins, 67650 Blienschwiller, tél. 03 88 92 40 42, jean.marie.straub@wanadoo.fr V r.-v.

DOM. DE LA TOUR Cuvée Prestige 2012

	5 500		5 à 8 €

Installé en 1985, Jean-François Straub a pris la suite d'une lignée de vignerons et de tonneliers remontant à 1510. Avec son épouse Anne-Marie et son fils Jean-Sébastien, qui l'a rejoint en 2005, il exploite 14 ha. Le domaine s'est équipé d'une cuverie moderne, tout en conservant ses foudres traditionnels.

Un nez complexe, de belle intensité, sur les agrumes mûrs et les fruits confits. La bouche ample séduit par son attaque fraîche qui donne une agréable impression de légèreté. (Sucres résiduels : 24,3 g/l.) 2014-2019 poulet au gingembre

Dom. de la Tour – M.-A., J.-F. et J.-S. Straub, 35, rte des Vins, 67650 Blienschwiller, tél. 03 88 92 48 72, contact@vins-straub.fr V t.l.j. sf dim. 9h-11h30 14h-18h 2 B

VIEIL ARMAND Tradition 2012 ★

	15 000		5 à 8 €

Créée en 1959, la coopérative la plus méridionale du vignoble tire son nom du sommet vosgien du Vieil Armand, siège de violents combats pendant la Première Guerre mondiale. Elle regroupe près d'une centaine d'adhérents cultivant 140 ha dans les cantons de Cernay, Soultz et Guebwiller.

Des parfums engageants de fruits jaunes et d'agrumes bien mûrs, rehaussés d'épices, auxquels répond une bouche dans le même registre, intense, équilibrée et fraîche. La longue finale est relevée d'une touche poivrée. (Sucres résiduels : 5,9 g/l.) 2014-2019 canard laqué

Cave du Vieil Armand, 1, rte de Cernay, 68360 Soultz-Wuenheim, tél. 03 89 28 22 07, caveau@cavevieilarmand.com V t.l.j. 8h-12h 14h-18h30

CH. WAGENBOURG Weingarten 2012 ★

	4 500	5 à 8 €

À 25 km au sud de Colmar, Soultzmatt s'étire le long de la Vallée Noble, ainsi désignée en raison des sept châteaux qui la gardaient. De ces forteresses, une seule est restée debout : Wagenbourg, acquise par la famille Klein établie dans le village depuis 1605. Bien abritées par les plus hauts reliefs des Vosges, les vignes (10 ha) sont exploitées depuis 1987 par Jacky et Mireille Klein.

Le nez, encore discret, ne demande qu'à se révéler : on y pressent fraîcheur et finesse. En bouche, ce moelleux est ample, suave et intense. Déjà appréciable, il s'épanouira avec le temps. (Sucres résiduels : 38 g/l.) 2014-2019 tarte aux fruits

EARL Joseph et Jacky Klein, Ch. Wagenbourg, 25 A, rue de la Vallée, 68570 Soultzmatt, tél. 03 89 47 01 41, chateauwagenbourg@orange.fr V t.l.j. sf dim. 8h-12h 13h30-18h B

♥ B XAVIER WYMANN
Vieilles Vignes Hommage à Louise 2012 ★★★

	2 000		11 à 15 €

À Ribeauvillé, l'histoire de cette famille illustre à merveille l'évolution du vignoble : la première génération se contentait de vendre son raisin, la seconde commercialisait son vin en vrac, la troisième s'est lancée (en 1968) dans la mise en bouteilles. Depuis 1996, c'est Jean-Luc Schaerlinger, un neveu, qui dirige les 6 ha de vignes en bio certifié.

Or intense aux reflets orangés, ce vin délivre avec finesse et fraîcheur de subtils parfums de surmaturation. La mise en bouche dévoile tous ses atouts : une palette complexe mêlant la rose, le litchi, les agrumes et les épices, une matière ample, puissante et concentrée, un équilibre parfait entre la richesse et l'acidité, une longueur hors du commun. Cet hommage à la grand-mère du vigneron, fait avec cœur, s'est attiré… un coup de cœur. (Sucres résiduels : 35 g/l.) 2014-2019 canard à l'ananas

Xavier Wymann, 41, rue de la Fraternité, 68150 Ribeauvillé, tél. 03 89 73 66 83, vins.wymann@yahoo.fr V t.l.j. 10h-12h 15h-18h

ALBERT ZIEGLER Trilogie 2012 ★

	5 829	8 à 11 €

En 1988, Christine Ziegler et Michel Voelklin s'installent sur le domaine familial, puis en prennent les rênes dix ans plus tard. L'exploitation compte aujourd'hui 19 ha autour d'Orschwihr, au sud du vignoble, sur des coteaux réputés qui jouissent d'un microclimat très préservé (Bollenberg, grand cru Pfingstberg).

Une robe vieil or, des parfums de mangue nuancés d'épices et de notes balsamiques rappelant la résine. Dans le même registre, la bouche conjugue puissance et fraîcheur. La finale vive est marquée par un agréable retour des épices. (Sucres résiduels : 44,9 g/l.) 2014-2019 bombe glacée au fruit de la Passion

EARL Albert Ziegler, 10, rue de l'Église, 68500 Orschwihr, tél. 03 89 76 01 12, ziegler.voelklin@wanadoo.fr V t.l.j. 8h-12h 13h-19h; dim. sur r.-v.

DOM. ZINCK Terroir 2012

	3 170		11 à 15 €

Philippe Zinck, rejoint par Pascale, a repris en 1997 le vignoble fondé en 1964 par son père Paul autour de la vieille cité médiévale d'Eguisheim. L'ayant agrandi (20 ha, avec des parcelles dans quatre grands crus), il mise sur l'export. La lutte raisonnée a précédé la conversion progressive au bio, engagée en 2011.

Un nez discret mais délicat et typé, sur la fleur blanche, la rose et les fruits jaunes frais. La bouche, fidèle aux impressions recueillies au nez, offre une longue finale fraîche. Sans excès de complexité, ce gewurztraminer est agréable et typique. (Sucres résiduels : 16 g/l.) 2014-2017 gambas thaï à la citronnelle

Dom. Philippe Zinck, 18, rue des Trois-Châteaux, 68420 Eguisheim, tél. 03 89 41 19 11, info@zinck.fr V t.l.j. sf dim. 9h-12h 14h-18h; sam. sur r.-v.

ALSACE KLEVENER-DE-HEILIGENSTEIN

• Superficie : 42 ha • Production : 2 893 hl

Le klevener-de-heiligenstein n'est autre que le vieux traminer (ou savagnin rose), connu depuis des siècles en Alsace. Il a fait place progressivement à sa variante épicée ou gewurztraminer dans l'ensemble de la région, mais il est resté vivace à Heiligenstein et dans cinq communes voisines. Ses vins sont originaux, à la fois très bien charpentés, élégants et discrètement aromatiques.

CHARLES BOCH Charme d'automne 2012 ★

	2 000		5 à 8 €

Ce domaine, créé il y a une vingtaine d'années, est situé au pied du mont Sainte-Odile, entre Barr et Obernai.

Une robe jaune doré intense habille cette agréable cuvée. Le nez, encore discret, dévoile à l'aération des nuances de mirabelle, de litchi et de coing. La bouche est généreuse, mais le sucre est bien intégré à l'ensemble grâce à une fine acidité. La finale s'exprime sur de jolies notes de coing et de fleurs. (Sucres résiduels : 40 g/l.) 2014-2019 fondant au chocolat

Charles Boch, 6, rue Principale, 67140 Heiligenstein, tél. 03 88 08 41 26, charles.boch@wanadoo.fr V t.l.j. 9h-12h 14h-19h; f. apr.-m. et dernière semaine d'août 2 A

PAUL DOCK Vieilles Vignes 2012

	4 000		8 à 11 €

Situé au pied du mont Sainte-Odile, le domaine s'étend sur 8,5 ha, dont une parcelle de klevener-de-heiligenstein qui représente 35 % de sa production. Fondé en 1972 par Paul Dock, secondé depuis quelques années par son fils Patrick.

Ce klevener limpide, jaune or nuancé de vert, se montre expressif au nez et richement pourvu de notes d'abricot sec et de fruits grillés. La bouche se révèle ample, douce et généreuse. À réserver aux « becs sucrés ». (Sucres résiduels : 22 g/l.) 2014-2017 ananas rôti aux épices

Paul Dock et Fils, 55, rue Principale, 67140 Heiligenstein, tél. 03 88 08 02 49, vinsdock@orange.fr V t.l.j. sf dim. 9h30-12h 13h30-18h

B JEAN ET HUBERT HEYWANG Lieu-dit Schwendehiesel 2012

	4 000		8 à 11 €

Créé dans les années 1950 par Jean Heywang, le domaine est dirigé aujourd'hui par son fils Hubert. Adepte depuis toujours de la culture naturelle, il a obtenu la certification bio en 2011.

La couleur est jaune aux reflets verts. Le nez, encore discret, présente des notes de sous-bois et de mousse. Plus expansif, le palais se révèle ample, rond et chaleureux. À attendre un peu. (Sucres résiduels : 17 g/l.) 2015-2018 viandes blanches crémées

Dom. Heywang, 7, rue Principale, 67140 Heiligenstein, tél. 03 88 08 91 41, contact@heywang-vins.fr V t.l.j. 9h-12h 14h-18h30

DANIEL RUFF L'Authentique 2012 ★

	3 000		8 à 11 €

Un domaine de 15 ha situé au pied du mont Sainte-Odile, dans le pays de Barr. Si son savoir-faire s'étend à d'autres variétés, Daniel Ruff y cultive avec ferveur le klevener, cépage fétiche de Heiligenstein qui a valu au village une dénomination communale.

La robe est d'un jaune doré brillant et soutenu. D'intenses arômes de surmaturation, immédiatement présents au nez, évoluent à l'aération vers la noisette, le pain grillé et la minéralité. Généreux en bouche, ce vin progresse vers l'équilibre, l'alcool et le sucre résiduel se fondant bien dans la matière. Un ensemble agréable et harmonieux. (Sucres résiduels : 30 g/l.) 2014-2019 foie gras

Daniel Ruff, 64, rue Principale, 67140 Heiligenstein, tél. 03 88 08 10 81, ruffvigneron@wanadoo.fr V t.l.j. 8h-12h 13h30-18h30 C

ALSACE MUSCAT

• Superficie : 351 ha • Production : 18 487 hl

Deux variétés de muscat servent à élaborer ce vin sec et aromatique qui donne l'impression de croquer du raisin frais. Le premier, dénommé de longue date muscat d'Alsace, n'est autre que celui que l'on connaît mieux sous le nom de muscat blanc à petits grains (parfois dénommé muscat de Frontignan). Comme il est tardif, on le réserve aux meilleures expositions. Le second, plus précoce et de ce fait plus répandu, est le muscat ottonel.

DOM. BADER 2012 ★★

	1 100		5 à 8 €

Œnologue, Pierre Scharsch a repris en 2004 cette ancienne exploitation (XVIIᵉs). Implanté dans la région de Barr, son vignoble couvre 10 ha.

Issue à parité du muscat d'Alsace et du muscat ottonel plantés sur un terroir de gneiss, une cuvée aux arômes intenses de fleurs blanches et de bourgeon de cassis. Franche à l'attaque, de belle longueur, elle concilie avec bonheur ampleur et fraîcheur. (Sucres résiduels : 4 g/l.) 2014-2018 toasts au chèvre frais

Dom. Bader, 1, rue de l'Église, 67680 Epfig, tél. 06 70 52 09 56, domaine-bader@laposte.net V r.-v.

AGATHE BURSIN
Bollenberg Vendanges tardives 2011 ★

| 350 | 20 à 30 € |

Œnologue, Agathe Bursin a réalisé son rêve : reprendre les vinifications sur le domaine familial, qui apportait ses raisins à la coopérative depuis la mort de son arrière-grand-père. Installée en 2000, elle exploite avec passion et méticulosité le petit vignoble qu'elle agrandit peu à peu (5,6 ha). Elle propose des vins de terroir, issus notamment du grand cru Zinnkoepflé.

Né sur un sol argilo-calcaire, ce muscat vendangé fin octobre est encore discret au nez. Néanmoins, la bergamote, le bourgeon de cassis et la réglisse se profilent à l'aération. La bouche est à la fois ronde et aérienne et une noble amertume vient souligner son élégance. (Sucres résiduels : 54 g/l.) ⧗ 2014-2018 🍴 gambas sautées

Agathe Bursin, 11, rue de Soultzmatt, 68250 Westhalten, tél. 03 89 47 04 15, agathe.bursin@wanadoo.fr V r.-v.

JEAN-PAUL ECKLÉ Cuvée Emma 2012 ★

| 3 000 | 5 à 8 € |

Près de Colmar, dans le village de Katzenthal blotti dans un vallon, dominé par le donjon du Wineck, Emmanuel Ecklé exploite depuis 1996 les 9,3 ha du domaine familial. Une valeur sûre, notamment pour ses rieslings du Wineck-Schlossberg et du lieu-dit Hinterburg.

Cette cuvée aux reflets dorés s'annonce par de discrètes fragrances de fleurs blanches. En bouche, elle dévoile une matière fine et fraîche au fruité acidulé rappelant la groseille blanche. (Sucres résiduels : 3,5 g/l.) ⧗ 2014-2016 🍴 quiche aux asperges et au saumon

Jean-Paul Ecklé et Fils, 29, Grand-Rue, 68230 Katzenthal, tél. 03 89 27 09 41, eckle.jean-paul@wanadoo.fr V t.l.j. sf dim. 9h-12h 13h30-18h D

B JOGGERST Lieu-dit Steinacker 2012

| 2 500 | 5 à 8 € |

Quatre générations se sont succédé sur ce domaine de 7,5 ha, qui vend son vin en bouteilles depuis 1972. Martin Joggerst y travaille depuis trente ans et le dirige à partir de 1997. Le bio est de mise à la vigne depuis 2007, et au chai depuis 2010

Ce muscat s'ouvre à l'aération sur des senteurs de sureau et de bergamote, avec une touche de surmaturation. En bouche, il montre une jolie rondeur flatteuse, équilibrée par une belle fraîcheur en finale. (Sucres résiduels : 13,4 g/l.) ⧗ 2014-2015 🍴 melon

EARL Joggerst et Fils, 19, Grand-Rue, 68150 Ribeauvillé, tél. 03 89 73 66 32, info@vins-joggerst.com V t.l.j. 9h30-12h 14h-18h; f. janv. fév. mars

KRESS-BLÉGER Cuvée Théo 2012 ★★

| 1 500 | 8 à 11 € |

Situé au pied du Haut-Kœnigsbourg, ce domaine familial s'est lancé dans la vente en bouteilles en 1983. Sa surface est passée de 4,5 ha à 13,5 ha aujourd'hui. Jean-Luc Kress, aux commandes depuis 2007, dispose d'une palette de terroirs diversifiée, entre Wettolsheim et Saint-Hippolyte.

Un nez bien ouvert, où les arômes du cépage s'accompagnent d'une touche de mangue et d'amande amère. Les fruits frais s'allient à un soupçon de menthe dans une bouche ample et d'une grande délicatesse. La finale intense est vivifiée par une fraîcheur citronnée. Un équilibre parfait. (Sucres résiduels : 16 g/l.) ⧗ 2014-2017 🍴 asperges sauce mousseline

EARL Kress-Bléger et Fils, 10, rue du Pinot-Noir, 68590 Rodern, tél. 03 89 73 03 21, kress-bleger@wanadoo.fr V t.l.j. 8h-12h 13h30-19h 1

LEIPP-LEININGER 2012

| 1 990 | 5 à 8 € |

Ce domaine familial est situé à Barr, petit centre viticole proche du mont Sainte-Odile, et a son siège dans une maison vigneronne cossue du XVIII[e]s. Le vigneron a engagé en 2010 la conversion bio de la propriété, qui couvre 10 ha.

Un nez discret, qui s'ouvre à l'aération sur des senteurs muscatées, des notes de bergamote, de sureau et de bourgeon de cassis. Les arômes s'épanouissent davantage dans une bouche ample et bien équilibrée. (Sucres résiduels : 9 g/l.) ⧗ 2014-2016 🍴 asperges blanches au jambon

Leipp-Leininger, 11, rue du Dr-Sultzer, 67140 Barr, tél. 03 88 08 95 98, info@leipp-leininger.com V t.l.j. 8h-12h 13h15-18h30

JEAN-LUC MEYER 2012

| 3 100 | 5 à 8 € |

Une exploitation viticole située à Eguisheim, petite cité médiévale au sud de Colmar. Fondée en 1960, elle est conduite depuis 1982 par Jean-Luc Meyer, rejoint en 2005 par son fils Bruno. Le tandem a engagé en 2011 la conversion bio du domaine.

Né de muscat ottonel planté sur un terroir argilo-calcaire, ce 2012 s'ouvre progressivement sur des notes de fleurs blanches, puis sur le fruité caractéristique du cépage. On retrouve au palais ce fruité croquant allié à une belle vivacité. Un vin gourmand et alerte. (Sucres résiduels : 3 g/l.) ⧗ 2014-2016 🍴 apéritif

Jean-Luc et Bruno Meyer, 4, rue des Trois-Châteaux, 68420 Eguisheim, tél. 03 89 24 53 66, info@vins-meyer-eguisheim.com V t.l.j. sf dim. 8h-11h30 13h30-18h 2 B

DOM. DE L'ORIEL
Vendanges tardives A 2011 ★

| 500 | 20 à 30 € |

Établie à Niedermorschwihr, à l'ouest de Colmar, la famille Weinzorn, attachée au vignoble depuis près de quatre siècles, a pour demeure un ancien corps de ferme montrant un superbe oriel Renaissance en grès sculpté. Claude Weinzorn est à la tête du domaine depuis 1995.

Issu exclusivement du muscat d'Alsace récolté en surmaturation, ce vin affiche une robe intense or vert. Le nez s'épanouit à l'aération, libérant des fragrances élégantes de fleur d'oranger, d'anis et de verveine. Gras, ample, complexe, le palais fait preuve d'un réel équilibre entre le moelleux, l'acidité, l'alcool et une fine amertume. De l'harmonie et du relief. (Sucres résiduels : 78 g/l.) (Bouteilles de 50 cl.) ⧗ 2015-2025 🍴 salade fraises-menthe

Gérard Weinzorn et Fils, 133, rue des Trois-Épis, 68230 Niedermorschwihr, tél. 03 89 27 40 55, oriel.weinzorn@sfr.fr V t.l.j. 9h-12h 14h-18h; dim. sur r.-v.

JEAN-LOUIS SCHOEPFER
Sélection de grains nobles 2011

	750		20 à 30 €

En 1656, Louis Schoepfer achète des vignes à Wettolsheim, près de Colmar. Installé en 1991, son lointain descendant, Christophe Schoepfer, conduit un domaine de 9,5 ha. Il reste attaché aux foudres de bois centenaires pour le vieillissement de certains de ses vins.

Toute d'or vêtue, cette sélection de grains nobles présente un nez marqué par la surmaturation: coing confit, cire d'abeille et sève de pin. Si le nez déroute certains dégustateurs, tous s'accordent sur la qualité de sa bouche: ronde à l'attaque, ample, concentrée, livrant d'élégants arômes de mangue, de zeste d'orange et de fruits secs. La finale apporte une fraîcheur bienvenue. (Sucres résiduels: 98 g/l.) 2015-2025 tarte aux quetsches

EARL Jean-Louis Schoepfer, 35, rue Herzog, 68920 Wettolsheim, tél. 03 89 80 71 29, jlschoepfer@libertysurf.fr V t.l.j. sf dim. 8h-12h 13h30-19h (sam. 18h)

DOM. DE LA VIEILLE FORGE M & S 2012 ★★

	1 300		8 à 11 €

Fort de son diplôme d'œnologue, Denis Wurtz fait revivre depuis 1998 le domaine de ses grands-parents à Beblenheim, dont le nom évoque le métier de l'un de ses aïeuls. Installé dans une maison à colombages du XVI[e]s., il exploite 10 ha de vignes près de Riquewihr, avec des parcelles en grand cru.

Provenant de terroirs marno-calcaires, cette cuvée marie le muscat ottonel (80 %) et le muscat d'Alsace. M & S? Elle associe des raisins nés sur les grands crus Mandelberg et Schoenenbourg, mais un tel assemblage ne peut afficher la mention « alsace grand cru ». Pâle de couleur, il offre un fruité délicat, relevé de poivré et finement mentholé. Dans le même registre, la bouche se révèle intense, riche et ronde, équilibrée par une belle acidité. Un ensemble persistant et élégant. (Sucres résiduels: 10,5 g/l.) 2014-2019 flan aux asperges

Dom. de la Vieille Forge, 5, rue de Hoen, 68980 Beblenheim, tél. 03 89 86 01 58, virginie.wurtz@wanadoo.fr V t.l.j. 10h-12h 16h-18h30 C

DOM. ZINCK Terroir 2012 ★

	1 880		11 à 15 €

Philippe Zinck, rejoint par Pascale, a repris en 1997 le vignoble fondé en 1964 par son père Paul autour de la vieille cité médiévale d'Eguisheim. L'ayant agrandi (20 ha, avec des parcelles dans quatre grands crus), il mise sur l'export. La lutte raisonnée a précédé la conversion progressive au bio, engagée en 2011.

Ce 2012 naît d'un assemblage à parité de muscat ottonel et de muscat d'Alsace issus de terrains argilo-calcaires. Reflet de son terroir, il libère des senteurs exubérantes de fleurs jaunes et de fleurs de vigne. Ces notes florales et cette intensité se retrouvent dans un palais particulièrement dense et puissant. (Sucres résiduels: 4 g/l.) 2014-2018 comté jeune

Dom. Philippe Zinck, 18, rue des Trois-Châteaux, 68420 Eguisheim, tél. 03 89 41 19 11, info@zinck.fr V t.l.j. sf dim. 9h-12h 14h-18h; sam. sur r.-v.

ALSACE PINOT BLANC OU KLEVNER

• Superficie : 3 303 ha • Production : 267 672 hl

Sous ces deux dénominations (la seconde étant un vieux nom alsacien), le vin peut provenir de deux cépages: le pinot blanc vrai et l'auxerrois blanc. Ce sont deux variétés assez peu exigeantes, capables de donner des résultats remarquables dans des situations moyennes, car leurs vins allient agréablement fraîcheur, corps et souplesse. Dans la gamme des vins d'Alsace, le pinot blanc représente le juste milieu, et il n'est pas rare qu'il surclasse certains rieslings.

B **YVES AMBERG** Auxerrois Petite Fleur 2012

	5 000		5 à 8 €

Yves Amberg s'est installé en 1989 à Epfig, plus grande commune viticole d'Alsace, avec 560 ha consacrés à la viticulture. Les 12,5 ha du domaine sont exploités en bio.

Ce 2012, fruit d'un assemblage de pinot blanc et d'auxerrois, est marqué au nez par des notes de fruits mûrs (fruits blancs), prolongé par un palais souple et bien équilibrée. (Sucres résiduels: 8 g/l.) 2014-2016 tarte aux légumes

EARL Dom. Yves Amberg, 19, rue du Fronholz, 67680 Epfig, tél. 03 88 85 51 28, amberg.yves@wanadoo.fr V r.-v.

LÉON BAUR Auxerrois 2012

	5 000	5 à 8 €

Fondé en 1738, ce domaine familial établi au cœur de la cité médiévale d'Eguisheim s'étend sur 10 ha répartis dans plusieurs communes. À sa tête depuis quarante ans, Jean-Louis Baur a été rejoint par sa fille Caroline. Adossée à l'ancien rempart du village, la cave abrite des cuves modernes en Inox et des foudres de chêne.

Un pur auxerrois au nez de fruits jaunes bien mûrs. Souple à l'attaque, ce vin rond et tout en finesse trouve son équilibre grâce à une acidité bien fondue. (Sucres résiduels: 5 g/l.) 2014-2016 poulet au curry

Maison Léon Baur, SARL Jean-Louis Baur, 22, rue du Rempart-Nord, 68420 Eguisheim, tél. 03 89 41 79 13, jean-louis.baur@terre-net.fr V t.l.j. 9h-12h 13h30-18h B

♥ **A.L. BAUR** Cuvée Louis 2012 ★★★

	3 300		5 à 8 €

Balcon dominant sur la plaine d'Alsace, Voegtlinshoffen, au sud-est de Colmar, réunit de très beaux terroirs et concentre des talents, comme ceux de Régine Baur, qui exploite avec son beau-frère Dominique Pierrat un domaine de 7 ha, avec des parcelles dans le grand cru Hatschbourg.

Issue d'auxerrois, cette cuvée enchante par la subtilité de son nez partagé entre l'acacia et les agrumes. L'attaque souple introduit une bouche à la fois bien structurée et enrobée, tapissée d'arômes délicats de pêche, qui laisse en finale une impression de grande élégance et d'harmonie : tout ce que l'on attend de ce cépage. (Sucres résiduels : 12,9 g/l.) ⧗ 2014-2019 ♈ escalope de veau aux asperges

⊶ A. L. Baur, 4, rue Roger-Frémeaux, 68420 Voegtlinshoffen, tél. 03 89 49 30 97, albauralsace@orange.fr V ⛹ ⛫ r.-v. ⌂ B

PIERRE ET FRÉDÉRIC BECHT Les Murets 2011 ★★

■	3 000	▮	8 à 11 €

Pierre Becht et son fils Frédéric sont établis à Dorlisheim, village viticole jouxtant Molsheim, à 25 km à l'ouest de Strasbourg, où ils exploitent 7 ha de vignes, complétés par 9 ha au lieu-dit Stierkopf, près de Mutzig.

Souvent en bonne place pour leur pinot noir, les Becht ont soumis aux dégustateurs un remarquable pinot blanc – un pur auxerrois moelleux, au nez élégant de pêche et d'acacia. Souple à l'attaque, le palais dévoile un équilibre remarquable et d'intenses arômes de fruits mûrs. Sa finale persistante rehaussée par une pointe de surmaturation lui donne une réelle présence. (Sucres résiduels : 24 g/l.) ⧗ 2014-2018 ♈ tarte aux pêches

⊶ Pierre et Frédéric Becht, 26, fg des Vosges, 67120 Dorlisheim, tél. 03 88 38 18 22, info@domaine-becht.com V ⛹ ⛫ t.l.j. sf dim. 8h30-11h30 14h-18h30

ANDRÉ BLANCK ET SES FILS Rosenbourg 2012 ★

■	3 000	5 à 8 €

Établie dans le centre historique de Kientzheim, cette propriété a son siège dans l'ancienne cour des chevaliers de Malte, voisine du château Schwendi et du musée du Vin. Les Blanck cultivent la vigne depuis 1675, et la dernière génération perpétue ce savoir-faire sur les 15 ha de l'exploitation.

Plongeant ses racines dans un excellent terroir marneux, ce pinot blanc offre un nez de pêche blanche légèrement fumé. Vif et alerte dès l'attaque, il le reste jusqu'en finale. Un vin cohérent et dynamique. (Sucres résiduels : 6 g/l.) ⧗ 2014-2017 ♈ poisson grillé au romarin

⊶ EARL André Blanck et Fils, Ancienne Cour des Chevaliers de Malte, 68240 Kientzheim, tél. 03 89 78 24 72, charles.blanck@free.fr V ⛹ ⛫ t.l.j. sf dim. 8h-12h 13h-18h ⌂ B

CLÉEBOURG Auxerrois 2012

■	82 000	▮	5 à 8 €

La cave de Cléebourg a été fondée en 1946 pour sauver le vignoble situé à l'extrémité nord de l'Alsace, à la limite de l'Allemagne et à 80 km du tronçon principal de la route des Vins. La coopérative vinifie les vendanges de quelque 200 ha de vignes implantées dans les villages proches de Wissembourg.

Cet auxerrois d'origine marneuse apparaît encore jeune, à en juger par ses arômes de pêche jaune élégants mais discrets. Franc en attaque, le palais est bien structuré, équilibré grâce à sa finale fraîche. (Sucres résiduels : 7,06 g/l.) ⧗ 2014-2017 ♈ feuilleté aux champignons

⊶ Cave vinicole de Cléebourg, rte du Vin, 67160 Cléebourg, tél. 03 88 94 50 33, info@cave-cleebourg.com V ⛹ ⛫ t.l.j. 8h-12h 14h-18h (dim. à partir de 10h)

B **LOUIS FREYBURGER ET FILS** Vieilles Vignes 2012 ★

■	4 000	▮	8 à 11 €

Ces vignerons-négociants établis à Bergheim, cité fortifiée proche de Ribeauvillé, exploitent en propre un domaine de 24 ha autour de cette commune et de trois autres villages proches du Haut-Kœnigsbourg. Ils ont obtenu la certification bio en 2011.

Né sur un terroir marneux, ce pinot blanc présente un nez assez réservé, qui s'ouvre à l'aération sur des notes de fleurs, de fruits blancs et d'agrumes. Vif à l'attaque, il se montre ample et persistant. (Sucres résiduels : 9 g/l.) ⧗ 2014-2017 ♈ tourte aux asperges

⊶ Louis Freyburger et Fils, 10, rte de Colmar, 68750 Bergheim, tél. 03 89 73 63 82, contact@vins-freyburger.com V ⛹ ⛫ t.l.j. 9h-11h30 14h-17h (18h l'été)

DOM. FERNAND FROEHLICH ET FILS 2012 ★★

■	4 000	▮	5 à 8 €

Michel Froehlich a pris en 1992 la succession de son père Fernand, qui s'était lancé dans la mise en bouteilles. Si le siège du domaine est situé dans la plaine, au nord de Colmar, les 11 ha de vignes sont disséminés dans quatre villages réputés : Beblenheim, Zellenberg, Ribeauvillé et Riquewihr.

Ce pinot blanc dévoile un nez élégant aux nuances de fruits exotiques. Souple à l'attaque, il ne manque ni de vivacité ni d'ampleur, et offre un équilibre remarquable entre rondeur et vivacité. (Sucres résiduels : 8 g/l.) ⧗ 2014-2017 ♈ tajine aux abricots

⊶ Dom. Fernand Froehlich et Fils, 29, rte de Colmar, 68150 Ostheim, tél. 03 89 86 01 46, froehlich.michel@neuf.fr V ⛹ ⛫ t.l.j. sf dim. 8h-11h30 13h30-18h; f. fév. ⌂ C

VIGNOBLE HAEFFELIN Auxerrois 2012 ★

■	2 900	5 à 8 €

Héritier d'une lignée de vignerons remontant à 1770, Daniel Haeffelin s'est installé en 1987 sur le domaine (16 ha) et a été rejoint en 2012 par son fils Sébastien. En 1993, il a transféré l'exploitation hors des murs d'Eguisheim, tout en maintenant le caveau de vente au cœur de la pittoresque cité médiévale.

Ce vin s'ouvre sur des senteurs de fleurs blanches rehaussées de notes toastées. D'une souplesse agréable en attaque, le palais apparaît bien équilibré, ample et intense. (Sucres résiduels : 13,9 g/l.) ⧗ 2014-2017 ♈ tourte aux légumes

⊶ Vignoble Daniel Haeffelin, 35, Grand-Rue, 68420 Eguisheim, tél. 03 89 41 77 85, vins.alsace.haeffelindaniel@wanadoo.fr V ⛹ ⛫ t.l.j. 10h-12h 13h30-18h30; dim. sur r.-v.

HURST Auxerrois 2012 ★★

■	1 700	⦶	5 à 8 €

C'est en 1989 qu'Armand et Nicole Hurst ont repris l'exploitation familiale fondée en 1926 à Turckheim à

l'ouest de Colmar. Œnologue, leur fille Aurélie les a rejoints en 2009. La famille complète la production de ses 9,5 ha par une activité de négoce.

Issu d'un terroir granitique, cet auxerrois présente un nez agréable et bien ouvert, aux nuances de fruits à chair jaune et de fleurs blanches. Au palais, on découvre un vin moelleux, souple à l'attaque, ample, chaleureux, équilibré par une juste fraîcheur et persistant. (Sucres résiduels: 24 g/l.) ⧗ 2014-2018 ▼ tarte aux pêches

Armand Hurst, 8, rue de la Chapelle, BP 46, 68230 Turckheim, tél. 03 89 27 40 22, vinsahurst@wanadoo.fr V t.l.j. 8h30-12h 13h30-18h; dim. sur r.-v.

ALBERT KLÉE Auxerrois 2012 ★

	1 200		5 à 8 €

En 1624, Urbain Klée cultivait la vigne à Katzenthal, village proche de Colmar. Installé en 1978, Albert Klée perpétue la tradition familiale avec sa femme Odile et son fils Jean-François, ingénieur agronome et œnologue. Leur propriété couvre 5 ha, avec des parcelles dans les grands crus Wineck-Schlossberg et Kaefferkopf.

Cet auxerrois issu de graves s'ouvre d'emblée sur des notes d'amande, de fruits jaunes et de fruits exotiques (ananas). Souple à l'attaque, ample et bien équilibré, c'est le produit d'une vendange de grande maturité. (Sucres résiduels: 7 g/l.) ⧗ 2014-2017 ▼ tarte à l'oignon

Albert Klée, 13, Grand-Rue, 68230 Katzenthal, tél. 03 89 27 25 27, vinsklee@free.fr V t.l.j. 9h-12h 13h-18h30; dim. sur r.-v.

JOSEPH MOELLINGER ET FILS Rosenberg 2012 ★

	6 400		5 à 8 €

Joseph Moellinger s'est lancé dans la mise en bouteilles dès 1945. Depuis 1997, son petit-fils Michel conduit l'exploitation, qui couvre 14 ha autour de Wettolsheim, grosse bourgade qui jouxte Colmar au sud-ouest. Il détient des parcelles dans plusieurs grands crus.

Issu du lieu-dit Rosenberg, aux sols argilo-calcaires, cet assemblage d'auxerrois (80 %) et de pinot blanc séduit, tant par son nez aux nuances de fruits jaunes (pêche) et de sous-bois, que par sa bouche bien structurée, équilibrée et persistante. (Sucres résiduels: 6,6 g/l.) ⧗ 2014-2017 ▼ poêlée de saint-jacques

Joseph Moellinger et Fils, 6, rue de la 5e-Division-Blindée, 68920 Wettolsheim, tél. 03 89 80 62 02, vins.moellinger@sfr.fr V t.l.j. 8h-12h 13h30-19h; dim. sur r.-v.

JEAN RAPP Muhlweg Auxerrois 2012 ★★

	3 500		- de 5 €

Vignerons et éleveurs de père en fils depuis 1765, les Rapp sont installés à Dorlisheim, au sud-ouest de Strasbourg. L'exploitation s'est peu à peu spécialisée à partir des années 1960 et une nouvelle cave, plus vaste, a été aménagée en 2004, à l'arrivée de Guillaume. La plupart des vins du domaine sont élevés en foudres, dont certains sont plus que centenaires.

Ce 2012 charme par ses parfums de fleurs, de fruits jaunes et de fruits exotiques. Un fruité complexe et séducteur qui se confirme dans une bouche d'un équilibre remarquable entre fraîcheur, rondeur et souplesse. (Sucres résiduels: 10 g/l.) ⧗ 2014-2018 ▼ poulet à la crème

EARL Jean et Guillaume Rapp, 1, fg des Vosges, 67120 Dorlisheim, tél. 03 88 38 28 43, vins-rapp@wanadoo.fr V t.l.j. sf dim. 8h-12h 13h30-19h

EDMOND SCHUELLER Petits grains 2012 ★

	2 500		5 à 8 €

Au pied des trois donjons qui dominent le vignoble de Husseren-les-Châteaux, point culminant de la route des Vins au sud de Colmar, Damien Schueller, installé en 1999, exploite un vignoble de 5 ha patiemment constitué par son père Edmond, ancien salarié viticole. Le domaine est en conversion bio.

Avec un nez intense de fruits à noyau (pêche), ce pinot blanc à l'attaque franche et vive et à la finale nerveuse est un vin croquant à souhait et bien typé. (Sucres résiduels: 4 g/l.) ⧗ 2014-2017 ▼ pâté en croûte

Damien Schueller, 26, rte du Vin, 68420 Husseren-les-Châteaux, tél. 03 89 49 32 60, info@alsace-schueller.com V r.-v.

SPITZ & FILS Auxerrois 2012 ★

	3 700		5 à 8 €

Un grand-père vigneron-restaurateur, un père directeur d'école... Dominique Spitz choisit la viticulture. Il s'installe en 1983, développe le domaine à Blienschwiller et dans plusieurs villages environnants (12 ha aujourd'hui), construit la cave en 1993. En 2012, son fils Marc prend sa succession.

Un auxerrois au nez intense, mêlant les fleurs jaunes et la pêche mûre. Vif et perlant à l'attaque, équilibré et persistant, il ne manque pas de potentiel. (Sucres résiduels 14,4 g/l.) ⧗ 2014-2018 ▼ charcuteries

Spitz et Fils, 2-4, rte des Vins, 67650 Blienschwiller, tél. 03 88 92 61 20, vinspitzalsace@orange.fr V r.-v.

ALSACE PINOT GRIS

• Superficie : 2 355 ha • Production : 165 954 hl

La dénomination locale tokay qui fut donnée au pinot gris pendant quatre siècles ne laisse pas d'étonner, puisque cette variété n'a jamais été utilisée en Hongrie orientale... Selon la légende, le tokay aurait été rapporté de ce pays par le général Lazare de Schwendi, grand propriétaire de vignobles en Alsace. Son aire d'origine semble être, comme celle de tous les pinots, le territoire de l'ancien duché de Bourgogne. Ce cépage a connu une spectaculaire expansion. Le pinot gris peut produire un vin capiteux, très corsé, plein de noblesse, susceptible de remplacer un vin rouge sur les plats de viande. Lorsqu'il est somptueux comme en 1989, 1990 ou 2000, années exceptionnelles, c'est l'un des meilleurs accompagnements du foie gras.

DOM. ALLIMANT-LAUGNER 2012

	20 000		5 à 8 €

La famille Allimant a un ancêtre célèbre, Antoine, qui suivit Napoléon dans toutes ses campagnes, puis acheta des vignes sur les côtes du Haut-Kœnigsbourg. Agrandi par l'alliance entre les Allimant et les Laugner, le domaine (12 ha sur trois communes) est conduit depuis 1984 par Hubert Laugner.

Reflet de son terroir de granite et de gneiss, ce pinot gris dévoile une certaine légèreté : robe jaune pâle, fruité discret, bouche franche, souple sans manquer de richesse, persistante et équilibrée par une vivacité citronnée. (Sucres résiduels : 22 g/l.) ⧗ 2014-2018 ¥ viande blanche

⊶ Allimant-Laugner, 10, Grand-Rue, 67600 Orschwiller, tél. 03 88 92 06 52, alaugner@terre-net.fr V t.l.j. sf dim. 9h-18h A

BAUMANN ZIRGEL Schwenkel 2012 ★

	4 300		8 à 11 €

Benjamin et Valérie Zirgel ont repris l'exploitation familiale en 2008 et engagé la conversion bio du vignoble, qui se déploie sur les coteaux environnant le village de Mittelwihr, au cœur de la route des Vins. Le domaine, d'une superficie de 10 ha, comprend des parcelles dans quatre grands crus.

Ce 2012 issu d'un terroir argilo-calcaire se pare d'une élégante robe dorée et déploie des arômes intenses bien typés du cépage, avec une note de surmaturation. Assez vif à l'attaque, il gagne ensuite en souplesse : un bel équilibre. (Sucres résiduels : 16,5 g/l.) ⧗ 2014-2017 ¥ viande blanche

⊶ Baumann Zirgel, 5, rue du Vignoble, 68630 Mittelwihr, tél. 03 89 47 90 40, baumann-zirgel@wanadoo.fr V t.l.j. sf dim. 8h-12h 14h-18h C

DOM. JEAN-MARC BERNHARD Vendanges tardives Élixir D'Éléna 2011 ★★

	1 200		15 à 20 €

Fondé en 1802, le domaine avait développé une activité de négoce à partir de 1850. En 1982, Jean-Marc Bernhard a préféré redevenir vigneron. Avec près de 11 ha répartis sur cinq communes, la famille dispose d'une belle palette de terroirs et détient des parcelles dans six grands crus. Frédéric, aux commandes depuis 2000, a converti le vignoble au bio (certification fin 2012).

Une robe jaune d'or aux reflets brillants : la présentation est engageante. Le nez libère d'intenses parfums de surmaturation : abricot, mirabelle, coing compoté et miel. Très puissant en attaque, d'un réel équilibre, le palais est remarquable par sa richesse et son ampleur. Son onctuosité est soulignée par des arômes de fruits en confiture qui persistent longuement. (Sucres résiduels : 82 g/l.) ⧗ 2015-2025 ¥ tian aux pommes et gingembre confit

⊶ Dom. Jean-Marc Bernhard, 21, Grand-Rue, 68230 Katzenthal, tél. 03 89 27 05 34, vins@jeanmarcbernhard.fr V r.-v. B

FRANÇOIS BOHN Letzenberg 2011 ★

	600		8 à 11 €

Ancien apporteur de raisins installé à Ingersheim, à l'ouest de Colmar, François Bohn s'est lancé avec brio dans la vinification en 1998. Son vignoble couvre 11 ha et compte plusieurs parcelles en grand cru (Florimont, Sommerberg).

Le Letzenberg est un coteau très pentu dominant Turckheim. Son terroir marno-calcaire a marqué ce 2011. Si la robe est d'un jaune soutenu, le nez apparaît encore réservé, discrètement fruité, avec des notes de sous-bois et de champignon. Dominé par des impressions chaleureuses et moelleuses, le palais est marqué en finale par un retour des arômes typés du cépage. Pour les amateurs de pinot gris généreux et suaves. (Sucres résiduels : 59 g/l.) ⧗ 2014-2020 ¥ foie gras

⊶ François Bohn, 24, lieu-dit Langematten, 68040 Ingersheim, tél. 03 89 27 31 27, vinsfrancoisbohn@orange.fr V r.-v.

BURGHART-SPETTEL 2012 ★★

	8 000		5 à 8 €

Le domaine est implanté entre Colmar et Riquewihr, dans le village viticole de Mittelwihr connu pour sa colline des Amandiers. Héritier d'une tradition remontant au XIXes., Bertrand Spettel, rejoint par Jérôme, exploite près de 14 ha de vignes sur plusieurs coteaux, avec des parcelles dans des grands crus.

De type sec, ce pinot gris s'ouvre sur des notes de fleurs et de fruits blancs, nuancées de senteurs confites et fumées. Franc en attaque, il offre une belle matière ample et une finale persistante et fraîche. Un vin très typé, complet et parfait pour la table. (Sucres résiduels : 9 g/l.) ⧗ 2014-2018 ¥ rôti de veau

⊶ Burghart-Spettel, 9, rte du Vin, 68630 Mittelwihr, tél. 03 89 47 93 19, burghart-spettel@wanadoo.fr V t.l.j. sf dim. 10h-18h C

CATTIN FRÈRES Vendanges tardives 2011 ★★

	10 900		15 à 20 €

La famille Cattin se spécialise dans la viticulture dès 1850. L'exploitation connaît un réel développement à partir de 1978, avec Jacques et son frère Jean-Marie. La superficie du vignoble a été portée à 54 ha et au domaine s'est adjointe une affaire de négoce qui s'approvisionne sur près de 200 ha. Ingénieur agronome, Jacques (du même prénom que son père) a rejoint l'affaire.

D'un jaune d'or limpide, ce vin s'exprime sur l'abricot, la mirabelle et les agrumes confits. En bouche, il se distingue par son volume, sa puissance, sa richesse et son onctuosité, soulignés par des arômes de fruits jaunes en confiture qui persistent en finale. Des vendanges tardives d'une réelle élégance. (Sucres résiduels : 50 g/l.) ⧗ 2015-2025 ¥ foie gras

⊶ Cattin Frères, 19, rue Roger-Frémeaux, 68420 Vœgtlinshoffen, tél. 03 89 49 30 21, contact@cattin.fr V t.l.j. sf dim. 8h-12h 14h-18h

B EBLIN-FUCHS Vieilles Vignes 2012 ★

	10 000		8 à 11 €

Établis à Zellenberg, tout près de Riquewihr, José, Henri et Christian Eblin sont les héritiers d'une lignée de vignerons remontant au Moyen Âge. Ils conduisent leur domaine en biodynamie : 10 ha répartis dans six communes, avec des parcelles dans quatre grands crus.

Né sur des sols marneux, ce pinot gris jaune d'or s'ouvre sur des notes intenses d'abricot confit et de miel traduisant une légère surmaturation. L'attaque franche et douce est relayée par des impressions de fraîcheur qui contribuent à l'équilibre de cette bouteille. (Sucres résiduels : 25 g/l.) ⧗ 2014-2018 ¥ cailles aux raisins

⊶ Dom. Eblin-Fuchs, 19, rte des Vins, 68340 Zellenberg, tél. 03 89 47 91 14, alsace@eblin-fuchs.com V r.-v.

LES FAÎTIÈRES 2012 ★

	26 400		5 à 8 €

Les Faîtières est le nom la cave vinicole d'Orschwiller, fondée en 1957, qui s'approvisionne dans plusieurs villages situés en contrebas du château du Haut-Kœnigsbourg. C'est aussi le nom de sa marque.

Né sur des sols de gneiss, ce pinot gris offre de belles nuances fruitées et fumées. Souple et frais, bien équilibré, il trouvera facilement sa place à table. (Sucres résiduels : 15 g/l.) ⧗ 2014-2018 ⫯ viande blanche

Les Faîtières, 3, rte du Vin, 67600 Orschwiller, tél. 03 88 92 09 87, cave@cave-orschwiller.fr V t.l.j. 10h-12h 14h-19h

FREYBURGER Vendanges tardives 2011 ★

	700		15 à 20 €

L'exploitation, située dans le centre du village d'Ammerschwihr, est conduite depuis 1994 par Christophe, fils de Marcel Freyburger. Elle a doublé sa superficie depuis les origines et s'étend aujourd'hui sur 7 ha, entre bas de pente et coteaux.

D'un jaune d'or limpide, ces vendanges tardives s'ouvrent sur des arômes de fruits jaunes confits un rien caramélisés. Ces notes de surmaturation se nuancent de miel et d'un léger sous-bois dans un palais ample, gras, puissant et persistant, qui penche vers la rondeur. (Sucres résiduels : 68 g/l.) ⧗ 2015-2025 ⫯ foie gras

Marcel Freyburger, 13, Grand-Rue, 68770 Ammerschwihr, tél. 03 89 78 25 72, marcel.freyburger@orange.fr V t.l.j. 9h-12h 13h30-18h; dim. sur r.-v.

♥ DOM. FRITZ Cuvée Elian 2012 ★★★

	2 300		15 à 20 €

Créé en 1958, ce domaine implanté à Sigolsheim, au nord-ouest de Colmar, est conduit par Thierry Fritz, qui a succédé en 2006 à son père Daniel. Il a son siège dans un ancien moulin, aménagé à la fin des années 1960 en cave à vins. Le vignoble couvre 8 ha, avec plusieurs parcelles en grand cru Mambourg.

Récoltée le dernier jour des vendanges (31 octobre) sur un terroir argilo-calcaire, cette cuvée affiche une robe jaune doré tirant sur l'orangé. Elle captive par la complexité de ses nuances fumées, toastées et briochées. Tout aussi complexe, le palais offre à profusion des notes de miel et de fruits confits : un vin ample, généreux, harmonieux et gourmand. (Sucres résiduels : 42 g/l.) ⧗ 2014-2025 ⫯ foie gras poêlé

Dom. Fritz, 3, rue du Vieux-Moulin, 68240 Sigolsheim, tél. 03 89 47 11 15, domaine.fritz@wanadoo.fr V t.l.j. 8h-19h

♥ B GSELL Cuvée César 2012 ★★★

	3 000		8 à 11 €

La propriété, acquise en 1821 par la famille, est aujourd'hui conduite en bio par Joseph Gsell et son fils Julien. Elle couvre 9 ha autour d'Orschwihr, gros village viticole au sud de la route des Vins, et comprend des parcelles en grand cru (Pfingstberg et Spiegel).

D'un jaune pâle cristallin, cette cuvée née d'un terroir argilo-calcaire a enthousiasmé les dégustateurs par son nez expansif et complexe d'agrumes, assortis de nuances toastées et fumées. Tout aussi complexe, la bouche offre en attaque une douceur bien fondue, équilibrée par une belle fraîcheur. La finale est franche et longue. Une rare harmonie. (Sucres résiduels : 35 g/l.) ⧗ 2015-2025 ⫯ caille aux agrumes

Joseph Gsell, 26, Grand-Rue, 68500 Orschwihr, tél. 03 89 76 95 11, joseph.gsell@wanadoo.fr V r.-v. B

DOM. JEAN-MARIE HAAG Breitenberg 2012

	1 500		8 à 11 €

À l'origine, un lopin entretenu le dimanche par le grand-père de Jean-Marie Haag, ouvrier des mines de potasse. Aujourd'hui, une propriété de 6 ha au cœur de la Vallée Noble, à 20 km au sud de Colmar. De beaux vins de terroir, notamment les gewurztraminers nés sur le grand cru Zinnkoepflé, majestueux coteaux abrités par le Grand et le Petit Ballon.

Discret au premier nez, ce pinot révèle à l'aération une palette complexe : fruits secs, miel, épices et sous-bois. Équilibré et délicat, il paraît sec malgré les sucres résiduels, ce qui lui permettra de se placer facilement à table. (Sucres résiduels : 30 g/l.) ⧗ 2014-2017 ⫯ magret de canard

Jean-Marie Haag, 17, rue des Chèvres, 68570 Soultzmatt, tél. 03 89 47 02 38, jean-marie.haag@wanadoo.fr V r.-v.

MATERNE HAEGELIN ET FILLES Cuvée Élise 2012 ★

	13 003		8 à 11 €

Depuis 1986, Régine Garnier est à la tête du domaine familial mis en valeur par son père Materne Haegelin. Situé dans le tronçon sud de la route des Vins, le vignoble (18 ha) est implanté principalement en coteaux, sur des terroirs différents.

Cette cuvée Élise, du nom du premier des petits-enfants de Materne, provient d'une récolte plus tardive que la cuvée générique : en 2012, le 17 octobre. Fumée, fruitée et briochée, elle est plaisante, généreuse et longue au palais. Un vin harmonieux, fruit d'une belle matière. (Sucres résiduels : 46 g/l.) ⧗ 2014-2020 ⫯ terrine de lapin

SAS Materne Haegelin, 45-47, Grand-Rue, 68500 Orschwihr, tél. 03 89 76 95 17, vins@materne-haegelin.fr V r.-v. B

HARTWEG 2012 ★

	n.c.		5 à 8 €

Fondée au nord de Colmar en 1930, cette exploitation est conduite par Jean-Paul Hartweg et son fils Frank. Le tandem exploite autour du joli village de Beblenheim un vignoble de 9,5 ha dont les fleurons sont en grand cru (Sonnenglanz, Mandelberg).

Ce pinot gris libère des notes fumées typées du cépage avant de montrer à l'aération davantage de complexité, dévoilant des arômes de fleurs blanches et de fruits jaunes. Le palais, bien équilibré, séduit par son ampleur, son fruité et par sa finale fraîche tout en finesse. Un vin de gastronomie. (Sucres résiduels : 24 g/l.) 2014-2020 viande blanche en sauce

Jean-Paul et Frank Hartweg, 39, rue Jean-Macé, 68980 Beblenheim, tél. 03 89 47 94 79, frank.hartweg@free.fr V t.l.j. sf dim. 8h30-11h30 14h-17h30; sam. sur r.-v. B

♥ HERTZOG
Bildstoecklé 2012 ★★

8 900 | 8 à 11 €

Ce domaine est établi au sud-ouest de Colmar, dans un village célèbre pour son clocher à colombage. Installé en 1977, Sylvain Hertzog conduit 8 ha de vignes aux environs.

Né sur un lieu-dit aux sols argilo-calcaires, ce pinot gris en robe dorée livre des arômes complexes de fruits jaunes mûrs, de miel, de fruits secs et de grillé. Après une attaque fraîche et agréable, il séduit par son ampleur et sa richesse. La finale d'une rare persistance est marquée par un plaisant retour des fruits et des notes toastées. (Sucres résiduels : 22 g/l.) 2014-2020 comté

EARL Sylvain Hertzog, 18, rte du Vin, 68420 Obermorschwihr, tél. 03 89 49 31 93, sylvainhertzog@wanadoo.fr V t.l.j. sf dim. 9h-19h 3 B

HORCHER Sélection 2011

5 700 | 8 à 11 €

À sa création, le domaine ne comptait que 1 ha de vignes. Aujourd'hui dirigé par Alfred Horcher et ses enfants Thomas et Lise, il couvre 10 ha disséminés sur quarante parcelles, dont certaines en grands crus (Mandelberg, Sporen et Kaefferkopf).

Cette cuvée aux reflets dorés, encore sur la réserve, se caractérise par des arômes de fruits surmûris. Agréable et bien équilibrée, elle finit sur des impressions de fraîcheur. (Sucres résiduels : 19 g/l.) 2014-2017 terrine de volaille

Alfred Horcher, 8, rue du Vignoble, 68630 Mittelwihr, tél. 03 89 47 93 26, info@horcher.fr V t.l.j. sf dim. 9h-12h 14h-18h; f. 3e sem. de janv. D

HUEBER Vieilles Vignes 2012

10 000 | 5 à 8 €

Fondé en 1936, ce domaine de 11 ha a son siège au milieu des vignes, à l'entrée de Riquewihr, la cité viticole la plus visitée de la région. Installé en 1996, Valentin Hueber a étudié la sommellerie et suivi les traces de son père en développant l'œnotourisme sur la propriété.

Un nez plutôt simple mais agréable, sur les fruits mûrs. Souple à l'attaque, le palais dévoile des arômes grillés et fumés. Bien équilibré entre fraîcheur et douceur, il finit sur une petite rondeur. (Sucres résiduels : 23 g/l.) 2014-2018 terrine de canard

Jean-Paul Hueber et Fils, 6, rte de Colmar, 68340 Riquewihr, tél. 03 89 47 92 30, jeanpaul.hueber68@orange.fr V t.l.j. 9h-12h 13h-18h 1 B

INRA Cuvée Les Catherinettes 2011 ★

1 014 | 8 à 11 €

Le domaine de l'Inra a pris la suite en 1946 d'une station d'expérimentation agronomique créée en 1874. L'institut joue un rôle reconnu en matière de formation et de recherche, notamment sur la résistance des vignes aux maladies. Il dispose de 10 ha à Wintzenheim, à Ribeauvillé et à Bergheim. Une partie des superficies est destinée aux expérimentations viticoles, l'autre exploitée de façon traditionnelle.

Les Catherinettes ? Le nom de l'ancien couvent où était autrefois installée la cave. Produit sur un terroir d'arènes granitiques, ce 2011 présente un nez bien ouvert sur des notes de fruits bien mûrs, voire surmûris, de raisins secs et une touche grillée. La bouche, à l'unisson, est moelleuse à souhait. Les arômes, bien typés, offrent une belle persistance. (Sucres résiduels : 50,8 g /l.) 2014-2020 fromages persillés gras et forts

Dom. de l'Inra de Colmar, 28, rue de Herrlisheim, BP 20507, 68021 Colmar Cedex, tél. 03 89 22 49 32, cave@colmar.inra.fr V r.-v.

KLÉE FRÈRES Hinterbourg 2012 ★★★

1 600 | 5 à 8 €

Les trois frères Klée, Gérard, Laurent et Francis – l'œnologue –, perpétuent la micro-exploitation de leur père qui était vigneron-boulanger à Katzenthal, petit village proche de Colmar. Les cuvées de ce domaine de moins de 2 ha sont bien connues des lecteurs du Guide.

Habillé d'or clair, ce pinot gris s'exprime avec élégance sur le fruit et une jolie note fumée. Des notes de coing se développent au palais, où la fraîcheur forme une remarquable alliance avec la douceur et le gras. Puissance et finesse : un vin de grande classe. (Sucres résiduels : 16 g/l.) 2014-2020 rôti sucré-salé

SCEA Klée Frères, 18, Grand-Rue, 68230 Katzenthal, tél. 06 21 90 07 04, info@klee-freres.com V r.-v.

B KLUR Clément Klur 2012 ★

5 000 | 11 à 15 €

Les Klur sont vignerons depuis le XVIIes., mais c'est en 1999 que Clément Klur a créé le domaine, qui couvre 7 ha autour de Katzenthal, village enserré dans un vallon près de Colmar. Ici, tout est bio et écolo : la conduite de la vigne (biodynamie), la cave, la vinification et jusqu'aux logements de vacances.

Né de vieilles vignes implantées sur un terroir argilo-calcaire, ce pinot gris apparaît classique par sa robe jaune soutenu et son nez intense, grillé et fumé. Une attaque douce, soulignée par des arômes de pêche et d'abricot aux nuances beurrées, prélude à une bouche riche et d'une belle longueur. Un vin de terroir. (Sucres résiduels : 25 g/l.) 2014-2020 foie gras poêlé

Clément Klur, 105, rue des Trois-Épis, 68230 Katzenthal, tél. 03 89 80 94 29, info@klur.net
V t.l.j. sf dim. 13h30-18h B

LORANG
Sélection de grains nobles 2011 ★★★

| 3 150 | 20 à 30 € |

Si la famille cultive la vigne depuis le XVIIe s., la première parcelle n'a été acquise qu'en 1952 par le grand-père de Philippe Lorang. Ce dernier exploite aujourd'hui 9 ha autour de Katzenthal, au nord-ouest de Colmar.

D'un jaune d'or aux reflets orangés, ce pinot gris laisse de belles larmes sur les parois du verre. À la fois intense et délicat, le nez est complexe : fleurs, poire confite, miel, notes grillées. Dans le même registre surmûri et miellé, la bouche ronde est vivifiée par une fraîcheur bienvenue. La finale est marquée par une fine amertume du plus bel effet. Un liquoreux de grande classe. ⌛ 2015-2025 🍷 foie gras poêlé sur lit de betterave

EARL Victor Lorang et Fils, Au Florimont, 68230 Katzenthal, tél. 03 89 27 05 29, vins.lorang@orange.fr V t.l.j. 8h-12h 14h-18h

B DOM. MERSIOL 2012 ★

| 6 500 | 5 à 8 € |

Viticulteurs depuis plus de deux siècles, les Mersiol ont commercialisé leurs premières bouteilles en 1946. Couvrant aujourd'hui 11 ha, le domaine est conduit en bio par la nouvelle génération (Stéphane depuis 2000, Christophe, depuis 2006).

À la robe jaune pâle répond un nez expressif, frais et typé de fleurs blanches. Franc, équilibré et agréable en bouche, ce pinot gris sera facile à marier avec les mets. (Sucres résiduels : 2 g/l.) ⌛ 2014-2018 🍷 poisson fumé

Mersiol, 13, rte du Vin, 67650 Dambach-la-Ville, tél. 03 88 92 40 43, info@domaine-mersiol.fr
V t.l.j. 8h15-12h 13h30-18h30 B

ALFRED MEYER Cuvée Jules 2012 ★

| 3 200 | 8 à 11 € |

Après avoir été cuisinier, Daniel Meyer a repris en 2004 l'exploitation créée en 1998 par son père Alfred, qui lui-même avait hérité des vignes paternelles. Il l'a agrandie et cultive aujourd'hui 7,5 ha autour de Katzenthal, village niché au fond d'un vallon bien abrité, au nord-ouest de Colmar.

Cette cuvée honore le fils de la famille Meyer. Ses reflets verts disent sa jeunesse. Le nez, discret, mêle la pêche à des notes grillées, arômes qui s'épanouissent au palais bien équilibré, qui ne manque pas de personnalité. (Sucres résiduels : 25 g/l.) ⌛ 2014-2020 🍷 dessert au chocolat noir

Alfred Meyer et Fils, 98, rue des Trois-Épis, 68230 Katzenthal, tél. 03 89 27 24 50, daniel.meyer0813@orange.fr V r.-v. A

DOM. JÉRÔME MEYER
Plaisir du vigneron 2012 ★★

| 800 | 11 à 15 € |

Le jeune Jérôme Meyer a repris en 2006 le domaine familial : 8 ha de vignes répartis sur cinq communes, de Dambach-la-Ville à Andlau, dans le sud du Bas-Rhin.

Un pinot gris né d'un terroir argilo-granitique favorisant la richesse des vins. Son seul défaut ? Son caractère confidentiel. D'un jaune doré, il libère des arômes intenses de fleurs et de fruits bien mûrs. Cette palette égaye un palais équilibré, gras et structuré, encore marqué par une douceur de jeunesse. Une note de fraîcheur souligne la finale persistante. (Sucres résiduels : 46 g/l.) ⌛ 2014-2020 🍷 tarte Tatin pommes-abricots

Jérôme Meyer, 22, rte des Vins, 67650 Blienschwiller, tél. 06 25 78 37 17, jerome.meyer@vins-alsace-meyer.fr V r.-v.

♥ RENÉ MEYER
Vieilles Vignes Sélection de grains nobles 2011 ★★

| 1 200 | 15 à 20 € |

René Meyer a spécialisé l'exploitation et développé la vente en bouteilles dans les années 1960. Depuis 2000, son fils Jean-Paul conduit le domaine qui couvre 11 ha autour de Katzenthal, petit village au nord-ouest de Colmar. Il propose de beaux vins de terroirs (Croix du Pfoeller, grand cru Florimont).

La robe jaune d'or aux reflets ambrés est bien celle d'un liquoreux. Elle annonce un nez intense, complexe et concentré, qui reste frais, sur les fleurs, les fruits surmûris, l'orange confite. À l'unisson, la bouche s'impose elle aussi par sa concentration, son ampleur, son gras, par sa finale persistante et vive, marquée par une amertume racée. Elle possède de surcroît cette fine acidité qui donne du tonus et garantit une belle évolution à cette cuvée dont la longévité pourrait dépasser toutes les espérances. (Sucres résiduels : 170 g/l.) ⌛ 2015-2030 🍷 crème brûlée à l'orange et aux épices

EARL René Meyer et Fils, 14, Grand-Rue, 68230 Katzenthal, tél. 03 89 27 04 67, domaine.renemeyer@wanadoo.fr V t.l.j. 9h-12h 14h-18h

DOM. DE MITTELBURG
Sélection de grains nobles Le Mystère 2005

| 1 500 | 20 à 30 € |

Il ne reste que quelques pierres du « château du centre » (Mittelburg) qui a donné son nom au domaine, situé au sud de Colmar. Plus intéressants sont les calcaires et argilo-calcaires des terroirs de Pfaffenheim, village où sont établis les Martischang depuis le XVIIIe s. Michel a pris la succession d'Henri en 2007.

Les années 2011 et 2012 ont été avares en liquoreux. Les Martischang ont su tirer profit de millésimes solaires comme le 2005. La robe ambrée dit l'âge de ce pinot gris et annonce un nez puissant, sur la mangue et l'orange confite, avec une touche de sous-bois. Offrant une matière particulièrement imposante, le palais, gras et ample, est équilibré par une fine acidité et une touche d'amertume en finale. (Sucres résiduels : 250 g/l.) ⌛ 2014-2017 🍷 sabayon à l'orange

EARL Henri Martischang et Fils, 15, rue du Fossé, 68250 Pfaffenheim, tél. 03 89 49 60 83, vin.h.martischang@free.fr V t.l.j. 8h-12h 14h-18h; dim. sur r.-v. B

MAISON PETTERMANN Fleur d'automne 2011 ★

| 4 000 | | 8 à 11 € |

1928 : fondation du domaine et premières vinifications par Fernand Pettermann ; 1964 : son fils Roland se lance dans la vente en bouteilles. Depuis 2004, Didier, le petit-fils du fondateur, est à la tête de la propriété : pas moins de 20 ha, autour de Dambach-la-Ville.

Plantés sur un terroir granitique, les raisins à l'origine de cette Fleur d'automne ont été récoltés le 27 octobre. Le nez penche vers les fruits confits, avec des nuances fumées et briochées et une touche poivrée. Dans le même registre surmûri, la bouche, souple et riche en attaque, se déroule avec une ampleur soyeuse, équilibrée par une belle fraîcheur. Un pinot gris typique. ⌛ 2014-2018 🍷 tarte aux abricots

Maison Pettermann, 9, rue de Dieffenthal, 67650 Dambach-la-Ville, tél. 03 88 92 42 01, contact@maison-pettermann.fr V t.l.j. sf sam. dim. 8h30-12h 14h-18h

ANDRÉ REGIN Cuvée Antoine 2012

| 4 000 | | 5 à 8 € |

À la tête du domaine familial depuis 1988, André Regin exploite un peu plus de 9 ha autour de Wolxheim. Ce village proche de Strasbourg est célèbre de longue date pour son riesling.

Ce pinot gris mêle au nez les fleurs blanches et le fumé typé du cépage. Au palais, la rondeur et le gras dominent, soulignés par des arômes de fruits confits. Une finale fraîche contribue à son équilibre. (Sucres résiduels : 12,2 g/l.) ⌛ 2014-2017 🍷 apéritif

EARL Dom. André Regin, 4, rue de la Forge, 67120 Wolxheim, tél. 03 88 38 17 02, andre.regin@wanadoo.fr V r.-v.

CHRISTOPHE RIEFLÉ Côte de Rouffach 2012

| 2 500 | 5 à 8 € |

De vieille souche vigneronne, Christophe Rieflé a créé son exploitation en 2003, avec chai et cuverie. Premier millésime vinifié en 2005 et de nombreuses sélections. Il exploite 15,5 ha autour de Pfaffenheim, à 15 km au sud de Colmar.

Ce pinot gris porte l'empreinte de son lieu de naissance, la Côte de Rouffach, un très bon terroir argilo-calcaire, sec et bien abrité. Un vin sec qui penche vers le moelleux : robe jaune d'or, nez de fruits jaunes surmûris, assortis de touches fumées, bouche souple en attaque, puis fraîche et fruitée, retour fumé en finale. (Sucres résiduels : 25 g/l.) ⌛ 2014-2018 🍷 escalope de poulet à la crème

Christophe Rieflé, 32 A, rue de la Lauch, 68250 Pfaffenheim, tél. 03 89 49 77 85, christopheriefle@aol.com V r.-v.

RUHLMANN-DIRRINGER Réserve 2012

| 14 000 | | 5 à 8 € |

Au service du vin depuis quatre générations, la famille Dirringer est établie à Dambach-la-Ville, cité resserrée dans les vestiges de son enceinte ; elle accueille les visiteurs dans une demeure de 1578. Remy Dirringer exploite 14 ha sur les terres majoritairement granitiques des environs de leur commune.

Une Réserve qui n'a rien de confidentiel. Si le nez penche vers les fruits bien mûrs, voire confits, avec des nuances toastées et miellées, la bouche apparaît fraîche, florale, de structure assez légère, marquée en finale par un retour des notes confites. Un ensemble plaisant. (Sucres résiduels : 17 g/l.) ⌛ 2014-2016 🍷 volaille rôtie

Ruhlmann-Dirringer, 3, imp. de Mullenheim, 67650 Dambach-la-Ville, tél. 03 88 92 40 28, ruhlmann.dirringer@terre-net.fr V t.l.j. sf dim. 10h-18h

SCHERB Cuvée sélectionnée 2012 ★★

| 6 000 | | 5 à 8 € |

L'Alsace est pionnière en matière d'œnotourisme. Vignerons depuis trois générations, à la tête d'un domaine de 14 ha, les Scherb gèrent depuis soixante ans un restaurant, auquel ils ont ajouté un hôtel. Ils accueillent aussi les visiteurs dans leur cave du XIII[e]s. située au cœur du pittoresque village de Gueberschwihr.

Les nuances fruitées (pêche, abricot sec, noisette) et les notes de sous-bois de ce pinot gris portent la double empreinte du cépage et de son terroir marno-calcaire de naissance. Ces arômes complexes, agrémentés de miel, se prolongent dans un palais franc à l'attaque et d'un réel équilibre. Du caractère, de l'élégance et du potentiel. (Sucres résiduels : 30 g/l.) ⌛ 2014-2025 🍷 foie gras de canard **Sélection de grains nobles 2008 (20 à 30 € ; 3 000 b. de 50 cl)** : des tons ambrés et un nez évolué, balsamique, presque résiné ; belle bouche, plus jeune aromatiquement, fondue et concentrée, montrant la vivacité des 2008. (Sucres résiduels : 120 g/l.) ⌛ 2014-2019

SCEA Bernard Scherb et Fils, 3, rue Basse, 68420 Gueberschwihr, tél. 03 89 49 33 82, vins.scherb@orange.fr V t.l.j. 9h-12h 14h-18h

DOM. SCHIRMER 2012 ★

| 5 800 | | 5 à 8 € |

Les Schirmer sont établis depuis le XIX[e]s. Lucien Schirmer, qui a spécialisé le domaine dans les années 1970, a passé le relais en 1991 à Thierry. Ce dernier exploite 10,5 ha de vignes, dont une partie est située dans le grand cru du Zinnkoepflé.

Ce pinot gris né sur un terroir argilo-gréseux révèle des parfums intenses de fruits frais bien mûrs (poire, abricot, fruits exotiques) et une touche fumée caractéristique du cépage. Après une attaque plutôt fraîche, il déroule une structure ample, reflet d'une belle matière. La finale est marquée par un agréable retour fruité. Un vin de plaisir et de gastronomie. (Sucres résiduels : 20 g/l.) ⌛ 2014-2020 🍷 saint-jacques à la crème

Dom. Lucien Schirmer et Fils, 22, rue de la Vallée, 68570 Soultzmatt, tél. 03 89 47 03 82, vins.alsace.schirmer@orange.fr V t.l.j. 9h-12h 13h30-19h ; dim. sur r.-v.

DOM. MAURICE SCHOECH
Vendanges tardives 2011 ★★★

| 2 500 | | 20 à 30 € |

Héritiers d'une tradition viticole remontant à 1650, Sébastien et Jean-Léon Schoech exploitent 11 ha aux alentours d'Ammerschwihr, importante cité viticole qui ouvre chaque année le cycle des foires aux vins en avril.

Ils détiennent des parcelles dans plusieurs grands crus et ont engagé leur conversion au bio.

Une fois de plus, le domaine brille en vendanges tardives. Pour ce pinot gris, une brillante robe paille tirant sur l'or et une large palette d'intenses arômes de fruits confits (fruits jaunes, ananas confit) et de miel, nuancés de légères notes toastées, qui se prolongent au palais. L'attaque chaleureuse et souple prélude à une bouche ample, aussi puissante qu'élégante, d'une remarquable persistance. Une harmonie durable. (Sucres résiduels : 55 g/l.) 2015-2025 foie gras, chutney de mangue

Dom. Maurice Schoech, 4, rte de Kientzheim, 68770 Ammerschwihr, tél. 03 89 78 25 78, domaine.schoech@free.fr V t.l.j. sf dim. 8h-12h 13h30-18h

DOM. SCHOEPFER Les Augustins 2012

| | 2 000 | | 8 à 11 € |

Installé en 2006 dans l'ancienne cour de l'abbaye de Marbach, au cœur de la cité médiévale d'Eguisheim, Vincent Schoepfer perpétue une lignée vigneronne remontant à 1656. En 2012, un peu à l'étroit, il a construit un nouveau vendangeoir et une cuverie thermorégulée.

Au nez, des parfums intenses de fruits jaunes assortis de nuances grillées et des notes de sous-bois. L'attaque est douce, mais franche, le palais offre une matière mûre, légèrement épicée. Marqué par les sucres résiduels, ce vin gagnera en expression avec le temps. (Sucres résiduels : 26 g/l.) 2016-2020 salade de fruits

Dom. Michel Schoepfer, 43, Grand-Rue, 68420 Eguisheim, tél. 03 89 41 09 06, domaine.schoepfer@gmail.com V t.l.j. sf dim. 8h30-11h 14h-18h

EDMOND SCHUELLER Anna 2012 ★

| | 1 200 | | 8 à 11 € |

Au pied des trois donjons qui dominent le vignoble de Husseren-les-Châteaux, point culminant de la route des Vins au sud de Colmar, Damien Schueller, installé en 1999, exploite un vignoble de 5 ha patiemment constitué par son père Edmond, ancien salarié viticole. Le domaine est en conversion bio.

Du nom de la première petite-fille de la famille, cette cuvée est née sur un sol de lœss et de grès rose. Elle s'annonce par une robe jaune doré et un nez très ouvert sur les fruits blancs très mûrs, voire confits (poire, coing). Une séduisante palette aromatique qui se prolonge dans un palais ample et gras, encore marqué par les sucres en finale, mais qui reste élégant. (Sucres résiduels : 17 g/l.) 2014-2020 viande blanche aux fruits

Damien Schueller, 26, rte du Vin, 68420 Husseren-les-Châteaux, tél. 03 89 49 32 60, info@alsace-schueller.com V r.-v. 2 B

DOM. JEAN SIPP Clos Ribeaupierre 2012 ★

| | 2 000 | | 20 à 30 € |

Établi dans une demeure Renaissance qui appartint jadis à la puissante famille des Ribeaupierre, seigneurs de Ribeauvillé, Jean-Guillaume Sipp perpétue depuis 2010 avec brio une tradition viticole inaugurée en 1654 par son ancêtre porteur du même prénom. Il dispose de 24 ha de vignes, avec des parcelles dans plusieurs crus renommés (Altenberg de Bergheim, Kirchberg de Ribeauvillé...).

Ce pinot gris est né dans un clos pentu aux sols granitiques, ancienne possession des seigneurs de Ribeauvillé. Jaune doré, il mêle au nez le sous-bois, des nuances fumées et toastées, des notes de fruits très mûrs et de coing. Souple par son attaque, il dévoile une belle structure, équilibrée en finale par une pointe de fraîcheur. Un moelleux de caractère, typé et harmonieux. (Sucres résiduels : 40 g/l.) 2014-2020 pintade aux morilles

Jean Sipp, 60, rue de la Fraternité, 68150 Ribeauvillé, tél. 03 89 73 60 02, domaine@jean-sipp.com V r.-v. 4

DOM. PHILIPPE SOHLER Clos Rebberg 2011

| | 1 000 | | 8 à 11 € |

Depuis 1997, Philippe Sohler exploite le domaine familial – 11 ha au sud de Barr. Il propose plusieurs vins de terroir : lieux-dits Fronholz, Heissenberg, Zellberg, Clos Rebberg et grand cru Muenchberg.

Ce pinot gris naît sur les schistes du Clos Rebberg, à Andlau. Au nez, il livre des notes de surmaturation (miel et figue), nuancées de subtiles touches de sous-bois caractéristiques du cépage. Souple, ample et suave, le palais reste bien équilibré. (Sucres résiduels : 4,5 g/l.) 2014-2018 viande blanche

Dom. Philippe Sohler, 80 A, rte des Vins, 67680 Nothalten, tél. 03 88 92 49 89, contact@sohler.fr V r.-v.

ANTOINE STOFFEL Cuvée Camille 2011 ★

| | 2 000 | | 11 à 15 € |

Cité médiévale préservée au plan circulaire, Eguisheim se flatte d'être le berceau du vignoble alsacien. Établie à quelques pas du centre, Annick Stoffel, la fille d'Antoine, est installée depuis 1990 à la tête du domaine familial, qui couvre 8 ha.

Ce 2011 s'ouvre sur des notes de surmaturation (fruits confits) et des nuances de sous-bois expressives. En bouche, il apparaît dominé par des impressions de richesse et d'onctuosité, soulignées par des notes miellées et confites. Une finale fraîche lui donne un bel équilibre et souligne sa persistance. L'AOC alsace version cossue... (Sucres résiduels : 49 g/l.) 2014-2020 foie gras poêlé

Antoine Stoffel, 21, rue de Colmar, 68420 Eguisheim, tél. 03 89 41 32 03, domaine@antoinestoffel.com V t.l.j. sf dim. 9h-12h 14h-18h C

B THOMAS Sélection de grains nobles 2011 ★★

| | 500 | 20 à 30 € |

Viticulteurs depuis le milieu du XIXe s., les Thomas ont commencé la vente en bouteilles en 1965. André Thomas, installé en 1985 et rejoint par son fils Gilles, a converti le domaine au bio. Le tandem dispose de 6 ha, avec des parcelles dans plusieurs grands crus. Une valeur sûre.

D'un jaune d'or lumineux, ce liquoreux charme par son nez pur, profond et typé de fruits confits et de miel. En bouche, il monte en puissance, dévoilant tout ce que l'on attend de ce style de vin : ampleur, générosité, gras, volume, concentration et une finale fraîche qui apporte finesse et harmonie. (Sucres résiduels : 140 g/l.) 2015-2025 desserts aux fruits

André Thomas et Fils, 3, rue des Seigneurs, 68770 Ammerschwihr, tél. 03 89 47 16 60, thomasfr4@hotmail.fr V r.-v.

VORBURGER 2012 ★

	n.c.		8 à 11 €

Vignerons à Voegtlinshoffen, village dominant la plaine d'Alsace au sud-ouest de Colmar, les Vorburger vendent leur vin en bouteilles depuis les années 1950. Aujourd'hui, Jean-Pierre et Philippe Vorburger exploitent le vignoble en bio certifié.

D'un jaune clair aux reflets dorés, ce pinot gris s'ouvre à l'aération sur des senteurs délicatement fumées et grillées. Équilibré en bouche, il dévoile une matière plutôt légère mais agréable, encore un peu marquée par les sucres résiduels. Il s'exprimera davantage dans un an ou deux. (Sucres résiduels : 18 g/l.) 2015-2020 champignons poêlés, petit gibier

EARL Jean-Pierre Vorburger et Fils, 3, rue de la Source, 68420 Voegtlinshoffen, tél. 03 89 49 35 52, jean.pierre.vorburger68@gmail.com V r.-v.

W. WURTZ Cuvée Édouard 2012 ★★

	1 800	8 à 11 €

En 1990, Christian Wurtz a pris la succession de l'exploitation familiale créée en 1952 à Mittelwihr, au cœur du vignoble alsacien. La commune abrite le grand cru Mandelberg, terroir bien abrité et précoce où ce vigneron exploite plusieurs parcelles.

Né sur argilo-calcaires, ce pinot gris jaune doré aux délicats reflets argent livre d'intenses parfums de fruits jaunes mûrs et de grillé qui annoncent une belle matière, bien équilibrée et persistante. La finale laisse une impression d'harmonie. (Sucres résiduels : 28 g/l.) 2014-2023 confit de canard

EARL Willy Wurtz et Fils, 6, rue du Bouxhof, 68630 Mittelwihr, tél. 03 89 47 93 16, famille.wurtz@wanadoo.fr V r.-v.

ALSACE PINOT NOIR

• Superficie : 1 509 ha • Production : 108 326 hl

L'Alsace est surtout réputée pour ses vins blancs ; mais sait-on qu'au Moyen Âge les rouges y occupaient une place considérable ? Après avoir presque disparu, le pinot noir (le meilleur cépage rouge des régions septentrionales) a connu une notable expansion. On connaît bien le type rosé ou rouge léger, vin agréable, sec et fruité. Cependant, la tendance est d'élaborer un véritable vin rouge de garde à partir de ce cépage.

DOM. AGAPÉ Hélios B 2012 ★

	2 500		15 à 20 €

Fils de vignerons et ingénieur de formation, Vincent Sipp rejoint l'exploitation familiale avant de créer en 2007 son propre domaine, qu'il baptise Agapé (« Amour, Amitié » en grec). Situé entre Ribeauvillé et Riquewihr, son vignoble s'étend sur 10 ha, avec des parcelles dans trois grands crus.

Après un séjour de dix mois en barrique, ce 2012 affiche une robe d'un rouge violacé intense et développe à l'aération des notes vanillées, grillées et torréfiées. Franche à l'attaque, la bouche est plus épanouie que le nez, dévoilant des arômes persistants de fruits rouges bien mariés au boisé. Un vin élégant où l'élevage respecte le vin. 2015-2019 onglet à l'échalote

Vincent Sipp, Dom. Agapé, 10, rue des Tuileries, 68340 Riquewihr, tél. 03 89 47 94 23, domaine@alsace-agape.fr V t.l.j. sf dim. 9h-18h

PIERRE ARNOLD Élevé en pièces 2011

	1 700		8 à 11 €

Cette propriété familiale a pignon sur rue au cœur de la cité fortifiée de Dambach-la-Ville. Création en 1711, premières mises en bouteilles en 1926, certification bio en 2012. À la tête du domaine depuis 1986, Pierre Arnold, formé en Côte-d'Or, élève certains de ses vins dans des pièces bourguignonnes. Il cultive trois cépages sur le grand cru de sa commune, le Frankstein, aux sols granitiques.

Un 2011 élevé dix-huit mois en pièces de chêne repris à des vignerons bourguignons. La robe dévoile des reflets tuilés d'évolution. Le nez, après agitation, pinote sur des nuances de kirsch, de noyau, alliées à un boisé bien intégré. La bouche est bien construite, fondue, soyeuse et longue, tendue par une franche acidité qui donne au vin un côté friand. 2014-2017 entrecôte grillée

Pierre Arnold, 16, rue de la Paix, 67650 Dambach-la-Ville, tél. 03 88 92 41 70, alsace.pierre.arnold@orange.fr V t.l.j. 9h-19h; dim. sur r.-v.

BARON KIRMANN Oberer Altenberg 2012 ★

	2 350		8 à 11 €

Le premier de la lignée cultivait la vigne en 1630. Son descendant, Philippe, exploite 11 ha sur les coteaux de Rosheim, cité du Bas-Rhin au riche patrimoine. Il dédie les meilleures cuvées du domaine à son glorieux ancêtre, officier sous la Révolution et l'Empire, qui fut fait baron par Napoléon Ier.

Le pinot noir se plaît sur les coteaux argilo-calcaires des environs de Rosheim. Il a engendré un vin à la robe cerise noire et au nez tout aussi intense, sur les fruits rouges mûrs. S'il n'en impose pas par sa concentration, ce 2012 séduit par son équilibre. Sa fraîcheur souligne ses fins arômes de fruits rouges et porte loin la finale. Une matière première bien travaillée. 2015-2019 lapin aux pruneaux

Philippe Kirmann, 2, rue du Gal-de-Gaulle, 67560 Rosheim, tél. 03 88 50 43 01, info@baronkirmann.com V r.-v.

CHRISTIAN BARTHEL Rouge d'Albé Clos du Sonnenbach 2012

	5 900		5 à 8 €

Il faut remonter le Val de Villé entaillant les Vosges pour dénicher ce domaine bas-rhinois, caché dans le vallon du Sonnenbach environné de hauteurs boisées. Le vignoble de poche cultivé par Marthe et René dans les années 1960 est devenu avec Christian et Anne-Marie une propriété de 10 ha.

Les schistes de Villé impriment toute leur originalité à ce pinot noir. D'un rouge soutenu aux reflets violets, ce 2012 doit être sollicité pour livrer ses arômes de fruits rouges. Après une attaque souple et fringante à la fois, ce fruité gourmand s'épanouit en bouche : le type même du « vin plaisir ». Il gagnera à être carafé. ⧗ 2014-2016 ¥ potée alsacienne au jarret

Dom. Christian Barthel, 28, rue Steinacker, 67220 Albé, tél. 03 88 57 22 79, christian.barthel932@orange.fr V r.-v.

FRANÇOIS BLÉGER
Rouge de Saint-Hippolyte Silbergrub 2012 ★

	3 300		8 à 11 €

Originaires de Suisse, les Bléger sont arrivés en 1562 à Saint-Hippolyte, au pied du Haut-Kœnigsbourg. Alors que ses parents vendaient leur vin en vrac au négoce, François Bléger s'est lancé dans la mise en bouteilles à son installation en 1996. Il dispose de 7 ha répartis dans quatre communes.

Le pinot noir est une des spécialités de Saint-Hippolyte, village qui a bénéficié pour ses rouges d'une dénomination officielle. Issu d'un terroir granitique, celui-ci a été élevé en foudre. Il attire l'attention par sa teinte lumineuse tirant sur le rubis et par son nez intense de groseille et de framboise. Un corps solide, des tanins bien enrobés équilibrant un alcool généreux : un ensemble prometteur, qui doit s'assagir. ⧗ 2016-2019 ¥ pintade au chou

François Bléger, 63, rte du Vin, 68590 Saint-Hippolyte, tél. 03 89 73 06 07, domaine.bleger@wanadoo.fr V r.-v. 2

BOHN Prestige de Blienschwiller 2012 ★

	2 900		8 à 11 €

Cette famille vigneronne du pays de Barr se flatte d'être la plus ancienne de Blienschwiller, faisant remonter sa lignée au XVes. Un ancêtre fut hussard de Napoléon, et René Bohn maire de la commune pendant vingt-quatre ans après 1945. Dirigée depuis 1988 par Rémy Bohn, la propriété couvre 7,5 ha.

L'une des cuvées phares du domaine, élevée en foudre de chêne. Une robe presque noire aux reflets violets, surprenante par sa densité ; un nez prometteur, entre le cassis et la violette. L'attaque confirme la puissance de ce vin, bâti sur des tanins mûrs et enrobés qui lui donnent beaucoup de relief et soutiennent la longue finale. Un vin rouge de grande garde. ⧗ 2017-2020 ¥ civet de lièvre

René Bohn Fils, 67, rte des Vins, 67650 Blienschwiller, tél. 09 72 39 98 02, r.bohn@ovh.fr V r.-v.

DOM. BOHN
Les Roches rouges Élevé en fût de chêne 2009 ★

	n.c.		11 à 15 €

Au sud de Barr, le village de Reichsfeld se cache au fond d'un vallon entaillant les Vosges, ce qui n'a pas empêché les comtes d'Andlau d'y planter des vignes dès le XIIes., suivis des Cisterciens. Perpétuant une tradition remontant à 1700, Bernard Bohn conduit depuis 1982 la propriété familiale qui regroupe aujourd'hui 8 ha.

Roches rouges ? Des sables et grès roses, un terroir chaud où ces pinots noirs plongent leurs racines. Malgré un élevage ambitieux de dix-huit mois sur lies en barriques (neuves à 20 %), ce 2009 délivre surtout les arômes de petits fruits rouges du cépage. Les dégustateurs louent sa puissance, sa rondeur et ses tanins soyeux. Un réel équilibre. ⧗ 2016-2019 ¥ pigeon rôti

Dom. Bohn, 1, chem. du Leh, 67140 Reichsfeld, tél. 03 88 85 58 78, vin@bohn.fr V r.-v.

CLAUDE DIETRICH 2012

	n.c.		5 à 8 €

Claude Dietrich, fils de viticulteurs, exploite ses premières vignes en location, puis vient l'achat de parcelles sur le Schlossberg. Son domaine, fort d'une gamme intéressante de lieux-dits et de grands crus, est disséminé sur les communes de Kaysersberg, Sigolsheim et Kientzheim, au nord-ouest de Colmar.

La robe, d'un rouge rubis, et les senteurs de fruits frais – griotte, cassis et framboise – signent d'emblée un pinot noir typé « Alsace », qui privilégie le fruité du cépage. La bouche légère aux petits tanins vifs confirme cette impression. ⧗ 2014-2016 ¥ travers de porc grillés

Claude Dietrich, 15, rte du Vin, 68240 Kientzheim, tél. 03 89 47 19 42, claude-dietrich@wanadoo.fr V r.-v.

DOM. DREYER 2012

	3 500		5 à 8 €

Établi à Eguisheim, Robert Dreyer développe le vignoble ; son fils Jean-Pierre, installé en 1976, met les premiers vins en bouteilles. Aujourd'hui, avec son frère Claude, il exploite un domaine de 10 ha, composé de quarante parcelles réparties sur cinq communes.

D'un rouge sombre, ce 2012 présente un nez intense et flatteur mêlant la fraise, la framboise, les fruits noirs et des nuances florales. Une touche originale de sous-bois s'ajoute à cette palette dans un palais plutôt vif, aux tanins fondus. ⧗ 2014-2016 ¥ côte de porc grillée

Dom. Robert Dreyer et Fils, 17, rue de Hautvillers, 68420 Eguisheim, tél. 03 89 23 12 18, vignoble.dreyer@wanadoo.fr V t.l.j. sf dim. 9h-12h 14h-19h

FAHRER-ACKERMANN 2012

	2 560		8 à 11 €

En 1999, Vincent Ackermann, salarié viticole, rachète l'exploitation de son employeur, située au pied du Haut-Kœnigsbourg, et, cinq ans plus tard, une maison datée de 1709 sise à Rorschwihr pour aménager des chambres d'hôtes. Son domaine couvre 7,5 ha.

Robe grenat intense, nez bien ouvert sur le cassis et les fruits rouges acidulés. Après une attaque franche et souple, de jeunes tanins vifs montent à l'assaut. Un pinot noir d'Alsace typé par sa fraîcheur et son fruité pimpant. Ceux qui préfèrent les vins soyeux l'attendront deux ou trois ans. ⧗ 2016-2018 ¥ poulet grillé

Dom. Fahrer-Ackermann, 10, rte du Vin, 68590 Rorschwihr, tél. 03 89 73 83 69, vincent.ackermann@wanadoo.fr V r.-v. 2 G

FLESCH 2012 ★

	3 500		5 à 8 €

Établie à Pfaffenheim, village viticole situé à une quinzaine de kilomètres au sud de Colmar, près de Rouffach, cette famille se consacre à la viticulture depuis trois générations. Jean-Luc Flesch assure la continuité du domaine qu'il conduit en culture raisonnée.

Issu d'un terroir argilo-calcaire, ce 2012 grenat intense pinote agréablement sur des notes de cerise noire et de cassis que l'on retrouve en bouche. Une vinification judicieuse a permis d'extraire juste ce qu'il faut de tanins pour permettre une petite garde. La bouche est déjà souple, harmonieuse et assez longue. ⌛ 2015-2019 🍴 fricassée de lapin

🔑 François Flesch et Fils, 20, rue du Stade, 68250 Pfaffenheim, tél. 03 89 49 66 36, vins@ flesch.fr V t.l.j. 9h-12h 13h30-18h; sam. dim. sur r.-v.

B DOMINIQUE ET JULIEN FREY
Quintessence 2011

■	4 200		11 à 15 €

Originaires de Suisse, les Frey se sont installés à Dambach-la-Ville au XVIIe s. Charles et Dominique ayant engagé en 1998 la conversion bio du domaine, la famille exploite aujourd'hui ses 13 ha en biodynamie. En 2010, elle a fait construire une cave bioclimatique (régulations hygrométrique et thermique passives).

Élevé deux ans sur lies en barrique, ce 2011 montre quelques reflets orangés d'évolution. On apprécie son expression aromatique: la griotte caractéristique du cépage, soulignée par le boisé vanillé du fût. Une attaque fraîche, relayée par des tanins souples, avec un joli fruité acidulé, signe un vin de bonne facture, prêt à passer à table. ⌛ 2014-2017 🍴 filet de bœuf

🔑 Dom. Charles Frey, 1, rue du Pinot-Blanc, ZA du Wasen, 67650 Dambach-la-Ville, tél. 03 88 92 41 04, frey.dom.bio@orange.fr V t.l.j. sf dim. 9h-12h 13h30-18h30

JEAN-PAUL GERBER Vieilles Vignes 2012

■	5 300		5 à 8 €

Année mémorable, 1968 marque pour Jean-Paul et Charlotte Gerber le début de l'indépendance avec les premières mises en bouteilles à la propriété. En 1989, Dany et Annick ont pris le relais. La famille exploite environ 10 ha aux environs de Dambach-la-Ville, cité fortifiée riche d'un vaste vignoble.

Une robe sombre, intense; un nez discret, qui laisse percer quelques notes de griotte, de fruits rouges mûrs, de pruneau et d'épices. En bouche, les tanins serrés montent la garde. Ferme et fermé, ce vin mérite d'être oublié quelque temps en cave. ⌛ 2017-2019 🍴 civet de lièvre

🔑 EARL Jean-Paul et Dany Gerber, 16, rue Théophile-Bader, 67650 Dambach-la-Ville, tél. 03 88 92 41 84, dany@vinsgerber.fr V r.-v.

B JOSEPH GSELL P. 2011 ★

■	700		11 à 15 €

La propriété, acquise en 1821 par la famille, est aujourd'hui conduite en bio par Joseph Gsell et son fils Julien. Elle couvre 9 ha autour d'Orschwihr, gros village viticole au sud de la route des Vins, et comprend des parcelles en grand cru (Pfingstberg et Spiegel).

Bien que le pinot noir ne puisse revendiquer la mention « grand cru », les vignerons alsaciens sont plusieurs à le cultiver sur ces terroirs d'élite. Ils signalent discrètement son origine en indiquant sur l'étiquette l'initiale du terroir, à l'intention des initiés. Ce « P » provient ainsi du Pfingstberg. Sa couleur sombre, tirant sur le cassis, annonce dès l'abord un vin d'une belle concentration. La palette aromatique, complexe, mêle les petits fruits rouges, la torréfaction et les épices. La bouche présente une structure fraîche et des tanins encore fermes. ⌛ 2015-2020 🍴 tournedos

🔑 Joseph Gsell, 26, Grand-Rue, 68500 Orschwihr, tél. 03 89 76 95 11, joseph.gsell@wanadoo.fr V r.-v. B

DOM. ROBERT HAAG ET FILS 2012

■	1 558		5 à 8 €

Perpétuant une lignée remontant au XVIIIe s., François Haag a succédé en 1999 à son père Robert, qui a spécialisé l'exploitation. La famille est installée dans une maison typique, avec vaste porche, cour et colombages. Son village, Scherwiller, est un haut lieu du riesling, et la moitié du vignoble (8,5 ha) est dédiée à ce cépage.

Couleur rouge léger, nez discret et élégant, sur les petits fruits, palais souple, lui aussi tout en fruits rouges, tanins soyeux: le profil d'un vin plaisir bien typé. ⌛ 2014-2015 🍴 viande froide

🔑 Dom. Robert Haag et Fils, 21, rue de la Mairie, 67750 Scherwiller, tél. 03 88 92 11 83, vins.haag.robert@ estvideo.fr V t.l.j. sf dim. 9h-12h 13h30-19h

B HEBINGER
Vieilles Vignes d'Eguisheim 2009 ★★

■	800		15 à 20 €

Le domaine s'est spécialisé après 1945. Aujourd'hui, Christian et Véronique Hebinger, établis à Eguisheim depuis 1985 et rejoints par Denis, cultivent leurs 11 ha autour de la petite cité médiévale et vers Wintzenheim, en ayant pour fleuron des parcelles en grand cru (Hengst, notamment). Ils conduisent leur domaine en biodynamie et vinifient dans le même esprit.

La mention « grand cru » n'est pas autorisée pour le pinot noir, mais les propriétaires laissent entendre que ces vignes de quarante ans plongent leurs racines dans un très bon terroir... Si l'on ajoute une vinification recherchant l'extraction, menée avec doigté, un élevage sous bois de vingt-quatre mois et... le soleil de 2009, on s'explique les qualités de ce grand vin rouge de garde. La robe? Profonde, montrant encore des reflets violines de jeunesse. Le nez? Épanoui, entre les petits fruits rouges presque confits et des fragrances de cuir de Russie. Séveuse et chaleureuse, la bouche dévoile un mariage harmonieux des tanins du bois et de ceux du raisin. Les dégustateurs disent regretter d'avoir dû recracher ce vin. ⌛ 2015-2025 🍴 gigue de chevreuil

🔑 Christian et Véronique Hebinger, 14, Grand-Rue, 68420 Eguisheim, tél. 03 89 41 19 90, hebinger.christian@wanadoo.fr V t.l.j. sf dim. 8h-12h 13h-18h30

B DOM. LÉON HEITZMANN
Cuvée Anne-Marie Élevé en barrique 2012 ★

■	1 200		11 à 15 €

Sept générations se sont succédé sur ce domaine dont le siège est proche de la célèbre tour des Fripons, à Ammerschwihr. Conduit en bio depuis 2006 et en biodynamie depuis 2008, le vignoble couvre 12 ha répartis sur cinq communes.

Les Heitzmann ont contribué à la notoriété des pinots noirs élevés en barrique; ce 2012 y a passé onze mois, sans filtration. Il s'annonce par une robe intense et par un nez vineux, sur les petits fruits rouges (framboise, prune rouge) accompagnés de la note toastée du bois. Généreuse et équilibrée par une touche de vivacité, la bouche demande à se fondre. Saluée pour son potentiel, cette bouteille gagnera sa deuxième étoile à l'ancienneté. ⧗ 2016-2020 ▼ filet de bœuf

Dom. Léon Heitzmann, 2, Grand-Rue, 68770 Ammerschwihr, tél. 03 89 47 10 64, leon.heitzmann@wanadoo.fr V t.l.j. sf dim. 8h-12h 13h30-18h

ÉMILE HERZOG 2012

■	900		8 à 11 €

La famille Herzog est intimement liée à la ville de Turckheim, où elle est instalée depuis 1686. Ingénieur agronome, Emile Herzog s'est installé en 1974 sur le domaine familial auquel il a redonné vie. C'est aujourd'hui Anne-Marie qui gère les 12 ha de l'exploitation.

Une robe plutôt légère, un nez encore sur la réserve, qui s'ouvre à l'aération sur de pimpantes notes de fruits rouges acidulés. Frais à l'attaque, le palais est construit sur des tanins fins et élégants. Une bouteille de belle tenue, pour aujourd'hui. ⧗ 2014-2016 ▼ brie

Émile Hertzog, 28, rue du Florimont, 68230 Turckheim, e.hertzog@laposte.net V r.-v. B

HUBER & BLÉGER Saint-Hippolyte 2012

■	8 600		5 à 8 €

Un domaine créé en 1967 par Marcel Huber et son cousin Robert Bléger autour de Saint-Hippolyte, à la limite des deux départements alsaciens. Aujourd'hui, Sébastien, Claude, Marc Huber et Franck Bléger assurent la pérennité de l'exploitation qui couvre 27 ha. Des vignobles dominés par le Haut-Kœnigsbourg.

Le pinot noir est la spécialité de Saint-Hippolyte. Celui-ci décline toute la gamme des petits fruits : griotte, groseille, cassis. Dominé au palais par des impressions de légèreté et de vivacité, c'est un pinot noir d'Alsace de type traditionnel, à apprécier dès la sortie du Guide. ⧗ 2014-2015 ▼ palette à la diable

Dom. Huber et Bléger, 6, rte du Vin, 68590 Saint-Hippolyte, tél. 03 89 73 01 12, domaine@huber-bleger.fr V t.l.j. sf dim. 9h-12h 14h-18h

KARCHER Cuvée du Commandeur 2012 ★★

■	5 400		5 à 8 €

Fondée en 1956 et exploitée depuis 1991 par Georges et Nathalie Karcher, cette propriété a son siège au cœur du vieux Colmar, à deux pas de la zone piétonne, dans une ferme de 1602. Une grande partie des 10 ha de vignes est implantée sur des terroirs de graves de la Harth, au nord-ouest de la ville.

Si la robe sombre rappelle la cerise noire, le nez, bien ouvert et gourmand, évoque, lui, la fraise et le cassis compotés. L'attaque est chaleureuse et veloutée, la bouche construite sur des tanins enrobés et sur une acidité fine qui soulignent la persistance des arômes et qui permettront à cette remarquable bouteille de bien évoluer. ⧗ 2015-2018 ▼ canard aux cerises

Dom. Robert Karcher et Fils, 11, rue de l'Ours, 68000 Colmar, tél. 03 89 41 14 42, info@vins-karcher.com V t.l.j. 8h-12h 14h-19h; dim. 8h-12h B

DOM. HENRI KLÉE Élevé en fût de chêne 2011 ★★★

■	2 500		8 à 11 €

Urbain Klée, né au XVIe s., aurait acquis les premières vignes en 1624... Henri Klée se lance dans la vente directe au milieu du siècle dernier. Philippe lui succède en 1985 et Martin prépare la relève. Le vignoble couvre 9 ha aux environs de Katzenthal, à l'ouest de Colmar. Une propriété bien connue de nos lecteurs.

Issu de vieux ceps plantés sur sols argileux, ce pinot noir élevé un an en barrique a impressionné les dégustateurs par son potentiel. À une robe profonde répond un nez puissant, dominé par des notes boisées, mais qui laisse percer des notes de fruits rouges (framboise). L'attaque est ample et ronde, la bouche généreuse et gourmande ; ses tanins commencent à se polir et une belle acidité sous-jacente laisse augurer une longue garde. ⧗ 2016-2025 ▼ faisan aux champignons

EARL Henri Klée, 11, Grand-Rue, 68230 Katzenthal, tél. 03 89 27 03 81, contact@vins-klee-henri.com V r.-v. C

ROBERT KLINGENFUS Signature Cuvée Élodie Barrique 2012

■	8 000		11 à 15 €

Sous-préfecture du Bas-Rhin, Molsheim doit une partie de sa renommée aux usines Bugatti, mais sa vocation viticole est ancienne. Elle perdure grâce à des vignerons comme Robert Klingenfus. Fondé en 1884 par un aïeul tonnelier, son domaine couvre aujourd'hui près de 19 ha.

Une cuvée connue de nos lecteurs. Le 2012 est d'un abord séduisant : robe profonde aux reflets violines, nez mariant la cerise noire, la framboise et le cassis à un boisé assez fondu. En bouche, les tanins de la barrique et une acidité marquée prennent le dessus. Charpente, fraîcheur, intensité, longueur, tout est là pour donner un bon vin dans quelques années. ⧗ 2016-2019 ▼ coq au vin

Dom. Robert Klingenfus, 60, rue de Saverne, 67120 Molsheim, tél. 03 88 38 07 06, alsace-klingenfus@wanadoo.fr V t.l.j. sf dim. 9h-12h30 13h30-18h30

RENÉ ET MICHEL KOCH WH 2012 ★★

■	3 700		8 à 11 €

Georges Koch a inauguré la vente directe en 1958. René lui a succédé en 1970, rejoint en 1996 par Michel. Depuis 2006, ce dernier tient les rênes du domaine qui couvre 12 ha autour de Nothalten, village-rue du pays de Barr.

WH ? Les initiales des terroirs granitiques d'où ce pinot noir est issu : le Winzenberg et le Heissenberg. La couleur profonde aux reflets violets prélude à un nez intense, chaleureux de mûre, de cassis et de framboise. L'attaque souple introduit un palais harmonieux, étayé par des tanins qui restent affables jusqu'en finale. Un vin concentré et remarquablement équilibré, qui saura vieillir. ⧗ 2015-2020 ▼ bavette grillée

EARL René et Michel Koch, 5, rue de la Fontaine, 67680 Nothalten, tél. 03 88 92 41 03, contact@vin-koch.fr V r.-v. C

KRESS-BLÉGER ET FILS
Pinot noir de Rodern 2012

■ | 2 500 | | 5 à 8 €

Situé au pied du Haut-Kœnigsbourg, ce domaine familial s'est lancé dans la vente en bouteilles en 1983. Sa surface est passée de 4,5 ha à 13,5 ha aujourd'hui. Jean-Luc Kress, aux commandes depuis 2007, dispose d'une palette de terroirs diversifiée, entre Wettolsheim et Saint-Hippolyte.

Cépage vedette de Rodern, le pinot noir a sa fête annuelle en été. Ce 2012 accompagnera très bien les repas en plein air. Pas de fût, et la finesse léguée par un terroir granitique. Un rubis limpide aux reflets orangés, un nez discrètement fruité qui s'épanouit à l'aération, une bouche souple, gouleyante et fraîche. ⌛ 2014-2016 🍴 flammekueche

EARL Kress-Bléger et Fils, 10, rue du Pinot-Noir, 68590 Rodern, tél. 03 89 73 03 21, kress-bleger@wanadoo.fr V t.l.j. 8h-12h 13h30-19h 1

♥ KUHLMANN-PLATZ 8 2012 ★★

■ | 8 000 | | 8 à 11 €

Fondée en 1954 au cœur de la route des Vins, la cave vinicole de Hunawihr regroupe majoritairement des viticulteurs de ce village. Elle vinifie le fruit d'environ 200 ha et propose une large gamme de vins (dont cinq grands crus). La coopérative a trois marques : Peter Weber, L'Unabelle et Kuhlmann-Platz (ancienne maison de négoce rachetée en 1985).

Cette cuvée est le fruit d'une sélection parcellaire rigoureuse (elle est issue des huit meilleures parcelles de la cave, cultivées à petits rendements), d'une vinification précise et d'un élevage d'un an en barrique. Elle se singularise d'emblée par la profondeur de sa robe. Intense, élégant et complexe, le nez fait défiler les petits fruits rouges et noirs, la vanille et autres épices. Le palais est éclatant d'harmonie et de finesse. Les tanins serrés associés à une acidité séduisante offrent une finale d'une rare longueur. Un superbe vin de garde. ⌛ 2015-2024 🍴 côte de bœuf ■ Cave vinicole de Hunuwihr 2012 Rouge d'Alsace ★★ (4 000 b.) : également élevé un an en barrique et proche du précédent. Au nez, un fruité compoté, du caramel et du tabac. Une attaque souple et fraîche relayée par une bouche puissante, élégante et longue, aux tanins enrobés. ⌛ 2015-2022

Kuhlmann-Platz, 48, rte de Ribeauvillé, 68150 Hunawihr, tél. 03 89 73 61 67, info@cave-hunawihr.com V t.l.j. 9h30-12h 14h-18h; f. dim. janv.-mars

MARCEL LICHTLÉ FILS 2012

■ | 2 482 | | 5 à 8 €

Le fils de Marcel Lichtlé, c'est Yves, à la tête depuis 1988 de l'exploitation familiale : 5,5 ha dans les environs d'Ammerschwihr, la plus importante commune viticole du Haut-Rhin, au nord-ouest de Colmar.

La macération d'une dizaine de jours a permis d'extraire une couleur intense. Le nez, franc, est dominé par des notes variétales de griotte. Souple à l'attaque, gourmande, la bouche est marquée par de fins tanins qui soulignent la finale. Un vin sérieux, de bonne facture. ⌛ 2016-2019 🍴 côte de veau

Marcel Lichtlé Fils, 5, pl. de la Sinne, 68770 Ammerschwihr, tél. 03 89 47 16 12, marcel.lichtle.fils@wanadoo.fr V r.-v.

♥ B JEAN-LOUIS ET FABIENNE MANN
Chemin de pierres 2012 ★★

■ | 1 753 | | 20 à 30 €

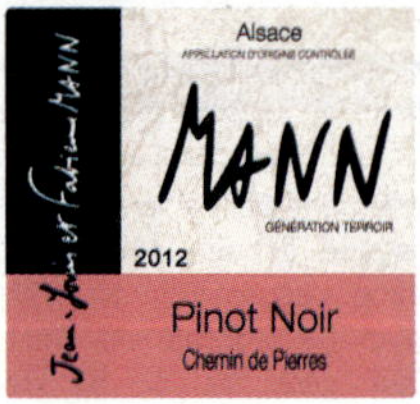

Fabienne et Jean-Louis Mann ont repris les vignes familiales en 1982 : d'abord coopérateurs, ils se sont mis à leur compte en 1998. Conversion au bio en 2005 (certification en 2008), puis en 2009 à la biodynamie, à l'arrivée du fils Sébastien. Aujourd'hui, 12,5 ha, des parcelles disséminées entre Katzenthal et Eguisheim, au nord et au sud de Colmar, avec des vignes dans neuf lieux-dits et deux grands crus. En ligne de mire : l'expression du terroir.

Ce pinot noir a séjourné un an sur lies en barrique, sans filtration. La robe intense et profonde, aux reflets violines de jeunesse, annonce un vin concentré, ce que confirme le nez. L'élevage a apporté de la complexité à la palette, partagée entre la griotte, la vanille et le pain grillé. Le palais est déjà fort séduisant, tant par ses arômes à la fois gourmands et subtils que par son équilibre : l'attaque est souple, les tanins se montrent harmonieux et confèrent à ce vin un réel potentiel de garde, cinq ans au moins. ⌛ 2015-2020 🍴 pavé de bœuf sauce cacao

EARL Jean-Louis Mann, 11, rue du Traminer, 68420 Eguisheim, tél. 03 89 24 26 47, mann.jean.louis@wanadoo.fr V r.-v.

ALFRED MEYER 2012 ★

■ | 3 700 | | 5 à 8 €

Après avoir été cuisinier, Daniel Meyer a repris en 2004 l'exploitation créée en 1998 par son père Alfred, qui lui-même avait hérité des vignes paternelles. Il l'a agrandie et cultive aujourd'hui 7,5 ha autour de Katzenthal, village niché au fond d'un vallon bien abrité, au nord-ouest de Colmar.

Issu d'un terrain granitique, ce pinot noir s'annonce par une robe légère, rubis soutenu, et délivre avec délicatesse les arômes de fruits rouges caractéristiques du cépage. La bouche est concentrée, construite sur une belle acidité et de petits tanins, plus marqués en finale. ⌛ 2015-2018 🍴 brochettes de poulet aux champignons.

Alfred Meyer et Fils, 98, rue des Trois-Épis, 68230 Katzenthal, tél. 03 89 27 24 50, daniel.meyer0813@orange.fr V r.-v. A

DOM. JÉRÔME MEYER Tom le Rouge 2012 ★

■ | 1 200 | | 8 à 11 €

Le jeune Jérôme Meyer a repris en 2006 le domaine familial : 8 ha de vignes réparties sur cinq communes, de Dambach-la-Ville à Andlau, dans le sud du Bas-Rhin.

D'une couleur intense tirant sur la cerise noire, ce pinot noir livre à l'aération un léger boisé épicé avant d'explorer les fruits rouges, puis le cassis et la mûre. L'attaque est franche, puissante, la bouche ample, charnue, fraîche et persistante, étayée par des tanins soyeux et fondus. ⌛ 2015-2019 🍴 pigeon rôti

Jérôme Meyer, 22, rte des Vins, 67650 Blienschwiller, tél. 06 25 78 37 17, jerome.meyer@vins-alsace-meyer.fr V r.-v.

HUBERT MEYER 2012 ★

■ | 1 700 | | 5 à 8 €

Les Meyer se succèdent de père en fils depuis 1722. Hubert a développé la vente en bouteilles, Pierre l'a rejoint en 2009. Leurs 10 ha de vignes sont répartis sur des terroirs variés, autour de Blienschwiller et des communes voisines de Dambach-la-Ville, Nothalten et Epfig, au sud de Barr.

Issu d'une macération de vingt jours, ce vin élevé huit mois en barrique présente une superbe teinte rouge sombre. Sa palette complexe dévoile d'abord des notes boisées aux nuances de caramel et d'épices, puis des senteurs de fruits rouges. La bouche équilibrée montre beaucoup de finesse et de fraîcheur, et les tanins du fût apparaissent bien intégrés. ⌛ 2015-2019 🍴 pavé de bœuf aux champignons

Hubert Meyer, 34, route des Vins, 67650 Blienschwiller, tél. 03 88 92 47 33, contact@vins-hubert-meyer.fr V r.-v.

♥ MOLTÈS Terroir 2012 ★★

■ | 2 400 | | 11 à 15 €

Un domaine implanté à une dizaine de kilomètres au sud de Colmar. Antoine Moltès commercialise les premiers vins en 1925, Roland explore les terroirs. Installés au tournant du siècle, Stéphane et Mickaël ont aménagé un nouveau chai, se sont orientés graduellement vers le bio, engageant la conversion du vignoble en 2012. Ils ont déjà récolté nombre d'étoiles dans le Guide.

Un coup de cœur qui ne surprendra pas, car le 2009 avait obtenu semblable distinction. Le pinot est à l'aise sur ce terroir argilo-calcaire. Après un séjour de quatorze mois en barrique, il a donné naissance à un vin rubis profond, aux nuances violines de jeunesse. Le nez, complexe, évolue entre la griotte, les petits fruits noirs et des notes boisées. Malgré une rare concentration, l'attaque apparaît souple et ample, relayée par un palais harmonieux, gras et suave, aux tanins enrobés. La dégustation laisse une sensation de plénitude. ⌛ 2016-2019 🍴 faisan en cocotte

Dom. Antoine Moltès, 8, rue du Fossé, 68250 Pfaffenheim, tél. 03 89 49 60 85, domaine@vin-moltes.com V t.l.j. sf dim. 8h-12h 14h-18h

VIGNOBLES REINHART Barriques 2011 ★★

■ | 5 000 | | 11 à 15 €

Installé en 1982 sur le domaine familial, Pierre Reinhart perpétue une tradition viticole qui remonte au début du XVIIIe s. Établi à Orschwihr, l'un des villages les plus méridionaux de la route des Vins, il exploite 6 ha de vignes, avec des parcelles dans de beaux terroirs (grands crus Kitterlé et Saering, Bollenberg).

Pierre Reinhart vinifie différemment ses pinots noirs en fonction des conditions climatiques du millésime : les années 2008 et 2012 ont donné des rosés, alors que 2011 a permis l'élaboration de cette cuvée ambitieuse. Un séjour de dix-huit mois en barrique met en valeur la superbe maturité des raisins. La robe apparaît d'une rare densité. Les parfums élégants se partagent entre le cassis et la réglisse. L'attaque suave reprend les arômes du nez, le palais se développe avec ampleur et richesse, dévoilant des tanins serrés au grain très fin, bien enrobés. Une réelle harmonie. ⌛ 2016-2020 🍴 pavé de biche

Pierre Reinhart, 7, rue du Printemps, 68500 Orschwihr, tél. 03 89 76 95 12, pierre@vignobles-reinhart.com V r.-v.

ROLLY GASSMANN Pinot noir de Rodern 2012 ★

■ | 3 200 | | 20 à 30 €

Domaine né de l'union de Marie-Thérèse Rolly avec Pierre Gassmann, établis à Rorschwihr, village dominé par le Haut-Kœnigsbourg. Héritiers de lignées remontant au XVIIe s., ces vignerons ont constitué un vaste domaine de 45 ha. Pierre Gassmann élabore de multiples cuvées, vinifiées par lieux-dits et types de sol.

Le pinot noir est roi à Rodern, il a sa fête et a valu au village une dénomination officielle. Les Gassmann en proposent trois cuvées. Celui-ci naît de granite sur marnes bleues. Une macération de plus d'un mois a permis d'extraire une superbe couleur rouge soutenu. Encore discret et sauvage, le nez s'ouvre à l'aération sur des arômes de fruits rouges. Souple et fruité à l'attaque, ample et équilibré, le palais est marqué en finale par des tanins austères qui demandent à se fondre. ⌛ 2014-2017 🍴 daube de marcassin

Rolly Gassmann, 2, rue de l'Église, 68590 Rorschwihr, tél. 03 89 73 63 28, rollygassmann@wanadoo.fr V r.-v.

THIERRY SCHERRER Élevé en fût de chêne 2012

■ | 3 000 | | 8 à 11 €

Les parents de Thierry Scherrer, apporteurs de raisins à la coopérative, ont constitué le vignoble au nord-ouest de Colmar. Ce dernier, œnologue diplômé en 1993, a travaillé pour des négociants alsaciens et allemands avant de reprendre l'exploitation familiale de 8,5 ha.

Né sur argilo-calcaire, un 2012 élevé quatre mois en cuve et six mois en barrique. Ce court séjour dans le chêne n'est guère perceptible dans ce vin qui dévoile surtout « un bon goût de pinot noir » : nez fringant de petits fruits rouges, bouche souple, fraîche et harmonieuse. ⌛ 2014-2017 🍴 foie de veau

Thierry Scherrer, 1, rue de la Gare, 68770 Ammerschwihr, tél. 03 89 47 15 86, thierry.scherrer@wanadoo.fr V r.-v.

PAUL SCHNEIDER Cuvée Tradition 2012 ★

■ | 6 500 | | 5 à 8 €

Héritier d'une lignée remontant à 1663, Luc Schneider est établi au cœur d'Eguisheim, dans l'ancienne cour dîmière du grand prévôt de la cathédrale de Strasbourg. Son vignoble couvre 13 ha au sud de Colmar, avec des parcelles dans plusieurs grands crus.

Un nez aérien, farandole de petits fruits rouges et noirs, entraînés par la cerise, nuancé de touches balsamiques et fumées. En bouche, un bel équilibre entre acidité, alcool et tanins, de l'ampleur et de la fraîcheur. Une harmonie durable ? Les avis divergent, mais tous les jurés s'accordent sur ses qualités présentes. ⧗ 2014-2016 ¥ charcuterie alsacienne

EARL Paul Schneider, 1, rue de l'Hôpital, 68420 Eguisheim, tél. 03 89 41 50 07, vins.paul.schneider@wanadoo.fr V t.l.j. 9h-12h 13h30-18h30; dim. 10h-12h30 G

SCHOENHEITZ Herrenreben 2012 ★

■ | 2 300 | | 15 à 20 €

Wihr-au-Val est le dernier village viticole quand on remonte la vallée de Munster. Ses coteaux, exposés plein sud, avaient périclité après 1945. Dans les années 1970, Henri Schoenheitz a commencé à les replanter. Prénommé également Henri, son fils continue son œuvre. Il a vendu ses premières bouteilles en 1980 et met en valeur aujourd'hui un coquet domaine de 15 ha.

Herrenreben ? Les « vignes des seigneurs », en l'occurrence les Ribeaupierre de Ribeauvillé. Le pinot noir se plaît sur les coteaux granitiques de Wihr-au-Val, à en juger par les sélections régulières dans cette couleur. Une robe profonde aux reflets violets. Un nez intense et fin, marqué par un léger boisé bien intégré. En bouche, une attaque franche, une belle matière, ample, puissante, étayée par de solides tanins déjà fondus. ⧗ 2015-2018 ¥ rôti de biche aux airelles

Henri Schoenheitz, 1, rue de Walbach, 68230 Wihr-au-Val, tél. 03 89 71 03 96, cave@vins-schoenheitz.fr V r.-v.

CHRISTIAN SCHWARTZ 2012 ★

■ | 1 500 | | 8 à 11 €

Christian Schwartz conduit depuis 1988 le domaine familial situé à Blienschwiller et dans les communes voisines de Dambach-la-Ville et d'Epfig, au sud du Bas-Rhin. Le grand cru Winzenberg, coteau granitique dominant Blienschwiller, est le fleuron de la propriété.

Issu de vignes de quarante ans, ce 2012 ne peut cacher son passage de dix-huit mois en barrique. Il est coloré, pourpre soutenu, et mêle au nez les petits fruits rouges et noirs à des notes de tabac et de vanille léguées par l'élevage. Tout aussi aromatique en bouche, il apparaît ample, structuré et dévoile un bel équilibre entre l'acidité et les tanins. Un vin rouge de garde servi par le séjour dans le bois. ⧗ 2016-2019 ¥ côte de bœuf

Christian Schwartz, 8, rue de l'Ungersberg, 67650 Blienschwiller, tél. 03 88 92 63 06, christian.schwartz67@free.fr V t.l.j. sf dim. 11h-12h 13h-18h E

♥ JEAN SIPP Osmose 2011 ★★

■ | 2 000 | | 20 à 30 €

Établi dans une demeure Renaissance qui appartint jadis à la puissante famille des Ribeaupierre, seigneurs de Ribeauvillé, Jean-Guillaume Sipp perpétue depuis 2010 avec brio une tradition viticole inaugurée en 1654 par son ancêtre porteur du même prénom. Il dispose de 24 ha de vignes, avec des parcelles dans plusieurs crus renommés (Altenberg de Bergheim, Kirchberg de Ribeauvillé...).

Jean-Guillaume Sipp s'est formé dans des maisons réputées de Côte-d'Or, de la Côte Rôtie et de Châteauneuf-du-Pape : autant de lieux où l'on élabore des vins rouges en barrique. L'exercice peut sembler plus délicat en Alsace. Il est pleinement réussi avec ce pinot noir né sur des granites mêlés à de l'argile bleue : robe intense et sombre aux reflets violets ; nez puissant, mêlant les petits fruits rouges aux notes vanillées, épicées et torréfiées du fût ; palais concentré, superbement équilibré, étayé par des tanins serrés mais déjà enrobés. La persistance, étonnante, laisse augurer un beau potentiel de garde. ⧗ 2015-2020 ¥ pavé de biche sauce poivrade

Jean Sipp, 60, rue de la Fraternité, 68150 Ribeauvillé, tél. 03 89 73 60 02, domaine@jean-sipp.com V r.-v. 4

B DOM. VINCENT STOEFFLER Lieu-dit Rotenberg 2011 ★

■ | 4 000 | | 8 à 11 €

Vincent Stoeffler conduit depuis 1986 l'exploitation fondée par son père dans les années 1960. À la suite de son mariage, le domaine s'est agrandi, se répartissant dans dix communes autour de deux pôles : Ribeauvillé et Riquewihr dans le Haut-Rhin, Barr, dans le Bas-Rhin. Il compte aujourd'hui 16 ha de vignes, conduites en bio depuis 2000, et propose nombre de vins de terroir.

Rotenberg ? Cette « montagne » rouge, à Ribeauvillé, se caractérise par des sols calcaires et du grès riche en fer, d'où sa couleur. Au chai, le sulfitage et la filtration n'interviennent qu'avant la mise en bouteilles. Dans le verre, une couleur rubis « pinot » et des parfums complexes et précis, agréable mariage de petits fruits rouges, de cuir et de notes boisées. Ample, étayée par des tanins bien fondus et affables, la bouche laisse une impression d'élégance. ⧗ 2015-2019 ¥ brochette de rumsteak

Dom. Vincent Stoeffler, 1, rue des Lièvres, 67140 Barr, tél. 03 88 08 52 50, info@vins-stoeffler.com V t.l.j. sf dim. 10h-12h 13h30-18h30

DOM. DE LA VIEILLE FORGE Élevé en fût de chêne 2012

■ | 3 000 | | 8 à 11 €

Fort de son diplôme d'œnologue, Denis Wurtz fait revivre depuis 1998 le domaine de ses grands-parents à Beblenheim, dont le nom évoque le métier de l'un de ses aïeuls. Installé dans une maison à colombages du XVIe s., il exploite 10 ha de vignes près de Riquewihr, avec des parcelles en grand cru.

D'un pourpre vif, ce 2012 s'ouvre sur la griotte et la framboise, puis dévoile de discrètes notes vanillées léguées par un séjour d'un an en barrique. L'attaque souple est relayée par des tanins encore fermes qui s'adoucissent à l'aération. Ce vin devrait gagner à être carafé. ⧗ 2015-2017 ¥ aiguillette de canard

Dom. de la Vieille Forge, 5, rue de Hoen, 68980 Beblenheim, tél. 03 89 86 01 58, virginie.wurtz@wanadoo.fr V t.l.j. 10h-12h 16h-18h30 G

Denis Wurtz

STÉPHANE VONVILLE Rouge d'Ottrott 2012 ★

7 500 | 11 à 15 €

Stéphane Vonville a succédé en 2002 à Jean-Charles et engagé la conversion bio du domaine. Alors qu'en Alsace 90 % des vins sont blancs, le pinot noir représente 75 % de la production de ses 12 ha de vignes. Il faut dire que la propriété est implantée à Ottrott, village bas-rhinois connu depuis neuf cents ans pour ses vins rouges, qui bénéficie depuis 2011 d'une appellation communale pour ce cépage.

La cuvée la plus ambitieuse du domaine : macération de trois semaines, suivie d'un élevage en barrique de dix-huit mois (avec 10 % de fût neuf). De là cette couleur pourpre soutenu et ces arômes complexes de réglisse, de vanille et de petits fruits rouges. L'attaque est souple et fruitée, la bouche ample, plus ferme en finale. ⧗ 2016-2019 ▼ mijoté de joue de bœuf

Stéphane Vonville, 4, pl. des Tilleuls, 67530 Ottrott, tél. 03 88 95 80 25, earl.vonville@wanadoo.fr V t.l.j. 9h-12h 13h30-18h30 B

ALSACE RIESLING

• Superficie : 3 376 ha • Production : 247 952 hl

Le riesling est le cépage rhénan par excellence, et la vallée du Rhin, son berceau. Il s'agit d'une variété tardive pour la région, dont la production est régulière et bonne. Le riesling alsacien est souvent sec, ce qui le différencie d'une façon générale de son homologue allemand. Ses atouts résident dans l'harmonie entre son bouquet et son fruité délicats, son corps et son acidité assez prononcée mais extrêmement fine. Or, pour atteindre cette qualité, il doit provenir d'une bonne situation. Le riesling a essaimé dans de nombreux autres pays viticoles, où la dénomination riesling, sauf s'il est précisé « riesling rhénan », n'est pas totalement fiable : une dizaine d'autres cépages ont été baptisés de ce nom de par le monde !

ANDRÉ ACKERMANN 2012 ★

2 810 | 5 à 8 €

André Ackermann a créé en 1980 son exploitation à Rorschwihr, village voisin de Bergheim au sud du Haut-Kœnigsbourg. Son vignoble couvre 6,5 ha.

Parmi les multiples terroirs de Rorschwihr, une parcelle sur argilo-calcaire est à l'origine de ce vin au nez expressif et flatteur, sur les fleurs blanches soulignées de notes de surmaturation (fruits jaunes, fruits confits et miel). Vif à l'attaque, le palais se déroule avec ampleur et offre une longue finale. (Sucres résiduels : 7 g/l.) ⧗ 2014-2019 ▼ noix de Saint-Jacques en sauce

EARL André Ackermann, 25, rte du Vin, 68590 Rorschwihr, tél. 03 89 73 63 87, andre.ackermann@routeduvin.fr V t.l.j. 8h-12h 14h-18h; sam. dim. sur r.-v. 2 C

♥ B MARC ANSTOTZ Glintzberg Vieilles Vignes 2012 ★★★

4 600 | 5 à 8 €

Implanté à 25 km à l'ouest de Strasbourg, le domaine est installé dans un corps de ferme de 1580 dont la cave recèle d'anciens foudres de bois aux verrous sculptés.

Début de la mise en bouteilles en 1950 ; installation de Marc Anstotz en 1980 ; aujourd'hui, 15 ha en bio certifié (2012) et de beaux vins, notamment les rieslings de terroir.

Des vignes de quarante ans plantées sur un plateau aux sols marneux et gypsifères sont à l'origine de ce riesling qui a fait l'unanimité. Le nez ? Puissant, complexe, sur les agrumes, les fruits à chair blanche et le minéral. Quant au palais, il a tout pour lui : ample, gras, bien structuré, persistant et racé, il offre cette belle arête acide qui fait les grands rieslings. (Sucres résiduels : 1,6 g/l.) ⧗ 2014-2019 ▼ sandre au beurre blanc

Anstotz et Fils, 51, rue Balbach, 67310 Balbronn, tél. 03 88 50 30 55, christine.anstotz@wanadoo.fr V t.l.j. sf dim. 9h-12h 14h-19h B

PIERRE ARNOLD Vendanges tardives 2011

850 | 15 à 20 €

Cette propriété familiale a pignon sur rue au cœur de la cité fortifiée de Dambach-la-Ville. Création en 1711, premières mises en bouteilles en 1926, certification bio en 2012. À la tête du domaine depuis 1986, Pierre Arnold, formé en Côte-d'Or, élève certains de ses vins dans des pièces bourguignonnes. Il cultive trois cépages sur le grand cru de sa commune, le Frankstein, aux sols granitiques.

Un nez concentré, complexe et délicat aux nuances d'agrumes confits, de miel et de cire d'abeille, prélude à une bouche dans le même registre, tout en douceur et en rondeur, plus fraîche en finale. Pour les becs sucrés. (Sucres résiduels : 48 g/l.) ⧗ 2015-2025 ▼ moelleux au citron

Pierre Arnold, 16, rue de la Paix, 67650 Dambach-la-Ville, tél. 03 88 92 41 70, alsace.pierre.arnold@orange.fr V t.l.j. 9h-19h; dim. sur r.-v.

BAUMANN Collection 2012 ★

20 000 | 11 à 15 €

Le domaine Baumann, ses bâtiments d'exploitation et ses 30 ha de vignes ont été rachetés en 2006 par la famille Sparr. Aujourd'hui, 90 % de la production part à l'export.

Issu de différents terroirs granitiques et schisteux, un riesling au nez flatteur et typé, sur les fleurs blanches et les agrumes ; au palais, une attaque franche, une belle structure et une finale fraîche et citronnée. Un ensemble harmonieux. (Sucres résiduels : 2,5 g/l.) ⧗ 2014-2020 ▼ choucroute

Maison Baumann Riquewihr, 8, av. Méquillet, 68340 Riquewihr, tél. 03 89 47 92 14, odile@domaine-baumann.com V t.l.j. 10h-12h 14h-18h
Famille Sparr

BAUMANN ZIRGEL Streng 2012 ★

2 700 | 8 à 11 €

Benjamin et Valérie Zirgel ont repris l'exploitation familiale en 2008 et engagé la conversion bio du vignoble, qui se déploie sur les coteaux environnant le village de Mittelwihr, au cœur de la route des Vins. Le

domaine, d'une superficie de 10 ha, comprend des parcelles dans quatre grands crus.

Issu d'un lieu-dit argilo-calcaire, ce riesling développe des parfums intenses et fins d'agrumes mûrs nuancés d'une touche de surmaturation évoquant le miel. Vif en attaque, fruité et frais en finale, il séduit par son élégance. (Sucres résiduels : 3 g/l.) 2014-2020 sushis

Baumann Zirgel, 5, rue du Vignoble, 68630 Mittelwihr, tél. 03 89 47 90 40, baumann-zirgel@wanadoo.fr V t.l.j. sf dim. 8h-12h 14h-18h

FLORIAN BECK-HARTWEG Cuvée Prestige 2012

	2 000		5 à 8 €

Une ancienne maison à colombages, dans la petite cité de Dambach-la-Ville au cachet médiéval : le siège du domaine dont les lointaines origines remontent à 1590. Florian Beck-Hartweg a pris en 2009 la succession de ses parents Yvette et Michel. Il exploite 6 ha de vignes en bio certifié sur les coteaux environnant le bourg, au sud du Bas-Rhin.

Issu d'un terroir granitique, ce riesling séduit par la délicatesse de ses arômes floraux. Vif et croquant au palais, offrant une finale fraîche et longue sur les agrumes : un vin bien typé. (Sucres résiduels : 1 g/l.) 2014-2018 huîtres

Florian Beck-Hartweg, 5, rue Clemenceau, 67650 Dambach-la-Ville, tél. 03 88 92 40 20, beckhartweg@aliceadsl.fr V t.l.j. 9h-12h 13h-18h

DOM. BERNHARD & REIBEL
Rittersberg 2012 ★★

	3 000		11 à 15 €

Créé par Cécile Reibel et Robert Bernhard en 1984 et conduit depuis 2001 par leur fils Pierre, un domaine implanté à Châtenois, bourg fortifié proche de Sélestat et du Haut-Kœnigsbourg. Couvrant aujourd'hui 23 ha, il a obtenu la certification bio en 2007. Pierre Reibel a fait aménager à la périphérie de la ville une cuverie moderne, mais il a conservé des foudres de chêne.

Ce riesling provient du Rittersberg, coteau granitique situé à Scherwiller, village bas-rhinois réputé pour ce cépage. Un vin racé, en tout point exemplaire : un nez élégant et très expressif, mêlant la fleur blanche, le citron confit, la pêche et l'abricot, une attaque franche et une grande persistance. (Sucres résiduels : 5,4 g/l.) 2014-2019 brochette de gambas aux agrumes

Dom. Bernhard-Reibel, 20, rue de Lorraine, 67730 Châtenois, tél. 03 88 82 04 21, bernhard-reibel@wanadoo.fr V r.-v.

BOECKEL Brandluft Vieilles Vignes 2012 ★

	3 160		11 à 15 €

Occupant une maison Renaissance typique de Mittelbergheim, superbe village vigneron proche de Barr, la famille Boeckel est enracinée dans la région depuis quatre siècles. Frédéric Boeckel devient marchand de vins en 1853. Ses descendants, Jean-Daniel et Frédéric, exploitent 23 ha de vignes entre Obernai et Andlau, dont plusieurs parcelles en grand cru. En conversion bio.

Issu d'un lieu-dit réputé aux sols argilo-calcaires, ce riesling au nez élégant, fruité et épicé, se révèle vif et très bien structuré au palais. Un vin typé et racé. (Sucres résiduels : 6,6 g/l.) 2014-2018 écrevisses à la nage

Boeckel, 2, rue de la Montagne, 67140 Mittelbergheim, tél. 03 88 08 91 02, boeckel@boeckel-alsace.com V t.l.j. sf dim. 9h-12h 14h-17h

BURGHART-SPETTEL
Chemin de la chapelle 2012 ★

	3 000		5 à 8 €

Le domaine est implanté entre Colmar et Riquewihr, dans le village viticole de Mittelwihr connu pour sa colline des Amandiers. Héritier d'une tradition remontant au XIXᵉ s., Bertrand Spettel, rejoint par Jérôme, exploite près de 14 ha de vignes sur plusieurs coteaux, avec des parcelles dans des grands crus.

Un nez expressif et délicat, sur la pêche très mûre. L'attaque, assez vive, vient opportunément équilibrer une pointe de sucres résiduels. Les notes de surmaturation perçues au nez (le fruit blanc, le miel) persistent au palais. Un riesling plaisant, original par son côté rond. Il gagnera en harmonie au cours des prochaines années. (Sucres résiduels : 8 g/l.) 2016-2020 quenelles de brochet

Burghart-Spettel, 9, rte du Vin, 68630 Mittelwihr, tél. 03 89 47 93 19, burghart-spettel@wanadoo.fr V t.l.j. sf dim. 10h-18h

LE CLOS DU CH. ISENBOURG
Les Tommeries 2011

	6 500		11 à 15 €

Château, un terme rare dans le vignoble alsacien. Aux portes nord de Rouffach, une forteresse médiévale a fait place au début du XIXᵉ s. à un manoir aménagé au siècle suivant en hôtel de luxe. D'origine ecclésiastique, le domaine viticole est un authentique clos de 27 ha, cultivé en terrasses et planté des cinq principaux cépages alsaciens.

D'origine argilo-calcaire, un riesling bien typé par son nez élégant associant les agrumes (citron, pamplemousse) à des notes minérales, suivi d'une attaque franche et d'une bouche vive. (Sucres résiduels : 9,4 g/l.) 2014-2018 huîtres chaudes aux épinards

Le Clos du Ch. Isenbourg, 1, cour du Château, 68340 Riquewihr, tél. 03 89 47 92 51, contact@dopff-irion.com V r.-v.

CLOS SAINTE-APOLLINE
Bollenberg Cuvée Sélection 2012 ★

	10 000		8 à 11 €

Hôtel, restaurant, produits du terroir, vignoble : toute la famille Meyer s'active au service du vin et de la bonne chère. Créé en 1887, son domaine couvre aujourd'hui 25 ha à l'entrée de la Vallée Noble, entre Rouffach et Guebwiller. Apolline, Benoît et Francis Meyer se sont installés en 2010. Pour mieux mettre en valeur le coteau du Bollenberg, site protégé au microclimat méditerranéen, ils ont engagé la conversion bio de la propriété.

D'origine argilo-calcaire, un riesling au nez expressif et élégant, sur la fleur blanche, la pêche mûre et l'écorce d'agrumes. On retrouve les fruits jaunes dans un palais vif à l'attaque, riche, long et racé. (Sucres résiduels : 8,6 g/l.) 2014-2018 quiche au saumon

Meyer-Clos Sainte-Apolline, Dom. du Bollenberg, 68250 Westhalten, tél. 03 89 49 67 10, info@bollenberg.com V t.l.j. 9h-19h

DIRLER-CADÉ Belzbrunnen 2012

| 8 200 | 11 à 15 € |

En 1871, Jean Dirler crée sa maison près de Guebwiller, au sud de l'Alsace. Installé en 1998, son descendant, également prénommé Jean, et son épouse Ludivine Cadé adoptent d'emblée la biodynamie. Le domaine (18 ha, dont 40 % en grand cru) est totalement certifié bio en 2007.

Issu d'un lieu-dit aux sols marno-gréseux, ce riesling séduit par l'élégance de son nez mêlant les fleurs et les fruits blancs aux agrumes. Vif à l'attaque, il est expressif, mûr et harmonieux. (Sucres résiduels : 9 g/l.) 2015-2018 blanquette de lotte

Jean et Ludivine Dirler-Cadé, 13, rue d'Issenheim, 68500 Bergholtz, tél. 03 89 76 91 00, dirler-cade@terre-net.fr V r.-v.

DOM. DUSSOURT Scherwiller Réserve prestige 2012

| 2 063 | 11 à 15 € |

Officier des armées de Louis XIV, le premier Dussourt fait souche en Alsace à la fin du XVII^e^s. et ses descendants ne tardent pas à s'intéresser au vin. André débute la vente en bouteilles en 1964 avant de passer le relais à son fils Paul en 1987. Couvrant 11,5 ha, le vignoble est implanté à Scherwiller, village proche de Sélestat reconnu en dénomination communale pour son riesling.

Pour être moins ambitieux que certains millésimes précédents, ce riesling offre néanmoins une belle expression du millésime et de l'appellation. Conforme à son origine granitique, il se fait séducteur, s'ouvrant sur des senteurs d'agrumes, puis sur une touche minérale. Droit, équilibré, gras et persistant, il est structuré par une belle acidité. (Sucres résiduels : 4,9 g/l.) 2014-2019 poisson en sauce

Dom. Dussourt, 2, rue de Dambach, 67750 Scherwiller, tél. 03 88 92 10 27, domaine.dussourt@orange.fr V t.l.j. sf dim. 8h30-12h 13h30-18h30

JEAN-PAUL ECKLÉ 2012 ★★

| n.c. | 5 à 8 € |

Près de Colmar, dans le village de Katzenthal blotti dans un vallon, dominé par le donjon du Wineck, Emmanuel Ecklé exploite depuis 1996 les 9,3 ha du domaine familial. Une valeur sûre, notamment pour ses rieslings du Wineck-Schlossberg et du lieu-dit Hinterburg.

Issu d'un assemblage de terroirs, ce riesling offre un nez floral, flatteur et bien ouvert. Vif en attaque, structuré et long, ce vin gourmand et équilibré appelle une bonne table. (Sucres résiduels : 6 g/l.) 2014-2019 poule sauce suprême

Jean-Paul Ecklé et Fils, 29, Grand-Rue, 68230 Katzenthal, tél. 03 89 27 09 41, eckle.jean-paul@wanadoo.fr V t.l.j. sf dim. 9h-12h 13h30-18h

HENRI EHRHART Grande Réserve 2012 ★

| n.c. | 8 à 11 € |

Établie à Ammerschwihr, important bourg viticole proche de Colmar, la famille Ehrhart possède 7 ha en propre. Elle a créé en 1978 une structure de négoce et, forte de ses connaissances de producteur-récoltant, privilégie l'achat de raisins provenant des domaines environnants.

Très élégant au nez avec ses arômes de pêche et de fruits confits, ce riesling est franc à l'attaque, copieux, ample et gras au palais. Chaleureux avec finesse, il s'accordera avec de nombreux mets. (Sucres résiduels : 6 g/l.) 2014-2018 filet mignon de porc à la rhubarbe

Henri Ehrhart, quartier des Fleurs, 68770 Ammerschwihr, tél. 03 89 78 23 74, he@henri-ehrhart.com V r.-v.

DOMINIQUE ET JULIEN FREY Vieilles Vignes 2012 ★

| 8 000 | 8 à 11 € |

Originaires de Suisse, les Frey se sont installés à Dambach-la-Ville au XVII^e^s. Charles et Dominique ayant engagé en 1998 la conversion bio du domaine, la famille exploite aujourd'hui ses 13 ha en biodynamie. En 2010, elle a fait construire une cave bioclimatique (régulations hygrométrique et thermique passives).

Omniprésent à Dambach-la-Ville, le granite confère à ce riesling un nez intense et élégant de fleurs blanches et d'agrumes. Franc à l'attaque, frais, délicat, équilibré et persistant, le palais dévoile déjà une touche de minéralité. Un ensemble racé. (Sucres résiduels : 8 g/l.) 2015-2018 cassolette de saint-jacques

Dom. Charles Frey, 1, rue du Pinot-Blanc, ZA du Wasen, 67650 Dambach-la-Ville, tél. 03 88 92 41 04, frey.dom.bio@orange.fr V t.l.j. sf dim. 9h-12h 13h30-18h30

PIERRE-HENRI GINGLINGER 2012

| 10 000 | 5 à 8 € |

Établi dans la vieille cité d'Eguisheim, au sud de Colmar, ce domaine familial dont les origines remontent à 1610 a son siège dans une maison de 1684. Mathieu Ginglinger a succédé en 2003 à son père Pierre-Henri et engagé la conversion bio de l'exploitation. Après avoir acquis des vignes à l'extrême sud de la route des Vins, il dispose aujourd'hui de 15 ha (avec des parcelles dans trois grands crus).

Élevé sur lies fines, ce riesling encore jeune au nez s'ouvre sur des notes d'agrumes gourmandes qui rappellent à un dégustateur la tarte au citron meringuée. En bouche, il reste sur cette ligne citronnée et se montre à la fois frais et ample, structuré et harmonieux. (Sucres résiduels : 2 g/l.) 2014-2018 plateau de fruits de mer

Dom. Pierre-Henri Ginglinger, 33, Grand-Rue, 68420 Eguisheim, tél. 03 89 41 32 55, contact@vins-ginglinger.fr V t.l.j. 9h-12h 13h30-18h30; en janv. sur r.-v.

WILLY GISSELBRECHT Schiefferberg Sélection 2012

| 6 700 | 8 à 11 € |

Établis en Alsace depuis le XVII^e^s., les Gisselbrecht, aujourd'hui vignerons-négociants, disposent en propre d'un vignoble de 17 ha. Ils chérissent le riesling, cépage qui prospère aux environs de Dambach-la-Ville.

Schiefferberg, ou la montagne schisteuse : le terroir d'origine de ce riesling lui confère des parfums fumés renforcés par une forte minéralité. Un vin très vif, qui garde en bouche cette ligne minérale. (Sucres résiduels : 5 g/l.) ⌛ 2014-2018 🍷 saint-jacques aux truffes

Willy Gisselbrecht et Fils, 5, rte du Vin, 67650 Dambach-la-Ville, tél. 03 88 92 41 02, info@vins-gisselbrecht.com t.l.j. 8h-12h 13h30-18h

♥ GOETTELMANN 2012 ★★

	2 750		5 à 8 €

Après ses études, Michel Goettelmann a fait des stages qui l'ont mené jusqu'en Californie et en Nouvelle-Zélande, puis a rejoint en 1986 le domaine familial. Il en a pris la direction en 1991 et a effectué sa première mise en bouteilles en 1995. Aujourd'hui, il exploite plus de 8 ha autour de Châtenois et de Scherwiller, près de Sélestat.

Les rieslings du domaine intéressent souvent les jurés. Originaire d'un terroir de graves, ce 2012 s'annonce par un nez frais et élégant, citronné et minéral. À la fois sec et ample au palais, racé, parfaitement structuré, frais et long, il emporte l'adhésion : « Ça, c'est du riesling ! », conclut enthousiaste l'un des dégustateurs. Poisson, cuisine régionale, haute gastronomie, il met en appétit. (Sucres résiduels : 2 g/l.) ⌛ 2014-2019 🍷 poulet au citron confit

Michel Goettelmann, 27 A, rue des Goumiers, 67730 Châtenois, tél. 03 88 82 12 40, mgoettelmann@wanadoo.fr t.l.j. 8h-12h 13h-19h; dim. 9h-12h 14h-18h

ANDRÉ HARTMANN
Bildstoecklé Armoirie Hartmann 2012

	4 700		8 à 11 €

La famille Hartmann est établie depuis 1640 au village de Vœgtlinshoffen, « Balcon de l'Alsace » perché sur un coteau, à quelque 10 km au sud de Colmar. Son domaine de 9 ha comprend plusieurs parcelles dans le grand cru Hatschbourg.

Terroir marno-calcaire, le lieu-dit Bildstoecklé est l'un des fleurons de la propriété. Il a donné naissance à un riesling au nez discret, mais précis, élégamment fruité (citron, fruits blancs). Une attaque franche introduit un palais frais et équilibré, encore sur la réserve. (Sucres résiduels : 9 g/l.) ⌛ 2014-2017 🍷 yakitori de saumon

André Hartmann, 13, rue Frémeaux, 68420 Vœgtlinshoffen, tél. 03 89 49 38 34, andre.hartmann@free.fr t.l.j. sf dim. 9h-12h 14h-18h

Ⓑ CHRISTIAN ET VÉRONIQUE HEBINGER
Frohnenberg 2012 ★

	4 207		5 à 8 €

Le domaine s'est spécialisé après 1945. Aujourd'hui, Christian et Véronique Hebinger, établis à Eguisheim depuis 1985 et rejoints par Denis, cultivent leurs 11 ha autour de la petite cité médiévale et vers Wintzenheim, en ayant pour fleuron des parcelles en grand cru (Hengst, notamment). Ils conduisent leur domaine en biodynamie et vinifient dans le même esprit.

Issu d'un lieu-dit aux sols limono-calcaires, ce riesling offre un nez flatteur, à la fois riche et délicat. Ses nuances de surmaturation (fruits jaunes et miel de fleur) se confirment en bouche ; plutôt souple à l'attaque, le vin reste équilibré grâce à une belle trame acide. De la suavité et de la tenue. (Sucres résiduels : 8 g/l.) ⌛ 2014-2020 🍷 crevettes au sésame et au miel

Christian et Véronique Hebinger, 14, Grand-Rue, 68420 Eguisheim, tél. 03 89 41 19 90, hebinger.christian@wanadoo.fr t.l.j. sf dim. 8h-12h 13h-18h30

HIRTZ 2012 ★★

	3 400		5 à 8 €

Établis dans l'un des plus pittoresques villages du Bas-Rhin, près de Barr, Edy et Élisabeth Hirtz conduisent depuis 1992 le domaine familial : 8,5 ha, avec des parcelles dans le grand cru local. Ici, pas de foudres de bois, mais des cuves Inox, plus à même de préserver le potentiel aromatique des cépages, selon le vigneron.

Ce riesling est déjà très expressif au nez avec ses arômes fruités et mentholés d'une grande délicatesse. Vif au palais, bien charpenté et persistant, il s'entendra avec tous les produits de la mer. (Sucres résiduels : 2,2 g/l.) ⌛ 2014-2019 🍷 cabillaud en papillote

Edy Hirtz, EARL du Rotland, 13, rue Rotland, 67140 Mittelbergheim, tél. 03 88 08 47 90, edy.hirtz@9business.fr t.l.j. 9h-12h 14h-18h

HUMBRECHT Vieilles Vignes 2011 ★

	2 989	5 à 8 €

Une famille établie à Gueberschwihr, au sud de Colmar. Les origines de la propriété se perdent dans la nuit des temps : en 1619, des ancêtres vignerons dans le village ; plus récemment, Georges, installé en 1965, puis Claude, en 1992. Un domaine de 7,5 ha cultivé en bio certifié (depuis 2013) ; de beaux terroirs à dominante argilo-calcaire.

Des vignes de près de quarante ans, plantées sur argilo-calcaires, pour ce riesling de classe. Au nez, les fleurs blanches s'allient à une belle minéralité. Dans le même registre, le palais se montre franc à l'attaque, puissant, complexe, de bonne longueur. (Sucres résiduels : 7,9 g/l.) ⌛ 2016-2024 🍷 sole meunière

Claude et Georges Humbrecht, 33, rue de Pfaffenheim, 68420 Gueberschwihr, tél. 03 89 49 31 51, claude.humbrecht@orange.fr r.-v. ❷ Ⓑ

RENÉ ET MICHEL KOCH Heissenberg 2012

	2 400		5 à 8 €

Georges Koch a inauguré la vente directe en 1958. René lui a succédé en 1970, rejoint en 1996 par Michel. Depuis 2006, ce dernier tient les rênes du domaine qui couvre 12 ha autour de Nothalten, village-rue du pays de Barr.

Originaire d'un terroir limoneux, un riesling déjà très expressif. Au nez, une touche minérale s'associe à des senteurs de zeste de citron. Vif, précis, équilibré et persistant, un beau classique facile à marier avec de nombreux mets. (Sucres résiduels : 3 g/l.) ⌛ 2014-2019 🍷 cassolette d'escargots au riesling

EARL René et Michel Koch, 5, rue de la Fontaine, 67680 Nothalten, tél. 03 88 92 41 03, contact@vin-koch.fr r.-v. Ⓒ

KOEHLY Hahnenberg 2012 ★

	15 000		5 à 8 €

Dans les années 1930, la famille Koelhy pratiquait la polyculture-élevage et vendait le produit de ses 50 ares des vignes à la coopérative. Jean-Marie Koehly, installé en 1976, a spécialisé la propriété familiale. Aujourd'hui, il exploite avec talent 20 ha de vignes sur des pentes dominées par le Haut-Kœnigsbourg.

Conforme à son origine granitique, ce riesling au nez d'agrumes se montre déjà expressif. En bouche, il se révèle complexe, ample, riche, équilibré par une finale fraîche. (Sucres résiduels : 4 g/l.) 2014-2018 poisson en sauce

Jean-Marie Koehly et Fils, 64, rue du Gal-de-Gaulle, 67600 Kintzheim, tél. 03 88 82 09 77, jean-marie.koehly@wanadoo.fr V t.l.j. 8h-12h 13h-18h; f. 24 déc.-5 janv. B

HUBERT METZ Vendanges tardives Cuvée Saint-Hubert 2010 ★

	800		20 à 30 €

Hubert Metz s'est installé en 1971 sur l'exploitation familiale : 9,5 ha autour de Blienschwiller, entre Barr et Sélestat. La famille est établie dans une belle demeure avec oriel. La cave voûtée, où s'alignent des foudres de bois, accueillait avant la Révolution le produit de la dîme, impôt payé en vin au clergé.

Dans le verre, un vin or pâle aux reflets verts. On y respire d'abord des effluves de fleurs blanches, puis des senteurs intenses de pêche très mûre, voire confite, avant que ne pointe une minéralité très délicate. On retrouve ces arômes complexes de fleurs et de fruits jaunes au sein d'une matière mûre et onctueuse, rafraîchie par une belle acidité minérale. Des vendanges tardives concentrées et harmonieuses. (Sucres résiduels : 53 g/l.) 2014-2025 tarte aux pêches

Hubert Metz, 3, rue du Winzenberg, 67650 Blienschwiller, tél. 03 88 92 64 94, contact@hubertmetz.com V r.-v.

B DOM. MITTNACHT FRÈRES Les Fossiles 2012

	15 000		8 à 11 €

À l'entrée de Hunawihr, près de Ribeauvillé, un caveau lumineux aux lignes épurées : le siège du domaine de Marc et Christophe Mittnacht, qui conduisent en biodynamie un vignoble de 23 ha, riche de terroirs et de grands crus.

Reflétant son origine marno-calcaire, ce riesling se montre réservé au nez, mais ses parfums rappelant la bergamote ne manquent pas d'élégance. Il attaque avec vivacité et finit sur une impression citronnée. (Sucres résiduels : 4,5 g/l.) 2014-2017 terrine de poisson

Dom. Mittnacht Frères, 27, rte de Ribeauvillé, 68150 Hunawihr, tél. 03 89 73 62 01, mittnacht.freres@wanadoo.fr V t.l.j. sf dim. 10h-12h 13h30-18h30 C

B CHARLES MULLER ET FILS Steinacker de Traenheim 2012

	2 800		8 à 11 €

Domaine établi dans un village de la Couronne d'Or de Strasbourg, groupement des communes viticoles les plus proches de la capitale régionale. Héritier d'une lignée remontant à 1580, Jean-Jacques Muller, installé en 1985, conduit (en bio certifié depuis 2011) un vignoble de 11 ha.

Au nez, des parfums très élégants, évocateurs de mandarine ; en bouche, la même ligne vive sur des arômes d'agrumes mûrs. De la race et une belle structure. (Sucres résiduels : 3 g/l.) 2014-2018 sole grillée

Charles Muller et Fils, 89 C, rte du Vin, 67310 Traenheim, tél. 03 88 50 38 04, earlmullercharles@hotmail.fr V r.-v.

FRANCIS MURÉ 2012 ★

	3 000		5 à 8 €

Installé en 1991, Francis Muré est établi à une vingtaine de kilomètres au sud de Colmar, à l'entrée de la Vallée Noble. Il tire un bon parti de son vignoble, qui, bien abrité par les plus hauts reliefs des Vosges, bénéficie d'un microclimat très sec.

Reflétant son origine argilo-calcaire, ce riesling n'a pas encore donné sa pleine mesure. Il séduit déjà par son nez d'agrumes auquel répond un palais vif, équilibré et persistant. (Sucres résiduels : 4 g/l.) 2014-2018 gratin de fruits de mer

Francis Muré, 30, rue de Rouffach, 68250 Westhalten, tél. 03 89 47 64 20, mure_francis@club-internet.fr V r.-v. C

CAVE DU ROI DAGOBERT Krittler 2012

	14 400		8 à 11 €

Dagobert ? Le roi mérovingien avait un palais et des vignes dans cette contrée située au nord de la route des Vins, à une vingtaine de kilomètres de Strasbourg. Fondée en 1952, la coopérative rassemble près de 900 ha, ce qui ne l'empêche pas de proposer une gamme de vins de terroir.

Une fois de plus, un riesling de la cave. Celui-ci provient d'un terroir argilo-calcaire de Wolxheim, commune où ce cépage est roi. Plus modeste que certaines cuvées antérieures mais plaisant, ce vin présente un nez typé, sur les fruits jaunes et les agrumes, et un palais souple à l'attaque et bien équilibré. (Sucres résiduels : 6 g/l.) 2014-2018 risotto aux fruits de mer

Cave du Roi Dagobert, 1, rte de Scharrachbergheim, 67310 Traenheim, tél. 03 88 50 69 00, dagobert@cave-dagobert.com V t.l.j. 9h-19h

ROLLY GASSMANN Rorschwihr Sélection de grains nobles 2011 ★

	6 100		30 à 50 €

Domaine né de l'union de Marie-Thérèse Rolly avec Pierre Gassmann, établis à Rorschwihr, village dominé par le Haut-Kœnigsbourg. Héritiers de lignées remontant au XVIIe s., ces vignerons ont constitué un vaste domaine de 45 ha. Pierre Gassmann élabore de multiples cuvées, vinifiées par lieux-dits et types de sol.

Dans sa robe jaune d'or aux reflets vert brillant, ce vin encore discret révèle à l'aération une complexité naissante, libérant des notes d'agrumes confits, de menthe, d'épices et de miel. Dans le même registre, le palais dévoile une grande matière, à la fois ample, riche et fraîche, d'une réelle persistance. (Sucres résiduels : 90 g/l.) 2016-2025 crème brûlée à l'orange

Rolly Gassmann, 2, rue de l'Église, 68590 Rorschwihr, tél. 03 89 73 63 28, rollygassmann@wanadoo.fr V r.-v.

JOSEPH SCHARSCH Wolxheim 2012 ★

■	4 680		5 à 8 €

Enracinée à Wolxheim depuis 1755, la famille Scharsch a relancé le vignoble et repris la mise en bouteilles en 1976. Installé à sa tête en 2011, Nicolas Scharsch exploite en bio certifié plus de 12 ha. Le fleuron de la propriété est le riesling du grand cru Altenberg.

Le riesling bénéficie à Wolxheim d'une réputation ancienne, qui a valu à son vignoble une dénomination officielle. Planté sur un terroir marno-calcaire, il a engendré cette cuvée au nez très typé, passant des agrumes à une note minérale. Vif et persistant, un vin fait pour les produits de la mer. (Sucres résiduels : 4,7 g/l.) 2014-2018 huîtres chaudes

Dom. Joseph Scharsch, 12, rue de l'Église, 67120 Wolxheim, tél. 03 88 38 30 61, cave@domaine-scharsch.com V r.-v.

SCHILLINGER 2012

■	1 900		5 à 8 €

Le haut clocher roman de grès rose est emblématique du village de Gueberschwihr, qui fut possession des évêques de Bâle et de Strasbourg. C'est dans ce village au sud de Colmar qu'est installé depuis 1988 Gérard Schillinger, à la tête d'un domaine de 5,5 ha.

Malgré son origine marno-calcaire, ce riesling affiche déjà une belle évolution avec ses arômes de citron soulignés d'une pointe minérale. Toujours sur les agrumes, le palais se montre vif et croquant. (Sucres résiduels : 5 g/l.) 2014-2018 cabillaud à la plancha

EARL Émile Schillinger, 2, rue de la Chapelle, 68420 Gueberschwihr, tél. 03 89 47 91 59 V t.l.j. sf dim. 8h-12h 14h-20h

DOM. SCHLUMBERGER Les Princes Abbés 2012 ★

■	200 000		8 à 11 €

Sous l'Empire, les Schlumberger se constituent un vignoble dans la région de Guebwiller, au sud de l'Alsace, prenant la suite des abbés de Murbach, qui avaient mis en valeur ce vignoble avant la Révolution. Sans doute le plus vaste domaine de la région : 130 ha plantés sur des coteaux escarpés, dont une partie est conduite en biodynamie et plus de la moitié exploitée en grand cru.

Issue des coteaux escarpés de Guebwiller, une cuvée déjà très expressive, s'ouvrant sur des nuances d'agrumes et de fruits exotiques. La mise en bouche dévoile une grande matière, ample et persistante. (Sucres résiduels : 1,5 g/l.) 2014-2019 saumon mariné à l'aneth

Domaines Schlumberger, 100, rue Théodore-Deck, 68500 Guebwiller, tél. 03 89 74 27 00, mail@domaines-schlumberger.com V t.l.j. sf dim. 8h-18h (ven. 17h); sam. sur r.-v.

DOM. ROLAND SCHMITT Thalberg 2012 ★

■	3 000		8 à 11 €

Roland Schmitt a œuvré pour promouvoir l'Altenberg de Bergbieten, grand cru proche de Strasbourg. Son épouse Anne-Marie, puis ses fils Julien (1999) et Bruno (2002) ont poursuivi son œuvre et réalisé la conversion bio des 10 ha du domaine.

Né sur un sol argilo-marneux, au lieu-dit Thalberg, ce riesling s'ouvre sur des parfums intenses de jasmin et de citron soulignés d'une touche minérale. L'attaque assez vive et franche est relayée par une bouche élégante et persistante. 2014-2019 saint-jacques à la crème

Dom. Roland Schmitt, 35, rue des Vosges, 67310 Bergbieten, tél. 03 88 38 20 72, julien@roland-schmitt.fr V r.-v.

SCHOENHEITZ Linsenberg 2012

■	3 750		8 à 11 €

Wihr-au-Val est le dernier village viticole quand on remonte la vallée de Munster. Ses coteaux, exposés plein sud, avaient périclité après 1945. Dans les années 1970, Henri Schoenheitz a commencé à les replanter. Prénommé également Henri, son fils continue son œuvre. Il a vendu ses premières bouteilles en 1980 et met en valeur aujourd'hui un coquet domaine de 15 ha.

Ce riesling est issu des pentes aux sols granitiques du Linsenberg, coteau exposé plein sud et dominant le bourg de Wihr-au-Val. Ouvert et bien typé au nez, il séduit par son équilibre, sa droiture et sa finale fraîche. (Sucres résiduels : 4 g/l.) 2014-2018 matelote au riesling

Henri Schoenheitz, 1, rue de Walbach, 68230 Wihr-au-Val, tél. 03 89 71 03 96, cave@vins-schoenheitz.fr V r.-v.

SIPP-MACK Vieilles Vignes 2012

■	15 000		8 à 11 €

En 1959, François Sipp, de Ribeauvillé, épouse Marie-Louise Mack, du village voisin Hunawihr. À la génération suivante, l'ancien monde s'est allié au nouveau par le mariage de Jacques et de Laura. Leur fille Carolyn a rejoint l'exploitation, qui couvre 22 ha (en bio certifié depuis 2013). Les Sipp-Mack sont aussi négociants.

Né sur un terroir argilo-calcaire, ce riesling apparaît réservé au nez, discrètement citronné. Au palais, on apprécie sa fraîcheur et son élégance. (Sucres résiduels : 4,4 g/l.) 2014-2018 dorade au four

Dom. Sipp-Mack, 1, rue des Vosges, 68150 Hunawihr, tél. 03 89 73 61 88, contact@sippmack.com V t.l.j. sf dim. 9h-12h 14h-18h

PIERRE SPARR Grande Réserve 2012 ★

■	26 600		5 à 8 €

Les lointaines origines de cette maison remontent à la fin du XVIIe s. Après 1945, Pierre Sparr a remonté l'affaire, mise à mal, comme le reste de Sigolsheim, par les combats de la poche de Colmar. Aujourd'hui, les deux générations qui lui succèdent perpétuent l'entreprise disposant de 15 ha de vignes en propre et d'une structure de négoce.

Un nez très expressif et précis, sur la pêche blanche et l'orange. Les agrumes et autres fruits frais se prolongent dans une bouche franche à l'attaque, croquante et élégante. (Sucres résiduels : 6 g/l.) 2014-2019 poisson mariné au gingembre

Maison Pierre Sparr Successeurs, 2, rue de la 1re-Armée-Française, 68240 Sigolsheim, tél. 03 89 78 24 22, info@vins-sparr.com V t.l.j. sf dim. lun. 9h-12h 14h-18h

DOM. VINCENT STOEFFLER
lieu-dit Muhlforst 2012 ★

| 5 000 | 8 à 11 €

Vincent Stoeffler conduit depuis 1986 l'exploitation fondée par son père dans les années 1960. À la suite de son mariage, le domaine s'est agrandi, se répartissant dans dix communes autour de deux pôles : Ribeauvillé et Riquewihr dans le Haut-Rhin, Barr, dans le Bas-Rhin. Il compte aujourd'hui 16 ha de vignes, conduites en bio depuis 2000, et propose nombre de vins de terroir.

D'origine marno-calcaire, ce riesling dévoile au nez une pointe de surmaturation, qui prélude à une bouche ample, équilibrée par une finale fraîche. (Sucres résiduels : 2,4 g/l.) 2014-2019 coquille Saint-Jacques

Dom. Vincent Stoeffler, 1, rue des Lièvres, 67140 Barr, tél. 03 88 08 52 50, info@vins-stoeffler.com V t.l.j. sf dim. 10h-12h 13h30-18h30

♥ THOMAS
Vendanges tardives 2011 ★★★

| 1 000 | 20 à 30 €

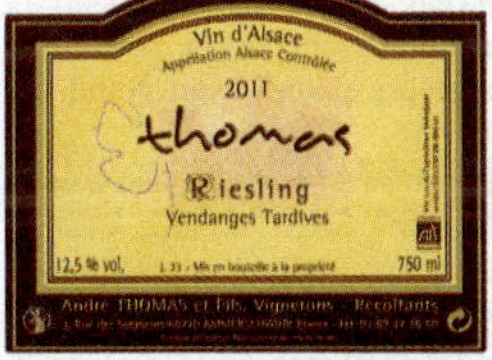

Viticulteurs depuis le milieu du XIXe s., les Thomas ont commencé la vente en bouteilles en 1965. André Thomas, installé en 1985 et rejoint par son fils Gilles, a converti le domaine au bio. Le tandem dispose de 6 ha, avec des parcelles dans plusieurs grands crus. Une valeur sûre.

Issu de raisins passerillés, ce vin or pâle laisse de longues larmes sur les parois du verre. Le nez complexe s'ouvre sur l'acacia, puis s'oriente vers les fruits confits (agrumes, ananas et fruits jaunes), avec une touche de poivre blanc. Tout aussi aromatique, intense et gourmand, le palais ne charme pas moins les jurés : frais à l'attaque, ample, puissant et gras, il dévoile une fine acidité qui équilibre sa richesse et souligne la persistance de sa finale minérale. Un moelleux presque aérien auquel un dégustateur prédit cent ans de vie ! Ce qui n'interdit pas aux impatients de l'apprécier tout de suite, dès l'apéritif. (Sucres résiduels : 55 g/l.) 2014-2025 salade d'agrumes au miel et épices

André Thomas et Fils, 3, rue des Seigneurs, 68770 Ammerschwihr, tél. 03 89 47 16 60, thomasfr4@hotmail.fr V r.-v.

CAVE DE TURCKHEIM Vieilles Vignes 2012

| 136 000 | | 8 à 11 €

Fondée en 1955, cette coopérative d'importance propose des vins haut de gamme en volumes intéressants, tels les grands crus (neuf références, avec le Brand de Turckheim en vedette) ou les vendanges tardives.

Un nez de fleurs blanches très élégant, prélude à un palais équilibré et frais, qui appelle les produits de la mer. (Sucres résiduels : 1,5 g/l.) 2014-2017 tourteau mayonnaise

Cave de Turckheim, 16, rue des Tuileries, 68230 Turckheim, tél. 03 89 30 23 60, info@cave-turckheim.com V t.l.j. 9h-18h

VORBURGER
Vendanges tardives 2011 ★★

| n.c. | | 11 à 15 €

Vignerons à Voegtlinshoffen, village dominant la plaine d'Alsace au sud-ouest de Colmar, les Vorburger vendent leur vin en bouteilles depuis les années 1950. Aujourd'hui, Jean-Pierre et Philippe Vorburger exploitent le vignoble en bio certifié.

Jaune clair aux brillants reflets d'or, ce 2011, encore discret au nez, laisse percer des senteurs de fleurs blanches, d'amande douce, puis de pêche et d'abricot confits. L'attaque dévoile une matière riche, ample et concentrée, où l'on retrouve les fruits jaunes confits associés aux agrumes et au miel, puis une fine acidité s'affirme, qui vient étirer la finale délicatement minérale. D'une remarquable tenue, ce vin, déjà agréable, mérite de vieillir. (Sucres résiduels : 60 g/l.) (Bouteilles de 50 cl.) 2015-2025 poulet tandoori

EARL Jean-Pierre Vorburger et Fils, 3, rue de la Source, 68420 Voegtlinshoffen, tél. 03 89 49 35 52, jean.pierre.vorburger68@gmail.com V r.-v.

MARTIN ZAHN Vendanges manuelles 2012

| 60 000 | 5 à 8 €

L'économie sociale s'étant développée précocement en Alsace, comme en Rhénanie, la Cave de Ribeauvillé, fondée en 1895, est la plus ancienne coopérative de France. Pour vinifier les 250 ha de ses adhérents, elle a investi dans une nouvelle gamme de pressoirs.

Ce riesling reste discret au nez, libérant quelques effluves de fleurs blanches. Franc et vif à l'attaque, il finit sur une fraîcheur citronnée. (Sucres résiduels : 4 g/l.) 2014-2017 choucroute garnie

Cave de Ribeauvillé, 2, rte de Colmar, 68150 Ribeauvillé, tél. 03 89 73 61 80, cave@cave-ribeauville.com V t.l.j. 8h-12h 14h-18h

FERNAND ZIEGLER
Muhlforst Vieilles Vignes 2012 ★

| 3 000 | | 8 à 11 €

Installée à Hunawihr, village emblématique de l'Alsace avec son église fortifiée, la famille cultive la vigne depuis 1634. C'est avec Fernand Ziegler, en 1961, qu'elle s'est lancée dans la vente en bouteilles. Daniel, qui a pris le relais en 1983, exploite plus de 7 ha.

Un 2012 issu de ceps âgés d'un demi-siècle et implantés sur le Muhlforst, lieu-dit proche du grand cru Rosacker. Reflétant son terroir argilo-calcaire, il est encore très jeune, mais laisse percer des senteurs de fruits jaunes soulignées d'une touche fumée. Au palais, il se montre vif, croquant et fort harmonieux. (Sucres résiduels : 5,6 g/l.) 2014-2019 raviolis aux crevettes

EARL Fernand Ziegler et Fils, 7, rue des Vosges, 68150 Hunawihr, tél. 03 89 73 64 42, fernand.ziegler@wanadoo.fr V r.-v.

ZIMMERMANN
Coteaux du Haut-Kœnigsbourg 2010

	2 000		11 à 15 €

Perpétuant une lignée de vignerons remontant à 1693, la famille Zimmermann est installée à Orschwiller, village veillé par le château du Haut-Kœnigsbourg, à la limite des deux départements alsaciens. Elle dispose d'un coquet domaine de 16 ha.

Or jaune, ces Coteaux du Haut-Kœnigsbourg s'ouvrent sur des notes confites évoquant les agrumes, la pêche, le coing et le raisin sec. En bouche, la fraîcheur du cépage s'affirme avec vigueur : l'attaque vive dévoile une matière concentrée, ample et riche, dont la nervosité marquée est soulignée jusqu'en finale par des arômes de pamplemousse et de citron confits, alliés à des notes de cire d'abeille. Un riesling typique qui mérite d'attendre. (Sucres résiduels : 73 g/l.) 2016-2025 tarte au citron meringuée

EARL A. Zimmermann Fils, 3, Grande-Rue, 67600 Orschwiller, tél. 03 88 92 08 49 V t.l.j. 8h-12h 13h-18h

MAISON ZOELLER
Riesling de Wolxheim Cuvée réservée 2012 ★

	3 500		5 à 8 €

Installé dans une maison à colombages du XVe s., ce domaine situé à une vingtaine de kilomètres à l'ouest de Strasbourg perpétue une tradition remontant à 1600. Mathieu Zoeller, installé en 1994, a engagé en 2010 la conversion au bio de ses 11 ha de vignes.

De réputation ancienne, le riesling de Wolxheim bénéficie d'une dénomination communale qui s'affiche sur l'étiquette. Né sur argilo-calcaire, celui-ci se montre déjà intense au nez, associant avec bonheur les fleurs blanches et les agrumes. Frais dès l'attaque, précis, persistant et racé, il offre une belle expression du cépage. (Sucres résiduels : 7 g/l.) 2016-2019 turbot sauce hollandaise

EARL Maison Zoeller, 14, rue de l'Église, 67120 Wolxheim, tél. 03 88 38 15 90, vins.zoeller@wanadoo.fr V t.l.j. 8h30-12h 13h30-19h; dim. sur r.-v.

ALSACE SYLVANER

• Superficie : 1 376 ha • Production : 108 268 hl

Les origines du sylvaner sont très incertaines, mais son aire de prédilection a toujours été limitée au vignoble allemand et à celui du Bas-Rhin en France. C'est un cépage extrêmement intéressant grâce à son rendement et à sa régularité de production. Son vin est d'une grande fraîcheur, assez acide, doté d'un fruité discret. On trouve en réalité deux types de sylvaner sur le marché. Le premier, de loin supérieur, provient de terroirs bien exposés et peu enclins à la surproduction. Le second est un vin sans prétention, agréable et frais.

B **LUC FALLER** Vieilles Vignes 2012 ★★

	1 000		5 à 8 €

Luc Faller a succédé en 1989 à son père Henri. Il exploite, avec sa femme Myriam, autour d'Itterswiller, du côté de Barr, un domaine de près de 8 ha en bio et biodynamie.

D'un jaune d'or qui révèle son caractère déjà épanoui, ce sylvaner s'ouvre sur des notes de fleurs et d'agrumes. Assez vif à l'attaque, ce vin est équilibré et persistant. Un beau représentant de son terroir. (Sucres résiduels : 5 g/l.) 2014-2016 fruits de mer

Luc Faller, 51, rte des Vins, 67140 Itterswiller, tél. 03 88 85 51 42, vin.faller@orange.fr V r.-v.

DOM. HERING Clos de la Folie Marco 2012

	3 000		5 à 8 €

Depuis 1858, cinq générations se sont succédé sur ce domaine installé au centre de Barr. En 2001, Jean-Daniel Hering, œnologue, a pris les rênes de l'exploitation. Sur les 10 ha que couvre le vignoble, la moitié est implantée dans le Kirchberg, le grand cru dominant la ville.

Né des vignes du Clos de la Folie Marco, ce sylvaner est marqué par le traitement calcaire, qui lui demande plus de temps pour se révéler complètement. Beau volume en bouche, belle rondeur. Un vin prometteur. (Sucres résiduels : 5 g/l.) 2014-2017 cassolettes de moules au safran

Dom. Hering, 6, rue du Dr-Sultzer, 67140 Barr, tél. 03 88 08 90 07, jdhering@wanadoo.fr V r.-v.

BRUNO HERTZ 2012 ★

	1 300		5 à 8 €

La famille Hertz cultive la vigne depuis le XVIIIe s., vit du vin depuis le début du XXe s. et a pignon sur rue dans le centre historique de la cité médiévale d'Eguisheim, au sud de Colmar. Aujourd'hui, Bruno Hertz, œnologue, exploite 6 ha, dont plusieurs parcelles en grand cru (Pfersigberg, Rangen).

Ce sylvaner est déjà très intense au nez avec ses nuances de fleurs blanches et de pêche. Sec à l'attaque, c'est un vin souple et chaleureux qui se révèle puissant. (Sucres résiduels : 6 g/l.) 2014-2017 soupe de poisson

SCEA Bruno Hertz, 9, pl. de l'Église, 68420 Eguisheim, tél. 03 89 41 81 61, lesvinshertz@sfr.fr V r.-v.

LEIPP-LEININGER Côtes de Barr 2012 ★★

	2 800		5 à 8 €

Ce domaine familial est situé à Barr, petit centre viticole proche du mont Sainte-Odile, et a son siège dans une maison vigneronne cossue du XVIIIe s. Le vigneron a engagé en 2010 la conversion bio de la propriété, qui couvre 10 ha.

Ce vin, très ouvert au nez avec ses arômes floraux et élégants, se caractérise au palais par un beau volume et une finale longue et chaleureuse. Un grand sylvaner. (Sucres résiduels : 4,9 g/l.) 2014-2017 risotto aux cèpes et parmesan

Leipp-Leininger, 11, rue du Dr-Sultzer, 67140 Barr, tél. 03 88 08 95 98, info@leipp-leininger.com V t.l.j. 8h-12h 13h15-18h30

ALSACE GRAND CRU

• Superficie : 850 ha • Production : 43 278 hl

Dans le but de promouvoir les meilleures situations du vignoble, un décret de 1975 a institué l'appellation « alsace grand cru », liée à un certain nombre de contraintes plus rigoureuses en matière de rendement et de teneur en sucre. Une appellation réservée au gewurztraminer, au pinot gris, au riesling et au muscat, jusqu'au décret de mars 2005 qui autorise l'introduction du sylvaner, en assemblage avec le gewurztraminer, le pinot gris et le riesling dans le grand cru Altenberg de Bergheim, et en remplacement du muscat dans le grand cru Zotzenberg. Les terroirs, délimités, produisent le nec plus ultra des vins d'Alsace. En 1983, un décret a défini un premier groupe de 25 lieux-dits admis dans cette appellation. Il a été complété par trois décrets en 1992, 2001 et 2007. Avec le kaefferkopf, reconnu en 2007, le vignoble d'Alsace compte 51 grands crus, répartis sur 47 communes. Leurs surfaces sont comprises entre 3 ha et 80 ha et leur terroir présente une certaine homogénéité géologique.

LUCIEN ALBRECHT Pfingstberg Riesling 2012

■ | 10 200 | 11 à 15 €

Aux XVIe et XVIIe s., des Albrecht étaient bangards – gardes élus chargés de la bonne tenue des cultures et du respect de la date des récoltes : cette famille établie dans le sud de l'Alsace depuis 1698 a dû céder son nom et une partie de son domaine en 2012. Celui-ci a été acquis par la coopérative d'Eguisheim (Wolfberger) qui a gardé cette marque bien connue.

À une robe jaune pâle à reflets verts répond un nez discrètement floral, qui laisse deviner une certaine complexité. Les fleurs blanches s'épanouissent en bouche, nuancées de touches grillées et fumées. La matière est équilibrée, d'une bonne fraîcheur. (Sucres résiduels : 9,2 g/l.) ⧗ 2014-2019 ¥ sole grillée

⊶ Lucien Albrecht, 6, Grand-Rue, 68420 Eguisheim, tél. 03 89 22 20 51 V ! t.l.j. 8h-12h 14h-18h

DOM. ALLIMANT-LAUGNER
Praelatenberg Riesling 2012 ★

■ | 3 600 | ▮ | 8 à 11 €

La famille Allimant a un ancêtre célèbre, Antoine, qui suivit Napoléon dans toutes ses campagnes, puis acheta des vignes sur les côtes du Haut-Kœnigsbourg. Agrandi par l'alliance entre les Allimant et les Laugner, le domaine (12 ha sur trois communes) est conduit depuis 1984 par Hubert Laugner.

Jaune pâle aux reflets verts, ce riesling né sur un terroir de granite et de gneiss montre tout au long de la dégustation une belle fraîcheur : nez vif, finement citronné, attaque nerveuse et élégante, bouche riche et longue, toujours sur les agrumes, citron et pamplemousse. (Sucres résiduels : 10 g/l.) ⧗ 2014-2019 ¥ tourteau mayonnaise

⊶ Allimant-Laugner, 10, Grand-Rue, 67600 Orschwiller, tél. 03 88 92 06 52, alaugner@terre-net.fr V 🚶 ! t.l.j. sf dim. 9h-18h 🏠 A

ANDRÉ ANCEL Schlossberg Pinot gris 2011 ★★

■ | 1 200 | ◍ | 11 à 15 €

Une famille enracinée à Kaysersberg, cité célèbre pour son pont fortifié et son donjon. Chef d'exploitation depuis 1985, André Ancel conduit avec son fils Lucas 8 ha de vignes répartis dans trois communes voisines, Kaysersberg, Kientzheim et Sigolsheim, avec des parcelles sur le coteau du Schlossberg.

Ce vin charme d'emblée par son nez complexe d'abricot sec, de beurre, de pain grillé et de pierre à fusil. Ce fruité s'épanouit en bouche dès l'attaque, où l'on retrouve l'abricot, avec de la poire et de la mirabelle un rien confites. La matière est généreuse, mais équilibrée, la finale légèrement minérale a un côté aérien. Puissance et élégance. (Sucres résiduels : 10 g/l.) ⧗ 2014-2017 ¥ chapon

⊶ André Ancel, 3, rue du Collège, 68240 Kaysersberg, tél. 03 89 47 10 76, ancelandre@neuf.fr V 🚶 ! t.l.j. 9h-11h30 13h30-19h

Ⓑ PIERRE ARNOLD
Frankstein Gewurztraminer 2012 ★★

■ | 1 650 | ◍ | 11 à 15 €

Cette propriété familiale a pignon sur rue au cœur de la cité fortifiée de Dambach-la-Ville. Création en 1711, premières mises en bouteilles en 1926, certification bio en 2012. À la tête du domaine depuis 1986, Pierre Arnold, formé en Côte-d'Or, élève certains de ses vins dans des pièces bourguignonnes. Il cultive trois cépages sur le grand cru de sa commune, le Frankstein, aux sols granitiques.

Tous les dégustateurs s'accordent sur les qualités de structure de ce gewurztraminer récolté un 23 octobre. Ils louent sa complexité naissante, sa richesse et son ampleur, alliée à une belle subtilité, sa longue finale suave et onctueuse. (Sucres résiduels : 56 g/l.) ⧗ 2015-2019 ¥ bavarois aux fruits exotiques

⊶ Pierre Arnold, 16, rue de la Paix, 67650 Dambach-la-Ville, tél. 03 88 92 41 70, alsace.pierre.arnold@orange.fr V 🚶 ! t.l.j. 9h-19h; dim. sur r.-v.

CHARLES BAUR Pfersigberg Gewurztraminer 2012

■ | 3 400 | ▮ | 15 à 20 €

Les Baur sont établis à Eguisheim depuis le XVIIIe s., Charles Baur débute la vente en bouteilles en 1950, son fils Armand, œnologue, prend le relais en 1980, rejoint en 2010 par Arnaud, ingénieur agronome. Le tandem a engagé en 2011 la conversion bio du vignoble, qui couvre 16 ha, avec des parcelles dans plusieurs grands crus.

Au nez, la mangue s'allie au miel et aux épices douces. Une attaque fraîche, de l'ampleur, ce qu'il faut de gras, une finale élégante et assez longue, marquée par un retour des épices. Certains dégustateurs trouvent ce vin un peu svelte, mais il est assurément agréable. (Sucres résiduels : 31 g/l.) ⧗ 2014-2020 ¥ foie gras mangue caramélisée

⊶ Dom. Charles Baur, 29, Grand-Rue, 68420 Eguisheim, tél. 03 89 41 32 49, cave@vinscharlesbaur.fr V 🚶 ! t.l.j. sf dim. 8h-12h 13h30-18h30; dim. 8h-12h ⊶ Arnaud Baur

DOM. JEAN-MARC BERNHARD
Wineck-Schlossberg Riesling 2012 ★

■ | 3 500 | ▮ | 11 à 15 €

Fondé en 1802, le domaine avait développé une activité de négoce à partir de 1850. En 1982, Jean-Marc Bernhard a préféré redevenir vigneron. Avec près de 11 ha répartis sur cinq communes, la famille dispose d'une belle palette de terroirs et détient des parcelles dans six grands crus. Frédéric, aux commandes depuis 2000, a converti le vignoble au bio (certification fin 2012).

Un nez discret, mais élégant d'agrumes frais. Le palais, à l'unisson, est marqué de l'attaque à la finale par une fine acidité soulignée par un fruité citronné et une touche saline. Droit et assez long, c'est un vin bien structuré qui

LES CINQUANTE ET UN

Grands crus	Communes	Surface délimitée (ha)
Altenberg-de-bergbieten	Bergbieten (67)	30
Altenberg-de-bergheim	Bergheim (68)	35
Altenberg-de-wolxheim	Wolxheim (67)	31
Brand	Turckheim (68)	58
Bruderthal	Molsheim (67)	18
Eichberg	Eguisheim (68)	57
Engelberg	Dahlenheim, Scharrachbergheim (67)	14
Florimont	Ingersheim, Katzenthal (68)	21
Frankstein	Dambach-la-Ville (67)	56
Froehn	Zellenberg (68)	14
Furstentum	Kientzheim, Sigolsheim (68)	30
Geisberg	Ribeauvillé (68)	8
Gloeckelberg	Rodern, Saint-Hippolyte (68)	23
Goldert	Gueberschwihr (68)	45
Hatschbourg	Hattstatt, Voegtlinshoffen (68)	47
Hengst	Wintzenheim (68)	76
Kaefferkopf	Ammerschwihr (68)	71
Kanzlerberg	Bergheim (68)	3
Kastelberg	Andlau (67)	6
Kessler	Guebwiller (68)	28
Kirchberg-de-barr	Barr (67)	40
Kirchberg-de-ribeauvillé	Ribeauvillé (68)	11
Kitterlé	Guebwiller (68)	25
Mambourg	Sigolsheim (68)	62
Mandelberg	Mittelwihr, Beblenheim (68)	22
Marckrain	Bennwihr, Sigolsheim (68)	53
Moenchberg	Andlau, Eichhoffen (67)	12
Muenchberg	Nothalten (67)	18
Ollwiller	Wuenheim (68)	36
Osterberg	Ribeauvillé (68)	24
Pfersigberg	Eguisheim, Wettolsheim (68)	74
Pfingstberg	Orschwihr (68)	28
Praelatenberg	Kintzheim (67)	18
Rangen	Thann, Vieux-Thann (68)	19
Rosacker	Hunawihr (68)	26
Saering	Guebwiller (68)	27
Schlossberg	Kientzheim (68)	80
Schoenenbourg	Riquewihr, Zellenberg (68)	53
Sommerberg	Niedermorschwihr, Katzenthal (68)	28
Sonnenglanz	Beblenheim (68)	33
Spiegel	Bergholtz, Guebwiller (68)	18
Sporen	Riquewihr (68)	23
Steinert	Pfaffenheim, Westhalten (68)	38
Steingrubler	Wettolsheim (68)	23
Steinklotz	Marlenheim (67)	40
Vorbourg	Rouffach, Westhalten (68)	72
Wiebelsberg	Andlau (67)	12
Wineck-schlossberg	Katzenthal, Ammerschwihr (68)	27
Winzenberg	Blienschwiller (67)	19
Zinnkoepflé	Soultzmatt, Westhalten (68)	68
Zotzenberg	Mittelbergheim (67)	36

GRANDS CRUS ALSACIENS

Exposition	Sols	Cépages de prédilection
S.-E.	Marnes dolomitiques du keuper	Riesling, gewurztraminer
S.	Sols marno-calcaires caillouteux d'origine jurassique	Gewurztraminer
S.-S.-O.	Terroir du lias, marno-calcaires riches en cailloutis	Riesling
S.	Granite	Riesling, gewurztraminer
S.-E.	Marno-calcaires caillouteux du muschelkalk	Riesling, gewurztraminer
S.-E.	Marnes mêlées de cailloutis calcaires ou siliceux	Gewurztraminer puis riesling, pinot gris
S.	Calcaires du muschelkalk	Gewurztraminer
S. et E.	Marno-calcaires recouverts d'éboulis calcaires du bathonien et du bajocien	Gewurztraminer puis riesling
S.-E.	Arènes granitiques	Riesling
S.	Marnes schisteuses	Gewurztraminer
S.	Sols bruns calcaires caillouteux	Gewurztraminer puis riesling
S.	Marnes dolomitiques du muschelkalk	Riesling
S.-E.	Sols bruns à dominante sableuse de grès vosgien	Gewurztraminer, pinot gris
E.	Marnes riches en cailloutis calcaires	Gewurztraminer
S.-E.	Marnes	Gewurztraminer, pinot gris, muscat
S.-E.	Marno-calcaires oligocènes	Gewurztraminer, pinot gris
E. et S.-E.	Sols bruns d'origine granitique, calcaire ou gréseuse	Gewurztraminer, assemblages
S. et S.-O.	Marno-calcaires	Riesling, gewurztraminer
S.	Schistes caillouteux	Riesling
S.-E.	Sable de grès rose et matrice argileuse	Gewurztraminer
S.	Calcaires du jurassique moyen	Gewurztraminer, riesling, pinot gris
S.-S.-O.	Marnes dolomitiques	Riesling
S.-O.	Grès	Riesling
S.	Marno-calcaires	Gewurztraminer
S.-S.-E.	Marno-calcaires oligocènes	Riesling, gewurztraminer
E.	Marno-calcaires	Gewurztraminer
S.	Sols limono-sableux du quaternaire	Riesling
S.	Terroirs sablonneux du permien	Riesling
S.-S.-E.	Marnes caillouteuses	Riesling
E.-S.-E.	Sols triasiques assez marneux	Gewurztraminer puis riesling
S.-E.	Sols caillouteux calcaires de l'oligocène	Gewurztraminer puis riesling
S.-E.	Grès et calcaires du buntsandstein et du muschelkalk	Riesling
E.-S.-E.	Sables gneissiques	Riesling
S.	Sols volcaniques	Pinot gris, riesling
E.-S.-E.	Marnes et calcaires du muschelkalk	Riesling
S.-E.	Sols marno-sableux avec cailloutis	Riesling
S.	Arènes granitiques	Riesling
S. et S.-E.	Marnes du keuper recouvertes de calcaires coquilliers	Riesling
S.	Arènes granitiques	Riesling
S.-E.	Conglomérats et marnes de l'oligocène	Gewurztraminer, pinot gris
E.	Marnes de l'oligocène et sables gréseux du trias	Gewurztraminer
S.-E.	Sols marneux du lias	Gewurztraminer
E.	Cailloutis calcaires oolithiques	Gewurztraminer, pinot gris
S.	Marnes oligocènes	Gewurztraminer, riesling, pinot gris
S.	Marnes recouvertes d'éboulis calcaires du muschelkalk	Riesling, gewurztraminer
S.-S.-E.	Marno-calcaires	Gewurztraminer, puis riesling, pinot gris
S.	Sables gréseux triasiques	Riesling
S. et S.-E.	Granite	Riesling
S.-S.-E.	Arènes granitiques	Riesling
S.	Terroir calcaro-gréseux	Gewurztraminer
S.	Calcaires jurassiques et conglomérats marno-calcaires de l'oligocène	Riesling, sylvaner

laisse une impression de grande finesse. (Sucres résiduels : 3 g/l.) ⌛ 2014-2019 🍴 choucroute de poisson

⊶ Dom. Jean-Marc Bernhard, 21, Grand-Rue, 68230 Katzenthal, tél. 03 89 27 05 34, vins@jeanmarcbernhard.fr V r.-v. B

BESTHEIM Zinnkoepflé Gewurztraminer 2011 ★

	9 160		11 à 15 €

Bestheim est devenu l'un des principaux acteurs de la filière vin régionale : le groupe résulte de la fusion de la vénérable maison Heim (fondée en 1765 à Westhalten), des coopératives de Bennwihr et de Westhalten et, en 2013, de la Cave d'Obernai dans le Bas-Rhin. Il dispose des 1 300 ha de vignes de ses adhérents, auxquels s'ajoutent des achats de raisins, et a même pris pied dans le Bordelais.

Un nez intense, mêlant la rose ancienne à des notes de surmaturation (miel et fruits secs). Une attaque à la fois ronde et fraîche, un palais épicé, riche et gras sans lourdeur, l'équilibre même. (Sucres résiduels : 40 g/l.) ⌛ 2014-2023 🍴 foie gras de canard ■ Vorbourg Pinot gris 2012 (9 100 b.) : nez assez discret, mêlant les agrumes à des parfums plus mûrs (pêche, abricot, miel) et à des notes de grillé et de sous-bois. Bouche ample et riche, marquée par les sucres, équilibrée par une fine acidité. (Sucres résiduels : 26 g/l.) ⌛ 2014-2019

⊶ Bestheim Cave de Westhalten, 52, rte de Soultzmatt, 68250 Westhalten, tél. 03 89 78 09 09, vignobles@bestheim.com V r.-v.

ÉMILE BEYER Eichberg Riesling 2012 ★★

	2 250		20 à 30 €

Dès la fin du XVIe s., on retrouve des Beyer à Eguisheim, cité fortifiée au sud de Colmar. Lucas Beyer achète les premières parcelles à la Révolution ; son fils acquiert l'hôtellerie où le domaine a son siège. Depuis 1997, Christian Beyer exploite avec brio les 17 ha de la propriété (en conversion bio), qui compte des parcelles dans les grands crus Eichberg et Pfersigberg.

Si la robe est bien dorée, le nez est d'abord discret. À l'aération, il s'ouvre sur une palette complexe : acacia, pomme, poire, épices et minéralité. Dès l'attaque, ce riesling affiche son caractère : droit, franc, vif et long, construit sur une fine acidité. Floraux, minéraux et citronnés, les arômes sont très élégants et aussi complexes qu'à l'olfaction. Le terroir marno-calcaire de l'Eichberg passe pour donner des vins de longue garde, qui gagnent à attendre : ce 2012 répond tout à fait à ce profil. (Sucres résiduels : 5 g/l.) ⌛ 2016-2025 🍴 chapon

⊶ Émile Beyer, 7, pl. du Château, 68420 Eguisheim, tél. 03 89 41 40 45, info@emile-beyer.fr V r.-v.

BIECHER & SCHAAL
Rosacker Riesling Les Roches calcaires 2012 ★

	4 225		11 à 15 €

Une maison créée en 2011 par Olivier Biecher et Julien Schaal. Le premier, négociant, a voulu faire revivre la cave familiale à Saint-Hippolyte, remontant au XVIIe s., le second vinifie depuis 1999. Les vins élaborés à partir d'achats de raisins sont surtout des grands crus.

Un riesling né à Hunawihr sur un terroir marno-calcaire favorable au cépage. Réservé au nez, il mêle la fleur blanche et un fruité citronné. Bien présent en bouche, il se montre vif, droit et élégant. (Sucres résiduels : 5 g/l.) ⌛ 2014-2020 🍴 sashimi ■ Sommerberg Riesling Les Roches granitiques 2012 (6 865 b.) : un nez discret et frais, un palais fin, équilibré et vif, sur les agrumes. (Sucres résiduels : 4 g/l.) ⌛ 2016-2019

⊶ Biecher & Schaal, 35, rte du Vin, 68590 Saint-Hippolyte, tél. 03 89 73 00 14, julien@biecher-schaal.com r.-v.

DOM. PAUL BLANCK
Schlossberg Riesling 2012 ★★

	3 000		11 à 15 €

Un aïeul originaire d'Autriche acquit les premières vignes en 1610. Paul Blanck en 1929, puis ses fils Bernard et Marcel ont œuvré à la reconnaissance des grands crus, en particulier le Schlossberg. À la tête de l'exploitation depuis 1985, les cousins Frédéric et Philippe exploitent 35 ha, avec des parcelles dans cinq grands crus et quatre lieux-dits.

Un nez bien ouvert sur les fleurs blanches et les agrumes, prélude à une attaque vive et à un palais gras et racé, où l'on retrouve les agrumes, assortis de touches anisées et épicées. Une petite rondeur flatteuse ne nuit en rien à l'équilibre de ce riesling dont la finale élégante laisse une impression d'harmonie. (Sucres résiduels : 5 g/l.) ⌛ 2014-2019 🍴 queue de lotte à la crème ■ Furstentum Pinot gris Sélection de grains nobles 2011 ★ (30 à 50 € ; 5 600 b. de 50 cl) : la robe ambrée, l'intensité, la complexité, la puissance suave et la persistance d'un authentique liquoreux. (Sucres résiduels : 164 g/l.) ⌛ 2015-2025

⊶ Dom. Paul Blanck, 32, Grand-Rue, 68240 Kientzheim, tél. 03 89 78 23 56, info@blanck.com V t.l.j. sf dim. 10h-12h 13h30-18h; f. nov.-Pâques

ANDRÉ BLANCK ET SES FILS
Schlossberg Riesling 2012

	10 000	8 à 11 €

Établie dans le centre historique de Kientzheim, cette propriété a son siège dans l'ancienne cour des chevaliers de Malte, voisine du château Schwendi et du musée du Vin. Les Blanck cultivent la vigne depuis 1675, et la dernière génération perpétue ce savoir-faire sur les 15 ha de l'exploitation.

Sans avoir l'étoffe du 2010, élu coup de cœur, ce riesling séduit par son nez bien ouvert, intense et élégant, mêlant l'acacia et les agrumes. Vif en attaque, minéral et citronné, c'est un vin fin et droit. (Sucres résiduels : 1,2 g/l.) ⌛ 2014-2018 🍴 tagliatelle aux deux saumons

⊶ EARL André Blanck et Fils, Ancienne Cour des Chevaliers de Malte, 68240 Kientzheim, tél. 03 89 78 24 72, charles.blanck@free.fr V t.l.j. sf dim. 8h-12h 13h-18h B

FRANÇOIS BLÉGER
Mambourg Pinot gris Vendanges tardives 2011 ★★

	800		20 à 30 €

Originaires de Suisse, les Bléger sont arrivés en 1562 à Saint-Hippolyte, au pied du Haut-Kœnigsbourg. Alors que ses parents vendaient leur vin en vrac au négoce, François Bléger s'est lancé dans la mise en bouteilles à

son installation en 1996. Il dispose de 7 ha répartis dans quatre communes.

Provenant d'une petite parcelle de 11 ares, ces vendanges tardives ont bénéficié d'un élevage en barrique, ce qui est très original en Alsace. Il en résulte une palette complexe mêlant les fleurs, les fruits mûrs ou compotés, le miel, des notes grillées et épicées, auxquels s'ajoutent en bouche les agrumes. Ample en attaque, puissant et concentré, ce pinot gris dévoile une belle arête acide qui lui donne tonus et élégance et garantit sa longévité. La longue finale épicée achève de convaincre. Un défaut ? Il n'y en aura pas pour tout le monde... ⧗ 2015-2025 🍷 foie gras poêlé

François Bléger, 63, rte du Vin, 68590 Saint-Hippolyte, tél. 03 89 73 06 07, domaine.bleger@wanadoo.fr V r.-v. 2

B DOM. LÉON BOESCH
Zinnkoepflé Gewurztraminer 2012 ★

	4 400		15 à 20 €

Gérard Boesch et son fils Mathieu exploitent 14,5 ha à l'entrée de la Vallée Noble. Ils ont déménagé de Soulzmatt, où la famille était installée depuis le XVIIIe s., et construit en 2010 une cave enterrée bioclimatique qui cadre bien avec leur démarche biodynamique. Ils valorisent avec talent le Zinnkoepflé, très haut coteau abrité des influences atlantiques par les points culminants des Vosges.

Le nez, encore réservé, laisse percer à l'aération des fragrances de rose et de clou de girofle. Ample et rond en attaque, floral, ce 2012 n'est pas un monstre de concentration, mais il séduit par sa fraîcheur et sa finale épicée : un bel équilibre. (Sucres résiduels : 56 g/l.) ⧗ 2014-2019 🍷 canard aux mirabelles

Dom. Léon Boesch, 6, rue Saint-Blaise, 68250 Westhalten, tél. 03 89 47 01 83, boesch@domaine-boesch.fr V t.l.j. sf dim. 10h-12h 14h30-18h30 B

BOUXHOF Mandelberg Riesling 2012

	1 200		8 à 11 €

Cette propriété aux imposants bâtiments, une ancienne abbaye cistercienne, a été acquise en 1925 par la famille Edel, au service du vin depuis le XVIIIe s. Jean-Michel Edel est à la tête du domaine depuis 1992 : 8,5 ha de vignes et des vergers dont les fruits sont distillés.

Le riesling à l'origine de cette cuvée a été récolté le 10 octobre. Le nez intense et flatteur associe les fruits surmûris, les agrumes confits à une touche minérale. Très souple, presque doux, ce vin reflète la grande maturité de la vendange. Les sucres résiduels très présents demandent à se fondre. (Sucres résiduels : 30 g/l.) ⧗ 2014-2017 🍷 ris de veau

François Edel et Fils, Dom. du Bouxhof, 68630 Mittelwihr, tél. 03 89 47 90 34, edel.bouxhof@online.fr V t.l.j. 9h-12h30 13h30-19h 2 B

♥ CAMILLE BRAUN
Kaefferkopf Riesling 2012 ★★★

	1 400		11 à 15 €

Héritier d'une lignée vigneronne remontant au XVIIe s., Camille Braun, à partir de 1960, a spécialisé et développé l'exploitation, essentiellement située dans le tronçon

sud de la route des Vins. Installé en 1985, Christophe Braun convertit ses 15 ha à la biodynamie. Il a plusieurs coups de cœur à son actif.

On loue ses gewurztraminers et ses pinots noirs, il faudra compter avec ses rieslings. Le vigneron a récolté celui-ci sur le grand cru Kaefferkopf, loin de chez lui, vers Ammerschwihr. Les larmes sur les parois du verre annoncent une grande puissance. Le nez associe la pêche blanche à une belle minéralité. La mise en bouche confirme que l'on a affaire à un vin d'envergure : ample, gras, aussi complexe et minéral que le nez, légèrement épicé, très persistant, ce grand cru dévoile l'acidité propre aux rieslings de longue garde. De la droiture et de l'élégance. (Sucres résiduels : 4 g/l.) ⧗ 2017-2025 🍷 pavé de saumon à l'unilatéral

Camille Braun, 16, Grand-Rue, 68500 Orschwihr, tél. 03 89 76 95 20, cbraun@camille-braun.com V t.l.j. sf dim. 9h-11h30 13h30-18h C

FRANÇOIS BRAUN ET SES FILS
Pfingsberg Gewurztraminer 2012 ★★

	3 300		11 à 15 €

Une famille enracinée depuis le XVIe s. à Orschwihr. En polyculture jusqu'au début du XXe s., le domaine a débuté la mise en bouteilles avec François Braun, après la Seconde Guerre mondiale. Installés au début des années 1980, Pascal et Philippe exploitent aujourd'hui 21 ha de vignes (avec des parcelles dans deux grands crus) et des vergers.

Au nord d'Orschwihr, le coteau escarpé du Pfingsberg donne des vins puissants, tel ce gewurztraminer digne de son terroir de naissance : robe jaune d'or, parfums intenses et complexes mêlant la rose, les épices, les fruits exotiques très mûrs et les agrumes confits. L'attaque franche dévoile un vin ample, riche, gras et long, d'un équilibre remarquable. Litchi, mangue, raisin de Corinthe... La palette aromatique rappelle celle du nez. Une harmonieuse continuité. (Sucres résiduels : 28 g/l.) ⧗ 2014-2019 🍷 apéritif, fondant chocolat orange

François Braun et Fils, 19, Grand-Rue, 68500 Orschwihr, tél. 03 89 76 95 13, francois-braun@orange.fr V t.l.j. sf dim. 8h-12h 14h-17h30 C

B PAUL BUECHER Brand Pinot gris 2012

	2 500		11 à 15 €

D'origine suisse, la famille Buecher s'est établie près de Colmar après la guerre de Trente Ans. Après Paul Buecher, qui a vendu en 1959 les premiers vins en bouteilles, se sont succédé Henri, Jean-Marc, puis Jérôme, à la tête du domaine depuis 2004. L'exploitation, agrandie à chaque génération, est passée de 5 à 30 ha, s'est étendue dans les grands crus et convertie au bio.

Un pinot gris né sur le coteau granitique du Brand, terroir granitique chaud et précoce dominant la ville de Turckheim. Délicat à l'œil comme au nez (fruits et fleurs blanches), équilibré en bouche, avec des arômes bien typés de poire et d'abricot légèrement toastés, il sera facile à marier avec les mets. (Sucres résiduels : 26 g/l.) ⧗ 2014-2019 🍷 canard à l'orange

⊶ Paul Buecher, 15, rue Sainte-Gertrude, 68920 Wettolsheim, tél. 03 89 80 64 73, vins@paul-buecher.com V t.l.j. sf dim. 8h-12h 14h-18h

DOM. ERNEST BURN Goldert Gewurztraminer Clos Saint-Imer La Chapelle 2012 ★

■ | n.c. | | 15 à 20 €

De vieille souche vigneronne, Ernest Burn s'est attelé à partir de 1934 à la reconstitution, parcelle après parcelle, du vénérable clos Saint-Imer, ancienne propriété des évêques de Bâle située en haut du grand cru Goldert. Aujourd'hui, ses fils, Francis et Joseph, exploitent 10 ha (dont 5 ha pour le seul clos Saint-Imer).

Une robe or intense, prélude à un nez puissant, sur la poire cuite, la bergamote et le poivre, et à un palais ample et chaleureux, en harmonie avec le nez. (Sucres résiduels : 40 g/l.) ⧗ 2014-2019 🍷 poulet tikka ■ **Goldert Gewurztraminer Vendanges tardives Clos Saint-Imer 2011 (20 à 30 € ; 2 500 b.)** : les épices, la rose et la mangue se faufilent sous le sucre ; un moelleux tout en rondeurs suaves. (Sucres résiduels : 60 g/l.) ⧗ 2014-2019

⊶ Dom. Ernest Burn, 8, rue Basse, 68420 Gueberschwihr, tél. 03 89 49 20 68, contact@domaine-burn.fr V t.l.j. sf dim. 8h30-11h30 13h30-17h30

AGATHE BURSIN Zinnkoepflé Pinot gris 2012 ★

■ | 1 700 | 15 à 20 €

Œnologue, Agathe Bursin a réalisé son rêve : reprendre les vinifications sur le domaine familial, qui apportait ses raisins à la coopérative depuis la mort de son arrière-grand-père. Installée en 2000, elle exploite avec passion et méticulosité le petit vignoble qu'elle agrandit peu à peu (5,6 ha). Elle propose des vins de terroir, issus notamment du grand cru Zinnkoepflé.

Discrètement citronné au premier nez, ce 2012 libère à l'aération des senteurs de fleurs blanches, puis de pêche bien mûre, nuancées de touches de sous-bois et de fumé. L'attaque est tout en rondeur, ample et riche, sur le fruit jaune ; la finale, persistante sur les agrumes et les épices, est réveillée par une pointe de fraîcheur. (Sucres résiduels : 28 g/l.) ⧗ 2014-2019 🍷 bouchée à la reine

⊶ Agathe Bursin, 11, rue de Soultzmatt, 68250 Westhalten, tél. 03 89 47 04 15, agathe.bursin@wanadoo.fr V r.-v.

CLOS SAINT-LANDELIN Pinot gris Vorbourg 2012

■ | 6 600 | 20 à 30 €

Cette maison de haute renommée a son siège à Rouffach, en contrebas du fameux Clos Saint-Landelin, planté par des moines dès le haut Moyen Âge et fleuron du domaine depuis 1935 (12 ha cultivés en bio à l'extrémité sud du grand cru Vorbourg). Secondé par ses enfants Véronique et Thomas, René Muré a repris en 1976 ce vignoble de 25 ha, complétés par une structure de négoce.

Jaune pâle aux reflets dorés, ce pinot gris s'annonce par des senteurs grillées et fumées, une touche de sous-bois et des nuances d'agrumes. Les fruits blancs (poire) s'ajoutent à cette palette dans une bouche franche et ample en attaque, soulignée en finale d'une belle fraîcheur citronnée. Moins imposant que le 2010 (coup de cœur), il tiendra toute sa place à table. (Sucres résiduels : 17 g/l.) ⧗ 2014-2019 🍷 caille farcie au foie gras

⊶ Dom. du Clos Saint-Landelin, Véronique et Thomas Muré, rte du Vin, 68250 Rouffach, tél. 03 89 78 58 00, domaine@mure.com V r.-v.

♥ CLOS SAINT-THÉOBALD Rangen Gewurztraminer 2012 ★★

■ | 2 200 | | 20 à 30 €

À la tête d'un domaine de 17 ha, la famille Schoffit ne se contente pas de son vignoble autour de Colmar. Son fleuron – le clos Saint-Théobald, qui lui a valu de nombreux coups de cœur – se trouve à l'extrémité méridionale de la route des Vins, dans le grand cru Rangen de Thann, terroir d'origine volcanique, aux sols pierreux, sombres et chauds, aux pentes vertigineuses, accueillantes aux gewurztraminer, riesling et pinot gris.

L'intensité de la robe aux reflets dorés annonce celle du nez qui déploie des notes complexes et gourmandes de surmaturation – abricot sec, fruits confits, mangue – agrémentées de nuances d'ananas et d'une fine minéralité léguée par le terroir. Dans le même registre aromatique, la bouche ample, dense et d'une rare longueur dévoile une superbe matière, vivifiée par une acidité cristalline. La finale, minérale et épicée, est marquée d'une touche d'amertume du meilleur effet. De l'étoffe, du caractère et de la fraîcheur : tout y est ! Déjà exquis, ce moelleux n'atteindra son apogée que dans quelques années. (Sucres résiduels : 47 g/l.) ⧗ 2015-2025 🍷 foie gras ■ **Rangen Riesling 2012 ★ (4 000 b.)** : nez complexe de fleurs blanches, de poire et d'orange, légèrement grillé. Bouche bien construite, ronde en attaque et tendue par une acidité droite, qui souligne la longueur. (Sucres résiduels : 8 g/l.) ⧗ 2016-2019

⊶ Dom. Schoffit, 68, Nonnenholzweg, 68000 Colmar, tél. 03 89 24 41 14, domaine.schoffit@free.fr V r.-v.

D. DE COLMAR Mambourg Riesling 2010 ★

■ | 6 000 | | 11 à 15 €

Le domaine fondé en 1895 par Chrétien Oberlin, célèbre ampélographe, exploite plus de 28 ha en propriété (dont le vignoble des Hospices), avec des parcelles dans plusieurs grands crus.

Un nez associant la fleur et les fruits blancs à la pierre à fusil, prélude à une bouche intense, complexe, fraîche, minérale et de bonne longueur. (Sucres résiduels : 8,9 g/l.) ⧗ 2014-2019 🍷 thon mi-cuit mariné au gingembre ■ **Mambourg Gewurztraminer 2011 ★ (15 à 20 € ; 11 000 b.)** : nez partagé entre la rose, les épices douces et la surmaturation (fruits confits, figue, datte), palais complexe, équilibré et d'une douceur mesurée. (Sucres résiduels : 21 g/l.) ⧗ 2014-2019

⊶ Dom. viticole de la ville de Colmar, 2, rue du Stauffen, 68000 Colmar, tél. 03 89 79 11 87, nhaeffelin@domaineviticolecolmar.fr V t.l.j. sf dim. 9h30-12h30 14h-18h

DIRLER-CADÉ Kessler Gewurztraminer Sélection de grains nobles 2011 ★★

■	850	▮	30 à 50 €

En 1871, Jean Dirler crée sa maison près de Guebwiller, au sud de l'Alsace. Installé en 1998, son descendant, également prénommé Jean, et son épouse Ludivine Cadé adoptent d'emblée la biodynamie. Le domaine (18 ha, dont 40 % en grand cru) est totalement certifié bio en 2007.

Une des rares sélections de grains nobles de 2011, issue d'un grand cru aux sols argilo-gréseux fort propices au gewurztraminer. Celui-ci, plein de promesses, n'a pas dit son dernier mot. Les jurés saluent sa robe jaune d'or, ses arômes complexes de fruits confits présents au nez comme en bouche, son attaque agréable et son palais intense, gras et d'une rare longueur. Déjà harmonieux, ce liquoreux gagnera en expression avec le temps. (Sucres résiduels : 167 g/l.) ⧗ 2015-2025 🍷 soufflé à la pêche

Jean et Ludivine Dirler-Cadé, 13, rue d'Issenheim, 68500 Bergholtz, tél. 03 89 76 91 00, dirler-cade@terre-net.fr V r.-v.

♥ DOPFF AU MOULIN Schoenenbourg Riesling 2011 ★★

■	17 235	▮	15 à 20 €

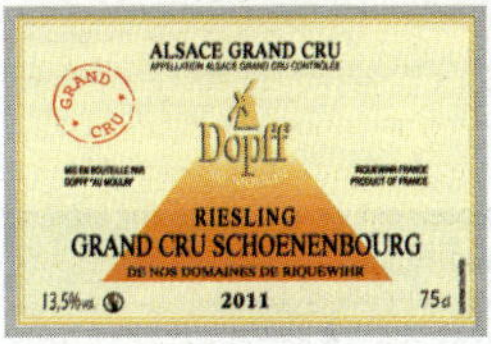

Célèbre maison de négoce sise à Riquewihr. Les Dopff ont associé leur nom aux métiers du vin à partir de 1574 et se sont établis dans la cité au XVII[e]s. Après quatre générations de maîtres tonneliers, Jean Dopff s'installe comme courtier en vins. La société détient en propre l'un des plus vastes domaines de la région : 63 ha (dont 12 ha en grand cru).

Coteau escarpé aux sols marneux dominant Riquewihr, exposé plein sud, le Schoenenbourg donne des rieslings de garde, comme celui-ci. Un vin jaune doré qui laisse des larmes sur les parois du verre et qui libère des parfums intenses et complexes : agrumes mûrs et citron vert, fruits jaunes. Après une attaque ample et souple, le vin s'impose par sa puissance et son volume, tendu jusqu'en finale par une acidité tranchante, soulignée par des notes d'agrumes qui persistent longuement. L'élégance même. (Sucres résiduels : 7,5 g/l.) ⧗ 2015-2025 🍷 bar de ligne au four ■ Schoenenbourg Pinot gris 2011★ (8 247 b.) : un moelleux bien typé (fruits jaunes, avec une touche de fumé et de sous-bois), ample et bien équilibré. (Sucres résiduels : 28 g/l.) ⧗ 2014-2019

Dopff au Moulin, 2, av. Jacques-Preiss, 68340 Riquewihr, tél. 03 89 49 09 69, domaines@dopff-au-moulin.fr V t.l.j. 8h-12h 14h-18h

♥ DOM. FERNAND ENGEL Gloekelberg Pinot gris 2012 ★★★

■	3 500	▮	15 à 20 €

Fernand Engel, le fondateur ; son fils Bernard, l'exploitant ; Xavier Baril, le gendre et l'œnologue, Amélie, sa fille, et aussi les petits-enfants : quatre générations se côtoient sur ce domaine très régulier en qualité situé au pied du Haut-Kœnigsbourg. Entre Kintzheim et Bergheim, pas moins de 63 ha répartis sur 150 parcelles en bio certifié depuis 2003.

Une robe intense, or brillant. La suite ne déçoit pas : nez engageant et riche, sur l'abricot confit et la poire en compote, avec un côté beurré et une touche fumée typique ; bouche tout aussi gourmande, complexe, ample et longue, gardant un remarquable équilibre malgré son opulence : un modèle de vendanges tardives. (Sucres résiduels : 61 g/l.) ⧗ 2015-2025 🍷 foie gras truffé ■ Grand Cru Praelatenberg Riesling 2011 ★ (11 à 15 € ; 7 500 b.) : légèrement moelleux, gras et long, un riesling typé par son nez franc d'agrumes mûrs, délicatement minéral et par sa fine acidité bien fondue. (Sucres résiduels : 18 g/l.) ⧗ 2015-2025

Dom. Fernand Engel, 1, rte du Vin, 68590 Rorschwihr, tél. 03 89 73 77 27, f-engel@wanadoo.fr V t.l.j. sf dim. 8h-11h30 13h-18h

FAHRER Praelatenberg Gewurztraminer 2012 ★★

■	1 476	▮	8 à 11 €

De vieille souche vigneronne, Thierry et Nathalie Fahrer cultivent 7,5 ha de vignes disséminées sur une trentaine de parcelles en contrebas du Haut-Kœnigsbourg.

Comme souvent sur ce grand cru, Thierry Fahrer a attendu la fin du mois d'octobre pour récolter ce gewurztraminer. Il en résulte un vin expressif et complexe : le litchi et les épices caractéristiques du cépage, les fruits jaunes, la mangue et les agrumes confits. Rond et onctueux, il dévoile une riche matière qui évite toute lourdeur grâce à une fine acidité qui étire sa finale. Une remarquable expression du millésime. (Sucres résiduels : 60 g/l.) ⧗ 2015-2025 🍷 foie gras poêlé sauce agrumes

Dom. Charles Fahrer, 5-7, Grand-Rue, 67600 Orschwiller, tél. 03 88 92 08 25, contact@charlesfahrer.com V t.l.j. 8h-12h 13h-18h

ANTOINE FONNÉ Kaefferkopf Riesling 2012 ★

■	900	▮	8 à 11 €

Implanté au nord-ouest de Colmar, ce domaine s'est spécialisé en 1970, du temps des parents de René. En 1991, ce dernier reprend le vignoble, qui couvre aujourd'hui 4,5 ha, en bio certifié depuis 2007.

Vendangé fin octobre, le riesling a donné naissance à un vin doré, au nez flatteur de mirabelle bien mûre, d'abricot et de miel. Ce fruité intense s'épanouit en bouche jusqu'en finale, au sein d'une matière plutôt ronde, teintée de minéralité. (Sucres résiduels : 8 g/l.) ⧗ 2014-2019 🍷 ris de veau à la crème

Antoine Fonné, 14, Grand-Rue, 68770 Ammerschwihr, tél. 03 89 47 37 90, fonne.vins@orange.fr V r.-v.

MAISON MARCEL FREYBURGER Kaefferkopf Gewurztraminer 2012

■	3 000	▮	11 à 15 €

L'exploitation, située dans le centre du village d'Ammerschwihr, est conduite depuis 1994 par Christophe, fils de Marcel Freyburger. Elle a doublé sa superficie

depuis les origines et s'étend aujourd'hui sur 7 ha, entre bas de pente et coteaux.

Récolté fin octobre dans la partie argilo-calcaire du grand cru, ce gewurztraminer a engendré un vin dont la couleur jaune d'or soutenu et les arômes de fruits confits traduisent la surmaturation. Rond, ample, suave et riche, avec ce qu'il faut de fraîcheur, il rappelle une vendange tardive. (Sucres résiduels : 42 g/l.) ⧗ 2014-2018 ▼ fromages à croûte lavée

⊶ Marcel Freyburger, 13, Grand-Rue, 68770 Ammerschwihr, tél. 03 89 78 25 72, marcel.freyburger@orange.fr V 🚶 🍷 t.l.j. 9h-12h 13h30-18h; dim. sur r.-v.

DOM. FRITZ Mambourg Gewurztraminer Vendanges tardives 2011

■	900	🍾	15 à 20 €

Créé en 1958, ce domaine implanté à Sigolsheim, au nord-ouest de Colmar, est conduit par Thierry Fritz, qui a succédé en 2006 à son père Daniel. Il a son siège dans un ancien moulin, aménagé à la fin des années 1960 en cave à vins. Le vignoble couvre 8 ha, avec plusieurs parcelles en grand cru Mambourg.

Robe jaune d'or, nez tout aussi intense, sur la rose, puis sur le coing et le miel. Le prélude à une bouche puissante, riche, voire opulente, aux nuances de fleurs et de réglisse. Bonne longueur. (Sucres résiduels : 68 g/l.) ⧗ 2014-2019 ▼ porc au caramel

⊶ Dom. Fritz, 3, rue du Vieux-Moulin, 68240 Sigolsheim, tél. 03 89 47 11 15, domaine.fritz@wanadoo.fr V 🚶 🍷 t.l.j. 8h-19h

DOM. ARMAND GILG Zotzenberg Sylvaner 2012 ★

■	5 700	🍾	8 à 11 €

Famille d'origine autrichienne établie à Mittelbergheim depuis 1601 ; encore plus anciennes (XVIes.) sont les caves abritant de vieux foudres sculptés. Un domaine régulier en qualité de 28,5 ha, dont plus de 5 ha dans les grands crus Zotzenberg et Moenchberg.

Ce sylvaner libère des senteurs légèrement citronnées. L'attaque dévoile un bel équilibre. Une ligne acide porte loin la finesse aromatique du cépage et la finale est marquée par une rondeur flatteuse. (Sucres résiduels : 10 g/l.) ⧗ 2014-2017 ▼ poisson blanc à la crème d'aneth
■ Zotzenberg Riesling 2012 (8 000 b.) : discrètement floral au nez, vif et minéral au palais, il demande à mûrir. (Sucres résiduels : 10 g/l.) ⧗ 2014-2019

⊶ Dom. Armand Gilg, 2, rue Rotland, 67140 Mittelbergheim, tél. 03 88 08 92 76, info@domaine-gilg.com V 🚶 🍷 t.l.j. 8h-12h 13h30-18h; dim. 9h-11h30

GINGLINGER-FIX Hatschbourg Gewurztraminer 2012

■	4 500	🍾	11 à 15 €

La tradition vigneronne remonte à 1610 dans cette famille établie à Voegtlinshoffen, village veillé par les Trois Châteaux, au sud de Colmar. Aujourd'hui, André Ginglinger (le père), Éliane (la fille, œnologue) et Hubert (le fils, ingénieur viticole) conduisent 7,5 ha de vignes selon une démarche bio, sans certification.

Le gewurztraminer prospère sur le grand cru marno-calcaire du Hatschbourg, à cheval sur Hattstatt et Voegtlinshoffen. Ici, de belles larmes sur les parois du verre, un nez intense et complexe, mêlant la rose, les épices et la pêche mûre, une bouche tout en rondeur, suave et assez longue. Le sucre résiduel, très présent, n'écrase pas le vin, grâce à une fine acidité qui apporte du tonus. (Sucres résiduels : 60 g/l.) ⧗ 2014-2019 ▼ munster

⊶ Ginglinger-Fix, 38, rue Roger-Frémeaux, 68420 Voegtlinshoffen, tél. 03 89 49 30 75, info@ginglinger-fix.fr V 🚶 🍷 t.l.j. 9h-18h

PHILIPPE GOCKER Mandelberg Gewurztraminer 2012 ★★

■	1 400	🍾	11 à 15 €

Philippe et Andrée Gocker, installés en 1978, perpétuent une tradition vigneronne remontant au XVIes. Situé au cœur de la route des Vins, leur domaine de 8 ha est implanté à Mittelwihr et dans trois communes voisines : Hunawihr, Bennwihr et Riquewihr.

Le domaine tire de jolis moelleux de sa parcelle de gewurztraminer située dans ce grand cru aux sols argilo-calcaires, et le 2012 a été particulièrement bien réussi. On aime ses parfums floraux francs et délicats (rose, violette) caractéristiques du cépage, nuancés de notes de surmaturation (fruits confits), et son palais aromatique, ample, riche et persistant, qui a la puissance attendue d'un grand cru. (Sucres résiduels : 35 g/l.) ⧗ 2014-2019 ▼ kouglof

⊶ Philippe Gocker, 1, pl. des Cigognes, 68630 Mittelwihr, tél. 03 89 49 01 23, domaine.gocker@hotmail.fr V 🚶 🍷 t.l.j. sf dim. 8h-12h 14h-19h

LAURENCE ET PHILIPPE GREINER Schoenenbourg Riesling 2010 ★★★

■	1 200	🍾	15 à 20 €

Philippe Greiner a repris l'exploitation familiale en 1988 : 9 ha autour de Riquewihr, avec des parcelles dans les deux grands crus de la commune. Avec son épouse Laurence, il a quitté la coopérative et s'est lancé avec brio dans la vinification en 2005. L'exploitation est conduite en bio depuis 2009.

Ce 2010 bien doré aux reflets brillants rappelle le 2005 de même origine (le premier millésime de ces vignerons, élu coup de cœur) : on y retrouve un nez intense et vif, sur des notes de zeste de citron confit et de cire d'abeille traduisant la surmaturation, et cette bouche ample, opulente même, toujours sur les agrumes, tenue par une acidité fine et minérale qui lui confère fraîcheur, élégance et persistance. En trois ans, ce vin a superbement évolué. Un coup de cœur fut mis aux voix... (Sucres résiduels : 23 g/l.) ⧗ 2015-2025 ▼ écrevisses à la nage

⊶ Dom. Laurence et Philippe Greiner, 16, rue des Prés, 68340 Riquewihr, tél. 03 89 86 04 68, philippe.greiner@wanadoo.fr V 🚶 🍷 r.-v.

RÉMY GROSS Goldert Gewurztraminer 2011

■	3 200	🍾	15 à 20 €

La famille Gross est établie à Gueberschwihr, village vigneron cossu au beau clocher roman, situé au sud de Colmar. Louis Gross fonde le domaine en 1958, son fils Henri l'exploite et le transmet en 1980 à Rémy, rejoint par son fils Vincent. Ces derniers tirent le meilleur du grand cru local et convertissent leur vignoble (8 ha aujourd'hui) à la biodynamie.

S'il en impose moins que le millésime précédent, élu coup de cœur, ce 2011 offre une belle expression du gewurztraminer : nez franc et complexe de litchi, d'épices et d'agrumes confits ; bouche dans le même registre, vive à l'attaque, à la fois riche, puissante et d'une belle finesse ; finale épicée très agréable. (Sucres résiduels : 32 g/l.) ⧗ 2014-2019 🍴 feuilleté au munster

Rémy et Vincent Gross, 11, rue du Nord, 68420 Gueberschwihr, tél. 03 89 49 24 49, vins.gross@wanadoo.fr V r.-v. E

GRUSS Vorbourg Pinot gris 2012

■	2 300		11 à 15 €

Succédant à son père Bernard en 1998, le vigneron et négociant André Gruss exploite 16 ha de vignes sur quatre communes au sud de Colmar : Eguisheim, Wettolsheim, Herrlisheim et Rouffach.

Un nez typé, sur des notes de grillé et de sous-bois. La pêche et l'abricot font leur entrée dans une bouche dominée par des impressions de richesse, de rondeur et d'onctuosité, marquée en finale par une touche épicée et par une pointe de fraîcheur bienvenue. (Sucres résiduels : 22 g/l.) ⧗ 2014-2019 🍴 foie gras poêlé

Joseph Gruss et Fils, 25, Grand-Rue, 68420 Eguisheim, tél. 03 89 41 28 78, domainegruss@hotmail.com V t.l.j. sf dim. 8h30-12h 13h30-18h

JEAN-CLAUDE GUETH Goldert Pinot gris 2010 ★

■	1 500		11 à 15 €

Une famille établie depuis deux siècles à Gueberschwihr, au sud de Colmar. Installés en 1970, Jean-Claude et Bernadette Gueth commercialisent leurs vins dès 1982. Aujourd'hui, le domaine couvre 8 ha et leur fille, Muriel Gueth-Biéchy, vinifie depuis 1996.

Goldert, ou « doré » : il mérite bien son nom, ce grand cru jaune d'or, au nez à la fois intense et délicat, mariant des notes de surmaturation (miel et fruits jaunes confits) à des touches grillées. Cette complexité et cette finesse se retrouvent en bouche où les arômes perçus à l'olfaction s'expriment avec grande netteté. Ample et souple, le vin est marqué en finale par un retour du grillé et par une belle fraîcheur qui souligne sa persistance. Quand richesse rime avec délicatesse... (Sucres résiduels : 26 g/l.) ⧗ 2014-2020 🍴 soufflé au foie gras

Dom. Jean-Claude Gueth, 3, rue de la Source, 68420 Gueberschwihr, tél. 03 89 49 33 61, cave@vin-alsace-gueth.com V r.-v.

JEAN-MARIE HAAG
Zinnkoepflé Pinot gris Cuvée Théo 2012

■	1 900		11 à 15 €

À l'origine, un lopin entretenu le dimanche par le grand-père de Jean-Marie Haag, ouvrier des mines de potasse. Aujourd'hui, une propriété de 6 ha au cœur de la Vallée Noble, à 20 km au sud de Colmar. De beaux vins de terroir, notamment les gewurztraminers nés sur le grand cru Zinnkoepflé, majestueux coteaux abrités par le Grand et le Petit Ballon.

Or pâle, ce pinot gris se partage des senteurs fraîches de fleurs blanches, légèrement mentholées, et des notes de fruits jaunes évoquant la surmaturation. L'attaque ronde introduit un palais gras, encore sous l'emprise des sucres, qui finit sur une touche fumée caractéristique du cépage. (Sucres résiduels : 40 g/l.) ⧗ 2014-2017 🍴 foie gras

Jean-Marie Haag, 17, rue des Chèvres, 68570 Soultzmatt, tél. 03 89 47 02 38, jean-marie.haag@wanadoo.fr V r.-v.

DOM. HAEGI Zotzenberg Riesling 2011

■	2 400		8 à 11 €

Boulangers de père en fils, les Haegi sont devenus vignerons en 1949 après le mariage de Charles Haegi avec la fille d'un viticulteur du village. Depuis 1985, c'est Daniel qui conduit les 9 ha de l'exploitation, situés à Mittelbergheim et dans le village voisin d'Eichhoffen. Il cultive trois cépages sur le Zotzenberg, grand cru local.

Une dégustation sous le signe de la fraîcheur : des fleurs blanches au nez, avec une pincée d'épices (poivre, girofle), des fleurs, de nouveau, en bouche. Une attaque vive, un palais tonique, équilibré et long. Ce jeune riesling pourrait bien obtenir des étoiles à l'ancienneté. ⧗ 2014-2018 🍴 poisson grillé

Dom. Haegi, 33, rue de la Montagne, 67140 Mittelbergheim, tél. 03 88 08 95 80, info@haegi.fr V t.l.j. sf dim. 9h-12h 13h30-18h 1 B

HELFRICH Steinklotz Pinot gris 2012

■	21 000		11 à 15 €

Une maison de négoce créée en 1904, dans le giron des Grands Chais de France depuis 1991, regroupant trois sites, quelque 650 viticulteurs cultivant 1 000 ha.

Marque au nom de Joseph Helfrich, fondateur alsacien des Grands Chais de France et acteur d'envergure de la filière vin. Issu d'un grand cru de Marlenheim déjà réputé sous les Mérovingiens, à la porte nord de la route des Vins, ce pinot gris livre de discrètes touches de grillé et de sous-bois caractéristiques du cépage, puis, à l'aération, des senteurs de pêche. Frais à l'attaque, ample et fruité en finale, il est plaisant et facile à marier avec les mets. (Sucres résiduels : 12 g/l.) ⧗ 2014-2019 🍴 poulet croustillant à la chinoise

Arthur Metz, 102, rue du Gal-de-Gaulle, 67520 Marlenheim, tél. 06 28 56 00 47, abondon@arthurmetz.fr V r.-v.

B **ALBERT HERTZ** Pfersigberg Riesling 2010 ★

■	1 400		11 à 15 €

Fondé en 1843 et dirigé par Albert Hertz depuis 1977, ce domaine a son siège dans l'avenue circulaire qui ceinture la cité médiévale d'Eguisheim. Il est conduit en biodynamie depuis 2008 et mise particulièrement sur les grands crus, qui représentent 27 % de son vignoble.

À découvrir rue du Riesling à Eguisheim, ce vin qui offre toute l'intensité d'un grand cru : frais et élégant au nez, il est ample, complexe, minéral et persistant en bouche, soutenu par une acidité fine et racée. Il a encore des réserves. (Sucres résiduels : 7 g/l.) ⧗ 2014-2020 🍴 matelote de poisson ■ Pfersigberg Gewurztraminer 2012 (15 à 20 € ; 1 600 b.) : robe soutenue, jaune d'or, nez sur la rose et le litchi ; palais souple, suave, particulièrement rond. (Sucres résiduels : 53 g/l.) ⧗ 2014-2019

Albert Hertz, 3, rue du Riesling, 68420 Eguisheim, tél. 03 89 41 30 32, info@alberthertz.com V t.l.j. sf dim. 9h-12h 13h30-19h 3

ROGER HEYBERGER
Pfersigberg Pinot gris 2011 ★

	1 250		8 à 11 €

Les lointaines origines du domaine, conduit depuis 1990 par Denis Heyberger, remontent à 1621. Aujourd'hui, avec 16 ha de vignes disséminés dans sept communes du sud de Colmar, entre Obermorschwihr et Rouffach, le vigneron peut jouer sur une belle palette de terroirs (dont trois grands crus).

Un nez typé du cépage, avec des touches grillées et miellées, de la pêche et du sous-bois, que l'on retrouve en bouche. Rond en attaque, d'une belle fraîcheur en finale, ce vin ne s'impose pas par sa puissance, mais il séduit par son élégance et sa persistance, qui lui permettront de nombreux accords gourmands. De la constance et de la finesse. (Sucres résiduels : 22 g/l.) ⌛ 2014-2019 🍴 magret de canard au miel

Roger Heyberger et Fils, 5, rue Principale, 68420 Obermorschwihr, tél. 03 89 49 30 01, info@vins-heyberger.fr V t.l.j. sf dim. 8h-11h45 14h-18h30

HIRTZ Zotzenberg Sylvaner 2012 ★★

	1 450		8 à 11 €

Établis dans l'un des plus pittoresques villages du Bas-Rhin, près de Barr, Edy et Élisabeth Hirtz conduisent depuis 1992 le domaine familial : 8,5 ha, avec des parcelles dans le grand cru local. Ici, pas de foudres de bois, mais des cuves Inox, plus à même de préserver le potentiel aromatique des cépages, selon le vigneron.

« Un sylvaner de garde », conclut un juré. Étonnant ? Non, quand le raisin a été récolté le 12 octobre sur le coteau du Zotzenberg. Si la robe est d'un jaune soutenu, le nez apparaît réservé, avant de libérer des senteurs évoquant la surmaturation : fruits jaunes, citron légèrement confit, réglisse, arômes qui s'épanouissent en bouche. Puissant, tendu et long, le palais exprime la minéralité du terroir argilo-calcaire et gréseux. Un vin élaboré avec précision. (Sucres résiduels : 19,9 g/l.) ⌛ 2016-2025 🍴 tartare d'espadon

Edy Hirtz, EARL du Rotland, 13, rue Rotland, 67140 Mittelbergheim, tél. 03 88 08 47 90, edy.hirtz@9business.fr V t.l.j. 9h-12h 14h-18h

MARCEL HUGG
Altenberg de Bergheim Riesling 2012 ★

	7 000	15 à 20 €

Établi dans le bourg fortifié de Bergheim, ce vigneron-négociant dipose en propre de plus de 10 ha de vignes, avec des parcelles dans le grand cru local Altenberg.

Né sur un terroir marno-calcaire, un riesling jaune doré au nez intense et délicat de fleurs blanches et d'agrumes, s'ouvrant à l'aération sur des notes plus mûres d'abricot sec avec une touche poivrée. La bouche, de belle tenue, attaque avec ampleur sur des notes confites, stimulée par une belle fraîcheur citronnée qui vient souligner la longue finale. (Sucres résiduels : 5,8 g/l.) ⌛ 2014-2019 🍴 noix de Saint-Jacques sauce safran

Marcel Hugg, 21, rte de Sélestat, 68750 Bergheim, tél. 03 89 73 63 27, info@marcelhugg.com V r.-v.

HUMBRECHT
Goldert Gewurztraminer 2012 ★★

	1 835	11 à 15 €

Une famille établie à Gueberschwihr, au sud de Colmar. Les origines de la propriété se perdent dans la nuit des temps : en 1619, des ancêtres vignerons dans le village ; plus récemment, Georges, installé en 1965, puis Claude, en 1992. Un domaine de 7,5 ha cultivé en bio certifié (depuis 2013) ; de beaux terroirs à dominante argilo-calcaire.

Une vendange le 18 octobre pour ce gewurztraminer au nez confit à souhait, puissant et typé. Une bouche à l'unisson, qui attaque avec franchise, se déploie avec ampleur et richesse, et persiste longuement, construite sur une belle acidité. Élégant, un « vrai grand cru qui respecte le terroir » et... « donne envie ». (Sucres résiduels : 36,7 g/l.) ⌛ 2014-2019 🍴 kouglof

Claude et Georges Humbrecht, 33, rue de Pfaffenheim, 68420 Gueberschwihr, tél. 03 89 49 31 51, claude.humbrecht@orange.fr V r.-v. 2 B

BERNARD HUMBRECHT
Goldert Muscat 2011 ★★

	1 500		11 à 15 €

À Gueberschwihr, au sud de Colmar, le visiteur est impressionné par les maisons vigneronnes aussi anciennes que cossues, comme la demeure Renaissance à pignon de Jean-Bernard Humbrecht. La lignée remonte à 1620, les mises en bouteilles à 1968. Aujourd'hui, le vignoble compte 8,7 ha.

Imposant et complexe, le nez s'épanouit sur des notes d'abricot, de pêche blanche et de poire compotée. La bouche opulente et suave dévoile une grande douceur, mais les sucres apparaissent bien fondus. Beaucoup d'arômes, de la richesse et de la finesse. Apéritif ou dessert aux fruits ? (Sucres résiduels : 30 g/l.) ⌛ 2014-2017 🍴 pêche pochée à la verveine ■ **Goldert Gewurztraminer 2011 (3 700 b.)** : au nez, du litchi, de la mangue et beaucoup d'épices. Dès l'attaque, une rondeur suave : un vin marqué par les sucres, qui mérite d'attendre. (Sucres résiduels : 65 g/l.) ⌛ 2016-2025

Jean-Bernard Humbrecht, 10, pl. de la Mairie, 68420 Gueberschwihr, tél. 03 89 49 31 42, vins.bernard.humbrecht@wanadoo.fr V t.l.j. 8h-12h 13h-18h; dim. 10h-12h 14h-18h; f. dim. en janv. fév.

B P. HUMBRECHT
Steinert Gewurztraminer 2011 ★

	800		20 à 30 €

Établi sur la route des Vins à 15 km de Colmar, Marc Humbrecht a succédé en 2011 à son père Pierre-Paul, perpétuant une tradition vigneronne remontant à 1620. En 1999, la famille a adopté la biodynamie. Elle exploite 6 ha, dont une parcelle de gewurztraminer dans le grand cru de Pfaffenheim, le Steinert.

Jaune pâle à reflets blancs, ce vin s'ouvre sur la rose, puis sur la pêche et l'abricot surmûris. Frais à l'attaque, il se montre ensuite ample, riche et gras. Les fruits jaunes réapparaissent au palais et persistent longuement dans une finale épicée. Un ensemble à la fois généreux et subtil. (Sucres résiduels : 28 g/l.) ⌛ 2014-2019 🍴 munster

Dom. Paul Humbrecht, 6, pl. Notre-Dame, 68250 Pfaffenheim, tél. 03 89 49 62 97, domaine.humbrecht@gmail.com V t.l.j. sf dim. 9h-12h 14h-18h 3

CAVE VINICOLE DE HUNAWIHR
Rosacker Gewurztraminer 2012 ★

| | 10 000 | | 11 à 15 € |

Fondée en 1954 au cœur de la route des Vins, cette coopérative regroupe majoritairement des viticulteurs de Hunawihr. Elle vinifie le fruit d'environ 200 ha et propose une large gamme de vins (dont cinq grands crus). Elle a deux marques : Peter Weber et L'Unabelle.

Récolté à la fin octobre, le gewurztraminer a engendré un vin jaune d'or qui laisse des larmes sur les parois du verre. L'annonce d'un nez bien ouvert sur les fruits jaunes confits, les fruits exotiques, puis sur la rose, le litchi et le poivre. L'attaque est à la fois ronde et acidulée ; la bouche, elle aussi d'une belle présence aromatique, se montre ample et fraîche en finale. Du caractère. (Sucres résiduels : 45 g/l.) 2014-2019 tarte aux nectarines Rosacker Pinot gris Peter Weber 2012 ★ (8 000 b.) : nez intensément fruité (pêche et brugnon), avec une touche de sous-bois et de fumé. Bouche ronde, concentrée, équilibrée et fraîche, un peu marquée par les sucres résiduels en finale. Un ensemble flatteur qui se fondra avec le temps. (Sucres résiduels : 50 g/l.) 2016-2020

L'Unabelle, 48, rte de Ribeauvillé, 68150 Hunawihr, tél. 03 89 73 61 67, inf@cave-hunawihr.com V t.l.j. 9h30-12h 14h-18h; f. dim. en janv., fév. et mars

JACQUES ILTIS
Altenberg de Bergheim Riesling 2011 ★

| | 900 | | 11 à 15 € |

Établis au sud-ouest de Sélestat, au pied du château du Haut-Kœnigsbourg, Benoît et Christophe Iltis, les fils de Jacques, conduisent depuis 1999 le domaine : 10 ha de vignes et une cave recelant d'anciens foudres de chêne légués par des ancêtres tonneliers.

Issu d'un grand cru marno-calcaire, ce riesling jaune doré mêle au nez les agrumes mûrs et des touches minérales. Il est à la fois ample et frais, de bonne longueur. (Sucres résiduels : 15 g/l.) 2014-2017 coq au riesling

Dom. Jacques Iltis et Fils, 1, rue Schlossreben, 68590 Saint-Hippolyte, tél. 03 89 73 00 67, jacques.iltis@calixo.net V t.l.j. 8h-12h 14h-18h; dim. sur r.-v.

B JOGGERST Osterberg Riesling 2010 ★

| | 1 900 | 11 à 15 € |

Quatre générations se sont succédé sur ce domaine de 7,5 ha, qui vend son vin en bouteilles depuis 1972. Martin Joggerst y travaille depuis trente ans et le dirige à partir de 1997. Le bio est de mise à la vigne depuis 2007, et au chai depuis 2010

L'Osterberg domine Ribeauvillé. Son exposition est-sud-est, ses pentes et son terroir marno-calcaire font de ce grand cru une terre d'élection du riesling. Pour ce 2010, une robe magnifique, d'un jaune intense, et des parfums complexes de zeste d'agrumes et de cire d'abeille, nuancés d'une minéralité que l'on retrouve en bouche. L'attaque fraîche introduit un palais puissant, élégant et long. (Sucres résiduels : 8 g/l.) 2015-2025 turbot à la crème

EARL Joggerst et Fils, 19, Grand-Rue, 68150 Ribeauvillé, tél. 03 89 73 66 32, info@vins-joggerst.com V t.l.j. 9h30-12h 14h-18h; f. janv. fév. mars

B DOM. MARTIN JUND
Marckrain Pinot gris 2012

| | 500 | | 15 à 20 € |

Fait rarissime, cette exploitation est installée au cœur de la vieille ville de Colmar. Le domaine couvre 19 ha exploités en bio depuis 1997, disséminés sur les terroirs de Bennwihr, Riquewihr, Katzenthal et Kientzheim.

Le Marckrain est un coteau situé au sud de Bennwihr. Le pinot gris se plaît sur ses sols marno-calcaires. Celui-ci offre l'expression grillée et fumée du cépage. Le coing s'ajoute à cette palette dans un palais souple à l'attaque, ample, harmonieux et fin. (Sucres résiduels : 35 g/l.) 2014-2017 poulet aux morilles

Dom. Martin Jund, 12, rue de l'Ange, 68000 Colmar, tél. 03 89 41 58 72, martinjund@hotmail.com V r.-v. 1

KIRSCHNER Frankstein Pinot gris 2010 ★

| | 1 760 | | 8 à 11 € |

Établie depuis 1800 à Dambach-la-Ville dans une maison à colombage du XVIIIe s., la famille Kirschner a conservé une étiquette de 1824. Laurent, installé en 2000, exploite 9,5 ha de vignes et cultive plusieurs cépages dans le grand cru Frankstein.

Si le terroir granitique du Frankstein est réputé pour ses rieslings, ce pinot gris or brillant ne manque pas de présence, avec son nez franc, sur la violette, puis les fruits mûrs. Le fruit s'épanouit en bouche, nuancé d'une touche de sous-bois, au sein d'une matière opulente, équilibrée par une finale assez fraîche. (Sucres résiduels : 46 g/l.) 2014-2019 kouglof

Laurent Kirschner, 26, rue Théophile-Bader, 67650 Dambach-la-Ville, tél. 03 88 92 40 55, kirschner.pierre@wanadoo.fr V t.l.j. sf dim. 8h-12h 13h30-18h30 C

KLIPFEL Kirchberg de Barr Clos Zisser
Gewurztraminer Vendanges tardives Monopole 2011 ★★

| | 8 000 | | 20 à 30 € |

Fondée en 1824 par Martin Klipfel, cette maison est restée dans la même famille en prenant de l'envergure. Gérée par Jean-Louis Lorentz et ses filles Anne-Sophie et Marie, elle associe une structure de négoce et un important domaine (40 ha, dont 15 ha en grand cru).

Ce moelleux provient d'un terroir exploité en monopole au sein du grand cru Kirchberg qui domine Barr, un terroir argilo-calcaire favorable au gewurztraminer. Celui-ci dévoile un nez complexe et délicat, partagé entre des notes confites de surmaturation (coing, abricot sec), la rose et le litchi du cépage. Dans le même registre, le palais montre l'ampleur, la richesse et le gras attendus de vendanges tardives, en échappant à toute lourdeur grâce à une fine acidité. La longue finale fraîche et florale laisse le souvenir d'un vin « envoûtant ». De la finesse et du potentiel. (Sucres résiduels : 65 g/l.) 2015-2025 munster affiné Kirchberg de Barr Pinot gris 2012 ★ (10 000 b.) : une expression élégante et typée du pinot gris (nez sur l'amande grillée, le sous-bois, le miel et le fruit confit, palais équilibré et persistant), dans un style sec et minéral. (Sucres résiduels : 12 g/l.) ⧗ 2014-2019

Klipfel, 6, av. du Dr-Marcel-Krieg, 67140 Barr, tél. 03 88 58 59 00, alsacewine@klipfel.com V t.l.j. 10h-12h 14h-18h30; f. janv.

J.-L. Lorentz

KUBLER Zinnkoepflé Gewurztraminer 2012 ★★

	4 500		11 à 15 €

Installé à Soultzmatt, à 20 km au sud de Colmar, Philippe Kubler perpétue l'œuvre d'une lignée vigneronne remontant à 1620. Ses 9 ha de vignes s'étagent sur les coteaux très pentus qui dominent le village, notamment sur le Zinnkoepflé, qui bénéficie d'un microclimat très sec, abrité par le Grand et le Petit Ballon des Vosges.

Une fois de plus, le gewurztraminer montre qu'il est à son aise sur ce grand cru avec ce 2012 au nez subtil, complexe et frais de fruits exotiques (mangue), d'abricot sec et de miel. L'attaque dévoile une superbe matière : puissant, gras et onctueux, le vin ne se départit jamais d'une belle fraîcheur qui apporte équilibre et souligne la longue finale délicatement poivrée. Déjà excellent, ce moelleux n'atteindra son apogée que dans quelques années. (Sucres résiduels : 50 g/l.) ⧗ 2015-2025 ⚲ glace au miel

Dom. Paul Kubler, 103, rue de la Vallée, 68570 Soultzmatt, tél. 03 89 47 00 75, contact@paulkubler.com V t.l.j. sf mer. dim. 9h30-12h 14h-19h

KUENTZ Steinert Pinot gris 2012 ★

	1 600		11 à 15 €

Héritière d'une tradition viticole remontant au milieu du XVII[e]s., la famille Kuentz est établie à Pfaffenheim, au sud de Colmar. Romain et son fils Michel exploitent 8 ha de vignes autour de leur village, ainsi qu'à Rouffach, Gueberschwihr et Herrlisheim.

Les sols calcaires et caillouteux du Steinert conviennent parfaitement au pinot gris. Récolté à la mi-octobre, celui-ci a engendré un vin paille doré, mêlant au nez les fruits jaunes et la touche de sous-bois et de fumé caractéristique du cépage. Ample et rond, gourmand, encore marqué par le sucre résiduel, mais équilibré, le palais possède la puissance et le potentiel attendus d'un grand cru. (Sucres résiduels : 42,4 g/l.) ⧗ 2015-2019 ⚲ tarte aux mirabelles ■ **Steinert Gewurztraminer 2012 ★ (2 000 b.)** : nez intense et complexe (rose, fruits confits, miel, épices), palais puissant, conjuguant richesse et fraîcheur. (Sucres résiduels : 50 g/l.) ⧗ 2015-2023

Kuentz et Fils, 22, rue du Fossé, 68250 Pfaffenheim, tél. 03 89 49 61 90, vinskuentz@yahoo.fr V t.l.j. 9h-12h 13h30-19h; dim. sur r.-v. B

B KUENTZ-BAS
Florimont Pinot gris Trois Châteaux 2012 ★

	1 200		20 à 30 €

Fondée en 1795, cette maison disposant de près de 10 ha de vignes en coteaux a été reprise en 2004 par Jean-Baptiste Adam, vigneron-négociant d'Ammerschwihr. Depuis cette date, son domaine est exploité en biodynamie. Les cuvées qui en sont issues sont commercialisées dans la gamme Trois Châteaux.

La robe jaune doré aux reflets orangés annonce un nez intense, gourmand et suave : confiture de pêches et d'abricots, pâte de coings, miel, vanille et torréfaction. Le palais, à l'unisson, se montre ample et riche, sans lourdeur. On y retrouve un côté vanillé et grillé, avec des notes de sous-bois et de fumé. Un joli moelleux. (Sucres résiduels : 50 g/l.) ⧗ 2014-2019 ⚲ foie gras poêlé

Kuentz-Bas Alsace, 14, rte du Vin, 68420 Husseren-les-Châteaux, tél. 03 89 49 30 24, info@kuentz-bas.fr V t.l.j. sf dim. 10h-12h 13h-18h; f. sam. mi-nov. à mi-avr. J.-B. Adam

B GUSTAVE LORENTZ
Altenberg de Bergheim Riesling 2012 ★

	6 000	20 à 30 €

Fondée en 1936, cette maison de négoce a son siège au cœur de Bergheim. Elle dispose en propre d'un important vignoble (33 ha) conduit en bio certifié depuis 2012. Elle a particulièrement investi dans le grand cru local, l'Altenberg de Bergheim, et obtenu le premier coup de cœur du Guide dans cette AOC : un riesling 1976…

Issu d'un terroir marno-calcaire, ce riesling s'annonce par un nez complexe, fin et net, mêlant les fleurs blanches, le citron et une touche de minéralité. Une attaque franche et droite, une grande matière soulignée de bout en bout par une belle acidité, de la longueur : de bonne garde assurément. (Sucres résiduels : 4,2 g/l.) ⧗ 2016-2025 ⚲ blanquette de veau

Gustave Lorentz, 91, rue des Vignerons, 68750 Bergheim, tél. 03 89 73 22 22, info@gustavelorentz.com V t.l.j. sf dim. 10h-12h 14h-18h

B LÉON MANBACH
Frankstein Gewurztraminer 2012 ★

	5 500		11 à 15 €

Viticulteurs depuis plus de deux siècles, les Mersiol ont commercialisé leurs premières bouteilles en 1946. Couvrant aujourd'hui 11 ha, le domaine est conduit en bio par la nouvelle génération (Stéphane depuis 2000, Christophe, depuis 2006).

Si le nez reste fermé, discrètement épicé, la mise en bouche révèle un vin harmonieux, souple, onctueux et franc, alliant la puissance et la finesse. Fruits exotiques et épices, les arômes caractéristiques du gewurztraminer s'affirment avec complexité et persistance au palais, qui finit sur un plaisant retour des épices. (Sucres résiduels : 37 g/l.) ⧗ 2015-2020 ⚲ tarte à l'abricot

Mersiol, 13, rte du Vin, 67650 Dambach-la-Ville, tél. 03 88 92 40 43, info@domaine-mersiol.fr V t.l.j. 8h15-12h 13h30-18h30 B

B JEAN-LOUIS ET FABIENNE MANN
Eichberg Pinot gris 2012 ★

	1 200		20 à 30 €

Fabienne et Jean-Louis Mann ont repris les vignes familiales en 1982 : d'abord coopérateurs, ils se sont mis à leur compte en 1998. Conversion au bio en 2005 (certification en 2008), puis en 2009 à la biodynamie, à l'arrivée du fils Sébastien. Aujourd'hui, 12,5 ha, des parcelles disséminées entre Katzenthal et Eguisheim, au nord et au sud de Colmar, avec des vignes dans neuf lieux-dits et deux grands crus. En ligne de mire : l'expression du terroir.

La robe jaune soutenu prélude à un nez intense, franc et complexe, où s'épanouissent des notes de fruits blancs et jaunes, nuancées de touches d'épices, de sous-bois et de fumé. Une belle concentration règne en bouche, où le vin attaque avec ampleur et suavité, évolue avec souplesse, générosité et longueur, sur des notes miellées, épicées (clou de girofle, poivre) et toastées. (Sucres résiduels : 45 g/l.) ⌛ 2014-2019 🍷 canard laqué

🔑 EARL Jean-Louis Mann, 11, rue du Traminer, 68420 Eguisheim, tél. 03 89 24 26 47, mann.jean.louis@wanadoo.fr V r.-v.

DOM. G. METZ Muenchberg Riesling 2011 ★

	2 600		11 à 15 €

C'est le gendre de Gérard Metz, Éric Casimir, d'origine champenoise, qui conduit les 13 ha du domaine familial. L'exploitation est implantée à Itterswiller, petit village bas-rhinois situé à flanc de colline.

Mis en valeur par les Cisterciens au Moyen Âge (d'où son nom de « montagne des moines »), le Muenchberg se caractérise par des sols caillouteux anciens, pauvres et bien drainés, propices au riesling. Discrètement fruité, souple à l'attaque, celui-ci se montre puissant et long. Il penche vers la rondeur, sans pour autant manquer de la franche acidité qui fait les bons rieslings. (Sucres résiduels : 5 g/l.) ⌛ 2014-2019 🍷 poisson en sauce

🔑 Dom. Gérard Metz, 40, rte du Vin, 67140 Itterswiller, tél. 03 88 57 80 25, info@vinsgerardmetz.net V r.-v. 🔑 Éric Casimir

LUCIEN MEYER
Hatschbourg Gewurztraminer 2012 ★★

	2 500		8 à 11 €

Installé en 1982, Jean-Marc Meyer perpétue l'exploitation fondée par un de ses arrière-grands-pères un siècle plus tôt. Un hectare et demi, sur les neuf que compte sa propriété, est situé sur le Hatschbourg, le grand cru dominant son village, au sud de Colmar.

De ce moelleux, on loue la finesse florale du nez (rose et touche de violette), associée à une discrète surmaturation (fruits jaunes confits), ainsi que la tenue en bouche : ample, riche et onctueux, ce 2012 est structuré par une vivacité minérale qui lui donne de l'équilibre, du nerf, étire sa finale et lui assure un bel avenir. (Sucres résiduels : 42 g/l.) ⌛ 2015-2025 🍷 compotée de fruits d'été

🔑 EARL Lucien Meyer et Fils, 57, rue du Mal-Leclerc, 68420 Hattstatt, tél. 03 89 49 31 74, info@earl-meyer.com V r.-v.

FRÉDÉRIC MOCHEL
Altenberg de Bergbieten Muscat 2012 ★★★

	1 900		15 à 20 €

Une famille installée en 1669 à l'ouest de Strasbourg après la guerre de Trente Ans. Guillaume Mochel a pris en 2001 les rênes de la propriété après des stages qui l'ont mené jusqu'en Nouvelle-Zélande. Sur les 10 ha du domaine, la moitié est implantée dans le grand cru Altenberg de Bergbieten.

Le scintillement de la robe or pâle annonce un vin d'une rare présence. Un muscat sec au nez à la fois intense et aérien, évoquant le fruit du raisin très mûr, l'abricot, l'aspérule, la verveine et la réglisse. Gourmande et subtile, la bouche offre un florilège aromatique tout en nuances jusqu'à une finale éblouissante, fraîche et longue. Une bouteille d'anthologie. (Sucres résiduels : 4 g/l.) ⌛ 2014-2017 🍷 saint-jacques aux asperges vertes ■ Altenberg de Bergbieten Riesling Cuvée Henriette 2012 ★★ (6 500 b.) : toute l'élégance d'un grand riesling sec de bonne naissance, droit, puissant et long, tendu par une acidité mûre et fine soulignée par des notes de citron confit. (Sucres résiduels : 5 g/l.) ⌛ 2016-2025

🔑 Dom. Frédéric Mochel, 56, rue Principale, 67310 Traenheim, tél. 03 88 50 38 67, infos@mochel.net V r.-v.

DOM. DE L'ORIEL
Sommerberg Riesling Arnaud 2012 ★

	1 000		20 à 30 €

Établie à Niedermorschwihr, à l'ouest de Colmar, la famille Weinzorn, attachée au vignoble depuis près de quatre siècles, a pour demeure un ancien corps de ferme montrant un superbe oriel Renaissance en grès sculpté. Claude Weinzorn est à la tête du domaine depuis 1995.

Avec sa pente à 45 %, le coteau du Sommerberg semble plonger sur le village de Niedermorschwihr. Exposé plein sud, ce « mont de l'Été » aux sols granitiques est favorable au riesling. Celui-ci exprime d'emblée une belle minéralité, puis des parfums d'agrumes mûrs, avec une touche de fruit de la Passion. On retrouve la minéralité jusqu'en finale dans une bouche ronde, franche et longue, à l'acidité bien fondue, où les agrumes prennent des tonalités compotées. Ce millésime mérite d'attendre. (Sucres résiduels : 28 g/l.) ⌛ 2016-2025 🍷 saint-jacques à la crème

🔑 Gérard Weinzorn et Fils, 133, rue des Trois-Épis, 68230 Niedermorschwihr, tél. 03 89 27 40 55, oriel.weinzorn@sfr.fr V t.l.j. 9h-12h 14h-18h; dim. sur r.-v.

ANDRÉ REGIN Altenberg de Wolxheim 2011

	1 800		8 à 11 €

À la tête du domaine familial depuis 1988, André Regin exploite un peu plus de 9 ha autour de Wolxheim. Ce village proche de Strasbourg est célèbre de longue date pour son riesling.

Il n'est pas d'une puissance imposante, mais se montre franc et plaisant tout au long de la dégustation, de la robe jaune doré à la finale épicée et réglissée, en passant par le nez, finement floral, un rien miellé. (Sucres résiduels : 4,5 g/l.) ⌛ 2014-2019 🍷 sole grillée

🔑 EARL Dom. André Regin, 4, rue de la Forge, 67120 Wolxheim, tél. 03 88 38 17 02, andre.regin@wanadoo.fr V r.-v.

RAYMOND RENCK
Sonnenglanz Gewurztraminer 2012 ★

	1 400	11 à 15 €

Créé en 1961 par Raymond Renck, un domaine situé à Beblenheim, à 3 km de Riquewihr. Il est conduit depuis 1996 par Colette et Gérard Schillinger-Renck, qui disposent de 5,3 ha et cultivent plusieurs cépages sur le grand cru local, le Sonnenglanz.

Si la robe est jaune d'or, le nez reste discret, surtout épicé, avec quelques notes confites de surmaturation et une touche d'amande grillée. Le côté épicé ressort au palais – venant rappeler que « gewurz » signifie « épices » –, formant une belle alliance avec des notes de fruits exotiques. L'attaque est ronde, la bouche ample, solide et longue, structurée par une belle acidité. Ce vin devrait gagner en expression au cours des prochaines années. (Sucres résiduels : 37 g/l.) ⌛ 2014-2019 🍷 poulet tandoori

⊶ EARL Raymond Renck, 11, rue de Hoen, 68980 Beblenheim, tél. 03 89 47 91 59 V t.l.j. 8h-12h 14h-20h

B ÉRIC ROMINGER
Zinnkoepflé Riesling Les Sinneles 2011

| | 3 500 | | 15 à 20 € |

Situé dans la Vallée Noble, au sud de Colmar, le domaine a été créé en 1970 par le père d'Éric Rominger. Ce dernier en a pris les rênes en 1986 et s'est rapidement distingué dans le Guide. Aujourd'hui, 13 ha exploités en biodynamie, dont plus du tiers en grand cru (Saering et surtout Zinnkoepflé, majestueux coteau plein sud culminant à plus de 400 m).

Une très longue fermentation sur lies pour ce 2011 et une vinification sans soufre jusqu'à la mise en bouteilles. La robe or intense annonce des senteurs complexes de fruits bien mûrs. Ample en attaque, la bouche apparaît riche (un peu trop pour les amateurs de rieslings bien secs), puissante, épicée en finale. (Sucres résiduels : 12 g/l.) ⌛ 2014-2019 🍷 viande blanche

⊶ Dom. Éric Rominger, 16, rue Saint-Blaise, 68250 Westhalten, tél. 03 89 47 68 60, vins-rominger.eric@orange.fr V r.-v.

RUHLMANN Frankstein Riesling 2012

| | 5 660 | | 8 à 11 € |

Créée en 1688, cette maison a pignon sur rue dans la cité pittoresque de Dambach-la-Ville, entre Barr et Sélestat. Elle associe une activité de négoce à l'exploitation d'un important domaine (35 ha).

Au nez, des notes confites traduisant la surmaturation ; en bouche, le sucre résiduel est assez présent, mais la fraîcheur est là, et la structure prometteuse. Ample et gras, ce riesling montre en finale une minéralité naissante. Il devrait gagner en harmonie avec le temps. (Sucres résiduels : 12 g/l.) ⌛ 2014-2019 🍷 pavé de sandre

⊶ Ruhlmann, 34, rue du Mal-Foch, 67650 Dambach-la-Ville, tél. 03 88 92 41 86, vins@ruhlmann-schutz.fr V t.l.j. 9h-12h 14h-19h 2

RUHLMANN-DIRRINGER Frankstein Riesling Les Mille et Une Pierres 2012

| | 3 800 | | 8 à 11 € |

Au service du vin depuis quatre générations, la famille Dirringer est établie à Dambach-la-Ville, cité resserrée dans les vestiges de son enceinte ; elle accueille les visiteurs dans une demeure de 1578. Remy Dirringer exploite 14 ha sur les terres majoritairement granitiques des environs de leur commune.

La robe assez soutenue, or jaune, annonce des notes de surmaturation, alliées à la minéralité du terroir granitique du Frankstein. Au palais, une petite rondeur flatteuse est sous-tendue par une fraîcheur minérale et citronnée qui donne de l'allonge à la finale. (Sucres résiduels : 4 g/l.) ⌛ 2014-2019 🍷 gyoza à la volaille

⊶ Ruhlmann-Dirringer, 3, imp. de Mullenheim, 67650 Dambach-la-Ville, tél. 03 88 92 40 28, ruhlmann.dirringer@terre-net.fr V t.l.j. sf dim. 10h-18h

B DOM. SAINT-RÉMY
Schlossberg Riesling 2012

| | 1 500 | | 11 à 15 € |

Héritier d'une lignée vigneronne remontant à 1725, Philippe Ehrhart a rejoint en 1999 son père François sur le domaine, dont le siège se trouve à Wettolsheim, gros bourg viticole à l'ouest de Colmar. L'exploitation, plus de 20 ha répartis sur dix communes, est conduite en biodynamie certifiée.

Si la couleur est soutenue, le nez apparaît réservé, libérant de fines notes d'agrumes, teintées d'épices et de minéralité. Frais et agréable en bouche, ce riesling devrait s'exprimer davantage avec le temps. ⌛ 2014-2019 🍷 buisson de langoustines

⊶ EARL François et Philippe Ehrhart, 34, rte d'Eguisheim, 68920 Wettolsheim, tél. 03 89 80 60 57, vins@domainesaintremy.com V t.l.j. sf dim. 9h-12h 13h30-18h30

SCHAEFFER-WOERLY Frankstein Riesling 2012

| | 1 500 | | 11 à 15 € |

La famille est établie dans l'une des maisons à colombages typiques de la place du Marché de Dambach-la-Ville, important bourg viticole au sud du Bas-Rhin. À la tête de l'exploitation depuis 1987, Vincent Woerly cultive 8 ha de vignes et a engagé en 2011 la conversion bio du domaine.

Discrètement fruité au nez, sur les agrumes. Souple et élégant en attaque, le vin montre un bel équilibre malgré la présence sensible des sucres résiduels. La finale délicate et fraîche laisse le souvenir d'un ensemble flatteur, qui devrait bénéficier d'une petite garde. (Sucres résiduels : 13 g/l.) ⌛ 2014-2017 🍷 coquilles Saint-Jacques

⊶ Schaeffer-Woerly, 3, pl. du Marché, 67650 Dambach-la-Ville, tél. 03 88 92 40 81, info@schaeffer-woerly.fr V t.l.j. sf dim. 9h-12h 13h30-18h

MARTIN SCHAETZEL Rangen Riesling 2012

| | 500 | | 30 à 50 € |

Domaine fondé en 1930 par Martin Schaetzel, repris en 1979 par Jean, son neveu, œnologue, associé depuis 2010 avec Michel Vié, ancien pilote de chasse et ingénieur, issu d'une famille de vignerons du Sud-Ouest. Un des pionniers de la biodynamie, adoptée dès le début des années 1990 sur la quasi-totalité des 12 ha que compte l'exploitation.

Récolté à la mi-octobre sur les pentes vertigineuses du Rangen (les vendangeurs doivent porter des harnais), un riesling jeune, bien sec, au nez élégant et mûr d'agrumes et de miel. Attaque souple, palais puissant, racé, vif et long, encore réservé, sur les fruits exotiques : un joli reflet du terroir. (Sucres résiduels : 2 g/l.) ⌛ 2015-2025 🍷 pavé de bar

⊶ Martin Schaetzel, 3, rue de la 5e-Division-Blindée, 68770 Ammerschwihr, tél. 03 89 47 11 39, contact@martin-schaetzel.com V t.l.j. 9h-12h 13h30-18h30

⊶ Michel Vié

PAUL SCHERER Eichberg Gewurztraminer 2012

| | 930 | | 11 à 15 € |

Établi à Husseren-les-Châteaux, point culminant de la route des Vins au sud de Colmar, Didier Scherer

perpétue depuis 1994 une exploitation dont les origines remontent à 1750. Sa cave date de la même époque. En alsace comme en alsace grand cru, il se distingue souvent par ses gewurztraminers.

Les sols marno-calcaires de l'Eichberg favorisent le gewurztraminer. Ici, de belles larmes sur les parois du verre, un nez accueillant et typé, sur le litchi et le poivre. Si l'attaque est tout en rondeurs suaves, la fraîcheur prend le relais et souligne de fines notes de fruits exotiques. Belle longueur. (Sucres résiduels : 50 g/l.) ⌛ 2014-2019 🍷 crumble aux pêches de vigne

🔑 EARL Paul Scherer et Fils, 40, rue Principale, 68420 Husseren-les-Châteaux, tél. 03 89 49 30 34, paul.didier.scherer@orange.fr V r.-v.

SCHLEGEL-BOEGLIN
Zinnkoepflé Gewurztraminer 2012

■	7 000	🍾	11 à 15 €

C'est à Westhalten, à l'entrée de la Vallée Noble, que les parents de Jean-Luc Schlegel ont fondé le domaine en 1971. Ce dernier, installé en 1991, exploite 13 ha de vignes, avec plusieurs parcelles dans les grands crus Zinnkoepflé et Vorbourg.

Ce 2012 a pour atouts un nez riche et complexe associant la mirabelle, la citronnelle, le poivre et la cannelle. L'attaque souple prélude à un palais concentré et gras, avec ce qu'il faut de fraîcheur. La finale est marquée par un retour des épices. (Sucres résiduels : 49 g/l.) ⌛ 2014-2019 🍷 crème brûlée pomme cannelle

🔑 Dom. Schlegel-Boeglin, 22 A, rue d'Orschwihr, 68250 Westhalten, tél. 03 89 47 00 93, schlegel-boeglin@wanadoo.fr V r.-v.

PAUL SCHNEIDER Pfersigberg Pinot gris
Sélection de grains nobles 2011

■	3 300	🍾	20 à 30 €

Héritier d'une lignée remontant à 1663, Luc Schneider est établi au cœur d'Eguisheim, dans l'ancienne cour dîmière du grand prévôt de la cathédrale de Strasbourg. Son vignoble couvre 13 ha au sud de Colmar, avec des parcelles dans plusieurs grands crus.

Si la robe dorée montre des reflets orangés, le nez reste discret, jouant sur des notes florales, confites, miellées et grillées. En bouche, ce liquoreux apparaît plus intense, sans être d'une extrême concentration. On apprécie son ampleur, sa rondeur et la belle acidité qui souligne la finale. On retrouve les arômes grillés, associés à d'intenses nuances de surmaturation rappelant les fruits confits. (Sucres résiduels : 101 g/l.) ⌛ 2015-2025 🍷 foie gras

🔑 EARL Paul Schneider, 1, rue de l'Hôpital, 68420 Eguisheim, tél. 03 89 41 50 07, vins.paul.schneider@ wanadoo.fr V t.l.j. 9h-12h 13h30-18h30; dim. 10h-12h30 C

DOM. MAURICE SCHOECH
Kaefferkopf Gewurztraminer 2012 ★

■	8 000	🍾	11 à 15 €

Héritiers d'une tradition viticole remontant à 1650, Sébastien et Jean-Léon Schoech exploitent 11 ha aux alentours d'Ammerschwihr, importante cité viticole qui ouvre chaque année le cycle des foires aux vins en avril. Ils détiennent des parcelles dans plusieurs grands crus et ont engagé leur conversion au bio.

Expressif, mûr et complexe au nez, sur l'abricot confit, le miel et les épices, un vin ample, riche et onctueux, bien équilibré par une fraîcheur opportune, marqué en finale par de plaisantes notes de fruits exotiques confits. Ce moelleux se plaira à table. (Sucres résiduels : 25 g/l.) ⌛ 2014-2020 🍷 tajine de poulet aux abricots

🔑 Dom. Maurice Schoech, 4, rte de Kientzheim, 68770 Ammerschwihr, tél. 03 89 78 25 78, domaine.schoech@free.fr V t.l.j. sf dim. 8h-12h 13h30-18h

CHRISTIAN SCHWARTZ
Winzenberg Pinot gris Collection Marine 2012 ★

■	1 500	🍾	8 à 11 €

Christian Schwartz conduit depuis 1988 le domaine familial situé à Blienschwiller et dans les communes voisines de Dambach-la-Ville et d'Epfig, au sud du Bas-Rhin. Le grand cru Winzenberg, coteau granitique dominant Blienschwiller, est le fleuron de la propriété.

Un pinot gris de type sec : robe or pâle, nez sur la réserve, mais précis et élégant, palais à la fois intense et tout en finesse, typé du cépage par ses arômes, frais et long. Idéal pour la table. (Sucres résiduels : 5,7 g/l.) ⌛ 2014-2019 🍷 pintade farcie aux champignons

🔑 Christian Schwartz, 8, rue de l'Ungersberg, 67650 Blienschwiller, tél. 03 88 92 63 06, christian.schwartz67@free.fr V t.l.j. sf dim. 11h-12h 13h-18h E

DOM. J.-L. SCHWARTZ
Muenchberg Riesling 2009 ★

■	2 500	🍾	11 à 15 €

Créé en 1960, ce domaine installé à Itterswiller, petit village bas-rhinois très fleuri, est conduit par Jean-Luc Schwartz depuis 1982. Ses 8,5 ha de vignes sont disséminés dans neuf communes, sur des terroirs très variés. L'exploitation s'oriente vers le bio.

Ce vin montre le potentiel du Muenchberg, grand cru abrité par l'Ungersberg, dont les sols anciens et pauvres, en partie d'origine volcanique, favorisent le riesling. Bien ouvert au nez, il associe l'acacia, la compote de fruits blancs et de rhubarbe à une minéralité naissante. C'est un vin tout en rondeur, aux arômes de fleurs blanches et d'agrumes mûrs. Gras et long, structuré par une belle acidité, il devrait encore évoluer dans le bon sens. (Sucres résiduels : 14,5 g/l.) ⌛ 2014-2019 🍷 coq au riesling

🔑 Dom. J.-L. Schwartz, 75, rte des Vins, 67140 Itterswiller, tél. 03 88 85 51 59, jean-luc@domaine-schwartz.com V t.l.j. 9h30-19h; dim. 9h30-13h D

JEAN SIEGLER Mandelberg Riesling 2011

■	1 955	🛢	11 à 15 €

Un Balthazar Siegler naquit à Mittelwihr en 1643 ; quant au domaine, il remonte à 1784. Aujourd'hui, Marie-Josée, Hugues et Stève exploitent 10 ha autour de la même commune. Le cru précoce du Mandelberg, ou colline des Amandiers, est leur fleuron.

Un nez intense, teinté de minéralité, un palais ample et gras, équilibré par une belle acidité, à la finale persistante, fraîche et minérale. (Sucres résiduels : 14,1 g/l.) ⌛ 2014-2017 🍷 korma de lotte

Clos des Terres-Brunes, 26, rue des Merles, 68630 Mittelwihr, tél. 03 89 47 90 70, jean.siegler@wanadoo.fr V t.l.j. 8h-12h 13h30-19h

SIMONIS Kaefferkopf Riesling 2012 ★

	3 000		11 à 15 €

Des Simonis cultivaient déjà la vigne au XVIIe s. Le domaine actuel a été constitué par René Simonis qui a obtenu les premières distinctions dans le Guide et passé le relais en 1996 à Étienne. Ce dernier exploite les 7 ha du domaine en biodynamie certifiée depuis 2011. En vue, ses rieslings et gewurztraminers du Kaefferkopf.

Issu de sols granitiques, ce riesling séduit par sa belle expression, sur la fleur blanche et la pêche de vigne. Dans le même registre (pêche blanche et acacia), le palais se montre frais en attaque, gras et bien équilibré, et finit sur une fine amertume. Une belle tenue. (Sucres résiduels : 3,7 g/l.) 2015-2020 quenelles de brochet

Dom. Étienne Simonis, 2, rue des Moulins, 68770 Ammerschwihr, tél. 03 89 47 30 79, simonis.etienne@gmail.com V t.l.j. sf dim. 9h-12h 13h30-18h30

JEAN-MARC SIMONIS Kaefferkopf 2012 ★

	2 000	8 à 11 €

Ce sont les grands-parents de Jean-Marc Simonis qui ont débuté la vente en bouteilles. Ce dernier gère le domaine depuis 1993. Appartenant à une lignée d'Ammerschwihr remontant à 1660, il choie particulièrement le grand cru local, dont il tire plusieurs vins différents.

Le Kaefferkopf d'Ammerschwihr figure parmi les deux seuls grands crus à admettre des vins d'assemblage. Celui-ci marie deux tiers de gewurztraminer et un tiers de riesling. Discret au nez, il dévoile à l'aération des senteurs délicates de litchi, d'abricot et de pêche. Au palais, une fine acidité et une rondeur équilibrée sont en harmonie avec les arômes de fruits exotiques. La fraîcheur du riesling, les arômes et l'ampleur du gewurztraminer. (Sucres résiduels : 22 g/l.) 2014-2019 crevettes thaï au gingembre

EARL Jean-Paul Simonis et Fils, 1, rue des Chasseurs-Besombes-et-Brunet, 68770 Ammerschwihr, tél. 03 89 47 13 51, jmsimonis@orange.fr V t.l.j. sf dim. 8h-11h45 13h30-18h

LOUIS SIPP Osterberg Riesling 2011 ★

	4 270		20 à 30 €

Ingénieur, Étienne Sipp s'est d'abord orienté vers l'aéronautique et l'automobile avant de rejoindre en 1996 l'affaire familiale créée par Louis Sipp en 1920, qui a son siège dans l'ancienne cour des nobles de Pflixbourg (1512). Aujourd'hui, un domaine de 40 ha et une activité de négoce dans un rayon proche. La démarche ? Bio certifié depuis 2008 et vins de terroir.

Dominant Ribeauvillé, l'Osterberg appartenait aux Ribeaupierre, seigneurs de la cité. Ce grand cru marno-calcaire a la réputation d'engendrer des vins puissants et d'une grande finesse aromatique. Ce 2011 répond à ce profil : discrètement floral et fruité au nez, il affiche son ampleur et sa forte carrure dès la mise en bouche, tendu par une belle acidité. La finale est fraîche, élégante et d'une grande persistance. (Sucres résiduels : 13 g/l.) 2014-2020 rôti de veau aux champignons

Louis Sipp, 5, Grand-Rue, 68150 Ribeauvillé, tél. 03 89 73 60 01, louis@sipp.com V r.-v.

DOM. BRUNO SORG
Pfersigberg Pinot gris 2011 ★

	1 200	15 à 20 €

Constitué en 1965 à partir des apports familiaux de Bruno Sorg et de son épouse, le domaine, conduit aujourd'hui par François, comporte deux pôles : à Ingersheim, à l'ouest de Colmar, et à Eguisheim, au sud, où se trouvent les bâtiments de vinification et le caveau de dégustation. Il dispose de parcelles dans trois grands crus.

Ce pinot gris a charmé les dégustateurs par ses qualités aromatiques : le nez mêle la pêche et l'abricot à des nuances florales originales (bouillon-blanc, sureau). Dans le même registre, le palais se montre ample à l'attaque, rond, franc et fruité à souhait, de bonne longueur. Il n'a manqué à ce vin gourmand qu'un surcroît de fraîcheur pour décrocher une deuxième étoile. (Sucres résiduels : 22 g/l.) 2014-2019 tarte à l'orange

Dom. Bruno Sorg, 8, rue Mgr-Stumpf, 68420 Eguisheim, tél. 03 89 41 80 85, bruno.sorg@wanadoo.fr V t.l.j. sf dim. 9h-12h 14h-18h

PAUL SPANNAGEL
Wineck-Schlossberg Riesling 2011 ★★

	1 800		11 à 15 €

Le premier de la lignée vivait en 1598 à Katzenthal, village lové dans un vallon à quelques kilomètres à l'ouest de Colmar. Paul Spannagel se lance dans la vente en bouteilles en 1960. Depuis 1988, ce sont Yves et Claudine Spannagel, rejoints en 2011 par Jérôme et Marie, qui perpétuent l'exploitation (7,5 ha avec des parcelles dans deux grands crus).

Entouré de vignes, le donjon du Wineck a donné son nom à un cru renommé depuis des siècles. Ce terroir granitique très pentu est particulièrement favorable au riesling. Celui-ci offre une expression remarquable de ce terroir. De couleur pâle, il s'ouvre sur des parfums d'une belle finesse de fleurs blanches et d'agrumes qui se prolongent au palais. Nerveux en attaque, ce vin dévoile une matière ample et riche et une longue finale minérale. Très prometteur. (Sucres résiduels : 8 g/l.) 2016-2025 langouste

Dom. Paul Spannagel, 1, Grand-Rue, 68230 Katzenthal, tél. 03 89 27 01 70, paul.spannagel@gmail.com V t.l.j. 9h-12h 14h-18h

VINCENT SPANNAGEL Wineck-Schlossberg
Pinot gris Sélection de grains nobles 2011 ★★

	1 000		20 à 30 €

Une famille enracinée à Katzenthal depuis la fin du XVIe s. Le domaine (10,5 ha aujourd'hui) a été constitué en 1959 par André Spannagel, qui a passé le relais à son fils Vincent en 1982, rejoint en 2013 par Patrice. Emblème du village, le donjon du Wineck, entouré de vignes, a donné son nom au grand cru granitique où la famille cultive avec bonheur les quatre cépages nobles.

Une fois de plus, les pinots gris du Wineck-Schlossberg sont fort loués. Ici, un liquoreux aux reflets ambrés. Le nez, encore discret, dévoile une complexité naissante, libérant des parfums de fleurs blanches, de miel, de pain grillé, de fumé, de raisin de Corinthe. En bouche, ce 2011 s'impose par sa concentration, son ampleur et sa rondeur, soulignées par des notes de fruits confits et de miel. La longue finale épicée est tonifiée par une pointe de fraîcheur. De la puissance, du charme et du potentiel. (Sucres résiduels : 90 g/l.) ⧗ 2015-2025 🍴 foie gras poêlé aux airelles ■ Wineck-Schlossberg Pinot gris 2012 ★★ (11 à 15 € ; 1 200 b.) : un nez élégant et franc sur les agrumes mûrs, un fruité gourmand tout au long de la dégustation. Fraîcheur, finesse, longueur, finale minérale : ce pinot gris sera parfait à table. (Sucres résiduels : 20 g/l.) ⧗ 2014-2019

EARL Vincent Spannagel, 82, rue du Vignoble, 68230 Katzenthal, tél. 03 89 27 52 13, domainespannagel@orange.fr V r.-v.

DOM. JEAN-PAUL ET DENIS SPECHT
Mandelberg Gewurztraminer 2012

■ | 2 400 | | 11 à 15 €

Créé en 1955 par Alfred Specht, le domaine a été repris en 1978 par ses fils Jean-Paul et Denis à la tête aujourd'hui d'un peu plus de 10 ha, dont plusieurs parcelles dans le grand cru de leur village, le Mandelberg.

Une robe jaune pâle, un nez précis et délicat, floral et exotique, sur la violette, la rose et le litchi. Les agrumes confits et les épices viennent compléter cette palette dans un palais équilibré et bien fondu. Un gewurztraminer typique, qui mise sur la finesse. (Sucres résiduels : 31 g/l.) ⧗ 2014-2019 🍴 gambas à la thaï

Dom. Specht, 2, rue des Églises, 68630 Mittelwihr, tél. 03 89 47 90 85, domainespecht-mit@orange.fr V t.l.j. sf dim. 8h30-12h 13h30-18h15

B ANDRÉ STENTZ Steingrübler Pinot gris Sélection de grains nobles 2011 ★

■ | n.c. | | 20 à 30 €

Les ancêtres de ces vignerons se sont fixés en 1674 à Wettolsheim, près de Colmar. Arrivé à la tête du domaine en 1976, André Stentz a adhéré au bio à la première heure, dès 1984. Parmi ses vins de terroir, les gewurztraminers et pinots gris du grand cru Steingrubler.

L'année 2011 a fourni peu de sélections de grains nobles. Celle-ci est issue de passerillage plutôt que de pourriture noble. La robe ambrée aux reflets orangés est caractéristique des liquoreux. Encore discret, le nez laisse percer quelques effluves de fleur d'oranger, de miel, de cire et de raisin sec, arômes qui s'épanouissent en bouche, enrichis de notes de pâte de fruits et de torréfaction (café). Le palais est ample, riche, puissant, tonifié par une fine acidité : autant de caractères propices à une belle évolution. La finale délicatement épicée laisse le souvenir d'une belle harmonie. (Sucres résiduels : 105 g/l.) ⧗ 2015-2025 🍴 fondant au chocolat et à l'orange

André Stentz, 2, rue de la Batteuse, 68920 Wettolsheim, tél. 03 89 80 64 91, andre.stentz@wanadoo.fr V r.-v.

♥ DOM. STIRN
Brand Gewurztraminer 2012 ★★

■ | 1 630 | | 11 à 15 €

Odile et Fabien Stirn se sont installés en 1999 sur le vignoble familial. Œnologues, ils ont repris les vinifications au domaine. Leurs parcelles sont disséminées entre Beblenheim et Turckheim, si bien qu'ils disposent d'une belle mosaïque de terroirs, avec des parcelles dans plusieurs grands crus (Brand, Mambourg, Sonnenglanz).

Le Brand ? Une « terre brûlée » de soleil. Exposition plein sud, sols granitiques, fortes pentes, un potentiel mis en valeur avec brio dans ce gewurztraminer récolté à la mi-octobre. À une robe jaune d'or brillant répond un nez complexe et très ouvert, alliant la rose, le litchi et les épices du cépage à des notes de surmaturation (abricot, agrumes confits). Dans le même registre, le palais se montre ample, onctueux à souhait. Une fine acidité lui donne du relief et souligne la longue finale marquée par un retour du litchi et des épices. Une harmonie durable. (Sucres résiduels : 28 g/l.) ⧗ 2015-2025 🍴 poulet au curry ■ Mambourg Gewurztraminer Cuvée Juliette 2012 (1 800 b.) : un nez intense et pur, une attaque vive, une finale sur les fruits macérés : un vin riche et puissant, plus évolué que le précédent. (Sucres résiduels : 32 g/l.) ⧗ 2014-2019

Dom. Fabien Stirn, 3, rue du Château, 68240 Sigolsheim, tél. 03 89 47 30 58, domainestirn@free.fr V t.l.j. 9h-12h 14h-17h30; dim. sur r.-v. D

DOM. LAURENT VOGT
Altenberg de Wolxheim 2011

■ | 1 700 | | 8 à 11 €

Une maison vigneronne du XVIIIe s. cossue et typique, dans la partie du vignoble proche de Strasbourg. Laurent et Marie-Anne Vogt ont spécialisé et agrandi le domaine. Thomas et Sylvie Vogt ont pris le relais en 1998 et engagé la conversion bio des 11 ha de vignes (certification en 2013).

Le grand cru marno-calcaire du grand cru Wolxheim est propice au riesling. Celui-ci s'ouvre sur les agrumes mûrs nuancés de touches minérales. On retrouve la minéralité dans un palais agréable et de bonne tenue. (Sucres résiduels : 11,2 g/l.) ⧗ 2014-2017 🍴 verrine de crevettes

Dom. Laurent Vogt, 4, rue des Vignerons, 67120 Wolxheim, tél. 03 88 38 81 28, thomas@domaine-vogt.com V t.l.j. 8h30-12h 13h-18h; dim. sur r.-v.

GUY WACH
Kastelberg Riesling 2012

■ | 4 300 | | 15 à 20 €

Installé en 1976 à Andlau, ancienne commune viticole longeant une vallée resserrée, Guy Wach est l'héritier d'une lignée de tonneliers, puis de vignerons. Son domaine de 8 ha comprend des parcelles dans les trois grands crus de la commune, favorables au riesling.

Pas trop de couleur, de la réserve au nez (fleurs blanches, agrumes). En bouche, une certaine discrétion reste de mise, mais ce riesling séduit par sa structure et sa franchise : attaque à la fois ronde et tonique, palais ample, gras, fondu et frais, arômes d'agrumes et note poivrée en finale. (Sucres résiduels : 9,5 g/l.) 2014-2019 ravioles de langoustine

Guy Wach, Dom. des Marronniers, 5, rue de la Commanderie, 67140 Andlau, tél. 03 88 08 93 20, info@guy-wach.fr V r.-v.

WANTZ
Zotzenberg Sylvaner L'exception 2012 ★

3 400 | 11 à 15 €

D'origine autrichienne, les Wantz ont fait souche à Mittelbergheim en 1550. Nos lecteurs connaissent leurs vins sous le nom d'Alfred Wantz, qui a développé le domaine après la Seconde Guerre mondiale (11 ha aujourd'hui). Ingénieur agronome et œnologue, le petit-fils de ce dernier a créé une gamme à son nom.

Un sylvaner du Zotzenberg 1987 signé Jean-Louis Wantz a été élu coup de cœur alors que les vins de ce cépage n'avaient alors pas droit à la mention grand cru. Ce 2012 se partage au nez entre notes fruitées et briochées. La puissance et la complexité sont au rendez-vous en bouche, et la finale se montre bien typée. (Sucres résiduels : 8 g/l.) 2014-2018 poulet à la citronnelle

Dom. Alfred Wantz, 61, rue de la Montagne, 67140 Mittelbergheim, tél. 03 88 08 91 43, stephane.wantz@wanadoo.fr V t.l.j. sf dim. 9h-12h 13h30-18h

WEINBACH Schlossberg Riesling Cuvée Sainte-Catherine 2012

4 306 | 30 à 50 €

Ancien vignoble monastique, mentionné au IX^e^s. et acquis en 1898 par la famille Faller. Avec 30 ha, il dispose aujourd'hui d'une belle palette de terroirs, (le Schlossberg et le Furstentum notamment). Depuis 1979, Colette Faller puis ses filles Catherine et Laurence lui ont donné une grande notoriété, adoptant la démarche biodynamique (sur l'ensemble du domaine depuis 2005). Laurence Faller est hélas brutalement décédée en 2014.

La robe jaune doré annonce un nez intense et concentré aux nuances d'agrumes très mûrs. Frais et fruité en attaque, riche et généreux, le palais offre une finale longue et vive, teintée d'une légère amertume. Un grand cru qui mérite encore de vieillir un peu. 2014-2019 bar au four

Dom. Weinbach, 25, rte du vin, Clos des Capucins, 68240 Kaysersberg, tél. 03 89 47 13 21, contact@domaineweinbach.com V r.-v.

Colette, Catherine et Laurence Faller

WILLM Kirchberg de Barr Gewurztraminer Clos Gaensbroennel 2012

4 000 | 11 à 15 €

Fondée à Barr en 1896, cette maison de négoce est aujourd'hui dans le giron du groupe Wolfberger.

Réputé, le Clos Gaensbroennel est inclus dans le grand cru Kirchberg de Barr. Pour ce 2012, une robe aux reflets verts, un nez discret mais franc, et une bouche ample, encore marquée par les sucres résiduels : ce millésime devrait se fondre avec le temps. (Sucres résiduels : 37,5 g/l.) 2015-2019 poulet au curry

Alsace Willm, 6, Grand-Rue, 68420 Eguisheim, tél. 03 89 41 24 31, contact@alsace-willm.com V r.-v.

♥ DOM. WITTMANN
Zotzenberg Sylvaner 2012 ★★

1 500 | 8 à 11 €

Vignerons à Mittelbergheim depuis le XVIII^e^s., les Wittmann sont installés dans une ancienne cour dîmière : avec son pignon Renaissance, la demeure est typique de ce village. À la tête du domaine depuis 1996, Nicolas exploite plus de 8 ha ; il cultive plusieurs cépages sur le Zotzenberg, le grand cru de la commune.

Le pressurage en raisins entiers et l'élevage sur lies fines permettent de révéler toute l'originalité du terroir du Zotzenberg associé au cépage sylvaner. Ce 2012 vendangé le 1er novembre a donné un vin au nez tout en finesse se partageant entre un fruité bien mûr et des notes florales (aubépine). Tout aussi subtil et complexe, le palais séduit par son équilibre sucre-acidité et par une minéralité bien marquée. Un ensemble harmonieux et cohérent, et un plaisir durable. (Sucres résiduels : 8 g/l.) 2015-2025 filet mignon à la rhubarbe

Dom. Wittmann, 7, rue Principale, 67140 Mittelbergheim, tél. 03 88 08 95 79, vins.wittmann@orange.fr V r.-v.

ZIEGLER-MAULER Mandelberg Pinot gris Les Amandiers 2012

1 200 | 11 à 15 €

Créé au début des années 1960, ce domaine a commencé à vendre son vin en bouteilles au cours de la décennie suivante. À la tête de l'exploitation depuis 1996, Philippe Ziegler conduit ses 5 ha de vignes selon une démarche proche du bio, sans certification.

Les Amandiers ? Une allusion à son terroir de naissance, le Mandelberg ou « colline aux Amandiers », connu pour sa précocité. Pâle de couleur, ce pinot gris est également discret au nez, mais apparaît fin et élégant. Plus expressif en bouche, il dévoile des arômes de fruits confits (coing), de miel et de grillé au sein d'une matière ample, équilibrée par une belle acidité. Ce 2012 devrait s'épanouir avec le temps. (Sucres résiduels : 21 g/l.) 2014-2019 saint-jacques au safran Mandelberg Gewurztraminer Les Amandiers 2012 (900 b.) : un gewurztraminer riche, voire opulent, aux arômes de surmaturation (fruits confits, datte), équilibré par ce qu'il faut de fraîcheur. (Sucres résiduels : 43 g/l.) 2014-2019

Dom. J.-J. Ziegler-Mauler Fils, 2, rue des Merles, 68630 Mittelwihr, tél. 03 89 47 90 37, vins.zieglermauler@orange.fr V r.-v.

CRÉMANT-D'ALSACE

• Superficie : 3 017 ha • Production : 235 705 hl

La reconnaissance de cette appellation, en 1976, a donné un nouvel essor à la production de vins effervescents élaborés selon la méthode traditionnelle, qui existait depuis longtemps à une échelle réduite. Les cépages qui peuvent entrer dans la composition du crémant-d'alsace sont le pinot blanc, l'auxerrois, le pinot gris, le pinot noir, le riesling et le chardonnay.

BESTHEIM
Prestige

80 000 | 8 à 11 €

Né en 1997 de la fusion des caves de Westhalten, d'Obernai et de Bennwihr, et de la maison de négoce Heim, le groupe Bestheim est un opérateur de premier plan en Alsace, vinifiant quelque 700 ha.

Ce 100 % pinot blanc est le fleuron des crémants du groupe. Ses arguments : une bulle légère, un nez un peu évolué, sur le toasté et la pomme, un palais équilibré, à la fois frais et de bonne maturité. Plutôt pour le repas. 2014-2015 poisson en sauce

Bestheim-Cave de Bennwihr, 3, rue du Gal-de-Gaulle, 68630 Bennwihr, tél. 03 89 49 09 29, vignobles@bestheim.com V t.l.j. sf dim. 10h-12h 14h-17h30

DOM. CLAUDE ET CHRISTOPHE BLÉGER
Cœur de cru 2010

10 000 | 8 à 11 €

Christophe Bléger et son père Claude, héritiers d'une lignée vigneronne remontant à 1630, exploitent un domaine de 9 ha (en conversion bio) répartis sur les quatre communes dominées par le Haut-Kœningsbourg.

Auxerrois et pinot blanc à parts quasi égales et une pointe de pinot gris composent ce 2010 de bonne complexité (fruits, pain brioché, fumé), souple, rond et plutôt généreux en bouche. 2014-2015 gougères

Dom. Bléger, 23, Grand-Rue, 67600 Orschwiller, tél. 03 88 92 32 56, contact@bleger.fr V t.l.j. 9h-12h15 13h15-19h 2 B

B VIGNOBLE DES DEUX LUNES
Poussière d'étoiles 2012 ★★

3 400 | 11 à 15 €

Amélie Buecher et sa sœur Cécile (septième génération) ont repris en 2009 le vignoble familial : anciennement Buecher-Fix, rebaptisé Vignoble des Deux Lunes pour traduire leur démarche bio et biodynamique.

Non pas des poussières, mais deux belles étoiles pour cette cuvée de pinot noir d'un seyant rose franc, à l'effervescence fine et soutenue. Au nez, les fruits rouges mûrs annoncent un crémant de caractère. De fait, la bouche se révèle ample, vineuse, structurée, persistante, sans manquer d'élégance. 2014-2018 tarte aux cerises

Vignoble des Deux Lunes, 21, rue Sainte-Gertrude, 68920 Wettolsheim, tél. 03 89 30 12 80, contact@vignobledes2lunes.fr V r.-v.

DOM. DUSSOURT Riesling 2011

4 750 | 8 à 11 €

Officier des armées de Louis XIV, le premier Dussourt fait souche en Alsace à la fin du XVII^e^s. et ses descendants ne tardent pas à s'intéresser au vin. André débute la vente en bouteilles en 1964 avant de passer le relais à son fils Paul en 1987. Couvrant 11,5 ha, le vignoble est implanté à Scherwiller, village proche de Sélestat reconnu en dénomination communale pour son riesling.

Paul Dussourt met une nouvelle fois son cépage de prédilection à l'honneur. Dans sa version effervescente, celui-ci donne un vin au nez discret, mais fin, d'agrumes et de minéralité. Le palais est à l'unisson, droit, frais, de bonne longueur. 2014-2016 fruits de mer

Dom. Dussourt, 2, rue de Dambach, 67750 Scherwiller, tél. 03 88 92 10 27, domaine.dussourt@orange.fr V t.l.j. sf dim. 8h30-12h 13h30-18h30

JEAN-PAUL ECKLÉ 2011 ★★

10 000 | 5 à 8 €

Près de Colmar, dans le village de Katzenthal blotti dans un vallon, dominé par le donjon du Wineck, Emmanuel Ecklé exploite depuis 1996 les 9,3 ha du domaine familial. Une valeur sûre, notamment pour ses rieslings du Wineck-Schlossberg et du lieu-dit Hinterburg.

Le vigneron montre régulièrement une belle maîtrise de la bulle alsacienne. Ici un assemblage 80-20 de pinot blanc et de riesling, à l'effervescence légère et continue, à l'olfaction nette et fine (fruits exotiques, agrumes, fleurs blanches), long et tout aussi expressif, frais et tonique en bouche. Un crémant dynamique et équilibré. 2014-2017 terrine de poisson

Jean-Paul Ecklé et Fils, 29, Grand-Rue, 68230 Katzenthal, tél. 03 89 27 09 41, eckle.jean-paul@wanadoo.fr V t.l.j. sf dim. 9h-12h 13h30-18h D

DOM. ARMAND GILG 2011

13 000 | 8 à 11 €

Famille d'origine autrichienne établie à Mittelbergheim depuis 1601 ; encore plus anciennes (XVI^e^s.) sont les caves abritant de vieux foudres sculptés. Un domaine régulier en qualité de 28,5 ha, dont plus de 5 ha dans les grands crus Zotzenberg et Moenchberg.

De fines bulles animent le verre, duquel s'échappent de plaisants parfums d'agrumes. Une fraîcheur que l'on retrouve dans un palais vif, tonique, « adoucie » par une légère touche beurrée. 2014-2016 apéritif

Dom. Armand Gilg, 2, rue Rotland, 67140 Mittelbergheim, tél. 03 88 08 92 76, info@domaine-gilg.com V t.l.j. 8h-12h 13h30-18h; dim. 9h-11h30

GINGLINGER-FIX 2011 ★

11 000 | 5 à 8 €

La tradition vigneronne remonte à 1610 dans cette famille établie à Voegtlinshoffen, village veillé par les Trois Châteaux, au sud de Colmar. Aujourd'hui, André Ginglinger (le père), Éliane (la fille, œnologue) et Hubert

(le fils, ingénieur viticole) conduisent 7,5 ha de vignes selon une démarche bio, sans certification.

La fine bulle des Ginglinger est au rendez-vous: un assemblage auxerrois-chardonnay-pinot gris qui se distingue par son bouquet avenant d'abricot et d'acacia, accompagné d'un léger brioché. En bouche, du volume, de la droiture, de la fraîcheur et une belle finale citronnée. ⧗ 2014-2017 🍴 terrine de saumon

Gginglinger-Fix, 38, rue Roger-Frémeaux, 68420 Voegtlinshoffen, tél. 03 89 49 30 75, info@ginglinger-fix.fr V t.l.j. 9h-18h

GRUSS Prestige ★★

● | 12 000 | | 8 à 11 €

Succédant à son père Bernard en 1998, le vigneron et négociant André Gruss exploite 16 ha de vignes sur quatre communes au sud de Colmar : Eguisheim, Wettolsheim, Herrlisheim et Rouffach.

Une dominante de pinot blanc dans ce brut à la mousse intense et persistante, au nez envoûtant de citron, de pêche, de fleurs blanches et de nuances briochées. La bouche, ample et longue, offre un équilibre remarquable entre fraîcheur et richesse. ⧗ 2014-2018 🍴 pâté en croûte

Joseph Gruss et Fils, 25, Grand-Rue, 68420 Eguisheim, tél. 03 89 41 28 78, domainegruss@hotmail.com V t.l.j. sf dim. 8h30-12h 13h30-18h

ARTHUR METZ Perle noire ★

● | 40 000 | | 11 à 15 €

Une maison de négoce créée en 1904, dans le giron des Grands Chais de France depuis 1991, regroupant trois sites, quelque 650 viticulteurs cultivant 1 000 ha.

Pinot blanc, auxerrois et une touche de chardonnay pour ce crémant à la bulle fine et persistante, au nez de fleurs blanches et d'abricot mûr nuancés de pain brioché. Une expression aromatique prolongée par un palais long, ample, gras, une juste fraîcheur aux accents de pamplemousse en soutien. Un vin équilibré. ⧗ 2014-2017 🍴 tarte aux abricots

Arthur Metz, 102, rue du Gal-de-Gaulle, 67520 Marlenheim, tél. 06 28 56 00 47, abondon@arthurmetz.fr V r.-v. GCF

DOM. DU MOULIN DE DUSENBACH Tradition 2012 ★

● | 17 000 | | 8 à 11 €

Une histoire multiséculaire pour cet ancien moulin à farine, devenu tour à tour scierie et battoir de chanvre, puis domaine viticole dans les années 1970. La famille Schwebel, à sa tête depuis 2008, conduit un vignoble de 26 ha répartis sur quinze communes au nord de Colmar.

Le pinot dans ses versions blanche, grise et noire compose (par tiers) ce 2012 au nez bien fruité (agrumes, fruits jaunes), persistant, ample et assez vineux en bouche, sans toutefois manquer de la fraîcheur nécessaire à l'équilibre. ⧗ 2014-2017 🍴 kouglof

Dom. du Moulin de Dusenbach, 25, rte de Sainte-Marie-aux-Mines, 68150 Ribeauvillé, tél. 03 89 73 72 18, contact@domaine-dusenbach.com V r.-v. Schwebel

MURÉ Grand Millésime 2009 ★★

● | 4 600 | | 15 à 20 €

Cette maison de haute renommée a son siège à Rouffach, en contrebas du fameux Clos Saint-Landelin, planté par des moines dès le haut Moyen Âge et fleuron du domaine depuis 1935 (12 ha cultivés en bio à l'extrémité sud du grand cru Vorbourg). Secondé par ses enfants Véronique et Thomas, René Muré a repris en 1976 ce vignoble de 25 ha, complétés par une structure de négoce.

« Atypique » : c'est ainsi qu'est unanimement décrit ce crémant mi-chardonnay mi-riesling élevé dix-huit mois en foudre. Atypique par son bouquet vineux et évolué de fruits mûrs, de cuir et de cire d'abeille. Atypique aussi par son palais vanillé et brioché, gras, riche, ample, mais jamais lourd grâce à une fine acidité en soutien. Pour amateurs avertis. ⧗ 2014-2016 🍴 volaille sauce crémée

Dom. du Clos Saint-Landelin, Véronique et Thomas Muré, rte du Vin, 68250 Rouffach, tél. 03 89 78 58 00, domaine@mure.com V r.-v.

DANIEL RUFF Cuvée Guillaume 2011

● | 19 000 | | 5 à 8 €

Un domaine de 15 ha situé au pied du mont Sainte-Odile, dans le pays de Barr. Si son savoir-faire s'étend à d'autres variétés, Daniel Ruff y cultive avec ferveur le klevener, cépage fétiche de Heiligenstein qui a valu au village une dénomination communale.

Une mousse persistante chapeaute ce vin aux légers accents grillés à l'olfaction. Des nuances prolongées, en compagnie de notes fruitées et beurrées, par un palais frais, équilibré, de bonne intensité. ⧗ 2014-2016 🍴 apéritif

Daniel Ruff, 64, rue Principale, 67140 Heiligenstein, tél. 03 88 08 10 81, ruffvigneron@wanadoo.fr V t.l.j. 8h-12h 13h30-18h30

MAURICE SCHUELLER 2011 ★

● | 6 700 | | 5 à 8 €

Cette famille d'origine suisse s'est installée à Eguisheim avant que le grand-père n'acquière en 1934 une propriété viticole à Gueberschwihr, au sud de Colmar. Depuis 1994, Marc Schueller a pris la suite de son père Maurice à la tête de 7,4 ha de vignes.

C'est dans la cave voûtée du XV[e]s. et son imposante porte ronde datée de 1709 que vous découvrirez ce crémant ouvert sur les fruits jaunes et les fleurs blanches. Un bouquet net et intense prolongé par un palais frais, droit et fin, adouci par une agréable petite sucrosité. Un vin équilibré. ⧗ 2014-2016 🍴 rillettes de poisson

EARL Maurice Schueller, 17, rue Basse, 68420 Gueberschwihr, tél. 03 89 49 31 80 V t.l.j. sf dim. 8h30-12h 14h-18h

B DOM. SEILLY Désir ★

● | 5 000 | | 50 à 75 €

Du fondateur, tonnelier sous le Second Empire, à l'exploitant actuel, l'œnologue Marc Seilly, installé depuis 1988, chaque génération a contribué à forger ce

domaine. Aujourd'hui, 12 ha en bio autour de la petite cité bas-rhinoise d'Obernai.

Formé en Champagne, le vigneron maîtrise l'art de la bulle. Celle-ci est fine et persistante. Le nez mêle pain brioché, notes de sous-bois et anis étoilé. La bouche se montre souple, riche et charnue, tonifiée par une finale fraîche et citronnée. Un crémant de caractère. 2014-2017 rôti de veau à la crème

Dom. Seilly, 18, rue du Gal-Gouraud, 67210 Obernai, tél. 03 88 95 55 80, export@seilly.fr V t.l.j. 9h-12h 14h-18h

DOM. PHILIPPE SOHLER

●	5 800		8 à 11 €

Depuis 1997, Philippe Sohler exploite le domaine familial – 11 ha, au sud de Barr. Il propose plusieurs vins de terroir : lieux-dits Fronholz, Heissenberg, Zellberg, Clos Rebberg et grand cru Muenchberg.

Le nez, expressif, évoque les fruits jaunes, la pêche notamment, accompagnés de notes briochées. Le palais est souple, d'un bon volume, bien équilibré entre richesse et fraîcheur, cette dernière se montrant plus incisive en finale. 2014-2016 poisson grillé

Dom. Philippe Sohler, 80 A, rte des Vins, 67680 Nothalten, tél. 03 88 92 49 89, contact@sohler.fr V r.-v.

J.-M. SOHLER Blanc de blancs 2012

●	4 000		5 à 8 €

Jean-Marie Sohler et son fils Hervé exploitent leur vignoble autour de Blienschwiller, village viticole au sud de Barr, où la famille est installée depuis plusieurs siècles. Dans leur cave de 1563, ils élèvent les vins dans les foudres traditionnels.

Vinifié en foudre, ce 2012 livre un bouquet fruité et légèrement toasté. Dans le prolongement, le palais se montre souple, rond, plus vif en finale. Un ensemble équilibré. 2014-2016 apéritif

Jean-Marie et Hervé Sohler, 16, rue du Winzenberg, 67650 Blienschwiller, tél. 03 88 92 42 93, jeanmarie.sohler@orange.fr V r.-v. E

CHARLES SPARR Hallelujah Chardonnay ★

●	4 000	11 à 15 €

Les Sparr cultivent la vigne depuis le XVIIe s. En 2007, Pierre Sparr et son fils Charles ont quitté la maison familiale de Sigolsheim pour Riquewihr. Leur vignoble s'étend sur 25 ha (en conversion bio, la biodynamie en ligne de mire), la majorité en coteaux.

Ce pur chardonnay à la robe cristalline et à la bulle fine dévoile un nez élégant, minéral, floral, fruité et légèrement brioché. On retrouve cette finesse dans une bouche franche en attaque, ample, riche et douce dans son développement, avant d'être rattrapée par une belle vivacité en finale. Harmonieux et bien typé. 2014-2017 tourte au saumon

Dom. Charles Sparr, 8, av. Méquillet, 68340 Riquewihr, tél. 03 89 47 92 14, pierre.sparr@wanadoo.fr V t.l.j. 9h-12h 14h-17h30

B AIMÉ STENTZ Cuvée Prestige 2011

●	10 500		8 à 11 €

Fondé en 1919, ce domaine de 14,5 ha (en bio depuis 2010), situé à la périphérie ouest de Colmar, est dirigé par Louis et Étienne Stentz, fils d'Aimé : cinquante-cinq parcelles sur cinq communes et cinq grands crus.

Ce 2011 à l'effervescence discrète développe des parfums élégants de réglisse et d'abricot mûr accompagnés de notes fumées, tandis que la bouche plaît par sa finesse et sa fraîcheur citronnée. 2014-2016 tarte au citron

Aimé Stentz, 37, rue Herzog, 68920 Wettolsheim, tél. 03 89 80 63 77, vins.stentz@calixo.net V t.l.j. sf dim. 9h-12h 13h30-18h

L'UNABELLE

●	150 000		5 à 8 €

Fondée en 1954 au cœur de la route des Vins, cette coopérative regroupe majoritairement des viticulteurs de Hunawihr. Elle vinifie le fruit d'environ 200 ha et propose une large gamme de vins (dont cinq grands crus). Elle a deux marques : Peter Weber et L'Unabelle.

Bulles fines et persistantes, mousse consistante, nez franc et légèrement toasté, bouche fraîche et équilibrée. 2014-2016 apéritif

L'Unabelle, 48, rte de Ribeauvillé, 68150 Hunawihr, tél. 03 89 73 61 67, inf@cave-hunawihr.com V t.l.j. 9h30-12h 14h-18h; f. dim. en janv., fév. et mars

ZINK 2009 ★★

●	6 400		5 à 8 €

Installés dans une maison de 1616 abritant des foudres deux fois centenaires, Pierre-Paul Zink et son fils Étienne sont les héritiers de onze générations de vignerons. Ils exploitent avec talent 8 ha sur les coteaux vosgiens au sud de Colmar, dont le grand cru Steinert. Une valeur sûre.

Les Zink ont pris leur temps pour ce 2009 : dix mois d'élevage en foudre et sur lies fines, puis quarante-huit mois sur lattes. Le résultat ne laisse pas indifférent : robe cristalline, bulle fine et régulière, très joli nez brioché et citronné, bouche suave et ample sur l'abricot mûr, avec ce qu'il faut de fraîcheur. Un crémant racé, de repas. 2014-2017 volaille en sauce

Pierre-Paul Zink, 27, rue de la Lauch, 68250 Pfaffenheim, tél. 03 89 49 60 87, infos@vins-zink.fr V r.-v.

LA LORRAINE

Les vignobles des Côtes de Toul et de la Moselle restent les deux seuls témoins d'une viticulture lorraine autrefois florissante par son étendue, supérieure à 30 000 ha en 1890. Elle l'était aussi par sa notoriété. Les deux vignobles connurent leur apogée à la fin du XIXe s.

Dès cette époque, plusieurs facteurs se conjuguèrent pour entraîner leur déclin : la crise phylloxérique, qui introduisit l'usage de cépages hybrides de moindre qualité ; la crise économique viticole de 1907 ; la proximité des champs de bataille de la Première Guerre mondiale ; l'industrialisation de la région, à l'origine d'un formidable exode rural. Ce n'est qu'en 1951 que les pouvoirs publics reconnurent l'originalité de ces vignobles. En 2011, les vins-de-moselle sont devenus AOC sous le nom de moselle.

CÔTES-DE-TOUL

• Superficie : 57 ha • Production : 2 544 hl (85 % rouge et rosé)

Situé à l'ouest de Toul et du coude caractéristique de la Moselle, le vignoble a accédé à l'AOC en 1998. Il couvre le territoire de huit communes qui s'échelonnent le long d'une côte résultant de l'érosion de couches sédimentaires du Bassin parisien. On y rencontre des sols de période jurassique composés d'argiles oxfordiennes, avec des éboulis calcaires en notable quantité, très bien drainés et exposés au sud ou au sud-est. Le climat semi-continental, qui renforce les températures estivales, est favorable à la vigne. Toutefois, les gelées de printemps sont fréquentes. Le gamay domine toujours, bien qu'il régresse sensiblement au profit du pinot noir. L'assemblage de ces deux cépages produit des vins gris caractéristiques, obtenus par pressurage direct. Le pinot noir seul, vinifié en rouge, donne des vins corsés et agréables, l'auxerrois d'origine locale, en progression constante, des vins blancs tendres.

DOM. DE L'AMBROISIE
Gris Mystic 2013 ★★

■	10 200	🍾	5 à 8 €

Thomas Colson et Rémy Welter ont repris, en 2006, les vignes dans lesquelles ils travaillaient en tant qu'ouvriers viticoles. Ils ont alors créé leur marque et se sont établis à Toul, dans un domaine qui couvre 8 ha.

Ce gris offre tout ce que l'on attend de ce style de vin : la délicatesse de la robe saumonée, la finesse des arômes (framboise au nez, à laquelle s'ajoute la fraise en bouche) et la rondeur, associée à une belle fraîcheur. ⧗ 2014-2015 ¥ boudin blanc de Rethel

⊶ Dom. de l'Ambroisie, 45, impasse Victor-Hugo, 54200 Toul, tél. 03 83 63 80 53, domaine-de-l-ambroisie@sfr.fr V ⛹ ⛫ t.l.j. sf dim. 14h-18h30

FRANCIS DEMANGE
Gris 2013 ★★

■	4 900	5 à 8 €

Lorsque l'on arrive de Toul, la maison de Francis Demange est l'une des premières du village de Bruley. Installé en 1994, il exploite un modeste vignoble de 2 ha qu'il tient de son père et de son grand-père.

Ce gris aux nuances abricot s'ouvre sur de délicates fragrances de fruits frais. Souple, le palais est tout en fruits rouges (framboise et fraise). Un ensemble raffiné. Proche du coup de cœur. ⧗ 2014-2015 ¥ thon grillé aux herbes ■ Auxerrois 2013 ★ (1 600 b.) : joli nez d'agrumes, de fruits jaunes et de fleur d'oranger, et bouche dans le même registre, délicate, vivifiée par une belle salinité. ⧗ 2014-2015

⊶ Francis Demange, 93, rue des Triboulottes, 54200 Bruley, tél. 03 83 64 33 47, francisdemange@livre.fr V ⛹ ⛫ r.-v.

VIGNOBLES DES DUCS Auxerrois 2012

■	4 667	5 à 8 €

L'Établissement et service d'aide par le travail Val de Lorraine (ESAT) a pour finalité de faire accéder à une vie sociale et professionnelle des personnes handicapées. C'est en 2010 que l'organisme a pu développer une activité viticole sur un domaine d'un peu plus de 1 ha.

Ce vin affiche une robe dorée et surprend par ses parfums de buis, évocateurs de sauvignon, assortis de notes de citron vert. Le palais gras et concentré signe un blanc de caractère. ⧗ 2014-2017 ¥ tarte à l'oignon

⊶ ESAT-CAT Val de Lorraine, 30, rte de Frouard, 54460 Liverdun, tél. 03 83 24 45 54, cat.liverdun@free.fr V ⛫ r.-v.

VINCENT LAROPPE Gris 2013 ★★

■	13 000	🍾	5 à 8 €

Les descendants du vigneron du château de Bruley sont restés attachés aux productions locales, vins et eaux-de-vie. Depuis François Laroppe, au XVIIIe s., de nombreuses générations se sont succédé. Plus près de nous, Marcel, artisan de la renaissance du vignoble toulois, et Michel, œnologue comme son fils Vincent. Ce dernier a repris en 2003 la maison : 20 ha de vignes et une structure de négoce. Une valeur sûre.

Une robe saumon aux reflets brillants pour ce gris au nez intense de fruits exotiques. Tout aussi expressif, le palais offre à profusion des saveurs de fraise et de framboise mûres qui se prolongent en une finale veloutée. ⧗ 2014-2015 ¥ canard laqué ■ Auxerrois 2013 ★ (13 000 b.) : robe or clair aux reflets brillants ; nez floral assorti de notes de pêche et d'abricot ; palais à la fois généreux, suave et délicat, sur les fruits frais et le citron. ⧗ 2014-2015

Vincent Laroppe, 253, rue de la République, 54200 Bruley, tél. 03 83 43 11 04, vignoble-laroppe@wanadoo.fr V t.l.j. sf dim. 9h-12h 14h-18h 2

LELIÈVRE
Gris de Toul Les Évêques 2012 ★★

	3 500		11 à 15 €

Si la propriété se transmet de père en fils depuis la Révolution, avant la dernière guerre, la vigne partageait ici l'espace avec le houblon et les vergers... Le domaine produit d'ailleurs toujours de la mirabelle de Lorraine. Première mise en bouteilles en 1971. Arrivée en 2008 sur l'exploitation, aux côtés de leur père Roland, de David et Vincent, qui exploitent plus de 18 ha de vignes et ont réintroduit l'élevage en barrique. Une valeur sûre.

Élever un vin gris cinq mois sous bois (demi-muid), il fallait oser ! Le résultat est convaincant. La robe est soutenue, entre saumon et framboise ; framboise que l'on retrouve au nez, dans une version compotée, alliée à un boisé vanillé. On retrouve ces notes d'élevage, avec des nuances torréfiées, dans une bouche généreuse à l'acidité bien fondue. Un superbe équilibre. 2014-2017 oie farcie Pinot noir Les Évêques 2012 (3 500 b.) : douze mois de barrique pour ce vin partagé entre fruits rouges et notes boisées, structuré par des tanins vifs. 2015-2017

EARL Dom. Lelièvre, 1, rue de la Gare, 54200 Lucey, tél. 03 83 63 81 36, info@vins-lelievre.com V t.l.j. 9h-12h 14h-18h

DOM. DE LA LINOTTE Auxerrois 2013 ★

	2 100		5 à 8 €

Après avoir travaillé à Sancerre et en Champagne, Marc Laroppe est revenu planter dans son village de Bruley, en 1993, un petit vignoble de quelque 2 ha, qui contribue à la renaissance discrète du Toulois viticole. S'appuyant sur l'œnotourisme, la propriété est devenue une valeur sûre de la région.

Dans sa robe d'or aux reflets vert brillant, cet auxerrois s'ouvre sur des parfums d'amande et des fragrances florales. Au palais, il fait preuve d'une agréable légèreté, évoluant en finesse sur des notes de citron et de fleurs. 2014-2015 carré de l'Est Vin gris 2013 (7 000 b.) : robe saumon clair ; nez de fruits frais, un peu discret mais fin ; belle matière en bouche, du gras. 2014-2015

Marc Laroppe-Dom. de la Linotte, 90, rue Victor-Hugo, 54200 Bruley, tél. 03 88 63 29 02, domainedelalinotte@orange.fr V t.l.j. 9h-12h 14h-18h 2

B JACQUES MASSON Auxerrois 2013

	500		5 à 8 €

Établi à Bulligny, à quelque 10 km au sud de Toul, Jacques Masson a pris en 1989 la suite d'une lignée remontant à 1755. Élaborant aussi la célèbre mirabelle de Lorraine, il cultive à peine plus de 2 ha de vignes.

Or pâle, cet auxerrois s'ouvre sur des parfums de zeste de citron et de fleurs, puis penche vers les fruits exotiques. Le palais, délicatement citronné, finit sur des notes minérales. 2014-2015 poisson au four

Jacques Masson, 39, rue Saint-Vincent, 54113 Bulligny, tél. 03 83 62 57 01, viti.masson.jacques@gmail.com V r.-v.

ALAIN MIGOT Auxerrois 2013 ★★

	1 600	5 à 8 €

Jeune agriculteur, Camille Migot a repris en 2013 les vignes de son père Alain, bien connu des lecteurs. Il les convertit au bio et agrandit le domaine (4 ha) en louant des terres en bio certifié à un viticulteur à la retraite.

Des parfums d'abricot intenses et généreux, rehaussés d'une touche minérale, se prolongent dans un palais bien construit, tout en finesse. Ce vin charmeur trouvera facilement sa place à table. 2014-2016 poisson en papillote Vin gris 2013 ★ (2 400 b.) : robe saumon clair ; nez expressif, fruité et fin ; palais gras, minéral et persistant, finissant sur une touche d'amertume de bon aloi. 2014-2015

Dom. Migot, Camille Migot, 108, Grand-Rue, 54200 Lucey, tél. 03 83 63 87 31, domaine-migot@orange.fr V r.-v.

DOM. RÉGINA
Pinot noir Cuvée aux chênes 2012 ★

	5 000		5 à 8 €

Isabelle et Jean-Michel Mangeot ont repris une vigne de 1,6 ha à Bruley en 1997, un an avant la promotion du côtes-de-toul en AOC. Leur domaine a connu une réelle extension (12 ha aujourd'hui) et acquis une belle notoriété.

Élevée dix mois en fût, cette cuvée affiche une robe grenat soutenu et s'ouvre sur des arômes vanillés et boisés, avec des notes de fraise et de mûre à l'arrière-plan. La mise en bouche dévoile un vin ample, bien structuré, gras et élégant. 2014-2017 filet mignon de veau rôti Gris Vieilles Vignes 2013 ★ (6 600 b.) : un vin fruité et épicé, riche et intense. 2014-2015

Dom. Régina, 350, rue de la République, 54200 Bruley, tél. 03 83 64 49 52, contact@domaineregina.com V t.l.j. sf dim. 10h-12h 14h-18h J.-M. Mangeot

♥ LES VIGNERONS DU TOULOIS
Auxerrois 2013 ★★★

	7 000		5 à 8 €

Fondée en 1989, cette coopérative se flatte d'être la plus petite de France : huit adhérents, 10 ha. Sa taille réduite ne l'a pas empêchée d'aménager, en 2003, un centre de pressurage et un chai.

Cet auxerrois a charmé les dégustateurs par son nez intense et fin, délicatement floral, auquel répond une bouche tout en finesse, aux arômes d'abricot et de pêche. Le mariage heureux des sucres et l'acidité, parfaitement fondus, lui confèrent une réelle séduction. 2014-2016 saumon au beurre blanc Vin gris 2013 (4 500 b.) : un nez délicat et discret de pêche et d'abricot ; un palais généreux et fruité, porté par une belle fraîcheur. 2014-2015

Les Vignerons du Toulois, 43, pl. de la Mairie, 54113 Mont-le-Vignoble, tél. 03 83 62 59 93, vigneronsdutoulois@orange.fr V t.l.j. sf dim. lun. 14h-18h

MOSELLE

• Superficie : 42 ha • Production : 1 648 hl (55 % blanc)

Le vignoble s'étend sur les coteaux qui bordent la vallée de la Moselle ; ceux-ci ont pour origine les couches sédimentaires formant la bordure orientale du Bassin parisien. L'aire délimitée se concentre autour de trois pôles principaux : le premier au sud et à l'ouest de Metz, le deuxième dans la région de Sierck-les-Bains, le troisième dans la vallée de la Seille, autour de Vic-sur-Seille. La viticulture est influencée par celle du Luxembourg tout proche, avec ses vignes hautes et larges, et sa dominante de vins blancs secs et fruités. En volume, cette appellation reste très modeste et son expansion est contrariée par l'extrême morcellement de la région.

DOM. LES BÉLIERS
Pinot gris 2013 ★★

■	2 500	🍾	5 à 8 €

Créée en 1983 par Michel et Robert Maurice sur les coteaux de la Moselle, en amont de Metz, cette propriété est gérée depuis 2008 par Ève Maurice, œnologue, qui lui a donné son nom actuel. Pas plus de 3,5 ha et pourtant de nombreuses cuvées.

D'une belle couleur jaune aux reflets verts, ce pinot gris séduit au nez comme en bouche par sa palette aromatique complexe associant des nuances fruitées et la note fumée caractéristique du cépage. Conjuguant volume et fraîcheur, il montre une rare harmonie. Il a frôlé le coup de cœur. ⏳ 2014-2015 🍴 carpaccio de thon ■ Auxerrois 2013 ★ (3 200 b.) : nez variétal sur les agrumes, prolongé par un palais frais, voire nerveux. ⏳ 2014-2015 ■ Pinot noir 2013 ★ (1 300 b.) : fraise et groseille au nez et jolie vivacité fruitée au palais. ⏳ 2014-2015

🔑 EARL Dom. les Béliers, 3, pl. Foch, 57130 Ancy-sur-Moselle, tél. 03 87 30 90 07, domaine.beliers@orange.fr V 🍷 r.-v. 🔑 Ève Maurice

LEGRANDJACQUES Les 5 Vignes 2013

■	1 500	🍾	5 à 8 €

Un domaine de poche (2 ha) constitué par Benoît Legrandjacques en 2000 sur la rive gauche de la Moselle. Les caves sont situées dans un ancien village vigneron, à une dizaine de kilomètres de Metz. Le producteur aime assembler les cépages et a engagé la conversion bio du vignoble.

Assemblage d'auxerrois (60 %), de pinot gris (30 %) et de riesling, ce vin séduit par sa fraîcheur florale et sa vivacité au palais. ⏳ 2014-2015 🍴 salade de pommes de terre-cervelas

🔑 Benoît Legrandjacques, 22, rue de l'École-Centrale, 57160 Rozérieulles, tél. 03 87 60 24 38, lgj@sfr.fr V 🚶 🍷 sam. 14h-18h

B DOM. OURY-SCHREIBER
Pinot noir 2013

■	4 260	🍾 🛢	5 à 8 €

Depuis la disparition en 2012 de Pascal Oury, pionnier du renouveau viticole mosellan, c'est Andréa, sa femme, qui a repris la tête de l'exploitation avec ses enfants Angelica (au chai), Matthias (à la vigne) et Cédric (à la mécanique). Le domaine, en bio certifié, couvre 9 ha au sud de Metz.

S'il a connu un élevage partiel sous bois, c'est sur des notes persistantes de cassis et de fraise que s'exprime ce 2013, dont les tanins demandent à se fondre. ⏳ 2015-2017 🍴 canard aux cerises

🔑 Anna Oury-Schreiber, 29, rue des Côtes, 57420 Marieulles-Vezon, tél. 03 87 52 09 02, oury@neuf.fr V 🍷 t.l.j. sf dim. lun. 17h30-19h; sam. 10h-12h

CLAUDE SONTAG
Pinot noir Le Barrique 2012 ★★

■	1 300	🛢	8 à 11 €

La petite ville de Contz-les-Bains épouse le cours sinueux de la Moselle, aux confins du Luxembourg et de l'Allemagne. Les coteaux bordant la rivière sont couverts de vignes. Claude Sontag, aux commandes du domaine familial depuis 2006, y exploite 4 ha.

Ce pinot noir exhale des senteurs intenses de fruits rouges. C'est en bouche que se révèle son séjour de six mois dans le bois, à travers des notes de cacao bien fondues. L'ensemble brille par son équilibre. ⏳ 2014-2017 🍴 coq au vin ■ Auxerrois 2013 ★ (5 à 8 € ; 4 600 b.) : un joli nez floral bien typé et un palais tout aussi aromatique, ample et gras. ⏳ 2014-2015 ■ Muller-thurgau 2013 ★ (5 à 8 € ; 1 500 b.) : nez bien ouvert sur les fruits blancs ; bouche agréablement vive et de bonne longueur. ⏳ 2014-2015

🔑 Claude Sontag, 5, rue Saint-Jean, 57480 Contz-les-Bains, tél. 06 78 59 35 95, claude.sontag@gmail.com V 🚶 🍷 r.-v.

Lorraine

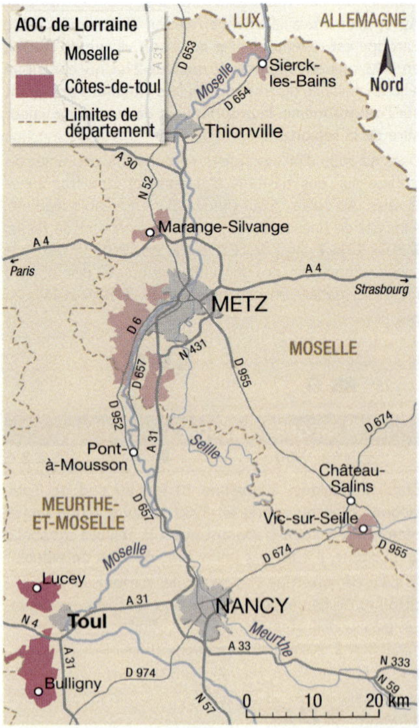

♥ DOM. DU STROMBERG
Les Contemplations 2013 ★★

■ | 5 000 | | 5 à 8 €

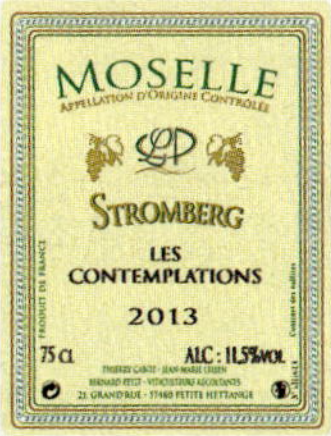

Dans ce domaine du Pays des Trois Frontières, aux confins du Luxembourg et de l'Allemagne, l'alambic fonctionne aux côtés du pressoir. La mirabelle de Lorraine est une des spécialités du domaine, qui couvre 8,5 ha. Quant aux vins de Jean-Marie Leisen, à la tête de l'exploitation depuis 2000, ils figurent souvent en bonne place dans le Guide.

Issu d'un assemblage d'auxerrois (50 %), de pinot blanc, de muller-thurgau et de gewurztraminer, ce vin séduit par la complexité de ses parfums floraux et épicés, qui se prolongent dans un palais ample, gras et d'une rare persistance. Une expression aboutie et un équilibre remarquable. ⧗ 2014-2017 ¥ truite aux amandes ■ **Muller- thurgau 2013 (5 000 b.) :** nez agréable, discrètement floral, palais tout en finesse, où l'on retrouve la fleur blanche. ⧗ 2014-2015

🔑 J.-M. Leisen, T. Labor, B. Petit, Dom. du Stromberg, 19-23, Grand-Rue, 57480 Petite-Hettange,
tél. 03 82 50 10 15, j.marie.leisen@wanadoo.fr
V t.l.j. 9h-12h 14h-19h; dim. sur r.-v.

CH. DE VAUX
Les Clos 2012 ★★

■ | 9 800 | | 15 à 20 €

En 1999, Marie-Geneviève et Norbert Molozay, tous deux experts en vinification, ont repris l'exploitation de ce vignoble où l'on produisait du *Sekt* (mousseux) à l'époque allemande. S'ils proposent des bulles, c'est surtout par leurs vins tranquilles ambitieux qu'ils ont assuré une belle notoriété à ce domaine du pays messin qui couvre aujourd'hui 13 ha.

Élevé quatorze mois en barrique, ce pinot noir dévoile une palette aromatique alliant les fruits rouges et un boisé chaleureux évoquant la vanille et le cacao. Tout aussi complexe, bien structuré, le palais repose sur des tanins soyeux. Un modèle d'harmonie. ⧗ 2015-2018 ¥ gigue de chevreuil ■ **Les Boserés 2013 ★ (5 à 8 € ; 5 600 b.) :** issu d'une large majorité de pinot noir, un rosé au nez pimpant de fraise et de groseille, au palais frais et fruité. ⧗ 2014-2015 ■ **Les Gryphées 2013 ★ (5 à 8 € ; 20 200 b.) :** issu d'un assemblage de quatre cépages, un blanc plaisant par sa complexité et sa fraîcheur, intensément fruité au nez, plus floral et délicatement acidulé au palais. ⧗ 2014-2015

🔑 Ch. de Vaux, 4, pl. Saint-Rémi,
57130 Vaux, tél. 03 87 60 20 64, contact@chateaudevaux.com
V r.-v.

Le Beaujolais et le Lyonnais

• Le Beaujolais

18 400 ha

Production :

1 000 000 hl

Types de vins :

Rouges très majoritairement,
quelques blancs secs et rosés.

Sous-régions :

Aires des dix crus (au nord),
des beaujolais-villages (autour des crus)
et des beaujolais (au sud
de Villefranche-sur-Saône principalement).

Cépages :

Rouges : gamay noir à jus blanc

Blancs : chardonnay

• Le Lyonnais

300 ha

Production :

17 000 hl

Types de vins :

Rouges (80 %), blancs secs et noirs

Cépages :

Rouges : gamay noir à jus blanc

Blancs : chardonnay, aligoté

LE BEAUJOLAIS ET LE LYONNAIS

À l'est de la Saône, entre Mâcon et Lyon, le Beaujolais est rattaché officiellement à la Bourgogne viticole. Il affirme pourtant sa personnalité par ses paysages vallonnés, son habitat plus dispersé et un cépage presque exclusif, le gamay, qui lègue aux vins un fruité pimpant. Si une promotion dynamique a rendu le beaujolais nouveau célèbre dans le monde entier, la région propose aussi des vins plus étoffés et complexes : les beaujolais, les beaujolais-villages et les dix crus.

Du vignoble de Lyon au beaujolais nouveau

Si le vignoble de Juliénas, selon la tradition, remonte aux légions de Jules César, les premières mentions écrites de vignobles ne sont pas antérieures au X^e^s. Le Beaujolais ne trouve son nom et n'apparaît dans l'histoire qu'avec les sires de Beaujeu, qui se taillent un fief à partir de cette époque. La viticulture prend son essor aux XVII^e^s. et XVIII^e^s. quand des nobles et notables lyonnais, notamment des soyeux, plantent des vignobles qu'ils confient à des métayers. Ces vins trouvent un débouché facile à Lyon, mais la plupart d'entre eux doivent attendre le développement du réseau ferré pour s'écouler à Paris. Dans les années 1930, ils ont suffisamment d'identité pour être reconnus en AOC et, pendant les deux guerres, des journalistes parisiens repliés à Lyon les découvrent et contribuent à leur notoriété. Autorisée en 1951, la vente en primeur du beaujolais connaît un succès planétaire qui connaît son apogée dans les décennies 1980 et 1990.

Du beaujolais aux crus

À la base de la pyramide des appellations, l'AOC beaujolais fournit près de la moitié de la production du vignoble et presque les deux tiers des « nouveaux ». L'appellation beaujolais-villages forme un trait d'union entre le beaujolais et les crus. Comme les crus, les vins naissent sur des roches anciennes, notamment des arènes granitiques. Un peu plus d'un tiers s'écoule en vin primeur, mais l'AOC fournit aussi des vins plus étoffés. Les crus, qui constituent le sommet de la pyramide, sont au nombre de dix. On trouve du nord au sud : saint-amour ; juliénas ; moulin-à-vent ; chénas ; fleurie ; chiroubles ; morgon ; régnié ; côte-de-brouilly et brouilly.

Beaujolais Nord, Beaujolais Sud

Le climat du Beaujolais est semi-continental et très capricieux. Les monts du Beaujolais, auxquels s'adosse le vignoble, font écran à l'humidité océanique. Les hivers sont rudes et les étés chauds, ponctués d'orages et d'épisodes de grêle ; le couloir Saône-Rhône apporte des influences méditerranéennes. Le vignoble est planté entre 190 et jusqu'à 550 m d'altitude. Au nord, de Mâcon à Villefranche-sur-Saône, les reliefs, plutôt doux, présentent des formes arrondies. C'est la région des roches anciennes (granites, porphyre, schistes, diorites) et des sables (arènes granitiques), domaine des crus et des beaujolais-villages. Le sud, de Villefranche-sur-Saône à Lyon, est marqué par des reliefs plus accusés. Les terrains sont d'origine sédimentaire, argilo-calcaires – les « pierres dorées » –, qui donnent à l'habitat une belle couleur ocre. C'est la zone de l'AOC beaujolais.

LE BEAUJOLAIS NOUVEAU

L'arrivée du « nouveau », chaque troisième jeudi de novembre, reste un événement annuel, célébré jusqu'au Japon. Ce vin de primeur représente encore un petit tiers des volumes. Lorsqu'il est élaboré de façon naturelle, c'est un vin rouge tendre et gouleyant, résultat d'une macération semi-carbonique courte, de l'ordre de quatre jours, favorisant souplesse et fruité pimpant.

Le règne du gamay

L'encépagement du Beaujolais se réduit pratiquement au gamay noir à jus blanc (99 %), le chardonnay fournissant les rares blancs. La majorité des vins rouges de la région sont élaborés selon le principe de la vinification beaujolaise ou macération semi-carbonique, technique qui consiste en une courte macération des grappes de raisin entières, une partie de la fermentation s'accomplissant à l'intérieur de la baie. Il en résulte une structure peu tannique et une palette très fruitée. Les crus du Beaujolais, s'ils portent la marque du gamay, varient selon les terroirs. Certains d'entre eux, tels le morgon et le moulin-à-vent, peuvent vieillir quelques années. Les vignerons élaborent d'ailleurs certaines cuvées à la bourguignonne en éraflant les raisins, en les faisant macérer plus longtemps et en les élevant en fût.

LE MÉTAYAGE

L'une des caractéristiques du vignoble beaujolais, héritée du passé, mais bien vivante, est le métayage : la récolte et certains frais sont partagés par moitié entre l'exploitant et le propriétaire, ce dernier devant fournir les terres, le logement, le cuvage avec le gros matériel de vinification, les produits de traitement, les plants. Le vigneron ou métayer possède l'outillage pour la culture, assure la main-d'œuvre, honore les dépenses dues aux récoltes, veille au parfait état des vignes. Aujourd'hui encore, une part non négligeable des surfaces est exploitée de cette façon.

Le Beaujolais

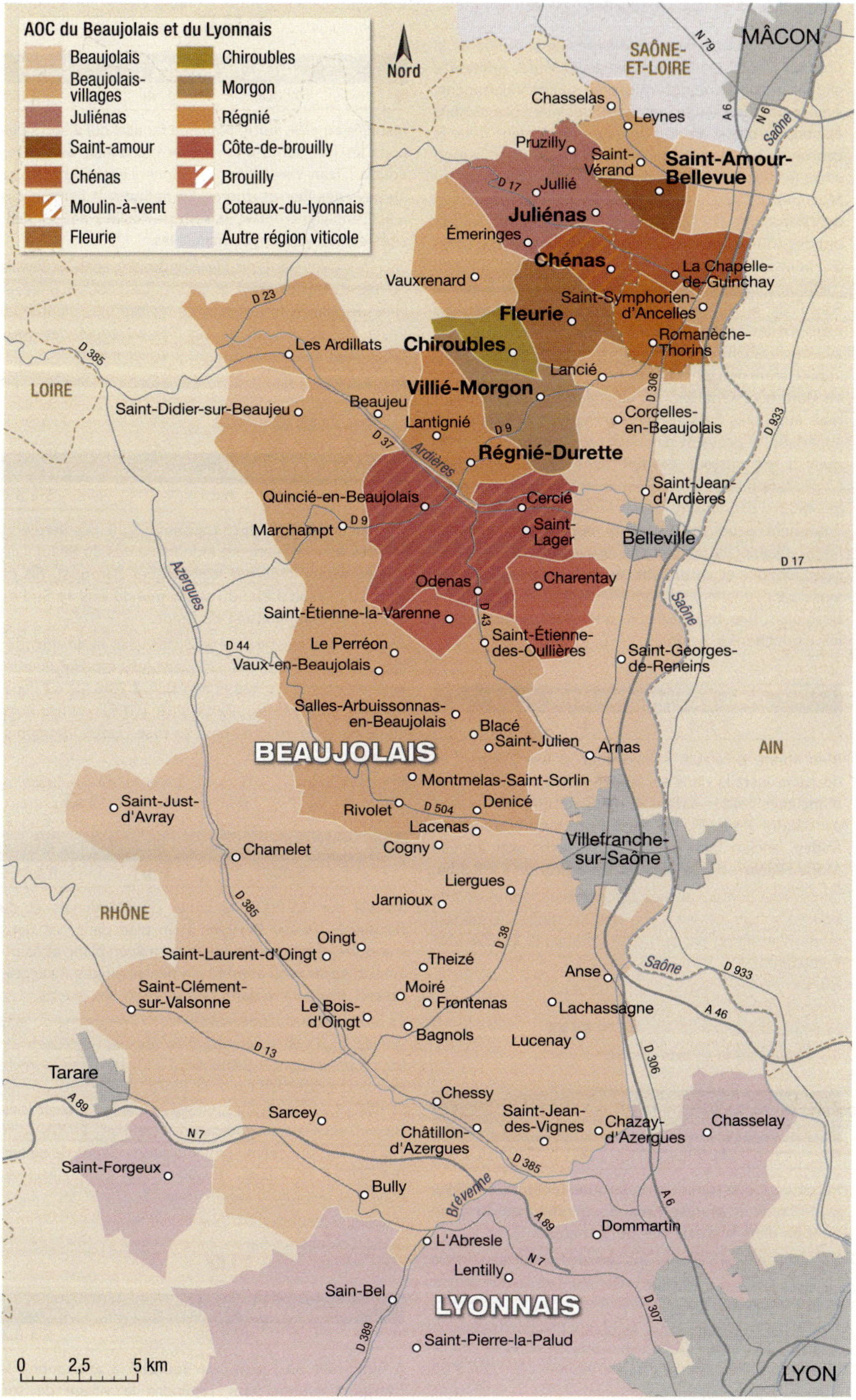

BEAUJOLAIS

• Superficie : 5 983 ha • Production : 247 660 hl

L'appellation beaujolais fournit près de la moitié de la production du vignoble et près de 75 % des primeurs ; elle est principalement localisée au sud de Villefranche. À côté des vins rouges et rosés, quelques blancs sont élaborés à partir du chardonnay, notamment dans le canton de La Chapelle-de-Guinchay, zone de transition entre les terrains siliceux des crus et ceux, calcaires, du Mâconnais. Dans le secteur des Pierres dorées, au sud de Villefranche et à l'est du Bois-d'Oingt, les vins rouges ont des arômes plus fruités que floraux, parfois nuancés de pointes végétales ; colorés, charpentés, un peu rustiques, ils se conservent assez bien. Dans la partie haute de la vallée de l'Azergues, vers l'ouest, on retrouve les roches cristallines qui donnent des vins avec de la mâche et des accents minéraux, ce qui les fait apprécier un peu plus tardivement. Enfin, les zones plus en altitude offrent des vins vifs, plus légers en couleur, mais aussi plus frais les années chaudes. Le beaujolais supérieur ne provient pas d'un terroir délimité spécifique ; il est surtout produit dans l'AOC beaujolais. L'appellation peut être revendiquée pour des vins dont les moûts présentent, à la récolte, une richesse en équivalent alcool de 0,5 % vol. supérieure à ceux de l'AOC beaujolais, les raisins provenant de parcelles sélectionnées et contrôlées avant la récolte. Tous ces vins sont dégustés traditionnellement dans les « pots » beaujolais, flacons de 46 cl à fond épais qui garnissent les « bouchons » lyonnais.

DOM. DE L'ANCIEN RELAIS 2012

■ | 2 300 | 🍾 | 5 à 8 €

Bien connu pour ses saint-amour et ses juliénas, ce domaine installé dans un ancien relais de poste doté d'une cave voûtée datant de 1399 a été fondé en 1946 par André Poitevin. En 1995, son gendre Jean-Yves Midey, ancien cuisinier, l'a repris avec son épouse Marie-Hélène et en a porté la superficie de 4 à 8,6 ha.

Un joli chardonnay au nez fruité (pêche, poire) et à la bouche souple. Un vin d'une aimable simplicité, qui sait retenir l'attention par son côté gourmand. ⧗ 2014-2016 🍴 gougères

🔑 EARL André Poitevin, Les Chamonards, 71570 Saint-Amour-Bellevue, tél. 03 85 37 16 05, earlandrepoitevin@wanadoo.fr V r.-v.
🔑 Marie-Hélène et Jean-Yves Midey

JEAN-CLAUDE ET MARYSE ARNAUD Cuvée d'Oncins Vieilles Vignes 2013 ★

■ | 3 000 | 🍾 | 5 à 8 €

Perpétuant une tradition vigneronne remontant à 1860, Jean-Claude et Maryse Arnaud exploitent un domaine de 9 ha dans la partie sud du Beaujolais.

Issu de vignes de soixante ans plantées sur coteau pentu, ce 2013 tirant sur le violet charme par la délicatesse et la complexité de son nez, où la fraise des bois et la framboise s'allient à la violette et à la pivoine. Tout aussi aromatique, fruitée et réglissée, la bouche se révèle souple et ronde, bâtie sur des tanins soyeux. ⧗ 2014-2017 🍴 andouillette

🔑 Jean-Claude et Maryse Arnaud, 631, chem. des Oncins, 69210 Saint-Germain-sur-l'Arbresle, tél. 04 78 47 91 28, arnaudjcm@free.fr V t.l.j. sf sam. dim. 9h-20h

DOM. DE BALUCE 2013

■ | 12 000 | 🛢 | 5 à 8 €

Installés en 1986 sur le domaine familial qui a son siège dans les bâtiments d'un ancien monastère aux caves voûtées, Jean-Yves et Annick Sonnery exploitent 13,5 ha au pays des Pierres dorées. Se définissant comme des « artisans-vignerons », ils sont fidèles aux hautes densités et aux vendanges manuelles.

Issu de vieilles vignes et élevé en foudre, ce 2013 dévoile un nez floral (pivoine) et poivré. La bouche, mûre et charnue, sur les fruits noirs, se montre plus pointue en finale. Ce vin devrait se bonifier au cours des deux prochaines années. ⧗ 2014-2017 🍴 filet mignon

🔑 Jean-Yves et Annick Sonnery, Dom. de Baluce, Le Plan, 69620 Bagnols, tél. 04 74 71 71 43, contact@baluce.fr V r.-v.

JEAN BARONNAT Le Respect du vin 2013

■ | n.c. | 5 à 8 €

Fondée en 1920 par Jean Baronnat, l'une des dernières affaires familiales encore indépendantes du Beaujolais, dirigée depuis 1985 par Jean-Jacques Baronnat, fils de Jean. La maison a étendu sa gamme de vins au Sud de la France. Une habituée du Guide.

Avec son nez puissant de fleurs blanches et de citron, et son palais gras, rond, aromatique et sans aspérité, voici un beaujolais blanc typique et agréable. ⧗ 2014-2016 🍴 cabillaud à la crème ■ Brouilly 2012 (8 à 11 €) : un nez floral et épicé, une bouche harmonieuse, nette, de bonne longueur. ⧗ 2014-2015

🔑 Jean Baronnat, 491, rte de Lacenas, 69400 Gleizé, tél. 04 74 68 59 20, info@baronnat.com V r.-v.

PASCAL BERTHIER Les 17 Pièces 2012 ★★

■ | 5 000 | 🍾 🛢 | 8 à 11 €

Installé sur 7,5 ha à la limite du Mâconnais et du Beaujolais, Pascal Berthier a un pied dans ces deux vignobles, produisant beaujolais, mâcon blanc et saint-amour. Après avoir appris à vinifier les rouges, il a acquis un réel savoir-faire dans l'élaboration des blancs.

Ce beaujolais naît d'une parcelle de 77 ares de chardonnay vinifiée à 30 % dans des fûts appelés « pièces » en Bourgogne et dans le Beaujolais. Le fût, de réemploi, reste mesuré. Le résultat ? Un nez subtil de vanille et de toasté, de miel et de beurre frais, un palais à la fois gras et frais. Un vin équilibré et gourmand à souhait. ⧗ 2014-2016 🍴 poule sauce suprême ■ Saint-amour Esprit de séduction 2013 ★ (11 à 15 € ; 18 000 b.) : un joli nez fruité et poivré, et des tanins bien extraits. ⧗ 2014-2017

🔑 Pascal Berthier, 384, chem. des Bruyères, 71680 Crêches-sur-Saône, tél. 03 85 37 41 64, pascalberthier@sfr.fr V r.-v.

DOM. BOURBON Charme d'automne 2013 ★

■ | 10 000 | 5 à 8 €

À vingt-huit ans, Jean-Luc Bourbon a abandonné le transport routier pour rejoindre le village de son

enfance, au sud du Beaujolais. Il s'est installé en 2001, après s'être fait la main sur... le muscadet. Il exploite 9 ha de vignes à forte densité plantées en coteaux : l'assurance de petits rendements.

Élégance et pureté, deux mots qui reviennent tout au long de la dégustation, du nez « moderne » de cassis et de framboise à la bouche fraîche, fruitée, gourmande et franche. ⌛ 2014-2015 🍷 paupiettes de veau

🔑 Dom. Bourbon, Le Marquison, 69620 Theizé, tél. 04 74 71 14 13, domaine-bourbon@orange.fr
V 🚶 🍷 r.-v.

MICHEL CARRON
Terre Noire 2013

■ | 5 000 | 🍾 | - de 5 €

Michel Carron s'est installé en 1980 sur l'exploitation familiale située dans la partie sud du vignoble, au pays des Pierres dorées. Son domaine couvre 14 ha.

Un beaujolais typique de l'appellation et de l'année, avec son nez de fruits rouges épicés et sa bouche un peu fugace mais nette, acidulée et bien équilibrée. ⌛ 2014-2015 🍷 charcuterie

🔑 Michel Carron, Terre Noire, 69620 Moiré, tél. 04 74 71 62 02, carron_michel@hotmail.fr
V 🚶 🍷 r.-v.

DOM. DE LA CHARMERAIE 2013

■ | 1 465 | - de 5 €

En 1928, le grand-père d'Anny Dumoux, carrier de profession, plante de la vigne pour disposer d'un revenu complémentaire. Son fils, comme lui, vend au négoce. Sa petite-fille reprend ces terres en 1995 et investit dans une cuverie en 2003. Installée aux confins du Beaujolais et du Mâconnais, elle propose du saint-véran, du chiroubles et du beaujolais.

La robe pâle est animée de reflets pelure d'oignon. Au nez discrètement fruité répond une bouche fraîche et fine, qui persiste sur des notes de pamplemousse. ⌛ 2014-2015 🍷 jambon persillé

🔑 Dom. de la Charmeraie, En Bossu, 71570 Chânes, tél. 03 85 37 48 96, dumoux.maurice@orange.fr
V 🍷 r.-v.

VIGNOBLE CHARMET
La Ronze 2013 ★

■ | 6 000 | 5 à 8 €

Le premier de la lignée s'est installé dans la partie sud du Beaujolais en 1650. Son lointain descendant, Jean-Baptiste Charmet, a pris la tête en 2010 du domaine familial qui couvre 27 ha. Toutes les vignes sont conduites avec la taille Charmet, mise au point par Pierre Charmet et permettant de maîtriser les rendements.

Le nez flatteur mêle la fraise écrasée, la cerise cuite et des notes amyliques. Il annonce une bouche ronde et souple, dont la jolie finale tient jusqu'au bout sa note de petits fruits rouges. Un vin fin et pimpant. ⌛ 2014-2016 🍷 veau marengo

🔑 Vignoble Charmet, La Ronze, 69620 Le Breuil, tél. 04 78 43 92 69, contact@beaujolais-charmet.com
V 🚶 🍷 r.-v.

♥ DOMINIQUE CHERMETTE 2013 ★★

■ | 3 500 | 🍾 | 5 à 8 €

Dominique Chermette a repris en 1985 le domaine familial constitué en 1958 au pays des Pierres dorées, au sud du vignoble. Il produit essentiellement du beaujolais.

Ce chardonnay remarquable en tous points déploie un nez élégant et délicat de tilleul et de pêche. Une même impression de finesse caractérise le palais, rond, tendre, soyeux et long. Un modèle d'harmonie. ⌛ 2014-2017 🍷 papillote de poisson à la crème ■ Cuvée Vieilles Vignes 2013 (10 000 b.) : issu de vignes de cinquante ans, un beaujolais gouleyant, au nez de bonbon anglais et aux tanins soyeux.

🔑 Dominique Chermette, Le Barnigat, 69620 Saint-Laurent-d'Oingt, tél. 04 74 71 20 05, dominique.chermette@wanadoo.fr V 🚶 🍷 r.-v.

LE CLOS DE MONSIEUR FERNAND
Vieilles Vignes 2013

■ | 1 300 | 5 à 8 €

Monsieur Fernand ? Le père de Jacqueline Hermans-Charmasson, qui a planté, il y a cinquante ans, cette petite vigne (0,71 ha) au pays des Pierres dorées.

Un nez discret qui s'ouvre à l'aération sur les petits fruits noirs, la violette et les épices. Des arômes que l'on retrouve dans une bouche bien structurée, aux tanins encore un peu marqués. Ce vin devrait s'épanouir dans les deux ans à venir. ⌛ 2014-2017 🍷 fricassée de poulet

🔑 Jacqueline Hermans-Charmasson, Hameau de Graves, 826, rte des Crêtes, 69480 Anse, tél. 06 08 53 64 69, rene.charmasson0334@orange.fr
V 🍷 r.-v.

DOM. GARLON 2013 ★★

■ | 20 000 | 🍾 | 5 à 8 €

C'est en 1983 que Jean-François Garlon a pris les rênes du domaine familial, dont le siège est situé au sud de la région, au pays des Pierres dorées. Il dispose de 21 ha de vignes.

Ce 2013 dévoile un nez fruité et épicé. D'un style puissant, il offre une belle mâche en bouche, qui lui permettra de bien vieillir. ⌛ 2014-2016 🍷 lapin chasseur

🔑 Jean-François Garlon, Le Bourg, 20, place des Tailleurs-de-Pierre, 69620 Theizé, tél. 04 74 71 11 97, jf.garlon@numericable.com
V 🚶 🍷 r.-v.

DOM. GIRIN
Coteaux du Razet Vieilles Vignes 2013 ★★

■ | 10 000 | 5 à 8 €

Ce domaine familial se transmet depuis quatre générations. Henri Girin, installé en 1990, exploite avec Bernard 24 ha dans le Beaujolais des Pierres dorées.

Cette cuvée issue de vignes de soixante-cinq ans s'annonce par un nez de cassis confit. Ronde et ample, la bouche s'appuie sur des tanins enrobés qui autorisent une petite garde. 2014-2016 saucisson en brioche

Dom. Girin, Aucherand, 69620 Saint-Vérand, tél. 06 83 53 46 64, vinsgirin@domainegirin.fr V t.l.j. sf. dim. 8h-12h 14h-19h

CAVE VINICOLE DE GLEIZÉ
Cuvée Prestige 2013 ★

■	4 600		- de 5 €

Construite en 1932 à l'emplacement d'un ancien prieuré, cette coopérative est l'une des plus anciennes du Beaujolais. Elle vinifie les 200 ha de vignes cultivés par ses adhérents.

Cette cuvée Prestige, issue de vignes de quarante ans, a de bons arguments à faire valoir : un nez tout en fruit, où la cerise est escortée du cassis et rehaussée d'épices, et une bouche ample, fraîche, fondue et nette, avec ce qu'il faut de longueur. 2014-2017 terrine de gibier ■ Cuvée classique 2013 (2 000 b.) : un nez intense, floral et épicé, et une bouche charpentée, plus chaleureuse que la précédente. 2014-2017

Cave vinicole de Gleizé, 1471, rue de Tarare, 69400 Gleizé, tél. 04 74 68 39 49, cave.vinicole.gleize@wanadoo.fr V t.l.j. sf dim. 9h-12h 14h-18h30

LA GRANGE-BOURBON
Clos du Gaillard 2013 ★

■	3 500		5 à 8 €

Implantée dans l'aire d'appellation du brouilly, une très ancienne propriété qui aurait appartenu aux seigneurs de Beaujeu au XIes. Benoît Chastel, installé en 1983, conduit un vignoble d'environ 11 ha.

Une cuvée issue d'un vrai clos de 2,25 ha de vignes plantées sur sols argilo-siliceux. Le nez élégant se partage entre les fruits noirs et les épices. En bouche, le vin apparaît vineux, ample, tannique et de bonne garde. 2014-2017 queue de bœuf mijotée au vin ■ Beaujolais-villages Monvallon Schiste 2013 (4 000 b.) : nez franc, fruité et épicé, bouche ronde, en harmonie avec l'olfaction. 2014-2016

GFA de la Grange-Bourbon, La Grange-Bourbon, 69220 Charentay, tél. 04 74 66 86 60, domaine.grange.bourbon@gmail.com V t.l.j. sf dim. 8h30-12h30 14h-19h

DOM. DES JOSÉPHINS
Grains d'étourneau 2012 ★

■	4 000		5 à 8 €

En 1979, Gérard Presle reprend des terres familiales au pays des Pierres dorées ; il agrandit et spécialise le domaine, abandonnant cerisiers, céréaliculture et élevage ovin. À la tête de 21 ha de vignes, il rencontre Jean-François Pluvinage, un Parisien, futur ex-opticien, qui veut changer de vie et se forme à la viticulture. En 2012, les deux hommes s'associent.

Ce chardonnay affiche un joli nez floral et minéral, et un palais subtil, dans le même registre, rond et gras. La finale minérale laisse une impression de finesse. 2014-2017 poule farcie

Dom. des Joséphins, 444, chem. des Fûts, 69480 Marcy-sur-Anse, tél. 06 07 25 28 51, lesjosephins@hotmail.com V r.-v.

DOM. LATHUILIÈRE-GRAVALLON
Roche-Noire 2013

■	6 000		5 à 8 €

Cédric Lathuilière a repris en 2009, avec son épouse Cathy Gravallon, le domaine de ses beaux-parents à Villié-Morgon : 15 ha, dont 7 ha dédiés au morgon.

Ce beaujolais blanc est issu de jeunes vignes plantées il y a cinq ans sur un peu moins de 1 ha au lieu-dit Roche-Noire. Très flatteur au nez, il mêle les fruits exotiques et le citron. Au palais, il se montre bien équilibré, rond et gras sans lourdeur, droit et net. 2014-2016 crustacés

Lathuilière-Gravallon, Vermont, 69910 Villié-Morgon, tél. 04 74 04 23 23, cedric@lathuiliere.fr V t.l.j. 8h-12h 14h-18h

CH. DE LAVERNETTE
Les Vignes de la roche 2012 ★

■	8 000		8 à 11 €

Ancienne propriété des moines de Tournus, le domaine, aux confins du Mâconnais et du Beaujolais, a été acquis par la famille en... 1596. Descendant des Lavernette, Bertrand de Boissieu quitte la coopérative en 1988 ; son fils Xavier prend le relais en 2007. Il pratique la biodynamie depuis 2005 (certifiée en 2010). Sur ses 11,4 ha de vignes, il produit des vins du Beaujolais et des pouilly-fuissé.

Élevé quinze mois sur lies, ce beaujolais blanc dévoile un nez séduisant de fleurs blanches (chèvrefeuille) et de fruits jaunes. Un charme qui se prolonge dans une bouche souple, beurrée et fruitée. 2014-2016 risotto aux fruits de mer

Ch. de Lavernette, La Vernette, 71570 Leynes, tél. 03 85 35 63 21, chateau@lavernette.com V t.l.j. sf dim. 9h-12h 13h30-18h

de Boissieu

LONGESSAIGNE 2013

■	6 000		- de 5 €

Fils de Pierre et de Cécile Durdilly (dom. Les Gryphées), Guillaume s'est installé en 2007 sur 7 ha de vignes en coteau d'un seul tenant, au pays des Pierres dorées.

Issu de vignes de cinquante ans, ce 2013 déploie un nez vineux, sur les petits fruits rouges et le noyau, relayé par une bouche ample et bien définie. 2014-2016 tourte au reblochon ■ Cuvée Fût de chêne 2012 (6 000 b.) : un vin équilibré, aux tanins fins et aux arômes fruités, vanillés et toastés. 2014-2017

Guillaume Durdilly, Dom. de Longessaigne, Lambert-le-Haut, 69620 Sainte-Paule, tél. 06 74 63 57 82, guillaumedurdilly@yahoo.fr V r.-v.

DOM. DE LA MANTELLIÈRE
Cuvée Alysse 2013

■	2 000		5 à 8 €

Implanté non loin de Lyon, le domaine est dans la famille de Christophe Braymand depuis cinq générations. Ce dernier, installé en 1997, exploite 10,5 ha.

Les sols argilo-calcaires du sud de l'appellation étant favorables au chardonnay, il s'est lancé dans la production de vins blancs, avec succès : le 2012 avait reçu un coup de cœur. Portant le nom d'une petite fleur blanche, ce 2013 livre un bouquet floral et fruité, prolongé par un palais friand et rond. ⧗ 2014-2015 🍴 poisson sauce crémée

Christophe Braymand, chem. de Tanay, 69620 Légny, tél. 06 86 63 46 29, domainemantelliere@yahoo.fr V r.-v.

♥ DOM. DU MARQUISON
Clos de Rapetour 2012 ★★

■ | 5 000 | | 5 à 8 €

Installé en 1981 au pays des Pierres dorées, Christian Vivier-Merle pratique des vinifications séparées par terroir et élabore des beaujolais ambitieux, souvent remarqués par nos dégustateurs.

Cette cuvée issue d'une parcelle de 1,5 ha a fait l'objet d'une macération de 22 jours, fait rare en simple beaujolais, avant de séjourner un an en foudre de chêne. Loin du style primeur, ce rouge à la robe profonde, partagé au nez entre la cerise au kirsch et la vanille, ample, charnu, complexe et bien structuré, est armé pour bien vieillir. ⧗ 2014-2017 🍴 coq au vin

Dom. du Marquison, 710, chem. des Verjouttes, 69620 Theizé, tél. 06 15 88 06 16, ncviviermerle@wanadoo.fr V r.-v.

ŒDORIA Instant bon'œur 2013

■ | 60 000 | | - de 5 €

La cave du Beau Vallon de Theizé et celle des Vignerons de Liergues ont décidé de s'unir en 2009 : Œdoria, leur nouvelle marque commune, se décline à travers des jeux de mots. La nouvelle entité dispose de 850 ha essentiellement situés au sud du vignoble, à l'ouest de Villefranche-sur-Saône.

Cette cuvée offre un nez concentré de petits fruits rouges juste cueillis (cerise, fraise des bois, cassis) et de bonbon anglais, en accord avec une bouche pimpante, tout aussi parfumée. ⧗ 2014-2016 🍴 terrine de foie de volaille

Œdoria, 25, rte de Cottet, 69620 Theizé, tél. 04 74 71 48 00, contact@oedoria.com V r.-v.

MICHAEL PASSOT 2012

■ | 2 500 | | 5 à 8 €

Un domaine familial créé en 1974 par Maurice et Thérèse Passot, cultivateurs du pays des Pierres dorées. Dans les années 1980, l'exploitation, conduite en polyculture, s'était progressivement spécialisée. Depuis l'arrivée de Michael en 2001, elle se diversifie en blanc et en rosé.

D'un or clair, un chardonnay aux délicates notes florales (iris). La bouche est fine, tendue, légère et élégante. ⧗ 2014-2016 🍴 terrine de poisson

EARL M. Passot et Fils, 60, chem. des Brousses, 69480 Morancé, tél. 04 78 43 04 13, michaelpassot@voila.fr V r.-v.

LE PÈRE LA GROLLE 2013 ★

■ | 100 000 | | 5 à 8 €

Fondée en 1912, la maison beaujolaise Pellerin est aujourd'hui dans le giron du groupe Boisset. Elle distribue des vins du Beaujolais et du Languedoc-Roussillon.

Le Père la Grolle ? Le surnom de Gnafron, compagnon de Guignol, un gnafre ou regrolleur (cordonnier en argot lyonnais). C'est surtout un grand amateur de beaujolais, et la marque était toute trouvée. Le 2013 affiche un nez puissant fruité (framboise) et amylique, prolongé par un palais ample et rond. ⧗ 2014-2015 🍴 saucisson à l'ail ■ Ch. de Bussy 2013 (42 000 b.) : un beaujolais de même style que le précédent, fruité, amylique, franc et gourmand. ⧗ 2014-2016

Domaines et Châteaux Pellerin, Le Pont-des-Samsons, 69430 Quincié-en-Beaujolais, tél. 04 74 03 46 17

CH. DES PERTONNIÈRES
Coteau Belle-Vue 2012

■ | 95 000 | | 5 à 8 €

Les lointaines origines de ce château remontent à 1512. Aujourd'hui, il regroupe trois domaines (Les Tonnelières, La Prébende et le Coteau Belle-Vue) et 47 ha au total, répartis dans huit communes, gérés par les trois frères Dupeuble.

Une robe grenat, un nez de fruits à noyau, une bouche gouleyante, souple et friande, aux arômes de cerise : un vin sincère, simple et sans artifices. ⧗ 2014-2015 🍴 steak tartare

Dupeuble Père et Fils, Ch. des Pertonnières, 69620 Le Breuil, tél. 04 74 71 68 40, contact@beaujolaisdupeuble.com V t.l.j. sf dim. 8h30-12h30 13h30-19h30

CH. DE PIZAY 2013 ★

■ | 40 000 | | 5 à 8 €

Le premier château de Pizay, qui dépendait des sires de Beaujeu, a été construit vers 970. Remanié à la Renaissance et au XIXe s., doté au XVIIe de jardins dessinés par Le Nôtre et en 1818 d'une vaste cave voûtée, transformé en hôtel 4 étoiles au siècle dernier, il a bien changé depuis l'époque féodale. Avec 78 ha de vignes, c'est l'un des grands domaines de la région, exploité pour une partie en faire-valoir direct, pour l'autre en métayage.

Un beaujolais grenat intense mêlant au nez les fruits rouges et noirs et des touches florales. Ample, vineux, concentré, gourmand et chaleureux, il penche vers la rondeur et s'accordera à une cuisine d'hiver. ⧗ 2014-2016 🍴 civet de lapin ■ Régnié 2013 (12 000 b.) : un vin fruité, plutôt svelte et légèrement tannique. ⧗ 2015-2016

Ch. de Pizay, Pizay, 69220 Saint-Jean-d'Ardières, tél. 04 74 66 26 10, contact@vins-chateaupizay.com V t.l.j. sf dim. 8h30-12h30 13h30-17h

DOM. DE LA REVOL
Cuvée Vieilles Vignes 2013 ★★

■ | 13 000 | 5 à 8 €

Installé en 1982, Bruno Debourg représente la troisième génération à la tête de cette propriété familiale située au sud de la région. Il exploite 20 ha de vignes dédiés au beaujolais, sur des terroirs variés, argilo-calcaires ou granitiques.

Un nez élégant, sur la rose ancienne et le petit fruit rouge, une bouche souple et plaisante, aux tanins très fins, composent une bouteille harmonieuse et délicate, déjà très aimable mais qui pourra attendre. ⌛ 2014-2017 🍴 tendrons de veau braisés ■ 2013 (2 500 b.) : un blanc au nez délicat d'acacia et de pêche blanche et à la bouche souple et ronde. ⌛ 2014-2016

🔑 Bruno Debourg, Dom. de la Revol, 824, rte du Beaujolais, 69490 Dareizé, tél. 04 74 05 78 01, debourg.bruno@orange.fr V r.-v.

ROTISSON Cuvée fruitée 2013 ★

■ | 2 000 | | 5 à 8 €

Un domaine créé en 1920 et acquis en 1998 par Didier Pouget. Couvrant 20 ha dans le pays des Pierres dorées, il fait preuve de régularité, en rouge et en blanc, et propose non seulement des beaujolais, mais aussi les AOC régionales bourguignonnes autorisées dans le Rhône.

Une macération préfermentaire à froid vise à obtenir fraîcheur et arômes. Objectif atteint avec un nez mêlant fraise écrasée, framboise, épices, violette et bonbon anglais, arômes auxquels s'ajoutent la pivoine et la pêche en bouche. Celle-ci, équilibrée, fine et guillerette, séduit par sa fraîcheur. ⌛ 2014-2017 🍴 côte de veau

🔑 SCEA Dom. de Rotisson, 363, rte de Conzy, 69210 Saint-Germain-sur-l'Arbresle, tél. 04 74 01 23 08, didier.pouget@domaine-de-rotisson.com V t.l.j. 9h-12h 14h30-17h30; dim. sur r.-v. 🔑 Didier Pouget

DOM. SÈVE Tradition 2013

■ | 4 000 | | 5 à 8 €

Laurent Sève est à la tête de 16 ha de vignes implantées sur des terrains argilo-calcaires au sud du vignoble.

Représentant une petite part de la production du domaine, cette cuvée en robe violacée reste réservée au nez, ne dévoilant que quelques nuances d'épices douces. Ses arômes s'épanouissent en bouche, sur des notes de fruits noirs, de cerise à l'eau-de-vie et de violette, au sein d'une matière solide, étayée par des tanins soyeux. ⌛ 2014-2017 🍴 jambon braisé

🔑 Laurent Sève, av. du 8-Mai, 69620 Le Bois-d'Oingt, tél. 04 74 72 40 16, seve.laurent@club-internet.fr V r.-v.

SIGNÉ VIGNERONS Les Hommes 2013 ★

■ | n.c. | | 5 à 8 €

Deux des plus grandes coopératives de la région, l'une à l'extrême sud du Beaujolais (Bully) et l'autre plus au nord (Quincié), dans la zone des beaujolais-villages et des crus, se sont unies en 2010, constituant Signé Vignerons : une entité forte de quelque 1 700 ha de vignes, qui vinifie plus de 10 % de la production de la région. Chaque cave continue néanmoins de vinifier séparément ses vins.

Un beaujolais signé par Jean-Luc Chagny, le maître de chai de Quincié, représentant la troisième génération de la famille aux commandes de la cave depuis sa création en 1929. Un vin rond et friand, au nez de cassis et de bonbon anglais. Bien dans le ton de l'appellation. ⌛ 2014-2016 🍴 paupiettes de veau ■ Brouilly Les Bons Claudes 2013 ★ (40 000 b.) : un nez frais de petits fruits rouges, prolongé par une bouche élégante et concentrée. ⌛ 2016-2018 ■ Beaujolais-villages Les Hommes 2013 (40 000 b.) : une farandole de petits fruits rouges, relevés de pivoine, une bouche gourmande aux tanins encore vifs. ⌛ 2016-2018 ■ Régnié Les Petites Pierres 2013 (30 000 b.) : un fruité intense pour ce vin puissant et tannique, à attendre. ⌛ 2016-2018

🔑 Signé Vignerons, 78, rue de Ribouillon, 69430 Quincié-en-Beaujolais, tél. 04 37 55 50 10, jeanluc.chagny@signe-vignrons.coop V r.-v.

CH. TALANCÉ Grande Réserve 2013 ★

■ | n.c. | | 5 à 8 €

Benoît Proton de la Chapelle a pris en 2003 les commandes de ce château situé au sud du vignoble et produisant du vin depuis 1580. Ses ancêtres, qui portaient la noble charge d'« officier du gobelet », ont pu faire goûter leurs vins à Louis XIV, au régent et à Louis XV.

Issu de longues macérations, ce beaujolais s'annonce par un nez complexe et riche, floral et fruité (fruits noirs), prélude à une bouche fraîche, nette et gouleyante, aux tanins discrets mais bien présents. Un vin friand avec distinction. ⌛ 2014-2017 🍴 pavé de bœuf aux champignons

🔑 GFA Dom. de Talancé, 277, rte de Talancé, 69640 Denicé, tél. 06 85 42 59 04, benoit.proton@gmail.com V r.-v.

TERRA ICONIA Terre d'Oingt 2013 ★

■ | 70 000 | | 5 à 8 €

La cave beaujolaise du Bois-d'Oingt, créée en 1961, désormais nommée Vignerons des Pierres Dorées, regroupe depuis 2010 trois coopératives (Le Bois-d'Oingt, Saint-Vérand et Saint-Laurent-d'Oingt) et dispose de 570 ha. Sa marque principale, Terra Iconia, rend hommage avec ses cuvées Terre d'Oingt à ce village classé parmi les plus beaux de France.

Un fruité complexe, fait de cassis et de groseille, que l'on retrouve dans une bouche pimpante, nette et vive, aux tanins jeunes et fermes. ⌛ 2014-2017 🍴 saucisson chaud au beaujolais ■ 2013 (40 000 b.) : un nez flatteur de poire, de pêche et de bonbon anglais pour ce chardonnay aussi bien gras que frais. ⌛ 2014-2015

🔑 Vignerons des Pierre Dorées, 34, chem. des Coasses, 69620 Le Bois-d'Oingt, tél. 04 74 71 62 81, contact@vigneronsdespierresdorees.com V t.l.j. sf dim. 8h-12h 14h-18h

DOM. DE VISSOUX 2012

■ | 15 000 | | 5 à 8 €

Œnologue, Pierre-Marie Chermette a repris en 1982 le domaine familial situé dans le pays des Pierres dorées et la cave construite par son arrière-grand-père, où s'alignent les foudres. Dès son installation, il va à l'encontre de l'inclination d'alors pour les « nouveaux » au goût de banane. Son primeur non chaptalisé et vinifié sans levurage fait sensation. Il exploite 35 ha de vignes, en partie situées dans les crus.

Ce chardonnay déploie un nez expressif de violette et de fruits exotiques. Rond et gras, il est tonifié par une finale fraîche aux nuances de pamplemousse. ⌛ 2014-2016 🍴 chèvre frais

Pierre-Marie Chermette, Dom. du Vissoux, Le Vissoux, 69620 Saint-Vérand, tél. 04 74 71 79 42, domaineduvissoux@chermette.fr V r.-v.

BEAUJOLAIS-VILLAGES

• Superficie : 4 418 ha • Production : 185 348 hl (99 % rouge et rosé)

Le beaujolais-villages provient de 38 communes situées au nord du vignoble, dans une zone comprise dans sa quasi-totalité entre la zone des beaujolais et celle des crus. Le mot « villages » a été adopté en 1950 pour remplacer la multiplicité des noms de communes qui pouvaient être ajoutés à l'appellation beaujolais sur l'étiquette afin de distinguer des productions considérées comme supérieures. Une écrasante majorité de producteurs a opté pour cette mention qui favorise la commercialisation, même si 30 communes – celles dont le nom ne correspond pas à celui d'un des crus – gardent le droit, pour éviter toute confusion, d'ajouter leur nom à celui de beaujolais. Les beaujolais-villages se rapprochent des crus et en ont les contraintes culturales (taille en gobelet ou en éventail, cordon simple ou double Charmet, degré initial des moûts supérieur de 0,5 % vol. à ceux des beaujolais). Originaires de sables granitiques, ils sont rouge vif, fruités, gouleyants : les têtes de cuvée des vins primeurs. Nés sur les terrains granitiques, plus en altitude, ils présentent une belle vivacité qui permet une consommation dans l'année, voire une petite garde. Entre ces deux extrêmes, toutes les nuances sont possibles, mais les vins allient toujours finesse, arômes et corps.

DOM. DU BREUIL 2013 ★★

■	1 042		5 à 8 €

L'exploitation de 8,6 ha dont Franck Large est devenu propriétaire en 2001 – après en avoir été le métayer – est installée à 100 m du prieuré clunisien de Salles-Arbuissonnas. Le vigneron est adepte de la taille traditionnelle des vignes en gobelet.

Ce chardonnay de terroir granitique, issu de jeunes vignes, présente un nez séduisant, à la fois floral (pêche de vigne) et exotique (zeste d'orange). La bouche, de belle facture, exprime des arômes de citron et de gingembre confit. Belle persistance. 2014-2017 fruits de mer

Franck Large, rue du Breuil, 69460 Salles-Arbuissonnas, tél. 04 74 60 51 00, francklarge@domainedubreuil.fr V r.-v. B

DOM. BURNICHON Harmony 2012 ★★

■	4 000		5 à 8 €

De la troisième génération, Daniel Burnichon exploite ce vignoble familial depuis 1976. Des vignes d'un âge respectable (cinquante ans), cultivées sur 2 ha de sol granitique.

Dans sa robe rubis intense, ce vin présente un nez exubérant : les fruits rouges et noirs (cassis, cerise, mûre) sont accompagnés d'une touche épicée. Il attaque avec panache et évolue dans une bouche fondue, ample et équilibrée. Un millésime franc et frais. 2015-2019 côte de bœuf grillée

Daniel Burnichon, 914, rte de Varennes, 69430 Quincié-en-Beaujolais, tél. 06 87 34 67 88, daniel.burnichon@orange.fr V r.-v.

DOM. DE LA CHAPELLE DE VÂTRE
Prieuré de Vâtre Élevé en fût de chêne 2012 ★

■	2 000		5 à 8 €

Une chapelle romane qui veille sur les ceps a donné son nom à ce domaine dont le vignoble s'étend sur 7 ha. Relevée de ses ruines par Dominique Capart, l'exploitation appartient depuis 2013 à un couple d'Anglais, David et Christine Wilson.

Ce vin séduit d'emblée par son nez frais d'agrumes, de pêche et d'amande. Le charme continue d'opérer à travers un palais gras, rond et puissant, qui ne manque pas d'élégance. 2014-2017 rôti de porc aux pommes

Dom. de la Chapelle de Vâtre, Le Bourbon, 69840 Jullié, tél. 04 74 04 43 57, vatre@wanadoo.fr V r.-v. 4 D D. Wilson

DOM. DES CRÊTES
Cuvée Antoine Vieilles Vignes 2013 ★

■	3 500		5 à 8 €

L'exploitation a été achetée en 1938 par le grand-père de Jean-François Brondel. Ce dernier a pris la suite en 1995, dans ce manoir en pierre dorée, pour être rejoint plus tard par son fils, Sylvain. Le vignoble s'étend sur 13 ha.

Antoine est le nom du petit-fils de la famille, né la première année d'exploitation de ces vignes. Ce vin arbore une robe pourpre. Le nez, très expressif, évoque le bonbon anglais et le cassis. La bouche est nette, dévoilant des notes de fruits rouges confiturés, une belle rondeur et une structure solide. 2014-2017 chili con carne

EARL Brondel, 750, rte des Crêtes, 69480 Anse, tél. 04 74 67 11 62, contact@domainedescretes.com V t.l.j. sf dim. 17h-19h; sam. 9h-19h A

CROIX SAUNIER Sélection Vieilles Vignes 2012

■	2 000		5 à 8 €

Installé en 1974, Jean-Jacques Dulac est à la tête de 10,6 ha, un beau patrimoine de vieilles vignes, dont certaines centenaires, uniquement en beaujolais et *villages*. Il travaille « à l'ancienne » (vendanges manuelles, vinification en grappes entières, élevage en foudre) et figure régulièrement dans le Guide.

Ce vin pourpre aux reflets violines dévoile un nez de fruits noirs mûrs. La bouche, fruitée, acidulée, croquante, est ronde et souple. 2014-2016 rôti de veau aux champignons

Jean-Jacques Dulac, 188, rue des Bruyères, 69640 Denicé, tél. 04 74 67 34 00, jj.dulac@wanadoo.fr V t.l.j. 8h-20h 4 D

PHILIPPE DESCHAMPS
Sélection Cuvée Vieilles Vignes 2013

■	60 000		5 à 8 €

Installé depuis 1984 à deux pas de la capitale historique du Beaujolais, Philippe Deschamps cultive 7 ha de vignes. Il a peu à peu développé la vente directe et commercialise aujourd'hui l'intégralité de sa production.

Le vigneron garde un petit faible pour cette cuvée Vieilles Vignes qu'ont lancée ses parents il y a trente ans. Il la récolte à la main, la pige en cuve en grappes entières durant quinze jours, en extrayant ainsi couleur et tanins. Il obtient ce vin fruité, souple et harmonieux. 2014-2016 steak tartare

Philippe Deschamps, Morne, 69430 Beaujeu, tél. 04 74 04 82 54, deschamphilippe@orange.fr r.-v. 1

MICHÈLE ET FRANÇOIS DESCOMBES
Les Millerands 2013 ★

■	10 000		5 à 8 €

François Descombes, un fidèle du Guide, succède à son père en 1978 sur un domaine de 8 ha se gardant bien de jeter le vieux pressoir Marmonier à cliquet qui lui permet de réaliser des pressurages doux.

Les « millerands », de petits raisins concentrés issus de vieilles vignes, sont à l'origine de ce vin au nez de framboise, de réglisse, de cerise burlat et de cassis. La bouche s'avère équilibrée, mûre et fruitée. ⌛ 2014-2017 ᴪ saucisson cuit

François et Michèle Descombes, 428, chem. de Bel-Air, 69430 Lantignié, tél. 04 74 69 20 33, descombesfrancois@orange.fr r.-v.

GARENNE 2012 ★

■	7 000	5 à 8 €

Marc Goguet s'est installé en 1971, créant un domaine qui atteint aujourd'hui les 24 ha et dont la gestion est à présent assurée par sa fille Isabelle.

Dans sa robe grenat aux reflets brillants, cette cuvée de rouge séduit par sa complexité. Son nez de fruits noirs (cassis) mâtiné d'une touche d'épices annonce une jolie bouche qui se révèle en harmonie. Un vin soyeux, ample et raffiné. ⌛ 2014-2019 ᴪ onglet à l'échalote

EARL Marc Goguet, Dom. de la Garenne, 69220 Charentay, tél. 06 15 54 06 99, contact@domaine-goguet.com r.-v. E

DOM. GOBET DES PINS Prima des Pins 2013 ★

■	3 000		5 à 8 €

Dans la famille Gobet depuis 1850 et cinq générations, ce vignoble de 15 ha est réparti sur Lantignié et Régnié, couvrant des coteaux granitiques, secs, voire sablonneux selon les parcelles, bien orientés au sud-sud-est. David Gobet est aux commandes depuis 1995.

Ce vin affiche une robe violine et libère d'intenses senteurs de fruits noirs et de framboise mâtinées d'une agréable note légèrement fumée. En bouche, on retrouve des arômes de fruits (groseille) associés à des touches de poivre noir et de fenouil. Un vin rond et fruité. ⌛ 2014-2017 ᴪ grillades ■ Les Jours heureux 2013 ★ (690 b.) : sur des notes de zeste d'orange, de citron confit et de gingembre, ce vin révèle une belle fraîcheur. ⌛ 2014-2017

EARL Gobet, 230, chem. des Pins, 69430 Lantignié, tél. 04 74 69 22 10, david.gobet@davidgobet.fr r.-v.

CH. GRAND'GRANGE La Tour 2012

■	5 300		8 à 11 €

Les Danois Per-Hakon Schmidt et Marianne Philip ont acheté en 2009 ce domaine dont ils ont rénové et modernisé le chai. Pierre Meunier est au vignoble (13 ha). Nicolas Dietrich, œnologue, pratique une vinification à la bourguignonne.

Le vin affiche une robe rubis et libère des parfums vanillés (20 % de fûts neufs). Ces arômes se prolongent dans une bouche ample et structurée. ⌛ 2014-2019 ᴪ côte de porc à la tomate

Per-Hakon Schmidt, lieu-dit La Grand'Grange, 69460 Le Perréon, tél. 06 37 24 39 79, info@chateaugrandgrange.com r.-v.

CH. DE GRANDMONT 2013 ★

■	6 500		5 à 8 €

Les vignes (13 ha) ont entre trente et quatre-vingts ans d'âge et toutes les parcelles sont d'un seul tenant. Le domaine est géré depuis 1992 par Jean Brac de la Perrière, le propriétaire-récoltant, par Yannick de Vermont, directeur d'exploitation, et par Christophe Piper, vinificateur-œnologue.

Le vin séduit par son nez expressif de fruits noirs et par son fort caractère : tannique, corsé, il allie le fruit et la structure. ⌛ 2014-2017 ᴪ bœuf mironton

Ch. de Grandmont, Jean-Pierre de la Perrière, impasse de Grandmont, 69460 Blacé, tél. 06 75 12 34 50, grandmont@vin-beaujolais.com t.l.j. sf dim. 8h-12h 14h-18h

Brac de la Perrière

♥ PASCAL GRANGER La Jacarde 2013 ★★

■	4 000		5 à 8 €

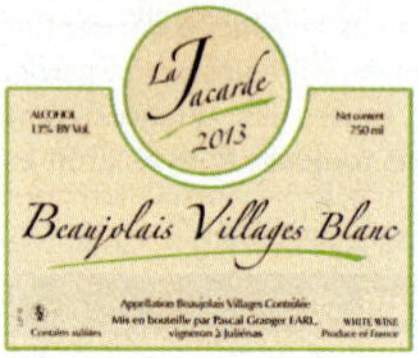

Pascal Granger est le descendant d'une lignée de vignerons vieille de deux siècles. Depuis 1983, il exploite 18 ha de vignes réparties sur quatre communes de Juliénas (Jullié, Chénas, La Chapelle-de-Guinchay, Leynes). Il produit sept cuvées (dont trois crus : juliénas, chénas, moulin-à-vent). Il a été rejoint en 2010 par son fils Jean-Philippe.

Cette cuvée tient son nom du lieu-dit La Jacarde, 75 ares de vignes plantées sur un terroir propice au chardonnay, non loin des appellations mâconnaises dédiées au blanc que sont saint-véran et pouilly-fuissé. Au nez, elle mêle les fruits confits à un côté minéral délicat. Le palais, rafraîchi par les agrumes, finit sur une élégante note de verveine. Une harmonie rare. ⌛ 2014-2017 ᴪ sole meunière ■ Juliénas Cuvée spéciale 2013 ★ (5 000 b.) : une attaque franche suivie par une bouche bien structurée et persistante. ⌛ 2016-2019

Pascal Granger, Les Poupets, 69840 Juliénas, tél. 04 74 04 44 79, ma.granger@wanadoo.fr r.-v.

RICHARD JAMBON 12M 2012

■	1 866		11 à 15 €

Richard Jambon représente la quatrième génération à diriger le domaine familial de 11 ha créé en 1825. Depuis 1997, il a pu agrandir la palette des crus du domaine, jusque-là dédié au morgon, en la complétant de moulin-à-vent et de brouilly.

12 M ? Cette cuvée a passé douze mois en fût. Elle plaît par son nez élégant et fin de citronnelle et de menthol, relayé par une bouche intense et harmonieuse. ⌛ 2014-2017 ᴪ homard à l'américaine

Richard Jambon, La Condemine, 69220 Corcelles-en-Beaujolais, tél. 06 08 36 83 45, richard.jambon1@numericable.com V r.-v.

BERNARD JOMAIN
Cuvée des trèfles 2013 ★

■	n.c.		5 à 8 €

Bernard Jomain est vigneron depuis 1990. Il s'est installé à vingt-deux ans à Charentay et exploite aujourd'hui 14 ha de vignes, dont les crus brouilly et côte-de-brouilly.

Cette cuvée est issue d'un terroir argilo-siliceux, que Bernard Jomain a planté en chardonnay et enherbé... de trèfles. Le nez révèle des notes d'amande verte et de fruits exotiques (ananas). La bouche, gourmande, offre des arômes de pamplemousse et de citron jaune. Un vin plaisant et vif. 2014-2017 blanquette de saumon

Bernard Jomain, La Valette, 69220 Charentay, tél. 04 74 03 47 60, jomainb@wanadoo.fr V r.-v.

CH. DE LACARELLE 2013 ★

■	100 000		8 à 11 €

L'une des plus anciennes et vastes (138 ha) propriétés viticoles du Beaujolais. En 1750, au cours d'une vente aux enchères, les ancêtres du comte Louis Durieu de Lacarelle se sont portés acquéreurs du château, qui se transmet depuis de père en fils.

Le vin séduit par sa robe pourpre, son nez intense de fraise et de cassis, sa bouche harmonieuse, structurée sans dureté. 2014-2017 pâté de foie

Ch. de Lacarelle, La Carelle, 69460 Saint-Étienne-des-Oullières, tél. 04 74 03 40 80, xavier@lacarelle.com V r.-v.

VINCENT LACONDEMINE Tradition 2013 ★

■	5 000		5 à 8 €

Georges Lacondemine a fondé ce domaine en 1966. À son décès en 1978, son fils Vincent reprend les rênes et exploite aujourd'hui un vignoble de 3,5 ha.

Ce vin affiche une robe grenat et s'ouvre sur des arômes de groseille et de framboise relevés d'une note acidulée. La bouche est souple, ronde, équilibrée. Un vin fruité, friand et croquant. 2014-2017 grenadin de veau au miel

Vincent Lacondemine, Le Moulin, 69430 Beaujeu, tél. 04 74 04 82 77, vincent.lacondemine@wanadoo.fr V t.l.j. 8h-13h 14h-19h; f. 15-31 août

DOM. LAGNEAU 2013 ★

■	12 000		5 à 8 €

Les Lagneau vivent à la même adresse, mais le père, la mère et le fils signent chacun leurs bouteilles. Jeannine, Gérard et Didier exploitent ce domaine familial né de 4 ha de vignes transmis par le grand-père, Antoine Monney.

Cette cuvée de *villages* est une valeur sûre qui figure souvent dans le Guide. Le 2013 séduit par son nez de mûre, de framboise et de cassis, et par sa bouche harmonieuse et fondue, à la finale gourmande. 2014-2017 poulet basquaise

Jeannine Lagneau, 941, rte d'Huire, 69430 Quincié-en-Beaujolais, tél. 04 74 69 20 70, jealagneau@wanadoo.fr V t.l.j. 8h-12h 14h-19h; dim. sur r.-v.

CELLIER DE LA MERLATIÈRE 2013

■	8 000		- de 5 €

Aujourd'hui à la tête de 25 ha de vignes, répartis sur cinq appellations beaujolaises, Sébastien Pariaud exploite depuis 1998 le domaine fondé par son grand-père. Les productions sont vinifiées dans des cuves en bois et élevées dans des foudres de chêne.

Cette cuvée qui représente une bonne part de la production est aussi le fleuron du domaine. Paré d'une robe pourpre, ce vin friand dévoile au nez comme en bouche une jolie palette de fruits frais et croquants. 2014-2017 boulettes de porc aux pistaches

EARL Paul et Sébastien Pariaud, 351, rue de la Merlatière, 69220 Lancié, tél. 04 74 04 10 16, cellierdelamerlatiere@orange.fr V t.l.j. 8h-12h 13h30-19h

DOM. LE MOULIN DU PRINCE
Cuvée Voluet Vieilles Vignes 2012 ★

■	1 200		5 à 8 €

Bernard Mathieu est depuis 1973 aux commandes de ce domaine de 7 ha situé sur les arènes granitiques de Vauxrenard, au cœur de la zone de production des beaujolais-villages.

Cette cuvée est issue d'un lieu-dit, Le Voluet, planté en vieilles vignes de cinquante ans, sur des sols sableux et limoneux qui se réchauffent bien et sont propices à la maturité des raisins. Celle-ci se manifeste dans un vin pourpre, au nez fruité et vanillé, souple, tendre et équilibré en bouche. 2014-2019 chou farci ■ 2012 (1 200 b.) : la cuvée principale du domaine libère au nez des fruits rouges (fraise, framboise) ; en bouche, une note acidulée et de la souplesse. 2014-2017

Bernard et Marie Mathieu, le Moulin du Prince, 69820 Vauxrenard, tél. 04 74 69 92 20, brd.math@wanadoo.fr V r.-v.

DOM. PARDON
Cuvée de l'ermitage 2013 ★

■	8 000		5 à 8 €

Établie depuis 1820 dans la capitale historique du Beaujolais, cette maison de négoce possède deux propriétés. Éric Pardon est à la fois le gérant et le vinificateur de cette entité qui commercialise ses propres vins (en beaujolais-villages, régnié et fleurie) et ceux qu'il sélectionne dans les propriétés. Il exploite 12 ha.

Cette cuvée a été travaillée en macération carbonique courte avec un égrappage à 70 %, l'objectif étant de gommer les tanins pour ne garder que le fruit. Mission accomplie avec ce vin qui exhale des arômes de cerise, de mûre, de cassis, de framboise et d'épices. Il attaque avec rondeur et offre ce qu'il faut de gourmandise et de fraîcheur. 2014-2017 joue de bœuf farcie ■ Régnié Cuvée Tim 2013 ★ (6 000 b.) : ce vin tannique et puissant offre d'intenses arômes de fruits noirs. 2015-2019

Pardon et Fils, La Chevalière, 69430 Beaujeu, tél. 04 74 04 86 97, pardon-fils.vins@wanadoo.fr V t.l.j. sf sam. dim. 8h-12h 13h30-18h; f. août

MARLYSE ET GÉRARD PERRIER 2013

■ | 5 000 | | 5 à 8 €

Les origines vigneronnes de la famille Perrier remontent à 1864. Installé en 1983, Gérard Perrier exploite un domaine de 4 ha et figure régulièrement dans le Guide.

Cette cuvée, née de vignes de cinquante ans, revêt une robe sombre et dévoile un nez intense de framboise et de fruits noirs, prolongé par une bouche souple et ronde. 2014-2015 charcuterie

Marlyse et Gérard Perrier, Les Saules, 69430 Lantignié, tél. 04 74 04 88 93, marlyper@wanadoo.fr V r.-v. 3

P'TIT GROBIS 2012

■ | 1 700 | | 5 à 8 €

Installé à Marchampt en 2006, le jeune Nicolas Chemarin conduit un vignoble de 6 ha dans différentes AOC du Beaujolais.

Le P'tit Grobis ? Le sobriquet donné au vigneron. Le vin ? Un nez de fruits jaunes et blancs (reine-claude, pêche, poire) et une bouche opulente, généreuse, déjà fort aimable. 2014-2016 rôti de porc aux pommes

Nicolas Chemarin, Les Villiers, 69430 Marchampt, tél. 06 62 11 39 14, nicolas.chemarin969@orange.fr V r.-v.

RENARD 2013

■ | 3 000 | | 5 à 8 €

Christophe Renard exploite 11,5 ha au sein du vaste vignoble du château de la Carelle (120 ha). Il y est métayer, c'est-à-dire qu'il donne la moitié de sa récolte au comte Durieu de la Carelle, à l'instar de onze autres collègues. Il commercialise le reste en son nom.

Cette cuvée, issue de 2 ha de vieilles vignes de soixante-dix ans, plaît par son nez de cerise et de groseille. En bouche, on retrouve les fruits rouges mâtinés d'une touche épicée. La finale est nette et carrée. 2014-2017 entrecôte charolaise

Christophe Renard, La Carelle, 69460 Saint-Étienne-des-Oullières, tél. 04 74 03 53 07, renard-christophe@orange.fr V t.l.j. sf dim. 9h-19h GFA la Carelle

CAVE DE SAINT-JULIEN 2013

■ | 2 500 | | 5 à 8 €

Créée en 1988, cette coopérative vinifie quelque 260 ha : une petite structure comme on en voit de moins en moins, régulièrement en vue dans ces pages.

Ce vin à la robe rubis, au nez de framboise, de fruits noirs et de réglisse, se révèle bien structuré en bouche, tout en gardant un côté croquant et friand. 2014-2017 poulet rôti

Cave de Saint-Julien, 45, rue du CEP, 69640 Saint-Julien, tél. 04 74 67 57 46, cave.stjulien@wanadoo.fr V r.-v.

L. TRAMIER & FILS Collection Tramier 2013

■ | 40 000 | | 5 à 8 €

Cette maison de négoce, installée à Mercurey, en Saône-et-Loire, est dirigée par Laurent Dufouleur, le dernier négociant-éleveur de ce gros bourg vigneron.

Cette cuvée a figuré plusieurs fois dans le Guide. Elle plaît ici par son nez de pêche de vigne et de cassis et par sa bouche ample et bien charpentée. 2014-2017 entrecôte au confit d'oignons

Tramier et Fils, rue de Chamerose, 71640 Mercurey, tél. 03 85 45 10 83, info@maison-tramier.com V t.l.j. sf dim. 9h-12h 14h-18h; f. 3 sem. en août

CH. DE VAUX 2013

■ | 3 000 | | 5 à 8 €

La famille de Vermont exploite depuis 1834 ce domaine dont le caveau et la cave datent du XIIe s.

Le vin offre un nez de fruits rouges frais (framboise et groseille). La bouche est équilibrée et harmonieuse, friande et fraîche. 2014-2017 fromage de tête

Ch. de Vaux, Le Bourg, 69460 Vaux-en-Beaujolais, tél. 04 74 03 20 03, chateaudevaux.earl@wanadoo.fr V r.-v. de Vermont

BROUILLY ET CÔTE-DE-BROUILLY

• Superficie : 1 597 ha • Production : 71 188 hl

Deux appellations placées sous la protection de la colline de Brouilly où s'élève une chapelle construite sous le Second Empire et dédiée à la Vierge pour implorer sa protection des vignes contre l'oïdium. Le vignoble de l'AOC côte-de-brouilly, installé sur les pentes du mont, repose sur des granites et des schistes très durs, vert-bleu, dénommés « cornes-vertes » ou diorites. Cette montagne serait un reliquat de l'activité volcanique du Primaire, à défaut d'être, selon la légende, le résultat du déchargement de la hotte d'un géant ayant creusé la Saône... La production est répartie sur quatre communes : Odenas, Saint-Lager, Cercié et Quincié. L'appellation brouilly, elle, ceinture la montagne en position de piémont. Elle s'étend sur les communes déjà citées et déborde sur Saint-Étienne-la-Varenne et Charentay ; sur la commune de Cercié se trouve le terroir bien connu de la Pisse-Vieille.

BROUILLY

• Superficie : 1 300 ha • Production : 66 450 hl

DOM. DE BRIANTE Tradition 2012

■ | 12 000 | | 8 à 11 €

Jeune œnologue d'origine bourguignonne, Lauren Faupin-Schneider a fait le tour du monde des vignobles avant de prendre la direction en 2011 du domaine de Briante : un château du XVIIIe s., un parc aux arbres centenaires et 12 ha de vignes, en brouilly (6 ha), côte-de-brouilly et moulin-à-vent.

Une vinification bourguignonne mais un caractère bien beaujolais pour ce brouilly au nez frais s'ouvrant sur la framboise et sur de fines notes d'épices. En bouche, ce vin se montre équilibré et rond, avec une belle expression de petits fruits. Un « vin plaisir » par excellence. 2014-2018 rosette de Lyon

Lauren Faupin-Schneider, 810, rte de Briante, 69220 Saint-Lager, tél. 04 74 66 72 34, contact@domainedebriante.fr V r.-v. 5

LA CHAPELLE DE VENENGE 2013 ★★

■	86 666		8 à 11 €

La maison Loron, fondée en 1821, élève et commercialise des vins du Mâconnais et du Beaujolais. Elle est propriétaire de plusieurs châteaux, comme le château de la Pierre (régnié, brouilly...), ceux de Fleurie, de Bellevue (morgon), les domaines des Billards (saint-amour) et de la Vieille Église (juliénas).

Cette cuvée de négoce offre un nez fruité, franc et délicat (cerise, fruits noirs), relevé d'épices et un palais ample, suave et enveloppant. Un vin à la fois friand et débonnaire, riche et complexe. 2017-2019 lapin de garenne ■ Ch. de la Pierre 2013 (29 066 b.): un brouilly harmonieux et tout en fruits rouges et noirs. 2014-2016

Maison Jean Loron, 1846, RN 6, 71570 Pontanevaux, tél. 03 85 36 81 20, vinloron@loron.fr

DOM. DU CHAZELAY 2013 ★

■	8 000		5 à 8 €

Fils et petit-fils de vignerons, Franck Chavy s'est installé en 1991 sur quelques hectares de morgon. Par le biais de rachats et de métayages, il a agrandi son domaine, lequel compte aujourd'hui 9 ha, tout en prenant ses marques dans le Guide, dont il est une valeur sûre (notamment en brouilly). Un palmarès auquel contribuent sans doute des vignes plantées à haute densité (10 000 pieds/ha) et des macérations longues.

La robe sombre et intense aux reflets violets de ce brouilly au nez fruité et épicé laisse deviner un certain potentiel. Cette impression se confirme dans un palais où l'on découvre un vin puissant, sérieux et structuré, dévoilant des tanins dépourvus de raideur. Ce 2013 devrait se bonifier au cours des deux à trois prochaines années. 2016-2019 navarin d'agneau

Franck Chavy, Lachat, 69430 Régnié-Durette, tél. 06 07 16 18 85, franck.vinchavy@wanadoo.fr V r.-v. B

GILBERT CHETAILLE 2012 ★★

■	2 000		5 à 8 €

Gilbert Chetaille a repris en 2005 le domaine familial avec l'ambition de vendre du vin à la propriété. Il a réussi à agrandir son exploitation, laquelle atteignait 8,6 ha en 2010. Quatre crus figurent dans sa carte: brouilly, côte-de-brouilly, moulin-à-vent et morgon.

La robe rubis vif annonce un nez tout en fruits rouges (fraise, framboise et groseille). La bouche ronde et longue garde ce remarquable fruité jusqu'en finale. Un vin complet et élégant. 2014-2016 cailles rôties

Gilbert Chetaille, 1041, rte des Hauts-de-Chavanne, 69430 Quincié-en-Beaujolais, tél. 06 73 58 86 17, gilbert.chetaille@orange.fr V r.-v.

DOM. DES CHEVALIERS 2013 ★★

■	42 000		8 à 11 €

L'ancienne Société Vinicole Beaujolais a étendu son rayon d'action au cours du siècle dernier en s'alliant avec d'autres sociétés (Jacques Dépagneux, Chanut...). Elle propose des vins du Mâconnais et du Beaujolais en provenance de domaines partenaires.

Dans la lignée du millésime précédent, ce 2013 charme par son nez puissant et frais de petits fruits rouges et noirs. La bouche, à l'unisson, se montre charpentée sans être sévère, puissante et ronde, marquée en finale par un plaisant retour des fruits noirs bien mûrs. 2014-2019 bœuf bourguignon

Les Vins Aujoux, La Bâtie, 71570 La Chapelle-de-Guinchay, tél. 03 85 23 83 50, aujoux@aujoux.fr

DOM. VALÉRIE ET PASCAL DALAIS
À mon père 2012 ★

■	2 600		5 à 8 €

Installée au pied du mont Brouilly, Valérie Dalais exploite avec son fils Pascal un domaine familial de 25 ha. Ces vignerons proposent de nombreux crus: régnié, chiroubles, brouilly, côte-de-brouilly, moulin-à-vent, morgon, chénas et fleurie.

Hommage au père, qui a légué les vignes, ce brouilly affiche une robe engageante, d'un beau rouge rubis, et un nez épicé. Tonique et fruité en attaque, un vin plutôt généreux, marqué par des tanins bien présents mais enrobés. 2016-2019 entrecôte à l'échalote

Valérie Dalais, 1029, rte de la Grand-Raie, 69220 Saint-Lager, tél. 04 74 66 75 37, dalaispascal@free.fr V r.-v.

DOM. DES FOUDRES 2013 ★

■	11 400		5 à 8 €

Jean-Philippe Sanlaville a pris en 1991 les commandes du domaine familial situé à Vaux-en-Beaujolais, pittoresque village popularisé par Gabriel Chevallier sous le nom de Clochemerle. Établi dans l'aire du beaujolais-villages, il exploite un vignoble de 30 ha, avec des parcelles dans les crus brouilly, morgon et moulin-à-vent.

Un style intensément fruité pour ce brouilly à la robe sombre, au nez de cassis et de groseille évocateur d'une macération à chaud. Ce caractère très aromatique se confirme avec persistance dans une bouche friande aux tanins ronds. 2014-2017 chèvre sec

Jean-Philippe Sanlaville, Le Plagerêt, 69460 Vaux-en-Beaujolais, tél. 04 74 03 20 67, info@domainedesfoudres.com V t.l.j. 9h30-19h B

DOM. DU GRIFFON 2013 ★★

■	7 000		5 à 8 €

En 1974, Jean-Paul et Guillemette Vincent ont créé cette exploitation au pied du mont Brouilly, dans l'ancien presbytère de Saint-Lager. Ils ont patiemment agrandi un domaine constitué en majorité de vieilles vignes et couvrant aujourd'hui 10 ha.

Une robe rubis profond, un nez sur les fruits rouges et noirs (cassis), rehaussé de quelques notes épicées et florales. Les fruits noirs s'épanouissent dans une bouche charpentée et persistent agréablement en finale. 2016-2019 coq au vin ■ Côte-de-brouilly 2013 ★ (1 000 b.): un vin typique de l'appellation par son palais puissant, assez tannique et long, aux arômes de fruits rouges, et par son potentiel. 2017-2019

Jean-Paul et Guillemette Vincent,
351, rte des Brouilly, 69220 Saint-Lager,
tél. 04 74 66 85 06, domainedugriffon@wanadoo.fr
V r.-v.

JEAN-MARC LAFOREST 2013 ★

■ | 42 000 | ▮ | 5 à 8 €

Vigneron comme son père et son grand-père, Jean-Marc Laforest a pris les rênes en 1973 d'un domaine qui compte aujourd'hui 19 ha. Il travaille avec ses deux fils qui se préparent à prendre sa suite.

Tout en légèreté, ce brouilly s'annonce par un nez discrètement fruité. En bouche, il séduit par ses arômes de fruits rouges d'une belle finesse, en harmonie avec une matière souple et ronde jusqu'en finale. ⧗ 2014-2017 🍴 râble de lapin ■ Régnié 2013 (30 000 b.) : valeur sûre du domaine, ce vin est plaisant, aromatique, un peu plus végétal que le brouilly. ⧗ 2014-2015

Jean-Marc Laforest, Chez-le-Bois,
69430 Régnié-Durette, tél. 04 74 04 35 03,
jean-marc.laforest@wanadoo.fr
V t.l.j. 8h-20h

DOM. DE LA MOTTE 2013 ★★

■ | 23 000 | 5 à 8 €

Terroirs et Talents ? Une structure commerciale ombrelle, créée en 2007. Elle regroupe trois entités : un domaine, le château de la Terrière, et deux maisons de négoce aussi propriétaires de vignes, Pierre Dupond et Paul Beaudet.

Laurent Charrion exploite 26 ha de vignes, dont une bonne partie en brouilly. Une part est vendue en vente directe, l'autre (étiquette blanche) est commercialisée par Paul Beaudet. Aussi généreux que son devancier de 2011, ce 2013 s'annonce par une robe profonde aux nuances violettes et par un nez subtil et complexe, entre petits fruits noirs bien mûrs, notes florales et épices. En bouche, il séduit par son ampleur, son volume et par ses tanins élégants, extraits avec doigté, qui soulignent la longue finale. ⧗ 2016-2019 🍴 rôti de bœuf ■ Fleurie Ch. de la Terrière 2013★ (8 à 11 € ; 3 800 b.) : issu d'un sol de porphyre, un vin au nez suave de framboise et de petits fruits, et au palais agréable, tannique en finale. ⧗ 2015-2019

Terroirs et Talents, La Terrière, 69220 Cercié,
tél. 04 74 66 77 80, christelle@terroirs-et-talents.fr
V t.l.j. sf sam. dim. 8h-12h ; f. août

CH. MOULIN FAVRE Vieilles Vignes 2013 ★

■ | 30 000 | ▮ | 5 à 8 €

Campé au milieu des vignes sur le coteau de Combiaty, à 427 m d'altitude, ce domaine de 18 ha (dont 11 en brouilly) est travaillé par Céline et Armand Vernus, qui représentent la sixième génération de viticulteurs. Armand Vernus défend l'égrappage total de la vendange.

Rubis intense, discret au nez, ce 2013 se montre concentré en bouche, acidulé, rond et équilibré, rehaussé d'arômes de fraise et de framboise qui persistent agréablement en finale. Mieux vaut l'attendre un peu. ⧗ 2016-2019 🍴 poularde rôtie

Armand et Céline Vernus, Combiaty,
69460 Saint-Étienne-la-Varenne, tél. 04 74 03 40 63,
moulin-favre@wanadoo.fr V r.-v.

ROBERT PERROUD
L'Enfer des Balloquets 2013 ★

■ | 35 000 | ▮ | 8 à 11 €

Héritier d'une lignée de vignerons remontant à la Révolution, Robert Perroud, installé en 1990, au sud du mont Brouilly, cultive aussi des parcelles dans le sud du Beaujolais selon une démarche bio (non certifiée).

L'Enfer des Balloquets ? Une parcelle nommée ainsi par les vendangeurs en raison de la raideur de sa pente (40 %)... Rond, plaisant, le vin affiche un nez élégant de fruits rouges, une bouche souple et friande, fidèle au millésime. ⧗ 2015-2018 🍴 pintade aux tomates ■ Pollen 2012 (11 à 15 €) : nez épicé, anisé, matière souple, ronde et onctueuse. ⧗ 2014-2015

Robert Perroud, Les Balloquets, 69460 Odenas,
tél. 06 15 12 28 42, robertperroud@orange.fr
V r.-v.

LES TOURS DE PIERREUX 2013 ★★

■ | 80 000 | ▮ | 5 à 8 €

Les caves du château de Pierreux, campé au milieu des vignes au sud du mont Brouilly, datent du XVII^e^s. De son passé médiéval, la bâtisse a gardé deux tours, qui lui donnent un cachet gothique. La maison Mommessin (Boisset) exploite les 77 ha de vignes.

À une robe grenat profond répond un nez bien ouvert sur les fruits rouges et noirs (cerise, airelle, cassis) rehaussés d'épices douces. Le palais puissant et rond poursuit la même ligne aromatique et s'appuie sur des tanins soyeux qui soulignent la longue finale et laissent une impression d'élégance. ⧗ 2016-2019 🍴 lasagnes

SCEV Ch. de Pierreux, Pierreux, 69460 Odenas,
tél. 04 74 03 18 30

DOM. DE PONCHON 2013 ★★

■ | 8 000 | ▮ | 5 à 8 €

Yves Durand représente la quatrième génération sur ce domaine qu'il conduit depuis 1983. Établi à Régnié-Durette, il propose trois crus produits de part et d'autre de l'Ardières : du régnié et du morgon au nord de la rivière et du brouilly au sud.

Une robe rubis intense aux reflets violets ; un nez bien ouvert sur la groseille et les petits fruits rouges, rehaussé de quelques notes florales ; une bouche aromatique et fraîche reposant sur des tanins nets mais dénués d'agressivité, une finale savoureuse laissant une impression d'ampleur : une remarquable expression de l'appellation. ⧗ 2016-2019 🍴 grillades de porc

Yves Durand, Les Braves, 69430 Régnié-Durette,
tél. 04 74 04 34 78, domainedeponchon@orange.fr
V r.-v.

CH. DES RAVATYS 2012

■ | 25 000 | ▮ ◍ | 8 à 11 €

Situés au pied de la colline de Brouilly, le château et son vignoble de 30 ha ont été achetés au milieu du XIX^e^s. par l'ingénieur Auguste Solet, entrepreneur de travaux publics en Algérie. Ce dernier en fit hériter sa nièce Mathilde Courbe qui les légua en 1937 à l'Institut Pasteur. Les bâtiments du XIX^e^s. sont entourés d'un parc planté d'arbres centenaires.

Le vin, qui a passé dix mois en foudre, en retire quelques notes grillées et épicées, et une bouche tonique et tannique. Un brouilly énergique. ⧗ 2015-2018 ♈ onglet à l'échalote

Ch. des Ravatys, Dom. de l'Institut Pasteur, 69220 Saint-Lager, tél. 04 74 66 80 35, contact@chateaudesravatys.com V t.l.j. 8h-12h 14h-18h; sam. dim. sur r.-v.; f. août Institut Pasteur

DOM. DE LA ROCHE SAINT-MARTIN 2013 ★★

■ | 10 000 | | 5 à 8 €

Jean-Jacques Béréziat, bien connu des lecteurs du Guide, a pris en 1979 les commandes de ce domaine situé au pied du mont Brouilly. Il dispose de 10 ha de vignes, dont une partie importante (7 ha) sur sables et alluvions nourrit ses vins de brouilly.

Cette cuvée au nez de petits fruits noirs relevé de poivre dévoile une structure massive inhabituelle dans l'appellation. Une telle charpente aux tanins saillants ainsi que la longue finale indiquent un réel potentiel de garde. Un brouilly que l'on peut oublier quelque temps en cave. ⧗ 2017-2019 ♈ entrecôte à la braise

SCEA Jean-Jacques Béréziat, 1079, rte de Briante, 69220 Saint-Lager, tél. 04 74 66 85 39 V r.-v.

DOM. DES ROCHES ANCIENNES 2012 ★

■ | 30 000 | 5 à 8 €

Située au pied de la colline de Brouilly, cette exploitation est établie sur un affleurement de roches anciennes. Elle détient un pressoir écureuil du XVIIIes. (technique médiévale de la roue verticale dans laquelle marchait un homme) encore en état de marche.

Le vin épouse un style moderne, avec un nez intense de fruits rouges (cerise), une bouche qui trouve l'équilibre entre rondeur et tendres tanins et une finale souple et agréable. Le « vin plaisir » par excellence. ⧗ 2014-2017 ♈ terrine campagnarde

Dom. des Roches anciennes, Les Sigaux, 69460 Odenas, tél. 04 74 03 42 23 V t.l.j. sf dim. 9h-20h Rolland-Sigaux

CH. DE SAINT-LAGER 2013

■ | 55 000 | | 8 à 11 €

Le château de Pizay exploite un vaste domaine de 78 ha et commercialise par ailleurs sous cette étiquette un brouilly issu d'un vignoble de 15 ha, anciennes terres de la baronnie de Saint-Lager sur le côté est du mont Brouilly.

Cette cuvée à la robe rubis intense teintée de reflets violacés annonce un nez de petits fruits rouges (framboise) d'où pointent quelques notes de pivoine. Si la bouche, vive et acidulée, se montre un peu tannique et sévère en finale, on apprécie le retour de la pivoine. ⧗ 2015-2019 ♈ pavé de bœuf

Ch. de Saint-Lager, 69220 Saint-Lager, tél. 04 74 66 26 10, contact@vins-chateaupizay.com V t.l.j. sf dim. 8h30-12h30 13h30-17h Pizay

CH. DES TOURS 2012 ★

■ | 40 000 | | 8 à 11 €

Avec son donjon élancé doublé d'une massive tour carrée, le domaine n'a pas usurpé son nom. Cette forteresse domine 68 ha de vignes dédiés à l'appellation brouilly. C'est une des propriétés de la famille Richard, à la tête d'une maison de négoce fondée en 1892.

Un nez expressif et mûr, sur des nuances de quetsche cuite et d'écorce d'orange. La bouche est friande, avec des tanins ronds et aimables, plus fermes et sévères en finale. Un bon classique. ⧗ 2014-2017 ♈ foie de veau

Dom. des Tours, Les Tours, 69460 Saint-Étienne-la-Varenne, tél. 04 74 03 40 86, chateaudestours@wanadoo.fr V t.l.j. sf ven. sam. dim. 8h30-12h 13h30-17h30; f. août André Richard

FRÉDÉRIC TRICHARD 2012 ★

■ | 21 000 | | 5 à 8 €

Établie depuis plusieurs générations à Saint-Lager, à l'est du mont Brouilly, la famille Trichard cultive 14 ha de vieilles vignes réparties sur plusieurs communes. Ses fleurons : les crus brouilly et côte-de-brouilly.

Ce brouilly, qui a fait un court séjour dans le bois, n'en porte guère la marque. Il se montre typiquement fruité, finement épicé, friand et croquant. Ses petits tanins sont bien souples et contribuent à l'élégance de cette bouteille à apprécier sur son fruit. ⧗ 2014-2016 ♈ tartare de bœuf

EARL Frédéric Trichard, 253, rte des Nazins, 69220 Saint-Lager, tél. 04 74 66 89 22, fredtrichard@wanadoo.fr V t.l.j. 8h-12h 13h30-18h30; dim. sur r.-v.

DOM. DU CH. DE LA VALETTE 2012 ★★

■ | 10 000 | | 5 à 8 €

Jean-Pierre Crespin s'est installé en 1983 au pied du mont Brouilly avec sa femme Isabelle. Il cultive aujourd'hui un domaine de 14 ha essentiellement constitué de vieilles vignes et propose les deux crus du secteur : brouilly (6,5 ha) et côte-de-brouilly.

Ce brouilly s'impose grâce à son nez intense de fruits rouges et d'épices douces. La bouche est parfaitement équilibrée, étayée par ce qu'il faut de tanins, agrémentée d'une belle palette aromatique dominée par les fruits rouges. La finale tapisse longuement le palais. Une richesse remarquable pour le millésime. ⧗ 2014-2018 ♈ grillades d'agneau ■ **Côte-de-brouilly 2012 ★** (8 à 11 € ; 5 000 b.) : un fruité franc, une bouche ronde, bien structurée, aux tanins harmonieux et plutôt souples. ⧗ 2014-2017

Jean-Pierre Crespin, 21, rte de Saint-Georges, 69220 Charentay, tél. 04 74 66 81 96, jp.crespin@wanadoo.fr V r.-v.

DOM. VALLETTE 2013

■ | 6 000 | | 5 à 8 €

Robert Vallette représente la troisième génération de ce domaine qui remonte à 1939. Il exploite 12 ha.

Correspondant à un peu plus de 3 ha du domaine, cette cuvée est typique de l'appellation avec son nez de petits fruits rouges, sa bouche ample aux tanins souples qui lui donnent une agréable mâche en finale. Sa structure est fine, mais présente. ⧗ 2014-2018 ♈ lapin à la moutarde

Robert Vallette, Les Grandes Bruyères, 69220 Cercié, tél. 04 74 66 84 07, info@domaine-vallette.com V r.-v.

CHRISTIAN VERGIER 2013 ★★

■ | 15 000 | | 8 à 11 €

Christian Vergier, œnologue diplômé de l'université de Dijon, est non seulement spécialiste des vins, mais aussi des rhums. Propriétaire de vignes non loin de Chassagne-Montrachet, il a aussi lancé une activité de négoce dans le Mâconnais-Beaujolais.

C'est de son affaire de négoce diffusant des vins mis en bouteilles à la propriété que provient ce brouilly. Robe profonde, nez sur le poivre et le fruit noir, palais gras, charpenté, harmonieux et long. La structure s'affiche sans être outrageusement tannique : un beau vin de garde. ⧗ 2014-2019 ↑ daube de bœuf

Christian Vergier, Vintage Tradition, 6, chem. des Curtils, 21190 Ébaty, tél. 06 84 73 77 52, vintagetradition@orange.fr

CÔTE-DE-BROUILLY

• Superficie : 320 ha • Production : 15 455 hl

DOM. DE BERGIRON 2013 ★★

■ | 3 000 | | 5 à 8 €

Jean-Luc Laplace ne produit que du côte-de-brouilly et du brouilly, à peu près à parts égales, sur son domaine de 10,5 ha. Les deux cuvées, régulièrement en vue dans ces pages, reposent sur des terroirs assez similaires, caillouteux, plus argileux pour le premier, davantage sableux et limoneux pour le second.

En robe rouge cerise, ce vin dévoile un nez frais de fruits rouges (typique du domaine). Sa bouche charmeuse de groseille et de framboise est ronde, ample et étayée par des tanins veloutés. ⧗ 2015-2019 ↑ râble de lapin

Jean-Luc Laplace, 85, rte de Pizay, 69220 Saint-Lager, tél. 04 74 66 88 42, jl.laplace@wanadoo.fr V r.-v.

PAUL-ANDRÉ BROSSETTE & FILS
Empreinte 2013 ★

■ | 6 000 | 8 à 11 €

Paul-André Brossette est à la fois pépiniériste et viticulteur. Il exploite 22 ha au cœur des Pierres dorées, avec un parcellaire largement tourné vers les beaujolais et beaujolais-villages, à l'exception d'un hectare de moulin-à-vent et de côte-de-brouilly.

Cette cuvée est une valeur sûre du Guide, appréciée pour son nez de pêche de vigne et de fruits rouges et pour sa bouche ronde et élégante, aux tanins souples et soyeux. ⧗ 2014-2017 ↑ boulettes de viande sauce tomate

Paul-André Brossette et Fils, 696, rte de Cruix, 69620 Theizé, tél. 04 74 71 24 83, contact@domaine-brossette.com V r.-v.

JACQUES CHARLET
Côte de granit Les Volcaniques 2013 ★

■ | 22 666 | | 8 à 11 €

Au moment où la ligne de chemin de fer du Paris-Lyon-Marseille se construisait, les deux négociants Loron et Charlet ont eu l'idée de s'installer dans des bâtiments communs au bord de la voie ferrée. Ils ont fusionné et ont marié leurs enfants respectifs. Aujourd'hui encore, cette maison à taille humaine propose les terroirs historiques du Beaujolais.

Cette cuvée tient son nom de son terroir de granite andésite. Elle offre une robe intense et un nez fruité et floral. En bouche, on apprécie sa matière onctueuse. Les tanins, fondus et ronds, enrobent la finale. ⧗ 2014-2017 ↑ pintade aux tomates ■ Saint-Amour La Victorine 2013 (12 666 b.) : un vin rond et tout en fruit. ⧗ 2014-2016

Jacques Charlet, Pontanevaux, 71570 La Chapelle-de-Guinchay, tél. 03 85 36 82 41, contact@charlet.fr Xavier Barbet

PIERRE-ANDRÉ DUMAS Alchimie 2012

■ | 1 300 | | 11 à 15 €

Ce domaine de 18 ha produit essentiellement du brouilly et du côte-de-brouilly. Il se décline en deux étiquettes : Pierre-André Dumas pour les vins de ces deux crus, élevés en fût, et Terres d'Alice, pour les beaujolais et beaujolais-villages.

Cette cuvée a passé douze mois en fût. Le vin en ressort avec une robe rubis, un nez fruité, boisé et épicé, une bouche équilibrée, aux tanins soyeux. ⧗ 2014-2018 ↑ paupiettes de veau

Pierre-André Dumas, 631, rte de Charentay, 69460 Odenas, tél. 04 74 03 40 89, pierreandredumas@bbox.fr V r.-v.

DOM. DES GRANDES VIGNES 2013 ★

■ | 15 000 | | 5 à 8 €

Un domaine d'un peu plus de 10 ha, dont cinq crus, conduit de père en fils depuis 1918 et auquel a été adjointe une petite activité de négoce.

Jean-Claude Nesme signe ici un vin rubis au nez de pivoine et de truffe noire, à la bouche puissante et ronde. La finale, plus chaleureuse, évolue sur des notes de marc. ⧗ 2014-2019 ↑ côte à l'os

Jean-Claude Nesme, 90, impasse du Puits, Chavanne, 69430 Quincié-en-Beaujolais, tél. 04 74 04 31 02, contact@ddgv.com V r.-v.

♥ CAVE DU CH. DES LOGES 2013 ★★

■ | 19 800 | 5 à 8 €

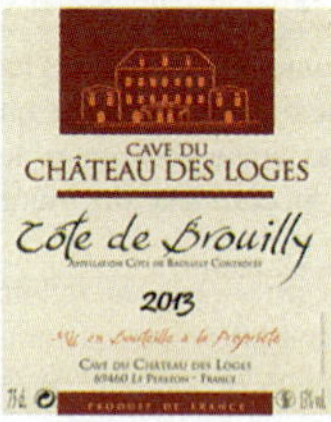

Née en 1958, cette petite coopérative, qui regroupe 150 viticulteurs exploitant 400 ha de vignes, dont deux crus (brouilly et régnié), est une valeur sûre du Guide. Elle a acheté dès ses débuts le château des Loges, une belle propriété du XVIIIᵉ s. dans le parc de laquelle elle a construit ses chais.

Ce vin se distingue d'emblée par sa robe rubis et son nez expressif de fruits mûrs et de fleurs. La bouche se révèle puissante, tannique, soutenue par un fine minéralité qui apporte du tonus et de la longueur. De belle garde assurément. ⧗ 2014-2019 ↑ sanglier à la broche et champignons ■ Brouilly 2013 ★ (150 000 b.) : ce vin aux arômes de fruits rouges et noirs (fraise et cassis) offre une bouche riche et ample, aux tanins soyeux. ⧗ 2014-2017 ■ Beaujolais-villages 2013 ★ (20 000 b.) : un nez complexe sur des arômes de fruits rouges, de pivoine et d'épices, et une bouche souple et gourmande. ⧗ 2014-2017

Cave du Ch. des Loges, 69460 Le Perréon, tél. 04 74 03 22 83, caveduperreon@wanadoo.fr V r.-v.

DOM. DE LA ROCHE THULON 2013 ★★

■	2 000		5 à 8 €

Pascal Nigay, installé sur 10 ha, vinifie trois crus (régnié, morgon et côte-de-brouilly). Cet habitué du Guide défend une approche à l'ancienne, avec des vignes plantées à haute densité (10 000 pieds/ha) et taillées en gobelet.

Ce vin affiche une robe rubis et libère d'élégants arômes de fleurs et de fruits rouges. Les tanins bien présents, mais fins, soutiennent une bouche puissante et longue. 2015-2018 pain de viande aux courgettes ■ Régnié 2013 (10 000 b.): délicates notes de fruits rouges, bouche légère et fruitée. 2015-2019

Pascal Nigay, 18, chem. de Thulon, 69430 Lantignié, tél. 04 74 69 23 14, nigay.pascal.chantal@wanadoo.fr V r.-v.

DOM. DE TANTE ALICE 2012 ★★

■	3 000		5 à 8 €

Jean-Paul Peyrard a créé en 1988 son domaine à Saint-Lager, au pied de la colline de Brouilly, au sommet de laquelle s'élève une chapelle construite en 1857 pour rendre grâce après la victoire des vignerons sur l'oïdium. Il exploite 13 ha, dont trois crus (régnié, brouilly, côte-de-brouilly).

Le vin plaît avec sa robe rubis, son nez suave de fraise des bois et sa bouche fraîche, juteuse, gouleyante et charmeuse. Une cuvée bien typée. 2014-2017 entrecôte charolaise ■ Brouilly Pisse-Vieille 2012 ★ (8 à 11 €; 3 000 b.) : agréable nez boisé aux notes vanillées, attaque ronde et fondue, bonne présence tannique en finale. 2014-2017

SCEA Tante Alice, 96, rte de la Grand-Raie, 69220 Saint-Lager, tél. 04 74 66 89 33, peyrard.jean-paul@wanadoo.fr V r.-v. 3

AGNÈS ET FRANCK TAVIAN
Cuvée Tradition 2012 ★★

■	4 000		5 à 8 €

Franck Tavian s'est installé en 1994 sur 2,5 ha en côte-de-brouilly : il en cultive aujourd'hui 12, qu'il vinifie avec un ancestral pressoir vertical. Les rouges sont macérés en levures indigènes grâce à la technique du grillage, qui consiste à faire descendre de force le chapeau dans le moût.

Un côte-de-brouilly grenat, au nez superbe de cassis, à la bouche à la fois structurée, minérale, fruitée et gracieuse. Un vrai vin de terroir. 2015-2017 coq au vin

Tavian, 1130, rte des Gilets, 69220 Saint-Lager, tél. 04 74 69 02 26, franck.tavian@wanadoo.fr V r.-v.

DOM. DE VAVRIL Cuvée de l'Héronde 2012

■	1 200		5 à 8 €

Jean-Luc Ducruix s'est installé en 2005 à Beaujeu, sur un peu moins de 9 ha, exposés au plein sud, depuis lesquels son vignoble domine une partie du village. Il exploite 1,2 ha en côte-de-brouilly. Les vignes sont plantées sur un terroir de roche bleue appelée localement « corne verte », évocation des reflets verts du granite en décomposition.

Ce vin offre une robe un peu évoluée, un nez discret de fruits rouges et une bouche vigoureuse, ample, aux tanins marqués sur la finale. 2014-2019 filet mignon de porc à la moutarde

Jean-Luc Ducruix, lieu-dit Vavril, 69430 Beaujeu, tél. 09 52 20 50 04, jlducruix@free.fr V r.-v. 5

DOM. DE LA VOÛTE DES CROZES 2012 ★

■	n.c.	8 à 11 €

Nicole Chanrion est issue d'une branche de la dynastie des Jambon-Chanrion qui exploite depuis 1861 sur le mont Brouilly, à travers trois familles (Jambon, Chanrion et Geoffray). Elle s'est installée en 1980 et cultive un domaine de 7 ha, dont 5 en côte-de-brouilly, sur un terroir de pierre bleue (diorite).

Ce vin grenat offre un nez fruité intense. La bouche se montre riche, bien texturée et expressive, entre groseille et fruits à noyau. 2014-2017 fromage à pâte persillée

Nicole Chanrion, 80, Grande-Rue, Les Crozes, 69220 Cercié, tél. 04 74 66 80 37, chanrion.nicole@wanadoo.fr V r.-v.

CHÉNAS

• Superficie : 249 ha • Production : 9 564 hl

D'après la légende, ce lieu était autrefois couvert d'une immense forêt de chênes. Un bûcheron, constatant le développement de la vigne plantée naturellement par quelque oiseau, se mit en devoir de défricher pour introduire la noble plante ; celle-là même qui s'appelle aujourd'hui le « gamay noir ». Située aux confins du Rhône et de la Saône-et-Loire, dans les communes de Chénas et de La Chapelle-de-Guinchay, chénas est l'une des plus petites AOC du Beaujolais. Nés à l'ouest, sur des terrains pentus et granitiques, ses vins sont colorés et puissants, avec des arômes floraux (rose et violette) ; ils rappellent les moulin-à-vent produits sur la plus grande partie des terroirs de la commune. Issus du secteur plus limoneux et moins accidenté de l'est, ils présentent une charpente plus ténue.

CH. BONNET Vieilles Vignes 2013 ★

■	50 000		8 à 11 €

Aux confins de la Bourgogne et du Beaujolais, ce domaine, acquis par les Perrachon en 1973 et conduit par Pierre-Yves Perrachon depuis 1988, étend ses 22 ha sur les coteaux des monts du Beaujolais. Édifiée en 1630 par le sieur Bonnet, échevin de la ville de Mâcon, la gentilhommière Renaissance, remaniée sous l'Empire, se dresse à l'emplacement d'un ancien relais de chasse. Une chambre y était autrefois réservée au poète Alphonse de Lamartine.

Cette cuvée au nez fruité séduisant et délicat conjugue en bouche harmonie et rondeur. Les arômes de fruits rouges sont pimentés d'une élégante pointe épicée. 2014-2017 coq au vin ■ Juliénas Vieilles Vignes 2013 (50 000 b.) : structure tannique plaisante et bonne longueur en bouche. 2014-2016

Perrachon, Ch. Bonnet, Les Paquelets, 71570 La Chapelle-de-Guinchay, tél. 03 85 36 70 41, ch.bonnet@terre-net.fr V t.l.j. sf dim. 8h30-12h 14h-17h30

CAVE DU CH. DE CHÉNAS
Cœur de granit 2013 ★

■	40 000		5 à 8 €

La Cave du Château de Chénas a été fondée en 1934 par 44 viticulteurs qui cultivaient 44 ha de vignes. Elle regroupe aujourd'hui près de 110 vignerons qui exploitent plusieurs centaines d'hectares de vignes dans les appellations du Beaujolais.

Ce chénas couleur rubis dévoile un joli nez de griotte. Le palais se montre gouleyant et fruité, avec une longue finale soutenue par de bons tanins. 2014-2018 jambon à l'os braisé ■ Fleurie Cœur de granit 2013 (8 à 11 €; 40 000 b.): tendre, fruité et simple, facile à boire. 2014-2016

Cave Ch. de Chénas, Les Michauds, 69840 Chénas, tél. 04 74 04 48 19, cave.chenas@wanadoo.fr V t.l.j. sf dim. 8h-12h 14h-18h

DOM. DE CHÊNEPIERRE Vieilles Vignes 2013 ★

■	2 000		5 à 8 €

Christophe Lapierre s'est installé à Chénas en 2001. Ses vins étiquetés « Dom. Christophe Lapierre » sont vinifiés par la coopérative. Il a pris les rênes de l'exploitation familiale, le domaine de Chênepierre (10 ha répartis entre chénas, moulin-à-vent et beaujolais-villages), après le départ à la retraite de ses parents en 2008.

Cette cuvée grenat, issue de vignes cinquantenaires, a fait un passage en foudre en hiver pour affiner et patiner ses tanins. Elle dévoile un nez intense et fringant de fruits rouges, et une bouche charnue, vive et franche, dont la finale, encore un peu sévère, pourra s'arrondir avec le temps. 2015-2018 saucisson brioché

Christophe Lapierre, Les Deschamps, 69840 Chénas, tél. 03 85 36 70 74, lapierre-christophe@wanadoo.fr V t.l.j. 8h-12h 13h30-19h

COTEAUX DE LA ROCHE 2013

■	3 000		5 à 8 €

Antoine Viland, établi à Létra, au cœur des Pierres dorées, vend désormais en bouteilles la majeure partie de sa production. Ce jeune vigneron installé en 2007 est un adepte des macérations longues en grappes entières.

Le vin, d'un beau rouge brillant, affiche une bouche souple, équilibrée et fine, qui ne joue pas tant la puissance que l'élégance et la discrétion. 2014-2017 fricassée de dinde aux herbes

Antoine Viland, La Roche, 69620 Létra, tél. 04 74 71 54 46 V r.-v.

DOM. DE CÔTES RÉMONT 2013 ★

■	9 500		5 à 8 €

C'est à leur retraite, en 2011, que Catherine et Dominique Olry ont décidé de reprendre le domaine familial de madame, un vignoble de 60 ha d'un seul tenant planté sur des coteaux pentus, sous le pic de Rémont. Le couple s'appuie sur l'expérience de son maître de chai, M. Granchamp.

À un nez expressif de cerise kirschée répond une bouche riche et généreuse. La finale franche et tannique contribue à en faire un vin structuré. 2016-2019 coq au vin

Catherine et Dominique Olry, Dom. de Côtes Rémont, 69840 Chénas, tél. 06 78 24 59 08, olryfamily@chenascotesremont.com V t.l.j. 10h-19h

CÉLINE ET NICOLAS HIRSCH
Les Brureaux 2012

■	1 100		11 à 15 €

Après avoir bourlingué en France et à l'étranger, les jeunes œnologues Céline et Nicolas Hirsch se sont installés dans le Beaujolais, où ils ont racheté en 2011 un petit domaine de 3,8 ha proposant trois crus : chénas, moulin-à-vent et juliénas.

Ce vin rubis, encore un peu fermé au nez, ne garde pas trace d'un élevage de dix mois en fût. La bouche est souple, bien portée sur le fruit. Un vin net et prêt à boire. 2014-2015 poulet de Bresse rôti

Céline et Nicolas Hirsch, lieu-dit Les Brureaux, 69840 Chénas, tél. 03 85 33 50 40, domainehirsch@yahoo.fr V r.-v.

DOM. ALAIN LARDET 2013 ★

■	15 960		8 à 11 €

Alain Lardet conduit depuis 1985 ce domaine dont les vins sont vinifiés par la cave coopérative du château de Chénas.

Ouvert sur les épices douces, le nez laisse apparaître des notes fruitées à l'aération. À l'unisson, le palais se révèle rond, gras et solidement charpenté. Un ensemble harmonieux et de bonne garde. 2016-2019 cervelas pistaché

Dom. Alain Lardet, Les Maisons-Rouges, 71570 La Chapelle-de-Guinchay, tél. 04 74 04 48 19

CH. DES PAQUELETS 2013 ★

■	10 000		5 à 8 €

Joannès Chanut est le nom d'une maison que le négociant Jean-Marc Aujoux a rachetée dans les années 1990.

Le vin s'affiche dans une robe violacée et livre un nez expressif de fruits des bois, relayé par une bouche harmonieuse, ronde, puissante et tannique. Un chénas de caractère. 2016-2019 saucisson de Lyon ■ Juliénas Dom. du Clos du Chapitre Terra Vitis 2013 (19 000 b.): retenu pour la finesse de ses arômes et sa puissance en finale. 2014-2018

Joannès Chanut, La Bâtie, 71570 La Chapelle-de-Guinchay, tél. 03 85 23 83 50, aujoux@aujoux.fr

DOM. DES PIVOINES
Sélection de vieilles vignes 2013 ★★

■	11 586		8 à 11 €

Ce domaine, vinifié par la cave coopérative du château de Chénas, est la propriété de Patrick Thévenet, qui a choisi la pivoine pour baptiser son domaine, arôme emblématique du chénas.

Cette cuvée, marquée par les petits fruits et la noisette, séduit par sa bouche ronde, riche, épicée, dont les tanins encore fermes assurent une belle tenue à la garde. 2016-2019 pintade à la crème

Dom. des Pivoines, Les Gandelins, 71570 La Chapelle-de-Guinchay, tél. 04 74 04 48 19 V r.-v. Patrick Thévenet

♥ CH. PORTIER Vieilles Vignes 2012 ★★

	1 500		8 à 11 €

Ingénieur et œnologue de formation, Denis Chastel-Sauzet est le propriétaire du moulin emblématique du domaine de Moulin-à-Vent et, depuis 2006, du château Portier, une bâtisse au toit de tuiles vernissées construite au XIXᵉs. Avec ces deux vignobles, il est à la tête d'un domaine de 25 ha.

Le vigneron a vinifié à la beaujolaise 2,5 ha de vignes cinquantenaires, à l'origine d'un chénas finement floral et fruité à l'olfaction. La bouche, charnue, dense et réglissée, dévoile de beaux tanins de garde, présents sans dureté. 2015-2018 biche rôtie ■ Chiroubles Vieilles Vignes 2012 ★★ (3 000 b.) : séduisant par son fruité croquant, ce vin charme aussi par son charnu, son velouté et sa persistance. 2015-2018

SCV Ch. Portier, 1765, rte de Moulin-à-Vent, 71570 Romanèche-Thorins, tél. 09 83 22 59 39, moulinavent.com@gmail.com V t.l.j. 9h-12h30 13h30-19h; groupes sur r.-v. 4 B
Chastel-Sauzet

DOM. DE LA TRADITION 2013 ★★

	4 000		5 à 8 €

Raymond Trichard s'installe à La Chapelle-de-Guinchay, en Saône-et-Loire, en 1976. Il vinifie aujourd'hui quatre crus sur son petit domaine de 6 ha.

Ce vin rubis brillant révèle à l'olfaction des notes de poivre et de fruit. Cette agréable complexité aux accents épicés se retrouve avec persistance dans une bouche aux tanins de bonne composition, fermes sans agressivité. 2014-2017 civet de marcassin

Raymond Trichard, 84, rue des Blémonts, 71570 La Chapelle-de-Guinchay, tél. 03 85 36 79 41 V t.l.j. 8h-20h C

CHIROUBLES

• Superficie : 334 ha • Production : 13 157 hl

Le plus haut des crus du Beaujolais s'étend sur une seule commune perchée à près de 400 m d'altitude, dans un site en forme de cirque aux sols constitués de sable granitique léger et maigre. Issu de gamay comme les autres crus, le chiroubles, considéré comme le plus « féminin » des crus du Beaujolais, est élégant, fin, peu chargé en tanins, charmeur, avec des arômes de violette. Rapidement prêt, il rappelle parfois le fleurie ou le morgon, crus limitrophes. Chiroubles est aussi la petite patrie du grand ampélographe Victor Pulliat, né en 1827, dont les travaux consacrés à l'échelle de précocité et au greffage des espèces de vigne ont contribué à mettre un terme à la crise phylloxérique ; pour parfaire ses observations, le savant avait rassemblé dans son domaine de Tempéré plus de 2 000 variétés ! La fête des Crus, organisée en avril, rappelle son souvenir.

VIGNERONS DE BEL-AIR
Saisons Été fleuri Cuvées Classic 2013 ★

	30 000		5 à 8 €

Créée en 1929, la cave coopérative de Bel-Air, installée non loin du secteur des crus, près de Belleville, a fusionné en 2008 avec celle de Chiroubles. Forte de 250 producteurs, qui vinifient 690 ha, elle propose la plupart des AOC du Beaujolais ainsi que des AOC régionales bourguignonnes.

Ce chiroubles s'habille d'une robe rubis aux reflets violines. Son nez expressif évoque la myrtille et la groseille. En bouche, il offre des saveurs fraîches et fruitées. Un vin bien typé. 2014-2018 entrecôte charolaise ■ Brouilly Saisons Été indien Cuvées Classic 2013 (60 000 b.) : un nez intense de fruits rouges bien mûrs, une bouche ronde et persistante. 2014-2017 ■ Morgon Cuvée Classic 2013 (60 000 b.) : apprécié pour son fruité rehaussé d'épices et pour sa bouche souple, fine et fondue. 2014-2017

Vignerons de Bel-Air, 131, rte Henry-Fessy, 69220 Saint-Jean-d'Ardières, tél. 04 74 06 16 05, com@vignerons-belair.com V t.l.j. 9h-12h 14h-18h

DOM. DE LA CHAPONNE
La Forge 2013

	1 800	5 à 8 €

Cette exploitation familiale dispose de 14 ha et d'une maison typiquement beaujolaise à Villié-Morgon. Laurent Guillet y est installé depuis 1987.

En hommage au père de son épouse, qui était le forgeron du village et le propriétaire des vignes, Laurent Guillet propose un vin plaisant de bout en bout : nez de griotte et bouche souple et ronde. 2014-2017 soupe de fraises

Laurent Guillet, 70, montée des Gaudets, 69910 Villié-Morgon, tél. 04 74 69 15 73, domaine-chaponne@wanadoo.fr V t.l.j. 8h-12h 14h-19h

CH. DE JAVERNAND
Vieilles Vignes 2012 ★

	8 000		8 à 11 €

Arthur, le fils de Pierre Fourneau, a pris le relais de son père en 2011 en s'associant avec Pierre Prost. Le domaine est d'un seul tenant : 10 ha de vignes cinquantenaires vendangées à la main, puis vinifiées en partie en grappes entières et en partie en éraflage, avec une longue cuvaison d'une quinzaine de jours.

Ce vin revêt une robe grenat. Il libère des arômes intenses de petits fruits frais rouges et noirs : framboise, fraise, cassis. La bouche, dense, élégante, épaulée par des tanins fondus, est marquée par une pointe chaleureuse en finale. 2014-2019 gâteau au chocolat

Ch. de Javernand, 69115 Chiroubles, tél. 09 63 29 82 13, chateau@javernand.com V r.-v.

DOM. DES MAISONS NEUVES Fût de chêne 2012

■ | 7 600 | | 8 à 11 €

Emmanuel Jambon est installé depuis 2005. Il exploite 40 ha, dont cinq crus : brouilly, côte-de-brouilly, morgon, moulin-à-vent et régnié. En 2009, il a entrepris la rénovation complète de ses chais. Son credo : des vins mûrs, sans tanins verts.

Ce vin arbore une robe rubis vif. Il exhale des arômes de bourgeon de cassis, de pêche et de myrtille. La bouche est fruitée, ample, marquée d'une note torréfiée rappelant que le vin a passé douze mois en fût. ⌛ 2014-2017 🍴 rôti de porc

EARL Jambon Père et Fils, 170, rte de Pizay, 69220 Saint-Lager, tél. 04 74 66 81 24, jambon.domainedesmaisonsneuves@orange.fr
V r.-v.

DOM. DU PRESSOIR FLEURI Vieilles Vignes 2012 ★

■ | 4 000 | | 5 à 8 €

Franck Brunel a repris en 2001 le domaine de son beau-père. Les 9 ha de vignes comprennent trois crus : chiroubles, morgon et fleurie, complétés d'une cuvée de beaujolais blanc.

Le vin affiche une robe rubis. Le nez évoque les fruits noirs bien mûrs. La bouche est structurée, tannique. Cette cuvée ne joue pas sur le registre de la souplesse, mais bien sur celui de la puissance. ⌛ 2014-2019 🍴 coquelet aux figues fraîches

Brunel-Méziat, Le Bourg, 69115 Chiroubles, tél. 04 74 04 23 12, dom.pressoir.fleuri@terre-net.fr
V t.l.j. 8h-19h

CH. DE RAOUSSET 2012 ★

■ | 20 000 | | 5 à 8 €

Les origines de ce domaine remontent à 1836, l'année où un soyeux lyonnais acquit cette terre. Le château a été bâti sous le Second Empire et le vignoble s'est développé à partir de cette époque. Aujourd'hui, un même nom, château de Raousset, recouvre deux entités différentes. Celle des héritiers de Raousset dispose d'un domaine de 12 ha géré par Rémy Passot.

Ce vin offre un nez épicé et puissant de fruits noirs et mûrs. En bouche, il confirme son caractère ; le palais est opulent, évoquant le kirsch. Une cuvée généreuse et harmonieuse. ⌛ 2014-2017 🍴 œufs cocotte ■ **Morgon 2012 (10 000 b.)** : gras et rond en bouche, ce millésime se révèle sur de généreuses notes de griotte. ⌛ 2014-2015

SCEA Héritiers de Raousset, Les Prés, 69115 Chiroubles, tél. 04 74 69 16 19, remy@scea-de-raousset.fr V r.-v.

♥ DOM. RUET La Fontenelle 2013 ★★

■ | 12 000 | | 5 à 8 €

Fondé en 1926 au nord du mont Brouilly, ce domaine familial couvre 21 ha, avec des parcelles dans quatre crus : brouilly, côte-de-brouilly, régnié et morgon. Une valeur sûre du Guide : le premier coup de cœur fut un 1984 et bien d'autres ont suivi. David Duthel a pris les rênes du domaine en 2010.

De beaux reflets violines animent la robe de ce 2013 élevé cinq mois en cuve. Cerise, framboise, fraise, le nez se révèle généreusement fruité. Une intensité aromatique que l'on

retrouve dans un palais plein de charme, rond et soyeux, sans manquer ni de structure ni de fraîcheur. Un modèle d'harmonie. ⌛ 2014-2019 🍴 poulet de Bresse à la crème ■ **Morgon Les Grands Cras 2013 ★ (12 000 b.)** : ouverte sur des notes de fruits rouges intenses, cette cuvée offre une bouche tout aussi aromatique qui s'allonge agréablement. ⌛ 2014-2016 ■ **Brouilly Voujon 2013 (40 000 b.)** : une texture ronde, de bonne tenue et une finale minérale. ⌛ 2014-2016

Dom. Ruet, Voujon, 69220 Cercié, tél. 04 74 66 85 00, ruet.beaujolais@wanadoo.fr
V r.-v. A

DOM. RENÉ SAVOYE 2013

■ | 6 000 | | 8 à 11 €

René Savoye, de la quatrième génération, est installé depuis 1971. Il produit du régnié, mais a construit sa réputation dans le Guide grâce au chiroubles. Il dirige une exploitation d'un peu moins de 2 ha. Ses vignes ont quarante ans et sont plantées sur un sol granitique. Il vinifie en semi-carbonique.

Ce vin affiche une robe grenat aux reflets rubis. Il exhale des arômes de cassis, de groseille et de fraise que prolonge une bouche à la fois fraîche et charnue. ⌛ 2014-2017 🍴 filet mignon de porc rôti

Suzanne et René Savoye, Le Bourg, 69115 Chiroubles, tél. 04 74 04 23 47, savoye.rene@wanadoo.fr V t.l.j. 8h-19h; dim. 8h-12h, l'apr.-midi sur r.-v. B

DOM. DE TEMPÉRÉ Élevé en fût de chêne 2013 ★

■ | 7 900 | | 5 à 8 €

Son père avait acheté en 1970 cette propriété célèbre pour avoir abrité Victor Puilliat, ampélographe de renom, originaire de Chiroubles. Guy Pignard, installé en 2003, dirige aujourd'hui une exploitation de 27 ha.

Cette cuvée est issue de vignes de soixante ans plantées sur un sol de granite rouge. Élevée quatre mois en fût de chêne, elle en garde des notes torréfiées et caramélisées. De la mâche, une belle structure, des accents épicés, la bouche ne déçoit pas. Un ensemble harmonieux et bâti pour bien vieillir. ⌛ 2014-2019 🍴 coq au vin ■ **Beaujolais-villages Dom. de la Grange-Ménard Coteaux des Pierres rouges 2013 (10 000 b.)** : un vin fruité et épicé, souple et gouleyant, bien typé beaujolais. ⌛ 2014-2015

Évelyne et Guy Pignard, Dom. de la Grange-Ménard, 69400 Arnas, tél. 04 74 62 87 60, pignard.guy@orange.fr
V r.-v.

FLEURIE

• Superficie : 914 ha • Production : 34 630 hl

Posée au sommet d'un mamelon totalement planté de gamay, une chapelle semble veiller sur le vignoble : c'est la Madone de Fleurie, qui marque l'emplacement du troisième cru du Beaujolais par ordre d'importance,

après le brouilly et le morgon. L'aire d'appellation ne s'échappe pas des limites communales, et sa géologie est assez homogène, avec des sols constitués de granites à grands cristaux qui communiquent au vin une impression de finesse et d'élégance. Certains aiment le fleurie frais, d'autres le servent à 14-15 °C. Ce vin entre traditionnellement dans la préparation de l'andouillette à la beaujolaise. Printanier, il charme par ses arômes aux tonalités d'iris et de violette. Certains terroirs aux noms évocateurs figurent sur l'étiquette : la Rochette, la Chapelle-des-Bois, les Roches, Grille-Midi, la Joie-du-Palais...

ROBERT ET PIERRE BOUZEREAU 2013

■ | 2 500 | 🍾 | 5 à 8 €

Pierre Bouzereau s'est installé en 1988 à Romanèche-Thorins. Il exploite aujourd'hui 23 ha de vignes, principalement dans les crus de moulin-à-vent et de fleurie.

Ce 2013 au nez épicé, teinté de fraise et de fruits frais, est franc, direct et simple en bouche. ⧗ 2014-2015 🍴 cailles rôties aux raisins

🔑 EARL Robert et Pierre Bouzereau, 38, rte de la Mairie, 71570 Romanèche-Thorins, tél. 03 85 35 52 47 t.l.j. sf dim. 10h-12h 14h-18h

DOM. DES CHAFFANGEONS
Vieilles Vignes 2013 ★

■ | 2 000 | | 8 à 11 €

Établie à Fleurie, cette exploitation familiale existe depuis trois générations et compte aujourd'hui 17 ha. Frédéric Perrier, qui en a pris les rênes en 2007, pratique la vente à la propriété d'une part de sa production.

Cette cuvée de belle prestance, née de vignes de quatre-vingts ans, se pare d'un beau grenat et affiche un nez fin alliant les fruits rouges à la violette et à la pivoine. La bouche est riche, charnue, bien charpentée et longue. ⧗ 2016-2019 🍴 lapin chasseur ■ **La Madone 2013 ★** (5 à 8 € ; 6 000 b.) : un nez floral élégant (pivoine, violette) et une bouche fraîche, fine et bien structurée. ⧗ 2014-2017

🔑 EARL Perrier et Fils, La Chapelle-des-Bois, 69820 Fleurie, tél. 04 74 69 83 05, domainedeschaffangeons@orange.fr V 🚶 🍷 r.-v.
🔑 La Bâtie

DOM. DES CHAFFANGEONS 2013 ★★

■ | 20 000 | 🍾 | 5 à 8 €

Le domaine des Chaffangeons est une exploitation de Fleurie qui diffuse une partie de sa production par le biais du négoce, en l'occurrence la maison bourguignonne Aujoux, dont les origines remontent à 1838. Une société historiquement liée au Mâconnais et au Beaujolais, qui propose pour chacun des dix crus du Beaujolais plusieurs noms de domaine. Louis de Jolimont est une marque.

Ce 2013 d'un rouge violacé soutenu dévoile un nez de fruits rouges très mûrs, voire confiturés. Il séduit par sa bouche franche et persistante, étayée par des tanins soyeux et bien fondus. Il saura accompagner tout un repas. ⧗ 2014-2018 🍴 carré de porc au curry

🔑 Louis de Jolimont, La Batie, 71570 La Chapelle-de-Guinchay, tél. 03 85 23 83 50, aujoux@aujoux.fr

DOM. CHAINTREUIL
La Madone Cuvée Vieilles Vignes 2013 ★

■ | 13 000 | 🛢 | 8 à 11 €

Représentant la quatrième génération à la tête de cette propriété familiale, Gilles Chaintreuil s'installe en 1992. Il exploite 6 ha de fleurie sur des coteaux pentus (près de 25 % de déclivité), ce qui l'oblige à un travail entièrement manuel.

Parmi les treize *climats* de fleurie, la Madone est l'un des plus célèbres : c'est le lieu de naissance de cette cuvée élevée dans des foudres centenaires. Un vin grenat foncé au nez de fruits rouges macérés et à la bouche fruitée et réglissée, bien structurée, riche, plutôt tannique en finale. ⧗ 2014-2018 🍴 faisan rôti

🔑 SCEA Dom. Chaintreuil, La Chapelle-des-Bois, 69820 Fleurie, tél. 06 20 66 47 08, gilles.chaintreuil@orange.fr V 🚶 🍷 r.-v.

JEAN-PAUL CHAMPAGNON
Les Moriers 2012 ★★

■ | 5 000 | 🛢 | 8 à 11 €

Créée en 1952 par René Champagnon, la propriété domine le vignoble des crus fleurie et moulin-à-vent. Sa superficie a été portée de 3 à 10 ha.

Les Moriers sont l'un des *climats* emblématiques du fleurie, situés à la limite de moulin-à-vent et cités par André Jullien en 1832. Vinifié avec des levures indigènes, ce 2012 résulte d'une assez longue macération en chapeau immergé, suivi d'un séjour d'un an en foudre. Il en tire une robe rubis intense aux reflets violacés, un nez torréfié aux nuances de caramel et un palais rond, plein, gras, ample et généreux, où l'on retrouve les fruits rouges et la torréfaction. Un vin élégant. ⧗ 2014-2018 🍴 poulet rôti

🔑 Sylvie Champagnon, La Treille, 69820 Fleurie, tél. 04 74 04 15 62, contact@champagnon.fr V 🚶 🍷 r.-v. 🏠 2 🏠 B

JULIEN ET RÉMI CLÉMENT 2012 ★

■ | 3 000 | 🍾 | 5 à 8 €

Julien Clément a rejoint son père Rémi en 2006 sur le domaine familial qui couvre 11 ha. La nouvelle génération développe la vente directe à la propriété.

Pour l'heure fermé au nez, ce 2012 fait preuve d'équilibre, de fraîcheur et de richesse. La finale est marquée par des tanins encore vifs qui indiquent un potentiel intéressant. ⧗ 2014-2017 🍴 andouillette au fleurie ■ **Vieilles Vignes 2012 ★** (8 à 11 € ; 2 000 b.) : un nez franc de fruits rouges, une bouche souple et harmonieuse aux arômes de cerise à l'alcool et aux tanins déjà fondus. ⧗ 2014-2017

🔑 Julien et Rémi Clément, Les Laverts, 69820 Fleurie, tél. 04 74 69 80 19, clement.julien-remi@wanadoo.fr V 🚶 🍷 t.l.j. 9h-19h

DOM. DE LA COUR PROFONDE 2013 ★

■ | 14 400 | 🍾 | 8 à 11 €

Cyril et Patricia Revollat se sont installés en 1998 sur le domaine familial dont ils ont porté la superficie à 10 ha. Leur maison de la fin du XIX^e^s. est bâtie sur sept caves voûtées en pierre du pays.

Cette cuvée issue de vignes de soixante ans correspond à près de la moitié de la surface du domaine. Elle séduit par son nez épicé et gourmand mêlant les fruits rouges et le bonbon anglais, puis par son palais gras et bien construit, aux arômes de griotte, de cassis et de myrtille. ⌛ 2014-2018 🍴 poulet rôti

🔑 Patricia et Cyril Revollat, La Cour Profonde, 69115 Chiroubles, tél. 04 74 69 13 72, revollat.cyril@wanadoo.fr V t.l.j. 9h-19h; dim. sur r.-v.

LIONEL DESPRÉS Madone 2013 ★★

■	1 450		5 à 8 €

L'architecture des bâtiments d'exploitation, qui abritaient plusieurs familles de vignerons, rappelle celle de la Grange-Charton à Régnié-Durette. Le domaine (6,6 ha de vieilles vignes), exploité en métayage, a été repris en 2002 par Lionel Després.

D'un rubis profond, ce 2013 encore discret au nez libère à l'aération une palette complexe d'où ressortent la griotte et la myrtille, la violette et le réséda. Élégante et parfumée, la bouche est soutenue par des tanins enrobés. Un vin de très bonne facture. ⌛ 2014-2018 🍴 pigeon rôti

🔑 Lionel Després, La Presle, 69820 Fleurie, tél. 06 32 27 88 77, lionel.despres@laposte.net V r.-v.

CH. DE FLEURIE 2013 ★

■	14 266		8 à 11 €

Une imposante maison de maître du XVIIIe s. avec son cuvage et ses caves, où s'alignent les foudres, un parc et 13 ha de vignes implantées sur des arènes granitiques appelées localement « gore ». Le domaine appartient à la maison Jean Loron, que dirige son descendant Xavier Barbet.

Une macération de quinze jours en chapeau « grillé » (immergé pour l'extraction de la couleur et des tanins) pour ce 2013 au nez de fruits rouges et noirs confiturés (mûre, airelle) et à la bouche vive et fruitée, fraîche et charpentée. Un vin bien équilibré, de belle longueur. ⌛ 2014-2018 🍴 rôti de sanglier

🔑 SCEA du Ch. de Fleurie, Les Sauniers, 71570 Saint-Vérand, tél. 03 85 36 81 20, vinloron@loron.fr V t.l.j. sf dim. 9h-12h 14h-17h

🔑 Xavier Barbet

CAVE DES GRANDS VINS DE FLEURIE 2013 ★

■	30 000		5 à 8 €

Fondée en 1927, cette cave a eu à sa tête pendant près de quarante ans la première femme présidente de coopérative : Marguerite Chabert. Aujourd'hui premier producteur de fleurie (près d'un tiers du volume), elle vinifie les quelque 300 ha de vignes de ses 280 adhérents.

Ce 2013 arbore une robe violacée et dévoile un nez floral et élégant, et une bouche souple, teintée de notes de pivoine. La finale longue, soutenue par des tanins fondus, est plaisante. ⌛ 2014-2018 🍴 escalope à la crème ■ Les Garants 2012 (6 000 b.) : un vin flatteur et friand aux arômes de groseille et de framboise. ⌛ 2014-2018 ■ Dom. de Grandvaux 2013 : un nez franc sur les petits fruits (cerise, framboise, cassis) et les épices, un palais complexe et charpenté. ⌛ 2014-2018

🔑 Cave des Producteurs de Fleurie, rue des Vendanges, BP 2, 69820 Fleurie, tél. 04 74 04 11 70, commercial@cavefleurie.com V t.l.j. 9h30-13h 14h-19h

DOM. DES FONDS 2013

■	4 000		5 à 8 €

Ce domaine de 16 ha installé sur les collines de Fleurie, avec une belle vue sur la chapelle de la Madone, est né en 2010 de l'association d'André Berrod avec son jeune fils Florent. Il propose trois crus (fleurie, saint-amour et moulin-à-vent).

Des vignes de soixante ans plantées sur un terroir de sables granitiques bien drainant ; un égrappage des vendanges à 50 %. Il en résulte un vin grenat, un nez de framboise teinté de notes florales et minérales, une bouche svelte à la finale un peu austère. Les tanins s'arrondiront avec le temps. ⌛ 2016-2018 🍴 pintade en cocotte

🔑 Dom. des Fonds, Le Vivier, 69820 Fleurie, tél. 04 74 69 83 01, domainedesfonds@hotmail.fr V t.l.j. 8h-20h 🔑 Florent Berrod

CHRISTIAN GAIDON 2012 ★

■	10 000		8 à 11 €

Christian Gaidon est arrivé en 1987 comme salarié sur le domaine. En 1995, il en a repris l'exploitation comme métayer. Il travaille 7,5 ha de vignes répartis sur trois terroirs différents de Fleurie, qu'il assemble en une seule cuvée.

Ce fleurie s'annonce par un nez à la fois généreux et doté d'une belle finesse, évoquant le noyau, la cerise au kirsch et la pivoine. Rond et vineux, gras et long, il finit sur des notes florales qui laissent une impression de délicatesse. ⌛ 2014-2016 🍴 pâté en croûte

🔑 Christian Gaidon, Champagne, 69820 Fleurie, tél. 04 74 69 84 67, gaidon.christian@live.fr V r.-v.

B CH. DE GRAND PRÉ 2012 ★

■	6 000		8 à 11 €

Arrivés en 1972, Louis et Renée Bertrand, épaulés par leur fils Guy, reprennent en main ce domaine, rejoints en 1978 par leurs enfants Claude et Christine Zordan, puis par leur petit-fils Romain. La certification bio est acquise en 2008 pour les 16 ha de vignes essentiellement répartis sur deux crus, fleurie et morgon.

Un nez délicat, partagé entre les fruits rouges et la vanille d'un élevage de sept mois en fût, une bouche ronde, boisée sans excès, composent un vin agréable, qui pourra bientôt passer à table. ⌛ 2014-2017 🍴 onglet au saint-marcellin

🔑 Claude Zordan, Grand-Pré, 69820 Fleurie, tél. 04 74 69 82 19, claude.zordan@infonie.fr V r.-v.

DOM. DE HAUTE MOLIÈRE 2013 ★

■	5 000		5 à 8 €

Cette propriété dispose de 10 ha de vignes implantées sur des coteaux pentus et disséminées dans trois communes, et propose deux crus : fleurie et morgon. Jean-François Patissier, qui représente la sixième génération, en a pris la tête en 1998.

Ce 2013 rubis profond livre des parfums intenses et fins de fruits rouges compotés assortis de touches de réglisse et de café. Les fruits noirs confiturés et un soupçon de torréfaction ressortent dans un palais ample et généreux, à la jolie finale soutenue par des tanins vifs. Une belle structure. ⧗ 2014-2017 🍴 lapin aux champignons

🔑 Jean-François Patissier, Le Bourg, 69820 Vauxrenard, tél. 04 26 74 40 33, jfpatissier@gmail.com V r.-v.

DOM. DES MARRANS 2012 ★

■ | 30 000 | 8 à 11 €

Créé en 1970 par Jean-Jacques et Liliane Mélinand à partir de vignes familiales, le domaine a été repris par leur fils Mathieu en 2009. Celui-ci, qui a aussi vinifié en Australie et en Nouvelle-Zélande, conduit aujourd'hui 20 ha de vignes répartis sur six appellations, dont quatre crus.

Le fleurie représente 50 % des surfaces du domaine. Ce 2012 affiche un nez complexe, floral et légèrement épicé. Fruitée, ample, bien structurée et longue, la bouche est marquée par des tanins encore fermes en finale. ⧗ 2015-2018 🍴 bœuf bourguignon ■ Chiroubles 2012 (10 000 b.) : un vin pour l'heure tannique et austère, qui devrait évoluer dans le bon sens. ⧗ 2016-2019

🔑 Dom. des Marrans, Les Marrans, 69820 Fleurie, tél. 04 74 04 13 21, domainedesmarrans@wanadoo.fr V r.-v. 3

🔑 Jean-Jacques et Mathieu Mélinand

DOM. METRAT ET FILS
La Roilette Cuvée Vieilles Vignes 2012

■ | 10 000 | 8 à 11 €

La famille cultive la vigne à La Roilette (Fleurie) depuis 1884. En 1999, Bernard Metrat a pris les rênes de l'exploitation.

Un *climat* bien connu de Fleurie et des vignes vraiment vieilles, plantées en 1924 par l'arrière-grand-père de Bernard Metrat. Au nez agréable, sur les fruits rouges et un soupçon de minéralité, répond une bouche fine et longue, dans le même registre aromatique. Une belle harmonie. ⧗ 2016-2017 🍴 entrecôte

🔑 Bernard Metrat, La Roilette, 69820 Fleurie, tél. 04 74 69 84 26, contact@domainemetrat.fr V r.-v.

RICHARD MEYRAN
La Chapelle des Bois 2012

■ | 2 000 | | 8 à 11 €

Après douze années passées dans l'industrie, Richard Meyran reprend en 2007 « par goût et par défi », dit-il, l'exploitation familiale dont les vins étaient jusqu'alors vinifiés en cave coopérative.

Avec son nez discret, mais complexe, de fruits noirs et de fleurs, et sa bouche droite, nette et longue, ce vin est séduisant. ⧗ 2014-2017 🍴 pigeon rôti

🔑 Richard Meyran, La Chapelle-des-Bois, 69820 Fleurie, tél. 06 81 21 05 89, richard.meyran@hotmail.fr V r.-v.

CH. DU VIVIER 2013 ★

■ | 14 533 | | 11 à 15 €

Sébastien Laroche est le gardien du vignoble de la famille Ligier Bel-Air, mais le raisin lui-même, sous cette étiquette de château, est vinifié par la cave coopérative de Chénas.

Robe rubis foncé, nez agréable et vif de groseille et de griotte caractéristique du gamay, bouche friande et fruitée. Un fleurie svelte, au style pimpant et léger. ⧗ 2014-2016 🍴 tournedos

🔑 Ch. du Vivier, Mme Ligier Bel-Air, 69820 Fleurie, tél. 04 74 04 48 19

JULIÉNAS

• Superficie : 578 ha • Production : 24 503 hl

Un cru impérial d'après l'étymologie : Juliénas tiendrait en effet son nom de Jules César, de même que Jullié, l'une des quatre communes qui composent l'aire géographique de l'appellation (avec Émeringes et Pruzilly, cette dernière se trouvant en Saône-et-Loire). Implanté sur des terrains granitiques à l'ouest et sur des terrains sédimentaires avec alluvions anciennes à l'est, le gamay engendre des vins bien charpentés, riches en couleur, appréciés au printemps après quelques mois de conservation. Gaillards et espiègles, ceux-ci sont à l'image des fresques qui ornent le caveau de la vieille église, au centre du bourg. Dans cette chapelle désaffectée est remis, chaque année à la mi-novembre, le prix Victor-Peyret à l'artiste – peintre, écrivain ou journaliste – qui a le mieux défendu les vins du cru ; celui-ci reçoit alors 104 bouteilles : 2 par week-end...

LES ARMOIRIES 2013 ★

■ | 50 000 | | 11 à 15 €

Cette cave résulte de l'union, en 2013, des coopératives de Juliénas et de Chaintré fondées respectivement en 1960 et en 1928, et situées à 6 km l'une de l'autre. La nouvelle structure compte 290 ha de vignes en Beaujolais et en Mâconnais. Pour autant, chaque cave garde sa structure de vinification et son identité propre.

Cuvaison d'une dizaine de jours, vinification beaujolaise traditionnelle, le vin illustre le style classique du juliénas : robe sombre et profonde, nez de fruits confits, kirsché et gourmand, bouche complète, aromatique (cassis et fraise cuite), riche, aux tanins bien présents, mais plutôt soyeux. Un vin puissant et costaud, bien travaillé. ⧗ 2014-2018 🍴 paupiettes de veau

🔑 Cave grands vins Juliénas-Chaintré, Ch. du Bois de la Salle, 69840 Juliénas, tél. 04 74 04 42 61, compta@julienaschaintre.fr V r.-v.

DOM. BERGERON
Réserve de Noëlle Vieilli en fût de chêne 2012 ★

■ | 9 100 | | 8 à 11 €

Représentant la quatrième génération de vignerons, les frères Jean-François et Pierre Bergeron se sont associés en 1996 et ont regroupé leurs deux exploitations pour constituer cet imposant domaine de 33 ha, qui produit cinq appellations.

Issue de vignes de quatre-vingt-dix ans et élevée treize mois en fût de réemploi, cette cuvée porte le nom de la mère des vignerons, née au domaine. Encore discrète au nez, elle déploie à l'aération des notes de fruits rouges confits, avant d'exprimer une bouche puissante et ronde en attaque, nette et bien définie, aux tanins encore vigoureux. ⧗ 2015-2019 ♈ civet de lièvre ■ **Vayolette 2013** (5 à 8 € ; 8 300 b.) : vinifié avec grillage (enfoncement du chapeau par des grilles en bois) pour l'extraction d'un maximum de fruit et de couleur, un vin alliant les fruits rouges à une touche minérale. ⧗ 2014-2017

⊶ Jean-François et Pierre Bergeron, Les Rougelons, 69840 Émeringes, tél. 06 80 13 20 12, domaine-bergeron@wanadoo.fr V t.l.j. 8h30-12h30 13h30-19h

♥ CH. DE LA BOTTIÈRE 2013 ★★

■ | 10 000 | | 5 à 8 €

Viticulteurs à Juliénas depuis le début du XVII[e]s., les Perrachon ont acheté en 1877 le château de la Bottière, puis le domaine des Pérelles à Romanèche-Thorins (moulin-à-vent). À son installation en 1989, Laurent Perrachon a acquis le domaine des Mouilles, puis des parcelles en morgon, fleurie et saint-amour : en tout, 26 ha, avec des vignes dans six crus.

Ce vin séduisant avec sa robe cerise dévoile un nez délicat de fruits rouges, de violette et d'épices douces. La bouche, à l'unisson, charme par ses tanins fins et suaves, et par sa finale gracieuse et longue. Un juliénas harmonieux et très élégant. ⧗ 2014-2019 ♈ coq au vin

⊶ Laurent Perrachon, Dom. des Mouilles, 69840 Juliénas, tél. 04 74 04 40 44, laurent@vinsperrachon.com V t.l.j. 9h-12h 14h-19h

CH. DES CAPITANS 2013 ★

■ | 35 000 | | 8 à 11 €

Le domaine viticole remonte au XVIII[e]s., le château au XIX[e]s. Le vignoble couvre près de 12 ha ; une partie est palissée et enherbée, tandis que l'autre est taillée de façon traditionnelle, en gobelet.

Distribué par Georges Dubœuf, ce vin offre une robe profonde aux reflets violacés et affiche un nez plaisant, sur le kirsch et le noyau, légèrement épicé. Franche et fruitée en attaque, la bouche se montre gourmande, soutenue par des tanins débonnaires ; elle s'épanouit sur des notes de fraise, de groseille et de framboise, et laisse en finale une impression d'élégance. ⧗ 2014-2019 ♈ lapin à la moutarde

⊶ SCEA Ch. des Capitans, Les Capitans, 69840 Juliénas, tél. 06 80 33 82 41, philippe.boulay640@orange.fr

DOM. CHÂTAIGNIER DURAND 2013 ★★

■ | 8 000 | | 5 à 8 €

Jean-Marc Monnet s'est installé en 1981. À cheval sur le Mâconnais et le Beaujolais, son domaine propose en blanc du saint-véran et en rouge deux crus du Beaujolais : chiroubles et juliénas.

Issue de vignes de quarante-cinq ans, cette cuvée classique affiche une robe profonde et dévoile un nez harmonieux et complexe associant les fruits rouges à des touches florales. Franche et fruitée en attaque, ample et ronde, la bouche évolue sur des tanins tendres, plus fermes en finale. Un ensemble élégant, fin et complet. ⧗ 2016-2019 ♈ filet de marcassin aux airelles ■ **Vieilles Vignes 2013** ★★ (8 à 11 € ; 7 000 b.) : issus de ceps d'un âge vénérable (soixante ans), un vin complexe (fruits noirs et fleurs), tant au nez qu'en bouche, puissant, gras, concentré et massif, doté d'un réel potentiel de garde. ⧗ 2017-2022

⊶ Jean-Marc Monnet, La Ville, 69840 Juliénas, tél. 06 17 52 70 38, monnet.jm@free.fr V r.-v.

MAISON COQUARD Jules César 2013 ★

■ | 60 000 | | 8 à 11 €

Christophe Coquard, issu d'une longue lignée de vignerons, a vinifié sur trois continents et travaillé pour plusieurs négociants du Beaujolais, avant de lancer en 2005 sa propre structure adossée au domaine familial, dans le pays des Pierres dorées.

Ce juliénas s'annonce par un nez intense de fruits noirs et de pruneau, relevé par une touche épicée. Tout aussi fruité au palais, il se montre puissant et rond. Ses tanins très présents en font un vin solide mais harmonieux. ⧗ 2015-2018 ♈ volaille sauce vin rouge ■ **Brouilly Fruité minéral 2013** (60 000 b.) : un nez frais, intense et fin, sur les fruits noirs et les épices, une bouche ample aux tanins soyeux. ⧗ 2014-2017

⊶ Maison Coquard, 26, rue Manon-Roland, hameau Le Boîtier, 69620 Theizé, tél. 04 74 71 11 59, contact@maison-coquard.com V r.-v.

DOM. LE COTOYON 2013 ★

■ | 5 000 | | 5 à 8 €

Établi aux confins du Mâconnais dans le village haut perché de Pruzilly, à 400 m d'altitude, Frédéric Bénat conduit depuis 1979 un vignoble de 15 ha partagé entre les crus juliénas et saint-amour.

Ce juliénas offre un nez complexe mêlant la venaison, les fruits noirs mûrs et des notes empyreumatiques. Après une attaque ronde, la bouche apparaît dense, concentrée et robuste. Si les tanins commencent à s'arrondir, cette bouteille mérite néanmoins d'attendre. ⧗ 2016-2019 ♈ rôti de veau aux champignons ■ **Saint-amour 2013** (5 000 b.) : très pimpant avec son nez de confiture de framboises et de myrtilles, charnu, mais moins dense que le juliénas, il devrait être prêt plus tôt. ⧗ 2015-2018

⊶ Frédéric Bénat, Les Ravinets, 71570 Pruzilly, tél. 03 85 35 12 90, frederic.benat@wanadoo.fr V r.-v.

CH. D'ÉMERINGES Vieilles Vignes 2012

■ | 3 000 | | 5 à 8 €

Les sombres toitures d'ardoise du château d'Émeringes, de style Napoléon III, tranchent sur l'ocre des toits des maisons paysannes tapies à son pied. Ingénieur agronome et œnologue, Pierre David, son propriétaire, exploite 15,3 ha sur des pentes aux sols de sable granitique, bien exposées au sud-est, à 350 m d'altitude.

Ce vin à la robe grenat limpide libère des notes florales et fruitées (cassis). On retrouve les arômes de fruit dans une bouche à la fois ronde et fraîche, aux tanins bien fondus. ⧗ 2014-2017 ♈ bœuf bourguignon

⊶ Pierre David, Ch. d'Émeringes, 69840 Émeringes, tél. 04 74 04 44 52, chateau-emeringes@orange.fr V r.-v.

CH. DE JULIÉNAS Cuvée Tradition 2012

■	10 000	◖◗	5 à 8 €

Thierry Condemine se flatte d'exploiter le plus grand vignoble de l'appellation, avec 40 ha presque entièrement dédiés au cru juliénas (1 ha de fleurie). Le domaine entoure un magnifique château dont l'origine remonte au XIIIe s. et aux sires de Beaujeu. Le cuvage date du XVIIIe s.

Cette cuvée Tradition, vinifiée en foudre, adopte un registre friand et débonnaire, explorant la gamme de fruits frais, cassis au nez, griotte en bouche. Pour un pique-nique autour du château ? ⧗ 2014-2017 ⫯ pâté de tête

⊶ Thierry Condemine, Ch. de Juliénas, 69840 Juliénas, tél. 04 74 04 49 98, thierrycondemine@chateaudejulienas.com V ⛹ ⛽ t.l.j. sf dim. lun. 10h-12h 14h-18h; f. début oct. à fin mars (r.-v. possible)

PATRICE MARTIN Le Clos 2012 ★★

■	600	◖◗	11 à 15 €

Patrice et Cédric Martin, fils de Jean-Jacques et de Sylvaine Martin, tous bien connus des lecteurs du Guide, exploitaient leurs vignes individuellement. Les deux frères ont décidé en 2012 de s'associer. Presque tout leur domaine (12 ha) est constitué de vieux ceps de cinquante ans.

Fermentée avec des levures indigènes, vinifiée à la beaujolaise et élevée douze mois en fût, une cuvée à la robe dense, au nez partagé entre les fruits rouges, le pruneau et des notes épicées et grillées rappelant son séjour dans le bois. Élégante, ronde, vanillée et soyeuse, la bouche laisse une sensation d'harmonie. ⧗ 2015-2019 ⫯ cantal ■ Beaujolais-villages Les Petites Gagères 2012 ★ (5 à 8 € ; 2 000 b.) : un nez élégant sur les fruits rouges et noirs, une bouche ronde et aromatique aux tanins fondus. ⧗ 2015-2017

⊶ SCEV Cédric et Patrice Martin, Les Verchères, 71570 Chânes, tél. 06 74 10 15 49, martinpatris@club-internet.fr V ⛹ ⛽ r.-v.

DOM. PLACE DES VIGNES 2012

■	1 000	🍾	5 à 8 €

Thierry et Agnès Roussot sont installés depuis 1995 sur le petit domaine familial (4,5 ha) créé en 1964. Ils proposent du juliénas et du beaujolais-villages.

Issue de vignes de soixante ans, cette cuvée est la marque de fabrique du domaine. Elle explore ici le registre de la griotte et du kirsch, et se montre élégante et ronde. ⧗ 2014-2017 ⫯ andouillette au four ■ Le Pêcher de la Cadole 2012 (8 à 11 € ; 800 b.) : levures indigènes et demi-muids anciens pour cette cuvée au nez de violette et de fruits rouges, à la bouche ronde et épicée ; une séduction immédiate. ⧗ 2014-2017

⊶ Thierry et Agnès Roussot, Les Vignes, 69840 Jullié, tél. 04 74 04 49 58, domaineplacedesvignes@orange.fr V ⛹ ⛽ r.-v.

LES VIGNERONS DU PRIEURÉ
Chevalier Saint-Vincent 2013 ★

■	40 000	🍾	5 à 8 €

Filiale de l'Union des caves coopératives de Juliénas et de Chaintré, nouvel ensemble regroupant 290 ha de vignoble, Les Vignerons du Prieuré sont installés à Juliénas, au château du Bois de la Salle. La structure distribue de nombreux crus en Beaujolais et en Mâconnais.

Ce vin grenat au nez bien ouvert sur les fruits noirs teintés de notes florales se montre franc, fruité et charpenté en bouche, avec des tanins fermes qui ne devraient pas tarder à s'arrondir. ⧗ 2015-2017 ⫯ petit salé aux lentilles ■ Saint-amour Réserve des angelots 2013 ★ (20 000 b.) : un vin séducteur grâce à son nez profond, bien fruité, et à sa bouche aromatique, équilibrée, plus tannique en finale. ⧗ 2015-2018

⊶ Les Vignerons du Prieuré, Ch. du Bois de la Salle, 69840 Juliénas, tél. 04 74 04 41 66, contact@julienaschaintre.fr V ⛹ ⛽ r.-v.

THORIN Terres de galène 2013

■	53 333	🍾	8 à 11 €

Fondée en 1843 par une vieille famille du Beaujolais, cette maison de négoce, qui s'approvisionne auprès de 450 viticulteurs, est maintenant une filiale du groupe Boisset. Elle décline dans sa gamme les différentes « terres » du Beaujolais, qui donnent leurs noms à ses cuvées (silice, granite, schiste noir...).

La galène, sulfure de plomb que l'on trouve à l'état naturel sous forme de cristaux cubiques, alimentait jadis les fameux « postes à galène ». Franc et rond, plus ferme en finale, ce vin joue le registre de la finesse plus que de l'opulence. ⧗ 2014-2017 ⫯ coquelet aux figues fraîches

⊶ Maison Thorin, 403, rte de Saint-Vincent, 69430 Quincié-en-Beaujolais, tél. 04 74 69 09 10

CELLIER DE LA VIEILLE ÉGLISE 2012

■	8 000	🍾	8 à 11 €

Sous l'impulsion de Victor Peyret, négociant en vins, l'ancienne église de Juliénas, désaffectée depuis 1868, a été transformée en 1954 en un caveau de dégustation décoré de fresques bachiques. Dans ce sanctuaire de l'AOC est remis tous les ans le prix Victor-Peyret au meilleur chantre (journaliste, artiste...) du cru. Sous le nom de cellier de la Vieille Église, une association de producteurs revendiquant un statut de négociant.

Assemblant plusieurs cuvées de juliénas élevées par différents vignerons, ce 2012 est franc de nez, gouleyant et charmeur avec ses notes de kirsch et de fruits confits. La bouche chaleureuse est plus ronde que longue. ⧗ 2014-2016 ⫯ coq au vin

⊶ Association des producteurs du cru Juliénas, Cellier de la Vieille Église, 69840 Juliénas, tél. 04 74 04 42 98, cellier.vieilleeglise@laposte.net V ⛹ ⛽ t.l.j. 10h30-12h30 15h30-18h30; f. janv.-fév.

DOM. DE LA VIEILLE ÉGLISE 2013 ★

■	14 533	🍾	8 à 11 €

L'un des six domaines exploités en propre par la maison Jean Loron, qui a pris le nom de l'ancêtre, viticulteur à Chénas en 1711. Créée en 1821, l'affaire est aujourd'hui gérée par un descendant du fondateur, Xavier Barbet. Le domaine de la Vieille Église couvre 14 ha en AOC juliénas.

Un vin issu d'une vinification beaujolaise traditionnelle, avec une cuvaison de dix jours. Il en tire une robe grenat aux reflets violacés, un nez subtilement fruité et floral, relevé d'épices. Cette palette complexe se retrouve dans une bouche franche, ronde, ample et persistante. Les tanins, encore un peu sévères en finale, ne demandent qu'à se fondre. ⧗ 2016-2019 🍴 civet de lapin

⊶ GFA de la Vieille Église, Granger, 69840 Juliénas, tél. 03 85 36 81 20, vinloron@loron.fr V r.-v.
⊶ Famille Loron

MORGON

• Superficie : 1 114 ha • Production : 51 231 hl

Le deuxième cru en importance après le brouilly est localisé sur une seule commune, celle de Villié-Morgon. Le gamay y engendre des vins robustes, généreux, fruités, évoquant la cerise, le kirsch et l'abricot. Ces caractéristiques sont dues aux sols issus de la désagrégation de schistes à prédominance basique, imprégnés d'oxyde de fer et de manganèse, que les vignerons désignent par les termes de « terre pourrie ». Des vins qui présentent ces qualités, on dit qu'ils « morgonnent ». Non loin de l'ancienne voie romaine reliant Lyon à Autun, la colline du Py, croupe aux formes parfaites culminant à 300 m d'altitude, fournit l'archétype des vins de l'appellation. Cette Côte du Py est sans doute le plus connu des cinq *climats* de l'AOC. Vin de garde (jusqu'à dix ans les meilleures années), le morgon peut prendre des allures de bourgogne. La commune de Villié-Morgon se flatte d'avoir été la première à se préoccuper de l'accueil des amateurs de vin du Beaujolais : ouvert en 1953, son caveau, aménagé dans les caves du château de Fontcrenne, peut recevoir plusieurs centaines de personnes.

DOM. DE LA BÊCHE
Cuvée Vieilles Vignes 2012 ★★

■	50 000		5 à 8 €

Bien connu des lecteurs du Guide, un domaine constitué en 1848. À sa tête depuis 1985, Olivier Depardon (septième génération) qui sur ses 22,5 ha propose, à côté du morgon, du régnié et du beaujolais-villages.

Cette cuvée issue de vignes de soixante-dix ans correspond à 14 ha. Une fois de plus, son vin a séduit. Il affiche une robe profonde, un nez puissant de poivre et de kirsch. La bouche mûre, riche et fine à la fois, reste sur cette ligne aromatique fruitée et épicée. Ses tanins polis par un élevage de neuf mois en foudre donnent à ce 2012 une amabilité charmeuse, tout en lui assurant un certain potentiel de garde. Un coup de cœur fut mis aux voix... ⧗ 2015-2019 🍴 râbles de lapin aux raisins ■ Beaujolais cuvée Caroline 2013 (12 000 b.) : issu du négoce, un rosé équilibré, gras et frais, aux arômes de groseille, de bergamote et de fruits exotiques. ⧗ 2014-2015

⊶ Olivier Depardon, Dom. de la Bêche, BP 18, 69910 Villié-Morgon, tél. 04 74 69 15 89, depardon.olivier.morgon@wanadoo.fr V r.-v.

DOM. DE BEL-AIR Les Charmes 2012 ★

■	20 000		8 à 11 €

Jean-Marc Lafont a constitué à partir de 1985 une exploitation de près de 17 ha, dont le vignoble, exposé au plein sud, domine la vallée de l'Ardières. Il a aussi fondé une structure de négoce à son nom pour compléter sa gamme.

Après avoir obtenu, dans la dernière édition, un coup de cœur grâce à un vin de négoce, Jean-Marc Lafont a étoffé sa propriété avec 6,4 ha en AOC morgon (*climat* Les Charmes). Ce premier millésime séduit par sa bonne matière et son élevage bien mené, qui laisse une place au fruit. ⧗ 2014-2017 🍴 civet de lapin

⊶ Jean-Marc Lafont, Dom. de Bel-Air, 69430 Lantignié, tél. 04 74 04 82 08, jmlafont@dombelair.com V r.-v.

VIGNOBLES BODILLARD
Cuvée Alexia Tradition 2012 ★

■	15 000		5 à 8 €

Installé en 1986 sur le domaine familial, André Bodillard travaille avec son fils Renaud sur un domaine qui s'agrandit : aujourd'hui, 12 ha, entre Beaujolais et sud du Mâconnais. Parmi leurs nombreuses cuvées, quatre crus, ainsi que du saint-véran.

S'ils ne sont pas en bio, les Bodillard vinifient sans soufre. Il en résulte ici un nez complexe, sur les fruits rouges et noirs et le sous-bois. La mise en bouche dévoile un vin vif, taillé à la serpe, mais prometteur. Petite garde conseillée, dans une cave fraîche. ⧗ 2016-2018 🍴 estouffade de bœuf

⊶ André Bodillard, Bellevue, 69910 Villié-Morgon, tél. 04 74 69 13 10, andre.bodillard@wanadoo.fr V r.-v.

DOM. PASCAL BRUNET Côte du Py 2013

■	3 000		5 à 8 €

Pascal Brunet s'est installé en 1999 sur ce petit domaine familial de 3 ha en morgon et fleurie. À la vigne, travail du sol sans herbicide. Au chai, il vinifie à la bourguignonne, avec éraflage, pigeages et longues macérations.

En 2013, Pascal Brunet n'a pas hésité à récolter un 2 octobre le gamay à l'origine de cette cuvée. Le vin a macéré seize jours et séjourné neuf mois en fûts de 300 ou 500 l. Le chêne ne ressort pas dans ce vin grenat profond, au nez tout en cerise et fruits noirs, et au palais charnu, bien équilibré. ⧗ 2014-2017 🍴 bavette grillée

⊶ Pascal Brunet, Morgon L'Évêque, 69910 Villié-Morgon, tél. 06 09 83 19 37, vinsbrunetpascal@gmail.com V r.-v.

ANTHONY CHARVET Fontriante 2012 ★

■	3 000		5 à 8 €

Anthony Charvet a travaillé plusieurs années chez Georges Boulon, tout en vinifiant à son compte : 73 ares à ses débuts, 3,6 ha aujourd'hui en chiroubles, fleurie et morgon. Pas de levures aromatiques ici ni de thermovinification, mais la recherche de « vins de terroirs » non standardisés.

Une robe profonde, un nez complexe de fruits confiturés, une bouche à la fois ronde, vive et nette. Les tanins sont présents, mais bien enrobés. À attendre un peu. ⧗ 2015-2017 🍴 entrecôte grillée ■ Chiroubles Granit 2012 (5 000 b.) : un nez intense de cassis, de mûre et de myrtille, une bouche tendre, plus sévère en finale. ⧗ 2015-2017

⊶ Anthony Charvet, Bel-Air, 69115 Chiroubles, tél. 06 50 07 25 01, anthony.charvet@live.fr V r.-v.

STEEVE CHARVET 2013 ★★

■ | 2 400 | | 5 à 8 €

Installé en 2010, Steeve Charvet représente la cinquième génération sur ce domaine de 4 ha. Son grand-père pratiquait l'élevage à côté de la viticulture ; son père Armand a débuté la vente en bouteilles. Outre le beaujolais, il propose du chiroubles et du morgon.

Rubis intense, ce morgon séduit par la complexité de son nez floral, épicé et minéral. La bouche, fruitée, charnue, ronde et souple, se développe sur des tanins soyeux et dans une belle longueur. Finaliste du coup de cœur. ⧗ 2014-2017 🍴 travers de porc sel et poivre

Steeve Charvet, Bel-Air, 69115 Chiroubles, tél. 06 50 20 71 25, charvet-steeve@orange.fr V r.-v.

CHAVY Vieilles Vignes 2013 ★★

■ | 6 000 | | 5 à 8 €

Un domaine fondé en 1850. Le grand-père Antoine était vigneron et tonnelier. Dans le Guide, de nombreuses étoiles distinguent Henri (le père), puis ses fils. Cyrille, proche de son frère Franck, a souhaité voler de ses propres ailes, en louant, puis en achetant ce vignoble de 6 ha.

Une vendange égrappée à 75 %, une thermovinification et une longue cuvaison sont à l'origine de ce morgon très remarqué pour sa robe profonde, pour son nez intense de cerise et de fruits noirs, et pour sa bouche tout aussi fruitée, puissante et persistante, aux tanins policés. ⧗ 2014-2017 🍴 pintade rôtie

Cyrille Chavy, Les Mulins, 69910 Villié-Morgon, tél. 06 70 79 52 43, cyrille.chavy@orange.fr V r.-v.

DOM. LE CHÊNE DU PY Côte du Py 2012 ★

■ | 10 000 | | 5 à 8 €

Marie-Claude Jonchet a hérité en 1966 du vignoble familial. Le domaine est bien situé, sur le terroir le plus connu du cru morgon, la Côte du Py, couronné d'un chêne : une belle enseigne pour ses bons vins.

Un 2012 bien dans le style du domaine : concentré et resserré. Le nez, réservé, s'ouvre à l'aération sur des notes complexes de confiture de fruits noirs, ne gardant pas la moindre empreinte de son séjour de six mois en foudre de chêne. La bouche est nette, puissante, ferme, encore un tantinet austère. Du potentiel. ⧗ 2016-2019 🍴 coq au vin

Marie-Claude Jonchet, Côte du Py, 69910 Villié-Morgon, tél. 04 74 04 23 03, marcel.jonchet@orange.fr V r.-v.

DOM. DE LA COMBE AU LOUP 2012

■ | 11 000 | | 5 à 8 €

Les Méziat cultivent la vigne depuis 1870. Premières mises en bouteilles avec le grand père Albert, installation de Gérard en 1970, création du domaine en 1983. David, installé en 1993 et aujourd'hui gérant, conduit 15 ha en *villages*, morgon, chiroubles et régnié.

Moins de puissance que le 2010, coup de cœur l'an dernier, mais des qualités de finesse et de franchise dans le nez de fraise mûre et dans la bouche souple et ronde à la jolie finale. ⧗ 2014-2017 🍴 lapin aux pruneaux

EARL Méziat Père et Fils, Dom. de la Combe au Loup, 69115 Chiroubles, tél. 04 74 04 24 02, david.meziat@meziat.com V t.l.j. sf dim. 8h30-12h 13h30-19h

DOM. DU COTEAU VERMONT Climat Corcelette 2013

■ | 3 500 | | 5 à 8 €

Installé à Villié-Morgon dans un domaine offrant un beau point de vue sur la vallée de la Saône, Bernard Gonin représente la troisième génération sur l'exploitation familiale. Il propose du morgon, du chiroubles et du beaujolais blanc.

Nez de fruits rouges et de griotte, bouche ronde aux tanins suaves et à la jolie rétro-olfaction fruitée : un style frais et friand. ⧗ 2014-2016 🍴 assiette anglaise

Bernard Gonin, Le Truges, 69910 Villié-Morgon, tél. 04 74 69 12 97, gonin.b@wanadoo.fr V r.-v.

DOM. DE LA CROIX MULINS 2013

■ | 46 667 | | 5 à 8 €

Créé en 1961, le domaine s'étend au pied de la célèbre Côte du Py à Morgon. Les vignes sont plantées sur des « morgons », sols issus de la désagrégation des schistes pyriteux et riches en oxyde de fer, composé qui colore à la fois la terre et les vins.

Reflet de son terroir, un morgon à la robe sombre et au nez de fruits noirs, dont la bouche ronde en attaque se fait ensuite très tannique. Du potentiel. ⧗ 2014-2017 🍴 sauté de sanglier

Pierre Depardon, Les Raisses, 69910 Villié-Morgon, tél. 04 74 69 10 15

JACQUES DÉPAGNEUX Côte du Py 2013

■ | 45 000 | | 11 à 15 €

Créée en 1840, une maison de négoce dans l'orbite des vins Aujoux depuis la fin des années 1990. Spécialiste des vins du Beaujolais et du Mâconnais.

La Côte du Py est le plus beau terroir de l'appellation. Le vin qui en est issu affiche un nez intense et complexe mêlant les fleurs, le bonbon anglais et les fruits rouges. Tout aussi complexe, la bouche s'adosse à des tanins déjà soyeux qui soulignent une finale de belle longueur. Une matière mesurée, mais de l'élégance. ⧗ 2014-2017 🍴 fondue bourguignonne

Jacques Dépagneux, La Bâtie, 71570 La Chapelle-de-Guinchay, tél. 03 85 23 83 50, aujoux@aujoux.fr

DOM. DIT BARRON 2012 ★★

■ | 6 000 | | 8 à 11 €

Le « dit Barron » est un ancêtre vigneron qui reçut ce nom pour avoir remplacé à la guerre le fils d'un baron à l'époque où les conscrits pouvaient s'acheter des remplaçants... Gilles Aujogues, installé en 1984 avec son épouse Muriel au pied du mont Brouilly, exploite 18 ha, dont quatre crus.

Un 2012 remarqué pour son nez frais et intense sur les fruits rouges, légèrement floral, et pour sa bouche bien construite, puissante, élégante et longue. ⧗ 2015-2019 🍴 côte de bœuf ■ Brouilly Octante 2012 ★ (4 500 b.) : issu de vignes de quatre-vingts ans, un vin au nez floral et épicé, à la bouche bien présente, structurée et longue. ⌛ 2014-2018

Muriel et Gilles Aujogues, Les Bruyères, 69220 Cercié, tél. 04 74 66 87 59, gilles.aujogues@wanadoo.fr V r.-v. B

GEORGES DUBŒUF Côte du Py 2012 ★★

	6 700		5 à 8 €

Rejoint par Franck, Georges Dubœuf est toujours à la tête de l'affaire de négoce-élevage qu'il a créée en 1964 et qui a largement contribué à la notoriété du Beaujolais. Son activité s'étend désormais au sud-est de la France. La société travaille avec 400 vignerons et 20 coopératives et réalise 75 % de son chiffre d'affaires à l'international. Georges Dubœuf est aussi pionnier en matière d'œnotourisme avec son œonoparc (Hameau Georges Dubœuf) aménagé en 1993 dans l'ancienne gare de Romanèche-Thorins.

Si Georges Dubœuf a largement promu le beaujolais nouveau, c'est aussi un bon vinificateur du *climat* le plus prestigieux du cru morgon, la Côte du Py. Son 2012 pourpre intense, au nez explosif de fruits mûrs, emporte l'adhésion. La bouche, puissante, serrée, enrobée de tanins soyeux, laisse une impression d'harmonie. ⌛ 2015-2019 🍴 côte de bœuf ■ Moulin-à-vent La Clef du bief 2012 ★ (8 à 11 € ; 4 200 b.) : un nez franc, entre cerise et boisé (élevage partiel en fût), une matière ample, fine et élégante. ⌛ 2014-2017

Les Vins Georges Dubœuf, 208, rue de Lancié, 71570 Romanèche-Thorins, tél. 03 85 35 34 20, gduboeuf@duboeuf.com V t.l.j 10h-18h au Hameau du Vin

FABRICE DUCROUX 2013 ★

	9 333		5 à 8 €

Les ancêtres se sont établis au début du XIXᵉs. le long de l'ancienne voie romaine Lyon-Autun. Gérard Ducroux, installé en 1977 avec quelques vignes en morgon et en *villages*, cultive aujourd'hui 12,5 ha, partagés avec son fils depuis 2003, chacun travaillant ses vignes.

Le vin a macéré en grappes entières pendant onze jours, avec chapeau immergé, pigeages et délestages. Il en retire un nez de fruits noirs et des tanins puissants qui laissent deviner un potentiel intéressant. ⌛ 2015-2019 🍴 entrecôte marchand de vin

Gérard Ducroux, Saint-Joseph-en-Beaujolais, 69910 Villié-Morgon, tél. 04 74 69 90 14 V r.-v.

DOM. DUFOUR Les Champs brûlés 2012

	7 500	5 à 8 €

Florent Dufour s'est installé en 1998 sur le domaine familial qu'il n'a eu de cesse d'agrandir. Il dispose aujourd'hui d'une coquette exploitation (18,5 ha) avec cinq crus à sa carte (le régnié représentant 8 ha).

Un nez expressif, assez évolué, de fruits rouges compotés et de pivoine, une bouche ronde et séduisante, dans le même registre très mûr. ⌛ 2014-2016 🍴 tendrons de veau braisés

EARL Dufour Père et Fils, Ponchon, 69430 Régnié-Durette, tél. 04 74 04 35 46, florent-dufour@wanadoo.fr V r.-v.

CH. GAILLARD 2012 ★

	20 000		5 à 8 €

Les Gutty sont viticulteurs de père en fils depuis sept générations. Sébastien s'est installé en 1997 sur le domaine de 12 ha (trois crus et du *villages*) acquis par sa famille en 1972. À la vigne, des labours et pas d'engrais chimiques ; au chai, des levures indigènes.

Les vignes à l'origine de ce morgon ont soixante ans (et il ne s'agit pas de la cuvée Vieilles Vignes issue de ceps centenaires). Élevé six mois en foudre, le vin affiche une robe profonde, un nez intense et franc, et une bouche puissante, harmonieuse et longue, aux arômes de fruits noirs relevés de poivre. ⌛ 2014-2018 🍴 bœuf mitonné aux oignons

Sébastien Gutty, Ch. Gaillard, 69910 Villié-Morgon, tél. 06 80 20 80 35, info@chateaugaillard.com V r.-v. 2 B

ALAIN GAUTHIER 2012

	7 000	5 à 8 €

Vigneron installé depuis 1984 sur le domaine familial, au cœur de l'appellation morgon.

Cette cuvée, qui ne s'affiche pas comme « vieilles vignes », provient pourtant de ceps âgés de quatre-vingt-dix ans. Le nez, particulier et un peu évolué, évoque les fruits très mûrs, voire confiturés. La bouche ronde et fine permettra à ce 2012 d'être apprécié dès la sortie du Guide. ⌛ 2014-2016 🍴 magrets au cassis

Alain Gauthier, La Roche-Pilée, 69910 Villié-Morgon, tél. 04 74 69 15 87, earl.des.rochauds@orange.fr V r.-v.

DOM. GRANDES BRUYÈRES Vieilles Vignes 2013 ★

	60 000		5 à 8 €

La maison de négoce Aujoux, fondée en 1838, est historiquement liée au Mâconnais et au Beaujolais. Elle a pris son nom en 1954 avec l'arrivée de Jean-Marc Aujoux qui lui a fait prendre un bel essor. La société, qui a absorbé des maisons anciennes (Jacques Dépagneux, Chanut...), comprend de nombreuses entités.

Domaine exploité par la famille Mathon de Villié-Morgon. Un vin plaisant, tant pour son nez intense et complexe mêlant les fruits noirs et des touches florales que pour sa bouche harmonieuse à la belle longueur et aux tanins affables. ⌛ 2014-2017 🍴 brie de Meaux ■ Dom. Charles Jenny Vieilles Vignes 2013 (25 000 b.) : nez complexe, floral et kirsché, bouche tannique et ferme. ⌛ 2014-2017

La Réserve des Domaines, La Bâtie, 71570 La Chapelle-de-Guinchay, tél. 03 85 23 83 50, aujoux@aujoux.fr

CH. GRANGE COCHARD Côte du Py 2012 ★★

	4 000		15 à 20 €

James et Sarah Wilding, un couple de Britanniques amoureux de la région, ont racheté en 2008 ce château dont les lointaines origines remontent au Moyen Âge, héritant, avec les vieilles pierres, d'un domaine viticole de 6 ha. Ici, seulement du morgon.

Les propriétaires ne ménagent pas leur temps pour élaborer leurs cuvées, fuyant certaines facilités de la technologie, comme la thermovinification. Ce 2012 a été vinifié en partie à la beaujolaise, en partie à la bourguignonne, avec égrappage du raisin, longue cuvaison (quinze à vingt jours) et élevage de dix mois en fût. Le vin affiche sans complexes un nez boisé, bien intégré. La bouche est riche et équilibrée, étayée par des tanins maîtrisés et dénués d'agressivité. ⧗ 2016-2019 ♈ pavé de bœuf sauce café

Ch. Grange Cochard, La Grange Cochard, 69910 Villié-Morgon, tél. 06 13 87 23 22, james@lagrangecochard.com V r.-v.

James Wilding

DOM. DE GRY-SABLON
Douby 2013 ★★

■ | 15 000 | 🍾 | 8 à 11 €

En 1900, M. Besson, l'arrière-grand-père, s'établit à Émeringes. Cet inventeur du premier filtre-presse cultivait 2 ha auxquels il adjoignit une distillerie et une tonnellerie. Installés en 1991, Dominique Morel, œnologue, et son épouse Christine exploitent aujourd'hui 18 ha, avec des parcelles dans six crus.

Paré d'une robe aux reflets violines, ce 2013 séduit par son nez complexe de fruits noirs bien mûrs assortis de touches florales et par sa bouche ronde et élégante, aux tanins fondus. ⧗ 2014-2017 ♈ filet de bœuf sauce cacao ■ Beaujolais-villages blanc 2013 ★ (2 000 b.) : un chardonnay intense, frais, gourmand et fruité. ⧗ 2014-2017

EARL Dominique Morel, Les Chavannes, 69840 Émeringes, tél. 04 74 04 45 35, gry-sablon@orange.fr V t.l.j. sf dim. 8h-18h

DOM. DOMINIQUE JAMBON 2013 ★★

■ | n.c. | 🍾 | 5 à 8 €

Dominique Jambon, installé en 1983 sur un métayage en beaujolais-villages, a repris des vignes familiales en 1996, puis du morgon, et construit un cuvage (2003). Il exploite aujourd'hui 10 ha, dont la moitié est vendue au négoce. Un habitué du Guide.

Deux tiers du vin ont été vinifiés à la beaujolaise et un tiers a fait l'objet d'une thermovinification. Le résultat est plaisant : robe profonde, nez entre la violette et le kirsch, bouche ronde, dense et équilibrée. ⧗ 2014-2017 ♈ joue de bœuf en bourguignon

Dominique Jambon, 152, chem. de la Croix-d'Arnas, 69430 Lantignié, tél. 04 74 04 80 59, dominique.jambon@wanadoo.fr V r.-v.

DOM. DE JAVERNIÈRE 2013 ★

■ | 15 000 | 🍾 | 5 à 8 €

Héritier de quatre générations de vignerons installés à Villié-Morgon, Hervé Lacoque travaille dès l'âge de dix-sept ans sur l'exploitation ; il cultive des parcelles en métayage, puis en fermage, avant de reprendre intégralement en 2000 le domaine de son père, Noël. Après achat de parcelles, sa propriété couvre plus de 10 ha.

Un morgon régulièrement présent dans la sélection du Guide. Le 2013 plaît par son nez complexe alliant le kirsch et la violette, et par son palais franc, étoffé et long, qui montre en finale une certaine fermeté tannique. ⧗ 2016-2018 ♈ coq au vin

Hervé Lacoque, Javernière, 69910 Villié-Morgon, tél. 04 74 04 26 64 V r.-v.

FRÉDÉRIC LAISSUS 2013 ★

■ | 5 000 | 🍾 | 5 à 8 €

Le vignoble, propriété des hospices de Beaujeu, se transmet de père en fils depuis quatre générations. Frédéric Laissus s'est installé en 2006, succédant à son père André. Sur la carte des vins du domaine, du morgon, du régnié et du côte-de-brouilly.

Ce morgon s'annonce par un nez élégant de fruits rouges et noirs, avec une touche florale. On retrouve le fruité dans un palais vif à l'attaque, étoffé et long. ⧗ 2014-2017 ♈ andouillette au vin rouge

Frédéric Laissus, Les Chastys, 69430 Régnié-Durette, tél. 04 74 69 00 19, laissus.fred@gmail.fr V t.l.j. 9h-19h B

DOM. DE LA LEVRATIÈRE
La Croix de chèvre 2012 ★

■ | 6 500 | 🍾 | 5 à 8 €

Leurs parents étaient coopérateurs ; Marylenn et André Meyran se lancent dans la vinification et la vente directe en 1986. Ils ont constitué par petits bouts un vignoble qui couvre aujourd'hui 6 ha répartis dans quatre crus.

Né sur la parcelle La Croix des Chèvres, ce 2012 s'annonce par un nez frais et intensément fruité rappelant la fraise, et se montre rond, étoffé et puissant en bouche. Déjà agréable, il pourra aussi vieillir. ⧗ 2014-2019 ♈ civet de lapin

Marylenn et André Meyran, Dom. de la Levratière, Les Presles, 69910 Villié-Morgon, tél. 04 74 69 11 80, domlalevratiere@gmail.com V r.-v.

♥ DOM. MICKAËL NESME
Côte du Py 2013 ★★

■ | 4 500 | 🍾 | 5 à 8 €

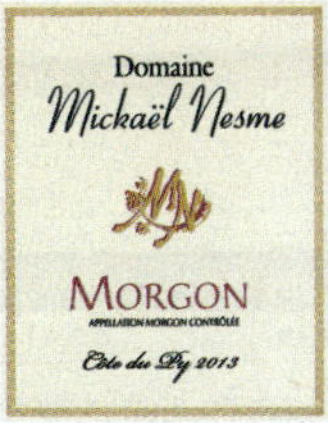

Fils d'Alain Nesme (domaine du Chizeaux), Mickaël Nesme s'est installé en 1998 sur cette propriété achetée par le grand-père Émile dans les années 1950. Avant de s'établir au pied du mont Brouilly, il avait néanmoins voyagé et vinifié jusque dans l'Oregon. Il exploite aujourd'hui 8 ha. À sa carte, morgon et côte-de-brouilly.

Habillé d'une robe profonde tirant sur le violet, ce 2013 sort du lot. Son nez expressif de griotte, de kirsch et de réglisse intéresse, et plus encore sa bouche d'une remarquable harmonie, structurée et riche, qui déploie des tanins de velours en finale. ⧗ 2015-2020 ♈ filet de biche sauce grand veneur

Mickaël Nesme, 29, rte de Monthoux, Cherves, 69430 Quincié-en-Beaujolais, tél. 06 08 80 55 75, mickael-nesme@yahoo.fr V r.-v. 4 C

DOMINIQUE ET RÉMY PASSOT 2012

■ | 2 000 | 🍾 | 5 à 8 €

Dominique Roux, fille de vignerons de Régnié-Durette, et Rémy Passot, fils de vignerons de Chiroubles, condui-

sent un vignoble de 5 ha. Une originalité ? La plantation d'un demi-hectare de viognier, hors appellation.

Un nez tout en finesse, évocateur de fleurs et de fruits frais, une bouche souple, ronde et friande. Un vin à la texture fine et agréable par ses arômes. ⧗ 2014-2017 ♈ tourte à la viande

Rémy Passot, Les Prés, 69115 Chiroubles, tél. 04 74 69 16 19, remy@domaine-passot.com V r.-v.

DOM. PASSOT-COLLONGE Les Charmes 2012 ★★

■	3 500		5 à 8 €

Héritiers de lignées vigneronnes remontant au milieu du XIXᵉs., Bernard et Monique Passot se sont installés en 1990. Leur fils Jean-Guillaume les a rejoints. De leur domaine d'un peu moins de 10 ha, ils tirent une palette fournie de cuvées : cinq crus et cinq cuvées en morgon.

Issu d'un *climat* bien connu du cru, ce morgon a été plus d'une fois remarqué. Le 2012 s'ouvre sur des parfums gourmands de fraise et d'épices. La bouche ronde et longue dévoile une matière concentrée et massive, sans dureté, ce qui permettra de servir ce vin prochainement. ⧗ 2015-2019 ♈ rôti de sanglier à la confiture

Bernard Passot, 210, Le Colombier, rte de Fleurie, 69910 Villié-Morgon, tél. 04 74 69 10 77, mbpassot@yahoo.fr V r.-v. 3

DANIEL RAMPON 2012

■	7 000		5 à 8 €

Installé en 1980, Daniel Rampon, épaulé par son fils Christophe, représente la troisième génération sur le domaine familial. Il exploite 10 ha et propose notamment des cuvées dans les crus fleurie et morgon.

Ce 2012 s'annonce par un nez vineux, sur les fruits rouges épicés, avant de dévoiler une bouche ronde et fraîche, à la texture soyeuse, sans aspérité, qui autorise une consommation prochaine. ⧗ 2014-2017 ♈ lotte au vin rouge

Daniel Rampon, Les Marcellins, 69910 Villié-Morgon, tél. 04 74 69 11 02, dmrampon@gmail.com V t.l.j. sf dim. 7h30-12h 13h30-19h

CH. DE RAOUSSET Douby 2012 ★

■	20 000		8 à 11 €

Au XVIIIᵉs., le domaine appartenait à un soyeux lyonnais. Commandé par un château Second Empire, le vignoble est aujourd'hui partagé entre deux entités qui élaborent leurs vins de façon indépendante, tout en revendiquant la même marque. Ce domaine-ci, dirigé par Axel Joubert, dispose de 35 ha de vignes.

Élevé dix mois en foudre, ce morgon séduit par son nez intense de cerise et d'épices. Avec son attaque très agréable sur les fruits confiturés, sa matière concentrée étayée par des tanins bien présents, la bouche donne une impression de richesse. ⧗ 2014-2019 ♈ pavé de sanglier au poivre ■ **Fleurie Grille-Midi 2012 (30 000 b.)** : un vin plus vif que le précédent, aux arômes de fruits rouges et de pivoine. ⧗ 2014-2017

Ch. de Raousset, Les Prés, 69115 Chiroubles, tél. 04 74 69 17 28, info@chateauderaousset.com V t.l.j. 8h-12h 14h-18h; sam. dim. sur r.-v.; f. août

DOM. ROCHE SAINT-JEAN Les Grands Cras 2012

■	6 000	8 à 11 €

Ludovic Mathon s'est installé en 2013 sur le domaine familial créé en 1878. Le vignoble, qui couvre 15 ha sur les coteaux de Villié-Morgon, ne fournit que du morgon (en quatre cuvées et deux *climats*) et du bourgogne blanc.

Ce 2012 provient du *climat* le plus au sud de l'appellation, au sous-sol d'argile et de schistes. Sa robe apparaît intense pour le millésime. Le nez élégant associe des nuances de pain grillé et de fumé. Ce grillé marque aussi la bouche, qui se montre puissante et finit sur des notes de fruits rouges. Garde conseillée. ⧗ 2016-2019 ♈ côte de bœuf

Ludovic Mathon, lieu-dit Bellevue, 69910 Villié-Morgon, tél. 04 74 04 26 95, earl.mathon@wanadoo.fr V r.-v.

DOM. SAVOYE 2013 ★

■	3 000		5 à 8 €

Christian et Michèle Savoye ont créé en 1991 cette exploitation, qui couvre aujourd'hui 7 ha sur les quatre communes de Vauxrenard, Villié-Morgon, Juliénas et Chiroubles, si bien qu'ils peuvent proposer une large gamme d'appellations du Beaujolais. Les vignes sont cultivées en gobelet sur des coteaux pentus.

Le vin affiche un nez précis de fruits rouges et noirs, légèrement minéral. Des arômes de fruits rouges mûrs relevés d'épices se développent dans un palais ample, de belle longueur, légèrement tannique en finale. ⧗ 2014-2018 ♈ terrine de lapin

Christian et Michèle Savoye, Les Combiers, 69820 Vauxrenard, tél. 04 74 69 91 60, savoye.christian@wanadoo.fr V r.-v.

DOM. CHRISTOPHE SAVOYE Cuvée Noémie 2013

■	6 000		5 à 8 €

Sophie et Christophe Savoye, installés à Chiroubles depuis 1991, ont pris la suite de cinq générations. Ils exploitent 13,3 ha répartis dans les AOC chiroubles et morgon – de vieilles vignes d'une cinquantaine d'années.

Ce 2013 affiche une robe rubis foncé, un nez bien épicé, une bouche nette, plutôt fugace, mais agréable et franche. ⧗ 2014-2017 ♈ bavette à l'échalote

Christophe Savoye, Le Bourg, 69115 Chiroubles, tél. 04 74 69 11 24, christophe.savoye@laposte.net V t.l.j. sf dim. 8h-12h 13h30-18h30

DOM. DE THULON Charmes 2012

■	7 000		8 à 11 €

Métayers du château de Thulon pendant vingt ans, René Jambon et son épouse Annie ont acheté en 1987 les terres qu'ils travaillaient. Rejoints par leurs enfants, ils exploitent aujourd'hui 17 ha de vignes. René et son fils Laurent, œnologue, travaillent au chai, Annie et Carine veillant à la commercialisation.

Le vin joue sur le registre des fruits rouges et noirs confiturés, tant au nez qu'en bouche, et s'équilibre entre rondeur et vivacité. Peu de tanins en revanche : on l'appréciera prochainement. ⧗ 2014-2017 ♈ côte de veau forestière

Carine et Laurent Jambon, 2, chem. de Thulon, 69430 Lantignié, tél. 04 74 04 80 29, carine@thulon.com V r.-v.

DOM. DE LA VOIE ROMAINE
Les Charmes 2013 ★

■ | 40 000 | 🍾 | 5 à 8 €

Ce domaine familial de 11 ha est situé en bordure de l'ancienne voie romaine qui reliait autrefois Autun à Lyon via Morgon.

Les vignes ne sont pas antiques, mais presque, certaines atteignant l'âge de cent dix ans. Le morgon issu du *climat* Les Charmes représente, avec 6 ha, plus de la moitié du domaine. Du 2013, on aime le nez épicé et poivré, la bouche souple et friande, enrobée de jolis tanins. ⌛ 2015-2017 🍴 steak tartare

🔑 SCEA Michel et Sébastien Dufour, La Grange-Cochard, 69910 Villié-Morgon, tél. 04 74 69 11 04

MOULIN-À-VENT

• Superficie : 717 ha • Production : 26 192 hl

Le « seigneur » des crus du Beaujolais fut l'un des premiers, dès 1924, à avoir été délimité – par un jugement du tribunal civil de Mâcon qui lui donna aussi le droit d'utiliser le nom de moulin-à-vent. Il campe sur les coteaux de deux communes, Chénas, dans le Rhône, Romanèche-Thorins, en Saône-et-Loire. Le moulin qui symbolise l'appellation se dresse à une altitude de 240 m au sommet d'un mamelon, au lieu-dit Les Thorins. Le gamay noir s'enracine dans des sols peu profonds d'arènes granitiques. Riche en éléments minéraux tels que le manganèse, ce terroir apporte aux vins une couleur rouge profond, un arôme rappelant l'iris, un bouquet et un corps qui, quelquefois, les font comparer à leurs cousins bourguignons de la Côte-d'Or. S'il peut être apprécié dans les premiers mois de sa naissance, le moulin-à-vent supporte une garde de quelques années (jusqu'à dix ans dans les grands millésimes). Selon un rite traditionnel, chaque millésime est porté aux fonts baptismaux, d'abord à Romanèche-Thorins (fin octobre), puis dans tous les villages et, début décembre, dans la « capitale ».

♥ DOM. AUCŒUR 2013 ★★

■ | 20 000 | 5 à 8 €

Depuis 2008, Arnaud Aucœur, jeune œnologue issu d'une lignée ancienne de vignerons de Villié-Morgon (dix générations), complète son exploitation par une activité de négoce. Une belle palette de neuf crus figure à sa carte.

Cette année, le morgon, très en vue sur ce domaine, s'efface devant le moulin-à-vent. Ce 2013 s'impose par sa complexité et son élégance. La robe affiche un grenat intense. La fraise se lie au sous-bois et à des notes minérales dans un nez d'une belle finesse. La bouche, ample et généreuse, finit sur une belle mâche. ⌛ 2017-2020 🍴 bœuf bourguignon ■ Morgon cuvée Prestige 2013 ★ (50 000 b.) : un nez complexe (cerise, fruits noirs, noyau, épices), une matière riche, serrée et tannique. ⌛ 2016-2019 ■ Juliénas Vieilles Vignes 2013 ★ (50 000 b.) : un nez puissant et fin (griotte, violette, amande) ; une bouche fruitée, ronde, riche et bien structurée. ⌛ 2015-2019 ■ Vieilles Vignes 2013 ★ (50 000 b.) : un nez vineux, de la mâche et de la longueur. ⌛ 2016-2019

🔑 Arnaud Aucœur, Le Colombier, rte de Fleurie, 69910 Villié-Morgon, tél. 04 74 04 16 89, arnaudaucoeur@yahoo.fr V t.l.j. 8h-12h 13h30-18h

DOM. DE BEL-AIR Les Burdelines 2012 ★

■ | 6 000 | 🍾 🛢 | 8 à 11 €

Jean-Marc Lafont a constitué à partir de 1985 un vignoble de 17 ha qui domine la vallée de l'Ardières. Le vigneron a aussi fondé une structure de négoce à son nom pour compléter sa gamme.

Ce moulin-à-vent provient de la partie négoce. Ses parfums mêlent la groseille et les fruits noirs à une touche de grillé léguée par un séjour de six mois dans le chêne : l'annonce d'un vin flatteur, du premier nez à l'élégante finale vanillée. ⌛ 2015-2018 🍴 civet de lapin

🔑 SARL Bel-Air, Bel-Air, 69430 Lantignié, tél. 04 74 04 82 08, jmlafont@dombelair.com V r.-v.

DOM. BERROD Vieilles Vignes
Cuvée élevée en fût de chêne 2012 ★

■ | n.c. | 🛢 | 8 à 11 €

Fondé en 1954 et exploité depuis 1980 par Guillaume Ruet, le domaine couvre 15 ha. S'il propose quatre appellations, il est surtout connu pour son fleurie.

Issu de vignes de soixante-dix ans, ce 2012 n'a pas été marqué par son séjour de dix mois en fût. Après aération, il libère des notes de cerise et autres petits fruits rouges et noirs. La bouche est franche, vive, avec des tanins bien dessinés. ⌛ 2015-2018 🍴 poule faisane

🔑 Dom. Berrod, Le Vivier, 69820 Fleurie, tél. 04 74 69 83 83, contact@domaineberrod.com V r.-v.

DIMITRI BLANC 2012 ★

■ | 3 000 | 🍾 | 11 à 15 €

Dimitri Blanc est le régisseur du domaine Bohrmann à Meursault, qu'il a converti au bio en 2007. Il a lancé en 2013 son propre négoce de vins, revenant à ses origines familiales beaujolaises.

Un premier essai concluant : l'approche est engageante, avec une robe carmin brillant et un nez franc de fruits rouges compotés et de fleurs. L'attaque fraîche ouvre sur une bouche charnue, charpentée, mûre et harmonieuse. Un vin de terroir dont la légère fermeté tannique perceptible en finale se sera atténuée d'ici deux ans. ⌛ 2015-2018 🍴 entrecôte marchand de vin

🔑 Dimitri Blanc, 15, rue Pasteur, 21200 Beaune, tél. 06 21 42 86 64, dimitriblanc@hotmail.fr V r.-v.

LES VINS DES BROYERS 2012

■ | 2 000 | 🛢 | 8 à 11 €

Fondé en 1710, le château des Broyers a trouvé sa vocation viticole en 1823. Au XIX^e^s., son activité de négoce rayonnait sur le nord de l'Europe. Laissé à

l'abandon dans les années 1990, il a été restauré, avec à sa tête Pierre Coquard, responsable des 2 ha de vignes et du négoce, qui propose des vins du Beaujolais et du Mâconnais.

Né de vignes de soixante ans, ce moulin-à-vent a gardé de son séjour en fût un boisé marqué (vanille, moka), ainsi qu'une charpente solide. Mais les fruits rouges et noirs percent sous le chêne et les tanins sont enrobés par une matière équilibrée, tendue par une acidité finale. ⧗ 2015-2017 🍴 rôti de bœuf

Les Vins des Broyers, 1333, rte de Juliénas, 71570 La Chapelle-de-Guinchay, tél. 03 85 36 70 34, pcoquard@chateaudesbroyers.fr V r.-v.

Coquard

LOÏC ET NOËL BULLIAT 2012

■	5 000		5 à 8 €

Noël, c'est le père, installé en 1978, et Loïc, le fils, arrivé en 2005. À l'origine, 4 ha ; aujourd'hui, 28 ha, avec un tiers en pleine propriété, répartis sur huit appellations, dont cinq crus. La conversion bio est engagée depuis 2010.

Des douze mois de fût, ce 2012 n'en a guère conservé l'empreinte. Au nez comme en bouche, c'est le fruit qui ressort, sur des nuances de petits fruits rouges et noirs. Le palais est fugace, mais net, bâti sur des tanins soyeux. ⧗ 2014-2018 🍴 bœuf à la ficelle

Loïc et Noël Bulliat, 50, impasse du Colombier, 69910 Villié-Morgon, tél. 04 74 69 13 51, bulliat.noel@orange.fr V r.-v.

CHANSON Bastion de l'oratoire 2012 ★

■	n.c.		11 à 15 €

Fondée en 1750, cette maison de négoce beaunoise, l'une des plus anciennes de Bourgogne, est passée en 1999 sous pavillon champenois (Bollinger). Outre ses achats de raisins, elle dispose d'un important vignoble de 45 ha, avec de jolis fleurons tels les beaune 1ers crus Clos des Mouches et Clos des Fèves, et de l'expertise de Jean-Pierre Confuron, son œnologue-conseil.

En tant que négociant, la maison propose aussi des vins du Beaujolais. Pour ces vins, elle pratique un élevage en fût assez long (onze mois), à la bourguignonne. Le vin en tire un joli boisé aux accents de vanille, de cacao et d'épices, marié à des notes de fruits noirs. La bouche franche est étayée par des tanins bien domestiqués. ⧗ 2014-2017 🍴 filet mignon en croûte

Dom. Chanson Père et Fils, 10, rue Paul-Chanson, 21200 Beaune, tél. 03 80 25 97 97 V r.-v.

PASCAL CHATELUS 2013 ★

■	10 000		8 à 11 €

Installé en 1982, Pascal Chatelus est établi dans le Beaujolais des Pierres dorées, au sud du vignoble. Son domaine de 20 ha comprend des parcelles dans la zone des crus, en morgon et moulin-à-vent.

Issu de vignes de plus de soixante ans et d'un élevage mi-cuve mi-fût (douze mois), ce 2013 affiche une robe rubis, un nez épicé, partagé entre le cassis et des notes empyreumatiques et vanillées. La bouche est fine, équilibrée, de bonne longueur. ⧗ 2014-2017 🍴 pavé de biche ■ Beaujolais cuvée Terroir 2013 (5 à 8 € ; 12 000 b.) : joli nez de fruits rouges et noirs mâtiné de pivoine, palais à la fois rond et acidulé, aux tanins soyeux. ⧗ 2014-2017

Pascal Chatelus, La Roche, 69620 Saint-Laurent-d'Oingt, tél. 04 74 71 24 78, pascal.chatelus@wanadoo.fr V t.l.j. 8h-12h 14h-20h

CLOSERIE MARJO 2013

■	14 133		8 à 11 €

Appartenant à Françoise Marjo et gérée par Patrick Boulay, une petite propriété (près de 2 ha) implantée à Chénas.

Une vinification beaujolaise traditionnelle et pas de bois pour ce moulin-à-vent sur le fruit. Nuances framboise de la robe, nez précis évoquant aussi ce petit fruit, avec une touche minérale. Bouche structurée témoignant d'une bonne vinification. ⧗ 2014-2017 🍴 andouillette

Closerie Marjo, Les Michelons, Chez Patrick Boulay, 69840 Chénas, tél. 04 74 04 48 19

DOM. DES FONTAGNEUX 2012

■	6 100		5 à 8 €

Philippe et Patrice Collet doivent leur domaine à un ancêtre natif de la Chapelle-de-Guinchay, marchand de vin à Bercy au XIXes., qui s'offrit les vignes et construisit la maison et la cuverie. Ils exploitent aujourd'hui 3,2 ha dédiés au moulin-à-vent.

Ce 2012 présente un nez complexe d'épices et de fruits noirs soulignés d'un discret boisé. Équilibré, mais austère en finale, il devra patienter en cave. ⧗ 2016-2018 🍴 sabodet à la beaujolaise

Indivision Collet, Les Deschamps, 69840 Chénas, tél. 03 85 36 72 87, contact@domainedesfontagneux.com V r.-v.

DOM. DE FORÉTAL 2013 ★

■	8 400		8 à 11 €

Installé en 1998, Jean-Yves Perraud, issu d'une lignée enracinée à Vauxrenard depuis le XVIIes., a auparavant explorer le vaste monde viticole et fait ses gammes en Alsace et aux États-Unis. Il a agrandi le domaine (8 ha) et développé l'accueil (du gîte d'étape à la chambre d'hôtes).

Une vinification traditionnelle pour ce moulin-à-vent, avec remontages quotidiens et pigeages pour l'extraction de la couleur et des tanins. Résultat : un nez expressif de cerise bien mûre et d'épices douces, et une bouche ronde, puissante et dense aux tanins massifs. ⧗ 2016-2019 🍴 bœuf bourguignon

Pierre-Yves Perraud, Forétal, 69820 Vauxrenard, tél. 04 74 69 97 48, jyperraud@wanadoo.fr V r.-v.

DOM. DES GANDELINS 2012

■	8 000		11 à 15 €

Patrick Thévenet, installé avec Nathalie en 1991 au nord du Beaujolais, perpétue le domaine fondé par son arrière-grand-père Claudius. L'exploitation, qui a pratiqué la vente directe dès 1949, couvre aujourd'hui 7 ha.

Issu de très vieilles vignes (quatre-vingts ans), ce 2012 a été élevé à la beaujolaise, avec cuvaison en grappes entières, délestages et pigeages pour l'extraction de la matière. Un vin sombre au nez de fruits rouges et de pêche, à la bouche serrée, raide comme la justice, aux tanins sévères, qui suggèrent de l'attendre. ⌛ 2016-2018 🍴 tablier de sapeur

Patrick Thévenet, 1887, rte des Deschamps, hameau des Gandelins, 71570 La Chapelle-de-Guinchay, tél. 03 85 36 72 68, patrick-thevenet@wanadoo.fr V r.-v.

CH. DES GIMARETS Esprit de ma terre 2012 ★

■ | 2 000 | | 15 à 20 €

Un petit château bâti au XVII[e]s., totalement reconstruit en 1810. Éric et Nathalie Boyer l'ont racheté en 2007, ainsi que son domaine viticole : 4,5 ha d'un seul tenant plantés à haute densité, exclusivement en moulin-à-vent.

Née de 1 ha de vignes de cinquante ans, la cuvée de prestige du domaine livre un nez riche de confiture de fraises et de petits fruits noirs, suivi d'une bouche fraîche à l'attaque, suave, tapissée de tanins fins et affables. Une belle harmonie. ⌛ 2016-2019 🍴 faisan en cocotte à la forestière

Ch. des Gimarets, Les Gimarets, 71570 Romanèche-Thorins, tél. 03 85 35 21 60, contact@chateaudesgimarets.fr V r.-v.

♥ DOM. DE GRAND GARANT Vieilles Vignes 2012 ★★

■ | 18 000 | | 8 à 11 €

Claude Grosjean a commencé le métier de viticultrice sur la pointe des pieds, en parallèle de son activité dans le commerce, jusqu'à ce qu'elle se décide à franchir le pas et à s'installer à plein-temps en 2005 avec son mari, à la tête de 3 ha.

Une remarquable cuvée issue de 3 ha de vignes de soixante ans. Parée d'une robe profonde, elle s'annonce par un nez encore réservé, mais fin et complexe, mêlant les fruits rouges et les fleurs à des notes de moka et de cèdre (neuf mois de fût). À l'unisson, le palais se révèle ample, sans aspérité, soyeux et fondu. À boire ou à attendre. ⌛ 2014-2019 🍴 civet de marcassin

Claude Grosjean, Dom. de Grand Garant, Le Vivier, 69820 Fleurie, tél. 06 09 94 55 87 V r.-v.

DOM. LES GRYPHÉES 2012 ★

■ | 6 000 | | 5 à 8 €

Pierre et Cécile Durdilly, installés en 1973, ont été rejoints par leur fils Guillaume en 2007. Ils font le grand écart entre le Bois-d'Oingt, où est implantée la cuverie, dans le Beaujolais sudiste, et la région septentrionale de Romanèche-Thorins, Lancié et Chénas, où ils ont acquis des parcelles. Ils exploitent au total 14 ha.

Issu de vignes de quarante ans et élevé neuf mois en fût, ce 2012 dévoile un nez discret, mais fin, à la complexité naissante. La mise en bouche révèle un vin rond et équilibré, enrobé d'un boisé chocolaté. ⌛ 2015-2019 🍴 côte de bœuf au gros sel

Pierre Durdilly, 2, rte de Saint-Laurent, 69620 Le Bois-d'Oingt, tél. 04 74 72 49 93, domainelesgryphees@wanadoo.fr V r.-v.

HOSPICES DE ROMANÈCHE-THORINS 2012

■ | 10 600 | | 11 à 15 €

En 1926, la maison Collin-Bourisset, fondée en 1821 aux confins du Beaujolais et du Mâconnais, a reçu l'exclusivité de l'élaboration et de la commercialisation des vins des Hospices, qui depuis le XIX[e]s. faisaient l'objet d'enchères publiques à chaque millésime.

Ce moulin-à-vent s'ouvre à l'aération sur des parfums délicats de fruits rouges et noirs, que l'on retrouve dans une attaque plaisante, avant que des tanins fermes et vifs ne fassent sentir leur présence. ⌛ 2014-2017 🍴 coq au vin

Collin-Bourisset, rue de la Gare, 71680 Crêches-sur-Saône, tél. 03 85 36 57 25, bienvenue@collinbourisset.com V t.l.j. sf sam. dim. 8h30-11h30 14h-17h; f. août

ANITA ET ANDRÉ KUHNEL Reine de nuit 2013 ★

■ | 3 400 | 8 à 11 €

Deux anciens cyclistes professionnels sont à la tête de ce domaine de 12 ha : André Kuhnel, installé en 1973, et son épouse Anita, arrivée en 1996 et qui vinifie désormais à ses côtés.

Reine de nuit ? Produite sur 50 ares, une cuvée vendangée entre 3 h et 9 h du matin, avant que le soleil ne chauffe trop les raisins. Un vin fruité et épicé (poivre), soyeux et élégant. ⌛ 2014-2018 🍴 carré d'agneau

Anita et André Kuhnel, Les Raisses, 69910 Villié-Morgon, tél. 04 74 04 22 59, aa.kuhnel@wanadoo.fr V r.-v.

HÉRITIERS LABRUYÈRE Granit des Thorins 2012 ★

■ | 20 984 | | 8 à 11 €

Après avoir fait fortune dans la grande distribution, les Labruyère ont investi dans le vin, rachetant en 1988 des parts dans le domaine Jacques Prieur, à Meursault. Depuis 2008, ils ont aussi renoué avec leurs racines beaujolaises : un ancêtre s'était installé en 1850 aux Thorins, sur 10 ha, dont le monopole réputé du Clos du Moulin-à-Vent. Édouard Labruyère a repris la propriété en main, ne gardant toutefois que les plus belles parcelles.

Nadine Gublin, brillante œnologue de la maison Prieur, a vinifié en moulin-à-vent en appliquant les méthodes qui lui ont réussi dans la Côte-d'Or : égrappage, cuvaisons longues et, en général, élevages en fût. Elle obtient ici un vin au nez discret, sur les fruits noirs, la gelée de fraise et les fleurs, au palais généreux et soyeux. ⌛ 2015-2019 🍴 andouillette au saint-marcellin

SCEV Héritiers Labruyère, 310, rue des Thorins, 71570 Romanèche-Thorins, tél. 03 85 20 38 18, info@domaines-labruyere.com V r.-v.

HUBERT LAPIERRE Cuvée Vieilles Vignes 2013

■ | 4 000 | | 5 à 8 €

Ce petit domaine de 3,2 ha conduit par Hubert Lapierre depuis 1970 est planté de très vieilles vignes âgées de 45 à 85 ans, taillées en gobelet, à l'origine de moulin-à-vent et de chénas souvent en vue dans ces pages.

Un nez complexe où l'on respire les fleurs, le sous-bois, les fruits secs, le cuir... La bouche apparaît franche, nette, étayée par des tanins fondus. Dans un style friand, c'est un vin de bonne facture. ⌛ 2014-2018 🍴 rôti de porc

GFA Hubert Lapierre, Les Gandelins, 1847, rte des Deschamps, 71570 La Chapelle-de-Guinchay, tél. 03 85 36 74 89, hubert.lapierre@orange.fr t.l.j. 8h-12h 13h30-18h30, sam. dim. sur r.-v.

DOM. DE ROCHE-GUILLON 2012

2 000 | 8 à 11 €

Valérie et Bruno Copéret se sont installés en 1984 sur le domaine familial, rejoints en 2014 par leur fils Cyril. Le domaine, qui couvre 12 ha, propose trois crus : fleurie principalement, chénas et moulin-à-vent.

Ce 2012 dévoile un nez discret, mais complexe, de petits fruits, de fleurs et de réglisse, et une bouche souple, ronde et friande. Typique du millésime. ⌛ 2014-2016 🍴 joues de bœuf mijotées

Bruno Copéret, Dom. de Roche-Guillon, 69820 Fleurie, tél. 04 74 69 85 34, roche-guillon.coperet@wanadoo.fr r.-v. 2

DOM. ROMANESCA 2012

4 000 | 8 à 11 €

Guy Chastel reprend en 1977 l'exploitation familiale qu'il rebaptise plus tard « Romanesca », du nom de la villa gallo-romaine qui serait à l'origine de Romanèche-Thorins. Il exploite aujourd'hui 7 ha, dont 4 en moulin-à-vent.

Le nez doit être sollicité pour libérer ses parfums de fruits noirs bien mûrs. La bouche est nette et carrée, étayée par des tanins encore sévères. ⌛ 2015-2017 🍴 ragoût de queues de bœuf

Guy Chastel, 323, rue des Thorins, 71570 Romanèche-Thorins, tél. 03 85 35 57 31, chastel.guy@wanadoo.fr r.-v.

DOM. DE SAINT-ENNEMOND Vieilles Vignes 2013 ★

4 500 | 8 à 11 €

Reprise en 1977 par Christian Béréziat, cette ancienne propriété viticole tire son nom de la chapelle du XIIe s. située à 50 m des bâtiments d'exploitation, qui datent, eux, du XIXe s. Le vignoble couvre 15 ha, avec des parcelles dans trois crus : régnié, moulin-à-vent et brouilly.

Des ceps de soixante-dix ans sont à l'origine de ce vin au nez de groseille et de myrtille. Un fruité croquant que l'on retrouve dans un palais tannique et long, plein de mâche et encore austère. ⌛ 2016-2019 🍴 entrecôte charolaise

Christian Béréziat, Dom. de Saint-Ennemond, 69220 Cercié, tél. 04 74 69 67 17, saint-ennemond@orange.fr r.-v. 3

BERNARD SANTÉ 2012 ★

6 000 | 8 à 11 €

Bernard Santé s'est installé en 1980 à Juliénas, où son grand-père cultivait la vigne avant la Seconde Guerre mondiale. Il exploite 11 ha aujourd'hui, avec des parcelles en chénas et moulin-à-vent.

Ce 2012 s'ouvre à l'agitation sur de jolies notes de fruits noirs mûrs. Franc à l'attaque, rond et persistant, il repose sur des tanins soyeux qui le rendent déjà très harmonieux. ⌛ 2014-2018 🍴 noisettes de marcassin

Bernard Santé, 3521, rte de Juliénas, 71570 La Chapelle-de-Guinchay, tél. 03 85 33 82 81, earl.sante-bernard@wanadoo.fr r.-v.

RÉGNIÉ

• Superficie : 368 ha • Production : 16 256 hl

Officiellement reconnu en 1988, le plus jeune des crus s'insère entre le morgon au nord et le brouilly au sud, confortant ainsi la continuité des limites entre les dix appellations locales beaujolaises. À l'exception de 5,93 ha sur la commune voisine de Lantignié, il est totalement inclus dans le territoire de la commune de Régnié-Durette, autour de la curieuse église aux clochers jumeaux qui symbolise l'appellation. Orienté nord-ouest-sud-est, le vignoble s'ouvre largement au soleil levant et à son zénith, ce qui lui a permis de s'implanter entre 300 et 500 m d'altitude. Le gamay s'enracine dans un sous-sol sablonneux et caillouteux – le terroir s'inscrit dans le massif granitique dit de Fleurie. On trouve aussi quelques secteurs à tendance argileuse. Aromatiques, fruités et floraux, charnus et souples, les régnié sont souvent qualifiés de rieurs et de féminins.

DOM. BERTRAND Ponchon 2012 ★

4 000 | 5 à 8 €

Domaine créé en 1956 et conduit depuis 1974 par Maryse et Jean-Pierre Bertrand, rejoints par leur fils Julien. Installés au sud-est du mont Brouilly, ils exploitent sur 20 ha une belle palette de crus : moulin-à-vent, régnié, fleurie et juliénas. De longue date en agriculture raisonnée, le domaine s'oriente vers le bio.

Depuis 2008, le domaine privilégie un égrappage total, à la bourguignonne, des cuvaisons plutôt longues et les élevages en fût. Vinifié en cuve, ce 2012 n'en affiche pas moins une robe profonde. On aime son nez puissant et élégant, sur la cerise épicée, et sa bouche charnue, concentrée et longue, aux arômes de petits fruits noirs. Ses tanins encore fermes s'arrondiront au cours des trois prochaines années. ⌛ 2014-2017 🍴 pintade au chou

Julien Bertrand, Bonnège, 69220 Charentay, tél. 06 95 53 55 91, domainebertrand@outlook.fr r.-v.

DOM. DES BRAVES 2013 ★

25 000 | 5 à 8 €

En 1970, Paul Cinquin prend la conduite de ce domaine transmis de père en fils depuis 1903. Gloire locale de Régnié-Durette, cet ancien cycliste professionnel a décoré son caveau de maillots dédicacés par des champions de la petite reine. Lui-même peut se prévaloir de sélections nombreuses dans le Guide. Dans les années 1990, il fut aussi un pionnier de la thermovinification.

On aime ce nez intense et élégant sur le kirsch et le noyau, cette bouche fruitée et légère, ronde et gourmande, aux tanins déjà bien fondus. ⌛ 2015-2017 🍴 pot-au-feu

Paul Cinquin, Les Grandes-Bruyères, Dom. des Braves, 69430 Régnié-Durette, tél. 04 74 66 84 43 V t.l.j. 8h-12h 14h-18h

DOM. DE COLONAT Vieilles Vignes 2012 ★

■ | 6 500 | | 5 à 8 €

Les Collonge cultivent la vigne depuis le XVIIᵉ s. Bernard Collonge s'est installé en 1977 avec son épouse Christine sur le domaine familial. Rejoint en 2009 par son fils Thomas, il exploite 15 ha, avec des parcelles en morgon, fleurie, chiroubles, régnié et moulin-à-vent.

Les vignes, cultivées à haute densité, ont soixante-dix ans. Les raisins ont été égrappés avant macération. Le vin délivre des parfums subtils et complexes de cerise et de myrtille. Le palais, vif et élégant, développe une belle trame tannique. « Représentatif du régnié par sa finesse », conclut un juré. 2014-2017 bavette d'aloyau grillée

Bernard et Thomas Collonge, Dom. de Colonat, Saint-Joseph, 69910 Villié-Morgon, tél. 04 74 69 91 43, domaine.de.colonat@orange.fr V r.-v.

DOM. DU COTEAU DE VALLIÈRES Les Vallières 2013 ★

■ | 2 700 | | 5 à 8 €

Lucien Grandjean incarne la troisième génération à la tête de ce domaine familial de 9,5 ha qui propose quatre crus : régnié, morgon, fleurie, moulin-à-vent. Les deux premiers crus figurent souvent dans le Guide.

Issu de vignes de quarante ans, ce régnié au nez puissant de fruits rouges dévoile une bouche équilibrée, structurée, de bonne longueur, aux arômes de fruits noirs. 2014-2018 bœuf mode

Lucien Grandjean, Vallières, 69430 Régnié-Durette, tél. 04 74 69 24 92, grandjean.lucien@wanadoo.fr V r.-v.

DOM. DE LA CÔTE DES CHARMES Vieilles Vignes 2013 ★★

■ | 2 400 | | 5 à 8 €

Vigneron chevronné, Jacques Trichard s'est installé en 1969 sur la propriété, mais l'étiquette La Côte des Charmes est plus récente. Il exploite 7,2 ha de très vieilles vignes en régnié et en morgon (5,2 ha), ces derniers lui valant ses distinctions les plus nombreuses.

Une fois n'est pas coutume, le régnié l'emporte sur le morgon. Naturellement plus débonnaire, il dévoile dans le millésime 2013 un nez délicat de cassis, une bouche étoffée et nette, aux tanins soyeux. 2014-2017 escalope milanaise ■ Morgon Les Charmes Vieilles Vignes 2012 ★ (8 à 11 € ; 18 000 b.) : massif, sévère en finale, il mérite d'attendre. 2016-2018

Thérèse et Jacques Trichard, Les Charmes, 69910 Villié-Morgon, tél. 04 74 04 20 35, jacquestrichard@orange.fr V r.-v.

CH. DE DURETTE Vieilles Vignes 2013

■ | 9 000 | 5 à 8 €

En 2006, Jean Joly, un entrepreneur liégeois qui avait fait son voyage de noces à Saint-Amour, achète la propriété Fustier à Régnié-Durette, fait construire un cuvier, triple la surface du domaine, trouve des associés. Disparu en avril 2014, il laisse une exploitation de 30 ha, avec des parcelles dans sept crus (essentiellement en régnié), dirigée par Marc Theissen.

Le vin affiche une robe profonde aux reflets violets, un nez de cerise avec une touche exotique, une bouche agréable, fruitée et souple, plus stricte en finale. 2015-2018 terrine de sanglier

Ch. de Durette, Chez-le-Bois, 69430 Régnié-Durette, tél. 04 74 04 20 13, info@chateaudedurette.eu V r.-v. Jean Joly

STÉPHANE GARDETTE 2013 ★

■ | 2 000 | | 5 à 8 €

Une maîtrise de sciences économiques et un brevet de technicien supérieur en « viti-œno » en poche, Stéphane Gardette, d'origine lyonnaise, reprend l'exploitation achetée par ses parents en 1996. Le vignoble couvre 7,3 ha, principalement en régnié, mais aussi en morgon, en *villages* et en AOC régionale de Bourgogne.

Ce régnié séduit par son nez de cerise et de pruneau. Si la bouche ne présente pas une charpente imposante, elle offre ce qu'il faut de matière et de fruit, dans un bel équilibre. 2014-2017 fricassée de poulet aux champignons

Stéphane Gardette, La Haute-Ronze, 69430 Régnié-Durette, tél. 06 82 43 48 63, stephane.gardette@orange.fr V r.-v.

♥ DOM. D'HERVELYNE 2012 ★★

■ | 3 500 | | 5 à 8 €

En 1969, Michel et Christiane Rampon s'installent sur l'exploitation familiale (sept générations) dominant les coteaux de l'Ardières. Leur fils Hervé les rejoint en 1991, tandis que le domaine s'agrandit des vignes laissées par les grands-parents partant à la retraite (8,5 ha aujourd'hui en régnié, morgon et villages).

Un régnié séducteur par son équilibre et son classicisme : notes intenses de fruits noirs et de poivre blanc, bouche à la fois suave et fraîche, finale ronde et gourmande. Aucune aspérité dans ce vin charmeur en diable. 2014-2017 pieds de porc panés

EARL Michel Rampon et Fils, La Tour-Bourdon, 69430 Régnié-Durette, tél. 04 74 04 32 15, gaec.rampon@wanadoo.fr V t.l.j. 8h-19h

HOSPICES DE BEAUJEU Cuvée des sires de Beaujeau 2013

■ | 80 000 | | 5 à 8 €

Depuis 1240, plus de 250 bienfaiteurs ont constitué le patrimoine des Hospices de Beaujeu. Aujourd'hui, 81 ha de vignes, dont 60 en régnié, pour partie exploités en faire-valoir direct, pour partie en métayage, sous la direction de l'œnologue Lydie Nesme. Des ventes aux enchères se sont déroulées ici, bien avant celles de Beaune. Les Hospices possèdent depuis 1806 La Grange-Charton, vaste ensemble classé de maisons de vignerons ordonnées autour d'une cour.

Un régnié bien typé par son nez de fruits rouges et noirs, et par son palais franc et gouleyant : à boire sur son fruit. ⧗ 2014-2015 ▼ tartare de bœuf

Hospices de Beaujeu, La Grange-Charton, 69430 Régnié-Durette, tél. 04 74 04 31 05, nesme.l@mommessin.fr

DOM. JONCY 2012 ★

■	2 000	▮	5 à 8 €

Un domaine avec vue sur le mont Brouilly. Jean-Paul Joncy s'y est installé en 1979, relayé en 2002 par son fils Guillaume. Le vignoble couvre 24 ha, avec des parcelles en côte-de-brouilly, morgon, régnié et chiroubles.

Paré d'une robe profonde aux reflets violines, un vin aimable, au nez bien ouvert de cassis et de fruits rouges, à la bouche ronde, souple et friande ⧗ 2014-2017 ▼ entrecôte grillée

Dom. Joncy, Le Chavagnon, 69430 Quincié-en-Beaujolais, tél. 04 74 04 33 29, domaine.joncy@orange.fr V t.l.j. 9h-19h; sam. dim. sur r.-v.

DOM. DE LA PLAIGNE 2013

■	20 000	▮	5 à 8 €

Victorien, qui représente la cinquième génération sur l'exploitation, a rejoint en 2014 ses parents Gilles et Cécile Roux, installés depuis 1984. Ces derniers, après avoir agrandi le vignoble (14,5 ha aujourd'hui), le renouvellent en introduisant du chardonnay et en espaçant les plantations plus large.

Un 2013 tout en finesse et en légèreté, au nez subtil d'anis et à la bouche fruitée, d'une agréable souplesse. ⧗ 2014-2015 ▼ jambon persillé

Gilles et Cécile Roux, La Plaigne, 69430 Régnié-Durette, tél. 04 74 04 80 86, gilles.cecile.roux@orange.fr V t.l.j. sf dim. 9h-12h 14h-18h

CH. DES VERGERS 2013 ★

■	2 700	8 à 11 €

En 1990, Georges Yemeniz et sa sœur Blanche de Romefort héritent de cette propriété viticole de 12,7 ha que commande un château construit en 1870 par un soyeux lyonnais. Ils font appel au jeune métayer Jean-Luc Prolange, qui devient régisseur et vinificateur du domaine. Une grande partie du vignoble se situe sur le *climat* Crêt d'Œillat jouxtant le cru morgon.

Ce 2013 apparaît encore fermé, mais il convainc les dégustateurs par son étoffe et son côté tannique qui rappellent son lieu d'origine, proche de Morgon, et qui laissent espérer une bonne évolution. ⧗ 2015-2017 ▼ sauté de veau aux champignons

Indivision Yemeniz de Romefort, Les Vergers, 69430 Régnié-Durette, tél. 04 74 04 36 05, g.yemeniz@orange.fr V r.-v.

SAINT-AMOUR

• Superficie : 319 ha • Production : 15 659 hl

Ce vin au nom séducteur a conquis de nombreux consommateurs étrangers, et une très grande part des volumes produits alimente le marché extérieur. Le visiteur pourra le découvrir dans le caveau créé en 1965 au lieu-dit Le Plâtre-Durand, avant de continuer sa route vers l'église et la mairie qui, au sommet d'un mamelon, dominent la région. À l'angle de l'église, une statuette rappelle la conversion du soldat romain qui donna son nom à la commune. Des peintures, aujourd'hui disparues, d'une maison du hameau des Thévenins, qui auraient témoigné de la joyeuse vie menée pendant la Révolution dans cet « hôtel des vierges », expliqueraient, elles aussi, le nom du village... Incluse dans le département de Saône-et-Loire, l'appellation est délimitée sur des sols argilo-siliceux décalcifiés, de grès et de cailloutis granitiques, faisant la transition entre les terrains purement primaires au sud et les terrains calcaires au nord, qui portent les AOC saint-véran et mâcon. Deux « tendances œnologiques » ici : l'une favorise une cuvaison longue dans le respect des traditions beaujolaises, qui donne aux vins nés sur les roches granitiques le corps nécessaire pour la garde ; l'autre, de type primeur, donne des vins consommables plus tôt.

CH. BONNET
Vieilles Vignes 2013 ★

■	50 000	▮	8 à 11 €

Une vieille demeure seigneuriale devenue domaine viticole après son rachat en 1630 par le sieur Bonnet, échevin de la ville de Mâcon. Originaire du village voisin de Juliénas, la famille Perrachon l'acquiert en 1973. Pierre Perrachon restaure le château, agrandit le vignoble. Son fils Pierre-Yves le rejoint en 1986 et lui succède en 2004. Il achète quelques hectares de saint-amour qui viennent compléter les parcelles en juliénas, chénas et moulin-à-vent.

Le style du domaine se retrouve bien dans ce vin pimpant, vif et rond, au nez élégant et fruité, à la bouche fraîche et ample, tout en fruits rouges. Une cuvée diffusée par Bourgogne Select, petite structure de commercialisation créée par ce propriétaire avec des collègues. ⧗ 2014-2016 ▼ planche de charcuterie

Pontanevaux Bourgogne Sélect, 1699, RN 6, 71570 La Chapelle-de-Guinchay, tél. 03 85 31 65 91, hlongefay.bselect@gmail.com V t.l.j. sf dim. 10h-13h 15h-19h

DOM. DES BRUYÈRES 2013 ★

■	2 500	▮	5 à 8 €

Dans la famille depuis 1982, ce domaine a vendu sa production en vrac jusqu'en 2001 à une maison de négoce suisse. L'arrivée de Nicolas Durand, qui a acquis une précieuse expérience dans la maîtrise du froid en vinification, a permis de tester dès 1993 les techniques de macération préfermentaire à chaud (58 °C), qu'il continue d'utiliser.

Après une courte cuvaison et un pigeage final, le vigneron a obtenu un vin au nez discret de fruits rouges épicés et à la bouche fine et élégante, fraîche en attaque, structurée sans excès. ⧗ 2014-2017 ▼ filet mignon de veau

Nicolas et Sandrine Durand, 502, rte de Saint-Amour, 71570 La Chapelle-de-Guinchay, tél. 03 85 36 55 16, nicolas.durand41@orange.fr V r.-v.

DOM. CHEVEAU
Les Champs grillés 2012 ★

■ | 7 500 | ▮ | 8 à 11 €

Le domaine, créé en 1950 et conduit depuis 1999 par Aurélie Nicolas et Julien Cheveau, couvre 16 ha. Installé à Solutré-Pouilly, il est surtout connu pour ses blancs (pouilly-fuissé, saint-véran, mâcon). Il propose aussi des beaujolais-villages et des saint-amour issus de terroirs limitrophes du Mâconnais.

Le domaine travaille ses rouges à la bourguignonne : égrappage, macération préfermentaire à froid, cuvaisons longues. Toutefois, pas de fût pour ce saint-amour au nez discret, mais complexe, de framboise, de fruits noirs et de sous-bois. La bouche apparaît riche et soyeuse, avec des notes de kirsch qui signalent des raisins bien mûrs (une prouesse pour ce millésime froid et pluvieux). ⧗ 2015-2018 🍴 entrecôte

Dom. Cheveau, rue de la Chapelle, 71960 Solutré-Pouilly, tél. 03 85 35 81 50, domaine@vins-cheveau.com V r.-v.

DOM. LES CÔTES DE LA ROCHE 2013

■ | 5 000 | 5 à 8 €

Sylvain Descombes a repris en 2012 la propriété de 15,5 ha fondée en 1973 par Gérard et Joëlle Descombes. Fort de 8 ha de beaujolais-villages acquis auprès du châtelain de la Roche, le domaine s'est, au fil des années, enrichi de crus comme chénas, moulin-à-vent, juliénas et saint-amour.

Rubis intense, ce 2013 séduit par son nez délicat mariant les fruits des bois à des nuances florales. Friand, frais et léger, tout en fruits rouges, un vin gracieux qui sera vite prêt. ⧗ 2014-2017 🍴 foie de veau

EARL Sylvain Descombes, Dom. les Côtes de la Roche, Les Préaux, 69840 Jullié, tél. 06 85 25 29 57, descombes_sylvain@orange.fr V t.l.j. 8h-19h

DOM. HAMET-SPAY
Clos du Chapitre 2012

■ | 10 000 | 8 à 11 €

Madeleine et François Spay eurent... onze enfants ! L'un d'entre eux, Paul, hérita du domaine (domaine de la Cave Lamartine), et à la génération suivante, Christophe Spay et sa sœur Rachel Hamet constituèrent leur exploitation, sur 12 ha : moulin-à-vent, juliénas, saint-amour et, en blanc, pouilly-fuissé, le Mâconnais étant voisin du cru saint-amour.

Ce vin dévoile un nez vibrant de framboise, de groseille, de pivoine et d'épices, prolongé par une bouche tendre et souple. ⧗ 2014-2015 🍴 saucisson brioché

Dom. Hamet-Spay, Le Platre-Durand, 71570 Saint-Amour-Bellevue, tél. 03 85 37 15 42, info@hamet-spay.fr V t.l.j. sf dim. 9h-12h30 14h-19h

FRANCK JUILLARD 2013 ★★

■ | 6 000 | ▮ | 8 à 11 €

Entré à quatorze ans à l'école de viticulture, Franck Juillard, fils de vigneron, a démarré son propre domaine en 1992 à l'âge de vingt-deux ans, débutant avec 3,5 ha pour parvenir à 8 ha aujourd'hui. Une valeur sûre en saint-amour et en juliénas.

Un saint-amour charmeur au nez pimpant, floral et amylique, entre fruits rouges et fruits noirs, petits fruits que l'on retrouve en bouche. Un vin harmonieux et long, qui conjugue ampleur, gras et finesse. ⧗ 2015-2019 🍴 volaille rôtie

Juillard, Les Capitans, 69840 Juliénas, tél. 04 74 04 42 56, fjuillard69@gmail.com V r.-v. D

DOM. JUILLARD WOLKOWICKI
Vieilles Vignes 2012 ★★

■ | 2 600 | ▮ | 5 à 8 €

Muriel et Alexandre Wolkowicki sont installés aux confins du Beaujolais et du Mâconnais, où ils ont repris le vignoble des parents de Muriel (domaine Michel Juillard). Ils exploitent 8,5 ha en saint-amour, moulin-à-vent, juliénas et en saint-véran.

Un saint-amour déjà flatteur, que l'on est bien tenté de garder. Robe profonde, grenat intense, nez tout en finesse, sur le fruit rouge confit et le noyau, bouche vineuse et élégante, finale généreuse et kirschée aux tanins soyeux. ⧗ 2014-2018 🍴 volaille rôtie

Dom. Juillard Wolkowicki, Les Bruyères, 71570 Chânes, tél. 03 85 36 51 38, earljuillardwolkowicki@orange.fr V r.-v.

♥ DOM. DE LA CAVE LAMARTINE
Vers l'Église 2013 ★★★

■ | 35 000 | ▮ | 8 à 11 €

Fondé en 1910, ce domaine familial a son siège dans une maison datant de 1800, près de l'église de Saint-Amour, qui appartint à la famille du poète Lamartine. Bernadette et Paul Spay, installés en 1968, cultivent aujourd'hui 12 ha, avec des parcelles en juliénas et en saint-amour.

Vers l'Église ? Un coteau bien exposé, planté de ceps de soixante ans, à l'origine d'un vin qui sort du lot. Dès le nez, il affiche sa différence, libérant des notes complexes et délicates de bergamote et de fruits rouges, qui devraient gagner encore en intensité. La bouche se révèle tannique, ample, généreuse, taillée pour la garde. La longueur est impressionnante. ⧗ 2016-2019 🍴 chapon rôti ■ Juliénas Côte de Bessay 2012 (12 000 b.) : un nez de mûre et de cassis, un palais gras et tannique, qui appelle une petite garde. ⧗ 2015-2017

Bernadette Spay, Dom. de la Cave Lamartine, Vers-l'Église, 71570 Saint-Amour-Bellevue, tél. 03 85 37 12 88, info@hamet-spay.fr V t.l.j. 8h-12h30 14h-19h

DOM. LASSAGNE
Vieilles Vignes 2013 ★

■ | 28 000 | ▮ | 8 à 11 €

Après avoir réussi dans une première vie comme importateur et distributeur de chaussures, André Lassagne se

reconvertit, à quarante ans, et s'installe à Saint-Amour-Bellevue, dans une maison du XVIIIe s. dotée d'un caveau voûté. Il exploite 6,5 ha de vignes. « Aujourd'hui, je vends du plaisir au lieu de l'utile. »

En 2013, André Lassagne n'a pas hésité à trier sévèrement sa récolte. Il a ainsi obtenu un vin au nez complexe de violette et de framboise, à la bouche concentrée, suave et harmonieuse, structurée sans être durcie par des tanins excessifs. ⌛ 2015-2019 🍴 gigot

🔑 Lassagne, Lieu-dit La Ville, 71570 Saint-Amour-Bellevue, tél. 03 85 37 11 93, andre@domainelassagne.com V r.-v.

DOM. DES PIERRES 2012 ★

■	20 000	🍾	5 à 8 €

Jean-François Trichard a repris en 2005 l'exploitation de son oncle Georges, bien connu de nos premiers lecteurs. Installé à La Chapelle-de-Guinchay, en Saône-et-Loire, il a un pied en Beaujolais et un autre en Bourgogne, produisant sur 12 ha du chénas, du saint-amour et du pouilly-fuissé.

Un nez puissant et épicé, prélude à une bouche aux arômes de framboise fraîche et de poivre, charnue, corsée, de bonne longueur. Un vin jeune et plein d'avenir. Le 2011 avait décroché un coup de cœur. ⌛ 2016-2019 🍴 joue de bœuf en daube ■ Chénas 2012 : du fruit noir, des épices et une bouche assez légère et fondue. ⌛ 2014-2015

🔑 Jean-François Trichard, 2347, rte de Juliénas, 71570 La Chapelle-de-Guinchay, tél. 03 85 23 19 93, trichardjf@voila.fr V t.l.j. sf dim. 8h-18h

DOM. DES PRÉAUX 2013 ★

■	25 733	🍾	8 à 11 €

Fondée en 1843 par une vieille famille du Beaujolais, cette maison de négoce est maintenant une filiale du groupe Boisset. Elle vise le style traditionnel, avec des vins de caractère, comme avec ses cuvées « Terres de… » haut de gamme, destinées à la garde.

Un saint-amour rond et débonnaire, avec néanmoins de l'élégance tout au long de la dégustation : nez de fruits noirs fin et frais, attaque ample, bouche charnue et riche qui laisse pourtant une impression de légèreté. ⌛ 2016-2019 🍴 suprême de pintade aux champignons

🔑 Dom. des Préaux, Les Préaux, 71570 Saint-Amour-Bellevue

DOM. DES TROIS PLAISIRS 2013 ★

■	4 000	5 à 8 €

Installé à Saint-Amour-Bellevue, Fabien Adoir produit deux vins dans cette appellation : le domaine de la Croix Carron, bien connu de nos lecteurs, et ce domaine des Trois Plaisirs, créé en 2004, qui dispose de 1,5 ha.

La robe est profonde ; le nez s'épanouit à l'aération sur des tons de cerise noire et de framboise. La bouche apparaît séveuse et corpulente, bien campée sur de jolis tanins. Une belle harmonie de bout en bout. ⌛ 2016-2019 🍴 coq au vin

🔑 Fabien Adoir – Les Trois Plaisirs, Le Mas-des-Tines, 71570 Saint-Amour-Bellevue, tél. 06 32 37 97 59, fabien.adoir@sfr.fr V r.-v.

DOM. DE TROIZELLE 2013 ★

■	3 000	🍾	5 à 8 €

Installé en 1983 sur le domaine familial établi dans l'aire du juliénas, Jean-François Perraud propose également du saint-amour et du moulin-à-vent.

Les saint-amour, nés de sols assez légers, ont la réputation d'être plus tendres que les juliénas issus de terrains plus riches en argiles. Pourtant, celui-ci présente une belle structure et gagnera à attendre. Il demande de l'aération pour libérer ses parfums de fruits confits et se montre frais en bouche, étayé par des tanins encore fermes. ⌛ 2016-2019 🍴 râbles de lapin aux échalotes

🔑 Jean-François Perraud, Les Belins, 69840 Jullié, tél. 06 81 36 30 96, jean.francois.perraud@wanadoo.fr V r.-v.

COTEAUX-DU-LYONNAIS

• Superficie : 370 ha • Production : 12 950 hl (90 % rouge et rosé)

La vigne, qui s'étendait sur plus de 12 000 ha dans les monts du Lyonnais durant la seconde moitié du XIXe s., a fortement décliné avec la crise phylloxérique et l'expansion de l'agglomération lyonnaise, pour ne plus couvrir que quelques îlots répartis sur quarante-neuf communes, dans une région de polyculture et d'arboriculture : aux confins du Beaujolais et au nord-ouest de Lyon, ainsi qu'au sud-ouest de la capitale du Rhône. La production est assurée par la coopérative de Sain-Bel et par plusieurs domaines particuliers. Dans ce paysage vallonné aux sols variés (granites, roches métamorphiques, roches sédimentaires, alluvions), les influences méditerranéennes sont plus prononcées que dans le Beaujolais ; pourtant, le relief, plus ouvert aux aléas climatiques de type océanique et continental, limite l'implantation de la vigne à moins de 500 m d'altitude et l'exclut des expositions nord. Les meilleures situations se trouvent au niveau du plateau. Les coteaux-du-lyonnais ont été consacrés AOC en 1984. Les vins rouges et rosés, majoritaires, fruités et gouleyants, proviennent du gamay vinifié selon la méthode beaujolaise ; les vins blancs, du chardonnay et de l'aligoté.

Ⓑ LE BOUC ET LA TREILLE
Élevé à l'ancienne 2012

■	1 900	🛢	8 à 11 €

Une ferme de 9 ha en polyculture (farine, pain et vin). À sa tête, quatre associés : Stéphane Vier et Yves Aubry, rejoints par Ludovic Baudel et Nicolas Doury. La viticulture est bio depuis le millésime 2010 et les cuvées sont vinifiées dans l'ancien château de Poleymieux (bâti au XIIIe s., brûlé en 1789).

Le style puissant du domaine se retrouve bien dans ce 2012 élevé seize mois en fût (de chêne pour la moitié, mais aussi d'acacia et de châtaignier) : nez vanillé, bouche tannique et boisée, de bonne longueur. ⌛ 2014-2018 🍴 civet de lapin

🔑 Le Bouc et la Treille, 82, chem. de la Tour-Risler, 69250 Poleymieux-au-Mont-d'Or, tél. 06 60 21 59 22, leboucetlatreille@sfr.fr V jeu. ven. 17h-19h ; sam. 10h-12h30

DOM. CONDAMIN
Les Anciennes 2013 ★

■	3 000	🍾	5 à 8 €

Nicolas Condamin s'est installé en 2002 sur ce domaine familial implanté au sud-est de Lyon, qui se transmet depuis cinq générations. Dès son arrivée, il a rénové la cave de vinification et agrandi le domaine, qui s'étend aujourd'hui sur 4,5 ha.

De cette parcelle de vieilles vignes de gamay de cinquante ans, le vigneron a tiré un vin au nez de groseille et de coing. La bouche, ronde, est également tannique et corsée. Elle dévoile des arômes de fruits frais teintés de minéralité. ⧗ 2014-2016 🍷 jambon persillé

🔑 GAEC du Dom. Condamin, 85, rte du Batard, 69440 Taluyers, tél. 04 78 48 24 41, nicolas.condamin@gmail.com V r.-v.

CAVE DES COTEAUX DU LYONNAIS
Village de l'année 2013 ★★

■	5 000	🍾	5 à 8 €

Créée en 1956 en limite des AOC coteaux-du-lyonnais et beaujolais, la coopérative de Sain-Bel (aujourd'hui Cave des Coteaux du Lyonnais) vinifie les vendanges des 220 ha cultivés par ses 90 adhérents.

Village de l'année ? Chaque année, la cave sélectionne un village représentatif de l'appellation d'où elle tire une cuvée. Issue de vignes centenaires, celle-ci se partage au nez entre pêche de vigne et coing. Tendre et ronde, elle offre une finale longue et élégante. Un vin traditionnel, d'une belle finesse. ⧗ 2014-2017 🍷 cardons au jus de viande ■ **Dom. Champ Guichard 2013 ★★ (2 600 b.)** : un vin bio issu d'une ancienne terre noble. Un chardonnay expressif et complexe, ample et élégant, à la longue finale florale. ⧗ 2014-2017

🔑 Cave des Coteaux du Lyonnais, RD 389, 69210 Sain-Bel, tél. 04 74 01 26 12, contact@coteauxdulyonnaislacave.com V r.-v.

DOM. RÉGIS DESCOTES
Prestige 2012 ★

■	5 000	🛢	8 à 11 €

Héritier d'une lignée vigneronne remontant au XVIIᵉs., Régis Descotes, installé en 1986 au sud de Lyon, a pratiqué la lutte raisonnée avant d'engager en 2010 la conversion bio de ses 8,5 ha de vignes.

Ce chardonnay limpide aux reflets verts révèle des notes grillées et vanillées, marque d'un élevage de douze mois en fût, alliées à des parfums d'agrumes (clémentine). En bouche, il se révèle franc et gras, bien équilibré. ⧗ 2014-2017 🍷 pain de poisson

🔑 Régis Descotes, 16, le Sentier, 69390 Millery, tél. 06 07 32 05 80, contact@regisdescotes.com V r.-v.

DOM. DES GRÈS Vieilles Vignes 2012

■	4 800	🍾	5 à 8 €

La famille Descotes exploite près de 17 ha de vignes autour de Millery, village où elle est établie depuis le début du XIXᵉs. Étienne, le père, a légué son exploitation à ses deux fils, Philippe et Pierre, en 1979. Le premier ayant pris sa retraite en 2011, le second chêne est désormais seul aux commandes.

Une cuvée typique au petit nez de groseille, franche et ronde en bouche, de bonne longueur. ⧗ 2014-2016 🍷 pot-au-feu ■ **Fût de chêne 2012 (2 000 b.)** : de quinze mois de fût, ce blanc retire des notes vanillées bien présentes, rondeur et onctuosité. ⧗ 2015-2016

🔑 Dom. des Grès, Pierre Descotes, 12, rue des Grès, 69390 Millery, tél. 04 78 46 18 38, contact@domainedesgres.com V r.-v.

DOM. MAZILLE-DESCOTES
Blanc domaine 2012

■	3 700	🍾	- de 5 €

Situé à Millery, à 15 km au sud de Lyon, ce domaine de 9 ha dirigé par Anne Mazille est né du regroupement en 2009 de deux propriétés familiales anciennes.

Ce chardonnay libère des parfums de fruits jaunes (abricot) et de fleurs blanches, nuancés de quelques notes végétales. Franche à l'attaque, la bouche est à la fois ronde et fraîche, pimpante et tonique. ⧗ 2014-2015 🍷 filet de maigre au beurre blanc

🔑 Dom. Mazille-Descotes, 8 bis, rue du 8-Mai, 69390 Millery, tél. 04 26 65 91 17, anne.mazille@numericable.com V t.l.j. sf dim. 17h30-19h30; sam. 10h-19h

DOM. DE PETIT FROMENTIN
Probus Mont Dour 2013 ★

■	6 000	🍾	5 à 8 €

En 1994, Franck Decrenisse a pris la suite d'André sur ce domaine implanté dans le secteur du mont d'Or, aux portes de Lyon. Du haut de ses vignes, on a une vue imprenable sur la basilique de Fourvière. L'exploitation compte 16,5 ha.

Issu de vignes de soixante-dix ans, ce vin d'abord fermé s'ouvre à l'aération sur des notes de fruits rouges. Il dévoile une bouche puissante et tannique, qui indique une bonne aptitude à la garde. ⧗ 2014-2018 🍷 lapin sauce chasseur

🔑 Franck Decrenisse, 911, Le Petit-Fromentin, 69380 Chasselay, tél. 04 72 18 94 67, franck@vinsdecrenisse.com V r.-v.

Le Bordelais

Superficie :

117 500 ha

Production :

5 700 000 hl

Types de vins :

Rouges majoritairement, puis blancs secs, moelleux et liquoreux, rosés et quelques effervescents.

Sous-régions :

Blayais-Bourgeais, Libournais, Entre-deux-Mers, Graves, Médoc, Côtes.

Cépages :

Rouges : merlot (plus de 60 %), suivi du cabernet-sauvignon (25 %), du cabernet franc (11 %) et dans une très faible proportion des malbec, petit verdot, carmenère.

Blancs : sémillon (53 %), suivi du sauvignon (38 %), de la muscadelle (6 %), du colombard, de l'ugni blanc.

LE BORDELAIS

Partout dans le monde, Bordeaux représente l'image même du vin. Pourtant, aujourd'hui, il faut des fêtes à grand spectacle, comme « Bordeaux fête le vin », ou des manifestations professionnelles de dimension mondiale, telle Vinexpo, pour le rappeler. Difficile de trouver l'empreinte de Bacchus dans une ville désertée par les alignements de barriques sur le port ou devant les grands chais du négoce, partis vers la périphérie. Toutefois, si le vin s'est effacé du paysage urbain, il demeure un pilier de l'économie aquitaine, et le Bordelais constitue le plus vaste vignoble d'appellation de France. Les crus classés et grands châteaux lui donnent son aura, mais l'amateur y trouvera à tous les prix une riche palette de vins de toutes couleurs et de tous les styles.

Le claret médiéval

Paradoxalement, le vin fut connu avant... la vigne : dans la première moitié du Ier s. av. J.-C. (avant même l'arrivée des légions romaines en Aquitaine), des négociants campaniens commençaient à vendre du vin aux Bordelais. D'une certaine façon, c'est par le vin que les Aquitains ont fait l'apprentissage de la romanité. Au Ier s. de notre ère, la vigne est apparue. Mais il fallut attendre la montée sur le trône d'Angleterre d'Henri Plantagenêt, marié à Aliénor d'Aquitaine, pour assister au développement du marché britannique. Le jour de la Saint-Martin (en novembre), une flotte considérable quittait le port de Bordeaux pour livrer en Angleterre le vin de l'année, le claret.

L'essor des châteaux et des crus

Affaiblis sur le marché anglais par le rattachement de la Guyenne à la France, puis par la concurrence des vins d'autres pays et d'autres boissons à la mode (thé, café, chocolat), les vins de Bordeaux retrouvent leur place au début du XVIIIe s. par l'intermédiaire des *new french clarets*, des vins aptes au vieillissement grâce à de nouvelles techniques : utilisation du soufre comme antiseptique, clarification par collage, soutirage, mise en bouteilles.
Ces progrès au chai et la constitution des crus par une sélection rigoureuse des terroirs aboutit à l'apogée du XIXe s. que symbolise, en 1855, le célèbre classement impérial des vins du Médoc et du Sauternais.

Surmonter les crises

Dans la seconde moitié du XIXe s. et la première moitié du XXe s., les maladies de la vigne (oïdium, mildiou et phylloxéra), puis les crises économiques et les guerres mondiales mettent à mal le monde du vin, le point d'orgue étant apporté par le gel de 1956.

Un nouvel âge d'or

D'abord timidement à partir des années 1960, puis de façon plus éclatante dans les années 1980, la prospérité est heureusement revenue, notamment grâce à une remarquable amélioration de la qualité et à l'intérêt porté, dans le monde entier, aux grands vins. Générale dans les années 1980-2000, la prospérité cède la place à une situation plus contrastée avec le changement de millénaire : si l'émergence des vins du Nouveau Monde accroît la concurrence, l'apparition de nouveaux marchés, notamment en Chine, ouvre d'intéressantes perspectives. Mais tous les crus pourront-ils en profiter ?

Un climat océanique tempéré

Le vignoble bordelais est organisé autour de la Garonne, la Dordogne et leur estuaire commun, la Gironde. Ces axes fluviaux créent des conditions favorables à la culture de la vigne : le climat de la région bordelaise est relativement tempéré (moyennes annuelles 7,5 °C minimum, 17 °C maximum), et le vignoble protégé de l'Océan par la forêt de pins des Landes. Les gelées d'hiver sont exceptionnelles (1956, 1958, 1985), mais une température inférieure à -2 °C sur les jeunes bourgeons (avril-mai) peut entraîner leur destruction, comme en 1991. Un temps froid et humide au moment de la floraison (juin) peut provoquer la coulure (avortement des grains). Ces deux accidents engendrent des pertes de récolte et expliquent la variation des volumes d'une année sur l'autre. En revanche, la qualité de la récolte suppose un temps chaud et sec de juillet à octobre, tout particulièrement pendant les quatre dernières semaines précédant les vendanges (globalement, 2 000 heures de soleil par an). Le climat bordelais est assez humide (900 mm de précipitations annuelles), particulièrement au printemps. Mais les automnes sont réputés, et de nombreux millésimes ont été sauvés par une arrière-saison exceptionnelle ; les grands vins de Bordeaux n'auraient jamais pu exister sans cette circonstance heureuse.

Une géologie variée

La vigne est cultivée en Gironde sur des sols de natures très diverses. La plupart des grands crus de vin rouge sont établis sur des alluvions gravelo-sableuses siliceuses ; des calcaires à astéries, des molasses et même des sédiments argileux. Les vins blancs secs sont produits indifféremment sur des nappes alluviales gravelo-sableuses, des calcaires à astéries et des limons ou molasses. Dans tous les cas, les mécanismes naturels ou artificiels (drainage) de régulation de l'alimentation en eau constituent des facteurs essentiels de qualité. S'il peut exister des crus de même réputation de haut niveau sur des roches-mères différentes, les caractères aromatiques et gustatifs des vins sont influencés par la nature des sols. La distribution des cépages, qui est souvent fonction des caractères du terroir, explique en partie ces variations.

Cépages et assemblages

Les vins de Bordeaux ont toujours été produits à partir de plusieurs cépages ayant des caractéristiques complémentaires. En rouge, le merlot et les cabernets sont les principales variétés. Les seconds donnent des vins d'une solide structure tannique, mais qui doivent attendre plusieurs années pour atteindre leur qualité optimale ; en outre, si le cabernet-sauvignon résiste bien à la pourriture, c'est un cépage tardif qui connaît parfois des difficultés de maturation. Le merlot engendre des vins plus souples, d'évolution plus rapide ; plus précoce, il mûrit bien, mais il est sensible à la coulure, à la gelée et à la pourriture. Pour les vins blancs, le cépage essentiel est le sémillon, qui apporte gras et rondeur. Cette variété est surtout complétée par le sauvignon, cépage prisé pour sa fraîcheur et sa puissance aromatique, parfois complété par la délicate muscadelle. On trouve encore parfois dans certaines zones le colombard, et l'ugni blanc, en retrait.

Une vigne bien soignée

La vigne est conduite en rangs palissés, avec une densité de ceps à l'hectare très variable. Elle atteint 10 000 pieds dans les grands crus du Médoc et des Graves ; elle se situe à 4 000 pieds dans les plantations classiques de l'Entre-deux-Mers. Les densités élevées entraînent une diminution de la récolte par pied, ce qui est propice à la maturité ; en revanche, elles augmentent les frais de plantation et de culture, et peuvent favoriser la propagation de la pourriture. La vigne est l'objet, tout au long de l'année, de soins attentifs.

Vins de propriété et vins de négoce

La mise en bouteilles à la propriété se fait depuis longtemps dans les grands crus. Depuis trois décennies, elle s'est développée dans tous les vignobles, notamment grâce à l'intervention des centres et laboratoires œnologiques. Actuellement la grande majorité des vins est élevée, vieillie et stockée par la production. La vente directe par la propriété s'est largement répandue, parfois au détriment des caves coopératives qui continuent cependant à tenir un rôle important, notamment grâce à la constitution d'unions. Les quelque quarante-cinq coopératives regroupent 40 % des récoltants girondins et assurent 25 % de la production. Enfin, le négoce conserve toujours un rôle important (70 % de la commercialisation bordelaise) dans la distribution, en particulier à l'exportation, grâce à ses réseaux bien implantés depuis longtemps.

Une dimension culturelle

L'importance de la viticulture dans la vie régionale est considérable, puisque l'on estime qu'un Girondin sur six dépend directement ou indirectement des activités viti-vinicoles. Mais dans ce pays gascon qu'est le Bordelais, le vin n'est pas seulement une ressource économique. C'est aussi et surtout un fait de culture. Derrière chaque étiquette se cachent tantôt des châteaux à l'architecture de rêve, tantôt de simples maisons paysannes, mais toujours des vignes et des chais où travaillent des hommes apportant, avec leur savoir-faire, leurs traditions et leurs souvenirs. Les confréries vineuses (Jurade de Saint-Émilion, Commanderie du Bontemps du Médoc et des Graves, Connétablie de Guyenne, etc.) organisent régulièrement des manifestations à caractère folklorique pour promouvoir les vins de Bordeaux ; leur action est coordonnée au sein du Grand Conseil du vin de Bordeaux.

L'EFFET MILLÉSIME

Les grands millésimes ne manquent pas à Bordeaux. Citons pour les rouges les 2005, 1995, 1990, 1982, 1975, 1961 ou 1959, et aussi les 2009, 2000, 1989, 1988, 1985, 1983, 1981, 1979, 1978, 1976, 1970 et 1966, sans oublier, dans les années antérieures, les superbes 1955, 1949, 1947, 1945, 1929 et 1928. La viticulture bordelaise dispose de terroirs exceptionnels, et elle sait les mettre en valeur par la technologie la plus raffinée qui puisse exister, désormais mise en œuvre aussi dans bien des pays du Nouveau Monde. Si la notion de qualité des millésimes est relativement moins marquée dans le cas des vins blancs secs, elle reprend toute son importance avec les vins liquoreux, pour lesquels les conditions du développement de la pourriture noble sont essentielles.

Le Bordelais

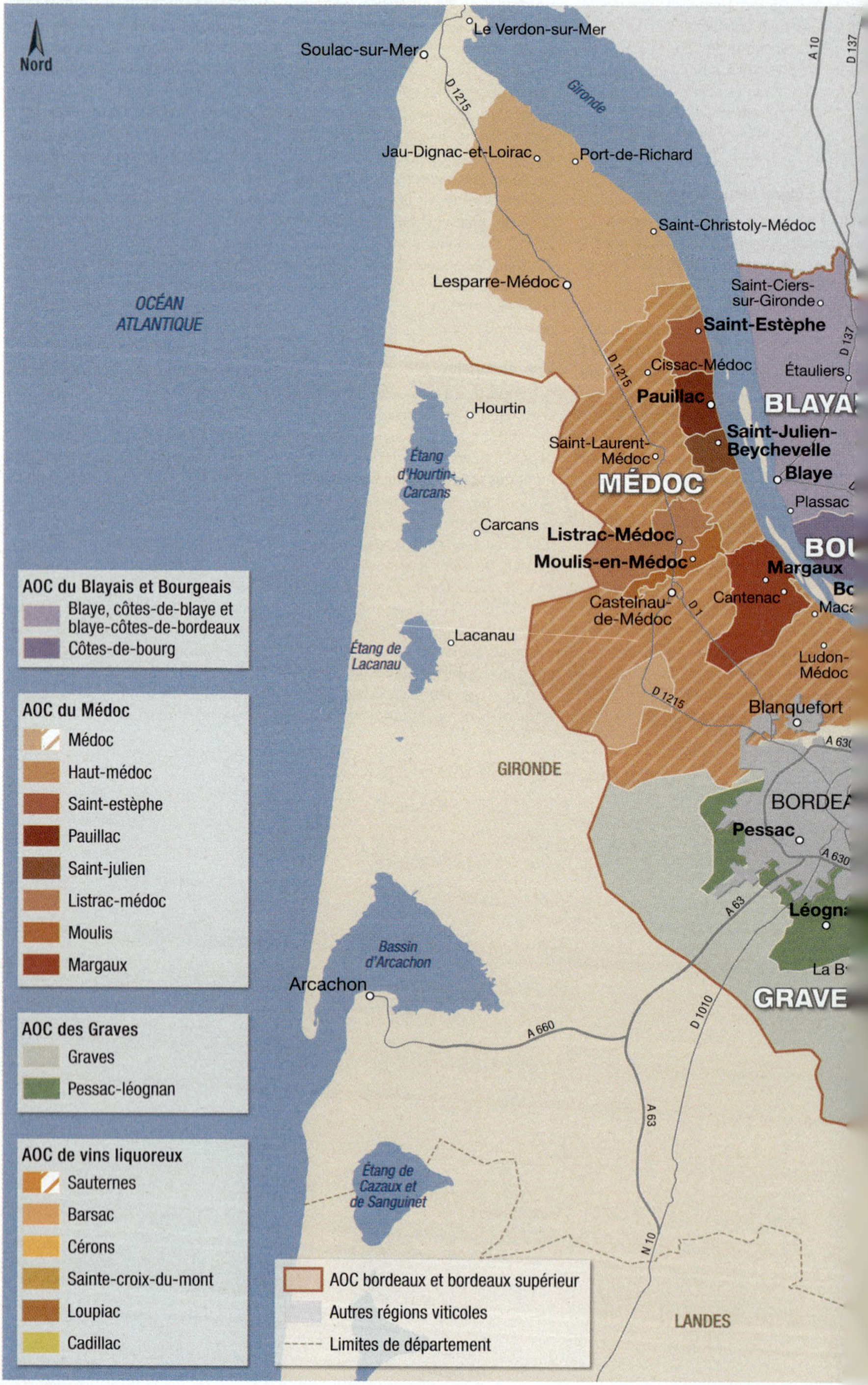

AOC de l'Entre-deux-Mers
Entre-deux-mers
Premières-côtes-de-bordeaux et cadillac-côtes-de-bordeaux
Graves-de-vayres
Entre-deux-mers-haut-benauge et bordeaux-haut-benauge
Côtes-de-bordeaux-saint-macaire
Sainte-foy-bordeaux
AOC du Libournais
Fronsac
Canon-fronsac
Pomerol
Lalande-de-pomerol
Saint-émilion
Montagne-saint-émilion
Saint-georges-saint-émilion
Lussac-saint-émilion
Puisseguin-saint-émilion
Francs-côtes-de-bordeaux
Castillon-côtes-de-bordeaux
CHARENTE-MARITIME
CHARENTE
DORDOGNE
LOT-ET-GARONNE
LIBOURNAIS
ENTRE-DEUX-MERS
Guîtres
Coutras
Saint-André-de-Cubzac
Lalande-de-Pomerol
Lussac
Francs
Pomerol
Montagne
Fronsac
Puisseguin
Saint-Loubès
Libourne
Vayres
Saint-Émilion
Castillon-la-Bataille
Sainte-Foy-la-Grande
Bergerac
Branne
Créon
La Sauve
Rauzan
Langoiran
Sauveterre-de-Guyenne
Rions
Duras
Podensac
Cadillac
Monségur
Cérons
Loupiac
Barsac
Sainte-Croix-du-Mont
La Réole
Saint-Macaire
Sauternes
Langon
Marmande
Bazas
Isle
Dordogne
Dropt
Garonne
Ciron
Lot
N 10
A 10
N 89
D 1089
D 670
D 936
D 6089
A 89
N 21
D 660
D 1113
N 524
A 62
D 813
D 911
A 65
0
5
10 km

Les appellations régionales du Bordelais

Toute la Gironde viticole
Ont droit à l'appellation régionale bordeaux tous les vins produits dans les terroirs à vocation viticole du département de la Gironde (l'aire délimitée exclut la zone sablonneuse située à l'ouest et au sud – la lande, vouée depuis le XIXᵉ s. à la forêt de pins). Moins célèbres que les appellations communales (pauillac, pomerol, sauternes...), tous ces bordeaux n'en constituent pas moins quantitativement la première appellation de la Gironde.

Variété des origines
L'impressionnante surface du vignoble entraîne une certaine diversité de caractères, même si tous les vins utilisent les mêmes cépages bordelais. Certains bordeaux proviennent de secteurs de la Gironde n'ayant droit qu'à la seule appellation bordeaux, comme les régions de palus proches des fleuves, ou quelques zones du Libournais (communes de Saint-André-de-Cubzac, de Guîtres, de Coutras...). D'autres naissent dans des régions ayant droit à une appellation plus spécifique, mais peu connue, et le producteur préfère alors commercialiser ses vins sous l'appellation régionale. D'autres au contraire sont issus de crus situés dans des appellations communales prestigieuses. L'explication réside alors dans le fait que l'appellation spécifique ne s'applique qu'à une seule couleur (rouge pour les médoc ou blanc pour les entre-deux-mers, par exemple), alors que beaucoup de propriétés en Gironde produisent plusieurs types de vins (notamment des rouges et des blancs) ; les autres productions sont donc commercialisées en appellation régionale.

Variété des types
La variété est surtout celle des types de vins, qui conduit à parler au pluriel des appellations bordeaux : celles-ci comportent des vins rouges (bordeaux et bordeaux supérieurs, ces derniers plus puissants), des rosés et des clairets, des vins blancs (bordeaux secs et bordeaux supérieurs, ces derniers moelleux) et des effervescents (crémant-de-bordeaux blancs ou rosés). Les vins de base à l'origine de ces productions élaborées selon la méthode traditionnelle sont obligatoirement issus de l'aire d'appellation bordeaux ; de même, c'est dans la région de Bordeaux que doit être effectuée la deuxième fermentation en bouteille (prise de mousse).

BORDEAUX

• Superficie : 39 415 ha • Production : 1 699 000 hl

CH. DES ARNAUDS 2011 ★

■	10 000	🍾	- de 5 €

Conducteur de fours dans une tuilerie locale, Paul Lassagne achète en 1952 un petit vignoble (2 ha) à Lussac et crée le château des Landes ; aujourd'hui, 32 ha conduits par le fils Daniel et le petit-fils Nicolas, qui proposent des lussac-saint-émilion et des bordeaux.

Le seul merlot règne sur ces terres de graves rouges recouvertes de gros cailloux. Il donne ici un 2011 grenat profond, bien ouvert sur les fruits rouges et noirs agrémentés d'épices. Le palais, dans la continuité, se montre rond, gras, soutenu par d'aimables tanins et rehaussé par une pointe de vivacité en finale. Un vin « sincère ». ⧗ 2014-2018 🍴 entrecôte grillée

🔑 EARL des Vignobles du Ch. des Landes, Lassagne et Fils, 5, Lagrenière, 33570 Lussac, tél. 05 57 74 68 05, contact@chateaudeslandes.net
V 🚶 🍷 t.l.j. 8h-12h 14h-18h

CH. LES ARROMANS 2012 ★

■	60 000	🍾	- de 5 €

Jean Duffau vend en bouteilles dès 1970. Joël, qui travaille depuis 1985 avec son père, a pris le relais en 1999. Il ne s'interdit pas les avancées techniques, tout en engageant la conversion bio du cru (42 ha). Ses deux étiquettes – Les Arromans et La Mothe du Barry – sont incontournables en bordeaux et en entre-deux-mers.

Les argilo-calcaires de Moulon constituent un bon terroir pour le merlot, présent à 75 % dans ce vin sombre, au nez complexe de cuir frais, de fruits à noyau, de thym et d'épices. La bouche se révèle ample, généreuse et riche, épaulée par des tanins mûrs et une juste fraîcheur. ⧗ 2015-2019 🍴 sauté d'agneau au thym ■ Prestige 2012 ★ (5 à 8 € ; 20 000 b.) : un beau mariage du bois et du fruit ; du volume et du gras, des tanins soyeux, bien qu'encore un peu sévères en finale. ⧗ 2016-2020

🔑 Joël Duffau, 2, Les Arromans, 33420 Moulon, tél. 05 57 74 93 98, joel.duffau@aliceadsl.fr
V 🚶 🍷 t.l.j. sf dim. 8h-12h 14h-19h 🏠 5

BARON LA ROSE Vieilles Vignes 2012

■	94 000	🍾	- de 5 €

Sovex-Woltner est une maison de négoce créée en 1982 par Justin Onclin, qui commercialise aussi bien des grands crus classés et des crus bourgeois que ses propres marques.

Cette cuvée, née d'une sélection de parcelles argilo-calcaires plantées de merlot et des deux cabernets, libère des parfums de fruits noirs et d'épices. La bouche se révèle bien équilibrée entre rondeur et fraîcheur, soutenue par des tanins policés. ⧗ 2014-2017 🍴 entrecôte grillée

🔑 Sovex-Woltner, 20, rue André-Marie-Ampère, 33560 Carbon-Blanc, tél. 05 56 77 81 00

CH. BEL AIR PERPONCHER Grande Cuvée 2011 ★

■	12 000	🍾 🛢	15 à 20 €

Ancienne propriété de la famille Perponcher, qui dut fuir vers la Hollande après la révocation de l'édit de Nantes, acquise en 1990 par la maison Despagne. Un cru situé sur un plateau argilo-siliceux dominant la Dordogne, incontournable en bordeaux (dans les trois couleurs), bordeaux supérieur et entre-deux-mers.

Une forte dominante de merlot (80 %) entre dans cette Grande Cuvée d'un beau rouge soutenu, gratifiée au nez d'un fruité généreux. Dans le même registre aromatique, le palais se fait charnu, ample et doux, porté par des tanins aimables. Un vin équilibré et typé. ⧗ 2015-2018 🍴 rôti de bœuf ■ Ch. Rauzan Despagne Réserve 2012 ★ (8 à 11 € ; 31 500 b.) : un vin rond, bien en chair, sur les fruits mûrs, avec une bonne structure en soutien. ⧗ 2015-2018 ■ Ch. Rauzan Despagne Le Grand Vin 2011 ★ (12 000 b.) : un nez intense et généreux de fruits noirs, du volume, du gras, des tanins fondus. ⧗ 2015-2018

🔑 SCEA Vignobles Despagne, Le Touyre, 33420 Naujan-et-Postiac, tél. 05 57 84 55 08, contact@despagne.fr V 🚶 🍷 r.-v.

CH. BOUTIN ARNAUD 2012

■ | 110 000 | 🍾 | - de 5 €

Un cru de 17 ha situé à proximité des AOC lalande-de-pomerol et fronsac, propriété depuis cinq générations de la famille Faure et conduit depuis 1991 par Michel Faure.

Née sur des sols argilo-limoneux et calcaires, cette cuvée à dominante de merlot (85 %) s'ouvre sur des notes de cuir. La bouche se révèle ronde, douce, soyeuse et plus chaleureuse en finale. ⌛ 2014-2017 🍷 viande rouge en sauce

EARL Ch. Boutin Arnaud, 8, chem. des Fades, 33133 Galgon, tél. 05 57 74 37 60, contact@boutinarnaud.com V r.-v.

CH. BRAN DE COMPOSTELLE 2011 ★

■ | 35 000 | 🍾 | - de 5 €

Une propriété de 12 ha régulièrement traversée par les pèlerins en route vers Saint-Jacques de Compostelle, qui jouxte les vestiges d'une ancienne commanderie hospitalière. En conversion bio depuis 2010.

Éric Barrat signe un 2011 tout en fruit, du début à la fin. Au nez, de la mûre et du cassis. En bouche, ces mêmes fruits accompagnent des tanins souples pour conférer à l'ensemble un beau caractère rond et charnu, conclu par une longue finale rehaussée d'épices. ⌛ 2014-2018 🍷 veau marengo

GAEC de la Brande, La Maçonne, 33760 Frontenac, tél. 05 56 23 98 50, brancompostelle@aol.com V r.-v. Éric Barrat

CH. BUISSON-REDON 2011 ★

■ | 45 000 | 🍾 | - de 5 €

Bertrand et Marie-Christine Sèze conduisent Mayne-Vieil depuis 1989. Un cru fronsadais de 47 ha régulier en qualité, dans leur famille depuis 1918 (la vente en bouteilles date du père, Roger, et des années 1960). 15 ha sont dédiés à l'AOC bordeaux et au château Buisson-Redon.

Ce 2011 pourpre profond dévoile un bouquet délicat de fruits rouges nuancé par une note florale et mentholée. Le fruit est toujours bien présent en bouche, où le vin se montre rond et souple, un rien plus austère en finale. ⌛ 2015-2018 🍷 charcuterie

SCEA du Mayne-Vieil, 4, rte de Saillans, 33133 Galgon, tél. 05 57 74 30 06, maynevieil@ aol.com V t.l.j. sf sam. dim. 9h-12h 14h-18h Sèze

(B) CH. LA CADERIE 2012 ★

■ | 60 000 | 🍾 | 5 à 8 €

La caderie était à la Révolution un lieu de stockage des « cades » (tonneaux de 1 000 l servant d'unité de mesure). Ce domaine de 20 ha situé au nord de Libourne, en bio depuis 2005, est dirigé par François Landais depuis 1991, héritier de dix générations de vignerons.

Une touche de malbec entre, aux côtés du merlot, dans la composition de ce vin accessible et gourmand. Comprenez un vin plein de fruit, au nez comme en bouche, ample, frais et friand, adossé à des tanins doux et soyeux. ⌛ 2014-2017 🍷 lapin chasseur

François Landais, Ch. la Caderie, 1, lieu-dit La Caderie, 33910 Saint-Martin-du-Bois, tél. 05 57 49 41 32, chateau-la-caderie@wanadoo.fr V r.-v.

CHAI DE BORDES 2012 ★

■ | 198 000 | 🍾 | - de 5 €

Le château de Bordes appartient à la famille Quancard depuis 1948. La marque Chai de Bordes de sa célèbre maison de négoce a été lancée en 1975 à partir des vendanges de petites propriétés alentour.

D'un rouge cerise intense, ce 2012 évoque au nez la fraise écrasée et la cerise à l'alcool. Un caractère généreux que l'on retrouve dans une bouche charnue et bien épaulée par des tanins fermes. ⌛ 2014-2018 🍷 fromage à pâte molle ■ **Cheval-Quancard Réserve 2012 (5 à 8 € ; 62 000 b.) :** joli nez de fruits rouges et de vanille, palais rond et suave aux tanins fondus. ⌛ 2014-2017

Cheval Quancard, ZI La Mouline, 4, rue du Carbouney, BP 36, 33565 Carbon-Blanc Cedex, tél. 05 57 77 88 88, chevalquancard@chevalquancard.com V r.-v. au Ch. de Bordes à Saint-Vincent-de-Paul

CHAMPS DE GAILLARD 2012 ★

■ | 60 000 | 🍾 | - de 5 €

Créée en 1938, la très qualitative cave des producteurs réunis de Puisseguin-Lussac-Saint-Émilion s'illustre régulièrement dans ces pages. Elle représente aujourd'hui quelque 200 adhérents et 1 200 ha de vignes.

Si la « coop » brille le plus souvent en puisseguin et en lussac, elle propose aussi fréquemment de beaux bordeaux. Ici, un 2012 généreusement bouqueté autour des fruits kirschés ; un caractère solaire que prolonge une bouche charnue, ample et longue, bien épaulée par des tanins fermes. ⌛ 2015-2019 🍷 daube de bœuf

Vignerons de Puisseguin-Lussac-Saint-Émilion, 1, lieu-dit Durand, 33570 Puisseguin, tél. 05 57 55 50 40, accueil@vplse.com V t.l.j. sf dim. 9h-12h 14h-18h; f. sam. apr.-m .et lun. matin; ouv. t.l.j. en été

CHAPELLE SAINT-SEURIN Réserve 2011 ★

■ | 100 000 | - de 5 €

L'histoire remonte au début du XXe s., quand le Corrézien Antoine Moueix, amoureux des vins de Saint-Émilion et de Pomerol, fonde sa maison de négoce en 1902. Outre ses propriétés (Grand Renom, Capet Guillier), elle propose côté négoce une large gamme de vins de la rive droite (Libournais, AOC régionales). Dans le giron du groupe Advini depuis 2006.

Cette Chapelle Saint-Seurin est une nouvelle étiquette. Un vin dominé par le merlot, d'un beau grenat soutenu, sur les fruits mûrs, la réglisse et les épices au nez. L'équilibre est très réussi en bouche : du volume, de la chair, des tanins fondus et une jolie finale sur la fraîcheur. ⌛ 2014-2018 🍷 paleron en sauce

Antoine Moueix, rte du Milieu, lieu-dit Mede, 33330 Saint-Émilion, tél. 05 57 55 58 00, caroline.charbonnier@amoueix.fr Advini

CLOS CARMELET 2012 ★★

■ | 1 600 | 🍾 🛢 | 5 à 8 €

Un petit cru familial de 4 ha conduit depuis 2004 par Gilles Hébrard : un ensemble de parcelles situées sur les coteaux de la rive droite de la Garonne, voisin du château Carmelet.

Ce pur merlot élevé dix-huit mois pour moitié en cuve et pour moitié en fût se pare d'une robe dense et noire. Élégant et intense, le nez mêle les fruits mûrs, la cannelle, la vanille et le grillé. Souple et ample en attaque, soutenu par des tanins doux et soyeux, le palais offre beaucoup de chair et de rondeur, et une longue finale fruitée. ⧗ 2015-2019 ♈ palombe aux raisins

Gilles Hébrard, 103, rte de Rouquey, 33550 Tabanac, tél. 06 64 38 03 00, closcarmelet@hotmail.fr r.-v.

CH. LA COMMANDERIE DU BARDELET 2012

n.c. | - de 5 €

Installé en 1969 dans l'Entre-deux-Mers comme jeune agriculteur, Jean-Dominique Petit a agrandi la propriété familiale au fil des ans, qui atteint aujourd'hui 70 ha. Ses bordeaux sont régulièrement présents dans le Guide.

Assemblage classique de merlot (75 %) et de cabernet, ce 2012 livre un bouquet plaisant d'épices et de fruits rouges. La bouche, d'un volume honorable, se montre souple et ronde, soutenue par de bons tanins, un rien plus sévères en finale. ⧗ 2015-2019 ♈ grillade de bœuf

SCEA Jean-Dominique Petit, Haut-Rieuflaget, 33790 Saint-Antoine-du-Queyret, tél. 05 56 61 33 78, haut-rieuflaget@wanadoo.fr r.-v.

CH. LA CROIX D'HOURQUET Cuvée Carole 2011

10 500 | - de 5 €

Une propriété familiale de 27 ha située sur les coteaux de Saint-Macaire, conduite aujourd'hui par Aurélie Izquierdo (deuxième génération).

Le merlot (65 %) et les cabernets composent un bordeaux expressif, ouvert sur les fruits mûrs. La bouche se montre souple et ronde en attaque, puis plus tannique et corpulente, encore un peu stricte en finale. ⧗ 2016-2019 ♈ rognons de veau

Izquierdo, Carbouey, 33490 Saint-André-du-Bois, tél. 05 56 76 44 38, vignobles-izquierdo@orange.fr r.-v.

DELOR Réserve Élevé en fût de chêne 2012 ★

266 000 | - de 5 €

Dans le giron du groupe CVBG (Alain Thiénot), cette maison de négoce fondée en 1864 est l'une des plus anciennes sur la place de Bordeaux.

Cette cuvée issue de terroirs de Côtes mêle à l'olfaction les fruits mûrs presque confits à un boisé torréfié. En bouche, elle se révèle ample, dense, chaleureuse, bâtie sur des tanins ronds et un bon boisé. Un vin bien construit. ⧗ 2014-2018 ♈ sauté d'agneau aux herbes

Maison Delor, 35, rue de Bordeaux-Parempuyre, CS 80004, 33295 Blanquefort Cedex, tél. 05 56 35 53 00, sandrine.devant@cvbg.com

CH. LES FAURES 2012 ★

7 200 | - de 5 €

Un cru de 26,5 ha, établi sur un coteau au sol de boulbènes dominant la vallée de la Dropt, créé en 1983 par Jacky Certain.

Ce 2012 mi-merlot mi-cabernet-sauvignon se pare d'une robe profonde et dense, l'annonce d'un vin bien concentré. De fait, les fruits rouges compotés mêlés d'épices ouvrent la dégustation. On les retrouve dans une bouche puissante, riche, généreuse, aux tanins arrondis, équilibrée par une jolie fraîcheur mentholée. ⧗ 2015-2019 ♈ viande rouge en sauce

Jacky et Damien Certain, EARL Les Faures, 9, Les Faures-Est, 33190 Camiran, tél. 05 56 71 41 86, les.faures@wanadoo.fr r.-v.

CH. LA FONTAINE DE GENIN 2012 ★

30 000 | - de 5 €

Œnologue de formation, Benoît Prevôt a repris en 2004 cette vigne familiale de 7 ha, tout en poursuivant ses activités de consultant dans le Libournais et à l'étranger (en Chine et en Argentine, notamment).

Ce bordeaux d'un beau grenat s'ouvre à l'aération sur la mûre, la réglisse et le grillé de la barrique. Dans une bouche suave, corpulente et « gentiment tannique », les fruits donnent leur pleine mesure, une finale fraîche et alerte amenant un surcroît de dynamisme. ⧗ 2015-2019 ♈ carré de porc aux fines herbes

Benoît Prevôt, Mondon, 33350 Sainte-Radegonde, tél. 05 56 78 30 14, benoitprevot@aol.com

CH. FONTANA
Esprit de Fontana Vieilles Vignes 2012 ★

205 000 | - de 5 €

Fondée en 1950 par Angelo Fontana, rejoint ensuite par ses quatre fils, cette exploitation familiale est un vaste ensemble de plusieurs vignobles couvrant 270 ha, complétés par 100 ha d'arboriculture.

C'est par un nez complexe de fruits rouges mûrs sur fond d'humus et de feuille de tabac que s'ouvre cette cuvée à dominante de merlot. Ample, suave, charnu, d'une belle densité tannique, dynamisé par une agréable fraîcheur, le palais ne manque pas d'atouts. ⧗ 2016-2019 ♈ foie de veau poêlé ■ **Cuvée principale 2012 (205 000 b.)** : un peu moins abouti, mais de la chair et une structure bien en place et sans dureté. ⧗ 2015-2018

SCEA des Domaines Fontana, 14, rte de Sainte-Foy, 33890 Gensac, tél. 05 57 47 43 19, domainefontana@free.fr t.l.j. 9h-12h 13h-17h

FONT-DESTIAC 2012 ★

33 000 | 5 à 8 €

Ce groupement de coopératives rassemble 230 adhérents et 2 000 ha de vignes dans le « Grand Sud-Ouest » viticole. Il propose une large gamme de vins de marque et de propriétés dans quinze AOC.

Font-Destiac est un pur merlot né sur argilo-calcaires et boulbènes, qui séduit d'emblée par son fruité intense et friand. La bouche, souple et ronde, presque moelleuse, est dans le même tempo fruité. Un vin tendre et harmonieux. ⧗ 2014-2017 ♈ charcuterie ■ **Ch. les Vergnes 2012 ★ (100 000 b.)** : là aussi un beau fruité, du volume, mais plus de sévérité apportée par les cabernets. ⧗ 2015-2018

SCA Univitis, 1, rue du Gal-de-Gaulle, 33220 Les Lèves-et-Thoumeyragues, tél. 05 57 56 02 02, h.girou@univitis.fr t.l.j. sf dim. lun. 9h-12h30 14h30-19h

CH. FRAPPE PEYROT
Élevé en fût de chêne 2012 ★

20 000 | 8 à 11 €

En parallèle de son activité de directeur d'exploitation dans un grand domaine bordelais, Jean-Yves Arnaud a

repris en 1981 le cru familial Frappe Peyrot, bonne référence en cadillac. Il produit aussi en bordeaux et en loupiac.

C'est dans une robe sombre que se présente ce 2012 qui a connu la barrique pendant un an et ne s'en cache pas, témoin son nez de cacao et de moka, les fruits noirs à l'arrière-plan. Le palais, charnu et séveux, est à l'unisson. Un vin boisé donc, mais avec de la matière. ⧗ 2015-2018 🍷 entrecôte grillée

🔑 SCEA Vignobles Jean-Yves Arnaud, 16, La Croix, 33410 Gabarnac, tél. 05 56 62 18 92, jy-arnaud@yahoo.fr V r.-v.

CH. LE FRÈGNE 2012 ★★

■	20 000		5 à 8 €

Un domaine de 19 ha situé dans l'Entre-deux-Mers, conduit depuis 1983 par Serge Rizzetto.

Une jolie robe grenat aux franges vives habille ce 2012 qui marie harmonieusement au nez les fruits noirs, cassis en tête, le grillé et les épices. La bouche, ample, ronde, riche, s'épanouit avec élégance autour du fruit, étayée par des tanins fins et une belle fraîcheur qui apporte de la longueur. ⧗ 2016-2019 🍷 entrecôte sauce marchand de vin

🔑 Serge Rizzetto, Le Frègne, 33540 Castelvieil, tél. 05 56 61 97 56, cl.rizzetto@wanadoo.fr V r.-v.

Ⓑ CH. GRAND BARRADIS 2012

■	21 000		5 à 8 €

Trois châteaux – Tenein, 10 ha dans la commune de Gours, Grand Barradis, 7 ha sur le plateau voisin de Puynormand, et Tuilière de la Borde, 5 ha à Salles-de-Castillon – composent les vignobles Grelaud, conduits en bio par l'œnologue Maryse Bolzon.

Ce 2012 dévoile un bouquet flatteur et soutenu de fraise et de framboise. Le palais se révèle fruité et un rien boisé, rond et tendre, avec en soutien des tanins jeunes mais déjà dociles. ⧗ 2014-2017 🍷 joues de bœuf braisées

🔑 SCEA Grelaud – Ch. Tenein, 1, lieu-dit Tenein, 33660 Gours, tél. 05 57 49 68 53, contact@vignobles-grelaud.com V r.-v.

CH. LA GRANDE MÉTAIRIE 2012

■	60 000		5 à 8 €

Jean-Luc Buffeteau, revenu en 1998 sur les terres familiales, conduit 29 ha de vignes sur les coteaux vallonnés de l'Entre-deux-Mers, au cœur du Sauveterrois, dans les communes de Castelviel et Gornac. Il y produit deux étiquettes, La Grande Métairie et Haut Dambert.

La robe rouge cerise éclatant de ce 2012 laisse deviner une belle fraîcheur. De fait, le vin se révèle fruité de bout en bout, souple et tonique en bouche, porté par une fine acidité. ⧗ 2014-2017 🍷 escalope de veau à la milanaise

🔑 SCEA Vignobles Buffeteau, lieu-dit Dambert, 33540 Gornac, tél. 05 56 61 97 59, jean.buffeteau@gmail.com V r.-v.

CH. GRAND RENOM 2012 ★★

■	135 000		5 à 8 €

Une propriété acquise en 1990 par la maison Antoine Moueix (groupe Advini depuis 2006). Un cru de 38 ha situé dans l'Entre-deux-Mers, sur les coteaux argilo-calcaires d'Eynesse.

Une belle expression du merlot et des cabernets que ce 2012 en robe noire. Au nez, les fruits mûrs se mêlent harmonieusement au vanillé de la barrique et à une agréable fraîcheur mentholée. Le palais se révèle ample, charnu, soutenu par une trame tannique fine et soyeuse et par un boisé bien dosé. Beaucoup d'équilibre dans ce vin, à boire jeune comme vieux. ⧗ 2014-2019 🍷 poitrine de veau farcie

🔑 Ch. Grand Renom, rte du Milieu, 33330 Saint-Émilion, tél. 05 57 55 58 00, benoit.coq@amoueix.fr 🔑 Antoine Moueix

L'ÉTERNEL DE CH. GUICHOT 2012 ★

■	40 000	- de 5 €

Fort de son expérience acquise dans de grands domaines, Sébastien Petit s'est installé en 2008 sur 19 ha dans l'Entre-deux-Mers : des vignes exposées plein sud autour d'une bâtisse du XVII^e^s.

De belles larmes sur le verre annoncent un vin gras, de bonne concentration. De fait, après un nez ouvert sur les épices douces et le cassis, le palais se révèle dense, riche, ample et bien structuré. Un ensemble harmonieux, malgré une légère sévérité en finale. ⧗ 2015-2019 🍷 enchiladas ■ Cuvée principale 2012 ★ (80 000 b.) : un nez finement fruité, une bonne charpente et du gras pour enrober le tout. ⧗ 2014-2018 ■ Ch. Candeley 2012 (20 000 b.) : fruité, souple et frais, bâti sur une trame fine et élégante. ⧗ 2014-2018

🔑 Sébastien Petit, Ch. Guichot, 33790 Saint-Antoine-du-Queyret, tél. 06 19 92 33 34, petitsebastienlasauvegarde@wanadoo.fr V r.-v. Ⓒ

CH. D'HAURETS 2012 ★

■	84 000		5 à 8 €

En 1858, la famille Ducourt s'établit au château des Combes, à Ladaux, petit village au sud-est de Bordeaux. C'est sous l'impulsion d'Henri Ducourt, installé en 1951 et relayé depuis par ses enfants et petits-enfants, que le vignoble familial prend son essor, pour atteindre aujourd'hui 440 ha répartis sur treize châteaux dans l'Entre-deux-Mers et le Saint-Émilionnais.

Nous sommes ici sur le lieu de résidence d'Henri Ducourt, 13 ha commandés par une chartreuse du XVIII^e^s. entourée d'une grande roseraie de plus de deux mille variétés. Merlot et cabernet-sauvignon ont donné naissance à ce vin ouvert sur les fruits rouges nuancés de boisé, souple avec un bon volume en bouche. ⧗ 2014-2017 🍷 veau marengo

🔑 Vignobles Ducourt, 18, rte de Montignac, 33760 Ladaux, tél. 05 57 34 54 00, ducourt@ducourt.com V r.-v. 🔑 GFA du Hourc

♥ CH. HAUT GRAND-CHAMP 2012 ★★

■	110 800		5 à 8 €

Un cru créé en 1981 par la famille Flaujac à Ladaux, dans l'Entre-deux-Mers, vinifié par l'importante maison de négoce Yvon Mau, fondée en 1897 et propriété depuis 2001 du géant catalan de la bulle, Freixenet.

Assemblage classique du merlot (50 %) et des deux cabernets, ce 2012 a fait forte impression. D'un pourpre profond engageant, il délivre des parfums délicats et harmonieux de fruits noirs mûrs, d'épices douces et de

sous-bois. Une attaque puissante ouvre sur un palais dense, riche, charnu, tapissé de tanins polis, le tout sur un fond fruité généreux aux accents de tapenade. Savoureux. ⌛ 2017-2022 🍴 gibier en sauce ■ Ch. Freybernat 2012 ★★ (126 534 b.) : également issu des raisins des Flaujac, un vin proche de son « cousin » par son caractère fruité, rond, généreux et suave, porté par des tanins soyeux. ⌛ 2014-2017 ■ Premius Élevé en fût de chêne 2011 ★★ (700 000 b.) : marque référence de la maison Mau, un vin ample et long, aux tanins aimables, bien accompagnés par un boisé fondu. ⌛ 2014-2017 ■ Ch. Boutillot Révélations d'Hubert de Boüard 2012 ★ (77 467 b.) : élaborée avec le propriétaire d'Angélus, une cuvée qui séduit par sa rondeur et son fruité généreux. ⌛ 2014-2017

Yvon Mau, rue Sainte-Pétronille, 33190 Gironde-sur-Dropt, tél. 05 56 61 54 54, info@ymau.com

CH. HAUT-LA PÉREYRE Croix de Miaille 2012

■ | 20 000 | 5 à 8 €

À la tête de 50 ha de vignes implantées dans ce petit pays de l'Entre-deux-Mers appelé Haut-Benauge, Olivier Cailleux perpétue une exploitation qui existe depuis 1881 et six générations.

D'un rouge intense et brillant, ce 2012 offre un bouquet ouvert et plaisant de petits fruits rouges. Une attaque souple introduit un palais frais, persistant et bien structuré, encore un peu sévère en finale. ⌛ 2015-2018 🍴 brochettes de bœuf

EARL DCOC, La Péreyre, 33760 Escoussans, tél. 05 56 23 63 23 V r.-v.

CH. HAUT MAGINET 2012 ★

■ | 500 000 | 5 à 8 €

À la tête du domaine familial depuis 1980, Catherine et Jean-Marc Jolivet, épaulés par leurs filles Bénédicte et Marie, ont constitué un vignoble de 105 ha dans l'Entre-deux-Mers, et proposent cinq étiquettes de bordeaux dans les trois couleurs.

Après douze mois de cuve, ce 2012 se présente dans une élégante robe sombre et dense. Les fruits mûrs composent un bouquet net et expressif. La bouche attaque avec souplesse et fraîcheur, puis dévoile une belle concentration, solidement encadrée par des tanins fermes. ⌛ 2016-2020 🍴 gibier

SC Vignobles Jolivet, Saint-Florin, 33790 Soussac, tél. 05 56 61 31 61, jeanmarcjolivet@wanadoo.fr

CH. HAUT-MOULEYRE Élevé en fût de chêne 2011 ★★

■ | 20 000 | 8 à 11 €

Un cru de 37 ha établi sur les coteaux d'Escoussans, propriété de la Société fermière des Grands Crus de France (groupe Grands Chais de France) et vinifié par l'équipe de Vincent Cachau, l'œnologue de cette maison à la tête de quinze propriétés bordelaises et de quelque 390 ha.

Cette cuvée issue d'une sélection parcellaire a plus d'une fois brillé dans ces pages ; le 2011 est au rendez-vous du Guide. Un vin sombre et dense, au nez élégant de fruits mûrs, d'épices douces et de réglisse, ample, généreux, charnu et bien structuré autour de tanins veloutés et d'un bon boisé encore un peu dominateur. ⌛ 2016-2019 🍴 viande rouge en sauce ■ Ch. Laubès Élevé en fût de chêne 2011 ★ (17 000 b.) : dans un style proche mais moins abouti, un vin puissant, riche et boisé. ⌛ 2016-2019

Sté Fermière des Grands Crus de France, 33460 Lamarque, tél. 05 57 98 07 20

CH. HAUT POUGNAN Élevé en fût de chêne 2012 ★★

■ | 50 000 | 5 à 8 €

Jean Gueridon conduit depuis 1990 un domaine familial de 48 ha, créé en 1852 sur les coteaux de la rive droite de la Garonne, au cœur de l'Entre-deux-Mers. Ses vins sont régulièrement au rendez-vous du Guide.

Rendez-vous maintenu avec ce 2012 grenat profond ; « très bordeaux », précise un juré. Le nez mêle avec finesse et complexité notes de caramel, de grillé, de sous-bois et de fruits noirs. Le palais est savoureux, ample, gras, onctueux, soutenu par une belle assise tannique, un boisé bien ajusté et ce qu'il faut de fraîcheur. Un vin remarquablement équilibré. ⌛ 2015-2019 🍴 filet de bœuf

SCEA Ch. Haut Pougnan, 6, chem. de Pougnan, 33670 Saint-Genès-de-Lombaud, tél. 05 56 23 06 00, haut.pougnan@gmail.com V t.l.j. 8h-12h 13h-18h

Gueridon

CH. JACQUET 2011 ★

■ | 100 000 | - de 5 €

Transmis de père en fils depuis 1789 et sept générations, ce domaine familial est conduit depuis 1991 par Véronique Barthe, à la tête d'un vignoble de 80 ha établi sur des croupes argilo-calcaires de l'Entre-deux-Mers.

La vigneronne signe ici un bordeaux élégant dans sa présentation violine comme dans son bouquet expressif de cardamome, de fruits rouges et d'épices. Le palais, à l'unisson, séduit par son fruité frais, sa finesse et sa fraîcheur. ⌛ 2014-2017 🍴 volaille rôtie ■ Ch. la Freynelle 2011 ★ (5 à 8 € ; 70 000 b.) : là aussi un joli fruité, de la rondeur, des tanins souples et fondus qui composent un vin harmonieux. ⌛ 2014-2017

Véronique Barthe, 9, Peyrefus, 33420 Daignac, tél. 05 57 84 55 90, veronique@vbarthe.com V r.-v.

CH. JOININ 2012 ★

■ | 100 000 | 5 à 8 €

Un domaine familial depuis trois générations, avec 25 ha conduits depuis 1989 par Brigitte Mestreguilhem (dont la famille est aussi propriétaire de château Pipeau en saint-émilion grand cru).

Ce 2012 d'une belle intensité colorante évoque d'abord les fruits rouges, avant de s'ouvrir à des senteurs plus complexes de cendre chaude et de cuir. Le palais se montre gras, épicé et fruité, étayé par des tanins francs et élégants. ⌛ 2015-2019 🍴 brochettes de canard aux épices

Brigitte Mestreguilhem, Ch. Joinin, 33420 Jugazan, tél. 05 57 24 72 95, chateau.pipeau@wanadoo.fr V t.l.j. sf sam. dim. 8h-12h 14h-18h

CH. LE JOYEUX 2012 ★★

■ | 25 000 | | - de 5 €

Sébastien Echeverria, œnologue, responsable de production sur une autre propriété, a repris en 2010 cette exploitation familiale de 20 ha.

« Un vrai vin de vigneron qui ne laisse pas indifférent » : les jurés ont clairement aimé ce 2012. Ils ont souligné la profondeur et la densité de sa robe, l'élégante expression fruitée de son bouquet, l'intensité et la longueur de son palais, ample, riche, charnu, puissant et frais. « Un vin ardent. » ⧗ 2015-2019 🍷 salmis de faisan

Ch. le Joyeux, 1, rte de Beychac, 33750 Saint-Germain-du-Puch, tél. 05 57 24 54 96, chateaulejoyeux@orange.fr Echeverria

KRESSMANN Monopole 2012 ★★

■ | 110 000 | | 5 à 8 €

Négoce fondé en 1871 par Edouard Kressmann. Associé en 1967 avec Dourthe pour créer le CVGB, il entre dans le giron du Champenois Alain Thiénot en 2007. Outre ses vins de marque, dont l'historique Kressmann Monopole Dry lancé en 1897, il propose une vaste sélection de crus, dont Latour-Martillac, propriété de la famille.

Un bordeaux bien sous tous rapports que ce 2012 issu de merlot et de cabernet-sauvignon, si bien que les dégustateurs l'ont proposé au grand jury des coups de cœur. Robe cerise noire ornée de seyants reflets violines de jeunesse. Nez intense de fruits rouges mûrs mâtiné d'un fin vanillé. Bouche ample, concentrée, enveloppante, charpentée par d'excellents tanins. Tout est en place. ⧗ 2015-2020 🍷 épaule d'agneau confite

Kressmann, 35, rue de Bordeaux-Parempuyre, CS 80004, 33295 Blanquefort Cedex, tél. 05 56 35 53 00, contact@kressmann.com

CH. LAFORÊT 2012 ★

■ | 220 000 | - de 5 €

La famille Roux (Yannick, Hélène et leur fils Romain) est installée dans l'Entre-deux-Mers depuis 1978. Outre ses châteaux Laforêt, Haut Philippon, Roux de Beaucès et Tuileries, auxquels s'ajoute depuis 2013 le médocain Taffard de Blaignan, elle propose une large gamme issue de son négoce.

Le merlot (60 %) et les deux cabernets sont à l'origine de ce vin finement bouqueté autour de la cerise noire, de l'amande et des épices douces. Le palais, frais et tonique en attaque, offre de la densité, du volume, un fruité friand et des tanins soyeux. Un ensemble équilibré. ⧗ 2015-2018 🍷 cailles rôties ■ Ch. Haut Philippon 2012 ★ : du fruit, de la rondeur mais sans mollesse grâce à une bonne structure. ⧗ 2014-2017 ■ Ch. Palène 2012 (200 000 b.) : un vin issu du négoce, souple, léger, au fruité croquant. ⧗ 2014-2017

Romain Roux, 1, Beaucés, 33540 Gornac, tél. 05 56 61 98 93, vignoblesroux@orange.fr V r.-v.

CH. DE LAGORCE 2012 ★

■ | 145 000 | 5 à 8 €

C'est sous les voûtes d'une ancienne église aménagée en chai que Benjamin Mazeau, établi à Targon depuis 1985, élabore ses vins, régulièrement au rendez-vous du Guide.

À partir d'un assemblage classique entre merlot et cabernets (48 % de franc), ce 2012 se montre aussi intense dans sa présentation, d'un beau rouge profond, que dans son expression aromatique, tout en fruits (cassis et fraise, notamment). Le palais, à l'unisson, séduit par sa souplesse et sa fraîcheur. « Du fruit, du fruit, du fruit », conclut un juré charmé par ce vin friand. ⧗ 2014-2017 🍷 côtes de porc et ratatouille

Benjamin Mazeau, Lagorce, 33760 Targon, tél. 05 56 23 60 73, cht.de.lagorce@wanadoo.fr V r.-v.

CH. LA LAGUNE DE MERCEY Velours rouge 2012 ★

■ | 6 000 | | 5 à 8 €

Jocelyne Robin a succédé à son père en 2001 aux commandes de ce domaine de près de 6 ha, qu'elle mène seule, de la taille à la mise en bouteilles.

Douze mois de cuve pour ce 2012 à dominante de merlot (le cabernet-sauvignon et une touche de malbec en complément). Au nez, les fruits rouges mûrs se mêlent au pruneau. En bouche, le vin se révèle ample, gras et consistant, bâti sur des tanins fermes. ⧗ 2015-2019 🍷 rouelle de porc au four ■ Cuvée des Pins 2011 (8 à 11 € ; 3 000 b.) : du fruit, de la fraîcheur, une bonne trame de tanins pour ce vin bien typé. ⧗ 2015-2018

Jocelyne Robin, 2215, rte de Libourne, (accès chem. du Plantier), 33240 Saint-André-de-Cubzac, tél. 06 77 00 44 17, jocelynerobin33@gmail.com V r.-v. 2

CH. LAMOTHE-VINCENT Intense 2012 ★★

■ | 40 000 | | 5 à 8 €

Un vaste cru de 92 ha dans l'Entre-deux-Mers, fondé en 1920 par les arrière-grands-parents. Ses atouts : un chai très moderne et les compétences complémentaires de Christophe Vincent (aux vignes) et de Fabien (au chai). Saint Vincent les inspire, dit-on, mais ce sont plutôt leur formation technique poussée et leur exigence qui font de ce domaine une référence en bordeaux et bordeaux supérieur.

Intense en effet est ce vin, en premier lieu par sa robe, d'un beau violet profond. Le nez n'est pas en reste, centré sur les fruits rouges et noirs rehaussés d'épices. Le palais se distingue par sa longueur, son charnu, sa richesse et ses tanins fondus. Une vraie gourmandise. ⧗ 2015-2020 🍷 ragoût de bœuf ■ Cuvée principale 2012 ★ (240 000 b.) : un fruité soutenu, une bouche généreuse et des tanins soyeux. ⧗ 2015-2020

SCEA Vignobles Vincent, 3, chem. Laurenceau, 33760 Montignac, tél. 05 56 23 96 55, info@lamothe-vincent.com V r.-v.

CH. LARY 2012

■ | 298 270 | | - de 5 €

La famille Forcato s'installe en 1950 sur les terres argilo-sableuses et calcaires du plateau de l'Entre-deux-Mers, à 10 km de La Réole, et exploite 70 ha vinifiés sous les étiquettes château Lary et château Moulin du Terrier.

Au nez, ce 2012 dévoile de fines notes de fruits noirs (cassis, mûre) et de violette. Suivant la même ligne aromatique, le palais se montre gras, tendre et soyeux, et laisse en finale une agréable sensation de douceur.

⌛ 2014-2017 🍴 reblochon fermier ■ Ch. Moulin du Terrier 2012 (82 200 b.) : au nez, des fruits rouges et des épices, une bouche riche et douce, portée par des tanins souples. ⌛ 2014-2017

GAEC Forcato et Fils, Tabot, Fosses-et-Baleyssac, 33190 La Réole, tél. 05 56 61 77 91

CH. LAUDUC Classic 2012

■	115 000		- de 5 €

Conduit par les frères Régis et Hervé Grandeau, ce cru familial, naguère dédié à la production de lait, de raisins de table et de fruits, étend son vignoble de 54 ha sur les plus hauts coteaux argilo-calcaires et graveleux de Tresses, à une dizaine de kilomètres de Bordeaux.

Cette cuvée porte bien son nom : classique en effet par son caractère bien fruité, tendance fruits rouges à l'alcool. Par sa souplesse et sa rondeur aussi, qui en font un vin « sans chichi », léger et facile d'accès. ⌛ 2014-2017 🍴 poulet rôti

Vignobles Grandeau, 5, av. de Lauduc, 33370 Tresses, tél. 05 57 34 43 56, m.grandeau@lauduc.fr V r.-v.

CH. LEROY-BEAUVAL 2012 ★

■	16 000		8 à 11 €

En 2012, les Leroy acquièrent le château de Beauval afin de réhabiliter son histoire viticole, débutée au XVIIIe s. puis abandonnée jusque dans les années 1970. Le vignoble s'étend aujourd'hui sur 52 ha.

Premier millésime pour ce cru avec ce pur merlot né sur argilo-calcaires, et une belle entrée en matière. Un vin certes encore sous l'emprise du merrain (vanille, toasté, tabac), qui offre néanmoins en bouche de la chair, du gras, du volume et des tanins bien présents. ⌛ 2016-2019 🍴 viande rouge grillée

Ch. Leroy-Beauval, 102, rte de Beauval, 33450 Saint-Sulpice-et-Cameyrac, tél. 05 35 38 61 65, pfricard@chateauleroybeauval.com V r.-v.

CH. MAISON NOBLE 2012 ★

■	n.c.		5 à 8 €

Appartenant à une ancienne famille de tonneliers et de viticulteurs, Jean-Bertand Marqué a quitté le monde de l'expertise comptable pour renouer en 2012 avec l'héritage familial et reprendre ce cru de 20 ha.

Ce « néo-vigneron » signe ici son premier millésime. Une entrée en matière très réussie avec un vin fruité et finement vanillé au nez comme en bouche, bien équilibré entre une rondeur avenante, une vivacité de bon aloi et des tanins jeunes et prometteurs. ⌛ 2016-2019 🍴 poulet basquaise

SARL Ch. Maison Noble, 1, Maison Noble, 33230 Maransin, tél. 06 17 66 56 33, jmarque@chateau-maisonnoble.com V r.-v.

CH. MALBAT 2012 ★★★

■	150 000		- de 5 €

Dans la famille depuis 1865, ce cru est conduit par Fabienne, Daniel et Martine Rochet. Établi sur la rive droite de la Garonne, à l'extrémité sud-est du vignoble girondin, il totalise aujourd'hui 85 ha.

Jugé exceptionnel, ce qui par nature est rare, et plus encore dans ces pages où les appréciations des dégustateurs sont sévères (mais justes), ce 2012 a frôlé le coup de cœur. La robe est dense et profonde. Le nez, puissant, mêle en toute harmonie les fruits mûrs aux épices douces. On retrouve cette même intensité aromatique dans une bouche consistante, charnue, onctueuse et très longue. L'équilibre est déjà parfait, mais le plaisir sera décuplé après un peu d'attente. ⌛ 2016-2020 🍴 agneau de sept heures ■ Optimus 2012 ★★ (5 à 8 € ; 25 000 b.) : un peu plus de cabernet (40 %, contre 20 % pour le vin précédent) dans cette cuvée plus robuste mais sans dureté, portée par des tanins bien extraits et un fruité soutenu. ⌛ 2016-2020

EARL Rochet, 5, Malbat, 33190 La Réole, tél. 05 56 61 02 42, contact@chateau-malbat.com V r.-v.

CH. MALVINA 2011 ★

■	80 000		- de 5 €

Jean-Pierre Rougier conduit depuis 1982 cette propriété familiale située en bordure de la Dordogne, sur un terroir sableux et graveleux.

Ce 2011 d'un beau rouge profond dévoile un bouquet avenant et frais de fruits rouges et noirs. Le fruit est aussi omniprésent dans une bouche ample et souple, sous-tendue par une fine vivacité qui lui donne de la longueur. Un vin friand et facile d'accès. ⌛ 2014-2017 🍴 lasagnes à la bolognaise

Jean-Pierre Rougier, 3, Camenail Sud, 33350 Flaujagues, tél. 05 57 40 27 81 V r.-v.

CH. MARJOSSE 2012 ★

■	200 000		8 à 11 €

Pierre Lurton, directeur de Cheval Blanc et de Yquem, a repris en 1991 ce cru de l'Entre-deux-Mers, séduit par son terroir apparenté à celui de Saint-Émilion. Vignoble entièrement restructuré (50 ha), création d'un nouveau chai, premières cuvées en 2000 et, depuis, des vins très réguliers en qualité.

Une élégante robe pourpre habille ce vin au nez non moins courtois de fruits rouges et de confiture de mûres. Une attaque suave ouvre sur un palais « sphérique » et charnu, fruité et boisé avec mesure, une agréable fraîcheur et des tanins bien policés en soutien. ⌛ 2015-2019 🍴 civet de lapin

EARL Pierre Lurton, Ch. Marjosse, 33420 Tizac-de-Curton, tél. 05 57 55 57 80, pierre.lurton@orange.fr V r.-v.

CH. MÉMOIRES 2012 ★

■	10 770		5 à 8 €

Ce domaine fondé en 1985 par Jean-François Ménard étend son vignoble de 32 ha (en cours de conversion bio) sur les premiers coteaux de la rive droite de la Garonne, essentiellement dans les communes de Saint-Maixant et de Pian-sur-Garonne.

S'il se distingue plus souvent par ses blancs, ce cru signe ici un joli vin rouge, en robe sombre et au nez généreux de fruits noirs à l'eau-de-vie. La bouche se révèle à la fois onctueuse, charnue et bien structurée par des tanins denses. ⌛ 2015-2019 🍴 lapin aux pruneaux

Jean-François Ménard, Ch. Mémoires, 33490 Saint-Maixant, tél. 05 56 62 06 43, contact@chataumemoires.fr V t.l.j. 8h30-12h 13h30-18h

CH. MOULIN DE BERNAT 2012 ★

■ | 40 000 | | - de 5 €

Installée en 2001, Frédérike Bouzon-Petit exploite un vignoble de 14 ha non loin de Sauveterre-de-Guyenne. En plus du vin, elle propose aussi à la vente du fromage bio issu de sa chèvrerie.

Ce 2012 d'un rouge profond et intense se montre expressif à l'olfaction, ouvert sur les fruits rouges et noirs agrémentés d'épices. Dans la continuité, le palais se montre vif en attaque, puis dense et soyeux, adossé à des tanins fondus. 2015-2018 tomates farcies

Frederike Bouzon-Petit, Moulin de Bernat, 33790 Saint-Antoine-du-Queyret, tél. 05 56 61 33 78, haut-rieuflaget@wanadoo.fr V r.-v.

CH. DE L'ORANGERIE À la gloire du chat 2012

■ | 300 000 | | 5 à 8 €

Couvrant 113 ha dans l'Entre-deux-Mers et la région de Cadillac, ce cru appartient à la famille Icard depuis sa fondation en 1790. À sa tête depuis 1994, Jean-Christophe Icard. Plusieurs étiquettes : château de l'Orangerie, château de la Sablière Fongrave...

Shadoks, *Panthère rose* ou encore *Le Chat* dessiné par Philippe Geluck, le vigneron a de la suite dans les idées pour mettre en avant ses produits à travers des étiquettes originales. Derrière celle-ci, un vin bien construit, harmonieux, ouvert sur les fruits noirs rehaussés d'épices, souple et gras en bouche, soutenu par des tanins fondus. 2014-2017 cannellonis

SCEA Vignobles Icard, Ch. de l'Orangerie, 33540 Saint-Félix-de-Foncaude, tél. 05 56 71 53 67, orangerie@chateau-orangerie.com

Jean-Christophe Icard

CH. PENIN Natur 2012 ★

■ | 20 000 | | 8 à 11 €

L'une des valeurs sûres des appellations régionales, avec plusieurs coups de cœur à son actif. Un cru de 40 ha établi sur un terroir de graves, sur la rive gauche de la Dordogne, face à Saint-Émilion. Fondé par la famille Carteyron en 1854, il est dirigé par Patrick, œnologue de métier, depuis 1982.

Le seul merlot entre dans cette cuvée vinifiée et mise en bouteilles sans ajout de soufre. Le résultat est un vin qualifié de « gourmand ». Au nez, des fruits noirs mûrs soulignés par un fin grillé. En bouche, de la rondeur, du gras, de la douceur, du volume, le tout porté par des tanins soyeux et un boisé bien ajusté. 2014-2018 pintade rôtie aux raisins

Patrick Carteyron, Ch. Penin, 39, impasse Couponne, 33420 Génissac, tél. 05 57 24 46 98, vignoblescarteyron@orange.fr V t.l.j. sf dim. 8h-12h 14h-18h; sam. sur r.-v.

CH. PICONAT 2011 ★

■ | 6 000 | | - de 5 €

Quatre générations se sont succédé sur ce vignoble de 50 ha situé au cœur de l'Entre-deux-Mers. À sa tête depuis 2003, Christophe Guicheney développe la vente directe.

Le merlot (70 %) et le cabernet-sauvignon sont assemblés dans ce bordeaux d'un seyant rubis, qui fait la part belle aux fruits rouges frais mâtinés de nuances florales. La bouche est au diapason, tout fruit, ample, souple et persistante. 2014-2017 bavette à l'échalote

EARL Comin-Guicheney, 3, Piconnat, 33790 Soussac, tél. 05 56 61 33 97, christophe.guicheney@orange.fr V r.-v.

CH. PITHIVIER 2012

■ | 19 000 | | - de 5 €

Créée en 1931, la coopérative de Saint-Émilion est un acteur incontournable du Libournais, et ses cuvées – vins de marque (Aurélius, Galius...) ou de domaines (une cinquantaine de propriétés apportent leur vendange à la « coop ») – sont régulièrement au rendez-vous du Guide.

Chose moins courante, la « coop » s'illustre aussi en AOC régionales, ici avec une cuvée issue d'un cru établi à Saint-Pey-d'Armens. Un pur merlot sur les fruits rouges, les fruits à noyau et les épices, bien équilibré entre une matière charnue et des tanins fins. 2014-2017 steak au poivre

Union de producteurs de Saint-Émilion, Haut-Gravet, BP 27, 33330 Saint-Émilion, tél. 05 57 24 70 71, contact@udpse.com V r.-v.

CH. LA RABALLE 2012 ★

■ | 5 300 | | - de 5 €

En 1998, Isabelle Leynier-Sicot a décidé de sortir du système coopératif et de vinifier le fruit de ce vignoble de 21 ha (11 en AOC bordeaux, 10 en côtes-de-bourg), propriété de sa famille depuis plus d'un siècle.

Une pointe de cabernet franc entre dans ce vin largement dominé par le merlot. Un bordeaux plein de générosité, au nez, sur les fruits à l'alcool, comme en bouche, ample, puissante, chaleureuse, aux tanins épanouis. Un bordeaux intense. 2015-2019 chili con carne

Isabelle Leynier-Sicot, La Raballe, 33620 Lapouyade, tél. 06 82 92 19 22, chateaularaballe@wanadoo.fr V r.-v.

CH. RAMBAUD Sélection vieilles vignes 2012 ★

■ | 60 000 | | 8 à 11 €

Descendant d'Auvergnats, comme nombre d'acteurs de la filière viticole en Libournais, Daniel Mouty, aujourd'hui associé avec ses enfants Sabine et Bertrand, exploite depuis 1973 un vignoble de 54,5 ha répartis sur plusieurs crus.

D'un beau grenat, ce 2012 déploie au nez des senteurs bien mariées de boisé vanillé et de fruits cuits. Un caractère chaleureux et « barriqué » avec mesure que l'on retrouve dans une bouche riche et vineuse soutenue par des tanins qui doivent encore se fondre. 2017-2020 travers de porc sauce barbecue

SCEA Vignobles Daniel Mouty, Ch. du Barry, 19, rue de Merlande, 33350 Sainte-Terre, tél. 05 57 84 55 88, contact@vignobles-mouty.com V t.l.j. sf sam. dim. 9h-12h 14h-18h

CH. LA ROSE GADIS 2012

■ | 197 400 | | - de 5 €

Depuis le milieu des années 1980, Bernard Lasnier est à la tête de ce domaine familial situé sur un plateau bien exposé au sud sur la rive gauche de la Dordogne.

Ce pur merlot se pare de pourpre et dévoile un nez plaisant de fruits rouges mâtiné d'une note d'amande amère. Le fruité persiste dans une bouche souple et fraîche aux tanins fondus. ⌛ 2014-2017 🍷 carré de porc

Bernard Lasnier, 5, Cast, 33420 Jugazan, tél. 05 57 84 17 19

CH. SAINTE-BARBE 2011 ★★

■ | 98 600 | 5 à 8 €

Située à la pointe de l'Entre-deux-Mers, cette belle chartreuse construite au XVIIIᵉs. par Jean-Baptiste Lynch commande un vignoble de 30 ha. Propriété des Touton depuis 2000, elle a été acquise en 2013 par la famille de Gaye, également à la tête du Ch. Grand Corbin Manuel (saint-émilion grand cru) et du Ch. la Création (pomerol).

Sur ces terres de palus, le merlot règne en maître : il œuvre en solo dans ce 2011 qui frôle le coup de cœur. Une robe sombre, presque noire, signe d'une belle concentration ; un nez d'abord fermé, que l'aération engage sur les fruits noirs ; une bouche tout aussi fruitée, dense et solidement bâtie, qui s'achève sur une longue finale tout en douceur. De la puissance et de l'harmonie. ⌛ 2018-2022 🍷 viande rouge longuement mijotée

Brice de Gaye, SCEA Ch. Sainte-Barbe, 33810 Ambès, tél. 05 56 77 49 57, commercial@chateausaintebarbe.fr V r.-v.

CH. SAINTONGEY Vieilles Vignes 2012 ★★

■ | 50 000 | | 5 à 8 €

Arrivé d'Algérie en 1961, Charles Yung a bâti un vaste ensemble de propriétés dans le Bordelais ainsi qu'un négoce : aujourd'hui 120 ha de vignes, principalement implantées sur les coteaux de Garonne, autour de Béguey. Son fils Jean-Christophe est aux commandes depuis 1992.

Cru acquis en 1993, Saintongey (15 ha) est situé en haut d'un vallon du Haut-Benauge. Merlot, cabernet-sauvignon et un soupçon de malbec composent ce vin complexe et complet, qui mêle à l'olfaction les fruits rouges mûrs, le moka, la réglisse et un agréable côté brioché. Long, ample, charnu, suave, porté par des tanins ronds et soyeux, le palais révèle un très beau travail d'extraction. En deux mots, plénitude et équilibre. ⌛ 2015-2020 🍷 poitrine de veau cuite au four ■ Ch. Haut Mondain Grande Réserve 2012 (moins de 5 € ; 60 000 b.) : propriété historique de la famille, à l'origine d'un vin encore sous l'emprise du merrain mais avec ce qu'il faut de matière pour bien le digérer. ⌛ 2016-2020

SCEA Charles Yung et Fils, 8, chem. de Palette, BP 38, 33410 Béguey, tél. 05 56 62 94 85, r.yung@wanadoo.fr V t.l.j. sf sam. dim. 9h-12h30 13h30-18h30; f. août

CH. LA SAUVEGARDE Champs de Beneyteau 2012 ★

■ | 40 000 | | - de 5 €

Chasse, cèpes et vigne composent l'environnement de ce domaine de 29 ha isolé au milieu des bois et commandé par une bastide du XIXᵉs. À sa tête depuis 1998, le trentenaire Sébastien Petit.

D'un beau rouge profond, ce 2012 évoque au nez les fruits rouges mûrs. Souple en attaque, la bouche se révèle ensuite plus tannique, et même austère en finale. Mais le fruit reste bien présent et l'ensemble équilibré. ⌛ 2015-2018 🍷 pigeon rôti

SCF La Sauvegarde, Ch. la Sauvegarde, 33790 Soussac, tél. 05 56 61 31 53, petitsebastienlasauvegarde@wanadoo.fr V r.-v. C Dominique Petit

CH. LE SÈPE Cuvée classique 2011

■ | 10 000 | | 5 à 8 €

Ancienne propriété templière (23 ha) située à une centaine de mètres au-dessus du lit de la Dordogne, face aux coteaux de Saint-Émilion, reprise en 2009 par Dominique et Catherine Guffond.

Au nez, de la discrétion avant tout, puis des notes de fruits rouges à l'aération. En bouche, de la tenue et de l'équilibre, une attaque franche, des tanins fondus et une pointe d'amertume en finale. ⌛ 2014-2017 🍷 côte de porc à la tomate ■ Cuvée initiale 2011 (8 à 11 € ; 18 000 b.) : un bouquet ouvert sur les fruits et le boisé, une belle matière épaulée par des tanins soyeux et un boisé encore un peu dominant. ⌛ 2015-2018

Dominique et Catherine Guffond, 1, le Sèpe, 33350 Sainte-Radegonde, tél. 06 86 90 88 18, chateaulesepe@orange.fr V r.-v. 5

♥ CH. THIEULEY Réserve Francis Courselle 2012 ★★

■ | 45 000 | | 11 à 15 €

L'histoire viticole des Courselle débute en 1949 avec l'achat du château Thieuley, non loin de la Sauve-Majeure. Sous l'impulsion de Francis et, depuis 2004, de ses filles Sylvie et Marie, le vignoble s'étend aujourd'hui sur 80 ha et trois crus : Thieuley, une référence en bordeaux, château Saint-Genès, destiné à l'export, et Clos Sainte-Anne, 5 ha de graves à Capian.

Cette cuvée de prestige, sélection de 7 ha de merlot et de cabernet-sauvignon plantés sur un terroir argilo-graveleux à tendance acide, se pare d'un engageant rouge sombre tirant vers le noir. Intense et fin, le nez mêle fruits noirs mûrs, épices et toasté. Suit un palais ample, puissant et riche, solidement arrimé à des tanins fermes et fins. ⌛ 2016-2020 🍷 noisette de chevreuil sauce chocolat ■ Cuvée principale 2012 ★★ (5 à 8 € ; 140 000 b.) : d'un style très proche ce 2012 frôle le coup de cœur pour son intensité aromatique, son boisé ajusté et ses tanins robustes enrobés d'une matière soyeuse et ronde. ⌛ 2016-2020

Vignobles Courselle, Ch. Thieuley, 560, rte de Grimard, 33670 La Sauve, tél. 05 56 23 00 01, contact@thieuley.com V t.l.j. 8h30-12h 13h30-17h30; sam. dim. sur r.-v. 3

BLASON TIMBERLAY 2012

■ | 50 000 | | 5 à 8 €

Robert Giraud a étendu le patrimoine viticole familial à partir du Ch. Timberlay, acquis par son père en 1945 (près de 120 ha). En 1995, il a transmis à son fils Philippe plusieurs crus en AOC régionales et en saint-émilion (150 ha en tout), ainsi qu'une maison de négoce.

Mi-merlot mi-cabernet-sauvignon, ce 2012 affiche d'emblée son passage en fût à travers un nez intensément boisé. La bouche est du même... tonneau, mais avec une belle matière, du gras et du volume. Les amateurs de vins boisés l'apprécieront jeune, les autres patienteront. ⌛ 2015-2018 🍷 entrecôte grillée

🔑 EARL Vignobles Robert Giraud, Dom. de Loiseau, 33240 Saint-André-de-Cubzac, tél. 05 57 43 01 44, france@robertgiraud.com

LA TOUR BLANCHE Cru du Cinquet 2012

■ | 8 500 | | - de 5 €

On pourrait croire que le nom du cru vient de la tour blanche (en fait, un pigeonnier autrefois) se trouvant sur le domaine. En réalité, il s'explique par le nom d'un ancien propriétaire, monsieur de Latourblanche, trésorier général de Louis XVI. Légué à l'État en 1909 par le mécène Daniel Iffla, dit Osiris, ce cru classé du Sauternais est aussi un lycée viticole, où les futurs professionnels trouvent un beau terrain d'apprentissage (42 ha de vignes) pour s'initier aux subtilités, entres autres, du *Botrytis Cinerea*.

Les élèves ont vinifiés les fruits du merlot et du malbec (10 %) pour élaborer cette cuvée au joli nez fruité, poivré et mentholé. Vif en attaque, le palais poursuit jusqu'en finale sur cette sensation de fraîcheur, porté par une fine trame tannique. ⌛ 2014-2018 🍷 viande blanche

🔑 Ch. la Tour blanche, 33210 Bommes, tél. 05 57 98 02 73, tour-blanche@tour-blanche.com V r.-v.

CH. TOUR CAILLET 2012 ★

■ | 75 000 | | - de 5 €

Producta Vignobles est un négoce à actionnariat coopératif créé en 1949, qui regroupe 2 500 opérateurs et 2 000 ha de vignes dans une cinquantaine d'appellations du Bordelais et du Sud-Ouest. Dans son catalogue, une centaine de marques et cent cinquante châteaux.

Ancien pavillon de chasse des marquis de Guinot, le Ch. Tour Caillet étend son vignoble sur un plateau argilo-calcaire faisant face à Saint-Émilion. Son 2012 dévoile un bouquet fin et frais de fruits rouges sur fond d'épices douces. Une même alliance de la fraîcheur et du fruit s'opère en bouche pour composer un ensemble harmonieux. ⌛ 2014-2017 🍷 filet mignon de veau

🔑 Producta Vignobles, 13, av. de la Résistance, 33310 Lormont, tél. 05 57 81 18 18, producta@producta.com

CH. TOUR CHAPOUX 2012 ★

■ | 90 000 | | 5 à 8 €

En 1967, Claude et Simone Comin ont établi leur domaine à l'emplacement d'une ancienne commanderie des Templiers du XIII^e^s., depuis laquelle ils exploitent avec leur fille Sylvie une centaine d'hectares dans l'Entre-deux-Mers.

Ce 2012 d'une belle brillance séduit d'emblée par son bouquet frais et fruité. La bouche reste dans le ton, offrant de la rondeur et une trame tannique serrée, sans dureté. Un vin équilibré, sans aspérité. ⌛ 2015-2019 🍷 terrine de faisan

🔑 Comin, Ch. la Commanderie, 33790 Saint-Antoine-du-Queyret, tél. 05 56 61 31 98, vignoble.comin@wanadoo.fr V r.-v.

CH. TOUR DE BONNET 2011 ★

■ | 150 000 | | - de 5 €

André Lurton conduit depuis 1953, le Ch. Bonnet (et sa déclinaison Tour de Bonnet), un fief historique qui est aussi son lieu de naissance et le premier cru acquis par son grand-père Léonce Récapet en 1897. Un domaine de 300 ha, valeur sûre en entre-deux-mers et bordeaux, qui entre dans un vaste « empire » de 600 ha, dont 260 en pessac-léognan, l'autre « patrie » d'André Lurton (Couhins-Lurton, La Louvière...).

Mi-merlot mi-cabernet-sauvignon, ce 2011 se pare d'une élégante robe noire aux reflets violines. Au nez, la vanille apportée par un court passage en fût (trois mois) accompagne les fruits mûrs. Le palais se fait doux et vineux, adossé à des tanins ronds et soyeux. Un vin généreux et harmonieux. ⌛ 2015-2018 🍷 osso bucco ■ Ch. Bonnet Réserve 2011 ★ (8 à 11 € ; 400 000 b.) : un vin d'un style proche, vineux et bien constitué, mais un peu plus dominé par le bois. ⌛ 2016-2019

🔑 André Lurton, Ch. Bonnet, 33420 Grézillac, tél. 05 57 25 58 58, andrelurton@andrelurton.com

CH. TOUR DE MIRAMBEAU Cuvée Passion 2011 ★

■ | 40 000 | | 15 à 20 €

Installé dans l'Entre-deux-Mers sur un plateau calcaire et veillé par une vénérable tour se dressant au milieu des plus vieilles vignes de la famille, c'est le domaine historique de la famille Despagne, à la tête de nombreux crus et d'un vaste ensemble de 300 ha. Une valeur sûre.

Bien servie par une robe intense et brillante, cette cuvée à forte dominante de merlot s'ouvre avec retenue sur les fruits mûrs. Franc en attaque, le palais se montre plus prolixe en arômes (fruits, notes fumées) et s'adosse à une structure ferme qui lui confère de la consistance. ⌛ 2016-2019 🍷 hachis parmentier de canard ■ Ch. Lion Beaulieu Le 1er vin 2011 ★ (10 000 b.) : un vin fruité, frais, dense et étoffé. ⌛ 2014-2017 ■ Ch. Lion Beaulieu Réserve 2012 (8 à 11 € ; 10 800 b.) : un nez épicé relayé par un palais souple et charnu. ⌛ 2014-2017

🔑 SCEA de la Rive droite, 2, Le Touyre, 33420 Naujan-et-Postiac, tél. 05 57 84 55 08, contact@despagne.fr V r.-v. 🔑 Despagne

CH. LE TRÉBUCHET Prestige 2011 ★★

■ | 9 000 | | 8 à 11 €

Bernard Berger s'est installé en 1978 aux Esseintes, à quelques kilomètres de La Réole. À la tête de 4 ha à ses débuts, il conduit aujourd'hui un coquet vignoble de 46 ha.

S'il s'illustre souvent pour ses crémants, ce vigneron ne néglige pas pour autant ses vins tranquilles. Témoin ce 2011 qui a postulé au grand jury des coups de cœur avec des arguments convaincants. À commencer par la robe, sombre et dense. Le nez, sur les fruits mûrs et la vanille, invite à poursuivre. Le palais ne déçoit pas : une superbe attaque sur un boisé et un fruité bien mariés, puis un développement en force, porté longuement par des tanins denses et fins. En résumé, équilibre, puissance, élégance. ⌛ 2017-2022 🍷 épaule d'agneau rôtie

🔑 Bernard Berger, Ch. le Trébuchet, 33190 Les Esseintes, tél. 05 56 71 42 28, chateautrebuchet@wanadoo.fr V t.l.j. sf sam. dim. 8h30-12h30 14h-17h

CH. VIEUX LIRON 2012

n.c. | 5 à 8 €

Les Mallard exploitent la vigne depuis 1870. Laurent, installé avec sa mère en 1991 et en solo depuis 2001, conduit plusieurs crus à Sauternes (L'Agnet La Carrière), à Saint-Émilion (La Croix Fourche Mallard) et dans l'Entre-deux-Mers (Vieux Liron et Naudonnet Plaisance).

Ce cru de 5 ha planté exclusivement de merlot a donné naissance à un 2012 qui mêle mûre, cassis et notes torréfiées. Le bois est aussi présent en bouche, sans écraser le fruit. L'ensemble est équilibré et d'un bon volume. ⧗ 2015-2018 🍴 grillade de bœuf

Laurent Mallard – Ch. Vieux Liron, Ch. Naudonnet Plaisance, 33760 Escoussans, tél. 05 56 23 93 04, contact@laurent-mallard.com V r.-v.

CH. VIEUX MANOIR 2012 ★

250 000 | - de 5 €

Ce cru de l'Entre-deux-Mers, commandé par une bâtisse du XIe s. et ancienne résidence de chasse du duc d'Épernon, l'un des favoris de Henri III, est depuis 1989 la propriété du groupe Ballande.

Micro-bullage et fermentation à basse température pour ce vin qui vise donc le fruit et la rondeur. De fait, le nez évoque les fruits rouges mûrs, agrémentés d'une note d'humus. Dans la continuité, la bouche se montre ronde et suave, sans mollesse. ⧗ 2014-2017 🍴 salade landaise

SCA Vieux Manoir, 19, rue du Vieux-Manoir, 33760 Targon, tél. 05 57 19 34 12

BORDEAUX CLAIRET

• Superficie : 925 ha • Production : 52 000 hl

CH. DE BERNADON 2013

24 000 | 5 à 8 €

Après avoir été maître de chai dans la région de Cognac, Jacques Rouvière a relancé l'exploitation familiale fondée au millieu du XIXe s. : 10 ha dans l'Entre-deux-Mers. Première récolte en 1997. Son épouse Nicole est aujourd'hui chef d'exploitation.

Pas trop de matière, mais un nez subtil sur la gelée de framboise et la cerise, et une bouche tout en fraîcheur et en fruits rouges ; le merlot (45 %) apporte ce qu'il faut de souplesse. ⧗ 2014-2015 🍴 hamburger maison

Nicole Rouvière, Bernadon, 33580 Monségur, tél. 05 45 81 16 58, jrouviere@bernadon.com V r.-v.

CH. BOIS-MALOT 2013 ★

5 600 | 5 à 8 €

Proche de l'agglomération bordelaise, une propriété acquise par les Meynard en 1916. Aujourd'hui, 30 ha de vignes et des poiriers plantés après le grand gel de 1956. Une valeur sûre en bordeaux sec et en bordeaux supérieur.

Mi-merlot mi-cabernets, ce vin séduit par son nez gourmand de groseille et de cerise légèrement épicé. Frais et perlant à l'attaque, il se développe avec ampleur et suavité et offre une finale vive et fruitée : un équilibre flatteur. ⧗ 2014-2015 🍴 salade de poulet

EARL Meynard, 133, rte des Valentons, 33450 Saint-Loubès, tél. 05 56 38 94 18, bois.malot@free.fr V t.l.j. sf dim. 8h-12h 13h30-18h30 ; sam. 8h-12h

CH. DE CASTELNEAU 2013 ★

10 000 | 5 à 8 €

Autour d'une maison forte (XIVe et XVIe s.), 100 ha d'un seul tenant : un tiers de céréales, un tiers de bois et un tiers de vignes (27 ha). Un lieu de travail et un cadre de vie pour Loïc et Diane de Roquefeuil qui ont repris en 1988 cette propriété familiale située dans l'Entre-deux Mers.

Le successeur du coup de cœur n'est pas mal du tout. Même assemblage (60 % de cabernets) et cinq jours de macération. Robe cerise intense ; nez complexe et frais, alliant la groseille, la framboise, les fleurs et une touche amylique ; bouche ample et longue. ⧗ 2014-2015 🍴 poulet tandoori ■ Ch. de Bonfils 2013 ★ (10 000 b.) : proche du précédent par son assemblage, sa vinification et ses qualités. ⧗ 2014-2015

Loïc de Roquefeuil, 8, rte du Breuil, 33670 Saint-Léon, tél. 05 56 23 47 01, castelneau-roquefeuil@wanadoo.fr V r.-v. 4 E

CLAIRET DE GRAMAN 2013 ★

50 000 | - de 5 €

Coopérative créée en 1967 par quatre viticulteurs ! Aujourd'hui, une petite cave (34 adhérents, 170 ha) sur la rive droite de la Garonne, dans l'aire des premières côtes-de-bordeaux, en face des Graves. Rattachée avec huit autres coopératives au puissant groupement U2VBA.

On se fait plaisir avec ce clairet au nez de bonbon anglais et à la bouche structurée, onctueuse et ronde, sur les fruits bien mûrs. ⧗ 2014-2015 🍴 paella

Cave de Langoiran, 25, rte de Créon, 33550 Langoiran, tél. 05 56 67 09 06, cellierdegraman@wanadoo.fr

♥ MARQUIS DE GÉNISSAC 2013 ★★

6 600 | - de 5 €

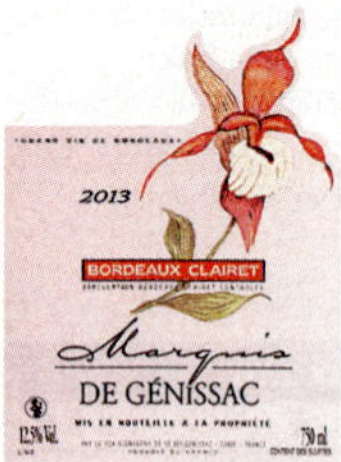

Une coopérative de l'Entre-deux-Mers résultant de la fusion en 2009 de la cave de Génissac, fondée en 1936, et de celle de Saint-Pey-de-Castets, créée en 1949. La nouvelle structure dispose d'un millier d'hectares cultivé par ses adhérents.

Ce délicieux clairet n'a qu'un défaut : son caractère confidentiel. Il provient d'un seul petit hectare de merlot. Robe rubis intense, nez entre la cerise et la groseille. La bouche dévoile une belle rondeur, étayée par une fraîcheur qui porte loin la finale. Un surcroît d'élégance et « du fruit ! », pour reprendre la conclusion d'un dégustateur. ⧗ 2014-2015 🍴 travers de porc sel et poivre

SCA Vignerons de Saint-Pey-Génissac, 180, rue de la Cave-Coopérative, 33420 Génissac, tél. 05 57 55 55 65, cave.genissac@vigneronsdesaintpey-genissac.fr V t.l.j. sf dim. 9h-12h 14h-18h

CAVE DE QUINSAC Notes de Musique 2013 ★★

	208 000		- de 5 €

Située sur la rive droite de la Garonne, dans le secteur des premières-côtes-de-bordeaux, la cave de Quinsac, fondée en 1949, a bâti sa renommée sur ses clairets. La commune se flatte d'ailleurs d'être la « capitale du clairet » et consacre une fête annuelle à ce vin.

Pas trop de couleur, mais une jolie parure. Et les jurés ont tellement apprécié ce vin élégamment fruité et floral, à la fois vineux, ample et frais, qu'il a eu des voix pour le coup de cœur. À déguster même en hiver. ⧗ 2014-2015 🍴 escalope panée

Cave coop. vinicole de Quinsac, 89, Le Pranzac, 33360 Quinsac, tél. 05 56 20 86 09, cave.de.quinsac@wanadoo.fr V r.-v.

CH. TIMBERLAY 2013

	10 000		5 à 8 €

Robert Giraud a étendu le patrimoine viticole familial à partir du Ch. Timberlay, acquis par son père en 1945 (près de 120 ha). En 1995, il a transmis à son fils Philippe plusieurs crus en AOC régionales et en saint-émilion (150 ha en tout), ainsi qu'une maison de négoce.

Deux hectares de merlot et du cabernet-sauvignon à parité, récoltés à la main. Nez élégamment floral, bouche tout aussi aromatique, charnue, généreuse, ample et fraîche. Il n'a manqué à ce vin qu'un peu de longueur pour décrocher une étoile. ⧗ 2014-2015 🍴 plateau de charcuteries

EARL Vignobles Robert Giraud, Dom. de Loiseau, 33240 Saint-André-de-Cubzac, tél. 05 57 43 01 44, france@robertgiraud.com

BORDEAUX ROSÉ

CH. DES ANTONINS 2013

	4 000		- de 5 €

Geoffroy de Roquefeuil a renoué à partir de 1985 avec la tradition viticole des Antonins, frères hospitaliers de Saint-Antoine qui occupèrent cet ancien couvent du XIIIe au XVIIIes., et progressivement reconstitué le domaine monastique (27 ha aujourd'hui).

Une robe saumonée. Très présent, le cabernet-sauvignon (60 %) revêt un caractère frais et jovial avec son fruité aux accents de pamplemousse. Attaque ronde, tonifiée par un léger perlant, ouvrant sur un fruité croquant ; finale vive. ⧗ 2014-2015 🍴 grillade de porc

Geoffroy de Roquefeuil, Le Couvent, 33190 Pondaurat, tél. 05 56 61 00 08, roquefeuil@chateau-des-antonins.com V r.-v. E

CH. DES ARNAUDS Caprices d'Anaïs 2013 ★

	6 000		- de 5 €

Conducteur de fours dans une tuilerie locale, Paul Lassagne achète en 1952 un petit vignoble (2 ha) à Lussac et crée le château des Landes ; aujourd'hui, 32 ha conduits par le fils Daniel et le petit-fils Nicolas, qui proposent des lussac-saint-émilion et des bordeaux.

Du cabernet-sauvignon majoritaire (70 %) dans ce rosé saumon pâle au nez acidulé, mentholé et citronné. Le merlot s'exprime dans une bouche ample aux arômes de fruits rouges mûrs nuancés de touches amyliques. Un bel équilibre entre souplesse et fraîcheur. ⧗ 2014-2016 🍴 tartare de saumon

EARL des Vignobles du Ch. des Landes, Lassagne et Fils, 5, Lagrenière, 33570 Lussac, tél. 05 57 74 68 05, contact@chateaudeslandes.net V t.l.j. 8h-12h 14h-18h

CH. LES ARROMANS 2013 ★★

	10 000		- de 5 €

Jean Duffau vend en bouteilles dès 1970. Joël, qui travaille depuis 1985 avec son père, a pris le relais en 1999. Il ne s'interdit pas les avancées techniques, tout en engageant la conversion bio du cru (42 ha). Ses deux étiquettes – Les Arromans et La Mothe du Barry – sont incontournables en bordeaux et en entre-deux-mers.

Le merlot majoritaire (75 %) et le cabernet franc composent ce rosé foncé, presque rubis, au nez acidulé de petits fruits rouges. Attaque vive, volume, arômes persistants de cerise et de framboise confiturées, belle fraîcheur en finale : un vin élégant, proche du coup de cœur. ⧗ 2014-2015 🍴 poulet mariné grillé

Joël Duffau, 2, Les Arromans, 33420 Moulon, tél. 05 57 74 93 98, joel.duffau@aliceadsl.fr V t.l.j. sf dim. 8h-12h 14h-19h 5

LE ROSÉ DE BENEYT 2013 ★

	9 000		- de 5 €

Perpétuant le domaine familial, Joël Vrignaud exploite 12 ha sur les coteaux escarpés de la rive droite de la Garonne, dans l'aire des cadillac-côtes-de-bordeaux.

Né sur un terroir graveleux, ce rosé saumoné assemble les deux cabernets vinifiés par pressurage au merlot (30 %) vinifié par saignée. Nez complexe mêlant la fraise, la framboise, les fleurs et les épices. Bouche équilibrée, intense et franche sur les fruits rouges mûrs. ⧗ 2014-2015 🍴 chipolatas grillées

Joël Vrignaud, 2, les Graves-Ouest, 33410 Rions, tél. 06 09 28 59 54, joelvrignaud@orange.fr V r.-v. B

CH. CANTELAUDETTE Cuvée Prestige 2013 ★★

	5 000		5 à 8 €

Longtemps exploité en polyculture, ce cru fondé en 1870 par l'aïeul de Jean-Michel Chatelier est désormais dédié à la vigne seule (51 ha) – à l'origine de graves-de-vayres et de bordeaux très réguliers en qualité, proposés sous plusieurs étiquettes.

Issu de pur merlot, ce rosé séduit par un bouquet où la fraise s'allie au cassis et à des touches amyliques. On retrouve les fruits rouges dans une bouche de très belle tenue, étoffée et persistante, qui garde une agréable ligne fraîche de l'attaque à la finale. ⧗ 2014-2015 🍴 poulet croustillant

Jean-Michel Chatelier, 1, Cantelaudette, 33500 Arveyres, tél. 05 57 24 84 71, jm.chatelier@wanadoo.fr V r.-v.

CH. CHAMP DE LA GRAVE 2013 ★

	53 000		- de 5 €

Créée en 2007 dans l'Entre-deux-Mers, l'Union de Guyenne, qui regroupe les coopératives de Saint-Pey-Génissac et de Sauveterre-Blasimon, a le double statut de récoltant et de négociant.

Un assemblage de cabernet franc (60 %) et de merlot. Nez flatteur déployant une plaisante gamme fruitée – fraise, cerise, groseille, fruits exotiques et agrumes – que l'on retrouve au palais. En bouche, une attaque vive, de la rondeur, une finale longue et acidulée, marquée par quelques petits tanins. ⧗ 2014-2015 🍷 salade au poulet

Union de Guyenne, 15, Le Bourrassat, 33540 Sauveterre-de-Guyenne, tél. 05 56 71 10 04, p.mondin@uniondeguyenne.fr V t.l.j. sf dim. lun. 9h-12h 14h-18h

♥ XAVIER CHASSAGNOUX
Rosé rusé 2013 ★★

| | 2 000 | | 5 à 8 € |

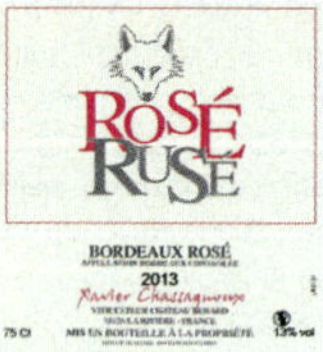

En 1955, le Corrézien Amédée Chassagnoux acquiert le château Jean Voisin à Saint-Émilion. Son fils Pierre prend la suite, puis Xavier le petit-fils, qui s'installe en 1978 dans le Fronsadais, au château Renard.

Né d'un assemblage « libournais » de merlot (60 %) et de cabernet franc, ce rosé provient des terrains argilo-sableux du château Renard. Dès le premier coup de nez, on découvre un vin intense et complexe, mêlant les fruits rouges, les agrumes, les fleurs à bulbe et des notes grillées (amande). Dans le même registre, le palais, souple et tendre en attaque, offre une longue finale fraîche. ⧗ 2014-2015 🍷 escalope panée

Xavier Chassagnoux, Ch. Renard-Mondésir, 33126 La Rivière, tél. 05 57 24 96 37, chateau.renard.mondesir@wanadoo.fr V r.-v.

DOM. DE LA CROIX 2013 ★★

| | 6 600 | | - de 5 € |

En parallèle de son activité de directeur d'exploitation dans un grand domaine bordelais, Jean-Yves Arnaud a repris en 1981 le cru familial Frappe-Peyrot, bonne référence en cadillac. Il produit aussi en bordeaux et en loupiac.

Issu du merlot (60 %) assemblé aux deux cabernets, un vin aussi franc et flatteur à l'œil qu'au nez, aux senteurs gourmandes de framboise et de bonbon anglais. Tout aussi fruité en bouche, il est bien structuré et tonifié en finale par une pointe vive agréable. ⧗ 2014-2015 🍷 mixed grill au barbecue

SCEA Vignobles Jean-Yves Arnaud, 16, La Croix, 33410 Gabarnac, tél. 05 56 62 18 92, jy-arnaud@yahoo.fr V r.-v.

DOM. DE DAMAZAC 2013 ★★

| | 4 800 | | - de 5 € |

Louis Feyzeau acquiert le vignoble en 1948 sur la rive gauche de la Dordogne. Son fils Jean-Raymond le restructure et son petit-fils Olivier le conduit depuis 2002. Un ensemble d'une trentaine d'hectares en AOC régionales.

Beaucoup de merlot, escorté par les deux cabernets, dans ce rosé à la robe soutenue et au nez intense et élégant de cassis, de mûre et de framboise, nuancés de touches exotiques. Souple en attaque, charnu, gras, ample et long, ce vin a figuré parmi les finalistes du coup de cœur. ⧗ 2014-2015 🍷 jambon braisé

SCEA Vignobles Feyzeau, 1, La Capelle, 33500 Arveyres, tél. 05 57 51 09 35, vignoblesfeyzeau@orange.fr V r.-v.

DELOR Réserve 2013 ★

| | 33 300 | | - de 5 € |

Dans le giron du groupe CVBG (Alain Thiénot), cette maison de négoce fondée en 1864 est l'une des plus anciennes sur la place de Bordeaux.

Les deux cabernets se partagent cette cuvée saumon pastel élevée sur lies fines. Au nez, des parfums intenses d'agrumes, de fraise et de bonbon. Rond en attaque, le palais est savoureux, ample, gras et long, avec un joli retour des arômes fruités en finale. Un beau rosé de repas. ⧗ 2014-2015 🍷 travers de porc au barbecue

Maison Delor, 35, rue de Bordeaux-Parempuyre, CS 80004, 33295 Blanquefort Cedex, tél. 05 56 35 53 00, sandrine.devant@cvbg.com

LE ROSÉ DE FLORIDENE 2013

| | 6 000 | | 5 à 8 € |

Un cru de 35 ha près de Cadillac établi sur un coteau exposé au plein sud. Acquis en 1958 par Jacques David, il est conduit depuis 1976 par sa fille Florence et son gendre Denis Dubourdieu (Doisy-Daëne, Clos Floridène) qui, après l'avoir entièrement restructuré, en ont fait l'une des valeurs sûres des cadillac-côtes-de-bordeaux.

Deux tiers de cabernets dans ce rosé au nez discret et délicat de framboise agrémenté d'une touche minérale. Après une attaque vive, le palais se fait rond et gras. On y retrouve le fruit frais gourmand perçu à l'olfaction, mis en valeur en finale par une belle acidité. ⧗ 2014-2015 🍷 terrine de saumon et légumes

EARL Denis et Florence Dubourdieu, Ch. Reynon, 21, rte de Cardan, 33410 Béguey, tél. 05 56 62 96 51, reynon@wanadoo.fr V r.-v.

FONT-DESTIAC 2013

| | 33 000 | | - de 5 € |

Ce groupement de coopératives rassemble 230 adhérents et 2 000 ha de vignes dans le « Grand Sud-Ouest » viticole. Il propose une large gamme de vins de marque et de propriétés dans quinze AOC.

Une couleur soutenue pour ce rosé de saignée. Les cabernets, qui représentent 50 % de l'assemblage, ressortent dans le nez de fruits rouge, légèrement minéral. Au palais, ce vin montre de la rondeur et de la vinosité, avec ce qu'il faut de fraîcheur, en harmonie avec des notes de fruits rouges écrasés. « Un rosé bien bordelais », selon un juré. ⧗ 2014-2015 🍷 terrine de poulet en gelée

SCA Univitis, 1, rue du Gal-de-Gaulle, 33220 Les Lèves-et-Thoumeyragues, tél. 05 57 56 02 02, h.girou@univitis.fr V t.l.j. sf dim. lun. 9h-12h30 14h30-19h

CH. LA GABARRE 2013

| | 20 000 | | - de 5 € |

François Gabard a repris en 1999 avec son épouse Paola la propriété familiale établie dans la vallée de l'Isle, au nord de Fronsac. Son vignoble de 41 ha est dédié aux

appellations régionales, qu'il propose sous diverses étiquettes.

En baptisant son vin, le producteur a joué sur son nom qui rappelle celui des bateaux utilisés jadis pour le transport des vins. Celui-ci, partagé entre merlot et cabernet-sauvignon, offre des arômes francs de fraise et de framboise assortis d'une touche minérale, une bouche fruitée, à la fois ronde et fraîche, légèrement tannique en finale. ⧗ 2014-2015 🍴 rôti de porc froid

EARL Vignobles Gabard, 25, rte de Cavignac, 33133 Galgon, tél. 05 57 74 30 77, vignobles.gabard@laposte.net V r.-v.

GRANDES VERSANNES 2013

■	26 000		- de 5 €

Fondée en 1937, l'Union des producteurs de Lugon devient les Vignerons du Fronsadais. La coopérative est située en effet sur la rive droite de la Dordogne, à l'ouest de Fronsac. Aujourd'hui, 140 adhérents, des vins de propriété et de marque en canon-fronsac, fronsac et AOC régionales.

Une des plus anciennes marques de la cave, au rosé très régulier. Saignée de pur merlot, ce vin affiche une couleur rose grenade, et joue sur les fleurs et les petits fruits rouges. À l'attaque, une pointe de perlant souligne sa fraîcheur juvénile, contrebalançant la rondeur du palais : un bel équilibre. ⧗ 2014-2015 🍴 pâté en croûte

Union de producteurs de Lugon, 6, rue Louis-Pasteur, 33240 Lugon-et-l'Île-du-Carney, tél. 05 57 55 00 88 V r.-v.

CH. HAUT MAGINET 2013 ★

■	40 000		5 à 8 €

À la tête du domaine familial depuis 1980, Catherine et Jean-Marc Jolivet, épaulés par leurs filles Bénédicte et Marie, ont constitué un vignoble de 105 ha dans l'Entre-deux-Mers, et proposent cinq étiquettes de bordeaux dans les trois couleurs.

Cabernet franc et merlot composent ce rosé à la robe rose pâle, dont la palette explore le bourgeon de cassis et la jacinthe assortis d'une touche amylique. Après une attaque charmeuse, fringante et perlante, la bouche garde cette ligne fruitée et fraîche que souligne une note de pamplemousse. ⧗ 2014-2015 🍴 sabayon d'agrumes

SC Vignobles Jolivet, Saint-Florin, 33790 Soussac, tél. 05 56 61 31 61, jeanmarcjolivet@wanadoo.fr

L'ISLE DOUCE 2013 ★

■	70 000		8 à 11 €

Professionnels du secteur de la communication, Sylvie Douce et François Jeantet ont acquis en 2000 le château de l'Isle Fort, domaine oublié de l'Entre-deux-Mers aux portes de Bordeaux. Ils ont restauré le chai et replanté le vignoble – environ 8 ha sur un plateau de graves et sur des coteaux argilo-calcaires.

Construit sur le merlot escorté des deux cabernets, ce rosé est issu de pressurage, d'où sa robe pâle aux reflets gris perle, son nez original, floral, épicé et minéral (silex), et sa bouche équilibrée et fraîche, perlante, aux accents de violette. ⧗ 2014-2015 🍴 filets de poulet au gingembre

Jeantet-Douce, 36, rte de l'Entre-deux-Mers, 33360 Lignan-de-Bordeaux, tél. 06 82 00 68 95, vtrolet@lislefort.com V r.-v.

♥ CH. LESTRILLE 2013 ★★

■	12 000		5 à 8 €

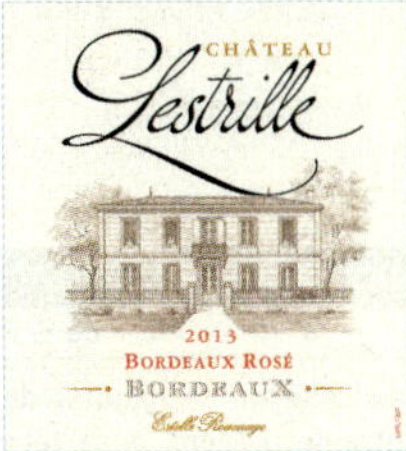

Ce domaine de 42 ha est une des valeurs sûres des AOC régionales. Il est conduit depuis 2006 par Estelle Roumage, qui a succédé à son père Jean-Louis et revendique des vins fruités nés d'une « viticulture durable » (sans certification bio).

Ce coup de cœur, ode au merlot, confirme la bonne opinion que nous avons de cette viticultrice. Les raisins ont été pressurés après une macération de 24 h. Il en résulte une robe soutenue, aux reflets grenadine, et un nez intense, tout en fruits rouges. La framboise, très présente, se retrouve en bouche avec des notes plus vives de groseille et un petit perlant soulignant la fraîcheur aérienne du vin. ⧗ 2014-2015 🍴 lomo a la plancha

EARL Roumage, 15, rte de Créon, 33750 Saint-Germain-du-Puch, tél. 05 57 24 51 02, contact@lestrille.com V t.l.j. sf dim. 9h-12h30 14h-19h; sam. 9h30-12h30; f. sem. du 15 août

CH. MERLET Cuvée Les Collines fleuries 2013 ★

■	60 000		- de 5 €

Acteur important de la place de Bordeaux, Cordier-Mestrezat Grands Crus est né en 2000 de la fusion de deux vénérables maisons de négoce bordelaises : la maison Cordier, fondée en 1886 par Désiré Cordier, et la maison Mestrezat, créée en 1815.

Élaboré en partenariat avec les équipes de Cordier, ce rosé provient d'un domaine de l'Entre-deux-Mers. Mi-merlot mi-cabernets, un vin rose clair au nez floral. Pas trop de corps mais une fraîcheur bien agréable soulignée par un fin perlant. Idéal à l'apéritif. ⧗ 2014-2015 🍴 billes de melon

Grands Crus Cordier-Mestrezat, 109, rue Achard, BP 154, 33042 Bordeaux Cedex, tél. 05 56 11 29 00, contact@cordier-wines.com

DOM. DE L'OMBRIÈRE 2013 ★

■	3 000		- de 5 €

Autre étiquette de Jean Bost, propriétaire du Moulin des Graves (AOC côtes-de-bourg) depuis 1986.

Issu de merlot majoritaire et de cabernet-sauvignon, un rosé proche d'un clairet par sa robe soutenue, son nez de fruits bien mûrs dominé par le cassis et par sa bouche à la fois vineuse et fraîche, légèrement tannique, aux notes de fraise, de fruits exotiques et de bonbon anglais. ⧗ 2014-2015 🍴 ailes de poulet grillées

Jean Bost, Le Poteau, 33710 Teuillac, tél. 05 57 61 30 58, jean-bost@orange.fr V r.-v.

CH. DE L'ORANGERIE 2013

■	166 600		- de 5 €

Couvrant 113 ha dans l'Entre-deux-Mers et la région de Cadillac, ce cru appartient à la famille Icard depuis sa fondation en 1790. À sa tête depuis 1994, Jean-Christophe Icard. Plusieurs étiquettes : château de l'Orangerie, château de la Sablière Fongrave...

Le merlot domine dans ce rosé de couleur pâle au nez ouvert sur les petits fruits rouges et noirs (framboise, mûre et cassis). Les agrumes (pamplemousse) s'ajoutent à cette palette dans une bouche franche et vive. ⧗ 2014-2015 🍴 beignets d'aubergine

SCEA Vignobles Icard, Ch. de l'Orangerie, 33540 Saint-Félix-de-Foncaude, tél. 05 56 71 53 67, orangerie@chateau-orangerie.com

CH. PICONAT 2013

| | 10 000 | | - de 5 € |

Quatre générations se sont succédé sur ce vignoble de 50 ha situé au cœur de l'Entre-deux-Mers. À sa tête depuis 2003, Christophe Guicheney développe la vente directe.

Les deux cabernets ont été vendangés précocement pour produire ce rosé qui provient de pressurage direct. Le résultat ? Une couleur saumon pâle, un nez léger de fruits rouges épicés et mentholés, et une bouche perlante et nerveuse. ⧗ 2014-2015 🍴 taboulé

EARL Comin-Guicheney, 3, Piconnat, 33790 Soussac, tél. 05 56 61 33 97, christophe.guicheney@orange.fr V r.-v.

CH. LES ROCS DE PLAISANCE 2013

| | 4 600 | | - de 5 € |

Succédant à son père, Sandrine Tramier s'est installée en 2002 sur le domaine familial : 31 ha de vignes aux environs de Sainte-Foy-la-Grande.

Une petite cuvée bâtie sur le seul cabernet-sauvignon. À l'aération, elle libère des senteurs de fruits rouges nuancées de notes de genêt et de bourgeon de cassis. La bouche est à la fois fraîche et suave. ⧗ 2014-2015 🍴 assiette de charcuterie

Sandrine Tramier, EARL Tramier et Fille, 1, Les Places, 33220 Pineuilh, tél. 06 70 93 27 09, lesrocsdeplaisance@voila.fr V r.-v.

CH. ROQUEFORT 2013 ★

| | 17 000 | | 5 à 8 € |

Dans l'Entre-deux-Mers, le promontoire de Roquefort fut un ancien oppidum gaulois. Après le rachat de la propriété en 1976 par l'industriel Jean Bellanger, un chai très moderne aménagé en partenariat avec la faculté d'œnologie de Bordeaux a vu le jour. Premières vinifications en 1987. Aujourd'hui, un vaste domaine (86 ha) conduit avec talent par Frédéric Bellanger.

Le domaine pratique de longue date la macération pelliculaire qui a permis, après pressurage, d'obtenir ce rosé de pur cabernet franc. Un vin proche d'un clairet par sa teinte fuchsia, par son nez vineux dominé par les fruits rouges bien mûrs, par sa structure, son ampleur et son gras. L'attaque, vivifiante et acidulée, est équilibrée par des impressions de douceur. ⧗ 2014-2015 🍴 poulet grillé en crapaudine

Ch. Roquefort, lieu-dit Roquefort, 33760 Lugasson, tél. 05 56 23 97 48, mscl@chateau-roquefort.com V t.l.j. 9h-12h30 14h-17h30 Bellanger

CH. TOUR DE MIRAMBEAU Réserve 2013 ★

| | 42 000 | | 8 à 11 € |

Installé dans l'Entre-deux-Mers sur un plateau calcaire et veillé par une vénérable tour se dessant au milieu des plus vieilles vignes de la famille, c'est le domaine historique de la famille Despagne, à la tête de nombreux crus et d'un vaste ensemble de 300 ha. Une valeur sûre.

Une vinification soignée pour ce rosé à majorité de cabernet-sauvignon : pressurage direct, stabulation à froid, élevage sur lies. Il en résulte une robe pâle, saumon clair, et des parfums frais d'agrumes, de fleurs et de fruits rouges juste cueillis qui se prolongent au palais. De l'attaque à la longue finale sur le pamplemousse, une belle vivacité vient équilibrer en bouche les impressions de rondeur. ⧗ 2014-2015 🍴 grattons de Lormont ■ Ch. Lion Beaulieu Réserve 2013 (7 000 b.) : très proche du précédent, peut-être un peu plus simple. ⧗ 2014-2015

SCEA de la Rive droite, 2, Le Touyre, 33420 Naujan-et-Postiac, tél. 05 57 84 55 08, contact@despagne.fr V r.-v. Despagne

WINE NOTE! 2013

| | 45 000 | | 5 à 8 € |

Créée en 1974, la coopérative de Tutiac regroupe 550 viticulteurs. Un acteur important de la haute Gironde, qui produit des vins de côtes (blaye-côtes-de-bordeaux et côtes-de-bourg) et d'appellations régionales.

Le merlot (70 %) s'allie au cabernet franc dans ce rosé au nez tout en fruits acidulés (groseille, framboise, fraise des bois). On retrouve ce méli-mélo de fruits rehaussé d'épices dans une bouche à la fois vive et suave. ⧗ 2014-2015 🍴 sambusek au fromage

Les Vignerons de Tutiac, La Cafourche, 33860 Marcillac, tél. 05 57 32 48 33, laurie@tutiac.com V r.-v.

BORDEAUX SEC

• Superficie : 6 740 ha • Production : 418 650 hl

CH. BEL AIR PERPONCHER Réserve 2013 ★

| | 80 000 | | 8 à 11 € |

Ancienne propriété de la famille Perponcher, qui dut fuir vers la Hollande après la révocation de l'édit de Nantes, acquise en 1990 par la maison Despagne. Un cru situé sur un plateau argilo-siliceux dominant la Dordogne, incontournable en bordeaux (dans les trois couleurs), bordeaux supérieur et entre-deux-mers.

Un 2013 issu du trio blanc bordelais (sauvignon, sémillon, muscadelle), au nez bien typé de buis, de fleurs blanches et d'agrumes. Tout aussi expressif, le palais se montre vif et alerte, ample et long. ⧗ 2014-2017 🍴 wok de gambas aux légumes croquants ■ Grande Cuvée 2012 ★ (15 à 20 € ; 8 000 b.) : un vin élevé en fût, bien équilibré entre le bois et le fruit, entre la douceur et la vivacité. ⧗ 2014-2018 ■ Ch. Rauzan Despagne Grand Vin 2012 ★ (15 à 20 € ; 8 000 b.) : un joli nez de noisette et d'agrumes, ample, gras et boisé avec justesse. ⧗ 2014-2018

SCEA Vignobles Despagne, Le Touyre, 33420 Naujan-et-Postiac, tél. 05 57 84 55 08, contact@despagne.fr V r.-v.

CH. BELLE-GARDE 2013 ★

| | 33 000 | | - de 5 € |

Bordeaux ou bordeaux supérieur, rouge ou blanc, Éric Duffau vinifie avec brio les AOC régionales. Il a repris en 1979 le domaine familial situé dans l'Entre-deux-Mers,

sur la rive gauche de la Garonne. Son vignoble de 46 ha est situé pour l'essentiel sur des coteaux faisant face à Saint-Émilion.

Ce 2013 déploie un nez intensément fruité, aux accents exotiques, agrémenté de nuances de buis et de fleurs blanches. Un caractère sauvignonné que ne renie pas non plus un palais au caractère affirmé, structuré, ample, tonique et long. 2014-2017 vitello tonnato

SC Vignobles Éric Duffau, 2692, rte de Moulon, 33420 Génissac, tél. 05 57 24 49 12, duffau.eric@wanadoo.fr V r.-v.

SAUVIGNON BY BEYNAT 2013 ★★

5 020 | 5 à 8 €

Nathalie Boyer et Alain Tourenne ont repris en 2008 ce cru créé en 1917 par Léonard Nebout, quincaillier de son état ; ils ont converti au bio les 14 ha de vignes dédiés aux castillon, saint-émilion et bordeaux dans les trois couleurs.

Si c'est en rouge que le domaine se distingue habituellement, grâce à ses castillon notamment, il montre ici tout son savoir-faire en blanc avec ce pur sauvignon dont l'étiquette représentant une cigogne rend hommage aux origines alsaciennes de Nathalie Boyer. Dans le flacon, un vin équilibré, à la fois intense et élégant, au nez complexe et ouvert de fruits jaunes confits, d'amande et de fleurs blanches, au palais ample, consistant, gras, puissamment fruité et d'une longueur remarquable. 2014-2019 blanquette de poisson

SCEA Ch. Beynat, 23 bis, Ch. Beynat, 33350 Saint-Magne-de-Castillon, tél. 05 57 40 01 14, mail@chateaubeynat.com V t.l.j.sf sam. dim. 8h-19h Boyer et Tourenne

BLANC DE BIROT 2013

7 200 | 5 à 8 €

Éric et Hélène Fournier-Castéja, propriétaires depuis 1989, ont confié en 2010 les clés du domaine à leur fils Arthur, rejoint par son frère Louis en 2013. Un vignoble de 37 ha bien exposé sur les pentes argilo-calcaires dominant la Garonne autour de Cadillac.

Ce vin propose une large gamme aromatique qui mêle les fleurs blanches, la pêche, l'ananas, la camomille sur un fond de minéralité. Une palette prolongée par un palais souple et tendre, soutenu par une fraîcheur citronnée. 2014-2017 poisson à l'estragon

Fournier-Castéja, Ch. de Birot, 33410 Béguey, tél. 05 56 62 68 16, contact@chateau-birot.com V r.-v.

CHAI DE BORDES 2013 ★

80 000 | - de 5 €

Le château de Bordes appartient à la famille Quancard depuis 1948. La marque Chai de Bordes de sa célèbre maison de négoce a été lancée en 1975 à partir des vendanges de petites propriétés alentour.

Une dominante de sémillon dans ce 2013 au bouquet discret mais plaisant de fruits mûrs et de fleurs blanches. Le palais offre un bon volume, du gras et une juste vivacité citronnée qui crée l'équilibre et apporte du tonus à l'ensemble. 2014-2016 brochette de crevettes sauce soja

Cheval Quancard, ZI La Mouline, 4, rue du Carbouney, BP 36, 33565 Carbon-Blanc Cedex, tél. 05 57 77 88 88, chevalquancard@chevalquancard.com V r.-v. au Ch. de Bordes à Saint-Vincent-de-Paul

BORDELAIS

CHANTET BLANET 2013

196 000 | - de 5 €

Dans le giron du groupe CVBG (Alain Thiénot), cette maison de négoce fondée en 1864 est l'une des plus anciennes sur la place de Bordeaux.

Marque de distribution des magasins Leclerc, cette cuvée issue du seul sauvignon dévoile un nez fin de fruits blancs et de pamplemousse agrémenté de nuances florales. La bouche, sans afficher un gros volume, intéresse par sa fraîcheur et son fruité. 2014-2016 moules marinière

Maison Delor, 35, rue de Bordeaux-Parempuyre, CS 80004, 33295 Blanquefort Cedex, tél. 05 56 35 53 00, sandrine.devant@cvbg.com

BLANC DE CHASSE-SPLEEN 2012

13 500 | 11 à 15 €

Premier cru acquis par Jacques Merlaut (1976), cofondateur du groupe Taillan, Chasse-Spleen doit sa notoriété en partie à son nom, suggéré dit-on au propriétaire de l'époque par le peintre bordelais Odilon Redon, illustrateur des *Fleurs du mal*, ou par Lord Byron, amateur du vin de la propriété, « qui n'a pas son pareil pour chasser les idées noires »... Mais la renommée de ce vaste domaine (103 ha) tient aussi, et surtout, à l'ancienneté de sa vocation viticole (1865) et à la qualité de ses vins, nés sur un terroir de graves garonnaises. Aux commandes depuis 2000, Céline Villars-Foubet, petite-fille de Jacques Merlaut.

À l'ombre des moulis, naissent ici des blancs secs de belle facture, à l'image de ce 2012 à dominante de sémillon (65 %). Un vin doré qui mêle un boisé fumé aux fruits exotiques et au pamplemousse, et joue l'équilibre en bouche entre rondeur du sémillon et fraîcheur du sauvignon. 2014-2017 poisson sauce crémée

Ch. Chasse-Spleen, 32, chem. de la Raze, 33480 Moulis-en-Médoc, tél. 05 56 58 02 37, info@chasse-spleen.com V r.-v.
Céline Villars-Foubet

CLOS LA CHATAIGNIÈRE 2013

600 | - de 5 €

Un vignoble de 15,5 ha planté autour d'un moulin à vent construit en 1984 par le père de Laurent Français. Ce dernier est aux commandes du domaine familial avec son épouse Karine depuis 1995.

Ce pur sauvignon livre un bouquet plaisant et typé de fruits exotiques et d'agrumes. Tout aussi fruitée, la bouche associe gras, douceur et fraîcheur dans un bon équilibre. 2014-2016 saumon à l'unilatéral

Laurent Français, 1, Les Grandes-Terres, 33240 Périssac, tél. 06 85 52 26 88, laurent.francais@sfr.fr V r.-v. B

CLUB DES SOMMELIERS
Cuvée Éléonore Élevé en fût de chêne 2013

■	45 000		- de 5 €

L'une des marques de l'importante maison de négoce Cheval Quancard, fondée en 1844 par Pierre Quancard et aujourd'hui présente dans tout le vignoble bordelais.

Assemblage classique des trois cépages blancs du Bordelais, ce 2013 a connu le bois. Grâce à quoi, il dévoile un bouquet finement grillé et vanillé, agrémenté de nuances fruitées (citron mûr), prolongé par un palais rond, charnu, d'un bon volume. ⧗ 2014-2018 🍷 volaille à la crème

Pierre Dumontet, ZI La Mouline, 4, rue du Carbouney, BP 36, 33565 Carbon-Blanc Cedex, tél. 05 57 77 88 88 V r.-v.

CH. LES COMBES 2013 ★

■	n.c.		8 à 11 €

Les Borderie, vignerons depuis cinq générations, exploitent 47 ha : en bordeaux supérieur avec Les Gravières de la Brandille, leur berceau, créé en 1963, en lussac et en bordeaux avec Les Combes, dans la famille depuis la fin du XIXe s., et en lalande avec le Ch. Vieille Dynastie acquis en 2011. Frédéric Borderie est aux commandes depuis 2005.

Une forte dominante de sémillon (90 %), une vinification et un élevage en barrique, ce bordeaux sec sort de l'ordinaire et vise un style gastronomique. Au nez, le toasté domine le fruit sans l'étouffer. En bouche, le merrain, bien travaillé, apporte de la structure et des notes grillées et vanillées, tout en laissant le vin s'exprimer, sur les agrumes notamment ⧗ 2014-2019 🍷 volaille à la crème et aux girolles

EARL Vignobles Borderie, 117-119, rue de la République, 33230 Saint-Médard-de-Guizières, tél. 05 57 69 83 01, jpborderie@wanadoo.fr V t.l.j. sf dim. 8h-12h 14h-19h

CH. LA COMMANDERIE DE QUEYRET 2013 ★

■	25 000		5 à 8 €

En 1967, Claude et Simone Comin ont établi leur domaine à l'emplacement d'une ancienne commanderie des Templiers du XIII^{e}s., depuis laquelle ils exploitent avec leur fille Sylvie une centaine d'hectares dans l'Entre-deux-Mers.

Ce 100 % sauvignon s'ouvre sans réserve sur des senteurs de... sauvignon (bourgeon de cassis, citron), agrémentées de nuances épicées et mentholées. Le palais, à l'unisson, se montre vif et fringant, accompagné jusqu'en finale par la fraîcheur caractéristique du cépage. ⧗ 2014-2017 🍷 sushis et makis ■ Ch. Tour Chapoux 2013 (25 000 b.) : un pur sauvignon bien typé également, tonique et frais (agrumes, buis). ⧗ 2014-2016

Comin, Ch. la Commanderie, 33790 Saint-Antoine-du-Queyret, tél. 05 56 61 31 98, vignoble.comin@wanadoo.fr V r.-v.

DOM. DE LA CROIX 2013

■	6 600		- de 5 €

En parallèle de son activité de directeur d'exploitation dans un grand domaine bordelais, Jean-Yves Arnaud a repris en 1981 le cru familial Frappe-Peyrot, bonne référence en cadillac. Il produit aussi en bordeaux et en loupiac.

Agrumes, fruits exotiques et note minérale composent un joli bouquet, alerte et engageant. La bouche suit la même ligne aromatique et reste dans le ton de la vivacité, sans manquer toutefois de gras et d'équilibre. ⧗ 2014-2017 🍷 fruits de mer

SCEA Vignobles Jean-Yves Arnaud, 16, La Croix, 33410 Gabarnac, tél. 05 56 62 18 92, jy-arnaud@yahoo.fr V r.-v.

CH. DU CROS 2013

■	36 000		5 à 8 €

Établi sur les hauteurs de Loupiac, le château du Cros est étroitement lié à l'histoire du duché anglo-gascon d'Aquitaine au Moyen Âge. Fief des Boyer depuis quatre générations, il commande un vignoble de 95 ha sur les deux rives de la Garonne, produisant sous diverses étiquettes des vins de qualité, notamment en blanc.

Les sauvignons blanc (90 %) et gris composent un vin charmeur et bien construit autour des fleurs blanches et des agrumes à l'olfaction, onctueux et rond en bouche, avec une pointe de vivacité en soutien. ⧗ 2014-2016 🍷 escalope de veau à la crème

Vignobles Boyer, Ch. du Cros, 33410 Loupiac, tél. 05 56 62 99 31, contact@chateauducros.com V t.l.j. 8h-12h30 13h30-18h; sam. dim. sur r.-v.

DOM. DE DAMAZAC 2013

■	2 400		- de 5 €

Louis Feyzeau acquiert le vignoble en 1948 sur la rive gauche de la Dordogne. Son fils Jean-Raymond le restructure et son petit-fils Olivier le conduit depuis 2002. Un ensemble d'une trentaine d'hectares en AOC régionales.

Sauvignon et sémillon (40 %) composent ce vin au nez avenant d'amande, de fleurs blanches, d'agrumes et de fruits exotiques. Equilibré entre gras et vivacité, le palais fait écho à l'olfaction, y ajoutant une petite touche minérale. ⧗ 2014-2016 🍷 bourriche d'huîtres

SCEA Vignobles Feyzeau, 1, La Capelle, 33500 Arveyres, tél. 05 57 51 09 35, vignoblesfeyzeau@orange.fr V r.-v.

CH. DOISY-DAËNE 2012 ★

■	18 310		15 à 20 €

Si Doisy Daëne possède un beau terroir (18,2 ha) de sables rouges et de graviers, c'est plus encore par ses méthodes de travail que le cru se distingue, ce depuis son acquisition par Georges Dubourdieu en 1924. De 1945 à 2000, Pierre, son fils, rêvant d'un vin sans soufre, a multiplié les expérimentations. Depuis 2000, Denis, troisième du nom, professeur à la faculté de Bordeaux et consultant de renommée internationale, a orienté ses recherches, tant universitaires que personnelles, sur les arômes et notamment les précurseurs d'arômes.

C'est Georges Dubourdieu qui lança dans les années 1950 la première cuvée de blanc sec de Doisy-Daëne. Ici, un pur sauvignon au nez intense de fruits exotiques et de fleurs blanches souligné par un boisé délicat et fondu. Du gras, du volume, une fine vivacité minérale et un bon merrain toasté en appoint, le palais est dans le ton. ⧗ 2014-2018 🍷 sot-l'y laisse de dinde à la crème

EARL Pierre et Denis Dubourdieu, Ch. Doisy-Daëne, 33720 Barsac, tél. 05 56 62 96 51, reynon@wanadoo.fr
V r.-v.

DOURTHE La Grande Cuvée 2013 ★

■	300 000	🍾	5 à 8 €

Célèbre négoce fondé en 1840 par Pierre Dourthe, propriétaire de plusieurs crus (comme Maucaillou à Moulis) et élaborateur de vins de marque. Une valeur sûre restée étroitement liée au Médoc, depuis 2007 intégrée au groupe familial champenois Alain Thiénot.

Comme toujours pour la Grande Cuvée, Thomas Drouineau, l'œnologue maison, a opéré une sélection parcellaire de sauvignons nés à l'est et au nord de l'AOC. Au chai, toujours la même recette aussi : macération pelliculaire, fermentation à basse température, élevage sur lies fines durant six mois. Dans le verre, un vin ouvert sur les fruits blancs, le bourgeon de cassis et une fine minéralité, tonique, frais et persistant au palais, auquel une finale sur le zeste de citron apporte un regain de dynamisme. ⌛ 2014-2017 🍴 poisson blanc sauce maître d'hôtel ■ Ch. Beau Mayne 2013 ★ (200 000 b.) : un nez « explosif » de fruits exotiques et de genêt, relayé par une bouche bien balancée entre douceur et fraîcheur. ⌛ 2014-2017

Dourthe, 35, rue de Bordeaux-Parempuyre, CS 80004, 33295 Blanquefort Cedex, tél. 05 56 35 53 00, contact@dourthe.com

CH. LA FREYNELLE 2013 ★★

■	30 000	🍾	5 à 8 €

Transmis de père en fils depuis 1789 et sept générations, ce domaine familial est conduit depuis 1991 par Véronique Barthe, à la tête d'un vignoble de 80 ha établi sur des croupes argilo-calcaires de l'Entre-deux-Mers.

Le sauvignon (60 %) associé au sémillon et à la muscadelle à parts égales a donné naissance à ce vin complexe et suave dès l'olfaction : fruits exotiques, fruits secs, fleur d'acacia, touche minérale... Un côté « charnel », selon un juré, que l'on retrouve dans une bouche tendre, voluptueuse, ronde mais jamais lourde, grâce à une fine acidité qui lui confère une juste nervosité. ⌛ 2014-2018 🍴 bar en croûte de sel

Véronique Barthe, 9, Peyrefus, 33420 Daignac, tél. 05 57 84 55 90, veronique@vbarthe.com V r.-v.

CH. GRAND-PORTAIL 2013 ★★

■	21 000	🍾	5 à 8 €

À la tête de 50 ha de vignes implantées dans ce petit pays de l'Entre-deux-Mers appelé Haut-Benauge, Olivier Cailleux perpétue une exploitation qui existe depuis 1881 et six générations.

Finaliste des coups de cœur, ce 2013 s'annonce par un bouquet élégant et fin de fruits exotiques vivifié par une touche mentholée. Le palais ? Du gras, du volume, un fruité intense et cette pointe de menthe qui rappellent l'olfaction, avec la vivacité « qui va bien » en soutien. ⌛ 2014-2017 🍴 tagliatelles aux fruits de mer ■ Ch. la Mazerolle 2013 ★ (6 000 b.) : un style proche pour ce vin aromatique (acacia, poire, fruits exotiques), qui marie harmonieusement fraîcheur et pointe de douceur. ⌛ 2014-2017

EARL DCOC, La Péreyre, 33760 Escoussans, tél. 05 56 23 63 23 V r.-v.

CH. DES GRAVIÈRES 2013 ★

■	12 000	🍾	8 à 11 €

Établis à Loupiac depuis huit générations, les Darriet exploitent 62 ha sur les deux rives de la Garonne avec plusieurs crus. Si leurs rouges sont de qualité, ils possèdent un réel savoir-faire en matière de vin blanc, doux comme sec – Philippe Darriet, l'œnologue, est chercheur à la Faculté de Bordeaux et spécialiste du sauvignon.

Un cépage que l'on retrouve à hauteur de 90 % dans cette cuvée au nez expressif et complexe de fruits exotiques, d'abricot, d'agrumes et de cire d'abeille. Une trame aromatique que prolonge une bouche vive en attaque, plus ronde et riche dans son développement, mais sans jamais perdre de sa fraîcheur. ⌛ 2014-2017 🍴 tartare de saint-jacques

SCJ Darriet, Ch. Dauphiné-Rondillon, 33410 Loupiac, tél. 05 56 62 61 75, contact@vignoblesdarriet.fr
V t.l.j. 8h30-12h30 14h-18h; sam. dim. sur r.-v.

CH. HAUT-MONDAIN 2013 ★

■	50 000	🍾	- de 5 €

Arrivé d'Algérie en 1961, Charles Yung a bâti un vaste ensemble de propriétés dans le Bordelais ainsi qu'un négoce : aujourd'hui 120 ha de vignes, principalement implantées sur les coteaux de Garonne, autour de Béguey. Son fils Jean-Christophe est aux commandes depuis 1992.

Haut-Mondain est la propriété historique de la famille, acquise en 1962. Ce 2013 fait la part belle au sémillon (50 %), complété par le sauvignon et la muscadelle. Le nez associe le minéral (silex) au variétal (citron, buis, fleurs blanches). Le palais, souple et élégant, est construit sur une fine acidité qui lui confère une juste fraîcheur et une longueur appréciable. ⌛ 2014-2018 🍴 saint-jacques coriandre et citron

SCEA Charles Yung et Fils, 8, chem. de Palette, BP 38, 33410 Béguey, tél. 05 56 62 94 85, r.yung@wanadoo.fr V t.l.j. sf sam. dim. 9h-12h30 13h30-18h30; f. août

CH. HAUT PEYRUGUET 2013

■	200 000	5 à 8 €

À la tête du domaine familial depuis 1980, Catherine et Jean-Marc Jolivet, épaulés par leurs filles Bénédicte et Marie, ont constitué un vignoble de 105 ha dans l'Entre-deux-Mers, et proposent cinq étiquettes de bordeaux dans les trois couleurs.

Au nez, des notes classiques d'agrumes et de buis se mêlent à d'intéressantes nuances épicées (gingembre). Une attaque très nerveuse introduit un palais franc et vif, attendri par une pointe de douceur. ⌛ 2014-2015 🍴 tartare de saumon

SC Vignobles Jolivet, Saint-Florin, 33790 Soussac, tél. 05 56 61 31 61, jeanmarcjolivet@wanadoo.fr

CH. HAUT RIAN 2013 ★

■	86 000	🍾	- de 5 €

Isabelle, Champenoise d'origine, et Michel Dietrich, œnologue alsacien, tous deux enfants de vignerons, s'installent en 1988 à Rions, petite cité fortifiée du XIVe s. Aujourd'hui à la tête d'un vignoble de 80 ha, ils se distinguent avant tout par leurs blancs secs.

Ce 2013 associe 40 % de sémillon au sauvignon. Il séduit d'emblée par son bouquet complexe d'épices, de fruits blancs, de citron et de fleurs blanches. Un charme aromatique que l'on retrouve dans une bouche équilibrée, à la fois tendre, souple et fraîche. ⌛ 2014-2017 🍷 dos de cabillaud sauce aux agrumes ■ Cuvée Excellence 2012 ★ (5 à 8 € ; 8 200 b.) : un vin élevé neuf mois en fût, vanillé, ample, suave et gras, avec ce qu'il faut de fraîcheur pour apporter l'équilibre ⌛ 2015-2019

🔑 EARL Michel Dietrich, 10, La Bastide, 33410 Rions, tél. 05 56 76 95 01, chateauhautrian@wanadoo.fr V t.l.j. sf sam. dim. 9h-12h 14h-17h

KRESSMANN Grande Réserve 2013 ★

■	250 000	▮	- de 5 €

Négoce fondé en 1871 par Edouard Kressmann. Associé en 1967 avec Dourthe pour créer le CVGB, il entre dans le giron du Champenois Alain Thiénot en 2007. Outre ses vins de marque, dont l'historique Kressmann Monopole Dry lancé en 1897, il propose une vaste sélection de crus, dont Latour-Martillac, propriété de la famille.

Distribuée exclusivement auprès du réseau CHR, la Grande Cuvée assemble sauvignon, sémillon et muscadelle. Le 2013 est un vin délicatement bouqueté autour des agrumes, du genêt et de la pierre à fusil. Élégante, vive, tout en fruit, la bouche ne manque ni de consistance ni de longueur. Un ensemble bien typé et fin. ⌛ 2014-2017 🍷 bar rôti au laurier

🔑 Kressmann, 35, rue de Bordeaux-Parempuyre, CS 80004, 33295 Blanquefort Cedex, tél. 05 56 35 53 00, contact@kressmann.com

LABOTTIÈRE Réserve Cuvée Prestige 2013 ★

■	54 600	▮ ◍	8 à 11 €

Acteur important de la place de Bordeaux, Cordier-Mestrezat Grands Crus est né en 2000 de la fusion de deux vénérables maisons de négoce bordelaises : la maison Cordier, fondée en 1886 par Désiré Cordier, et la maison Mestrezat, créée en 1815.

Complexe et ouvert, ce vin livre des parfums d'agrumes et de fruits exotiques soulignés par un boisé délicat. Gras, rond, sous-tendu par une fine vivacité, le palais se distingue par sa finesse et son équilibre, et offre une belle et longue finale aux accents miellés. ⌛ 2014-2018 🍷 navarin de la mer

🔑 Grands Crus Cordier-Mestrezat, 109, rue Achard, BP 154, 33042 Bordeaux Cedex, tél. 05 56 11 29 00, contact@cordier-wines.com

CH. LARY 2013 ★

■	55 000	▮	- de 5 €

La famille Forcato s'installe en 1950 sur les terres argilo-sableuses et calcaires du plateau de l'Entre-deux-Mers, à 10 km de La Réole, et exploite 70 ha vinifiés sous les étiquettes château Lary et château Moulin du Terrier.

Le nez, intense et de bonne complexité, mêle l'ananas, l'abricot, les agrumes et une touche d'amande. Il y a de l'intensité aussi en bouche, où le vin se révèle ample, long, sans excès de vivacité. ⌛ 2014-2017 🍷 reblochon ■ Ch. Moulin du Terrier 2013 (55 000 b.) : fleurs blanches, buis et agrumes au nez, jolie rondeur et bon volume en bouche, un vin plaisant et harmonieux. ⌛ 2014-2016

🔑 GAEC Forcato et Fils, Tabot, Fosses-et-Baleyssac, 33190 La Réole, tél. 05 56 61 77 91

CH. LAUDUC Cuvée Classic 2013

■	13 000	▮	- de 5 €

Conduit par les frères Régis et Hervé Grandeau, ce cru familial naguère dédié à la production de lait, de raisins de table et de fruits, étend son vignoble de 54 ha sur les plus hauts coteaux argilo-calcaires et graveleux de Tresses, à une dizaine de kilomètres de Bordeaux.

Une belle intensité aromatique se dégage du verre : fruits exotiques, citron, fruits blancs. Souple et franc en attaque, le palais laisse une agréable sensation d'équilibre entre fraîcheur, rondeur et fruité. ⌛ 2014-2016 🍷 salade pamplemousse et crevettes

🔑 Vignobles Grandeau, 5, av. de Lauduc, 33370 Tresses, tél. 05 57 34 43 56, m.grandeau@lauduc.fr V r.-v.

♥ CH. LESTRILLE CAPMARTIN 2012 ★★

■	20 000	◍	5 à 8 €

Ce domaine de 42 ha est une des valeurs sûres des AOC régionales. Il est conduit depuis 2006 par Estelle Roumage, qui a succédé à son père Jean-Louis et revendique des vins fruités nés d'une « viticulture durable » (sans certification bio).

Mangue mûre, litchi, pamplemousse, léger vanillé, touche de miel d'acacia... Le bouquet de ce 2012 né du sémillon (46 %) et des deux sauvignons (42 % de gris, 12 % de blanc) est d'une belle complexité et d'une élégance certaine. Une attaque franche et fraîche ouvre sur un palais gras, ample, soyeux, qui prolonge les subtilités aromatiques de l'olfaction et déploie une superbe et longue finale sur le raisin sec et l'orange amère. ⌛ 2015-2020 🍷 filet de bar sauce à la bigarrade

🔑 EARL Roumage, 15, rte de Créon, 33750 Saint-Germain-du-Puch, tél. 05 57 24 51 02, contact@lestrille.com V t.l.j. sf dim. 9h-12h30 14h-19h; sam. 9h30-12h30; f. sem. du 15 août

CH. LOUDENNE 2012 ★

■	20 000	◍	11 à 15 €

Une chartreuse rose du XVII^e^s., un chai et un petit port du XIX^e^s., une collection de roses anciennes, le « Pink Château », comme on le surnomme, est un haut lieu touristique du Médoc. C'est aussi un beau terroir de 132 ha établi sur une croupe de graves en bordure de l'estuaire. Passé en 2013 des Lafragette au groupe chinois de spiritueux Moutai.

C'est un bouquet élégant de noisette, d'amande fraîche et d'agrumes qui ouvre la dégustation. On retrouve ces arômes avec persistance dans une bouche ronde, étayée par un boisé bien ajusté et une fine vivacité. ⌛ 2014-2017 🍷 tempura de volaille au curry

🔑 SAS Ch. Loudenne, 33340 Saint-Yzans-de-Médoc, tél. 05 56 73 17 88, contact@chateau-loudenne.com V t.l.j. 9h-12h30 13h30-17h30; nov. à mars sur r.-v. 5 🔑 Moutai

EOS DU CH. DE LUGAGNAC 2012

■	10 000	◖◗	11 à 15 €

Commandé par un château féodal datant des XIe et XIII[e]s., partiellement remanié au XVII[e]s., ce cru de l'Entre-deux-Mers est l'une des valeurs sûres en appellations régionales. Propriété de la famille Bon depuis 1969, il est passé sous pavillon chinois en 2012.

Issu à 90 % de sauvignon gris, le solde en sémillon, ce 2012 livre un bouquet complexe de noisette, de beurre, de caramel et de fruits exotiques. La bouche se révèle ronde, riche et d'un bon volume, marquée par une touche d'amertume en finale. ⧗ 2014-2018 🍴 volaille à la crème

🔑 SCEA du Ch. de Lugagnac, 33790 Pellegrue, tél. 05 56 61 30 60, contact@lugagnac.com 🔑 Yi Gao

CH. MAISON NOBLE 2013 ★★

■	5 000	◖◗	5 à 8 €

Appartenant à une ancienne famille de tonneliers et de viticulteurs, Jean-Bertand Marqué a quitté le monde de l'expertise comptable pour renouer en 2012 avec l'héritage familial et reprendre ce cru de 20 ha.

Ce 100 % sauvignon élevé quatre mois en fût a concouru pour le coup de cœur. Ses atouts : une élégante robe dorée ; un nez généreux et complexe de vanille, d'amande, de fruits exotiques et de pâte de coings ; une bouche dense, riche, onctueuse, qui marie harmonieusement les sensations boisées aux arômes caractéristiques du cépage, et s'étire dans une longue finale fraîche. ⧗ 2015-2019 🍴 suprêmes de poulet à l'estragon

🔑 SARL Ch. Maison Noble, 1, Maison Noble, 33230 Maransin, tél. 06 17 66 56 33, jmarque@chateau-maisonnoble.com V r.-v.

CH. MARJOSSE 2013 ★

■	20 000	🍾	8 à 11 €

Pierre Lurton, directeur de Cheval Blanc et de Yquem, a repris en 1991 ce cru de l'Entre-deux-Mers, séduit par son terroir apparenté à celui de Saint-Émilion. Vignoble entièrement restructuré (50 ha), création d'un nouveau chai, premières cuvées en 2000 et, depuis, des vins très réguliers en qualité.

Ce bordeaux sec issu de sauvignon (75 %), de sémillon et de muscadelle a été élevé sur lies pendant deux mois avec des bâtonnages réguliers. Le résultat ? Un vin d'un abord discret, qui s'ouvre à l'aération sur un joli fruité d'agrumes. D'une belle vivacité en attaque, le palais déploie ensuite une matière ample et ronde, soyeuse et avenante. Un ensemble harmonieux. ⧗ 2014-2017 🍴 carpaccio de saint-jacques

🔑 EARL Pierre Lurton, Ch. Marjosse, 33420 Tizac-de-Curton, tél. 05 57 55 57 80, pierre.lurton@orange.fr V r.-v.

CH. MÉMOIRES
Fleur d'opale Élevé en fût de chêne 2012

■	2 500	◖◗	5 à 8 €

Ce domaine fondé en 1985 par Jean-François Ménard étend son vignoble de 32 ha (en cours de conversion bio) sur les premiers coteaux de la rive droite de la Garonne, essentiellement dans les communes de Saint-Maixant et de Pian-sur-Garonne.

Cuvée haut de gamme du domaine, ce vin élevé un an en fût s'ouvre sur d'intenses notes boisées, complétées à l'aération par les fruits frais. Douce et ronde en attaque, la bouche s'appuie sur un boisé encore un peu dominateur et trouve l'équilibre grâce à une belle vivacité citronnée. ⧗ 2015-2018 🍴 saumon au beurre blanc

🔑 Jean-François Ménard, Ch. Mémoires, 33490 Saint-Maixant, tél. 05 56 62 06 43, contact@chataumemoires.fr V t.l.j. 8h30-12h 13h30-18h

CH. MONT-PÉRAT 2012 ★★

■	96 000	🍾 ◖◗	15 à 20 €

Une ancienne place-forte remaniée au XIX[e]s., qui commande un vaste vignoble de 100 ha d'un seul tenant acquis en 1998 par les Despagne. Un cru très réputé en Chine depuis que le vin a été comparé à... un concert de Freddie Mercury dans le célèbre manga *Les Gouttes de Dieu*.

L'une des nombreuses cuvées des Despagne retenue, comme souvent, dans ces pages. Ici, un assemblage classique sauvignon-sémillon à l'origine d'un vin intense à l'olfaction : buis et bon bois au premier nez, agrumes et noisette à l'aération. Après une attaque douce et tendre, le palais se montre plus tendu, soutenu par une superbe vivacité, et d'une longueur remarquable. ⧗ 2014-2018 🍴 sole meunière ■ **Les Amants de Mont-Pérat 2012 ★** (8 à 11 € ; 11 000 b.) : mi-sauvignon mi-muscadelle, ample, très frais et expressif (buis, agrumes, litchi). ⧗ 2014-2017 ■ **Ch. Franc-Pérat 2013 ★** (8 à 11 € ; 40 000 b.) : le « petit frère » de Mont-Pérat, en version cuve, un vin floral et fruité, souple, frais et très harmonieux. ⧗ 2014-2017

🔑 SCEA Mont-Pérat, Le Touyre, 33420 Naujan-et-Postiac , tél. 05 57 84 55 08, contact@despagne.fr V r.-v. 🔑 Despagne

CH. MOUSSEYRON 2013

■	17 000	🍾	- de 5 €

Un domaine familial de 30 ha datant de 1880, juché sur les hauteurs de Saint-Pierre-d'Aurillac, conduit par la quatrième (Jacques Larriaut) et cinquième (Loris) générations.

Un nez fin de pamplemousse et de fruits exotiques ouvre la dégustation. Le palais plaît par son côté soyeux et rond, vivifié par une belle fraîcheur en finale. Un vin équilibré. ⧗ 2014-2016 🍴 saumon fumé

🔑 SCEA Jacques Larriaut, 31, rte de Gaillard, 33490 Saint-Pierre-d'Aurillac, tél. 05 56 76 44 53, larriautjacques@wanadoo.fr V r.-v.

CH. LES MOUTINS 2013 ★

■	40 000	🍾	- de 5 €

Jean Gueridon conduit depuis 1990 un domaine familial de 48 ha, créé en 1852 sur les coteaux de la rive droite de la Garonne, au cœur de l'Entre-deux-Mers. Ses vins sont régulièrement au rendez-vous du Guide.

Fougère, genêt, buis, agrumes, le nez de ce 2013 respire le sauvignon. Une note de beurre et de poire complète cette palette aromatique dans une bouche ample et nette, étayée par une fine vivacité. ⧗ 2014-2017 🍴 rouleaux de printemps

🔑 SCEA Ch. Haut Pougnan, 6, chem. de Pougnan, 33670 Saint-Genès-de-Lombaud, tél. 05 56 23 06 00, haut.pougnan@gmail.com V t.l.j. 8h-12h 13h-18h 🔑 Gueridon

MOUTON CADET 2013 ★

| 420 000 | 8 à 11 € |

Marque phare du négoce Rothschild exportée dans le monde entier, créée en 1930 par Philippe de Rothschild, le cadet de la famille, qui souhaitait déclasser une partie du vin produit pour son Ch. Mouton-Rothschild. Dédiée au bordeaux dans les trois couleurs, elle est déclinée en médoc, saint-émilion, graves et sauternes avec la Réserve Mouton Cadet.

Issue de raisins de sauvignon de l'Entre-deux-Mers, cette cuvée... « sauvignonne » à souhait : buis, agrumes, fleurs blanches. Le palais, intensément fruité, se révèle ample, frais et long. Un vin très alerte et équilibré. ⧗ 2014-2017 ▼ fruits de mer

Baron Philippe de Rothschild, 10, rue de Grassi, 33250 Pauillac, tél. 05 56 73 20 20, webmaster@bpdr.com

♥ CH. DE L'ORANGERIE 2013 ★★

| 56 000 | - de 5 € |

Couvrant 113 ha dans l'Entre-deux-Mers et la région de Cadillac, ce cru appartient à la famille Icard depuis sa fondation en 1790. À sa tête depuis 1994, Jean-Christophe Icard. Plusieurs étiquettes : château de l'Orangerie, château de la Sablière Fongrave...

Les deux sauvignons (le blanc à 70 % et le gris à 20 %) et une touche de sémillon composent ce 2013 unanimement salué pour son classicisme. Très variétal, le bouquet mêle les fruits blancs, les agrumes, le genêt et une fine minéralité (pierre à fusil). Élégante, persistante, fraîche et fringante, la bouche poursuit dans le même esprit sauvignonné. Un modèle du genre. ⧗ 2014-2017 ▼ poêlée de gambas à la coriandre ■ Grand Classique du Ch. de l'Orangerie 2013 ★ (56 000 b.) : sauvignon, muscadelle et colombard pour ce vin franc, ample et fruité. ⧗ 2014-2017

SCEA Vignobles Icard, Ch. de l'Orangerie, 33540 Saint-Félix-de-Foncaude, tél. 05 56 71 53 67, orangerie@chateau-orangerie.com

CH. DE PARENCHÈRE 2013 ★

| 16 666 | 5 à 8 € |

Aux confins des départements de la Gironde et de la Dordogne, un château de style périgourdin (XVIᵉ-XVIIIᵉs.), et un vaste domaine (65 ha de vignes). Raphaël Gazaniol, viticulteur rapatrié du Maroc, l'a acquis en 1958, transmis à son fils Jean, rejoint en 2006 par Julia – la troisième génération.

Agrumes, bourgeon de cassis, fleurs blanches, pointe épicée, le nez offre une belle complexité. Le palais, à la fois rond et frais, souple et fruité, propose en finale un joli retour aromatique sur le floral et le miel d'acacia. ⧗ 2014-2017 ▼ poulet au citron confit

Ch. de Parenchère, BP 57, 33220 Ligueux, tél. 05 57 46 04 17, info@parenchere.com V t.l.j. sf sam. dim. 9h-12h 14h-17h30; f. août

SA Wine Yard

PAVILLON BLANC 2012 ★★

| n.c. | + de 100 € |

Le blanc de Margaux existe depuis le XIXᵉs. ; ce « vin blanc de sauvignon » est devenu « Pavillon blanc » en 1920, et son étiquette n'a pas changé depuis. Un vin né du seul sauvignon, planté sur une douzaine d'hectares d'une ancienne parcelle de graves.

Un premier nez exubérant, tonique et délicat à la fois ouvre la dégustation : fruits exotiques, pêche, agrumes, chèvrefeuille et menthol, avec en arrière-plan un « végétal noble ». Une attaque riche et suave, presque moelleuse, introduit un palais qui progresse avec élégance, sur la fraîcheur et de beaux amers, rehaussés en finale d'une touche subtile de poivre blanc. Un Pavillon blanc d'un équilibre accompli, longiligne, alerte, gras sans opulence. ⧗ 2015-2022 ▼ tartare de dorade à la mangue

Ch. Margaux, BP 31, 33460 Margaux, tél. 05 57 88 83 83, chateau-margaux@chateau-margaux.com

CH. PIERRAIL 2013 ★

| 80 000 | 5 à 8 € |

Aux confins du Bergeracois, un vrai château (XVIIᵉs., tours carrées, toiture à la Mansart) devenu un grand château du vin depuis que la famille Demonchaux, qui l'a acquis en 1970, préside à sa destinée. Incontournable en bordeaux supérieur, très sûr aussi en bordeaux rouge ou blanc.

Le sauvignon, dans ses versions blanche (pour la fraîcheur) et grise (pour la rondeur et la finesse), est à l'origine d'un vin bien constitué de bout en bout. Au nez, le genêt et le buis donnent le ton, accompagnés de notes d'agrumes. En bouche, gras et fraîcheur s'équilibrent, les fruits exotiques s'invitent au côté du floral, et la finale, longue et tendue, donne un supplément d'âme à l'ensemble. ⧗ 2014-2017 ▼ sauté de crevettes à l'asiatique

EARL Ch. Pierrail, Ch. Pierrail, 33220 Margueron, tél. 05 57 41 21 75, alice.pierrail@orange.fr V r.-v. Famille Demonchaux

PLAISIR 2013 ★

| 100 000 | 5 à 8 € |

Créée en 1974, la coopérative de Tutiac regroupe 550 viticulteurs. Un acteur important de la haute Gironde, qui produit des vins de côtes (blaye-côtes-de-bordeaux et côtes-de-bourg) et d'appellations régionales.

Avec le sauvignon pour seul cépage, ce 2013 livre un bouquet élégant et frais de fruits blancs et d'agrumes. Une fraîcheur fruitée prolongée avec persistance par une bouche qui ne manque ni de rondeur ni de douceur, apportée par une touche miellée. ⧗ 2014-2017 ▼ mouclade

Les Vignerons de Tutiac, La Cafourche, 33860 Marcillac, tél. 05 57 32 48 33, laurie@tutiac.com V r.-v.

LE SEC DE RAYNE VIGNEAU 2013 ★

| 30 000 | 8 à 11 € |

Célèbre pour les cailloux multicolores de son terroir de graves argileuses et surtout pour ses sauternes, ce cru classé fut propriété de la famille de Pontac – Catherine de Pontac devenue Mme de Rayne lui a donné son nom

au XIXe s. –, puis entra dans le giron du négoce Cordier-Mestrezat, avant d'être acquis en 2004 par le Crédit Agricole.

Le domaine s'y entend aussi en sec, témoin ce pur sauvignon intensément fruité à l'olfaction (agrumes, fruits exotiques, abricot). Une attaque vive ouvre sur un palais où gras et douceur sont bien tempérés par une fine fraîcheur aux accents iodés et citronnés. Un vin équilibré. ⧗ 2014-2017 🍷 saumon gravlax

🔑 SC Ch. de Rayne Vigneau, 4, Le Vigneau 33, 33210 Bommes, tél. 05 56 59 00 40, vincent.labergere@raynevigneau.fr V 🚶 🍷 r.-v. 🔑 CA Grands Crus

CH. SAINT-GERMAIN 2013

■	20 000	5 à 8 €

Vieille noblesse d'origine champenoise remontant aux Croisades. Parmi ses nombreuses branches, l'une s'est fixée dans le Sud-Ouest et possède de vastes vignobles dans l'Entre-deux-Mers et le Bergeracois.

Acquis en 1980, le château Saint-Germain est voisin de Bellevue. C'est dans les chais de ce dernier qu'a été vinifié ce 2013 à forte dominante de sauvignon (95 %). Un vin expressif, sur les agrumes, le genêt et le buis, frais, fruité et de bonne longueur en bouche. ⧗ 2014-2017 🍷 fromage de chèvre

🔑 SCEA Famille d'Amécourt, Vernajou, 24240 Gageac-et-Rouillac, tél. 05 56 71 54 56, vignesdamecourt@aol.com V 🚶 🍷 r.-v.

CH. SAINT-OURENS 2013

■	n.c.	🍾	- de 5 €

Ce petit domaine de 7,5 ha, bien exposé sur les coteaux de Langoiran, a été acquis en 1990 par Michel Maës, ingénieur en agriculture.

Des tonalités exotiques (papaye, mangue) et des nuances de fruits blancs ouvrent la dégustation de ce pur sauvignon, qui plaît aussi par l'équilibre rondeur-vivacité de son palais. ⧗ 2014-2015 🍷 salade de crevettes et pomelos

🔑 Maës, 57, rte de Capian, lieu-dit Saint-Ourens, 33550 Langoiran, tél. 05 56 67 39 45, maesmichel@hotmail.com V 🚶 🍷 t.l.j. sf dim. 8h-12h 13h-19h; f. 15-31 août

DOM. DU SEUIL 2013

■	16 000	🍾	5 à 8 €

Sean Allison, ancien analyste financier d'origine néo-zélandaise, et son épouse Nicola, médecin généraliste d'origine galloise, ont pris en 2001 les rênes du domaine familial (25 ha), qu'ils ont en partie (7,5 ha) converti au bio, le reste étant en cours de conversion

Buis, genêt, agrumes, le nez de ce 2013 évoque sans réserve le sauvignon. En bouche, ce dernier donne aussi le ton, apportant sa fraîcheur et son fruité caractéristiques. ⧗ 2014-2015 🍷 salade de poulpe

🔑 SCEA Ch. du Seuil, 1, Le Seuil, 33720 Cérons, tél. 05 56 27 11 56, nicola@chateauduseuil.com V 🚶 🍷 r.-v.

SIRIUS 2013 ★★

■	60 000	🍾 🛢	5 à 8 €

Un négoce fondé en 1883, resté familial et conduit aujourd'hui par les cinq frères Sichel. La première maison (1967) à créer sa propre cave de vinification, sur le principe des *wineries* du Nouveau Monde. Elle possède aussi plusieurs crus bordelais : Palmer, avec d'autres négociants, Angludet, Argadens et Trillol, dans les Corbières

Tout proche du coup de cœur, ce Sirius, marque-phare de la maison Sichel, offre un bouquet finement boisé, floral et fruité, souligné par des nuances camphrées. Frais et alerte en attaque, le palais se révèle ensuite plus doux, gras et rond, épaulé par un très bon boisé. Une vinification « au cordeau ». ⧗ 2015-2019 🍷 fricassée de volaille aux girolles ■ Cap Bel Air 2013 ★ (18 000 b.) : un pur sauvignon variétal et minéral au nez, persistant et bien équilibré en bouche. ⧗ 2014-2017

🔑 SA Maison Sichel, Salle d'Arche, 33490 Saint-André-du-Bois, tél. 05 56 63 50 52, ventes-france@sichel.fr

CH. TOUR DE MIRAMBEAU Cuvée Passion 2012 ★

■	30 000	🍾 🛢	15 à 20 €

Installé dans l'Entre-deux-Mers sur un plateau calcaire et veillé par une vénérable tour se dessant au milieu des plus vieilles vignes de la famille, c'est le domaine historique de la famille Despagne, à la tête de nombreux crus et d'un vaste ensemble de 300 ha. Une valeur sûre.

Une agréable touche miellée accompagne un nez boisé et sauvignonné. Le palais se révèle ample et doux en attaque, plus vif et tranchant jusqu'en finale. Un ensemble équilibré mais qui doit encore se fondre. ⧗ 2015-2019 🍷 homard rôti à la sauge ■ Réserve 2013 ★ (8 à 11 € ; 110 000 b.) : un vin fruité, souple et friand. ⧗ 2015-2019 ■ Ch. Lion Beaulieu Le 1er vin 2012 ★ (3 000 b.) : du gras, du volume, un boisé fondu et une bonne acidité en soutien. ⧗ 2015-2019

🔑 SCEA de la Rive droite, 2, Le Touyre, 33420 Naujan-et-Postiac, tél. 05 57 84 55 08, contact@despagne.fr V 🚶 🍷 r.-v. 🔑 Despagne

CH. DES TOURTES Le Duo 2013

■	15 000	🍾	- de 5 €

Ce cru régulier en qualité, créé en 1967 par Lise et Philippe Raguenot, couvre 64 ha, auxquels s'ajoutent depuis 1998 les 26 ha du Ch. Haut Beyzac (haut-médoc). Aux commandes depuis 1997 : les filles des fondateurs, Emmanuelle et Marie-Pierre, et leurs maris Daren Miller et Éric Lallez.

Floral (acacia, chèvrefeuille) et fruité (agrumes) au premier nez, ce 2013 évolue à l'aération vers des nuances miellées. À l'unisson, le palais associe douceur et fraîcheur, cette dernière étant renforcée par une finale citronnée plus nerveuse. ⧗ 2014-2015 🍷 cassolette de fruits de mer

🔑 EARL Raguenot-Lallez-Miller, 30, Le Bourg, 33820 Saint-Caprais-de-Blaye, tél. 05 57 32 65 15, contact@vignoblesraguenot.fr V 🚶 🍷 t.l.j. sf dim. 9h-12h 14h-18h 🏠 G

CH. TURCAUD Cuvée majeure 2013 ★

■	27 000	🛢	8 à 11 €

Un cru de 50 ha fondé en 1973 par Simone et Maurice Robert, conduit avec le même talent depuis 2009 par leur fille Isabelle et son époux Stéphane Le May. Abandon progressif du désherbage chimique, rende-

ments limités, approche parcellaire pour chaque cuvée : un travail de précision au service des AOC régionales et des entre-deux-mers.

Sauvignon blanc, sauvignon gris et sémillon pour cette cuvée élevée sept mois en fût. Au nez, des agrumes, du floral et un vanillé léger. En bouche, du fruit et un boisé bien ajusté là aussi, de la souplesse et un juste mariage du gras et de l'acidité. 2014-2017 gratin de langoustines

Vignobles Robert, Ch. Turcaud, 1033, rte de Bonneau, 33670 La Sauve-Majeure, tél. 05 56 23 04 41, chateau-turcaud@wanadoo.fr V r.-v.

♥ VALENTINE PAR VALENTINE Réserve 2012 ★★

	10 000		8 à 11 €

Établi au sommet d'un coteau argilo-calcaire, Lamothe de Haux étend ses vignes sur 77 ha, comprenant aussi Ch. Manos, dédié aux cadillac, acquis en 1991. Depuis 1956 et quatre générations, le domaine se transmet par les femmes. À sa tête aujourd'hui, Anne Néel et ses enfants, Maria et Damien Chombart.

C'est dans d'impressionnantes caves creusées dans d'anciennes carrières de pierre qu'a vieilli ce 2012 mi-sauvignon blanc mi-sauvignon gris. Le nez livre de fines senteurs de boisé vanillé, de menthol et de fruits frais. Ample, gras et bien structuré par le merrain, le palais s'équilibre autour d'une fine vivacité fruitée. Un très beau classique, armé pour la garde. 2015-2020 poulet au lait de coco

Ch. Lamothe de Haux, 295, chem. de l'Église, 33550 Haux, tél. 05 57 34 53 00, info@chateau-lamothe.com V r.-v. Chombart-Néel

CH. LES VERGNES 2013 ★

	66 000		5 à 8 €

Ce groupement de coopératives rassemble 230 adhérents et 2 000 ha de vignes dans le « Grand Sud-Ouest » viticole. Il propose une large gamme de vins de marque et de propriétés dans quinze AOC.

Assemblage classique des trois cépages blancs bordelais, ce 2013 dévoile un bouquet net et intense de fruits exotiques, de buis et de pierre à fusil. Le palais se révèle ample et tendre, soutenu par une vivacité bien ajustée. 2014-2017 risotto aux gambas

SCA Univitis, 1, rue du Gal-de-Gaulle, 33220 Les Lèves-et-Thoumeyragues, tél. 05 57 56 02 02, h.girou@univitis.fr V t.l.j. sf dim. lun. 9h-12h30 14h30-19h

CH. LA VERRIÈRE 2013 ★

	58 000	5 à 8 €

Domaine créé en 1900 aux confins du Lot-et-Garonne, propriété des Bessette depuis plusieurs générations. André Bessette le restructure dans les années 1960 et passe le relais en 1999 à son fils Alain. Aujourd'hui, un cru de 60 ha et une référence en appellations régionales.

Issu du seul sauvignon, ce 2013 dévoile un nez intense et typé de buis, de genêt et d'agrumes sur un fond minéral. Le palais se révèle vif et énergique en attaque, ample, dense et soyeux dans son développement, sans perdre de son dynamisme jusqu'à la finale, aux accents exotiques. 2014-2017 daurade au citron confit

EARL André Bessette, 8, La Verrière, 33790 Landerrouat, tél. 05 56 61 39 56, alainbessette@orange.fr V r.-v.

VIEUX CH. LAMOTHE 2013 ★

	20 000		- de 5 €

Les vignobles Latorse, aujourd'hui conduits par la troisième génération, représentent un vaste ensemble de 120 ha à l'origine de plusieurs étiquettes en appellations régionales.

Né sur un sol de boulbènes, cet assemblage sauvignon-sémillon séduit d'emblée par son expression aromatique intense et complexe (encens, pêche blanche, agrumes). Vif en attaque, le palais évolue vers un bel équilibre gras-acidité. 2014-2017 friture de poissons Ch. Haut-Riot Cuvée Juliette 2013 (20 000 b.) : un peu plus simple mais bien construit autour du fruit, tendance exotique, et d'une fine vivacité. 2014-2017

SC des Vignobles Latorse, Gabaron, 33670 La Sauve, tél. 05 56 23 92 76, vignobles.latorse@wanadoo.fr V t.l.j. sf sam. dim. 8h-12h 14h-17h 2 C

CH. VIRCOULON 2013 ★

	40 400		- de 5 €

Propriété familiale proche de Castillon-la-Bataille et voisine du Bergeracois, autrefois tournée vers la polyculture, entièrement dédiée à la vigne depuis sa reprise en 1983 par Patrick Hospital.

Sémillon (60 %) et sauvignon composent ce vin joliment bouqueté autour des fruits exotiques, des agrumes et d'une touche beurrée. Ample, gras, soutenu par une fine acidité, le palais est équilibré, élégant et long. 2014-2017 blanquette de la mer

Patrick Hospital, 5, Vircoulon, 33220 Saint-Avit-de-Soulège, tél. 05 57 41 05 99, chateauvircoulon@orange.fr

♥ Y 2012 ★★

	n.c.		+ de 100 €

Depuis 2004, ce vin est produit régulièrement par Yquem. Il est issu des mêmes parcelles que le grand vin, seules diffèrent les conditions de récolte car Y est un vin blanc sec provenant essentiellement de parcelles de sauvignon complétées par du sémillon bien mûr.

Une superbe robe jaune pâle et cristalline habille le 2012, né de 80 % de sauvignon et de 20 % de sémillon un rien « castamés » (atteints par une légère pourriture noble) afin d'éviter l'excès d'amertume. Le bouquet séduit d'emblée par sa complexité : citron, mandarine, orange amère, pêche blanche, la palette est large et très fruitée. Le palais est à double détente : une attaque alerte, fraîche et fruitée, en parfait accord avec l'olfaction. Puis arrive, avec célérité, une rondeur soyeuse, caressante et enveloppante. La finale s'étire longuement sur le fruit et une pointe d'épices. Un grand Y élégant et classique, alliance subtile de la vivacité, du fruit et du gras. ⌛ 2015-2022 🍴 ceviche de thon blanc

SA du Ch. d'Yquem, 33210 Sauternes, tél. 05 57 98 07 07 V r.-v.

BORDEAUX SUPÉRIEUR

CH. AMANIEU D'ALBRET
Cuvée Amanieu d'Albret 2012 ★

	1 800	- de 5 €

Petit vignoble (10 ha), implanté sur la rive droite de la Garonne, dans les hauteurs de Cadillac. L'ancien propriétaire Jean-Marie Faure l'a vendu en 2012 à l'industriel anglais Tim Richardson, qui lui a laissé la gestion du cru.

Du merlot et du cabernet-sauvignon presque à parité, avec une goutte de malbec. Au nez, un mariage harmonieux d'épices, de cacao et de fruits noirs. Après une plaisante attaque, suave et fruitée, on découvre des tanins serrés, encore jeunes et vifs. Très équilibré, un classique dans le meilleur sens du terme. ⌛ 2017-2020 🍴 pavé de bœuf

SCEA Vignoble Damanieu, 9, Damanieu-Nord, 33410 Cardan, tél. 06 21 64 79 74, contact@damanieu.fr V r.-v.

CH. DES ARRAS 2011 ★

	10 000		5 à 8 €

Dominant la Dordogne en aval de Saint-André-de-Cubzac, une maison noble (XV-XVIIIe s.) et un vignoble de 27 ha clos de murs – ce qui est rare en Gironde. Le cru, dans la famille depuis 1890, est conduit depuis 1993 par Claudine Rozier, rejointe en en 2013 par sa fille Anne-Cécile.

Un nez discret mais élégant, qui exprime à l'aération de jolies notes de mûre. La bouche est sincère, équilibrée, construite sur des tanins déjà arrondis. ⌛ 2015-2019 🍴 joues de bœuf au vin rouge

Rozier, Ch. des Arras, 33240 Saint-Gervais, tél. 05 57 43 00 35, chateaudesarras@gmail.com V t.l.j. 10h-12h30 14h30-18h; sam. dim. sur r.-v. 2

CH. D'ARVEYRES Cuvée Prestige 2012 ★

	60 000		5 à 8 €

Longtemps exploité en polyculture, ce cru fondé en 1870 par l'aïeul de Jean-Michel Chatelier est désormais dédié à la vigne seule (51 ha) – à l'origine de graves-de-vayres et de bordeaux très réguliers en qualité, proposés sous plusieurs étiquettes.

Ce vigneron dit aimer les vins ronds et fruités. Ce 2012, qui doit presque tout au merlot, répond bien à ce profil. Le nez associe la cerise noire et les épices. Ce côté bien fruité se confirme dans une bouche charnue et structurée, mais déjà agréable. Un plaisir durable. ⌛ 2015-2020 🍴 entrecôte maître d'hôtel

Jean-Michel Chatelier, 1, Cantelaudette, 33500 Arveyres, tél. 05 57 24 84 71, jm.chatelier@wanadoo.fr V r.-v.

AU VIGNOBLE
Révélations d'Hubert de Boüard 2012 ★

	120 667		5 à 8 €

Yvon Mau s'associe à Hubert de Boüard (copropriétaire du Château Angélus, 1er grand cru classé A de saint-émilion) et œnologue-conseil de renommée internationale pour révéler de beaux terroirs méconnus.

Ici, un cru de l'Entre-deux-Mers installé sur argilo-calcaires. Mi-merlot mi-cabernet-sauvignon, ce 2012 s'annonce par un nez profond, fumé et grillé, qui masque pour l'heure un peu le fruit. Ample et onctueuse à l'attaque, la bouche, à l'unisson, apparaît solidement charpentée. Le fruit noir perce en finale, souligné de notes grillées. ⌛ 2016-2019 🍴 gigot d'agneau

SA Yvon Mau, rue Sainte-Pétronille, 33190 Gironde-sur-Dropt, tél. 05 56 61 54 54, info@ymau.com

CH. LES BAZILLES 2011 ★

	6 000		- de 5 €

Située au nord du Libournais, au confluent de l'Isle et de la Dronne, cette petite exploitation familiale (7 ha environ), a été achetée en 1978 par Pierre Battiston qui l'a transmise en 1993 à son fils Armand.

Des notes de pruneau et de fruits cuits auxquels s'ajoute la griotte dès l'aération. Attaque harmonieuse et souple, trame tannique fine et élégante, finale vive. Un vin jeune et séduisant, déjà bien en place. ⌛ 2015-2017 🍴 côte de veau aux cèpes

Armand Battiston, 26, Sablon, 33230 Les Peintures, tél. 06 22 38 38 09, bazilles@wanadoo.fr V r.-v.

B BENJAMIN DU CH. BEAU RIVAGE 2011 ★

	17 000		8 à 11 €

Petit domaine médocain (7,5 ha) acquis en 1995 par Christine Nadalié, œnologue issue d'une famille de tonneliers bien connus. Une valeur sûre du Guide, moins en raison du voisinage avec Margaux que de l'implication de la propriétaire. En bio certifié depuis 2011.

À dominante de merlot, ce vin offre un bouquet délicat et complexe mêlant de fraîches notes fruitées à des nuances d'amande et d'épices. Fruit d'une vinification précise, la bouche séduit par son équilibre entre le fruit, bien présent, et des tanins jeunes mais plaisants. Un vin raffiné. ⌛ 2015-2019 🍴 dinde fermière

SCEA Ch. Beau Rivage, 7, chem. du Bord-de-l'Eau, 33160 Macau, tél. 05 57 10 03 70, chateau-beau-rivage@nadalie.fr V t.l.j. sf sam. dim. 10h-12h 13h-17h

CH. BELLE-GARDE
L'Excellence 2012 ★★★

	13 500		8 à 11 €

Bordeaux ou bordeaux supérieur, rouge ou blanc, Éric Duffau vinifie avec brio les AOC régionales. Il a repris en 1979 le domaine familial situé dans l'Entre-deux-Mers, sur la rive gauche de la Garonne. Son vignoble de 46 ha est situé pour l'essentiel sur des coteaux faisant face à Saint-Émilion.

Partagé entre le merlot et le cabernet-sauvignon à parts égales, ce bordeaux supérieur décroche la note maximale et se place parmi les finalistes du coup de cœur. Robe profonde et jeune, nez concentré, encore dominé par un boisé réglissé, conjuguant puissance et finesse. Bouche charpentée, aux tanins denses et déjà enrobés. Un vin de garde. ⧗ 2017-2020 ⚲ cuissot de chevreuil

⊶ SC Vignobles Éric Duffau, 2692, rte de Moulon, 33420 Génissac, tél. 05 57 24 49 12, duffau.eric@wanadoo.fr V r.-v.

CH. BELLEVUE CLARIBES 2012 ★

	24 000		5 à 8 €

Un cru diffusé par J.J. Mortier, négoce familial bordelais fondé en 1889 et passé un siècle plus tard dans le giron d'une société japonaise tout en gardant son autonomie.

Ce 2012 provient de la vaste exploitation (220 ha) des Fontana située à Gensac, sur la rive gauche de la Dordogne. Robe profonde aux reflets violines ; bouquet de mûre et de cassis penchant à l'aération vers le kirsch et l'amande. Bouche généreuse et longue, construite sur des tanins encore fermes. ⧗ 2017-2019 ⚲ filet de bœuf aux champignons

⊶ J.J. Mortier, 62, bd Pierre-1er, 33000 Bordeaux, tél. 05 56 51 13 13, mortier@mortier.com V r.-v.
⊶ Fontana

CH. BENAGE FONTAINE
Cuvée Prestige 2012 ★

	37 300		5 à 8 €

Fondée en 1933 à l'extrémité sud-est du vignoble girondin, la cave La Girondine regroupe aujourd'hui 60 adhérents qui cultivent 570 ha. Elle est rattachée au groupe Terre de Vignerons (ex-Prodiffu).

Vinifié à la coopérative, un 2012 coloré, au bouquet chaleureux de raisin bien mûr. La bouche, à l'unisson, dévoile des notes confites, auxquelles l'élevage ajoute une touche réglissée. Concentré, ample, complexe et long, ce vin est marqué en finale par des tanins sévères. ⧗ 2017-2019 ⚲ entrecôte au barbecue

⊶ Cave la Girondaise, 5, Saussier, 33190 Gironde-sur-Dropt, tél. 05 56 71 10 15, magasin@la-girondaise.fr V r.-v.

CH. GUILLAUME BLANC
Élevé en fût de chêne 2012 ★

	19 999		- de 5 €

Ce cru important (76,4 ha) du pays foyen, aux confins du Périgord, porte le nom de son propriétaire au XVIIIe s., consul de Sainte-Foy-la-Grande. Acheté en 1972 par le négociant girondin GRM, il fait preuve d'une belle régularité en bordeaux supérieur.

Les deux cabernets s'équilibrent avec le merlot (50 %). Après un an d'élevage en barrique, on obtient un vin authentique et harmonieux : nez de cassis juste cueilli, nuancé de touches de pâtisserie, palais frais à l'attaque, rond et généreux, avec des tanins bien fondus, jolie finale. ⧗ 2015-2018 ⚲ carré d'agneau ■ Cuvée du consul Élevé en fût de chêne 2012 ★ (5 à 8 € ; 33 330 b.) : une cuvée de négoce proche de la précédente par son assemblage, sa vinification et ses qualités. ⧗ 2015-2018

⊶ Guillaume Blanc, SCEA Ch. Guillaume, BP 43, 33220 Saint-Philippe-du-Seignal, tél. 05 57 46 48 16, ecastano@grm-vins.fr V r.-v.

CH. DE BLASSAN Cuvée Fût de chêne 2012 ★★

	50 000		5 à 8 €

Issu de l'industrie automobile, Guy Cenni s'est converti à la vigne en 1980, en épousant Maïté, fille de viticulteurs. Le vignoble de Lugon, où est implanté leur domaine, couvre 33 ha sur les coteaux argilo-calcaires de la rive droite de la Dordogne, en aval de Fronsac.

Un nez délicat et complexe mariant les fruits rouges confits à la vanille de l'élevage sous bois (un tiers de barriques neuves). La bouche au fruité agréable conjugue une rondeur aimable et une bonne structure : un vin déjà agréable et d'un bon potentiel. ⧗ 2017-2020 ⚲ magret de canard

⊶ SCE Ch. de Blassan, 3, Blassan, 33240 Lugon, tél. 06 80 65 43 44, chateaudeblassan@wanadoo.fr V r.-v. ⊶ Guy Cenni

CH. DU BOIS CHANTANT
Cuvée Laurence H. 2012 ★

	343 000		5 à 8 €

La Société fermière des Grands Crus de France est la structure spécialisée dans le Bordelais du groupe Grands Chais de France. Son œnologue Vincent Cachau vinifie le fruit de quinze propriétés, représentant 390 ha dans les différentes AOC bordelaises.

Issu d'un cru de 48 ha appartenant à Laurence Helfrich, ce 2012 présente un nez élégant de fruits rouges et noirs. Ample et tendre, l'attaque mêle la mûre et la cerise. Les tanins, bien fondus, soulignent le fruité. La finale est longue, un peu ferme. ⧗ 2016-2019 ⚲ brochettes de bœuf

⊶ Société fermière des Grands Crus de France, 33460 Lamarque, tél. 05 57 98 07 20

CH. BOIS DE FAVEREAU
Cuvée Jean-Jules Élevé en fût de chêne 2011 ★★

	26 600		5 à 8 €

Un cru diffusé par J.J. Mortier, négoce familial bordelais fondé en 1889 et passé un siècle plus tard dans le giron d'une société japonaise tout en gardant son autonomie.

Cette cuvée provient d'une propriété de l'Entre-deux-Mers. Son bouquet, qui dévoile un boisé puissant et élégant rappelant les épices et le café grillé, plaira aux amateurs de vins élevés en barrique. Derrière le merrain, il y a du vin : une matière ample et solide, généreuse et fraîche ; des arômes de fruits noirs qui s'expriment au nez comme en bouche. ⧗ 2014-2015 ⚲ gigot d'agneau

⊶ J.J. Mortier, 62, bd Pierre-1er, 33000 Bordeaux, tél. 05 56 51 13 13, mortier@mortier.com V r.-v.
⊶ Galineau

CH. BOIS DE ROLLAND Vieilles Vignes 2012

	55 000		5 à 8 €

Ancien domaine créé dans l'Entre-deux-Mers en 1850 par les frères marianistes pour y former des orphelins à la viticulture. Démantelé en 1904, puis acquis en 1980 par Michel Géromin, œnologue et ancien de l'Inao, qui a passé le relais à ses filles Audrey et Marion en 2008.

Un court élevage en barrique pour ce 2012 au bouquet de baies rouges soulignées par des nuances de tabac et de noix de coco. Attaque fraîche, bouche charnue et ronde aux tanins soyeux. Sincère et plaisant. ⧗ 2015-2018 ⚲ pintade rôtie

Géromin, La Jalgue, 33890 Coubeyrac, tél. 05 57 47 45 86, mgeromin@vignoblegf.com r.-v.

CH. BOIS-MALOT Tradition 2011 ★

	12 000		5 à 8 €

Proche de l'agglomération bordelaise, une propriété acquise par les Meynard en 1916. Aujourd'hui, 30 ha de vignes et des poiriers plantés après le grand gel de 1956. Une valeur sûre en bordeaux sec et en bordeaux supérieur.

Les cabernets dominent (70 %, dont 50 % de cabernet-sauvignon) dans l'assemblage de ce 2011 à la robe dense, presque noire. Au bouquet, des notes chaleureuses de fruits noirs à l'eau-de-vie, vivifiées à l'aération par des nuances de réglisse. Au palais, de l'ampleur, du volume des tanins élégants, pas trop extraits, et une longue finale aromatique. 2017-2019 salmis de palombe

EARL Meynard, 133, rte des Valentons, 33450 Saint-Loubès, tél. 05 56 38 94 18, bois.malot@free.fr V t.l.j. sf dim. 8h-12h 13h30-18h30; sam. 8h-12h

CH. BOIS NOIR 2012

	28 000		8 à 11 €

Géré par Cyrille, l'aîné des deux fils de James Grégoire, c'est l'un des crus de la famille : 25 ha d'un seul tenant, au nord du Libournais.

Un pur merlot qui demande à être aéré pour que son bouquet s'éveille sur le fruit noir presque confit. Après une attaque souple et ample, on ressent une certaine fermeté tannique. On pourra cependant consommer ce millésime dans sa jeunesse. 2015-2019 lapin chasseur Ch. Vieux Dominique Réserve 2012 (moins de 5 € ; 82 400 b.) : un vin gourmand, fruité, suave, élégant, et pourtant assez concentré. 2015-2019

SARL Ch. Bois Noir, Le Bois-Noir, 33230 Maransin, tél. 05 57 49 41 09, chateauboisnoir@wanadoo.fr V r.-v.

CH. BOLAIRE 2011 ★★

	31 700		11 à 15 €

L'homme d'affaires Vincent Mulliez, disparu en 2010, avait acheté en 2004 dans la partie sud du Médoc les châteaux Bolaire (bordeaux supérieur), Belle-Vue et Gironville (haut-médoc) devenus des valeurs sûres.

Installé sur des palus bien drainés, le vignoble de Bolaire a pour originalité de privilégier le petit verdot qui compose 54 % de ce vin, escorté du merlot (37 %) et du cabernet-sauvignon. Robe profonde aux reflets violines, nez intense sur le fruit, aux nuances de cerise noire et de cassis, attaque vive et puissante, tanins fondus, encore fermes en finale. « Solide comme un roc » et déjà harmonieux. 2017-2025 entrecôte aux cèpes

SC de Gironville, 103, rte de Pauillac, 33460 Macau, tél. 05 57 88 19 79, contact@chateau-belle-vue.fr V t.l.j. sf sam. dim. 9h-12h 13h-17h30

Isabelle Mulliez

CH. BRANDE-BERGÈRE Cuvée O'Byrne Vieilles Vignes 2012 ★

	20 000		11 à 15 €

D'origine irlandaise, O'Byrne fait l'acquisition de ce domaine à la fin du XVIIIe s. Vendue comme bien national à la Révolution, la propriété sera finalement rachetée en 1997 par Nicolas Dalibot. Le vignoble couvre 8 ha dans le nord du Libournais.

Les deux cabernets dominent (60 %) dans cette cuvée. Le nez, encore fermé, s'ouvre à l'aération sur les fruits noirs bien mûrs. Attaque ronde, tanins enrobés, finale fraîche et fruitée : un bel équilibre et des réserves. 2017-2019 lamproie à la bordelaise

SCEA Ch. Brande-Bergère, lieu-dit Brande-Bergère, 33230 Les Églisottes, tél. 05 57 49 51 52, info@brandebergere.com V r.-v.

CH. LA BURE DES MOINES Cuvée Prestige 2011 ★★

	9 000		8 à 11 €

Le nom du domaine rappelle le passé de ces terres jadis exploitées par l'abbaye de Faise. Acquis en 2002 par Alain Doumichaud, issu d'une lignée de vignerons-négociants originaires de Corrèze, un petit vignoble (4,5 ha) à la lisière des AOC lalande-de-pomerol, lussac et montagne-saint-émilion.

Sur un terroir de graves de type pomerolais, du merlot et rien d'autre. Le 2011 charme par son élégance. Nez intense et frais mêlant le bon raisin et une touche de noisette apportée par la barrique. Au palais, de la charpente et de la rondeur, des tanins soyeux, du fruit et un léger boisé aux accents de café. Proche du coup de cœur. 2015-2019 filet de bœuf en croûte

SCEA Doumichaud-Motte, Clos des Filadières, 33126 Saint-Michel-de-Fronsac, tél. 05 57 24 98 04, doumichaud_vins@yahoo.fr V r.-v.

CH. CLOS RENON 2012 ★★

	100 000		- de 5 €

Ancienne propriété du comte de Ravez, garde des Sceaux de Louis-Philippe, cette vaste unité (80 ha aujourd'hui) a été achetée en 1962 par la famille Solorzano, d'origine basque. Essentiellement située dans les Graves, elle regroupe plusieurs crus.

Il a frôlé le coup de cœur, ce 2012 à la robe violine. Bien ouvert et complexe, le bouquet mêle les petits fruits (cassis, mûre et framboise) et la rose. Ample et souple à l'attaque, de belle tenue avec sa trame tannique bien fondue, la bouche montre une réelle élégance. 2016-2019 côte de veau aux cèpes

EARL les Domaines de la Mette, 17, rte de Mathas, 33640 Portets, tél. 05 56 67 18 18, domainesdelamette@wanadoo.fr V r.-v. J.-B. Solorzano

CH. CROIX-MOUTON 2012 ★

	310 000		8 à 11 €

Descendant d'une de ces familles corréziennes très implantées en Libournais, Jean-Philippe Janoueix a étudié et obtenu un MBA d'économie aux États-Unis avant de s'installer et de produire en lalande-de-pomerol, en appellations régionales puis en saint-émilion grand cru.

Domaine acquis en 1997 sur la rive droite de la Dordogne, à l'ouest de Fronsac. Un vignoble bien situé sur l'île du Carney car, lors des grandes crues d'hiver, seule la butte (motte ou « mouton ») échappait à la montée des eaux. Sur ses sols argilo-limoneux, le merlot se plaît. Il domine largement l'assemblage de ce vin gourmand, très fruité au nez comme en bouche, bâti sur des tanins soyeux. Jeunesse et finesse. 2015-2018 rôti de porc

SCEA Ch. Croix-Mouton, lieu-dit Château-Mouton, 33240 Lugon-et-l'Île-du-Carney, tél. 05 57 48 13 13, jpj@jpjdomaines.com r.-v.

CH. DARZAC Origine 2011 ★★

■	130 000		15 à 20 €

Aux origines du domaine, une dot acquise par un ancêtre grognard de l'armée napoléonienne, marié le même jour que l'Empereur. Aujourd'hui, 52 ha dans l'Entre-deux-Mers répartis entre les châteaux Fondarzac et Darzac, conduits depuis 1996 par les fils de Claude Barthe, Stéphane et Alain.

Un bouquet puissant, d'une réelle complexité : des fruits très mûrs, du pruneau et de la figue sèche, alliés à des notes d'épices, de résine et à une touche de truffe. Souple et suave à l'attaque, franche et persistante, la bouche se déroule sans aspérité sur une trame tannique soyeuse jusqu'en finale. Un des finalistes du coup de cœur. 2015-2019 fricassée de canard

SCA Vignobles Claude Barthe, 22, rte de Bordeaux, 33420 Naujan-et-Postiac, tél. 05 57 84 55 04, alain@vignoblesclaudebarthe.com V r.-v.

CH. DESON Grande Cuvée 2012 ★

■	44 900		5 à 8 €

Fondée en 1936, la Cave de Landerrouat, aux confins de la Gironde et du Lot-et-Garonne, a fusionné en 1997 avec celle de Duras (Berticot) et en 2005 avec celle de Cazaugitat : la nouvelle structure compte 180 adhérents et 2 400 ha (1 400 ha en Bordelais et le reste dans le proche Sud-Ouest). Rattachée au groupement U2VBA.

Un château particulier vinifié par la coopérative. Joli bouquet mêlant les fruits rouges et un boisé finement épicé. Attaque souple et charnue, bouche persistante, dans le même registre que le nez, étayée par des tanins denses. 2016-2019 brochettes de bœuf

Les Vignerons de Landerrouat-Duras-Cazaugitat, 4, rte des Vignerons, 33790 Landerrouat, tél. 05 56 61 31 21, vignerons.landerrouat@wanadoo.fr V r.-v.

ELIXIR DE GRAVAILLAC Prestige Élevé en fût de chêne 2011 ★

■	6 600		5 à 8 €

Les frères Guironnet, Xavier et Philippe, se sont lancés dans l'aventure vigneronne en 2001 et conduisent un vignoble de 13 ha établi dans l'Entre-deux-Mers, sur la rive gauche de la Dordogne.

Dans le millésime 2011 de cette cuvée, ce sont les cabernets (60 %, dont 40 % de cabernet franc) qui dominent. Au bouquet, un fruité généreux – pruneau et cassis mûr – qui ne se laisse pas intimider par le boisé. Attaque ronde et riche, palais puissant et long. Les tanins encore un peu serrés garantissent une bonne garde. 2015-2019 pavé de bœuf aux morilles

EARL Guironnet Frères, 2, Aux-Graves, 33350 Civrac-sur-Dordogne, tél. 05 57 40 34 84, contact@elixirdegravaillac.com V r.-v.

B CH. L'ESCART O. Khayyam 2012 ★★

■	120 000		8 à 11 €

Ancienne étape sur le chemin de Saint-Jacques-de-Compostelle, ce domaine proche de Bordeaux est dédié à la vigne depuis 1752. Un cru de 34 ha exploité par Gérard Laurent, puis par son fils Damien, par ailleurs propriétaire au Chili. En biodynamie certifiée.

La cuvée prestige du cru est dédiée à Omar Khayyam, poète et astronome persan au XIIe s., amoureux du vin. Elle se montre très originale par son assemblage : pas plus de 30 % de merlot, 20 % de chacun des deux cabernets, 15 % de malbec et autant de petit verdot. Encore réservé, ce 2012 livre à l'aération des notes de fruits frais délicatement épicés. Après une attaque souple, il monte en puissance, affichant une solide structure et des arômes persistants de fruits noirs soulignés de nuances vanillées. 2017-2019 épaule de mouton ■ Cuvée Eden 2012 ★ (120 000 b.) : encore plus de malbec et de petit verdot. De la puissance, de la suavité et du fruit. 2017-2019

Ch. l'Escart, 1, av. de l'Escart, 33450 Saint-Loubès, tél. 05 56 77 53 19, contact@chateaulescart.com V r.-v. Laurent

B CH. JEAN FAUX 2011 ★

■	48 000		15 à 20 €

L'une des plus anciennes propriétés du canton de Pujols (ferme fortifiée du XVIe s., chartreuse du XVIIe s., parc paysager du XVIIIe s.) dans la vallée de la Dordogne ; rachetée en 2002 par Pascal et Chrystel Collotte. Vignoble de 12 ha, en bio certifié depuis 2011.

Ce 2011 représente une grande partie de la superficie du vignoble. Bouquet de fruits noirs (crème de myrtille) et de pruneau, assorti de touches boisées (tabac blond, fruits secs, grillé, épices). Bouche souple, ronde et raffinée, portée par des tanins soyeux et beaucoup de fraîcheur. Déjà très plaisant. 2015-2018 lapin aux pruneaux

Pascal Collotte, Ch. Jean Faux, 33350 Sainte-Radegonde, tél. 05 57 40 03 85, jf@chateaujeanfaux.com V r.-v.

CH. LA FAVIÈRE 2011 ★

■	60 000		11 à 15 €

Fondé à la fin du XVIIIe s. par un notable bordelais sur les terrasses de l'Isle au nord du Libournais, le cru a été racheté en 2010 par un couple de Russes amoureux du bordeaux, l'homme d'affaires Stanislav Zingerenko et son épouse Natalia. Le vignoble couvre 18 ha.

Un élevage en barrique neuve pour ce 2011, qui offre le profil classique du vin de garde : robe intense, nez concentré évocateur de raisin mûr et de bon bois, attaque ronde et moelleuse, bouche chaleureuse, charpentée et persistante, étayée par des tanins denses ; arômes de fruits rouges, de gibier et de café. Un ensemble aussi puissant que prometteur. 2017-2019 carré d'agneau aux châtaignes

Ch. la Favière, 32, rue Antoine-de-Saint-Exupéry, 33660 Saint-Seurin-sur-Isle, tél. 05 57 49 72 08, contact@lafaviere.fr V t.l.j. 9h30-12h30 13h30-17h30; sam. dim. sur r.-v. Zingerenko

COSTES DU CH. FÉRET-LAMBERT 2011 ★★

■	80 000		5 à 8 €

Depuis 1997, Henri Féret, courtier en vins, associé avec son beau-frère Olivier Sulzer, vigneron à Saint-Émilion, redonne son lustre à ce domaine acquis en 1930 par son arrière-grand-père Charles Féret, éditeur du célèbre *Bordeaux et ses vins*.

Du merlot majoritaire sur un sous-sol de calcaires à astéries, comme dans de nombreux terroirs du Saint-Émilionnais, sur l'autre rive de la Dordogne. La robe est profonde. La puissance aromatique du bouquet, mariage harmonieux de fruits noirs bien mûrs et de boisé, annonce une attaque fruitée et suave et une matière à la fois généreuse et fraîche, pleine de jeunesse, équilibrée jusqu'en finale. ⧗ 2016-2019 ▼ pintade rôtie ■ Ch. Féret-Lambert 2011 ★ (8 à 11 €; 24 000 b.): seize mois de barrique. De la puissance sans aspérité. ⧗ 2016-2019

SCEA Sulzer-Féret, Ch. Féret-Lambert, 33420 Grézillac, tél. 05 57 47 15 12, feret-lambert@orange.fr V r.-v. 3

CH. FLEUR HAUT GAUSSENS 2012

■	90 000		5 à 8 €

Fondé en 1941, un domaine de 29 ha situé sur la rive droite de la Dordogne, au nord-ouest du Fronsadais, propriété de la famille depuis quatre générations. Hervé Lhuillier en a pris les rênes en 1997.

Malgré un élevage en barrique assez bref, le boisé domine avec ses notes épicées et goudronnées, laissant percer le fruit à l'aération. Une matière ample et suave, et une bonne structure tannique composent une bouche équlibrée, marquée, elle aussi, par le merrain. ⧗ 2015-2019 ▼ tournedos

Vignobles Pierre et Hervé Lhuillier, 11, Les Gaussens, 33240 Vérac, tél. 05 57 84 48 01, fleurhautgaussens@orange.fr V r.-v.

CH. FRACHET Prestige 2012 ★

■	68 000		5 à 8 €

L'ex-château Ricmont créé en 1772 dans l'Entre-deux-Mers, sur la rive droite de la Garonne, est situé aux portes de Bordeaux. En 2004, il a été acheté et rebaptisé par Bernard Frachet, négociant en vins, et par son épouse Jocelyne. Le vignoble de 12 ha est implanté sur une terrasse limono-graveleuse.

Un vin qui demande à être oublié quelque temps en cave. Son bouquet de fruits rouges, de vanille et de pâtisserie montre une complexité naissante, ses tanins commencent à s'arrondir mais leur sévérité finale, combinée à une pointe d'acidité, le rend pour l'heure austère. ⧗ 2017-2019 ▼ civet de sanglier

SCEA Frachet et Fils, 11, av. de Bordeaux, 33360 Cénac, tél. 05 56 20 16 94, philippe.bappel@chateauxenbordeaux.com r.-v.

CH. DE GOËLANE 2012 ★

■	n.c.	5 à 8 €

Niché au cœur de l'Entre-deux-Mers et commandé par un château au style éclectique construit en 1850, ce cru de 71 ha représente la première propriété viticole acquise par la famille Castel, désormais détentrice de nombreux domaines dans la région bordelaise et ailleurs.

À la fois intense et fin, le nez associe les fruits rouges et le cassis à des notes de jus de viande et de grillé. Suave, charnue à l'attaque, de bonne longueur, marquée par une belle rétro-olfaction fruitée, la bouche est construite sur des tanins soyeux, plus fermes en finale. ⧗ 2016-2019 ▼ fricassée de canard

SCE Ch. de Goëlane, 14, rte de Sanson, 33670 Saint-Léon, tél. 05 56 95 54 00, contact@chateaux-castel.com

CH. DU GRAND BERN 2012 ★

■	74 800		5 à 8 €

Paul Gonfrier, rapatrié d'Algérie, rachète au début des années 1960 le château de Marsan, terre noble créée au XVIIes. sur la rive droite de la Garonne : le berceau des domaines familiaux. Ses fils Philippe et Éric suivent ses traces après 1985. Aujourd'hui, pas moins de 350 ha et douze châteaux.

Né à Rions, ce 2012 mi-cuve mi-fût séduit par son bouquet mêlant le fruit noir à un boisé fin et complexe aux nuances d'épices et de cèdre. Au palais, il se montre ample, gras et bien charpenté. ⧗ 2016-2019 ▼ canard rôti ■ Ch. Le Gardera 2012 ★ (46 000 b.) : plus de merlot (85 %) dans ce vin sur les fruits rouges et noirs, discrètement boisé. ⧗ 2015-2017

SCEA Gonfrier Frères, Ch. de Marsan, BP 7, 33550 Lestiac-sur-Garonne, tél. 05 56 72 14 38, gonfrier@wanadoo.fr V t.l.j. 9h-17h30; sam. dim. sur r.-v.

CH. GRAND JEAN Réserve 2012 ★

■	200 000		8 à 11 €

Depuis 1750, dix générations de vignerons se sont succédé. Michel Dulon exploite aujourd'hui 140 ha répartis dans quatre crus. Ses vignes sont surtout implantées sur la rive droite de la Garonne (côtes-de-bordeaux) et dans l'Entre-deux-Mers, mais il a pris pied en saint-émilion grand cru.

Les cabernets l'emportent d'une courte tête sur le merlot (50 % de cabernet-sauvignon et une goutte de cabernet franc) dans ce 2012, dont la robe sombre aux reflets violets annonce le potentiel. Le nez allie les fruits mûrs et un boisé épicé ; le palais ample et riche est adossé à des tanins encore jeunes et la finale marquée par une pointe de vivacité. ⧗ 2016-2019 ▼ pavé de biche

SC Dulon, 133, Grand-Jean, 33760 Soulignac, tél. 05 56 23 69 16, info@vignobles-dulon.com V t.l.j. sf sam. dim. 8h30-12h30 14h-17h

CH. LE GRAND VERDUS 2012 ★

■	500 000		5 à 8 €

Un manoir Renaissance acquis en 1810 par Claude Deschamps, architecte du pont de Pierre à Bordeaux, et transmis par mariage à la famille. Quatre générations de Grix de la Salle se côtoient aujourd'hui sur cette vaste unité de 110 ha dans l'Entre-deux-Mers.

Ce 2012 répond bien au profil gourmand et fruité recherché par son auteur : le nez, discret, dévoile à l'aération des notes de fruits rouges, de cassis et de mûre, soulignées d'épices. Ce fruité s'épanouit dans une bouche ronde et suave en attaque, construite sur des tanins serrés et soyeux. La longue finale renoue avec les fruits et les épices. ⧗ 2014-2017 ▼ beaufort affiné ■ Ch. La Loubière 2012 (33 000 b.) : pas de bois non plus pour ce vin rond et ample, tout en fruits rouges et noirs. ⧗ 2014-2017

Le Grix de La Salle, Ch. le Grand Verdus, 33670 Sadirac, tél. 05 56 30 50 90, chateau@legrandverdus.com V r.-v.

CH. AUX GRAVES DE LA LAURENCE
H Réserve traditionnelle Élevé en fût de chêne 2011

■	6 400		8 à 11 €

Œnologue et ancien directeur du laboratoire de Grézillac, Bernard Hébrard a conseillé un millier de produc-

teurs. Arrivé à l'âge de la retraite, il a voulu faire son vin. Il a repéré dans un enclos tombé à l'abandon un excellent terroir : une croupe de graves sur argiles. Un petit domaine (2,25 ha) qu'il cultive comme un jardin avec son épouse.

Un potentiel moindre que le 2010, millésime oblige, mais beaucoup d'élégance et de jeunesse dans ce vin aux reflets violets. Le nez est finement boisé. Le fruit s'installe dès l'attaque et ne quitte plus la bouche, où l'on trouve aussi de la souplesse et de la rondeur. ⧗ 2015-2017 🍴 rosbif

⊶ Bernard et Marie-Odile Hébrard, Aux Graves de la Laurence, 42, rte de Libourne, 33450 Saint-Loubès, tél. 06 82 05 21 94, h.auxgravesdelalaurence@yahoo.fr V r.-v.

CH. LES GRAVIÈRES DE LA BRANDILLE Cuvée Prestige 2012

■ | 30 000 | | 8 à 11 €

Les Borderie, vignerons depuis cinq générations, exploitent 47 ha : en bordeaux supérieur avec Les Gravières de la Brandille, leur berceau, créé en 1963, en lussac et en bordeaux avec Les Combes, dans la famille depuis la fin du XIXe s., et en lalande avec le Ch. Vieille Dynastie acquis en 2011. Frédéric Borderie est aux commandes depuis 2005.

Bouquet marqué par un boisé appuyé, mais de bonne qualité, libérant à l'agitation des notes de fruits noirs bien mûrs. Palais à la fois gras et frais. Des arômes persistants de fruits rouges presque confiturés impriment une douceur suave à la finale. Les tanins font sentir leur présence sans être envahissants. Un vin équilibré, qui plaira dès aujourd'hui aux amateurs de vins boisés. ⧗ 2015-2018 🍴 magret au miel ■ 2012 (5 à 8 € ; 130 000 b.) : plus de cabernets dans ce vin encore fermé et vif. Du potentiel. ⧗ 2015-2019

⊶ EARL Vignobles Borderie, 117-119, rue de la République, 33230 Saint-Médard-de-Guizières, tél. 05 57 69 83 01, jpborderie@wanadoo.fr V t.l.j. sf dim. 8h-12h 14h-19h

B DOM. ÉMILE GRELIER 2012

■ | 54 000 | | 8 à 11 €

Delphine et Benoît Vinet se sont installés en 2003 sur 9 ha de jeunes merlots plantés à haute densité sur un coteau, au nord du Libournais, qu'ils exploitent en bio certifié. Dans leurs rangs de vignes, des arbres. Et le nom du grand-père pour signature.

Un nez tout en fruits rouges frais, légèrement réglissé. Ample et rond en attaque, le palais suit la même ligne fruitée, adossé à des tanins de qualité, un peu sévères en finale. ⧗ 2015-2018 🍴 faux-filet grillé

⊶ Benoît Vinet, 2bis, Piconnat, 33620 Lapouyade, tél. 06 84 35 28 22, bv@vinesprit.gt V r.-v.

CH. GROSSOMBRE DE SAINT-JOSEPH 2012 ★

■ | 25 000 | | 5 à 8 €

Située dans l'Entre-deux-Mers, comme la « maison mère » de Grézillac, Grossombre (12 ha) est la propriété de Béatrice Lurton, une des filles d'André Lurton.

Du cabernet-sauvignon et du merlot à parts égales, six mois de fût. Il en résulte une robe noire aux reflets violines, un bouquet expressif et élégant, sur les fruits noirs, la violette, la brioche et les épices. Le palais ne joue pas la puissance mais mise sur sa rondeur généreuse et sur ses parfums persistants de cassis et de myrtille. ⧗ 2016-2020 🍴 magrets de canard

⊶ Béatrice Lurton, Ch. Bonnet, 33420 Grézillac, tél. 05 57 25 58 58, andrelurton@andrelurton.com

CH. HAUT-GAUSSENS 2011

■ | 32 000 | | 5 à 8 €

Situé au nord-ouest du Fronsadais, un cru de 15 ha. Après Daniel Lhuilier, le fondateur du domaine en 1941 et Michel, la troisième génération est aux commandes depuis 2001, avec Stéphane et Delphine.

Pas de bois dans ce 2011 à la robe profonde et jeune, tirant sur le violine. Il faut le faire virevolter dans le verre pour qu'il libère ses parfums de fruits cuits, de griotte, de noyau. On retrouve en bouche ces arômes, associés à un tanin bien présent. Un vin racé, encore un peu vif. ⧗ 2016-2018 🍴 pigeon en cocotte

⊶ SCEA Ch. Haut-Gaussens, 4, Les Gaussens, 33240 Vérac, tél. 06 17 57 48 45, chateauhautgaussens@orange.fr V r.-v.

⊶ Stéphane et Delphine Lhuillier

CH. HAUT-LA PÉREYRE 2012 ★

■ | 40 000 | | 5 à 8 €

À la tête de 50 ha de vignes implantées dans ce petit pays de l'Entre-deux-Mers appelé Haut-Benauge, Olivier Cailleux perpétue une exploitation qui existe depuis 1881 et six générations.

Seize mois de cuve pour ce 2012 à la robe dense et jeune, au nez bien fruité, sur la fraise des bois et le cassis macéré, avec une touche de violette. Ample et charnue, la bouche, sans manquer de structure, offre des tanins déjà affables et suit la même ligne fruitée. ⧗ 2015-2018 🍴 escalope viennoise

⊶ EARL DCOC, La Péreyre, 33760 Escoussans, tél. 05 56 23 63 23 V r.-v.

CH. HAUT NADEAU Réserve du propriétaire 2012 ★

■ | 13 000 | | 5 à 8 €

Situé dans cette région de l'Entre-deux-Mers appelé Haut-Benauge, ce domaine, dans la famille du propriétaire depuis 1945, a longtemps vendu son raisin au négoce. Œnologue à la faculté de Bordeaux, Patrick Audouit a repris en 1992 l'exploitation, qui couvre 19 ha.

Un soupçon de cot (7 %) dans cet assemblage classiquement dominé par le merlot. Le nez élégant associe les fruits rouges à une touche de rose. L'attaque apparaît souple et ronde, et les tanins sont bien enrobés. De la finesse. ⧗ 2015-2017 🍴 moelleux au chocolat

⊶ SCEA Ch. Haut Nadeau, 3, chem. d'Estévenadeau, 33760 Targon, tél. 06 95 99 25 96, hautnadeau@hotmail.fr r.-v. ⊶ Audouit

CH. HAUT NIVELLE Prestige Élevé en fût de chêne 2012 ★

■ | 40 000 | | 5 à 8 €

Situé dans la vallée de l'Isle, au nord-est du Libournais, ce domaine avait été laissé à l'abandon dans les années 1960 après une série de gels désastreux (dont celui de

1956). Il a été acquis en 1979 par la famille Le Pottier qui l'a reconstitué. Il couvre aujourd'hui 31 ha.

Comme le 2011, coup de cœur dans la dernière édition, ce 2012 possède de belles qualités aromatiques – un bouquet intense et vineux mêlant le fruit rouge, la liqueur de cassis, le poivre, un boisé épicé et grillé. Rond et suave en bouche, il se montre moins charpenté que son aîné et devrait pouvoir être débouché plus tôt. « Modérément boisé, il correspond bien à ce que l'on attend d'un bordeaux supérieur », conclut un juré. ⧗ 2015-2017 🍴 pavé de bœuf sauce chocolat ■ Ch. Puy Favereau cuvée Tradition 2012 ★ (moins de 5 € ; 35 000 b.) : un soupçon de barrique dans ce vin aux accents de fruits bien mûrs, épicé et vanillé, rond et suave en bouche. ⧗ 2014-2017

SCEA les Ducs d'Aquitaine, 2, rte de Cornemps, 33660 Saint-Sauveur-de-Puynormand, tél. 05 57 69 69 69, vignobles@lepottier.com
V r.-v. Le Pottier

CH. HAUT POUGNAN
Cuvée Prestige Élevé en fût de chêne 2012 ★★

■ | 20 000 | | 5 à 8 €

Jean Gueridon conduit depuis 1990 un domaine familial de 48 ha, créé en 1852 sur les coteaux de la rive droite de la Garonne, au cœur de l'Entre-deux-Mers. Ses vins sont régulièrement au rendez-vous du Guide.

Puissant et complexe, le bouquet mêle les fruits confits, le sous-bois à des nuances épicées et torréfiées. Le palais, à l'unisson, se montre gras, suave et souple ; il déploie des tanins soyeux issus de raisins bien mûrs, en harmonie avec des arômes de pruneau ; une pointe d'acidité apporte tonus et équilibre. ⧗ 2015-2018 🍴 onglet à l'échalote

SCEA Ch. les Haut Pougnan, 6, chem. de Pougnan, 33670 Saint-Genès-de-Lombaud, tél. 05 56 23 06 00, haut.pougnan@gmail.com V t.l.j. 8h-12h 13h-18h
Gueridon

CH. HAUT-RIEUFLAGET 2012 ★

■ | 40 000 | | - de 5 €

Installé en 1969 dans l'Entre-deux-Mers comme jeune agriculteur, Jean-Dominique Petit a agrandi la propriété familiale au fil des ans, qui atteint aujourd'hui 70 ha. Ses bordeaux sont régulièrement présents dans le Guide.

Un assemblage classique dominé par le merlot, élevé en cuve. On aime sa robe profonde, son nez intense, tout en fruits noirs, avec une petite touche grillée, son palais puissant, qui poursuit avec insistance cette jolie ligne fruitée. Quelques tanins un peu fermes marquent la finale. ⧗ 2015-2018 🍴 laguiole

SCEA Jean-Dominique Petit, Haut-Rieuflaget, 33790 Saint-Antoine-du-Queyret, tél. 05 56 61 33 78, haut-rieuflaget@wanadoo.fr V r.-v.

CH. L'INSOUMISE
Prestige Élevé en fût de chêne 2011 ★

■ | 12 000 | | 8 à 11 €

Traversé par le 45e parallèle, le vignoble de ce domaine ancien (XVIIe s.) couvre les coteaux de la Dordogne. Il est conduit depuis 2007 par les œnologues Cécile Thirouin et Thierry de Taffin.

Ce 2011 séduira surtout l'amateur de vins boisés. Mais pour un élevage en barrique bien mené, il faut de bons raisins et du bon vin. C'est ce que l'on trouve ici : le fût laisse s'exprimer les fruits rouges, des tanins sont bien extraits et la finale se montre persistante. Un potentiel certain. ⧗ 2017-2019 🍴 fricassée de canard

Thirouin – de Taffin, 360, chem. de Peyrot, 33240 Saint-André-de-Cubzac, tél. 05 57 43 17 82, chateau.linsoumise@wanadoo.fr
V r.-v.

CH. LAJARRE Éléonore 2012 ★

■ | 80 000 | | 5 à 8 €

Vignoble de 33 ha sur la rive gauche de la Dordogne. Propriété d'un duc au XVIIIe s., achetée au siècle suivant par Jean Gautier, maire de Bordeaux et ministre des Finances de Louis Philippe, puis en 1973 par la famille Lovato. Grégory Lovato l'exploite depuis 2005 tout en continuant à exercer comme médecin de campagne.

Très joli bouquet ouvert et complexe, entre petits fruits (mûre et cerise), menthe poivrée, amande douce et vanille. Attaque fraîche, palais gras, structuré. La petite pointe acidulée en finale fait ressortir le retour du fruit. ⧗ 2015-2018 🍴 entrecôte

SCEA du Ch. Lajarre, 24, av. des Châteaux, 33350 Mouliets, tél. 05 57 41 08 69, chateaulajarre@hotmail.fr V r.-v.

♥ CH. LAMOTHE-VINCENT
Le Grand Rossignol Les Crus 2012 ★★

■ | 12 000 | | 15 à 20 €

Un vaste cru de 92 ha dans l'Entre-deux-Mers, fondé en 1920 par les arrière-grands-parents. Ses atouts : un chai très moderne et les compétences complémentaires de Christophe Vincent (aux vignes) et de Fabien (au chai). Saint Vincent les inspire, dit-on, mais ce sont plutôt leur formation technique poussée et leur exigence qui font de ce domaine une référence en bordeaux et bordeaux supérieur.

Un terroir excellent : du merlot sur argiles gonflantes. La vinification est ambitieuse : fermentation malolactique en fût de chêne neuf, élevage de seize mois sur lies en barrique. Le résultat ? Un remarquable vin de garde. La robe est profonde ; le nez intense mêle le fruit très mûr à des notes empyreumatiques d'âtre de cheminée et de pain grillé. La bouche ample monte en puissance et persiste longuement, étayée par une structure tannique solide et pourtant élégante. ⧗ 2017-2022 🍴 côte de bœuf ■ Héritage 2012 ★ (5 à 8 € ; 68 000 b.) : élevé lui aussi sous bois, un vin au nez frais et mentholé, à la charpente solide ; encore un peu strict. ⧗ 2017-2022

SCEA Vignobles Vincent, 3, chem. Laurenceau, 33760 Montignac, tél. 05 56 23 96 55, info@lamothe-vincent.com V r.-v.

CH. LANDEREAU Prestige 2011 ★

■ | 30 000 | | 11 à 15 €

Henri Baylet et son fils Michel ont acheté ce domaine en 1959. Aujourd'hui, Bruno Baylet, troisième du nom, exploite dans l'Entre-deux-Mers un vignoble de 83 ha répartis en deux propriétés : Ch. Landreau et Ch. de l'Hoste Blanc.

Élevé dix-huit mois en fût neuf, un 2011 très sombre, puissant, dominé jusqu'en finale par des notes d'élevage. Il doit être aéré pour révéler un fruit bien mûr, presque compoté, finement vanillé. En bouche, une salutaire vivacité donne de l'allonge et accompagne des tanins ronds, reflets d'une vinification maîtrisée et de raisins mûrs à souhait. ⏳ 2016-2018 🍴 civet de lièvre ■ **Cuvée classique 2012 (5 à 8 € ; 180 000 b.)** : élevage partiel en fût. Plus fruitée, plus souple, mais non dépourvu de potentiel ; finale tannique. ⏳ 2015-2018

Vignobles Baylet, Ch. Landereau, 33670 Sadirac, tél. 05 56 30 64 28, vignoblesbaylet@free.fr
V t.l.j. sf sam. dim. 8h30-12h 13h30-18h

CH. LARONDE DESORMES 2011 ★

■ | 24 000 | | 8 à 11 €

Situé dans le haut Médoc, en amont de Margaux, le vignoble est implanté sur les palus de la basse terrasse de la Gironde, à quelques centaines de mètres du fleuve. Il n'a rien à envier à d'autres terroirs plus réputés, à en juger par la qualité de ses vins – des bordeaux supérieurs.

L'assemblage est original : 60 % de merlot, 30 % de cabernet franc et 10 % de petit verdot. À la robe profonde répond un nez intense, sur les fruits mûrs et un boisé épicé. Les tanins sont bien affirmés, enveloppés par une jolie matière. Un vin sérieux, à l'allure franche et solide, qui saura se faire attendre. ⏳ 2017-2019 🍴 bœuf en daube

SC Ch. Laronde Desormes, 33460 Macau, tél. 05 57 88 07 64, vitigestion@vitigestion.com
V r.-v. Tessandier

CH. LARROQUE-VERSAINES 2011 ★

■ | 10 000 | | 8 à 11 €

Propriétaire en saint-émilion grand cru (Ch. la Grâce Dieu des Prieurs), Alain Laubie exploite aussi, au nord du Libournais, le petit domaine Larroque-Versaines (5 ha) en bordeaux supérieur.

Ce 2011 en robe noire est encore sous l'emprise de son séjour de quatorze mois en barrique : ses parfums de fruits noirs compotés ont du mal à percer sous les nuances toastées de l'élevage. Ses tanins solides, presque sévères, sont équilibrés par de la rondeur et du gras. Un vin généreux et puissant qui a besoin de temps pour se fondre. ⏳ 2016-2019 🍴 gigot d'agneau

Laubie, 163, rue Larroque, 33910 Saint-Ciers-d'Abzac, tél. 05 57 69 02 78, alainlaubie@orange.fr V r.-v.

♥ CH. LARTEAU 2011 ★★

■ | 65 000 | | 5 à 8 €

Issu d'une famille de négociants bordelais, Jean-Pierre Angliviel de la Beaumelle s'est installé en 2007 avec ses enfants sur cet ancien domaine (XVIIIe s.) de taille modeste (12 ha), situé sur la rive gauche de la Dordogne, dont il a rénové le cuvier et le chai.

Ce pur merlot a bénéficié d'un long élevage (vingt mois), partagé entre le fût et la cuve pour préserver son fruité. Le résultat a convaincu. La robe est profonde, le nez intense met en avant les fruits rouges mûrs, accompagnés de nuances de sous-bois. Ces arômes persistent longuement dans une bouche généreuse et onctueuse, épaulée par un boisé élégant et par des tanins serrés et fondus. Un bordeaux vraiment... supérieur. ⏳ 2017-2020 🍴 côte de bœuf

SCEV Ch. Larteau, 1, Larteau, 33500 Arveyres, tél. 06 34 06 83 09, contact@chateaularteau.com
V r.-v.

CH. LATOUR-LAGUENS 2012 ★

■ | 158 000 | | 5 à 8 €

Traduisant l'engouement de l'Empire du Milieu pour le bordeaux, cet ancien cru de l'Entre-deux-Mers, commandé par un château du XVIe s., a été vendu en 2008 par la famille Laguens à la jeune Chinoise Haiyan Cheng qui y a réalisé d'importants investissements. Le domaine couvre 60 ha.

Un assemblage classique de merlot (80 %) et de cabernet-sauvignon. Malgré un élevage d'un an en barrique neuve, les notes vanillées et épicées du bois laissent une bonne place au fruit, qui s'exprime sur des notes de mûre. La bouche concentrée allie la consistance et le charme. ⏳ 2015-2019 🍴 canard rôti

SCEA Latour-Laguens, Ch. Latour-Laguens, 33540 Saint-Martin-du-Puy, tél. 05 56 71 53 15, contact@latourlaguens.com V r.-v.

CH. LAUDUC Cuvée Prestige 2012 ★★

■ | 30 000 | | 5 à 8 €

Conduit par les frères Régis et Hervé Grandeau, ce cru familial naguère dédié à la production de lait, de raisins de table et de fruits, étend son vignoble de 54 ha sur les plus hauts coteaux argilo-calcaires et graveleux de Tresses, à une dizaine de kilomètres de Bordeaux.

L'élevage d'un an en barriques (dont un tiers de neuves) n'écrase pas le vin. Au bouquet, des notes intenses de fruits rouges bien mûrs relevés par une touche d'épices apportée par le bois. L'attaque, elle aussi sur le fruit, est ample et souple ; la matière se montre étoffée et généreuse, la finale très droite, un peu ferme. Une belle harmonie entre le fruit et le merrain. ⏳ 2017-2020 🍴 rôti de porc aux pruneaux

Vignobles Grandeau, 5, av. de Lauduc, 33370 Tresses, tél. 05 57 34 43 56, m.grandeau@lauduc.fr V r.-v.

CH. LA LAURENCE 2012 ★

■ | n.c. | | 15 à 20 €

Fils de vignerons, directeur technique au Ch. la Fleur de Boüard (Hubert de Boüard, lalande-de-pomerol) et consultant, Philippe Nunes a acheté en 2005 un micro-cru en montagne-saint-émilion, le Clos Bertineau puis, en 2012, le Ch. la Laurence dans l'Entre-deux-Mers : 5,5 ha de merlot sur argilo-calcaires.

Un vin élevé dans les cuves tronconiques inversées et suspendues du chai de la Fleur de Boüard, qui permettent un travail par gravité ; un élevage de quinze mois en barrique. Il en résulte un vin de garde bien construit, charpenté et long. Pour l'heure encore assez fermé, très boisé et tannique, ce 2012 laisse percevoir du bon raisin derrière l'élevage. ⏳ 2018-2022 🍴 filet de bœuf sauce café

SCEA Vignobles de la Laurence, 5, rte des Mimosas, 33450 Montussan, tél. 06 81 99 37 32, philippe-nunes@free.fr V r.-v.

CH. LESTRILLE CAPMARTIN 2011 ★

■ | 32 000 | | 5 à 8 €

Ce domaine de 42 ha est une des valeurs sûres des AOC régionales. Il est conduit depuis 2006 par Estelle Roumage, qui a succédé à son père Jean-Louis et revendique des vins fruités nés d'une « viticulture durable » (sans certification bio).

Si ce 2011 est encore un peu réservé au nez, il s'exprime plus intensément après aération sur les fruits à l'eau-de-vie et la crème de cassis. La bouche ? Un peu de chaleur, mais du volume, de la chair, des tanins pour la garde et un retour aromatique réglissé qui laisse une belle impression de fraîcheur. ⌛ 2015-2018 🍷 magret grillé aux pêches ■ Ch. Lestrille 2011 ★ (32 000 b.) : un bouquet intense, fruité et épicé, un palais plein de fraîcheur et de justesse tannique. Un « vin plaisir ». ⌛ 2015-2017

EARL Roumage, 15, rte de Créon, 33750 Saint-Germain-du-Puch, tél. 05 57 24 51 02, contact@lestrille.com V t.l.j. sf dim. 9h-12h30 14h-19h; sam. 9h30-12h30; f. sem. du 15 août

CH. DE LUGAGNAC 2012 ★

■ | 120 000 | | 11 à 15 €

Commandé par un château féodal datant des XIe et XIIIe s., partiellement remanié au XVIIe s., ce cru de l'Entre-deux-Mers est l'une des valeurs sûres en appellations régionales. Propriété de la famille Bon depuis 1969, il est passé sous pavillon chinois en 2012.

Le merlot (50 %) est presque à parité avec le cabernet-sauvignon (48 %), complétés par un soupçon de petit verdot. La robe sombre montre quelques reflets d'évolution. Le nez expressif mêle les fruits rouges mûrs, le sous-bois et des notes d'élevage rappelant la vanille et le caramel. Ronde et chaleureuse, la bouche est soutenue par des tanins sans aspérité. Un style moderne cultivé par un vigneron averti. ⌛ 2015-2020 🍷 grillades

SCEA du Ch. de Lugagnac, 33790 Pellegrue, tél. 05 56 61 30 60, contact@lugagnac.com

CH. DE MACARD 2012

■ | 150 000 | 8 à 11 €

La famille Aubert exploite 300 ha et de nombreux domaines en Bordelais, avec pour fleuron le Ch. la Couspaude. Alain, l'un des trois frères à la tête du groupe familial, conduit plusieurs crus en son nom : Hyot et German (castillon), Haut-Gravet (saint-émilion grand cru), Ribebon et Macard (AOC régionales).

Dominant la Dordogne, le château Macard (30 ha de vignes) a été acquis en 1996, pour la qualité de son terroir argilo-calcaire. Son 2012 est dominé par des notes tostées qui laissent en retrait les arômes de fruits noirs. Après une attaque ronde et élégante, dominée, elle aussi, par des notes boisées, des tanins austères font sentir leur présence. Ils devraient s'arrondir au cours des prochains mois. ⌛ 2015-2017 🍷 bavette à l'échalote

Alain Aubert, 57 bis, av. de l'Europe, 33350 Saint-Magne-de-Castillon, tél. 05 57 40 04 30, domaines.a.aubert@orange.fr

CH. MAISON NOBLE SAINT-MARTIN 2012

■ | 130 000 | | 5 à 8 €

Les origines de cette propriété de l'Entre-deux-Mers remontent au XIVe s. Le château a été détruit pendant la Révolution. Aujourd'hui, un cadre pour des noces et 75 ha de vignes, qui permettent à Bertrand Gonzalez de proposer des appellations régionales et de l'entre-deux-mers.

Ce 2012 s'ouvre sur les notes vanillées et grillées de l'élevage qui masquent encore le fruit, au nez comme en bouche. Souple et rond à l'attaque, étayé par des tanins fermes, il devrait évoluer dans le bon sens. La finale fraîche et fruitée laisse un bon souvenir. ⌛ 2015-2017 🍷 entrecôte frites

Ch. Maison Noble, 1, Maison Noble, 33540 Saint-Martin-du-Puy, tél. 05 56 71 86 53, maison.noble@wanadoo.fr V r.-v.

CH. MALBAT L'Authentique 2012 ★

■ | 50 000 | | 5 à 8 €

Dans la famille depuis 1865, ce cru est conduit par Fabienne, Daniel et Martine Rochet. Établi sur la rive droite de la Garonne, à l'extrémité sud-est du vignoble girondin, il totalise aujourd'hui 85 ha.

Au nez, des notes évocatrices de boisé : noix de coco, torréfaction. Attaque suave, texture ronde et souple, tanins mûrs et bien fondus : le palais laisse une impression d'élégance. La finale fruitée, fraîche et longue, contribue à son harmonie. ⌛ 2016-2019 🍷 bœuf strogonoff

EARL Rochet, 5, Malbat, 33190 La Réole, tél. 05 56 61 02 42, contact@chateau-malbat.com V r.-v.

MARQUIS DE GÉNISSAC 2012 ★★

■ | 6 600 | | 5 à 8 €

Une coopérative de l'Entre-deux-Mers résultant de la fusion en 2009 de la cave de Génissac, fondée en 1936, et de celle de Saint-Pey-de-Castets, créée en 1949. La nouvelle structure dispose d'un millier d'hectares cultivé par ses adhérents.

Nez ouvert sur des senteurs de fruits noirs très mûrs, voire confiturés, bien mariées avec des notes d'élevage fumées et vanillées. Belle attaque, structure concentrée, tanins élégants, encore jeunes, grande fraîcheur : ce 2012 a du potentiel. ⌛ 2015-2020 🍷 pavé de bœuf au poivre ■ Ch. Moulin de Lagut 2012 (48 266 b.) : des fruits noirs, de la fraîcheur, des qualités de structure. Encore austère. ⌛ 2017-2019

SCA Vignerons de Saint-Pey-Génissac, 180, rue de la Cave-Coopérative, 33420 Génissac, tél. 05 57 55 55 65, cave.genissac@vigneronsdesaintpey-genissac.fr V t.l.j. sf dim. 9h-12h 14h-18h

CH. LES MAUBATS Élevé en fût de chêne 2011 ★

■ | 9 460 | | 5 à 8 €

Propriété familiale de l'Entre-deux-Mers établie dans un hameau détruit à la Révolution, les Malbâtis (devenus par contraction Les Maubats). Conduite depuis 1983 par Robert Armelin, elle a gardé un séchoir à tabac semblable à ceux que l'on observe aussi dans le proche Lot-et-Garonne, mais elle se dédie à la vigne.

Une cuvée issue de 2 ha vendangés à la main, élevée quatorze mois en barrique. Robe couleur d'encre, nez flatteur et complexe de fruits noirs mûrs, presque confits, de vanille et de noix de coco. Attaque souple et suave, bouche ample, concentrée et structurée, aux tanins déjà arrondis. ⧗ 2014-2017 Ÿ fricassée de canard

⊶ SCEA Vignobles Robert Armellin, Ch. les Maubats, 3, les Jousseaumes-Nord, 33580 Roquebrune, tél. 05 56 61 68 36, chateau.maubats@laposte.net V r.-v.

♥ CH. MIRAMBEAU-PAPIN 2012 ★★

■ | 50 000 | | 8 à 11 €

Constitué en 1950 et conduit par Xavier Landeau depuis 1995, un domaine familial de 32 ha établi dans le Bec d'Ambès, aux portes de bordeaux. Il se distingue en bordeaux supérieur et en cadillac-côtes-de-bordeaux (Ch. Courrèges).

Le nez est aussi profond que la robe, presque noire : on y respire les fruits noirs et rouges compotés et des notes d'élevage évocatrices d'âtre tiède et d'épices. Franche à l'attaque, ample, suave et généreuse, la bouche s'appuie sur des tanins mûrs, tendres et cacaotés, plus fermes en finale. Générosité et finesse : le jury est conquis. ⧗ 2015-2019 Ÿ canard aux cerises ■ Ch. Courrèges 2012 (20 000 b.) : issu d'un terroir argilo-calcaire proche des cadillac-côtes-de-bordeaux. Un fruité bien présent, souligné de boisé, une structure solide, pour l'heure un peu stricte en finale. ⧗ 2015-2019

⊶ Vignobles Landeau, 40, av. Stephen-Couperie, 33440 Saint-Vincent-de-Paul, tél. 05 56 77 03 64, landeau.xavier@orange.fr V r.-v.

CH. MIREFLEURS 2012 ★★

■ | n.c. | 5 à 8 €

Propriété de la famille Castel depuis 1980, Mirefleurs est situé à Yvrac, aux portes de Bordeaux, sur la rive droite de la Garonne. Le vignoble couvrant 42 ha est planté à une densité plutôt élevée de 6 500 pieds/ha.

Un vin très harmonieux tout au long de la dégustation. Les jurés ont loué les qualités aromatiques de son bouquet, où le cassis se marie au poivre et aux notes torréfiées d'un boisé très présent, mais pas écrasant. Ils ont également salué sa bouche ample à l'attaque, charpentée et persistante, marquée en finale par un agréable retour des arômes du nez. ⧗ 2017-2022 Ÿ entrecôte

⊶ SC Ch. Mirefleurs, chem. du Loup, 33370 Yvrac, tél. 05 56 95 54 00, contact@chateaux-castel.com

LES MONICORD 2011 ★

■ | 20 000 | | 11 à 15 €

Reprise en 2000 par le Néerlandais Josephus Bakx, marié à la Bordelaise Mireille Lambert, la propriété, située au nord-ouest de Fronsac s'est agrandie : 16 ha aujourd'hui. À noter : l'originalité des étiquettes créées par Audrey, fille du domaine et plasticienne.

Encore un peu réservé, ce 2011 dévoile à l'aération des parfums de fruits noirs mûrs, mâtinés d'épices chaudes. Charnue et dense, pour ne pas dire imposante, la bouche finit sur une pointe de fraîcheur et sur des accents épicés qui lui donnent tonus et relief. ⧗ 2017-2020 Ÿ travers de porc sel et poivre ■ Clos Monicord 2011 (15 à 20 € ; 14 000 b) : un élevage de quinze mois en barrique apportant de la complexité (notes torréfiées, fruitées et minérales) ; des tanins élégants, encore fermes ; une longue finale : du potentiel. ⧗ 2017-2022

⊶ Josephus Bakx, SCEA Monicord, 15, Le Bourg, 33240 Vérac, tél. 05 57 84 36 99, info@closmonicord.com V r.-v.

CH. LA MOTHE DU BARRY Cuvée Le Barry 2012 ★

■ | 10 000 | | 8 à 11 €

Jean Duffau vend en bouteilles dès 1970. Joël, qui travaille depuis 1985 avec son père, a pris le relais en 1999. Il ne s'interdit pas les avancées techniques, tout en engageant la conversion bio du cru (42 ha). Ses deux étiquettes – Les Arromans et La Mothe du Barry – sont incontournables en bordeaux et en entre-deux-mers.

Le haut de gamme de ce vigneron tire bien son épingle du jeu dans le milésime 2012. Le nez expressif et fin mêle les fruits noirs confiturés et un boisé subtil, épicé et réglissé. La bouche ample et étoffée, étayée par des tanins soyeux, offre une finale persistante agrémentée d'un joli retour sur la myrtille et la réglisse. ⧗ 2015-2019 Ÿ cuissot de marcassin aux pruneaux ■ Cuvée Design 2012 (5 à 8 € ; 20 000 b.) : un pur merlot élevé sous bois ; du fruit rouge mâtiné d'amande et de noisette, une bouche assez consistante. ⧗ 2015-2019

⊶ Joël Duffau, 2, Les Arromans, 33420 Moulon, tél. 05 57 74 93 98, joel.duffau@aliceadsl.fr V t.l.j. sf dim. 8h-12h 14h-19h 5

CH. MOUTTE BLANC Moisin 2011 ★★

■ | 2 700 | | 11 à 15 €

Patrice de Bortoli, à la tête d'un petit domaine de 4,3 ha dans le haut Médoc, en amont de Margaux, a un faible pour le petit verdot, cépage exclusif de sa cuvée Moisin en bordeaux supérieur. On le retrouve aussi régulièrement en haut-médoc et depuis peu en margaux.

Fidèle au rendez-vous du Guide, Moisin libère au nez des senteurs fraîches de fruits bien mûrs. L'élevage en barrique de dix-huit mois (avec plus de la moitié de barriques neuves) n'écrase pas le vin. En dépit de la couleur profonde, violine, de la robe, la bouche surprend agréablement par son côté tendre, ses tanins aimables et souples et sa finale chaleureuse. ⧗ 2016-2019 Ÿ salmis de palombe ■ Ch. Moutte Blanc 2011 ★ (8 à 11 € ; 12 000 b.) : 50 % de merlot, 25 % de petit verdot et autant de cabernet-sauvignon : du fruit frais et un discret boisé, des tanins jeunes et vifs, garants d'une bonne garde. ⧗ 2016-2018

⊶ Patrice de Bortoli, Ch. Moutte Blanc, 6, imp. de la Libération, 33460 Macau, tél. 06 03 55 83 38, moutteblanc@wanadoo.fr V r.-v.

CH. LA PAILLETTE 2012 ★★

■ | 12 000 | | 5 à 8 €

L'édition 2014 du Guide a découvert le premier millésime de Delphine Violeau-Brasseur, viticultrice discrète qui s'est installée en 2011 à Libourne, sur 5,5 ha de vignes.

Élevé dix-huit mois, ce vin ne manque pas de potentiel, à en juger par sa robe grenat sombre, par son nez concentré et franc, sur le cassis, et par son palais gras, séveux et long, adossé à de jeunes tanins. Un beau classique. ⧗ 2015-2019 côtelettes d'agneau ■ Ch. Jean Mathieu 2012 (8 à 11 € ; 10 000 b.) : mi-cabernet franc mi-merlot, élevé en barrique, un vin plein de mâche, charpenté, un peu massif. 2017-2022

Delphine Violeau-Brasseur, 8 bis, chem. du Roy, 33500 Libourne, tél. 05 57 25 90 93, dbrasseur33@orange.fr V t.l.j. 9h-12h 14h-18h

CH. PANCHILLE Cuvée Alix 2012 ★

■ | 10 000 | | 8 à 11 €

En 1981, trois ans après le décès de son père, Pascal Sirat reprenait à vingt-trois ans l'exploitation familiale : 5 ha, dont le produit était livré à la coopérative. Premier chai en 1985, sortie de la coopérative en 1992. Aujourd'hui, 14,5 ha sur la rive gauche de la Dordogne.

Dédiée à sa fille, la cuvée haut de gamme du domaine : longue cuvaison, élevage en barriques neuves pour un tiers. Une robe jeune, presque noire, un nez très fruité, sur le cassis et la mûre, légèrement boisé, une bouche dans le même registre, bien construite, plutôt ronde. Un vin étoffé, sans aspérité. 2017-2019 pièce de boeuf

Pascal Sirat, Ch. Panchille, Penchille, 33500 Arveyres, tél. 05 57 51 57 39, info@chateaupanchille.com V r.-v.

♥ CH. DE PARENCHÈRE Cuvée Raphaël 2011 ★★

■ | 78 500 | | 8 à 11 €

Aux confins des départements de la Gironde et de la Dordogne, un château de style périgourdin (XVIe-XVIIIes.), et un vaste domaine (65 ha de vignes). Raphaël Gazaniol, viticulteur rapatrié du Maroc, l'a acquis en 1958, transmis à son fils Jean, rejoint en 2006 par Julia – la troisième génération.

Selon un dégustateur, il « exprime à la fois un bon terroir, un bon raisin, un bon bois ». Les meilleures parcelles argilo-calcaires du domaine, de vieilles vignes de merlot (70 %) et de cabernet-sauvignon et un élevage en barriques (neuves à 30 %) pendant quatorze mois contribue à l'harmonie de cette belle cuvée. Au nez, le fruit est mûr, souligné de l'élégante note vanillée d'un merrain justement dosé. En bouche, ce vin se montre rond, corsé sans lourdeur, bâti sur des tanins très fins aux nuances grillées et cacaotées. 2017-2020 cuissot de chevreuil aux cèpes ■ Cuvée classique 2011 (5 à 8 € ; 196 000 b.) : élevé en cuve, un vin bien charpenté qui demande à s'affiner. 2015-2018

Ch. de Parenchère, BP 57, 33220 Ligueux, tél. 05 57 46 04 17, info@parenchere.com V t.l.j. sf sam. dim. 9h-12h 14h-17h30; f. août

CH. PENIN Tradition 2012 ★

■ | 80 000 | | 5 à 8 €

L'une des valeurs sûres des appellations régionales. Fondation du domaine par la famille Carteyron en 1854 : des vignes et des vergers. Premières bouteilles en 1964. Depuis 1984, Patrick Carteyron, œnologue, dirige le cru : 40 ha de vignes sur un terroir de graves, face à Saint-Émilion, sur la rive gauche de la Dordogne.

Beaucoup de merlot (90 %) et peu de bois (six mois). D'où ce nez de fruits noirs, de cassis légèrement vanillé, et cette bouche aimable, ample, souple et fruitée, d'une belle finesse. 2015-2017 poulet rôti ■ Grande Sélection 2012 (8 à 11 € ; 60 000 b.) : un pur merlot élevé sous bois : nez concentré, sur les fruits noirs, le cuir et les épices, bouche puissante et vive. 2015-2018

Patrick Carteyron, Ch. Penin, 39, impasse Couponne, 33420 Génissac, tél. 05 57 24 46 98, vignoblescarteyron@wanadoo.fr V t.l.j. sf dim. 8h-12h 14h-18h; sam. sur r.-v.

♥ CH. PEYFAURES Élevé en fût de chêne 2012 ★★

■ | 7 000 | | 8 à 11 €

Propriété familiale (14 ha) depuis sept générations, dans l'Entre-deux-Mers, sur les coteaux argilo-calcaires de la rive gauche de la Dordogne, face à Saint-Émilion. Très en vue depuis que sa propriétaire, Nicole Godeau – également pharmacienne – a décidé de quitter la coopérative.

Élevé dix-huit mois en fût, ce vin s'est imposé par sa richesse : couleur profonde, nez franc, complexe et élégant sur le fruit et un boisé de qualité, bouche ample, généreuse et persistante, étayée par une trame tannique soyeuse et fondue. Un plaisir durable. 2015-2019 pièce de sanglier rôtie

Ch. Peyfaures, 33420 Génissac, tél. 05 57 55 06 77, chateau.peyfaures@wanadoo.fr V r.-v.

Nicole Godeau

CH. PICON Cuvée Louis 2012 ★

■ | 11 999 | | 5 à 8 €

Implanté sur la rive gauche de la Dordogne, à Eynesses, non loin de Sainte-Foy-la-Grande, cet ancien domaine, fort de 90 ha, a pour propriétaire la maison de négoce GRM, établie dans le même secteur, à Pineuilh. Il propose des AOC régionales.

Les deux cabernets (25 % chacun) font jeu égal avec le merlot dans cette cuvées issue d'une sélection de parcelles. Le nez, discret mais élégant, se partage entre le fruité et le bois de la barrique. Dès l'attaque, l'élevage apporte des notes de noix de coco dans un palais assez étoffé, à la finale encore tannique et stricte. 2017-2019 brochettes de bœuf

SCEA Ch. Guillaume, Guillaume Blanc, BP 43, 33220 Saint-Philippe-du-Seignal, tél. 05 57 41 91 50, ecastano@grm-vins.fr V r.-v.

CH. LE PIN BEAUSOLEIL 2011 ★

■ | 6 000 | | 15 à 20 €

Un manoir du XVes. et un vignoble situé sur la rive gauche de la Garonne, face à Saint-Émilion. Ce dernier, important avant la crise phylloxérique, ne couvre plus que 4,5 ha, mais ses vins sont remarqués depuis la fin des années 1990. La qualité perdure après le rachat du cru en 2004 par un médecin allemand, Michael Hallek.

Un nez gourmand et frais, sur le fruit, mêlant le cassis, la cerise et la réglisse. L'amande douce entre en scène dans un palais rond à l'attaque, puissant et gras, aux tanins soyeux, et rafraîchi par une touche de menthol. Du caractère. ⧗ 2017-2022 ▼ gigot d'agneau ■ **Petit Soleil 2011** ★ (8 à 11 € ; 4 000 b.) : un second vin qui brille par son fruit (fruits rouges et noirs, noyau) et par son élégance et sa texture veloutée. ⧗ 2015-2019

SCEA Mivida, 1, le Pin, 33420 Saint-Vincent-de-Pertignas, tél. 05 57 84 02 56, lepin.beausoleil@wanadoo.fr V r.-v. Hallek

CH. QUEYRET-POUILLAC Réserve particulière 2011 ★

■ | 4 000 | | 5 à 8 €

Domaine fondé en 1783 dans l'Entre-deux-Mers, sur la rive gauche de la Dordogne, exploité depuis 2001 par Ludovic Leherle, qui tire de ses 50 ha de vignes des appellations régionales et de l'entre-deux-mers.

L'assemblage de cette cuvée privilégie les cabernets (60 %, franc et sauvignon). Le nez, complexe, mêle les fruits noirs à des notes empyreumatiques (café grillé) et poivrées. Ronde à l'attaque, la bouche offre un beau volume, du gras et de la densité. Ses tanins serrés et fermes lui confèrent un côté encore un peu sévère en finale, tout en garantissant une bonne garde. ⧗ 2016-2020 ▼ civet de lièvre

SCEA Queyret-Pouillac, 6, Pouillac, 33790 Saint-Antoine-du-Queyret, tél. 05 57 40 50 36, chateauqueyretpouillac@orange.fr V r.-v.

CH. DE REIGNAC 2012 ★

■ | 150 000 | | 8 à 11 €

À l'ouest de l'Entre-deux-Mers, non loin de la confluence de la Garonne et de la Gironde, un élégant château de style classique et un vignoble installé sur une croupe. Repris en 1990 et restructuré par l'entrepreneur Yves Vatelot et son épouse Stéphanie, il couvre 76 ha sur des terroirs divers et de qualité.

Plus modeste que certains millésimes précédents, ce 2012 reste de très belle tenue : robe profonde, nez vineux sur les fruits rouges bien mûrs, bouche ample, aux tanins serrés, un peu stricts en finale. ⧗ 2017-2019 ▼ pavé de bœuf aux morilles

Ch. de Reignac, 38, chem. de Reignac, 33450 Saint-Loubès, tél. 05 56 21 41 05, info@reignac.com V r.-v.

CH. LES REUILLES Héritage 2011 ★

■ | 48 000 | | 5 à 8 €

En 1992, Patrick Todesco succède à son père et à son oncle. Depuis lors, il ne cesse d'agrandir la propriété, qui est passée de 20 à 60 ha. Le siège de l'exploitation est dans le Lot-et-Garonne, mais le vignoble est implanté dans la toute proche Gironde, sur plusieurs communes.

Robe profonde et jeune, nez complexe, alliant les fruits noirs confiturés au moka et au cacao, avec une pointe mentholée. Bouche charnue et fraîche, trame tannique élégante, à la fois dense et soyeuse, finale réglissée et chocolatée. Une bouteille « bien faite et bien élevée », pour reprendre les termes du jury. ⧗ 2015-2018 ▼ côte de boeuf

EARL Patrick Todesco, 3, Piteau, 47120 Savignac-de-Duras, tél. 06 82 93 34 10, lesreuilles.chateau@gmail.com V r.-v.

CH. DE REYNAUD 2012 ★★

■ | 19 000 | | - de 5 €

Après avoir exercé le métier de journaliste en région parisienne, Sandrine et Bernard Capdevielle se sont établis en 1999 à Bourg, non loin de la rivière, sur une surface à taille humaine (5,5 ha) afin de tout maîtriser, élaboration et commercialisation. La reconversion est réussie.

Outre leurs côtes-de-bourg, ces producteurs proposent des bordeaux supérieurs, à partir de pur merlot cultivé sur palus. La vinification, tout aussi soignée, recherche l'extraction et l'élevage dure dix-huit mois, avec un apport mesuré du bois (trois mois). Nez intense et complexe, sur la cerise mûre, les fruits confits, le café grillé et le poivre. En bouche, du volume, du gras, de la densité et des tanins serrés, sévères en finale : l'assurance d'une bonne garde. ⧗ 2018-2022 ▼ tournedos

Bernard et Sandrine Capdevielle, Ch. de Reynaud, 33710 Bourg-sur-Gironde, tél. 05 57 68 44 13, chateau.reynaud@wanadoo.fr V r.-v.

♥ CH. ROBERPEROTS Cuvée Olivia 2012 ★★

■ | 33 000 | | 5 à 8 €

Fondée en 1936, la Cave de Landerrouat, aux confins de la Gironde et du Lot-et-Garonne, a fusionné en 1997 avec celle de Duras (Berticot) et en 2005 avec celle de Cazaugitat : la nouvelle structure compte 180 adhérents et 2 400 ha (1 400 ha en Bordelais et le reste dans le proche Sud-Ouest). Rattachée au groupement U2VBA.

Déjà remarquée (millésime 2010), une cuvée de nouveau plébiscitée. Un élevage de douze mois en barrique lui a apporté un surcroît de complexité, des notes de cacao rehaussant ses parfums de fruits bien mûrs. La bouche, dans une belle continuité, dévoile un fruit concentré souligné d'un boisé élégant et se signale par sa persistance. ⧗ 2017-2022 ▼ magret de canard sauce chocolat

Les Vignerons de Landerrouat-Duras-Cazaugitat, 4, rte des Vignerons, 33790 Landerrouat, tél. 05 56 61 31 21, vignerons.landerrouat@wanadoo.fr V r.-v.

CH. ROQUES-MAURIAC Cuvée Hélène Élevé en fût de chêne 2012

■ | 80 000 | | 8 à 11 €

À l'époque où il a lancé les premières foires aux vins (1973), Édouard Leclerc a acheté des vignobles dans l'Entre-deux-Mers. Sa fille Hélène Levieux les a développés, relayée depuis 2003 par Vincent et Sylvie Levieux, la troisième génération. Trois châteaux : Labatut, Lagnet et Roque-Mauriac, 100 ha au total.

Un vin à la robe profonde, pour l'heure dominé par les notes toastées d'un boisé qui demande à se fondre. Sa matière est assez étoffée pour se bonifier dans les prochaines années. ⧗ 2017-2020 ▼ côte de veau aux champignons

Levieux Vignerons, 1, Lagnet, 33350 Doulezon, tél. 05 57 40 51 84, contact@levieux-vignerons.com V r.-v.

CH. DE LA SABLIÈRE FONGRAVE
Patrimoine 2012 ★

■ | 150 000 | 5 à 8 €

Couvrant 113 ha dans l'Entre-deux-Mers et la région de Cadillac, ce cru appartient à la famille Icard depuis sa fondation en 1790. À sa tête depuis 1994, Jean-Christophe Icard. Plusieurs étiquettes : château de l'Orangerie, château de la Sablière Fongrave...

Un nez complexe et flatteur, mariage harmonieux de fruits rouges, de touches vanillées et épicées. La bouche suit la même ligne, ample, fraîche, gourmande, avec ce qu'il faut d'étoffe. Une bonne expression du millésime. ⌛ 2015-2018 🍴 rôti de bœuf

SCEA Vignobles Icard, Ch. de l'Orangerie, 33540 Saint-Félix-de-Foncaude, tél. 05 56 71 53 67, orangerie@chateau-orangerie.com

CH. SAINTE-BARBE 2011 ★

■ | 22 000 | | 8 à 11 €

Située à la pointe de l'Entre-deux-Mers, cette belle chartreuse construite au XVIII[e]s. par Jean-Baptiste Lynch commande un vignoble de 30 ha. Propriété des Touton depuis 2000, elle a été acquise en 2013 par la famille de Gaye, également à la tête du Ch. Grand Corbin Manuel (saint-émilion grand cru) et du Ch. la Création (pomerol).

Quelques reflets d'évolution dans la robe de ce 2011. Nez intense et franc, surtout marqué par des nuances boisées : café torréfié, amande grillée et même une touche de cèdre. En bouche, du fruit confituré perce sous le boisé, toujours dominant. Un vin ample et riche, dont les tanins appuyés, encore vifs, demandent à se fondre. Du caractère. ⌛ 2016-2020 🍴 entrecôte au grill

Brice de Gaye, SCEA Ch. Sainte-Barbe, 33810 Ambès, tél. 05 56 77 49 57, commercial@chateausaintebarbe.fr V r.-v. Touton

CH. SAINT-JULIAN 2012 ★★

■ | 52 000 | | 5 à 8 €

Patrice Bigou, à la tête de laboratoires, a acheté 25 ha de vignes à Targon, dans l'Entre-deux-Mers, non loin de la Sauve Majeure. Des propriétés en conversion bio. Trois châteaux : Saint-Julian, Virecourt-Conte et La Grangère.

Ce 2012 a enchanté les jurés : robe profonde, nez complexe de fruits noirs, soulignés d'un boisé mesuré ; attaque ronde, sur le fruit, palais structuré et long, aux tanins veloutés. Puissance et finesse. ⌛ 2017-2019 🍴 lapin aux pruneaux ■ Ch. Virecourt-Conte 2012 ★ (52 900 b.) : proche du précédent, il montre de bonnes qualités de fruit et de structure, avec plus de discrétion. ⌛ 2017-2019

SCEA Le Bousquet, 3, Tauzinat-Est, 33330 Saint-Christophe-des-Bardes, tél. 05 57 74 43 07, info@scealebousquet.com V r.-v. Patrice Bigou

CH. SARAIL LA GUILLAUMIÈRE 2011

■ | 24 000 | 5 à 8 €

Domaine de 18 ha créé en 1906 au nord-est de Bordeaux, dans l'Entre-deux-Mers, sur la ligne de partage des eaux entre Dordogne et Garonne ; géré depuis 2000 par Jean-Yves Faucheux.

Ce 2011 séduit par son équilibre, son caractère aimable, facile d'accès, où tout est bien fondu. Le nez, sur les fruits mûrs, se montre généreux, relevé par une touche de poivre et de vanille. Des tanins gras soutiennent une bonne structure pour composer un vin gourmand, onctueux et persistant. ⌛ 2014-2017 🍴 côtes d'agneau grillées

SCE Deguillaume, 1, pl. de Sarail, 33450 Saint-Loubès, tél. 05 56 20 40 14, faucheuxjyves@free.fr r.-v.

CH. TAYET
Cuvée Prestige Élevé en fût de chêne 2012 ★

■ | 60 000 | | 8 à 11 €

Le Belge Émile De Schepper a investi dans le vignoble bordelais à partir de 1950. Aujourd'hui, la famille exploite une cinquantaine d'hectares : en Médoc, le Ch. Haut-Breton Larigaudière (margaux), les Ch. Tayet et Lacombe Cadiot (bordeaux supérieur ; en saint-émilion, Tour Baladoz et Croizille.

Acquis en 1994 par la famille, le Ch. Tayet (10 ha) est établi à Macau, en amont de Margaux, sur des palus anciens dominant la Garonne. Le petit verdot, assez présent dans cette commune, complète le merlot et le cabernet-sauvignon dans ce 2012 bâti pour la garde : robe intense et jeune ; nez puissant de fruits confits et de pruneau, souligné d'un boisé bien fondu évoquant le caramel ; palais ample, gras, charpenté et long, marqué en finale par des tanins austères. ⌛ 2016-2020 🍴 pavé de biche

SCEA Ch. Haut Breton Larigaudière, 3, rue des Anciens-Combattants, 33460 Soussans, tél. 05 57 88 94 17, contact@demour.com V r.-v. De Schepper

B CH. TENEIN 2012 ★

■ | 29 000 | | 5 à 8 €

Conduits par la troisième génération, les vignobles « bio » de la famille Grelaud sont implantés au nord-est du Libournais, sur les coteaux de la rive gauche de l'Isle, au voisinage de Francs et du Périgord. Trois châteaux : Tenein, Grands Barradis, Tuilière de la Borde. Au chai, Maryse Bolzon-Grelaud, œnologue.

À la robe intense et sombre répond un nez franc mariant les fruits rouges bien mûrs aux notes épicées et vanillées de l'élevage. En bouche, ce vin est très agréable, charnu, étoffé et ample, marqué en finale par quelques jeunes tanins un peu vifs. ⌛ 2015-2018 🍴 entrecôte marchand de vin

SCEA Grelaud, 1, Tenein, 21, Meillac, 33660 Gours, tél. 05 57 49 68 53, contact@vignobles-grelaud.com V r.-v.

CH. TERRE DE GRAND 2012

■ | 34 000 | | 5 à 8 €

Créée en 1931, la coopérative de Saint-Émilion est un acteur incontournable du Libournais, et ses cuvées – vins de marque (Aurélius, Galius...) ou de domaines (une cinquantaine de propriétés apportent leur vendange à la « coop ») – sont régulièrement au rendez-vous du Guide.

Provenant d'une propriété implantée à Saint-Émilion, ce vin naît sur un terroir sableux. Un nez franc de fruits rouges mûrs, d'épices, avec une touche végétale. Après une attaque fraîche, la bouche prend de l'ampleur, dévoilant une trame tannique déjà arrondie et une longue finale. Un vin facile d'accès. ⌛ 2015-2018 🍴 sauté de veau aux champignons

Union de producteurs de Saint-Émilion, Haut-Gravet, BP 27, 33330 Saint-Émilion, tél. 05 57 24 70 71, contact@udpse.com V r.-v.

CH. DE TERREFORT-QUANCARD 2012 ★

| | 415 733 | | 5 à 8 € |

Le nom de ce cru ancien réunit celui de son propriétaire du XVIII[e]s., un seigneur de Terrefort, et le patronyme de ses actuels détenteurs. Dominant la vallée de la Dordogne, il est entré dans la famille en 1891, peu de temps après la construction par Gustave Eiffel du célèbre pont sur la Dordogne, à Cubzac. Le vignoble couvre 67 ha.

Une cuvée de belle facture, qui mise sur l'élégance plus que sur la puissance. Bien présent, le fruit s'exprime au nez sur des notes de confiture de mûres, et apporte en bouche une agréable sucrosité. La matière ronde et charnue est étayée par des tanins racés, et une longue finale conclut la dégustation. 2015-2019 côte de bœuf à l'os

SCA du Ch. de Terrefort-Quancard, 1, av. de Paris, 33240 Cubzac-les-Ponts, tél. 05 57 43 00 53, terrefort.quancard@wanadoo.fr V r.-v.

CH. TROCARD 2011 ★

| | 250 000 | | 8 à 11 € |

Les Trocard sont établis dans le Libournais depuis 1628. Leurs domaines ont connu un formidable essor au lendemain de la Seconde Guerre mondiale. Aujourd'hui, Jean-Louis Trocard, aux commandes depuis 1976, conduit 100 ha de vignes répartis dans plusieurs crus et appellations.

Vignoble implanté sur les anciennes terrasses graveleuses de la vallée de l'Isle, entre les AOC lalande-de-pomerol et lussac-saint-émilion. Son vin est puissant, « plein de tout » : plein de couleur, de fruits rouges confiturés et d'épices, au nez comme en bouche. Sa matière est charnue, gourmande, généreuse et enrobée. Jolie rétro-olfaction fruitée et épicée. 2015-2018 magret de canard aux figues

Vignobles Jean-Louis Trocard, 1175, rue Jean-Trocard, 33570 Les Artigues-de-Lussac, tél. 05 57 55 57 90, contact@trocard.com V r.-v.

CH. LA TUILERIE DU PUY
Cuvée Grand Chêne 2011 ★

| | 50 000 | | 5 à 8 € |

Propriété de la famille Regaud depuis 1616, un vaste domaine de l'Entre-deux-Mers (77 ha), regardant la vallée du Dropt et la bastide de Monségur. Jean-Pierre Regaud, installé en 1979, l'équipe d'une cuverie thermorégulée. Son fils Michaël le rejoint en 1996, après une première expérience en Californie.

Beaucoup de cabernets (60 %, dont 40 % de cabernet-sauvignon) et une longue macération pour ce 2011 à la robe profonde. Un séjour d'un an en barrique lui a légué un boisé appuyé, qui laisse cependant percer les notes de fruits rouges mûrs d'un bon raisin. Ronde en attaque, charnue, dense et solidement charpentée, la bouche est marquée par les arômes grillés du merrain : une cuvée bien nommée... De garde. 2017-2020 entrecôte braisée

Le Vigneron inconnu 2011 (11 à 15 € ; 6 600 b.) : élevé en barrique, de même style que le précédent. 2015-2019

SCEA Regaud, 7, Aux-Tuileries, 33580 Le Puy, tél. 05 56 61 61 92, vignobles.regaud@wanadoo.fr V t.l.j. 8h30-18h; sam. dim. sur r.-v.

CH. LA TULIPE DE LA GARDE 2011 ★

| | 73 000 | | 11 à 15 € |

Un vénérable manoir et un vignoble d'une petite vingtaine d'hectares sur la rive droite de la Dordogne, à l'ouest du Fronsadais : l'ancien château de la Garde, acheté en 1994 par le compositeur néerlandais Ilja Gort qui l'a rebaptisé... la Tulipe de la Garde.

Un vin de caractère, où l'on sent la recherche de l'extraction. Après un séjour de dix-huit mois en barrique, le vin affiche une robe profonde et jeune. Après aération, il déploie un bouquet de fruits noirs compotés, de pruneau, de poivre et d'épices variées – un dégustateur y trouve même du safran. Charnue et dense, le palais dévoile une trame tannique puissante. Encore un peu massif, mais prometteur. 2016-2019 mimolette étuvée

SCEA Ch. de la Garde, 235, rte du Chemin-Court, 33240 Saint-Romain-la-Virvée, tél. 05 57 58 21 05, ija.tulipe@orange.fr V t.l.j. sf sam. dim. 10h-12h 14h-17h Ilja Gort

CH. TURCAUD
Cuvée majeure 2012 ★

| | 23 500 | | 8 à 11 € |

Un cru de 50 ha fondé en 1973 par Simone et Maurice Robert, conduit avec le même talent depuis 2009 par leur fille Isabelle et son époux Stéphane Le May. Abandon progressif du désherbage chimique, rendements limités, approche parcellaire pour chaque cuvée : un travail de précision au service des AOC régionales et des entre-deux-mers.

Un élevage d'un an en barrique (dont un tiers de neuves) pour cette cuvée au nez discret mais franc, qui laisse parler le raisin. Le boisé ressort davantage en bouche, avec mesure. Ample et fruité à l'attaque, le palais offre une matière agréable, en harmonie avec le bouquet, marquée en finale par quelques tanins vifs. 2017-2019 brochettes d'agneau

Vignobles Robert, Ch. Turcaud, 1033, rte de Bonneau, 33670 La Sauve-Majeure, tél. 05 56 23 04 41, chateau-turcaud@wanadoo.fr V r.-v.

CH. VAL DE ROC 2012 ★

| | 22 000 | 5 à 8 € |

Fille de vignerons, Séverine Grimal s'est installée en 2008 sur une petite propriété (5,5 ha), établie au nord-ouest du Libournais, dans le canton de Guîtres. Elle exploite le domaine avec son conjoint Laurent Vallet, chef de culture d'un 1er grand cru classé à Saint-Émilion.

D'une couleur sombre aux reflets violets, ce 2012 séduit par la finesse de ses arômes de fruits noirs (cassis et baie de sureau) légèrement vanillés et épicés. Souple à l'attaque, équilibrée et fraîche, la bouche adopte le même style élégant, sans manquer d'ampleur ni d'étoffe. 2017-2019 pavé de bœuf et truffade

Séverine Grimal, Larroque, 33910 Saint-Ciers-d'Abzac, tél. 05 57 69 26 10, valderoc@orange.fr V r.-v.

CH. LA VERRIÈRE 2012 ★

220 000 | 5 à 8 €

Domaine créé en 1900 aux confins du Lot-et-Garonne, propriété des Bessette depuis plusieurs générations. André Bessette le restructure dans les années 1960 et passe le relais en 1999 à son fils Alain. Aujourd'hui, un cru de 60 ha et une référence en appellations régionales.

Ce bordeaux supérieur rouge, qui a connu le bois, fait preuve d'une belle régularité et n'a rien de confidentiel. Le 2012 associe le fruit rouge du raisin à un boisé réglissé et grillé. Charnu, gras et bien construit, il s'adosse à des tanins de qualité et offre une longue finale marquée par la barrique. ⧗ 2017-2019 brochettes de magret

EARL André Bessette, 8, La Verrière, 33790 Landerrouat, tél. 05 56 61 39 56, alainbessette@orange.fr V r.-v.

CRÉMANT-DE-BORDEAUX

• Production : 19 560 hl (85 % blanc)

AOC depuis 1990, le crémant-de-bordeaux est élaboré selon les règles très strictes de la méthode traditionnelle – communes à toutes les appellations de crémant – à partir de cépages classiques du Bordelais, blancs comme noirs. Les crémants sont généralement blancs mais ils peuvent aussi être rosés.

PERLES DE BESSAN ★

10 000 | 8 à 11 €

Sur la rive droite de la Garonne dans la région des côtes, un château du XVIIe s., perché en haut d'un coteau, domine son vignoble (14 ha). Ancien régisseur de domaine, Rémy Verdier a acheté le cru en 1986 et s'y est installé avec son épouse Sylvie. Leur fils Mathieu les a rejoints en 2006. Conversion bio engagée en 2011.

Robe saumon clair traversée d'un train de bulles fines, nez de fraise et de cerise. Attaque franche, dans le même registre, bouche ample et vineuse, acidulée et longue : de l'élégance. ⧗ 2014-2017 brochette de fruits

Verdier, 537, allée des Marronniers, 33550 Tabanac, tél. 09 82 22 22 77, contact@chateaubessan.fr V r.-v.

RÉMY BRÈQUE ★

10 000 | 5 à 8 €

En 1927, Rémy Brèque, professeur de violon, crée près de Saint-André-de-Cubzac une maison de négoce spécialisée dans les bulles bordelaises, mettant à profit les anciennes carrières souterraines de Saint-Gervais. La quatrième génération poursuit son œuvre.

Ce rosé saumoné doit tout au merlot. Il a pour lui des parfums délicats et frais de cerise et de groseille, et un palais gourmand, charnu et rond, à la finale longue et fraîche. ⧗ 2014-2016 soupe de fraises ● Cuvée Prestige (10 000 b.) : un assemblage de 80 % de sémillon et de 20 % de muscadelle. Nez frais et citronné, bouche florale et minérale, tout en finesse. ⧗ 2014-2016

Rémy Brèque, 8, rue du Commandant-Cousteau, 33240 Saint-Gervais, tél. 05 57 43 10 42, remy.breque@orange.fr V t.l.j. 9h-12h 14h-18h Bonnefis

LES CORDELIERS Vintage 2009

16 500 | 11 à 15 €

Les caves de Saint-Émilion n'abritent pas que les barriques où mûrissent les grands crus rouges. En 1892, un négoce a mis à profit 3 km de galeries souterraines bien fraîches pour élaborer des effervescents. En surface, le célèbre cloître (XIVe s.) des Franciscains – les Cordeliers.

Du cabernet franc récolté en 2009 est à l'origine de cette cuvée à la robe tuilée parcourue d'une mousse abondante. Assez discret, le nez associe les fleurs blanches et les fruits rouges. Les agrumes se mêlent aux petits fruits dans une bouche gourmande, équilibrée, de bonne longueur, qui a gardé sa fraîcheur. ⧗ 2014-2015 tartare de saumon

Les Cordeliers, 2 bis, rue de la Porte-Brunet, 33330 Saint-Émilion, tél. 05 57 24 42 13, cordeliers@lescordeliers.com V t.l.j. 11h-19h; sam. dim. 11h-20h; f. janv.-fév.

B LA CROIX DE ROCHE 2011 ★★

3 000 | 8 à 11 €

Un cru acquis en 1981 par Isabelle et François Maurin, rejoints par leur fils Raphaël en 2002. Un vignoble de 20 ha conduit en bio et situé sur un plateau argilo-sableux dominant la rive droite de l'Isle.

Du sauvignon (40 %) allié au sémillon, une fermentation et un élevage de huit mois en fût, un repos de trente-six mois sur lattes. Le résultat a enchanté le jury : la barrique apporte de la complexité au nez, où l'on trouve des notes beurrées et vanillées, de la poire, du pain grillé. Des notes de miel complètent cette palette dans une bouche suave, intense et ample, toastée et briochée en finale. ⧗ 2014-2017 feuilleté de saint-jacques

EARL la Croix de Roche, 17, rte de Marze, 33133 Galgon, tél. 05 57 84 38 52, chateau-la-croix-de-roche@wanadoo.fr V t.l.j. sf dim. 9h-12h30 13h30-19h; f. janv.-fév. François Maurin

♥ L DE LATEYRON ★★

n.c. | 8 à 11 €

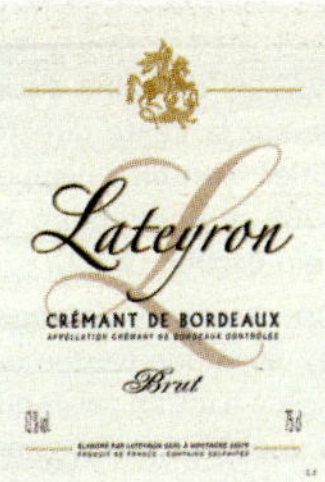

Une vieille famille du Saint-Émilionnais. Établie au nord de Montagne sur le site des célèbres moulins de Calon, la maison s'est spécialisée, dès sa fondation en 1897 par l'avant-gardiste Jean-Abel, dans la prise de mousse, sans négliger ses rouges tranquilles. Depuis 2009, elle est conduite en bio par Corinne et son frère Lionel.

Or pâle à reflets verts, ce crémant séduit par son nez complexe et très fruité mêlant la feuille d'oranger et des nuances subtilement amères qui rappellent le pamplemousse et l'amande. Une fraîcheur aérienne que l'on retrouve dans un palais ample, long, citronné et minéral. ⧗ 2014-2017 🍴 verrines de crabe ● Lateyron rosé ★ (5 à 8 €) : nez pimpant et complexe sur les fruits rouges, la pêche et l'abricot, bouche ample et équilibrée. ⧗ 2014-2016

🔑 Lateyron, Ch. Tour-Calon, 33570 Montagne, tél. 05 57 74 62 05, lateyron@orange.fr
V r.-v.

J. QUEYRENS ET FILS
Cuvée de Chapput ★

● | 17 000 | | 5 à 8 €

Famille au service du vin depuis un siècle. En 1974, Jean et Yvette Queyrens reprennent les domaines de leurs parents et débutent la vente en bouteilles. Aujourd'hui, leurs fils Patrick et Christophe, avec à leurs côtés Jean-Yves, le petit-fils, exploitent un vignoble de 65 ha dans l'Entre-deux-Mers.

Avec ce brut né du seul sémillon, les fleurs de printemps sont dans le verre. Tout en fleurs blanches, elle aussi, la bouche montre la même fraîcheur, vivifiée par une légère acidité. Un léger moelleux résultant d'un élevage sur lies fines contribue à l'équilibre. Un ensemble d'une belle finesse, pour l'apéritif. ⧗ 2014-2017 🍴 gougères

🔑 Vignobles Jean Queyrens et Fils, 3, Grand-Village-Sud, 33410 Donzac, tél. 05 56 62 97 42, scvjqueyrens@orange.fr V r.-v.

FLEUR DE RAUZAN ★

● | 16 200 | | 5 à 8 €

Fondée en 1933, la coopérative de Rauzan, dans l'Entre-deux-Mers, a fusionné en 2008 avec la cave de Grangemont (Romagne) pour constituer les Caves de Rauzan : pas moins de 300 adhérents et 3 000 ha de vignes. Des appellations régionales et de l'entre-deux-mers.

Issu de pur cabernet franc, un crémant rose vif. Des bulles rapides libèrent des senteurs de gelée de groseille et de cerise. Le palais est gras, ample, vineux et long, sur le fruit légèrement confit, équilibré par ce qu'il faut de fraîcheur. ⧗ 2014-2017 🍴 clafoutis aux cerises ● Fort de Rauzan (15 800 b.) : du sémillon (80 %) et un appoint de cabernet franc dans ce brut ample, frais et gourmand. ⧗ 2014-2016

🔑 Les Caves de Rauzan, L'Aiguilley, 33420 Rauzan, tél. 05 57 84 13 22, accueil@cavesderauzan.com
V r.-v.

B CH. RIOUBLANC 2012 ★

● | 5 000 | 5 à 8 €

Édouard Carretero achète en 1963 ce domaine situé dans le nord de la Gironde, mise sur la vente directe (1972) et abandonne l'élevage laitier. Son fils Philippe, œnologue, prend le relais en 1989 et restructure le vignoble. Aujourd'hui, 47 ha en bio certifié (2012).

Nez intense et complexe, florilège d'agrumes (orange, mandarine, citron, pamplemousse), avec une touche de beurre. Le fruit exotique entre en scène dans un palais qui offre la rondeur du sémillon et la vivacité du sauvignon assemblés à parts égales. Un ensemble aromatique et frais. ⧗ 2014-2017 🍴 gâteau aux poires

🔑 Philippe Carretero, Ch. Rioublanc, 33910 Saint-Ciers-d'Abzac, tél. 05 57 56 11 42, contact@chateau-rioublanc.com V r.-v.

Le Blayais et le Bourgeais

Blayais et Bourgeais, deux pays (plus de 9 000 ha) aux confins charentais de la Gironde que l'on découvre toujours avec plaisir. Peut-être en raison de leurs sites historiques, de la grotte de Pair-Non-Pair (avec ses fresques préhistoriques, presque dignes de celles de Lascaux), de la citadelle de Blaye (inscrite, avec d'autres fortifications, au patrimoine mondial par l'Unesco en 2008) ou de celle de Bourg, ou des châteaux et autres anciens pavillons de chasse. Mais plus encore parce que de cette région très vallonnée se dégage une atmosphère intimiste apportée par de nombreuses vallées, qui contraste avec l'horizon presque marin des bords de l'estuaire. Pays de l'esturgeon et du caviar, c'est aussi celui d'un vignoble qui, depuis les temps gallo-romains, contribue à son charme particulier. Pendant longtemps, la production de vins blancs a été importante ; jusqu'au début du XX^e^s., ils étaient utilisés pour la distillation du cognac. Mais aujourd'hui, ils sont réservés à une production d'AOC bordelaises.
On distingue deux grands groupes : celui de Blaye, aux sols assez diversifiés (calcaires, sables, argilo-calcaires), et celui de Bourg, géologiquement plus homogène (argilo-calcaires et graves).

BLAYE

• Superficie : 49 ha • Production : 2 100 hl

L'appellation, qui tire son nom de la fière citadelle construite par Vauban et qui s'étend dans trois cantons autour de la cité, connaît un regain d'intérêt depuis qu'en 2000 une nouvelle charte qualitative encourage la production de vins rouges charpentés et de garde, élevés dix-huit mois minimum.

CH. BEL-AIR LA ROYÈRE 2012 ★★

■ | 13 000 | | 20 à 30 €

Corinne Chevrier-Loriaud et son mari Xavier, originaires des Charentes, ont acquis en 1992 le Ch. des Ricards, 13 ha en plusieurs parcelles sur le plateau argilo-calcaire de Cars, auxquels s'ajoutent depuis 2004 les 10 ha pris en fermage de Bel-Air La Royère. Une belle référence du Blayais.

Comme toujours ici, une part non négligeable de malbec (35 %) entre dans le vin aux côtés du merlot. Le résultat est comme souvent très probant : un joli nez de fruits rouges frais, nuancé de bon bois et de notes florales ; une bouche ample, à la fois charnue, séveuse et fraîche, étayée par des tanins doux. La finale, plus chaleureuse, apporte un surcroît de douceur. ⧗ 2016-2022 🍴 agneau de sept heures

🔑 SARL Chevrier-Loriaud, 1, les Ricards, 33390 Cars, tél. 05 57 42 91 34, chateau.belair.la.royere@wanadoo.fr
V r.-v.

♥ CH. LE CÔNE Le Monarque 2011 ★★

■ | 50 000 | | 11 à 15 €

Situé à quelques centaines de mètres de la Citadelle, le vignoble des Lepage-Macé fut la propriété du duc de Saint-Simon, auquel Louis XIV rendit plusieurs fois visite et dont il appréciait aussi le vin, dit-on. Trois étiquettes blayaises ici : les châteaux Marquis de Vauban, La Voile d'or et Le Cône.

Une présentation royale pour ce Monarque en robe sombre et profonde. L'annonce engageante d'un vin intense et racé, qui se livre sans réserve à l'olfaction sur les fruits frais, la vanille et la cannelle. Il y a aussi de la noblesse au palais : du volume, de la richesse, de la droiture, une trame tannique imposante mais pas écrasante, une longue finale réglissée. Armé pour un long règne. ⧗ 2017-2024 🍴 tournedos Rossini

SCEA Lepage-Macé, rte des Cônes, 33390 Blaye, tél. 05 57 42 80 37, contact@decancave.fr V t.l.j. 9h-12h 14h-19h

CH. GRILLET-BEAUSÉJOUR 2012 ★

■	4 500		8 à 11 €

Si le nom du domaine remonte au mariage, en 1929, des grands-parents de l'actuel propriétaire, les Jullion sont présents à Berson depuis au moins le XVII^e^s. ; Franck Jullion, installé en 1991, conduit aujourd'hui une trentaine d'hectares.

Au nez, le grillé de la barrique, quelques notes florales et une touche originale de noix fraîche s'associent aux fruits rouges. Une attaque droite, « sans concession », introduit un palais long, frais de bout en bout, épaulé par des tanins solides mais sans dureté. Un beau classique. ⧗ 2016-2020 🍴 rôti de bœuf

EARL Jullion, Beauséjour, 33390 Berson, tél. 06 86 98 14 23, franck.jullion@wanadoo.fr V r.-v.

M DES MATARDS 2011 ★

■	7 000		11 à 15 €

Cette exploitation familiale de 75 ha se situe à Saint-Ciers-sur-Gironde aux frontières de deux départements. Le mariage des terroirs de la Gironde et de la Charente Maritime permet à la propriété d'offrir une gamme des plus variées : vins du Blayais, pineaux et cognacs.

M comme Matards mais aussi merlot, seul cépage exploité dans cette cuvée. Un vin « carré d'épaules », solide, plein et riche, encore un peu sévère en finale, qui offre un bon mariage du merrain (vanille) et du raisin (fruits rouges), au nez comme en bouche. ⧗ 2016-2021 🍴 civet de lièvre

SCEA Terrigeol et Fils, 27, av. du Pont-de-la-Grâce, Le Pas-d'Ozelle, 33820 Saint-Ciers-sur-Gironde, tél. 05 57 32 61 96, info@chateau-des-matards.com V t.l.j. 9h-12h30 14h-18h; f. janv.

CH. MONCONSEIL-GAZIN Grande réserve 2011 ★

■	11 400		11 à 15 €

En 1989, Jean-Michel Baudet a pris la suite de son père Michel à la tête d'un vignoble regroupant trois propriétés familiales : Monconseil-Gazin, son fleuron (on raconte que Charlemagne y aurait tenu conseil après une bataille contre les Sarrasins), Ricaud et La Petite Rauque.

Issu de merlot (50 %), de malbec et des deux cabernets, ce 2011 dévoile un nez complexe de fruits noirs, d'épices douces et de fleurs, agrémentés d'un côté viandé original. À une attaque douce et ronde succède un palais ferme, voire austère en finale, ample et sapide, en accord avec l'olfaction. ⧗ 2016-2021 🍴 côte de bœuf aux cèpes ■ **Ch. Ricaud Quartet 2011 (6 000 b.)** : les mêmes cépages mais à parts égales pour ce vin ouvert sur le cassis et le café, droit, corsé et solidement bâti. ⧗ 2016-2020

Vignobles Michel Baudet, 15, rte de Compostelle, 33390 Plassac, tél. 05 57 42 16 63, chateau@monconseilgazin.com V r.-v.

CH. LES PIERRÈRES
Élevé en fût de chêne 2012 ★★

■	6 000		8 à 11 €

À la tête d'un beau vignoble de 48 ha, Catherine et Sylvain Bordenave, accompagnés de leurs fils Alexandre et Vincent, ont fait des châteaux Haut-Canteloup et Les Pierrères des références incontournables du Blayais.

Le merlot est associé à une touche de malbec (5 %) dans ce 2012 qui a pour seul défaut sa relative confidentialité. Une robe sombre et profonde annonce un vin de caractère, qui mêle au nez les fruits noirs (mûre, myrtille) à un boisé racé (cèdre, chocolat). Beaucoup de volume, une matière riche et dense qui enrobe des tanins bien extraits, sans dureté. Avec une longue finale alerte, intense, tannique, le palais signe un blaye noble et de bonne garde. ⧗ 2017-2022 🍴 magret de canard aux cèpes

EARL Bordenave et Fils, 8, chem. de la Palanque, 33390 Fours, tél. 05 57 42 87 12, chateau-hautcanteloup@wanadoo.fr V t.l.j. sf dim. 8h-12h 14h-18h

L'ATTRIBUT DES TOURTES 2011 ★

■	3 000		11 à 15 €

Ce cru régulier en qualité, créé en 1967 par Lise et Philippe Raguenot, couvre 64 ha, auxquels s'ajoutent depuis 1998 les 26 ha du Ch. Haut Beyzac (haut-médoc). Aux commandes depuis 1997 : les filles des fondateurs, Emmanuelle et Marie-Pierre, et leurs maris Daren Miller et Éric Lallez.

Merlot et cabernet-sauvignon (30 %) composent un vin sombre, au nez torréfié et chocolaté, nuancé d'une agréable petite note de « terre après l'orage », selon un juré à l'âme poétique. On retrouve le caractère empyreumatique associé aux fruits à l'alcool dans une bouche intense et solidement charpentée, qui doit encore se fondre. ⧗ 2016-2020 🍴 sanglier aux airelles

EARL Raguenot-Lallez-Miller, 30, Le Bourg, 33820 Saint-Caprais-de-Blaye, tél. 05 57 32 65 15, contact@vignoblesraguenot.fr V t.l.j. sf dim. 9h-12h 14h-18h

BLAYE-CÔTES-DE-BORDEAUX

• Superficie : 6 490 ha • Production : 335 000 hl (95 % rouge)

L'appellation produit des vins rouges assemblant merlot, cabernet-sauvignon, cabernet franc et malbec ainsi que quelques blancs, qui associent sauvignon, sémillon et muscadelle. Les seconds sont en général secs, et on les sert en début de repas, alors que les rouges, puissants et fruités, de moyenne garde, accompagnent les viandes et les fromages.

CH. L'ABBAYE cuvée Marie-Madeleine Vieilli en fût de chêne 2012

	8 100		5 à 8 €

Ce vignoble de 21,5 ha entoure les vestiges d'une abbaye du XIIe s., qui abritait l'ordre des Prémontrés et servait de relais sur la route de Saint-Jacques-de-Compostelle. Dans la même famille depuis 1936, il est aujourd'hui exploité par Stéphane et Myriam Rossignol.

Un boisé soutenu, toasté et épicé, accompagne les fruits rouges à l'olfaction. Rond et doux à l'attaque, le palais se montre ensuite plus ferme et nerveux, soutenu par une fine trame acide. 2016-2019 perdreau rôti

SCEA Vignobles Rossignol-Boinard, 2, l'Abbaye, 33820 Pleine-Selve, tél. 05 57 32 64 63, contact@chateau-abbaye.com V r.-v. B

CH. ANGLADE-BELLEVUE Passion Élevé en fût de chêne 2012 ★

	6 700		5 à 8 €

Une valeur sûre du Blayais que ce domaine fondé en 1953 par Michel Mège, vinifié en coopérative jusqu'en 1993. Aujourd'hui, les fils Alain et Bruno conduisent un vignoble de 50 ha répartis sur les communes d'Anglade et de Générac.

Deuxième millésime seulement pour cette cuvée Passion, née de merlot (90 %) et de cabernet-sauvignon, élevée à 50 % en barriques neuves. Le 2012 est un vin intensément boisé (toast, moka), le fruit faisant une apparition, pour l'heure discrète, à l'aération. Le palais se révèle ample, consistant et solide. L'attente est de mise. 2017-2020 filet de sanglier mijoté

SCEA Mège Frères, Les Lamberts, 33920 Générac, tél. 05 57 64 73 28, scea-mege@mege-freres.fr V r.-v.

L'ESPRIT DE BEL-AIR LA ROYÈRE 2012 ★

	18 000		11 à 15 €

Corinne Chevrier-Loriaud et son mari Xavier, originaires des Charentes, ont acquis en 1992 le Ch. des Ricards, 13 ha en plusieurs parcelles sur le plateau argilo-calcaire de Cars, auxquels s'ajoutent depuis 2004 les 10 ha pris en fermage de Bel-Air La Royère. Une belle référence du Blayais.

Un pur merlot que cette cuvée s'ouvrant sur les fruits noirs et un boisé élégant. Du volume, de la douceur, des tanins souples et soyeux, de la persistance, le palais est plein de charme et d'aménité. De l'esprit en effet, mais aussi du corps. 2016-2020 poitrine de veau rôtie **Ch. Les Ricards 2012 ★ (8 à 11 € ; 20 000 b.)** : un style proche, sur la souplesse, l'élégance et l'équilibre bois-fruit. 2016-2020

SARL Chevrier-Loriaud, 1, les Ricards, 33390 Cars, tél. 05 57 42 91 34, chateau.belair.la.royere@wanadoo.fr V r.-v.

CH. BERTHENON cuvée Chloé 2012 ★

	16 600		11 à 15 €

En 1986, Thérèse Ponz-Szymanski et son mari Thierry quittent respectivement le monde de la pétrochimie et de l'agroalimentaire pour reprendre le vignoble familial, acquis par le grand-père de Thérèse en 1953. Ils conduisent aujourd'hui un vignoble de 37 ha.

Ce pur merlot élevé dix-huit mois en barrique s'ouvre sur un boisé fumé et vanillé, accompagné par de fines notes de fruits noirs. Le palais se révèle riche, concentré, boisé avec justesse, soutenu par des tanins soyeux et une pointe de fraîcheur. 2016-2019 gigot d'agneau

GFA Henri Ponz, Ch. Berthenon, 3, Le Barrail, 33390 Saint-Paul, tél. 05 57 42 52 24, info@chateauberthenon.com V t.l.j. 8h-12h 14h-19h30; f. 15 au 30 août

CH. BERTINERIE 2013

	38 000		8 à 11 €

La plus grande propriété de France (68 ha) cultivée en lyre, technique qui favorise la concentration et la maturité du raisin. À sa tête, les frères Frantz (à la vigne et au chai) et Éric Bantegnies (au commercial).

Ce pur sauvignon s'ouvre sur un fruité délicat et discret d'agrumes et de fruits blancs. Le palais, dans la continuité, offre une composition équilibrée entre gras et fraîcheur. 2014-2016 poisson grillé

SCEA Bantegnies et Fils, Ch. Bertinerie, 33620 Cubnezais, tél. 05 57 68 70 74, contact@chateaubertinerie.com V r.-v.

CH. LES BILLAUDS 2012 ★★

	10 000		5 à 8 €

Un domaine fondé en 1895 : une quinzaine d'hectares au nord du Blayais, conduits depuis 1985 par J.-C. Plisson.

Une robe noire habille ce vin au nez riche et intense de fruits noirs mûrs agrémenté de nuances florales et d'un boisé fondu aux tonalités de moka. La bouche se révèle puissante et ample dès l'attaque, riche et charnue, étayée par une belle fraicheur fruitée. Un vin harmonieux, au caractère affirmé. 2017-2022 ris de veau aux cèpes

SCEA Vignobles Plisson, 5, Les Billauds, 33860 Marcillac, tél. 05 57 32 77 57, vignobles.plisson@orange.fr V r.-v. ; f. 15 août au 15 sept. A

CH. BOIS-VERT cuvée Prestige 2012 ★

	14 400		8 à 11 €

L'une des belles références du Blayais. Un domaine de 28,5 ha dont les premières vignes furent plantées en 1956, conduit depuis cinq générations par la famille Penaud. Arrivé sur l'exploitation en 1978, Patrick Penaud est aux commandes depuis 1986.

D'élégants parfums boisés, grillés et épicés, accompagnent au nez un fruité frais de cerise et de framboise. Dense et intense, la bouche s'adosse à ce même boisé racé perçu à l'olfaction et à des tanins bien présents mais enrobés par une chaire ronde et soyeuse. 2017-2021 côte de bœuf à la moelle

Patrick Penaud, 12, Bois-Vert, 33820 Saint-Caprais-de-Blaye, tél. 05 57 32 98 10, p.penaud.boisvert@gmail.com V r.-v.

CH. BOURDIEU 2012 ★

	164 000		5 à 8 €

Les Schweitzer (Luc depuis 1994) cultivent la vigne depuis cinq générations au Ch. Bourdieu, l'un des plus anciens domaines du Blayais (1464), qui doit son nom aux « bourdieux », exploitations viticoles qui se développèrent après la guerre de Cent Ans.

Ce 2012 s'ouvre sur un bouquet intense d'épices douces et de fruits noirs mûrs. Le palais, à l'unisson, offre du volume, du gras, des tanins ronds et aimables, et déploie une jolie finale rehaussée par une pointe de noble amertume. ⧗ 2017-2020 🍴 lamproie à la bordelaise ■ **Ch. Luc de Beaumont 2012 ★ (120 000 b.)** : un fruité frais, de l'ampleur, du charnu, des tanins extraits avec douceur pour ce vin équilibré. ⧗ 2015-2019

🔑 SCEA Vignobles Luc Schweitzer, Ch. Bourdieu, 33390 Berson, tél. 05 57 42 68 71, chateau.bourdieu@wanadoo.fr r.-v.

CH. LA BRAULTERIE DE PEYRAUD
cuvée Prestige Élevé en fût de chêne 2012 ★

■ | 20 000 | ◖◗ | 5 à 8 €

Un domaine blayais de 36 ha en fin de conversion bio, conduit en famille par Marie-Hélène Lapouméroulie au chai, Olivier David à la vigne et Sylvie David à la vente.

Merlot (60 %), malbec (30 %) et cabernet-sauvignon sont assemblés dans ce vin bien sous tous rapports. Un nez franc et bien balancé entre le boisé, qui reste à sa place, et le fruit, noir et mûr. La bouche attaque sur le fruit, puis déploie un beau volume et une chair douce, soutenus par un bon merrain, des tanins soyeux et ce qu'il faut de fraîcheur. ⧗ 2016-2020 🍴 filet de biche aux airelles

🔑 SARL La Braulterie Morisset, Les Graves, 33390 Berson, tél. 05 57 64 39 51, braulterie@wanadoo.fr V 🚶 🍷 t.l.j. sf sam. dim. 9h-12h 14h-18h30

CH. CAILLETEAU BERGERON
Élevé en fût de chêne 2012 ★

■ | 800 000 | ◖◗ | 8 à 11 €

Marie-Pierre Dartier et son frère Pierre-Charles se sont installés en 1992 sur le domaine familial de Cailleteau Bergeron, créé par leurs grands-parents en 1933. Un

Le Blayais et le Bourgeais

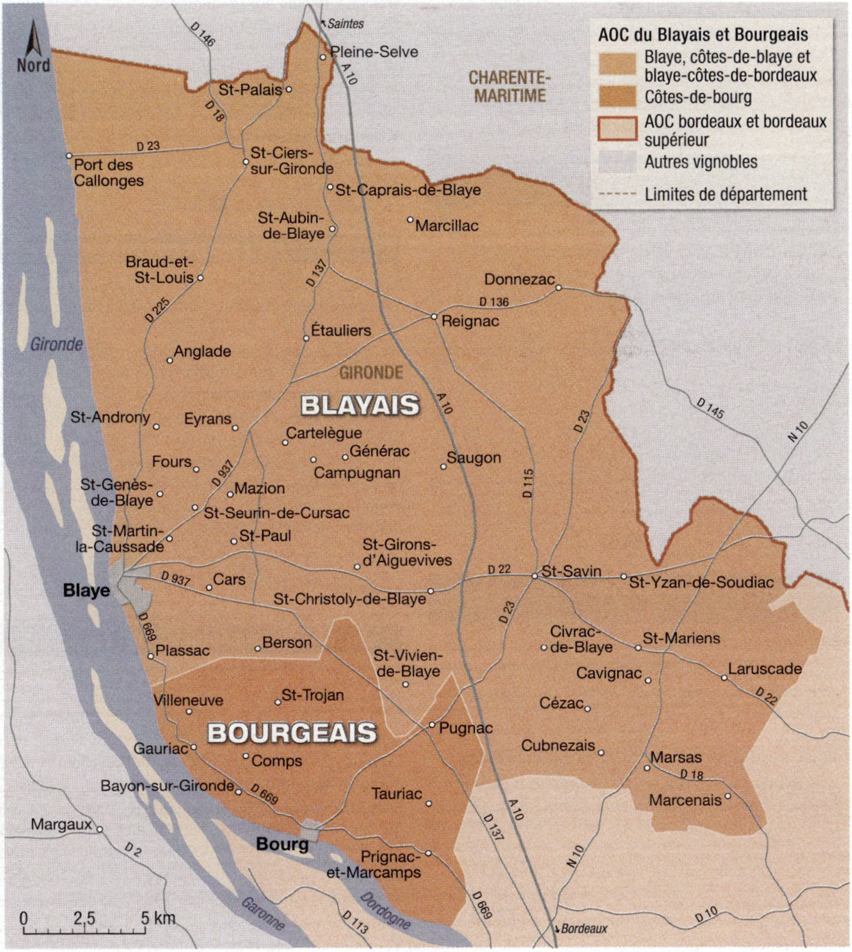

vignoble qu'ils ont étendu à 48 ha, comprenant deux autres crus : Ch. Clos Mansio et Ch. Perrin.

Merlot (70 %), cabernet-sauvignon et malbec sont assemblés dans ce 2012 bien construit. Le nez met en valeur un boisé élégant, aux tonalités toastées et vanillées, qui laisse le fruit s'exprimer. À l'unisson, le palais plaît par sa densité, sa bonne mâche, son agréable douceur et ses tanins soyeux. 2017-2021 noisette de chevreuil sauce au vin

Ch. Cailleteau Bergeron, 24, Bergeron, 33390 Mazion, tél. 05 57 42 11 10, info@cailleteau-bergeron.com V t.l.j. sf sam. dim. 9h-12h 14h-19h; sam. dim. r.-v. Dartier

CH. CHARRON Les Gruppes Vieilles Vignes 2011 ★

■	16 000		11 à 15 €

Un château ancien (1731) commande ce vignoble de 26 ha établi sur un terroir d'argile à forte proportion de calcaire. À sa tête depuis 2011, Valérie Germain et Sébastien Cazaux.

Ce 2011 s'annonce par un bouquet intense de fruits rouges mûrs, de vanille et grillé. Franche et ample dès l'attaque, la bouche est celle d'un vin de bonne garde, longue, puissante, opulente, tannique et boisée. 2017-2022 viande rouge en sauce

SCEA Ch. Charron, 11, rue Émile-Frouard, 33390 Saint-Martin-Lacaussade, tél. 05 57 42 31 02, chateau-charron@orange.fr V r.-v.

CH. CHASSERAT Cuvée André Bouyé Élevé en fût de chêne 2011

■	70 000		5 à 8 €

Héritier d'une longue lignée de vignerons (XVIIIe s.) et initié à la vigne et au vin par son grand-père, Franck Fourcade exploite aujourd'hui un vignoble de 40 ha dans le Blayais.

Hommage à l'arrière-grand-père, ce 100 % merlot a connu dix-huit mois de fût, et le nez s'en ressent, dominé par le grillé de la barrique, qui laisse pour l'heure les fruits en retrait. On retrouve ces sensations boisées dans une bouche ample, bien charpentée et de bonne longueur. Encore un peu de patience pour plus de fondu. 2017-2020 parmentier de canard

EARL Boyer-Fourcade, 21, rue Moulin-de-Chasserat, 33390 Cartelègue, tél. 05 57 64 63 14, franck@chateau-chasserat.com V r.-v.

CH. LE CHAY Élevé en fût de chêne 2011 ★★

■	6 700		5 à 8 €

Les Raboutet cultivent la vigne à Berson depuis cinq générations. Didier et Sylvie, installés en 1983, conduisent aujourd'hui un vignoble de 38 ha répartis entre les 20 ha argilo-calcaires du Ch. Le Chay (Blayais) et les 18 ha argilo-graveleux du Ch. Groleau (Bourgeais).

Issu de merlot (70 %) et de malbec, ce 2011 livre un bouquet intense sur le café, le toasté et les fruits noirs. Le boisé est également bien présent en bouche, mais la matière est là, bien en chair, ample et puissante, soutenue par des tanins fins. 2017-2022 côte de bœuf

Didier Raboutet, Ch. le Chay, 33390 Berson, tél. 05 57 64 39 50, lechay@wanadoo.fr V t.l.j. 9h-12h 14h-18h

CH. CLAIRAC 2012 ★

■	60 000		5 à 8 €

Les Carreau conduisent la vigne à Cars depuis 1832 et sept générations. Le vignoble s'étend sur 60 ha, conduit aujourd'hui par les cousins Sébastien et Nicolas, qui se sont formés à l'étranger aux techniques modernes de vinification.

Le seul merlot entre dans ce vin qui a encore le nez dans la barrique, mais un bon boisé, toasté et vanillé. Le palais, à l'unisson, se révèle ample, gras, charnu et solidement charpenté par des tanins sévères mais prometteurs. À attendre. 2017-2020 perdreau à la broche

Vignobles SCE Carreau, Ch. Les Petits Arnauds, 33390 Cars, tél. 05 57 42 36 57, info@vignobles-carreau.com V r.-v.

CH. CRUSQUET SABOURIN 2012

■	80 000		8 à 11 €

Edouard et Jérôme Sabourin exploitent un vignoble de 45 ha répartis sur plusieurs communes autour de Blaye, transmis depuis huit générations.

Né de 15 ha de merlot et de cabernet-sauvignon plantés sur le haut d'une croupe argilo-calcaire à Cars, ce vin, d'abord fermé, s'ouvre à l'aération sur les fruits à l'alcool et le cuir. Le même fruité chaleureux caractérise le palais, rond et gras, soutenu par des tanins fermes. 2016-2019 viande rouge en sauce

Sabourin Frères, 49, Le Bourg, Cars CS 10122, 33395 Blaye Cedex, tél. 05 57 42 15 27, info@sabourin-freres.com V r.-v.

CH. FONTARABIE 2012

■	100 000		5 à 8 €

Plaisance, Belair Courbet, Fontarabie, La Bardonne, Bois de Tau, Jansenant : Alain Faure, installé en 1977 à la tête des vignes familiales, exploite avec ses filles Delphine et Agnès un vaste vignoble répartis sur plusieurs châteaux du Blayais et du Bourgeais.

Fontarabie, acquis en 1995, s'étend sur 20 ha : 60 % merlot et 40 % cabernet-sauvignon. Son 2012 est un vin prometteur, mais qui doit attendre pour s'harmoniser : un boisé soutenu qui domine le fruit pour l'heure, au nez comme en bouche, et des tanins solides et sévères qui appellent la garde. 2017-2020 civet de sanglier

Vignobles A. Faure, 33710 Saint-Ciers-de-Canesse, tél. 05 57 42 68 80, belair-coubet@wanadoo.fr V r.-v.

CH. DU GRAND BARRAIL La Révélation 2012

■	15 000		8 à 11 €

Denis Lafon exploite dans le Blayais un vignoble de 36 ha répartis sur trois châteaux : Grand Barrail 16 ha, fief historique acquis en 1967 sur Plassac, Gardut Haut Cluzeau (1971), 8 ha sur Cars, et Cavalier, le siège administratif, 12 ha sur Cars également.

Une forte présence du merlot (90 %) dans ce vin bien équilibré au nez entre boisé et fruits frais, une touche de menthol en appoint. Un boisé fondu, du fruit, le palais est à l'avenant, un bon volume, de la chair et des tanins souples. 2015-2018 hachis parmentier

Vignobles Denis Lafon, Bracaille 1, 33390 Cars, tél. 05 57 42 33 04, denis-lafon@wanadoo.fr V r.-v.

CH. GRAND SECRET 2012 ★★

■ | 4 300 | | 11 à 15 €

Après avoir défendu les intérêts des vins du Blayais, l'ancien directeur du syndicat viticole, Jean Lissague, est passé de « l'autre côté de la barrière » en 2012 pour signer ses propres vins, issus de 70 ares loués aux cousins Carreau à Cars et vinifiés par les Châteaux Solidaires.

Des débuts fort prometteurs pour le néo-vigneron, pour qui, il faut le dire, l'appellation n'a plus aucun... secret. Huit ans à la tête d'un syndicat, cela forge les connaissances et le caractère. Et du caractère, ce 2012 en a à revendre. De la complexité aussi : prune, cassis et léger grillé-vanillé qui laisse le fruit en paix. De la souplesse en attaque, suivie par un palais élégant, à la puissance certaine mais maîtrisée, une juste fraîcheur apportant du nerf et de la longueur. ⧗ 2016-2020 Ψ carré d'agneau en croûte d'herbes ■ Petit Secret 2013 (5 à 8 € ; 9 600 b.) : un fruité net d'agrumes, une touche florale, de la vivacité, un vin alerte et plaisant. ⧗ 2014-2017

Jean Lissague, 12, chem. de Bicou, 33240 Salignac, tél. 06 63 01 50 44, jean@lissague.fr V r.-v.

CH. LES GRAVES 2013 ★★

■ | 15 000 | | 5 à 8 €

Un domaine de 20 ha planté sur des coteaux majoritairement argilo-graveleux, au sud du Blayais, exploité par quatre générations de Pauvif depuis le début du XIXe s.

Sauvignon (80 %) et muscadelle sont à l'origine de ce 2013 finaliste des coups de cœur, au nez intense et expressif (agrumes, fruits exotiques, fleurs blanches). Le palais affiche la même intensité aromatique et séduit par son élégance et son équilibre, se révélant à la fois ample, gras et tonique, longuement porté par une belle vivacité. ⧗ 2014-2017 Ψ bar aux agrumes ■ 2012 ★ (12 000 b.) : de l'équilibre là aussi, entre un fruité généreux et un boisé mesuré, de la gourmandise également, avec un palais rond, aux tanins soyeux. ⧗ 2015-2018

SCEA Pauvif, 15, rue Favereau, 33920 Saint-Vivien-de-Blaye, tél. 05 57 42 47 37, info@cht-les-graves.com V r.-v.

DOM. DES GRAVES D'ARDONNEAU Cuvée Prestige Élevée en fût de chêne 2012 ★★

■ | 55 000 | | 5 à 8 €

Un domaine incontournable du Blayais, en rouge comme en blanc. La famille Rey écrit son histoire viticole depuis 1763 sur les terres du hameau d'Ardonneau. Installé en 1981 à la tête de 50 ha, Christian Rey a été rejoint en 2005 par son fils Laurent et par sa fille Fanny en 2008.

Une fois encore au rendez-vous et tout près d'un nouveau coup de cœur, dans les deux couleurs. Honneur au rouge avec un vin sombre et dense, au nez intense et bien balancé entre fruits mûrs, toasté et vanillé. Un bon merrain que l'on retrouve, épaulé par des tanins solides mais sans dureté, en soutien d'une bouche ample, riche, concentrée, charnue. ⧗ 2017-2022 Ψ civet de lièvre ■ 2013 ★★ (10 000 b.) : le sauvignon et un soupçon (10 %) de colombard sont à l'origine d'un blanc richement doté, beurré, toasté et fruité au nez, volumineux, gras et bien en chair au palais. ⧗ 2015-2019

EARL Simon Rey et Fils, Ardonneau, 33620 Saint-Mariens, tél. 05 57 68 66 98, gravesdardonneau@wanadoo.fr V t.l.j. sf dim. 8h-12h30 14h30-19h

CH. L'HAUR DU CHAY cuvée Tradition 2012 ★

■ | 15 000 | | 5 à 8 €

Élevée dans le monde viticole, Sandrine Haure a repris en 2004 avec son compagnon Mickaël Drots 10 ha de vignes issus de la propriété familiale à Fours. Aujourd'hui, 13 ha en cours de conversion bio.

Une belle entrée dans le Guide avec ce 2012 plein de fruit au nez comme en bouche, une touche florale en agrément. Le palais est harmonieux, souple, plein, gourmand et empreint d'une agréable douceur. ⧗ 2015-2018 Ψ poulet rôti

Sandrine Haure, 25 chem. du Chay, 33390 Fours, tél. 06 63 41 32 43, sandrine.haure@wanadoo.fr V r.-v. 2 E

CH. HAUT-CANTELOUP cuvée Prestige 2012

■ | 32 000 | | 5 à 8 €

À la tête d'un beau vignoble de 48 ha, Catherine et Sylvain Bordenave, accompagnés de leurs fils Alexandre et Vincent, ont fait des châteaux Haut-Canteloup et Les Pierrères des références incontournables du Blayais.

Cette cuvée, plusieurs fois coup de cœur (le dernier en date pour le 2010), est encore sous l'emprise de la barrique. Au nez, les tonalités grillées et moka du merrain ne laissent que peu de place au fruit. Également dominée par le bois, la bouche, ronde et riche, offre suffisamment de matière pour digérer l'élevage. A attendre donc. ⧗ 2017-2020 Ψ canard rôti

EARL Bordenave et Fils, 8, chem. de la Palanque, 33390 Fours, tél. 05 57 42 87 12, chateau-hautcanteloup@wanadoo.fr V t.l.j. sf dim. 8h-12h 14h-18h

CH. HAUT-COLOMBIER 2012 ★

■ | 45 000 | | 8 à 11 €

Les Chéty exploitent la vigne sur les coteaux de Cars depuis 1803. Les frères Olivier et Emmanuel, fils de Jean, conduisent aujourd'hui un vignoble de 54 ha en conversion bio, à l'origine de vins régulièrement sélectionnés dans ces pages.

Le merlot (90 %) et le malbec composent un vin sombre et profond, d'abord discret au nez, qui s'ouvre à l'aération sur les fruits noirs confits. La bouche est celle d'un vin ambitieux : du volume, de la concentration, de l'épaisseur, des tanins denses et serrés. De bonne garde assurément. ⧗ 2017-2021 Ψ rôti de sanglier aux fruits rouges

EARL Vignobles Jean Chéty et Fils, 1, Les Blancs, 33390 Cars, tél. 05 57 42 10 28, chateau.hautcolombier@wanadoo.fr V t.l.j. 8h-12h 14h-18h; sam. dim. sur r.-v.

CH. HAUT-GRELOT Coteau de Méthez 2012 ★

■ | 40 000 | | 5 à 8 €

Un cru de 58 ha situé au nord du Blayais, aux confins de la Charente-Maritime. Aux origines (1920), une petite exploitation dédiée à la vigne et à l'élevage, spécialisée et agrandie à partir de 1975 par Joël Bonneau, relayé par ses enfants Julien et Céline en 2011.

Un pur merlot élevé douze mois en fût. Un vin très équilibré de bout en bout. Au nez, un boisé élégant (cèdre, toasté, vanille) et un fruité frais. En bouche, du volume, de la chair, une structure fine et serrée, de la fraîcheur et une belle longueur sur le grillé. ⌛ 2017-2022 🍴 pavé de bœuf au poivre ■ Tradition 2013 ★(moins de 5 € ; 160 000 b.) : du fruit, de la rondeur, de la fraîcheur, bref de l'harmonie. ⌛ 2014-2017

EARL Joël Bonneau, Ch. Haut-Grelot, 28, Les Grelauds, 33820 Saint-Ciers-sur-Gironde, tél. 05 57 32 65 98, jbonneau@wanadoo.fr V r.-v.

CH. HAUT LA VALETTE
Distinction Élevé en fût de chêne 2012 ★

■ | 5 400 | | 5 à 8 €

Jean-Michel Bergeron, installé en 1978 et accompagné par son fils Cédric depuis 2008, conduit un domaine agrandi en 2000 grâce à l'acquisition de vignes paternelles, étendu aujourd'hui sur 22 ha.

Mi-merlot mi-malbec, ce 2012 livre un bouquet élégant et harmonieusement réparti entre notes fruitées et boisées (vanille, café torréfié). Le palais, dans la continuité, séduit par son volume, sa densité, sa structure fine et soyeuse et sa persistance aromatique. ⌛ 2016-2020 🍴 joues de boeuf au vin rouge

Jean-Michel Bergeron, 3, lieu-dit Les Martins, 33390 Cars, tél. 05 57 42 31 67, jean-michel-bergeron@wanadoo.fr V r.-v.

CH. HAUT SOCIANDO Élevé en fût de chêne 2012

■ | 5 400 | | 5 à 8 €

Un cru de 15 ha planté exclusivement de merlot et de cabernet-sauvignon sur les coteaux de Cars, propriété des Martinaud depuis 1950.

Fruits rouges confits, tabac et nuances florales composent un bouquet fin et avenant. Porté par des tanins fondus et un boisé léger, le palais se montre souple et rond, une pointe de fraîcheur animant la finale. ⌛ 2014-2018 🍴 entrecôte grillée

SCEA Martinaud et filles, 2, Chaigneau, 33390 Cars, tél. 05 57 42 03 22, jerome.zabel@sfr.fr V t.l.j. 8h30-12h30 14h00-18h30; f. 15 août

CH. HAUT TERRIER Élevé en barrique neuve 2013

■ | 5 000 | | 8 à 11 €

Un domaine familial constitué à partir de 1850 et six générations. Le développement initié dans les années 1970 par Maryse et Bernard Denéchaud se poursuit aujourd'hui avec leur fille Sandrine et son époux Jérôme Lafon, à la tête de 58 ha dans le Blayais et 10 ha dans le Bourgeais.

Comme souvent, c'est avec son blanc que le cru se distingue. Ici, un pur sauvignon au nez boisé, beurré et miellé, gras et rond en bouche, encore un peu sous l'emprise du bois, mais stimulé par une fraîcheur bienvenue. ⌛ 2015-2018 🍴 cassolette de fruits de mer

EARL Vignobles Denéchaud, 181, av. Marc-Doulus, 33620 Saint-Mariens, tél. 05 57 68 53 54, chateau-haut-terrier@wanadoo.fr V r.-v.

CH. LARRAT 2012 ★

■ | 10 000 | | 5 à 8 €

Dans la famille Larrat depuis 1972, ce domaine d'une vingtaine d'hectares, implanté dans le Bourgeais, non loin de l'église romane de Lafosse et du moulin de Lansac, possède aussi une extension dans le Blayais.

Le nez se montre bien fruité (cassis, myrtille), avec une petite pointe végétale à l'arrière-plan. Suivant la même ligne aromatique, le palais, d'un bon volume et bien structuré, offre à la fois du charnu et de la fraîcheur. ⌛ 2016-2019 🍴 entrecôte sauce béarnaise

EARL Dom. de Grillet, 5, Grillet, 33710 Pugnac, tél. 06 16 60 91 17, info@domainedegrillet.fr V t.l.j. sf dim. 8h-13h 14h-20h

CH. LOUMÈDE cuvée Prestige 2011

■ | 7 800 | | 5 à 8 €

Un cru de 18 ha exploité par la famille Raynaud depuis 1963, l'un des rares domaines situé sur la commune même de Blaye.

Au nez, la vanille et le toasté se mêlent aux fruits noirs. Onctueuse et douce en attaque, la bouche s'appuie sur un boisé bien présent mais de qualité et sur des tanins fins, plus stricts en finale. ⌛ 2017-2020 🍴 civet de lièvre

SCE de Loumède, Ch. Loumède, BP 4, 33393 Blaye Cedex, tél. 05 57 42 16 39, info@chateau-loumede-blaye.com V t.l.j. sf dim. 9h30-12h30 15h-17h30

♥ CH. DES MATARDS cuvée Nathan 2012 ★★★

■ | 30 000 | | 8 à 11 €

Cette exploitation familiale de 75 ha se situe à Saint-Ciers-sur-Gironde aux frontières de deux départements. Le mariage des terroirs de la Gironde et de la Charente-Maritime permet à la propriété d'offrir une gamme des plus variées : vins du Blayais, pineaux et cognacs.

Une cuvée d'exception que ce 2012 né du merlot et des deux cabernets. Douze mois de barrique confèrent au nez de fines notes de vanille et de caramel, tandis que l'aération révèle un fruité chaleureux de pruneau et de petits fruits à l'alcool. Étayé par un boisé fondu et des tanins à la fois serrés et soyeux, le palais est admirable de puissance, de richesse, de densité, sans jamais céder à la lourdeur grâce à une fraîcheur présente de l'attaque à la finale. ⌛ 2018-2025 🍴 épaule d'agneau au four ■ 2013 ★ (5 à 8 € ; 120 000 b.) : issu de sauvignon (90 %) et de muscadelle, un vin très fruité, frais et long. ⌛ 2014-2017

SCEA Terrigeol et Fils, 27, av. du Pont-de-la-Grâce, Le Pas-d'Ozelle, 33820 Saint-Ciers-sur-Gironde, tél. 05 57 32 61 96, info@chateau-des-matards.com V t.l.j. 9h-12h30 14h-18h; f. janv.

CH. MAYNE-GUYON 2012 ★★

■ | n.c. | | 5 à 8 €

Un domaine de 25 ha argilo-calcaires planté exclusivement de merlot et de cabernet-sauvignon, repris en 1995 par un trio de passionnés.

Finaliste des coups de cœur, ce 2012 séduit d'emblée par son bouquet intense et racé d'épices douces et de fruits noirs. Une attaque franche et ample ouvre sur un palais admirable de richesse, de puissance maîtrisée, bâtie sur des tanins fins et serrés, et de longueur. Un vin de grand caractère, armé pour une longue garde. ⌛ 2017-2023 🍷 agneau de sept heures

Cazeneuve, Ch. Mayne-Guyon, Maine-Guyon, 33390 Cars, tél. 05 57 42 09 59, mayne-guyon@wanadoo.fr V r.-v.

CH. MONDÉSIR-GAZIN 2012 ★★

■ | 36 000 | | 8 à 11 €

En 1990, Marc Pasquet, ancien photographe, et son épouse Laurence ont acquis des vignes à Plassac, dans le Blayais, ainsi qu'en côtes-de-bourg et en saint-émilion grand cru.

Merlot (80 %) et malbec composent ce 2012 au nez riche et intense de vanille, de fruits mûrs et de fruits plus acidulés. Le palais est à l'unisson, généreusement boisé et fruité, charnu, gras, puissant, chaleureux. Un vin « solaire ». ⌛ 2017-2021 🍷 daube de bœuf

Laurence et Marc Pasquet, 77, rte de l'Estuaire, 33390 Plassac, tél. 05 57 42 29 80, mondesirgazin@gmail.com V r.-v.

♥ CH. MONSEIGNEUR 2012 ★★★

■ | 61 400 | | 5 à 8 €

Depuis le Ch. Laroche, château fort de la guerre de Cent Ans puis maison noble, rasé et reconstruit plusieurs fois, Roland de Onffroy, Varois d'origine, conduit un vignoble d'une quarantaine d'hectares répartis entre le Bourgeais et le Blayais.

Né sur les terres argilo-graveleuses de Pugnac, plantées de merlot (75 %) et de cabernet-sauvignon, ce 2012 dévoile un bouquet intense, harmonieux et très engageant de fruits bien mûrs, de moka et de vanille. Une chair dense et tendre, des tanins fins et soyeux, un boisé épicé qui laisse parler le fruit, un volume imposant, la bouche est un modèle d'équilibre entre puissance et élégance. ⌛ 2018-2025 🍷 gigot d'agneau au romarin

Baron Roland de Onffroy, Ch. Laroche, 2, chem. des Augers, 33710 Tauriac, tél. 05 57 68 20 72, rolanddeonffroy@wanadoo.fr V t.l.j. sf sam. dim. 9h-12h 14h-17h

♥ CH. MONTFOLLET Le Valentin 2012 ★★

■ | 80 000 | | 8 à 11 €

La coopérative de Cars (1937), rebaptisée en 2011 « Châteaux Solidaires », vinifie séparément les vendanges d'une dizaine de châteaux adhérents, sélectionnés très rigoureusement.

Le Ch. Montfollet, l'un des fers de lance du Blayais et du Bourgeais, est conduit par Dominique Raimond, président de la cave, également propriétaire des châteaux Haut-Lalande et Graulet. Souvent très en vue dans ces pages, la cuvée Le Valentin associe au merlot 30 % de malbec, cépage traditionnel de la rive droite qui regagne une certaine faveur. Élevé un an en barrique, le 2012 allie au nez fruits mûrs, moka, grillé et notes florales. Suivant une attaque franche, le palais monte en puissance, porté par la fraîcheur et par des tanins serrés enrobés d'une chair suave. Beaucoup de force mais aucune dureté ici, et plein de promesses pour l'avenir. ⌛ 2017-2022 🍷 rôti de bœuf en croûte et champignons ■ Ch. Haut Cabut 2012 ★ (5 à 8 € ; 72 000 b.) : un bon équilibre bois-fruit, du volume, de la souplesse, de la rondeur et des tanins fins. ⌛ 2015-2018 ■ Ch. Beaumont Les Pierrières 2013 ★★ (5 à 8 € ; 18 000 b.) : un pur sauvignon joliment boisé, beurré et fruité au nez, riche, rond, mais jamais lourd, stimulé par une belle fraîcheur. ⌛ 2015-2018

Châteaux Solidaires, 9, Le Piquet, 33390 Cars, tél. 05 57 42 13 15, d.raimond@chateaux-solidaires.com V r.-v.

CH. MOULIN NEUF Élevé en fût de chêne 2012

■ | 10 000 | | 5 à 8 €

Installé en individuel depuis 2000, Laurent Glémet regroupe en 2006 ses terres à celles de son père pour créer un vignoble de 30 ha aujourd'hui.

Ce pur merlot livre un joli bouquet de fruits mûrs souligné par un boisé discret, aux accents toastés. Ample et charnu en attaque, le palais montre une belle structure de tanins encore jeunes et prometteurs. ⌛ 2017-2020 🍷 bavette à l'échalote

SCEA Vignobles Glémet, Le Moulin neuf, 33920 Saint-Christoly-de-Blaye, tél. 05 57 42 55 38, chateau.moulin-neuf@orange.fr V t.l.j. 8h-12h 14h-19h

CH. LES PÂQUES 2013

■ | 9 200 | | - de 5 €

Bruno Martin conduit depuis 1991 le domaine familial fondé dans les années 1970 par ses parents : un vignoble de 30 ha établi dans le nord du Blayais.

Les deux sauvignons, blanc et gris, à parts égales composent ce 2013 ouvert sur les fruits frais, citron en tête, et les fleurs blanches. Le palais séduit par son caractère charnu, vivifié par une fraîcheur de bon aloi. Un ensemble équilibré. ⌛ 2014-2017 🍷 salade de fruits de mer

Bruno Martin, 29, Les Pâques, 33820 Braud-et-Saint-Louis, tél. 05 57 32 76 10, bruno.martin121@wanadoo.fr V t.l.j. 8h-12h 14h-19h

CH. PETIT BOYER La Passion ★

■ | 70 000 | | 5 à 8 €

Des premières vinifications à Saint-Émilion et dans le Val de Loire, puis la reprise du domaine familial en 1997 : Jean-Vincent Bideau (troisième génération) conduit aujourd'hui un vignoble de 33 ha en conversion bio depuis 2010.

Un beau classique que cette Passion issue de merlot (65 %) et de cabernet-sauvignon. Un nez ouvert sur un bon boisé (cèdre, toasté) et les fruits des bois. Une bouche ample, ronde et riche, bien épaulée par la fraîcheur, par des tanins serrés et par un merrain ajusté, qui s'achève sur une jolie note grillée et épicée. ⌛ 2017-2021 🍷 sauté de biche à la tomate ■ Vieilles Vignes 2012 ★ (11 à 15 € ;

50 000 b.) : un vin boisé, dense, gras, solide. Du caractère. ⌛ 2017-2021

🔑 Vignobles Bideau, Ch. Petit Boyer, RN 137 LD La Pistolette, 33390 Cars, tél. 05 57 42 19 40, contact@petit-boyer.com V t.l.j. sf sam. dim. 9h-12h 14h-17h30

CH. PINET LA ROQUETTE Le Bouquet 2012

	9 000		5 à 8 €

Un petit domaine de 8,6 ha d'un seul tenant, dominé par « La Roquette », un tertre rocheux occupé dès la Préhistoire. À sa tête depuis 2001, Stéphane et Valérie Nativel, couple d'ingénieurs dans l'armement convertis à la vigne.

Du fruit au nez, du fruit en bouche (griotte, framboise), un boisé discret, de la souplesse, de la fraîcheur, une structure légère. Un vin à boire dans sa jeunesse. ⌛ 2014-2017 🍴 côtes de porc à la tomate

🔑 EARL Nativel, Pinet La Roquette, 4, Lieu-dit Pinet, 33390 Berson, tél. 05 57 42 64 05, sv.nativel@orange.fr V t.l.j. 9h-18h; sam. dim. sur r.-v.; f. 15-30 août et 22-31 déc. 🔑 GFA La Roquette

CH. PUYNARD 2012 ★

	98 000		5 à 8 €

Un domaine de 17 ha établi sur les hauteurs de Berson, commandé par un château dont les fondations remontent au XIIIᵉs. Ancienne propriété, entre autres, du duc de Saint-Simon, gouverneur de Blaye au XVIIᵉ s., acquise en 2002 par Nicolas et Aurélie Grégoire.

Assemblage classique de merlot (70 %) et de cabernet-sauvignon, ce 2012 est l'archétype du « vin plaisir ». Comprenez un vin spontané, expressif et alerte, un vin tout en fruit de bout en bout, souple, frais, à la structure fine et légère. ⌛ 2015-2018 🍴 côte de veau forestière

🔑 Nicolas Grégoire, Ch. Puynard, 6, av. de la Libération, 33390 Berson, tél. 05 57 64 33 21, chateau.puynard@wanadoo.fr V r.-v.

CH. LA RAZ CAMAN 2011 ★

	60 000		5 à 8 €

Une ancienne terre noble, propriété du chevalier seigneur de la Raz Caman, entrée en 1857 dans la famille de Jean-François Pommeraud. Ce dernier, installé en 1973, a donné une nouvelle vie à ce vignoble.

Merlot (60 %), malbec (20 %) et les deux cabernets pour ce 2011 de belle facture. Un boisé torréfié accompagne les fruits rouges à l'olfaction. Souple en attaque, la bouche déploie ensuite une fine trame tannique, enrobée par une matière ronde et charnue. La finale, longue et expressive, achève de convaincre. ⌛ 2017-2021 🍴 lamproie à la bordelaise

🔑 SCEV Vignobles Pommeraud, 4, Ch. La Raz Caman, 33390 Anglade, tél. 05 57 64 41 82, raphael.pommeraud@larazcaman.com V t.l.j. sf sam. dim. 9h-12h 14h-18h ; f. août

CH. RELAIS DE LA POSTE 2012 ★

	17 000		5 à 8 €

Un domaine de 23,5 ha constitué par la famille Drode autour d'un ancien relais de poste datant de 1750. Un cru régulier en qualité.

Si les amateurs connaissent mieux les côtes-de-bourg du domaine, en particulier sa cuvée Malbec, ils apprécieront aussi ce 2012 né côté Blayais. Un assemblage merlot-cabernet-sauvignon qui dévoile un joli bouquet de fruits noirs, relayé par un palais ample, rond et gras, aux tanins suaves, plus tonique et frais en finale. ⌛ 2015-2019 🍴 pintade rôtie

🔑 Vignobles Drode, Relais de la Poste, 33710 Teuillac, tél. 05 57 64 37 95, brunodrode@hotmail.fr V r.-v.

CH. RICAUD 2012 ★

	60 000		5 à 8 €

En 1989, Jean-Michel Baudet a pris la suite de son père Michel à la tête d'un vignoble regroupant trois propriétés familiales : Monconseil Gazin, son fleuron (on raconte que Charlemagne y aurait tenu conseil après une bataille contre les Sarrasins), Ricaud et La Petite Rauque.

Le nez épicé et fruité est intense et engageant. La bouche, suivant la même trame aromatique, dévoile une chair ronde et tendre, soutenue par des tanins soyeux et par une fine acidité qui apporte du nerf et de la fraîcheur. ⌛ 2015-2019 🍴 rosbif

🔑 Vignobles Michel Baudet, 15, rte de Compostelle, 33390 Plassac, tél. 05 57 42 16 63, chateau@monconseilgazin.com V r.-v.

CH. LA ROCHE BAZIN 2012 ★

	30 000		5 à 8 €

Un domaine de 15 ha d'un seul tenant au pied de la citadelle de Blaye, acquis en 2011 auprès de Paul-Emmanuel Boulmé par Odile et Thierry Bazin, qui, après une longue carrière en entreprise, ont opté pour la vigne.

Second millésime des Bazin sur le domaine de Terre-Blanque avec ce Roche Bazin 2012. Un vin à forte dominante de merlot (90 %), qui s'ouvre à l'aération sur les fruits rouges cuits et les épices douces. Un fruité généreux repris en écho par un palais long et charnu, bien épaulé par des tanins élégants et serrés. ⌛ 2016-2019 🍴 côtes d'agneau grillées

🔑 SCEA Terre-Blanque, Ch. Terre-Blanque, 1, Lieu-dit Sesque, 33390 Saint-Gènes-de-Blaye, tél. 05 57 58 26 57, thierry.bazin@terreblanque.com V t.l.j. sf sam. dim. 10h-13h 14h-18h; sam. dim. r.-v. 🔑 Thierry Bazin

CH. SEGUIN Réserve Élevé en fût de chêne 2012

	137 300		5 à 8 €

Alliance Bourg, regroupement des coopératives de Pugnac, de Tauriac, de Lansac et d'Aubie, propose une gamme étendue de vins dans les AOC du Blayais et du Bourgeais, ainsi qu'en appellations régionales.

Le Ch. Seguin est la propriété de Jocelyne Denechaud, à Cézac. Ses 21 ha de raisins de merlot et de cabernets ont donné naissance à un 2012 sur les petits fruits à l'alcool accompagnés par un léger boisé grillé. Le palais se révèle bien équilibré entre les tanins, le merrain et les fruits. ⌛ 2015-2018 🍴 confit de canard

🔑 Alliance Bourg, 18, Bellevue, 33710 Pugnac, tél. 05 57 68 81 01, alliancebourg@orange.fr V r.-v.

CH. SIFFLE MERLE
Cuvée Prestige Élevé en fût de chêne 2012 ★

■ | 8 000 | ◖◗ | 8 à 11 €

Un domaine familial depuis quatre générations, conduit par Franck Cot depuis 1988, rejoint par sa fille Emeline en 2006. 25 ha répartis sur trois communes offrant une intéressante diversité de terroirs et d'expositions.

Ce pur merlot né sur argilo-calcaire offre un nez expressif et harmonieux de fruits noirs, de café, de réglisse et de menthol. La bouche se révèle ronde et charnue, soutenue par une trame serrée et une pointe de fraîcheur qui allonge bien la finale. ⧗ 2016-2020 ¥ brochettes de boeuf aux épices

Franck Cot, 1, Le Merle, 33860 Marcillac, tél. 05 57 32 41 34, contact@chateau-siffle-merle.com V r.-v.

CH. TOUR SAINT-GERMAIN
Cuvée Élégance 2012 ★★★

■ | 50 000 | ◖◗ | 8 à 11 €

Issus d'une lignée vigneronne remontant à 1800, Denis Noël et son fils Cyril conduisent un vignoble de 65 ha planté sur les communes de Berson et Plassac. Un vieux moulin, toujours présent sur la propriété, donne son nom au domaine.

Finaliste des coups de cœur, cette cuvée issue de merlot (70 %) et de malbec a fait forte impression. Par sa robe intense et sombre, par son nez non moins soutenu et charmeur de café, de cacao et de fruits mûrs, comme par son palais dense, puissant, riche, solidement bâti sur un boisé doux et sur des tanins bien présents mais policés. De la force et de l'élégance dans ce vin. ⧗ 2018-2023 ¥ tournedos sauce chocolat ■ Ch. Noël les Charmes 2012 ★(5 à 8 € ; 26 000 b.) : une cuvée moins ambitieuse mais équilibrée entre le bois et le fruit, charnue et bien structurée. ⧗ 2016-2020

EARL Noël Tour Saint-Germain, Saint-Germain, 33390 Berson, tél. 05 57 64 39 13, scea-noel@yahoo.fr V r.-v.

CH. DES TOURTES Cuvée Prestige 2012 ★★

■ | 10 000 | ◖◗ | 8 à 11 €

Ce cru régulier en qualité, créé en 1967 par Lise et Philippe Raguenot, couvre 64 ha, auxquels s'ajoutent depuis 1998 les 26 ha du Ch. Haut Beyzac (haut-médoc). Aux commandes depuis 1997 : les filles des fondateurs, Emmanuelle et Marie-Pierre, et leurs maris Daren Miller et Éric Lallez.

Coup de cœur pour sa version 2011, cette cuvée arrive en finale avec le 2012. Un très beau classique, qui mêle à l'olfaction le grillé, la réglisse, les fruits rouges mûrs et quelques notes de sous-bois. Le palais offre le mariage heureux d'une chair dense et douce, de tanins fins et soyeux, d'un boisé fondu et d'un fruité généreux. ⧗ 2016-2020 ¥ pavé de bœuf aux cèpes ■ 2013 ★ (30 000 b.) : un 100 % sauvignon finement bouqueté autour du raisin sec et des fruits exotiques, ample et tendrement fruité. ⧗ 2014-2017

EARL Raguenot-Lallez-Miller, 30, Le Bourg, 33820 Saint-Caprais-de-Blaye, tél. 05 57 32 65 15, contact@vignoblesraguenot.fr V t.l.j. sf dim. 9h-12h 14h-18h

CH. DU VIEUX PUIT 2012 ★

■ | 200 000 | ◖◗ | - de 5 €

Issu d'une famille de vignerons, Jean-Pierre Bouillac a d'abord été pépiniériste avant d'acquérir peu à peu ses propres vignes. Longtemps fournisseur du négoce, il se lance dans la vente directe en 2009 et conduit aujourd'hui un vignoble de 70 ha.

Paré d'une robe sombre, ce 2012 propose un nez élégant, finement épicé et fruité. Le palais attaque avec netteté avant de déployer un palais très frais, ample et fruité, soutenu par des tanins fins et serrés qui maintiennent jusqu'en finale cette sensation de vitalité. ⧗ 2017-2021 ¥ faisan rôti au chou

SCEA du Vieux Puit, 10, Reaud, 33860 Reignac, tél. 05 57 32 41 76, vignoblesbouillac@orange.fr V t.l.j. 9h-13h 14h-18h

CH. LE VIROU
Les Vieilles Vignes Élevé en fût de chêne 2012

■ | 150 000 | ◖◗ | 5 à 8 €

Un domaine entièrement clos par un mur de plus de 4 km de long, abritant une vaste surface de 100 ha, dont 74 de vignes plantés exclusivement de merlot et des deux cabernets. Depuis 2002, David Caillaud en est le régisseur.

De vieilles vignes de quarante ans sont à l'origine de ce vin de prime abord boisé (caramel, vanille), plus fruité à l'aération. Franc en attaque, le palais affiche un bon volume et de la persistance sur les fruits mûrs, soutenu par une structure bien en place. ⧗ 2017-2020 ¥ grillade de bœuf

SC Ch. Le Virou, 3, Le Virou, 33920 Saint-Girons-d'Aiguevives, tél. 06 87 31 12 86, david.caillaud@chateauxenbordeaux.com V t.l.j. 9h-12h30 13h30-18h Bessède

CH. LA VOILE D'OR
La Trinquette Vieilli en fût de chêne 2012 ★

■ | 60 000 | ◖◗ | 5 à 8 €

Situé à quelques centaines de mètres de la Citadelle, le vignoble des Lepage-Macé fut la propriété du duc de Saint-Simon, auquel Louis XIV rendit plusieurs fois visite et dont il appréciait aussi le vin, dit-on. Trois étiquettes blayaises ici : les châteaux Marquis de Vauban, La Voile d'or et Le Cône.

La Trinquette ? Une invitation au plaisir de trinquer ; le nom de la petite voile avant d'un bateau également, en référence au nom du domaine. Dans le verre, un vin au nez puissant et franc de fruits frais, plein, ample et doux au palais, un rien plus tannique et boisé en finale. ⧗ 2016-2020 ¥ aiguillettes canard à la forestière

SCEA Lepage-Macé, rte des Cônes, 33390 Blaye, tél. 05 57 42 80 37, contact@decancave.fr V t.l.j. 9h-12h 14h-19h

CÔTES-DE-BOURG

• Superficie : 3 920 ha • Production : 210 600 hl

L'AOC est située au sud du Blayais, sur la rive droite de la Gironde puis de la Dordogne. Avec le merlot comme cépage dominant, les rouges se distinguent souvent par leur couleur et leurs arômes typés de fruits rouges.

Plutôt tanniques mais agréables dans leur jeunesse, ils peuvent vieillir de trois à huit ans. Peu nombreux, les blancs sont en général secs.

CH. BRÛLESÉCAILLE 2012 ★★

■ | 80 000 | | 8 à 11 €

Les Rodet exploitent depuis 1924 le Ch. Brûlesécaille, l'une des références en côtes-de-bourg. Aujourd'hui, 30 ha conduits depuis 1974 par Jacques Rodet, ingénieur agronome, également propriétaire depuis 1996 de 2,3 ha de merlot en saint-émilion.

De la quantité et de la qualité : robe bordeaux très sombre, nez riche alliant les bons arômes du raisin bien mûr (baies noires, pruneau, fruits confits) et de l'élevage (moka, cèdre) à des touches de cuir et de fourrure. Une bouche à l'unisson, chaleureuse en attaque, ample et dense, étayée par des tanins jeunes mais racés. Le fruit et le bois commencent à se marier. De la puissance et de l'élégance pour ce vin au style contemporain, que l'on peut apprécier aussi bien jeune que vieux. ⧗ 2015-2025 ▼ baron d'agneau aux fines herbes

GFA Rodet-Récapet, 29, rte des Châteaux, Brûlesecaille, 33710 Tauriac, tél. 05 57 68 40 31, cht.brulesecaille@orange.fr V r.-v. B

B CH. DE LA BRUNETTE Chêne de Brunette 2011

■ | 7 000 | | 8 à 11 €

Gil Lagarde a quitté l'enseignement en 1990 et repris avec Dorota l'exploitation cultivée par son père et son grand-père. La viticulture raisonnée a été pour lui une étape vers le bio (conversion en 1999). À la cave, du « vin bio » dès 2003, bien avant la publication du cahier des charges de l'UE.

Comme son nom l'indique, un vin élevé un an en barrique. 55 % de cabernet-sauvignon, avec du merlot et 10 % de malbec en appoint. À l'aération, des senteurs de bois épicé, d'herbes aromatiques, de fruits rouges et de beurre noisette. Le fruit s'épanouit davantage en bouche, où les tanins commencent à s'affiner. Un ensemble gourmand. ⧗ 2016-2022 ▼ lapin chasseur

SCEA Lagarde Père et Fils, Dom. de la Brunette, 33710 Prignac-et-Marcamps, tél. 05 57 43 58 23, chateau.de.labrunette@wanadoo.fr V r.-v. 2 B

CH. BUJAN 2012 ★★

■ | 88 000 | | 8 à 11 €

Séduit par cette propriété implantée en face de Margaux, à l'entrée de l'estuaire, déjà mentionnée en 1834, Pascal Méli, ingénieur et conseiller agricole, quitte le nord de la France et s'installe en 1987 avec sa femme Marielle, architecte, sur les coteaux de Gauriac : 17 ha, exposés au sud, sur des terroirs variés.

Trois quarts de merlot et les deux cabernets dans ce 2012 à la robe bordeaux foncé traversée d'éclats de jeunesse améthyste. Au nez, un bon boisé aux nuances d'amande grillée et de tabac blond, qui masque encore un joli fruit. De la mâche, une texture charnue et des tanins de merrain serrés mais fins. Déjà agréable. ⧗ 2016-2024 ▼ entrecôte

Pascal Méli, Ch. Bujan, 6, rte de la Crête, 33710 Gauriac, tél. 05 57 64 86 56, pmeli@alienor.fr V r.-v. E

CH. CAZES-BEYRAN Fût de chêne 2011 ★

■ | 6 000 | | 8 à 11 €

Jeune viticulteur, Nicolas Cazes acquiert 9 ha de vignes en 2005, construit sa cave à l'entrée de Gauriac. À partir de 2011, il sort progressivement de la cave coopérative pour élaborer ses propres vins.

Le premier millésime de Nicolas Cazes est un « vin plaisir » fort harmonieux. Quelques reflets d'évolution apparaissent dans la robe. Le bouquet associe agréablement des senteurs fruitées et un boisé beurré. À la fois souple et corsée, la bouche prolonge bien le nez. Des tanins de l'élevage ferment la marche. ⧗ 2016-2020 ▼ poulet aux morilles

Nicolas Cazes, 12, rte de la cabane de vigne, 33710 Gauriac, tél. 05 57 58 38 79, cavecazes@ orange.fr V t.l.j. sf lun. 9h30-12h 14h30-19h; f. janv.

CH. LE CLOS DU NOTAIRE 2012 ★

■ | 40 000 | | 8 à 11 €

Au milieu du XIXe s., un notaire charentais acheta cette propriété surplombant la Dordogne, en aval de Bourg ; ses successeurs l'ont choyée et agrandie (21 ha aujourd'hui). Depuis 1974, Roland et Sylvette Charbonnier président à ses destinées, rejoints par l'œnologue Simon Abrivard.

Beaucoup de merlot et les deux cabernets en appoint. Robe encore jeune. À l'aération, de la salade de fruits et un boisé épicé, puis des notes plus complexes : truffe, sous-bois, humus, noyau de cerise. Bouche à l'unisson, souple et corsée à la fois, aux tanins jeunes mais élégants. Un vin « tout terrain », en accord avec de nombreux mets, et une belle expression de l'appellation et du millésime. ⧗ 2014-2017 ▼ rôti de bœuf aux cèpes

Ch. le Clos du Notaire, 26 bis, Camillac, 33710 Bourg-sur-Gironde, tél. 05 57 68 44 36, infos@clos-du-notaire.fr V r.-v. Charbonnier

♥ CLOS MARGUERITE 2012 ★★

■ | 1 200 | | 75 à 100 €

La famille Birot a acquis en 1800 un vignoble dans le Bourgeais, aujourd'hui exploité par Annie et son mari Didier Meneuvrier qui, venu de Bretagne, s'est passionné pour la viticulture… et l'apiculture. Trois vins : La Croix-Davids, le Paradis et maintenant le Clos Marguerite.

Lancé en 2011, un côtes-de-bourg de luxe, mi-merlot mi-malbec. Ceps de quatre-vingts ans, vinification en foudre avec pigeage manuel, élevage en barrique. Petite cuvée mais grand vin. Nez d'une belle richesse, sur la myrtille, le cassis et un boisé mentholé ; attaque chaleureuse, rafraîchie par un agréable fruité, chair dense et harmonieuse, aux tanins très fins. ⧗ 2015-2023 ▼ cuissot de chevreuil ■ **Ch. la Croix-Davids 2012 ★★ (15 à 20 € ; 20 000 b.)** : 10 % de malbec aux côtés du merlot. De la couleur, du fruit noir mûr, un boisé fin et complexe (vanille, clou de girofle, eucalyptus), la charpente d'un vin de garde. ⧗ 2016-2025

Didier Meneuvrier, 52, corniche de la Gironde, 33710 Gauriac, tél. 05 57 64 83 80, didiermeneuvrier@orange.fr V r.-v.

CH. COLBERT Cuvée Prestige Élevé en fût de chêne 2012 ★

	25 000		5 à 8 €

Vignoble de 22 ha. Le château néogothique a été construit grâce à la prime versée en 1880 par l'armateur du Colbert : le navire, ensablé dans la Gironde au pied du domaine, fut remis à flot grâce à l'ingéniosité du propriétaire de l'époque qui employa comme flotteurs ses barriques vides. Barriques où séjourne aujourd'hui une cuvée Prestige souvent remarquée.

Une sélection de merlot (80 %) et de cabernet-sauvignon. Pour le 2012, un nez jeune, concentré et prometteur, aux nuances de baies très mûres, presque confites ; un palais rond et corsé en attaque, bâti sur des tanins serrés, encore fermes : un vin bien typé « côtes ». 2016-2022 magret de canard grillé

SCA Ch. Colbert, Ch. Colbert, 33, rte des Coteaux, 33710 Comps, tél. 05 57 64 95 04, chateau-colbert@wanadoo.fr V t.l.j. 9h-12h 13h30-19h

CH. COUBET 2011

	4 500		5 à 8 €

À mi-chemin entre Bourg et Blaye, sur les coteaux dominant la Gironde, un domaine de 15 ha acquis en 1937 par René Migné. Son petit-fils Michel est aux commandes depuis 1996.

Quatre cépages se partagent cette petite cuvée : le merlot pour les deux tiers, le malbec (20 %) et un petit appoint des deux cabernets. Beaucoup de couleur ; beaucoup de fruit, au nez comme en bouche, souligné par un boisé discret et fin. Palais puissant et gourmand. Un bon équilibre entre souplesse et structure tannique. 2015-2020 bavette à l'échalotte

Michel Migné, Ch. Coubet, 33710 Villeneuve, tél. 05 57 64 91 04, coubet@orange.fr V r.-v.

B CH. FALFAS Le Chevalier Élevé en fût de chêne 2011 ★★

	6 000		20 à 30 €

Vignoble de 20 ha commandé par un château de style Louis XIII, tirant son nom d'un propriétaire de la fin du XVIIe s., président à mortier du parlement de Guyenne. En 1988, John Cochran (aujourd'hui disparu) et son épouse Véronique Cochran – fille d'un promoteur de la biodynamie – l'acquièrent et le convertissent d'emblée à cette démarche.

Beaucoup de cabernet-sauvignon (65 %) dans cette cuvée à la robe sombre et jeune, qui porte l'empreinte de son séjour de vingt mois en fût neuf : premier nez intensément boisé, beurré et vanillé, laissant poindre à l'aération des notes de petits fruits rouges. Bouche à l'unisson, ample et ronde, charpentée par de puissants tanins qui assureront une bonne garde. 2016-2023 civet de lièvre

Ch. Falfas, 34, rte de coudart, 33710 Bayon-sur-Gironde, tél. 05 57 64 80 41, jvcochran@online.fr V r.-v.
Véronique Cochran

B CH. FOUGAS Maldoror 2012 ★★

	50 000		11 à 15 €

Bien connu dès la fin du XVIIIe siècle, mentionné dans le premier guide Féret, un cru de référence de l'appellation, acquis en 1976 par Jean-Yves Béchet, fils de négociant. Ce dernier réserve 12 de ses 16 ha à la cuvée phare nommée Maldoror, hommage au poète Lautréamont. Vignoble cultivé en bio certifié et, depuis 2010, en biodynamie.

Trois quarts de merlot, un quart de cabernets. Dans le verre, un bordeaux presque noir. Bouquet puissant et élégant, dominé par des notes de baies noires bien mûres soulignées d'un élégant boisé toasté. Le palais apparaît chaleureux et charnu, charpenté par des tanins serrés – mais le bois ne domine pas le fruit. La puissance et l'harmonie d'un vin de garde accompli. 2016-2024 sanglier rôti aux fruits rouges Forces de vie Organic Premium 2012 (15 à 20 € ; 10 000 b.) : plus marqué par le merlot (90 %) et par un élevage de dix-huit mois en barrique. 2016-2022

Jean-Yves Béchet, Ch. Fougas, 33710 Lansac, tél. 05 57 68 42 15, jybechet@fougas.com V t.l.j. 9h-12h 14h-17h

CH. GARREAU 2011 ★

	13 000		11 à 15 €

Propriété depuis 2009 de François Guez, ce domaine d'une dizaine d'hectares à cheval sur le Blayais et le Bourgeais propose aussi bien des côtes-de-bourg que des blaye-côtes-de-bordeaux.

Marqué par le merlot (90 %), un vin très coloré. Au premier nez, des senteurs très mûres de fruits confits, un peu exotiques, puis apparaît l'empreinte toastée et vanillée de la barrique. Après une attaque souple, tendre et fruitée, des tanins encore un peu fermes se font sentir en finale. Un bourg suave, de style plutôt moderne. 2016-2020 curry d'agneau

SCEA Ch. Garreau, 33710 Pugnac, tél. 05 57 68 90 75, info@chateaugarreau.com V r.-v.

GENIBON Cuvée Prestige 2012 ★

	65 000		5 à 8 €

Propriétaire de nombreux crus et acteur majeur du négoce bordelais, Cheval Quancard a été fondé par Pierre Quancard en 1844, sous le nom de Quancard et Fils. La maison est toujours dirigée par ses descendants.

Sélection de négoce provenant d'une propriété de 20 ha située à Bourg : 50 % de merlot, 25 % de malbec et les deux cabernets en appoint. Nez puissant, marqué par un boisé toasté. Bouche ample et généreuse, où le raisin a encore du mal à percer sous la barrique. La structure tannique permettra à l'ensemble de se garder et d'évoluer dans le bon sens. 2015-2020 navarin de mouton

Cheval Quancard, La Mouline, 4, rue du Carbouney - BP 36, 33560 Carbon-Blanc, tél. 05 57 77 88 88, chevalquancard@chevalquancard.com V r.-v.

AMÉTHYSTE DE GENIBON 2012

	9 000		8 à 11 €

Vignoble implanté sur les hauteurs de Bourg, acquis par l'arrière-grand-père de Christine Sudre en 1891 : 30 ha aujourd'hui. Aux commandes depuis 1987, son mari Jean-Samuel Eynard, le président de l'AOC. Ici, on se

BORDELAIS

flatte d'avoir introduit la machine à vendanger dès 1985. Son usage est maîtrisé à en juger par de fréquentes mentions dans le Guide.

La cuvée de prestige, élevée douze mois en fûts (neufs à 50 %). L'assemblage varie selon le millésime : pour ce 2012, 45 % de cabernet-sauvignon, 30 % de malbec et 25 % de merlot. Pour l'heure, du premier nez à la finale vanillée, ce vin apparaît dominé par l'élevage, mais le bon raisin est là, sous-jacent. Le palais se montre chaleureux, structuré par des tanins boisés de qualité, garants d'une belle évolution. 2016-2022 côte de bœuf

EARL Eynard-Sudre, Genibon, 33710 Bourg-sur-Gironde, tél. 05 57 68 25 34, genibon@orange.fr V r.-v.

CH. GRAND LAUNAY 2012 ★

■ | 30 000 | | 5 à 8 €

Des brasseurs belges ont fait souche dans le Bourgeais, il y a trois générations. Michel Cosyns obtient son diplôme d'œnologue à la faculté de Bordeaux ; son fils Pierre-Henri suit la même voie avant de prendre en main en 2007 la propriété acquise par ses parents en 1969 : 28 ha exploités en bio depuis 2009.

Du merlot à 70 %, avec du malbec en complément. Robe et bouquet jeunes : reflets violines, fruits frais et boisé vanillé. Après une attaque souple, friande et tendre, la barrique reprend le dessus, sans excès. Un vin accessible, facile à accorder avec les mets. 2016-2020 cailles au vin rouge ■ Sauvignon gris 2013 (8 à 11 € ; 7 000 b.) : un blanc minéral et floral, consistant et nerveux. 2015-2018

SCEA Cosyns, Ch. Grand Launay, 33710 Teuillac, tél. 05 57 64 39 03, info@grand-launay.fr V r.-v. 2

♥ CH. DE LA GRAVE Caractère 2012 ★★

■ | 100 000 | | 8 à 11 €

Sur les hauteurs de Bourg, un domaine dans la famille depuis plus d'un siècle, commandé par un petit château du XVe s. revisité au XIXe s., avec des tours en poivrière. Valérie et Philippe Bassereau en ont pris les rênes en 1990. La surface du vignoble (45 ha) leur permet de proposer des vins qui n'ont rien de confidentiel.

Du merlot (80 %) escorté par du cabernet-sauvignon, et un an de barrique pour ce vin qui a enchanté les dégustateurs. La robe bordeaux est à la fois sombre et éclatante. Le nez puissant marie avec bonheur le fruit et le bois. Le palais ample, charnu, chaleureux et long monte en puissance, étayé par des tanins jeunes mais élégants, denses et mûrs. De la présence. 2016-2020 poule faisane rôtie

SC Bassereau, ch. de la Grave, 1, lieu-dit La Grave, 33710 Bourg-sur-Gironde, tél. 05 57 68 41 49, info@chateaudelagrave.com V r.-v. 4

CH. LES GRAVES DE VIAUD
Terroir Expression de graves 2012

■ | 10 000 | | 11 à 15 €

Vignoble de 11,5 ha d'un seul tenant, établi sur graves argileuses au sommet du plateau de Pugnac, dans un environnement de prés, de bois et d'eau. Premières bouteilles en 1994. Issu d'une ancienne famille de négociants bordelais, Philippe Betschart l'a acquis en 2010. En conversion bio.

Né de trois quarts de merlot et des deux cabernets, un vin dans sa prime jeunesse, à en juger par ses reflets violets et par son nez très fruité, sur la cerise, le cassis et les fruits cuits, soulignés de senteurs boisées. Après une attaque friande, à la fois souple et fraîche, des tanins boisés à la saveur de moka prennent le dessus. Ils devraient s'affiner assez vite. 2015-2022 entrecôte maître d'hôtel

Dom. de Viaud, 1, lieu-dit Viaud, 33710 Pugnac, tél. 06 73 18 28 12, info@lesgravesdeviaud.fr V r.-v.

CH. GRAVETTES-SAMONAC
Cuvée Prestige Élevé en fût de chêne 2012 ★

■ | 20 000 | | 8 à 11 €

Dans la famille Giresse depuis 1950, un domaine de 28 ha implanté sur les hauteurs de l'appellation. Sylvie Giresse, rejointe en 2014 par son fils, officie au chai.

Issue de vignes de cinquante ans (merlot à 70 %, complété par les deux cabernets), cette cuvée de prestige élevée en barrique est une fois de plus au rendez-vous. Une robe jeune, traversée de reflets améthyste. Au premier nez, un boisé flatteur, grillé et épicé (moka, vanille, clou de girofle) ; à l'aération, du raisin bien mûr, sur des notes de fruits rouges et noirs. Après une attaque franche, le palais prend de l'ampleur grâce à une chair dense, aromatique et à des tanins boisés, garants d'une bonne garde. 2015-2022 salmis de palombe

Sylvie Giresse, Le Bourg, 33710 Samonac, tél. 05 57 68 21 16, gravettes.samonac@orange.fr V r.-v.

CH. DE GRISSAC 2012 ★

■ | 40 000 | | 5 à 8 €

Le fort d'Arnaud de Grissac (XIV[e]s.) a fait place en 1652 au château actuel. Ici, Montesquieu rendait visite à son ami Pierre de Montalier, conseiller à la cour de Guyenne. Les deux hommes discouraient sans doute des qualités de leurs vins respectifs. Le vignoble (20 ha) est conduit depuis 1977 par Bernadette Cottavoz.

L'assemblage (merlot 52 %, cabernet-sauvignon 30 %, malbec 18 %) de cette cuvée explique peut-être son caractère typique de l'appellation : beaucoup de couleur et d'arômes (fruits confits, baies noires, touche minérale, épices). Bouche à la fois souple et corsée, sur le fruit, adossée à des tanins encore jeunes, mais de qualité. 2016-2021 épaule d'agneau

Bernadette Cottavoz, Grissac, 2, chem. du Port-d'Espeau, 33710 Prignac-et-Marcamps, tél. 05 57 68 31 65, chateaudegrissac@aol.com V r.-v.

CH. LA GROLET 2012

■ | 100 000 | | 8 à 11 €

Commandé par un vieux manoir, ce domaine de 50 ha comporte non seulement 38 ha de vignes, mais aussi des prés et des bois, hâvre pour la faune sauvage. Propriétaires depuis 1997, Jean-Luc et Catherine Hubert conduisent le domaine en bio certifié (biodynamie).

Assemblage classique (70 % de merlot), élevé un an en barrique. Robe jeune, joli bouquet tout en finesse de violette et de pivoine, légèrement boisé. Attaque souple et soyeuse, palais ample et tanins déjà bien enrobés. ⌛ 2015-2020 🍴 civet de lapin

Jean-Luc Hubert, Ch. La Grolet, 33710 Saint-Ciers-de-Canesse, tél. 05 57 42 11 95, contact@vignobles-hubert.com V r.-v.

CH. GROS MOULIN Les Lys du moulin 2013 ★

	3 000	5 à 8 €

Dominant la Dordogne, en amont de Bourg, le domaine est dans la famille depuis 1757. À cette époque, un moulin et un seul petit hectare de vignes à côté de cultures diverses. En 2010, la onzième génération – représentée par Rémy Eymas – s'est installée sur 30 ha de vignes.

Rare dans l'appellation, un blanc. Du pur sauvignon. À la couleur très pâle répondent des senteurs variétales d'une grande fraîcheur (fleurs blanches, lavande, menthol). La bouche suit la même ligne, vive et longue. ⌛ 2014-2017 🍴 huîtres ■ **Per vitem ad vitam 2012 ★ (11 à 15 € ; 3 000 b.)** : Du cabernet franc dominant (60 %), une fermentation et un élevage en barriques (neuves à 50 %). Un vin charnu et élégant, au bouquet de cèdre et de mûre. ⌛ 2015-2020

Rémy et Jacques Eymas, Ch. Gros Moulin, 33710 Bourg-sur-Gironde, tél. 05 57 68 41 56, chateau.gros.moulin@wanadoo.fr V r.-v.

CH. HAUT-BAJAC Élevé en fût de chêne 2011 ★

	6 550		8 à 11 €

Œnologue diplômé, Jacques Pautrizel a acquis en 1996 ce domaine de 12,5 ha implanté sur le premier coteau dominant la Dordogne, à 1 km de Bourg, où il s'est installé comme jeune agriculteur.

Une qualité régulière pour cette cuvée élevée un an en barrique, mariant quatre cépages (deux tiers de merlot, du malbec et les deux cabernets). Il en résulte une certaine complexité dans le bouquet, qui mêle les baies noires (cassis) à un fin boisé bien intégré. Dans le même registre, la bouche dévoile une structure tannique jeune, mais prometteuse. ⌛ 2016-2021 🍴 civet de canard

Jacques Pautrizel, Ch. Haut-Bajac, 33710 Bourg-sur-Gironde, tél. 05 57 68 35 99, e.jpautrizel@orange.fr V t.l.j. sf dim. 9h-12h 14h-18h

CH. HAUT-GELINEAU
Élevé en fût de chêne 2012 ★★

	40 400		5 à 8 €

Alliance Bourg, regroupement des coopératives de Pugnac, de Tauriac, de Lansac et d'Aubie, propose une gamme étendue de vins dans les AOC du Blayais et du Bourgeais, ainsi qu'en appellations régionales.

Composé à 90 % de merlot, vinifié six mois en fût, un 2012 fort loué pour l'intensité de sa robe et pour son nez complexe, sur le fruit mûr, prélude à un palais puissant aux tanins de grande qualité. Un vin gourmand, alliant force et finesse. ⌛ 2016-2020 🍴 gigot d'agneau ■ **Ch. Haut la Pointe 2012 ★★ Élevé en fût de chêne (8 à 11 € ; 20 000 b.)** : 40 % de cabernet. Un vin très coloré, corsé et harmonieux. Un élevage plus long que le précédent, mais qui laisse parler le fruit (noyau de cerise). ⌛ 2016-2022 ■ **Ch. Moulin de Guiet 2012 ★ Élevé en fût de chêne (30 000 b.)** : du merlot dominant, pour un « vin plaisir », friand, gourmand et souple. ⌛ 2014-2018 ■ **Ch. Perthus 2012 Élevé en fût de chêne (8 à 11 € ; 30 000 €)** : du merlot majoritaire, mais un élevage en fût plus long. Un vin aux tanins jeunes, à attendre un peu. ⌛ 2016-2022

Alliance Bourg, 18, Bellevue, 33710 Pugnac, tél. 05 57 68 81 01, alliancebourg@orange.fr V r.-v.

CH. HAUT-GUIRAUD Péché du Roy 2012 ★★

	25 000	11 à 15 €

Depuis 1876, cinq générations de vignerons et de tonneliers se sont succédé dans ce domaine établi sur un coteau argilo-calcaire dominant l'estuaire. La propriété couvre aujourd'hui 45 ha. Christophe Bonnet en a pris les commandes en 1998.

Une cuvée dont le nom se rattache à l'histoire (ou à la légende) du lieu : Louis XIV, enfant, aurait fait halte ici et se serait délecté des pêches du domaine. Aujourd'hui, c'est d'un assemblage de merlot (70 %), cabernets et malbec que l'on se délectera. La fermentation malolactique et l'élevage se sont déroulés en barrique. On sent le terroir, le raisin bien mûr et un travail sérieux au chai dans la robe très soutenue comme dans le bouquet de baies noires et de bois toasté bien mariés. Le palais intense, ample et persistant aux tanins serrés confirme les premières impressions : un vin ambitieux et haut de gamme. ⌛ 2015-2023 🍴 civet de marcassin

EARL Bonnet et Fils, Ch. Haut-Guiraud, 33710 Saint-Ciers-de-Canesse, tél. 05 57 64 91 59, bonnetchristophe@wanadoo.fr V r.-v.

B HAUT MONDÉSIR 2012 ★

	9 000		11 à 15 €

En 1990, Marc Pasquet, ancien photographe, et son épouse Laurence ont acquis des vignes à Plassac, dans le Blayais, ainsi qu'en côtes-de-bourg et en saint-émilion grand cru.

Du merlot et une touche de malbec (10 %) ; pas moins de vingt-deux mois en barrique. Il en résulte un côtes-de-bourg de tradition, coloré à souhait. Au bouquet, du raisin très mûr (myrtille et mûre) et un boisé bien intégré ; au palais, une trame dense de tanins jeunes et vifs qui appellent la garde. ⌛ 2016-2022 🍴 pavé de bœuf sauce chocolat

Laurence et Marc Pasquet, 77, rte de l'Estuaire, 33390 Plassac, tél. 05 57 42 29 80, mondesirgazin@gmail.com V r.-v.

CH. HAUT-MONTFORTON Tauriac 2012

	n.c.		- de 5 €

Une propriété d'environ 18 ha située en grande partie sur les argilo-calcaires de Tauriac. Une part (70 %) importante de la production s'écoule à l'export, notamment en Chine.

Le merlot (70 %) avec le cabernet franc et avec un soupçon de malbec composent une bouteille à apprécier sur son fruit : robe plutôt légère, bouquet de raisin mûr, de fruits rouges, avec des notes originales de mangue et d'orange. Bouche souple et fraîche, un peu plus tannique en finale. ⌛ 2015-2018 🍴 travers de porc

Ch. Montforton, 323, rue de Charenton, 75012 Paris, tél. 01 43 41 88 04, au.remy@gmail.com V

BORDELAIS

CH. KALON NODOZ Carpe Diem 2011 ★

■ | 8 000 | | 8 à 11 €

Un vignoble de 11,5 ha, situé au cœur de l'appellation, sur un terroir réputé de graves argileuses. Grégory Raoult est à sa tête depuis 2004.

Très cultivé dans l'appellation, le malbec compose 50 % de cette cuvée, complété par le merlot. À la robe très colorée répond un nez sur le fruit (baies noires), nuancé de touches florales et d'un léger boisé torréfié. La bouche ronde et charnue exprime avec insistance le cassis, souligné par des tanins boisés qui contribuent à l'harmonie de la finale. ⌛ 2016-2022 🍷 terrine de chevreuil

Grégory Raoult, 14 bis, chem. de Nodoz, 33710 Tauriac, tél. 06 83 32 74 93, kalonnodoz@orange.fr V r.-v.

CH. LAMOTHE Coup de foudre 2011 ★★

■ | 6 000 | | 8 à 11 €

Un petit château et ses chais du XVIIIe s. Il prospère au XIXe s. sous l'impulsion d'un négociant bordelais. Le cru a été acquis en 1900 par un viticulteur de Lansac, l'arrière-grand-père d'Anne Pousse-Pessonnier, laquelle en a pris les rênes en 1991. Le vignoble couvre 23 ha.

La plus ambitieuse des trois cuvées de cette productrice : du merlot (60 %) et du cabernet-sauvignon, nés sur argiles graveleuses et du fût neuf. Robe bordeaux profond, bouquet intense, encore dominé par un beau boisé toasté et vanillé, mais laissant percer le fruit au deuxième nez. Bouche ample et élégante, structurée par de puissants tanins : excellent vin de garde. ⌛ 2016-2025 🍷 côte de bœuf

Anne Pousse-Pessonnier, 1, Ch. Lamothe, 33710 Lansac, tél. 05 57 68 41 07, chateaulamothe@yahoo.fr V r.-v.

CH. LAROCHE Prestige 2011 ★★★

■ | 6 400 | | 30 à 50 €

Depuis le Ch. Laroche, château fort de la guerre de Cent Ans puis maison noble, rasé et reconstruit plusieurs fois, Roland de Onffroy, Varois d'origine, conduit un vignoble d'une quarantaine d'hectares répartis entre le Bourgeais et le Blayais.

Comme nombre de ses confrères du secteur, Roland de Onffroy a adopté la machine à vendanger qui permet de récolter à l'aube, voire de nuit, pour limiter l'oxydation des moûts. Il aime les vins concentrés. Celui-ci, élevé dix-huit mois en barrique neuve, affiche ce profil à tous les stades de la dégustation : dans le verre, une couleur profonde, presque noire ; au bouquet, un boisé puissant, sans être écrasant ; au palais, de la richesse, de la générosité, des tanins jeunes mais élégants, vanillés et toastés. Un des finalistes du coup de cœur. ⌛ 2016-2025 🍷 gigot d'agneau au romarin

Baron Roland de Onffroy, Ch. Laroche, 2, chem. des Augers, 33710 Tauriac, tél. 05 57 68 20 72, rolanddeonffroy@wanadoo.fr V t.l.j. sf sam. dim. 9h-12h 14h-17h

CH. LAROCHE JOUBERT 2012 ★

■ | 130 000 | | 5 à 8 €

Gilbert Dupuy regroupe en 1956 des parcelles familiales pour former un vignoble de 8 ha. Aujourd'hui, une belle unité de 64 ha, conduite depuis 1982 par Joël, rejoint en 2010 par son fils Damien. Deux crus souvent très remarqués, Laroche Joubert et Labadie.

Très importante cuvée à large dominante de merlot, issue d'un ensemble de terroirs représentatifs de l'appellation. Une fidèle image des côtes-de-bourg avec sa robe intense, son bouquet subtil partagé entre baies noires et boisé vanillé, sa bouche à l'unisson du nez, ample à l'attaque, aux tanins jeunes et fringants. ⌛ 2015-2020 🍷 poulet aux cèpes

SCEA Vignobles Joël Dupuy, 1, Cagna, 33710 Mombrier, tél. 05 57 64 23 84, vignoblesjdupuy@aol.com V r.-v.

CH. MACAY Original 2011

■ | 8 000 | | 15 à 20 €

Après la guerre de Cent Ans, un Écossais du clan Mac Kay s'établit ici, loin des Anglais. Au XVIIIe s, le site devient un véritable hameau viticole, ruiné ensuite par le phylloxéra. Entre 1900 et 2012, la famille Latouche le met en valeur, puis le cède à Hervé Descourvières. Le cru couvre 33 ha au nord de l'AOC.

Dernier millésime des anciens propriétaires. Les deux cabernets majoritaires (60 %), seize mois de barrique. Quelques reflets tuilés dans la robe. Au nez, un boisé dominant, épicé (cannelle) et torréfié, le fruit perçant en bouche. Un vin de garde charnu et bien charpenté. ⌛ 2016-2020 🍷 filet de bœuf ■ 2012 (11 à 15 € ; 6 000 b.) : un blanc consistant, élevé sous bois, issu des trois cépages blancs girondins (70 % de sauvignon). ⌛ 2015-2018

SCEA ch. Macay, 64, Macay, 33710 Samonac, tél. 05 57 68 41 50, info@macay.fr V r.-v. Descourvières

CH. MARTINAT 2011 ★

■ | 30 000 | | 8 à 11 €

Deux anciens cadres parisiens devenus vignerons en 1994 dans le Bourgeais et le Blayais. Stéphane Donze et Lucie Marsaux-Donze ont fait du Château Martinat (10 ha sur petites graves et argiles) une référence des côtes-de-bourg.

Assemblage de merlot (80 %) et de malbec. Le 2011 est très représentatif de son appellation et de son millésime. Robe dense, ourlée d'un liseré évolué. Bouquet évocateur de bois chaud, sur le moka, la fumée, le beurre, plus fruité au deuxième nez. Bouche souple et ronde, déjà flatteuse par ses arômes de confiture de cerises et ses tanins fondus. ⌛ 2015-2020 🍷 cailles aux raisins

SCEV Marsaux-Donze, Ch. Martinat, 33710 Lansac, tél. 05 57 68 34 98, s.donze@chateau-martinat.com V r.-v. Stéphane Donze

CH. MERCIER Cuvée Prestige 2012 ★

■ | 40 000 | | 8 à 11 €

Philippe et Martine Chéty ont été rejoints en 1999 par Christophe et Isabelle sur leurs terres de Saint-Trojan où la famille cultive la vigne depuis 1698. Le vignoble couvre 23 ha.

Correspondant à plus d'un tiers du vignoble familial, cette importante cuvée comprend les quatre cépages de l'appellation : merlot et cabernet-sauvignon surtout, cabernet franc et malbec. Robe encore très jeune, aux reflets violines. Nez partagé entre le boisé de la barrique et le noyau de cerise. Bouche ample, étoffée, aux tanins déjà enrobés. ⌛ 2016-2022 🍷 poulet rôti aux cèpes

SCEA Famille Chéty, 5, Mercier, 33710 Saint-Trojan, tél. 05 57 42 66 99, info@chateau-mercier.fr V t.l.j. sf dim. 8h30-12h30 13h30-17h30

CH. MONTAIGUT 2013 ★★

4 000 | 5 à 8 €

Le cru comptait 12 ha en 1975 lorsque François de Pardieu l'acheta. C'est aujourd'hui une belle unité de 39 ha, exploitée depuis 2009 par Benoît de Pardieu.

Si les rouges sont très majoritaires dans l'appellation, on y trouve des blancs secs remarquables, à l'image de celui-ci, issu d'un assemblage très équilibré (50 % de sauvignon, la muscadelle et le sémillon se partageant l'autre moitié). Nez discret et délicat d'acacia. Bouche plus expressive, à la fois tendre et friande, sur les agrumes ; finale nette et plaisante. 2015-2018 langoustines sautées 2011 ★ (8 à 11 € ; 9 200 b.) : très marqué par le malbec (50 %), un rouge associant un puissant boisé, torréfié et vanillé, au cassis, avec une note de gibier en bouche. Tanins encore un peu fermes. 2015-2020

Vignobles de Pardieu, 2, Nodeau, 33710 Saint-Ciers-de-Canesse, tél. 05 57 64 92 49, contact@chateau-montaigut.com V t.l.j. sf sam. dim. 8h-12h 14h-18h

♥ CH. MONTFOLLET Altus 2012 ★★

19 000 | 8 à 11 €

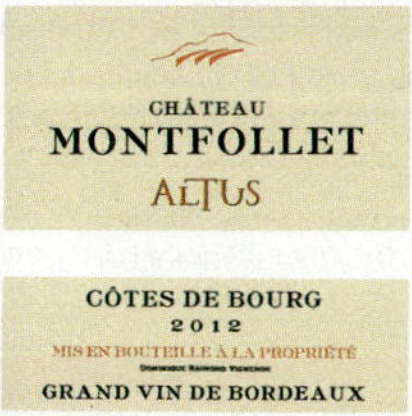

La coopérative de Cars (1937), rebaptisée en 2011 « Châteaux Solidaires », vinifie séparément les vendanges d'une dizaine de châteaux adhérents, sélectionnés très rigoureusement.

Conduit par Dominique Raimond, président de la cave, Ch. Montfollet, s'affirme une fois de plus comme l'un des fers de lance de l'appellation avec un 2012 d'une rare puissance, issu à 95 % de merlot planté sur le point culminant de l'appellation – d'où son nom. La robe sombre est traversée de reflets améthyste. Le bouquet profond marie harmonieusement le fruit frais et le bois torréfié de l'élevage. Généreuse en attaque, la bouche se montre vigoureuse, structurée par des tanins très denses, encore jeunes. 2016-2024 gigot au romarin

Châteaux Solidaires, 9, Le Piquet, 33390 Cars, tél. 05 57 42 13 15, d.raimond@chateaux-solidaires.com V r.-v.

CH. MOULIN DES GRAVES Cuvée particulière 2012 ★

3 000 | 5 à 8 €

Cinq générations se sont succédé sur ce domaine du Bourgeais conduit par Jean Bost depuis 1986 : 8,5 ha, dont un tiers planté en sauvignon. Les rares côtes-de-bourg blancs sont ici mis en avant. Autre étiquette : domaine de l'Ombrière.

Une récolte manuelle pour ces deux blancs, pratique devenue rare dans l'appellation. Ce 2012 apparaît déjà évolué : robe d'or, bouquet légèrement boisé, sur l'amande grillée et les fruits à chair blanche, bouche à la fois structurée et fine, bien dans le style de son terroir graveleux. 2015-2018 sole à la crème 2013 ★ (moins de 5 €) : élevé en cuve, un sauvignon à la fois souple, frais et long, bien typé du cépage, pour les fruits de mer. 2014-2017

Jean Bost, Le Poteau, 33710 Teuillac, tél. 05 57 64 30 58, jean-bost@orange.fr V r.-v.

CH. NODOZ Cuvée Barriques neuves 2012 ★

30 000 | 8 à 11 €

Cru déjà connu avant la Révolution, reconstitué au XIXe siècle par un négociant armateur de Bordeaux et racheté en 1930 par la famille Madgeleine. Jean-Louis, installé en 1979, a conforté sa réputation avant de passer le relais à sa fille Sandrine et à son gendre Jean-François Cénac. Nodoz couvre 43 ha sur Tauriac, Lansac et Bourg. Autre vin : Ch. Galau.

Cette cuvée joue dans la cour des grands. Robe très profonde, arômes de merlot mûr (fruits noirs) et de merrain toasté. Bouche construite sur des tanins serrés, qui ne perturbent pas l'harmonie générale. 2015-2022 canard rôti Ch. Galau 2012 ★ Élevé en barrique de chêne (5 à 8 € ; 40 000 b.) : un vin au boisé plus marqué. Sa bonne structure lui permettra de bien évoluer. 2015-2022

Cénac-Magdeleine, 18, chem. de Nodoz, 33710 Tauriac, tél. 05 57 68 41 03, chateau.nodoz@wanadoo.fr V t.l.j. 8h30-12h30 14h-18h00

CH. DE PASSEDIEU 2012 ★

61 300 | - de 5 €

Installé depuis 1986 à Bayon-sur-Gironde, village dominant la Gironde en aval de Bourg, Stéphane Février cultive 5 ha sur un bon terroir d'argile et de sables ferrugineux.

Un vin largement dominé par le merlot. Élevé en cuve, il affiche pourtant une robe profonde. Le nez, très agréable, mêle le cassis et la mûre à une touche de pain d'épice. Des nuances de fruits macérés complètent cette palette dans un palais souple et frais, étoffé et élégant, bâti sur des tanins fins. Un vin très gourmand. 2015-2020 gigot

Stéphane Février, Ch. de Passedieu, 33711 Bayon-sur-Gironde, s.fevrier@aliceadsl.fr

CH. PEYCHAUD 2012

107 000 | 5 à 8 €

Un cru vinifié par l'équipe de Vincent Cachau, l'œnologue de la Société fermière des grands crus de France (Grands Chais de France) qui regroupe quinze propriétés bordelaises et quelque 390 ha.

Une importante cuvée correspondant à 17 ha sur un domaine de Teuillac en comptant 28. Robe jeune, aux reflets violets. Nez discret libérant à l'aération des notes de baies noires, de sous-bois et de gibier. En bouche, des arômes de cerise fraîche et une belle matière, étayés par des tanins encore fermes. 2015-2019 bavette d'aloyau frites Ch. Gravereau 2012 (33 000 b) : produit sur le reste de la surface du cru, un vin de même style que le précédent. Pour ces deux vins, carafage conseillé. 2015-2019

Sté fermière des Grands Crus de France, 33460 Lamarque, tél. 05 57 98 07 20

CH. PEY-CHAUD BOURDIEU
Élevé en fût de chêne 2012 ★

■ | 2 500 | ◍ | 5 à 8 €

Établie aux confins du Blayais, la famille Roy est au service du vin depuis huit générations. Dominique Favin-Roy a pris les rênes de l'exploitation en 1989. Elle propose des vins du Blayais et du Bourgeais.

Le merlot (85 %) domine l'assemblage de cette petite cuvée. Au nez, un fin boisé torréfié et réglissé, bien marié à des notes de fruits noirs. On retrouve ces arômes dans une attaque chaleureuse, à la fois ronde et tonique, puis de solides tanins boisés aux nuances cacaotées font sentir leur présence. ⌛ 2016-2022 🍷 pintade farcie

Favin Vignobles Roy, 1, Lieu-dit Le Bourdieu, 33710 Villeneuve, tél. 06 81 93 93 98, vignoblesroy@sfr.fr V r.-v.

CH. PUYBARBE
Cuvée Prestige 2011 ★★

■ | 10 080 | ◍ | 8 à 11 €

Acquis par la famille Orlandi en 1952, un cru établi sur la troisième ligne de coteaux des côtes-de-bourg. À l'origine, 7 ha ; aujourd'hui, 35. Et, depuis 2001, un chai-cuvier qui permet de vinifier la récolte auparavant confiée à la coopérative.

Mariant 62 % de merlot à 38 % de cabernet-sauvignon, élevée seize mois en fût neuf, cette cuvée Prestige est une valeur sûre. Le 2011 mêle un puissant boisé, fumé, torréfié et réglissé, à des notes de fruits rouges confiturés. Dans le même registre, la bouche est ronde, harmonieuse et longue. Un style presque médocain pour ce vin où l'on sent le respect du terroir et un élevage bien mené. ⌛ 2016-2023 🍷 pigeon rôti ■ Cuvée Tradition 2011 ★ (5 à 8 € ; 5 065 b.) : davantage de merlot pour ce vin élevé lui aussi sous bois, aux tanins déjà assouplis. Disponible en Bib. ⌛ 2015-2020

SCEA Orlandi Frères, lieu-dit Puybarbe, 33710 Mombrier, tél. 05 57 64 37 41, chateaupuybarbe@orange.fr V t.l.j. 9h-12h 14h-18h; sam.dim. sur r.-v.

CH. LE PUY JOUBERT 2012 ★

■ | 39 000 | ◍ | 5 à 8 €

Créée en 1974, la coopérative de Tutiac regroupe 550 viticulteurs. Un acteur important de la haute Gironde, qui produit des vins de côtes (blaye-côtes-de-bordeaux et côtes-de-bourg) et d'appellations régionales.

Un pur merlot né à Lansac. Encore discret, le bouquet libère à l'aération des notes de fruits frais alliés à un boisé délicat. Plus expressive, la bouche exprime le raisin mûr, construite sur une trame de tanins vifs mais fins. ⌛ 2015-2020 🍷 hamburger maison

Les Vignerons de Tutiac, La Cafourche, 33860 Marcillac, tél. 05 57 32 48 33, laurie@tutiac.com V r.-v.

CH. DE REYNAUD 2012 ★★

■ | 14 700 | ◍ | 5 à 8 €

Après avoir exercé le métier de journaliste en région parisienne, Sandrine et Bernard Capdevielle se sont établis en 1999 à Bourg, non loin de la rivière, sur une surface à taille humaine (5,5 ha) afin de tout maîtriser, élaboration et commercialisation. La reconversion est réussie.

Du merlot (70 %), assemblé au cabernet-sauvignon et au malbec, et un élevage partiel (et court) sous bois. Il en résulte une robe sombre, un nez puissant et complexe, dans lequel le bon raisin résiste au bois (« du fruit ! », s'exclame un dégustateur conquis). Une bouche savoureuse, à la fois ample et dynamique. Belle finale tannique et vanillée. ⌛ 2015-2022 🍷 tendrons de veau braisés ■ La Volière 2012 ★★ (8 à 11 € ; 4 500 b.) : pas de malbec, davantage de merlot et une présence plus marquée de la barrique. Plus classique, élégant et plein d'avenir. ⌛ 2015-2022

Bernard et Sandrine Capdevielle, Ch. de Reynaud, 33710 Bourg-sur-Gironde, tél. 05 57 68 44 13, chateau.reynaud@wanadoo.fr V r.-v.

CH. DE RIVEREAU
Grande Cuvée 2011 ★

■ | 60 000 | ◍ | 5 à 8 €

Infirmière jusqu'en 2000, Sabine Drode a repris l'exploitation familiale qui couvre 14,5 ha aux confins du Blayais. Des chais construits à son installation se sont ajoutés aux bâtiments Napoléon III.

Un assemblage classique – merlot, 70 %, cabernet-sauvignon, 30 % –, six mois de fût et un an de cuve à l'origine d'un vin de caractère, au nez intense et complexe, mêlant la myrtille et le cassis bien mûrs à un discret boisé épicé. Chaleureux à l'attaque, charnu, riche, le palais dévoile des arômes de fruits noirs confits et s'étire en finale sur des tanins boisés au grain fin. Vin adapté à une large palette culinaire, y compris aux cuisines modernes. ⌛ 2014-2018 🍷 ribs de porc

Sabine Drode, Ch. de Rivereau, 33710 Pugnac, tél. 05 57 68 92 02, chateauderivereau@orange.fr V t.l.j. 8h30-18h30

♥ CH. ROC PLANTIER
Cuvée Prestige Élevé en fût de chêne 2012 ★★

■ | 8 000 | ◍ | 8 à 11 €

Éric Eymas a racheté en 1996 à des vignerons retraités le Clos du Plantier neuf, qu'il a rebaptisé Roc Plantier pour suggérer que la roche calcaire est près du sol. Il exploite 7 ha en conversion bio.

Vieille connaissance des lecteurs, cette cuvée brille quel que soit le millésime. Issu de deux tiers de merlot complété par les deux cabernets, le 2012 est plébiscité. La robe est profonde, presque noire. Le bouquet évoque la soupe de fruits rouges, les baies bien mûres juste cueillies. Le fruit prend des nuances confites dans une bouche onctueuse, charpentée par de beaux tanins discrètement boisés qui soulignent la longue finale. L'ensemble va encore se bonifier et sera à son meilleur prochainement et pour longtemps. ⌛ 2015-2023 🍷 alose au côtes-de-bourg

Éric Eymas, 104, av. des Côtes-de-Bourg, 33710 Prignac-et-Marcamps, tél. 06 12 63 68 90, talarisplantier@aol.com V r.-v.

CH. ROUSSELLE 2011 ★

■ | n.c. | | 11 à 15 €

Proche de la Gironde, une ancienne propriété achetée en 1636 par un chevalier et conseiller du roi, répertoriée comme « 1er cru bourgeois » par le Féret de 1868. Une maison de maître d'une sobre élégance et 23 ha de vignes en côtes-de-bourg et en blaye-côtes-de-bordeaux (2,5 ha). En 1999, Vincent Lemaitre a acquis le cru qu'il a équipé d'un nouveau chai.

Composé de 75 % de merlot, complété par du cabernet-sauvignon et un soupçon des deux autres cépages de la région, un vin de caractère. Le premier nez est encore dans la barrique (un an de fûts, neufs à 50 %), mais l'aération libère un raisin très mûr aux nuances de fruits confits. Dès l'attaque, le palais impressionne par son côté chaleureux. Alliant force et rondeur, persistant, il est structuré par de solides tanins boisés qui assureront une bonne garde. ⌛ 2016-2024 🍷 civet de sanglier

Vincent Lemaitre, Ch. Rousselle, 33710 Saint-Ciers-de-Canesse, tél. 05 57 42 16 62, chateau@chateaurousselle.com
V 4

CH. TERREFORT-BELLEGRAVE
Cuvée Prestige 2012 ★

■ | 10 000 | | 11 à 15 €

Dominique Briolais s'est installé en 1976 dans les côtes-de-bourg. La famille propose surtout des vins de cette appellation (33 ha, châteaux Haut Mousseau et Terrefort-Bellegrave) ; depuis 1991 elle est également propriétaire de 11 ha en Médoc.

Pratiquement un pur merlot, élevé dix-huit mois en barrique. La robe est foncée, encore très jeune ; le bouquet allie les fruits noirs (mûre et cassis) à un boisé réglissé et beurré. Dans le même registre, la bouche est bien équilibrée, dense et fraîche, étayée par des tanins déjà enrobés. ⌛ 2015-2022 🍷 tournedos rossini

Dominique Briolais et Fille, Ch. Haut Mousseau, 33710 Teuillac, tél. 05 57 64 34 38, aurorebriolais@vignobles-briolais.com V t.l.j. 8h-12h 14h-17h30 2 A

CH. TOUR BIROL
Élevé en fût de chêne 2011 ★

■ | 10 000 | | 8 à 11 €

Enfants de vignerons, Damien et Anaïs Labiche ont repris en 2010 les vignes de leur oncle – un domaine fondé en 1851 par l'archevêque de Bordeaux. Ils exploitent 12 ha dans les côtes-de-bourg.

Issu de sols graveleux, un 2011 typique de l'appellation par son assemblage (60 % de merlot, 40 % de malbec). On aime son bouquet très fin où l'on décèle, aux côtés des habituelles notes boisées et fruitées, des touches florales et une pointe minérale typique du terroir. Fruitée et friande en attaque, la bouche offre de belles rondeurs, soutenue par des tanins vanillés élégants, boisés avec mesure. Un « vin plaisir » qui peut vieillir. ⌛ 2015-2022 🍷 magret de canard au miel

Damien et Anaïs Labiche, 331, Birol, 33390 Samonac, tél. 05 57 32 63 72, earllabichecourjaud@orange.fr
V r.-v.

CH. TOUR DES GRAVES
Élevé en fût de chêne 2012 ★

■ | 15 000 | | 5 à 8 €

Conduite depuis 2009 par David Arnaud, une exploitation familiale de 27 ha plantée sur graves. Elle tire son nom d'un ancien moulin datant de la Révolution française, « décapité » de sa partie supérieure.

Beaucoup de merlot (80 %), un appoint de cabernet-sauvignon et un soupçon de malbec dans ce 2012 jeune mais prometteur. Le nez associe les fruits frais à des notes d'élevage (torréfaction, amande grillée). Souple en attaque, d'un beau volume, la bouche dévoile un bon fruit et, en finale, des tanins boisés aux saveurs de vanille et de caramel. ⌛ 2015-2021 🍷 aloyau de bœuf

EARL Vignobles Arnaud, Le Poteau, 33710 Teuillac, tél. 09 63 62 00 47, vignoblesarnaud@bbox.fr
V t.l.j. sf dim. 8h-12h 14h-19h

CH. LES TOURS SEGUY Tour Moulin 2012 ★★

■ | 7 000 | | 5 à 8 €

Mentionné à la fin du XVIIIe s., puis dans le Féret de 1868, un domaine de 14 ha, entré dans la famille de Jean-François Breton en 1842. Ce dernier l'exploite depuis 1997 et en a fait une valeur sûre.

Née de 55 % de cabernets complétés par le merlot, une cuvée remarquable par sa couleur intense et jeune, par son bouquet très fruité, discrètement boisé, puis par sa bouche gourmande, souple, fraîche et friande, aux tanins déjà affables, qui donne l'impression de croquer le raisin. ⌛ 2015-2020 🍷 poulet aux morilles ■ Mirandole 2012 ★ (8 à 11 € ; 6 500 b.) : un vin de garde très charpenté, pour l'heure fort marqué par l'élevage (barriques neuves à 75 %). ⌛ 2016-2022

Jean-François Breton, lieu-dit Le Seguy, 33710 Saint-Ciers-de-Canesse, tél. 05 57 64 99 57, chateau-les-tours-seguy@wanadoo.fr
V r.-v. 2 B

Le Libournais

Même s'il n'existe aucune appellation « Libourne », le Libournais est bien une réalité. Avec la ville filleule de Bordeaux comme centre et la Dordogne comme axe, il s'individualise fortement par rapport au reste de la Gironde en dépendant moins directement de la métropole régionale. Il n'est pas rare, d'ailleurs, que l'on oppose le Libournais au Bordelais proprement dit, en invoquant par exemple l'architecture moins ostentatoire des châteaux du vin ou la place des Corréziens dans le négoce de Libourne. Mais ce qui distingue le plus le Libournais, c'est sans doute la concentration du vignoble qui apparaît dès la sortie de la ville et recouvre presque intégralement plusieurs communes aux appellations renommées comme fronsac, pomerol ou saint-émilion, avec un morcellement en une multitude de petites ou moyennes propriétés ; les grands domaines, du type médocain, ou les grands espaces caractéristiques de l'Aquitaine étant presque d'un autre monde. Le vignoble se différencie également par son encépagement dans lequel domine le merlot, qui donne finesse et fruité aux vins et qui leur permet de bien vieillir, même

s'ils sont de moins longue garde que ceux d'appellations à dominante de cabernet-sauvignon. En revanche, ils peuvent être bus un peu plus tôt et s'accommodent de beaucoup de mets (viandes rouges ou blanches, fromages, et aussi certains poissons, comme la lamproie).

CANON-FRONSAC ET FRONSAC

Bordé par la Dordogne et l'Isle, le Fronsadais offre des paysages tourmentés, avec deux tertres atteignant 60 et 75 m, d'où la vue est magnifique. Point stratégique, cette région joua un rôle important, notamment au Moyen Âge – une puissante forteresse, aujourd'hui disparue, y fut construite à l'époque de Charlemagne – puis lors de la Fronde de Bordeaux. Le Fronsadais a gardé de belles églises et de nombreux châteaux. Très ancien, le vignoble produit sur six communes des vins de caractère, à la fois corsés, fins et distingués. Toutes ces localités peuvent revendiquer l'appellation fronsac, mais Fronsac et Saint-Michel-de-Fronsac sont les seules à avoir droit, pour les vins produits sur leurs coteaux (sols argilo-calcaires sur banc de calcaire à astéries), à l'appellation canon-fronsac.

CANON-FRONSAC

• Superficie : 300 ha • Production : 16 200 hl

CH. BARRABAQUE
Prestige 2011 ★

■ | 10 000 | ◖◗ | 15 à 20 €

Les canon-fronsac de Barrabaque font référence ; le cru se défend aussi en fronsac. Un domaine créé au XVIIIe s., dans la famille Noël depuis son acquisition en 1936 par le grand-père ch'ti, brasseur et négociant en vins. Sa fille Nicole a pris la suite jusqu'en 2004, année de l'arrivée aux commandes de Caroline, aujourd'hui à la tête de 9,1 ha de vignes. Incontournable.

Ce 2011 se présente dans une belle robe pourpre aux reflets violines de jeunesse. Son bouquet naissant évoque le cassis, la myrtille et le boisé grillé. Ample et charpenté dès l'attaque, le palais associe un fruité mûr à des tanins fermes et serrés, et s'étire dans une longue finale qui fait écho à l'olfaction. ⧗ 2017-2022 ♆ rôti de veau Orloff

⊶ SCEV Noël, Ch. Barrabaque, 33126 Fronsac, tél. 05 57 55 09 09, chateaubarrabaque@yahoo.fr
V 🚶 🍷 r.-v.

CH. BELLOY
Cuvée Prestige 2011 ★

■ | n.c. | 🛢 ◖◗ | 15 à 20 €

La maison Travers a été fondée en 1909 par François Léonce Travers, d'origine corrézienne, dont la descendante Hélène et son mari Jean-Paul Texier sont depuis 1991 les héritiers. Outre la partie négoce, elle possède le Ch. Belloy, habitué du Guide pour ses canon-fronsac, et le Ch. Bardineau en bordeaux supérieur.

Issue des parcelles les mieux exposées du domaine, cette cuvée se présente dans une robe pourpre profond, le nez ouvert sur les fruits mûrs et la pivoine. Des tanins souples et ronds viennent en soutien d'un palais évoluant sans heurt, avec élégance et délicatesse, vers une finale fruitée à souhait. ⧗ 2016-2020 ♆ poitrine de veau aux champignons

⊶ SAS Travers, BP 1, 33126 Fronsac, tél. 05 57 24 98 05, htexier@vignobles-travers.com
V 🚶 🍷 r.-v. ⊶ GAF Bardibel

CH. CANON PÉCRESSE 2011 ★★

■ | 16 000 | 🛢 ◖◗ | 15 à 20 €

La famille Pécresse, ancienne propriétaire des châteaux Grand Corbin et Trotanoy, préside depuis quatre générations aux destinées de ce cru. Un domaine de 4,5 ha, connu jusqu'en 2003 sous le nom de Vray Canon Bodet-la-Tour, aujourd'hui dirigé par Francis et son fils Jean-Francis

Ce 2011 a frôlé le coup de cœur. Ses arguments ? Une robe profonde d'un beau pourpre soutenu. Un nez complexe et puissant de fruits rouges et noirs, de cacao et de brioche. Un palais rond et soyeux en attaque, riche, intense et élégant dans son développement, longuement soutenu par des tanins à la fois robustes et soyeux. Une bouteille apte à une longue garde. ⧗ 2017-2023 ♆ rôti de bœuf en croûte

⊶ Ch. Canon Pécresse, lieu-dit La Truite, 33126 Saint-Michel-de-Fronsac, tél. 05 57 24 98 67, canon@pecresse.fr V 🍷 r.-v. ⊶ Pécresse

B CH. CANON SAINT-MICHEL 2011

■ | 30 000 | ◖◗ | 11 à 15 €

Un cru régulier en qualité, constitué dans les années 1950 par Jean Garnier, puis mis en fermage de 1979 à l'arrivée du petit-fils Jean-Yves Millaire, en 1998. Un vignoble de 20 ha certifié bio depuis 2009 et actuellement en conversion à la biodynamie.

Élevé douze mois en barrique bourguignonne et en foudre, ce 2011 se distingue avant tout par la qualité et la complexité de ses arômes évoquant la truffe, les fruits noirs, la rose et les épices douces. D'un abord plus simple, le palais se montre fruité, souple et frais, un rien plus tannique en finale. ⧗ 2015-2018 ♆ tendrons de veau rôtis à l'ail

⊶ Jean-Yves Millaire, Lamarche, 33126 Fronsac, tél. 06 08 33 81 11, vignoblemillaire@orange.fr
V 🚶 🍷 t.l.j. 8h-12h 14h-18h

CH. CASSAGNE HAUT-CANON 2011

■ | n.c. | ◖◗ | 8 à 11 €

Habitués du Guide, Jean-Jacques et son épouse Zita Dubois conduisent depuis 1979 un cru de 13 ha établi sur l'un des points culminants de Fronsac et commandé par un château du XVIIIe s., ancien pavillon de chasse du duc de Richelieu.

Ce 2011 d'une belle profondeur de robe rappelle la mûre, le cacao et les épices douces à l'olfaction. Après une attaque souple et fruitée, le palais montre les muscles à travers des tanins puissants, et même sévères en finale. À attendre, assurément. ⧗ 2017-2020 ♆ cuissot de sanglier

⊶ Zita et Jean-Jacques Dubois, Ch. Cassagne Haut-Canon, 33126 Saint-Michel-de-Fronsac, tél. 05 57 25 05 55, contact@chateau-cassagne.fr V 🚶 🍷 r.-v.

CLOS LARIVEAU By Paul Camille 2011 ★

■ | 1 000 | ◖◗ | 20 à 30 €

Jean-François Carrille – Cardinal-Villemaurine et Clos Villemaurine en saint-émilion grand cru, Caillou Les Martins en lussac, Fussignac en bordeaux supérieur –

conduit depuis 2010 cette vigne de poche (36 ares) située au lieu-dit Lariveau, sur l'un des points culminants de l'AOC.

Ce clos cultivé dans un esprit proche du bio (labour à cheval, pas de désherbant) voit naître un 2011 au nez généreux de fruits noirs, de cerise à l'eau-de-vie et d'épices douces. Une attaque ample et souple ouvre sur un palais fin et velouté, auquel des tanins soyeux et fondus confèrent déjà beaucoup d'amabilité. ⧗ 2016-2021 Ÿ rôti de bœuf sauce chocolat

Paul Carrille, 257, av. de la Roudet, 33500 Libourne, tél. 06 07 19 32 14, paul.carrille@sfr.fr V r.-v.

Jacqueline Mazoyer

L'ENCLOS SAINT-LOUIS 2011 ★

■	12 000		15 à 20 €

Issu d'une famille de vignerons bordelais, Jean Dubech possède plusieurs crus du Libournais : Riou de Thailas (saint-émilion grand cru), l'Enclos Saint-Louis (canon-fronsac), les Trois Seigneurs (fronsac) et les Lucioles (bordeaux supérieur). Des vignes en fin de conversion à la biodynamie.

Ce pur merlot à la robe profonde, tirant vers le noir, dévoile un nez charmeur d'épices et de fruits rouges mûrs. En bouche, il se montre puissant, ample et gras, une fine acidité lui apportant de la fraîcheur et de la longueur. ⧗ 2017-2020 Ÿ épaule d'agneau rôtie

Vignobles Jean Dubech, Ch. Riou de Thaillas, rte de Libourne, 33330 Saint-Émilion, tél. 05 55 24 49 16, jean@vignoblesdubech.fr V r.-v.

(B) CH. LA FLEUR CAILLEAU Vignoble Paul Barre 2011

■	4 500		20 à 30 €

Bien connu des lecteurs, Paul Barre est l'un des pionniers de la biodynamie dans le Fronsadais, qu'il pratique depuis 1990 sur le cru familial de La Grave (fronsac), acquis en 1999, et sur La Fleur Cailleau (canon-fronsac), créé en 1982 par achat de parcelles.

Un peu de malbec entre dans ce vin aux côtés du merlot et du cabernet franc. Le nez se révèle intense, fruité, réglissé et empyreumatique. Souple et tendre en attaque, soulignée par un boisé doux, la bouche offre ensuite plus de concentration et de puissance, jusqu'à la finale, tannique et cacaotée. ⧗ 2017-2020 Ÿ lamproie à la bordelaise

Paul Barre, La Grave, BP 30, 33126 Fronsac, tél. 05 57 51 31 11, domaine@paulbarre.com

CH. GRAND RENOUIL 2011

■	9 000		15 à 20 €

Les Ponty, d'origine corrézienne, sont établis à Fronsac depuis le début du XXes. et propriétaires du château Pavillon (4,5 ha) depuis 1925 et du château Grand Renouil (5,5 ha) depuis 1938. Michel Ponty, installé en 1986, propose aussi des vins en AOC régionale avec le Clos Virolle et le blanc de Grand Renouil.

Ce pur merlot dévoile un nez discret de mûre et de réglisse, prolongé par un palais souple et velouté aux tanins aimables et fondus qui lui confèrent un caractère déjà très accorte. ⧗ 2015-2018 Ÿ sauté de veau aux girolles ■ **Ch. du Pavillon 2011 (11 à 15 € ; 20 000 b.) :** un vin fruité, rond, souple, abordable lui aussi dans sa jeunesse. ⧗ 2015-2018

Michel Ponty, Les Chais-du-Port, BP 3, 33126 Fronsac, tél. 05 57 51 29 57, info@vignoblesponty.com V r.-v.

CH. LARIVEAU 2011

■	20 000		11 à 15 €

Un Bourguignon en Bordelais : Nicolas Dabudyk conduit depuis 2009 cette ancienne propriété fondée en 1650 par les chevaliers de l'ordre de Malte, 6 ha de pur merlot sur des sols argilo-sableux et calcaires.

Vingt-quatre mois de barrique pour ce 2011 intense à l'olfaction, torréfié, fumé et fruité, qui offre du volume et de la persistance en bouche, porté par des tanins encore austères. ⧗ 2016-2020 Ÿ grillade de bœuf

Ch. Lariveau, SARL Dabudyk, 4, Perron, 33126 Fronsac, tél. 06 70 79 09 79, sarl.dabudyk@cegetel.net V r.-v.

CH. MAUSSE 2011 ★

■	36 000		8 à 11 €

Maison de négoce fondée en 1898 par Jean Janoueix, d'origine corrézienne, dirigée depuis 1973 par Guy Janoueix, propriétaire de plusieurs crus du Libournais : Mausse (canon-fronsac), Grate-Cap (pomerol), Petit Clos Figeac et Grand Fortin (saint-émilion).

De beaux reflets violines animent la robe de ce 2011 au bouquet expressif de fruits noirs et rouges, de poivre et de menthe. Des tanins souples et harmonieux accompagnent un boisé encore un peu dominateur mais élégant, qui laisse sa part au fruit en finale. ⧗ 2017-2020 Ÿ canette rôtie

SCEA Guy Janoueix, 124, av. Georges-Clemenceau, 33500 Libourne, tél. 05 57 51 27 97, contact@guy-janoueix.com V r.-v.

CH. MAZERIS 2011

■	n.c.		11 à 15 €

Un domaine fondé en 1769 par la famille de Cournuaud. Neuf générations s'y sont succédé, avec Patrick depuis 1994, rejoint par ses fils Jean et Matthieu à la tête de 17 ha d'un seul tenant, situés sur les hauteurs de Saint-Michel-de-Fronsac.

Un bouquet soutenu de kirsch, d'épices et de pain grillé ouvre la dégustation. On retrouve ce caractère chaleureux dans une bouche généreuse, ronde et douce, charpentée par des tanins robustes, encore stricts en finale. ⧗ 2017-2021 Ÿ ragoût d'agneau

EARL de Cournuaud, 5, Ch. Mazeris, 33126 Saint-Michel-de-Fronsac, tél. 05 57 24 96 93, mazeris@wanadoo.fr V r.-v.

CH. MAZERIS-BELLEVUE 2011 ★

■	35 000		11 à 15 €

Fondé en 1840, ce cru de 9,5 ha en coteaux ménage un beau point de vue sur la Dordogne et l'église romane de Saint-Aignan. Dans la même famille depuis six générations, il est conduit depuis 2012 par Aude Bussier, qui poursuit en parallèle son activité d'historienne de l'art et d'architecte à Paris.

Des parfums de fruits confits, de vanille et d'épices composent le bouquet de ce 2011. Bien charpenté, gras, d'un bon volume, le palais est équilibré, vivifié en finale par

BORDELAIS

une touche mentholée. Bien construit et typé. ⧗ 2016-2020 ψ magret de canard sauce poivre

SCEA Ch. Mazeris-Bellevue, Ch. Mazeris-Bellevue, 33126 Saint-Michel-de-Fronsac, tél. 05 57 24 98 19, aude.bussier@orange.fr r.-v.

Famille Bussier

CH. PEY LABRIE Cœur canon 2011 ★★

■ | 14 000 | | 8 à 11 €

Un cru aux origines anciennes (au moins XVIIIe s.), établi sur le site d'un ancien moulin. Un vignoble de 12,5 ha implanté sur l'un des plus hauts coteaux de l'AOC canon-fronsac, depuis cinquante ans transmis de père en fils, à Éric Vareille en 1988.

Finaliste des coups de cœur, ce 2011 grenat intense dévoile un bouquet non moins soutenu de fruits rouges, d'épices et de boisé vanillé. Du gras, du volume, de la longueur, un boisé élégant et des tanins de garde, fins et serrés, une belle fraîcheur en finale, le palais affiche un équilibre remarquable. ⧗ 2018-2023 ψ civet de lièvre

Éric Vareille, Ch. Pey Labrie, 10-12, lieu-dit Pey-Labrie, 33126 Fronsac, tél. 05 57 25 35 87, vareille@pey-labrie.fr t.l.j. sf dim. 10h-12h 15h-19h

♥ CH. LES ROCHES GABY 2011 ★★

■ | 28 000 | | 8 à 11 €

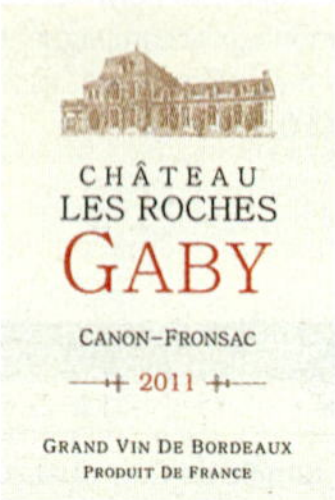

Fondé en 1660, le château Gaby (16 ha) est passé entre plusieurs mains avant d'être repris en 2006 par David Curl. Déjà aux côtés du précédent propriétaire Antoine Khayat, Damien Landouar est toujours à la direction technique. Il vinifie aussi le Ch. Moya, 8 ha en AOC castillon, acquis par les Curl en 2008 et en conversion bio.

Née de plus jeunes vignes que Gaby (quinze ans contre trente-cinq), élevée en barriques de un et deux vins (une partie en fût neuf pour Gaby), cette cuvée dense et sombre déploie un bouquet intense et complexe de fruits rouges mûrs, de poivre et de pain grillé. Ample dès l'attaque, le palais séduit par son caractère tendre, velouté, riche et plein, étayé par des tanins à la fois puissants et soyeux, et par un boisé élégant. ⧗ 2017-2023 ψ daube de sanglier ■ Ch. Gaby 2011 ★★ (15 à 20 € ; 50 000 b.) : beaucoup d'harmonie et d'élégance dans ce vin tirant sur le noir, au nez racé de petits fruits, de violette et de rose, soutenu par un boisé délicat et des tanins fins et serrés. Le coup de cœur n'était pas loin… ⧗ 2016-2023

SCEA Vignobles famille Curl, Ch. Gaby, lieu-dit Gaby, 33126 Fronsac, tél. 05 57 51 24 97, contact@chateau-dugaby.com

CH. ROULLET 2011 ★

■ | 5 000 | | 11 à 15 €

Fondés en 1870, les vignobles Dorneau couvrent 25 ha et trois crus : La Croix, le domaine d'origine (10 ha), Roullet, acquis en 1946 (2,8 ha), et Pontus (10 ha), acquis en 1960, ancienne propriété du peintre animalier Princeteau, auxquels s'ajoute un fermage sur le château Haut Gros Bonnet. Patrick Dorneau est aux commandes depuis 1993.

Ce vin se présente dans une jolie robe pourpre soutenu dévoilant un bouquet expressif et intense d'épices douces, de cacao et de petits fruits rouges. Une attaque ronde et soyeuse ouvre sur un palais ample et riche, qui mêle puissance et fraîcheur dans un bel équilibre, étayé par des tanins élégants et un boisé ajusté. ⧗ 2017-2022 ψ filet de biche sauce au vin

Vignobles Dorneau, Ch. la Croix, 33126 Fronsac, tél. 05 57 51 31 28, scea-dorneau@wanadoo.fr r.-v.

CH. SAINT-BERNARD Élevé en fût de chêne 2011 ★

■ | 1 800 | | 11 à 15 €

Sébastien Gaucher a créé son vignoble en 2001 en reprenant les vignes de son grand-père et d'autres en fermage dans les communes de Fronsac et de Saint-Michel-de-Fronsac : 8 ha répartis entre les châteaux Steval et Saint-Bernard, dont les vins fréquentent régulièrement ces pages.

Ce pur merlot, couleur grenat intense, livre un bouquet encore dominé par les notes toastées et fumées du merrain laissant deviner à l'aération de fines nuances fruitées. Des tanins francs et solides soutiennent un palais puissant et boisé, qui appelle la garde. ⧗ 2018-2023 ψ civet de sanglier

Sébastien Gaucher, 1, Nardon, 33126 Saint-Michel-de-Fronsac, tél. 06 13 80 33 62, s.gaucher@free.fr r.-v.

CH. VRAI CANON BOUCHÉ 2011

■ | 11 400 | | 15 à 20 €

Ce cru réputé de 15 ha, établi sur un très beau terroir de calcaire à astéries recouvert d'argiles, a été repris en 2005 par l'homme d'affaires hollandais Philip de Haseth-Möller, qui en a confié la direction à Jean de Laitre, épaulé par Stéphane Derenocourt. Changement de mains en 2014 avec La Française REM, société de gestion déjà très investie dans le vignoble français.

Ce 2011 sombre à l'œil développe des parfums de fruits noirs et de cacao agrémentés de nuances animales. Une attaque ample et ferme introduit un palais bien structuré par des tanins jeunes et souligné par une pointe de vivacité. ⧗ 2017-2020 ψ entrecôte à l'échalote ■ Oppidum 2011 (11 à 15 € ; 16 500 b.) : un second vin cité pour son fruité généreux de cassis mûr et pour sa bouche bien charpentée, encore un peu « brute de décoffrage ». ⧗ 2017-2020

EARL Vrai Canon Bouché, 1, le Tertre-de-Canon, 33126 Fronsac, tél. 06 23 30 37 50, contact@chateauvraicanonbouche.com de Haseth-Möller

FRONSAC

• Superficie : 830 ha • Production : 44 400 hl

CH. ARNAUTON 2011

■ | 96 700 | | 11 à 15 €

Ce cru de 25 ha établi sur les pentes sud du tertre de Fronsac a changé plusieurs fois de mains : détenu par

des Belges à partir de 1937, passé sous pavillon hollandais en 2007, repris par des Français en 2010. Les propriétaires passent, les vins restent... souvent en bonne place dans ces pages.

C'est un nez discrètement floral, fruité et boisé, qui accueille le dégustateur. Plus expressive, équilibrée et d'un bon volume, la bouche s'appuie sur une charpente solide et gage de bonne tenue dans le temps. ⧗ 2016-2019 ¥ tournedos sauce béarnaise

Ch. Arnauton, rte de Saillans, 33126 Fronsac, tél. 06 12 57 11 80, info@chateau-arnauton.fr V t.l.j. 8h-12h 13h-17h; f. 15-30 août

CH. BEAUSÉJOUR 2011 ★

	65 400		8 à 11 €

Autrefois plantée de vergers remplacés par la vigne dans les années de l'après-guerre, la propriété, répartie entre les AOC pomerol (château Bel-Air) et fronsac (château Beauséjour), est dans la même famille depuis cinq générations.

Ce pur merlot paré d'une belle robe sombre offre à l'olfaction un fruité charmeur de cassis, agrémenté d'un vanillé élégant. Suave et délicate en attaque, la bouche se montre à la fois soyeuse, fraîche et bien structurée par des tanins fermes de garde. ⧗ 2017-2020 ¥ noisette de chevreuil aux coings

SCEA Vignobles Sudrat-Melet, Ch. Bel-Air, 5, chem. de la Cabanne, 33500 Pomerol, tél. 05 57 51 02 45, vignsudrat-melet@wanadoo.fr V r.-v.

CH. BEL AIR 2011 ★

	42 140		- de 5 €

Damien Landouar, directeur d'exploitation de plusieurs domaines de Fronsac et Castillon, a repris avec son épouse ce cru familial d'une dizaine d'hectares situé sur les contreforts nord de la Dordogne, dans la commune de Saillans.

D'un grenat profond engageant, ce 2011 dévoile un bouquet intense de fruits mûrs et d'épices douces. En bouche, il se montre rond et onctueux, étayé par des tanins soyeux et vivifié par une fraîcheur agréable en finale. ⧗ 2017-2020 ¥ sauté de veau aux pruneaux

EARL Landouar, Château Bel Air, 33141 Saillans, tél. 05 57 40 26 68, lumien@hotmail.fr

CH. CHADENNE 2011 ★

	15 000		15 à 20 €

Ancienne propriété de la famille de Max Linder, célèbre acteur du cinéma muet, ce cru commandé par une « girondine » typique entourée de 10,4 ha de vignes est conduit depuis 1999 par Véronique et Philippe Jean, qui en ont fait une valeur sûre en fronsac.

Le seul merlot compose ce 2011 qui marie harmonieusement à l'olfaction fruits rouges mûrs et vanille. On retrouve cet équilibre boisé-fruité dans une bouche offrant une belle mâche autour de tanins soyeux et vivifiée par une pointe de fraîcheur en finale. ⧗ 2016-2020 ¥ mijoté d'agneau aux petits légumes

SCEA Philippe et Véronique Jean, Ch. Chadenne, 33126 Saint-Aignan, tél. 05 57 24 93 10, chateau.chadenne@wanadoo.fr V r.-v. 5

CLOS DU ROY Cuvée Arthur 2011 ★

	7 000		15 à 20 €

En 1987, Philippe Hermouet a acquis 35 ha autour du tertre de Meynard : le Clos du Roy, cru de 4 ha à Saillans, et Roc Meynard, 5 ha dans la commune voisine de Villegouge. Plantations et rachats de vignes ont porté l'ensemble à 40 ha, à l'origine de quatre étiquettes en fronsac, bordeaux supérieur et bordeaux.

Sélection des meilleures parcelles du Clos du Roy, cette cuvée élevée douze mois en barriques neuves fait, plutôt qu'au bois, la part belle aux fruits mûrs, agrémentés de nuances florales. Le palais, à l'unisson, séduit par son volume, sa densité et ses tanins soyeux. Un vin racé et équilibré. ⧗ 2016-2020 ¥ rôti de bœuf

Philippe Hermouet, Clos du Roy, 33141 Saillans, tél. 05 57 55 07 41, contact@vignobleshermouet.com V t.l.j. sf sam. dim. 8h30-12h30 13h30-16h30

CH. LA CROIX 2011

	10 000		8 à 11 €

Fondés en 1870, les vignobles Dorneau couvrent 25 ha et trois crus : La Croix, le domaine d'origine (10 ha), Roullet, acquis en 1946 (2,8 ha), et Pontus (10 ha), acquis en 1960, ancienne propriété du peintre animalier Princeteau, auxquels s'ajoute un fermage sur le château Haut Gros Bonnet. Patrick Dorneau est aux commandes depuis 1993.

Après aération, ce 2011 développe des parfums agréables de fruits noirs, de cerise et de boisé. La bouche se révèle ronde et souple, avant d'affirmer plus nettement ses tanins en finale. ⧗ 2014-2017 ¥ steak au poivre

Vignobles Dorneau, Ch. la Croix, 33126 Fronsac, tél. 05 57 51 31 28, scea-dorneau@wanadoo.fr V r.-v.

B CH. LA CROIX DE ROCHE Collection privée 2011 ★

	3 600		11 à 15 €

Un cru acquis en 1981 par Isabelle et François Maurin, rejoints par leur fils Raphaël en 2002. Un vignoble de 20 ha conduit en bio et situé sur un plateau argilo-sableux dominant la rive droite de l'Isle.

Un demi-hectare de merlot seulement pour cette Collection privée d'un beau rouge sombre et profond, ouverte sur les petits fruits rouges et noirs mûrs, presque confits. La bouche se révèle ample, concentrée, intense, persistante, portée par des tanins soyeux. Un vin typé qui s'appréciera aussi bien jeune que patiné par le temps. ⧗ 2015-2019 ¥ côte de bœuf sauce bordelaise

EARL la Croix de Roche, 17, rte de Marze, 33133 Galgon, tél. 05 57 84 38 52, chateau-la-croix-de-roche@wanadoo.fr V t.l.j. sf dim. 9h-12h30 13h30-19h; f. janv.-fév. F. & R. Maurin

CH. DALEM 2011 ★

	48 000		20 à 30 €

L'un des plus anciens crus du Fronsadais, créé en 1610, et sans doute l'un des plus qualitatifs. Dominant la vallée de l'Isle, le vignoble se répartit entre le Ch. Dalem (10 ha), l'étiquette phare, et le Ch. de la Huste (8 ha). Dans la même famille pendant trois siècles avant d'être vendu à Michel Rullier, il est depuis 2002 dirigé par la fille de ce dernier, Brigitte Rullier-Loussert.

Après dix-huit mois de barrique, ce 2011 affiche une robe sombre et dévoile un bouquet intense de fruits rouges, d'épices douces et de pain grillé. Le palais se montre riche, concentré et puissant, encore un peu austère en finale mais fort prometteur. ⧗ 2017-2022 ¥ épaule d'agneau piquée au romarin ■ Ch. de la Huste 2011 (11 à 15 €; 35 000 b.): des airs de famille avec Dalem dans ce vin solide et boisé, sans manquer de finesse. ⧗ 2016-2021

Brigitte Rullier-Loussert, Château Dalem, 33141 Saillans, tél. 05 57 84 34 18, chateau-dalem@wanadoo.fr t.l.j. sf sam. dim. 10h-12h 14h-18h

CH. DE LA DAUPHINE 2011

■ | 80 000 | ◖◗ | 15 à 20 €

Un bel écrin de 40 ha commandé par un château du XVIII^e^s., qui doit son nom à un séjour de Marie-Josèphe de Saxe, dauphine de Louis XV. L'industriel Jean Halley, qui l'a acquis auprès de Jean-Pierre Moueix en 2000, n'a pas lésiné sur les investissements pour doter ce cru d'un chai ultramoderne et restructurer le vignoble.

Ce 2011 d'une belle brillance dévoile un bouquet délicat de fruits rouges, qui laisse le boisé en retrait. Dans la continuité, la bouche se révèle ronde à souhait, soutenue par des tanins souples. Un ensemble équilibré. ⧗ 2015-2018 ¥ entrecôte grillée

SCEA Ch. de la Dauphine, 10, rue Poitevine, 33126 Fronsac, tél. 05 57 74 06 61, contact@chateau-dauphine.com V t.l.j. sf sam. dim. 9h-12h30 13h30-17h Guillaume Halley

CH. FONTENIL 2011

■ | 35 146 | ◖◗ | 20 à 30 €

88 89 (90) 93 94 |95| |96| 97 |98| |99| 00 (01) |02| |03| |04| 05 06 08 09 10 11

Consultants à la réputation internationale, Michel et Dany Rolland mettent aussi à profit leurs techniques de vinification sur leur propre exploitation. Leur propriété de Saillans, 9 ha implantés sur des coteaux sud et acquis en 1986, fait référence dans le Fronsadais.

Paré d'une robe sombre aux reflets rubis, ce fronsac offre un bouquet intense de petits fruits noirs, mûre en tête, relayé par un palais doté d'une bonne densité et bien structuré, encore un peu sévère en finale. ⧗ 2015-2018 ¥ jarret de porc confit

Michel et Dany Rolland, Cardeneau-Nord, 33141 Saillans, tél. 05 57 51 52 43, contact@rollandcollection.com V r.-v.

CH. HAUCHAT La Rose 2011

■ | 11 000 | ◖◗ | 11 à 15 €

Vignerons depuis le XVIII^e^s. et neuf générations, les Saby – les frères Jean-Christophe et Jean-Philippe depuis 1997 – possèdent plusieurs crus dans le Libournais et exploitent un ensemble de 68 ha.

Ce 2011 mêle à l'olfaction les fruits rouges mûrs au tabac blond. Le palais se révèle bien fruité, souple et rond, et pourvu d'une structure fine et légère. ⧗ 2015-2018 ¥ saltimbocca de veau à la sauge

Vignobles Jean-Bernard Saby et Fils, Ch. Rozier, 7, lieu-dit Le Sable, 33330 Saint-Laurent-des-Combes, tél. 05 57 24 73 03, info@vignobles-saby.com V r.-v.

CH. HAUT CARLES 2011 ★★

■ | 25 200 | ◖◗ | 20 à 30 €

94 95 96 97 98 |99| |00| |01| |02| |03| 04 05 06 07 10 11

Ce château des XVe et XVI^e^s. érigé sur le tertre de Fronsac par les Carles, puissante dynastie seigneuriale de Bordeaux, est depuis 1900 dans la famille Chastenet de Castaing. Constance et son époux Stéphane Droulers, installés en 1982, en ont fait un haut lieu des vins du Fronsadais. Un cru de 20 ha, dont 14,4 pour Haut-Carles, sélection parcellaire lancée en 1994 qui collectionne depuis les étoiles et les coups de cœur dans le Guide.

Vinification intégrale en fût puis élevage luxueux de vingt-deux mois dans le bois pour cette cuvée issue à 90 % de merlot, complétée de malbec et de cabernet franc. Un vin intense et complexe qui évoque la mûre et le sous-bois sur un fond boisé discret. Le palais se montre riche et velouté, étayé par des tanins doux et soyeux et par une pointe de fraîcheur. ⧗ 2017-2022 ¥ carré d'agneau rôti à l'ail ■ Ch. de Carles 2011 ★ (11 à 15 €; 36 000 b.): moins ambitieux mais fort plaisant par son fruité généreux, sa souplesse et ses tanins tendres. ⧗ 2016-2020

SCEV Ch. de Carles, 1, Carles, 33141 Saillans, tél. 05 57 84 32 03, chateaudecarles@free.fr V r.-v. M. Droulers

CH. HAUT-PEYCHEZ la Sélection du château 2011 ★

■ | 5 000 | ◖◗ | 8 à 11 €

Petit cru de 3,3 ha situé sur un plateau calcaire offrant une belle vue sur la vallée de l'Isle. Dans la même famille depuis 1853, il est aujourd'hui dirigé par Éric Ravat.

Cette sélection confidentielle de pur merlot a déjà brillé avec le 2007, qui obtint le coup de cœur. Le 2011, sans atteindre les mêmes sommets, fait belle impression. Un vin au bouquet naissant de cuir, de vanille et de fruits noirs, ample et intense en bouche, bien équilibré entre gras et fraîcheur, porté par des tanins fermes sans dureté. ⧗ 2015-2019 ¥ pavé de biche à la sauge

Éric Ravat, 1, Peychez, 33126 Fronsac, tél. 06 77 74 22 20, eric.ravat@wanadoo.fr V r.-v.

CH. JEANDEMAN La Chêneraie 2011 ★

■ | 20 000 | 11 à 15 €

Perché sur le point culminant du Fronsadais, ce cru très ensoleillé et régulier en qualité étend son vignoble de 50 ha d'un seul tenant sur un plateau argilo-calcaire.

Cette cuvée d'un beau rubis éclatant dévoile un bouquet naissant de fruits noirs et rouges, de moka et de vanille. Souple en attaque, le palais monte en puissance, porté par des tanins onctueux – plus stricts en finale – et par un bon boisé qui doit encore se fondre. ⧗ 2017-2020 ¥ viande en sauce ■ **Cuvée classique 2011** (80 000 b.): une belle expression aromatique (sous-bois, fruits mûrs), de la souplesse et un bon volume. ⧗ 2016-2019

SCEV Roy-Trocard, Jeandeman, 33126 Fronsac, tél. 05 57 74 30 52, contact@roy-trocard.com V r.-v. Trocard

CH. MAGONDEAU 2011

■ | 40 000 | | 8 à 11 €

Maître Puiffe de Magondeau, notaire à Libourne et ancien propriétaire des lieux, a donné son nom à ce domaine de 18 ha entièrement dédié au merlot, conduit depuis trois générations par la famille Goujon.

Après dix-huit mois de cuve, ce fronsac offre un bouquet plaisant de fruits rouges agrémenté d'une touche florale. Un caractère fruité que prolonge un palais souple, rond, aux tanins aimables. ⧗ 2014-2017 🍴 filet mignon de porc

Olivier Goujon, SCEV Vignobles Goujon et Fils, 1, le port de Saillans, 33141 Saillans, tél. 05 57 84 32 02, contact@chateaumagondeau.com V t.l.j. 9h-12h 14h-18h E

CH. MAYNE-VIEIL Cuvée Aliénor 2011

■ | 18 000 | | 8 à 11 €

Bertrand et Marie-Christine Sèze conduisent Mayne-Vieil depuis 1989. Un cru fronsadais de 47 ha régulier en qualité dans leur famille depuis 1918 (la vente en bouteilles date du père, Roger, et des années 1960). 15 ha sont dédiés à l'AOC bordeaux et au château Buisson-Redon.

Ce 100 % pur merlot marie à l'olfaction un boisé chocolaté aux fruits mûrs et à la réglisse. Le palais se révèle tendre, rond, très gras, épaulé par des tanins fermes qui lui confèrent de l'assise. ⧗ 2015-2018 🍴 viande rouge en sauce

SCEA du Mayne-Vieil, 4, rte de Saillans, 33133 Galgon, tél. 05 57 74 30 06, maynevieil@aol.com V t.l.j. sf sam. dim. 9h-12h 14h-18h Sèze

CH. MOULIN HAUT-LAROQUE 2011

■ | 60 000 | | 20 à 30 €

86 88 (89) 90 95 96 97 98 |99| |00| |01| 02 03 |04| 05 06 08 09 |10| 11

Ce cru de 16 ha a été créé par la famille Hervé : la première mise en bouteilles remonte à 1890. L'un des porte-drapeau de l'appellation fronsac, bardé d'étoiles et de plusieurs coups de cœur, conduit depuis 1977 par Jean-Noël Hervé.

Un bouquet naissant de petits fruits rouges confits agrémenté de nuances florales, une bouche souple et légère, un rien fugace en finale : ce vin équilibré pourra s'apprécier dans sa jeunesse. ⧗ 2014-2017 🍴 châteaubriand aux girolles

Jean-Noël Hervé, Ch. Moulin Haut-Laroque, 33141 Saillans, tél. 05 57 84 32 07, hervejnoel@wanadoo.fr V r.-v.

LE PETIT ÂNE DE LA MOULEYRE 2011

■ | 6 000 | | 8 à 11 €

Anna et Jacques Favier sont à la tête de ce petit cru depuis 2000 : 2 ha plantés sur le tertre argilo-calcaire de La Mouleyre (80 m d'altitude). Deux étiquettes, bien connues des lecteurs : Château Vieux Mouleyre, le grand vin, qui n'est pas produit tous les ans, et Le Petit Âne.

Une robe rubis soutenu, un bouquet naissant et élégant de fruits mûrs, une bouche fruitée et veloutée, un peu plus tannique en finale : ce Petit Âne est équilibré et prêt à boire. ⧗ 2014-2017 🍴 brochettes de bœuf

SCEA Anna et Jacques Favier, 22 bis, rue Louise-Michel, 92300 Levallois, tél. 06 80 58 42 10, jacques-favier@vieux-mouleyre.com V r.-v.

CH. RENARD MONDÉSIR 2011 ★

■ | 12 000 | | 11 à 15 €

En 1955, le Corrézien Amédée Chassagnoux acquiert le château Jean Voisin à Saint-Émilion. Son fils Pierre prend la suite, puis Xavier le petit-fils, qui s'installe en 1978 dans le Fronsadais, au château Renard.

Une robe grenat intense habille ce vin aux parfums complexes de toasté, de noisette, de havane et de fruits kirschés. Souple en attaque, la bouche dévoile ensuite des tanins fermes et une longue finale aromatique. Un vin harmonieux. ⧗ 2015-2020 🍴 daube de sanglier

Xavier Chassagnoux, Ch. Renard-Mondésir, 33126 La Rivière, tél. 05 57 24 96 37, chateau.renard.mondesir@wanadoo.fr V r.-v.

BORDELAIS

CAVE RICHELIEU 2011 ★

■ | 40 000 | | 30 à 50 €

Ancienne propriété du cardinal de Richelieu, ce domaine de 12 ha est moins lié au souvenir de l'austère cardinal qu'à celui de son neveu, le duc de Fronsac, qui organisa ici des fêtes galantes et contribua à la renommée des vins du cru. Il appartient depuis 2009 à un groupe hongkongais dirigé par Mme An.

Ce 2011 d'un beau grenat offre un nez intense et complexe de fruits rouges, de prune, de sous-bois et d'épices. La bouche se révèle douce, riche, fruitée, boisée avec mesure, soutenue par des tanins « domestiqués » et fondus. ⧗ 2015-2018 🍴 lapin aux pruneaux ■ La Favorite du Ch. Richelieu 2011 ★ (50 à 75 € ; 3 200 b.) : un fruité gourmand sur fond d'épices et de boisé discret relayé par un palais rond, généreux et bien charpenté. ⧗ 2016-2019

SCEA Ch. Richelieu, 1, chem. du Tertre, 33126 Fronsac, tél. 05 57 51 13 94, info@chateau-richelieu.com V r.-v. 5

Mme An

♥ CH. DE LA RIVIÈRE Aria 2011 ★★

■ | 13 000 | | 30 à 50 €

Créé au XVIe s. et remanié au XIXe s. par Viollet-le-Duc, ce château entré dans la famille Grégoire en 2003 (qui possède également les châteaux Puynard et Bois Noir) est cédé fin 2013 au groupe chinois Brillant. Un vaste cru de 59 ha répartis sur 53 parcelles argilo-calcaires le long de coteaux bien exposés. Au creux des carrières (8 ha) du domaine sont élevés des vins qui font référence dans le Fronsadais.

Ce coup de cœur apportera, souhaitons-le, un petit rayon de soleil après le terrible accident d'hélicoptère dont ont été victimes James Grégoire et Lam Kok en décembre 2013, au lendemain de la signature entre l'ancien et le nouveau propriétaire... Cette Aria – son élaborateur souhaitait lui voir exprimer, à l'image de l'air d'opéra, « les sentiments de la Rivière » – est un vin puissant, concentré, gras, généreux, qui ne manque ni de fraîcheur ni de complexité (torréfaction, fruits noirs, violette, fumé). De longue garde, assurément. ⧗ 2018-2023 🍴 épaule d'agneau rôtie ■ Cuvée principale 2011 ★ (15 à 20 € ; 150 000 b.) : dans un style proche mais moins complexe, avec un bon boisé, du fruit, du volume, une texture tendre et des tanins fins et soyeux. ⧗ 2017-2020

⊶ SCA Ch. de la Rivière, 33126 La Rivière, tél. 05 57 55 56 56, info@vignobles-gregoire.com V t.l.j. sf sam. dim. 9h-12h 14h-17h30; l'hiver sur r.-v. ⊶ James Grégoire

CH. STEVAL 2011 ★

■	10 000		8 à 11 €

Sébastien Gaucher a créé son vignoble en 2001 en reprenant les vignes de son grand-père et d'autres en fermage dans les communes de Fronsac et de Saint-Michel-de-Fronsac : 8 ha répartis entre les châteaux Steval et Saint-Bernard, dont les vins fréquentent régulièrement ces pages.

Le seul merlot, planté en 1997 sur une parcelle argilo-sableuse de 2 ha, a donné ce vin sombre et profond, intensément bouqueté autour des fruits noirs et du toasté. Suave et fruitée en attaque, la bouche s'appuie sur des tanins ronds et bien extraits et sur un bon boisé qui doit encore se fondre. ⧗ 2017-2022 ♈ bœuf Strogonoff

⊶ Sébastien Gaucher, 1, Nardon, 33126 Saint-Michel-de-Fronsac, tél. 06 13 80 33 62, s.gaucher@free.fr V r.-v.

CH. TASTA 2011

■	20 000		8 à 11 €

Ce domaine est propriété des Chevalier depuis 1922. En 2001, Patrice a repris, avec son épouse Frédérique, le flambeau transmis par son père Robert. Le vignoble s'étend sur 18 ha argilo-calcaires, dédiés aux AOC fronsac, canon-fronsac et bordeaux.

Né du seul merlot, ce 2011 d'abord fermé déploie à l'agitation des parfums de cassis et de mûre stimulés par des notes poivrées. Dans le prolongement d'une attaque généreuse, ample et fruitée, le palais dévoile des tanins carrés qu'une petite garde assouplira. ⧗ 2016-2019 ♈ navarin d'agneau

⊶ Patrice Chevalier, Ch. Tasta, 33126 Saint-Aignan, tél. 05 57 24 97 62, chateau.tasta@wanadoo.fr V r.-v.

CH. DU TERTRE 2011

■	10 000		8 à 11 €

Ce petit cru – 3,5 ha de vignes en espalier sur le tertre de Fronsac – appartient depuis 1950 à la maison François Janoueix, structure de négoce possédant de nombreux crus dans le Libournais qui composent un vaste ensemble de plus de 100 ha.

Une couleur bien vive, un bouquet fruité et élégant, des tanins souples et fins, voilà un bon cocktail pour un vin agréable et harmonieux, qui se boira jeune. ⧗ 2015-2017 ♈ poulet rôti

⊶ Lagadec-Janoueix, rte de Saillans, 33126 Fronsac, tél. 05 57 25 54 44, phbb@janoueixfrancois.com V t.l.j. sf dim. 9h-12h30 13h30-17h30; f. janv.

CH. LES TROIS CROIX 2011

■	65 000		15 à 20 €

Vinificateur de renom (Mouton-Rothschild de 1985 à 2003, Opus One en Californie, Almaviva au Chili), Patrick Léon a acquis en 1995 ce cru de 15,2 ha établi dans les communes de Fronsac, de Saillans et de Saint-Aignan (d'où les Trois Croix) dont il a fait, avec son fils Bertrand, l'un des fleurons de l'AOC fronsac.

Ce 2011 s'ouvre sur des parfums engageants et chaleureux de fruits noirs à l'alcool mâtinés d'épices. Après une attaque ample et onctueuse, le palais montre les muscles, bâti sur des tanins solides. ⧗ 2017-2021 ♈ civet de biche ■ Ch. Lamolière 2011 (8 à 11 € ; 20 000 b.) : fruits secs et boisé au nez, du volume, des tanins fermes et une finale plus sévère : à attendre également.

⊶ Famille Patrick Léon, 1, Les Trois-Croix, 33126 Fronsac, tél. 05 57 84 32 09, lestroiscroix@aol.com V r.-v.

CH. DES TROIS SEIGNEURS 2011 ★

■	6 000		11 à 15 €

Issu d'une famille de vignerons bordelais, Jean Dubech possède plusieurs crus du Libournais : Riou de Thailas (saint-émilion grand cru), l'Enclos Saint-Louis (canon-fronsac), les Trois Seigneurs (fronsac) et les Lucioles (bordeaux supérieur). Des vignes en fin de conversion à la biodynamie.

Ce 2011 dévoile des parfums fruités (fraise et myrtille) en harmonie avec un boisé élégant et mesuré. Franche, fraîche, de bonne concentration, la bouche s'adosse à des tanins fermes sans agressivité. ⧗ 2015-2018 ♈ hachis parmentier de canard

⊶ Vignobles Jean Dubech, Ch. Riou de Thaillas, rte de Libourne, 33330 Saint-Émilion, tél. 05 55 24 49 16, jean@vignoblesdubech.fr V r.-v.

CH. LA VIEILLE CURE 2011 ★

■	n.c.		20 à 30 €

88 **89** **90** 93 **94** **95** 96 **97** |**98**| 99 |00| **01** |**02**| |03| **04** **05** 06 **07** |08| 09 **10** 11

Acquis en 1986 par un groupe d'amis américains, ce cru, indiqué sur la carte de Belleyme de 1780, couvre 20 ha d'un seul tenant. Les vignes sont implantées sur des coteaux argilo-calcaires à 65 m d'altitude, bien exposés et drainés, au cœur de la vallée de l'Isle. Une valeur sûre de l'AOC fronsac.

Une robe d'encre aux reflets violines de jeunesse, un bouquet riche et complexe de cerise, de cassis, de café et d'épices, une bouche intense, bien équilibrée entre un fruité charmeur et un boisé maîtrisé, bâtie sur des tanins serrés : un vin justement construit et complet. ⧗ 2016-2021 ♈ tendrons de veau au jus aillé ■ La Sacristie de la Vieille Cure 2011 ★ (8 à 11 €) : un beau fruité mûr rehaussé d'épices, une bouche ronde, généreuse et suave, étayée par des tanins fins. Un ensemble harmonieux. ⧗ 2015-2019

⊶ SNC Ch. la Vieille Cure, Coutreau, 33141 Saillans, tél. 05 57 84 32 05, vieillecure@wanadoo.fr

CH. VILLARS 2011 ★

■	49 000		15 à 20 €

93 **94** **95** 96 98 |99| |**00**| |01| |**02**| |03| 04 05 06 |08| |09| 10 11

Revenu en 1991 sur le domaine familial après avoir exercé la profession d'œnologue conseil dans le Blayais, Thierry Gaudrie a beaucoup contribué à faire de ce cru de 30 ha, dans sa famille depuis deux siècles, une référence en fronsac.

Une charmante robe rubis habille ce 2011 expressif et intense, dominé par les fruits rouges et noirs confits, réminiscence du printemps très sec de ce millésime. Tout aussi prolixe en fruit, rehaussée d'épices, la bouche associe une chair ronde à de beaux tanins mûrs pour composer un ensemble harmonieux et gourmand. ⧗ 2017-2021 ⚲ jarret de veau au paprika

SCEV Gaudrie et Fils, Villars, 33141 Saillans, tél. 05 57 84 32 17, chateau.villars@wanadoo.fr V r.-v.

POMEROL

• Superficie : 785 ha • Production : 40 500 hl

Pomerol est l'une des plus petites appellations girondines et l'une des plus discrètes sur le plan architectural. Au XIXe s., la mode des châteaux du vin, d'architecture éclectique, ne semble pas avoir séduit les Pomerolais, qui sont restés fidèles à leurs habitations rurales ou bourgeoises. Néanmoins, l'aire d'appellation possède quelques demeures élégantes comme le château de Sales (XVIIe s.), sans doute l'ancêtre de toutes les chartreuses girondines, ou le château Beauregard, l'une des plus charmantes constructions du XVIIIe s., reproduite par les Guggenheim dans leur propriété newyorkaise de Long Island.
Cette modestie du bâti sied à une AOC dont l'une des originalités est de constituer une sorte de petite république villageoise où chaque habitant cherche à conserver l'harmonie et la cohésion de la communauté ; un souci qui explique pourquoi les producteurs sont toujours restés réservés quant au bien-fondé d'un classement des crus.
La qualité et la spécificité des terroirs auraient pourtant justifié une reconnaissance officielle du mérite des vins de l'appellation. Comme tous les grands terroirs, celui de Pomerol est issu du travail d'une rivière, l'Isle, née dans le Massif central. Le cours d'eau a commencé par démanteler la table calcaire pour y déposer des nappes de cailloux, travaillées ensuite par l'érosion. Il en résulte un enchevêtrement de graves ou de cailloux roulés. La complexité des terrains semble inextricable : toutefois, il est possible de distinguer quatre grands ensembles : au sud, vers Libourne, une zone sablonneuse ; près de Saint-Émilion, des graves sur sables ou argiles (terroir proche de celui du plateau de Figeac) ; au centre de l'AOC, des graves sur ou parfois sous des argiles (Petrus) ; enfin, au nord-est et au nord-ouest, des graves plus fines et plus sablonneuses.
Cette diversité n'empêche pas les pomerol de présenter une analogie de structure. Très bouquetés, ils allient la rondeur et la souplesse à une réelle puissance, ce qui leur permet d'être de longue garde tout en pouvant être bus assez jeunes. Ce caractère leur ouvre une large palette d'accords gourmands, aussi bien avec des mets sophistiqués qu'avec des plats très simples.

CH. BEAUREGARD 2011 ★

■	55 000		30 à 50 €

75 78 81 (82) **83** 84 **85** 86 88 89 90 92 **93 94 95 96 97**
98 99 (00) **01** 02 **03** 04 05 06 07 08 09 **10** 11

Commandé par une superbe chartreuse du XVIIe s., Beauregard étend ses 17,5 ha en bordure sud-est du plateau de Catusseau, complétés par 8 ha en lalande (Pavillon Beauregard). Un cru très régulier, dont la gestion est confiée à Vincent Priou. Propriété depuis 1991 du Crédit Foncier, il a été vendu en juillet 2014 aux familles Moulin (groupe Galeries Lafayette) et Cathiard (Ch. Smith Haut Lafitte).

Sur ce terroir de graves argileuses, le cabernet franc occupe une place non négligeable (30 %) aux côtés du merlot. Grâce à quoi, Vincent Priou signe, comme toujours ici, un pomerol élégant et plein de promesses. Au nez, le merrain (moka) laisse s'exprimer un fruité délicat. Souple, onctueux et « solaire » en attaque, le palais s'affine ensuite autour d'un boisé noble, d'une pointe de fraîcheur et de tanins soyeux, plus serrés en finale. Un beau classique. ⧗ 2017-2024 ⚲ carré d'agneau

SCEA Ch. Beauregard, 33500 Pomerol, tél. 05 57 51 13 36, pomerol@chateau-beauregard.com V r.-v.

CH. LE BON PASTEUR 2011 ★

■	26 300		50 à 75 €

78 79 81 (82) **83 85 86 88** 89 90 **92 93 94** (95) 96 **97**
(98) **99 00 01** 02 03 04 **05** 06 08 09 **10** 11

Michel Rolland possède plusieurs crus dans le Libournais, avec pour fleuron Bon Pasteur, dans la famille depuis les années 1920 : 7 ha morcelés en 23 parcelles, aux confins nord-est de Pomerol. Bertineau Saint-Vincent (5,6 ha en lalande) et Rolland-Maillet (3,3 ha en saint-émilion grand cru) complètent la propriété, passée sous pavillon chinois en 2013 ; l'équipe technique est restée en place.

Le 2011, sans atteindre le niveau de certains millésimes précédents, a de bons arguments à faire valoir. À commencer par une seyante robe sombre. Le nez associe sans fausse note un boisé ajusté et un fruité mûr et intense, rehaussés par la fraîcheur des cabernets. La bouche, à l'unisson, s'adosse à une structure solide mais sans dureté. Un ensemble équilibré. ⧗ 2017-2025 ⚲ rôti de boeuf sauce aux cèpes

SCEA des Dom. Rolland, Chem. de Maillet, 33500 Pomerol, tél. 05 57 51 52 43, contact@rollandcollection.com V r.-v.

CH. BOURGNEUF 2011 ★★

■	34 000		30 à 50 €

Une propriété de 9 ha d'un seul tenant, propriété de la famille Vayron depuis 1840 et huit générations. Frédérique Vayron, après un cursus universitaire en philosophie, a pris les rênes en 2008.

Un fruité intense et frais, et un boisé aux accents de noisette ouvrent la dégustation de ce pomerol remarquable de bout en bout. Une attaque aimable, souple et ronde, prélude une belle montée en puissance, portée par des tanins fins et soyeux sur fond d'épices douces. Un vin très équilibré et bâti pour durer. ⧗ 2017-2027 ⚲ filet de bœuf au poivre vert

Famille Vayron, Ch. Bourgneuf-Vayron, 1, chem. Bourgneuf, 33500 Pomerol, tél. 05 57 51 42 03, chateaubourgneufvayron@wanadoo.fr V r.-v.

CH. LA CABANNE 2011 ★

■	35 100		50 à 75 €

Les Estager, négociants et propriétaires d'origine corrézienne, sont établis depuis 1912 dans le Libournais.

BORDELAIS

Côté vignobles, conduits par Michèle Estager et son fils François, quatre AOC : pomerol (La Cabanne, Plincette, Haut Maillet), saint-émilion (Gourdins), lalande (Gachet) et montagne (La Papeterie).

C'est dans un chai entièrement neuf, construit en 2011 après le terrible incendie de mars 2010, que ce pomerol a vu le jour. Un vin à la puissance bien maîtrisée : bouquet expressif mariant harmonieusement le fruit et le bois ; palais gras, charnu et charpenté par des tanins serrés et soyeux, garants d'une bonne évolution. ⧗ 2017-2025 🍴 côte de bœuf ■ Ch. Plincette 2011 ★ (20 à 30 € ; 9 500 b.) : un pomerol charmeur, ample, fin et élégant. ⧗ 2016-2022 ■ Ch. Haut-Maillet 2011 ★ (30 à 50 € ; 29 000 b.) : frais, franc, bien structuré et équilibré. ⧗ 2016-2022

Vignobles Jean-Pierre Estager, 35, rue de Montaudon, 33500 Libourne, tél. 05 57 51 04 09, estager@ estager.com
V r.-v.

CH. LE CASTELET 2011

■	3 600		30 à 50 €

Les Robin, propriétaires et négociants installés de longue date dans le Libournais, produisent plusieurs étiquettes en pomerol, lussac et en AOC régionales. Aux commandes, Dominique Robin, rejoint en 2008 par sa fille Pauline, jeune œnologue.

Né d'une petite parcelle de 60 ares et du seul merlot, ce pomerol offre un nez discret mais délicat de fruits mûrs, d'épices douces et d'amande grillée. La bouche, souple et croquante, joue aussi dans le registre de la finesse. ⧗ 2016-2020 🍴 cailles farcies

Robin, 26, rue Michel-Montaigne, 33500 Libourne, tél. 05 57 51 36 58, d-robin@lesvinsrobin.com
V r.-v.

CH. CERTAN DE MAY DE CERTAN 2011 ★

■	24 000		+ de 100 €

85 86 88 89 (90) 94 95 96 97 98 99 00 |01| |02| |03| 04 05 06 07 09 10 11

Au XVIe s., un Écossais du nom de De May reçut des terres pour services rendus à la France. Odette Barreau-Badar et ses fils Jean-Luc et Patrick sont aujourd'hui aux commandes de ce petit cru de 5 ha du secteur de Certan, au cœur de l'appellation. Une valeur sûre et régulière de Pomerol.

Une pointe de cabernet-sauvignon, 30 % de cabernet franc et 65 % de merlot composent le 2011. Un pomerol sombre, au caractère bien trempé, de longue garde. Le nez est complexe et original : fruits noirs, sureau, tabac, sous-bois, cuir. La bouche, à l'unisson, s'équilibre entre une chair riche et suave et des tanins très vigoureux et croquants. ⧗ 2017-2028 🍴 civet de sanglier

Mme Barreau-Badar, Ch. Certan, 33500 Pomerol, tél. 05 57 51 41 53, chateau.certan-de-may@wanadoo.fr
V r.-v.

CH. LA CLÉMENCE 2011 ★★

■	9 000		30 à 50 €

Christian Dauriac conduit depuis 1971 le Ch. Destieux, grand cru classé de Saint-Émilion depuis 2006, 8 ha d'un seul tenant en haut du coteau de Saint-Hippolyte, d'où le point de vue est un ravissement des yeux (« des tieux »), complétés par 7 ha sur les terres de Lisse (Ch. Montlisse) et 2,8 ha à Pomerol (La Clémence).

Ce petit cru régulier en qualité est selon son élaborateur un « vin élitiste, rond et féminin ». Le 2011 répond assez bien à cette description : un pomerol généreux, riche en fruits mûrs presque confits, agrémentés de notes de chocolat, de noisette et de cuir, ample, onctueux, dense et long en bouche, étayé par des tanins élégants. On pourra l'apprécier aussi bien jeune que vieux. ⧗ 2016-2025 🍴 palombe aux raisins

Christian Dauriac, Ch. Destieux, 33330 Saint-Hippolyte, tél. 05 57 24 77 44, contact@ vignoblesdauriac.com V r.-v.

CH. CLINET 2011 ★

■	60 000		75 à 100 €

Fondé au XIVe s., ce cru de 11,26 ha portait déjà le titre de château au XVIIe s. Situé au cœur du haut plateau de Pomerol, il possède un terroir argilo-graveleux caractéristique de l'appellation. Son encépagement est moins classique : 12 % de cabernet-sauvignon venant compléter les traditionnels merlots (85 %) et cabernets francs. Propriété de Georges Audy jusqu'en 1985, puis de GAN-Assurances jusqu'en 1998, il appartient désormais à Jean-Louis Laborde. La famille Laborde, qui possède aussi des vignobles à Tokaj, l'a doté en 1999 d'un chai souterrain ultramoderne.

Une belle robe violacée, concentrée et profonde habille ce vin ouvert sur d'élégantes notes de fruits rouges, de grillé et de café. Une attaque ample ouvre sur un palais rond, charnu et gras, aux tanins soyeux et fondus. Un pomerol charmeur, fin et bien construit. ⧗ 2017-2022 🍴 souris d'agneau ■ Fleur de Clinet 2011 ★ (20 à 30 € ; 50 000 b.) : une belle expression du merlot, au nez intense de fruits rouges mûrs, d'épices et de truffe, au palais rond, généreux et charnu, porté par des tanins fins. ⧗ 2016-2023

Ch. Clinet, chem. de Feytit, 33500 Pomerol, tél. 05 57 25 50 00, contact@chateauclinet.com V r.-v.

CLOS 56 2011 ★

■	2 500		50 à 75 €

Cette ancienne famille vigneronne (un ancêtre était jurat de Saint-Émilion au Moyen Âge) conduit, à travers le Clos de la Cure et le Ch. Milon, un ensemble de 18 ha dans le Saint-Émilionais, complété en 2010 par une petite parcelle de 56 ares en Pomerol (Clos 56).

Second millésime et deuxième apparition pour ce petit cru. Un pomerol au nez intense et riche en baies noires, souligné par le toasté de la barrique. Le prélude à un palais chocolaté et épicé (girofle), gras, suave et dense, renforcé par des tanins solides mais élégants. ⧗ 2017-2024 🍴 entrecôte à la bordelaise

SCEA des Dom. Bouyer, Ch. Milon, 33330 Saint-Christophe-des-Bardes, tél. 05 57 24 77 18, milon-cure@wanadoo.fr V r.-v.

CLOS DE LA VIEILLE ÉGLISE 2011 ★★

■	9 000		75 à 100 €

92 93 94 95 96 99 |00| 01 02 03 |04| |05| 06 07 08 09 (10) 11

Issu d'une lignée vigneronne établie dans le Libournais depuis 1628, Jean-Louis Trocard, installé en 1976,

conduit un vaste ensemble de 100 ha et plusieurs propriétés. Dans la famille depuis 1830, le Clos de la Vieille Église, petit cru de 1,5 ha situé dans le Croissant d'or de Pomerol, sur le plateau de graves et d'argiles, est une valeur sûre.

Fidèle à sa réputation, ce cru livre un pomerol de grande classe. Paré d'une robe profonde, il associe dans un jeu subtil fruits rouges frais, boisé noble et fine touche minérale. La bouche, d'une même complexité, est à la fois chaleureuse et fraîche, puissante et suave, bâtie sur des tanins robustes qui assurent l'arrière-garde sans écraser le vin. ⧗ 2017-2025 ▼ faisan Souvaroff

Vignobles Jean-Louis Trocard, 1175, rue Jean-Trocard, 33570 Les Artigues-de-Lussac, tél. 05 57 55 57 90, contact@trocard.com V t.l.j. 9h-12h 14h-17h; sam. dim. sur r.-v.

LE CLOS DU BEAU-PÈRE 2011

	19 000		30 à 50 €

L'un des crus de Jean-Luc Thunevin, l'homme de Valandraud et des vins de garage : 4 ha de vignes acquis en 2006.

Ce 2011 est un vin de caractère, qui exprime bien son terroir de graves avec ses notes minérales (pierre à fusil) perçues à l'aération aux côtés du toasté de la barrique et du fruit mûr du merlot. En bouche, de la rondeur en attaque, puis une montée en puissance sur des tanins solides mais veloutés, enrobés par un bon merrain. ⧗ 2017-2022 ▼ tournedos

Thunevin, 6, rue Guadet, BP 88, 33330 Saint-Émilion, tél. 05 57 55 09 13, thunevin@thunevin.com V r.-v.

CLOS DU CLOCHER 2011 ★

	19 500		50 à 75 €

L'un des crus de la famille Bourotte, bien implantée dans le Libournais. Un domaine de 4,6 ha né en 1931 de la réunion de trois parcelles au cœur du plateau de Pomerol, près de l'église du village.

Un vrai pomerol de garde que ce vin sombre au nez intense et riche (toasté, vanille, mûre, réglisse, poivre). Après une attaque tendre et moelleuse, les tanins arrivent au galop, accompagnés par un boisé soutenu mais racé et enrobés par une chair dense et soyeuse.Très prometteur. ⧗ 2017-2025 ▼ magret de canard aux cerises

SC Clos du Clocher, 35, quai du Priourat, BP 79, 33502 Libourne Cedex, tél. 05 57 51 62 17, pbourotte@jbaudy.fr V r.-v. Famille Bourotte-Audy

CLOS PAYROL 2011

	1 700		30 à 50 €

Le plus petit cru de Pomerol, créé en 2006 par Pascal Lagutère : 36 ares plantés de vieux ceps de merlot, au cœur du plateau de Pomerol.

Robe sombre et nez expressif de toasté et de moka, les fruits noirs perçant à l'aération. En bouche, un bon volume, de la chair, des tanins fermes et « actifs », le tout souligné par un boisé de qualité mais encore dominateur. ⧗ 2018-2025 ▼ pavé de bœuf sauce Périgueux

Pascal Lagutère, 6, Lartigue, 33330 Saint-Émilion, tél. 06 21 48 04 20, pascal.lagutere@orange.fr V r.-v.

CLOS RENÉ 2011 ★

	60 000		20 à 30 €

Jean-Marie Garde exploite deux crus limitrophes à Pomerol, au terroir et à l'encépagement similaires (avec une présence originale du malbec) : le Clos René – ancienne propriété familiale connue au XVIIIe s. sous le nom de « Reney » – et Moulinet-Lasserre, complétés par une vigne en lalande (La Mission).

Ce cru régulier en qualité propose un 2011 élégant, ouvert à l'olfaction sur les fruits noirs, le moka et les épices (girofle, poivre blanc), au palais dense, riche et charnu, fortifié par des tanins solides et racés. ⧗ 2017-2024 ▼ rosbif aux champignons ■ Ch. Moulin-Lasserre 2011 (25 000 b.) : moins concentré et un peu plus frais, porté par des tanins fermes sans dureté. ⧗ 2016-2022

SCEA Garde-Lasserre, rue du Grand-Moulinet, 33500 Pomerol, tél. 05 57 51 10 41 V r.-v.

CLOS SAINT-ANDRÉ 2011

	2 500		50 à 75 €

Un microcru repris en 2004 par Jean-Claude Desmarty ; une vigne plantée par son arrière-grand-mère sur les graves et les argiles du secteur de Moulinet et travaillée au cheval.

Le nez, encore dans la barrique, a besoin d'être aéré pour révéler son fruit. Une attaque fraîche ouvre sur un palais souple, rond, fin et soyeux. Pas un monstre de puissance, mais un pomerol charmeur et accorte. ⧗ 2014-2019 ▼ cantal vieux

Jean-Claude Desmarty, 7, imp. des Barrières, Grand-Moulinet, 33500 Pomerol, tél. 06 60 61 78 75, jcdesmarty@orange.fr V r.-v.

CLOS VIEUX TAILLEFER 2011

	n.c.		30 à 50 €

Un cru de 3,8 ha, propriété de la famille Robin (Ch. de Laussac en castillon, Rol Valentin en saint-émilion grand cru) depuis plusieurs générations, repris en 2008, à la suite du grand-père, par Alexandra et Nicolas Robin.

Un pur merlot qui se livre après aération, mêlant cerise confite, boisé cacaoté et nuances animales. La bouche, ronde, charnue, d'un bon volume, est soutenue par une touche de fraîcheur et par des tanins aimables qui autorisent une ouverture sans trop attendre. ⧗ 2016-2020 ▼ dinde rôtie

SAS Vignobles Robin, lieu-dit Laussac, 33350 Saint-Magne-de-Castillon, tél. 05 57 40 13 76, contact@vignoblesrobin.com r.-v.

CH. LA CONSEILLANTE 2011 ★★

	42 000		75 à 100 €

82 85 88 89 90 93 95 96 98 |99| **|00|** **|01|** |02| **|03|** **|04|** (05) 06 08 **09 10 11**

L'un des crus les plus prestigieux de Pomerol, auquel Catherine Conseillan, propriétaire au XVIIe s. donna son nom. Acquis en 1871 par Louis Nicolas, dont les initiales ornent toujours l'étiquette, il est aujourd'hui cogéré par ses héritiers Bertrand et Jean-Valmy Nicolas, et dirigé par Jean-Michel Laporte. Le vignoble s'étend sur 12 ha d'argile (merlot) et de graves (cabernet franc).

Le domaine tient son rang avec son grand vin 2011, qui, sans atteindre les sommets des 2009 et 2010, reste admirable d'équilibre et d'élégance. Le nez, ouvert et complexe, mêle le moka aux fruits noirs mûrs et à la violette. On retrouve le fruit et un boisé ajusté dans un palais souple et frais en attaque, puis dense et serré, bâti sur des tanins vigoureux et d'une grande finesse de grain. ⌛ 2018-2030 🍷 filet de bœuf ■ Duo de Conseillante 2011★ (20 à 30 € ; 8 000 b.) : un « second » qui fait honneur à son aîné, un vin ample, puissant et concentré, armé pour la garde. ⌛ 2017-2025

🔑 SC des Héritiers Nicolas, Ch. la Conseillante, 33500 Pomerol, tél. 05 57 51 15 32, contact@la-conseillante.com r.-v.

CH. LA CROIX DE GAY 2011 ★

■ | 26 000 | | 30 à 50 €

Ce cru de 10 ha est resté dans la même famille, par filiation directe, depuis le XVe s. C'est Chantal Lebreton qui en assure la direction depuis 1998, en cogérance avec son frère Alain Raynaud.

Un soupçon de cabernet franc entre dans ce vin largement dominé par le merlot. Au nez, des notes de fruits confits, de cuir, d'humus, de réglisse et de vanille. En bouche, de la chair, de la densité, du gras, une agréable saveur cacaotée et des tanins prometteurs, extraits avec doigté. Un pomerol bien typé et harmonieux. ⌛ 2017-2025 🍷 entrecôte marchand de vin

🔑 SCEV Ch. La Croix de Gay, 8, ch. de Saint-Jacques-de-Compostelle, lieu-dit Pignon, 33500 Pomerol, tél. 05 57 51 19 05, contact@chateau-lacroixdegay.com V r.-v.
🔑 Chantal Lebreton

CH. LA CROIX DU CASSE 2011 ★

■ | 41 000 | | 20 à 30 €

Un cru de 9,5 ha, situé à la pointe sud du plateau de Pomerol, acquis en 2005 par la vénérable maison de négoce Borie Manoux, fondée en 1870 et dirigée par Philippe Castéja.

Après dix-huit mois passés en barriques neuves (20 %) et en fût d'un vin, ce pomerol offre un bouquet naissant et élégant de fruits mûrs mâtinés d'un boisé léger. Une attaque crémeuse ouvre sur un palais ample, concentré, gras, bien structuré et long. Un pomerol prometteur et bien typé. ⌛ 2017-2024 🍷 joues de bœuf mijotées ■ Chemins de la Croix du Casse 2011★ (15 à 20 € ; 6 200 b.) : du fruit, des épices, un boisé racé et un joli grain de tanins. ⌛ 2016-2022

🔑 SCEA Ch. la Croix du Casse, 33500 Pomerol, tél. 05 56 00 00 70, domaines@borie-manoux.fr
V r.-v.

CH. ENCLOS HAUT-MAZEYRES 2011

■ | 26 000 | | 20 à 30 €

Séparé du domaine de Mazeyres en 1850 par la ligne de chemin de fer Bordeaux-Paris, ce cru est un clos d'un peu plus de 9 ha d'un seul tenant, propriété de la famille de Pedro depuis 1835.

Un pomerol qui joue sur la finesse plutôt que sur la puissance. Au nez, une palette florale et fruitée, relayée à l'agitation par un boisé épicé et grillé. Rond et aimable, le palais s'appuie sur des tanins souples. Un ensemble harmonieux, que l'on pourra boire dans sa jeunesse. ⌛ 2016-2020 🍷 magret de canard

🔑 De Pedro, 51, chem. de Béquille, 33500 Libourne, tél. 05 57 51 16 69, hautmazeyres@wanadoo.fr
V r.-v.

CH. L'ÉVANGILE 2011 ★★

■ | n.c. | | + de 100 €

93 (95) 96 (00) 01 02 04 05 06 07 08 09 10 11

Né vers le milieu du XVIIIe s., époque où il porte le nom de Fazilleau, le cru est rebaptisé L'Évangile au début du XIXe s. Il s'étend alors sur 13 ha, une superficie proche de sa taille actuelle (16 ha). Le premier tournant de son histoire se situe sous le Second Empire avec son achat par Paul Chaperon, qui fait bâtir le château et contribue à asseoir rapidement sa renommée en exploitant les qualités d'un terroir fortement typé et bien équilibré avec des argiles, des sables et des graves très pures, sur un sous-sol riche en crasse de fer. L'Évangile est vendu aux Rothschild en 1990, second tournant majeur pour ce cru qui bénéficie alors d'investissements importants et des compétences de son directeur Charles Chevallier.

Un hiver et un printemps très secs (à peine 150 mm de pluie sur les cinq premiers mois de l'année, un record), avec des mois d'avril, mai et juin très chauds et une floraison particulièrement précoce, dès début mai, là aussi du jamais vu. Juillet se montre moins solaire, la vigne se repose un peu, avant un mois d'août plus torride. Résultat : des vendanges effectuées avec quinze jours d'avance par rapport à la normale, de beaux raisins riches et denses, mais en faible quantité, faute de pluie durant l'été. Dans le verre ? Un pomerol très sombre, avant-goût d'un vin riche et puissant. Le nez, généreux, s'ouvre sur la cerise cuite, les épices douces et le moka. Une générosité (fruits compotés agrémentés de réglisse et de violette) que l'on retrouve dans un palais ample, dense, à la fois charnu et serré, mais toujours élégant, porté par des tanins extraits avec finesse et précision. De grande garde à n'en pas douter. ⌛ 2019-2030 🍷 carré d'agneau aux cèpes ■ Blason de l'Évangile 2011★ (20 à 30 €) : un joli vin bien typé, suave et fruité, rond et soyeux, sans excès de vigueur, soutenu par des tanins fins et par une pointe de fraîcheur en finale. ⌛ 2016-2022

🔑 Ch. l'Évangile, 33500 Pomerol, tél. 05 57 55 45 55, levangile@lafite.com

CH. FERRAND 2011

■ | 80 000 | | 15 à 20 €

Les Gasparoux conduisent un vignoble de 16 ha répartis entre les châteaux Ferrand (acquis en 1934), 12 ha sur les pentes sud du plateau de Pomerol, et Haut Ferrand, 4 ha autour de l'église de Pomerol acquis dans les années 1970.

Un pomerol de caractère, un peu trop sévère en finale pour certains dégustateurs. Tous ont en revanche salué le bouquet intense de fruits confits mâtinés de notes de bois frais et de cigare. Ils ont apprécié aussi son palais séveux, gras, corsé et solide qui appelle la garde. ⌛ 2018-2023 🍷 côte de bœuf

🔑 SCE Ch. Ferrand, chem. de la Commanderie, 33500 Libourne, tél. 05 57 51 21 67, contact@chateau-ferrand.com V r.-v. 🔑 H. Gasparoux

CH. FEYTIT-CLINET 2011 ★

■ | 18 000 | ◖◗ | 30 à 50 €

Jérémy Chasseuil a repris en 2000, à la suite de son père, ce cru familial de 6,5 ha jusqu'alors exploité en fermage. Restructuration du vignoble, baisse des rendements, tri sévère à la vendange, il en a fait un domaine qui compte, en progrès constant.

Coup de cœur pour son 2010, le vigneron signe un 2011 très intéressant, un pomerol typique des merlots nés sur graves. La robe est sombre et dense. Le nez, puissant, marie les fruits très mûrs et un boisé soutenu mais racé. La bouche se révèle ample et charnue, adossée à des tanins doux et soyeux. Un vin riche sans lourdeur, élégant et équilibré. ⧗ 2017-2025 🍷 selle d'agneau confite

⊶ Jérémy Chasseuil, 1, chem. de Feytit, Ch. Feytit-Clinet, 33500 Pomerol, tél. 05 57 25 51 27, jeremy.chasseuil@orange.fr V r.-v.

CH. LA FLEUR PETRUS 2011 ★★

■ | n.c. | ◖◗ | + de 100 €

82 83 85 86 88 (89) **90** 95 **96 98** 99 01 |02| 03 |04| 05 **06** 07 **08** 09 **11**

Contigu à Lafleur à l'ouest et à Petrus au sud, c'est le plus vaste des crus pomerolais (14,5 ha) de la famille Moueix (il a été agrandi en 1994 grâce à l'acquisition d'une butte graveleuse du château le Gay), réputé pour l'élégance de ses vins.

Le vin se pare d'un beau pourpre orné de reflets violines. Le bouquet, élégant et complexe, distille des parfums d'épices, de violette et de raisins mûrs. Une attaque fraîche aux accents mentholés introduit un palais d'une grande finesse et très équilibré : rien ne manque et rien ne domine ; l'élevage est ajusté, le fruit délicat, le tanin velouté. Un pomerol élancé et racé. ⧗ 2018-2027 🍷 filet de bœuf en croûte

⊶ Éts Jean-Pierre Moueix, 54, quai du Priourat, BP 129, 33502 Libourne Cedex, tél. 05 57 51 78 96, info@jpmoueix.com

CH. FRANC-MAILLET 2011 ★

■ | 30 000 | ◖◗ | 20 à 30 €

98 **99** 00 **01** 02 |03| |**04**| |05| |06| |07| 08 **09** 10 11

À son retour de la Grande Guerre, Jean-Baptiste Arpin achète 1 ha à Pomerol, dans le secteur du Maillet. Aujourd'hui, ses petit-fils et arrière-petit-fils Gérard et Gaël exploitent 37 ha en pomerol, saint-émilion, montagne et lalande, et proposent régulièrement de très bons vins.

Franc-Maillet (5,8 ha), fleuron de la famille, est fidèle au rendez-vous avec un beau pomerol de garde. Au bouquet puissant, sur les fruits mûrs, le café, le clou de girofle et la réglisse, répond une bouche tout aussi intense, ample, riche, corpulente, bâtie sur de beaux tanins jeunes et robustes. ⧗ 2017-2029 🍷 épaule d'agneau

⊶ EARL Vignobles G. Arpin, Chantecaille, 33330 Saint-Émilion, tél. 09 71 58 23 49, vignobles.g.arpin@wanadoo.fr V lun. mar. jeu. ven. 9h-12h 13h30-17h30

CH. LA GANNE 2011

■ | 6 000 | ◖◗ | 20 à 30 €

Un petit domaine de 4 ha, exploité par la même famille depuis cinq générations et par Michel Dubois depuis 1989.

Le nez, très ouvert, évoque la mûre, la myrtille, le bois de cèdre et les épices douces. En bouche, le vin se fait tendre, souple, frais et fruité, soutenu par des tanins soyeux et par un boisé déjà bien fondu. Pourra s'apprécier dans sa jeunesse. ⧗ 2015-2019 🍷 lamproie à la bordelaise

⊶ Michel Dubois, 224, av. Foch, 33500 Libourne, tél. 06 15 75 40 32, chateau.laganne@gmail.com V r.-v.

♥ CH. LE GAY 2011 ★★

■ | 18 000 | ◖◗ | + de 100 €

00 01 **02** |03| |**04**| 05 **06 07** 08 09 **10 11**

Ce cru, longtemps propriété des demoiselles Robin, fut réveillé de son sommeil en 2002 par Catherine Péré-Vergé. Déjà propriétaire de Montviel et conseillée par Michel Rolland, cette grande figure de Pomerol, disparue en 2013, a restructuré le vignoble (10,5 ha), créé un nouveau chai et a fait de Le Gay une référence de l'appellation.

Après Montviel l'an dernier, Le Gay renoue avec un coup de cœur qu'il a déjà obtenu plusieurs fois (dernier en date pour le 2006). La robe est sombre et dense. Le bouquet, généreux et charmeur, mêle la vanille, la confiture de cerise et les baies noires. Une attaque souple et suave ouvre sur un palais ample, riche, soyeux, délicat, étayé par des tanins fins et veloutés. Un pomerol d'une grande élégance. ⧗ 2017-2029 🍷 châteaubriand aux cèpes ■ Ch. Montviel 2011 ★ (30 à 50 € ; 18 000 b.) : un pomerol tendre, fin, équilibré, où le bois respecte le fruit. ⧗ 2016-2022

⊶ SCEA Vignobles Péré-Vergé, Ch. le Gay, Grand Moulinet, 33500 Pomerol, tél. 03 20 64 20 56, communication@montviel.com V r.-v.

CH. GAZIN 2011 ★

■ | 75 000 | ◖◗ | 50 à 75 €

(90) **91** 92 **93** 94 (95) (96) 97 **98** 99 **00** 01 |**02**| |(03)| |**04**| (05) (06) |**07**| **08** 09 **10** 11

L'un des crus les plus réputés de Pomerol, ancienne propriété des Hospitaliers de Saint-Jean-de-Jérusalem, entré dans la famille Bailliencourt au début du XXe s. L'un des plus étendus aussi, 26 ha d'un seul tenant sur un superbe terroir argilo-graveleux, où naissent des pomerol d'un grand classicisme.

S'il n'égale pas certains de ses derniers devanciers, à commencer par le remarquable 2010, le 2011 fait valoir de beaux atouts. La robe est d'un seyant pourpre profond. Encore naissant, le nez mêle à l'aération les petits fruits, le grillé et une pointe d'épices. Le palais, d'abord souple et fin, évolue vers plus de robustesse, porté par des tanins solides et très serrés. Pour l'heure austère, il doit encore se révéler, patience... ⧗ 2017-2025 🍷 côte de bœuf

SCEA GFA Ch. Gazin, 1, chem. de Chantecaille, 33500 Pomerol, tél. 05 57 51 07 05, contact@gazin.com r.-v. De Bailliencourt

CH. GOMBAUDE-GUILLOT 2011 ★★

■	17 550		30 à 50 €

Claire Laval est à la tête depuis 1983 d'un vignoble familial créé en 1860 au cœur du plateau de Pomerol, aujourd'hui 8 ha certifiés bio et répartis entre les crus Gombaude-Guillot (7 ha) et Clos Plince, acquis en 1996.

Après deux millésimes remarquables, dont un coup de cœur pour le 2010, Claire Laval signe un 2011 tout aussi réussi, dans une année pourtant plus compliquée. Très coloré, profond, ce pomerol dévoile un bouquet frais et élégant, qui évoque la violette, les baies noires, la cerise et le toasté. Ample, rond et suave en attaque, le palais reste près du fruit, étayé par des tanins fermes, par un boisé ajusté et par une fine acidité qui donne du nerf et de l'allonge. 2017-2025 faisan rôti ■ **Clos Plince 2011** ★ **(20 à 30 € ; 5 300 b.)** : un nez de fruits confiturés mis en valeur par un élevage soigné, un palais chaleureux, soyeux et montant, très pomerol. 2017-2025

SCEA Famille Laval-Pomerol, 4, chem. Les Grands Vignes, 33500 Pomerol, tél. 05 57 51 17 40, claire@gombaude.fr V r.-v.

CH. GRAND MOULINET 2011 ★

■	16 000		15 à 20 €

Depuis les années 1930 et cinq générations, la famille Ollet-Fourreau a constitué une belle unité de 40 ha, essentiellement en lalande, complétée de vignes en pomerol, bordeaux et saint-émilion grand cru.

Le premier nez est dominé par un boisé toasté. L'aération libère les fruits noirs, agrémentés d'une légère note truffée. Une attaque souple et ronde introduit un palais équilibré et long, soutenu par une belle fraîcheur et des tanins serrés. 2016-2024 pavé de bœuf sauce au poivre

GFA Haut-Surget, 18, av. de Chevrol, 33500 Néac, tél. 05 57 51 28 68, chateauhautsurget@wanadoo.fr V r.-v. Fourreau

CH. GRANGE-NEUVE 2011

■	20 000		15 à 20 €

Ce domaine familial établi entre le bourg de Pomerol et la route de Lyon étend son vignoble de 7 ha et propose des vins en AOC pomerol et montagne-saint-émilion.

Ce pomerol évolue dans le registre de l'élégance plutôt que dans celui de la puissance. Le bouquet, déjà bien ouvert, mêle la cerise et la prunelle à un boisé vanillé discret. Le palais se montre rond et suave, soutenu par une agréable fraîcheur et des tanins mûrs et soyeux qui permettront de boire ce vin dans sa jeunesse. 2015-2019 pintade rôtie

SCE Gros et Fils, 33, chem. des Ormeaux, 33500 Pomerol, tél. 05 57 51 20 03, chateau.grange.neuve@wanadoo.fr V r.-v.

CH. LA GRAVE 2011 ★

■	n.c.		30 à 50 €

82 83 86 88 89 (90) 95 98 99 |00| |01| |02| 03 |04| |06| 08 10 11

Ce domaine de 8 ha établi sur le versant ouest du plateau de Pomerol est entré dans le giron des établissements Moueix en 1971.

D'un abord réservé, le bouquet dévoile à l'aération des touches de raisins passerillés et d'épices douces. Rond, riche et chaleureux en attaque, le palais monte en puissance, porté par un boisé fin et des tanins solides mais sans dureté. De la tenue. 2017-2022 mijoté de bœuf

Éts Jean-Pierre Moueix, 54, quai du Priourat, BP 129, 33502 Libourne Cedex, tél. 05 57 51 78 96, info@ipmoueix.com

CH. GUILLOT CLAUZEL 2011 ★

■	5 000		30 à 50 €

Les Clauzel exploitent un petit cru de 1,7 ha situé en pied de côte du plateau de Pomerol, entré dans la famille dans les années 1950, aujourd'hui conduit par Catherine et Étienne Clauzel, qui produisent aussi en saint-émilion.

Cacao, réglisse, fruits noirs, truffe, violette... ce 2011 dévoile un bouquet puissant et complexe. En bouche, on découvre un vin tout aussi intense, corpulent, dense et solidement bâti autour de tanins fermes et prometteurs. Un vrai pomerol de garde. 2019-2025 carré d'agneau ■ **Guillotière de Guillot Clauzel 2011 (11 à 15 € ; 1 200 b.)** : un second vin floral, discrètement boisé, rond et vineux, plus resserré en finale. 2017-2022

SCEA Consorts Clauzel, 72, rue Clément-Thomas, 33500 Libourne, tél. 06 15 45 34 99, etienne@consortsclauzel.com V r.-v.

CH. HOSANNA 2011 ★★

■	n.c.		+ de 100 €

05 06 **07 08 09 10 11**

Cru de 4,5 ha né du partage du château Certan-Giraud, acquis par la famille Moueix en 1999, Hosanna est une valeur sûre de l'appellation, bordé par de prestigieux domaines : Petrus à l'est, Vieux Château Certan au sud, Lafleur au nord.

Une robe profonde aux reflets violines habille ce pomerol très... pomerol. Le bouquet se révèle riche et complexe (cerise, mûre, fumée, violette puis cuir), prélude à un palais à la fois suave, soyeux, puissant et long. Combinaison harmonieuse de la force et de la plénitude, ce vin a le temps pour lui. 2018-2027 filet de chevreuil aux airelles

Éts Jean-Pierre Moueix, 54, quai du Priourat, BP 129, 33502 Libourne Cedex, tél. 05 57 51 78 96, info@ipmoueix.com

CH. LAFLEUR DU ROY 2011 ★

■	20 000		15 à 20 €

Yvon et Pâquerette Dubost, venus à la vigne par le biais de leurs pépinières viticoles, ont constitué un bel ensemble de crus, aujourd'hui conduit par leur fils Laurent : Lafleur du Roy à Pomerol, Bossuet en bordeaux supérieur, La Vallière à Lalande et Pâquerette en bordeaux sec.

Les étiquettes de Lafleur, domaine de 4 ha acquis en 1958, arborent à chaque millésime une variété florale différente : l'amandier pour le 2011. Dans le verre, un pomerol boisé au premier nez, qui s'ouvre à l'aération sur le fruit mûr et les épices douces. Le palais est séveux et profond, frais et solide, encore dans la fougue de sa jeunesse. 2017-2024 rôti de veau aux cèpes

SARL Laurent Dubost, Catusseau, 33500 Pomerol, tél. 05 57 51 74 57, sarl.dubost.l@wanadoo.fr V r.-v.

CH. LATOUR À POMEROL 2011 ★

■ | n.c. | | 75 à 100 €

97 98 99 00 **01** |03| 05 06 07 08 09 10 11

Ce petit domaine de 7,9 ha entourant l'église de Pomerol est exploité en fermage depuis 1963 par la société Jean-Pierre Moueix, pour le compte du Foyer de Charité de Châteauneuf-de-Galaure.

Un pomerol au caractère affirmé. Un bouquet à la fois généreux et élégant de raisins confits rehaussés d'épices ouvre le bal. Une attaque ronde et soyeuse ouvre sur un palais montant, soutenu par des tanins fins qui se resserrent en finale. 2017-2023 côte de bœuf

Éts Jean-Pierre Moueix, 54, quai du Priourat, BP 129, 33502 Libourne Cedex, tél. 05 57 51 78 96, info@jpmoueix.com

CH. MAZEYRES 2011 ★

■ | 48 200 | | 20 à 30 €

92 93 **94 95** 96 97 00 01 02 03 |**04**| |05| |06| |07| 08 09 10 11

Un cru régulier en qualité, situé aux portes de Libourne, commandé par un manoir de style Directoire. Installé en 1992, Alain Moueix conduit un vignoble de 25,5 ha dont il a engagé la conversion à la biodynamie.

Le nez s'ouvre sans réserve sur un merrain bien chauffé (pain grillé, moka) marié à un joli fruit et à une touche giboyeuse. La bouche, ample, corsée, charnue, encadrée par des tanins prometteurs, est empreinte d'une pointe de fraîcheur qui lui donne de l'allonge. 2016-2020 bécasse à la broche

SC Ch. Mazeyres, 56, av. Georges-Pompidou, 33500 Libourne, tél. 05 57 51 00 48, mazeyres@wanadoo.fr V r.-v.

CH. LE MOULIN 2011 ★

■ | 9 500 | | 30 à 50 €

La famille Querre possède plusieurs vignobles en Libournais. Propriété de Michel Querre depuis 1997, Le Moulin est un petit domaine de 2,4 ha situé sur le plateau de Cloquet, tout près du Moulin de Lavaud.

Ce pomerol exprime bien son terroir argilo-calcaire, le merlot et le millésime. Au nez, de la violette et du fruit noir, soulignés par un toasté discret. La bouche est ronde, riche, chaleureuse et soyeuse, portée par des tanins élégants et par une fine fraîcheur. Un pomerol typé et bien enrobé. 2016-2023 gigot d'agneau

SCEA le Moulin de Pomerol, chem. du Moulin-de-Lavaud, 33500 Pomerol, tél. 05 57 55 19 60, contact@moulin-pomerol.com V r.-v. Querre

CH. NENIN 2011

■ | 50 000 | | 30 à 50 €

Belle demeure du XVIII^e^s. située au sud de l'appellation, à l'entrée du village de Catusseau, ce château de 34 ha est l'un des plus importants de Pomerol. Sa surface lui permet d'accéder à la plupart des terroirs de l'AOC. Jean-Hubert Delon (Léoville Las Cases à Saint-Julien) et sa sœur Geneviève d'Alton l'ont acheté en 1997 et entrepris d'importants travaux de restructuration et augmenté la part du cabernet franc par rapport au merlot, qui reste dominant.

Paré d'un belle couleur grenat sombre aux franges violines, ce pomerol dévoile un bouquet discret mais fin de fruits noirs et de grillé, agrémentés d'une note de truffe. La bouche se révèle fine et charmeuse, aux saveurs fruitées et vanillées, bâtie sur une structure tendre, souple et assez légère, un rien plus stricte en finale. 2016-2020 filet de bœuf en croûte

Ch. Nénin, 66, rte de Montagne, 33500 Pomerol, tél. 05 56 73 25 26, contact@leoville-las-cases.com r.-v.

CH. PETIT-VILLAGE 2011 ★

■ | 20 000 | | 50 à 75 €

Un cru réputé, dans le giron d'Axa Millésimes depuis 1989. Bien situé dans la partie la plus haute du plateau de Pomerol, son vignoble compose un triangle de 10,5 ha d'un seul tenant sur graves profondes enrobées d'argiles.

Un pomerol élégant, déjà agréable. Au nez, un fruité mûr et doux se marie harmonieusement à un boisé racé. On retrouve cet équilibre fruit-merrain dans un palais fin, souple et rond, aux tanins enrobés. 2016-2022 lamproie à la bordelaise

Ch. Petit-Village, 126, rte de Catusseau, 33500 Pomerol, tél. 05 57 51 21 08, contact@petit-village.com V r.-v. Axa Millésimes

♥ PETRUS 2011 ★★

■ | n.c. | | + de 100 €

85 86 87 (88) **89 90 92 93 94** (95) (96) **97** |(98)| **99** (00) |**01**| **02 03 04 05** (06) (07) (08) (09) (10) **11**

Presque une maison de poupée, un chai à peine plus grand et un vignoble modeste (11,5 ha), et pourtant un cru devenu mythe. Déjà réputé à la fin du XIX^e^s., sous la conduite de la famille Arnaud, c'est grâce à Edmonde Loubat, dite « Tante Lou », que Petrus assoit sa notoriété. Cette hôtelière libournaise débordante d'énergie, qui a acheté des parts en 1925 (seule propriétaire en 1945), va notamment conquérir Londres en envoyant du Petrus aux fiançailles d'Elisabeth d'Angleterre. Autre élément décisif, son association avec le négociant Jean-Pierre Moueix (propriétaire unique en 1964), qui va organiser la vente et créer le mythe : Petrus devient le vin préféré des Kennedy. Un succès qui s'explique aussi – et surtout – par un terroir d'exception : la fameuse « boutonnière », une argile bleue en surface qui se gonfle aux premières pluies, devient totalement imperméable et assure une alimentation régulière de la plante. Un terroir magnifié pendant quarante-cinq ans par un vinificateur hors-pair, Jean-Claude Berrouet, qui a laissé sa place en 2007 à son fils Olivier, la direction générale étant assurée depuis 2014 par Jean Moueix, petit-fils de Jean-Pierre.

Après deux millésimes « dantesques », Petrus semble revenir à la normale, si l'on ose dire, c'est-à-dire au-dessus de tous et toujours aussi irrésistible. Plus de sobriété en fait, dans un millésime qui ne poussait pas à l'opulence. La robe est dense et profonde comme toujours. Au nez, beaucoup de fruits, frais et gourmands (cerise noire, framboise, prune...), soulignés par de fines nuances épicées et par un boisé presque imperceptible. Une attaque souple et suave ouvre sur un palais tout aussi fruité et frais, au volume impressionnant, dense et puissant, mais sans aucune brutalité, porté par un grain de tanin satiné, presque crémeux. Un pomerol d'une grande fluidité, tendre et soyeux, au charme fou. ⧗ 2020-2035 🍷 baron d'agneau aux girolles

SC du Ch. Petrus, 3, rte de Lussac, 33500 Pomerol

CH. PIERHEM 2011 ★

■ | 8 300 | 🍾 🛢 | 30 à 50 €

Pierre-Emmanuel Janoueix, descendant d'une de ces nombreuses familles corréziennes établies dans le Libournais, conduit les crus familiaux depuis 2000 : Ch. La Bastienne (12,5 ha en lalande), Pierhem (1,8 ha à Pomerol) et Vieux Doumayne (80 ares en saint-émilion grand cru).

Un soupçon (1 %) de cabernet franc entre dans l'assemblage de ce 2011 en robe sombre. Est-ce cela qui apporte un surcroît de fraîcheur au vin, perceptible dès l'olfaction aux côtés des fruits noirs confiturés et du grillé de la barrique ? En bouche, une belle puissance, du gras et de la densité, portés par un boisé soutenu mais de qualité et par des tanins fermes. ⧗ 2017-2024 🍷 pont-l'évêque affiné

Pierre-Emmanuel Janoueix, La Bastienne, BP 33, 33570 Montagne, tél. 05 57 74 53 18, pejx@pejanoueix.com V r.-v.

CH. PLINCE 2011

■ | 50 000 | 🍾 🛢 | 20 à 30 €

Situé à l'est de Libourne, voisin de Nenin et de La Pointe, ce cru entré dans la famille Moreau dans les années 1930 étend son vignoble sur 8,6 ha d'un seul tenant.

Planté sur un sol de sable riche en crasse de fer, le merlot côtoie une part non négligeable de cabernet franc, 26 % dans ce 2011. Un pomerol classique et élégant, dominé à l'olfaction par un bon boisé épicé et cacaoté, plus fruité (crème de cassis) à l'aération, ample et consistant en bouche, adossé à des tanins ronds, un rien plus stricts en finale. ⧗ 2016-2025 🍷 curry d'agneau

SCEV Moreau, Ch. Plince, 33500 Libourne, tél. 05 57 51 68 77, plince@aliceadsl.fr V r.-v.
GFA Ch. Plince

CH. LA POINTE 2011

■ | 90 000 | 🛢 | 20 à 30 €

95 96 (98) 00 |01| |02| |03| |04| |05| 06 |07| 08 09 10 11

C'est la position du domaine, inséré dans une patte d'oie à la sortie de Libourne, qui a donné son nom à ce cru régulier en qualité, repris en 2007 par la compagnie Générali. Éric Monneret, originaire du Jura et passé par Sauternes, en assure l'exploitation.

Dans le verre, le cœur rubis s'orne d'un liseré grenat. Le nez mêle agréablement les arômes de fruits noirs mûrs à un boisé cacaoté. Le palais est équilibré et homogène, charnu et sans aspérité, porté par des tanins enrobés. Un bon classique. ⧗ 2017-2025 🍷 daube de boeuf

Ch. la Pointe, BP 63, 33501 Pomerol Libourne Cedex, tél. 05 57 51 02 11, contact@chateaulapointe.com r.-v.

CH. POMEAUX 2011

■ | 3 000 | 🍾 🛢 | 30 à 50 €

En 1998, A.T. Powers et une petite équipe d'investisseurs ont acquis le Vieux Château Taillefer, un petit cru de 2,2 ha établi sur la pente sud du plateau de Pomerol, ils l'ont restauré et rebaptisé.

Ce pomerol né du seul merlot livre un bouquet naissant de fruits rouges soulignés par un bon boisé vanillé. Si le palais, dominé par le merrain, manque pour l'heure d'un peu de sapidité, il déploie une structure tannique vigoureuse qui lui assure une bonne tenue à la garde. ⧗ 2018-2025 🍷 cuissot de chevreuil

Ch. Pomeaux, 6, lieu-dit Toulifaut, 33500 Pomerol, tél. 05 57 51 98 88, info@pomeaux.com V r.-v.
M. Powers

CH. PROVIDENCE 2011 ★★

■ | n.c. | 🛢 | + de 100 €

(05) |06| |07| 08 09 10 11

Autrefois nommé château Tropchaud et rebaptisé Providence en 1928 par la famille Dupuy, ce cru de 4 ha d'un seul tenant est la dernière acquisition des établissements Jean-Pierre Moueix (2005).

Paré d'une belle robe sombre et dense, ce vin déploie un bouquet complexe de violette, de fruits rouges et d'épices (clou de girofle). Le palais se révèle gras et généreux, étayé par des tanins puissants qui lui confèrent une belle mâche et beaucoup de volume. Un pomerol opulent, solaire et racé. ⧗ 2018-2025 🍷 civet de chevreuil

Éts Jean-Pierre Moueix, 54, quai du Priourat, BP 129, 33502 Libourne Cedex, tél. 05 57 51 78 96, info@jpmoueix.com

CH. ROUGET 2011 ★★

■ | 36 000 | 🛢 | 30 à 50 €

99 00 01 |02| |03| 04 |05| |06| 07 08 09 10 11

Depuis 1992, les Labruyère, originaires du Beaujolais (Moulin-à-Vent) et propriétaires en Bourgogne (Jacques Prieur), ont hissé ce cru d'ancienne réputation parmi les grands de Pomerol, grâce à des vins d'une remarquable régularité, nés de 18 ha de vignes établis en pente douce sur le plateau de Pomerol.

Quel que soit le millésime, ce cru semble se jouer des difficultés avec une désarmante constance. Ici, un 2011 de caractère, rouge sombre aux reflets améthystes. Le nez, puissant, mêle les fruits noirs mûrs au floral et à l'empyreumatique. Dense, généreux, très concentré, aussi large que long, le palais déploie un volume imposant. *Les sons et les parfums tournent dans l'air du soir / Valse mélancolique et langoureux vertige...* Un de nos dégustateurs, inspiré, pense à Baudelaire... ⧗ 2017-2029 🍷 chapon farci

Ch. Rouget, 4-6, rte de Saint-Jacques-de-Compostelle, 33500 Pomerol, tél. 05 57 51 05 85, edouard@groupe-labruyere.com V r.-v. Labruyère

CH. DU TAILHAS 2011 ★

■ | 60 000 | 🍾 🛢 | 30 à 50 €

Une lettre patente du 7 juin 1289 émanant d'Édouard Ier, roi des Anglais et d'Aquitaine, fixe la limite entre Pomerol et Saint-Émilion au ruisseau du « Tailhayat » ;

celle-ci n'a pas bougé. Le cru, dans la même famille depuis 1932, est administré depuis 1994 par Luc Nebout.

Ce pomerol intéresse d'emblée par son nez complexe qui s'ouvre sur la violette, poursuit sur le boisé épicé, encore bien présent, et finit sur le fruit (figue sèche, fruits rouges frais). Le palais est ample, séveux et bien charpenté par des tanins à la fois fermes et délicats. Déjà harmonieux, ce vin gagnera à vieillir pour plus de fondu. ⧗ 2016-2022 🍴 onglet sauce échalote

SC Ch. du Tailhas, Ch. du Tailhas, 33500 Pomerol, tél. 05 57 51 26 02, info@tailhas.com V r.-v.

Nebout

CH. TAILLEFER 2011 ★

■ | 55 000 | | 20 à 30 €

93 94 95 96 97 **00** 01 02 |03| 05 **06** |07| 08 09 **10** 11

Descendante du négociant corrézien Antoine Moueix, Catherine Moueix et ses enfants Antoine et Claire conduisent depuis 1996 deux crus libournais : Taillefer (pomerol), 13,5 ha au sud du plateau de Pomerol acquis en 1923 ; Tauzinat l'Hermitage (saint-émilion grand cru), 9,3 ha sur le plateau de Saint-Émilion acquis en 1953.

Sur ce terroir riche en crasse de fer (d'où le nom du cru), merlot et cabernet franc ont donné naissance à un joli 2011 au bouquet naissant de raisins mûrs et de bois noble. Long, gras, structuré sans excès, le palais signe un pomerol déjà harmonieux. ⧗ 2016-2022 🍴 filet de bœuf en croûte

SC Bernard Moueix, Ch. Taillefer, BP 9, 33501 Libourne Cedex, tél. 05 57 25 50 45, contact@moueixbernard.com V r.-v.

CH. TOUR MAILLET 2011

■ | 13 000 | | 20 à 30 €

99 (01) 02 03 04 |05| |06| **|07|** **08** 09 **10** 11

L'histoire débute avec Pierre Lagardère qui, de retour de la Grande Guerre, acquiert 1 ha à Pomerol. Le domaine va s'étoffer à chaque génération pour atteindre aujourd'hui 17 ha en lalande (Rocher Calon, Négrit) et 2,2 ha en pomerol (Tour Maillet), conduits par Jean-Claude Lagardère et son fils Gaël.

Ce cru très régulier en qualité, couronné de plusieurs coups de cœur ces dernières années, est planté du seul merlot. Il signe un 2011 qui évolue en force plutôt qu'en finesse, fruité (myrtille, cassis) et épicé au nez, ample, dense et solidement bâti en bouche. À attendre pour plus de fondu. ⧗ 2018-2025 🍴 daube de sanglier

SCEV Lagardère, Négrit, 33570 Montagne, tél. 05 57 74 61 63, vignobleslagardere@wanadoo.fr V t.l.j.sf sam. dim. 8h-12h30 14h-19h

CH. TOUR ROBERT 2011

■ | 15 000 | | 20 à 30 €

Issu d'une famille de négociants corréziens bien implantés dans le Bordelais et en Bourgogne, Dominique Leymarie conduit depuis 1983 les vignobles du Ch. Robert à Pomerol et du Ch. Bellerose-Figeac à Saint-Émilion.

Tour Robert est la cuvée prestige du domaine, issue des plus vieux ceps de merlot et du meilleur terroir (1,5 ha). Un pomerol qui intéresse par son bouquet fin de petits fruits mûrs et d'épices douces, comme par sa bouche équilibrée, ronde, charnue et bien structurée. ⧗ 2016-2020 🍴 tournedos

Dominique Leymarie, 88, rte de Saint-Émilion, René, 33500 Libourne, tél. 06 09 73 12 78 r.-v.

♥ CH. TROTANOY 2011 ★★

■ | n.c. | | + de 100 €

88 89 (90) **92 94** (95) (96) 97 **98 99 00** |(01)| **|02|** |03| **|04|** 05 (06) **07** (08) (09) (10) **11**

Le sol riche en argile (graves argileuses et argiles noires profondes), difficile à cultiver, donne son nom à ce cru de 7,2 ha : « trop anoi » (« trop ennuie » en vieux français). La maison Jean-Pierre Moueix en tire le meilleur depuis 1953. Un pilier de l'appellation.

Une force tranquille que ce pomerol très complet, presque pédagogique. Un vin qui fait preuve d'autorité sans être ostentatoire et, s'il montre sa force, il le fait avec douceur et élégance. Au nez, un fruité généreux côtoie de délicates notes de violette et d'épices douces. En bouche, les tanins sont solides, bien serrés, enrobés par une chair ronde et veloutée qui adoucit ce caractère massif. Un grand vin de garde. ⧗ 2019-2030 🍴 tournedos Rossini

Éts Jean-Pierre Moueix, 54, quai du Priourat, BP 129, 33502 Libourne Cedex, tél. 05 57 51 78 96, info@jpmoueix.com

CH. DE VALOIS 2011

■ | 25 000 | | 20 à 30 €

La famille Leydet, établie sur les terres libournaises depuis 1862, exploite près de 16,5 ha de vignes (en conversion bio) en saint-émilion grand cru (Ch. Leydet-Valentin) et en pomerol (Ch. de Valois). Frédéric Leydet est aux commandes depuis 1997.

Au nez, les épices, les fruits noirs et le bois composent une palette harmonieuse. En bouche, le vin, suivant la même ligne aromatique, plaît par sa rondeur et ses tanins souples et fins. ⧗ 2015-2020 🍴 cuisses de pintade aux cèpes ■ **L'Éclat de Valois 2011 (30 à 50 € ; 2 400 b.)** : un 100 % merlot ample et massif, qui doit encore s'affiner. ⧗ 2018-2022

EARL Vignobles Leydet, Rouilledimat, 33500 Libourne, tél. 05 57 51 19 77, frederic.leydet@wanadoo.fr V t.l.j. 8h30-12h 13h30-18h30; sam. dim. sur r.-v.; f. 10-20 août

CH. VIEUX MAILLET 2011

■ | 37 000 | | 20 à 30 €

Installés en 2000 au Ch. de Lussac, les Laviale-Van Malderen ont investi dans plusieurs vignobles libournais, où ils associent viticulture et œnotourisme. Ils ont acquis Vieux Maillet en 2004, 8,65 ha dans le secteur du Maillet, complété par une petite vigne en lalande, vers le moulin de Lavaud.

Ce pomerol bien coloré dévoile un nez engageant de fruits noirs mûrs mâtinés de réglisse et d'un fin boisé. La bouche, tout aussi aimable, plaît par son caractère rond et charnu et par ses tanins souples et soyeux. ⧗ 2016-2022 🍴 carré d'agneau

Ch. Vieux Maillet, 16, chem. de Maillet, 33500 Pomerol, tél. 05 57 74 56 80, info@chateauvieuxmaillet.com V r.-v.
Griet et Hervé Laviale-Van Malderen

DOM. VIEUX TAILLEFER 2011 ★

■	3 400		15 à 20 €

La famille Ybert exploite une dizaine d'hectares dans le Libournais : Vieille Tour La Rose, 9 ha au hameau de La Rose, sur le flanc nord du coteau de Saint-Émilion, et Vieux Taillefer, petit cru de 53 ares au lieu-dit Taillefer à Pomerol.

Sandrine Ybert-Bacles, l'actuelle gérante, signe un 2011 nécessairement confidentiel mais fort intéressant par son bouquet élégant et riche : violette, mûre, pruneau, épices douces, cuir. Le palais se révèle rond, charnu, tendre, soutenu par une touche de fraîcheur et par d'aimables tanins. 2016-2022 faisan grand-mère

SCEA Vignobles Daniel Ybert, lieu-dit La Rose, 33330 Saint-Émilion, tél. 05 57 24 73 41, contact@vignoblesybert.fr V r.-v.

CH. VRAY CROIX DE GAY 2011 ★

■	12 000		50 à 75 €

98 99 00 01 02 03 04 |05| |06| |07| |08| 09 10 11

La famille Guichard est propriétaire depuis 1832 de plusieurs crus en Libournais : son fief et fleuron, Ch. Siaurac en lalande, Vray Croix de Gay en pomerol et Le Prieuré en saint-émilion grand cru. Un ensemble dirigé depuis 2004 par Aline Guichard et son mari Paul Goldschmidt.

Né en 1949 de la réunion du vignoble des Grands Champs, acquis en 1892 près de Trotanoy, et d'une parcelle jouxtant La Fleur et Le Gay, la Vray Croix de Gay est un petit cru de 3,67 ha. Le 2011 est un vin encore austère mais très prometteur et élégant : un raisin mûr et un boisé épicé bien mariés, une bouche onctueuse, charnue et charpentée par des tanins fermes et serrés. 2017-2025 saint-nectaire

Ch. Siaurac and Co, Ch. Siaurac, 33500 Néac, tél. 05 57 51 64 58, info@chateausiauracandco.com V r.-v. Aline et Paul Goldschmidt

LALANDE-DE-POMEROL

• Superficie : 1 130 ha • Production : 61 400 hl

Créé, comme celui de Pomerol qu'il jouxte au nord, par les Hospitaliers de Saint-Jean-de-Jérusalem (à qui l'on doit aussi l'église de Lalande qui date du XIIes.), ce vignoble produit, à partir des cépages classiques du Bordelais, des vins rouges colorés, puissants et bouquetés qui jouissent d'une bonne réputation, les meilleurs pouvant rivaliser avec les pomerol et les saint-émilion.

CH. ÂME DE MUSSET 2011 ★

■	20 000		15 à 20 €

Après avoir dirigé les vignobles de la famille Dubois-Challon (dont Ausone et Belair), qui l'a choisi comme successeur, Pascal Delbeck conduit depuis lors le Ch. Tour du Pas Saint-Georges et plusieurs crus du Libournais avec sa fille Marie-Amandine et son neveu Cédric Berger.

La famille Delbeck a repris en 2004 ce vignoble de 5 ha de graves sur fond d'argile. Elle en tire un 2011 expressif (vanille, truffe, léger brioché, petits fruits) de bout en bout, savoureux, frais et équilibré, puissant sans être surextrait, porté par un bon boisé et des tanins tendres. 2016-2024 gigot d'agneau

Delbeck Vignobles et développements, Ch. Tour du Pas Saint-Georges, 33570 Montagne, tél. 05 57 24 70 94, contact@delbeckvignobles.com V r.-v.

CH. DE BEL-AIR 2011

■	88 000		15 à 20 €

Ce cru de 15,6 ha, mentionné dans les premières éditions du Féret, a été acquis en 2011 par Michel de Laet Derache.

Nuances toastées, senteurs de fruits rouges et de réglisse, touche de cuir, le bouquet est expressif et intense. La bouche se montre souple, suave et soyeuse, malgré des tanins et un boisé encore marqués mais prometteurs. 2017-2022 côte de bœuf

SCEA Ch. de Bel-Air, Bel-Air, 33500 Lalande-de-Pomerol, tél. 09 67 04 89 56 V r.-v.
de Laet Derache

CH. LES CHAGNIASSES 2011 ★★

■	8 850		8 à 11 €

De cette propriété familiale née en 1742 sont issus des vins de trois appellations : lalande-de-pomerol, bordeaux et montagne-saint-émilion. Succédant à son père Maurice Carrère depuis 1997, Isabelle Fort, œnologue, est à la tête d'un vignoble de 13,5 ha.

Un bateau à voile sur l'étiquette suggère le passé de Maurice Carrère, ancien de la marine royale. Dans le verre, un lalande de haut lignage, très expressif et complexe (fleurs fraîches, baies noires, épices, boisé fin) au nez comme en bouche, qui conjugue sans fausse note puissance et élégance, concentration et rondeur. Un vin complet et intense, à boire jeune ou vieux. 2015-2024 pigeonneau rôti

EARL Vignobles Carrère, 9, rte de Lyon, Lamarche, 33910 Saint-Denis-de-Pile, tél. 05 57 24 31 75, vignoble-carrere@wanadoo.fr V r.-v.
Isabelle Fort

CH. DE CHAMBRUN 2011 ★★

■	17 800		30 à 50 €

Deux ans après la reprise de Faugères (grand cru classé de Saint-Emilion), l'homme d'affaires suisse spécialisé dans le luxe Silvio Denz a acquis en 2007 auprès de Jean-Philippe Janoueix ce cru de Lalande, qu'il a agrandi (6,8 ha) et qui reste une valeur sûre de l'appellation.

Après le coup de cœur obtenu pour le 2010, ce cru propose un 2011 qui n'a pas à rougir de la comparaison, loin de là. Le premier nez offre un merrain de grande qualité, aux accents empyreumatiques, relayés à l'agitation par les fruits rouges mûrs accompagnés d'épices et de notes minérales. Le palais est dense, charnu, suave sans mollesse, étayé par des tanins tendres et racés. Un vin concentré et puissant, qui reste harmonieux et aimable. 2017-2024 bœuf en sauce

Ch. de Chambrun, 33500 Néac, tél. 05 57 40 34 99, info@chateau-de-chambrun.com Silvio Denz

CH. CHATAIN PINEAU 2011

■ | 22 000 | | 11 à 15 €

Bien implantée dans le Libournais, la famille Micheau-Maillou y exploite plusieurs vignobles, en saint-émilion grand cru et en lalande.

Ce lalande, né sur un dôme argileux dominant le hameau de Chatain, est encore jeune mais prometteur. Au nez, un joli fruit, plein de finesse. La bouche est à l'avenant, croquante et fraîche, bâtie sur des tanins encore fougueux qui demandent à s'affiner. 2016-2020 entrecôte grillée

Famille Micheau-Maillou, La Vieille-Église, 33330 Saint-Hippolyte, tél. 05 57 24 61 99 V r.-v.

CLOS L'HERMITAGE 2011

■ | 18 000 | | 8 à 11 €

Les Bertin sont vignerons dans le Libournais depuis 1742. Leur vignoble – 40 ha répartis sur plusieurs appellations (bordeaux supérieur, lalande et montagne) – est conduit depuis 2008 par Sarah Vital, œnologue et petite-fille d'Yvette Bertin, l'actuelle propriétaire.

Le Clos de l'Hermitage couvre 3,10 ha près de Néac. Merlot et cabernet franc y donnent naissance à un 2011 au nez élégant et primesautier de pivoine et de groseille, frais et de bonne concentration au palais, aux tanins encore un peu sévères toutefois. 2016-2021 filet mignon de porc aux raisins

Bertin, 8, rte de Lamarche, Dallau, 33910 Saint-Denis-de-Pile, tél. 05 57 84 21 17, contact@vignoblesbertin.com V r.-v.

CH. LA CROIX BELLEVUE 2011 ★

■ | 24 000 | | 20 à 30 €

Les Trocard sont établis dans le Libournais depuis 1628. Leurs domaines ont connu un formidable essor au lendemain de la Seconde Guerre mondiale. Aujourd'hui, Jean-Louis Trocard, aux commandes depuis 1976, conduit 100 ha de vignes répartis dans plusieurs crus et appellations.

Le plus médocain des crus Trocard, 5 ha acquis en 2000 : 50 % des vignes sont en effet composées des deux cabernets. Le 2011 est un beau vin de caractère : bouquet fin de fruits à noyau et de torréfié, bouche concentrée sans lourdeur, bâtie sur des tanins croquants, encore un peu stricts en finale. 2017-2024 civet de lièvre

Vignobles Jean-Louis Trocard, 1175, rue Jean-Trocard, 33570 Les Artigues-de-Lussac, tél. 05 57 55 57 90, contact@trocard.com V r.-v.

LA CROIX DE BOURSEAU 2011

■ | 3 200 | | 20 à 30 €

Véronique Gaboriaud-Bernard exploite depuis 1976 ce cru de 10 ha acquis par sa famille en 1962, devenu l'une des bonnes références en lalande. L'autre domaine familial, le Ch. Matras, grand cru de Saint-Émilion, a été cédé à Canon en 2011.

Un vin d'une bonne concentration héritée de vieilles vignes, qui se manifeste d'emblée dans un bouquet profond de raisins mûrs soulignés par un boisé fondu. Le palais, à l'unisson, se révèle charnu, suave et puissant. Encore sévère en finale, il gagnera à vieillir. 2017-2022 ragoût de mouton

Vignobles Gaboriaud-Bernard, Ch. Bourseau, 33500 Lalande-de-Pomerol, tél. 05 57 51 52 39, chateau.bourseau@wanadoo.fr V r.-v.

CH. LA CROIX ROMANE 2011

■ | 40 000 | | 15 à 20 €

Installés dans le Périgord depuis les années 1970, les Dubard conduisent un vaste ensemble viticole. Outre leurs fleurons du Bergeracois, Ch. Laulerie et Farcies du Pech', ils exploitent aussi plusieurs crus dans le Libournais.

Situé à proximité de l'église du village, ce cru de 8 ha (anciennement Clos de l'Eglise) a été acquis en 2008. Il propose un 2011 au nez subtil de fruits frais, de menthol et de grillé, avec quelques notes animales à l'arrière-plan. De bonne concentration, le palais dévoile une texture serrée, bâtie sur des tanins fermes mais fins, encore un peu stricts en finale. 2016-2021 pintade farcie

Famille Dubard, 9, rue du 8-mai-1945, 33500 Lalande-de-Pomerol, tél. 05 53 82 48 31, contact@vignoblesdubard.com V r.-v.

ENCLOS DE VIAUD 2011

■ | 15 229 | | 8 à 11 €

Howard Kwok conduit un petit cru situé en bordure de la nationale 89, au lieu-dit La Patache (du nom des anciennes diligences qui passaient par là autrefois), auquel est rattaché l'Enclos de Viaud en AOC lalande.

La vigne se trouve au-dessus de la Barbanne, ruisseau qui sépare Pomerol et Lalande ; 3,9 ha à l'origine d'un 2011 qui a besoin d'air pour libérer ses notes florales et fruitées. Plus expressif et intense, le palais offre un fruité frais et croquant, étayé par des tanins encore stricts mais prometteurs. 2016-2022 blanquette de veau

Howard Kwok, La Patache, 33500 Pomerol, tél. 05 57 24 77 15, contact@hautbrisson.com V r.-v.

CH. FOUGEAILLES 2011

■ | 17 700 | | 11 à 15 €

Les Estager, d'origine corrézienne, sont établis depuis quatre générations dans le Libournais, comme négociants et producteurs. Claude et son fils Charles conduisent aujourd'hui trois crus sur Pomerol (Lafleur Grangeneuve), Lalande (Fougeailles) et Montagne (La Papeterie).

Au nez, le bois est encore dominateur, mais les fruits rouges percent à l'aération. La bouche se révèle bien équilibrée, fruitée, fraîche, structurée par des tanins fins et de bonne longueur. 2016-2021 rôti de veau aux champignons

Charles Estager, 1, Foujaille, 33500 Néac, tél. 05 57 51 35 09, contact@estager-vin.com V r.-v.

CH. GARRAUD 2011 ★

■ | 53 860 | | 15 à 20 €

La famille Nony, d'origine corrézienne, possède depuis 1939 le Ch. Garraud, valeur sûre en lalande, auquel s'est ajouté en 1997 le vignoble de Treytins, à cheval sur les AOC lalande et montagne. Jean-Marc Nony, petit-fils du fondateur Léon, est aujourd'hui aux commandes.

S'il n'atteint pas les sommets du 2010, coup de cœur du Guide, le 2011 dévoile de beaux arguments. La robe est sombre et attirante, le nez bien ouvert sur les fruits mûrs, le palais dense et généreux (pruneau à l'alcool), étayé par des tanins enrobés et une fine fraîcheur. Un vin corsé et équilibré. ⌛ 2016-2021 🍴 daube de bœuf

Vignobles Léon Nony, Ch. Garraud, 33500 Néac, tél. 05 57 55 58 58, info@vln.fr t.l.j. sf sam. dim. 9h-12h 14h-17h

CH. GRAND ORMEAU 2011 ★

■ | 50 000 | | 20 à 30 €

L'une des valeurs sûres de l'AOC lalande. Un cru de 14 ha situé sur la partie haute de la commune, acquis en 1987 par le fondateur d'Orangina, Jean-Claude Beton (décédé en 2013), qui a beaucoup investi dans sa rénovation et en a confié la direction à sa fille Françoise en 2007.

Une belle réussite que ce 2011 en robe sombre et dense, qui s'ouvre sur le bois frais, puis sur d'intenses notes de baies rouges agrémentées d'une touche d'humus. Une impression de richesse qui se confirme dans un palais ample, gras, onctueux et bien structuré par des tanins francs et un boisé racé. De bonne garde assurément. ⌛ 2017-2024 🍴 rôti de marcassin

Françoise Beton, Ch. Grand Ormeau, 2, Grandes-Nauves, 33500 Lalande-de-Pomerol, tél. 05 57 25 30 20, grand.ormeau@wanadoo.fr r.-v.

DOM. DU GRAND ORMEAU 2011 ★

■ | 31 000 | | 11 à 15 €

Issu d'une longue lignée vigneronne, Jean-Paul Garde, rejoint par son fils Frédéric, est installé depuis 1974 à la tête des 22 ha de vignes familiales, réparties dans trois appellations libournaises : lalande, montagne et pomerol.

Plantés sur le terroir très graveleux de ce cru familial de 15 ha, merlot et cabernets ont donné naissance à ce 2011 de caractère. Le nez mêle classiquement fruits noirs et notes boisées (moka). Le palais se révèle consistant, puissant, charpenté par des tanins vigoureux, encore un peu « bruts de décoffrage ». Prometteur. ⌛ 2017-2024 🍴 côte de bœuf

Jean-Paul Garde, Dom. du Grand Ormeau, 1, les Cruzelles, 33500 Néac, tél. 05 57 51 40 43, garde@domaine-grand-ormeau.com r.-v.

CH. LA GRAVIÈRE 2011 ★

■ | 4 000 | | 20 à 30 €

Grande figure de Pomerol disparue en 2013, Catherine Péré-Vergé, héritière des cristalleries d'Arques, exploitait depuis 1985 trois domaines pomérolais qu'elle a portés au sommet : Le Gay, Montviel et La Violette, complétés par La Gravière en lalande. Un ensemble conduit aujourd'hui par son fils Henri Parent.

Le seul merlot compose ce petit cru de 2 ha acquis en 2000, établi comme son nom l'indique sur un sol de graves. Le 2011 livre un bouquet naissant de fruits noirs mûrs mâtinés d'un boisé élégant, bien chauffé. En bouche, les tanins se montrent encore un peu massifs, mais bien enrobés par une chair suave et fine. Un ensemble bien construit, généreux et de garde. ⌛ 2017-2024 🍴 carré d'agneau

SCEA Vignobles Péré-Vergé, Grand-Moulinet, 33500 Pomerol, tél. 03 20 64 20 56, communication@montviel.com r.-v.

CH. LE GRAVILLOT 2011

■ | 6 600 | | 11 à 15 €

Vincent Brunot, ingénieur agricole et œnologue, dirige les vignobles familiaux depuis 1997 : Piganeau, en saint-émilion grand cru, Le Gravillot, en lalande, Tour de Grenet en lussac, et Maledan en bordeaux supérieur.

Cette propriété acquise en 1998 est exclusivement plantée de merlot, à l'origine d'un 2011 de bonne tenue : fruits mûrs et merrain bien mariés, palais doux et rond en attaque, plus ferme et serré en finale. À attendre un peu. ⌛ 2016-2020 🍴 grillade de bœuf

SCEA J.-B. Brunot et Fils, Ch. Piganeau, 1, Jean-Melin, 33330 Saint-Émilion, tél. 05 57 55 09 99, vignobles.brunot@wanadoo.fr r.-v.

♥ CH. JEAN DE GUÉ 2011 ★★

■ | 46 000 | | 20 à 30 €

La famille Aubert – aujourd'hui les frères Alain, Daniel et Jean-Claude, épaulés par leurs enfants – exploite 300 ha et de nombreux domaines du Bordelais, essentiellement en Libournais, avec pour fleuron le Ch. la Couspaude, grand cru de Saint-Émilion, acquis en 1908.

Jean de Gué est la dernière acquisition familiale (9,8 ha), dirigée par Héloïse Aubert, fille de Jean-Claude, avec Michel Rolland comme conseiller. Au nez, une superbe intensité autour des fruits rouges mûrs, des épices et du chocolat. En bouche, beaucoup de volume, de la douceur et de l'onctuosité, et une belle trame de tanins au grain fin et croquant. Déjà fort aimable, ce vin est appelé à une longue garde. ⌛ 2016-2024 🍴 gigot d'agneau en croûte

Vignobles Aubert, Ch. la Couspaude, BP 40, 33330 Saint-Émilion, tél. 05 57 40 15 76, vignobles.aubert@wanadoo.fr r.-v.

CH. HAUT-GOUJON 2011 ★

■ | 25 000 | | 15 à 20 €

Ce cru de 18 ha étend ses vignes en lalande-de-pomerol et en montagne-saint-émilion. La famille Garde y est installée depuis quatre générations, la dernière, les trois frères Garde, étant en place depuis 1995.

Encore jeune mais prometteur, ce 2011 doit être sollicité pour libérer ses parfums de baies noires, de toasté et d'épices, soulignés par une agréable touche minérale. La bouche est bien équilibrée, à la fois riche, suave et fraîche, raffermie par des tanins serrés et conclue par une longue note épicée. ⌛ 2017-2024 🍴 salmis de pintade

SCEA Garde et Fils, 3, Goujon, 33570 Montagne, tél. 05 57 51 50 05, contact@chateauhautgoujon.com r.-v.

CH. HAUT-SURGET 2011 ★

■ | 120 000 | | 11 à 15 €

Depuis les années 1930 et cinq générations, la famille Ollet-Fourreau a constitué une belle unité de 40 ha, essentiellement en lalande, complétée de vignes en pomerol, bordeaux et saint-émilion grand cru.

Un vin bien représentatif de son appellation que ce 2011 ouvert et complexe à l'olfaction : fruits noirs, pain grillé, café, nuances animales. Une attaque nette ouvre sur un palais rond, suave, concentré, aux tanins denses et soyeux, sans agressivité. ⧗ 2016-2024 ⧗ magrets de canard aux cèpes

GFA Haut-Surget, 18, av. de Chevrol, 33500 Néac, tél. 05 57 51 28 68, chateauhautsurget@wanadoo.fr V r.-v. Fourreau

CH. LABORDERIE MONDÉSIR 2011 ★

■	45 000		11 à 15 €

Établie depuis sept générations à Abzac, près de Coutras, la famille Rousseau a acquis des vignes dans plusieurs appellations du Libournais et conduit aujourd'hui une belle unité de 57 ha.

Né de merlot (90 %) et de cabernets plantés sur graves fines, ce lalande livre un premier nez boisé, qui s'ouvre à l'aération sur les fruits frais rehaussés d'épices (curry). Une attaque puissante sans excès introduit un palais riche, rond, bien en chair, soutenu par des tanins encore un peu carrés en finale, qui devraient s'affiner assez vite. ⧗ 2016-2022 bœuf aux épices

Vignobles Rousseau, 1, Petit-Sorillon, 33230 Abzac, tél. 05 57 49 06 10, chateau@vignoblesrousseau.com V r.-v.

CH. LA FLEUR CHAIGNEAU 2011 ★

■	54 000		8 à 11 €

Notaire à Libourne, maître Sanchez-Ortiz a acquis en 2002 un vignoble de 11,5 ha établi sur les argiles sableuses et graveleuses de Néac, en AOC lalande (Ch. Lafleur Chaigneau) et montagne (Ch. Virgile).

Avis aux connaisseurs des vins du domaine, la cuvée spéciale Ambroisie (coup de cœur pour sa version 2005) n'est plus produite afin d'améliorer la qualité du vin principal. Qu'à cela ne tienne, les œnophiles apprécieront sans nul doute ce 2011 au nez fin et complexe de fleurs séchées, de bon boisé grillé et de cassis, relayé par une bouche souple, ronde et soyeuse, qui ne manque ni de structure ni de consistance. ⧗ 2015-2020 filet mignon de veau

SCEA Ch. La Fleur Chaigneau, 13, Chaigneau, 33500 Néac, tél. 06 84 80 19 26 V r.-v. Sanchez-Ortiz

LUCANIACUS 2011 ★★

■	n.c.		11 à 15 €

Vignerons depuis le XVIIIe s. et neuf générations, les Saby – les frères Jean-Christophe et Jean-Philippe depuis 1997 – possèdent plusieurs crus dans le Libournais et exploitent un ensemble de 68 ha.

Cette petite vigne, reprise d'un fermage en 2004, est plantée sur les vestiges d'une villa gallo-romaine, peut-être Lucaniacus du poète-consul Ausone... Dans le verre, un vin très harmonieux, puissant et de garde, qui évoque le merlot bien mûr dans un sillage délicatement boisé. En bouche, une chair dense et soyeuse enrobe des tanins fermes, le tout souligné par une fine fraîcheur. ⧗ 2016-2024 civet de biche

Vignobles Jean-Bernard Saby et Fils, Ch. Rozier, 7, lieu-dit Le Sable, 33330 Saint-Laurent-des-Combes, tél. 05 57 24 73 03, info@vignobles-saby.com V r.-v.

CH. MARCADIS 2011

■	31 255		11 à 15 €

La Société fermière des Grands Crus de France est la structure spécialisée dans le Bordelais du groupe Grands Chais de France. Son œnologue Vincent Cachau vinifie le fruit de quinze propriétés, représentant 390 ha dans les différentes AOC bordelaises.

Marcadis étend ses vignes de soixante ans sur 21 ha de graves à l'ouest de Lalande. Y naît un 2011 bien ouvert au nez sur les fruits noirs mûrs, souple, fruité, réglissé et tendre en bouche, encadré par des tanins jeunes mais sans dureté. ⧗ 2016-2020 entrecôte sauce à l'échalote

Société fermière des Grands Crus de France, 33460 Lamarque, tél. 05 57 98 07 20

CH. DES MOINES 2011 ★

■	80 000		8 à 11 €

Une exploitation familiale spécialisée dans les années 1960 par Henri Darnajou. À son décès en 1994, son fils Jean prend la succession et s'associe dix ans plus tard avec son beau-frère Patrick Merle pour conduire un vignoble de 20 ha aujourd'hui.

Au premier nez, des parfums intenses de boisé ; à l'aération, des fleurs (pivoine) et des fruits. Le merrain reste bien présent dans une bouche appréciée pour sa souplesse, ses tanins ronds et ses tonalités épicées (gingembre). Un beau classique, équilibré et bien typé. ⧗ 2016-2022 bœuf mode

SCEA du Ch. des Moines, 23, Musset, 33500 Lalande-de-Pomerol, tél. 05 57 51 40 41, chateaudesmoines@orange.fr V t.l.j. 8h-17h; sam. dim. sur r.-v.

CH. LA MOTHE 2011 ★★

■	20 000		15 à 20 €

La maison de négoce de François Janoueix, descendant d'une branche de ces Corréziens qui ont fait la richesse de Libourne, est également propriétaire de nombreux crus composant un vaste ensemble de plus de 100 ha.

Sur ce domaine de 14 ha, François Janoueix a restauré une tour du XVIIIe s. bâtie en pierre de taille de Saint-Émilion, qui offre une vue panoramique sur la cité médiévale, Pomerol et le tertre de Fronsac. Dans le verre, un lalande élégant, au bouquet naissant mais déjà très expressif (boisé fin, violette, fruits compotés), au palais riche et gras, étayé par une fine fraîcheur et des tanins soyeux. Il s'appréciera aussi bien jeune que vieux. ⧗ 2016-2022 canard aux truffes

Vignobles François Janoueix, 20, quai du Priourat, BP 135, 33502 Libourne Cedex, tél. 05 57 55 55 44, vins@janoueixfrancois.com V r.-v.

CH. PAVILLON BEAUREGARD Le Chapelain 2011 ★★

■	8 000		15 à 20 €

Commandé par une superbe chartreuse du XVIIe s., Beauregard étend ses 17,5 ha en bordure sud-est du plateau de Catusseau, complétés par 8 ha en lalande (Pavillon Beauregard). Un cru très régulier, dont la gestion est confiée à Vincent Priou. Propriété depuis 1991 du Crédit Foncier, il a été vendu en juillet 2014 aux

familles Moulin (groupe Galeries Lafayette) et Cathiard (Ch. Smith Haut Lafitte).

Sans égaler le 2010, coup de cœur l'an passé, ce Chapelain 2011 est un très beau classique, élégant et racé. Au nez, les petits fruits se mâtinent d'épices douces. La bouche, ample, dense et suave, s'appuie sur des tanins serrés et sur une fine fraîcheur. De l'allonge, une puissance maîtrisée et un bon potentiel de garde. ⧗ 2018-2024 ♆ lamproie à la bordelaise ■ Cuvée principale 2011 (11 à 15 € ; 25 000 b.) : plus souple, sur la finesse plutôt que sur la force, mais de bonne tenue. ⧗ 2015-2019

SCEA Ch. Beauregard, 33500 Pomerol, tél. 05 57 51 13 36, pomerol@chateau-beauregard.com V r.-v.

CH. PERRON 2011

■	72 448		15 à 20 €

Déjà mentionné en 1642, ce domaine situé à l'entrée de Lalande a été acquis en 1958 par la famille Massonie, d'origine corrézienne. La troisième génération (Béatrice, Bertrand et Thibaut) est aux commandes depuis 2000.

Des ceps de soixante-cinq ans sont à l'origine de ce vin bien bouqueté autour de la cerise noire, du pruneau et d'un noble boisé. Une attaque souple introduit un palais en harmonie avec le nez, porté par des tanins enrobés et un boisé fondu. ⧗ 2016-2020 ♆ volaille rôtie

SCEA Vignobles Michel-Pierre Massonie, Ch. Perron, BP 88, 33503 Libourne, tél. 05 57 51 40 29, vignoblesmpmassonie@wanadoo.fr V r.-v.

CH. RÉAL-CAILLOU Élevé en fût de chêne 2011 ★★

■	33 537		11 à 15 €

Créé en 1969, le lycée viticole de Libourne-Montagne exploite, en bio depuis 2006, un domaine de 40 ha répartis sur deux crus : Grand Baril en montagne-saint-émilion et Réal Caillou en lalande-de-pomerol.

Une somptueuse robe sombre et profonde habille ce lalande. L'annonce d'un vin intense et généreux, ce que confirme l'olfaction, riche en fruits mûrs, presque compotés, soulignés par un boisé fin et vanillé. Le palais ample, suave, gras et long, affiche beaucoup de présence, étayé par des tanins extraits sans dureté. Un ensemble des plus harmonieux, armé pour la garde. ⧗ 2017-2026 ♆ confit de canard aux cèpes

Lycée viticole Libourne-Montagne, 7, Grand-Barrail, 33570 Montagne, tél. 05 57 55 21 22, expl.legta.libourne@educagri.fr V t.l.j. sf sam. dim. 8h-12h 14h-17h

CH. DE ROQUEBRUNE Cuvée Reine 2011 ★

■	11 200		11 à 15 €

Premières vignes acquises en 1880, vignoble replanté après le gel de 1954 et premières mises en bouteille en 1970. Dans la même famille depuis cinq générations, conduit depuis 2002 par Florent Guinjard, ce domaine s'étend aujourd'hui sur 10,4 ha.

Au nez, point de boisé mais du fruit, rouge et frais, et des nuances mentholées. Une attaque souple ouvre sur un palais rond et suave, aux tanins soyeux, qui montre un peu plus les muscles en finale. Un ensemble harmonieux et élégant. ⧗ 2016-2022 ♆ maroilles

Ch. de Roquebrune, Les Galvesses, BP 10 cidex 6, 33500 Lalande-de-Pomerol, tél. 05 57 74 08 92, chateauderoquebrune@lalande-pomerol.com V r.-v. Guinjard

DOM. DES SABINES 2011 ★

■	20 000		20 à 30 €

Un petit cru acquis en 2006 par Jean-Luc Thunevin, l'homme de Valandraud et des vins de garage : 4,3 ha de vignes plantés sur graves légères du côté de Pomerol, sur argile du côté de Néac.

Un bon classique de garde que ce 2011. Au nez, des senteurs de bois grillé se mêlent aux fruits rouges et noirs mûrs. Le palais se montre ample, généreux, concentré, solidement épaulé par des tanins au grain fin. Une longue finale laisse le sentiment d'un vin harmonieux et bâti pour bien vieillir. ⧗ 2017-2024 ♆ épaule d'agneau

Jean-Luc Thunevin, 6, rue Guadet, BP 88, 33330 Saint-Émilion, tél. 05 57 55 09 13, thunevin@thunevin.com V r.-v.

CH. SAINT-JEAN DE LAVAUD 2011

■	6 500		15 à 20 €

Installés en 2000 au Ch. de Lussac, les Laviale-Van Malderen ont investi dans plusieurs vignobles libournais, où ils associent viticulture et œnotourisme. Ils ont acquis Vieux Maillet en 2004, 8,65 ha dans le secteur du Maillet, complété par une petite vigne en lalande, vers le moulin de Lavaud.

Né de 1,10 ha de merlot (90 %) et de cabernet franc, ce 2011, d'abord discret, s'ouvre à l'aération sur les fruits noirs, les épices et le menthol. En bouche, il se montre souple, friand et frais, étayé par des tanins ronds et fondus. ⧗ 2015-2020 ♆ côtelettes d'agneau

Ch. Vieux Maillet, 16, chem. de Maillet, 33500 Pomerol, tél. 05 57 74 56 80, info@chateauvieuxmaillet.com V r.-v.
Griet Laviale-Van Malderen et Hervé Laviale

♥ LA SERGUE 2011 ★★

■	15 000		20 à 30 €

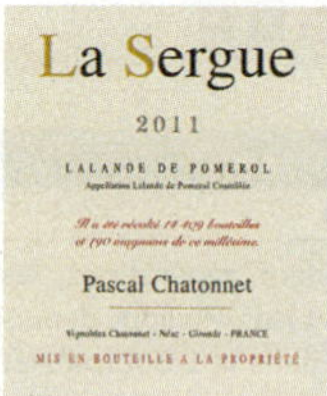

Issus d'une vieille famille du Libournais, établis depuis 1967 au Ch. Haut-Chaigneau, les Chatonnet – André et son fils Pascal – exploitent avec talent 30 ha de vignes, en lalande essentiellement, ainsi que sur Saint-Emilion. Une valeur sûre.

Une nouvelle illustration du talent de vinificateurs des Chatonnet que ce lalande né des meilleures parcelles de la propriété, 5 ha à l'abandon acquis en 2001 et remis en état. Un assemblage de merlot (85 %), de cabernet franc et de malbec à l'origine d'un vin riche et subtil à l'olfaction (fruits mûrs, chocolat, grillé, épices), d'une puissance et d'un volume impressionnants en bouche, bâti sur des tanins fins et un boisé noble qui accompagne le fruit sans l'écraser. De longue garde, assurément. ⧗ 2017-2028 ♆ carré d'agneau aux cèpes ■ Ch. Haut-Chaigneau 2011 ★★ (15 à 20 € ; 90 000 b.) : un fruité frais et un boisé fondu, une bouche solide, concentrée et élégante, à la texture fine et aux tanins croquants. ⧗ 2016-2025

SCEV Vignobles Chatonnet, Ch. Haut-Chaigneau, 33500 Néac, tél. 05 57 51 31 31, contact@vignobleschatonnet.com r.-v.

CH. SIAURAC 2011 ★★

78 800 | 15 à 20 €

La famille Guichard est propriétaire depuis 1832 de plusieurs crus en Libournais : son fief et fleuron, Ch. Siaurac en lalande, Vray Croix de Gay en pomerol et Le Prieuré en saint-émilion grand cru. Un ensemble dirigé depuis 2004 par Aline Guichard et son mari Paul Goldschmidt.

Siaurac, acquis en 1832 par Pierre Buisson, le trisaïeul d'Aline Guichard, est un domaine de 70 ha dont 46 ha de vignes, le plus vaste de l'appellation. Un grand lalande par le volume donc, mais aussi, ce qui le rend plus estimable encore, par la qualité. Le nez, bien ouvert, associe les petits fruits mûrs (cerise, cassis), les épices et quelques nuances empyreumatiques. Ample, suave et charnu dès l'attaque, le palais évolue sans heurt, adossé à des tanins denses et enrobés. Un vin équilibré, riche et velouté, appelé à bien vieillir. 2017-2026 poitrine de veau braisée Plaisir de Siaurac 2011 ★ (8 à 11 € ; 58 866 b.) : un second vin né du seul merlot, généreux, souple, long et fruité. 2016-2022

Ch. Siaurac and Co, Ch. Siaurac, 33500 Néac, tél. 05 57 51 64 58, info@chateausiauracandco.com r.-v.

CH. TOURNEFEUILLE 2011 ★

85 000 | 15 à 20 €

Agriculteur en Eure-et-Loire, François Petit acquiert Tournefeuille en 1998, pièce maîtresse (17,5 ha à Néac) d'un vignoble familial étendu aussi sur Pomerol (Lécuyer) et Saint-Emilion (La Révérence), aujourd'hui conduit par son fils Émeric et son associé Francis Cambier.

Tournefeuille ? Le nom de ce château établi sur un coteau dominant la Barbanne suggère un lieu où les feuilles peuvent « tourner » (flétrir) sous l'effet de la sécheresse ou de la chaleur. Ce 2011 est un vin de bonne garde, boisé et épicé, ample, généreux et solidement bâti sur des tanins jeunes et denses. 2017-2024 palombe rôtie aux cèpes

SCEA Ch. Tournefeuille, 24, rue de l'Église, 33500 Néac, tél. 05 57 51 18 61, chateautournefeuille@wanadoo.fr r.-v.

Émeric Petit

CH. LA VALLIÈRE 2011

5 000 | 11 à 15 €

Yvon et Pâquerette Dubost, venus à la vigne par le biais de leurs pépinières viticoles, ont constitué un bel ensemble de crus, aujourd'hui conduit par leur fils Laurent : Lafleur du Roy à Pomerol, Bossuet en bordeaux supérieur, La Vallière à Lalande et Pâquerette en bordeaux sec.

Ce petit cru (1 ha) créé en 1968 par les Dubost est situé au sud de la commune de Lalande. Son 2011 marie harmonieusement à l'olfaction les baies noires, la réglisse et le torréfié. Au palais, il offre du charnu, de la mâche, une bonne structure et une vivacité encore un peu pointue en finale. 2017-2022 lamproie à la bordelaise

SARL Laurent Dubost, Catusseau, 33500 Pomerol, tél. 05 57 51 74 57, sarl.dubost.l@wanadoo.fr r.-v.

CH. VIEILLE DYNASTIE Éléonore 2011 ★

2 000 | 20 à 30 €

Les Borderie, vignerons depuis cinq générations, exploitent 47 ha : en bordeaux supérieur avec Les Gravières de la Brandille, leur berceau, créé en 1963, en lussac et en bordeaux avec Les Combes, dans la famille depuis la fin du XIXe s., et en lalande avec le Ch. Vieille Dynastie acquis en 2011. Frédéric Borderie est aux commandes depuis 2005.

Premier millésime des Borderie avec ce cru fondé par les Hospitaliers de Saint-Jean-de-Jérusalem, qui étend ses vignes sur 6,15 ha d'un seul tenant. Un 2011 original, au caractère bien affirmé, né du seul cabernet-sauvignon. Le nez mêle le cacao, les épices et les fruits rouges (cerise). Le palais se révèle dense et très charpenté, bâti sur une fine acidité et des tanins solides mais sans excès de dureté. Prometteur. 2017-2024 civet de lièvre

EARL Vignobles Borderie, 117-119, rue de la République, 33230 Saint-Médard-de-Guizières, tél. 05 57 69 83 01, jpborderie@wanadoo.fr t.l.j. sf dim. 8h-12h 14h-19h

♥ VIEUX CH. GACHET 2011 ★★

19 600 | 11 à 15 €

À son retour de la Grande Guerre, Jean-Baptiste Arpin achète 1 ha à Pomerol, dans le secteur du Maillet. Aujourd'hui, ses petit-fils et arrière-petit-fils Gérard et Gaël exploitent 37 ha en pomerol, saint-émilion, montagne et lalande, et proposent régulièrement de très bons vins.

Né de près de 5 ha plantés sur les terrains argilo-siliceux de Néac, ce lalande a fait forte impression. Paré d'une robe sombre et profonde, il dévoile un nez élégant et très expressif de fruits rouges mûrs (fraise des bois), d'épices et de fleurs séchées. En bouche, il attaque avec franchise et vivacité, puis monte en puissance autour de saveurs fruitées et boisées bien concentrées et de tanins élégants, au grain fin et soyeux. Un modèle d'équilibre et de force maîtrisée. 2016-2024 chateaubriand au poivre

EARL Vignobles G. Arpin, Chantecaille, 33330 Saint-Émilion, tél. 09 71 58 23 49, vignobles.g.arpin@wanadoo.fr lun. mar. jeu. ven. 9h-12h 13h30-17h30

SAINT-ÉMILION ET SAINT-ÉMILION GRAND CRU

Établi sur les pentes d'une colline dominant la vallée de la Dordogne, Saint-Émilion (3 300 habitants) est une petite ville viticole charmante et paisible. C'est aussi une cité chargée d'histoire. Étape sur le chemin de Saint-Jacques-de-Compostelle, ville forte pendant la guerre de Cent Ans et refuge des députés girondins proscrits sous la Convention, elle possède de nombreux vestiges évoquant son passé. La légende fait remonter le vignoble à l'époque romaine et attribue sa plantation à des légionnaires. Mais il semble que sa véritable origine se situe au XIIIe s. Quoi qu'il en soit, Saint-Émilion est aujourd'hui le centre de l'un des plus célèbres vignobles du monde qui, en 1999, a été incrit au patrimoine mondial par l'Unesco. L'aire d'appellation, répartie sur 9 communes, comporte une riche gamme de sols. Tout autour de la ville, le plateau calcaire et la côte argilo-calcaire (d'où proviennent de nombreux crus classés) donnent des vins d'une belle couleur, corsés et charpentés. Aux confins de Pomerol, les graves produisent des vins d'une très grande finesse (cette région possédant aussi de nombreux grands crus). Mais l'essentiel de l'appellation est représenté par les terrains d'alluvions sableuses descendant vers la Dordogne, qui produisent de bons vins. Pour les cépages, on note une nette domination du merlot, complété par le cabernet franc, appelé bouchet dans cette région, et, dans une moindre mesure, par le cabernet-sauvignon.

L'appellation saint-émilion peut être revendiquée par tous les vins produits dans la commune et dans 8 autres villages environnants. La seconde appellation, saint-émilion grand cru, ne correspond pas à un terroir défini, mais à des critères d'élaboration plus exigeants : rendements plus faibles, élevage de dix-sept mois minimum, mise en bouteilles à la propriété obligatoire. C'est parmi les saint-émilion grand cru que sont choisis les châteaux qui font l'objet d'un classement. Ce dernier constitue l'une des originalités de la région de Saint-Émilion. Assez récent (il ne date que de 1955), il est régulièrement et systématiquement revu. La première révision a eu lieu en 1958 ; celle de 2006 a été contestée devant les tribunaux pour être, à l'issue d'une longue procédure, annulée par le tribunal administratif de Bordeaux. Pour mettre fin au vide juridique, le Parlement a voté en mai 2009 un article de loi rétablissant l'ancien classement de 1996 auquel s'ajoutent les promus de 2006, classement valable jusqu'à la récolte 2011 incluse. Un nouveau classement, lui aussi contesté par des crus « déclassés », a vu le jour en 2012. Il a vu notamment les châteaux Angélus et Pavie accéder au rang de 1er grand cru classé A.

Pour les saint-émilion grand cru, la dégustation Hachette s'est faite en distinguant les classés (y compris les premiers) des non-classés. Les étoiles et commentaires correspondent donc à ces deux critères.

SAINT-ÉMILION

- **Superficie : 5 400 ha (grands crus inclus)**
- **Production : 51 000 hl**

L'ARCHANGE 2011 ★★

■	7 000	◖◗	30 à 50 €

Issus d'une vieille famille du Libournais, établis depuis 1967 au Ch. Haut-Chaigneau, les Chatonnet – André et son fils Pascal – exploitent avec talent 30 ha de vignes, en lalande essentiellement, ainsi que sur Saint-Emilion. Une valeur sûre.

Dédiée à un ange différent à chaque millésime, cette cuvée célèbre Uriel, l'ange de « la lumière de Dieu », dans sa version 2011. Un caractère radieux qui semble irradier ce vin généreux de bout en bout. Au nez, les fruits confits (cassis, mûre) se mêlent à un boisé fondu aux accents d'épices et de moka. La bouche se révèle ample, ronde, charnue, onctueuse, presque crémeuse, campée sur des tanins serrés et élégants. Un vin complet armé pour durer. ⧗ 2016-2020 ▼ navarin d'agneau

⊶ SCEV Vignobles Chatonnet, Ch. Haut-Chaigneau, 33500 Néac, tél. 05 57 51 31 31, contact@vignobleschatonnet.com V ⛹ ⚲ r.-v. ⌂ 4

CH. DU BEAU VALLON 2011

■	60 000		11 à 15 €

La famille Brun, descendante de l'illustre famille Decazes, exploite les 10 ha du château Brun à Saint-Christophe-des-Bardes depuis 1571. Beau Vallon est une étiquette commercialisée par la maison de négoce Louis Vialard.

Au nez, des fruits rouges et noirs mûrs et quelques nuances de caramel. En bouche, de la souplesse, du gras, des tanins fondus et une pointe de vivacité en soutien. Un ensemble équilibré. ⧗ 2015-2018 ▼ rosbif

⊶ Louis Vialard, Ch. Cissac, 33250 Cissac-Médoc, tél. 05 56 59 58 13, louis-vialard@louis-vialard.com

⊶ Brun

B CH. BEYNAT Terre amoureuse 2011 ★

■	n.c.	◖◗	11 à 15 €

Nathalie Boyer et Alain Tourenne ont repris en 2008 ce cru créé en 1917 par Léonard Nebout, quincaillier de son état ; ils ont converti au bio les 14 ha de vignes dédiés aux castillon, saint-émilion et bordeaux dans les trois couleurs.

Né des deux cabernets, une originalité en saint-émilion, ce 2011 livre un bouquet complexe et expressif de réglisse, de vanille, de toast et de fruits rouges. La bouche associe la densité à une certaine onctuosité, des tanins solides à un boisé soutenu mais élégant. De belles promesses pour l'avenir. ⧗ 2017-2022 ▼ bavette grillée

⊶ SCEA Ch. Beynat, 23 bis, Ch. Beynat, 33350 Saint-Magne-de-Castillon, tél. 05 57 40 01 14, mail@chateaubeynat.com V ⛹ ⚲ t.l.j.sf sam. dim. 8h-19h

CH. LA CAZE BELLEVUE 2011 ★

■	12 000	⫿ ◖◗	5 à 8 €

Philippe Faure conduit depuis 1978 un vignoble de 16 ha dans le sud-ouest de l'appellation : 13 ha pour le Ch. Caze Bellevue, ancienne propriété des comtesses de Rochefort, et 3 ha pour le grand cru Ch. Gravet, dans sa famille depuis 1923.

C'est un bouquet intense de fruits rouges et noirs mâtiné de Zan et de toasté qui ouvre la dégustation. La bouche se montre souple, ample et charnue dès l'attaque, épaulée par des tanins fondus et soyeux, un peu plus fermes en finale. Un vin savoureux et bâti pour bien vieillir. ⧗ 2016-2020 ▼ côte de bœuf

⊶ Philippe Faure, 7, rue de la Cité, 33330 Saint-Sulpice-de-Faleyrens, tél. 05 57 74 41 85, vignobles.philippe.faure@wanadoo.fr V ⛹ ⚲ r.-v.

CLOS CASTELOT 2011 ★

■	22 000	⫿ ◖◗	8 à 11 €

Un vignoble de 21 ha, acquis par les Fompérier en 1956, à l'entrée sud de Saint-Émilion, au pied du coteau, dans le hameau de La Gaffelière. Deux étiquettes ici : le grand cru Guillemin La Gaffelière et son second le Clos Castelot.

Une pointe de malbec (3 %) vient compléter les classiques merlot et cabernets dans ce 2011 ouvert sur les fruits noirs et rouges (groseille, cerise, sureau) associés à un boisé vanillé et grillé. La bouche, ample et ronde, s'appuie sur des tanins bien en place mais sans agressivité, renforcée par une finale au boisé modéré. ⧗ 2017-2019 🍴 bavette sauce échalote

⊶ Vignobles Fompérier, La Gaffelière, 33330 Saint-Émilion, tél. 05 57 74 46 92, lecellierdesgourmets@wanadoo.fr V t.l.j. sf dim. 8h30-12h15 14h-17h45

CLOS LE BRÉGNET 2011

■	12 000		8 à 11 €

Le vignoble de la famille Coureau consacre la moitié de ses 13,5 ha au saint-émilion, 70 ares au grand cru La Perle du Brégnet et le reste au Ch. l'Ancien Orme en AOC bordeaux.

Après dix-huit mois de cuve, ce 2011 livre des parfums plaisants de fruits rouges nuancés de notes florales et mentholées. La bouche se montre ronde, aux tanins enrobés, un rien plus sévères en finale. ⧗ 2014-2017 🍴 brochettes d'agneau

⊶ EARL Vignobles Coureau, Le Brégnet, 33330 Saint-Sulpice-de-Faleyrens, tél. 05 57 24 76 43, clos-le-bregnet@wanadoo.fr V t.l.j. sf dim. 8h30-18h30

CH. CLOS SAINT-ÉMILION PHILIPPE
Cuvée du Père 2011 ★★

■	20 000		11 à 15 €

Un vignoble de 8 ha pour moitié en saint-émilion, pour moitié en grand cru, fondé en 1927 par Léon Galhaud, pépiniériste à Saint-Émilion, et conduit depuis 1991 par son petit-fils Jean-Claude, sa femme Nicole et leurs trois enfants.

C'est un nez intense à dominante de cassis et d'épices qui accueille le dégustateur. La bouche se révèle ronde, charnue et onctueuse, le grain de tanin fin et velouté, la finale longue, savoureuse et pleine de fruit. Du relief et de l'harmonie. ⧗ 2015-2019 🍴 viande rouge en sauce

⊶ SEA Philippe, 2, lieu-dit Beychet, 33330 Saint-Émilion, tél. 06 88 08 14 03, vignobles.philippe@wanadoo.fr V r.-v.

CH. FLEUR DE LISSE 2011

■	13 600		8 à 11 €

Un vignoble familial de 8,65 ha en pied de côte argilo-calcaire, à l'est de la cité médiévale, conduit par Xavier Minvielle depuis 1988.

Issu de deux tiers de merlot et d'un tiers de cabernet franc, ce 2011 mêle fruits rouges frais et boisé vanillé. Même équilibre fût-cépages dans une bouche ronde et harmonieuse, à la finale croquante. ⧗ 2015-2017 🍴 rôti de veau aux champignons

⊶ Xavier Minvielle, 1, Giraud, Ch. Fleur de Lisse, 33330 Saint-Étienne-de-Lisse, tél. 05 57 40 18 46 V r.-v.

CH. FLEUR LESCURE 2011 ★

■	8 130		8 à 11 €

Créée en 1931, la coopérative de Saint-Émilion est un acteur incontournable du Libournais, et ses cuvées – vins de marque (Aurélius, Galius...) ou de domaines (une cinquantaine de propriétés apportent leur vendange à la « coop ») – sont régulièrement au rendez-vous du Guide.

Ce 2011 provient des raisins de Jeanne et Jean-Pierre Bergadieu, établis sur 9,6 ha au sud-est de la cité médiévale, à Saint-Étienne-de-Lisse. C'est un vin intensément bouqueté autour des fruits mûrs et du toasté de la barrique, ample, gras, charnu en bouche, aux tanins souples et mûrs, long et velouté en finale. ⧗ 2016-2020 🍴 daube de bœuf ■ Royal Saint-Émilion Cuvée Prestige 2011 ★ (11 à 15 € ; 10 000 b.) : un beau fruité au nez comme en bouche, un boisé discret, des tanins de bonne garde, de la générosité et de la longueur. ⧗ 2016-2020 ■ Ch. Peyrouquet 2011 ★ (12 000 b.) : un vin charnu, plein, rond, aux tanins fondus. ⧗ 2016-2020 ■ Ch. Cazenave 201 ★ (33 330 b.) : du fruit, de la chair, des tanins solides, un peu plus stricts en finale. ⧗ 2016-2020

⊶ Union de producteurs de Saint-Émilion, Haut-Gravet, BP 27, 33330 Saint-Émilion, tél. 05 57 24 70 71, contact@udpse.com V r.-v.

CH. LA FLEUR PEREY
Cuvée Perey-Grouley 2011 ★★

■	8 000		8 à 11 €

Alain Xans et sa sœur Florence, héritiers d'une lignée vigneronne remontant à 1880, conduisent depuis 1990 les 12 ha familiaux sur les graves et sables de Saint-Sulpice-de-Faleyrens, dont plus de la moitié allant au grand cru, le reste au saint-émilion Perey-Grouley et aux bordeaux.

L'omniprésence du merlot (10 % pour les cabernets) apporte toute sa personnalité à ce 2011 : des parfums engageants de fruits confiturés et d'épices, une bouche à la fois riche, charnue, veloutée et bien charpentée. Rondeur, plénitude et solidité : un vin complet. ⧗ 2016-2020 🍴 gibier

⊶ Vignobles Florence et Alain Xans, Ch. la Fleur Perey, 337, Bois-Grouley, 33330 Saint-Sulpice-de-Faleyrens, tél. 06 80 72 84 87, alainxans@wanadoo.fr V r.-v.

LÉO DE LA GAFFELIÈRE 2012 ★★

■	120 000	8 à 11 €

En 1995, le comte Léo de Malet Roquefort, propriétaire du château La Gaffelière (1er grand cru classé de Saint-Émilion), et son fils Alexandre ont créé une maison de négoce, avec la cuvée Léo de La Gaffelière, déclinée en saint-émilion et en bordeaux rouge, blanc et rosé, comme porte-étendard.

Une robe d'une belle profondeur annonce ce 2012 ouvert sur les fruits noirs mûrs accompagnés d'un boisé élégant. Rond, gras, charnu, le vin s'exprime pleinement en bouche, porté par des tanins soyeux et veloutés jusque dans une finale longue et savoureuse. Un saint-émilion au caractère généreux et entier. ⧗ 2015-2019 🍴 civet de lièvre ■ Les Hauts de La Gaffelière 2011 ★ (60 000 b.) : un bouquet tout en fruit, fin et expressif, relayé par un palais rond, riche et doux, aux tanins policés. ⧗ 2015-2019

⊶ Maison Malet Roquefort, BP 12, Champs-du-Rivalon, 33330 Saint-Émilion, tél. 05 57 56 40 80, contact@malet-roquefort.com ⊶ Ravache

CH. GRAND BERT 2011

■	28 000		8 à 11 €

Sophie et Laurent Lavigne-Poitevin, héritiers de cinq générations, exploitent le château Grand Tuillac (26 ha

en castillon, sur le plateau de Saint-Philippe-d'Aiguille) et le château Grand Bert (11 ha en saint-émilion et en grand cru, à Saint-Sulpice-de-Faleyrens).

Ce 2011 livre un bouquet généreux de fruits confits, de pruneau et de cuir, prolongé par un palais suave, rond et gras, porté par des tanins de bonne facture. ⧗ 2014-2017 Ψ sauté d'agneau

⊶ SCEA Lavigne, 3, lieu-dit Tuillac, 33350 Saint-Philippe-d'Aiguille, tél. 05 57 40 60 09, scea.lavigne@wanadoo.fr V r.-v.

CH. GRAVES DE RABION 2011

■ | 100 670 | | 5 à 8 €

Une propriété de 23 ha établie au sud de l'appellation, familiale depuis quatre générations, conduite par Bernard Bouladou et sa fille Lauriane.

Un peu de cabernet franc vient compléter le merlot dans ce 2011 au joli nez de fruits rouges agrémentés de légères notes de cuir. Une attaque souple ouvre sur un palais tout aussi fruité, charnu et bien structuré. ⧗ 2015-2018 Ψ magret de canard

⊶ EARL Vignobles Bouladou, 15, Le Bourg, 33330 Vignonet, tél. 05 57 74 90 59, vignobles.bouladou@gmail.com

PAVILLON DU HAUT ROCHER 2011

■ | 4 000 | | 11 à 15 €

Propriété de la même famille depuis le XVIIIe s., conduite depuis 2010 par Jérôme et Béatrice de Monteil : 8 ha en saint-émilion grand cru (Haut Rocher) et saint-émilion (Pavillon), 5 ha en castillon (Bréhat).

Une robe brillante, un bouquet fin de fruits rouges et de boisé fondu, une attaque vive, un palais construit autour de l'équilibre bois-fruit, de tanins légers et d'une agréable fraîcheur : l'ensemble est harmonieux. ⧗ 2015-2017 Ψ paleron grillé

⊶ SAS Haut Rocher, Haut Rocher, 33330 Saint-Étienne-de-Lisse, tél. 05 57 40 18 09, info@haut-rocher.com V r.-v.

CH. JACQUES NOIR 2011 ★

■ | 35 067 | | 11 à 15 €

Depuis 1858, la famille Ducourt a constitué un vignoble 440 ha et treize châteaux dans l'Entre-deux-Mers et le Libournais. Trois crus dans ce dernier : le Ch. Plaisance à Montagne (partie négoce), le Ch. des Demoiselles (31 ha en castillon) et le Ch. Jacques Noir (5,60 ha en saint-émilion).

C'est dans une tenue rubis brillant que se présente ce pur merlot, offrant un bon mariage entre le boisé, vanillé et réglissé, et le fruit. Un vin persistant en bouche et bien équilibré entre rondeur et structure tannique. Un ensemble harmonieux. ⧗ 2015-2019 Ψ pintade aux cèpes

⊶ SCEA Les Demoiselles, 18, rte de Montignac, 33760 Ladaux, tél. 05 57 34 54 00, ducourt@ducourt.com V r.-v.

CH. JUPILLE CARILLON 2011 ★

■ | 3 700 | | 8 à 11 €

Connue autrefois pour ses charcuteries fines, la famille Visage s'est investie depuis trois générations dans la vigne : 11 ha sur les sables et graves de Saint-Sulpice-de-Faleyrens, au sud de Saint-Émilion, pour deux crus (Jupille Carillon en saint-émilion et Jucalis en grand cru).

Isabelle Visage signe un 2011 d'une belle intensité colorante, au nez de fruits rouges et noirs mûrs mâtinés de nuances de café. Une harmonie que l'on retrouve dans une bouche vive en attaque, ronde et charnue dans son développement, soutenue par de bons tanins. ⧗ 2016-2019 Ψ rôti de bœuf sauce madère

⊶ SCEA des Vignobles Visage, 193, Jupile, 33330 Saint-Sulpice-de-Faleyrens, tél. 05 57 24 62 92, chateau.jupille.jucalis@orange.fr V r.-v.

LAJARDE MONTARLIER 2011 ★

■ | 40 000 | | 5 à 8 €

L'une des marques de l'importante maison de négoce Cheval Quancard, fondée en 1844 par Pierre Quancard et aujourd'hui présente dans tout le vignoble bordelais.

Ce 2011 est un saint-émilion plaisant et léger, sur les fruits rouges au nez, agrémentés de nuances florales, souple, rond et fruité en bouche. ⧗ 2014-2017 Ψ rôti de veau

⊶ Pierre Dumontet, ZI La Mouline, 4, rue du Carbouney, BP 36, 33565 Carbon-Blanc Cedex, tél. 05 57 77 88 88 V r.-v.

CH. MOULIN DU JURA
Cuvée Prestige Élevé en fût de chêne 2011

■ | 10 800 | | 8 à 11 €

Les Berlureau exploitent depuis six générations un vignoble d'un peu plus de 10 ha en montagne-saint-émilion (Croix-Jura) et en saint-émilion (Moulin du Jura). Les chais ont remplacé un ancien moulin et une boulangerie qui ont fait partie du décor jusqu'au XIXe s.

Ce pur merlot, ouvert au nez sur le café, la noix de muscade et les fruits rouges, offre un bon volume, du charnu et des tanins assez veloutés, bien qu'encore un peu secs en finale. Un vin agréable et équilibré. ⧗ 2015-2018 Ψ magret grillé aux fruits rouges ■ **Ch. Moulin du Jura 2011 (5 à 8 € ; 16 450 b.)** : nez sur le toast, la vanille et le noyau, palais rond aux tanins doux, finale réglissée. ⧗ 2014-2017

⊶ SCEA Moulin du Jura, 1, lieu-dit le Moulin-du-Jura, 33570 Montagne, tél. 05 57 51 27 98, moulindujura@orange.fr V r.-v. ⊶ Berlureau

L'OR DU TEMPS 2011 ★

■ | 2 200 | | 15 à 20 €

Nathalie et Gérard Opérie produisent sur trois AOC : puisseguin avec le Ch. Haut-Fayan, leur fief, cadillac avec le Dom. du Roc, saint-émilion avec le Ch. Beaulieu Cardinal et la cuvée L'Or du Temps, 3 ha en pied de côte créés en 2000.

Chose plutôt rare dans l'appellation, le cabernet franc (55 %) domine dans cette cuvée. Cela donne un bouquet élégant de fruits noirs (cassis) rehaussé d'une touche poivrée et une bouche fruitée, souple, fraîche et longue. Un saint-émilion sur la finesse plutôt que la puissance. ⧗ 2014-2017 Ψ magret de canard

⊶ Nathalie et Gérard Opérie, Ch. Haut-Fayan, 33570 Puisseguin, tél. 05 57 74 59 97 V t.l.j. 9h-18h

CH. PETIT BOUQUEY 2011

■	8 600	■	11 à 15 €

Dans la même famille depuis le début du XX[e]s., ce domaine de 10 ha apporte ses raisins à la coopérative de Saint-Émilion depuis 1950. En 2010, Éric Bordron, installé en 1983, en est sorti partiellement, avec 3,6 ha.

C'est avec sa casquette de producteur que le vigneron signe ce plaisant 2011 au bouquet expressif de fruits rouges, prolongé par un palais souple et équilibré, structuré sans excès et de bonne longueur. ⌛ 2015-2017 🍴 grillade de bœuf

Bordron, 2, Petit Bouquey, 33330 Saint-Hippolyte, tél. 06 82 15 20 16, chateau.petit.bouquey@gmail.com V t.l.j. 8h-12h 14h-19h

LA PETITE FOLIE 2011 ★★

■	9 000	■	11 à 15 €

Après avoir œuvré dans plusieurs domaines bordelais, Gonzague Maurice s'est installé à Montagne en 2005 et produit trois vins : Ch. de Granchamp (montagne), commandé par une folie du XVIII[e]s., ancienne garçonnière du seigneur local, Clos du Pavillon (puisseguin) et La Petite Folie (saint-émilion).

Né de 1,9 ha de merlot (90 %) et de cabernet franc plantés dans le secteur Ripeau, ce 2011 a fait forte impression. Côté vigne, labour un rang sur deux, enherbement sur l'autre, pas de désherbants et tous les travaux à la main. Côté chai, un élevage en barrique de un et deux vins. Le résultat : une cuvée intense et profonde, au nez complexe de fruits mûrs, de vanille et de pain d'épice, au palais ample, charnu, long, structuré par des tanins puissants mais fins. Niveau grand cru. ⌛ 2017-2022 🍴 gibier en sauce

Gonzague Maurice, lieu-dit Larue, 33570 Montagne, tél. 06 61 77 77 33, gonzaguemaurice@hotmail.com V r.-v.

PETIT FOURNEY 2011 ★

■	25 000	■	11 à 15 €

Propriétaire en saint-émilion grand cru (44 ha) avec notamment le Ch. Vieux Guinot, le domaine historique, et le Ch. Fourney, la famille Rollet est établie dans le Libournais depuis 1729 et détient aussi 20 ha en castillon (Ch. Grand Tertre et Ch. Fourquerie).

Ce 2011 suscite d'emblée l'intérêt avec son caractère fruité (cassis, mûre, cerise noire) mâtiné d'un boisé fin. Il ne déçoit pas en bouche : persistant, riche, onctueux, porté par des tanins mûrs et ronds, gages d'un bon vieillissement. ⌛ 2015-2019 🍴 entrecôte aux sarments

SA Vignobles Rollet, Ch. Fourney , BP 23, 33330 Saint-Émilion, tél. 05 57 56 10 20, contact@vignoblesrollet.com V r.-v.

CH. LA ROSE D'ARTHUS 2011 ★★

■	10 000	■	5 à 8 €

Propriété familiale depuis quatre générations, conduite aujourd'hui par Xavier Lubiato et consacrée à la Rose d'Arthus en saint-émilion et au saint-émilion grand cru Pontet Plaisance.

Plantés sur 7 ha de sables et de graves, le merlot (70 %) et les deux cabernets donnent naissance à un 2011 séduisant de bout en bout. Le nez, intense, mêle la fraîcheur des fruits rouges à la douceur d'un boisé bien fondu. Dans la continuité, la bouche se montre souple, ronde, aux tanins aimables, soulignée par une belle fraîcheur. ⌛ 2015-2020 🍴 pavé de bœuf sauce marchand de vin

SCEA Vignoble Jean-Claude Arnaud, 8, Brisson, 33330 Vignonet, tél. 06 87 38 69 33, roses.darthus@wanadoo.fr V r.-v.

CH. LA ROSE MONTURON 2011

■	8 000	■	11 à 15 €

Avec son mari Stéphane, directeur technique viticole, Myriam Dubès a repris en 2005 une partie de l'exploitation familiale. Tous deux ont conservé leur activité professionnelle et travaillent leurs 3,5 ha sur leur temps de loisir.

Ce 2011 dévoile un nez délicat de mûre et de myrtille souligné par un boisé discret. Après une attaque souple, le palais affiche un bon volume, des tanins bien en place, quoiqu'un peu stricts en finale. L'ensemble reste harmonieux et déjà plaisant. ⌛ 2014-2017 🍴 grillade de bœuf

Myriam Dubès, 1, les Places, 33330 Saint-Étienne-de-Lisse, tél. 05 57 24 69 33, contact@chateau-larosemonturon.com V t.l.j. 9h30-12h 14h30-18h

CH. VIEUX LONGA 2011 ★

■	16 000	■	8 à 11 €

Une propriété familiale créée en 1930 au sud de l'AOC : 5 ha sablo-graveleux conduits depuis 1998 par Éric Veyssière.

Un assemblage classique merlot (80 %) et cabernet franc donne naissance à ce 2011 qui s'ouvre à l'aération sur les fruits rouges et le toasté agrémentés d'une touche mentholée. Une attaque souple introduit un palais charnu, ample et bien structuré, encore un peu strict en finale. De la mâche et de la tenue : prometteur. ⌛ 2016-2020 🍴 entrecôte aux échalotes

SCEA Ch. Vieux Longa, 192, Le Longa, 33330 Saint-Sulpice-de-Faleyrens, tél. 05 57 24 74 31, contact@chateau-vieux-longa.fr V t.l.j. 8h-12h 14h-19h Veyssière

CH. LES VIEUX MAURINS
Cuvée Prestige Élevé en fût de chêne 2011 ★★

■	35 000	■	11 à 15 €

Conduit depuis 1984 par Jocelyne et Michel Goudal, ce cru de 8 ha d'une grande régularité a été vendu en 2013 à un groupe d'investisseurs chinois.

Sur ses anciennes terres, Michel Goudal est resté consultant jusqu'au 31 mars 2014 ; c'est donc sous son regard expérimenté que ce 2011 a vu le jour. Un assemblage 60 % merlot et 40 % cabernet à la robe profonde et intense, mariage heureux de la vanille, de la réglisse et des fruits mûrs. Vif en attaque, le palais est à la fois puissant et soyeux, ample et rond, porté par des tanins élégants et un boisé fondu. ⌛ 2015-2020 🍴 lamproie à la bordelaise

SCEA Ch. les Vieux Maurins, 191, lieu-dit Les Maurins, 33330 Saint-Sulpice-de-Faleyrens, tél. 05 57 50 58 13, lesvieuxmaurins@gmail.com V r.-v.

CH. YON SAINT-CHRISTOPHE 2011 ★★

■	9 600	■	11 à 15 €

Les Rodet exploitent depuis 1924 le Ch. Brûlesécaille, l'une des références en côtes-de-bourg. Aujourd'hui,

30 ha conduits depuis 1974 par Jacques Rodet, ingénieur agronome, également propriétaire depuis 1996 de 2,3 ha de merlot en saint-émilion.

Le cépage s'exprime avec éclat dans ce 2011 intense et brillant, aux reflets violines. Au nez, générosité et complexité sont de mise : fruits mûrs (cerise noire, myrtille), café, laurier. De beaux tanins soyeux soutiennent une bouche longue, charnue, dense, veloutée. Un saint-émilion complet, de caractère. Ⅰ 2016-2021 Ψ gigot d'agneau

⊶ GFA Rodet-Récapet, 29, rte des Châteaux, Brûlesecaille, 33710 Tauriac, tél. 05 57 68 40 31, cht.brulesecaille@orange.fr [V] [⛹] [Ψ] r.-v. [⌂] [B]

SAINT-ÉMILION GRAND CRU

• Superficie : 5 400 ha • Production : 72 000 hl

CH. ABELYCE 2011

■ | 14 000 | ◖◗ | 11 à 15 €

Responsable technique du château Haut-Gravet, propriété de son père Alain Aubert, Amélie Aubert a créé ce petit cru de 2,3 ha en 2004, dont le nom est la contraction des prénoms de ses enfants (Alice et Jean-Abel).

Né du seul merlot, ce 2011 livre un bouquet intense et riche de violette, de mûre, de cannelle et de vanille. Souple et vive en attaque, la bouche s'appuie sur des tanins jeunes et prometteurs. Ⅰ 2016-2022 Ψ côte de bœuf

⊶ Amélie Aubert, 57, av. de l'Europe, 33350 Saint-Magne-de-Castillon, tél. 05 57 40 04 30, chateau.abelyce@orange.fr

CH. ADAUGUSTA 2011 ★

■ | 5 000 | ◖◗ | 15 à 20 €

Ce petit cru de 1,5 ha, dont le nom provient de la devise latine *Ad augusta* (« on n'atteint les sommets qu'au prix de grands efforts »), a été créé en 2006 par Catherine et Gérard Canuel.

Cette petite cuvée (par le volume) s'ouvre sur des arômes de pâte de fruits et d'amande grillée. Souple en attaque, elle prend ensuite de l'ampleur, portée par une bonne structure tannique et une fine fraîcheur. Ⅰ 2016-2021 Ψ tajine d'agneau

⊶ Gérard et Catherine Canuel, 1, lieu-dit Grand-Sable, 33330 Saint-Hippolyte, tél. 06 84 20 25 20, contact@chateauadaugusta.fr [V] [⛹] [Ψ] r.-v.

AMBE TOUR POURRET 2011

■ | 21 560 | ◖◗ | 20 à 30 €

Après avoir investi dans les vignes alentour (Puisseguin, Castillon), la famille Lannoye a mis un pied à Saint-Émilion en 2007 en acquérant ce petit cru de 5 ha, situé dans le hameau de Pourret.

Un 2011 équilibré. Au nez, fruits rouges et boisé se marient sans fausse note. En bouche, les tanins sont bien présents, sans écraser la chair et le fruit. Tout cela laisse une agréable impression d'harmonie. Ⅰ 2017-2022 Ψ entrecôte pommes sarladaises

⊶ SCEA Tour Pourret, 2, Pourret, 33330 Saint-Émilion, tél. 05 57 55 23 28, contact@vignobles-lannoye.com [V] [⛹] [Ψ] r.-v. ⊶ Françoie Lannoye

AURELIUS 2011 ★★

■ | 20 000 | Ⅰ ◖◗ | 20 à 30 €

Créée en 1931, la coopérative de Saint-Émilion est un acteur incontournable du Libournais, et ses cuvées – vins de marque (Aurélius, Galius...) ou de domaines (une cinquantaine de propriétés apportent leur vendange à la « coop ») – sont régulièrement au rendez-vous du Guide.

Cet Aurélius, né de vieux merlot de près de cinquante ans, livre un bouquet intense de fruits rouges, de café et de cèdre. La bouche se révèle ample, fraîche et longue, étayée par des tanins ronds et soyeux. Un ensemble très harmonieux. Ⅰ 2016-2022 Ψ canard rôti ■ Galius 2011 (15 à 20 € ; 20 000 b.) : un peu fermé au nez, puissant et viril en bouche, il doit encore s'affiner. Ⅰ 2016-2020 ■ Ch. Tour de Yon 2011 (29 000 b.) : un nez de fruits confits souligné par un fin boisé, un palais rond et fruité bien épaulé par l'élevage. Ⅰ 2015-2019 ■ Ch. Viramière 2011 (11 à 15 € ; 8 000 b.) : un vin agréablement fruité, un rien épicé et empyreumatique, souple et suave, aux tanins fins. Ⅰ 2015-2019

⊶ Union de producteurs de Saint-Émilion, Haut-Gravet, BP 27, 33330 Saint-Émilion, tél. 05 57 24 70 71, contact@udpse.com [V] [⛹] [Ψ] r.-v.

♥ CH. AUSONE 2011 ★★★

■ | 1er gd cru clas. A | 18 000 | ◖◗ | + de 100 €

85 86 88 (89) | **90** | 92 93 94 | **95** | (96) | **97** | (98) | **99** | (00) **01 02 03** (11)

Portant le nom du poète latin qui vécut à Saint-Émilion au IVe s., Ausone aurait été constitué au XIVe s. sur un vignoble remontant à l'époque romaine. Depuis le Moyen Âge, seulement trois familles s'y sont succédé, jusqu'à Alain Vauthier, actuel propriétaire et lointain héritier de Pierre Chatonnet établi ici en 1690. Un cru mythique resté au sommet (classé A dès 1959) grâce à cette continuité familiale. Grâce aussi à son terroir unique : 7 ha (dont une part élevée de cabernet franc) campés sur le rebord du plateau argilo-calcaire de Saint-Émilion entouré d'une ceinture de rochers qui l'abrite des vents. Dans ses deux nouveaux chais souterrains naît un vin d'une étonnante capacité de garde, élaboré depuis 2007 par Pauline Vauthier (fille d'Alain) avec l'aide de Philippe Baillarguet, maître de chai.

Sans doute à l'avenir un peu de cabernet-sauvignon entrera-t-il dans l'assemblage, des ceps ayant été plantés en 2006 sur les petites terrasses situées devant le château. Pour l'heure, les seuls cabernet franc (55 % pour le 2011) et merlot composent le grand vin, qui conserve cette inimitable finesse et cette capacité à résister au temps. La robe est sombre et veloutée, ornée de reflets violines de jeunesse. Le bouquet, d'une élégance exceptionnelle, évoque la violette, l'œillet, la rose, les petits fruits frais (fraise, mûre) et les épices douces. Le palais affiche une densité et un volume imposants, mais aucune surextraction ni surmaturité ici ; au contraire, beaucoup de fraîcheur et de pureté, et une lente montée en puissance sur des tanins délicats qui laisse intact le fruit. ⧗ 2019-2030 🍴 filet mignon de bœuf sauce morilles ■ Chapelle d'Ausone 2011 ★★ (8 000 b.) : un second qui fait plus de place au merlot (60 %) et intègre le cabernet-sauvignon (10 %). Au nez, un fruité frais rehaussé de menthol. En bouche, de la tonicité et de la souplesse, des tanins fins, bien ordonnés en rangs serrés et une longue finale épicée. ⧗ 2017-2024

🔑 Ch. Ausone, 33330 Saint-Émilion, tél. 05 57 24 24 57, chateau.ausone@wanadoo.fr r.-v.

🔑 Famille Vauthier

CH. BARDE-HAUT 2011

■	40 000	◖◗	20 à 30 €

Sylviane Garcin-Cathiard, propriétaire de plusieurs crus en pomerol et pessac-léognan, a acquis en 2000 ce cru de 17 ha situé sur les hauteurs de Saint-Christophe-des-Bardes, promu au rang de grand cru classé en 2012.

Issue d'une forte dominante de merlot (90 %), ce grand cru dévoile un nez harmonieux de petits fruits légèrement compotés associés aux notes vanillées de la barrique et à une touche de menthol. La bouche attaque sur la rondeur et la souplesse avant de se montrer plus austère et tannique. Un vin encore jeune et de bonne constitution. ⧗ 2017-2024 🍴 pavé de charolais

🔑 SAS Ch. Barde-Haut, 33330 Saint-Christophe-des-Bardes, tél. 05 57 25 72 55, info@vignoblesgarcin.com V 🚶 🍷 r.-v.

CH. DU BARRY 2011 ★

■	45 000	◖◗	15 à 20 €

Descendant d'Auvergnats, comme nombre d'acteurs de la filière viticole en Libournais, Daniel Mouty, aujourd'hui associé avec ses enfants Sabine et Bertrand, exploite depuis 1973 un vignoble de 54,5 ha répartis sur plusieurs crus.

Ce domaine acquis par le grand-père Donat Mouty en 1923 est le fief historique de la famille. De ses 8 ha de vignes, Daniel Mouty extrait un vin harmonieux, au bouquet déjà expressif qui mêle les fruits mûrs, le pruneau et un boisé discret. Le palais est riche et gras, sans aspérité, soutenu par des tanins de qualité et une fine acidité en finale. Un beau classique de garde. ⧗ 2017-2024 🍴 tournedos aux cèpes

🔑 SCEA Vignobles Daniel Mouty, Ch. du Barry, 19, rue de Merlande, 33350 Sainte-Terre, tél. 05 57 84 55 88, contact@vignobles-mouty.com V 🚶 🍷 t.l.j. sf sam. dim. 9h-12h 14h-18h

CH. BEAU-SÉJOUR BÉCOT 2011 ★★

■ 1er gd cru clas. B	81 000	◖◗	50 à 75 €

82 83 85 (86) **87 88 89** 90 93 **94 95 96** 97 98 **99** |00| |**01**| |02| |**03**| |**04**| **05** (06) |07| 08 09 10 **11**

Déjà planté de vigne à l'époque romaine, ce cru de 16 ha situé au sommet du plateau calcaire de Saint-Émilion conserve ses vins dans des carrières creusées par les moines au Moyen Âge. Acquis en 1969 par Michel Bécot, il est aujourd'hui dirigé par ses fils Dominique (à la vigne) et Gérard (à la cave), épaulés par Juliette, la fille de ce dernier.

Le 2011 tient son rang. Paré d'une superbe robe bigarreau, il dévoile un bouquet complexe et généreux de baies rouges et noires mûres, de truffe, de chocolat et de vanille. Le palais, ample et dense, s'agrémente de cette touche crayeuse typique du terroir et monte en puissance, porté par des tanins fermes et fins, sans aspérités. Un vin à la fois puissant, étoffé, frais et élégant. ⧗ 2017-2030 🍴 épaule d'agneau aux cèpes

🔑 Gérard et Dominique Bécot, Ch. Beau-Séjour Bécot, 33330 Saint-Émilion, tél. 05 57 74 46 87, contact@beausejour-becot.com V 🚶 🍷 r.-v.

CH. BELAIR-MONANGE 2011 ★★

■ 1er gd cru clas. B	n.c.	◖◗	+ de 100 €

Acquis en 2008 par les établissements Jean-Pierre Moueix, ce cru de 12,5 ha fut alors rebaptisé Belair Monange en l'honneur de l'épouse de Jean Moueix (grand-père de Christian, l'actuel dirigeant), Anne-Adèle Monange, première femme de la famille établie à Saint-Émilion en 1931. Un vaste programme de replantation sur vingt ans a été engagé depuis lors, et à partir du millésime 2012, le domaine intègre les 11 ha du Ch. Magdelaine.

Dernier millésime pour le cru et une sortie de scène des plus réussies. Un vin issu de 85 % de merlot et de 15 % de cabernet franc, qui s'ouvre sur un fruité compoté généreux, souligné par un boisé fin et frais. La bouche offre beaucoup de tenue, conjuguant richesse, vinosité, fermeté tannique et élégance. La finale, élancée et poivrée, laisse le souvenir d'un grand cru très harmonieux et racé. ⧗ 2017-2025 🍴 châteaubriand sauce foie gras

🔑 Éts Jean-Pierre Moueix (Ch. Belair-Monange), 54, quai du Priourat, 33502 Libourne Cedex, tél. 05 57 51 78 96, info@jpmoueix.com

CH. BELLEFONT-BELCIER 2011 ★

■ Gd cru clas.	32 000	◖◗	30 à 50 €

95 96 97 98 99 00 01 02 |04| 05 |06| (07) **08** 09 10 11

Ce grand cru (classé depuis 2006) de 13,5 ha, établi sur le coteau argilo-calcaire de Saint-Laurent-des-Combes, est passé sous pavillon chinois, acquis en 2012 par Songwei Wang, riche industriel spécialisé dans l'extraction de minerais de fer. Emmanuel de Saint-Salvy conserve la direction technique du domaine.

Une seyante robe pourpre aux reflets rubis habille ce vin déjà très expressif, associant à l'olfaction les fruits noirs cuits, la réglisse, les épices et la noisette grillée. Une entrée en matière généreuse qui se prolonge dans un palais charnu, rond et gras dès l'attaque, étayé par des tanins doux et soyeux, un peu plus stricts en finale. ⧗ 2017-2024 🍴 civet de lièvre

🔑 Ch. Bellefont-Belcier, 33330 Saint-Laurent-des-Combes, tél. 05 57 24 72 16, chateau.bellefont-belcier@wanadoo.fr V 🚶 🍷 r.-v.

CH. BELLEVUE 2011 ★

■ Gd cru clas.	n.c.	◖◗	50 à 75 €

Un cru de 7 ha d'ancienne notoriété, propriété depuis 2007 de familles bien connues dans le Saint-Émilionnais, les Boüard de Laforest et les Pradel de Lavaux. Bien situé sur le plateau calcaire, entre Angelus et Beau-Séjour Bécot, son vignoble s'étend sur 6,5 ha.

Une forte dominante de merlot dans ce grand cru (98 %, complété de cabernet franc), qui évolue dans le registre de l'élégance plutôt que dans celui de la puissance. Si le nez se montre riche et généreux, sur les fruits confiturés et le pruneau, le palais se révèle frais et délicat, adossé à des tanins fins. ⧗ 2017-2022 ϒ rôti de veau aux truffes

🔑 Ch. Bellevue, 33330 Saint-Émilion, tél. 05 57 24 71 39 V r.-v.

BELLEVUE MONDOTTE 2011 ★

■ | 6 000 | ◖◗ | + de 100 €

Un petit cru de 2,5 ha en partie enclavé dans le vignoble de Pavie-Decesse, sur le haut de la côte Pavie. Le dernier en date des quatre grands crus saint-émilionnais, et le seul non classé, acquis par Gérard Perse (2001). Le merlot y tient le haut du pavé (90 % aux côtés des deux cabernets, 5 % chacun).

Les belles larmes tapissant le verre indiquent un vin riche et généreux. De fait, le nez dévoile d'intenses parfums de fruits compotés mâtinés d'épices douces, de tabac, de cuir et de violette. Une palette aromatique à laquelle fait écho un palais dense, charnu, puissant, appuyé par de beaux tanins fermes et par un boisé élégant. ⧗ 2018-2024 ϒ navarin d'agneau

🔑 SCA Ch. Pavie, 33330 Saint-Émilion, tél. 05 57 55 43 43, contact@vignobleperse.com 🔑 Gérard Perse

♥ CH. CADET-BON 2011 ★★★

■ Gd cru clas. | 18 000 | ◖◗ | 30 à 50 €

90 93 **94** 95 (96) **97 98** 99 00 02 03 |05| |06| 08 (09) 10 (11)

Au XIVe s., Jacques Bon, dit le Cadet, planta une vigne au nord-est de Saint-Émilion, sur un coteau nommé depuis Butte du Cadet. Célèbre au XVIIIe s., ce cru de 7 ha a été acquis en 2001 par Michèle et Guy Richard, anciens producteurs de cognac, qui ont entrepris de nombreux travaux de rénovation à la vigne comme au chai et engagé Stéphane Derenoncourt comme consultant.

L'encépagement est classique (80 % de merlot, le solde en cabernet franc plantés sur calcaires à astéries) ; l'art du vinificateur a fait naître un vin hors du commun. Tout est d'une élégance rare dans ce millésime : la robe profonde, bordeaux aux reflets acajou ; le bouquet envoûtant, expression d'un magnifique raisin et d'un élevage traditionnel parfaitement maîtrisé (un an en barriques neuves pour un tiers) ; la bouche puissante, chaleureuse, riche, charnue, étayée par des tanins denses mais veloutés. Le portrait du grand vin de garde, qui pourra toutefois s'apprécier jeune. ⧗ 2017-2030 ϒ chapon farci aux cèpes

🔑 SCEV Ch. Cadet-Bon, 1, Le Cadet, 33330 Saint-Émilion, tél. 05 57 74 43 20, chateau.cadet.bon@orange.fr V r.-v.

CH. DU CALVAIRE 2011 ★

■ | 120 000 | 🛢 | 11 à 15 €

Propriétaire en côtes-de-bourg (Beau Site), la famille Dumas a étendu son vignoble autour de Saint-Émilion où elle détient les châteaux du Calvaire (20 ha à Saint-Etienne-de-Lisse) et Larcis-Jaumat (10 ha à Saint-Christophe-des-Bardes).

Une robe profonde et franche, un fruit bien net et gourmand au premier nez, relayé par des senteurs épicées et animales. De jolies rondeurs tapissent le palais de l'attaque à la finale ; les tanins, enrobés, plus fermes ensuite, permettront à cette bouteille de bien évoluer. Un vin « nature ». ⧗ 2015-2020 ϒ gigot d'agneau ■ Ch. Larcis-Jaumat 2011 : un vin « de terroir », minéral (craie) et frais, à la fois austère et élégant. ⧗ 2016-2021

🔑 SCEA Domaines Roland Dumas, Ch. du Calvaire, 33330 Saint-Étienne-de-Lisse, tél. 06 08 89 06 58, dgrenier.drd@orange.fr V r.-v.

CH. DE CANDALE 2011

■ | 19 624 | ◖◗ | 30 à 50 €

Ce cru de 13 ha répartis en micro-parcelles tirerait son nom de Marguerite de Suffolk Kandall, descendante d'Edouard III, roi d'Angleterre et duc d'Aquitaine au XVe s. L'homme d'affaires américain Stephen Adams l'a vendu en 2009 au tonnelier Jean-Louis Vicard.

Un vin de tonnelier qui ne montre pas d'excès de bois. Au contraire, ce 2011 garde un côté très « nature » avec son nez de fruits rouges assortis de violette et d'épices, et avec sa bouche chaleureuse et bien enrobée qui penche vers les baies confiturées. Ses tanins veloutés permettront de le déboucher prochainement. ⧗ 2015-2020 ϒ pigeonneau aux petits pois

🔑 Jean-Louis Vicard, 1, Grandes-Plantes, 33330 Saint-Laurent-des-Combes, tél. 05 57 51 19 91, chateaudecandale@orange.fr V r.-v.

CH. CANON 2011 ★

■ 1er gd cru clas. B | 80 000 | ◖◗ | 75 à 100 €

89 90 96 97 **98** 99 |**00**| |01| 02 **03** |04| **05 06** 07 08 **09** **10** 11

Chanel a acquis en 1996 ce grand cru idéalement situé sur le plateau calcaire de Saint-Émilion. En sous-sol, d'immenses caves creusées pendant des siècles pour bâtir Libourne et Bordeaux. John Kolasa (également aux commandes de Rauzan-Ségla en margaux, des mêmes propriétaires) dirige le vignoble, qui couvre 34 ha - dont 12 provenant du grand cru classé Matras, acquis en 2011, qui alimente désormais le second vin, Croix Canon.

Un assemblage classique (70 % de merlot avec le cabernet franc en appoint) pour ce vin évoluant dans le registre de l'élégance qui sied à son rang. La robe intense s'orne de reflets pourpres. Le nez, encore jeune mais très fin, associe petits fruits rouges frais, épices douces et nuances fumées d'un merrain racé. Rond et suave à l'attaque, le palais monte doucement en puissance, s'affirmant avec précision sur un beau fruité encadré de tanins délicats. ⧗ 2017-2024 ϒ filet de bœuf sauce truffée ■ Croix Canon 2011 ★ (20 à 30 € ; 50 000 b.) : comportant plus de merlot, un vin gourmand et accessible, au nez floral, fruité, minéral et boisé, au palais souple, suave et frais, adossé à des tanins soyeux. ⧗ 2016-2021

🔑 Ch. Canon, lieu-dit Saint-Martin, 33330 Saint-Émilion, tél. 05 57 55 23 45, contact@chateau-canon.com V r.-v. 🔑 Groupe Chanel

CH. CANTENAC 2011

■ | 30 000 | 🛢 ◖◗ | 15 à 20 €

Suite au décès de son mari, Nicole Roskam-Brunot, secondée par ses fils, a repris la gestion des châteaux

CLASSEMENT DES GRANDS CRUS DE SAINT-ÉMILION (à jour au 13 mai 2009)

Les 2011 dégustés cette année sont régis par ce classement qui a été révisé en 2012.

SAINT-ÉMILION PREMIERS GRANDS CRUS CLASSÉS

A Château Ausone
Château Cheval Blanc

B Château Angelus
Château Beau-Séjour Bécot
Château Beauséjour (Duffau-Lagarrosse)
Château Belair-Monange
Château Canon
Clos Fourtet
Château Figeac
Château La Gaffelière
Château Magdelaine
Château Pavie
Château Pavie-Macquin
Château Troplong Mondot
Château Trotte Vieille

SAINT-ÉMILION GRANDS CRUS CLASSÉS

Château L'Arrosée
Château Balestard La Tonnelle
Château Bellefont-Belcier
Château Bellevue
Château Bergat
Château Berliquet
Château Cadet-Bon
Château Cadet-Piola
Château Canon-La Gaffelière
Château Cap de Mourlin
Château Chauvin
Clos de L'Oratoire
Clos des Jacobins
Clos Saint-Martin
Château La Clotte
Château Corbin
Château Corbin-Michotte
Château La Couspaude
Couvent des Jacobins
Château Dassault
Château Destieux
Château La Dominique
Château Faurie de Souchard
Château Fleur Cardinale
Château Fonplégade
Château Fonroque
Château Franc-Mayne
Château Grand Corbin
Château Grand Corbin-Despagne
Château Les Grandes Murailles
Château Grand Mayne
Château Grand Pontet
Château Guadet
Château Haut-Corbin
Château Haut-Sarpe
Château Laniote
Château Larcis Ducasse
Château Larmande
Château Laroque
Château Laroze
Château La Marzelle
Château Matras
Château Monbousquet
Château Moulin du Cadet
Château Pavie-Decesse
Château Petit-Faurie-de-Soutard
Château Le Prieuré
Château Ripeau
Château Saint-Georges Côte Pavie
Château La Serre
Château Soutard
Château Tertre Daugay
Château La Tour du Pin
Château La Tour du Pin-Figeac (Giraud-Belivier)
Château La Tour Figeac
Château Villemaurine
Château Yon-Figeac

familiaux : Cantenac, son fleuron, 15 ha à l'avant-garde du plateau saint-émilionnais, et Moulin de Grenet, 4,5 ha en lussac, autour d'un moulin pittoresque de 1711.

La robe est franche et intense. Le nez, élégant, associe petits fruits rouges et notes grillées de la barrique. La bouche se montre équilibrée, fraîche, fruitée, soyeuse et bien structurée. ⧗ 2015-2020 🍷 magrets aux figues

SCEA Ch. Cantenac, 2, lieu-dit Cantenac, 33330 Saint-Émilion, tél. 05 57 51 35 22, contact@chateau-cantenac.fr V t.l.j. 9h-12h 14h-17h; sam. dim. sur r.-v.

CH. CANTIN 2011 ★★

■	84 000		20 à 30 €

La Société fermière des Grands Crus de France est la structure spécialisée dans le Bordelais du groupe Grands Chais de France. Son œnologue Vincent Cachau vinifie le fruit de quinze propriétés, représentant 390 ha dans les différentes AOC bordelaises.

Le Château Cantin est une propriété d'origine monastique, qui étend son vignoble de 33 ha sur les argiles de Saint-Christophe-des-Bardes. Y est né un 2011 à la fois puissant et charmeur, à la robe dense, presque noire, au nez complexe et profond (vanille, grillé, girofle, cuir, fruits rouges...), à la bouche dense, suave et généreuse, aussi large que longue. ⧗ 2016-2024 🍷 gigot d'agneau ■ Vieux Château des Combes 2011 ★ (15 à 20 € ; 84 000 b.) : un vin frais, fruité, presque aérien, soutenu par des tanins fins. ⧗ 2016-2020

Société fermière des Grands Crus de France, 33460 Lamarque, tél. 05 57 98 07 20

CH. CAP DE MOURLIN 2011 ★

■ Gd cru clas.	58 000		30 à 50 €

L'un des trois crus classés saint-émilionnais de Jacques Capdemourlin, issu d'une famille déjà établie à Saint-Émilion au XVIIe s. Ce dernier a unifié en 1983 un vignoble longtemps divisé entre son père et son oncle, étendu aujourd'hui sur 14 ha.

Un assemblage de merlot (65 %), de cabernet franc (25 %) et de cabernet-sauvignon et un élevage de dix-huit mois en barriques (neuves pour la moitié) sont à l'origine de ce vin représentatif du secteur nord de Saint-Émilion. La robe est profonde, frangée de rubis. Le nez, puissant, se partage entre le cassis et les fruits rouges très mûrs, un boisé intense et une touche de cuir. Ample et généreuse, la bouche n'en est pas moins fraîche, bien bâtie sur des tanins solides. Le type même du vin de garde. ⧗ 2017-2026 🍷 côte de bœuf

Jacques Capdemourlin, SCEA Capdemourlin, Ch. Roudier, 33570 Montagne, tél. 05 57 74 62 06, info@vignoblescapdemourlin.com V r.-v.

CH. CARTEAU Côtes Daugay 2011

■	48 000		15 à 20 €

Implantés à Saint-Émilion depuis cinq générations, les Bertrand – aujourd'hui Jacques et ses enfants – exploitent deux crus saint-émilionnais : Carteau, 16 ha sur le tertre Daugay, et Franc Pipeau, 6,5 ha en pied de côte, à Saint-Hyppolyte.

Après quinze mois de fût, ce 2011 se présente dans une robe rubis intense, le nez ouvert sur un boisé soutenu, accompagné des fruits frais après agitation. La bouche se montre gourmande, ronde, suave et de bonne longueur, étayée par des tanins fins qui en font un vin déjà charmeur et apte à la garde. ⧗ 2015-2022 🍷 rôti de veau en cocotte

Ch. Carteau Côtes Daugay, 33330 Saint-Émilion, tél. 05 57 24 73 94, vignobles.jbertrand@wanadoo.fr V r.-v. Famille Bertrand

CH. CHANTE ALOUETTE 2011 ★★

■	36 000		15 à 20 €

Repris en 1995 par Guy d'Arfeuille, propriétaire de plusieurs crus dans le Libournais, et dirigé par son fils Benoit, ce domaine voisin de Pavie et de La Gaffelière étend son vignoble sur 7,10 ha.

La robe est d'un seyant rubis éclatant. Le nez, élégant et harmonieux, mêle les fruits rouges confits à un boisé vanillé discret. À l'unisson, boisée avec justesse et bien fruitée, la bouche se montre ronde, généreuse et suave sans céder à la mollesse, stimulée par une fine fraîcheur et des tanins racés. Un vin très équilibré, qui a déjà tout pour séduire et pourra aussi bien vieillir. ⧗ 2016-2024 🍷 côte de veau forestière

d'Arfeuille, Ch. Chante Alouette, 33330 Saint-Émilion, tél. 05 57 24 71 81, contact@chateau-chante-alouette.com V t.l.j. 8h30-12h30 14h-19h

LE CHATELET 2011

■	3 000		50 à 75 €

Un petit domaine de 3,2 ha idéalement situé sur le plateau de Saint-Émilion, au milieu des « classés » Beau-Séjour Bécot, Canon et Clos Fourtet – d'où son titre de « châtelet » plutôt que de château –, propriété de Julien Berjal depuis 2002.

Une robe cerise noire aux reflets violines de jeunesse. Au nez, du fruit mûr et la vanille de l'élevage (dix mois). Le boisé domine au palais, sur des notes de moka, mais il laisse percer des notes de baies mûres qui devraient s'épanouir assez vite. ⧗ 2016-2020 🍷 pigeon rôti

Julien Berjal, Ch. le Châtelet, 33330 Saint-Émilion, tél. 06 72 91 09 29, chateaulechatelet@gmail.com V t.l.j. 11h-19h; f. janv.-avr.

CH. CHÉRUBIN 2011

■	8 000		30 à 50 €

Bertrand Bourdil, longtemps vinificateur des propriétés de Mouton Rothschild, a acquis en 2006 ce petit cru de 2 ha situé côté sud-ouest de la colline de Saint-Émilion, près d'Angélus, qu'il conduit dans une approche biodynamiste, visant l'export et les tables étoilées.

Issu d'un assemblage classique de merlot (75 %) et de cabernet franc, ce 2011 déploie d'agréables arômes de fruits mûrs (cerise, cassis). On retrouve avec persistance ce fruité soutenu et concentré dans une bouche fraîche et croquante. Les tanins, charnus, et les épices ferment la marche avec élégance. ⧗ 2015-2021 🍷 entrecôte sauce échalotes

GFA Dom. Bourdil, 5, Fonrazade, 33330 Saint-Émilion, tél. 06 08 97 52 07, bbourdil@hotmail.com V r.-v.

CH. CHEVAL BLANC 2011 ★★

■ 1er gd cru clas. A | n.c. | | + de 100 €

61 **64 66** 69 **70 71 75 76 78 79** 80 **81 82 83** 85 **86 88 89** 90 **92 93 94 95 97** 98 **99 00 01 02 03 04 05 06** 07 08 **09 10 11**

À l'origine simple métairie de Figeac, Cheval Blanc devient une propriété indépendante en 1832 quand le président du tribunal de Libourne, Jean-Jacques Ducasse, l'achète et fait construire le château actuel. Ses descendants entreprennent des travaux importants, notamment de drainage, et dès la fin du Second Empire, le cru atteint ses dimensions actuelles et se situe parmi les plus renommés de Saint-Émilion. Son terroir, de type pomerolais avec des graves et des sables anciens sur argiles, explique l'originalité de son encépagement à dominante de cabernet franc, complété par le merlot. Les descendants du président Ducasse vont rester à la tête du cru jusqu'à son rachat en 1998 par Bernard Arnault et Albert Frère. Ces derniers placent Pierre Lurton à la direction générale et dotent le château d'un nouveau chai, édifié par Christian de Portzamparc.

De ce millésime sec et précoce que fut 2011, l'équipe de Cheval Blanc a extrait un vin d'une élégance rare. La robe est parfaite, rubis limpide aux reflets violines. Cèdre, fumée, menthol, réglisse, nuances de petits fruits (mûre, myrtille), le bouquet est intense, complexe et délicat. Dès l'attaque, le palais séduit par sa finesse et sa fraîcheur, ce dernier trait de caractère constituant le fil rouge de la dégustation. Le milieu de bouche se révèle à la fois puissant et velouté, adossé à des tanins satinés enrobés par une chair tendre aux arômes subtils de violette, de baies rouges et de poivre. La finale, longue et minérale, laisse le souvenir d'un grand et beau classique, pur et tout en nuances, que l'on serait tenté d'apprécier dans sa jeunesse, mais que tout destine à un long séjour en cave. ⧗ 2017-2030 🍴 suprême de volaille aux légumes croquants ■ Petit Cheval 2011 : un second vin agréable par son nez fin de noisette grillée et de fruits rouges, comme par son palais doux et fondu. ⧗ 2016-2022

SC du Cheval Blanc, Ch. Cheval Blanc, 33330 Saint-Émilion, tél. 05 57 55 55 55, contact@chateau-chevalblanc.com

CLOS DE LA CURE 2011

■ | 33 000 | | 15 à 20 €

Cette ancienne famille vigneronne (un ancêtre était jurat de Saint-Émilion au Moyen Âge) conduit, à travers le Clos de la Cure et le Ch. Milon, un ensemble de 18 ha dans le Saint-Émilionais, complété en 2010 par une petite parcelle de 56 ares en Pomerol (Clos 56).

Le vignoble est situé derrière l'église de Saint-Christophe-des-Bardes, à l'emplacement de l'ancienne vigne du curé. Ses propriétaires actuels, Pierre et Alexia Bouyer, installés en 1999, signent un 2011 ouvert sur les fruits noirs – le boisé restant discret – chaleureux, gras et bien structuré. ⧗ 2016-2021 🍴 coq au vin

SCEA des Dom. Bouyer, Ch. Milon, 33330 Saint-Christophe-des-Bardes, tél. 05 57 24 77 18, milon-cure@wanadoo.fr V r.-v.

♥ CH. CLOS DE SARPE 2011 ★★

■ | 8 000 | | 50 à 75 €

Ce petit vignoble de 3,7 ha d'un seul tenant, bien situé sur le plateau argilo-calcaire de Sarpe, est dans la famille Beyney depuis 1926. Installé en 1983, Jean-Guy Beyney, incarnant la troisième génération, a vu son domaine accéder au rang de cru classé avec le classement de 2012.

2012, accession à l'envié rang de cru classé ; 2014, coup de cœur pour la trentième édition du Guide Hachette : Jean-Guy Beyney a de quoi avoir le sourire. Son 2011 né de vieux ceps de soixante-cinq ans et d'un long élevage en fût de dix-huit mois revêt une somptueuse robe bordeaux tirant vers le noir. Le bouquet riche et intense associe les fruits noirs très mûrs et la prune à l'eau-de-vie à un boisé élégant et bien ajusté. Une générosité que l'on retrouve dans un palais suave et velouté dès l'attaque, ample, gras et puissant, bâti pour la garde. ⧗ 2018-2026 🍴 navarin d'agneau

SCA Beyney, Saint-Christophe-des-Bardes, 33330 Saint-Émilion, tél. 05 57 24 72 39, chateau@clos-de-sarpe.com V r.-v.

CLOS DES BAIES 2011 ★

■ | 2 034 | | 30 à 50 €

Philippe Baillarguet dispense ses talents de maître de chai pour le compte de la famille Vauthier (Ch. Ausone). En 2006, il prend un petit fermage de 30 ares pour créer son propre vin, puis acquiert 92 ares en 2010, sur le coteau sud de Saint-Laurent-des-Combes.

Maître en son chai, Philippe Baillarguet signe un 2011 nécessairement confidentiel – 58 ares lui sont dédiés – mais fort attachant. Une jolie robe rubis brillante ; un nez délicat de fruits rouges mûrs mâtinés de nuances épicées et florales ; une bouche souple, tendre et soyeuse, aux tanins doux et sans aspérité : un vin sur l'élégance plutôt que sur la puissance. ⧗ 2016-2022 🍴 rôti de veau Orloff

Philippe Baillarguet, 1, Montremblant, 33330 Saint-Émilion, tél. 06 88 67 16 68, philippe.baillarguet@orange.fr r.-v.

CLOS DES MENUTS 2011

■ | 100 000 | | 11 à 15 €

Le fleuron des frères Rivière, Jean-Pierre et Philippe, issus d'une ancienne famille de vignerons et négociants du Libournais. Un cru ancien – les Frères Mineurs, *Fray menuts* en gascon (Franciscains) y vendaient du vin au XIVᵉs. – de 25 ha aujourd'hui, implanté essentiellement à l'ouest de Saint-Émilion.

On a là un bon classique, issu de merlot à 85 %. Au nez, des notes de fruits mûrs mâtinés d'épices douces et de prunelle. En bouche, une attaque souple, fine et fraîche, et une évolution plus ferme. ⧗ 2016-2022 🍴 sauté de veau

SCE Pierre Rivière, pl. du Chapitre, 33330 Saint-Émilion, tél. 05 57 55 59 59, priviere@riviere-stemilion.com V t.l.j. 10h-12h30 14h-18h30

CH. CLOS DES PRINCE 2011 ★

■ | 13 000 | | 20 à 30 €

Également courtiers en vins, Marie-Christine et Gilles Prince ont acquis en 2000 un petit vignoble (3 ha) établi

sur les sables à crasse de fer de Saint-Laurent-des-Combes, à l'est de Saint-Émilion, qu'il cultive dans un esprit « haute couture ».

Vinification intégrale pour 80 % de la récolte après un tri sévère, dix-huit mois d'élevage en barrique. Le résultat : un vin harmonieux, au nez expressif et très fruité (fraise, framboise), ample, souple et rond en bouche, porté par des tanins soyeux et fondus. ⧗ 2015-2020 ▾ pata negra

SCA Vignobles Prince, Ch. Clos des Prince, Ferrandat-Sud, 33330 Saint-Laurent-des-Combes, tél. 05 57 84 64 14, vignobles-prince@wanadoo.fr V r.-v.

CLOS DUBREUIL 2011 ★

■	12 000		+ de 100 €

Issu d'une grande famille vigneronne du Libournais et fils de Jean-Louis Trocard, à la tête d'un vaste ensemble de quatorze propriétés, Benoît conduit ce petit cru de 4,50 ha acquis en 2002, établi sur le plateau calcaire de Saint-Christophe-des-Bardes.

Le merlot règne en maître dans ce vin : 90 %, le cabernet franc en appoint. Café torréfié, épices, fruits mûrs, le nez est engageant. En bouche, les vingt mois de barrique se font sentir, mais le vin est bien présent derrière, autour de tanins solides et d'une matière généreuse. ⧗ 2017-2022 ▾ côte de bœuf ■ Ch. Franc le Maine (48 000 b.) : plus simple, souple, frais et fruité, à boire plus tôt. ⧗ 2015-2020

Benoît Trocard, 11, Jean-Guillot, Clos Dubreuil SAS, 33330 Saint-Christophe-des-Bardes, tél. 06 12 80 04 39, bt@trocard.com V r.-v.

♥ CLOS FOURTET 2011 ★★

■ 1er gd cru clas. B	45 000		75 à 100 €

85 86 87 88 89 **90 91** 92 93 **94** (95) **96 97 98** 99 **00** |01| **02** **03** 04 (05) **06** |07| 08 09 **10 11**

Cet illustre grand cru est un vrai clos ceint de murs (20 ha), établi à l'emplacement d'un fortin romain (« un fourtet »), face à la collégiale de Saint-Émilion. Il a souvent changé de mains, toujours celles d'authentiques familles bordelaises, comme les Ginestet et les Lurton. Ces derniers l'ont considérablement amélioré, avant de le céder en 2001 à Philippe Cuvelier (Ch. Poujeaux à Moulis), qui, avec l'appui de Stéphane Derenoncourt et de Jean-Claude Berrouet, maintient haute cette exigence de qualité.

S'il s'inscrit pleinement dans le paysage saint-émilionnais avec son clos et ses immenses caves souterraines installées dans d'anciennes carrières, ce grand cru le fait aussi par son terroir et son encépagement. Son sol argilo-calcaire recouvert d'une mince couche arable offre d'excellentes conditions de drainage naturel, qui plaisent au merlot, 85 % de l'encépagement (10 % de cabernet-sauvignon et 5 % de franc). Grâce à quoi, le domaine signe un superbe 2011, juste en tout point : robe engageante, noire et profonde ; nez puissant et racé mariant petits fruits mûrs presque confits et fines nuances fumées ; bouche ample et voluptueuse, riche et corpulente. Un grand classique de garde, élégant et solide. ⧗ 2019-2030 ▾ rôti de veau farci aux truffes

SCEA Clos Fourtet, 1, Châtelet-Sud, 33330 Saint-Émilion, tél. 05 57 24 70 90, closfourtet@closfourtet.com V r.-v. Philippe Cuvelier

CLOS LES GRANDES VERSANNES 2011 ★★

■	4 100		15 à 20 €

Jean-Luc Sylvain, tonnelier réputé du Libournais, exerce son talent sur le contenant et sur le contenu. Il a repris en 2003 le Ch. La Perrière, à Lussac, un cru de 14 ha d'origine monastique, complété en 2004 par le Clos les Grandes Versannes, 1 ha de saint-émilion grand cru à Saint-Sulpice-de-Faleyrens.

Cette micro-cuvée s'inscrit dans le groupe de tête des 2011 de garde de l'appellation. Le nez puissant et complexe offre une large palette aromatique, allant des fruits confiturés aux épices douces, en passant par le merrain finement torréfié et vanillé. La bouche tient les promesses de l'olfaction : elle se montre savoureuse, charnue, dense, charpentée par des tanins à la fois serrés et soyeux. Bâti pour affronter le temps et des mets de caractère. ⧗ 2017-2024 ▾ civet de marcassin

Vignobles J.-L. Sylvain, Ch. la Perrière, 33570 Lussac, tél. 05 57 74 51 33, mail@vignobles-jlsylvain.com V r.-v. 5

CLOS ROMANILE 2011

■	1 000		30 à 50 €

En 2004, Rémi Dalmasso, maître de chai au château Valandraud, plante en vigne le jardin situé devant sa maison à Saint-Émilion (1 ha aujourd'hui, en conversion bio) et signe son premier millésime en 2008.

Après les vins de garage, les vins de jardin. Rémi Dalmasso a sélectionné 50 ares pour élaborer cette micro-cuvée élevée vingt mois en fût. Au nez, un boisé bien travaillé aux accents épicés et torréfiés, et des notes de fruits mûrs. En bouche, une attaque fraîche puis un développement ample, riche et suave, soutenu par une bonne charpente. Un ensemble harmonieux, à boire jeune ou vieux. ⧗ 2015-2022 ▾ sauté d'agneau

SCEA Clos Dalmasso, 9, la Rose, 33330 Saint-Émilion, tél. 09 61 51 18 81, clos.dalmasso@orange.fr V r.-v.

B CLOS SAINT-JULIEN 2011 ★

■	3 000		30 à 50 €

Le plus petit des trois crus saint-émilionnais (Gaillard, Petit Gravet Ainé) de Catherine Papon-Nouvel, installée en 1998 à la suite de son père à la tête des vignobles familiaux et par ailleurs propriétaire sur Castillon (Ch. Peyrou). La vigne couvre 1,20 ha (en bio certifié) sur un terroir de roche calcaire.

Mi-merlot mi-cabernet franc, ce 2011 est encore un peu réservé à l'olfaction ; à l'aération pointent les fruits rouges mûrs et quelques notes épicées. En bouche, il se montre souple et suave en attaque, avant de monter en puissance et en volume, corseté par des tanins fermes. Un vin long et solide, bâti pour bien vieillir. ⧗ 2017-2024 ▾ carré d'agneau aux champignons

SCEA Vignobles J.-J. Nouvel, BP 84, 33330 Saint-Hippolyte, tél. 05 57 24 72 44, chateau.gaillard@wanadoo.fr V r.-v.

CH. LA CLOTTE 2011

Gd cru clas.	15 000		30 à 50 €

99 00 01 |03| |04| 05 06 **07** 08 09 10 11

Une habitation troglodytique (« clotte ») donne son nom à ce domaine de 4 ha en terrasses, acquis en 1912 par les Chailleau. Élevé au rang de cru classé dès 1955, le cru fut mis en fermage dans les années 1960 et de nouveau exploité par la famille en 1990.

Le terroir (sableux et argilo-calcaire) et l'encépagement (merlot à 80 %) classiques de ce cru se retrouvent dans le verre. La robe est vive et attrayante. Le bouquet offre un mariage réussi des petits fruits rouges et du boisé vanillé. Le palais, équilibré, à la fois ferme, gras et frais, un rien plus austère en finale, devrait s'affiner prochainement. 2016-2022 canette aux épices

Nelly Moulierac, 1, Bergat, 33330 Saint-Émilion, tél. 05 57 24 66 85, chateau-la-clotte@wanadoo.fr V r.-v.

Héritiers Chailleau

CH. LA COMMANDERIE 2011 ★★

	30 000		15 à 20 €

Après plusieurs expériences dans le vignoble bordelais, Thibaut et Magali Decoster s'installent en 2004 à la tête de deux crus de Saint-Émilion : le classé (depuis 1955) Clos des Jacobins, 8,5 ha en pied de côte, et le nouvellement classé (2012) la Commanderie, 6 ha en plateau.

Justifiant pleinement son nouveau statut, la Commanderie propose un 2011 riche et expressif de bout en bout. Fruits rouges et noirs en confiture associés à un beau boisé torréfié composent la ligne aromatique jusqu'en finale. En bouche, le vin est ample, gras, puissant sans lourdeur ni mollesse, porté par des tanins solides. 2017-2024 côte de bœuf ■ Clos des Jacobins 2011 (20 à 30 € ; 43 000 b.) : un vin de garde massif et bien en chair, encore un peu austère et boisé. 2018-2026

Ch. la Commanderie, 33330 Saint-Émilion, tél. 05 57 24 70 14, contact@chateaulacommanderie.com V r.-v.

T. Decoster

CH. CONDAT 2011

	35 000		20 à 30 €

La maison de négoce de François Janoueix, descendant d'une branche de ces Corréziens qui ont fait la richesse de Libourne, est également propriétaire de nombreux crus composant un vaste ensemble de plus de 100 ha.

François Janoueix a entrepris en 1999 la reconstitution de ce vignoble de 8 ha de vieilles graves en croupes, commandé par un petit château du XVII^{e}s. regardant la rivière. Le vin est donc issu de jeunes ceps, ce qui ne l'empêche pas de bien se comporter. Le nez, déjà ouvert, exprime les baies noires mûres soulignées par un boisé délicat. Souple et ronde, la bouche reste fraîche, adossée à des tanins bien en place. 2016-2022 palombe rôtie

Vignobles François Janoueix, 20, quai du Priourat, BP 135, 33502 Libourne Cedex, tél. 05 57 55 55 44, vins@janoueixfrancois.com V r.-v.

CH. LA COUSPAUDE 2011 ★

Gd cru clas.	42 000		30 à 50 €

85 **86** 88 (89) 90 91 92 **93** 94 **95** 96 97 **98** 01 02 03 04 |05| |06| |07| **09** 10 11

La famille Aubert – aujourd'hui les frères Alain, Daniel et Jean-Claude, épaulés par leurs enfants – exploite 300 ha et de nombreux domaines du Bordelais, essentiellement en Libournais, avec pour fleuron le Ch. la Couspaude, grand cru de Saint-Émilion, acquis en 1908.

Cette propriété de 7 ha s'appuie sur un terroir argilo-calcaire et un encépagement (merlot à 75 % complété des deux cabernets) typiques du plateau de Saint-Émilion. Le 2011 tient son rang. Le bouquet, à la fois élégant et généreux, mêle petits fruits mûrs, boisé chocolaté et nuances mentholées. Une attaque souple et soyeuse introduit un palais suave et gras, soutenu par des tanins fermes et fins, taillés pour la garde. 2017-2024 canard aux cerises ■ Ch. Saint Hubert 2011 ★ (20 à 30 € ; 15 000 b.) : un peu plus de cabernets pour ce vin expressif (fruits confits, épices, sous-bois, torréfié), dense, charnu et solide. 2017-2024

Vignobles Aubert, Ch. la Couspaude, BP 40, 33330 Saint-Émilion, tél. 05 57 40 15 76, vignobles.aubert@wanadoo.fr r.-v.

CH. CROIX DE VIGNOT 2011

	n.c.		15 à 20 €

Bien implantée dans le Libournais, la famille Micheau-Maillou y exploite plusieurs vignobles, en saint-émilion grand cru et en lalande.

La Croix de Vignot est un petit cru de 1,4 ha entièrement replanté en merlot après le gel de 1956, situé en pied de côte à Saint-Hippolyte. Le 2011 est un vin à l'olfaction discrète mais élégante (fruits rouges frais, violette, épices douces), au palais souple et rond, aux tanins « soft » et fins. Il pourra s'apprécier dans sa jeunesse. 2015-2020 lasagnes

Famille Micheau-Maillou, La Vieille-Église, 33330 Saint-Hippolyte, tél. 05 57 24 61 99 V r.-v.

CH. LA CROIX DU MERLE Wine 4 mélomanes 2011 ★

	n.c.		15 à 20 €

Après avoir œuvré dans plusieurs chais du Saint-Émilionnais, Marien Nègre a repris en 2006 ce petit vignoble de 1,90 ha situé au pied de la côte de Saint-Hippolyte, à l'est de l'appellation, composé de plusieurs petites parcelles plantées du seul merlot et labourées au cheval.

Composée par son auteur comme une œuvre musicale, cette cuvée offre une partition harmonieuse. Son bouquet, déjà très charmeur et complexe, associe notes briochées, griotte à l'eau-de-vie, poivre blanc et moka. Le palais se révèle fruité et réglissé, riche, dense et solide. Un vin de caractère, encore en devenir mais fort prometteur. 2016-2022 gigot d'agneau

Marien Nègre, Ch. la Croix du Merle, 10, lieu-dit Pineau, 33330 Saint-Hippolyte, tél. 05 57 24 09 83, chateaulacroixdumerle@orange.fr V r.-v.

CH. CROIX FIGEAC 2011 ★

■ | 50 000 | | 15 à 20 €

Un cru ancien (1888) acquis par la famille de Jean Dutruilh en 1984. Ce dernier, ancien champion de ski à bosses, a repris en main le vignoble depuis 2001, 11,8 ha proches des Châteaux Figeac et Cheval Blanc.

A priori l'un des derniers millésimes du domaine sous cette étiquette, son voisin et grand cru classé B Château Figeac ayant demandé et obtenu l'annulation de ce nom pouvant selon lui prêter à confusion... Dans le verre, un vin qui ne souffre d'aucune contestation. Un 2011 fruité, élégant et plein de fraîcheur à l'olfaction comme au palais, épaulé par un boisé discret et des tanins souples et fins. À boire dans sa jeunesse. ⌛ 2015-2020 🍴 bavette à l'échalote

Jean Dutruilh, 14, rue d'Aviau, 33000 Bordeaux, tél. 06 73 89 18 13, jdgammes@wanadoo.fr

LA DAME DE ONZE HEURES 2011

■ | 5 000 | | 30 à 50 €

Vincent, ancien musicien professionnel, et Béatrice Rapin, architecte d'intérieur, se sont reconvertis dans la vigne avec succès en 2000 : d'abord Valmengaux, 5,4 ha au nord-est de Fronsac, en AOC bordeaux, complétés en 2007 par la Dame de onze heures, 1,22 ha en conversion bio, sur Saint-Émilion.

Ce nom original fait référence à une fleur qui s'ouvre à 11 heures et symbolise la démarche bio du domaine. Né en contrebas des coteaux de l'Angélus et de Beau-Séjour Bécot, ce 2011 issu à 90 % de merlot marie sans fausse note boisé épicé et fruits mûrs. Le palais se révèle ample, dense, charnu et solide, encore un peu sévère en finale. ⌛ 2016-2022 🍴 côte de bœuf

Vincent et Béatrice Rapin, 8, Petit-Gontey, 33330 Saint-Émilion, tél. 06 75 93 30 71, domainedevalmengaux@wanadoo.fr
V r.-v.

CH. DASSAULT 2011 ★★

■ Gd cru clas. | 80 000 | | 30 à 50 €

98 99 00 01 02 03 |04| **|07|** 09 **10 11**

Créé en 1862, le Château Couperie, à l'abandon, est racheté en 1955 par Marcel Dassault. Entièrement restructuré et rebaptisé, le cru est élevé au rang de cru classé en 1969. Présidé par Laurent Dassault, petit-fils de l'avionneur, et dirigé par Laurence Brun depuis 1995, il étend son vignoble sur 29 ha, implanté sur un glacis sableux au nord-est de Saint-Émilion.

Issu de 80 % de merlot, complété des deux cabernets, ce 2011 tient son rang. Le bouquet, naissant et déjà très harmonieux, conjugue boisé épicé, fruits rouges et notes florales. Suivant le même registre aromatique, tendre et rond en attaque, le palais se révèle ample, vigoureux mais toujours élégant, étayé par des tanins au grain fin et serré. Un beau vin de garde, à la fois ferme et distingué. ⌛ 2017-2026 🍴 chateaubriand aux cèpes

SAS Ch. Dassault, BP 35, 33330 Saint-Émilion, tél. 05 57 55 10 00, lbo@chateaudassault.com
V r.-v.

CH. LA DOMINIQUE 2011 ★★

■ Gd cru clas. | 80 000 | | 30 à 50 €

(82) **86** 88 **89** 90 **93** 94 95 **96** 97 98 99 00 01 |02| **03** 05 |06| 08 **09** 10 **11**

Un cru d'ancienne notoriété, auquel un riche marchand propriétaire des lieux au XVIIIes. aurait donné le nom d'une île des Caraïbes. Depuis 1969, il appartient au puissant capitaine d'industrie Clément Fayat. Le vignoble de 30 ha, situé au nord-ouest de Saint-Émilion, au voisinage de Pomerol, est établi sur un beau terroir de sables anciens au sous-sol argileux.

« Un vin authentique ». C'est ainsi que les jurés concluent la dégustation de ce vin où tout est présent avec justesse. La robe est profonde et dense. Au nez, les fruits restent frais et friands, encadrés par un merrain finement toasté et vanillé. La bouche, étoffée et solidement bâtie autour d'un boisé racé et de tanins très élégants, s'étire dans une longue finale ferme et dense, aux tonalités de tabac. ⌛ 2017-2026 🍴 filet de bœuf aux morilles

Y. Evenou, lieu-dit La Dominique, 33330 Saint-Émilion, tél. 05 57 51 31 36, contact@vignobles.fayat.com V r.-v. Clément Fayat

CH. L'ÉTOILE DE CLOTTE 2011 ★★

■ | 16 000 | | 15 à 20 €

Propriétaire bien connu de l'AOC castillon (Roque le Mayne, La Bourrée), Jean-François Meynard s'est étendu en 2009 sur Saint-Émilion avec le Ch. L'Étoile de Clotte, petit cru de 2 ha sur Saint-Etienne-de-Lisse.

Jean-François Meynard a vite « dompté » les terres saint-émilionnaises et s'invite chaque année dans ce chapitre depuis son installation. Son 2011 (merlot à 70 %, le solde en cabernet franc) a fait forte impression. La robe est intense et profonde. Le nez, complexe et « explosif », mêle les fruits confits à des notes vanillées, réglissées et mentholées. La bouche va crescendo, d'abord souple et charnue, puis ample, riche et chaleureuse, enfin puissante, serrée et boisée en finale. ⌛ 2017-2025 🍴 civet de lièvre

SCEA Vignobles Meynard, Barbey, 33330 Saint-Étienne-de-Lisse, tél. 06 89 87 82 99, contact@vignoble-meynard.com V r.-v.

CH. FAUGÈRES 2011 ★

■ | 68 000 | | 30 à 50 €

93 94 95 96 97 **98 99 00** 01 **|02| 03** |04| **05** 06 **07** 09 **10** 11

Fondé en 1823 par la famille de Pierre-Bernard (Péby) Guisez, qui lui donna dans les années 1980 ses premières lettres de noblesse, ce cru est depuis 2005 propriété du Suisse Silvio Denz, homme d'affaires spécialisé dans le luxe. Agrandissement du vignoble, nouveau chai-cathédrale, ce dernier en a fait un fleuron de Saint-Émilion, hissé au rang de cru classé en 2012, comme son « cousin » Péby-Faugères.

Issu d'un encépagement traditionnel (85 % de merlot), sur un terroir argilo-calcaire à l'est de l'appellation, le 2011, d'une présentation impeccable, grenat profond, livre un bouquet intense et harmonieux de fruits rouges, d'épices douces et de toasté léger. Suave et charnu en attaque, le palais est structuré en finesse par des tanins élégants et déploie une finale longue et nette. ⌛ 2016-2022 🍴 grenadins de veau aux girolles ■ Haut Faugères 2011 ★ (20 à 30 € ; 65 000 b.) : proche du premier en qualité, un vin généreux en fruit, tendre et soyeux en bouche. ⧗ 2015-2020

SARL Ch. Faugères, Ch. Faugères, 33330 Saint-Étienne-de-Lisse, tél. 05 57 40 34 99, info@chateau-faugeres.com V r.-v.
Silvio Denz

JEAN FAURE 2011 ★

■ | 58 000 | | 30 à 50 €

Ancien grand cru classé de Saint-Émilion, ce domaine perdit son titre lors de la révision de 1986, pour le retrouver en 2012. Olivier Decelle (ancien dirigeant des surgelés Picard et propriétaire, entre autres, du Mas Amiel dans le Roussillon) a repris en 2004 cette propriété de 18 ha située au nord-ouest de la cité et lui a redonné tout son lustre.

Comme chez son prestigieux voisin Cheval Blanc, le cabernet franc est très présent dans l'encépagement (54 %), complété de merlot (40 %) et d'une pointe de malbec. Le résultat est ici un vin à la fois fin et puissant. Au nez, la complexité est de mise : sous-bois, truffe, chocolat, fruits mûrs. Après une attaque suave et souple, le palais se révèle dense et serré, corsé par un boisé noble aux tonalités de moka et par des tanins solides. De bonne garde, assurément. ⧗ 2017-2026 chapon rôti à la bordelaise

SCEA Olivier Decelle, Ch. Jean Faure, 33330 Saint-Émilion, tél. 05 57 51 34 86, contact@lvod.fr V r.-v.

CH. FAURIE DE SOUCHARD 2011 ★★

■ Gd cru clas. | 31 000 | | 20 à 30 €

La famille Jabiol exploite depuis les années 1930 ce cru connu depuis le début du XIXes. et lui a donné sa configuration actuelle : 12 ha de vignes sur le versant nord du plateau de Saint-Émilion, dans le secteur de Faurie.

C'est un vin complet et d'une réelle harmonie qui est ici proposé. La robe profonde et soutenue, moirée de noir, annonce un bouquet riche et intense de pruneau, de cannelle et de chocolat. Riche et puissant aussi est le palais, offrant beaucoup de volume et de densité, étayé par des tanins élégants, au grain serré, et par une fine trame acide qui lui donne de l'allonge et un surcroît de vigueur. Un beau potentiel de garde en perspective. ⧗ 2017-2027 rôti de sanglier

SAS Sciard-Jabiol, Ch. Faurie de Souchard, 33330 Saint-Émilion, tél. 05 57 74 43 80, fauriedesouchard@wanadoo.fr V r.-v.

CH. DE FERRAND 2011

■ | n.c. | | 30 à 50 €

Ce vaste domaine (42 ha) est situé sur les hauts de Saint-Hippolyte, à l'est de Saint-Émilion. Le marquis de Mons fit construire le château à la fin du XVIIes. ; le baron Bich, inventeur du célèbre stylo à bille, l'acquiert en 1978. Ses héritiers sont toujours aux commandes.

Au nez, aux côtés des baies noires, pointent des senteurs de cuir, d'humus et de poivre. En bouche, si l'attaque est soyeuse et souple, les tanins montrent rapidement les muscles. Un vin sérieux, encore dans la fougue de sa jeunesse. ⧗ 2017-2022 civet de sanglier

Héritiers du baron Bich, Ch. de Ferrand, 33330 Saint-Hippolyte, tél. 05 57 74 47 11, info@chateaudeferrand.com V r.-v.

CH. FERRAND-LARTIGUE 2011

■ | 9 200 | | 20 à 30 €

Un petit cru de 4 ha, créé en 1993 par Pierre Ferrand, qui l'a cédé en 2008 à Maxime Bontoux, également propriétaire du Ch. Grand Lartigue, situé juste en face, et du Ch. Tourteau-Chollet dans les Graves.

Déjà très agréable, ce vin dévoile un bouquet harmonieux de fruits rouges mûrs et d'épices douces. Des arômes qui se prolongent dans un palais souple, rond et suave, soutenu par des tanins soyeux. ⧗ 2015-2020 tournedos de thon rouge

SAS Partitor, 9, rue du fg-Saint-Honoré, 75008 Paris, tél. 05 57 24 87 14, contact@vitisvintage.com V r.-v.

♥ CH. FIGEAC 2011 ★★

■ 1er gd cru clas. B | 100 000 | | 75 à 100 €

62 **64 66** (70) **71** 74 **75 76** 77 **78** 79 80 **81 82 83 85 86** 87 **88** |**89**| |90| |**93**| 94 (95)| |96| 97 |**98**| |99| |00| |01| |02| 04 05 06 07 09 10 **11**

Le plus vaste domaine de Saint-Émilion (40 ha de vignes), situé à l'ouest de la cité, en bordure de Pomerol. Un vignoble atypique, à l'accent médocain – 70 % de cabernet franc et de cabernet-sauvignon à parts égales –, adapté à son terroir de graves. Un haut lieu de l'appellation façonné par la famille Manoucourt, propriétaire depuis 1892, et notamment par Thierry, décédé en 2010. Son épouse et ses quatre filles en ont confié en 2013 la direction générale à Frédéric Faye, son ancien directeur technique.

Figeac revient à son plus haut niveau avec ce 2011 remarquable d'harmonie, reflet quasi « pédagogique » du triptyque merlot /cabernet franc/cabernet-sauvignon associés ici par tiers. Le premier apporte sa couleur et ses arômes intenses (petits fruits mûrs et violette), son caractère généreux et suave ; le second assure une réelle finesse ; le dernier confère de la fraîcheur et une solide charpente à l'ensemble ; le tout appuyé par un boisé noble aux tonalités de chocolat, de vanille et de toasté. Un vin de grande expression et de grande garde. ⧗ 2018-2029 rôti de veau Orloff

Ch. Figeac, Ch. de Figeac, 33330 Saint-Émilion, tél. 05 57 24 72 26, chateau-figeac@chateau-figeac.com r.-v.
Famille Manoncourt

CH. LA FLEUR 2011

■ | 30 000 | | 30 à 50 €

Ce petit cru de 8 ha, l'un des rares cas de métayage encore existant dans le vignoble bordelais, est conduit, pour la famille Dassault, par Romain Depons depuis 2002.

Une forte dominante de merlot (92 %) pour ce 2011 généreusement bouqueté autour d'un fruité mûr et concentré, souligné par un grillé discret. La bouche, à l'unisson, se montre ample, riche et chaleureuse, soutenue par un boisé actif mais bien maîtrisé et par des tanins ronds et soyeux. 2015-2021 mijoté de bœuf

Romain Depons, Ch. La Fleur, 33330 Saint-Émilion, tél. 05 57 55 10 00, lbo@chateaudassault.com r.-v.

♥ CH. FLEUR CARDINALE 2011 ★★

Gd cru clas.	75 000		30 à 50 €

98 99 01 02 03 04 **05** |**06**| |07| |08| 09 10 **11**

Dominique et Florence Decoster ont acquis en 2001 ce cru de 18 ha établi sur l'un des points hauts de l'AOC, à l'est de Saint-Émilion. Leurs investissements ont rapidement porté leurs fruits : le cru est entré en 2006 dans le cercle des « classés », classement confirmé en 2012. La propriété s'est agrandie de 7,50 ha en 2011 avec le rachat du vignoble voisin de La Croix Cardinale.

Un coup de cœur qui confirme la progression constante de ce cru, millésime après millésime. Ici, un 2011 superbe de puissance maîtrisée, de générosité et d'élégance. La robe est d'un bordeaux sombre engageant. Le nez, intense et riche, associe les fruits mûrs, le pruneau, les épices douces et de fines nuances de violette. La bouche se révèle ample, charnue, concentrée, charpentée par des tanins veloutés, avant d'offrir un retour savoureux sur les fruits en finale. Tout est en place, et pour longtemps. 2018-2026 souris d'agneau aux épices ■ Ch. Croix Cardinale 2011 ★★ (20 à 30 € ; 25 000 b.) : un style proche et autant de qualité ; un vin riche, généreux, enveloppant, aux tanins caressants, « très saint-émilion ». 2017-2024

SCEA Ch. Fleur Cardinale, 7, Le Thibaud, 33330 Saint-Étienne-de-Lisse, tél. 05 57 40 14 05, contact@fleurcardinale.com r.-v.

F. et D. Decoster

CH. LA FLEUR CRAVIGNAC 2011 ★

■	46 000		15 à 20 €

Un cru d'ancienne notoriété créé au XVIIIᵉs., dont le vin, l'un des favoris de Raymond Poincaré, fut servi au restaurant de l'Assemblée nationale. Ce domaine est propriété depuis 1960 de la famille Beaupertuis.

Cette cuvée retient l'attention par son équilibre. Un beau rubis intense anime la robe. Le nez mêle agréablement les fruits et la vanille, agrémentés d'une touche de cuir. Le palais se révèle ample, gras, rond sans lourdeur, étayé par des tanins mûrs qui n'écrasent pas l'ensemble. Un vin à apprécier dans sa jeunesse. 2015-2020 pintadeau rôti

SCEA Cravignac, Cravignac, 33330 Saint-Émilion, tél. 05 57 55 38 03 r.-v. Beaupertuis

FLEUR D'ARTHUS 2011

■	20 000		20 à 30 €

Jean-Denis Salvert a créé ce petit cru en 2000 : 6,20 ha sur le terroir de graves et de sables de Vignonet, au sud de l'appellation.

Après quinze mois de barrique, ce 2011 livre un bouquet encore sous l'emprise du merrain, les fruits noirs frais pointant à l'aération. La bouche s'ouvre sur une chair ronde et dense, puis arrivent les tanins, fermes, serrés et austères, gage d'un bon vieillissement. Un vin de structure. 2017-2024 gigot d'agneau

La Fleur d'Arthus, 24, La Grave, 33330 Vignonet, tél. 06 08 49 18 11, fleurdarthus@orange.fr

V r.-v.

CH. LA FLEUR MORANGE 2011 ★

■	3 500		30 à 50 €

Le cru classé le plus récent (créé en 1999 par les époux Julien et classé en 2012), certainement le plus petit (3,45 ha, dont 2 ha seulement en classé) et le seul de la commune excentrée de Saint-Pey-d'Armens, au sud-est de l'appellation. Son atout principal : un terroir offrant une très large variété de sols, planté de vignes centenaires.

Un vin au caractère bien affirmé, qui peut surprendre par sa concentration. La robe très dense et profonde, tirant sur le noir, annonce l'intensité « solaire » du bouquet, tourné vers les fruits noirs confiturés, le poivre, le toasté et, plus original, la garrigue. On retrouve ce caractère presque méridional dans un palais puissant, gras, chaleureux, soutenu par des tanins fermes, garants d'une bonne évolution. 2017-2024 daube de bœuf

Véronique et Jean-François Julien, Ferrachat, Saint-Pey-d'Armens, 33330 Saint-Émilion, tél. 06 62 40 37 86, julienjf33@aol.com

V r.-v.

CH. LA FLEUR PENIN 2011 ★

■	14 000		15 à 20 €

Patrick Carteyron est bien connu de l'autre côté de la Dordogne, à Génissac, pour son Ch. Penin. Il a acquis en 2011 une petite vigne de 2,5 ha en pied de côte à Saint-Pey-d'Armens, créé sa cuverie, son chai et sa salle de réception.

Ce premier millésime porte beau dans sa robe profonde. Au nez, il s'ouvre sans réserve sur un fruité mûr agrémenté de réglisse et d'épices douces. En bouche, il offre du gras, de la douceur, du volume et des tanins élégants et soyeux. Un vin harmonieux, à boire jeune ou patiné par la garde. 2015-2022 bœuf bourguignon

Carteyron, EARL Penin , lieu-dit Combot, 33330 Saint-Pey-d'Armens, tél. 05 57 24 46 98, vignoblescarteyron@orange.fr

CH. LA FLEUR PEREY Cuvée Prestige Élevé en fût de chêne 2011 ★

■	11 000		15 à 20 €

Alain Xans et sa sœur Florence, héritiers d'une lignée vigneronne remontant à 1880, conduisent depuis 1990 les 12 ha familiaux sur les graves et sables de Saint-Sulpice-de-Faleyrens, dont plus de la moitié allant au grand cru, le reste au saint-émilion Perey-Grouley et aux bordeaux.

Une forte majorité de merlot (90 %) imprime son caractère à ce vin harmonieux et d'emblée engageant par son nez intense de fruits mûrs, d'épices, de tabac et de pain grillé. Des arômes que l'on retrouve dans une bouche ample, qui se développe en douceur autour d'une chair tendre et ronde soutenue par des tanins élégants. Déjà agréable, ce 2011 vieillira bien. ⧗ 2015-2022 🍴 ragoût de bœuf

Vignobles Florence et Alain Xans, Ch. la Fleur Perey, 337, Bois-Grouley, 33330 Saint-Sulpice-de-Faleyrens, tél. 06 80 72 84 87, alainxans@wanadoo.fr V r.-v.

CH. LA FLEUR PICON 2011

■	24 450		11 à 15 €

Un petit cru de 5,7 ha créé en 1975 par Anita et Christian Lassègues. Leur fils Marc, venant du milieu artistique et incarnant la neuvième génération de vignerons dans la famille, a pris la suite en 2004.

Un nez délicat d'épices (muscade, vanille), de violette et de fruits rouges ouvre agréablement la dégustation. Le palais se montre souple, velouté, structuré par des tanins au grain fin. Un vin qui joue dans le registre de la délicatesse plus que dans celui de la force. ⧗ 2015-2020 🍴 fricassée de poulet forestière

Lassègues, Ch. La Fleur Picon, 33330 Saint-Émilion, tél. 05 57 24 70 60, contact@lafleurpicon.fr V r.-v. 2

CH. FOMBRAUGE 2011

■	n.c.		20 à 30 €

L'origine du château remonte au XVe s. et aux seigneurs de Fombrauge. Ce vaste domaine, l'un des plus imposants de Saint-Émilion (44,65 ha), est propriété depuis 1999 de Bernard Magrez, acteur incontournable du vignoble bordelais. Le classement de 2012 l'a fait entrer dans le cercle des grands crus classés.

Après dix-huit mois de barrique, ce 2011 à forte teneur en merlot (95 %) dévoile un bouquet généreux de fruits noirs cuits mêlés de bon boisé et de nuances florales. Ronde et charnue en attaque, la bouche déploie ensuite des tanins virils et fermes, garants d'une bonne évolution. ⧗ 2017-2022 🍴 civet de marcassin ■ Ch. Magrez Fombrauge 2011 (5 760 b. ; 75 à 100 €) : plus de cabernet franc dans cette micro-cuvée solaire (fruits noirs confits, figue, épices douces, cuir), généreusement boisée, dense et riche. « Moderne et sudiste », concluent les jurés. ⧗ 2017-2022

Ch. Fombrauge, 33330 Saint-Christophe-des-Bardes, tél. 05 57 24 77 12, chateau@fombrauge.com V r.-v. 5 Bernard Magrez

CH. FOURNEY 2011 ★

■	40 000		15 à 20 €

Propriétaire en saint-émilion grand cru (44 ha) avec notamment le Ch. Vieux Guinot, le domaine historique, et le Ch. Fourney, la famille Rollet est établie dans le Libournais depuis 1729 et détient aussi 20 ha en castillon (Ch. Grand Tertre et Ch. Fourquerie).

Belle réussite sur le millésime 2011 pour les Rollet. En tête, le Ch. Fourney, acquis par la famille en 1956. Un vin à forte dominante de merlot (95 %), au nez complexe d'épices, de réglisse, de fruits noirs et de violette, au palais ample, velouté et harmonieux, bien épaulé par un bon boisé toasté et des tanins soyeux. ⧗ 2016-2022 🍴 rosbif aux cèpes ■ Ch. Roc Saint Michel 2011 ★ (60 000 b.) : la part belle est faite aux cabernets (50 %) pour ce vin généreux (baies noires très mûres, épices douces), suave et bien charpenté. ⧗ 2017-2024 ■ Osage du Vieux Ch. Guinot 2011 (20 à 30 € ; 3 000 b.) : mi-merlot mi-cabernet franc, un vin solide et chaleureux, de bonne garde. ⧗ 2017-2024

SA Vignobles Rollet, Ch. Fourney , BP 23, 33330 Saint-Émilion, tél. 05 57 56 10 20, contact@vignoblesrollet.com V r.-v.

CH. FRANC MAYNE 2011 ★

■ Gd cru clas.	24 850		30 à 50 €

85 86 88 89 90 95 96 **97 98** 99 00 01 02 03 |04| |05| |06| 08 **09** 10 11

Après avoir investi à Lussac et Pomerol, les Laviale-Van Malderen ont acquis en 2005 Franc-Mayne, cru classé depuis l'origine (1959), où ils associent là aussi viticulture et œnotourisme. Bien situé sur le plateau calcaire de Saint-Émilion, le vignoble, totalement rénové, couvre 7 ha, sous lesquels 2 km de galeries souterraines aménagées en cave accueillent les vins en élevage.

Le 2011 tient son rang. Issu de merlot à 90 %, le cabernet franc en appoint, il dévoile un bouquet discret mais élégant de fruits rouges mûrs mâtinés de nuances florales et d'un boisé vanillé et grillé bien ajusté. Souple et rond en attaque, le palais évolue dans le même registre distingué, bâti sur une structure fine et un élevage sans excès. Un vin droit et classique. ⧗ 2017-2024 🍴 rôti de veau aux girolles ■ Les Cèdres de Franc Mayne 2011 ★ (15 à 20 € ; 5 450 b.) : un second vin gourmand, à la fois suave et frais, soutenu par des tanins soyeux qui permettront de l'apprécier rapidement. ⧗ 2015-2020

SCEA Ch. Franc Mayne, 14, la Gomerie, 33330 Saint-Émilion, tél. 05 57 24 62 61, info@chateaufrancmayne.com V r.-v. 5

Laviale Van Malderen

(B) CH. GAILLARD 2011

■	80 000		15 à 20 €

Également propriétaire en castillon (Ch. Peyrou), Catherine Papon-Nouvel a pris en 1998 la suite de son père à la tête des trois crus familiaux de Saint-Émilion (Clos Saint Julien, Petit Gravet Ainé). Ch. Gaillard est le plus vaste d'entre eux, couvrant 15 ha (en bio certifié) sur sables et argiles.

Le plus riche en merlot des crus de la famille, à l'origine ici d'un vin expressif et fruité au nez, souple et rond en attaque, ample et soyeux dans son développement, plus sévère en finale. La garde lui apportera l'harmonie. ⧗ 2016-2022 🍴 côtelettes d'agneau

SCEA Vignobles J.-J. Nouvel (Ch. Gaillard), BP 84, 33330 Saint-Hippolyte, tél. 05 57 24 72 44, chateau.gaillard@wanadoo.fr V t.l.j. sf sam. dim. 8h-12h30 13h30-17h

CH. LA GRÂCE DIEU 2011 ★★

■	56 200		11 à 15 €

Au XIIIe s., les Cisterciens fondèrent ici un prieuré, aujourd'hui disparu, nommé À la grâce de Dieu. Acquis en 1946 par Pierre Dubreuilh, le domaine est désormais conduit par ses descendantes, les sœurs Christine et Valérie Pauty, à la tête de 13 ha plantés sur le versant ouest de Saint-Émilion.

Le millésime 2011 a souri aux sœurs Pauty, qui signent deux cuvées remarquables, difficiles à départager. Pour sa finesse, apportée par 20 % de cabernet franc aux côtés du merlot, et pour sa « typicité » et sa disponibilité, nous mettons en avant la cuvée principale. Le nez, élégant, associe un bon merrain aux accents cacaotés et les fruits noirs mûrs. Dense, serré, droit, solidement structuré, mais sans dureté et sans écraser le fruit, le palais conjugue puissance, équilibre et longueur. ⧗ 2017-2024 ¥ filet de bœuf en croûte ■ Cuvée Passion 2 femmes 2011 ★★ (20 à 30 € ; 3 000 b.) : 100 % merlot et 100 % barrique neuve pour ce vin très concentré, riche, puissant, charpenté par des tanins massifs. À l'encontre des préjugés sur les vins dits « féminins »... ⧗ 2018-2026

Vignobles Pauty, Ch. la Grâce Dieu, 33330 Saint-Émilion, tél. 05 57 24 71 10, contact@chateaulagracedieu.fr V t.l.j. sf sam. dim. 9h-12h 13h30-17h30

♥ GRACIA 2011 ★★

■ | 5 000 | | 75 à 100 €

Gracia, ce sont quelques hectares de vignes héritées en 1994, un chai « lilliputien » au cœur de Saint-Émilion, dans une bâtisse du XIII^e^s., le tout conduit par un entrepreneur-tailleur de pierre converti à la vigne, Michel Gracia, aidé de ses filles Marina et Caroline.

Pas de nom de château pour ce vin « d'art et d'essais », selon les mots de ses auteurs. Pas besoin, le vin se suffit à lui-même. La robe est superbe, bordeaux sombre aux reflets rubis. Le nez, intense, mêle fruits noirs mûrs (crème de cassis) et boisé noble. L'attaque est franche, le fruit éclatant, le développement ample et long, suave et puissant, soutenu par des tanins de garde et un élégant boisé réglissé. ⧗ 2018-2026 ¥ épaule d'agneau aux cèpes ■ Les Angelots de Gracia 2011 ★★ (50 à 75 €) : plus souple que le précédent, mais tout de même un solide gaillard ; au nez, un boisé racé, épicé, toasté et fumé, des notes de pruneau et de fruits noirs ; en bouche, du gras et des tanins denses mais soyeux. ⧗ 2016-2024

Michel Gracia et Filles, rue du Thau, 33330 Saint-Émilion, tél. 05 57 24 77 98, michelgracia@wanadoo.fr r.-v.

CH. GRAND CORBIN-DESPAGNE 2011

■ Gd cru clas. | 76 000 | | 20 à 30 €

97 98 99 |00| |01| **|04|** |05| 06 |07| 08 **09** **10** 11

Les Despagne sont présents dans le Libournais depuis le XVI^e^s., avec notamment des ancêtres métayers à Cheval Blanc. Propriétaires à Corbin, au nord-ouest de l'appellation, depuis 1812, ils n'ont cessé d'agrandir leur domaine (28,8 ha aujourd'hui, en conversion bio) et d'améliorer la qualité des vins, sous la conduite depuis 1996 de François Despagne, septième du nom.

200e millésime pour les Despagne avec ce 2011 de belle facture, issu de 75 % de merlot, 24 % de cabernet franc et d'un soupçon de cabernet-sauvignon. Si le premier nez est encore sous l'emprise du merrain, l'aération dévoile un joli fruité aux accents de cerise. Fraîche et souple en attaque, la bouche se fait ensuite plus chaleureuse et monte doucement en puissance, portée par des tanins denses et serrés, encore sur la défensive en finale. Un bon classique, structuré et de garde. ⧗ 2017-2026 ¥ rôti de sanglier

François Despagne, Ch. Grand Corbin-Despagne, 33330 Saint-Émilion, tél. 05 57 51 08 38, f-despagne@grand-corbin-despagne.com V r.-v.

CH. GRAND CORBIN MANUEL 2011

■ | 35 000 | | 20 à 30 €

Cet ancien domaine du Prince Noir d'Aquitaine appartient depuis 2005 à la famille de Gaye (également propriétaire de La Création en pomerol et de Sainte-Barde en bordeaux supérieur) : 7 ha d'un seul tenant situés dans le secteur de Corbin, au nord-ouest de Saint-Émilion.

Le nez, d'abord discret, s'ouvre en finesse à l'aération sur un fruité frais mâtiné d'un boisé épicé. Le palais, d'un bon volume, étoffé par des tanins de qualité mais encore un peu austères, prolonge avec persistance les impressions olfactives. Un vin jeune et prometteur. ⧗ 2017-2024 ¥ civet de lièvre

SAS Ch. Grand Corbin Manuel, La Grande Métairie, 33330 Saint-Émilion, tél. 05 57 25 09 68, info@grandcorbinmanuel.fr V r.-v.
Yseult de Gaye-Nony

CH. GRAND MAYNE 2011

■ Gd cru clas. | 40 000 | | 30 à 50 €

85 86 88 89 **90 91** 94 95 **96** 97 **99** |00| 01 02 |03| |04| **05** 06 07 08 **10** 11

Ce cru, dans la famille Nony depuis 1934, a conservé son ancien nom (« grand domaine » en vieux français) : au XIX^e^s., il constituait, avec près de 300 ha, la plus vaste propriété de Saint-Émilion. Aujourd'hui, les vignes couvrent les pentes douces à l'ouest du plateau, sur 17 ha.

La robe est sombre et profonde. Le nez, encore sous l'emprise de la barrique, s'ouvre doucement à l'aération sur les fruits noirs confiturés. Chaleureux en attaque, également dominé par le bois, porté par des tanins fermes et solides, le palais signe un vin encore jeune et au bon potentiel de garde. ⧗ 2017-2026 ¥ côte de bœuf aux sarments

SCEV Jean-Pierre Nony, Ch. Grand Mayne, 33330 Saint-Émilion, tél. 05 57 74 42 50, contact@grand-mayne.com V r.-v.

CH. GRAND-PONTET 2011 ★

■ Gd cru clas. | 50 000 | | 20 à 30 €

89 **90** 93 94 **|95|** 96 97 98 (00) |01| **|02|** **|03|** |04| 05 06 08 09 **10** 11

Sylvie Pourquet-Bécot conduit depuis 2000 ce cru classé de 14 ha, voisin de celui dirigé par ses frères Dominique et Gérard, Beau-Séjour Bécot. Les terroirs sont proches, argilo-calcaires, et les cabernets ont toujours ici une place non négligeable dans l'assemblage du grand vin.

15 % de cabernet franc et 7 % de cabernet-sauvignon aux côtés du merlot pour ce 2011. Au nez, les petits fruits noirs pointent à l'aération, dans un sillage finement boisé. Après une attaque ronde et suave apparaît un fruité croquant et de bons tanins au grain fin, soulignés par une touche

de fraîcheur. Plus austère, la finale invite à la patience. ⧗ 2017-2024 🍷 carré d'agneau

Ch. Grand-Pontet, 33330 Saint-Émilion, tél. 05 57 74 46 88, chateau.grand-pontet@wanadoo.fr V r.-v. Pourquet

CH. LES GRAVIÈRES 2011 ★

■	28 000		15 à 20 €

Denis Barraud, œnologue, s'est installé en 1971 à la tête du vignoble familial, constitué à la fin du XIXe s. Un bel ensemble de 36 ha réparti sur les deux rives de la Dordogne et sur plusieurs crus : 7 ha en saint-émilion et saint-émilion grand cru et 29 ha en AOC régionales.

Le Château les Gravières étend ses vignes (100 % merlot) sur 4,5 ha sablo-graveleux, dans les communes de Saint-Sulpice-de-Faleyrens et de Saint-Laurent-des-Combes. Son 2011 est un vin intense et bien équilibré. Au nez, les fruits rouges résistent bien aux accents toastés et vanillés du bois. À une attaque fraîche succède un palais charnu, ample et puissant, bâti sur des tanins fougueux qui assureront à cette bouteille un bon vieillissement. ⧗ 2017-2022 🍷 rôti de bœuf sauce madère ■ Lynsolence 2011 ★ (30 à 50 €) : un vin concentré, chaleureux et massif, encore un peu trop démonstratif mais prometteur. ⧗ 2017-2024

SCEA des Vignobles Denis Barraud, Ch. les Gravières, 355, port de Branne, 33330 Saint-Sulpice-de-Faleyrens, tél. 05 57 84 54 73, denis.barraud@wanadoo.fr V r.-v.

CH. HAUT GRAVET 2011 ★

■	60 000		20 à 30 €

La famille Aubert exploite 300 ha et de nombreux domaines en Bordelais, avec pour fleuron le Ch. la Couspaude. Alain, l'un des trois frères à la tête du groupe familial, conduit plusieurs crus en son nom : Hyot et German (castillon), Haut-Gravet (saint-émilion grand cru), Ribebon et Macard (AOC régionales).

Nous sommes ici au sud de la cité médiévale, sur les graves de Saint-Sulpice-de-Faleyrens, plantées à parts égales de merlot et de cabernets. Déjà très expressif, le nez associe la mûre, la cerise, les épices douces et le toasté. Des arômes qui se prolongent dans une bouche riche, onctueuse et ample, soutenue par des tanins veloutés. ⧗ 2016-2022 🍷 pintade rôtie aux épices

Alain Aubert, 57 bis, av. de l'Europe, 33350 Saint-Magne-de-Castillon, tél. 05 57 40 04 30, domaines.a.aubert@orange.fr

CH. HAUT-MONTIL 2011

■	34 930		11 à 15 €

Créée en 1931, la coopérative de Saint-Émilion est un acteur incontournable du Libournais, et ses cuvées – vins de marque (Aurélius, Galius...) ou de domaines (une cinquantaine de propriétés apportent leur vendange à la « coop ») – sont régulièrement au rendez-vous du Guide.

Essentiellement issu de merlots plantés sur les graves et les sables de Saint-Sulpice-de-Faleyrens, ce 2011 livre un bouquet discret mais fin de fruits rouges. Un fruité que l'on retrouve dans une bouche souple et fraîche, aux tanins affinés. ⧗ 2015-2018 🍷 brochettes de bœuf ■ Ch. Larguet 2011 (16 000 b.) : un vin au bouquet discret mais plaisant de fruits rouges et de vanille, au palais frais, souple et bien équilibré. ⧗ 2015-2018

Union de producteurs de Saint-Émilion, Haut-Gravet, BP 27, 33330 Saint-Émilion, tél. 05 57 24 70 71, contact@udpse.com V r.-v.

CH. HAUT-POURRET 2011 ★

■	13 500		15 à 20 €

Ce petit vignoble de 3 ha, bordant la route entre Libourne et Saint-Émilion, appartient à la même famille depuis cinq générations. Serge Lepoutre – « autodidacte et artisan », comme il se définit – est aux commandes depuis 1979.

Merlot (70 %) et cabernet franc composent ici un 2011 particulièrement bien équilibré. Le nez, fin et charmeur, associe fruits noirs (cassis, mûre), épices et violette. L'attaque révèle un vin riche, suave et charnu, mais sans mollesse, étayé par une solide structure et un boisé noble. De beaux arguments pour reposer sagement en cave. ⧗ 2017-2024 🍷 lamproie à la bordelaise

Serge Lepoutre, Ch. Haut-Pourret, 33330 Saint-Émilion, tél. 05 57 74 45 17, serge.lepoutre@orange.fr V r.-v.

CH. HAUT-SARPE 2011 ★

■ Gd cru clas.	65 000		20 à 30 €

Négociants-éleveurs et producteurs d'origine corrézienne, les Janoueix sont propriétaires de nombreux crus dans le Libournais. Haut-Sarpe est leur fleuron : 21,3 ha de vignes sur le point culminant du coteau de Saint-Émilion, commandés par un château de caractère.

70 % de merlot et 30 % de cabernet franc composent ce vin bien sous tous rapports. Au premier nez, les notes vanillées et cacaotées de la barrique donnent le ton, avant que l'agitation ne révèle les fruits, rouges et frais. Une fraîcheur qui vient aussi stimuler un palais charnu, gras, ample et long, soutenu par des tanins bien présents, mais sans agressivité. Un ensemble équilibré. ⧗ 2017-2024 🍷 baron d'agneau

SA SE du Ch. Haut-Sarpe, Ch. Haut-Sarpe, 13, rue Pline-Parmentier, BP 192, 33506 Libourne Cedex, tél. 05 57 51 41 86, info@j-janoueix-bordeaux.com V r.-v. Jean-François Janoueix

CH. HAUT-SIMARD 2011 ★

■	48 000		15 à 20 €

Séparés mais indissociables : Simard et Haut-Simard sont nés du scindement en 1870 de la vaste propriété du comte de Simard par une ligne de chemin de fer ; 40 ha pour le premier, 8 ha pour le second, acquis en 1954 par Claude Mazière et repris à son décès par son neveu Alain Vauthier (Ausone).

Issu de merlot à 70 % et de cabernet franc, Haut-Simard livre un bouquet séduisant et doux de petits fruits concentrés agrémentés de nuances florales et épicées. Bâti sur des tanins veloutés, le palais se révèle ample, dense et riche sans lourdeur, galvanisé par une fine fraîcheur. De belles perspectives de garde. ⧗ 2017-2024 🍷 agneau de lait aux épices ■ Ch. Simard 2011 (15 à 20 € ; 240 000 b.) : un peu plus de merlot ici (80 %) et un vin joliment fruité, épicé et chocolaté, souple, rond et fin, aux tanins soyeux. ⧗ 2016-2022

Vignobles Vauthier-Mazière, Ch. Simard, 33330 Saint-Émilion, tél. 05 57 24 24 57, chateau.ausone@wanadoo.fr

LE MENUT DES JACOBINS 2011 ★

■	6 000	🍾	15 à 20 €

Jusqu'à la Révolution française, le couvent abritait des moines dominicains, qui ont contribué à l'épanouissement du vignoble saint-émilionnais. Ce cru de 10,7 ha, établi au cœur de Saint-Émilion, sur de très anciennes caves souterraines, appartient à la famille Joinaud-Borde depuis 1902.

Sélection parcellaire de 1,50 ha, le second vin du Couvent des Jacobins propose dans sa version 2011 un nez généreux et intense de fruits noirs confiturés, d'épices et de grillé. Ample, gras, bien charpenté par des tanins fermes et un boisé bien ajusté, le palais est équilibré. Un vin bien maîtrisé, déjà agréable mais qui pourra vieillir sans crainte. ⧗ 2015-2022 🍷 sauté de veau

SCEV Joinaud-Borde, 10, rue Guadet, BP 81, 33330 Saint-Émilion, tél. 05 57 24 70 66, couventdesjacobins@dbmail.com

CH. JUCALIS Élevé en fût de chêne 2011

■	1 100	🍾	11 à 15 €

Connue autrefois pour ses charcuteries fines, la famille Visage s'est investie depuis trois générations dans la vigne : 11 ha sur les sables et graves de Saint-Sulpice-de-Faleyrens, au sud de Saint-Émilion, pour deux crus (Jupille Carillon en saint-émilion et Jucalis en grand cru).

Née de 20 ares de merlot, cette cuvée confidentielle est un vin intense et concentré. Au premier nez, un boisé bien présent aux tonalités de toast et de cèdre ; à l'aération, des fruits mûrs et une note giboyeuse. En bouche, on retrouve les notes confites et boisées, en soutien de tanins solides et de bonne garde. ⧗ 2017-2022 🍷 selle d'agneau rôtie

SCEA des Vignobles Visage, 193, Jupile, 33330 Saint-Sulpice-de-Faleyrens, tél. 05 57 24 62 92, chateau.jupille.jucalis@orange.fr V r.-v.

CH. GUILLEMIN LA GAFFELIÈRE 2011 ★

■	83 000	🛢 🍾	11 à 15 €

Un vignoble de 21 ha, acquis par les Fompérier en 1956, à l'entrée sud de Saint-Émilion, au pied du coteau, dans le hameau de La Gaffelière. Deux étiquettes ici : le grand cru Guillemin La Gaffelière et son second le Clos Castelot.

Ce grand cru, issu de différents terroirs et différentes expositions, livre un bouquet franc de fruits rouges agrémenté d'un boisé fin et discret. Suivant la même ligne aromatique, le palais évolue sur le gras et la rondeur, porté par des tanins fondus qui devraient permettre d'apprécier ce vin bientôt, une fois la pointe d'austérité finale amadouée. ⧗ 2016-2021 🍷 mijoté de bœuf aux oignons

Vignobles Fompérier, La Gaffelière, 33330 Saint-Émilion, tél. 05 57 74 46 92, lecellierdesgourmets@wanadoo.fr V t.l.j. sf dim. 8h30-12h15 14h-17h45

CH. LAROZE 2011 ★

■ Gd cru clas.	96 000	🍾	30 à 50 €

98 99 00 01 02 06 |07| **09** 10 11

Ce cru classé fondé en 1882 étend son important vignoble de 30 ha sur les sables argileux à l'ouest de Saint-Émilion. Il est exploité depuis 1990 par la famille Meslin.

Associé au merlot, 35 % des deux cabernets (dont 25 % de franc). Le nez, profond, complexe et généreux, mêle le pruneau, le noyau, le moka, l'amande grillée et des notes fumées. D'emblée, le palais montre de l'ampleur, du corps et de la puissance, solidement charpenté par des tanins vigoureux. Encore jeune mais fort prometteur. ⧗ 2017-2024 🍷 sauté d'agneau chasseur

SCE Ch. Laroze, 33330 Saint-Émilion, tél. 05 57 24 79 79, info@laroze.com V r.-v.
Meslin

CH. DES LAUDES 2011

■	4 000	🍾	20 à 30 €

Propriétaire d'une belle unité de 40 ha dédiée au bordeaux supérieur (Ch. Guillaumette), Bernard Artigue et son fils Antoine ont repris en 2009 ce petite vignoble de 3,8 ha implanté sur le terroir argilo-calcaire de Saint-Christophe-des-Bardes.

Le bouquet, naissant, s'ouvre à l'agitation sur un boisé épicé (vanille), fumé et mentholé. Une attaque fraîche et droite ouvre sur un palais bien équilibré entre fruit, gras, tanins du bois et du raisin. Un bon classique que l'on pourra apprécier sans trop attendre. ⧗ 2016-2020 🍷 fricassée de cèpes

GFA Vignobles Bernard Artigue, Ch. des Laudes, rte de Pineuilh, 33330 Saint-Christophe-des-Bardes, tél. 05 56 72 48 93, b-artigue@wanadoo.fr V r.-v.

CH. LEYDET-VALENTIN 2011 ★

■	30 000	🛢 🍾	11 à 15 €

La famille Leydet, établie sur les terres libournaises depuis 1862, exploite près de 16,5 ha de vignes (en conversion bio) en saint-émilion grand cru (Ch. Leydet-Valentin) et en pomerol (Ch. Valois). Frédéric Leydet est aux commandes depuis 1997.

Le nez marie les fruits noirs mûrs, la figue et le torréfié de la barrique. Souple et onctueux en attaque, le palais affiche une belle présence autour, d'une chair ronde et ample, de tanins fins et d'un retour fruité en finale très agréable. Un ensemble élégant et bien construit. ⧗ 2017-2024 🍷 magrets de canard aux cerises

EARL Vignobles Leydet, Rouilledimat, 33500 Libourne, tél. 05 57 51 19 77, frederic.leydet@wanadoo.fr V t.l.j. 8h30-12h 13h30-18h30; sam. dim. sur r.-v.; f. 10-20 août

LUCIA 2011 ★

■	9 000	🍾	30 à 50 €

Un petit cru discret de 3 ha, établi sur un terroir graveleux et argilo-calcaire à Saint-Sulpice-de-Faleyrens, propriété depuis 2010 de Enzo Ide.

Une forte dominante de merlot (95 %) dans ce 2011 ; des ceps vénérables, âgés entre cinquante et cent ans. Dans le verre, un vin ouvert sur une large palette aromatique : fruits mûrs, toasté, vanille, moka, cuir. La bouche se révèle ample, ronde et suave dès l'attaque, tapissée d'un fruité juteux, soutenue par un boisé fondu et des tanins soyeux, un rien plus stricts en finale. Un grand cru gourmand et déjà très engageant, mais qui pourra aussi bien vieillir. ⧗ 2016-2024 🍷 paleron de bœuf en sauce

🔑 SAS Enzo IDE-Lucia, 316 bis, Grands-Champs, 33330 Saint-Sulpice-de-Faleyrens, tél. 05 57 51 83 31, lucia33@orange.fr

CH. MAGDELAINE 2011 ★★

■ 1er gd cru clas. B | n.c. | 🍷 | 75 à 100 €

Une étiquette qui disparaît, la propriété – acquise en 1952 par les Établissements Jean-Pierre Moueix – étant absorbée par Belair-Monange à partir du millésime 2012. Sur les 11 ha d'un seul tenant de ce vignoble en forme de fer à cheval, voisin d'Ausone et de Canon, est (était) produit un vin à forte dominante de merlot (90 %), avec le cabernet franc en appoint.

Ce noble cru tire sa révérence avec beaucoup d'élégance et de panache. Son dernier millésime est un vin plein de finesse, au nez comme en bouche. L'olfaction révèle des notes délicates de fruits noirs mâtinés d'un boisé frais, sans excès. Le palais s'ouvre avec rondeur et souplesse, puis monte en puissance, lentement mais sûrement, étayé par des tanins fins et racés. ⌛ 2017-2025 🍴 rôti de veau farci aux chanterelles

🔑 Éts Jean-Pierre Moueix, 54, quai du Priourat, BP 129, 33502 Libourne Cedex, tél. 05 57 51 78 96, info@jpmoueix.com

CH. MANGOT 2011 ★

■ | 80 000 | 🍷 | 15 à 20 €

Les vignobles Jean Petit, fondés en 1952, regroupent 37 ha d'un seul tenant en saint-émilion grand cru, sur un terroir riche en calcaire à astéries (Mangot), et 16 ha en AOC castillon (La Brande), conduits avec rigueur depuis 1989 par Jean-Guy et Anne-Marie Todeschini, rejoints en 2008 par leurs fils Karl et Yann.

Encore un beau millésime pour Mangot, coup de cœur dans la précédente édition pour leur cuvée Todeschini 2010. En tête cette année, la cuvée principale. Un vin d'un bon classicisme, au nez intense et bien balancé entre fruité mûr et boisé épicé, au palais équilibré, à la fois suave et solide. ⌛ 2016-2024 🍴 saucisses de canard grillées ■ Cuvée Quintessence 2011 ★ (30 à 50 € ; 12 000 b.) : fraîcheur, tanins jeunes et fins, bonne concentration, un vin bien armé pour vieillir. ⌛ 2017-2022 ■ Cuvée Todeschini 2011 (30 à 50 € ; 3 500 b.) : ample, mûr et vineux, un vin solaire. ⌛ 2017-2022

🔑 Vignobles Jean Petit, Ch. Mangot, 33330 Saint-Étienne-de-Lisse, tél. 05 57 40 18 23, todeschini@chateaumangot.fr V 🚶 🍷 r.-v.
🔑 GFA du Ch. Mangot

CH. LA MARZELLE 2011 ★

■ Gd cru clas. | 55 000 | 🍷 | 30 à 50 €

Classé dès 1955, ce domaine ancien – inscrit sur la carte de Belleyme de 1821 – est propriété des Sioen, industriels belges, depuis 1998. Entourant l'hôtel de luxe Grand Barrail, il étend ses 17 ha de vignes sur la haute terrasse de Saint-Émilion. Un terroir d'argiles, de graves et de sables proche de celui de Figeac, qui offre une part non négligeable aux cabernets.

Si le premier nez est encore un peu dans la barrique (notes grillées), l'aération libère un fruité frais. Le palais, dense et concentré, s'adosse à des tanins solides au grain serré et offre un beau retour fruité en finale. Tous les attributs du vin de garde. ⌛ 2014-2019 🍴 cailles aux raisins ■ Ch. Prieuré la Marzelle 2011 (20 à 30 € ; 17 800 b.) : plus simple mais fort plaisant par sa rondeur, sa générosité et sa souplesse. ⌛ 2017-2024

🔑 SCEA Ch. la Marzelle, La Marzelle, 33330 Saint-Émilion, tél. 05 57 55 10 55, info@lamarzelle.com V 🚶 🍷 r.-v. 🔑 Sioen

CH. MAYNE FIGEAC 2011

■ | 5 000 | 🍷 | 8 à 11 €

Établi sur sables et graves dans le secteur de Figeac, ce petit cru de moins de 2 ha est dans la famille Chambret depuis six générations.

Une part non négligeable de cabernet franc (35 %) dans ce 2011 au nez bien fruité et finement boisé, agrémenté d'une touche de cuir. La bouche est bien bâtie autour de la fraîcheur et de tanins serrés, encore un peu stricts en finale. ⌛ 2016-2020 🍴 pont l'évêque

🔑 Valéry et Nathalie Chambret, 101, rte de Saint-Émilion, 33500 Libourne, tél. 05 57 74 12 98, chateaumaynefigeac@wanadoo.fr V 🚶 🍷 r.-v.

CH. MONBOUSQUET 2011

■ Gd cru clas. | 70 000 | 🍷 | 30 à 50 €

95 96 **97** 98 99 00 **01** 02 |03| |04| |05| |07| 08 **09** |10| 11

Acquis en 1993 par Gérard Perse (Pavie, Pavie-Decesse, Bellevue-Mondotte), ce cru, l'un des rares de la plaine à être classé (depuis 2006), étend ses 33 ha de vignes sur de belles graves sablonneuses propices aux cabernets, présents à 40 % dans le vin (dont 30 % de franc).

Le 2011 reflète bien son encépagement aux accents médocains. Le nez, d'abord discret, s'ouvre à l'agitation sur les fruits cueillis à point (groseille, myrtille) et sur un bon boisé vanillé. Le palais se montre frais et solide, bâti sur des tanins fins et serrés qui contribuent à son élégance. Il gagnera son étoile au vieillissement. ⌛ 2017-2024 🍴 rôti de veau aux morilles

🔑 SAS Exploitation Ch. Monbousquet, 42, av. de Saint-Émilion, 33330 Saint-Sulpice-de-Faleyrens, tél. 05 57 24 67 19, contact@chateaumonbousquet.com

CH. MONLOT 2011 ★

■ | 25 000 | 🍷 | 75 à 100 €

Ancien domaine de la seigneurie de Capet, ce cru ancien étend ses 8,5 ha de vignes sur les coteaux de Saint-Hippolyte, à l'est de l'appellation. Il appartient depuis 2011 à l'actrice chinoise Zhao Wei, qui s'est adjoint les conseils avisés de Jean-Claude Berrouet et de Philippe Bourguignon.

Assemblage classique (83 % merlot, 17 % cabernet franc) pour ce 2011 déjà très expressif, qui mêle les fruits confits, la réglisse et les épices douces. Tout aussi expressif, sur la même trame aromatique, le palais se révèle ample et bien structuré par un boisé fondu et des tanins fermes qui lui permettront de bien vieillir. ⌛ 2017-2024 🍴 magrets de canard aux cèpes ■ Héritage de Monlot 2011 (30 à 50 € ; 14 500 b.) : un second vin plus simple et plus souple, sur la finesse et le fruit plutôt que sur la puissance. ⌛ 2014-2020

SAS Ch. Monlot, Le Conte, 33330 Saint-Hippolyte, tél. 05 57 74 49 47, contact@chateaumonlot.com V r.-v. Zhao Wei

MOULIN GALHAUD 2011

	6 000		20 à 30 €

Une famille de vieille souche saint-émilionnaise connue notamment grâce à Léon Galhaud, un aïeul pépiniériste, qui aménagea le manoir et les caves au cœur de la cité médiévale. Martine Galhaud conduit depuis 1996 le vignoble familial établi sur les graves et les sables de Vignonet, au sud de l'appellation.

Ce 100 % merlot livre un bouquet à dominante boisée (cacao), les fruits mûrs perçant à l'aération. Ample dès l'attaque, le palais se révèle solidement charpenté par des tanins fermes et encore un peu sévères, qui assureront une bonne évolution à ce vin. 2017-2022 brochettes de canard

Martine Galhaud, Le Manoir, 33330 Saint-Émilion, tél. 06 63 77 39 75, mgalhaud@galhaud.com V r.-v.

CH. MOULIN SAINT-GEORGES 2011 ★★

	30 000		30 à 50 €

Moulin Saint-Georges étend son vignoble sur 7 ha d'argilo-calcaire, plantés à 80 % de merlot. Situé face au Ch. Ausone, il appartient comme son illustre voisin à la famille Vauthier, depuis 1921.

Le vin s'ouvre sur des notes gourmandes de fruits mûrs, de bois chaud et d'épices douces ; à l'aération, apparaissent de délicates senteurs florales (violette) et poivrées. Le palais affiche de la densité, de la puissance mais aussi beaucoup d'élégance, soutenu par une ligne vive bien ajustée et par des tanins fins et racés. Un vin à la fois compact et élégant, généreux et frais, de longue garde assurément. 2017-2026 tournedos Rossini Ch. de Fonbel 2011 ★ (15 à 20 € ; 90 000 b.) : un assemblage original de merlot, cabernet-sauvignon, petit verdot (10 %) et carménère (7 %) pour ce vin au nez élégant de fruits rouges, de rose ancienne et d'épices douces, au palais souple, suave et finement tannique. 2016-2022

SCI Moulin Saint-Georges, 33330 Saint-Émilion, tél. 05 57 24 24 57, chateau.ausone@wanadoo.fr
Famille Vauthier

CH. PAILHAS Denise 2011 ★

	2 500		20 à 30 €

Installée en 2003, Laurence Masson conduit le vignoble familial né en 1956 de l'union des Robin, négociants et tonneliers à Castillon depuis le XVIII^e^s., et des Fugier, vignerons à Saint-Émilion. Les vignes (18 ha) sont situées dans les deux aires d'appellation.

« Qualité passe quantité », telle est la devise de cette cuvée confidentielle, née sur les sols sablo-argileux au pied du coteau de Saint-Hippolyte. Dans le verre, cela se traduit par un vin de caractère, concentré et de garde : un boisé imposant mais élégant, au nez comme en bouche, une belle ligne de fruits mûrs et une très solide charpente de tanins fermes et serrés. 2017-2024 côte de bœuf

SCEA Robin-Lafugie, Ch. Pailhas, 33330 Saint-Hippolyte, tél. 05 57 24 93 38, robin.lafugie@orange.fr V r.-v.

CH. PALATIN 2011 ★

	6 000		20 à 30 €

Un petit domaine de 95 ares planté du seul merlot sur les argilo-calcaires de Saint-Hippolyte, créé en 1999 par Jean-Pierre Palatin.

Un joli nez complexe et harmonieux ouvre la dégustation : des petits fruits rouges (groseille), des arômes de noyau, le torréfié de la barrique, des nuances florales. Une belle présence en bouche également : une attaque souple et fraîche, avec une touche crayeuse typée du terroir, un développement harmonieux entre rondeur et tanins fermes, et une finale plus stricte. Un vin bien construit et de bonne garde. 2016-2024 canard aux navets

Jean-Pierre Palatin, Ch. Palatin, 33330 Saint-Hippolyte, tél. 05 57 40 67 27

CH. DU PARC 2011 ★

	25 000		15 à 20 €

Consultant dans plusieurs propriétés viticoles à Bordeaux, dans le Roussillon et à l'étranger, Alain Raynaud, épaulé par son épouse Françoise, a acquis en 2011 ce petit cru de 5,15 ha.

Une large part de merlot (90 %, complété de cabernet franc) entre dans ce 2011 né sur graves et argilo-calcaire. Le nez, puissant, mêle harmonieusement les fruits rouges mûrs, le toasté et les épices douces. Même mariage réussi entre le bois et le fruit dans une bouche souple et ronde en attaque, ample et solide dans son développement, plus ferme en finale. Une bonne évolution en perspective. 2016-2022 rognons de veau à la bordelaise

SCEV Ch. du Parc, 4, av. du Général-de-Gaulle, 33330 Saint-Sulpice-de-Faleyrens, tél. 06 07 34 54 63, scevchateauduparc@orange.fr V r.-v. 5
Raynaud

CH. PAVIE 2011 ★★

1er gd cru clas. B	77 000		+ de 100 €

85 86 88 (90) 91 92 93 94 95 96 |98| |99| |00| |01| |02| 04 06 07 08 (09) (10) 11

Véritablement constitué au XIXe s., Pavie étend son vaste vignoble de 37 ha sur la côte éponyme, l'un des berceaux de la viticulture locale au IVe s. Son terroir unique en trois parties – le plateau calcaire, sa côte d'argiles denses et profondes, son pied de côte sablo-argileux légèrement graveleux – justifie son intégration en 2012 au gotha des 1ers grands crus classés A. Une élévation due aussi aux investissements considérables de son propriétaire depuis 1998, Gérard Perse, homme d'affaires ayant fait fortune dans la grande distribution.

Comme toujours, Pavie offre un vin « monumental » et de grande garde, sans pour autant manquer d'élégance. La robe est d'un seyant pourpre profond. Le nez s'ouvre sans réserve sur des notes intenses de fruits mûrs (myrtille, cassis, framboise), soulignées par un boisé noble aux accents moka. Le palais suave et concentré, puissant et consistant, charpenté par des tanins vigoureux mais d'un grain très fin, inspire le respect et la confiance en l'avenir. 2019-2030 carré d'agneau jus aux morilles

SCA Ch. Pavie, 33330 Saint-Émilion, tél. 05 57 55 43 43, contact@vignoblesperse.com
Gérard Perse

CH. PAVIE-DECESSE 2011 ★

Gd cru clas. | 8 000 | | + de 100 €

88 (89) 90 92 93 94 96 97 98 99 |02| 04 06 07 08 09 10 11

Acquis par Gérard Perse en 1997, ce cru de 3,65 ha a été détaché de Pavie en 1885 par son propriétaire de l'époque, Ferdinand Bouffard. Il a depuis longtemps acquis une personnalité propre, née d'un terroir spécifique intégralement situé sur le haut de la côte Pavie mêlé d'argiles, et d'un encépagement largement dominé par le merlot (90 % pour 10 % de cabernet franc).

La robe est d'un beau pourpre dense et profond. D'abord réservé, le bouquet dévoile à l'aération un fruité mûr, presque confit, souligné par le vanillé des vingt-quatre mois d'élevage. Une générosité que l'on retrouve dans une bouche très concentrée, très extraite, riche, corpulente et puissante. À attendre et à carafer longuement avant le service. ⧗ 2018-2026 ¥ civet de sanglier

SCEA Ch. Pavie, 33330 Saint-Émilion, tél. 05 57 55 43 43, contact@vignoblesperse.com
Gérard Perse

CH. PETIT BOUQUEY 2011 ★

| 15 000 | | 15 à 20 €

Dans la même famille depuis le début du XXᵉs., ce domaine de 10 ha apporte ses raisins à la coopérative de Saint-Émilion depuis 1950. En 2010, Éric Bordron, installé en 1983, en est sorti partiellement, avec 3,6 ha.

70 % de merlot et 30 % des deux cabernets (dont 20 % de franc) pour ce 2011 très réussi. Le nez dévoile un fruité délicat et gourmand (gelée de cassis, groseille) souligné par un toasté léger. Une attaque ample et généreusement fruitée ouvre sur un palais bien structuré par des tanins souples et par une fine vivacité qui apporte longueur et surcroît de vigueur. ⧗ 2015-2021 ¥ gigot d'agneau

Bordron, 2, Petit Bouquey, 33330 Saint-Hippolyte, tél. 06 82 15 20 16, chateau.petit.bouquey@gmail.com V t.l.j. 8h-12h 14h-19h

B CH. PETIT GRAVET AINÉ 2011 ★★

| 8 000 | | 30 à 50 €

L'un des trois crus saint-émilionnais (Gaillard, Clos Saint Julien) de Catherine Papon-Nouvel, également propriétaire sur Castillon (Ch. Peyrou). Elle conduit depuis 2000, à la suite de son père, ce petit domaine de 2,40 ha (en bio certifié) établi en pied de côtes, sur un terroir de sables profond, atypique par sa forte proportion (80 %) de cabernet franc.

C'est un nez intense et complexe qui ouvre la dégustation : fruits mûrs (griotte, prune), torréfaction, épices douces, violette. Le palais se montre ample et puissant sans dureté, affermi par des tanins serrés au grain très fin, enrobés par une chair suave et riche. Un vin complet, armé pour la garde. ⧗ 2017-2024 ¥ salmis de palombe

SCEA Vignobles J.-J. Nouvel, BP 84, 33330 Saint-Hippolyte, tél. 05 57 24 72 44, chateau.gaillard@wanadoo.fr V r.-v.

CH. PIERRE DE LUNE 2011

| 2 800 | | 30 à 50 €

Tony Ballu, fils de vigneron champenois et directeur technique de Clos Fourtet depuis 1991, et son épouse Véronique ont acquis en 1999 une petite parcelle de 1,05 ha sur Saint-Sulpice-de-Faleyrens, qu'ils orientent vers la biodynamie.

Le merlot règne ici en maître (90 % de l'assemblage, complétés par 10 % de cabernet-sauvignon). Au nez, des fruits noirs et quelques nuances épicées. En bouche, de la souplesse, de la rondeur et une structure tannique légère. Si la finale, un peu plus stricte, appelle une petite garde, ce vin devrait être prêt rapidement. ⧗ 2015-2020 ¥ magret de canard

Véronique et Tony Ballu, 3, Magnan, 33330 Saint-Émilion, tél. 06 70 80 24 27, veronique.ballu@wanadoo.fr V r.-v. 4

CH. PIGANEAU 2011

| 20 000 | | 11 à 15 €

Vincent Brunot, ingénieur agricole et œnologue, dirige les vignobles familiaux depuis 1997 : Piganeau en saint-émilion grand cru, Le Gravillot en lalande, Tour de Grenet en lussac et Maledan en bordeaux supérieur.

Ce cru, acquis par les Brunot en 1978, étend ses 6 ha de vignes à proximité de l'ancien port de Saint-Émilion et du site classé du menhir de Pierrefitte. Dans le verre, un vin ouvert sur un boisé soutenu, toasté et mentholé, relayé à l'agitation par les fruits rouges et une note animale. Souple et vive en attaque, la bouche évolue vers plus de rondeur et de charnu, étayée par des tanins frais. ⧗ 2016-2020 ¥ entrecôte à la bordelaise

SCEA J.-B. Brunot et Fils, Ch. Piganeau, 1, Jean-Melin, 33330 Saint-Émilion, tél. 05 57 55 09 99, vignobles.brunot@wanadoo.fr V r.-v.

CH. PINDEFLEURS 2011 ★

| 57 000 | | 15 à 20 €

Un vignoble de 17 ha entourant un petit manoir et des chais restaurés en 2010, au bord de la route Libourne-Bergerac. Issue d'une très ancienne famille de vignerons, Dominique Lauret-Mestreguilhem en est propriétaire depuis 2006, avec sa fille Audrey aux commandes de la production.

Issu de merlot à 90 %, le cabernet franc en appoint, ce 2011 livre un bouquet intense encore sous l'emprise des douze mois de barrique (pain toasté, vanille), mais le fruit (cassis, fraise) pointe à l'aération. La bouche attaque en souplesse et en douceur avant de s'affirmer plus autour de tanins fermes et d'un boisé élégant. ⧗ 2017-2022 ¥ lamproie à la bordelaise

Dominique Lauret, Ch. Pindefleurs, 1, Pin-de-Fleur, 33330 Saint-Émilion, tél. 05 57 24 78 41, chateau@pindefleurs.fr V t.l.j. sf sam. dim. 8h-12h 14h-17h

CH. PONTET-FUMET 2011 ★

| 96 000 | | 15 à 20 €

La famille Bardet conduit un vaste ensemble de 60 ha de vignes dans le Libournais, répartis sur plusieurs crus en appellations saint-émilion grand cru (Pontet Fumet, Franc le Mayne, Val d'Or) et castillon-côtes-de-bordeaux (Rocher Lideyre).

Né au sud de l'appellation, sur sables et argiles, ce 2011 livre un bouquet harmonieux de raisins mûrs souligné par un élégant boisé épicé. Le palais s'ouvre sur des arômes soutenus de merrain, puis fait place à une matière ample, concentrée, suave et fruitée, étayée par des tanins fins et racés. Une belle évolution en perspective. 2017-2024 mijoté de paleron aux carottes

SCEA Vignobles Bardet, 17, La Cale, 33330 Vignonet, tél. 05 57 84 53 16, vignobles@vignobles-bardet.fr V r.-v.

CH. DE PRESSAC 2011 ★

	68 000		20 à 30 €

Un cru classé (depuis 2012), vaste (36 ha) et historique à double titre : signature en 1453 de la reddition des Anglais après la bataille de Castillon et introduction au XVIIIe s. des premiers ceps de pressac (rebaptisé malbec). Acquis en 1997 et entièrement rénové par Jean-François Quenin, ancien cadre du groupe Darty et actuel président du Conseil des vins de Saint-Émilion.

Pas de malbec dans ce vin, mais un soupçon de carménère (2 %) aux côtés des traditionnels merlot (70 %) et cabernets. Au nez, des parfums intenses et élégants de cerise, de cassis, de noyau et de cannelle. En bouche, de la souplesse en attaque, puis un beau développement chaleureux et puissant, porté par des tanins solides, une fine vivacité et un boisé bien ajusté. Ce 2011 a du relief et de l'avenir. 2017-2024 châteaubriand béarnaise

GFA Ch. de Pressac, Saint-Étienne-de-Lisse, 33330 Saint-Émilion, tél. 05 57 40 18 02, contact@chateau-de-pressac.com V r.-v.
Jean-François et Dominique Quenin

CH. LE PRIEURÉ 2011

Gd cru clas.	18 895		30 à 50 €

La famille Guichard est propriétaire depuis 1832 de plusieurs crus en Libournais : son fief et fleuron, Ch. Siaurac en lalande, Vray Croix de Gay en pomerol et Le Prieuré en saint-émilion grand cru. Un ensemble dirigé depuis 2004 par Aline Guichard et son mari Paul Goldschmidt.

Dans la famille Guichard depuis 1897, ce cru est classé depuis 1955. Un petit vignoble de 6 ha établi sur le plateau calcaire de Saint-Émilion et les coteaux exposés au sud. Merlot (80 %) et cabernet franc y donnent naissance à un 2011 sur la réserve mais plein de ressources. Boisé grillé et épicé et fruité frais s'équilibrent au nez comme en bouche. Les tanins sont bien serrés, enrobés par une chair souple et stimulés par une fine vivacité. Un vin harmonieux. 2017-2024 rosbif sauce Périgueux

Ch. Siaurac and Co, Ch. Siaurac, 33500 Néac, tél. 05 57 51 64 58, info@chateausiauracandco.com V r.-v. Aline et Paul Goldschmidt

CH. QUERCY 2011

	8 900		30 à 50 €

Un cru de 6,5 ha établi sur les graves de Vignonet, dans le sud de l'AOC, commandé par un curieux manoir du début du XIXe s., autrefois entouré de vieux chênes, d'où son nom. Bâtiments et vignoble (en conversion bio) ont été entièrement rénovés par la famille Apelbaum, propriétaire depuis 1988.

Issu essentiellement de vieux ceps de merlot (soixante-dix ans), complété de cabernet franc, ce 2011 développe de plaisants parfums de fruits confits et d'épices. La bouche se révèle ronde, dense et bien structurée par un boisé dosé avec mesure et par des tanins mûrs, encore un peu stricts en finale. 2016-2020 pintade rôtie

GFA Ch. Quercy, 3, Grave, 33330 Vignonet, tél. 05 57 84 56 07, chateauquercy@wanadoo.fr
V r.-v. Apelbaum

CH. QUINTUS 2011 ★

	17 520		+ de 100 €

Quintus – référence à la coutume gallo-romaine consistant à prénommer ainsi leur cinquième enfant – est le dernier-né des vignobles Clarence Dillon (Haut-Brion). Un bel ensemble de 28 ha associant un domaine acquis en 2011 à l'extrémité sud-ouest du plateau de Saint-Émilion et son voisin Ch. L'Arrosée, racheté en 2013.

Premier millésime pour Quintus, et une belle réussite. Né à parts égales de merlot et de cabernet franc, il déploie sans réserve un bouquet généreux de petits fruits compotés soulignés par un boisé délicat aux accents cacaotés et vanillés. Le palais, à l'unisson, est tout en rondeur, dense et plein, étayé par des tanins bien présents mais au grain tendre et soyeux. La finale chaleureuse et épicée laisse le souvenir d'un vin sphérique et solaire. 2016-2024 navarin d'agneau

SAS Dom. Clarence Dillon, 135, av. Jean-Jaurès, 33608 Pessac Cedex, tél. 05 56 00 29 30, info@domaineclarencedillon.com r.-v.

CH. LA RÉVÉRENCE 2011

	18 000		20 à 30 €

Agriculteur en Eure-et-Loir, François Petit acquiert Tournefeuille en 1998, pièce maîtresse (17,5 à Néac) d'un vignoble familial étendu aussi sur Pomerol (Lécuyer) et Saint-Émilion (La Révérence), aujourd'hui conduit par son fils Émeric et son associé Francis Cambier.

Vignoble de poche de 3 ha repris en 2003 par la famille Petit, ce cru se distingue par un encépagement atypique dans le Libournais, mi-merlot mi-cabernet franc. Au nez, un boisé toasté et réglissé, des fruits mûrs et une touche animale. En bouche, un boisé là aussi bien présent, de la puissance, des tanins jeunes et fermes qui doivent encore s'affiner. 2017-2024 palombe à la broche

Émeric Petit, 26, rue de l'Église, 33500 Néac, tél. 05 57 51 18 61, chateautournefeuille@wanadoo.fr
V t.l.j. 8h-12h 13h-17h 5 E

CH. RIPEAU 2011 ★★

Gd cru clas.	48 000		20 à 30 €

Situé derrière Cheval Blanc, ce cru – classé dès 1955 – appartient à la famille de Wilde depuis 1917. Un domaine de 16 ha d'un seul tenant conduit par Françoise de Wilde à partir de 1976, qui a passé le relais en 2004 à sa fille Barbara Janoueix et à son neveu Louis de Wilde.

35 % des deux cabernets accompagnent le merlot dans ce 2011 de caractère. Au nez, les seize mois de barrique laissent leur empreinte toastée et fumée, associée aux baies noires mûres et à des notes de truffe et de sous-bois. En bouche, le vin se montre puissant et généreux, bien enrobé par une chair onctueuse et soutenu

par des tanins à la fois fermes et fins. En deux mots, force et élégance. ⧗ 2017-2026 ♈ chevreuil grand veneur ■ L'Ange de Ripeau ★ (11 à 15 € ; 7 000 b.) : un vin rond, gras, soyeux et bien fruité, « plus merlot » que son « grand frère ». ⧗ 2015-2020

SCEA Ch. Ripeau, 33330 Saint-Émilion, tél. 05 57 74 41 41, chateauripeau@wanadoo.fr V r.-v. Famille de Wilde

CH. ROL VALENTIN 2011 ★★

■	25 660		30 à 50 €

Ancien footballeur professionnel, Éric Prissette acquiert en 1994 une vigne de 2 ha au nord-ouest du plateau de Saint-Émilion, surface qu'il porte rapidement à 7,3 ha. 2009 : il vend le domaine à Nicolas et Alexandra Robin, vignerons à Castillon et à Pomerol, qui maintiennent haute l'exigence de qualité.

Cette belle cuvée exprime parfaitement son terroir, son encépagement (90 % de merlot) et le millésime. Tout est en place. Robe bordeaux foncé, dense et profonde. Nez intense, riche de senteurs de vendange bien mûre, épaulé sans être écrasé par un boisé toasté et stimulé par une touche minérale. Palais à l'unisson, dense, charnu, aux tanins fins et serrés. Longue finale fruitée et réglissée. Un vin savoureux, puissant et élégant. ⧗ 2017-2024 ♈ tournedos Rossini

SAS Vignobles Rol Valentin, 5, Les Cabannes-Sud, 33330 Saint-Émilion, tél. 05 57 40 13 76, contact@vignoblesrobin.com r.-v. Robin

CH. ROYLLAND 2011

■	22 800		20 à 30 €

Un petit cru de 5 ha situé dans l'anse de Mazerat, à l'ouest de Saint-Émilion, a connu plusieurs propriétaires récemment : Oddo-Vuiton (1989 à 2007), Stepen Adams (Fonplégade) jusqu'en 2010 et désormais Martine et Jean-Bernard Chambard issus du secteur de la santé.

Ce vin, issu d'un classique 80-20 merlot-cabernet franc, demande de l'aération avant de s'ouvrir sur les baies noires, la truffe, le cuir et le bois. En bouche, il se montre franc, droit, bien structuré par des tanins denses, encore un peu sévères en finale, qui lui permettront de bien évoluer. ⧗ 2016-2022 ♈ oie farcie aux marrons

SAS Sans Souci, Ch. Roylland, 1, Roylland, 33330 Saint-Émilion, tél. 05 57 24 68 27, chateau.roylland@orange.fr V r.-v.

CH. SAINT-GEORGES CÔTE-PAVIE 2011 ★

■ Gd cru clas.	n.c.		30 à 50 €

Ce cru de 5,5 ha – 5 ha accrochés sur la côte Pavie et 50 ares attenants à Ausone – est une ancienne dépendance de la Sauve-Majeure, puis devient propriété de la famille de Grailly. Entré en 1873 dans la famille Masson, d'origine corrézienne, il est aujourd'hui conduit par la cinquième génération.

Né d'un assemblage traditionnel classique merlot (80 %) et cabernet franc, ce vin s'ouvre à l'aération sur un joli fruit, encore un peu sous l'emprise du bois et agrémenté d'une touche de cuir. Le palais a de la tenue, de la chair et du corps ; les fruits s'y expriment davantage, bien épaulés par des tanins fermes. ⧗ 2017-2024 ♈ canard aux cèpes

Famille Masson, Ch. Saint-Georges Côte Pavie, 33330 Saint-Émilion, tél. 05 57 74 44 23, mariegabriellemasson@gmail.com V r.-v.

CH. SAINT-LÔ 2011 ★

■	60 000		11 à 15 €

Les premières vignes furent plantées ici par un gentilhomme originaire de la Manche au XIXᵉs. Le domaine, étendu aujourd'hui sur 15 ha au sud-est de l'appellation, a été acquis en 1990 par un groupement de Thaïlandais.

Une forte dominante de merlot (85 %) et un élevage de douze mois en fût pour ce 2011 complet. Au nez, des fruits mûrs à souhait soutenus par un boisé mesuré. Une attaque vive et alerte ouvre sur un palais ample, généreux, bien structuré, qui s'achève sur une jolie note florale et fruitée. Un ensemble harmonieux, qui conjugue puissance et élégance. ⧗ 2017-2025 ♈ canard aux figues

Les Vignobles réunis, Ch. Saint-Lô, Saint-Pey-d'Armens, 33330 Saint-Émilion, tél. 05 33 20 01 64, info@chateausaintlo.com V r.-v.

SANCTUS DE LA BIENFAISANCE 2011

■	5 500		20 à 30 €

Né de la fusion de deux propriétés voisines, ce domaine de 15,5 ha, établi sur le plateau argilo-calcaire de Saint-Christophe-des-Bardes, au nord-est de Saint-Émilion, appartient depuis 1990 aux familles Duval-Fleury et Corneau.

Sélection de vieux ceps de merlot (70 %) et de cabernet franc plantés sur sols calcaires, cette cuvée est un vin mûr, puissant et chaleureux. Au nez, les fruits noirs très mûrs se mêlent à un boisé épicé soutenu. Les mêmes arômes caractérisent la bouche, vineuse, corsée, boisée et solidement charpentée. ⧗ 2017-2022 ♈ tajine d'agneau

SA Ch. la Bienfaisance, 39, Le Bourg, 33330 Saint-Christophe-des-Bardes, tél. 05 57 24 65 83, info@labienfaisance.com V r.-v.

CH. SANSONNET 2011 ★★

■	20 000		30 à 50 €

Ancienne propriété du duc Decazes, ministre sous Louis XVIII, ce cru régulier en qualité a été acquis en 2009 par la famille Lefévère. Le vignoble, à l'encépagement classique (merlot à 85 % et cabernet franc), couvre près de 7 ha sur l'un des points hauts du plateau argilo-calcaire de Saint-Émilion.

Le bouquet captivant et complexe mêle le boisé (tabac, cèdre), la mûre, la violette et les épices douces, le tout souligné par une touche minérale. À une attaque souple, fraîche et dynamique, succède un palais ample, rond, suave et généreux, charpenté par d'élégants tanins au grain très fin, garants d'une bonne évolution. ⧗ 2017-2024 ♈ filet de bœuf sauce au poivre

SCEA Ch. Sansonnet, 1, Sansonnet, 33330 Saint-Émilion, tél. 09 60 12 95 17, marie.lefevere@chateau-sansonnet.com V r.-v. M.-B. Lefévère

CH. TAUZINAT L'HERMITAGE 2011

■	n.c.		15 à 20 €

Descendante du négociant corrézien Antoine Moueix, Catherine Moueix et ses enfants Antoine et Claire

conduisent depuis 1996 deux crus libournais : Taillefer (pomerol), 13,5 ha au sud du plateau de Pomerol acquis en 1923 ; Tauzinat l'Hermitage (saint-émilion grand cru), 9,3 ha sur le plateau de Saint-Émilion, acquis en 1953.

Les vignes de merlot (80 %) et de cabernet franc se situent en un lieu où poussaient des chênes truffiers ou « tauzins ». Elles donnent naissance à un 2011 encore dominé par le bois (pain d'épices) au premier nez, plus ouvert sur les fruits à l'aération, agrémenté de fines nuances minérales de pierre chaude. Douce et ronde en attaque, la bouche se révèle ample et solide, charpentée par des tanins boisés encore un peu stricts mais prometteurs. 2017-2022 souris d'agneau au curry

SC Bernard Moueix, Ch. Taillefer, BP 9, 33501 Libourne Cedex, tél. 05 57 25 50 45, contact@moueixbernard.com V r.-v.

CH. TOUR DE CAPET 2011 ★★

70 000 | 11 à 15 €

Construit au XVe s., ce domaine abrita longtemps le four à pain communal de Saint-Hippolyte avant d'être transformé en chai de vinification. Depuis 2009, il est entré dans le giron du groupe Advini et de sa filiale Antoine Moueix.

Cèdre, tabac, épices, fruits mûrs, et encore humus, violette... Ce vin se distingue d'emblée par sa richesse et sa complexité olfactive. Ample, rond et suave en attaque, le palais conjugue dans un équilibre remarquable puissance et finesse, fruité frais et boisé réglissé. Déjà très harmonieuse, cette bouteille s'appréciera aussi bien jeune que patinée par la garde. 2016-2024 filet de bœuf en croûte

Ch. Capet-Guillier, rte du Milieu, 33330 Saint-Émilion, tél. 05 57 55 58 00

Antoine Moueix

CH. LA TOUR FIGEAC 2011 ★

Gd cru clas. | 38 000 | 50 à 75 €

82 83 85 86 89 **90** 93 94 95 **96** 97 |98| |01| 02 03 |04| 05 **06** 07 **08 09** 10 11

Ce domaine, séparé du château Figeac en 1879, doit son nom à une tour érigée au milieu des vignes aujourd'hui disparue. Otto Rettenmaier l'a acquis en 1973 ; son fils Otto Max a pris le relais en 1995, à la tête de 14,5 ha conduits en biodynamie sans certification, établis sur une croupe de graves et de sables sur argiles à la limite de Pomerol.

Ce vin exprime bien le millésime et ce terroir particulier du secteur de Figeac, plus propice à la finesse qu'à la force. De fait, le nez s'ouvre délicatement sur des notes de fruits mûrs, de vanille et de violette. Le palais, suivant la même ligne aromatique, conjugue générosité, rondeur et tanins au grain fin et serré. 2016-2024 filet de canette aux cerises

SC la Tour Figeac, BP 007, 3, Tour Figeac, 33330 Saint-Émilion, tél. 05 57 51 77 62, latourfigeac@orange.fr V r.-v. 5 Rettenmaier

CH. TRAPAUD 2011

44 000 | 15 à 20 €

Après avoir fait ses classes en Australie et en Californie, Béatrice Larribière a repris en 1997 ce cru de 14,9 ha, dans sa famille depuis 1923. Le vignoble, entourant une belle demeure à pignon hanséatique, est en conversion bio depuis 2009.

Une part non négligeable de cabernets (35 %, dont 25 de franc) accompagne le merlot dans l'assemblage de ce 2011. Au nez, de plaisantes notes florales et épicées. En bouche, un bon volume, une matière ronde et suave, soutenue par un boisé discret et des tanins fins et serrés sans excès. 2015-2020 magret aux pêches

SCEA Larribière, Ch. Trapaud, 33330 Saint-Étienne-de-Lisse, tél. 05 57 40 18 08, chateau.trapaud@gmail.com V r.-v.

CH. TRIANON 2011

50 000 | 20 à 30 €

1983 : Dominique Hébrard créé son affaire de négoce. 1999 : sa famille vend Cheval Blanc, dont il était l'administrateur. 2000 : déjà copropriétaire du Ch. de Francs avec Hubert de Boüard, il acquiert ce cru de 10 ha déjà connu au XVIe s., situé au sud-ouest de Saint-Émilion.

Une touche originale de carménère (5 %) complète le trio classique merlot, cabernet franc et cabernet-sauvignon. Dans le verre, un vin encore sous l'emprise du bois (notes de pain grillé), mais le fruit mûr perce à l'aération. On retrouve ces sensations dans une bouche opulente et dense, bien épaulée par des tanins fermes. Une bonne évolution en perspective. 2016-2022 daube de bœuf

Ch. Trianon, 33330 Saint-Émilion, tél. 05 57 25 28 61, contact@chateau-trianon.fr V r.-v.

CH. TRIMOULET 2011 ★

46 000 | 20 à 30 €

Un domaine dans la même famille depuis 1800. Cécile Jean, la première femme aux commandes en neuf générations, a pris les rênes en 2003 et conduit un vignoble de 17 ha établi au nord de Saint-Émilion.

Le nez s'ouvre sans réserve sur les fruits frais, la réglisse et la vanille. En bouche, la fraîcheur est aussi de mise, accompagnée par des tanins fins et serrés qui confèrent à ce vin beaucoup d'élégance, de volume et de belles perspectives de garde. 2017-2024 selle d'agneau

Cécile Jean et David Dumont, Ch. Trimoulet, BP 60, 33330 Saint-Émilion, tél. 05 57 24 70 56, trimoulet.jean@wanadoo.fr V r.-v.

CH. TROPLONG MONDOT 2011 ★★

1er gd cru clas. B | n.c. | 75 à 100 €

82 83 85 86 88 89 (90) **92** 95 96 **97** 98 |**01**| 02 |**05**| |(06)| |07| **08 09** 10 **11**

En 1745, l'abbé de Sèze édifie l'actuel château en haut de la côte de Pavie, dans le vignoble de Mondot. En 1850, Raymond Troplong, juriste et pair de France, y ajoute son nom. Au début du XXe s., la famille Valette prend le relais. En 2006, conduit par Christine Valette et son mari Xavier Pariente, installés en 1980, le domaine (33 ha d'un seul tenant) accède au rang de 1er grand cru classé B.

Le rang est tenu, et bien tenu. Le nez conjugue intensité et élégance autour de petits fruits un rien confits et d'un boisé noble aux accents torréfiés et épicés. Fraîche et alerte en attaque, la bouche évolue dans le même registre : à la fois puissante, dense et fine, elle s'appuie sur une trame de tanins serrés et sur un boisé ajusté. Un vin d'envergure, précis et équilibré. ⧗ 2017-2030 🍴 lièvre à la royale

⊶ Xavier et Christine Pariente, Ch. Troplong Mondot, 33330 Saint-Émilion, tél. 05 57 55 32 05, contact@chateau-troplong-mondot.com r.-v. 5

CH. TROTTE VIEILLE 2011

■ 1er gd cru clas. B | 21 000 | | + de 100 €

82 **85** **86** 88 **90** 95 96 97 98 99 |**00**| |**01**| |02| |**03**| 04 **05** 06 **07** **08** 10 11

L'un des fleurons de la maison Borie-Manoux. La légende raconte qu'une vieille dame habitant autrefois le domaine allait s'enquérir des nouvelles auprès de la diligence passant par là, en trottinant... Aujourd'hui administré par Philippe Castéja et conseillé par Denis Dubourdieu, ce cru de 10 ha, situé sur le coteau est du plateau de Saint-Émilion, offre un encépagement original, à parité entre le merlot et les cabernets.

Au premier nez, de fines senteurs florales ; à l'aération, des fruits rouges mûrs, des épices, du tabac et une touche de cuir. Le bouquet est complexe et prometteur. Souple et ronde en attaque, la bouche dévoile une matière dense et concentrée, épaulée par une fine structure tannique et une élégante note crayeuse qui rappelle le terroir. ⧗ 2017-2022 🍴 rôti de veau aux pleurotes

⊶ SCEA Ch. TrotteVieille, 33330 Saint-Émilion, tél. 05 56 00 00 70, domaines@borie-manoux.fr V r.-v.

CH. VALADE 2011 ★

■ | 3 000 | | 20 à 30 €

Les Valade sont établis dans le Castillonnais depuis 1878. Installé en 1979 et aujourd'hui épaulé par son fils Cédric, Paul propose deux étiquettes – Brisson et Peyrat – bien connues des lecteurs. La famille a aussi mis un pied à Saint-Émilion, en 2007, avec le château... Valade.

Le merlot règne en maître (95 % de l'assemblage) dans ce vin d'emblée expressif, ouvert sur la cerise mûre et le moka. Suivant la même ligne aromatique, le palais se révèle rond, gras, dense et solide, sous-tendu par une fine fraîcheur qui apporte longueur et équilibre. Un grand cru complet et paré pour une bonne garde. ⧗ 2017-2024 🍴 dinde aux morilles

⊶ EARL P.-L. Valade, 1, Le Plantey, 33350 Belvès-de-Castillon, tél. 05 57 47 93 92, paul.valade@wanadoo.fr V r.-v.

♥ CH. VALANDRAUD 2011 ★★

■ | 15 000 | | + de 100 €

Valandraud n'est plus le « vin de garage » qui a fait la réputation de Jean-Luc Thunevin dans les années 1990. Les 60 ares acquis en 1989 dans le vallon de Fongaban entre Pavie-Macquin et La Clotte sont devenus un cru à part entière : 9 ha aujourd'hui, essentiellement sur Saint-Étienne-de-Lisse. La consécration est arrivée en 2012 avec l'accession au rang de 1er grand cru classé B, sans passer par la case « classé ».

À partir d'un assemblage de 70 % de merlot et de 30 % de cabernet franc, Rémi Dalmasso, le maître de chai, a élaboré un vin parfaitement équilibré. Expressif et com-

plexe, le nez mêle harmonieusement la réglisse, la violette, les fruits noirs, les épices et une légère touche de cuir. Ample, charnu et puissant, le palais reste très élégant grâce au caractère velouté des tanins. Déjà charmeur en diable, ce grand cru est armé pour durer. ⧗ 2017-2025 🍴 filet de bœuf sauce vin rouge

■ Clos Badon Thunevin 2011 ★★ (30 à 50 € ; 15 000 b.) : plus de cabernets (50 %) dans ce vin très proche en qualité, riche, solide, d'un volume imposant. ⧗ 2016-2025

⊶ Thunevin, 6, rue Guadet, BP 88, 33330 Saint-Émilion, tél. 05 57 55 09 13, thunevin@thunevin.com V r.-v. 5

CH. VIEILLE TOUR LA ROSE 2011 ★

■ | 10 000 | | 8 à 11 €

La famille Ybert exploite une dizaine d'hectares dans le Libournais : Vieille Tour La Rose, 9 ha au hameau de La Rose, sur le flanc nord du coteau de Saint-Émilion, et Vieux Taillefer, petit cru de 53 ares au lieu-dit Taillefer à Pomerol.

Élaborée à partir de ceps cinquantenaires de merlot et de cabernet franc plantés sur le terroir ferrugineux du secteur de la Rose, ce 2011 délivre un bouquet naissant de mûre et de griotte soutenu par un bon boisé grillé. À l'unisson, le palais déploie une texture souple et ronde, étayée par des tanins enrobés, plus fermes en finale. ⧗ 2016-2022 🍴 entrecôte marchand de vin

⊶ SCEA Vignobles Daniel Ybert, lieu-dit La Rose, 33330 Saint-Émilion, tél. 05 57 24 73 41, contact@vignoblesybert.fr V r.-v.

CH. VIGNOT 2011

■ | 53 300 | | 30 à 50 €

Une élégante chartreuse des XVIIe s. commande un vignoble de 24 ha situé au flanc et au pied du coteau de Saint-Hippolyte. Deux étiquettes ici : Lassègue et château Vignot. Aux commandes depuis 2003, les familles Jackson et Seillan.

Au nez, un boisé fondu aux accents vanillés et des petits fruits frais (cerise, mûre, myrtille). En bouche, de la rondeur, du fruit, un bon merrain ajusté et une bonne structure tannique, présente sans excès de vigueur. Un ensemble équilibré. ⧗ 2016-2022 🍴 bœuf mode

⊶ SAS Cricket, Ch. Lassègue, 33330 Saint-Hippolyte, tél. 05 57 24 19 49 V r.-v.

CH. VILLEMAURINE 2011 ★

■ Gd cru clas. | 40 000 | | 30 à 50 €

Propriétaire dans le Médoc (Branas Grand Poujeaux en AOC moulis), Justin Onclin a investi en saint-émilion en faisant l'acquisition en 2007 de ce domaine de 7 ha adossé aux douves de la cité médiévale, qu'il a entièrement rénové à la vigne et au chai.

Le domaine fait la part belle au merlot, qui entre à hauteur de 95 % dans la composition de ce 2011 d'un beau classicisme. Du verre exhalent des senteurs intenses et bien mariées de vanille, de réglisse et de fruits mûrs, presque

BORDELAIS

confits. Une attaque généreuse et ronde, « très merlot », ouvre sur une bouche ample, riche et longue, étayée par des tanins solides et de garde et par une fine fraîcheur bien typée du terroir. ⧗ 2017-2024 ⚲ faisan en cocotte

Ch. Villemaurine, 33330 Saint-Émilion, tél. 05 57 74 47 30, contact@villemaurine.com V r.-v. Onclin

CH. VILLHARDY 2011 ★

■ | n.c. | | 20 à 30 €

Jusqu'alors spécialiste du matériel de chai, Stéphane Bedenc s'est installé en 2001 à partir d'une parcelle de 1 ha à proximité de Libourne (Ch. Villhardy), complété en 2005 par 4,5 ha indépendants, au sud de l'appellation (Maro de Saint-Amant).

Mi-merlot mi-cabernet franc, ce 2011 dévoile un bouquet élégant et harmonieux de baies rouges et noires mûres (cassis, groseille), soulignées par un boisé toasté qui reste à sa place. En bouche, il se montre riche sans lourdeur, bien structuré par des tanins fins. ⧗ 2016-2022 ⚲ cailles farcies Lucullus

Stéphane Bedenc, 225, Destieu, 33330 Saint-Sulpice-de-Faleyrens, tél. 05 57 25 26 67, vignobles-bedenc@wanadoo.fr V r.-v.

CH. JEAN VOISIN Cuvée Amédée 2011

■ | 10 000 | | 15 à 20 €

En 1955, le Corrézien Amédée Chassagnoux acquiert le Ch. Jean Voisin, à Saint-Émilion. Son fils Pierre prend la suite, puis Xavier le petit-fils, qui s'installe en 1978 dans le Fronsadais, au Ch. Renard.

95 % de merlot dans ce vin déjà fort plaisant, que l'on pourra boire dans sa jeunesse. Au nez, un fruité frais mâtiné de nuances fumées et vanillées. La bouche se révèle tendre et ronde, soutenue par des tanins souples et fins, et offre un joli retour du fruit en finale. ⧗ 2015-2020 ⚲ poulet basquaise

SCEA Ch. Jean Voisin, Les Cabannes, 33330 Saint-Émilion, tél. 05 57 24 70 40, jeanvoisin.chassagnoux@orange.fr V r.-v. GFA Chassagnoux

CH. YON-FIGEAC 2011 ★

■ Gd cru clas. | 60 000 | | 20 à 30 €

99 00 03 |05| 07 09 10 11

L'un des plus vastes domaines de l'appellation, 24 ha entourant un parc ombragé et un château du XVIIIe s. dans le secteur de Figeac, entre Libourne et Saint-Émilion. L'industriel Alain Château, propriétaire depuis 2005, a rénové l'ensemble, vignoble et bâtiments, et s'est adjoint les services de Denis Dubourdieu.

Nouveauté dans ce millésime 2011, l'apparition, mesurée, du petit verdot dans l'assemblage : 4 % aux côtés du duo classique merlot (83 %)-cabernet franc. Dans le verre, un vin qui évolue en finesse. Si le nez, associant fruits noirs frais et boisé toasté, reste pour l'heure discret, le palais offre plus d'expression. L'attaque est souple et avenante, le développement fruité et croquant, porté par des tanins fins et serrés qui assureront à cette bouteille une bonne tenue dans le temps. ⧗ 2017-2024 ⚲ faisan aux raisins

SA Ch. Yon-Figeac, 3, Yon, 33330 Saint-Émilion, tél. 05 57 84 82 98, info@vignobles-alainchateau.com V r.-v. Alain Château

LES AUTRES APPELLATIONS DE LA RÉGION DE SAINT-ÉMILION

Plusieurs communes, limitrophes de Saint-Émilion et placées jadis sous l'autorité de sa jurade, sont autorisées à faire suivre leur nom de celui de leur célèbre voisine. Toutes sont situées au nord-est de la petite ville, dans une région pleine de charme, rythmée par des collines dominées par de prestigieuses demeures historiques et des églises romanes. Les sols sont très variés et l'encépagement est le même qu'à Saint-Émilion ; aussi la qualité des vins est-elle proche de celle des saint-émilion.

LUSSAC-SAINT-ÉMILION

• Superficie : 1 440 ha • Production : 85 000 hl

Lussac-saint-émilion est l'une des aires du Libournais les plus riches en vestiges gallo-romains. Au centre et au nord de l'AOC, le plateau est composé de sables du Périgord alors qu'au sud le coteau argilo-calcaire forme un arc de cercle bien exposé.

♥ 1938 2011 ★★

■ | 10 000 | | 11 à 15 €

Créée en 1938, la très qualitative cave des producteurs réunis de Puisseguin-Lussac-Saint-Émilion s'illustre régulièrement dans ces pages. Elle représente aujourd'hui quelque 200 adhérents et 1 200 ha de vignes.

Cette cuvée rejoint dans sa version 2011 les millésimes 2007 et 2009, également coups de cœur du Guide. Une robe dense et profonde annonce un vin généreux et intense. De fait, le nez se révèle riche et chaleureux, centré sur les fruits confiturés, épaulé par un beau boisé toasté et cacaoté. Des arômes que l'on retrouve dans un palais ample, suave, plein et puissant, bâti sur des tanins veloutés et sur une fine acidité qui donne de l'allonge à la finale. ⧗ 2017-2022 ⚲ agneau aux épices et pruneaux ■ Haut la Rulotte 2011 ★★ (5 à 8 € ; 65 000 b.) : un nez très expressif de fruits compotés, relayé par une bouche ronde mais sans mollesse, épaulée par une belle trame tannique. ⧗ 2016-2019 ■ La Pruladière 2011 ★ (5 à 8 € ; 65 000 b.) : un vin avenant, rond, souple et équilibré. ⧗ 2016-2019 ■ Prémya 2011 (15 à 20 € ; 10 000 b.) : un lussac chaleureux, suave et rond, qui respire la vendange bien mûre. ⧗ 2016-2019

Vignerons de Puisseguin-Lussac-Saint-Émilion, 1, lieu-dit Durand, 33570 Puisseguin, tél. 05 57 55 50 40, accueil@vplse.com V t.l.j. sf dim. 9h-12h 14h-18h; f. sam. apr.-m .et lun. matin; ouv. t.l.j. en été

CH. BERTIN 2011

■ | 9 000 | | 8 à 11 €

Vignerons depuis le XVIIIe s. et neuf générations, les Saby – les frères Jean-Christophe et Jean-Philippe depuis 1997 – possèdent plusieurs crus dans le Libournais et exploitent un ensemble de 68 ha.

Les dégustateurs ont apprécié la complexité aromatique (cerise à l'eau-de-vie, raisin sec, tabac) de ce pur merlot, comme son attaque franche et vive ouvrant sur un palais charnu et fruité, plus ferme en finale. Un vin dynamique et équilibré. ⧗ 2015-2019 🍴 brochettes de bœuf

Vignobles Jean-Bernard Saby et Fils, Ch. Rozier, 7, lieu-dit Le Sable, 33330 Saint-Laurent-des-Combes, tél. 05 57 24 73 03, info@vignobles-saby.com V r.-v.

CH. LA CLAYMORE 2011

■ | 53 000 | | 8 à 11 €

François Linard et Maria-Dolorès, couple d'ingénieurs en agroalimentaire, ont acquis en 2001 le domaine de La Claymore (du celte *ClaimhMhor*, la grande épée des Highlanders), 33 ha de vignes répartis sur trois AOC : lussac (Claymore et Moulin de Fontmurée), montagne (Flaunys) et bordeaux (Cilorn).

Le merlot (85 %), les cabernets (10 %) et une pincée de malbec ont donné naissance à ce lussac au nez de fruits noirs confits et de moka, souple et charnu en bouche, soutenu par des tanins ronds et par une fine vivacité, avant de révéler plus de chaleur en finale. ⧗ 2016-2020 🍴 magret de canard sauce au café

François Linard, SCEA Claymore, Maison-Neuve, 33570 Lussac, tél. 05 57 74 67 48, contact@laclaymore.fr V t.l.j. sf sam. dim. 8h30-12h 13h30-17h

CH. LES COMBES 2011 ★

■ | 25 000 | | 8 à 11 €

Les Borderie, vignerons depuis cinq générations, exploitent 47 ha : en bordeaux supérieur avec Les Gravières de la Brandille, leur berceau, créé en 1963, en lussac et en bordeaux avec Les Combes, dans la famille depuis la fin du XIXe s., et en lalande avec le Ch. Vieille Dynastie acquis en 2011. Frédéric Borderie est aux commandes depuis 2005.

Élevée deux ans en cuve, ce 2011 dévoile un nez discret, qui s'ouvre à l'aération sur les fruits confits et les épices. Après une attaque ronde, la bouche révèle une pointe de vivacité et des tanins encore jeunes et fermes, gages d'une bonne tenue à la garde. ⧗ 2016-2020 🍴 rôti de porc aux champignons ■ Cuvée Louis Gabriel 2011 ★(15 à 20 € ; 5 000 b.) : un lussac chaleureux, sur les fruits très mûrs et le boisé épicé, suave, charnu et rond. ⧗ 2016-2019

EARL Vignobles Borderie, 117-119, rue de la République, 33230 Saint-Médard-de-Guizières, tél. 05 57 69 83 01, jpborderie@wanadoo.fr V t.l.j. sf dim. 8h-12h 14h-19h

CH. CÔTES DE CHAMBEAU 2011

■ | 16 300 | | 5 à 8 €

Un cru de 12 ha sur les AOC montagne-saint-émilion et lussac-saint-émilion, dans la famille Baudet depuis trois générations, conduit aujourd'hui par les frères Alain et Christophe.

Ce 100 % merlot, vinifié en cuve après une longue macération, laisse parler le fruit et la fraîcheur à l'olfaction, rehaussé par une pointe épicée. La bouche se montre ronde en attaque, portée par des tanins dociles, plus fermes et sévères en finale. ⧗ 2015-2019 🍴 terrine de gibier

Alain Baudet, Cornuaud, 33570 Montagne, tél. 05 57 74 51 10

CH. DU COURLAT 2011 ★★

■ | 56 400 | | 8 à 11 €

En 1906, le Corrézien Jean-Baptiste Audy crée son négoce puis investit dans plusieurs crus du Libournais. Son petit-fils Pierre Bourotte et, depuis 2003, son arrière petit-fils Jean-Baptiste gèrent la maison et les vignobles familiaux : Courlat, ancien fief des Barons de Montagne, 17 ha en lussac, Bonalgue (7,5 ha) et Clos du Clocher (4,6 ha) en pomerol, Les Hauts-Conseillants (10 ha) en lalande.

Ce 2011 présente un nez expressif qui libère un fruité frais stimulé par les épices. Ronde et souple en attaque, la bouche se montre fermement structurée par des tanins solides mais sans agressivité. Beaucoup de tenue et une force maîtrisée. ⧗ 2017-2022 🍴 agneau de sept heures ■ Cuvée Jean-Baptiste (11 à 15 € ; 15 100 b.) : plus simple mais bien construit autour d'un nez élégant et d'un palais souple et frais. ⧗ 2015-2018

SAS Pierre Bourotte, 62, quai du Priourat, BP 79, 33502 Libourne Cedex, tél. 05 57 51 62 17, jbbourotte@jbaudy.fr r.-v.

CH. LA FLEUR POITOU 2011 ★

■ | 50 000 | | 8 à 11 €

Une propriété de 10 ha, appartenant à la famille Barreau-Badar, qui possède par ailleurs le Ch. Certan de May à Pomerol.

« Un lussac de style moderne, techniquement irréprochable », résume un juré. Un vin au nez intense de coco et de fruits rouges et noirs mûrs, vivifié par une pointe mentholée, au palais suave en attaque, plus ferme, tannique et boisé dans son évolution. ⧗ 2017-2022 🍴 rôti de bœuf sauce madère

Mme Barreau-Badar, Ch. Certan, 33500 Pomerol, tél. 05 57 51 41 53, chateau.certan-de-may@wanadoo.fr V r.-v.

CH. LA GARENNE 2011

■ | 32 000 | 5 à 8 €

Marc Chasselinat, à la tête d'un domaine de 10 ha à Lussac, confie la vinification de sa vendange à la réputée cave de Puisseguin Lussac Saint-Émilion.

Ce 2011 se montre d'emblée agréable par son bouquet généreux de fruits mûrs. La bouche suit la même ligne fruitée et plaît aussi par sa rondeur et sa souplesse. Un ensemble équilibré. ⧗ 2015-2017 🍴 grillade de bœuf

Marc Chasselinat, Claveau, 33120 Fronsac, tél. 05 57 55 50 40, accueil@vplse.com V r.-v.

CH. DE LA GRENIÈRE
Cuvée de la Chartreuse 2011 ★

■ | 15 000 | | 11 à 15 €

Au XVII[e]s., les moines de la proche abbaye de Faize venaient s'approvisionner au domaine de La Grenière, déjà réputé pour la qualité de ses vins. Depuis 1914, c'est la famille Dubreuil qui gère ce cru de 15 ha régulier en qualité, implanté sur des terres argilo-graveleuses.

Cette cuvée bien connue des lecteurs évoque l'imposante chartreuse qui trône au milieu du vignoble. Un vin élevé un an en barrique qui offre une olfaction fraîche et fruitée, délicatement soulignée de tabac et de vanille. Une attaque suave et ronde ouvre sur un palais long et solidement charpenté par des tanins vifs. De bonne garde assurément. ⧗ 2017-2021 🍷 sauté de sanglier à la tomate

🔑 Vignobles Dubreuil, lieu-dit La Grenière, 33570 Lussac, tél. 05 57 24 16 87, earl.dubreuil@wanadoo.fr V r.-v.

CH. HAUT-GAZEAU 2011

■ | 30 000 | ◍ | 11 à 15 €

Situé sur le haut d'un plateau argilo-calcaire dénommé « Gazeau », ce cru de 12 ha couvre deux AOC : 8,5 ha en lussac-saint-émilion avec Haut-Gazeau et 3 ha en bordeaux supérieur avec La Gadette. Il a été repris en 2008 par Julien Juzan.

Ce 2011 né de merlot (85 %) et de cabernet franc dévoile un nez expressif dominé par la violette. Ronde en attaque, la bouche déploie ensuite de beaux tanins virils qui appellent la garde. ⧗ 2017-2020 🍷 grillade de bœuf aux sarments

🔑 EARL Dom. Juzan, 10, lieu-dit Michel-de-Vert, 33570 Lussac, tél. 06 80 70 68 79, hautgazeau@gmail.com V r.-v.

PRESTIGE DE HAUT-JAMARD Élevé en fût de chêne 2011

■ | 6 500 | ◍ | 11 à 15 €

Un domaine conduit par la famille Charpentier depuis quatre générations. Jean-Claude et son fils Olivier conduisent aujourd'hui un vignoble de 12 ha.

Issue exclusivement de vieux merlot, cette cuvée dévoile un bouquet généreux de fruits mûrs auquel de fines notes boisées apportent un surcroît de complexité, relayé par un palais corpulent et tannique qui appelle quelques années en cave. ⧗ 2017-2020 🍷 confit de canard

🔑 Olivier Charpentier, Jamard, 33570 Lussac, tél. 05 57 74 51 28, vignoblecharpentier@wanadoo.fr V r.-v.

LA FLEUR DE CH. HAUT-PIQUAT 2011 ★

■ | 6 000 | 🛢 ◍ | 11 à 15 €

Les Rivière sont vignerons et négociants depuis 1875 dans le Libournais. Outre leurs saint-émilion grands crus (Clos des Menuts, Cheval Brun, Grand Rivallon), ils exploitent aussi dans les « satellites » avec les châteaux Beaulieu, 3,5 ha en montagne, Haut-Piquat (22 ha) et Picampeau (8 ha) en lussac, ainsi qu'en AOC régionales avec le Ch. Lavagnac (20 ha).

Ce pur merlot né sur les meilleures parcelles du domaine libère à l'olfaction des notes pimpantes de griotte accompagnées de nuances torréfiées. La bouche, élégante et savoureuse, se révèle ample, juteuse et très fruitée, portée par des tanins encore jeunes mais sans agressivité. ⧗ 2017-2021 🍷 confit de canard

🔑 SARL Vignobles Jean-Pierre Rivière, Ch. Haut-Piquat, 33570 Lussac, tél. 05 57 55 59 59, jpriviere@riviere-stemilion.com V t.l.j. 9h-19h; sam. dim. sur r.-v.; f. 15-31 août

CH. JAMARD BELCOUR 2011

■ | 29 000 | 🛢 | 5 à 8 €

La Maison Despagne et Fils est présente en montagne-saint-émilion avec le Ch. du Vieux Bonneau, et notamment sa cuvée L'Envie, et en lussac-saint-émilion avec le Ch. Jamard Belcour. Elle produit aussi en bordeaux supérieur.

Un vin sans coquetterie excessive, élevé dix-huit mois en cuve, au nez discrètement fruité, qui affirme une présence tannique vigoureuse lors de l'attaque avant de se discipliner et s'arrondir jusqu'à la finale, soyeuse et épicée. ⧗ 2017-2020 🍷 sauté de bœuf aux oignons

🔑 SCEV Despagne et Fils, 3, Bonneau, 33570 Montagne, tél. 05 57 74 60 72, vieuxbonneau@orange.fr V t.l.j. 9h-12h 14h-18h

CH. DES LANDES Cuvée Prestige 2011 ★

■ | 30 000 | ◍ | 11 à 15 €

Conducteur de fours dans une tuilerie locale, Paul Lassagne achète en 1952 un petit vignoble (2 ha) à Lussac et crée le château des Landes ; aujourd'hui, 32 ha conduits par le fils Daniel et le petit-fils Nicolas, qui proposent des lussac-saint-émilion et des bordeaux.

Bien connue des lecteurs, cette cuvée est un pur merlot élevé seize mois en fût. Un vin concentré et intense, à la robe profonde et au nez riche et généreux de fruits noirs confiturés, de vanille et de grillé. Plein, chaleureux et charnu, le palais est solidement étayé par des tanins fermes et un boisé encore dominant. ⧗ 2017-2022 🍷 tajine d'agneau ■ Grand Héritage 2011 ★ (20 à 30 € ; 1 200 b.) : né de merlots plus vieux, vinifié et élevé en foudres, un vin là aussi bien en chair et généreux, aux tanins ronds et au boisé soutenu. ⧗ 2017-2020

🔑 EARL des Vignobles du Ch. des Landes, Lassagne et Fils, 5, Lagrenière, 33570 Lussac, tél. 05 57 74 68 05, contact@chateaudeslandes.net V t.l.j. 8h-12h 14h-18h

CH. DE LUSSAC 2011 ★

■ | 52 900 | ◍ | 11 à 15 €

Quitter la vie parisienne pour s'installer à Lussac afin de rendre au château éponyme (32 ha) son lustre passé, c'est le pari tenté – et tenu depuis 2000 – par Hervé Laviale et son épouse Griet Van Malderen, également propriétaires de Vieux Maillet (pomerol) et de Franc-Mayne (saint-émilion grand cru).

Une pointe de petit verdot accompagne le merlot (80 %) et le cabernet franc dans ce 2011 généreux, qui s'ouvre sur la cerise confiturée, avant de s'orienter vers le boisé. La bouche, encore fermée, laisse deviner un avenir radieux grâce à ses tanins fermes et virils et sa fine vivacité. ⧗ 2017-2021 🍷 canard aux navets

🔑 Ch. de Lussac, 15, rue de Lincent, 33570 Lussac, tél. 05 57 74 56 58, info@chateaudelussac.com V r.-v. 5 🔑 Griet et Hervé Laviale

CH. LYONNAT Émotion 2011 ★

■ | 30 000 | ◍ | 20 à 30 €

Créée en 1938, la maison de négoce Milhade s'est étoffée, sous l'impulsion de Jean Milhade et de son fils Gérard, par l'achat de plusieurs domaines du Libournais, dont Ch. Lyonnat, l'un des plus anciens et vastes (52 ha) crus de Lussac, acquis en 1961, et Ch. Tour d'Auron, 19 ha de bordeaux supérieur, acquis en 1989. Aux commandes depuis 2005, Brigitte Milhade, épouse de Gérard, conseillée par Hubert de Boüard.

Cette cuvée Émotion, née de 10 ha de vieilles vignes de merlot, dévoile un nez encore « barriqué » mais élégant, agrémenté d'épices et de fruits mûrs. Une attaque suave et souple introduit un palais plein et charnu, généreusement fruité et toasté, aux tanins fins et soyeux. ⧗ 2017-2022 🍷 gigot d'agneau au thym

Brigitte et Gérard Milhade, Ch. Lyonnat, 33570 Lussac, tél. 05 57 74 60 16, scea.lyonnat@orange.fr V r.-v.

CH. MAYNE-BLANC Cuvée Saint-Vincent 2011

■ | 13 300 | | 11 à 15 €

Exploitation familiale depuis plusieurs générations, ce cru de 23 ha établi au nord-est de Lussac est l'une des valeurs sûres de l'appellation, avec à sa tête depuis 2000 Charles et Anne Boncheau. Autre vin : le château Julien (bordeaux), produit sur la commune voisine d'Abzac.

Fleuron du domaine issu de ses plus vieilles vignes, la cuvée Saint-Vincent exprime dans ce millésime ses caractéristiques habituelles : intensité aromatique dominée par le bois (épices, vanille, café) et les fruits confits, une bouche riche et puissante, soutenue par des tanins « athlétiques ». ⧗ 2017-2020 🍷 viande rouge en sauce

EARL Boncheau, Ch. Mayne-Blanc, 33570 Lussac, tél. 05 57 74 60 56, info@chateaumayneblanc.fr V r.-v.

CH. MUNCH L'Art 2011 ★

■ | 1 200 | | 20 à 30 €

Patrick Munch et son épouse Sylvie quittent la région parisienne en 2008 pour s'installer dans le Bordelais, à la tête de ce petit vignoble de 4 ha situé au lieu-dit Bertineau, entre Lussac et Néac. Conseillés par Hubert de Boüard, ils se sont rapidement imposés comme une belle référence en lussac.

Cette cuvée confidentielle (coup de cœur dès son premier millésime, le 2008) a été vinifiée intégralement en barrique neuve et élevée dix-huit mois dans le merrain. Grâce à quoi elle s'affirme par son fort caractère : nez intense de fruits noirs, d'épices et de vanille, bouche dense et solidement bâtie. Pour amateurs de vins structurés qui voyagent bien dans le temps. ⧗ 2017-2020 🍷 cuissot de sanglier ■ 2011 ★ (11 à 15 € ; 17 400 b.) : d'un abord plus facile, un vin affable et plaisant par sa rondeur. ⧗ 2016-2019

Vignobles Munch, lieu-dit Bertineau, 33570 Montagne, tél. 05 57 25 09 54, patrickmunch@hotmail.com V r.-v.

CH. PONT DE PIERRE 2011 ★

■ | 30 000 | | 5 à 8 €

Un cru de 20 ha créé en 1947 par Robert Vergniol à Lussac, vinifié par l'importante maison de négoce Yvon Mau, fondée en 1897 et propriété depuis 2001 du géant catalan de la bulle, Freixenet.

Un vin gourmand que ce 2011 élevé un an en cuve, ouvert à l'olfaction sur un fruité mûr mâtiné d'épices douces. Un fruité généreux et caressant que prolonge un palais suave et plein, offrant de la densité et de la mâche, structuré par des tanins fermes. ⧗ 2016-2019 🍷 cannelloni à la viande

SA Yvon Mau, rue Sainte-Pétronille, 33190 Gironde-sur-Dropt, tél. 05 56 61 54 54, info@ymau.com

CH. PUY-GALLAND 2011 ★

■ | 1 000 | | 8 à 11 €

En 2010, Bernard Labatut et son fils David se sont associés pour créer les Vignobles Labatut et vinifier désormais dans trois appellations : francs-côtes-de-bordeaux (la partie principale du vignoble), castillon-côtes-de-bordeaux et lussac-saint-émilion. Un domaine très régulier en qualité.

À l'œil, ce 2011 affiche une forte personnalité : robe très sombre auréolée de violine. Le nez n'est pas en reste et offre un fruité exubérant et chaleureux nuancé de notes boisées. Le palais plaît par sa rondeur et sa suavité équilibrée par une pointe de vivacité, et par ses tanins fins et croquants. Un vin encore plein de ressources. ⧗ 2017-2021 🍷 pavé de bœuf sauce au poivre

SCEA Vignobles Labatut, 12, Le Bourg, 33570 Saint-Cibard, tél. 05 57 40 63 50, puygalland@orange.fr V r.-v.

♥ CH. LA ROSE PERRIÈRE 2011 ★★

■ | 31 000 | | 15 à 20 €

Jean-Luc Sylvain, tonnelier réputé du Libournais, exerce son talent sur le contenant et sur le contenu. Il a repris en 2003 le Ch. La Perrière, à Lussac, un cru de 14 ha d'origine monastique, complété en 2004 par le Clos les Grandes Versannes, 1 ha de saint-émilion grand cru à Saint-Sulpice-de-Faleyrens.

Cette cuvée spéciale à forte dominante de merlot (90 %) est issue des plus vieux ceps du domaine (cinquante ans). Parée d'une intense robe pourpre, elle dévoile un bouquet généreusement fruité, agrémenté d'un boisé épicé soutenu mais fin. La bouche, ample, suave et concentrée, s'adosse à des tanins nobles et vigoureux, au grain serré. Un vin haut de gamme, parfaitement équilibré, d'une puissance maîtrisée. ⧗ 2017-2023 🍷 rôti de bœuf en croûte

Vignobles J.-L. Sylvain, Ch. la Perrière, 33570 Lussac, tél. 05 57 74 51 33, mail@vignobles-jlsylvain.com V r.-v. 5

MONTAGNE-SAINT-ÉMILION

• Superficie : 1 600 ha • Production : 91 600 hl

Montagne dispose d'un riche patrimoine architectural et d'une église romane (Saint-Martin) qui constitue l'un des joyaux de la région. Ses terroirs sont variés : argilo-calcaires ou graves. Le visiteur pourra apprécier la vocation viticole du village dans l'écomusée du Libournais.

CH. DE BEAULIEU 2011 ★★

■ | 19 000 | | 11 à 15 €

Les Rivière sont vignerons et négociants depuis 1875 dans le Libournais. Outre leurs saint-émilion grands crus (Clos des Menuts, Cheval Brun, Grand Rivallon), ils exploitent aussi dans les « satellites » avec les châteaux Beaulieu, 3,5 ha en montagne, Haut-Piquat (22 ha) et

Picampeau (8 ha) en lussac, ainsi qu'en AOC régionales avec le Ch. Lavagnac (20 ha).

Une robe pourpre intense et dense annonce un nez riche, où l'élevage en barrique ne s'impose pas, laissant sa place au fruit. À l'unisson, la bouche joue avec maîtrise la carte du tendre et du soyeux, soutenue par des tanins fins, un rien plus stricts en finale. Un vin ample et harmonieux, à la fois élégant et bien structuré. ⧗ 2016-2021 🍷 civet de sanglier

SARL Vignobles Jean-Pierre Rivière, Ch. Haut-Piquat, 33570 Lussac, tél. 05 57 55 59 59, jpriviere@riviere-stemilion.com V t.l.j. 9h-19h; sam. dim. sur r.-v.; f. 15-31 août

CH. BEL AIR 2011 ★

■	58 000		11 à 15 €

Ancien PDG d'une entreprise de transports, François Duverneuil a repris en 2005 l'exploitation familiale, étendue sur une dizaine d'hectares.

Issu du seul merlot, ce vin rubis intense déploie au nez d'attrayantes senteurs fruitées enrichies d'un fin boisé aux accents épicés. Après une attaque franche et vive, on découvre une matière ronde et charnue, épaulée par des tanins fins et serrés, un rien plus austères en finale. ⧗ 2016-2019 🍷 palombe rôtie

SCEA Ch. Bel Air, 7, Marchand, 33570 Montagne, tél. 06 13 72 34 21, scea@chateaubelair33.com V r.-v.

CH. LA BERGÈRE 2011

■	45 000		8 à 11 €

André Benoist, ingénieur agronome, et son fils Camille ont acquis en 1998 cette propriété (15 ha) où l'on cultivait déjà la vigne en l'an 1650.

Le nez de ce 2011 évoque les fruits confits accompagnés de quelques notes de pain grillé, clin d'œil discret à l'élevage en barriques. À l'unisson, la bouche se révèle souple, ronde et peu tannique. ⧗ 2015-2018 🍷 côtes de porc

SCEV Benoist, Ch. la Bergère, lieu-dit Tourteau, 33570 Montagne, tél. 05 57 74 61 61, ablaunay@wanadoo.fr V r.-v. GFA la Bergère

CH. BERLIÈRE 2011 ★

■	10 000		5 à 8 €

Les Guillon exploitent la vigne depuis plus d'un siècle sur le cru Berlière, 5 ha à Montagne. Michel, installé en 1978, épaulé par son fils Matthieu à partir de 2004, y a ajouté 10 ha à Tayac, en côtes-de-francs, avec le Ch. Guillon-Nardou.

Une belle robe brillante, un nez enjôleur au fruité délicat où se décèlent des notes de noyau de cerise, une bouche ample, ronde et soyeuse, offrant un juste équilibre et de la longueur: un montagne bien sous tous rapports. ⧗ 2016-2019 🍷 magret de canard aux cerises

Michel Guillon, Berlière, 33570 Montagne, tél. 05 57 74 46 24, wine33@hotmail.fr V r.-v.

CH. CALON 2011 ★★

■	186 600		8 à 11 €

Tonneliers et viticulteurs de père en fils depuis plus de deux siècles, les Boidron possèdent plusieurs crus dans le Libournais (Corbin Michotte en saint-émilion grand cru, Cantelauze en pomerol), dont ce cru de 35 ha conduit par Jean-Noël Boidron, ancien professeur de la faculté d'œnologie de Bordeaux, et son fils Hubert.

Ce vin a frôlé le coup de cœur. Ses arguments? Une superbe couleur cerise noire; un nez complexe qui associe fruits noirs, griotte, menthol et fin boisé; une bouche ample, douce, généreuse, « d'une souplesse féline » selon un juré, portée par des tanins fins et serrés. ⧗ 2015-2021 🍷 sauté d'agneau

Jean-Noël Boidron, Ch. Calon, 33570 Montagne, tél. 05 57 51 64 88, vignoblesjnboidron@wanadoo.fr V r.-v.

CLOS CROIX DE MIRANDE 2011

■	8 500		11 à 15 €

Après une longue expérience dans le négoce, Yvette et Michel Bosc ont constitué ex nihilo, en 1978, ce petit clos de 1,4 ha planté sur un terroir argilo-calcaire.

Merlot (85 %) et cabernets ont bien « digéré » les douze mois de barrique, à en juger par le joli nez fruité et finement vanillé de ce 2011. En bouche, on découvre un vin homogène qui évolue sur le cassis et le pruneau, auquel un boisé fondu apporte de la tenue et de l'élégance. ⧗ 2017-2019 🍷 brochettes de bœuf

Bosc, 2, Mirande, Clos Croix de Mirande, 33570 Montagne, tél. 05 57 74 59 78, ml.bosc@orange.fr V r.-v.

CLOS LA CROIX D'ARRIAILH 2011 ★★

■	5 300		11 à 15 €

Les Laporte, aujourd'hui Clément et Rémi, sont établis depuis cinq générations sur cette exploitation de 8 ha située au lieu-dit Arriailh, à 3 km de Pomerol et de Saint-Émilion. Ils produisent deux étiquettes: Croix-Beauséjour et Clos La Croix d'Arriailh.

Issu de ceps de merlot (80 %), de cabernet-franc et de malbec (le fameux « petit noir de Pressac ») de plus de quatre-vingts ans, ce vin se distingue par son olfaction riche (boisé fondu, notes mentholées, fruité épanoui) et par sa bouche ample, qui conjugue rondeur, puissance et élégance. ⧗ 2017-2020 🍷 palombe rôtie aux cèpes ■ Ch. Croix-Beauséjour Élevé en fût de chêne 2011 ★ (8 à 11 €): un vin prometteur et déjà engageant par son nez généreusement fruité, un rien animal et floral, par sa fraîcheur, son volume et sa fermeté en bouche. ⧗ 2017-2020

EARL Ch. Croix-Beauséjour, Arriailh, 33570 Montagne, tél. 09 64 10 71 86, vigne@chateau-croix-beausejour.com V t.l.j. sf dim. 8h-18h

CH. CORBIN 2011 ★★

■	100 000		8 à 11 €

Dans le Saint-Émilionnais, le nom Corbin apparaît dès le Moyen Âge. L'ancienne seigneurie de Montagne, dirigée depuis quatre générations par la famille Rambeaud, était répertoriée viticole en 1779. Une propriété de 30 ha, qui produit en saint-georges-saint-émilion et en montagne-saint-émilion.

Ce vin de belle brillance exhale des parfums délicats de fraise, de myrtille et de mûre rehaussés de notes épicées. La bouche offre beaucoup d'équilibre, entre une chair souple et soyeuse, des tanins veloutés et une fraîcheur avenante. ⧗ 2016-2019 ¥ rosbif aux cèpes

⊶ SCEA François Rambeaud, Ch. Corbin, 33570 Montagne, tél. 05 57 74 62 41, info@chateaucorbin.fr V t.l.j. 9h-18h

CH. CÔTES DE CHAMBEAU 2011

■ | 60 700 | 🍾 | 5 à 8 €

Un cru de 12 ha sur les AOC montagne-saint-émilion et lussac-saint-émilion, dans la famille Baudet depuis trois générations, conduit aujourd'hui par les frères Alain et Christophe.

Ce vin grenat limpide est un « satellite » de belle expression, ouvert sur les fruits mûrs. La bouche, ample et ronde, garde ce caractère fruité, épaulé par des tanins vigoureux qui se disciplineront avec le temps. ⧗ 2017-2020 ¥ pintade rôtie

⊶ Alain et Christophe Baudet, Cornuaud, 33570 Montagne, tél. 05 57 74 51 10

CH. COUCY 2011 ★

■ | 100 000 | ◍ | 8 à 11 €

Ce domaine de 20 ha, qui porte le nom d'une lignée anglaise installée en Aquitaine au XVᵉs., appartient depuis 2007 à la famille Bonfils, déjà à la tête de nombreuses propriétés en Languedoc.

Ce vin, paré d'une livrée sombre et profonde, dévoile une olfaction intense et complexe où la vanille et le cuir le disputent au fruit. Ample dès l'attaque, la bouche associe fraîcheur, fermeté et fruité. ⧗ 2017-2020 ¥ rôti de biche

⊶ Ch. Coucy, Coucy, 33570 Montagne, tél. 04 67 93 10 05, bonfils@bonfilswines.com r.-v.

⊶ Bonfils

♥ CH. LA COURONNE Réserve 2011 ★★

■ | 43 000 | ◍ | 11 à 15 €

Le vignoble du Ch. La Couronne (11,5 ha plantés en merlot), orienté plein sud, fait face au village de Saint-Émilion. En 1994, l'autodidacte Thomas Thiou a racheté ces terres à vigne qui produisaient déjà du vin au début du XIXᵉs.

Fruit d'un travail au chai (longues cuvaisons, micro-oxygénation) cherchant une extraction poussée, ce vin d'un pourpre sombre du plus bel effet se montre intense dès l'olfaction, avec une forte présence de fruits rouges et noirs (framboise, cassis, mûre) sur un fond boisé discret. À une attaque ample et compacte, portée par des tanins fermes et serrés, succède un milieu de bouche plus tendre et assoupli, signature d'un merlot parvenu à une belle maturité. ⧗ 2018-2022 ¥ daube de bœuf

⊶ EARL Thomas Thiou, Ch. la Couronne, BP 10, 33570 Montagne, tél. 05 57 74 66 62, lacouronne@aol.com V r.-v.

CH. LA CROIX DE MOUCHET
Cuvée sélectionnée Élevée en fût de chêne 2011

■ | 30 000 | ◍ | 5 à 8 €

Trois générations de Grando se sont succédé sur cette exploitation depuis son achat en 1947 par le grand-père. Un ensemble viticole de 18 ha qui s'étend en puisseguin-saint-émilion (6 ha) et en montagne-saint-émilion (12 ha).

Une séduisante robe pourpre habille ce montagne qui s'anime à l'aération sur des notes de fruité (cerise) discrètement épicé. Souple et rond en attaque, le palais dévoile ensuite un caractère plus solide, avec une agréable fraîcheur en appoint. ⧗ 2015-2018 ¥ poêlée de cèpes à l'ail

⊶ SCEA Ch. la Croix de Mouchet, 2, Mouchet, 33570 Montagne, tél. 05 57 74 62 83, croixdemouchet@wanadoo.fr V r.-v.

CH. LA CROIX-JURA 2011 ★★

■ | 18 400 | 🍾 | 5 à 8 €

Les Berlureau exploitent depuis six générations un vignoble d'un peu plus de 10 ha en montagne-saint-émilion (Croix-Jura) et en saint-émilion (Moulin du Jura). Les chais ont remplacé un ancien moulin et une boulangerie qui ont fait partie du décor jusqu'au XIXᵉs.

Élevé dix-huit mois en cuve, ce montagne libère d'ardents et généreux parfums de fruits noirs stimulés par les épices. Suivant le même tempo aromatique, la bouche conjugue volume, puissance et élégance, portée par des tanins au grain très fin. Beaucoup de charme et d'harmonie dans ce vin. ⧗ 2017-2022 ¥ sauté de veau aux girolles

⊶ SCEA Moulin du Jura, 1, lieu-dit le Moulin-du-Jura, 33570 Montagne, tél. 05 57 51 27 98, moulindujura@orange.fr V r.-v.

CH. FLAUNYS 2011 ★★

■ | 13 000 | 🍾 ◍ | 8 à 11 €

François Linard et Maria-Dolorès, couple d'ingénieurs en agroalimentaire, ont acquis en 2001 le domaine de La Claymore (du celte *ClaimhMhor*, la grande épée des Highlanders), 33 ha de vigne répartis sur trois AOC : lussac (Claymore et Moulin de Fontmurée), montagne (Flaunys) et bordeaux (Cilorn).

Ce vin, dont le nom signifie « paradis » en celte, est né de sols de sables ferrugineux voisins de Lalande-de-Pomerol. Paré d'une engageante robe sombre et dense, il mêle à l'olfaction les fruits noirs à de discrètes notes d'épices douces et de vanille. Une attaque ample et franche introduit un palais riche, doux et plein, étayé par des tanins serrés et un bon boisé. ⧗ 2016-2021 ¥ navarin d'agneau

⊶ François Linard, SCEA Claymore, Maison-Neuve, 33570 Lussac, tél. 05 57 74 67 48, contact@laclaymore.fr V t.l.j. sf sam. dim. 8h30-12h 13h30-17h

CH. LA FLEUR GRANDS-LANDES
Cuvée Isabelle 2011 ★

■ | n.c. | 🍾 ◍ | 8 à 11 €

De cette propriété familiale née en 1742 sont issus des vins de trois appellations : lalande-de-pomerol, bordeaux et montagne-saint-émilion. Succédant à son père Maurice Carrère depuis 1997, Isabelle Fort, œnologue, est à la tête d'un vignoble de 13,5 ha.

Le merlot, majoritaire à 70 %, affirme une présence charnue et fruitée. À une olfaction complexe qui marie harmonieusement le bois et les fruits noirs (mûre, cassis), bien présents, succède une bouche vineuse, tannique et tonique. Un vin bien typé. 2017-2020 grillades de bœuf

EARL Vignobles Carrère, 9, rte de Lyon, Lamarche, 33910 Saint-Denis-de-Pile, tél. 05 57 24 31 75, vignoble-carrere@wanadoo.fr V r.-v.

Isabelle Fort

CH. FORLOUIS 2011

■	35 000		11 à 15 €

La maison de négoce de François Janoueix, descendant d'une branche de ces Corréziens qui ont fait la richesse de Libourne, est également propriétaire de nombreux crus composant un vaste ensemble de plus de 100 ha.

Ce vin propose un nez chaleureux de fruits mûrs agrémenté d'un boisé léger, signature de quatorze mois de fût. En bouche, il dévoile un corps souple, un bon volume et un fruité large. 2015-2018 canard aux pêches

Vignobles François Janoueix, 20, quai du Priourat, BP 135, 33502 Libourne Cedex, tél. 05 57 55 55 44, vins@janoueixfrancois.com V r.-v.

CH. GUADET PLAISANCE 2011

■	49 000		8 à 11 €

Cette propriété appartenait à la fin du XVIIIᵉs. à Jean-Émile Guadet, avocat girondin guillotiné pendant la Terreur. Pierre Taïx a ajouté en 2008 ce cru de 10 ha, planté à haute densité et en conversion bio, à un ensemble de vignobles réputés (Rigaud, Fongaban, La Mauriane).

C'est un nez de fruits rouges à l'eau-de-vie sur fond boisé qui ouvre la dégustation. Celle-ci se prolonge sur la même ligne aromatique dans une bouche riche et souple, un peu plus sévère en finale. 2015-2018 rôti de bœuf

Pierre Taïx, Ch. Guadet-Plaisance, 33570 Montagne, tél. 05 57 74 54 07, rigaud@vignobles-taix.com

CH. HAUT-GOUJON 2011 ★

■	15 000		8 à 11 €

Ce cru de 18 ha étend ses vignes en lalande-de-pomerol et en montagne-saint-émilion. La famille Garde y est installée depuis quatre générations, la dernière, trois frères, étant en place depuis 1995.

Ce 2011 offre au regard un beau drapé pourpre aux éclats violines. Le nez, encore discret, s'ouvre sur les fruits rouges. Dès l'attaque, le palais est dominé par des tanins solides enrobés par un généreux fruité. Un vin de caractère. 2017-2020 daube de bœuf

SCEA Garde et Fils, 3, Goujon, 33570 Montagne, tél. 05 57 51 50 05, contact@chateauhautgoujon.com V r.-v.

CH. JURA-PLAISANCE 2011 ★

■	6 300		5 à 8 €

Cru familial acquis en 1938 par Robert Delol, aujourd'hui dirigé par son fils Bernard. Un vignoble de 8 ha, bénéficiant d'un beau point de vue sur Saint-Émilion, qui descend en pente douce vers la Barbanne, « ruisseau frontière » entre les AOC pomerol et saint-émilion.

Griotte, myrtille, violette, boisé délicat, ce 2011 dévoile un bouquet charmeur et expressif, avant de s'épanouir en une bouche ronde, ample, charnue, qui révèle en finale une belle trame de tanins serrés. 2016-2019 terrine de gibier

SCEV B. Delol, Ch. Jura-Plaisance, 33570 Montagne, tél. 05 57 51 91 44, bdelol@gmail.com V r.-v.

CH. LESTAGE 2011

■	40 000		8 à 11 €

Un cru de 19 ha situé dans le hameau de Parsac, sur la partie haute de l'AOC montagne-saint-émilion. Philippe Raoux, son propriétaire depuis 2001, est aussi le créateur, aux portes du Médoc, de la Winery d'Arsac, haut lieu de l'œnotourisme local.

Ce millésime, composé à 80 % de merlot, complété par 15 % de cabernet-sauvignon et d'un peu de franc, s'ouvre sur d'agréables parfums de fruits rouges (cerise, framboise) et de vanille. La bouche, vive en attaque, évolue sur le fruit noir, soutenue par des tanins bien présents et un boisé fin. 2018-2021 côte de bœuf

SCA Domaines Philippe Raoux, Ch. Lestage, 33570 Montagne, tél. 05 57 74 66 41, cedric.gonthier@wanadoo.fr V r.-v.

CH. DE MAISON NEUVE 2011 ★

■	400 000		5 à 8 €

En cave coopérative de 1968 à 1978, Michel Coudroy exploite aujourd'hui un important vignoble de 78 ha répartis sur plusieurs crus : Maison Neuve en montagne-saint-émilion, Haut Tropchaud en pomerol et La Faurie Maison Neuve en lalande-de-pomerol.

Ce vin a connu le fût et ne s'en cache pas. Mais c'est un bon boisé aux accents de caramel et d'épices, qui s'exprime au nez, sans toutefois éteindre complètement le fruit. On retrouve ce côté « barriqué » dans une bouche ample, douce et ronde en attaque, plus charpentée dans son développement. 2016-2020 bœuf bourguignon

Vignobles Michel Coudroy, Maison-Neuve, 33570 Montagne, tél. 05 57 74 62 23, michel-coudroy@wanadoo.fr V r.-v.

CH. DES MOINES 2011 ★

■	n.c.		15 à 20 €

Enracinés en Libournais depuis des siècles, les Tapon – Nicole, fille de Raymond, et son compagnon Jean-Christophe Renaut – y exploitent 32 ha (en conversion bio), dont l'essentiel en montagne-saint-émilion avec le Ch. des Moines, fondé au XVIᵉs. par les bénédictins de Cîteaux, et Gay Moulins, planté du seul bouchet (nom local du cabernet franc).

Fidèles à leurs (bonnes) habitudes, les Tapon signent un vin qui ne manque pas d'atouts : une robe grenat brillant, un nez qui dispense des parfums délicats de fruits noirs et de pain grillé stimulés par les épices douces, une bouche persistante, ample, concentrée et bien charpentée. 2017-2020 côte de bœuf aux cèpes

Raymond Tapon, 23, rue Guadet, 33330 Saint-Émilion, tél. 05 57 74 61 20, information@tapon.net V r.-v.

CH. MONTAIGUILLON 2011 ★

■	108 000		11 à 15 €

Ce vignoble de 27 ha de terres argilo-calcaires, d'un seul tenant et tout en coteaux, appartient à la famille Amart

depuis trois générations. Point culminant de l'AOC, il se trouve juste à la limite des appellations pomerol et saint-émilion.

Ce montagne d'un beau pourpre soutenu se montre aromatique et consistant aussi bien au nez qu'en bouche, nanti de subtiles notes vanillées, minérales et fruitées (cerise). Des tanins encore un brin acérés en finale soutiennent un palais ample, concentré et généreux. Un ensemble bien construit et de bonne garde. ⧗ 2017-2021 ¥ petit gibier

⊶ Amart, Ch. Montaiguillon, 33570 Montagne, tél. 05 57 74 62 34, chantalamart@wanadoo.fr V r.-v.

CH. DE MUSSET
Les Colonnes Élevé en fût de chêne 2011

■	10 000		8 à 11 €

Situé sur la commune de Parsac, ce pittoresque domaine viticole de 7,5 ha acheté par Pierre Musset en 1887 s'est transmis de génération en génération. Jusqu'à Michelle Gadenne, arrière petite-fille de l'acquéreur.

Les onze mois de fût n'ont pas nui à l'équilibre de ce 2011, qui marie harmonieusement au nez les fruits frais à la cannelle et au pain grillé. Porté par des tanins solides, le palais associe fraîcheur et rondeur. ⧗ 2017-2020 ¥ entrecôte braisée

⊶ SCEA Ch. de Musset, Musset, 33570 Montagne, tél. 05 57 24 77 65, chateaudemusset@yahoo.fr V r.-v.
⊶ Michelle Gadenne

CH. NÉGRIT 2011

■	100 000		5 à 8 €

L'histoire débute avec Pierre Lagardère qui, de retour de la Grande Guerre, acquiert 1 ha à Pomerol. Le domaine va s'étoffer à chaque génération pour atteindre aujourd'hui 17 ha en lalande (Rocher Calon, Négrit) et 2,2 ha en pomerol (Tour Maillet), conduits par Jean-Claude Lagardère et son fils Gaël.

C'est dans une robe sombre que se présente ce 2011 ouvert sur la mûre et le cassis ponctués de notes épicées, tonique, frais et bien structuré en bouche. ⧗ 2016-2019 ¥ rosbif sauce Périgueux

⊶ SCEV Lagardère, Négrit, 33570 Montagne, tél. 05 57 74 61 63, vignobleslagardere@wanadoo.fr V t.l.j.sf sam. dim. 8h-12h30 14h-19h

CH. DE PARSAC 2011 ★

■	50 000		11 à 15 €

L'une des bonnes références en puisseguin-saint-émilion. Un cru de 95 ha d'un seul tenant, propriété depuis 2003 de la maison Edmond de Rothschild, qui possède aussi le Ch. Clarke en listrac-médoc et plusieurs crus dans le Libournais.

Cette cuvée en robe légère libère à l'aération d'agréables senteurs de fruits frais. Elle flatte le palais par son fruité franc et sa texture caressante, soulignée par des tanins soyeux. Un vin équilibré. ⧗ 2016-2019 ¥ rôti de bœuf et fricassée de girolles

⊶ Cie Vinicole Baron Edmond de Rothschild, Ch. Clarke, 33480 Listrac-Médoc, tél. 05 56 58 38 00, contact@cver.fr V r.-v.

CH. ROC DE CALON 2011

■	15 000		8 à 11 €

Deux propriétés réunies (l'une était le château Barraud) ont formé Roc de Calon. Le vignoble de 23 ha s'étend sur la face sud-ouest du tertre de Calon. À la tête depuis 1998 de ce cru régulier en qualité, Bernard Laydis et son épouse Sylvie sont aujourd'hui épaulés par leurs enfants Thomas et Marie.

Au nez, les notes fumées de la barrique s'associent à un fruité chaleureux. La bouche prolonge ce caractère généreux et boisé, soutenue par des tanins fermes et une fraîcheur bienvenue. ⧗ 2015-2018 ¥ entrecôte au vin rouge

⊶ SAS Vignobles Bernard Laydis, Ch. Roc de Calon, 3, Barreau, 33570 Montagne, tél. 05 57 74 63 99, s.laydis@rocdecalon.com V r.-v.

CH. SAINT-JACQUES CALON
Grande Réserve Élevé en fût de chêne neuf 2011 ★

■	1 800		15 à 20 €

Propriété familiale depuis cinq générations, ce domaine de près de 9 ha est établi sur la butte de Calon, renommée pour ses sols argilo-calcaires. Depuis 2002, il est dirigé par Frédéric Maule.

Cette cuvée, tout merlot, élevée dix-huit mois en barrique, dévoile un nez expressif de fruits mûris mâtiné de touches de vanille. Généreuse et suave, soutenue par des tanins tendres, la bouche évolue sur un fruité intense et offre un équilibre impeccable jusqu'en en finale. ⧗ 2016-2019 ¥ civet de marcassin

⊶ Frédéric Maule, 1, Lamaçonne, BP 9, 33570 Montagne, tél. 05 57 74 62 43, contact@saint-jacques-calon.com V r.-v.

CH. TOUR BAYARD 2011

■	15 000		8 à 11 €

Fanny Richard dirige depuis 1999 ce cru acquis par ses parents en 1956. Elle exploite 10 ha sur un coteau orienté sud-sud-est, auxquels elle dispense des soins attentifs et raisonnés (compost naturel, vendanges manuelles...) pour produire des vins souvent en bonne place dans ces pages.

Cette cuvée dévoile un bouquet plaisant de fruits rouges et noirs qui laisse le bois en retrait. Dans la continuité, la bouche se révèle souple et fraîche avant de monter en puissance, portée par des tanins de bonne garde. ⧗ 2016-2019 ¥ marquise au chocolat

⊶ Fanny Richard, Bayard, 33570 Montagne, tél. 05 57 74 51 05, richard@alienor.fr V r.-v.

VIEUX CHÂTEAU PALON 2011 ★★

■	28 000		15 à 20 €

Grégory Naulet s'est installé en 2000 sur ce cru de 5,45 ha sur argilo-calcaire, qu'il a restructuré tant à la vigne qu'au chai pour en faire une bonne référence de l'appellation montagne-saint-émilion.

Une robe engageante, pourpre sombre aux reflets violines, donne le ton. Au nez, le vin se fait conquérant, sur des senteurs de fruits rouges en gelée, de vanille et de toasté. En bouche, le boisé, élégant, et les tanins, fermes et racés, demandent encore à se fondre, mais n'occultent ni la texture, soyeuse, ni le fruité, gourmand. ⧗ 2017-2021 ¥ lamproie à la bordelaise

Vignobles Naulet, Mondou, 33330 Saint-Sulpice-de-Faleyrens, tél. 06 89 10 90 01, vignobles.naulet@wanadoo.fr V r.-v.

VIEUX CHÂTEAU SAINT-ANDRÉ 2011

■	40 000		11 à 15 €

Ancien vinificateur de Petrus, Jean-Claude Berrouet est aussi vigneron depuis 1978 (avec son fils Jean-François depuis 2002) : en montagne-saint-émilion avec le Vieux Château Saint-André et en lalande avec le Ch. Samion, sans oublier ses vignes d'Irouléguy, terre de ses ancêtres.

Paré d'une robe limpide, ce 2011 offre un joli bouquet de fruits rouges souligné par de fines notes boisées. Suivant la même trame aromatique, la bouche se révèle ronde, soyeuse et charnue. L'ensemble est harmonieux. 2016-2019 poulet rôti

Berrouet, 1, Samion, 33570 Montagne, tél. 05 57 74 59 80, chateau.samion@wanadoo.fr V r.-v.

PUISSEGUIN-SAINT-ÉMILION

• Superficie : 745 ha • Production : 43 000 hl

La plus orientale des appellations voisines de Saint-Émilion est implantée sur des sols à dominante argilo-calcaire, avec quelques secteurs d'alluvions graveleux. Le vignoble est exposé au sud-sud-est.

1938 2011 ★

■	10 000		11 à 15 €

Créée en 1938, la très qualitative cave des producteurs réunis de Puisseguin-Lussac-Saint-Émilion s'illustre régulièrement dans ces pages. Elle représente aujourd'hui quelque 200 adhérents et 1 200 ha de vignes.

Cette cuvée, hommage aux premières vendanges accueillies par la cave, a déjà brillé dans ces pages. Elle offre ici une sarabande goûteuse, au nez comme en bouche, de fruits mûrs agrémentés d'élégantes notes boisées. La structure est fine et souple, la longueur appréciable et l'équilibre précis. 2015-2019 volaille rôtie

Vignerons de Puisseguin-Lussac-Saint-Émilion, 1, lieu-dit Durand, 33570 Puisseguin, tél. 05 57 55 50 40, accueil@vplse.com V t.l.j. sf dim. 9h-12h 14h-18h; f. sam. apr.-m .et lun. matin; ouv. t.l.j. en été

CH. BEL AIR 2011 ★

■	5 000		11 à 15 €

Installés dans le Périgord depuis les années 1970, les Dubard conduisent un vaste ensemble viticole. Outre leurs fleurons du Bergeracois, Ch. Laulerie et Farcies du Pech', ils exploitent aussi plusieurs crus dans le Libournais.

Denière acquisition de la famille (2011), ce cru de 8 ha est établi sur le plateau de Puisseguin. Ce vin au charme discret ne délivre qu'après aération un bouquet séduisant de fruits mûrs agrémenté de toasté. La bouche se révèle ample, ferme mais sans agressivité, bâtie sur des tanins actifs. 2017-2020 magret de canard

Famille Dubard, 9, rue du 8-mai-1945, 33500 Lalande-de-Pomerol, tél. 05 53 82 48 31, contact@vignoblesdubard.com V r.-v.

CH. LE BERNAT 2011

■	6 000		15 à 20 €

Commandé par un château bâti sous Napoléon III par des charpentiers canadiens, ce cru de 6 ha a été acquis et rénové en 1999 par Pierre-Jean et Liliane Le Roy, professeurs à la retraite en quête de nouveauté, et géré par leur fille Nathalie.

Élégamment paré de pourpre aux nuances violines, ce 2011 développe des senteurs de fruits noirs et de caramel. L'attaque se fait en délicatesse, ouvrant sur un palais qui marie onctuosité, rondeur et fraîcheur, le tout soutenu par de bons tanins. 2015-2019 cailles rôties

Famille Leroy, 1,Champ des Boys, 33570 Puisseguin, tél. 06 12 82 08 19, nathalie.leroy@infi.fr V r.-v.

♥ CH. CLARISSE
Cuvée Vieilles Vignes 2011 ★★

■	4 000		50 à 75 €

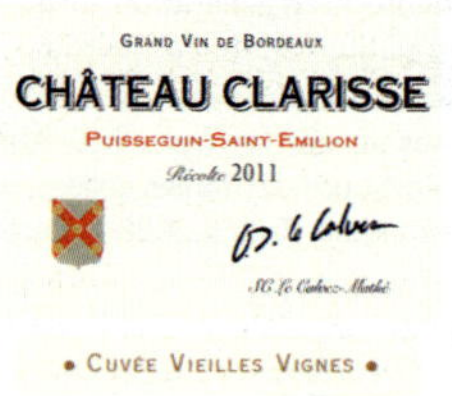

Détenu pendant plus d'un siècle par la famille Estager, ce cru de 9 ha, établi sur les hauteurs argilo-calcaires du plateau de Puisseguin, est depuis 2009 la propriété d'Olivia et Didier Le Calvez, qui l'ont renommé du prénom de leur fille.

Ce jeune domaine signe une entrée dans le Guide qui ne passe pas inaperçue avec cette cuvée née de vieux ceps de merlot de plus de soixante ans associés à 20 % de cabernet franc. Un vin pourpre intense, qui dévoile à l'olfaction un large éventail fruité souligné par un fin vanillé. La bouche, « conquérante », offre beaucoup de volume, de concentration et de chair, étayée par des tanins à la fois serrés et soyeux et par un boisé harmonieux. 2016-2019 canard rôti aux figues ■ Cuvée principale 2011 ★ (20 à 30 € ; 14 300 b.) : un vin né de vignes plus jeunes, au boisé épicé, intense et bien structuré en bouche. 2018-2022

SC le Calvez-Mathé, lieu-dit Croix-de-Justice, 33570 Puisseguin, tél. 05 46 67 83 74, contact@chateau-clarisse.com V r.-v.

CH. FONGABAN 2011 ★

■	n.c.		8 à 11 €

Propriété de la famille Taïx depuis 1932, ce cru est une valeur sûre en castillon et en puisseguin, son vignoble de 40 ha étant idéalement situé sur le plateau argilo-calcaire couvrant les deux secteurs. Aux commandes depuis 2009, Pierre Taïx (Guadet Plaisance, Rigaud, La Mauriane) en a entrepris la conversion bio.

Fidèle au rendez-vous, le vigneron a évité avec habileté les embûches d'un millésime 2011 capricieux. Il signe un vin bien construit où le boisé des dix-huit mois d'élevage n'entache en rien l'intensité des fruits rouges. Un équilibre que l'on retrouve dans un palais rond, structuré avec soin et soutenu par ce qu'il faut de fraîcheur. 2016-2020 bœuf mijoté au vin rouge ■ Ch. Rigaud 2011 (45 000 b.) : un boisé plus dominateur et le fruit en retrait, de la rondeur et une bonne charpente en bouche. 2016-2020

Ch. Fongaban, Monbadon, 33570 Puisseguin, tél. 05 57 74 54 07, fongaban@vignobles-taix.com V r.-v. Pierre Taïx

CH. GRAND BOISSAC 2011

■ | 26 000 | | 5 à 8 €

C'est la coopérative de Puisseguin-Lussac-Saint-Émilion qui vinifie les productions de Dominique Goujou et de son château Grand Boissac, établi sur 8 ha de terres argilo-limoneuses.

Ce vin se présente dans une seyante robe rubis et déploie un bouquet agréable de fruits rouges discrètement épicés. Si la bouche manque un peu de volume, elle propose une belle fraîcheur et une structure fine. 2015-2017 viande rouge rôtie

Dominique Goujou, Vignerons de Puisseguin-Lussac-Saint-Émilion, 1, lieu-dit Durand, 33570 Puisseguin, tél. 05 57 55 50 40, accueil@vplse.com V t.l.j. sf dim. 9h-12h 14h-18h; f. sam. ap.-m. lun. mat.

CH. GUIBOT La Fourvieille 2011 ★

■ | 15 000 | | 15 à 20 €

Un cru bien connu des lecteurs, constitué en 1979 à partir des châteaux Guibeau et Guibot La Fourvieille par le père d'Henri Bourlon, l'actuel propriétaire, descendant d'un soldat de l'empereur Maximilien lors de la conquête du Mexique. 41 ha d'un seul tenant en puisseguin et en castillon (en conversion bio), désormais conduits par Brigitte, fille d'Henri, et son mari Éric.

Comme à son habitude, le domaine est au rendez-vous. Ici avec un 2011 bien ouvert sur les fruits mûrs et un boisé toasté et épicé, dense, gras et intense en bouche, porté par des tanins ronds et soyeux. 2016-2020 hachis parmentier de canard

SCEA Bourlon-Destouet, Ch. Guibeau, 33570 Puisseguin, tél. 05 57 55 22 75, vignobles.henri.bourlon@wanadoo.fr V t.l.j. sf sam. dim. 9h-12h 14h-18h; f. août

♥ LES LAURETS
Baron Edmond de Rothschild 2011 ★★

■ | 5 000 | | 30 à 50 €

L'une des bonnes références en puisseguin-saint-émilion. Un cru de 95 ha d'un seul tenant, propriété depuis 2003 de la maison Edmond de Rothschild, qui possède aussi le Ch. Clarke en listrac-médoc et plusieurs crus dans le Libournais.

Ce puisseguin « de niche », cuvée spéciale du château, n'en est pas à son premier coup de cœur. Issu du seul merlot vendangé manuellement, il se présente sous son meilleur aspect, d'un beau pourpre aux reflets bleutés. Dès le premier nez, il allie d'élégantes fragrances de fruits rouges un rien compotés à un boisé fondu. L'attaque est ronde et avenante, le milieu de bouche intense et charpenté, la finale longue et tannique. Un vin de caractère. 2017-2022 carré d'agneau aux cèpes ■ Ch. des Laurets 2011 (11 à 15 € ; 247 400 b.) : d'un abord plus facile, plus souple, mais sans manquer de structure. 2016-2019

Cie Vinicole Baron Edmond de Rothschild, Ch. Clarke, 33480 Listrac-Médoc, tél. 05 56 58 38 00, contact@cver.fr V r.-v.

CH. DE PUISSEGUIN-CURAT 2011

■ | 20 000 | | 8 à 11 €

Jeanne d'Albret, mère du roi Henri IV, fut propriétaire de ce domaine, dans la famille Robin depuis 1958. Aujourd'hui, Jean-François et Jean-David Robin conduisent, en culture raisonnée, les 25 ha de vignes.

Une présence fruitée franche et vive se manifeste aussi bien au nez qu'en bouche dans ce vin d'un séduisant rubis et d'un équilibre de bon aloi. 2015-2017 brochettes de bœuf

EARL Ch. de Puisseguin-Curat, Curat, 33570 Puisseguin, tél. 05 57 74 51 06, chateau-de-puisseguin-curat@wanadoo.fr V r.-v.

CH. SOLEIL 2011 ★★

■ | 50 000 | | 20 à 30 €

Créée par un groupe d'amis réunis autour de Stephan Von Neipperg (Canon La Gaffelière à Saint-Émilion) et Didier Miqueu, la SCEA Winevest Saint-Emilion a acquis en 2005 le Ch. Soleil, 20 ha sur Puisseguin, complétés en 2007 de la même surface en lussac avec le Ch. Croix du Rival.

Deux étoiles et une finale des coups de cœur pour ce Soleil au nez épicé et fruité (cerise noire, pruneau), que prolonge un palais dense, consistant, épaulé par des tanins de qualité et un fin boisé. Harmonieux et déjà fort tentant. 2015-2019 filet de bœuf sauce aux truffes

SCEA Winevest Saint-Émilion, 32, rte de Saint-Émilion, 33570 Puisseguin, tél. 09 75 69 65 75, info@chateausoleil.fr

SAINT-GEORGES-SAINT-ÉMILION

• Superficie : 200 ha • Production : 11 500 hl

Séparé du plateau de Saint-Émilion par la rivière Barbanne, le terroir de l'appellation saint-georges présente une grande homogénéité avec des sols presque exclusivement argilo-calcaires.

CH. CALON 2011

■ | 40 000 | | 11 à 15 €

Tonneliers et viticulteurs de père en fils depuis plus de deux siècles, les Boidron possèdent plusieurs crus dans le Libournais (Corbin Michotte en saint-émilion grand cru, Cantelauze en pomerol), dont ce cru de 35 ha conduit par Jean-Noël Boidron, ancien professeur de la faculté d'œnologie de Bordeaux, et son fils Hubert.

Ce saint-georges a habilement triomphé des traîtrises d'un millésime capricieux. Paré d'un majestueux pourpre sombre, ce vin à majorité de merlot complété des deux cabernets, libère de jolies fragrances de fruits noirs (myrtille, cassis) mâtinées d'épices. La bouche, ample, ronde et équilibrée, finit sur de plaisantes notes de fruits mûrs. 2017-2019 entrecôte de bœuf grillée

⊶ Jean-Noël Boidron, Ch. Calon, 33570 Montagne, tél. 05 57 51 64 88, vignoblesjnboidron@wanadoo.fr V r.-v.

CLOS ALBERTUS 2011

■	10 000		11 à 15 €

Dans le Saint-Émilionnais, le nom Corbin apparaît dès le Moyen Âge. L'ancienne seigneurie de Montagne, dirigée depuis quatre générations par la famille Rambeaud, était répertoriée viticole en 1779. Une propriété de 30 ha, qui produit en saint-georges-saint-émilion et en montagne-saint-émilion.

Ce vin, à la jolie robe rubis sombre, révèle un nez assez complexe mêlant torréfaction et fruits à l'alcool. La bouche s'appuie sur des tanins dénués d'agressivité. ⧗ 2017-2019 ¥ côte de bœuf sur sarments

⊶ SCEA François Rambeaud, Ch. Corbin, 33570 Montagne, tél. 05 57 74 62 41, info@chateaucorbin.fr V t.l.j. 9h-18h

CH. CROIX DE THOMAS 2011

■	103 000		8 à 11 €

Le groupe RCR exploite une vingtaine de crus dans le Bordelais, représentant plus de 500 ha. Ce domaine de 16 ha, aux vignes de ving-cinq ans d'âge dominant Saint-Émilion, est exposé au sud-sud-est.

Né d'un assemblage de merlot (80 %) et de cabernet-franc, ce vin s'est peaufiné pendant un élevage de douze mois en cuve et autant en barrique. Le nez plutôt discret s'ouvre sur des notes de fruits rouges soulignées d'un boisé légèrement vanillé. Rond et concentré, pourvu d'une bonne structure tannique, le palais offre en finale un bon retour des arômes perçus au nez. ⧗ 2015-2018 ¥ gibier

⊶ SCEA Blanc Tourans, rue de l'Église, BP 89, 33350 Saint-Magne-de-Castillon, tél. 05 57 40 08 88, m.pellerin@rcrgroup.fr V t.l.j. 8h-12h 13h30-16h30 ⊶ RCR Group

CH. HAUT-SAINT-GEORGES 2011

■	8 000		15 à 20 €

Acquis par le brasseur belge M. van der Kelen en 1995, le château Haut-Saint-Georges exporte outre-Quiévrain la plus grande partie de sa production. Entièrement modernisés, les chais de la propriété sont installés dans d'immenses cavités souterraines.

Pourpre sombre, ce vin associe au nez des notes de fruits compotés et un boisé griillé légué par un séjour de seize mois en barrique. Dans le même registre, la bouche puissante révèle une certaine fermeté tannique en finale. ⧗ 2017-2019 ¥ rôti de sanglier

⊶ SCEA de la Grande Barde, 1, La Clotte, 33570 Montagne, tél. 05 57 74 64 98, chateaulagrandebarde@wanadoo.fr V r.-v.

CH. SAINT-ANDRÉ CORBIN 2011 ★

■	45 000		11 à 15 €

Vignerons depuis le XVIIIe s. et neuf générations, les Saby – les frères Jean-Christophe et Jean-Philippe depuis 1997 – possèdent plusieurs crus dans le Libournais et exploitent un ensemble de 68 ha.

La robe d'un bel incarnat annonce un nez intense marqué par un agréable bouquet de fruits noirs cuits (gelée de cassis). La bouche, généreuse à souhait, armée des tanins de l'élevage en barrique (présence vanillée insistante) reste équilibrée. ⧗ 2017-2022 ¥ rôti de bœuf à la broche

⊶ Vignobles Jean-Bernard Saby et Fils, Ch. Rozier, 7, lieu-dit Le Sable, 33330 Saint-Laurent-des-Combes, tél. 05 57 24 73 03, info@vignobles-saby.com V r.-v.

CH. SAINT-GEORGES 2011

■	190 000		20 à 30 €

Un décor de rêve pour ce domaine, propriété de la famille Desbois depuis 1891 : imposant château du XVIIIe s. flanqué de tours féodales.

Chatoyante robe pourpre, intense bouquet de fruits rouges (groseille) et noirs (cassis, mûre), notes empyreumatiques de l'élevage (boisé grillé). Un beau prélude à une bouche ample et concentrée, qui laisse cependant dominer des tanins encore vigoureux. Le temps fera son œuvre... ⧗ 2017-2019 ¥ rôti de bœuf

⊶ Ch. Saint-Georges, 33570 Montagne, tél. 05 57 74 62 11, contact@chateau-saint-georges.com V r.-v. ⊶ Famille Desbois

CH. TROQUART Cuvée Auguste 2011

■	n.c.		11 à 15 €

Créé dans les annéess 1950, ce domaine est acquis par Jean-Guy Grégoire en 1999. C'est son fils Étienne qui conduit cette propriété de près de 5,5 ha, dont les coteaux argilo-calcaires sont orientés au sud-ouest.

Un pur merlot élevé « à l'ancienne » (sans collage ni filtration). Après un nez intense de fruits noirs réhaussés d'épices douces, on découvre une bouche souple et longue aux tanins fondus. ⧗ 2015-2018 ¥ rôti de biche

⊶ SCEA du Ch. Troquart, Troquart, 33570 Montagne, tél. 05 57 74 62 45, chateautroquart@gmail.com V t.l.j. sf dim. 10h-12h30 14h-17h ⊶ Grégoire

CASTILLON-CÔTES-DE-BORDEAUX

• Superficie : 3 000 ha • Production : 160 000 hl

Située à l'est du vignoble de Saint-Émilion et de ses satellites, l'appellation (anciennement bordeaux-côtes-de-castillon puis côtes-de-castillon) jouxte à l'ouest les vignobles périgourdins. Elle s'étend sur les neuf communes de Belvès-de-Castillon, Castillon-la-Bataille, Saint-Magne-de-Castillon, Gardegan-et-Tourtirac, Sainte-Colombe, Saint-Genès-de-Castillon, Saint-Philippe-d'Aiguilhe, Les Salles-de-Castillon et Monbadon. Les vins ont bénéficié en 1989 d'une appellation à part entière, les viticulteurs s'engageant à respecter des normes de production plus sévères, notamment en ce qui concerne les densités de plantation, fixées à 5 000 pieds par hectare.

CH. D'AIGUILHE 2011 ★

■	132 000		15 à 20 €

Propriété depuis 1999 du comte Stephan von Neipperg, bien établi dans le Saint-Émilionnais avec entre autres le grand cru classé Canon la Gaffelière, ce vaste cru de

110 ha est commandé par un château fort du XIIIe s. qui joua un rôle actif pendant la guerre de Cent Ans.

Ce 2011 dévoile un bouquet complexe et élégant qui mêle les fruits mûrs, le cuir et un boisé fin. Rond et chaleureux en attaque, le palais, porté par de solides tanins et une fraîcheur bienvenue, offre une belle mâche. De la tenue et de l'harmonie dans ce vin. ⧗ 2017-2020 ▾ gigotin d'agneau rôti

SCEA du Ch. d'Aiguilhe, 33350 Saint-Philippe-d'Aiguille, tél. 05 57 24 71 33, info@neipperg.com V r.-v.

CH. D'AIGUILHE QUERRE 2011 ★

■	23 200		11 à 15 €

La famille Querre possède plusieurs vignobles en Libournais. Emmanuel et Gaëtane Querre ont repris en 2000 ce petit cru de 4,65 ha, établi sur le point culminant (110 m) de l'AOC castillon, un plateau calcaire à l'entrée de Saint-Philippe-d'Aiguilhe.

Une belle présentation pour ce 2011 pourpre profond, au nez de cassis et de groseille rehaussé d'épices. Ronde et aimable en attaque, la bouche plaît par sa richesse, son fruité et sa structure, étayée par des tanins solides et un boisé bien intégré. ⧗ 2017-2021 ▾ tournedos Rossini

SCEA Ch. d'Aiguilhe Querre, Moulin-de-Lavaud, 33500 Pomerol, tél. 05 57 55 19 60, contact@aiguilhe-querre.com V r.-v.

CH. ALBÀ 2011 ★

■	12 000		11 à 15 €

P. Meyrignac, œnologue et ancien directeur du château d'Aiguilhe, a créé son propre domaine en 2003, jetant son dévolu sur des parcelles de vieilles vignes plantées sur des argiles rouges riches en fer sur substrat calcaire. Il exploite aujourd'hui 6,8 ha en conversion bio.

Le nez livre un fruité intense et chaleureux (fruits à l'alcool). Une générosité que l'on retrouve dans un palais riche et gras, soutenu par des tanins ronds et élégants, un rien plus stricts en finale. Un vin harmonieux et de belle tenue. ⧗ 2016-2020 ▾ bœuf mitonné au vin rouge

SCEA Albà, 4, Grimon, 33350 Saint-Philippe-d'Aiguille, tél. 05 57 40 69 34, chateau.alba@free.fr V r.-v.

P. Meyrignac

CH. ALCÉE 2011 ★

■	8 500		15 à 20 €

Charmes-Godard, Puygueraud, La Prade en francs-côtes-de-bordeaux, Pavie-Macquin et Larcis Ducasse en saint-émilion grand cru, Vieux Château Certan en pomerol, Nicolas Thienpont est un nom qui compte dans le Libournais. Charmes-Godard est un cru de 6,5 ha acquis en 1988, qui s'illustre avec une grande régularité, en blanc comme en rouge.

Alcée est une marque de Charmes-Godard créée en 2011 ; il s'agit donc ici de sa première version. Un vin à forte dominante de merlot (95 %), au nez fruité, floral et finement boisé, ample, solidement bâti et persistant en bouche. ⧗ 2016-2019 ▾ entrecôte à la bordelaise

SCEA Les Charmes-Godard, Ch. Alcée, 33570 Saint-Cibard, tél. 05 57 56 07 47, contact@charmes-godard.com V r.-v.

L'AURAGE 2011

■	50 000		30 à 50 €

Fils de François Mitjavile, propriétaire du réputé Tertre Roteboeuf (saint-émilion grand cru), Louis, dit « Loulou », s'est installé en 2007 à la tête d'un cru de 20 ha.

Élevé vingt mois en barrique neuve, ce 2011 n'en libère pas moins à l'aération un fruité chaleureux (groseille, fraise des bois, myrtille), souligné de notes boisées. On retrouve un boisé toasté et fumé dans une bouche souple et ronde, un rien plus sévère en finale. ⧗ 2015-2019 ▾ canette aux cerises

Caroline et Loulou Mitjavile, 3, lieu-dit Cadet, 33350 Saint-Genès-de-Castillon, tél. 05 57 47 95 15, contact@aurage.com

B CH. BEYNAT Y Cuvée des Lyres 2011 ★

■	1 710		15 à 20 €

Nathalie Boyer et Alain Tourenne ont repris en 2008 ce cru créé en 1917 par Léonard Nebout, quincaillier de son état ; ils ont converti au bio les 14 ha de vignes dédiés aux castillon, saint-émilion et bordeaux dans les trois couleurs.

Dense et sombre à l'œil, cette cuvée née de ceps de merlot cultivés en lyre déploie un bouquet généreux de fruits compotés et de vanille. Des tanins veloutés soutiennent un palais qui ne manque ni de fraîcheur ni d'équilibre, avant de s'achever sur une touche plus chaleureuse de cerise à l'alcool. ⧗ 2017-2020 ▾ magrets de canard sauce aux cerises

SCEA Ch. Beynat, 23 bis, Ch. Beynat, 33350 Saint-Magne-de-Castillon, tél. 05 57 40 01 14, mail@chateaubeynat.com V t.l.j.sf sam. dim. 8h-19h Boyer et Tourenne

CH. LA BRANDE Cuvée réservée 2011

■	45 000		8 à 11 €

Les vignobles Jean Petit, fondés en 1952, regroupent 37 ha d'un seul tenant en saint-émilion grand cru, sur un terroir riche en calcaire à astéries (Mangot), et 16 ha en AOC castillon (La Brande), conduits avec rigueur depuis 1989 par Jean-Guy et Anne-Marie Todeschini, rejoints en 2008 par leurs fils Karl et Yann.

Un nez de fruits rouges légèrement surmûris soulignés par un boisé discret, des tanins ronds et un même fruité chaleureux en bouche signent un vin harmonieux. ⧗ 2014-2017 ▾ boulettes de bœuf à la tomate

Vignobles Jean Petit, Ch. Mangot, 33330 Saint-Étienne-de-Lisse, tél. 05 57 40 18 23, todeschini@chateaumangot.fr V r.-v.

GFA du Ch. Mangot

CH. CANTEGRIVE Rubis 2011 ★★

■	6 000		11 à 15 €

Un Champenois en Bordelais : Pascal Doyard (champagne André Jacquart et Fils, dans la Côte des Blancs) a acquis en 1990 ce domaine de 24 ha bien connu des lecteurs, que gèrent aujourd'hui ses enfants Benoît et Marie.

Ce 2011 assemble 60 % de merlot aux deux cabernets à égalité. Fruits noirs confits, épices, boisé grillé et vanillé, le nez ne laisse pas indifférent. L'attaque est ample et ronde, les tanins élégants et biens fondus, la finale longue et fraîche. Un ensemble très harmonieux. 2016-2020 cuissot de chevreuil aux airelles

Ch. Cantegrive, lieu-dit Terrasson, 33570 Monbadon, tél. 05 57 40 60 48, contact@chateau-cantegrive.com V r.-v. Pascal Doyard

CH. LA CLAIRIÈRE LAITHWAITE 2011 ★

■	29 362		15 à 20 €

À la tête d'une des plus importantes sociétés de vente de vins par correspondance au Royaume-Uni, Tony Laithwaite et des collaborateurs anglais ont acquis ce cru en 1980. Un domaine de 8 ha auquel il faut ajouter depuis 2012 les 16 ha en fermage du château de Colombe.

Le nez de fruits noirs et rouges de ce 2011 s'accommode parfaitement de la présence précise et mesurée du boisé, aux accents grillés. On retrouve cet équilibre dans une bouche déjà fort séduisante par sa souplesse, sa fraîcheur et ses tanins fins et discrets. 2015-2018 pintade rôtie à la tomate

SARL Direct Wines (Castillon), Ch. la Clairière Laithwaite, 5, Les Landes, 33350 Sainte-Colombe, tél. 05 57 47 95 14, helene.dupin@directwines.com V r.-v.

B CLOS PUY ARNAUD 2011 ★

■	21 000		30 à 50 €

Bien connue à Saint-Émilion où elle fut propriétaire de Pavie et Troplong-Mondot, la famille Valette conduit depuis 2000 un domaine de 12 ha en castillon, implanté sur un plateau argilo-calcaire. Thierry Valette pratique la vinification parcellaire et la biodynamie.

Le nez dévoile un fruité opulent, du cuir, des épices et du tabac, une touche de menthol en appoint. Souple en attaque, soutenu par des tanins serrés, le palais offre de la suavité, du volume et une belle finale épicée. 2017-2020 navarin d'agneau ■ Cuvée Pervenche 2012 (15 à 20 € ; 12 000 b.) : plus simple, souple, croquante et fraîche, elle se boira plus jeune. 2015-2018

EARL Thierry Valette - Clos Puy Arnaud, 7, Puy-Arnaud, 33350 Belvès-de-Castillon, tél. 05 57 47 90 33, contact.cpa@orange.fr V r.-v.

♥ CLOS VÉDÉLAGO Élevé en fût de chêne 2011 ★★

■	2 850		11 à 15 €

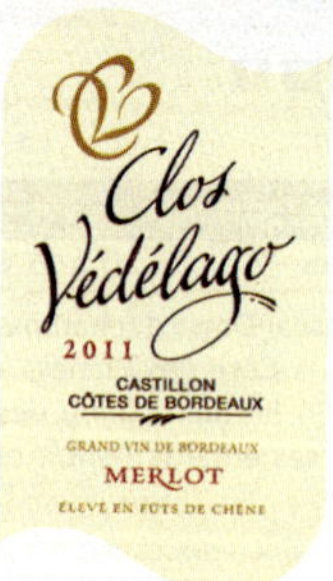

Un domaine de poche acquis en 2005 par Jean-Paul Védélago, ancien artisan charpentier-couvreur, qui réalise son rêve : faire son vin. Vendangés à la main, ces 47 ares de vieux merlot bénéficient de soins méticuleux dignes d'un grand cru.

Ce 2011, drapé dans une somptueuse robe pourpre aux reflets violines, se livre avec parcimonie. L'aération libère les fruits noirs, soulignés par un boisé élégant et mesuré. En bouche, les tanins sont bien en place, solides mais jamais agressifs ; le fruité bien mûr s'harmonise avec les senteurs de bon merrain, et une fine acidité confère à l'ensemble beaucoup de fraîcheur. Un seul défaut à ce vin : sa rareté... 2017-2022 filet de biche sauce cacao

Jean-Paul Védélago, 10, rue du Mayne, 33570 Puisseguin, tél. 06 77 22 11 05, contact@clos-vedelago.fr V r.-v.

CH. CÔTE MONTPEZAT Cuvée Compostelle 2011

■	40 000		11 à 15 €

Le Calaisien Dominique Bessineau est établi dans le Libournais depuis 1989 avec le château Côte Montpezat (30 ha en castillon), ancien relais de poste de 1620 situé sur le chemin de Compostelle, auquel se sont ajoutés en 1991 les 6 ha de puisseguin du château Haut-Bernat.

Le nez, chaleureux, évoque les fruits rouges à l'alcool. On retrouve ce fruité généreux dans une bouche ronde, aux tanins tendres et mûrs soulignés par un boisé délicat. 2014-2017 viande rouge en sauce

SAS des Vignobles Bessineau, 8, Brousse, BP 42, 33350 Belvès-de-Castillon, tél. 05 57 56 05 55, bessineau@cote-montpezat.com V r.-v.

CH. DES DEMOISELLES 2011

■	207 333		8 à 11 €

Depuis 1858, la famille Ducourt a constitué un vignoble 440 ha et treize châteaux dans l'Entre-deux-Mers et le Libournais. Trois crus dans ce dernier : le Ch. Plaisance à Montagne (partie négoce), le Ch. des Demoiselles (31 ha en castillon) et le Ch. Jacques Noir (5,60 ha en saint-émilion).

Un nez élégant et précis mêlant les fruits rouges, la violette et un boisé grillé et fumé, une attaque souple et fraîche, un développement rond et onctueux et une longue finale : tels sont les atouts de ce « vin plaisir ». 2015-2019 travers de porc

SCEA Les Demoiselles, 18, rte de Montignac, 33760 Ladaux, tél. 05 57 34 54 00, ducourt@ducourt.com V r.-v.

CH. FONGABAN 2011 ★

■	100 000		5 à 8 €

Propriété de la famille Taïx depuis 1932, ce cru est une valeur sûre en castillon et en puisseguin, son vignoble de 40 ha étant idéalement situé sur le plateau argilo-calcaire couvrant les deux secteurs. Aux commandes depuis 2009, Pierre Taïx (Guadet Plaisance, Rigaud, La Mauriane) en a entrepris la conversion bio.

Ce 2011 rubis soutenu s'ouvre au nez sur un fruité généreux de myrtille et de fraise écrasée sur un fond vanillé. En bouche, il se montre dense, riche, ample, chaleureux, soutenu par des tanins solides et par un bon boisé qui renforce la structure sans écraser le fruit. Du caractère et de l'intensité. 2017-2020 pavé de biche au cognac

Ch. Fongaban, Monbadon, 33570 Puisseguin, tél. 05 57 74 54 07, fongaban@vignobles-taix.com V r.-v. Pierre Taïx

CH. FONTBAUDE Sélection Vieilles Vignes 2011

■	20 000		8 à 11 €

Aux origines du domaine, 4 ha acquis en 1968 par François Sabaté, réfugié espagnol. Son fils Christian (à

la vigne), rejoint en 2000 par son frère Yannick (au chai), ont porté le vignoble à 21 ha, certifié bio depuis le millésime 2012, et en ont fait l'une des bonnes références de l'appellation.

Des ceps de merlot (55 %) et de cabernet franc âgés de quarante-cinq ans sont à l'origine de ce 2011 qui s'ouvre à l'aération sur des notes de pruneau, de cerise à l'eau-de-vie et de vanille. La bouche se montre souple et veloutée, bien soutenue par de fins tanins. ⧗ 2014-2018 🍷 poulet rôti ■ **L'Âme de Fontbaude 2011 (15 à 20 € ; 3 000 b.)** : une cuvée plus boisée et charpentée, qui pourra vieillir un peu plus. ⧗ 2015-2019

🔑 GAEC Sabaté, 34, rue de l'Église,
33350 Saint-Magne-de-Castillon, tél. 05 57 40 06 58,
chateau.fontbaude@wanadoo.fr V r.-v.

♥ B CH. FRANC LA FLEUR
Cuvée élevée en fût de chêne 2011 ★★

■ | 6 600 | | 8 à 11 €

Cultivé comme un jardin, ce petit vignoble (1,5 ha) a été entièrement planté au début des années 2000 par Christian Jacquement, professeur de mathématiques dans une vie antérieure. De jeunes vignes donc, conduites en bio dès l'origine.

Vingt-deux mois de barrique pour ce vin qui associe les deux cabernets à 70 % de merlot. Un castillon vêtu d'une magnifique robe grenat aux reflets violets, qui s'ouvre sans réserve sur un fruité intense aux accents de noyau de cerise, soulignés par un fin vanillé. Une attaque très flatteuse, souple et fruitée précède un palais ample et fondu, sans excès d'extraction et dynamisé par une juste fraîcheur. ⧗ 2017-2022 🍷 filet de sanglier aux épices ■ **Cuvée Mouna 2011 ★ (15 à 20 € ; 3 300 b.)** : un fruité élégant, de la minéralité, de la fermeté et du volume pour ce vin bien construit. ⧗ 2016-2020

🔑 Christian Jacquement, 17, av. du Stade,
33350 Saint-Magne-de-Castillon, tél. 06 71 26 83 92,
franclafleur@orange.fr V r.-v. 🔑 B. Garandeau

CH. GERMAN 2012

■ | 200 000 | | 5 à 8 €

La famille Aubert exploite 300 ha et de nombreux domaines en Bordelais, avec pour fleuron le Ch. la Couspaude. Alain, l'un des trois frères à la tête du groupe familial, conduit plusieurs crus en son nom : Hyot et German (castillon), Haut-Gravet (saint-émilion grand cru), Ribebon et Macard (AOC régionales).

Né sur une propriété déjà plantée de vignes au XVIIIes., ce vin livre un bouquet intense d'épices, de réglisse et de fruits des bois. À l'unisson, la bouche dévoile un vin souple, frais, bien équilibré. ⧗ 2015-2018 🍷 grillade de bœuf

🔑 Alain Aubert, 57 bis, av. de l'Europe,
33350 Saint-Magne-de-Castillon, tél. 05 57 40 04 30,
domaines.a.aubert@orange.fr

CH. GOUBAU 2011 ★

■ | 5 348 | | 15 à 20 €

Béatrice et Stéphane Goubau, originaires de Belgique, ont repris en 2005 ce cru situé à 100 m d'altitude au sommet du plateau argilo-calcaire de Saint-Philippe-d'Aiguilhe, et ont converti leurs 12 ha de vignes au bio (certification pour le millésime 2012).

Toujours au rendez-vous, les Goubau proposent un beau 2011 au bouquet torréfié et épicé, qui ne manque pas de fruité pour autant. Rond et gras en attaque, le palais s'appuie sur de jeunes et solides tanins, sur un bon boisé et une fine vivacité. ⧗ 2016-2020 🍷 côte de bœuf

🔑 SCEA des Vignobles Goubau, 78, Gerbaÿ,
33350 Gardegan-et-Tourtirac, tél. 05 57 40 27 16,
bea.goubau@telenet.be V r.-v.

CH. GRIMON 2011 ★

■ | 26 050 | | 5 à 8 €

Un domaine de 9,25 ha sur la commune de Saint-Philippe-d'Aiguille, créé en 1981 par Gilbert Dubois, conseillé par Michel Rolland.

Ce 2011 tirant vers le noir propose un bouquet élégant de fruits rouges associés aux épices douces. Le palais est à la fois frais, charnu, bien structuré, bref équilibré, et s'étire dans une belle finale fruitée. ⧗ 2016-2019 🍷 rôti de veau

🔑 Gilbert Dubois, Ch. Grimon,
33350 Saint-Philippe-d'Aiguille, tél. 05 57 40 65 19,
chateaugrimon@orange.fr V r.-v.

CH. JOANIN BÉCOT 2011 ★

■ | 46 000 | | 15 à 20 €

Fille de Gérard Bécot, propriétaire de Beau-Séjour Bécot, grand cru classé de Saint-Émilion, Juliette Bécot partage son temps entre le domaine familial et ce vignoble de 12 ha repris avec son père en 2001, situé à 120 m d'altitude, au sommet de plateau de Castillon.

D'un abord réservé, ce 2011 déploie à l'aération un bouquet élégant de truffe et de petits fruits sur un fond boisé bien ajusté. Équilibré et de belle tenue, le palais offre du volume, de la structure, de la fraîcheur et de la persistance. Un ensemble solide et harmonieux. ⧗ 2016-2020 🍷 risotto aux cèpes

🔑 Juliette Bécot, Ch. Joanin Bécot, 1, Joanin,
33350 Saint-Philippe-d'Aiguille, tél. 05 57 74 46 87,
juliette.becot@beausejour-becot.com

CH. LAGRAVE-AUBERT
Élevé en fût de chêne 2011 ★

■ | 60 000 | | 5 à 8 €

La famille Aubert – aujourd'hui les frères Alain, Daniel et Jean-Claude, épaulés par leurs enfants – exploite 300 ha et de nombreux domaines du Bordelais, essentiellement en Libournais, avec pour fleuron le Ch. la Couspaude, grand cru de Saint-Émilion, acquis en 1908.

Berceau de la famille, ce vignoble de 9,5 ha a vu naître un 2011 au nez intense, complexe et charmeur : cerise, fruits noirs, sous-bois, boisé vanillé… Dans le même registre, le palais est ample, corsé, de belle tenue, bâti sur des tanins ronds qui permettent de l'apprécier aussi bien jeune que vieux. ⧗ 2014-2022 🍷 daube de chevreuil ■ **Ch. Labesse 2011 (80 000 b.)** : un bouquet intense de cassis agrémenté d'une étonnante touche de garrigue, des tanins souples et ronds. ⧗ 2014-2017

🔑 Vignobles Aubert, Ch. la Couspaude, BP 40,
33330 Saint-Émilion, tél. 05 57 40 15 76,
vignobles.aubert@wanadoo.fr r.-v.

BORDELAIS

CH. LAMARTINE 2011

	100 000		5 à 8 €

Jérôme Gourraud a repris en 1989 ce vignoble familial créé en 1977, qui couvrait 4 ha à l'origine et en compte plus de 19 ha aujourd'hui.

Fidèle à ses principes, la recherche du fruit avant tout et pas d'extraction poussée, le vigneron signe un 2011 au fruité chaleureux (fruits rouges à l'alcool), au nez comme en bouche, souple, rond et équilibré par une touche de vivacité. 2014-2017 côtes de porc à la tomate

EARL Gourraud, 1, la Nauze, 33350 Saint-Philippe-d'Aiguille, tél. 05 57 40 60 46, chateaulamartine@orange.fr V t.l.j. 9h-12h 14h-18h B

CH. DE LAUSSAC Cuvée Sacha 2011 ★★

	3 000		15 à 20 €

Une ancienne ferme construite au début du XXes., progressivement constituée en exploitation viticole de 28 ha aujourd'hui. Aux commandes depuis 2004, Alexandra Robin (Rol Valentin, Clos Vieux Taillefer) n'a pas ménagé ses efforts à la vigne et au chai pour en faire une valeur sûre de l'appellation.

Coup de cœur l'an dernier avec la cuvée principale 2010, la vigneronne signe un 2011 tout proche de la plus haute distinction du Guide. Un vin intense de bout en bout, au nez puissant et complexe de fruits mûrs et de bon merrain, ample, dense, chaleureux et concentré, porté par des tanins solides et racés. 2017-2022 ragoût d'agneau

SARL la comtesse de Laussac, lieu-dit Laussac, 33350 Saint-Magne-de-Castillon, tél. 05 57 40 13 76, contact@vignoblesrobin.com V r.-v.

A. Robin, J. Guyon, Y. Vatelot

CH. MOYA 2011 ★

	43 000		11 à 15 €

Fondé en 1660, le château Gaby (16 ha) est passé entre plusieurs mains avant d'être repris en 2006 par David Curl. Déjà aux côtés du précédent propriétaire Antoine Khayat, Damien Landouar est toujours à la direction technique. Il vinifie aussi le Ch. Moya, 8 ha en AOC castillon, acquis par les Curl en 2008 et en conversion bio.

Ce 2011 paré d'une délicate robe rubis offre un nez chaleureux et flatteur de cacao, de vanille et de fruits à l'eau-de-vie. Souple en attaque, la bouche s'équilibre entre boisé et fruité, et déploie une belle trame de tanins extraits avec douceur. 2015-2019 canard aux navets

SCEA Vignobles famille Curl, Ch. Gaby, lieu-dit Gaby, 33126 Fronsac, tél. 05 57 51 24 97, contact@chateau-dugaby.com C

CH. LE PEYRAT 2011 ★

	n.c.	5 à 8 €

Les Valade sont établis dans le Castillonnais depuis 1878. Installé en 1979 et aujourd'hui épaulé par son fils Cédric, Paul propose deux étiquettes – Brisson et Peyrat – bien connues des lecteurs. La famille a aussi mis un pied à Saint-Émilion, en 2007, avec le château... Valade.

Au nez, les fruits noirs sont accompagnés par un boisé bien présent. Une attaque vive introduit un palais ample et bien constitué, étayé par de solides tanins, extraits avec élégance. 2017-2021 poitrine de veau farcie aux cèpes

EARL P.-L. Valade, 1, Le Plantey, 33350 Belvès-de-Castillon, tél. 05 57 47 93 92, paul.valade@wanadoo.fr V r.-v.

B CH. PEYROU 2011 ★

	25 000		11 à 15 €

Catherine Papon-Nouvel, bien connue pour ses saint-émilion grands crus souvent remarquables (Clos Saint-Julien, Petit Gravet Aîné, Gaillard), a acquis en 1989 ce domaine de 10 ha, l'a converti au bio et en a fait l'une des références en castillon.

Ce 100 % merlot offre un bouquet délicat et complexe de fruits des bois, d'épices, de menthe et de cacao. Rond et souple en attaque, le palais montre ensuite une belle concentration, de la richesse et une puissance encore un rien fougueuse qui appelle un peu de patience. 2016-2019 rôti de bœuf sauce madère

Catherine Papon-Nouvel, 6, chem. de Peyrou, 33350 Saint-Magne-de-Castillon, tél. 06 11 91 03 54, catherine.peyrou@wanadoo.fr V r.-v.

CH. PILLEBOIS Vieilles Vignes 2011

	13 000		8 à 11 €

Élisabeth et Jean-Pierre Toxé, fille et gendre de Marcel Petit, fondateur du vignoble en 1986, conduisent depuis 1997 un ensemble réparti entre les châteaux Pillebois, 12 ha en castillon, Franc Lartigue et Grande Rouchonne, respectivement 8 et 2 ha en saint-émilion grand cru.

Ce vin sombre et dense s'annonce par un nez chaleureux de fruits noirs très mûrs nuancé de floral. Souple et fondant en attaque, le palais, étayé par des tanins fermes et un boisé mesuré, se distingue surtout par sa concentration. 2017-2020 daube de bœuf Cuvée Tradition 2011 (5 à 8 € ; 25 000 b.) : un vin bien fruité, qui se boira plus jeune. 2014-2017

Vignobles Marcel Petit, 6, chem. de Pillebois, 33350 Saint-Magne-de-Castillon, tél. 05 57 40 33 03, contact@vignobles-petit.com V r.-v. D

Jean-Pierre Toxé

LE PIN DE BELCIER 2011

	3 700		20 à 30 €

Ce château de style classique, construit à la fin du XVIIIes. par François de Belcier, contre-révolutionnaire guillotiné en 1793, est propriété de la MACIF depuis 2008. L'un des plus vastes crus de l'AOC (48 ha) et l'une de ses valeurs sûres.

20 % de malbec entre dans cet assemblage dominé par le merlot. Un 2011 au bouquet généreux de cerise à l'alcool, prolongé par une bouche persistante et équilibrée, arrimée à de bons tanins. 2016-2019 pavé de bœuf sauce échalotes

SCA Ch. de Belcier, 1, Belcier, 33350 Les Salles-de-Castillon, tél. 05 57 40 67 58, gironde-et-gascogne@wanadoo.fr V r.-v.

MACIF

CH. PUY GARANCE Cuvée Prestige 2011

■ | 14 666 | - de 5 €

Un ancien couvent du XVe s. situé sur le plateau de la côte sud de Belvès, acquis en 2011 par le couple Bockmeulen, après de nombreuses années passées en Amérique du Sud.

Un joli bouquet naissant de fruits secs, de tabac et de torréfaction, une attaque fraîche et fruitée, puis un palais ferme et plus chaleureux, tels sont les atouts de ce vin bien construit. ⧗ 2016-2019 ⫯ paleron en sauce

SCEA Vignobles Bockmeulen, Ch. Claud-Bellevue, 31, Le Bourg, 33350 Belvès-de-Castillon, tél. 05 57 49 48 23, vignoblesbockmeulen@orange.fr

COUP DE FOUDRE BY ROC 2011

■ | 5 260 | 20 à 30 €

Ancien footballeur professionnel et viticulteur à Saint-Émilion (il a créé puis vendu Rol Valentin) et dans le Languedoc (Villa Symposia), Éric Prissette a posé ses valises en 2008 au sommet des coteaux de Belvès-de-Castillon pour créer ce cru de 10 ha en conversion bio.

Issu d'un élevage en foudre de 30 hl, ce 2011 dévoile un nez bien fruité, souligné par un boisé discret. Un même boisé léger apparaît dans une bouche séveuse, aux tanins bien en place. ⧗ 2016-2019 ⫯ côtes d'agneau

Éric Prissette, 1, Montpezat, 33350 Belvès-de-Castillon, tél. 05 57 40 07 31, vignoblesprissette@orange.fr V r.-v.

CH. LA ROCHE BEAULIEU Aster de Beaulieu 2011

■ | 12 000 | | 11 à 15 €

Jean-Claude Aubert (La Couspaude) et Michel Querre (Patris, Le Moulin...) se sont associés en 2009 pour reprendre cette propriété de 11 ha qu'ils restructurent à la vigne et au chai.

Ce 2011 est séduisant par son fruité mûr et soutenu. Il l'est aussi par ses tanins soyeux en soutien d'un palais généreux, rond et gras, dynamisé par une finale plus vive. ⧗ 2014-2017 ⫯ paleron de bœuf en sauce

SCEA Ch. la Roche Beaulieu, chem. du Moulin-de-Lavaud, 33500 Pomerol, tél. 05 57 55 19 60, contac@vignobles-querre.com V r.-v.

CH. ROCHER BELLEVUE 2011 ★

■ | 125 000 | | 5 à 8 €

L'un des nombreux châteaux des vignobles Blanc Tourans (groupe RCR), vaste ensemble représentant plus de 500 ha de vignes, établi dans le Bordelais depuis 1962.

Sur ce cru de 22 ha répartis entre les communes de Saint-Magne-de-Castillon et Saint-Génès-de-Castillon, le merlot (80 %) et le cabernet franc ont donné naissance à un 2011 au bouquet engageant de cassis, de cerise noire et de notes florales. Le vin reste bien fruité en bouche, porté par des tanins serrés et par une vivacité qui apporte une juste tension. Équilibre et dynamisme sont ici les maîtres-mots. ⧗ 2016-2019 ⫯ entrecôte sauce vigneronne

SCEA Blanc Tourans, Ch. Rocher-Bellevue, 33350 Saint-Magne-de-Castillon, tél. 05 57 40 08 88

CH. LA RONCHERAIE 2011 ★

■ | 5 300 | | 15 à 20 €

De création récente (1997), ce cru de 6 ha sur argilo-calcaire, situé sur les hauteurs (100 m) de l'appellation castillon, a changé plusieurs fois de mains avant d'être acquis en 2010 par Jean-Claude Sarrouy.

Coup de cœur avec son premier vin 2010, ce cru signe un joli 2011 en robe sombre, qui s'affirme d'emblée par son bouquet intense et harmonieux de cassis, de mûre et de vanille. Soutenu par des tanins fermes et un boisé ajusté, le palais déploie un beau volume et une longue finale fruitée. ⧗ 2017-2020 ⫯ pavé de bœuf en croûte persillé ■ Le Paradoxe 2011 (8 à 11 € ; 11 500 b.) : un vin agréable et alerte, au nez expressif et épicé, souple et fruité en bouche, soutenu par une bonne vivacité. ⧗ 2014-2017

SCEA Ch. la Roncheraie, 6, lieu-dit Peyrot-Sud, 33350 Belvès-de-Castillon, tél. 05 57 47 92 20, contact@chateau-laroncheraie.com V r.-v.

Jean-Claude Sarrouy

CH. ROQUE LE MAYNE 2012 ★★

■ | 80 000 | | 8 à 11 €

Installé en 1992, Jean-François Meynard conduit 27 ha en castillon-côtes-de-bordeaux, répartis entre Roque le Mayne (15 ha), son fleuron et valeur sûre de l'AOC, et La Bourrée (13 ha), cru « historique » et son lieu d'habitation. Il s'est étendu en saint-émilion grand cru avec le château L'Étoile de Clotte, acquis en 2009.

Fidèle au rendez-vous, ce domaine signe un 2012 excellent de bout en bout. Ses atouts : une belle robe sombre à reflets violines ; un nez intense de cerise, de cassis, d'épices et de toasté ; un palais long, dense, riche, ample, épaulé par un bon boisé et des tanins soyeux qui montent en puissance en finale. ⧗ 2017-2022 ⫯ cailles farcies au foie gras ■ Ch. La Bourrée 2012 ★★ (5 à 8 € ; 80 000 b.) : tout aussi remarquable par son nez soutenu évoquant la noisette, les fruits confits et la vanille, et par sa bouche ample et robuste, encore un peu austère mais fort prometteuse. ⧗ 2017-2022

SCEA Vignobles Meynard, 10, av. de la Bourrée, 33350 Saint-Magne-de-Castillon, tél. 05 57 40 17 32, contact@vignobles-meynard.com V r.-v.

CH. LA ROSE PONCET Mon Ange 2011 ★

■ | 3 000 | | 20 à 30 €

Élisabeth Rousseau-Rodriguez a repris en 1999 ce domaine familial de 9 ha, mis pendant vingt ans en fermage par son père, qu'elle restructure petit à petit à la vigne comme au chai.

En 2008, la vigneronne échappe à un grave accident ; cette cuvée évoque « l'ange » qui planait au dessus d'elle ce jour-là... Troisième millésime pour ce pur merlot élevé quinze mois en fût, un vin bien équilibré, au bouquet boisé et fruité, au palais gras, doux, épicé, soutenu par des tanins charnus et une pointe de fraîcheur. ⧗ 2017-2020 ⫯ mijoté de bœuf aux oignons

Élisabeth Rousseau-Rodriguez, Peyoriolle, 33350 Gardegan, tél. 05 57 40 25 99, peyoriol@orange.fr V t.l.j. 10h30-16h

GFA de Peyoriol

CH. LE SANCTUAIRE L'Éclipse 2012 ★

■	8 000		11 à 15 €

Un petit cru de 5 ha transmis par les femmes depuis 1806, repris en 2011 par Marie-Laure Latorre. Son nom provient d'un ancien sanctuaire situé au milieu des vignes, le long du chemin de Compostelle. Autre étiquette : Vieux Château Bayard en montagne-saint-émilion.

Cette cuvée est née de ceps de merlot plantés le 11 août 1999, date de la dernière éclipse totale en France. Elle dévoile un nez expressif de violette, de cassis, de fumé et de vanille. Rond, ample et suave en attaque, le palais monte en puissance, porté par un boisé soutenu mais de qualité et par des tanins fermes et croquants qui appellent une petite garde. 2016-2019 agneau de lait rôti

SCEA Vieux Bayard, 13, Bayard, 33570 Montagne, tél. 05 56 71 54 51, mllatorre@netcourrier.com V r.-v.

CH. TERRASSON Cuvée Prévenche 2011 ★

■	18 000		5 à 8 €

Christophe et Marie-Jo Lavau cultivent depuis 1983 une trentaine d'hectares dans le Libournais, en castillon notamment – Terrasson, Haut-Dinat, Damas de Mondespic, Lagardette –, ainsi qu'en saint-émilion grand cru avec le Clos Hortense, établi sur les argilo-calcaires de Saint-Christophe-des-Bardes.

Ce 2011 dévoile un bouquet agréable de fruits mûrs, de thym, d'épices douces et de tabac blond. Une attaque ample et fraîche ouvre sur un palais équilibré, de bonne tenue, encore un peu sous l'emprise des tanins et du bois en finale. 2016-2019 carré d'agneau en croûte d'herbes

EARL Lavau, 3, Terrasson, 33570 Puisseguin, tél. 05 57 40 60 55, contact@chateau-terrasson.com V r.-v. 2 C

Mialon

CH. LE TERTRE DE BELVÈS 2011 ★

■	18 000		11 à 15 €

La famille Sulzer œuvre dans plusieurs crus du Libournais. Son berceau d'origine est le château la Bonnelle, 13 ha de vignes au sud-est de Saint-Émilion, conduits depuis 1996 par Olivier et Diane Sulzer, qui possèdent aussi 6 ha en castillon avec le château Tertre de Belvès, créé en 2004.

Un nez complexe et soutenu qui mêle fruits rouges frais (framboise, groseille) et boisé fondu. De la rondeur et du fruit en attaque, puis de la fermeté grâce à des tanins bien en place mais jamais agressifs, et une finale chaleureuse. Un pur merlot déjà harmonieux, armé aussi pour durer. 2015-2020 sauté de bœuf aux champignons

Vignobles Sulzer, La Bonnelle, 33330 Saint-Pey-d'Armens, tél. 06 08 03 19 56, vignobles.sulzer@wanadoo.fr V r.-v.

DOM. LA TUQUE BEL-AIR 2011

■	6 850		8 à 11 €

Petit-fils de tonnelier et fils de vigneron, Pierre Lavau exploite la vigne familiale en castillon-côtes-de-bordeaux (9 ha) avec La Tuque Bel-Air et Fourquet, et en saint-émilion grand cru (5 ha) avec Petit Fombrauge et La Rose Piney.

Ce 2011 se distingue surtout par son élégance et sa persistance aromatiques, dominées par le cassis, mais aussi par sa rondeur et ses tanins doux qui le rendent déjà aimable. 2015-2018 brochette de bœuf au poivron

Pierre Lavau, Ch. Petit Fombrauge, BP 20107, 33330 Saint-Émilion, tél. 05 57 24 77 30, petitfombrauge@terre-net.fr V r.-v.

FRANCS-CÔTES-DE-BORDEAUX

• Superficie : 535 ha • Production : 28 125 hl (99 % rouge)

S'étendant à 12 km à l'est de Saint-Émilion, sur les communes de Francs, Saint-Cibard et Tayac, le vignoble de l'appellation (anciennement bordeaux-côtes-de-francs) bénéficie d'une situation privilégiée sur des coteaux argilo-calcaires et marneux parmi les plus élevés de la Gironde.

CH. LA CROIX BLANCHE 2011

■	40 000		5 à 8 €

En 1990, des « amis épicuriens » venus d'horizons diver – Arts et Métiers, hôtellerie, œnologie – s'associent pour créer un vignoble en commun (et en conversion bio), étendu sur les AOC francs-côtes-de-bordeaux (le Prévot, la Croix blanche) et bergerac (Grand-Place).

Une robe grenat soutenu, des parfums puissants de fruits noirs, de kirsch et de violette, de la mâche, des tanins fermes encore un peu sévères : ce 2011 a du caractère. 2016-2019 sauté de bœuf en sauce

SCEA Claude Delmas, Le Prévot, 33570 Francs, tél. 05 57 84 38 52, contact@vins-maurin-delmas.com V r.-v. D GFA Cedefranc

♥ B CH. CRU GODARD 2010 ★★

■	n.c.		11 à 15 €

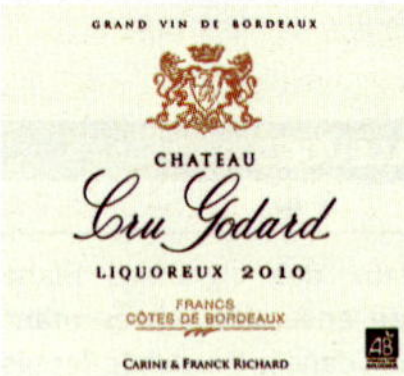

Franck et Carine Richard, installés en 1998, conduisent leur vignoble en bio. Sur cette terre de rouges qu'est l'AOC francs-côtes-de-bordeaux, ce cru s'illustre aussi régulièrement par ses blancs, secs et doux.

Coup de cœur en rouge l'an dernier, les Richard renouent avec le meilleur en liquoreux. Leur 2010 né du seul sémillon se pare d'or à reflets verts et livre un bouquet intense et élégant d'abricot confit, de miel et d'agrumes. Une élégance remarquable aussi en bouche, où gras, rondeur et fine vivacité composent un ensemble ample et très harmonieux, renforcé par une longue finale pleine de fraîcheur. 2015-2022 foie gras poêlé

Carine et Franck Richard, Godard, 33570 Francs, tél. 05 57 40 65 94, cru.godard@wanadoo.fr V r.-v.

CH. GODARD BELLEVUE
Élevé en fût de chêne 2011 ★

■ | 50 000 | | 8 à 11 €

Héritiers d'une histoire vigneronne initiée au début du XXᵉs., Bernadette et Joseph Arbo ont repris les vignes familiales en 1988. Ils cultivent aujourd'hui 30 ha en francs-côtes-de-bordeaux (Godard Bellevue, Puyanché) et 10 ha en castillon-côtes-de-bordeaux (Moulins de Coussillon), à l'origine de vins souvent en très bonne place.

Ce 2011 pourpre presque noir mêle au nez parfums de fruits rouges, d'épices, de noisette, de cuir et de vanille. Souple et ronde en attaque, la bouche affiche ensuite un caractère plus ferme et charpenté qui laisse augurer une bonne tenue dans le temps. ⧗ 2016-2019 ▼ carré d'agneau en croûte d'herbe

EARL Arbo, Godard, 33570 Francs, tél. 05 57 40 65 77, earl.arbo@wanadoo.fr V t.l.j. 9h-12h 14h-18h

CH. GUILLON-NARDOU 2011

■ | 20 000 | | 5 à 8 €

Les Guillon exploitent la vigne depuis plus d'un siècle sur le cru Berlière, 5 ha à Montagne. Michel, installé en 1978 et épaulé par son fils Matthieu à partir de 2004, y a ajouté 10 ha à Tayac, en côtes-de-francs, avec le Ch. Guillon-Nardou.

Ce 2011 propose une palette aromatique intéressante de petits fruits frais mâtinés de nuances fumées et briochées. Le palais se montre souple et soyeux, plus chaleureux en finale. ⧗ 2015-2017 ▼ entrecôte sauce marchand de vin ■ 2011 Élevé en fût de chêne (8 à 11 € ; 6 000 b.) : un nez fin, à la fois fruité, minéral et vanillé, suivi par une bouche souple, fraîche et boisée sans excès. ⧗ 2015-2017

Michel Guillon, Berlière, 33570 Montagne, tél. 05 57 74 46 24, wine33@hotmail.fr V r.-v.

CH. MARSAU 2011 ★★

■ | 36 000 | | 11 à 15 €

Négociant bordelais bien connu, Jean-Marie Chadronnier a cherché de « grands terroirs » hors des appellations de prestige. C'est ainsi qu'il a acquis Marsau (12 ha) en 1994, séduit par son terroir d'argiles profondes où prospère le merlot, cépage exclusif. Avant de planter en 2002, à deux collines de là, mais dans le Bergeracois (Sud-Ouest) deux petits hectares à Montpeyroux, berceau de la famille : c'est l'Enclos Pontys (AOC montravel) dominé lui aussi par le merlot.

Paré d'une somptueuse robe pourpre aux reflets rubis, ce 2011 dévoile un bouquet expressif de cerise noire, d'épices et de cuir frais. Souple et rond en attaque, soutenu par un bon boisé, le palais offre une belle mâche, des tanins francs, extraits avec élégance, et une longue finale fraîche et réglissée. ⧗ 2017-2020 ▼ poitrine de veau confite

Famille Chadronnier, SC Ch. Marsau, Bernarderie, 33570 Francs, tél. 06 09 71 22 35, jm.chadronnier@gmail.com V r.-v.

CH. MOULIN DE LA ROQUILLE
Cuvée L'Espérance Élevé en fût de chêne 2011 ★

■ | 30 000 | | 5 à 8 €

Deux frères, une sœur et le père toujours présent : un esprit familial règne sur ce domaine créé en 1964 par le grand-père. Un cru de 38 ha répartis entre AOC régionales (14 ha) et francs-côtes-de-bordeaux (24 ha).

Seize mois de barrique pour ce 2011 teinté de grenat et de rubis, équilibré à l'olfaction entre nuances fruitées et boisé vanillé et épicé. Des tanins ronds et soyeux, un rien plus fermes en finale, soutiennent un palais généreux et charnu, vivifié par une pointe minérale. ⧗ 2015-2019 ▼ magrets de canard au miel et thym

GAEC Audouin – Ch. Les Maines, Les Huguets, 33570 Petit-Palais-et-Cornemps, tél. 05 57 69 89 79, vignobles.audouin@orange.fr V t.l.j. 10h-12h30 15h-19h

♥ CH. LA PRADE 2011 ★★

■ | 18 000 | | 15 à 20 €

Charmes-Godard et Puygueraud en francs-côtes-de-bordeaux, Pavie Macquin et Larcis Ducasse en saint-émilion grand cru, Vieux Château Certan en pomerol, Nicolas Thienpont est un nom qui compte dans le Libournais. Il a aussi fait de La Prade, petit cru de 6 ha acquis en 2000, une valeur sûre de l'appellation.

« Faire un vin de précision construit sur le merlot » : telle est l'ambition de Nicolas Thienpont avec La Prade. Ce 2011 remplit largement les objectifs. Un vin somptueux dans sa robe pourpre soutenu, remarquable aussi par son nez complexe d'épices, de pruneau, d'amande et de fruits frais. Le palais est parfaitement en place : du volume, de la concentration, une chair tendre et fruitée, des tanins soyeux et puissants à la fois. Réjouissant. ⧗ 2017-2022 ▼ bécasse rôtie ■ Ch. Puygueraud 2011 ★ (11 à 15 € ; 140 000 b.) : un bouquet naissant d'épices, de fruits noirs et rouges, un boisé fondu, une bouche charnue et intense, aux tanins soyeux et ronds. Harmonieux et charmeur. ⧗ 2014-2017 ■ Ch. Charmes-Godard 2012 ★ (12 000 b.) : un bouquet intense d'épices, de fruits blancs et de boisé grillé, un palais ample, gras et persistant. Une belle présence. ⧗ 2014-2017

Ch. la Prade, Lauriol, 33570 Saint-Cibard, tél. 05 57 56 07 47, contact@chateau-laprade.com V contact@charmes-godard.com

Nicolas Thienpont

CH. PUY-GALLAND 2013

■ | 3 000 | 5 à 8 €

En 2010, Bernard Labatut et son fils David se sont associés pour créer les Vignobles Labatut et vinifier désormais dans trois appellations : francs-côtes-de-bordeaux (la partie principale du vignoble), castillon-côtes-de-bordeaux et lussac-saint-émilion. Un domaine très régulier en qualité.

Premier millésime en blanc pour le cru, un 2013 issu d'une jeune vigne (quatre ans) de sauvignons blanc et gris. Un vin jaune pâle et brillant, discrètement floral au nez, plus fruité en bouche, souple et frais. ⧗ 2014-2016 ▼ poisson sauce aux agrumes

SCEA Vignobles Labatut, 12, Le Bourg, 33570 Saint-Cibard, tél. 05 57 40 63 50, puygalland@orange.fr V r.-v.

Entre Garonne et Dordogne

La région géographique de l'Entre-deux-Mers forme un vaste triangle délimité par la Garonne, la Dordogne et la frontière sud-est du département de la Gironde ; c'est sûrement l'une des plus riantes et des plus agréables de tout le Bordelais, avec ses vignes qui couvrent 23 000 ha, soit le quart de tout le vignoble. Très accidentée, elle permet de découvrir de vastes horizons comme de petits coins tranquilles qu'agrémentent de splendides monuments, souvent très caractéristiques (maisons fortes, petits châteaux nichés dans la verdure et, surtout, moulins fortifiés). C'est aussi un haut lieu de la Gironde de l'imaginaire, avec ses croyances et traditions venues de la nuit des temps.

ENTRE-DEUX-MERS

• Superficie : 1 480 ha • Production : 59 050 hl

L'appellation entre-deux-mers ne correspond pas exactement à l'Entre-deux-Mers géographique, puisque, regroupant les communes situées entre Dordogne et Garonne, elle en exclut celles qui disposent d'une appellation spécifique. Il s'agit d'une appellation de vins blancs secs dont la réglementation n'est guère plus contraignante que pour l'appellation bordeaux. Mais dans la pratique les viticulteurs cherchent à réserver pour cette appellation leurs meilleurs vins blancs. Aussi la production est-elle volontairement limitée. Le cépage le plus important est le sauvignon qui communique aux entre-deux-mers un arôme particulier très apprécié, surtout lorsque le vin est jeune. Sémillon et muscadelle complètent l'encépagement.

CH. BEL AIR PERPONCHER Réserve 2013 ★

■	45 000	🍾	8 à 11 €

Ancienne propriété de la famille Perponcher, qui dut fuir vers la Hollande après la révocation de l'édit de Nantes, acquise en 1990 par la maison Despagne. Un cru situé sur un plateau argilo-siliceux dominant la Dordogne, incontournable en bordeaux (dans les trois couleurs), bordeaux supérieur et entre-deux-mers.

Si le sauvignon, le sémillon et la muscadelle font jeu égal dans ce 2013, c'est le premier qui donne le ton de l'olfaction, centrée sur les fleurs blanches, le bourgeon de cassis et la fougère. Il en va de même en bouche, où l'emporte la vivacité du sauvignon, sans que manquent toutefois ni le fruité de la muscadelle ni la rondeur du sémillon. ⧗ 2014-2017 🍴 sushis et makis ■ Ch. Tour de Mirambeau Réserve 2013 ★ (113 000 b.) : un joli fruité exotique, des agrumes, beaucoup de fraîcheur et de tonicité pour ce vin bien dans le ton de l'AOC. ⧗ 2014-2017

🔑 SCEA Vignobles Despagne, Le Touyre, 33420 Naujan-et-Postiac, tél. 05 57 84 55 08, contact@despagne.fr V 🚶 🍷 r.-v.

CH. BONNET 2013 ★

■	500 000	🍾	5 à 8 €

André Lurton conduit depuis 1953, le Ch. Bonnet (et sa déclinaison Tour de Bonnet), un fief historique qui est aussi son lieu de naissance et le premier cru acquis par son grand-père Léonce Récapet en 1897. Un domaine de 300 ha, valeur sûre en entre-deux-mers et bordeaux, qui entre dans un vaste « empire » de 600 ha, dont 260 en pessac-léognan, l'autre « patrie » d'André Lurton (Couhins-Lurton, La Louvière...).

Coup de cœur pour son 2012, ce domaine phare de l'AOC propose un 2013 d'excellente facture, finement bouqueté autour des fleurs blanches et des fruits frais (agrumes, fruits exotiques). Une élégance aromatique maintenue dans un palais long, ample et équilibré, à la fois souple, gras et frais. ⧗ 2014-2017 🍴 huîtres d'Arcachon ■ Ch. Tour de Bonnet 2013 ★ (moins de 5 € ; 50 000 b.) : de la fraîcheur et de la rondeur dans ce vin harmonieux, délicatement floral et fruité (agrumes). ⧗ 2014-2017

🔑 André Lurton, Ch. Bonnet, 33420 Grézillac, tél. 05 57 25 58 58, andrelurton@andrelurton.com

CH. CASTENET 2013

■	61 000	🍾	5 à 8 €

Les Guennec, enfants de viticulteurs de la région, ont pris la suite en 2010 de François Greffier, vigneron réputé pour ses entre-deux-mers, désormais retiré, et conduisent aujourd'hui un vignoble de 35 ha.

Ce 2013 livre un bouquet discret d'acacia et de fruits frais. À l'unisson, le palais plaît par sa rondeur avenante, équilibrée par une juste fraîcheur. ⧗ 2014-2016 🍴 pâtes aux fruits de mer

🔑 EARL Castenet, 3, Castenet, 33790 Auriolles, tél. 05 56 61 40 67, ch.castenet@wanadoo.fr V 🚶 🍷 r.-v. 🔑 M. et Mme Guennec

CH. CHANTELOUVE 2013 ★

■	36 000	- de 5 €

Deux étiquettes, en entre-deux-mers et en bordeaux, sont produites sur ce domaine familial : château Chantelouve et château Roc de Lavergne.

Sauvignon (70 %), sémillon et muscadelle composent ce 2013 d'une belle intensité aromatique, qui évoque les fruits à chair blanche, les fleurs blanches et la minéralité du terroir argilo-calcaire. La bouche, franche et vive en attaque, offre du corps et de la fraîcheur, portée par cette touche « terroitée » perçue au nez. ⧗ 2014-2017 🍴 flan d'asperges

🔑 EARL J.-C. Lescoutras et Fils, 33760 Faleyras, tél. 05 56 23 90 87 V 🚶 🍷 r.-v. 🏠 D

CH. LA COMMANDERIE DE QUEYRET 2013

■	25 000	🍾	5 à 8 €

En 1967, Claude et Simone Comin ont établi leur domaine à l'emplacement d'une ancienne commanderie des Templiers du XIIIes., depuis laquelle ils exploitent avec leur fille Sylvie une centaine d'hectares dans l'Entre-deux-Mers.

Ce 2013 séduira les amateurs de vins toniques. De fait, dès l'olfaction, on perçoit de la fraîcheur dans ce vin, ouvert sur les agrumes et le buis. Un caractère bien sauvignonné que ne renie pas la bouche, vive et saline. ⧗ 2014-2016 🍴 cassolette de fruits de mer

🔑 Comin, Ch. la Commanderie, 33790 Saint-Antoine-du-Queyret, tél. 05 56 61 31 98, vignoble.comin@wanadoo.fr V 🚶 🍷 r.-v.

CH. DARZAC
Réserve 2013

| | 106 000 | 5 à 8 € |

Aux origines du domaine, une dot acquise par un ancêtre grognard de l'armée napoléonienne, marié le même jour que l'Empereur. Aujourd'hui, 52 ha dans l'Entre-deux-Mers répartis entre les châteaux Fondarzac et Darzac, conduits depuis 1996 par les fils de Claude Barthe, Stéphane et Alain.

Faisant la part belle au sémillon (60 %), ce 2013 s'ouvre sur une palette bien typée de fleurs blanches, de pomme verte et d'agrumes. Une attaque vive et franche introduit un palais équilibré, qui ne manque ni de gras ni de fraîcheur et offre un joli retour sur le pamplemousse en finale. ⧗ 2014-2016 ¥ feuilleté aux fruits de mer

⊶ SCA Vignobles Claude Barthe, 22, rte de Bordeaux, 33420 Naujan-et-Postiac, tél. 05 57 84 55 04, alain@vignoblesclaudebarthe.com V r.-v.

Ⓑ CH. FARIZEAU 2013

| | 7 200 | | 5 à 8 € |

La famille Moreau, établie depuis 1600 à Sadirac, a engendré des tonneliers et des maîtres de chai de père en fils jusqu'au début du XXe s. et l'exploitation des premières vignes, aujourd'hui 11,4 ha (en bio depuis 2013) cultivés par André et son fils Guillaume.

Des parfums frais et francs de sauvignon (ici complété de 30 % de sémillon et 10 % de muscadelle) dominent l'olfaction comme la bouche, vive, alerte, de bonne longueur. Un vin équilibré. ⧗ 2014-2016 ¥ plateau de fruits de mer

⊶ André Moreau, Ch. Farizeau, 21, chem. de Farizeau, 33670 Sadirac, tél. 06 82 44 76 09, contact@chateau-farizeau.com V t.l.j. sf dim. 8h30-19h

FLEUR DE NINON 2013

| | 19 700 | | - de 5 € |

Un domaine commandé par une girondine de la fin du XIXe s., qui étend ses 30 ha de vignes sur les communes de Grézillac, Lugaignac et Daignac, au cœur de l'Entre-deux-Mers. Installé en 2001, Frédéric Roubineau a pris la suite de son père Pierre en 2010.

Fruits exotiques, agrumes, abricot, fleurs blanches, une belle palette aromatique se libère du verre. En bouche, le vin se montre rond et suave en attaque, puis plus frais et tonique jusqu'à la finale vive et fruitée. ⧗ 2014-2017 ¥ nage de fruits de mer

⊶ Frédéric Roubineau, Ch. Ninon, 5, Tenot, 33420 Grézillac, tél. 06 03 04 82 74, frederic.roubineau@aliceadsl.fr V r.-v.

CH. LA GRANDE MÉTAIRIE 2013

| | 75 000 | | 5 à 8 € |

Jean-Luc Buffeteau, revenu en 1998 sur les terres familiales, conduit 29 ha de vignes sur les coteaux vallonnés de l'Entre-deux-Mers, au cœur du Sauveterrois, dans les communes de Castelviel et Gornac. Il y produit deux étiquettes, La Grande Métairie et Haut Dambert.

Le sauvignon (60 % de l'assemblage) imprime sa marque sur ce 2013 au nez de buis, d'agrumes et de pierre à fusil. Les mêmes arômes caractérisent la bouche, souple et

Entre Garonne et Dordogne

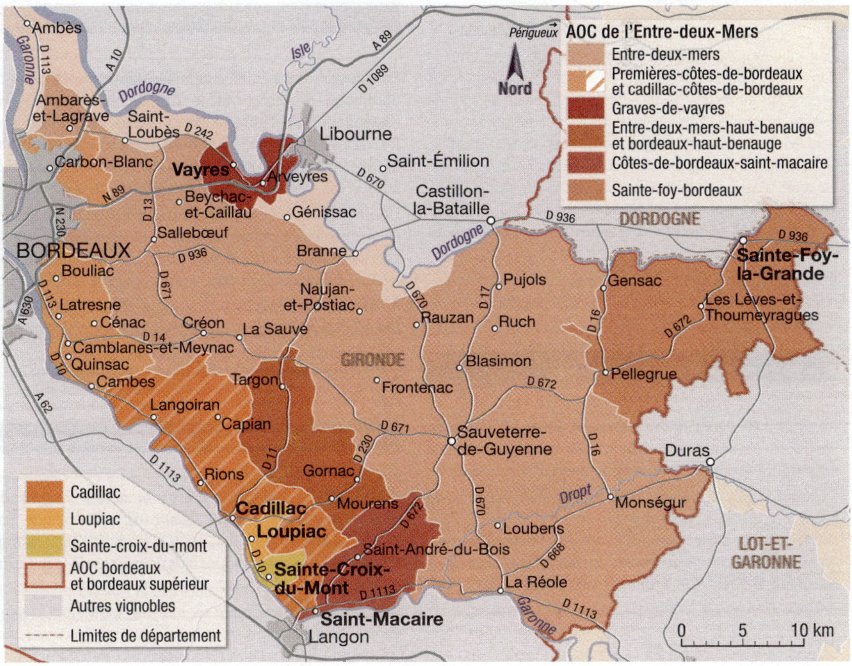

charnue, tonifiée par une belle fraîcheur. ⌛ 2014-2017 🍴 friture de poisson

SCEA Vignobles Buffeteau, lieu-dit Dambert, 33540 Gornac, tél. 05 56 61 97 59, jean.buffeteau@gmail.com V r.-v.

CH. HAUT-CAZEVERT 2013

10 000 | 5 à 8 €

Un vignoble de 28 ha d'un seul tenant, situé sur l'un des points culminants de l'Entre-deux-Mers, acquis en 1989 par un groupe d'amis, aujourd'hui propriété d'une centaine d'actionnaires. Deux étiquettes : Haut-Cazevert (entre-deux-mers) et Harandailh (bordeaux).

Ce 2013 issu de sauvignon blanc et sémillon à parts égales, complétés par le sauvignon gris, propose un joli bouquet de fleurs blanches, d'agrumes et de fruits exotiques. Le palais offre du volume, du gras et une juste fraîcheur. Un vin équilibré. ⌛ 2014-2016 🍴 anguille à la persillade

SA Ch. Haut-Cazevert, Harandailh, RD 670, 33540 Blasimon, tél. 05 57 84 18 27, chatea.haut.cazevert@wanadoo.fr V r.-v.

♥ CH. HAUT RIAN 2013 ★★

80 000 | - de 5 €

Isabelle, Champenoise d'origine, et Michel Dietrich, œnologue alsacien, tous deux enfants de vignerons, s'installent en 1988 à Rions, petite cité fortifiée du XIVe s. Aujourd'hui à la tête d'un vignoble de 80 ha, ils se distinguent avant tout par leurs blancs secs.

Comme à leur habitude, les Dietrich privilégient le sémillon dans leur entre-deux-mers ; et comme souvent, plus encore sur ce millésime, ils signent une cuvée de grande qualité. Ici, un 2013 très expressif dès l'olfaction, tournée vers les fruits blancs, les fruits exotiques et les agrumes. Un superbe fruité que prolonge un palais vif et alerte en attaque, plus rond et onctueux dans son développement, long et frais en finale. De l'équilibre et beaucoup de relief dans ce vin. ⌛ 2014-2017 🍴 risotto aux langoustines et asperges

EARL Michel Dietrich, 10, La Bastide, 33410 Rions, tél. 05 56 76 95 01, chateauhautrian@wanadoo.fr V t.l.j. sf sam. dim. 9h-12h 14h-17h

CH. LALANDE-LABATUT 2013

33 000 | 5 à 8 €

Régis et Isabelle Falxa ont repris en 2005, à la suite de leur père, ce domaine familial de 44 ha, régulièrement sélectionné pour ses entre-deux-mers.

Sauvignons gris et blancs à parts égales et un soupçon de sémillon et de muscadelle composent ce 2013 plaisant par son bouquet d'agrumes mûrs et de fleurs blanches, comme par son palais bien équilibré entre gras et fraîcheur. ⌛ 2014-2016 🍴 moules marinière

SCEA Vignobles Falxa, 38, chem. de Labatut, 33370 Salleboeuf, tél. 05 56 21 23 18, info@lalande-labatut.fr V t.l.j. 9h-12h30 15h-19h30

CH. MOULIN DE LAUNAY 2013 ★

150 000 | 5 à 8 €

Vignerons depuis deux cents ans et cinq générations, les Greffier exploitent l'un des plus vastes domaines de l'Entre-deux-Mers : 74 ha de vignes blanches autour de la Butte de Launay, point culminant de la Gironde.

Une dominante de sémillon (45 %) aux côtés du sauvignon (35 %) et de la muscadelle dans ce 2013 expressif et harmonieux : fines notes de fleurs blanches, d'agrumes, de fruits blancs et de fruits exotiques, bouche vive en attaque, ample, ronde et toute fruitée dans son développement. ⌛ 2014-2017 🍴 ballottine de veau aux légumes croquants

SCEA Claude et Bernard Greffier, Ch. Moulin de Launay, 33790 Soussac, tél. 05 56 61 31 51, scea-greffier@wanadoo.fr V t.l.j. 9h-12h 14h-18h

CH. DE L'ORANGERIE Grande cuvée 2013

44 000 | - de 5 €

Couvrant 113 ha dans l'Entre-deux-Mers et la région de Cadillac, ce cru appartient à la famille Icard depuis sa fondation en 1790. À sa tête depuis 1994, Jean-Christophe Icard. Plusieurs étiquettes : château de l'Orangerie, château de la Sablière Fongrave...

Un nez très sauvignonné (bourgeon de cassis, buis, agrumes) ouvre la dégustation. Franc et vif en attaque, le palais poursuit sur le même registre, soutenu par une fine acidité, offrant un bon volume et une jolie finale sur les agrumes. ⌛ 2014-2016 🍴 salade crevettes et pamplemousse

SCEA Vignobles Icard, Ch. de l'Orangerie, 33540 Saint-Félix-de-Foncaude, tél. 05 56 71 53 67, orangerie@chateau-orangerie.com

CH. LE PRIEUR Cuvée Passion 2013

10 000 | 5 à 8 €

Les Garzaro sont établis depuis le début du XXe s. sur la commune de Baron et le Ch. Le Prieur, ancienne dépendance de l'abbaye de la Sauve. Pierre-Étienne, Jean-David et Silvain conduisent aujourd'hui un ensemble de 70 ha dans l'Entre-deux-Mers et 10 ha dans le Libournais, répartis sur plusieurs crus et sept AOC.

Une belle intensité olfactive caractérise ce 2013 au nez d'agrumes et de fleurs blanches. Le palais suit la même ligne aromatique, offrant de la vivacité et de la persistance, avant une finale plus douce sur l'amande. ⌛ 2014-2016 🍴 wok de calamars

Vignobles Garzaro, Ch. Le Prieur, 39, rte de Branne, 33750 Baron, tél. 05 56 30 16 16, contact@vignoblesgarzaro.com V t.l.j. 9h30-12h 14h-17h; sam. sur r.-v.

ROC PARABELLE Élevé en fût de chêne 2013 ★

18 000 | - de 5 €

Propriétaire de nombreux crus et acteur majeur du négoce bordelais, Cheval Quancard a été fondé par Pierre Quancard en 1844, sous le nom de Quancard et Fils. La maison est toujours dirigée par ses descendants.

Spécialiste des vins blancs boisés, la maison propose ici un entre-deux-mers élevé six mois en barrique. Un léger vanillé, bien équilibré, apporte de la complexité au nez, agrémenté de fleurs blanches et de fruits mûrs, ainsi qu'un surcroît de structure à un palais souple, rond et doux, dynamisé par une juste fraîcheur. ⏳ 2015-2018 🍴 pavé de cabillaud laqué au miel ■ Cuvée Clémence Élevé en fût de chêne 2013 ★ (70 000 b.) : un boisé plus marqué, du gras, de la chair et de la persistance. ⏳ 2015-2018

Cheval Quancard, La Mouline, 4, rue du Carbouney - BP 36, 33560 Carbon-Blanc, tél. 05 57 77 88 88, chevalquancard@chevalquancard.com V r.-v.

CH. LA ROSE DU PIN 2013

■	18 133		5 à 8 €

En 1858, la famille Ducourt s'établit au château des Combes, à Ladaux, petit village au sud-est de Bordeaux. C'est sous l'impulsion d'Henri Ducourt, installé en 1951 et relayé depuis par ses enfants et petits-enfants, que le vignoble familial prend son essor, pour atteindre aujourd'hui 440 ha répartis sur treize châteaux dans l'Entre-deux-Mers et le Saint-Émilionnais.

La Rose du Pin est situé près de la commune de Romagne, aux lieux-dits À-la-Rose et le Pin-de-Cornet. Le 2012 fut coup de cœur ; le 2013, sans atteindre les mêmes sommets, séduit par son bouquet bien typé de buis et de citron vert, que prolonge un palais vif et tonique comme il se doit. ⏳ 2014-2016 🍴 salade de poulpe

Vignobles Ducourt, 18, rte de Montignac, 33760 Ladaux, tél. 05 57 34 54 00, ducourt@ducourt.com V r.-v. GFA de Redon

CH. SAINTE-MARIE Vieilles Vignes 2013 ★

■	80 000		5 à 8 €

Ce domaine fut autrefois administré par les moines de la Sauve-Majeure. Depuis quatre générations, ce sont les Dupuch qui sont aux commandes et qui en ont fait une propriété importante (65 ha) de l'Entre-deux-Mers.

De vieilles vignes de cinquante ans sont à l'origine de ce 2013 intensément bouqueté autour du fruit de la Passion, des agrumes et du bourgeon de cassis. Une attaque fraîche et ample introduit un palais à la fois vif et rond, bien équilibré en somme, où l'on retrouve le caractère sauvignoné du nez. ⏳ 2014-2017 🍴 asperges sauce mousseline

Ch. Sainte-Marie, 51, rte de Bordeaux, 33760 Targon, tél. 05 56 23 64 30, contact@chateau-sainte-marie.com V r.-v.

B CH. DES SEIGNEURS DE POMMYERS 2013

■	16 600		5 à 8 €

Les Piva, après avoir vinifié en Italie, se sont établis en 1924 dans l'Entre-deux-Mers, d'abord en métayage puis en fermage, avant d'acquérir en 1961 le Ch. Pouchaud-Larquey, puis le Ch. des Seigneurs de Pommyers en 1989. Jean-Luc Piva, aujourd'hui épaulé par ses enfants, s'est converti au bio dès 1984.

Fleurs et fruits blancs composent le bouquet de ce 2013, d'abord discret, plus expressif à l'aération. Le palais, bien équilibré entre rondeur et fraîcheur, reste dans le même ton, dynamisé par une finale plus vive. ⏳ 2014-2016 🍴 dos de cabillaud grillé ■ Ch. Pouchaud-Larquey 2013 (4 100 b.) : une pointe de vivacité supplémentaire et de la finesse aromatique (agrumes, fleurs blanches). ⏳ 2014-2016

Piva et leurs enfants, Ch. des Seigneurs de Pommyers, 33540 Saint-Félix-de-Foncaude, tél. 05 56 71 65 16, piva.chateau@orange.fr V r.-v.

CH. TURCAUD 2013

■	126 000		5 à 8 €

Un cru de 50 ha fondé en 1973 par Simone et Maurice Robert, conduit avec le même talent depuis 2009 par leur fille Isabelle et son époux Stéphane Le May. Abandon progressif du désherbage chimique, rendements limités, approche parcellaire pour chaque cuvée : un travail de précision au service des AOC régionales et des entre-deux-mers.

Sauvignon et sémillon à parts quasi égales et une touche de muscadelle pour ce 2013 au nez fin de fleurs blanches et de fruits frais. En bouche, la vivacité, notamment en finale, prend le pas sur la rondeur, mais sans déséquilibrer l'ensemble. ⏳ 2014-2016 🍴 plateau de fruits de mer

Vignobles Robert, Ch. Turcaud, 1033, rte de Bonneau, 33670 La Sauve-Majeure, tél. 05 56 23 04 41, chateau-turcaud@wanadoo.fr V r.-v.

LES VENDANGES DE LISE Élevé en fût de chêne 2013

■	28 000		- de 5 €

L'une des marques de l'importante maison de négoce Cheval Quancard, fondée en 1844 par Pierre Quancard et aujourd'hui présente dans tout le vignoble bordelais.

Ce 2013 élevé six mois en barrique livre un nez bien ouvert de chèvrefeuille et de menthe sur un fond boisé léger. Le palais, à l'unisson, sans excès de merrain, s'harmonise entre rondeur et fraîcheur. ⏳ 2014-2016 🍴 saumon grillé

Pierre Dumontet, ZI La Mouline, 4, rue du Carbouney, BP 36, 33565 Carbon-Blanc Cedex, tél. 05 57 77 88 88 V r.-v.

ENTRE-DEUX-MERS HAUT-BENAUGE

• Superficie : 105 ha • Production : 5 310 hl

Neuf communes situées autour de Targon, sur la même aire que le bordeaux-haut-benauge, peuvent ajouter le nom de haut-benauge.

CH. GRAND-PORTAIL 2013

■	18 400		5 à 8 €

À la tête de 50 ha de vignes implantées dans ce petit pays de l'Entre-deux-Mers appelé Haut-Benauge, Olivier Cailleux perpétue une exploitation qui existe depuis 1881 et six générations.

Des parfums frais et francs de sauvignon (agrumes, fleurs blanches) montent du verre, accompagnés par une belle minéralité. Bien équilibrée, la bouche affiche à la fois de la rondeur et une fine vivacité légèrement acidulée. ⏳ 2014-2016 🍴 plateau de fruits de mer

EARL DCOC, La Péreyre, 33760 Escoussans, tél. 05 56 23 63 23 V r.-v.

♥ CH. LES TUILERIES 2013 ★★

■	60 000		5 à 8 €

Les Menguin, établis dans l'Entre-deux-Mers depuis le XVIe s., conduisent aujourd'hui une belle unité de 50 ha.

Sauvignon (65 %), sémillon (15 %), sauvignon gris et muscadelle composent ce superbe 2013 au bouquet intense et complexe : fleurs blanches, fruits jaunes, fruits

exotiques, agrumes, touche minérale... Une belle palette aromatique prolongée par une bouche franche et alerte dès l'attaque, ample et montante, à la fois riche et fraîche. Un modèle d'équilibre. 2014-2017 risotto langoustines et asperges

SCEA des Vignobles Menguin, 194, Gouas, 33760 Arbis, tél. 05 56 23 61 70, vignoblesmenguin@neuf.fr V r.-v.

GRAVES-DE-VAYRES

• Superficie : 660 ha • Production : 35 300 hl (85 % rouge)

Malgré l'analogie du nom, cette région viticole, située sur la rive gauche de la Dordogne, non loin de Libourne, est sans rapport avec la zone viticole des Graves. Les graves-de-vayres correspondent à une enclave relativement restreinte de terrains graveleux, différents de ceux de l'Entre-deux-Mers. Cette dénomination a été utilisée depuis le XIX^e^s., avant d'être officialisée en appellation en 1937. Initialement, elle correspondait à des vins blancs secs ou moelleux, mais la production des vins rouges, qui peuvent bénéficier de la même appellation, est devenue majoritaire. Une part importante des vins rouges est cependant commercialisée sous l'appellation régionale bordeaux.

CH. LES ARTIGAUX Cuvée des 3 B 2010

■	8 000		5 à 8 €

Créé en 1910, le Ch. les Artigaux porte le nom d'une de ses parcelles de vigne. Le domaine s'étend sur 25 ha, une large part étant dédiée aux cépages rouges. Bruno Baudet est aux commandes depuis 1998.

Cette cuvée a été appréciée pour son fruité fondu, le charnu et la rondeur de son palais, où les fruits (cassis, cerise à l'eau-de-vie) s'imposent avec douceur, épaulés par des tanins mûrs. Un vin avenant et généreux. 2014-2018 tartare de bœuf ■ Cuvée traditionnelle 2013 (moins de 5 € ; 15 000 b.) : un vin cristallin, d'une fraîcheur acidulée, à la minéralité discrète et aux arômes floraux. 2014-2015

Bruno Baudet, Ch. les Artigaux, 12, rue du Sudre, 33870 Vayres, tél. 06 08 16 55 45, baudet.bruno@wanadoo.fr V t.l.j. 9h-12h 14h-18h

CH. CANTELAUDETTE Cuvée Prestige 2013 ★

■	48 000		5 à 8 €

Longtemps exploité en polyculture, ce cru fondé en 1870 par l'aïeul de Jean-Michel Chatelier est désormais dédié à la vigne seule (51 ha), à l'origine de graves-de-vayres et de bordeaux très réguliers en qualité, et proposés sous plusieurs étiquettes.

Très réussi malgré un millésime 2013 compliqué, ce pur sémillon, aguicheur dans sa robe lumineuse, associe au nez des nuances florales et fumées. Une attaque franche ouvre sur un palais « cajoleur » et gras, soutenu par une fine acidité aux accents mentholés et rehaussé par une finale épicée. 2014-2017 sauté de crevettes au curry

Jean-Michel Chatelier, 1, Cantelaudette, 33500 Arveyres, tél. 05 57 24 84 71, jm.chatelier@wanadoo.fr V r.-v.

CH. JEAN DUGAY 2013 ★

■	14 000		- de 5 €

Quatre générations se sont succédé sur ce domaine familial aujourd'hui dirigé par Nathalie Ballet et son frère Bruno, également propriétaires depuis 1990 du Ch. la Caussade. Leur vignoble s'étend sur 57 ha.

Une robe or pâle aux reflets platine, un bouquet généreux aux accents floraux et exotiques, une attaque vive ouvrant sur un palais qui combine le caractère variétal du sauvignon, seul maître à bord, avec la minéralité du terroir : un vin « jovial » et tonique. 2014-2015 dos de cabillaud aux agrumes ■ 2012 (5 à 8 € ; 14 500 b.) : un pur merlot au fruité généreux et aux tanins fins. 2014-2017

GFA Vignoble Ballet, 1, chem. de Caussade, 33870 Vayres, tél. 05 57 74 83 17, contact@vignoble-ballet.fr V r.-v.

CH. GOUDICHAUD 2012

■	80 000		5 à 8 €

Un vaste domaine de 50 ha de vignes et 60 ha de forêts et prairies, commandé par un château du XVIII^e^s. construit selon les plans de Victor Louis et propriété des Glotin depuis 1930. Trois étiquettes en graves-de-vayres : Goudichaud, Haut-Bessac et La Fleur des Graves.

Fruits noirs et notes fumées de la barrique composent le nez de ce 2012. Ample et doux en attaque, le palais déploie ensuite des tanins encore jeunes et vifs qui offrent d'intéressantes perspectives. 2016-2019 pavé de bœuf aux cèpes

Ch. Goudichaud, 17, chem. de Goudichaud, 33750 Saint-Germain-du-Puch, tél. 05 57 24 57 34, contact@chateaugoudichaud.fr V r.-v.
Yves Glotin

CH. HAUT-MONGEAT 2011 ★

■	6 680		5 à 8 €

Propriété familiale de 19 ha, dont le savoir-faire vigneron s'est enrichi du travail de quatre générations. Conseillée par son père Bernard, Isabelle Bouchon a pris les rênes du domaine, actuellement en conversion bio.

Ce 2011 pourpre foncé aux reflets cerise a bénéficié d'un passage ajusté de douze mois en fût. Le merlot (80 %) lui confère un fruité mûr rehaussé d'épices douces. La bouche, ronde et bien texturée, développe ce même fruité velouté souligné par un boisé délicat. Un vin harmonieux et charmeur. 2015-2019 ragoût d'agneau

Bouchon, 79, chem. de Mongeat, 33420 Génissac, tél. 05 57 24 47 55, info@mongeat.fr V r.-v.

CH. JUNCARRET 2013 ★★

■	5 400	5 à 8 €

Un château du XVI^e^s., demeure du trésorier général de France sous l'Ancien Régime. Depuis 1955, la famille Rouquette en est propriétaire et produit sur 28,5 ha des graves-de-vayres et des bordeaux dans les trois couleurs.

Prétendant au coup de cœur, ce moelleux couleur bouton d'or aux reflets argentés offre en bouche de savoureuses senteurs exotiques (mangue, ananas). Une chair suave et délicate tapisse longuement le palais, dynamisé par une juste fraîcheur. ⧗ 2014-2017 🍴 Tatin de mangue ■ Sec 2013 ★ (moins de 5 € ; 6 000 b.) : un séduisant « vin plaisir », floral et fruité, frais, tonique et équilibré en bouche. ⧗ 2014-2015

🔑 SCEA du Ch. Juncarret, av. Juncarret, 33870 Vayres, tél. 05 57 74 85 23, juncarret@juncarret.fr V t.l.j. 9h-12h 14h-17h ; sam. dim. sur r.-v.

🔑 Rouquette

♥ B CH. LATHIBAUDE 2013 ★★

■	6 000		8 à 11 €

Originaire de Champagne (Côte des Blancs), la famille Gonet s'est aussi forgé une solide renommée dans le Bordelais : en graves-de-vayres avec ses châteaux Lesparre (acquis en 1986), Lathibaude et Durand Bayle, valeurs sûres conduites en bio, ainsi qu'en pessac-léognan (Haut-Bacalan, Eck, Haut l'Évêque, Saint-Eugène) et en AOC régionales (La Chapelle Bordes, La Rose Videau).

Lathibaude accueille les vignes les plus anciennes du Ch. Lesparre, ici 2 ha de sauvignon (60 %) et de sémillon, à l'origine d'un vin de haut lignage paré d'une ardente robe d'or et dominé au nez par des senteurs de pêche blanche et d'épices douces. Du gras et du soyeux en milieu de bouche succèdent à une attaque fraîche et active, à laquelle fait écho une longue finale droite et minérale. ⧗ 2014-2017 🍴 pavé de bar au jus de coquillages ■ 2011 (5 à 8 € ; 50 000 b.) : un vin rond et velouté, plus strict en finale, offrant un bon compromis entre le bois et le fruit. ⧗ 2016-2019 ■ Ch. Lesparre 2012 ★ (5 à 8 € ; 150 000 b.) : un fruité compoté mâtiné de torréfié et d'épices, relayé par un palais rond, soyeux, de bonne concentration. ⧗ 2016-2019

🔑 SCEV Michel Gonet et Fils, Ch. Lesparre, 33750 Beychac-et-Caillau, tél. 05 57 24 51 23, info@gonet.fr V t.l.j. sf sam. dim. 9h-12h 14h-18h

SAINTE-FOY-BORDEAUX

• Superficie : 370 ha • Production : 17 250 hl (90 % rouge)

À l'extrémité orientale de l'Entre-deux-Mers et aux portes du Périgord, sur les rives de la Dordogne, la bastide médiévale de Sainte-Foy-la-Grande a donné son nom à un vignoble qui propose des rouges marqués par le merlot ainsi que quelques blancs, surtout secs.

CH. CARBONNEAU
Séquoïa Élevé en fût de chêne 2012

■	20 000		5 à 8 €

Un élégant château du XIXᵉs. avec parc et jardin commande ce cru de 20 ha, dans la même famille depuis 1937 et conduit par Wilfrid Franc de Ferrière depuis 1992.

Un séquoia majestueux situé à l'entrée du domaine donne son nom à ce vin au bouquet naissant de framboise, de fraise et d'épices. La bouche, souple et harmonieuse, s'appuie sur des tanins soyeux et fondus. ⧗ 2014-2017 🍴 rôti de veau en cocotte

🔑 Wilfrid Franc de Ferrière, Ch. Carbonneau, 33890 Pessac-sur-Dordogne, tél. 05 57 47 46 46, carbonneau.wine@orange.fr V r.-v. 5

♥ CH. DES CHAPELAINS
Cuvée Les Temps modernes 2011 ★★

■	12 000		8 à 11 €

Pierre Charlot est un vigneron qui compte dans l'AOC sainte-foy. Depuis 1991, il redonne ses lettres de noblesse à ce domaine de 50 ha, dans sa famille depuis le XVIIᵉs., dont il tire des cuvées qui laissent rarement indifférent et visent avant tout l'expression du fruit. L'une de ses devises : *Life is too short to drink bad wine…*

Cette cuvée – « un plaidoyer contre le productivisme », explique le vigneron – est un pur cabernet-sauvignon. Un vin intense et succulent de bout en bout, paré d'une robe profonde, presque noire, au bouquet fin et ouvert de fruits noirs, de grillé et de vanille. La bouche se révèle riche, soyeuse, charnue, puissante, longuement soutenue par des tanins à la fois denses et souples. ⧗ 2016-2021 🍴 épaule d'agneau en croûte d'herbes ■ Cuvée La Découverte 2012 ★ (6 000 b.) : un vin très aromatique (pêche, fleurs blanches), ample, gras et persistant en bouche, tonifié par une juste vivacité. ⧗ 2014-2017 ■ Cuvée Aphrodite 2013 (5 à 8 € ; 14 000 b.) : un moelleux issu des deux sauvignons, blanc et gris, tendre et délicat en bouche, joliment floral et fruité. ⧗ 2014-2017

🔑 Pierre Charlot, Les Chapelains, 33220 Saint-André-et-Appelles, tél. 05 57 41 21 74, chateaudeschapelains@wanadoo.fr V t.l.j. sf sam. dim. 8h-12h 14h-18h ; f. 24 déc.-12 janv.

CH. COUTELOR LA ROMARINE 2012 ★

■	6 666		5 à 8 €

Un cru de 18 ha dont les origines remontent à l'époque d'Henri IV. La famille Sicard livrait ses raisins à la cave coopérative jusqu'à l'arrivée en 1998 de Corinne, œnologue, qui produit avec régularité de beaux sainte-foy et bordeaux supérieurs.

Après dix-huit mois de cuve, ce pur merlot offre au nez d'intenses notes de fruits rouges et noirs. Des tanins souples et ronds et une agréable vivacité en finale confèrent au palais de l'équilibre et un caractère déjà très aimable. ⧗ 2014-2017 🍴 navarin d'agneau

🔑 EARL Vignoble René Sicard et Filles, Le Gachignard, 33220 Eynesse, tél. 05 57 41 01 51, info@coutelor.com V r.-v.

CH. L'ENCLOS Cuvée Triple A 2011 ★

■	18 000		15 à 20 €

Ancienne propriété d'Éric Bonneville, aux commandes depuis 2003, ce cru de 23 ha est passé sous pavillon

asiatique en 2013. Une valeur sûre en sainte-foy, notamment avec sa cuvée Triple A.

Changement de mains mais qualité constante. Mi-merlot mi-cabernet-franc, ce 2011 se révèle très expressif à l'olfaction, centré sur la vanille et la confiture de fruits rouges. Souple et savoureuse en attaque, la bouche se montre généreuse, corpulente, soutenue par un boisé délicat et des tanins denses et onctueux. ⧗ 2017-2020 🍴 osso bucco

SCEA Ch. l'Enclos, 3, rte de Bergerac, 33220 Pineuilh, tél. 05 57 46 55 95, xavierchateaulenclos@gmail.com V t.l.j. sf sam. dim. 9h-12h 14h-17h M. Qu

CH. GRAND MONTET
Élevé en fût de chêne 2012 ★

■	12 500		5 à 8 €

Un cru de 30 ha conduit depuis 1987 par Marie-France et Didier Roussel, régulier en qualité depuis sa sortie de la cave coopérative en 2001.

Une dominante de cabernet-sauvignon (et 40 % de merlot) dans ce vin au bouquet intense de fruits noirs mûrs, presque confits, et de boisé épicé. La bouche se montre souple et friande en attaque, plus ample et corpulente dans son déroulé, dévoilant en finale un boisé encore dominant et des tanins plus stricts. ⧗ 2016-2019 🍴 canard rôti aux figues

Marie-France et Didier Roussel, EARL Les Deux Domaines, 6, le Grand-Montet, 33220 Saint-André-et-Appelles, tél. 05 57 46 10 23, chateaugrandmontet@orange.fr V r.-v.

CH. HOSTENS-PICANT 2011 ★★

■	70 000		20 à 30 €

Rouge ou blanc, sec ou moelleux, ce domaine de 42 ha, régulièrement présent dans ces pages, joue pour toutes ses cuvées la carte de l'appellation sainte-foy-bordeaux. À sa tête, Yves Hostens-Picant, installé en 1986 (premières vinifications en 1990, date de construction du chai).

Passé tout près du coup de cœur, ce remarquable 2011 dévoile un bouquet complexe et fin qui mêle la vanille et les fruits rouges, griotte en tête. Porté par des tanins extraits avec doigté et un boisé qui reste à sa place, le palais se révèle à la fois ample, puissant et soyeux, vivifié par une finale longue et fraîche. Un vin sans artifice et déjà très harmonieux. ⧗ 2016-2020 🍴 filet de bœuf sauce aux cèpes ■ **Cuvée d'exception Lucullus 2012 (30 à 50 € ; 8 500 b.)** : cité pour son bouquet fruité et vanillé et pour sa bouche bien structurée. ⧗ 2015-2017 ■ **Cuvée des Demoiselles 2012 (26 000 b.)** : un nez élégant de fleurs blanches et d'épices, relayé par un palais ample, gras et harmonieux. ⧗ 2015-2017

SCEA Ch. Hostens-Picant, Grangeneuve-Nord, 33220 Les Lèves-et-Thoumeyragues, tél. 05 57 46 38 11, chateauhp@gmail.com V r.-v.

CH. MARTET
Réserve de famille 2011 ★

■	n.c.		30 à 50 €

Propriétaire de l'une des plus anciennes et importantes maisons de négoce belge (1886), Patrick de Coninck conduit depuis 1991 ce cru de 25 ha, ancienne halte sur le chemin de Compostelle. Il en a fait l'une des références incontournables de l'appellation sainte-foy.

Cette cuvée de pur merlot bien connue des lecteurs, autrefois réservée à la famille, livre un bouquet complexe de fruits frais, de vanille et de fleurs. Souple en attaque, le palais évolue ensuite vers plus de corpulence et de puissance tannique, étayé par un boisé encore dominateur qui appelle la garde. ⧗ 2016-2019 🍴 sauté d'agneau

Ch. Martet, 1, Martet, 33220 Eynesse, tél. 05 57 41 00 49, pconi@skynet.be V r.-v.

CH. LES PARIS 2012 ★★

■	15 000		5 à 8 €

Ce groupement de coopératives réunit 230 adhérents et 2 000 ha de vignes dans le « Grand Sud-Ouest » viticole. Il propose une large gamme de vins de marque et de propriétés dans quinze AOC.

Les raisins du Ch. les Paris (22 ha sur argilo-calcaires, propriété de la famille Huguette) ont donné naissance à ce vin au bouquet intense et complexe de fruits rouges confiturés mâtinés d'épices. Des tanins bien extraits, souples et soyeux, et un boisé délicat épaulent une bouche expressive, persistante et équilibrée. ⧗ 2015-2019 🍴 sauté de bœuf carottes et poivrons ■ **Ch. Capelle 2011 (15 000 b.)** : également proposé par la « coop », un vin fruité, boisé sans excès, souple, onctueux et charmeur. ⧗ 2014-2017

SCA Univitis, 1, rue du Gal-de-Gaulle, 33220 Les Lèves-et-Thoumeyragues, tél. 05 57 56 02 02, h.girou@univitis.fr V t.l.j. sf dim. lun. 9h-12h30 14h30-19h

CH. LES ROCS DE PLAISANCE
Caprice d'automne 2012

■	1 973		8 à 11 €

Succédant à son père, Sandrine Tramier s'est installée en 2002 sur le domaine familial : 31 ha de vignes aux environs de Sainte-Foy-la-Grande.

Ce 100 % sémillon est un moelleux plaisant par son bouquet délicat de miel et de tilleul, et par son palais frais et léger. Un ensemble harmonieux. ⧗ 2014-2017 🍴 apéritif

Sandrine Tramier, EARL Tramier et Fille, 1, Les Places, 33220 Pineuilh, tél. 06 70 93 27 09, lesrocsdeplaisance@voila.fr V r.-v.

CH. DE VACQUES
Élevé en fût de chêne 2011

■	9 000		5 à 8 €

Forge, four à pain, lavoir, puits, ce domaine commandé par une maison de maître du XVIIIᵉs. est un petit aperçu de la vie rurale d'autrefois. À la tête du vignoble, Christian Birac, depuis 1984.

Ce 2011 se distingue avant tout par son intensité aromatique (fruits mûrs, vanille et épices). Il plaît aussi par son équilibre en bouche entre matière charnue, vivacité et tanins bien présents, un peu plus sévères en finale. ⧗ 2016-2019 🍴 entrecôte à la bordelaise

Christian Birac, 8, rue de La Commanderie, 33220 Pineuilh, tél. 05 57 46 15 01, chateau_de_vacques@hotmail.fr V r.-v. 2 E

CADILLAC-CÔTES-DE-BORDEAUX

• Superficie : 2 975 ha • Production : 112 425 hl

L'appellation (anciennement premières-côtes-de-bordeaux rouges) s'étend sur une soixantaine de kilomètres le long de la rive droite de la Garonne, des portes de Bordeaux jusqu'à Verdelais. Les vignobles sont implantés sur des coteaux qui dominent le fleuve et offrent de magnifiques points de vue. Les sols y sont très variés : en bordure de la Garonne, ils sont constitués d'alluvions récentes ; sur les coteaux, on trouve des sols graveleux ou calcaires ; l'argile devient de plus en plus abondante au fur et à mesure que l'on s'éloigne du fleuve. Les vins ont acquis depuis longtemps une réelle notoriété. Ils sont colorés, corsés, puissants ; produits sur les coteaux, ils ont en outre une certaine finesse. Les vins blancs de cette zone, moelleux ou liquoreux, continuent d'être revendiqués en appellation premières-côtes-de-bordeaux.

CH. BRETHOUS 2011 ★★

■ | 17 000 | ◖◗ | 8 à 11 €

Un cru de 14 ha régulier en qualité, acquis en 1963 par Françoise et Denis Verdier. Leur fille Cécile et son époux ont pris le relais en 1999, en ajoutant les exigences de l'agriculture biologique et biodynamique (conversion en cours).

Ce 2011 dévoile un bouquet riche de fruits mûrs, d'épices, de grillé et de chocolat noir. Une générosité que l'on retrouve dans un palais ample, gras et rond, étayé par de beaux tanins qui demandent encore à s'arrondir. ⧗ 2017-2022 🍷 poulet rôti

🔑 Cécile et Thierry Mallié-Verdier, Ch. Brethous, 28, chem. du Jonc, 33360 Camblanes, tél. 05 56 20 77 76, brethous@libertysurf.fr V 🚶 🏠 t.l.j. 8h30-12h 14h-19h

CH. CAMPET 2012 ★

■ | n.c. | ◖◗ | 5 à 8 €

Fondé à Bordeaux en 1949 par neuf frères et sœurs, le groupe Castel a connu une croissance considérable, devenant le premier producteur de vins en France, le troisième dans le monde, avec un empire qui s'étend de Bordeaux au continent africain. Outre ses nombreuses marques, il possède une vingtaine de propriétés dans l'ensemble du vignoble français.

Issu d'un domaine de 11 ha à Saint-Caprais-de-Bordeaux commandé par une jolie chartreuse, ce 2012 livre un bouquet engageant de fruits mûrs et de cacao. Suivant la même ligne aromatique, le palais, ample et charnu, s'appuie sur une solide charpente tannique qui lui permettra de bien vieillir. ⧗ 2017-2021 🍷 gigot d'agneau ■ Ch. de Haut Coulon 2012 ★ : un vin souple et rond sans manquer de structure et offrant un bon potentiel. ⧗ 2016-2020 ■ Ch. Latour Camblanes 2012 ★ : un vin équilibré, à la fois gras, frais et bien charpenté. ⧗ 2016-2020

🔑 Châteaux et Domaines Castel, 21-24, rue Georges Guynemer, 33290 Blanquefort, tél. 05 56 95 54 00, contact@chateaux-castel.com

CH. CLOS CHAUMONT 2012 ★★

■ | 25 000 | ◖◗ | 15 à 20 €

Le Hollandais Pieter Verbeek a repris en 1990 ce domaine comptant alors 6 ha ; le vignoble couvre aujourd'hui 13 ha. Une progression quantitative et qualitative à la vigne et au chai, Hubert de Boüard (Angelus) apportant sa touche « grand cru ».

Ce vin d'une belle couleur soutenue se montre attrayant dès le bouquet ouvert sur de généreuses notes de fruits rouges mûrs, soulignées par un fin boisé. Il déploie en bouche une solide structure tannique, enrobée par une chair tendre et riche. Déjà plaisant, il mérite un peu de patience. ⧗ 2015-2018 🍷 navarin d'agneau ■ Charmes de Clos Chaumont 2011 ★ (8 à 11 € ; 25 000 b.) : un vin expressif (fruits mûrs, poivre, toasté) et équilibré, à la fois suave et bien charpenté. ⧗ 2015-2018

🔑 Pieter Verbeek, Ch. Clos Chaumont, 405, vc 8 Chaumont, 33550 Haux, tél. 05 56 23 37 23, chateau-clos-chaumont@wanadoo.fr V 🚶 🏠 r.-v.

CH. FAYAU Le Jardin de Louisa 2012 ★

■ | 5 000 | ◖◗ | 11 à 15 €

Établis depuis près de deux siècles à Cadillac, les Médeville, également négociants, sont à la tête d'un vaste ensemble de 180 ha répartis dans une quinzaine de crus au sud de Bordeaux. Ch. Fayau est le berceau de la famille, acquis en 1826 : un vignoble de 41 ha, en grande partie planté sur les coteaux entourant la cité des ducs d'Épernon.

Cette cuvée fait la part belle aux deux cabernets (60 %) aux côtés du merlot. Encore un peu fermée – le cassis confit et une touche poivrée apparaissent à l'aération –, elle s'affirme en bouche à travers une matière riche et suave soutenue par de bons tanins, présents sans excès de vigueur. ⧗ 2016-2019 🍷 carré d'agneau

🔑 SCEA Jean Médeville et Fils, Ch. Fayau, 33410 Cadillac, tél. 05 57 98 08 08, medeville@medeville.com V 🚶 🏠 t.l.j. sf sam. dim. 9h-12h 14h-17h

CH. DU JUGE 2012

■ | n.c. | 5 à 8 €

Située à proximité de l'imposant château de Cadillac construit par les ducs d'Épernon, cette propriété appartient depuis 1880 à la famille de Pierre Dupleich. Un cru en vue, notamment pour ses bordeaux secs, ses cadillac et cadillac-côtes-de-bordeaux.

Bien qu'encore sous l'emprise du bois, au nez comme en bouche, ce vin se montre intéressant par une bonne présence tannique et une fraîcheur qui lui permettront d'être apprécié aussi bien jeune que patiné par un peu de garde. ⧗ 2014-2018 🍷 entrecôte sauce échalote

🔑 Pierre Dupleich, 3, rte de Branne, 33410 Cadillac, tél. 05 56 62 17 77, contact@chateau-du-juge.com V 🏠 r.-v.

CH. LAGAROSSE Cuvée Les Comtes 2012 ★

■ | 30 000 | ◖◗ | 11 à 15 €

Ce très ancien domaine commandé par un château reconstruit en 1857 après un incendie étend ses 33 ha de vignes sur les coteaux de Tabanac. Il est la propriété depuis 2011 du groupe chinois Carlico, important importateur de vins à Hong Kong et dans la Chine continentale.

Cette cuvée emblématique du domaine, plusieurs fois coup de cœur du Guide, séduit d'emblée par son expression aromatique, où le bois respecte le fruit. Elle plaît aussi par son palais franc et frais en attaque, structuré sans dureté. 2015-2019 rôti de veau

SAS Ch. Lagarosse, 846, rte de Camail, 33550 Tabanac, tél. 05 56 67 58 90, lagarosse@gmail.com V r.-v.

CH. LESCURE 2011

42 800 | 5 à 8 €

Situé à Verdelais, jolie petite cité célèbre pour sa basilique, ce cru de 25 ha se singularise par l'originalité de son chai Art déco, ainsi que par sa vocation sociale : il tient lieu depuis 1993 de Centre d'aide par le travail pour personnes handicapées.

S'annonçant dans une robe intense et profonde, ce 2011 reste un peu fermé mais agréable par son bouquet de fruits noirs légèrement toasté. Ses tanins souples et fondus permettront de l'apprécier assez jeune, une fois l'élevage digéré. 2015-2018 paupiettes de veau

Ch. Lescure, 1, rte de Semens, 33490 Verdelais, tél. 05 57 98 04 68, commercial@chateau-lescure.com V r.-v.

CH. DE LESTIAC Cuvée Prestige 2012 ★

40 000 | 8 à 11 €

Paul Gonfrier, rapatrié d'Algérie, rachète au début des années 1960 le château de Marsan, terre noble créée au XVIIe s. sur la rive droite de la Garonne : le berceau des domaines familiaux. Ses fils Philippe et Éric suivent ses traces après 1985. Aujourd'hui, pas moins de 350 ha et douze châteaux.

Cette cuvée est une sélection des meilleures parcelles de Lestiac (10 ha sur les 22 que compte le domaine). Dans le verre, de plaisantes senteurs de fruits rouges et d'épices, un palais frais, ample, bien structuré et long, qui s'achève sur une jolie touche réglissée. 2015-2018 volaille rôtie

SCEA Gonfrier Frères, Ch. de Marsan, BP 7, 33550 Lestiac-sur-Garonne, tél. 05 56 72 14 38, gonfrier@wanadoo.fr V t.l.j. 9h-17h30; sam. dim. sur r.-v.

CH. DES MILLE ANGES 2012 ★

40 000 | 8 à 11 €

Situé à l'emplacement d'un ancien couvent de religieuses assomptionnistes, ce domaine a connu très tôt une vocation viticole que perpétue depuis 1996 Heather Van Ekris. Le vignoble couvre 24 ha sur des pentes argilo-calcaires et graveleuses bien exposées.

De la forte majorité de merlot (90 %) ce vin porte la marque dans son bouquet généreux de fruits mûrs, même si son expression aromatique ne s'est pas encore complètement développée. Bien construit et même assez corsé, ample et riche, le palais appelle la garde. 2016-2018 côte de bœuf à la moelle

Heather Van Ekris, Ch. des Mille Anges, 33490 Saint-Germain-de-Graves, tél. 05 56 76 41 04, sarlmilleanges@gmail.com V r.-v.

CH. REYNON 2011 ★

66 000 | 11 à 15 €

Un cru de 35 ha établi près de Cadillac sur un coteau exposé plein sud. Acquis en 1958 par Jacques David, il est conduit depuis 1976 par sa fille Florence et son gendre Denis Dubourdieu (Doisy-Daëne, Clos Floridène) qui, après l'avoir entièrement restructuré, en ont fait l'une des valeurs sûres des cadillac-côtes-de-bordeaux.

Encore très jeune, comme le montre sa robe violine, ce 2011 dévoile à l'aération de fines senteurs de violette, de cassis et de réglisse. Tout en se montrant aimable par sa rondeur et son gras, le palais appelle un peu de patience au regard de sa structure et de sa finale très tanniques. Fougueux, mais prometteur. 2016-2019 canard aux cerises

EARL Denis et Florence Dubourdieu, Ch. Reynon, 21, rte de Cardan, 33410 Béguey, tél. 05 56 62 96 51, reynon@wanadoo.fr V r.-v.

CH. DE SADRAN 2012 ★

104 000 | - de 5 €

Propriétaire de nombreux crus et acteur majeur du négoce bordelais, la maison Cheval-Quancard, fondée par Pierre Quancard en 1844 sous le nom de Quancard et Fils, est toujours dirigée par ses descendants.

Ancienne terre noble, ce vignoble dont l'existence remonte au moins au XVIIIe s. est entré dans la famille Quancard en 1968. Mi-merlot mi-cabernets, ce 2012 joue résolument la carte de l'expression aromatique et séduit par ses intenses notes de fruits rouges et d'épices. Souple et bien enveloppé, le palais reste dans le même esprit de finesse. Un vrai « vin plaisir ». 2015-2018 pintade à la tomate

Cheval Quancard, La Mouline, 4, rue du Carbouney – BP 36, 33560 Carbon-Blanc, tél. 05 57 77 88 88, chevalquancard@chevalquancard.com V r.-v.

CH. SAINT-HUBERT 2012

8 000 | 8 à 11 €

Établi sur la rive droite de la Garonne, Laurent Réglat peut jouer sur plusieurs appellations et types de vins. Souvent en vue pour ses liquoreux (cadillac, sainte-croix-du-mont), il ne néglige pas pour autant les rouges (graves, cadillac-côtes-de-bordeaux).

Sans chercher à jouer les athlètes, ce 2012 sait se montrer intéressant par sa finesse aromatique (épices, fruits noirs) et par sa structure souple, ronde et harmonieuse. 2015-2017 tartare de bœuf

EARL Vignobles Laurent Réglat, Ch. de Teste, 33410 Monprimblanc, tél. 05 56 62 92 76, vignobles.l.reglat@wanadoo.fr V r.-v.

CH. SAINT-NICOLAS 2011 ★

n.c. | 8 à 11 €

Avocate de formation, Chantal Larnaudie a repris en 2004 la propriété familiale, établie à Cardan, plaisant village de l'Entre-deux-Mers blotti autour de son église du XIIe s. et proche du monastère du Broussey.

Plusieurs fois distingué dans ces pages, ce domaine signe ici un vin qui, sans rivaliser avec le 2009, élu coup de cœur, a quelques atouts à faire valoir. Le nez associe avec finesse les fruits noirs, la noisette, le moka et le toasté. Une attaque fraîche et alerte ouvre sur un palais ample et concentré, bâti sur des tanins mûrs et un boisé élégant. 2015-2018 rôti de bœuf aux crosnes

SARL NV Benito, Le Videau, 33410 Cardan, tél. 05 56 76 72 37, benitonv@free.fr V r.-v.

CÔTES-DE-BORDEAUX-SAINT-MACAIRE

• Superficie : 53 ha • Production : 1 010 hl

Cette appellation qui prolonge, vers le sud-est, celle des premières-côtes-de-bordeaux, produit des vins blancs secs et liquoreux.

CH. DE CAPPES 2012 ★★

| | 1 500 | | 5 à 8 € |

Un domaine de 26 ha, propriété des Boulin depuis cinq générations, dirigé par Cédric depuis 2010. De bons bordeaux régionaux et côtes-de-bordeaux-saint-macaire secs et doux.

Le meilleur saint-macaire de cette édition. Un liquoreux en robe dorée ornée de reflets argent, qui libère des parfums complexes de fruits secs (noix), de fleurs blanches et de litchi. À l'unisson, le palais séduit par son volume, sa finesse et sa longue finale pleine de fraîcheur. Un vin très équilibré, de longue garde, mais également bon à boire jeune. 2015-2020 ravioles de foie gras

EARL Boulin, 4, Bidalet, 33490 Saint-André-du-Bois, tél. 05 56 76 40 88, chateaudecappes@laposte.net V r.-v.

CH. GAYON Moelleux 2012

| | 7 700 | | 5 à 8 € |

Un cru de 30 ha commandé par une gentilhommière du XVIIIe s. aménagée en gîte, acquis en 1969 par les Crampes, dont les aïeux étaient auparavant métayers sur ces terres. Une bonne référence en saint-macaire et en bordeaux.

D'un seyant jaune vif, ce 2012 livre un bouquet subtil de fruits exotiques sur un fond boisé discret. Un rien fugace en finale, le palais est bien équilibré entre gras et fraîcheur. 2014-2017 tarte au citron

Crampes, 6, Ch. Gayon, 33490 Caudrot, tél. 05 56 62 81 19, contact@chateau-gayon.com V r.-v. E

CH. MAJOUREAU Cuvée Hyppos 2012 ★

| | 2 400 | | 5 à 8 € |

L'une des belles étiquettes en saint-macaire, également présente en AOC régionales. Un cru de 38 ha, propriété des Delong depuis cinq générations, en polyculture jusqu'en 1981, date de la première mise en bouteilles. Mathieu, désormais épaulé par sa sœur Émeline, est aux commandes depuis 2002.

Ce liquoreux d'une belle brillance dévoile un bouquet élégant d'ananas et de fruits confits. On retrouve cette justesse aromatique dans un palais intense, gras, ample et charnu. Une bouteille déjà très harmonieuse. 2015-2019 saumon mariné à l'aneth

Famille Delong, 1, Majoureau, 33490 Caudrot, tél. 05 56 62 81 94, familledelong@hotmail.com V r.-v.

CH. PONTET BEL AIR 2012 ★

| | 10 000 | | 5 à 8 € |

Une exploitation de 31 ha, transmise de père en fils depuis cinq générations, conduite depuis 1981 par Didier Cousiney.

Ce pur sémillon d'un beau doré offre un bouquet fin de fruits confits, de miel, auquel une touche exotique apporte de la complexité. À l'unisson, le palais se révèle riche, ample, souple et long. 2014-2017 salade d'oranges

Semmacari 2013 Vinifié en fût de chêne (5 000 b.) : une jolie palette d'agrumes, de fleurs blanches et de pain grillé, relayée par un palais frais. 2014-2016

Didier Cousiney, 6, chem. de l'Église, 33490 Le Pian-sur-Garonne, tél. 05 56 76 44 51, didiercousiney@wanadoo.fr V r.-v.

BORDELAIS

CÔTES-DE-BORDEAUX

CH. DE BELLEGARDE 2012

| | 3 000 | | 8 à 11 € |

Après avoir créé le Ch. la Chèze en 1986, « réveillé » le Ch. de Malherbes en 1997, Claire et Jean-Pierre Sancier ont acquis le Ch. de Bellegarde en 2005 : une vaste demeure du XIXe s. pour un vignoble de poche, 1 ha, partagé entre le merlot et le cabernet-sauvignon.

D'abord discret, le bouquet se révèle à l'agitation sur les fruits noirs et les épices. Le palais concilie souplesse, fraîcheur et volume. D'une aimable simplicité. 2014-2017 tartare de bœuf

SCEA Ch. de Bellegarde, 2, chem. de Bellegarde, 33550 Lestiac-sur-Garonne, tél. 05 56 72 34 24, jps@chateau-de-bellegarde.com V r.-v. 3

Sancier

CH. BOUTEILLEY 2012 ★

| | 200 000 | | 5 à 8 € |

Issus d'une longue lignée de vignerons, Jean Guillot et ses deux fils conduisent plusieurs domaines et une affaire de négoce. Dans leur famille depuis 1617, le Ch. Bouteilley est une belle unité de 49,3 ha au nord de Bordeaux.

Ce 2012 s'annonce par un bouquet d'une belle complexité (cassis, framboise, groseille, épices). Ample, gras et long en bouche, il s'appuie sur des tanins solides sans vigueur excessive. 2015-2019 rôti de bœuf aux cèpes

SCE des Dom. Jean Guillot, Ch. Bouteilley, 18, chem. de Bouteilley, 33370 Yvrac, tél. 06 07 31 79 22, domaines-jean-guillot@orange.fr V r.-v.

CH. LE DOYENNÉ 2011 ★

| | 29 000 | | 11 à 15 € |

Propriété de Dominique et Jean Watrin depuis 1994, une jolie chartreuse jaune ocre à l'allure toscane commande un vignoble de 8 ha d'un seul tenant sur des plateaux graveleux et des coteaux argilo-calcaires.

Ce 2011 dévoile un bouquet aux notes de fruits rouges confits, de pruneau et de cuir bien typées du merlot (75 % de l'assemblage). En bouche, il se révèle ample, gras, généreux, solide et long. Un vin au caractère affirmé. 2016-2019 tournedos

SCEA du Doyenné, 27, chem. de Loupes, 33880 Saint-Caprais-de-Bordeaux, tél. 05 56 78 75 75, dwatrin@chateauledoyenne.fr V r.-v.

D. Watrin

L'ACANTHE DE DUDON 2011 ★

■ | 1 200 | | 8 à 11 €

En 1975, Jean Merlaut (Gruaud-Larose, à Saint-Julien) a repris en main cette propriété, dans sa famille depuis 1961. Il a assuré sa rénovation et étoffé sa surface en 2009 en achetant les vignes du Ch. Laroche. L'ensemble couvre aujourd'hui 72,4 ha.

Harmonieuse et élégante, cette bouteille dévoile un bouquet finement fruité et boisé. En bouche, elle révèle une belle charpente bâtie sur des tanins bien présents, sans agressivité. Une longue finale clôt la dégustation. ⧗ 2016-2019 🍴 entrecôte sauce marchand de vin ■ Ch. Laroche 2011 ★ (moins de 5 €; 66 700 b.): un vin frais, solide, de bonne longueur. ⧗ 2015-2018 ■ Ch. Laroche Bel Air 2011 (29 500 b.): un vin équilibré et bien structuré. ⧗ 2015-2018

SARL Dudon, Ch. Dudon, 33880 Baurech, tél. 05 57 97 77 35, info@jean-merlaut.com V r.-v. Merlaut

CH. DUPLESSY 2011

■ | 47 729 | | 11 à 15 €

Duplessy doit son nom à une ancienne famille de parlementaires bordelais. Entouré de forêts de chênes, le vignoble, fondé en 1728, s'étend sur 11,5 ha. La conversion bio est engagée.

Si le palais se révèle ample, solide, encore un peu sévère, le bouquet séduit déjà par la finesse et la fraîcheur de ses arômes de fruits rouges et d'épices. ⧗ 2016-2019 🍴 entrecôte marchand de vin

SC Ch. Duplessy, 1, av. de Bordeaux, 33360 Cénac, tél. 05 56 20 73 28, contact@chateau-duplessy.fr V t.l.j. sf sam. dim. 8h-12h 14h-18h

FARET DESGRANGES 2011 ★

■ | 39 000 | | 5 à 8 €

Créée en 1938, la très qualitative cave des producteurs réunis de Puisseguin-Lussac-Saint-Émilion s'illustre régulièrement dans ces pages. Elle représente aujourd'hui quelque 200 adhérents et 1 200 ha de vignes.

Le nez, expressif et fin, s'ouvre sans réserve sur les fruits mûrs et les épices. Le palais conjugue vivacité et solidité tannique dans un bel équilibre. ⧗ 2015-2019 🍴 chapon aux cèpes

Vignerons de Puisseguin-Lussac-Saint-Émilion, 1, lieu-dit Durand, 33570 Puisseguin, tél. 05 57 55 50 40, accueil@vplse.com V t.l.j. sf dim. 9h-12h 14h-18h; f. sam. apr.-m. et lun. matin; ouv. t.l.j. en été

CH. DE GARBES Cuvée spéciale Fût de chêne 2011 ★

■ | 44 000 | | 5 à 8 €

Belle unité de 56 ha sur les coteaux de la Garonne, cette propriété appartient à la famille David depuis 1900. Depuis 2010, la troisième génération (Élodie, Thibault et Fabien) est aux commandes.

La puissance et l'élégance de la robe d'une couleur soutenue se retrouvent dans un bouquet sur les fruits rouges, le raisin sec, la cannelle et la réglisse. Souple et frais en attaque, le palais offre du volume, une charpente solide et une longue finale tannique. L'ensemble appelle un peu de patience. ⧗ 2017-2022 🍴 mijoté de paleron

Vignobles David-Garbes, Ch. de Garbes, 1, Garbes, 33410 Gabarnac, tél. 05 56 62 92 23, contact@garbes.fr V r.-v.

CH. MONT-PÉRAT 2012 ★

■ | 240 000 | | 15 à 20 €

Une ancienne place forte remaniée au XIXe s., qui commande un vaste vignoble de 100 ha d'un seul tenant acquis en 1998 par les Despagne. Un cru très réputé depuis que le vin a été comparé à… un concert de Freddie Mercury dans le célèbre manga *Les Gouttes de Dieu*.

Très classique dans son style, ce 2012 au bouquet naissant (fruits mûrs, vanille, grillé) séduit par une attaque gourmande, avant de se montrer prometteur avec sa structure tannique. Solide et élégante, celle-ci révèle une extraction bien maîtrisée. ⧗ 2016-2019 🍴 faisan rôti

SCEA Mont-Pérat, Le Touyre, 33420 Naujan-et-Postiac , tél. 05 57 84 55 08, contact@despagne.fr V r.-v. Despagne

CH. PASCOT Cuvée Vineola 2012 ★

■ | 1 000 | | 11 à 15 €

Un petit vignoble de 3 ha déjà recensé au XVIIIe s. et acquis en 1990 par Nicole et Frédéric Doermann, retraités de l'Éducation nationale; leur fils Franck, biologiste de métier, assure les vinifications.

Microcuvée prestige créée pour célébrer les vingt ans du domaine, ce vin est aussi expressif par sa robe, colorée, fraîche et vive, que par ses parfums gourmands de fruits noirs, de fumée, de café et de pain grillé. À la fois ample, puissante et élégante, la bouche, dans le droit-fil, demande encore à s'arrondir. ⧗ 2018-2021 🍴 magrets de canard ■ Cuvée Prestige 2012 (8 à 11 €; 5 000 b.): un vin gras, charnu et bien charpenté. ⧗ 2015-2019

Franck Doermann, 16, chem. du Moulin-de-Lambat, 33360 Latresne, f.doermann@exalab.fr V t.l.j. 9h30-18h30; sam. dim. sur r.-v.

CH. PILET Cuvée Prestige Élevé en fût de chêne 2012 ★

■ | 8 000 | | 8 à 11 €

Famille au service du vin depuis un siècle. En 1974, Jean et Yvette Queyrens reprennent les domaines de leurs parents et débutent la vente en bouteilles. Aujourd'hui, leurs fils Patrick et Christophe, avec à leurs côtés Jean-Yves, le petit-fils, exploitent un vignoble de 65 ha dans l'Entre-deux-Mers.

Le merlot (60 % de l'encépagement) imprime son style dans ce vin aux arômes de petits fruits mûrs et de cuir bien marqués. Gras et ample, le palais montre par sa finale tannique qu'il possède un certain potentiel. ⧗ 2015-2019 🍴 faux-filet sauce béarnaise

Vignobles Jean Queyrens et Fils, 3, Grand-Village-Sud, 33410 Donzac, tél. 05 56 62 97 42, scvjqueyrens@orange.fr V r.-v.

♥ CH. RÉAUT 2012 ★★

■ | 120 000 | | 11 à 15 €

En 2011, douze viticulteurs (six Bordelais et six Bourguignons) ont décidé de s'unir pour acheter ce vignoble de 26 ha à cheval sur un coteau argilo-calcaire et une

terrasse de graves. À leur projet se sont joints 430 amateurs (de quinze pays) qui ont investi dans l'entreprise.

Second millésime seulement pour les nouveaux propriétaires et déjà une entrée remarquée dans le Guide. Très élégant dans sa robe sombre, ce vin impressionne par l'intensité de son bouquet, porté sur les fruits rouges mûrs finement soulignés d'épices douces. Cette puissance se retrouve dans un palais rond, ample, élégant et parfaitement équilibré, bâti sur des tanins fondus et un boisé justement dosé. ⧗ 2017-2022 ▼ tournedos Rossini

Ch. Réaut, 1, Fontuch, 33410 Rions, tél. 05 56 62 66 54, contact@chateau-reaut.com
V t.l.j. sf sam. dim. 9h-12h 14h-17h

DOM. DE SAINT-AMAND
Cuvée Prestige Élevé en fût de chêne 2012 ★

■ | 5 000 | | 5 à 8 €

Ancienne ferme du XVIIe s., ce château commande un petit vignoble de 3,2 ha dominant la vallée de la Garonne avec un beau point de vue sur les Landes. Il a été acquis en 2008 par Floranne et Gérard Démocrate.

Encore très jeune, comme le montre la robe rouge sombre, cette cuvée est prometteuse, tant par son bouquet, encore un peu fermé mais déjà complexe (fruits rouges, grillé, cuir, épices), que par son palais suave et rond en attaque, frais et puissamment charpenté dans son développement. ⧗ 2016-2020 ▼ daube de bœuf ■ Cuvée Tradition 2012 ★ (5 000 b.) : élevé en cuve, un vin plus souple et fruité, sans toutefois manquer de solidité. ⧗ 2015-2019

Démocrate, lieu-dit Saint-Amand, 33880 Cambes, tél. 06 81 83 55 27, contact@domainedesaintamand.fr
V r.-v.

La région des Graves

Vignoble bordelais par excellence, les graves n'ont plus à prouver leur antériorité : dès l'époque romaine, leurs rangs de vignes ont commencé à encercler la capitale de l'Aquitaine et à produire, selon l'agronome Columelle, « un vin se gardant longtemps et se bonifiant au bout de quelques années ». C'est au Moyen Âge qu'apparaît le nom de Graves. Il désigne alors tous les pays situés en amont de Bordeaux, entre la rive gauche de la Garonne et le plateau landais. Par la suite, le Sauternais s'individualise pour constituer une enclave, vouée aux liquoreux, dans la région des Graves.

GRAVES ET GRAVES SUPÉRIEURES

S'allongeant sur une cinquantaine de kilomètres, la région des Graves doit son nom à la nature de son terroir : celui-ci est constitué principalement par des terrasses construites par la Garonne et ses ancêtres qui ont déposé une grande variété de débris caillouteux (galets et graviers originaires des Pyrénées et du Massif central).

Depuis 1987, les vins qui y sont produits ne sont pas tous commercialisés comme graves, le secteur de Pessac-Léognan bénéficiant d'une appellation spécifique, tout en conservant la possibilité de préciser sur les étiquettes les mentions « vin de graves », « grand vin de graves » ou « cru classé de graves ». Concrètement, ce sont les crus du sud de la région qui revendiquent l'appellation graves.

L'une des particularités de l'AOC réside dans l'équilibre qui s'est établi entre les superficies consacrées aux vignobles rouges et blancs secs. Les graves rouges possèdent une structure corsée et élégante qui permet un bon vieillissement. Leur bouquet, finement fumé, est particulièrement typé. Les blancs secs, élégants et charnus, sont parmi les meilleurs de la Gironde. Les plus grands, fréquemment élevés en barrique, gagnent en richesse et en complexité après quelques années de garde. On trouve aussi des vins moelleux qui ont toujours leurs amateurs et qui sont vendus sous l'appellation graves supérieures.

GRAVES

• Superficie : 3 420 ha • Production : 138 835 hl (75 % rouge)

CH. D'ARGUIN Vieilli en fût de chêne 2011

■ | 15 529 | | 8 à 11 €

Basé à Bordeaux et spécialisé dans le service et le conseil aux entreprises, le groupe Pouey International a investi dans le vin. Il détient dans les Graves le Ch. d'Arguin et le Dom. du Reys, à Saint-Selve, près de La Brède.

Le merlot domine d'une courte tête dans ce vin. S'il n'est pas des plus concentrés, ce 2011 se montre très agréable, tant par son bouquet de fruits rouges mûrs et de pain grillé que par sa structure ronde aux tanins soyeux. ⧗ 2015-2018 ▼ rôti de veau aux cèpes ■ 2012 Vinifié en fût de chêne (4 850 b.) : deux tiers de sémillon pour un tiers de sauvignon, neuf mois de barrique. Un vin équilibré aux arômes de fruits blancs et de grillé. ⧗ 2014-2017

SA Pouey International, chem. de Gaillardas, Jeansotte, 33650 Saint-Selve, tél. 05 56 78 49 10, blacampagne@pouey-international.fr V r.-v.

♥ CH. D'ARRICAUD 2011 ★★

■ | n.c. | | 15 à 20 €

Situé sur les hauteurs de Landiras, ce cru des Graves a pris son visage actuel à la fin du XVIIIe s. quand il appartenait au comte Joachim de Chalup, mousquetaire gris du roi et président du parlement de Bordeaux. Les Bouyx – depuis 1992 Isabelle Labarthe – veillent sur le vignoble (23 ha) depuis trois générations.

Deux étoiles comme l'an dernier, et un coup de cœur pour ce 2011, qui comprend une majorité de cabernet-sauvignon, contrairement à son devancier. D'une couleur profonde tirant sur le noir, il incite à la gourmandise par son bouquet mêlant le cassis confituré et les nuances toastées bien dosées léguées par un élevage en barrique de dix-huit mois. Charnu et rond, le palais allie des tanins mûrs à des flaveurs de réglisse. Un caractère affirmé et une grande bouteille à venir. ⧗ 2017-2025 ¥ filet de bœuf aux morilles ■ 2012 (8 à 11 €) : un peu court mais harmonieux. ⧗ 2014-2017

⊶ EARL Bouyx, Ch. d'Arricaud, 33720 Landiras, tél. 05 56 62 51 29, chateaudarricaud@wanadoo.fr V r.-v.

CH. D'AS 2011

■	19 200		8 à 11 €

Arrivé d'Algérie en 1961, Charles Yung a bâti un vaste ensemble de propriétés dans le Bordelais ainsi qu'un négoce : aujourd'hui 120 ha de vignes, principalement implantées sur les coteaux de Garonne, autour de Béguey. Son fils Jean-Christophe est aux commandes depuis 1992.

Un vin plaisant par son bouquet aux notes toastées, vanillées et épicées, par son palais rond, plein et gourmand, en dépit d'une certaine sévérité tannique en finale. ⧗ 2015-2017 ¥ paupiettes de veau

⊶ SCEA Charles Yung et Fils, 8, chem. de Palette, BP 38, 33410 Béguey, tél. 05 56 62 94 85, r.yung@wanadoo.fr V t.l.j. sf sam. dim. 9h-12h30 13h30-18h30; f. août

CH. AUNEY L'HERMITAGE Cuvée Cana 2011 ★

■	6 000		8 à 11 €

Autrefois Ch. Le Chec, ce cru de 8,5 ha a pris avec le millésime 2011 le nom de son producteur, Christian Auney, qui a constitué le vignoble à partir de 1987. Comme beaucoup de domaines du nord des Graves, il fait face aujourd'hui à l'extension de la métropole bordelaise. En conversion bio.

Cette cuvée privilégie le cabernet-sauvignon et fait entrer un peu de petit verdot. Bien constituée, comme l'indiquent sa robe pourpre profond et son bouquet mariant avec succès le fruit (cassis) et le bois (notes toastées et tabac), elle s'appuie sur des tanins à la fois puissants et fins qui lui garantissent un bel avenir. ⧗ 2016-2019 ¥ pigeon farci aux cèpes ■ Cuvée Cana 2012 ★ (3 000 b.) : élevé neuf mois sous bois, un blanc encore un peu fermé mais bien constitué et prometteur. ⧗ 2015-2017

⊶ Christian Auney, La Girotte, 33650 La Brède, tél. 05 56 20 31 94, vignobles.auney@wanadoo.fr V r.-v.

CH. BEAUREGARD DUCASSE Albert Duran 2011 ★★

■	6 000		8 à 11 €

Situé près du château de Roquetaillade, ce cru a été reconstitué et agrandi à partir de 1981 par Jacques Perromat, œnologue, dont la famille est bien implantée les Graves et en Sauternais. Les vignes sont installées sur l'un des points culminants de l'appellation.

À côté du merlot (60 %) et du cabernet-sauvignon, ce 2011 inclut 10 % de petit verdot. Un vin au bouquet déjà complexe, mêlant les fruits rouges mûrs à des notes cacaotées, épicées et briochées, qui étonne par son ampleur et son volume. Sa chair enveloppe bien des tanins précis, qui commencent à s'arrondir. Un ensemble élégant, généreux et prometteur. ⧗ 2017-2023 ¥ pièce de bœuf

⊶ EARL Vignobles Jacques Perromat, Ducasse, 33210 Mazères, tél. 05 56 76 18 97, jperromat@mjperromat.com V t.l.j. 9h-12h 14h-18h; f. 15 août-1er sept

CH. DE BEAU-SITE 2013 ★

■	10 000		8 à 11 €

Un pavillon du XVIIIes., un parc, un arboretum : avec le château de Castres (graves), José Rodrigues-Lalande, ingénieur et œnologue, a acquis en 1996 un beau quartier général. Il s'est agrandi en 2013 dans cette même AOC en achetant le Ch. Beau-Site, après s'être implanté en pessac-léognan en 2004, avec l'acquisition du Ch. Roche-Lalande.

Mi-sauvignon mi-sémillon, avec un soupçon de muscadelle, ce vin séduit par son bouquet de fleurs blanches, de citron et de lierre. Vif à l'attaque, rond en bouche, il finit sur un beau retour aromatique de sauvignon souligné par une petite pointe de nervosité. ⧗ 2014-2016 ¥ soupe de crustacés et de lotte ■ Ch. de Castres 2013 (11 à 15 € ; 18 000 b.) : vin équilibré, frais et complexe (pamplemousse, citron, fleurs blanches, brioche). ⧗ 2014-2016

⊶ EARL Vignobles Rodrigues-Lalande, Ch. de Castres, rte de Pomarède, 33640 Castres-sur-Gironde, tél. 05 56 67 51 51, contact@chateaudecastres.fr V t.l.j. 8h-12h 14h-18h

CH. LE BOURDILLOT Séduction 2011 ★

■	45 000		5 à 8 €

Originaire d'Arras, Jules Haverlan a acquis en 1906 ce vignoble installé sur des graves profondes, qui appartenait en 1818 au comte de Lynch. Dirigée par Patrice Haverlan depuis 1986, la propriété couvre 21 ha et propose majoritairement des graves rouges. Une valeur sûre.

Ce vin mérite son nom : son attaque souple et ses tanins soyeux devraient permettre de commencer à l'ouvrir prochainement. Son bouquet mêle le pruneau, la vanille et des notes toastées. ⧗ 2015-2019 ¥ pintade rôtie ■ Ch. Le Bourdillot 2011 ★ (11 à 15 € ; 8 000 b.) : pour l'heure encore un peu austère, mais bien constitué et plutôt complexe. ⧗ 2015-2019 ■ Tentation 2011 (8 à 11 € ; 45 000 b.) : souple, rond et bien équilibré. ⧗ 2015-2019

⊶ EARL Patrice Haverlan, 11, rue de l'Hospital, 33640 Portets, tél. 05 56 67 11 32, patrice.haverlan@orange.fr V r.-v.

CAPRICE DE BOURGELAT 2012 ★

■	2 900		8 à 11 €

Représentant la sixième génération sur ce domaine remontant au XVIIIes., Dominique Lafosse est à sa tête depuis 1980. Il est établi à Cérons, village éponyme d'une appellation de liquoreux, et son vignoble de 14 ha privilégie le cépage sémillon. À sa carte des vins, des cérons, et aussi des graves, surtout blancs.

Un vin élevé sur lies en barrique. Le boisé, encore appuyé, laisse une place à de fins arômes d'agrumes (citron et pamplemousse), que l'on retrouve au palais, nuancés de notes d'amande puis de miel en finale. La structure est équilibrée entre gras et fraîcheur. ⧗ 2015-2017 ¥ saint-jacques à la crème

EARL Dominique Lafosse, Clos Bourgelat, 4, Caulet-sud, 33720 Cérons, tél. 05 56 27 01 73, domilafosse@wanadoo.fr V t.l.j. sf dim. 10h-12h 14h-19h; f. août

CH. DE LA BRÈDE 2012 ★

■	6 000		20 à 30 €

Fleuron culturel des Graves, le château de La Brède est un manoir médiéval (XIIe-XV^e^s.) où naquit le philosophe Montesquieu, qui aimait s'y retirer pour écrire son œuvre et surveiller son vignoble. Le domaine a été replanté en 2008, puis confié en fermage à Dominique Haverlan.

Le cabernet-sauvignon (55 %) l'emporte d'une courte tête sur le merlot dans ce vin généreux et élégant qui s'affirmera et gagnera en complexité avec le temps. La profondeur de sa robe, l'intensité de son bouquet sur les épices et les fruits noirs, ses bons tanins s'en portent garants. ⧗ 2016-2019 ¥ pièce de bœuf grillée ■ 2012 ★ (9 000 b.) : issu des trois cépages blancs bordelais, un blanc au bouquet complexe (pêche, mangue, fruit de la Passion, léger boisé), riche et gras : un vrai « vin plaisir ». ⧗ 2015-2018 ■ Ch. Haut-Pommarède 2012 (8 à 11 € ; 25 000 b.) : bouquet de fruits rouges et de boisé épicé et toasté ; de l'étoffe, des tanins déjà enrobés, plus fermes en finale. ⧗ 2015-2018

Ch. de la Brède, Vignobles Dominique Haverlan, 35, rue du 8-mai-1945, 33640 Portets, tél. 05 56 67 18 63, dominique.haverlan@libertysurf.fr V r.-v.

CH. BRONDELLE 2011 ★

■	12 000		11 à 15 €

Un ancien vignoble (fin du XVIII^e^s. pour le moins), installé au sud de la région des Graves sur un joli terroir argilo-calcaire, et dédié à l'origine aux blancs. Acquis en 1925 par le grand-père de l'actuel propriétaire, il couvre 36 ha. Jean-Noël Belloc, qui a quitté une grande entreprise pour le reprendre en 1988, en a fait un domaine très régulier.

Une bonne moitié de cabernet-sauvignon, un soupçon de petit verdot et le reste en merlot pour ce graves rouge élevé dix-huit mois, dont douze en barrique neuve. Bouquet puissant de fruits rouges mûrs et d'épices douces, avec une

La région des Graves

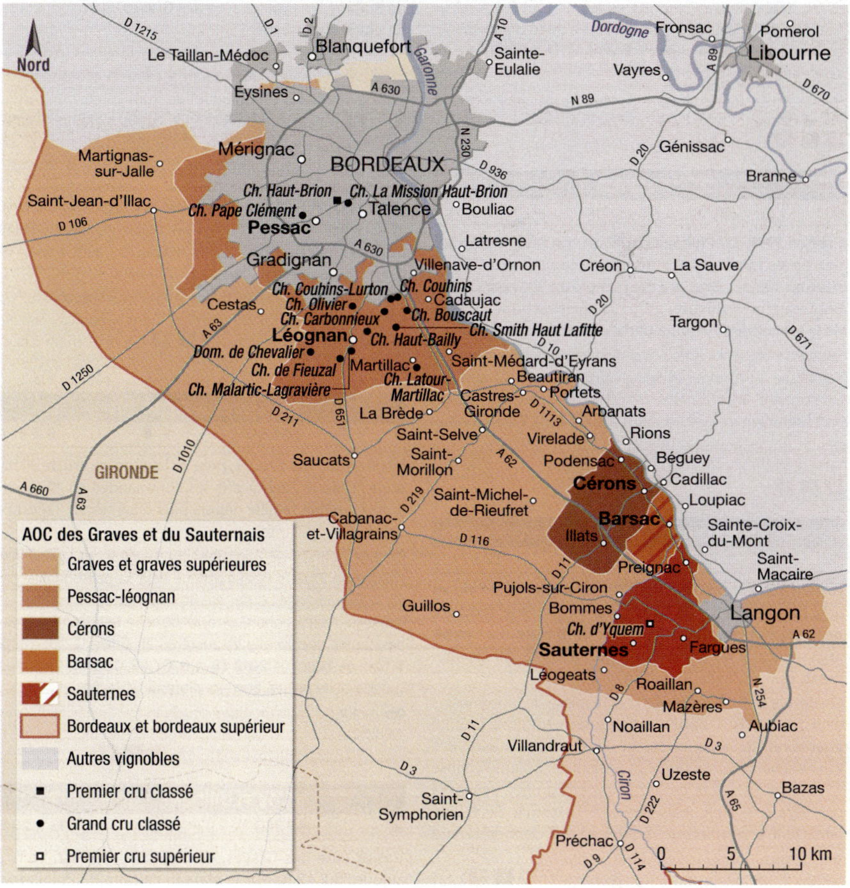

pointe animale. Palais bien équilibré, dense, riche, ample et soyeux, qui promet de s'affiner à la garde. ⧗ 2016-2019 🍴 côte de bœuf ■ 2012 ★ (10 000 b.) : les frais arômes du sauvignon, le gras du sémillon, une touche boisée ; un ensemble bien équilibré et expressif. ⧗ 2014-2017 ■ Ch. Andréa 2012 ★ (5 à 8 € ; 25 000 b.) : beaucoup de fruit et un peu de bois dans ce vin souple et gourmand. ⧗ 2014-2017

Jean-Noël Belloc, Ch. Brondelle, 33210 Langon, tél. 05 56 62 38 14, chateau.brondelle@wanadoo.fr V t.l.j. sf sam. dim. 9h-12h30 14h-17h30

CH. DE BUDOS Cuvée d'Armajan 2012 ★

■	1 650		8 à 11 €

Aux portes du Sauternais, un château clémentin (forteresse construite au XIVe s. siècle par les parents du pape Clément V, originaire de Budos). Tout autour, un vignoble (25 ha aujourd'hui), acquis en 1920 par la famille Boireau. À sa tête depuis 1994, Bernard Boireau, rejoint en 2004 par Laurent Persan, architecte paysagiste.

Issu de sauvignon gris et blanc, cette cuvée offre un bouquet intense, partagé entre le fruit blanc, la minéralité et un délicat boisé. Encore très jeune, tout en rondeur suave, le palais est tendu par une fine acidité citronnée qui garantit une belle évolution. ⧗ 2015-2017 🍴 brochette de saint-jacques

SCEA Boireau-Persan, Les Marots, 33720 Budos, tél. 05 56 62 51 64, chateaudebudos@free.fr V t.l.j. 8h-19h; dim. 9h-12h

CH. CAILLIVET 2011

■	25 000		8 à 11 €

Créé en 1999 par Philippe Carillo et son fils Antoine sur des terres familiales abandonnées, ce petit cru (10 ha) situé au sud des Graves a été racheté en 2013 par Olivier Bourreau, un industriel ayant lui aussi attrapé le virus de la viticulture, Antoine Carrillo continue à l'exploiter.

Sans être un athlète, ce vin se montre intéressant par sa souplesse, sa rondeur et ses arômes de fruits rouges qui lui donnent un côté très friand et qui permettront de nombreux accords gourmands. ⧗ 2014-2017 🍴 cantal vieux

SCEA Ch. Caillivet, lieu-dit Caillivet, 33210 Mazères, tél. 05 56 76 23 19, chateaucaillivet@orange.fr V r.-v.

CH. DE CALLAC Cuvée Prestige 2011 ★★

■	21 900		15 à 20 €

Ancien consultant, Mathieu Gufflet a changé de vie en achetant ce cru de 38 ha commandé par une demeure de 1775, non loin de Cérons et de Barsac. Le terroir argilo-calcaire et argilo-graveleux a dicté l'encépagement, qui privilégie le merlot.

On devine en humant ce 2011 qu'il est issu de beaux raisins bien mûrs, rehaussés par un bois justement dosé. Le côté gourmand du bouquet se retrouve au palais avec des tanins soyeux qui soutiennent une solide structure, dense et séveuse. Le séjour de seize mois en barrique neuve n'a pas écrasé le fruit mais renforcé l'ossature de ce vin persistant et prometteur. ⧗ 2015-2023 🍴 civet de canard

Gufflet, Ch. de Callac, 33720 Illats, tél. 06 32 91 09 64, callac-mg@orange.fr V r.-v.

CH. CAMARSET 2012 ★

■	n.c.		8 à 11 €

Ancien relais de chasse des Montesquieu, ce petit cru (3 ha) a conservé un environnement rural en dépit de la proximité de l'agglomération bordelaise. Il jouit d'un terroir diversifié : graves blanches sur le plateau, sables fossilifères à mi-pente et sols argilo-calcaires en terrasses.

Mi-sémillon mi-sauvignon, un blanc flatteur, tant par sa robe d'un jaune doré intense, que par son bouquet – des agrumes, des notes florales, vanillées et épicées. Concentré et équilibré, avec une belle matière et un joli retour aromatique sur la pêche, le palais n'est pas en reste. ⧗ 2014-2017 🍴 poisson au curry

SCEA Ch. Camarset, 33650 Saint-Morillon, tél. 05 56 78 46 21, christine.rousselin@cegetel.net V r.-v. D Lagardère

CH. DE CHANTEGRIVE 2011 ★

■	195 000		11 à 15 €

Constitué ex nihilo en 1968 par le courtier Henri Lévêque, ce cru qui couvrait 2 ha à l'origine est aujourd'hui une belle unité de 94 ha, qu'exploite toujours sa famille, conseillée depuis 2006 par Hubert de Boüard. Une valeur sûre des Graves, avec sept coups de cœur à son actif.

Le Chantegrive rouge assemble à parts égales merlot et cabernet-sauvignon. Notre jury a adoré la profondeur de la robe du 2011 et son bouquet de fruits rouges, de vanille, de cèdre et de torréfaction. Le cassis s'ajoute à cette palette dans un palais plein, concentré et charnu, qui ne laisse planer aucun doute sur les perspectives de cette bouteille. ⧗ 2017-2021 🍴 faisan rôti ■ Cuvée Caroline 2012 (15 à 20 € ; 65 000 b.) : blanc réputé, mi-sémillon mi-sauvignon, élevé sur lies en barrique. Genêt, fleurs blanches, pierre à fusil, fruits exotiques, buis, boisé : de belles qualités aromatiques. ⧗ 2014-2019

SAS Vignobles Lévêque, Ch. de Chantegrive, 33720 Podensac, tél. 05 56 27 17 38, courrier@chateau-chantegrive.com V t.l.j. sf dim. 9h-12h 14h-17h

CH. LES CLAUZOTS 2011

■	60 000		8 à 11 €

Situé au sud des Graves, près de Langon, ce cru de 35 ha, dont Frédéric Tach a pris les commandes en 1993, est dans la même famille depuis plus d'un siècle. Il montre une belle régularité.

Encore jeune, ce vin mariant merlot et cabernet-sauvignon à parts égales affiche déjà sa personnalité par un bouquet vineux de cassis, de mûre, de noyau et d'épices. Assez consistante, la bouche est soutenue par des tanins encore vifs et austères en finale. ⧗ 2017-2019 🍴 filet de bœuf ■ 2012 (5 à 8 € ; 48 000 b.) : joli fruit (pêche blanche) et bon équilibre. ⧗ 2014-2016

Frédéric Tach, 4, Camboutch, 33210 Saint-Pierre-de-Mons, tél. 05 56 63 34 32, chateaulesclauzots@wanadoo.fr V r.-v.

CLOS FLORIDÈNE 2011 ★

■	42 340		15 à 20 €

Valeur sûre des Graves, ce cru, créé en 1982, couvre aujourd'hui 42 ha sur le plateau calcaire de Pujols-sur-

Ciron, près de Barsac, avec quelques parcelles sur les terrasses caillouteuses d'Illats. Son nom évoque les prénoms de ses fondateurs : Florence et Denis Dubourdieu, ce dernier professeur d'œnologie célèbre pour ses travaux sur les arômes.

Le cabernet-sauvignon domine l'encépagement rouge du Clos Floridène. Le 2011, malgré son élevage de douze mois en barrique, laisse bien parler le raisin, associé à un boisé un peu fumé. On aime son attaque franche sur le fruit rouge, son équilibre et ses tanins soyeux. ⌛ 2015-2018 🍴 médaillon de veau

Denis et Florence Dubourdieu, Ch. Reynon, 21, rte de Cardan, 33410 Béguey, tél. 05 56 62 96 51, reynon@wanadoo.fr V r.-v.

CLOS MOLÉON
Cuvée Prestige Vieilli en fût de chêne 2011 ★

■	3 500		15 à 20 €

Établi sur la rive droite de la Garonne, Laurent Réglat peut jouer sur plusieurs appellations et types de vins. Souvent en vue pour ses liquoreux (cadillac, sainte-croix-du-mont), il ne néglige pas pour autant les rouges (graves, cadillac-côtes-de-bordeaux).

Encore marqué, le boisé grillé de la barrique laisse percer de frais parfums de cassis et de framboise. Rond à l'attaque, assez vif, le palais est plus fruité. Le bon bordeaux des repas familiaux et amicaux. ⌛ 2015-2018 🍴 pavé de bœuf aux cèpes ■ Ch. de Teste Moléon Prestige 2012 ★ (15 à 20 € ; 3 500 b.) : un pur merlot, franc, fondu et de bonne longueur ; un bel équilibre entre le fruit et le boisé. ⌛ 2014-2018 ■ Ch. de Teste Moléon Tradition 2012 (8 à 11 € ; 10 000 b.) : moins de bois et plus de fruit ; simple mais bien fait, le vin de rôti par excellence. ⌛ 2014-2018

EARL Vignobles Laurent Réglat, Ch. de Teste, 33410 Monprimblanc, tél. 05 56 62 92 76, vignobles.l.reglat@wanadoo.fr V r.-v.

CH. CRABITEY 2011 ★★

■	72 000		11 à 15 €

Ancien orphelinat et vignoble créés en 1872 par les franciscaines sur le plateau de Portets. En 1985, l'ordre fait appel à Jean-Ralph de Butler, ingénieur agronome, pour moderniser le domaine, et finit par le lui céder en 2008. Arnaud de Butler a pris le relais en 1999. Le cru compte 28 ha sur graves garonnaises.

Un vin né de merlot et de cabernet-sauvignon à parité. Aux promesses d'une robe intense succèdent celles d'un fin bouquet, entre élevage et fruits rouges très mûrs. Les fruits prennent des accents confits dans une bouche ample et puissante, qui demande un peu de temps pour s'affiner. ⌛ 2017-2021 🍴 magret de canard grillé ■ 2012 (12 000 b.) : de belles qualités aromatiques, dans un style vif et léger. ⌛ 2014-2017

SARL Vignobles de Butler, Ch. Crabitey, 63, rte du Courneau, 33640 Portets, tél. 05 56 67 18 64, vignobles@debutler.fr V r.-v.

CH. DOMS 2011 ★

■	70 000		8 à 11 €

Une chartreuse du XVIIe s., des bâtiments monastiques transformés en chai, un vignoble transmis de mère en fille depuis cinq générations (28 ha aujourd'hui). Aux commandes, Hélène Durand, épaulée par sa fille Amélie, ingénieur agronome et œnologue, qui fait le vin.

Un nez de fruits rouges compotés, de la mûre et un boisé aux nuances de cannelle et de vanille ; une bouche charnue, ronde, puissante, aux tanins bien enrobés et à la finale suave et épicée. Un archétype du graves à dominante de merlot. ⌛ 2016-2018 🍴 entrecôte ■ 2013 (5 à 8 € ; 30 000 b.) : élevé en cuve, sauvignon majoritaire. Arômes de citron mûr, de fruits exotiques ; du gras et du volume. ⌛ 2014-2016

Hélène et Amélie Durand, Ch. Doms, 10, chemin de Lagaceye, 33640 Portets, tél. 05 56 67 20 12, chateau.doms@wanadoo.fr V r.-v.

DOURTHE
Terroirs d'exception Hautes Gravières 2012

■	65 000		8 à 11 €

Célèbre négoce fondé en 1840 par Pierre Dourthe, propriétaire de plusieurs crus (comme Maucaillou à Moulis) et élaborateur de vins de marque. Une valeur sûre restée étroitement liée au Médoc, depuis 2007 intégrée au groupe familial champenois Alain Thiénot.

Un vin élaboré en partenariat avec des producteurs appuyés par les œnologues de la maison, élevé un an en barrique neuve dans les chais du négoce. On aime la finesse de son bouquet de fruits rouges, de myrtille et de grillé, son palais plutôt souple, au boisé agréable, vanillé et chocolaté. Les tanins ne tarderont pas à se fondre. ⌛ 2015-2017 🍴 tourte à la viande

Dourthe, 35, rue de Bordeaux-Parempuyre, CS 80004, 33295 Blanquefort Cedex, tél. 05 56 35 53 00, contact@dourthe.com

CH. FERRANDE 2011 ★★

■	450 000		11 à 15 €

Au cœur des Graves, un cru ancien et vaste (environ 90 ha), propriété depuis 1992 du groupe Castel, qui a modernisé son chai.

Fruits rouges très mûrs, boisé réglissé, fumée : le bouquet est fin et gourmand. Un trait de caractère qui se retrouve au palais. Plein, riche, complexe, charnu, soutenu par des tanins bien fondus et rehaussé d'un boisé noble, celui-ci possède autant de charme que de potentiel. « J'achète ! », écrit un dégustateur. Une seule question : faut-il l'apprécier aujourd'hui ou l'attendre quelques années ? ⌛ 2014-2022 🍴 terrine maison

Ch. Ferrande, 33460 Castres, tél. 05 56 35 66 05, contact@chateaux-castel.com

CH. DES FOUGÈRES Clos Montesquieu 2012 ★★

■	25 000		15 à 20 €

Issu des domaines de Montesquieu, et situé à La Brède comme le château natal du philosophe, ce vignoble a été ressuscité en 1986 par son descendant le baron Henry de Montesquieu, qui l'a cédé en 2010 à Dominique Coutière, industriel landais spécialisé dans les matières premières destinées à la parfumerie. Il couvre 14 ha.

Henry de Montesquieu a bien choisi son successeur, comme le montre ce vin, à majorité de cabernet-sauvignon (60 %). Riche et complexe dans son bouquet mêlant les fruits frais (framboise, fraise, cassis) et des notes d'élevage (tabac), il dévoile une bouche puissante, ronde, franche et élégante, étayée par des tanins savoureux, épicés, vanillés et torréfiés. Superbe finale sur la cerise et le poivre. ⧗ 2017-2021 ¥ filet de bœuf en croûte

Ch. des Fougères, BP 9009, 33650 La Brède, tél. 05 58 51 08 68, contact@chateaudesfougeres.fr V r.-v.

CH. GRAND ABORD 2011 ★

■	60 000		8 à 11 €

Très ancienne propriété familiale établie depuis 1720 au cœur des Graves, au beau bâti des XVIIe et XVIIIes., entouré d'un parc. Géré par Philippe et Marie-France Dugoua, le vignoble couvre 25 ha.

Ce 2011 à la robe profonde et jeune affiche un bouquet assez complexe, dont la vivacité vient rehausser les arômes de cassis, de mûre, de poivre et de vanille. Sans manquer d'étoffe, la bouche apparaît souple et ronde, adossée à des tanins denses mais mûrs. Un représentant harmonieux de son appellation et du millésime. ⧗ 2015-2019 ¥ canette rôtie ■ 2012 (5 à 8 €; 17 000 b.): du sémillon majoritaire (75 %) et un élevage en cuve pour ce blanc gras, équilibré et long, aux arômes d'agrumes et de fruits exotiques. ⧗ 2014-2017

SARL Vignobles Dugoua, Ch. Grand Abord, 56, rte des Graves, 33640 Portets, tél. 05 56 67 50 75, contact@vignobles-dugoua.fr V r.-v.

SENSATION DE CH. GRAND BOURDIEU 2013

■	20 000		5 à 8 €

Couvrant 22 ha, un des crus de Dominique Haverlan, propriétaire reconnu des Graves.

Si le sémillon compose 60 % de cette cuvée, c'est le sauvignon qui ressort, avec ses parfums d'agrumes, d'aubépine et une touche végétale. Dans le même registre, la bouche se montre fraîche à l'attaque, acidulée en finale. Le cépage majoritaire apporte du gras et du volume. ⧗ 2014-2017 ¥ plateau de fruits de mer

GFA Domaines Haverlan, 35, rue du 8-Mai-1945, 33640 Portets, tél. 05 56 67 18 63, dominique.haverlan@libertysurf.fr V r.-v.

GRAND ENCLOS DU CH. DE CÉRONS 2012 ★

■	23 917		15 à 20 €

Issu d'un très ancien domaine, propriété des marquis de Calvimont du XVIe au XVIIIes., ce cru de Cérons (30 ha), qui a aussi droit à l'appellation graves, connaît depuis 2000 une seconde jeunesse grâce à Giorgio Cavanna, un ingénieur italien amoureux de la France, qui l'a racheté après avoir géré un domaine familial en Toscane.

Mi-sauvignon mi-sémillon, ce 2012 aux reflets verts hésite entre le blanc et le jaune, mais brille dans le verre. Tout aussi charmeur et délicat, le bouquet joue sur l'acacia et la pêche, avec un léger boisé. Souple, gras et vif à la fois, le palais suit la même ligne florale et fruitée, mariant les fleurs blanches et l'abricot. De la présence et de la finesse. ⧗ 2016-2018 ¥ filets de sole à la crème

SCEA du Grand Enclos de Cérons, 12, pl. Charles-de-Gaulle, 33720 Cérons, tél. 05 56 27 01 53, grand.enclos.cerons@wanadoo.fr V r.-v.

CH. DES GRAVIÈRES Cuvée Prestige Collection privée 2011 ★

■	110 000		5 à 8 €

Ce domaine des Graves, fondé en 1847, est dans la famille Labuzan depuis sept générations. La dernière, représentée par Denis (le viticulteur) et Thierry (l'œnologue), l'a beaucoup agrandi, le faisant passer de 18 à 45 ha.

Une robe profonde, marquée par des reflets bordeaux, un bouquet grillé, ponctué de belles notes de fruits rouges et noirs: ce vin a l'art de se présenter. Dense, riche et tannique, le palais témoigne d'un travail soigné autour d'un joli boisé. ⧗ 2017-2020 ¥ magret de canard grillé ■ Ch. des Gravières 2013 ★ (15 500 b.): un blanc plaisant, tant par la complexité de son bouquet (fraîcheur du buis, agrumes, fleurs blanches, fumée) que par sa bouche droite et élégante, à la finale suave. ⧗ 2014-2017

EARL Vignobles Labuzan, 6C, rue du Mirail, 33640 Portets, tél. 05 56 67 15 70, vignobles-labuzan@wanadoo.fr V r.-v.

CH. HAURA 2011 ★

■	47 208		11 à 15 €

Né de la réunion de deux anciennes propriétés d'Illats (Hillot et Haura), un cru d'une quinzaine d'hectares plantés sur deux croupes graveleuses, essentiellement dédié aux graves. En 2002, Bernard Leppert, son propriétaire, l'a confié en fermage à Denis Dubourdieu (Doisy-Daëne à Barsac).

Né de merlot et de cabernet-sauvignon assemblés à parts égales, ce 2011 présente un bouquet engageant de petits fruits bien mûrs (cassis, framboise) soulignés d'un boisé épicé et toasté. On retrouve le fruit rouge dans un palais riche et rond, charnu et frais, marqué en finale par les arômes de pain grillé de l'élevage. Les tanins encore vifs commencent à s'arrondir. ⧗ 2017-2021 ¥ gigot d'agneau

EARL Pierre et Denis Dubourdieu, Ch. Reynon, 21, rte de Cardan, 33410 Béguey, tél. 05 56 62 96 51, reynon@wanadoo.fr V r.-v.

CH. HAUT-GRAMONS 2011

■	80 000		11 à 15 €

Conduits par Frédéric Boudat depuis 1998, les Vignobles Boudat Cigana totalisent 86 ha et ont leur siège dans l'Entre-deux-Mers, au château de Viaut. Ils proposent du bordeaux supérieur, du sainte-croix-du-mont et des graves.

Les fruits rouges et noirs, accompagnés d'une touche de cuir, résistent bien au boisé, donnant un aspect gourmand au bouquet. Après une attaque tout en fraîcheur, on retrouve ce côté friand au palais, avant que des tanins fermes ne prennent le dessus en finale. ⧗ 2016-2018 ¥ côte de veau aux champignons

Boudat Cigana, Ch. de Viaut, 33410 Mourens, tél. 05 56 61 31 31, fboudat@orange.fr V r.-v.

CH. HAUT-REYS Vieilles Vignes 2011

■	15 000		8 à 11 €

Créé en 1977 par regroupement de plusieurs petites propriétés, ce cru des Graves a été racheté en 1997 par Isabelle et Grégoire Gabin qui l'ont restructuré et

agrandi, élargissant sa gamme de vins. Il compte aujourd'hui 20 ha.

Fin et souple, un graves de tradition au bouquet élégant de fruits rouges, bien équilibré, déjà soyeux et assez long. 2015-2018 plateau de fruits de mer Vieilles Vignes 2012 (2 000 b.) : les trois cépages blancs (30 % de muscadelle) au service d'un blanc vif et aromatique (fleurs blanches, ananas). 2014-2015

Isabelle et Grégoire Gabin, 18, allée Perrucade, 33650 La Brède, tél. 05 56 20 38 29, gabin.earl@orange.fr V t.l.j. sf dim. 10h-12h 14h30-18h30
Gabin

CH. HAUT-SELVE 2011

	93 000		11 à 15 €

D'origine landaise, la famille Lesgourgues détient plusieurs propriétés dans le Sud-Ouest et en Bordelais, avec deux porte-drapeaux : le château de Laubade, en Armagnac, depuis 1974, et Haut-Selve, dans les Graves, acquis en 1993 et entièrement restauré. Aujourd'hui, 45 ha et un superbe cuvier.

Une robe profonde ; un bouquet frais, riche et complexe (fruits rouges et notes empyreumatiques), au boisé bien ajusté ; une attaque puissante ; au palais, des tanins fermes, des touches fumées omniprésentes et une belle persistance : une bouteille de caractère bien typée graves. 2016-2022 pièce de boeuf 2012 (45 000 b.) : un blanc puissant, gras et bien équilibré, citronné, beurré et fumé. 2014-2019

Vignobles Lesgourgues, 285, rue Nationale, 33240 Saint-André-de-Cubzac, tél. 05 57 94 09 20, contact@leda-sa.com V r.-v.

CH. DE L'HOSPITAL 2012

	14 600		8 à 11 €

Classé Monument historique, un château néoclassique élevé en 1787, où séjourna Lamartine. Acquis en 1998 par les domaines Lafragette, il a été racheté en 2012 par l'industriel Florent Batistella qui entreprend sa restauration.

D'un jaune à reflets blancs et verts, ce 2012 privilégie le sémillon (60 %). Discrètement fruité, le bouquet associe le melon, une touche de miel et de fumée. S'il n'est pas très ouvert, le palais, délicatement floral, séduit par sa franchise et sa finale minérale. 2014-2016 saint-jacques à la crème

SCEA Ch. de l'Hospital, 3, placot des Roumieux, 33640 Portets, tél. 05 56 67 54 73, chateauhospital@gmail.com V r.-v. Battistella

CH. LANGLET 2011

	30 000		11 à 15 €

Plus connus pour leurs crus de Pessac-Léognan (Latour-Martillac), les vignobles familiaux Jean Kressmann ont acquis en 1999 dans l'appellation graves ce cru de 7 ha établi à Cabanac sur une croupe de graves profondes.

Ce 2011 au bouquet grillé et minéral présente pour l'heure une finale sévère qui demande encore à s'arrondir. Sa structure tannique puissante lui permettra de bien évoluer. 2016-2018 onglet à l'échalote

SAS Vignobles Jean Kressmann, 8, chem. de la Tour, 33650 Martillac, tél. 05 57 97 71 11, langlet@latourmartillac.com V r.-v.

CH. LASSALLE
Élevé en fût de chêne 2011 ★

	15 000		8 à 11 €

Une propriété des Graves à taille humaine où le château ressemble à une ferme. Mais elle ne manque pas de lettres d'ancienneté, car elle appartient depuis 1770 à la même famille. Fabien Lalanne, qui a succédé à son oncle en 2005, représente la huitième génération.

Le cabernet-sauvignon est majoritaire (60 %) dans ce 2011 grenat intense, dont les arômes de petits fruits noirs bien mûrs (cassis) attestent la qualité de la vendange. En bouche, une structure solide, un boisé marqué et des tanins fermes, qui ne devraient cependant pas tarder à se polir. 2016-2020 pavé de biche

Fabien Lalanne, 2, allée Lassalle, 33650 La Brède, tél. 05 56 78 49 65, flalanne1@club-internet.fr
V t.l.j. 9h10-12h30 14h-18h30 ; sam. dim. sur r.-v.

CH. LÉHOUL 2011 ★★

	16 000		11 à 15 €

Le 9 ventôse an VI (1798), Georges Lehoult vend un vignoble à un aïeul. Le cru est établi sur une belle croupe de graves et de sables, à l'orée de la forêt, au sud de l'appellation. Éric Fonta connaît à fond son terroir de quelque 10 ha, où il plante de nombreux cépages qu'il vendange à la main. Une valeur sûre.

La robe profonde donne le ton. Le bouquet de fruits noirs mûrs et d'épices séduit par son boisé bien intégré. Ample, rond, fondu et long, le palais déroule ensuite ses flaveurs fruitées, vanillées et torréfiées en accompagnement d'une élégante structure tannique. 2017-2022 magret aux cèpes Cuvée Plénitude 2011 ★ (15 à 20 € ; 9 000 b.) : né d'un assemblage original (45 % de cabernet-sauvignon, 25 % de petit verdot aux côtés du merlot) et d'un élevage de seize mois en barrique neuve, un vrai vin de garde concentré, chaleureux et racé. 2016-2022 Cuvée Fûts de chêne 2013 ★★ (3 000 b.) : un vin aromatique, frais et persistant. Bel équilibre entre le sémillon et le sauvignon, entre le bois et le fruit, entre la douceur et la fraîcheur. 2014-2017 Ch. Léhoul 2013 ★ (8 à 11 € ; 5 500 b.) : élevé en cuve. Vif, précis, aromatique et élégant. 2014-2017

Éric Fonta, rte d'Auros, 33210 Langon, tél. 05 56 63 54 74, chateaulehoul@orange.fr V r.-v.

CH. LUSSEAU 2011

	10 000		11 à 15 €

Commandé par un château construit en 1805 par un officier de la Grande Armée, un vignoble acquis en 1870 par l'arrière-grand-père de Bérengère Quellien. À son installation en 2001 comme jeune agricultrice, la vigneronne, ancienne juriste, en a réduit la superficie à 7 ha pour convertir le domaine au bio.

Un 2011 sympathique, tant par ses arômes de fruits bien mûrs (cassis, cerise) accompagnés de la note épicée de l'élevage, que par son palais aux tanins souples et fins. Bien représentatif de son millésime. 2015-2017 tendrons de veau braisés

Bérengère Quellien, Ch. Lusseau, 33640 Ayguemorte-les-Graves, tél. 05 56 67 01 67, berengere@chateaulusseau.com V t.l.j. sf sam. dim. 9h-18h De Granvilliers

CH. MAGENCE
Élevage en fût 2012 ★

■	n.c.		8 à 11 €

Situé au sud des Graves, sur des coteaux dominant la Garonne, ce vignoble est commandé par une chartreuse du XVIIIes. bâtie par Jean de Majence, conseiller au parlement de Bordeaux. Dès la fin de ce même siècle, les propriétaires prospectaient les États-Unis pour y vendre leurs vins. Leurs descendants, les Guillot de Suduiraut d'Antras, sont à la tête de 55 ha d'un seul tenant.

Une robe brillante et nette, un bouquet dominé par le fruit – agrumes, ananas, avec des notes de vanille et de fumée. Fraîche et fruitée, l'attaque ouvre sur une bouche fondue et harmonieuse. Du potentiel. ⌛ 2014-2018 🍷 soufflé au fromage ■ 2011 (11 à 15 € ; 26 500 b.) : un bouquet mêlant la cerise, les fruits noirs et un boisé épicé, une bouche riche et ronde, tannique en finale. ⌛ 2016-2018

🔑 SCEA Ch. Magence, 33210 Saint-Pierre-de-Mons, tél. 05 56 63 07 05, magence@magence.com
V r.-v.

CH. MAGNEAU Julien 2012 ★

■	15 000		11 à 15 €

Vignerons paisibles travaillant sérieusement loin de l'agitation médiatique, Jean-Louis et Bruno Ardurats sont les héritiers d'une lignée de viticulteurs remontant au règne d'Henri IV. L'encépagement de leur vignoble de 40 ha privilégie les blancs (25 ha).

Un vin déjà agréable par son nez intense et précis alliant les fleurs blanches (acacia, fleur d'oranger) et la menthe à de fines notes toastées (huit mois de fût). Vif à l'attaque, puis rond, il est tonifié en finale par une belle acidité citronnée qui lui donne du relief. ⌛ 2014-2017 🍷 poule sauce suprême ■ Ch. Coustaut 2013 (5 à 8 € ; 12 000 b.) : élevé en cuve, un vin à la fois vif et gras, marqué par le sauvignon (50 %). ⌛ 2014-2016

🔑 Jean-Louis et Bruno Ardurats, 12, chem. Maxime-Ardurats, 33650 La Brède, tél. 05 56 20 20 57, ardurats@chateau-magneau.com
V t.l.j. 9h-12h 14h-18h; sam. dim. sur r.-v.

M. DE MALLE 2012 ★

■	6 700		11 à 15 €

Un superbe château construit dans un style Renaissance au début du XVIIe par Jacques de Malle, président au parlement de Bordeaux. En 1702, un mariage l'a fait entrer dans le patrimoine des Lur-Saluces, dont les descendants, la comtesse de Bournazel et son fils Paul-Henry perpétuent ce long héritage familial. Le vignoble couvre une cinquantaine d'hectares, à cheval sur les AOC sauternes et graves.

Robe paille intense ; bouquet tout aussi intense, marqué par le sauvignon (80 %) et par un élevage de six mois dans le bois : fleurs blanches, pêche, fruits exotiques, pamplemousse, notes vanillées et toastées. En bouche, de la richesse, un bel équilibre entre la fraîcheur et le gras, et une finale délicate et vive. ⌛ 2015-2018 🍷 turbot sauce hollandaise

🔑 GFA des Comtes de Bournazel, Ch. de Malle, 33210 Preignac, tél. 05 56 62 36 86, accueil@chateau-de-malle.fr V r.-v.
🔑 Comtesse de Bournazel

CH. MAYNE DU CROS
Vinification et élevage en fût de chêne 2012 ★

■	6 000		11 à 15 €

Établi sur les hauteurs de Loupiac, le château du Cros est étroitement lié à l'histoire du duché anglo-gascon d'Aquitaine au Moyen Âge. Fief des Boyer depuis quatre générations, il commande un vignoble de 95 ha sur les deux rives de la Garonne, produisant sous diverses étiquettes des vins de qualité, notamment en blanc.

Mi-sémillon, mi-sauvignon, ce 2012 mêle au nez les notes beurrées et toastées de son élevage en barriques (neuves à 50 %) à des senteurs de fleurs blanches et d'agrumes pleines de jeunesse. Des arômes fumés, du citron vert et du genêt complètent cette palette dans un palais rond et équilibré. ⌛ 2015-2018 🍷 filet de sandre au beurre blanc ■ 2011 fût de chêne (8 à 11 € ; 22 000 b.) : les deux cabernets dominent. Franchise, fraîcheur du fruit, complexité (petits fruits, chocolat, menthol), tanins enrobés. ⌛ 2016-2019

🔑 Vignobles Boyer, Ch. du Cros, 33410 Loupiac, tél. 05 56 62 99 31, contact@chateauducros.com
V t.l.j. 8h-12h30 13h30-18h; sam. dim. sur r.-v.

CH. MÉJEAN 2011

■	31 000		15 à 20 €

Fils d'épiciers, Bruno Géraud a dirigé une grande surface à Léognan avant d'acquérir en 2000 ce cru proche de la Brède. Il l'a réhabilité entièrement, des bâtiments au vignoble (6,7 ha), tout en élevant des vaches bazadaises, des chevaux, des ânes, des brebis et des poules.

Simple et bien fait, ce 2011 issu de vignes assez jeunes (merlot à 62 %) associe dans son bouquet de délicats arômes de fruits rouges à un boisé rappelant la noisette. Sa structure est aimable, souple et élégante. ⌛ 2015-2018 🍷 grillade de bœuf

🔑 SCEA Ch. Méjean, 6, av. du Petit-Breton, 33640 Ayguemorte-les-Graves, tél. 06 09 70 32 98, chateau.mejean@wanadoo.fr V r.-v.

CH. DU MONT Cuvée Gabriel 2011 ★★

■	12 000		11 à 15 €

Paul Chevassier a constitué ce vignoble au début du XXes. à Sainte-Croix-du-Mont. Son gendre Pierre Chouvac et, depuis 2000, son petit-fils Hervé l'ont développé sur les deux rives de la Garonne, dans les Graves et le Sauternais (27 ha aujourd'hui). Sainte-Croix est resté le cœur du domaine, et son cheval de bataille.

Ce 2011 montre que les rouges de la propriété méritent eux aussi d'être connus. Harmonieux et complexe dans son développement aromatique qui révèle un bois bien maîtrisé et une note de fumée très « graves », il attaque avec souplesse avant de dérouler des tanins déjà bien enrobés. Une longue finale clôt la dégustation. Une belle construction et de la finesse. ⌛ 2015-2020 🍷 carré d'agneau

🔑 Claire et Hervé Chouvac, Ch. du Mont, lieu-dit Pascaud, 33410 Sainte-Croix-du-Mont, tél. 06 89 96 54 73, chateau-du-mont@wanadoo.fr V r.-v.

CH. MOUTIN 2011

■	15 000		11 à 15 €

Établis à Loupiac depuis huit générations, les Darriet exploitent 62 ha sur les deux rives de la Garonne avec

plusieurs crus. Si leurs rouges sont de qualité, ils possèdent un réel savoir-faire en matière de vin blanc, doux comme sec – Philippe Darriet, l'œnologue, est chercheur à la faculté de Bordeaux et spécialiste du sauvignon.

Du merlot majoritaire et un élevage de vingt-quatre mois en barrique pour ce vin à la robe sombre, partagé entre les baies rouges et la vanille. Sa structure onctueuse s'appuie sur des tanins bien fondus, plus fermes en finale. 2016-2018 magret de canard 2012 (8 à 11 €; 5 500 b.): du sauvignon majoritaire qui transparaît au nez (buis, agrumes, fruits blancs) avec du miel, une attaque franche et tonique, une bouche souple et équilibrée. 2014-2017

SCJ Darriet, Ch. Dauphiné-Rondillon, 33410 Loupiac, tél. 05 56 62 61 75, contact@vignoblesdarriet.fr
V t.l.j. 8h30-12h30 14h-18h; sam. dim. sur r.-v.

MOUTON CADET Réserve 2012

| | 78 000 | | 11 à 15 € |

Marque phare du négoce Rothschild exportée dans le monde entier, créée en 1930 par Philippe de Rothschild, le cadet de la famille, qui souhaitait déclasser une partie du vin produit pour son Ch. Mouton-Rothschild. Dédiée au bordeaux dans les trois couleurs, elle est déclinée en médoc, saint-émilion, graves et sauternes avec la Réserve Mouton Cadet.

Deux tiers de sémillon et un tiers de sauvignon dans ce blanc au nez partagé entre les fleurs blanches, les agrumes, le fruit de la Passion et la pêche. Équilibré et long, avec une texture ronde et suave, le palais ne déçoit pas et appelle une petite garde. 2015-2017 buisson de langoustines

Baron Philippe de Rothschild, 10, rue de Grassi, 33250 Pauillac, tél. 05 56 73 20 20, webmaster@ bpdr.com

♥ CH. LA OUARDE 2012 ★★

| | 42 666 | | 8 à 11 € |

Architecte, Michel Pélissié (rejoint par son fils Adrien en 2010) a racheté en 2008, au sud des Graves, le Ch. de Landiras. Un domaine historique, ancienne terre épiscopale au XIIe s., qui a gardé le souvenir de Jeanne de Lestonnac, nièce de Montaigne et fondatrice de la Compagnie de Marie-Notre-Dame. Aujourd'hui, une belle unité (60 ha), renforcée depuis 2013 par le Ch. La Ouarde (8 ha).

Une entrée dans le Guide remarquée pour ce cru situé à Roaillan, avec ce 2012 né de merlot majoritaire (70 %). Bouquet fin et complexe de fumée et de noix de coco sur fond de fruits mûrs; attaque franche, matière ample et fine, tanins soyeux et finale longue et harmonieuse, tout en douceur: une expression accomplie du terroir des Graves. 2016-2021 poule faisane Ch. de Landiras 2012 ★★ (126 666 b.): proche du précédent par sa structure ronde et enrobée comme par sa complexité. 2016-2021

SCA Dom. La Grave, Ch. de Landiras, 33720 Landiras, tél. 05 56 76 76 61, chateau.landiras@orange.fr V r.-v. Pelissié

CH. LA PAGAUTE 2011

| | 5 000 | | 8 à 11 € |

Situé à La Brède, ce vignoble est presque voisin du château de Montesquieu. Il fait partie du Ch. de la Blancherie (17 ha), un domaine remontant au XVIIIe s. Jean-Bernard Bonnac l'a acheté en 2013 à la famille Coussié-Braud, qui l'exploitait depuis un siècle.

Malgré des impressions austères et une certaine amertume en finale, dues à une forte extraction, ce vin reste plaisant grâce à ses délicats arômes de fruits rouges nuancés d'une touche de poivron, qui s'harmonisent bien avec sa structure souple et charnue. 2016-2019 entrecôte grillée

Jean-Bernard Bonnac, Ch. la Blancherie, 33650 La Brède, tél. 05 56 20 20 39, contact@chateau-la-blancherie.com
V r.-v.

CH. PEYRAT 2013 ★

| | 6 000 | | 5 à 8 € |

Situé à Cérons, le Ch. Peyrat s'étend sur 17 ha. Son terroir de graves et de sables convient aux cépages blancs traditionnels du Bordelais. Le cru a été acquis par la famille Cambillau en 1965.

L'assemblage de ce 2013 privilégie le sémillon (90 %). À la robe jaune clair aux reflets vert tendre répondent un nez délicat de fleurs blanches et un palais vif et citronné en attaque, gras et de bonne longueur. Un bel équilibre entre fraîcheur et vivacité. 2014-2018 gratin de fruits de mer

Paule Cambillau, 16, Le Vergey, 33410 Cadillac, tél. 05 56 62 65 18, paule.cambillau@wanadoo.fr
V r.-v.

♥ CH. PEYREBLANQUE 2013 ★★

| | 4 500 | | 5 à 8 € |

L'un des nombreux vignobles de la famille Médeville (Ch. Fayau à Cadillac), acquis en 1990: 8 ha d'un seul tenant, proche de Budos et du Sauternais, implanté sur un plateau riche en calcaires, d'où son nom de « pierre blanche » (en gascon).

Subtil assemblage de sauvignon (80 %) et de muscadelle, élevé six mois en barrique sur lies fines, ce 2013 charme par la fraîcheur de son bouquet, entre fleurs blanches, agrumes et fruits exotiques. Alliant avec élégance le boisé et le fruité, le palais offre une longue finale sur les agrumes. Un travail tout en finesse qui laisse un souvenir de plénitude et d'harmonie. 2014-2018 turbot au four Ch. Puy Boyrein 2013 ★★ (6 000 b.): intensité et complexité (raisin mûr, buis et pamplemousse, minéralité); l'élégance même. 2014-2017 Ch. du Mouret 2013 ★ (55 000 b.): élevé en cuve, un vin aromatique et tout en fraîcheur. 2014-2017

SCEA Jean Médeville et Fils, Ch. Fayau, 33410 Cadillac, tél. 05 57 98 08 08, medeville@medeville.com V t.l.j. sf sam. dim. 9h-12h 14h-17h

BORDELAIS

CH. PIRON Terre d'Aurore 2012

■ | 12 000 | | 8 à 11 €

Ce domaine des Graves est dans la famille depuis la fin du XVII[e]s., mais sa vocation viticole est plus récente. Depuis 1999, il est géré par Lionel Boyreau, qui ne ménage pas les investissements. Sur ses 22 ha, les cépages blancs sont légèrement majoritaires.

Une robe entre jaune et vert, un bouquet délicatement floral et fruité, avec une touche de gelée de coings. Bien travaillé, le palais est frais à l'attaque, souple et gourmand, avec ses notes de fruits mûrs légèrement beurrés. ⌛ 2014-2016 🍴 risotto aux fruits de mer

EARL Famille Boyreau, Piron, 33650 Saint-Morillon, tél. 05 56 20 22 94, muriel.boyreau@chateau-piron.com V t.l.j. 9h-12h 13h-19h; dim. sur r.-v.
GFA de Piron

CH. DES PLACES Les Charmes 2012 ★

■ | 72 000 | | 5 à 8 €

Domaine familial né au début du XX[e]s., quand un tonnelier nommé Daniel Subervie acquit quelques parcelles dans les Graves. Premières mises en bouteilles en 1960. Aux commandes depuis 2006, Fabrice et Philippe Reynaud exploitent 45 ha et se sont équipés d'un chai très moderne en 2009.

Un vin harmonieux et plein, très réussi pour le millésime. Marqué par les notes fumées et épicées de l'élevage, le bouquet porte aussi la signature du merlot (75 %) dans ses notes de cuir. Ronde en attaque, d'un beau volume, déjà fondue, la bouche présente une finale plus tannique agréablement marquée par un retour des épices douces et des notes de moka. ⌛ 2016-2018 🍴 rosbif ■ 2013 (8 à 11 € ; 18 000 b.) : le sauvignon (40 %) ressort dans ce blanc vif, aux arômes de citron et de genêt. ⌛ 2014-2017 ■ Ch. Pontet Reynaud 2013 (8 à 11 €.) : proche du précédent. ⌛ 2014-2017 ■ Ch. Pontet Reynaud 2012 (8 à 11 € ; 60 000 b.) : bon mariage du fruit et d'un boisé délicat, palais charnu, finale un peu ferme. ⌛ 2014-2017

Vignobles Reynaud, 46, av. Maurice-La-Châtre, 33640 Arbanats, tél. 05 56 67 20 13, contact@vignobles-reynaud.fr V r.-v.

♥ CH. PONT DE BRION 2012 ★★

■ | 18 000 | | 8 à 11 €

Domaine créé par Paul Dauvin en 1931, dans le secteur méridional des Graves, à Langon. Pascal Molinari, arrière-petit-fils du fondateur, s'est installé en 1988. Il exploite 23 ha et propose plusieurs étiquettes.

Agrumes, acacia, pêche et léger boisé composent un bouquet des plus engageants, où le sauvignon, quoique minoritaire, ressort. Ces arômes se retrouvent au palais, en harmonie avec une structure ample et onctueuse, équilibrée par une belle vivacité. Une remarquable harmonie. ⌛ 2014-2019 🍴 ris de veau à la crème ■ Ch. Ludeman les Cèdres 2013 ★ (5 à 8 € ; 9 000 b.) : frais, gourmand et complexe. ⌛ 2014-2017 ■ Ch. Rivière Lacoste 2013 ★ (5 à 8 € ; 9 000 b.) : gras et charnu, bien typé graves. ⌛ 2014-2017 ■ Pont de Brion 2012 (40 000 b.) : pas très concentré, mais franc et élégant. ⌛ 2014-2017

SCEA Molinari et Fils, Ludeman, 33210 Langon, tél. 05 56 63 09 52 V r.-v.

CH. PRIEURÉ LES TOURS 2012 ★

■ | 130 000 | | 5 à 8 €

Ancienne propriété du comte de Ravez, garde des Sceaux de Louis-Philippe, cette vaste unité (80 ha aujourd'hui) a été achetée en 1962 par la famille Solorzano, d'origine basque. Essentiellement située dans les Graves, elle regroupe plusieurs crus.

Sans afficher une grande puissance, ce 2012 élevé en cuve et en fût, né de merlot (60 %) et de cabernet-sauvignon, séduit par son ampleur, par sa texture soyeuse et par ses arômes de fruits rouges mûrs, bien mariés à un léger boisé. ⌛ 2014-2018 🍴 entrecôte ■ Ch. Martin 2012 (100 000 b.) : proche du précédent, plus riche en merlot. Nez vineux, boisé délicat, bouche bien construite. ⌛ 2014-2018

EARL les Domaines de la Mette, 17, rte de Mathas, 33640 Portets, tél. 05 56 67 18 18, domainesdelamette@wanadoo.fr V r.-v.

CH. DE RESPIDE Callipyge 2011 ★

■ | 30 000 | | 11 à 15 €

Au XVII[e]s. la propriété de La Reynie, lieutenant de police de Louis XIV. Le château actuel a été construit vers 1850 par un préfet de la Gironde marié à la tante de Toulouse-Lautrec. Pierre Bonnet l'acquiert en 1952. À sa mort, le château est vendu, mais non le vignoble (76 ha au sud du Sauternais), géré depuis 1985 par son petit-fils Franck.

Cette cuvée au nom évocateur de belles rondeurs naît d'un assemblage original : à côté du cabernet-sauvignon et du merlot (à parité), elle inclut 20 % de petit verdot. Le bouquet naissant, discrètement boisé, joue sur la cerise, le noyau et l'amande. Après une attaque souple, des tanins fins mais serrés appellent un peu de patience. ⌛ 2015-2021 🍴 entrecôte ■ Callipyge 2012 (8 à 11 € ; 24 000 b.) : encore peu expressif (agrumes, pêche, noisette grillé), mais bien équilibré, ample et long. ⌛ 2016-2018

SCEA Vignobles Bonnet, 2, Pavillon de Boyrein, 33210 Roaillan, tél. 05 56 63 24 24, vignobles-bonnet@wanadoo.fr V t.l.j. sf sam. dim. 9h-12h 14h-17h; f. 15-31 août

AGAPES DE RIEUFRET 2011

■ | 10 000 | | 11 à 15 €

Propriétaire de vignes depuis 1814, la famille Dufour dispose aujourd'hui de 38 ha dans les Graves et en Sauternais. Deux étiquettes : Ch. Simon et Agapes de Rieufret.

Ce vin provient d'une croupe de graves de 7 ha isolée au milieu des pins et des chênes, acquise en 2002. Un terroir propice au cabernet-sauvignon, qui compose 80 % de cette cuvée d'excellente tenue. Au bouquet délicatement fruité et boisé, sur le noyau, l'amande et la châtaigne succède un palais souple à l'attaque, aux jolis arômes de réglisse et de cerise, boisé en finale. Ses jeunes tanins commencent à s'arrondir. ⌛ 2016-2019 🍴 perdrix aux champignons

SCEA de Villeneuve, Ch. de Rieufret, 33720 Saint-Michel-de-Rieufret, tél. 06 80 25 74 03, contact@chateausimon.fr V r.-v.

CH. LA ROSE SARRON 2011

■ | n.c. | | 5 à 8 €

Implantée dans le sud des Graves, cette propriété remontant au XIXe s. possède un terroir diversifié : graves à gros galets, graves siliceuses et argiles et terres limoneuses. Entièrement replantée en 1985, elle appartient depuis 2008 à Philippe Rochet.

Mi-cabernet-sauvignon mi-merlot, ce 2011 respire la jeunesse dans sa robe grenat dense. Il séduit par son bouquet délicat de fruits des bois mêlés de vanille et par sa bonne structure, pleine de sève et portée par des tanins veloutés. 2015-2019 épaule de mouton farcie

Vignobles Rochet, Ch. de la Rose Sarron, 33210 Saint-Pierre-de-Mons, tél. 05 56 76 29 42, contact@la-rose-sarron.com V t.l.j. 8h-12h 14h-18h

CH. ROUGEMONT 2012 ★★

■ | 2 600 | 5 à 8 €

Acquis par la famille des actuels propriétaires en avril 1956, après la grande gelée dévastatrice, ce cru jouxte le Ch. de Malle, dans le Sauternais. Il couvre 16 ha (dont 6 en blanc). La deuxième génération de la famille Turtaut l'a doté en 1996 d'un chai moderne.

Une fois encore, le domaine se distingue en blanc. Privilégiant le sauvignon (60 %), ce 2012 est aussi élégant dans sa robe or pâle que dans son expression aromatique, aux délicates notes de fleurs, d'agrumes et de fruits exotiques. Rond, frais et persistant, le palais joue lui aussi la carte de la finesse. 2015-2017 poissons au beurre blanc

Dominique Turtaut, 50, rue de Jean-Cabos, 33210 Toulenne, tél. 05 56 63 19 06, chateau.rougemont@yahoo.fr V r.-v.

CH. SAINT-ROBERT Poncet-Deville 2011 ★★

■ | 27 000 | | 15 à 20 €

Ancienne terre noble commandée par une belle chartreuse du XVIIIe s., le domaine s'est longtemps partagé entre l'exploitation de la forêt, l'élevage des moutons et la vigne. Celle-ci couvre aujourd'hui 40 ha et a retrouvé tous ses droits grâce à un beau terroir, limitrophe de Barsac, bien mis en valeur par Michel Garat et son maître de chai Philippe Aubertin. Propriétaire du Crédit Foncier depuis 1991, le cru a été vendu en juillet 2014 aux familles Moulin (groupe Galeries Lafayette) et Cathiard (Ch. Smith Haut Lafitte).

En blanc comme en rouge, cette cuvée collectionne les coups de cœur. D'un grenat profond, le 2011 livre de délicates notes de fruits bien mûrs. Au palais, il conjugue volume et finesse, soutenu par des tanins soyeux. Une longue finale sur la cerise noire conclut la dégustation. 2016-2019 chapon rôti ■ Cuvée Poncet-Deville 2012 ★★ (11 à 15 € ; 5 000 b.) : un vin complexe, plein, harmonieux et persistant. 2014-2017 ■ 2012 ★ (8 à 11 € ; 9 900 b.) : belle complexité aromatique, avec une note de minéralité due au terroir. 2014-2017 ■ 2011 (11 à 15 € ; 30 000 b.) : la cuvée principale. Pas trop de puissance, mais une belle harmonie. 2014-2017

SCEA de Bastor et Saint-Robert, Dom. de Lamontagne, 33210 Preignac, tél. 05 56 63 27 66, bastor@bastor-lamontagne.com V r.-v. Gie Cellarmony

CH. DE SAUVAGE Cuvée Manine 2011 ★

■ | 1 600 | | 15 à 20 €

Vincent Dubourg a acheté en 2004 cette propriété au milieu des bois, caractéristique des graves de clairière (d'où son nom, dérivé du latin *silvaticus*, forestier). Il a bâti un chai et exploite son petit vignoble (5,9 ha) sans herbicide ni insecticide.

La cuvée de prestige du cru, issue de deux tiers de cabernet-sauvignon et élevée seize mois sur lies en fût neuf. Un vin gourmand, tant par son bouquet qui laisse aussi poindre le fruit rouge derrières les notes de torréfaction de l'élevage, que par son palais, rond, velouté, équilibré et bien construit. 2016-2020 palombes farcies aux cèpes ■ 2011 ★ : la cuvée principale, à dominante de merlot ; un bouquet riche (griotte mûre sur fond de vanille) ; des tanins denses mais fondus. 2015-2017 ■ 2012 (5 à 8 € ; 4 000 b.) : élevé en cuve, un blanc aromatique (fleurs blanches, agrumes, litchi, pêche), bien équilibré entre gras et acidité. 2015-2017

Vincent Dubourg, Ch. de Sauvage, lieu-dit Manine, 33720 Landiras, tél. 06 23 32 59 52, info@chateaudesauvage.com V r.-v.

CH. TOURTEAU-CHOLLET 2011 ★

■ | n.c. | | 11 à 15 €

Propriété constituée au XVIIIe s. par Étienne Tourteau, notaire royal à Portets, rachetée en 1833 par des négociants bordelais. La maison Mestrezat l'a vendue en 2001 à Maxime Bontoux, ancien expert-comptable reconverti dans le vin. Situé dans le sud de l'appellation, le cru couvre 67 ha, dont 47 en rouge.

Du merlot (50 %) marié au cabernet-sauvignon et au petit verdot. Les jurés s'accordent sur l'avenir de ce 2011, même si ce vin apparaît pour l'heure très réservé, ne livrant au nez qu'un discret boisé avec une touche animale. Après une attaque souple, il dévoile une trame tannique plutôt stricte en finale. 2016-2018 salmis de palombe

SC du Ch. Tourteau-Chollet, 33640 Arbanats, tél. 05 56 67 47 78, contact@vitisvintage.com V r.-v.

♥ CH. D'UZA 2011 ★★

■ | 150 000 | | 11 à 15 €

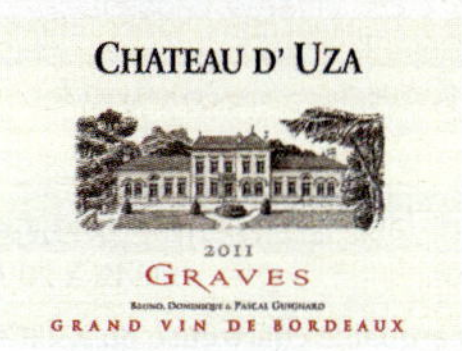

Les frères Guignard, Bruno, œnologue, Dominique, ingénieur agronome et Pascal, fort d'une expérience en Afrique du Sud, perpétuent l'œuvre des générations précédentes. Établis dans le sud des Graves à proximité de l'imposant château de Roquetaillade, construit pour un neveu du pape gascon Clément V, ils exploitent plusieurs crus.

Acquis en 2008, ce cru (28,5 ha) appartint aux Lur-Saluces (Yquem) avant 1843. « Un joyau qui va sortir de son écrin », écrivent ses propriétaires. Tirant profit de son beau terroir de graves sur un sous-sol argilo-graveleux, ils ont élaboré un superbe vin : robe presque noire aux nuances violines ; bouquet intense et complexe de fruits rouges et noirs bien mûrs, rehaussé de notes d'élevage épicées, vanillées et toastées ; palais riche et onctueux à l'attaque, à la fois vineux et élégant ; tanins soyeux et réglissés soulignant la longue finale. Un vin d'une rare harmonie qui laisse une impression de plénitude. ⌛ 2017-2024 🍴 pièce de bœuf ■ Ch. de Carolle 2012 ★★ (5 à 8 € ; 80 000 b.) : un grand vin intense, riche, complexe et persistant aux tanins enrobés et chocolatés. ⌛ 2014-2019 ■ Ch. Roquetaillade la Grange 2011 ★ (100 000 b.) : gourmand et apte à la garde. ⌛ 2014-2019 ■ Ch. de Carolle 2013 (5 à 8 € ; 50 000 b.) : charmeur et élégant. ⌛ 2014-2019

GAEC Guignard Frères, La Grange, 33210 Mazères, tél. 05 56 76 14 23, contact@vignobles-guignard.com
V t.l.j. 9h-17h30 ; sam. dim. sur r.-v.

♥ VIEUX CHÂTEAU GAUBERT 2013 ★★

■ | 25 000 | | 11 à 15 €

Commandé par une superbe chartreuse construite au XVIIIe s. pour une famille d'armateurs, les Gaubert, ce domaine viticole d'une quarantaine d'hectares a été constitué au cours des années 1980 par Dominique Haverlan, fils de viticulteurs, qui a su rassembler de beaux terroirs de graves. Une valeur sûre.

Dans un « millésime de vigneron », ce blanc montre le savoir-faire du domaine. Sa robe jaune à reflets verts est avenante. Intenses et subtils, ses parfums portent la double marque du sémillon et du sauvignon, cépages présents à parité dans l'assemblage. L'attaque est fraîche, sur les agrumes. Complexe et chaleureux, vif et gras, le palais monte en puissance, laissant le souvenir d'un vin élégant, qui « a du goût ». ⌛ 2016-2018 🍴 huîtres chaudes à la crème ■ 2011 ★ 60 000 b.) : un vin ample et rond, au bouquet de fruits noirs bien mûrs légèrement toastés, et aux tanins bien enrobés. ⌛ 2015-2018 ■ Benjamin de Vieux Château Gaubert 2013 ★ (5 à 8 € ; 25 000 b.) : nez délicatement floral et boisé, bouche équilibrée et fraîche, sur les agrumes. ⌛ 2015-2018 ■ Benjamin de Vieux Château Gaubert 2012 (8 à 11 € ; 100 000 b.) : vin équilibré et bien charpenté. ⌛ 2015-2018

Dominique Haverlan, Vieux Château Gaubert, 35, rue de 8-mai-1945, 33640 Portets, tél. 05 56 67 18 63, dominique.haverlan@libertysurf.fr
V r.-v.

CH. VILLA BEL-AIR 2011 ★

■ | n.c. | 15 à 20 €

Commandé par une remarquable chartreuse du XVIIIe s. construite pour un conseiller au Parlement de Bordeaux, ce cru d'une cinquantaine d'hectares a été repris en 1988 par Jean-Michel Cazes, propriétaire notamment du Ch. Lynch Bages, cru classé à Pauillac. Ses vins bénéficient du savoir-faire de ses équipes.

Encore discret, le bouquet mêle le fruit rouge à des notes épicées et fumées. Après une attaque ample, le palais montre une solide structure tannique. La finale ferme, mais sans austérité, indique un potentiel intéressant. ⌛ 2016-2019 🍴 côte de bœuf

Jean-Michel Cazes, Ch. Villa Bel-Air, 33650 Saint-Morillon, tél. 05 56 20 29 35, infochato@villabelair.com

CH. DE VIMONT 2011 ★

■ | 55 000 | | 5 à 8 €

Les Ateliers Saint-Joseph, créés en 1967 par Magdeleine de Vimont, sont devenus en 1986 un ESAT (établissement et service d'aide par le travail), structure destinée à l'insertion des personnes handicapées. Le centre est couplé avec un vignoble de 14 ha acquis en 2009.

Élégant dans sa robe profonde à reflets violines, ce vin gourmand offre un bouquet tout en fruits rouges bien mûrs, légèrement fumé ; le prélude à un palais souple, équilibré et bien construit, qui ne manque pas d'étoffe. ⌛ 2015-2017 🍴 rosbif ■ 2012 ★ (15 600 b.) : un vin élégant aux arômes de fleurs blanches et de fruits exotiques. ⌛ 2014-2017

ESAT Magdeleine de Vimont, 1, rue des Lilas, 33640 Castres-sur-Gironde, tél. 05 56 67 39 60, chateaudevimont@orange.fr V r.-v.

GRAVES SUPÉRIEURES

CH. LÉHOUL
Élevage en fût de chêne 2012

■ | 1 800 | | 11 à 15 €

Le 9 ventôse an VI (1798), Georges Lehoult vend un vignoble à un aïeul. Le cru est établi sur une belle croupe de graves et de sables, à l'orée de la forêt, au sud de l'appellation. Éric Fonta connaît à fond son terroir de quelque 10 ha, où il plante de nombreux cépages qu'il vendange à la main. Une valeur sûre.

Simple et bien fait, ce moelleux joue la carte de la finesse. Son bel équilibre entre fraîcheur et rondeur met en valeur ses qualités aromatiques : miel, fruits secs (abricot), agrumes. ⌛ 2014-2018 🍴 canapés de foie gras

Éric Fonta, rte d'Auros, 33210 Langon, tél. 05 56 63 54 74, chateaulehoul@orange.fr V r.-v.

PESSAC-LÉOGNAN

• Superficie : 1 610 ha • Production : 71 145 hl (80 % rouge)

Correspondant à la partie nord des Graves (appelée autrefois Hautes-Graves), la région de Pessac et de Léognan constitue depuis 1987 une appellation communale, inspirée de celles du Médoc. Sa création, qui aurait pu se justifier par son rôle historique (c'est l'ancien vignoble périurbain qui produisait les clarets médiévaux), s'explique par l'originalité de son sol. Les terrasses que l'on trouve plus au sud cèdent la place à une topographie plus accidentée. Le secteur compris entre Martillac et Mérignac est constitué d'un archipel de croupes graveleuses qui présentent d'excellentes aptitudes vitivinicoles par leurs sols, composés de galets très mélangés, et par leurs fortes pentes garantissant un excellent drainage. L'originalité des pessac-léognan a été remarquée par les spécialistes bien avant la création de l'appellation. Ainsi, lors du classement impérial de 1855, Haut-Brion fut le seul château non médocain à être classé (1er cru). Puis, lorsque en 1959 seize crus de graves furent classés, tous se trouvaient dans l'aire de l'actuelle appellation communale.

Les vins rouges possèdent les caractéristiques générales des graves, tout en se distinguant par leur bouquet, leur velouté et leur charpente. Quant aux blancs secs, ils se prêtent à l'élevage en fût et au vieillissement qui leur permet d'acquérir une très grande richesse aromatique, avec de fines notes de genêt et de tilleul.

CH. BARET 2011

■ | 111 300 | ◖◗ | 11 à 15 €

Aux portes de Bordeaux, cette ancienne maison noble des seigneurs de Baret a été acquise au début du XIXe s. par les Ballande, une famille de négociants et d'armateurs bordelais qui a entièrement restructuré les bâtiments d'exploitation et le vignoble (25 ha).

Sa robe grenat à frange vive place ce vin sous le signe de la jeunesse. Le bouquet, avec ses notes de fruits noirs et d'épices, ne manque pas de finesse; le palais non plus, frais, franc et structuré, sans excès de vigueur. ⧗ 2017-2021 🍴 carré d'agneau ■ 2012 (22 400 b.): frais, aromatique (bien typé sauvignon) et équilibré. ⧗ 2014-2017

SCEA du ch. Baret, 43, av. des Pyrénées, 33140 Villenave-d'Ornon, tél. 06 61 99 14 55, chateaubaret@gmail.com V r.-v.
Famille Ballande

♥ CH. BOUSCAUT 2012 ★★

■ Cru clas. | 16 800 | ◖◗ | 30 à 50 €

98 **99** 00 **01** 03 04 |05| **|06|** |07| |09| **11 12**

Disposant d'un vignoble de 47 ha d'un seul tenant bordant la route de Toulouse, ce cru est commandé par une superbe demeure du XVIIIe s. qu'entoure un parc aux arbres centenaires. Acquis en 1979 par Lucien Lurton, propriétaire de nombreux crus, notamment dans le Médoc, il est conduit depuis 1992 par sa fille Sophie.

Le vignoble consacre 7 ha aux cépages blancs, équitablement répartis entre sémillon et sauvignon (53 % dans le 2012). Encore un peu timide, mais déjà prometteur par sa complexité, le vin se dévoile un peu plus à l'aération sur de fines senteurs d'agrumes et de fruits exotiques agrémentées d'une note fumée typique du terroir. Moins réservé, le palais fait la part belle aux fruits et s'impose par un équilibre admirable: beaucoup de volume, du gras et de la sève, et surtout une remarquable fraîcheur qui lui confère une réelle élégance et une grande longueur. Un pessac à la fois intense et aérien. ⧗ 2016-2020 🍴 saint-jacques à la nage

Ch. Bouscaut, 1477, av. de Toulouse, 33140 Cadaujac, tél. 05 57 83 12 20, cb@chateau-bouscaut.com V r.-v. E

CH. BOUSCAUT 2011 ★

■ Cru clas. | 68 900 | ◖◗ | 20 à 30 €

97 98 **99** 00 04 |05| |06| 07 08 09 10 11

Disposant d'un vignoble de 47 ha d'un seul tenant bordant la route de Toulouse, ce cru est commandé par une superbe demeure du XVIIIe s. qu'entoure un parc aux arbres centenaires. Acquis en 1979 par Lucien Lurton, propriétaire de nombreux crus, notamment dans le Médoc, il est conduit depuis 1992 par sa fille Sophie.

S'annonçant par une robe rouge soutenu aux reflets noirs, ce vin est encore un peu timide dans son expression aromatique, dévoilant cependant à l'aération un joli boisé torréfié et mentholé, avant de s'orienter vers les fruits noirs et les épices. Le palais, gras et bien concentré, s'adosse à des tanins enrobés et à un boisé racé qui lui confèrent une solide structure. ⧗ 2017-2022 🍴 navarin d'agneau ■ Les Chênes de Bouscaut 2011 ★ (15 à 20 €; 26 000 b.): un bouquet complexe, un bon boisé et des tanins suaves pour cette jolie bouteille, intense et harmonieuse. ⧗ 2016-2022

Ch. Bouscaut, 1477, av. de Toulouse, 33140 Cadaujac, tél. 05 57 83 12 20, cb@chateau-bouscaut.com V r.-v. E

CH. BRANON 2011 ★

■ | 3 200 | ◖◗ | 50 à 75 €

Pomerol, saint-émilion grand cru, pessac-léognan, Sylviane Garcin-Cathiard est établie dans des AOC prestigieuses du Bordelais. En pessac, elle exploite les châteaux Haut-Bergey, 40 ha acquis en 1991, et Branon, petit cru de notoriété ancienne acheté en 1996, 6 ha au cœur de Léognan.

Mi-merlot mi-cabernets, ce 2011 s'exprime avec force par son bouquet concentré et généreux de mûre et de cassis. Le palais s'appuie sur des tanins solides et sur un boisé bien en place qui n'enlèvent rien à son caractère fruité, souple et soyeux perçu dès l'attaque. La finale mentholée laisse le souvenir d'un vin élégant et fin. ⧗ 2017-2024 🍴 selle d'agneau ■ Ch. Haut-Bergey 2012 ★ (30 à 50 €; 9 700 b.): bouquet très sauvignon; palais équilibré, rond et frais, boisé avec mesure, de bonne longueur. ⧗ 2014-2018

SAS Ch. Haut-Bergey, 69, cours Gambetta, 33850 Léognan, tél. 05 56 64 05 22, info@vignoblesgarcin.com V r.-v. Garcin-Cathiard

♥ CH. BROWN 2012 ★★

■ | 19 800 | ◖◗ | 20 à 30 €

Commandé par une élégante chartreuse et son pigeonnier du XVIIIe s., ce vaste cru (63 ha) doit son nom à un marchand de biens écossais, John Lewis Brown, propriétaire au XIXe s. Après quelques années difficiles, le domaine revit depuis 1994 et son rachat par Bernard Barthe; efforts perpétués depuis fin 2004 par les familles Mau et Dirkzwager.

Le sauvignon (64 %) et le sémillon ont légué au vin des parfums élégants de fleurs blanches et de citron, soulignés par des arômes intenses de toast. Vivacité et gras font très bon ménage dans un palais qui laisse une double impression d'ampleur et de fraîcheur. Un pessac déjà plaisant, qui demandera toutefois un peu de temps pour se fondre complètement. ⧗ 2016-2020 ᛘ turbot sauce hollandaise ■ 2011 (62 000 b.) : un vin fruité et épicé au nez, frais et finement tannique en bouche. ⧗ 2016-2019

SCEA du Ch. Brown, allée John-Lewis-Brown, 33850 Léognan, tél. 05 56 87 08 10, chateau.brown@wanadoo.fr V r.-v. J.-C. Mau

CH. LE BRUILLEAU 2012 ★

■ | 10 000 | | 11 à 15 €

Dans la famille Bédicheau depuis quatre générations, ce petit cru étend son vignoble sur une douzaine d'hectares situés dans le sud de l'appellation, près de La Bède et du château de Montesquieu.

Ce 2012 déploie un joli bouquet d'agrumes et de fleurs blanches sur un fond boisé (grillé). À une attaque tonique succède un palais rond, généreux et plein, sur le miel et la noisette. Un bel ensemble, harmonieux et déjà appréciable. ⧗ 2014-2019 ᛘ blanquette de poisson ■ 2011 (49 000 b.) : un vin aimable, souple, rond, suave et bien équilibré. ⧗ 2015-2019

SCEA Bédicheau, 12, chem. du Bruilleau, 33650 Saint-Médard-d'Eyrans, tél. 05 56 72 70 45, chateau.lebruilleau@orange.fr V r.-v.

CH. CARBONNIEUX 2011

■ Cru clas. | n.c. | | 20 à 30 €

90 91 92 93 **94** 95 **96** 97 98 99 **00** **01** 02 **03** |04| **05** (06) 07 08 09 10 11

Un cru très ancien, déjà exploité au XIIIe s., ancienne dépendance du monastère de l'abbaye de Sainte-Croix au XVIIIe s. Établi sur les hauteurs de Léognan, sur une belle croupe de graves garonnaises, son vaste vignoble couvre 92 ha. Anthony Perrin l'a acquis après le grand gel de 1956, replanté, réhabilité et transmis à ses fils Éric et Philibert.

Le nez, d'abord discret, s'ouvre sur les fruits noirs mûrs, le grillé, le sous-bois et une petite note animale. En bouche, le vin attaque avec franchise et vivacité, puis dévoile des tanins solides et vigoureux « attendris » par une chair ronde. Encore en devenir. ⧗ 2016-2020 ᛘ côte de bœuf

SCEA A. Perrin et Fils, Ch. Carbonnieux, 33850 Léognan, tél. 05 57 96 56 20, info@chateau-carbonnieux.fr V r.-v.

CH. CARBONNIEUX 2012 ★

■ Cru clas. | n.c. | | 20 à 30 €

Un cru très ancien, déjà exploité au XIIIe s., ancienne dépendance du monastère de l'abbaye de Sainte-Croix au XVIIIe s. Établi sur les hauteurs de Léognan, sur une belle croupe de graves garonnaises, son vaste vignoble couvre 92 ha. Anthony Perrin l'a acquis après le grand gel de 1956, replanté, réhabilité et transmis à ses fils Éric et Philibert.

Une anecdote célèbre raconte que les moines de Sainte-Croix, défiant la loi coranique, auraient introduit un vin blanc, peu coloré, auprès du sultan de Constantinople sous l'étiquette « eau minérale de Carbonnieux »... Limpide et cristallin aussi est ce 2012 qui joue la carte de la finesse. Le nez, élégant, mêle les notes vanillées et grillées de l'élevage à celles des agrumes, des fleurs blanches et de buis typées du sauvignon (65 %). Ample et alerte, le palais équilibre son côté vif et citronné par une chair riche et tendre. Tout est en place pour un bon vieillissement. ⧗ 2016-2019 ᛘ écrevisses flambées ■ Ch. Tour Léognan 2012 (11 à 15 €) : frais, souple et bien sauvignonné (buis). ⧗ 2014-2017

SCEA A. Perrin et Fils, Ch. Carbonnieux, 33850 Léognan, tél. 05 57 96 56 20, info@chateau-carbonnieux.fr V r.-v.

CH. LES CARMES HAUT-BRION 2011 ★

■ | 20 000 | | 50 à 75 €

Enchâssé dans l'agglomération bordelaise, comme son voisin Haut-Brion, ce cru de 4,7 ha doit son nom aux Grand Carmes, ses propriétaires jusqu'à la Révolution, où il fut vendu comme bien national. Entré dans la famille Chantecaille en 1840, il y resta jusqu'en 2010, année de son rachat par le groupe immobilier Pichet.

Comme toujours ici, le vin est issu d'un encépagement atypique : 42 % merlot, 40 % cabernet franc et 18 % cabernet-sauvignon pour le 2011. Un vin qualifié de « typique et complet », qui séduit par ses arômes soutenus de fruits mûrs et de vanille, comme par sa bonne tenue au palais, qui conjugue volume, puissance maîtrisée, chair et fruité persistant. Un pessac harmonieux, dont l'équilibre apparaît tout au long de la dégustation. ⧗ 2017-2022 ᛘ gigot

Ch. les Carmes Haut-Brion, 20, rue des Carmes, 33000 Bordeaux, tél. 05 56 93 23 40, contact@les-carmes-haut-brion.com Pichet

♥ DOM. DE CHEVALIER 2011 ★★

■ Cru clas. | n.c. | | 50 à 75 €

90 91 92 93 94 96 97 98 99 |**00**| |01| **02** |**03**| |**04**| |**05**| |06| |07| **08** (09) (10) **11**

« Une clairière au milieu de la forêt » : ainsi Olivier Bernard définit-il son domaine, aux origines anciennes, acquis en 1983 par sa famille – des négociants. Il a agrandi le vignoble (45 ha aujourd'hui), implanté sur un très beau terroir de graves, réalisé d'importants investissements et fait de Chevalier l'un des piliers de l'appellation pessac-léognan.

Comme toujours ici, une forte dominante de cabernet-sauvignon (66 %) et une touche de petit verdot (6 %) aux côtés du merlot. Se présentant dans une robe d'un beau grenat foncé aux nuances pourpres, le vin affiche fièrement ses ambitions. Son expression aromatique, intense et élégante, est dominée par les fruits rouges frais et un boisé noble et bien intégré. Une élégance à laquelle répond celle d'un palais ample, puissant, corpulent, plein de fraîcheur et de fruit. Une superbe finale aux saveurs de cerise écrasée clôt en beauté la dégustation de ce pessac d'un grand équilibre, au potentiel de garde certain. ⧗ 2019-2026 ᛘ côte de bœuf et cèpes ■ Ch. Lespault-Martillac 2011 ★ (20 à 30 €) : un vin solide, encore sévère et boisé, mais prometteur. ⧗ 2017-2022

SC Dom. de Chevalier, 102, chem. de Mignoy, 33850 Léognan, tél. 05 56 64 16 16, olivierbernard@domainedechevalier.com r.-v.
Olivier Bernard

DOM. DE CHEVALIER 2011 ★★

Cru clas.	n.c.		75 à 100 €

(90) **91 92 93 94 95** 96 97 **98** (99) **00** 01 02 **04** |**05**| |(07)| |**08**| 09 10 **11**

« Une clairière au milieu de la forêt » : ainsi Olivier Bernard définit-il son domaine, aux origines anciennes, acquis en 1983 par sa famille – des négociants. Il a agrandi le vignoble (45 ha aujourd'hui), implanté sur un très beau terroir de graves, réalisé d'importants investissements et fait de Chevalier l'un des piliers de l'appellation pessac-léognan.

Agrumes, fleurs blanches et minéralité : un bouquet plein de délicatesse ouvre la dégustation. On retrouve les fruits frais dans un palais ample, soyeux, dense et profond, auquel une belle et franche vivacité apporte un surcroît de relief et de vigueur. ⧗ 2015-2022 🍴 filet de saint-pierre aux agrumes ■ Dom. de la Solitude 2012 ★ (15 à 20 €) : un bouquet élégant et floral (aubépine), et un palais équilibré, puissant, gras et frais. ⧗ 2015-2017 ■ Ch. Lespault-Martillac 2012 ★ (20 à 30 €) : vin souple, rond et charmeur. ⧗ 2015-2017

SC Dom. de Chevalier, 102, chem. de Mignoy, 33850 Léognan, tél. 05 56 64 16 16, olivierbernard@domainedechevalier.com r.-v.
Olivier Bernard

CLOS MARSALETTE 2012

■	7 500		20 à 30 €

Solidement implanté dans le Saint-Émilionnais (Canon La Gaffelière, La Mondotte), le comte de Neipperg a créé en 1991 ce petit cru de 6,2 ha sur un terroir constitué par trois croupes de graves et des faluns, typique de l'appellation pessac-léognan.

S'il aurait mérité un peu plus de vivacité, ce 2012 se montre néanmoins agréable par ses arômes d'ananas frais et d'orange, soulignés par une petite touche minérale, et par son palais d'une aimable rondeur, gras et souple. ⧗ 2014-2016 🍴 sole meunière

Le Clos Marsalette, 61, rte de Tout-Vent, 33650 Martillac, tél. 05 57 24 71 33, info@neipperg.com
de Neipperg

CH. COUHINS 2011 ★

■	39 000		20 à 30 €

Classé en blanc, ce cru de 25 ha situé aux portes de Bordeaux appartint à la famille Gasqueton, longtemps propriétaire de Calon Ségur (saint-estèphe), avant d'être acquis par l'INRA en 1968, qui en fait sa vitrine en matière de recherches viti-vinicoles.

Racé et éloquent, le bouquet de ce vin rubis sombre associe les petits fruits frais, les épices et le grillé. À l'unisson, le palais se révèle ample, corsé et solidement charpenté, sans excès de vigueur. ⧗ 2017-2022 🍴 canard aux cèpes ■ Dame de Couhins 2011 ★ (15 à 20 € ; 21 000 b.) : un vin empyreumatique et torréfié au nez, bien structuré et de bonne longueur en bouche. ⧗ 2017-2022

Ch. Couhins, chem. de la Gravette, 33140 Villenave-d'Ornon, tél. 05 56 30 77 61, couhins@bordeaux.inra.fr r.-v. INRA

CH. COUHINS-LURTON 2011 ★

■	30 000		20 à 30 €

Un cru situé à Villenave d'Ornon, aux portes de Bordeaux, connu sous le nom de « Bourdieu de la Gravette » à la fin du XVIIe s. André Lurton le reprit en fermage en 1967, avant d'acheter en 1972 une partie du ce domaine devenu entre-temps propriété de l'INRA (Ch. Couhins), puis le château et les bâtiments d'exploitation en 1992. Un vignoble – 6 ha plantés du seul sauvignon, complétés en 1988 de 17 ha en rouge – auquel il a redonné son lustre d'antan.

Issu de 67 % de merlot et de 33 % de cabernet-sauvignon, le 2011 livre un bouquet expressif et complexe de fruits noirs, d'épices, de cuir et de sous-bois. Une attaque éclatante, intensément fruitée et finement boisée introduit un palais ample, dense, solide, généreux. De belles promesses pour l'avenir. ⧗ 2017-2022 🍴 salmis de palombe

André Lurton, Ch. Bonnet, 33420 Grézillac, tél. 05 57 25 58 58, andrelurton@andrelurton.com

LES CRUS CLASSÉS DES GRAVES

NOM DU CRU CLASSÉ	VIN CLASSÉ	NOM DU CRU CLASSÉ	VIN CLASSÉ
Château Bouscaut	en rouge et en blanc	Château Latour-Martillac	en rouge et en blanc
Château Carbonnieux	en rouge et en blanc	Château Malartic-Lagravière	en rouge et en blanc
Domaine de Chevalier	en rouge et en blanc	Château La Mission Haut-Brion	en rouge et en blanc
Château Couhins	en blanc	Château Olivier	en rouge et en blanc
Château Couhins-Lurton	en blanc		
Château Fieuzal	en rouge	Château Pape Clément	en rouge
Château Haut-Bailly	en rouge	Château Smith Haut Lafitte	en rouge
Château Haut-Brion	en rouge	Château La Tour-Haut-Brion	en rouge

CH. COUHINS-LURTON 2012 ★

Cru clas.	16 000		20 à 30 €

98 **99** 00 **01** **02** 03 04 **05** 06 **08** 09 10 **11** 12

Un cru situé à Villenave d'Ornon, aux portes de Bordeaux, connu sous le nom de « Bourdieu de la Gravette » à la fin du XVIIe s. André Lurton le reprit en fermage en 1967, avant d'acheter en 1972 une partie du domaine devenu entre-temps propriété de l'INRA (Ch. Couhins), puis le château et les bâtiments d'exploitation en 1992. Un vignoble – 6 ha plantés du seul sauvignon, complétés en 1988 de 17 ha en rouge – auquel il a redonné son lustre d'antan.

Jaune pâle à reflets paille, la robe d'une limpidité parfaite est engageante. De même que le bouquet, complexe, qui allie les fleurs blanches et les fruits mûrs à de fines nuances minérales et de buis. Une attaque chaleureuse ouvre sur un palais ample et équilibré, à la fois gras et frais. ⧗ 2016-2020 🍴 feuilleté de saumon

André Lurton, Ch. Bonnet, 33420 Grézillac, tél. 05 57 25 58 58, andrelurton@andrelurton.com

CH. DE CRUZEAU 2012 ★★

	45 000		11 à 15 €

D'ancienne notoriété et abandonné après le phylloxéra, ce cru fut découvert en 1973 par André Lurton, par hasard, après une tempête qui avait déraciné les pins et révélé son beau terroir de graves. Entièrement reconstitué, le vignoble couvre aujourd'hui 97 ha.

Une robe limpide, jaune pâle brillant, habille ce pur sauvignon. Le bouquet, intense, complexe et élégant, déroule des notes de vanille, d'ananas, d'agrumes et de silex. Tout aussi harmonieux, le palais réussit à la perfection l'alliance du gras, de la maturité du fruit, de la vivacité de la jeunesse et de la fraîcheur du terroir. Un très beau classique. ⧗ 2015-2020 🍴 bar au fenouil ■ 2011 (200 000 b.) : un vin riche, épicé et toasté, porté par une bonne structure de garde. ⧗ 2017-2022

André Lurton, Ch. Bonnet, 33420 Grézillac, tél. 05 57 25 58 58, andrelurton@andrelurton.com

CH. ESPIOT 2011

	50 000		11 à 15 €

La famille Espiot, déjà propriétaire dans le Blayais, a repris en 2004 ce cru connu autrefois sous le nom de Ch. Ladoar : 8,7 ha non loin des châteaux Smith Haut Lafitte et Bouscaut. À sa tête depuis 2007, Sébastien Espiot, revenu sur les domaines familiaux après une dizaine d'années passées au sein d'une multinationale.

Une entrée réussie dans le Guide avec ce 2011 encore un peu discret dans son expression aromatique (petits fruits rouges à l'agitation), qui offre un bon développement au palais, autour d'une structure solide conférant du volume et une bonne tenue à la garde. ⧗ 2017-2022 🍴 gigot d'agneau

SCEA Dom. Espiot, Le Sable-Rouge, 33860 Marcillac, tél. 05 57 32 46 44, s.espiot@orange.fr V r.-v.

CH. FERRAN 2011 ★

	75 000		11 à 15 €

Ce cru de 22 ha, qui fit partie jadis des domaines de Montesquieu, est propriété depuis 1885 de la famille Béraud-Sudreau. Longtemps resté l'une des « belles endormies » du Bordelais, il est en plein renouveau depuis l'arrivée en 1999 de la cinquième génération incarnée par Philippe et Ghislaine Lacoste.

Une robe griotte habille ce vin issu de 65 % de merlot et de 35 % de cabernet-sauvignon. Le bouquet marie harmonieusement les fruits rouges et noirs aux épices et à la torréfaction de la barrique. Des arômes que l'on retrouve avec persistance dans un palais ample, bien charpenté et équilibré. ⧗ 2017-2022 🍴 mignon de veau aux champignons

SCEA Ch. Ferran, rte de Lartigue, 33650 Martillac, tél. 06 07 41 86 00, ferran@chateauferran.com V r.-v. Lacoste

CH. DE FIEUZAL 2012 ★

	n.c.		30 à 50 €

Ce cru très ancien (XIVe s.) doit son nom à la famille de Fieuzal, propriétaire jusqu'en 1851. Depuis 2001 et son rachat par les Irlandais Brenda et Lochlann Quinn, il connaît un véritable renouveau, matérialisé par la création d'un nouveau chai en 2011, où le fruit de 80 ha de vignes est vinifié par Stephen Carrier.

À la fraîcheur de la robe, claire et limpide, répond celle du bouquet, alerte et harmonieux, porté sur les agrumes mâtinés de vanille. Vif en attaque, le palais est vite marqué par le bois, mais sa structure solide enrobée d'une chair ronde et dense fait contrepoids et laisse augurer une belle évolution. ⧗ 2016-2019 🍴 foie gras en brioche

Ch. de Fieuzal, 124, av. de Mont-de-Marsan, 33850 Léognan, tél. 05 56 64 77 86, adenis@fieuzal.com r.-v. Quinn

CH. DE FIEUZAL 2011 ★

Cru clas.	n.c.		30 à 50 €

(90) 91 **92** **93** **94** (95) (96) **97** **98** 99 00 **01** 02 03 04 **05** **06** **07** **10** 11

Ce cru très ancien (XIVe s.) doit son nom à la famille de Fieuzal, propriétaire jusqu'en 1851. Depuis 2001 et son rachat par les Irlandais Brenda et Lochlann Quinn, il connaît un véritable renouveau, matérialisé par la création d'un nouveau chai en 2011, où le fruit de 80 ha de vignes est vinifié par Stephen Carrier.

La robe, sombre et dense, laisse deviner un vin puissant et concentré. Le nez, intense et boisé, ne manque pas de charme : nuances empyreumatiques, cendre froide, petits fruits mûrs. Ample et gras, le palais attaque en force, porté par un boisé soutenu mais racé, puis se fait gras, étayé par des tanins bien extraits, à la fois serrés et soyeux. Voilà qui invite à laisser reposer en cave cette authentique bouteille de garde. ⧗ 2018-2024 🍴 magrets de canard aux figues

Ch. de Fieuzal, 124, av. de Mont-de-Marsan, 33850 Léognan, tél. 05 56 64 77 86, adenis@fieuzal.com r.-v. Quinn

CH. DE FRANCE 2011 ★★

	40 000		20 à 30 €

Commandé par une belle maison de maître du XVIIIe s., ce cru est la propriété de Bernard Thomassin depuis

1971, son fils Arnaud étant aux commandes depuis 1996. Son vignoble de 40 ha, entièrement restructuré, est situé sur une croupe de graves profondes, l'un des plus hauts coteaux de la terrasse de Léognan.

Cabernet-sauvignon (54 %) et merlot ont donné naissance à un 2011 d'un très beau classicisme. La robe est d'un seyant rouge profond et intense. Le bouquet, harmonieux, associe les petits fruits mûrs à un boisé vanillé bien ajusté. Le palais se montre à la hauteur de la présentation par son volume, sa densité, sa richesse et sa douceur, porté par des tanins de garde, fins et élégants. ⧗ 2018-2024 🍴 rôti de sanglier aux airelles

SAS Thomassin, 98, rte Mont-de-Marsan, 33850 Léognan, tél. 05 56 64 75 39, contact@chateau-de-france.com V r.-v.

CH. LA GARDE 2011

■	165 300		20 à 30 €

À l'élégance très bordelaise de sa chartreuse du XVIIIe s., ce cru de 50 ha, propriété de la maison Dourthe depuis 1990, ajoute un bel environnement et une vue panoramique, avec trois croupes et un plateau de graves sur le point culminant de la commune de Martillac.

S'annonçant par une robe d'un pourpre intense, ce vin développe des arômes puissants de fruits des bois et de toast. La bouche, riche et concentrée, est soutenue par un bon merrain et des tanins assez suaves, qui lui permettront de bien vieillir. ⧗ 2017-2022 🍴 pintade rôtie

Ch. la Garde, Vignobles Dourthe, 1, chem. de la Tour, 33650 Martillac, tél. 05 56 35 53 00, contact@dourthe.com r.-v.
Dourthe

CH. HAUT-BAILLY 2011 ★★

■ Cru clas.	65 000		75 à 100 €

90 92 93 94 (95) 96 97 98 99 00 01 02 03 04 05 06 07 08 09 10 11

Créé en 1630 par un financier parisien, Firmin Le Bailly, ce cru situé aux portes de Bordeaux acquiert sa notoriété au XIXe s. sous l'impulsion d'Alcide Bellot des Minières. Un prestige renforcé à partir de 1955 par la famille Sanders et, depuis 1998, par le banquier américain Robert G. Wilmers, qui a maintenu Véronique Sanders aux commandes. Le vignoble, intégralement voué aux cépages rouges, couvre 33 ha d'un seul tenant.

Dense et profond, ce superbe 2011 est encore un peu réservé dans son expression aromatique, mais l'aération libère un bouquet d'une réelle élégance, qui associe de délicates notes épicées et fumées aux fruits secs et aux fruits rouges cuits. Une attaque pleine de fraîcheur ouvre sur un palais à la chair à la fois ferme et soyeuse, étayée par des tanins policés et très fins. Tout à fait dans le style maison, mélange de force et de distinction. ⧗ 2019-2030 🍴 poularde aux cèpes ■ Ch. Le Pape 2011 ★ (15 à 20 € ; 40 000 b.) : un vin ample, puissant et boisé, qui appelle la garde. ⧗ 2017-2024

SAS Ch. Haut-Bailly, 103, av. de Cadaujac, 33850 Léognan, tél. 05 56 64 75 11, mail@chateau-haut-bailly.com r.-v.
Robert G. Wilmers

CH. HAUT-BRION 2011 ★★

■ 1er cru clas.	92 760		+ de 100 €

(82) 83 84 85 86 87 88 89 (90) 91 92 93 94 (95) (96) 97 (98) 99 (00) 01 (02) 03 (04) (05) (06) 07 (08) (09) (10) 11

Créé par Jean de Pontac en 1525, le premier véritable château du vin bordelais a joué un rôle majeur dans l'apparition de la notion de cru et de bordeaux moderne – il connut la célébrité en Grande-Bretagne dès le XVIIe s. grâce à Arnaud de Pontac. Seul cru des Graves intégré au classement de 1855, Haut-Brion a été acquis en 1935 par le banquier américain Clarence Dillon. Son descendant, le prince Robert de Luxembourg, en est l'actuel propriétaire. Aujourd'hui enclavé dans l'agglomération bordelaise, le domaine continue d'entretenir sa légende, sous la conduite de son directeur Jean-Phillipe Delmas, grâce à son terroir particulier, fait de graves blanches sur argiles profondes.

Le terroir a joué pleinement son rôle dans ce millésime en permettant d'obtenir des merlots (35 % de l'assemblage, pour 46 % de cabernet-sauvignon et 19 % de cabernet franc) de très grande qualité. Mettant d'emblée en confiance par sa teinte, un superbe rouge aux reflets entre rose et violine, le grand vin dévoile un bouquet généreux et complexe : fruits mûrs, pruneau, notes de terre chaude, violette. Doux à l'attaque, le palais présente ensuite une structure des plus solides, bâtie sur des tanins croquants en rangs serrés. Une longue finale fraîche et poivrée laisse une impression de puissance maîtrisée et de grande élégance. ⧗ 2020-2030 🍴 canard à l'orange

Ch. Haut-Brion, 135, av. Jean-Jaurès, 33608 Pessac Cedex, tél. 05 56 00 29 30, info@haut-brion.com r.-v. Dom. Clarence Dillon

♥ CH. HAUT-BRION 2012 ★★

■	6 888		+ de 100 €

(82) 83 85 87 88 89 90 94 95 96 97 98 (99) (00) 01 02 03 (04) 05 (06) (07) (08) (09) (10) (11) 12

Créé par Jean de Pontac en 1525, le premier véritable château du vin bordelais a joué un rôle majeur dans l'apparition de la notion de cru et de bordeaux moderne – il connut la célébrité en Grande-Bretagne dès le XVIIe s. grâce à Arnaud de Pontac. Seul cru des Graves intégré au classement de 1855, Haut-Brion a été acquis en 1935 par le banquier américain Clarence Dillon. Son descendant le prince Robert de Luxembourg en est l'actuel propriétaire. Aujourd'hui enclavé dans l'agglomération bordelaise, le domaine continue d'entretenir sa légende, sous la conduite de son directeur Jean-Phillipe Delmas, grâce à son terroir particulier, fait de graves blanches sur argiles profondes.

La robe ouvre de belles perspectives par sa limpidité cristalline. Généreux et complexe, le bouquet se pare d'arômes de citron confit, d'orange, de mirabelle et de vanille, le tout sur un fond minéral léger. Tout à la fois gras, soyeux et alerte, le palais fait preuve de beaucoup d'amabilité et de rondeur, souligné par une fine vivacité qui apporte équilibre et longueur. ⧗ 2018-2024 🍴 homard à l'américaine

Ch. Haut-Brion, 135, av Jean-Jaurès, 33608 Pessac Cedex, tél. 05 56 00 29 30, info@haut-brion.com r.-v.
Dom. Clarence Dillon

LE CLARENCE DE HAUT-BRION 2011 ★

■	100 716		+ de 100 €

Le second vin de Haut-Brion, nommé ainsi en hommage à l'acquéreur du château en 1935. Il a remplacé Les Bahans Haut-Brion à partir du millésime 2008.

Il diffère de son illustre aîné par son assemblage, avec moins de cabernet-sauvignon (23 %) et de cabernet franc (5 %), plus de merlot (71 %) et un soupçon de petit verdot (1 %). Tout cela donne un ensemble de belle prestance paré d'une jolie robe au rubis limpide et profond. Le bouquet allie puissance et finesse : vanille, réglisse, raisins bien mûrs, notes florales. Fort bien structuré et montant, le palais est servi par des tanins solides. Une belle bouteille bien typée. ⧗ 2017-2022 🍴 côte de bœuf

SAS Dom. Clarence Dillon, 135, av. Jean-Jaurès, 33608 Pessac Cedex, tél. 05 56 00 29 30, info@haut-brion.com r.-v.

CH. HAUT LAGRANGE 2011 ★★

■	35 000		11 à 15 €

S'il est de création récente (1989, par Francis Boutemy), ce cru est l'héritier d'une longue histoire. Son vignoble est déjà présent en 1764 sur la carte de Belleyme et, en 1840, le journal *Le Producteur*, le retient dans son classement sous le nom de Le Burlat. Il couvre aujourd'hui 8,5 ha.

À l'intensité de la robe, d'un rouge profond à nuances violettes, répond celle du bouquet ouvert sur les fruits noirs et rouges mûrs, le cuir et le bois (épices, réglisse, torréfaction). Une attaque souple et veloutée introduit un palais ample et élégant alliant gras et fraîcheur fruitée. Une longue finale, bien soutenue, achève de convaincre de la bonne tenue et du potentiel de cette bouteille. ⧗ 2016-2022 🍴 comté ■ 2012 ★ (15 à 20 € ; 6 500 b.) : un pessac aromatique (agrumes, miel, fleurs blanches, épices douces), gras et rond, équilibré par une juste fraîcheur. ⧗ 2014-2017

Francis Boutemy, 89, av. de la Brède, 33850 Léognan, tél. 05 56 64 09 93, contact@hautlagrange.com V t.l.j. sf sam. dim. 8h30-17h

CH. HAUT-NOUCHET 2011 ★★

■	30 000		20 à 30 €

Propriété de la famille Briest depuis 2008, ce cru étend son vignoble sur 37 ha. Des bosquets, des prés et un ruisseau qui le traverse et lui donne son nom : il bénéficie d'un environnement protégé. Son terroir est de qualité : de belles croupes de graves profondes sur un socle argilo-calcaire.

Assemblant 60 % de cabernet-sauvignon et 40 % de merlot, ce vin exprime sans réserve sa forte personnalité à travers un bouquet franc et élégant de groseille, de cassis et de moka. Des arômes que l'on retrouve dans un palais frais en attaque, long et puissant dans son développement, étayé par des tanins (du raisin et du bois) très présents et bien équilibrés. ⧗ 2018-2024 🍴 lamproie à la bordelaise ■ L'Arpège by Haut-Nouchet2011 (15 à 20 € ; 45 000 b.) : un vin plus souple, plus fruité, « plus merlot » (60 %). ⧗ 2016-2019

SCEA Dom. HN, 3, chem. Latour, Ch. Haut-Nouchet, 33650 Martillac, tél. 05 56 31 42 26, contact@hautnouchet.com V r.-v. Briest

CH. LAFONT-MENAUT 2011 ★

■	n.c.		11 à 15 €

Jouxtant le Ch. de Rochemorin, dont il faisait partie au XVIIIe s., ce cru comptait jadis parmi les vignobles de Montesquieu. Acquis en 1991 par Philibert Perrin (Ch. Carbonnieux), il bénéficie depuis les années 1990 d'un ambitieux programme de valorisation.

Rubis intense et brillant, ce 2011 (50 % cabernet-sauvignon, 45 % merlot, le solde en cabernet franc) dévoile au nez une agréable fraîcheur fruitée (groseille, mûre) sur un fond toasté et épicé. Une attaque vive prélude à un palais équilibré, aux tanins présents mais bien enrobés par une chair dense et soyeuse. Une jolie note torréfiée conclut la dégustation. ⧗ 2017-2020 🍴 rôti de bœuf

SCEA Philibert Perrin, Ch. Lafont-Menaut, 33850 Léognan, tél. 05 57 96 56 20, info@chateau-carbonnieux.fr V r.-v.

CH. LARRIVET HAUT-BRION 2012 ★

■	25 000		30 à 50 €

Château de Canolle, La Rivette, Brion-Larrivet, Haut-Brion Larrivet, le cru a changé plusieurs fois de nom (et de propriétaires) avant de prendre, en 1949, celui de Larrivet Haut-Brion. Une belle unité de 75 ha, propriété de Philippe et Christine Gervoson depuis 1987.

Dominé au nez comme en bouche par les notes de toast et d'amande grillée de l'élevage, ce 2012 séduit aussi par son attaque fraîche, son volume et sa matière suave et riche. ⧗ 2016-2020 🍴 blanquette de poisson ■ 2011 (150 000 b.) : un vin dense, riche, tannique et boisé, encore en devenir mais prometteur. ⧗ 2018-2024 ■ Les Demoiselles de Larrivet Haut-Brion 2011 (15 à 20 € ; 100 000 b.) : un bon classique, équilibré, solide, bien boisé et frais. ⧗ 2018-2024

SCEA Ch. Larrivet Haut-Brion, 84, av. de Cadaujac, 33850 Léognan, tél. 05 56 64 75 51, visite@larrivethautbrion.fr V t.l.j. 9h30-12h30 14h-17h30
Gervoson

CH. LATOUR-MARTILLAC 2011 ★★

■ Cru clas.	115 000		30 à 50 €

90 91 92 **93 94 95 96 97 98** 99 **00** 01 |**02**| 03 |04| |05| **06** |**07**| **08 09** 10 **11**

Si beaucoup de grands noms du négoce bordelais ont choisi de s'implanter dans le Médoc, les Kressmann ont opté pour les Graves et pour ce cru acquis en 1930, qui doit son nom à une tour ornant sa cour – le vestige d'un château bâti au XIIe s. par des ancêtres de Montesquieu. Une belle unité de 50 ha réputée autant pour ses blancs que pour ses rouges.

Ce vin affirme son caractère dès le bouquet à travers d'intenses et élégantes notes de poivre et de fruits noirs. La bouche opulente, puissante, bâtie sur un boisé noble et des tanins serrés, s'inscrit parfaitement dans l'esprit de l'appellation. ⌛ 2018-2024 🍴 chevreuil grand veneur ■ Ch. Lagrave-Martillac 2011 ★ (15 à 20 €; 45 000 b.): du fruit et des épices au nez, des tanins fermes et un boisé frais en bouche; un second vin équilibré et solide. ⌛ 2017-2022

SAS Vignobles Jean Kressmann, 8, chem. de la Tour, 33650 Martillac, tél. 05 57 97 71 11, chateau@latourmartillac.com V r.-v.

CH. LATOUR-MARTILLAC 2012 ★

Cru clas.	40 000		30 à 50 €

90 91 92 93 94 95 96 97 98 99 (00) 01 02 03 04 |05| |06| |07| |08| |09| |10| 11 12

Si beaucoup de grands noms du négoce bordelais ont choisi de s'implanter dans le Médoc, les Kressmann ont opté pour les Graves et pour ce cru acquis en 1930, qui doit son nom à une tour ornant sa cour – vestige d'un château bâti au XIIe s. par des ancêtres de Montesquieu. Une belle unité de 50 ha réputée autant pour ses blancs que pour ses rouges.

Fidèle à son habitude, ce cru propose avec ce 2012 un pessac blanc souple et fin. Le nez, élégant et flatteur, associe des notes d'acacia, de citron, de toast. Des arômes que l'on retrouve agrémentés de nuances de buis et de fruits exotiques dans une bouche équilibrée, suave sans lourdeur, toujours fraîche. ⌛ 2015-2020 🍴 bar en papillote

SAS Vignobles Jean Kressmann, 8, chem. de la Tour, 33650 Martillac, tél. 05 57 97 71 11, chateau@latourmartillac.com V r.-v.

CH. LA LOUVIÈRE 2011 ★

■	130 000		20 à 30 €

(90) 92 93 94 95 96 97 98 99 (00) 01 02 03 04 |05| 06 07 08 09 10 11

Bien que non classé, La Louvière, limitrophe de Carbonnieux et de Haut-Bailly, est un cru emblématique de pessac-léognan – par l'élégance de son château classé Monument historique, par l'ancienneté de son vignoble (XIVe s.), par le rôle de son propriétaire (André Lurton, depuis 1965) dans la naissance de l'AOC et par la qualité constante de ses vins.

À l'image du château, le vin joue la carte de l'élégance. D'une grande harmonie, il charme l'œil par sa robe bordeaux sombre. Le bouquet, discret mais subtil, mêle la pivoine, la framboise, le cassis et les épices. Épaulé par un boisé toasté bien ajusté, le palais dévoile des tanins fermes et fins enrobés par une chair tendre et soyeuse. ⌛ 2017-2022 🍴 quasi de veau

André Lurton, Ch. Bonnet, 33420 Grézillac, tél. 05 57 25 58 58, andrelurton@andrelurton.com V r.-v.

CH. LA LOUVIÈRE 2012 ★

	55 000		20 à 30 €

(90) 91 92 93 94 95 96 98 99 00 01 02 03 04 05 06 |07| |08| 09 10 11 12

Bien que non classé, La Louvière, limitrophe de Carbonnieux et de Haut-Bailly, est un cru emblématique de pessac-léognan – par l'élégance de son château classé Monument historique, par l'ancienneté de son vignoble (XIVe s.), par le rôle de son propriétaire (André Lurton, depuis 1965) dans la naissance de l'AOC et par la qualité constante de ses vins.

Fruits exotiques, agrumes, bourgeon de cassis, pain grillé, vanille, le bouquet de ce 2012 se révèle intense, élégant et bien typé. La bouche tient la note et séduit par sa souplesse, sa rondeur et sa jolie finale longue et fraîche. Un ensemble équilibré, pas trop gras, ni trop vif, ni trop boisé. ⌛ 2015-2019 🍴 risotto aux langoustines ■ L de la Louvière 2012 (11 à 15 €; 150 000 b.): un second vin bien équilibré entre fruité frais et boisé toasté, entre gras et vivacité. ⌛ 2014-2018

André Lurton, Ch. Bonnet, 33420 Grézillac, tél. 05 57 25 58 58, andrelurton@andrelurton.com V r.-v.

CH. LUCHEY-HALDE 2012

	4 300		20 à 30 €

Ce domaine de 29 ha d'un seul tenant, enchâssé dans l'agglomération bordelaise, appartient depuis 1999 à Bordeaux Sciences Agro (anciennement Enita), qui a reconstitué le vignoble disparu lors de la Première Guerre mondiale.

Fruits frais, buis, fleurs blanches et vanille: le bouquet est élégant et avenant. À une attaque fraîche et dynamique succède un palais souple, gras et rond, sur le miel et le citron confit. ⌛ 2014-2017 🍴 flan d'asperges sauce crémée

Bordeaux Sciences Agro, Ch. Luchey-Halde, 17, av. du Mal-Joffre, 33700 Mérignac, tél. 05 56 45 97 19, info@luchey-halde.com V r.-v.

CH. MALARTIC-LAGRAVIÈRE 2011 ★★

■ Cru clas.	80 000		30 à 50 €

90 91 92 93 95 96 97 98 99 00 01 |(02)| |03| |04| (05) 06 |07| 08 09 (10) 11

Sur l'étiquette, trois mâts en l'honneur du comte de Malartic, amiral sous le règne de Louis XV, dont la famille fut propriétaire du cru au XVIIIe s. Depuis son rachat en 1996 par les Bonnie, d'origine belge, ce vignoble de 53 ha implanté sur une belle croupe de graves a bénéficié d'un vaste plan de rénovation, à la vigne et au chai. Une valeur sûre de l'appellation dans les deux couleurs, codirigée depuis 2013 par Jean-Jacques Bonnie et sa sœur Véronique.

Un 2011 placé sous le signe de la finesse. La robe d'un seyant pourpre profond est engageante. La cerise mûre, les petits fruits noirs et un boisé épicé et bien fondu composent un bouquet des plus charmeurs. Une attaque fringante ouvre sur un palais ample et élégant, aux tanins soyeux et bien enrobés, qui s'étire dans une longue finale. Ce vin très soigné sera agréable assez rapidement, tout en pouvant se garder de nombreuses années. ⌛ 2018-2024 🍴 filet de boeuf ■ La Réserve de Malartic 2011 ★ (120 000 b.): un joli nez d'épices et de fruits mûrs, une bouche riche et bien structurée. ⌛ 2017-2020

SC Ch. Malartic-Lagravière, 43, av. de Mont-de-Marsan, 33850 Léognan, tél. 05 56 64 75 08, malartic-lagraviere@malartic-lagraviere.com r.-v. A.-A. Bonnie

CH. MALARTIC-LAGRAVIÈRE 2012 ★

■ Cru clas. | 12 000 | ◖◗ | 50 à 75 €

Sur l'étiquette, trois mâts en l'honneur du comte de Malartic, amiral sous le règne de Louis XV, dont la famille fut propriétaire du cru au XVIII[e]s. Depuis son rachat en 1996 par les Bonnie, d'origine belge, ce vignoble de 53 ha implanté sur une belle croupe de graves a bénéficié d'un vaste plan de rénovation, à la vigne et au chai. Une valeur sûre de l'appellation dans les deux couleurs, codirigée depuis 2013 par Jean-Jacques Bonnie et sa sœur Véronique.

Ce vin se montre fort plaisant par son expression aromatique associant de subtils parfums floraux et fruités à des notes douces de pâtisserie. Vif et alerte, tout en étant souple et soyeux, de bonne longueur, le palais évolue dans le même registre élégant et délicat. ⌛ 2015-2020 🍴 tartare de saint-jacques

SC Ch. Malartic-Lagravière, 43, av. de Mont-de-Marsan, 33850 Léognan, tél. 05 56 64 75 08, malartic-lagraviere@malartic-lagraviere.com r.-v. A.-A. Bonnie

CH. MIREBEAU 2011

■ | 15 000 | ◖◗ | 15 à 20 €

Cette propriété, où vécut vers 1900 la petite-fille d'Alexandre Dumas Fils, a vu son vignoble se développer dans les années 1950. Plantée sur la partie la plus haute du coteau dominant Martillac, la vigne couvre 4 ha, conduits par Cyril Dubrey depuis 1996.

Issu d'un assemblage original de merlot (70 %), de cabernet-sauvignon (20 %), de carmenère et de petit verdot, ce 2011 déploie un bouquet expressif de cerise bigarreau et de poivre gris. Frais en attaque grâce à une légère note mentholée, le palais monte doucement en puissance, porté par des tanins denses et soyeux qui permettront de déguster ce vin sans trop attendre. ⌛ 2015-2018 🍴 cailles aux raisins

Ch. Mirebeau, 35, rte de Mirebeau, 33650 Martillac, tél. 05 56 72 61 76, contact@chateau-mirebeau.com V r.-v. Cyril Dubrey

CH. LA MISSION HAUT-BRION 2012 ★★

■ Cru clas. | 6 672 | ◖◗ | + de 100 €

Séparé du château Haut-Brion juste par la RN 250 et uni à lui depuis 1983 dans le cadre des domaines Clarence Dillon, ce cru s'individualise par son histoire. Celle-ci est liée à la puissante famille de Lestonnac jusqu'en 1682, puis, jusqu'à la Révolution, aux pères lazaristes de Saint-Vincent, qui identifièrent les qualités remarquables de son terroir graveleux aujourd'hui planté de 29 ha de vignes, dont 3 ha en blanc.

Comme toujours ici, une part belle est faite au sémillon (84 %). Le 2012 annonce sa finesse dès le bouquet à travers de fines notes de citron vert, de pêche, de chèvrefeuille et de vanille, pour composer une palette aussi équilibrée qu'alerte. Une attaque ample et tout en délicatesse ouvre sur un palais où fraîcheur, puissance et gras s'équilibrent parfaitement. Un pessac d'une réelle élégance, qui n'est pas sans rappeler celle des grands blancs bourguignons. ⌛ 2017-2022 🍴 turbot sauce pain d'épice ■ La Clarté de Haut-Brion 2012 ★ (18 072 b.): second vin blanc commun à Haut-Brion et à la Mission; un 2012 au nez frais d'agrumes et de fruits exotiques, au palais rond et délicat. ⌛ 2015-2018

Ch. la Mission Haut-Brion, 67, rue Peybouquey, 33400 Talence, tél. 05 56 00 29 30, info@haut-brion.com r.-v.

CH. LA MISSION HAUT-BRION 2011 ★★

■ Cru clas. | 58 848 | ◖◗ | + de 100 €

82 83 84 85 86 87 88 89 (90) 92 93 94 95 (96) 97 98 99 (00) 01 02 03 04 (05) 06 07 08 09 10 11

Séparé du château Haut-Brion juste par la RN 250 et uni à lui depuis 1983 dans le cadre des domaines Clarence Dillon, ce cru s'individualise par son histoire. Celle-ci est liée à la puissante famille de Lestonnac jusqu'en 1682, puis, jusqu'à la Révolution, aux pères lazaristes de Saint-Vincent, qui identifièrent les qualités remarquables de son terroir graveleux aujourd'hui planté de 29 ha de vignes, dont 3 ha en blanc.

Le printemps le plus sec depuis 1949, une année anormalement chaude et un mois de juillet étonnamment frais... Comme tous les autres crus, la Mission n'a pas échappé aux facéties de la météo en 2011. Pourtant, le vin, ample et puissant, perpétue la tradition et se montre « très pessac-léognan ». La robe est bien soutenue, nuancée de violine. Le bouquet décline les fruits mûrs et les fruits frais, la vanille et les épices, ainsi qu'une touche bien marquée d'âtre froid. Frais et solide dès l'attaque, le palais déploie des tanins en rangs bien serrés, qui apportent beaucoup de volume et de densité à ce grand vin de garde. ⌛ 2019-2026 🍴 filet de bœuf sauce chocolat ■ La Chapelle de la Mission 2011 (61 548 b.): un joli second vin au nez de pain d'épice et de violette, au palais frais et solide. ⌛ 2016-2020

Ch. la Mission Haut-Brion, 67, rue Peybouquey, 33400 Talence, tél. 05 56 00 29 30, info@haut-brion.com r.-v.

CH. OLIVIER 2011 ★

■ Cru clas. | n.c. | ◖◗ | 20 à 30 €

Relais de chasse du Prince Noir puis résidence de la grand-mère de Montesquieu, ce château aux allures de forteresse, édifié au XIIe s. et transformé aux XIVe et XVIIIe s., est la propriété de la famille de Bethmann depuis 1886. Il étend son vignoble de 55 ha d'un seul tenant sur un terroir varié comportant de belles graves sur socle argilo-calcaire.

Le bouquet, bien ouvert, mêle les fruits rouges un peu confits aux épices. En bouche priment d'emblée la rondeur, le gras et la souplesse; les fruits cuits et les épices sont toujours bien présents, épaulés par des tanins doux et un boisé mesuré. Un pessac généreux, que l'on pourra apprécier aussi bien jeune que vieux. ⌛ 2016-2022 🍴 souris d'agneau aux épices

Ch. Olivier, 175, av. de Bordeaux, 33850 Léognan, tél. 05 56 64 73 31, mail@chateau-olivier.com V r.-v. Dd Bethmann

CH. OLIVIER 2012

■ Cru clas. | 22 000 | ◖◗ | 30 à 50 €

05 06 07 08 09 10 11 12

Relais de chasse du Prince Noir puis résidence de la grand-mère de Montesquieu, ce château aux allures de

forteresse, édifié au XIIe s. et transformé aux XIVe et XVIIIe s., est la propriété de la famille de Bethmann depuis 1886. Il étend son vignoble de 55 ha d'un seul tenant sur un terroir varié comportant de belles graves sur socle argilo-calcaire.

Issu d'un assemblage de 78 % de sauvignon et de 20 % de sémillon complétés par un soupçon de muscadelle, ce vin livre un bouquet mariant harmonieusement le buis et l'églantine à des nuances fumées. S'ouvrant sur la fraîcheur, le palais penche ensuite vers le gras et une certaine opulence, dominé par des arômes de miel, de coing et d'agrumes mûrs. ⧗ 2016-2019 🍴 navarin de poisson

Ch. Olivier, 175, av. de Bordeaux, 33850 Léognan, tél. 05 56 64 73 31, mail@chateau-olivier.com V r.-v. de Bethmann

CH. PAPE CLÉMENT 2011 ★★

■ Cru clas. | 104 000 | | 75 à 100 €

82 83 **85 86** 87 **88 89 90 91 92 93 94 95 96 97** |**98**| |**99**| |00| |**01**| |**02**| **03 04 05 06** 07 **08 09 10 11**

La première pièce et l'une des plus illustres de la collection de Bernard Magrez, « l'homme aux quarante châteaux », propriétaire des lieux depuis les années 1980. L'une des plus anciennes aussi : ce cru appartint à la fin du XIIIe s. à Bertrand de Goth, noble d'Aquitaine et futur pape d'Avignon sous le nom de Clément V. Le vignoble resta ensuite longtemps rattaché à l'archevêché de Bordeaux ; classé en rouge, il s'étend aujourd'hui sur 44 ha.

Le cru tient son rang avec ce 2011 en robe rouge cerise aux reflets fuchsia. Riche et intense, le bouquet mêle les fruits rouges et les fruits à noyau un peu confiturés à des notes de ronce, de toast et d'épices. Le palais, dans le droit-fil, se montre tout aussi généreux et complexe, sur des arômes de fraise et de mûre, de fumée et de tabac en finale. Ample, gras, vineux, il dévoile une texture veloutée et des tanins au grain fin qui donnent confiance en l'avenir, tout en autorisant une ouverture prochaine. ⧗ 2018-2026 🍴 caille au foie gras

Ch. Pape Clément, 216, av. Nancel-Penard, 33600 Pessac, tél. 05 57 26 38 38, chateau@pape-clement.com V r.-v. 5
Bernard Magrez

CH. PONTET-CAILLOU 2011 ★

■ | 20 000 | | 15 à 20 €

Bien implanté un peu plus au sud, dans l'appellation graves (Vieux Château Gaubert, Grand Bourdieu), Dominique Haverlan a planté, en 2004, 13 ha en pessac-léognan sur une croupe de graves (« cailloux ») que traverse une allée évoquant un pont reliant les vignes à la forêt.

Ce vin associe le cabernet-sauvignon (50 %), le merlot (42 %) et une touche de petit verdot. Le bouquet témoigne d'un mariage réussi du bois (cacao, épices) et du fruit, agrémenté de notes de cuir. À l'unisson, le palais séduit par sa rondeur, sa souplesse et son caractère velouté. Un pessac aimable et généreux. ⧗ 2017-2020 🍴 magrets de canard aux figues

Dominique Haverlan, 35, rue du 8-mai-1945, 33640 Portets, tél. 05 56 67 18 63, dominique.haverlan@libertysurf.fr V r.-v.

CH. ROCHE-LALANDE 2011 ★★

■ | 60 000 | | 20 à 30 €

Un pavillon du XVIII^{e}s., un parc, un arboretum : avec le château de Castres (graves), José Rodrigues-Lalande, ingénieur et œnologue, a acquis en 1996 un beau quartier général. Il s'est agrandi en 2013 dans cette même AOC en achetant le Ch. Beau-Site, après s'être implanté en pessac-léognan en 2004, avec l'acquisition du Ch. Roche-Lalande.

La robe pourpre à reflets noirs de ce 2011 est aussi expressive que son bouquet, ouvert sur les fruits rouges bien mûrs, la vanille et le tabac. Ample, gras, corpulent sans lourdeur, adossé à des tanins fins et fondus et rehaussé d'une délicate saveur d'amande grillée, le palais est un modèle d'équilibre. Ce pessac est apte à la garde ; mais pourquoi attendre quand le plaisir peut être immédiat ? ⧗ 2015-2020 🍴 lamproie à la bordelaise

EARL Vignobles Rodrigues-Lalande, Ch. de Castres, rte de Pomarède, 33640 Castres-sur-Gironde, tél. 05 56 67 51 51, contact@chateaudecastres.fr V t.l.j. 8h-12h 14h-18h

CH. DE ROCHEMORIN 2012 ★★

■ | 30 000 | | 11 à 15 €

Ancienne ferme fortifiée de style périgourdin ayant appartenu à Montesquieu, ce château a failli perdre son vignoble au début du XXe s., les propriétaires de l'époque préférant la sylviculture à la viticulture. Racheté en 1973 par André Lurton, il dispose aujourd'hui d'un vaste vignoble de 100 ha et de chais ultramodernes.

Ce blanc de pur sauvignon, étincelant dans sa robe jaune paille, distille de fins arômes floraux (acacia, buis), citronnés et boisés. Frais à l'attaque, le palais se révèle ample, riche, charnu, généreux. Une discrète et élégante touche d'amertume marque la finale, apportant un supplément de complexité et d'allonge à ce vin déjà très harmonieux. ⧗ 2014-2019 🍴 saint-jacques à la nage

André Lurton, Ch. Bonnet, 33420 Grézillac, tél. 05 57 25 58 58, andrelurton@andrelurton.com

CH. LE SARTRE 2011 ★

■ | 32 000 | | 15 à 20 €

Redécouvert et reconstitué au début des années 1980 par la famille Perrin (Ch. Carbonnieux), ce cru de 35 ha est implanté sur de belles graves à l'ouest de Léognan, presque à l'orée de la forêt, au voisinage de Malartic, Fieuzal et Chevalier. À sa tête depuis 2004, Marie-José Leriche, sœur du regretté Antony Perrin.

Valeur sûre de l'appellation, le domaine est fidèle au rendez-vous du Guide avec ce 2011 très élégant dans sa robe noire aux reflets bordeaux. Le bouquet, fin et complexe, mêle sans fausse note le moka, la réglisse, le sous-bois et les fruits noirs. Puissant, ample, gras, le palais s'appuie sur de solides tanins de garde. Prometteur. ⧗ 2017-2024 🍴 épaule d'agneau ■ **Le S de Sartre 2011 (11 à 15 € ; 5 000 b.)** : plus souple et rond que le précédent, il s'appréciera aussi plus tôt. ⧗ 2014-2016 ■ **Ch. le Sartre 2012 (36 000 b.)** : un vin expressif (fleurs blanches, agrumes, litchi), sur la finesse et la souplesse plutôt que sur la puissance et le gras. ⧗ 2014-2016

Ch. le Sartre, 78, chem. du Sartre, 33850 Léognan, tél. 05 56 64 08 78, chateaulesartre@wanadoo.fr V r.-v.

CH. SEGUIN 2011 ★

■	32 000		15 à 20 €

Bordé par le chemin de Saint-Jacques – les pèlerins passaient devant la croix de Seguin, toujours sur la propriété – ce domaine viticole ancien tombé dans l'oubli a été entièrement reconstitué depuis 1987 par les Darriet. Le vignoble, composé de deux belles croupes de graves, couvre aujourd'hui 31 ha.

Mi-cabernet franc mi-merlot, ce vin grenat profond dévoile un bouquet soutenu et harmonieux de cerise confite, de cassis et d'épices douces. Des arômes que l'on retrouve dans un palais ample et dense, arrimé à de solides tanins qui appellent la garde. 2018-2024 faisan en cocotte

SC Dom. de Seguin, chem. de la House, 33610 Canéjan, tél. 05 56 75 02 43, contact@chateauseguin.com V r.-v. J. Darriet

CH. SMITH HAUT LAFITTE 2011 ★★

■ Cru clas.	120 000		75 à 100 €

90 91 92 **93 94 95** 96 97 **98** 99 **00 01 02** 03 04 05 06 07 **08 09 10 11**

Ce cru ancien fondé en 1365 doit son nom au navigateur écossais George Smith, installé ici au XVIIIe s. Lui succéderont M. Duffour-Dubergier, maire de Bordeaux, puis Louis Eschenauer, grande figure du négoce bordelais. En 1990, Florence et Daniel Cathiard acquièrent le domaine et lancent de grands travaux : création de deux chais souterrains, reprise du travail du sol sans désherbant, intégration de leur propre tonnellerie, développement de l'œnotourisme avec *Les Caudalies*, complexe hôtelier et centre de vinothérapie. Le vignoble couvre aujourd'hui 78 ha sur une belle croupe de graves günzeiennes.

La robe sombre frangée de reflets violines laisse entendre que le vin sera intense et profond. De fait, le nez se révèle complexe, généreux, centré sur un boisé racé, toasté et épicé, et sur les petits fruits très mûrs. Concentré, riche, puissant, bâti sur des tanins serrés, le palais signe un pessac étoffé, au solide potentiel. 2018-2024 navarin d'agneau ■ **Le Petit Haut Lafitte 2011 (15 à 20 € ; 60 000 b.)** : un second vin de bonne tenue, souple et rond, bien équilibré entre bois et fruit. 2016-2019

Ch. Smith Haut Lafitte, 33650 Martillac, tél. 05 57 83 11 22, f.cathiard@smith-haut-lafitte.com V r.-v. SAS D. Cathiard

CH. SMITH HAUT LAFITTE 2012 ★★

■	30 000		50 à 75 €

90 91 **92** 93 94 95 **96 97** 98 **99 00 01 02 03 04** 05 06 **07** 08 **09 10** 11 **12**

Ce cru ancien fondé en 1365 doit son nom au navigateur écossais George Smith, installé ici au XVIIIe s. Lui succéderont M. Duffour-Dubergier, maire de Bordeaux, puis Louis Eschenauer, grande figure du négoce bordelais. En 1990, Florence et Daniel Cathiard acquièrent le domaine et lancent de grands travaux : création de deux chais souterrains, reprise du travail du sol sans désherbant, intégration de leur propre tonnellerie, développement de l'œnotourisme avec *Les Caudalies*, complexe hôtelier et centre de vinothérapie. Le vignoble couvre aujourd'hui 78 ha sur une belle croupe de graves günzeiennes.

Fidèle à la tradition du cru, le blanc 2012 fait preuve d'une grande élégance. Le bouquet évolue en finesse dans un registre boisé (grillé, vanille), fruité (agrumes confits), floral (tilleul) et miellé. Une complexité à laquelle fait écho un palais ample, soyeux et délicat, offrant un mariage vin-bois parfaitement équilibré. 2016-2021 navarin de homard

Ch. Smith Haut Lafitte, 33650 Martillac, tél. 05 57 83 11 22, f.cathiard@smith-haut-lafitte.com V r.-v. SAS D. Cathiard

Le Médoc

Dans l'ensemble girondin, le Médoc occupe une place à part. À la fois enclavés dans leur presqu'île et largement ouverts sur le monde par un profond estuaire, le Médoc et les Médocains apparaissent comme une parfaite illustration du tempérament aquitain, oscillant entre le repli sur soi et la tendance à l'universel. Et il n'est pas étonnant d'y trouver aussi bien de petites exploitations familiales presque inconnues que de grands domaines prestigieux appartenant à de puissantes sociétés françaises ou étrangères.

S'en étonner serait oublier que le vignoble médocain (qui ne représente qu'une partie du Médoc historique et géographique) s'étend sur plus de 80 km de long et 10 km de large. Le visiteur peut donc admirer non seulement les grands châteaux du vin du siècle dernier, avec leurs splendides chais-monuments, mais aussi partir à la découverte approfondie du pays. Très varié, celui-ci offre aussi bien des horizons plats et uniformes (près de Margaux) que des croupes (vers Pauillac), ou l'univers tout à fait original du Médoc dans sa partie nord, à la fois terrestre et maritime. La superficie des AOC du Médoc représente environ 16 400 ha.

Pour qui sait quitter les sentiers battus, le Médoc réserve plus d'une heureuse surprise. Mais sa grande richesse, ce sont ses sols graveleux, descendant en pente douce vers l'estuaire de la Gironde. Pauvre en éléments fertilisants, ce terroir est particulièrement favorable à la production de vins de qualité, la topographie permettant un drainage parfait des eaux.

On a pris l'habitude de distinguer le Haut-Médoc, de Blanquefort à Saint-Seurin-de-Cadourne, et le nord Médoc, de Saint-Germain-d'Esteuil à Saint-Vivien. Au sein de la première zone, six appellations communales produisent les vins les plus réputés. Les soixante crus classés sont essentiellement implantés sur ces appellations communales ; cependant, cinq d'entre eux portent exclusivement l'appellation haut-médoc. Les crus classés représentent approximativement 25 % de la surface totale des vignes du Médoc, 20 % de la production de vins et plus de 40 % du chiffre d'affaires. Plusieurs caves coopératives existent dans les appellations médoc et haut-médoc, mais aussi dans trois appellations communales (listrac, pauillac, saint-estèphe).

Le vignoble du Médoc est réparti entre huit appellations d'origine contrôlées. Il existe deux appellations sous-régionales, médoc et haut-médoc (60 % du vignoble médocain), et six appellations communales : saint-estèphe, pauillac, saint-julien, listrac-médoc, moulis-en-médoc et margaux – l'appellation régionale étant bordeaux comme dans le reste du vignoble du Bordelais.

Cépage traditionnel en Médoc, le cabernet-sauvignon est probablement moins important qu'autrefois, mais il couvre 52 % de la totalité du vignoble. Avec 34 %, le merlot vient en deuxième position ; son vin, souple, est aussi d'excellente qualité et, d'évolution plus rapide, il peut être consommé plus jeune. Le cabernet franc, qui apporte de la finesse, représente 10 %. Enfin, le petit verdot et le malbec jouent le rôle de cépages d'appoint.

Les vins du Médoc jouissent d'une réputation exceptionnelle ; ils sont parmi les plus prestigieux vins rouges de France et du monde. Ils se remarquent à leur couleur grenat, évoluant vers une teinte tuilée, ainsi qu'à leur bouquet fruité dans lequel les notes épicées de cabernet se mêlent souvent à celles, vanillées, qu'apporte le chêne neuf. Leur structure tannique, dense en même temps qu'élégante, et leur parfait équilibre contribuent à une bonne tenue dans le temps : ils s'assouplissent sans maigrir et gagnent en richesse olfactive et gustative.

MÉDOC

• Superficie : 5 700 ha • Production : 300 000 hl

L'ensemble du vignoble médocain a droit à l'appellation médoc, mais en pratique celle-ci n'est utilisée que dans le nord de la presqu'île, à proximité de Lesparre, les communes situées entre Blanquefort et Saint-Seurin-de-Cadourne pouvant revendiquer celle de haut-médoc ou des communales, dans le cadre de leurs zones délimitées spécifiques. Malgré cela, l'appellation médoc est la plus importante en superficie et en volume.
Les médoc se distinguent par une couleur très soutenue. Avec un pourcentage de merlot plus important que dans les vins du haut-médoc et des appellations communales, ils possèdent souvent un bouquet fruité et beaucoup de rondeur en bouche. Certains, provenant de croupes graveleuses isolées, associent aussi une grande finesse et une certaine richesse tannique.

CH. L'ARGENTEYRE 2011

■ | 140 000 | ◍ | 5 à 8 €

À partir de 1992, Gilles et Philippe Reich ont acquis plusieurs petites parcelles dans le Médoc pour composer un ensemble de 50 ha près de l'estuaire, dont 25 ha sur graves pyrénéennes dans le cru bourgeois l'Argenteyre.

Une part non négligeable de petit verdot (15 %) entre, avec le cabernet-sauvignon et le merlot, dans la composition de ce médoc encore jeune dans sa robe grenat à reflets violets. Le nez se révèle chaleureux, épicé et grillé, prélude à un palais bien structuré par des tanins fermes. ⧗ 2015-2019 🍴 grillade de bœuf

🔑 GAEC des Vignobles Reich, 43, rte de Courbian, 33340 Bégadan, tél. 05 56 41 52 34, chateau-argenteyre@wanadoo.fr V ⛉ t.l.j. sf sam. dim. 8h30-12h30 13h30-17h30

CH. BELLEGRAVE 2011 ★

■ | 49 338 | ◍ | 5 à 8 €

Cru médocain de 12 ha situé à Valeyrac, propriété de la famille Chauvin depuis quatre générations, vinifié par la maison de négoce Yvon Mau.

Un 2011 bien dans l'esprit médoc : belle robe rouge profond, nez expressif de pruneau et de toast grillé, attaque souple, tanins fondus, boisé et fruité en harmonie. Un vin qualifié « d'authentique ». ⧗ 2015-2019 🍴 rôti de bœuf

🔑 SA Yvon Mau, rue Sainte-Pétronille, 33190 Gironde-sur-Dropt, tél. 05 56 61 54 54, info@ymau.com

CH. BOIS CARRÉ 2011

■ | 7 000 | ◍ | 8 à 11 €

Commencée en 1870, la construction du château – en réalité une maison bourgeoise – s'arrêta pour cause de phylloxéra et ne fut achevée qu'en... 2001. David Renouil y conduit depuis 1999 un petit vignoble de 6 ha sur argilo-calcaire.

Mi-merlot mi-cabernet-sauvignon, ce médoc plaît par son bouquet fruité de pruneau, de mûre et de cassis, et aussi par ses tanins fins et fondus, quoiqu'un peu stricts en finale. Un « vin plaisir », à boire jeune. ⧗ 2015-2017 🍴 grillade de porc

🔑 David Renouil, 1, rue de Mazails, 33340 Saint-Yzans-de-Médoc, tél. 06 08 68 45 61, vanessadavid33@hotmail.fr V ⛹ ⛉ t.l.j. sf dim. 8h-12h 14h-18h

CH. LE BOURDIEU 2011

■ | n.c. | ◍ | 11 à 15 €

Reconstitué en 1978 par Guy Bailly, ce cru ancien bâti sur une croupe de graves fut au début du XIXᵉs. la propriété de Philippe Delacourt, géographe du roi ayant cartographié le Médoc.

Merlot et cabernet-sauvignon font jeu égal dans ce 2011 au nez discret mais plaisant, fumé et fruité. Le palais se révèle souple en attaque puis va crescendo jusqu'à sa finale épicée. ⧗ 2015-2017 🍴 entrecôte grillée

🔑 Ch. le Bourdieu, 1, rte de Troussas, 33340 Valeyrac, tél. 05 56 41 58 52, guybailly@lebourdieu.fr V ⛹ ⛉ t.l.j. sf sam. dim. 9h-12h30 14h-18h 🏠 G
🔑 Guy Bailly

CH. LA BRANNE 2011 ★

■ | 126 000 | ◍ | 8 à 11 €

Passer de 6 à 25 ha en un quart de siècle, c'est très bien ; le faire en maintenant la qualité, c'est mieux. Voilà ce qu'ont réussi Philippe et Fabienne Videau, installés en 1986 sur cette propriété familiale et sortis de la cave coopérative en 1999.

Ce cru bourgeois ne cache pas ses douze mois de fût et livre un bouquet au boisé torréfié soutenu. Tout aussi « barriqué », – mais d'un « bon bois » commente un juré –, le palais s'appuie sur des tanins denses et voluptueux qui lui confèrent du volume et promettent une bonne évolution à la garde. ⧗ 2016-2020 🍴 gigot d'agneau

EARL Fabienne et Philippe Videau, 2, rte de Peyrere, 33340 Bégadan, tél. 05 56 41 55 24, labranne@ wanadoo.fr V t.l.j. sf dim. 9h-12h 14h-18h B

CH. DES BROUSTERAS 2011 ★

17 000 | 11 à 15 €

Rue de l'Ancienne Douane : l'adresse de ce petit cru de 4 ha conduit depuis 1960 par la famille Renouil rappelle que Saint-Yzans est une commune du Médoc maritime, et les vignes, à très forte dominante de merlot, regardent la « rivière », comprenez l'estuaire.

80 % de merlot dans ce 2011. Un médoc au nez discret, mais élégant, de réglisse et de fruits rouges sur fond boisé. Bien dosé, l'élevage ne nuit pas à la souplesse et au soyeux du palais, mais épaule sans excès une structure tannique bien en place. Un ensemble harmonieux. 2017-2020 canard rôti

SCF Ch. des Brousteras, 2, rue de l'Ancienne-Douane, 33340 Saint-Yzans-de-Médoc, tél. 05 56 09 05 44, chateaudesbrousteras@gmail.com V r.-v.
Renouil Frères

CH. LA CARDONNE 2011 ★

n.c. | 20 à 30 €

Commandée par une petite chartreuse dominant la Gironde, cette propriété est, depuis son acquisition en 1991, le fleuron (45 ha) des domaines CGR, qui constituent, avec 125 ha de vignes, l'un des plus vastes ensembles de crus de l'appellation médoc.

Le 2011 ne se contente pas d'une belle teinte rubis foncé pour montrer sa personnalité. Bien servi par un bouquet mariant délicatement les fruits mûrs et le caramel, il dévoile une jolie matière étayée par des tanins ronds. La finale rappelle que cet ensemble a besoin de temps pour s'affiner. 2017-2022 rôti de bœuf aux cèpes

Les Domaines CGR – Ch. la Cardonne, rte de la Cardonne, 33340 Blaignan, tél. 05 56 73 31 51, cgr@domaines-cgr.com V r.-v.

CH. LA CHANDELLIÈRE 2011 ★

173 000 | 8 à 11 €

Installés depuis 1980 sur une croupe argilo-calcaire de Civrac, les deux frères Secret conduisent un vignoble de 45 ha répartis entre les crus bourgeois La Chandellière (31 ha) et Bournac (14 ha).

Côté Chandellière, ils proposent un 2011 au nez intense de fruits rouges frais agrémentés d'une touche réglissée, et au palais ample, gras, dense, soutenu par des tanins fermes et prometteurs. Un médoc de caractère. 2017-2022 gibier en sauce ■ Ch. Bournac 2011 ★ (57 000 b.) : un vin lui aussi « sérieux », offrant une belle matière soutenue par une charpente solide.

Secret Frères et Fils, 16, rte des Petites-Granges, 33340 Civrac-en-Médoc, tél. 05 56 41 53 51, secret.didier@gmail.com r.-v.

♥ CLOS MANOU 2011 ★★

40 000 | 20 à 30 €

En 1998, Stéphane Dief et son épouse Françoise louent 12 ares pour créer leur vignoble. D'achat de parcelles en acquisition de petits crus soigneusement sélectionnés, leur propriété s'étend aujourd'hui sur 17ha ; elle est devenue une référence en médoc.

Présenté pour la première fois au Guide, leur grand vin – un qualificatif en rien usurpé – fait une entrée des plus remarquées. De la robe, rouge foncé parfait, au palais, à la fois ample, riche, soyeux, solide, bâti sur des tanins au grain très fin, en passant par le nez intense et complexe (fruits noirs mûrs, vanillé délicat, notes de sous-bois), tout désigne la bouteille de grande facture. 2018-2024 tournedos Rossini ■ Petit Manou 2011 ★ (8 à 11 € ; 60 000 b.) : coup de cœur dans sa version 2010, il est depuis longtemps bien plus qu'un second. Là où le « grand frère » privilégie le cabernet-sauvignon (65 %), le Petit joue la carte du merlot (70 %). Résultat : un vin plein, chaleureux (confiture de mûres) et bien structuré. 2017-2022

Françoise et Stéphane Dief, 7, rue du 19-Mars-1962, 33340 Saint-Christoly-Médoc, tél. 05 56 41 54 20, sogeviti.sf@wanadoo.fr V r.-v.

CH. CROIX DE MAI 2011

12 000 | 11 à 15 €

Un cru de poche (1,76 ha) créé en 2010 par Cécile Reich-Courrian. Se dressant devant le chai, la croix, qui lui a donné son nom était autrefois ornée de fleurs, en mai, par les vignerons locaux qui venaient la vénérer lors de processions religieuses.

Une protection qui semble avoir souri à cette vigneronne, dont le vin fait son entrée dans le Guide. Un 2011 ouvert sur les fruits noirs mûrs, le chocolat et les épices (poivre) ; un caractère généreux que ne dément pas le palais, suave, d'un bon volume et bien charpenté. 2016-2019 sauté d'agneau

Reich-Courrian, 33, rte de Courbian, 33340 Bégadan, tél. 06 88 82 99 16, chateau-croixdemai@dartybox.com V r.-v.

CH. LA CROIX DU BREUIL 2011

86 667 | - de 5 €

Cru médocain de 22 ha basé à Couquèques, propriété de Roger Jean, vinifiée par la maison de négoce Yvon Mau.

Ce vin élevé huit mois en cuve se montre intéressant par son bouquet fruité et épicé, agrémenté d'une note animale. Le palais se révèle souple, frais, de bonne longueur. 2015-2017 viande rouge grillée

SA Yvon Mau, rue Sainte-Pétronille, 33190 Gironde-sur-Dropt, tél. 05 56 61 54 54, info@ymau.com

DOURTHE La Grande Cuvée 2011 ★

50 000 | 8 à 11 €

Célèbre négoce fondé en 1840 par Pierre Dourthe, propriétaire de plusieurs crus (comme Maucaillou à Moulis) et élaborateur de vins de marque. Une valeur sûre restée étroitement liée au Médoc, depuis 2007 intégrée au groupe familial champenois Alain Thiénot.

Valeur sûre et reconnue, La Grande Cuvée tient son rang avec ce 2011 qui mêle au nez le pain d'épice, la vanille et les fruits mûrs. Dans la continuité du bouquet, le palais, ample et tendre, presque moelleux, est épaulé par des tanins bien extraits qui doivent encore se fondre. Un médoc de style classique. ⧗ 2017-2022 🍷 coq au vin ■ Terroir d'exception Terrasse de la Jalle 2011 (40 000 b.) : dans un style proche, de bonne garde lui aussi, avec de bons tanins et une belle fraîcheur. ⧗ 2017-2020

🔑 Dourthe, 35, rue de Bordeaux-Parempuyre,
CS 80004, 33295 Blanquefort Cedex,
tél. 05 56 35 53 00, contact@dourthe.com

CH. D'ESCURAC 2011 ★

■	68 000	◐	11 à 15 €

Nés sur une belle butte argilo-graveleuse, l'une des plus élevées du Médoc, les vins de Jean-Marc Landureau, installé en 1990, sont fréquemment retenus dans le Guide. Une chapelle du XIe s. encore présente sur le domaine donne son nom au second vin d'Escurac.

Mi-merlot mi-cabernet-sauvignon, le grand vin livre un bouquet franc et élégant de fruits rouges, d'épices (poivre

Le Médoc et le Haut-Médoc

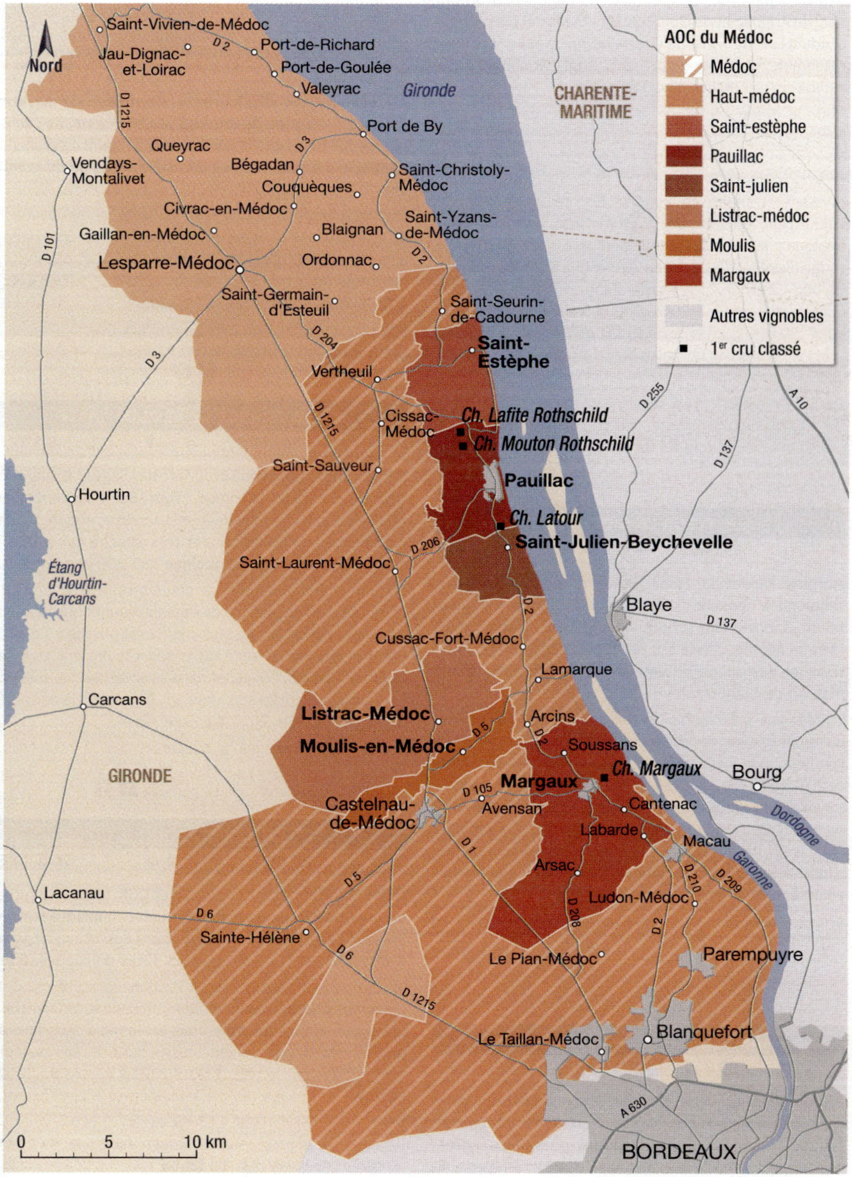

et vanille) et de réglisse. Souple et rond en attaque, plus vif dans son développement, porté par des tanins fins et un bon boisé toasté, le palais n'est pas en reste. ⧗ 2017-2020 ▼ fromage à pâte molle

SCFED Landureau, Ch. d'Escurac, rte d'Escurac, 33340 Civrac-en-Médoc, tél. 05 56 41 50 81, contact@chateaudescurac.com V r.-v.

ESPRIT D'ESTUAIRE 2011 ★

■	6 000		11 à 15 €

Regroupement des coopératives de Bégadan, d'Ordonnac, de Prignac et de Queyrac, Uni-Médoc est le premier producteur de vins de l'appellation médoc. La cave rassemble quelque deux cent vingt viticulteurs qui exploitent un millier d'hectares.

Marque phare née d'une sélection des meilleures parcelles du groupement, l'Esprit d'Estuaire est une fois encore au rendez-vous du Guide. Un vin d'un grenat seyant, joliment boisé au nez sans manquer de fruit, puissant et ferme en bouche. Encore un peu sévère aujourd'hui, l'ensemble est prometteur, avec une belle finale sur le fruit. ⧗ 2018-2022 ▼ gibier rôti ■ **Merrain rouge Élevé en fût de chêne 2011 ★ (5 à 8 € ; 300 000 b.)** : un bon classique, bien équilibré entre fût et fruit, charnu et bien charpenté. ⧗ 2017-2020 ■ **Saint-Roch 2011 ★ (5 à 8 € ; 10 000 b.)** : un nez bien fait de réglisse et de fruits rouges, relayé par un palais trapu et généreux. ⧗ 2017-2020

Les Vignerons d'Uni-Médoc, 14, rte de Soulac, BP 20025, 33340 Gaillan-en-Médoc, tél. 05 56 41 03 12, cave@uni-medoc.com V t.l.j. sf dim. 8h30-12h30 14h-18h; sam. 9h-12h 14h-17h; ouv. dim. en été

CH. FLEUR LA MOTHE 2011

■	55 000		11 à 15 €

Antoine Médeville, Henri Boyer et Édouard Massie, œnologues conseils associés depuis vingt ans, souhaitaient élaborer leur propre vin. En 2008, ils ont acquis Fleur la Mothe, classé cru bourgeois depuis 1932, 14 ha d'un joli terroir de graves et d'argilo-calcaires sur le plateau de Saint-Yzans.

Entrés dans le Guide l'an dernier, ils prouvent de nouveau qu'ils ont su exploiter les potentialités du cru. L'intensité de la robe, d'un grenat sombre, se retrouve dans le bouquet de ce 2011 fruité, toasté et vanillé. Riche et tendre, le palais aux tanins ronds est bien construit mais encore sous l'emprise du bois. ⧗ 2016-2019 ▼ viande rouge grillée ■ **Le Jardin de Fleur la Mothe 2011 (5 à 8 € ; 22 000 b.)** : second vin moins expressif sur le plan aromatique, mais équilibré et bien en chair. ⧗ 2016-2019

SCEA des Œnologues, rte du Canyon, 33250 Pauillac, tél. 05 56 59 67 06, contact@chateaufleurlamothe.fr V r.-v.
Médeville, Massie, Boyer

MASCARON PAR GINESTET 2011 ★

■	50 000		5 à 8 €

Depuis plus d'un siècle, Ginestet est l'une des principales maisons de négoce bordelaises, aujourd'hui intégrée au groupe Taillan. Pour l'une de ses marques phares, déclinée en cinq AOC, elle a choisi comme emblème le mascaron, masque sculpté décorant de nombreuses façades de Bordeaux.

Bien typé dans sa robe grenat à reflets noirs, ce vin marie avec bonheur les parfums de cassis, de mûre et de rose aux notes grillées de l'élevage. Ample et chaleureux, soutenu par des tanins gras et puissants, le palais ne manque pas de charme non plus et finit en beauté sur une note épicée et fruitée. ⧗ 2016-2020 ▼ pavé de biche

Maison Ginestet, 19, av. de Fontenille, 33360 Carignan-de-Bordeaux, tél. 05 56 68 81 82, vincent.pensivy@ginestet.fr r.-v.

GOULÉE
By Cos d'Estournel 2011 ★

■	n.c.	20 à 30 €

« Goulée by Cos d'Estournel ». Ce médoc né sur une partie de la croupe de Brisey, à Jau-et-Dignac, ne cache pas sa filiation avec le célèbre cru de Saint-Estèphe. Il bénéficie d'ailleurs du savoir-faire de l'équipe du grand vin.

Une robe élégante et pleine de jeunesse, un nez avenant de petits fruits rouges, un palais rond et tout aussi aimable, soutenu par une bonne structure et offrant un joli retour aromatique : un médoc simple et de bon goût. ⧗ 2016-2020 ▼ entrecôte à l'échalote

Domaines Reybier, Cos d'Estournel, 33180 Saint-Estèphe, tél. 05 56 73 15 50, estournel@estournel.com r.-v.

CH. LA GRANGE DE BESSAN 2011 ★

■	28 000		8 à 11 €

Bessan Ségur (ancienne propriété des Ségur), Grange de Bessan, Gravette Lacombe, Tour Saint-Vincent : les quatre crus médocains de Rémi Lacombe, adepte d'une « viticulture de précision » et très attaché aux processus d'élaboration de ses quelque 380 000 cols annuels.

La Grange de Bessan est une petite propriété de 4 ha qui bénéficie des installations de Bessan Ségur et qui possède un terroir argilo-calcaire où le merlot est privilégié. Le 2011 offre un nez fin et fruité où le bois est présent sans se montrer excessif. Souple et rond, avec des tanins soyeux, le palais est au diapason, donnant un ensemble équilibré et élégant. ⧗ 2016-2020 ▼ volaille rôtie

Vignobles Lacombe, 2, Bessan, 33340 Civrac-en-Médoc, tél. 05 56 41 56 91, contact@vignobles-lacombe.com V r.-v.

CH. GRIVIÈRE 2011 ★

■	162 000		20 à 30 €

L'une des étiquettes des domaines CGR, vaste ensemble de crus de 125 ha dans l'AOC médoc. Implanté sur un ancien lit de rivière, ce château ayant appartenu à Lafite Rothschild est l'une des valeurs sûres de l'appellation.

Très proche en qualité de La Cardonne, l'autre cru des domaines CGR sélectionné dans ce chapitre. Un vin bien bouqueté autour des fruits frais et du moka, qui dévoile une matière ronde et généreuse (fruits à l'eau-de-vie), bien habillée par le bois. ⧗ 2016-2020 ▼ épaule d'agneau confite

Les Domaines CGR – Ch. Grivière, rte de la Cardonne, 33340 Blaignan , tél. 05 56 73 31 51, cgr@domaines-cgr.com V r.-v.

CH. HAUT-MAURAC 2011

■	95 000		11 à 15 €

Également producteur dans le Libournais (Jean-Faure, Haut Ballet) et en Roussillon (Mas Amiel), Olivier Decelle, ancien PDG des surgelés Picard, possède depuis 2001 ce cru médocain de 28 ha implanté sur la croupe de graves garonnaises de Mazails.

Ce médoc pourpre profond mêle discrètement notes de pruneau et de boisé fondu. Le palais est bien structuré, le merrain sans excès et la finale douce et aimable. Un vin équilibré. ⧗ 2015-2018 ¶ paleron de bœuf braisé

SCEA Olivier Decelle, Ch. Haut-Maurac, 3, rte de Mazails, 33340 Saint-Yzans-de-Médoc, tél. 05 56 09 05 37, contact@lvod.fr V r.-v.

CH. L'INCLASSABLE 2011 ★

■	50 000		15 à 20 €

Le nom de ce cru, dans la famille Fauchey depuis 1900, appelle une explication : pour un retard de quinze jours dans le renouvellement de la marque, il a perdu son nom de Lafon sous l'action d'une propriété homonyme. Rémy Fauchey, à sa tête depuis 1985, l'a rebaptisé, non sans humour, l'Inclassable.

Ce 2011 offre un bouquet complexe de confiture de mûres et de nuances animales puis libère à l'aération des arômes de griotte sur fond toasté. Équilibré, le palais se montre à la fois puissant, concentré et élégant, grâce à ses tanins ronds et à un boisé bien dosé. ⧗ 2016-2020 ¶ épaule d'agneau braisée

SCEA Vignobles Rémy Fauchey, 4, chem. des Vignes, 33340 Prignac-en-Médoc, tél. 05 56 09 02 17, remy.fauchey@wanadoo.fr V t.l.j. 9h-18h; dim. sur r.-v.

CH. LABADIE 2011 ★

■	220 000		8 à 11 €

(90) 97 **98** 99 00 01 02 **03** |**04**| |05| |**06**| |07| 08 (09) 10 11

De 4 ha en 1970, lors de son acquisition par Yves Bibey, cette propriété de la pointe du Médoc est passée à près de 50 ha aujourd'hui. Après une expérience en Australie, Jérôme, fils d'Yves, a pris les rênes de ce cru bourgeois d'une régularité notable dans la qualité, et avec des volumes qui n'ont rien de négligeable. Une valeur sûre.

Une dominante de merlot (53 %) dans ce médoc d'un beau rouge profond, qui développe un bouquet discret de baies noires, d'épices et de torréfaction. La bouche est longue, ample, douce et bien concentrée, portée par des tanins mûrs. Un vin charmeur et équilibré. ⧗ 2015-2019 ¶ gigot d'agneau

GFA Bibey, 1, rte de Chassereau, 33340 Bégadan, tél. 05 56 41 55 58, gfabibey@free.fr V t.l.j. sf sam. dim. 9h-12h 14h-18h

CH. LES LATTES 2011 ★

■	90 000		8 à 11 €

Le vin du cru, né sur une croupe très graveleuse, a longtemps été vendu sous le nom de « Carcanieux Les Graves Les Lattes ». Depuis 1968 existent deux étiquettes : Château Carcanieux (25 ha) et Château les Lattes (12,6 ha), aujourd'hui propriétés du groupe Taillan.

Le Château Les Lattes 2011, à dominante de merlot, retient l'attention par sa couleur vive et dense comme par son nez de réglisse, de moka et de fruits rouges croquants. Au palais, on retrouve un bon équilibre bois-fruit et une belle densité tant au niveau des arômes que des tanins encore jeunes. ⧗ 2017-2020 ¶ entrecôte grillée ■ **Ch. Carcanieux 2011 ★** (11 à 15 € ; 180 000 b.) : là aussi, une belle présence tannique, du volume, du gras et de l'intensité aromatique. ⧗ 2017-2020

SCF Ch. Carcanieux, 25, chem. de Lescapon, 33340 Quéyrac, tél. 06 98 81 31 22, carcanieux@vignoblesdeterroirs.com Groupe Taillan

CH. LAYAUGA-DUBOSCQ
Cuvée Renaissance 2011 ★

■	40 000		11 à 15 €

Issu de l'ancien vignoble du château Layauga, démembré en 1966, ce cru a été acquis en 1994 par le chef étoilé Philippe Jorand, qui s'est associé en 2006 avec Henri Duboscq (Haut-Marbuzet à Saint-Estèphe) et sa sœur Anne-Marie, séduits par ces 15 ha d'alios et de sables recouverts de petites gravilles.

Issu de merlot, de cabernet-sauvignon et de petit verdot de plus de quarante ans d'âge triés grain par grain, ce 2011 libère des parfums aguicheurs de fruits rouges, d'épices et de toasté. Le palais n'est pas en reste et plaît par son volume, sa rondeur, ses tanins fins et sa longue finale poivrée. ⧗ 2017-2020 ¶ sole aux cèpes

SCEA du Ch. Layauga-Duboscq, chem. de Lescapon, 33340 Queyrac, tél. 05 56 59 30 54 V r.-v.

CH. LEBOSCQ 2011 ★

■	116 000		15 à 20 €

Situé à Saint-Christoly sur une petite hauteur (25 m) dominant les palus et la Gironde, ce cru de 30 ha fait partie de la « galaxie » Lapalu. Il bénéficie d'un terroir de graves profondes sur lequel naissent régulièrement de jolis vins.

C'est encore le cas avec ce 2011 au bouquet riche et complexe de fruits mûrs, de vanille, de sous-bois et de truffe. Après une attaque souple, le palais se révèle charnu, tannique, encore sous l'emprise du merrain. Un beau classique de bonne garde. ⧗ 2017-2020 ¶ gigot d'agneau

Ch. Patache d'Aux – Ch. Leboscq, 1, rue du 19-Mars, 33340 Bégadan, tél. 05 56 41 50 18, info@domaines-lapalu.com Jean-Michel Lapalu

LOUDENNE 2011 ★

■	200 000		15 à 20 €

Une chartreuse rose du XVIIe s., un chai et un petit port du XIXe s., une collection de roses anciennes, le « Pink Château », comme on le surnomme, est un haut lieu touristique du Médoc. C'est aussi un beau terroir de 132 ha établi sur une croupe de graves en bordure de l'estuaire. Passé en 2013 des Lafragette au groupe chinois de spiritueux Moutai.

Une légère dominante de merlot (51 %) et les deux cabernets dans ce 2011 qui fleure bon les fruits rouges et le grillé du merrain, bien charpenté par des tanins fermes mais pas agressifs. Dans le ton de l'appellation. ⧗ 2017-2020 ¶ magret de canard sauce poivre

SAS Ch. Loudenne, 33340 Saint-Yzans-de-Médoc, tél. 05 56 73 17 88, contact@chateau-loudenne.com t.l.j. 9h-12h30 13h30-17h30; nov. à mars sur r.-v. 5 Groupe Moutai

CH. LOUSTEAUNEUF 2011

	120 000		11 à 15 €

Acquis par Danielle et Serge Segond à leur retour d'Algérie en 1962, ce cru de 28 ha s'est doté en 1993 d'un nouveau chai à l'initiative de Bruno Segond qui a quitté la coopérative de Bégadan pour créer son propre vin.

Une forte part de cabernet-sauvignon (70 %) entre dans ce 2011 grenat foncé, ouvert sur des parfums de noyau et d'intenses notes de moka et de pain grillé. Une dominante boisée que l'on retrouve dans une bouche séveuse et tannique. 2017-2020 épaule d'agneau confite

Ch. Lousteauneuf, 2, rte de Lousteauneuf, 33340 Valeyrac, tél. 05 56 41 52 11, chateau.lousteauneuf@wanadoo.fr r.-v. M. Segond

CH. DE LUSSAN Vieilles Vignes 2011 ★

	15 000	8 à 11 €

Après avoir repris quelques vignes de son frère coopérateur, Bruno Caussan s'est installé en 1990 à Lussan, au nord de Saint-Estèphe, sur un plateau argilo-calcaire où il exploite aujourd'hui 14 ha. Les vins sont commercialisés par les Domaines Lapalu.

Issu des plus vieilles parcelles (vingt-cinq ans), ce 2011, engageant dans sa robe rouge sombre, livre un bouquet équilibré entre fruité et vanillé. S'il a besoin de se fondre, le palais, solidement charpenté et doté d'un bon volume, laisse envisager une belle évolution. 2017-2022 salmis de palombe

EARL Bruno Caussan, Lussan, 33340 Ordonnac, tél. 05 56 09 03 30, caussan-lussan@orange.fr r.-v.

CH. MAZAILS 2011

	300 000		8 à 11 €

Commandé par une belle demeure de 1777, ce cru domine l'estuaire, particulièrement majestueux à cet endroit. Le vignoble de 47 ha est établi sur une jolie butte de graves à la matrice argileuse.

Ce 2011 se présente favorablement dans une robe pourpre intense, le nez empreint de fruits noirs et d'épices. Il tient ses promesses en bouche: de la rondeur, des tanins fermes sans dureté, une bonne longueur. « Simple et efficace », conclut un juré. 2016-2019 steak au poivre

Chacun, 16, rte de Mazails, 33340 Saint-Yzans-de-Médoc, tél. 05 56 09 00 62 t.l.j. 9h-12h 14h-18h

CH. PIERRE DE MONTIGNAC 2011

	150 000		8 à 11 €

D'abord dédié à la polyculture, ce cru familial régulier en qualité s'est orienté en 1988 vers la vigne (24 ha aujourd'hui et 30 ha de céréales) sous la conduite de José et Lucette Sallette, épaulés par leur fils Romain depuis 2009.

Sans rivaliser avec certains millésimes antérieurs particulièrement réussis, ce 2011 a quelques arguments, comme son bouquet expressif de fruits mûrs et de toasté, et son palais bien équilibré, dense et ferme, un peu strict en finale. 2017-2021 canard rôti

Romain Sallette, 1, rte de Montignac, 33340 Civrac-en-Médoc, tél. 06 32 46 58 32, pierredemontignac@free.fr t.l.j. 8h-12h 13h30-18h 2

CH. MOULIN DE BEL AIR 2011

	75 000		8 à 11 €

À la tête de 26 ha, les Dartiguenave ont de solides racines médocaines, leurs aïeux ayant été maîtres de chai et tonneliers au XIXes. Sur ce terroir argilo-calcaire, le merlot est bien représenté.

Le merlot entre à 80 % dans ce 2011 mariant au nez la confiture de fruits rouges à de fines notes toastées. Souple en attaque, le palais offre des tanins ronds et une association équilibrée entre fruité et boisé chocolaté. 2015-2019 confit de canard

Jean-Luc Dartiguenave, Ch. les Tuileries, 6, rue de Lamena, 33340 Saint-Yzans-de-Médoc, tél. 05 56 09 05 31, contact@chateaulestuileries.com t.l.j. sf sam. dim. 9h-12h 14h-18h

CH. MOULIN DE CANHAUT 2011 ★

	40 000		11 à 15 €

Cru de 43 ha au nord de l'AOC, acquis dans les années 1950 par René Poitevin et sorti de la coopérative en 1991 par Guillaume, petit-fils de l'acquéreur. Un bon ambassadeur des médoc avec Poitevin, le grand vin, Lamothe Pontac, issu de parcelles plus jeunes, et Moulin de Canhaut, dernier-né sur 6 ha.

Et c'est lui qui vole la vedette au grand vin avec un 2011 au nez élégant de fruits rouges confits, d'épices, de toasté et de cachou. Un médoc souple en attaque, rond et généreux dans son développement, soutenu par des tanins fins et serrés. 2017-2020 carré d'agneau aux cèpes Ch. Poitevin 2011 (160 000 b.): un bouquet plaisant, fruité, boisé sans excès, relayé par un palais équilibré, de bonne longueur. 2015-2018

EARL Poitevin, 14, rue du 19-Mars-1962, 33590 Jau-Dignac-Loirac, tél. 05 56 09 45 32, contact@chateau-poitevin.com r.-v.

CH. LES ORMES SORBET 2011

	70 000		15 à 20 €

Propriété des Boivert depuis 1764, ce cru de 20 ha est exploité par Hélène Boivert et ses fils Vincent et François. Il possède un terroir très particulier: un calcaire coquillier, dit de « Couquèques », où naissent des vins régulièrement au rendez-vous du Guide.

Assemblage bien médocain de cabernet-sauvignon (65 %), de merlot et de petit verdot, ce 2011 mêle au nez les fruits rouges, le grillé et une touche mentholée. Chaleureux, d'une bonne ampleur, le palais est harmonieux, même s'il demande encore à s'ouvrir. 2016-2019 côte de bœuf Ch. Fontis 2011 (11 à 15 €): propriété personnelle de Vincent Boivert, 10 ha à Ordonnac. Au nez, des notes de chocolat et de fruits noirs; en bouche, des tanins souples et une belle fraîcheur. 2015-2019

Hélène Boivert, Ch. les Ormes Sorbet, 20, rue du 3-Juillet-1895, 33340 Couquèques, tél. 05 56 73 30 30, ormes.sorbet@wanadoo.fr t.l.j. 9h-12h 14h-18h; sam. dim. sur r.-v.

CH. PATACHE D'AUX 2011 ★

■ | 360 000 | 🍾 ◍ | 15 à 20 €

Important ensemble de vignobles, les Domaines Lapalu regroupent plusieurs crus, dont ce domaine de 70 ha depuis 1964, leur fief historique et ancienne propriété des chevaliers d'Aux, descendants des comtes d'Armagnac, avant de devenir après la Révolution un relais de diligences, appelées « pataches » en Médoc.

Ce vin n'a rien de confidentiel, ce qui ne rend que plus appréciables ses nombreuses qualités, à savoir : une élégante robe grenat vif et profond, un bouquet bien typé de torréfaction et de poivron, un palais ferme et séveux qui réclame un peu de patience. ⧗ 2017-2020 Ψ grillade de bœuf au feu de bois ■ Les Chevaux de Patache d'Aux 2011 (11 à 15 € ; 70 000 b.) : issu des plus jeunes vignes du cru, un vin fruité et épicé, souple en attaque, plus sévère dans son développement. ⧗ 2015-2018

⊶ SC Ch. Patache d'Aux, 1, rue du 19 mars, 33340 Bégadan, tél. 05 56 41 50 18, info@domaines-lapalu.com V r.-v.

⊶ Jean-Michel Lapalu

CH. DU PERIER 2011

■ | 28 200 | ◍ | 11 à 15 €

Créé en 1880 par le comte Henri du Périer de Larsan, député du Médoc et maire de Soulac à la fin du XIXᵉs., ce cru de 33 ha appartient depuis 1984 à Bruno Saintout, également propriétaire du château la Bridane (saint-julien) et du domaine de Cartujac (haut-médoc).

Mi-merlot mi-cabernet-sauvignon, ce 2011 affirme sa personnalité par un bouquet de fruits mûrs bien mariés au bois et à une touche de feuille séchée, et par un palais riche et structuré par des tanins de qualité. ⧗ 2016-2019 Ψ cailles rôties

⊶ Bruno Saintout - Ch. du Périer, 19, rte de Lesparre, 33340 Saint-Christoly-Médoc, tél. 05 56 59 90 71, bruno.saintout@wanadoo.fr V r.-v.

CH. LE PEY 2011 ★

■ | n.c. | ◍ | 11 à 15 €

Une valeur sûre de l'appellation que ce cru de 45 ha, le plus vaste de la famille Compagnet, qui possède aussi les châteaux Moulin de Cassy et Grand Bertin de Saint-Clair. Créé en 1970 sur un petit coteau (le « pey » en gascon) au sol argilo-calcaire, il est conduit depuis 1990 par Olivier Compagnet.

Avec ce millésime, les Compagnet signent un médoc finement bouqueté autour des fruits rouges mûrs, de la vanille et du cèdre. Le palais se révèle rond, généreux et suave, adossé à des tanins élégants. L'ensemble est harmonieux. ⧗ 2016-2020 Ψ rôti de veau orloff ■ Ch. Grand Bertin de Saint-Clair 2011 ★ : expressif (fruits rouges et grillé), souple, de bonne densité, soutenu par des tanins soyeux. ⧗ 2016-2020

⊶ SCEA Olivier Compagnet, 10, rte de Lesparre, 33340 Bégadan, tél. 05 56 41 57 75, info@compagnetvins.com V t.l.j. sf sam. dim. 9h-12h 14h-18h

CH. PEY DE PONT Élevé en fût de chêne 2011 ★

■ | 230 000 | ◍ | 8 à 11 €

Au XIXᵉs., Pey de Pont est déjà une grosse propriété viticole. Acquis en 1950 par Jean Reich, le domaine est sorti de la coopérative en 1997 lors de l'installation des petits-fils Olivier et Laurent, qui conduisent aujourd'hui 36 ha dans les communes de Bégadan et Civrac.

Le merlot et les deux cabernets se partagent l'assemblage de ce 2011 bien sous tous rapports : bouquet délicat de fruits légèrement compotés et de vanille, palais gras et rond, qui monte en puissance, porté par des tanins fondus lui garantissant une belle garde, tout en le rendant déjà plaisant. ⧗ 2016-2020 Ψ pintade aux pruneaux

⊶ SCEA Henri Reich et Fils, 3-5, rte du Port-de-Goulée, Trembleaux, 33340 Civrac-en-Médoc, tél. 05 56 41 52 80, cht.pey-de-pont@wanadoo.fr V t.l.j. 9h-12h 14h-17h30; sam. dim. sur r.-v.

CH. LA PIROUETTE 2011

■ | 25 000 | ◍ | 8 à 11 €

Le joli nom de ce cru s'explique par l'attachement de la famille Roux au monde du cheval, une « pirouette » étant un terme de dressage, activité qui fut longtemps importante dans la pointe du Médoc. À la tête des 30 ha, Michèle Roux, depuis 1998.

Une part non négligeable de petit verdot (20 %) entre dans ce médoc aux côtés des merlot et cabernet-sauvignon. Au nez, des parfums flatteurs de fruits noirs et rouges, de caramel et de vanille. En bouche, du fruit, de la souplesse, des tanins fins et une pointe de fraîcheur « qui va bien ». Légèreté plutôt que force. ⧗ 2015-2018 Ψ rôti de veau

⊶ EARL Roux, 37, chem. de Semensan, 33590 Jau-Dignac-et-Loirac, tél. 05 56 09 42 02, lapirouette@wanadoo.fr V r.-v.

CH. PONTEY 2011 ★

■ | 80 000 | ◍ | 8 à 11 €

Jadis « Pontet », ce cru a gasconisé son nom. Bien situé sur un terroir argilo-graveleux et argilo-calcaire, son vignoble de 14 ha est marqué par une prédominance du merlot sur le cabernet-sauvignon.

Paré d'une élégante robe grenat, ce 2011 affirme d'emblée sa belle personnalité par son bouquet intense et harmonieux de cassis et de mûre sur un fond de vanille apporté par dix-huit mois de barrique. La bouche se montre fraîche en attaque, puis ample et suave, étayée par des tanins ronds et soyeux, et reste très fruitée jusqu'en finale. ⧗ 2016-2020 Ψ tourte aux cèpes

⊶ SARL Bruno de Bayle, 37, rte. du Bord-de-l'Eau, 33360 Latresne, tél. 05 56 21 73 07, quancard@neuf.fr

⊶ GFA Ch. Pontey

CH. POTENSAC 2011

■ | 200 000 | ◍ | 20 à 30 €

Belle unité située sur l'un des points culminants du nord du Médoc et transmise de génération en génération par les femmes, ce cru réputé conduit par Jean-Hubert Delon (Léoville Las Cases) étend l'essentiel de ses 84 ha sur des croupes argilo-graveleuses au sous-sol calcaire et à forte proportion de graves, un terroir proche de celui de Saint-Estèphe.

Sans rivaliser avec certains millésimes antérieurs, ce 2011 d'un beau rouge foncé fait preuve d'élégance dans son expression aromatique, certes encore un peu fermée mais laissant poindre de jolies notes fruitées et boisées, comme dans son développement au palais, frais, souple et fin. ⧗ 2015-2018 🍴 volaille rôtie aux girolles

🔑 Ch. Potensac, 33340 Ordonnac, tél. 05 56 73 25 26, contact@leoville-las-cases.com r.-v.
🔑 Jean-Hubert Delon

PRÉ DE LA ROSE 2011 ★

■ | 60 000 | | 5 à 8 €

Regroupement des coopératives de Bégadan, d'Ordonnac, de Prignac et Queyrac, Uni-Médoc est le premier producteur de vins de l'appellation médoc. La cave rassemble quelque deux cent vingt viticulteurs qui exploitent un millier d'hectares.

Pour ce millésime, les vinificateurs de la « coop » ont privilégié l'élégance par rapport à la puissance. Tant pour le bouquet, aux plaisantes notes fruitées teintées d'épices, que pour la bouche, ample, fraîche et bien équilibrée, bâtie sur des tanins fins. ⧗ 2017-2020 🍴 lapin en gibelotte ■ Ch. Ladignac 2011 ★ (8 à 11 € ; 37 148 b.) : un joli fruité mûr, une bonne matière et des tanins souples. ⧗ 2015-2018 ■ Ch. Bernon 2011 (5 à 8 € ; 66 600 b.) : du fruit au nez comme en bouche, de la fraîcheur et de la souplesse. ⧗ 2015-2018

🔑 Les Vignerons d'Uni-Médoc, 14, rte de Soulac, BP 20025, 33340 Gaillan-en-Médoc, tél. 05 56 41 03 12, cave@uni-medoc.com V t.l.j. sf dim. 8h30-12h30 14h-18h; sam. 9h-12h 14h-17h; ouv. dim. en été

CH. LE REYSSE 2011 ★★

■ | 18 850 | 11 à 15 €

Stefan Paeffgen, agronome originaire de Cologne, et son épouse Heike ont acquis en 2010 auprès de Patrick Chaumont les 27,5 ha du château le Reysse, complétés en 2011 par le Clos du Moulin et en 2012 par Le Moulin de Lestagne.

Confirmant le succès du 2010, premier millésime des Paeffgen, ce très joli 2011 tient toutes les promesses de son éclatante robe grenat. Élégance de ses parfums fruités, épicés et toastés ; ampleur, densité et puissance de sa bouche bâtie sur des tanins soyeux et sur un boisé fin et sans excès : un médoc de garde, équilibré et distingué. ⧗ 2017-2024 🍴 tendron de veau braisé ■ Ch. Clos du Moulin 2011 ★ (8 à 11 € ; 13 000 b.) : du fruit, noir et mûr, rehaussé d'épices, beaucoup de souplesse, de la rondeur et des tanins enrobés. Un « médoc plaisir ». ⧗ 2015-2018

🔑 EARL Lassus-Le Reysse, 1, rte de Condissas, 33340 Bégadan, tél. 06 02 31 39 75, vignobles@paeffgen.org V r.-v. 🔑 Heike et Stefan Paeffgen

♥ CH. ROLLAN DE BY 2011 ★★

■ | 330 000 | | 15 à 20 €

C'est avec Rollan de By, implanté sur les graves argileuses de Bégadan (2 ha acquis en 1989, 52 aujourd'hui), que Jean Guyon, jadis décorateur d'intérieur, a initié son vaste ensemble de crus médocains, complété depuis par les châteaux Haut Condissas (une valeur sûre de l'AOC), Tour Seran, La Clare, Greysac, de By et du Monthil. Au total, une très belle unité de 180 ha singularisée par une forte proportion de merlot dans l'encépagement.

D'une couleur sombre et profonde, ce 2011 dévoile au nez des notes de fruits mûrs et d'épices mâtinées de cuir. Ample, gras et suave, le palais charme par sa rondeur, par

ses tanins fondus et accortes et par son boisé harmonieux. Un médoc déjà fort aimable, qui peut être apprécié jeune ou être attendu. ⧗ 2016-2020 🍴 agneau braisé ■ Ch. Haut Condissas 2011 ★★ (30 à 40 € ; 57 000 b.) : issue des meilleures parcelles de Rollan de By, cuvée spéciale au bouquet profond de fruits noirs mûrs et de vanille, au palais épicé, riche et ample bâti sur des tanins jeunes et fins. ⧗ 2016-2019 ■ Ch. la Clare 2011 ★ (11 à 15 € ; 38 800 b.) : rond, souple, doux, bien équilibré entre fruité et boisé. ⧗ 2016-2019 ■ Ch. Tour Seran 2011 (11 à 15 € ; 61 000 b.) : un bon boisé, du fruit, une structure tannique bien en place. ⧗ 2016-2019

🔑 Domaines Rollan de By, 18, rte de By, 33340 Bégadan, tél. 05 56 41 58 59, infos@rollandeby.com V r.-v.

CH. SAINT-CHRISTOLY 2011 ★

■ | 180 000 | | 11 à 15 €

Situé dans le bourg de Saint-Christoly, charmant petit port de pêche dans l'estuaire, ce cru de 36 ha est exploité depuis 2002 par les petites-filles (Cathy et Sandrine) de Paul Héraud, dont le « vin de Popaul » était célèbre en Médoc.

Ce 2011 s'inscrit dans la tradition des médoc à oublier quelque temps en cave. D'un grenat intense, ouvert sur les fruits noirs et le toasté, il offre un palais bien constitué, charnu et fruité, épaulé par un boisé de qualité et des tanins serrés, voire austères en finale. ⧗ 2017-2020 🍴 entrecôte marchand de vin

🔑 EARL Héraud et Filles, 1 bis, imp. de la Mairie, 33340 Saint-Christoly-Médoc, tél. 05 56 41 82 01, chateau.st.christoly@wanadoo.fr V r.-v.

CH. SAINT-HILAIRE 2011

■ | 79 000 | | 8 à 11 €

Constitué en 1983 par Adrien Uijttewaal, agriculteur d'origine hollandaise, ce cru à cheval entre Jau, Queyrac et Gaillan, vinifié en coopérative jusqu'en 1995, est établi essentiellement sur des croupes de graves dominant l'estuaire. En 2006, le vigneron a acquis le château Gémeillan, sis à Queyrac.

Ce 2011 se montre bien typé par l'intensité de sa robe, par son bouquet épicé et par sa solide structure, garante d'une bonne évolution. Un médoc de garde. ⧗ 2017-2020 🍴 côte de bœuf aux sarments ■ Ch. Gémeillan 2011 (5 à 8 €) : d'un style proche, fruité et épicé au nez, ferme et solide en bouche. ⧗ 2017-2020

🔑 EARL A. et F. Uijttewaal, 13, rue de la Rivière, 33340 Queyrac, tél. 05 56 59 80 88, chateau.st.hilaire@wanadoo.fr V r.-v. E

LE TEMPLE DE TOURTEYRON 2011 ★

■ | 5 000 | | 5 à 8 €

Belle propriété de 130 ha qui maintient vivante la tradition médocaine de l'élevage avec un troupeau d'une centaine de vaches. C'est aussi un vignoble de 20 ha conduit depuis 1981 par Jean-Pierre Bergey, aujourd'hui rejoint par ses enfants Mélissa et Loïc.

Sélection haut de gamme plutôt confidentielle, ce vin présente un nez bien ouvert sur les fruits rouges mûrs mariés aux senteurs chocolatées du bois. La bouche plaît par sa richesse, son volume et ses tanins fermes. Un médoc typé et équilibré. ⌛ 2017-2020 🍴 mimolette vieille ■ Ch. Tourteyron 2011 (moins de 5 € ; 101 466 b.) : un vin souple, rond et fruité, aux tanins bien fondus. À boire sur le fruit. ⌛ 2015-2018

Dom.du Temple, 30, rte du Port-de Goulée, 33340 Valeyrac, tél. 05 56 41 52 99, letempledetourteyron@orange.fr V r.-v.

CH. TOUR CASTILLON 2011 ★

■ | 25 000 | | 11 à 15 €

Situé à l'emplacement d'une des plus importantes forteresses d'Aquitaine, le château de Castillon, ce cru de 21 ha est dans la famille Peyruse depuis quatre générations : à sa tête, Pierre, depuis 1977, épaulé par ses enfants Sébastien et Laure.

Ce vin à la robe fraîche et profonde marie à l'olfaction fruits rouges mûrs, épices et grillé du merrain. Souple en attaque, le palais affiche du volume, de l'intensité aromatique, une belle présence tannique et un boisé pour le moment dominant. Encore un peu de patience. ⌛ 2017-2022 🍴 magret de canard aux cèpes

EARL des Vignobles Peyruse, 3, rte du Fort-Castillon, 33340 Saint-Christoly-Médoc, tél. 05 56 41 54 98, contact@vignoblespeyruse.com V t.l.j. 9h-12h 14h-18h; sam. dim. sur r.-v.

CH. LA TOUR DE BY Héritage Marc Pagès 2011 ★

■ | 8 000 | | 30 à 50 €

Un cru de 95 ha situé au bord de l'estuaire, célèbre par sa tour construite en 1825 sur les ruines d'un moulin, qui servit de phare pour le port de Bordeaux. Un vignoble ancien (1500) acquis en 1961 par des rapatriés d'Afrique du Nord, dont Marc Pagès, unique propriétaire à partir de 1999 (disparu en 2007). Son petit-fils Frédéric Le Clerc lui a succédé en 2005.

Conçue en 1982 par Marc Pagès et son ami œnologue Émile Peynaud, cette cuvée issue de vieilles vignes et élevée dix-huit mois en fût s'illustre par son bouquet complexe de fruits noirs, d'épices, de pain chaud et de chocolat. Le palais, ample, chaleureux, concentré, est à l'unisson. Un médoc expressif et généreux. ⌛ 2016-2020 🍴 viande rouge en sauce ■ 2011 ★ (15 à 20 € ; 450 000 b.) : fruits mûrs et noix de coco au nez, bouche souple en attaque, plus tannique dans son développement. À attendre. ⌛ 2016-2020

SC des Vignobles Marc Pagès, Ch. la Tour de By, [illegible], rte de la Tour-de-By, 33340 Bégadan, tél. 05 56 41 50 03, info@latourdeby.fr V r.-v.

CH. TOUR HAUT-CAUSSAN 2011 ★★

■ | 70 000 | | 11 à 15 €

Propriété des Courrian depuis 1877, ce cru doit son nom à un moulin (restauré en 1981) qui se dresse au centre d'un vignoble de 17 ha (argilo-calcaires sur Blaignan, graves sur Potensac), où merlot et cabernet-sauvignon font jeu égal. À sa tête depuis 2000, Véronique et Fabien Courrian.

Riche et complexe par ses parfums de fruits mûrs, d'épices et de grillé, ce 2011 se montre d'emblée charmeur. Un charme prolongé par un palais rond, ample, expressif, doté d'une solide structure qu'accompagne un boisé bien fondu. Un vrai médoc de garde. ⌛ 2017-2022 🍴 gibier

Fabien et Véronique Courrian, 27 bis, rue de Verdun, 33340 Blaignan , tél. 05 56 09 00 77, courrian@tourhautcaussan.com V r.-v.

CH. TOUR SAINT-BONNET 2011

■ | 140 000 | | 11 à 15 €

Bien situé sur une butte de graves dominant la Gironde, ce cru possède un encépagement à dominante de merlot, complété des cabernets et d'un peu de petit verdot.

Agréablement bouqueté autour des petits fruits rouges, doux à l'attaque, finement tannique, doté d'une belle matière : ce 2011 a tous les attraits du « médoc plaisir », à boire dans sa jeunesse. ⌛ 2015-2018 🍴 magret de canard

SARL du Ch. Tour Saint-Bonnet, 18, rte de By, 33340 Saint-Christoly-Médoc, tél. 05 56 41 53 03, mplacoste@vitigestion.com V r.-v.

VIEUX CHÂTEAU LANDON 2011

■ | 150 000 | | 11 à 15 €

Établi au cœur de l'appellation, au sud-est de Bégadan, ce domaine familial étend ses quelque 40 ha de vignes sur des sols argilo-calcaires, avec un encépagement classique à dominante de cabernet-sauvignon.

Un vin intéressant par l'intensité de sa robe et de son bouquet (vanille et fruits rouges) comme par sa structure, imposante. Tout est réuni pour lui permettre d'absorber le bois, encore très présent. ⌛ 2017-2022 🍴 civet de marcassin

SCEA Laton, 6, rte du Ch. Landon, 33340 Bégadan, tél. 05 56 41 50 42, technique.laton@yahoo.fr V t.l.j. sf sam. dim. 9h-12h 14h-17h

CH. VIEUX ROBIN 2011

■ | 60 000 | | 15 à 20 €

Un vignoble de 19 ha situé au cœur de l'appellation, à l'orée d'un bois, conduit par la même famille depuis six générations, et depuis 1988, par Didier, Maryse et Olivier Roba sous deux étiquettes : Vieux Robin et Anguilleys.

Ce vin grenat à reflets violets met en confiance par son éclat, comme par l'élégance du bouquet, fruité (cerise, cassis), floral (pivoine) et vanillé (dix-huit mois de fût). Souple et bien enrobé, le palais dévoile une bonne présence tannique. Une réussite, comme d'habitude avec ce cru très régulier en qualité. ⌛ 2017-2020 🍴 selle d'agneau rôtie ■ Ch. les Anguilleys 2011 (36 000 b.) : un nez floral (rose) et épicé, de la souplesse et de la générosité en bouche pour ce médoc qualifié de « simple et plaisant ». ⌛ 2014-2018

Ch. Vieux Robin, 3, rte des Anguilleys, 33340 Bégadan, tél. 05 56 41 50 64, contact@chateau-vieux-robin.com V r.-v.

Maryse et Didier Roba

HAUT-MÉDOC

• Superficie : 4 600 ha • Production : 255 000 hl

Le territoire spécifique de l'appellation haut-médoc serpente autour des appellations communales. Cette AOC est la seconde en importance de la presqu'île médocaine. Ses vins jouissent d'une grande réputation,

due en partie à la présence de cinq crus classés dans l'aire d'appellation, les autres se trouvant dans les appellations communales.

En Médoc, le classement des vins a été réalisé en 1855, soit près d'un siècle avant celui des graves. Cette antériorité s'explique par l'avance prise par la viticulture médocaine à partir du XVIII[e]s. ; car c'est là que s'est en grande partie produit « l'avènement de la qualité », lié à la découverte des notions de terroir et de cru, c'est-à-dire à la prise de conscience de l'existence d'une relation entre le milieu naturel et la qualité du vin.

Les haut-médoc se caractérisent par leur générosité, mais sans excès de puissance. D'une réelle finesse au nez, ils présentent généralement une bonne aptitude au vieillissement. Ils devront être bus chambrés et iront très bien avec les viandes blanches, les volailles ou le gibier à plume. Bus plus jeunes et servis frais, ils pourront aussi accompagner certains poissons.

CH. D'AGASSAC 2011

■ | 125 000 | 20 à 30 €

Tours, douves aux dimensions d'un étang, cette ancienne maison forte médiévale est un vrai décor de roman de cape et d'épée. Elle commande aujourd'hui une belle unité de 100 ha (dont plus de 40 ha dédiés à la vigne) appartenant à Groupama.

D'une belle couleur aux nuances violines, ce vin au bouquet délicat, très expressif et bien typé (cassis et mûre avec une note plus fraîche de poivron) développe un palais charnu, puissant et solidement construit. La finale aux tanins fins témoigne d'une extraction bien maîtrisée. ⧗ 2017-2020 ▼ civet de levraut sauce piment ■ Pomies-Agassac Tête de cuvée 2011 (11 à 15 € ; 40 000 b.) : vin agréable, sur le fruité et la fraîcheur, aussi bien au bouquet qu'au palais. ⧗ 2017-2020

SCA Ch. d'Agassac, 15, rue du Château-d'Agassac, 33290 Ludon-Médoc, tél. 05 57 88 15 47, contact@agassac.com V r.-v. Groupama

DOM. ANDRON 2011

■ | 30 000 | | 15 à 20 €

Remontant au XVIIIe s., ce cru longtemps propriété des Thorp, importante famille d'avocats parisiens, a reçu la visite de personnalités comme Pierre Mendès-France. Il a été acquis en 2006 par quatre amis hollandais qui n'ont pas lésiné sur les moyens pour produire un bon vin sur les 7 ha de vignes implantées sur un beau terroir de graves regardant l'estuaire.

Nouveau venu dans le Guide, ce vin offre un bouquet encore discret, dominé par la cerise et les notes de vanille d'un élevage en barrique bien mené. Franc, assez complexe, d'un bel équilibre, une pointe d'acidité lui donnant de la fraîcheur et de l'allonge, le palais déjà agréable laisse deviner un potentiel intéressant. ⧗ 2015-2020 ▼ entrecôte maître d'hôtel

Sté fermière d'Andron, Dom. Andron, 24, rue Georges-Mandel, 33180 Saint-Seurin-de-Cadourne, tél. 05 56 59 58 17, jm.dubos@dbmail.com V r.-v.

♥ CH. D'ARCHE 2011 ★★

■ | 50 000 | | 15 à 20 €

Commandé par une belle maison bourgeoise située dans le bourg de Ludon, en amont de Margaux, un cru de 9 ha d'un seul tenant, planté de vieilles vignes. Propriété de la maison Mähler-Besse depuis 1994, il a été racheté en novembre 2013 par son voisin, le cru classé La Lagune, dont il avait été détaché après 1855.

Un assemblage qui fait entrer cinq cépages : le cabernet-sauvignon (45 %), le merlot (40 %) et le cabernet franc, le petit verdot et la carmenère (5 % chacun). L'avant-dernier millésime vinifié et distribué par la maison Mälher-Besse exprime toutes les qualités d'un remarquable terroir de graves : une robe sombre et profonde ; un bouquet riche mêlant les fruits rouges (airelle) à d'intenses notes toastées et grillées évoquant la croûte de pain ; un palais chaleureux, épicé et bien fondu, une belle finale sur le boisé et le fruité. « Presque un margaux ! » selon un de nos dégustateurs. ⧗ 2018-2024 ▼ lamproie à la bordelaise

Mähler-Besse, 49, rue Camille-Godard, 33000 Bordeaux, tél. 05 56 56 04 56, s.carrier@mahler.besse.com

CH. D'ARCINS 2011 ★

■ | 600 000 | | 11 à 15 €

Cette vaste propriété (170 ha dont 100 de vignes) est située au cœur du bourg du même nom, entre les appellations margaux, moulis et l'estuaire. Elle appartient depuis 1971 à la famille Castel qui l'a dotée d'équipements performants, dont un chai circulaire.

Un terroir de croupes argileuses et sablo-graveleuses, et un assemblage où le merlot est légèrement majoritaire. Au bouquet, les notes boisées – de vanille et de torréfaction – masquent encore le fruit que l'on sent percer. Moelleux à l'attaque, sans excès d'extraction, le palais mise sur l'élégance de ses tanins. ⧗ 2017-2020 ▼ canette rôtie

Ch. et Dom. Castel, Ch. d'Arcins, 33460 Arcins, tél. 05 56 58 90 52, contact@chateaux-castel.com V t.l.j. sf dim. 9h-12h 14h-17h30

CH. D'AURILHAC 2011 ★

■ | 130 000 | | 8 à 11 €

Situé au nord de Saint-Estèphe, un cru de 21 ha propriété depuis 1983 du Néerlandais Erik Nieuwaal. De l'argilo-calcaire, des nappes de graves : le terroir convient aussi bien au merlot (49 %) qu'aux deux cabernets. Jan Nieuwaal les a complétés par un peu de petit verdot pour avoir un encépagement diversifié.

Une belle étoile pour ce 2011 à la robe brillante et au bouquet intense sur les petits fruits rouges et noirs, les épices et des notes toastées. Le palais tient les promesses du nez : souple en attaque, il s'adosse à une trame tannique fine et fraîche, avant de finir sur un agréable retour des petits fruits rouges. ⧗ 2018-2022 ▼ épaule d'agneau farcie

EARL Ch. d'Aurilhac et la Fagotte, 13, rte de Lesparre, 33180 Saint-Seurin-de-Cadourne, tél. 05 56 59 35 32, erik-nieuwaal@wanadoo.fr V r.-v. Erik Nieuwaal

CH. BALAC 2011 ★

	68 000		8 à 11 €

Terre noble au XIVe s., le cru est commandé par une élégante chartreuse construite par Victor Louis à la fin du XVIIIe s. Il a été acheté en 1964 par les Touchais, venus du vignoble angevin. Luc Touchais l'a replanté à partir de 1973 et transmis en 2005 à son fils Lionel, œnologue, fort d'une expérience dans différents domaines étrangers.

La robe sombre aux reflets violets attire l'attention. Le nez, d'abord discret, révèle à l'aération une palette complexe qui marie avec bonheur les épices et les fleurs avec la crème de cassis. À la fois puissante et flatteuse, construite sur des tanins de qualité, la bouche finit sur une note boisée rappelant la noix de coco. Du potentiel. 2017-2022 carré de veau aux champignons

SCEA Ch. Balac, rte de Lesparre, 33112 Saint-Laurent-Médoc, tél. 05 56 59 41 76, chateau.balac@wanadoo.fr V r.-v.

Luc Touchais

CH. BEAUMONT 2011 ★

	423 450		8 à 11 €

Si certains « châteaux du vin » du Second Empire ne brillent pas par leur élégance, ce n'est pas le cas de Beaumont qui marie avec harmonie les styles Renaissance et classique. Défriché à la fin du XVIIIes., planté au début du XIXe, le cru est passé entre de nombreuses mains avant d'être acheté en 1986 par les Grands Millésimes de France, détenus par Castel et Suntory. Le vaste domaine couvre 115 ha.

D'un rouge dense et jeune aux reflets violets, ce 2011 associe au bouquet les fruits rouges et noirs (framboise, cassis) à la vanille de l'élevage. Franc à l'attaque, il dévoile une structure tannique plutôt svelte mais élégante, en harmonie avec une palette fruitée et délicatement boisée. 2015-2021 lapin aux pruneaux

SCE Ch. Beaumont, 28, Beaumont Nord, 33460 Cussac-Fort-Médoc, tél. 05 56 58 92 29, beaumont@chateau-beaumont.com V r.-v.

Grands Millésimes de France

CH. BEL AIR 2011 ★

	200 000		11 à 15 €

Implanté à Cussac-Fort-Médoc, ce domaine est depuis 1980 la propriété de la famille Martin connue pour ses crus de Saint-Julien, appellation qui jouxte Cussac au nord. Il étend son vignoble de 34 ha sur des croupes de graves reposant sur des argiles.

Le cabernet-sauvignon compose 70 % de ce 2011 à la robe engageante, d'un grenat presque noir aux reflets violines. Intense et complexe, le bouquet marie les nuances grillées et épicées de la barrique à des senteurs de cassis. Charnu et soyeux, fruité et persistant, le palais s'appuie sur une solide charpente tannique qui appelle une longue garde. 2018-2025 canard sauvage rôti

Domaines Martin, Ch. Gloria, 33250 Saint-Julien-Beychevelle, tél. 05 56 59 08 18, contact@domaines-martin.com V r.-v.

CH. BELGRAVE 2011 ★

	5e cru clas.	166 700		30 à 50 €

83 85 86 89 (90) 94 95 96 97 98 99 00 01 02 |03| 04 05 |06| |07| 08 09 10 11

Un ancien pavillon de chasse au XVIIe s. Le nom de Bellegrave apparaît en 1845, lorsque Bruno Devès, négociant à Bordeaux, restructure la propriété et bâtit la demeure, les chais et les cuviers. Classé en 1855, ce cru situé à la lisière de Saint-Julien étend ses 59 ha sur des croupes de graves et de galets au soubassement argileux. Propriété de la maison Dourthe depuis 1979.

D'un rouge très soutenu et brillant, la robe s'associe à un bouquet d'une bonne complexité – fruits rouges, cassis et mûre mariés à un fin merrain épicé et vanillé – pour donner de l'allure à la présentation. Riche, ample et dense, le palais se porte garant de l'avenir de cette bouteille. 2018-2024 gigot d'agneau

Vignobles Dourthe, Ch. Belgrave, 33112 Saint-Laurent-Médoc, tél. 05 56 35 53 00, contact@dourthe.com r.-v.

CH. BELLE-VUE 2011 ★

	70 700		15 à 20 €

L'homme d'affaires Vincent Mulliez, disparu en 2010, avait acheté en 2004 dans la partie sud du Médoc les châteaux Bolaire (bordeaux supérieur), Belle-Vue et Gironville (haut-médoc) devenus des valeurs sûres.

Né de cabernet-sauvignon (46 %), de merlot et d'une proportion non négligeable de petit verdot (23 %), ce 2011 a du répondant : une robe profonde, un joli bouquet aux discrètes notes de fruits rouges et d'épices sur un fond toasté, des tanins élégants et jeunes ; tout est réuni pour donner prochainement une bien belle bouteille. 2015-2020 pigeon rôti pommes sarladaises ■ Ch. de Gironville 2011 (26 900 b.) : un haut-médoc moderne, frais et bien construit, soutenu par un bois qui respecte le fruit. 2016-2019

SC de Gironville, 103, rte de Pauillac, 33460 Macau, tél. 05 57 88 19 79, contact@chateau-belle-vue.fr V t.l.j. sf sam. dim. 9h-12h 13h-17h30

Isabelle Mulliez

CH. BERNADOTTE 2011

	180 000		15 à 20 €

Une destinée peu commune pour ce cru. Il doit son nom à Germaine Bernadotte, qui épousa en 1615 un certain Jeandou du Pouey dont le fils garda le nom de Bernadotte. C'est l'ancêtre du maréchal d'Empire et des actuels souverains de Suède. Proche de Pauillac, le domaine (55 ha) a appartenu au Ch. Pichon Comtesse à partir de 1997 pour être finalement vendu en 2012 au groupe asiatique King Power.

Ce 2011 offre un bouquet au boisé appuyé marqué par des notes empyreumatiques, torréfiées et cacaotées sous lesquelles le fruité commence à percer. Souple et rond à l'attaque, charnu, le palais est bien structuré par les tanins un peu stricts en finale. 2017-2021 magret de canard

Ch. Bernadotte, Le Fournas-Nord, 33250 Saint-Sauveur, tél. 05 56 59 57 04, bernadotte@chateau-bernadotte.com V r.-v.

King Power Group

LES BRULIÈRES DE BEYCHEVELLE 2011 ★

■ | 34 500 | ◍ | 15 à 20 €

Le château de Beychevelle, célèbre cru classé de Saint-Julien, s'étend aussi sur de belles croupes de graves garonnaises situées dans la commune voisine de Cussac, en AOC haut-médoc. Un vignoble de 6,4 ha cultivé en bio sans certification, où le merlot est privilégié.

Avec cette belle structure que laissaient présager sa robe grenat dense et un bouquet très frais, où la framboise et la fraise mûres s'allient à un boisé vanillé bien intégré, ce vin équilibré, long et déjà soyeux, possède un bon potentiel qui lui permettra de se fondre encore davantage. ⧗ 2017-2022 Ψ rôti de bœuf aux cèpes

⊶ SC Ch. Beychevelle, Les Brulières-de-Beychevelle, 33250 Saint-Julien-Beychevelle, tél. 05 56 73 20 70, beychevelle@beychevelle.com V r.-v.

CH. DE BRAUDE 2011

■ | 44 000 | ◍ | 11 à 15 €

Situé entre l'agglomération bordelaise et Margaux, ce petit cru de 7,4 ha commandé par un château du XVIIIe s. dépend du Ch. Mongravey (margaux). Il étend son vignoble à proximité de celui de Cantemerle, cru classé en haut-médoc.

Avenant et séducteur avec son bouquet de fruits rouges et noirs, de vanille et de cacao, ce vin montre un mariage réussi entre le fruité et le boisé. Cette impression d'harmonie se prolonge dans un palais qui allie l'élégance à un beau volume. ⧗ 2016-2018 Ψ pintade rôtie

⊶ SCEA Mongravey, 8, av. Jean-Luc-Vonderheyden, 33460 Arsac, tél. 05 56 58 84 51, chateau.mongravey@wanadoo.fr V r.-v. ⊶ Bernaleau

CH. DE CAMENSAC 2011 ★

■ 5e cru clas. | 229 000 | ◍ | 20 à 30 €

(95) (96) **97 98 99 00** 01 **02** 03 **04** |05| |06| |07| 08 09 10 11

Commandé par une chartreuse sobre et élégante du XVIIIe s., ce cru classé de 75 ha jouxte à l'ouest l'appellation saint-julien. Après avoir appartenu entre 1964 et 2005 à la famille Forner, qui en a rénové les chais, il a été acquis par Céline Villars-Foubet et Jean Merlaut, respectivement à la tête de Chasse-Spleen (moulis) et de Gruaud-Larose (saint-julien).

Le merlot (45 %) fait presque jeu égal avec le cabernet-sauvignon dans ce 2011 pourpre profond. Encore discret, le bouquet montre une complexité naissante et une bonne alliance du fruité avec un boisé torréfié. Le palais poursuit dans le droit fil, dévoilant une bonne extraction et une réelle classe. La finale sévère, marquée par le bois neuf, incite à la patience. ⧗ 2018-2022 Ψ civet de lièvre

⊶ Ch. de Camensac, rte de Saint-Julien, 33112 Saint-Laurent-Médoc, tél. 05 56 59 41 69, info@chateaucamensac.com V r.-v.
⊶ Céline Villars-Foubet et Jean Merlaut

CH. CANTEMERLE 2011 ★★

■ 5e cru clas. | 400 000 | ◍ | 20 à 30 €

83 (85) **86** 87 **88** (89) **90 91 92 93 94** 95 **96 97 98 99** |00| |01| |04| 05 **06** |07| |08| 09 10 **11**

Ce cru tire son nom des seigneurs de Cantemerle, dont l'existence est attestée au XIIe s. Si, selon un écrit de 1354, ces nobles payaient la dîme avec un tonneau de clairet, la production viticole n'a pris son essor qu'à partir du XVIe s., sous l'égide des Villeneuve de Durfort. Classé en 1855, le vaste domaine était tombé à une vingtaine d'hectares en 1981, année de son rachat par l'actuel propriétaire, une société d'assurances. Aujourd'hui, un magnifique parc de 28 ha et un vignoble de 90 ha implanté sur de belles graves.

Un mariage équilibré du cabernet-sauvignon (47 %) et du merlot, avec un léger appoint de cabernet franc et de petit verdot. À l'égal du terroir, le vin est bien typé ; tant par sa robe, au beau rouge profond et franc, que par son élégant bouquet, mariant les fruits écrasés, les épices douces et le poivre. Après une attaque ronde, le palais déroule jusqu'en finale des tanins denses mais fins laissant une impression d'harmonie et de solidité. ⧗ 2018-2022 Ψ rôti de veau aux girolles ■ Les Allées de Cantemerle 2011 ★ (11 à 15 € ; 140 000 b.) : un second vin fin et élégant, avec un fruité mûr et un corps bien équilibré. ⧗ 2016-2019

⊶ SC Ch. Cantemerle, 33460 Macau, tél. 05 57 97 02 82, cantemerle@cantemerle.com V r.-v. ⊶ SMABTP

♥ CH. CARONNE STE GEMME 2011 ★★

■ | 200 000 | ◍ | 15 à 20 €

Sainte-Gemme ? Sans doute une déformation de James (Jacques, en gascon) : cette propriété, qui jouxte Saint-Julien, était une halte sur le chemin de Saint-Jacques-de-Compostelle, liée à la présence d'une source (*carona* en gaulois). Elle était protégée par les Templiers installés à Benon, qui aidaient les pèlerins à traverser l'estuaire. On y produit du vin depuis 1648. Le cru (38 ha) a été acheté en 1900 par Émile Borie, grand-père de Jean Nony-Borie qui le conduit avec son neveu François.

Ce très beau terroir de graves garonnaises montre une fois de plus son potentiel, témoin ce vin en robe sombre qui brille par son élégance. Sa finesse s'affirme aussi bien au bouquet, mariage parfaitement réussi du fruité et du boisé, qu'au palais, où se révèle une matière chaleureuse et ample, à la fois tannique et harmonieuse. Étoffé, charnu sans lourdeur, velouté, soutenu par une belle fraîcheur, ce 2011 offre une finale typique du millésime. ⧗ 2017-2020 Ψ osso bucco

⊶ Vignobles Nony-Borie, Caronne, 33112 Saint-Laurent-Médoc, tél. 05 57 87 56 81, jfnony@gmail.com r.-v.

CH. DU CARTILLON 2011 ★★

■ | 108 000 | ◍ | 11 à 15 €

Un cru vinifié par l'équipe de Vincent Cachau, l'œnologue de la Société Fermière des Grands Crus de France (groupe Grands Chais de France) qui regroupe quinze propriétés bordelaises et quelque 390 ha.

Un domaine de 50 ha implanté sur sables et graves. L'encépagement, original pour l'appellation, met en relie le merlot (70 %), avec 15 % de petit verdot. Une combinaison qui a réussi à ce vin. Sa présentation est des plus prometteuses avec une robe grenat sombre et un bouquet de fumé, de grillé et de cuir, agrémenté d'une touche de santal. Après une attaque soyeuse et ronde, le palais révèle de la chair, des tanins harmonieux et une finale imposante, encore un peu stricte, où l'on retrouve les notes de grillé du bouquet. ⧗ 2017-2021 🍷 pièce de bœuf rôtie

Sté Fermière des Grands Crus de France, Ch. du Cartillon, 33460 Lamarque, tél. 05 57 98 07 20

DOM. DE CARTUJAC 2011

■	25 000		11 à 15 €

Établis depuis deux siècles à Saint-Laurent où leurs aïeux élevaient des moutons dans la lande médocaine, les Saintout, également présents en saint-julien, sont très attachés à leurs origines paysannes. Ce cru aux sols argilo-graveleux compte 33 ha.

Un assemblage bien médocain: à côté du cabernet-sauvignon très présent (48 %) et du merlot, il accorde une place non négligeable au petit verdot (14 %). Souple et aromatique, ce 2011, sans posséder une charpente imposante, apparaît bien construit. On le laissera un peu en cave pour lui permettre de parfaire une expression où les fruits rouges bien mûrs se mêlent à des notes de vanille et de tabac. ⧗ 2017-2020 🍷 civet de lièvre

Bruno Saintout, 20, Cartujac, 33112 Saint-Laurent-Médoc, tél. 05 56 59 90 71, bruno.saintout@wanadoo.fr V r.-v.

CH. CHARMAIL 2011 ★

■	120 000		15 à 20 €

Établis au XVIIe s. dans le Médoc, les Trevey de Charmail ont légué leur nom à ce cru, déjà réputé au siècle suivant : une belle unité de 30 ha dominant l'estuaire à Saint-Seurin-de-Cadourne, au nord de Saint-Estèphe. Ingénieur agronome, Olivier Sèze l'a dirigé pendant plus de trente ans. Il l'a vendu en 2008 à Bernard d'Halluin qu'il continue d'assister.

S'annonçant par une robe grenat foncé, ce vin marie harmonieusement les petits fruits et de fines touches d'épices douces léguées par l'élevage. Courtois, le boisé respecte la matière première, l'ensemble gardant une chair ronde et dense, adossée à des tanins présents mais discrets. Un bel équilibre. ⧗ 2015-2019 🍷 côte de bœuf

Ch. Charmail, chem. de Bardis, 33180 Saint-Seurin-de-Cadourne, tél. 05 56 59 70 63, charmail@chateau-charmail.fr V r.-v.

d' Halluin

LE CLASSEMENT DE 1855 REVU EN 1973

PREMIERS CRUS
- Château Haut-Brion (Pessac-Léognan)
- Château Lafite-Rothschild (Pauillac)
- Château Latour (Pauillac)
- Château Margaux (Margaux)
- Château Mouton-Rothschild (Pauillac)

SECONDS CRUS
- Château Brane-Cantenac (Margaux)
- Château Cos-d'Estournel (Saint-Estèphe)
- Château Ducru-Beaucaillou (Saint-Julien)
- Château Durfort-Vivens (Margaux)
- Château Gruaud-Larose (Saint-Julien)
- Château Lascombes (Margaux)
- Château Léoville-Barton (Saint-Julien)
- Château Léoville-Las-Cases (Saint-Julien)
- Château Léoville-Poyferré (Saint-Julien)
- Château Montrose (Saint-Estèphe)
- Château Pichon-Longueville-Baron (Pauillac)
- Château Pichon-Longueville Comtesse-de-Lalande (Pauillac)
- Château Rauzan-Gassies (Margaux)
- Château Rauzan-Ségla (Margaux)

TROISIÈMES CRUS
- Château Boyd-Cantenac (Margaux)
- Château Calon-Ségur (Saint-Estèphe)
- Château Cantenac-Brown (Margaux)
- Château Desmirail (Margaux)
- Château Ferrière (Margaux)
- Château Giscours (Margaux)
- Château d'Issan (Margaux)
- Château Kirwan (Margaux)
- Château Lagrange (Saint-Julien)
- Château La Lagune (Haut-Médoc)
- Château Langoa Barton (Saint-Julien)
- Château Malescot-Saint-Exupéry (Margaux)
- Château Marquis d'Alesme-Becker (Margaux)
- Château Palmer (Margaux)

QUATRIÈMES CRUS
- Château Beychevelle (Saint-Julien)
- Château Branaire-Ducru (Saint-Julien)
- Château Duhart-Milon-Rothschild (Pauillac)
- Château Lafon-Rochet (Saint-Estèphe)
- Château Marquis de Terme (Margaux)
- Château Pouget (Margaux)
- Château Prieuré-Lichine (Margaux)
- Château Saint-Pierre (Saint-Julien)
- Château Talbot (Saint-Julien)
- Château La Tour-Carnet (Haut-Médoc)

CINQUIÈMES CRUS
- Château d'Armailhac (Pauillac)
- Château Batailley (Pauillac)
- Château Belgrave (Haut-Médoc)
- Château Camensac (Haut-Médoc)
- Château Cantemerle (Haut-Médoc)
- Château Clerc-Milon (Pauillac)
- Château Cos-Labory (Saint-Estèphe)
- Château Croizet-Bages (Pauillac)
- Château Dauzac (Margaux)
- Château Grand-Puy-Ducasse (Pauillac)
- Château Grand-Puy-Lacoste (Pauillac)
- Château Haut-Bages-Libéral (Pauillac)
- Château Haut-Batailley (Pauillac)
- Château Lynch-Bages (Pauillac)
- Château Lynch-Moussas (Pauillac)
- Château Pédesclaux (Pauillac)
- Château Pontet-Canet (Pauillac)
- Château du Tertre (Margaux)

L'HÉRITAGE DE CHASSE-SPLEEN 2011

■ | 165 000 | 11 à 15 €

Très vaste propriété (103 ha), le célèbre Ch. Chasse-Spleen est implanté à Moulis, mais une douzaine d'hectares est située dans l'appellation haut-médoc. Le vin qui provient notamment de ces parcelles s'est appelé Ermitage de Chasse Spleen jusqu'en 2000, avant d'être rebaptisé L'Héritage de Chasse-Spleen.

Simple mais bien fait, ce vin joue sur le registre de la finesse. Il sait se rendre plaisant, tant par son bouquet flatteur de fruits rouges soulignés par un boisé bien dosé que par sa bouche ronde, souple et bien équilibrée. 2016-2019 fricassé de volaille aux champignon

Ch. Chasse-Spleen, 37, chem. de la Raze, 33480 Moulis-en-Médoc, tél. 05 56 58 02 37, info@chasse-spleen.fr V r.-v.
Céline Villars-Foubet

CH. CISSAC 2011 ★

■ | 200 000 | 11 à 15 €

Commandé par une chartreuse du XVIIIe s., ce cru a succédé à une ancienne villa gallo-romaine. Son vignoble, installé sur une croupe de graves garonnaises, a été acquis en 1895 par Jacques Mondon. Couvrant aujourd'hui 50 ha, il est exploité depuis 2000 par sa descendante Marie Vialard.

Une robe d'un rouge profond et brillant ; un bouquet de fruits noirs rehaussé de fines nuances épicées, sur un fond légèrement vanillé ; des tanins denses qui se fondent dans une finale solide : une bouteille déjà agréable, qui ne manque pas non plus de potentiel. 2015-2021 canard rôti ■ Ch. du Breuilh 2011 (5 à 8 € ; 120 000 b.) : un vin sur le fruité, souple et bien équilibré. 2015-2018

SCF Ch. Cissac, 33250 Cissac-Médoc, tél. 05 56 59 58 13, marie.vialard@chateau-cissac.com V t.l.j. sf sam. dim. 8h30-17h30 ; f. sem. du 15 août Vialard-Mau

CH. CITRAN 2011

■ | 350 000 | 11 à 15 €

Si le château date du XIXe s., les douves qui l'entourent rappellent l'ancienneté du domaine, tenu six siècles durant par une famille noble, jusqu'au milieu du XIXe s. Deux principautés de Monaco ou neuf cités du Vatican tiendraient dans cette propriété de 400 ha dont un quart (les terrains sablo-graveleux et argilo-calcaires) est voué au vignoble. Géré par les frères Miailhe après 1945, il a été acquis par la famille Merlaut-Villars (Chasse-Spleen) en 1996.

Un haut-médoc partagé entre le merlot et le cabernet-sauvignon, avec une goutte de cabernet franc. Sans être très corsé, ce 2011 suscite l'intérêt par un bouquet tout en nuances, mêlant le cassis à des notes de caramel léguées par l'élevage. Sa chair ronde, ses tanins mûrs et ses flaveurs de réglisse témoignent d'une belle extraction et donnent un caractère fort plaisant au palais. 2016-2020 rosbif

Ch. Citran, chem. de Citran, 33480 Avensan, tél. 05 56 58 21 01, info@citran.com V r.-v.
Merlaut-Villars

CLOSERIES DES MOUSSIS 2011

■ | 6 000 | 11 à 15 €

Microcru (1,4 ha) constitué en 2008 par deux passionnées du vin : Pascale Choime, œnologue, et Laurence Alias, ingénieur agronome. Réunissant des parcelles situées au Pian-Médoc (sur le plateau de Sénéjac) et à Cantenac, il bénéficie d'un joli terroir sablo-graveleux. En bio certifié depuis 2012.

La robe sombre aux reflets violines annonce la couleur. Le bouquet épicé dévoile à l'aération des notes de noyau et de sous-bois. Solides et denses, fermes et austères en finale, les tanins appellent la garde. Une belle charpente. 2017-2021 pavé de biche

Closeries des Moussis, 23, allée du Blanchard, 33460 Arsac, tél. 06 70 61 31 39, l.alias@closeriesdesmoussis.fr V r.-v. Choime-Alias

B CLOS LA BOHÈME 2011

■ | 9 000 | 15 à 20 €

Œnologue issue d'une famille de tonneliers bien connus, Christine Nadalié exploite plusieurs vignobles médocains aux environs de Macau, en amont de Margaux. Après le domaine Beau-Rivage (bordeaux supérieur), acquis en 1995, elle a acheté en 2002 à sa grand-mère paternelle un vignoble de 3,5 ha en haut-médoc, qu'elle a appelé Clos La Bohème. Domaines en bio certifié depuis 2011.

Coincé entre les crus classés La Lagune et Cantemerle, ce petit cru possède un beau terroir de fines graves garonnaises. Son vin est pour l'heure sous l'emprise de la barrique, mais l'élevage laisse percer des senteurs de fruits mûrs. Le palais ample, encore ferme, et la jolie finale sur la fraise laissent envisager une belle évolution. 2018-2021 magret de canard aux cèpes

EARL Vignobles Christine Nadalié, 7, chem. du Bord-de-l'Eau, 33460 Macau-en-Médoc, tél. 05 57 10 03 70, clos.la.boheme@nadalie.fr V r.-v.

CH. COLOMBE PEYLANDE L'Aïeul Léontin 2011 ★

■ | 5 000 | 11 à 15 €

Reconstitué dans les années 1970 à partir de vignes familiales, ce cru de 10 ha, situé à 2 km de Fort Médoc, est conduit par Fabrice Dedieu-Benoît, arrivé en 1998 sur l'exploitation qu'il conduit en solo depuis 2009.

Encore jeune par sa robe, ce vin développe de frais parfums associant harmonieusement le fruit et le bois. Au palais, les tanins apportent un peu d'austérité en finale, mais ils témoignent du potentiel de cette bouteille. 2016-2021 civet de lapin

EARL Dedieu-Benoît, 6, chem. des Vignes, 33460 Cussac-Fort-Médoc, tél. 05 56 58 93 08, colombe-peylande@orange.fr V t.l.j. 8h30-12h 13h30-17h ; sam. dim. sur r.-v.

CH. DE COUDOT 2011 ★

■ | 42 000 | 8 à 11 €

Le quartier (lieu-dit dans le Médoc) de Coudot, dans la commune de Cussac, au sud de Beychevelle, a longtemps été un bastion des crus artisans. On en comptait une dizaine au XIXe s. Joël Blanchard s'attache à mainteni

BORDELAIS

cette tradition en exploitant ce vignoble familial de 11 ha, dont il a pris les rênes en 1981.

Agréable à l'œil, ce 2011 reste encore discret par son bouquet, mais il montre déjà sa complexité au travers de notes de fruits rouges, de cassis, de tabac et d'épices. Le fruit rouge se montre en bouche, accompagné de tanins encore stricts qui demandent un peu de patience. ⌛ 2017-2021 🍷 bavette d'aloyau

SC du Ch. de Coudot, 9, imp. de Coudot, 33460 Cussac-Fort-Médoc, tél. 05 56 58 90 71, ch.coudot@wanadoo.fr V r.-v.

Joël Blanchard

CH. COUFRAN 2011 ★

■	425 600		11 à 15 €

Les Miailhe ont formé une lignée de courtiers remontant à la Révolution et ont possédé de nombreux crus en Médoc, dont Coufran, acquis en 1924 à Saint-Seurin-de-Cadourne, au nord de Saint-Estèphe. Avec 76 ha, c'est le plus vaste vignoble de la commune. Le domaine se singularise par son encépagement à forte dominante de merlot.

Bien typé et complet, ce vin à la robe profonde libère des parfums intenses de fruits mûrs un peu confiturés et de réglisse. Le palais, de bonne tenue, allie la puissance de ses tanins à un fruité suave et persistant. Si la maturité se perçoit tout au long de la dégustation, l'ensemble tirera profit d'un petit séjour en cave. ⌛ 2018-2021 🍷 tournedos aux cèpes

SCA Ch. Coufran, 33180 Saint-Seurin-de-Cadourne, tél. 05 56 59 31 02, emiailhe@coufran-verdignan.com r.-v. Famille Miailhe

CH. DEVISE D'ARDILLEY 2011 ★

■	57 000		8 à 11 €

La commune de Saint-Laurent, à l'ouest de l'AOC saint-julien, possède de beaux terroirs de graves à matrice argileuse. C'est ce qui a incité Jacques Philippe, ancien ingénieur passionné de vins, et son épouse Madeleine, d'origine bordelaise, à racheter en 2000 cette propriété qui avait été constituée en 1991.

La robe d'un grenat net et brillant attire l'attention, tout comme le bouquet élégant aux accents épicés (poivre et noix muscade) et légèrement fruités. La mise en bouche dévoile un vin harmonieux et mûr, bâti sur des tanins soyeux, plus fermes en finale. ⌛ 2016-2020 🍷 confit de canard

SAS Vignoble Vimes-Philippe, Ch. Devise d'Ardilley, 33112 Saint-Laurent-Médoc, tél. 05 57 75 14 26, devise.dardilley@terre-net.fr V t.l.j. 9h-12h 14h-18h

CH. DILLON 2011 ★

■	220 000		11 à 15 €

90 95 96 97 98 99 00 01 02 03 |04| 05 06 |07| 08 09 10 11

Une destinée peu commune pour ce château qui doit son nom à un propriétaire irlandais du XVIIIe s., Robert Dillon. Le cru appartint ensuite à François Seignouret, figure marquante de la Nouvelle-Orléans, avant de devenir en 1986 un important lycée agricole et viticole, qui s'appuie sur un domaine de 34 ha.

L'assemblage, qui donne une courte majorité au merlot (55 %), comprend aussi 10 % de petit verdot. Rond, souple et bien équilibré, ce vin sait mettre en valeur une expression aromatique plaisante et complexe, mêlant les fruits rouges à d'agréables notes toastées et épicées. Il s'ouvrira davantage au cours des prochaines années. ⌛ 2018-2022 🍷 poulet fermier rôti

EPLEFPA Bordeaux-Gironde, 84, av. du Gal-de-Gaulle, 33290 Blanquefort, tél. 05 56 95 36 75, chateau-dillon@chateau-dillon.com V r.-v.

CH. DOYAC 2011

■	130 000		8 à 11 €

Venu du monde de la finance, Max de Pourtalès a réalisé un rêve en acquérant en 1998 cette belle unité de 30 ha située à Saint-Seurin-de-Cadourne. La nature du terroir, argilo-calcaire, a dicté le choix du merlot comme cépage dominant.

Chaleureux et persistant, ce vin a bien assimilé l'apport du bois qui rehausse d'une note vanillée les parfums fruités du bouquet. Attaquant en douceur, le palais monte en puissance pour révéler des tanins mûrs mais dénués d'agressivité. Un haut-médoc assez rond, facile à marier avec les mets. ⌛ 2017-2020 🍷 pigeon aux petits pois

Max de Pourtalès, Ch. Doyac, 33180 Saint-Seurin-de-Cadourne, tél. 05 56 59 34 49, chateau.doyac@wanadoo.fr V r.-v.

CH. DUTHIL 2011

■	16 000		11 à 15 €

Appartenant à Giscours, ce château n'est pas très éloigné de ce troisième cru classé de Margaux, mais il est situé sur le territoire du Pian-Médoc, au sud de l'appellation haut-médoc. Le vignoble jouit d'un terroir intéressant, composé de graves fines et de sols argilo-calcaires.

D'un rouge profond et prometteur, cette bouteille manifeste sa personnalité par un bouquet puissant et plaisant, rehaussé d'épices. Ample, étoffé, soutenu par une trame tannique de qualité, le palais, à l'unisson du nez, confirme la bonne impression faite par la présentation. ⌛ 2016-2020 🍷 entrecôte bordelaise

SE Ch. Giscours, Ch. Giscours, 10, rte de Giscours, 33460 Labarde, tél. 05 57 97 09 09, giscours@chateau-giscours.fr V r.-v. 4

CH. FONTESTEAU 2011 ★

■	124 000		11 à 15 €

Des tours crénelées dans un écrin de verdure au cœur d'une vaste propriété (100 ha, dont 31 dédiés à la vigne) : ici le terme de château n'est pas usurpé. Le cru est situé à Saint-Sauveur, à l'ouest de Pauillac. Son terroir– avec des gravilles sur une dalle calcaire – est de qualité. Il est propice au cabernet-sauvignon comme au merlot, qui font pratiquement jeu égal dans l'encépagement.

La robe, d'un bordeaux dense, met en confiance, tout comme le bouquet, qui dévoile un bon équilibre entre les arômes de fruits noirs du raisin et les notes toastées du merrain. Souple et rond, le palais est étoffé par les tanins du fruit et, par ceux, torréfiés, de la barrique, très présents en finale. Tout annonce une belle bouteille dans les prochaines années. ⌛ 2018-2022 🍷 noisettes de chevreuil

SARL Ch. Fontesteau, Fontesteau, 33250 Saint-Sauveur, tél. 05 56 59 52 76, info@fontesteau.com V t.l.j. 8h30-12h 13h30-16h30; sam. dim. sur r.-v.

CH. GRAND BRUN 2011 ★★

	6 690		8 à 11 €

Créé en 1988 à partir d'héritages et d'achats, ce cru familial est passé de 6 ha à 14 ha en un quart de siècle. Ce qui n'empêche pas Olivier Brun – qui travaille depuis l'origine sur l'exploitation dont il a pris les rênes en 2008 – de garder la tête sur les épaules, de vendre son vin sur les marchés et de rester attaché à son titre de cru artisan.

Le cru n'a cessé de progresser, témoin ce millésime de la même veine que le précédent: robe pourpre intense aux reflets violacés, bouquet expressif et élégant de fruits mûrs (cassis, cerise) rehaussé d'une légère note toastée, attaque fruitée et soyeuse relayée par des tanins enrobés, garants d'un grand potentiel de garde: une réelle harmonie. 2017-2023 daube de bœuf

Olivier Brun, 31, av. du Fort-Médoc, 33460 Cussac-Fort-Médoc, tél. 05 56 58 97 87, brun.olivier.33460@orange.fr V t.l.j. sf dim. 15h-18h

DOM. GRAND LAFONT 2011

	4 000		8 à 11 €

Constitué en 1965, un petit cru de moins de 5 ha, dont les parcelles sont enclavées dans celles de deux crus classés (ou mitoyennes de ceux-ci): La Lagune et Cantemerle. C'est dire si le terroir sablo-graveleux est de qualité. Philippe Lavanceau a pris en 2007 les commandes du vignoble.

Simple et souple, ce vin se montre harmonieux, tant par ses parfums de cerise soulignés d'un discret boisé torréfié, que par sa rondeur, sa fraîcheur et par l'élégance de ses tanins mûrs. Il se prêtera à de nombreux accords gourmands. 2015-2019 terrine maison

Philippe Lavanceau, Dom. Grand Lafont, 3, rue Lafont, 33290 Ludon-Médoc, tél. 06 84 36 10 86, contact@grandlafont.com V r.-v.

CH. HANTEILLAN 2011

	195 000		8 à 11 €

« Je fais tout très mal, mais je suis bien secondée » affirme Catherine Blasco, graphiste de formation, vigneronne autodidacte à la tête depuis 1984 du cru acheté par son père en 1973. Personne ne contestera la seconde partie de sa phrase, mais la première est sans doute loin d'être exacte. Hanteillan (82 ha) dépendait au Moyen Âge de l'abbaye de Vertheuil; sa vocation viticole s'est affirmée en 1809 avec la construction du château et des chais.

Une robe engageante, grenat sombre, un bouquet chaleureux de fruits noirs, de vanille et de boîte à cigares. Ample en attaque, puissant, le palais dévoile des tanins déjà enrobés mais encore dominés par l'élevage. 2017-2020 rôti de veau aux champignons

Ch. Hanteillan, 12, rte d'Hanteillan, 33250 Cissac-Médoc, tél. 05 56 59 35 31, chateau.hanteillan@wanadoo.fr V t.l.j. sf sam. dim. 9h-12h 14h-17h30 Catherine Blasco

CH. HAUT-BEYZAC 2011 ★

	20 000		11 à 15 €

Jouxtant le marais de Reysson, à l'ouest de Saint-Estèphe, ce cru de 26 ha est depuis 1998 la propriété des Raguenot qui exploitent une centaine d'hectares, notamment dans le Blayais, avec le réputé Ch. des Tourtes. Aux commandes: Emmanuelle et Marie-Pierre Raguenot, et leurs époux Daren Miller et Éric Lallez.

Une belle présentation pour ce vin d'un grenat profond et brillant, au bouquet complexe alliant le fruit mûr et les notes de l'élevage. L'attaque ronde introduit une bouche très homogène, construite sur des tanins soyeux. La longue finale laisse le souvenir d'un ensemble sans aspérités. 2017-2020 canard en civet

EARL Raguenot-Lallez-Miller, Le Parc, 33180 Vertheuil, tél. 05 57 32 65 15, contact@vignoblesraguenot.fr V r.-v.

CH. HAUT DE POUJEAUX 2011 ★

	15 000		11 à 15 €

À la suite d'une redélimitation de l'aire d'appellation moulis, une parcelle de graves de 3 ha appartenant au château Poujeaux est située désormais dans l'aire du haut-médoc.

Le merlot (55 %) domine d'une courte tête le cabernet-sauvignon dans ce vin élégant, tant par son bouquet chaleureux de griotte, de fruits rouges bien mûrs et de cannelle que par son palais équilibré, charnu et fruité. Sa structure souple et son fin boisé lui donnent un côté charmeur. 2017-2021 entrecôte

SCEA Ch. Poujeaux, 33480 Moulis-en-Médoc, tél. 05 56 58 02 96, contact@chateau-poujeaux.com V r.-v. Cuvelier

CH. HAUT-LOGAT 2011 ★

	76 700		8 à 11 €

Propriétaire de nombreux crus et acteur majeur du négoce bordelais, Cheval Quancard a été fondé par Pierre Quancard en 1844, sous le nom de Quancard et Fils. La maison est toujours dirigée par ses descendants.

Acquis en 1970 par la famille Quancard, ce cru de 15 ha domine le village de Cissac, entre Saint-Estèphe et Pauillac. Le 2011 affiche une robe dense et soutenue. Le bouquet livre sans réserve des arômes de cerise mûre et d'épices rejoints au palais par des notes empyreumatiques. La bouche intense et soutenue par des tanins encore très présents offre une finale persistante sur la torréfaction, le caramel, le poivre et les fruits noirs compotés. Une réelle harmonie. 2017-2020 bécasse à la ficelle Ch.Tour St-Joseph 2011 (99 200 b.): vin expressif, souple et rond 2015-2018

Cheval Quancard, La Mouline, 4, rue du Carbouney - BP 36, 33560 Carbon-Blanc, tél. 05 57 77 88 88, chevalquancard@chevalquancard.com V r.-v.

CH. JULIEN 2011

	50 000		11 à 15 €

La famille Meyre est établie dans le Médoc depuis 1810. Le Ch. Cap Léon-Veyrin (listrac), son berceau, a été complété par des acquisitions en haut-médoc: Ch. Julien, en 1985, et Ch. Bibian, en 1999. En tout, 48 ha

avec une forte présence du merlot. Alain et Maryse Meyre et leurs enfants Julien et Nathalie misent beaucoup sur l'œnotourisme.

Provenant de belles graves garonnaises, ce 2011 tout de noir vêtu se pare de reflets violacés. Encore fermé, son bouquet distille déjà des senteurs boisées, mêlées de notes de fruits rouges et de sous-bois. Ample, gras et fruité en attaque, le palais est construit sur des tanins encore fermes en finale. ⌛ 2018-2022 🍷 côte de bœuf ■ Ch. Bibian 2011 (70 000 b.) : du fruit et des tanins fins. ⌛ 2015-2018

🔑 Vignobles Alain Meyre, Ch. Cap Léon Veyrin, 54, rte de Donissan, 33480 Listrac-Médoc, tél. 05 56 58 07 28, capleonveyrin@aol.com V t.l.j. sf sam. dim. 9h-12h 14h-17h30 2

CH. LABARDE 2011 ★

■ | 12 000 | ⏺ | 15 à 20 €

Dépendant du Ch. Dauzac (margaux), ce petit cru de 3 ha, implanté sur de jolies graves, est situé dans la commune éponyme, à la limite sud de l'appellation margaux. Comme Dauzac, il est géré par Christine Lurton Bazin de Caix, fille d'André Lurton.

Né d'un assemblage donnant une courte majorité au merlot, ce 2011 affiche une robe d'un grenat soutenu et jeune. Gourmand, séveux et puissant, il offre un bouquet où les fruits noirs se mâtinent de notes de thé vert et de fumé. Le palais est d'une bonne tenue, et les tanins stricts en finale sont le gage d'un bon potentiel de garde. ⌛ 2018-2024 🍷 entrecôte

🔑 SE Ch. Dauzac, 1, av. Johnston, 33460 Labarde, tél. 05 57 88 32 10, chateaudauzac@chateaudauzac.com V r.-v. 🔑 Maif

CH. LACOUR JACQUET 2011 ★★

■ | 55 000 | ⏺ | 11 à 15 €

Située entre les appellations saint-julien et margaux, cette exploitation familiale est reprise en 1989 par la troisième génération de Lartigue, Éric (à la vigne) et son frère Régis (au chai). Le cru est passé de 4 à 16 ha tout en gagnant en notoriété. Il tire son nom des « jacquets », pèlerins de Saint-Jacques-de-Compostelle qui débarquaient ici après leur traversée de la Gironde.

2009, 2010, 2011 : des millésimes fort différents, dont les frères Lartigue ont tiré trois remarquables bouteilles. Le 2011 charme d'emblée par son bouquet élégant et très fruité sur le cassis et la cerise écrasée. Au palais, il montre un très bel équilibre, de l'attaque onctueuse et ample à la finale acidulée et fraîche. ⌛ 2018-2024 🍷 magret de canard aux pommes

🔑 GAEC Lartigue, Ch. Lacour Jacquet, 70, av. du Haut-Médoc, 33460 Cussac-Fort-Médoc, tél. 05 56 58 91 55, chateaulacourjacquet@orange.fr V t.l.j. 10h-19h (11h-18h en hiver); sam. dim. sur r.-v. 🔑 Éric et Régis Lartigue

♥ CH. LA LAGUNE 2011 ★★

■ 3e cru clas. | 180 000 | ⏺ | 50 à 75 €

81 82 83 85 86 88 (89) 90 91 93 94 |95| |96| 97 |98| 99

(00) |01| |02| |04| 05 06 |07| 08 09 10 11

Premier cru classé rencontré par le visiteur arrivant de Bordeaux par la route des vins du Médoc, ce château a été racheté en 2000 par Jean-Jacques Frey, homme d'affaires

déjà détenteur de maisons prestigieuses en Champagne et dans la vallée du Rhône. De notoriété ancienne, La Lagune associe une élégante chartreuse du XVIIIe s., de superbes chais, un vaste vignoble (110 ha dont 75 pour le grand vin) et un terroir de choix – de fines graves sablonneuses. Autant d'atouts mis en valeur par une équipe dynamique autour de Caroline Frey, fille du propriétaire et œnologue du domaine depuis 2004. La Lagune vise la certification bio en 2016.

Trois coups de cœur depuis le changement de propriétaire, dont deux consécutifs : ce vin est décidément à la hauteur de son environnement. L'assemblage, bien médocain, associe 60 % de cabernet-sauvignon, 30 % de merlot et 10 % de petit verdot. À la robe profonde répond un bouquet puissant, qui touche à la perfection : les notes toastées du chêne apportent un soutien judicieusement dosé à un élégant fruité aux nuances de baies noires épicées, qui se libère à l'aération. Savoureux, gras, ample et raffiné, le palais est étayé par de fins tanins savamment extraits qui garantissent une belle longévité à cette bouteille. « De la chair et du charme », conclut un dégustateur. ⌛ 2018-2024 🍷 carré d'agneau aux rattes

🔑 Ch. la Lagune, 33290 Ludon-Médoc, tél. 05 57 88 82 77, contact@chateau-lalagune.com r.-v. 5 🔑 Famille Frey

CH. LAROSE-PERGANSON 2011

■ | 156 000 | ⏺ | 11 à 15 €

Avec plus de 200 ha, on sort du cadre de l'exploitation familiale. Constituant la plus vaste unité du Médoc, les vignobles de Larose-Trintaudon et de Larose-Perganson, jouxtant à l'ouest des crus de Saint-Julien ont été mis en valeur au XIXe s. Depuis 1989, ils appartiennent à un assureur, le groupe Allianz.

À l'image de la robe vive, le bouquet est franc et net, dominé par des nuances de pain grillé sous lesquelles percent les fruits rouges. Bien construit, le palais déroule une matière consistante et ronde, étayée par des tanins harmonieux jusqu'à une finale ferme. ⌛ 2016-2019 🍷 navarin d'agneau ■ Ch. Larose-Trintaudon2011 (8 à 11 € ; 850 000 b.) : frais, bien équilibré, sous l'emprise du boisé. ⌛ 2015-2017 ■ Ch. Arnauld 2011 (20 à 30 € ; 20 000 b.) : un bouquet assez complexe, de la chair et une bonne trame tannique. ⌛ 2015-2017

🔑 SA Larose-Trintaudon, 33112 Saint-Laurent-Médoc, tél. 05 56 59 41 72, info@trintaudon.com V r.-v. 🔑 Allianz FR

CH. LARRIVAUX 2011

■ | 42 000 | ⏺ | 8 à 11 €

Établi à l'ouest de Saint-Estèphe, ce domaine se transmet dans la même famille depuis... 1580. Il est dirigé depuis 2005 par Bérangère Tesseron, héritière d'une longue lignée de femmes. Son époux Basile Tesseron, est le propriétaire de Lafon-Rochet, cru classé tout proche. Les deux vignobles sont toutefois autonomes.

Une robe couleur prune, un fruité discret, sur la cerise et la groseille, qui s'épanouit dans une bouche ronde et fraîche, aux tanins fins. Un vin harmonieux dans un style assez souple. ⧗ 2016-2020 🍴 pintade rôtie

SARL des Dom. Carlsberg, Ch. Larrivaux, 23-25, rte de Larrivaux, 33250 Cissac-Médoc, tél. 05 56 59 58 15, chateau.larrivaux@gmail.com V r.-v.

♥ CH. LESTAGE-SIMON 2011 ★★

■ | 95 000 | | 11 à 15 €

La Société fermière des Grands Crus de France est la structure spécialisée dans le Bordelais du groupe Grands Chais de France. Son œnologue Vincent Cachau vinifie le fruit de quinze propriétés, représentant 390 ha dans les différentes AOC bordelaises.

Situé à Saint-Seurin-de-Cadourne, non loin de Saint-Estèphe, ce cru de 40 ha bénéficie d'un très bon terroir : des graves, près de l'estuaire, et des argilo-calcaires, dans les parties les plus élevées du vignoble. Nul doute que cet avantage a été décisif dans ce millésime, car nos dégustateurs ont été impressionnés par l'harmonie de ce vin, issu de merlot majoritaire. La robe pourpre profond inspire confiance, tout comme la finesse du bouquet mariant les nuances grillées et toastées de l'élevage à des notes de fruits à l'eau-de-vie. Le palais, à l'unisson, allie élégamment le fruit avec un boisé fondu et persistant. Un haut-médoc parfaitement typé, puissant et élégant. ⧗ 2018-2024 🍴 bécasse flambée

Société fermière des Grands Crus de France, 33460 Lamarque, tél. 05 57 98 07 20

CH. MAGNOL 2011 ★

■ | 160 000 | | 15 à 20 €

En 1725, le jeune Irlandais Thomas Barton crée son affaire à Bordeaux. En 1802, son petit-fils Hugh fonde avec l'armateur Daniel Guestier une firme de négoce. Elle est à ce jour la plus ancienne du Bordelais, également propriétaire de crus.

Cru situé près de Bordeaux au sud de l'appellation, mis en valeur en 1842 par un agronome, acquis en 1978 par Barton & Guestier qui en a fait son siège ; 25 ha de sols de graves et sablo-graveleux, avec le merlot (48 %) et les deux cabernets à parts sensiblement égales. Son 2011 a convaincu, tant par son bouquet bien équilibré, mêlant boisé, fruits rouges et cuir que par sa belle matière au palais. Les tanins ne sont pas encore complètement fondus, mais sa densité, une certaine élégance et sa finale réglissée inspirent confiance. ⧗ 2017-2020 🍴 terrine de foie de canard

Barton & Guestier, Ch. Magnol, 87, rue du Dehez, 33290 Blanquefort, tél. 05 56 95 48 00, petra.frebault@barton-guestier.com

CH. MALESCASSE 2011 ★

■ | n.c. | | 11 à 15 €

Huit fenêtres avec huit carreaux : le nombre huit régit l'architecture du château. Constitué en 1824, son vignoble, couvrant 35 ha, est implanté sur une croupe de graves blanches, entre Margaux et Saint-Julien-Beychevelle.

Le merlot compose 54 % de l'assemblage du 2011, complété par les deux cabernets et un appoint de petit verdot. La solide réputation du cru n'a rien à redouter de ce millésime, élégant dans sa robe sombre et brillante, généreux et complexe dans son expression aromatique : fruits noirs, épices et notes empyreumatiques. La structure tannique concilie puissance et rondeur. Ample, harmonieux, gourmand et long, ce vin se bonifiera en cave. ⧗ 2018-2023 🍴 pièce de bœuf rôtie

Ch. Malescasse, 6, chem. du Moulin-Rose, 33460 Lamarque, tél. 05 56 58 90 09, contact@chateau-malescasse.com V r.-v.
Gema Viticole

CH. DE MALLERET 2011 ★

■ | 80 000 | | 15 à 20 €

Une très belle propriété familiale dont les origines remontent à la fin du XVIe s. Le domaine s'offre le luxe de posséder aux portes de Bordeaux un immense parc (290 ha), de magnifiques écuries – la propriété était célèbre pour son haras – et un imposant château de la fin du XIXe s. Les vignes couvrent 54 ha.

Très bien constitué, ce vin de garde retient l'attention par sa couleur profonde tirant sur le noir. Au nez, un boisé appuyé, épicé, torréfié et chocolaté, laisse à l'arrière-plan les fruits noirs, mais l'attaque apparaît ronde, tendre, fraîche, fruitée et goûteuse. Serrés et bien enrobés, les tanins se font plus austères dans une finale où l'on retrouve le boisé. ⧗ 2018-2024 🍴 salmis de palombe ■ Ch.Barthez 2011 ★ (46 000 b.) : bouquet finement boisé, attaque ronde, bon volume, tanins enrobés. Un très bel équilibre. ⧗ 2016-2018 ■ Le Baron de Malleret 2011 (8 à 11 € ; 46 000 b.) : le second vin. Bouquet discret, structure plutôt ronde, un certain potentiel. ⧗ 2016-2018

SCEA Malleret, chem. de Malleret, 33290 Le Pian-Médoc, tél. 05 56 35 05 36, contact@chateau-malleret.fr V r.-v.

Ⓑ CH. MEYRE Élevé en fût de chêne 2011

■ | 50 000 | | 11 à 15 €

Les Chinois ne sont pas les seuls à s'intéresser au bordeaux : cette ancienne propriété, commandée par un petit château typiquement médocain du XIXe s. (devenu un hôtel trois étoiles), est depuis 1998 la propriété d'un homme d'affaires thaïlandais. De nouveaux chais ont été aménagés en 2007, et le vignoble de près de 17 ha est conduit en bio certifié depuis 2011.

Encore un peu fermé, le bouquet laisse déjà percer des notes de fruits rouges et de fraise des bois. Le palais n'offre pas une structure imposante mais il sait retenir l'attention par sa vivacité et sa fraîcheur fruitée. Un vin bien fait. ⧗ 2016-2019 🍴 civet de lapin

SAS Ch. Meyre, 16, rte de Castelnau, 33480 Avensan, tél. 05 56 58 10 77, chateau.meyre@wanadoo.fr V r.-v. Pracha Hetrakul

CH. DU MONT Cuvée Maëlle 2011

■ | 2 000 | | 11 à 15 €

Les vignobles Audebert sont issus de la réunion des exploitations de Gérard Audebert (Ch. la Ribaud) et d'Étienne Gillet (Ch. la France). S'ils sont principalement

implantés à Saint-Yzans (AOC médoc), ils possèdent aussi une jolie parcelle en haut-médoc (1,5 ha) à Saint-Seurin-de-Cadourne.

Si la robe apparaît plutôt légère, le bouquet est bien concentré, se partageant entre la cerise bien mûre, les fruits des bois (mûre) et des touches poivrées. On sent une bonne présence au palais sur une trame tannique serrée, mais assez enrobée. ⧗ 2016-2019 🍴 fromage des Pyrénées

🔑 SCEA Vignobles Jacques Audebert,
5, rue des Sarments, 33340 Saint-Yzans-de-Médoc,
tél. 06 76 40 53 23, vignoble.j.audebert@orange.fr
V t.l.j. sf dim. 9h-12h 15h-18h; f. août

CH. DU MOULIN 2011

■	4 800	◖◗	15 à 20 €

José Sanfins, directeur et vinificateur du Ch. Cantenac Brown, cru classé de Margaux, a constitué un petit vignoble personnel : 1 ha en haut-médoc (Ch. du Moulin) et environ 1,4 ha en margaux (Ch. Chantelune).

Ce cru de Lamarque doit son nom à un ancien moulin à vent, aujourd'hui tour sans toiture ni ailes, qui témoigne de l'ancienne vocation céréalière du Médoc avant l'essor viticole des XVIIIe et XIXe s. Il a donné naissance à un vin souple, gourmand, plaisant par son expression aromatique nettement fruitée, avec quelques nuances florales et vanillées. Rond en attaque, le palais reste sur le fruit jusqu'en finale. La barrique, pourtant neuve à 40 %, reste mesurée. ⧗ 2016-2018 🍴 canette aux cerises

🔑 José Sanfins, 16, chem. du Vieux-Chêne,
33460 Lamarque, tél. 06 10 46 34 35,
sanfinsjose@aol.com r.-v.

CH. MOULIN DE BLANCHON
Élevé en fût de chêne 2011

■	120 000	◖◗	8 à 11 €

Voisine de Sociando-Mallet, une propriété créée *ex nihilo* en 1992 par Henri Négrier, ancien salarié viticole, rejoint par ses enfants. Aujourd'hui, 26 ha (merlot et cabernet-sauvignon à parité). Une très bonne adresse pour les amateurs qui veulent découvrir un cru avec de vrais passionnés.

Une robe jeune, un beau bouquet partagé entre les fruits rouges et un boisé épicé. Porté par des tanins agréables, le palais, encore sous l'emprise de l'élevage, dévoile une complexité naissante qui s'affirmera avec une petite garde. ⧗ 2017-2020 🍴 tournedos aux cèpes

🔑 Henri Négrier, 3, rue des Casaillons,
33180 Saint-Seurin-de-Cadourne, tél. 05 56 59 38 66,
earlvignoblesnegrier@terre-net.fr V t.l.j. 9h-12h 14h-19h

CH. PALOUMEY 2011

■	154 000	◖◗	15 à 20 €

Un joli terroir sablo-graveleux entre les crus classés La Lagune et Cantemerle. La propriété a connu des heures de gloire au XIXe s., avant de péricliter après la crise phylloxérique et de renaître au XXe s. L'histoire serait banale si, à l'origine de sa résurrection, on ne trouvait une femme, qui plus est, viticultrice dans le Blayais. Martine Cazeneuve a franchi l'estuaire en 1990 pour acquérir ce cru de 34 ha qui avait perdu vignes et chai.

Un bouquet discret, qui fait d'abord ressortir des notes d'élevage (épices douces, amande grillée), puis, à l'agitation, de fins arômes de fruits rouges. Rond et souple en attaque, le palais n'affiche pas une charpente imposante mais il séduit par la finesse de ses tanins et le plaisant retour fruité en finale. ⧗ 2016-2018 🍴 pigeon ou palombe en cocotte

🔑 SA Ch. Paloumey, 50, rue du Pouge-de-Beau,
33290 Ludon-Médoc, tél. 05 57 88 00 66, info@chateaupaloumey.com V r.-v. 🔑 Cazeneuve

L'ÉLITE DE LA PAROISSE 2011

■	2 600	◖◗	20 à 30 €

Jouxtant au nord Saint-Estèphe, Saint-Seurin-de-Cadourne a depuis 1935 sa cave coopérative, appelée La Paroisse, qui regroupe 27 viticulteurs et 60 ha. Elle a un encépagement bien médocain (60 % de cabernet-sauvignon) et pour président un monsieur Bordeau.

Mi-merlot mi-cabernet, une cuvée haut de gamme, vinifiée et élevée dix-huit mois en barrique. Robe soutenue, bouquet finement vanillé ; palais rond, suave en attaque, équilibré, fondu et long, plutôt strict en finale. Un peu sous l'emprise de l'élevage pour certains, un vin facile à accorder avec les mets. Le haut-médoc du dimanche. ⧗ 2016-2018 🍴 côte de veau aux cèpes ■ Le Grand Paroissien 2011 (8 à 11 € ; 30 000 b.) : davantage de cabernet. Encore un peu austère mais gras, équilibré et bien structuré. ⧗ 2017-2020

🔑 Sté coop. de vinification la Paroisse,
2, rue Clément-Lemaignan,
33180 Saint-Seurin-de-Cadourne, tél. 05 56 59 31 28,
contact@cave-la-paroisse.fr V r.-v.

CH. PEYRAT-FOURTHON 2011

■	43 000	◖◗	11 à 15 €

Relais de chasse à la fin du XVIIIe s., planté au XIXe s. par le maire de Saint-Laurent-Médoc, ce cru, proche des AOC communales saint-julien et pauillac, a été acheté en 2004 par Pierre Narboni qui l'a agrandi. Aujourd'hui, 20 ha d'un seul tenant, sur des terrains argilo-calcaires et des graves, et un vin qui a pris ses marques dans le Guide.

Porté par des tanins encore un peu sévères, ce vin possède une belle constitution. Riche, puissant, et gras, il révèle un fruit très accompli, appuyé par les apports du bois avec des notes épicées, vanillées et fumées. ⧗ 2017-2020 🍴 brochettes de bœuf

🔑 Ch. Peyrat-Fourthon, 1, allée Fourthon,
33112 Saint-Laurent-Médoc, tél. 05 56 59 40 87, pn@peyrat-fourthon.com V r.-v. 5
🔑 P. Narboni

CH. PEYREDON LAGRAVETTE 2011 ★

■	n.c.	▮ ◖◗	15 à 20 €

En achetant ce petit cru haut-médocain (à peine plus de 4 ha) situé à Listrac et proche de crus réputés de Moulis (Grand Poujeaux, Chasse-Spleen, Maucaillou), la famille Dupuch, dont le fief se trouve dans l'Entre-deux-Mers (Ch. Sainte-Marie), a réalisé son rêve : franchir la Garonne et s'établir sur un beau terroir de graves.

De séduisants parfums de fruits rouges, avec des touches florales, poivrées et grillées. Une belle attaque sur le fruit mûr, de l'ampleur et des tanins généreux : une bouteille bien équilibrée, qui pourra aussi vieillir un peu. ⌛ 2017-2019 🍴 dinde fermière farcie

Ch. Peyredon Lagravette, Medrac, 33480 Listrac-Médoc, tél. 05 56 23 64 30, contact@chateau-sainte-marie.com Dupuch

CH. PONTOISE CABARRUS 2011 ★

■	70 000		11 à 15 €

Propriété au XVIII[e]s. du baron de Brane – plus connu pour son Ch. Brane Mouton (l'actuel Mouton-Rothschild) – devenue Pontoise Cabarrus en 1795, un cru bien situé au bord de l'estuaire sur un terroir de graves, au nord de Saint-Estèphe. Acquis par la famille Tereygeol en 1959, agrandi (7 ha à l'origine, 28 ha aujourd'hui), exploité par la troisième génération.

Une robe sombre, jeune et brillante aux reflets violines. Le bouquet intègre bien l'apport du bois qui vient appuyer des notes fruitées et florales. Solide, ronde et puissante, la structure est de bon augure, tout comme la finale, fraîche, ample et persistante. ⌛ 2017-2020 🍴 viandes rouges et poissons grillés ■ Coté Pontoise 2011 (8 à 11 € ; 22 000 b.) : assemblage privilégiant le merlot ; un vin plus simple mais bien bâti, une bonne charpente. ⌛ 2017-2020

Ch. Pontoise Cabarrus, 27, rue Georges-Mandel, 33180 Saint-Seurin-de-Cadourne, tél. 05 56 59 34 92, pontoisecabarrus@orange.fr V t.l.j. sf sam. dim. 9h-12h30 14h-18h; f. 15-31 août Tereygeol

CH. RAMAGE LA BATISSE 2011 ★

■	187 800		15 à 20 €

Créée avec 6 ha en 1962, cette propriété, commandée par une chartreuse entourée d'une garenne, couvre aujourd'hui une soixantaine d'hectares, sur des terrains sablo-graveleux. Depuis 1986 elle appartient à la MACIF. Le village de Saint-Sauveur jouxte Pauillac, à l'ouest, en direction de la forêt.

Grenat tirant sur le noir, ce 2011 a fière allure et son bouquet de fruits rouges, de vanille et de goudron, bien que discret, participe de son attrait. Sa texture souple et ronde, son fruité et ses tanins charmeurs, reflets d'une vendange mûre, permettent une consommation prochaine, tout en autorisant la garde. ⌛ 2015-2020 🍴 lapin aux pruneaux ■ Ch.Tourteran 2011 ★ (8 à 11 € ; 46 000 b.) : joli bouquet de fruits noirs et d'épices, corps charnu et rond. ⌛ 2016-2020

SCI Ch. Ramage La Batisse, Tourteran, 33250 Saint-Sauveur, tél. 05 56 59 57 24, ramagelabatisse@wanadoo.fr V r.-v. MACIF

CH. DE SAINTE-GEMME 2011 ★

■	52 000		8 à 11 €

Armateurs et négociants, les Delbos sont présents depuis 1793 au Ch. Lanessan, qui jouxte Beychevelle au sud du chenal du Milieu. Se sont ajoutés Lachesneye et Sainte-Gemme, crus voisins. L'ensemble est commandé par un château néo-Tudor du XIXe s.. En 2009, la famille a recruté comme directrice la jeune œnologue espagnole Espejo Paz. À noter, un musée du Cheval.

Mi-merlot mi-cabernet-sauvignon, ce 2011 se pare d'une couleur profonde, très bordeaux. Son bouquet fin et complexe ajoute aux petits fruits (fraise et framboise) une touche de vanille. Chaleureux et souple en attaque, le palais repose sur des tanins bien fondus qui le rendent très harmonieux. Sa longueur laisse augurer une belle garde. ⌛ 2017-2020 🍴 tournedos Rossini ■ Les Calèches de Lanessan 2011 ★ (78 000 b.) : une certaine emprise du bois mais une structure tannique plutôt élégante. ⌛ 2017-2020

SCEA Delbos-Bouteiller, Ch. Lanessan, 33460 Cussac-Fort-Médoc, tél. 05 56 58 94 80, infos@lanessan.com V r.-v.

CH. SAINT-PAUL 2011

■	90 000		11 à 15 €

Remontant au milieu du XVIII[e]s, un cru de 22 ha établi au nord de Saint-Estèphe, sur des graves à matrice argileuse. Propriété depuis 1979 des familles Beguere et Lacaze. Son encépagement diversifié (merlot et cabernet-sauvignon complétés par un appoint de cabernet franc et de petit verdot) respecte la tradition médocaine.

La robe est profonde et le bouquet, intense, fait la part belle aux fruits rouges mûrs, rehaussés d'une touche d'épices (clou de girofle). Malgré une trame tannique encore ferme et sévère, la matière est équilibrée, déjà harmonieuse. Jolie finale acidulée. ⌛ 2017-2020 🍴 bavette d'aloyau

SC du Ch. Saint-Paul, 33180 Saint-Seurin-de-Cadourne, tél. 05 56 59 34 72, chateaustpaul@orange.fr V r.-v.

♥ CH. SOCIANDO-MALLET 2011 ★★

■	350 000		20 à 30 €

(82) 85 86 88 89 90 91 93 (95) (96) 97 (98) 99 (00) 01 02 03 04 05 06 07 09 10 11

Au XVII[e]s., une terre noble appartenant à une famille basque, les Sossiando. Confisquée à la Révolution, elle a connu plusieurs propriétaires. À la fin du siècle dernier, Jean Gautreau a mis en lumière son potentiel. Courtier chez Miailhe, il crée sa société à la fin des années 1950 pour vendre des vins dans le Benelux. Un client le charge de trouver une propriété avec un beau terroir. Il découvre Sociando-Mallet : dominant l'estuaire, une superbe croupe de graves sur sous-sol argileux. Le client ne donnant pas suite, il l'achète pour lui en 1969, le restructure, l'agrandit (à l'origine 5 ha, aujourd'hui, 85), bâtit un chai. Non classé, c'est un des crus qui compte dans l'appellation.

Comme l'an dernier, et dix fois auparavant, un coup de cœur. D'une teinte profonde, le 2011 affiche aussi sa forte personnalité par le raffinement d'un bouquet bien partagé entre le fruit mûr et le merrain. Après une attaque délicate et chaleureuse, on retrouve la même élégance dans les tanins, enrobés et bien extraits, comme dans la longue finale. De l'étoffe, de la sève, un goût de fruit mûr. « Une élégance extrême », conclut un dégustateur, qui écrit aussi : « Ce que doit être un haut-médoc. » ⌛ 2018-2024 🍴 gigot d'agneau

SCEA Jean Gautreau, Ch. Sociando-Mallet, 33180 Saint-Seurin-de-Cadourne, tél. 05 56 73 38 80, info@sociandomallet.com V r.-v.

♥ CH. LA TOUR CARNET 2011 ★★

4e cru clas.	450 000		20 à 30 €

83 85 86 (88) 89 90 93 94 (96) 97 98 99 00 01 02 03 04 |05| |06| |07| 08 09 10 11

La rencontre d'une tour et de douves médiévales avec un logis du siècle des Lumières aurait pu aboutir à un mélange étrange. Bien au contraire il en résulte un ensemble fort harmonieux. Depuis 2000, ce château et son vaste vignoble (114 ha) établi sur un splendide terroir de graves est un des quatre crus classés de Bernard Magrez, l'homme d'affaires collectionneur de vignobles.

Une fois encore, l'équipe de Bernard Magrez a su tirer tout le potentiel du terroir avec ce vin à la robe riche de promesses, dans lequel le merlot dominant (57 %) est complété par les deux cabernets et un soupçon de petit verdot. Le bouquet fin, subtil et moderne, allie le cacao, la vanille et les petits fruits noirs. Ample et soyeux, le palais confirme l'impression produite par la présentation. Une large palette aromatique, un corps puissant, des tanins bien extraits et une finale parfaitement construite garantissent une garde aussi longue qu'heureuse. ⧗ 2019-2024 🍴 gigot d'agneau

Ch. la Tour Carnet, rte de Beychevelle, 33112 Saint-Laurent-Médoc, tél. 05 56 73 30 90, latour@latour-carnet.com Bernard Magrez

CH. TROIS MOULINS 2011

■	90 000		8 à 11 €

Avec les châteaux Cambon la Pelouse et Trois Moulins, la famille Marie a acquis en 1996 deux beaux domaines en haut-médoc, disposant d'un terroir de graves de grande qualité. Deux crus aujourd'hui dotés d'équipements performants, complétés en 2001 par un petit vignoble en appellation margaux (Aura de Cambon).

Le merlot fait jeu égal avec les deux cabernets. Une robe aussi élégante que le bouquet, aux parfums de cerise, d'épices et de poivre blanc. Souple à l'attaque, le palais montre ensuite sa puissance, pour déboucher sur une finale d'une belle longueur, marquée par un retour aromatique du fruit. ⧗ 2017-2020 🍴 pintade aux cèpes ■ Ch.Cambon la Pelouse 2011 ★ (11 à 15 € ; 160 000 b.) : encore ferme, mais bien construit et expressif. ⧗ 2016-2019

SCEA Cambon la Pelouse, 5, chem. de Canteloup, 33460 Macau, tél. 05 57 88 40 32, contact@cambon-la-pelouse.com V r.-v.

CH. VALENTIN 2011 ★

■	15 600		8 à 11 €

Très ancien (il remonte à 1730), ce petit cru encore familial de 15 ha est conduit par Serge Sorge depuis 1972, épaulé par la cinquième génération (ses filles Sylvie et Christelle). Un domaine qui se singularise par un encépagement diversifié, qui inclut le petit verdot et la très rare carménère.

Un assemblage original : 40 % de merlot, 35 % de cabernet-sauvignon et pas moins de 25 % de petit verdot. Intense, presque noire, la robe annonce la jeunesse de ce vin. Le bouquet naissant, raffiné, joue sur les fruits rouges, le gibier et la vanille. Suave et rond, le palais repose sur des tanins solides. Du potentiel et de l'élégance. ⧗ 2018-2022 🍴 chapon rôti

SCEA des Vignobles Jean Sorge, 1, rue Valentin-Deyrem, 33460 Soussans, tél. 05 57 88 35 70, contact@chateau-deyrem-valentin.com V r.-v.

CH. VERDIGNAN 2011 ★

■	304 000		11 à 15 €

Appartenant comme Coufran et Soudars aux Miailhe, ce cru est situé lui aussi dans la partie nord du Médoc, à Saint-Seurin-de-Cadourne, où la famille a acquis des terres viticoles en 1925 (160 ha aujourd'hui). Commandé par un château reconnaissable à sa tour élancée et pointue, Verdignan couvre 60 ha sur un terroir de graves.

Simplicité et charme, telle est la devise de ce 2011, au rubis foncé intense. Très fin, le bouquet est marqué par les fruits noirs, les petits fruits des bois, soulignés d'un boisé grillé. On retrouve les fruits bien mûrs dans une attaque tendre, puis la charpente se renforce par une mâche harmonieuse à dominante vanillée. La longue finale aux nuances de confiture de figues laisse le souvenir d'un vin à la fois chaleureux et élégant. ⧗ 2018-2023 🍴 rôti de veau et gratin dauphinois ■ Ch. Soudars 2011 (118 000 b.) : le merlot compose 50 % de ce cru issu d'argilo-calcaires. Un vin complexe (fruits noirs, cerise, épices et vanille), consistant et tannique. ⧗ 2017-2020

SC Ch. Verdignan, Ch. Verdignan, 33180 Saint-Seurin-de-Cadourne, tél. 05 56 59 31 02, emiailhe@coufran-verdignan.com r.-v.
Famille Miailhe

CH. DE VILLEGEORGE 2011 ★

■	33 900		11 à 15 €

90 93 94 95 96 97 98 99 00 |02| 03 |04| 05 06 |07| 08 09 10 11

Œnologue, Marie-Laure Lurton a pris en 1992 la tête de trois domaines médocains de son père Lucien : La Tour de Bessan (margaux), Duplessis (moulis) et Villegeorge (haut-médoc). Ce dernier, réputé dès le XVIIIe s., a été acquis en 1973 par Lucien Lurton. Il couvre aujourd'hui 15 ha sur un terroir de graves profondes à Avensan, au sud de Moulis.

Le 2011, contrairement à son devancier, privilégie le merlot (56 %, pour 44 % de cabernet-sauvignon). Dans une robe pourpre avenante, voici un vin rond et charnu, au nez complexe de noyau, de petits fruits et de grillé. Les arômes de fruits mûrs et l'harmonie des tanins donnent un ensemble élégant, pour l'heure encore strict en finale. ⧗ 2017-2021 🍴 châteaubriand

Marie-Laure Lurton, Vignobles M.-L. Lurton, 17, chem. de Villegeorge, 33480 Avensan, tél. 05 56 58 22 01, contact@marielaurelurton.com V r.-v.

LISTRAC-MÉDOC

• Superficie : 635 ha • Production : 25 205 hl

Correspondant exclusivement à la commune éponyme, listrac-médoc est l'appellation communale la plus éloignée de l'estuaire. Original, son terroir correspond au dôme évidé d'un anticlinal, où l'érosion a créé une inversion de relief. À l'ouest, à la lisière de la forêt, se développent trois croupes de graves pyrénéennes, dont les pentes et le sous-sol souvent calcaire favorisent le drainage naturel des sols. Le centre de l'AOC, le dôme évidé, est occupé par la plaine de Peyrelebade, aux sols argilo-calcaires. Enfin, à l'est, s'étendent des croupes de graves garonnaises.

Le listrac est un vin vigoureux ; toutefois, contrairement au style d'autrefois, sa robustesse n'implique plus aujourd'hui une certaine rudesse. Si certains vins restent un peu durs dans leur jeunesse, la plupart contrebalancent leur force tannique par leur rondeur. Tous offrent un bon potentiel de garde, jusqu'à quinze ans dans les grands millésimes.

CH. CAPDET 2011 ★

■	39 000	◍	11 à 15 €

Pendant longtemps, la cave de Listrac a été choisie par la prestigieuse Compagnie Internationale des Wagons-Lits pour figurer sur la carte des vins des voitures-restaurants. Cela a valu une réelle célébrité à la coopérative qui, par sa production et par les crus indépendants qu'elle vinifie joue encore son rôle de locomotive dans l'appellation.

Jean-Marie Raymond a confié ses raisins de merlot (56 %), de cabernet-sauvignon et de peit verdot à la « coop », qui en a extrait un listrac équilibré, de bonne tenue au palais. Charnu à souhait et bien structuré, ce vin intègre parfaitement le boisé et appelle un séjour en cave par sa finale plus stricte. ⧗ 2016-2020 ¥ canette rôtie ■ Ch. Vieux Moulin 2011 ★ (38 850 b.) : un vin agréablement fruité au nez, ample et solide en bouche. ⧗ 2016-2021 ■ Grand Listrac 2011 (8 à 11 € ; 167 300 b.) : encore un peu austère mais prometteur et déjà expressif (fruits confiturés, toasté léger). ⧗ 2016-2021

⊶ Cave Grand Listrac, 21, av. de Soulac, 33480 Listrac-Médoc, tél. 05 56 58 03 19, grandlistrac@wanadoo.fr V r.-v.

CH. CLARKE 2011 ★

■	250 000	◍	20 à 30 €

(86) **88** 89 **90 95 96** 97 **98 99 00 01 |02| 03 |04| 05 06 07 08 09 10** 11

Plantée au Moyen Âge par des Cisterciens dépendant de l'abbaye de Vertheuil, la vigne est fort ancienne sur ce cru situé dans la plaine de Peyrelebade. Acquis en 1973 par le baron Edmond de Rothschild, qui y a entrepris de très importants travaux de rénovation, il dispose d'un vignoble de 54 ha établi sur un terroir calcaire et argilo-calcaire, qui se distingue par son encépagement à forte proportion de merlot (70 %). Un pilier de l'appellation listrac.

Une seyante robe rubis habille ce vin au bouquet séduisant d'épices, de violette et de fruits rouges (cerise). De belles promesses confirmées par le palais : après une attaque en souplesse, la structure s'affirme, ferme et solide, construite sur des tanins un peu fougueux que le temps affinera. ⧗ 2017-2022 ¥ rôti de bœuf

⊶ Expl. Vinicole Edmond de Rothschild, 33480 Listrac-Médoc, tél. 05 56 58 38 00, contact@cver.fr V t.l.j. sf sam. dim. 9h-12h 14h-17h

CH. DUCLUZEAU 2011

■	42 000	◍	8 à 11 €

Né au XIXe s., ce cru est entré dans la famille de la mère de Bruno-Eugène Borie (Ch. Ducru Beaucaillou à Saint-Julien) au début du XXe s. Ce dernier, désormais aux commandes, conduit un vignoble de 13 ha à forte dominante de merlot.

Ce 2011 couleur cerise livre des parfums agréables et fins de fruits rouges (framboise) où percent quelques notes épicées. Une palette qui s'agrémente de nuances florales dans un palais souple et tendre. Évoluant dans le registre de l'élégance plutôt que dans celui de la puissance, déjà séduisant, ce vin est à boire jeune. ⧗ 2015-2018 ¥ volaille rôtie

⊶ SCA Fourcas-Borie, 12, rue Odilon-Redon, 33480 Listrac, tél. 05 56 73 16 73, je-borie@je-borie-sa.com

CH. FOURCAS DUPRÉ 2011

■	174 809	◍	15 à 20 €

Ce cru fondé au XVIIIe s. prend son nom actuel en 1843, lorsque maître Dupré, avoué près de la Cour d'appel de Bordeaux, se rend acquéreur du domaine. Couvrant 43 ha établis sur un joli terroir de graves pyrénéennes, il est la propriété depuis 1970 de la famille Pagès.

Un « vin plaisir », au bouquet discret avec ses notes délicates d'épices et de fruits. Simple mais bien fait, le palais se montre rond, gras, d'un bon volume, très fruité et égayé par une petite pointe de vivacité en finale. ⧗ 2016-2020 ¥ tournedos

⊶ Ch. Fourcas Dupré, Le Fourcas, 33480 Listrac-Médoc, tél. 05 56 58 01 07, info@fourcasdupre.com V t.l.j. 8h-12h 14h-17h E

⊶ Famille Pagès

CH. FOURCAS HOSTEN 2011

■	156 000	◍	15 à 20 €

Ce cru établi au cœur de Listrac et commandé par une élégante chartreuse du XVIIIe s. entourée d'un beau parc de 3 ha, a été acheté en 2006 par les frères Renaud et Laurent Momméja, héritiers de la famille Hermès. Ces derniers, qui y ont réalisé d'importants investissements, à la vigne et au chai, disposent aujourd'hui d'un vignoble de 47 ha.

Paré d'une belle couleur grenat aux reflets carminés, ce vin plaît par son bouquet frais et net de fruits rouges, cerise en tête, et de violette. Une fraîcheur fruitée accompagnée d'un boisé discret qui se prolonge dans un palais souple et finement sculpté. ⧗ 2015-2018 ¥ entrecôte sauce marchand de vin

⊶ Ch. Fourcas Hosten, 5, rue Odilon-Redon, 33480 Listrac-Médoc, tél. 05 56 58 01 15, contact@fourcas-hosten.com V r.-v.

⊶ Momméja

CH. LESTAGE 2011 ★

■ | 190 000 | ◖◗ | 11 à 15 €

Encadrant la route de Soulac un peu avant le bourg de Listrac en arrivant de Bordeaux, les domaines de Fonréaud et de Lestage sont commandés l'un comme l'autre par un château de style Napoléon III (de l'architecte Garros, pour le premier). Les deux crus, comme le Clos des Demoiselles, acquis par les Chanfreau en 2002, possèdent un beau terroir de graves pyrénéennes, avec des calcaires et argilo-calcaires pour Lestage.

Ce 2011 dévoile un bouquet naissant mais engageant de fruits mûrs agrémentés de vanille et de cacao. Une attaque vigoureuse ouvre sur un palais riche, charnu, bien structuré et complexe (fruits, réglisse, pointe animale). Un listrac bien construit, qui s'appréciera aussi bien jeune que patiné par la garde. ⧗ 2016-2019 🍴 lamproie à la bordelaise ■ Ch. Fonréaud 2011 (15 à 20 € ; 140 000 b.) : un vin fruité, souple, charnu et rond. ⧗ 2016-2019

🔑 SC Ch. Lestage, 33480 Listrac-Médoc, tél. 05 56 58 01 05, caroline.philippon@vignobles-chanfreau.com V t.l.j. sf sam. dim. 9h-12h 14h-17h30 🔑 Famille Chanfreau

CH. MARTINHO 2011 ★★

■ | 10 000 | ◖◗ | 20 à 30 €

D'origine portugaise, Miguel Martinho a travaillé dans plusieurs grands crus médocains avant de créer en 2001 son entreprise de travaux viticoles et d'acquérir sept ans plus tard une petite vigne à Listrac.

Après une entrée très remarquée l'an dernier dans le Guide, Miguel Martinho récidive avec un 2011 tout aussi épatant. Drapé dans une robe cerise burlat, le vin développe un bouquet fort flatteur d'épices et de fruits mûrs. Très racé, le palais dévoile un caractère bien affirmé : du gras, du volume, des tanins bien en place, de la longueur. Pourtant, loin d'avoir livré tous ses secrets ; il demandera encore un peu de patience. ⧗ 2017-2021 🍴 côte de bœuf

🔑 Afonso Miguel Martinho, 13, rte du Port, 33460 Lamarque, tél. 05 56 58 95 81, contact@chateaumartinho.com V r.-v.

CH. REVERDI 2011 ★★

■ | 27 900 | ◖◗ | 11 à 15 €

La famille Thomas est propriétaire en listrac depuis 1953 et trois générations : aujourd'hui, Mathieu et sa sœur Audrey. Ils exploitent à travers deux étiquettes (Reverdi et L'Ermitage) un vignoble de 32 ha qui se distingue par une proportion importante de petit verdot.

Valeur sûre de l'appellation, ce domaine signe ici un listrac très classique, qui fait la part belle au petit verdot (30 %) aux côtés des traditionnels merlot et cabernet-sauvignon. Un vin ample, structuré et très élégant. Trait majeur de cette bouteille également, au nez comme en bouche, des arômes délicats et harmonieux d'épices, de fruits confits et de toasté. ⧗ 2017-2021 🍴 magret de canard aux cèpes ■ Ch. L'Ermitage 2011 ★ (17 400 b.) : moins puissant et plus sur la finesse, bien équilibré et aromatique. ⧗ 2015-2018

🔑 Vignobles Thomas, 11, rte de Donissan, 33480 Listrac-Médoc, tél. 05 56 58 02 25, contact@chateaureverdi.fr V t.l.j. sf dim. 9h-12h 14h-18h

♥ CH. SARANSOT-DUPRÉ 2011 ★★

■ | 53 000 | ◖◗ | 11 à 15 €

86 88 89 90 91 93 **95** 96 **98 99** 00 01 |02| |03| (05) |**06**| 07 09 10 **11**

Un cru familial – propriété des Raymond depuis 1756, année de l'achat des premières vignes par un aïeul tonnelier – et régulier en qualité. Il étend son vignoble de 17 ha sur un sol argilo-calcaire comparable à celui de Saint-Émilion, ce qui explique la présence notable de merlot et cabernet franc (accompagnés du cabernet-sauvignon et d'un soupçon de petit verdot et de carmenère).

Les cinq cépages du vignoble sont ici présents. Le bouquet, complexe, met pour l'heure en avant les fruits noirs, le cassis notamment, sur un fond boisé discret. Ample et dense, le palais dévoile une puissante charpente tannique, à laquelle le gras donne un caractère onctueux et aimable. La finale, d'une belle longueur, renoue avec le fruité et laisse envisager un plaisir durable. ⧗ 2017-2022 🍴 bécasse rôtie au foie gras ■ Ch. Pérac 2011 ★ (8 à 11 € ; 17 000 b.) : un vin gourmand, rond, riche, aux tanins fondus et soyeux. ⧗ 2017-2020

🔑 Yves Raymond, 4, Grande-Rue, 33480 Listrac-Médoc, tél. 05 56 58 03 02, y@saransot-dupre.com V r.-v.

MARGAUX

• Superficie : 1 490 ha • Production : 60 900 hl

Margaux est le seul nom d'appellation à être aussi un prénom féminin. Est-ce un hasard ? Si les margaux présentent une excellente aptitude à la garde, ils se distinguent des autres grandes appellations communales médocaines par leur délicatesse que soulignent des arômes fruités d'une agréable finesse. Ils constituent l'exemple même des bouteilles tanniques généreuses et suaves.

Leur originalité tient à de nombreux facteurs. Les aspects humains ne sont pas à négliger. À l'écart de Saint-Julien, de Pauillac et de Saint-Estèphe, les viticulteurs margalais ont moins privilégié le cabernet-sauvignon : tout en restant minoritaire, le merlot prend ici une importance accrue. Par ailleurs, l'appellation, la plus vaste des communales du Médoc, s'étend sur le territoire de cinq communes : Margaux et Cantenac, Soussans, Labarde et Arsac. Dans chacune d'elles, seuls les terrains présentant les meilleures aptitudes vitivinicoles font partie de l'AOC. Le résultat est un terroir homogène composé d'une série de croupes de graves. Celles-ci s'articulent en deux ensembles : à la périphérie se développe un système faisant penser à une sorte d'archipel continental, dont les « îles » sont séparées par des vallons, ruisseaux ou marais tourbeux ; au cœur de l'appellation, dans les communes de Margaux et de Cantenac, s'étend un plateau de graves blanches, d'environ 6 km sur 2, découpé en croupes par l'érosion. C'est dans ce secteur que sont situés nombre des 21 grands crus classés de l'appellation.

Remarquables par leur élégance, les margaux appellent des mets raffinés, comme le chateaubriand, le canard, le perdreau ou l'entrecôte à la bordelaise.

CH. ANGLUDET 2011 ★★

■	90 000	🍾	30 à 50 €

Ce cru commandé par une jolie chartreuse médocaine a connu deux fois l'abandon, à la Révolution et au XXᵉs. Sauvé une première fois par Jules Jadouin, grande figure de la viticulture margalaise au XIXᵉs., il connaît une seconde vie à partir de 1961 grâce à Peter Sichel, dont le fils Benjamin conduit aujourd'hui un vignoble de 32 ha.

Pour le cinquantième anniversaire de leur arrivée à Cantenac, les Sichel ont produit un vin remarquable, tant par sa robe grenat à reflets rubis que par son bouquet complexe et expressif de petits fruits rouges, agrémentés de notes toastées et épicées. À l'unisson, le palais se révèle riche, dense, puissant et soyeux à la fois, sans aspérités. La finale, longue et fraîche, ne laisse aucun doute sur le potentiel de cette bouteille très margalaise, à la fois fine, élégante et robuste. ⧗ 2017-2024 🍴 chateaubriand

■ Réserve d'Angludet 2011 (15 à 20 € ; 40 000 b.) : un joli second vin, plaisant par sa souplesse, sa rondeur et ses tanins fins. ⧗ 2015-2018

🔑 SCEA Ch. Angludet, 33460 Cantenac, tél. 05 57 88 71 41, contact@chateau-angludet.fr V r.-v. 🔑 Sichel

CH. LA BESSANE 2011 ★

■	15 000	🍾	20 à 30 €

Complément margalais du Ch. Paloumey (haut-médoc), ce petit cru de 3 ha, situé non loin de Prieuré Lichine, tire son originalité de la place importante qu'occupe le petit verdot dans l'encépagement.

Ce 2011 associe 22 % de petit verdot aux merlot (57 %) et cabernet-sauvignon. Le résultat ? Un vin au nez frais et fruité de cerise et de noyau, qui évolue à l'aération vers de fines notes boisées et épicées. Des arômes que l'on retrouve dans un palais frais lui aussi, dense, charnu, affermi par des tanins serrés. ⧗ 2016-2022 🍴 médaillon de veau aux cèpes

🔑 SA Ch. Paloumey, 50, rue Pouge de Beau, 33290 Ludon-Médoc, tél. 05 57 88 00 66, info@chateaupaloumey.com V r.-v.
🔑 Martine Cazeneuve

CH. BOSTON 2011

■	n.c.	🍾	15 à 20 €

Très ancien domaine, connu dès le XVIIIᵉs., ce cru – intimement lié au Ch. Palmer (le célèbre général éponyme le planta entièrement en vigne en 1822) – avait disparu. Jusqu'à ce que Vincent Ginestet, fils de l'ancien propriétaire de Ch. Margaux, le ressuscite à partir de 2002 : 12 ha d'un seul tenant aujourd'hui, plantés sur deux croupes de graves.

Sagement, Vincent Ginestet a commencé par produire du haut-médoc avant de passer au margaux. Les plantations effectuées depuis 2002 arrivent maintenant à un âge adulte et donnent ce vin très plaisant, qui fait une entrée sympathique dans le Guide. Le nez mêle agréablement les fruits rouges (cerise) et noirs (mûre) à des nuances florales. Le palais se montre bien équilibré, à la fois souple, frais et rond. Un margaux tout en légèreté. ⧗ 2015-2019 🍴 oie rôtie pommes sarladaises

🔑 SCEA du Ch. Boston, lieu-dit Boston, 33460 Soussans, tél. 06 08 87 98 62, chateauboston@wanadoo.fr r.-v.

♥ CH. BOYD-CANTENAC 2011 ★★

■ 3e cru clas.	37 600	🍾	50 à 75 €

(82) **83 85 86 88** 89 **90 95** 96 97 |**98**| |**99**| **00** |02| 03 |04| **05** |**06**| 07 08 (09) **10 11**

Un beau terroir de graves siliceuses maigres (17 ha), un encépagement diversifié, intégrant le petit verdot, et une famille aux solides racines médocaines, les Guillemet (propriétaires depuis 1932). Ces derniers ne sacrifient pas aux modes et visent l'équilibre et la finesse dans leurs vins. Un grand cru authentique, créé en 1754 par un négociant de Belfast, conduit depuis 1996 par l'œnologue et agronome Lucien Guillemet.

Trilogie magnifique pour Boyd-Cantenac : coup de cœur pour ses 2009 et 2010, Lucien Guillemet est un « incorrigible récidiviste ». Il est vrai qu'il ne pouvait pas laisser passer ce millésime très favorable aux margaux (moins pour d'autres). D'un beau rouge soutenu, son 2011 développe un bouquet riche et complexe : grillé, toast, fruits frais, Zan... la palette est large. Le palais est tout aussi irréprochable : une attaque très engageante, suave et ronde, une texture dense et soyeuse, des tanins bien dosés et serrés, le tout souligné par une élégante fraîcheur. Tout en force contenue, un vin très « Boyd », très margalais en somme... ⧗ 2018-2028 🍴 rôti de veau farci aux truffes

🔑 Ch. Boyd-Cantenac et Pouget, 11, rte de Jean-Faure, 33460 Cantenac, tél. 05 57 88 90 82, guillemet.lucien@wanadoo.fr V r.-v. 🔑 Famille Guillemet

CH. BRANE-CANTENAC 2011 ★

■ 2e cru clas.	100 000	🍾	30 à 50 €

82 **83** 84 **85** (86) 87 **88 89 90** 93 **94 95** (96) **97 98 99** |**00**| |03| |04| |05| 06 07 08 09 **10** 11

Figure mythique de la viticulture médocaine du XIXᵉs., le baron Hector de Brane n'a pas hésité à vendre Brane-Mouton (aujourd'hui Mouton-Rothschild) afin d'acquérir en 1833 ce cru réputé dès le XVIIIᵉs. pour son superbe terroir de graves profondes de 75 ha, dont le cœur (45 ha) est situé sur le plateau de Brane. Un domaine entré en 1925 dans la famille Lurton, grande lignée de propriétaires bordelais, auquel Henri Lurton, installé en 1992, a redonné tout son lustre.

Le 2011 se présente dans une intense robe sombre. Son bouquet, naissant mais concentré, associe harmonieusement les fruits frais (cassis, framboise) à un boisé toasté bien dosé. Le palais, où l'on sent un fruit mûr et très sain, est lui aussi bien dans l'esprit margaux par son volume et la finesse de sa structure, enrobée par une matière tendre et charnue. ⧗ 2018-2023 🍴 chateaubriand

🔑 Henri Lurton, Ch. Brane-Cantenac, 33460 Margaux, tél. 05 57 88 83 33, contact@brane-cantenac.com V r.-v.

L'AURA DE CAMBON LA PELOUSE 2011 ★

■ | 3 200 | ◖◗ | 30 à 50 €

Avec les châteaux Cambon la Pelouse et Trois Moulins, la famille Marie a acquis en 1996 deux beaux domaines en haut-médoc, disposant d'un terroir de graves de grande qualité. Deux crus aujourd'hui dotés d'équipements performants, complétés en 2001 par un petit vignoble en appellation margaux (Aura de Cambon).

À l'origine de ce vin, une petite parcelle cantenacaise de 50 ares jouxtant les vignobles de château Margaux et de Brane-Cantenac, au lieu-dit Bonita. La robe hésite entre bordeaux et grenat. Le bouquet balance quant à lui entre arômes boisés (chocolat amer) et fruits mûrs. Le palais présente déjà une belle harmonie de saveurs, dans la continuité de l'olfaction, mais sa matière serrée étayée par des tanins fermes appelle la garde. ⧗ 2017-2021 ᛘ épaule d'agneau

⊶ SCEA Cambon la Pelouse, 5, chem. de Canteloup, 33460 Macau, tél. 05 57 88 40 32, contact@cambon-la-pelouse.com V r.-v. ⊶ Famille Marie

CH. CANTENAC BROWN 2011 ★★

■ 3e cru clas. | 120 000 | ◖◗ | 50 à 75 €

82 83 85 86 88 89 (90) 91 92 93 94 95 96 97 98 99 00 02 03 04 05 06 07 08 09 10 11

Commandé par un imposant château de style néo-Tudor construit au XIXe s. par le peintre animalier écossais John Lewis Brown, ce domaine – 48 ha plantés sur de belles graves au cœur de l'appellation – a connu une seconde jeunesse d'abord grâce au groupe Axa, et, depuis 2006, sous l'impulsion de la famille Halabi, qui en a confié la direction à José Sanfins.

Après deux millésimes remarquables, le cru tient son rang dans une année moins « bénie des dieux », où il a fallu s'adapter aux aléas permanents du climat et beaucoup trier. Le 2011, d'un beau rouge grenat à reflets rubis, développe un bouquet charmeur et complexe de fruits noirs mûrs, de framboise, de réglisse et d'épices. Le charme opère aussi en bouche, où le vin se révèle dense, charnu, structuré par un boisé « au cordeau » et par des tanins fermes et fins. Un margaux savoureux, qui a de la mâche, de l'élégance, et promet de bien évoluer. ⧗ 2018-2024 ᛘ canard aux pêches ■ **Brio de Cantenac-Brown 2011 (15 à 20 € ; 115 000 b.)** : un second vin puissant, et même sévère en finale, bâti pour la garde. ⧗ 2018-2022

⊶ Ch. Cantenac-Brown, 33460 Margaux, tél. 05 57 88 81 81, contact@cantenacbrown.com V r.-v. ⊶ Famille S. Halabi

CH. LE COTEAU 2011

■ | 60 000 | ◖◗ | 15 à 20 €

Situé au sud de l'appellation margaux, ce cru est l'une des dernières propriétés familiales de l'AOC, conduite et développée depuis 1993 par Éric Léglise, à la tête aujourd'hui de 12 ha.

Labour des sols, pas de désherbage chimique, confusion sexuelle… le vigneron vise la préservation du terroir. Il signe ici un 2011 bien construit. Joli pourpre foncé. Nez discret mais harmonieux (léger grillé, réglisse, fruits noirs). Palais charnu, d'un bon volume et d'une puissance mesurée, bâti sur des tanins bien intégrés, qui lui permettront d'évoluer sereinement. ⧗ 2016-2019 ᛘ sauté d'agneau

⊶ Ch. le Coteau, 39, av. Jean-Luc-Vonderheyden, 33460 Arsac, tél. 05 56 58 82 30, e.leglise@wanadoo.fr V r.-v. ⊶ Éric Léglise

CH. DU COURNEAU 2011 ★★

■ | 20 000 | ◖◗ | 15 à 20 €

Le Belge Émile De Schepper a investi dans le vignoble bordelais à partir de 1950. Aujourd'hui, la famille exploite une cinquantaine d'hectares : en Médoc, le Ch. Haut-Breton Larigaudière et du Courneau (margaux), les Ch. Tayet et Lacombe Cadiot (bordeaux supérieur) ; en saint-émilion, Tour Baladoz et Croizille.

Très agréable à l'œil avec sa robe rubis soutenu, ce vin affiche un nez intense de fruits mûrs, de cerise notamment, et de violette, mêlés à des notes boisées (pain d'épice) élégantes et ajustées. Une attaque souple et ronde ouvre sur un palais ample, gras, charnu, bien structuré tout en conservant une belle fraîcheur jusqu'en finale. ⧗ 2016-2020 ᛘ agneau au thym

⊶ SCEA Ch. Haut Breton Larigaudière, 3, rue des Anciens-Combattants, 33460 Soussans, tél. 05 57 88 94 17, contact@demour.com V r.-v. ⊶ De Schepper

CH. DAUZAC 2011 ★

■ 5e cru clas. | 110 000 | ◖◗ | 30 à 50 €

82 83 85 86 88 89 (90) 92 93 95 96 97 98 99 00 01 02 03 04 05 06 07 08 09 10 11

Après des heures glorieuses au XIXe s., ce cru a sombré dans la léthargie dans la première moitié du XXe s., avant de renaître grâce aux Miailhe, venus de Siran, aux Châtelier, arrivés de Champagne, et enfin, en 1989, à la MAIF qui en a confié la gestion à André Lurton. Depuis 2005, la fille de ce dernier, Christine Lurton Bazin de Caix, est à la tête de ce vignoble de 45 ha d'un seul tenant.

Authentique vin de garde, ce 2011 dévoile un bouquet intense et généreux de fruits noirs mûrs. Le palais se révèle lui aussi puissant, ample, très concentré et suave, porté par une solide structure tannique. À attendre, assurément. ⧗ 2018-2024 ᛘ mijoté de joues de bœuf ■ **La Bastide Dauzac 2011 ★ (20 à 30 € ; 110 000 b.)** : un second proche du grand vin avec un peu plus de souplesse et d'onctuosité, liées à une proportion de merlot supérieure, mais un margaux qui reste bien charpenté. ⧗ 2017-2024

⊶ SE Ch. Dauzac, 1 av. Georges Johnston, 33460 Labarde, tél. 05 57 88 32 10, chateaudauzac@chateaudauzac.com V r.-v. ⊶ MAIF

CH. DESMIRAIL 2011 ★

■ 3e cru clas. | 72 000 | ◖◗ | 30 à 50 €

S'ouvrant sur la route des Châteaux, au cœur du bourg de Cantenac, par un majestueux portail de marbre rose, une élégante chartreuse du XVIIIe s. commande ce cru ancien (XVIIe s.). Un domaine acquis en 1982 par Lucien Lurton, qui l'a tranmis à son fils Denis en 1992 lors du partage entre ses enfants de son immense patrimoine viticole.

Le 2011 se montre fort agréable par son bouquet de fruits frais (cassis, framboise), de chocolat et d'épices. Une attaque soyeuse introduit un palais ample et puissant, bien boisé, encore un peu rigide en finale. Un vin droit, qui laisse entrevoir un bel avenir. ⧗ 2017-2022 ᛘ feuilleté aux cèpes ■ Initial de Desmirail 2011 (15 à 20 € ; 67 000 b.) : plus souple et rond que le grand vin (69 % de merlot, contre 40 %), plaisant aussi par son joli nez fruité et légèrement fumé. ⧗ 2015-2018

SCEA Ch. Desmirail, 28, av. de la Ve-République, 33460 Cantenac, tél. 05 57 88 34 33, contact@desmirail.com V r.-v. Denis Lurton

CH. DEYREM VALENTIN 2011

■	70 000		15 à 20 €

Très ancien (il remonte à 1730), ce petit cru de 15 ha, encore familial, est conduit par Serge Sorge depuis 1972, épaulé par la cinquième génération (ses filles Sylvie et Christelle). Un domaine qui se singularise par un encépagement diversifié, qui inclut le petit verdot et la très rare carmenère.

Vif et souple en attaque, puis rond et charnu, tout en possédant une bonne structure tannique, un 2011 bien équilibré que l'on boira jeune pour profiter pleinement de son fruité frais, soutenu par un bois bien dosé. ⧗ 2015-2017 🍴 rôti de veau

SCEA des Vignobles Jean Sorge, 1, rue Valentin-Deyrem, 33460 Soussans, tél. 05 57 88 35 70, contact@chateau-deyrem-valentin.com V r.-v.

CH. DES EYRINS 2011 ★★

■	15 000		20 à 30 €

En 2009, Éric Grangerou, héritier de trois générations de maîtres de chai à Ch. Margaux, a passé les rênes de cette petite exploitation de 3 ha aux Gonet-Médeville, du château les Justices à Sauternes.

Une seyante robe bordeaux, jeune et brillante, un bouquet puissant de fruits rouges et noirs, agrémenté d'un boisé (vanille, cigare) soutenu mais élégant : la présentation est irréprochable. La bouche n'est pas en reste : corsée, dense, racée, portée par des tanins solides sans dureté, à la finale ample et longue. Déjà très agréable, cette bouteille gagnera en complexité au vieillissement. ⧗ 2017-2024 🍴 pintade aux cèpes

Julie Gonet-Médeville, 27, cours Pey-Berland, 33460 Margaux, tél. 05 56 76 28 44, contact@gonet-medeville.com

CH. FERRIÈRE 2011

■ 3e cru clas.	60 000		30 à 50 €

83 84 (85) **86** 87 88 89 92 **93 94 95 96** 97 **98 99 |00| |01|** |02| **03** |04| 05 06 07 08 09 10 11

Propriété de la famille Ferrière du XVIIIe s. à 1914, ce cru a été pris en fermage à partir de 1952 par Alexis Lichine, qui transporta les vinifications à Lascombes. Racheté en 1988 par la famille Villard, il renaît en 1992, à la fin du contrat de fermage. Entièrement rénové par Claire Villars-Lurton (Haut-Bages Libéral à Pauillac), le vignoble couvre 16 ha, ce qui en fait le plus petit des crus classés du Médoc.

Ce vin, plaisant à contempler dans sa robe rubis profond, livre un bouquet non moins agréable, fruité et chocolaté. La bouche se montre alerte par la fraîcheur de son attaque, bien équilibrée entre boisé épicé et fruits mûrs, élégante par sa structure fine et sans dureté. ⧗ 2017-2020 🍴 tournedos aux cèpes

Claire Villars-Lurton, 33 bis, rue de Trémoille, 33460 Margaux, tél. 05 57 88 76 65, infos@ferriere.com r.-v.

CH. GISCOURS 2011 ★

■ 3e cru clas.	280 000		30 à 50 €

82 83 85 (86) **88 89** 90 91 **93** 94 97 98 **99 00 01** |02| |03| |04| **|05|** |06| |07| 08 **09 10** 11

L'un des plus vastes domaines du Médoc (92 ha), commandé par un château monumental, construit par la famille des comtes de Pescatore, des banquiers, pour accueillir l'impératrice Eugénie lorsqu'elle se rendait dans sa villégiature de Biarritz. Très représentatif du grand cru médocain par ses bâtiments, Giscours l'est aussi par son beau terroir de graves profondes, d'une grande homogénéité.

Dominé par les fruits rouges et noirs que rejoignent à l'aération des notes boisées (toast, vanille) et florales, le bouquet possède une réelle élégance. Une attaque suave et accorte introduit un palais ample, riche, puissant sans aspérités, au fruité croquant et aux tanins soyeux. Un margaux tout en douceur et un beau potentiel. ⧗ 2018-2024 🍴 canard aux cerises ■ La Sirène de Giscours 2011 (20 à 30 € ; 110 000 b.) : rond, gras, bien équilibré et aromatique. ⧗ 2017-2020

SE Ch. Giscours, Ch. Giscours, 10, rte de Giscours, 33460 Labarde, tél. 05 57 97 09 09, giscours@chateau-giscours.fr V r.-v. 4

CH. D'ISSAN 2011 ★

■ 3e cru clas.	90 000		30 à 50 €

82 **83 85 86 88** 89 90 93 94 95 96 98 99 **00** 01 02 03 |04| 05 **06** |07| 08 09 10 11

Château fort médiéval d'un côté, manoir du XVIIe s. de l'autre, ce cru classé marie les styles et les époques avec une réelle harmonie, que l'on retrouve dans le chai et sa charpente en forme de carène de navire. Aux commandes depuis 1945, la famille Cruse – associée depuis 2013 à Jacky Lorenzetti, déjà solidement implanté en Médoc – conduit un vignoble de 53 ha planté sur un beau terroir argilo-graveleux au cœur de l'appellation.

Fruits rouges, réglisse, épices, toasté, vanille, le bouquet du 2011 (39 % de merlot aux côtés du cabernet-sauvignon) se révèle riche et délicat. Le palais poursuit avec élégance, dès l'attaque, et se distingue par une intense fraîcheur minérale, qui vient en soutien de tanins solides. Un margaux ample, puissant et droit : un vrai vin de garde. ⧗ 2018-2024 🍴 tournedos aux morilles

Ch. d'Issan, BP 5, 33460 Cantenac, tél. 05 57 88 35 91, issan@chateau-issan.com V r.-v. SFV Cantenac

CH. KIRWAN 2011 ★★

■ 3e cru clas.	165 000		30 à 50 €

82 83 **85** (86) 88 **89 93** 94 **95 96** 97 98 **99 00** 01 **02 |03|** |04| **05 06 07** 08 (09) 10 **11**

Commandé par une belle demeure du XIXe s. entourée d'un parc de 2 ha aux arbres centenaires, le domaine étend ses 37 ha de vignes en haut du plateau de Cantenac, terroir de choix s'il en est, pour les deux tiers sur une croupe de graves autour du château et sur des

terres plus argileuses, à l'ouest. Propriété depuis 1925 des Schÿler, l'une des plus anciennes familles et maisons du négoce bordelais, Kirwan est aussi l'un des hauts lieux de l'œnotourisme médocain.

Toujours d'une grande régularité, le cru est au rendez-vous avec son 2011. Classique dans sa robe bordeaux teintée de violine, le vin affiche sa forte personnalité dès l'olfaction : petits fruits mûrs, marc de raisins, épices et moka. Le palais, élégant, ample, sans aspérités, porté par des tanins soyeux, témoigne d'une extraction bien menée et déploie une longue finale poivrée qui laisse le souvenir d'un margaux aimable et généreux. ⌛ 2017-2022 🍴 filet de bœuf sauce au poivre ■ Charmes de Kirwan 2011 ★ (20 à 30 € ; 70 000 b.) : un second vin rond, suave et friand, très charmeur en effet. ⌛ 2016-2020

Famille Schÿler, 33460 Cantenac, tél. 05 57 88 71 00, mail@chateau-kirwan.com V t.l.j. sf sam. dim. 9h30-12h30 13h30-17h30

CH. LABÉGORCE 2011 ★★

■ | 120 000 | | 20 à 30 €

Bel édifice néoclassique s'élevant au milieu de son vignoble, à la sortie de Margaux, en direction de Pauillac, ce cru a bénéficié d'importants investissements depuis son achat par la famille Perrodo en 1989. La fusion en 2009 avec le château Labégorce Zédé lui a permis de retrouver son vignoble d'origine (70 ha) d'avant le partage de 1794.

Très élégant dans sa robe intense aux reflets bleutés, ce 2011 à dominante de merlot (53 %) développe un bouquet intense, où la vanille se fond dans les fruits confiturés (cassis, mûre, pruneau). Des arômes que l'on retrouve dans un palais gras, dense, puissant, concentré, étayé par des tanins vigoureux et par une fine fraîcheur qui apporte équilibre et longueur. Un margaux de caractère généreux, harmonieux et prometteur. ⌛ 2018-2024 🍴 navarin d'agneau

SC Ch. Labégorce, 1, rte de Labégorce, 33460 Margaux, tél. 05 57 88 71 32, contact@labegorce.com V t.l.j. sf sam. dim. 10h-17h
Famille Perrodo

♥ CH. LASCOMBES 2011 ★★★

■ 2e cru clas. | 294 731 | | 50 à 75 €

82 83 85 (86) 88 89 90 95 96 97 98 00 02 03 |04| |05| |06| 07 08 09 (10) (11)

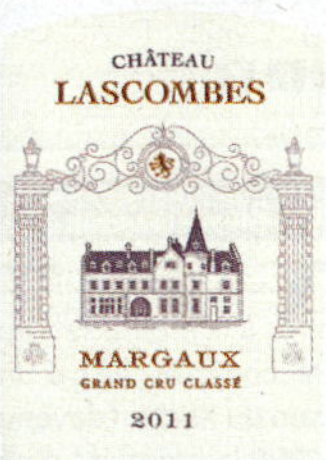

Fondé au XVes. par le chevalier Antoine de Lascombes, acquis en 1952 par Alexis Lichine, puis par le négoce Bass & Charrington en 1971, ce cru s'est assoupi jusqu'à son rachat en 2001 par le fond d'investissement américain Colony Capital. Un grand programme est mis en place sous la conduite de Dominique Befve, ancien des domaines Rothschild, pour rénover ce vaste vignoble de 118 ha très morcelé. Lascombes, racheté en 2011 par la MASCF, a aujourd'hui retrouvé son rang.

2002, 2004, 2007, 2010, 2011 : une décennie bénie pour Lascombes, qui confirme son retour au plus haut niveau et semble se jouer avec une aisance admirable des millésimes compliqués (on mettra bien sûr à part 2010, grande année s'il en est). La robe est intense, presque noire, et le nez, puissant et complexe : épices douces, réglisse, fruits noirs, truffe, amande grillée... Le palais : dense, charnu, concentré, vigoureux, bâti sur des tanins « virils mais corrects », au grain très fin. Un margaux d'un grand classicisme, alliance parfaite de l'élégance et de la force. ⌛ 2018-2025 🍴 carré d'agneau aux cèpes

Ch. Lascombes, 1, cours de Verdun, 33460 Margaux, tél. 05 57 88 70 66, contact@chateau-lascombes.fr V r.-v. MACSF

CH. MALESCOT SAINT-EXUPÉRY 2011 ★★

■ 3e cru clas. | 79 500 | | 30 à 50 €

82 83 85 86 88 89 90 94 95 96 98 99 |00| |02| |03| |04| 05 |06| (07) 08 (09) 10 11

Un nom double et prestigieux pour ce cru, la première partie faisant référence à Simon Malescot, conseiller de Louis XIV et propriétaire du domaine à la fin du XVIIes., et la seconde à l'arrière-grand-père du célèbre aviateur. Doté d'un beau terroir de graves épaisses, jouxtant ceux des châteaux Margaux et Palmer, le vignoble (28 ha) est, depuis 1955, la propriété des Zuger, originaires de Suisse, qui lui ont redonné sa grandeur d'antan.

La robe sombre et dense annonce un vin riche et généreux. Le bouquet confirme cette impression : derrière un fruité soutenu de cassis et de mûre se dégagent des senteurs relevées de grillé, de moka et de poivre de Madagascar. À l'unisson, le palais se montre ample, rond et charnu en attaque, puis monte en puissance, porté par de solides tanins et par un boisé intense mais noble. Un margaux au caractère bien trempé. ⌛ 2017-2024 🍴 gigue de chevreuil ■ La Dame de Malescot 2011 ★ (20 à 30 €) : un style proche pour le « second » ; un peu moins de volume, mais du gras, une belle charpente et de la longueur. ⌛ 2017-2020

SCEA Ch. Malescot Saint-Exupéry, 33460 Margaux, tél. 05 57 88 97 20, malescotsaintexupery@malescot.com V r.-v. J.-L. Zuger

♥ CH. MARGAUX 2011 ★★

■ 1er cru clas. | n.c. | | + de 100 €

61 70 71 75 78 79 80 81 |(82)| 83 84 |85| |86| 87 |88| |89| |90| 91 92 |93| |94| |(95)| |(96)| |97| |(98)| (99) (00) 01 02 03 04 (05) (06) 07 (08) (09) (10) 11

Un mythe dressé au bout d'une longue allée de platanes. La majesté de la demeure de style néo-palladien (bâtie en 1810), qui a succédé à une ancienne maison forte appartenant à de grandes familles de la région, a contribué à sa renommée. Le domaine est constitué à la fin du XVIes., et le vignoble créé à la fin du siècle suivant par un parent des Pontac. Passé entre plusieurs mains au fil des siècles, il est acquis en 1977 par André Mentzelopoulos (Felix Potin).

Drainage, replantations, tonnellerie intégrée... une vaste rénovation du domaine est engagée, à la vigne, au chai et au château, et fait entrer le cru dans l'ère moderne. Un vignoble de 78 ha – conduit aujourd'hui par Corinne Mentzelopoulos, fille d'André, et par son directeur Paul Pontallier – qui doit aussi, et surtout, sa qualité à son terroir d'exception, une vaste et superbe dalle calcaire recouverte de graves fines.

Dans les années « compliquées », comme ce fut le cas pour 2011, marqué par la sécheresse du vignoble, malgré des mois de juin, de juillet et d'août plutôt frais, Margaux peut toujours compter sur son grand terroir et sur son encépagement parfaitement adapté (86 % de cabernet-sauvignon, 10 % de merlot, 2 % de cabernet franc et 2 % de petit verdot). Grâce à quoi, avec ce millésime limité cette année à 38 % de la récolte, comme l'an dernier, le domaine tient largement son rang. La robe est d'un seyant grenat aux reflets rubis. Le nez se montre discret de prime abord, mais d'emblée délicat : réglisse et fruits rouges, puis épices douces, touche de cuir de Russie et de rose. Une attaque soyeuse et fraîche, pleine d'allant, ouvre sur un palais ample, solide et dense, porté par des tanins serrés qui arrivent promptement mais sans violence, avec toujours en soutien cette fraîcheur qui constitue le fil conducteur de la dégustation, jusqu'à la finale, longue, épicée, un rien sévère. Un margaux très élégant, longiligne et sans aspérités ni embonpoint superflu. ⧗ 2020-2035 ⫯ ris de veau

SCA du Ch. Margaux, BP 31, 33460 Margaux, tél. 05 57 88 83 83, chateau-margaux@chateau-margaux.com

PAVILLON ROUGE DU CH. MARGAUX 2011 ★★

■ | n.c. | ◖◗ | + de 100 €

82 83 84 85 86 88 89 90 93 95 96 97 98 |**99**| |**00**| |01| |02| |**03**| |04| **05 06** 07 08 **09 10 11**

Le deuxième vin de château Margaux. Apparu au XIXᵉs., il prend son nom définitif en 1908. Il n'est plus produit à partir des années 1930 jusqu'à l'arrivée d'André Mentzelopoulos en 1977, et n'a cessé de croître afin d'améliorer la qualité du « premier » : il est issu des vins non retenus, lors des assemblages, pour le grand vin. Depuis quelques années, la sélection d'un troisième vin vient renforcer la qualité du Pavillon.

Né d'une sélection drastique (28 % de la production), le Pavillon 2011 associe 65 % de cabernet-sauvignon, 25 % de merlot, 8 % de petit verdot et 2 % de cabernet franc. Un nez suave et complexe de cacao, de moka, de cannelle et de fruits rouges frais ouvre la dégustation. Souple et tendre en attaque, le palais s'appuie sur un boisé parfaitement ajusté et sur des tanins fins et bien ordonnés, sans vigueur excessive, enrobés d'une chair soyeuse et d'un fruité croquant. En soutien, on retrouve cette fraîcheur perçue dans le premier vin, qui donne de l'élan à la finale, élégante et épicée. ⧗ 2018-2025 ⫯ filet de bœuf

SCA du Ch. Margaux, BP 31, Margaux, tél. 05 57 88 83 83, chateau-margaux@chateau-margaux.com

♥ CH. MARQUIS D'ALESME 2011 ★★

■ 3e cru clas. | 50 000 | ◖◗ | 30 à 50 €

96 97 99 00 01 03 |04| 05 |**07**| 08 **09 10 11**

Commandé par un vaste château de style néo-Louis XIII se dressant au cœur de Margaux, ce domaine de 15 ha est le cru phare des vignobles Perrodo, également propriétaires de Labégorce. Acquis en 2006, il est dirigé par Nathalie Perrodo (fille d'Hubert, décédé l'année du rachat) et Marjolaine de Coninck, directrice générale (ancienne responsable de Fonplégade à Saint-Émilion).

Le cru continue sa progression, très notable depuis sa reprise. Il signe un 2011 d'une grande puissance, à forte dominante de cabernet-sauvignon (70 %). Une puissance que l'intensité de la robe, d'un noir profond, et la concentration du bouquet, sur les fruits noirs mûrs, presque confits, et le boisé épicé, laissent deviner. Dense, concentré, aussi large que long, le palais s'appuie sur des tanins bien serrés, austères mais prometteurs, épaulés par une pointe de fraîcheur qui renforce le caractère sérieux et droit de ce vin. De grande garde, assurément. ⧗ 2020-2028 ⫯ civet de sanglier

Ch. Labégorce, 1, rte de Labégorce, BP 4, 33460 Margaux, tél. 05 57 88 71 32, contact@labegorce.com V t.l.j. sf sam. dim. 10h-17h

Famille Perrodo

CH. MARQUIS DE TERME 2011 ★★

■ 4e cru clas. | 79 000 | ◖◗ | 30 à 50 €

82 (83) **85 86 89** 90 93 **94** |**95**| 96 97 |**98**| |99| |(00)| |01| |02| 03 04 **05** 06 **08 09 10 11**

À cheval sur les communes de Margaux et de Cantenac, ce cru fondé en 1762 est propriété de la famille Sénéclauze depuis 1935. Aux commandes du vignoble (40 ha), un nouveau directeur depuis 2009, Ludovic David, ingénieur agronome qui a fait ses armes dans le Libournais, chez Bernard Magrez.

En progrès constant depuis sa reprise en main, le cru confirme son savoir-faire avec un 2011 d'une réelle harmonie et plein de charme. La robe, d'un seyant grenat, est engageante. Le bouquet associe sans fausse note petits fruits frais (cassis, framboise) et boisé toasté. Mais c'est au palais que ce vin s'exprime pleinement. Rond, gras et suave, étayé par des tanins puissants mais fins et soyeux, il évoque un coulis de fruits rouges, agrémenté en finale d'une jolie touche réglissée. Un margaux très séduisant, élégant et friand. ⧗ 2018-2024 ⫯ navarin d'agneau

Ch. Marquis de Terme, 3, rte de Rauzan, 33460 Margaux, tél. 05 57 88 30 01, mdt@chateau-marquis-de-terme.com V r.-v.

Sénéclauze

(B) GALLEN DE CH. MEYRE 2011

■ | 9 000 | ◖◗ | 20 à 30 €

Les Chinois ne sont pas les seuls à s'intéresser au bordeaux : cette ancienne propriété, commandée par un petit château typiquement médocain du XIXᵉ s. (devenu un hôtel trois étoiles), est depuis 1998 la propriété d'un homme d'affaires thaïlandais. De nouveaux chais ont été aménagés en 2007, et le vignoble de près de 17 ha est conduit en bio certifié depuis 2011.

Un vin aromatique et flatteur (prune, fruits rouges), souple et bien équilibré entre vivacité, tanins discrets et boisé ajusté. Une bouteille plaisante, facile d'accès, que l'on pourra boire dans sa jeunesse. ⧗ 2016-2020 🍷 rôti de veau en cocotte

🔑 SAS Ch. Meyre, 16, rte de Castelnau, 33480 Avensan, tél. 05 56 58 10 77, chateau.meyre@wanadoo.fr V r.-v. 🔑 Hetrakul

CH. MONBRISON 2011 ★

■ | 40 000 | | 20 à 30 €

Acquis en 1922 par l'Américain Robert M. David, ce cru fondé au XVIIIe s. et commandé par une élégante gentilhommière, a été remis sur les rails dans les années 1980 par son petit-fils Jean-Luc Vonderheyden (disparu en 1992). Le frère de ce dernier, Laurent, conduit aujourd'hui un vignoble de 21 ha d'un seul tenant, au sud de Margaux.

Régulier en qualité, ce cru signe un 2011 élégant, qui mêle au nez notes de fruits rouges et de mine de crayon. Le palais évolue en finesse, soutenu par des tanins serrés mais soyeux et par une agréable fraîcheur minérale qui lui confère droiture et longueur. Un margaux bien typé, franc et longiligne. ⧗ 2016-2020 🍷 rôti de bœuf

🔑 Laurent Vonderheyden, 1, allée de Monbrison, 33460 Arsac, tél. 05 56 58 80 04, lvdh33@wanadoo.fr V r.-v.

CH. MONGRAVEY 2011 ★

■ | 70 000 | | 20 à 30 €

Créée en 1981 par Régis Bernaleau à partir de parcelles achetées sur le plateau d'Arsac, cette petite propriété, qui résiste à la pression de l'urbanisation et de l'expansionnisme de certains crus classés, étend ses vignes sur 13 ha.

Encore marqué par l'élevage, notamment dans son bouquet vanillé et épicé, ce 2011 montre par sa fraîcheur en bouche, par sa solide structure et par sa bonne longueur qu'il a tous les atouts nécessaires pour bien évoluer. ⧗ 2018-2022 🍷 pigeon rôti ■ Cuvée spéciale 2011 (30 à 50 € ; 2 500 b.) : sélection des meilleures parcelles produite uniquement les meilleures années, ce vin ample, bien structuré par des tanins fins, encore un peu boisé, demande lui aussi à être attendu. ⧗ 2018-2022

🔑 SCEA Mongravey, 8, av. Jean-Luc Vonderheyden, 33460 Arsac, tél. 05 56 58 84 51, chateau.mongravey@wanadoo.fr V r.-v. 🔑 Bernaleau

CH. PALMER 2011 ★★

■ 3e cru clas. | 60 000 | | + de 100 €

82 83 84 85 (86) 88 89 90 91 92 93 94 |95| 96 97 98 |99| |00| |01| |02| |03| |04| 05 06 07 08 09 (10) 11

L'histoire veut que le général britannique Charles Palmer ait, lors d'un voyage en France en 1814, succombé au charme de Marie de Gascq, cherchant preneur pour son cru médocain... Palmer était né. Suivent en 1853 les frères Pereire, banquiers influents qui édifient le château actuel et développent le vignoble, puis à partir de 1938 les familles Mähler-Besse, Sichel, Miailhe et Ginestet (ne restent plus que les deux premières). Géré depuis 2004 par Thomas Duroux, ce 3e cru classé, souvent considéré comme un « super-second », étend ses 55 ha sur les moutonnements de Cantenac.

S'il faut être amateur d'éclectisme pour admirer l'architecture du château, il n'est besoin d'aucune préférence particulière pour apprécier la robe du 2011, d'un grenat intense. Ni pour priser le bouquet, complexe, de vanille, de truffe et de confiture de fraises, auquel fait écho un palais à la fois rond, puissant, ample et consistant, bien soutenu par la fraîcheur. Un beau vin de garde, à la fois intense et élégant. ⧗ 2019-2025 🍷 filet de sanglier ■ **Alter Ego 2011 (50 à 75 € ; 60 000 b.)** : un second vin expressif (fruits rouges, amande douce, toast), généreux, riche et solide. ⧗ 2018-2023

🔑 Ch. Palmer, lieu-dit Issan, 33460 Cantenac, tél. 05 57 88 72 72, chateau-palmer@chateau-palmer.com r.-v.

CH. PONTAC-LYNCH Quintessence 2011 ★

■ | 3 000 | | 20 à 30 €

À l'origine, un pavillon de chasse construit pour le comte de Lynch en 1720, d'où sa situation en bordure des palus. Le vignoble (10 ha) se trouve quant à lui sur des graves, voisinant avec les châteaux Margaux et Palmer. La famille Bondon en est propriétaire depuis 1952.

Cette cuvée se présente dans une robe profonde, rubis sombre. Le bouquet révèle un élevage dans un merrain de belle qualité qui confère des arômes de vanille et de cannelle bien mariés aux fruits rouges et à la violette. Le palais se révèle riche, dense et corsé, soutenu par un bon boisé et des tanins serrés sans excès de vigueur. ⧗ 2017-2022 🍷 magret de canard

🔑 Ch. Pontac-Lynch, 28, rte du Port-d'Issan, 33460 Cantenac, tél. 05 57 88 30 04, chateau-pontac-lynch@orange.fr V r.-v. 🔑 M.-C Bondon

CH. POUGET 2011 ★

■ 4e cru clas. | 28 000 | | 30 à 50 €

85 86 88 89 90 92 94 95 96 97 98 |99| 00 |01| |02| |03| |04| 05 |06| |07| 08 09 10 11

Réputé de longue date pour ses vins – le maréchal-duc de Richelieu en vantait les vertus au XVIIIe s. (son blason est toujours apposé sur l'étiquette) –, ce domaine de 10 ha est entré dans la famille Guillemet (Boyd-Cantenac) en 1906. Lucien Guillemet est aux commandes depuis 1996.

Fidèle à sa volonté d'élaborer des vins hors des modes, Lucien Guillemet commercialise son cru dans une bouteille proche de celles du XVIIIe s. Dans le verre, un vin qui affirme sa personnalité par un joli fruit (cerise, pruneau, noyau), souligné par un boisé soutenu mais élégant (cèdre, grillé). Après une attaque souple et suave, les tanins font sentir leur présence, épaulés par une fine vivacité, et suggèrent la garde. Un margaux bien typé en effet. ⧗ 2018-2022 🍷 entrecôte grillée

🔑 Ch. Pouget, 11, rte de Jean-Faure, 33460 Cantenac, tél. 05 57 88 90 82, guillemet.lucien@wanadoo.fr V r.-v. 🔑 Famille Guillemet

CH. PRIEURÉ-LICHINE 2011 ★

■ 4e cru clas. | 120 000 | | 30 à 50 €

82 83 86 88 89 90 92 93 96 97 (98) 99 00 01 02 03 04 |05| |06| |07| 08 09 10 11

Fondé par les moines de l'abbaye de Vertheuil, l'ancien prieuré Saint-Didier de Cantenac produisait un vin déjà renommé sous l'Ancien Régime. Mais il doit sa célébrité à Alexis Lichine, le « pape du vin », qui l'acquit en 1951. Propriété du groupe Ballande depuis 1999, il étend ses 80 ha de vignes au cœur du plateau de Cantenac-Margaux.

D'une teinte entre grenat et noir, ce 2011 exprime déjà toute sa personnalité à travers son bouquet de fruits rouges et noirs accompagnés de notes d'épices et de cacao. Le palais présente un juste équilibre entre une chair ronde et suave et des tanins denses et serrés, puis s'étire dans une longue finale cacaotée et grillée qui rappelle l'olfaction. ⌛ 2018-2024 🍴 selle d'agneau

🔑 Ch. Prieuré-Lichine, 34, av. de la Ve-République, 33460 Cantenac, tél. 05 57 88 36 28, contact@prieure-lichine.fr r.-v. 🔑 Ballande

CH. RAUZAN-GASSIES 2011 ★

2e cru clas.	n.c.		30 à 50 €

93 94 96 **97** 98 99 **00 01** 02 03 05 06 07 08 09 **10** 11

Ancien fief de la seigneurie de l'actuel château Margaux, la maison noble de Gassies fut acquise au XVIIe s. par Pierre de Rauzan. Le domaine fut scindé en deux sous la Révolution, donnant Rauzan-Gassies et Rauzan-Ségla. Propriété de la famille Quié (Croizet Bages à Pauillac) depuis 1946, ce cru de 25 ha est aujourd'hui dirigé par Jean-Michel Quié et ses enfants Anne-Françoise et Jean-Philippe.

Au nez, les fruits rouges dominent, accompagnés d'épices douces et d'une note de truffe caractéristique des margaux. Tout aussi fruité, le palais se montre frais et équilibré, appuyé par un boisé bien fondu et par des tanins fins et serrés. Un margaux élégant et droit, sans aspérités, bâti pour bien vieillir. ⌛ 2019-2024 🍴 magret de canard aux cerises

🔑 Ch. Rauzan-Gassies, rue Alexis-Millardet, 33460 Margaux, tél. 05 57 88 71 88, rauzangassies@domaines-quie.com r.-v.
🔑 Jean-Michel Quié

CH. RAUZAN-SÉGLA 2011 ★★

2e cru clas.	80 000		75 à 100 €

82 **83 85** (86) **88 89 90** 91 **92 93 94 95** (96) **97** (98) **99** (00) 01 02 **03 04 05** 06 **07 08 09 10 11**

L'un des crus les plus anciens de Margaux, créé en 1661 par Pierre de Rauzan. Cet ancien fief de la seigneurie de château Margaux fut scindé en deux sous la Révolution, donnant Rauzan-Gassies et Rauzan-Ségla. Quelque peu endormi au cours du XXe s., le domaine (66 ha aujourd'hui) s'est « réveillé » à partir de 1994, date de sa reprise par la famille Wertheimer (Chanel), qui a beaucoup investi, tant au château qu'à la vigne et au chai. Depuis, Rauzan-Ségla, sous la direction de John Kolasa, a retrouvé son rang.

Ce vin annonce d'emblée sa noble origine par la densité de sa robe comme par l'élégance de son bouquet, où les notes de fruits des bois sont accompagnées d'épices et de touches mentholées d'une grande fraîcheur. Long, corsé, étoffé et souligné par une pointe de vivacité, le palais est en harmonie avec le bouquet, porté par des tanins fermes, sans rugosité. Un beau classique de garde. ⌛ 2017-2022 🍴 filet de sanglier aux airelles ■ Ségla 2011 ★ (20 à 30 € ; 100 000 b.) : un second vin gras, charnu et solidement charpenté. ⌛ 2017-2020

🔑 Ch. Rauzan-Ségla, rue Alexis-Millardet, BP 56, 33460 Margaux, tél. 05 57 88 82 10, contact@rauzan-segla.com r.-v. 🔑 Maison Chanel

CH. DU TERTRE 2011 ★

5e cru clas.	110 000		30 à 50 €

Unique cru classé de la commune d'Arsac, ce domaine, propriété comme Giscours d'Éric Albada-Jelgersma, s'étend sur 52 ha d'un seul tenant. Il est situé comme son nom l'indique sur l'une des plus hautes croupes du Médoc.

La fraîcheur du bouquet, aux jolies notes mentholées, toastées, épicées et réglissées, offre une entrée en matière engageante. La suite ne manque pas d'attraits : de la rondeur et de la douceur, des tanins veloutés, une fine vivacité en soutien et un boisé fondu. Bref, un margaux gracieux et équilibré, que l'on laissera vieillir pour plus d'expression encore. ⌛ 2017-2022 🍴 coq au vin ■ Les Hauts du Tertre 2011 (20 à 30 € ; 80 000 b.) : un air de famille avec le grand vin, tant par son côté frais et mentholé, et même pierre à fusil, que par son équilibre et ses tanins doux. ⌛ 2017-2020

🔑 SEV Ch. du Tertre, Ch. du Tertre, 14, allée du Tertre, 33460 Arsac, tél. 05 57 88 52 52, tertre@chateaudutertre.fr r.-v. 5
🔑 Albada

MOULIS-EN-MÉDOC

• Superficie : 630 ha • Production : 23 830 hl

Ruban de 12 km de long sur 300 à 400 m de large, moulis est la moins étendue des appellations communales du Médoc. Elle offre pourtant une large palette de terroirs. Comme à Listrac, ceux-ci forment trois ensembles. À l'ouest, près de la route de Bordeaux à Soulac, le secteur de Bouqueyran présente une topographie variée, avec une crête calcaire et un versant de graves anciennes (pyrénéennes). Au centre, une plaine argilo-calcaire prolonge celle de Peyrelebade (voir listrac-médoc). Enfin, à l'est et au nord-est, près de la voie ferrée, se développent des croupes de graves du Günz (graves garonnaises) qui constituent un terroir de choix. C'est dans ce dernier secteur que se trouvent les buttes réputées de Grand-Poujeaux, Maucaillou et Médrac. Charnus, les moulis se caractérisent par leur caractère suave et délicat. Tout en étant de garde (sept à huit ans), ils peuvent s'épanouir un peu plus rapidement que les vins des autres appellations communales.

CH. ANTHONIC 2011

	142 000		15 à 20 €

Le cru s'est d'abord appelé Puy Minjon, puis Graves-Queytignan, avant de prendre, en 1922, son nom actuel. Une authentique propriété familiale, forte d'une quarantaine d'hectares sur argilo-calcaires, dirigée depuis 1983 par Jean-Baptiste Cordonnier, ingénieur agronome de formation, qui y a réalisé d'importants investissements à la vigne et au chai.

Aimable et bien construit, ce 2011 se montre flatteur, tant par sa robe d'un joli rubis clair que par son bouquet de fruits noirs, de grillé et d'épices. Le palais, équilibré, tendre, souple et rond, aux tanins enrobés et soyeux, est bien dans le ton. ⌛ 2015-2018 🍴 coq au vin

🔑 SCEA Pierre Cordonnier, Ch. Anthonic, rte de Maliney, 33480 Moulis-en-Médoc, tél. 05 56 58 34 60, contact@chateauanthonic.com r.-v.

CH. BRANAS GRAND POUJEAUX 2011 ★

■ | 36 000 | | 30 à 50 €

02 03 04 (05) 06 07 08 (09) 10 11

Ce cru confortablement établi sur 12 ha de graves garonnaises, entre les prestigieux châteaux Chasse-Spleen et Poujeaux, a été repris en 2002 par Justin Onclin (également propriétaire de Villemaurine à Saint-Émilion). Ce dernier, aussi méticuleux à la vigne qu'au chai, y a beaucoup investi et en a fait un domaine très régulier en qualité.

Merlot (50 %), cabernet-sauvignon (45 %) et une touche de petit verdot composent ce 2011 élevé dix-huit mois en barrique. Belle couleur à reflets pourpres, bouquet fin et intense (grillé et fruits mûrs bien mariés) : la présentation est irréprochable. Offrant la même harmonie entre fruité (groseille) et boisé (fumée), le palais se révèle suave en attaque, rond et soyeux dans son développement, sans manquer de structure. Un vin déjà appréciable, que l'on pourra laisser vieillir sans crainte. 2015-2019 navarin d'agneau ■ **Éclats de Branas 2011★** (20 à 30 €; 25 000 b.) : un vin généreux, friand, fruité, au boisé soutenu mais bien maîtrisé. 2015-2019

Ch. Branas Grand Poujeaux, Grand-Poujeaux, 33480 Moulis-en-Médoc, tél. 05 56 58 93 30, contact@branasgrandpoujeaux.com r.-v.
Vignobles Onclin

CH. CHASSE-SPLEEN 2011 ★

■ | 340 000 | | 20 à 30 €

82 (83) 85 86 88 89 90 91 92 93 94 95 96 97 98 99 00 01 02 03 04 05 06 07 08 09 10 11

Premier des crus acquis par Jacques Merlaut (1976), cofondateur du groupe Taillan, Chasse-Spleen doit sa notoriété en partie à son nom, suggéré, dit-on, au propriétaire de l'époque par le peintre bordelais Odilon Redon, illustrateur des *Fleurs du mal*, ou par Lord Byron, amateur du vin de la propriété, « qui n'a pas son pareil pour chasser les idées noires »... Mais la renommée de ce vaste domaine (103 ha) tient aussi, et surtout, à l'ancienneté de sa vocation viticole (1865) et à la qualité de ses vins, nés sur un terroir de graves garonnaises. Aux commandes depuis 2000, Céline Villars-Foubet, petite-fille de Jean Merlaut.

Profonde et sombre, la robe grenat à reflets violets indique la jeunesse de ce vin dont le bouquet livre des notes fruitées soulignées par une légère trame boisée. Si l'attaque est souple et généreuse, le palais déploie ensuite une structure tannique dense et un peu austère en finale. Tout suggère un petit séjour en cave pour que les tanins mûrissent. 2017-2020 canard aux figues

Ch. Chasse-Spleen, 32, chem. de la Raze, 33480 Moulis-en-Médoc, tél. 05 56 58 02 37, info@chasse-spleen.com V r.-v.
Céline Villars-Foubet

CH. DUPLESSIS 2011

■ | 59 750 | | 11 à 15 €

Cet ancien pavillon de chasse devrait son nom à Armand du Plessis, neveu du cardinal de Richelieu. Un cru de 18 ha aujourd'hui, acquis en 1983 par Lucien Lurton, qui l'a légué en 1992 à sa fille Marie-Laure Lurton (Tour de Bessan en margaux, Villegeorge en haut-médoc). Le terroir argilo-calcaire a déterminé le choix du merlot comme cépage prédominant.

Ce moulis d'un rubis cristallin se montre très agréable à l'œil, avant de développer un bouquet discret mais fin de fruits rouges mûrs sur un léger fond boisé. La bouche est bien équilibrée, portée par des tanins serrés enrobés d'une chair tendre et fruitée. Déjà très plaisant, ce vin pourrait être ouvert dès maintenant, mais il gagnera un peu plus de rondeur avec le temps. 2015-2019 entrecôte aux échalotes

Marie-Laure Lurton, 17, chem. de Villegeorge, 33480 Avensan, tél. 05 56 58 22 01, contact@marielaurelurton.com V r.-v.

CH. GRANINS GRAND POUJEAUX 2011 ★

■ | 28 000 | | 11 à 15 €

Créé par Édouard Batailley en 1922, le château est conduit par la troisième génération depuis 1993. Maryline et Pascal Bodin y exploitent 13 ha de graves garonnaises caractéristiques du secteur de Poujeaux.

Du merlot et du cabernet-sauvignon à parité et une touche de petit verdot pour ce 2011 d'un seyant rubis profond. Une robe qui met en confiance, comme le bouquet où se mêlent harmonieusement le cassis et les épices douces. Bien structuré par des tanins serrés, le palais fait preuve d'une belle typicité médocaine et s'agrémente de jolis arômes d'épices en finale. 2015-2019 rosbif

SCEA Granins Grand Poujeaux, 18, chem. de l'Ancienne-École, Grand-Poujeaux, 33480 Moulis-en-Médoc, tél. 05 56 58 05 82, contact@chateau-granins.fr V t.l.j. 9h-12h 14h-19h; sam. dim. sur r.-v. Bodin

CH. LAGORCE BERNARDAS
Cuvée des humbles 2011

■ | 1 200 | | 15 à 20 €

Petit cru (2,3 ha) créé *ex nihilo* en 1986 sur la croupe de graves de Lagorce par Martine Vallette (née Bernardas) et son époux Jean-Marie, déjà repérés en Bergeracois (château Roque-Peyre). Sa taille réduite n'empêche pas le vignoble de posséder un encépagement diversifié avec un peu de petit verdot.

Modeste par son nom, cette cuvée ne manque pourtant pas d'ambition et fait preuve d'un classicisme de bon aloi tout au long de la dégustation. Par son élégante robe rubis, par son bouquet sur les fruits rouges et le boisé épicé, par son palais enfin, équilibré, rond, aux tanins souples et soyeux, encore un peu dominé par le boisé toutefois. 2015-2019 pintade rôtie

Martine et Jean-Marie Vallette, lieu-dit Roque, 33220 Fougueyrolles, tél. 06 16 11 02 14, lagorcebernadas@orange.fr V r.-v.

CH. LALAUDEY 2011 ★

■ | 70 000 | | 11 à 15 €

Patrick Meynard est propriétaire de deux crus en moulis : le Ch. Lalaudey, acquis en 2007, qui étend l'essentiel de ses 17 ha sur la partie la plus haute de l'appellation, à la limite de Castelnau ; le Ch. Pomeys (8 ha), un domaine de notoriété fort ancienne, acheté en 2008.

Par son intensité, la robe bigarreau annonce celle du bouquet, qui s'ouvre sur des notes boisées avant de laisser s'exprimer le fruité (cassis, groseille). Le palais suave et équilibré trouve un soutien tannique solide qui n'entame en rien son élégance. Une belle harmonie jusqu'en finale et un bon potentiel de garde. ⌛ 2017-2023 🍷 civet de lièvre

■ Ch. Pomeys ★ (40 000 b.) : encore un peu sévère, mais de la chair et une bonne structure tannique. ⌛ 2016-2020

SCEA Vignobles Lalaudey et Pomeys, rte de Pomeys, 33480 Moulis-en-Médoc, tél. 05 57 88 57 57, lalaudey@chateau-lalaudey.fr V t.l.j. 9h30-17h

CH. MAUCAILLOU 2011 ★

■	360 000		15 à 20 €

Un cru phare de Moulis, fondé en 1875 aux lieux-dits Caubet et Maucaillou – « mauvais caillou », une croupe de graves impropre à la culture céréalière pour les paysans du Moyen Âge, mais propice à la vigne. Fief de la famille Dourthe depuis 1929, ce domaine est passé de 3,5 ha à cette époque à 90 ha aujourd'hui. Philippe Dourthe, l'actuel propriétaire, en a confié la gestion à ses trois enfants.

Se présentant dans une robe grenat profond, le 2011 offre un bouquet généreux de fruits mûrs soulignés d'une note boisée bien fondue. Sa présence au palais tient à une chair dense et ronde, et à des tanins puissants, solides, de garde. Un moulis de caractère, qu'on laissera se patiner quelques années. ⌛ 2018-2022 🍷 épaule d'agneau braisée

Famille Dourthe, quartier de la Gare, 33480 Moulis-en-Médoc, tél. 05 56 58 01 23, chateau@maucaillou.com V r.-v. 5

CH. MYON DE L'ENCLOS 2011

■	30 000		11 à 15 €

Principalement producteur à Listrac (Ch. Mayne Lalande), Bernard Lartigue possède aussi des vignes dans l'appellation « sœur » de Moulis : 20 ha plantés sur les sols argilo-calcaires et graveleux.

Mi-merlot mi-cabernet-sauvignon, ce 2011 dévoile un bouquet plaisant de fruits rouges et noirs (cerise et cassis) qui gagne en complexité à l'aération (épices, grillé et fourrure). En bouche, il s'appuie sur des tanins fins, sans excès de vigueur, et sur une agréable fraîcheur perceptible dès l'attaque. Un bon classique, facile d'accès et harmonieux. ⌛ 2016-2019 🍷 tournedos grillé

Bernard Lartigue, 7, rte du Mayne, 33480 Listrac-Médoc, tél. 05 56 58 27 63, blartigue2@wanadoo.fr V t.l.j. sf sam. dim. 9h-12h30 14h-17h 5

CH. POUJEAUX 2011 ★

■	200 000		30 à 50 €

82 83 85 (86) 87 88 89 90 93 94 |95| 96 97 98 99 |00| 01 02 |03| |04| |05| |06| |07| 08 09 10 11

Oublié du classement de 1855, Moulis étant resté longtemps un pays de céréaliculture, ce cru figure néanmoins parmi les plus réputés du Médoc. Ancienne seigneurie dépendante de Latour Saint-Maubert, futur Château Latour, il marque un essor dans les années 1920 avec la famille Theil, qui unifia le vignoble – aujourd'hui 68 ha d'un seul tenant sur le beau terroir de graves de Grand-Poujeaux – et porta le domaine au sommet de l'appellation. Depuis 2008, il appartient à Philippe Cuvelier, propriétaire du Clos Fourtet (1er grand cru classé de Saint-Émilion), qui maintient haut l'exigence de qualité.

D'emblée, la robe d'un rouge intense et tout en nuances met en confiance. Expressif et complexe, le bouquet associe notes d'épices (poivre blanc), pain grillé et fruits rouges mûrs. La fraîcheur, présente de l'attaque à la finale, sous-tend un palais ample, charnu, aromatique (pruneau, amande) étayé par des tanins extraits avec mesure et par un boisé bien dosé. De la justesse dans ce vin déjà savoureux au potentiel certain. ⌛ 2017-2023 🍷 mijoté de joues de bœuf

Philippe Cuvelier, SCEA Ch. Poujeaux, 33480 Moulis-en-Médoc, tél. 05 56 58 02 96, contact@chateau-poujeaux.com V r.-v.

PAUILLAC

• Superficie : 1 215 ha • Production : 53 215 hl

À peine plus peuplé qu'un gros bourg rural, Pauillac est une vraie petite ville, agrémentée d'un port de plaisance sur la route du canal du Midi. C'est un endroit où il fait bon déguster, à la terrasse des cafés sur les quais, les crevettes fraîchement pêchées dans l'estuaire. C'est aussi, et surtout, la capitale du Médoc viticole, tant par sa situation géographique au centre du vignoble, que par la présence de trois 1ers crus classés (Lafite, Latour et Mouton) complétés par une liste assez impressionnante de quinze autres crus classés. La commune compte aussi une coopérative qui assure une production importante.

L'aire d'appellation est coupée en deux en son centre par le chenal du Gahet, petit ruisseau séparant les deux plateaux qui portent le vignoble. Celui du nord, qui doit son nom au hameau de Pouyalet, se distingue par une altitude légèrement plus élevée (une trentaine de mètres) et par des pentes plus marquées.

Détenant le privilège de posséder deux 1ers crus classés (Lafite et Mouton), il se caractérise par une parfaite adéquation entre sol et sous-sol, que l'on retrouve aussi dans le plateau de Saint-Lambert, au sud du Gahet. Ce dernier bénéficie de la proximité du vallon du Juillac, petit ruisseau marquant la limite méridionale de la commune, qui assure un bon drainage, et de ses graves de grosse taille, particulièrement remarquables sur le terroir du 1er cru de ce secteur, Château Latour.

Provenant de croupes graveleuses très pures, les pauillac allient la puissance et la charpente à l'élégance et à la délicatesse de leur bouquet. Comme ils évoluent très heureusement au vieillissement (jusqu'à vingt-cinq ans), il convient de les attendre. De tels vins peuvent affronter des plats forts en goût tels que le gibier, les viandes rouges, les préparations de champignons ou le foie gras.

CH. D'ARMAILHAC 2011 ★★

■ 5e cru clas.	n.c.	30 à 50 €

82 83 84 85 (86) 87 88 89 90 92 93 94 95 96 97 98 |99| |00| |01| |02| 03 04 05 06 07 08 09 10 11

Ce vignoble ancien – on en trouve la trace dès le XVIIe s. – étend son vaste vignoble de 70 ha au nord de Pauillac, sur trois groupes de parcelles. Voisin de Mouton Rothschild, ce qui ne l'empêche pas d'affirmer

sa propre personnalité, il appartient lui aussi à la baronnie depuis 1933 et son acquisition par Philippe de Rothschild.

Déjà harmonieux et très prometteur, ce vin affiche sa forte personnalité dès le bouquet. Allègre et généreux, celui-ci allie fruits rouges et noirs, épices et notes chocolatées. On retrouve ces mêmes arômes dans un palais rond, charnu et puissant à la fois, soutenu par une structure solide sans dureté et par une fine fraîcheur. Une bouteille remarquable par son équilibre des saveurs et par son élégance. ⧗ 2017-2024 ⚲ coq au vin

⊶ Baron Philippe de Rothschild, 10, rue de Grassi, 33250 Pauillac, tél. 05 56 73 20 20, webmaster@bpdr.com r.-v.

CH. BATAILLEY 2011 ★

■ 5e cru clas. | 220 000 | ◖◗ | 50 à 75 €

82 **83 85 86 88** 89 90 **92 93 95** ⑨⑥ **97 98** |99| |00| |**01**| |02| |03| 04 **05** 06 07 08 09 10 11

Navire amiral de la maison Borie Manoux, vénérable maison de négoce fondée en 1870 par les Castéja, l'une des plus anciennes familles de Pauillac, propriétaire du cru depuis 1932. Une belle unité de 55 ha à l'extrémité sud-ouest de l'appellation, qui devrait son nom à une bataille s'étant déroulée sur ces terres en 1453.

Le 2011 attire d'emblée par sa robe sombre tirant sur un noir orné de nuances rubis. Le nez est encore dominé par les senteurs toastées du merrain, les fruits rouges et noirs (myrtille, mûre) restant pour l'heure à l'arrière-plan. Plus expansif, sur les baies noires et la confiture de cerises, le palais se révèle ample, dense et solide, structuré par des tanins fins. Une bouteille harmonieuse, de bonne garde. ⧗ 2017-2022 ⚲ pigeonneau rôti

⊶ Héritiers Castéja, Ch. Batailley, 33250 Pauillac, tél. 05 56 00 00 70, domaines@borie-manoux.fr V r.-v.

CH. BELLEGRAVE 2011

■ | 24 000 | ◖◗ | 20 à 30 €

Bien connus dans la vallée du Rhône, les Meffre ont pris pied en Médoc dans les années 1950. Jean-Paul Meffre a acquis en 1997 ce petit cru de 8,35 ha situé au sud de l'appellation, non loin des châteaux Latour, Pichon Comtesse et Pichon Baron. Ses fils Ludovic et Julien sont aujourd'hui aux commandes.

S'il se montre encore un peu rebelle en finale, ce vin possède suffisamment de potentiel pour bien évoluer: une belle mâche tannique, du gras, de la fraîcheur, un fruit affirmé et un bon boisé toasté, au nez comme en bouche. ⧗ 2017-2020 ⚲ entrecôte marchand de vin

⊶ Ch. Bellegrave, 22, rte des Châteaux, 33250 Pauillac, tél. 05 56 59 05 53, contact@chateau-bellegrave.com V r.-v.

CH. CHANTECLER 2011 ★

■ | n.c. | ◖◗ | 20 à 30 €

Un confetti viticole de 99 ares acquis par la famille Mirande en 2004, détaché de Fleur-Milon lors de la vente de ce cru aux domaines Philippe de Rothschild. Aux commandes, Yannick Mirande, qui vise à court terme la culture bio, avec ou sans certification.

L'harmonie et la finesse caractérisent ce vin, tant dans sa robe rouge sombre que dans son bouquet à la fois généreux et délicat de fruits noirs mûrs, d'épices (cumin) et de torréfaction. Des arômes que l'on retrouve dans un palais ample, onctueux, sans aspérité, soutenu par des tanins soyeux et par un boisé bien intégré. « Un vin féminin qui ne détonnerait pas dans une dégustation de margaux », conclut un dégustateur. ⧗ 2017-2024 ⚲ foie de canard frais

⊶ Yannick Mirande, 3, rte de Bordeaux, 33250 Pauillac, tél. 06 62 04 97 95, yannick.mirande@wanadoo.fr V

CH. CLERC MILON 2011 ★

■ 5e cru clas. | n.c. | 75 à 100 €

82 83 85 86 87 88 89 90 92 93 94 ⑨⑤ |**96**| **97** 98 |**99**| **00** |01| |**02**| |03| 04 05 06 07 **08 09 10** 11

Ancienne possession de Lafite, ce cru classé fut acquis à la Révolution par la famille Clerc, qui ajouta à son nom celui d'un hameau de Pauillac, puis par le baron Philippe de Rothschild en 1970. Situé entre Mouton et Lafite, dans la partie nord-est de l'appellation, il dispose d'un vignoble de 40 ha implanté sur un terroir de choix (pour l'essentiel, la croupe de Mousset qui surplombe la Gironde) et d'un nouveau chai depuis 2011.

La fraîcheur de la robe, d'un seyant rouge cerise, se retrouve au bouquet. Agréable et intense, celui-ci offre de fines notes de fruits rouges croquants et de vanille sur un fond de poivre noir. On retrouve les arômes fruités dans un palais ample et long, qui révèle derrière son aimable rondeur et son côté délicat des tanins fermes et bien soutenus par le boisé. Déjà d'un équilibre très réussi, cette bouteille se bonifiera encore avec le temps. ⧗ 2017-2024

⊶ Baron Philippe Rothschild, 10, rue de Grassi, 33250 Pauillac, tél. 05 56 79 20 20, webmaster@bpdr.com V

CH. CORDEILLAN-BAGES 2011 ★★

■ | 6 000 | ◖◗ | 75 à 100 €

Autour du Ch. Lynch-Bages et du hameau de Bages, au sud de Pauillac, Jean-Michel Cazes a développé un ensemble d'activités touristiques et gastronomiques, dont la pièce maîtresse est son hôtel-restaurant Cordeillan-Bages. Ce château dispose aussi d'un petit vignoble de qualité – 2 ha établis sur un beau terroir de graves et exploités par l'équipe de Lynch-Bages.

Au regard de la qualité du restaurant, le vin se doit d'être à la hauteur. Le contrat est rempli avec celui-ci, qui arbore une élégante robe rubis foncé et offre un bouquet puissant, dont le fruité frais est bien soutenu par des arômes boisés et épicés. Riche, ample, concentré et long, le palais forme un ensemble corsé, soutenu par de solides tanins. Un vin noble et harmonieux, bâti pour la garde. ⧗ 2017-2024 ⚲ filet de bœuf aux herbes

⊶ Jean-Michel Cazes, Ch. Cordeillan-Bages, rte des Châteaux, 33250 Pauillac, tél. 05 56 73 24 00, infochato@lynchbages.com V r.-v.

CH. CROIZET-BAGES 2011 ★

■ 5e cru clas. | n.c. | ◖◗ | 30 à 50 €

Situé sur le plateau de Bages au sud de Pauillac, ce cru dispose d'un vignoble de 30 ha implanté sur graves, constitué par les frères Louis et Henri Croizet au

XVIIIe s., à partir de petites parcelles acquises alentour. Propriété de la famille Quié (Rauzan-Gassies à Margaux) depuis 1942, il est aujourd'hui dirigé par Jean-Michel Quié et ses enfants Anne-Françoise et Jean-Philippe.

De la robe au rouge soutenu à la longue finale toastée, tout indique ici un vin bien constitué. Riche et expressif, le bouquet développe des senteurs profondes de confiture de fruits mûrs (fraise, notamment) que soutient un trait d'épices chaudes. Souple en attaque, ample et gras, le palais s'appuie sur des tanins vigoureux qui assureront à cette bouteille une bonne évolution. ⧗ 2017-2022 ¥ carré d'agneau

⊶ Ch. Croizet-Bages, rue du Port-de-la-Verrerie, 33250 Pauillac, tél. 05 56 59 01 62, bureauch@domaines-quie.com V r.-v. ⊶ Jean-Michel Quié

CH. DUHART-MILON 2011 ★★

■ 4e cru clas. | n.c. | | 75 à 100 €

81 82 83 85 86 87 88 89 90 91 92 93 94 |95| |96| 97 98 |99| |00| |01| 02 03 04 05 06 07 08 09 10 11

Ces anciennes terres du « Prince des vignes », Nicolas-Alexandre de Ségur (XVIIIe s.), furent longtemps propriété des Castéja, qui donnèrent son nom au cru (celui d'un corsaire de Louis XV établi à Pauillac à sa retraite, dont la maison orne aujourd'hui l'étiquette). Vendu en 1937, morcelé et en déclin, le vignoble de Duhart-Milon est racheté en 1962 par les Rothschild, qui le restructurent, l'agrandissent et lui redonnent son lustre de 4e cru classé. Le vignoble couvre aujourd'hui 76 ha attenants au Ch. Lafite, sur le coteau de Milon qui prolonge le plateau des Carruades.

Un peu moins de cabernet-sauvignon (75 %) que pour son illustre voisin Lafite entre dans le 2011. Un voisin dont il partage la robe sombre et dense ainsi que la pudeur du premier nez. L'aération libère les épices douces (cannelle) et les fruits mûrs, agrémentés de notes de rose ancienne et de graphite. L'attaque est droite, fraîche et compacte, puis le vin se fait plus enveloppé, plus rond, plus généreux, presque suave, tout en gardant une fraîcheur et une réelle solidité, perceptibles dans la finale longue et fruitée. Un ensemble très équilibré, à la fois onctueux, frais et vigoureux. ⧗ 2020-2028 ¥ chateaubriand sauce aux cèpes

⊶ Ch. Duhart-Milon, rue Étienne-Dieuzède, BP 40, 33250 Pauillac, tél. 05 56 73 18 18, visites@lafite.com r.-v.
⊶ Dom. Barons de Rothschild (Lafite)

CH. LA FLEUR PEYRABON 2011 ★

■ | 45 500 | | 15 à 20 €

Ce cru déjà mentionné en 1766 sur la carte de Belleyme fut maintes fois racheté au fil des siècles : dix-neuf propriétaires jusqu'à son acquisition en 1998 par Patrick Bernard, P.D.-G. de Millésima, qui a beaucoup investi à la vigne et au chai. Le vignoble s'étend sur 52 ha, 45 ha en AOC haut-médoc (Peyrabon) et 7 ha en pauillac (la Fleur Peyrabon).

Rouge sombre avec d'intenses reflets cerise, la robe est engageante. Le bouquet, aussi puissant que plaisant, mêle les fruits rouges aux épices et au cacao. Ample, dense, bien équilibré, le palais révèle une solide structure, gage d'un bon vieillissement. ⧗ 2017-2024 ¥ pavé de bœuf sauce cacao

⊶ Ch. Peyrabon, Vignes-de-Peyrabon, 33250 Saint-Sauveur, tél. 05 56 59 57 10, contact@chateau-peyrabon.com V r.-v. ⊶ Millésima

CH. FONDABET 2011 ★

■ | 25 000 | | 30 à 50 €

Ce cru à la notoriété ancienne, déjà planté de vignes au XVIIIe s., étend ses 20 ha au nord de Saint-Lambert. Le vignoble est assez morcelé, au milieu de grands crus classés (Mouton Rothschild, Latour, Lynch Bages...). La famille Peyronie (Pascale, aujourd'hui), établie à Pauillac depuis au moins 1700, en est propriétaire depuis les années 1930.

Dense et sombre, la robe annonce un vin consistant. De fait, ce pauillac au nez fruité (cerise) et toasté se révèle puissant, ample, riche, séveux et bien charpenté en bouche. Un beau classique de garde. ⧗ 2018-2024 ¥ côte de bœuf ■ L'Harmonie de Fonbadet (20 à 30 €) : un second vin plus simple et facile d'accès, bien structuré et équilibré entre boisé et fruité. ⧗ 2017-2020 ■ Ch.Tour du Roch-Milon 2011 (20 à 30 €) : rond, généreux et joliment bouqueté (confiture, épices et toasté). ⧗ 2017-2020

⊶ SCEA Dom. Peyronie, Ch. Fonbadet, 47, rte des Châteaux, 33250 Pauillac, tél. 05 56 59 02 11, pascale@chateaufonbadet.com V r.-v.

CH. GRAND-PUY DUCASSE 2011 ★

■ 5e cru clas. | 85 000 | | 30 à 50 €

82 83 84 85 86 88 89 90 91 92 93 94 95 96 97 98 99 00 01 02 04 |05| |06| 09 10 11

Constituée pour l'essentiel au XVIIIe s. par l'avocat Arnaud Ducasse, la propriété a pris son nom actuel en 1932. Le château regardant la Gironde date, lui, de 1820. Trois grandes parcelles de graves forment ce cru de 40 ha, propriété de CA Grands Crus (groupe Crédit Agricole) depuis 2004.

La robe pourpre aux reflets sang est révélatrice de la concentration de cette bouteille. Le bouquet développe de beaux parfums de fruits noirs (mûre, cerise confite, cassis) qui s'associent aux notes de vanille pour former un ensemble intense et gourmand. Droite, ferme sans dureté, l'attaque introduit un palais bien équilibré, dense et solidement charpenté par des tanins racés. La finale lisse et longue laisse le souvenir d'un vin élégant. ⧗ 2018-2024 ¥ carré d'agneau aux cèpes

⊶ SC Ch. Grand-Puy Ducasse, 4, quai Antoine-Ferchaud, 33250 Pauillac, tél. 05 56 59 00 40, contact@cagrandscrus.fr r.-v.
⊶ CA Grands Crus

CH. HAUT-BAGES LIBÉRAL 2011 ★

■ 5e cru clas. | 100 000 | | 30 à 50 €

82 83 84 85 86 87 88 89 90 91 92 93 94 (95) 96 97 |98| |99| |00| |01| 02 03 |04| 05 06 07 08 10 11

Ce cru doit son nom aux Libéral, des courtiers propriétaires des lieux au XVIIIe s., et à sa situation géographique : une moitié de ses 30 ha de vignes est établie sur le plateau de Bages, derrière Pichon-Baron, l'autre partie étant accolée au Ch. Latour. Acquis (et replanté) par les Cruse en 1960, le domaine entre en 1983 dans la famille Merlaut-Villars, qui lui redonne tout son lustre, notamment sous l'impulsion de Claire Villars-Lurton,

aux commandes depuis 1999, également propriétaire du Ch. Ferrière (cru classé de Margaux).

Un vin élégant, complexe et généreux. Élégant dans sa robe pourpre ; complexe dans son bouquet et ses évocations de fruits plus noirs que rouges, mêlés de vanille et d'épices ; ample et généreux au palais, avec en soutien une agréable fraîcheur en attaque et de solides tanins fins et serrés. Tous les attributs du vin de longue garde. ⧗ 2019-2026 🍷 rôti de bœuf aux cèpes

⊶ Claire Villars-Lurton, chem. des Balogues, 33250 Pauillac, tél. 05 57 88 76 65, infos@hautbagesliberal.com V r.-v.

CH. HAUT DE LA BÉCADE 2011

■ | 26 850 | ◗ | 20 à 30 €

La Rose Pauillac est une petite coopérative fondée en 1933 par une trentaine de propriétaires. Elle propose quatre cuvées, avec pour fer de lance, le Ch. Haut de la Bécade, domaine personnel de Sylvie Rainaud, présidente de la cave : 7 ha encerclés de crus classés dans le hameau de Bages, au sud de l'appellation.

Attirant par sa couleur noire nuancée de violet, ce vin l'est tout autant par son bouquet intense de petits fruits un rien confits, d'épices et de réglisse. Souple et frais en attaque, le palais offre un bon volume en s'appuyant sur des tanins vigoureux, encore un peu austères, qui laissent augurer un bel avenir à cette bouteille. ⧗ 2017-2022 🍷 grenier médocain ■ **La Rose Pauillac Cuvée Bois de rose Élevé en fût de chêne 2011 (15 à 20 € ; 64 250 b.) :** un nez fin, fruité, épicé et toasté, relayé par un palais souple, suave et bien équilibré, plus strict en finale toutefois ; une petite garde arrondira le tout. ⧗ 2016-2019

⊶ La Rose Pauillac, 44, rue du Mal-Joffre, BP 14, 33250 Pauillac, tél. 05 56 59 26 00, larosepauillac@wanadoo.fr V t.l.j. sf dim. 9h-12h 14h-18h

CH. JULIA Cuvée Antoine 2011

■ | 4 200 | ◗ | 20 à 30 €

Un petit cru de 5 ha bien situé entre les châteaux Latour et Lynch-Bages : six parcelles cultivées « comme des jardins » par Sophie Martin, qu'elle a héritées en 2002 de ses aïeux coopérateurs à la Rose Pauillac – cave dont elle est sortie en 2009.

Un pauillac aux accents libournais par son encépagement atypique : 90 % de merlot. Dans le verre toutefois, un vin bien médocain, expressif, encore un peu sous l'emprise du boisé mais de bonne complexité (cuir, petits fruits rouges, cannelle et vanille), souple et frais en attaque, plus tannique dans son développement. Un ensemble cohérent, qui vieillira bien. ⧗ 2017-2020 🍷 magrets de canard

⊶ Sophie Martin, Sémignan, 33112 Saint-Laurent-Médoc, tél. 06 18 00 79 22, chateau.julia@gmail.com V r.-v.

CARRUADES DE LAFITE 2011 ★

■ | n.c. | ◗ | + de 100 €

85 86 88 89 90 92 93 94 **95 96** 97 98 **99** |00| |01| |02| |03| |04| **05 06 07** 08 **09 10** 11

Second vin de Lafite Rothschild, les Carruades offrent des caractéristiques proches du grand vin, mais avec une personnalité propre liée à une proportion supérieure de merlot et à des parcelles spécifiques destinées à sa production. Son nom provient du « plateau des Carruades », ensemble de parcelles jouxtant la croupe du château acquis en 1845.

Cinquante-cinq pour cent de cabernet-sauvignon (80 % dans le grand vin), 39 % de merlot (contre 20 %) et un soupçon de cabernet franc (3,5 %) et de petit verdot (2,5 %). Le compte est bon, et le vin aussi. La robe sombre, dense, noire, n'est pas sans rappeler celle du « grand frère ». Au nez aussi, la réserve est de mise, avant que l'aération ne dévoile, un peu, des arômes de fruits noirs mûrs, de boisé vanillé et épicé. À une attaque délicate et soyeuse répond rapidement un palais tannique et frais, encore dans sa période d'austérité. Un Carruades pour l'heure entré dans les ordres, mais le potentiel est là. Patience… ⧗ 2020-2030 🍷 pavé de cerf aux airelles

⊶ Dom. Barons de Rothschild, 33250 Pauillac, tél. 05 56 73 18 18, visites@lafite.com r.-v.

♥ CH. LAFITE ROTHSCHILD 2011 ★★★

■ 1er cru clas. | n.c. | ◗ | + de 100 €

59 (61) **64** 66 69 70 73 **75 76** 77 **78** 79 80 **81** |82| |83| 84 **85** |86| **87** |88| |89| **90 92 93 94** |(95)| |(96)| **97** |(98)| **99** |(00)| **01** (02) (03) (04) (05) (06) (07) (08) (09) (10) (11)

Ancienne seigneurie, dont la juridiction s'étendait au nord de Pauillac, le domaine doit aux Ségur – parlementaires bordelais et grands propriétaires de vignes – son château et une vocation viticole établie dès le XVIIe s., qui lui a valu d'être élevé au rang de 1er cru classé en 1855. Il doit aux Rothschild, qui l'ont acquis en 1868, d'avoir été à l'abri des divisions et autres cessions qui ont affaibli tant de propriétés prestigieuses. Il est redevable à l'équipe actuelle – formée par Éric de Rothschild, aux commandes depuis 1974, et Charles Chevallier, son directeur technique – de sa modernisation et de ses outils performants, tel son célèbre chai circulaire imaginé par Ricardo Bofill. Outils qui permettent de révéler pleinement la personnalité d'un terroir exceptionnel, planté de 112 ha de vignes : une superbe croupe de graves fines et profondes sur un sous-sol calcaire.

2011 aura été un millésime atypique et précoce : printemps très chaud, pluviométrie faible en début d'année, plus importante en été, menace constante de l'oïdium, gros orages juste avant les vendanges. Des conditions une nouvelle fois parfaitement maîtrisées par l'équipe de Lafite. La robe, noir d'encre orné de reflets bleutés de jeunesse, est d'une grande profondeur. Encore un peu cachotier, le grand vin se livre avec parcimonie à l'olfaction. L'aération le libère, laissant apparaître des senteurs délicates et complexes de vanille douce, de cerise, de myrtille et de violette. Une attaque souple et suave ouvre sur un palais montant, dense, solide, aux tanins à la fois serrés et soyeux ; un palais qui reste toujours très droit, altier, grâce à une fine trame acide qui le porte jusqu'à une superbe finale chocolatée et épicée. Un pauillac d'un grand classicisme, qui conjugue finesse et fermeté, puissance et vivacité. ⧗ 2020-2040 🍷 carré d'agneau sauce café

Dom. Barons de Rothschild, Ch. Lafite Rothschild, 33250 Pauillac, tél. 05 56 73 18 18, visites@lafite.com r.-v.

LAGNEAUX À PAUILLAC 2011

	3 000		30 à 50 €

La dernière création de Gaëtan Lagneaux, médecin belge devenu vigneron dans le Médoc en créant le château Petit-Bocq en saint-estèphe et décédé prématurément à la fin de l'année 2012. Une cuvée confidentielle, née de 50 ares de merlot et de cabernet-sauvignon.

Une robe noire impressionnante pour ce vin dont le bouquet est encore très marqué par le boisé, avec une dominante grillée derrière laquelle perce une note fruitée évoquant la griotte. Tonique, corpulent et structuré, le palais, lui aussi bien boisé, possède un sérieux fond de mâche et des tanins d'un joli grain qui permettent d'envisager l'avenir de cette bouteille avec sérénité. 2017-2022 rosbif

SCEA Lagneaux-Blaton, 3, rue de la Croix-de-Pez, 33180 Saint-Estèphe, tél. 05 56 59 35 69, petitbocq@hotmail.com V r.-v.

♥ CH. LATOUR 2011 ★★★

1er cru clas.	n.c.		+ de 100 €

(61) **67 71** 73 74 75 **76** 77 **78** 79 **80** 81 |**82**| |**83**| 84 |**85**| |**86**| **87** |**88**| |**89**| |**90**| |**91**| **92 93 94** |(95)| |**96**| |**97**| |(98)| |**99**| (00) **01** (02) (03) **04** (05) (06) **07** (08) (09) (10) (11)

Maison forte, dite de Saint-Maubert, commandant une importante seigneurie au Moyen Âge et protégeant l'accès à Bordeaux, le site de Latour fut le cadre d'une bataille pendant la guerre de Cent Ans. Toutefois, l'événement marquant de son histoire fut l'unification du domaine par Arnauld de Mullet à la fin du XVIe s. Cela a permis au cru de posséder très tôt un vignoble homogène (65 ha aujourd'hui), établi sur une belle croupe de grosses graves claires, dont le cœur – le terroir dit de l'Enclos (47 ha) – donne naissance au grand vin. Autre atout, la stabilité : la propriété est restée entre les mains des descendants des Ségur, illustre famille du vignoble médocain, jusqu'en 1962. Après un passage « sous pavillon britannique » (groupe Pearson), le cru a été acquis en 1993 par l'industriel François Pinault, qui a beaucoup investi dans sa rénovation à la vigne (arrachages et replantations) et à la cave (nouveau chai souterrain, rénovation du cuvier…).

De cette année étrange où printemps, chaud et sec, et été, plus frais et « arrosé », semblent avoir été inversés, l'équipe du Château Latour a réussi à extraire un vin à la fois conforme à sa réputation fougueuse, tout en offrant une amabilité peu coutumière dans la jeunesse. La robe haute couture est d'un seyant bordeaux dense et sombre, comme il se doit. Comme dans nombre de 2011, on cherche un peu le nez. Le mystère se dissipe à l'aération : épices douces, cèdre, petits fruits rouges et noirs croquants. Pas de réserve en bouche, en revanche, le vin attaque en force, ample et puissant. Puis il dévoile en milieu de bouche un côté suave et chocolaté, presque crémeux, « sensuel », qui enrobe des tanins d'une finesse et d'une densité exceptionnelles. La fraîcheur est aussi très présente, apportant en filigrane droiture et longueur. Un vin « très Latour » dans sa fermeté, son élégance et son côté « velours serré ». 2020-2040 rôti de bœuf sauce foie gras

SCV du Ch. Latour, Saint-Lambert, 33250 Pauillac, tél. 05 56 73 19 80, s.guerlou@chateau-latour.com

F. Pinault

LES FORTS DE LATOUR 2011 ★★

	n.c.		+ de 100 €

82 83 85 86 87 88 89 90 92 94 95 96 97 |**98**| |**99**| |**00**| |01| |02| |03| 04 **05 06** 07 08 09 **10 11**

Le second vin du château Latour, élaboré généralement avec une plus forte proportion de merlot et à partir de parcelles extérieures à l'Enclos (et les jeunes vignes de celui-ci), cœur historique du vignoble réservé au grand vin.

Le cabernet-sauvignon entre à hauteur de 61,5 % dans l'assemblage du 2011, soit moins que pour le 2010 (72,5 %) et bien moins que dans le grand vin (84,5 %). La robe est d'un engageant grenat profond. Tout aussi engageant est le bouquet, ouvert sur les fruits mûrs (cassis, cerise), la vanille et les épices (poivre blanc). Épaulé jusqu'en finale par une élégante fraîcheur, le palais se révèle ample, solide, imposant, offrant une belle mâche de tanins denses et serrés accompagnés de cerise mûre, de cuir, de café torréfié et de graphite. Un pauillac sérieux, carré et séveux, qu'il faudra bien sûr attendre. 2019-2026 gigue de chevreuil **Le Pauillac de Latour 2011** : un bon classique, généreux au nez (fruits à l'alcool, boisé chaud et épicé), ample et tannique en bouche, encore austère en finale. 2018-2024

SCV du Ch. Latour, Saint-Lambert, 33250 Pauillac, tél. 05 56 73 19 80, s.guerlou@chateau-latour.com

F. Pinault

CH. LYNCH-BAGES 2011 ★★

5e cru clas.	300 000		75 à 100 €

(82) **83** 84 **85 86 87 88 89 90** 91 92 93 |94| 95 **96** 97 (98) **99** |(00)| |**01**| |**02**| |**03**| **04 05 06 07** 08 **09** 10 **11**

Le nom de ce cru associe celui des négociants irlandais propriétaires au XVIIIe s. et celui d'un hameau situé aux portes sud de Pauillac. Son succès résulte, depuis les années 1930, du travail continu de trois générations de Cazes : Jean-Charles, André et Jean-Michel. La part de ce dernier, qui a passé la main à son fils Jean-Charles, est essentielle. Sa réussite est liée à la qualité des vins, nés d'un vaste vignoble de 100 ha, et aussi à une vraie stratégie de développement, incluant un négoce et des infrastructures touristiques (hôtel-restaurant, commerces…).

Enveloppé d'une somptueuse robe noire aux très fraîches nuances violines, le 2011 développe un bouquet racé et complexe : boisé élégant de vanille et de cannelle, fruits confits (cassis, mûre), violette. Le palais révèle un équilibre remarquable : frais, puissant et corpulent, il s'appuie sur des tanins bien extraits, dont la trame satinée apporte un caractère suave et soyeux. Un grand vin classique, plein d'avenir. 2019-2025 gâteau au chocolat Écho de Lynch-Bages 2011 ★ (30 à 50 €) : un bouquet expressif (chocolat, noix fraîche, fruits noirs, violette) et une bouche aussi large que longue, structurée par de solides tanins. 2018-2022

Jean-Michel Cazes, Ch. Lynch-Bages, BP 120, 33250 Pauillac, tél. 05 56 73 24 00, infochato@lynchbages.com V r.-v.

CH. LYNCH-MOUSSAS 2011 ★★

5e cru clas. | 165 000 | | 30 à 50 €

Propriété depuis le XVIIIe s. du comte Lynch, jusqu'à sa division d'où sont issus Lynch Moussas et Lynch-Bages. Émile Castéja, reprend en 1969 ce domaine entré dans la famille en 1919 et restructure vignes et chai. Son fils Philippe est aux commandes depuis 2001 de ce cru de 35 ha, proche de Batailley, également propriété des Castéja.

Une robe de satin noir habille ce vin qui mêle à l'olfaction des parfums de baies noires, de cuir, d'épices et de toasté. Le palais se montre ample, riche, puissant, parfaitement équilibré entre un fruité très intense et un boisé ajusté, et bâti sur des tanins fins et racés. L'alliance de l'élégance et de la force qui se prolonge dans une longue finale. Une bouteille de grande garde. 2020-2030 tournedos Rossini

Émile Castéja, Ch. Lynch-Moussas, 33250 Pauillac, tél. 05 56 00 00 70, domaines@boriemanoux.fr V r.-v.

♥ CH. MOUTON ROTHSCHILD 2011 ★★★

1er cru clas. | n.c. | | + de 100 €

73 74 **75 76** 77 **78 79** 80 81 |**82**| |**83**| **84** |**85**| (86) **87** |**88**| |**89**| |**90**| **91 92** |**93**| **94** (95) |**96**| **97** (98) |**99**| (00) **01 02 03 04** (05) (06) (07) (08) (09) (10) (11)

Voisin de Lafite et appartenant à une autre branche de la famille Rothschild (acquis en 1853 par Nathaniel), Mouton est fortement lié à la personnalité du baron Philippe. Arrivé à la tête du cru en 1922, ce dernier lui redonne ses lettres de noblesse en le modernisant (construction du célèbre « grand chai », notamment) – un travail qui aboutit en 1973 à la révision du classement de 1855 et à l'accession de Mouton au rang de 1er cru classé. Il a aussi fait du domaine le socle d'un petit empire, comprenant d'autres vignobles et une maison de négoce. Le baron a également joué un rôle important dans l'histoire du vin en étant l'un des premiers à pratiquer la mise en bouteilles au château, dès 1924, et en faisant illustrer ses étiquettes par des artistes. Depuis 1988, sa fille Philippine poursuit son œuvre, accompagnée depuis 2003 de Philippe Dhalluin comme directeur technique. À la disposition de ce dernier, un vignoble de 84 ha, situé pour l'essentiel sur une croupe de graves très profondes dite « Plateau de Mouton », et un tout nouveau cuvier sorti de terre en 2013.

2011, année sèche et solaire : printemps très chaud, été nettement plus humide (mais au cumul, un millésime très faible en eau) et un mois de septembre placé sous le signe d'un franc soleil, qui a permis aux raisins d'atteindre leur pleine maturité. Dans ces conditions particulières, Mouton signe un vin admirable. La robe est superbe, pourpre intense. Le bouquet, chaleureux, dévoile ces parfums « très Mouton » de moka agrémentés de pralin, d'épices douces et de fruits noirs (jus de mûres). Le mariage du fruité et du boisé devient ici infiniment subtil. On retrouve ces arômes de café bien typés et ces nuances de fruits mûrs dans un palais ample, suave, onctueux, tout en rondeur. Mais cela ne doit pas tromper : c'est une main de fer dans un gant de velours ; la droiture est au rendez-vous, les tanins se montrent denses, fermes et serrés, et la finale est d'une infinie longueur. 2020-2035 baron d'agneau

Baron Philippe de Rothschild, 10, rue de Grassi, 33250 Pauillac, tél. 05 56 73 20 20, webmaster@bpdr.com

CH. PÉDESCLAUX 2011

5e cru clas. | 125 000 | | 30 à 50 €

98 99 00 **01 02** 03 06 |07| 08 09 **10** 11

Françoise et Jacky Lorenzetti ont vendu leur réseau d'agences immobilières (Foncia) et acheté ce château en 2009 à la famille Jugla. Ils ont entrepris de gros travaux à la vigne et à la cave (construction d'un nouveau chai par Jean-Michel Wilmotte) pour redorer le blason de ce cru fondé en 1810, dont le vignoble couvre 43 ha aujourd'hui après l'acquisition de nouvelles parcelles.

L'intensité de la robe rubis foncé trouve un écho plaisant dans un bouquet dominé par les fruits (fraise des bois), les épices et la réglisse. Le palais attaque en rondeur et en douceur, puis s'intensifie autour de tanins solides, pour déboucher sur une finale élégante marquée par une petite sucrosité qui fait ressortir le fruité. 2017-2022 gigot d'agneau

SCEA Ch. Pédesclaux, rte de l'Industrie, 33250 Pauillac, tél. 05 56 59 22 59, contact@chateau-pedesclaux.com V r.-v.

J. & F. Lorenzetti

CH. PIBRAN 2011 ★

| 45 000 | | 20 à 30 €

Ce cru constitué au début du XXe s. est propriété d'Axa Millésimes depuis 1987. Entièrement restructuré après l'acquisition du cru voisin (Tour Pibran) en 2001 par la compagnie d'assurances, ce cru se hisse maintenant au niveau des plus grands. À sa disposition, un vignoble de 17 ha établi sur la belle croupe de graves de Pontet Canet et d'Armailhac, au nord de l'appellation, et l'expertise de l'équipe de Pichon-Longueville Baron, également propriété d'Axa Millésimes.

Sans rivaliser avec le 2010, coup de cœur l'an dernier, le 2011 se montre très engageant dans sa robe rouge sombre aux reflets violets. Le bouquet, puissant et racé, ouvert sur la torréfaction, les fruits rouges, le chocolat et les épices, tient les promesses de la présentation. Ample, riche et corsé, le palais s'appuie une structure tannique solide, qui n'étouffe pas le fruit, et sur une fine fraîcheur qui lui donne de l'allonge et confirme le beau potentiel de cette jolie bouteille. 2018-2022 carré d'agneau

Ch. Pibran, 33250 Pauillac, tél. 05 56 73 17 17, contact@pichonlongueville.com Axa Millésimes

CH. PICHON-LONGUEVILLE BARON 2011 ★★

■ 2e cru clas. | 170 000 | | + de 100 €

82 83 84 85 86 87 88 89 (90) 91 92 93 94 95 (96) 97
98 99 00 01 02 03 04 (05) 06 07 08 (09) (10) 11

Le vignoble originel fut constitué au XVIIe s. par Jacques de Pichon, baron de Longueville. Divisé en deux en 1850, le cru revient en partie à Raoul de Pichon-Longueville (l'autre devenant Pichon Comtesse), qui y fait édifier le château actuel. Inspiré de celui d'Azay-le-Rideau, le bâtiment contraste avec les lignes horizontales du chai construit après le rachat du domaine en 1987 par Axa Millésimes. L'assureur y a entrepris d'importants travaux de rénovation, sous la conduite de Jean-Michel Cazes, puis de Christian Seely, Jean-René Matignon assurant la direction technique. Depuis 2001, la politique de sélection a été intensifiée : ne sont désormais utilisés pour le grand vin que 40 ha sur les 73 que compte ce terroir d'exception, fait de belles graves garonnaises, voisin immédiat de Latour.

D'emblée, ce vin impressionne par sa robe somptueuse, entre noir et rubis. Tout aussi noble, le bouquet laisse s'exprimer le fruité, souligné de pain grillé et d'épices. Ample et puissant, le palais révèle une matière riche, bâtie sur une ossature de tanins savoureux, sur un boisé élégant qui sert le fruité sans l'écraser, et sur une fraîcheur remarquable qui étire la finale. Une bouteille de grande classe au potentiel de garde évident. ⧗ 2019-2028 🍷 lièvre à la royale ■ Les Tourelles de Longueville 2011 ★ (30 à 50 € ; 140 000 b.) : un pauillac sans exubérance, mais droit et séveux, assez masculin. ⧗ 2018-2022

Ch. Pichon-Longueville, 33250 Pauillac, tél. 05 56 73 17 17, contact@pichonlongueville.com V r.-v. Axa Millésimes

CH. PICHON-LONGUEVILLE COMTESSE DE LALANDE 2011 ★★

■ 2e cru clas. | 150 000 | | + de 100 €

82 83 84 85 (86) 87 (88) 89 90 91 92 93 94 95 96 97
98 99 00 01 02 03 04 05 06 07 08 09 10 11

Fondé à la fin du XVIIe s., ce cru n'a connu en trois siècles que trois familles à sa tête. En 1850, Virginie de Pichon Longueville, comtesse de Lalande par son mariage, hérite avec ses deux sœurs des trois cinquièmes du vignoble de leur père, le reste allant aux fils (Pichon Baron). Le domaine restera dans la famille jusqu'à son rachat en 1925 par Édouard et Louis Miailhe. À partir de 1978, May-Éliane de Lencquesaing, fille du premier, donne une renommée internationale à ce cru de 85 ha, dont la singularité tient aux 11 ha situés sur la commune de Saint-Julien et à l'importance donnée au merlot (35 %) dans son encépagement. Une renommée et un esprit « féminin » (jusque dans le grand vin) perpétués depuis 2007 par une autre famille, les Rouzaud, propriétaires du Champagne Roederer.

Le « Pichon Comtesse » 2011 affiche clairement sa noble origine à travers une robe d'un bordeaux profond. Même s'il ne s'est pas encore complètement ouvert, le bouquet séduit à l'aération par ses notes charmeuses et généreuses de fruits mûrs et de merrain (grillé, vanille et cannelle). Souple en attaque, ample, gras et complexe, le palais dévoile des tanins de qualité qui révèlent une extraction soignée. L'ensemble laisse le souvenir d'une réelle harmonie. ⧗ 2019-2024 🍷 rôti de canard aux cerises ■ Réserve de la Comtesse 2011 ★ (20 à 30 € ; 200 000 b.) : un second assez proche du grand vin en qualité, dans un style plus rond (beaucoup plus de merlot ici, 49 % contre 7 %) ; un vin richement bouqueté (moka, grillé, fruits confiturés), charnu et généreux, adossé à des tanins mûrs. ⧗ 2018-2022

Ch. Pichon-Longueville , Comtesse de Lalande, 33250 Pauillac, tél. 05 56 59 19 40, pichon@pichon-lalande.com V r.-v. Louis Roederer

DOM. LES SADONS 2011

■ | 6 400 | | 15 à 20 €

Alain Albistur, ouvrier de chai pour les domaines Borie, a créé en 2006 ce cru de poche : 97 ares – soit 11 « sadons » (unité de mesure de surface liée au travail dans une journée et correspondant environ à 880 m²) – répartis sur cinq parcelles jouxtant les deux Pichon.

Une belle entrée dans le Guide avec ce vin rubis, qui libère d'abord des parfums de fruits mûrs avant de s'ouvrir sur des notes épicées et boisées. Le palais se montre souple dès l'attaque, poursuivant son parcours sans aspérités jusqu'en finale, laissant un sillage frais et épicé (poivre et cannelle). ⧗ 2017-2022 🍷 entrecôte

Alain Albistur, 52, Grand-Rue-Saint-Lambert, 33250 Pauillac, tél. 06 88 69 12 57, domaine-les.sadons@orange.fr V r.-v.

CH. TOUR SIEUJEAN 2011 ★★

■ | 25 000 | | 20 à 30 €

Conduit depuis 2002 et sorti de la coopérative de Pauillac par Stéphane Chaumont et son épouse Catherine Lopez, ce cru se distingue par une tour carrée et trapue d'origine médiévale. Autre originalité, c'est l'un des derniers petits domaines familiaux de l'appellation, avec 8 ha en pauillac et en haut-médoc.

Une seyante robe pourpre habille ce vin enthousiasmant par sa générosité aromatique. Alliées aux fruits mûrs, les notes torréfiées, vanillées et mentholées révèlent un bois d'une grande finesse. Une même sensation d'harmonie émane d'un palais à la fois puissant, gras et rond, étayé par des tanins soyeux et enrobés. Un pauillac d'avenir, qui s'exprime cependant déjà pleinement. ⧗ 2017-2024 🍷 mijoté de bœuf aux épices

Stéphane Chaumont, Ch. Tour Sieujean, 11, rte de Pauillac, 33112 Saint-Laurent-Médoc, tél. 05 56 59 46 03, tour-sieujean@orange.fr V r.-v.

SAINT-ESTÈPHE

• Superficie : 1 230 ha • Production : 54 200 hl

À quelques encablures de Pauillac et de son port, Saint-Estèphe affirme un caractère terrien avec ses rustiques hameaux pleins de charme. Correspondant (à l'exception de quelques hectares compris dans l'appellation pauillac) à la commune elle-même, l'appellation est la plus septentrionale des six AOC communales médocaines. L'altitude moyenne est d'une quarantaine de mètres et les sols sont formés de graves légèrement plus argileuses que dans les appellations plus méridionales. L'appellation compte cinq crus classés, et les vins qui y sont produits portent la marque du terroir. Celui-ci renforce nettement leur caractère, avec, en général, une acidité des raisins plus élevée, une couleur plus intense et une richesse en tanins plus grande que pour les autres vins du Médoc. Très puissants, ce sont d'excellents vins de garde.

CH. L'ARGILUS DU ROY 2011

■	25 000		15 à 20 €

Créé en 1996 par Jose Bueno, qui œuvra longtemps à Mouton Rothschild, ce petit cru de 5 ha a été repris par Martial Mignet, ancien photographe à Match et pilote d'essai de l'aviation civile, qui l'a acheté avec son frère en 2010.

Ce 2011 joue résolument la carte du fruit, dès l'olfaction, centrée sur les baies rouges. Une attaque fraîche ouvre sur un palais tout aussi fruité, souple et rond, aux tanins fondus, un rien plus fermes en finale. Un vin déjà plaisant, qui n'appelle pas une longue garde. ⧗ 2015-2018 ᴛ tendrons de veau

⊶ SCEA l'Argilus du Roi, Taste Sud – Leyssac, 1, rue du Brame Hame, 33180 Saint-Estèphe, tél. 06 14 61 18 80, mmignet@arinc.fr V r.-v.

CH. BEAU-SITE 2011

■	112 000		20 à 30 €

L'un des crus de la maison Borie Manoux, vénérable maison de négoce fondée en 1870 par les Castéja, propriétaires de Beau-Site depuis 1955. Le vignoble, tout proche de Calon-Ségur, s'étend en pente douce vers la Gironde, sur 35 ha.

Dans un style fin et élégant, ce vin dévoile un nez plaisant dominé par les fruits noirs, soutenus par un bois discret. Le palais se montre rond, suave et charnu, étayé par des tanins aimables. ⧗ 2016-2020 ᴛ rôti de veau aux champignons

⊶ Héritiers Castéja, 33250 Pauillac, tél. 05 56 00 00 07, domaines@boriemanoux.fr V r.-v.

CH. CALON SÉGUR 2011 ★

■ 3e cru clas.	100 000		50 à 75 €

98 |01| **03** |04| |06| 07 **09** 11

Maison noble portant le nom de la paroisse de Saint-Estèphe au Moyen Âge (Calones), ce cru est l'un des plus anciens de la région. Entre 1659 et 1681, il passe entre les mains des Ségur, qui vont développer ce vignoble auquel ils sont très attachés : « Je fais du vin à Lafite et à Latour, mais mon cœur est à Calon », disait Nicolas-Alexandre. Adossé au bourg de Saint-Estèphe, le vignoble d'un seul tenant, entièrement clos par un mur, couvre 55 ha – la même surface que lors du classement de 1855 –, planté sur une épaisse couche de graves reposant sur des argiles. Propriété de la famille Gasqueton de 1894 à 2012, Calon appartient aujourd'hui à la société Suravenir, filiale du groupe Crédit Mutuel, qui y a engagé un vaste programme de rénovation.

Dernier millésime entièrement élaboré et élevé par les Gasqueton, ce 2011 est un bel adieu. Les brillants reflets violines qui animent sa robe rouge lui donnent une fière allure, que complète un bouquet complexe, allant du floral (violette) au cèdre, en passant par des notes viandées. Au palais, les tanins s'avancent avec élégance, bien épaulés par une fine fraîcheur jusqu'à la finale, qui offre un plaisant retour sur le fruit rouge et sur l'élevage. Un ensemble harmonieux. ⧗ 2017-2024 ᴛ rôti de bœuf

⊶ Ch. Calon Ségur, Dom. de Calon, 33180 Saint-Estèphe, tél. 05 56 59 30 08, calon-segur@calon-segur.fr

CH. COS LABORY 2011 ★

■ 5e cru clas.	85 000		20 à 30 €

82 **83 85 86** 88 89 (90) 91 **92** 93 94 95 **96 97 98 99** 00

01 02 |03| |**04**| 05 |**06**| |07| **08 09 10** 11

Un authentique domaine familial, encore habité, fait rare, par ses propriétaires. Dans la même famille depuis 1922, Cos Labory est le lieu de résidence de Bernard Audoy, actuel président de l'appellation saint-estèphe. Le cru a été uni à Cos d'Estournel jusqu'en 1810, année de son achat par François Labory. D'une superficie assez modeste pour un classé (15 ha), son vignoble se répartit entre trois grands ensembles, dont un en forme de croissant, à l'ouest du château. Tous sont composés de graves, mais sur des socles plus ou moins argileux.

La grêle étant tombé juste avant les vendanges, on pouvait s'attendre au pire, mais grâce à ses vinifications douces visant la finesse et la fraîcheur, Bernard Audoy s'en sort très bien. Le nez se révèle finement boisé (vanille, grillé), sur fond de fruits rouges mûrs. Une attaque ample et onctueuse ouvre sur un palais bien structuré par des tanins solides sans dureté et par l'élevage. ⧗ 2017-2020 ᴛ entrecôte grillée ■ Ch. Andron Blanquet 2011 ★ (11 à 15 € ; 61 200) : un vin assez masculin et bien équilibré, encore un peu strict en finale. ⧗ 2017-2020

⊶ SCE Domaines Audoy, Ch. Cos Labory, 33180 Saint-Estèphe, tél. 05 56 59 30 22, contact@cos-labory.com V r.-v.

CH. COUTELIN-MERVILLE 2011

■	90 000		15 à 20 €

Un cru bourgeois d'une trentaine d'hectares, propriété de la famille Estager, d'origine corrézienne, depuis plus d'un siècle. Bernard Estager en a pris les rênes au décès de son père Guy en 1987.

Ce vin s'ouvre sur des notes plaisantes de fruits noirs et de réglisse sur un fond de boisé fondu. Le palais, un rien fugace, intéresse par sa fraîcheur et sa bonne structure, qui permettront à ce 2011 de bien évoluer. ⧗ 2017-2020 ᴛ rosbif

⊶ SCEA Vignobles G. Estager et Fils, Blanquet, 33180 Saint-Estèphe, tél. 05 56 59 32 10 V r.-v.

CH. LE CROCK 2011

■	74 700		20 à 30 €

Fait rare, ce château, édifié à la fin du XVIIIe s., avec parc de 6 ha et pièce d'eau, est tourné vers le sud, et non vers le fleuve. Connu autrefois sous le nom de Bastérot-Ségur, son vignoble s'étend aujourd'hui sur 32 ha, sur le haut de la croupe de Marbuzet. Depuis 1903, il appartient à la famille Cuvelier (Léoville-Poyferré à Saint-Julien).

S'il aurait mérité un peu plus de maturité, ce vin se signale par son bouquet, où se mêlent des arômes de fruits confits, de violette, de grillé et quelques nuances animales. Après une attaque ronde, le palais laisse apparaître des tanins encore assez sévères mais prometteurs. ⌛ 2016-2019 🍴 entrecôte

⊶ Domaines Cuvelier, Ch. le Crock, 1, rue Paul-Amilhat, 33180 Saint-Estèphe, tél. 05 56 59 73 05, chateaulecrock@orange.fr V r.-v.

CH. DOMEYNE 2011 ★

■	26 000		15 à 20 €

Bien situé sur une croupe de graves, ce vignoble entourant Calon Ségur a été acquis en 2007, auprès des Franchini, par Claire Villars-Lurton (Haut-Bages Libéral, Ferrière) et son mari Gonzague Lurton (Dufort-Vivens).

Ce saint-estèphe à dominante de merlot (80 %) s'ouvre sur des notes soutenues de merrain frais accompagnées à l'aération de nuances de fruits rouges et d'épices. Le palais, solide et chaleureux, s'appuie sur des tanins au grain fin et sur un bon boisé aux accents grillés. Tout indique un bon potentiel de garde. ⌛ 2017-2022 🍴 côte de bœuf

⊶ Claire Villars-Lurton et Gonzague Lurton, 3, esp. Guy-Guyonnaud, 33180 Saint-Estèphe, tél. 05 57 88 60 69, chateau-domeyne@wandoo.fr V t.l.j. 9h-12h 14h-17h

CH. HAUT-MARBUZET 2011 ★

■	330 000		20 à 30 €

85 86 88 89 90 92 93 94 |95| 96 97 (98) |99| |00| |01| |02| 03 |04| |05| 06 07 08 09 10 11

Dans l'après-guerre, Hervé Duboscq était sous-chef de gare à Langon. Pour améliorer l'ordinaire, il s'est établi représentant en bouchons. De voies en vin, il s'installe marchand de vin. Puis, de vin en vignes, il acquiert en 1952 une partie (7 ha) de l'ancien cru des Mac Carthy, des Irlandais émigrés à Saint-Estèphe dont les héritiers avaient découpé le domaine pour le revendre. Cinquante ans durant, les Duboscq père et fils ont rassemblé les pièces éparses et reconstitué le puzzle (66 ha). Henri Duboscq a pris la suite de son père en 1973 ; ses fils Bruno et Hughes l'ont suivi. Le domaine est aujourd'hui l'une des références de l'appellation.

Comme d'autres crus de l'AOC, Haut Marbuzet a été touché par la grêle et les fortes pluies peu de temps avant les vendanges ; il est évident que dans ces conditions le vin ne peut pas être du même niveau que les 2009 et 2010. Toutefois, Henri Dubosq signe un 2011 des plus honorables, et même très réussi. Le bouquet dévoile de délicats parfums de fruits rouges soulignés par un élégant boisé aux tonalités toastées. La bouche se montre ronde et charnue dès l'attaque, soutenue par des tanins fins et serrés. Du corps et de la chair, de la longueur et de l'élégance. ⌛ 2017-2022 🍴 rôti de canard aux cerises

⊶ Henri Duboscq et Fils, Ch. Haut-Marbuzet, 33180 Saint-Estèphe, tél. 05 56 59 30 54, henri.duboscq@haut-marbuzet.com V r.-v.

CH. LA HAYE 2011 ★

■	22 000		20 à 30 €

Une porte datée de 1557 rappelle qu'ici l'histoire s'écrit en siècles. Les lettres D et H entrelacées qui ornent les pierres du château et l'étiquette du vin rappellent quant à elle que le lieu aurait servi de rendez-vous galant à Diane de Poitiers et à Henri II... Un cru de 10 ha dans la famille Bernard depuis plus de trois siècles, avant d'être acquis en 2012 par Chris Cardon.

La robe est limpide, rubis à reflets pourpres. Le bouquet, discret mais fin, associe fruits rouges et boisé bien fondu. Vive et souple, l'attaque introduit un palais bien bâti sur des tanins fermes, qui ne manque ni de chair ni d'onctuosité. Un vin à la fois solide et raffiné. ⌛ 2017-2021 🍴 ris de veau aux cèpes ■ Small Step by la Haye 2011 ★ (15 à 20 € ; 14 000 b.) : un vin encore un peu austère, mais bien construit autour d'une solide structure. ⌛ 2018-2022

⊶ SC Ch. la Haye, 1, rte de Saint-Affrique, Leyssac, 33180 Saint-Estèphe, tél. 05 56 59 32 18, info@chateaulahaye.com V r.-v.

CH. LAFON-ROCHET 2011 ★

■ 4e cru clas.	90 000		20 à 30 €

85 86 88 89 90 91 92 93 94 (95) 96 97 98 |99| |00| |01| |02| |03| |04| 05 06 |07| 08 09 10 11

Côté château, un petit bijou de chartreuse, construite en... 1960 par Guy Tesseron pour remplacer les anciens bâtiments délabrés. Côté vignoble, 45 ha d'un seul tenant campés sur un plateau en forme de croupe aux sols d'argile et de graves, entre Lafite et Cos d'Estournel. Un cru que Basile Tesseron, petit-fils de Guy et fils de Michel, dirige depuis 2008 et qu'il a orienté vers la biodynamie à partir de 2010.

Succédant à une série remarquable (2008-2009-2010), le 2011 tient son rang, dans une année que l'on qualifiera pudiquement de « millésime de vigneron » dans l'appellation. La robe grenat est des plus engageantes. Le bouquet, non moins charmeur, séduit pas son fruité intense et frais, agrémenté d'épices et d'une touche animale. Gras et rond, le palais révèle des tanins doux et fins, enrobés de notes de fruits en confiture. Encore vive, sa finale invite à la patience. ⌛ 2017-2020 🍴 souris d'agneau

⊶ Ch. Lafon-Rochet, lieu-dit Blanquet, 33180 Saint-Estèphe, tél. 05 56 59 32 06 V r.-v.

⊶ Famille Tesseron

CH. LÉO DE PRADES 2011

■	29 400		15 à 20 €

Derrière le Marquis de Saint-Estèphe et la Chatellenie de Vertheuil, une cave coopérative réunissant environ soixante-dix viticulteurs des deux communes, qui exploitent 40 ha en AOC saint-estéphe et 45 ha en haut-médoc.

Comme beaucoup de 2011, ce vin joue la carte de la fraîcheur. Le bouquet se révèle net et fin, centré sur les fruits rouges agrémentés de notes de cuir (merlot à 60 %), de sous-bois et d'épices. L'attaque vive et alerte fait ressortir les notes de poivron du cabernet-sauvignon (40 %). Les tanins sont bien maitrisés, la fraîcheur présente de bout en bout, et l'ensemble plaisant par sa simplicité. ⌛ 2015-2019 🍴 rôti de veau

⊶ Marquis de Saint-Estèphe et Chatellenie de Vertheuil réunis, 2, rue du Médoc, 33180 Saint-Estèphe, tél. 05 56 73 35 30, marquis.st.estephe@wanadoo.fr V t.l.j. sf sam. dim. 8h30-12h15 14h-18h

CH. LILIAN LADOUYS 2011 ★

■	200 000		15 à 20 €

Au XIV[e]s., La Doys est une métairie de Lafite. Après avoir connu son heure de gloire à la charnière des XIXe

et XXes., sous le nom de Ch. Ladouys, ce cru avait pratiquement disparu, avant d'être ressuscité (et rebaptisé du nom de son épouse) par Christian Thiéblot dans les années 1980, puis par la Natexis à partir de 1989. En 2008, nouveau changement de propriétaire avec Jacky et Françoise Lorenzetti (Pédesclaux à Pauillac).

S'il est encore très marqué par le bois (épices et fumée), le bouquet conserve sa fraîcheur grâce à une belle présence des fruits rouges et noirs. Sensation que l'on retrouve dans une bouche charnue, fruitée, structurée avec finesse. 2017-2019 civet de lapin ■ La Devise de Lilian 2011 ★ (11 à 15 €; 28 000 b.): un vin agréable, friand, frais et fruité, assez proche du premier. 2016-2019

SAS Ch. Lilian Ladouys, Blanquet, 33180 Saint-Estèphe, tél. 05 56 59 71 96, contact@chateau-lilian-ladouys.com V r.-v.
Jacky et Françoise Lorenzetti

CH. MONTROSE 2011 ★

■ 2e cru clas. | n.c. | | + de 100 €

(82) 83 85 86 87 88 89 90 91 92 93 94 95 96 97 98 |99| 00 |01| 02 03 04 05 06 07 08 09 10 11

Entouré de 95 ha de vignes d'un seul tenant, Montrose a pour seul horizon l'estuaire de la Gironde. Autrefois, ses sols très pauvres, essentiellement des graves avec des sables en bas de pentes, étaient des pâturages couverts de bruyères, qui formaient d'immenses plaques roses lors de la floraison. Ce qui a valu son nom au domaine, transformé en vignoble à la fin du Premier Empire par Étienne-Théodore Dumoulin, développé par Mathieu Dolfuss à partir de 1866 et par les Charmolüe après 1896. Ces derniers ont maintenu intact le prestige et la qualité de Montrose à travers tout le XXe, avant de le céder en 2006 à Martin et Olivier Bouygues.

Sans rivaliser, millésime oblige, avec le magnifique 2010, coup de cœur l'an dernier, ce 2011 offre un bel exemple de vin tannique et suave à la fois. Bien soutenu par le bois (vanillé, grillé), il se montre séducteur par son côté rond et charnu, tout en révélant un beau volume, de la fraîcheur et des tanins solides et serrés, mais jamais anguleux. Un vin élégant, tout en force contenue. 2018-2024 tournedos aux truffes

Ch. Montrose, 33180 Saint-Estèphe, tél. 05 56 59 30 12, chateau@chateau-montrose.com V r.-v. Bouygues

CH. DE PEZ 2011

■ | 120 000 | | 30 à 50 €

Vignoble de 34 ha d'un seul tenant situé à l'ouest de Saint-Estèphe, ce cru est l'un des plus anciens de l'appellation, ayant appartenu aux familles Pontac et Lawton. Il est depuis 1995 la propriété de la famille Rouzeau (Champagnes Roederer).

Si ce vin n'a pas encore trouvé sa pleine expression aromatique, le boisé restant pour l'heure assez soutenu à l'olfaction, il plaît par son palais harmonieux, de bonne longueur, tendre et souple, soutenu par des tanins fondus. 2016-2020 sauté de veau

SC la Salle Saint-Estèphe, Ch. de Pez, 33180 Saint-Estèphe, tél. 05 56 59 30 26 r.-v.
Louis Roederer

CH. PHÉLAN SÉGUR 2011 ★

■ | 150 000 | | 30 à 50 €

88 89 90 91 93 94 95 96 97 98 99 |00| |01| |02| 03 (04) 05 |06| |07| 08 09 10 11

Situé sur le plateau à côté du bourg de Saint-Estèphe, ce cru allie un impressionnant ensemble de bâtiments néo-classiques à un terroir de premier choix : 70 ha de graves argileuses. À sa tête, une succession de propriétaires de renom : Bernard Phélan qui, possédant déjà le domaine de Garamey, acheta en 1810 ces terres venant de Joseph-Marie de Ségur, comte de Cabanac (qui n'avait qu'une simple homonymie avec les Ségur de Lafite et Calon) ; puis pendant longtemps les Delon, une référence en Médoc ; et depuis 1985, Xavier Gardinier.

Une belle présentation pour ce 2011 à la robe profonde et au bouquet qui s'ouvre sans réserve sur des arômes de fruits noirs frais, de cuir et d'épices. Le palais, riche, concentré et puissant, révèle des tanins bien serrés mais suaves, extraits avec finesse et douceur. Un très beau classique, de bonne garde. 2018-2024 civet de sanglier ■ Frank Phélan 2011 ★ (20 à 30 €; 100 000 b.): un peu moins complexe et élégant que son « grand frère », ce vin séduit par son côté charnu et son expression aromatique mariant harmonieusement bois et fruits mûrs. 2016-2019

Ch. Phélan Ségur, rue des Écoles, 33180 Saint-Estèphe, tél. 05 56 59 74 00, phelan@phelansegur.com V r.-v. X. et Fils Gardinier

CH. PLANTIER ROSE 2011 ★

■ | 55 000 | | 11 à 15 €

Dans la famille Conte depuis plus d'un siècle, ce cru bourgeois étend son vignoble sur une dizaine d'hectares.

Une maturité intéressante pour ce 2011 qui s'exprime sur les fruits rouges et noirs agrémentés d'une note de cuir. À l'égal du bouquet, le palais est intense, puissant, avec des tanins bien en place et élégants. L'ensemble est harmonieux, même si la finale, encore un peu sévère, vient rappeler qu'il faudra attendre un peu pour ouvrir cette jolie bouteille. 2017-2020 faisan en cocotte

Ch. Plantier Rose, 51, rue du Médoc, Leyssac, 33180 Saint-Estèphe, tél. 05 56 59 36 16, chateauplantierrose@hotmail.com V t.l.j. 10h-12h 14h-18h; sam. dim. sur r.-v.

CH. SAINT-ESTÈPHE 2011

■ | 16 600 | | 15 à 20 €

La famille Arnaud est à la tête de deux crus en saint-estèphe : le vignoble du Ch. Pomys, ancienne propriété (entre autres) de Louis Gaspard d'Estournel, morcelé au fil des ventes successives, pour atteindre 12 ha ; le Ch. Saint-Estèphe, de même surface, créé par un ancêtre en 1870.

Un saint-estèphe frais et fruité. Au nez, des fruits rouges, agrémentés d'une note mentholée. En bouche, de la souplesse, de la rondeur, du fruit toujours (un rien surmûri) et une fine vivacité qui sous-tend l'ensemble jusqu'en finale. 2015-2019 poulet rôti

SA Arnaud, Ch. Saint-Estèphe et Pomys, Leyssac, 33180 Saint-Estèphe, tél. 05 56 59 32 26, pomys@orange.fr r.-v.

SAINT-JULIEN

• Superficie : 920 ha • Production : 41 775 hl

Pour l'une saint-julien, pour l'autre Saint-Julien-Beychevelle, saint-julien est la seule appellation communale du Haut-Médoc à ne pas respecter scrupuleusement l'homonymie entre les dénominations viticole et municipale. La seconde, il est vrai, a le défaut d'être un peu longue, mais elle correspond parfaitement à l'identité humaine et au terroir de la commune et de l'aire d'appellation, à cheval sur deux plateaux aux sols caillouteux et graveleux.
Situé exactement au centre du Haut-Médoc, le vignoble de Saint-Julien constitue, sur une superficie assez réduite, une harmonieuse synthèse entre margaux et pauillac. Il n'est donc pas étonnant d'y trouver onze crus classés, dont cinq seconds. À l'image de leur terroir, les vins offrent un bon équilibre entre les qualités des margaux (notamment la finesse) et celles des pauillac (la puissance). D'une manière générale, ils possèdent une belle couleur, un bouquet fin et typé, du corps, une grande richesse et de la sève. Mais, bien entendu, les quelque 6 millions de bouteilles produites en moyenne chaque année en saint-julien sont loin de se ressembler toutes, et les dégustateurs les plus avertis noteront les différences qui existent entre les crus situés au sud – plus proches des margaux – et ceux du nord – plus près des pauillac –, ainsi qu'entre ceux qui sont à proximité de l'estuaire et ceux qui se trouvent plus à l'intérieur des terres, vers Saint-Laurent.

CH. BEYCHEVELLE 2011 ★★

4e cru clas. | 249 500 | | 75 à 100 €

82 **83 85 86 88** (89) 90 91 92 93 **94 95** 96 **97** |**98**| |99| |**00**| |01| |02| |03| |**04**| 05 06 **07** 08 **09** 10 **11**

Le « Versailles bordelais ». Beychevelle est un petit bijou d'architecture classique. Son prestige lui vient aussi des puissantes familles qui en furent propriétaires. Son nom viendrait d'ailleurs d'un grand amiral de France, duc d'Épernon sous Henri III, qui exigeait que les navires passant devant son château « baissent voiles » en signe d'allégeance. Né au XVII^e^s. et développé au XVIIIe, son vignoble (90 ha) a beaucoup évolué, ce qui explique sa dispersion actuelle sur toute l'AOC. Appartenant depuis 2011 aux groupes Suntory et Castel, il est dirigé par Philippe Blanc.

Tannique et élégant, le 2011 est un beau classique de l'appellation. Sa profonde robe grenat met en confiance, comme son bouquet. Fin et complexe, celui-ci évoque la vanille, le moka et les fruits rouges. Une attaque fraîche et fruitée ouvre sur un palais généreux, riche et puissant, qui s'étire dans une longue finale aux saveurs de chocolat et de café crème. 2017-2022 volaille truffée **Amiral de Beychevelle 2011** ★ (20 à 30 € ; 108 500 b.) : un second vin ample et élégant, aux tanins veloutés et au boisé bien dosé. 2016-2019

SC Ch. Beychevelle, 33250 Saint-Julien-Beychevelle, tél. 05 56 73 20 70, beychevelle@beychevelle.com r.-v.

♥ CH. BRANAIRE-DUCRU 2011 ★★

4e cru clas. | n.c. | | 30 à 50 €

82 **83 85 86 88 89** 90 93 **94 95** 96 97 **98 99** |**00**| |01| 02 |03| |04| |05| **06** |07| **08** 09 10 **11**

Château (Directoire) et orangerie (XVIII^e^s.) aux lignes épurées, les amateurs d'architecture néoclassique seront comblés par la visite de ce bel ensemble qui s'élève sur le coteau au-dessus de Beychevelle. Composé de graves, celui-ci constitue un terroir de choix, dont l'intérêt viticole a été perçu dès la fin du XVII^e^s., époque de l'achat du domaine par Jean-Baptiste Braneyre. Fort d'un vignoble de 59 ha, le cru appartient depuis 1988 à la famille Maroteaux qui a réalisé d'importants investissements pour redonner à la propriété son lustre d'antan.

Si Branaire a la réputation de bien réussir les millésimes délicats, il se surpasse avec son 2011. S'annonçant par une très belle robe grenat, profonde et brillante, il impressionne par sa complexité aromatique : fruits mûrs (cassis, cerise), violette, torréfaction, vanille... Un charme qui opère aussi en bouche. Une attaque soyeuse et ronde introduit un palais gras, puissant, généreux, d'un superbe volume, étayé par des tanins parfaitement extraits, denses et très fins. Un vin d'une réelle distinction, tout en puissance maîtrisée. 2019-2026 côte de bœuf aux sarments

Ch. Branaire-Ducru, 1, chem. du Bourdieu, 33250 Saint-Julien-Beychevelle, tél. 05 56 59 25 86, branaire@branaire.com r.-v.

CH. LA BRIDANE 2011

| 42 870 | | 20 à 30 €

À la fin du XVIII^e^s., ce domaine possédait un moulin appartenant au curé de Saint-Laurent, l'abbé Bridane. Établi sur un coteau de graves garonnaises à la sortie de Saint-Julien, il appartient à la famille Saintout depuis presque trois siècles.

Ce vin séduit par sa couleur, d'un grenat soutenu, par son bouquet fruité (cerise), épicé (clou de girofle) et floral (jacinthe), comme par son palais souple et gras, aux tanins fondus. Un saint-julien aimable et savoureux. 2015-2019 coq au vin

Bruno Saintout, 20, Cartujac, 33112 Saint-Laurent-Médoc, tél. 05 56 59 91 70, bruno.saintout@wanadoo.fr r.-v.

CLOS DU MARQUIS 2011 ★

| 75 000 | | 50 à 75 €

Souvent considéré comme le second vin de Léoville Las Cases, le Clos du Marquis, créé en 1902, est en réalité un cru à part entière. Son vignoble, planté sur un terroir très homogène de graves du Mindel, est situé au nord-ouest du village de Saint-Julien, le grand clos étant quant à lui au nord-est.

D'un abord timide, le bouquet a besoin d'aération pour livrer ses fins arômes fruités (myrtille et cerise noire) et un rien confiturés, sur fond de vanille. Ample à l'attaque, le palais se révèle charnu, consistant, bien équilibré, même si l'élevage est pour l'heure encore un peu prédominant. 2017-2021 lapin aux pruneaux

Ch. Léoville Las Cases,
33250 Saint-Julien-Beychevelle, tél. 05 56 73 25 26,
contact@leoville-las-cases.com r.-v.
Jean-Hubert Delon

CH. DU GLANA 2011 ★

■ | 115 000 | | 15 à 20 €

Pierre et brique, la bichromie du château, construit en 1870, annonce l'architecture soulacaise et la Pointe du Médoc. Le vignoble (43 ha) est lui bien juliénois, planté sur des graves garonnaises. Installés en 1961, les Meffre y ont réalisé d'importants investissements, qu'ils poursuivent aujourd'hui (création d'un nouveau chai et d'un caveau souterrain).

Comme le laisse deviner sa robe tirant sur le noir, ce 2011 a du caractère. Une personnalité qui s'affirme dès l'olfaction, complexe : épices, fruits noirs, toasté, Zan. Le palais se révèle ample, charnu, puissant, solidement charpenté et boisé avec élégance. Un vin bien construit, qui ne demande qu'à s'épanouir. 2018-2024 baron d'agneau

Ch. du Glana, 5, Le Glana,
33250 Saint-Julien-Beychevelle, tél. 05 56 59 06 47,
contact@chateau-du-glana.com V r.-v.; f. août

CH. GLORIA 2011 ★★

■ | 260 000 | | 20 à 30 €

82 **83** 84 85 86 87 **88 89** 90 **91** 93 94 **95** 96 97 98 99

|00| **01 02** |03| |04| (05) 06 |07| 08 09 10 **11**

Ce cru, étendu aujourd'hui sur 50 ha, a été constitué *ex nihilo* à partir de 1942 par l'une des grandes figures du vignoble, Henri Martin, qui pendant des années a acheté des parcelles provenant de grands crus classés, au centre de Beychevelle, ainsi qu'à l'ouest et au nord de l'appellation. Comme l'ensemble des Domaines Martin, Gloria est aujourd'hui dirigé par sa fille Françoise, et son mari Jean-Louis Triaud.

Très beau vin de garde, bien dans l'esprit de l'appellation, ce saint-julien dévoile un bouquet harmonieux, frais et fruité, soutenu par un boisé discrètement épicé. Souple et alerte en attaque, le palais se révèle ample, gras, puissant sans dureté, épaulé par des tanins suaves et un boisé bien intégré. Un ensemble parfaitement équilibré, bâti pour la garde. 2019-2025 canard aux cèpes

Dom. Martin, Ch. Gloria,
33250 Saint-Julien-Beychevelle, tél. 05 56 59 08 18,
contact@domaines-martin.com V r.-v.

CH. GRUAUD LAROSE 2011 ★

■ 2e cru clas. | 145 200 | | 30 à 50 €

82 83 84 **85** (86) 87 **88** 89 **90** 91 92 **93 94** (95) **96** 97 |98|

|99| |(00)| |**01**| |02| **03 04** 05 06 07 **08** 09 **10** 11

Créé au début du XVIIIe s. par la famille Gruaud, le domaine passe en 1771 dans les mains des Larose, qui ajoutent leur nom et font construire le château de style néoclassique. En 1812, les Balguerie et Sarget achètent la propriété, puis se séparent, donnant naissance à Gruaud Larose-Bethmann et Gruaud Larose-Sarget. La réunification intervient en 1934, grâce à Désiré Cordier. Vendu en 1983 à des investisseurs institutionnels, Gruaud Larose est racheté en 1997 par le groupe familial Taillan (Merlaut), à la tête aujourd'hui d'un vaste vignoble de 82 ha, presque d'un seul tenant.

Bien dans le ton de l'appellation et du style maison, le 2011 est un vin intense et élégant. Au nez, les fruits noirs et rouges se marient sans fausse note au pain grillé, aux épices et à la vanille. Une attaque souple et fraîche introduit un palais ample, charnu, séveux, puissant sans excès, bâti sur des tanins soyeux, au grain très fin. Un saint-julien racé, très équilibré, bâti pour bien vieillir. 2019-2025 faisan aux cèpes

Ch. Gruaud Larose, 33250 Saint-Julien-Beychevelle,
tél. 05 56 73 15 20, gl@gruaud-larose.com
V r.-v. Famille Merlaut

CH. LAGRANGE 2011 ★

■ 3e cru clas. | 245 000 | | 30 à 50 €

82 **83 85 86 88 89** (90) **91 92 93 94 95** |**96**| **97 98 99**

|**00**| **01** 02 |**03**| |**04**| **05 06** |07| 08 09 10 11

Un nom modeste pour une vaste propriété (160 ha, dont 110 de vignes) et un château néoclassique agrémenté d'un campanile aux allures toscanes. Le vignoble d'un seul tenant, établi sur deux buttes de graves, est l'héritier d'une longue histoire, la Grange désignant souvent au Moyen Âge un grand domaine avec église, habitations et bâtiments d'exploitation. Propriété du groupe japonais Suntory depuis 1983, le cru, longtemps dirigé par Marcel Ducasse, figure de la viticulture médocaine, puis par son ancien adjoint Bruno Eynard, a recruté Mathieu Bordes en 2013.

Un 2011 sur la finesse plutôt que sur la puissance. Le nez, à la complexité naissante, évoque avant tout le grillé et le torréfié, les fruits rouges restant pour l'heure en retrait. Tendre, rond et onctueux, le palais s'appuie sur des tanins bien présents mais soyeux, sans excès de vigueur, et sur un bon boisé aux accents cacaotés. 2017-2022 lamproie à la bordelaise

Ch. Lagrange, Beychevelle,
33250 Saint-Julien-Beychevelle, tél. 05 56 73 38 38,
chateau-lagrange@chateau-lagrange.com r.-v.
Suntory Ltd

CH. LANGOA BARTON 2011

■ 3e cru clas. | 75 000 | | 50 à 75 €

82 83 85 86 88 |(89)| |**90**| 93 94 95 96 97 98 |**99**| **00** |**01**|

|02| 03 |04| 05 07 08 09 **10** 11

Commandé par une belle chartreuse du XVIIIe s., ce cru, depuis 1821 la propriété des Barton (Ch. Léoville Barton), d'origine irlandaise, est l'un des rare domaines à être entre les mains de la même famille depuis le classement de 1855. Une tradition que perpétue Lilian Barton, depuis 2006 à la tête du vignoble : 17 ha réparti en quatre grandes parcelles situées entre les villages de Saint -Julien et Beychevelle.

Sans chercher à rivaliser avec certains millésimes antérieurs ou avec son cousin Léoville, ce 2011 se montre plaisant par son bouquet discret mais fin de fruits rouges mûrs et de violette, sur fond de grillé et de moka. Frais et fruité en attaque, le palais, corsé et charnu, déploie des tanins encore un peu austères aujourd'hui, mais prometteurs. 2017-2021 tournedos Rossini

Famille Barton, Ch. Langoa Barton, 33250 Saint-Julien-Beychevelle, tél. 05 56 59 06 05, chateau@leoville-barton.com r.-v.

CH. LÉOVILLE BARTON 2011 ★

2e cru clas.	150 000		75 à 100 €

82 83 85 86 88 |89| (90) | 91 93 94 95 |96| 97 |98| |99| 00 01 |02| 03 |04| (05) 06 07 08 09 10 11

Si l'Irlandais Thomas Barton a installé aux Chartrons son affaire de négoce en 1725, ce n'est qu'en 1821 que son petit-fils Hugh acquiert le château Langoa, puis en 1826 une partie de l'ancien domaine de Léoville, propriété née au début du XVIIᵉs. et scindée en plusieurs parties à la Révolution. Un domaine resté depuis lors dans la famille Barton (Lilian Barton Sartorius depuis 2006), qui étend ses 50 ha de vignes au sud du bourg de Saint-Julien. Pas de demeure ni de chai ici, vinification et élevage se déroulent à Langoa.

Bien dans l'esprit de l'appellation par son élégance, ce vin se présente dans une robe, très aristocratique, grenat aux reflets rubis. Le nez déploie des arômes harmonieux et complexes de cassis, d'épices, de truffe, de vanille et de pain grillé. Frais et fruité en attaque, le palais se montre séveux, adossé à des tanins soyeux et à un boisé de belle origine. L'ensemble est équilibré, distingué, plus fin que puissant. ⧗ 2017-2021 ▼ rôti de veau

Famille Barton, Ch. Léoville Barton, 33250 Saint-Julien-Beychevelle, tél. 05 56 59 06 05, chateau@leoville-barton.com r.-v.; f. août

♥ CH. LÉOVILLE LAS CASES 2011 ★★

2e cru clas.	120 000		+ de 100 €

(61) 62 64 67 69 70 71 75 76 78 79 (82) (83) 85 (86) |88| |89| |90| 91 92 93 (00) 01 02 (03) 04 (05) 06 07 08 (09) (10) 11

Las Cases ne se contente pas de posséder les trois cinquièmes de l'ancien domaine de Léoville – divisé entre 1826 et 1846 pour aboutir aux trois Léoville connus aujourd'hui –, il possède le cœur historique du vignoble, le Grand Clos. Près de 60 ha plantés sur de belles graves reposant en profondeur sur des graves argilo-sableuses, au voisinage de Latour et de la Gironde, complété par l'actuel Clos du Marquis. À cet avantage s'ajoute celui d'être géré depuis 1900 par la même famille, les Delon (aujourd'hui Jean-Hubert), qui l'ont dotée, notamment depuis 2002, d'équipements à la pointe du progrès.

Enveloppé d'une somptueuse robe noire aux nuances violines, le vin offre un bouquet racé et complexe : groseille, cassis, fraise, réglisse. Le palais révèle un équilibre superbe : ample, puissant, riche et corpulent, il s'appuie sur des tanins fins, serrés et satinés, et sur une belle minéralité qui anime la longue finale. Un grand classique à l'avenir radieux. ⧗ 2020-2030 ▼ carré d'agneau ■ Le Petit Lion du Marquis de Las Cases 2011 ★ (30 à 50 € ; 90 000 b.) : un « second » dense, solide et plein. ⧗ 2017-2020

Ch. Léoville Las Cases, 33250 Saint-Julien-Beychevelle, tél. 05 56 73 25 27, contact@leoville-las-cases.com r.-v.
Jean-Hubert Delon

CH. LÉOVILLE POYFERRÉ 2011 ★★

2e cru clas.	178 000		75 à 100 €

79 80 82 (83) 85 86 88 89 90 91 93 94 95 96 97 98 99 |00| 01 |(02)| |03| |04| 05 06 07 08 09 10 11

Comme les deux autres crus issus de l'ancien domaine de Léoville, Poyferré – du nom du comte de Poyferré, issu d'une maison noble d'Armagnac, qui hérita du vignoble par son épouse lors de la scission – bénéficie d'un terroir de choix. Le vignoble, d'une superficie de 80 ha, se répartit sur toute la commune de Saint-Julien ; à l'est, près de la Gironde, des graviers et galets bruns, à l'ouest, des sables noirs. Des atouts mis en valeur depuis 1979 par Didier Cuvelier, dont la famille, à la tête d'un négoce de vins à Lille, acquit la propriété en 1920.

Bien constitué et d'une réelle élégance, ce 2011 tient les engageantes promesses de sa teinte soutenue. Par son bouquet, ouvert sur les notes empyreumatiques d'un élevage en finesse, relayées à l'aération par les fruits rouges. Par son palais, souligné par une petite vivacité de bon aloi en attaque, porté par des tanins fermes et solides, étiré dans une finale chocolatée des plus savoureuses. ⧗ 2019-2024 ▼ civet de sanglier ■ Ch. Moulin Riche 2011 ★ (20 à 30 € ; 69 500 b.) : un vin ample, rond et onctueux, adossé à des tanins soyeux, un rien plus stricts en finale. De belle tenue. ⧗ 2018-2022

SF du Ch. Léoville Poyferré, 38, rue Saint-Julien, 33250 Saint-Julien, tél. 05 56 59 08 30, lp@leoville-poyferre.fr V r.-v.

LES ORMES 2011 ★★

	10 800		20 à 30 €

Au début des années 1990, Fabienne et Philippe Pairault ont abandonné leur entreprise de communication en région parisienne pour s'installer en Médoc, où ils ont acquis le Ch. Corconnac (haut-médoc) et les 13 ha des châteaux Teynac et Les Ormes en saint-julien.

Une très belle réussite pour ce cru, dans un millésime difficile. Le vin se révèle aussi intense dans sa couleur que dans son expression aromatique, centrée sur d'élégants arômes de fruits noirs mûrs et de violette, sur fond de bon merrain et de minéralité. Fruité et généreux, le palais s'appuie sur des tanins bien en place mais sans dureté, élégants et fins, et sur un boisé ajusté. Une bouteille de garde, qualifiée « d'authentique ». ⧗ 2017-2024 ▼ civet de lièvre ■ Ch. Teynac 2011 ★ (26 200 b.) : un saint-julien jeune et prometteur, massif, dense, encore dominé par le bois. ⧗ 2019-2025

EARL T et C, Ch. Teynac, Grand-rue, 33250 Saint-Julien-Beychevelle, tél. 05 56 59 93 04, philetfab3@wanadoo.fr V r.-v. Pairault

CH. SAINT-PIERRE 2011 ★★

4e cru clas.	72 000		30 à 50 €

82 83 85 (86) 88 89 |90| 93 94 (95) (96) 97 98 99 |01| |02| |03| |04| (05) 06 |07| 08 09 10 11

Ce cru ancien (XVIIᵉs.) a connu des heures sombres, ayant été totalement dispersé à la suite de plusieurs

successions. Henri Martin le reconstitua à partir de 1982. Sa fille Françoise et son mari Jean-Louis Triaud conduisent aujourd'hui un vignoble qui couvre 17 ha, plantés sur un beau terroir de graves reposant sur une couche argilo-sablonneuse.

Ayant parfaitement réussi son Gloria, c'eut été un comble que Jean-Louis Triaud ratât son classé. Il n'en est rien, et ici aussi, tout est parfait: la robe, d'un seyant pourpre soutenu; les arômes complexes et flatteurs de fruits mûrs, de réglisse et de grillé; le palais à la fois riche, rond, puissant et élégant, adossé à des tanins doux et à un noble boisé. Un saint-julien bien typé et de longue garde. ⌛ 2018-2024 🍷 faisan aux choux

Domaines Martin, Ch. Saint-Pierre, 33250 Saint-Julien-Beychevelle, tél. 05 56 59 08 18, contact@domaines-martin.com V r.-v.

CH. TALBOT 2011 ★

■ 4e cru clas.	324 700		30 à 50 €

82 83 (85) **86 88** 89 90 **93** 94 **95** 96 97 98 99 **00** **01** 02 **03** 04 **05** 06 07 08 **09** **10** 11

Situé sur une croupe de graves, au centre de l'appellation, le château se donne modestement des airs de grosse maison bourgeoise raffinée et confortable, sans souci ostentatoire. Tout autour, se déploie un vaste vignoble de 106 ha d'un seul tenant. À sa tête, Nancy Bignon-Cordier et Jean-Pierre Marty bénéficient depuis le millésime 2008 des conseils de Stéphane Derenoncourt.

Une robe franche et nette habille le 2011. Le bouquet, délicat, marie harmonieusement notes de petits fruits mûrs et senteurs boisées. La bouche, soutenue par des tanins ronds et soyeux, laisse une impression de légèreté et de distinction, renforcée par une longue finale tout en finesse. Un vin authentique et séduisant. ⌛ 2016-2022 🍷 carré d'agneau ■ **Connétable Talbot 2011 (20 à 30 €; 240 700 b.)**: un vin friand, fruité et chocolaté, souple et rond, aux tanins fondus. ⌛ 2015-2018

Ch. Talbot, 33250 Saint-Julien-Beychevelle, tél. 05 56 73 21 50, chateau-talbot@chateau-talbot.com r.-v.

Nancy Bignon-Cordier

Les vins blancs liquoreux

Quand on regarde une carte vinicole de la Gironde, on remarque aussitôt que toutes les appellations de liquoreux se trouvent dans une petite région située de part et d'autre de la Garonne, autour de son confluent avec le Ciron. Simple hasard? Assurément non, car c'est l'apport des eaux froides de la petite rivière landaise, au cours entièrement couvert d'une voûte de feuillages, qui donne naissance à un climat très particulier. Celui-ci favorise l'action du *Botrytis cinerea*, champignon responsable de la pourriture noble. En effet, le type de temps que connaît la région en automne (humidité le matin, soleil chaud l'après-midi) permet au champignon de se développer sur un raisin parfaitement mûr sans le faire éclater: le grain se comporte comme une véritable éponge, et le jus se concentre par évaporation d'eau. On obtient ainsi des moûts très riches en sucre.

Pour obtenir ce résultat, il faut accepter de nombreuses contraintes. Le développement de la pourriture noble étant irrégulier sur les différentes baies, il faut vendanger en plusieurs fois, par tries successives, en ne ramassant à chaque fois que les raisins dans l'état optimal. En outre, les rendements à l'hectare sont faibles (avec un maximum autorisé de 25 hl à Sauternes et à Barsac). Enfin, l'évolution de la surmaturation, très aléatoire, dépend des conditions climatiques et fait courir des risques aux viticulteurs.

CADILLAC

• Superficie : 128 ha • Production : 6 000 hl

Ennoblie par son splendide château du XVIIe s., surnommé le « Fontainebleau girondin », la bastide de Cadillac est souvent considérée comme la capitale des premières-côtes. Elle est aussi, depuis 1980, une appellation de vins liquoreux.

DOM. DU CHEVAL BLANC
Cuvée d'Exception 2011 ★

■	2 000		8 à 11 €

La commune de Saint-Germain-de-Grave occupe une longue crête entre deux vallons, entre 110 et 115 m d'altitude. Ce cru, une très ancienne propriété familiale remontant au XVIIIe s., y étend son vignoble de 38 ha.

Une robe limpide et brillante; un bouquet classique et concentré (miel, abricot et autres fruits surmûris); une attaque pleine de fraîcheur et une jolie liqueur. Ce cadillac plaira aux amateurs de liquoreux traditionnels. ⌛ 2015-2024 🍷 tarte aux mirabelles

EARL Chaussié de Cheval Blanc, Lieu-dit du Cheval Blanc, 33490 Saint-Germain-de-Grave, tél. 06 80 27 42 38, earl.chaussie@terre-net.fr V r.-v.

CH. FAYAU 2011 ★

■	55 000		8 à 11 €

Établis depuis près de deux siècles à Cadillac, les Médeville, également négociants, sont à la tête d'un vaste ensemble de 180 ha répartis dans une quinzaine de crus au sud de Bordeaux. Ch. Fayau est le berceau de la famille, acquis en 1826: un vignoble de 41 ha, en grande partie planté sur les coteaux entourant la cité des ducs d'Épernon.

Élégant et riche, ce 2011 séduit par la complexité de son bouquet (acacia, fruits à chair blanche, agrumes confits, miel) avant de charmer par l'onctuosité et la douceur « printanière » de son palais, d'une richesse maîtrisée grâce à une juste acidité en soutien. ⌛ 2015-2020 🍷 foie gras

SCEA Jean Médeville et Fils, Ch. Fayau, 33410 Cadillac, tél. 05 57 98 08 08, medeville@medeville.com V t.l.j. sf sam. dim. 9h-12h 14h-17h

CH. LAGRANGE L'enclos 2011 ★★

■	1 500		15 à 20 €

Les aïeux d'Alain Bastide ont acheté en 1886 cette maison qui aurait été jadis un relais de chasse du duc d'Épernon. Le vignoble couvre aujourd'hui 40 ha répartis sur plusieurs appellations.

S'il peut surprendre les amateurs de liquoreux classiques, ce vin résolument moderne ne manque pas d'atouts, à commencer par son bouquet frais et léger, bien fruité (agrumes, poire), floral (acacia) et finement miellé. Une attaque franche ouvre sur un palais élégant, très équilibré, sans lourdeur aucune, porté jusque dans sa longue finale, droite et alerte, par la fraîcheur déjà perçue à l'olfaction. ⧗ 2015-2023 ▼ blancs de poulet aux agrumes

Alain Bastide, Ch. Bourdieu Lagrange, 33410 Monprimblanc, tél. 05 56 62 98 86, sceabastide@hotmail.fr V r.-v.

♥ L'ESSENTIEL DU CH. DU PAYRE 2011 ★★

| 4 000 | | 20 à 30 € |

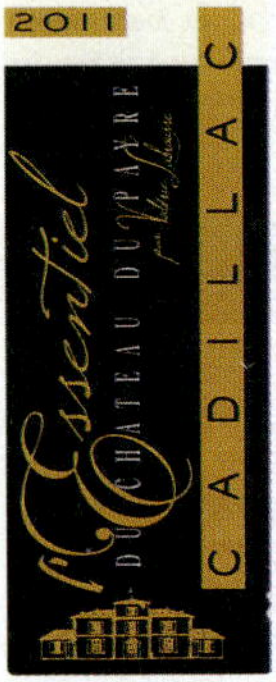

Aux commandes depuis 1993, Valérie Marcuzzi, épouse Labrousse, conduit un bel ensemble de 35 ha comportant six crus, transmise de mère en fille depuis 1882 et cinq générations.

Issue de sémillon et de 10 % de muscadelle, exceptionnellement concentrée selon son auteur, cette cuvée fait mouche d'entrée de jeu. Elle se distingue d'emblée par l'élégance et la complexité de son bouquet : fleurs (églantine et acacia), agrumes, pêche blanche, pain d'épice, miel... Une attaque large et puissante donne le ton : le palais est intense, ample, dense mais sans jamais céder à la lourdeur, grâce à une vivacité présente de bout en bout, qui lui donne du relief, du « peps » et de l'allonge. Un liquoreux moderne, d'un équilibre superbe. ⧗ 2015-2022 ▼ compotée de pommes au safran

SCEA Vignobles Arnaud et Marcuzzi, 13, Le Vic, 33410 Cardan, tél. 05 56 62 60 91, chateaudupayre@gmail.com V r.-v. 3

CH. PEYBRUN Cuvée Colombe 2011

| 4 200 | | 11 à 15 € |

Catherine de Loze, installée en 1985, exploite cette propriété de 15 ha fondée par ses aïeux au milieu du XVIe s.

Le bouquet se montre très plaisant par sa complexité aromatique (agrumes, fleur d'acacia, raisin mûr et rôti). On retrouve le fruit dans un palais riche et gras, qui trouve l'équilibre autour d'une pointe de vivacité bienvenue. Ce 2011 déjà flatteur gagnera à être un peu attendu pour plus de fondu. ⧗ 2016-2020 ▼ foie gras

Catherine de Loze, 41, rue Sainte-Cécile, 33000 Bordeaux, tél. 05 56 96 10 84, peybrun@ free.fr V r.-v.

CH. TANESSE 2011

| 4 500 | | 8 à 11 € |

Paul Gonfrier, rapatrié d'Algérie, rachète au début des années 1960 le château de Marsan, terre noble créée au XVIIe s. sur la rive droite de la Garonne : le berceau des domaines familiaux. Ses fils Philippe et Éric suivent ses traces après 1985. Aujourd'hui, pas moins de 350 ha et douze châteaux.

Tanesse est situé dans le haut Langoiran, et bénéficie d'une très belle exposition au-dessus de la Garonne. Ce 100 % sémillon, en robe légère à reflets brillants, joue résolument la carte florale dans son expression aromatique. Le palais ne montre pas une grande concentration, mais se fait charmeur par sa fraîcheur et ses notes de fruits exotiques (mangue, ananas). Plaisant et sans ostentation, un liquoreux de « l'école moderne ». ⧗ 2014-2020 ▼ poisson en sauce

SCEA Gonfrier Frères, Ch. de Marsan, BP 7, 33550 Lestiac-sur-Garonne, tél. 05 56 72 14 38, gonfrier@wanadoo.fr V t.l.j. 9h-17h30; sam. dim. sur r.-v.

CH. LES TOURELLES 2011

| 5 000 | | 8 à 11 € |

Établis à Loupiac depuis huit générations, les Darriet exploitent plusieurs crus (62 ha en tout) sur les deux rives de la Garonne. Si leurs rouges sont de qualité, ils possèdent un réel savoir-faire en matière de vin blanc, doux comme sec – Philippe Darriet, l'œnologue, est chercheur à la faculté de Bordeaux et spécialiste du sauvignon.

Le château les Tourelles, acquis en 1938 par la famille Darriet, étend ses 12 ha d'un seul tenant au nord-ouest de l'appellation. Ce 100 % sémillon, s'il ne possède pas une grande concentration, se distingue par son élégance. Perceptible dans la robe, doré pâle, elle se confirme au bouquet à travers de fines senteurs d'agrumes, de rose fanée et de miel, et dans un palais frais et léger. Un cadillac allègre. ⧗ 2014-2019 ▼ gâteau à l'orange

SCJ Darriet, Ch. Dauphiné-Rondillon, 33410 Loupiac, tél. 05 56 62 61 75, contact@vignoblesdarriet.fr V t.l.j. 8h30-12h30 14h-18h; sam. dim. sur r.-v.

LOUPIAC

• Superficie : 350 ha • Production : 12 550 hl

Entre Cadillac à l'ouest et Sainte-Croix-du-Mont à l'est, ce vignoble très ancien couvre les côtes de la rive droite de la Garonne, en face de Sauternes. Par son orientation, ses terroirs et son encépagement, il est très proche de celui de Sainte-Croix-du-Mont. Toutefois, comme sur la rive gauche, les vins produits vers le nord ont souvent un caractère plus moelleux que liquoreux.

♥ SUBLIME DE CLOS JEAN 2011 ★★

| 6 000 | | 20 à 30 € |

La famille Bord exploite la vigne depuis plus de six générations à Loupiac, à travers deux propriétés. Acquis en 1792, le Clos Jean étend son vignoble sur 20 ha ; le Ch. Rondillon, l'un des plus anciens crus de la région, couvre quant à lui 10 ha.

Une belle bâtisse du XVIIIe s. entourée de bâtiments d'exploitation plus anciens, avec un beau panorama sur la vallée de la Garonne. Le tout dans un calme « mauriacien ». Une sérénité qui semble favoriser le travail bien fait. Si les noms de cuvées ont parfois tendance à l'emphase, celui-ci n'est pas usurpé. Ce superbe 2011 se présente dans une élégante robe bouton d'or, le nez empreint de parfums délicatement rôtis et confits (agrumes, fruits exotiques). Tout aussi séduisant et expressif, le palais est celui d'un vrai liquoreux « moderne », sans excès de richesse, souple, soyeux et parfaitement équilibré par une fine acidité. ⏳ 2015-2024 🍴 fois gras pôelé ■ **Clos Jean cuvée principale 2011 (11 à 15 € ; 26 000 b.)** : plus simple mais pas simpliste, de bonne densité, bien équilibré lui aussi entre l'acide et le gras. ⏳ 2015-2020

🔑 Vignobles Bord, Clos-Jean, 33410 Loupiac,
tél. 05 56 62 99 83, vignobles.bord@wanadoo.fr
V 🚶 🍷 t.l.j. 9h-18h

CH. DAUPHINÉ-RONDILLON Cuvée d'Or 2011 ★

■	8 000	◍	20 à 30 €

Établis à Loupiac depuis huit générations, les Darriet exploitent plusieurs crus (62 ha en tout) sur les deux rives de la Garonne. Si leurs rouges sont de qualité, ils possèdent un réel savoir-faire en matière de vin blanc, doux comme sec – Philippe Darriet, l'œnologue, est chercheur à la faculté de Bordeaux et spécialiste du sauvignon.

La cuvée prestige de la famille Darriet. Un vin né d'un enclos de 4 ha planté de vénérables ceps de sémillon et de sauvignon centenaires. Dans le verre, un loupiac doré soutenu, au nez généreux de fruits confits : melon, gelée de coing, pruneau. Le palais, à l'unisson, est celui d'un liquoreux « traditionnel », riche, consistant, opulent. ⏳ 2016-2024 🍴 stilton ■ **Ch. de Rouquette 2012 (8 à11 € ; 20 000b.)** : un vin expressif (genêt, miel d'acacia, fruits exotiques), dans un registre un peu plus léger que le précédent. ⏳ 2017-2022

🔑 SCJ Darriet, Ch. Dauphiné-Rondillon, 33410 Loupiac,
tél. 05 56 62 61 75, contact@vignoblesdarriet.fr
V 🚶 🍷 t.l.j. 8h30-12h30 14h-18h; sam. dim. sur r.-v.

CH. DU GRAND PLANTIER 2011 ★

■	6 000	◍	8 à 11 €

Issus d'une très ancienne famille de producteurs de Monprimblanc, les Albucher conduisent un bel ensemble de 52 ha répartis sur plusieurs appellations et proposent une large gamme de vins. Souvent en vue pour leurs liquoreux de Loupiac et leurs bordeaux secs.

Un « loupiac de plaisir », c'est ainsi qu'est décrit ce 2011 issu de sémillon (90 %) et de muscadelle. Un vin d'emblée engageant par son nez intense et complexe : fruits confits, pâte de coing, figue, datte, miel d'acacia. Le palais se montre bien équilibré, bien fruité, assez frais et léger, dans un registre plus tendre que riche. ⏳ 2014-2020 🍴 fondant au chocolat amer

🔑 GAEC des Vignobles Albucher,
Ch. du Grand Plantier, 33410 Monprimblanc,
tél. 05 56 62 99 03, chateaudugrandplantier@orange.fr
V 🚶 🍷 r.-v. 🏠 E

KRESSMANN Grande Réserve 2012

■	20 000	🍾	11 à 15 €

Négoce fondé en 1871 par Édouard Kressmann. Associé en 1967 avec Dourthe pour créer le CVGB, il entre dans le giron du Champenois Alain Thiénot en 2007. Outre ses vins de marque, dont l'historique Kressmann Monopole Dry lancé en 1897, il propose une vaste sélection de crus, dont Latour-Martillac, propriété de la famille.

Ce 2012 joue la carte de la finesse dès la présentation avec sa robe jaune paille et brillante. Le bouquet privilégie les fleurs jaunes. Le palais est de bonne tenue, équilibré entre alcool, sucres et acidité. Parfait pour découvrir l'appellation. ⏳ 2014-2018 🍴 gâteau basque

🔑 Kressmann, 35, rue de Bordeaux-Parempuyre,
CS 80004, 33295 Blanquefort Cedex,
tél. 05 56 35 53 00, contact@kressmann.com

SAINTE-CROIX-DU-MONT

• Superficie : 400 ha • Production : 15 000 hl

Un site de coteaux abrupts dominant la Garonne, trop peu connu en dépit de son charme, et un vin ayant trop longtemps souffert (à l'égal des autres appellations de liquoreux de la rive droite, loupiac et cadillac) d'une réputation de vin de noces ou de banquets.
Pourtant, cette aire d'appellation située en face de Sauternes mérite mieux : à de bons terroirs, en général calcaires, avec des zones graveleuses, elle ajoute un microclimat favorable au développement du botrytis. Quant aux cépages et aux méthodes de vinification, ils sont très proches de ceux du Sauternais. Les vins, autant moelleux que véritablement liquoreux, offrent une plaisante impression de fruité. On les servira comme leurs homologues de la rive gauche, mais leur prix, plus abordable, pourra inciter à les utiliser pour composer de somptueux cocktails.

CH. DES ARROUCATS 2011

■	10 000	🍾	5 à 8 €

La famille Lapouge conduit un coquet vignoble de 45 ha, dont 25 ha à Sainte-Croix-du-Mont, son fief depuis 1938,

Les vins blancs liquoreux

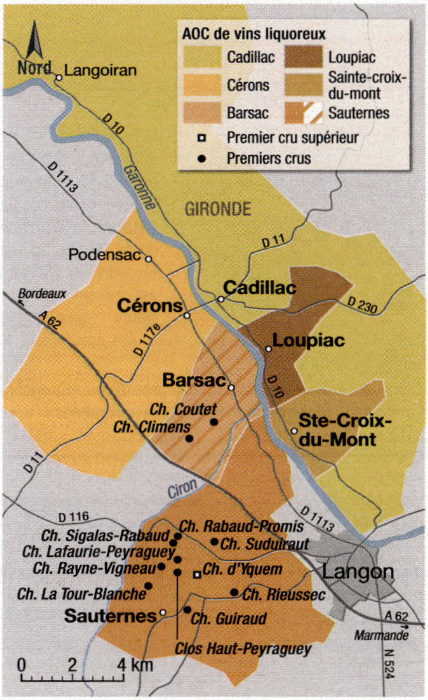

complétés par des vignes dans les Graves, sur l'autre rive de la Garonne. L'ensemble est conduit depuis 2000 par Virginie Barbe, petite-fille du fondateur.

S'il aurait mérité un peu plus de gras, ce 2011 se montre cependant agréable par la finesse de son bouquet centré sur des notes d'abricot sec, et par l'équilibre et la légèreté de son palais. ⧗ 2014-2024 🍷 foie gras

🔑 Vignobles Labat-Lapouge, Les Arroucats, 33410 Sainte-Croix-du-Mont, tél. 05 56 62 07 37, chateau_arroucats@hotmail.com V t.l.j. 8h-12h 13h30-18h; sam. dim. sur r.-v.; f. sem. du 15 août

CH. LA CAUSSADE 2012 ★★

■ | 36 000 | | 8 à 11 €

Implantée à Sainte-Croix depuis huit générations, la famille Armand fait partie des institutions locales grâce à ses liquoreux renommés. Elle y conduit deux crus (dans un esprit bio, sans certification) : La Caussade et La Rame, son fleuron, dont les vins étaient déjà réputés au XIX^e^s. Angélique et Grégoire Armand ont pris la suite de leur père Yves en 2009.

Une fois n'est pas coutume, La Caussade et ses vignes plus jeunes (quarante ans contre cinquante) « brûle la politesse » à La Rame. Son vin se distingue par la fraîcheur et la complexité du bouquet (abricot confit, fleurs blanches, acacia, cire d'abeille) et par un palais ample, élégant, d'un grand équilibre, généreux sans lourdeur et boisé sans excès. Une vraie réussite. ⧗ 2014-2024 🍷 langoustines à la crème ■ Ch. La Rame 2012 ★ (11 à 15 €) : moins expressif que le précédent, mais apprécié pour son équilibre. ⧗ 2014-2020

🔑 GFA Ch. la Rame, 33410 Sainte-Croix-du-Mont, tél. 05 56 62 01 50, dgm@wanadoo.fr V t.l.j. 9h-12h 13h30-17h30

♥ CH. CRABITAN BELLEVUE
Cuvée spéciale 2011 ★★

■ | 10 000 | | 8 à 11 €

Belle unité de 42 ha implantée sur les coteaux sud dominant la rive droite de la Garonne, ce domaine de la famille Solane (aujourd'hui Nicolas) est présent dans plusieurs appellations avec différents types de vins, mais son cœur reste le sainte-croix-du-mont.

D'une réelle constance, le domaine prouve une fois encore sa parfaite maîtrise des « douceurs girondines » avec cette superbe cuvée spéciale élevée vingt-quatre mois en fût. S'inscrivant résolument dans la tradition du liquoreux puissant et de garde, ce vin se distingue par son bouquet intense et typé de fruits secs, de miel et de rôti, et par son palais ample, très riche et concentré, sous-tendu par une fine trame acide qui lui apporte équilibre et longueur. Un modèle du genre. ⧗ 2014-2024 🍷 foie gras ■ Cuvée principale 2011 ★★ (5 à 8 € ; 35 000 b.) : un vrai liquoreux de garde lui aussi, puissant, gras et onctueux. ⧗ 2014-2024

🔑 GFA Bernard Solane et Fils, 1, Crabitan, 33410 Sainte-Croix-du-Mont, tél. 05 56 62 01 53, crabitan.bellevue@orange.fr V r.-v.

BERNARD DAVIAUD 2011 ★

■ | 2 100 | | 11 à 15 €

Établis de longue date à Sainte-Croix-du-Mont, les Fraigneau (aujourd'hui Gérard et Corinne) conduisent un vignoble de 21 ha réparti dans plusieurs appellations (sainte-croix-du-mont, loupiac, sauternes, régionales).

En hommage à l'un de leurs aïeux, les Fraigneau signent une cuvée qui fait preuve d'une certaine originalité par son bouquet de noix de coco, de tilleul et de banane mûre, agrémenté d'un soupçon iodé. Le bois est encore très présent, sans toutefois écraser le botrytis, et la structure est bien en place, riche et ample, pour permettre une bonne évolution. ⧗ 2018-2024 🍷 tarte à la frangipane

🔑 Vignobles Fraigneau, village de Larrivat, 33410 Sainte-Croix-du-Mont, tél. 05 56 62 01 91 V r.-v.

CH. LA GRAVE 2011 ★

■ | 32 400 | | 8 à 11 €

La famille Bridet-Tinon a acquis le cœur de La Grave en 1929, juste avant le krach boursier. Le vignoble s'est peu à peu agrandi, complété entre autres des 5 ha du Ch. Grand Peyrot acquis en 1977, et compte 25 ha aujourd'hui. Virginie Tinon est aux commandes depuis 1999.

Fidèle à son habitude, la vigneronne propose un vin bien construit. Le botrytis est très présent, sans que cela n'affecte la fraîcheur du vin, tant au bouquet, finement floral et vanillé, qu'au palais ample, souple et charnu. ⧗ 2017-2020 🍷 foie gras

🔑 EARL Vignoble Tinon, Ch. la Grave, 33410 Sainte-Croix-du-Mont, tinon@terre-net.fr V r.-v.

CRU DE GRAVÈRE Cuvée Prestige 2011 ★

■ | 2 500 | | 11 à 15 €

Établi sur la rive droite de la Garonne, Laurent Réglat peut jouer sur plusieurs appellations et types de vins. Souvent en vue pour ses liquoreux (cadillac, sainte-croix-du-mont), il ne néglige pas pour autant les rouges (graves, cadillac-côtes-de-bordeaux).

Ce pur sémillon dévoile un bouquet intense et très engageant par son botrytis marqué, agrémenté de fruits secs. La bouche se révèle ample, fine et bien équilibrée par une juste fraîcheur. ⧗ 2016-2024 🍷 poulet rôti

🔑 EARL Vignobles Laurent Réglat, Ch. de Teste, 33410 Monprimblanc, tél. 05 56 62 92 76, vignobles.l.reglat@wanadoo.fr V r.-v.

CH. DU MONT Cuvée Pierre 2012 ★

■ | 12 000 | | 11 à 15 €

Paul Chevassier a constitué ce vignoble au début du XX^e^s. à Sainte-Croix-du-Mont. Son gendre Pierre Chouvac et, depuis 2000, son petit-fils Hervé l'ont développé sur les deux rives de la Garonne, dans les Graves et le Sauternais (27 ha aujourd'hui). Sainte-Croix est resté le cœur du domaine, et son cheval de bataille.

D'un style résolument classique, ce 2012 développe un bouquet puissant et complexe associant les fleurs blanches, le miel, l'abricot et la vanille. Dans la continuité du nez, le palais offre une belle liqueur, du gras et de la fraîcheur. Un ensemble intense et équilibré. ⧗ 2014-2024 fromages bleus ■ Ch. Valentin 2012 (5 à 8 € ; 50 000 b.) : encore marqué par le bois mais bien construit et expressif . 2017-2020

Claire et Hervé Chouvac, Ch. du Mont, lieu-dit Pascaud, 33410 Sainte-Croix-du-Mont, tél. 06 89 96 54 73, chateau-du-mont@wanadoo.fr V r.-v.

CÉRONS

• Superficie : 49 ha • Production : 1 335 hl

Enclavés dans les graves (appellation à laquelle ils peuvent aussi prétendre, à la différence des sauternes et des barsac), les cérons assurent une liaison entre les barsac et les graves supérieures, moelleuses. Là ne s'arrête pas leur originalité, qui réside aussi dans une sève particulière et une grande finesse.

CLOS BOURGELAT 2011 ★★

■	4 800		11 à 15 €

Représentant la sixième génération sur ce domaine remontant au XVIIIe s., Dominique Lafosse est à sa tête depuis 1980. Il est établi à Cérons, village éponyme d'une appellation de liquoreux, et son vignoble de 14 ha privilégie le cépage sémillon. À sa carte des vins, des cérons, et aussi des graves, surtout blancs.

Ce pur sémillon retient d'emblée l'attention par sa belle robe brillante aux reflets dorés, comme par son bouquet intense et élégant : senteurs d'acacia et de genêt agrémentées de notes gourmandes de miel, de vanille et de fruits confits. Il se distingue surtout par son très bel équilibre en bouche, associant puissance et richesse sans excès, fine fraîcheur et longueur. 2017-2024 escalope de foie gras aux pommes

EARL Dominique Lafosse, Clos Bourgelat, 4, Caulet-sud, 33720 Cérons, tél. 05 56 27 01 73, domilafosse@wanadoo.fr V t.l.j. sf dim. 10h-12h 14h-19h; f. août

CH. LE COSSU 2012

■	4 000		15 à 20 €

Établis sur la rive droite de la Garonne avec le domaine familial de Darlan (10 ha en côtes-de-bordeaux), les Guindeuil possèdent une tête de pont sur l'autre rive, à Podensac, avec le Ch. Le Cossu (15 ha acquis en 1995), où ils produisent du graves et du cérons.

Ce 2012 est discret mais plaisant dans son expression aromatique (fleurs jaunes et fruits confits). De style traditionnel, riche et généreux, mais sans excès, le palais possède un bon équilibre qui permettra d'apprécier cette bouteille dès aujourd'hui. 2014-2020 pithiviers

Bertrand Guindeuil, Le Bourg, 33550 Villenave-de-Rions, tél. 05 56 72 19 43, jguindeuil@laposte.net V r.-v.

BARSAC

• Superficie : 480 ha • Production : 6 870 hl

Tous les vins de l'appellation barsac peuvent bénéficier de l'appellation sauternes. Barsac s'individualise cependant par un moindre vallonnement et par les murs de pierre entourant souvent les exploitations. Ses vins ont un caractère plus légèrement liquoreux que les sauternes mais ils appellent les mêmes accords gourmands. Comme les sauternes, ils peuvent être servis de façon classique avec un dessert ou, comme cela se fait de plus en plus, en entrée, sur du foie gras, ou bien en accompagnement de fromages bleus du type roquefort.

CH. COUTET 2011 ★

■ 1er cru clas.	n.c.		50 à 75 €

89 90 95 96 97 99 01 02 03 04 **05** **06** 07 **09** 10 11

Cette forteresse anglaise bâtie au XIIIe s. commande l'un des plus anciens domaines de Barsac, qui connut d'illustres propriétaires, notamment le marquis de Lur-Saluces ; elle abrita les écuries du château d'Yquem, aujourd'hui transformées en chai. Le cru (42 ha) appartient depuis 1977 à la famille Baly, la société de négoce Baron Philippe de Rothschild en assurant la distribution exclusive.

Une présentation élégante pour ce 2011 en robe jaune paille à reflets or et des arômes délicats de fruits (secs et confits), de miel et d'épices. Le palais se révèle ample, dense, très riche et enveloppant, soutenu par une fine acidité et par un élevage bien maîtrisé. Longue et intense, la finale laisse le souvenir d'un beau classique, à la fois puissant, élégant et harmonieux. 2016-2026 stilton

Ch. Coutet, 33720 Barsac, tél. 05 56 27 15 46, info@chateaucoutet.com V r.-v.

CH. DOISY DAËNE 2011 ★

■ 2e cru clas.	33 240		30 à 50 €

50 71 75 76 78 79 80 **81 82** (83) 84 85 **86** 88 89 **90 91 94 95 96 97** 98 00 **01** 02 (03) 04 05 **06 07** 08 09 10 11

Si Doisy Daëne possède un beau terroir (18,2 ha) de sables rouges et de graviers, c'est plus encore par ses méthodes de travail que le cru se distingue, depuis son acquisition par Georges Dubourdieu en 1924. De 1945 à 2000, Pierre, son fils, rêvant d'un vin sans soufre, a multiplié les expérimentations. Depuis 2000, Denis, troisième du nom, professeur à la faculté de Bordeaux et consultant de renommée internationale, a orienté ses recherches, tant universitaires que personnelles, sur les arômes et notamment les précurseurs d'arômes.

Comme toujours, Denis Dubourdieu propose un vin de caractère, issu de 92 % de sémillon et de 8 % de sauvignon. Les arômes, chers au professeur, sont bien présents dès l'olfaction, avec intensité et élégance : miel, vanille, abricot et pêche confits, fleurs blanches, nuance minérale. Une palette que l'on retrouve dans un palais rond, riche, opulent même, mais jamais lourd, porté par une fine vivacité et par un boisé bien ajusté. Déjà très agréable, cette bouteille mérite un petit séjour en cave. 2017-2024 foie gras

EARL Pierre et Denis Dubourdieu, Ch. Doisy-Daëne, 33720 Barsac, tél. 05 56 62 96 51, reynon@wanadoo.fr V r.-v.

CH. NAIRAC 2010 ★★

■ 2e cru clas.	18 000		30 à 50 €

Commandant un beau parc à la française, cette élégante demeure néoclassique est due au talent de l'architecte Mollié, un disciple de Victor Louis. Une partie du vignoble

(dont l'ensemble couvre 16,8 ha) se trouve sur un terroir d'exception : une couche de sables rouges et d'argile recouvrant un banc de calcaire à astéries. Un cru classé auquel ses propriétaires actuels, la famille Tari-Heeter, a su rendre ses lettres de noblesse.

Drapé dans une superbe robe dorée aux reflets verts, ce barsac élevé vingt-quatre mois en barrique développe un bouquet puissant et complexe de fruits (coing, ananas mûr, raisin et figue), d'épices et de chocolat au lait. Tout aussi expressif, le palais se montre riche, dense, puissant, structuré mais toujours délicat et gourmand. Un vin de belle garde assurément. ⧗ 2019-2030 🍴 tajine de poulet aux fruits secs

Ch. Nairac, 81, av. Aristide-Briand, 33720 Barsac, tél. 05 56 27 16 16, chateau.nairac@wanadoo.fr
V r.-v. Nicole Tari-Heeter

CH. DE ROLLAND 2011

	16 000		15 à 20 €

Ancien couvent de Chartreux, ce cru possède un grand pigeonnier du XVe s., sauvé *in extremis* en 2008. Pendant trois siècles (de 1492 à 1797), il a appartenu à la famille Rolland qui lui a laissé son nom. En 1971, les Guignard ont pris les rênes du domaine, dont le vignoble couvre 20 ha.

La robe de ce 2011 attire l'œil par sa brillance et sa couleur jaune paille. Le bouquet, élégant et expressif, révèle des nuances de grillé, d'orange, d'abricot sec et de fleurs blanches. D'un bon volume, fruité, le palais à la liqueur bien fondue laisse une impression d'équilibre. ⧗ 2015-2020 🍴 tarte rhubarbe et amandes

SCA Ch. de Rolland, Lucie, François et Monique Guignard, 33720 Barsac, tél. 05 56 27 15 02, info@chateauderolland.com
V t.l.j. 10h-12h 14h-17h; sam. dim. sur r.-v.

SAUTERNES

• Superficie : 1 735 ha • Production : 34 260 hl

Si vous visitez un château à Sauternes, vous saurez tout sur ce propriétaire qui eut un jour l'idée géniale d'arriver en retard pour les vendanges et de décider, sans doute par entêtement, de faire ramasser les raisins surmûris malgré leur aspect peu engageant. Mais si vous en visitez cinq, vous n'y comprendrez plus rien, chacun ayant sa propre version, qui se passe évidemment chez lui. En fait, nul ne sait qui « inventa » le sauternes, ni quand ni où.

Si en Sauternais, l'histoire se cache toujours derrière la légende, la géographie, elle, n'a plus de secret. Chaque caillou des cinq communes constituant l'appellation (dont Barsac, qui possède sa propre appellation) est recensé et connu dans toutes ses composantes.

Il est vrai que c'est la diversité des sols (graveleux, argilo-calcaires ou calcaires) et des sous-sols qui donne un caractère à chaque cru, les plus renommés étant implantés sur des croupes graveleuses. Obtenus avec trois cépages – le sémillon (de 70 à 80 %), le sauvignon (de 20 à 30 %) et la muscadelle –, les sauternes sont dorés, à la fois onctueux et délicats. Leur bouquet « rôti » se développe et gagne en complexité avec le temps : miel, noisette et orange confite enrichissent sa palette. Les plus grandes bouteilles vivent des décennies. Il est à noter que les sauternes sont les seuls vins blancs à avoir été classés en 1855.

CH. L'AGNET LA CARRIÈRE 2011

	12 000		20 à 30 €

Les Mallard exploitent la vigne depuis 1870. Laurent, installé avec sa mère en 1991 et en solo depuis 2001, conduit plusieurs crus, à Sauternes (L'Agnet La Carrière), à Saint-Émilion (La Croix Fourche Mallard) et dans l'Entre-deux-Mers (Vieux Liron et Naudonnet Plaisance).

D'un jaune très soutenu, ce 2011 dévoile un joli bouquet aux notes de biscuit, de vanille et de miel d'acacia, agrémenté d'une nuance de glycine. Le palais, encore sous l'emprise de l'élevage par ses parfums de noix de coco, se montre gras et suave sans lourdeur. L'ensemble est déjà assez fin, mais le bois a besoin de se fondre. ⧗ 2016-2022 🍴 foie gras

Laurent Mallard, Ch. Naudonnet Plaisance, 33760 Escoussans, tél. 05 56 23 93 04, contact@laurent-mallard.com
V r.-v.

L'A DU CH. D'ANNA 2011 ★

	2 200		11 à 15 €

Marius Roux, batelier sur la Garonne, acheta ce domaine barsacais en 1932. Soixante-dix ans et quelques péripéties plus tard, lesquelles réduisirent la surface du vignoble de 10 à 2 ha, Sandrine, née Roux, et Xavier Dauba font revivre l'exploitation familiale.

Un sauternes élégant dans sa robe jaune brillant aux reflets scintillants. Au nez, se dévoile une très belle expression aromatique, intense et complexe, à dominante de fruits : fruits frais (pêche), fruits confits, pâtes de fruits, le tout agrémenté d'épices. Le palais se révèle onctueux, riche, plein et concentré, mais avec en soutien une fine vivacité qui équilibre et dynamise. Bien élevé et savoureux. ⧗ 2017-2024 🍴 comté

Sandrine et Xavier Dauba, 16, rue Barrau, 33720 Barsac, tél. 05 56 27 20 12, chateaudanna@free.fr V r.-v.

CH. L'ARIESTE 2012 ★

	6 000		11 à 15 €

La famille Bon exploite la vigne à Preignac depuis 1948 et trois générations au Château Voigny. Commandé par une belle demeure du XVIIIe s, qui reçut la visite du duc d'Anjou, petit-fils de Louis XIV, le vignoble couvre 28 ha jusqu'aux rives de la Garonne.

Ce vin annonce ses ambitions par une présentation impeccable : robe d'un bel or franc et intense, orné de reflets tirant sur le cuivre ; bouquet primesautier et complexe marqué par des senteurs d'aubépine et de rose, agrémenté d'une note subtile de citron confit. Riche sans excès, étayé par une juste vivacité et par un boisé discret, il s'épanouit au palais sur des saveurs suaves de fruits confits (raisin de Corinthe et citron vert). ⧗ 2019-2026 🍴 roquefort ■ Ch. des Rochers 2012 ★ (10 000 b.) : un nez fin et délicat (mangue, amande, miel), relayé par un palais séveux, miellé et fruité (pêche, coing), bien soutenu par l'acidité ; un vin de garde. ⧗ 2020-2030

SCEA Vignobles Bon, 70, rue de la République, 33210 Preignac, tél. 05 56 63 28 29, a.j.vins@wanadoo.fr
V t.l.j. 10h-12h 14h-19h

CH. D'ARMAJAN DES ORMES 2011 ★

■ | 12 000 | | 20 à 30 €

Issu d'une longue lignée vigneronne de l'Entre-deux-Mers et des Graves, les Perromat exploitent deux crus dans le Sauternais : Le Juge (5 ha), acquis en 1992, château du XVIIe s. habité après la Révolution par un juge de paix, et depuis 1995, son voisin Armajan des Ormes (10 ha), anobli en 1565 par la visite de Charles IX et Catherine de Médicis.

Issu d'un vignoble à l'encépagement diversifié (sémillon, sauvignon, muscadelle), ce vin en porte la marque dans sa complexité aromatique. Le nez mêle harmonieusement les agrumes, le miel et l'abricot aux notes boisées d'amandes grillées et d'épices douces. Le palais se révèle ample, souple et velouté, soutenu par une bonne acidité. Un sauternes déjà agréable, mais encore un peu boisé, qui prendra du relief au vieillissement. ⌛ 2018-2024 🍷 poulet rôti ■ Ch. Le Juge 2011 ★ (15 à 20 € ; 10 000 b.) : un vin bien fait et expressif (abricot sec, agrumes, miel d'acacia), qui mise plus sur l'élégance, la souplesse et le fruit que sur l'ampleur. ⌛ 2014-2019

🔑 EARL Jacques et Guillaume Perromat,
Ch. d'Armajan, 33210 Preignac, tél. 05 56 63 58 21,
gperromat@mjperromat.com V r.-v.

CH. BASTOR-LAMONTAGNE 2011 ★

■ | 50 000 | | 20 à 30 €

82 83 84 85 86 88 89 90 94 95 96 |97| 98 |99| 00 |01| 02 |03| 04 |05| |06| |07| 08 09 10 11

Bastor est déjà un domaine important au XVIIIe s. Orienté vers la polyculture, il se spécialise à partir de 1839 sous l'impulsion d'Amédée Larrieu, alors propriétaire de Haut Brion. Une belle unité de 40 ha aujourd'hui, plantée sur un terroir sablo-graveleux, l'une des plus vastes du Sauternais. Propriété du Crédit Foncier depuis 1987, le cru a été acheté en juillet 2014 par les familles Moulin (groupe Galeries Lafayette) et Cathiard (Smith Haut Lafitte).

Fidèle à sa préférence pour les sauternes « modernes » (moins de liqueur, plus d'arômes et de fraîcheur), Bastor signe un 2011 qui joue la carte de la finesse. D'une jolie couleur doré pâle, ce vin offre un bouquet expressif et très frais : confiture de melon, ananas, citron confit et fruits à chair blanche (pêche, poire). Le palais séduit par sa bonne acidité, sa douceur mesurée et sa structure légère. Un sauternes qui conviendra à une large palette d'accords gourmands. ⌛ 2014-2020 🍷 filet mignon aux pêches

🔑 SCEA de Bastor et Saint-Robert ,
Dom. de Lamontagne, 33210 Preignac,
tél. 05 56 63 27 66,
bastor@bastor-lamontagne.com V r.-v.
🔑 GIE Cellarmony

CH. CAILLOU 2011 ★★

■ 2e cru clas. | 10 700 | | 30 à 50 €

Une gentilhommière aux deux tourelles pointues commande le vignoble barsacais (16,7 ha) de ce cru classé, propriété depuis 1909 de la famille Ballon-Bravo. Aux commandes depuis 1997, Marie-Josée (née Ballon-Bravo) et son mari Michel Pierre.

Avec ce millésime, le domaine joue résolument la carte de la finesse et de l'élégance. D'emblée, la couleur jaune doré de la robe séduit. Tout comme les arômes « explosifs » du bouquet. Frais et fruité, celui-ci rappelle le miel, les fruits exotiques, les épices et l'orange. Le palais réussit parfaitement l'association de la fraîcheur, de la richesse et du boisé. Plus classique, la finale laisse sur de belles notes confites. ⌛ 2014-2024 🍷 fromages à pâte persillée

🔑 Ch. Caillou, 33720 Barsac, tél. 05 56 27 16 38,
contact@chateaucaillou.com V r.-v.

CLOS DADY 2011 ★

■ | 2 600 | | 30 à 50 €

Ce cru de 9 ha a changé de mains en 2011. Productrice en graves (Clos des Remparts) et en sauternes (Clos Dady, surnom donné à la grand-mère de la vigneronne), Catherine Gachet a cédé la propriété familiale à Eli Ragimov.

D'un jaune intense à nuances dorées, la robe met en confiance. Le bouquet reste encore un peu timide, mais il laisse entrevoir de jolies notes fruitées et briochées. Le palais conjugue dans un équilibre très apprécié sucres résiduels, fine fraîcheur et arômes gourmands d'écorce d'orange, de fruits exotiques et de coing. ⌛ 2015-2025 🍷 curry de fruits de mer

🔑 SCEA de Bastard, Ch. les Remparts, 33210 Preignac,
tél. 05 56 62 20 01, clos.dady@wanadoo.fr V r.-v.

♥ CLOS HAUT-PEYRAGUEY 2011 ★★

■ 1er cru clas. | 21 500 | | 30 à 50 €

82 83 85 86 88 89 90 91 94 95 |96| |97| |99| |01| |02| 03 |04| |05| |06| 07 10 11

Séparé d'Yquem par un petit val, ce cru naît en 1879 quand les propriétaires du Ch. Peyraguey vendent la partie la plus élevée de leur propriété à un pharmacien parisien nommé Grillon. En 1914, le cru, devenu Clos Haut Peyraguey, est acheté par les Pauly et les Ginestet. Seuls propriétaires à partir de 1937, les premiers l'ont gardé jusqu'en 2012, année de son acquisition par Benard Magrez. Le terroir est de premier choix, avec des graves sableuses bien drainées reposant sur des argiles.

Avec ce dernier millésime qu'elle a entièrement vinifié et élevé, la famille Pauly termine son règne en apothéose. C'est de l'or qui brille dans le verre ; une intensité qui caractérise aussi le bouquet. Puissant et complexe, celui-ci ajoute au grillé de l'élevage des notes de fruits jaunes à noyau, de mangue et de fleurs d'acacia. Le palais dévoile un volume et une matière imposants, se montre opulent mais sans lourdeur, étayé jusque dans sa longue finale par une fraîcheur parfaitement ajustée. Un superbe classique, qui se révélera plus encore au vieillissement. Mais saurez-vous résister à son charme actuel ? ⌛ 2017-2024 🍷 escalope de foie gras aux pommes

🔑 SC Bernard Magrez, Clos Haut-Peyraguey,
33210 Bommes, tél. 05 56 76 61 53,
closhautpeyraguey@pape-clement.com V t.l.j.
9h-12h30 13h30-20h

♥ CH. DELMOND 2012 ★★

■ | 50 000 | 🍾 | 11 à 15 €

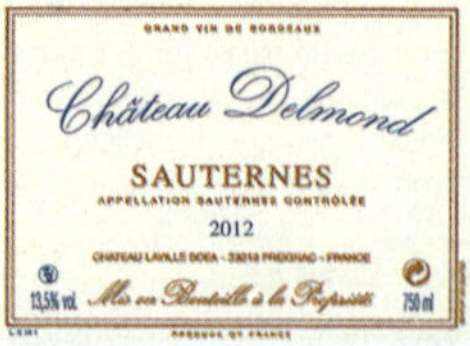

Propriété très ancienne, le Château Laville fut dans les années 1900 l'un des pionniers de la mise en bouteilles au château. Aujourd'hui augmenté du Château Delmond, un vignoble voisin, ce domaine très régulier en qualité compte près de 20 ha de vignes de sauternes et 15 ha de graves (Ch. Mourras). Aux commandes depuis 1997, Jean-Christophe Barbe, œnologue et maître de conférences à Bordeaux Sciences Agro.

Laville, Delmond, Delmond, Laville... L'un ou l'autre des sauternes de Jean-Christophe Barbe s'impose chaque année avec une constance étonnante. Comme l'an dernier, honneur à Delmond. Une seyante robe jaune paille brillant habille le vin. Le bouquet, charmeur en diable, dévoile des parfums de fruits (poire, coing, citron confit), de cire d'abeille et d'aubépine, le tout rehaussé par une très agréable note iodée. Dès l'attaque, on découvre un palais puissant, dense et généreux, qui déploie une liqueur impressionnante, mais dont la richesse est équilibrée par une juste fraîcheur aux accents de cédrat confit. Un grand sauternes classique. ⧗ 2020-2030 🍴 poulet rôti ■ Ch. Laville 2012 ★ (20 à 30 € ; 15 000 b.) : un autre beau sauternes traditionnel, au nez fin et aérien plus floral (acacia) que fruité, au palais miellé et confituré, rond et gras, sans manquer de vivacité. ⧗ 2019-2025

⊶ Ch. Laville, Ch. Laville, 33210 Preignac, tél. 05 56 63 59 45, chateaulaville@hotmail.com V 🚶 🍷 r.-v. ⊶ Famille Barbe

MAISON DELOR Héritage 1864 2012

■ | 45 000 | 11 à 15 €

Dans le giron du groupe CVBG (Alain Thiénot), cette maison de négoce fondée en 1864 est l'une des plus anciennes sur la place de Bordeaux.

La maison souffle dignement ses 150 bougies avec cette bouteille d'une élégance discrète dans sa robe jaune doré. Encore un peu fermé, le bouquet a besoin d'aération pour libérer de plaisants parfums de fruits exotiques. Tendre et légère, l'attaque confirme, comme la finale citronnée, que les œnologues de CVBG ont privilégié la finesse. ⧗ 2014-2019 🍴 apéritif

⊶ Maison Delor, 35, rue de Bordeaux-Parempuyre, CS 80004, 33295 Blanquefort Cedex, tél. 05 56 35 53 00, sandrine.devant@cvbg.com ⊶ CVBG

CH. DOISY-VÉDRINES 2011 ★

■ 2e cru clas. | 40 000 | 🛢 | 30 à 50 €

(83) 86 88 90 95 97 98 00 |02| |03| |04| |05| 06 09 10 11

Des trois Doisy-Daëne, Dubroca et Védrines, les trois châteaux ne faisaient qu'un lors du classement de 1855 – il est le plus grand (36 ha). Son nom lui a été donné en mémoire des chevaliers de Védrines, anciens propriétaires. Un domaine typiquement barsacais par son terroir de terres rouges et de graves fines reposant sur des calcaires éclatés. Il est entré dans la famille Castéja au milieu du XVIII^e^s.

Une robe jaune paille habille ce 2011 dont les dégustateurs ont unanimement salué l'équilibre et la finesse. Le bouquet, aussi élégant que complexe, associe la vanille, les fruits confits (poire, agrumes, pêche) et la paille chaude. Une attaque franche et alerte introduit un palais ample, riche sans excès, offrant une bonne présence du botrytis, ce qu'il faut de fraîcheur et une belle allonge sur des saveurs de miel et de confit. ⧗ 2016-2025 🍴 sabayon de poire

⊶ SC Doisy-Védrines, 33720 Barsac, tél. 05 56 27 15 13, doisy-vedrines@orange.fr 🚶 🍷 r.-v. ⊶ O. Castéja

CH. DE FARGUES 2010 ★

■ | 24 000 | 🛢 | + de 100 €

83 84 85 86 87 88 |89| |90| 91 |94| |95| |96| |97| |98| 01 |02| |03| 04 05 06 07 08 09 10

Forteresse ruinée par un incendie en 1687, Fargues est depuis 1472 le berceau des Lur-Saluces, illustre famille propriétaire pendant plusieurs siècles du Ch. d'Yquem ; un exemple sans doute unique en Bordelais de longévité patrimoniale. Ne subsistent aujourd'hui que les solides murailles de cette ancienne baronnie, bâties sur une hauteur au milieu du vignoble – 17 ha aujourd'hui, complantés de sémillon (80 %) et de sauvignon, et dirigé depuis 1968 par Alexandre de Lur-Saluces.

Fidèle à son rang, le château de Fargues signe un 2010 de belle noblesse. Un vin au bouquet fin et complexe de fruits secs et confits, d'écorce d'orange et de fleur d'acacia. Le palais, ample, rond et riche, se montre lui aussi très expressif : poire, confiture de coing, rose ou encore épices douces et toffee. Un sauternes empreint d'un élégant classicisme, que l'on laissera sagement reposer en cave. ⧗ 2018-2026 🍴 stilton

⊶ Alexandre de Lur-Saluces, Ch. de Fargues, 33210 Fargues-de-Langon, tél. 05 57 98 04 20, fargues@chateau-de-fargues.com V 🚶 🍷 r.-v.

CH. FILHOT 2011 ★★

■ 2e cru clas. | 35 000 | 🍾 🛢 | 30 à 50 €

81 82 83 85 86 88 89 91 92 95 |96| |97| |98| |99| |00| |01| 03 |04| 05 09 10 11

Un château aux allures de palais, du XVIIIe s. pour le bâtiment central, de 1850 pour les ailes : un vaste ensemble de 2 ha. Un cru qui se distingue aussi par le prestige de ses propriétaires : les Filhot, grande famille de la noblesse bordelaise au XVe s., établis ici en 1709, puis les Lur-Saluces, dont descendent les propriétaires actuels, les Vaucelles. Un cru qui se singularise enfin par la superficie du vignoble (62 ha), par la place du sauvignon dans l'encépagement (autour d'un tiers) et par le choix d'une vinification à basse température, en cuves Inox.

Dès la présentation, ce 2011 montre qu'il n'est pas à court d'arguments. Tant par sa robe, d'un or brillant, que par son bouquet, aussi intense que complexe : abricot confit, poire, agrumes, miel. Suivant la même ligne aromatique, le palais séduit par son caractère soyeux et par son équilibre remarquable, bâti autour d'une réelle fraîcheur, presque nerveuse, qui lui confère beaucoup de longueur et un caractère élancé des plus élégants. ⧗ 2016-2028 🍴 langoustines royales beurre d'orange

SCEA du Ch. Filhot, Ch. Filhot, 33210 Sauternes, tél. 05 56 76 61 09, filhot@filhot.com V t.l.j. sf sam. dim. 9h-12h 14h-17h de Vaucelles

CH. GRAVAS 2011 ★★

■ | 26 000 | | 15 à 20 €

Ce cru, jadis nommé Doisy Gravas, est propriété de la famille Bernard depuis six générations. Bien situé entre Coutet et Climens, il étend son vignoble de 10 ha au point culminant du Barsacais. Un lieu réputé aussi pour son accueil et ses animations œnotouristiques.

Ce pur sémillon semble avoir pleinement tiré profit du sol particulièrement minéral qui l'a vu naître. Le bouquet, intense, joue sur des notes de fruits blancs compotés, de miel d'acacia, de poivre et de cédrat, sur un fond boisé bien fondu. Après une attaque douce, on découvre une bouche dense, riche et suave, aux arômes de frangipane et de fruits frais, soutenue par un boisé parfaitement dosé. Un sauternes puissant et harmonieux, sans lourdeur ni excès, belle expression du terroir barsacais. ⧗ 2017-2025 🍴 colombo de poulet

Michel Bernard, 6, Lieu-dit Gravas, 33720 Barsac, tél. 05 56 27 06 91, chateau.gravas@wanadoo.fr V r.-v.

CH. GRILLON Cuvée Grillon d'Or 2011

■ | 6 160 | | 20 à 30 €

Ce cru barsacais a changé de main en 2013. Propriété depuis 1925 de la famille Roumazeilles-Cameleyre, il a été repris par la société Bordeaux Vineam, dont le premier projet est d'investir dans des barriques neuves.

Plus que sur la puissance, ce vin joue sur la finesse et la droiture. Jaune paille à reflets ambrés, il dévoile des parfums délicats de fruits confits (abricot, pêche), de noisette et d'épices. Franc et fruité en attaque, le palais déploie un bon volume et une liqueur bien équilibrée, qui laisse une impression de légèreté malgré sa richesse. ⧗ 2017-2024 🍴 filet mignon de veau au miel

SCEA du ch. Grillon, Lieu-dit-Grillon, 33720 Barsac, tél. 05 57 40 08 88
SAS Bordeaux-Vineam

♥ CH. HAUT-BERGERON 2011 ★★

■ | 30 000 | | 20 à 30 €

Propriété de l'une des plus anciennes familles de viticulteurs du Sauternais, les Lamothe, présents ici depuis le XVIIIe s., le château Haut Bergeron dispose d'un vignoble de 35 ha à cheval sur les communes de Sauternes (graves et argiles) et Barsac (calcaire). De nombreuses parcelles sont contigües de celles d'Yquem, de Lafaurie-Peyraguey et de Climens.

Jaune d'or à reflets légèrement verts, la robe est superbe. Le nez livre des arômes complexes et bien mariés d'abricot sec, de pêche, de figue et de fruits exotiques, soulignés de nuances légères de tabac et d'épices. Ample, rond, onctueux et concentré, le palais offre beaucoup de relief et s'étire dans une longue finale pleine de fraîcheur et de fruit. Un sauternes admirable d'équilibre et d'élégance. ⧗ 2019-2026 🍴 saint-jacques crémées au sauternes ■ **Ch. Fontebride 2011 ★ (15 à 20 € ; 15 000 b.)** : un second vin souple, frais et fruité (agrumes, fruits exotiques). ⧗ 2016-2022

SCE Ch. Haut-Bergeron, 3, Piquey, 33210 Preignac, tél. 05 56 63 24 76, haut-bergeron@wanadoo.fr V r.-v. Lamothe

CH. LAMOTHE-GUIGNARD 2011 ★

■ 2e cru clas. | 16 000 | | 20 à 30 €

Situé sur l'une des croupes argilo-graveleuses les plus élevées de la commune de Sauternes, ce cru (31 ha) est issu d'un partage du château de Lamothe d'Assault, à la suite de querelles familiales au XIX[e]s. En 1981, il a été acquis par les Guignard, l'une des plus anciennes familles de viticulteurs du Sauternais, également producteurs dans les Graves (Clos du Hez).

Ce sauternes porte fièrement l'empreinte du botrytis dans sa palette de senteurs confites et rôties, que complètent des notes de fruits mûrs (pêche au sirop) et exotiques. Le palais laisse le souvenir d'un vin gourmand, riche, rond et persistant sur le fruit (abricot, pêche, mangue). ⧗ 2018-2022 🍴 tarte aux abricots

LES CRUS CLASSÉS DU SAUTERNAIS EN 1855

PREMIER CRU SUPÉRIEUR / PREMIERS CRUS	SECONDS CRUS
PREMIER CRU SUPÉRIEUR	Château d'Arche
Château d'Yquem	Château Broustet
	Château Caillou
PREMIERS CRUS	Château Doisy-Daëne
Château Climens	Château Doisy-Dubroca
Clos Haut-Peyraguey	Château Doisy-Védrines
Château Coutet	Château Filhot
Château Guiraud	Château Lamothe (Despujols)
Château Lafaurie-Peyraguey	Château Lamothe (Guignard)
Château Rabaud-Promis	Château de Malle
Château Rayne-Vigneau	Château Myrat
Château Rieussec	Château Nairac
Château Sigalas-Rabaud	Château Romer
Château Suduiraut	Château Romer du Hayot
Château La Tour-Blanche	Château Suau

BORDELAIS

GAEC Philippe et Jacques Guignard, Ch. Lamothe Guignard, 33210 Sauternes, tél. 05 56 76 60 28, chateau.lamothe.guignard@orange.fr V t.l.j. 8h-12h 14h-18h; sam. dim. sur r.-v.

CH. LARIBOTTE 2009 ★

	13 000		15 à 20 €

Un cru familial de 15 ha, propriété de la famille depuis six générations. Jean-Pierre Lahiteau, installé en 1987, est un adepte des élevages longs.

Trois ans de cuve et un de fût pour ce sauternes très classique, au solide caractère, qu'il affirme d'emblée par un bouquet intense et complexe (poire, pêche, pain grillé, fleurs blanches, miel, caramel...) et par un palais généreux, riche et puissant mais qui reste fin et équilibré. 2017-2025 fraises au sucre

Jean-Pierre Lahiteau, Ch. Laribotte, rue Michou Lacoste, 33210 Preignac, tél. 05 56 63 27 88, lahiteau.jean@orange.fr V r.-v.

CH. LIOT 2012 ★★

	n.c.	15 à 20 €

La famille David (Jerry aujourd'hui) est établie depuis plusieurs générations sur le plateau du haut Barsac, où elle exploite une belle unité de 45 ha, répartie entre 25 ha en sauternes (châteaux de Liot et du Levant) et 20 ha en graves (Saint-Jean des Graves).

Passé tout près d'un coup de cœur, ce vin d'un bel or franc et brillant dévoile un nez intense de fleurs blanches, de raisins et d'abricot confits, souligné par un boisé délicat. Une attaque aérienne ouvre sur un palais suave et fin, à dominante d'agrumes et d'une très gourmande tendresse miellée en finale. 2019-2026 gâteau aux noix

David, Ch. Liot, 33720 Barsac, tél. 05 56 27 15 31, chateau.liot@wanadoo.fr V r.-v.

CH. DE MALLE 2011 ★

2e cru clas.	12 000		30 à 50 €

Un superbe château construit dans un style Renaissance au début du XVIIe par Jacques de Malle, président au parlement de Bordeaux. En 1702, un mariage l'a fait entrer dans le patrimoine des Lur-Saluces, dont les descendants, la comtesse de Bournazel et son fils Paul-Henry, perpétuent ce long héritage familial. Le vignoble couvre une cinquantaine d'hectares, à cheval sur les AOC sauternes et graves.

Associant 32 % de sauvignon au sémillon, ce sauternes ne manque pas de personnalité. Sa robe jaune paille se nuance de reflets de couleur citron. Le bouquet, encore un peu dominé par le bois (notes fumées, cèdre) s'ouvre à l'aération sur des parfums de genêt, de fruits exotiques et de menthol. Le palais offre du volume, du gras, de la richesse, avec en soutien une petite pointe acidulée qui apporte l'équilibre. 2016-2024 rôti de veau aux pêches

GFA des Comtes de Bournazel, Ch. de Malle, 33210 Preignac, tél. 05 56 62 36 86, accueil@chateau-de-malle.fr V r.-v.

CH. DE MYRAT 2011

2e cru clas.	30 000		30 à 50 €

Sans Jacques et Xavier de Pontac (de la même famille que Jean de Pontac, fondateur de Haut Brion), ce cru classé aurait disparu, leur père Max ayant fait arracher le vignoble au milieu des années 1970 face aux difficultés qu'il rencontrait pour vendre ses sauternes. Ses fils ont tout replanté en 1988. Le domaine a retrouvé son lustre d'antan et ses 21 ha de vignes d'origine, conduits aujourd'hui par les filles de Jacques et leur oncle Xavier.

Un sauternes traditionnel que ce 2011, qui aurait mérité un peu plus de vivacité mais qui a aussi de bons arguments à faire valoir : une robe élégante, d'un or très soutenu ; un bouquet intense, aux profondes notes de fruits confits, de merrain, de réglisse et d'épices ; un palais riche, puissant, où l'on retrouve les fruits (abricot, orange) et les épices. Le temps lui apportera l'harmonie. 2019-2024 vieux comté

Famille de Pontac, Ch. de Myrat, 33720 Barsac, tél. 05 56 27 09 06, myrat@chateaudemyrat.fr V r.-v.

CH. RABAUD-PROMIS 2011 ★

1er cru clas.	70 000		30 à 50 €

Né en 1903 de la vente d'une partie de Sigalas-Rabaud à la famille Promis, Rabaud-Promis a connu une histoire mouvementée, de découpes en changements de propriétaires, jusqu'à son rachat par Raymond-Louis Lanneluc en 1950. Depuis, le cru connaît la stabilité. Il est aujourd'hui conduit par Michèle et Philippe Déjean et leur fils Thomas, à la tête de 33 ha sur le sommet de la colline de Rabaud, face au château d'Yquem.

La robe est d'un très beau vieil or. Le bouquet dévoile des parfums délicats d'ananas, de confiture d'orange et de gelée de coing, associés à un discret toasté. Ample, gras et onctueux, le palais, tout en fruits confits, offre une jolie pointe de minéralité en finale. Un vin complexe et harmonieux. 2018-2024 apéritif Promesse de Rabaud-Promis 2011 (15 à 20 €) : un nez délicat (fruits, tilleul, camphre et cire) et un bon équilibre sucre-acidité en bouche. 2017-2022

GFA du Ch. Rabaud-Promis, Ch. Rabaud-Promis, 33210 Bommes, tél. 05 56 76 67 38, contact@rabaud-promis.com V r.-v.

CH. RIEUSSEC 2011 ★★

1er cru clas.	n.c.		75 à 100 €

83 84 85 86 87 **88 89** (90) **92 94** |**95**| (96) (97) |**98**| |**99**| |**00**|
|**01**| **02 03 04 05 06 07 09 10 11**

Ancien domaine du couvent des Carmes de Langon, le château Rieussec est établi sur une position élevée à l'ouest de la commune de Fargues, dont il est le seul 1er cru. Sa tour carrée domine une croupe de graves située à la même hauteur que son voisin immédiat, Yquem. Sa renommée est solidement ancrée depuis longtemps, ce qui lui a valu d'accéder au rang de 1er cru classé en 1855. De nombreux propriétaires se sont succédé à sa tête jusqu'en 1984, et son intégration dans les Domaines Barons de Rothschild (Lafite à Pauillac), qui ont apporté d'importants moyens techniques, financiers et humains à cette vaste unité de 110 ha, dont 68 de vignes.

De cette année compliquée, marquée notamment par un printemps très sec et des risques permanents d'oïdium, Charles Chevallier et son équipe ont réussi à extraire un sauternes d'un beau classicisme. Une seyante robe jaune paille habille le vin. Au nez, les notes d'élevage (grillé) s'associent à de fines senteurs d'acacia, de fleur oranger, de mandarine et de cire d'abeille. Ample et généreuse dès l'attaque, la bouche offre beaucoup de richesse, de consistance et un beau confit (abricot, orange) qui, agrémenté d'une touche de gingembre, tapisse longuement la finale, opulente mais sans lourdeur, stimulée par une pointe de noble amertume. ⌛ 2020-2035 🍴 ris de veau ■ **Carmes de Rieussec 2011 (11 à 15 €)**: un joli nez à dominante florale (acacia), une bouche ronde et aimable, plus fraîche et légère que puissante. ⌛ 2015-2020

⊶ Ch. Rieussec, 34, rte de Villandraut, 33210 Fargues, tél. 05 57 98 14 14, rieussec@lafite.com V r.-v.
⊶ Domaines barons de Rothschild (Lafite)

♥ CH. ROUMIEU 2011 ★★

■ | 40 000 | 🛢 | 20 à 30 €

Ce cru de 15 ha, établi sur le plateau du haut Barsac et contigu à Doisy-Védrines et Climens, est propriété des Craveia depuis le XVIIe s. À sa disposition, un superbe chai de style néo-basque, construit en 1896 par Fargeaudoux, l'un des architectes d'Arcachon, et un terroir argilo-calcaire, lui, bien barsacais, avec des sables rouges recouvrant du calcaire à astéries. Vincent Craveia est aux commandes depuis 2009.

Sémillon (89 %), sauvignon (10 %) et un soupçon de muscadelle composent l'assemblage de ce 2011 épatant. Le nez, à la fois intense, élégant et complexe, mêle le pain d'épices, les fruits confits (abricot) et exotiques, le tilleul et le miel d'acacia. À une attaque fine et alerte, succède un palais riche, concentré, onctueux et long, épaulé par une fine fraîcheur et un boisé parfaitement dosé. Un sauternes à la fois tendre, élégant et puissant, déjà très agréable et qui promet de l'être tout autant dans quelques années. ⌛ 2017-2026 🍴 foie gras

⊶ Vincent Craveia, Lapinesse, 33720 Barsac, tél. 05 56 27 21 01, vcraveia@chateau-roumieu.fr V r.-v.

CH. ROÛMIEU-LACOSTE 2012 ★★

■ | 9 000 | 🛢 | 20 à 30 €

Un cru aux origines anciennes, acquis autour de 1900 par André Dubourdieu, dont le grand-père était aussi vigneron dans l'autre siècle. Hervé Dubourdieu, installé en 1980, a donc les racines bien ancrées dans ces terres nobles, argilo-calcaires, du haut Barsac.

Ce 100 % sémillon séduit d'emblée par le côté scintillant de sa robe, qu'animent des stries laiton, comme par son bouquet printanier (acacia) et miellé. Une attaque suave introduit un palais gras et généreux sans excès, riche en fruits (citron confit, ananas), sous-tendu par une pointe de vivacité bien ajustée. En finale, de fines notes poivrées apportent un surcroît de tonus et de complexité à ce vin déjà très harmonieux, droit et élégant. De longue garde assurément. ⌛ 2019-2026 🍴 flamiche au roquefort

⊶ Hervé Dubourdieu, Ch. Roûmieu-Lacoste, 33720 Barsac, tél: 06 11 43 86 58, hervedubourdieu@aol.com V r.-v.

CH. SIGALAS RABAUD 2011 ★

■ 1er cru clas. | n.c. | 🛢 | 30 à 50 €

83 85 **86** 87 **88** **89** 90 91 92 94 (95) 96 **97** **98** **99** 00 |**01**| |02| |03| |04| |05| **06** 07 **08** 09 10 11

Le château Rabaud, acquis par Henri Sigalas, devient Sigalas Rabaud en 1863. En 1903, son fils Pierre cède à la famille Promis (d'où Rabaud-Promis) 30 ha pour ne garder que « le bijou du terroir », soit les 14 ha actuels, plantés sur une croupe de graves sur argiles. L'histoire sera ensuite mouvementée, de mise en fermage, regroupements et divisions, jusqu'à la reprise des terres familiales en 1951 par Marie-Antoinette de Lambert des Granges, née Sigalas, dont la petite-fille Laure assure aujourd'hui la direction du domaine.

Ce 2011 s'ouvre sur le vanillé de la barrique avant de délivrer des parfums intenses d'orange confite et de miel d'acacia. Le palais offre du volume, du gras et du fruit (coing, agrumes), soutenu par une pointe discrète de vivacité et par un boisé bien en place. Un vin équilibré, où l'on perçoit un botrytis de qualité. ⌛ 2016-2022 🍴 saint-jacques aux cèpes

⊶ Ch. Sigalas Rabaud, 33210 Bommes, tél. 05 57 31 07 45, chat.sigalas-rabaud@orange.fr V r.-v. ⊶ Famille Lambert des Granges

CH. SIMON Cuvée Exceptionnelle 2011

■ | 6 000 | 🛢 | 20 à 30 €

La famille Dufour cultive la vigne depuis 1814 au château Simon, qui tire son nom d'un hameau de Barsac. Trois générations œuvrent aujourd'hui de concert sur les 38 ha du domaine.

Fruit et équilibre sont les traits de caractère principaux de ce sauternes. Au nez, des parfums d'agrumes, de citron, de melon et une touche de miel. Renforcé par un boisé aux accents fumé, le palais prolonge le fruit et déploie une liqueur modérée, soulignée par une fine vivacité. Un sauternes frais et léger. ⌛ 2015-2019 🍴 tarte aux pêches

⊶ EARL Dufour, Ch. Simon, 33720 Barsac, tél. 05 56 27 15 35, contact@chateausimon.fr V t.l.j. 8h-12h 13h30-17h30; sam. dim. sur r.-v.

CH. SUDUIRAUT 2011 ★

■ 1er cru clas. | 65 000 | 🛢 | 50 à 75 €

83 85 86 88 89 (90) |96| |(97)| |**99**| |01| |02| |**04**| |**05**| 06 **07** 08 09 **10** 11

Sous le règne d'Henri IV, Suduiraut était un château fort et se nommait « cru du Roy ». Incendié pendant la Fronde, il a été reconstruit en 1670 par le comte Blaise de Suduiraut, donnant le magnifique château Grand Siècle que nous connaissons aujourd'hui, entouré de jardins imaginés plus tard par Le Nôtre. Le vignoble, reconstitué lui aussi au XVIIe s., couvre aujourd'hui 92 ha plantés sur un sol sablo-graveleux. Depuis 1992, le domaine est dans le giron d'Axa Millésimes (Pichon Baron à Pauillac, entre autres), qui en a confié la direction à Christian Seely.

La robe, entre paille et or, séduit par son côté vif et brillant. Au nez, des arômes bien typés de fruits confits, de miel et de fruits secs s'accompagnent de nuances grillées et torréfiées. Onctueux et concentré, le palais prolonge les sensations olfactives, agrémenté de notes épicées et souligné en finale par une agréable amertume qui lui donne un surcroît de complexité et de fraîcheur. Un beau classique, riche et généreux. ⧗ 2016-2024 ⫯ poisson au curry ■ **Lions de Suduiraut 2011 ★ (15 à 20 € ; 34 000 b.)** : un vin expressif (fleurs blanches, miel, poire et orange confites), ample, suave, riche sans lourdeur, très bien construit. ⧗ 2016-2022

⊶ Ch. Suduiraut, 33210 Preignac, tél. 05 56 63 61 90, contact@suduiraut.com V ⛹ ⛶ r.-v.
⊶ Axa Millésimes

CH. LA TOUR BLANCHE 2011 ★

■ 1er cru clas. | 32 900 | ⦶ | 30 à 50 €

83 85 86 88 89 90 91 94 95 96 |97| 99 |01| |02| 03 |04| |05| 06 07 08 10 11

On pourrait croire que le nom du cru vient de la tour blanche (en fait, un pigeonnier autrefois) se trouvant sur le domaine. En réalité, il s'agit du nom d'un ancien propriétaire, monsieur de Latourblanche, trésorier général de Louis XVI. Légué à l'État en 1909 par le mécène Daniel Iffla, dit Osiris, ce cru classé est aussi un lycée viticole, où les futurs professionnels trouvent un beau terrain d'apprentissage (42 ha de vignes) pour s'initier aux subtilités du *Botrytis Cinerea*.

Dernier millésime élaboré par Jean-Pierre Faure, après trente-sept ans passés à la Tour Blanche comme maître de chai, remplacé par Philippe Pelicano. Une présentation irréprochable avec une élégante robe griffée d'or. Les fruits secs et confits (pêche, abricot), évoquent des vendanges effectuées à une belle maturité. Le palais se montre généreux, puissant et onctueux, agrémenté en finale de saveurs d'épices et de cédrat confits et d'une pointe de vivacité qui apporte l'équilibre. ⧗ 2016-2022 ⫯ asperges sauce mousseline

⊶ Ch. la Tour blanche, 33210 Bommes, tél. 05 57 98 02 73, tour-blanche@tour-blanche.com V ⛹ ⛶ r.-v. ⊶ Ministère de l'Agriculture

CH. VALGUY 2011 ★

■ | 8 000 | ⦶ | 30 à 50 €

Très régulier en qualité, ce petit cru d'un peu plus de 8 ha a été crée en 2000 à partir des prénoms des exploitants (Valérie et Guy Loubrie). Les vignes sont anciennes : cinquante ans d'âge moyen.

Typique des liquoreux de Sauternes, ce vin conjugue l'équilibre et la délicatesse avec la richesse et la puissance. Complexes, ses arômes évoquent les fleurs blanches (acacia), les agrumes, les raisins mûrs et le caramel. Riche et charnue, la bouche séduit pourtant par son apparente légèreté et la grande fraîcheur minérale qui s'en dégage. ⧗ 2015-2025 ⫯ gambas façon thaï

⊶ Grands Vignobles Loubrie, 4, chem. de Couitte, 33210 Preignac, tél. 05 56 63 58 25, grandsvignoblesloubrie@orange.fr V ⛹ ⛶ r.-v.

CH. DE VEYRES 2011 ★

■ | 6 900 | ⦶ | 20 à 30 €

Philippe Mercadier, ancien directeur du château Suduiraut, conduit aujourd'hui, avec ses trois fils, un bel ensemble composé de trois propriétés sauternaises : les châteaux Veyres, Haut Coustet et Tuyttens.

Jaune à reflets dorés, ce vin dévoile un bouquet avenant, qui gagne progressivement en complexité pour aboutir à une belle palette : vanille, genêt, abricot, miel… Le palais se montre ample, rond, riche et puissant sans être pâteux, étayé jusqu'en finale par une fine trame acide. Un sauternes savoureux et équilibré. ⧗ 2018-2024 ⫯ salade de chèvre chaud ■ **Ch. Haut Coustet 2011 (15 à 20 € ; 27 000 b.)** : un bon classique, délicat et plaisant, épaulé par une bonne vivacité. ⧗ 2017-2022

⊶ Vignobles Philippe Mercadier, Ch. Tuyttens, Villandraut, 33210 Preignac, tél. 05 56 76 85 69, emercadier@vignoblesmercadier.com V ⛹ ⛶ r.-v.

CH. VILLEFRANCHE 2011 ★★

■ | 30 000 | ⛁ ⦶ | 15 à 20 €

Une famille bien enracinée dans le Sauternais : les Guinabert y sont établis depuis plus de cinq siècles, dont trois sur ce domaine. Aux commandes depuis 1984, Benoît Guinabert dispose d'un vignoble de 22 ha.

C'est un sauternes puissant et d'une grande harmonie qui est ici proposé. Le nez offre de la complexité : miel, fruits secs (amande) et confits (figue, pêche), toasté léger. La bouche ? Ample, riche, onctueuse, concentrée, mais jamais lourde, boisée, mais sans excès, parfaitement équilibrée par une pointe de vivacité. Un botrytis et un élevage bien maîtrisés pour ce pur sémillon bâti pour durer. ⧗ 2019-2026 ⫯ poulet rôti

⊶ Benoît Guinabert, Ch. Villefranche, 33720 Barsac, tél. 05 56 27 05 77, benoit.guinabert@orange.fr V ⛹ ⛶ r.-v.

♥ CH. D'YQUEM 2011 ★★★

■ 1er cru clas. sup. | n.c. | ⦶ | + de 100 €

21 29 37 |45| 55 59 (67) |75| 76 83 86 88 |89| 90 (95) (96) (97) 98 99 (01) |02| (03) |04| (05) 06 (07) |08| (09) (10) (11)

Superbe manoir fortifié du XVII[e]s. entouré de vignes, établi au sommet des coteaux dominant la vallée de la Garonne, le château d'Yquem est, fait unique pour un grand cru, resté dans la même famille, les Sauvage puis les Lur-Saluces, pendant près de quatre cents ans. Un domaine devenu dès le XVIII[e]s. le fleuron du Sauternais. Outre sa stabilité, il a pour atout de bénéficier d'un terroir d'une grande variété, tout en nuances, composé d'une multitude de petites collines, avec des vignes en haut de plateau et d'autres en milieu et bas de pente. Une diversité qui permet de s'adapter aux caprices du climat et qui fait la grande complexité du vin d'Yquem. Classé premier cru supérieur en 1855 – le seul dans sa catégorie –, il appartient depuis 1999 au groupe LVMH, qui en a confié la direction en 2004 à Pierre Lurton.

En 2011, plus que jamais, l'influence de la climatologie a été prépondérante pour l'élaboration des liquoreux, l'année ayant été particulièrement capricieuse : un hiver et un printemps secs – ce dernier ayant été le plus chaud depuis longtemps, ce qui a entraîné un départ de végétation

précoce –, avec quelques orages en avril qui causèrent des dégâts sévères dans le Sauternais. La fin juin fut marquée par des chaleurs torrides, mais l'été fut plus frais et connut des épisodes pluvieux classiques en Bordelais. Les vendanges furent donc précoces (le 7 août) pour Y d'Yquem (les plus précoces depuis… 1893), mais surtout il fallut anticiper les jours de pluie. Début des vendanges les 5 et 6 septembre pour le grand vin, quatre tries et fin de la récolte le 5 octobre. Dans le verre, un jaune soutenu qui confère au vin un aspect soyeux et lumineux. Très généreux, le nez évoque la noisette grillée, puis les agrumes confits (bigaradier, cédrat), soulignés par des notes de raisin frais. Au palais, ampleur et densité dès l'attaque. Vin opulent, solaire, l'Yquem 2011 développe un superbe rôti, soutenu par un fruité d'une grande fraîcheur qui apporte l'équilibre et anime une finale d'une élégance et d'une longueur exceptionnelles. Une grande pureté aromatique, de la richesse, de la puissance, beaucoup de fraîcheur, un côté aérien et cette inimitable texture soyeuse : à nouveau un (très) grand Yquem. ⌛ 2020-2040
🍴 fricassée de homard

SA du Ch. d'Yquem, 33210 Sauternes,
tél. 05 57 98 07 07, info@yquem.fr r.-v.

LVMH

La Bourgogne

28 700 ha

Production :

1 500 000 hl

Types de vins :

Blancs secs (60 %), rouges (32 %), rosés (très rares), effervescents (crémant-de-bourgogne).

Sous-régions :

Chablisien et Auxerrois, Côte de Nuits, Côte de Beaune, Côte chalonnaise, Mâconnais.

Cépages :

Rouges : pinot noir principalement, gamay, césar (rare).

Blancs : chardonnay principalement, aligoté, sauvignon (à Saint-Bris), sacy, melon (très rares).

LA BOURGOGNE

Un vignoble historique, façonné au Moyen Âge par les moines, puis par les ducs de Bourgogne. S'il n'occupe guère que 3 % du vignoble planté en France, il ne compte pas moins d'une centaine d'appellations d'origine, un record. Ses deux cépages principaux, le pinot noir et le chardonnay, sont à l'origine de crus si célèbres qu'ils ont acquis une réputation mondiale. À la simplicité de l'encépagement s'oppose l'extrême variété des microterroirs, appelés localement *climats*, qui détermine l'immense variété des vins de ce vignoble. Plusieurs ensembles s'individualisent. Du nord au sud, les vignobles de l'Yonne, la Côte-d'Or, la Côte chalonnaise et le Mâconnais.

Les moines et les ducs

La vigne et le vin ont, dès la plus haute Antiquité, fait vivre ici les hommes. Des témoignages écrits et des fouilles attestent sa présence dès l'époque gallo-romaine. À Gevrey-Chambertin ont ainsi été retrouvés les vestiges d'une plantation datant du Ier s. Au Moyen Âge les moines de Cluny, à partir du X^e^s., puis ceux de Cîteaux ont joué un rôle capital dans la mise en valeur du vignoble, comme en témoigne encore aujourd'hui le Clos de Vougeot, héritage des cisterciens. Aux XIVe et XVe s., les ducs de Bourgogne (1342-1477) ont édicté des règles orientant la production vers la qualité. La plus connue est l'ordonnance de Philippe le Hardi qui bannit en 1395 le gamay de ses terres. Le rayonnement des vins de Bourgogne s'étendait alors jusque dans les Flandres. Les notables ont pris le relais des princes et des clercs. Très présent en Bourgogne, le négoce-éleveur, apparu dès le XVIII^e^s., s'est développé au siècle suivant. De nombreux vignerons entreprenants ont acquis des terres à la suite des crises du XX^e^s., tandis que la coopération se développait, notamment dans l'Yonne et en Mâconnais. Aujourd'hui, la vigne occupe 3 949 domaines (dont 1 300 mettent en bouteilles). La région compte 17 coopératives et 300 maisons de négoce. La notoriété de ses vins ne connaît pas d'éclipse, même si les volumes disponibles sont souvent faibles en raison des aléas climatiques. Le chiffre d'affaires à l'export dépasse les 740 millions d'euros.

Un « millefeuille » géologique

Semi-continental dans l'ensemble, le climat bourguignon offre de multiples nuances dues à la topographie. Très morcelé, le vignoble est surtout implanté sur les pentes et le piémont de coteaux, sur des terrains à dominante calcaire. La structure géologique en « millefeuille » de la Côte-d'Or, cœur du vignoble, résulte d'une accumulation de sédiments suivis de fractures, de soulèvements et d'effondrements survenus lors de la surrection des Alpes. Une faille nord-sud, accompagnée de multiples fractures parallèles, est à l'origine de l'extrême diversité des terroirs (appelés ici *climats*), et donc de la variété des crus de Bourgogne.

Pinot noir et chardonnay

La Bourgogne produit essentiellement des vins secs, blancs, rouges et, beaucoup plus rarement, rosés, ainsi que des effervescents, élaborés selon la méthode traditionnelle, les crémants-de-bourgogne. Ses vins sont, pour l'essentiel, issus de deux cépages : le chardonnay, en blanc (48 % de l'encépagement) et le pinot noir, en rouge (34 %).
Malgré la simplicité de l'encépagement, les vins prennent de multiples nuances non seulement selon l'appellation, les sols, les pentes et le microclimat, mais aussi selon le savoir-faire de chaque élaborateur. Dans la plupart des cas, un même cru est en effet exploité par plusieurs domaines, dont chacun ne détient qu'une surface réduite.

LES AUTRES CÉPAGES DE BOURGOGNE

L'aligoté, cépage blanc produisant le bourgogne-aligoté, donne des vins vifs qui atteignent leur meilleur dans le village de Bouzeron, qui a sa propre AOC ; le césar, variété rouge, est assemblé au pinot noir dans l'irancy ; le gamay, cultivé en Beaujolais, peut être commercialisé comme bourgogne-gamay ; associé au pinot, il donne le bourgogne-passetoutgrain ; le sauvignon est cultivé à Saint-Bris-le-Vineux, dans l'Yonne, qui bénéficie de l'unique appellation bourguignonne dédiée à ce cépage. Pinot blanc, pinot gris (beurot), melon sont devenus très rares.

LES *CLIMATS* BOURGUIGNONS

Portant des noms particulièrement évocateurs (les Amoureuses, les Grèves, la Renarde, les Cailles, Genévrières, Montrecul...) consacrés depuis le XVIII^e^s. au moins, les climats désignent en Bourgogne des surfaces officiellement délimitées, couvrant au plus quelques hectares, parfois même quelques « ouvrées » (4 ares, 28 centiares) qui s'identifient par leurs sols, leurs pentes, leur microclimat, et par le caractère des vins – même si le talent du producteur entre en ligne de compte. Chaque *climat* est souvent partagé entre plusieurs vignerons.

Des appellations hiérarchisées

Riche d'une centaine d'appellations d'origine, la région classe ses vins selon une hiérarchie à quatre niveaux :

Les appellations régionales (49 % des volumes) occupent la base de la pyramide. Elles s'étendent à l'ensemble ou à une grande partie du territoire de la Bourgogne : coteaux-bourguignons, bourgogne, bourgogne-aligoté, crémant-de-bourgogne, bourgogne-passetougrain.

La Bourgogne viticole correspond aux communes viticoles des départements de l'Yonne, de la Côte-d'Or, de la Saône-et-Loire et d'une partie du Rhône (canton de Villefranche-sur-Saône). Elles incluent donc le Beaujolais. Ce dernier vignoble, qui possède une personnalité propre grâce au cépage gamay, est juridiquement rattaché à la Bourgogne ; ses dix crus (brouilly, morgon, etc.) peuvent produire du bourgogne-gamay.
Compte tenu de la dispersion géographique de l'appellation régionale, le nom de bourgogne est souvent associé à une unité géographique

plus petite, région ou commune, ce qui permet d'individualiser un terroir : bourgogne Côtes d'Auxerre, bourgogne Vézelay par exemple. Implantées sur les hauteurs, en arrière de la Côte-d'Or, les bourgogne-hautes-côtes-de-nuits et bourgogne-hautes-côtes-de-beaune sont aussi considérées comme des appellations régionales, ainsi que la vaste aire des mâcon et mâcon-villages. Toutes ces appellations permettent de s'initier aux vins de Bourgogne.

Les appellations communales ou *villages* portent le nom d'une commune, comme Nuits-Saint-Georges ou Beaune. L'aire d'appellation peut s'étendre à plusieurs communes.

Les premiers crus proviennent de *climats* délimités au sein d'un village et distingués pour leur potentiel. L'étiquette indique à la fois le nom du village et celui du climat (souvent sur la même ligne). Par exemple, Volnay-Caillerets, Meursault-Charmes.

Les grands crus occupent le sommet de la pyramide (1 % de la production). Ils ont été sélectionnés parmi les meilleurs *climats*. Ils forment des appellations à part entière, dont le nom est en vedette sur l'étiquette. Par exemple, Chambertin, Montrachet.

Les régions de la Bourgogne

Le Chablisien-Auxerrois

L'appellation la plus connue donne son nom aux vignobles de l'Yonne, au nord. Ce vignoble s'est beaucoup contracté après la crise phylloxérique et connaît une timide renaissance. Chablis a gardé sa notoriété. L'aire d'appellation couvre le village éponyme et seize communes voisines. Les vignes dévalent les fortes pentes des coteaux aux expositions multiples qui longent les deux rives du Serein, modeste affluent de l'Yonne. Les sols marneux ou marno-calcaires (le célèbre kimmeridgien) conviennent parfaitement au chardonnay qui règne ici sans partage. Sous un climat plus rigoureux que celui de la Côte-d'Or, il donne naissance à des vins blancs secs et élégants, d'une grande fraîcheur minérale.

On retrouve à Chablis la pyramide des appellations bourguignonnes : petit-chablis, chablis, chablis 1er cru et chablis grand cru. Plus on monte dans la hiérarchie, plus les vins sont denses, complexes et de garde.

Plusieurs communes ou lieux-dits de l'Yonne produisent des vins en appellation régionale bourgogne, avec parfois une dénomination propre (vins blancs de Vézelay et de Chitry, rouges de Coulanges-la-Vineuse ou d'Épineuil). Au sud d'Auxerre, les irancy, en rouge, et les saint-bris, en blanc, bénéfient d'une AOC communale.

La Côte de Nuits

Au sud de Dijon, la Côte-d'Or est le cœur du vignoble bourguignon. Entre Marsannay et Corgoloin, la côte de Nuits est linéaire. Elle s'étire en une bande étroite (quelques centaines de mètres), découpée de combes ; une trentaine d'appellations se succèdent, des villages aux noms souvent prestigieux (Gevrey-Chambertin, Chambolle-Musigny, Vougeot, Vosne-Romanée, Nuits-Saint-Georges...), riches de nombreux premiers crus et, pour certains, de grands crus. C'est le royaume du pinot noir, qui atteint des sommets dans 24 grands crus, comme chambertin, musigny, clos-de-vougeot et la mythique romanée-conti. Les grands vins rouges de la Côte de Nuits ont comme dénominateurs communs densité, profondeur et potentiel de garde.

La Côte de Beaune

La Côte de Beaune prolonge celle de Nuits entre les communes de Ladoix-Serrigny, au nord, et de Chagny, au sud, et compte 24 appellations communales ou grands crus. Elle offre un profil différent : les vignes s'étalent davantage (1 à 2 km), les pentes sont un peu plus douces, les expositions plus variées. Le substrat, fait de calcaires divers et de terrains marneux, est souvent propice au chardonnay. La Côte de Beaune est le paradis des grands blancs. Sur ses sept grands crus, six sont dédiés au chardonnay : le corton-charlemagne, autour de la célèbre colline de Corton, au nord, et, à l'autre bout de la Côte, le montrachet, escorté de quatre crus associés. Sans oublier des appellations communales presque entièrement vouées aux blancs, comme meursault et puligny-montrachet.

La Côte de Beaune fournit également de superbes vins rouges, à commencer par le grand cru corton. Pommard et Volnay, s'ils n'ont pas de grands crus, recèlent de nombreux premiers crus d'excellent niveau. Riche de nombreux premiers crus, la ville de Beaune abrite depuis le XVIIIe s. de nombreuses maisons de négoce : c'est la capitale du vignoble.

La Côte chalonnaise

Situé entre Chagny et Saint-Gengoux-le-National, au sud de la Côte de Beaune, le vignoble de la Côte chalonnaise tire son nom de Chalons-sur-Saône. Resté longtemps à l'ombre de la Côte-d'Or, il a beaucoup progressé. L'appellation régionale bourgogne-côte-chalonnaise produit une majorité de rouges. Le secteur compte quatre appellations communales : du nord au sud, on trouve les villages de Bouzeron (la

LA VENTE AUX ENCHÈRES DES HOSPICES DE BEAUNE

C'est la vente publique, le troisième dimanche de novembre, des cuvées de l'important domaine des hospices de Beaune, constitué au fil des siècles grâce à des donations. Son produit est destiné aux hospices (aujourd'hui à des investissements médicaux). Institutionnalisée en 1859, cette vente attire les foules. Variant en fonction des volumes produits, de la réputation du millésime et de la conjoncture, les montants obtenus donnent la température du marché. Depuis 2005, c'est la maison Christie's qui organise la vente.

LA CONFRÉRIE DES CHEVALIERS DU TASTEVIN

Née en 1934, dans une période de grave crise économique de la viticulture, la Confrérie des Chevaliers du Tastevin, résurrection d'anciennes confréries des XVIIe et XVIIIe s., se donne pour objectif d'être l'ambassadrice des grands vins de Bourgogne. Elle célèbre ainsi la Bourgogne viticole à travers ses Chapitres, cérémonies organisées dans le château du Clos de Vougeot, où sont intronisés de nouveaux chevaliers. La Confrérie procède également deux fois par an au tastevinage : une dégustation qui donne l'estampille de la Confrérie aux vins jugés caractéristiques de leur appellation et de leur millésime.

La Bourgogne

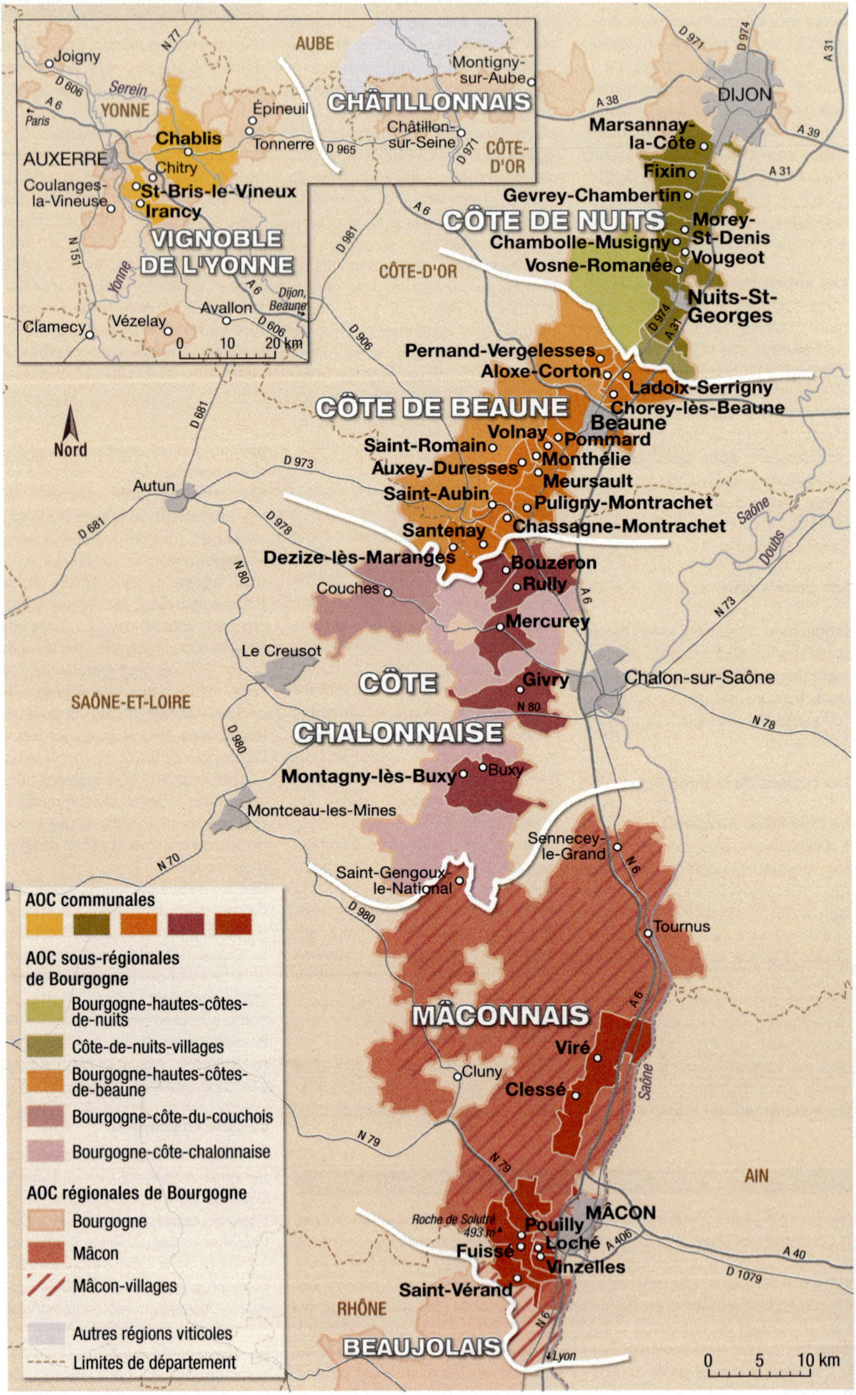

seule appellation communale dédiée au cépage aligoté), Rully, Mercurey, Givry et Montagny. On y trouve d'excellents vins rouges et blancs plus abordables qu'en Côte-d'Or.

Le Mâconnais

Entre Tournus et Mâcon, le Mâconnais s'étend sur 50 km du nord au sud et sur une quinzaine d'est en ouest. La Bourgogne prend des airs méridionaux, tant par ses nuances climatiques que par l'habitat traditionnel. Des chaînons calcaires forment les monts du Mâconnais, surgissant en éperons spectaculaires sur les sites de Solutré et de Vergisson. Le vignoble, surtout exposé à l'est, couvre des terrains en majorité marneux, propices au chardonnay, tandis que quelques formations granitiques annoncent le Beaujolais limitrophe. En volume, le Mâconnais produit plus que la Côte-d'Or et le Chablisien. Des blancs, à 85 %. En rouge, le gamay, cultivé sur les terrains cristallins, côtoie le pinot noir. Le gros des volumes est produit en AOC régionales : mâcon (des rouges en majorité) et mâcon-villages, réservé aux blancs. La région possède cinq AOC communales, pouilly-fuissé, la plus connue, pouilly-loché, pouilly-vinzelles, viré-clessé et saint-véran. Le chardonnay y donne des blancs fruités et ronds, parfois opulents.

Les appellations régionales de Bourgogne

Les appellations régionales bourgogne couvrent l'aire de production la plus vaste de la Bourgogne viticole. Elles peuvent être produites dans les communes traditionnellement viticoles des départements de l'Yonne, de la Côte-d'Or, de la Saône-et-Loire, et dans le canton de Villefranche-sur-Saône, dans le Rhône.
Compte tenu de la dispersion géographique de l'appellation régionale, celle-ci est souvent associée au nom de la zone de production (Côtes d'Auxerre, Chitry, Côtes du Couchois...).
La codification des usages, et plus particulièrement la définition des terroirs par la délimitation parcellaire, a conduit à une hiérarchie au sein des appellations régionales. L'appellation bourgogne-grand-ordinaire est la plus générale, la plus extensive. Avec un encépagement plus spécifique, on récolte dans les mêmes lieux le bourgogne-aligoté, le bourgogne-passetoutgrain et le crémant-de-bourgogne.

BOURGOGNE

• Superficie : 3 200 ha • Production : 154 500 hl (65 % rouge)

L'appellation s'étend sur presque toute la superficie du vignoble régional : de l'Yonne et du Châtillonnais, au nord, au Mâconnais, au sud. Elle comprend même, en théorie, la zone des crus du Beaujolais, la plupart des appellations communales beaujolaises pouvant se « replier » en AOC bourgogne (ces bourgognes sont alors issus de gamay). Ceux qui sont produits en Bourgogne au sens strict naissent en rouge du pinot noir et en blanc du chardonnay (appelé autrefois beaunois dans l'Yonne). À côté des rouges et des blancs, l'appellation fournit de petits volumes de rosés et de clairets.
L'étendue du vignoble et la tradition régionale d'individualiser la production des terroirs et de *climats* a conduit à compléter le nom de « bourgogne » de ceux d'aires historiques beaucoup plus restreintes, toujours délimitées : lieux-dits (Le Chapitre à Chenôve, Montrecul à Dijon, La Chapelle Notre-Dame à Serrigny, La Côte Saint-Jacques à Joigny), villages ou zones plus étendues. Les coteaux de l'Yonne produisent ainsi le bourgogne Chitry, Épineuil, Tonnerre, Coulange-la-Vineuse, Côte d'Auxerre, Vézelay (ce dernier en blanc). Quant au bourgogne Côtes du Couchois, c'est un vin rouge provenant de six communes à l'extrémité nord de la Côte chalonnaise.
Les bourgognes offrent les arômes de leurs cépages, avec des nuances liées à leurs origines : fleurs blanches, fruits secs, agrumes, notes beurrées, parfois grillées et miellées chez les blancs, fruits rouges et noirs chez les rouges. Plus souples et moins complexes que les *villages* et les crus, ils sont de petite ou moyenne garde (deux à cinq ans).

♥ DOM. DE L'ABBAYE DU PETIT QUINCY
Épineuil Côte de Grisey Cuvée Juliette 2012 ★★

■	5 000	◍	15 à 20 €

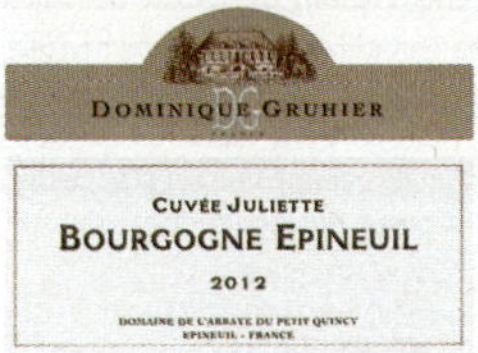

Ancien cellier à vins de l'abbaye cistercienne de Quincy fondée en 1212, ce domaine a retrouvé sa vocation viticole à partir de 1990, sous l'impulsion de Dominique Gruhier, qui dispose des plus belles caves de la région. Aujourd'hui, 26 ha en conversion bio et l'une des valeurs sûres du finage d'Épineuil.

Le « Petit Quincy » ouvre comme l'an dernier le chapitre « bourgogne » avec son élégante étiquette. Élégant aussi est le vin né sur le terroir abrupt de la Côte de Grisey, terroir minéral et bien exposé au sud. Grâce à quoi, ce 2012 conjugue générosité et finesse. Au nez, la griotte kirschée s'associe au vanillé de la barrique. Une même sensation chaleureuse caractérise le palais, gras, profond, concentré mais jamais lourd, bien servi par un élevage ajusté et des tanins soyeux. ⧗ 2015-2020 ▼ lapin à la dijonnaise

⊶ Dominique Gruhier, rue du Clos-de-Quincy, 89700 Épineuil, tél. 03 86 55 32 51, vin@bourgognevin.com
V ⛹ ▮ t.l.j. sf dim. 9h30-12h30 14h-18h

FRANÇOIS D'ALLAINES
Les Planchottes 2011

■	2 400	▮ ◍	11 à 15 €

Après l'école hôtelière, François d'Allaines crée son négoce en 1990 à la frontière entre Saône-et-Loire et Côte-d'Or, puis son domaine en 2009. Cet adepte des élevages longs en fût est souvent au rendez-vous du Guide.

D'un abord discret, ce 2011 s'ouvre plus nettement à l'aération sur un boisé léger et un fruité frais. On retrouve ces sensations dans une bouche élégante et bien texturée, ronde et fondue. ⧗ 2014-2017 ▼ quiche au saumon

⊶ François d'Allaines, 2, imp. du Meix-du-Cray, 71150 Demigny, tél. 03 85 49 90 16, francois@dallaines.com V ▮ r.-v.

BERTRAND AMBROISE 2012

■	22 000		8 à 11 €

Si la famille Ambroise cultive la vigne depuis le XVIIIes., elle n'en vit que depuis les années 1960. Installé en 1987, Bertrand Ambroise conduit aujourd'hui un vignoble de 21 ha (en bio certifié depuis 2013), complété par une activité de négoce-élevage.

Au nez comme en bouche, les dix mois de barrique ont marqué ce vin de leur empreinte. Au torréfié et au vanillé de l'olfaction répond un palais au boisé épicé ayant néanmoins « du vin derrière ». Comprenez : du volume, de la densité et des tanins fermes. Un vin qui appréciera la garde. 2016-2020 terrine de sanglier

Maison Ambroise, 8, rue de l'Église, 21700 Premeaux-Prissey, tél. 03 80 62 30 19, contact@ambroise.com V r.-v.

DOM. BALLORIN ET F. Le Bon 2012 ★

■	1 200		15 à 20 €

Après avoir travaillé plusieurs années dans le monde du vin, Gilles Ballorin a créé son domaine en 2005, aujourd'hui 5,5 ha de petites parcelles cultivées en bio et en biodynamie, qui s'égrènent le long de la Côte de Nuits.

Robe grenat profond ; nez complexe de cassis, de myrtille, d'épices, de grillé avec quelques notes animales ; palais souple en attaque, plus dense et ferme dans son développement, soutenu jusqu'en finale par une fine acidité : ce Bon a tout bon. 2016-2020 bœuf bourguignon

Dom. Ballorin et F., 17, rue Ribordot, 21220 Morey-Saint-Denis, tél. 03 80 41 85 48, domaineballorin@orange.fr V r.-v.

EVENING LAND AU CH. DE BLIGNY 2011

■	40 000		8 à 11 €

Maison née en 2005 aux États-Unis et produisant du pinot noir et du chardonnay dans la Sonoma Coast et l'Oregon (Santa Rita Hills). En 2008, elle développe son négoce en Bourgogne, au château de Bligny dirigé par Christophe Vial.

Agrumes et petites fleurs composent un joli bouquet, franc et ouvert. Le palais, à l'unisson, se montre rond et charmeur, avant de dévoiler plus de nervosité en finale. Au final, un vin équilibré. 2014-2017 filet de sole

Evening Land au Ch. de Bligny, 14, Grande-Rue, 21200 Bligny-lès-Beaune, tél. 03 80 20 70 27, chateaudebligny@elvwines.com V t.l.j. sf sam. dim. 9h-12h 14h-18h

JEAN-CLAUDE BOISSET Les Ursulines 2012 ★★

■	1 200		11 à 15 €

Un important négoce créé en 1961 par Jean-Claude Boisset qui, installé à Nuits-Saint-Georges dans l'ancien couvent des Ursulines, est propriétaire de vignes dans toute la Bourgogne, mais aussi dans d'autres vignobles en France et à l'étranger. Depuis 2002, Grégory Patriat, le vinificateur, s'attache à élaborer des cuvées haut de gamme, dans une approche « domaine ».

Ces Ursulines vinifiées sans soufre déploient un beau bouquet de fruits noirs mûrs, de réglisse, d'épices et de chocolat. Une attaque souple ouvre sur un palais équilibré aux tanins fins et délicats enrobés par une chair soyeuse. Un vin précis et savoureux. 2015-2019 bœuf aux olives

Maison Jean-Claude Boisset, 5, quai Dumorey, 21700 Nuits-Saint-Georges, tél. 03 80 62 61 61, jcb.g@jboisset.fr V t.l.j. sf lun. 10h-19h

DOM. BORGNAT Coulanges-la-Vineuse Tradition 2012

■	11 000		5 à 8 €

À partir de 1980, la famille Borgnat a redonné sa vocation originelle au château d'Escolives, ancienne ferme viticole bâtie au XVIIes. Depuis 2001, Benjamin Borgnat et son épouse Églantine conduisent les 17 ha de vignes du domaine.

À l'agitation, ce 2012 libère un fruité fin rehaussé d'épices. Le palais est droit et carré, bâti sur des tanins solides sans dureté et enrobés par une chair onctueuse. 2016-2019 hochepot de queue de bœuf

Dom. Borgnat, Ch. d'Escolives, 1, rue de l'Église, 89290 Escolives-Sainte-Camille, tél. 03 86 53 35 28, eglantine@domaineborgnat.com V t.l.j. sf dim. 9h-12h 15h-19h; f. 1er-15 jan. 3 D

JEAN BOUCHARD 2012 ★

■	40 000		11 à 15 €

Le domaine est la vitrine chablisienne de la maison de négoce Jean Bouchard, bien connue à Beaune et dans l'ensemble de la Bourgogne. Une affaire qui est aujourd'hui dans l'orbite de la Maison Jean Bichot.

La violette, les petits fruits, une touche de café et de cacao, le bouquet est bien engageant. La bouche ? Une attaque souple, charnue et fruitée, avant une évolution plus dense, tannique et boisée. De bonne garde, assurément. 2015-2020 côtes d'agneau ■ 2012 (50 000 b.) : de la fraîcheur, de la vigueur même, mais aussi de la rondeur ; bref, de l'équilibre. 2014-2017

Maison Jean Bouchard, 6 bis, bd Jacques-Copeau, 21200 Beaune, tél. 03 80 24 37 37

BOUCHARD AÎNÉ ET FILS 2012 ★

■	9 000		8 à 11 €

Dans le groupe Boisset depuis 1992, ce négoce beaunois a été fondé en 1731 par Michel Bouchard et son fils aîné Joseph. Dans l'ancien hôtel du conseiller du Roy (XVIIIes.) sont entreposés les fûts d'élevage de cette maison historique qui propose une large gamme de vins de toute la Bourgogne, mais aussi du Beaujolais et du Rhône.

Ce chardonnay conjugue au nez des notes beurrées, miellées, florales et fruitées. En bouche, il attaque sur la rondeur et le gras, pour se tendre ensuite autour d'une fine vivacité. Un vin équilibré. 2014-2019 pintade à la crème

Bouchard Aîné et Fils, 4, bd du Mal-Foch, 21200 Beaune, tél. 03 80 62 61 00, dupre.a@bouchard-aine.fr V r.-v. Famille Boisset

CAMERON Épineuil Sagara 2012 ★

■	1 200		5 à 8 €

Un domaine « de poche » (1,2 ha) créé par Marc et Sonia Cameron dans les communes d'Épineuil et de Molosmes.

Le nom de cette cuvée reprend la première syllabe du prénom des trois enfants (Samuel, Gabriel, Rachel). Dans le verre, un Épineuil qualifié d'aérien ; comprenez : léger, souple, minéral et fruité (cerise), avec un boisé délicat et des tanins très fins en soutien. 2014-2017 jambon braisé

Marc et Sonia Cameron, 8, Grande-Rue, 89290 Augy, tél. 03 86 42 85 14, marc.cameron895@orange.fr V r.-v.

DOM. CAMU FRÈRES Vézelay 2012 ★

■	20 000		8 à 11 €

Installé au pied de la Colline Éternelle, ce domaine (14,4 ha) acquis par les frères Camu en 1999 a été repris en 2008 par le baron Patrick de Ladoucette, qui en a confié le chai à Hervé Eypert.

Au nez, des nuances de (bon) végétal accompagnent des notes plus douces de beurre et de fruits confits. En bouche, souplesse, élégance et fraîcheur sont de mise, la fraîcheur, minérale et fruitée, tenant le palais en haleine jusqu'en finale. 2014-2017 cassolette de gambas

Dom. Camu Frères, Le Clos, 89450 Vézelay, tél. 03 86 32 35 66, camu.vezelay@domainecamu.fr V t.l.j. 10h-18h; f. janv.-fév. de Ladoucette

FRANÇOIS CARILLON 2011

■	8 500		11 à 15 €

Les Carillon sont vignerons à Puligny-Montrachet depuis le XVI[e]s. Après avoir travaillé vingt ans sur l'exploitation familiale avec son père et son frère, François a créé en 2010 son propre domaine de 6,5 ha, auquel il a adjoint une activité de négoce.

Un blanc sur la finesse. Au nez, de délicates notes florales et citronnées. La bouche, sur les mêmes tonalités agrémentées d'une touche de gingembre, offre de la souplesse et de la fraîcheur. 2014-2017 quiche aux asperges

François Carillon, 273, pl. de l'Église, 21190 Puligny-Montrachet, tél. 03 80 21 00 80, domainef.carillon@free.fr V r.-v.

CHRISTINE, ÉLODIE ET PATRICK CHALMEAU Chitry 2012

■	11 000		5 à 8 €

Patrick Chalmeau a repris en 1977, avec son épouse Christine, les quelques arpents plantés par son grand-père vers 1945, devenus 17 ha entre-temps. Leur fille Élodie les a rejoints en 2010 sur ce domaine souvent en vue pour ses blancs de Chitry.

Une petite aération et ce pinot libère ses parfums typés de cerise et autres petits fruits rouges, agrémentés d'épices douces et d'un soupçon de minéralité. Des arômes que prolonge un palais ample, généreux, bien charpenté, sans excès de vigueur. 2015-2019 volaille farcie aux champignons

Christine, Élodie et Patrick Chalmeau, 76, rue du Ruisseau, 89530 Chitry, tél. 03 86 41 43 71, contact@chalmeau-chitry.com V r.-v.

DOM. EDMOND CHALMEAU ET FILS Chitry Les Trameures 2012 ★★

■	4 140		8 à 11 €

Une ancienne famille vigneronne installée au cœur de Chitry : Franck Chalmeau a pris la suite de son père Edmond en 1991, avant d'être rejoint par son frère Sébastien. Un domaine passé peu à peu de la polyculture à la seule viticulture (18 ha) et devenu une référence pour ses chitry blancs.

Né sur un lieu-dit réputé de Chitry, ce 2012 a connu une longue fermentation, puis un élevage de douze mois en fût et trois mois de cuve. Grâce à quoi, le vin se présente dans une élégante robe framboise, le nez ouvert sur la vanille, les fruits rouges et la réglisse, le palais rond, riche et structuré par un boisé fondu et une fine vivacité. 2015-2019 pot-au-feu ■ Chitry Vieilles Vignes d'Aimé 2012 ★ (4 800 b.) : minéral (pierre à fusil) et boisé (vanille), ample, riche et rond. 2015-2019

Edmond Chalmeau et Fils, 20, rue du Ruisseau, 89530 Chitry-le-Fort, tél. 03 86 41 42 09, domaine.chalmeau@wanadoo.fr V r.-v.

CHASSAGNE-MONTRACHET 2012

■	3 000		11 à 15 €

Le superbe château de Chassagne-Montrachet (bâti au XI[e]s., transformé au XIX[e]s.), est propriété de la famille Picard depuis 1998. Il est le siège de la maison de négoce Michel Picard et d'un domaine en propre de 35 ha conduit depuis 2006 par Francine Picard.

Le nez conjugue d'agréables notes de paille, de vanille, de toasté et de fleurs blanches. La bouche est consistante et bien équilibrée, à la fois ronde et fraîche, soulignée en finale par une noble amertume. 2014-2019 blanquette de veau

SCEV A. Chassagne-Montrachet, 5, chem. du Château, 21190 Chassagne-Montrachet, tél. 03 80 21 98 57, francine.picard@domainesfamillepicard.com V t.l.j. 10h-18h 5 Famille Picard

♥ DOM. DES CHENEVIÈRES La Baronne 2012 ★★

■	5 600		5 à 8 €

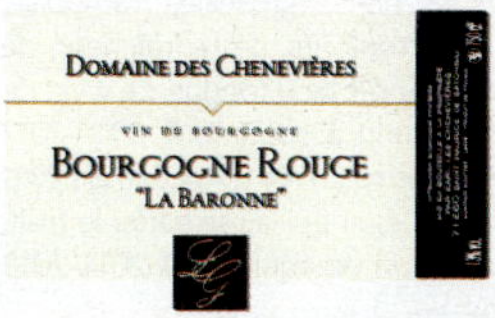

Ce domaine de 42 ha situé à l'ouest de Mâcon est exploité par la même famille depuis cinq générations. Ce sont aujourd'hui Vincent et Nicolas Lenoir, aidés de leurs épouses et de leurs enfants Sylvain et Aurélien, qui sont aujourd'hui aux commandes.

Le domaine avait obtenu un coup de coeur pour sa Baronne 2006 ; la version 2012 fait aussi bien. Un vin d'un beau pourpre soutenu né de ceps de quarante-cinq ans et alliant dans un nez complexe et intense des notes animales, fruitées et boisées. Des arômes que l'on retrouve avec la même intensité dans une bouche solide, dense, longue, d'une amplitude étonnante. Encore jeune et fougueux, mais si prometteur... 2017-2022 rôti de veau aux pleurottes

Dom. des Chenevières, Le Bourg, 71260 Saint-Maurice-de-Satonnay, tél. 03 85 33 31 27, domaine.chenevieres@orange.fr V t.l.j. 9h-12h 14h-19h Lenoir

PASCAL CLÉMENT 2012 ★

■	1 500		8 à 11 €

Après vingt ans de vinification dans différents domaines de Bourgogne, Pascal Clément a créé son négoce en

2012, tourné essentiellement vers les blancs de la Côte chalonnaise et de la Côte de Beaune.

Un bourgogne tout en fruit à l'olfaction (mûre, cassis), dense, ample et bien charpenté par des tanins soyeux en bouche, encore un peu strict en finale : la promesse d'une belle évolution. ⧗ 2015-2019 ▼ rôti de porc aux pruneaux

Pascal Clément, 13, rue de Cîteaux, 21420 Savigny-lès-Beaune, tél. 03 80 24 75 05, contact@pascal-clement.fr V r.-v.

DOM. MICHEL COLBOIS Chitry 2012

	15 000		5 à 8 €

Rejoint en 2009 par son fils Benjamin, Michel Colbois est établi depuis 1970 à Chitry-le-Fort. Ses blancs sont souvent en bonne place dans le Guide, qu'ils proviennent du chardonnay ou de l'aligoté.

D'abord fermé, ce Chitry s'ouvre à l'agitation sur les fleurs blanches et jaunes agrémentées d'une nuance de cire d'abeille. En bouche, il conjugue structure et vivacité, sans manquer de gras pour arrondir le tout. Équilibré. ⧗ 2014-2018 ▼ koulibiak de saumon

EARL Dom. Colbois, 69, Grande-Rue, 89530 Chitry, tél. 03 86 41 43 48, contact@colbois-chitry.com V t.l.j. 8h30-12h 13h30-18h; dim. sur r.-v.

DOM. DE LA COUR CÉLESTE Côtes d'Auxerre 2012 ★

	2 000		5 à 8 €

Anciennement domaine Seguin, cette exploitation a changé de nom en 2008 lorsque Thomas Seguin a succédé à son père Claude, et qu'il s'est associé avec un autre jeune vigneron, Arnaud Nahan, pour conduire un vignoble de 15 ha.

Du fruit, du fruit, du fruit. Au nez, un panier frais et accorte de petits fruits rouges et noirs (groseille, framboise, cassis). En bouche, du fruit toujours, de la fraîcheur, de la souplesse, des tanins soyeux et bien fondus. Le « vin de copains » par excellence, friand à souhait. ⧗ 2014-2017 ▼ andouillette **Côtes d'Auxerre Cuvée L'Ancestrale 2011 (8 à 11 € ; 1 500 b.)** : un boisé léger qui laisse parler le fruit, de la fraîcheur et du charnu, un vin équilibré. ⧗ 2014-2018

Dom. de la Cour Céleste, 3 bis, rue Haute, 89530 Saint-Bris-le-Vineux, tél. 03 86 53 37 39, domainecourceleste@hotmail.fr V t.l.j. 9h-12h 14h-18h Arnaud Nahan

DOM. DE LA CROIX SAINT-JACQUES 2012 ★

	n.c.		8 à 11 €

Derrière cette étiquette, le Clos Saint-Jacques fondé par le chef étoilé Michel Lorain qui décida au début des années 1990 de faire revivre le vignoble de Joigny. Un domaine de 11 ha aujourd'hui, repris en 2010 par Manuel Janisson (champagne Janisson et Fils à Verzenay).

Intense et gourmand, le nez mêle notes beurrées et briochées, et fruité généreux. En bouche, du fruit, une matière ronde et charnue, de la souplesse, de la longueur et une finale un rien plus nerveuse. Un vin friand et charmeur. ⧗ 2014-2018 ▼ quiche lorraine

Dom. de la Croix Saint-Jacques, Manuel Janisson, 14, fbg de Paris, 89300 Joigny, tél. 03 86 62 06 70, contact@bourgogne-michel-lorain.com V r.-v.

DOM. DE LA CROIX SENAILLET Romantic 2012 ★

	n.c.		11 à 15 €

Domaine créé par Maurice Martin en 1969, passé progressivement de la polyculture à la viticulture. En 1990, son fils Richard reprend le flambeau, rejoint par son frère Stéphane en 1992, à la tête d'un vignoble de 25 ha aujourd'hui, répartis sur 52 parcelles en bio certifié depuis 2010.

De son élevage de neuf mois en foudre ce vin retire un joli bouquet vanillé et fruité (fruits exotiques). En bouche, on retrouve ce boisé délicat, associé à une fine vivacité pour composer un ensemble bien structuré, de bonne garde. Romantic ? Un hommage à Lamartine, natif du Mâconnais. ⧗ 2015-2019 ▼ blanquette de veau aux pleurotes

Richard et Stéphane Martin, Dom. de la Croix Senaillet, En Coland, 71960 Davayé, tél. 03 85 35 82 83, richard@domainesenaillet.com V r.-v.

PIERRE DAMOY 2011 ★

	9 227		15 à 20 €

Établi sur les plus beaux terroirs de Gevrey, Pierre Damoy très en vue pour ses grands crus (notamment, ses chambertin, clos-de-bèze, chapelle-chambertin) est aux commandes depuis 1992 d'un domaine de 10,4 ha complété en 2007 par une affaire de négoce. Une valeur sûre.

Issu du négoce, cette cuvée élevée dix-huit mois en fût livre un nez complexe et riche de tabac, de sous-bois, de fruits compotés et de nuances animales. Le palais, sur les fruits mûrs, affiche une force contenue autour de tanins soyeux et une fine minéralité. ⧗ 2014-2019 ▼ pigeonneau rôti **Les Ravry 2011 ★ (3 520 b.)** : floral et citronné au nez, ample, intense et bien fruité (datte, abricot sec, agrumes) en bouche. ⧗ 2014-2018

Dom. Pierre Damoy, 11, rue du Mal-de-Lattre-de-Tassigny, 21220 Gevrey-Chambertin, tél. 03 80 34 30 47, info@domaine-pierre-damoy.com

ÉRIC ET EMMANUEL DAMPT Tonnerre 2012 ★★

	n.c.		5 à 8 €

Éric Dampt, l'aîné des fils de Bernard, est le premier des trois frères à être venu à la vigne en 1985. Comme Emmanuel et Hervé, il conduit sa propre production au sein du domaine familial. Si l'étiquette est la même, c'est la mise en bouteilles qui signe le nom du producteur.

Ce blanc, proposé aux coups de cœur, a de solides arguments : une belle robe jaune vif, un nez de fruits blancs mûrs, de fleurs blanches et d'agrumes, une bouche élégante, souple, fraîche et longue. ⧗ 2014-2017 ▼ lotte en soupière

EARL Éric Dampt, 16, rue de l'Ancien-Presbytère, 89700 Collan, eric@dampt.com V r.-v.

VIGNOBLE DAMPT Chevalier d'Éon de Tonnerre 2012

	n.c.		5 à 8 €

Les frères Dampt (Éric, Emmanuel et Hervé), de Collan, signent la plupart de leurs vins sous l'étiquette de la

fratrie. Mais cela n'empêche pas les productions individuelles. Celles d'Emmanuel Dampt sont souvent en bonne place dans le Guide.

« Ce que l'on peut attendre d'un bourgogne rouge », concluent les jurés. Ce Chevalier d'Éon, d'abord discret, s'ouvre sur les fruits rouges à l'aération. « Ça pinote bien » en bouche également : du fruit toujours, de la fraîcheur, de la souplesse, un rien de sévérité en finale. L'attente sera courte, pour profiter pleinement de cette cuvée. ⧗ 2015-2018 ♈ tourte à la viande

EARL Emmanuel Dampt, 3, rte de Tonnerre, 89700 Collan, tél. 03 86 54 49 52, emmanuel@dampt.com V r.-v.

DOM. DAMPT FRÈRES Épineuil 2012 ★

■	n.c.	5 à 8 €

Un père, Bernard Dampt, vigneron à Collan de 1980 à 1998, comme trois générations avant lui ; trois frères, Éric, Emmanuel et Hervé ; plusieurs exploitations : une pour chaque frère, une pour la fratrie. Les frères sont indissociables, mais chacun a son rôle à jouer et chacun fait ses propres vins.

Un vin encore dans sa jeunesse mais prometteur. Au nez, des fruits rouges confiturés et des épices. En bouche, de l'intensité, de la consistance et des tanins prononcés, encore un peu sévères. ⧗ 2016-2020 ♈ poitrine de mouton farcie

Vignoble Dampt, rue de Fleys, 89700 Collan, tél. 03 86 55 29 55, vignoble@dampt.com V r.-v.

PHILLIPPE DEFRANCE Côtes d'Auxerre 2012 ★

■	4 900		5 à 8 €

Un domaine (18,5 ha) établi à Saint-Bris depuis plusieurs générations et conduit par Philippe Defrance depuis 1980. Ses caves voûtées des XIIe et XIIIe s. méritent le détour, ses vins, d'une réelle constance, aussi.

Fil conducteur de ce vin, la minéralité et la fraîcheur. Le fruité aussi est bien présent, au nez comme en bouche. Un chardonnay alerte, franc, fin et long. ⧗ 2015-2019 ♈ tourteau farci ■ Côtes d'Auxerre 2011 (5 500 b.) : un fruité généreux au nez, des tanins fondus et de la rondeur en bouche, une finale plus serrée. ⧗ 2014-2019

Philippe Defrance, 51, rue du Four, 89530 Saint-Bris-le-Vineux, tél. 03 86 53 39 04, ph.defrance89@orange.fr V r.-v.

DUBREUIL Les Perrières 2012

■	2 270		8 à 11 €

Anciennement Dubreuil-Cordier. Un domaine familial créé en 1950 par le grand-père de Philippe Dubreuil. Ce dernier, installé en 1988, a passé la main à son fils Arnaud en 2010, tout en gardant le contact. Le vignoble couvre 10 ha.

Le nez propose un bon mariage du bois frais, des agrumes et des fleurs blanches. Droite, nette, ciselée par une belle vivacité, la bouche offre aussi de la rondeur et du gras : un ensemble équilibré. ⧗ 2014-2017 ♈ sole meunière

Philippe et Arnaud Dubreuil, 4, rue Pejot, 21420 Savigny-lès-Beaune, tél. 03 80 21 53 73, dubreuil.cordier@aliceadsl.fr V r.-v.

DOM. FOREY PÈRE & FILS 2012 ★

■	4 000		11 à 15 €

Cette famille voisine de la Romanée-Conti exploitait jadis en métayage La Romanée du chanoine Liger-Belair. Installé en 1983 avec son père et son frère aux commandes depuis 1989, Régis Forey conduit aujourd'hui un domaine de 9,3 ha régulièrement en vue dans le Guide.

Fruits noirs (cassis, mûre), épices, touche de foin séché, le nez est engageant. La bouche ? Même charme avenant, de la rondeur, du soyeux, des tanins fins, un boisé léger. Tout est bien en place, pour aujourd'hui ou pour plus tard. ⧗ 2014-2019 ♈ boudin aux pommes

Dom. Forey Père et Fils, 2, rue Derrière-le-Four, 21700 Vosne-Romanée, tél. 03 80 61 09 68, domaineforey@orange.fr r.-v.

CAVE DES VIGNERONS DE GENOUILLY Sous château 2012 ★

■	6 000		5 à 8 €

La cave de Genouilly, dans la Côte chalonnaise, est la plus petite coopérative de Bourgogne : 70 adhérents pour à peine une centaine d'hectares de vignes.

Fermentation en cuve pour les arômes, élevage en fût pour la structure. Le résultat ? Un vin expressif en effet (fleurs blanches, agrumes, pâte d'amandes, touche originale de basilic), souple en attaque, généreux, suave et rond, souligné par un trait de fraîcheur et un boisé à peine perceptible. ⧗ 2014-2018 ♈ côte de veau à la normande

Cave des Vignerons de Genouilly, 2, allée du 19-Mars-1962, 71460 Genouilly, tél. 03 85 49 23 72, contact@cave-genouilly.fr V r.-v.

DOM. GUEUGNON REMOND Cuvée de l'aurore Vieilles Vignes 2012

■	4 500		8 à 11 €

Établis à Charnay-lès-Mâcon, Véronique, la fille, et Jean-Christophe, le gendre, ont repris en 1997 ce domaine familial de 12 ha établi au bord de la voie Verte, endroit très couru des Mâconnais comme des touristes en quête de grand air.

Des raisins de chardonnay récoltés dès potron-minet ont donné naissance à cette Cuvée de l'aurore qui s'ouvre sur les fruits exotiques et l'abricot sec. Un fruité avenant que l'on retrouve dans une bouche fraîche, équilibrée, de bonne longueur. ⧗ 2014-2017 ♈ crevettes au lait de coco

Dom. Gueugnon Remond, 117, chem. de la Cave, 71850 Charnay-lès-Mâcon, tél. 03 85 29 23 88, vinsgueugnonremond@free.fr V r.-v.

♥ JEAN-MICHEL GUILLON & FILS 2012 ★★

■	4 800		8 à 11 €

Établi à Gevrey, Jean-Michel Guillon a débuté en 1980 sur un domaine de 2,5 ha, dont il a porté la superficie à plus de 13 ha répartis dans de nombreuses appellations (mazis, gevrey, morey, clos-de-vougeot...). Secondé par son fils Alexis depuis 2005, il s'illustre avec une grande régularité dans le Guide.

Épices (poivre), fruits noirs (cassis), boisé (vanille), le bouquet de ce 2012 ne manque pas de complexité, ni

d'intensité. En bouche, le vin se montre rond, suave et concentré dès l'attaque, porté par un boisé ajusté et des tanins fins et veloutés. Un bourgogne long, dense et très équilibré, au caractère suffisamment affirmé pour durer et suffisamment policé pour s'apprécier jeune. ⧗ 2014-2022 🍷 coq au vin

🔑 Jean-Michel Guillon, 33, rte de Beaune, 21220 Gevrey-Chambertin, tél. 03 80 51 83 98, contact@domaineguillon.com V r.-v.

JEAN GUITON 2012

11 000 | 8 à 11 €

Jean Guiton est installé à Bligny depuis 1973, dans la plaine de Pommard. Les vignes (11,5 ha) sont quant à elles implantées sur la Côte, notamment à Savigny. Guillaume, le fils, est arrivé au début des années 2000.

Un boisé délicat accompagne les fruits noirs, la griotte et la violette dans un bouquet affable. En bouche, de la fraîcheur, de la matière, des tanins souples, un peu plus austères en finale. ⧗ 2015-2018 🍷 foie de veau

🔑 Dom. Jean Guiton, 4, rte de Pommard, 21200 Bligny-lès-Beaune, tél. 03 80 26 82 88, domaine.guiton@wanadoo.fr V r.-v.

PASCAL HENRY 2012

10 000 | 5 à 8 €

Saint-Cyr-les-Colons est un village situé entre Auxerrois et Chablisien, non loin de Préhy. Céréaliers à l'origine, Pascal et... Pascale Henry y ont créé en 1986 un vignoble qui couvre 15 ha aujourd'hui.

Complexe et bien ouvert, le nez associe minéralité, fruits mûrs et notes briochées. Des arômes que prolonge un palais équilibré, à la fois vif, iodé, minéral et enrobé par une petite rondeur très plaisante. ⧗ 2014-2017 🍷 mousse de saumon

🔑 EARL Pascal Henry, 30, chem. des Fossés, 89800 Saint-Cyr-les-Colons, tél. 03 86 41 44 87, henry.pascalearl@orange.fr V t.l.j. sf jeu. dim. 10h-12h 14h-18h

DOM. JEAN-LUC HOUBLIN
Coulanges-la-Vineuse Cuvée Prestige 2011 ★

5 500 | 8 à 11 €

Jean-Luc Houblin s'installe en 1988 avec 50 ares à Migé, dans le finage de Coulanges-la-Vineuse : plantations puis reprise des vignes familiales, il exploite aujourd'hui 10 ha qu'il vinifie en tranquilles et en effervescents.

Quelques notes fumées accompagnent de gourmandes senteurs de fraise cuite, de cassis et de groseille. À ce nez engageant répond un palais fruité à souhait, souple et onctueux, aux tanins fins et soyeux. Une friandise à croquer dès à présent. ⧗ 2014-2017 🍷 fricandeau

🔑 Dom. Jean-Luc Houblin, 1, passage des Vignes, 89580 Migé, tél. 03 86 41 69 87, contact@houblin.com V t.l.j. sf dim. 8h-19h

JABOULET-VERCHERRE Comtes de Chartogne 2012

50 000 | 11 à 15 €

1834 : Antoine Jaboulet fonde un négoce à Tain-l'Hermitage qu'il étend rapidement à la Bourgogne. 1884 : son fils Henry crée une structure à Beaune, en ajoutant le nom de son épouse (Vercherre) au sien. 2002 : reprise par Louis Max et déménagement à Nuits-Saint-Georges.

Fruits rouges et épices (poivre) composent un bouquet fin et harmonieux. Souple et ronde en attaque, la bouche évolue ensuite vers plus de fermeté et de droiture. Un ensemble de bonne constitution, équilibré et persistant. ⧗ 2014-2019 🍷 entrecôte grillée

🔑 Jaboulet-Vercherre, 6, rue de Chaux, 21700 Nuits-Saint-Georges, tél. 03 80 62 43 01 r.-v.

JANOTSBOS 2012 ★★

6 000 | 11 à 15 €

Cette maison de négoce conduite par Thierry Janots, un Bourguignon issu du monde du vin, et par Richard Bos, un restaurateur néerlandais, s'est installée à Meursault en 2005 d'où elle exporte 80 % de sa production.

Un vin proposé aux coups de cœur pour « sa typicité toute bourguignonne ». Comprenez : un blanc racé, bien contrebalancé entre la fraîcheur des agrumes, la douceur de la poire et le vanillé discret hérité des neuf mois de barrique, au palais ample et intense, à la fois gras et minéral, riche et élancé. ⧗ 2014-2019 🍷 poulet aux écrevisses

🔑 JanotsBos, 2, pl. de l'Europe, 21190 Meursault, tél. 06 21 72 16 92, richard@janotsbos.eu V r.-v.

DOM. LAMY-PILLOT 2012

6 000 | 11 à 15 €

Ce domaine de 15 ha créé en 1973 est une valeur sûre en chassagne et saint-aubin. Il est conduit depuis 1997 par les filles de René Lamy, Florence et Karine, et leurs époux Sébastien Caillat (à la vigne) et Daniel Cadot (au commercial).

Encore assez fermé au nez, ce 2012 nécessite une agitation du verre pour libérer ses arômes de fruits rouges mûrs et de sous-bois. Plus loquace et bien servi par des tanins présents sans dureté, le palais offre du fruit, de la consistance, du volume et un bon équilibre alcool-acidité. ⧗ 2015-2019 🍷 épaule de veau

🔑 Dom. Lamy-Pillot, 31, rte de Santenay, 21190 Chassagne-Montrachet, tél. 03 80 21 30 52, contact@lamypillot.fr V r.-v.

LAROZE DE DROUHIN 2012 ★

3 400 | 8 à 11 €

Une maison de négoce créée en 2008 par Caroline Drouhin, fille de Philippe, qui vient compléter l'offre du domaine familial Drouhin-Laroze. Une belle gamme de vins nuitons, des AOC régionales aux grands crus, vinifiés par le père et sa fille.

Citron et fleurs blanches donnent le ton. Un bouquet frais et élégant auquel répond un palais très équilibré : minéralité et douceur des fruits mûrs, gras et finesse, le tout soutenu par un boisé fondu. Déjà fort aimable, ce vin vieillira bien. ⧗ 2015-2019 🍷 saint-jacques sauce suprême

Laroze de Drouhin, 20, rue du Gaizot, 21220 Gevrey-Chambertin, tél. 03 80 34 31 49, caroline@drouhin-laroze.com V r.-v.

CHRISTOPHE LEPAGE Côte Saint-Jacques 2012 ★

4 200 | 5 à 8 €

Christophe Lepage a repris en 2009 la petite exploitation familiale (2,6 ha) créée en 1970 par ses parents à Champlay, aux portes de Joigny.

20 % du volume en barrique, le reste en cuve. Dans le verre, un vin harmonieux au nez complexe de fraise, de sous-bois, d'épices et de fumé. Une attaque fraîche et fruitée introduit un palais souple et fin plutôt que puissant et tannique, même si la finale montre un peu de fermeté. Une belle composition, pour la table ou la cave. ⧗ 2014-2020 Ÿ rôti de veau ■ 2012 ★ (5 200 b.) : l'un des rares rosés de la sélection, un vin né de pinot gris, frais, intense, généreux en fruit. ⧗ 2014-2015

Christophe Lepage, 9, rue Principale, Grand-Longueron, 89300 Champlay, tél. 03 86 62 05 58, domaine_lepage@yahoo.fr V r.-v.

DOM. LEYMARIE-CECI Cuvée Andrew 2012

1 740 | 8 à 11 €

René Leymarie a acquis en 1969 ce petit domaine de moins de 4 ha établi dans des bâtiments datant de 1626. C'est aujourd'hui son fils Jean-Charles qui est aux commandes de l'exploitation, ainsi que de la maison de négoce en Belgique.

Les fruits rouges, framboise en tête, s'associent aux épices pour composer un bouquet discret mais plaisant. La bouche attaque en souplesse, avant de montrer plus les muscles et de se faire dense et compacte. À attendre pour plus de rondeur. ⧗ 2016-2019 Ÿ pot-au-feu de canard

Leymarie-Ceci, Clos-du-Village, 24, rue du Vieux-Château, 21640 Vougeot, tél. 09 67 19 88 53, leymarie@skynet.be V r.-v.

(B) MADELIN-PETIT Côtes d'Auxerre Les Coudriers 2012 ★

3 000 | 5 à 8 €

Claude Madelin et Dany Petit conduisent depuis 1994 ce petit vignoble de 4,7 ha enclavé dans les vergers de cerisiers et cultivé en bio depuis l'origine.

Au nez, les fruits noirs mûrs voisinent avec la compote de fraises. Un fruité généreux que l'on retrouve avec persistance dans un palais plein, frais et franc en attaque, plus tannique en finale. Un vin de caractère. ⧗ 2016-2020 Ÿ carré de porc

Claude Madelin et Dany Petit, 113, rue Philipponne, 89550 Héry, tél. 03 86 47 87 13, madelin.petit@wanadoo.fr V t.l.j. 9h-19h

DOM. MALTOFF Coulanges-la-Vineuse Cuvée Classic 2012

10 000 | 8 à 11 €

Domaine créé ex nihilo en 1986 par Odile et Jean-Pierre Maltoff qui, grâce à un... jeu à la radio, investissent dans une vigne à Coulanges-la-Vineuse la somme gagnée. Ils se forment, apprennent auprès des « anciens » et se lancent dans l'aventure.

Nez franc et frais de fruits rouges, de bourgeon de cassis et de poivre. Palais gras, concentré, étayé par des tanins fermes, encore sévères en finale. Prometteur. ⧗ 2016-2019 Ÿ colombo de porc

Dom. Maltoff, 20, rue d'Aguesseau, 89580 Coulanges-la-Vineuse, tél. 03 86 42 32 48, contact@maltoff.com V r.-v. 3

LES ESSENTIELLES DE MANCEY 2012

4 000 | 8 à 11 €

Fondée en 1929, la coopérative de Mancey est établie non loin de Tournus et de la Saône. Son terroir occupe la pointe des collines du Mâconnais, où elle mène un important travail de sélection parcellaire.

Un nez fin et fruité agrémenté d'un discret boisé ouvre le bal. En bouche, le vin attaque sur le fruit, puis arrive la vanille, le tout soutenu par des tanins fermes de bonne garde. ⧗ 2015-2019 Ÿ coquelet à la diable

Les Vignerons de Mancey, RN 6, En-Velnoux, BP 100, 71700 Tournus, tél. 03 85 51 71 62, contact@cave-mancey.com V t.l.j. 8h30-12h30 13h30-19h

MANOIR MURISALTIEN DEMESSEY 2012 ★★

3 000 | 8 à 11 €

Structure de négoce acquise en 1992 par Marc Dumont, propriétaire dans le Mâconnais du château de Messey et dans la Côte chalonnaise du domaine de Belleville. C'est dans ses vastes caves que sont élaborés les vins beaunois, nuitons et chalonnais de la maison.

Isabelle Laurand, l'œnologue de la maison, a sélectionné 80 ares de chardonnay pour vinifier cette cuvée d'or pâle au nez discrètement grillé et plus nettement floral (chèvrefeuille, acacia). Le palais se révèle frais et alerte dès l'attaque, souple et fin jusqu'en finale, sans manquer de chair ni de structure. Un vin ample, élégant et parfaitement équilibré. ⧗ 2014-2019 Ÿ poularde forestière

Manoir Murisaltien Demessey, 4, rue du Clos-de-Mazeray, 21190 Meursault, tél. 03 80 21 21 83, vin@demessey.com V r.-v.

Marc Dumont

MARSIGNY 2011 ★

55 000 | 5 à 8 €

Aujourd'hui, 430 vignerons apportent leurs raisins à la cave de Bailly-Lapierre, qui inventa le concept du crémant-de-bourgogne. Auteure de la plus grosse production de bulles de la région, elle propose une vaste gamme de crémants de qualité, qui reposent dans les immenses galeries souterraines d'une ancienne carrière calcaire. Une valeur sûre.

Un chardonnay élaboré par Bailly-Lapierre pour le compte de la cave de Marsigny. Au nez, une belle association du terroir et du cépage (notes minérales, iodées et briochées). En bouche, de l'intensité, du gras, de la structure et de la longueur. Un vin harmonieux et complet. ⧗ 2014-2017 Ÿ escalope de veau à la crème ● Chitry 2011 (50 000 b.) : souple et léger, floral et fruité. ⧗ 2014-2016

Caves Bailly-Lapierre, hameau de Bailly, quai de l'Yonne, 89530 Saint-Bris-le-Vineux, tél. 03 86 53 77 77, nathaliec@bailly-lapierre.fr V r.-v.

DOM. MARSOIF
Épineuil La Croix des Templiers 2013

6 000 | 8 à 11 €

Ce petit domaine de 7,5 ha héberge une ancienne chapelle du XIIe s. qui rappelle que Marsoif (anciennement « Marchesoif ») fut une commanderie templière. La famille Masson y œuvre depuis 1989, avec Raphaël aux commandes depuis 2005.

Quatre mois de cuve pour ce pinot au nez généreux de fruits un rien confiturés et rehaussés de notes poivrées. Une bonne entrée en matière qui se poursuit dans une bouche équilibrée, fraîche, souple et soyeuse. 2014-2017 pâté de canard en croûte

Dom. Marsoif, 10-12, rue du Grand-Courtin, 89700 Serrigny, tél. 06 11 74 24 79, marsoif@marsoif.com V r.-v. Raphaël Masson

DOM. DE MAUPERTHUIS Les Brûlis 2012 ★

8 000 | 5 à 8 €

Installés en Tonnerrois depuis 1992, Laurent et Marie-Noëlle Ternynck conduisent un vignoble de 14 ha. Ils signent des vins très souvent en bonne place dans le Guide, notamment leurs bourgognes d'appellations régionales.

Si le premier nez se livre avec parcimonie, l'aération libère d'alléchants parfums de fruits rouges confiturés. Une attaque fraîche et fruitée ouvre sur un palais rond, charnu, concentré, structuré par des tanins fermes sans rugosité. 2014-2019 pintade rôtie

EARL de Mauperthuis, Civry, 89440 Massangis, tél. 03 86 33 86 24, ternynck@hotmail.com V r.-v. Laurent et Marie-Noëlle Ternynck

LOUIS MAX Beaucharme 2012

60 000 | 11 à 15 €

Maison de négoce fondée en 1859 par Evgueni-Louis Max, émigré de Géorgie. Présidée depuis 2007 par Philippe Bardet, elle dispose, en plus de ses achats de raisins, d'un vignoble en propre de 150 ha à Mercurey et dans les Corbières. Sur les flacons, des étiquettes reconnaissables entre toutes, dessinées par Pierre Le Tan.

Dans le verre, un chardonnay joliment bouqueté (fleurs blanches, fruits secs, léger toasté), souple, fin et frais, plus nerveux en finale, de bonne longueur. 2014-2017 huîtres

Louis Max, 6, rue de Chaux, 21700 Nuits-Saint-Georges, tél. 03 80 62 43 00, louismax@louis-max.fr r.-v.

MOILLARD Tradition 2013 ★

77 000 | 8 à 11 €

Vincent Sauvestre (groupe Béjot) se souvenait d'avoir entendu ses grands-parents épiciers à Nuits-Saint-Georges parler souvent de la maison Moillard : il l'a achetée en 2008, pilotant depuis Meursault la partie négoce et le domaine afférent.

Si le nez reste assez réservé (réglisse et petits fruits à l'aération), le palais se montre plus expansif, autour des épices (clou de girofle) et des fruits, et séduit grâce à son charnu, sa rondeur et sa souplesse. 2014-2019 paupiettes à la bourguignonne

Dom. Moillard, 7, rte de Monthelie, 21190 Meursault, tél. 03 80 21 22 45, contact.france@bejot.com

♥ CHRISTIAN MORIN
Chitry 2012 ★★

9 000 | 5 à 8 €

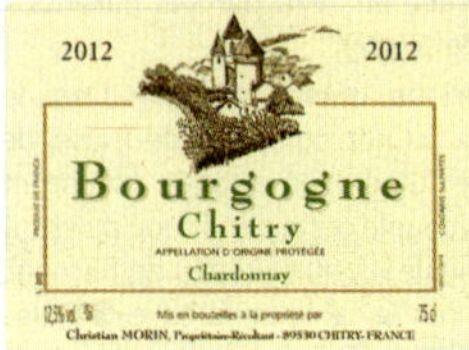

Installés au centre du joli bourg de Chitry-le-Fort dans l'Yonne, les Morin font partie des grandes familles viticoles locales. Ils exploitent 10,5 ha de vignes.

Christian Morin confirme, s'il le fallait, qu'il est un excellent faiseur de blancs. Que ce soit pour ses chablis, ses aligotés ou ses Chitry, il s'illustre avec constance dans le Guide. Ici, un vin d'une grande finesse, au nez discret mais déjà très élégant de fleurs blanches, au palais frais et fringant sans manquer de chair ni de générosité. Un chardonnay épatant, harmonieux et alerte, que l'on appréciera aussi bien jeune que patiné par le temps. 2014-2019 quenelles de brochet

Christian Morin, 17, rue du Ruisseau, 89530 Chitry, tél. 03 86 41 44 10, ch.morin.chitry@orange.fr V r.-v.

♥ OLIVIER MORIN
Chitry Olympe 2012 ★★

20 000 | 8 à 11 €

Ici, on cultive la vigne depuis le XVIIe s. et l'on récolte les étoiles avec une belle constance. Olivier Morin, après dix années dans les médias et la musique, est revenu au domaine familial en 1992, prenant la suite de son père Michel. Il exploite un vignoble de 13 ha dans l'Yonne.

Olympe ? Non pas une ode à la Grèce antique, mais plus prosaïquement le prénom de l'ancienne propriétaire des plus vielles vignes du domaine. Et pourtant... « Divin », lit-on sur les fiches des dégustateurs. Un seyant jaune d'or habille ce vin. Le nez à la fois intense, mûr et délicat, évoque le coing, l'abricot sec, le miel, les fleurs jaunes... Le palais ? Ample, consistant, rond, gras sans lourdeur, stimulé par une vivacité bien ajustée. Un « nectar » des plus harmonieux. 2014-2017 ris de veau à la crème Chitry Vau du Puits 2012 ★ (6 000 b.) : riche, ample, généreux et bien structuré par les tanins du bois et du raisin. 2015-2019

Olivier Morin, 2, chem. de Vaudu, 89530 Chitry, tél. 03 86 41 47 20, morin.chitry@orange.fr V r.-v.

SYLVAINE & ALAIN NORMAND Esus 2012 ★

3 000 | 8 à 11 €

Alain Normand s'est installé en 1993 à la tête de 13 ha. En 2010, le domaine s'agrandit considérablement avec le vignoble du père de Sylvaine, passant à 32 ha de

vignes répartis sur Solutré, Chaintré, Prissé et La Roche-Vineuse.

Ésus ? Une déesse celte de la terre et de la végétation, qui semble avoir veillé sur les ceps cinquantenaires à l'origine de ce vin. Le nez, persistant, mêle fruits rouges et notes de sous-bois. La bouche se révèle ample, dense, longue et bien épaulée par des tanins fermes et aptes à la garde. ⧗ 2016-2021 🍷 canard rôti

Sylvaine et Alain Normand, chem. de la Grange-du-Dîme, 71960 La Roche-Vineuse, tél. 03 85 36 61 69, vins@domaine-normand.com V r.-v.

ANTOINE ET RACHEL OLIVIER Les 2 Dindes 2012

| 15 000 | | 11 à 15 € |

Ce domaine familial (11 ha en bio sans certification) créé dans les années 1960 s'est spécialisé dans l'élaboration de vins blancs, sans négliger les rouges pour autant. Il a développé en 2005 une activité de négociant-éleveur pour compléter son offre.

Les douze mois de fût ont laissé une empreinte discrète dans ce vin. On retrouve ainsi au nez un boisé léger en complément des fleurs blanches et des agrumes. Le palais, vif et persistant, y ajoute de jolies notes d'ananas et de minéralité. Un vin rectiligne et alerte. ⧗ 2014-2018 🍷 truite meunière

Antoine et Rachel Olivier, 3, rte de Chassagne, 21590 Santenay, tél. 03 80 20 61 35, domaineolivier@orange.fr V r.-v.

PASCAL PAUGET
Terroir de Tournus Annacampis 2012 ★

| 6 000 | | 11 à 15 € |

Pascal et Sylvie Pauget sont installés depuis 1992 à proximité de Tournus, célèbre pour son abbaye romane. Ils exploitent en agriculture biologique un petit vignoble de 6 ha situé de part et d'autre de la Saône sur des coteaux argilo-calcaires.

Cette cuvée déploie un nez complexe mêlant les fruits rouges à quelques notes florales et animales. En bouche, elle affiche un bel équilibre autour d'un fruité charnu et de tanins fins. ⧗ 2014-2019 🍷 rôti de bœuf

Pascal Pauget, Les Crets, 71700 Ozenay, tél. 03 85 32 53 15, pauget.pascal@wanadoo.fr V r.-v.

L'ŒUVRE DE PERRAUD Les Forêts 2012 ★★

| n.c. | | 11 à 15 € |

Après des études au lycée agricole de Mâcon-Davayé, Jean-Christophe Perraud s'installe sur l'exploitation familiale, alors adhérente à la cave coopérative. Aux commandes depuis 2008, il vinifie désormais dans son nouveau chai les 30 ha que compte le domaine.

Ce nouveau chapitre de l'œuvre de Perraud séduira sans nul doute les lecteurs. En introduction, une belle complexité autour de la prune, des fruits rouges et du sous-bois. La suite est savoureuse, associant délicatesse des tanins et souplesse de la chair, le tout souligné d'un boisé léger. En conclusion, un vin très harmonieux, fin et accorte. ⧗ 2014-2019 🍷 rôti de veau aux girolles

Dom. Perraud, Nancelle, 71960 La Roche-Vineuse, tél. 03 85 32 95 12, domaineperraud@gmail.com V r.-v.

♥ CH. PERRUCHOT 2012 ★★

| 7 800 | | 8 à 11 € |

En 1804, les frères Claude et Jean Prieur acquièrent le Ch. Perruchot à Santenay, qui devient Prieur-Brunet en 1955. Leurs descendants Dominique Prieur-Uny et son fils Guillaume exploitent aujourd'hui un vignoble de 20 ha en Côte de Beaune, auquel est adossée une maison de négoce.

Paré d'une robe or pâle et limpide, ce chardonnay déploie un superbe bouquet de fleurs blanches (chèvrefeuille) souligné par une fine minéralité. Des sensations délicates que l'on retrouve dans un palais parfaitement équilibré, à la fois suave, riche, corpulent et doté d'une grande fraîcheur que renforce une longue finale minérale et citronnée. ⧗ 2014-2019 🍷 risotto de saint-jacques

G. Prieur, Ch. Perruchot, Santenay-le-Haut, 21590 Santenay, tél. 03 80 21 23 92

ROMUALD PETIT Héritage 2012

| 1 200 | | 8 à 11 € |

Après des études de « viti-œno » qui l'ont conduit dans différents vignobles en France, Romuald Petit revient en 2005 sur ses terres du Mâconnais pour créer un domaine couvrant aujourd'hui 12 ha (8 ha à Saint-Vérand et 4 ha à Morgon).

Un boisé léger aux accents vanillés accompagne un fruité frais. À ce nez engageant répond une bouche vive, tonique, et bien équilibrée, offrant le même mariage boisé-raisin. ⧗ 2014-2017 🍷 gratin de poisson

Romuald Petit, Les Dîmes, 71570 Saint-Vérand, tél. 06 61 14 94 99, contact@romualdpetit.fr V t.l.j. sf dim. 8h-20h

JEAN-MICHEL ET LAURENT PILLOT 2012

| n.c. | | 8 à 11 € |

Les frères Pillot incarnent la cinquième génération de vignerons sur ce domaine de 19 ha implanté à Mellecey, au sud de Mercurey.

Cassis et sa version bourgeon, griotte, quelques notes grillées, voilà pour le nez. La bouche ? Même fruité croquant, du charnu, de la rondeur, de la générosité, le tout soutenu par des tanins souples. ⧗ 2014-2017 🍷 chou farci

Dom. Jean-Michel et Laurent Pillot, 47, rue des Vendangeurs, 71640 Mellecey, tél. 03 85 45 20 48, domaine.pillot@club-internet.fr V r.-v.

JEAN-CLAUDE REGNAUDOT ET FILS 2012 ★

| 1 800 | | 5 à 8 € |

Installés au cœur du village de Dezize, Jean-Claude et Didier Regnaudot cultivent avec talent 6,5 ha de vignes entre les Maranges et Santenay. Leurs vins parlent pour eux : le domaine a plusieurs coups de cœur à son actif.

Un fruité généreux (confiture de fraises, bigarreau mûre) souligné par une touche plus fraîche de silex ouvre le bal. En bouche, on découvre un bourgogne concentré, corpulent, tannique, offrant une belle mâche. Un vin sérieux et carré, qui a besoin de temps. ⧗ 2016-2020 🍴 côte de bœuf

🔑 Jean-Claude Regnaudot et Fils, 6, Grande-Rue, 71150 Dezize-lès-Maranges, tél. 03 85 91 15 95, regnaudot.jc-et-fils@orange.fr V r.-v.

REINE PÉDAUQUE 2012 ★

	47 492		11 à 15 €

La Reine Pédauque est une signature historique de la Maison Corton André, vénérable maison de négoce-élevage installée à Aloxe-Corton depuis 1923 et propriété depuis 2003 du groupe Ballande. Elle bénéficie du suivi œnologique de Ludivine Griveau.

Bien composé de bout en bout, ce 2012 s'ouvre sur un nez délicat de fleurs blanches, de pêche et d'agrumes. Une palette harmonieuse et persistante que l'on retrouve dans une bouche souple et très équilibrée, à la fois vive et dynamique, sans manquer de rondeur ni de gras. ⧗ 2014-2017 🍴 jambon persillé

🔑 Reine Pédauque, 3, rue des Vercots, 21420 Aloxe-Corton, tél. 03 80 25 00 00, contact@reine-pedauque.com 🔑 André Corton

DOM. DES REMPARTS Côtes d'Auxerre 2012 ★★

	22 000		5 à 8 €

À Saint-Bris-le-Vineux, un Sorin peut en cacher un autre. Ici, nous sommes chez Patrick, Jean-Marc et Thomas Sorin issus d'une longue lignée de vignerons et conduisant une belle unité de 40 ha.

Ce pinot élevé neuf mois en cuves s'annonce avec élégance et originalité à l'olfaction : aux classiques fruits rouges s'associent des nuances plus atypiques d'amande douce et de fleur d'oranger, puis viennent quelques notes animales et de sous-bois. En bouche, on croque dans le fruit ; l'amande est toujours présente, avec discrétion, et la trame tannique est fine et soyeuse. Un vin complexe, généreux et bien structuré. ⧗ 2015-2019 🍴 coq au vin

🔑 EARL Dom. des Remparts, 6, rte de Champs, 89530 Saint-Bris-le-Vineux, tél. 03 86 53 33 59, contact@domaine-des-remparts.com V t.l.j. sf dim. 9h-12h 14h-18h 🔑 Sorin

DOM. DE ROCHEBIN 2013 ★

	10 000		5 à 8 €

Domaine familial situé non loin de Cluny et transmis de père en fils depuis 1921. Michaël Marillier s'installe en 2004 après son père ; Laurent Chardigny le rejoint en 2008. Ils se partagent la conduite des 52 ha, l'un à la vigne, l'autre en cave.

Au nez, des arômes de fruits exotiques, d'abricot et d'agrumes mûrs, agrémentés de nuances florales. La même sensation de maturité se dégage du palais, où le vin se montre gras, rond, gourmand, équilibré par une fine acidité. ⧗ 2014-2018 🍴 blanquette de lotte

🔑 SCEV Dom. de Rochebin, En Normont, 71260 Azé, tél. 03 85 33 33 37, domaine-de-rochebin@orange.fr V r.-v.

DOM. ROYET Authentique 2012

	1 945		8 à 11 €

Jean-Claude Royet a repris en 2005 le domaine familial créé en 1964 et entièrement replanté entre 1999 et 2002. Le vignoble couvre aujourd'hui 12 ha sur les coteaux escarpés au pied du château de Couches.

Agrumes, fleurs blanches, noisette, touche minérale, le nez offre une bonne complexité. Une attaque vive et alerte prélude à un palais riche, rond, onctueux et plein, souligné par un léger toasté. Un ensemble équilibré. ⧗ 2014-2018 🍴 escalope de veau à la crème

🔑 Dom. Royet, Combereau, 71490 Couches, tél. 03 85 49 64 01, scev.domaine.royet@wanadoo.fr V t.l.j. sf dim. 9h-12h 14h-18h

DOM. SAINT-PANCRACE Côtes d'Auxerre La Côte d'or 2012 ★

	2 500		5 à 8 €

Xavier Julien, l'un des rares vignerons installés à Auxerre, a planté ses premiers ceps en 1996 et il exploite aujourd'hui 4,5 ha de vignes. Le domaine tient son nom d'une tour fortifiée du chef-lieu, propriété de la famille.

De l'élevage de treize mois en fûts de deux à huit ans, il ne reste aucune empreinte, et c'est le fruit (rouge et frais) qui mène la danse de bout en bout. Ajoutez à cela un palais souple, léger, aux tanins fins et élégants, et vous obtenez un bourgogne friand à souhait à boire jeune, apte aussi à un peu de garde. ⧗ 2014-2018 🍴 saucisson chaud

🔑 Dom. Saint-Pancrace, 17, rue Rantheaume, 89000 Auxerre, tél. 03 86 51 69 71, domaine.saintpancrace@wanadoo.fr V r.-v. 🔑 Xavier Julien

FRANCINE ET OLIVIER SAVARY Épineuil 2012 ★

	3 500		5 à 8 €

Installés dans le Chablisien en 1984 sur un domaine de poche (1 ha), Francine et Olivier Savary conduisent aujourd'hui un coquet vignoble de 20 ha.

La densité de la robe annonce un bouquet riche de petits fruits compotés accompagnés d'une touche animale. Le palais se révèle concentré et vigoureux, soutenu jusqu'en finale par une fine vivacité. Prometteur. ⧗ 2016-2020 🍴 gigot d'agneau

🔑 Dom. Savary, 4, chem. des Hâtes, 89800 Maligny, tél. 03 86 47 42 09, f.o.savary@orange.fr V t.l.j. 9h-12h 14h-17h30

SIMONNET-FEBVRE Épineuil 2012 ★★

	10 100	5 à 8 €

Reprise en 2003 par Louis Latour, cette maison de négoce-élevage fondée en 1840 est une référence dans le Chablisien ; elle est dirigée aujourd'hui par Jean-Philippe Archambaud. Une solide renommée qui dépasse largement les frontières de la France, 85 % de la production partant à l'export.

Œil, nez, bouche, tout est en place ici. La robe est d'un beau rouge cerise limpide et brillant. L'olfaction « pinote » à souhait autour de la griotte rehaussée d'une note poivrée. Le palais se révèle frais et délicat, finement tannique et long. Un bel exemple de l'élégance icaunaise. ⧗ 2015-2020 🍴 chapon aux girolles

🔑 Simonnet-Febvre, 30, rte de Saint-Bris, 89530 Chitry-le-Fort, tél. 03 86 98 99 00, contact@simonnet-febvre.com V t.l.j. sf dim. lun. 10h-12h30 14h-18h30, sur r.-v. hors saison 🔑 Louis Latour

♥ PHILIPPE SORIN
Côtes d'Auxerre 2012 ★★

■ | 5 000 | 5 à 8 €

C'est depuis un ancien relais de poste du XVIIIe s., qui aurait accueilli des hôtes illustres (Casanova, Napoléon, Dumas), que les Sorin – Philippe et depuis 2008, son fils Romain – issus d'une longue lignée de vignerons (1577) commandent leurs 20 ha de vignes.

Cannelle pour l'un, clou de girofle pour l'autre, poivre pour un troisième, une constante : les épices. La cerise est aussi de la partie, sans conteste. Voilà pour le nez, fort accorte et bien typé pinot. La bouche ? Une attaque tout en souplesse, du fruit et des épices toujours et encore, des tanins ronds, soyeux, délicats, et une longue finale sur de beaux amers. Un vin très élégant et harmonieux. ⧗ 2014-2020 🍷 rôti de veau en croûte

Romain Sorin, 12, rue de Paris, 89530 Saint-Bris-le-Vineux, tél. 03 86 53 60 76, romain@maitre2poste.fr V t.l.j. 8h-20h

DOM. SORIN-COQUARD
Côtes d'Auxerre 2012 ★

■ | 18 000 | 5 à 8 €

Ce domaine familial associe le Bourguignon Paul Sorin et son épouse Christine, viticultrice champenoise, installés en 1999 à la tête d'un vignoble de 23,1 ha.

Ce chardonnay respire la fraîcheur de bout en bout. Au nez, des notes minérales et iodées. En bouche, même sensation de vivacité « terroitée », laquelle confère à ce vin beaucoup de dynamisme et une belle allonge. Un ensemble équilibré, alerte et élégant. ⧗ 2014-2018 🍷 huîtres ■ Côtes d'Auxerre 2012 ★ (37 000 b.) : un vin frais, fruité, épicé et réglissé, aux tanins doux et fondus. ⧗ 2014-2019

EARL Sorin-Coquard, 17, rue de Grisy, 89530 Saint-Bris-le-Vineux, tél. 03 86 53 37 76, domaine.sorin.coquard@wanadoo.fr V t.l.j. sf dim. 9h-12h 14h-19h

DOM. SORIN DE FRANCE
Côtes d'Auxerre 2012 ★

■ | 43 000 | 5 à 8 €

Les Sorin exploitent la vigne depuis 1577. Jean-Michel Sorin et son épouse Madeleine De France, installés depuis 1965 sur le domaine familial, ont passé le relais à leurs deux fils qui conduisent 40 ha de vignes.

Après deux coups de cœur consécutifs pour leur Côtes d'Auxerre rouge, les Sorin signent un 2012 qui, sans atteindre les mêmes sommets, présente de bons arguments. Au nez, un bon fruité de cerise mûre agrémenté d'une touche plus sauvage. En bouche, du fruité toujours, de la fraîcheur et une structure solide. Un vin déjà agréable et bâti pour bien évoluer. ⧗ 2014-2019 🍷 tournedos de canard

Dom. Sorin De France, 11 bis, rue de Paris, 89530 Saint-Bris-le-Vineux, tél. 03 86 53 32 99, sorin@domainesorindefrance.com V t.l.j. sf dim. 9h-12h 14h-18h30

DOM. LAURENT SOUNIT 2013 ★

■ | 16 000 | 8 à 11 €

Ce domaine de la Côte chalonnaise est dans le giron des activités de Vincent Sauvestre à Meursault (groupe Béjot). Ses rully et ses bourgogne-aligoté sont régulièrement sélectionnés dans ces pages.

Fruits rouges et noirs composent un bouquet discret mais fin. Le palais attaque avec rondeur et souplesse, avant de montrer un peu plus les muscles jusqu'en finale. Un vin solide, carré, bien en place pour la garde. ⧗ 2015-2020 🍷 rosbif

Dom. Roland Sounit, 7, rte de Monthelie, 21190 Meursault, tél. 03 80 21 22 45, contact.france@bejot.com

THÉVENET & FILS Buissières Les Clos 2012 ★

■ | 12 480 | 5 à 8 €

Le grand-père paternel créa l'exploitation en 1952. Installé en 1971, le père Jean-Claude fit prospérer le domaine pour le porter de 3 à 30 ha en 2008 (année de son décès). Ses fils Benjamin, Jonathan et Aurélien sont désormais aux commandes.

Un bouquet fin de fruits rouges ouvre la dégustation. Suivant la même ligne aromatique, le palais plaît par son volume, son charnu et sa rondeur caressante. Un vin gourmand. ⧗ 2014-2018 🍷 paupiettes de veau à la tomate

Vignobles Thévenet et Fils, Le Bourg, 200, rte de Serrières, 71960 Pierreclos, tél. 03 85 35 72 21, thevenetetfils@orange.fr t.l.j. 7h30-12h 13h30-18h; sam. dim. sur r.-v.

L. TRAMIER & FILS Tiserny 2012 ★

■ | 20 000 | 5 à 8 €

Fondée en 1842, cette maison dirigée par Laurent Dufouleur est aujourd'hui le dernier négoce-élevage de Mercurey. Outre des vins de la Côte Chalonnaise, elle en propose aussi de toute la Bourgogne, du Beaujolais ainsi que de la vallée du Rhône.

Équilibre est le maître-mot de ce chardonnay né de ceps de trente ans. Au nez, une bonne intensité, autour des fruits frais et des fleurs blanches. En bouche, de la rondeur, du gras et une juste vivacité en soutien. ⧗ 2014-2017 🍷 pochouse

Tramier et Fils, rue de Chamerose, 71640 Mercurey, tél. 03 85 45 10 83, info@maison-tramier.com V t.l.j. sf dim. 9h-12h 14h-18h; f. 3 sem. en août

CH. DU VAL DE MERCY Chitry 2012 ★

■ | 3 800 | 5 à 8 €

En 1680, les vins étaient produits par le clos du château du Val de Mercy. Établi à Chitry, le nouveau propriétaire du domaine (30 ha) perpétue la tradition viticole au-delà de ses terres pour fournir des vins du Chablisien, de l'Auxerrois et de la Côte de Beaune.

Beurre frais, rose, fleurs blanches, c'est avec délicatesse que s'annonce ce chardonnay bien sous tous rapports. Le palais se montre rond, gras, soyeux, adouci par une touche miellée et vivifié par la fraîcheur des agrumes. Un vin flatteur et équilibré. ⧗ 2014-2018 🍷 sandre au beurre blanc

Ch. du Val de Mercy, 8, promenade du Tertre, 89530 Chitry, tél. 03 86 41 48 00, roy@valdemercy.com V r.-v.

ALAIN VIGNOT
Côte Saint-Jacques Les Ronces 2012 ★

■ | 21 000 | | 8 à 11 €

Viticulteur du Jovinien, tout au nord du vignoble bourguignon, Alain Vignot a confié en 2008 les rênes du domaine à son fils Julien qui conduit un domaine de 12,3 ha, dont 10 sont consacrés à la Côte Saint-Jacques.

Sur ce beau terroir d'argiles à silex de la Côte Saint-Jacques, le pinot noir du domaine donne souvent du bon. Ici, un 2012 généreusement bouqueté autour de la cerise mûre, rond et charnu en bouche, concentré sans excès, bien servi par la fraîcheur et par des tanins fins. La finale sur les fruits rouges avec un soupçon d'épices conclut la dégustation de belle manière. ⧗ 2014-2019 ♈ coq au vin

Dom. Alain Vignot, 16, rue des Prés, 89300 Paroy-sur-Tholon, tél. 03 86 91 03 06, alain-vignot@wanadoo.fr V t.l.j. 9h-12h 14h-19h

COTEAUX BOURGUIGNONS

• Superficie : 120 ha • Production : 5 000 hl (75 % rouge et rosé)

Cette appellation, qui signifiait le « bourgogne du dimanche », tombe en désuétude en raison de son nom devenu peu commercial. À la base de la hiérarchie des AOC bourguignonnes, elle s'étend sur l'ensemble de la Bourgogne viticole et produit des rouges, des clairets, des rosés et des blancs. Elle peut faire appel à tous les cépages de la région, y compris des variétés locales en voie de disparition comme le tressot et le melon (le cépage du muscadet). En blanc, les principaux sont le chardonnay et l'aligoté ; en rouge et en rosé, le pinot noir et surtout le gamay.

BOUCHARD AÎNÉ FILS Réserve n° 101 2011

■ | 10 000 | | 8 à 11 €

Dans le groupe Boisset depuis 1992, ce négoce beaunois a été fondé en 1731 par Michel Bouchard et son fils aîné Joseph. Dans l'ancien hôtel du conseiller du Roy (XVIIIe s.) sont entreposés les fûts d'élevage de cette maison historique qui propose une large gamme de vins de toute la Bourgogne, mais aussi du Beaujolais et du Rhône.

Le seul représentant cette année de la dernière-née des AOC bourguignonnes. Un vin au nez expressif de fruits rouges agrémentés de nuances de sous-bois, au palais souple en attaque, plus soutenu et tannique dans son développement. ⧗ 2015-2017 ♈ cailles rôties

Bouchard Aîné et Fils, 4, bd du Mal-Foch, 21200 Beaune, tél. 03 80 62 61 00, dupre.a@bouchard-aine.fr V r.-v.

BOURGOGNE-ALIGOTÉ

• Superficie : 1 590 ha • Production : 96 000 hl

Le cépage aligoté donne des vins plus vifs et plus précoces que le chardonnay, mais le terroir influe sur lui autant que sur les autres cépages. Il y a ainsi autant de profils d'aligotés que de zones où on les élabore. Les aligotés de Pernand étaient connus pour leur souplesse et leur nez fruité (avant de céder la place au chardonnay) ; ceux des Hautes-Côtes sont recherchés pour leur fraîcheur et leur vivacité ; ceux de Saint-Bris dans l'Yonne semblent emprunter au sauvignon quelques traces de sureau, sur des saveurs légères.

Le bourgogne-aligoté constitue un excellent vin d'apéritif. Associé à de la liqueur de cassis, il devient alors le célèbre « kir ». L'appellation a trouvé ses lettres de noblesse dans le petit village de Bouzeron près de Chagny (Saône-et-Loire), où elle est devenue en 2001 une appellation *village*.

CHRISTOPHE AUGUSTE 2013 ★★

■ | 25 000 | | 5 à 8 €

Christophe Auguste, qui se distingue régulièrement dans ces pages, notamment avec ses bourgognes Coulanges-la-Vineuse, conduit un beau vignoble de 28 ha.

Le nez, à la fois intense, délicat et complexe, mêle les fleurs blanches, le zeste d'agrumes et les fruits exotiques (kiwi). La bouche ? Souple et dynamique, minérale et fruitée (agrumes). Un aligoté aérien et tonique, bien typé en somme. ⧗ 2014-2017 ♈ plateau de fruits de mer

SCEA Christophe Auguste, 55, rue André-Vildieu, 89580 Coulanges-la-Vineuse, tél. 03 86 42 35 04, scea-christophe.auguste@orange.fr V r.-v.

CAVES BAILLY-LAPIERRE 2012 ★

■ | 60 000 | | 5 à 8 €

Aujourd'hui, 430 vignerons apportent leurs raisins à la cave de Bailly-Lapierre, qui inventa le concept du crémant-de-bourgogne. Auteure de la plus grosse production de bulles de la région, elle propose une vaste gamme de crémants de qualité, qui reposent dans les immenses galeries souterraines d'une ancienne carrière calcaire. Une valeur sûre.

Si l'on connaît bien les fines effervescences de la cave, ses aligotés fréquentent moins souvent ce chapitre. Ici, une version très réussie : un peu de timidité au nez, puis du fruit et des fleurs à l'aération, une bouche ample, bien balancée entre rondeur et vivacité, et agrémentée en finale d'une noble amertume. ⧗ 2014-2017 ♈ flan d'asperges

Caves Bailly-Lapierre, hameau de Bailly, quai de l'Yonne, 89530 Saint-Bris-le-Vineux, tél. 03 86 53 77 77, nathaliec@bailly-lapierre.fr V r.-v.

P.-L. ET J.-F. BERSAN 2012 ★★

■ | n.c. | | 5 à 8 €

Ce jeune domaine, aussi maison de négoce, a été créé en 2010 par Pierre-Louis Bersan et son père Jean-François, issus d'une famille présente à Saint-Bris depuis... 1453. Leurs vins fréquentent régulièrement ces pages.

C'est un bouquet intense de fleurs blanches qui ouvre la dégustation de cet aligoté pâle et limpide. En bouche, le vin se révèle généreux, rond, soyeux, porté par une fine vivacité. Un ensemble des plus harmonieux. ⧗ 2014-201 ♈ cassolettes de fruits de mer

Dom. P.-L. et J.-F. Bersan, 5, rue du Dr-Tardieux, 89530 Saint-Bris-le-Vineux, tél. 03 86 53 07 22, domainejfetplbersan@orange.fr V t.l.j. 8h30-12h 13h30-18h ; dim. sur r.-v.

CHRISTINE, ÉLODIE ET PATRICK CHALMEAU 2012 ★

	11 500		5 à 8 €

Patrick Chalmeau a repris en 1977, avec son épouse Christine, les quelques arpents plantés par son grand-père vers 1945, devenus 17 ha entre-temps. Leur fille Élodie les a rejoints en 2010 sur ce domaine souvent en vue pour ses blancs de Chitry.

Discret à l'olfaction – quelques notes florales percent à l'aération –, ce vin séduit avant tout par son palais riche, soyeux, long et bien soutenu par la fraîcheur attendue d'un aligoté. ⧗ 2014-2017 ▼ terrine de poisson

Christine, Élodie et Patrick Chalmeau, 76, rue du Ruisseau, 89530 Chitry, tél. 03 86 41 43 71, contact@chalmeau-chitry.com V r.-v.

EDMOND CHALMEAU & FILS 2012 ★★

	9 400		5 à 8 €

Une ancienne famille vigneronne installée au cœur de Chitry : Franck Chalmeau a pris la suite de son père Edmond en 1991, avant d'être rejoint par son frère Sébastien. Un domaine passé peu à peu de la polyculture à la seule viticulture (18 ha) et devenu une référence pour ses chitry blancs.

Le coup de cœur fut mis aux voix pour cet aligoté au grand équilibre. L'aération libère les fruits blancs, les agrumes et les fleurs jaunes. Le palais offre un subtil mariage de l'intensité, de la rondeur, de la générosité et de cette vivacité si caractéristique des aligotés. ⧗ 2014-2017 ▼ escalope de veau à la sauge

Edmond Chalmeau et Fils, 20, rue du Ruisseau, 89530 Chitry-le-Fort, tél. 03 86 41 42 09, domaine.chalmeau@wanadoo.fr V r.-v.

DOM. MICHEL COLBOIS 2012

	8 000		5 à 8 €

Rejoint en 2009 par son fils Benjamin, Michel Colbois est établi depuis 1970 à Chitry-le-Fort. Ses blancs sont souvent en bonne place dans le Guide, qu'ils proviennent du chardonnay ou de l'aligoté.

Menthe, verveine, touches d'agrumes, c'est par des nuances délicates et discrètes que s'ouvre ce 2012. Même réserve et même finesse en bouche où l'équilibre penche, légèrement, vers le gras. Une version légère et aérienne de l'aligoté. ⧗ 2014-2017 ▼ salade de chèvre chaud

EARL Dom. Colbois, 69, Grande-Rue, 89530 Chitry, tél. 03 86 41 43 48, contact@colbois-chitry.com V t.l.j. 8h30-12h 13h30-18h; dim. sur r.-v.

PHILIPPE DEFRANCE 2012

	1 400		5 à 8 €

Un domaine (18,5 ha) établi à Saint-Bris depuis plusieurs générations et conduit par Philippe Defrance depuis 1980. Ses caves voûtées des XIIe et XIII[e]s. méritent le détour, ses vins, d'une réelle constance, aussi.

Agrumes, kiwi, pêche de vigne, fleurs blanches, notes minérales, le bouquet de cet aligoté est des plus engageants. Ronde et grasse sans manquer de fraîcheur, la bouche reste dans le ton. Un vin mûr et harmonieux. ⧗ 2014-2017 ▼ andouille de Vire

Philippe Defrance, 51, rue du Four, 89530 Saint-Bris-le-Vineux, tél. 03 86 53 39 04, ph.defrance89@orange.fr V r.-v.

DOM. FONTAINE DE LA VIERGE 2013

	10 000		5 à 8 €

Sa mère était coiffeuse, son père peintre en bâtiment ; ils ont repris une petite vigne (4,5 ha) en 1983. Clément Biot, qui a été à bonne école, à celle de William Fèvre à Chablis, a pris la suite en 2007, conduisant 14 ha aujourd'hui.

Au nez, des fleurs blanches et des fruits exotiques. La pêche et quelques nuances beurrées complètent cette jolie palette dans une bouche souple et équilibrée. ⧗ 2014-2017 ▼ apéritif

Clément Biot, 5, chem. des Fossés, 89530 Chitry, tél. 03 86 41 42 79, contact@biot-chitry.com V t.l.j. 9h-12h 14h-19h

♥ OLIVIER GARD Vieilles Vignes 2011 ★★

	4 176		5 à 8 €

Installé en 1990, Manuel Olivier a commencé par cultiver les vignes et petits fruits dans les Hautes-Côtes de Nuits. Aujourd'hui spécialisé, il exploite un vignoble de 11 ha, complété depuis 2007 par une structure de négoce qui lui a permis de mettre un pied en Côte de Beaune.

Ces vieux ceps d'aligoté ont précisément trente-six ans. Après seize mois en cuve, leurs fruits ont donné un vin très expressif, floral, un rien miellé, quelques notes de coing en complément. Une complexité que ne renie pas un palais ample et fruité (agrumes, coing à nouveau, nuances minérales), parfaitement équilibré entre une fine acidité bien typée et un côté crémeux des plus gourmands. En finale, une noble amertume apporte un supplément d'âme et de longueur. ⧗ 2014-2017 ▼ terrine aux deux saumons

Dom. Manuel Olivier, 7, rue des Grandes-Vignes, hameau de Corboin, 21700 Nuits-Saint-Georges, tél. 03 80 62 39 33, contact@domaine-olivier.com V t.l.j. 9h-12h 14h-19h

DOM. ANNE ET ARNAUD GOISOT 2012 ★

	15 000		5 à 8 €

Installé depuis 1981 à Saint-Bris dans une maison bourgeoise du XIX[e]s. au milieu d'un parc arboré, ce couple de vignerons est aujourd'hui à la tête de 22 ha et s'illustre régulièrement avec ses côtes-d'auxerre.

« Un aligoté bien typé Saint-Bris », affirme un juré ; bien vu, celui-ci est bien né dans l'Yonne. Au nez, des senteurs florales caractéristiques (aubépine, sureau). En bouche, mêmes sensations aromatiques, de la générosité, de la finesse et un bel équilibre. ⧗ 2014-2017 ▼ escargots de Bourgogne

Dom. Anne et Arnaud Goisot, 4 bis, rte de Champs, 89530 Saint-Bris-le-Vineux, tél. 03 86 53 32 15, aa.goisot@wanadoo.fr V t.l.j. sf dim. 8h30-12h 13h30-19h

BOURGOGNE

GUILHEM ET JEAN-HUGUES GOISOT
L'Empreinte du terroir 2012 ★★

15 000 | 5 à 8 €

Une valeur sûre de l'Auxerrois que ce domaine, ancienne place forte de Saint-Bris abritant un corps de garde. Jean-Hugues Goisot et son fils Guilhem exploitent en biodynamie, un vignoble de 28 ha, et élèvent leurs vins dans de vénérables caves des XIe et XIIes.

Intense et expressif, cet aligoté s'ouvre sans réserve sur les fruits blancs et exotiques, les agrumes, la pivoine ou encore le beurre frais. Une complexité aromatique prolongée par un palais ample, rond, gras sans mollesse, émoustillé jusqu'en finale par une fine vivacité minérale et citronnée. 2014-2017 poisson aux agrumes

Guilhem et Jean-Hugues Goisot, 30, rue Bienvenu-Martin, 89530 Saint-Bris-le-Vineux, tél. 03 86 53 35 15, domaine.jhg@goisot.com V r.-v.

DOM. GOUFFIER En Rateaux 2012

2 000 | 5 à 8 €

Ayant appartenu à la famille Gouffier pendant plus de deux cents ans, ce petit domaine de 5,5 ha a été repris en 2011 par Frédéric Gueugneau, ancien directeur administratif de la cave coopérative La Chablisienne.

Plus souvent en vue pour ses mercurey ou ses bourgogne-côtes-chalonnaises, ce domaine propose un aligoté de belle tenue né de ceps de plus de cinquante ans plantés sur les sols argilo-limoneux du lieu-dit Les Buttes-du-Soleil. Au nez, du citron et des fruits un rien confits, des notes de tilleul et de poivre blanc aussi. En bouche, un équilibre penchant plutôt vers le gras que l'acide. 2014-2016 comté

Dom. Gouffier, 11, Grande-Rue, 71150 Fontaines, tél. 06 47 00 01 04, domaine@domainegouffier.fr V r.-v. Frédéric Gueugneau

MOILLARD 2013

96 000 | 8 à 11 €

Vincent Sauvestre (groupe Béjot) se souvenait d'avoir entendu ses grands-parents épiciers à Nuits-Saint-Georges parler souvent de la maison Moillard : il l'a achetée en 2008, pilotant depuis Meursault la partie négoce et le domaine afférent.

Matthieu Carrara, l'œnologue du groupe Béjot, a sélectionné 13,5 ha d'aligoté pour élaborer cette cuvée d'un bon classicisme. Robe pâle et légère, nez typé de fleurs blanches et d'agrumes, bouche bien fruitée, vive sans agressivité. 2014-2016 salade crevettes-avocat

Dom. Moillard, 7, rte de Monthelie, 21190 Meursault, tél. 03 80 21 22 45, contact.france@bejot.com

OLIVIER MORIN 2012 ★★

15 000 | 5 à 8 €

Ici, on cultive la vigne depuis le XVIIes. et l'on récolte les étoiles avec une belle constance. Olivier Morin, après dix années dans les médias et la musique, est revenu au domaine familial en 1992, prenant la suite de son père Michel. Il exploite un vignoble de 13 ha dans l'Yonne.

Né de ceps de quarante ans, cet aligoté se présente dans une seyante robe jaune clair et brillant, le nez empreint de senteurs d'amande douce. Les mêmes sensations tapissent longuement un palais riche sans lourdeur, stimulé par une belle minéralité. Beaucoup d'équilibre dans ce vin. 2014-2016 jambon persillé

Olivier Morin, 2, chem. de Vaudu, 89530 Chitry, tél. 03 86 41 47 20, morin.chitry@orange.fr V r.-v.

CHRISTIAN MORIN 2012

5 000 | 5 à 8 €

Installés au centre du joli bourg de Chitry-le-Fort dans l'Yonne, les Morin font partie des grandes familles viticoles locales. Ils exploitent 10,5 ha de vignes.

« Nous sommes bien dans l'appellation », affirme un juré. Comprenez : de la brillance à l'œil, du fruit et des fleurs au nez, une fraîcheur bien sentie en bouche. Parfait pour découvrir l'aligoté. 2014-2016 apéritif

Christian Morin, 17, rue du Ruisseau, 89530 Chitry, tél. 03 86 41 44 10, ch.morin.chitry@orange.fr V r.-v.

DOM. HENRI NAUDIN-FERRAND 2012 ★

7 863 | 5 à 8 €

Claire Naudin, œnologue de formation, a repris en 1994 cette grande exploitation de 22 ha basée à la frontière entre les hautes-côtes-de-beaune et leurs voisines nuitonnes. Depuis 1994, elle perpétue dans les deux Côtes, avec talent et dans une démarche peu interventionniste à la vigne comme au chai, l'œuvre de son père Henri décédé en 2013. Une valeur sûre.

On connaît moins les aligotés de Claire Naudin que ses côtes-de-nuits-villages ou ses hautes-côtes. Elle en propose ici une version tout à fait aboutie, née de vieux ceps de soixante ans. Un vin au nez engageant de fruits blancs mâtinés de nuances mentholées et florales, au palais tendre, gras et coulant, stimulé juste ce qu'il faut par une fine acidité. Un vin équilibré, sémillant et friand. 2014-2017 fondue comtoise

Dom. Henri Naudin-Ferrand, 12, rue du Meix-Grenot, 21700 Magny-lès-Villers, tél. 03 80 62 91 50, info@naudin-ferrand.com V r.-v.

♥ DOM. DES REMPARTS 2012 ★★

3 400 | 5 à 8 €

À Saint-Bris-le-Vineux, un Sorin peut en cacher un autre. Ici, nous sommes chez Patrick, Jean-Marc et Thomas Sorin issus d'une longue lignée de vignerons et conduisant une belle unité de 40 ha.

Une seyante robe d'or clair habille cet aligoté né de ceps de trente ans d'âge. Le nez, complexe et fin, mêle les fleurs blanches, les nuances mentholées et les senteurs de sous-bois. Le palais se révèle riche, gras, rond, concentré revigoré par une longue finale aux tonalités minérales. Un ensemble très harmonieux et complet. 2014-2017 truite aux amandes

EARL Dom. des Remparts, 6, rte de Champs, 89530 Saint-Bris-le-Vineux, tél. 03 86 53 33 59, contact@domaine-des-remparts.com V t.l.j. sf dim. 9h-12h 14h-18h

ROLAND SOUNIT 2013 ★

25 000 | 8 à 11 €

Ce domaine de la Côte chalonnaise est dans le giron des activités de Vincent Sauvestre à Meursault (groupe Béjot). Ses rully et ses bourgogne-aligoté sont régulièrement sélectionnés dans ces pages.

Une robe très pâle, cristalline, habille ce vin. Au nez, citron, pêche et fleurs composent un joli mariage. En bouche, le vin se montre bien texturé, d'une rondeur avenante, avec une acidité mesurée et dénuée d'agressivité, qui apporte longueur et vitalité. 2014-2017 poisson sauce citron

Dom. Roland Sounit, 7, rte de Monthelie, 21190 Meursault, tél. 03 80 21 22 45, contact.france@bejot.com

DOM. VERRET 2012

80 000 | 5 à 8 €

La famille Verret cultive la vigne depuis deux siècles et demi dans l'Yonne. Pionnier dans le vignoble de l'Auxerrois pour la mise en bouteilles et la commercialisation directe dans les années 1950, ce domaine demeuré familial (60 ha) fréquente régulièrement les pages du Guide.

Le nez de ce 2012 est élégant, à dominante florale. À l'unisson, la bouche affiche un bon équilibre entre le gras et la vivacité, avec en finale une agréable pointe d'amertume qui apporte un surcroît de longueur et de complexité. 2014-2017 copeaux de parmesan

Dom. Verret, 7, rte de Champs, 89530 Saint-Bris-le-Vineux, tél. 03 86 53 31 81, dverret@domaineverret.com V t.l.j. sf dim. 8h-12h 14h-18h E

CRÉMANT-DE-BOURGOGNE

• Superficie : 1 935 ha • Production : 125 850 hl

Comme toutes les régions viticoles françaises ou presque, la Bourgogne avait son appellation pour les vins mousseux élaborés sur l'ensemble de son aire géographique. La qualité n'était pas très homogène et ne correspondait pas, la plupart du temps, à la réputation de la région, sans doute parce que les mousseux se faisaient à partir de vins trop lourds. Reconnue en 1975, l'appellation crémant-de-bourgogne a remplacé l'AOC bourgogne mousseux en 1984. Elle impose des conditions de production aussi strictes que celles de la région champenoise et calquées sur celles-ci. Elle connaît actuellement un bon développement. Un crémant-de-bourgogne peut être un blanc de blancs élaboré généralement par un assemblage de chardonnay et d'aligoté, ou assembler des cépages blancs avec le pinot noir et/ou le gamay vinifiés en blanc. Il existe aussi des rosés.

BAILLY LAPIERRE Vive la joie 2008 ★★

15 000 | 11 à 15 €

Aujourd'hui, 430 vignerons apportent leurs raisins à la cave de Bailly-Lapierre, qui inventa le concept du crémant-de-bourgogne. Auteure de la plus grosse production de bulles de la région, elle propose une vaste gamme de crémants de qualité, qui reposent dans les immenses galeries souterraines d'une ancienne carrière calcaire. Une valeur sûre.

Comme toujours, les effervescents de la « coop » sont au rendez-vous. En tête, ce Vive la joie traversé de fines bulles et paré d'une brillante robe saumon. Équilibré autour d'un fruité frais et gourmand, le palais offre beaucoup de matière et de volume. Un crémant riche, structuré et harmonieux. Le coup de cœur fut mis aux voix. 2014-2017 lotte à la tomate Chardonnay ★ (8 à 11 € ; 60 000 b.) : bulles fines et intenses, nez épanoui de fruits blancs, bouche franche et droite. 2014-2017 Baigoule (8 à 11 € ; 45 000 b.) : cité pour ses allègres saveurs de fruits rouges et sa fraîcheur. 2014-2016

Caves Bailly-Lapierre, hameau de Bailly, quai de l'Yonne, 89530 Saint-Bris-le-Vineux, tél. 03 86 53 77 77, nathaliec@bailly-lapierre.fr V r.-v.

LUDOVIC BELIN ★★

31 800 | 8 à 11 €

Issu d'une famille vigneronne, Ludovic Belin a créé son domaine en 1997 à partir de 25 ares de vignes maternelles (Dom. Bellet-Rapet). Le vignoble couvre aujourd'hui 6 ha à Pernand, Chorey, Aloxe et Savigny.

Ce « crémant crémeux » issu de chardonnay, déploie un joli cordon de bulles aériennes et persistantes. Il présente à l'olfaction un éventail très engageant de fruits frais, d'amande, de vanille et de miel. La bouche, à l'unisson, séduit par sa souplesse, son gras, sa vinosité, son dosage bien mesuré. Un vin riche mais pas lourd, équilibré par une juste fraîcheur. 2014-2017 saint-jacques à la crème

Ludovic Belin, 56, rue les Combottes, 21420 Pernand-Vergelesses, tél. 06 86 41 34 30, belin.ludovic@orange.fr V r.-v. 5

DOM. DU BICHERON Blanc de blancs

17 000 | 5 à 8 €

Créé en 1889 par Antoine Rousset sur 3 ha de vignes, non loin de Cluny et de la roche de Solutré, ce domaine, aujourd'hui conduit par ses arrière-petits-enfants Geneviève et David, compte 46 ha.

Blanc de blancs, sa carte d'identité ne ment pas. Du chardonnay, il possède l'élégance, comme le montrent ici sa robe d'or pâle parcourue de fines effervescences et son fruité frais d'agrumes, de mirabelle et de pomme golden qui confère à l'ensemble un caractère droit et alerte. 2014-2015 apéritif

Dom. du Bicheron, Saint-Pierre-de-Lanques, 71260 Péronne, tél. 03 85 36 94 53, domainedubicheron@wanadoo.fr V r.-v.

Denis Rousset

♥ LOUIS BOUILLOT Perle d'or rose 2008 ★★

4 000 | 11 à 15 €

Une maison de négoce spécialiste des crémants fondée en 1877 à Nuits-Saint-Georges par Louis Bouillot, dans le giron du groupe Boisset Famille des Grands Vins depuis 1997. Une valeur sûre.

La maison Bouillot continue d'engranger les étoiles du Guide avec sa collection de Perles. Ici, une version rosée d'une grande élégance, pâle aux nuances saumonées, parcourue par une longue collerette de fines bulles. Le nez, intense et gracieux, mêle la rose ancienne à de délicates senteurs de fruits rouges. Dès l'attaque, la bouche dévoile une texture ronde, tendre et crémeuse, soulignée de bout en bout par une fraîcheur minérale qui lui apporte équilibre et vitalité. Un crémant de table des plus harmonieux. ⧗ 2014-2017 ▼ charlotte aux fraises ● Perle d'ivoire ★ (8 à 11 € ; 32 000 b.) : issue de chardonnay et d'un soupçon d'aligoté, elle associe fraîcheur et souplesse. ⧗ 2014-2017 ● Perle de vigne Grande Réserve ★ (5 à 8 € ; 36 000 b.) : né de pinot noir, de gamay, de chardonnay et d'aligoté, un crémant fin, ample, net et équilibré. ⧗ 2014-2017

⊶ Louis Bouillot, av. du Jura, 21700 Nuits-Saint-Georges, tél. 03 80 62 61 40, info@imaginarium-bourgogne.com t.l.j. 14h-19h; lun. 10h-13h

CAVE DE CHARNAY-LÈS-MÂCON
Cuvée impériale ★★

● | 12 400 | 8 à 11 €

Créée en 1929, cette cave coopérative regroupe un vignoble de 120 ha qui s'étend sur les coteaux calcaires du Mâconnais.

Plus connue pour ses mâcon, la cave de Charnay signe aussi de beaux crémants gourmands et « bien élevés », à l'image de cette Cuvée impériale, 100 % chardonnay, aux bulles denses et serrées, prélude à une olfaction briochée mêlée d'épices douces, de fruits blancs confits et d'agrumes. Nette et fraîche en attaque, la bouche évolue sur la richesse et une rondeur caressante, renforcées par des notes miellées. Un crémant gourmand. ⧗ 2014-2017 ▼ sole grillée

⊶ Cave de Charnay-lès-Mâcon, En Condemine, 71850 Charnay-lès-Mâcon, tél. 03 85 34 87 32, michael.dafre@cave-charmay.com V r.-v.

CH. CHASSELAS Baron Beyron La Croix 2011

● | 3 000 | 8 à 11 €

Ce domaine viticole depuis cinq siècles, que commande un château des XIVe et XVIIIe s. flanqué de trois tours en poivrière, a été repris en 1999 par Jean-Marc Veyron La Croix et Jacky Martinon, à la tête de 12 ha conduits dans une démarche raisonnée (labour, griffage, amendement naturel…).

Ce Baron Veyron La Croix paré d'or pâle et traversé de bulles conquérantes déploie un nez puissant où les fruits (pomme, citron) jouent un rôle actif. Un fruité que l'on retrouve dans une bouche ample, fine et fraîche. De la tenue et du punch. ⧗ 2014-2017 ▼ gougères au chèvre

⊶ Ch. de Chasselas, Cidex 604, 71570 Chasselas, tél. 03 85 35 12 01, chateauchasselas@aol.com V t.l.j. 10h-12h 14h-18h
⊶ Veyron et Martinon

PAUL CHOLLET

● | 17 609 | 5 à 8 €

Une maison de négoce fondée en 1955, spécialisée dans l'élaboration des crémant-de-bourgogne, reprise en 2002 par Gilles Rémy.

Le style des crémants de la maison Chollet est à géométrie… invariable. Élégance, retenue, équilibre qualifient ses effervescents, à l'image de ce brut à dominante de pinot noir (70 %) complété de chardonnay et d'aligoté. Un crémant discret, léger, fruité (agrumes) et frais. ⧗ 2014-2015 ▼ verrines crevettes-avocat

⊶ Paul Chollet, 18, rue du Gal-Leclerc, 21420 Savigny-lès-Beaune, tél. 03 80 21 53 89, contact@paulchollet.fr V t.l.j. sf dim. 9h-12h 14h-18h; sam. 9h-12h ⊶ Gilles Rémy

CLOTILDE DAVENNE Élégante

● | 10 000 | | 11 à 15 €

Cette vigneronne œnologue a travaillé chez Jean-Marc Brocard avant de créer en 2005 son exploitation au sud de Chablis, une mosaïque de 14 ha. Elle privilégie l'élevage en cuve, quel que soit le cépage, pour préserver la subtilité du terroir.

« Faire du crémant n'est pas si facile quand on n'a jamais fait que des vins tranquilles »… Que Clotilde Davenne se rassure, ses bulles ont de la personnalité. Fidèle à ses principes de vinification, pas de fût ici, pour des vins qu'elle désire « interprètes du terroir ». Son brut extra se présente vêtu de jaune paille, couronné par une mousse généreuse. Au nez, des parfums floraux (aubépine) et fruités. En bouche, de la franchise, de la fraîcheur, de la tension. Un crémant alerte. ⧗ 2014-2017 ▼ tartare de saumon

⊶ Clotilde Davenne, 3, rue de Chantemerle, 89800 Préhy, tél. 03 86 41 46 05, serviceclient@clotildedavenne.fr V r.-v.

ANDRÉ DELORME
Blanc de blancs Terroirs des fleurs ★★

● | 91 000 | 8 à 11 €

Spécialisée dans les crémant-de-bourgogne et les vins de la Côte chalonnaise, cette maison créée par André Delorme en 1942 a été rachetée en 2005 par Éric Riffaut, qui l'a installée à Rully dans des chais équipés d'une cuverie des plus modernes.

Ce brut Blanc de blancs a disputé la finale mettant aux prises les prétendants aux coups de cœur. Les jurés ont été sensibles à l'éclat de sa robe jaune citron, à son nez franc, floral, fruité et minéral, et à son palais gras, consistant et long, équilibré par une juste fraîcheur. Un crémant élégant et très gourmand. ⧗ 2014-2017 ▼ filet de lieu aux herbes

⊶ André Delorme, Le Meix, 11, rue des Bordes, 71150 Rully, tél. 03 85 87 10 12, contact@andre-delorme.com V t.l.j. sf dim. 10h-12h 14h-17h30

DOM. MICHEL JUILLOT

● | n.c. | 8 à 11 €

Fondé par Louis Juillot, développé par son fils Michel, conduit depuis la fin des années 1990 par son petit-fils Laurent Juillot, ce domaine emblématique de la Côte chalonnaise couvre 31 ha essentiellement en AOC mercurey, avec des parcelles en Côte de Beaune.

Né du seul chardonnay, ce crémant à la mousse délicate et aux bulles fines livre un bouquet de fruits blancs agrémenté de nuances florales. À l'unisson, le palais se montre plein de vivacité, stimulé par une minéralité active. ⧗ 2014-2016 ▼ apéritif

⊶ Dom. Michel Juillot, 59, Grande-Rue, 71640 Mercurey, tél. 03 85 98 99 89, infos@domaine-michel-juillot.fr V r.-v.

LEFÈVRE RÉMONDET ★

80 000 | 8 à 11 €

Une maison de négoce fondée en 1895 par les frères Moingeon et spécialisée dans les crémants, reprise en 2003 par le groupe Béjot.

Élaboré à partir du chardonnay, du pinot noir et de l'aligoté, ce crémant brut largement dosé (9,5 g/l) passe plutôt pour un vin de dessert. Intensément fruité au nez (coing, abricot, pomme mûre) et nuancé de notes d'humus, il l'est aussi en bouche et séduit par son volume, sa richesse et son caractère séveux. 2014-2017 tarte aux abricots ● Charles Duret ★ (90 000 b.) : un style proche, généreusement dosé (9,2 g/l), mais qui garde l'équilibre grâce à une vivacité bien sentie. 2014-2017

Moingeon, 7, rte de Monthelie, 21190 Meursault, tél. 03 80 21 22 45, contact.france@bejot.com

LOUIS LORON Blanc de blancs Prestige

50 000 | 5 à 8 €

Maison de négoce familiale fondée à Fleurie en 1932 qui, outre ses vins tranquilles du Beaujolais et du Mâconnais, s'est fait une spécialité du crémant-de-bourgogne.

Cette cuvée élaborée à partir du seul chardonnay s'ouvre avec finesse et discrétion sur des arômes de pomme, de poire et d'agrumes. Le palais se montre rond, gras, consistant, égayé par une pointe de fraîcheur bienvenue. D'une belle puissance pour les uns, trop riche pour les autres... À vous de vous faire un avis. 2014-2016 volaille à la crème

SAS Louis Loron et Fils, Le Vivier, 69820 Fleurie, tél. 04 74 04 10 22, fernand.loron@wanadoo.fr V t.l.j. sf dim. 8h-12h 14h-18h; sam. 8h-12h; f. sem. du 15 août

DOM. DU MOULIN À L'OR 2011

4 700 | 5 à 8 €

Arnaud Mornand s'est installé en 2011 à Chaintré sur les 8,5 ha que son père Guy cultivait jusque-là. Il conduit son domaine en culture raisonnée.

À l'œil, un 100 % chardonnay propre et net comme un sou neuf, à la robe d'or traversée de nuances émeraude, émoustillé par de fines bulles. Le nez est aérien, sur les fleurs blanches et l'amande, la bouche, souple, fraîche et légère : un crémant facile d'accès. 2014-2016 chèvre frais

Dom. du Moulin à l'Or, 319, rte de Juliénas, 71570 Chaintré, tél. 06 07 97 43 25, arnaud.mornand@live.com V r.-v.

ŒDORIA Diamant ★★

50 000 | 5 à 8 €

La cave du Beau Vallon de Theizé et celle des Vignerons de Liergues ont décidé de s'unir en 2009 : Œdoria, leur nouvelle marque commune, se décline à travers des jeux de mots. La nouvelle entité dispose de 850 ha essentiellement situés au sud du vignoble, à l'ouest de Villefranche-sur-Saône.

Un Diamant brut (100 % chardonnay) étincelant dans sa robe couleur paille, séduisant au point d'avoir frôlé le coup de cœur. Plein de fruits mûrs au nez comme en bouche, ample, fin et rond, parcouru d'effervescences actives, un crémant « féminin », conclut un dégustateur. 2014-2017 terrine de saint-jacques ● Opaline ★ (12 000 b.) : frais, fin et expressif, citronné, exotique et amylique. 2014-2017

Œdoria, 25, rte de Cottet, 69620 Theizé, tél. 04 74 71 48 00, contact@oedoria.com V r.-v.

MANUEL OLIVIER

5 000 | 8 à 11 €

Installé en 1990, Manuel Olivier a commencé par cultiver les vignes et les petits fruits dans les Hautes-Côtes de Nuits. Aujourd'hui spécialisé, il exploite un vignoble de 11 ha, complété depuis 2007 par une structure de négoce qui lui a permis de mettre un pied en Côte de Beaune.

Ce crémant, qui présente quelques signes d'évolution, est à boire. Issu d'un demi-hectare de chardonnay, d'aligoté et de pinot noir, il propose un nez original, légèrement kirsché, avant de se montrer plus frais et tonique en bouche. 2014-2015 choucroute de la mer

Dom. Manuel Olivier, 7, rue des Grandes-Vignes, hameau de Corboin, 21700 Nuits-Saint-Georges, tél. 03 80 62 39 33, contact@domaine-olivier.com V t.l.j. 9h-12h 14h-19h

♥ LOUIS PICAMELOT Cuvée Jean-Baptiste Chautard 2008 ★★

5 067 | 11 à 15 €

Une maison de négoce, propriétaire de 11 ha en Côte de Beaune et Côte Chalonnaise, fondée en 1926 par Louis Picamelot et reprise par son petit-fils Philippe Chautard en 1987. Dans sa nouvelle cuverie installée en 2006 au creux de la roche à Rully, naissent de beaux crémants de terroir ou d'assemblage et quelques vins tranquilles.

Sélection exclusive des jus « cœur de cuvées », passage en fût pour un tiers des vins de base, vieillissement sur lies de trente-six mois, telle est la recette de ce brut non dosé admirable. D'un lumineux blond doré traversé de microbulles, il dévoile des arômes de miel et d'épices, agrémentés d'un zeste de minéralité (silex). Du corps et du gras, une fraîcheur fine et tranchante, beaucoup de volume et de longueur, le palais affiche un équilibre parfait. Un grand crémant de gastronomie. 2014-2018 makis bar et langoustines ● Terroir de Chazot ★ (8 500 b.) : un blanc de noirs élégant, délicat, frais, minéral et salin, parfait pour les fruits de mer. 2014-2017

Maison Louis Picamelot, 12, pl. de la Croix-Blanche, 71150 Rully, tél. 03 85 87 13 60, info@louispicamelot.com V t.l.j. sf sam. dim. 8h-12h 13h30-17h30 P. Chautard

ALBERT SOUNIT Chardonnay

2 707 | 8 à 11 €

Fondée en 1851 par Flavien Jeunet, cette maison de négoce, qui possède aussi 12 ha de vignes en propre, a été reprise dans les années 1930 par la famille Sounit, qui la cédera à son importateur danois en 1993. L'une des valeurs sûres de la Côte chalonnaise, en vins tranquilles comme en effervescents.

Né du seul chardonnay, ce crémant expressif joue la carte de la vivacité. Vivacité des arômes fruités et floraux, vivacité gustative centrée sur les agrumes et la minéralité de son terroir argilo-calcaire. Un vin fringant et goûteux. 2014-2017 plateau de fruits de mer

Maison Albert Sounit, 5, pl. du Champ-de-Foire, 71150 Rully, tél. 03 85 87 20 71, albert.sounit@wanadoo.fr V r.-v. K. Kjellerup

CH. DU VAL DE MERCY ★

●	2 000	8 à 11 €

En 1680, les vins étaient produits par le clos du château du Val de Mercy. Établi à Chitry, le nouveau propriétaire du domaine (30 ha) perpétue la tradition viticole au-delà de ses terres pour fournir des vins du Chablisien, de l'Auxerrois et de la Côte de Beaune.

Ce crémant de niche est un bon classique né du seul chardonnay. Ses arguments : bulles fines et généreuses, olfaction fruitée (fruits blancs, agrumes), minérale et un rien briochée, bouche nette et bien équilibrée entre gras et fraîcheur. Un ensemble harmonieux. 2014-2017 poisson en sauce

Ch. du Val de Mercy, 8, promenade du Tertre, 89530 Chitry, tél. 03 86 41 48 00, roy@valdemercy.com V r.-v.

VEUVE AMBAL Grande Cuvée ★

●	600 000		5 à 8 €

Vénérable négoce spécialisé en crémant, fondé en 1898 par Marie Ambal et conduit depuis 1988 par son descendant Éric Piffaut. Né à Rully, établi à Beaune depuis 2005, il est le plus important faiseur de bulles bourguignonnes, nées pour une large part de son vaste vignoble de 220 ha.

Carton plein pour les crémants de la maison. En tête, cette Grande Cuvée (pinot noir, chardonnay, gamay, aligoté) arbore une brillante tenue jaune pâle parcourue de fines bulles. Bouche et olfaction sont à l'unisson : intensité, fraîcheur, notes d'amande, de fleurs blanches et de fruits exotiques, dosage ajusté (10 g/l) apportant au palais un surcroît de douceur. 2014-2017 gâteau basque ● Millésimé 2012 ★ (8 à 11 € ; 250 000 b.) : franc d'allure et de goût (fruits mûrs, nuances florales et minérales), bien équilibré entre dosage et vivacité. 2014-2017 ● Blanc de blancs ★ (8 à 11 € ; 200 000 b.) : expressif (fleurs blanches, craie, pomme verte, agrumes) et tonique. 2014-2017 ● Brut rosé (500 000 b.) : souple, vif et fruité. 2014-2016

Veuve Ambal, Le Pré-Neuf, 21200 Montagny-lès-Beaune, tél. 03 80 25 01 70, contact@veuve-ambal.com V t.l.j. 10h-13h 14h-18h Éric Piffaut

VITTEAUT-ALBERTI ★

●	12 000		5 à 8 €

L'une des belles références du crémant-de-bourgogne, fondée en 1951 par Lucien Vitteaut, reprise par son fils Gérard en 1969 et dirigée depuis 2010 par sa petite-fille Agnès Vitteaut. La maison possède en propre 17 ha de vignes en Côte chalonnaise et dans les Hautes-Côtes de Beaune.

Coup de cœur dans l'édition précédente pour son blanc de blancs, la maison signe ici un brut très réussi, né d'un assemblage de pinot noir, de chardonnay et d'aligoté. Élégante robe jaune franc, bulles fines, jolies notes de fruits jaunes et d'agrumes, équilibre sucre-acidité bien ajusté : tout est en place. 2014-2017 tarte au citron

Vitteaut-Alberti, 16, rue de la Buisserolle, 71150 Rully, tél. 03 85 87 23 97, contact@vitteaut-alberti.fr V t.l.j. sf dim. 9h-12h 14h-18h

Le Chablisien

Malgré une célébrité séculaire qui lui a valu d'être imité de la façon la plus fantaisiste dans le monde entier, le vignoble de Chablis a bien failli disparaître. Deux gelées tardives, catastrophiques, en 1957 et en 1961, ajoutées aux difficultés du travail de la vigne sur des sols rocailleux et terriblement pentus, avaient conduit à l'abandon progressif de la culture de la vigne ; le prix des terrains en grands crus atteignait un niveau dérisoire, et bien avisés furent les acheteurs du moment. L'apparition de nouveaux systèmes de protection contre le gel et le développement de la mécanisation ont rendu ce vignoble à la vie.

L'aire d'appellation couvre les territoires de la commune de Chablis et de dix-neuf communes voisines dans les quatre appellations chablis. Les vignes dévalent les fortes pentes des coteaux qui longent les deux rives du Serein, modeste affluent de l'Yonne. Une exposition sud-sud-est favorise à cette latitude une bonne maturation du raisin, mais on trouvera plantés en vigne des « envers » aussi bien que des « adroits » dans certains secteurs privilégiés. Le sol est constitué de marnes jurassiques (kimméridgien, portlandien). Il convient admirablement à la culture du chardonnay, comme s'en étaient déjà rendu compte au XII^{e}s. les moines cisterciens de la toute proche abbaye de Pontigny, qui y implantèrent sans doute ce cépage, appelé localement beaunois. Celui-ci exprime ici plus qu'ailleurs ses qualités de finesse et d'élégance, qui font merveille sur les fruits de mer, les escargots, la charcuterie. Premiers et grands crus méritent d'être associés aux mets de choix : poissons, charcuterie fine, volailles ou viandes blanches, qui pourront d'ailleurs être accommodés avec le vin lui-même.

PETIT-CHABLIS

• Superficie : 780 ha • Production : 46 000 hl

Cette appellation constitue la base de la hiérarchie bourguignonne dans le Chablisien et provient des parcelles installées à la périphérie des appellations plus prestigieuses. Moins complexe que le chablis, le petit-chablis possède une acidité un peu plus élevée. Autrefois consommé en carafe, dans l'année, il est maintenant mis en bouteilles. Victime de son nom, il a eu de la peine à se développer, mais il semble qu'aujourd'hui le consommateur ne lui tienne plus rigueur de son adjectif dévalorisant.

DOM. ALEXANDRE 2012 ★

■	8 400		5 à 8 €

Représentant la troisième génération, Guy et Olivier Alexandre sont à la tête d'un domaine de 12 ha. Le second a reçu en 2011 le trophée des Jeunes Talents pour la région de Chablis.

Le nez discret libère des notes végétales que l'on retrouve en bouche avant que les fruits blancs n'apportent de la rondeur à cette cuvée complexe. Belle persistance aromatique et bon potentiel de garde. ⧗ 2017-2019 🍷 cassolette de moules au safran

Dom. Alexandre, 36, rue du Serein, 89800 La Chapelle-Vaupelteigne, tél. 03 86 42 44 57, info@chablis-alexandre.com V t.l.j. sf dim. lun. 9h-12h 14h-18h

DOM. OLIVIER BOUSSARD 2012

	2 600		5 à 8 €

L'exploitation d'Olivier Boussard se situe dans un ancien corps de ferme, à Nitry, à la frontière du vignoble chablisien. Si le vigneron n'a pas les pieds dans le terroir, il en maîtrise toutefois bien la culture.

À la fois floral et fruité, le nez fait preuve d'élégance. La bouche séduisante et souple est soutenue par une belle minéralité typée du terroir qui apporte à ce vin racé juste ce qu'il faut de fraîcheur. ⧗ 2015-2017 🍷 crevettes à l'aneth

Dom. Olivier Boussard, rte de Chablis, 89310 Nitry, tél. 03 86 33 65 87, o.boussard@wanadoo.fr V t.l.j. 9h-19h

DOM. DU CHARDONNAY 2012 ★★

	58 000		5 à 8 €

Installés sur 37 ha, Étienne Boileau, William Nahan et Christian Simon conjuguent leurs efforts depuis 1987 pour faire de ce domaine une des valeurs sûres du vignoble chablisien. Le premier d'entre eux est chargé des vinifications.

Cette cuvée est marquée par le pamplemousse. On le trouve dans un nez agrémenté de fleurs blanches puis dans une bouche bien fraîche. Un « très bon » petit-chablis, selon le jury. ⧗ 2017-2019 🍷 croustillants de crabes aux herbes

Dom. du Chardonnay, moulin du Pâtis, 89800 Chablis, tél. 03 86 42 48 03, info@domaine-du-chardonnay.fr V t.l.j. 8h-12h 13h30-17h; f. août

DOM. DE CHAUDE ÉCUELLE 2011

	11 900		5 à 8 €

La famille Vilain est installée dans le Chablisien depuis plusieurs générations. « Chaude Écuelle » est un lieu-dit où sont plantées certaines vignes du domaine. Ces parcelles, éloignées des habitations, obligeaient jadis les

Le Chablisien

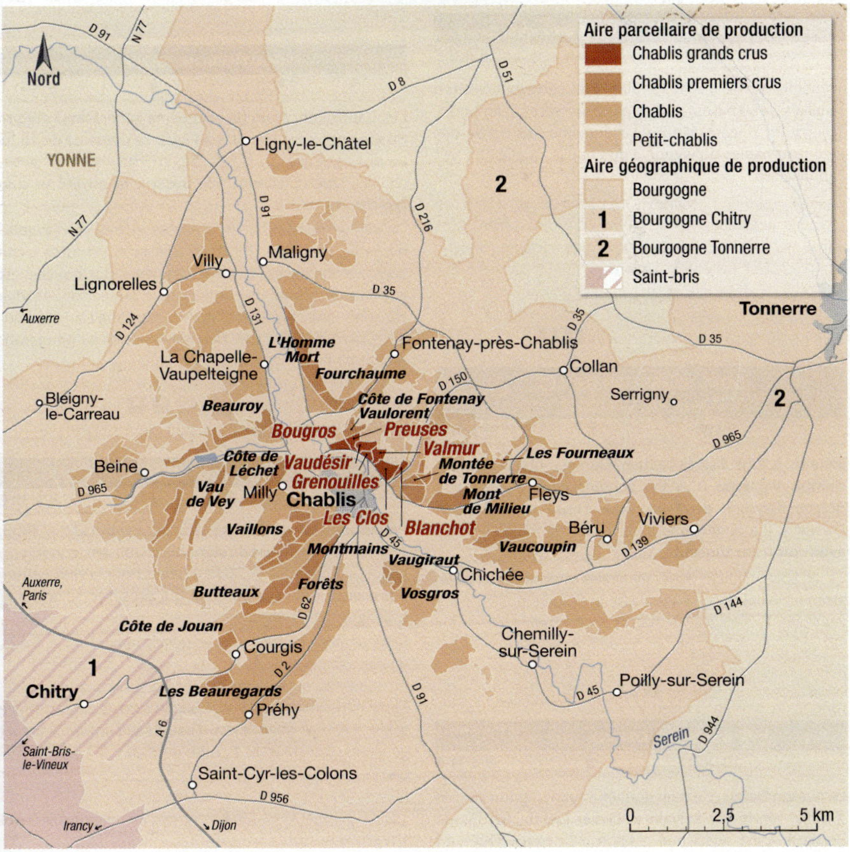

vignerons à emporter leur repas, qu'ils réchauffaient sur place dans des écuelles de terre cuite.

Deux ans d'élevage en cuve, ce n'est pas une pratique courante pour un petit-chablis. Cette cuvée au nez discret présente une bouche ronde sous-tendue par une belle minéralité. ⧗ 2015-2017 🍷 gougères

⊶ Dom. de Chaude Écuelle, 35, Grande-Rue, 89800 Chemilly-sur-Serein, tél. 03 86 42 40 44, chaudeecuelle@wanadoo.fr V r.-v.

DOM. JEAN COLLET 2012 ★

■	8 000	🍾	8 à 11 €

La famille Collet piochait déjà le kimméridgien en 1792. Romain, le petit dernier d'une dynastie de vignerons chablisiens (fils de Gilles, petit-fils de Jean), est depuis septembre 2009 aux commandes de l'exploitation familiale, en conversion bio.

Quelle vivacité dans cette bouteille ! Le nez intense exprime la minéralité. La bouche se nourrit d'autres saveurs, notamment de fruits, même si l'acidité a le dernier mot. Un vin nerveux et persistant. ⧗ 2015-2017 🍷 œufs à la coriandre et au gingembre

⊶ Dom. Jean Collet, 15, av. de la liberté, 89800 Chablis, tél. 03 86 42 11 93, collet.chablis@wanadoo.fr V t.l.j. 9h-12h 13h-17h30

DOM. DU COLOMBIER 2012 ★

■	10 000	🍾	5 à 8 €

Transmise de père en fils depuis 1887, cette exploitation familiale de 50 ha, est dirigée par trois frères, Jean-Louis, Thierry et Vincent Mothe. Le domaine fait partie des incontournables du vignoble de Chablis, quelle que soit l'appellation.

Ce 2012 libère de fins arômes de pêche de vigne que l'on retrouve accompagnés de notes d'agrumes bien mûrs dans une bouche minérale offrant une certaine rondeur. ⧗ 2015-2017 🍷 tarte aux oignons

⊶ Dom. du Colombier, 42, Grand-Rue, 89800 Fontenay-près-Chablis, tél. 03 86 42 15 04, domaine@chabliscolombier.com V r.-v.

DOM. SÉBASTIEN DAMPT Terroir de Milly 2012

■	2 400	🍾	8 à 11 €

Installé à Chablis, Sébastien Dampt, fils de Daniel Dampt, vigneron à Milly, conduit depuis 2007 son propre domaine de 7 ha. Sous l'enseigne « Maison Dampt », il a ouvert une maison de négoce qu'il dirige avec son frère Vincent.

Ce vin libère de fines notes minérales et poivrées. Frais en attaque, le palais offre souplesse et volume et s'étire sur les fruits. ⧗ 2015-2017 🍷 moules marinières

⊶ Dom. Sébastien Dampt, 23 C, rue du Château, Milly, 89800 Chablis, tél. 03 86 18 96 50, sebastien@sebastien-dampt.com V r.-v.

B BERNARD DEFAIX 2012 ★

■	10 000	🍾	8 à 11 €

La maison Defaix, c'est un domaine ayant pignon sur rue à Milly, repris par Sylvain et Didier Defaix, les fils de Bernard. C'est aussi une maison de négoce créée en parallèle, qui travaille dans le même esprit que le domaine.

Il y a beaucoup de finesse et de fraîcheur dans ce vin bio. Le nez n'est qu'un bouquet de fleurs blanches sur un socle minéral. En bouche, c'est le fruit à chair blanche qui monte en première ligne. Il est soutenu par une belle minéralité qui donne du relief à ce vin très réussi. ⧗ 2015-2017 🍷 sole meunière

⊶ Dom. Bernard Defaix, 17, rue du Château, Milly, 89800 Chablis, tél. 03 86 42 40 75, contact@bernard-defaix.com V r.-v.

DURUP 2012

■	19 000	🍾	8 à 11 €

Établi à Maligny, Jean Durup a repris l'exploitation familiale en 1968 sur 2 ha. Aujourd'hui, il conduit 197 ha de vignes sur différents terroirs de Chablis. C'est le domaine indépendant le plus vaste de Bourgogne.

Un vin très droit soutenu par une belle minéralité qui procure beaucoup de fraîcheur tant au nez qu'en bouche. De la tension, une belle concentration et une harmonie aboutie entre le fruit et le terroir. ⧗ 2015-2017 🍷 salade de coquilles Saint-Jacques

⊶ SA Jean Durup Père et Fils, 4, Grande-Rue, 89800 Maligny, tél. 03 86 47 44 49, contact@domainesdurup.com V t.l.j. sf sam. dim. 8h-12h 13h30-17h

GAUTHERON 2012 ★

■	2 500	🍾	8 à 11 €

Les Gautheron, Alain (la cinquième génération) et Cyril (la sixième), sont installés à Fleys. Ce domaine de 28 ha se distingue par sa régularité, en chablis et en petit-chablis. Une constance liée aussi à la qualité et à la typicité du terroir.

Un vin harmonieux, tout en finesse et très représentatif du millésime. Le nez ? Il libère d'élégants parfums exotiques accompagnés de fleurs blanches. La bouche est gourmande, offrant une belle matière fruitée sous-tendue par une fine minéralité qui lui apporte la fraîcheur nécessaire. ⧗ 2017-2019 🍷 asperges rôties au parmesan

⊶ SCEV Dom. Alain et Cyril Gautheron, 18, rue des Prégirots, 89800 Fleys, tél. 03 86 42 44 34, vins@chablis-gautheron.com V t.l.j. 8h30-12h 13h30-17h30; sam. dim. sur r.-v.

DOM. ALAIN GEOFFROY 2012 ★★

■	14 000	🍾	8 à 11 €

Perpétuant une tradition viticole remontant à 1850, Alain Geoffroy, figure du vignoble chablisien, conduit un important domaine de 50 ha à Beine. Pour la vinification, il privilégie l'élevage en cuve qui préserve selon lui la fraîcheur des chablis.

Voici un petit-chablis en tous points remarquable. Après un élevage de six mois en cuve, ce 2012 présente un nez fin et intense qui exprime le terroir à travers la minéralité. Cette minéralité marque la bouche jusque dans la finale saline. Le fruit contribue à l'équilibre d'un vin franc et généreux. ⧗ 2017-2019 🍷 truite au bleu

⊶ Dom. Alain Geoffroy, 4, rue de l'Équerre, 89800 Beine, tél. 03 86 42 43 76, info@chablis-geoffroy.com V t.l.j. sf sam. dim. 8h-12h 13h30-17h

DOM. PHILIPPE GOULLEY 2012

	15 000		11 à 15 €

C'est en 1991 que Philippe Goulley a quitté le domaine familial de La Chapelle-Vaupelteigne pour créer son propre domaine de 5 ha en agriculture biologique.

Ce vin élégant dans une jolie robe jaune clair aux reflets or a d'autres atouts. Son nez ? Il est fin et s'ouvre sur le fruit jaune agrémenté de notes minérales. En bouche, il séduit tout autant par son attaque gourmande sur le fruit jaune que par sa vivacité bienvenue. 2015-2017 cassolette de fruits de mer

Dom. Philippe Goulley, 11 bis, vallée des Rosiers, 89800 La Chapelle-Vaupelteigne, tél. 03 86 42 40 85, info@goulley.fr V r.-v.

DOM. GRUHIER 2012

	15 000		8 à 11 €

Ancien cellier à vins de l'abbaye cistercienne de Quincy fondée en 1212, ce domaine a retrouvé sa vocation viticole à partir de 1990, sous l'impulsion de Dominique Gruhier, qui dispose des plus belles caves de la région. Aujourd'hui, 26 ha en conversion bio et l'une des valeurs sûres du finage d'Épineuil.

Ce vin plaisant et fruité est très typé chablis. Un nez minéral, iodé, avec des notes de pain beurré ; une bouche concentrée sur le fruit, portée par une acidité bien présente jusqu'en finale. 2015-2017 calamars frits

Dominique Gruhier, rue du Clos-de-Quincy, 89700 Épineuil, tél. 03 86 55 32 51, vin@bourgognevin.com V t.l.j. sf dim. 9h30-12h30 14h-18h

DOM. HAMELIN 2012

	21 486	5 à 8 €

Dans cette famille de vignerons, la succession est assurée. Charles Hamelin a rejoint son père Thierry sur l'exploitation familiale qui compte 37 ha autour de Lignorelles. Le petit-chablis représente un quart de la production.

Le nez s'ouvre sur une large palette d'arômes allant des fleurs blanches aux fruits sur un fond minéral. Autant d'éléments que l'on retrouve à la mise en bouche de ce vin franc qui trouve son équilibre entre le fruité et la minéralité. 2015-2017 flétan en papillote

Dom. Hamelin, 6, rte de Bleigny-le-Carreau, 89800 Lignorelles, tél. 03 86 47 54 60, domaine.hamelin@wanadoo.fr V t.l.j. sf dim. 9h-12h 13h30-18h

DOM. JOLLY ET FILS 2012 ★

	8 200		5 à 8 €

À la tête de 19 ha, Debis Jolly a pris la succession en 1989 de trois générations. Il développe l'accueil en ouvrant un gîte rural.

C'est un vin de plaisir qui nous est proposé par la famille Jolly. Le nez fruité, tendance exotique, est des plus agréables. Quant à la bouche, elle est ample et généreuse avec un fruité qui prend légèrement le dessus sur l'acidité sans compromettre l'équilibre. 2015-2017 tartare de saumon

SCEA du Dom. Jolly et Fils, 2, rue Auxerroise, 89800 Maligny, tél. 03 86 47 42 31, dom-jolly-fils@wanadoo.fr V r.-v.

ROLAND LAVANTUREUX 2012 ★

	35 000		5 à 8 €

Valeur sûre du Guide, cette exploitation est située à Lignorelles, aux confins nord du Chablisien. Après un stage au célèbre Clos des Lambrays, Arnaud Lavantureux a rejoint son père Roland au domaine familial où il assure depuis 2010 les vinifications. Son frère David gère désormais le développement commercial de ce domaine de 20 ha.

Complexe, agréable et très fruité ce petit-chablis fait honneur à l'appellation. Son nez gras et puissant s'exprime sur le fruit mûr. Preuve que la matière est bien là, ronde et franche en bouche. La finale sur les fruits frais est vive et persistante, avec une jolie acidité. Un vin droit et racé. 2015-2017 praires farcies

Roland Lavantureux, 4, rue Saint-Martin, 89800 Lignorelles, tél. 03 86 47 53 75, domaine.lavantureux@gmail.com V t.l.j. sf dim. 8h-18h

DOM. MARSOIF Ch. de Serrigny 2013 ★

	6 000		8 à 11 €

Ce petit domaine de 7,5 ha héberge une ancienne chapelle du XIIes. qui rappelle que Marsoif (anciennement « Marchesoif ») fut une commanderie templière. La famille Masson y œuvre depuis 1989, avec Raphaël aux commandes depuis 2005.

Ce 2013 n'aura pas eu le temps de s'ennuyer en cuve (quatre mois d'élevage) ! Pour autant, il est riche et harmonieux avec son nez puissant marqué par le fruit. L'acidité vient titiller une bouche fraîche et fruitée pour lui donner de la longueur. Un vin flatteur. 2015-2017 jambon persillé

Dom. Marsoif, 10-12, rue du Grand-Courtin, 89700 Serrigny, tél. 06 11 74 24 79, marsoif@marsoif.com V r.-v.

STÉPHANIE ET VINCENT MICHELET 2012 ★★

	7 000		5 à 8 €

Vincent Michelet n'est pas né au pied d'un tonneau, mais il est devenu vigneron de cœur en épousant Stéphanie, la fille du Chablisien Jean-Claude Courtault. Depuis 2008, le jeune couple a son propre domaine de 6 ha essentiellement en petit-chablis.

Ce petit-chablis élevé douze mois en cuve est un vin riche, gourmand et très séduisant. Le nez, à la fois fruité et floral, a séduit d'emblée les dégustateurs. Le charme a continué d'opérer en bouche : on y trouve une matière très ronde soutenue par une belle minéralité. Une cuvée exemplaire. 2015-2017 raie aux câpres

Stéphanie et Vincent Michelet, 6, rte d'Auxerre, 89800 Lignorelles, tél. 03 86 47 50 59, contact@chablis-courtault-michelet.com V r.-v.

DOM. LOUIS MOREAU 2012 ★

	39 200		8 à 11 €

Louis Moreau incarne la sixième génération d'une famille de propriétaires-récoltants installée à Beine. Il conduit 120 ha de vignes répartis sur l'ensemble des

appellations du Chablisien. Le domaine Louis Moreau en compte, lui, 50 ha.

Il ne manque rien dans ce vin de caractère. Le nez se partage entre les fleurs et les fruits. La bouche est ample et onctueuse: le fruit frais est soutenu par une belle minéralité qui lui donne de la vivacité et confirme l'équilibre. ⧗ 2015-2017 ▾ tourteau mayonnaise

O➝ SARL Louis Moreau, 10, Grande-Rue, 89800 Beine, tél. 03 86 42 87 20, contact@louismoreau.com V t.l.j. sf sam. dim. 8h30-12h 13h30-17h; f. 3 sem. en août

MOREAU-NAUDET 2012 ★

	15 000		11 à 15 €

En 1950, Marie Naudet épouse René Moreau: le domaine Moreau-Naudet est né au cœur de Chablis. Quarante ans plus tard, Stéphane Moreau arrive sur l'exploitation, qui couvre alors 7 ha de vignes. Elle en compte aujourd'hui 22.

La couleur jaune ambré de la robe témoigne de la maturité de ce vin déjà bon à boire. Le nez puissant aux arômes de fruits blancs précède une bouche charnue, légèrement beurrée, avec beaucoup de matière. ⧗ 2014-2015 ▾ saumon en bellevue

O➝ Moreau-Naudet, 5, rue des Fosses, 89800 Chablis, tél. 03 86 42 14 83, moreau.naudet@wanadoo.fr V r.-v.

DOM. DE LA MOTTE 2012 ★★

	25 000		5 à 8 €

Domaine incontournable de l'appellation chablis, cette propriété familiale est conduite depuis 1990 par les trois frères Michaut et par Claude Robin, d'anciens coopérateurs de La Chablisienne. Ils volent désormais de leurs propres ailes, vinifiant et commercialisant le fruit de 27 ha de vignes.

Élevage court en cuve (quatre mois) pour ce 2012 qui a gardé toute la fraîcheur de sa jeunesse. Le nez élégant est imprégné de fleurs blanches sur un fond minéral. Après une attaque gourmande, c'est l'acidité qui prend le pouvoir en bouche sans pour autant éliminer le fruité. Un très joli vin de garde. ⧗ 2017-2019 ▾ boudin blanc aux pommes

O➝ Dom. de la Motte, 41, rue du Ruisseau, 89800 Beine, tél. 03 86 42 49 61, mottemichaut@wanadoo.fr V t.l.j. 10h30-18h30; mer. dim. sur r.-v. O➝ Michaut

DOM. DE NOËLLE 2012

	1 500		5 à 8 €

À l'origine de ce domaine (8,5 ha) créé en 1983, il y a Michel Segard. À son départ à la retraite en 2001, Valérie Segard a pris le relais, associée à Sébastien en 2003.

Le nez libère de subtiles senteurs de fleurs blanches et de fougère. La bouche est un peu plus expressive avec une minéralité bien marquée qui prend le pas sur le fruit sans compromettre cependant l'équilibre. ⧗ 2015-2017 ▾ langoustines mayonnaise

O➝ EARL Dom. de Noëlle, 25, rue de Vaucharmes, 89800 Préhy, tél. 03 86 41 45 26, domaine.de.noelle@orange.fr V t.l.j. 9h-12h 14h-18h; sam. dim. sur r.-v. O➝ Ségard

DOM. DES ORMES 2012

	4 000		5 à 8 €

Depuis 1989, Philippe Patrice et son frère ont repris le domaine familial qui s'étend sur 18 ha autour de Beine. Ils ont surtout développé la vente en bouteilles.

Un vin nerveux mais équilibré, très représentatif de son terroir. Son nez intense libère des parfums d'agrumes et de fleurs blanches. La bouche soutenue par une belle minéralité est incisive et friande à la fois. ⧗ 2015-2017 ▾ andouillette

O➝ GAEC des Ormes, 22, Grande-Rue, 89800 Beine, tél. 03 86 42 40 91, philippe.patrice89@orange.fr V r.-v.

DOM. DE PISSE-LOUP 2012 ★

	10 000		5 à 8 €

Le grand-père de Romuald Hugot avait arraché l'intégralité de ses vignes. En 1985, le jeune vigneron et son père ont replanté le vignoble qui couvre aujourd'hui 14 ha. « Pisse-Loup » est un lieu-dit proche de Beine, leur village.

Le nez dégage des arômes intenses de fruits frais et de miel, ce qui dénote une grande maturité. La bouche est ronde et souple, sur le fruit. La minéralité est reléguée au second plan, ce qui ne nuit pas à la fraîcheur. Un vin long, généreux et flatteur. ⧗ 2015-2017 ▾ petite friture

O➝ EARL Romuald Hugot, 30, rte Nationale, 89800 Beine, tél. 03 86 42 85 11, domaine.pisseloup@free.fr V r.-v.

RÉGNARD 2012 ★

	50 000		8 à 11 €

La maison Régnard a pignon sur rue à Chablis depuis 1860. Elle a été rachetée en 1984 par Patrick de Ladoucette, bien connu dans le Centre Loire et également présent dans d'autres vignobles bourguignons.

Un an de cuve Inox pour façonner cette cuvée bien typée de son terroir. Le nez de fruits blancs est souligné par des notes minérales. La bouche est d'une grande pureté avec une acidité bien marquée qui confère de la tension et de la longueur à ce vin racé. ⧗ 2015-2017 ▾ merlu blanc citron échalote

O➝ Régnard, 28, bd Tacussel, 89800 Chablis, tél. 03 86 42 10 45, regnard.chablis@wanadoo.fr V t.l.j. 10h-18h O➝ de Ladoucette

DOM. DE LA TOUR 2012 ★

	1 250		5 à 8 €

Créée en 1820, cette propriété familiale du Chablisien a été reprise en 1992 à des héritiers Chalmeau. Installé depuis 2008, Vincent Fabrici a pris la succession de son père Renato à la tête du domaine de 13 ha.

C'est ce que l'on appelle un vin de séduction. Son nez fleuri, tout en finesse, invite à la mise en bouche. La minéralité accompagne toute la dégustation. Un vin vif et élégant. ⧗ 2015-2017 ▾ gratin de fruits de mer

O➝ Dom. de la Tour, 3, rte de Montfort, 89800 Lignorelles, tél. 03 86 47 55 68, ledomainedelatour@wanadoo.fr V r.-v.

CHABLIS

• Superficie : 3 150 ha • Production : 187 000 hl

Le chablis doit à son sol ses qualités inimitables de fraîcheur et de légèreté. Les années froides ou pluvieuses lui conviennent mal, son acidité devenant alors excessive. En revanche, il conserve lors des années chaudes une fraîcheur et une minéralité que n'ont pas les vins blancs de la Côte-d'Or, également issus du chardonnay. On le boit jeune, mais il peut vieillir jusqu'à dix ans et plus, gagnant ainsi en complexité.

♥ DOM. GUY ET OLIVIER ALEXANDRE 2012 ★★

4 420 | 8 à 11 €

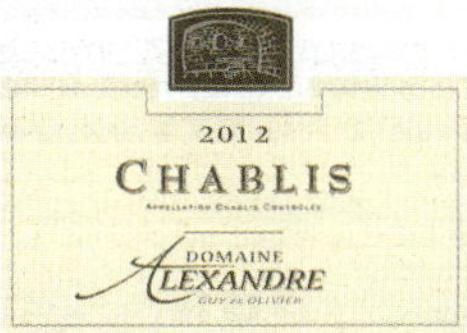

Représentant la troisième génération, Guy et Olivier Alexandre sont à la tête d'un domaine de 12 ha. Le second a reçu en 2011 le trophée des Jeunes Talents pour la région de Chablis.

Un vin très harmonieux qui marie avec élégance des notes d'agrumes et une belle minéralité. Le nez dominé par les fruits jaunes est déjà très expressif. La bouche ronde, franche, gourmande, est un vrai régal. Quelle matière et quelle longueur ! 2017-2019 cassolette de moules au safran

Dom. Alexandre, 36, rue du Serein, 89800 La Chapelle-Vaupelteigne, tél. 03 86 42 44 57, info@chablis-alexandre.com V t.l.j. sf dim. lun. 9h-12h 14h-18h

DOM. BACHELIER
Vieilles Vignes 2012

2 000 | 8 à 11 €

Vignerons de père en fils depuis 1833, les Bachelier conduisent un domaine de 17 ha dans le Chablisien.

Dix mois d'élevage en foudre pour ce chablis de conception très classique. Le nez affiche une belle complexité aromatique, alors que la bouche, plutôt bien structurée, est portée par l'acidité. Un vin frais et droit. 2015-2017 crabe farci

Dom. Bachelier, 14, rue Genillotte, 89800 Villy, tél. 03 86 47 49 56, domaine.bachelier@wanadoo.fr V r.-v.

DOM. ANGÈLE ET LUDOVIC BARAT 2012

14 000 | 8 à 11 €

Angèle et sa mère Joëlle, Ludovic et son père Michel : deux générations se côtoient sur le domaine familial repris par les enfants en 2012. L'occasion pour eux de signer leur premier millésime.

Le nez assez discret est titillé par une minéralité bien présente. Celle-ci apporte de la tension en bouche. Un vin droit, avec de l'élégance, de la finesse, du fruité et un joli potentiel de garde. 2017-2019 crevettes à l'aneth

Dom. Barat, 6, rue de Léchet, Milly, 89800 Chablis, tél. 03 86 42 40 07, domaine.barat.angele@orange.fr V r.-v.; f. août

B DOM. JEAN-LOUIS & JEAN-CHRISTOPHE BERSAN 2012 ★

22 000 | 8 à 11 €

Créé en 2009, le domaine de Jean-Louis et Jean-Christophe Bersan compte 22 ha conduits en bio certifié depuis 2012.

Un vin parfaitement équilibré et typique de l'appellation. Une belle continuité entre le nez et la bouche, le fil conducteur étant des notes de fruits frais et l'empreinte du terroir (pierre à fusil). Le tout souligné par un trait d'acidité qui apporte dynamisme et fraîcheur. 2017-2019 huîtres gratinées

J.-Louis et J.-Christophe Bersan, 20, rue du Dr -Tardieux, 89530 Saint-Bris-le-Vineux, tél. 03 86 53 33 73, jean-louis.bersan@wanadoo.fr V r.-v.

P.-L. ET J.-F. BERSAN 2012

6 000 | 8 à 11 €

Ce jeune domaine, aussi maison de négoce, a été créé en 2010 par Pierre-Louis Bersan et son père Jean-François, issus d'une famille présente à Saint-Bris depuis... 1453. Leurs vins fréquentent régulièrement ces pages.

Un vrai contraste entre le nez et la bouche dans cette cuvée complexe. Un nez exubérant, très aromatique sur des notes de fruits exotiques, suivi d'une bouche plus rigoureuse où l'acidité domine. 2015-2017 croustillant de crabe aux herbes

Dom. P.-L. et J.-F. Bersan, 5, rue du Dr-Tardieux, 89530 Saint-Bris-le-Vineux, tél. 03 86 53 07 22, domainejfetplbersan@orange.fr V t.l.j. 8h30-12h 13h30-18h; dim. sur r.-v.

DOM. BESSON 2012 ★

3 000 | 8 à 11 €

Petit-fils de tonnelier, fils de vigneron, Alain Besson a pris en main en 1981 le domaine familial de 21 ha implanté à Chablis. Ses enfants Camille et Adrien travaillent avec lui.

Fraîcheur, franchise, minéralité, tous les caractères d'un chablis pur et séduisant. Les fleurs blanches et des notes épicées apportent de la finesse au nez. En bouche, le fruité forme une belle alliance avec la minéralité. Un vin gourmand qui réclame pourtant de la patience. 2017-2019 filets de sole bonne femme

EARL Besson, 8, rue de la Vallée-de-Valvan, 89800 Chablis, tél. 03 86 42 40 88, domaine-besson@wanadoo.fr V r.-v.

SAMUEL BILLAUD 2012

35 000 | 8 à 11 €

Après vingt années passées au domaine familial, Samuel Billaud a créé sa propre maison de négoce-vinificateur qui élabore des cuvées à partir de sélections parcellaires haut de gamme.

Cette cuvée est marquée du signe de la jeunesse. Un nez délicat aux arômes de fruits exotiques, une bouche tendue, dominée par la minéralité et marquée par une belle fraîcheur jusqu'en finale. 2017-2019 andouillettes au chablis

Samuel Billaud, 23, rue du Serein, 89800 La Chapelle-Vaupelteigne, tél. 03 86 51 00 07, samuel.billaud@orange.fr r.-v.

BLASON DE BOURGOGNE
Empreintes authentiques 2012 ★

100 000 | 8 à 11 €

Créée en 1993, Blason de Bourgogne est la marque commerciale d'une union de plusieurs caves coopératives, dont La Chablisienne. Elle regroupe une quinzaine d'appellations emblématiques de la région bourguignonne.

Gourmand et minéral ! Tout ce que l'on attend d'un chablis. Cette cuvée bien équilibrée libère des notes iodées au nez. La bouche est riche, puissante, avec un joli fruité et de la vivacité en finale. 2017-2019 terrine de poisson

Union Blasons de Bourgogne, rue du Serein, 89800 Chablis, tél. 03 86 42 88 34, blasons@blasonsdebourgogne.fr

DANIEL BOCQUET 2012 ★

4 600 | 5 à 8 €

À la limite du Tonnerrois, le petit village de Béru fait partie des vingt communes situées dans l'aire d'appellation chablis. Daniel Bocquet y est installé depuis 1972.

Il y a beaucoup de franchise et de droiture dans cette bouteille. Un nez printanier avec des arômes de fruits et des notes citronnées. En bouche, le fruit domine encore avant que la minéralité n'ajoute un trait de fraîcheur. Séduisant. 2015-2017 huîtres sauce gingembre

SCEA Daniel Bocquet, 11, Grande-Rue, 89700 Béru, tél. 03 86 75 92 25, bocquet.daniel2@wanadoo.fr r.-v.

DOM. EUGÉNIE CARRION 2013

50 000 | 11 à 15 €

Propriétaire-récoltant à Meursault, le domaine Eugénie Carrion a l'habitude de vinifier le chardonnay. Une raison suffisante pour avoir un pied-à-terre de 6,5 ha à Chablis.

Ce 2013 venait juste de sortir des cuves au moment de la dégustation. Sa finesse est-elle liée à sa jeunesse ? Toujours est-il que cette cuvée est très agréable avec son nez floral et sa bouche gourmande sur le fruit et la minéralité. 2015-2017 carpaccio de saint-jacques

Dom. Eugénie Carrion, 7, rte de Monthélie, 21190 Meursault, tél. 03 80 21 22 45, contact.france@bejot.com

DOM. DE CHANTEMERLE 2012 ★

80 000 | 5 à 8 €

La Chapelle-Vaupelteigne s'étire dans la vallée du Serein, en aval de Chablis. Adhémar Boudin y a créé son domaine en 1961. Son fils Francis a pris la suite sur ce vignoble de 17 ha. Il s'attache à faire des vins qui parlent de leur terroir.

Un classique du millésime 2012 avec une prime à la minéralité, présente à tous les stades de la dégustation. Au nez, elle souligne les notes florales. En bouche, elle domine la matière qui reste en retrait. Pour autant, ce vin est agréable à boire, sans trop attendre. 2015-2017 lasagne de saumons

Dom. Chantemerle, 3, pl. des Cotats, 89800 La Chapelle-Vaupelteigne, tél. 03 86 42 18 95, dom.chantemerle@orange.fr r.-v.

Francis Boudin

DOM. DES CHAUMES 2012 ★

6 670 | 8 à 11 €

Né en 1976, Romain Poullet, fils de viticulteur, a créé son domaine en juillet 2000 à Maligny, après avoir suivi les cours au lycée viticole de Beaune. Il exploite un vignoble de 6,3 ha.

Si le nez est discret, la bouche est beaucoup plus expressive avec ses notes de fruits frais qui épousent la minéralité. Ce vin concentré exprime parfaitement la pureté de son terroir. De la fraîcheur, de la vivacité et une belle persistance aromatique. 2015-2017 œufs à la coriandre et au gingembre

Dom. des Chames, 6, rue du Temple, 89800 Maligny, tél. 03 86 98 21 83, domainedeschaumes@wanadoo.fr r.-v.

Romain Poullet

♥ DOM. CHENEVIÈRES
Les Grandes Vignes Vieilles Vignes 2012 ★★

n.c. | 11 à 15 €

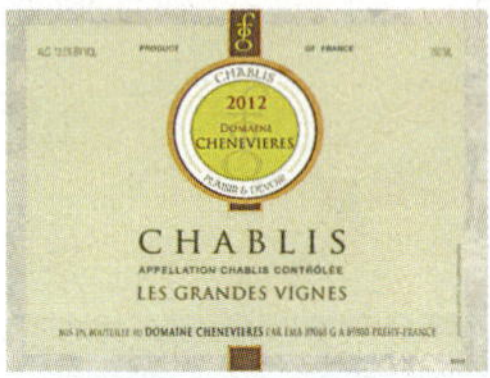

En épousant la fille de Jean-Marc Brocard, Frédéric Gueguen n'a pas épousé le vin ; il voulait depuis toujours en faire son métier. En reprenant, en 2003, le domaine de Lucette et Bernard Tremblay, il a réalisé son rêve : suivre le vin de la vigne à la bouteille.

Quelle élégance chez cette vieille dame ! Des vignes de soixante-dix ans pour aboutir à un coup de cœur. Un chablis d'une étonnante jeunesse, qui allie puissance et délicatesse. Le nez est un bouquet de fleurs blanches teinté d'agrumes. En bouche, c'est le fruit qui s'impose en s'appuyant sur la minéralité. Un vin subtil et précis porté par la fraîcheur. 2017-2019 paupiette de sole

Dom. Brocard, 3, rte de Chablis, 89800 Préhy, tél. 03 86 41 49 00, info@brocard.fr t.l.j. sf dim. 9h30-13h 14h-18h30

DOM. CHEVALLIER 2012 ★

20 000 | 8 à 11 €

Claude et Jean-Louis Chevallier sont installés au sud d'Auxerre sur un domaine dont le vignoble couvre 16,4 ha. Ils représentent la dernière génération d'une famille de vignerons installée à Montallery depuis 1788.

En bouche, on a l'impression de croquer dans le fruit. Des fruits jaunes qui constituent la dominante de ce vin gourmand, ample et rond. Le nez avait annoncé la couleur avec des arômes fruités et des notes épicées. Un vin expressif et flatteur. 2015-2017 blanquette de veau

Dom. Chevallier, 6, rue de l'École, Montallery, 89290 Venoy, tél. 03 86 40 27 04, domaine.chevallier.chablis@wanadoo.fr r.-v.

CHRISTOPHE ET FILS Vieilles Vignes 2012 ★

9 000 | 8 à 11 €

Installé en 1999 dans sa ferme des Carrières-de-Fyé, hameau proche de Chablis, Sébastien Christophe s'est équipé d'une cuverie en 2003. Depuis sa création, son domaine a été de nombreuses fois étoilé dans le Guide.

Cette cuvée allie puissance, fraîcheur et fruité. Que demander de plus à un chablis fidèle au reflet de son terroir ? Sa puissance et son intensité se révèlent déjà au nez. Mais c'est surtout en bouche que la matière s'exprime. Elle délivre des notes confites pour nourrir un très joli vin à la finale droite et tendue. ⧗ 2015-2017 🍷 curry d'agneau

Dom. Christophe et Fils, ferme des Carrières-de-Fyé, 89800 Chablis, tél. 03 86 55 23 10, domaine.christophe@wanadoo.fr V r.-v.

♥ DOM. MICHEL COLBOIS Vieilles Vignes 2012 ★★

5 000 | 8 à 11 €

Rejoint en 2009 par son fils Benjamin, Michel Colbois est établi depuis 1970 à Chitry-le-Fort. Ses blancs sont souvent en bonne place dans le Guide, qu'ils proviennent du chardonnay ou de l'aligoté.

Il est beau, ce chablis dans sa robe dorée aux reflets brillants. Mais il est surtout très bon, selon les membres du jury, qui en ont fait le champion de sa catégorie. Un nez tout en finesse avec sa fraîcheur minérale, ses notes iodées et ses arômes de fleurs blanches. La bouche, droite, pure, dévoile une minéralité qui épouse le fruit et un boisé bien fondu. Un vin de plaisir immédiat. ⧗ 2014-2018 🍷 plateau de fruits de mer

EARL Dom. Colbois, 69, Grande-Rue, 89530 Chitry, tél. 03 86 41 43 48, contact@colbois-chitry.com V t.l.j. 8h30-12h 13h30-18h; dim. sur r.-v.

DOM. DU COLOMBIER 2012 ★

120 000 | 8 à 11 €

Transmise de père en fils depuis 1887, cette exploitation familiale de 50 ha, est dirigée par trois frères, Jean-Louis, Thierry et Vincent Mothe. Le domaine fait partie des incontournables du vignoble de Chablis, quelle que soit l'appellation.

Il y a beaucoup de complexité aromatique dans ce vin élevé en cuve pendant neuf mois. D'abord le nez : minéral, floral, brioché, légèrement épicé. La bouche, ronde et gourmande, n'est pas en reste. Une petite pointe de vanille ajoute à la complexité sans nuire à la fraîcheur. ⧗ 2015-2017 🍷 escargots

Dom. du Colombier, 42, Grand-Rue, 89800 Fontenay-près-Chablis, tél. 03 86 42 15 04, domaine@chabliscolombier.com V r.-v.

Guy Mothe et ses Fils

DOM. DE LA CORNASSE 2012 ★★

20 000 | 11 à 15 €

Nathalie, fille aînée d'Alain Geoffroy, producteur bien connu de Beine, a créé son propre vignoble en 2000. Aujourd'hui, elle est aidée de ses deux sœurs, Sylvie et Aurélie, qui l'ont rejointe sur le domaine de la Cornasse (6 ha).

Un élevage court en cuve (six mois) pour ce vin déjà bien éveillé, vif, représentatif de son appellation. Remarquable d'équilibre, il associe des arômes gourmands de fruits jaunes et une grande franchise. Un réel potentiel. ⧗ 2017-2019 🍷 pâtes fraîches aux asperges

Dom. de la Cornasse, SARL A. Geoffroy, 4, rue de l'Équerre, 89800 Beine, tél. 03 86 42 43 76, info@chablis-geoffroy.com V t.l.j. sf sam. dim. 8h-12h 13h30-17h

VIGNOBLE DAMPT Tradition 2012 ★★

n.c. | 8 à 11 €

Dans la famille Dampt, voici le benjamin Hervé, l'un des trois fils de cette famille de vignerons établie à Collan, entre Chablis et Tonnerre. Arrivé en 1998 sur le domaine familial, il s'illustre régulièrement dans le Guide.

Une expression minérale remarquable dans ce chablis d'une rare élégance. Le nez, encore discret, s'éveille sur des parfums de fleurs blanches. En bouche, le fruit mûr s'installe sur des notes de pêche avant que la minéralité ajoute de la tension, de la pureté et de la vivacité à ce vin droit et précis. Tout le terroir est dans la bouteille. ⧗ 2015-2019 🍷 fromage de chèvre

EARL Hervé Dampt, rue de Fleys, 89700 Collan, tél. 03 86 55 29 55, vignoble@dampt.com V r.-v.

DOM. DANIEL DAMPT ET FILS 2012 ★★

90 000 | 8 à 11 €

Ce domaine a été créé en 1985 conjointement avec celui de Jean Defaix, le beau père de Daniel Dampt. Celui-ci l'a repris à son compte en 1992 avant de bénéficier du renfort de ses deux fils, Vincent en 2002 et Sébastien en 2005.

Deux étoiles sans hésiter pour ce chablis remarquable qui a frôlé le coup de cœur. Parfums de fleurs et de fruits blancs au nez, avec un fond minéral qui apporte la fraîcheur. Fraîcheur encore bien présente en début de bouche, soulignée par des notes d'agrumes. Concentré, gourmand, d'un rare équilibre, un vin remarquable, reflet fidèle de son terroir. ⧗ 2017-2019 🍷 saumon à l'oseille

Dom. Daniel Dampt et Fils, 1, rue des Violettes, 89800 Milly-Chablis, tél. 03 86 42 47 23, domaine.dampt.defaix@wanadoo.fr V r.-v.

DOM. DAMPT FRÈRES Les Beaumonts 2012 ★

n.c. | 8 à 11 €

Un père, Bernard Dampt, vigneron à Collan de 1980 à 1998, comme trois générations avant lui ; trois frères, Éric, Emmanuel et Hervé ; plusieurs exploitations : une pour chaque frère, une pour la fratrie. Les frères sont indissociables, mais chacun a son rôle à jouer, et tous font leurs propres vins.

Fraîcheur et vivacité : tout ce qui constitue la base d'un chablis très réussi. Le nez s'ouvre sur les agrumes avec une petite pointe iodée. La bouche est une ligne droite. Un vin direct, tendu, souligné par une belle minéralité. Le fruit gourmand contribue à l'équilibre de cette cuvée très agréable. ⧗ 2017-2019 🍷 escalope de veau à la crème

EARL Dampt Frères, rue de Fleys, 89700 Collan, tél. 03 86 55 29 55, vignoble@dampt.com V t.l.j. 9h-12h 13h30-17h30

DOM. JEAN DAUVISSAT PÈRE ET FILS
Héritage 2011 ★

	2 000		8 à 11 €

Ce domaine familial de 22 ha, qui propose du petit-chablis, du chablis et cinq 1ers crus, avait cessé de commercialiser sa production dans les années 1990. L'arrivée de Fabien Dauvissat à la tête de la propriété, en 2012, a remis ce domaine sur le devant de la scène chablisienne.

Dix-huit mois de cuve pour ce chablis issu d'une sélection des plus vieilles vignes du domaine. Un millésime 2011 qui a pris son temps, mais personne ne s'en plaindra tant il est élégant et bien équilibré. Son nez à la fois floral et minéral annonce une bouche vive, dont les arômes de fruits mûrs s'accommodent de l'acidité bien présente. ⧗ 2017-2019 🍷 saint-jacques sauce suprême

EARL Dom. Jean Dauvissat, 11, rue de Léchet, 89800 Milly, tél. 06 85 95 34 68, scea.jeandauvissat@orange.fr V r.-v.

(B) DOM. BERNARD DEFAIX 2012

	80 000		11 à 15 €

La maison Defaix, c'est un domaine ayant pignon sur rue à Milly, repris par Sylvain et Didier Defaix, les fils de Bernard. C'est aussi une maison de négoce créée en parallèle, qui travaille dans le même esprit que le domaine.

Un chablis complexe qui n'a pas encore atteint sa pleine expression. Le nez intense se promène entre la fleur et le fruit, hésitant à choisir. La bouche citronnée sur fond d'amande fraîche est plutôt agréable. Un vin biologique, friand et typé. ⧗ 2015-2017 🍷 andouillette grillée

Dom. Bernard Defaix, 17, rue du Château, Milly, 89800 Chablis, tél. 03 86 42 40 75, contact@bernard-defaix.com V r.-v.

DURUP 2012 ★★

	906 000		8 à 11 €

Établi à Maligny, Jean Durup a repris l'exploitation familiale en 1968 sur 2 ha. Aujourd'hui, il conduit 197 ha de vignes sur différents terroirs de Chablis. C'est le domaine indépendant le plus vaste de Bourgogne.

On peut faire de gros volumes (plus de 900 000 bouteilles en chablis) et de la qualité. Le domaine Durup en apporte la preuve avec ce 2012 élevé en cuve. Un vin qui a trouvé un parfait équilibre entre le fruit et la minéralité. Le nez de fleurs blanches s'exprime tout en finesse. Quant à la bouche, elle est droite, tendue, pleine de tonus. ⧗ 2015-2019 🍷 asperges à la crème

SA Jean Durup Père et Fils, 4, Grande-Rue, 89800 Maligny, tél. 03 86 47 44 49, contact@domainesdurup.com V t.l.j. sf sam. dim. 8h-12h 13h30-17h

DOM. NATHALIE & GILLES FÈVRE 2012 ★★

	40 000		11 à 15 €

Pour eux, la cave coopérative était une institution. Mais en 2004, Nathalie et Gilles Fèvre ont pris la décision de valoriser leur production en bouteilles. Ils sont désormais à la tête d'un domaine de 47 ha, dont une partie est conduite en lutte biologique.

Il n'y va pas par quatre chemins. Direction le terroir ! Un vin tout droit, sans maquillage. Le nez donne le ton avec sa fraîcheur végétale et une petite pointe de silex. La bouche offre le même profil. La minéralité trace la route et donne de l'allant. C'est rond, vif, d'une grande fraîcheur. Plaisir garanti, dans quelques années. ⧗ 2017-2019 🍷 asperges sauce mousseline

Dom. Nathalie et Gilles Fèvre, rte de Chablis, 89800 Fontenay-près-Chablis, tél. 03 86 18 94 47, fevregilles@wanadoo.fr V r.-v.

DOM. FOURNILLON 2011

	3 900		5 à 8 €

Ce domaine familial étend son vignoble de 23 ha sur les coteaux du Chablisien, d'Épineuil et de Bernouil dans le Tonnerrois. Fierté des Fournillon, une vigne préphylloxérique de chardonnay datant de 1835 est toujours présente sur le domaine.

Un grand classique, encore endormi après vingt mois passés en cuve. Pour autant, le nez est séduisant avec ses notes d'agrumes. La bouche est ronde et légèrement beurrée, avec une vivacité qui s'impose en finale. ⧗ 2015-2017 🍷 assiette nordique

Dom. Fournillon, 34, Grande-Rue, 89360 Bernouil, tél. 03 86 55 50 96, gaec-fournillon-et-fils@wanadoo.fr V t.l.j. 8h-20h (1)

DOM. GARNIER & FILS 2012 ★

	70 000		8 à 11 €

Ce jeune domaine est conduit par Xavier et Jérôme Garnier. Ici, la priorité est donnée au fruit et au terroir et l'on a plutôt tendance à laisser faire la nature. Pas de levurage ni de fermentations longues, pas de filtrations non plus.

Un vin complexe interprété différemment par les dégustateurs. Il n'en demeure pas moins typique de l'appellation avec ses effluves marins qui donnent la réplique aux fragrances de fleurs blanches. La bouche est plus simple ; elle s'appuie sur une assise minérale qui supporte le fruit. Une grande fraîcheur. ⧗ 2017-2019 🍷 beignets de courgette

Garnier et Fils, chem. de Méré, 89144 Ligny-le-Châtel, tél. 03 86 47 42 12, info@chablis-garnier.com r.-v.

RAOUL GAUTHERIN ET FILS 2012 ★★

	35 000		8 à 11 €

Les Gautherin font du vin depuis sept générations, c'est dire l'enracinement de cette famille dans le vignoble chablisien. Aujourd'hui, c'est Alain, le fils de Raoul, qui est aux manettes de ce domaine de 16,8 ha.

Si les cuvées Vieilles Vignes ont généralement droit à l'élevage en fût, le chablis traditionnel ne connaît que la cuve. L'expression du terroir est ainsi pleinement retrouvée dans la bouteille. Un nez élégant, fruité et minéral. Une bouche gourmande et ample aux saveurs d'agrumes. Et une acidité qui sert de lien à cette remarquable réalisation. C'est frais, précis et très harmonieux. ⧗ 2017-2019 🍷 carpaccio de saumon

⊶ EARL Raoul Gautherin et Fils, 6, bd Lamarque, 89800 Chablis, tél. 03 86 42 11 86, domainegautherin@wanadoo.fr V t.l.j. 8h30-12h 13h30-18h

GAUTHERON 2012

	120 000		8 à 11 €

Les Gautheron, Alain (la cinquième génération) et Cyril (la sixième), sont installés à Fleys. Ce domaine de 28 ha se distingue par sa régularité, en chablis et en petit-chablis. Une constance liée aussi à la qualité et à la typicité du terroir.

Un vin flatteur qui n'a pas atteint son expression. Le nez discret vaut surtout pour sa fraîcheur. Vive et fruitée à l'attaque, la bouche associe les agrumes, la fougère et la minéralité. ⧗ 2015-2017 ♆ cassolette d'escargots

⊶ SCEV Dom. Alain et Cyril Gautheron, 18, rue des Prégirots, 89800 Fleys, tél. 03 86 42 44 34, vins@chablis-gautheron.com V t.l.j. 8h30-12h 13h30-17h30; sam. dim. sur r.-v.

DOM. DE LA GENILLOTTE 2012 ★

	15 000		5 à 8 €

Domaine créé en 1972 à Lignorelles et conduit par David Depuydt depuis 1993. Il compte aujourd'hui 16 ha, uniquement en chablis.

Un chablis franc et intense, bien installé dans son terroir. Beaucoup d'élégance et de fraîcheur dans un nez dominé par les agrumes. En bouche, la minéralité prend le dessus tout en laissant parler le fruit. Un vin bien équilibré, droit, d'une grande finesse. ⧗ 2015-2017 ♆ choucroute au poisson

⊶ EARL Sourice-Depuydt, 11, rue Auxerroise, 89800 Lignorelles, tél. 03 86 47 44 44, chablis.depuydt@orange.fr V r.-v.

DOM. GEORGE Vieilles Vignes 2012

	14 000		8 à 11 €

La famille George est bien implantée à Courgis où elle exploite un domaine de 16 ha. L'avenir de l'exploitation est assuré puisque les deux fils, Jonathan et David, ont apporté leurs bras et leur savoir-faire.

Issu d'un assemblage des plus vieilles parcelles du domaine, ce 2012, à la fois souple et frais, joliment citronné et long, est fait pour le plaisir immédiat. ⧗ 2014-2016 ♆ flan aux asperges

⊶ EARL Dom. George, 10, rue du Four-Banal, 89800 Courgis, tél. 03 86 41 40 06, george.earl@wanadoo.fr V t.l.j. 9h-12h 14h-18h30

DOM. ANNE ET ARNAUD GOISOT 2012 ★

	13 000		8 à 11 €

Installé depuis 1981 à Saint-Bris dans une maison bourgeoise du XIX[e]s. au milieu d'un parc arboré, ce couple de vignerons est aujourd'hui à la tête de 22 ha et s'illustre régulièrement avec ses côtes-d'auxerre.

Ce vin charnu affiche une très jolie matière. « On a l'impression de croquer le fruit », souligne un dégustateur. Le fruit mûr au nez rencontre des arômes de fleurs blanches. La bouche est vive et persistante, avec un trait de minéralité qui vient souligner cette belle vinification. ⧗ 2015-2017 ♆ fromage de chèvre au miel

⊶ Dom. Anne et Arnaud Goisot, 4 bis, rte de Champs, 89530 Saint-Bris-le-Vineux, tél. 03 86 53 32 15, aa.goisot@wanadoo.fr V t.l.j. sf dim. 8h30-12h 13h30-19h

B DOM. JEAN GOULLEY & FILS 2012

	60 000		11 à 15 €

Le domaine a été créé en 1986 quand Philippe Goulley a rejoint Jean dans la structure familiale. Depuis 2005, les 18 ha sont entièrement conduits en bio certifié. La succession est assurée avec l'arrivée en 2009 de Maud, fille de Philippe Goulley.

Fleurs blanches, fruits jaunes et minéralité, il ne manque rien dans cette cuvée élevée douze mois en cuve. Un palais franc et fruité en attaque, où l'on retrouve la minéralité, gage de fraîcheur. ⧗ 2015-2017 ♆ dorade au citron confit

⊶ Dom. Jean Goulley et Fils, La-Chapelle-Vaupelteigne, 89800 Chablis, tél. 03 86 42 40 85, phil.goulley@orange.fr V r.-v.

DOM. HEIMBOURGER 2012 ★

	12 000		8 à 11 €

Situé à Saint-Cyr-les-Colons, joli petit village de l'Yonne, ce domaine a été créé en 1970 par Pierre Heimbourger. Repris en 1994 par Olivier, il étend aujourd'hui son vignoble sur 16 ha entre Auxerrois et Chablisien.

Fruits mûrs et longueur minérale, telles sont les deux principales caractéristiques de cette cuvée qui représente bien son appellation. Le nez floral est plein de fraîcheur. Fraîcheur que l'on retrouve en bouche autour d'arômes d'agrumes. La finale minérale donne de la tension et du caractère à l'ensemble. ⧗ 2015-2017 ♆ koulibiac

⊶ Dom. Heimbourger, 5, rue de la Porte-de-Cravant, 89800 Saint-Cyr-les-Colons, tél. 03 86 41 40 88, heimbourger@wanadoo.fr V r.-v.

PASCAL HENRY 2012

	10 000		5 à 8 €

Saint-Cyr-les-Colons est un village situé entre Auxerrois et Chablisien, non loin de Préhy. Céréaliers à l'origine, Pascal et... Pascale Henry y ont créé en 1986 un vignoble qui couvre 15 ha aujourd'hui.

Une cuvée bien typée chablis, qui présente encore une timidité de jeunesse. Le nez minéral est assez discret. Quant à la bouche, elle dévoile une acidité qui souligne sa puissance et sa longueur. ⧗ 2017-2019 ♆ lasagnes au saumon

⊶ EARL Pascal Henry, 30, chem. des Fossés, 89800 Saint-Cyr-les-Colons, tél. 03 86 41 44 87, henry.pascalearl@orange.fr V t.l.j. sf jeu. dim. 10h-12h 14h-18h

DOM. JEAN JACQUIN ET FILS 2012 ★★

	2 490		8 à 11 €

Jean Jacquin est parti à la retraite en 2007 en laissant les clés de l'exploitation familiale à son fils Jean-Michel, associé avec sa mère. Le produit des 7,6 ha de vignes est désormais vendu en bouteilles.

Ce chablis vinifié en cuve pendant neuf mois est remarquable de finesse. Le nez subtil évoque les fleurs blanches. Cette délicatesse se poursuit en bouche où une fraîcheur minérale donne de la vivacité au fruit et de l'élégance à cette jolie bouteille. ⧗ 2017-2019 ♆ homard à la crème

EARL Dom. Jean Jacquin et Fils, 32, rue de Chichée, 89800 Chablis, tél. 03 86 42 16 32, domainejacquin@gmail.com V t.l.j. 8h-20h

ROLAND LAVANTUREUX Vieilles Vignes 2012

	8 000		8 à 11 €

Valeur sûre du Guide, cette exploitation est située à Lignorelles, aux confins nord du Chablisien. Après un stage au célèbre Clos des Lambrays, Arnaud Lavantureux a rejoint son père Roland au domaine familial où il assure depuis 2010 les vinifications. Son frère David gère désormais le développement commercial de ce domaine de 20 ha.

Un élevage mixte (cuve et fût) pour cette cuvée bien typée. Au nez de fleurs blanches succède une bouche ronde et harmonieuse. Un beau mariage entre le fruit et la minéralité et une belle maturité. 2015-2017 lotte à l'américaine

Roland Lavantureux, 4, rue Saint-Martin, 89800 Lignorelles, tél. 03 86 47 53 75, domaine.lavantureux@gmail.com V t.l.j. sf dim. 8h-18h

DOM. DE LA MANDELIÈRE 2012 ★

	50 000		8 à 11 €

Située à Fleys, cette exploitation de 16 ha est issue de la réunion, en 1978, des vignes de Josette Laroche et Robert Nicolle, tous deux enfants de viticulteurs.

Un long élevage sur lies pour un vin qui va demander un peu de patience. Un 2012 plein de fruits, aussi bien au nez qu'en bouche. Des agrumes, toujours des agrumes. La bouche gourmande penche vers la rondeur et l'élégance, tout en restant fraîche. 2015-2017 salade de tomates mozzarella

Dom. de la Mandelière, 17, rue des Prés-Girots, 89800 Fleys, tél. 03 86 42 19 30, mandeleire@ aol.com V r.-v. Josette Laroche

DOM. DES MARRONNIERS 2012 ★

	63 300		8 à 11 €

Créé en 1976 par Marie-Claude et Bernard Légland, ce domaine (21 ha) a été repris en juin 2013 par un autre couple, Marie-Noëlle et Laurent Ternynck. Ce ne sont pas des inconnus puisqu'ils sont déjà à la tête du domaine de Mauperthuis à Massangis où ils collectionnent les étoiles.

Un vin droit et pur d'emblée marqué par la fraîcheur. Le nez puissant libère des arômes de fleurs blanches et de fruits exotiques. L'attaque est fraîche et citronnée, le développement plus complexe, teinté de minéralité. 2015-2017 palourdes farcies

Dom. des Marronniers, 3, Grande-Rue-de-Chablis, 89800 Préhy, tél. 03 86 41 42 70, bernard.legland@wanadoo.fr V t.l.j. 8h30-12h 13h30-17h30; sam. dim. sur r.-v.

DOM. MAUPA 2012 ★

	2 600		5 à 8 €

Consacré essentiellement à l'appellation chablis, ce domaine transmis de père en fils depuis la nuit des temps est situé dans le joli village de Chichée.

Reflet du terroir, ce 2012 a tout d'un chablis. Son nez fruité et minéral délivre aussi des arômes confits. Le palais riche et gras, est emporté par une minéralité qui lui confère fraîcheur, vivacité et longueur. 2017-2019 pizza aux fruits de mer

EARL du Maupa, 6, rte de Chablis, 89800 Chichée, tél. 06 25 08 85 75, maupa.maurice@sfr.fr V r.-v. Maurice

J. MOREAU & FILS 2012 ★

	200 000		8 à 11 €

Difficile de s'y retrouver à Chablis entre toutes les familles Moreau. Fondé en 1814 par Jean-Joseph Moreau, ce domaine est devenu propriété du groupe Boisset en 1997.

Une cuvée très élégante dans sa robe dorée aux reflets brillants. Plus discret, le nez laisse filtrer des notes d'agrumes. C'est en bouche que ce vin devient bavard. On y découvre de frais arômes de fruits exotiques qui soulignent la vivacité de l'ensemble. 2015-2017 soufflé au fromage

J. Moreau et Fils, rte d'Auxerre, 89800 Chablis, tél. 03 86 42 88 05, depuydt.l@jmoreau-fils.com V t.l.j. sf sam. dim. 8h-12h 13h30-17h30; f. août Boisset

MOREAU-NAUDET 2012 ★

	50 000		15 à 20 €

En 1950, Marie Naudet épouse René Moreau : le domaine Moreau-Naudet est né au cœur de Chablis. Quarante ans plus tard, Stéphane Moreau arrive sur l'exploitation, qui couvre alors 7 ha de vignes. Elle en compte aujourd'hui 22.

Seize mois d'élevage en cuve pour retrouver l'authenticité du terroir : Stéphane Moreau laisse du temps à ses cuvées. Celle-ci montre une belle harmonie entre le nez et la bouche. D'un côté, les fleurs blanches qui signent l'élégance, de l'autre, le fruit mûr soutenu par la minéralité. 2015-2017 tagliatelles au saumon

Moreau-Naudet, 5, rue des Fosses, 89800 Chablis, tél. 03 86 42 14 83, moreau.naudet@wanadoo.fr V r.-v.

DOM. CHRISTIAN MOREAU PÈRE & FILS 2012 ★

	10 000		8 à 11 €

Christian Moreau est une forte personnalité du vignoble. Son fils Fabien, aujourd'hui aux commandes de cette exploitation de 13,5 ha, est plus mesuré. Le domaine familial est en conversion bio depuis le millésime 2012.

Il y a beaucoup de subtilité, d'élégance et de précision dans ce vin gourmand et fruité. Subtilité au nez avec sa fraîcheur minérale. Élégance en bouche où l'on retrouve la minéralité qui donne du dynamisme à l'ensemble. Que demander de plus ? 2017-2019 salade noix de pétoncles

Christian Moreau Père et Fils, 26, av. d'Oberwesel, 89800 Chablis, tél. 03 86 42 86 34, contact@domainechristianmoreau.com V r.-v.

♥ CHRISTIAN MORIN 2012 ★★★

	3 000		5 à 8 €

Installés au centre du joli bourg de Chitry-le-Fort dans l'Yonne, les Morin font partie des grandes familles viticoles locales. Ils exploitent 10,5 ha de vignes.

Le chardonnay, Christian Morin a davantage l'habitude de le travailler sur les coteaux de l'Auxerrois. Mais c'est bien de l'autre côté de la colline, en terre chablisienne, qu'il est allé chercher ce coup de cœur. Un chablis d'exception, modèle d'élégance, de puissance et de fraîcheur. Le nez se promène entre les fleurs blanches et les fruits exotiques. La bouche ample et riche exprime la minéralité du terroir. Le jury est conquis. 2017-2019 truite fumée sauce raifort

Christian Morin, 17, rue du Ruisseau, 89530 Chitry, tél. 03 86 41 44 10, ch.morin.chitry@orange.fr V r.-v.

DOM. DE NOËLLE Cuvée Haute Tradition 2012 ★

| 2 000 | | 8 à 11 €

À l'origine de ce domaine (8,5 ha) créé en 1983, il y a Michel Segard. À son départ à la retraite en 2001, Valérie Segard a pris le relais, associée à Sébastien en 2003.

Chez les Segard, cuvée Haute tradition veut dire « élevage en cuve ». La typicité du terroir est bien présente dans cette bouteille avec son nez de fruits blancs sur fond légèrement beurré. En bouche, le fruit épouse la minéralité. Un mariage réussi pour ce vin harmonieux. 2015-2017 terrine de saumon à l'estragon

EARL Dom. de Noëlle, 25, rue de Vaucharmes, 89800 Préhy, tél. 03 86 41 45 26, domaine.de.noelle@orange.fr V t.l.j. 9h-12h 14h-18h; sam. dim. sur r.-v. Segard

♥ DOM. DE PISSE-LOUP Cuvée Antoine 2012 ★★

| 10 000 | | 8 à 11 €

Le grand-père de Romuald Hugot avait arraché l'intégralité de ses vignes. En 1985, le jeune vigneron et son père ont replanté le vignoble qui couvre aujourd'hui 14 ha. « Pisse-Loup » est un lieu-dit proche de Beine, leur village.

La sévérité de la taille et le travail rigoureux de Romuald Hugot dans ses vignes ne sont sans doute pas pour rien dans ce coup de cœur. Le nez est un bouquet de fleurs blanches rehaussé par la minéralité. L'équilibre est parfait en bouche : une attaque ronde sur le fruit est relayée par une acidité tonique. Une cuvée très pure. 2015-2017 velouté d'asperges à la crème

EARL Romuald Hugot, 30, rte Nationale, 89800 Beine, tél. 03 86 42 85 11, domaine.pisseloup@free.fr V r.-v.

ISABELLE ET DENIS POMMIER
Croix aux moines 2012 ★

| 7 200 | | 11 à 15 €

Établis à Chablis, Isabelle et Denis Pommier exploitent ce domaine de 17 ha créé en 1990 et très régulier en qualité. Après avoir conduit quinze ans leur vignoble en lutte raisonnée, ils ont engagé sa conversion à l'agriculture biologique.

Fût et cuve sont à parts égales dans l'élevage de ce chablis rond et fruité qui procure un plaisir immédiat. Si le nez penche vers les fruits jaunes, la bouche s'ouvre sur une belle assise minérale. Elle se prolonge sur des arômes de fruits mûrs vivifiés par des notes citronnées. Le boisé discret est parfaitement intégré. 2015-2017 verrines avocat saumon

Isabelle et Denis Pommier, 31, rue de Poinchy, 89800 Poinchy, tél. 03 86 42 83 04, isabelle@denis-pommier.com V r.-v.

DOM. ROY 2012

| 10 000 | | 5 à 8 €

C'est dans les années 1920 que Fernand Roy crée ce domaine dans le village pittoresque de Fontenay-près-Chablis. L'exploitation compte aujourd'hui 18 ha, conduite par Claude Roy soutenu par David et Karine.

Si la robe est pâle, le nez est intense, associant un caractère minéral et des arômes de fruits confits. Dans le meme registre, la bouche gourmande trouve son équilibre entre rondeur et acidité. Un vin d'une grande fraîcheur. 2015-2017 huîtres

SCEA Dom. Roy, 71, Grand-Rue, 89800 Fontenay-près-Chablis, tél. 03 86 42 10 36, domaine.roy@orange.fr V t.l.j. 9h-12h 14h-18h; dim. sur r.-v.

FRANCINE ET OLIVIER SAVARY 2012 ★

| 80 000 | | 8 à 11 €

Installés dans le Chablisien en 1984 sur un domaine de poche (1 ha), Francine et Olivier Savary conduisent aujourd'hui un coquet vignoble de 20 ha.

Un nez beurré, légèrement grillé, une attaque franche et un fond minéral composent un vin frais et agréable. 2015-2019 toasts de truite fumée

Dom. Savary, 4, chem. des Hâtes, 89800 Maligny, tél. 03 86 47 42 09, f.o.savary@orange.fr V t.l.j. 9h-12h 14h-17h30

DOM. DANIEL SEGUINOT ET FILLES
Vieilles Vignes 2012

| 10 600 | | 8 à 11 €

Établi à Maligny, Daniel Séguinot s'est installé en 1971. Aujourd'hui, ses filles, Émilie depuis 2003 et Laurence depuis 2008, assurent la continuité du vignoble qui compte une vingtaine d'hectares.

Ces Vieilles Vignes ont encore gardé toute leur jeunesse dans ce vin riche et bien équilibré. Si le nez n'est pas très expressif, la bouche en revanche restitue le terroir, avec sa vivacité et sa finale sur le fruit. 2015-2017 filet mignon de porc

Dom. Daniel Séguinot et Filles, rte de Tonnerre, 89800 Maligny, tél. 03 86 47 51 40, domaine.danielseguinot@wanadoo.fr V r.-v.

DENIS STROTZIK 2012 ★

| 800 | | 5 à 8 €

Avec son domaine de poche (moins de 2 ha de vignes en chablis et petit-chablis), Denis Strotzik installé à

Préhy depuis 1998 figure régulièrement au palmarès du Guide.

Huit cents bouteilles seulement pour cette cuvée très harmonieuse. Nez discret et frais sur les agrumes, végétal ; bouche à l'unisson, franche et minérale, qui ne manque toutefois pas de chair. ⧗ 2015-2017 ♈ crabe à la mayonnaise

Denis Strotzik, 27, rue de Vaucharmes, 89800 Préhy, tél. 03 86 42 19 19, denis.strotzik@orange.fr V r.-v.

CH. DU VAL DE MERCY 2012 ★

7 000 | 8 à 11 €

En 1680, les vins étaient produits par le clos du château du Val de Mercy. Établi à Chitry, le nouveau propriétaire du domaine (30 ha) perpétue la tradition viticole au-delà de ses terres pour fournir des vins du Chablisien, de l'Auxerrois et de la Côte de Beaune.

Ce vin est généreux. Il donne tout ce qu'il a dans la bouteille. Pas de faux-semblants avec son nez qui trouve sa fraîcheur dans les fleurs et la minéralité. L'entrée en bouche est ample, avec beaucoup de fruit. L'acidité fait le reste pour donner du caractère à ce vin typé. ⧗ 2017-2019 ♈ carpaccio de saint-jacques

Ch. du Val de Mercy, 8, promenade du Tertre, 89530 Chitry, tél. 03 86 41 48 00, roy@valdemercy.com V r.-v.

DOM. DE VAUROUX 2012 ★

15 000 | 11 à 15 €

Ce domaine de 46 ha a été créé en 1960 par la famille Tricon, encore aux commandes aujourd'hui. On y trouve parmi les vignes l'une des dernières cabanes de vigneron du XVIIes., appelée *cabotte* (le terme est de la Côte-d'Or).

Un vin flatteur et très agréable, le nez légèrement brioché respirant la fraîcheur. En bouche, c'est le fruit qui prend le pouvoir. Cette jolie matière s'impose par sa puissance et sa richesse aromatique. La finale nerveuse, « salivante » laisse une impression d'harmonie. ⧗ 2015-2017 ♈ bar en croûte de sel

Dom. de Vauroux, rte d'Avallon, BP 56, 89800 Chablis, tél. 03 86 42 10 37, maison.tricon@gmail.com V r.-v.

♥ DOM. LE VERGER 2012 ★★

60 000 | 11 à 15 €

Perpétuant une tradition viticole remontant à 1850, Alain Geoffroy, figure du vignoble chablisien, conduit un important domaine de 50 ha à Beine. Pour la vinification, il privilégie l'élevage en cuve qui préserve selon lui la fraîcheur des chablis.

Sous l'enseigne « Le Verger », il réussit un coup de maître. Comme avec son 2011. Une constance dans la qualité qui ne doit rien au hasard. Toujours est-il que cette cuvée 2012 est remarquable par sa fraîcheur et son harmonie. Le nez est tout en fleurs blanches, avec une petite pointe vanillée. La bouche est ronde, gorgée de fruits, portée en finale par une minéralité subtile. ⧗ 2017-2019 ♈ escargots de Bourgogne

Dom. Alain Geoffroy, 4, rue de l'Équerre, 89800 Beine, tél. 03 86 42 43 76, info@chablis-geoffroy.com V t.l.j. sf sam. dim. 8h-12h 13h30-17h

CHABLIS PREMIER CRU

• Superficie : 770 ha • Production : 43 900 hl

Le chablis 1er cru provient d'une trentaine de lieux-dits sélectionnés pour leur situation et la qualité de leurs produits. Il diffère du précédent moins par une maturité supérieure du raisin que par un bouquet plus complexe et plus persistant, où se mêlent des arômes de miel d'acacia, un soupçon d'iode et des nuances végétales. Le rendement est limité à 50 hl à l'hectare. Tous les vignerons s'accordent à situer l'apogée du chablis 1er cru vers la cinquième année, lorsqu'il « noisette ». Les *climats* les plus complets sont Montée de Tonnerre, Fourchaume, Mont de Milieu, Forêt ou Butteaux, et Côte de Léchet.

DOM. BARAT Vaillons 2012 ★

7 000 | 11 à 15 €

Angèle et sa mère Joëlle, Ludovic et son père Michel : deux générations se côtoient sur le domaine familial repris par les enfants en 2012. L'occasion pour eux de signer leur premier millésime.

Le nez intense marqué par les fruits jaunes est le préambule à une bouche riche et gourmande portée par des arômes de pêche et d'abricot qui se prolongent longuement. Un vin charmeur que l'on peut déjà apprécier. ⧗ 2014-2019 ♈ coquilles Saint-Jacques ■ Côte de Léchet 2012 (7 000 b.) : un vin minéral, à attendre un peu. ⧗ 2016-2019

Dom. Barat, 6, rue de Léchet, Milly, 89800 Chablis, tél. 03 86 42 40 07, domaine.barat.angele@orange.fr V r.-v.; f. août

BARDET ET FILS Fourchaume 2012 ★

2 000 | 11 à 15 €

Les frères Bardet, Philippe et Michel, exploitent des vignes depuis 1992 à Préhy, mais leur caveau de dégustation est situé dans la petite cité de Noyers-sur-Serein. Leurs fils respectifs, Damien et Alexandre, ont rejoint le domaine familial de 7,6 ha.

Ce vin élevé douze mois en cuve offre une minéralité exemplaire. Au nez, celle-ci épouse les arômes de fleurs blanches. Au palais, elle apporte une vivacité soulignée par les notes d'agrumes. Un ensemble racé. ⧗ 2017-2022 ♈ brochet au beurre blanc

Bardet et Fils, ferme de La Borde, 89310 Noyers-sur-Serein, tél. 03 86 82 61 49, vins.bardet@free.fr V r.-v.

DOM. BEGUE-MATHIOT Vaillons 2012 ★

800 | 11 à 15 €

Du chai situé sur les hauteurs de Chablis on peut contempler les grands crus. Au domaine, le duo que forment Maryse Begue et sa fille Guylhaine est attaché

à la vinification en cuve pour préserver l'authenticité du terroir.

Ce 1er cru équilibré et très élégant libère des parfums de fleurs blanches soulignées par une fine minéralité. Minéralité et élégance que l'on retrouve dans une bouche ample et riche mêlant agrumes et fruits blancs. De la distinction et du caractère. ⌛ 2017-2024 🍷 aiglefin aux herbes fraîches

Dom. Begue-Mathiot, Les Épinottes, 89800 Chablis, tél. 03 86 42 16 65, contact@chablis-begue-mathiot.com V r.-v.

SAMUEL BILLAUD
Mont de Milieu 2012 ★★

	6 000		15 à 20 €

Après vingt années passées au domaine familial, Samuel Billaud a créé sa propre maison de négoce-vinificateur qui élabore des cuvées à partir de sélections parcellaires haut de gamme.

Cuve et fût, c'est la « recette » de Samuel Billaud pour l'élaboration de ses vins. Ce 2012 affiche un parfait équilibre entre la matière, dense et charnue, et la minéralité du terroir. Un vin droit, précis, expressif (agrumes, fougère), tant au nez qu'en bouche. ⌛ 2017-2019 🍷 escargots persillés ■ Montée de Tonnerre 2012 ★ (6 900 b.) : un 1e cru également très flatteur avec une minéralité propre au terroir. ⌛ 2017-2020

Samuel Billaud, 23, rue du Serein, 89800 La Chapelle-Vaupelteigne, tél. 03 86 51 00 07, samuel.billaud@orange.fr V r.-v.

DOM. BILLAUD-SIMON Mont de Milieu 2012 ★

	15 000		15 à 20 €

Dans cette famille de Chablis, on est vigneron de père en fils depuis 1815, mais la première mise en bouteilles à la propriété n'est pas antérieure à 1954, et ce pour une vente aux États-Unis. Le vignoble de 21 ha est cultivé pour partie en biodynamie et pour partie en culture raisonnée.

Fin, élégant, délicat, le vin séduit d'emblée avec ses parfums intenses de fleurs blanches. C'est en bouche que cette cuvée est la plus intense : à la fois ample et bien structurée, dominée par les fruits mûrs, vivifiée par la minéralité et une finale citronnée. ⌛ 2018-2024 🍷 plateau d'huîtres ■ Les Vaillons 2012 (25 000 b.) : un vin séducteur, les agrumes et la minéralité faisant bon ménage. ⌛ 2019-2024

Dom. Billaud-Simon, 1, quai de Reugny, BP 46, 89800 Chablis, tél. 03 86 42 10 33, catherine@billaud-simon.com V r.-v.

B ROMAIN BOUCHARD Vau de Vey 2011 ★★

	18 278		15 à 20 €

Depuis 2006, Romain Bouchard vole de ses propres ailes au domaine de la Grande Chaume. Une conversion bio, des rendements modérés, un élevage mixte (cuve et fût) dans le but de restituer ce que le terroir va lui donner.

Modèle d'équilibre, cette cuvée 2011 est en touts points remarquable : un nez floral et beurré, une bouche à la fois ample et fraîche, aux arômes de fleurs blanches. De la justesse, de la précision et un certain potentiel. ⌛ 2017-2019 🍷 asperges à la crème

Romain Bouchard, Dom. de la Grande Chaume, 5 bis, rue Porte-Noël, 89800 Chablis, tél. 03 86 42 18 64, romain@romainbouchard.com V t.l.j. 10h-12h30 14h-18h; f. janv. t.l.j. sf sam. dim.

DRB DAMIEN ET ROMAIN BOUCHARD
Vaillons 2011 ★★

	4 260		15 à 20 €

DRB c'est Damien et Romain Bouchard, une société de négoce créée en 2010 en marge du domaine familial dirigé par leur père Pascal Bouchard. Les vins sont issus de parcelles uniques afin d'offrir la pure expression de leur terroir.

Ce 2011 élevé en cuve Inox est encore discret au nez mais des notes florales se manifestent à l'aération. La bouche est généreuse, ronde et persistante, agrémentée d'arômes de fleurs blanches et de miel. Un vin prometteur. ⌛ 2017-2019 🍷 anguilles fumées ■ Montée de Tonnerre 2011 ★ (20 à 30 € ; 4 009 b.) : un vin aux arômes d'amande douce, fin et frais à souhait. ⌛ 2016-2019

DRB, 5 bis, rue porte Noël, 89800 Chablis, tél. 03 86 42 18 64, damien@pascalbouchard.com V t.l.j. 10h-12h30 13h-18h
Damien et Romain Bouchard

LA CHABLISIENNE Les Lys 2011 ★

	8 202		20 à 30 €

Cave coopérative regroupant près de 300 vignerons et représentant un quart du vignoble de Chablis, La Chablisienne a fêté ses quatre-vingt-dix ans en 2013. Une structure moderne et performante, qui contribue largement à la notoriété de l'appellation. Le grand cru Grenouilles est une de ses têtes d'affiche.

Élevé sur la rive gauche du Serein, à proximité des Vaillons, et issu de vieilles vignes, ce vin conjugue un côté gourmand et une belle fraîcheur. Le nez associe des parfums de fruits mûrs et une pointe vanillée. La bouche affiche rondeur et puissance, tout en gardant une belle minéralité qui lui assure une finale fraîche. ⌛ 2019-2024 🍷 ris de veau

La Chablisienne, 8, bd Pasteur, 89800 Chablis, tél. 03 86 42 89 89, chab@chablisienne.fr V t.l.j. 9h-12h 14h-19h

DOM. CHENEVIÈRES L'Homme mort 2012 ★

	n.c.		15 à 20 €

En épousant la fille de Jean-Marc Brocard, Frédéric Gueguen n'a pas épousé le vin ; il voulait depuis toujours en faire son métier. En reprenant, en 2003, le domaine de Lucette et Bernard Tremblay, il a réalisé son rêve : suivre le vin de la vigne à la bouteille.

Ce 2012 brille dans le verre mais aussi par son nez bien minéral reflétant le terroir. Le fruit est davantage présent en bouche, au sein d'une matière à la fois souple et vive. Un vin élégant. ⌛ 2015-2018 🍷 risotto de saint-jacques

Dom. Brocard, 3, rte de Chablis, 89800 Préhy, tél. 03 86 41 49 00, info@brocard.fr V t.l.j. sf dim. 9h30-13h 14h-18h30 B

DOM. CHEVALLIER Montmains 2012 ★★

	2 200		11 à 15 €

Claude et Jean-Louis Chevallier sont installés au sud d'Auxerre sur un domaine dont le vignoble couvre

16,4 ha. Ils représentent la dernière génération d'une famille de vignerons installée à Montallery depuis 1788.

Ce vin, qui a frôlé le coup de cœur, a connu le fût pendant onze mois. L'élevage ne marque guère le nez, fin et élégant, aux parfums de fruits exotiques et de fruits à chair blanche. La bouche a la finesse d'un diamant, y compris dans le boisé; la matière y a pris le pouvoir, avec une rondeur soulignée de notes de fruits confits en soutien. Une harmonie rare. ⌛ 2017-2019 🍴 ris de veau à la crème

Dom. Chevallier, 6, rue de l'École, Montallery, 89290 Venoy, tél. 03 86 40 27 04, domaine.chevallier.chablis@wanadoo.fr V r.-v.

CHRISTOPHE ET FILS Fourchaume 2012 ★★

	3 000		11 à 15 €

Installé en 1999 dans sa ferme des Carrières-de-Fyé, hameau proche de Chablis, Sébastien Christophe s'est équipé d'une cuverie en 2003. Depuis sa création, son domaine a été de nombreuses fois étoilé dans le Guide.

Un vin délicat, bien équilibré, au nez complexe de fleurs blanches et d'agrumes mûrs (mandarine). Le palais gras et ample, tout en fruits exotiques, présente l'acidité nécessaire pour apporter du dynamisme et assurer la longévité de cette bouteille. ⌛ 2019-2024 🍴 langoustines

Dom. Christophe et Fils, ferme des Carrières-de-Fyé, 89800 Chablis, tél. 03 86 55 23 10, domaine.christophe@wanadoo.fr V r.-v.

DOM. MICHEL COLBOIS Côte de Jouan 2012 ★

	6 800		8 à 11 €

Rejoint en 2009 par son fils Benjamin, Michel Colbois est établi depuis 1970 à Chitry-le-Fort. Ses blancs sont souvent en bonne place dans le Guide, qu'ils proviennent du chardonnay ou de l'aligoté.

Bien qu'un peu fermé, ce vin intéressant est en devenir. Le nez discret s'ouvre bien à l'agitation sur des fragrances de verger au printemps. Le palais, minéral à souhait, est porté par une fraîcheur florale et une finale légèrement saline. ⌛ 2017-2024 🍴 andouillette de Troyes

EARL Dom. Colbois, 69, Grande-Rue, 89530 Chitry, tél. 03 86 41 43 48, contact@colbois-chitry.com V t.l.j. 8h30-12h 13h30-18h; dim. sur r.-v.

DOM. JEAN COLLET ET FILS Montmains 2012 ★★

	12 000		11 à 15 €

La famille Collet maniait déjà la pioche dans le kimméridgien en 1792. Romain, le petit dernier d'une dynastie de vignerons chablisiens (fils de Gilles, petit-fils de Jean), est depuis septembre 2009 aux commandes de l'exploitation familiale, en conversion bio.

Ce 2012 élevé en cuve pendant quatorze mois frise l'excellence, conciliant la puissance et l'élégance dans un parfait équilibre. Le nez de fruits mûrs trouve son complément dans une bouche riche et généreuse, d'une rare persistance. ⌛ 2015-2017 🍴 risotto saint-jacques truffe blanche ■ Vaillons 2011 (20 000 b.): de la fraîcheur, des notes boisées et des arômes d'agrumes. ⌛ 2014-2017 ■ Mont de Milieu 2011 (15 à 20 €; 2 400 b.): un vin floral et minéral, légèrement boisé. ⌛ 2014-2019

Dom. Jean Collet et Fils, 15, av. de la Liberté, 89800 Chablis, tél. 03 86 42 11 93, collet.chablis@wanadoo.fr V t.l.j. 9h-12h 13h-17h30

DOM. DU COLOMBIER Fourchaume 2012 ★★

	17 000		11 à 15 €

Transmise de père en fils depuis 1887, cette exploitation familiale de 50 ha est dirigée par trois frères, Jean-Louis, Thierry et Vincent Mothe. Le domaine fait partie des incontournables du vignoble de Chablis, quelle que soit l'appellation.

Ce Fourchaume libère un nez tout en finesse, entre fleurs blanches et fruits frais. L'entrée en bouche est puissante et gourmande, les arômes de fruits mûrs d'une belle persistance. ⌛ 2017-2019 🍴 huîtres chaudes à la crème ■ Vaucoupin 2012 ★ (8 000 b.): de la matière, de l'acidité et du fruité. ⌛ 2017-2019

Dom. du Colombier, 42, Grand-Rue, 89800 Fontenay-près-Chablis, tél. 03 86 42 15 04, domaine@chabliscolombier.com V r.-v.

DOM. DE LA CORNASSE Beauroy 2012 ★★

	10 000		15 à 20 €

Nathalie, fille aînée d'Alain Geoffroy, producteur bien connu de Beine, a créé son propre vignoble en 2000. Aujourd'hui, elle est aidée de ses deux sœurs, Sylvie et Aurélie, qui l'ont rejointe sur le domaine de la Cornasse (6 ha).

Nathalie Geoffroy avait obtenu un coup de cœur l'an dernier avec son chablis 2011. Elle a failli renouveler l'exploit cette année avec ce cru remarquable qui recèle toutes les qualités d'un grand chablis: un nez d'agrumes et de fleurs blanches, et un palais fruité, minéral, élégant et long. ⌛ 2017-2019 🍴 bar en croûte de sel

Dom. de la Cornasse, SARL A. Geoffroy, 4, rue de l'Équerre, 89800 Beine, tél. 03 86 42 43 76, info@chablis-geoffroy.com V t.l.j. sf sam. dim. 8h-12h 13h30-17h

DOM. DE LA COUR DU ROY Vaillons 2011 ★

	10 500		20 à 30 €

Le domaine est la vitrine chablisienne de la maison de négoce Jean Bouchard, bien connue à Beaune et dans l'ensemble de la Bourgogne. Une affaire qui est aujourd'hui dans l'orbite de la Maison Jean Bichot.

Ce 2011 libère des parfums flatteurs de fleurs blanches et d'épices. Cette finesse se retrouve dans une bouche à l'attaque vive et minérale, aux arômes d'agrumes, avenante par sa rondeur et son ampleur. ⌛ 2015-2019 🍴 assiette de poissons fumés

Maison Jean Bouchard, 6 bis, bd Jacques-Copeau, 21200 Beaune, tél. 03 80 24 37 37

JEAN-CLAUDE COURTAULT Mont de Milieu 2012 ★

	n.c.		11 à 15 €

Originaire de Touraine, Jean-Claude Courtault arrive dans le Chablisien en 1974 et s'installe à Lignorelles. En 2008, sa fille Stéphanie et son gendre Vincent Michelet l'ont rejoint sur le domaine de 19 ha.

De son élevage en cuve Inox ce 2012 tire une remarquable fraîcheur. Le nez libère des parfums complexes, tout en finesse (fruits blancs et agrumes). En bouche, ce vin est droit, d'une grande franchise, de l'attaque gourmande sur les fruits exotiques à la finale vive. ⌛ 2017-2019 🍴 matelote d'anguilles

Dom. Jean-Claude Courtault, 1, rte de Montfort, 89800 Lignorelles, tél. 03 86 47 50 59, contact@chablis-courtault-michelet.com V r.-v.

DOM. VINCENT DAMPT Vaillons 2012 ★

	2 800		11 à 15 €

Fils de Daniel Dampt, Vincent Dampt s'est installé à Milly en 2004 sur une superficie de 3,5 ha. Des droits de plantation de vignes lui ont permis de porter son domaine à 6 ha.

Typique de l'appellation, ce 2012 affiche une belle acidité qui garantit son évolution. Au nez, il séduit par une présence florale qui répond à la minéralité. La bouche, à la fois souple et dense, est marquée par des arômes de fruits blancs bien mûrs. Une pointe de vivacité en finale apporte de l'élégance. 2017-2019 cassolette d'escargots de Bourgogne

Dom. Vincent Dampt, 19, rue de Champlain, Milly, 89800 Chablis, tél. 03 86 42 47 23, vincent.dampt@sfr.fr V r.-v.

SÉBASTIEN DAMPT Les Vaillons 2012 ★

	6 000		11 à 15 €

Installé à Chablis, Sébastien Dampt, fils de Daniel Dampt, vigneron à Milly, conduit depuis 2007 son propre domaine de 7 ha. Sous l'enseigne « Maison Dampt », il a ouvert une affaire de négoce qu'il dirige avec son frère Vincent.

Ce vin séduit par son élégance : un nez puissant avec une belle présence aromatique autour des fruits mûrs, une bouche bien équilibrée, souple en attaque, consistante, délicate, à la finale minérale. 2015-2019 brochettes de langoustines

Dom. Sébastien Dampt, 23 C, rue du Château, Milly, 89800 Chablis, tél. 03 86 18 96 50, sebastien@sebastien-dampt.com V r.-v.

VIGNOBLE DAMPT-DUPAS Fourchaume 2012 ★

	n.c.		11 à 15 €

L'association Dampt-Dupas est une création (2005) du vignoble Dampt qui a pignon sur rue à Collan, petit village situé entre Chablis et Tonnerre. Dans des chais très modernes, la famille y élève différentes appellations.

Élevage mixte pour ce cru 2012. Le nez est gourmand sur des parfums de fruits jaunes. Au palais, le boisé parfaitement maîtrisé laisse la vedette au fruit, en harmonie avec la rondeur en bouche. Une minéralité souligne ce bel ensemble qui se distingue par sa fraîcheur. 2015-2018 salade mangue crevettes et coriandre

EARL Dampt-Dupas, 3, rte de Tonnerre, 89700 Collan, tél. 03 86 54 49 52, emmanuel@dampt.com V r.-v.

DOM. DANIEL DAMPT ET FILS Fourchaume 2012 ★

	4 600		11 à 15 €

Ce domaine a été créé en 1985 conjointement avec celui de Jean Defaix, le beau père de Daniel Dampt. Celui-ci l'a repris à son compte en 1992 avant de bénéficier du renfort de ses deux fils, Vincent en 2002 et Sébastien en 2005.

Un 2012 séduisant, au nez vif, entre minéralité et fruits blancs. Dans le même registre, la bouche est tendue par une belle minéralité. Un ensemble tout en finesse. 2015-2017 filet de maigre Vaillons 2012 ★ (13 000 b.) : bien marqué par son terroir, il allie fraîcheur et minéralité. 2016-2019

Dom. Daniel Dampt et Fils, 1, rue des Violettes, Milly 89800 Chablis, tél. 03 86 42 47 23, domaine.dampt.defaix@wanadoo.fr V r.-v.

DAMPT FRÈRES Mont de Milieu 2012 ★

	n.c.		11 à 15 €

Les frères Dampt (Éric, Emmanuel et Hervé), de Collan, signent la plupart de leurs vins sous l'étiquette de la fratrie. Mais cela n'empêche pas les productions individuelles. Celles d'Emmanuel Dampt sont souvent en bonne place dans le Guide.

Voici un cru gourmand qui a trouvé son équilibre entre le fruit et la minéralité. Un vin de terroir, de caractère, avec son nez intense, légèrement beurré. La bouche est au diapason. Agréable en attaque sur des saveurs d'agrumes, elle vaut pour sa fraîcheur et sa longueur. 2017-2019 calamars farcis aux crevettes

EARL Emmanuel Dampt, 3, rte de Tonnerre, 89700 Collan, tél. 03 86 54 49 52, emmanuel@dampt.com V r.-v.

AGNÈS ET DIDIER DAUVISSAT Beauroy 2012 ★

	6 000		11 à 15 €

Installés à Beine, Agnès et Didier Dauvissat, qui ont créé leur domaine en 1987, ont compris que l'amélioration de la qualité passait aussi par le travail dans les vignes. C'est ainsi qu'ils sont revenus au labour de leurs 10 ha pour préserver le terroir.

Le terroir s'exprime pleinement dans ce 2012 élevé en cuve pendant douze mois. Le nez élégant et floral précède une bouche vive et fraîche. La matière est bien là, la minéralité aussi. Un équilibre réussi. 2015-2018 langoustines à la fondue de poireau

Agnès et Didier Dauvissat, chem. de Beauroy, Voie-du-Gain, 89800 Beine, tél. 03 86 42 46 40, agnes-didier.dauvissat@wanadoo.fr V r.-v.

DOM. JEAN DAUVISSAT PÈRE ET FILS Côte de Léchet 2011 ★★★

	3 000		11 à 15 €

Ce domaine familial de 22 ha, qui propose du petit-chablis, du chablis et cinq 1ers crus, avait cessé de commercialiser sa production dans les années 1990. L'arrivée de Fabien Dauvissat à la tête de la propriété, en 2012, a remis ce domaine sur le devant de la scène chablisienne.

Élevé en cuve pendant dix-huit mois, un 2011 d'exception harmonieux et élégant. La finesse de cette cuvée s'exprime dès le nez par des notes citronnées. La bouche d'une grande pureté s'ouvre avec franchise sur les agrumes et des notes d'abricot frais. Sa matière ronde et riche est traversée d'une fraîcheur minérale qui donne de l'allonge à la finale et assurera la garde. 2017-2024 soufflé au homard Vaillons 2011 ★ (3 000 b.) : un vin minéral, vif et frais, aux arômes confits. 2017-2019

EARL Dom. Jean Dauvissat, 11, rue de Léchet, 89800 Milly, tél. 06 85 95 34 68, scea.jeandauvissat@orange.fr V r.-v.

BOURGOGNE

DOM. BERNARD DEFAIX Les Lys 2012 ★★

	3 000		20 à 30 €

La maison Defaix, c'est un domaine ayant pignon sur rue à Milly, repris par Sylvain et Didier Defaix, les fils de Bernard. C'est aussi une maison de négoce créée en parallèle, qui travaille dans le même esprit que le domaine.

Un exemple d'élevage en fût bien maîtrisé : le nez de fruits mûrs est marqué par des notes de torréfaction ; la bouche, charnue, est légèrement briochée. Mais les agrumes résistent à ce léger embonpoint, contré par la minéralité. Ce vin déjà agréable révélera sa finesse avec la garde. Un peu de patience... 2019-2024 charlotte d'asperges fruits de mer ■ Fourchaume 2012 ★ (3 000 b.) : un vin élégant encore sur sa réserve. 2019-2024

Dom. Bernard Defaix, 17, rue du Château, Milly, 89800 Chablis, tél. 03 86 42 40 75, contact@bernard-defaix.com V r.-v.

JEAN-PAUL ET BENOÎT DROIN Mont de Milieu 2012 ★

	5 100		15 à 20 €

Chez les Droin, on est vigneron de père en fils depuis 1620. Si Jean-Paul Droin est devenu l'historien du vignoble de Chablis, son fils Benoît apporte depuis 1999 sa patte à cette exploitation de 25,5 ha. Ce domaine est familier du Guide, collectionnant les coups de cœur, notamment dans les grands crus.

Du plaisir dans ce 2012 né de vignes de cinquante ans : un nez de fruits blancs avec des notes légèrement toastées, un palais ample et gras au boisé bien fondu. Richesse et concentration font presque oublier la vivacité qui souligne la longueur en bouche. 2017-2022 chapon de Bresse à la crème ■ Vaillons 2012 ★ (11 à 15 € ; 29 000 b.) : un vin porté par une belle minéralité, encore dans sa jeunesse. 2017-2019

Jean-Paul et Benoît Droin, 14 bis, av. Jean-Jaurès, BP 19, 89800 Chablis, tél. 03 86 42 16 78, benoit@jeanpaulbenoit-droin.fr V r.-v.

WILLIAM FÈVRE Montmains 2012 ★

	n.c.		15 à 20 €

Valeur sûre du vignoble chablisien, le domaine William Fèvre, producteur et négociant, aujourd'hui propriété de la maison champenoise Henriot, détient 15 ha de grands crus. Didier Séguier, maître de chai du domaine, en élabore les vins avec le souci de la finesse et de la pureté.

Un vin bien dans son appellation : les notes florales d'un nez tout en finesse, la rondeur et la souplesse d'une bouche qui va chercher une minéralité synonyme de fraîcheur. Pierre à fusil et arômes salins en finale confirment son appartenance au terroir. 2017-2019 dos de cabillaud

Dom. William Fèvre, 21, av. d'Oberwesel, 89800 Chablis, tél. 03 86 98 98 98, contact@williamfevre.com V t.l.j. 9h30-12h30 13h30-18h

Famille Henriot

DOM. NATHALIE ET GILLES FÈVRE Vaulorent 2012 ★

	5 800		30 à 50 €

Pour eux, la cave coopérative était une institution. Mais en 2004, Nathalie et Gilles Fèvre ont pris la décision de valoriser leur production en bouteilles. Ils sont désormais à la tête d'un domaine de 47 ha, dont une partie est conduite en lutte biologique.

Un vin harmonieux et déjà agréable à boire : son nez exprime avec délicatesse des arômes de fruits blancs. La bouche élégante dévoile une matière soyeuse et une belle harmonie entre le fruité et la minéralité. La fraîcheur est aussi au rendez-vous. 2015-2017 crabe farci ■ Fourchaume 2012 (20 à 30 € ; 20 000 b.) : un vin très minéral et tendu en bouche. 2016-2019

Dom. Nathalie et Gilles Fèvre, rte de Chablis, 89800 Fontenay-près-Chablis, tél. 03 86 18 94 47, fevregilles@wanadoo.fr V r.-v.

GARNIER ET FILS Mont de Milieu 2012

	9 300		15 à 20 €

Ce jeune domaine est conduit par Xavier et Jérôme Garnier. Ici, la priorité est donnée au fruit et au terroir et l'on a plutôt tendance à laisser faire la nature. Pas de levurage ni de fermentations longues, pas de filtrations non plus.

Un vin complexe et flatteur, mariage harmonieux entre le fruit et le boisé de l'élevage en fût. Le nez s'exprime tout en finesse. Quant à la bouche, elle dévoile une rondeur soulignée par des saveurs de fruits mûrs ; la minéralité est beaucoup plus discrète. 2015-2017 cuisses de grenouilles

Garnier et Fils, chem. de Méré, 89144 Ligny-le-Châtel, tél. 03 86 47 42 12, info@chablis-garnier.com r.-v.

GAUTHERON Les Fourneaux 2012 ★★

	20 000		11 à 15 €

Les Gautheron, Alain (la cinquième génération) et Cyril (la sixième), sont installés à Fleys. Ce domaine de 28 ha se distingue par sa régularité, en chablis et en petit-chablis. Une constance liée aussi à la qualité et à la typicité du terroir.

De cette cuvée d'une grande richesse aromatique, on peut relever le nez de fruits blancs et d'agrumes plein de fraîcheur, la bouche gourmande, plutôt ronde, aux arômes de fruits jaunes teintés d'épices. Un trait de minéralité souligne, comme une signature, cette cuvée remarquable. 2015-2019 pavé de sandre au beurre blanc ■ Mont de Milieu 2012 ★ (6 800 b.) : un vin riche, puissant, minéral. 2017-2019 ■ Vaucoupin 2012 ★ (10 000 b.) : un classique de l'appellation, minéral à souhait. 2017-2019

SCEV Dom. Alain et Cyril Gautheron, 18, rue des Prégirots, 89800 Fleys, tél. 03 86 42 44 34, vins@chablis-gautheron.com V t.l.j. 8h30-12h 13h30-17h30 ; sam. dim. sur r.-v.

♥ DOM. ALAIN GEOFFROY Fourchaume 2012 ★★

	10 000		15 à 20 €

Perpétuant une tradition viticole remontant à 1850, Alain Geoffroy, figure du vignoble chablisien, conduit un important domaine de 50 ha à Beine. Pour la vinification, il privilégie l'élevage en cuve qui préserve selon lui la fraîcheur des chablis.

Ce coup de cœur est un vin exceptionnel, rond, droit, très harmonieux sur toute sa longueur. Les fruits jaunes mûrs

embaument le nez et enchantent la bouche. La minéralité ajoute de la pureté et de la vivacité à la finale qui n'en finit pas. ⧗ 2017-2020 🍴 côte de veau aux girolles ■ Beauroy 2012 ★★ (30 000 b.) : un vin riche et d'une grande pureté. ⧗ 2017-2020 ■ Vau-Ligneau 2012 ★ (10 000 b.) : un vin élégant associant rondeur et minéralité. ⧗ 2017-2020

🔑 Dom. Alain Geoffroy, 4, rue de l'Équerre, 89800 Beine, tél. 03 86 42 43 76, info@chablis-geoffroy.com V t.l.j. sf sam. dim. 8h-12h 13h30-17h

DOM. GEORGE Beauregards 2012 ★

■ | 3 500 | 11 à 15 €

La famille George est bien implantée à Courgis où elle exploite un domaine de 16 ha. L'avenir de l'exploitation est assuré puisque les deux fils, Jonathan et David, ont apporté leurs bras et leur savoir-faire.

Ce vin typique de l'appellation joue la discrétion et la simplicité. Le nez de fleurs blanches et de brioche est élégant. Beau volume en bouche où la minéralité s'impose, apportant une agréable fraîcheur. ⧗ 2017-2019 🍴 filet de sole à la crème

🔑 EARL Dom. George, 10, rue du Four-Banal, 89800 Courgis, tél. 03 86 41 40 06, george.earl@wanadoo.fr V t.l.j. 9h-12h 14h-18h30

Ⓑ DOM. JEAN GOULLEY ET FILS Mont de Milieu 2012 ★★

■ | 8 000 | 15 à 20 €

Le domaine a été créé en 1986 quand Philippe Goulley a rejoint Jean dans la structure familiale. Depuis 2005, les 18 ha sont entièrement conduits en bio certifié. La succession est assurée avec l'arrivée en 2009 de Maud, fille de Philippe Goulley.

Minéralité et vivacité sont de mise dans cette cuvée aromatique à souhait et parfaitement équilibrée. Le nez respire les fruits exotiques et la bouche persiste longuement. De la rondeur, de la puissance, le tout servi par une acidité discrète. ⧗ 2017-2020 🍴 blanquette de veau

🔑 Dom. Jean Goulley et Fils, La-Chapelle-Vaupelteigne, 89800 Chablis, tél. 03 86 42 40 85, phil.goulley@orange.fr V r.-v.

CORINNE ET JEAN-PIERRE GROSSOT Les Fourneaux 2011 ★

■ | 5 300 | 11 à 15 €

Située à Fleys, la demeure des Grossot repose sur une magnifique cave voûtée. La famille cultive la vigne depuis 1920. Ève a rejoint ses parents Corinne et Jean-Pierre au sein du domaine, qui compte de 18 ha. En conversion bio depuis 2012.

Toute la finesse d'un 2011 dans ce 1er cru. Certes, le nez tarde à s'ouvrir, mais la bouche est très expressive. Une attaque franche et minérale, relayée par une matière concentrée et tendue pour finir sur une note minérale. ⧗ 2015-2017 🍴 feuilleté de blanc de turbot ■ Fourchaume 2012 ★ (3 600 b.) : finesse et longueur. ⧗ 2014-2017

🔑 Corinne et Jean-Pierre Grossot, 4, rte de Mont-de-Milieu, 89800 Fleys, tél. 03 86 42 44 64, info@chablis-grossot.com V r.-v.

DOM. DES HÂTES L'Homme Mort 2012 ★★

■ | 1 000 | 15 à 20 €

À la tête de ce jeune domaine (25 ha), Pierrick Laroche, qui a passé un diplôme d'œnologie et vinifié en Nouvelle-Zélande avant de reprendre l'exploitation familiale. À son retour en juin 2009, ses parents ont quitté la cave coopérative.

Onze mois d'élevage sur lies en cuve Inox ont donné un remarquable résultat. Au nez délicat de fleurs blanches et d'agrumes succède une bouche explosive, ronde, charnue, ce qui ne nuit pas à son élégance. Une grande intensité et un superbe équilibre pour cette cuvée qu'il faudra savoir garder. ⧗ 2017-2024 🍴 risotto aux fruits de mer

🔑 Dom. des Hâtes, 3, chem. des Hâtes, 89800 Maligny, tél. 06 73 67 33 47, pierrick.laroche@aliceadsl.fr V r.-v. 🔑 Pierrick Laroche

DOM. JOLLY ET FILS L'Homme Mort 2012 ★

■ | 4 000 | 11 à 15 €

À la tête de 19 ha, Denis Jolly a pris la succession en 1989 de trois générations. Il développe l'accueil en ouvrant un gîte rural.

Élégant, riche, frais, acidulé, minéral : les mots ne manquent pas pour qualifier cette élégante cuvée. Le nez est plein de fruits – des arômes de fruits jaunes et d'agrumes qui persistent en bouche. La minéralité apporte la fraîcheur à ce vin d'une grande franchise. ⧗ 2017-2019 🍴 filet de barbue

🔑 SCEA du Dom. Jolly et Fils, 2, rue Auxerroise, 89800 Maligny, tél. 03 86 47 42 31, dom-jolly-fils@wanadoo.fr V r.-v.

THIERRY LAFFAY Mont de Milieu 2012 ★

■ | 2 700 | 11 à 15 €

À partir de 1978, la famille Laffay s'est mise à replanter en vigne ses terres en appellation. Aujourd'hui, Thierry Laffay, établi au centre de Chablis, produit sur 6,8 ha des vins principalement vendus à une clientèle particulière.

Le premier plaisir vient au nez où les arômes de fleurs blanches et de fruits jaunes se marient avec élégance. La bouche n'est pas en reste, avec son fruité rond et généreux, tonifié par une belle minéralité. Un vin vif et droit. ⧗ 2017-2022 🍴 escargots à la persillade

🔑 Thierry Laffay, 20, rue Paul-Bert, 89800 Chablis, tél. 03 86 42 47 41, laffay.thierry@free.fr V t.l.j. 10h-18h ; sam. dim. sur r.-v.

LAMBLIN ET FILS Fourchaumes 2012 ★★

■ | 15 000 | 15 à 20 €

Le village de Maligny se situe au nord de l'aire d'appellation chablis. La famille Lamblin y est établie depuis plus de trois siècles et douze générations. Autant dire que cette maison de négoce fait partie des incontournables du vignoble chablisien.

Cuvée phare de la maison, ce Fourchaumes (avec un « s ») est tout à fait remarquable. Son nez fin et délicat butine entre les fleurs blanches et les agrumes, avec quelques notes de pain d'épice en surcroît. La bouche ample et bien structurée dévoile une belle minéralité qui ajoute de la pureté et de la persistance. Un vin droit et précis. ⧗ 2017-2024 ¥ filet mignon de porc sauce agrumes ■ Vaillon 2012 ★ (11 à 15 € ; 6 000 b.) : de la richesse, de l'élégance et de la vivacité. ⧗ 2017-2019 ■ Mont de Milieu 2012 (2 650 b.) : un vin rond et puissant. ⧗ 2017-2019

⊶ Lamblin et Fils, rue Marguerite-de-Bourgogne, 89800 Maligny, tél. 03 86 98 22 00, infovin@lamblin.com V t.l.j. sf dim. 8h-12h 14h-17h; sam. 8h-12h

DOM. LAROCHE Les Vaucoupins 2012 ★★

■	10 000		20 à 30 €

Négociant et producteur, Michel Laroche est l'une des figures du Chablisien. Son vignoble est passé de 6 ha à la fin des années 1960 à 100 ha aujourd'hui. Le domaine a son siège à l'Obédiencerie, un ancien monastère bâti au-dessus d'un caveau du IXe s. qui a abrité les reliques de saint Martin.

Un classique du terroir chablisien, très minéral, comme en témoigne son nez puissant qui s'ouvre sur des notes de pierre à fusil et de silex. Une minéralité qui apporte de la tension à une bouche riche et ample. ⧗ 2017-2019 ¥ tartare de bar

⊶ Dom. Laroche, 22, rue Louis-Bro, 89800 Chablis, tél. 03 86 42 89 00, chrystel.meunier@larochewines.com V r.-v. 5

OLIVIER LEFLAIVE FRÈRES
Fourchaumes 2011 ★

■	4 000		20 à 30 €

Négociant-éleveur établi à Puligny-Montrachet depuis 1984, Olivier Leflaive, l'une des références de la Côte de Beaune, collectionne les étoiles, côté cave (négoce et domaine) et côté hôtellerie : quatre pour son hôtel de Puligny. Au chai, l'œnologue Franck Grux et son compplice Philippe Grillet.

Ce 2011 est assurément un vin de garde d'une grande droiture avec son nez franc, intense et minéral. Une minéralité qui s'impose dans une bouche vive et longue, légèrement boisée. ⧗ 2017-2022 ¥ feuilleté aux saint-jacques ■ Montée de Tonnerre 2012 ★ (3 800 b.) : un vin ample et boisé. ⧗ 2017-2019

⊶ Olivier Leflaive Frères, pl. du Monument, 21190 Puligny-Montrachet, tél. 03 80 21 37 65, contact@olivier-leflaive.com V r.-v. 5

DOM. DES MALANDES
Montmains Vieilles Vignes 2012 ★★

■	7 800		11 à 15 €

Depuis 1972 à la tête de son domaine de 27 ha, Lyne Marchive, figure incontournable du vignoble chablisien, collectionne les coups de cœur. Elle est épaulée pour les vinifications depuis 2007 par l'œnologue Guénolé Breteaudeau.

Ce 2012 provenant de vignes de soixante ans, élégant et racé, est un très bon reflet du terroir qui l'a vu naître. Dès le nez, il séduit grâce à sa finesse. Le palais enchante par sa richesse et par ses arômes fruités et épicés. Un vin gourmand tonifié par une belle acidité. ⧗ 2017-2019 ¥ truite fario

⊶ Dom. des Malandes, 63, rue Auxerroise, 89800 Chablis, tél. 03 86 42 41 37, contact@domainedesmalandes.com V r.-v.

⊶ Lyne Marchive

DOM. DU MAUPA
Adroit de Vaucopins 2012 ★★

■	1 300		11 à 15 €

Consacré essentiellement à l'appellation chablis, ce domaine transmis de père en fils depuis la nuit des temps est situé dans le joli village de Chichée.

La confidentialité de cette cuvée n'a d'égale que sa qualité. Ce vin d'une grande franchise ne cherche pas d'artifice. Le nez ne s'égare pas. Il est intense et précis. Comme le palais, rond et gras en attaque, puis tendu. Un modèle de sincérité et une belle image du millésime. ⧗ 2017-2019 ¥ feuilleté de fromage de chèvre

⊶ EARL du Maupa, 6, rte de Chablis, 89800 Chichée, tél. 06 25 08 85 75, maupa.maurice@sfr.fr V r.-v.

LOUIS MICHEL ET FILS Butteaux 2011 ★★

■	n.c.		20 à 30 €

Héritiers d'une lignée remontant à 1850, les Michel sont à la tête d'un vignoble de 25 ha. Les deux fils, Jean-Loup et Guillaume ont pris les rênes du domaine où ils sont fidèles à l'élevage en cuve pour favoriser la précision et la fraîcheur.

Dans ce 2011, le terroir kimméridgien est présent à travers la minéralité, fil conducteur de la dégustation. Au nez, celle-ci apporte surtout de la fraîcheur ; en bouche, de l'élégance et de la vivacité. Le fruit est bien là (agrumes) et il contribue à l'harmonie de ce beau vin. ⧗ 2019-2024 ¥ homard à la nage

⊶ Louis Michel et Fils, 9, bd de Ferrières, 89800 Chablis, tél. 03 86 42 88 55, contact@louismicheletfils.com V r.-v.

DOM. MILLET Vosgros 2011 ★

■	7 500		11 à 15 €

Cette famille beauceronne est venue s'installer en Bourgogne en 1980. Établis à Tonnerre, à la ferme de Marcault, les deux fils Baudouin et Paterne Millet ont pris en 2002 la succession de leur père. Leur domaine couvre 13,7 ha.

Beaucoup d'élégance et de finesse dans cette cuvée représentative de l'appellation. Le nez séduit par sa fraîcheur florale. La bouche s'inscrit dans la continuité avec ses notes salines, iodées. Une belle tension. ⧗ 2017-2019 ¥ fromage de chèvre ■ Vaucoupin 2012 ★ : un vin gourmand, avec beaucoup de fruit et une belle minéralité. ⧗ 2017-2019

⊶ SARL Baudouin Millet, rte de Viviers, ferme de Marcault, 89700 Tonnerre, tél. 03 86 75 92 56, baudouin.millet@wanadoo.fr V r.-v.

MOREAU-NAUDET Forêts 2011 ★

■	10 000		20 à 30 €

En 1950, Marie Naudet épouse René Moreau : le domaine Moreau-Naudet est né au cœur de Chablis. Quarante ans plus tard, Stéphane Moreau arrive sur l'exploitation, qui couvre alors 7 ha de vignes. Elle en compte aujourd'hui 22.

Un joli vin encore marqué par un long élevage (vingt-quatre mois) et ses notes de pain grillé. Mais finalement le terroir s'exprime. Si le nez demeure discret, la bouche est plus expressive. L'attaque est souple, le boisé bien fondu et la minéralité apporte de la fraîcheur en fin de bouche. ⌛ 2017-2019 🍴 poêlée de girolles

Moreau-Naudet, 5, rue des Fosses, 89800 Chablis, tél. 03 86 42 14 83, moreau.naudet@wanadoo.fr V r.-v.

SYLVAIN MOSNIER Côte de Léchet 2012 ★★

	4 500		11 à 15 €

À Beine, Sylvain Mosnier s'inquiétait de l'avenir de son exploitation, jusqu'à ce que sa fille quitte son premier métier pour revenir au domaine en 2005 et vinifier les vins à partir de 2007.

Ce 1er cru est un modèle du genre. Un vin complexe et très bien construit. Le nez est discret, mais il n'en est pas moins élégant. La bouche est tout en fraîcheur. Un joli fruité accompagne ce vin tendu et droit comme un « i ». ⌛ 2017-2019 🍴 homard grillé

EARL Sylvain Mosnier, 36, rte Nationale, 89800 Beine, tél. 03 86 42 43 96, sylvain.mosnier@libertysurf.fr V r.-v.

DOM. DE LA MOTTE Beauroy 2012 ★★

	20 000		11 à 15 €

Domaine incontournable de l'appellation chablis, cette propriété familiale est conduite depuis 1990 par les trois frères Michaut et par Claude Robin, d'anciens coopérateurs de La Chablisienne. Ils volent désormais de leurs propres ailes, vinifiant et commercialisant le fruit de 27 ha de vignes.

Finaliste du coup de cœur, ce cru est remarquable. Un nez minéral parsemé de fleurs blanches précède un palais d'une grande richesse, onctueux, avec des notes beurrées et épicées qui épousent le fruit jaune bien mûr. La minéralité apporte une touche vive à cet ensemble délicat. ⌛ 2017-2022 🍴 huîtres fines de claire Vau-Ligneau 2012 ★ (20 000 b.) : un vin élégant, bien construit, structuré. ⌛ 2017-2024

Dom. de la Motte, 41, rue du Ruisseau, 89800 Beine, tél. 03 86 42 49 61, mottemichaut@wanadoo.fr V t.l.j. 10h30-18h30; mer. dim. sur r.-v. Michaut

DOM. CHARLY NICOLLE Mont de Milieu 2012 ★★

	6 000		11 à 15 €

Ses parents et ses grands-parents lui ayant donné le goût de la viticulture, le jeune Charly Nicolle s'est lancé à son tour dans l'aventure. Installé à Fleys, il a quitté le domaine familial de la Mandelière et il vole de ses propres ailes depuis 2001.

Le nez est intense, marqué par des notes de pain d'épice. La bouche, gourmande et généreuse, est tout en fruits blancs bien mûrs. La minéralité a du mal à se frayer un passage, mais quel régal ! Un vin de plaisir immédiat qu'il faudra boire sans trop attendre. ⌛ 2014-2018 🍴 rillettes de saumon Les Fourneaux 2012 ★★ (12 000 b.) : une cuvée tout aussi remarquable, avec de la rondeur, de la fraîcheur et une finale sur la minéralité. ⌛ 2017-2019

Dom. Charly Nicolle, 17, rue des Prés-Girots, 89800 Fleys, tél. 03 86 42 80 08, charly.nicolle@gmail.com V r.-v.

DOM. OUDIN Vaugiraut 2012 ★

	4 500		11 à 15 €

Dans cette exploitation familiale où les filles ont pris la mesure de l'héritage, Nathalie Oudin a été la première à s'investir en 2008. Sa sœur Isabelle l'a rejointe en 2012. Leur domaine couvre 8 ha.

Un vin sans artifice, avec son nez intense dominé par les arômes de fruits jaunes qui s'expriment en bouche sur un fond acidulé, de la gourmandise et une acidité qui signe la fraîcheur. ⌛ 2015-2018 🍴 langouste au beurre d'estragon

Dom. Oudin, 5, rue du Pont, 89800 Chichée, tél. 03 86 42 44 29, domaine.oudin@wanadoo.fr V r.-v.

DOM. PINSON FRÈRES Montmain 2012 ★

	6 400		15 à 20 €

L'avenir du domaine créé par Louis Pinson en 1983 est assuré. En trente ans, Laurent Pinson et son frère Christophe ont porté la superficie originelle de 4 ha à 14 ha. Charlène Pinson, fille de Laurent, apporte sa touche personnelle au sein de ce domaine régulièrement mentionné dans le Guide.

Neuf mois d'élevage en fût pour ce 1er cru. Ce qui en fait un vin de caractère, bien charpenté. Des senteurs florales de pivoine, de pain frais et de fruits mûrs ; un palais ample, encore un peu boisé, qui laisse néanmoins apparaître une matière riche, soutenue par une fine acidité – l'assurance d'une bonne garde. ⌛ 2019-2024 🍴 carpaccio de saint-jacques

Dom. Pinson Frères, 5, quai Voltaire, BP 10, 89800 Chablis, tél. 03 86 42 10 26, contact@domaine-pinson.com V t.l.j. sf dim. 8h-12h 13h30-17h30; sam. sur r.-v.

DOM. DENIS RACE Vaillon 2012 ★★

	4 519		11 à 15 €

Régulièrement distingué dans le Guide, Denis Race exploite 18 ha en Chablisien. Sa fille Claire a rejoint le domaine familial en 2005. Ensemble, ils mettent autant de passion dans l'élaboration de leurs petits-chablis que dans leurs 1ers crus et grands crus.

Ce vin délicat est déjà très agréable. Les qualités du nez fruité, puissant et minéral, sont confirmées par une bouche gourmande et bien structurée. La minéralité entraîne le fruit et donne de la fraîcheur. Un vrai vin de plaisir. ⌛ 2015-2017 🍴 soupe de lotte Montmains 2012 ★ (16 403 b.) : une belle matière pour ce vin prometteur, à attendre. ⌛ 2017-2019 Mont de Milieu 2012 ★ (4 341 b.) : un vin élégant. ⌛ 2017-2019

Denis Race, 5, rue de Chichée, 89800 Chablis, tél. 03 86 42 45 87, domaine@chablisrace.com V t.l.j. sf dim. 9h-12h 14h00-17h30

RÉGNARD Fourchaume 2012 ★

	13 000		15 à 20 €

La maison Régnard a pignon sur rue à Chablis depuis 1860. Elle a été rachetée en 1984 par Patrick de Ladoucette, bien connu dans le Centre Loire et également présent dans d'autres vignobles bourguignons.

Minéralité et fruité font bon ménage dans cette cuvée très typique de l'appellation. Si le nez marie les fleurs blanches aux fruits mûrs, la bouche est moins vagabonde. De la rondeur en attaque avec un fruit bien présent, de l'acidité pour apporter longueur et tonus. Un vin racé. 2017-2020 médaillons de saumon ■ Vaillons 2011 ★ (25 000 b.): un vin tout en finesse, porté par la minéralité. 2017-2020 ■ Montée de Tonnerre 2012 ★ (13 000 b.): un vin très élégant, droit et tendu. 2017-2019

Régnard, 28, bd Tacussel, 89800 Chablis, tél. 03 86 42 10 45, regnard.chablis@wanadoo.fr V t.l.j. 10h-18h de Ladoucette

FRANCINE ET OLIVIER SAVARY Vaillons 2012 ★

■	1 200		11 à 15 €

Installés dans le Chablisien en 1984 sur un domaine de poche (1 ha), Francine et Olivier Savary conduisent aujourd'hui un coquet vignoble de 20 ha.

Un élevage bref (six mois) pour cette cuvée qui reflète parfaitement le terroir. Un nez intense sur le miel d'acacia ; une bouche ample et souple qui conjugue le fruit avec la minéralité. Un vin franc et racé. 2017-2019 paupiettes de veau

Dom. Savary, 4, chem. des Hâtes, 89800 Maligny, tél. 03 86 47 42 09, f.o.savary@orange.fr V t.l.j. 9h-12h 14h-17h30

SÉGUINOT-BORDET Vaillons 2012 ★

■	3 200		15 à 20 €

Une des plus anciennes familles du Chablisien, établie à Maligny sur la rive droite du Serein. Jean-François Bordet a repris en 1998 l'exploitation de son grand-père Roger Séguinot. Une activité de négoce a permis au vigneron d'élargir la gamme des vins du domaine.

Agrumes et fleurs blanches se disputent le nez de ce 1er cru élégant. L'attaque en bouche est fraîche, dominée par des arômes complexes de fruits exotiques et d'agrumes. La touche finale est apportée par la minéralité. Un vin prometteur, qui doit attendre. 2019-2024 rôti de veau

SARL J.-F. Bordet, 8, chem. des Hâtes, 89800 Maligny, tél. 03 86 47 44 42, contact@seguinot-bordet.fr V t.l.j. 8h-12h 13h30-18h; sam. dim. sur r.-v.; f. 14 août-1er sep.

DOM. DANIEL SÉGUINOT ET FILLES Fourchaume 2012 ★★★

■	10 200		11 à 15 €

Établi à Maligny, Daniel Séguinot s'est installé en 1971. Aujourd'hui, ses filles, Émilie depuis 2003 et Laurence depuis 2008, assurent la continuité du vignoble qui compte une vingtaine d'hectares.

Ce vin exceptionnel, subtil, précis, racé, harmonieux est ciselé comme une pièce d'orfèvrerie. D'un or profond aux reflets verts, la robe est fort élégante. Le nez d'agrumes se montre aromatique. Le palais puissant et charnu offre une finale d'une rare persistance, porté par une minéralité et des notes citronnées, voire iodées. 2019-2024 bar de ligne

Dom. Daniel Séguinot et Filles, rte de Tonnerre, 89800 Maligny, tél. 03 86 47 51 40, domaine.danielseguinot@wanadoo.fr V r.-v.

DOM. SERVIN Vaillons 2012 ★

■	14 250		11 à 15 €

Fondé au XVIIe s., ce domaine de 35 ha conduit aujourd'hui par François Servin possède des parcelles dans quatre des sept grands crus de Chablis. Ses vins sont régulièrement mentionnés dans le Guide.

Les vins de François Servin demandent de la patience, tel ce 2012 minéral, tendu et sans détour. Fruits et fleurs se disputent un nez puissant et fin. Portée par une minéralité et des notes iodées, la bouche est vive et bien équilibrée. 2017-2019 cuisses de grenouilles

Dom. Servin, 20, av. d'Oberwesel, 89800 Chablis, tél. 03 86 18 90 00, contact@servin.fr V t.l.j. sf sam. dim. 8h-12h 13h30-17h30

DOM. GÉRARD TREMBLAY Fourchaume 2012 ★

■	35 000		11 à 15 €

Gérard Tremblay s'est longtemps partagé entre les vignes héritées de ses parents et sa passion pour les voitures de rallye. Avec son épouse Hélène, il vient de passer le relais à leurs enfants Éléonore et Vincent qui ont repris le domaine familial.

Il y a toujours un peu de fût dans l'élevage des vins de Vincent Tremblay, mais le boisé est à peine perceptible dans ce 2012. C'est plutôt la minéralité qui domine et personne ne s'en plaindra. Au nez, elle stimule les parfums de fruits jaunes mûrs. En bouche, elle apporte de la fraîcheur et de la vivacité. 2015-2017 risotto aux coques

Dom. Gérard Tremblay, 12, rue de Poinchy, 89800 Chablis, tél. 03 86 42 40 98, gerard.tremblay@wanadoo.fr V t.l.j. sf dim. 10h-12h 14h-17h; f. août

OLIVIER TRICON Vaillons 2012 ★

■	9 000		15 à 20 €

Un négociant chablisien renommé, en France et à l'étranger. Il exporte 80 % de sa production.

Élevé en cuve pendant neuf mois, ce vin est un grand classique de l'appellation qui ne joue pas la carte de l'ostentation. Ce vin sobre, avec son nez floral teinté de fruits exotiques et sa bouche gourmande qui s'ouvre sur le fruit, fait preuve d'un bel équilibre, même si la finale est un peu stricte. 2017-2019 fondue océane

Maison Olivier Tricon, rte d'Avallon, BP 56, 89800 Chablis, tél. 03 86 42 10 37, maison.tricon@gmail.com V

DOM. VERRET Beauroy 2011 ★

■	30 000		11 à 15 €

La famille Verret cultive la vigne depuis deux siècles et demi dans l'Yonne. Pionnier dans le vignoble de l'Auxerrois pour la mise en bouteilles et la commercialisation directe dans les années 1950, ce domaine demeuré familial (60 ha) fréquente régulièrement les pages du Guide.

Un tiers de la cuvée a été vinifiée en fût, si bien que le boisé est gentiment fondu dans ce 2011. On retiendra surtout une belle minéralité qui s'exprime déjà au nez sur des parfums de tilleul. Cette même minéralité souligne de la longueur à une bouche bien équilibrée. 2017-2019 plateau de fruits de mer

Dom. Verret, 7, rte de Champs, 89530 Saint-Bris-le-Vineux, tél. 03 86 53 31 81, dverret@domaineverret.com V t.l.j. sf dim. 8h-12h 14h-18h

GUILLAUME VRIGNAUD Mont de Milieu 2012 ★★

■ | 1 000 | | 15 à 20 €

Les Vrignaud ont planté leurs premières vignes en 1955. Ils ont débuté en 1991 la vente en bouteilles. Guillaume Vrignaud s'est installé en 1999 à la tête du domaine et a engagé la conversion bio de ses 23 ha (certification en 2013).

Voici un cru plein de délicatesse. Floral et légèrement épicé, le nez est d'une grande finesse. En bouche, place au fruit, plutôt mûr, ce qui en fait un vin à la fois tendre et gourmand. En finale, le trait de minéralité ajoute de la vivacité à ce chablis racé et harmonieux. ⧗ 2017-2019 🍷 carpaccio de thon

Dom. Vrignaud, 10, rue de Beauvoir, 89800 Fontenay-près-Chablis, tél. 03 86 42 15 69, guillaume@domaine-vrignaud.com V r.-v.

CHABLIS GRAND CRU

• Superficie : 103 hl • Production : 5 200 hl

Issu des coteaux les mieux exposés de la rive droite du Serein, divisés en sept lieux-dits : Blanchot, Bougros, Les Clos, Grenouille, Les Preuses, Valmur, Vaudésir, le chablis grand cru possède à un degré plus élevé toutes les qualités des précédents, la vigne se nourrissant d'un sol enrichi par des colluvions argilo-pierreuses. Quand la vinification est réussie, un chablis grand cru est un vin complet, à forte persistance aromatique, auquel le terroir confère un tranchant qui le distingue de ses rivaux de la Côte-d'Or. Sa capacité de vieillissement stupéfie, car il exige huit à quinze ans pour s'apaiser, s'harmoniser et acquérir un inoubliable bouquet de pierre à fusil, voire, pour Les Clos, de poudre à canon !

DOM. BESSON Les Clos 2010 ★

■ | 1 086 | | 20 à 30 €

Petit-fils de tonnelier, fils de vigneron, Alain Besson a pris en main en 1981 le domaine familial de 21 ha implanté à Chablis. Ses enfants Camille et Adrien travaillent avec lui.

Ce grand cru élevé en cuve pour préserver l'authenticité du terroir se distingue par son élégance et sa fraîcheur. Le nez d'agrumes est une agréable entrée en matière. Florale et citronnée, la bouche est droite et franche. ⧗ 2017-2019 🍷 huîtres sauce gingembre

EARL Besson, 8, rue de la Vallée-de-Valvan, 89800 Chablis, tél. 03 86 42 40 88, domaine-besson@wanadoo.fr V r.-v.

DOM. BILLAUD-SIMON Les Preuses 2011 ★

■ | 2 800 | | 30 à 50 €

Dans cette famille de Chablis, on est vigneron de père en fils depuis 1815, mais la première mise en bouteilles à la propriété n'est pas antérieure à 1954, et ce pour une vente aux États-Unis. Le vignoble de 21 ha est cultivé pour partie en biodynamie et pour partie en culture raisonnée.

Il y a de la typicité et de la richesse dans ce grand cru élevé dix-huit mois en cuve. Discret au premier nez, il libère à l'aération des notes florales et minérales. On retrouve la minéralité dans une bouche à la fois ample et vive, à la finale saline. ⧗ 2015-2019 🍷 truite aux amandes

Dom. Billaud-Simon, 1, quai de Reugny, BP 46, 89800 Chablis, tél. 03 86 42 10 33, catherine@billaud-simon.com V r.-v.

♥ DOM. PASCAL BOUCHARD Blanchot 2011 ★★

■ | 1 118 | | 30 à 50 €

Joëlle (née Tremblay, l'une des plus anciennes lignées du Chablisien) et son époux Pascal Bouchard sont à la tête d'une exploitation de 33 ha fondée en 1979. Rejoints par leurs deux fils, Romain, en 2000 et Damien en 2010, ils sont à la fois vignerons et négociants-éleveurs.

Ce Blanchot est une merveille. Le nez ? Un élégant bouquet de fleurs blanches agrémenté de notes citronnées et minérales. Tout aussi gracieuse, la bouche offre une touche minérale et un boisé discret, bien intégré. Un vin somptueux, à la fois ample et vif. ⧗ 2017-2022 🍷 turbot poché sauce hollandaise ■ Vaudésir 2011 (2 500 b.) : un nez floral et une bouche minérale. ⧗ 2014-2019

Pascal Bouchard, 5 bis, rue Porte-Noël, 89800 Chablis, tél. 03 86 42 18 64, info@pascalbouchard.com V t.l.j. 10h-12h30 14h-18h

JEAN-MARC BROCARD Les Clos 2011 ★★

■ | n.c. | 30 à 50 €

Valeur sûre du vignoble chablisien, ce domaine a été créé par Jean-Marc Brocard en 1974 à partir de 1 ha de vignes. Aujourd'hui, ce sont 200 ha qui sont exploités par sa famille. Avec l'arrivée de Julien, la propriété engage progressivement sa conversion vers la biodynamie.

Dix-huit mois en foudre, c'est l'élevage qui est réservé aux grands crus du domaine. Résultat : une très belle cuvée au nez puissant et minéral marqué par la coquille d'huître. La bouche est tendue avec une minéralité qui tonifie la matière, sans nuire à l'élégance. Un vrai grand cru, qui procure déjà beaucoup de plaisir. ⧗ 2019-2024 🍷 poularde à la crème

Jean-Marc Brocard, 3, rte de Chablis, 89800 Préhy, tél. 03 86 41 49 00, info@brocard.fr V t.l.j. sf dim. 9h30-13h 14h-18h30

LA CHABLISIENNE Château Grenouilles 2010 ★★

■ | 40 917 | | 50 à 75 €

Cave coopérative regroupant près de 300 vignerons et représentant un quart du vignoble de Chablis, la Chablisienne a fêté ses quatre-vingt-dix ans en 2013. Une structure moderne et performante, qui contribue largement à la notoriété de l'appellation. Le grand cru Grenouilles est une de ses têtes d'affiche.

Ce 2010 ne manque pas de caractère. Il est déjà séduisant au nez par ses frais arômes de fleurs blanches. La bouche harmonieuse offre une jolie matière au boisé bien fondu. Un vin gourmand et très élégant. 2019-2024 queue de lotte pochée aux saint-jacques

La Chablisienne, 8, bd Pasteur, 89800 Chablis, tél. 03 86 42 89 89, chab@chablisienne.fr V t.l.j. 9h-12h 14h-19h

DOM. DU COLOMBIER Bougros 2011 ★

| 6 000 | | 15 à 20 €

Transmise de père en fils depuis 1887, cette exploitation familiale de 50 ha, est dirigée par trois frères, Jean-Louis, Thierry et Vincent Mothe. Le domaine fait partie des incontournables du vignoble de Chablis, quelle que soit l'appellation.

Il y a de la gourmandise dans ce vin, sans doute en raison d'une vendange faite à la pleine maturité du raisin. Un nez de fruits jaunes avec des notes beurrées, voire miellées, annonce une bouche qui penche vers la rondeur. 2017-2022 coquilles Saint-Jacques à la crème

Dom. du Colombier, 42, Grand-Rue, 89800 Fontenay-près-Chablis, tél. 03 86 42 15 04, domaine@chabliscolombier.com V r.-v.

Guy Mothe et Fils

♥ MAISON DAMPT Les Clos 2012 ★★★

| 1 300 | | 30 à 50 €

Installé à Chablis, Sébastien Dampt, le fils de Daniel Dampt, vigneron à Milly, exploite son propre domaine de 6 ha depuis 2007. Sous l'enseigne « Maison Dampt », il a ouvert une maison de négoce qu'il exploite avec son frère Vincent.

Le meilleur dans sa catégorie et un coup de cœur pour ce grand cru élevé un an en fût. Un boisé parfaitement maîtrisé qui apporte une signature à cette cuvée de haut niveau. Le nez de noisette, frais et vanillé, témoigne à lui seul de la qualité de la vinification. Mais c'est bien en bouche que l'on trouve tout le plaisir d'un grand chablis : fruité, rondeur, minéralité, vivacité... tout y est. 2019-2022 lotte pochée en sauce Bougros 2012 (20 à 30 € ; 2 100 b.) : ce 2012 se distingue par son nez d'agrumes, alors que la bouche tarde un peu à s'exprimer. Plus svelte que le précédent 2019-2024

Maison Dampt, 1, chem. des Violettes, Milly, 89800 Chablis, tél. 03 86 42 47 23, domaine.dampt@orange.fr V r.-v.

VIGNOBLE DAMPT Les Preuses 2012 ★

| n.c. | | 20 à 30 €

L'association Dampt-Dupas est une création (2005) du vignoble Dampt qui a pignon sur rue à Collan, petit village situé entre Chablis et Tonnerre. Dans des chais très modernes, la famille y élève différentes appellations.

Encore un 2012 qui a bénéficié d'un élevage mixte : deux tiers de cuve, un tiers de fût. L'objectif : obtenir un vin bien structuré. Un nez de fruits mûrs, une bouche alliant la rondeur de la matière à une belle minéralité : un ensemble très typique. 2017-2020 filets de sole à la crème et aux poireaux

EARL Dampt-Dupas, 3, rte de Tonnerre, 89700 Collan, tél. 03 86 54 49 52, emmanuel@dampt.com V r.-v.

DOM. DAMPT FRÈRES Bougros 2012 ★

| n.c. | 20 à 30 €

Un père, Bernard Dampt, vigneron à Collan de 1980 à 1998, comme trois générations avant lui ; trois frères, Éric, Emmanuel et Hervé ; plusieurs exploitations : une pour chaque frère, une pour la fratrie. Les frères sont indissociables, mais chacun a son rôle à jouer et chacun fait ses propres vins.

Encore jeune pour un grand cru, ce 2012 a du mal pour l'heure à s'exprimer tant au nez qu'en bouche. On le sent réservé, même s'il y a de la fraîcheur et de la vivacité en bouche. Un vin élégant, qui a le potentiel pour séduire dans quelques années. 2019-2024 crabe et tourteau froid

Vignoble Dampt, rue de Fleys, 89700 Collan, tél. 03 86 55 29 55, vignoble@dampt.com V r.-v.

CLOTILDE DAVENNE Bougros 2012 ★★

| 1 200 | | 30 à 50 €

Cette vigneronne œnologue a travaillé chez Jean-Marc Brocard avant de créer en 2005 son exploitation au sud de Chablis, une mosaïque de 14 ha. Elle privilégie l'élevage en cuve, quel que soit le cépage, pour préserver la subtilité du terroir.

Soyez patient, vous êtes en présence d'un grand cru de garde. Un vin d'une grande richesse aromatique qui va s'épanouir au fil du temps. Pour cette cuvée, Clotilde Davenne a acheté le raisin. Le reste, c'est son savoir-faire. Tout un terroir s'exprime à travers des arômes de fleurs et de fruits blancs et une bouche concentrée et tendue. Une vraie ligne droite balisée par la minéralité. Un vin vif et frais, parfaitement ciselé. 2019-2024 darnes de saumon à la meunière

Clotilde Davenne, 3, rue de Chantemerle, 89800 Préhy, tél. 03 86 41 46 05, serviceclient@clotildedavenne.fr V r.-v.

DEFAIX Vaudésir 2012 ★

| 1 000 | | 30 à 50 €

La maison Defaix, c'est un domaine ayant pignon sur rue à Milly, repris par Sylvain et Didier Defaix, les fils de Bernard. C'est aussi une maison de négoce créée en parallèle, qui travaille dans le même esprit que le domaine.

Ce grand cru Vaudésir a été élevé seize mois en fût, comme en témoigne son léger boisé aux nuances d'amande. Mais le chêne est bien fondu, judicieusement marié à des nuances d'agrumes. Si le nez est discret, la bouche est ample et ronde, soulignée par un trait d'acidité. 2019-2024 cuisses de grenouilles

Dom. Bernard Defaix, 17, rue du Château, Milly, 89800 Chablis, tél. 03 86 42 40 75, contact@bernard-defaix.com V r.-v.

JEAN-PAUL ET BENOÎT DROIN Les Clos 2012 ★★

| 9 800 | | 20 à 30 €

Chez les Droin, on est vigneron de père en fils depuis 1620. Si Jean-Paul Droin est devenu l'historien du

vignoble de Chablis, son fils Benoît apporte depuis 1999 sa patte à cette exploitation de 25,5 ha. Ce domaine est un familier du Guide, collectionnant les coups de cœur, notamment dans les grands crus.

Ce 2012 a séduit par son équilibre parfait. Le nez minéral s'éveille sur des notes vanillées, légèrement boisées. La bouche est tout en rondeur, avec des arômes de fruits blancs bien présents et une minéralité qui apporte vivacité et finesse. La bouteille est attrayante, mais il faudra s'armer de patience avant de la déboucher. ⧗ 2019-2024 🍴 émincé de veau à la crème ■ Grenouilles 2012 ★★ (3 200 b.) : un très beau vin au boisé bien intégré. ⧗ 2017-2024 ■ Valmur 2012 ★ (4 600 b.) : un ensemble raffiné et frais. ⧗ 2017-2024 ■ Vaudésir 2012 ★ (7 400 b.) : vif, concentré, complexe, un vin qui ne demande qu'à s'épanouir. ⧗ 2017-2024

Jean-Paul et Benoît Droin, 14 bis, av. Jean-Jaurès, BP 19, 89800 Chablis, tél. 03 86 42 16 78, benoit@jeanpaulbenoit-droin.fr V r.-v.

DOM. NATHALIE ET GILLES FÈVRE Les Preuses 2011 ★

■	4 500		50 à 75 €

Pour eux, la cave coopérative était une institution. Mais en 2004, Nathalie et Gilles Fèvre ont pris la décision de valoriser leur production en bouteilles. Ils sont désormais à la tête d'un domaine de 47 ha, dont une partie est conduite en lutte biologique.

Le respect du terroir, on le retrouve dans ce 2011 de très belle facture porté par la minéralité. Après un nez frais, floral et fruité, la bouche s'épanouit sur des arômes de fruits jaunes sur fond de notes crayeuses. Un vin gourmand et vif. ⧗ 2017-2019 🍴 soufflé au homard

Dom. Nathalie et Gilles Fèvre, rte de Chablis, 89800 Fontenay-près-Chablis, tél. 03 86 18 94 47, fevregilles@wanadoo.fr V r.-v.

DOM. WILLIAM FÈVRE Bougros 2012 ★

■	n.c.		30 à 50 €

Valeur sûre du vignoble chablisien, le domaine William Fèvre, producteur et négociant, aujourd'hui propriété de la maison champenoise Henriot, détient 15 ha de grands crus. Didier Séguier, maître de chai du domaine, en élabore les vins avec le souci de la finesse et de la pureté.

En fûts de chêne et petites cuves Inox, c'est ainsi que Didier Séguier élève ses grands crus de chablis. Des vins qui respirent le terroir, à l'image de ce Bougros minéral et bien équilibré. Le boisé bien fondu apporte des notes fumées au nez. La bouche est fraîche, d'une grande pureté. ⧗ 2016-2024 🍴 poulet aux écrevisses

Dom. William Fèvre, 21, av. d'Oberwesel, 89800 Chablis, tél. 03 86 98 98 98, contact@williamfevre.com V t.l.j. 9h30-12h30 13h30-18h
Famille Henriot

DOM. LAROCHE Les Blanchots 2010 ★

■	20 000		30 à 50 €

Négociant et producteur, Michel Laroche est l'une des figures du Chablisien. Son vignoble est passé de 6 ha à la fin des années 1960 à 100 ha aujourd'hui. Le domaine a son siège à l'Obédiencerie, un ancien monastère bâti au-dessus d'un caveau du IXes. qui a abrité les reliques de saint Martin.

2010 n'est pas un millésime ordinaire et cette cuvée d'une grande fraîcheur le confirme. Un nez fruité agrémenté de notes grillées ; une bouche riche et vive, soutenue par la minéralité pour une finale des plus agréables. Un vin très élégant. ⧗ 2017-2022 🍴 truite pochée au beurre blanc

Dom. Laroche, 22, rue Louis-Bro, 89800 Chablis, tél. 03 86 42 89 00, chrystel.meunier@larochewines.com V r.-v. 5

ROLAND LAVANTUREUX Vaudésir 2012 ★

■	2 000		30 à 50 €

Valeur sûre du Guide, cette exploitation est située à Lignorelles, aux confins nord du Chablisien. Après un stage au célèbre Clos des Lambrays, Arnaud Lavantureux a rejoint son père Roland au domaine familial où il assure depuis 2010 les vinifications. Son frère David gère désormais le développement commercial de ce domaine de 20 ha.

De ce Vaudésir on retiendra déjà sa richesse et sa puissance. Certes, le nez est discret, sur des senteurs de fruits exotiques que l'on retrouve dans une bouche délicate à laquelle l'acidité apporte la tension nécessaire. Ajoutons quelques notes beurrées et briochées et l'on obtient ce vin complexe et gourmand. ⧗ 2017-2024 🍴 écrevisses à la bordelaise

Roland Lavantureux, 4, rue Saint-Martin, 89800 Lignorelles, tél. 03 86 47 53 75, domaine.lavantureux@gmail.com V t.l.j. sf dim. 8h-18h

DOM. LONG-DEPAQUIT Les Blanchots 2012

■	4 000		20 à 30 €

Propriété de la maison Albert Bichot depuis 1960, ce domaine de près de 44 ha abrite un château du XVIIIes., en plein cœur de Chablis : un cadre idéal pour valoriser ses vins et plus particulièrement ses grands crus.

Fût et cuve sont associés pour l'élevage des vins du domaine. Encore fermé, ce 2012 a pourtant de la rondeur et de la finesse en bouche. Gageons que le temps qui passe plaidera en sa faveur. ⧗ 2017-2022 🍴 homard à l'américaine ■ Les Vaudésirs 2012 (30 à 50 € ; 5 300 b.) : un vin très vif, porté par l'acidité, qu'il convient d'oublier en cave. ⧗ 2017-2024

Dom. Long-Depaquit, 45, rue Auxerroise, 89800 Chablis, tél. 03 86 42 11 13, chateau-long-depaquit@albert-bichot.com V t.l.j. sf dim. 9h-12h30 14h-18h

LOUIS MICHEL ET FILS Vaudésir 2011 ★

■	6 000		50 à 75 €

Héritiers d'une lignée remontant à 1850, les Michel sont à la tête d'un vignoble de 25 ha. Les deux fils, Jean-Loup et Guillaume, ont pris les rênes du domaine où ils sont fidèles à l'élevage en cuve pour favoriser la précision et la fraîcheur.

La précision et l'harmonie, les deux piliers de ce 2011. La fraîcheur, on la trouve déjà dans son joli nez de fruits jaunes et blancs. La bouche est ronde avec une matière crayeuse soulignée par ce qu'il faut d'acidité. Un vin bien structuré. ⧗ 2017-2019 🍴 noix de pétoncles au safran

BOURGOGNE

Louis Michel et Fils, 9, bd de Ferrières, 89800 Chablis, tél. 03 86 42 88 55, contact@louismicheletfils.com V r.-v.

LOUIS MOREAU Les Clos 2011

	6 212		30 à 50 €

Louis Moreau incarne la sixième génération d'une famille de propriétaires-récoltants installée à Beine. Il conduit 120 ha de vignes répartis sur l'ensemble des appellations du Chablisien. Le domaine Louis Moreau en compte, lui, 50 ha.

Ce vin agréable offre un nez minéral aux notes d'agrumes et d'herbe fraîche. La bouche est droite, énergique, tendue, typique. 2017-2019 filet de saint-pierre à l'oseille

SARL Louis Moreau, 10, Grande-Rue, 89800 Beine, tél. 03 86 42 87 20, contact@louismoreau.com V t.l.j. sf sam. dim. 8h30-12h 13h30-17h; f. 3 sem. en août

CHRISTIAN MOREAU PÈRE & FILS Valmur 2011 ★★

	6 600		20 à 30 €

Christian Moreau est une forte personnalité du vignoble. Son fils Fabien, aujourd'hui aux commandes de cette exploitation de 13,5 ha, est plus mesuré. Le domaine familial est en conversion bio depuis le millésime 2012.

Ce 2011 repose sur les deux piliers fondamentaux du chablis grand cru: fruits mûrs et minéralité. Au nez d'agrumes d'une grande finesse succède une bouche tendue, avec des notes de silex qui viennent souligner la matière. Un vin vif et gourmand, qu'il faut oublier en cave. 2019-2024 langoustines à la crème Les Clos – Clos des Hospices dans Les Clos 2011 ★ (30 à 50 € ; 2 700 b.) : un vin tout en finesse, stylé et minéral. 2017-2020 Les Clos 2011 ★ (19 000 b.) : de l'élégance. 2017-2020

Christian Moreau Père et Fils, 26, av. d'Oberwesel, 89800 Chablis, tél. 03 86 42 86 34, contact@domainechristianmoreau.com V r.-v.

DOM. DE OLIVEIRA LECESTRE Les Clos 2012

	1 800		20 à 30 €

Un domaine d'une cinquantaine d'hectares qui va fêter ses soixante ans en 2015. Aujourd'hui, c'est la fille de Lucien De Oliveira qui est à la tête de cette exploitation familiale de 49,2 ha. Pour conduire le domaine, elle a trouvé du renfort en la personne de sa propre fille.

De ce vin on retiendra surtout la fraîcheur. Déjà au nez, avec ses arômes de fleurs blanches et ses notes mentholées. La bouche est ronde, fruitée et longue. 2015-2019 foie gras

Dom. de Oliveira Lecestre, 11, rue des Chenevières, 89800 Fontenay-près-Chablis, tél. 03 86 42 40 78, gaecdeoliveira@wanadoo.fr V t.l.j. sf sam. dim. 9h-12h 14h-17h

DOM. PINSON FRÈRES Les Clos 2012

	n.c.		30 à 50 €

L'avenir du domaine créé par Louis Pinson en 1983 est assuré. En trente ans, Laurent Pinson et son frère Christophe ont porté la superficie originelle de 4 ha à 14 ha. Charlène Pinson, fille de Laurent, apporte sa touche personnelle au sein de ce domaine régulièrement mentionné dans le Guide.

Douze mois d'élevage en fût pour ce 2012 bien équilibré, au boisé plutôt bien maîtrisé. Si le nez d'agrumes reste encore discret, la bouche est ample, fine et vive avec une pointe d'acidité. 2017-2022 paupiettes de lotte au jambon de parme

Dom. Pinson Frères, 5, quai Voltaire, BP 10, 89800 Chablis, tél. 03 86 42 10 26, contact@domaine-pinson.com V t.l.j. sf dim. 8h-12h 13h30-17h30; sam. sur r.-v

RÉGNARD Les Clos 2010 ★★

	6 000		30 à 50 €

La maison Régnard a pignon sur rue à Chablis depuis 1860. Elle a été rachetée en 1984 par Patrick de Ladoucette, bien connu dans le Centre Loire et également présent dans d'autres vignobles bourguignons.

Un 2010 d'une grande classe et qui dévoilera d'autres richesses dans les prochaines années. Son nez de fruits mûrs agrémenté de notes acidulées invite à poursuivre la dégustation. La bouche est ample et gourmande avec une jolie matière. Une cuvée très élégante, qui ravit les papilles. 2017-2022 bar au beurre blanc

Régnard, 28, bd Tacussel, 89800 Chablis, tél. 03 86 42 10 45, regnard.chablis@wanadoo.fr V t.l.j. 10h-18h de Ladoucette

DOM. GUY ROBIN ET FILS Blanchot Vieilles Vignes 2011 ★

	1 260		20 à 30 €

Denise et Guy Robin, deux figures du vignoble chablisien, ont passé la main en 2007. Leur fille Marie-Ange a quitté les bureaux pour revenir à l'exploitation familiale : 20 ha avec des parcelles dans la plupart des grands crus et une cave où s'alignent quelque cent vingt fûts de chêne.

Ce n'est pas au nez que l'on va se familiariser avec ce vin, le boisé manquant de discrétion. La mise en bouche permet de mieux l'apprécier. Il y a de la puissance, de la rondeur et une belle harmonie. Pour les amateurs de vins boisés. 2017-2019 poularde aux morilles

EARL Dom. Guy Robin, 13, rue Berthelot, 89800 Chablis, tél. 03 86 42 12 63, contact@domaineguyrobin.com V r.-v.

DOM. ROY Les Preuses 2012 ★★

	1 500		15 à 20 €

C'est dans les années 1920 que Fernand Roy crée ce domaine dans le village pittoresque de Fontenay-près-Chablis. L'exploitation de 18 ha conduite par Claude Roy soutenu par David et Karine.

Ce 2012 est un exemple d'élégance et de délicatesse. Au nez, il offre un bouquet de fleurs blanches. En bouche, il délivre fraîcheur et vivacité. La matière est soyeuse avec une dominante de fruits blancs et des notes de tilleul. La persistance aromatique indique un bon potentiel de garde. 2019-2024 homard à l'armoricaine

SCEA Dom. Roy, 71, Grand-Rue, 89800 Fontenay-près-Chablis, tél. 03 86 42 10 36, domaine.roy@orange.fr V t.l.j. 9h-12h 14h-18h; dim. sur r.-v.

DOM. VOCORET ET FILS Blanchot 2012 ★

10 000 | 20 à 30 €

Installé dans les locaux de l'ancienne coopérative laitière de Chablis, le domaine Vocoret (47 ha) cultive une autre originalité, celle d'élever ses vins dans des foudres et des demi-muids. De grands contenants qui permettent d'arrondir le boisé et de mettre en valeur le vin.

Ce 2012 est particulièrement harmonieux. Son nez délicat voyage entre les fleurs blanches et les fruits exotiques. Gourmande, la bouche conjugue rondeur et notes de fruits bien mûrs avec une belle fraîcheur. ⧗ 2019-2024 🍴 ravioles de homard à la crème

Dom. Vocoret et Fils, 40, rte d'Auxerre, 89800 Chablis, tél. 03 86 42 12 53, domaine.vocoret@wanadoo.fr V r.-v.

IRANCY

• Superficie : 165 ha • Production : 6 800 hl

Ce petit vignoble situé à une quinzaine de kilomètres au sud d'Auxerre a vu sa notoriété confirmée, devenant AOC communale. Les vins d'Irancy ont acquis une réputation en rouge, grâce au césar (ou romain), cépage local datant peut-être du temps des Gaules. Ce dernier est assez capricieux ; lorsqu'il a une production faible à normale, il imprime un caractère particulier au vin et, surtout, lui apporte un tanin permettant une très longue conservation. Lorsqu'il produit trop, il donne difficilement des vins de qualité ; c'est la raison pour laquelle il n'a pas fait l'objet d'une obligation dans les cuvées. Le pinot noir, principal cépage de l'appellation, donne sur les coteaux d'Irancy un vin de qualité, très fruité, coloré. Les caractéristiques du terroir sont surtout liées à la situation topographique du vignoble, qui occupe essentiellement les pentes formant une cuvette au creux de laquelle se trouve le village. Le terroir déborde sur les deux communes voisines de Vincelotte et de Cravant, où les vins de la Côte de Palotte sont particulièrement réputés.

BARDET ET FILS 2011 ★

1 930 | 8 à 11 €

Les frères Bardet, Philippe et Michel, exploitent des vignes depuis 1992 à Préhy mais leur caveau de dégustation est situé dans la petite cité de Noyers-sur-Serein. Leurs fils respectifs, Damien et Alexandre, ont rejoint le domaine familial de 7,6 ha.

Cet irancy très fruité est déjà bon à boire. Fruits rouges et bourgeon de cassis au nez, fruits des bois, réglisse et minéralité en bouche : ce vin est très typique de l'appellation. Un 2011 de plaisir, frais et friand. ⧗ 2014-2015 🍴 côtelettes de porc en grillade

Bardet et Fils, ferme de la Borde, 89310 Noyers-sur-Serein, tél. 03 86 82 61 49, vins.bardet@free.fr V r.-v.

Ⓑ JEAN-LOUIS ET JEAN-CHRISTOPHE BERSAN 2012 ★

n.c. | 11 à 15 €

Créé en 2009, ce domaine de 22 ha conduit par Jean-Louis et Jean-Christophe Bersan est certifié bio depuis 2012.

Un peu de césar (5 %) donne du corps au pinot noir dans cette cuvée bâtie autour du fruit. C'est plutôt la cerise qui domine au nez. La bouche est ample et bien équilibrée. Les tanins soyeux ajoutent de la finesse à ce vin de garde. ⧗ 2017-2019 🍴 coq au vin

Jean-Louis et Jean-Christophe Bersan, 20, rue du Dr-Tardieux, 89530 Saint-Bris-le-Vineux, tél. 03 86 53 33 73, jean-louis.bersan@wanadoo.fr V r.-v.

♥ BENOÎT CANTIN Palotte Élevé en fût de chêne 2012 ★★

4 000 | 11 à 15 €

Établie à Irancy, cette exploitation familiale est dédiée au pinot noir, en particulier à l'appellation communale. À sa tête depuis 1993, Benoît Cantin fait volontiers visiter son nouveau chai à barriques où sont élevés ses vins. Son domaine couvre 14 ha.

2012 : un millésime exceptionnel pour Benoît Cantin. La palme revient à la cuvée Palotte, un vin de caractère soutenu par un élevage en fût. Le nez s'éveille sur des fruits rouges très concentrés. La bouche est ample et fruitée, mais c'est le boisé qui domine, soulignant une structure solide. Un vin de garde, assurément. ⧗ 2019-2024 🍴 filet de bœuf en croûte ■ Cuvée classique 2012 ★★ (8 à 11 € ; 9 200 b.) : une bouche à la fois vive et gorgée de fruits bien mûrs. Un vin à croquer, avec des réserves. ⧗ 2014-2019 ■ Grande Côte 2012 ★ (33 000 b.) : un vin intense marqué par les fruits rouges. ⧗ 2014-2018

Benoît Cantin, 35, chem. des Fossés, 89290 Irancy, tél. 03 86 42 21 96, cantin.benoit@orange.fr V t.l.j. sf dim. 8h-12h 14h-18h

COLINOT Côte du Moutier 2011 ★★

3 900 | 15 à 20 €

Depuis 2001, Stéphanie Colinot vinifie les lieux-dits les plus connus d'Irancy (Palotte, Les Mazelots, Côte du Moutier, Les Cailles, Boudardes...), s'attachant à exprimer les différents terroirs de son vignoble de 12,5 ha.

Ce Côte du Moutier est d'une grande richesse aromatique avec son nez de cerise noire et sa bouche gourmande de cassis et d'épices. Un vin puissant, exubérant et très bien structuré. ⧗ 2017-2022 🍴 canard aux figues ■ Palotte 2012 ★ (1 700 b.) : un très joli vin, net et ciselé, puissant et long en bouche. ⧗ 2018-2022 ■ Les Mazelots 2011 ★ (9 600 b.) : de la finesse au nez, de la tension minérale en bouche, un ensemble équilibré. ⧗ 2018-2022 ■ Les Cailles 2012 ★ (8 200 b.) : on se croirait sur le cerisier. Nez de griotte, bouche vive et franche. Un vin puissant et frais. ⧗ 2018-2022

Anita, Jean-Pierre et Stéphanie Colinot, 1, rue des Chariats, 89290 Irancy, tél. 06 81 27 08 32, vin@irancy-colinot.fr V r.-v.

CLOTILDE DAVENNE 2011

■ | 10 000 | 🍾 | 11 à 15 €

Cette vigneronne œnologue a travaillé chez Jean-Marc Brocard avant de créer en 2005 son exploitation au sud de Chablis, une mosaïque de 14 ha. Elle privilégie l'élevage en cuve, quel que soit le cépage, pour préserver la subtilité du terroir.

Des fruits rouges soulignés par des notes épicées au nez, on baigne dans l'appellation. La bouche est bien équilibrée avec des arômes de fruits persistants. Un vin friand, qui peut déjà être servi. ⧗ 2014-2017 🍷 canard à l'irancy

Clotilde Davenne, 3, rue de Chantemerle, 89800 Préhy, tél. 03 86 41 46 05, serviceclient@clotildedavenne.fr V r.-v.

DOM. FÉLIX La Grande Côte Est 2012 ★

■ | 7 460 | 🍾 | 11 à 15 €

Ancien fonctionnaire, Hervé Félix, cédant à un vieil atavisme, reprend en 1987 l'exploitation où les siens se sont succédé de père en fils dès le XVII[e]s. Établi à Saint-Bris, gros village viticole de l'Yonne, il propose de nombreux types de vins. Son domaine couvre 32 ha.

Son nez apparaît encore un peu fermé. En bouche, le fruit affleure sur des notes de cerise macérée, mais c'est surtout le boisé bien fondu et les tanins qui s'expriment. Cette rusticité n'est que passagère ; un vin ainsi charpenté demande à vieillir pour révéler tous ses charmes. ⧗ 2019-2024 🍷 cuissot de sanglier

Dom. Félix, 17, rue de Paris, 89530 Saint-Bris-le-Vineux, tél. 03 86 53 33 87, domaine.felix@wanadoo.fr V t.l.j. sf dim. 9h-11h45 14h-18h30

YANN GILSON 2011 ★★

■ | 550 | | 5 à 8 €

Ce jeune viticulteur s'est installé en 2006 à Saint-Bris, sur un domaine de près de 10 ha conduit en lutte raisonnée.

5 % de césar et dix mois d'élevage en fût ont donné naissance à cette remarquable cuvée. Le nez, légèrement épicé, se partage entre la cerise et le sous-bois. En bouche, l'équilibre est parfait : le fruité gourmand est sous-tendu par une fine minéralité qui apporte de la fraîcheur. Un vin racé, harmonieux et très agréable dès maintenant. ⧗ 2015-2017 🍷 steak tartare de bœuf

Yann Gilson, 8, chem. des Prés-de-Goix, 89530 Saint-Bris-le-Vineux, tél. 06 98 45 55 22, yann.gilson@orange.fr V r.-v.

DOM. DE MAUPERTHUIS Palotte 2012

■ | 8 000 | 11 à 15 €

Installés en Tonnerrois depuis 1992, Laurent et Marie-Noëlle Ternynck conduisent un vignoble de 14 ha. Ils signent des vins très souvent en bonne place dans le Guide, notamment leurs bourgognes d'appellations régionales.

Beaucoup de fruit dans ce vin charnu et corsé. Le nez puissant s'appuie sur des notes boisées. Si les tanins marquent la mise en bouche, les arômes de griotte sont bien présents et contribuent à l'harmonie de cette cuvée agréable. ⧗ 2017-2019 🍷 carpaccio de bœuf

EARL de Mauperthuis, Civry, 89440 Massangis, tél. 03 86 33 86 24, ternynck@hotmail.com V r.-v. Laurent et Marie-Noëlle Ternynck

THIERRY RICHOUX 2011 ★

■ | 30 000 | 🍾 | 8 à 11 €

Cette famille ancienne de vignerons est établie à Irancy. Elle a misé sur la viticulture dès le milieu des années 1970. Gabin et Félix, les deux enfants de Thierry Richoux, sont prêts à prendre les rênes du domaine. En conversion bio depuis 2012.

Le nez finement boisé s'ouvre sur les fruits rouges. Étayée de tanins solides et boisés, la bouche délivre des arômes de fruits noirs. Un ensemble très agréable, qui devrait s'arrondir avec le temps. ⧗ 2017-2019 🍷 coq au vin

Thierry Richoux, 73, rue Soufflot, 89290 Irancy, tél. 03 86 42 21 60, irancy.richoux@orange.fr V t.l.j. sf dim. 8h-12h 14h-18h

DOM. SAINT-GERMAIN Le Paradis 2011 ★★

■ | 3 100 | 🍾 | 11 à 15 €

À l'occasion des vendanges en 1981, Christophe Ferrari a une révélation : il sera vigneron. Le temps de terminer ses études, il s'installe en 1987 à Irancy comme jeune viticulteur. Il exploite aujourd'hui 14 ha à Irancy et à Chablis.

Un vin de plaisir qui s'exprime sur la richesse du fruit et la fraîcheur du terroir. Le nez délicat est dominé par les fruits frais, notamment la mûre. En bouche, on retrouve ce fruit pimpant, aux nuances de cerise et de cassis, allié à la minéralité du terroir et à une structure soyeuse. Beaucoup d'élégance. ⧗ 2014-2017 🍷 paupiettes du Bourbonnais ■ **La Bergère 2011 ★ (4 900 b.)** : complexe avec son nez de fruits rouges, ce vin est délicat en bouche par ses notes épicées et un boisé bien fondu. ⧗ 2015-2018

Christophe Ferrari, 7, chem. des Fossés, 89290 Irancy, tél. 03 86 42 33 43, irancy.ferrari@orange.fr V t.l.j. sf dim. 10h-12h30 14h30-19h

SIMONNET-FEBVRE 2012 ★

■ | 20 500 | 🍾 | 8 à 11 €

Reprise en 2003 par Louis Latour, cette maison de négoce-élevage fondée en 1840 est une référence dans le Chablisien ; elle est dirigée aujourd'hui par Jean-Philippe Archambaud. Une solide renommée qui dépasse largement les frontières de la France, 85 % de la production partant à l'export.

Élevé uniquement en cuve, ce vin restitue pleinement son terroir. Un joli nez de fruits rouges précède une bouche où le fruit se marie à la vivacité. Ce qui aboutit à un vin droit et bien équilibré qui offre beaucoup de finesse et de plaisir. ⧗ 2017-2019 🍷 petit salé aux lentilles

Simonnet-Febvre, 30, rte de Saint-Bris, 89530 Chitry, tél. 03 86 98 99 00, contact@simonnet-febvre.com V t.l.j. sf dim. lun. 10h-12h30 14h-18h30; sur r.-v. hors saison

PHILIPPE TUPINIER 2012 ★

■ | 3 400 | 🍾 | 8 à 11 €

Installé en 2007, Philippe Tupinier, de formation horticole, a travaillé pendant une décennie dans un domaine du Chablisien avant de s'installer comme jeune agriculteur. Il porpose aussi des vins de négoce.

Petite production sur un demi-hectare, mais belle qualité de vinification. Le nez est séduisant avec ses arômes de fruits rouges alors que la bouche est souple et soyeuse. Une attaque tannique, une matière gourmande et une finale aérienne, cette cuvée est simple mais très expressive. ⧗ 2017-2019 🍴 bœuf gros sel

SARL Philippe Tupinier, 7, Petite-Rue, 89230 Bleigny-le-Carreau, tél. 03 86 41 85 23, domainetupinier@orange.fr V r.-v.

♥ VAL DE MERCY GRANDS VINS 2011 ★★

■	4 700		8 à 11 €

Les vins étaient jadis produits par le clos d'un château Val de Mercy, près de Coulanges. En 1992, il est racheté. Établi à Chitry, le nouveau propriétaire du domaine (30 ha) perpétue la tradition viticole au-delà de ses terres pour fournir des vins du Chablisien, de l'Auxerrois et de la Côte de Beaune.

Il a la fraîcheur de sa jeunesse et la force de son caractère. Il n'en fallait pas plus pour que cette cuvée 2011 élevée dix-huit mois en fût n'obtienne un coup de cœur. Remarquable vin, en effet, avec son nez à la fois floral (violette) et fruité (cerise), et sa bouche très bien équilibrée entre le fruit et les tanins. Un irancy friand, plein de jeunesse et de tonus. ⧗ 2017-2019 🍴 canard aux cerises

Val de Mercy Grands Vins, 8, promenade du Tertre, 89530 Chitry, tél. 03 86 41 48 00, roy@valdemercy.com V r.-v.

DOM. VERRET L'Âme du domaine 2011 ★

■	6 000		15 à 20 €

La famille Verret cultive la vigne depuis deux siècles et demi dans l'Yonne. Pionnier dans le vignoble de l'Auxerrois pour la mise en bouteilles et la commercialisation directe dans les années 1950, ce domaine demeuré familial (60 ha) fréquente régulièrement les pages du Guide.

Les épices relèvent un nez très fruité. La bouche dévoile un bon équilibre entre la richesse du fruit et la vivacité du terroir. Un vin de caractère au boisé cependant très marqué. ⧗ 2015-2017 🍴 chili con carne ■ Sillage 2011 ★ (11 à 15 € ; 3 800 b) : un vin précis, minéral, encore jeune. ⧗ 2017-2020

Dom. Verret, 7, rte de Champs, 89530 Saint-Bris-le-Vineux, tél. 03 86 53 31 81, dverret@domaineverret.com V t.l.j. sf dim. 8h-12h 14h-18h

SAINT-BRIS

• Superficie : 133 hl • Production : 7 950 hl

VDQS (1974) puis AOC (2001), les saint-bris proviennent essentiellement de la commune du même nom. L'appellation est réservée au sauvignon. Ce cépage est surtout planté sur les plateaux calcaires où il atteint toute sa puissance aromatique. Contrairement aux vins de sauvignon de la vallée de la Loire ou du Sancerrois, le saint-bris fait généralement sa fermentation malolactique, ce qui lui confère une certaine souplesse.

CHRISTOPHE AUGUSTE 2013 ★★

■	13 000		5 à 8 €

Christophe Auguste, qui se distingue régulièrement dans ces pages, notamment avec ses bourgognes Coulanges-la-Vineuse, conduit un beau vignoble de 28 ha.

Ce 2013 séduit par son nez intense et frais marqué par le bourgeon de cassis. Acidulé et tonique en attaque, le palais se montre ensuite puissant et rond, avant de revenir à plus de tension en finale. Un vin équilibré et long, encore dans la fougue de sa jeunesse. ⧗ 2015-2017 🍴 aumônière de saumon et julienne

SCEA Christophe Auguste, 55, rue André-Vildieu, 89580 Coulanges-la-Vineuse, tél. 03 86 42 35 04, scea-christophe.auguste@orange.fr V r.-v.

♥ P.-L. & J.-F. BERSAN 2012 ★★

■	25 000		8 à 11 €

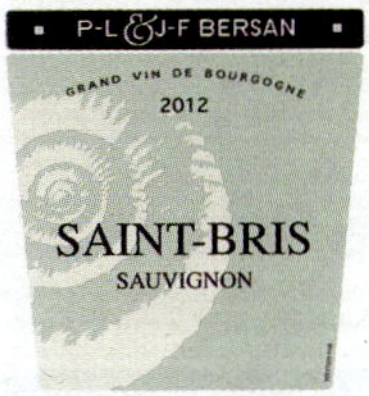

Ce jeune domaine, aussi maison de négoce, a été créé en 2010 par Pierre-Louis Bersan et son père Jean-François, issus d'une famille présente à Saint-Bris depuis... 1453. Leurs vins fréquentent régulièrement ces pages.

Six mois d'élevage en cuve et un pressurage doux ont donné naissance à ce vin aux senteurs florales et fruitées, sur fond d'agrumes. Gourmand, souple et ample, le palais tout en finesse offre un remarquable équilibre entre finesse, rondeur et fraîcheur, et s'étire dans une longue finale aux accents de fruits exotiques. ⧗ 2015-2017 🍴 apéritif

Dom. P.-L. et J.-F. Bersan, 5, rue du Dr-Tardieux, 89530 Saint-Bris-le-Vineux, tél. 03 86 53 07 22, domainejfetplbersan@orange.fr V t.l.j. 8h30-12h 13h30-18h; dim. sur r.-v.

PHILIPPE DEFRANCE 2012 ★

■	4 000		5 à 8 €

Un domaine (18,5 ha) établi à Saint-Bris depuis plusieurs générations et conduit par Philippe Defrance depuis 1980. Ses caves voûtées des XIIe et XIIIes. méritent le détour, ses vins, d'une réelle constance, aussi.

Ce sauvignon a séjourné douze mois en cuve avant de libérer des arômes élégants de bois de rose et d'agrumes. En bouche, le citron et le pamplemousse prennent le dessus et une fine minéralité se prolonge jusqu'en finale. Un vin franc et frais. ⧗ 2014-2017 🍴 croustillant de crabe aux herbes

Philippe Defrance, 51, rue du Four, 89530 Saint-Bris-le-Vineux, tél. 03 86 53 39 04, ph.defrance89@orange.fr V r.-v.

DOM. FILLON ET FILS 2012 ★

■	5 000		5 à 8 €

Propriété familiale reprise en cogérance par le frère et la sœur en 1995. Établis dans le joli village de Saint-Bris-le-Vineux, les Fillon exploitent un vignoble de 33 ha dans l'Auxerrois et le Chablisien.

Ce 2012 s'ouvre d'emblée sur le citron et les fleurs blanches. Généreux et gourmand, bien fruité, le palais est soutenu par une fine acidité. Un vin harmonieux et savoureux. ⧗ 2014-2017 🍴 papillotes de saumon

Dom. Fillon, 53, rue Bienvenu-Martin, 89530 Saint-Bris-le-Vineux, tél. 03 86 53 30 26, domaine.fillon@gmail.com V t.l.j. 9h-12h30 13h30-19h30

GUILHEM ET JEAN-HUGUES GOISOT
Exogyra Virgula L'Empreinte du terroir 2012 ★★

	25 000		5 à 8 €

Une valeur sûre de l'Auxerrois que ce domaine, ancienne place forte de Saint-Bris abritant un corps de garde. Jean-Hugues Goisot et son fils Guilhem exploitent en biodynamie un vignoble de 28 ha et élèvent leurs vins dans de vénérables caves des XIe et XIIes.

Le nom que porte cette séduisante cuvée est celui des petites huîtres fossilisées dans les marnes argilo-calcaires du kimméridgien. Ce terroir explique la dominante minérale qui s'exprime dans ce 2012, au nez comme en bouche. Un nez épicé et grillé précède une bouche ronde, riche et soutenue par une belle acidité. Un vin élégant, harmonieux et parfaitement équilibré. ⧗ 2014-2017 🍴 escargots de Bourgogne

Guilhem et Jean-Hugues Goisot, 30, rue Bienvenu-Martin, 89530 Saint-Bris-le-Vineux, tél. 03 86 53 35 15, domaine.jhg@goisot.com V r.-v.

DOM. GRAND ROCHE 2013

	30 000		5 à 8 €

Érick Lavallée, un comptable devenu céréalier, a créé en 1987 ce domaine de 28 ha. Installé à Saint-Bris, il produit avec un égal bonheur des côtes-d'auxerre, du bourgogne-aligoté et du saint-bris.

Ce 2013 libère de fines notes de pamplemousse que l'on retrouve dans une bouche acidulée qui s'étire sur une belle amertume. ⧗ 2014-2017 🍴 plateau de fruits de mer

Érick Lavallée, rte de Chitry, 89530 Saint-Bris-le-Vineux, tél. 03 86 53 84 07 V r.-v.

DOM. SORIN-COQUARD 2012

	13 000		5 à 8 €

Ce domaine familial associe le Bourguignon Paul Sorin et son épouse Christine, viticultrice champenoise, installés en 1999 à la tête d'un vignoble de 23,1 ha.

Ce sauvignon élevé huit mois en cuve est un fidèle représentant de l'AOC. Le nez, assez discret, libère des arômes de fleurs blanches et d'agrumes ; la bouche se révèle franchement minérale et vive. ⧗ 2014-2017 🍴 crottin de Chavignol

EARL Sorin-Coquard, 17, rue de Grisy, 89530 Saint-Bris-le-Vineux, tél. 03 86 53 37 76, domaine.sorin.coquard@wanadoo.fr V t.l.j. sf dim. 9h-12h 14h-19h

DOM. SORIN DE FRANCE 2012

	110 000		5 à 8 €

Les Sorin exploitent la vigne depuis 1577. Jean-Michel Sorin et son épouse Madeleine De France, installés depuis 1965 sur le domaine familial, ont passé le relais à leurs deux fils qui conduisent 40 ha de vignes.

Élevé un an en cuve, ce 2012 présente un nez exubérant de fruits exotiques, d'agrumes et de bourgeon de cassis. Très fruitée, ronde et généreuse, la bouche délivre une délicate minéralité en finale. ⧗ 2014-2017 🍴 quiche lorraine

Dom. Sorin De France, 11 bis, rue de Paris, 89530 Saint-Bris-le-Vineux, tél. 03 86 53 32 99, sorin@domainesorindefrance.com V t.l.j. sf dim. 9h-12h 14h-18h30

DOM. VERRET 2012 ★

	30 000		5 à 8 €

La famille Verret cultive la vigne depuis plus de deux cent cinquante ans. Pionnier en Auxerrois, le domaine s'est lancé dans la mise en bouteilles et la vente directe dès les années 1950. Il compte aujourd'hui 60 ha. Un habitué du Guide.

Discret au premier nez, ce millésime s'ouvre à l'aération sur de vives notes citronnées. Généreux en bouche, il délivre des arômes d'agrumes et offre une finale minérale persistante. ⧗ 2014-2019 🍴 brandade de morue

SARL Bruno Verret, 13, rte de Champs, 89530 Saint-Bris-le-Vineux, tél. 03 86 53 77 31, dverret@domaineverret.com V t.l.j. sf dim. 8h-12h 14h-18h

La Côte de Nuits

La Côte de Nuits s'allonge jusqu'au Clos des Langres, sur la commune de Corgoloin. C'est une côte étroite (quelques centaines de mètres seulement), coupée de combes de style alpestre avec des bois et des rochers, soumise aux vents froids et secs. Elle compte vingt-neuf appellations réparties selon l'échelle des crus, avec des villages aux noms prestigieux : Gevrey-Chambertin, Chambolle-Musigny, Vosne-Romanée, Nuits-Saint-Georges... Les 1ers crus et les grands crus (chambertin, clos-de-la-roche, musigny, clos-de-vougeot) se situent à une altitude comprise entre 240 et 320 m. C'est dans ce secteur que l'on trouve les plus nombreux affleurements de marnes calcaires, au milieu d'éboulis variés ; les vins rouges les plus structurés de toute la Bourgogne, aptes aux plus longues gardes, en sont issus.

BOURGOGNE-HAUTES-CÔTES-DE-NUITS

• Superficie : 657 ha • Production : 28 750 hl (80 % rouge)

L'appellation s'applique à des vins rouges, rosés et blancs nés dans 16 communes de l'arrière-pays, ainsi que sur les parties de communes situées au-dessus des appellations communales et des crus de la Côte de Nuits. Cette production a augmenté notablement depuis 1970, date avant laquelle ce secteur proposait des vins plus régionaux, bourgogne-aligoté essentiellement. C'est à cette époque que des terrains, plantés avant le phylloxéra, ont été reconquis. La reconstitution du vignoble s'est accompagnée d'un effort touristique, avec en particulier la construction d'une Maison des

Hautes-Côtes où l'on peut découvrir les productions locales – dont les liqueurs de cassis et de framboise. Les coteaux les mieux exposés donnent certaines années des vins qui peuvent rivaliser avec des parcelles de la Côte, notamment en blanc : le chardonnay, d'un millésime à l'autre, donne des vins d'une meilleure régularité que le pinot noir.

JEAN-LUC ET PAUL AEGERTER
Belle Canaille 2012 ★

■	12 000		15 à 20 €

Jean-Luc Aegerter fonde son négoce en 1988. Il achète ses premières vignes en 1994, et son fils Paul le rejoint en 2001. La maison propose une vaste gamme allant des AOC régionales aux grands crus, du Chablisien au Mâconnais en passant par les deux Côtes.

Cette Belle Canaille – sa « grande sœur » obtint un coup de cœur dans l'édition précédente – se présente dans une robe grenat intense et offre un nez délicat de cerise et de cassis. Des petits fruits que l'on retrouve, agrémentés d'épices, dans une bouche souple et soyeuse aux tanins fins. Un vin équilibré, élégant et long. ⧗ 2015-2018 ♈ lapin aux olives

⊶ Jean-Luc et Paul Aegerter, 49, rue Henri-Challand, 21700 Nuits-Saint-Georges, tél. 03 80 61 02 88, infos@aegerter.fr

DOM. BONNARDOT 2012 ★

■	6 600		5 à 8 €

Après vingt ans passés dans l'informatique financière, Danièle Bonnardot reprend en 2008 l'exploitation où ont œuvré avant elle son arrière-grand-père, son grand-père, son père et son frère. Le domaine couvre 21 ha dans les Hautes-Côtes. Il est conduit selon une démarche bio, sans certification.

Ce hautes-côtes se montre réservé au nez ; il s'ouvre, doucement, après agitation du verre, sur les fruits noirs nuancés d'épices. Dense, charnu et solidement arrimé à des tanins fermes et serrés, le palais appelle la garde et un mets de caractère. ⧗ 2017-2024 ♈ côte de sanglier aux airelles

⊶ Dom. Bonnardot, 1, rue de l'Ancienne-Cure, 21700 Villers-la-Faye, tél. 03 80 62 91 27, domaine.bonnardot@wanadoo.fr V t.l.j. 9h-12h 14h-18h; dim. sur r.-v.

DOM. CORNU 2012 ★

■	n.c.		8 à 11 €

Établi au cœur des Hautes-Côtes, ce domaine transmis depuis quatre générations est un parfait exemple du parcellaire bourguignon avec sa dizaine d'AOC réparties sur 18 ha. Colette et Claude Cornu ont désormais cédé la place à leurs enfants Alexandre (vigne et chai) et Isabelle (gestion commerciale et administrative).

Ce blanc offre une élégante robe paille séduisante. Le nez, non moins plaisant, est ouvert sur les fruits frais et les fleurs blanches. Le palais se montre rond, gras, souple et fruité (pêche blanche). Un hautes-côtes gourmand et avenant. ⧗ 2014-2017 ♈ poulet à la crème

⊶ SCEA Dom. Cornu, 6, rue du Meix-Grenot, 21700 Magny-lès-Villers, tél. 03 80 62 92 05, domaine.cornu@wanadoo.fr V r.-v.

DOM. DE LA DOUAIX
Le Clos des Fervelots 2011 ★★

■	2 400		11 à 15 €

Au départ, un lopin de vignes acquis à Arcenant au début des années 2000 par Mark Moustie, d'origine belge. Rejoint par son fils Gilles, il crée en 2006 le domaine de la Douaix, avec Laurent Anginot aux vinifications.

Ce Clos des Fervelots, coup de cœur dans ses versions 2007 et 2009, s'affiche comme la valeur sûre de ce domaine récent avec lequel il faut déjà compter. Une réputation confortée par le 2011 proche du coup de cœur. Ses arguments : une robe rouge intense et profond ; un nez généreux de fruits rouges confiturés et d'épices ; une bouche ample, riche et finement boisée (seize mois de fût), aux tanins élégants et soyeux. Déjà savoureux, ce vin peut aussi attendre. ⧗ 2016-2022 ♈ coq au vin ■ Terres blondes 2011 (3 300 b.) : beurré, brioché, floral et minéral à l'olfaction, souple, rond en bouche et bien épaulé par la fraîcheur du terroir. ⧗ 2014-2018

⊶ Dom. de la Douaix, rue du Moutier, 21700 Arcenant, tél. 06 85 95 01 79, moustie.gilles@orange.fr V r.-v.

RAPHAËL DUBOIS 2011 ★

■	5 700		11 à 15 €

Béatrice Dubois et son frère Raphaël, installés depuis 1991, conduisent 22 ha de vignes dans les deux Côtes. La première vinifie, après plusieurs années passées à l'étranger comme *flying winemaker* ; le second s'occupe de la vente. Ils ont développé en 2000 une affaire de négoce pour étoffer leur gamme.

Robe jaune pâle aux reflets verts, nez beurré et délicatement boisé par dix mois de fût : ce vin séduit d'emblée. On retrouve le beurre (salé) dans une bouche ronde, souple et onctueuse, stimulée et « allongée » par une pointe de fraîcheur. ⧗ 2014-2019 ♈ blanquette de poisson

⊶ SARL Raphaël Dubois, 24, rue de la Courtavaux, 21700 Premeaux-Prissey, tél. 03 80 62 19 40, rdubois@wanadoo.fr V t.l.j. 8h-11h30 13h30-17h30; sam. dim. sur r.-v.

DOM. FRANÇOIS GERBET
Cuvée Vieilles Vignes 2012 ★

■	13 300		11 à 15 €

Les sœurs Marie-Andrée et Chantal Gerbet ont repris en 1983 le domaine fondé par leur père François en 1947. À la tête d'un vignoble de 10 ha, elles s'illustrent régulièrement avec leurs clos-de-vougeot et leurs vosne-romanée.

Cette cuvée de vieilles vignes s'affiche dans une robe concentrée, pourpre intense. Au nez, elle associe petits fruits rouges et nuances épicées. En bouche, elle attaque sur la fraîcheur et la souplesse, puis s'arrondit autour de tanins fins et d'un boisé fondu avant de « montrer gentiment les muscles » en finale. Un vin net et montant, déjà appréciable, qui vieillira bien également. ⧗ 2015-2020 ♈ bavette à l'échalote

⊶ Dom. François Gerbet, pl. de l'Église, 21700 Vosne-Romanée, tél. 03 80 61 07 85, vins.gerbet@wanadoo.fr V r.-v.

BOURGOGNE

DOM. GROS FRÈRE ET SŒUR 2012 ★

18 000 | 11 à 15 €

L'histoire débute en 1830 avec l'installation d'Alphonse Gros à Vosne sur un vignoble agrandi au fil des générations, partagé entre les héritiers en 1963, dont Gustave et sa sœur Colette, qui créent leur domaine. Une exploitation de 20 ha aujourd'hui, d'une constance sans faille, conduite de main de maître depuis 1980 par leur neveu Bernard Gros.

La dynastie des Gros a toujours eu un pied dans les Hautes-Côtes – peut-être parce que Jean Gros, grand chasseur devant l'Éternel, arpentait inlassablement ces terroirs un fusil à la main. Bernard y exploite 3 ha de chardonnay, dont il extrait une cuvée régulièrement en vue (le 2011 fut coup de cœur). Ici, un 2012 au nez discrètement boisé et fruité (fruits jaunes), au palais charnu, miellé et généreux, équilibré par une finale plus vive et tendue. 2015-2019 sole meunière

Dom. Gros Frère et Sœur, 6, rue des Grands-Crus, 21700 Vosne-Romanée, bernard.gros2@wanadoo.fr V r.-v.

DOM. DOMINIQUE GUYON
Les Dames de Vergy 2012 ★

25 000 | 11 à 15 €

Ce domaine s'est constitué à partir des années 1960 un vaste vignoble de 23,5 ha, principalement en premiers et grands crus, allant de Gevrey-Chambertin à Meursault. Une exploitation régulière en qualité, conduite par Dominique Guyon, fils d'Antonin.

En Bourgogne, 25 000 bouteilles cela n'est pas courant. Il faut dire que Dominique Guyon a de la ressource dans les Hautes-Côtes. Cela remonte aux années 1970, alors qu'il cherche à compléter la gamme du domaine familial. Survolant la région en avion, il repère à Meuilley un coteau en friche exposé au plein sud. Après bien des efforts, il réussit à fusionner trois cent cinquante parcelles appartenant à quatre-vingts propriétaires pour créer un vignoble de 22 ha d'un seul tenant… Dans le verre, un vin en robe légère, au nez floral, fruité (groseille) et légèrement poivré. On retrouve les épices et le fruité dans un palais franc et élégant soutenu par des tanins fins 2015-2019 filet mignon de porc

Dom. Antonin Guyon, 21420 Savigny-lès-Beaune, tél. 03 80 67 13 24, domaine@guyon-bourgogne.com V r.-v.

♥ DOM. JACOB 2012 ★★

12 000 | 8 à 11 €

Quatre générations de Jacob se sont succédé sur ce domaine régulier en qualité, établi à Ladoix-Serrigny, au pied de la montagne de Corton. Depuis 2006, Raymond, jusqu'alors aux commandes avec son frère Robert, est épaulé par son fils Damien pour conduire un vignoble de 13 ha.

Une engageante robe or pâle habille ce vin unanimement salué pour son harmonie et son élégance. Le nez complexe et bien ouvert mêle les fleurs blanches aux agrumes et aux fruits exotiques (ananas). Ce même fruité pimpant à dominante exotique caractérise un palais ample, intense, rond sans lourdeur, stimulé par une longue finale vive, droite et pure. Un hautes-côtes très prometteur, armé pour une longue garde. 2017-2024 bar en croûte de sel

Dom. Damien et Raymond Jacob, hameau de Buisson, Cidex 20 bis, 21550 Ladoix-Serrigny, tél. 03 80 26 40 42, domainejacob@orange.fr V r.-v.

DOM. JOANNET 2012 ★

16 000 | 8 à 11 €

Les Joannet, Michel le père et Fabien le fils, sont installés en plein cœur des Hautes-Côtes de Nuits. Ils exploitent 15 ha de vignes répartis en un vaste éventail allant de Pernand-Vergelesses à Vosne-Romanée, dont près de la moitié est dédiée aux hautes-côtes.

Fidèles à leur méthode, les Joannet ont pratiqué un élevage luxueux de dix-huit mois en fût pour ce vin. Cela donne un 2012 sombre et profond au nez puissamment fruité (cassis, groseille) et, preuve d'une belle maîtrise de la barrique, boisé avec mesure. La bouche se révèle puissante, elle aussi, ample, riche, charnue et charpentée. Un bon vin de garde, bien dans le style maison. 2017-2022 rôti de bœuf aux cèpes

Dom. Michel Joannet, 76, Grande-Rue, 21700 Marey-lès-Fussey, tél. 03 80 62 90 58, domaine-michel.joannet@wanadoo.fr V r.-v.

JEAN-PHILIPPE MARCHAND
Dames Huguettes 2011 ★

5 300 | 15 à 20 €

Les vignobles Marchand ont été fondés en 1813 à Morey et agrandis en 1983 d'une vigne à Gevrey. Héritier de six générations, Jean-Philippe Marchand gère le domaine familial depuis 1984, ainsi qu'une affaire de négoce.

Jean-Philippe Marchand est un habitué du Guide avec ses hautes-côtes. Il en propose ici une version très plaisante et généreuse au nez mûr et intense de liqueur de framboise et de griotte. La bouche, tout aussi aromatique (fraise, épices douces) s'appuie sur des tanins fondus et un boisé sobre. Un vin expressif, qui « pinote » à souhait, fidèle en cela au style du domaine. 2016-2020 bœuf carottes

Maison Jean-Philippe Marchand, 4, rue Souvert, BP 41, 21220 Gevrey-Chambertin, tél. 03 80 34 33 60, contact@marchand-jph.fr V r.-v.

DOM. MOILLARD 2013

36 000 | 11 à 15 €

Vincent Sauvestre (groupe Béjot) avait le souvenir de ses grands-parents épiciers à Nuits-Saint-Georges parlant souvent de la maison Moillard : il l'a achetée en 2008, pilotant depuis Meursault la partie négoce et le domaine afférent.

La maison Moillard vinifie toujours avec célérité cette cuvée qu'elle met traditionnellement en vente tôt dans l'année. Quelques mois de cuve, six mois de fût, et voilà ce 2013 parmi les premiers dans le rang. Un vin au nez de

La Côte de Nuits

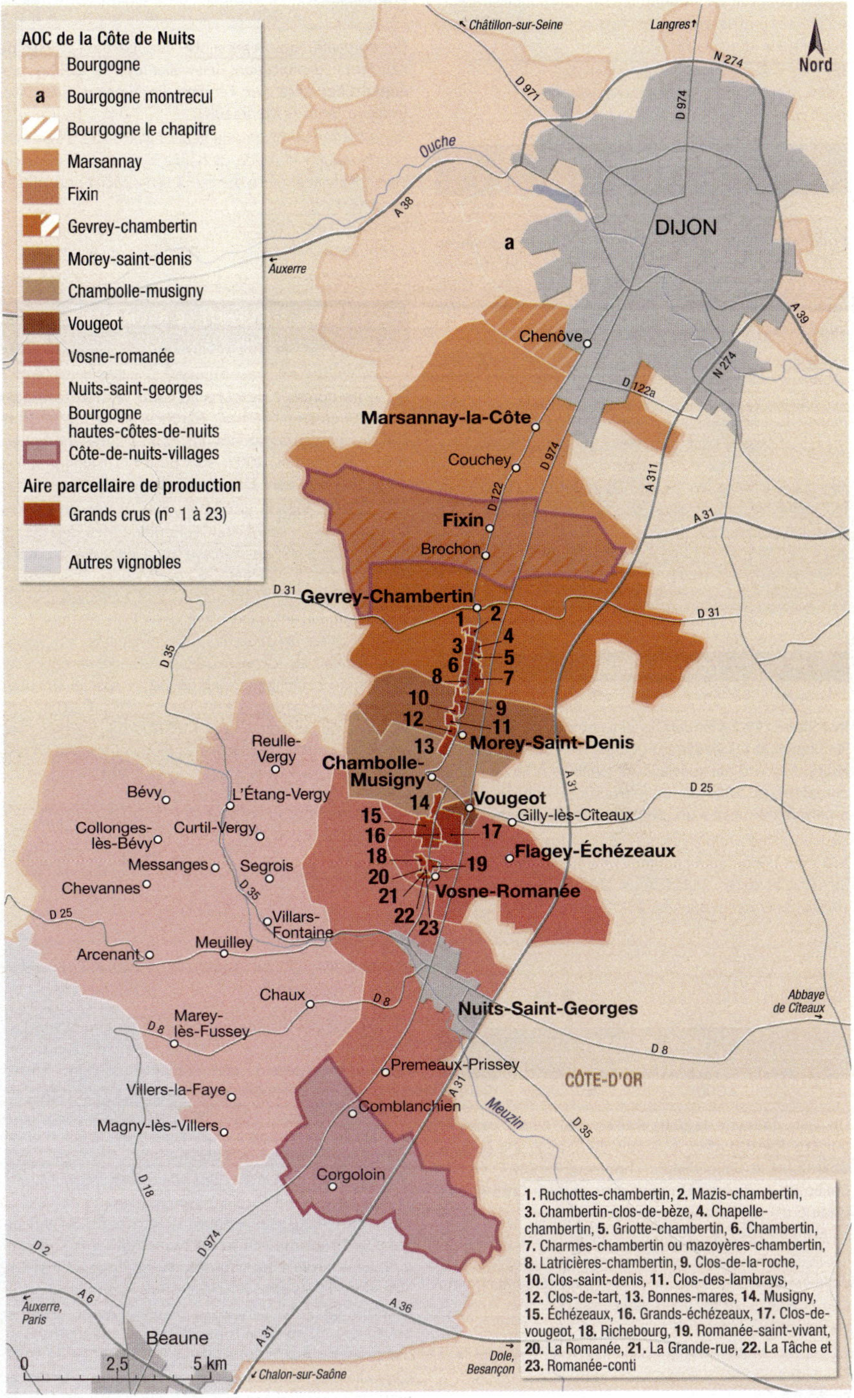

fruits frais, à la bouche franche, vive et tonique, sur le fruit acidulé plus que sur la confiture, avec une bonne structure en soutien, mais encore un rien austère. ⧗ 2016-2019 🍴 brochette de canard

🔑 Dom. Moillard, 7, rte de Monthelie, 21190 Meursault, tél. 03 80 21 22 45, contact.france@bejot.com

NUITON-BEAUNOY
Les Dames Huguettes 2012

■	26 300		8 à 11 €

Fondée en 1957, la Cave des Hautes-Côtes rebaptisée en 2013 Nuiton-Beaunoy est la dernière coopérative de Côte-d'Or. Un nom qui marie les deux Côtes dans lesquelles elle récolte les 470 ha de ses cent quinze adhérents.

Les Dames Huguettes sont un *climat* emblématique des Hautes-Côtes situé sur les hauteurs, au-dessus de Nuits-Saint-Georges, entre 360 et 390 m d'altitude, sur un sol pauvre et caillouteux, la roche-mère affleurant. Les vignes, hautes et larges, sont orientées au sud-est. Né de 6 ha, ce vin se révèle friand, frais et fruité (cerise, groseille), un rien plus sévère en finale. Une petite attente, pas indispensable, apportera plus de fondu. ⧗ 2014-2018 🍴 paupiettes de veau

🔑 La Cave des Hautes-Côtes, 93, rte de Pommard, 21200 Beaune, tél. 03 80 25 01 00, contact@cavesdeshautescotes.fr V t.l.j. sf dim. 9h30-12h 14h-18h

OLIVIER GARD 2011

■	6 553		8 à 11 €

Installé en 1990, Manuel Olivier a commencé par cultiver les vignes et les petits fruits dans les Hautes-Côtes de Nuits. Aujourd'hui spécialisé, il exploite 11 ha de vignes complétés en 2007 par une structure de négoce qui lui a permis de mettre un pied en Côte de Beaune.

De jeunes ceps de dix-sept ans sont à l'origine de ce blanc à la robe dorée, au nez complexe d'épices, de bourgeon de cassis et de fleurs blanches, à la bouche riche et ronde. Un vin généreux et opulent. ⧗ 2015-2019 🍴 foie gras poêlé

🔑 Dom. Manuel Olivier, 7, rue des Grandes-Vignes, hameau de Corboin, 21700 Nuits-Saint-Georges, tél. 03 80 62 39 33, contact@domaine-olivier.com V t.l.j. sf dim. 9h-12h 14h-19h

DOM. PANSIOT
Le Lieu Dieu 2012

■	2 300		5 à 8 €

Un vaste domaine de 20 ha créé en 1981 (4 ha à l'origine) par Éric Pansiot associé depuis 2000 avec son épouse Chantal et le Gallois Marc Thomson. En 2004, sa fille Émilie les a rejoints. Un pied dans chaque Côte et une dizaine d'appellations en production.

Ce 2012 s'affiche dans une robe dorée, le nez ouvert sur les fleurs blanches et les agrumes. La bouche ronde et riche est soulignée par une bonne vivacité qui lui donne de l'allonge. ⧗ 2016-2019 🍴 saucisson brioché

🔑 SCEA Dom. Pansiot, 21, imp. du Château-de-la-Chaume, 21700 Corgoloin, tél. 03 80 62 94 32, domaine-pansiot@bbox.fr V r.-v.

DOM. SAINT-SATURNIN DE VERGY 2013

■	31 000		8 à 11 €

Ce domaine, qui représente une partie (31 ha) de l'ancienne exploitation Geisweiler et Fils à Bévy, est aujourd'hui géré par l'équipe de Vincent Sauvestre (maison Béjot à Meursault).

Robe dorée, nez discret de fleurs blanches et d'agrumes, bouche souple et ronde, de bonne longueur : ce blanc est bien construit et facile d'accès. ⧗ 2014-2017 🍴 poisson aux agrumes

🔑 Dom. Saint-Saturnin de Vergy, 7, rte de Monthelie, 21190 Meursault, tél. 03 80 21 22 45, contact.france@bejot.com

DOM. THÉVENOT-LE BRUN & FILS
Clos du Vignon 2012 ★

■	4 300		8 à 11 €

Un vaste domaine de 27 ha au cœur des Hautes-Côtes de Nuits créé en 1960 par Maurice Thévenot-Le Brun, l'un des pères fondateurs des hautes-côtes modernes. À sa tête depuis 2007, son petit-fils Nicolas, qui a succédé à son père Daniel et à son oncle Jean.

Le Clos du Vignon est la parcelle emblématique du domaine, l'un des seuls clos des Hautes-Côtes, déjà cultivé par les abbesses de l'abbaye du Lieu Dieu au XIII[e]s. Replanté dans les années 1960 par Maurice Thévenot-Le Brun, il couvre 7 ha, en monopole, dont 1,2 dédié à ce blanc vinifié comme un grand blanc de la Côte : la moitié du volume passe dix mois en fût. Le résultat : un vin au bouquet délicat, sur la vanille, la noisette, le beurre et l'acacia, au palais gras, rond, ample et toasté. Un beau potentiel de garde, à n'en pas douter. ⧗ 2016-2020 🍴 navarin de poisson ■ 2012 ★ (7 000 b.) : c'est la cuvée principale du domaine, un joli vin floral et brioché au nez, fin, souple et onctueux en bouche, sans manquer de fraîcheur. ⧗ 2014-2017

🔑 Dom. Thévenot-Le Brun et Fils, 36, Grande-Rue, 21700 Marey-lès-Fussey, tél. 03 80 62 91 64, thevenot-le-brun@wanadoo.fr V t.l.j. sf dim. 9h-12h 14h-18h; sam. sur r.-v.

MARSANNAY

• Superficie : 227 ha • Production : 9 650 hl (85 % rouge et rosé)

Les géographes discutent encore sur les limites nord de la Côte de Nuits car, au XIX[e]s., un vignoble couvrant les communes situées de part et d'autre de Dijon constituait la Côte dijonnaise. Aujourd'hui, à l'exception de quelques vestiges comme les Marcs d'Or et les Montreculs, l'urbanisation a chassé les ceps de Dijon et de la commune voisine de Chenôve.

Marsannay, puis Couchey ont longtemps approvisionné la ville de « grands ordinaires » et manqué en 1935 le coche des AOC communales. Petit à petit, les viticulteurs ont replanté ces terroirs en pinot, et la tradition du rosé – vendu sous l'appellation « bourgogne rosé de Marsannay » – s'est développée. Puis ils ont de nouveau proposé des vins rouges et blancs comme avant le phylloxéra et, après plus de vingt-cinq ans d'efforts et d'enquêtes, l'AOC marsannay a été reconnue en 1987. L'appellation se décline en « marsannay rosé » et « marsannay » (vins rouges et vins blancs). Le rosé peut

être produit sur une aire plus extensive, dans le piémont sur les graves, tandis que rouges et blancs doivent provenir uniquement du coteau des trois communes de Chenôve, Marsannay-la-Côte et Couchey.
Les marsannay rouges sont charnus, un peu sévères dans leur jeunesse ; il faut les attendre quelques années. Peu répandus dans la Côte de Nuits, les vins blancs sont ici particulièrement recherchés pour leur finesse et leur solidité. Il est vrai que le chardonnay, mais aussi le pinot blanc, trouvent dans des niveaux marneux propices leur terroir d'élection.

RÉGIS BOUVIER
Les Longeroies Vieilles Vignes 2012 ★

■ | 10 000 | ◖◗ | 15 à 20 €

Régis Bouvier a fondé ce domaine en 1981 (2 ha au départ, 16 ha aujourd'hui), étendu de Marsannay, son fief, dont il défend les couleurs avec brio, à Morey, en passant par Fixin et Gevrey. Une activité de négoce lui permet de compléter sa gamme.

De ce *climat*, Régis Bouvier exploite 1,79 ha de pinot, à l'origine d'un vin élégant, tout en finesse, centré sur les fruits rouges mûrs, offrant une bonne concentration dès l'attaque et un bel équilibre entre les tanins et l'acidité. ⧗ 2017-2021 🍷 dinde rôtie

🔑 Régis Bouvier, 52, rue de Mazy, 21160 Marsannay-la-Côte, tél. 03 80 51 33 93, dom.reg.bouvier@hotmail.fr V r.-v.

CHANSON Bastion de l'Oratoire 2012 ★

■ | n.c. | ◖◗ | 15 à 20 €

L'une des plus anciennes maisons de négoce de Bourgogne, fondée en 1750, reprise en 1999 par le Champenois Bollinger. En plus de ses achats de raisins, elle dispose d'un important vignoble de 45 ha et de l'expertise de Jean-Pierre Confuron, son œnologue-conseil, qui a développé un style reconnaissable grâce à ses vinifications en grappes entières.

Paré d'un beau rubis intense, ce marsannay séduit d'emblée avec son nez flatteur et fruité. Le charme opère aussi en bouche : à la fois frais et charnu, le vin dévoile des arômes de griottes mûres rehaussées d'épices, étayé par des tanins fondus. ⧗ 2016-2020 🍷 bœuf bourguignon

🔑 Maison Chanson Père et Fils, 10, rue Paul-Chanson, 21200 Beaune, tél. 03 80 25 97 97 V r.-v.

♥ DOM. PHILIPPE CHARLOPIN
En Montchenevoy 2011 ★★

■ | n.c. | ◖◗ | 20 à 30 €

Repris en 1977, ce domaine familial, passé de 1,5 ha à 25 ha aujourd'hui, est en conversion bio. Avec son fils Yann, Philippe Charlopin propose une large palette de vins, des *villages* aux grands crus du Chablisien, de la Côte de Beaune et de la Côte de Nuits. On ne compte plus ses étoiles et coups de cœur « vendangés » dans le Guide. Incontournable.

Une cuvée d'une rare constance, coup de cœur à de multiples reprises. Les Charlopin exploitent 1 ha de ce *climat* qui jouxte le Clos du Roi à Chenôve. Ils en extraient un vin de grande prestance et d'une réelle gourmandise. Au nez élégant de fruits rouges, de sous-bois et de moka répond une bouche à la fois riche et fraîche, souple et mûre, croquante et fruitée. Un vin soyeux et charmeur en diable, dont on pourra profiter aussi bien jeune qu'un peu patiné par le temps. ⧗ 2014-2020 🍷 coq au vin

🔑 Dom. Philippe Charlopin, 18, rte de Dijon, 21220 Gevrey-Chambertin, tél. 06 24 71 12 05 r.-v.

HERVÉ CHARLOPIN Les Vaudenelles 2012

■ | 1 700 | ◖◗ | 11 à 15 €

Hervé Charlopin est installé à Marsannay depuis 1996. Il exploite 7,71 ha de vignes, à cheval sur Fixin et Marsannay.

Ce vin d'un abord discret (fruité léger à l'aération) s'exprime avec moins de réserve en bouche, où il se révèle rond, généreux (fruits cuits), encore un peu marqué par le bois. Les tanins sont légers et fondus. ⧗ 2016-2019 🍷 onglet aux échalotes

🔑 Hervé Charlopin, 5, rue des Avoines, 21160 Marsannay-la-Côte, tél. 09 50 64 12 69, charlopin.herve@free.fr V r.-v.

DOM. BRUNO CLAIR Les Grasses Têtes 2011 ★

■ | 7 920 | ◖◗ | 20 à 30 €

Bien connu des lecteurs pour ses marsannay, Bruno Clair est établi depuis 1986 à la tête d'un vignoble (26 ha aujourd'hui) né du démantèlement du domaine Clair-Daü, créé par son grand-père. Ce dernier a popularisé le marsannay rosé.

Après dix-huit mois de fût, ce marsannay se présente dans une robe rubis limpide, le nez ouvert sur les fruits confits, la bouche soyeuse et épicée, encore un peu boisée mais pas trop, longue et harmonieuse. ⧗ 2016-2020 🍷 volaille rôtie

🔑 Dom. Bruno Clair, 5, rue du Vieux-Collège, 21160 Marsannay-la-Côte, tél. 03 80 52 28 95, brunoclair@wanadoo.fr V r.-v.

DOM. COLLOTTE Le Clos de jeu 2012

■ | 2 919 | ◖◗ | 11 à 15 €

Philippe Collotte est autodidacte ; il quitte l'école à seize ans en 1981 pour reprendre le domaine familial de 3 ha à Marsannay : 13 ha aujourd'hui. Ses vins sont régulièrement au rendez-vous du Guide, notamment ceux de son fief d'origine.

Le Clos de Jeu est une valeur sûre du domaine, situé dans le cœur de l'appellation, sur le coteau central au-dessus du village. Robe intense, nez généreux de fruits cuits, bouche au diapason, agrémentée d'un original zeste d'orange confite, friande et structurée sans excès, le 2012 est un vin déjà charmeur. ⧗ 2014-2019 🍷 pintade rôtie

🔑 Dom. Collotte, 44, rue de Mazy, 21160 Marsannay-la-Côte, tél. 03 80 52 24 34, domaine.collotte@orange.fr V r.-v.

PIERRE DAMOY Les Longeroies 2011 ★

■ | 2 319 | ◖◗ | 20 à 30 €

Établi sur les plus beaux terroirs de Gevrey, Pierre Damoy, très en vue pour ses grands crus (notamment,

ses chambertin, clos-de-bèze, chapelle-chambertin), est aux commandes depuis 1992 d'un domaine de 10,4 ha complété en 2007 par une affaire de négoce. Une valeur sûre.

Longeroies est l'un des *climats* de Marsannay candidats au passage au statut convoité de 1er cru, preuve de sa qualité, bien qu'une différence puisse être établie entre le haut et le bas, plus limoneux et moins intéressant. Issu d'achats de raisins, ce 2011 présente un nez complexe d'épices, de sous-bois, de torréfaction et de fruits cuits. La bouche est riche, ample, concentrée, encore un peu boisée mais sans excès. Un vin équilibré, au caractère affirmé mais sans dureté. ⧗ 2016-2020 ¥ rôti de canard

Dom. Pierre Damoy, 11, rue du Mal-de-Lattre-de-Tassigny, 21220 Gevrey-Chambertin, tél. 03 80 34 30 47, info@domaine-pierre-damoy.com

DOM. JEAN FOURNIER Cuvée Saint-Urbain 2012 ★

■	15 000		15 à 20 €

Les Fournier sont vignerons à Marsannay depuis le XVIIe s. Laurent a repris en 2001 les rênes du domaine familial, aujourd'hui 16 ha en conversion bio depuis 2008. Ce jeune vigneron talentueux évite la surextraction et les maturités extrêmes, préférant exprimer le potentiel du terroir et du millésime.

Le domaine est établi à côté des vestiges d'un monastère qui abritait les reliques de saint Urbain. Il consacre 3 ha à cette cuvée élégante et bien bouquetée autour des fruits rouges mûrs et d'une touche de pruneau, souple en attaque, généreuse, concentrée et longue. ⧗ 2017-2021 ¥ faisan rôti ■ Les Longeroies 2012 ★ (20 à 30 €; 6 000 b.) : du fruit, une bonne concentration et des tanins soyeux. ⧗ 2015-2019 ■ Cuvée Saint-Urbain 2012 (4 200 b.) : un vin floral et encore dans la vivacité de sa jeunesse. ⧗ 2015-2019

Dom. Jean Fournier, 29, rue du Château, 21160 Marsannay-la-Côte, tél. 03 80 52 24 38, domaine.jean.fournier@orange.fr V r.-v.

ALAIN GUYARD Les Étales 2012

■	3 225		8 à 11 €

Un domaine familial créé en 1900 par les grands-parents pépiniéristes. Souvent en vue pour ses marsannay et ses fixin, Alain Guyard s'est installé en 1981 et il conduit aujourd'hui un vignoble de 8 ha.

Les Étales est une valeur sûre du domaine ; ici un blanc à la robe dorée, au nez d'agrumes, à la bouche vive et tonique, citronnée et marquée par un boisé fondu, trace discrète de son passage de dix-huit mois en fût. ⧗ 2015-2019 ¥ gratin de poisson

Alain Guyard, 10, rue du Puits-de-Têt, 21160 Marsannay-la-Côte, tél. 03 80 52 14 46, domaine.guyard@orange.fr V r.-v.

HUGUENOT Champs-Perdrix 2012 ★

■	9 500		15 à 20 €

Depuis 1790, dix générations se sont succédé sur ce domaine de 22,5 ha, réputé pour ses marsannay et ses gevrey. Philippe Huguenot a pris la suite de Jean-Louis en 1994, et lancé la conversion bio de son vignoble (certification en 2013).

Cette cuvée est une valeur sûre du domaine, qui a obtenu plusieurs coups de cœur dans le Guide. La version 2012 livre un nez de petits fruits rouges mâtiné de nuances fumées. La bouche, à l'unisson, se montre riche, soyeuse et longue, portée par des tanins extraits avec mesure. Un vin équilibré, peut-être encore un rien sur la réserve, qui gagnera à vieillir un peu. ⧗ 2016-2020 ¥ gigot d'agneau

Dom. Huguenot, 21160 Marsannay-la-Côte, tél. 03 80 52 11 56, domaine.huguenot@wanadoo.fr V r.-v.

GHISLAIN KOHUT Les Genelières 2011 ★

■	n.c.		8 à 11 €

Ghislain Kohut s'est installé en 1999 en marge du domaine paternel, souhaitant voler de ses propres ailes. Il conduit aujourd'hui 10 ha de vignes.

Ce pinot à la robe profonde dévoile un nez de sous-bois et de fruits cuits agrémenté d'une discrète note de cuir. Souple en attaque, le palais se révèle dense, charnu et frais, un peu plus austère en finale. ⧗ 2016-2020 ¥ canard à l'orange

Ghislain Kohut, 11, rue Raymond-Poincaré, 21160 Couchey, tél. 03 80 52 99 92, contact@domaine-kohut.com V r.-v.

FIXIN

• Superficie : 95 ha • Production : 3 960 hl (95 % rouge)

Après avoir admiré les pressoirs des ducs de Bourgogne à Chenôve et dégusté le marsannay, on rencontre Fixin, qui donne son nom à une AOC où l'on produit surtout des vins rouges. Les fixin sont solides, charpentés, souvent tanniques et de bonne garde. Ils peuvent également revendiquer, au choix, à la récolte, l'appellation côte-de-nuits-villages.

Les *climats* Hervelets, Arvelets, Clos du Chapitre et Clos Napoléon, tous classés en 1ers crus, sont parmi les plus réputés, mais c'est le Clos de la Perrière qui en est le chef de file puisqu'il a même été qualifié de « cuvée hors classe » par d'éminents écrivains bourguignons et comparé au chambertin ; ce clos déborde un tout petit peu sur la commune de Brochon. Autre lieu-dit : Le Meix-Bas.

DOM. CHARLES AUDOIN Le Rozier 2011 ★

■	3 000		15 à 20 €

Cyril Audoin a repris en 2008 le domaine familial, après des stages au Château Petrus, puis en Californie. Le vignoble couvre 14 ha, dont 12 ha plantés en marsannay.

Ce spécialiste du marsannay s'illustre aussi dans l'appellation voisinne. Ici avec un fixin né d'une parcelle de 60 ares, au nez généreux de framboise et de cuir, au palais souple et mûr, fruité et épicé, porté par des tanins soyeux. ⧗ 2016-2020 ¥ bœuf bourguignon

Dom. Charles Audoin, 7, rue de la Boulotte, 21160 Marsannay-la-Côte, tél. 03 80 52 34 24, domaine-audoin@orange.fr V r.-v.

VINCENT ET DENIS BERTHAUT En Combe Roy 2012

■ 1er cru	1 000		15 à 20 €

Les frères Denis et Vincent Berthaut (sixième génération) tiennent l'un des domaines phares de Fixin : 13 ha,

dont 8 ha en fixin, conduits en lutte raisonnée « tendance bio ». La relève, Amélie, fille de Denis, est installée depuis janvier 2014.

Né d'une vieille vigne de soixante ans bien située juste en dessous des 1ers crus, ce fixin offre une robe foncée, un nez discrètement fruité, une bouche souple en attaque, bien équilibrée entre tanins et acidité. Un ensemble bien construit. 2015-2019 pavé de bœuf

Dom. Denis Berthaut, 9, rue Noisot, 21220 Fixin, tél. 03 80 52 45 48, denis.berthaut@wanadoo.fr V r.-v.; f. janv

BOUCHARD AÎNÉ & FILS
La Mazière Cuvée Signature 2011

5 000 | 15 à 20 €

Dans le groupe Boisset depuis 1992, ce négoce beaunois a été fondé en 1731 par Michel Bouchard et son fils aîné Joseph. Dans l'ancien hôtel du Conseiller du roy (XVIIIes.) sont entreposés les fûts d'élevage de cette maison historique qui propose une large gamme de vins de toute la Bourgogne, du Beaujolais et du Rhône.

Bien que l'urbanisme ait depuis longtemps gommé les frontières cadastrales, ce *climat*, situé juste sous la route des Grands crus, marque la délimitation entre Fixin et Fixey, hameaux fusionnés au XIXes. La maison Bouchard en tire ici un vin souple, rond et fruité, épaulé par une fine fraîcheur. Un fixin friand et léger, à boire dans sa jeunesse. 2014-2018 poulet rôti

Bouchard Aîné et Fils, 4, bd du Mal-Foch, 21200 Beaune, tél. 03 80 62 61 00, dupre.a@bouchard-aine.fr V r.-v. Boisset

HERVÉ CHARLOPIN 2012 ★

7 900 | 11 à 15 €

Hervé Charlopin est installé à Marsannay depuis 1996. Il exploite 7,71 ha de vignes, à cheval sur Fixin et Marsannay.

Ce fixin dévoile un nez plaisant de fruits rouges et de cassis souligné par un boisé fondu. En bouche, il se montre souple et fruité en attaque, plus tannique, ferme et fermé en finale. Prometteur. 2016-2020 œufs en meurette

Hervé Charlopin, 5, rue des Avoines, 21160 Marsannay-la-Côte, tél. 09 50 64 12 69, charlopin.herve@free.fr V r.-v.

CLOS SAINT-LOUIS
Clos Entre deux Velles 2011

50 000 | 15 à 20 €

Philippe Bernard est installé depuis 1990 à Fixin, où il exploite, avec son épouse Martine, le domaine familial créé en 1910, un vignoble de 19 ha sur trois finages, Marsannay, Gevrey-Chambertin et Fixin.

De ce Clos Entre deux Velles, un monopole de 1,2 ha, le domaine tire un vin puissant, riche, chaleureux, ouvert sur les fruits mûrs, cerise noire en tête, étayé par des tanins soyeux, un peu sévères en finale. 2016-2020 mijoté de paleron *Village* 2012 (18 000 b.) : un style plus vif et austère, mais bien construit. 2016-2020

Dom. du Clos Saint-Louis, 4, rue des Rosiers, 21220 Fixin, tél. 03 80 52 45 51, closstlouis@orange.fr V t.l.j. 9h-12h 13h30-19h; f. 15-31 août
Philippe Bernard

DOM. COLLOTTE
Les Crais de Chêne Cuvée Vieilles Vignes 2012 ★★

1 438 | 15 à 20 €

Philippe Collotte est autodidacte ; il quitte l'école à seize ans en 1981 pour reprendre le domaine familial de 3 ha alors sur Marsannay : 13 ha aujourd'hui. Ses vins sont régulièrement au rendez-vous du Guide, notamment ceux de son fief d'origine.

Tout proche du coup de cœur, cette cuvée née de 30 ares de vieilles vignes de cinquante ans revêt une robe intense et profonde. Elle déploie des parfums soutenus de petits fruits rouges et noirs mâtinés d'un boisé torréfié qui reste discret. La bouche se révèle solide, et même un peu stricte en finale, mais la texture, fine et ronde, lui apporte un surcroît d'amabilité. Un vin soigneusement vinifié, armé pour bien vieillir. 2016-2022 civet de lièvre

Dom. Collotte, 44, rue de Mazy, 21160 Marsannay-la-Côte, tél. 03 80 52 24 34, domaine.collotte@orange.fr V r.-v.

OLIVIER DEFRANCE
Les Herbues 2012 ★

3 000 | 11 à 15 €

Issu d'une ancienne famille implantée depuis 1610 à Fixin, Olivier Defrance, cinquième génération, a repris en 2012 le flambeau de son père Michel sur ce domaine qui porte désormais son nom.

Premier millésime signé Olivier Defrance, donc. Un fixin issu de 55 ares de ce *climat* situé dans le haut du village, non loin de l'église, qu'un chemin seulement sépare des 1ers crus. Le nez se révèle floral et fruité, le palais souple, fin, suave et rond. Un vin élégant et déjà très aimable. 2014-2020 brie de Meaux

Olivier Defrance, 38, rte des Grands-Crus, 21220 Fixin, tél. 03 80 52 47 21, defrance.olivier21@gmail.com V r.-v. 2

DEREY FRÈRES Hervelets 2011

1er cru | 4 000 | 20 à 30 €

Les Derey possèdent un titre envié depuis les ducs de Bourgogne : celui de métayers, depuis 1981, de la ville de Dijon sur le Clos des Marcs d'or. L'exploitation, établie à Couchey, l'une des communes de l'AOC marsannay, dispose de 19 ha de vignes, vinifiés par Pierre Derey.

Ce fixin, régulièrement sélectionné, est né de 90 ares de ce *climat* en pente douce et moins caillouteux que les autres 1ers crus, où naissent des vins souvent plus tendres et friands. Celui-ci s'ouvre sur les fruits noirs frais et le bourgeon de cassis ; il dévoile un palais équilibré et fin, quoique encore un peu austère en finale. 2015-2019 coq au vin

Derey Frères, 1, rue Jules-Ferry, 21160 Couchey, tél. 03 80 52 15 04, derey-freres@wanadoo.fr V t.l.j. 8h-19h

FOUGERAY DE BEAUCLAIR Clos Marion 2012

5 200 | 20 à 30 €

Jean-Louis Fougeray a créé ce domaine en 1978, dont le nom associe celui de sa femme, née Beauvais, et celui de son ami vigneron Bernard Clair. Le vignoble

BOURGOGNE

(aujourd'hui 17 ha) est géré avec talent par son gendre Patrice Ollivier.

Ce Clos Marion s'étend sur 3 ha, en rouge et en blanc. Dans sa version pinot noir, les dégustateurs saluent sa robe rubis intense, son fruité harmonieux, sa bouche équilibrée, bien structurée et de bonne longueur. ⧗ 2016-2019 ᴛ pintade rôtie

Dom. Fougeray de Beauclair, 44, rue de Mazy, BP36, 21160 Marsannay-la-Côte, tél. 03 80 52 21 12, fougeraydebeauclair@wanadoo.fr V r.-v.
Patrice Ollivier

DANIEL FOURNIER
Les Echalais 2011 ★

■	1 800		11 à 15 €

Denis Fournier est installé depuis 2004 à Couchey, près de Fixin, où il exploite un domaine familial de près de 9 ha créé en 1970.

Né de 30 ares de vieilles vignes de soixante ans, ce vin s'ouvre avec parcimonie à l'agitation sur les fruits mûrs. La bouche s'avère plaisante, soyeuse, souple et chaleureuse, équilibrée par une pointe de fraîcheur. ⧗ 2015-2019 ᴛ brochettes de canard

Daniel Fournier, 1, rue Raymond-Poincaré, 21160 Couchey, tél. 03 80 52 18 38, earl.daniel.fournier@orange.fr V t.l.j. sf dim. 9h-12h 14h-19h

HUGUENOT Petits Crais 2012 ★

■	12 000		15 à 20 €

Depuis 1790, dix générations se sont succédé sur ce domaine de 22,5 ha, réputé pour ses marsannay et ses gevrey. Philippe Huguenot a pris la suite de Jean-Louis en 1994, et lancé la conversion bio de son vignoble (certification en 2013).

Cette cuvée fut coup de cœur sur le millésime 2009. La version 2012 a de bons arguments à faire valoir elle aussi, à commencer par son bouquet frais de bourgeon de cassis, de petits fruits rouges et de pivoine. La bouche, équilibrée, conjugue fruits et épices, rondeur et vivacité, volume et solidité. ⧗ 2016-2021 ᴛ pavé de biche aux airelles

Dom. Huguenot, 21160 Marsannay-la-Côte, tél. 03 80 52 11 56, domaine.huguenot@wanadoo.fr V r.-v.

PATRICK LAGRANGE
Les Treuilles 2012 ★

■	600		15 à 20 €

Patrick Lagrange, retraité de la restauration et de la commercialisation de caves à vins, s'est engagé en 2009 comme négociant-éleveur confidentiel à Fixin, vinifiant des petits lots de vendanges intéressants.

Cette minicuvée parée d'une jolie robe d'or aux reflets verts mêle à l'olfaction les agrumes, les fruits jaunes, le beurre et un boisé léger. Le palais se montre vif, voire nerveux en attaque, plus rond et gras en finale. Un ensemble bien équilibré. ⧗ 2014-2018 ᴛ cassolette de langoustines

Patrick Lagrange, Bourgogne Cave Passion, 22, rue de l'Abbé-Chevallier, 21220 Fixin, tél. 06 63 71 15 15, palagrange@wanadoo.fr V r.-v.

GEVREY-CHAMBERTIN

• Superficie : 410 ha • Production : 17 280 hl

En même temps qu'elle constitue l'appellation communale la plus importante en volume de la Côte de Nuits, la commune de Gevrey-Chambertin abrite des 1ers crus tous plus grands les uns que les autres. La combe de Lavaux sépare la commune en deux parties. Au nord, on trouve, entre autres *climats*, les Évocelles (sur Brochon), les Champeaux, la Combe aux Moines (où allaient en promenade les moines de l'abbaye de Cluny qui furent au XIIIes. les plus importants propriétaires de Gevrey), les Cazetiers, le Clos Saint-Jacques, les Varoilles, etc. Au sud, les crus sont moins nombreux, presque tout le coteau étant en grand cru ; on peut citer les *climats* de Fonteny, Petite-Chapelle, Clos-Prieur, entre autres. Les vins de cette appellation sont solides et puissants dans le coteau, élégants et subtils dans le piémont. À ce propos, il convient de répondre à une rumeur erronée selon laquelle l'appellation gevrey-chambertin s'étendrait jusqu'à la ligne de chemin de fer Dijon-Beaune, dans des terrains qui ne le mériteraient pas. Cette information, qui fait fi de la sagesse des vignerons de Gevrey, nous donne l'occasion d'apporter une explication : la Côte a été le siège de nombreux phénomènes géologiques, et certains de ses sols sont constitués d'apports de couverture, dont une partie a pour origine les phénomènes glaciaires du quaternaire. La combe de Lavaux a servi de « canal », et à son pied s'est constitué un immense cône de déjection dont les matériaux sont semblables à ceux du coteau. Dans certaines situations, ils sont simplement plus épais, donc plus éloignés du substratum. Essentiellement constitués de graviers calcaires plus ou moins décarbonatés, ils donnent ces vins élégants et subtils dont nous parlions précédemment.

DOM. DENIS BERTHAUT
Lavaux Saint-Jacques 2012 ★

■ 1er cru	300		30 à 50 €

Les frères Denis et Vincent Berthaut (sixième génération) tiennent l'un des domaines phares de Fixin : 13 ha, dont 8 ha en fixin, conduits en lutte raisonnée « tendance bio ». La relève, Amélie, fille de Denis, est installée depuis janvier 2014.

Bons alpinistes, les Berthaut aiment les vins « façon face Nord » : charpentés dans leur jeunesse ; c'est bien le cas ici. Après dix-huit mois de fût, ce gevrey en robe violine déploie un nez fin de fruits noirs, de violette et de boisé. La bouche, franche en attaque, ample et ronde, montre de solides tanins et une finale chaleureuse. ⧗ 2017-2024 ᴛ civet de lièvre

Dom. Denis Berthaut, 9, rue Noisot, 21220 Fixin, tél. 03 80 52 45 48, denis.berthaut@wanadoo.fr V r.-v.; f. janv

PHILIPPE BOUCHARD 2012

■	10 230		30 à 50 €

Cette marque destinée à la grande distribution en France et à l'étranger appartient à la maison de négoce Corton André, conduite par Benoît Goujon, directeur, et Ludivine Griveau, œnologue maison.

Ce gevrey provient de 1,54 ha d'achat de récoltes. Les raisins ont été suivis toute l'année et vendangés sous la surveillance de la maison. Un vin grenat, au nez intense de fruits noirs, à la bouche fine, de bonne consistance et longue, marquée en finale par des tanins encore un peu austères. ⧗ 2017-2020 🍴 bœuf bourguignon

Philippe Bouchard, BP 10, 21420 Aloxe-Corton, tél. 03 80 25 00 00, contact@philippe-bouchard.com
André Corton

CHRISTOPHE BRYCZEK Aux Echezeaux 2012

■ | 5 000 | | 20 à 30 €

Georges Bryczek, né en Pologne en 1912 et arrivé en France en 1938, s'est installé comme vigneron à son compte en 1953, à Morey-Saint-Denis. Un beau parcours poursuivi par son petit-fils Christophe, installé en 2003 à la tête de 3 ha en morey, chambolle-musigny et gevrey. En conversion bio.

Ce vin d'un beau grenat profond offre un nez de cerise bien mûre, de fraise des bois et de violette. Dans le même registre, la bouche se montre charnue, croquante et fruitée, adossée à de bons tanins. ⧗ 2017-2020 🍴 chaource

Christophe Bryczek, 14, rue Ribordot, 21220 Morey-Saint-Denis, tél. 03 80 34 34 17, christophe.bryczek@orange.fr V r.-v.

CHANSON 2011 ★★

■ | n.c. | | 30 à 50 €

L'une des plus anciennes maisons de négoce de Bourgogne, fondée en 1750, reprise en 1999 par le Champenois Bollinger. En plus de ses achats de raisins, elle dispose d'un important vignoble de 45 ha et de l'expertise de Jean-Pierre Confuron, son œnologue-conseil, qui a développé un style reconnaissable grâce à ses vinifications en grappes entières.

Seize mois de fût pour ce gevrey en robe pourpre, au nez réservé mais subtil de cerise, de toasté et de vanillé. Une attaque vive et alerte ouvre sur un palais ample, plein, ferme et élégant. Un vin équilibré et fort séduisant, « qui en a encore sous les tanins ». ⧗ 2017-2024 🍴 rôti de veau aux girolles

Maison Chanson Père et Fils, 10, rue Paul-Chanson, 21200 Beaune, tél. 03 80 25 97 97 V r.-v.

DOM. PHILIPPE CHARLOPIN Cuvée Vieilles Vignes 2011

■ | 18 000 | | 30 à 50 €

Repris en 1977, ce domaine familial, passé de 1,5 ha à 25 ha, est aujourd'hui en conversion bio. Avec son fils Yann, Philippe Charlopin propose une large palette de vins, des *villages* aux grands crus du Chablisien, de la Côte de Beaune et de la Côte de Nuits. On ne compte plus ses étoiles et coups de cœur « vendangés » dans le Guide. Incontournable.

La robe Charlopin, ici violacée, se reconnaît entre toutes par sa densité, accompagnée en général, comme dans ce 2011, d'un nez toasté, vanillé et fruité (fruits noirs). La bouche est consistante, fraîche, serrée, puissante. Encore dominé par le merrain, le vin aura besoin de quelques années de garde pour retrouver son fruit et son terroir. ⧗ 2017-2023 🍴 côte de bœuf

Dom. Philippe Charlopin, 18, rte de Dijon, 21220 Gevrey-Chambertin, tél. 06 24 71 12 05 r.-v.

DOM. PIERRE DAMOY Clos Tamisot 2011 ★★

■ | 4 055 | | 50 à 75 €

Établi sur les plus beaux terroirs de Gevrey, Pierre Damoy, très en vue pour ses grands crus (notamment, ses chambertin, clos-de-bèze, chapelle-chambertin), est aux commandes depuis 1992 d'un domaine de 10,4 ha complété en 2007 par une affaire de négoce. Une valeur sûre.

Ce Clos Tamisot est une parcelle réputée de 45 ares, bien fournie en vieilles vignes, dont le domaine est le principal propriétaire et voisin – c'est un peu son jardin, en somme. Le vin offre une robe carmin, un nez puissant de cassis et de sous-bois souligné par un boisé ajusté, une bouche tendre, suave et fine en attaque, ample et puissante dans son développement. Un beau gevrey de caractère. ⧗ 2017-2024 🍴 rôti de biche

Dom. Pierre Damoy, 11, rue du Mal-de-Lattre-de-Tassigny, 21220 Gevrey-Chambertin, tél. 03 80 34 30 47, info@domaine-pierre-damoy.com

DOUDET-NAUDIN Vieille Vigne 2012

■ | 3 000 | | 20 à 30 €

Fondé en 1849, ce petit négoce familial de Savigny-lès-Beaune propose des cuvées issues de terroirs restreints, qui reposent dans de vastes caves, dont les plus anciennes datent de 1830. Il s'illustre avec une belle régularité dans le Guide.

Emmanuel Berteloot, le vinificateur, travaille avec retenue, limitant le fût neuf (20 % ici) et refusant d'extraire à tout prix les tanins. Grâce à quoi, il signe un gevrey élégant, au nez discret mais prometteur de fruits noirs et de muscade souligné d'un léger grillé, à la bouche fine et fraîche étayée de tanins souples et ronds. ⧗ 2016-2020 🍴 coq au vin

Doudet-Naudin, 3, rue Henri-Cyrot, BP 1, 21420 Savigny-lès-Beaune, tél. 03 80 21 51 74, doudet-naudin@wanadoo.fr V r.-v.

B JEAN FÉRY ET FILS Les Crais 2011 ★

■ | 2 500 | | 20 à 30 €

Un domaine familial des Hautes-Côtes de Beaune créé en 1890 et développé par Jean-Louis Féry, son actuel propriétaire : 11 ha en bio certifié depuis 2011, en Côte de Nuits et Côte de Beaune. À la vigne et au chai, le Québécois Pascal Marchand, ancien régisseur de la Vougeraie.

Premier millésime en bio certifié du domaine, ce 2011 est issu de pinots noirs totalement égrappés, passés quatre jours en macération à froid, pour une cuvaison totale de vingt jours. L'élevage de vingt mois, dont 30 % de fût neuf, marque le nez de notes vanillées, mais le fruité s'épanouit dans une bouche ample, longue, à la charpente bien travaillée. Un bon gevrey de garde. ⧗ 2017-2023 🍴 noisette de chevreuil

Dom. Jean Féry et Fils, 1, rte de Marey, 21420 Échevronne, tél. 03 80 21 59 60, fery.vin@wanadoo.fr V r.-v.

JÉRÔME GALEYRAND Billard 2012 ★

■ | 1 200 | | 20 à 30 €

Jérôme Galeyrand travaillait comme commercial au sein de la grande distribution. Passionné par le vin, il s'est

installé en 2002 à Gevrey-Chambertin et exploite 5 ha répartis dans une demi-douzaine d'appellations de la Côte de Nuits.

Le vin s'affiche dans une robe intense et profonde, le nez ouvert sur le cassis et la griotte. Stimulée par une belle vivacité, la bouche se montre charnue, concentrée et riche en tanins. Un gevrey encore jeune et prometteur. ⧗ 2017-2023 🍷 sanglier sauce grand veneur

⊶ Dom. Jérôme Galeyrand, Saint-Philibert, 21220 Gevrey-Chambertin, tél. 06 61 83 39 69, jerome.galeyrand@wanadoo.fr V r.-v.

♥ S.C. GUILLARD
Les Corbeaux 2011 ★★

■ 1er cru	3 000	◍	20 à 30 €

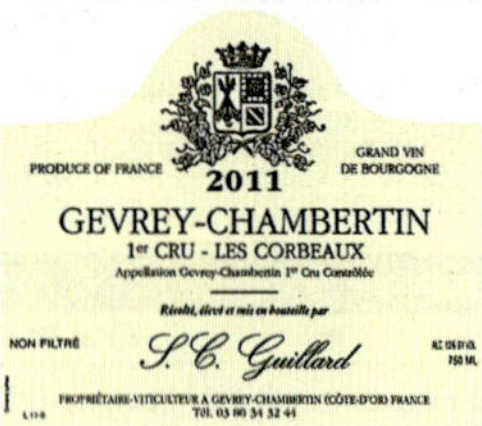

Michel Guillard, installé en 1979, exploite un petit domaine très régulier de 4,8 ha dédiés aux terroirs de Gevrey, avec un beau patrimoine de vieilles vignes, les premières ayant été plantées en 1911 par le grand-père, Auguste Lyonnet, dit Henri.

Corvées Vieilles Vignes ou 1er cru Corbeaux, l'une ou l'autre des cuvées-phare de Michel Guillard, souvent les deux, séduisent chaque année nos dégustateurs. Les deux cette année, et un coup de cœur pour les Corbeaux, nés de vignes de quatre-vingt-cinq ans. Un vin grenat intense, au nez encore sur la réserve et un peu sauvage, qui s'ouvre à l'aération sur les fruits noirs. Le palais ? Très souple en attaque, ample, gras et long, porté par des tanins puissants et corsés. Un gevrey de grand relief. ⧗ 2017-2025 🍷 gigue de chevreuil ■ *Village* Les Corvées 2011 (15 à 20 € ; 3 000 b.) : un vin harmonieux, net en attaque, plein, aux tanins bien enrobés. ⧗ 2016-2020

⊶ S.C. Guillard, 3, rue des Halles, 21220 Gevrey-Chambertin, tél. 03 80 34 32 44 V r.-v.

♥ JEAN-MICHEL GUILLON ET FILS
Les Crais 2012 ★★

■	4 900	◍	20 à 30 €

Établi à Gevrey, Jean-Michel Guillon a débuté en 1980 sur un domaine de 2,5 ha, dont il a porté la superficie à plus de 13 ha répartis dans de nombreuses appellations (mazis, gevrey, morey, clos-de-vougeot...). Secondé par son fils Alexis depuis 2005, il s'illustre avec une grande régularité dans le Guide.

Jean-Michel Guillon expose une démarche claire : ni désherbant ni insecticides, cuvaisons longues, 100 % de fûts neufs, même sur ses *villages*. Ici, quatorze mois de barrique pour un vin très complet. Les épices, la réglisse, la pivoine et quelques notes chocolatées composent un ensemble complexe et intense. Le palais conjugue sans heurt vivacité, richesse, concentration et tanins affirmés. Encore dans la fougue de sa jeunesse et plein de promesses. ⧗ 2017-2030 🍷 filet de biche aux cèpes

⊶ Jean-Michel Guillon, 33, rte de Beaune, 21220 Gevrey-Chambertin, tél. 03 80 51 83 98, contact@domaineguillon.com V r.-v. D

ALAIN GUYARD 2011

■	4 580	◍	15 à 20 €

Un domaine familial créé en 1900 par les grands-parents pépiniéristes. Souvent en vue pour ses marsannay et ses fixin, Alain Guyard s'est installé en 1981 et il conduit aujourd'hui un vignoble de 8 ha.

Ce gevrey encore fermé à l'olfaction (quelques nuances fruitées et boisées à l'aération) se révèle ample et frais en attaque, tendre dans son développement, serré et long en finale. ⧗ 2017-2022 🍷 faisan en cocotte

⊶ Alain Guyard, 10, rue du Puits-de-Têt, 21160 Marsannay-la-Côte, tél. 03 80 52 14 46, domaine.guyard@orange.fr V r.-v.

DOM. ANTONIN GUYON La Justice 2011 ★

■	6 000	◍	30 à 50 €

Ce domaine s'est constitué à partir des années 1960 un vaste vignoble de 23,5 ha, principalement en premiers et grands crus, allant de Gevrey-Chambertin à Meursault. Une exploitation régulière en qualité, conduite par Dominique Guyon, fils d'Antonin.

Ce vin rubis sombre présente un nez complexe de fruits mûrs, de sous-bois, de cuir et de graphite. La bouche, ample, riche et compacte, portée par des tanins fermes, offre beaucoup de relief. ⧗ 2017-2024 🍷 bœuf en daube

⊶ Dom. Antonin Guyon, 21420 Savigny-lès-Beaune, tél. 03 80 67 13 24, domaine@guyon-bourgogne.com V r.-v.

HARMAND-GEOFFROY 2012 ★

■	17 000	◍	20 à 30 €

Ce domaine familial fondé à la fin du XIXe s. a été repris par Gérard Harmand en 1989 ; son fils Philippe est aux commandes de la vigne (9 ha) et du chai. Ne proposant que des vins issus de sa commune, du *village* au grand cru, il est d'une constance remarquable en gevrey et très en vue aussi pour ses mazis.

On aime ici la robe grenat et le nez (moka et épices douces, violette et fruits noirs). La bouche s'ouvre sur le fruit frais (griotte et cassis) agrémenté d'un boisé fin et dévoile un grain velouté, qui enrobe délicatement la finale. ⧗ 2017-2024 🍷 rôti de bœuf aux cèpes ■ Village Vieilles Vignes 2012 ★ (30 à 50 € ; 7 500 b.) : un vin harmonieux, ample, souple et frais, aux tanins ronds et soyeux. ⧗ 2016-2022

⊶ EARL Harmand-Geoffroy, 1, pl. des Lois, 21220 Gevrey-Chambertin, tél. 03 80 34 10 65, harmand-geoffroy@wanadoo.fr V r.-v.

HUGUENOT Les Crais 2012 ★

■	13 000	◍	20 à 30 €

Depuis 1790, dix générations se sont succédé sur ce domaine de 22,5 ha, réputé pour ses marsannay et ses gevrey. Philippe Huguenot a pris la suite de Jean-Louis

en 1994, et lancé la conversion bio de son vignoble (certification en 2013).

Après dix-huit mois de fût, ce vin affiche une seyante robe rubis et déploie un nez fin de griotte à peine marqué par le bois. La bouche attaque sur la fraîcheur et la finesse, soutenue par des tanins enrobés jusqu'en finale. Un gevrey à croquer dans sa jeunesse. ⧗ 2015-2020 ♈ pintade rôtie

Dom. Huguenot, 21160 Marsannay-la-Côte, tél. 03 80 52 11 56, domaine.huguenot@wanadoo.fr V r.-v.

DOM. LEYMARIE-CECI
La Justice 2011

■	600		20 à 30 €

René Leymarie a acquis en 1969 ce petit domaine de moins de 4 ha établi dans des bâtiments datant de 1626. C'est aujourd'hui son fils Jean-Charles qui est aux commandes de l'exploitation, ainsi que de la maison de négoce en Belgique.

Le domaine cultive 3,85 ha de ce grand *climat* (18 ha) situé du mauvais côté de la nationale, mais sur un intéressant calcaire drainant – redoutable en période de sécheresse. Après une cuvaison longue et un élevage de quinze mois en fût, ce gevrey propose un nez discret de myrtille et de sous-bois, relayé par un palais velouté, souple et rond. ⧗ 2015-2019 ♈ entrecôte

Leymarie-Ceci, Clos-du-Village, 24, rue du Vieux-Château, 21640 Vougeot, tél. 09 67 19 88 53, leymarie@skynet.be V r.-v.

JEAN-PHILIPPE MARCHAND
Vieilles Vignes 2012

■	3 600		30 à 50 €

Les vignobles Marchand ont été fondés en 1813 à Morey et agrandis en 1983 d'une vigne à Gevrey. Héritier de six générations, Jean-Philippe Marchand gère le domaine familial depuis 1984, ainsi qu'une affaire de négoce.

Le vin s'ouvre avec discrétion sur le sous-bois et les fruits rouges. En bouche, il se révèle équilibré, souple et frais, dans un style friand et léger. Un joli gevrey facile d'accès, à boire sur le fruit. ⧗ 2014-2017 ♈ viande grillée

Maison Jean-Philippe Marchand, 4, rue Souvert, BP 41, 21220 Gevrey-Chambertin, tél. 03 80 34 33 60, contact@marchand-jph.fr V r.-v.

DOMINIQUE MUGNERET
Les Seuvrées 2012 ★

■	900		30 à 50 €

Après Marcel, le grand-père, puis Denis, le père, parti à la retraite en 2003, la troisième génération de Mugneret (Dominique) conduit aujourd'hui ce domaine de 6 ha très souvent en vue pour ses nuits et ses vosne, qui exploite aussi des grands crus en métayage.

Après agitation du verre, ce gevrey libère de fines senteurs de fruits rouges (groseille), puis d'épices. Une attaque souple et ronde introduit une bouche montante, portée par une vivacité saline et des tanins bien en place. ⧗ 2017-2022 ♈ salmis de pintade

Dominique Mugneret, 9, rue de la Fontaine, 21700 Vosne-Romanée, tél. 06 63 32 79 72, dominique.mugneret@wanadoo.fr V r.-v.

NOIROT-CARRIÈRE Craipillot 2011

■ 1er cru	1 000		50 à 75 €

Une affaire toujours familiale, fondée à Dijon en 1891 par Ariste Noirot et installée à Nuits-Saint-Georges en 1975. Elle s'appuie sur une partie du vignoble familial et sur des achats de raisins.

Issu de la partie négoce et de 47 ares de Craipillot, ce gevrey en une robe légère dévoile un nez au fruité léger et au boisé discret, prolongé par un palais ample, frais et charpenté sans dureté. ⧗ 2017-2022 ♈ navarin de biche

Noirot-Carrière, 6, rue de chaux, 21700 Nuits-Saint-Georges, tél. 03 80 62 43 00 r.-v.

POULET PÈRE ET FILS 2012

■	5 000		30 à 50 €

Une maison fondée en 1747 à Beaune, désormais établie sur les hauteurs de Nuits-Saint-Georges, depuis 1982 dans le giron du négoce nuiton Louis Max. Elle propose une large gamme de vins de Bourgogne (des régionaux aux grands crus) et aussi du Beaujolais.

La typographie particulière de l'étiquette, dans un style croquis fait à la main, rappelle le style Louis Max. Dans le flacon, un vin ouvert sur les fruits rouges mûrs (framboise), à la bouche soyeuse, ronde et plaisante. Un joli vin charmeur. ⧗ 2016-2020 ♈ perdrix aux choux

Poulet Père et Fils, 6, rue de Chaux, 21700 Nuits-Saint-Georges, tél. 03 80 62 43 02 r.-v.

DOM. QUIVY Les Jeunes Rois 2011 ★

■	2 050		20 à 30 €

Installé en 1981 dans une belle maison de maître du XVIIIe s., Gérard Quivy conduit un petit vignoble de 7 ha et propose une gamme étendue de vins de Gevrey et de Brochon, des *villages*, premiers et grands crus (chapelle et charmes) souvent en très bonne place.

Confirmant la progression constante des vins du domaine, cette étoile récompense un 2011, millésime précoce et solaire, au nez joliment fruité, souple, généreux et soyeux en bouche. Un gevrey mûr et élégant. ⧗ 2016-2020 ♈ lapin aux girolles ■ En Champs 2012 (1 400 b.) : un vin plus concentré, puissant et tannique, qui doit encore se fondre. ⧗ 2016-2021 ■ Dom. Gérard Quivy Les Journaux 2012 (2 200 b.) : boisé, riche et rond. ⧗ 2016-2021

Gérard Quivy, 7, rue Gaston-Roupnel, 21220 Gevrey-Chambertin, tél. 03 80 34 31 02, gerard.quivy@wanadoo.fr V r.-v.

Ⓑ DOM. HENRI RICHARD
Aux Corvées 2011

■	5 030		20 à 30 €

Patrick Maroiller, régisseur de ce domaine de 4,5 ha certifié bio, a cédé la place en 2012 aux petits-enfants du fondateur, Sarah et Richard Bastien, qui souhaitent développer la mise en bouteilles à la propriété, une partie de la production étant vendue en vrac.

Le nez, engageant, marie les fruits mûrs, la réglisse et le pain grillé. La bouche, d'un bon volume, est équilibrée, riche, bien structurée et tendue par une fine acidité. ⧗ 2017-2022 ♈ civet de lièvre

BOURGOGNE

Dom. Henri Richard, 75, rte de Beaune, 21220 Gevrey-Chambertin, tél. 09 62 08 00 17, info@domainehenririchard.com V t.l.j. 9h-18h; sam. dim. sur r.-v. Bastien

MAISON ROCHE DE BELLENE
Lavaut Saint-Jacques 2011 ★

■ 1er cru | 3 160 | | 50 à 75 €

Maison de négoce fondée en 2008 par Nicolas Potel, spécialisée dans les cuvées haut de gamme de la Côte d'Or et de la Côte chalonnaise – des 1ers crus et grands crus essentiellement, en quantités limitées.

Dans sa belle cuverie beaunoise, un modèle de rénovation écologique durable (isolation au chanvre et chaudière bois), Nicolas Potel a élaboré un gevrey tout en finesse et en élégance. Un vin d'un abord discret (fruits rouges à l'aération), qui se révèle en bouche: un fruité délicat, du volume, des tanins souples et soyeux. En deux mots: du charme et de la subtilité. ⌛ 2016-2020 🍷 filet de bœuf

Maison Roche de Bellene, 39, rue du Faubourg-Saint-Nicolas, 21200 Beaune, tél. 03 80 20 67 64, christelle@maisonrochedebellene.com V r.-v.

PHILIPPE ROSSIGNOL Vieilles Vignes 2011

■ | 3 000 | | 15 à 20 €

Philippe Rossignol et son fils Sylvain travaillent ensemble depuis 2005 sur ce petit domaine de 7 ha créé de toutes pièces en 1976, à partir de 2,5 ha de vignes.

Fruits frais (cerise, groseille), épices, moka, pivoine, c'est par un nez bien engageant que s'ouvre la dégustation. Le palais se révèle souple, frais et fruité, bâti sur des tanins soyeux. Un vin harmonieux qui s'appréciera dans sa jeunesse. ⌛ 2016-2019 🍷 bœuf bourguignon ■ 1er cru Les Corbeaux Vieilles Vignes 2011 (20 à 30 €; 2 100 b.): un gevrey agréable, dans un style fruité, souple et délicat. ⌛ 2016-2019

Philippe Rossignol, 61, av. de la Gare, 21220 Gevrey-Chambertin, tél. 03 80 51 81 17, sceaphilipperossignol@hotmail.fr V r.-v.

♥ DOM. MARC ROY Vieilles Vignes 2011 ★★

■ | 8 500 | | 30 à 50 €

Après plusieurs expériences dans les vignobles de France et d'ailleurs, la jeune Alexandrine Roy (quatrième génération) a repris en 2005 ce petit domaine familial de 4 ha, qui décline une poignée de cuvées (trois gevrey-villages et un marsannay blanc) et qu'elle conduit dans un esprit très « raisonné ».

Cette cuvée, issue de l'assemblage des plus vieilles vignes du domaine (soixante-dix ans en moyenne), livre un nez engageant et complexe de griotte, de lilas et de rose. Longue, montante et très équilibrée, la bouche déploie une texture fine, aérienne, épaulée par des tanins délicats. Un splendide vin de terroir, sans artifice. ⌛ 2016-2020 🍷 faisan aux airelles ■ Clos Prieur 2011 (50 à 75 €; 1 500 b.): un vin plein, riche et solide, né en dessous de Mazis-Chambertin, sur l'un des terroirs les mieux placés de l'AOC. ⌛ 2017-2020

Marc Roy, 8, av. de la Gare, 21220 Gevrey-Chambertin, tél. 03 80 51 81 13, domainemarcroy@orange.fr V r.-v.

GÉRARD SEGUIN Craipillot 2012 ★

■ 1er cru | 3 400 | | 20 à 30 €

Établi vers 1850, Alexis Seguin, petit propriétaire à Gevrey, fut l'un des premiers en Bourgogne à greffer avec des bois américains. Le domaine s'est peu à peu agrandi, pour atteindre 6 ha aujourd'hui, conduits par Gérard Seguin, son épouse Chantal et leur fils Jérôme.

Ce 1er cru plaît d'emblée avec sa robe rubis profond et son nez de petits fruits rouges soulignés par un boisé léger. Une attaque fine introduit un palais charpenté avec mesure, élégant, frais et alerte. ⌛ 2016-2020 🍷 magret de canard ■ Vieilles Vignes 2012: un vin fruité, suave et mûr, aux tanins charnus. ⌛ 2017-2021

Gérard Seguin, 11-15, rue de l'Aumônerie, 21220 Gevrey-Chambertin, tél. 03 80 34 38 72, domaine.gerard.seguin@wanadoo.fr V r.-v.

DOM. TORTOCHOT Lavaux Saint-Jacques 2012

■ 1er cru | 3 600 | | 30 à 50 €

Fondé à Gevrey en 1865, un domaine régulièrement sélectionné pour ses gevrey et ses mazis. En 1996, Chantal Tortochot, ancienne cadre de l'industrie, a repris les vignes familiales, un beau parcellaire de 11 ha (dont 10 % de grands crus et autant de 1ers crus).

Après quinze mois de fût, ce gevrey livre un bouquet discret de sous-bois et de toasté. La bouche se montre dense et structurée par des tanins solides et un boisé encore dominateur. À attendre pour plus de fondu. ⌛ 2018-2024 🍷 côte de bœuf

Dom. Tortochot, 12, rue de l'Église, 21220 Gevrey-Chambertin, tél. 03 80 34 30 68, contact@tortochot.com V r.-v.; f. août

DOM. DES VAROILLES
La Romanée Vieilles Vignes 2011 ★

■ 1er cru | 4 500 | | 30 à 50 €

Bien connu pour ses gevrey et ses charmes-chamberlin, ce domaine conduit depuis 1990 par Gilbert Hammel dispose de 10 ha répartis dans de nombreux crus prestigieux de Gevrey, dont plusieurs en monopole (Clos des Varoilles, Clos du Meix, Clos du Couvent et La Romanée).

La Romanée, petit *climat* de 1 ha autrefois planté en blanc en raison de son altitude (340 m), fut la propriété des moines de Cluny. De ses vignes exposées plein sud, au-dessus du Clos des Varoilles, est né un 2011 au nez généreux de fruits rouges mûrs et de moka, ample, gras et long en bouche, offrant un beau grain de tanins. ⌛ 2018-2024 🍷 volaille de Bresse rôtie ■ 1er cru Clos des Varoilles Monopole 2011 (20 000 b.): plaisant dans un registre suave et rond plutôt que puissant. Qualifié de « moderne ». ⌛ 2016-2020

Dom. des Varoilles, 11, rue de l'Ancien-Hôpital, et rue de la Croix-des-Champs, 21220 Gevrey-Chambertin, tél. 03 80 34 30 30, contact@domaine-varoilles.com V r.-v.
Hammel-Cheron

(B) DOM. DE LA VOUGERAIE La Justice 2011 ★★

■ | 3 470 | ◖◗ | 20 à 30 €

Un domaine né en 1999 de la réunion de plusieurs vignes acquises au fil du temps par la famille de Nathalie et de Jean-Charles Boisset, les actuels propriétaires : 40 ha cultivés en biodynamie et répartis en soixante-sept parcelles (dont le célèbre monopole Clos Blanc de Vougeot) dans les deux Côtes.

Cette cuvée provient de la partie la plus caillouteuse de La Justice et d'une partie du *climat* voisin, Craite-Paille. Pierre Vincent en a extrait un vin au nez captivant de petits fruits et de fleurs (rose ancienne, violette), sur un fond légèrement boisé. Souple en attaque, la bouche se révèle ample et très équilibrée, à la fois généreuse et longiligne, stimulée par une fine fraîcheur et renforcée par des tanins doux. Un vin complet, élégant et racé. ⧗ 2017-2024 ♈ filet de bœuf Wellington

⊶ Dom. de la Vougeraie, 7 bis, rue de l'Église, 21700 Premeaux-Prissey, tél. 03 80 62 48 25, vougeraie@domainedelavougeraie.com V r.-v.

CHAMBERTIN

• Superficie : 13 ha • Production : 437 hl

Bertin, vigneron à Gevrey, possédant une parcelle voisine du Clos de Bèze et fort de l'expérience qualitative des moines, planta les mêmes ceps et obtint un vin similaire : c'était le « champ de Bertin », d'où Chambertin.

DOM. PIERRE DAMOY 2011 ★

■ Gd cru | 2 277 | ◖◗ | + de 100 €

Établi sur les plus beaux terroirs de Gevrey, Pierre Damoy, très en vue pour ses grands crus (notamment, ses chambertin, clos-de-bèze, chapelle-chambertin), est aux commandes depuis 1992 d'un domaine de 10,4 ha complété en 2007 par une affaire de négoce. Une valeur sûre.

Pierre Damoy signe un chambertin racé, fidèle à sa réputation et à celle du terroir : une robe profonde ; un nez élégant et délicat de pivoine, de myrtille et de griotte ; une bouche fraîche, dense et longue, structurée par des tanins au grain soyeux. Du corps et de la finesse, de la chair et de la charpente, l'esprit royal du cru est respecté. ⧗ 2019-2030 ♈ brochet au vin rouge

⊶ Dom. Pierre Damoy, 11, rue du Mal-de-Lattre-de-Tassigny, 21220 Gevrey-Chambertin, tél. 03 80 34 30 47, info@domaine-pierre-damoy.com

(B) TORTOCHOT 2012

■ Gd cru | 1 500 | ◖◗ | 75 à 100 €

Fondé à Gevrey en 1865, un domaine régulièrement sélectionné pour ses gevrey et ses mazis. En 1996, Chantal Tortochot, ancienne cadre de l'industrie, a repris les vignes familiales, un beau parcellaire de 11 ha (dont 10 % de grands crus et autant de 1ers crus).

Des vignes de soixante ans sont à l'origine de ce chambertin encore sur la réserve à l'olfaction ; l'aération le libère quelque peu et fait apparaître une complexité naissante : toasté, sous-bois, touche animale, réglisse, fruits rouges. Le palais se montre dense et strict, droit dans ses tanins, sous-tendu par une fine trame minérale. Un vin « monacal » et prometteur, que le temps révélera. ⧗ 2022-2030 ♈ civet de sanglier

⊶ Dom. Tortochot, 12, rue de l'Église, 21220 Gevrey-Chambertin, tél. 03 80 34 30 68, contact@tortochot.com V 🚶 ⛫ r.-v. ; f. août

CHAMBERTIN-CLOS-DE-BÈZE

• Superficie : 15 ha • Production : 510 hl

Les religieux de l'abbaye de Bèze plantèrent en 630 une vigne dans une parcelle de terre qui donna un vin particulièrement réputé : ce fut l'origine de l'appellation. Les vins de cette aire AOC peuvent également s'appeler chambertin.

DOM. PIERRE DAMOY 2011 ★

■ Gd cru | 3 444 | ◖◗ | + de 100 €

Établi sur les plus beaux terroirs de Gevrey, Pierre Damoy, très en vue pour ses grands crus (notamment, ses chambertin, clos-de-bèze, chapelle-chambertin), est aux commandes depuis 1992 d'un domaine de 10,4 ha complété en 2007 par une affaire de négoce. Une valeur sûre.

Environ la moitié du vignoble de Pierre Damoy est dédiée au clos-de-bèze : 5,3 ha, soit plus d'un tiers de la surface totale du grand cru. Derrière les chiffres, du vin. Ici, un 2011 au nez délicat de fruits noirs, de mûre notamment, et de chocolat noir. La bouche, très équilibrée, dévoile une attaque charnue et une matière soyeuse au beau grain de tanin, encore un peu « rocailleuse » en finale. Le temps fera son œuvre. ⧗ 2019-2027 ♈ faisan aux raisins

⊶ Dom. Pierre Damoy, 11, rue du Mal-de-Lattre-de-Tassigny, 21220 Gevrey-Chambertin, tél. 03 80 34 30 47, info@domaine-pierre-damoy.com

♥ FRÉDÉRIC MAGNIEN 2012 ★★★

■ Gd cru | 1 000 | ◖◗ | + de 100 €

Frédéric Magnien est un fin vinificateur de Chambolle et l'une des valeurs sûres de l'appellation et plus largement, des grands crus de la Côte de Nuits. Après avoir travaillé quatre ans sur le domaine de son père Michel, dont il vinifie toujours les vins, exercé un an dans des vignobles du Nouveau Monde (Californie, Australie) et obtenu un diplôme d'œnologie à Dijon, il a lancé en 1995 sa maison de négoce.

Le talentueux Frédéric Magnien propose ici une valeur sûre de sa gamme et obtient un... neuvième coup de cœur sur les quinze dernières éditions du Guide, le second en clos-de-bèze. Un vin trois étoiles, une vraie rareté en Bourgogne, où nos dégustateurs ont le palais sévère. Dans le verre, un 2012 sombre, cerise noire aux nuances violines de jeunesse. Le nez ouvert, complexe, allie les fruits noirs (mûre, myrtille), les épices, la rose et une touche de cuir. Bâti sur des tanins au grain très soyeux, le palais se révèle puissant, séveux, charnu et énergique, sous-tendu par une très fine minéralité et stimulé par une longue finale poivrée. D'une élégance rare et d'un équilibre excellent. ⧗ 2020-2030 ¥ filet de biche en croûte

⊶ Frédéric Magnien, 26, rte Nationale, 21220 Morey-Saint-Denis, tél. 03 80 58 54 20, frederic@fred-magnien.com V r.-v.

AUTRES GRANDS CRUS DE GEVREY-CHAMBERTIN

Autour des deux précédents, il y a six autres crus qui présentent des caractères proches. Les conditions de production sont un peu moins exigeantes, mais les vins montrent une solidité, une puissance et une plénitude comparables, offrant des arômes où domine la réglisse. Autant de traits qui permettent généralement de différencier les vins de Gevrey de ceux des appellations voisines : les Latricières, les Charmes, les Mazoyères, qui peuvent également s'appeler Charmes (l'inverse n'est pas possible) ; les Mazis, comprenant les Mazis-Haut et les Mazis-Bas ; les Ruchottes (venant de roichot, lieu où il y a des roches), toutes petites par la surface, comprenant les Ruchottes-du-Dessus (1 ha 91 a 95 ca) et les Ruchottes-du-Bas (1 ha 27 a 15 ca) ; les Griottes, où auraient poussé des cerisiers sauvages ; et enfin, la Chapelle, nom donné par une chapelle bâtie en 1155 par les religieux de l'abbaye de Bèze, rasée lors de la Révolution.

LATRICIÈRES-CHAMBERTIN

• Superficie : 7 ha • Production : 275 hl

FAIVELEY 2012 ★

Gd cru	6 197		+ de 100 €

Maison créée à Nuits-Saint-Georges en 1825. À sa tête depuis 2005, Erwan Faiveley, qui a succédé à son père François, pérennise une activité de négociant-éleveur inaugurée il y a sept générations. Respecté, il est l'un des plus importants propriétaires de vignes en Bourgogne : 120 ha du Chablisien au Mâconnais, dont 10 ha en grand cru et près de 25 ha en 1er cru.

Né de 1,2 ha de vignes âgées de quarante ans, ce latricières s'ouvre sur les épices, la vanille et les fruits rouges très mûrs, presque compotés. Une générosité que l'on retrouve dans un palais suave et rond, charpenté sans excès par des tanins fins et soyeux, et par un boisé noble. La finale fraîche et fruitée apporte un agréable regain de dynamisme. Un vin à la fois intense et subtil. ⧗ 2017-2025 ¥ cailles aux raisins

⊶ Dom. Faiveley, 8, rue du Tribourg, 21700 Nuits-Saint-Georges, tél. 03 80 61 04 55, contact@domaine-faiveley.com

CHAPELLE-CHAMBERTIN

• Superficie : 5,5 ha • Production : 175 hl

DOM. DROUHIN-LAROZE 2012

Gd cru	2 000		50 à 75 €

En 1850, Jean-Baptiste Drouhin fonde un domaine viticole à Gevrey. Six générations plus tard, son héritier Philippe Drouhin, installé en 2001, son épouse Christine et leurs enfants Caroline et Nicolas conduisent un vignoble de 11,5 ha – dont près de la moitié est dédiée aux grands crus nuitons –, complété en 2008 par un petit négoce (Laroze de Drouhin) dirigé par Caroline.

Né d'une parcelle de 52 ares, le chapelle-chambertin est une valeur sûre du domaine. Le nez profond et délicat mêle les fruits rouges et noirs aux épices douces. Prometteuse, la bouche dissimule sous une vivacité encore un peu dominante une belle matière dense et ferme, étayée par des tanins fins et prometteurs. La patience est de mise. ⧗ 2019-2025 ¥ ami du chambertin

⊶ Dom. Drouhin-Laroze, 20, rue du Gaizot, 21220 Gevrey-Chambertin, tél. 03 80 34 31 49, domaine@drouhin-laroze.com V r.-v.

CHARMES-CHAMBERTIN

• Superficie : 29 ha • Production : 1 115 hl

Ⓑ DOM. ARLAUD 2011

Gd cru	5 200		75 à 100 €

Ce domaine familial très régulier en qualité, souvent en vue notamment pour ses grands crus, est conduit par Hervé Arlaud, installé en 1982 à la suite de son père, et par ses trois enfants : Cyprien vinifie, Bertille laboure au cheval de trait et Romain s'occupe de la vigne. Le vignoble couvre 15 ha certifiés bio depuis 2010.

Les Arlaud exploitent une belle parcelle de 1,14 ha de charmes, qui se répartit en 1 ha dans la partie haute de Mazoyères et le reste dans la partie basse. Le vin s'ouvre sur la cerise mûre et les fruits noirs, le bois restant très discret. En bouche, il se montre charnu, souple et tendre, soutenu par une fine fraîcheur et des tanins bien présents, encore un peu stricts en finale. ⧗ 2017-2022 ¥ volaille truffée

⊶ Dom. Arlaud, 41, rue d'Épernay, 21220 Morey-Saint-Denis, tél. 03 80 34 32 65, contact@domainearlaud.com V r.-v.

DOM. DES BEAUMONT 2012 ★

Gd cru	2 100		75 à 100 €

Thierry Beaumont a créé son domaine en 1991 en reprenant les vignes familiales ; la mise en bouteilles date de 1999. Le vignoble couvre 5,5 ha à Morey, Chambolle et Gevrey. Les cuvées de ce vigneron peu interventionniste à la vigne et au chai sont chaque année au rendez-vous du Guide.

Thierry Beaumont exploite 54 ares du grand cru. Il en tire un vin sur la réserve au premier nez, plus ouvert après aération, sur la violette et les fruits noirs. La bouche est vive, minérale (notes pierreuses) et alerte de l'attaque à la finale dense et riche, soutenue par des tanins solides. Bâti pour durer. ⧗ 2018-2024 ¥ filet de sanglier aux cerises

⊶ Dom. des Beaumont, 9, rue Ribordot, 21220 Morey-Saint-Denis, tél. 03 80 51 87 89, contact@domaine-des-beaumont.com V r.-v.

♥ DOM. CASTAGNIER 2012 ★★

Gd cru	1 100		30 à 50 €

Installé depuis 1975 sur le domaine familial de Morey-Saint-Denis, Jérôme Castagnier exploite (en biodynamie non certifiée) un vignoble de 4 ha en Côte de Nuits. Quatre grands crus lui permettent de s'illustrer avec une réelle constance.

L'un des vignerons les plus réguliers de la Côte de Nuits. Rien d'étonnant, cela dit, à ce qu'un musicien (il fut trompettiste) sache battre la mesure... Jérôme Castagnier exploite en charmes 40 ares plantés de vieux ceps de soixante-cinq ans. Il en a extrait un vin solide et séveux, taillé pour la garde. Le nez, complexe, mêle fruits noirs, senteurs du sous-bois et boisé discret. La bouche est dense, riche, puissante ; elle met pour l'heure au premier plan les tanins bien serrés, sans pour autant que le fruit soit masqué. Beaucoup de vigueur et de noblesse dans ce grand cru bâti pour une longue garde. ⧗ 2019-2030 🍷 rôti de cerf au cassis

EARL Dom. Castagnier, 20, rue des Jardins, 21220 Morey-Saint-Denis, tél. 03 80 34 31 62, jeromecastagnier@yahoo.fr V r.-v.

DOM. PHILIPPE CHARLOPIN 2011 ★

Gd cru	n.c.	+ de 100 €

Repris en 1977, ce domaine familial, passé de 1,5 ha à 25 ha aujourd'hui, est en conversion bio. Avec son fils Yann, Philippe Charlopin propose une large palette de vins, des *villages* aux grands crus du Chablisien, de la Côte de Beaune et de la Côte de Nuits. On ne compte plus ses étoiles et coups de cœur « vendangés » dans le Guide. Incontournable.

Cette cuvée de 33 ares est un grand classique du domaine, coup de cœur pour le 2010 l'an passé (pour ne citer que le dernier en date). Le 2011 est solide et sérieux. Au nez, le boisé (notes résineuses et grillées) est au premier plan, mais le fruit (pruneau, myrtille) pointe à l'agitation. La bouche, boisée avec noblesse, ample, concentrée, massive et longue, présente tous les attributs du vin de garde. ⧗ 2018-2024

Dom. Philippe Charlopin, 18, rte de Dijon, 21220 Gevrey-Chambertin, tél. 06 24 71 12 05 r.-v.

LAROZE DE DROUHIN 2012 ★

Gd cru	500		50 à 75 €

Une maison de négoce créée en 2008 par Caroline Drouhin, fille de Philippe, qui vient compléter l'offre du domaine familial Drouhin-Laroze. Une belle gamme de vins nuitons, des AOC régionales aux grands crus, vinifiés par le père et sa fille.

Caroline Drouhin signe ici un charmes de caractère. Le nez est pour l'heure assez réservé – fruits noirs, cerise et notes sauvages de cuir à l'aération. Souple en attaque, le palais se montre plus dense et ferme ensuite, sans excès de vigueur cependant, dévoilant des tanins élégants, au grain fin, enrobés par une chair délicate et soyeuse. Un vin pour demain, voire après-demain... ⧗ 2018-2026

Laroze de Drouhin, 2, rue du Chambertin, 21220 Gevrey-Chambertin, tél. 03 80 34 31 49, caroline@drouhin-laroze.com V r.-v.

Ⓑ FRÉDÉRIC MAGNIEN 2012 ★

Gd cru	2 600		+ de 100 €

Frédéric Magnien est un fin vinificateur de Chambolle et l'une des valeurs sûres de l'appellation et, plus largement, des grands crus de la Côte de Nuits. Après avoir travaillé quatre ans sur le domaine de son père Michel, dont il vinifie toujours les vins, exercé un an dans des vignobles du Nouveau Monde (Californie, Australie) et obtenu un diplôme d'œnologie à Dijon, il a lancé en 1995 sa maison de négoce.

En un mot : puissance. Ce 2012 est en effet un vin au caractère affirmé, et ce dès l'olfaction intense et complexe : cassis et bourgeon de cassis, cerise compotée, épices. La bouche ? Volumineuse, concentrée, riche, droite et ferme, sans manquer de finesse ni d'élégance. De grande garde, assurément. ⧗ 2019-2026 🍷 suprêmes de canard sauvage

Frédéric Magnien, 26, rte Nationale, 21220 Morey-Saint-Denis, tél. 03 80 58 54 20, frederic@fred-magnien.com V r.-v.

DOM. HENRI REBOURSEAU 2011 ★

Gd cru	1 204		75 à 100 €

Ce domaine fut créé en 1919 par le général Henri Rebourseau, qui regroupa les vignes de son père autour de la maison familiale, une belle bâtisse du XVIIIe s. Son arrière-petit-fils Jean de Surrel est aujourd'hui aux commandes d'un vignoble de 13 ha, fort d'un joli patrimoine de grands crus.

C'est un nez profond et complexe qui ouvre la dégustation : cerise légèrement kirschée, touche de violette et de ronce, boisé discret. Une attaque souple et vive introduit une bouche dense, puissante, solide et fraîche, « attendrie » par une chair fine et délicate, et stimulée par une longue finale poivrée. ⧗ 2019-2026 🍷 perdrix aux cèpes

Dom. Henri Rebourseau, 10, pl. du Monument, 21220 Gevrey-Chambertin, tél. 03 80 51 88 94, domaine@rebourseau.com V r.-v.

DOM. DES VAROILLES 2011 ★

Gd cru	1 200		50 à 75 €

Bien connu pour ses gevrey et ses charmes-chamberlin, ce domaine conduit depuis 1990 par Gilbert Hammel dispose de 10 ha répartis dans de nombreux crus prestigieux de Gevrey, dont plusieurs en monopole (Clos des Varoilles, Clos du Meix, Clos du Couvent et La Romanée).

Un premier nez discret ; l'aération libère le fruit (cerise, cassis, mûre). La bouche se révèle ample, fraîche et fine, sérieuse sans dureté, portée par des tanins élégants et policés. Un charmes long et équilibré, sur la finesse plutôt que sur la puissance. ⧗ 2018-2024 🍷 pigeon aux épices

Dom. des Varoilles, 11, rue de l'Ancien-Hôpital, et rue de la Croix-des-Champs, 21220 Gevrey-Chambertin, tél. 03 80 34 30 30, contact@domaine-varoilles.com V r.-v.
Hammel-Cheron

♥ Ⓑ DOM. DE LA VOUGERAIE
Les Mazoyères 2012 ★★

Gd cru	2 114		75 à 100 €

Un domaine né en 1999 de la réunion de plusieurs vignes acquises au fil du temps par la famille de Nathalie et de Jean-Charles Boisset, les actuels propriétaires : 40 ha cultivés en biodynamie et répartis en soixante-sept parcelles (dont le célèbre monopole Clos Blanc de Vougeot) dans les deux Côtes.

La Vougeraie exploite 73 ares de ce *climat*. Pierre Vincent, le régisseur, qui a succédé à Pascal Marchand en 2006, en a extrait un charmes plein de... charme. La formule, pour facile qu'elle soit, résume parfaitement la qualité première de ce vin. Subtil, le nez évoque les fruits noirs (mûre et cassis). Le palais évolue en finesse : souple en attaque, suave, élégant, élancé, dense sans excès de concentration, adossé à des tanins soyeux aux petits grains serrés et délicats. Un vin délicieux et racé. ⧗ 2018-2024 🍴 cailles aux morilles

Dom. de la Vougeraie, 7 bis, rue de l'Église, 21700 Premeaux-Prissey, tél. 03 80 62 48 25, vougeraie@domainedelavougeraie.com V r.-v.

MAZIS-CHAMBERTIN

• Superficie : 8,8 ha • Production : 275 hl

JEAN-MICHEL GUILLON 2012			
Gd cru	780		50 à 75 €

Établi à Gevrey, Jean-Michel Guillon a débuté en 1980 sur un domaine de 2,5 ha, dont il a porté la superficie à plus de 13 ha répartis dans de nombreuses appellations (mazis, gevrey, morey, clos-de-vougeot...). Secondé par son fils Alexis depuis 2005, il s'illustre avec une grande régularité dans le Guide.

Né de 15 ares plantés de pinot de quarante ans, ce mazis présente un nez ouvert et délicat de pivoine, de prune et de fruits rouges. La bouche se révèle en revanche austère, tapissée de tanins très fermes et serrés : jeune et prometteur, le vin de garde par excellence. ⧗ 2019-2024 🍴 sauté de sanglier aux fruits rouges

Jean-Michel Guillon, 33, rte de Beaune, 21220 Gevrey-Chambertin, tél. 03 80 51 83 98, contact@domaineguillon.com V r.-v.

♥ DOM. HARMAND-GEOFFROY 2012 ★★			
Gd cru	2 200		75 à 100 €

Ce domaine familial fondé à la fin du XIXe s. a été repris par Gérard Harmand en 1989 ; son fils Philippe est aux commandes de la vigne (9 ha) et du chai. Ne proposant que des vins issus de sa commune, du *village* au grand cru, il est d'une constance remarquable en gevrey et très en vue aussi pour ses mazis.

Gérard et Philippe Harmand exploitent 80 ares de ce grand cru sélectionné chaque année dans le Guide avec une impressionnante régularité. Le 2012 égale son devancier de 2010, avec lequel il partage le même caractère élégant, puissant, riche mais frais. Un mazis au nez pimpant et délicat de fruits noirs (myrtille, cassis) et d'épices, au palais ample, généreux et fruité, étayé de tanins fermes au grain très fin. Un vin solide et distingué. ⧗ 2019-2026 🍴 civet de lièvre

EARL Harmand-Geoffroy, 1, pl. des Lois, 21220 Gevrey-Chambertin, tél. 03 80 34 10 65, harmand-geoffroy@wanadoo.fr V r.-v.

MAZOYÈRES-CHAMBERTIN

• Superficie : 1,7 ha • Production : 65 hl

DOM. TAUPENOT-MERME 2011 ★★		
Gd cru	n.c.	+ de 100 €

En 1963, Jean Taupenot, de Saint-Romain, épouse Denise Merme et se fixe à Morey. Aujourd'hui, leurs enfants Romain et Virginie conduisent, en bio non certifié, un vignoble de 13 ha avec un pied en Côte de Nuits et l'autre en Côte de Beaune. Un domaine constant en qualité.

Romain Taupenot est l'un des bons spécialistes de ce grand cru. Il a la chance de posséder des parcelles à la fois en charmes et en mazoyères, ce qui lui permet de comparer les deux grands crus et de trouver plus de concentration et d'ampleur aux seconds, qui ont pourtant le droit de se vendre sous le nom des premiers. Du coup, il revendique fièrement ses mazoyères. Il signe ici un vin au nez intense et généreux de griotte confiturée, de pruneau et de myrtille. La bouche dense et charnue est portée par une structure à la fois solide et soyeuse, et par une fine trame acide, gage de longue garde. Un vin séveux et savoureux, typique de son millésime. ⧗ 2018-2026 🍴 poularde aux truffes

Dom. Taupenot-Merme, 33, rte des Grands-Crus, 21220 Morey-Saint-Denis, tél. 03 80 34 35 24, domaine.taupenot-merme@orange.fr V r.-v.

MOREY-SAINT-DENIS

• Superficie : 96 ha • Production : 3 822 hl (95 % rouge)

Entre Gevrey-Chambertin et Chambolle-Musigny, Morey-Saint-Denis constitue l'une des plus petites appellations communales de la Côte de Nuits. Outre d'excellents 1ers crus (en majorité rouges), la commune possède cinq grands crus ayant une appellation d'origine contrôlée particulière : clos-de-tart, clos-saint-denis, bonnes-mares (en partie), clos-de-la-roche et clos-des-lambrays. Les vins rouges de cette commune apparaissent comme intermédiaires entre les puissants gevrey et les délicats chambolle. Les vignerons présentent au public les morey-saint-denis, et uniquement ceux-ci, le vendredi précédant la vente des Hospices de Nuits (3e semaine de mars) en un Carrefour de Dionysos, à la salle des fêtes communale.

DOM. PIERRE AMIOT ET FILS Les Millandes 2011			
1er cru	2 600		30 à 50 €

Un domaine établi à Morey-Saint-Denis depuis cinq générations et conduit aujourd'hui par les fils de Pierre Amiot, Jean-Louis et Didier. Le vignoble couvre 7,8 ha à Morey, essentiellement, et à Gevrey, avec deux grands crus.

Avec leurs 4,2 ha, les Millandes figurent pourtant parmi les plus vastes des 1ers crus de Morey. Les frères Amiot en exploitent 45 ares à l'origine d'un vin fin, au nez de fruits frais et d'épices, ample, net et équilibré au palais, aux tanins encore un peu marqués en finale. Il décrochera son étoile en cave. ⧗ 2016-2019 ⫯ pot-au-feu de canard ■ *Village* 2011 (20 à 30 € ; 3 900 b.) : cité pour sa fraîcheur, son fruité croquant et ses tanins fondus. ⧗ 2014-2018

Dom. Pierre Amiot et Fils, 27, Grande-Rue, 21220 Morey-Saint-Denis, tél. 03 80 34 34 28, contact@domainepierreamiot.fr V r.-v.

DOM. DES BEAUMONT 2012

■ | 3 900 | 20 à 30 €

Thierry Beaumont a créé son domaine en 1991 en reprenant les vignes familiales ; la mise en bouteilles date de 1999. Le vignoble couvre 5,5 ha à Morey, Chambolle et Gevrey. Les cuvées de ce vigneron peu interventionniste à la vigne et au chai sont chaque année au rendez-vous du Guide.

Le nez, plaisant, mêle les épices (cannelle, vanille) et les fruits frais. La bouche se montre ronde et gourmande, avant d'afficher en finale des tanins fermes, bien typés morey. ⧗ 2016-2019 ⫯ délice de Pommard

Dom. des Beaumont, 9, rue Ribordot, 21220 Morey-Saint-Denis, tél. 03 80 51 87 89, contact@domaine-des-beaumont.com V r.-v.

♥ RÉGIS BOUVIER En la rue de Vergy 2012 ★★

■ | 2 800 | 20 à 30 €

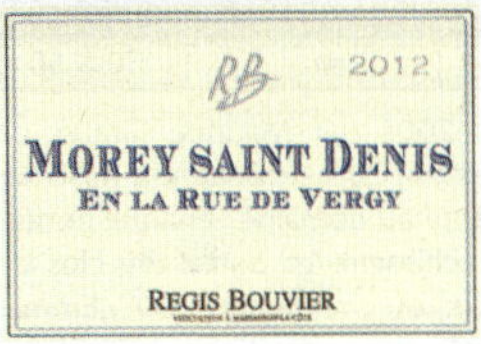

Régis Bouvier a fondé ce domaine en 1981 (2 ha au départ, 16 ha aujourd'hui), étendu de Marsannay, son fief, dont il défend les couleurs avec brio, à Morey, en passant par Fixin et Gevrey. Une activité de négoce lui permet de compléter sa gamme.

Régis Bouvier, fin vinificateur en rouge, signe le meilleur morey de cette 30e édition. La parcelle, située en altitude au-dessus du Clos de Tart, compte 50 ares. Elle donne naissance à un vin profond, au nez délicat de boisé fondu, d'épices et de fruits rouges, au palais fruité, rond, suave et gourmand, porté de bout en bout par une élégante fraîcheur et des tanins d'une réelle finesse. Déjà aimable, ce 2012 saura bien vieillir. ⧗ 2016-2022 ⫯ lapin à la moutarde

Régis Bouvier, 52, rue de Mazy, 21160 Marsannay-la-Côte, tél. 03 80 51 33 93, dom.reg.bouvier@hotmail.fr V r.-v.

CHRISTOPHE BRYCZEK Clos Solon 2012

■ | 5 000 | 20 à 30 €

Georges Bryczek, né en Pologne en 1912 et arrivé en France en 1938, s'est installé comme vigneron à son compte en 1953, à Morey-Saint-Denis. Un beau parcours poursuivi par son petit-fils Christophe, installé en 2003 à la tête de 3 ha en morey, chambolle-musigny et gevrey.

Christophe Bryczek signe ici un vin au nez discret mais fin de fruits rouges agrémentés de nuances fumées, au palais frais, minéral et net, tendu en finale par des tanins encore à parfaire. Prometteur. ⧗ 2017-2022 ⫯ époisses

Christophe Bryczek, 14, rue Ribordot, 21220 Morey-Saint-Denis, tél. 03 80 34 34 17, christophe.bryczek@orange.fr V r.-v.

DOM. CASTAGNIER Aux Cheseaux 2012

■ 1er cru | 750 | 30 à 50 €

Installé depuis 1975 sur le domaine familial de Morey-Saint-Denis, Jérôme Castagnier exploite (en biodynamie non certifiée) un vignoble de 4 ha en Côte de Nuits. Quatre grands crus lui permettent de s'illustrer avec une réelle constance.

Il faut une petite aération pour libérer les fruits rouges mûrs et les senteurs boisées de ce morey. Suivant la même ligne aromatique, la bouche se montre généreuse, « sanguine », selon un juré, solide et longue, relevée d'une fine acidité. De bonne garde. ⧗ 2018-2024 ⫯ sauté de sanglier à la tomate

EARL Dom. Castagnier, 20, rue des Jardins, 21220 Morey-Saint-Denis, tél. 03 80 34 31 62, jeromecastagnier@yahoo.fr V r.-v.

DOM. BRUNO CLAIR En la rue de Vergy 2011 ★

■ | 3 260 | 30 à 50 €

Bien connu des lecteurs pour ses marsannay, Bruno Clair est établi depuis 1986 à la tête d'un vignoble (26 ha aujourd'hui) né du démantèlement du domaine Clair-Daü, créé par son grand-père. Ce dernier a popularisé le marsannay rosé.

En la rue de Vergy est l'un des *climats* communaux les plus intéressants de Morey : situé juste au-dessus du Clos de Tart, en altitude (300 m), en pente et sur un sol pauvre. D'aucuns estiment d'ailleurs qu'il mériterait de passer en 1er cru… Sa version blanche est une rareté, représentant ici 51 ares de chardonnay. Elle séduit par son nez de fleurs blanches et de tilleul, et par sa bouche ample, ronde et harmonieuse, conjuguant notes toastées, minérales et florales. ⧗ 2018-2024 ⫯ poularde à la crème

Dom. Bruno Clair, 5, rue du Vieux-Collège, 21160 Marsannay-la-Côte, tél. 03 80 52 28 95, brunoclair@wanadoo.fr V r.-v.

(B) JEAN FÉRY & FILS 2011 ★★

■ | 2 400 | 20 à 30 €

Un domaine familial des Hautes-Côtes de Beaune créé en 1890 et développé par Jean-Louis Féry, son actuel propriétaire : 11 ha en bio certifié depuis 2011, en Côte de Nuits et Côte de Beaune. À la vigne et au chai, le Québécois Pascal Marchand, ancien régisseur de la Vougeraie.

Pour ce 2011, le pinot noir a été totalement égrappé, a fait l'objet d'un macération à froid pendant quatre jours, pour une cuvaison totale de vingt jours. Les 30 % de fût neuf (vingt mois) marquent l'olfaction de notes de café torréfié, mais sans excès. Les fruits noirs s'imposent dans une bouche douce et ronde, bien épaulée par la fraîcheur du terroir et par des tanins nets et fins. Un beau vin équilibré. ⧗ 2016-2021 ⫯ pintade à la forestière

Dom. Jean Féry et Fils, 1, rte de Marey, 21420 Échevronne, tél. 03 80 21 59 60, fery.vin@wanadoo.fr V r.-v.

DOM. FOREY PÈRE ET FILS 2012

■ | 3 700 | 20 à 30 €

Cette famille voisine de la Romanée-Conti exploitait jadis en métayage La Romanée du chanoine Liger-Belair. Installé en 1983 avec son père et son frère aux commandes

depuis 1989, Régis Forey conduit aujourd'hui un domaine de 9,3 ha régulièrement en vue dans le Guide.

Valeur sûre du domaine, ce morey a été vinifié en vendange éraflée, avec une macération préfermentaire à froid, puis élevé en fût de 500 l (20 % de bois neuf). Cela donne un vin au nez discret et délicat de fruits rouges, au palais frais, minéral (« cristallin », selon un juré), encore sévère, bien dans le style maison. 2017-2022 perdreau rôti

Dom. Forey Père et Fils, 2, rue Derrière-le-Four, 21700 Vosne-Romanée, tél. 03 80 61 09 68, domaineforey@orange.fr r.-v.

DOM. ROBERT GIBOURG
Clos de la Bidaude 2011

■	5 500		20 à 30 €

Sébastien Bidault, gendre de Robert Gibourg, est aux commandes depuis 1999 de ce domaine créé en 1965, qui s'étend sur 10 ha.

La famille exploite ce Clos en monopole depuis 1993 : 1,1 ha de friches situé juste au-dessus du Clos des Lambrays, qu'elle a replanté en chardonnay et en pinot noir. Le vin affiche un nez discret de fumée, de noyau de cerise et de toasté, relayé par une bouche souple et fine, aux tanins fondus. 2014-2019 rôti de veau aux champignons

Robert Gibourg, RN 74, 21220 Morey-Saint-Denis, tél. 03 80 34 38 32, rgibourg@club-internet.fr V r.-v.

RÉMI JEANNIARD
Les Ruchots 2012

■ 1er cru	1 500		15 à 20 €

Après avoir travaillé près de vingt ans avec son père, Rémi Jeanniard a repris une partie des vignes familiales en 2004 et s'est construit une nouvelle cuverie. Il exploite aujourd'hui 6,1 ha, à Morey-Saint-Denis principalement.

Des 2,58 ha que comptent Les Ruchots, très bien situés sous le Clos de Tart, Rémi Jeanniard cultive 2 ares, à l'origine d'un vin au nez généreusement fruité, à la bouche solide et tendue, saline et minérale. Un morey rectiligne. 2018-2022 gigue de chevreuil ■ *Village* Vieilles Vignes 2012 (4 850 b.) : dans le même style de garde, frais et tannique. 2018-2022

Rémi Jeanniard, 21, rue de Cîteaux, 21220 Morey-Saint-Denis, tél. 03 80 58 52 42, remijeanniard@orange.fr V r.-v.

STÉPHANE MAGNIEN
Les Faconnières 2012 ★

■ 1er cru	1 500		30 à 50 €

Stéphane Magnien, installé en 2008, incarne la quatrième génération sur ce domaine créé en 1897. Les vignes ne sont entretenues que par des labours (pas de désherbants) et comptent une bonne proportion de vieux ceps.

Valeur sûre du domaine, ce Faconnières est un *climat* très bien situé, juste sous le grand cru Clos de la Roche, au nord des Millandes. Stéphane Magnien en tire un 2012 au nez expressif, généreusement fruité, frais, tendu, racé. Un beau vin de caractère. 2018-2022 pigeon aux épices ■ *Village* 2012 (20 à 30 € ; 2 000 b.) : un bon fruité et un boisé fondu, de la matière et des tanins bien en place. 2016-2020

Dom. Stéphane Magnien, 5, ruelle de l'Église 21220 Morey-Saint-Denis, tél. 03 80 5[illegible] 83 10, mail@domainemagnien.com V r.-v

FRANÇOIS PARENT 2012 ★

■	600		30 à 50 €

Vinificateur de talent des vins de son épouse Anne-Françoise Gros (Dom. A.-F. Gros à Pommard), François Parent élabore aussi ceux de son vignoble familial, complété par une structure de négoce. Des étiquettes ornées de la truffe noire de Bourgogne, bien connues des lecteurs.

François Parent a fait bénéficier ce morey, issu de son négoce, d'un élevage long de dix-huit mois. Il obtient cette toute petite cuvée au nez élégamment boisé et fruité (fruits noirs et groseille), franche en attaque, ronde, riche et puissante dans son développement. Un vin équilibré et de bonne garde. 2018-2024 sauté de marcassin aux cèpes

François Parent, 14 bis, rue Pierre-Joigneaux, 21200 Beaune, tél. 03 80 22 61 85, francois@parent-pommard.com V r.-v.

CH. DE POMMARD 2011 ★

■	5 000		30 à 50 €

Depuis son rachat en 2004 par Maurice Giraud, ce château emblématique de la Côte de Beaune a misé sur l'œnotourisme et la vente au domaine : chaque année, 35 000 œnophiles franchissent les portes du clos de 22,5 ha. Aux commandes du chai depuis 2007, Emmanuel Sala élabore à côté du « grand vin » une large gamme issue d'achats de raisins.

Ce morey, issu de l'activité de négoce du château, affiche un nez très élégant de fruits secs, de fruits rouges compotés et d'épices soulignés par un boisé discret, empreinte d'un élevage de seize mois. La bouche s'avère fraîche en attaque, puis suave, ronde, charnue, bâtie sur une belle trame de tanins fondus et soyeux. Un vin souple et délicat. 2014-2020 bœuf bourguignon

SARL Caves de la Propriété, Ch. de Pommard, 15, rue Marey-Monge, 21630 Pommard, tél. 03 80 22 12 59, contact@chateaudepommard.com V t.l.j. 9h30-18h30 Maurice Giraud

LOUIS REMY Clos des Ormes 2012 ★★

■ 1er cru	750		50 à 75 €

Après la division du domaine Louis Remy, Chantal Remy a créé sa propre exploitation en 2009, doublée d'une petite structure de négoce en 2011, à l'arrivée de son fils Florian – le tout dans un « esprit bio » (labour au cheval, pas de produits chimiques) mais sans certification.

Issu de la partie négoce, ce 1er cru dévoile un nez élégant de fruits rouges (framboise, cerise) rehaussés de poivre, que relaie une bouche fine, ronde et longue, bâtie sur des tanins solides mais soyeux. Un morey pur et racé, armé pour la décennie. 2017-2024 râbles de lièvre aux cèpes ■ *Village* Dom. Chantal Remy Clos des Rosiers Monopole 2012 ★ (900 b.) : un nez fin de mûre et de cassis, une bouche ample, ronde, aux tanins souples et élégants. 2017-2022

Héritière Louis Remy, 1, pl. du Monument, 21220 Morey-Saint-Denis, tél. 03 80 34 32 59, domaine.chantal.remy@orange.fr V r.-v.

DOM. ANNE ET HERVÉ SIGAUT
Les Millandes 2012 ★

1er cru | 1 600 | 30 à 50 €

Depuis le départ à la retraite d'Hervé Sigaut en 2008, son épouse Anne, qui assurait les vinifications depuis 2004, est seule aux commandes. Une valeur sûre en chambolle-musigny, fer de lance de ce domaine de 7 ha.

Ce 1er cru né de 33 ares s'invite avec un vin très bien construit, généreux et vineux au nez (cerises macérées, fruits secs), riche, rond, dense, puissant en bouche, et même assez strict en finale, mais toujours équilibré et élégant. 2018-2024 gigot d'agneau en croûte

Dom. Anne et Hervé Sigaut, 12, rue des Champs, 21220 Chambolle-Musigny, tél. 03 80 62 80 28, herve.sigaut@wanadoo.fr V r.-v.

LES GRANDS CRUS DE MOREY-SAINT-DENIS

Parmi les grands crus de Morey-Saint-Denis, le clos-de-la-roche et le clos-saint-denis ne sont pas des clos, en dépit de leurs noms. Assez morcelés, ils regroupent plusieurs lieux-dits et sont exploités par de nombreux propriétaires. Le clos-de-tart est, lui, entièrement ceint de murs et exploité en monopole. Également d'un seul tenant, le clos-des-lambrays regroupe plusieurs parcelles et lieux-dits : les Bouchots, les Larrêts ou Clos des Lambrays, le Meix-Rentier.

CLOS-DE-LA-ROCHE

• Superficie : 13,4 ha • Production : 450 hl

DOM. PIERRE AMIOT ET FILS 2011

Gd cru | 3 300 | 50 à 75 €

Un domaine établi à Morey-Saint-Denis depuis cinq générations et conduit aujourd'hui par les fils de Pierre Amiot, Jean-Louis et Didier. Le vignoble couvre 7,8 ha à Morey, essentiellement, et à Gevrey, avec deux grands crus.

Jean-Louis et Didier Amiot exploitent une belle parcelle de 1,2 ha de vignes de quarante ans dans ce grand cru, valeur sûre du domaine. Le 2011 dévoile un nez discret mais plaisant de fruits rouges frais et de cuir. La bouche, élégante, allie une fraîcheur fruitée à des tanins souples et soyeux. 2016-2021 poularde

Dom. Pierre Amiot et Fils, 27, Grande-Rue, 21220 Morey-Saint-Denis, tél. 03 80 34 34 28, contact@domainepierreamiot.fr V r.-v. E

B DOM. ARLAUD 2011 ★

Gd cru | 2 200 | 75 à 100 €

Ce domaine familial très régulier en qualité, souvent en vue notamment pour ses grands crus, est conduit par Hervé Arlaud, installé en 1982 à la suite de son père, et par ses trois enfants : Cyprien vinifie, Bertille laboure au cheval de trait et Romain s'occupe de la vigne. Le vignoble couvre 15 ha certifiés bio depuis 2010.

Le domaine dispose dans le Clos de 43 ares plantés en 1978 et en 1990. Son 2011 est un vin très élégant, au nez discret mais raffiné de fruits rouges soulignés de nuances torréfiées, au palais souple, tendre, délicat et soyeux. Un vin déjà très agréable, sur la finesse plutôt que sur la puissance, et appelé à bien vieillir. 2016-2022 rôti de veau Orloff

Dom. Arlaud, 41, rue d'Épernay, 21220 Morey-Saint-Denis, tél. 03 80 34 32 65, contact@domainearlaud.com V r.-v.

JEAN-CLAUDE BOISSET 2012

Gd cru | n.c. | 50 à 75 €

Un important négoce créé en 1961 par Jean-Claude Boisset, installé à Nuits-Saint-Georges dans l'ancien couvent des Ursulines. Il est propriétaire de vignes non seulement dans toute la Bourgogne, mais aussi dans d'autres vignobles en France et à l'étranger. Depuis 2002, Grégory Patriat, le vinificateur, s'attache à élaborer des cuvées haut de gamme, dans une approche « domaine ».

Au nez, le bois reste dominant (nuances fumées et grillées). En bouche, le vin se révèle souple en attaque, ample et riche dans son développement, étayé par une fine fraîcheur, avec des tanins bien en place et un boisé là aussi très présent. La garde lui apportera l'harmonie. 2017-2024 citeaux

Maison Jean-Claude Boisset, 5, quai Dumorey, 21700 Nuits-Saint-Georges, tél. 03 80 62 61 61, patriat.g@jboisset.fr V t.l.j. 10h-19h

DOM. CASTAGNIER 2012 ★

Gd cru | 2 000 | 30 à 50 €

Installé depuis 1975 sur le domaine familial de Morey-Saint-Denis, Jérôme Castagnier exploite (en biodynamie non certifiée) un vignoble de 4 ha en Côte de Nuits. Quatre grands crus lui permettent de s'illustrer avec une réelle constance.

Jérôme Castegnier cultive une jolie parcelle de 60 ares dans le Clos, plantée de vieux ceps de soixante-cinq ans. Le résultat ? Un vin d'un grand équilibre, au nez pur et frais de fruits noirs et de cerise burlat, au palais riche, puissant et rond, souligné par de fines notes minérales – « une tension ferreuse », selon un dégustateur, qui lui confère une allonge certaine et de la complexité. La promesse d'une belle évolution en cave. 2018-2024 canard à l'orange

EARL Dom. Castagnier, 20, rue des Jardins, 21220 Morey-Saint-Denis, tél. 03 80 34 31 62, jeromecastagnier@yahoo.fr V r.-v.

♥ B DOM. MICHEL MAGNIEN 2012 ★★

Gd cru | 1 800 | + de 100 €

Michel Magnien incarne la quatrième génération à la tête d'un vignoble familial qu'il a considérablement agrandi entre les années 1960 et 1990 (17 ha aujourd'hui). Jusqu'en 1993, il porte sa récolte à la coopérative de Morey. L'arrivée de son fils Frédéric, en charge des vinifications depuis lors, change la donne : les vins sont désormais mis en bouteilles à

la propriété. Des vins d'une grande régularité, qui font du domaine l'une des valeurs sûres de la Côte de Nuits.

Avec une rare constance, le clos-de-la-roche du domaine, né de 39 ares situés au centre de l'appellation, s'invite chaque année (ou presque) dans ce chapitre, et souvent en très bonne place. Le 2012 est un modèle d'élégance, un vin sur la finesse plutôt que sur la force. Un trait de caractère perceptible dès l'olfaction, qui mêle de subtiles notes de cacao et de caramel au lait aux fruits noirs et à la cerise. À l'unisson, la bouche se révèle ample, profonde, d'une puissance maîtrisée, sans vigueur astringente et boisée sans excès. Déjà très charmeur, ce vin résistera sans crainte à une longue garde. ⧗ 2017-2024 🍷 oie farcie pommes et foie gras

Dom. Michel Magnien, 4, rue Ribordot, 21220 Morey-Saint-Denis, tél. 03 80 51 82 98, d-magnien@orange.fr V r.-v.

GÉRARD RAPHET 2012

Gd cru | 1 500 | | 50 à 75 €

Installé en 2002, Gérard Raphet incarne la quatrième génération à conduire ce domaine familial. Agrandi au fil des années, le vignoble couvre aujourd'hui 12 ha en Côte de Nuits.

Une parcelle de 33 ares est à l'origine de ce grand cru très plaisant dès l'olfaction, ouvert sans réserve sur les fruits rouges frais (framboise, notamment), soulignés d'une touche légère de cacao. Un caractère fruité et alerte que l'on retrouve dans une bouche souple, fine et soyeuse. Un style aérien. ⧗ 2016-2022 🍷 filet de canette aux cerises

Gérard Raphet, 25, rte des Grands-Crus, 21220 Morey-Saint-Denis, tél. 03 80 51 89 52, gerard.raphet@wanadoo.fr V r.-v.

CLOS-SAINT-DENIS

• Superficie : 6 ha • Production : 200 hl

♥ B DOM. ARLAUD 2011 ★★

Gd cru | 900 | | + de 100 €

Ce domaine familial très régulier en qualité, souvent en vue notamment pour ses grands crus, est conduit par Hervé Arlaud, installé en 1982 à la suite de son père, et par ses trois enfants : Cyprien vinifie, Bertille laboure au cheval de trait et Romain s'occupe de la vigne. Le vignoble couvre 15 ha certifiés bio depuis 2010.

La famille Arlaud exploite 17 ares dans la partie originelle du Clos Saint-Denis. Elle en extrait un grand cru à la régularité exemplaire, dont le jury avait salué l'an dernier la fidélité au terroir; il s'incline cette année devant la noblesse du 2011. Le nez, précis et élégant, mêle la griotte à un beau boisé chocolaté. Le palais se révèle fruité, toasté et épicé, ample et profond, puissant et frais, ourlé de tanins fins et racés. Un seigneur. ⧗ 2018-2026 🍷 civet de sanglier aux airelles

Dom. Arlaud, 41, rue d'Épernay, 21220 Morey-Saint-Denis, tél. 03 80 34 32 65, contact@domainearlaud.com V r.-v.

DOM. CASTAGNIER 2012 ★

Gd cru | 1 250 | | 30 à 50 €

Installé depuis 1975 sur le domaine familial de Morey-Saint-Denis, Jérôme Castagnier exploite (en biodynamie non certifiée) un vignoble de 4 ha en Côte de Nuits. Quatre grands crus lui permettent de s'illustrer avec une réelle constance.

Jérôme Castagnier dispose de 35 ares de ce grand cru dans la partie centrale du Clos, la plus réputée. Comme toujours ici, macération préfermentaire à froid, cuvaison de quinze jours, élevage de dix-huit mois en fût. Grâce à quoi, il signe un vin d'une élégance réelle, plein de fruits (framboise et fraise des bois très mûres) et boisé sans excès (toasté léger), à la fois dense, riche et frais, porté par des tanins soyeux. Un millésime profond et abouti. ⧗ 2018-2024 🍷 filet de bœuf sauce au poivre

EARL Dom. Castagnier, 20, rue des Jardins, 21220 Morey-Saint-Denis, tél. 03 80 34 31 62, jeromecastagnier@yahoo.fr V r.-v.

HERESZTYN 2011 ★

Gd cru | 1 150 | | 75 à 100 €

Aux origines de ce domaine régulier, un immigré polonais, Jan Heresztyn, qui acquiert quelques ceps à Gevrey. De 4,5 ha en 1959, la surface s'est peu à peu étendue sous l'impulsion de ses fils Bernard et Stanislas, pour atteindre aujourd'hui 8,4 ha.

Les frères Heresztyn exploitent 23 ares de grand cru, une valeur sûre du domaine. Ici, un vin très harmonieux et déjà fort plaisant. Le nez, élégant et ouvert, mêle les fruits rouges à des notes plus sauvages de cuir. La bouche se révèle bien fruitée, ample, précise et fraîche, soutenue par des tanins souples et soyeux. Un vin lisible, facile d'accès, que l'on pourra apprécier aussi bien jeune que patiné par le temps. ⧗ 2017-2024 🍷 râbles de lapin aux raisins

Dom. Heresztyn, 27, rue Richebourg, 21220 Gevrey-Chambertin, tél. 03 80 34 13 99, domaine.heresztyn@orange.fr V r.-v.

CHAMBOLLE-MUSIGNY

• Superficie : 152 ha • Production : 6 050 hl

Commune de grande renommée malgré sa petite étendue, Chambolle-Musigny doit sa réputation à la qualité de ses vins et à la notoriété de ses 1ers crus, dont le plus connu est le *climat* des Amoureuses. Tout un programme ! Mais Chambolle a aussi ses Charmes, Chabiots, Cras, Fousselottes, Groseilles et autres Lavrottes... Le petit village aux rues étroites et aux arbres séculaires abrite des caves magnifiques (domaine des Musigny).

Toujours rouges, les chambolle sont élégants et subtils. Ils allient la force des bonnes-mares à la finesse des musigny, à l'image d'un pays de transition dans la Côte de Nuits.

PIERRE ANDRÉ 2012

| 3 040 | | 30 à 50 €

Cette maison de négoce a son siège dans le château Corton André, aussi nommé « Château jaune » pour ses tuiles vernissées, acquis par Pierre André en 1923. Dans

l'orbite du groupe bordelais Ballande depuis 2003, elle propose des vins de toute la Bourgogne ainsi que du Beaujolais.

Cerise noire, cassis frais et nuances fumées composent un bouquet un rien fermé mais fin. Le vin monte en puissance au palais, se montre massif, porté par des tanins stricts et un fruité vigoureux. Un chambolle viril et énergique. ⧗ 2017-2024 🍴 rôti de biche aux fruits rouges

Pierre André, Ch. de Corton-André, rue des Corton, 21420 Aloxe-Corton, tél. 03 80 26 28 79, info@corton-andre.com V r.-v.

DOM. BERTAGNA 2012

■	700		30 à 50 €

Ce domaine de 17 ha rayonne sur un beau patrimoine de cinq grands crus. Il est dirigé depuis 1982 par la famille Reh, originaire de la Moselle allemande, et depuis 1988 par Eva Reh-Siddle. Une valeur sûre, notamment pour ses vougeot et son monopole Clos de la Perrière.

Ce chambolle élevé dix-huit mois en fûts (dont un tiers de neufs) dévoile un nez fruité et toasté encore sur la réserve. La bouche se révèle assez massive et sévère : « Un style plus morey que chambolle », dit le jury. Un vin à encaver pour qu'il trouve sa voie. ⧗ 2018-2024 🍴 civet de biche

SARL Dom. Bertagna, 16, rue du Vieux-Château, 21640 Vougeot, tél. 03 80 62 86 04, contact@domainebertagna.com V r.-v. Eva Reh-Siddle

CHRISTOPHE BRYCZEK 2012 ★

■	1 800		20 à 30 €

Georges Bryczek, né en Pologne en 1912 et arrivé en France en 1938, s'est installé comme vigneron à son compte en 1953, à Morey-Saint-Denis. Un beau parcours poursuivi par son petit-fils Christophe, installé en 2003 à la tête de 3 ha en morey, chambolle-musigny et gevrey.

Christophe Bryczek se montre à l'aise sur ce terroir de Chambolle, produisant des vins de garde, sérieux et carrés, comme ici. Le nez, généreux, explore les fruits mûrs (cerise noire kirschée). Offrant le même fruité chaleureux, la bouche se montre ample, puissante et dense, tout en restant élégante et équilibrée. ⧗ 2017-2024 🍴 noisette de chevreuil

Christophe Bryczek, 14, rue Ribordot, 21220 Morey-Saint-Denis, tél. 03 80 34 34 17, christophe.bryczek@orange.fr V r.-v.

DOM. CASTAGNIER 2012 ★★

■	1 100		20 à 30 €

Installé depuis 1975 sur le domaine familial de Morey-Saint-Denis, Jérôme Castagnier exploite (en biodynamie non certifiée) un vignoble de 4 ha en Côte de Nuits. Quatre grands crus lui permettent de s'illustrer avec une réelle constance.

Issu de 33 ares plantés de vieux ceps de quatre-vingts ans, ce chambolle fut mis aux voix pour le coup de cœur. Ses arguments ? Une robe pourpre profond ; un nez expressif et racé, sur les fruits rouges, des notes empyreumatiques et vanillées ; une bouche riche, dense, concentrée mais toujours élégante, étayée par des tanins au grain soyeux. De la puissance dans l'harmonie. ⧗ 2017-2024 🍴 filet de bœuf aux morilles

EARL Dom. Castagnier, 20, rue des Jardins, 21220 Morey-Saint-Denis, tél. 03 80 34 31 62, jeromecastagnier@yahoo.fr V r.-v.

♥ DOM. PHILIPPE CHARLOPIN 2011 ★★

■	3 000		30 à 50 €

Repris en 1977, ce domaine familial, passé de 1,5 ha à 25 ha aujourd'hui, est en conversion bio. Avec son fils Yann, Philippe Charlopin propose une large palette de vins, des *villages* aux grands crus du Chablisien, de la Côte de Beaune et de la Côte de Nuits. On ne compte plus ses étoiles et coups de cœur « vendangés » dans le Guide. Incontournable.

Une constance au sommet qui force le respect : une vinification virtuose et un nouveau coup de cœur pour les Charlopin. La robe bigarreau foncé annonce la couleur : le vin sera dense et concentré. De fait, à un nez généreux de cassis et de cerise kirschée répond un palais d'une grande ampleur, riche, consistant, aux tanins soyeux et fondus. Le fruit d'un formidable travail d'élevage, un savoureux mariage du style maison et de la finesse charnue propre aux chambolle. ⧗ 2018-2024 🍴 poularde aux morilles

Dom. Philippe Charlopin, 18, rte de Dijon, 21220 Gevrey-Chambertin, tél. 06 24 71 12 05 r.-v.

DOM. COLLOTTE Cuvée Vieilles Vignes 2012

■	3 003		20 à 30 €

Philippe Collotte est autodidacte ; il quitte l'école à seize ans en 1981 pour reprendre le domaine familial de 3 ha à Marsannay : 13 ha aujourd'hui. Ses vins sont régulièrement au rendez-vous du Guide, notamment ceux de son fief d'origine.

Né de 55 ares de vignes de cinquante ans, ce vin s'ouvre doucement sur le toasté et les fruits noirs. La bouche nette et vive s'appuie sur des tanins encore un peu marqués, que le temps domptera. ⧗ 2017-2022 🍴 magret de canard

Dom. Collotte, 44, rue de Mazy, 21160 Marsannay-la-Côte, tél. 03 80 52 24 34, domaine.collotte@orange.fr V r.-v.

DOM. DIGIOIA-ROYER Vieilles Vignes Les Fremières 2012

■	1 800		20 à 30 €

Souvent en vue pour ses chambolle-musigny, Michel Digioia exploite depuis 1999 ce petit domaine familial de 4,5 ha, dont une bonne part est dédiée aux appellations régionales et communales.

Ce chambolle respire le classicisme avec sa robe grenat, son nez intense de cerise et de myrtille, son palais ample et massif, aux tanins serrés, qui garde néanmoins la finesse caractéristique de l'AOC : « Un chambolle tradition », conclut le jury. ⧗ 2017-2022 🍴 fromage de Cîteaux

Dom. Digioia-Royer, 16, rue du Carré, 21220 Chambolle-Musigny, tél. 03 80 61 49 58, micheldigioia@wanadoo.fr V r.-v.

BOURGOGNE

FOURÉ-ROUMIER-DE FOSSEY 2012

870 | 20 à 30 €

Une petite maison de négoce fondée en 2006 par trois amis en parallèle de leurs activités professionnelles : Bruno Mathieu de Fossey sélectionne les parcelles, Gaël Fouré, chef de cave à Meursault, les vinifie, et Denis Roumier participe à leur commercialisation.

De vieilles vignes de soixante-dix ans sont à l'origine de ce vin au joli nez de fruits rouges agrémenté d'amande. La bouche est fraîche et alerte, soutenue par des tanins bien présents sans dureté. Un chambolle équilibré et élégant, qui gagnera son étoile en cave. 2017-2020 rosbif

Maison Fouré-Roumier-de Fossey, 3, rue des Plantes, BP 18, 21190 Meursault, tél. 03 80 21 64 47, foure.gaelodie@wanadoo.fr r.-v.

ARNAUD GERMAIN 2011 ★

600 | 20 à 30 €

Bernard Germain a créé son domaine en 1955 et lancé la mise en bouteilles en 1976 à l'arrivée de son fils Patrick. En 2009, Arnaud, le petit-fils, prend la relève à la tête de 14 ha, qu'il complète la même année par une activité de négoce sous son nom.

Cette microcuvée issue du négoce a été élevée dix-huit mois sous bois, dont 50 % en fûts neufs. Le résultat : une seyante robe rubis, un nez de café torréfié et de fruits noirs confits, une bouche souple, ample, élégante et fraîche, plus resserrée en finale. Un chambolle équilibré, bâti pour bien vieillir. 2017-2024 côte de bœuf

Maison Arnaud Germain, 34, rue de la Pierre-Ronde, 21190 Saint-Romain, tél. 03 80 21 60 15, contact@maison-arnaudgermain.com t.l.j. sf dim. 8h30-12h 13h30-19h

OLIVIER GUYOT Vieilles Vignes 2012

1er cru | 2 100 | 30 à 50 €

Olivier Guyot a repris le domaine familial en 1990. Cet adepte des labours au cheval exploite, dans un esprit bio et biodynamiste, 15 ha répartis en de nombreuses petites parcelles, dans la partie nord de la Côte de Nuit.

Né de vignes de cinquante-cinq ans, ce chambolle encore sur la réserve libère à l'aération des notes de fruits noirs. S'y ajoute une touche épicée dans une bouche énergique, tendue par une fine acidité et soutenue par des tanins sévères mais prometteurs. 2017-2020 canard aux cerises

Dom. Olivier Guyot, 39, rue de Mazy, 21160 Marsannay-la-Côte, tél. 03 80 52 39 71, contact@domaineguyot.fr r.-v.

DOM. HERESZTYN 2011 ★

2 000 | 20 à 30 €

Aux origines de ce domaine régulier, un immigré polonais, Jan Heresztyn, qui acquiert quelques ceps à Gevrey. De 4,5 ha en 1959, la surface s'est peu à peu étendue sous l'impulsion de ses fils Bernard et Stanislas, pour atteindre aujourd'hui 8,4 ha.

Avec ce *village*, les Heresztyn se sont attachés à limiter l'extraction : un peu de vendange entière, très peu de pigeages, 35 % de fûts neufs seulement. Le résultat est un vin élégant, fruité, boisé sans excès, à la fois riche et frais, corpulent et fin. Un chambolle harmonieux et armé pour la garde. 2017-2024 tournedos chasseur

Dom. Heresztyn, 27, rue Richebourg, 21220 Gevrey-Chambertin, tél. 03 80 34 13 99, domaine.heresztyn@orange.fr r.-v.

RÉMI JEANNIARD Vieilles Vignes 2012 ★

3 000 | 15 à 20 €

Après avoir travaillé près de vingt ans avec son père, Rémi Jeanniard a repris une partie des vignes familiales en 2004 et s'est construit une nouvelle cuverie. Il exploite aujourd'hui 6,1 ha, à Morey-Saint-Denis principalement.

Ce chambolle s'annonce avec élégance et retenue, livrant à l'aération de fines senteurs de fruits rouges mûrs soulignés par un boisé fondu. En bouche, il se révèle frais, robuste sans excès, porté par des tanins tendres et soyeux, extraits avec mesure. Un bon mariage de la force et du charme. 2017-2022 canard à l'orange

Rémi Jeanniard, 21, rue de Cîteaux, 21220 Morey-Saint-Denis, tél. 03 80 58 52 42, remijeanniard@orange.fr r.-v.

DOM. STÉPHANE MAGNIEN Les Sentiers 2012

1er cru | 1 200 | 30 à 50 €

Stéphane Magnien, installé en 2008, incarne la quatrième génération sur ce domaine créé en 1897. Les vignes ne sont entretenues que par des labours (pas de désherbants) et comptent une bonne proportion de vieux ceps.

Une parcelle de 40 ares plantée de pinot de quarante-cinq ans est à l'origine de ce vin au nez frais et plaisant de griotte, à la bouche ferme et équilibrée, encore un peu austère en finale. 2017-2022 sauté d'agneau

Dom. Stéphane Magnien, 5, ruelle de l'Église, 21220 Morey-Saint-Denis, tél. 03 80 51 83 10, mail@domainemagnien.com r.-v.

DOM. MICHEL NOËLLAT 2012 ★★

2 000 | 30 à 50 €

Alain et Jean-Marc Noëllat ont pris en 1990 la relève de leur père Michel sur ce vaste domaine de 27 ha. Ils ont été rejoints en 2012 par la sixième génération, Sébastien et Sophie. Une valeur sûre de la Côte de Nuits, notamment pour ses vosne-romanée.

Les frères Noëllat signent un chambolle intense et prometteur, au nez engageant de mûre, de cerise, de cassis et de framboise. Un fruité expansif qui se prolonge dans une bouche fraîche, énergique, gracieuse et longue. 2017-2022 pintade rôtie

SCEA Dom. Michel Noëllat, 5, rue de la Fontaine, 21700 Vosne-Romanée, tél. 03 80 61 36 87, domaine.michel-noellat@wanadoo.fr r.-v.

ROUX PÈRE & FILS Les Fremières 2012 ★

1 200 | 30 à 50 €

Cette maison créée en 1855, qui associe domaine et négoce, est à la tête d'un vaste ensemble de 65 ha répartis dans treize villages de la Côte-d'Or et de la Côte chalonnaise. Elle propose une vaste gamme de vins,

souvent en vue, notamment en saint-aubin, puligny, chassagne et meursault.

Installé à Saint-Aubin, à l'autre bout de la Côte de Beaune, le domaine coiffe ici sa casquette de négociant pour cette petite parcelle de 65 ares. Il signe un vin d'un seyant grenat, au nez de framboise bien mûre sur un fond grillé léger, et à la bouche profonde, ferme et équilibrée. ⧗ 2017-2022 ♈ brillat-savarin

Dom. Roux Père et Fils, 42, rue des Lavières, 21190 Saint-Aubin, tél. 03 80 21 32 92, france@domaines-roux.com V r.-v.

GÉRARD SEGUIN Derrière le four 2012 ★

	1 800		20 à 30 €

Établi vers 1850, Alexis Seguin, petit propriétaire à Gevrey, fut l'un des premiers en Bourgogne à greffer avec des bois américains. Le domaine s'est peu à peu agrandi, pour atteindre 6 ha aujourd'hui, conduits par Gérard Seguin, son épouse Chantal et leur fils Jérôme.

Ce chambolle né de ceps de quarante ans livre un bouquet élégant à dominante de noyau de cerise. En bouche, il se montre frais, énergique, longuement porté par de solides tanins. Un vin vibrant et bien construit. ⧗ 2017-2022 ♈ magret de canard

Gérard Seguin, 11-15, rue de l'Aumônerie, 21220 Gevrey-Chambertin, tél. 03 80 34 38 72, domaine.gerard.seguin@wanadoo.fr V r.-v.

DOM. ANNE ET HERVÉ SIGAUT Les Fuées 2012 ★

1er cru	2 340		30 à 50 €

Depuis le départ à la retraite d'Hervé Sigaut en 2008, son épouse Anne, qui assurait les vinifications depuis 2004, est seule aux commandes. Une valeur sûre en chambolle-musigny, fer de lance de ce domaine de 7 ha.

Les Fuées sont un beau terroir pentu au sol aride et pauvre, avec souvent une note sauvage plus typée morey que chambolle. Ici, un vin à la robe foncée, au nez concentré et généreux de petits fruits rouges, au palais riche, profond, long et solidement bâti. ⧗ 2017-2024 ♈ filet de bœuf aux cèpes ■ 1er cru Les Noirots 2012 ★ (2 600 b.) : taillé pour la garde, un vin au fruité persistant, ferme, élégant et équilibré. ⧗ 2017-2024

Dom. Anne et Hervé Sigaut, 12, rue des Champs, 21220 Chambolle-Musigny, tél. 03 80 62 80 28, herve.sigaut@wanadoo.fr V r.-v.

BONNES-MARES

• Superficie : 16 ha • Production : 520 hl

Cette appellation déborde sur la commune de Morey, le long du mur du clos-de-tart, mais la plus grande partie est située sur Chambolle. C'est le grand cru par excellence. Les bonnes-mares, pleins, vineux, riches, ont une bonne aptitude à la garde et accompagnent volontiers le civet ou la bécasse après quelques années de vieillissement.

B **DOM. ARLAUD** 2011

Gd cru	1 000		+ de 100 €

Ce domaine familial très régulier en qualité, souvent en vue notamment pour ses grands crus, est conduit par Hervé Arlaud, installé en 1982 à la suite de son père, et par ses trois enfants : Cyprien vinifie, Bertille laboure au cheval de trait et Romain s'occupe de la vigne. Le vignoble couvre 15 ha certifiés bio depuis 2010.

Né sur une parcelle de 20 ares plantée de ceps de trente-cinq ans, ce grand cru dévoile un nez gourmand de réglisse et de framboise confite. La bouche s'avère ronde et généreuse, portée par des tanins aimables et soyeux. Une bouteille que l'on pourra apprécier assez jeune et qui saura attendre. ⧗ 2016-2022 ♈ coq au vin

Dom. Arlaud, 41, rue d'Épernay, 21220 Morey-Saint-Denis, tél. 03 80 34 32 65, contact@domainearlaud.com V r.-v.

DOM. PHILIPPE CHARLOPIN 2011 ★

Gd cru	n.c.		+ de 100 €

Repris en 1977, ce domaine familial, passé de 1,5 ha à 25 ha aujourd'hui, est en conversion bio. Avec son fils Yann, Philippe Charlopin propose une large palette de vins, des *villages* aux grands crus du Chablisien, de la Côte de Beaune et de la Côte de Nuits. On ne compte plus ses étoiles et coups de cœur « vendangés » dans le Guide. Incontournable.

Les Charlopin restent fidèles à leur style en proposant ce bonnes-mares profond et intense, au nez de moka, de vanille, de poivre et de fruits noirs bien mûrs. La bouche affiche la même générosité : beaucoup de volume, une solide présence tannique sans dureté, une texture soyeuse et de la finesse. Bref, un vin complet, racé et harmonieux, bâti pour la garde. ⧗ 2017-2028 ♈ civet de lièvre au cacao

Dom. Philippe Charlopin, 18, rte de Dijon, 21220 Gevrey-Chambertin, tél. 06 24 71 12 05 r.-v.

DOM. DROUHIN-LAROZE 2012 ★★

Gd cru	8 430		50 à 75 €

En 1850, Jean-Baptiste Drouhin fonde un domaine viticole à Gevrey. Six générations plus tard, son héritier Philippe Drouhin, installé en 2001, son épouse Christine et leurs enfants Caroline et Nicolas conduisent un vignoble de 11,5 ha – dont près de la moitié est dédiée aux grands crus nuitons –, complété en 2008 par un petit négoce (Laroze de Drouhin) dirigé par Caroline.

Une belle intensité et une réelle finesse caractérisent ce bonnes-mares bien ouvert sur les fruits rouges confits (fraise, notamment) et les épices douces. La bouche se révèle pétulante, ronde et savoureusement fruitée, adossée à de très beaux tanins de garde. Déjà beaucoup de charme et un fort potentiel. ⧗ 2017-2028 ♈ tournedos Rossini

Dom. Drouhin-Laroze, 20, rue du Gaizot, 21220 Gevrey-Chambertin, tél. 03 80 34 31 49, domaine@drouhin-laroze.com V r.-v.

DOM. DE LA VOUGERAIE 2012

Gd cru	1 728		+ de 100 €

Un domaine né en 1999 de la réunion de plusieurs vignes acquises au fil du temps par la famille de Nathalie et de Jean-Charles Boisset, les actuels propriétaires : 40 ha cultivés en biodynamie et répartis en soixante-sept parcelles (dont le célèbre monopole Clos Blanc de Vougeot) dans les deux Côtes.

Le domaine exploite 70 ares en bonnes-mares. Son 2012 révèle un nez généreux de fruits rouges confits et d'épices

BOURGOGNE

sur un léger fond torréfié. À l'unisson, bien fruitée, un rien poivrée et boisée sans excès, la bouche offre du volume, de la fraîcheur et des tanins bien présents mais enrobés et soyeux. ⌛ 2017-2025 🍷 ragoût de lièvre

⊶ Dom. de la Vougeraie, 7 bis, rue de l'Église, 21700 Premeaux-Prissey, tél. 03 80 62 48 25, vougeraie@domainedelavougeraie.com V r.-v.

VOUGEOT

• Superficie : 16 ha • Production : 525 hl (70 % rouge)

C'est la plus petite commune de la côte viticole. Si l'on ôte de ses 80 ha les 50 ha 59 a 10 ca du Clos, les maisons et les routes, il ne reste que quelques hectares de vignes en vougeot, dont plusieurs 1ers crus, les plus connus étant le Clos Blanc (vins blancs) et le Clos de la Perrière.

♥ B DOM. DE LA VOUGERAIE
Le Clos Blanc de Vougeot Monopole 2011 ★★

1er cru	12 826	🍾	50 à 75 €

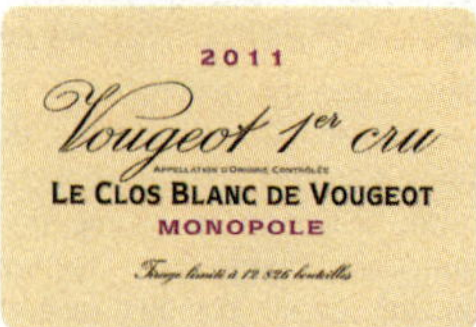

Un domaine né en 1999 de la réunion de plusieurs vignes acquises au fil du temps par la famille de Nathalie et de Jean-Charles Boisset, les actuels propriétaires : 40 ha cultivés en biodynamie et répartis en soixante-sept parcelles (dont le célèbre monopole Clos Blanc de Vougeot) dans les deux Côtes.

Le Clos Blanc est une parcelle plantée en blanc depuis des temps immémoriaux. La terre y est aussi plus blanche qu'à quelques mètres de là, dans le Clos de Vougeot lui-même. Deuxième coup de cœur en deux ans pour ce 1er cru né de 2,07 ha de chardonnay et d'un peu (5 %) de pinots gris et blanc. Un vin pâle aux reflets verts, au nez fin d'aubépine, de pamplemousse et d'épices douces, ample et très équilibré en bouche, conjuguant douceur, gras et fraîcheur citronnée. L'élégance en bouteille. ⌛ 2017-2024 🍷 poularde miel et agrumes ■ Clos du Prieuré Monopole 2011 ★ (30 à 50 € ; 4 292 b.) : un monopole de 82 ares à l'origine d'un vin intensément bouqueté autour de la vanille et du miel, suave et délicat en bouche, aiguillonné par une jolie finale minérale et citronnée. ⌛ 2015-2020

⊶ Dom. de la Vougeraie, 7 bis, rue de l'Église, 21700 Premeaux-Prissey, tél. 03 80 62 48 25, vougeraie@domainedelavougeraie.com V r.-v.

CLOS-DE-VOUGEOT

• Superficie : 50 ha • Production : 1 630 hl

Tout a été dit sur le Clos ! Comment ignorer que plus de soixante-dix propriétaires se partagent ses quelque 50 ha ? Un tel attrait n'est pas dû au hasard ; c'est bien parce que le célèbre Clos produit du bon vin et que tout le monde en veut ! Il faut faire la différence entre les vins « du dessus », ceux « du milieu » et ceux « du bas », mais les moines de Cîteaux, lorsqu'ils ont élevé le mur d'enceinte, avaient tout de même bien choisi leur lieu... Fondé au début du XIIes., le Clos atteignit très rapidement sa dimension actuelle ; l'enceinte d'aujourd'hui est antérieure au XVes. Quant au château, construit aux XIIe et XVIes., il mérite qu'on s'y attarde un peu. La partie la plus ancienne comprend le cellier, de nos jours utilisé pour les chapitres de la Confrérie des Chevaliers du Tastevin, actuel propriétaire des lieux, et la cuverie, qui abrite à chaque angle quatre magnifiques pressoirs d'époque.

DOM. BERTAGNA 2012 ★

Gd cru	600	🍾	+ de 100 €

Ce domaine de 17 ha rayonne sur un beau patrimoine de cinq grands crus. Il est dirigé depuis 1982 par la famille Reh, originaire de la Moselle allemande, et depuis 1988 par Eva Reh-Siddle. Une valeur sûre, notamment pour ses vougeot et son monopole Clos de la Perrière.

Eva Reh-Siddle exploite 31 ares bien situés dans le Clos, près du Château de la Tour. Elle en a extrait un vin qui s'ouvre lentement, avec finesse, sur les fruits rouges, les épices douces et la pivoine. Le palais se révèle dense, ample et riche, ourlé de beaux tanins massifs et souligné en finale par le fruité et la minéralité. ⌛ 2018-2025 🍷 ris de veau persillé

⊶ SARL Dom. Bertagna, 16, rue du Vieux-Château, 21640 Vougeot, tél. 03 80 62 86 04, contact@domainebertagna.com V r.-v. ⊶ Eva Reh-Siddle

DOM. CASTAGNIER 2012 ★

Gd cru	1 700	🍾	50 à 75 €

Installé depuis 1975 sur le domaine familial de Morey-Saint-Denis, Jérôme Castagnier exploite (en biodynamie non certifiée) un vignoble de 4 ha en Côte de Nuits. Quatre grands crus lui permettent de s'illustrer avec une réelle constance.

Jérôme Castagnier exploite 50 ares dans la partie haute du Clos, dans le célèbre Grand-Maupertuis. Il en tire un vin régulièrement au rendez-vous du Guide. Ici, un 2012 au nez puissant et complexe de mûre, de cassis et de boisé épicé. Riche, opulent, persistant sur la réglisse, le palais s'adosse à des tanins solides et à un boisé bien ajusté. Un vin concentré et puissant, bâti pour bien vieillir. ⌛ 2018-2024 🍷 rôti de canard sauce aux groseilles

⊶ EARL Dom. Castagnier, 20, rue des Jardins, 21220 Morey-Saint-Denis, tél. 03 80 34 31 62, jeromecastagnier@yahoo.fr V r.-v.

DOM. PHILIPPE CHARLOPIN 2011 ★

Gd cru	n.c.	+ de 100 €

Repris en 1977, ce domaine familial, passé de 1,5 ha à 25 ha aujourd'hui, est en conversion bio. Avec son fils Yann, Philippe Charlopin propose une large palette de vins, des *villages* aux grands crus du Chablisien, de la Côte de Beaune et de la Côte de Nuits. On ne compte plus ses étoiles et coups de cœur « vendangés » dans le Guide. Incontournable.

Cette cuvée, un classique du domaine, est régulièrement sélectionnée ici, souvent en bonne place. Le 2011 tient son rang. Au nez, des fruits mûrs (cassis, cerise, framboise), des senteurs empyreumatiques, des épices douces. En bouche, du gras et de la puissance mais aussi de la finesse, du fruit toujours et une pointe minérale, qui donne de l'allonge et un supplément d'âme. Tout est en place pour la garde. ⌛ 2018-2025 🍷 faisan aux épices

⊶ Dom. Philippe Charlopin, 18, rte de Dijon, 21220 Gevrey-Chambertin, tél. 06 24 71 12 05 r.-v.

♥ JEAN-MICHEL GUILLON ET FILS 2012 ★★

■ Gd cru | 810 | | 50 à 75 €

Établi à Gevrey, Jean-Michel Guillon a débuté en 1980 sur un domaine de 2,5 ha, dont il a porté la superficie à plus de 13 ha répartis dans de nombreuses appellations (mazis, gevrey, morey, clos-de-vougeot...). Secondé par son fils Alexis depuis 2005, il s'illustre avec une grande régularité dans le Guide.

Les Guillon exploitent dans le Clos de Vougeot 16 ares situés au bord de la route nationale, sur des terrains assez argileux. Ils en extraient des vins qui figurent régulièrement dans le Guide, souvent en bonne place. Eu égard à cette constance, ce coup de cœur n'a rien d'étonnant. Ce 2012, en robe sombre, livre un nez élégant de cerise et de fraise écrasée. Il se révèle souple et frais en attaque, puis monte en puissance, sans dureté, déroulant des tanins fondus et séduisants. La matière ne se laisse pas écraser par la structure, le vin restant au contraire aimable et fin. Une force tranquille en somme, que l'on pourra apprécier assez jeune ou bien vieux, plus complexe encore. ⧗ 2017-2026 🍷 ris de veau aux morilles

Jean-Michel Guillon, 33, rte de Beaune, 21220 Gevrey-Chambertin, tél. 03 80 51 83 98, contact@domaineguillon.com V r.-v.

MARCHAND-TAWSE 2011 ★

■ Gd cru | 1 660 | | + de 100 €

Le Québécois Pascal Marchand, ancien vinificateur du comte Armand et de la Vougeraie, a créé en 2010 avec Moray Tawse, propriétaire réputé du Niagara, une maison de négoce, pour laquelle il sélectionne de petits lots de vignes cultivées en bio et biodynamie.

Le vin s'affiche dans une robe rubis, le nez empreint d'épices douces, de mûre et de liqueur de framboise. On retrouve ce fruité généreux et persistant dans une bouche ample, riche, d'une puissance mesurée. Un vin séduisant, plus fin que concentré. ⧗ 2017-2022 🍷 bœuf bourguignon

Marchand-Tawse, 3, av. de l'Aigue, 21200 Beaune, tél. 03 80 61 18 32, contact@marchandtawse.com r.-v.

DOM. MICHEL NOËLLAT 2012 ★

■ Gd cru | 1 000 | | 75 à 100 €

Alain et Jean-Marc Noëllat ont pris en 1990 la relève de leur père Michel sur ce vaste domaine de 27 ha. Ils ont été rejoints en 2012 par la sixième génération, Sébastien et Sophie. Une valeur sûre de la Côte de Nuits, notamment pour ses vosne-romanée.

Né d'une parcelle de 47 ares plantée de vieux ceps de soixante-dix ans, ce 2012 dévoile un nez de petits fruits rouges et noirs soulignés par un boisé toasté discret. Une attaque souple, fraîche et fruitée, introduit une bouche ronde et fine, d'un bon volume, adossée à des tanins encore un peu stricts en finale. Le temps fera son œuvre. ⧗ 2017-2022 🍷 carré d'agneau

SCEA Dom. Michel Noëllat, 5, rue de la Fontaine, 21700 Vosne-Romanée, tél. 03 80 61 36 87, domaine.michel-noellat@wanadoo.fr V r.-v.

DOM. HENRI REBOURSEAU 2011 ★

■ Gd cru | 2 736 | | + de 100 €

Ce domaine fut créé en 1919 par le général Henri Rebourseau, qui regroupa les vignes de son père autour de la maison familiale, une belle bâtisse du XVIIIe s. Son arrière-petit-fils Jean de Surrel est aujourd'hui aux commandes d'un vignoble de 13 ha, fort d'un joli patrimoine de grands crus.

Le domaine exploite 2,2 ha dans le Clos, à l'origine de ce vin au nez réservé, qui s'ouvre à l'aération sur d'élégantes notes de fruits noirs, de griotte, d'encens et d'épices douces. La bouche se révèle fruitée mais austère, encore très serrée par les tanins, et s'étire dans une longue et belle finale minérale. Un clos-de-vougeot monacal bâti pour une longue garde. ⧗ 2018-2026 🍷 côte de bœuf

Dom. Henri Rebourseau, 10, pl. du Monument, 21220 Gevrey-Chambertin, tél. 03 80 51 88 94, domaine@rebourseau.com V r.-v.

DOM. ARMELLE ET BERNARD RION Vieilles Vignes 2012

■ Gd cru | 2 000 | | 50 à 75 €

Un domaine fondé en 1896 et transmis de père en fils depuis cinq générations ; de père en fille aujourd'hui, Alice ayant rejoint ses parents Armelle et Bernard Rion en 2008, pour vinifier le fruit de 8 ha de vignes, du simple bourgogne au grand cru.

Quatre-vingt-neuf ares de vignes de quatre-vingt-cinq ans d'âge sont à l'origine de cette cuvée qui avait obtenu un coup de cœur dans sa version 2007. Le 2012 est un vin au nez discret de fruits rouges, à la bouche souple et fine en attaque, bien boisée et structurée, plus sévère et tendue en finale. ⧗ 2018-2024 🍷 canard rôti

Dom. Armelle et Bernard Rion, 8, rte Nationale, 21700 Vosne-Romanée, tél. 03 80 61 05 31, rion@domainerion.fr V t.l.j. 9h-18h; dim. et hiver sur r.-v.

MAISON ROCHE DE BELLENE 2011

■ Gd cru | 3 334 | | + de 100 €

Maison de négoce fondée en 2008 par Nicolas Potel, spécialisée dans les cuvées haut de gamme de la Côte-d'Or et de la Côte chalonnaise – essentiellement des 1ers crus et grands crus, en quantités limitées.

Des vignes entre tente-cinq et cinquante ans d'âge ont donné naissance à ce vin finement boisé et épicé au premier nez, plus ouvert sur le fruit (griotte) à l'aération. La bouche, encore réservée sur le plan aromatique, offre beaucoup de gras et de puissance. Un beau potentiel de garde. ⧗ 2018-2024 🍷 gigue de chevreuil aux trois épices

Maison Roche de Bellene, 39, rue du Faubourg-Saint-Nicolas, 21200 Beaune, tél. 03 80 20 67 64, christelle@maisonrochedebellene.com V r.-v.

B DOM. DE LA VOUGERAIE 2012

■ Gd cru | 4 365 | | 75 à 100 €

Un domaine né en 1999 de la réunion de plusieurs vignes acquises au fil du temps par la famille de Nathalie et de Jean-Charles Boisset, les actuels propriétaires : 40 ha cultivés en biodynamie et répartis en soixante-sept

parcelles (dont le célèbre monopole Clos Blanc de Vougeot) dans les deux Côtes.

Ce 2012 dévoile un nez toasté et grillé, qui laisse pour l'heure le fruit en retrait. La bouche, fine et vive, est portée par des tanins bien présents et par un boisé de qualité. L'ensemble doit encore se fondre, mais le potentiel est là. ⧗ 2017-2022 ♈ perdreau rôti

⊶ Dom. de la Vougeraie, 7 bis, rue de l'Église, 21700 Premeaux-Prissey, tél. 03 80 62 48 25, vougeraie@domainedelavougeraie.com V r.-v.

ÉCHÉZEAUX ET GRANDS-ÉCHÉZEAUX

Au sud du Clos de Vougeot, la commune de Flagey-Échézeaux, dont le bourg est dans la plaine, tout comme celui de Gilly-lès-Cîteaux, est située en face du Clos de Vougeot. Elle n'en est pas moins viticole, et son vignoble grimpe jusqu'à la montagne. La partie du piémont bénéficie de l'appellation vosne-romanée. Sur le coteau se succèdent deux grands crus : le grands-échézeaux et l'échézeaux. Les vins de ces deux crus, dont les plus prestigieux sont les grands-échézeaux, sont très « bourguignons » : solides, charpentés et pleins de sève. Ils sont essentiellement exploités par les vignerons de Vosne et de Flagey.

ÉCHÉZEAUX

• Superficie : 35 ha • Production : 1 235 hl

DOM. PHILIPPE CHARLOPIN 2011 ★

■ Gd cru	n.c.	◖◗	+ de 100 €

Repris en 1977, ce domaine familial, passé de 1,5 ha à 25 ha aujourd'hui, est en conversion bio. Avec son fils Yann, Philippe Charlopin propose une large palette de vins, des *villages* aux grands crus du Chablisien, de la Côte de Beaune et de la Côte de Nuits. On ne compte plus ses étoiles et coups de cœur « vendangés » dans le Guide. Incontournable.

Philippe Charlopin et son fils Yann exploitent 33 ares dans ce grand cru. Ils en ont tiré un vin à la robe superbe, sombre et dense. Le nez évoque les petits fruits noirs, mûre et myrtille en tête, et la violette, puis évolue à l'aération vers un boisé toasté et torréfié. En bouche, on retrouve le fruit (petits fruits acidulés), qui apporte de la fraîcheur, et le boisé, intense, qui confère de la noblesse, le tout étayé de tanins bien serrés qui restent néanmoins civilisés. Un beau vin, assez austère et très prometteur. ⧗ 2018-2026 ♈ gigot d'agneau

⊶ Dom. Philippe Charlopin, 18, rte de Dijon, 21220 Gevrey-Chambertin, tél. 06 24 71 12 05 r.-v.

♥ B DOM. GUYON 2012 ★★

■ Gd cru	1 100	◖◗	75 à 100 €

Un domaine familial très régulier en qualité, repris en 1991 par Jean-Pierre Guyon, suivi par son frère Michel. Le vignoble couvre 9 ha conduits en bio certifié, dans la Côte de Nuits et le nord de la Côte de Beaune.

L'échézeaux des frères Guyon est une valeur sûre de l'appellation, en vue chaque année dans le Guide : le 2011 fut coup de cœur, son « petit frère » fait aussi

bien. La vigne à l'origine de ce grand cru a cinquante-cinq ans et ses raisins ont été vinifiés en grappes entières. Grâce à quoi, ce vin d'un beau rubis éclatant dévoile un nez d'une complexité remarquable : clou de girofle, cerise, marc de café, réglisse et encore chocolat noir... Le palais s'exprime avec la même élégance sur de fines notes florales et épicées, soulignées par un boisé doux. Il offre aussi beaucoup de fraîcheur et une texture soyeuse, étayé par des tanins fins. Déjà savoureux et armé pour une grande garde. ⧗ 2018-2028 ♈ côte de bœuf aux cèpes

⊶ EARL Dom. Guyon, 11-16, RD 974, 21700 Vosne-Romanée, tél. 03 80 61 02 46, domaine.guyon@wanadoo.fr V r.-v.

DOM. DES PERDRIX 2011 ★

■ Gd cru	n.c.	◖◗	+ de 100 €

Ce domaine incontournable de la Côte de Nuits (10,5 ha dont 6 en grands et 1ers crus) a été pris en main en 1995 par la famille Devillard (Ch. de Chamirey à Mercurey et Dom. de la Ferté à Givry). Il doit son nom au 1er cru Aux Perdrix, l'une des plus belles parcelles de Nuits-Saint-Georges possédée en quasi monopole.

La famille Devillard exploite 1,14 ha à l'origine de ce vin, une valeur sûre de ce domaine à la présence très régulière dans le Guide. Le 2011 exprime des arômes complexes de violette, d'iris, de sous-bois et de gibier. La bouche se montre dense, tannique et serrée, encore sévère en finale. Bref, vous l'aurez compris, un vin encore dans sa phase d'austérité, que le temps patinera. ⧗ 2018-2024 ♈ époisses

⊶ Dom. des Perdrix, rue des Écoles, Premeaux-Prissey, 21700 Nuits-Saint-Georges, tél. 03 85 45 21 61, contact@domainedesperdrix.com V t.l.j. sf dim. lun. 10h-19h; déc.-avr. 9h-18h ⊶ Famille Devillard

DOM. DE LA ROMANÉE-CONTI 2011 ★★★

■ Gd cru	n.c.	◖◗	+ de 100 €

De ce grand cru parmi les plus vastes de Bourgogne (plus de 35 ha), la Romanée-Conti est l'un des plus importants propriétaires : elle en possède une belle parcelle de 4 ha 67 a 37 ca. Y naît le plus précoce des grands crus du domaine, réputé moins complexe que les grands-échézeaux – « glorieux aîné dont il brûle d'égaler la fortune », selon Aubert de Villaine.

Vendangés les 29 et 30 septembre, les raisins de l'échézeaux sont d'excellente qualité (à défaut de la quantité) malgré les difficultés de l'année (mildiou, oïdium), comme pour le reste des crus nuitons du domaine. Ils ont donné naissance à un 2011 fort expressif dès le premier nez, très floral (iris), fumé, épicé et fruité (myrtille, mûre). Le palais, dense, montant et très persistant, dévoile des tanins d'une qualité admirable, à la fois serrés et veloutés – du taffetas. Un vin séveux, soyeux et très élégant, d'une grande plénitude. ⧗ 2018-2025 ♈ canard aux épices

⊶ SC du Dom. de la Romanée-Conti, 1, rue Derrière-le-Four, 21700 Vosne-Romanée, tél. 03 80 62 48 80

GRANDS-ÉCHÉZEAUX

• Superficie : 7,5 ha • Production : 240 hl

DOM. GROS FRÈRE ET SŒUR 2012

Gd cru	n.c.	+ de 100 €

L'histoire débute en 1830 avec l'installation d'Alphonse Gros à Vosne sur un vignoble agrandi au fil des générations, partagé entre les héritiers en 1963, dont Gustave et sa sœur Colette qui créent leur domaine. Une exploitation de 20 ha aujourd'hui, d'une constance sans faille, conduite de main de maître depuis 1980 par leur neveu Bernard Gros.

Bernard Gros exploite 30 ares en grands-échézeaux sur un terroir rouge très caillouteux, à l'origine de ce vin à la robe cuivrée, au joli nez de violette et d'iris, de réglisse et de clou de girofle. La bouche, tout aussi aromatique, se montre déjà assez souple, fine et boisée avec mesure. 2017-2020 gigue de chevreuil

Dom. Gros Frère et Sœur, 6, rue des Grands-Crus, 21700 Vosne-Romanée, bernard.gros2@wanadoo.fr V r.-v.

DOM. DE LA ROMANÉE-CONTI 2012 ★★

Gd cru	n.c.		+ de 100 €

Le domaine de la Romanée-Conti détient 3 ha 52 a et 63 ca des 8 ha de ce grand cru mitoyen du Clos de Vougeot, dont il est très proche aussi par son terroir et par son histoire – il fut également détenu jadis par l'abbaye de Cîteaux. Dans le verre, un vin souvent droit, d'une grande élégance, « aristocrate ».

Comparé à son voisin échézeaux, le « grands » dévoile un nez plus terrien, plus « racinaire » ; on y perçoit des notes de truffe, puis de pétale de rose, de poivre et de cerise noire. La bouche se révèle dense, acérée, tannique, portée par des tanins au grain serré. La finale, très longue, dévoile une pointe de salinité, des nuances mentholées et un beau retour de la cerise noire. Un vin séveux et profond, expression remarquable de son terroir. 2019-2028 noisette de cerf à la sauge

SC du Dom. de la Romanée-Conti (grands-échézeaux), 1, rue Derrière-le-Four, 21700 Vosne-Romanée, tél. 03 80 62 48 80

VOSNE-ROMANÉE

• Superficie : 150 ha • Production : 5 955 hl

Là aussi, la coutume bourguignonne est respectée : le nom de Romanée est plus connu que celui de Vosne. Quel beau tandem ! Comme Gevrey-Chambertin, cette commune est le siège d'une multitude de grands crus ; mais il existe à proximité des *climats* réputés, tels les 1ers crus Suchots, les Beaux-Monts, les Malconsorts et bien d'autres.

DOM. DE L'ARLOT Les Suchots 2011

1er cru	3 000		50 à 75 €

Un domaine fondé au XVIIIe s., réputé pour ses nuits-saint-georges, propriété d'Axa depuis 1987. L'œnologue Jacques Devauges (ex-Vougeraie et Frédéric Magnien) est arrivé en 2011 succédant à Olivier Leriche. Le vignoble de 15 ha est en conversion vers la biodynamie.

Les Suchots sont l'un des plus beaux *climats* de Vosne, intercalés entre les grands crus romanée-saint-vivant et clos-de-vougeot. Le domaine y exploite 85 ares, à l'origine d'un vin équilibré et élégant, bien fruité au nez, souple et fondu en attaque, plus massif et sévère en finale. 2017-2024 canard aux navets

Dom. de l'Arlot, 14 RD 974, 21700 Premeaux-Prissey, tél. 03 80 61 01 92, contact@arlot.fr V r.-v.

DOM. PHILIPPE CHARLOPIN 2011

	3 000		30 à 50 €

Repris en 1977, ce domaine familial, passé de 1,5 ha à 25 ha aujourd'hui, est en conversion bio. Avec son fils Yann, Philippe Charlopin propose une large palette de vins, des *villages* aux grands crus du Chablisien, de la Côte de Beaune et de la Côte de Nuits. On ne compte plus ses étoiles et coups de cœur « vendangés » dans le Guide. Incontournable.

Un vosne fidèle au style maison : robe profonde, nez intense de moka et de fruits noirs, bouche dense et solidement charpentée. Un vin costaud, qui gagnera son étoile à l'ancienneté. 2017-2024 civet de marcassin

Dom. Philippe Charlopin, 18, rte de Dijon, 21220 Gevrey-Chambertin, tél. 06 24 71 12 05 r.-v.

DOM. FRANÇOIS GERBET Petits Monts 2012

1er cru	2 700		30 à 50 €

Les sœurs Marie-Andrée et Chantal Gerbet ont repris en 1983 le domaine fondé par leur père François en 1947. À la tête d'un vignoble de 10 ha, elles s'illustrent régulièrement avec leurs clos-de-vougeot et leurs vosne-romanée.

Les Petits Monts ont construit leur réputation grâce à des femmes : Véronique Drouhin, qui les fit sortir de l'anonymat par la cuvée du domaine Joseph Drouhin, puis les sœurs Gerbet, qui ont souvent la main heureuse sur ce *climat*. Ici, un vin d'un abord assez discret au nez, plus en verve en bouche, où il se montre vif, tannique, boisé avec élégance. L'extraction est maîtrisée, et le potentiel de garde certain. 2018-2024 rôti de biche

Dom. François Gerbet, pl. de l'Église, 21700 Vosne-Romanée, tél. 03 80 61 07 85, vins.gerbet@wanadoo.fr V r.-v.

DOM. MICHEL GROS Clos des Réas Monopole 2012 ★

1er cru	11 000		50 à 75 €

L'aîné de la famille Gros – Anne-Françoise (A.-F. Gros) et Bernard (Gros Frère et Sœur) ont chacun leur domaine – a débuté en 1979 avec 2 ha en Hautes-Côtes. Il conduit aujourd'hui 22 ha et s'illustre régulièrement avec ses vosne-romanée et ses nuits-saint-georges.

Fleuron de la famille depuis 1860, le Clos des Réas est exploité par Michel Gros depuis 1996. C'est le plus bas en altitude des 1ers crus de Vosne, très précoce, cerné de murs qui aident au mûrissement et le protègent du vent d'est. Y naissent en général des vins élégants, souples et ronds, capables de bien vieillir. Ce 2012 est dans le ton : nez généreux de fruits noirs mûrs, d'épices et de café, bouche soyeuse, fraîche et raffinée sans manquer de structure. 2017-2022 mijoté de joues de bœuf

Dom. Michel Gros, 7, rue des Communes, 21700 Vosne-Romanée, tél. 03 80 61 04 69, contact@domaine-michel-gros.com V r.-v.

DOM. GROS FRÈRE ET SŒUR 2012 ★

■ 1er cru	n.c.		11 à 15 €

L'histoire débute en 1830 avec l'installation d'Alphonse Gros à Vosne sur un vignoble agrandi au fil des générations, partagé entre les héritiers en 1963, dont Gustave et sa sœur Colette, qui créent leur domaine. Une exploitation de 20 ha aujourd'hui, d'une constance sans faille, conduite de main de maître depuis 1980 par leur neveu Bernard Gros.

Bernard Gros avait assuré, dans le millésime 2011, un spectaculaire triplé avec trois coups de cœur, dont deux en vosne. Il signe un *village* 2012 bien sous tous rapports : jolie robe grenat, nez expressif et intense de fruits rouges agrémenté de nuances empyreumatiques, bouche riche et dense, fidèle au style soyeux de la maison, toujours harmonieux. 2017-2024 filet de bœuf en croûte

Dom. Gros Frère et Sœur, 6, rue des Grands-Crus, 21700 Vosne-Romanée, bernard.gros2@wanadoo.fr V r.-v.

ALAIN GUYARD Aux Réas 2011

■	1 748		20 à 30 €

Un domaine familial créé en 1900 par les grands-parents pépiniéristes. Souvent en vue pour ses marsannay et ses fixin, Alain Guyard s'est installé en 1981 et il conduit aujourd'hui un vignoble de 8 ha.

Né de 27 ares de ce beau *climat* situé en bas du 1er cru Le Clos des Réas, ce vosne livre un bouquet plaisant de fruits rouges et de sous-bois, puis se montre concentré, ferme, frais et tannique en bouche. 2017-2022 filet mignon de porc aux cerises

Alain Guyard, 10, rue du Puits-de-Têt, 21160 Marsannay-la-Côte, tél. 03 80 52 14 46, domaine.guyard@orange.fr V r.-v.

B DOM. GUYON En Orveaux 2012 ★

■ 1er cru	1 500		50 à 75 €

Un domaine familial très régulier en qualité, repris en 1991 par Jean-Pierre Guyon, suivi par son frère Michel. Le vignoble couvre 9 ha conduits en bio certifié, dans la Côte de Nuits et le nord de la Côte de Beaune.

Le domaine exploite 34 ares de ce petit *climat* situé en haut de pente, au-dessus du grand cru Échézeaux, pas très loin de Chambolle dont il épouse souvent l'élégance et la souplesse – même quand le cru est vinifié en grappes entières, ce qui rend le vin plus massif dans sa jeunesse. C'est le cas ici, avec ce vosne fruité et épicé, suave et souple en attaque, plus « cistercien » et solide dans son développement. Un beau vin de garde. 2018-2024 filet de canette aux épices

EARL Dom. Guyon, 11-16, RD 974, 21700 Vosne-Romanée, tél. 03 80 61 02 46, domaine.guyon@wanadoo.fr V r.-v.

DOM. JOANNET 2012 ★

■	3 000		20 à 30 €

Les Joannet, Michel le père et Fabien le fils, sont installés en plein cœur des Hautes-Côtes de Nuits. Ils exploitent 15 ha de vignes répartis en un vaste éventail allant de Pernand-Vergelesses à Vosne-Romanée, dont près de la moitié est dédiée aux hautes-côtes.

D'un abord discret, ce vosne déploie à l'agitation un nez à dominante boisée, les fruits rouges mûrs restant un peu en retrait. La bouche, agrémentée de nuances réglissées, attaque avec souplesse et moelleux avant de montrer plus de fermeté. Un vin riche et consistant, appelé à bien vieillir. 2018-2024 daube de joues de bœuf

Dom. Michel Joannet, 76, Grande-Rue, 21700 Marey-lès-Fussey, tél. 03 80 62 90 58, domaine-michel.joannet@wanadoo.fr V r.-v.

DOM. FABRICE MARTIN 2012 ★

■	1 200		20 à 30 €

Un petit domaine de 2,3 ha que Fabrice Martin a créé en 2000 et qu'il exploite dans trois appellations : gevrey-chambertin, nuits-saint-georges et vosne-romanée.

Né sur 90 ares, ce vosne dévoile un nez riche et bien composé de fruits rouges mûrs, d'épices et de grillé. Une attaque souple ouvre sur un palais ample, dense et soyeux, soutenu par une fine vivacité et des tanins tendres. Un vin harmonieux, dans un style aimable et gourmand, qui vieillira bien. 2017-2024 pigeon aux petits pois

Fabrice Martin, 42, rue de la Grand-Velle, 21700 Vosne-Romanée, tél. 03 80 61 27 84 V r.-v.

DOMINIQUE MUGNERET Cuvée Alliance des terroirs 2012 ★

■	6 600		30 à 50 €

Après Marcel, le grand-père, puis Denis, le père, parti à la retraite en 2003, la troisième génération de Mugneret (Dominique) conduit aujourd'hui ce domaine de 6 ha très souvent en vue pour ses nuits et ses vosne, qui exploite aussi des grands crus en métayage.

Dominique Mugneret propose ici une cuvée d'assemblage de cinq parcelles représentant 1,4 ha. Discret au premier nez, le vin se livre plus nettement à l'aération, sur les fruits rouges mûrs agrémentés de notes de fruits secs et de plantes aromatiques. En bouche, il attaque avec souplesse et onctuosité, puis monte en puissance, porté par une fine vivacité et des tanins fermes, encore un peu sévères en finale. 2017-2024 selle d'agneau

Dominique Mugneret, 9, rue de la Fontaine, 21700 Vosne-Romanée, tél. 06 63 32 79 72, dominique.mugneret@wanadoo.fr V r.-v.

DOM. MICHEL NOËLLAT Les Suchots 2012 ★★

■ 1er cru	3 000		50 à 75 €

Alain et Jean-Marc Noëllat ont pris en 1990 la relève de leur père Michel sur ce vaste domaine de 27 ha. Ils ont été rejoints en 2012 par la sixième génération, Sébastien et Sophie. Une valeur sûre de la Côte de Nuits, notamment pour ses vosne-romanée.

Le domaine exploite deux parcelles de vieilles vignes de soixante-dix ans dans ce terroir magnifique situé entre la Romanée Saint-Vivant et les Échézeaux, un *climat* au sommet de la pyramide des 1ers crus de Vosne. Ils en ont tiré un vin splendide, au nez complexe, fruité, toasté, chocolaté et épicé, à la bouche généreuse, puissante, longue et fine à la fois. De grande garde, assurément.

⌛ 2018-2024 🍴 cuissot de chevreuil ■ 1er cru Les Beaux Monts 2012 (2 000 b.) : un vosne riche et tannique, équilibré par une bonne vivacité. ⌛ 2017-2022

🔑 SCEA Dom. Michel Noëllat, 5, rue de la Fontaine, 21700 Vosne-Romanée, tél. 03 80 61 36 87, domaine.michel-noellat@wanadoo.fr r.-v.

DOM. DES PERDRIX 2011

■	5 200	◖◗	30 à 50 €

Ce domaine incontournable de la Côte de Nuits (10,5 ha dont 6 en grands et 1ers crus) a été pris en main en 1995 par la famille Devillard (Ch. de Chamirey à Mercurey et Dom. de la Ferté à Givry). Il doit son nom au 1er cru Aux Perdrix, l'une des plus belles parcelles de Nuits-Saint-Georges possédée en quasi monopole.

Une parcelle de 1,05 ha est à l'origine de ce vosne au nez élégant de fruits rouges et de sous-bois, souple, soyeux et frais en bouche, étayé par des tanins fins. ⌛ 2017-2021 🍴 faisan à la broche

🔑 Dom. des Perdrix, rue des Écoles, Premeaux-Prissey, 21700 Nuits-Saint-Georges, tél. 03 85 45 21 61, contact@domainedesperdrix.com t.l.j. sf dim. lun. 10h-19h; déc.-avr. 9h-18h 🔑 Devillard

DOM. FABRICE VIGOT 2012 ★

■	1 500	◖◗	30 à 50 €

Fabrice Vigot est installé depuis 1990 à la tête d'un petit domaine de 6,6 ha constitué à partir de vignes familiales, essentiellement à Vosne-Romanée.

Ce « gros volume » de vosne (où le micro-parcellaire est roi) lui permet de produire des *villages* portant un nom de *climat*, en plus de cette cuvée d'assemblage provenant essentiellement des Chalandins, au nord de la commune, en direction de Vougeot. Un joli vin bien construit, riche en fruits au nez comme en bouche, dense, frais et consistant, un peu plus strict en finale. ⌛ 2017-2022 🍴 levraut en gibelotte

🔑 Dom. Fabrice Vigot, 20, rue de la Fontaine, 21700 Vosne-Romanée, tél. 03 80 61 13 01, fabrice.vigot@wanadoo.fr r.-v.

LES GRANDS CRUS DE VOSNE-ROMANÉE

Tous sont des crus plus prestigieux les uns que les autres, et il serait bien difficile d'indiquer le plus grand... Certes, la romanée-conti jouit de la plus importante renommée, et l'on trouve dans l'histoire de nombreux témoignages de « l'exquise qualité » de ce vin. La célèbre pièce de vigne de la Romanée fut convoitée par les grands de l'Ancien Régime : ainsi Mme de Pompadour ne réussit pas à l'emporter contre le prince de Conti, qui put l'acquérir en 1760. Jusqu'à la Seconde Guerre mondiale, la vigne de la romanée-conti et celle de la tâche restèrent non greffées, traitées au sulfure de carbone contre le phylloxéra. Mais il fallut alors les arracher.

La première récolte des nouveaux plants eut lieu en 1952. Ce romanée-conti, exploité en monopole, reste l'un des vins les plus illustres et les plus chers du monde. Les autres grands crus sont le richebourg, la romanée, romanée-saint-vivant, la tâche et la grande-rue – dernière-née des grands crus, reconnue en 1992. Comme dans tous les grands crus, les volumes produits sont de l'ordre de 20 à 30 hl par hectare selon les années.

RICHEBOURG

• Superficie : 7,5 ha • Production : 200 hl

DOM. DE LA ROMANÉE-CONTI 2012 ★★

■ Gd cru	n.c.	◖◗	+ de 100 €

Avec 3,51 ha, le domaine possède près de la moitié de l'appellation (8 ha environ). Des vignes mitoyennes (au nord-est) de celles de la Romanée-Conti ; on prête d'ailleurs souvent au richebourg le même caractère soyeux que son prestigieux voisin. Ce que l'on sait moins, c'est qu'il s'agit d'une vigne de Cîteaux vinifiée jadis au château du Clos de Vougeot.

Terre humide, truffe fraîche, pain grillé, poivre, une touche de lard fumé, puis fruits rouges frais et aubépine à l'aération : conjuguant terroir, cépage et élevage en toute harmonie, le bouquet de ce vin est d'une remarquable complexité. Le palais se montre dense, concentré et puissant, bâti sur des tanins racés, fermes certes, cependant sans dureté. Un richebourg vibrant, à la fougue maîtrisée, « un pur-sang qui accepte la bride ». ⌛ 2019-2026 🍴 carré d'agneau aux cèpes

🔑 SC du Dom. de la Romanée-Conti, 1, rue Derrière-le-Four, 21700 Vosne-Romanée, tél. 03 80 62 48 80

ROMANÉE-CONTI

• Superficie : 1,63 ha • Production : 46 hl

♥ DOM. DE LA ROMANÉE-CONTI 2012 ★★★

■ Gd cru	n.c.	◖◗	+ de 100 €

84 |88| |89| 90 |91| 94 95 (96) (97) 98 01 03 (05) (06) (08) (09) (10) (12)

Un domaine, le plus prestigieux de Bourgogne, dont les limites n'ont pratiquement pas varié depuis le XVIes. (1 ha 81 a 40 ca aujourd'hui), une appellation (en monopole) et un vin né d'une petite vigne d'exception plantée sur un carré presque parfait d'environ 150 m de côté. La quintessence du terroir bourguignon. Une histoire emblématique de la Bourgogne viticole également. Propriété jusqu'en 1584 du prieuré de Saint-Vivant, puis passé de mains en mains, le domaine fut acquis en 1760 par celui qui lui donna son nom définitif et son prestige, Louis-François de Bourbon, prince de Conti. Un prestige entretenu depuis 1912 par la famille de Villaine, associée depuis 1942 aux Leroy-Roch. La gestion quotidienne du domaine est assurée depuis 1974 par Aubert de Villaine, épaulé désormais par son neveu Bertrand et, à la cave, par un régisseur de talent, Bernard Noblet.

« Certains millésimes connaissent des accouchements faciles : le vigneron intervient tranquillement et peu souvent, comme le fait l'équipage d'un voilier qui navigue par temps calme. Mais il n'est pas rare que le parcours vers la naissance du millésime s'apparente plutôt à la guerre, à une lutte de tous les instants pour garder le bateau à flot et arriver au but sans trop de dommages ! Ce fut le cas en 2012. » Les carnets de vendange du domaine, toujours passionnants, racontent par le menu cet éprouvant millésime où le climat a fait des siennes, où mildiou et oïdium ont sérieusement entamé la récolte à venir. En quantité, mais pas en qualité. « L'une des plus belles vendanges de ces dernières années », affirme Aubert de Villaine, la nature ayant rétabli l'ordre, l'été venu. Grâce à quoi, le millésime 2012 offre une superbe romanée-conti. Rien d'exubérant ou d'imposant ici, tout est dans la retenue. D'abord discret, voire timide, le nez s'ouvre peu à peu sur les fruits rouges frais, le poivre et la rose fanée, puis sur la terre humide et une pointe de salinité. Le palais se dévoile lui aussi avec parcimonie, autour d'une trame ferme et serrée et d'une texture très veloutée. Un vin de toucher, d'esprit plus que de corps. ⧗ 2020-2035 🍴 filet de bœuf

SC du Dom. de la Romanée-Conti,
1, rue Derrière-le-Four, 21700 Vosne-Romanée,
tél. 03 80 62 48 80

ROMANÉE-SAINT-VIVANT

• Superficie : 9,3 ha • Production : 240 hl

DOM. DE LA ROMANÉE-CONTI 2012 ★★

■ Gd cru | n.c. | ◖◗ | + de 100 €

82 87 89 91 92 |95| |97| |98| 99 00 01 (03) (04) (05) (06) (08) (09) (10) (11) **12**

Avec 5,28 ha, le domaine est le plus important propriétaire de ce grand cru historique (9,3 ha), qui doit sa naissance et son nom au prieuré de Saint-Vivant (fondé en 900). Le duc de Bourgogne céda en 1131 à l'établissement les terres de la future appellation dont une partie allait devenir la Romanée-Conti. Exploitée en fermage par le domaine à partir de 1966, la parcelle fut rachetée aux Marey-Monge en 1988.

Le plus « monacal » des grands crus du domaine dans le millésime 2012, allant ainsi quelque peu à l'encontre de son image habituelle de « vin féminin ». Le nez se révèle certes, délicat et très élégant, sur la cerise un rien kirschée, la rose sauvage et la poudre de riz. Mais en bouche, la « féline sort ses griffes », doucement mais sûrement, offrant une montée en puissance progressive portée par des tanins très fermes et par une fine trame acide aux tonalités mentholées et végétales (au sens noble du terme, la plante, non la verdeur). Un vin de très grande garde, assurément. ⧗ 2020-2030 🍴 pavé de sanglier au poivre de Sichuan

SC du Dom. de la Romanée-Conti,
1, rue Derrière-le-Four, 21700 Vosne-Romanée,
tél. 03 80 62 48 80

LA TÂCHE

• Superficie : 5 ha • Production : 95 hl

DOM. DE LA ROMANÉE-CONTI 2012 ★★★

■ Gd cru | n.c. | ◖◗ | + de 100 €

72 73 75 78 (79) **80 |81| |82| |85| |87| |89| |91| |92| |96|** |(97)| (98) (99) **00** (02) (04) (05) **06 08** (09) (11) (12)

L'autre monopole du domaine, 6 ha 6 a 20 ca situés au sud de la Romanée-Conti. Son nom provient d'une ancienne expression bourguignonne : « faire une tâche », signifiant cultiver la vigne en échange d'une rémunération forfaitaire. Acquis par La Romanée-Conti en 1933, ce grand cru n'a connu que quatre propriétaires depuis le XVIIᵉs. Des greffons de ses vignes ont permis de reconstituer le vignoble de La Romanée-Conti entre 1947 et 1948, créant ainsi un lien de parenté entre les deux vins.

La récolte a eu lieu les 25 et 27 septembre en 2012, soit vingt jours plus tard qu'en 2011. Le mois de mars, très sec et quasi estival, laissait imaginer une précocité « hors normes ». Mais si le froid et les pluies d'avril et de juin ont favorisé les maladies et réduit la récolte, ils ont aussi calmé la végétation, et la floraison s'est étirée en longueur, laissant entrevoir des vendanges à la fin septembre. Ce qui s'est finalement passé... Un raisin très sain est arrivé sur les tables de tri. Dans le verre, un vin d'abord sur la réserve. L'aération libère des parfums de fruits noirs (sureau, mûre), d'épices et de menthol. D'une grande délicatesse, le palais se révèle onctueux, corpulent et opulent, presque crémeux, évoquant un chocolat chaud de chez *Angélina*, mais aussi le fruit frais et la violette. Un grand vin complexe, riche et intense. ⧗ 2020-2035 🍴 pavé de bœuf sauce cacao

SC du Dom. de la Romanée-Conti,
1, rue Derrière-le-Four, 21700 Vosne-Romanée,
tél. 03 80 62 48 80

NUITS-SAINT-GEORGES

• Superficie : 306 ha • Production : 12 030 hl (97 % rouge)

Cette bourgade de 5 500 habitants est l'une des petites capitales du vin de Bourgogne. Elle accueille le siège de nombreuses maisons de négoce et de liquoristes qui produisent le cassis de Bourgogne, ainsi que d'élaborateurs de vins mousseux qui furent à l'origine du crémant-de-bourgogne. Elle a également son vignoble des Hospices, avec vente aux enchères annuelle de la production le dimanche précédant les Rameaux, et abrite le siège administratif de la confrérie des Chevaliers du Tastevin.

La cité donne son nom à l'appellation communale la plus méridionale de la Côte de Nuits. Cette dernière, qui déborde au sud sur la commune de Premeaux, n'engendre pas de grands crus comme ses voisines du nord, mais elle compte de très nombreux 1ᵉʳˢ crus réputés, aux caractères fort divers selon leur situation au nord ou au sud de Nuits. Tous ces vins ont en commun une grande richesse tannique qui leur confère un solide potentiel de garde (de cinq à quinze ans).

Parmi les 1ᵉʳˢ crus, les plus connus sont les Saint-Georges, dont on dit qu'ils portaient déjà des vignes en l'an mil, les Vaucrains, les Cailles, les Champs-Perdrix, les Porrets, sur la commune de Nuits, et les Clos de la Maréchale, des Argillières, des Forêts-Saint-Georges, des Corvées, de l'Arlot, sur Premeaux.

DOM. DE L'ARLOT Clos de l'Arlot Monopole 2011

■ 1er cru | 4 500 | ◖◗ | 30 à 50 €

Un domaine fondé au XVIIIᵉs., réputé pour ses nuits-saint-georges et propriété d'Axa depuis 1987. L'œnologue Jacques Devauges (ex-Vougeraie et Frédéric Magnien) est arrivé en 2011 succédant à Olivier Leriche. Le vignoble de 15 ha est en conversion vers la biodynamie.

Premier millésime de Jacques Devauges, ce 1er cru (qui existe en blanc et en rouge) dévoile un nez boisé, vanillé et épicé. La bouche, fine et élégante, s'appuie sur des tanins ronds et soyeux. Un vin équilibré et discret, qui gagnera son étoile au vieillissement. ⧗ 2017-2020 ψ filet de bœuf

Dom. de l'Arlot, 14 RD 974, 21700 Premeaux-Prissey, tél. 03 80 61 01 92, contact@arlot.fr V r.-v. Axa-Millésimes

DOM. BERTAGNA Les Murgers 2011 ★

1er cru	3 100		50 à 75 €

Ce domaine de 17 ha rayonne sur un beau patrimoine de cinq grands crus. Il est dirigé depuis 1982 par la famille Reh, originaire de la Moselle allemande, et depuis 1988 par Eva Reh-Siddle. Une valeur sûre, notamment pour ses vougeot et son monopole Clos de la Perrière.

Ce vin a été vinifié en partie en vendanges entières, cuvé trois à quatre semaines et passé dix-huit mois en fûts neufs pour 50 % du volume. Il en résulte un 1er cru rubis intense au nez de fraise des bois écrasée et de vanille, au palais ample, puissant et riche, épaulé par un boisé bien intégré et par des tanins fermes et serrés. La promesse d'une belle évolution en cave. ⧗ 2018-2024 ψ canard aux cerises

SARL Dom. Bertagna, 16, rue du Vieux-Château, 21640 Vougeot, tél. 03 80 62 86 04, contact@domainebertagna.com V r.-v.
Eva Rech-Siddle

BOUCHARD AÎNÉ & FILS
Les Chabœufs Cuvée Signature 2011

1er cru	1 100		50 à 75 €

Dans le groupe Boisset depuis 1992, ce négoce beaunois a été fondé en 1731 par Michel Bouchard et son fils aîné Joseph. Dans l'ancien hôtel du conseiller du Roy (XVIIIes.) sont entreposés les fûts d'élevage de cette maison historique qui propose une large gamme de vins de toute la Bourgogne, du Beaujolais et du Rhône.

Né de 25 ares de vieilles vignes de soixante-cinq ans, ce 1er cru dévoile un nez de fruits rouges frais, mâtiné de notes plus chaudes de cacao et de grillé. La bouche se révèle souple, fraîche, fine et fruitée, adossée à des tanins discrets. Un nuits sur l'élégance et la légèreté plutôt que sur la puissance. ⧗ 2015-2019 ψ rôti de veau

Bouchard Aîné et Fils, 4, bd du Mal-Foch, 21200 Beaune, tél. 03 80 62 61 00, dupre.a@bouchard-aine.fr V r.-v. Boisset

CHANSON 2011 ★

	n.c.		30 à 50 €

L'une des plus anciennes maisons de négoce de Bourgogne, fondée en 1750, reprise en 1999 par le Champenois Bollinger. En plus de ses achats de raisins, elle dispose d'un important vignoble de 45 ha et de l'expertise de Jean-Pierre Confuron, son œnologue-conseil, qui a développé un style reconnaissable grâce à ses vinifications en grappes entières.

Le vin s'affiche dans une seyante robe pourpre. Le nez s'ouvre sans réserve sur la vanille, les fruits rouges et les épices. Une attaque fraîche et alerte introduit un palais long, élégant, structuré par des tanins fermes sans dureté. Un nuits équilibré, déjà très agréable, qui vieillira bien. ⧗ 2016-2021 ψ oie rôtie aux marrons

Maison Chanson Père et Fils, 10, rue Paul-Chanson, 21200 Beaune, tél. 03 80 25 97 97 V r.-v.

DOM. JEAN CHAUVENET Les Perrières 2012 ★

1er cru	900		30 à 50 €

Christine et Christophe Drag ont repris la propriété familiale en 1994 à la suite du départ à la retraite de Jean Chauvenet, père de Christine et fondateur du domaine en 1969. Ils exploitent aujourd'hui un vignoble de 9,1 ha et s'imposent comme une valeur sûre de l'appellation nuits-saint-georges.

Coup de cœur dans les deux dernières éditions, le couple Drag est fidèle au rendez-vous du Guide avec trois vins de belle facture. Ce 1er cru Perrières – qui porte bien son nom puisqu'il est situé juste en dessous de la route desservant la carrière – est un classique du domaine. Dans sa version 2012, il présente un nez riche et intense de griotte à l'alcool et d'épices douces, relayé par une bouche dense, charnue, gourmande, d'une belle longueur, portée par des tanins solides qui lui assureront un bon vieillissement. ⧗ 2016-2021 ψ pigeonneau aux petits pois ■ 1er cru Les Damodes 2012 ★ (1 500 b.) : un joli nez de cassis mûr, de réglisse et de sous-bois, une bouche tendue et serrée. ⧗ 2017-2021 ■ 1er cru Rue de Chaux 2012 (600 b.) : boisé, tannique, encore jeune et austère, mais prometteur. ⧗ 2017-2021

Dom. Jean Chauvenet, 6, rue de Gilly, 21700 Nuits-Saint-Georges, tél. 03 80 61 00 72 V r.-v. Ch. Drag

CHAUVENET-CHOPIN Les Chaignots 2011 ★

1er cru	1 800		20 à 30 €

En 1985, Évelyne et Hubert Chauvenet reprennent la propriété familiale, qu'ils complètent en 2001 par le domaine Chopin-Groffier de Comblanchien. Ils exploitent aujourd'hui 14,5 ha de vignes en Côte de Nuits et proposent notamment un large éventail de *climats* en nuits-saint-georges.

Belle réussite dans le millésime 2011 pour Hubert Chauvenet, avec trois vins sélectionnés. En tête, Les Chaignots, *climat* situé à mi-pente dans la partie nord de l'appellation, sur un sol de gravillons descendus grâce au Meuzin. 39 ares de vignes à l'origine d'un vin au nez généreux sur les fruits rouges mûrs et les épices, au palais élégant, fruité et boisé sans excès, étayé par des tanins fins. ⧗ 2016-2022 ψ tournedos aux morilles ■ 1er cru Aux Thorey 2011 (2 400 b.) : là aussi de la finesse, avec plus de chaleur et de vinosité. ⧗ 2016-2022 ■ *Village* 2011 (15 à 20 € ; 2 400 b.) : un vin charnu, généreux, corpulent, encore sous l'emprise du bois ; en devenir mais prometteur. ⧗ 2016-2022

Chauvenet-Chopin, 97, rue Félix-Tisserand, 21700 Nuits-Saint-Georges, tél. 03 80 61 28 11, chauvenet-chopin@wanadoo.fr V r.-v.

DOM. CHEVILLON-CHEZEAUX
Les Saint-Julien 2012

	1 800		20 à 30 €

Représentant la cinquième génération, Claire Chevillon et son époux Philippe Chezeaux ont repris en 2000 le domaine familial créé en 1887. Ils exploitent aujourd'hui plus de 8,6 ha, dont 90 % de rouge, avec des parcelles

BOURGOGNE

dans une demi-douzaine de *climats* de Nuits-Saint-Georges.

Né de 30 ares de ce *climat* bien situé à mi-hauteur sur le coteau, dans la partie nord de l'appellation, ce 2012 dévoile un nez frais et fin de fruits rouges agrémentés d'une touche de rose. La bouche, souple et élégante, s'appuie sur des tanins fins et harmonieux. Un nuits léger et gracieux. ⏳ 2015-2018 🍴 tendrons de veau braisés

🔑 Dom. Chevillon-Chezeaux, 41, rue Henri-de-Bahèzre, 21700 Nuits-Saint-Georges, tél. 03 80 61 23 95, chevillon.chezeaux@orange.fr V r.-v.

DOM. A. CHOPIN ET FILS Les Murgers 2011 ★

■ 1er cru	900	◍	30 à 50 €

Installé à l'extrême sud de la Côte de Nuits, Arnaud Chopin a repris le domaine familial en 2010, à la retraite de ses parents. Avec l'aide de son jeune frère Alban, il s'apprête à passer le vignoble en bio. Régulièrement il s'illustre par ses nuits-saint-georges et ses côtes-de-nuits-villages.

Le docteur Lavalle, en 1855, faisait grand cas des Murgers, les jugeant supérieurs à leurs voisins. Les géologues expliquent aujourd'hui que ce *climat* bénéficie d'un soubassement de calcaire rose et d'un sol pierreux et drainant qui donnent des vins à la fois puissants et élégants. Arnaud Chopin, en bon spécialiste de l'appellation, en a extrait un vin bien dans le ton. Au nez généreux et mûr de confiture de griottes rehaussé d'épices répond une bouche longue, puissante, riche et expressive (griotte toujours, framboise, cassis), bâtie sur des tanins massifs. Un nuits de garde, assurément. ⏳ 2018-2024 🍴 pièce de bœuf en croûte et champignons

🔑 Dom. A. Chopin et Fils, D 974, 21700 Comblanchien, tél. 03 80 62 92 60, domaine.chopin-fils@orange.fr
V r.-v. 3 A

DOM. DE LA DOUAIX Vieilles Vignes 2011 ★

■	600	◍	15 à 20 €

Au départ, un lopin de vignes acquis à Arcenant au début des années 2000 par Mark Moustie d'origine belge. Rejoint par son fils Gilles, il crée en 2006 le domaine de la Douaix, avec Laurent Anginot aux vinifications.

Né d'une parcelle de 18 ares plantée de vieilles vignes de quatre-vingts ans, ce vin à la robe rubis foncé s'ouvre à l'aération sur les fruits noirs et la cerise kirschée, sur un fond boisé léger. La bouche massive, riche et concentrée, soulignée par une fine vivacité, signe un vin généreux et puissant, qui appelle la garde. ⏳ 2017-2022 🍴 salmis de faisan

🔑 Dom. de la Douaix, rue du Moutier, 21700 Arcenant, tél. 06 85 95 01 79, moustie.gilles@orange.fr V r.-v.

DOM. GUY ET YVAN DUFOULEUR Clos des Perrières 2011 ★

■ 1er cru	n.c.	🛢 ◍	30 à 50 €

Les Dufouleur sont propriétaires et négociants-éleveurs de père en fils depuis la fin du XVIes. à Nuits-Saint-Georges. Le domaine actuel est né de la fusion en 2007 de la propriété familiale avec le domaine Yvan Dufouleur créé en 1991. Guy étant décédé, le vignoble (25 ha) est aujourd'hui dirigé par son fils aîné Yvan, épaulé par Xavier, frère de Guy.

Ce 1er cru dévoile un nez complexe qui conjugue des notes de café, de cacao et de petits fruits noirs. Le palais se révèle rond, gras, charnu, porté par des tanins soyeux et fondus, et dynamisé par une finale légèrement acidulée. Déjà très agréable, ce nuits est armé pour bien vieillir. ⏳ 2016-2020 🍴 canette aux cerises

🔑 Dom. Guy et Yvan Dufouleur, 17, rue Thurot, BP 80138, 21700 Nuits-Saint-Georges Cedex, tél. 03 80 61 18 87, gaelle.dufouleur@21700-nuits.com
V r.-v.

DOM. DUPASQUIER ET FILS 2011 ★★

■	1 050	◍	20 à 30 €

Dans la famille Dupasquier depuis cinq générations, ce domaine dispose de 10 ha répartis autour de Nuits-Saint-Georges et de la montagne de Corton.

Né d'une parcelle de 1,75 ha plantée de ceps de cinquante ans, ce 2011 en robe bordeaux livre un bouquet élégant et léger de fruits rouges un rien confiturés, mâtinés d'épices douces et de nuances florales. Le palais, souple et rond, est étayé par des tanins soyeux et par une fine acidité qui apporte dynamisme et longueur. Un nuits équilibré et élégant, qui s'appréciera aussi bien dans sa jeunesse que patiné par la garde. ⏳ 2016-2022 🍴 filet de chevreuil aux airelles

🔑 Dom. Dupasquier et Fils, 47 B, rue Henri-Challand, 21700 Nuits-Saint-Georges, tél. 03 80 61 13 78, dupasquier.domaine@wanadoo.fr V r.-v.

PHILIPPE GAVIGNET Les Chabœufs 2012 ★★

■ 1er cru	3 600	◍	30 à 50 €

Installé en 1979 à la suite de son père Michel, Philippe Gavignet, qui incarne la quatrième génération à la tête du domaine familial, est le premier à se consacrer pleinement à la vigne. Ce spécialiste des nuits-saint-georges exploite aujourd'hui 10,8 ha.

À l'origine de ce remarquable nuits, 1 ha sur Les Chabœufs, un beau terroir situé juste au-dessus des célèbres Cailles, mais plus froid, en raison de l'altitude, et plus frais, en raison d'un sol assez argileux. Un vin rubis sombre au nez subtil de chèvrefeuille, de tilleul et de fruits rouges mûrs. La bouche se révèle souple, ronde et charnue, appuyée par des tanins fondus et par de jolies notes de cannelle et de fruits compotés. Déjà fort plaisant, ce vin mérite néanmoins de vieillir pour gagner en complexité. ⏳ 2016-2022 🍴 magret de canard farci au foie gras ■ 1er cru Les Bousselots 2012 ★ (2 800 b.) : une autre valeur sûre du domaine, appréciée pour sa complexité (toasté, épices douces, prune, cassis) et pour sa générosité. ⏳ 2016-2022 ■ *Village* Les Argillats 2012 (20 à 30 € ; 2 700 b.) : un vin puissant et riche. ⏳ 2016-2022

🔑 Dom. Philippe Gavignet, 36, rue du Dr-Louis-Legrand, 21700 Nuits-Saint-Georges, tél. 03 80 61 09 41, contact@domaine-gavignet.fr
V t.l.j. 9h-12h 14h-18h; sam. dim. sur r.-v.

DOM. HENRI GOUGES Clos des Porrets Saint-Georges 2011

■ 1er cru	14 000	◍	30 à 50 €

Un domaine familial fondé en 1919 par Henri Gouges, l'un des promoteurs des premières AOC bourguignonnes. Conduit aujourd'hui par la troisième génération, il

étend son vignoble sur 15 ha dédiés à l'appellation nuits-saint-georges.

Ce *climat* de 4 ha appartient en monopole au domaine. Situé en milieu de pente, sur le calcaire rose de Premeaux, ce terroir donne traditionnellement un vin puissant et racé. Le 2011 est dans le ton : au bouquet naissant de petits fruits mûrs répond une bouche dense, puissante, aux tanins fermes et encore sévères en finale. Un vin en devenir, qui gagnera son étoile en cave. ⧗ 2018-2022 ♈ cuissot de chevreuil

Dom. Henri Gouges, 7, rue du Moulin, BP 60145, 21704 Nuits-Saint-Georges Cedex, tél. 03 80 61 04 40, domaine@gouges.com V r.-v.

DOM. MICHEL GROS 2012

■ | 4 600 | ◖◗ | 20 à 30 €

L'aîné de la famille Gros – Anne-Françoise (A.-F. Gros) et Bernard (Gros Frère et Sœur) ont chacun leur domaine – a débuté en 1979 avec 2 ha en Hautes-Côtes. Il conduit aujourd'hui 22 ha et s'illustre régulièrement avec ses vosne-romanée et ses nuits-saint-georges.

Cette cuvée provient de l'assemblage de quatre parcelles côté Vosne-Romanée. Deux *climats*, les meilleurs, sont situés sur la partie centrale du coteau, dans le prolongement des 1ers crus de Vosne (Les Lavières et Bas de Combe). Un autre est établi tout en bas du même coteau (Aux Athées) sur un sol plus profond d'alluvions ; le dernier vient du haut du coteau (En la Perrière-Noblet) sur un sol pentu de calcaire oolithique. Dans le verre, un 2012 au nez « sauvage » de sous-bois, frais et mentholé en attaque, plus sévère et trapu en finale. ⧗ 2017-2021 ♈ rôti de marcassin

Dom. Michel Gros, 7, rue des Communes, 21700 Vosne-Romanée, tél. 03 80 61 04 69, contact@domaine-michel-gros.com V r.-v.

DOM. ALAIN MICHELOT
En la Perrière Noblot Monopole 2012

■ 1er cru | 1 400 | ◖◗ | 30 à 50 €

Un domaine fondé vers 1880 et conduit depuis quatre générations par les Michelot. Alain et sa fille Élodie sont aujourd'hui à la tête d'un vignoble de 8 ha à Morey-Saint-Denis et surtout à Nuits-Saints-Georges, village où ils exploitent une large palette de 1ers crus.

Les Michelot signent l'un de leurs tout premiers millésimes avec cette jeune vigne de cinq ans plantée sur un terroir brun calcaire très graveleux. Ils possèdent le monopole des 30 ares classés en 1er cru, le reste des 2 ha du *climat* étant classé en communale. Un vin rare, donc, paré ici d'une robe dorée et offrant un nez délicat d'aubépine et de caramel au lait, et un palais rond, ample et généreux, plus chaleureux en finale. ⧗ 2016-2019 ♈ blanquette de veau

Dom. Alain Michelot, 6, rue Camille-Rodier, 21700 Nuits-Saint-Georges, tél. 03 80 61 14 46, domalainmichelot@orange.fr V r.-v.

♥ DOM. MOILLARD Les Argillats 2012 ★★

■ | 4 500 | ◖◗ | 20 à 30 €

Vincent Sauvestre (groupe Béjot) se souvenait d'avoir entendu ses grands-parents, épiciers à Nuits-Saint-Georges, parler souvent de la maison Moillard : il l'a achetée en 2008, pilotant depuis Meursault la partie négoce et le domaine afférent.

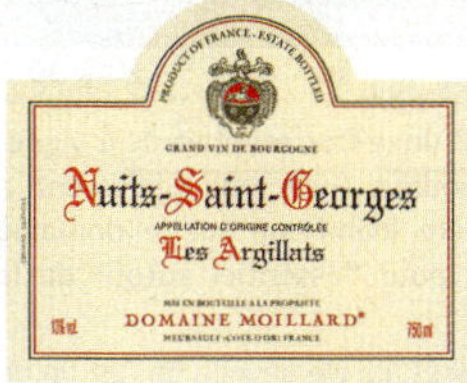

Sous la conduite de son œnologue Matthieu Carrara, la maison Moillard signe un nuits remarquable, unanimement salué pour son équilibre. De prime abord réservé, le nez doit être sollicité pour libérer ses arômes de fruits rouges mâtinés d'épices. C'est en bouche que le vin se révèle, riche, dense, rond et suave, porté par des tanins fins et soyeux et par une juste vivacité. La garde lui apportera un surcroît de complexité. ⧗ 2016-2022 ♈ filet de bœuf en croûte

Dom. Moillard, 7, rte de Monthelie, 21190 Meursault, tél. 03 80 21 22 45, contact.france@bejot.com

DOMINIQUE MUGNERET
Aux Boudots 2012 ★★

■ 1er cru | 1 800 | ◖◗ | 30 à 50 €

Après Marcel, le grand-père, puis Denis, le père, parti à la retraite en 2003, la troisième génération de Mugneret (Dominique) conduit aujourd'hui ce domaine de 6 ha très souvent en vue pour ses nuits et ses vosne, qui exploite aussi des grands crus en métayage.

Dominique Mugneret propose une nouvelle fois une version très aboutie de ce *climat* réputé le plus noble de la zone nord des 1ers crus, pour lequel il a obtenu plus d'un coup de cœur dans ces pages. Ici, un vin où l'on retrouve la complexité aromatique des Malconsorts, voisin cadastral des Boudots, côté Vosne, dans un style charnu typique du domaine. Le nez, épanoui, associe un beau vanillé aux fruits rouges. Le palais ample, délicat et soyeux tient d'ailleurs plus d'un vosne, tout en affichant une trame tannique solide sans dureté, bien équilibrée, qui rappelle que nous sommes bien côté Nuits. ⧗ 2016-2022 ♈ filet de bœuf sauce au poivre

Dominique Mugneret, 9, rue de la Fontaine, 21700 Vosne-Romanée, tél. 06 63 32 79 72, dominique.mugneret@wanadoo.fr V r.-v.

DOM. MICHEL NOËLLAT Les Boudots 2012 ★

■ 1er cru | 1 500 | ◖◗ | 50 à 75 €

Alain et Jean-Marc Noëllat ont pris en 1990 la relève de leur père Michel sur ce vaste domaine de 27 ha. Ils ont été rejoints en 2012 par la sixième génération, Sébastien et Sophie. Une valeur sûre de la Côte de Nuits, notamment pour ses vosne-romanée.

Les frères Noëllat livrent une version solide des Boudots, le plus prestigieux des 1ers crus nuitons de la zone nord, dont ils exploitent une parcelle de 47 ares. Au nez, le boisé (moka) est encore dominant, mais il pointe à l'arrière-plan un bon raisin mûr. Le palais se montre frais, ample et vigoureux, étayé par des tanins fins. La complexité et l'élégance des vosnes tout proches se fait sentir. Un beau vin de garde. ⧗ 2017-2024 ♈ volaille truffée

SCEA Dom. Michel Noëllat, 5, rue de la Fontaine, 21700 Vosne-Romanée, tél. 03 80 61 36 87, domaine.michel-noellat@wanadoo.fr V r.-v.

DOM. NUDANT 2011

■ | 2 700 | | 20 à 30 €

Un Guillaume Nudant d'Aloxe-Corton était déjà vigneron en 1453. Son descendant, Guillaume également, a rejoint en 2003 son père Jean-René sur le domaine familial : 16 ha plantés pour l'essentiel autour de la montagne de Corton.

Né d'une parcelle de 64 ares, ce vin dévoile un nez fin de vanille, de toasté et de petits fruits rouges et noirs. Franc et vif en attaque, consistant, le palais affiche une solide structure tannique, typique d'un nuits de garde. ⧗ 2017-2024 🍴 pavé de bœuf flambé

Dom. Nudant, 11, rte de Dijon, BP 15, 21550 Ladoix-Serrigny, tél. 03 80 26 40 48, domaine.nudant@wanadoo.fr V r.-v.

DOM. DES PERDRIX Aux Perdrix 2011 ★

■ 1er cru | 9 400 | | 50 à 75 €

Ce domaine incontournable de la Côte de Nuits (10,5 ha dont 6 en grands et 1ers crus) a été pris en main en 1995 par la famille Devillard (Ch. de Chamirey à Mercurey et Dom. de la Ferté à Givry). Il doit son nom au 1er cru Aux Perdrix, l'une des plus belles parcelles de Nuits-Saint-Georges possédée en quasi monopole.

Emblème du domaine, ce 1er cru naît sur un terroir au sol profond mélangé à du sable et à de l'argile sur un sous-sol de comblanchien, un *climat* réputé donner des vins musculeux, voire rudes. Cette version 2011 est dans le ton : nez un peu sauvage aux nuances animales et de sous-bois, bouche vanillée, dense, tannique et massive. Patience, donc. ⧗ 2017-2024 🍴 levraut rôti

Dom. des Perdrix, rue des Écoles, Premeaux-Prissey, 21700 Nuits-Saint-Georges, tél. 03 85 45 21 61, contact@domainedesperdrix.com V t.l.j. sf dim. lun. 10h-19h; déc.-avr. 9h-18h Devillard

DOM. PETITOT Les Poisets 2012 ★

■ | 2 300 | | 15 à 20 €

Installé à Corgoloin dans un corps de ferme du XIVes., les époux Petitot ont repris en 2002 le domaine familial développé à la fin des années 1970 par Jean Petitot. Nathalie, l'œnologue, veille au vin tandis que son époux Hervé veille « aux grains ».

Les Poisets sont une valeur sûre des Petitot. Le *climat* est en effet bien situé, juste sous le 1er cru Les Cailles, à l'endroit où le banc de roche de Comblanchien, qui commence à affleurer, longe la route nationale et resserre le vignoble en une étroite bande de 500 m de large. Hervé et Nathalie y exploitent presque 1 ha de vignes de cinquante ans. Dans le verre, un joli vin grenat au nez fruité (cassis, cerise compotée) et vanillé, et à la bouche riche, robuste et concentrée. ⧗ 2017-2021 🍴 entrecôte à la moelle

Dom. Petitot, 26, pl. de la Mairie, 21700 Corgoloin, tél. 03 80 62 98 21, domaine.petitot@wanadoo.fr V r.-v.

CH. DE POMMARD 2011 ★

■ | 7 200 | | 30 à 50 €

Depuis son rachat en 2004 par Maurice Giraud, ce château emblématique de la Côte de Beaune a misé sur l'œnotourisme et la vente au domaine : chaque année, 35 000 œnophiles franchissent les portes du clos de 22,5 ha. Aux commandes du chai depuis 2007, Emmanuel Sala élabore à côté du « grand vin » une large gamme issue d'achats de raisins.

Ce nuits issu de l'activité de négoce du château dévoile un nez subtil de fruits rouges, de sous-bois et d'aubépine, agrémenté d'une petite touche de caramel au lait, réminiscence discrète des dix-huit mois de fût. Un boisé très fondu aux accents balsamiques, que l'on retrouve en soutien d'une bouche soyeuse, fine, élégante, fraîche et équilibrée. ⧗ 2017-2022 🍴 soumaintrain

Caves de la Propriété du Ch. de Pommard, 15, rue Marey-Monge, 21630 Pommard, tél. 03 80 22 12 59, contact@chateaudepommard.com V t.l.j. 9h30-18h30 M. Giraud

DANIEL RION Aux Vignerondes 2011 ★

■ 1er cru | n.c. | | 30 à 50 €

Domaine créé en 1955 par Daniel Rion à partir des 2 ha à Vosne reçus du grand-père. La vente directe date de 1978 et de l'arrivée des fils. Ces derniers, aux commandes depuis 1995, date du départ à la retraite de leur père, exploitent aujourd'hui 18 ha dans six villages nuitons.

Le vin offre un nez complexe et racé de fruits compotés, de poivre et de sous-bois. La bouche se révèle dense, suave, élégante, soutenue par des tanins solides sans astringence et par un boisé noble qui n'écrase pas le fruit. Un nuits très équilibré, de bonne garde. ⧗ 2017-2024 🍴 civet de sanglier

Dom. Daniel Rion, RN 74, Prémeaux, 21700 Nuits-Saint-Georges, tél. 03 80 62 31 28, contact@domaine-daniel-rion.com V r.-v.

♥ **DOM. TAUPENOT-MERME** Les Pruliers 2011 ★★

■ 1er cru | 2 500 | 50 à 75 €

En 1963, Jean Taupenot, de Saint-Romain, épouse Denise Merme et se fixe à Morey. Aujourd'hui, leurs enfants Romain et Virginie conduisent, en bio non certifié, un vignoble de 13 ha avec un pied en Côte de Nuits et l'autre en Côte de Beaune. Un domaine constant en qualité.

Avec ses 7 ha, le 1er cru Les Pruliers est l'un des plus vastes de l'appellation. Exposé au sud-sud-est, plus caillouteux et argileux que son voisin Roncières, il donne des vins généreux et puissants. Entre les mains de Romain Taupenot, le vinificateur, cela donne un nuits bien typé, corsé et intense, qui se présente dans une engageante robe grenat foncé. Le nez, complexe et profond, associe la griotte, le cassis et les épices. La bouche ? Ample, longue et majestueuse, à la fois corpulente et fine, étayée par des tanins au grain soyeux. ⧗ 2016-2021 🍴 filets de canette et navets glacés

Dom. Taupenot-Merme, 33, rte des Grands-Crus, 21220 Morey-Saint-Denis, tél. 03 80 34 35 24, domaine.taupenot-merme@orange.fr V r.-v.

DOM. FABRICE VIGOT Vieilles Vignes 2012

1 500 | 30 à 50 €

Fabrice Vigot est installé depuis 1990 à la tête d'un petit domaine de 6,6 ha constitué à partir de vignes familiales, essentiellement à Vosne-Romanée.

Issu d'une parcelle de 58 ares plantés de ceps de cinquante-cinq ans en moyenne, ce nuits déploie un joli nez de fruits rouges agrémentés de nuances florales (iris). La bouche s'avère harmonieuse, fraîche et bien structurée. Un peu plus de richesse et de volume auraient valu à cette bouteille une étoile. 2016-2021 coq au vin

Dom. Fabrice Vigot, 20, rue de la Fontaine, 21700 Vosne-Romanée, tél. 03 80 61 13 01, fabrice.vigot@wanadoo.fr V r.-v.

CÔTE-DE-NUITS-VILLAGES

• Superficie : 148 ha • Production : 6 345 hl (95 % rouge)

Cette appellation associe cinq communes situées aux deux extrémités de la Côte de Nuits : au nord, Fixin (qui a aussi sa propre appellation) et Brochon (dont une partie du vignoble est classée en gevrey-chambertin) ; au sud, aux portes de la Côte de Beaune, Premeaux, Prissey (commune fusionnée avec la précédente), Comblanchien, réputée pour son « marbre », une pierre calcaire extraite de son coteau, et enfin Corgoloin, qui marque la limite sud de l'appellation tout comme celle de la Côte de Nuits, au niveau du Clos des Langres. Dans ce dernier village, la « montagne » diminue d'altitude et le vignoble s'amenuise ; sa largeur ne dépasse guère 200 m. Rouges le plus souvent, les côtes-de-nuits-villages sont d'un bon niveau qualitatif et assez abordables.

CHAPUIS & CHAPUIS Les Chaillots 2012

2 400 | 11 à 15 €

Petits-fils de vignerons d'Aloxe-Corton, les frères Chapuis, Jean-Guillaume (le juriste) et Romain (l'œnologue), ont fondé leur structure de négoce en 2009, installant leur cuverie dans l'ancien château de Pommard.

Le nez expressif et généreux associe parfums de fraise confiturée et nuances empyreumatiques. On retrouve ce fruité mûr dans une bouche fraîche en attaque, puis ronde, dense et veloutée, étayée par des tanins souples et soyeux. La finale, plus austère, appelle une petite garde. 2015-2018 côte de bœuf

Chapuis, SARL Chapuis Frères, 9, rue des Charmots, 21630 Pommard, tél. 06 89 56 05 12, r.chapuis@chapuisfreres.fr V r.-v.

DOM. A. CHOPIN ET FILS
Les Monts de Boncourt 2011 ★

4 000 | 11 à 15 €

Installé à l'extrême sud de la Côte de Nuits, Arnaud Chopin a repris le domaine familial en 2010, à la retraite de ses parents. Avec l'aide de son jeune frère Alban, il s'apprête à passer le vignoble en bio. Régulièrement il s'illustre par ses nuits-saint-georges et ses côtes-de-nuits-villages.

Une valeur sûre du domaine que cette cuvée des Monts de Boncourt présente avec une grande régularité dans le Guide. La version 2011 séduit par son nez beurré, floral et vanillé (dix-huit mois de fût), comme par son palais intense et gras au boisé assumé mais racé. Un vin ambitieux, à laisser vieillir quelques années. 2016-2019 blanquette de veau Vieilles Vignes 2011 ★ (15 à 20 € ; 3 500 b.) : un discret torréfié, une bouche ronde, souple et élégante, portée par des tanins soyeux et une fine vivacité en finale. 2015-2020

Dom. A. Chopin et Fils, D 974, 21700 Comblanchien, tél. 03 80 62 92 60, domaine.chopin-fils@orange.fr V r.-v. 3 A

DÉSERTAUX-FERRAND 2012

5 900 | 11 à 15 €

Ce domaine familial de 14 ha implanté à Corgoloin, village-frontière entre les deux Côtes, celle de Nuits et celle de Beaune, est conduit depuis 1995 par Vincent Désertaux, son épouse Geneviève et sa sœur Christine. Souvent en vue pour ses côtes-de-nuits-de-villages.

Assemblage intéressant de pinot blanc (30 %) et de chardonnay, ce 2012 dévoile un nez mûr et opulent de beurre, de noisette et d'ananas. La bouche est dense, riche et puissante, comme l'aime le vigneron. Un vin gourmand et généreux. 2015-2018 saint-jacques sauce crémée

Dom. Désertaux-Ferrand, 135, Grande-Rue, 21700 Corgoloin, tél. 03 80 62 98 40, contact@desertaux-ferrand.com V r.-v. E

DOM. DE LA DOUAIX Terres nobles 2011

3 000 | 15 à 20 €

Au départ, un lopin de vignes acquis à Arcenant au début des années 2000 par Mark Moustie, d'origine belge. Rejoint par son fils Gilles, il crée en 2006 le domaine de la Douaix, avec Laurent Anginot aux vinifications.

Cette parcelle assez argilieuse de 80 ares est à l'origine de ce *village* grenat, au nez discret de mûre et de cassis, et à la bouche franche et ferme. Un vin simple et net. 2015-2018 entrecôte marchand de vin

Dom. de la Douaix, rue du Moutier, 21700 Arcenant, tél. 06 85 95 01 79, moustie.gilles@orange.fr V r.-v. E Moustie

R. DUBOIS & FILS Les Monts de Boncourt 2012

3 200 | 11 à 15 €

Béatrice Dubois et son frère Raphaël, installés depuis 1991, conduisent 20,5 ha de vignes dans les deux Côtes. La première vinifie, après plusieurs années à l'étranger comme *flying winemaker* ; le second s'occupe de la vente. Le tandem a développé en 2000 une affaire de négoce pour étoffer leur gamme.

Béatrice Dubois a vinifié le fruit de 73 ares de ces Monts de Boncourt, l'un des plus beaux terroirs de l'appellation. Le résultat : un vin franc, vanillé et fruité au nez, vif et alerte en bouche, avec toujours cette touche vanillée apportée par les dix mois de fût. Vigoureux, tranchant, ce 2012 s'arrondira avec le temps. 2015-2018 pavé de saumon à l'oseille

Dom. R. Dubois et Fils, 7, rte de Nuits-Saint-Georges, 21700 Premeaux-Prissey, tél. 03 80 62 30 61, contact@domaine-dubois.com V t.l.j. 8h-11h30 13h30-17h30 ; sam. dim. sur r.-v. ; f. sem. du 15 août

DOM. HENRI NAUDIN-FERRAND 2011 ★

■ | 4 426 | | 15 à 20 €

Claire Naudin, œnologue de formation, a repris en 1994 cette grande exploitation de 22 ha située à la frontière entre les hautes-côtes-de-beaune et leurs voisines nuitonnes. Depuis 1994, elle perpétue dans les deux Côtes, avec talent et dans une démarche peu interventionniste à la vigne comme au chai, l'œuvre de son père Henri, décédé en 2013. Une valeur sûre.

Henri Naudin était une figure des Hautes-Côtes et du syndicalisme vigneron en Bourgogne, qui aimait son métier plus que tout. On le vit courbé sur les tables de tri jusqu'en 2012... Sa fille Claire porte haut les couleurs du domaine paternel avec ce vin solide et équilibré. À l'olfaction, les dix-huit mois de fût laissent une empreinte appuyée mais noble qui n'écrase pas le fruit (framboise, cassis). On retrouve le bois, sur des tonalités épicées, dans un palais séveux, ample, généreux, épaulé par une agréable fraîcheur. Tous les caractères du bon vin de garde. ⧗ 2017-2022 ᛘ steak de chevreuil à la plancha

Dom. Henri Naudin-Ferrand, 12, rue du Meix-Grenot, 21700 Magny-lès-Villers, tél. 03 80 62 91 50, info@naudin-ferrand.com V r.-v.

La Côte de Beaune

Plus large (un à deux kilomètres) que la Côte de Nuits, la Côte de Beaune est plus tempérée et soumise à des vents plus humides, ce qui entraîne une plus grande précocité dans la maturation. La vigne monte à une altitude plus élevée que dans la Côte de Nuits, à 400 m et parfois plus. Le coteau est coupé de larges combes, dont celle de Pernand-Vergelesses qui sépare la « montagne » de Corton du reste de la Côte. Géologiquement, la Côte de Beaune apparaît plus homogène que la Côte de Nuits : au bas, un plateau presque horizontal, formé par les couches du bathonien supérieur recouvertes de terres fortement colorées. C'est de ces sols assez profonds que proviennent les grands vins rouges (beaune Grèves, pommard Épenots...). Au sud de la Côte de Beaune, les bancs de calcaires oolithiques avec, sous les marnes du bathonien moyen recouvertes d'éboulis, des calcaires sus-jacents donnent des sols à vigne caillouteux, graveleux, sur lesquels sont récoltés les vins blancs parmi les plus prestigieux : premiers ou grands crus des communes de Meursault, Puligny-Montrachet, Chassagne-Montrachet. Si l'on parle de « côte des rouges » et de « côte des blancs », il faut citer entre les deux le vignoble de Volnay, implanté sur des terrains pierreux argilo-calcaires, donnant des vins rouges d'une grande finesse.

BOURGOGNE-HAUTES-CÔTES-DE-BEAUNE

• Superficie : 815 ha • Production : 39 500 hl (85 % rouge)

Cette appellation est située sur une aire géographique comprenant une vingtaine de communes et débordant sur le nord de la Saône-et-Loire. Comme celui des hautes-côtes-de-nuits, ce vignoble s'est développé à partir des années 1970-1975. Le paysage est pittoresque et de nombreux sites méritent une visite, comme Orches, La Rochepot et son château, Nolay et ses halles. Enfin, les Hautes-Côtes, qui étaient autrefois une région de polyculture, sont restées productrices de petits fruits destinés à alimenter les liquoristes de Nuits-Saint-Georges et de Dijon. Cassis et framboise servent à élaborer des liqueurs et des eaux-de-vie d'excellente qualité. L'eau-de-vie de poire des Monts de Côte-d'Or trouve également ici son origine.

FRANÇOIS BERGERET
Rondo Vieilles Vignes 2012 ★

■ | 2 000 | | 8 à 11 €

Un domaine familial depuis quatre générations : 9 ha entre Nolay, dans les Hautes-Côtes, Beaune et Pommard, conduits depuis 2000 par François Bergeret.

Rondo ? Un vieux parcellaire de 45 ares planté en 1949 par le grand-père. Le pinot y donne naissance à un 2012 au nez expressif et charmeur de groseille. Une attaque franche et sans rugosité ouvre sur une bouche souple, fraîche et légère. Gourmand et gouleyant. ⧗ 2014-2016 ᛘ petit salé aux lentilles

François Bergeret, 15, rue Franche, 21340 Nolay, tél. 06 87 58 23 45, bergeret.francois@orange.fr V r.-v.

BOUCHARD AÎNÉ ET FILS Les Prieurés 2011 ★

■ | 10 000 | | 11 à 15 €

Dans le groupe Boisset depuis 1992, ce négoce beaunois a été fondé en 1731 par Michel Bouchard et son fils aîné Joseph. Dans l'ancien hôtel du conseiller du Roy (XVIIIe s.) sont entreposés les fûts d'élevage de cette maison historique qui propose une large gamme de vins de toute la Bourgogne, du Beaujolais et du Rhône.

Cette importante cuvée vinifiée et élevée en fût dévoile un nez fin de pêche et de fleurs blanches, mâtiné d'un léger grillé. Une attaque souple ouvre sur un palais rond et fruité, dynamisé par une finale longue et vive. Parfait pour découvrir l'appellation. ⧗ 2015-2017 ᛘ poisson sauce au Noilly-Prat

Bouchard Aîné et Fils, 4, bd du Mal-Foch, 21200 Beaune, tél. 03 80 62 61 00, dupre.a@bouchard-aine.fr V r.-v. Boisset

DOM. BOURGOGNE-DEVAUX 2012 ★

■ | 4 000 | | 8 à 11 €

Sylvie Bourgogne a repris en 1986 le domaine créé en 1899 par son arrière-grand-père. Contrainte de vendre la production en raisin et de réduire le vignoble (3 ha aujourd'hui), elle a vinifié son premier hautes-côtes-de-beaune en 2012.

Une première très réussie que cette cuvée née d'une vigne de cinquante ans. Un vin pourpre profond, au nez délicat de fruits rouges et d'épices douces, frais en attaque, long, ample, riche et puissant dans son développement. Du caractère et de la tenue. ⧗ 2015-2018 ᛘ gigot d'agneau grillé

Dom. Bourgogne-Devaux, rte de Mavilly, 21190 Meloisey, tél. 06 03 11 65 40, domaine.bourgogne@gmail.com V r.-v.

DOM. DENIS CARRÉ 2012

	n.c.		8 à 11 €

À Meloisey, dans les Hautes-Côtes, Martial et Gaëtane Carré ont rejoint leur père Denis, fondateur en 1975 de ce domaine qui excelle dans plusieurs AOC, en hautes-côtes-de-beaune, saint-romain et pommard notamment.

C'est dans un chai agrandi en 2013 que les Carré ont vinifié ce vin au nez expressif de fleurs blanches, de poire et de fruits exotiques accompagnés d'une note grillée. Le palais se montre souple, frais, fruité et d'un bon volume. ⌛ 2014-2017 🍴 salade de poisson

Dom. Denis Carré, 1, rue du Puits-Bouret, 21190 Meloisey, tél. 03 80 26 02 21, bernard.carregazzoni@sfr.fr V r.-v.

BERNARD CARRÉ 2012

	1 800		5 à 8 €

Installé depuis 2000 à Meloisey, petit village des Hautes-Côtes de Beaune, Bernard Carré est à la tête de 4,5 ha, tout en étant vigneron des Hospices de Beaune.

Au nez, les fruits rouges et noirs sont épaulés par un boisé léger. L'attaque est franche, le milieu de bouche frais et bien structuré, la finale vive et tonique. Un vin harmonieux. ⌛ 2014-2016 🍴 bäkeofe

Bernard Carré, 4, rue du Puits-Bouret, 21190 Meloisey, tél. 03 80 26 07 76, bernard.carreregazzoni@sfr.fr V r.-v.

JEAN CHARTRON En Bois Guillemain 2012

	5 298		11 à 15 €

Créé en 1859 par le tonnelier Jean-Édouard Dupard, ce domaine de 13 ha d'une grande constance, bien implanté dans les grands crus de Puligny, est conduit depuis 2004 en bio non certifié par Jean-Michel Chartron. L'un de ses credo : « Du bois, oui, mais pas trop. »

Dix mois de fût pour cette cuvée née sur les hauteurs. Le résultat : un nez franc de fruits jaunes et de miel frais, le boisé restant très discret, et un palais plutôt riche et charnu, avec une fine vivacité en soutien. ⌛ 2014-2016 🍴 brochet en sauce

SCEA Jean Chartron, 8 bis, Grande-Rue, 21190 Puligny-Montrachet, tél. 03 80 21 99 19, info@jeanchartron.com V r.-v.

LOUIS CHAVY 2011

	21 000	5 à 8 €

La Compagnie des Vins d'Autrefois (CVA) est une maison de négoce créée en 1975 par Jean-Pierre Nié, établie à Beaune. Elle propose une large gamme de vins de négoce et de domaines de Bourgogne et du Beaujolais.

Louis Chavy, maison de négoce-éleveur fondée en 1950 à Puligny-Montrachet, gérée par la CVA, propose un 2011 agréable, qui dévoile d'agréables senteurs de fleurs blanches et de miel accompagnées par une touche de grillé. Le palais, souple et franc en attaque, offre un bel équilibre gras-fraîcheur. ⌛ 2014-2017 🍴 wok de pousses de légumes

Compagnie des Vins d'Autrefois, 3, pl. Notre-Dame, 21200 Beaune, tél. 03 80 26 33 00, cva@cva-beaune.fr

DOM. DEMANGEOT Cuvée Delphine Saint-Eve 2012

	4 800		8 à 11 €

Originaire de Sampigny-lès-Maranges, cette famille vigneronne est enracinée dans les Hautes-Côtes : elle ne s'est déplacée que de 4 km en... quatre siècles. En 1982, Jean-Luc Demangeot s'installe sur le domaine, qui couvre aujourd'hui 9,75 ha.

Cette cuvée, baptisée en hommage à la grand-mère maternelle du vigneron, mêle fruits à chair blanche (pomme, poire), agrumes et boisé vanillé. Dans la continuité du nez, la bouche se montre vive et tonique, sans toutefois manquer de gras. Un vin équilibré. ⌛ 2015-2017 🍴 tajine de poisson au citron

Maryline et Jean-Luc Demangeot, 6, rue de Santenay, 21340 Change, tél. 03 85 91 11 10, contact@demangeot.fr V r.-v.

LOÏC DURAND 2012 ★★

	2 500		8 à 11 €

Jeune viticulteur, Loïc Durand, fils de Jean-Marc et Christine, a repris en 2005 le domaine familial, situé à côté de l'église de Savigny, qu'il a complété de vignes en beaune, savigny et chorey, si bien qu'il exploite 8 ha aujourd'hui.

Cette cuvée a défendu sa chance en finale des coups de cœur. Ses arguments : une élégante robe limpide et brillante, un nez expressif et non moins élégant qui marie les fleurs aux fruits frais (pêche, poire), et un palais ample, rond et gras, étayé par une fine fraîcheur qui lui apporte équilibre et longueur. ⌛ 2014-2018 🍴 escargots de Bourgogne en cocotte

Dom. Loïc Durand, rue de l'Église, 21200 Bouze-lès-Beaune, tél. 03 80 26 02 57, domainedurandloic@orange.fr V r.-v.

DOM. CHRISTOPHE GUILLO Le Cul de Fussey 2012

	4 800		5 à 8 €

Installé à Combertault dans la plaine de Beaune, Christophe Guillo présidait jusqu'en 2012 aux destinées du domaine du Bout du Monde à Nolay. Il est désormais à la tête de 10 ha sous son nom.

Cette parcelle de 1 ha est entourée d'immenses falaises, ce qui lui vaut ce nom pittoresque. Au nez, elle évoque les agrumes agrémentés d'une pointe boisée. La bouche se révèle vive et souple dès l'attaque, sans néanmoins manquer de gras. Un vin frais et équilibré. ⌛ 2014-2016 🍴 terrine de poisson

Christophe Guillo, 5, rte de Bourguignon, 21200 Combertault, tél. 03 80 26 67 05, guillo-c@wanadoo.fr V r.-v.

DOM. JEAN GUITON 2011 ★

	2 000		8 à 11 €

Jean Guiton est installé depuis 1973 à Bligny, dans la plaine de Pommard. Les vignes (11,5 ha) sont quant à elles implantées sur la Côte, notamment à Savigny. Guillaume, le fils, est arrivé au début des années 2000.

De jeunes vignes de sept ans sont à l'origine de ce vin or pâle qui s'ouvre sans détour sur les fruits exotiques, la poire et la vanille. On retrouve ce fruité intense et ce boisé

La Côte de Beaune

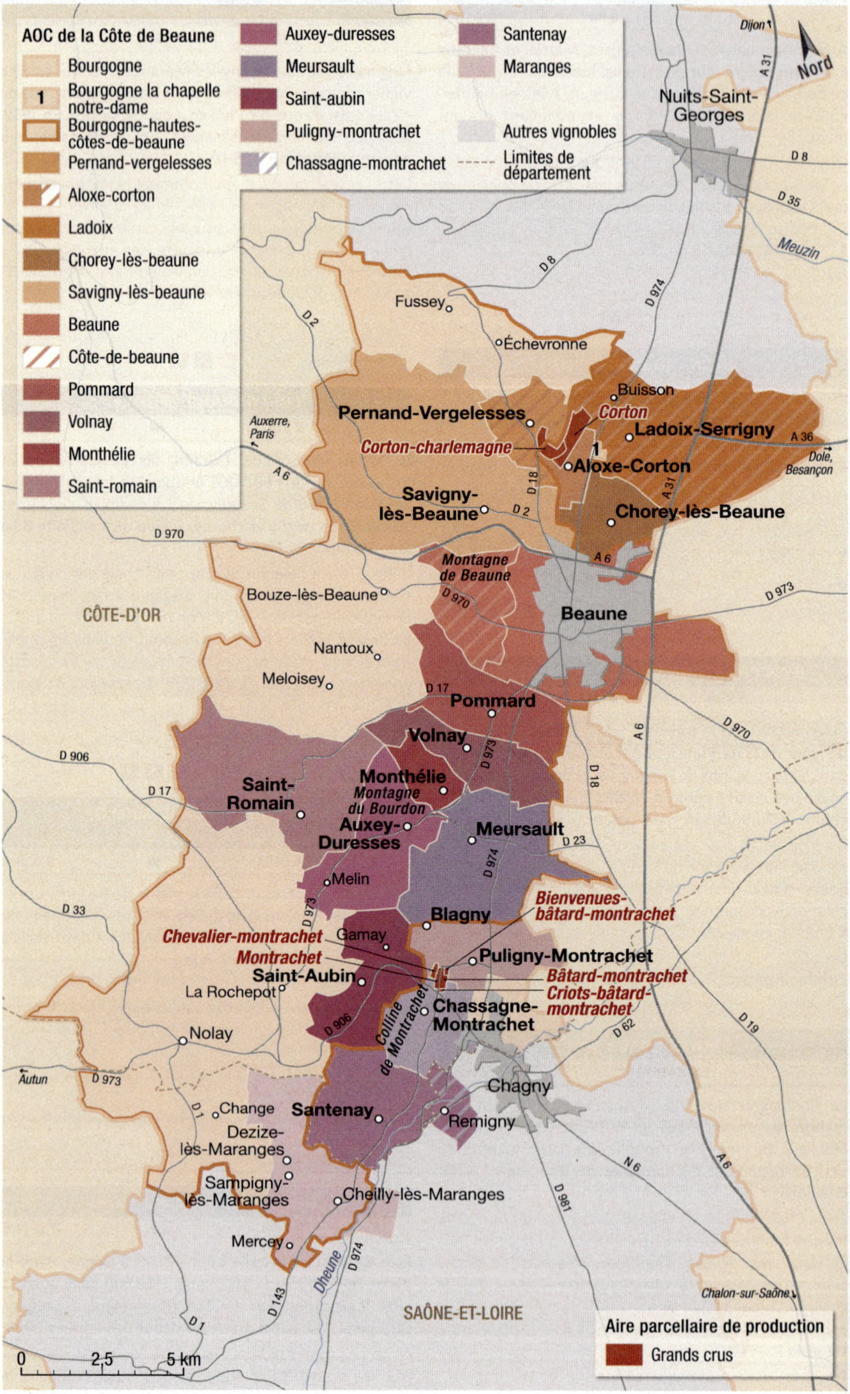

agréable dans une bouche ronde, égayée par une finale plus vive. ⧗ 2015-2017 ⫯ saumon à l'aneth

Dom. Jean Guiton, 4, rte de Pommard, 21200 Bligny-lès-Beaune, tél. 03 80 26 82 88, domaine.guiton@wanadoo.fr V r.-v.

♥ MAISON AYMERIC MAZILLY 2012 ★★

3 200 | 8 à 11 €

Les Mazilly sont installés depuis 1980 à Meloisey, charmant village des Hautes-Côtes de Beaune. Frédéric et son fils Aymeric exploitent, dans un esprit proche du bio, un coquet vignoble de 18 ha, ce qui n'est pas rien en Bourgogne. En 2004, Aymeric a également créé une maison de négoce.

Honneur au négoce et au fils cette année, et dans l'appellation phare de la famille, avec ce 2012 élevé dix mois en fût. Un modèle d'équilibre et d'élégance que ce vin jaune doré, au nez franc et intense de fleurs blanches et de fruits mûrs (pêche, poire) sur fond vanillé et brioché. Une attaque nette et tonique aux nuances d'agrumes ouvre sur un palais ample et long, bien équilibré entre gras et fraîcheur, entre apports du bois et du cépage. ⧗ 2014-2018 ⫯ ravioles aux fruits de mer

Maison Aymeric Mazilly, 3, pl. de l'Europe, 21190 Meursault, tél. 03 80 26 02 00, claudinemazilly@orange.fr V r.-v.

CHRISTIAN ET PASCAL MENAUT
La Jolivode 2011

13 000 | 8 à 11 €

Dans le pittoresque village de Nantoux (Hautes-Côtes de Beaune), Christian Menaut fait du vin depuis 1968, aujourd'hui épaulé par son fils Pascal.

Cette Jolivode (du nom d'une parcelle de 2 ha signifiant « jolie source »), régulièrement présente dans ces pages, dévoile d'engageants parfums de petits fruits rouges et de réglisse relayés par un palais souple, frais et d'un bon volume. ⧗ 2014-2017 ⫯ tourte à la viande

EARL Menaut, 5, rue Chaude, 21190 Nantoux, tél. 03 80 26 07 72 V r.-v.

PASCAL MURE 2011

1 900 | 8 à 11 €

Installé à Volnay depuis 1987, Pascal Mure poursuit l'histoire familiale sur ce domaine de près de 9 ha. Il fait partie de ces vignerons discrets qui, dans l'ombre des « locomotives » du cru, s'appliquent à valoriser leur appellation.

Il consacre 44 ares de chardonnay à ce hautes-côtes de bonne facture. Le miel, l'amande et quelques fruits blancs composent un bouquet avenant. Non moins plaisante est la bouche, souple et soutenue par une belle fraîcheur. ⧗ 2014-2015 ⫯ poisson grillé

Pascal Mure, 2, Grande-Rue, 21190 Volnay, tél. 03 80 21 61 15, contact@domaine-mure.com V r.-v.

DOM. HENRI NAUDIN-FERRAND 2011 ★

7 400 | 8 à 11 €

Claire Naudin, œnologue de formation, a repris en 1994 cette grande exploitation de 22 ha située à la frontière entre les hautes-côtes-de-beaune et leurs voisines nuitonnes. Depuis 1994, elle perpétue dans les deux Côtes, avec talent et dans une démarche peu interventionniste à la vigne comme au chai, l'œuvre de son père Henri, décédé en 2013. Une valeur sûre.

Ce 2011 né de vignes de quarante ans livre un bouquet élégant, à la fois floral et fruité. Souple en attaque, le palais se révèle ample et gras, soutenu en finale par une fine vivacité. Un ensemble expressif et harmonieux. ⧗ 2015-2017 ⫯ cuisses de grenouilles en persillade

Dom. Henri Naudin-Ferrand, 12, rue du Meix-Grenot, 21700 Magny-lès-Villers, tél. 03 80 62 91 50, info@naudin-ferrand.com V r.-v.

NICOLAS PÈRE ET FILS 2012

3 000 | 5 à 8 €

Un domaine familial de 17 ha établi sur les hauteurs de Nolay, dans les hautes Côtes beaunoises, et conduit depuis 1987 par Alain Nicolas.

Après dix mois de barrique, ce 2012 présente un nez à dominante de vanille, avec des épices (clou de girofle) et des agrumes en appoint. Le fût reste prégnant en bouche, accompagnant une matière ronde et suave et une finale sur l'amande. Pour amateurs de vins généreux et boisés. ⧗ 2015-2019 ⫯ poisson à la crème

Dom. Nicolas Père et Fils, 38, rte de Cirey, 21340 Nolay, tél. 03 80 21 82 92, nicolas-alain2@wanadoo.fr V t.l.j. 8h-12h 13h30-19h

NUITON-BEAUNOY Au Meix Genêts 2012

4 218 | 8 à 11 €

Fondée en 1957, la Cave des Hautes-Côtes, rebaptisée en 2013 Nuiton-Beaunoy, est la dernière coopérative de Côte-d'Or. Un nom qui marie les deux Côtes dans lesquelles elle récolte les 470 ha de ses cent quinze adhérents.

Cette cuvée est issue d'un clos de 1 ha situé dans la commune d'Échevronne, en haut de coteau. Discrète à l'olfaction, elle évoque à l'aération les fruits rouges puis la réglisse. Le fruit est bien présent en bouche, accompagné par des tanins fondus, mais plus stricts en finale. ⧗ 2015-2018 ⫯ soumaintrain fermier

La Cave des Hautes-Côtes, 93, rte de Pommard, 21200 Beaune, tél. 03 80 25 01 00, contact@cavesdeshautescotes.fr V t.l.j. sf dim. 9h30-12h 14h-18h

DOM. PANSIOT 2012

4 000 | 5 à 8 €

Un vaste domaine de 20 ha créé en 1981 (4 ha à l'origine) par Éric Pansiot, associé depuis 2000 avec son épouse Chantal et le Gallois Marc Thomson et rejoint en 2004 par sa fille Émilie. Un pied dans chaque Côtes et une dizaine d'appellations en production.

Ce 2012 dévoile un bouquet discret de myrtille et de mûre sur un léger fond boisé et mentholé. Souple en attaque, le palais évoque la griotte, soutenu par une bonne charpente et une fine acidité. ⧗ 2015-2019 ⫯ pièce de bœuf en croûte

SCEA Dom. Pansiot, 21, imp. du Château-de-la-Chaume, 21700 Corgoloin, tél. 03 80 62 94 32, domaine-pansiot@bbox.fr V r.-v.

DOM. PARIGOT Clos de la Perrière 2012 ★

	22 000		11 à 15 €

Le père, c'est Régis ; le fils, c'est Alexandre. L'œnologue, c'est Kyriakos Kynigopoulos, spécialiste renommé, né en Grèce. Sur un domaine de 20 ha, ils valorisent avec talent les terroirs bourguignons, témoins les nombreux coups de cœur obtenus pour leurs vins de la Côte de Beaune et des Hautes-Côtes.

Référence dans l'appellation, ce Clos de la Perrière fait une fois encore belle impression : nez discret mais élégant de fruits rouges confits mâtinés de toasté, belle attaque souple et fraîche, milieu de bouche ample et bien équilibré entre tanins du vin et du fût, longue finale. Un ensemble homogène et complet. 2015-2018 tourte bourguignonne

Dom. Parigot, 8, rte de Pommard, 21190 Meloisey, tél. 03 80 26 01 70, domaine.parigot@orange.fr V r.-v.

DOM. CHRISTIAN REGNARD
Élevé en fût de chêne 2012

	2 400		8 à 11 €

En 2010, Florian Regnard a rejoint son père Christian sur le domaine familial situé à Sampigny, l'un des trois villages de l'AOC maranges. Parcelle après parcelle, il agrandit le vignoble (9 ha aujourd'hui) et fait bouger les lignes en matière de vinification.

Dans ce pays de rouge, c'est en blanc que les Regnard se distinguent avec cette cuvée doré soutenu, au nez franc et frais d'agrumes et de vanille. Cette fraîcheur se retrouve dans une bouche équilibrée qui ne manque ni de gras ni de volume. 2014-2016 suprême de poulet à la crème

Christian Regnard, 9, rue Saint-Antoine, 71150 Sampigny-lès-Maranges, tél. 03 85 91 10 43, florian.regnard@hotmail.fr V r.-v.

REINE PÉDAUQUE 2012 ★

	n.c.		11 à 15 €

La Reine Pédauque est une signature historique de la Maison Corton André, vénérable maison de négoce-élevage installée à Aloxe-Corton depuis 1923 et propriété depuis 2003 du groupe Ballande. Elle bénéficie du suivi œnologique de Ludivine Griveau.

Après un beau 2011, cette cuvée est à nouveau distinguée dans un millésime capricieux. Au nez, le pain grillé se mêle aux fruits exotiques et aux agrumes. On retrouve ce mariage heureux du bois et du fruit dans une bouche équilibrée entre suavité et fraîcheur, une noble amertume animant la finale. 2015-2017 nouilles sautées au poulet

Reine Pédauque, 3, rue des Vercots, 21420 Aloxe-Corton, tél. 03 80 25 00 00, contact@reine-pedauque.com Corton André

NATHALIE RICHEZ La Justice 2012 ★

	n.c.		8 à 11 €

À trente-sept ans, souhaitant réorienter sa vie professionnelle, Nathalie Richez a pris le chemin de la « viti » de Beaune, avant de s'installer en 2011 sur un domaine de 12 ha allant de la côte chalonnaise aux hautes-côtes-de-beaune.

Première sélection dans le Guide et une belle entrée en matière avec ce 2012 ouvert sur les fruits rouges. Une attaque souple et fraîche introduit un palais fruité (mûre, myrtille), ample, dense et solidement bâti, gage d'un bon potentiel de garde. 2016-2020 rôti de bœuf

Nathalie Richez, 7, impasse Marguerite-de-Vienne, 71150 Chagny, tél. 06 47 27 96 92 V t.l.j. sf dim. 10h-12h 14h30-18h30

DOM. DE LA ROCHE AIGUË La Dalignère 2012

	2 610		8 à 11 €

Florence et Éric Guillemard, établis à la sortie d'Auxey-Duresses depuis 1995, conduisent un vignoble de 13 ha en auxey-duresses, saint-romain, meursault et pommard.

Né de 63 ares de vignes sexagénaires, ce vin d'abord discret s'ouvre à l'aération sur des parfums suaves de fruits rouges mûrs et d'épices. Le palais se montre bien fruité et souple en attaque, puis plus riche et gras, adossé à des tanins fins, encore un peu austères en finale. 2015-2018 filet de veau sauce curry

EARL la Roche Aiguë, Melin, rte de Beaune, 21190 Auxey-Duresses, tél. 03 80 21 28 33, guillemarderic@wanadoo.fr V r.-v. Guillemard

DOM. SAINT-MARC 2012 ★

	1 600		8 à 11 €

Un domaine de 7 ha situé à la limite des Maranges, dans les Hautes-Côtes, créé en 1980 par Jean-Claude Mitanchey, rejoint en 2011 par son fils Arnaud pour développer la vente en bouteilles.

« Nous optons pour des vinifications simples donnant des vins avec du fruit et de l'élégance », explique Arnaud Mitanchey. De fait, ce sont les fruits rouges qui assurent la trame aromatique de ce 2012 souple et frais, aux tanins ronds et soyeux. Un vrai « vin plaisir », fruité et gourmand. 2014-2016 pot-au-feu

Dom. Saint-Marc, 1, rue de Nolay, 71150 Paris-L'Hôpital, tél. 03 85 91 13 14, dne.saintmarc@wanadoo.fr V r.-v.

DOM. SAINT-SATURNIN DE VERGY 2013

	74 000		8 à 11 €

Ce domaine, une partie (31 ha) de l'ancien vignoble Geisweiler et Fils à Bévy, est aujourd'hui géré par l'équipe de Vincent Sauvestre (maison Béjot à Meursault).

Ce 2013 fraîchement mis en bouteilles dévoile un bouquet franc de fruits rouges. Fraise et framboise reviennent dans une bouche équilibrée, souple, légère et fraîche. Un vin sans chichi, fait pour le plaisir immédiat. 2014-2015 assiette de charcuterie

Dom. Saint-Saturnin de Vergy, 7, rte de Monthelie, 21190 Meursault, tél. 03 80 21 22 45, contact.france@bejot.com

CH. DE SANTENAY
Clos de la Chaise Dieu Monopole 2012 ★

	50 400		8 à 11 €

Ce majestueux château aux tuiles vernissées, aussi appelé « château Philippe le Hardi », fut propriété du

premier duc de la grande Bourgogne (1342-1404). Aujourd'hui dans le giron du Crédit Agricole, il étend son vaste vignoble sur 97 ha et plusieurs AOC beaunoises et chalonnaises.

Ce clos en monopole de 12,78 ha livre un 2012 au nez élégant de fleurs blanches et d'agrumes sur un fond vanillé discret. À l'unisson, la bouche séduit par son volume, son équilibre gras-fraîcheur, son boisé bien fondu et sa longueur. ⧗ 2015-2017 ¥ quenelles de brochet

SAS Ch. de Santenay, 1, rue du Château, 21590 Santenay, tél. 03 80 20 61 87, contact@chateau-de-santenay.com V r.-v.

MAISON STÉPHANE DE SOUSA – LA ROCHE BRÛLÉE Réserve 2011

| | 1 300 | | 8 à 11 € |

Après dix ans dans le médical et les biotechnologies, Stéphane de Souza, fils de vignerons de Meursault, est revenu à ses racines vigneronnes : il a créé son négoce en 2012 dans la cuverie de son grand-père maternel et acquis sa première vigne en 2013.

Premier millésime et première sélection dans ces pages pour ce néo-vigneron avec un vin bien fruité au nez comme en bouche (cassis, framboise), vif et de bonne longueur. ⧗ 2015-2017 ¥ poulet fermier

Maison Stéphane de Souza-la Roche brûlée, 19, rue de la Cave, 21190 Volnay, tél. 06 50 21 73 13, larochebrulee@gmail.com V r.-v.

DOM. THÉVENOT-LE BRUN & FILS 2012

| | 10 000 | | 8 à 11 € |

Un vaste domaine de 27 ha au cœur des Hautes-Côtes de Nuits, créé en 1960 par Maurice Thévenot-Le Brun, l'un des pères fondateurs des hautes-côtes modernes. À sa tête depuis 2007, son petit-fils Nicolas, qui a succédé à son père Daniel et à son oncle Jean.

Épices douces, puis cassis et cerise à l'aération, quelques notes de sous-bois: c'est un nez discret mais assez complexe qui ouvre la dégustation, prolongée par un palais frais, fruité et bien structuré. ⧗ 2014-2016 ¥ pâté en croûte

Dom. Thévenot-Le Brun et Fils, 36, Grande-Rue, 21700 Marey-lès-Fussey, tél. 03 80 62 91 64, thevenot-le-brun@wanadoo.fr V t.l.j. sf dim. 9h-12h 14h-18h; sam. sur r.-v.

LADOIX

• Superficie : 94 ha • Production : 4 065 hl (75 % rouge)

Porte de la Côte de Beaune, cette appellation mériterait d'être mieux connue. Elle porte le nom d'un des trois hameaux de la commune de Ladoix-Serrigny, situé sur la RN 74, les deux autres étant Serrigny, près de la ligne de chemin de fer, et Buisson. Ce dernier est situé exactement à la frontière géographique des Côtes de Nuits et de Beaune, marquée par la combe de Magny. Au-delà commence la montagne de Corton, aux grandes pentes à intercalations marneuses, constituant avec toutes ses expositions, est, sud et ouest, l'une des plus belles unités viticoles de la Côte.

Ces différentes situations contribuent à la variété des ladoix rouges, auxquels s'ajoute une production de vins blancs mieux adaptés aux sols marneux de l'argovien ; c'est le cas des Gréchons, par exemple, *climat* situé sur les mêmes niveaux géologiques que les corton-charlemagne, plus au sud, et qui donnent des vins très typés.

Autre particularité : bien que jouissant d'une classification favorable donnée par le Comité de viticulture de Beaune en 1860, Ladoix ne possédait pas de 1ers crus, omission qui a été réparée par l'INAO en 1978 : La Micaude, La Corvée et Le Clou d'Orge, aux vins de même caractère que ceux de la Côte de Nuits, Les Mourottes (basses et hautes), de tempérament sauvage, Le Bois-Roussot, Sur la Lave, sont les principaux de ces 1ers crus.

BOURGOGNE

DOM. CACHAT-OCQUIDANT 2012

| | 3 400 | | 11 à 15 € |

À la tête de 10 ha de vignes réparties tout autour de la montagne de Corton, Jean-Marc Cachat et son fils David figurent en bonne place dans le Guide, surtout pour leurs rouges, majoritaires dans leur carte des vins.

Un simple *village* issu d'une grande parcelle (1,35 ha). Le nez porte surtout l'empreinte des onze mois d'élevage en fût ; quant à la bouche, elle apparaît à la fois intense, délicate, soyeuse et longue. ⧗ 2017-2019 ¥ tournedos Richelieu ■ Les Madonnes Vieilles Vignes 2012 (15 à 20 € ; 4 350 b.) : il n'a pas le feu du 2011, le coup de cœur de l'an passé, mais un nez de fruits noirs légèrement épicé, une bouche fruitée, boisée et réglissée, déjà harmonieuse. ⧗ 2017-2019

Dom. Cachat-Ocquidant, 3, pl. du Souvenir, Cidex 1, 21550 Ladoix-Serrigny, tél. 03 80 26 45 30, domaine.cachat@wanadoo.fr V r.-v.

CAPITAIN-GAGNEROT La Micaude Monopole 2012

| 1er cru | 6 900 | | 20 à 30 € |

Vénérable domaine familial de 16,5 ha fondé en 1802 et implanté à Ladoix-Serrigny. Depuis le 1er janvier 2013, Pierre-François Capitain est seul maître à bord ; son père Patrice et son oncle Michel restant à l'écoute. En vue, notamment pour ses ladoix, aloxe et échézeaux.

L'un des onze 1ers crus que compte l'appellation, un monopole dont le nom signifie « mi-côte » en patois. D'un grenat limpide, le 2012 s'annonce par un nez de petits fruits rouges teinté de sous-bois. Après une attaque franche apparaissent des tanins fins, sur un fond fruité et délicatement boisé. ⧗ 2017-2019 ¥ aumônière au cîteaux

Maison Capitain-Gagnerot, 38, rte de Dijon, 21550 Ladoix-Serrigny, tél. 03 80 26 41 36, contact@capitain-gagnerot.com V r.-v.

B DOM. CHAPELLE ET FILS Les Vris 2011

| | 4 900 | | 11 à 15 € |

Domaine dans la famille Chapelle depuis 1893. Installé en 1991, Jean-François Chapelle conduit un vignoble de 19,7 ha (en bio certifié depuis 2009), du nord au sud de la Côte de Beaune, de Santenay à Aloxe-Corton, complété en 2002 par une activité de négoce.

Une robe pivoine pour ce 2011 qui fait parler la cerise, la groseille et la griotte. Un vin élégant et persistant porté par une belle vivacité. ⧗ 2017-2019 ¥ lapin à la crapaudine

Dom. Chapelle, SCEA Philippe Chapelle et Fils, 2, rue des Petits-Sentiers, 21590 Santenay, tél. 03 80 20 60 09, contact@domainechapelle.com V t.l.j. sf dim. 9h-12h 14h-17h

DOM. CHEVALIER PÈRE ET FILS
Les Corvées 2011 ★

1er cru	n.c.		20 à 30 €

Installé en 1994 sur ce domaine créé en 1850 par Émile Dubois, Claude Chevalier exploite avec trois de ses filles (Julie, Chloé et Anaïs) un vignoble de 14 ha situé au pied et sur les pentes de la montagne de Corton. Une valeur sûre de la Côte de Beaune.

Un joli nez – fruits rouges sur mousse humide –, prélude à un palais frais, étayé par des tanins fins qui soulignent la finale. 2015-2019 pintade au curry

Chevalier Père et Fils, hameau de Buisson, Cidex 18, 21550 Ladoix-Serrigny, tél. 03 80 26 46 30, contact@domaine-chevalier.fr V r.-v.

EDMOND CORNU ET FILS Le Bois Roussot 2011 ★

1er cru	4 200		20 à 30 €

Installé depuis 1985 à Ladoix, Edmond Cornu, à la retraite, a laissé la conduite des 15,5 ha du domaine à Pierre, Édith et Emmanuel. La famille Cornu exploite ses vignes jusqu'à Meursault pour former une large palette d'AOC 100 % Côte de Beaune.

Un 2011 grenat limpide au nez de sous-bois discret et délicat. Franc à l'attaque, sur des arômes de fraise, suffisamment structuré et long, il a les atouts nécessaires pour bien vieillir. 2017-2019 suprêmes de dinde marinés au curry Village 2011 ★ (4 100 b.) : un nez droit, minéral, annonciateur d'une matière tendue et fraîche, sans fioritures. 2017-2019

Edmond Cornu et Fils, Le Meix-Gobillon, 6, rue du Bief, Cidex 34, 21550 Ladoix-Serrigny, tél. 03 80 26 40 79, domaine.cornuetfils@orange.fr V r.-v.

FRANÇOIS GAY ET FILS 2011

	2 500		11 à 15 €

Établies dans la plaine de Chorey, sept générations de vignerons ont porté ce nom depuis 1880. Pascal Gay, fils de François, est aux commandes depuis 1998.

Grenat profond, ce 2011 livre à l'aération des parfums de fruits rouges confits. Poivrée en attaque, la bouche laisse poindre des tanins qui demandent à se fondre mais qui soulignent sa persistance. 2015-2018 lapin aux pruneaux

EARL François Gay et Fils, 9, rue des Fiètres, 21200 Chorey-lès-Beaune, tél. 03 80 22 69 58, dom.gay.francois.fils@orange.fr V r.-v.

DOM. JACOB 2012 ★

	15 000		11 à 15 €

Quatre générations de Jacob se sont succédé sur ce domaine régulier en qualité, établi à Ladoix-Serrigny, au pied de la montagne de Corton. Depuis 2006, Raymond, jusqu'alors aux commandes avec son frère Robert, est épaulé par son fils Damien pour conduire un vignoble de 13 ha.

Une trame aromatique liant le kirsch, les fruits rouges écrasés et le sous-bois. Ronde et suave, la bouche se déploie sur des tanins fins et fondus. 2016-2019 rognons de veau au gril Ladoix blanc 2012 (19 000 b.) : au nez, une partition composée de notes d'agrumes et de fougère qui soulignent sa vivacité : mieux vaut l'attendre un peu. 2017-2019

Dom. Damien et Raymond Jacob, hameau de Buisson, Cidex 20 bis, 21550 Ladoix-Serrigny, tél. 03 80 26 40 42, domainejacob@orange.fr V r.-v.

DOM. MARATRAY-DUBREUIL
En Nagets Monopole 2012 ★

1er cru	3 200		20 à 30 €

Domaine de Ladoix-Serrigny fondé en 1935, lorsque le père de Maurice Maratray préféra réinvestir ses gains dans l'achat de vignes plutôt que dans son entreprise de travaux publics. Maurice Maratray épousa la fille de Pierre Dubreuil, figure de Pernand. Aujourd'hui, l'exploitation couvre 18 ha.

Un fait assez rare pour être signalé : dans cette AOC dominée par le pinot noir et par le niveau communal, cette propriété voit distinguer deux 1ers crus, qui plus est issus de chardonnay. Les Nagets ? Un climat en haut de coteau : entre les anciennes carrières, les bois forment un creux où s'inscrit la vigne, orientée à l'est. Ce 2012 au nez réservé mais droit, légèrement boisé, offre une attaque franche et un palais généreux et complexe (poire, amande, minéralité). Idéal pour la table. 2015-2018 poularde aux morilles 1er cru Les Gréchons 2012 ★ (4 000 b.) : un nez d'acacia et une bouche riche, qui ajoute aux fleurs blanches la poire et l'amande. 2017-2019

Dom. Maratray-Dubreuil, 5, pl. du Souvenir, 21550 Ladoix-Serrigny, tél. 03 80 26 41 09, contact@domaine-maratray-dubreuil.com V t.l.j. sf sam. dim. 8h30-12h 14h-17h30

DOM. NUDANT Les Gréchots 2012 ★

1er cru	2 700		20 à 30 €

Un Guillaume Nudant d'Aloxe-Corton était déjà vigneron en 1453. Son descendant, Guillaume également, a rejoint en 2003 son père Jean-René sur le domaine familial de 16 ha plantés pour l'essentiel autour de la montagne de Corton.

L'un des onze 1ers crus de l'AOC Ladoix. Idéalement exposé entre 300 et 350 m au sommet de la Montagne de Corton, il n'est planté qu'en chardonnay. Le 2012, de couleur dorée, libère des parfums complexes de fruits jaunes et de viennoiserie. La mise en bouche dévoile un vin savoureux, équilibré et harmonieux, aux arômes d'amande grillée. 2019-2024 poêlée de gambas au wok 1er cru Les Buis 2011 (5 100 b.) : il exprime son terroir par sa puissance et sa longueur. 2017-2019

Dom. Nudant, 11, rte de Dijon, BP 15, 21550 Ladoix-Serrigny, tél. 03 80 26 40 48, domaine.nudant@wanadoo.fr V r.-v.

DOM. PARENT La Corvée 2011

1er cru	3 520		20 à 30 €

Fondé en 1803, le domaine est aujourd'hui dirigé par deux sœurs, Anne Parent et Catherine Pagès-Parent. Il couvre 10 ha exploités en bio (certification acquise en 2013).

Avec ses 7,14 ha, ce *climat* est le plus étendu des onze 1ers crus de Ladoix. Son vin affiche ici un nez de petits fruits rouges touchant légèrement au kirsch, avec un soupçon de sous-bois. D'abord bien enrobés, les tanins se font vifs et plus sévères en finale, sur une note de prunelle. 2015-2018 canette aux cerises

SAS Dom. Parent, 3, rue de la Métairie, BP 20008, 21630 Pommard, tél. 03 80 22 15 08, contact@domaine-parent-bourgogne.com r.-v.

LES PAULANDS Les Vris 2011 ★

	n.c.		20 à 30 €

Cette maison de négoce-éleveur fondée en 1898 et située au bord de la route des Grands Crus est aussi propriétaire d'un hôtel trois étoiles et d'un restaurant gastronomique bien connu. Entré comme jeune sommelier dans l'établissement, Christophe Fasquel a repris l'affaire en 1995.

D'un doré brillant, ce 2011 évoque au nez l'amande, avec des fleurs blanches à l'arrière-plan. Une juste acidité lui confère équilibre, fraîcheur et souligne sa longueur. Parfait pour découvrir le ladoix blanc. 2015-2017 écrevisses à la nage

Les Paulands, D 974, 21420 Aloxe-Corton, tél. 03 80 26 41 05, contact@lespaulands.fr V t.l.j. 8h-12h 14h-18h; f. 20 déc.-15 janv.

B DOM. PERRIN Sur les Vris 2011

	3 000		11 à 15 €

Implanté à Ladoix, un domaine familial de 9 ha, aujourd'hui conduit en bio (certifié en 2008) par Christian Perrin et sa fille Céline. Il est situé à l'emplacement d'un ancien cimetière mérovingien, et les trouvailles faites lors du creusement des caves sont exposées au caveau.

Cette parcelle tire son nom des carrières de laves (calcaires), aujourd'hui comblées et plantées de vignes. Elle a donné naissance à un chardonnay bien doré qui se parfume d'amande, de vanille et de biscuit. Dans le même registre, le palais se montre gras et bien équilibré. 2016-2018 beignets de crevettes sauce aigre-douce

Dom. Christian Perrin, 14, av. de Corton, Cidex 5 bis, 21550 Ladoix-Serrigny, tél. 03 80 26 40 93, domaine-perrin@orange.fr V t.l.j. sf dim. 8h-12h 14h-18h

DOM. PILLOT-HENRY 2012 ★

	3 500		8 à 11 €

Après avoir travaillé pendant dix ans comme technicien en viticulture, Thomas Henry s'est installé à Pommard en 2008. Il exploite 7,8 ha entre Nuits-Saint-Georges et Pommard.

D'un rubis limpide, ce *village* mêle au nez les fruits rouges et noirs. Après une attaque fraîche, il montre un très bel équilibre, étayé sur des tanins fins, un peu fermes en finale, qui laissent entrevoir d'intéressantes perspectives de garde. 2017-2019 steak de chevreuil sauce airelles

Pillot-Henry, ancienne rte d'Autun, 21630 Pommard, tél. 06 28 29 73 97, earl.pillot-henry@orange.fr V r.-v.

ALOXE-CORTON

• Superficie : 118 ha • Production : 4 380 hl (98 % rouge)

Encerclé par les vignes, Aloxe-Corton est l'un des trois villages établis au pied de la Montagne de Corton, à l'extrémité nord de la Côte de Beaune. Les terroirs les plus réputés sont situés sur la pente, en grand cru (corton et corton-charlemagne) et en 1er cru, sur des terrains marneux et calcaires. Parmi ces derniers, Les Maréchaudes, Les Valozières, Les Lolières (Grandes et Petites) sont les plus connus. Plusieurs châteaux aux tuiles vernissées méritent le coup d'œil.

BOUDIER PÈRE ET FILS 2012 ★

	3 000		15 à 20 €

Bouilleur de cru, l'arrière-grand-père a fondé ce domaine en 1910. Installé en 1990, Pascal Boudier cultive 7 ha. Il reste fidèle à l'étiquette parcheminée où s'affiche sans complexe un goût de la tradition.

Dans le verre, un vin rubis clair, qui libère des parfums intenses de fruits rouges bien mariés au grillé de la barrique. En bouche, c'est un vin franc, persistant, corsé, solidement bâti autour de tanins élégants et d'un boisé ajusté. Armé pour bien vieillir. 2017-2024 noisette de chevreuil

Pascal Boudier, 23, rue de Pralot, 21420 Pernand-Vergelesses, tél. 03 80 21 56 43, domaine.boudier@orange.fr V r.-v.

CAPITAIN-GAGNEROT Ls Moutottes 2012 ★

1er cru	6 600		30 à 50 €

Vénérable domaine familial de 16,5 ha fondé en 1802 et implanté à Ladoix-Serrigny. Depuis le 1er janvier 2013, Pierre-François Capitain est seul maître à bord ; son père Patrice et son oncle Michel restant à l'écoute. En vue, notamment pour ses ladoix, aloxe et échézeaux.

Ce *climat* situé dans la commune de Ladoix est classé pour moitié en grand cru corton, pour moitié en 1er cru. Le domaine en exploite 1,4 ha plantés de pinot noir âgés de cinquante-cinq ans, à l'origine d'un vin unanimement salué pour son élégance et sa délicatesse. Au nez, les petits fruits (groseille, griotte, cassis) sont ragaillardis par les épices. La bouche se montre suave, tendre et souple, adossée à des tanins au grain fin et soyeux. Un aloxe en dentelle. 2015-2019 cailles aux raisins

Maison Capitain-Gagnerot, 38, rte de Dijon, 21550 Ladoix-Serrigny, tél. 03 80 26 41 36, contact@capitain-gagnerot.com V r.-v.

DOM. CHEVALIER PÈRE ET FILS 2011

	n.c.		20 à 30 €

Installé en 1994 sur ce domaine créé en 1850 par Émile Dubois, Claude Chevalier exploite avec trois de ses filles (Julie, Chloé et Anaïs) un vignoble de 14 ha situé au pied et sur les pentes de la montagne de Corton. Une valeur sûre de la Côte de Beaune.

Cette cuvée livre un bouquet intense de sous-bois et de cerise. Une attaque douce prélude à un palais équilibré entre des tanins fins, un boisé toasté et une fine acidité. 2015-2019 quasi d'agneau aux herbes

Chevalier Père et Fils, hameau de Buisson, Cidex 18, 21550 Ladoix-Serrigny, tél. 03 80 26 46 30, contact@domaine-chevalier.fr V r.-v.

COMTE SENARD Les Valozières 2011 ★★

1er cru	1 800		30 à 50 €

Un domaine réputé pour ses corton, fondé en 1857 à partir du Clos des Meix, toujours monopole de la famille. Le vignoble couvre 9 ha conduits depuis 2005 par Lorraine Senard, qui élève ses vins dans des caves

BOURGOGNE

créées au XIVᵉs. par les bénédictins de l'abbaye de Sainte-Marguerite.

Le domaine exploite 70 ares de ce *climat* situé sous le corton Bressandes, où poussaient jadis des saules dont les rameaux servaient à attacher la vigne. Il en tire un aloxe pourpre intense aux senteurs engageantes de fruits rouges (cerise, framboise) et d'épices. Le palais suivant la même ligne aromatique dévoile de beaux tanins fins, enrobés par une chair riche et ronde qui lui donne un caractère déjà très gourmand. Un vin qui s'appréciera aussi bien jeune que vieux. ⌛ 2015-2021 🍷 filet de bœuf en croûte ■ **Village 2011 (1 000 b.) :** une rareté que cet aloxe né du pinot beurrot (nom bourguignon du pinot gris) ; un vin floral et légèrement toasté au nez, qui penche vers une jolie fraîcheur minérale en bouche. ⌛ 2014-2021

SCE Dom. Comte Senard, 1, rue des Chaumes, 21420 Aloxe-Corton, tél. 03 80 26 40 73, office@domainesenard.com V r.-v.

DOM. DOUDET
Les Maréchaudes Vieilles Vignes 2012

■ 1er cru | 1 200 | ⦶ | 30 à 50 €

Le négoce Doudet-Naudin a aussi son propre domaine fondé en 1933 : 13 ha entre Beaune et Pernand conduits en lutte raisonnée avec des expérimentations en bio. À la direction, Emmanuel Berteloot ; à la cave, Charles Deschamps et Isabelle Doudet, œnologues.

Un important drainage sur ce *climat* a permis à cet ancien marais, proche des sources de la Lauve, d'accueillir la vigne. Isabelle Doudet y exploite 30 ares de pinot noir à l'origine d'un vin ouvert sur les fruits noirs mûrs relevé d'épices, dense et très tannique en bouche. À attendre pour plus de fondu. ⌛ 2017-2022 🍷 bœuf en daube

Dom. Doudet, 5, rue Henri-Cyrot, 21420 Savigny-lès-Beaune, tél. 03 80 21 51 74, doudet-naudin@wanadoo.fr V r.-v.

DOM. BERNARD DUBOIS Les Brunettes 2012

■ | 4 500 | ⦶ | 15 à 20 €

Cette famille de Chorey exploite la vigne de père en fils depuis 1850. Le vignoble s'étend aujourd'hui sur 12,4 ha. Régulier en qualité, notamment pour ses aloxe et ses savigny.

Le nom complet de ce *climat* est Brunettes et Planchots : « Brunettes », du gaulois *brenno*, désignant des terrains humides, que l'on traverse à l'aide de passerelles de bois, les « planchots ». Les Dubois y cultivent 1,5 ha de pinot qui donnent régulièrement de belles cuvées, à l'image de ce 2012 sur les fruits noirs agrémentés de violette et d'une note musquée, dense, rond, bien structuré et long. ⌛ 2015-2021 🍷 paleron braisé aux endives

Dom. Bernard Dubois & Fils, 14, rue des Moutots, 21200 Chorey-lès-Beaune, tél. 06 29 74 46 75, domaine.dubois-bernard@wanadoo.fr V r.-v.

DOM. DE LA GALOPIÈRE 2011

■ | 2 800 | ⦶ | 15 à 20 €

Installé en 1982 sur le domaine familial, Gabriel Fournier exploite avec son épouse Claire 10,6 ha de vignes répartis dans plusieurs AOC de la Côte de Beaune, de Chassagne-Montrachet à la colline de Corton.

Élu coup de cœur l'an passé avec la version 2010, le domaine signe un 2011 moins ambitieux mais plaisant par son bouquet de fruits rouges rehaussés de poivre, comme par son palais, charnu et équilibré, bâti autour de tanins soyeux et d'une jolie fraîcheur. ⌛ 2016-2019 🍷 rôti de veau aux airelles

Claire et Gabriel Fournier, Dom. de la Galopière, 6, rue de l'Église, 21200 Bligny-lès-Beaune, tél. 03 80 21 46 50, cgfournier@wanadoo.fr V r.-v.

MICHEL GAY ET FILS 2011 ★

■ | 6 000 | ⦶ | 15 à 20 €

Les Gay sont plusieurs à Chorey. Ici, c'est le domaine des fils de Michel : Sébastien, installé en 2000, et Laurent, l'œnologue, qui l'a rejoint en 2010. Incarnant la quatrième génération, ils disposent de 15 ha à Chorey et dans les communes voisines.

Cette cuvée a bénéficié d'un long élevage de dix-huit mois en fût. La griotte mûre, le pruneau, les épices et une touche de cuir composent un bouquet avenant. Une attaque douce ouvre sur un palais rond, structuré en finesse et boisé avec mesure. Un vin équilibré. ⌛ 2015-2019 🍷 coq au vin

Dom. Michel Gay et Fils, 1 B, rue des Brenots, 21200 Chorey-lès-Beaune, tél. 03 80 22 22 73, michelgayetfils@orange.fr V r.-v.

LALEURE-PIOT 2011

■ | 1 500 | ⦶ | 30 à 50 €

Un domaine de 9,8 ha repris en 2010 par la maison beaunoise Champy. Dimitri Bazas, l'œnologue attitré depuis 1999, a entamé la conversion bio du domaine.

Cette cuvée offre un joli nez de fruits noirs, de café torréfié et d'herbe fraîche. En bouche, elle s'appuie sur une fine acidité, qui lui confère longueur et dynamisme, sur des tanins serrés, sans dureté, et sur un boisé bien intégré. Elle gagnera son étoile à l'ancienneté. ⌛ 2017-2020 🍷 rôti de bœuf

Laleure-Piot, 3-5, rue du Grenier-à-Sel, 21200 Beaune, tél. 03 80 25 09 99, contact@champy.com V r.-v. Pierre Beuchet

DOM. LEBREUIL Les Boutières 2012

■ | 1 500 | ⦶ | 20 à 30 €

Un domaine fondé en 1935 à partir de 2 ha, développé au cours des années 1960 par Pierre Lebreuil, repris par son fils Jean-Baptiste en 2000 aujourd'hui à la tête de 12 ha en Côte de Beaune.

Boutières ? Un lieu marécageux ou bien une outre de vin en peau de chèvre de 50 l, on ne sait pas trop... Les Lebreuil y cultivent 85 ares de pinot noir, qui donnent ici un vin au nez de griotte agrémentée de senteurs d'herbe fraîche et de sous-bois, vif en attaque, tannique et boisé. Un aloxe solide et prometteur, qui doit encore s'assouplir. ⌛ 2018-2024 🍷 gigue de chevreuil

Pierre et Jean-Baptiste Lebreuil, 17, rue Chanson-Maldant, 21420 Savigny-lès-Beaune, tél. 03 80 21 52 95, domaine.lebreuil@wanadoo.fr V r.-v.

DOM. MAILLARD PÈRE ET FILS 2011

■ | n.c. | ⦶ | 20 à 30 €

Représentant la dixième génération sur le domaine (1766), les frères Alain (à la vigne) et Pascal Maillard (au

chai) disposent d'un vignoble de 19 ha répartis dans sept communes aux environs de la montagne de Corton. Une valeur sûre, notamment en corton et en chorey.

Ce *village* né de ceps âgés de quarante-cinq ans mêle au nez le floral et quelques nuances épicées. La bouche est souple, d'un bon volume, étayée par des tanins fins et une pointe de vivacité. 2015-2018 travers de porc au gril

Dom. Maillard, 2, rue Joseph-Bard, 21200 Chorey-lès-Beaune, tél. 03 80 22 10 67, contact@domainemaillard.com V r.-v.

DOM. MICHEL MALLARD ET FILS La Toppe au vert 2011 ★

1er cru | 1 650 | | 30 à 50 €

Michel Mallard agrandit dans les années 1950 le domaine familial, repris depuis par son fils Patrick et son petit-fils Michel. Un domaine de 12,5 ha aujourd'hui, qui se distingue régulièrement pour ses ladoix, aloxe et corton.

Le domaine cultive 43 ares de ce *climat* situé sous le grand cru corton Les Vergennes. Le vin présente un nez fin et avenant de fruits rouges, framboise en tête. On retrouve le petit fruit, avec intensité, dans une bouche offrant une bonne mâche et de la concentration sans excès, soutenue par des tanins élégants. Une bouteille déjà harmonieuse, qui ne sera que meilleure après un peu de garde. 2016-2020 volaille farcie aux champignons

Dom. Michel Mallard et Fils, 43, rte de Dijon, Cidex 14, 21550 Ladoix-Serrigny, tél. 03 80 26 40 64, domainemallard@hotmail.fr V r.-v.

DOM. MEUNEVEAUX 2012

| 6 000 | | 15 à 20 €

Un domaine familial fondé au début du XXᵉs. et conduit depuis 1990 par Didier et Yvonne Meuneveaux, rejoints en 2009 par leur fils Freddy et leur belle-fille Daisy, œnologue. Le vignoble s'étend sur 6 ha, essentiellement à Aloxe-Corton.

Ce 2012 élevé dix-huit mois en barrique s'ouvre à l'aération sur les fruits rouges et noirs compotés, les épices et le sous-bois. En bouche, il se révèle encore tannique et austère, enrobé par un gras qui l'attendrit quelque peu. Un aloxe ferme et viril, qu'il conviendra d'attendre. 2017-2024 osso-bucco

Dom. Meuneveaux, 3, jardin des Brunettes, 21420 Aloxe-Corton, tél. 03 80 26 42 33, tmeuneveaux@hotmail.fr V r.-v.

PIERRE OLIVIER 2012

| 21 000 | | 20 à 30 €

Dans le giron de la maison de négoce murisaltienne Béjot, cette marque historique, suivie en cave par Dominique Glardon et par l'œnologue Matthieu Carrara, est une habituée du Guide. Pierre Olivier a réellement existé : il fut chef de cave puis courtier.

Ce 2012 livre un nez de fruits rouges frais complété d'épices. Le palais, d'un style plutôt souple, est étayé par des tanins soyeux et fondus, et par une fraîcheur agréable. 2016-2020 filet mignon de veau

Pierre Olivier, 7, rte de Monthelie, 21190 Meursault, tél. 03 80 21 22 45, contact.france@bejot.com

LES PAULANDS Les Vercots 2011 ★

1er cru | n.c. | | 30 à 50 €

Cette maison de négoce-éleveur fondée en 1898 et située au bord de la route des Grands Crus est aussi propriétaire d'un hôtel trois étoiles et d'un restaurant gastronomique bien connu. Entré comme jeune sommelier dans l'établissement, Christophe Fasquel a repris l'affaire en 1995.

Ce 1ᵉʳ cru – une ancienne vigne monastique dont le nom désignerait un domaine agricole situé en hauteur, sur un terrain en pente – touche aux limites de Pernand-Vergelesses. La maison Paulands en livre une version fruitée et épicée, ronde, riche, dense, aux tanins souples et soyeux. Un aloxe bien construit, déjà charmeur, apte aussi à vieillir. 2015-2019 rôti de bœuf

Les Paulands, D 974, 21420 Aloxe-Corton, tél. 03 80 26 41 05, contact@lespaulands.fr V t.l.j. 8h-12h 14h-18h; f. 20 déc.-15 janv.
Ch. Fasquel

DOM. POULLEAU PÈRE ET FILS 2012

| 1 100 | | 20 à 30 €

Depuis le départ à la retraite de son père Michel en 1996, Thierry Poulleau et son épouse Florence gèrent les 7,5 ha du domaine familial créé par le grand-père Gaston, et signent des vins souvent en vue, notamment des volnay, chorey et côte-de-beaune.

Un nez fin de fruits rouges mariés à un boisé pas trop appuyé. En bouche, même union réussie du fruit et de la barrique, de la fraîcheur et une trame de tanins soyeux. Un bon classique. 2015-2019 magret de canard aux cerises

Dom. Michel Poulleau, 7, rue du Pied-de-la-Vallée, 21190 Volnay, tél. 03 80 21 26 52, domaine.poulleau@wanadoo.fr V r.-v.

DOM. PRIN 2012

| n.c. | | 20 à 30 €

Implanté à Ladoix-Serrigny, ce domaine de 6 ha est conduit par Jean-Luc Boudrot depuis 1994. Régulièrement en vue pour ses ladoix, aloxe, corton et savigny.

Après un coup de cœur l'an dernier pour son aloxe 2011, le vigneron signe un 2012 qui, sans atteindre les mêmes sommets, se fait d'emblée séducteur par son nez de fruits rouges confits accompagnés d'épices (poivre, clou de girofle) et d'un toasté léger. À l'unisson, le palais associe une chair ronde et tendre à un boisé ajusté et à des tanins bien présents mais affinés. De bonne garde, assurément. 2017-2022 tendrons de veau

Dom. Prin, 2, rue Saint-Marcel, Cidex 44, 21550 Ladoix-Serrigny, tél. 03 80 26 45 83, domaineprin@yahoo.fr V r.-v.

REINE PÉDAUQUE 2012

| 4 560 | | 20 à 30 €

La Reine Pédauque est une signature historique de la Maison Corton André, vénérable maison de négoce-élevage installée à Aloxe-Corton depuis 1923 et propriété depuis 2003 du groupe Ballande. Elle bénéficie du suivi œnologique de Ludivine Griveau.

La cerise, le cassis, quelques notes florales et vanillées composent un bouquet plaisant. Une attaque souple prélude à un palais fruité, généreux, plein, bien structuré, un peu plus strict en finale. ⧗ 2016-2020 ♈ tarte à l'époisses et au livarot

Reine Pédauque, 3, rue des Vercots, 21420 Aloxe-Corton, tél. 03 80 25 00 00, contact@reine-pedauque.com André Corton

DOM. JOËL REMY La Combe 2012

	n.c.		20 à 30 €

Un domaine fondé en 1853 au sud-est de Beaune, repris en 1988 par Joël Rémy (cinquième génération), qui met en valeur avec son épouse Florence un vignoble de 12 ha répartis dans plusieurs appellations de la Côte de Beaune.

Ce vin né dans un secteur sortant de la combe de Pernand-Vergelesses dévoile des parfums intenses et élégants de fruits noirs et rouges mûrs, et d'épices. La bouche évolue en souplesse, sur un fond de fruits et de bois bien mariés, portée par des tanins fins et soyeux. ⧗ 2016-2020 ♈ pavé de biche aux airelles

Dom. Joël Remy, 4, rue du Paradis, 21200 Sainte-Marie-la-Blanche, tél. 03 80 26 60 80, domaine.remy@wanadoo.fr V r.-v.

CH. DE SANTENAY
Les Brunettes et Planchots 2012 ★

	10 000		20 à 30 €

Terroirs et Chateaux de Bourgogne est la structure de négoce du Ch. de Santenay, aussi appelé « Château Philippe le Hardi », aujourd'hui dans le giron du Crédit Agricole.

À l'intensité de la robe d'un grenat seyant répond celle du bouquet centré sur les fruits rouges frais avec un fond de vanille. Vive et alerte en attaque, portée par de beaux tanins fins et soyeux, la bouche se révèle ample, riche, concentrée et persistante. ⧗ 2017-2021 ♈ carbonade de bœuf

SAS Terroirs et Châteaux de Bourgogne, 1, rue du Château, 21590 Santenay, tél. 03 80 20 61 87, contact@chateau-de-santenay.com V r.-v.

PERNAND-VERGELESSES

• Superficie : 135 ha • Production : 5 640 hl (52 % rouge)

Situé à la jonction de deux vallées, exposé plein sud, le village de Pernand est sans doute le plus « vigneron » de la Côte. Rues étroites, caves profondes, vignes de coteaux, hommes de grand cœur et vins subtils lui ont fait une solide réputation, à laquelle de vieilles familles bourguignonnes ont largement contribué. Il possède le bois de Corton, ainsi qu'une partie des terroirs en grand cru de la célèbre « montagne ». Parmi les 1ers crus, le plus réputé est l'Île des Vergelesses, qui donne des vins tout en finesse.

DOM. FRANÇOISE ANDRÉ Sous Frétille 2011 ★★

1er cru	2 700		20 à 30 €

Un domaine de 8,5 ha (en bio certifié depuis 2012) créé en 1983 par Françoise André et l'un des derniers à avoir ses caves derrière les remparts de Beaune. Auparavant confiée au comte Sénard, la gestion est assurée depuis 2009 par Lauriane André, belle-fille de la propriétaire.

Des onze 1ers crus que compte Pernand, le *climat* Sous Frétille fait partie des meilleurs : ce 2011 arrive en finale des coups de cœur. Ses arguments : des parfums bien mariés de pain grillé et de fleurs blanches, de la rondeur, du volume et un fruité délicat en bouche, de la persistance et beaucoup d'équilibre. ⧗ 2014-2019 ♈ carpaccio de saint-jacques à l'aneth

Dom. Françoise André, 7, rempart Saint-Jean, 21200 Beaune, tél. 06 24 66 38 86, andre.lauriane@yahoo.com V r.-v.

PASCAL CLÉMENT Les Combottes 2012

	1 500		11 à 15 €

Après vingt ans de vinification dans différents domaines de Bourgogne, Pascal Clément a créé son négoce en 2012, tourné essentiellement vers les blancs de la Côte chalonnaise et de la Côte de Beaune.

Cette cuvée est issue d'un *climat* bordant les 1ers crus dans une zone réputée pour le chardonnay. Elle propose un nez floral légèrement miellé. Suit une bouche ferme et franche, où l'agrume apporte en finale une touche acidulée. ⧗ 2014-2017 ♈ pâtes aux fruits de mer

Pascal Clément, 13, rue de Cîteaux, 21420 Savigny-lès-Beaune, tél. 03 80 24 75 05, contact@pascal-clement.fr V r.-v.

DOM. DENIS PÈRE ET FILS Sous Frétille 2012

1er cru	3 000		20 à 30 €

En 1940, Raoul Denis, vigneron des Hospices de Beaune comme l'étaient son père et son grand-père, reprend le vignoble familial (13 ha aujourd'hui). Christophe tient le flambeau depuis 1992.

Ce 1er cru réputé auprès des amateurs est majoritairement planté en blanc. Un parfum complexe, mêlant fleurs blanches, miel et toasté du fût, précède un palais ample et suave soutenu par une agréable fraîcheur. Un vin bien équilibré. ⧗ 2015-2018 ♈ poulet à l'estragon

Dom. Denis Père et Fils, 4, chem. des Vignes-Blanches, 21420 Pernand-Vergelesses, tél. 03 80 21 50 91, denis.pere-et-fils@wanadoo.fr V r.-v.

DOM. DOUDET Les Fichots Vieilles Vignes 2012 ★

1er cru	3 600		20 à 30 €

Le négoce Doudet-Naudin a aussi son propre domaine fondé en 1933 : 13 ha entre Beaune et Pernand conduits en lutte raisonnée avec des expérimentations en bio. À la direction, Emmanuel Berteloot ; à la cave, Charles Deschamps et Isabelle Doudet, œnologues.

Ce 1er cru tient son nom de la famille Fichot, qui en était le propriétaire. Derrière une robe grenat se dévoile un vin aux accents de fruits noirs et de boisé grillé. Le palais, ample et puissant, s'appuie sur des tanins francs mais fins, et s'accompagne de notes épicées qui relèvent une finale persistante. ⧗ 2017-2019 ♈ lapin sauce gibelotte

Dom. Doudet, 5, rue Henri-Cyrot, 21420 Savigny-lès-Beaune, tél. 03 80 21 51 74, doudet-naudin@wanadoo.fr V r.-v.

DUBREUIL-FONTAINE PÈRE FILS
Clos Berthet Monopole 2012

1er cru	n.c.		20 à 30 €

La famille Dubreuil est installée à Pernand-Vergelesses depuis 1879. Incarnant la cinquième génération, Chris

tine Dubreuil, œnologue, a pris la tête du domaine en 1991 (20 ha sur plus d'une dizaine d'AOC).

Clos Berthet: un monopole de l'ancienne vigne de la famille Berthet. Ce 2012 livre des parfums de fleurs blanches et d'agrumes. Bien équilibré entre acidité et moelleux, il possède la minéralité du lieu et suffisamment de tension pour la garde. ⧗ 2014-2017 🍴 sole meunière ■ *Village* 2012 (15 à 20 € ; 12 500 b.) : un vin harmonieux aux notes de fougère, frais et long. ⧗ 2014-2015

Dom. P. Dubreuil-Fontaine, 18, rue Rameau-Lamarosse, 21420 Pernand-Vergelesses, tél. 03 80 21 55 43, domaine@dubreuil-fontaine.com V r.-v.

DUPASQUIER ET FILS 2012 ★

■	900		11 à 15 €

Dans la famille Dupasquier depuis cinq générations, ce domaine dispose de 10 ha répartis autour de Nuits-Saint-Georges et de la montagne de Corton.

Ce *village* pâle et brillant déploie un bouquet floral et fruité mâtiné de nuances grillées. La bouche offre une jolie minéralité et une finale vive sur les agrumes. Un ensemble équilibré. ⧗ 2014-2017 🍴 sandre au beurre blanc

Dom. Dupasquier et Fils, 47 B, rue Henri-Challand, 21700 Nuits-Saint-Georges, tél. 03 80 61 13 78, dupasquier.domaine@wanadoo.fr V r.-v.

FRANÇOIS GAY ET FILS 2012 ★

■	2 700		15 à 20 €

Établies dans la plaine de Chorey, sept générations de vignerons ont porté ce nom depuis 1880. Pascal Gay, fils de François, est aux commandes depuis 1998.

Ce 2012 expressif mêle au nez le floral, le fruité et le vanillé. Le palais, porté par la fraîcheur des agrumes et une jolie minéralité, se révèle souple et long. ⧗ 2015-2018 🍴 viande blanche, poisson grillé

EARL François Gay et Fils, 9, rue des Fiètres, 21200 Chorey-lès-Beaune, tél. 03 80 22 69 58, dom.gay.francois.fils@orange.fr V r.-v.

DOM. DOMINIQUE GUYON Les Vergelesses 2011 ★

■ 1er cru	3 000		20 à 30 €

Ce domaine de Savigny-lès-Beaune s'est constitué depuis les années 1960 un vignoble de près de 50 ha allant de Gevrey-Chambertin à Meursault. Conduite par Dominique Guyon, fils d'Antonin, l'exploitation affiche une taille plus bordelaise que bourguignonne.

Le terroir des Vergelesses se partage entre les communes de Savigny et de Pernand. Il prend dans ce vin des accents de griotte et d'épices que l'on retrouve dans une bouche ronde, charnue, concentrée et persistante. ⧗ 2015-2020 🍴 porc grillé aux herbes

Dom. Dominique Guyon, 21420 Savigny-lès-Beaune, tél. 03 80 67 13 24, domaine@guyon-bourgogne.com V r.-v.

LALEURE-PIOT Les Combottes 2012 ★

■	3 600		20 à 30 €

Un domaine de 9,8 ha repris en 2010 par la maison beaunoise Champy. Dimitri Bazas, l'œnologue attitré depuis 1999, a entamé la conversion bio du domaine.

Né sur un lieu-dit situé en sortie de la combe de Pernand, ce 2012 aux reflets or pâle offre un nez intense aux accents citronnés, épicés et vanillés. Tout aussi expressive, la bouche se révèle vive, minérale, fine et longue. Du potentiel et de l'intensité. ⧗ 2015-2018 🍴 tajine de poisson au citron confit

Laleure-Piot, 3-5, rue du Grenier-à-Sel, 21200 Beaune, tél. 03 80 25 09 99, contact@champy.com V r.-v. Pierre Beuchet

PIERRE MAREY ET FILS 2012

■	10 000		15 à 20 €

Situé au cœur de Pernand-Vergelesses, ce domaine qui s'étend sur 11 ha au nord de la Côte de Beaune, a créé une activité de négoce sous le nom de Éric Marey.

Ce 2012 représente 20 % des vignes de l'exploitation. Il libère des parfums d'agrumes relayés par une matière vive et équilibrée. La garde lui apportera plus d'expression. ⧗ 2014-2018 🍴 poisson grillé ■ Éric Marey 1er cru Les Fichots 2011 (20 à 30 € ; 4 700 b.) : des notes de fruits rouges et de pruneau, de la rondeur, une certaine puissance, des tanins déjà agréables. ⧗ 2014-2015

EARL Pierre Marey et Fils, 5 et 6, rue Jacques-Copeau, 21420 Pernand-Vergelesses, tél. 03 80 21 51 71, domaine.pierremareyfils@orange.fr V r.-v.

B DOM. PAVELOT Sous Frétille 2012

■ 1er cru	4 900		20 à 30 €

Un domaine de près de 9 ha au pied d'une des pentes de la Montagne de Corton, transmis de père en fils depuis le XIXe s. et conduit depuis 2002 par Luc Pavelot et sa sœur Lise.

Ce vin jaune pâle aux reflets verts dévoile un nez intense mêlant fleurs blanches et boisé. Il se montre souple, vif, minéral et fruité (fruits à chair blanche, agrumes) en bouche. Un bon classique. ⧗ 2014-2017 🍴 poisson grillé ■ *Village* 2012 (10 à 15 € ; 4 980 b.) : nez minéral et floral, palais léger, frais et équilibré, finale acidulée. ⧗ 2014-2016

EARL Dom. Pavelot, Luc et Lise Pavelot, 6, rue du Paulant, 21420 Pernand-Vergelesses, tél. 03 80 26 13 65, domaine.pavelot@orange.fr V r.-v.

DOM. POISOT PÈRE FILS En Caradeux 2011 ★

■ 1er cru	1 650		20 à 30 €

Après vingt-cinq ans dans la marine, Rémi Poisot a repris en 2010 le vignoble familial, 2 ha hérités en 1902 par Marie Poisot, fille de Louis Latour : un 1er cru en pernand et trois grands crus (corton, corton-charlemagne et romanée-saint-vivant).

Un 2011 né sur les hauteurs du *climat* En Caradeux, classées en *village* (les parcelles situées juste en dessous sont en 1er cru). Avec ce second millésime, Rémi Poisot livre un vin sur les fruits rouges agrémentés d'une touche boisée. Au palais, les tanins sont bien présents de l'attaque à la finale et destinent ce vin à la garde. ⧗ 2017-2020 🍴 gibier à plume

Rémi Poisot, 14, av. Charles-Jaffelin, 21200 Beaune, tél. 03 80 21 16 91, remi.poisot@domaine-poisot.fr V r.-v.

DOM. RAPET PÈRE & FILS Sous Frétille 2012 ★

1er cru | 4 500 | 20 à 30 €

Ce domaine ancien (1765) et incontournable de Pernand-Vergelesses est conduit par Vincent Rapet depuis 1985. S'il se passionne pour sa commune natale, ce dernier travaille les appellations voisines avec le même soin, sur un vignoble de 20 ha.

Situé au pied de la colline qui lui a donné son nom, le *climat* Sous Frétille livre ici un 2012 or pâle sur les fleurs et fruits blancs. Le palais dévoile un boisé élégant et laisse transparaître la minéralité du lieu, qui lui confère fraîcheur et longueur. ⧗ 2014-2019 ¥ poisson sauce aux agrumes

Dom. Rapet Père & Fils, 2, pl. de la Mairie, 21420 Pernand-Vergelesses, tél. 03 80 21 59 94, vincent@domaine-rapet.com V r.-v.

♥ DOM. ROLLIN PÈRE ET FILS
Île des Vergelesses 2011 ★★

1er cru | 3 200 | 20 à 30 €

Longtemps modestes vignerons au service d'autres exploitations, les Rollin (aujourd'hui Rémi et Simon) se sont mis peu à peu à leur compte et exploitent depuis 1932 un domaine de 12 ha à Pernand-Vergelesses, appellation dans laquelle leurs vins brillent régulièrement, dans les deux couleurs.

La famille Rollin obtient un quatrième coup de cœur d'affilée avec cette Île des Vergelesses, 1er cru né de vignes de cinquante ans. Un vin rubis profond qui dévoile des arômes francs de fruits rouges. Le palais, à l'unisson, se révèle concentré, charnu, soyeux, porté par des tanins fondus à souhait. ⧗ 2017-2020 ¥ gigot d'agneau ■ *Village* 2012 ★ (15 à 20 € ; 10 000 b.) : nez floral mâtiné de fruits blancs, attaque ronde, palais soyeux et frais, belle longueur. ⧗ 2017-2019 ■ *Village* Les Cloux 2012 (15 à 20 € ; 4 000 b.) : bouquet subtil, floral et fruité, palais rond et équilibré. ⧗ 2014-2015

Rollin Père et Fils, 49, rte des Vergelesses, 21420 Pernand-Vergelesses, tél. 03 80 21 57 31, contact@domaine-rollin.com V r.-v.

CORTON

• Superficie : 95 ha • Production : 2 985 (95 % rouge)

Au nord de la Côte de Beaune, la « montagne de Corton » est constituée, du point de vue géologique, de différents niveaux auxquels correspondent plusieurs types de vins. Couronnées par le bois qui pousse sur les calcaires durs du rauracien (oxfordien supérieur), les marnes argoviennes laissent apparaître sur plusieurs dizaines de mètres des terres blanches propices aux vins blancs. Elles recouvrent la « dalle nacrée », calcaire en plaquettes qui recèle de nombreuses coquilles d'huîtres de grande dimension ; sur cette formation ont évolué des sols bruns propices au pinot noir.

L'appellation corton peut produire du vin blanc, mais elle est surtout connue en rouge. Les Bressandes naissent sur des terres rouges et allient la puissance à la finesse. En revanche, dans la partie haute des Renardes, des Languettes et du Clos du Roy, les terres blanches donnent en rouge des vins charpentés qui, en vieillissant, prennent des notes animales sauvages que l'on retrouve dans Les Mourottes de Ladoix. Le corton est le grand cru le plus important en volume.

DOM. HENRI ET GILLES BUISSON Ménardes 2011

Gd cru | 1 800 | 30 à 50 €

Avec l'arrivée en 2009 sur le domaine familial (19 ha) des fils de Gilles Buisson, Franck et Frédérick, la conversion bio que le grand-père Henri, novateur, avait entamée dans les années 1970 a été officialisée et acquise en 2012.

Les Buisson cultivent 38 ares de ce *climat* réputé, situé sous la montagne de Corton. Ils en extraient un vin d'abord fermé, qui s'ouvre à l'aération sur les fruits rouges confiturés et le toasté. Une attaque souple et fraîche introduit un palais dense, riche et gras, aux tanins fins et élégants. De belles promesses pour l'avenir. ⧗ 2017-2022 ¥ navarin d'agneau

Dom. Henri et Gilles Buisson, imp. du Clou, 21190 Saint-Romain, tél. 03 80 21 22 22, contact@domaine-buisson.com V t.l.j. sf dim. 9h-12h 14h-17h

DOM. CACHAT-OCQUIDANT
Clos des Vergennes Monopole 2012

Gd cru | 3 200 | 30 à 50 €

À la tête de 10 ha de vignes réparties tout autour de la montagne de Corton, Jean-Marc Cachat et son fils David figurent en bonne place dans le Guide, surtout pour leurs rouges, majoritaires dans leur carte des vins.

Fierté de la famille, ce clos de 1,42 ha acquis aux enchères en 1937 s'invite souvent dans ces pages, généralement en bonne place. Le 2012 est fidèle à sa réputation de solide gaillard. Au nez intense de cassis mûr et de boisé grillé répond un palais puissant, bien concentré, corsé, épicé et persistant. ⧗ 2017-2022 ¥ entrecôte sauce roquefort

Dom. Cachat-Ocquidant, 3, pl. du Souvenir, Cidex 1, 21550 Ladoix-Serrigny, tél. 03 80 26 45 30, domaine.cachat@wanadoo.fr V r.-v.

DOM. CHEVALIER PÈRE ET FILS Le Rognet 2011 ★

Gd cru | n.c. | 50 à 75 €

Installé en 1994 sur ce domaine créé en 1850 par Émile Dubois, Claude Chevalier exploite avec trois de ses filles (Julie, Chloé et Anaïs) un vignoble de 14 ha situé au pied et sur les pentes de la montagne de Corton. Une valeur sûre de la Côte de Beaune.

C'est un corton de caractère que propose le domaine. Au nez, de la mûre en confiture et un boisé racé aux accents vanillés. En bouche, de la générosité, beaucoup de densité, du corps et du nerf, mais aucune agressivité, les tanins, bien présents, se montrant soyeux et fins. De longue garde assurément. ⧗ 2018-2024 ¥ filet de biche sauce au poivre

Chevalier Père et Fils, hameau de Buisson, Cidex 18, 21550 Ladoix-Serrigny, tél. 03 80 26 46 30, contact@domaine-chevalier.fr V r.-v.

COMTE SENARD 2012

Gd cru | n.c. | 75 à 100 €

Un domaine réputé pour ses corton, fondé en 1857 à partir du Clos des Meix, toujours monopole de la famille. Le vignoble couvre 9 ha conduits depuis 2005 pa

Lorraine Senard, qui élève ses vins dans des caves créées au XIVᵉs. par les bénédictins de l'abbaye de Sainte-Marguerite.

Un oiseau rare né de 46 ares de chardonnay sur le Clos des Meix. Au nez, du fruité (mirabelle), du floral (aubépine) et du boisé (grillé). En bouche, du gras, de la rondeur, de la générosité et une juste fraîcheur en soutien. ⌛ 2016-2020 🍴 poularde à la crème ■ Clos des Meix Gd cru 2012 (50 à 70 € ; 4 000 b.) : un corton souple, fin, frais, de bonne concentration. ⌛ 2015-2019

🔑 SCE Dom. Comte Senard, 1, rue des Chaumes, 21420 Aloxe-Corton, tél. 03 80 26 40 73, office@domainesenard.com V ✝ ❗ r.-v.

DOM. DOUDET Maréchaudes 2012 ★

■ Gd cru | 2 705 | ◖◗ | 50 à 75 €

Le négoce Doudet-Naudin a aussi son propre domaine fondé en 1933 : 13 ha entre Beaune et Pernand conduits en lutte raisonnée avec des expérimentations en bio. À la direction, Emmanuel Berteloot ; à la cave, Charles Deschamps et Isabelle Doudet, œnologues.

Situé à proximité de la source de la Lauve, ce *climat* était un ancien marais que les hommes ont réparti sur deux niveaux d'appellation : la partie haute (4,45 ha) en grand cru, la partie basse (1,4 ha) en 1ᵉʳ cru. Isabelle Doudet possède 58 ares de la première plantés d'une vénérable vigne de soixante-dix ans, dont elle a extrait un corton au nez puissant de mûre sauvage et de cerise mâtiné d'épices, au palais généreux, dense, solidement bâti, équilibré entre bois et fruit. La promesse d'une belle évolution en cave. ⌛ 2017-2024 🍴 magret de canard aux airelles

🔑 Dom. Doudet, 5, rue Henri-Cyrot, 21420 Savigny-lès-Beaune, tél. 03 80 21 51 74, doudet-naudin@wanadoo.fr V ✝ ❗ r.-v.

DOM. FAIVELEY Clos des Corton Faiveley 2012

■ Gd cru | 10 999 | ◖◗ | + de 100 €

Maison créée à Nuits-Saint-Georges en 1825. À sa tête depuis 2005, Erwan Faiveley, qui a succédé à son père François, pérennise une activité de négociant-éleveur initiée il y a sept générations. Respecté, il est l'un des plus importants propriétaires de vignes en Bourgogne : 120 ha du Chablisien au Mâconnais, dont 10 ha en grand cru et près de 25 ha en 1ᵉʳ cru.

Ce clos de 2,7 ha est la seule vigne en monopole, avec la Romanée-Conti, à posséder depuis 1937 le privilège de porter le nom de son propriétaire. La version 2012 est appréciée pour son nez harmonieux de fruits noirs et de boisé torréfié, et pour sa bouche élégante, souple, fraîche et fondue, mais encore un peu sous l'emprise du merrain. ⌛ 2016-2020 🍴 citeaux

🔑 Dom. Faiveley, 8, rue du Tribourg, 21700 Nuits-Saint-Georges, tél. 03 80 61 04 55, contact@domaine-faiveley.com

DOM. PIERRE GUILLEMOT Le Rognet et Corton 2012

■ Gd cru | 1 000 | ◖◗ | 30 à 50 €

Les Guillemot œuvrent dans le vin depuis huit générations. La première déclaration de récolte de Pierre date de 1946. Son domaine, dirigé par son fils Jean-Pierre depuis 1988, est une valeur sûre en savigny.

Ce *climat*, le plus vaste de la colline de Corton, possède la particularité de pouvoir être récolté en blanc, ses 2,7 ha pouvant revendiquer l'appellation corton-charlemagne. Dans sa version corton rouge, Jean-Pierre Guillemot propose un 2012 plaisant, au nez discret de fruits noirs mûrs, de café torréfié et de chocolat, au palais souple et frais, un peu plus ferme et tannique en finale. ⌛ 2016-2020 🍴 bécasse rôtie

🔑 Dom. Pierre Guillemot, 11, place Fournier, 21420 Savigny-lès-Beaune, tél. 03 80 21 50 40, domaine.pierre.guillemot@orange.fr V ✝ ❗ r.-v.

♥ DOM. ANTONIN GUYON Bressandes 2011 ★★

■ Gd cru | 3 500 | ◖◗ | 50 à 75 €

Ce domaine de Savigny-lès-Beaune s'est constitué depuis les années 1960 un vignoble de près de 50 ha allant de Gevrey-Chambertin à Meursault. Conduite par Dominique Guyon, fils d'Antonin, l'exploitation affiche une taille plus bordelaise que bourguignonne.

De ce grand cru réputé de la colline de Corton, Dominique Guyon exploite une belle parcelle de 86 ares plantée de ceps de trente-cinq ans. Il en a extrait un corton intense et corsé, bien dans le ton de l'appellation. Robe sombre et profonde, nez soutenu de fruits noirs mûrs, de bois frais, d'épices et de sous-bois, palais frais, ample, riche, puissant : tout est en place pour une longue garde. ⌛ 2019-2030 🍴 canette aux morilles

🔑 Dom. Dominique Guyon, 21420 Savigny-lès-Beaune, tél. 03 80 67 13 24, domaine@guyon-bourgogne.com V ✝ ❗ r.-v.

JEAN-PIERRE MALDANT Les Grandes Lolières 2012

■ Gd cru | 1 020 | ◖◗ | 30 à 50 €

Jean-Pierre Maldant est le dernier d'une lignée de vignerons aux Hospices de Beaune. Il a quitté cette fonction en 1998 pour se consacrer pleinement à son domaine de 7,4 ha, que son fils Pierre-François reprend progressivement depuis 2010.

Sur ce *climat* situé sur le chemin de la Combe des Buis, vers la source de la Lauve, Jean-Pierre Maldant exploite 27 ares à l'origine d'un vin ouvert sur les fruits rouges mûrs, la vanille et le toasté. On retrouve, agrémentés d'épices, la maturité du fruit et le grillé du bois dans une bouche ample, généreuse, dense et solide. Un corton de caractère. ⌛ 2017-2024 🍴 côte de bœuf

🔑 Jean-Pierre Maldant, 30, rte de Beaune, Cidex 29 bis, 21550 Ladoix-Serrigny, tél. 03 80 26 44 50, jeanpierremaldant@voila.fr V ✝ ❗ r.-v.

DOM. MICHEL MALLARD Les Renardes 2010 ★

■ Gd cru | 2 400 | ◖◗ | 50 à 75 €

Michel Mallard agrandit dans les années 1950 le domaine familial, repris depuis par son fils Patrick et son petit-fils Michel. Un domaine de 12,5 ha aujourd'hui, qui se distingue régulièrement pour ses ladoix, aloxe et corton.

Situé sous le Corton, autour de 300 m d'altitude, ce *climat* repose sur un sol de calcaires bruns et de marnes rougeâtres dont la forte teneur en potasse contribue à la typicité des vins. Ici, un corton racé et harmonieux, ouvert sur le cassis mûr et les fruits rouges soulignés de notes fumées. On retrouve ce mariage heureux du fruit et du merrain dans une bouche élégante, ample, fine et soyeuse, qui se conclut sur une jolie note poivrée. ⧗ 2017-2024 🍷 volaille truffée ■ Le Rognet Gd cru 2010 (3 200 b.) : un fruité généreux et compoté de pruneau et de cassis relayé par une bouche ample et veloutée, épaulée par un bon boisé. ⧗ 2016-2022

Dom. Michel Mallard et Fils, 43, rte de Dijon, Cidex 14, 21550 Ladoix-Serrigny, tél. 03 80 26 40 64, domainemallard@hotmail.fr V r.-v.

♥ DOM. MEUNEVEAUX Perrières 2012 ★★

■ Gd cru | 2 000 | 30 à 50 €

Un domaine familial fondé au début du XXe s. et conduit depuis 1990 par Didier et Yvonne Meuneveaux, rejoints en 2009 par leur fils Freddy et leur belle-fille Daisy, œnologue. Le vignoble s'étend sur 6 ha, essentiellement à Aloxe-Corton.

2012, un millésime qui semble avoir souri aux Meuneveaux. Sur ce *climat* situé côté Aloxe et réputé pour ses corton élégants et « féminins », ils exploitent 70 ares plantés de vieux ceps de cinquante-cinq ans. Le nez, subtil, mêle de fraîches nuances mentholées aux fruits noirs mûrs et à de discrètes notes fumées. Franc et souple en attaque, le palais se montre doux, rond et onctueux, soutenu par des tanins extraits avec finesse. Un corton déjà très harmonieux, à la fois corpulent et délicat. ⧗ 2017-2024 🍷 tournedos Rossini ■ Bressandes Gd cru 2012 (1 000 b.) : du fruit, de la fraîcheur, des tanins souples et soyeux pour un corton qui pourra se boire jeune. ⧗ 2015-2019 ■ Gd cru 2012 (1 500 b.) : un vin floral et minéral, souple, frais et équilibré. ⧗ 2015-2019

Dom. Meuneveaux, 3, jardin des Brunettes, 21420 Aloxe-Corton, tél. 03 80 26 42 33, tmeuneveaux@hotmail.fr V r.-v.

♥ DOM. DU CH. DE MEURSAULT Vergennes 2012 ★★

■ Gd cru | 460 | + de 100 €

Ce château emblématique, haut lieu du tourisme bourguignon et du folklore vineux – on y célèbre la fameuse Paulée le lendemain de la vente des Hospices de Beaune –, a souvent changé de mains jusqu'à l'installation de la famille Boisseaux (Maison Patriarche) en 1973. Nouveau changement en 2012 avec le rachat du domaine et de ses 60 ha de vignes par la famille Halley.

« La valeur n'attend point le nombre des années », la célèbre pensée de Corneille trouve ici une illustration parfaite. Né de jeunes vignes de cinq ans, ce corton a fait l'unanimité. Il se présente en robe légère, or pâle et limpide, le nez ouvert sur les fruits jaunes, le coing et un boisé discret. En bouche, il se montre gras, charnu, alliant puissance et finesse. Un vin harmonieux de bout en bout, bâti pour la garde et les mets les plus raffinés. ⧗ 2017-2022 🍷 homard bleu ■ Gd cru 2012 (75 à 100 € ; 1 056 b.) : un joli fruité de griotte, de la mâche et une structure bien en place. ⧗ 2017-2021

Dom. du Ch. de Meursault, rue du Moulin-Foulot, 21190 Meursault, tél. 03 80 26 22 75, domaine@chateau-meursault.com V t.l.j. 9h30-12h 14h30-18h

DOM. NUDANT Les Bressandes 2012 ★

■ Gd cru | 2 300 | 30 à 50 €

Un Guillaume Nudant d'Aloxe-Corton était déjà vigneron en 1453. Son descendant, Guillaume également, a rejoint en 2003 son père Jean-René sur le domaine familial de 16 ha plantés pour l'essentiel autour de la montagne de Corton.

Une valeur sûre du domaine que ce corton Bressandes, né du plus vaste des *climats* de l'appellation (17,4 ha). C'est un nez complexe et fin qui ouvre la dégustation : rose fanée, pivoine, cerise et noisette. En bouche, le vin se montre consistant et concentré, bâti sur des tanins souples et veloutés. Un vin tout en nuances, très élégant. ⧗ 2017-2022 🍷 rosbif aux champignons

Dom. Nudant, 11, rte de Dijon, BP 15, 21550 Ladoix-Serrigny, tél. 03 80 26 40 48, domaine.nudant@wanadoo.fr V r.-v.

DOM. POISOT PÈRE ET FILS Les Bressandes 2011

■ Gd cru | 1 915 | 30 à 50 €

Après vingt-cinq ans dans la marine, Rémi Poisot a repris en 2010 le vignoble familial, 2 ha hérités en 1902 par Marie Poisot, fille de Louis Latour : un 1er cru en pernand et trois grands crus (corton, corton-charlemagne et romanée-saint-vivant).

Ce corton né de ceps de soixante ans révèle des parfums plaisants de fruits rouges compotés mâtinés de cannelle. En bouche, il se montre frais, tannique et boisé (dix-huit mois de fût), sans manquer de chair et de finesse. ⧗ 2017-2022 🍷 filet de bœuf en croûte

Rémi Poisot, 14, av. Charles-Jaffelin, 21200 Beaune, tél. 03 80 21 16 91, remi.poisot@domaine-poisot.fr V r.-v.

DOM. PRIN Bressandes 2012 ★

■ Gd cru | 1 800 | 30 à 50 €

Implanté à Ladoix-Serrigny, ce domaine de 6 ha est conduit par Jean-Luc Boudrot depuis 1994. Régulièrement en vue pour ses ladoix, aloxe, corton et savigny.

Les Bressandes bénéficient d'une position idéale en pente douce à mi-coteau, à 300 m d'altitude, offrant plusieurs étages géologiques qui apportent un surcroît de complexité aux vins. Né de vignes de quatre-vingts ans, celui-ci s'exprime avec discrétion au nez (petits fruits rouges mûrs, boisé léger). Ample et fondue, bâtie sur des tanins fins, la bouche séduit par son attaque franche et alerte, son développement riche et consistant, et par sa longue finale fruitée. ⧗ 2017-2024 🍷 gigue de chevreuil

Dom. Prin, 2, rue Saint-Marcel, Cidex 44, 21550 Ladoix-Serrigny, tél. 03 80 26 45 83, domaineprin@yahoo.fr V r.-v.

DOM. RAPET PÈRE ET FILS Pougets 2012 ★

Gd cru	2 300		50 à 75 €

Ce domaine ancien (1765) et incontournable de Pernand-Vergelesses est conduit par Vincent Rapet depuis 1985. S'il se passionne pour sa commune natale, ce dernier travaille les appellations voisines avec le même soin, sur un vignoble de 20 ha.

Le nez, généreux et intense, mêle la cerise à l'alcool, le pruneau et le torréfié. À la souplesse de l'attaque succède un palais puissant, dense et solide, qui finit sur une touche de chocolat. Du corps et de la mâche, un vin bien typé et de garde. 2017-2024 civet de lièvre Gd cru 2012 (3 200 b.) : du fruit et des épices, du volume, de la structure et de la fraîcheur, un corton équilibré. 2017-2019

Dom. Rapet Père & Fils, 2, pl. de la Mairie, 21420 Pernand-Vergelesses, tél. 03 80 21 59 94, vincent@domaine-rapet.com V r.-v.

DOM. DE LA ROMANÉE-CONTI 2012 ★★

Gd cru	n.c.		+ de 100 €

En 2008, le domaine de la Romanée-Conti a étendu sa gamme prestigieuse vers Aloxe-Corton en prenant en fermage les vignes en corton du domaine Prince Florent de Mérode : 2,27 ha répartis sur trois *climats* de renom, Le Clos du Roi (0,57 ha), Les Bressandes (1,19 ha) et Les Renardes (0,5 ha).

Premières vendanges du domaine, le 21 septembre. Le nez, à la fois généreux et fin, mêle la cerise kirschée et les épices (poivre noir). Un fruité net et frais précède une bouche ronde, riche et suave, adossée à des tanins bien veloutés. Un corton harmonieux et flatteur, qui associe matière et souplesse. 2017-2024 coq au vin

SC du Dom. de la Romanée-Conti, 1, rue Derrière-le-Four, 21700 Vosne-Romanée, tél. 03 80 62 48 80

CORTON-CHARLEMAGNE

• Superficie : 52 ha • Production : 2 240 hl

Le grand cru corton-charlemagne provient de la partie haute de la « montagne de Corton », propice au chardonnay – cépage qui a aujourd'hui totalement remplacé l'aligoté, autorisé jusqu'en 1948. Il tire son nom de l'empereur carolingien qui, dit-on, aurait fait planter ici des vignes blanches pour ne pas tacher sa barbe. La plus grande partie de la production vient des communes de Pernand-Vergelesses et d'Aloxe-Corton. Vins de garde, les corton-charlemagne atteignent leur plénitude après cinq à dix ans.

DOM. FRANÇOISE ANDRÉ 2011 ★

Gd cru	2 000		75 à 100 €

Un domaine de 8,5 ha (en bio certifié depuis 2012) créé en 1983 par Françoise André et l'un des derniers à avoir ses caves derrière les remparts de Beaune. Auparavant confiée au comte Sénard, la gestion est assurée depuis 2009 par Lauriane André, belle-fille de la propriétaire.

D'une belle parcelle de vingt-sept ans d'âge exposée au plein sud Lauriane André a extrait un charlemagne plein de relief et de charme ; un vin qui a connu un élevage luxueux de vingt-quatre mois en fût, où le bois reste pourtant mesuré. Au nez, de fines fragrances de fleurs, d'agrumes confits et de pierre à fusil se mâtinent d'un toasté léger. Le palais se montre généreux, gras, onctueux et très long, stimulé jusqu'en finale par une juste fraîcheur aux accents du terroir. 2017-2024 turbot au beurre blanc

Dom. Françoise André, 7, rempart Saint-Jean, 21200 Beaune, tél. 06 24 66 38 86, andre.lauriane@yahoo.com V r.-v.

DOM. LUDOVIC BELIN 2012 ★

Gd cru	1 800		50 à 75 €

Issu d'une famille vigneronne, Ludovic Belin a créé son domaine en 1997 à partir de 25 ares de vignes maternelles (Dom. Bellet-Rapet). Le vignoble couvre aujourd'hui 6 ha à Pernand, Chorey, Aloxe et Savigny.

À l'aération apparaissent de jolies notes de fleurs blanches et de fruits jaunes. Suave et généreux en approche, le palais s'avère bien concentré et trouve l'équilibre autour d'une fine minéralité renforcée par une touche saline en finale. 2018-2024 feuilleté de homard aux asperges

Ludovic Belin, 56, rue les Combottes, 21420 Pernand-Vergelesses, tél. 06 86 41 34 30, belin.ludovic@orange.fr V r.-v. 5

DOM. CHAMPY 2012 ★

Gd cru	3 000		75 à 100 €

Fondée en 1721, la plus ancienne maison de négoce bourguignonne établie dans le centre historique de Beaune, est désormais propriété du seul Pierre Beuchet, auparavant associé à Pierre Meurgey. Sous la direction de l'œnologue Dimitri Bazas, elle exploite 28 ha de vignes en propre.

Une cuvée qui n'a rien de confidentiel pour un grand cru et ce, même si le metteur en marché est d'importance. Et pour ne rien gâcher, le vin est bon, très bon même. Un charlemagne expressif, riche et intense dès l'olfaction (miel d'acacia, fleurs et fruits blancs), consistant, avec une grande fraîcheur en bouche renforcée par une finale minérale et saline. 2019-2024 langouste grillée

Dom. Champy, 5, rue du Grenier-à-Sel, 21200 Beaune, tél. 03 80 25 09 99, contact@champy.com V r.-v. Pierre Beuchet

JEAN CHARTRON 2012 ★★

Gd cru	590	+ de 100 €

Créé en 1859 par le tonnelier Jean-Édouard Dupard, ce domaine de 13 ha d'une grande constance, bien implanté dans les grands crus de Puligny, est conduit depuis 2004 par Jean-Michel Chartron, en bio non certifié. L'un de ses credo : « Du bois, oui, mais pas trop. »

Si nos jurés sélectionnent les meilleurs vins, c'est avant tout parce que ceux-ci leur « parlent » de leur terre, de leur cépage et de leur typicité ; et ce charlemagne a bien des choses à dire. Ce 2012 parle à voix basse pour commencer, puis l'aération libère des senteurs élégantes et complexes de fleurs blanches, de pomme, de poire, de coing, d'amande douce… Souple et tonique en attaque, le palais monte longuement en puissance et en volume, tout en gardant beaucoup de finesse. S'il n'a pas encore tout révélé, l'âge le rendra plus prolixe. Patience… 2018-2024 risotto aux saint-jacques et truffes

EURL Jean Chartron, 8 bis, Grande-Rue, 21190 Puligny-Montrachet, tél. 03 80 21 99 19, info@jeanchartron.com V t.l.j. 10h-12h 14h-18h; f. fin nov. à Pâques

DOM. CHEVALIER PÈRE ET FILS 2012 ★

Gd cru	n.c.		50 à 75 €

Installé en 1994 sur ce domaine créé en 1850 par Émile Dubois, Claude Chevalier exploite avec trois de ses filles (Julie, Chloé et Anaïs) un vignoble de 14 ha situé au pied et sur les pentes de la montagne de Corton. Une valeur sûre de la Côte de Beaune.

Les corton-charlemagne du domaine sont constants et fidèles au rendez-vous du Guide ; le 2011 obtint un coup de cœur. Le 2012 se présente dans une délicate robe d'or, le nez ouvert sur l'aubépine et les agrumes mûrs. Suivant la même ligne aromatique, le palais se montre dense, suave et gras, sous-tendu par une fine vivacité qui contrebalance la maturité du fruit et qui permettra à ce vin déjà harmonieux de bien vieillir. 2016-2020 mousseline de brochet

Chevalier Père et Fils, hameau de Buisson, Cidex 18, 21550 Ladoix-Serrigny, tél. 03 80 26 46 30, contact@domaine-chevalier.fr V r.-v.

DOM. DENIS PÈRE ET FILS 2012

Gd cru	1 800		30 à 50 €

En 1940, Raoul Denis, vigneron des Hospices de Beaune comme l'étaient son père et son grand-père, reprend le vignoble familial (13 ha aujourd'hui). Christophe tient le flambeau depuis 1992.

Ce vin s'ouvre avec réserve sur le tilleul, la fougère et le grillé de la barrique. Ample, dense, d'une franche vivacité citronnée, le palais est encore un peu strict et tendu, mais prometteur. 2017-2021 homard à la nage

Dom. Denis Père et Fils, 4, chem. des Vignes-Blanches, 21420 Pernand-Vergelesses, tél. 03 80 21 50 91, denis.pere-et-fils@wanadoo.fr V r.-v.

DOM. DOUDET 2012

Gd cru	1 785		50 à 75 €

Le négoce Doudet-Naudin a aussi son propre domaine fondé en 1933 : 13 ha entre Beaune et Pernand conduits en lutte raisonnée avec des expérimentations en bio. À la direction, Emmanuel Berteloot ; à la cave, Charles Deschamps et Isabelle Doudet, œnologues.

Né d'une parcelle de 65 ares, ce charlemagne livre un bouquet discret mariant les fleurs jaunes, les fruits secs (amande, noix) et le grillé des douze mois d'élevage. En bouche, il associe dans un bel équilibre gras, souplesse, fruité acidulé (pomme) et fraîcheur minérale. 2017-2021 millefeuille crabe et aneth

Dom. Doudet, 5, rue Henri-Cyrot, 21420 Savigny-lès-Beaune, tél. 03 80 21 51 74, doudet-naudin@wanadoo.fr V r.-v.

DOM. GÉNOT-BOULANGER 2012

Gd cru	1 500		75 à 100 €

Important domaine familial acquis puis développé par la famille Delaby-Génot, industriels dans le secteur pharmaceutique. Le vignoble de 22 ha (pour une trentaine d'AOC) est conduit depuis 2008 par la dernière génération, qui y expérimente le bio et la biodynamie.

Nicolas Ludwig, l'œnologue maison, signe ici un vin au nez intense et élégant de fleurs blanches, d'agrumes et de toasté. Le palais est bien construit autour d'une fine vivacité aux accents citronnés et d'un boisé harmonieux et fondu (vanille), avant de montrer plus de chaleur en finale. 2017-2021 langouste sauce aux écrevisses

Dominique Génot-Boulanger, 25, rue de Cîteaux, 21190 Meursault, tél. 03 80 21 49 20, contact@genot-boulanger.com V r.-v.

DOM. JACOB 2012 ★

Gd cru	6 000		30 à 50 €

Quatre générations de Jacob se sont succédé sur ce domaine régulier en qualité, établi à Ladoix-Serrigny, au pied de la montagne de Corton. Depuis 2006, Raymond, jusqu'alors aux commandes avec son frère Robert, est épaulé par son fils Damien pour conduire un vignoble de 13 ha.

Les Jacob exploitent une belle parcelle de charlemagne : 1,07 ha au sommet du versant sud-est de la Montagne, sur les pentes raides des Hautes et Basses Mourrottes. Ils en tirent un grand cru très apprécié pour son bouquet complexe et élégant d'agrumes, d'herbe coupée et de fleurs blanches, et pour son palais long et très équilibré, à la fois dense, gras, généreux et plein de fraîcheur. Le temps et les mets raffinés lui appartiennent. 2017-2024 ris de veau au beurre noisette

Dom. Damien et Raymond Jacob, hameau de Buisson, Cidex 20 bis, 21550 Ladoix-Serrigny, tél. 03 80 26 40 42, domainejacob@orange.fr V r.-v.

DOM. MICHEL JUILLOT 2011

Gd cru	2 600		50 à 75 €

Fondé par Louis Juillot, développé par son fils Michel, conduit depuis la fin des années 1990 par son petit-fils Laurent Juillot, ce domaine emblématique de la Côte chalonnaise couvre 31 ha essentiellement en AOC mercurey, avec des parcelles en Côte de Beaune.

Plantée en 1965, cette vigne offre un vin au nez d'une complexité naissante sur l'acacia, la verveine, le miel et une touche de menthol. Si le palais se fait doux et rond dès l'attaque, il n'en demeure pas moins frais et minéral (silex). Un ensemble équilibré, qui se révélera plus encore avec l'âge. 2016-2021 cassolette de homard aux morilles

Dom. Michel Juillot, 59, Grande-Rue, 71640 Mercurey, tél. 03 85 98 99 89, infos@domaine-michel-juillot.fr V r.-v.

PASCAL LABOUREAU En Charlemagne 2012

Gd cru	400		50 à 75 €

Les Laboureau travaillent la vigne depuis 1640. Pascal s'est installé en 1979 à Bligny-lès-Beaune, où il exploite 11 ha dans la Côte de Beaune, de Saint-Romain à Pernand-Vergelesses.

Cette microcuvée née de 13 ares livre un bouquet riche et flatteur de pêche, d'agrumes mûrs, d'acacia et de miel. L'annonce d'un vin généreux, suave, consistant et gras, équilibré par une pointe de minéralité sous-jacente. 2017-2021 sandre rôti aux girolles

Pascal Laboureau, 35, rte de Beaune, 21200 Bligny-lès-Beaune, tél. 03 80 26 83 67, laboureaup@wanadoo.fr V r.-v.

LOUIS LATOUR 2011

Gd cru | 41 000 | + de 100 €

Une maison familiale toujours indépendante, fondée en 1797 et conduite par dix générations de Latour. Un acteur incontournable de la Bourgogne viticole et le plus important propriétaire de grands crus de la Côte-d'Or (28 ha sur les 48 que compte son vignoble). Les raisins sont vinifiés à Aloxe-Corton, berceau de la famille, et la maison possède sa propre tonnellerie.

Avec 10,5 ha, la maison Latour est le plus important propriétaire de vignes dans ce grand cru. Voici donc une cuvée qui n'a rien de confidentiel, ce qui renforce son mérite. Le nez, complexe, marie les fleurs blanches, les fruits exotiques, la noisette et la vanille. À la douceur de l'attaque succède un palais ample, frais et finement toasté. 2017-2021 poularde de Bresse à la truffe

Maison Louis Latour, 18, rue des Tonneliers, 21200 Beaune, tél. 03 80 24 81 00, louislatour@louislatour.com

OLIVIER LEFLAIVE 2011 ★

Gd cru | 3 600 | 75 à 100 €

Négociant-éleveur établi à Puligny-Montrachet depuis 1984, Olivier Leflaive, l'une des références de la Côte de Beaune, collectionne les étoiles, côté cave (négoce et domaine) et côté hôtellerie : quatre pour son hôtel de Puligny. Au chai, l'œnologue Franck Grux et son complice Philippe Grillet.

Ce charlemagne est né de ceps de trente-cinq ans récoltés sur six petites parcelles dans les trois villages de l'appellation (Ladoix, Pernand et Aloxe). Le nez, élégant et subtil, mêle l'acacia, le miel, la noisette et la poire. Le palais affiche d'emblée une belle fraîcheur aux accents minéraux et séduit par sa souplesse, son velouté et sa longue finale fruitée et discrètement boisée. 2017-2022 sandre au beurre blanc

Olivier Leflaive Frères, pl. du Monument, 21190 Puligny-Montrachet, tél. 03 80 21 37 65, contact@olivier-leflaive.com V r.-v. 5

DOM. JEAN-PIERRE MALDANT 2012

Gd cru | 450 | 30 à 50 €

Jean-Pierre Maldant est le dernier d'une lignée de vignerons aux Hospices de Beaune. Il a quitté cette fonction en 1998 pour se consacrer pleinement à son domaine de 7,4 ha, que son fils Pierre-François reprend progressivement depuis 2010.

Pierre-François Maldant a vinifié le fruit d'une vigne de trente-cinq ans d'âge pour élaborer ce 2012 ouvert sur les fruits jaunes mûrs, les agrumes et la fleur d'acacia, soulignés par un fin boisé. À la richesse de l'attaque répond ensuite une juste fraîcheur, renforcée en finale par de beaux amers. Un vin équilibré. 2017-2021 poulet aux écrevisses

Jean-Pierre Maldant, 30, rte de Beaune, Cidex 29 bis, 21550 Ladoix-Serrigny, tél. 03 80 26 44 50, jeanpierremaldant@voila.fr V r.-v.

PIERRE MAREY ET FILS 2012

Gd cru | 3 600 | 50 à 75 €

Situé au cœur de Pernand-Vergelesses, ce domaine qui s'étend sur 11 ha au nord de la Côte de Beaune, a créé une activité de négoce sous le nom de Éric Marey.

Le domaine exploite 1,1 ha de ce grand cru, soit 10 % de son vignoble, ce qui n'est pas rien. Dans le verre, un vin or pâle et brillant, au nez finement boisé et floral, au palais souple, délicat et très frais. Un charlemagne en dentelle, sur la finesse plutôt que la puissance. 2016-2019 soufflé au crabe

EARL Pierre Marey et Fils, 5 et 6, rue Jacques-Copeau, 21420 Pernand-Vergelesses, tél. 03 80 21 51 71, domaine.pierremareyfils@orange.fr V r.-v.

♥ DOM. RAPET PÈRE ET FILS 2012 ★★

Gd cru | 6 000 | 50 à 75 €

Ce domaine ancien (1765) et incontournable de Pernand-Vergelesses est conduit par Vincent Rapet depuis 1985. S'il se passionne pour sa commune natale, ce dernier travaille les appellations voisines avec le même soin, sur un vignoble de 20 ha.

La version 2010 de ce charlemagne obtint le coup de cœur et valut même à son auteur, l'excellent Vincent Rapet, la Grappe d'or, dans l'édition 2013, qui récompense un vin, mais aussi (et surtout) un talent constant. Voici une nouvelle preuve de la régularité de ce domaine avec un 2012 épatant de bout en bout. Robe impeccable, sans faux pli, d'un jaune d'or limpide. Nez élégant et complexe de miel, de fleurs, d'amande douce, de poire et d'agrumes. Palais puissant, suave, frais, minéral, très long. Du souffle, du relief et une grande bouteille de garde. 2019-2030 ris de veau aux morilles

Dom. Rapet Père & Fils, 2, pl. de la Mairie, 21420 Pernand-Vergelesses, tél. 03 80 21 59 94, vincent@domaine-rapet.com V r.-v.

REINE PÉDAUQUE 2011

Gd cru | 5 216 | 75 à 100 €

La Reine Pédauque est une signature historique de la Maison Corton André, vénérable maison de négoce-élevage installée à Aloxe-Corton depuis 1923 et propriété depuis 2003 du groupe Ballande. Elle bénéficie du suivi œnologique de Ludivine Griveau.

Il se dégage de ce vin or blanc et limpide des parfums bien mariés de menthol, de fleurs blanches, de réséda et de cire d'abeille. La bouche se révèle riche, ronde et mûre, soulignée par un toasté léger et par une touche fraîche de silex. 2017-2021 truite aux amandes

Reine Pédauque, 3, rue des Vercots, 21420 Aloxe-Corton, tél. 03 80 25 00 00, contact@reine-pedauque.com André Corton

SAVIGNY-LÈS-BEAUNE

• Superficie : 350 ha • Production : 13 350 hl (85 % rouge)

Au nord de Beaune, Savigny est un village vigneron par excellence. L'esprit du terroir y est entretenu, et la confrérie de la Cousinerie de Bourgogne est le symbole de l'hospitalité bourguignonne. Les Cousins jurent d'accueillir leurs convives « bouteilles sur table et cœur sur la main ».

« Nourrissants, théologiques et morbifuges » selon la tradition, les savigny sont souples, tout en finesse, fruités, agréables jeunes tout en vieillissant bien. Parmi les 1ers crus, on citera Aux Clous, Aux Serpentières, Les Hauts Jarrons, Les Marconnets, Les Narbantons.

JONATHAN BONVALOT 2012

■ | 1 000 | ◖◗ | 11 à 15 €

En 2011, le jeune Jonathan Bonvalot a repris la petite vigne plantée, « pour le plaisir », par son père Daniel en 1976 : 1 ha aux origines, 3,5 ha aujourd'hui.

Son pernand Sous Frétille 2011 avait fait une entrée remarquée dans le Guide, il revient avec un savigny très plaisant. Un vin bien fruité (framboise, groseille), souple, tendre et frais, un rien acidulé et de bonne longueur. ⌛ 2014-2018 🍷 paleron braisé aux endives

Jonathan Bonvalot, 35, rue de Bully, 21420 Pernand-Vergelesses, tél. 06 23 80 09 41, domainebonvalot@gmail.com V r.-v.

DOM. CACHAT-OCQUIDANT Vieilles Vignes 2011

■ | 2 300 | ◖◗ | 11 à 15 €

À la tête de 10 ha de vignes réparties tout autour de la montagne de Corton, Jean-Marc Cachat et son fils David figurent en bonne place dans le Guide, surtout pour leurs rouges, majoritaires dans leur carte des vins.

Sur ce coteau baigné par le soleil levant, des zones sableuses apparaissent dans le calcaire. Sur ces terres, les Cachat ont produit une cuvée au nez discret de fruits rouges et d'humus, souple en attaque, plus ferme dans son développement et joliment épicée en finale. ⌛ 2016-2019 🍷 quasi de veau

Dom. Cachat-Ocquidant, 3, pl. du Souvenir, Cidex 1, 21550 Ladoix-Serrigny, tél. 03 80 26 45 30, domaine.cachat@wanadoo.fr V r.-v.

DOM. CAMUS-BRUCHON & FILS Les Narbantons 2011

■ 1er cru | 2 700 | ◖◗ | 15 à 20 €

Depuis Savigny, Guillaume Camus conduit un domaine de 9 ha composé essentiellement de vieilles vignes et réparti sur plusieurs communes (Savigny-lès-Beaune, Pommard, Chorey).

Le vigneron a sélectionné 44 ares des Narbantons, l'un des *climats* les plus « froids » du secteur, pour élaborer ce vin au nez bien fruité (cerise noire), un rien vanillé et mentholé, offrant de la mâche et une jolie finale ronde et soyeuse. ⌛ 2014-2018 🍷 blanquette de veau

Camus-Bruchon et Fils, Les Cruottes, 16, rue de Chorey, 21420 Savigny-lès-Beaune, tél. 06 22 63 65 89, camus-bruchon@wanadoo.fr V r.-v.

DOM. BRUNO CLAIR La Dominode 2011 ★

■ 1er cru | 8 190 | ◖◗ | 30 à 50 €

Bien connu des lecteurs pour ses marsannay, Bruno Clair est établi depuis 1986 à la tête d'un vignoble (26 ha aujourd'hui) né du démantèlement du domaine Clair-Daü, créé par son grand-père et connu pour avoir popularisé le marsannay rosé.

Sur ce 1er cru de 6,71 ha enclavé dans Les Jarrons, Bruno Clair exploite 1,2 ha, qui donne ici un vin au nez fruité (groseille, cassis) et épicé, souple, frais et équilibré, étayé par des tanins fins. ⌛ 2015-2019 🍷 cailles aux raisins

Dom. Bruno Clair, 5, rue du Vieux-Collège, 21160 Marsannay-la-Côte, tél. 03 80 52 28 95, brunoclair@wanadoo.fr V r.-v.

CRÉA Les Grands Picotins 2012

■ | 1 800 | ◖◗ | 20 à 30 €

Ce domaine de 7 ha (en conversion bio depuis 2011) est le propriétaire exclusif du Clos la Perrière depuis 1988. Ses vins sont vinifiés et distribués depuis 2008 par la maison de négoce nuitonne Louis Max.

Ce 2012 s'annonce avec retenue, sur les fruits rouges (fraise, framboise). Souple et plus ouvert sur le fruit en attaque, le palais évolue ensuite vers davantage de puissance et de fermeté et s'achève sur une jolie note vanillée. ⌛ 2016-2021 🍷 rôti de veau aux cèpes

Dom. de la Créa, 6, rue de Chaux, 21700 Nuits-Saint-Georges, tél. 03 80 62 43 00

JULIEN CRUCHANDEAU Les Petits Picotins 2012 ★

■ | 1 200 | ◖◗ | 15 à 20 €

Le jeune Julien Cruchandeau, originaire de Chenôve, a longtemps eu deux vies : viticulteur donc, et musicien jusqu'en 2010, avant de se consacrer pleinement à son domaine créé en 2003, 4,2 ha répartis sur les trois Côtes.

Picotins ? Des mesures d'avoine que l'on réservait autrefois aux chevaux vivant sur ce *climat* de l'entrée du village. Le vigneron y cultive 22 ares, dont il a extrait un 2012 au nez fin de fruits rouges et d'épices (poivre blanc), au palais frais, minéral, rectiligne et bien charpenté. ⌛ 2016-2019 🍷 canard aux airelles

Dom. Julien Cruchandeau, 4, rue Robert, 21700 Chaux, tél. 03 80 62 16 50, domaine.cruchandeau@gmail.com V r.-v.

DOM. DENIS PÈRE ET FILS 2012 ★

■ | 4 900 | ◖◗ | 11 à 15 €

En 1940, Raoul Denis, vigneron des Hospices de Beaune comme l'étaient son père et son grand-père, reprend le vignoble familial (13 ha aujourd'hui). Christophe tient le flambeau depuis 1992.

Il faut solliciter le verre pour que ce vin libère son fruité, à dominante de griotte soulignée par un boisé fondu. Le palais se montre souple, vif et tonique en attaque, avant de déployer une belle mâche de tanins serrés. Un savigny de caractère. ⌛ 2016-2020 🍷 perdrix au chou

Dom. Denis Père et Fils, 4, chem. des Vignes-Blanches, 21420 Pernand-Vergelesses, tél. 03 80 21 50 91, denis.pere-et-fils@wanadoo.fr V r.-v.

DOM. DE LA DOUAIX Dessus Les Vermots 2011

■ | 1 200 | ◖◗ | 11 à 15 €

Au départ, un lopin de vignes acquis à Arcenant au début des années 2000 par Mark Moustie, d'origine belge. Rejoint par son fils Gilles, il crée en 2006 le domaine de la Douaix, avec Laurent Anginot aux vinifications.

Le domaine exploite 30 ares de ce *climat* situé... au-dessus des Vermots. Au nez, un joli fruité (mûre, framboise cassis) et un boisé discret. Mêmes sensations en bouche, où le vin se montre souple, frais, bien équilibré. ⧗ 2015-2017 🍴 bœuf braisé

Dom. de la Douaix, rue du Moutier, 21700 Arcenant, tél. 06 85 95 01 79, moustie.gilles@orange.fr V r.-v.

DOM. DOUDET Aux Petits Liards 2012 ★★

■	2 400	◍	15 à 20 €

Le négoce Doudet-Naudin a aussi son propre domaine fondé en 1933 : 13 ha entre Beaune et Pernand conduits en lutte raisonnée avec des expérimentations en bio. À la direction, Emmanuel Berteloot ; à la cave, Charles Deschamps et Isabelle Doudet, œnologues.

Les arguments de ce savigny, finaliste des coups de cœur ? Une robe rouge profond et intense ; un nez pur, ouvert sur les fruits rouges juste soulignés par un fin boisé ; un palais concentré, riche, puissant et long, bâti sur des tanins doux et finissant, par une tendre note chocolatée. ⧗ 2016-2024 🍴 canard aux cerises

Dom. Doudet, 5, rue Henri-Cyrot, 21420 Savigny-lès-Beaune, tél. 03 80 21 51 74, doudet-naudin@wanadoo.fr V r.-v.

DOM. BERNARD DUBOIS ET FILS Clos des Guettes 2012 ★★

■ 1er cru	3 000	◍	15 à 20 €

Cette famille de Chorey exploite la vigne de père en fils depuis 1850. Le vignoble s'étend aujourd'hui sur 12,4 ha. Régulier en qualité, notamment pour ses aloxe et ses savigny.

Les Dubois exploitent 80 ares de pinot de ce clos situé à l'intérieur du *climat* des Guettes. Ils en tirent un vin élégant, qui s'ouvre doucement sur la cerise et le cassis, avant de déployer un palais intense, ample, tendre, riche et long, bien bâti pour vieillir. ⧗ 2016-2022 🍴 cuissot de chevreuil mariné

Dom. Bernard Dubois & Fils, 14, rue des Moutots, 21200 Chorey-lès-Beaune, tél. 06 29 74 46 75, domaine.dubois-bernard@wanadoo.fr V r.-v.

DOM. MICHEL ET JOANNA ÉCARD Les Peuillets 2012 ★

■ 1er cru	1 000	◍	20 à 30 €

Ce couple a repris en 2005 une partie du domaine Maurice Écard, 4 ha de vignes essentiellement composés de parcelles en 1er cru, exclusivement en savigny-lès-beaune, dont ils sont devenus l'une des valeurs sûres.

Belle réussite pour ce domaine dans le délicat millésime 2012. Ces Peuillets livrent un joli bouquet de fruits rouges et d'épices, que l'on retrouve dans un palais charnu, aux tanins fins et fondus, marqué en finale par une note de Zan. ⧗ 2015-2020 🍴 civet de marcassin ■ 1er cru Les Gravains 2012 (1 800 b.) : un vin solide, riche et généreux, sur les fruits à l'alcool et le moka. ⧗ 2012-2017 ■ *Village* Vieilles Vignes 2012 (4 000 b.) : un bon fruité, de la mâche et de la fraîcheur. ⧗ 2016-2020

Dom. Michel et Joanna Écard, 3, rue Boulanger-et-Vallée, 21420 Savigny-lès-Beaune, tél. 06 30 18 28 13, ecard.michel.joanna@orange.fr V r.-v.

DOM. DE LA GALOPIÈRE 2011 ★

■	4 800	◍	15 à 20 €

Installé en 1982 sur le domaine familial, Gabriel Fournier exploite avec son épouse Claire 10,5 ha de vignes réparties sur plusieurs AOC de la Côte de Beaune, de Chassagne-Montrachet à la colline de Corton.

Tout est bien en place ici : robe rubis nette et seyante, nez fruité et épicé discret mais fin, palais ample et corpulent, aux tanins fermes et serrés, boisé ajusté, finale alerte et saline. « Une vinification très soignée », conclut le jury. ⧗ 2017-2019 🍴 bœuf en croûte

Dom. de la Galopière, Claire et Gabriel Fournier, 6, rue de l'Église, 21200 Bligny-lès-Beaune, tél. 03 80 21 46 50, cgfournier@wanadoo.fr V r.-v.

ALEX GAMBAL Grands Picotins 2012 ★

■	2 800	◍	20 à 30 €

En 1997, Alex Gambal quitte Boston et le secteur immobilier pour cette Bourgogne qu'il affectionne, et lance son affaire de négoce à Beaune. Secondé en cave par l'œnologue Géraldine Godot, il exploite aussi en propre, depuis 2005, 3,9 ha de vignes en conversion bio.

Né de 80 ares de ce *climat* situé à l'entrée du village, ce 2012 conjugue sans fausse note petits fruits rouges, réglisse et vanille. En bouche, il attaque avec franchise, évolue avec élégance, porté par des tanins délicats et par une fine fraîcheur aux tonalités acidulées en finale. Un vin alerte et équilibré. ⧗ 2015-2019 🍴 cari d'agneau

Maison Alex Gambal, 14, bd Jules-Ferry, 21200 Beaune, tél. 03 80 22 75 81, info@alexgambal.com V r.-v.

JEAN-MICHEL GIBOULOT Les Peuillets 2012 ★

■ 1er cru	1 150	◍	15 à 20 €

Un domaine familial créé en 1935 et conduit par Jean-Michel Giboulot depuis 1999, à la tête d'un vignoble de 12,5 ha en conversion vers l'agriculture biologique.

Ce lieu-dit est planté majoritairement en 1er cru, mais aussi en *village*. Ici, 40 ares de 1er cru, à l'origine d'un vin ouvert à l'agitation sur les petits fruits macérés. C'est en bouche qu'il se révèle : riche, enveloppant, intense, il « explose » sur le fruit, étayé par des tanins jeunes et soyeux et par une fine fraîcheur. Déjà accorte et de bonne garde. ⧗ 2015-2022 🍴 canard aux cerises ■ *Village* 2012 (1 800 b.) : floral et vanillé au nez, délicat, ample et minéral en bouche. ⧗ 2014-2017

Dom. Jean-Michel Giboulot, 27, rue du Gal-Leclerc, 21420 Savigny-lès-Beaune, tél. 03 80 21 52 30, jean-michel.giboulot@wanadoo.fr V r.-v.

DOM. PHILIPPE GIRARD Les Lavières Vieilles Vignes 2012

■ 1er cru	1 500	◍	15 à 20 €

Ici, on est vigneron de père en fils depuis... 1530. Arnaud Girard a rejoint en 2011 son père Philippe à la tête des 11 ha de vignes, allant de Savigny à Nuits-Saint-Georges.

Ce 1er cru dévoile un joli nez qui « pinote » à souhait (cerise). En bouche, il offre du volume, de la souplesse et des tanins fins et soyeux. Un ensemble harmonieux. ⧗ 2015-2019 🍴 volaille laquée ■ 1er cru Les Narbantons

BOURGOGNE

Vieilles Vignes 2012 (2 500 b.): un style proche, sur la souplesse, la finesse et la légèreté. ⧗ 2014-2019

Dom. Philippe Girard, 37, rue du Gal-Leclerc, 21420 Savigny-lès-Beaune, tél. 03 80 21 57 97, contact@domaine-philippe-girard.com V r.-v.

VINCENT GIRARDIN Les Marconnets 2011

1er cru	1 500		20 à 30 €

Une maison de grande qualité créée en 1992 par Véronique et Vincent Girardin, cédée en 2012 à leur partenaire historique la Compagnie des Vins d'Autrefois, et dirigée par Jean-Pierre Nié. Les équipes techniques et commerciales sont restées les mêmes, et les vins sont toujours vinifiés à Meursault.

Un *climat* séparé de son homonyme beaunois par le ruban autoroutier, dont la maison a tiré un vin plaisant, au nez de framboise et de moka, souple, équilibré en bouche, à la fois suave, alerte et bien structuré. ⧗ 2015-2019 aiguillettes de canard

SAS Vincent Girardin, ZA Les Champs-Lins, 21190 Meursault, tél. 03 80 20 81 00, vincent.girardin@vincentgirardin.com V par correspondance

DOM. PIERRE GUILLEMOT Aux Gravains 2012 ★★

1er cru	1 400		20 à 30 €

Les Guillemot œuvrent dans le vin depuis huit générations. La première déclaration de récolte de Pierre date de 1946. Son domaine, dirigé par son fils Jean-Pierre depuis 1988, est une valeur sûre en savigny.

Cette maison de négoce et domaine (9 ha), dans le groupe suisse Schenk depuis 1964, élève ses vins dans une spectaculaire cuverie créée entre 1880 et 1888 par Léonce Bocquet, alors unique propriétaire du Clos de Vougeot. ⧗ 2017-2024 filet de bœuf

Dom. Pierre Guillemot, 11, place Fournier, 21420 Savigny-lès-Beaune, tél. 03 80 21 50 40, domaine.pierre.guillemot@orange.fr V r.-v.

JEAN GUITON Les Peuillets 2010 ★★

1er cru	1 950		15 à 20 €

Jean Guiton est installé à Bligny depuis 1973, dans la plaine de Pommard. Les vignes (11,5 ha) sont quant à elles implantées sur la Côte, notamment à Savigny. Guillaume, le fils, est arrivé au début des années 2000.

Les Guiton exploitent 55 ares de pinot sur ce lieu-dit planté en *village* et, majoritairement, en 1er cru. Issu d'un long élevage de seize mois en fût, ce 2010 déploie un nez complexe de fruits mûrs et de réglisse souligné par un boisé fondu. Une attaque d'une grande souplesse ouvre sur un palais ample, généreux, ferme sans dureté, adossé à des tanins soyeux. Un vin déjà fort aimable, qui peut encore bien évoluer. ⧗ 2015-2019 poire de bœuf sauce chocolat ■ *Village* 2012 (5 800 b.): au nez, un fruité net parfumé de notes de sous-bois, et une bouche souple et fraîche, structurée en finesse. ⧗ 2014-2017

Dom. Jean Guiton, 4, rte de Pommard, 21200 Bligny-lès-Beaune, tél. 03 80 26 82 88, domaine.guiton@wanadoo.fr V r.-v.

LOUIS JADOT Les Hauts Jarrons 2011

1er cru	n.c.		20 à 30 €

Fondée en 1859, la maison Jadot, établie au cœur de Beaune, a été acquise en 1984 par la famille Kopf, son importateur américain historique, mais a gardé son identité bourguignonne avec la présidence de Pierre-Henri Gagey. Entre ses propriétés et son négoce, elle rayonne sur 210 ha de vignes en Côte d'Or, Mâconnais et Beaujolais.

Ce 1er cru des hauteurs tire son nom de « jarrie » (broussaille). De son terrain pierreux, la maison Jadot en extrait un vin plaisant, qui mêle au nez de fines senteurs d'amande, de fleurs blanches et un léger menthol. Le palais, bien qu'encore dominé par le bois, se révèle fin, frais, équilibré et déjà agréable. ⧗ 2014-2018 gambas flambées

Louis Jadot, 21, rue Spuller, 21200 Beaune, tél. 03 80 22 10 57, maisonlouisjadot@louisjadot.com r.-v. Famille Kopf

DOM. LEBREUIL Aux Peuillets 2012

1er cru	900		15 à 20 €

Un domaine fondé en 1935 à partir de 2 ha, développé au cours des années 1960 par Pierre Lebreuil, repris par son fils Jean-Baptiste en 2000 aujourd'hui à la tête de 12 ha en Côte de Beaune.

Les Lebreuil cultivent 25 ares sur la terre « amoureuse » des Peuillets, comprenez qui colle aux bottes juste après la pluie. Cela donne ici un vin au nez discret de fruits rouges, de prune et de poivre, bien équilibré en bouche, à la fois frais, rond et fin, aux tanins veloutés. ⧗ 2016-2019 pavé de bœuf sauce époisses

Pierre et Jean-Baptiste Lebreuil, 17, rue Chanson-Maldant, 21420 Savigny-lès-Beaune, tél. 03 80 21 52 95, domaine.lebreuil@wanadoo.fr V r.-v.

DOM. DU LYCÉE VITICOLE Basses Vergelesses 2012

1er cru	5 500		15 à 20 €

Créé en 1884 en pleine crise du phylloxéra, le « Viti » de Beaune a formé des générations de producteurs aux techniques de la vigne et du vin. Il conduit aujourd'hui un domaine de 22,3 ha qui sert d'outil pédagogique et expérimental.

Ce 1er cru partage son nom avec le *climat* voisin de Pernand. Le lycée y a vendangé 1,12 ha, à l'origine d'un vin au fruité net et croquant de cerise, ample, riche et bien structuré en bouche. Il gagnera son étoile en cave. ⧗ 2017-2021 gigot d'agneau

Dom. du Lycée Viticole , 16, av. Charles-Jaffelin, 21200 Beaune, tél. 03 80 26 35 81, sylvain.bujeon@educagri.fr V t.l.j. sf dim. 8h30-12h 14h-18h ; f. sam. après-midi et 1er au 15 août Bujeon

DOM. MAILLARD PÈRE & FILS 2012

	n.c.		15 à 20 €

Représentant la dixième génération sur le domaine (1766), les frères Alain (à la vigne) et Pascal Maillard (au chai) disposent d'un vignoble de 19 ha répartis dans sept communes aux environs de la montagne de Corton. Une valeur sûre, notamment en corton et en chorey.

D'un abord réservé au premier nez, ce *village* s'exprime plus nettement à l'aération, sur le fruit rouge et le boisé épicé. On retrouve ces arômes dans une bouche riche et solide, qui demande à s'épanouir. ⧗ 2016-2021 magrets de canard laqués

Dom. Maillard, 2, rue Joseph-Bard,
21200 Chorey-lès-Beaune, tél. 03 80 22 10 67,
contact@domainemaillard.com V r.-v.

♥ CATHERINE ET CLAUDE MARÉCHAL
Vieilles Vignes 2012 ★★

	8 950		20 à 30 €

Le couple Maréchal installé dans la plaine de Pommard depuis 1981 fait partie des valeurs sûres de la Côte de Beaune. Il conduit, avec minutie et dans un esprit bio (pas de désherbants chimiques, levures indigènes, limitation du soufre), un vignoble de 12,8 ha offrant un large panel d'appellations.

Une cuvée bien connue des lecteurs, née d'une grande (nous sommes en Bourgogne) parcelle d'1,98 ha plantés de ceps cinquantenaires. Le nez, pur et fin, associe les petits fruits frais, les épices douces et la réglisse. Ample, plein, suave et concentré, le palais s'agence autour de tanins délicats et d'une fraîcheur présente de bout en bout. « Niveau 1er cru », conclut le jury. ⧗ 2017-2024 ▼ suprême de pintade aux cerises

EARL Catherine et Claude Maréchal,
6, rte de Chalon, 21200 Bligny-lès-Beaune,
tél. 03 80 21 44 37, marechalcc@orange.fr V r.-v.

♥ ROMAIN PERTUZOT
Les Picotins 2012 ★★

	550		11 à 15 €

Fils de vignerons, le jeune Romain Pertuzot s'est installé en 2008 sur une petite vigne à Chorey, qu'il agrandit petit à petit et qu'il complète par une activité de négociant lui permettant, comme à beaucoup de jeunes exploitants, de compléter sa gamme.

« Des vins nourrissants, théologiques et morbifuges » pouvait-on lire sur une porte du château de Savigny à propos des vins du village... Autrement plus attrayants sont les commentaires des jurés relatifs à ce 2012 complexe (chèvrefeuille, bergamote, fruits mûrs, beurre frais), tout en rondeur avenante, riche, dense, onctueux et long. ⧗ 2015-2019 ▼ quenelles de brochet sauce Nantua

Romain Pertuzot, 9, rue de Ley,
21200 Chorey-lès-Beaune, tél. 06 45 48 21 80,
rpertuzot@wanadoo.fr V r.-v.

DOM. DU PRIEURÉ Moutier Amet 2012 ★

	3 200		11 à 15 €

Établi sur les vestiges d'un prieuré cistercien acquis par sa famille dans les années 1960, ce domaine de 12,5 ha est conduit depuis 1981 par Jean-Michel Maurice, rejoint par son fils Stephen au début des années 1990.

Le nom de ce lieu-dit viendrait de l'ancien monastère d'Adrémar, qui fonda l'abbaye de Montiéramey dans le diocèse de Troyes. Né sur 84 ares, ce vin offre un nez fin de noyau de cerise, de cassis et d'épices. Bâti sur des tanins soyeux et un boisé maîtrisé, le palais, équilibré, se révèle riche, rond et velouté. ⧗ 2015-2018 ▼ rôti de bœuf sauce morilles ■ 1er cru Les Hauts-Jarrons 2012 (15 à 20 € ; 1 200 b.) : du fruit, de la finesse et de la longueur pour ce vin déjà aimable. ⧗ 2015-2017

Dom. du Prieuré, 23, rte de Beaune,
21420 Savigny-lès-Beaune, tél. 03 80 21 54 27,
maurice.jean-michel@wanadoo.fr V t.l.j. 9h-12h
14h-18h 2 Jean-Michel Maurice

DOM. JOËL RÉMY
Les Fourneaux 2012

	n.c.		11 à 15 €

Un domaine fondé en 1853 au sud-est de Beaune, repris en 1988 par Joël Rémy (cinquième génération), qui met en valeur avec son épouse Florence un vignoble de 12 ha répartis dans plusieurs appellations de la Côte de Beaune.

Des vestiges de fourneaux à charbon trouvés sur ces terres graveleuses ont donné leur nom à ce *climat* frontalier de Pernand. Un nom qui donne envie de passer à table. « Un goulash », propose un juré, « une poularde » suggère un autre... Dans le verre ? Un bouquet frais de framboise et cerise rehaussé d'épices douces, un palais souple, tendre et réglissé. ⧗ 2015-2017 ▼ goulasch

Dom. Joël Remy, 4, rue du Paradis,
21200 Sainte-Marie-la-Blanche, tél. 03 80 26 60 80,
domaine.remy@wanadoo.fr V r.-v.

RÉGIS ROSSIGNOL Les Bas Liards 2011

	1 200		15 à 20 €

Installé en 1966, Régis Rossignol exploite un domaine de 7,2 ha, dont le vignoble s'étend de Savigny-lès-Beaune à Meursault, en passant par Beaune, Pommard et Volnay, son fief.

Au bord du Rhoin, le ruisseau de Savigny, trois *climats* portent le nom de « Liards », dérivé du gaulois « liga », qui a donné « lie ». De ces terres profondes est né ce vin aux arômes de fraise et de groseille agrémentés de moka, au palais riche et prometteur, mais encore « cadenassé », ferme, serré et boisé. ⧗ 2017-2021 ▼ côte de bœuf

Régis Rossignol, 3, rue d'Amour, 21190 Volnay,
tél. 03 80 21 61 59, regisrossignol@free.fr V r.-v.

DOM. SEGUIN-MANUEL
Lavières 2012 ★

1er cru	2 500		20 à 30 €

Thibaut Marion a repris en 2004 cette maison fondée à Savigny en 1824 et aujourd'hui basée à Beaune. En parallèle à son activité de négoce, il exploite ce domaine qu'il a fait grandir de 3,5 à 8 ha (en conversion bio), essentiellement en Côte de Beaune.

Terre rouge sur lave en Lavières : non pas de la lave provenant d'un volcan, mais des dalles de calcaire qui couvraient jadis les maisons. Dans le verre, de la cerise à l'eau-de-vie, relayée par un palais généreux, bien arrimé autour de tanins soyeux et d'un boisé fin, à la finale poivrée. ⧗ 2017-2022 ▼ aumônière au chaource

Dom. Seguin-Manuel, 2, rue de l'Arquebuse,
21200 Beaune, tél. 03 80 21 50 42, contact@
seguin-manuel.com V r.-v. Marion

DOM. FRANCINE ET MARIE-LAURE SERRIGNY Serrignyssime 2011

1er cru | 5 200 | | 15 à 20 €

Les sœurs Francine et Marie-Laure Serrigny ont pris la suite de leur père à son décès, en 1995, sur un domaine d'environ 7 ha, dans la famille depuis la fin du XIXᵉs.

Né de vieux ceps de soixante-dix ans, ce *village* déploie un nez floral, plus fruité à l'aération. Épaulée par un boisé soutenu et des tanins soyeux et discrets, la bouche offre de la rondeur et un bon volume. 2015-2019 langue de bœuf

Francine et Marie-Laure Serrigny, 4, rue du Bouteiller, 21420 Savigny-lès-Beaune, tél. 03 80 26 11 75, domaine.serrigny@orange.fr V r.-v.

HENRI DE VILLAMONT Clos des Guettes 2012

1er cru | 5 100 | | 20 à 30 €

Cette maison de négoce et domaine (9 ha), dans le groupe suisse Schenk depuis 1964, élève ses vins dans une spectaculaire cuverie créée entre 1880 et 1888 par Léonce Bocquet, alors unique propriétaire du Clos de Vougeot.

À l'intérieur des 13,54 ha des Guettes se trouve un clos exploité par plusieurs producteurs ; 1,91 ha pour cette maison, à l'origine d'un vin équilibré, au fruité net (groseille, framboise), gras et solidement structuré. 2016-2020 pintade rôtie

Henri de Villamont, rue du Dr-Guyot, 21420 Savigny-lès-Beaune, tél. 03 80 21 50 59, contact@hdv.fr V t.l.j. sf dim. 10h-12h30 13h30-18h Schenk

CHOREY-LÈS-BEAUNE

• Superficie : 134 ha • Production : 5 240 hl (95 % rouge)

Situé dans la plaine, près de Savigny-lès-Beaune et d'Aloxe-Corton, en face du cône de déjection de la combe de Bouilland, le village produit une majorité de vins rouges friands et faciles d'accès.

DOM. ARNOUX PÈRE ET FILS Les Beaumonts 2012 ★

| 11 000 | | 11 à 15 €

Créée en 1950, l'exploitation familiale, installée à Chorey-lès-Beaune, est dirigée depuis 2008 par Pascal Arnoux, troisième du nom à la tête du domaine. Au menu, une large gamme de vins de la Côte de Beaune, souvent en vue dans ces pages.

Si à Chorey il n'y a pas de 1ᵉʳˢ crus, on compte une vingtaine de *climats* cadastrés et répertoriés ; celui des Beaumonts, situé en contrebas de Savigny, est le plus vaste d'entre eux. Le domaine, plus souvent remarqué pour ses Confrelins, en signe une version très appréciée pour son nez de cassis et de cerise mûrs à point, et pour son palais concentré, généreux, un rien épicé, aux tanins ronds et soyeux. 2016-2019 poulet aux cèpes

Arnoux Père et Fils, 5, rue de Ley, 21200 Chorey-lès-Beaune, tél. 03 80 22 57 98, arnoux.pereetfils@wanadoo.fr V r.-v.

DOM. CACHAT OCQUIDANT 2012

| 5 300 | | 11 à 15 €

À la tête de 10 ha de vignes réparties tout autour de la montagne de Corton, Jean-Marc Cachat et son fils David figurent en bonne place dans le Guide, surtout pour leurs rouges, majoritaires dans leur carte des vins.

Les lecteurs les plus assidus se rappelleront sans doute le coup de cœur obtenu par le domaine pour son chorey 2009. Le 2012, sans atteindre les mêmes sommets, séduit par ses accents fruités, au nez comme en bouche, son volume intéressant et ses tanins soyeux. Une pointe de sévérité en finale appelle une petite garde. 2016-2019 œufs en meurette

Dom. Cachat-Ocquidant, 3, pl. du Souvenir, Cidex 1, 21550 Ladoix-Serrigny, tél. 03 80 26 45 30, domaine.cachat@wanadoo.fr V r.-v.

CHAPUIS & CHAPUIS Les Petits Champs longs 2012

| 600 | | 11 à 15 €

Petits-fils de vignerons d'Aloxe-Corton, les frères Chapuis, Jean-Guillaume (le juriste) et Romain (l'œnologue), ont fondé leur structure de négoce en 2009, installant leur cuverie dans l'ancien château de Pommard.

Un *climat* situé en bordure de la nationale, côté Ladoix, non loin des Champs Longs. Dans le verre, un vin doré aux reflets verts pâles, ouvert sur l'acacia, les agrumes et la vanille, gras, rond et d'un bon volume en bouche, stimulé en finale par une fraîcheur acidulée. 2014-2018 poisson sauce crémée

Chapuis, SARL Chapuis Frères, 9, rue des Charmots, 21630 Pommard, tél. 06 89 56 05 12, r.chapuis@chapuisfreres.fr V r.-v.

DOM. BERNARD DUBOIS & FILS Clos Margot 2012

| 3 500 | | 11 à 15 €

Cette famille de Chorey exploite la vigne de père en fils depuis 1850. Le vignoble s'étend aujourd'hui sur 12,4 ha. Régulier en qualité, notamment pour ses aloxe et ses savigny.

Le nom de ce clos viendrait du diminutif de Marguerite de Frolois, qui fit construire le château de Chorey en 1340. De vignes de cinquante ans, les Dubois tirent un vin rouge vif et brillant, au nez plaisant de fruits rouges, d'épices et de vanille. Le fruité, persistant, est aussi présent en bouche, épaulé par des tanins jeunes et encore un peu fougueux. 2016-2019 coq au vin

Dom. Bernard Dubois & Fils, 14, rue des Moutots, 21200 Chorey-lès-Beaune, tél. 06 29 74 46 75, domaine.dubois-bernard@wanadoo.fr V r.-v.

DOM. LOÏC DURAND Les Beaumonts 2012

| 1 000 | | 11 à 15 €

Jeune viticulteur, Loïc Durand, fils de Jean-Marc et Christine, a repris en 2005 le domaine familial, situé à côté de l'église de Savigny, qu'il a étendu de vignes en beaune, savigny et chorey pour atteindre 8 ha aujourd'hui.

Ce *climat* des Beaumonts fait partie des valeurs sûres de l'appellation. Loïc Durand en exploite 25 ares, qui donnent naissance à un 2012 ouvert sur la griotte et la framboise rehaussées d'épices, bien structuré par des tanins jeunes et affutés, qui promettent une bonne tenue dans le temps. ⧗ 2017-2019 🍷 poulet farci au thym

⊶ Dom. Loïc Durand, rue de l'Église, 21200 Bouze-lès-Beaune, tél. 03 80 26 02 57, domainedurandloic@orange.fr V r.-v.

ALEX GAMBAL 2012 ★

■ | 2 200 | | 20 à 30 €

En 1997, Alex Gambal quitte Boston et le secteur immobilier pour cette Bourgogne qu'il affectionne, et lance son affaire de négoce à Beaune. Secondé en cave par l'œnologue Géraldine Godot, il exploite aussi en propre, depuis 2005, 3,9 ha de vignes en conversion bio.

Les fruits rouges (groseille, cerise, framboise) composent un bouquet avenant et bien typé du cépage. On retrouve avec persistance ce fruité caractéristique dans une bouche fraîche et élégante, adossée à des tanins sans dureté. ⧗ 2015-2018 🍷 rôti de veau aux girolles

⊶ Maison Alex Gambal, 14, bd Jules-Ferry, 21200 Beaune, tél. 03 80 22 75 81, info@alexgambal.com V r.-v.

MICHEL GAY ET FILS 2011

■ | 15 000 | | 11 à 15 €

Les Gay sont plusieurs à Chorey. Ici, c'est le domaine des fils de Michel : Sébastien, installé en 2000, et Laurent, l'œnologue, qui l'a rejoint en 2010. Incarnant la quatrième génération, ils disposent de 15 ha à Chorey et dans les communes voisines.

Ce chorey a passé dix-huit mois en barrique. C'est pourtant bien le fruit qui domine ici, le boisé restant à l'arrière-plan, en soutien comme il se doit. Au nez, du fruit donc, la cerise surtout, et quelques nuances florales. En bouche, de la rondeur, de la souplesse et des tanins ajustés. ⧗ 2015-2019 🍷 pot-au-feu

⊶ Dom. Michel Gay et Fils, 1 B, rue des Brenots, 21200 Chorey-lès-Beaune, tél. 03 80 22 22 73, michelgayetfils@orange.fr V r.-v.

DANIEL LARGEOT Les Beaumonts 2011

■ | 5 000 | | 8 à 11 €

Un domaine familial créé en 1925. Marie-France, fille de Daniel Largeot, installée en 2000, et son mari Rémy Martin, arrivé en 2002, conduisent un vignoble de 13 ha ; Marie-France est au chai, Rémy, à la vigne.

Le *climat* des Beaumonts forme une large incursion de 41 ha entre les vignobles d'Aloxe-Corton à l'ouest et de Savigny à l'est, couvrant à lui seul un tiers de l'AOC chorey. Les Largeot en exploitent 2 ha de pinot noir, à l'origine d'un vin au nez généreux de figue et de liqueur de fruits noirs sur un fond boisé, structuré par des tanins serrés qui doivent encore se fondre. ⧗ 2016-2019 🍷 côte de bœuf

⊶ Dom. Daniel Largeot, 5, rue des Brenots, 21200 Chorey-lès-Beaune, tél. 03 80 22 15 10, domainedaniellargeot@orange.fr V r.-v.

♥ DOM. MARATRAY-DUBREUIL Les Bons Ores 2012 ★★

■ | 10 400 | | 11 à 15 €

Domaine de Ladoix-Serrigny fondé en 1935, lorsque le père de Maurice Maratray préféra réinvestir ses gains dans l'achat de vignes plutôt que dans son entreprise de travaux publics. Maurice Maratray épousa la fille de Pierre Dubreuil, figure de Pernand. Aujourd'hui, l'exploitation couvre 18 ha.

Les Bons Ores ? Un *climat* bordant Aloxe, dont la terre fertile accueillit autrefois des vergers – « ores » vient de l'ancien français « hortus » (jardin) –, avant que la vigne n'y prenne racine. Les Maratray y exploitent 2,4 ha de pinot noir, cultivés avec la minutie d'un jardinier japonais à en juger par la qualité de ce chorey. Au nez, un discret vanillé se mêle à la violette et la cerise bigarreau. Un bouquet séduisant que prolonge une bouche non moins avenante, très équilibrée, ample, soyeuse et longue, portée par des tanins jeunes et prometteurs, mais déjà si courtois. ⧗ 2016-2020 🍷 poularde aux morilles

⊶ Dom. Maratray-Dubreuil, 5, pl. du Souvenir, 21550 Ladoix-Serrigny, tél. 03 80 26 41 09, contact@domaine-maratray-dubreuil.com V t.l.j. sf sam. dim. 8h30-12h 14h-17h30

CATHERINE ET CLAUDE MARÉCHAL 2012 ★

■ | 9 200 | | 20 à 30 €

Le couple Maréchal installé dans la plaine de Pommard depuis 1981 fait partie des valeurs sûres de la Côte de Beaune. Il conduit, avec minutie et dans un esprit bio (pas de désherbants chimiques, levures indigènes, limitation du soufre), un vignoble de 12,8 ha offrant un large panel d'appellations.

Paré d'un grenat aussi intense que brillant, cette cuvée déploie à l'olfaction d'agréables senteurs de groseille et de framboise. La bouche se révèle ample, intense, généreuse et ronde, bien épaulée par des tanins fins et sans dureté. Bien que déjà très charmeur, ce chorey gagnera sa deuxième étoile à l'ancienneté. ⧗ 2016-2019 🍷 rables de lapin aux herbes

⊶ EARL Catherine et Claude Maréchal, 6, rte de Chalon, 21200 Bligny-lès-Beaune, tél. 03 80 21 44 37, marechalcc@orange.fr V r.-v.

DOM. GEORGES ROY ET FILS 2012 ★

■ | 7 800 | | 8 à 11 €

Vincent Roy, le vinificateur, et sa sœur Claire, arrivée en 2012, conduisent un domaine familial de 9 ha, établi dans la plaine de Chorey-lès-Beaune, en vue notamment pour ses chorey et ses aloxe-corton.

Paré d'une robe rubis intense, ce 2012 livre un bouquet soutenu de petits fruits frais mâtinés d'un léger grillé et de notes de fruits rouges. En bouche, c'est un vin élégamment ciselé, ample, frais et long, porté par des tanins fins et un boisé fondu. ⧗ 2016-2019 🍷 lapin aux pruneaux ■ 2012 ★ (11 à 15 € ; 2 200 b.) : discrètement fruité au nez, il révèle en bouche sa fraîcheur minérale et citronnée. Un chorey alerte et long. ⧗ 2014-2018

⊶ Dom. Georges Roy et Fils, 20, rue des Moutots, 21200 Chorey-lès-Beaune, tél. 03 80 22 16 28, domaine.roy-fils@wanadoo.fr V r.-v.

BEAUNE

• Superficie : 410 ha • Production : 15 650 hl (85 % rouge)

En termes de superficie, l'appellation beaune est l'une des plus importantes de la Côte. Beaune, ville d'environ 23 000 habitants, est aussi et surtout la capitale vitivinicole de la Bourgogne. Siège d'un important négoce, centre d'un nœud autoroutier, la cité possède un patrimoine architectural qui attire de nombreux touristes. La vente des vins des Hospices est devenue un événement mondial et représente l'une des ventes de charité les plus illustres. Les vins, essentiellement rouges, sont pleins de force et de distinction. La situation géographique a permis le classement en 1er cru d'une grande partie du vignoble : Les Bressandes, Le Clos du Roy, Les Grèves, Les Teurons et Les Champimonts figurent parmi les plus prestigieux.

DOM. CHARLES ALLEXANT ET FILS
Bressandes 2011

1er cru | 2 500 | 20 à 30 €

Bouilleur de cru ambulant, Charles Allexant a profité d'un passage à Volnay en 1957 pour acheter une première vigne. Il a continué, de Gevrey à Rully... Patrice a pris la suite et il veille désormais sur les 13 ha du domaine basé à Merceuil.

Né sur 1 ha de ce vaste 1er cru, ce 2011 dévoile un nez plaisant de cerise mûre bien typé du cépage. On retrouve le petit fruit dans une bouche équilibrée, tannique mais pas trop, de bonne longueur. 2015-2018 coq au vin

Dom. Charles Allexant et Fils, 3, rue du Château, Cissey, 21190 Merceuil, tél. 03 80 26 83 27, contact@allexant.fr V r.-v. ; f. 24 déc.-20 janv. et 10-31 août

PIERRE ANDRÉ 2012 ★

1er cru | 6 840 | 20 à 30 €

Cette maison de négoce a son siège dans le château Corton André, aussi nommé « Château jaune » pour ses tuiles vernissées, acquis par Pierre André en 1923. Dans l'orbite du groupe bordelais Ballande depuis 2003, elle propose des vins de toute la Bourgogne ainsi que du Beaujolais.

Ce vin dévoile un nez complexe et séduisant de fleurs séchées (rose, lilas), de cerise et de tabac blond. Soutenue par une fine fraîcheur mentholée, le palais se révèle ample, souple, soyeux, gras, généreusement fruité et un rien épicé en finale. Déjà gourmand mais aussi apte à la garde. 2015-2019 faisan rôti

Pierre André, Ch. de Corton-André, rue des Corton, 21420 Aloxe-Corton, tél. 03 80 26 28 79, info@corton-andre.com V r.-v.

DOM. ARNOUX PÈRE ET FILS
En Genêt 2012

1er cru | 4 000 | 20 à 30 €

Créée en 1950, l'exploitation familiale, installée à Chorey-lès-Beaune, est dirigée depuis 2008 par Pascal Arnoux, troisième du nom à la tête du domaine. Au menu, une large gamme de vins de la Côte de Beaune, souvent en vue dans ces pages.

À l'image du 2011, ce 1er cru fait preuve de caractère. Au nez intense de fruits cuits et d'épices (clou de girofle) répond un palais franc, tannique et boisé. Une austérité de jeunesse que le temps adoucira. 2016-2019 carré d'agneau aux cerises

Arnoux Père et Fils, 5, rue de Ley, 21200 Chorey-lès-Beaune, tél. 03 80 22 57 98, arnoux.pereetfils@wanadoo.fr V r.-v.

♥ FRANÇOIS BERGERET
Les Prévolles 2012 ★★

1 500 | 15 à 20 €

Un domaine familial depuis quatre générations : 9 ha entre Nolay, dans les Hautes-Côtes, Beaune et Pommard, conduits depuis 2000 par François Bergeret.

« Aux âmes bien nées, la valeur n'attend point le nombre des années... » De très jeunes vignes (cinq ans) sont à l'origine de ce *village* d'une réelle élégance. Robe cristalline. Nez complexe et fin de fleurs blanches, de pêche et d'abricot sur un fond boisé discret. Palais ample, fondu, rond, gras et aérien à la fois, affiné par une pointe de vivacité aux accents fruités et mentholés. Un grand classique, à boire jeune ou patiné par le temps et à réserver à des mets de choix. 2016-2021 turbot sauce mousseline

François Bergeret, 15, rue Franche, 21340 Nolay, tél. 06 87 58 23 45, bergeret.francois@orange.fr V r.-v. E

DOM. BERTHELEMOT Clos des mouches 2011

1er cru | 2 060 | 20 à 30 €

Un domaine créé par Brigitte Berthelemot en 2006 avec la reprise des vignes de Jean Garaudet et d'Yves Darviot, 7,8 ha administrés avec Marc Cugney. Un duo complémentaire à en juger par sa régularité depuis son installation.

Ce vaste et célèbre clos de 25 ha évoque les mouches, en réalité des abeilles, qui venaient butiner en nombre sur ces terres jadis plantées d'arbres fruitiers. Le domaine y cultive 73 ares de pinot noir, qui ont donné naissance à ce 1er cru ouvert sur les petits fruits (cassis, cerise) et le floral, rond, généreux et concentré en bouche. 2016-2019 civet de biche aux airelles

Dom. Brigitte Berthelemot, 24, rue des Forges, 21190 Meursault, tél. 03 80 21 68 61, contact@domaineberthelemot.com V r.-v.

JEAN-CLAUDE BOISSET
Les Vignes franches 2012

1er cru | 1 000 | 20 à 30 €

Un important négoce créé en 1961 par Jean-Claude Boisset qui, installé à Nuits-Saint-Georges dans l'ancien couvent des Ursulines, est propriétaire de vignes dans toute la Bourgogne, mais aussi dans d'autres vignobles en France et à l'étranger. Depuis 2002, Grégory Patriat, le vinificateur, s'attache à élaborer des cuvées haut de gamme, dans une approche « domaine ».

Fleurs blanches et agrumes composent un nez ouvert et plaisant. Étayé par une fine acidité qui apporte longueur et équilibre, le palais offre du fruit et du gras. ⧗ 2014-2017 ♈ tajine de poisson au citron

Maison Jean-Claude Boisset, 5, quai Dumorey, 21700 Nuits-Saint-Georges, tél. 03 80 62 61 61, patriat.g@jboisset.fr V t.l.j. 10h-19h

BOUCHARD AÎNÉ ET FILS
Clos du Roi 2011 ★

1er cru	1 600		20 à 30 €

Dans le groupe Boisset depuis 1992, ce négoce beaunois a été fondé en 1731 par Michel Bouchard et son fils aîné Joseph. Dans l'ancien hôtel du conseiller du Roy (XVIIIᵉs.) sont entreposés les fûts d'élevage de cette maison historique qui propose une large gamme de vins de toute la Bourgogne, mais aussi du Beaujolais et du Rhône.

Quand Louis XI fit main basse sur les domaines des ducs de Bourgogne, quelques-uns des meilleurs arpents, dont cette vigne, prirent le nom de Clos du Roi, que l'on retrouve à Chenove, Marsannay et dans les Maranges. Ici, 26 ares à l'origine d'un vin expressif, fruité, épicé et boisé avec mesure, frais, souple, charnu et soyeux en bouche. ⧗ 2016-2020 ♈ civet de lièvre aux pruneaux

Bouchard Aîné et Fils, 4, bd du Mal-Foch, 21200 Beaune, tél. 03 80 62 61 00, dupre.a@bouchard-aine.fr V r.-v. Boisset

BOUCHARD PÈRE ET FILS 2012

	n.c.		11 à 15 €

Fondée en 1731 et propriété du Champenois Joseph Henriot depuis 1995, cette maison de négoce est à la tête d'un vaste vignoble de 130 ha, dont 12 ha en grands crus et 74 ha en 1ers crus. Elle propose une très large gamme de vins, des AOC les plus prestigieuses aux simples régionales, qui reposent dans les magnifiques caves enterrées de l'ancien château de Beaune (XVᵉs.), conservatoire unique de très anciens millésimes.

Ce *village* s'ouvre sur les fruits noirs mûrs et les épices. Des arômes confirmés par une bouche encore austère et tannique, de bonne longueur. À attendre pour plus de fondu. ⧗ 2017-2021 ♈ tarte au munster

Bouchard Père et Fils, Ch. de Beaune, 15, rue du Château, 21200 Beaune, tél. 03 80 24 80 24, contact@bouchard-pereetfils.com V t.l.j. 10h-12h30 14h30-18h30 Famille Henriot

DOM. LAURENT ET KAREN BOUSSEY
Les Prévoles 2012 ★

	1 800		11 à 15 €

À la tête du domaine familial depuis 2003, Laurent et Karen Boussey exploitent 7,25 ha de vignes réparties dans de nombreuses appellations, de meursault à aloxe-corton.

Des vignes de cinquante ans d'âge sont à l'origine de ce vin fruité (cassis), épicé et finement boisé (grillé, vanille) au nez. Le palais évolue sur la finesse plutôt que sur la concentration, porté par des tanins soyeux et ronds. ⧗ 2016-2020 ♈ tourte à l'époisses

Laurent Boussey, rue du Château-Gaillard, 21190 Monthelie, tél. 03 80 21 28 42, laurent.boussey@sfr.fr V r.-v.

BUTTERFIELD Les Bressandes 2011 ★

1er cru	560		20 à 30 €

Avant de créer son négoce en 2005, David Butterfield a fait ses armes dans plusieurs domaines renommés de Bourgogne et de Nouvelle-Zélande. Aujourd'hui, il commercialise à l'étranger l'essentiel de sa production – des vins de la Côte de Beaune vinifiés et élevés dans sa cave de Monthelie.

Ce Bressandes confidentiel séduit d'emblée par son nez intense de cerise griotte, d'humus, et d'épices. Le charme opère aussi en bouche, où le vin évolue dans un registre à la fois robuste mais pas austère, charnu et élégant. ⧗ 2017-2022 ♈ pintade sauce au maroilles ■ 1er cru Les Boucherottes 2011 (1 090 b.) : un vin plus marqué par le fût, ample, chaleureux et concentré. ⧗ 2017-2020

David Butterfield, 24, av. du 8-Septembre, 21200 Beaune, tél. 03 80 24 69 36, info@butterfieldwine.com V r.-v.

DOM. CHANSON
Clos des Fèves Monopole 2011 ★

1er cru	n.c.		50 à 75 €

L'une des plus anciennes maisons de négoce de Bourgogne, fondée en 1750, reprise en 1999 par le Champenois Bollinger. En plus de ses achats de raisins, elle dispose d'un important vignoble de 45 ha et de l'expertise de Jean-Pierre Confuron, son œnologue-conseil, qui a développé un style reconnaissable grâce à ses vinifications en grappes entières.

Un clos en monopole de 3,8 ha à l'exposition solaire situé à mi-pente de coteaux, répertorié dès 1307 sous le nom latin de *fae* (hêtre). Au nez, les dix-neuf mois de fût laissent une empreinte discrète et élégante qui n'écrase pas le fruit, rouge et mûr. En bouche, le vin se montre équilibré et charmeur, porté par des tanins fins. Un 1er cru bien ciselé, de bonne garde. ⧗ 2016-2020 ♈ chapon aux girolles

Maison Chanson Père et Fils, 10, rue Paul-Chanson, 21200 Beaune, tél. 03 80 25 97 97 V r.-v.

CH. DE LA CHARRIÈRE
Clos des Vignes franches 2012

1er cru	2 100		15 à 20 €

Avec l'acquisition en 2004 de ce château, domaine familial situé dans le hameau de Santenay-le-Haut, Yves Girardin est à la tête d'un vignoble de 22,5 ha. Il en possédait trois à ses débuts en 1975.

Ce 1er cru déploie un nez intense de fruits noirs bien mûrs rehaussés d'épices. La bouche se révèle énergique, généreuse et puissante, portée par un boisé soutenu et des tanins fermes. Il gagnera son étoile à l'ancienneté. ⧗ 2018-2023 ♈ daube de chevreuil

Dom. Yves Girardin, 1, rte de Dezize-lès-Maranges, 21590 Santenay, tél. 03 80 20 64 36, yves.girardin-domaine@orange.fr V r.-v.

RODOLPHE DEMOUGEOT
Les Beaux Fougets 2011

	3 000		15 à 20 €

Établi à Meursault depuis 1992, Rodolphe Demougeot exploite aujourd'hui un vignoble de 7,6 ha, dont 6 ha de pinot noir, entre Savigny et Chassagne. Labours au

cheval, pas de désherbant ni d'engrais chimiques, l'orientation est résolument biologique.

À un nez fermé, laissant percer quelques parfums de violette et de petits fruits rouges, répond un palais plus prolixe, équilibré, souple et frais, un peu plus strict en finale sans excès. ⧗ 2015-2018 ¥ foie gras poêlé aux airelles

Dom. Rodolphe Demougeot, 2, rue du Clos-de-Mazeray, 21190 Meursault, tél. 03 80 21 28 99, rodolphe.demougeot@orange.fr V r.-v.

DOM. BERNARD DUBOIS ET FILS
Les Aigrots 2012

1er cru	2 000		15 à 20 €

Cette famille de Chorey exploite la vigne de père en fils depuis 1850. Le vignoble s'étend aujourd'hui sur 12,4 ha. Régulier en qualité, notamment pour ses aloxe et ses savigny.

Le domaine exploite 1,1 ha des 18,7 qui composent l'un des plus grands 1ers crus de l'AOC. Né de vignes sexagénaires, ce vin livre un bouquet de raisin frais et de cassis. Un fruité qui se prolonge dans une bouche souple en attaque, puis corsetée par des tanins solides sans sévérité excessive. ⧗ 2016-2020 ¥ bœuf bourguignon

Dom. Bernard Dubois & Fils, 14, rue des Moutots, 21200 Chorey-lès-Beaune, tél. 06 29 74 46 75, domaine.dubois-bernard@wanadoo.fr V r.-v.

DOM. DUJARDIN Les Beaux Fougets 2012

	610		15 à 20 €

À leur départ à la retraite en 2007, les Bouzerand ont confié les clés du domaine (7 ha) et de ses caves cisterciennes des XIIe et XVes. à Ulrich Dujardin, installé ici depuis 1990.

Des parfums de fruits mûrs et d'épices montent du verre. La bouche, très robuste, s'appuie sur des tanins vigoureux et prometteurs. Patience. ⧗ 2017-2022 ¥ gigue de sanglier

Ulrich Dujardin, 1, Grande-Rue, 21190 Monthelie, tél. 03 80 21 20 08, domaine-dujardin@orange.fr V r.-v.

MICHEL GAY ET FILS Coucherias 2011 ★

1er cru	4 000		15 à 20 €

Les Gay sont plusieurs à Chorey. Ici, c'est le domaine des fils de Michel : Sébastien, installé en 2000, et Laurent, l'œnologue, qui l'a rejoint en 2010. Incarnant la quatrième génération, ils disposent de 15 ha à Chorey et dans les communes voisines.

Une vigne de quarante ans est à l'origine de ce 1er cru bien sous tous rapports : jolie robe rubis, nez soutenu de cerise mûre, palais combinant sans fausse note fruité, rondeur et fins tanins. Se boira jeune, ou patiné par une petite garde. ⧗ 2014-2018 ¥ coq au vin

Dom. Michel Gay et Fils, 1 B, rue des Brenots, 21200 Chorey-lès-Beaune, tél. 03 80 22 22 73, michelgayetfils@orange.fr V r.-v.

DOM. GERMAIN PÈRE ET FILS
Les Montrevenots 2012

1er cru	1 200		15 à 20 €

Un domaine créé en 1955 par Bernard Germain, rejoint par son fils Patrick en 1976, avec lequel il lance la mise en bouteilles. En 2009, Arnaud, le petit-fils, prend la relève à la tête de 15 ha, complétés par une activité de négoce à son nom.

Né sur un *climat* qui longe les hauteurs de Pommard, ce 1er cru associe harmonieusement la cerise, la fraise, l'amande et la pivoine. En bouche, il se montre fruité, frais et souple, avant de révéler un peu plus les muscles en finale. ⧗ 2016-2019 ¥ filet mignon de veau

Dom. Germain Père et Fils, 34, rue de la Pierre-Ronde, 21190 Saint-Romain, tél. 03 80 21 60 15, contact@domaine-germain.com V t.l.j. sf dim. 8h30-12h 13h30-19h

JEAN-MICHEL GIBOULOT Clos du Roi 2012

1er cru	1 490		20 à 30 €

Un domaine familial créé en 1935 et conduit par Jean-Michel Giboulot depuis 1999, à la tête d'un vignoble de 12,5 ha en conversion vers l'agriculture biologique.

Avec 13 ha, ce 1er cru est l'un des plus vastes de l'appellation. Jean-Michel Giboulot en possède 48 ares à l'origine d'un vin de belle intensité (fruits rouges, touche d'épices), rond, charnu et persistant, encore un peu sévère en finale toutefois. ⧗ 2017-2020 ¥ carré d'agneau

Dom. Jean-Michel Giboulot, 27, rue du Gal-Leclerc, 21420 Savigny-lès-Beaune, tél. 03 80 21 52 30, jean-michel.giboulot@wanadoo.fr V r.-v.

JAFFELIN
Les Grèves - Clos Saint-Anne Monopole 2011 ★

1er cru	2 100		20 à 30 €

Cette maison de négoce-élevage implantée à Beaune depuis 1816 appartient à la galaxie des vins Boisset. Elle conserve son autonomie d'achat avec Marinette Garnier à sa tête, une jeune œnologue qui a pris la suite de Prune Amiot en 2011.

Ce Clos en monopole couvre 37 ares dans la partie haute du cru. La maison Jaffelin en tire un beaune unanimement salué pour son élégance, tant au nez (fruits rouges, violette, boisé léger) qu'en bouche, où le vin se montre frais, croquant, finement structuré et long. ⧗ 2016-2020 ¥ filet mignon de porc en croûte

Maison Jaffelin, 2, rue Paradis, 21200 Beaune, tél. 03 80 22 12 49, jaffelin@maisonjaffelin.com V r.-v.

LOUIS LATOUR Perrières 2011 ★

1er cru	4 500		30 à 50 €

Une maison familiale toujours indépendante, fondée en 1797 et conduite par dix générations de Latour. Un acteur incontournable de la Bourgogne viticole et le plus important propriétaire de grands crus de la Côte-d'Or (28 ha sur les 48 que compte son vignoble). Les raisins sont vinifiés à Aloxe-Corton, berceau de la famille, et la maison possède sa propre tonnellerie.

La maison exploite 90 ares de ce 1er cru du haut du coteau, côté Savigny. Le vin se pare d'une robe pivoine et dévoile un nez intense et franc de cerise mûre. La franchise est également l'un de ses traits de caractère en bouche, la solidité et la persistance aussi. Armé pour le vieillissement. ⧗ 2017-2020 ¥ bœuf mode

Maison Louis Latour, 18, rue des Tonneliers, 21200 Beaune, tél. 03 80 24 81 00, louislatour@louislatour.com

DOM. DU LYCÉE VITICOLE Les Perrières 2012 ★

■ 1er cru | 2 400 | ◍ | 15 à 20 €

Créé en 1884 en pleine crise du phylloxéra, le « Viti » de Beaune a formé des générations de producteurs aux techniques de la vigne et du vin. Il conduit aujourd'hui un domaine de 22,3 ha qui sert d'outil pédagogique et expérimental.

Mention très bien pour ce 1er cru salué pour son élégance. Au nez, le vin « pinote joyeusement » sur les fruits rouges mûrs (cerise, framboise) soulignés par un boisé ajusté. Même sensation d'harmonie dans une bouche « aérienne », tout en fruit, ample, délicate et tapissée de tanins ronds et soyeux. ⧗ 2016-2020 ♈ rôti de veau aux girolles ■ 1er cru Montée rouge 2012 ★ (7 000 b.): de fines senteurs de griotte et de myrtille, un boisé ajusté, un palais équilibré entre fraîcheur, alcool et tanins, un vin « pédagogique ». ⧗ 2016-2020

🔑 Dom. du Lycée Viticole , 16, av. Charles-Jaffelin, 21200 Beaune, tél. 03 80 26 35 81, sylvain.bujeon@educagri.fr V ⛹ ⛩ t.l.j. sf dim. 8h30-12h 14h-18h ; f. sam. après-midi et 1er au 15 août 🔑 Bujeon

DOM. SÉBASTIEN MAGNIEN Les Aigrots 2012 ★

■ 1er cru | 2 800 | ⫿ ◍ | 20 à 30 €

Le trentenaire Sébastien Magnien, originaire des Hautes-Côtes, a créé en 2004 son domaine à partir des vignes maternelles, 11 ha aujourd'hui. Il se dit très interventionniste à la vigne, beaucoup moins au chai (macérations longues, pas de surextraction, usage modéré de fûts neufs).

Robe rouge intense, tirant vers le noir. Nez élégant, sans exubérance, de petits fruits, d'épices douces et de fleurs. Bouche souple et franche en attaque, puis plus robuste mais toujours courtoise, bâtie sur un boisé fondu et des tanins fins. Une belle expression du pinot et du terroir beaunois. ⧗ 2017-2021 ♈ filet de bœuf

🔑 Dom. Sébastien Magnien, 6, rue Pierre-Joigneaux, 21190 Meursault, tél. 03 80 21 28 57, domainesebastienmagnien@orange.fr V ⛹ ⛩ r.-v.

DOM. RENÉ MONNIER Les Toussaints 2012

■ 1er cru | 2 000 | ◍ | 20 à 30 €

Ce domaine murisaltien fondé en 1723, propriété de Xavier Monnot, répartit ses 17 ha entre plusieurs AOC beaunoises. Il est régulièrement distingué dans le Guide, notamment pour ses beaune et ses meursault.

Dans le difficile millésime 2012, ce beaune a de bons arguments à faire valoir. Ses senteurs fines de petits fruits rouges et d'épices pour commencer. Sa droiture, son fruité élégant, son bon volume et sa solide armature en bouche également. Il gagnera son étoile en cave. ⧗ 2017-2022 ♈ carré d'agneau

🔑 Dom. René Monnier, 6, rue du Dr-Rolland, 21190 Meursault, tél. 03 80 21 29 32, domaine-rene-monnier@wanadoo.fr V ⛹ ⛩ t.l.j. sf sam. dim. 8h30-12h 14h-18h 🔑 Xavier Monnot

ALAIN ET GILLES MONTCHOVET 2012

■ 1er cru | n.c. | ◍ | 11 à 15 €

Établi dans le pittoresque village de Nantoux, dans les Hautes-Côtes, au fond d'un vallon qui débouche sur Pommard, Gilles Montchovet a pris la suite de son père Alain en 2006 à la tête d'un vignoble de 12,3 ha.

Ce 1er cru se livre avec parcimonie à l'olfaction : les fleurs séchées et le cassis pointent à l'aération. En bouche : de la fraîcheur, de la densité, une charpente solide, encore un peu austère, du potentiel en somme. Il gagnera son étoile au vieillissement. ⧗ 2016-2020 ♈ époisses

🔑 Alain et Gilles Montchovet, rue Rocault, 21190 Nantoux, tél. 03 80 26 03 26 V ⛹ ⛩ r.-v. 🏠 B

ALBERT MOROT Aigrots 2011

■ 1er cru | 3 500 | ◍ | 20 à 30 €

Si le château de la Creusotte possède un parc magnifique, non loin de celui de la Bouzaise, il a d'autres atouts dans sa cave également. Régulier en qualité, ce domaine beaunois de 8 ha exploite une jolie collection de 1ers crus.

Encore dans la fougue de sa jeunesse, ce 1er cru se dévoile avec retenue à l'olfaction, laissant poindre quelques notes de framboise et de myrtille, puis il se fait robuste, tannique et boisé en bouche. En devenir. ⧗ 2017-2020 ♈ filet de charolais en croûte

🔑 Dom. Albert Morot, Ch. de la Creusotte, 20, av. Charles-Jaffelin, 21200 Beaune, tél. 03 80 22 35 39, albertmorot@aol.com V ⛹ ⛩ r.-v.

DOM. PARENT Les Epenottes 2011

■ 1er cru | 4 800 | ⫿ ◍ | 30 à 50 €

Fondé en 1803, le domaine est aujourd'hui dirigé par deux sœurs, Anne Parent et Catherine Pagès-Parent. Il couvre 10 ha exploités en bio (certification acquise en 2013).

Les végétaux épineux qui colonisaient autrefois cette parcelle ont donné leur nom à ce *climat* voisin de Pommard. Les sœurs Parent y cultivent une parcelle de 1,7 ha, dont elles ont extrait un vin au nez charmeur de griotte, de rose et de tabac, souple au palais, plus sur la finesse que sur la concentration. ⧗ 2014-2019 ♈ filet mignon à la forestière

🔑 SAS Dom. Parent, 3, rue de la Métairie, BP 20008, 21630 Pommard, tél. 03 80 22 15 08, contact@domaine-parent-bourgogne.com

DOM. PARIGOT Grèves 2012

■ | 2 600 | ◍ | 20 à 30 €

Le père, c'est Régis ; le fils, c'est Alexandre. L'œnologue, c'est Kyriakos Kynigopoulos, spécialiste renommé, né en Grèce. Sur un domaine de 20 ha, ils valorisent avec talent les terroirs bourguignons, témoins les nombreux coups de cœur obtenus pour leurs vins de la Côte de Beaune et des Hautes-Côtes.

De ce 1er cru réputé pour sa finesse, le domaine propose une version charpentée et encore dans la fougue de sa jeunesse. Le nez, réservé, mêle les fruits rouges et les épices. Le palais, consistant et sévère, associe un boisé intense et racé à de robustes tanins. Patience... ⧗ 2017-2022 ♈ civet de sanglier

🔑 Dom. Parigot, 8, rte de Pommard, 21190 Meloisey, tél. 03 80 26 01 70, domaine.parigot@orange.fr V ⛹ ⛩ r.-v.

POULET PÈRE ET FILS Les Cents Vignes 2012

1er cru | 1 200 | | 30 à 50 €

Une maison fondée en 1747 à Beaune, désormais établie sur les hauteurs de Nuits-Saint-Georges, depuis 1982 dans le giron du négoce nuiton Louis Max. Elle propose une large gamme de vins de Bourgogne (des régionaux aux grands crus) et aussi du Beaujolais.

Dans ce vaste 1er cru, la maison Poulet exploite 24 ares de pinot à l'origine d'un vin discrètement fruité et vanillé, frais et équilibré en bouche, plus ouvert sur le fruit mais aussi plus sévère en finale. 2017-2020 sauté de veau à la tomate

Poulet Père et Fils, 6, rue de Chaux, 21700 Nuits-Saint-Georges, tél. 03 80 62 43 02 r.-v.

PASCAL PRUNIER-BONHEUR Clos Saint-Désiré 2012

1 200 | | 20 à 30 €

Pascal Prunier, natif d'Auxey-Duresses, et son épouse Christine Bonheur ont créé leur domaine en 1983 (7 ha aujourd'hui), complété par une activité de négoce depuis 2002. Des habitués du Guide, notamment pour leurs auxey-duresses et monthélie.

Né d'une vigne acquise en 2007 au sein de la montagne Saint-Désiré, ce 2012 livre un bouquet généreux de fruits mûrs, de grillé, d'amande et de brioché. Une attaque franche et tonique ouvre sur un palais d'un bon volume bien équilibré entre alcool, acidité et boisé. 2015-2018 aumônière de cîteaux

Dom. Prunier-Bonheur, 23, rue des Plantes, 21190 Meursault, tél. 03 80 21 66 56, pascal.prunier-bonheur@wanadoo.fr V r.-v.

♥ DOM. RAPET PÈRE ET FILS Grèves 2012 ★★

1er cru | 1 500 | | 30 à 50 €

Ce domaine ancien (1765) et incontournable de Pernand-Vergelesses est conduit par Vincent Rapet depuis 1985. S'il se passionne pour sa commune natale, ce dernier travaille les appellations voisines avec le même soin, sur un vignoble de 20 ha.

Ce 1er cru, le plus vaste de l'appelation, suit le coteau de bas en haut de la colline. Il a déjà valu un coup de cœur à Vincent Rapet, dans le millésime 2007. En 2012, coulure et millerandage furent très présents, d'où des rendements faibles ; mais le beau temps de la mi-août a permis de rentrer une vendange saine, sans pourriture. Grâce à quoi, ce vinificateur méticuleux signe un beaune de haut vol, au nez élégant et frais de cerise et de violette, au palais intense et gracieux qui offre un équilibre fruit-boisé-tanins impeccable. « Harmonie des formes et des saveurs », conclut un juré. 2017-2022 magret de canard aux cerises

Dom. Rapet Père & Fils, 2, pl. de la Mairie, 21420 Pernand-Vergelesses, tél. 03 80 21 59 94, vincent@domaine-rapet.com V r.-v.

DOM. DE LA ROSERAIE 2012 ★

800 | | 15 à 20 €

Installé à Puligny avec le millésime 2012, Julien Petitjean aura mis dix ans (de formation et de recherche de terres « de caractère ») avant de créer son domaine viticole : 3,4 ha sur quatre parcelles situées entre Beaune et Les Maranges et cultivées dans un esprit bio.

Une belle entrée en matière avec ce vin doré intense au nez complexe et soutenu d'agrumes, de brioche et de grillé, relayé par un palais gras, ample, généreux et concentré, stimulé par une fine salinité en finale. Un blanc de caractère, à boire ou à attendre. 2015-2020 poularde à la crème

Dom. de la Roseraie, 3, Grande-Cour, 21190 Puligny-Montrachet, tél. 06 47 16 41 65, contact@domaine-de-la-roseraie.fr V r.-v.

CH. DE SANTENAY Clos du Roi 2012 ★

1er cru | 3 500 | | 20 à 30 €

Terroirs et Chateaux de Bourgogne est la structure de négoce du Ch. de Santenay, aussi appelé « Château Philippe le Hardi », aujourd'hui dans le giron du Crédit Agricole.

Le rouge sombre et profond de la robe annonce un vin intense, expressif (fruits noirs mûrs, épices), ample, consistant et long, solidement bâti sur des tanins robustes qui le destinent à la cave. 2017-2022 gigue de chevreuil

SAS Terroirs et Châteaux de Bourgogne, 1, rue du Château, 21590 Santenay, tél. 03 80 20 61 87, contact@chateau-de-santenay.com V r.-v.

DOM. SEGUIN-MANUEL Champimonts 2012

1er cru | 900 | | 30 à 50 €

Thibaut Marion a repris en 2004 cette maison fondée à Savigny en 1824 et aujourd'hui basée à Beaune. En parallèle à son activité de négoce, il exploite ce domaine qu'il a fait grandir de 3,5 à 8 ha (en conversion bio), essentiellement en Côte de Beaune.

Pimont : là où le « pied du mont » est en pente douce ; pente qui s'accentue sur le *climat* Montée rouge, situé au-dessus. Thibaut Marion y a vendangé 33 ares de pinot noir pour élaborer ce 1er cru qui pinote agréablement au nez, en compagnie de notes animales et épicées. La bouche offre de la concentration et une robuste, encore austère, trame tannique. À attendre. 2017-2020 terrine de queue de bœuf

Dom. Seguin-Manuel, 2, rue de l'Arquebuse, 21200 Beaune, tél. 03 80 21 50 42, contact@seguin-manuel.com V r.-v. Marion

CH. DE LA VELLE Marconnets 2011 ★

1 500 | | 20 à 30 €

Dans la famille Darviot depuis neuf générations, administré par Bertrand Darviot depuis 1976, ce domaine (et négoce) est souvent en vue pour ses beaune. Commandé par une demeure seigneuriale du XVe s. classée Monument historique, son vignoble s'étend sur 9 ha.

Au nez, d'avenantes senteurs de fruits mûrs et de menthol. Une attaque douce introduit un palais harmonieux, à la fois gras, rond et frais, sous-tendu jusqu'en finale par une belle trame minérale. Un vin déjà prêt pour la table, qui pourra aussi très bien vieillir. 2014-2020 filet de sole sauce au crémant

Bertrand Darviot, 17, rue de la Velle, 21190 Meursault, tél. 03 80 21 22 83, chateaudelavelle@darviot.fr V r.-v. ; f. déc.-janv.

DOM. DE LA VOUGERAIE 2011 ★

3 190 | 15 à 20 €

Un domaine né en 1999 de l'assemblage de plusieurs vignes acquises au fil du temps par la famille de Nathalie et de Jean-Charles Boisset, les actuels propriétaires : 40 ha cultivés en biodynamie et répartis en soixante-sept parcelles (dont le célèbre monopole Clos Blanc de Vougeot) dans les deux Côtes.

Assemblage de plusieurs parcelles de la Montée rouge, ce beaune blanc mêle les fruits jaunes mûrs et les fleurs blanches à un boisé noble et ajusté. Le palais associe harmonieusement gras et acidité pour composer un ensemble très élégant dépourvu d'artifice. 2016-2020 dorade grillée

Dom. de la Vougeraie, 7 bis, rue de l'Église, 21700 Premeaux-Prissey, tél. 03 80 62 48 25, vougeraie@domainedelavougeraie.com V r.-v.

POMMARD

• Superficie : 320 ha • Production : 12 900 hl

C'est l'appellation bourguignonne la plus connue à l'étranger, sans doute en raison de sa facilité de prononciation... Les formations de calcaires tendres sont particulièrement favorables au pinot noir qui produit des vins colorés, solides, tanniques et de garde (jusqu'à dix ans). Les meilleurs *climats* sont classés en 1ers crus, dont les plus connus sont Les Rugiens et Les Épenots.

FRANÇOIS D'ALLAINES Vieilles Vignes 2011 ★

900 | 20 à 30 €

Après l'école hôtelière, François d'Allaines crée son négoce en 1990 à la frontière entre Saône-et-Loire et Côte-d'Or, puis son domaine en 2009. Cet adepte des élevages longs en fût est souvent au rendez-vous du Guide.

Dix-sept mois de bois pour cette cuvée née de vignes de quatre-vingt-dix ans. Un vin au nez intense de griotte, de rose et de grillé, puissant, solide et long en bouche. Un beau pommard de garde. 2017-2020 coq au pommard

François d'Allaines, 2, imp. du Meix-du-Cray, 71150 Demigny, tél. 03 85 49 90 16, francois@dallaines.com V r.-v.

♥ PIERRE ANDRÉ 2012 ★★

3 724 | 30 à 50 €

Cette maison de négoce a son siège dans le château Corton André, aussi nommé « Château jaune » pour ses tuiles vernissées, acquis par Pierre André en 1923. Dans l'orbite du groupe bordelais Ballande depuis 2003, elle propose des vins de toute la Bourgogne ainsi que du Beaujolais.

Ludivine Griveau, l'œnologue de la maison, signe le meilleur pommard de la série. Après quatorze mois de fût, ce 2012 se présente dans une seyante robe rubis profond, le nez ouvert sur les fruits rouges et le grillé de la barrique. On retrouve ces arômes avec intensité et persistance dans un palais dense, ample, puissant et long. Bâti pour durer. 2019-2024 tournedos aux cèpes

Pierre André, Ch. de Corton-André, rue des Corton, 21420 Aloxe-Corton, tél. 03 80 26 28 79, info@corton-andre.com V r.-v. Corton André

DOM. BILLARD-GONNET Pézerolles 2011 ★

1er cru | 2 000 | 20 à 30 €

Établie à Pommard depuis 1766, cette famille est aujourd'hui à la tête de 10 ha et propose huit 1ers crus sur sa carte des vins.

Celui-ci est situé côté Beaune et tient son nom de ses anciens propriétaires. Au nez, les petits fruits noirs se mêlent à la réglisse et à des nuances de sous-bois. La bouche se révèle charnue et solidement charpentée, rehaussée par une jolie finale poivrée. Taillé pour la garde. 2017-2022 filet de bœuf Wellington **1er cru Rugiens Bas 2011 (30 à 50 € ; 1 400 b.)** : fruits rouges et herbes sèches à l'olfaction ; droit, structuré et salin en bouche, un pommard de bonne garde également. 2017-2020

Dom. Billard-Gonnet, rte d'Ivry, 21630 Pommard, tél. 03 80 22 17 33, billard.gonnet@wanadoo.fr

DOM. BILLARD PÈRE ET FILS 2012 ★

1 500 | 20 à 30 €

Un domaine de 21 ha situé à proximité du château médiéval de La Rochepot, dans les Hautes-Côtes de Beaune, et conduit depuis 2003, dans un esprit proche du bio, par Jérôme Billard, représentant la troisième génération.

Paré d'un beau rubis, ce *village* livre un bouquet élégant de vanille et de fruits rouges, une touche animale en appoint. Ample et long, le palais suit la même ligne aromatique, mariant harmonieusement boisé et fruité. 2017-2020 terrine de perdreau

Dom. Billard Père et Fils, 1, rte de Chambéry, 21340 La Rochepot, tél. 03 80 21 87 94, domaine@billardetfils.com V r.-v.

DOM. BONNARDOT 2012

2 400 | 20 à 30 €

Installé en 2006 sur 40 ares, Ludovic Bonnardot, jeune vigneron originaire des Hautes-Côtes de Beaune, s'est associé en 2012 avec ses frères et ses parents, jusqu'alors en coopérative. Le vignoble s'étend désormais sur 15,5 ha cultivés dans un « esprit bio ».

Vinifié en cuve de bois sans sulfites, ce 2012 offre un joli nez de fruits noirs et rouges, repris par un palais à la fois soyeux et concentré, adossé à des tanins fondus et conclu par une note réglissée. 2015-2019 canard aux cerises

Ludovic et Émilien Bonnardot, 27, Grande-Rue, 21250 Bonnencontre, tél. 03 80 36 31 60, ludovic-bonnardot@orange.fr V r.-v.

DOM. DE LA BUISSIÈRE 2011 ★

n.c. | 20 à 30 €

Fondé en 1959 par Jean Moreau, ce domaine de 9 ha établi à Santenay est aujourd'hui administré par son

petit-fils David, qui incarne la jeune génération de vignerons santenois.

Ce vin né de vignes de soixante ans est un pommard généreux et corsé : un nez de cerise noire et de cassis, avec une touche d'épices et de sous-bois ; une bouche puissante, tannique mais sans dureté, persistante et rehaussée par une finale poivrée. ⧗ 2017-2020 ⟟ civet de marcassin au poivre vert

Dom. de la Buissière, 4, rue de la Buissière, 21590 Santenay, tél. 03 80 20 61 79, jean-moreau@wanadoo.fr V r.-v.

MICHEL CAILLOT Les Grands Épenots 2011 ★

■ | 1er cru | 960 | | 30 à 50 €

Un domaine créé en 1967 par Roger Caillot. Établi avec ses parents pendant dix ans et depuis 2003 avec son épouse, Michel Caillot conduit aujourd'hui un vignoble de 15 ha. Sa devise : « Le moins d'interventions dans les vinifications. »

Ce 1er cru se livre avec parcimonie au premier nez ; l'aération dévoile des notes de fruits noirs, d'épices et un soupçon de violette. La bouche se révèle charnue, dense et tannique. Un pommard de garde assurément. ⧗ 2019-2024 ⟟ canard aux cerises ■ *Village* 2011 ★ (20 à 30 €) : un nez vineux, du fruit, des tanins fermes et une belle longueur en bouche. Un pommard bien construit. ⧗ 2017-2022

Dom. Michel Caillot, 14, rue du Cromin, 21190 Meursault, tél. 06 87 44 81 44, earl.caillot@orange.fr V r.-v.

CHANGARNIER FRÈRES Grand Épenots 2012 ★

■ | 1er cru | 750 | | 30 à 50 €

Un domaine régulier en qualité (complété par une activité de négoce), dans la famille Changarnier depuis le XVIIe s., repris en 2004 par les frères Claude et Antoine, avec Fabrice Groussin aux commandes de la cave depuis 2012.

Les Grand Épenots est l'un des vingt-huit 1ers crus de Pommard et sans doute le plus connu des amateurs. Les Changarnier, ici côté négoce, en tirent une cuvée généreusement bouquetée autour du chocolat et des fruits rouges confiturés. Un caractère chaleureux prolongé par un palais à la fois gras, riche, soyeux et bien structuré, voire un peu strict en finale. Promis à un bel avenir. ⧗ 2018-2023 ⟟ escarbœuf bourguignon

SARL Changarnier Frères, pl. du Puits, 21190 Monthelie, tél. 03 80 21 22 18, contact@domainechangarnier.com V r.-v.

DOM. CHAPELLE ET FILS En bœuf 2011

■ | 2 250 | | 20 à 30 €

Jean-François Chapelle conduit depuis 1991 le vignoble familial (20 ha en conversion bio) situé à l'extrémité sud de la Côte de Beaune, avec aussi des parcelles à l'autre bout de la Côte, autour de la montagne de Corton. En 2004, il a adjoint au domaine une partie négoce.

Placé à l'entrée de la combe de Pommard en direction des Hautes-Côtes, ce *climat* qualifié de frais offre ici un vin (issu du négoce) floral (violette), fruité et épicé, bien balancé entre tanins et fraîcheur. ⧗ 2017-2020 ⟟ poule faisane trompettes des morts

SARL Jean-François Chapelle, Le Haut-Village, 21590 Santenay, tél. 03 80 20 60 09, contact@domainechapelle.com V t.l.j. sf dim. 9h-12h 14h-17h

DOM. COSTE-CAUMARTIN 2011

■ | 8 000 | | 20 à 30 €

Cet ancien domaine de Pommard est entré en 1793 dans la famille de Jérôme Sordet. Jadis directeur d'une usine d'imprégnation du bois, ce dernier officie depuis 1988 à la tête d'un vignoble de 12,2 ha.

Il signe un 2011 paré d'une robe profonde s'ouvrant sur les fruits noirs (mûre, myrtille, cassis) avec un soupçon de réglisse. Après une attaque serrée, la bouche se révèle soyeuse et généreuse, une touche de fraîcheur en soutien. ⧗ 2017-2020 ⟟ œufs en meurette

Dom. Coste-Caumartin, 2, rue du Parc, 21630 Pommard, tél. 03 80 22 45 04, domaine@costecaumartin.fr V t.l.j. 10h-12h 14h-19h; dim. sur r.-v. Jérôme Sordet

DOM. HENRI DELAGRANGE ET FILS Les Vaumurients Hauts 2011 ★

■ | 3 600 | | 20 à 30 €

Valeur sûre de Volnay, Didier Delagrange a rejoint son père en 1990 sur le domaine familial, pour lui succéder en 2003. Il a porté le vignoble à 14,5 ha répartis dans différentes AOC de la Côte de Beaune, avec une petite activité de négoce en complément.

Bien qu'exposé au nord dans un « val qui ne mûrit pas », ce *climat* communal a bonne réputation, tout comme ce domaine qui y cultive 65 ares de pinot, à l'origine d'un vin au nez de fruits mûrs, corpulent, vineux et bien charpenté en bouche. Un pommard bien typé. ⧗ 2017-2020 ⟟ pavé de biche

Dom. Henri Delagrange, 7, cours François-Blondeau, 21190 Volnay, tél. 03 80 21 64 12, didier@domaine-henri-delagrange.com

RODOLPHE DEMOUGEOT 2012 ★

■ | 5 500 | | 20 à 30 €

Établi à Meursault depuis 1992, Rodolphe Demougeot exploite aujourd'hui un vignoble de 7,6 ha, dont 6 ha de pinot noir, entre Savigny et Chassagne. Labours au cheval, pas de désherbant ni d'engrais chimiques, l'orientation est résolument biologique.

Ce *village* élevé treize mois en barrique est bien dans le style maison : robe profonde, nez généreux de fruits confiturés, palais long et bien bâti autour d'un bon boisé, encore dominateur, et de tanins serrés. Un bel avenir en perspective. ⧗ 2017-2024 ⟟ noisette de chevreuil aux cèpes ■ 1er cru Charmots Le Cœur des dames 2011 (30 à 50 € ; 1 800 b.) : un vin dans sa jeunesse, ferme, puissant et structuré, qu'il faudra savoir attendre. ⧗ 2019-2024

Dom. Rodolphe Demougeot, 2, rue du Clos-de-Mazeray, 21190 Meursault, tél. 03 80 21 28 99, rodolphe.demougeot@orange.fr V r.-v.

DOM. GERMAIN PÈRE ET FILS La Chanière 2011

■ | 4 000 | | 20 à 30 €

Un domaine créé en 1955 par Bernard Germain, rejoint par son fils Patrick en 1976, avec lequel il lance la mise en bouteilles. En 2009, Arnaud, le petit-fils, prend la

relève à la tête de 15 ha, complétés par une activité de négoce à son nom.

Au nez, un léger boisé, bien fondu, et quelques nuances réglissées accompagnent les fruits rouges et noirs. Le palais affiche une bonne puissance, bâtie sur des tanins soyeux, et dévoile une jolie finale sur le poivre. Bien dans le ton de l'AOC. ⧗ 2016-2020 🍷 civet de lièvre

Dom. Germain Père et Fils, 34, rue de la Pierre-Ronde, 21190 Saint-Romain, tél. 03 80 21 60 15, contact@domaine-germain.com V t.l.j. sf dim. 8h30-12h 13h30-19h

ALETH GIRARDIN Les Charmots 2011 ★

1er cru	1 200		30 à 50 €

Après ses études de droit, Aleth Girardin revient en 1978 au domaine familial, puis en prend la direction en 1985. Elle exploite un vignoble de 7 ha qui compte de nombreuses parcelles bien placées à Pommard.

Elle exploite 50 ares de ce 1er cru dont le nom désigne des champs retournés à la friche. Paré d'une robe carmin foncé, le vin dévoile un nez complexe et intense, floral, épicé et grillé. Une attaque serrée ouvre sur un palais long, dense et tannique, encore dans l'austérité de sa jeunesse. Prometteur. ⧗ 2017-2022 🍷 civet de marcassin ■ *Village* Noizons 2011 ★ (20 à 30 € ; 1 900 b.) : fruité, réglissé et épicé à l'olfaction, solide et frais en bouche. Du caractère, là aussi. ⧗ 2017-2020

Dom. Aleth Girardin, 21, rte d'Autun, BP 9, 21630 Pommard, tél. 03 80 22 59 69, alethgirardin@orange.fr V r.-v.

DOM. A.-F. GROS Les Pézerolles 2012

1er cru	1 600		50 à 75 €

Fille de Jean Gros (Vosne-Romanée), sœur de Bernard (domaine Gros Frère et Sœur), Anne-Françoise Gros a choisi François Parent comme époux et maître... de chai. Ensemble, ils conduisent un vignoble de 10 ha dans les deux Côtes pour lequel on ne compte plus les coups de cœur. Incontournable.

Régulièrement au rendez-vous du Guide, ce 1er cru élevé dix-huit mois en fût s'ouvre avec parcimonie sur les fruits rouges et noirs, et sur quelques notes de sous-bois. La bouche se montre ronde et souple en attaque avant de dévoiler une trame tannique plus serrée. ⧗ 2017-2020 🍷 coq au vin

Dom. A.-F. Gros, 5, Grande-Rue, 21630 Pommard, tél. 03 80 22 61 85, af-gros@wanadoo.fr V r.-v.

DOM. JEAN GUITON 2012 ★

	1 800		20 à 30 €

Jean Guiton est installé à Bligny depuis 1973, dans la plaine de Pommard. Les vignes (11,5 ha) sont quant à elles implantées sur la Côte, notamment à Savigny. Guillaume, le fils, est arrivé au début des années 2000.

Selon un juré, ce pommard « a enfilé sa robe du soir ». Côté parfums, du kirsch et une touche de cacao. En bouche, du fruit toujours, jusqu'en finale, du volume et des tanins bien présents sans excès. Ce vin déjà harmonieux a de la réserve. ⧗ 2017-2020 🍷 noisette de chevreuil

Dom. Jean Guiton, 4, rte de Pommard, 21200 Bligny-lès-Beaune, tél. 03 80 26 82 88, domaine.guiton@wanadoo.fr V r.-v.

DOM. HUBER-VERDEREAU Clos du Colombier Monopole 2011

	4 500		30 à 50 €

Établi sur les terres familiales depuis 1994 (jusqu'alors en location), Thiébaud Huber, formé à la sommellerie, cultive en bio depuis 2001 et en biodynamie depuis 2005 (certification en cours) ses 9,5 ha de vignes, complétés en 2011 par un petit négoce.

Cette nouvelle cuvée issue de 78 ares en monopole nichés au milieu des maisons, offre un nez discrètement floral, fruité (mûre) et réglissé, et un palais frais, souple et soyeux, soutenu par des tanins ronds. ⧗ 2017-2020 🍷 bœuf braisé aux carottes

Dom. Huber-Verdereau, 3, rue de la Cave, 21190 Volnay, tél. 03 80 21 64 37, contact@huber-verdereau.com V r.-v.

JEAN-LUC JOILLOT Les Charmots 2011 ★

1er cru	2 300		30 à 50 €

Valeur sûre en pommard, Jean-Luc Joillot s'est installé en 1981 sur le domaine familial, aujourd'hui constitué de 16,5 ha, avec soixante parcelles dans son cru d'origine.

Il exploite 50 ares de Charmots, à l'origine d'un 2011 au nez fin de mûre et de groseille sur un fond légèrement réglissé. Discret en attaque, il fait rapidement parler sa puissance, porté par des tanins bien en place mais sans dureté. Une jolie touche poivrée vient égayer la finale, longue et intense. Un 1er cru de garde. ⧗ 2019-2024 🍷 daube de sanglier ■ 1er cru Les Petit Épenots 2011 ★ (2 400 b.) : du volume, un beau charnu, des tanins serrés, du fruit : lui aussi est bâti pour durer. ⧗ 2019-2024

Jean-Luc Joillot, 6, rue Marey-Monge, 21630 Pommard, tél. 03 80 24 20 26, joillot@vin-pommard.com V r.-v.

VINCENT LAHAYE Vieilles Vignes 2012 ★

	3 300		15 à 20 €

Situé face à la célèbre église de Pommard, ce domaine a été fondé en 1947 par Serge Lahaye. Son fils Vincent qui a repris le flambeau en 1986, est à la tête de 10 ha de vignes répartis sur trente parcelles.

Ces Vieilles Vignes ont connu seize mois de fût. Au nez, ce sont pourtant les fruits qui dominent. Une touche de moka arrive en bouche, accompagnée par une note épicée et réglissée en finale, le tout soutenu par des tanins souples et fins. Un pommard élégant. ⧗ 2017-2020 🍷 civet de dinde ■ *Village* Les Vignots 2012 (3 000 b.) : du fruit au nez comme en bouche (cassis, cerise noire), de la fraîcheur et des tanins de qualité qui appellent la garde. ⧗ 2017-2020

Vincent Lahaye, 7, pl. de l'Église, 21630 Pommard, tél. 03 80 22 86 49, vincent_lahaye@orange.fr V r.-v.

DOM. MICHEL LAHAYE Les Trois Follots 2011 ★

	1 400		15 à 20 €

Installé depuis 1970, Michel Lahaye exploite environ 5 ha à Pommard, son fief, et à Meursault et Beaune, une moitié en propriété et l'autre en métayage.

De ce *climat* situé au nord dans un repli de la combe de Pommard, il a tiré un vin mêlant les fruits rouges, le sureau et le grillé (vingt mois de fût). Le palais se montre ample et riche, bâti sur des tanins bien en place, un rien sévères en finale. ⧗ 2019-2024 ᛘ Gibier à plume

Michel Lahaye, 5, pl. de l'Église, 21630 Pommard, tél. 03 80 22 52 22, michel.lahaye2@sfr.fr V r.-v.

DOM. LEJEUNE Les Trois Follots 2012 ★★

■	3 000		20 à 30 €

Domaine transmis par les femmes depuis 1850, mais administré et vinifié par les hommes : aujourd'hui, François Jullien de Pommerol, ancien professeur à la « Viti » de Beaune, rejoint en 2005 par son gendre Aubert Lefas. Vinifications en grappes entières et longs élevages sous bois sont leur signature, notamment pour les pommard, le cœur de leurs 9,5 ha.

Vingt-deux mois de fût pour ces Trois Follots et deux étoiles, comme son « grand frère » 2011. Seyante robe cerise noire ; bouquet complexe d'épices et de fruits noirs mûrs sur un fond minéral et boisé ; palais ample, dense et gras, doté de tanins veloutés : un pommard de belle extraction et déjà fort charmant. ⧗ 2016-2020 ᛘ côte de bœuf ■ **1er cru Les Grands Épenots 2012 ★ (30 à 50 € ; 900 b.)** : un nez encore sous emprise du bois, du volume, une structure solide, une fine trame minérale. Un vin de bonne garde. ⧗ 2017-2022 ■ **1er cru Argillières 2012 (30 à 50 € ; 2 500 b.)** : un style plus fruité au nez, un peu moins de volume, mais de bons tanins fermes et de la fraîcheur. ⧗ 2017-2020 ■ **1er cru Rugiens Bas ★ 2012 (50 à 75 € ; 600 b.)** : issu de leur propriété, il marie fruits rouges et épices dans une matière tannique aux notes reglissées. Un vin de longue garde. ⧗ 2019-2024

Dom. Lejeune, 1, pl. de l'Église, 21630 Pommard, tél. 03 80 22 90 88, commercial@domaine-lejeune.fr V t.l.j. sf dim. 9h-12h 14h-17h; janv. fév. mars sur r.-v. Famille Jullien de Pommerol

DOM. SÉBASTIEN MAGNIEN Les Petits Noizons 2011

■	1 400		20 à 30 €

Le trentenaire Sébastien Magnien, originaire des Hautes-Côtes, a créé en 2004 son domaine à partir des vignes maternelles, 11 ha aujourd'hui. Il se dit très interventionniste à la vigne, beaucoup moins au chai (macérations longues, pas de surextraction, usage modéré de fûts neufs).

Autrefois, des noyers poussaient à la place de cette vigne. Sébastien Magnien y possède 40 ares à l'origine d'un 2011 sur les fruits noirs, le grillé et une touche animale, offrant une belle texture en bouche, des tanins fins et un agréable fruité. ⧗ 2017-2020 ᛘ poule faisane aux girolles

Dom. Sébastien Magnien, 6, rue Pierre-Joigneaux, 21190 Meursault, tél. 03 80 21 28 57, domainesebastienmagnien@orange.fr V r.-v.

DOM. MAILLARD PÈRE ET FILS La Chanière 2011 ★

■	n.c.		20 à 30 €

Représentant la dixième génération sur le domaine (1766), les frères Alain (à la vigne) et Pascal Maillard (au chai) disposent d'un vignoble de 19 ha répartis dans sept communes aux environs de la montagne de Corton. Une valeur sûre, notamment en corton et en chorey.

Ce *climat* du bout de la combe de Pommard, ici en AOC village, peut aussi être classé en 1er cru. Les Maillard en tirent un vin fruité, épicé et vanillé au nez, solidement charpenté et boisé en bouche. Un pommard de caractère. ⧗ 2017-2020 ᛘ époisses

Dom. Maillard, 2, rue Joseph-Bard, 21200 Chorey-lès-Beaune, tél. 03 80 22 10 67, contact@domainemaillard.com V r.-v.

DOM. MAZILLY PÈRE ET FILS Poutures 2012

■ 1er cru	1 950		20 à 30 €

Installés depuis 1980 à Meloisey, charmant village des hautes Côtes de Beaune, Frédéric et son fils Aymeric exploitent, dans un esprit proche du bio, un coquet vignoble de 18 ha. En 2004, Aymeric a également créé une maison de négoce.

Situé en pied de coteau, là où l'oxyde de fer teinte le sol, ce *climat* donne naissance à un 2012 fruité (cerise) à l'olfaction, une note de sous-bois en appoint. Ronde en attaque, la bouche monte vite en puissance, portée par des tanins encore sévères. À attendre. ⧗ 2017-2020 ᛘ merlan de bœuf aux oignons confits

Dom. Mazilly Père et Fils, 1, rte de Pommard, 21190 Meloisey, tél. 03 80 26 02 00, bourgogne-domaine-mazilly@wanadoo.fr V r.-v.

MOILLARD 2012

■	15 500		20 à 30 €

Vincent Sauvestre (groupe Béjot) se souvenait d'avoir entendu ses grands-parents épiciers à Nuits-Saint-Georges parler souvent de la maison Moillard : il l'a achetée en 2008, pilotant depuis Meursault la partie négoce et le domaine afférent.

Au nez, des senteurs de fruits rouges, framboise en tête. En bouche, du fruit également, de la souplesse et de la rondeur aussi. Au final, un pommard sur la légèreté, à apprécier dans sa jeunesse. ⧗ 2014-2017 ᛘ coq au vin

Dom. Moillard, 7, rte de Monthelie, 21190 Meursault, tél. 03 80 21 22 45, contact.france@bejot.com

JEAN-LOUIS MOISSENET-BONNARD Les Charmots 2012

■ 1er cru	600		30 à 50 €

Souvent en vue pour ses pommard, Jean-Louis Moissenet issu d'une longue lignée vigneronne a travaillé comme responsable d'un rayon fruits et légumes dans la grande distribution, avant de reprendre en 1988 les vignes familiales de Pommard. Il exploite aujourd'hui un vignoble de 6 ha.

Il signe un 1er cru « solaire » au nez chaleureux de fruits noirs mûrs et de vanille, d'un bon volume en bouche, rond et appuyé sur des tanins fins. Un pommard charmeur. ⧗ 2017-2020 ᛘ lapin aux pruneaux

Jean-Louis Moissenet-Bonnard, rue des Jardins, 21630 Pommard, tél. 03 80 24 62 34, jean-louis.domaine-moissenet-bonnard@wanadoo.fr V r.-v.

DOM. RENÉ MONNIER Les Vignots 2012

■	2 000		20 à 30 €

Ce domaine murisaltien fondé en 1723, propriété de Xavier Monnot, répartit ses 17 ha entre plusieurs AOC beaunoises. Il est régulièrement distingué dans le Guide, notamment pour ses beaune et ses meursault.

Au milieu du XVe s., les vignobles bourguignons furent presque entièrement détruits par des insectes ; selon l'abbé Farraud, il ne resta sur la montagne de Pommard qu'un petit bosquet de vigne épargnée qui fut nommé « Petit Vignot ». Ici, 77 ares à l'origine d'un vin sur la réserve au nez, concentré et charpenté par des tanins encore « en attente ». ⧗ 2017-2020 ⫯ civet de sanglier

Dom. René Monnier, 6, rue du Dr-Rolland, 21190 Meursault, tél. 03 80 21 29 32, domaine-rene-monnier@wanadoo.fr V t.l.j. sf sam. dim. 8h30-12h 14h-18h
Xavier Monnot

DOM. MUSSY 2012

■	780		20 à 30 €

André Mussy, figure de Pommard, a transmis en 1987 le domaine fondé en 1650 par ses ancêtres, à sa fille Odile et à son gendre Michel Meuzard, aujourd'hui à la tête de 6 ha de vignes (dont deux tiers en 1ers crus).

Petite cuvée par le volume, née de 39 ares de pinot, ce 2012 est un vin tout en fruit (cerise kirschée, framboise), souple et frais en bouche. ⧗ 2014-2017 ⫯ bœuf mode

Dom. Mussy, Michel Meuzard, 12, anc. rte d'Autun, 21630 Pommard, tél. 03 80 22 89 11, domaine.mussy@free.fr V r.-v.

LUCIEN MUZARD ET FILS
Les Cras Vieilles Vignes 2012 ★

■	n.c.		30 à 50 €

Domaine de 16 ha fondé à partir de 1965 par le Santenois Lucien Muzard, récemment disparu. Ses fils Hervé et Claude Muzard, vignerons et négociants, ont pris la relève en 1997, avec brio : leurs vins, notamment leurs santenay, collectionnent les étoiles du Guide.

Calé en bas de coteau côté Volnay, ce *climat* est l'un des plus grands terroirs classé en « communale ». Les Muzard en tirent un 2012 expressif qui marie avec élégance les fruits rouges frais et la vanille. Le fruité mâtiné d'épices revient dans une bouche ample, fine et longue, structurée par des tanins soyeux. De quoi voyager dans le temps. ⧗ 2018-2024 ⫯ côte de bœuf

Dom. Lucien Muzard et Fils, 11 bis, rue de la Cour-Verreuil, 21590 Santenay, tél. 03 80 20 61 85, lucienmuzard21@gmail.com V r.-v.

DOM. OLIVIER 2011 ★

■	2 000		20 à 30 €

Ce domaine familial (11 ha en bio sans certification) créé dans les années 1960 s'est spécialisé dans l'élaboration des vins blancs, sans négliger les rouges pour autant. Il a développé en 2005 une activité de négociant-éleveur pour compléter son offre.

Ce *village* dense et profond mêle au nez fruits rouges et torréfaction. Les tanins sont très présents, bien arrimés à une bouche puissante qui ne manque pas de fraîcheur. Ce vin a du coffre. ⧗ 2017-2022 ⫯ pavé de bœuf au poivre vert

Dom. Olivier, 5, rue Gaudin, 21590 Santenay, tél. 03 80 20 61 35, domaineolivier@orange.fr V r.-v.

MANUEL OLIVIER 2011

■	1 500		20 à 30 €

Installé en 1990, Manuel Olivier a commencé par cultiver les vignes et petits fruits dans les Hautes-Côtes de Nuits. Aujourd'hui spécialisé, il exploite un vignoble de 11 ha, complété depuis 2007 par une structure de négoce qui lui a permis de mettre un pied en Côte de Beaune.

C'est avec sa casquette de négociant qu'il signe ce pommard issu, comme toujours, de 50 % de grappes entières et d'un long passage de dix-huit mois en barrique. Le résultat est un vin vineux à l'olfaction (cerise à l'eau-de-vie), ferme et de bonne constitution en bouche, sans manquer de finesse ni de rondeur. ⧗ 2015-2019 ⫯ coq au vin

Dom. Manuel Olivier, 7, rue des Grandes-Vignes, hameau de Corboin, 21700 Nuits-Saint-Georges, tél. 03 80 62 39 33, contact@domaine-olivier.com V t.l.j. 9h-12h 14h-19h

BOURGOGNE

FRANÇOIS PARENT Les Arvelets 2012

■ 1er cru	1 200		50 à 75 €

Vinificateur de talent des vins de son épouse Anne-Françoise Gros (Dom. A.-F. Gros à Pommard), François Parent élabore aussi ceux de son vignoble familial, complété par une structure de négoce. Des étiquettes ornées de la truffe noire de Bourgogne, bien connues des lecteurs.

Ici, un 1er cru né sur le terroir à dominante argilo-calcaire des Arvelets, *climat* tirant son nom de terres cultivées au fond d'un vallon. Un vin au nez de fruits rouges cuits, concentré, boisé (dix-huit mois de barrique) et charpenté en bouche. ⧗ 2017-2022 ⫯ filet de biche sauce forestière

François Parent, 14 bis, rue Pierre-Joigneaux, 21200 Beaune, tél. 03 80 22 61 85, francois@parent-pommard.com V r.-v.

DOM. PARENT Les Épenots 2011 ★★

■ 1er cru	2 400		50 à 75 €

Fondé en 1803, le domaine est aujourd'hui dirigé par deux sœurs, Anne Parent et Catherine Pagès-Parent. Il couvre 10 ha exploités en bio (certification acquise en 2013).

La réputation de ce 1er cru le met en bonne place pour devenir un jour grand cru… Les sœurs Parent en exploitent 57 ares à l'origine d'un vin qui, plus qu'au nez – fermé de prime abord, sur les fruits rouges et une note animale à l'aération –, s'exprime pleinement en bouche : beaucoup de rondeur, de douceur, de charnu, des tanins soyeux. Une vraie gourmandise, tendre et harmonieuse. ⧗ 2017-2022 ⫯ mijoté de paleron au vin rouge ■ 1er cru Les Chaponnières 2011 ★ (30 à 50 € ; 2 400 b.) : *climat* calé contre Les Rugiens à l'origine d'un vin au nez complexe (pruneau, menthol, épices), qui marie en bouche fraîcheur et richesse, fruité et boisé, volume et bons tanins. ⧗ 2017-2022 ■ Jacques Parent 1er cru Les Poutures 2011 ★ (30 à 50 € ; 1 200 b.) : de la structure, du gras, de la fraîcheur, du fruit ; un vin complet et équilibré. ⧗ 2017-2022

SAS Dom. Parent, 3, rue de la Métairie, BP 20008, 21630 Pommard, tél. 03 80 22 15 08, contact@domaine-parent-bourgogne.com

G. PRIEUR 2011

■ 1er cru | 2 000 | ◖◗ | 30 à 50 €

En 1804, les frères Claude et Jean Prieur acquièrent le château Perruchot à Santenay, devenu G. Prieur en 1978. Leurs descendants, Dominique et son fils Guillaume, exploitent une propriété d'une vingtaine d'hectares en Côte de Beaune, à laquelle est adossée une maison de négoce.

C'est d'ailleurs de cette dernière qu'est issue cette cuvée au nez de cassis, de réglisse et d'épices, et à la bouche chaleureuse et veloutée, tapissée par des tanins enrobés et un boisé discret. ⧗ 2017-2020 ♈ cailles farcies aux raisins

Maison G. Prieur, rue Narosse, 21590 Santenay, tél. 03 80 20 60 56, uny-prieur@prieur-santenay.com V r.-v.

VINCENT PRUNIER Les Chaponnières 2011

■ 1er cru | 1 181 | ◖◗ | 20 à 30 €

Au départ, en 1988, 2,5 ha de vignes hérités des parents, non-viticulteurs ; le vignoble couvre 12,50 ha aujourd'hui, et Vincent Prunier s'est imposé comme l'une des valeurs sûres de la Côte de Beaune. En complément, il a créé en 2007 une petite structure de négoce.

Ce 1er cru issu du négoce évoque avec parcimonie les fruits noirs et rouges. Une attaque souple introduit un palais structuré sans excès, fruité et frais. ⧗ 2017-2020 ♈ bœuf bourguignon

SARL Vincent Prunier, rte de Beaune, 21190 Auxey-Duresses, tél. 03 80 21 27 77, sarl.prunier.vincent@orange.fr V r.-v.

PASCAL PRUNIER-BONHEUR Trois Follots 2012 ★

■ | 1 000 | ◖◗ | 20 à 30 €

Pascal Prunier, natif d'Auxey-Duresses, et son épouse Christine Bonheur ont créé leur domaine en 1983 (7 ha aujourd'hui), complété par une activité de négoce depuis 2002. Des habitués du Guide, notamment pour leurs auxey-duresses et monthélie.

Côté Pommard, ils signent un 2012 bien sous tous rapports. Un vin au joli nez fruité de cerise agrémenté d'une touche poivrée, au palais ample et tout aussi expressif, porté par des tanins ronds et dociles qui autorisent l'impatience (ou pas). ⧗ 2015-2019 ♈ gigot d'agneau

Dom. Prunier-Bonheur, 23, rue des Plantes, 21190 Meursault, tél. 03 80 21 66 56, pascal.prunier-bonheur@wanadoo.fr V r.-v.

MICHEL REBOURGEON
Cuvée William Élevé en fût de chêne neuf 2011 ★

■ | 930 | ◖◗ | 20 à 30 €

Ce domaine familial de 3,55 ha installé au cœur de Pommard depuis 1964 est conduit depuis 1996 par la troisième génération : Delphine Whitehead et son mari Michel Rebourgeon.

Cette cuvée portant le prénom du fils aîné des vignerons a connu dix-huit mois de fût : au nez, un boisé épicé se mêle à des notes confites de pruneau. Une générosité que l'on retrouve dans un palais puissant, solide, sans dureté. ⧗ 2016-2020 ♈ aumônière à l'époisses

Dom. Michel Rebourgeon, 7, pl. de l'Europe, 21630 Pommard, tél. 03 80 22 90 64, michel.rebourgeon@wanadoo.fr V r.-v.

DOM. REBOURGEON-MURE
Clos des Charmots 2012 ★

■ 1er cru | 1 200 | ◖◗ | 20 à 30 €

Un ancêtre s'installe à Pommard en 1552 et prend à bail pour quatre-vingt-dix-neuf ans des vignes de l'abbaye Sainte-Marguerite-de-Bouilland. Aujourd'hui, les Rebourgeon-Mure conduisent 7 ha et s'illustrent régulièrement avec leurs pommard et volnay.

Ce 2012 est né d'un clos de 46 ares au milieu des Charmots. Un vin expressif et généreux à l'olfaction (griotte et framboise à l'eau-de-vie sur fond réglissé), persistant, riche et vineux en bouche, étayé par des tanins soyeux. ⧗ 2018-2023 ♈ joue de bœuf confite ■ *Village* 2011 (15 à 20 € ; 6 000 b.) : un vin discrètement épicé et grillé au nez, doux et souple en bouche, qui s'appréciera jeune. ⧗ 2015-2017

Dom. Rebourgeon-Mure, 6, Grande-Rue, 21630 Pommard, tél. 03 80 22 75 39, rebourgeon.mure@orange.fr V r.-v.

REINE PÉDAUQUE
Clos de la Commaraine Monopole 2012 ★

■ 1er cru | 6 384 | ◖◗ | 30 à 50 €

La Reine Pédauque est une signature historique de la Maison Corton André, vénérable maison de négoce-élevage installée à Aloxe-Corton depuis 1923 et propriété depuis 2003 du groupe Ballande. Elle bénéficie du suivi œnologique de Ludivine Griveau.

Ce Clos en monopole, situé au cœur du village en bas de coteau, tirerait son nom des seigneurs de Commarin. En 2012, il donne un vin sombre et profond au nez intense de cassis et de cerise associés à la minéralité du lieu. Rond, ample, structuré, long, le palais est celui d'un pommard de caractère. ⧗ 2017-2020 ♈ faisan en cocotte

Reine Pédauque, 3, rue des Vercots, 21420 Aloxe-Corton, tél. 03 80 25 00 00, contact@reine-pedauque.com André Corton

DOM. JOËL REMY Les Vignots 2012

■ | n.c. | ◖◗ | 20 à 30 €

Un domaine fondé en 1853 au sud-est de Beaune, repris en 1988 par Joël Rémy (cinquième génération), qui met en valeur avec son épouse Florence un vignoble de 12 ha répartis dans plusieurs appellations de la Côte de Beaune.

Il signe avec ce *village* né dans les hauteurs de Pommard un vin au nez fruité et vanillé, vif, boisé et bien structuré en bouche. À attendre pour plus d'harmonie. ⧗ 2017-2022 ♈ filet mignon aux pruneaux

Dom. Joël Remy, 4, rue du Paradis, 21200 Sainte-Marie-la-Blanche, tél. 03 80 26 60 80, domaine.remy@wanadoo.fr V r.-v.

DOM. SEGUIN-MANUEL Petits Épenots 2012

■ | 900 | ◖◗ | 30 à 50 €

Thibaut Marion a repris en 2004 cette maison fondée à Savigny en 1824 et basée aujourd'hui à Beaune. En parallèle à son activité de négoce, il exploite ce domaine qu'il a fait grandir de 3,5 à 8 ha (en conversion bio), essentiellement en Côte de Beaune.

Né d'une petite vigne de 20 ares, ce 2012 s'ouvre à l'aération sur le cassis, la mûre et des nuances fumées. En bouche, il se montre concentré, solidement bâti et joliment fruité en finale. ⧗ 2017-2020 ¥ noisette de chevreuil

Dom. Seguin-Manuel, 2, rue de l'Arquebuse, 21200 Beaune, tél. 03 80 21 50 42, contact@seguin-manuel.com V r.-v. Marion

MAISON STÉPHANE DE SOUSA – LA ROCHE BRÛLÉE Sélection prestige 2011

■ | 850 | | 15 à 20 €

Après dix ans dans le médical et les biotechnologies, Stéphane de Sousa, fils de vignerons de Meursault, est revenu à ses racines : il crée son négoce en 2012 dans la cuverie de son grand-père maternel et acquiert sa première vigne en 2013.

15 ares de vignes trentenaires sont à l'origine de ce pommard confidentiel. Au nez, la fraise des bois et le chêne font bon ménage. En bouche, la texture est fine et souple, la fraîcheur agréable, et la finale saline. ⧗ 2017-2020 ¥ volaille rôtie

Maison Stéphane de Sousa - La Roche brûlée, 19, rue de la Cave, 21190 Volnay, tél. 06 50 21 73 13, larochebrulee@gmail.com V r.-v.

CH. DU VAL DE MERCY 2011

■ | 1 600 | | 20 à 30 €

En 1680, les vins étaient produits par le Clos du Château du Val de Mercy. Situé à Chitry, le nouveau propriétaire du domaine (30 ha) perpétue la tradition viticole au-delà de ses terres pour fournir des vins du Chablisien, de l'Auxerrois et de la Côte de Beaune.

70 ares de pinot de soixante-dix ans sont à l'origine de ce vin qui fleure bon le cassis et le sous-bois. Le palais se montre délicat et souple, sans dureté, tout en ne manquant pas de fond. Charmeur et équilibré. ⧗ 2015-2019 ¥ rôti de porc aux herbes

Ch. du Val de Mercy, 4, rue des Écoles, 21630 Pommard, tél. 03 80 22 77 34, roy@valdemercy.com V r.-v.

CHRISTOPHE VAUDOISEY Les Chanlins 2012

■ 1er cru | n.c. | | 20 à 30 €

Fondé en 1804, ce domaine a vu passer huit générations de vignerons. Secondé par son fils Pierre, Christophe Vaudoisey, souvent en vue pour ses volnay, est installé depuis 1985 à la tête de 12 ha à Volnay, Pommard et Meursault.

De ce *climat* qui partage son nom et son exposition avec Volnay, les Vaudoisey tirent un 2012 au nez vineux et confituré, souple en attaque, puis dense et tannique. Un vin encore austère et fermé mais prometteur. ⧗ 2017-2020 ¥ lièvre à la royale

Christophe Vaudoisey, 1, rue de la Barre, 21190 Volnay, tél. 03 80 21 20 14, christophe.vaudoisey@wanadoo.fr V r.-v.

VAUDOISEY-CREUSEFOND Charmots 2012 ★

■ 1er cru | 1 500 | | 20 à 30 €

Henri Vaudoisey et son fils Alexandre, arrivé en 2011, exploitent 9 ha répartis entre Pommard, leur fief, Auxey-Duresses, Meursault et Volnay.

Ce 1er cru ne cache pas ses dix-huit mois de barrique : un boisé soutenu mais élégant aux accents chocolatés et torréfiés domine l'olfaction, les fruits noirs à l'arrière-plan. Le palais se montre concentré, gras, tannique et réglissé en finale. Un bel avenir en perspective. ⧗ 2017-2020 ¥ filet de biche sauce forestière ■ *Village* Croix blanche 2011 (15 à 20 € ; 2 000 b.) : un nez floral et fruité (framboise), une bouche fraîche, aérienne, à la texture fine : sur la légèreté plutôt que la force. ⧗ 2015-2017

Vaudoisey-Creusefond, 16, rte d'Autun, 21630 Pommard, tél. 03 80 22 48 63, vaudoisey-creusefond@wanadoo.fr V r.-v.

DOM. VIRELY-ROUGEOT Clos des Arvelets 2012 ★

■ 1er cru | 2 803 | | 20 à 30 €

Heureuse ascendance – rouge par le père, vigneron de Pommard, blanc par la mère, originaire de Meursault – pour Patrick Virely, à la tête de 8,5 ha constitués dans les années 1990 à partir d'apports familiaux multiples et de plantations.

À partir de 1,46 ha de ce clos, il signe un pommard au nez généreux de fruits rouges confiturés nuancé de notes de sous-bois. Un côté « caressant » que l'on retrouve dans une bouche dense et souple aux tanins fondus et soyeux, longue et réglissée en finale. ⧗ 2017-2020 ¥ hure de sanglier

Dom. Virely-Rougeot, 9, pl. de l'Europe, 21630 Pommard, tél. 03 80 24 96 70, contact@domaine.virely-rougeot.fr V r.-v.

VOLNAY

• Superficie : 207 ha • Production : 7 735 hl

Blotti au creux du coteau, le village de Volnay évoque une jolie carte postale bourguignonne. Moins connu que Pommard son voisin, le vignoble n'a rien à lui envier. Ses vins sont tout en finesse ; ils vont de la légèreté des Santenots, situés sur la commune voisine de Meursault, à la solidité et à la vigueur du Clos des Chênes ou des Champans. Nous ne citerons pas tous ses trente 1ers crus, de peur d'en oublier... Le Clos des Soixante Ouvrées y est également très connu et donne l'occasion de définir cette mesure : 4 ares et 28 centiares, unité de base des terres viticoles, correspondant à la surface travaillée à la pioche par un ouvrier au Moyen Âge dans sa journée.

♥ DOM. BITOUZET-PRIEUR
Clos des Chênes 2011 ★★

■ 1er cru | 2 500 | | 30 à 50 €

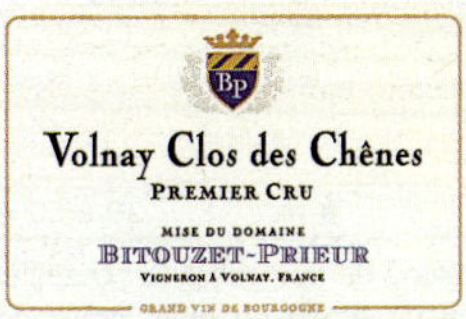

Aux origines du domaine, deux familles, l'une de Volnay, l'autre de Meursault. Aujourd'hui, 15 ha de vignes (pas d'herbicides, compost, travail du sol) et des vins, de Beaune à Puligny, en passant par Meursault et Volnay, mis en musique par Vincent, le père et François, le fils.

Ce terroir allongeant ses vignes sous la montagne du Chagnot est conforme à sa réputation : les trois finalistes des coups de cœur en sont issus. « Nos *climats* sont autant de partitions à interpréter, avec un seul instrument, le cépage », explique François Bitouzet, chef d'orchestre de ce 2011, qui signe ici une symphonie des plus mélodieuses. Les premières notes évoquent les fruits rouges et noirs confiturés. Notes longuement tenues par un palais ciselé, précis, d'une grande finesse, offrant aussi beaucoup de densité et de générosité. Une œuvre majeure. ⌛ 2016-2022 🍴 tournedos Rossini ■ 1er cru Caillerets 2011 ★ (900 b.) : un volnay élégant, de bonne garde, qui allie fruits et épices, fraîcheur, rondeur et tanins solides. ⌛ 2017-2021

🔑 Bitouzet-Prieur, 21190 Volnay, tél. 03 80 21 62 13, contact@bitouzet-prieur.com V r.-v.

DOM. RÉYANE ET PASCAL BOULEY
Les Grands Champs Monopole 2011 ★

■ 1er cru | 900 | | 30 à 50 €

Succédant à quatre générations de vignerons, Réyane et Pascal Bouley exploitent un vignoble de 9 ha répartis sur une cinquantaine de parcelles. Arrivé en 2005, leur fils Pierrick est prêt à prendre la relève.

Un monopole original que ces Grands Champs : 6,14 ha sont classés en *village* et seulement 24,11 ares le sont en 1er cru, à l'intérieur d'un autre *climat*, les Mitans. Les Bouley en tirent un vin « très volnay » : au nez fin et équilibré de fruits rouges, de café et de cacao répond un palais intense, fruité, soyeux, aux tanins veloutés. ⌛ 2017-2022 🍴 quasi de veau sauce forestière ■ 1er cru Champans 2011 (1 200 b.) : un joli nez de griotte et de framboise, une bouche souple et ronde en attaque, plus ferme et serrée en finale. ⌛ 2017-2020

🔑 Dom. Réyane et Pascal Bouley, 5, pl. de l'Église, 21190 Volnay, tél. 03 80 21 61 69, bouleypascal@wanadoo.fr V r.-v.

DOM. MICHEL CAILLOT
Clos des Chênes 2011 ★★

■ 1er cru | 500 | | 20 à 30 €

Un domaine créé en 1967 par Roger Caillot. Établi avec ses parents pendant dix ans et depuis 2003 avec son épouse, Michel Caillot conduit aujourd'hui un vignoble de 15 ha. Sa devise : « Le moins d'interventions dans les vinifications. »

Finaliste des coups de cœur, ce volnay, qui a marié l'Inox au chêne durant onze mois à chaque fois, livre un bouquet très élégant de violette et de fruits noirs. Tout aussi aromatique et délicate, la bouche se révèle ample, dense, souple et soyeuse. Un excellent représentant de l'appellation. ⌛ 2015-2020 🍴 filet de bœuf aux girolles

🔑 Dom. Michel Caillot, 14, rue du Cromin, 21190 Meursault, tél. 06 87 44 81 44, earl.caillot@orange.fr V r.-v.

♥ DOM. DU CERBERON
Clos des Chênes 2011 ★★

■ 1er cru | 360 | | 30 à 50 €

Géré entre cousins germains de la vigne à la bouteille, ce microdomaine de 2,8 ha établi en plein cœur de Meursault a été constitué en 1929 à partir d'une parcelle de meursault 1er cru Les Cras. Les vins reposent dans une cave du XIIIe s.

Nous sommes ici sur la dernière acquisition du domaine (1999), 22 ares de Clos des Chênes, dont la version 2003

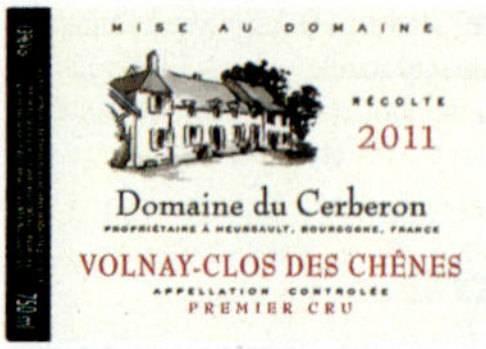

obtint le coup de cœur. Le chêne n'y a plus ses racines, remplacé par le pinot noir qui offre à l'appellation l'un des plus beaux crus de la Côte. Du chêne, il en subsiste toutefois, dans le vin : dix-huit mois d'élevage pour ce volnay de haut lignage. Mais ce sont les fruits qui donnent le ton de l'olfaction à travers des notes douces de cassis en marmelade et de sureau. Le merrain se manifeste (un peu, sur la vanille) dans une bouche suave et concentrée étayée par des tanins délicats et soyeux. Un volnay à la fois aérien et armé pour durer. ⌛ 2014-2022 🍴 sandre rôti et réduction au volnay

🔑 Dom. du Cerberon, 18, rue de Lattre-de-Tassigny, 21190 Meursault, tél. 03 80 21 65 00, domaine.cerberon@wanadoo.fr V r.-v.

Ⓑ CHAMPY 2011

■ | 4 000 | | 30 à 50 €

Fondée en 1721, la plus ancienne maison de négoce bourguignonne établie dans le centre historique de Beaune, est désormais propriété du seul Pierre Beuchet, auparavant associé à Pierre Meurgey. Sous la direction de l'œnologue Dimitri Bazas, elle exploite 28 ha de vignes en propre.

Issu de la partie bio du vignoble, ce volnay dévoile un nez plaisant de griotte agrémenté d'une discrète touche animale. Des arômes que l'on retrouve dans une bouche dense et concentrée soutenue par une fine acidité, un bon boisé et des tanins ronds et fins, quoiqu'un peu plus sévères en finale. ⌛ 2016-2020 🍴 daube de sanglier

🔑 Dom. Champy, 5, rue du Grenier-à-Sel, 21200 Beaune, tél. 03 80 25 09 99, contact@champy.com V r.-v. 🔑 Pierre Beuchet

CHAPUIS ET CHAPUIS Chanlin 2012 ★

■ | 300 | | 20 à 30 €

Petits-fils de vignerons d'Aloxe-Corton, les frères Chapuis, Jean-Guillaume (le juriste) et Romain (l'œnologue), ont fondé leur structure de négoce en 2009, installant leur cuverie dans l'ancien château de Pommard.

Le terroir de Chanlin se partage entre Volnay et Pommard, classé en 1er cru dans les deux communes. Les frères Chapuis y exploitent 26 ares de pinot à l'origine d'un vin harmonieux. Au nez, de la vanille, de la cerise à l'eau-de-vie et du cassis. En bouche, de la rondeur, du gras, une bonne concentration, des tanins souples et soyeux épaulés par une fine acidité. Un volnay déjà très aimable. ⌛ 2014-2019 🍴 agneau braisé au jus

🔑 Chapuis, SARL Chapuis Frères, 9, rue des Charmots, 21630 Pommard, tél. 06 89 56 05 12, r.chapuis@chapuisfreres.fr V r.-v.

JEAN-CLAUDE CLUZEAUD Beau Regard 2011

■ | 1 200 | | 15 à 20 €

Si les origines du domaine remontent à la fin du XVIIIe s., sa configuration actuelle date de 1978, à la suite d'un partage familial. Succédant en 2008 à son père Jean-Claude, Jean-Baptiste Cluzeaud conduit aujourd'hui 6,1 ha répartis de Pernand à Volnay.

Beau Regard : un *climat* très calcaire coincé entre le haut du 1er cru Taille Pieds et le début de la forêt qui surplombe le village de Volnay. Les Cluzeaud en possèdent 22 ares, dont ils tirent ce vin au nez de cassis confituré, de vanille et d'épices, franc, frais et bien structuré. ⧗ 2015-2019 ♈ filet de canard au poivre vert

EARL Dom. Jean-Claude Cluzeaud et Fils, 2, rue de la Cave-des-Ducs, 21190 Volnay, tél. 03 80 21 62 84, contact@domaine-cluzeaud.com V t.l.j. 8h-12h 14h-18h

HENRI DELAGRANGE Clos des chênes 2011 ★

■ 1er cru | n.c. | 30 à 50 €

Valeur sûre de Volnay, Didier Delagrange a rejoint son père en 1990 sur le domaine familial, pour lui succéder en 2003. Il a porté le vignoble à 14,5 ha répartis dans différentes AOC de la Côte de Beaune, avec une petite activité de négoce en complément.

Sur ce *climat* réputé de Volnay, 15 ha sur la partie haute de l'AOC, côté monthélie, Didier Delagrange exploite 65 ares plantés en 1939 par son grand-père. Au nez, le grillé de la barrique et le fruit du pinot (cerise) bien mariés. En bouche, une attaque suave et ronde, une concentration sans excès et une structure ferme mais fine. ⧗ 2017-2022 ♈ civet de lapin ■ 1er cru Champans 2011 (1 200 b.) : un boisé soutenu et des fruits rouges confiturés au nez, une attaque ample et souple, une finale poivrée et plus stricte. ⧗ 2017-2020

Dom. Henri Delagrange, 7, cours François-Blondeau, 21190 Volnay, tél. 03 80 21 64 12, didier@domaine-henri-delagrange.com

MAISON FATIEN PÈRE ET FILS 2011 ★

■ | 830 | ◖◗ | 30 à 50 €

Une jeune affaire de négoce familiale créée en 2000 et établie au cœur de Beaune dans un luxueux hôtel particulier. C'est le fils de la famille, Charles Fatien, qui sélectionne les jus et vinifie ses cuvées dans de magnifiques caves voûtées soutenues par des piliers cisterciens.

Un volnay bien dans le ton de l'appellation. Au nez, un fruité généreux (cassis, mûre) et d'élégantes notes florales. En bouche, de la souplesse, de la finesse, des tanins élégants et soyeux, et une jolie finale fumée. ⧗ 2015-2019 ♈ coq au volnay

Maison Fatien Père et Fils, 15, rue Sainte-Marguerite, 21200 Beaune, tél. 03 80 22 82 83, maisonfatien@wanadoo.fr V r.-v. 5

PASCAL LABOUREAU Les Lurets 2011

■ | 3 000 | ◖◗ | 15 à 20 €

Les Laboureau travaillent la vigne depuis 1640. Pascal s'est installé en 1979 à Bligny-lès-Beaune, où il exploite 11 ha dans la Côte de Beaune, de Saint-Romain à Pernand-Vergelesses.

Ce *climat* ferme l'appellation sur sa pointe basse, côté Meursault. Pascal Laboureau en extrait un vin au nez discret mais plaisant de cassis et de mûre un rien confiturés, et au palais accorte, souple et rond, une fine vivacité lui apportant un surcroît de persistance. ⧗ 2014-2018 ♈ poulet basquaise

Pascal Laboureau, 35, rte de Beaune, 21200 Bligny-lès-Beaune, tél. 03 80 26 83 67, laboureaup@wanadoo.fr V r.-v.

LOUIS LATOUR En Chevret 2011

■ 1er cru | 12 000 | ◖◗ | 30 à 50 €

Une maison familiale toujours indépendante, fondée en 1797 et conduite par dix générations de Latour. Un acteur incontournable de la Bourgogne viticole et le plus important propriétaire de grands crus de la Côte-d'Or (28 ha sur les 48 que compte son vignoble). Les raisins sont vinifiés à Aloxe-Corton, berceau de la famille, et la maison possède sa propre tonnellerie.

À la limite de Meursault, En Chevret est une ancienne carrière de 6,3 ha devenue vigne. La maison Latour en exploite 2,3 ha. Au nez, les fruits rouges donnent le ton, agrémentés de nuances florales. La bouche se développe autour de la fraîcheur et de tanins bien en place, au grain fin, un peu plus serrés en finale. ⧗ 2017-2020 ♈ faisan rôti

Maison Louis Latour, 18, rue des Tonneliers, 21200 Beaune, tél. 03 80 24 81 00, louislatour@louislatour.com

DOM. SÉBASTIEN MAGNIEN Les Échards 2012 ★

■ | 500 | ◖◗ | 20 à 30 €

Le trentenaire Sébastien Magnien, originaire des Hautes-Côtes, a créé en 2004 son domaine à partir des vignes maternelles, 11 ha aujourd'hui. Il se dit très interventionniste à la vigne, beaucoup moins au chai (macérations longues, pas de surextraction, usage modéré de fûts neufs).

Les 5,2 ha des Échards sont situés au piémont, sous les 1er crus. Sébastien Magnien y a vinifié le fruit de 13 ares pour composer ce volnay élégant au nez fruité (cassis, mûre) et discrètement boisé. Souple et ronde, l'attaque ouvre sur un palais concentré sans excès, ferme sans dureté, frais sans trop de vigueur. En bref, un vin équilibré et bien construit. ⧗ 2016-2022 ♈ gigue de chevreuil aux airelles

Dom. Sébastien Magnien, 6, rue Pierre-Joigneaux, 21190 Meursault, tél. 03 80 21 28 57, domainesebastienmagnien@orange.fr V r.-v.

DOM. RENÉ MONNIER Clos des Chênes 2012 ★

■ 1er cru | 2 000 | ◖◗ | 30 à 50 €

Ce domaine murisaltien fondé en 1723, propriété de Xavier Monnot, répartit ses 17 ha entre plusieurs AOC beaunoises. Il est régulièrement distingué dans le Guide, notamment pour ses beaune et ses meursault.

Avec ses 15,4 ha, ce *climat* est le plus vaste des 1ers crus de Volnay, et ferme l'appellation sur son côté ouest, vers Monthelie. Xavier Monnot en cultive 74 ares. Il signe un volnay très séduisant, qualifié de « sérieux ». Fruits noirs mûrs, poivre et vanille composent un nez intense et profond. La bouche dévoile des tanins fins et serrés qu'enrobe une chair tendre et soyeuse. Un vin à la fois solide et généreux, armé pour la garde. ⧗ 2017-2023 ♈ lièvre à la royale

Dom. René Monnier, 6, rue du Dr-Rolland, 21190 Meursault, tél. 03 80 21 29 32, domaine-rene-monnier@wanadoo.fr V t.l.j. sf sam. dim. 8h30-12h 14h-18h Xavier Monnot

BOURGOGNE

DOM. PASCAL MURE 2012

■	1 350	◖◗	15 à 20 €

Basé à Volnay depuis 1987, Pascal Mure poursuit l'histoire familiale sur ce domaine de près de 9 ha. Il fait partie de ces vignerons discrets qui, dans l'ombre des « locomotives » du cru, s'appliquent à valoriser leur appellation.

Des ceps de quarante-cinq ans ont donné naissance à ce volnay au nez discret mais élégant de fruits rouges et de merrain, agrémenté de nuances minérales. Frais dès l'attaque, le palais offre un joli fruité croquant soutenu par des tanins fins et policés, un rien plus sévères en finale. ⧗ 2015-2019 🍷 cuisse de dinde au four

🔑 Pascal Mure, 2, Grande-Rue, 21190 Volnay, tél. 03 80 21 61 15, contact@domaine-mure.com V r.-v.

MARIE-CHRISTINE ET VINCENT PERRIN
Cuvée Marie 2012

■	2 500	◖◗	15 à 20 €

Établi en 1987 dans le berceau familial de Volnay (1445), ce couple exploite 8,5 ha de vieilles vignes réparties dans cinq communes et revendique un travail en viticulture durable.

Ce *village* déploie un nez chaleureux de fruits à l'alcool. Un fruité généreux que l'on retrouve dans un palais vineux, dense, concentré et bien structuré. ⧗ 2017-2021 🍷 dinde aux marrons

🔑 Vincent Perrin, 8, rue Saint-Étienne, 21190 Volnay, tél. 06 62 30 56 16, vin.perrin.mcv@orange.fr V r.-v.

POULET PÈRE ET FILS 2012

■	2 200	◖◗	30 à 50 €

Une maison fondée en 1747 à Beaune, désormais établie sur les hauteurs de Nuits-Saint-Georges, depuis 1982 dans le giron du négoce nuiton Louis Max. Elle propose une large gamme de vins de Bourgogne (des régionaux aux grands crus) et aussi du Beaujolais.

Ce *climat* situé sous la montagne du Chagnot doit son nom aux chênes qui le surplombent. La maison y exploite 33 ares à l'origine d'un vin agréable aux senteurs de ronce et de fruits rouges mûrs, gras, riche, de bonne densité, structuré sans dureté. ⧗ 2015-2019 🍷 dinde laquée

🔑 Poulet Père et Fils, 6, rue de Chaux, 21700 Nuits-Saint-Georges, tél. 03 80 62 43 02 r.-v.

DOM. MICHEL PRUNIER ET FILLE
Les Caillerets 2011

■	1er cru	860	◖◗	20 à 30 €

Les Prunier sont vignerons à Auxey depuis cinq générations. Michel, installé en 1968, transmet progressivement à sa fille Estelle un domaine de 12 ha souvent en vue pour ses auxey-duresses.

Ce *climat* est le troisième 1er cru de l'appellation par sa surface (11,9 ha) et l'un des plus réputés, situé dans la partie médiane, côté Meursault. Estelle Prunier dit viser « des vins fruités, davantage tournés vers la finesse et l'élégance ». C'est bien le cas de ce volnay au fruité chaleureux (cerise à l'alcool) souligné par un léger boisé, rond, suave, fin et onctueux, « sans angles ni pointes », résume un juré. ⧗ 2016-2020 🍷 tajine de poulet aux raisins

🔑 Dom. Michel Prunier et Fille, rte de Beaune, 21190 Auxey-Duresses, tél. 03 80 21 21 05, domainemichelprunier-fille@wanadoo.fr V r.-v.

RÉGIS ROSSIGNOL 2011

■	2 000	◖◗	15 à 20 €

Installé en 1966, Régis Rossignol exploite un domaine de 7,2 ha, dont le vignoble s'étend de Savigny-lès-Beaune à Meursault, en passant par Beaune, Pommard et Volnay, son fief.

Ce *village* s'ouvre timidement sur le fruit. À une attaque souple succèdent un palais équilibré, léger, élégant, et une finale plus tannique et poivrée. ⧗ 2014-2019 🍷 filet mignon de veau aux champignons

🔑 Régis Rossignol, 3, rue d'Amour, 21190 Volnay, tél. 03 80 21 61 59, regisrossignol@free.fr V r.-v.

DOM. DES TERRES DE VELLE Ez Blanches 2011

■	2 000	◖◗	20 à 30 €

Un domaine créé en 2009 par Fabrice Laronze, Sophie, son épouse et Junji Hashimoto, leur bras droit japonais. Établis dans un ancien moulin au bord de la Velle, ils exploitent une petite « mosaïque à la bourguignonne » de 5,9 ha répartis sur plusieurs AOC de la Côte de Beaune.

De ce *climat* se déployant entre 330 et 350 m d'altitude et formant la limite haute du vignoble volnaysien, le domaine extrait un vin au nez élégant de cerise et de réglisse, au palais bien équilibré entre des tanins ronds et une fine vivacité. La pointe de sévérité finale appelle toutefois un peu de garde. ⧗ 2015-2019 🍷 faisan laqué

🔑 Dom. des Terres de Velle, chem. Sous-la-Velle, 21190 Auxey-Duresses, tél. 03 80 22 80 31, info@terresdevelle.fr V r.-v. 🔑 Laronze

CH. DU VAL DE MERCY 2011

■	1 800	◖◗	20 à 30 €

En 1680, les vins étaient produits par le Clos du Château du Val de Mercy. Situé à Chitry, le nouveau propriétaire du domaine (30 ha) perpétue la tradition viticole au-delà de ses terres pour fournir des vins du Chablisien, de l'Auxerrois et de la Côte de Beaune.

Le nez mêle les fruits confiturés à des touches de grillé et d'épices. En bouche, le vin se montre rond, suave, généreux, porté par des tanins soyeux et fondus. ⧗ 2014-2019 🍷 veau marengo

🔑 Ch. du Val de Mercy, 4, rue des Écoles, 21630 Pommard, tél. 03 80 22 77 34, roy@valdemercy.com V r.-v.

CHRISTOPHE VAUDOISEY Les Mitans 2012 ★

■	1er cru	n.c.	◖◗	20 à 30 €

Fondé en 1804, ce domaine a vu passer huit générations de vignerons. Secondé par son fils Pierre, Christophe Vaudoisey, souvent en vue pour ses volnay, est installé depuis 1985 à la tête de 12 ha à Volnay, Pommard et Meursault.

Ce 1er cru, coup de cœur dans les versions 2008 et 2005, est une valeur sûre du domaine. Le millésime 2012 s'ouvre sur un généreux fruité de cassis mûr. La bouche se révèle ample, dense, généreuse, portée par des tanins présents mais prévenants. ⧗ 2017-2022 🍴 sot-l'y-laisse de canard ■ *Village* 2012 ★ (15 à 20 € ; 3 000 b.) : un volnay généreux, voire chaleureux, ample et riche, sur les fruits noirs compotés et les épices. ⧗ 2017-2021 ■ 1er cru Clos des Chênes 2012 : dans un style proche du précédent, un volnay mûr, vineux et gras, aux tanins soyeux. ⧗ 2016-2020

⊶ Christophe Vaudoisey, 1, rue de la Barre, 21190 Volnay, tél. 03 80 21 20 14, christophe.vaudoisey@wanadoo.fr V r.-v.

MONTHÉLIE

• Superficie : 120 ha • Production : 4 745 hl (85 % en rouge)

Moins connu que ses voisins, Volnay au nord et Meursault au sud, le village de Monthelie est installé à l'entrée de la combe de Saint-Romain qui sépare les terroirs à rouges des terroirs à blancs ; ses coteaux exposés au sud donnent des vins d'excellente qualité.

DOM. DENIS BOUSSEY Hauts-Brins 2012 ★

■ | 1 500 | ◖◗ | 11 à 15 €

Installé depuis 1971 à Monthelie, Denis Boussey conduit un domaine de 10 ha et passe en douceur le témoin à son fils Laurent, qui gère aussi sa propre exploitation.

Né sur 61 ares de ce *climat* situé sous la colline du Chaignot, face à Volnay, ce 2012 séduit par son nez floral (lilas, pivoine) et fruité (myrtille), par son volume et ses tanins en dentelle. Un vin bien construit et élégant. ⧗ 2017-2019 🍴 veau marengo

⊶ Dom. Denis Boussey, 1, rue du Pied-de-la-Vallée, 21190 Monthelie, tél. 03 80 21 21 23, domaine.denisboussey@wanadoo.fr V t.l.j. sf dim. 8h-12h 13h30-18h

DOM. LAURENT ET KAREN BOUSSEY 2012 ★

■ | 2 000 | ◖◗ | 11 à 15 €

À la tête du domaine familial depuis 2003, Laurent et Karen Boussey exploitent 7,25 ha de vignes réparties dans de nombreuses appellations, de meursault à aloxe-corton.

Comme souvent, c'est avec un chardonnay que le domaine se distingue en monthélie. Un vin limpide aux reflets verts, qui s'ouvre sur des notes de fleurs blanches, de citron et de vanille. Une attaque franche précède un palais gras et persistant, dynamisé par une finale citronnée. ⧗ 2014-2016 🍴 quenelles de brochet

⊶ Laurent Boussey, rue du Château-Gaillard, 21190 Monthelie, tél. 03 80 21 28 42, laurent.boussey@sfr.fr V r.-v.

DOM. ÉRIC BOUSSEY Les Toisières 2012

■ | 1 200 | ◖◗ | 8 à 11 €

Grande famille de vignerons de Monthelie, les Boussey exploitent plusieurs AOC en Côte de Beaune. Éric, installé en 1981, a complété son activité en 2007 par une structure de négoce.

Partisan de cuvaisons plus longues pour plus de finesse tannique, il signe un 2012 au boisé discret, fruité et épicé (cannelle, badiane), bien structuré, avec en effet un joli grain de tanin. ⧗ 2017-2019 🍴 agneau rôti

⊶ Dom. Éric Boussey, 21, Grande-Rue, 21190 Monthelie, tél. 03 80 21 60 70, ericboussey@orange.fr V r.-v.

♥ Ⓑ LES CHAMPS DE L'ABBAYE Les Sous Roches 2012 ★★

■ | 1 000 | ◖◗ | 20 à 30 €

Isabelle et Alain Hasard, ni Bourguignons ni vignerons, mais passionnés de vin, s'installent en 1997 et créent ce domaine de toutes pièces. Ils exploitent aujourd'hui 6 ha (en bio depuis 1999), essentiellement en Côte chalonnaise, avec un pied en Côte de Beaune depuis 2009 grâce à 35 ares de monthélie.

« Nous recherchons les petits rendements (25 à 30 hl/ha pour les rouges) afin de produire des vins concentrés et fidèles à leur terroir. » De fait, ce 2012 affiche d'emblée une belle densité dans sa robe sombre et profonde. Le nez, complexe et généreux, allie les fruits rouges et noirs confits au boisé conféré par un an de barrique, dont 60 % de fût neuf. Un juré y décèle aussi une touche d'olive noire... On retrouve cette générosité dans une bouche ample, boisée et bien structurée, dynamisée par une finale croquante. Il faudra laisser du temps à ce vin pour une pleine expression ; le potentiel est là. ⧗ 2018-2024 🍴 canard rôti au miel

⊶ Alain et Isabelle Hasard, 9, rue des Roches-Pendantes, 71510 Aluze, tél. 03 85 45 59 32, alainhasard@wanadoo.fr V r.-v.

DOM. CHANGARNIER Champs Fulliot 2012 ★★

■ 1er cru | 450 | ◖◗ | 20 à 30 €

Un domaine régulier en qualité (complété par une activité de négoce), dans la famille Changarnier depuis le XVIIes., repris en 2004 par les frères Claude et Antoine, avec Fabrice Groussin aux commandes de la cave depuis 2012.

Une bien belle réussite sur le millésime 2012 et un Champ Fulliot qui frôle le coup de cœur. Ses atouts : un nez expressif de fruits rouges et noirs, une attaque franche, de la concentration, des tanins bien en place, une longue finale sur la violette. Un vin prometteur et typé. Un seul défaut : sa rareté. ⧗ 2017-2019 🍴 bœuf en croûte ■ 1er cru 2012 Meix Bataille ★★★ (15 à 20 € ; 450 b.) : des arômes de sous-bois, de la fraîcheur, de la matière et de la structure en bouche. ⧗ 2017-2019

⊶ SARL Changarnier Frères, pl. du Puits, 21190 Monthelie, tél. 03 80 21 22 18, contact@domainechangarnier.com V r.-v.

DOM. DUBUET-MONTHELIE Les Champs Fulliot 2012 ★

■ 1er cru | 1 200 | ◖◗ | 15 à 20 €

L'essentiel des vignes de ce domaine de 8 ha, régulier en qualité, est sur Monthelie. Guy Dubuet – Monthelie était le nom de sa mère – a cédé la place à son fils David en 2012, qui perpétue les labours sur l'ensemble de la propriété.

BOURGOGNE

« Petit » millésime par le volume, 2012 a bien réussi aux Dubuet. Témoin ce 1er cru aux senteurs florales (pivoine), fruitées et épicées, franc en attaque, plein, riche, bien structuré et persistant. ⌛ 2017-2019 🍴 poulet rôti ■ *Village* **2012 La Combe Danay (11 à 15 € ; 1 200 b.)** : notes florales, bouche franche et fraîche sur les agrumes. ⌛ 2014-2016

🔑 Dubuet-Monthelie et Fils, 1, rue Bonne-Femme, 21190 Monthelie, tél. 06 64 46 10 17, david.dubuet@orange.fr V r.-v.

DOM. DUJARDIN 2012

■ | 5 472 | 🛢 | 15 à 20 €

À leur départ à la retraite en 2007, les Bouzerand ont confié les clés du domaine (7 ha) et de ses caves cisterciennes des XIIe et XVes. à Ulrich Dujardin, installé ici depuis 1990.

Cette cuvée rappelle que Monthelie est planté à 70 % au niveau communal. Elle mêle au nez arômes citronnés et beurre de noisette, et dévoile un palais vif et franc, avec un côté acidulé qui le tient en haleine. ⌛ 2014-2017 🍴 aumônière au bleu de bresse

🔑 Ulrich Dujardin, 1, Grande-Rue, 21190 Monthelie, tél. 03 80 21 20 08, domaine-dujardin@orange.fr V r.-v.

DOM. DUPONT-FAHN 2011

■ | n.c. | 11 à 15 €

Depuis le cœur de Monthelie, ce producteur exploite 9 ha de vignes toutes situées en Côte de Beaune. Une originalité : il produit aussi en IGP Pays d'Oc.

C'est bien un chardonnay de Bourgogne qui donne à ce vin ses arômes floraux agrémentés de notes acidulées et d'une légère touche boisée. Après une attaque fraîche, le palais, sur les fruits mûrs, se montre rond, gras et de bonne longueur. ⌛ 2014-2017 🍴 pochouse

🔑 Michel Dupont-Fahn, Les Toisières, 21190 Monthelie, tél. 06 08 51 15 13, domaine.dupontfahn@gmail.com

DOM. FLORENT GARAUDET La Taupine 2011

■ 1er cru | 450 | 🛢 | 15 à 20 €

Fils de Paul Garaudet, président du syndicat viticole de Monthelie, Florent s'est construit un petit vignoble de 3 ha à Monthelie, Meursault et Puligny-Montrachet. Il fait partie de la jeune garde de la commune.

Première récolte sur ces 18 ares de 1er cru (dérivé de « toppe », une ancienne terre en jachère devenue vigne) ayant appartenu à son grand-père. Cerise noire, cassis et boisé fin composent un bouquet élégant. Souple en attaque, le palais dévoile ensuite des tanins bien présents et affiche une belle persistance. ⌛ 2016-2019 🍴 brochettes d'agneau au thym

🔑 Florent Garaudet, 3, rue du Château-Gaillard, 21190 Monthelie, tél. 06 87 77 01 28, florentgaraudet@orange.fr V r.-v.

DOM. PAUL GARAUDET Les Champs Fulliot 2011

■ | n.c. | 🛢 | 15 à 20 €

Un domaine d'une dizaine d'hectares conduit par Paul Garaudet, quatrième du nom à la tête de cette propriété régulièrement sélectionnée en monthélie.

Ce 2011 or pâle et limpide dévoile un joli nez de fleurs blanches relayé par une bouche à la fois souple, ample et fraîche. ⌛ 2014-2015 🍴 tajine de poisson au citron

🔑 Paul Garaudet, imp. de l'Église, 21190 Monthelie, tél. 03 80 21 28 78 V r.-v.

DOM. GLANTENAY Les Champs Fulliots 2011

■ 1er cru | n.c. | 🛢 | 20 à 30 €

Ce domaine de 8 ha est conduit depuis quatre siècles par la famille Glantenay, qui accueille une nouvelle génération en la personne de Guillaume, fils de Pierre.

Ce *climat* de 8,11 ha situé en bordure de Volnay représente à lui tout seul un quart des 1ers crus. Les Glantenay en exploitent 21 ares à l'origine d'un vin au nez soutenu de fruits rouges et noirs mâtinés de boisé, au palais charnu et solidement structuré. Un monthélie de caractère, plus en puissance qu'en finesse. ⌛ 2016-2019 🍴 bœuf bourguignon sauce lie de vin

🔑 Pierre Glantenay, rue de la Barre, 21190 Volnay, tél. 03 80 21 61 82, cecileglantenay@orange.fr V r.-v.

MONTHELIE-DOUHAIRET-PORCHERET Le Meix Bataille 2011 ★

■ 1er cru | 2 000 | 🛢 | 20 à 30 €

André Porcheret, qui créa le domaine en 1989 avec Armande Monthelie-Douhairet et qui fut longtemps régisseur des Hospices de Beaune, a été rejoint par sa petite-fille Cataldina Lippo en 2004 pour conduire un vignoble de 6,5 ha.

Ce 1er cru réputé tient son nom de la famille Bataille, qui siégeait au parlement de Bourgogne au XVIes. Il donne ici naissance à un vin ouvert sur la griotte et la vanille, ample au palais et bâti sur des tanins solides mais élégants, garants d'un bon vieillissement. ⌛ 2016-2019 🍴 civet de lièvre

🔑 Dom. Monthelie-Douhairet-Porcheret, 1, rue Cadette, 21190 Monthelie, tél. 03 80 21 63 13, douhairet@wanadoo.fr V r.-v.

♥ B PIERRE MOREY 2011 ★★

■ | 4 200 | 🛢 | 15 à 20 €

Régisseur du domaine d'Anne-Claude Leflaive à Puligny de 1988 à 2008, Pierre Morey, vigneron réputé de Meursault, est aussi depuis 1971 son propre maître en ses vignes, 10 ha en biodynamie depuis 1998. Sa fille Anne est à ses côtés depuis cette date.

Le domaine exploite plusieurs petites parcelles de pinot noir sur six lieux-dits au cœur et autour de Monthelie : un total de 1,32 ha de vignes en coteau ou semi-coteau, sur des sols divers (terres rouges, crayeuses ou calcaires). Le fruit de cet assemblage donne une « simple » cuvée communale qui n'a rien de simpliste : une élégante robe rubis au disque pourpre ; un bouquet frais et complexe qui mêle un fin boisé à la pivoine, au cassis et à la groseille ; une attaque pleine de souplesse, un beau volume, des tanins fins et soyeux, une longue finale épicée. Déjà beaucoup de charme et un avenir prometteur. ⌛ 2016-2019 🍴 filet de veau aux épices

Dom. Pierre Morey, 13, rue Pierre-Mouchoux, 21190 Meursault, tél. 03 80 21 21 03, morey-blanc@wanadoo.fr V r.-v.

DOM. NEWMAN 2011 ★

	3 000		15 à 20 €

Un domaine créé par Christopher Newman, constitué de parcelles rachetées entre 1972 et 1974 à son père, l'un des premiers Américains à avoir investi dans la vigne en Bourgogne, et à Alexis Lichine, et replantées à la même période : 5,5 ha de vignes, avec un pied dans chaque Côte, dont trois grands crus nuitons.

Coup de cœur avec un monthélie rouge 2009, Chris Newman signe un 2011 au nez charmeur de fruits rouges mûrs et de boisé fondu, souple et frais en attaque, bâti sur des tanins solides mais fins, qui s'achève sur une jolie note poivrée. 2017-2019 osso-bucco

GFA Dom. Newman, 29, bd Clemenceau, 21200 Beaune, tél. 03 80 22 80 96, info@domainenewman.com

MAX ET ANNE-MARYE PIGUET-CHOUET
Vieilles Vignes 2012

	1 500		11 à 15 €

Un domaine de 11 ha, 100 % familial et 100 % beaunois, né en 1981 de l'union de Max avec Anne-Marye Piguet-Chouet, qu'ont rejoints leurs fils Stéphane et William en 2004.

Née de vignes de soixante ans, cette cuvée dévoile un nez riche de fruits mûrs, de cassis notamment. Fruitée dès l'attaque, elle ne manque ni de gourmandise ni de structure ni de fraîcheur avec sa finale mentholée. 2015-2018 magret de canard

Max et Anne-Marye Piguet-Chouet, rte de Beaune, 21190 Auxey-Duresses, tél. 03 80 21 25 78, piguet.chouet@wanadoo.fr V r.-v.

DOM. THIERRY PINQUIER
Les Sous Roches 2012 ★

	1 800		11 à 15 €

En 1994, Thierry Pinquier a pris la relève de ses parents sur cette exploitation régulièrement mentionnée. Tandis qu'il œuvre à la vigne et au chai, son épouse anime les dégustations et s'occupe des chambres d'hôtes.

Plus souvent retenu pour ses rouges, le domaine s'illustre ici avec un blanc au teint doré, au nez finement floral et vanillé, bien balancé entre gras et fraîcheur, élégant dans sa finale mêlant l'amande et les agrumes. 2015-2019 pintade à la crème ■ *Village* 2011 (6 800 b.) : bouquet de petits fruits rouges et noirs nuancé d'épices, bouche équilibrée et épicée en finale. 2015-2017

Thierry Pinquier, imp. des Belges, 5, rue Pierre-Mouchoux, 21190 Meursault, tél. 03 80 21 24 87, domainepinquier@orange.fr V t.l.j. 9h-12h 14h-18h30; dim. 9h-12h 3

CAVES DE LA PROPRIÉTÉ DU CH. DU POMMARD
Les Riottes 2011 ★

1er cru	3 000		30 à 50 €

Depuis son rachat en 2004 par Maurice Giraud, ce château emblématique de la Côte de Beaune a misé sur l'œnotourisme et la vente au domaine : chaque année, 35 000 œnophiles franchissent les portes du clos de 22,5 ha. Aux commandes du chai depuis 2007, Emmanuel Sala élabore à côté du « grand vin » une large gamme issue d'achats de raisins.

Ce 1er cru issu de la partie négoce se pare d'une jolie robe intense et brillante. Intense aussi est le nez, ouvert sur les fruits rouges frais agrémentés d'une petite touche animale. Tout en finesse dès l'attaque, le palais, ample, s'appuie sur des tanins ronds et déploie une longue finale épicée. Un vin harmonieux et élégant. 2017-2019 lièvre à la royale

Caves de la Propriété du Ch. de Pommard, 15, rue Marey-Monge, 21630 Pommard, tél. 03 80 22 12 59, contact@chateaudepommard.com V t.l.j. 9h30-18h30

DOM. JEAN-PIERRE ET LAURENT PRUNIER
Les Champs Fulliot 2012

1er cru	900		15 à 20 €

Jean-Pierre Prunier a laissé son vignoble à ses deux fils Pascal (établi à Meursault) et Laurent installé depuis 1992 et valeur sûre en auxey-duresses et en monthélie.

Parmi les seize 1ers crus du village, Les Champs Fulliot est le plus connu des amateurs. Ici, un vin ouvert sur la cerise, souple en attaque, aux tanins fins mais bien présents. Un ensemble équilibré. 2015-2017 andouillettes grillées

Dom. Jean-Pierre et Laurent Prunier, rue Traversière, 21190 Auxey-Duresses, tél. 03 80 21 27 51, domaine-prunier@wanadoo.fr V r.-v. Laurent

AUXEY-DURESSES

• Superficie : 135 ha • Production : 5 840 hl (65 % rouge)

Le village d'Auxey-Duresses se niche dans un vallon qui conduit vers les Hautes-Côtes. Son vignoble couvre les deux versants de la combe et se répartit en trois îlots : sur la pente nord, il prolonge le terroir de Monthelie et porte des 1ers crus rouges exposés au midi, comme les Duresses ou le Val, fort réputés ; au fond de la combe, il jouxte des parcelles de Saint-Romain ; sur le versant de Meursault, au sud, il produit d'excellents vins blancs.

CHRISTOPHE BUISSON 2011 ★★

	3 200		15 à 20 €

Plutôt que maçon, comme son père, Christophe Buisson a choisi d'être vigneron. D'abord courtier, il crée son domaine à Saint-Romain en 1996 : 7 ha aujourd'hui (en conversion bio) complétés en 2007 par une petite activité de négoce. Souvent en vue pour ses saint-romain et ses auxey-duresses.

Le meilleur auxey de cette sélection. Un vin né de vignes âgées de cinquante ans et élevé dix-huit mois en barrique. Au nez, les fruits rouges mènent la danse, avec une belle intensité. Un rythme entraînant qui se poursuit dans une bouche ample et longue, solidement bâtie sur des tanins fins et racés. 2017-2022 filet de biche aux airelles

SARL Christophe Buisson, 34, rue de la Tartebouille, 21190 Saint-Romain, tél. 03 80 21 63 92, sarlchristophebuisson@wanadoo.fr V r.-v.

DOM. DENIS CARRÉ Les Vireux 2012

	n.c.		15 à 20 €

À Meloisey, dans les Hautes-Côtes, Martial et Gaëtane Carré ont rejoint leur père Denis, fondateur en 1975 de ce

domaine qui excelle dans plusieurs AOC, en hautes-côtes-de-beaune, saint-romain et pommard notamment.

Martial Carré a acquis en 2012 une parcelle de ce *climat* qui touche Les Vireuils de Meursault. Il signe un vin au nez discret de fruits blancs, prolongé par un palais rond, gras, d'un bon volume, soutenu par une fine acidité. Un ensemble équilibré. ⧗ 2014-2019 🍴 cassolette d'écrevisses

Dom. Denis Carré, 1, rue du Puits-Bouret, 21190 Meloisey, tél. 03 80 26 02 21, bernard.carregazzoni@sfr.fr V r.-v.

CHRISTIAN CHOLET-PELLETIER 2012

	1 000		11 à 15 €

Christian Cholet a débuté avec le caniculaire millésime 1976. Établi dans la plaine, entre Meursault et Puligny-Montrachet, il conduit aujourd'hui un vignoble de 8 ha et s'illustre avec régularité dans ces pages, notamment par ses auxey-duresses.

Ce vin dévoile des parfums subtils d'amande et de fruits frais en prélude à un palais tout aussi frais et persistant. Un ensemble harmonieux. ⧗ 2014-2017 🍴 poulet au citron

Christian Cholet, 40, rue de la Citadelle, 21190 Corcelles-les-Arts, tél. 03 80 21 47 76 V r.-v.

B CLOS DU MOULIN AUX MOINES Monopole 2011 ★

	3 000		20 à 30 €

Un domaine historique, propriété de l'abbaye de Cluny au Xe s. Une très longue histoire rythmée par plusieurs propriétaires et par la famille Andrieu depuis 2008. Le vignoble s'étend sur 9,5 ha, dont quatre parcelles en monopole.

Ce monopole est un clos de 1 ha cultivé en bio et planté des deux cépages bourguignons : les deux versions sont retenues. En rouge, un vin légèrement boisé et un rien animal à l'olfaction, ample, plein, bien structuré et long en bouche. ⧗ 2017-2020 🍴 pintade aux girolles ■ Moulin aux moines Monopole 2011 (3 000 b.) : un joli nez floral et miellé, et une bouche souple et fraîche. ⧗ 2014-2017

Clos du Moulin aux Moines, rte des Forges, 21290 Auxey-Duresses, tél. 03 80 21 60 79, info@moulinauxmoines.com V r.-v. Andrieu

DOM. DICONNE Terres folles 2011

	2 200		11 à 15 €

Christophe Diconne s'est installé en 2005 sur le domaine familial d'Auxey-Duresses (10,2 ha), succédant à son grand-père Paul et à son père Jean-Pierre.

Régulièrement sélectionné pour ses auxey, ce « régional de l'étape » signe une cuvée discrètement florale au nez, souple et fraîche en bouche, encore un peu sous l'emprise du bois. Une petite garde fera l'affaire. ⧗ 2015-2017 🍴 terrine de brochet

Christophe Diconne, rue de la Velle, 21190 Auxey-Duresses, tél. 03 80 21 25 60, contact@domaine-diconne.fr V r.-v.

JAFFELIN Les Duresses 2011

1er cru	2 900		15 à 20 €

Cette maison de négoce-élevage implantée à Beaune depuis 1816 appartient à la galaxie des vins Boisset. Elle conserve son autonomie d'achat avec Marinette Garnier à sa tête, une jeune œnologue qui a pris la suite de Prune Amiot en 2011.

Les fruits rouges se mêlent à la cannelle pour composer un nez bien typé et avenant. La bouche, fidèle à l'olfaction, affiche une bonne consistance et une structure en place, tout en restant souple. ⧗ 2014-2019 🍴 suprêmes de volaille à la crème

Maison Jaffelin, 2, rue Paradis, 21200 Beaune, tél. 03 80 22 12 49, jaffelin@maisonjaffelin.com V r.-v.

HENRI LATOUR ET FILS Les Grands Champs 2012

	1 420		15 à 20 €

Les Latour cultivent la vigne depuis sept générations à Auxey-Duresses. Installé en 1992, François Latour exploite un domaine de 15,1 ha, dont l'essentiel est implanté dans sa commune d'origine.

Comme son nom l'indique, ce *climat* est l'un des plus vastes de l'AOC en 1er cru. Le domaine en exploite 50 ares à l'origine d'un vin au nez expressif de cassis agrémenté d'une pointe fumée, souple en attaque, plus tannique et austère dans son développement. A besoin de se fondre. ⧗ 2017-2019 🍴 fromage de Citeaux

Henri Latour et Fils, rte de Beaune, 21190 Auxey-Duresses, tél. 03 80 21 65 49, h.latour.fils@wanadoo.fr V r.-v.

CATHERINE ET CLAUDE MARÉCHAL 2012

	2 300		20 à 30 €

Le couple Maréchal installé dans la plaine de Pommard depuis 1981 fait partie des valeurs sûres de la Côte de Beaune. Il conduit, avec minutie et dans un esprit bio (pas de désherbants chimiques, levures indigènes, limitation du soufre), un vignoble de 12,8 ha offrant un large panel d'appellations.

Cet auxey né de jeunes vignes de quinze ans d'âge s'offre avec parcimonie à l'olfaction, laissant poindre à l'aération des senteurs vanillées. C'est en bouche qu'il affirme un caractère qu'il a bien trempé : de la densité, du gras et des tanins vigoureux qui doivent encore se patiner. ⧗ 2017-2019 🍴 lapin à la crapaudine

EARL Catherine et Claude Maréchal, 6, rte de Chalon, 21200 Bligny-lès-Beaune, tél. 03 80 21 44 37, marechalcc@orange.fr V r.-v.

JEAN-LOUIS MOISSENET-BONNARD Les Duresses 2012 ★

1er cru	1 500		15 à 20 €

Souvent en vue pour ses pommard, Jean-Louis Moissenet issu d'une longue lignée vigneronne a travaillé comme responsable d'un rayon fruits et légumes dans la grande distribution, avant de reprendre en 1988 les vignes familiales de Pommard. Il exploite aujourd'hui un vignoble de 6 ha.

Né de ceps de soixante ans, ce 1er cru s'ouvre sans réserve sur la fraise et la framboise soulignées par un fin boisé. On retrouve les petits fruits rouges avec intensité dans une bouche fraîche et solidement charpentée, sans dureté. Déjà aimable, ce vin s'exprimera mieux encore après quelques années de garde. ⧗ 2016-2020 🍴 coq au vin ■ *Village* Les Fosses 2011 (2 000 b.) : un joli fruité exotique et un palais bien équilibré entre gras et acidité, qui finit sur une saveur iodée. 2015-2019

Jean-Louis Moissenet-Bonnard, rue des Jardins, 21630 Pommard, tél. 03 80 24 62 34, jean-louis.domaine-moissenet-bonnard@wanadoo.fr r.-v.

PATRIARCHE PÈRE ET FILS
Les Grands Champs 2011

1er cru	1 448		15 à 20 €

Cette maison de négoce fondée en 1780 est établie à Beaune, dans l'ancien couvent de la Visitation. Elle élève toute une gamme de grands vins de Bourgogne au sein des caves fraîches et voûtées de ce magnifique édifice.

Ce 2011 développe de fines notes de fruits rouges soulignées par un boisé léger, que prolonge un palais souple, frais et bien équilibré. 2014-2017 paupiettes de veau

Patriarche Père et Fils, 5/7, rue du Collège, 21200 Beaune, tél. 03 80 24 53 75, contact@patriarche.com

MAX ET ANNE-MARYE PIGUET-CHOUET
Les Heptures Cuvée Mathis 2012 ★

	1 800		11 à 15 €

Un domaine de 11 ha, 100 % familial et 100 % beaunois, né en 1981 de l'union de Max avec Anne-Marye Piguet-Chouet, qu'ont rejoints leurs fils Stéphane et William en 2004.

Le domaine exploite une parcelle de 32 ares sur ce lieu-dit situé au-dessus du hameau du Petit-Auxey. Il en tire un auxey d'abord sur la réserve, qui s'ouvre à l'agitation sur des notes de sous-bois et de griotte. Plus expressif, fruité et réglissé, le palais associe harmonieusement richesse et finesse. 2016-2019 filet mignon en croûte Les Boutonniers cuvée Charly 2012 (1 800 b.) : un nez de fruits mûrs relayé par un palais gras, rond et chaleureux. 2016-2019

Max et Anne-Marye Piguet-Chouet, rte de Beaune, 21190 Auxey-Duresses, tél. 03 80 21 25 78, piguet.chouet@wanadoo.fr r.-v.

DOM. JEAN-PIERRE ET LAURENT PRUNIER
Vieilles Vignes 2012

	7 400		11 à 15 €

Jean-Pierre Prunier a laissé son vignoble à ses deux fils Pascal (établi à Meursault) et Laurent installé depuis 1992 et valeur sûre en auxey-duresses et en monthélie.

Ce *village* a besoin d'une petite aération pour délivrer ses parfums de beurre frais et de boisé torréfié. Souple, légère, fraîche et fruitée (pêche, poire), la bouche se révèle plus avenante et offre un bon volume. 2014-2017 risotto aux fruits de mer

Dom. Jean-Pierre et Laurent Prunier, rue Traversière, 21190 Auxey-Duresses, tél. 03 80 21 27 51, domaine-prunier@wanadoo.fr r.-v.

DOM. PRUNIER-BONHEUR Climat du Val 2012

1er cru	1 200		20 à 30 €

Pascal Prunier, natif d'Auxey-Duresses, et son épouse Christine Bonheur ont créé leur domaine en 1983 (7 ha aujourd'hui), complété par une activité de négoce depuis 2002. Des habitués du Guide, notamment pour leurs auxey-duresses et monthélie.

Ce 1er cru né de 26 ares de pinot noir livre un bouquet discret mais plaisant de petits fruits noirs soulignés par un léger grillé. Le palais, plus expressif, sur les fruits rouges et le boisé, se montre charnu et solidement charpenté par des tanins encore un peu austères. 2017-2020 gigue de chevreuil

Dom. Prunier-Bonheur, 23, rue des Plantes, 21190 Meursault, tél. 03 80 21 66 56, pascal.prunier-bonheur@wanadoo.fr r.-v.

DOM. MICHEL PRUNIER ET FILLE 2011 ★

1er cru	3 900		15 à 20 €

Les Prunier sont vignerons à Auxey depuis cinq générations. Michel, installé en 1968, transmet progressivement à sa fille Estelle un domaine de 12 ha souvent en vue pour ses auxey-duresses.

Issu d'un assemblage – donc sans nom de *climat* –, ce 1er cru s'ouvre à l'aération sur des notes de fruits rouges bien typées du cépage. Une attaque souple et ample prélude à un palais frais et bien structuré par des tanins fins. On peut l'attendre ou en profiter dans sa jeunesse. 2015-2019 grenadin de veau *Village* 2012 (11 à 15 € ; 3 000 b.) : un vin solide, voire austère, mais prometteur, que le temps affinera. 2017-2021

Dom. Michel Prunier et Fille, rte de Beaune, 21190 Auxey-Duresses, tél. 03 80 21 21 05, domainemichelprunier-fille@wanadoo.fr r.-v.

FRANÇOIS RAPET ET FILS Les Hautés 2012 ★

	n.c.		11 à 15 €

Natifs de Saint-Romain, où ils habitent l'ancien moulin, les Rapet exploitent un domaine de 13 ha né de la fusion des vignes de François Rapet avec celles de sa tante Marie Lamotte.

Ce 2012 livre un bouquet discret mais délicat, aérien, de fleurs blanches et d'agrumes. Le palais, fruité et un rien épicé, offre un bel équilibre entre une chair tendre et ronde, et une fraîcheur bien ajustée. 2014-2018 brochet à l'aneth

Dom. François Rapet et Fils, rue Sous-le-Château, 21190 Saint-Romain, tél. 03 80 21 22 08, domainerapetfrancois@orange.fr t.l.j. 9h-12h 14h-18h

DOM. DE LA ROCHE AIGUË 2012

	4 390		11 à 15 €

Florence et Éric Guillemard établis à la sortie d'Auxey-Duresses depuis 1995 conduisent un vignoble de 13 ha en auxey-duresses, saint-romain, meursault et pommard.

Ce 2012 né de vieux ceps âgés de plus de quatre-vingts ans livre un bouquet plaisant de fruits frais. Prometteur, le palais se montre encore jeune et tannique, et requiert un peu de temps pour s'affiner. 2017-2019 volaille aux cèpes *Village* 2012 (2 030 b.) : un vin fruité (pêche, abricot), riche et gras, vivifié par une pointe de fraîcheur. 2014-2017

EARL la Roche Aiguë, Melin, rte de Beaune, 21190 Auxey-Duresses, tél. 03 80 21 28 33, guillemarderic@wanadoo.fr r.-v.

Guillemard

BOURGOGNE

SAINT-ROMAIN

• Superficie : 96 ha • Production : 3 900 hl (55 % blanc)

À l'ouest de Meursault, le site mérite une excursion : le village de Saint-Romain se blottit au fond d'une combe, adossé à de superbes falaises. Son vignoble est situé dans une position intermédiaire entre la Côte et les Hautes-Côtes. Les vins rouges sont fruités et gouleyants ; les terrains argileux, avec des bancs marno-calcaires, conviennent bien au chardonnay.

JEAN-LUC ET PAUL AEGERTER Sous le château 2012 ★

	4 500		20 à 30 €

Jean-Luc Aegerter fonde son négoce en 1988. Il achète ses premières vignes en 1994, et son fils Paul le rejoint en 2001. La maison propose une vaste gamme allant des AOC régionales aux grands crus, du Chablisien au Mâconnais en passant par les deux Côtes.

Le domaine exploite 70 ares de ce *climat* exposé au sud-sud-est, ce qui est rare à Saint-Romain. Il en tire un vin cristallin au nez intense de fruits frais. Long, puissant, offrant une petite rondeur, le palais penche vers le minéral, associé à un léger torréfié. ⧗ 2017-2024 🍴 dorade à la coriandre

Jean-Luc et Paul Aegerter, 49, rue Henri-Challand, 21700 Nuits-Saint-Georges, tél. 03 80 61 02 88, infos@aegerter.fr

BERNARD CARRÉ Sous le château 2012

	1 400		11 à 15 €

Installé depuis 2000 à Meloisey, petit village des Hautes-Côtes de Beaune, Bernard Carré est à la tête de 4,5 ha, tout en étant vigneron des Hospices de Beaune.

Ce *climat* est situé face aux falaises, sous les ruines du château dominant le village du haut d'un éperon rocheux. Dans le verre, un 2012 pâle et brillant, au nez minéral, ample et frais en bouche, souligné par un boisé fondu et de fines notes épicées. ⧗ 2014-2017 🍴 jambon persillé

Bernard Carré, 4, rue du Puits-Bouret, 21190 Meloisey, tél. 03 80 26 07 76, bernard.carreregazzoni@sfr.fr V r.-v.

DOM. COSTE-CAUMARTIN Sous le château 2012

	4 242		11 à 15 €

Cet ancien domaine de Pommard est entré en 1793 dans la famille de Jérôme Sordet. Jadis directeur d'une usine d'imprégnation du bois, ce dernier officie depuis 1988 à la tête d'un vignoble de 12,2 ha.

Le nez, fin et ouvert, évoque l'amande verte et les fleurs blanches. Le palais affiche de la persistance et un beau caractère, bâti sur la fraîcheur et adouci par une touche beurrée. ⧗ 2014-2017 🍴 truite à la crème

Dom. Coste-Caumartin, 2, rue du Parc, 21630 Pommard, tél. 03 80 22 45 04, domaine@costecaumartin.fr V t.l.j. 10h-12h 14h-19h; dim. sur r.-v. Jérôme Sordet

DOM. DE LA CRÉA Sous roche 2012

	4 400		20 à 30 €

Ce domaine de 7 ha (en conversion bio depuis 2011) est le propriétaire exclusif du Clos la Perrière depuis 1988. Ses vins sont vinifiés et distribués depuis 2008 par la maison de négoce nuitonne Louis Max.

Le nez, expressif et délicat, mêle fleurs blanches, beurre frais et notes minérales. Le palais suivant la même trame aromatique séduit par sa fraîcheur et sa finesse. Un ensemble élégant et harmonieux. ⧗ 2014-2017 🍴 wok de crevettes

Dom. de la Créa, 6, rue de Chaux, 21700 Nuits-Saint-Georges, tél. 03 80 62 43 00

DOM. GERMAIN PÈRE ET FILS 2012 ★

	18 000		11 à 15 €

Un domaine créé en 1955 par Bernard Germain, rejoint par son fils Patrick en 1976, avec lequel il lance la mise en bouteilles. En 2009, Arnaud, le petit-fils, prend la relève à la tête de 15 ha, complétés par une activité de négoce à son nom.

Cette importante cuvée née de ceps de trente ans s'ouvre sur des notes minérales et de plus généreux parfums de fruits mûrs. S'ajoutent les agrumes et un boisé fondu dans un palais souple, soyeux, bien équilibré entre fraîcheur et maturité. ⧗ 2014-2019 🍴 sole meunière

Dom. Germain Père et Fils, 34, rue de la Pierre-Ronde, 21190 Saint-Romain, tél. 03 80 21 60 15, contact@domaine-germain.com V t.l.j. sf dim. 8h30-12h 13h30-19h

ALAIN GRAS 2012 ★★

	9 733		15 à 20 €

Le grand-père et le père vendaient leur vin au négoce. En reprenant le domaine (14 ha) en 1979, Alain Gras s'est lancé dans la mise en bouteilles. Il est aujourd'hui l'une des figures de proue de l'appellation saint-romain.

Auteur d'un coup de cœur l'an dernier avec son blanc 2011, Alain Gras signe un rouge 2012 remarquable en tout point. Robe dense et profonde, nez intense de cassis et de cerise, bouche tout aussi fruitée, soyeuse, fraîche et longue. ⧗ 2014-2017 🍴 rôti de veau

Dom. Alain Gras, rue Sous-la-Velle, 21190 Saint-Romain, tél. 03 80 21 27 83, gras.alain1@wanadoo.fr V r.-v.

♥ CH. DE MELIN Sous château 2012 ★★

	3 000		8 à 11 €

Ingénieur dans le BTP, Arnaud Derats a repris le domaine de son grand-père Paul Dumay à Sampigny-lès-Maranges. En 2000, il a acquis le château de Melin (XVIe s.) à Auxey-Duresses et y a transféré ses caves. Le vignoble (22 ha) est pour partie (80 %) en bio certifié depuis 2012.

Ce vaste *climat* (24 ha) n'est pas situé sous le château de Melin, mais sous l'ancienne forteresse de Saint-Romain. Le domaine y exploite 1,6 ha de pinot noir à l'origine d'un vin rubis franc d'une réelle élégance, au nez délicat de cassis et de cerise relayé par une bouche fraîche, tonique, solidement structurée mais en finesse. ⧗ 2015-2020 🍴 côte de veau

SCEA Ch. de Melin, Ch. de Melin, 21190 Auxey-Duresses, tél. 03 80 21 21 19, derats@chateaudemelin.com V t.l.j. sf dim. 10h-12h 14h-18h 5 Derats

MARIE-CHRISTINE ET VINCENT PERRIN
Combe Bazin 2012

	3 000		15 à 20 €

Établi en 1987 dans le berceau familial de Volnay (1445), ce couple exploite 8,5 ha de vieilles vignes réparties dans cinq communes et revendique un travail en viticulture durable.

Ce *climat*, l'un des plus grands de l'AOC (13,5 ha), ne tire pas son nom d'un hypothétique propriétaire nommé Bazin, mais du latin *bacar* (« vase à vin »). Les Perrin y cultivent 1,7 ha, à l'origine d'un vin floral et minéral, souple, frais et de bonne longueur. 2014-2017 fromage de chèvre

Vincent Perrin, 8, rue Saint-Étienne, 21190 Volnay, tél. 06 62 30 56 16, vin.perrin.mcv@orange.fr V r.-v.

STÉPHANE PIGUET Cuvée Mathilde 2012 ★

	2 000		11 à 15 €

Ses parents, Max et Anne-Marye Piguet-Chouet n'ayant plus de saint-romain dans leur gamme, ce jeune vigneron installé en 2003 sur le domaine familial décide de créer en 2012 une activité de négoce pour y remédier.

Premier millésime pour cette nouvelle activité et déjà les étoiles du Guide. Du verre s'échappent de fines notes d'agrumes et de vanille. La bouche, ronde et charnue, s'équilibre autour d'une minéralité persistante. Un vin harmonieux et de bonne garde. 2014-2021 cuisses de grenouille

Stéphane Piguet, 29, rue de la Gare, 21190 Meursault, tél. 06 87 54 59 02, maisonstephanepiguet@yahoo.fr V r.-v.

♥ DOM. JEAN-PIERRE ET LAURENT PRUNIER
La Combe Bazin 2012 ★★

	3 200		11 à 15 €

Jean-Pierre Prunier a laissé son vignoble à ses deux fils Pascal (établi à Meursault) et Laurent installé depuis 1992 et valeur sûre en auxey-duresses et en monthélie.

Une seyante robe jaune citron habille ce vin d'une grande harmonie. Le nez, élégant, conjugue les agrumes et un vanillé discret. Le palais, fruité et un rien torréfié, charnu, gras sans lourdeur, s'équilibre autour d'une très fine minéralité qui lui confère longueur et supplément d'âme. Saurez-vous l'attendre ? 2017-2024 turbot au beurre d'agrumes

Dom. Jean-Pierre et Laurent Prunier, rue Traversière, 21190 Auxey-Duresses, tél. 03 80 21 27 51, domaine-prunier@wanadoo.fr V r.-v.

PASCAL PRUNIER-BONHEUR
La Combe Bazin 2012 ★

	3 600		15 à 20 €

Pascal Prunier, natif d'Auxey-Duresses, et son épouse Christine Bonheur ont créé leur domaine en 1983 (7 ha aujourd'hui), complété par une activité de négoce depuis 2002. Des habitués du Guide, notamment pour leurs auxey-duresses et monthélie.

Ce 2012 en robe claire s'ouvre sur de délicates notes de rose blanche et de pamplemousse. Une attaque souple et minérale introduit un palais long, frais et alerte, qui finit sur une jolie note citronnée. 2014-2019 saumon aux agrumes

Dom. Prunier-Bonheur, 23, rue des Plantes, 21190 Meursault, tél. 03 80 21 66 56, pascal.prunier-bonheur@wanadoo.fr V r.-v.

BOURGOGNE

DOM. TAUPENOT-MERME 2011

	n.c.	20 à 30 €

En 1963, Jean Taupenot, de Saint-Romain, épouse Denise Merme et se fixe à Morey. Aujourd'hui, leurs enfants Romain et Virginie conduisent, en bio non certifié, un vignoble de 13 ha avec un pied en Côte de Nuits et l'autre en Côte de Beaune. Un domaine constant en qualité.

Ce 2011 dévoile de fines senteurs alliant minéralité, fruits exotiques et fleurs blanches. Passée une attaque ronde et suave, le palais fait parler sa puissance et sa vivacité. Un ensemble équilibré. 2014-2019 tourte saumon et aneth

Dom. Taupenot-Merme, 33, rte des Grands-Crus, 21220 Morey-Saint-Denis, tél. 03 80 34 35 24, domaine.taupenot-merme@orange.fr V r.-v.

MEURSAULT

• Superficie : 395 ha • Production : 18 540 hl (98 % blanc)

La commune chevauche une vallée qui prolonge celle d'Auxey-Duresses et marque une sorte de frontière : avec Meursault commence la véritable production de grands vins blancs. Certains de ses 1ers crus sont mondialement réputés : Les Perrières, Les Charmes, Les Poruzots, Les Genevrières, Les Gouttes d'Or... Ils allient la subtilité à la force, la fougère à l'amande grillée, l'aptitude à être consommés jeunes au potentiel de garde. Si Meursault est bien la « capitale des vins blancs de Bourgogne », elle n'en fournit pas moins quelques vins rouges, issus des terroirs voisins de Volnay, au nord. Ses « petits châteaux » attestent une opulence ancienne. La Paulée, qui a pour origine le nom du repas pris en commun à la fin des vendanges, est devenue une manifestation qui clôt en novembre les « Trois Glorieuses », journées au cours desquelles se déroule la vente des Hospices de Beaune.

PIERRE ANDRÉ 2012 ★

	12 480		30 à 50 €

Cette maison de négoce a son siège dans le château Corton André, aussi nommé « Château jaune » pour ses tuiles vernissées, acquis par Pierre André en 1923. Dans l'orbite du groupe bordelais Ballande depuis 2003, elle propose des vins de toute la Bourgogne ainsi que du Beaujolais.

Avec 316 ha, Meursault est l'une des plus importantes appellations communales de Bourgogne. Ludivine Griveau, l'œnologue de la maison, a sélectionné 1,95 ha de chardonnay pour élaborer ce 2012 mariant le floral et le fruité (fruits exotiques, agrumes) à un boisé discret. La bouche se montre tout aussi aromatique, sur le beurre, la brioche et les fruits blancs, ronde et mûre sans lourdeur. ⧗ 2015-2020 🍴 poularde à la crème

⊶ Pierre André, Ch. de Corton-André, rue des Corton, 21420 Aloxe-Corton, tél. 03 80 26 28 79, info@corton-andre.com V r.-v. ⊶ Corton André

BACHEY-LEGROS ET FILS
Les Grands Charrons 2012

	n.c.		20 à 30 €

Régulièrement mentionnés dans le Guide, les Bachey-Legros – Christiane et ses fils Samuel et Lénaïc – sont les cinquième et sixième générations à œuvrer sur ce domaine de 19 ha auquel s'est ajoutée une activité de négoce en 2008.

Issue du négoce, cette cuvée mêle à l'olfaction l'abricot, les fleurs blanches et la vanille. Des arômes que l'on retrouve associés au beurre frais dans un palais rond et charnu. Un vin harmonieux et généreux. ⧗ 2014-2017 🍴 sole grillée

⊶ Dom. Bachey-Legros et Fils, 12, rue de la Charrière, 21590 Santenay, tél. 03 80 20 64 14, christiane.bachey-legros@wanadoo.fr V r.-v.

CHRISTIAN BELLANG ET FILS Les Tillets 2012 ★

	1 200		20 à 30 €

Implantée à Meursault, non loin du Clos de Mazeray, cette propriété de 9 ha est née de la réunion des deux domaines des grands-parents. Elle est conduite depuis 2010 par Christophe Bellang, fils de Christian.

Ce *climat* perché sur les hauteurs de la montagne Saint-Christophe domine Meursault. Les Bellang y exploitent 48 ares de vignes de soixante ans d'âge à l'origine d'un vin floral, minéral et miellé au nez, ample, gras et mûr dans une bouche soutenue par un bon boisé et par une juste fraîcheur venant stimuler la finale. ⧗ 2015-2021 🍴 poule-au-pot

⊶ Dom. Christian Bellang et Fils, 2 bis, rue de Mazeray, 21190 Meursault, tél. 03 80 21 22 61, domaine.bellang@orange.fr V r.-v.

DOM. DE BLAGNY Blagny 2012 ★★

1er cru	2 137		20 à 30 €

Le seul domaine viticole situé au cœur du hameau de Blagny, sur la colline éponyme, 6 ha dédiés aux seuls 1ers crus. Cultivé durant six siècles par les moines de l'abbaye de Maizières, il est exploité depuis 1811 par la famille de Jean-Louis Montlivault, qui passe aujourd'hui le relais à son gendre Étienne de Bréchard.

En finale du grand jury des coups de cœur, ce meursault-blagny, « vin des hauteurs » (entre 340 et 400 m), déploie un nez discret mais élégant, floral (lis), minéral et citronné. Doté d'une texture crémeuse et soyeuse, gras et souple, le palais s'appuie jusqu'en finale sur une fine vivacité aux tonalités zestées et salines. ⧗ 2016-2022 🍴 queue de lotte à la persillade

⊶ Dom. de Blagny, hameau de Blagny, 21190 Meursault, tél. 03 80 21 30 35, contact@domaine-de-blagny.fr V r.-v. ⊶ de Montlivault

DOM. BOHRMANN Les Vireuils 2012 ★★

	3 000		20 à 30 €

Un domaine créé en 2002 par Sofie Bohrmann, d'origine belge, qu'elle gère avec Dimitri Blanc, son complice à la vigne et au chai, 12 ha conduits en bio non certifié depuis 2007.

Situés à une altitude entre 300 et 350 m, Les Vireuils forment un virage sous la colline de Meursault ; dans le vignoble voisin d'Auxey-Duresses, on parle des « Vireux » : un exemple parmi tant d'autres de la richesse sémantique des *climats* bourguignons... De la richesse, cette cuvée en recèle également. Le nez, élégant et frais, associe les fleurs et les fruits blancs à une note mentholée. La bouche offre du gras, de la corpulence, du soyeux, du volume et de la finesse : tous les attributs du meursault, en somme. ⧗ 2017-2022 🍴 rôti de lotte aux amandes

⊶ Dom. Bohrmann, 9, rue de la Barre, 21190 Meursault, tél. 03 80 21 60 06, domaine.bohrmann@wanadoo.fr V r.-v.

BOUCHARD AÎNÉ ET FILS 2011

	3 000		20 à 30 €

Dans le groupe Boisset depuis 1992, ce négoce beaunois a été fondé en 1731 par Michel Bouchard et son fils aîné Joseph. Dans l'ancien hôtel du conseiller du Roy (XVIIIe s.) sont entreposés les fûts d'élevage de cette maison historique qui propose une large gamme de vins de toute la Bourgogne, mais aussi du Beaujolais et du Rhône.

Un meursault plaisant par son bouquet d'agrumes et de grillé léger. Il plaît aussi par sa finesse et son équilibre entre gras, douceur et vivacité minérale. ⧗ 2014-2017 🍴 saint-pierre à la coriandre

⊶ Bouchard Aîné et Fils, 4, bd du Mal-Foch, 21200 Beaune, tél. 03 80 62 61 00, dupre.a@bouchard-aine.fr V r.-v. ⊶ Boisset

♥ DOM. DENIS BOUSSEY Vieilles Vignes 2012 ★★

	1 800		15 à 20 €

Installé depuis 1971 à Monthelie, Denis Boussey conduit un domaine de 10 ha et passe en douceur le témoin à son fils Laurent, qui gère aussi sa propre exploitation.

Si le domaine s'illustre plus souvent dans ces pages pour ses monthélie rouges, il prouve ici son savoir-faire aussi dans les blancs avec ce meursault digne d'un 1er cru. Au nez, une superbe intensité autour de la noisette grillée, des fleurs blanches (acacia) et du miel. Le palais offre beaucoup de volume et de richesse, sans aucune lourdeur, une fine trame minérale lui apportant le juste équilibre, un surcroît de vitalité et une grande longueur. ⧗ 2014-2020 🍴 lotte à la crème de safran

⊶ Dom. Denis Boussey, 1, rue du Pied-de-la-Vallée, 21190 Monthelie, tél. 03 80 21 21 23, domaine.denisboussey@wanadoo.fr V t.l.j. sf dim. 8h-12h 13h30-18h

DOM. VINCENT BOUZEREAU Les Narvaux 2011 ★

	1 800		20 à 30 €

Issu d'une ancienne famille de vignerons et installé dans l'ancien prieuré du château de Meursault, dont l'un de

ses ancêtres était propriétaire, Vincent Bouzereau a pris la suite de son père en 1990 à la tête de ce domaine de 10 ha souvent en vue pour ses meursault.

Vincent Bouzereau exploite 70 ares sur ce *climat* souvent considéré comme plus proche d'un 1er cru que d'un *village*. Ce que confirme cette version aboutie, élégante et florale au nez, ample, fine et très équilibrée en bouche. Un meursault plein de charme et de délicatesse. 2015-2019 saint-jacques à la crème 1er cru Le Poruzot 2011 (30 à 50 € ; 600 b.) : fruits secs et agrumes au nez, consistant et généreux en bouche, équilibré par la pointe d'acidité « qui va bien ». 2015-2019 *Village* 2011 (12 000 b.) : un meursault expressif (aubépine, fruits blancs, litchi) qui penche vers la fraîcheur. 2014-2017

Vincent Bouzereau, 25, rue de Mazeray, 21190 Meursault, tél. 03 80 21 61 08, vincent.bouzereau@wanadoo.fr V r.-v.

DOM. HUBERT BOUZEREAU-GRUÈRE ET FILLES Les Tillets 2012 ★

	1 200		20 à 30 €

Installé en 1965, Hubert Bouzereau exploite avec ses filles Marie-Laure et Marie-Anne un vignoble de 10 ha répartis dans six villages de la Côte de Beaune. Souvent en vue pour ses meursault, puligny et chassagne.

Au nez, de fines nuances florales et fruitées accompagnent des notes d'amande et de noisette. Une attaque franche et tonique ouvre sur un palais dense et frais épaulé par un boisé encore un peu dominateur mais racé. 2016-2020 beignets de langoustines

Hubert Bouzereau-Gruère et Filles, 22 A, rue de la Velle, 21190 Meursault, tél. 03 80 21 20 05, bouzereau.gruere@aliceadsl.fr V r.-v. 3

DOM. DE LA BUISSIÈRE Les Pellans Tête de cuvée 2011

	1 300		20 à 30 €

Fondé en 1959 par Jean Moreau, ce domaine de 9 ha établi à Santenay est aujourd'hui administré par son petit-fils David, qui incarne la jeune génération de vignerons santenois.

Ce grand *climat* (6,84 ha), qui forme la limite basse au sud avec Puligny, était un ancien lieu de pâture. David Moreau en cultive 17 ares, dont il tire cette Tête de cuvée qui s'ouvre discrètement sur des notes florales et miellées. Une attaque souple introduit un palais frais, minéral et dynamique, qui finit sur une sensation plus chaleureuse. 2017-2020 poulet à la crème et aux morilles

Dom. de la Buissière, 4, rue de la Buissière, 21590 Santenay, tél. 03 80 20 61 79, jean-moreau@wanadoo.fr V r.-v.

BUTTERFIELD 2011 ★

	3 570		20 à 30 €

Avant de créer son négoce en 2005, David Butterfield a fait ses armes dans plusieurs domaines renommés de Bourgogne et de Nouvelle-Zélande. Aujourd'hui, il commercialise à l'étranger l'essentiel de sa production – des vins de la Côte de Beaune vinifiés et élevés dans sa cave de Monthelie.

Au nez, d'intenses notes de fougère et de toasté se mêlent aux agrumes et aux fleurs blanches. Une attaque vive et tonique introduit un palais droit et frais porté sur les agrumes, sans toutefois manquer de rondeur ni de gras. Un meursault alerte et équilibré, bâti pour bien vieillir. 2017-2020 saint-pierre à la plancha

David Butterfield, 24, av. du 8-Septembre, 21200 Beaune, tél. 03 80 24 69 36, info@butterfieldwine.com V r.-v.

CHRISTIAN CHOLET-PELLETIER 2012 ★

	1 000		15 à 20 €

Christian Cholet a débuté avec le caniculaire millésime 1976. Établi dans la plaine, entre Meursault et Puligny-Montrachet, il conduit aujourd'hui un vignoble de 8 ha et s'illustre avec régularité dans ces pages, notamment par ses auxey-duresses.

Si le nez se révèle discret, des nuances de fleurs blanches apparaissant timidement à l'aération, le palais se révèle, lui, plus loquace et complexe (miel, citron, pomme au four, noisette). On apprécie aussi sa rondeur avenante, sa générosité et la pointe de fraîcheur qui apporte équilibre et persistance. À boire aussi bien jeune que patiné par le temps. 2014-2020 turbot rôti au miel

Christian Cholet, 40, rue de la Citadelle, 21190 Corcelles-les-Arts, tél. 03 80 21 47 76 V r.-v.

JOSEPH DROUHIN Perrières 2011 ★

1er cru	5 000		50 à 75 €

Créée en 1880, cette maison beaunoise travaille toutes les AOC de Chablis (Drouhin-Vaudon) à Mâcon. Ce négoce dispose d'un vaste domaine (73 ha) développé par Robert Drouhin à partir de 1957, géré désormais par ses quatre enfants. Il est aussi le plus important propriétaire de vignes cultivées en biodynamie. Incontournable.

Le *climat* Perrières est, avec 13,21 ha, l'un des plus vastes 1ers crus de Meursault, l'un des plus réputés aussi. La maison Drouhin en propose une version 2011 tout à fait réussie. Belle robe dorée, nez intense et doux de fruits blancs, bouche souple, riche sans opulence, une fine trame acide assurant l'équilibre. 2015-2021 saumon et fondue d'épinards

Maison Joseph Drouhin, 7, rue d'Enfer, 21200 Beaune, tél. 03 80 24 68 88, maisondrouhin@drouhin.com V r.-v.

DOM. DUJARDIN 2012 ★

	1 976		20 à 30 €

À leur départ à la retraite en 2007, les Bouzerand ont confié les clés du domaine (7 ha) et de ses caves cisterciennes des XIIe et XVes. à Ulrich Dujardin, installé ici depuis 1990.

Élégance est le mot qui revient le plus souvent dans les commentaires de nos dégustateurs. Le nez, sur les fleurs blanches, le miel et le pain grillé, constitue une entrée en matière délicate. Suivant la même trame aromatique, en ajoutant les fruits et l'amande grillée, le palais conjugue fraîcheur et souplesse. Un ensemble harmonieux et fin. 2014-2019 bar à la crème

Ulrich Dujardin, 1, Grande-Rue, 21190 Monthelie, tél. 03 80 21 20 08, domaine-dujardin@orange.fr V r.-v.

DOM. RAYMOND DUPONT-FAHN Les Clous 2012

n.c. | 15 à 20 €

Établi à Tailly, petite localité pittoresque qui campe dans la plaine agricole de Meursault, Raymond Dupont-Fahn incarne la troisième génération de vignerons sur ce domaine de 9 ha régulier en qualité.

Avec 18,56 ha, ce *climat* est le plus grand en AOC *village* de la commune. Le vigneron en tire un vin toasté au premier nez, floral et épicé à l'aération, net, frais (agrumes) et équilibré en bouche. ⌛ 2014-2017 🍷 saumon à l'oseille

Raymond Dupont-Fahn, 70, rue des Eaux, 21190 Tailly, tél. 06 14 38 53 21 V r.-v.

MAISON FATIEN PÈRE ET FILS Charmes 2012

1er cru | 747 | 50 à 75 €

Une jeune affaire de négoce familiale créée en 2000 et établie au cœur de Beaune dans un luxueux hôtel particulier. C'est le fils de la famille, Charles Fatien, qui sélectionne les jus et vinifie ses cuvées dans de magnifiques caves voûtées soutenues par des piliers cisterciens.

Ce *climat* des Charmes est le plus vaste des 1ers crus de l'appellation (31 ha). Sa qualité comme sa disponibilité, relative, explique son succès auprès des négociants. La maison Fatien en a vinifié 1 ha à l'origine d'un vin expressif au nez (mandarine, citron, nuances florales), vif et tonique en bouche, citronné, minéral et salin. ⌛ 2015-2018 🍷 bar de ligne aux agrumes

Maison Fatien Père et Fils, 15, rue Sainte-Marguerite, 21200 Beaune, tél. 03 80 22 82 83, maisonfatien@wanadoo.fr V r.-v. 5

DOM. DE LA GALOPIÈRE 2012

1 300 | 20 à 30 €

Installé en 1982 sur le domaine familial, Gabriel Fournier exploite avec son épouse Claire 10,6 ha de vignes répartis dans plusieurs AOC de la Côte de Beaune, de Chassagne-Montrachet à la colline de Corton.

Cette cuvée dévoile, timidement mais avec finesse, des senteurs de petites fleurs des murets. Plus large que long, le palais s'avère généreux et gras, d'un bon volume. ⌛ 2014-2017 🍷 escalope de veau aux girolles

Claire et Gabriel Fournier, Dom. de la Galopière, 6, rue de l'Église, 21200 Bligny-lès-Beaune, tél. 03 80 21 46 50, cgfournier@wanadoo.fr V r.-v.

♥ ALEX GAMBAL 2012 ★★

1 300 | 30 à 50 €

En 1997, Alex Gambal quitte Boston et le secteur immobilier pour cette Bourgogne qu'il affectionne, et lance son affaire de négoce à Beaune. Secondé en cave par l'œnologue Géraldine Godot, il exploite aussi en propre, depuis 2005, 3,9 ha de vignes en conversion bio.

Le plus bourguignon des Américains s'affirme depuis son installation comme l'une des belles références de la Côte d'Or. Il signe ici un meursault qui fera un très digne représentant des grands blancs bourguignons sur les terres étrangères, où sont écoulés 70 % de sa production. Au nez, ce vin dévoile des arômes intenses et harmonieux de beurre frais, de vanille et de fruits exotiques (ananas). Une attaque nette et fraîche sur les agrumes ouvre sur un palais élégant tendu par une fine vivacité et adouci par de persistantes saveurs miellées et briochées. Un meursault vibrant et typé, à apprécier aussi bien jeune que patiné par la garde. ⌛ 2015-2022 🍷 bar en croûte de sel

Maison Alex Gambal, 14, bd Jules-Ferry, 21200 Beaune, tél. 03 80 22 75 81, info@alexgambal.com V r.-v.

VINCENT GIRARDIN Les Grands Charrons 2011

6 000 | 30 à 50 €

Une maison de grande qualité créée en 1992 par Véronique et Vincent Girardin, cédée en 2012 à leur partenaire historique la Compagnie des Vins d'Autrefois, et dirigée par Jean-Pierre Nié. Les équipes techniques et commerciales sont restées les mêmes, et les vins sont toujours vinifiés à Meursault.

Né d'une vigne de soixante ans, ce 2011 s'ouvre sans exubérance sur des parfums bien mariés de fleurs blanches, d'agrumes et de poire. On retrouve les fruits, rehaussés d'épices, dans un palais gras et rond, vivifié en finale par une note minérale. ⌛ 2014-2019 🍷 saumon à l'oseille

SAS Vincent Girardin, ZA Les Champs-Lins, 21190 Meursault, tél. 03 80 20 81 00, vincent.girardin@vincentgirardin.com V par correspondance

JANOTSBOS 2011 ★★

n.c. | 20 à 30 €

Cette maison de négoce conduite par Thierry Janots, un Bourguignon issu du monde du vin, et par Richard Bos, un restaurateur néerlandais, s'est installée à Meursault en 2005 d'où elle exporte 80 % de sa production.

Fleurs blanches, agrumes et vanille composent un bouquet délicat et avenant. Plein, ample, rond et d'une grande finesse, le palais est en parfaite harmonie avec l'olfaction. Un meursault élégant du début à la fin. Le coup de cœur fut mis aux voix. ⌛ 2015-2022 🍷 turbot rôti à la vanille

JanotsBos, 2, pl. de l'Europe, 21190 Meursault, tél. 03 80 21 00 38, info@janotsbos.eu V r.-v.

DOM. SYLVAIN LANGOUREAU Blagny La Pièce sous le bois 2012

1er cru | 1 100 | 30 à 50 €

Sylvain Langoureau (cinquième génération), régulièrement en vue pour ses saint-aubin, s'est installé en 1988 à la tête du domaine familial, dont les bâtiments datent de 1647, et qui étend ses vignes sur 10 ha.

Les vins du hameau de Blagny portent des noms différents selon qu'ils sont rouges (AOC blagny) ou blancs (AOC puligny ou meursault). Ici, 45 ares de 1er cru côté meursault, à l'origine d'un vin qui fleure bon les fruits exotiques, le citron et la bergamote, et qui se révèle souple, léger, élégant et frais en bouche. ⌛ 2014-2019 🍷 bar de ligne à l'unilatéral

Dom. Sylvain Langoureau, 20, rue de la Fontenotte, 21190 Saint-Aubin, tél. 03 80 21 39 99, domaine.sylvain.langoureau@cegetel.net V r.-v.

DOM. VINCENT LATOUR Poruzots 2011 ★

1er cru	3 000		30 à 50 €

Établis à Meursault, Cécile et Vincent Latour assurent la continuité du vénérable domaine Jean Latour-Labille (1792), devenu Dom. Vincent Latour – 8 ha tout au long de la ceinture blanche de la Côte de Beaune –, auquel ils ont adjoint en 2008 une société de négoce.

Belle réussite pour le domaine sur ses terres murisaltiennes. Son Poruzots distille de délicats parfums de beurre, d'agrumes et d'épices. Le palais est ample, rond et gras, soutenu par un boisé de qualité et une vivacité bien ajustée. 2016-2020 côte de veau à la crème 1er cru Perrières 2011 (600 b.) : floral et mentholé au nez, rond et riche en attaque, plus vif et tonique en finale (agrumes). 2016-2019 *Village* Grands Charrons 2012 (20 à 30 € ; 5 000 b.) : un *climat* en limite d'Auxey-Duresses, à l'origine d'un vin floral, fruité et boisé avec mesure, suave et fin en bouche. 2014-2017

Dom. Vincent Latour, 6, rue du 8-Mai-1945, 21190 Meursault, tél. 03 80 21 22 49, latourlabillefils@wanadoo.fr V r.-v. E

LOUIS LATOUR Château de Blagny 2011

1er cru	20 000		30 à 50 €

Une maison familiale toujours indépendante, fondée en 1797 et conduite par dix générations de Latour. Un acteur incontournable de la Bourgogne viticole et le plus important propriétaire de grands crus de la Côte-d'Or (28 ha sur les 48 que compte son vignoble). Les raisins sont vinifiés à Aloxe-Corton, berceau de la famille, et la maison possède sa propre tonnellerie.

Sans nul doute la cuvée la plus importante en volume que ce meursault-blagny né de 3,5 ha de vignes implantés sur le haut de la colline qui surplombe Meursault et Puligny-Montrachet. Un vin harmonieux et alerte, discrètement floral au nez, vif et fruité en bouche. 2015-2019 homard au court-bouillon

Maison Louis Latour, 18, rue des Tonneliers, 21200 Beaune, tél. 03 80 24 81 00, louislatour@louislatour.com

MARCHAND-TAWSE Charmes 2011 ★

1er cru	n.c.		50 à 75 €

Le Québécois Pascal Marchand, ancien vinificateur du comte Armand de la Vougeraie, a créé en 2010 avec Moray Tawse, propriétaire réputé du Niagara, une maison de négoce, pour laquelle il sélectionne de petits lots de vignes cultivées en bio et biodynamie.

Un élevage luxueux de dix-huit mois pour ce meursault au nez plutôt réservé, qui s'ouvre à l'aération sur un boisé soutenu aux tonalités de tabac blond et sur les fleurs blanches. La bouche s'équilibre entre boisé et fruité, entre richesse et fraîcheur minérale. 2015-2019 poêlée de coquillages

Pascal Marchand, 9, rue Julie-Godemet, 21700 Nuits-Saint-Georges, tél. 03 80 20 37 32, pascal@marchandtawse.com V t.l.j. sf dim. 8h-12h 14h-18h

DOM. MAZILLY PÈRE ET FILS Les Meurgers 2012

	n.c.		15 à 20 €

Installés depuis 1980 à Meloisey, charmant village des hautes Côtes de Beaune, Frédéric et son fils Aymeric exploitent, dans un esprit proche du bio, un coquet vignoble de 18 ha. En 2004, Aymeric a également créé une maison de négoce.

Situés en bordure de Monthelie, les Meurgers viennent du bas latin *murgarium*, qui désigne un terrain de pierres défriché par l'homme pour le transformer en champ ou en vigne. Ici, 76 ares de chardonnay à l'origine d'un vin floral (chèvrefeuille, camomille), vif en attaque, plus gras dans son développement, ample et alerte de bout en bout. 2015-2020 sauté de veau à la crème

Dom. Mazilly Père et Fils, 1, rte de Pommard, 21190 Meloisey, tél. 03 80 26 02 00, bourgogne-domaine-mazilly@wanadoo.fr V r.-v.

DOM. DU CH. DE MEURSAULT
Clos des Grands Charrons Monopole 2011 ★

	5 200		30 à 50 €

Ce château emblématique, haut lieu du tourisme bourguignon et du folklore vineux – on y célèbre la fameuse Paulée le lendemain de la vente des Hospices de Beaune –, a souvent changé de mains jusqu'à l'installation de la famille Boisseaux (Maison Patriarche) en 1973. Nouveau changement en 2012 avec le rachat du domaine et de ses 60 ha de vignes par la famille Halley.

Auteur d'un coup de cœur l'an passé avec la version 2010 de ce monopole de 85 ares, le Ch. de Meursault signe un 2011 très réussi : robe seyante, or pâle, nez joliment vanillé et toasté, bouche longue et bien équilibrée entre gras et fraîcheur. 2015-2020 sandre au beurre blanc 1er cru Perrières 2011 ★ (75 à 100 € ; 5 000 b.) : au nez, des senteurs élégantes de fleurs blanches et de vétiver, en bouche, de la finesse et une richesse mesurée ; un meursault plus aérien que puissant. 2015-2019 1er cru Charmes 2011 (50 à 75 € ; 16 300 b.) : joue une partition équilibrée autour d'une fine fraîcheur et d'un boisé noble. 2015-2019

Dom. du Ch. de Meursault, rue du Moulin-Foulot, 21190 Meursault, tél. 03 80 26 22 75, domaine@chateau-meursault.com V t.l.j. 9h30-12h 14h30-18h

DOM. RENÉ MONNIER
Les Chevalières 2012 ★

	14 000		20 à 30 €

Ce domaine murisaltien fondé en 1723, propriété de Xavier Monnot, répartit ses 17 ha entre plusieurs AOC beaunoises. Il est régulièrement distingué dans le Guide, notamment pour ses beaune et ses meursault.

Ce *village* s'exprime sans réserve autour de senteurs de beurre, de miel d'acacia et de vanille. Une attaque aussi fine qu'ample introduit un palais rond, riche, gras, généreux, galvanisé par une longue finale minérale. Un meursault complet, équilibré, déjà appréciable, qui vieillira bien aussi. 2014-2019 ris de veau confits au gingembre 1er Cru Charmes 2012 ★ (30 à 50 € ; 6 000 b.) : nez complexe mêlant notes minérales, exotiques, florales et boisées ; bouche bien dessinée, équilibrée entre gras et vivacité, avec un penchant pour cette dernière. 2016-2021

Dom. René Monnier, 6, rue du Dr-Rolland, 21190 Meursault, tél. 03 80 21 29 32, domaine-rene-monnier@wanadoo.fr V t.l.j. sf sam. dim. 8h30-12h 14h-18h Xavier Monnot

DOM. JEAN MONNIER ET FILS Charmes 2011

1er cru | 2 100 | | 30 à 50 €

Issus d'une longue lignée de vignerons murisaltiens remontant à 1720, Jean-Claude Monnier et son fils Nicolas sont aujourd'hui à la tête d'une exploitation de 15 ha produisant des vins blancs et rouges de la Côte de Beaune.

Né d'une parcelle de 43 ares située dans le plus étendu des 1ers crus de Meursault, ce Charmes déploie un nez harmonieux de fruits jaunes, d'agrumes et d'épices douces. Des arômes fruités que l'on retrouve dans une bouche fraîche de bout en bout. 2014-2019 rôti de lotte aux agrumes *Village* La Barre 2011 (20 à 30 € ; 1 210 b.) : joli nez floral et toasté, palais frais et fruité (pamplemousse). 2014-2017

Dom. Jean Monnier et Fils, 20, rue du 11-Novembre, 21190 Meursault, tél. 03 80 21 22 56, contact@domaine-jeanmonnier.com V t.l.j. 10h-12h 13h30-18h au caveau pl. de l'Hôtel-de-Ville; f. 15 nov.-15 avr.

MONTHELIE-DOUHAIRET-PORCHERET Les Santenots 2011 ★★

1er cru | n.c. | 30 à 50 €

André Porcheret, qui créa le domaine en 1989 avec Armande Monthelie-Douhairet et qui fut longtemps régisseur des Hospices de Beaune, a été rejoint par sa petite-fille Cataldina Lippo en 2004 pour conduire un vignoble de 6,5 ha.

Sur ce *climat*, qui tire son nom du latin *sentes* (ronces), les raisins rouges donnent du volnay, les blancs du meursault. Ici, un vin à l'or étincelant, au nez intense et très flatteur de pêche blanche confite et de miel d'acacia. La bouche ne déçoit pas : du fruit mûr rehaussé d'épices, de la souplesse, du soyeux, de la consistance et une grande longueur. 2015-2021 suprêmes de poulet à la truffe

Dom. Monthelie-Douhairet-Porcheret, 1, rue Cadette, 21190 Monthelie, tél. 03 80 21 63 13, douhairet@wanadoo.fr V r.-v.

DAVID MORET Charmes 2012 ★

1er cru | 3 000 | | 30 à 50 €

David Moret a créé en 1999 sa maison de négoce établie derrière les remparts de Beaune. Cet adepte des élevages longs s'est fait une spécialité de la vinification « haute couture » des blancs de la Côte de Beaune.

Quinze mois de barrique pour ce Charmes au nez engageant et bien typé de noisette, de fleurs blanches et de fruits exotiques. Le palais, bien dans le ton de l'appellation lui aussi, se révèle rond avec une vivacité sous-jacente en attaque, la finale encore un peu chaude devrait s'équilibrer avec un peu de patience. Un meursault à la fois élégant et généreux. 2015-2019 filet de turbot poché 1er cru Goutte d'Or 2012 (600 b.) : nez plaisant, minéral et floral, palais plein, riche et gras. 2015-2018

SARL David Moret, 1-3, rue Émile-Goussery, 21200 Beaune, tél. 03 80 24 00 70, davidmoret.vins@orange.fr

LUCIEN MUZARD ET FILS Les Meix Chavaux 2012 ★★

| n.c. | | 30 à 50 €

Domaine de 16 ha fondé à partir de 1965 par le Santenois Lucien Muzard, récemment disparu. Ses fils Hervé et Claude Muzard, vignerons et négociants, ont pris la relève en 1997, avec brio : leurs vins, notamment leurs santenay, collectionnent les étoiles du Guide.

En limite avec Auxey-Duresses, le Meix Chavaux fait référence à une ferme que l'on nommait « meix » au Moyen Âge, *chavaux* venant de l'ancien français « chave », qui désigne un terrain enfoncé. Les Muzard y cultivent une parcelle de 75 ares à l'origine d'un vin élégamment boisé et fruité (agrumes) au nez, soyeux, fin, minéral et aérien en bouche. 2015-2020 brochet au beurre blanc

Dom. Lucien Muzard et Fils, 11 bis, rue de la Cour-Verreuil, 21590 Santenay, tél. 03 80 20 61 85, lucienmuzard21@gmail.com V r.-v.

JEAN-RENÉ NUDANT Le Pré de manche 2012

| 1 200 | | 20 à 30 €

Un Guillaume Nudant d'Aloxe-Corton était déjà vigneron en 1453. Son descendant, Guillaume également, a rejoint en 2003 son père Jean-René sur le domaine familial de 16 ha plantés pour l'essentiel autour de la montagne de Corton.

Issu de leur activité de négoce et d'un *climat* situé sous la colline de Monthelie, ce 2012 dévoile un nez d'amande et de pain grillé. Des arômes qui, aux côtés des fruits blancs, trouvent un écho discret dans une bouche généreuse et suave sans opulence. 2015-2020 blanquette de veau

Dom. Nudant, 11, rte de Dijon, BP 15, 21550 Ladoix-Serrigny, tél. 03 80 26 40 48, domaine.nudant@wanadoo.fr V r.-v.

ANTOINE ET RACHEL OLIVIER Les Pellands 2011

| 1 300 | | 20 à 30 €

Ce domaine familial (11 ha en bio sans certification) créé dans les années 1960 s'est spécialisé dans l'élaboration de vins blancs, sans négliger les rouges pour autant. Il a développé en 2005 une activité de négociant-éleveur pour compléter son offre.

Issu du négoce, ce vin s'illustre par un registre aromatique floral agrémenté de tonalités exotiques et miellées. Souple en attaque, gras en milieu de bouche, minéral et alerte en finale, le palais est équilibré. 2014-2018 poêlée de saint-jacques

Antoine et Rachel Olivier, 3, rte de Chassagne, 21590 Santenay, tél. 03 80 20 61 35, domaineolivier@orange.fr V r.-v.

DOM. PARIGOT Le Limozin 2012 ★

| 2 800 | | 20 à 30 €

Le père, c'est Régis ; le fils, c'est Alexandre. L'œnologue, c'est Kyriakos Kynigopoulos, spécialiste renommé, né en Grèce. Sur un domaine de 20 ha, ils valorisent avec talent les terroirs bourguignons, témoins les nombreux coups de cœur obtenus pour leurs vins de la Côte de Beaune et des Hautes-Côtes.

Les Parigot exploitent une parcelle de 41 ares sur ce *climat* de 10,83 ha situé au piémont de la colline du Montmellian. Ils signent un meursault apprécié pour sa finesse et son élégance, au nez comme en bouche : aubépine, miel, abricot à l'olfaction, notes délicates et bien mariées de fruits, de brioche et de beurre frais dans un palais très équilibré, souple, tendre et soyeux. ⧗ 2014-2019 🍴 pavé de saumon au beurre blanc

🔑 Dom. Parigot, 8, rte de Pommard, 21190 Meloisey, tél. 03 80 26 01 70, domaine.parigot@orange.fr V r.-v.

CH. PERRUCHOT Chevalières 2011

■ | 3 600 | | 30 à 50 €

En 1804, les frères Claude et Jean Prieur acquièrent le Ch. Perruchot à Santenay, qui devient Prieur-Brunet en 1955. Leurs descendants Dominique Prieur-Uny et son fils Guillaume exploitent aujourd'hui un vignoble de 20 ha en Côte de Beaune, auquel est adossée une maison de négoce.

Ce 2011 s'ouvre sur un bouquet fin d'agrumes et d'épices (clou de girofle). On retrouve ce fruité dans une bouche fraîche, dynamique et équilibrée, un peu plus chaleureuse en finale. ⧗ 2014-2019 🍴 langoustines grillées

🔑 G. Prieur, Ch. Perruchot, Santenay-le-Haut, 21590 Santenay, tél. 03 80 21 23 92

CH. DE POMMARD 2011

■ | 4 500 | | 30 à 50 €

Depuis son rachat en 2004 par Maurice Giraud, ce château emblématique de la Côte de Beaune a misé sur l'œnotourisme et la vente au domaine : chaque année, 35 000 œnophiles franchissent les portes du clos de 22,5 ha. Aux commandes du chai depuis 2007, Emmanuel Sala élabore à côté du « grand vin » une large gamme issue d'achats de raisins.

Au nez, de la vanille, des agrumes et des fruits exotiques. En bouche, une vivacité aux tonalités minérales, une petite rondeur et une bonne longueur. Un meursault rectiligne et encore un peu fougueux. ⧗ 2016-2019 🍴 truite aux amandes

🔑 Caves de la Propriété du Ch. de Pommard, 15, rue Marey-Monge, 21630 Pommard, tél. 03 80 22 12 59, contact@chateaudepommard.com V t.l.j. 9h30-18h30 🔑 M. Giraud

♥ ROUX PÈRE ET FILS Clos des Poruzots 2012 ★★

■ 1er cru | 900 | | 30 à 50 €

Cette maison créée en 1855, qui associe domaine et négoce, est à la tête d'un vaste ensemble de 65 ha répartis dans treize villages de la Côte d'Or et de la Côte chalonnaise. Elle propose une vaste gamme de vins, souvent en vue, notamment en saint-aubin, puligny, chassagne et meursault.

Un 1er cru de premier ordre. À l'élégance de sa robe or pâle et limpide répond celle du bouquet, complexe et délicat : fleurs blanches, menthol, agrumes, vanille, toasté. En bouche, l'équilibre est parfait : de la densité, du volume, la richesse attendue d'un meursault, sans excès, qu'une fraîcheur citronnée et un rien saline en finale contrebalance. « Profondes joies du vin, qui ne vous a connues ? » Un juré inspiré pense à Baudelaire et à ce « dieu mystérieux caché dans les fibres de la vigne »... ⧗ 2017-2021 🍴 ris de veau à la crème

🔑 Dom. Roux Père et Fils, 42, rue des Lavières, 21190 Saint-Aubin, tél. 03 80 21 32 92, france@domaines-roux.com V r.-v.

CHRISTIAN SORINE Les Narvaux 2012

■ | 600 | | 20 à 30 €

Originaires de Santenay, les Sorine font du vin depuis 1929. Christian s'installe en 1990 à la tête des 12 ha familiaux, puis est rejoint en 2009 par son épouse Emma, enseignante formée à l'œnologie. Ils ont aussi développé une petite activité de négoce pour élargir leur gamme.

Issu de la partie négoce, ce *village* dévoile un joli nez expressif, floral, fruité et vanillé. Le palais ajoute une touche d'épices et de toasté, et plaît par son équilibre, sa fraîcheur et sa finesse. ⧗ 2014-2018 🍴 lotte au safran

🔑 Sorine et Fils, 1, pl. de la Poste, 71150 Cheilly-lès-Maranges, tél. 03 85 87 18 07, christian.sorine@orange.fr V r.-v.

MAISON STÉPHANE DE SOUSA Sélection Prestige 2012

■ | 900 | | 15 à 20 €

Après dix ans dans le médical et les biotechnologies, Stéphane de Sousa, fils de vignerons de Meursault, est revenu à ses racines : il crée son négoce en 2012 dans la cuverie de son grand-père maternel et acquiert sa première vigne en 2013.

Des parfums d'agrumes, de fleurs blanches, de miel et de pain grillé montent du verre. Ronde, généreuse et charnue, sans manquer de fraîcheur, la bouche dévoile des notes de vanille et d'abricot sec, avant de finir sur une touche finement citronnée. ⧗ 2014-2017 🍴 langouste grillée

🔑 Maison Stéphane de Sousa - La Roche brûlée, 19, rue de la Cave, 21190 Volnay, tél. 06 50 21 73 13, larochebrulee@gmail.com V r.-v.

CH. DE LA VELLE Clos de la Velle 2012 ★

■ | 2 500 | | 20 à 30 €

Dans la famille Darviot depuis neuf générations, administré par Bertrand Darviot depuis 1976, ce domaine (et négoce) est souvent en vue pour ses beaune. Commandé par une demeure seigneuriale du XVe s. classée Monument historique, son vignoble s'étend sur 9 ha.

Sur les 10,3 ha de vignes que compte ce lieu-dit, le domaine exploite 50 ares plantés de chardonnay de quarante ans. Il en tire ce vin qui s'ouvre sur des notes douces, presque sucrées, de fruits et de fleurs jaunes sur un fond boisé léger. Ample du début à la fin, le palais séduit par sa rondeur et sa générosité. ⧗ 2014-2019 🍴 blanquette de veau

🔑 Bertrand Darviot, 17, rue de la Velle, 21190 Meursault, tél. 03 80 21 22 83, chateaudelavelle@darviot.fr V r.-v. ; f. déc.-janv.

PULIGNY-MONTRACHET

• Superficie : 208 ha • Production : 10 850 hl (99 % blanc)

Centre de gravité des vins blancs de Côte-d'Or, serrée entre ses deux voisines Meursault et Chassagne, cette petite commune tranquille ne représente en surface de vignes que la moitié de Meursault, ou les deux tiers de

Chassagne, mais se console en possédant les plus grands crus blancs de Bourgogne, dont le montrachet (en partage avec Chassagne). La position géographique de ces grands crus, selon les géologues de l'université de Dijon, correspond à une émergence de l'horizon bathonien, qui leur confère plus de finesse, plus d'harmonie et plus de subtilité aromatique qu'aux vins récoltés sur les marnes avoisinantes. Les autres *climats* et 1ers crus de la commune exhalent fréquemment des senteurs végétales à nuances résineuses ou terpéniques qui leur donnent beaucoup de distinction.

PIERRE ANDRÉ 2012

	5 748		30 à 50 €

Cette maison de négoce a son siège dans le château Corton André, aussi nommé « Château jaune » pour ses tuiles vernissées, acquis par Pierre André en 1923. Dans l'orbite du groupe bordelais Ballande depuis 2003, elle propose des vins de toute la Bourgogne ainsi que du Beaujolais.

Cette cuvée séduit d'emblée par son bouquet élégant et complexe de bergamote, de vanille et de miel. Le charme persiste en bouche, où le vin se montre bien équilibré, combinant harmonieusement rondeur, gras, boisé fin et fraîcheur citronnée. 2014-2017 quenelles de brochet

Pierre André, Ch. de Corton-André, rue des Corton, 21420 Aloxe-Corton, tél. 03 80 26 28 79, info@corton-andre.com V r.-v. Corton André

JEAN-CLAUDE BACHELET ET FILS
Sous le puits 2011 ★

1er cru	n.c.		30 à 50 €

Établis dans le hameau de Gamay, les fils de Jean-Claude, exploitent 10 ha de vignes répartis entre Saint-Aubin, Chassagne et Puligny. Dans leur nouveau chai, les deux frères Bachelet travaillent sans pompe depuis les vendanges 2010, uniquement par gravité.

Ce *climat* des hauteurs a donné naissance à un vin d'une bonne complexité olfactive (toasté, amande fraîche, fleurs blanches, miel), riche, généreux et gras sans lourdeur, équilibré par une fraîcheur bienvenue. 2014-2021 tourte aux fruits de mer

Dom. Jean-Claude Bachelet et Fils, 1, rue de la Fontaine, hameau de Gamay, 21190 Saint-Aubin, tél. 03 80 21 31 01, info@domainebachelet.fr V r.-v.

BACHEY-LEGROS ET FILS 2012

	900		20 à 30 €

Régulièrement mentionnés dans le Guide, les Bachey-Legros – Christiane et ses fils Samuel et Lénaïc – sont les cinquième et sixième générations à œuvrer sur ce domaine de 19 ha auquel s'est ajoutée une activité de négoce en 2008.

Un vin issu du négoce, plaisant par son bouquet d'églantine et de fruits blancs, comme par son palais minéral et frais, voire nerveux en finale, encore dans la fougue de sa jeunesse. 2016-2019 plateau de fruits de mer

Dom. Bachey-Legros et Fils, 12, rue de la Charrière, 21590 Santenay, tél. 03 80 20 64 14, christiane.bachey-legros@wanadoo.fr V r.-v.

ROGER BELLAND Les Champs-Gains 2012

1er cru	2 400		50 à 75 €

Un domaine ancien, dont on trouve trace au XVIIIe s. À sa tête, Roger Belland, installé en 1981, et sa fille Julie, arrivée en 2003 et en charge des vinifications. Pas de bio certifié ici, mais « une viticulture raisonnée et maîtrisée » (enherbement total du vignoble, pas de désherbants), et des vins d'une grande constance.

Avec 10,6 ha, ce *climat* est l'un des plus vastes 1ers crus de Puligny. Les Belland en cultivent 45 ares. Leur 2012 déploie un joli nez de fleurs blanches, d'anis, de fruits exotiques et d'amande grillée. Porté par une acidité bien fondue, le palais se montre souple, fin et pourvu d'une bonne densité. 2015-2020 joues de lotte à l'anis

Dom. Roger Belland, 3, rue de la Chapelle, 21590 Santenay, tél. 03 80 20 60 95, belland.roger@wanadoo.fr V r.-v.

DOM. BERTHELEMOT Les Levrons 2012

	3 445		20 à 30 €

Un domaine créé par Brigitte Berthelemot en 2006 avec la reprise des vignes de Jean Garaudet et d'Yves Darviot, 7,8 ha administrés avec Marc Cugney. Un duo complémentaire à en juger par sa régularité depuis son installation.

Un nez harmonieux, sans exubérance, de fleurs blanches et de citron ouvre la dégustation. En bouche, le vin se montre souple, frais et net. Pas dans l'ostentatoire, plutôt sur la finesse. 2014-2018 langouste au beurre de curry

Dom. Brigitte Berthelemot, 24, rue des Forges, 21190 Meursault, tél. 03 80 21 68 61, contact@domaineberthelemot.com V r.-v.

CHRISTOPHE BUISSON 2011 ★★

	1 400		20 à 30 €

Plutôt que maçon, comme son père, Christophe Buisson a choisi d'être vigneron. D'abord courtier, il crée son domaine à Saint-Romain en 1996 : 7 ha aujourd'hui (en conversion bio) complétés en 2007 par une petite activité de négoce. Souvent remarqué pour ses saint-romain et auxey-duresses.

Adepte des élevages longs, le vigneron a passé ce 2011 dix-huit mois en fûts neufs. Le résultat : un vin complexe, qui lie au nez fleurs blanches, fruits mûrs à un boisé finement toasté, ample, riche et rond en bouche, soutenu par une belle trame acide lui donnant du nerf et de la longueur. Un équilibre remarquable. 2016-2021 homard thermidor

Christophe Buisson, 34, rue de la Tartebouille, 21190 Saint-Romain, tél. 03 80 21 63 92, domainechristophebuisson@wanadoo.fr V r.-v.

FRANÇOIS CARILLON Les Champs-Gain 2011 ★

1er cru	9 000		30 à 50 €

Les Carillon sont vignerons à Puligny-Montrachet depuis le XVIe s. Après avoir travaillé vingt ans sur l'exploitation familiale avec son père et son frère, François a créé en 2010 son propre domaine de 6,5 ha, auquel il a adjoint une activité de négoce.

Une entrée dans le Guide très réussie avec deux cuvées retenues. En tête, ce 1er cru élégant à l'olfaction, porté sur les fleurs blanches, le beurre et le pain brioché. Soutenu par un boisé tempéré, le palais se révèle ample, riche et gras, fruité et un rien épicé. 2016-2019 saint-jacques aux truffes ■ 1er cru Les Perrières 2011 ★ (50 à 75 € ; 3 000 b.) : un vin équilibré, aussi large que long, qui associe le gras à une minéralité tranchante. 2015-2019

François Carillon, 273, pl. de l'Église, 21190 Puligny-Montrachet, tél. 03 80 21 00 80, domainef.carillon@free.fr V r.-v.

JEAN CHARTRON
Clos de la Pucelle Monopole 2012 ★

■ 1er cru	2 340		50 à 75 €

Créé en 1859 par le tonnelier Jean-Édouard Dupard, ce domaine de 13 ha d'une grande constance, bien implanté dans les grands crus de Puligny, est conduit depuis 2004 en bio non certifié par Jean-Michel Chartron. L'un de ses credo : « Du bois, oui, mais pas trop. »

Ce monopole (qui existe aussi dans la version pinot noir) donne naissance à un vin or pâle, qui mêle à l'olfaction d'intenses parfums de fleurs blanches, de noisette et de toasté. Une attaque vive et tonique ouvre sur un palais à la fois puissant, dense et élégant, sous-tendu par la minéralité de ses origines argilo-calcaires. 2017-2021 turbot rôti aux amandes ■ *Village* 2012 (30 à 50 € ; 2 000 b.) : un vin expressif (agrumes, poire, vanille), souple et frais. 2014-2017

SCEA Jean Chartron, 8 bis, Grande-Rue, 21190 Puligny-Montrachet, tél. 03 80 21 99 19, info@jeanchartron.com V r.-v.

JEAN-LOUIS CHAVY Les Clavoillons 2012 ★

■ 1er cru	1 200		30 à 50 €

Héritier d'une lignée vigneronne remontant à 1820, Jean-Louis Chavy exploite depuis 2003 ce domaine couvrant 6,5 ha de vignes à Puligny et dans ses environs.

Paré d'un or brillant, ce puligny délivre des parfums doux et engageants de miel, d'acacia et de vanille. Le palais ne joue pas dans un registre explosif et imposant, mais il évolue avec souplesse et beaucoup de finesse, porté par une élégante fraîcheur minérale et citronnée. 2016-2022 sandre au beurre blanc ■ *Village* 2012 ★ (20 à 30 € ; 10 000 b.) : un joli nez d'agrumes et de fruits blancs, une bouche ample, intense, florale et fruitée, boisée avec justesse. 2016-2019

Jean-Louis Chavy, 27, rue de Bois, 21190 Puligny-Montrachet, tél. 03 80 21 38 85, jeanlouis.chavy@wanadoo.fr V r.-v.

♥ CHRISTIAN CHOLET-PELLETIER 2012 ★★

■	1 500		15 à 20 €

Christian Cholet a débuté avec le caniculaire millésime 1976. Établi dans la plaine, entre Meursault et Puligny-Montrachet, il conduit aujourd'hui un vignoble de 8 ha et s'illustre avec régularité dans ces pages, notamment par ses auxey-duresses.

Né de vignes de quarante ans plantées sur 90 ares argilo-calcaires, ce puligny se présente dans une seyante robe d'or pâle, limpide et cristalline. Au nez, complexité et finesse sont de mise : zeste d'orange, poire, noisette. En bouche, la minéralité du terroir s'équilibre parfaitement avec une matière riche et dense. Puissance et élégance caractérisent ce vin déjà fort aimable, amené aussi à bien vieillir. 2014-2019 ris de veau à la crème

Christian Cholet, 40, rue de la Citadelle, 21190 Corcelles-les-Arts, tél. 03 80 21 47 76 V r.-v.

DOM. FAIVELEY La Garenne 2012

■ 1er cru	799		50 à 75 €

Maison créée à Nuits-Saint-Georges en 1825. À sa tête depuis 2005, Erwan Faiveley, qui a succédé à son père François, pérennise une activité de négociant-éleveur initiée il y a sept générations. Respecté, il est l'un des plus importants propriétaires de vignes en Bourgogne : 120 ha du Chablisien au Mâconnais, dont 10 ha en grand cru et près de 25 ha en 1er cru.

Née d'une jeune vigne de vingt-cinq ans, cette cuvée dévoile un nez plaisant d'agrumes et de fruits secs sur fond boisé. Souple et gras, le palais s'appuie sur une fine trame acide pour trouver l'équilibre. Un ensemble élégant et bien construit. 2014-2019 écrevisses à la nage

Dom. Faiveley, 8, rue du Tribourg, 21700 Nuits-Saint-Georges, tél. 03 80 61 04 55, contact@domaine-faiveley.com

ALEX GAMBAL 2012

■	1 900		30 à 50 €

En 1997, Alex Gambal quitte Boston et le secteur immobilier pour cette Bourgogne qu'il affectionne, et lance son affaire de négoce à Beaune. Secondé en cave par l'œnologue Géraldine Godot, il exploite aussi en propre, depuis 2005, 3,9 ha de vignes en conversion bio.

Un nez élégant de fleurs blanches (camomille, acacia). En bouche, de la fraîcheur, de la finesse, du fruit et un boisé encore un peu marqué, que le temps patinera. 2016-2019 poulet à crème

Maison Alex Gambal, 14, bd Jules-Ferry, 21200 Beaune, tél. 03 80 22 75 81, info@alexgambal.com V r.-v.

FLORENT GARAUDET 2011

■	3 000		20 à 30 €

Fils de Paul Garaudet, président du syndicat viticole de Monthelie, Florent s'est construit un petit vignoble de 3 ha à Monthelie, Meursault et Puligny-Montrachet. Il fait partie de la jeune garde de la commune.

Après dix-huit mois de barrique, ce puligny se présente le nez ouvert sur le toasté agrémenté d'amande et de fleurs blanches. La bouche, dense, ample, chaleureuse et riche, signe un vin au caractère affirmé, que l'on pourra apprécier jeune mais qui gagnera en fondu avec une petite garde. 2015-2020 blanquette de veau aux morilles

Florent Garaudet, 3, rue du Château-Gaillard, 21190 Monthelie, tél. 06 87 77 01 28, florentgaraudet@orange.fr V r.-v.

CH. GÉNOT-BOULANGER Les Folatières 2012 ★

■ 1er cru	1 500		50 à 75 €

Important domaine familial acquis puis développé par la famille Delaby-Génot, industriels dans le secteur phar-

maceutique. Le vignoble de 22 ha (pour une trentaine d'AOC) est conduit depuis 2008 par la dernière génération, qui y expérimente le bio et la biodynamie.

Coup de ce cœur dans la précédente édition, ce 1er cru fait bonne impression dans sa version 2012. Seyante robe dorée, nez fin de noisette, de fleurs blanches et d'agrumes, palais ample, souple et tonique, voire nerveux en attaque, porté jusqu'en finale par une belle fraîcheur minérale et citronnée. 2017-2019 bar grillé sauce au citron

Dominique Génot-Boulanger, 25, rue de Cîteaux, 21190 Meursault, tél. 03 80 21 49 20, contact@genot-boulanger.com V r.-v.

ARNAUD GERMAIN 2012 ★

	1 200		20 à 30 €

Bernard Germain a créé son domaine en 1955 et lancé la mise en bouteilles en 1976 à l'arrivée de son fils Patrick. En 2009, Arnaud, le petit-fils, prend la relève à la tête de 14 ha, qu'il complète la même année par une activité de négoce sous son nom.

Des arômes floraux et briochés composent un bouquet discret mais élégant et engageant. La même finesse caractérise le palais, frais, minéral, fruité (agrumes, fruits exotiques) et persistant. 2014-2019 terrine de homard aux baies roses

Maison Arnaud Germain, 34, rue de la Pierre-Ronde, 21190 Saint-Romain, tél. 03 80 21 60 15, contact@maison-arnaudgermain.com V t.l.j. sf dim. 8h30-12h 13h30-19h

GUILLEMARD-CLERC Les Meix 2012

	1 200		30 à 50 €

Un domaine créé de toutes pièces en 1990 par les époux Guillemard et Clerc à partir d'un héritage de 20 ares, et couvrant aujourd'hui 10 ha, avec des vignes en grand cru (bienvenues-bâtard-montrachet, clos-de-vougeot).

Le domaine exploite 21 ares de ce *climat* situé sous le 1er cru Les Pucelles. Cela donne un vin à dominante florale, agrémenté d'une touche de noisette, souple, léger et vif au palais. 2014-2017 noix de Saint-Jacques poêlées

Dom. Guillemard-Clerc, 19, rue Drouhin, 21190 Puligny-Montrachet, tél. 03 80 21 34 22, guillemard-clerc.domaine@wanadoo.fr V r.-v. 3

DOM. LARUE La Garenne 2011

1er cru	4 000		30 à 50 €

Les frères Denis et Didier Larue ont pris la suite de leur père Guy, fondateur du domaine en 1945 à son retour de captivité. En 2012, Bruno a rejoint son père Denis sur ce vignoble de 17 ha réparti sur Saint-Aubin, Chassagne et Puligny.

De ce *climat* situé au-dessus du grand cru montrachet, les Larue ont livré une version opulente, riche et vineuse, sur les fruits très mûrs et le pain brioché. Léger manque de fraîcheur, mais l'ensemble reste harmonieux et déjà plaisant. 2014-2017 volaille à la crème

Dom. Larue, 32, rue Chatenière, 21190 Saint-Aubin, tél. 03 80 21 30 74, dom.larue@wanadoo.fr V r.-v.

LOUIS LATOUR La Garenne 2011

1er cru	1 800		50 à 75 €

Une maison familiale toujours indépendante, fondée en 1797 et conduite par dix générations de Latour. Un acteur incontournable de la Bourgogne viticole et le plus important propriétaire de grands crus de la Côte-d'Or (28 ha sur les 48 que compte son vignoble). Les raisins sont vinifiés à Aloxe-Corton, berceau de la famille, et la maison possède sa propre tonnellerie.

Du verre montent des parfums frais de menthe, de fruits exotiques et de fleurs blanches bien mariés à un léger toasté. Même palette en bouche, où le gras s'associe harmonieusement à une touche minérale et à un boisé soutenu mais fin. 2015-2020 sole meunière

Maison Louis Latour, 18, rue des Tonneliers, 21200 Beaune, tél. 03 80 24 81 00, louislatour@louislatour.com

VINCENT LATOUR Vieilles Vignes 2011 ★

	1 200		20 à 30 €

Établis à Meursault, Cécile et Vincent Latour assurent la continuité du vénérable domaine Jean Latour-Labille (1792), devenu Dom. Vincent Latour – 8 ha tout au long de la ceinture blanche de la Côte de Beaune –, auquel ils ont adjoint en 2008 une société de négoce.

Cette cuvée livre un bouquet complexe et intense où le chèvrefeuille en fleur et la mandarine s'unissent sans fausse note au grillé de la barrique. Le palais se révèle ample et élégant, aiguillonné par une fraîcheur saline qui met en valeur un beau fruité et donne de l'allonge à la finale. 2016-2020 lotte aux asperges

Dom. Vincent Latour, 6, rue du 8-Mai-1945, 21190 Meursault, tél. 03 80 21 22 49, latourlabillefils@wanadoo.fr V r.-v.

OLIVIER LEFLAIVE 2011 ★

	38 000		30 à 50 €

Négociant-éleveur établi à Puligny-Montrachet depuis 1984, Olivier Leflaive, l'une des références de la Côte de Beaune, collectionne les étoiles, côté cave (négoce et domaine) et côté hôtellerie : quatre pour son hôtel de Puligny. Au chai, l'œnologue Franck Grux et son complice Philippe Grillet.

La maison signe un *village* aux parfums floraux soulignés par un boisé fin et fondu. Le palais se révèle gras, rond, riche et long, dynamisé par une pointe de vivacité en finale. 2015-2021 saint-jacques poêlées aux agrumes 1er cru Champs Gains 2011 (50 à 75 € ; 8 000 b.) : un puligny corsé, riche, plus tendu et salin en finale. Du caractère. 2016-2020

Olivier Leflaive Frères, pl. du Monument, 21190 Puligny-Montrachet, tél. 03 80 21 37 65, contact@olivier-leflaive.com V r.-v. 5

DOM. SÉBASTIEN MAGNIEN Les Folatières 2012

1er cru	n.c.		30 à 50 €

Le trentenaire Sébastien Magnien, originaire des Hautes-Côtes, a créé en 2004 son domaine à partir des vignes maternelles, 11 ha aujourd'hui. Il se dit très interventionniste à la vigne, beaucoup moins au chai

(macérations longues, pas de surextraction, usage modéré de fûts neufs).

Ce 1er cru des hauteurs tient son nom des zones de brouillard qui parfois s'y déploient, les « Follots ». Après quinze mois de barrique, il se présente le nez empreint d'un toasté léger, de senteurs de noisette et de fruits blancs. La bouche est ample, consistante, équilibrée par une fine vivacité, plus sensible en finale. À attendre un peu. 2017-2020 foie gras poêlé

Dom. Sébastien Magnien, 6, rue Pierre-Joigneaux, 21190 Meursault, tél. 03 80 21 28 57, domainesebastienmagnien@orange.fr V r.-v.

DAVID MORET Les Folatières 2012

1er cru | n.c. | | 30 à 50 €

David Moret a créé en 1999 sa maison de négoce établie derrière les remparts de Beaune. Cet adepte des élevages longs s'est fait une spécialité de la vinification « haute couture » des blancs de la Côte de Beaune.

Quinze mois de fût pour ce puligny, qui mêle à l'olfaction la vanille, le fumé, les agrumes et la menthe. Gras dès l'attaque, le palais penche du côté de la rondeur et de la richesse, épaulé par un boisé encore dominant et par une pointe de fraîcheur bienvenue. Il gagnera son étoile avec un peu de garde. 2016-2019 loup grillé à l'aneth

SARL David Moret, 1-3, rue Émile-Goussery, 21200 Beaune, tél. 03 80 24 00 70, davidmoret.vins@orange.fr

PERNOT BELICARD 2011

| 3 200 | | 20 à 30 €

Après avoir travaillé dix ans sur l'exploitation de ses parents, Philippe Pernot-Belicart a repris en 2008 le domaine familial de son épouse, 5 ha répartis sur Puligny-Montrachet, Meursault et Beaune.

Ce vin livre un bouquet plaisant de noisette, de miel et d'agrumes soulignés par un toasté léger. Bien fruité, le palais se montre rond, souple et riche, équilibré par une pointe de vivacité. 2014-2017 gambas flambées à l'anis

EARL Philippe Pernot-Belicard, 2, rue du Meix-Pelletier, 21190 Puligny-Montrachet, tél. 03 80 21 31 25, pernot.belicard@orange.fr V r.-v.

HENRI PRUDHON ET FILS La Garenne 2011

1er cru | 300 | | 20 à 30 €

Une famille implantée de longue date à Saint-Aubin et une exploitation transmise depuis de nombreuses générations. Aujourd'hui, Vincent et Philippe Prudhon épaulent leur père Gérard à la tête d'un vignoble de 15 ha.

Ce *climat* tient son nom du droit de chasse qu'y avaient les moines de l'abbaye de Maizière située dans le hameau de Blagny. Les Prudhon en cultivent une petite vigne de 10 ares à l'origine d'un vin floral et vanillé au nez, riche, concentré et généreux en bouche, « réveillé par un sursaut de tension » en finale. 2014-2017 volaille sauce crémée

Henri Prudhon et Fils, 32, rue des Perrières, 21190 Saint-Aubin, tél. 03 80 21 31 33, henri-prudhon@wanadoo.fr V r.-v.

DOM. VINCENT PRUNIER Les Garennes 2011 ★

1er cru | 2 794 | | 20 à 30 €

Au départ, en 1988, 2,5 ha de vignes hérités des parents, non-viticulteurs ; le vignoble couvre 12,5 ha aujourd'hui, et Vincent Prunier s'est imposé comme l'une des valeurs sûres de la Côte de Beaune. En complément, il a créé en 2007 une petite structure de négoce.

Discret mais élégant, le nez s'ouvre sur des notes de miel et de fleurs blanches soulignées par un toasté léger. Soutenue par un boisé fin et ajusté, la bouche dévoile une rondeur avenante qui confère au vin un caractère tendre et délicat. La finale, longue et minérale, apporte un surcroît de fraîcheur. 2016-2022 truite aux amandes

EARL Dom. Vincent Prunier, rte de Beaune, 21190 Auxey-Duresses, tél. 03 80 21 27 77, domaine.prunier.vincent@wanadoo.fr V r.-v.

DOM. DES TERRES DE VELLE 2011 ★

| 2 000 | | 30 à 50 €

Un domaine créé en 2009 par Fabrice Laronze, Sophie, son épouse et Junji Hashimoto, leur bras droit japonais. Établis dans un ancien moulin au bord de la Velle, ils exploitent une petite « mosaïque à la bourguignonne » de 5,9 ha répartis sur plusieurs AOC de la Côte de Beaune.

Une robe or vert « clinquant » habille ce puligny. D'abord fermé, le nez se dévoile à l'aération, offrant des senteurs bien mariées de fruits frais, de noisette et de crème fouettée. Le palais, ample et pourvu d'une rondeur délicate, évolue en finesse plutôt qu'en force, le tout souligné par une fine salinité. Un vin élégant et longiligne. 2014-2018 aumônière de saumon

Dom. des Terres de Velle, chem. Sous-la-Velle, 21190 Auxey-Duresses, tél. 03 80 22 80 31, info@terresdevelle.fr V r.-v. Laronze

♥ DOM. GÉRARD THOMAS ET FILLES La Garenne 2012 ★★

1er cru | 3 000 | | 20 à 30 €

Le « et Filles » de l'étiquette concerne Isabelle et Anne-Sophie, désormais aux commandes du domaine créé par leur père Gérard Thomas dans les années 1990. Le vignoble couvre une douzaine d'hectares en saint-aubin, principalement, et en meursault, chassagne et puligny.

Le domaine exploite une parcelle de 57 ares sur ce *climat* situé à quelques dizaines de mètres en amont du célèbre Montrachet, ce qui lui permet de monter sur la plus haute marche du podium avec ce puligny au nez intense et complexe de fruits blancs et de fleur d'acacia soulignés par une fine minéralité et un vanillé léger. La fraîcheur du terroir associée à la vivacité du zeste de citron apporte beaucoup de dynamisme à une bouche ample et très longue. De grande garde. 2019-2024 carpaccio de saint-jacques et baies roses

Dom. Gérard Thomas, 6, rue des Perrières, 21190 Saint-Aubin, tél. 03 80 21 32 57, domaine.gerard.thomas@orange.fr V r.-v.

MONTRACHET

• Superficie : 8 ha • Production : 350 hl

JEAN CHARTRON 2012 ★

Gd cru	300		+ de 100 €

Créé en 1859 par le tonnelier Jean-Édouard Dupard, ce domaine de 13 ha d'une grande constance, bien implanté dans les grands crus de Puligny, est conduit depuis 2004 en bio non certifié par Jean-Michel Chartron. L'un de ses credo : « Du bois, oui, mais pas trop. »

Jean-Michel Chartron a le bonheur de produire sur dix petits ares ce grand blanc que le monde entier, du moins celui des œnophiles, admire. La robe s'orne de reflets verts de jeunesse. Fruits secs, fruits blancs, touche miellée, beurre et encore grillé de la barrique, le nez est résolument complexe et élégant. Serrée et tendue, minérale et boisée, de belle longueur, la bouche montre un caractère bien affirmé. Encore fougueux, un « vin du futur », conclut un juré. ⧗ 2019-2024 ▾ homard au four

SCEA Jean Chartron, 8 bis, Grande-Rue, 21190 Puligny-Montrachet, tél. 03 80 21 99 19, info@jeanchartron.com V r.-v.

MARC COLIN ET FILS 2012 ★

Gd cru	300		+ de 100 €

Marc Colin et son épouse Michèle ont créé ce domaine à la fin des années 1970, à partir de 6 ha. Leurs enfants Caroline, Joseph et Damien conduisent aujourd'hui 19 ha à Saint-Aubin, Chassagne, Puligny et Santenay, et maintiennent haut la qualité des vins.

L'une des pépites de la fratrie Colin, 11 ares de montrachet à l'origine ici d'un vin nécessairement en devenir. Mais déjà de bien belles promesses. Un peu fermé, le nez libère néanmoins à l'aération des parfums complexes de menthol, de fleurs blanches, d'épices douces et de toasté. Le palais se révèle ample, riche, concentré, généreux, sans jamais perdre l'équilibre, et soutenu par une fine minéralité qui le dispute au gras. ⧗ 2019-2024 ▾ queue de langouste grillée

Dom. Marc Colin et Fils, rue de la Chatenière, 21190 Saint-Aubin, tél. 03 80 21 30 43, marccolin@ymail.com V r.-v.

CHEVALIER-MONTRACHET

• Superficie : 7,5 ha • Production : 310 hl

JEAN CHARTRON Clos des Chevaliers Monopole 2012 ★

Gd cru	1 000		+ de 100 €

Créé en 1859 par le tonnelier Jean-Édouard Dupard, ce domaine de 13 ha d'une grande constance, bien implanté dans les grands crus de Puligny, est conduit depuis 2004 en bio non certifié par Jean-Michel Chartron. L'un de ses credo : « Du bois, oui, mais pas trop. »

Ce monopole de 42 ares planté de ceps âgés de cinquante ans est l'âme du domaine. Ici, un chevalier paré d'or, riche, intense et complexe à l'olfaction : fruits secs (amande, noisette), fleurs blanches, boisé séveux... Les fruits blancs, les agrumes et les épices prennent le relais dans un palais opulent dès l'attaque, dense, solide, concentré et velouté à la fois, sous-tendu jusque dans sa longue finale par une fraîcheur minérale. ⧗ 2017-2024 ▾ turbot à la bisque de homard

SCEA Jean Chartron, 8 bis, Grande-Rue, 21190 Puligny-Montrachet, tél. 03 80 21 99 19, info@jeanchartron.com V r.-v.

BÂTARD-MONTRACHET

• Superficie : 11,2 ha • Production : 475 hl

JEAN CHARTRON 2012 ★

Gd cru	750		+ de 100 €

Créé en 1859 par le tonnelier Jean-Édouard Dupard, ce domaine de 13 ha d'une grande constance, bien implanté dans les grands crus de Puligny, est conduit depuis 2004 en bio non certifié par Jean-Michel Chartron. L'un de ses credo : « Du bois, oui, mais pas trop. »

Né de 13 ares plantés de chardonnay âgés de soixante ans, ce 2012 livre un bouquet fin et harmonieux de fleurs blanches, de fruits secs, de vanille et de menthol. Gras et opulent en attaque, le palais glisse ensuite vers une belle fraîcheur saline et minérale qui lui confère un surcroît de vigueur et de complexité. ⧗ 2017-2024 ▾ langouste flambée

SCEA Jean Chartron, 8 bis, Grande-Rue, 21190 Puligny-Montrachet, tél. 03 80 21 99 19, info@jeanchartron.com V r.-v.

DOM. COFFINET-DUVERNAY 2012 ★

Gd cru	n.c.		+ de 100 €

Un domaine de 12 ha, ancien relais de chasse au XIXe s., dans la famille Coffinet depuis 1860. Exploité jusque dans les années 1980 par Fernand Coffinet et son épouse Cécile, il est conduit depuis 1989 par leur fille Laura et son époux Philippe Duvernay. Leur fils Bastien les a récemment rejoints.

Régulièrement au rendez-vous du Guide, le bâtard-montrachet du domaine (13 ares de jeunes vignes de seize ans) a de nouveau séduit nos dégustateurs. Le nez à la complexité naissante évoque le menthol, la noisette, la brioche et la vanille. Souple et délicat en attaque, le palais penche ensuite vers la rondeur et l'onctuosité, avant de faire place à une finale fraîche et ciselée. Un vin déjà très harmonieux et plein de promesses. ⧗ 2018-2024 ▾ turbot en croûte de sel

Dom. Coffinet-Duvernay, 7, pl. Saint-Martin, 21190 Chassagne-Montrachet, tél. 03 80 21 32 12, coffinet.duvernay@orange.fr V r.-v.

DOM. FAIVELEY 2012 ★

Gd cru	1 085		+ de 100 €

Maison créée à Nuits-Saint-Georges en 1825. À sa tête depuis 2005, Erwan Faiveley, qui a succédé à son père François, pérennise une activité de négociant-éleveur initiée il y a sept générations. Respecté, il est l'un des plus importants propriétaires de vignes en Bourgogne : 120 ha du Chablisien au Mâconnais, dont 10 ha en grand cru et près de 25 ha en 1er cru.

Selon la légende, le seigneur de Puligny devant partager ses terres attribua à son fils légitime une parcelle devenue le chevalier-montrachet ; son fils illégitime hérita des futurs bâtard, bienvenues et criots-bâtard ; quant à ses filles, elles obtinrent une parcelle baptisée... Les Pucelles. L'histoire moderne du bâtard-montrachet appartient à une vingtaine de producteurs. Erwan Faiveley y possède

35 ares, à l'origine d'un vin au nez intense et subtil de tilleul en fleur, d'iris, de fruits secs, de menthol et de toasté. Le palais ? Ample et tonique en attaque, puis riche, onctueux et consistant. « Ce bâtard a de la noblesse », conclut un juré, et de la réserve, ajoutera-t-on. 2017-2024 foie gras poêlé

Dom. Faiveley, 8, rue du Tribourg, 21700 Nuits-Saint-Georges, tél. 03 80 61 04 55, contact@domaine-faiveley.com

BIENVENUES-BÂTARD-MONTRACHET

• Superficie : 3,5 ha • Production : 145 hl

DOM. GUILLEMARD-CLERC 2012

Gd cru	600		75 à 100 €

Un domaine créé de toutes pièces en 1990 par les époux Guillemard et Clerc à partir d'un héritage de 20 ares, et couvrant aujourd'hui 10 ha, avec des vignes en grand cru (bienvenues-bâtard-montrachet, clos-de-vougeot).

Né d'une parcelle de 18 ares et 44 centiares précisément, ce grand cru s'ouvre sur un bouquet complexe et riche : fruits secs, brioche, fleurs blanches, notes balsamiques, menthol... Une complexité à laquelle fait écho un palais ample, rond, concentré et chaleureux, qu'il faudra savoir attendre pour qu'il se révèle pleinement. 2017-2024 foie gras

Dom. Guillemard-Clerc, 19, rue Drouhin, 21190 Puligny-Montrachet, tél. 03 80 21 34 22, guillemard-clerc.domaine@wanadoo.fr V r.-v. 3

CRIOTS-BÂTARD-MONTRACHET

• Superficie : 1,6 ha • Production : 75 hl

DOM. ROGER BELLAND 2012 ★★

Gd cru	2 000		+ de 100 €

89 94 95 96 (98) **99** 00 01 |02| |03| 04 05 |**06**| **07** 08 09 **10 11 12**

Un domaine ancien, dont on trouve trace au XVIIIes. À sa tête, Roger Belland, installé en 1981, et sa fille Julie, arrivée en 2003 et en charge des vinifications. Pas de bio certifié ici, mais « une viticulture raisonnée et maîtrisée » (enherbement total du vignoble, pas de désherbants), et des vins d'une grande constance.

Posséder la moitié d'une appellation, ce n'est pas rien. Certes, nous parlons de l'une des plus petites AOC de France : 1,57 ha... Mais 62 ares de « criots », cela n'a pas de prix. Les Belland en proposent une version aboutie, fidèle à son rang. Robe or pâle, nette et limpide. Nez complexe d'une rare élégance : fruits blancs mûrs, brioche sortie du four, noisette grillée, herbe fraîchement coupée... Soutenu jusque dans sa longue finale par un boisé racé et déjà bien fondu, le palais se révèle ample, riche, délicat et tout aussi complexe que l'olfaction : on y perçoit des notes de fougère, d'agrumes, de silex ou encore de tabac. Une bouteille déjà harmonieuse et bâtie pour l'avenir. 2017-2024 feuillantine de homard

Dom. Roger Belland, 3, rue de la Chapelle, 21590 Santenay, tél. 03 80 20 60 95, belland.roger@wanadoo.fr V r.-v.

CHASSAGNE-MONTRACHET

• Superficie : 300 ha • Production : 15 660 hl (65 % blanc)

Le village de Chassagne est situé au sud de la Côte de Beaune, entre Puligny, Montrachet et Santenay. Exposé est-sud-est, le vignoble se partage entre pinot noir et chardonnay. La combe de Saint-Aubin, parcourue par la RN 6, forme à peu près la limite méridionale de la zone des vins blancs. Les Clos Saint-Jean et Morgeot, qui donnent des vins solides et vigoureux, sont les 1ers crus les plus réputés de la commune.

JEAN-CLAUDE BACHELET ET FILS
Blanchot-Dessus 2011

1er cru	n.c.		30 à 50 €

Établis dans le hameau de Gamay, les fils de Jean-Claude, exploitent 10 ha de vignes répartis entre Saint-Aubin, Chassagne et Puligny. Dans leur nouveau chai, les deux frères Bachelet travaillent sans pompe depuis les vendanges 2010, uniquement par gravité.

Les pierres blanches et calcaires ont inspiré le nom de ce *climat* situé en partie haute, donc classé en 1er cru, contrairement à son voisin du dessous. Les Bachelet y cultivent 12 ares de chardonnay. Le vin élevé dix-huit mois en fût présente des notes de pêche mûre, de miel et de vanille. Il attaque en souplesse et en vivacité, avant de dévoiler un gras fondant. Un ensemble équilibré, encore un peu sous l'emprise du bois toutefois. 2016-2019 poisson en sauce crémée

Dom. Jean-Claude Bachelet et Fils, 1, rue de la Fontaine, hameau de Gamay, 21190 Saint-Aubin, tél. 03 80 21 31 01, info@domainebachelet.fr V r.-v.

BACHELET-RAMONET Clos Saint-Jean 2012

1er cru	1 000		20 à 30 €

Établis dans le quartier du vieux Saint-Jean à Chassagne-Montrachet, Alain Bonnefoy et son épouse veillent depuis 1984 sur les 13 ha de ce domaine familial habitué aux distinctions du Guide pour ses chassagne et ses grands crus de montrachet.

Avec Morgeot, le Clos Saint-Jean est le plus vaste *climat* de chassagne (14 ha). Le domaine y cultive 30 ares de chardonnay à l'origine d'un vin sur la réserve au nez (notes florales à l'aération), ample et bien équilibré en bouche entre le gras et la fraîcheur (agrumes) qui semble caractériser le millésime. 2016-2019 saint-jacques safranées 1er cru La Grande Montagne 2012 (2 100 b.) : joli nez fruité relayé par un palais bien balancé entre rondeur et tension. 2015-2018

Bachelet-Ramonet , 11, rue du Parterre, 21190 Chassagne-Montrachet, tél. 03 80 21 32 49, bachelet.ramonet@wanadoo.fr V t.l.j sf dim. 8h30-11h30 13h30-18h30 ; sam 8h30-11h30

DOM. BACHEY-LEGROS
Morgeot Vieilles Vignes-Les Petits Clos 2012

1er cru	4 600		30 à 50 €

Régulièrement mentionnés dans le Guide, les Bachey-Legros – Christiane et ses fils Samuel et Lénaïc – sont les cinquième et sixième générations à œuvrer sur ce

domaine de 19 ha auquel s'est ajoutée une activité de négoce en 2008.

Ces Petits Clos décrochèrent un coup de cœur dans leur version 2010. Le 2012, moins ambitieux, reste fort plaisant par son nez ouvert d'aubépine, de poire et de noisette. La bouche, sans manquer de gras, penche du côté de la fraîcheur, tendue par une fine vivacité. Le trait reste délicat, le dessin final équilibré. ⧗ 2017-2020 ▼ nage de crustacés

Dom. Bachey-Legros et Fils, 12, rue de la Charrière, 21590 Santenay, tél. 03 80 20 64 14, christiane.bachey-legros@wanadoo.fr V r.-v.

DOM. BERTHELEMOT Abbaye de Morgeot 2012 ★

1er cru | 2 700 | | 30 à 50 €

Un domaine créé par Brigitte Berthelemot en 2006 avec la reprise des vignes de Jean Garaudet et d'Yves Darviot, 7,8 ha administrés avec Marc Cugney. Un duo complémentaire à en juger par sa régularité depuis son installation.

Le domaine confirme sa belle régularité avec ce 2012 né sur 53 ares d'un *climat* qui tire son nom d'une ancienne abbaye cistercienne. Jaune pâle et brillant, le vin s'ouvre sur l'ananas et les fleurs blanches. En bouche, il se révèle ample et délicat, à la fois plein, gras, souple et très frais. Un chassagne en dentelle, déjà fort aimable, qui trouvera aisément son accord à table. ⧗ 2014-2019 ▼ dos de saint-pierre rôti

Dom. Brigitte Berthelemot, 24, rue des Forges, 21190 Meursault, tél. 03 80 21 68 61, contact@domaineberthelemot.com V r.-v.

DOM. BOUARD-BONNEFOY 2012 ★

| 900 | | 15 à 20 €

Jusqu'à l'installation de Carine et Fabrice Bouard, la récolte de ce domaine familial (5 ha sur Saint-Aubin, Puligny et Chassagne) était vendue en moût. Première mise en bouteilles en 2006.

Au nez, les fleurs blanches se mêlent à un boisé bien fondu aux tonalités grillées. En bouche, l'équilibre est unanimement salué : de la souplesse, du gras et une fine acidité, présente sans excès, qui confère fraîcheur et longueur. ⧗ 2015-2019 ▼ saumon au beurre blanc ■ 1er cru Morgeot Les Petits Clos 2012 ★ (20 à 30 € ; 600 b.) : un profil floral sur un fond boisé léger relayé par une bouche sans exubérance, délicate, fine et souple. ⧗ 2014-2019

Dom. Bouard-Bonnefoy, 12, rte de Santenay, 21190 Chassagne-Montrachet, tél. 03 80 21 28 46, domaine-bouard-bonnefoy@orange.fr V r.-v.

DOM. HUBERT BOUZEREAU-GRUÈRE ET FILLES Les Blanchots Dessous 2012 ★

| 800 | | 20 à 30 €

Installé en 1965, Hubert Bouzereau exploite avec ses filles Marie-Laure et Marie-Anne un vignoble de 10 ha répartis dans six villages de la Côte de Beaune. Souvent en vue pour ses meursault, puligny et chassagne.

Les cailloutis calcaires qui colorent la terre ont donné un nom à ce *climat* bordant le grand cru criots-bâtard-montrachet. Les Bouzereau en cultivent 23 ares, qui ont donné ce 2012 or pâle et brillant, au nez élégant, floral et minéral, au palais riche et intense, aiguillonné par une belle fraîcheur. ⧗ 2016-2020 ▼ pavé de saumon et mousse de panais

Hubert Bouzereau-Gruère et Filles, 22 A, rue de la Velle, 21190 Meursault, tél. 03 80 21 20 05, bouzereau.gruere@aliceadsl.fr V r.-v. 3

CAPUANO-FERRERI Cuvée Prestige 2012 ★

| n.c. | | 20 à 30 €

Associé à l'ancien footballeur Jean-Marc Ferreri, John Capuano – dont le père Gino a créé en 1987 ce domaine implanté à Santenay – exploite 12 ha de parcelles s'égrenant de Beaune à Mercurey. Très régulier en qualité.

Pêche jaune, beurre frais et caramel composent un nez engageant qui annonce un palais rond, gras, généreux, reflet d'une vendange mûre. La finale apporte un surcroît de fraîcheur minérale. ⧗ 2015-2019 ▼ quenelles aux morilles à la crème ■ 1er cru Morgeot 2012 : noisette et amande à l'olfaction, bouche ronde, consistante, de bonne longueur. (Coup de cœur dans la précédente édition). ⧗ 2017-2021

EARL Dom. Capuano-Ferreri, 14, rue Chauchien, 21590 Santenay, tél. 03 80 20 68 04, john.capuano@wanadoo.fr V r.-v.

JEAN CHARTRON Les Benoîtes 2012

| 1 769 | | 30 à 50 €

Créé en 1859 par le tonnelier Jean-Édouard Dupard, ce domaine de 13 ha d'une grande constance, bien implanté dans les grands crus de Puligny, est conduit depuis 2004 en bio non certifié par Jean-Michel Chartron. L'un de ses credo : « Du bois, oui, mais pas trop. »

Les Benoîtes : un *climat* autrefois cultivé par les moines de l'abbaye de Morgeot voisine, le plus étendu de l'AOC en *village*, avec un peu plus de 9 ha. Jean-Michel Chartron en exploite 55 ares à l'origine d'un vin au nez de brioche e de pêche ; suave, riche et rond en bouche, étayé par une juste fraîcheur. ⧗ 2015-2020 ▼ dos de bar rôti

SCEA Jean Chartron, 8 bis, Grande-Rue, 21190 Puligny-Montrachet, tél. 03 80 21 99 19, info@jeanchartron.com V r.-v.

DOM. COFFINET-DUVERNAY Caillerets 2012

1er cru | 1 500 | | 30 à 50

Un domaine de 12 ha, ancien relais de chasse au XIXe s dans la famille Coffinet depuis 1860. Exploité jusqu dans les années 1980 par Fernand Coffinet et so épouse Cécile, il est conduit depuis 1989 par leur fil Laura et son époux Philippe Duvernay. Leur fils Bastie les a récemment rejoints.

Un *climat* souvent en vue chez ce producteur (coup c cœur pour le 2009). Dans le délicat millésime 2012, ce donne un vin doré et brillant, au nez complexe de frui et fleurs blancs, qui monte en puissance à l'aération. L palais se révèle fin, soyeux et persistant, soutenu par u boisé noble. ⧗ 2016-2021 ▼ filet de sole meunière ■ *Villa* Blanchot Dessous 2012 (20 à 30 € ; 3 000 b.) : un v fruité (agrumes, fruits blancs), rond et gras en bouch avant de laisser parler la minéralité de son terroir, vois du prestigieux criots-bâtard-montrachet. ⧗ 2015-2019

Dom. Coffinet-Duvernay, 7, pl. Saint-Martin, 21190 Chassagne-Montrachet, tél. 03 80 21 32 12, coffinet.duvernay@orange.fr V r.-v.

BRUNO COLIN En Remilly 2011 ★

1er cru	1 600		30 à 50 €

Bruno Colin s'est installé en 2004 à la suite du partage du domaine familial avec son frère Philippe. Cet adepte des élevages longs exploite 8,3 ha de vignes allant des Maranges à Puligny en passant par Chassagne, son fief.

En Remilly est le 1er cru le plus haut et le plus proche de Puligny; il voisine aussi avec le grand cru chevalier-montrachet. Bruno Colin a extrait d'une parcelle de 2,4 ares ce vin au nez appétant de beurre frais, de viennoiserie, de vanille et de fleurs blanches, relayé par un palais charnu, soyeux, souple et frais. ⧗ 2015-2018 ▼ poularde aux morilles

Dom. Bruno Colin, 3, imp. des Crêts, 21190 Chassagne-Montrachet, tél. 03 80 24 75 61, contact@domainebrunocolin.com V r.-v.

MARC COLIN ET FILS Les Caillerets 2012 ★

1er cru	3 500		50 à 75 €

Marc Colin et son épouse Michèle ont créé ce domaine à la fin des années 1970, à partir de 6 ha. Leurs enfants Caroline, Joseph et Damien conduisent aujourd'hui 19 ha à Saint-Aubin, Chassagne, Puligny et Santenay, et maintiennent haut la qualité des vins.

Les petites pierres blanches qui parsèment ce terrain pentu ont donné leur nom à ce *climat* réputé pour la finesse et la longueur de ses vins. Celui-ci né de 73 ares de chardonnay est bien dans le ton : robe élégante, jeune et limpide ; nez subtil d'agrumes et de menthol sur fond de minéralité ; palais tout en délicatesse, tendre, soyeux et frais de bout en bout. ⧗ 2016-2020 ▼ cari de langouste

Dom. Marc Colin et Fils, rue de la Chatenière, 21190 Saint-Aubin, tél. 03 80 21 30 43, marccolin@ymail.com V r.-v.

B **JEAN FÉRY ET FILS** Abbaye de Morgeot 2011 ★

1er cru	4 000		30 à 50 €

Un domaine familial des Hautes-Côtes de Beaune créé en 1890 et développé par Jean-Louis Féry, son actuel propriétaire : 11 ha en bio certifié depuis 2011, en Côte de Nuits et Côte de Beaune. À la vigne et au chai, le Québécois Pascal Marchand, ancien régisseur de la Vougeraie.

Ce *climat* doit son nom à un ancien cellier construit au milieu des vignes par les cisterciens de l'abbaye de Maizières. Le domaine en possède 1,15 ha à l'origine d'un vin élégant, qui s'ouvre sur des fragrances délicates de fleurs et de fruits blancs. En bouche, la fraîcheur des agrumes se combine à une matière riche pour composer un ensemble équilibré, à la fois gras et droit. ⧗ 2016-2020 ▼ suprêmes de dinde au curry

Dom. Jean Féry et Fils, 1, rte de Marey, 21420 Échevronne, tél. 03 80 21 59 60, fery.vin@wanadoo.fr V r.-v. J.-L. FERY

DOM. VINCENT ET FRANÇOIS JOUARD
Les Chaumées Clos de la Truffière Vieilles Vignes 2012 ★

1er cru	1 800		20 à 30 €

Les frères Vincent et François Jouard (cinquième génération) se sont établis en 1990 sur le domaine familial de Chassagne, à la tête d'un vignoble de 11 ha.

À l'intérieur du 1er cru Les Chaumées, les Jouard cultivent un clos planté sur 70 ares de ceps de chardonnay âgés de soixante ans. Ils en tirent un vin élégant, qui marie au nez le toasté et le citron, puis évolue avec finesse et équilibre dans une bouche bien balancée entre le gras, l'alcool et la fraîcheur. ⧗ 2016-2019 ▼ escalope de veau à la crème

1er cru Morgeot Les Fairendes Vieilles Vignes 2012 (1 800 b.) : des nuances de litchi et d'amande, un palais harmonieux, frais et légèrement épicé en finale. ⧗ 2014-2018

EARL Vincent et François Jouard, 2, pl. de l'Église, 21190 Chassagne-Montrachet, tél. 03 80 21 30 25, domaine.jouardvf@orange.fr V r.-v.

LAMY-PILLOT Clos Saint-Jean 2012

1er cru	600		30 à 50 €

Ce domaine de 15 ha créé en 1973 est une valeur sûre en chassagne et saint-aubin. Il est conduit depuis 1997 par les filles de René Lamy, Florence et Karine, et leurs époux Sébastien Caillat (à la vigne) et Daniel Cadot (au commercial).

Ce 1er cru réputé dans les deux couleurs offre ici un vin brillant et doré aux senteurs de brioche et de pain grillé. Puissant et plein en attaque, le palais s'appuie sur une franche vivacité qui lui confère une belle longueur. ⧗ 2016-2020 ▼ pavé de saumon

Dom. Lamy-Pillot, 31, rte de Santenay, 21190 Chassagne-Montrachet, tél. 03 80 21 30 52, contact@lamypillot.fr V r.-v.

LOUIS LATOUR La Maltroie 2011

1er cru	2 900		30 à 50 €

Une maison familiale toujours indépendante, fondée en 1797 et conduite par dix générations de Latour. Un acteur incontournable de la Bourgogne viticole et le plus important propriétaire de grands crus de la Côte-d'Or (28 ha sur les 48 que compte son vignoble). Les raisins sont vinifiés à Aloxe-Corton, berceau de la famille, et la maison possède sa propre tonnellerie.

Né de 45 ares de chardonnay, ce chassagne livre un bouquet soutenu de fruits mûrs (mangue, poire, abricot). L'annonce d'un palais concentré et chaleureux, rendu souple par un gras soyeux et vivifié par une pointe de fraîcheur citronnée. ⧗ 2015-2017 ▼ volaille à la crème

Maison Louis Latour, 18, rue des Tonneliers, 21200 Beaune, tél. 03 80 24 81 00, louislatour@louislatour.com

VINCENT LATOUR Les Benoîtes 2012

	900		20 à 30 €

Établis à Meursault, Cécile et Vincent Latour assurent la continuité du vénérable domaine Jean Latour-Labille (1792), devenu Dom. Vincent Latour – 8 ha tout au long de la ceinture blanche de la Côte de Beaune –, auquel ils ont adjoint en 2008 une société de négoce.

Les arômes grillés du fût « toastent » le nez, ouvert aussi aux senteurs de beurre frais et de fruits secs. Une attaque franche introduit un palais à dominante vive et minérale. ⧗ 2015-2017 ▼ dos de cabillaud sauce agrumes

Dom. Vincent Latour, 6, rue du 8-Mai-1945, 21190 Meursault, tél. 03 80 21 22 49, latourlabillefils@wanadoo.fr V r.-v.

BOURGOGNE

LOUIS LEQUIN Morgeot 2011 ★

1er cru | n.c. | | 20 à 30 €

Les premières vignes furent acquises à Santenay en 1669 et des ancêtres furent vignerons des hospices d'Autun. Installé en 1969, leur lointain héritier Louis Lequin conduit aujourd'hui un vignoble de 7 ha sur lesquels il procède à des essais de protection des plants avec le concours de l'INRA.

Ce *climat* regroupe en son sein vingt lieux-dits qui peuvent être revendiqués avec ou sans la mention « Morgeot ». Louis Lequin y cultive une parcelle 29 ares de chardonnay à l'origine d'un 2011 aux accents de fruits jaunes et blancs accompagnés de vanille. En bouche, c'est un vin « aérien », fin, bien équilibré entre les fruits frais et un boisé fondu. ⧗ 2014-2020 🍴 écrevisses à la nage

EARL Dom. Louis Lequin et Fils, 1, rue du Pasquier-de-Pont, 21590 Santenay, tél. 03 80 70 63 82, louis.lequin@wanadoo.fr V r.-v.

CH. DE LA MALTROYE Clos du Ch. de la Maltroye Monopole 2011 ★

1er cru | 3 200 | | 20 à 30 €

Commandé par un château du XVIIIe s. abritant des caves du XVe s., ce domaine acquis par la famille en 1939 est dirigé depuis 1993 par Jean-Pierre Cournut, ancien ingénieur en aéronautique, aujourd'hui à la tête de 15 ha, treize à Chassagne (70 % de 1ers crus) et deux à Santenay.

Cette vigne est un monopole de 1,3 ha situé au pied du château familial couvert de tuiles vernissées. Dans le verre, un vin grenat intense, qui livre des parfums généreux de fruits rouges mûrs. Ce fruité soutenu, accompagné d'une petite note animale, se prolonge dans une bouche ample, solidement bâtie et très longue. ⧗ 2017-2022 🍴 coq au vin

1er cru Morgeot Vigne Blanche 2012 ★ (30 à 50 € ; 3 350 b.) : un vin alliant le boisé, les fruits jaunes et le minéral, ample, riche, intense et long en bouche. ⧗ 2015-2019

Ch. de la Maltroye, 16, rue de la Murée, 21190 Chassagne-Montrachet, tél. 03 80 21 32 45, chateau.maltroye@wanadoo.fr V r.-v.

Jean-Pierre Cournut

FRANÇOIS PARENT Les Morgeots 2012 ★

1er cru | n.c. | | 50 à 75 €

Vinificateur de talent des vins de son épouse Anne-Françoise Gros (Dom. A.-F. Gros à Pommard), François Parent élabore aussi ceux de son vignoble familial, complété par une structure de négoce. Des étiquettes ornées de la truffe noire de Bourgogne, bien connues des lecteurs.

Paré d'une élégante robe doré soutenu, ce 2012 délivre des parfums intenses et complexes de viennoiserie, de fleurs blanches, d'amande et de poire mûre. En bouche, il se révèle ample, gras, corpulent, généreux, avec en soutien un boisé bien intégré et une belle vivacité aux tonalités citronnées. Un ensemble très équilibré. ⧗ 2017-2022 🍴 turbot sauce au beurre blanc

François Parent, 14 bis, rue Pierre-Joigneaux, 21200 Beaune, tél. 03 80 22 61 85, francois@parent-pommard.com V r.-v.

VINCENT PRUNIER 2011

| 1 193 | | 15 à 20 €

Au départ, en 1988, 2,5 ha de vignes hérités des parents, non-viticulteurs ; le vignoble couvre 12,5 ha aujourd'hui, et Vincent Prunier s'est imposé comme l'une des valeurs sûres de la Côte de Beaune. En complément, il a créé en 2007 une petite structure de négoce.

Les douze mois de barrique impriment leur marque dans le bouquet de ce 2011, où se mêlent des notes d'agrumes au pain grillé. Il en va de même en bouche, le vin se montrant souple, svelte, vif, un rien acidulé, sur fond de boisé et d'amande. Un chassagne alerte. ⧗ 2014-2017 🍴 saumon en papillote

SARL Vincent Prunier, rte de Beaune, 21190 Auxey-Duresses, tél. 03 80 21 27 77, sarl.prunier.vincent@orange.fr V r.-v.

♥ **PAUL REITZ** Les Morgeots 2011 ★★

1er cru | 900 | | 30 à 50 €

Implantée à Corgoloin, village-frontière entre les Côtes de Beaune et de Nuits, cette maison de négoce fut fondée en 1882 par Paul Reitz, vigneron descendant d'un foudrier rhénan établi en Bourgogne. Aux commandes depuis 1989, Michel Reitz est aujourd'hui épaulé par ses deux fils.

Le plus célèbre des cinquante-cinq 1ers crus de Chassagne a donné naissance ici à un vin remarquable en tout point. Belle robe jaune d'or, nez ouvert sur l'acacia, les fruits jaunes mûrs et la papaye, bouche ample, ronde et généreuse, opulente même, sans lourdeur toutefois, équilibrée par une juste fraîcheur qui confère à la finale un caractère aérien. ⧗ 2017-2022 🍴 poularde aux morilles

Maison Paul Reitz, 124, Grande-Rue, 21700 Corgoloin, tél. 03 80 62 98 24, contact@paulreitz.com V r.-v.

SORINE ET FILS Vieilles Vignes 2012

| 1 800 | | 11 à 15 €

Originaires de Santenay, les Sorine font du vin depuis 1929. Christian s'installe en 1990 à la tête des 12 ha familiaux, puis est rejoint en 2009 par son épouse Emma, enseignante formée à l'œnologie. Ils ont aussi développ une petite activité de négoce pour élargir leur gamme.

Né de vignes âgées de cinquante-cinq ans, ce *villag* dévoile des parfums élégants de petits fruits rouges et c pruneau. À l'unisson, le palais est bien structuré, de bonr consistance et déjà harmonieux. ⧗ 2015-2019 🍴 œufs e meurette

Sorine et Fils, 1, pl. de la Poste, 71150 Cheilly-lès-Maranges, tél. 03 85 87 18 07, christian.sorine@orange.fr V r.-v.

DOM. DES TERRES DE VELLE La Platière 2011

| 2 000 | | 20 à 30

Un domaine créé en 2009 par Fabrice Laronze, Sophi son épouse et Junji Hashimoto, leur bras droit japona Établis dans un ancien moulin au bord de la Velle,

exploitent une petite « mosaïque à la bourguignonne » de 5,9 ha répartis sur plusieurs AOC de la Côte de Beaune.

À l'origine de ce vin, 33 ares plantés sur La Platière, un ancien champ qui s'étire sous le *climat* Morgeot. Dans le verre, un chassagne or clair au nez plaisant de fleurs blanches, d'agrumes et de viennoiserie, et au palais souple, net et frais, sans manquer de gras ni de générosité ; un vin équilibré, en somme. ⧗ 2014-2017 🍷 terrine de saumon

Dom. des Terres de Velle, chem. Sous-la-Velle, 21190 Auxey-Duresses, tél. 03 80 22 80 31, info@terresdevelle.fr V r.-v. Laronze

SAINT-AUBIN

• Superficie : 162 ha • Production : 8 265 hl (75 % blanc)

Saint-Aubin est dans une position topographique voisine des Hautes-Côtes ; mais une partie de la commune joint Chassagne au sud et Puligny et Blagny à l'est. Le 1er cru Les Murgers des Dents de Chien se trouve même à faible distance des Chevalier-Montrachet et des Caillerets. Le vignoble s'est un peu développé en rouge, mais c'est en blanc qu'il atteint le meilleur.

FRANÇOIS D'ALLAINES Clos du Meix 2012 ★

1er cru	900		20 à 30 €

Après l'école hôtelière, François d'Allaines crée son négoce en 1990 à la frontière entre Saône-et-Loire et Côte-d'Or, puis son domaine en 2009. Cet adepte des élevages longs en fût est souvent au rendez-vous du Guide.

Cette petite cuvée, par la taille, dévoile un nez finement floral et fruité sur un discret fond boisé (treize mois de fût), relayé par un palais ample, tendre (touche miellée), long et harmonieux. ⧗ 2016-2019 🍷 poulet aux morilles

François d'Allaines, 2, imp. du Meix-du-Cray, 71150 Demigny, tél. 03 85 49 90 16, francois@dallaines.com V r.-v.

DOM. BOHRMANN En Remilly 2012

1er cru	2 500		20 à 30 €

Un domaine créé en 2002 par Sofie Bohrmann, d'origine belge, qu'elle gère avec Dimitri Blanc, son complice à la vigne et au chai, 12 ha conduits en bio non certifié depuis 2007.

Le plus grand 1er cru de l'AOC (29,72 ha), qui tirerait son nom d'un gallo-romain nommé Romilius. L'exploitation y cultive 48 ares de chardonnay, à l'origine d'un vin intensément bouqueté autour des fleurs et des agrumes, rond, tendre et fruité en bouche. ⧗ 2014-2019 🍷 chèvre chaud

Dom. Bohrmann, 9, rue de la Barre, 21190 Meursault, tél. 03 80 21 60 06, domaine.bohrmann@wanadoo.fr V r.-v.

DOM. BOUARD-BONNEFOY Les Charmois 2012

1er cru	600		15 à 20 €

Jusqu'à l'installation de Carine et Fabrice Bouard, la récolte de ce domaine familial (5 ha sur Saint-Aubin, Puligny et Chassagne) était vendue en moût. Première mise en bouteilles en 2006.

Né de 26 ares, ce 2012 livre un bouquet expressif d'agrumes et de fleurs blanches sur fond boisé. Souple en attaque, le palais évolue vers plus de rondeur et de corpulence, pour finir sur une tonalité vive et de beaux amers. ⧗ 2014-2017 🍷 lotte au fenouil

Dom. Bouard-Bonnefoy, 12, rte de Santenay, 21190 Chassagne-Montrachet, tél. 03 80 21 28 46, domaine-bouard-bonnefoy@orange.fr V r.-v.

GILLES BOUTON ET FILS Les Champlots 2012

1er cru	9 000		15 à 20 €

Gilles Bouton a pris la suite de son grand-père en 1977 sur ce domaine, 4 ha à l'époque, 15 ha aujourd'hui, répartis sur quatre communes. Julien a rejoint son père en 2009.

Dans le « croquant millésime » 2012, le domaine propose un vin expressif (fleurs blanches, agrumes, boisé fondu), souple, léger, bien équilibré entre gras et fraîcheur minérale. ⧗ 2014-2018 🍷 terrine de saint-jacques

EARL Dom. Gilles Bouton et Fils, 24, rue de la Fontenotte, 21190 Saint-Aubin, tél. 03 80 21 32 63, domaine.bouton.gilles@wanadoo.fr V r.-v.

DOM. HUBERT BOUZEREAU-GRUÈRE ET FILLES Le Charmois 2011

1er cru	1 500		15 à 20 €

Installé en 1965, Hubert Bouzereau exploite avec ses filles Marie-Laure et Marie-Anne un vignoble de 10 ha répartis dans six villages de la Côte de Beaune. Souvent en vue pour ses meursault, puligny et chassagne.

Ce 2011 s'ouvre sur un joli nez de prune, d'épices, de menthol et de toasté. Bien équilibré et intense, il évolue en bouche dans un registre frais (agrumes) et tonique. ⧗ 2015-2019 🍷 saint-jacques au cumbava

Hubert Bouzereau-Gruère et Filles, 22 A, rue de la Velle, 21190 Meursault, tél. 03 80 21 20 05, bouzereau.gruere@aliceadsl.fr V r.-v. 3

JEAN CHARTRON Murgers des Dents de chien 2012

1er cru	2 064		20 à 30 €

Créé en 1859 par le tonnelier Jean-Édouard Dupard, ce domaine de 13 ha d'une grande constance, bien implanté dans les grands crus de Puligny, est conduit depuis 2004 par Jean-Michel Chartron, en bio non certifié. L'un de ses crédos : « du bois, oui mais pas trop ».

Ce « Murgers », comme disent les producteurs locaux, d'un abord discret, s'ouvre à l'aération sur les fleurs blanches et le toasté. En bouche, il se montre frais, droit, serré, sans manquer de chair. Il gagnera son étoile au vieillissement. ⧗ 2016-2020 🍷 truite meunière

Jean Chartron-Dupard, 8 bis, Grande-Rue, 21190 Puligny-Montrachet, tél. 03 80 21 99 19, info@jeanchartron.com V t.l.j. 10h-12h 14h-18h; f. de fin nov. à Pâques

FRANÇOISE ET DENIS CLAIR Les Champlots 2012 ★

1er cru	900		15 à 20 €

Créé par Françoise et Denis Clair en 1986 à partir de 5 ha, ce domaine souvent en vue pour ses saint-aubin et ses santenay couvre aujourd'hui 14 ha, avec une petite activité de négoce en complément. Le fils Jean-Baptiste arrivé en 2000 assure les vinifications depuis 2011.

Ce *climat*, qui désigne une terre en pente, est réputé pour sa maturité tardive et sa minéralité. Minéralité (pierre à fusil) que l'on perçoit de bout en bout dans ce 2012 vif et dense, élégant et long, bâti pour la garde. ⧗ 2017-2024 ♆ truite grillée ■ 1er cru Les Murgers des Dents de chien 2012 (20 à 30 € ; 3 500 b.) : floral et vanillé, fin et onctueux. ⧗ 2014-2017

⊶ Françoise et Denis Clair, 14, rue de la Chapelle, 21590 Santenay, tél. 03 80 20 61 96, fdclair@orange.fr V r.-v.

BRUNO COLIN Le Charmois 2012 ★

■ 1er cru	870		20 à 30 €

Bruno Colin s'est installé en 2004 à la suite du partage du domaine familial avec son frère Philippe. Cet adepte des élevages longs exploite 8,3 ha de vignes allant des Maranges à Puligny en passant par Chassagne, son fief.

Ce *climat* en limite de l'appellation chassagne, autrefois planté de charmes, voit naître des vins souvent proches de ses voisins. Ici, un 2012 harmonieux, floral (tilleul) et finement boisé (café), très élégant, rond et long, équilibré par une acidité bien ciselée. ⧗ 2015-2021 ♆ croustillant de saumon

⊶ Dom. Bruno Colin, 3, imp. des Crêts, 21190 Chassagne-Montrachet, tél. 03 80 24 75 61, contact@domainebrunocolin.com V r.-v.

MARC COLIN ET FILS En Montceau 2012

■ 1er cru	5 000		30 à 50 €

Marc Colin et son épouse Michèle ont créé ce domaine à la fin des années 1970, à partir de 6 ha. Leurs enfants Caroline, Joseph et Damien conduisent aujourd'hui 19 ha à Saint-Aubin, Chassagne, Puligny et Santenay, et maintiennent haut la qualité des vins.

Au sein du *climat* Champlots, 3,47 ha peuvent être revendiqués en 1er cru En Montceau (du latin *monticellus*, petite colline). Les Colin y exploitent 1 ha, qui donne ce vin expressif (agrumes, fleurs, boisé), souple, alerte et équilibré. ⧗ 2014-2019 ♆ cuisses de grenouilles

⊶ Dom. Marc Colin et Fils, rue de la Chatenière, 21190 Saint-Aubin, tél. 03 80 21 30 43, marccolin@ymail.com V r.-v.

JEAN-CHARLES FAGOT 2012

■ 1er cru	600		15 à 20 €

Installé entre Chagny et Puligny-Montrachet, Jean-Charles Fagot, à la tête de 4 ha de vignes, s'est fait négociant, pour étoffer sa gamme, et restaurateur (l'*Auberge du Vieux Vigneron* et sa cuisine du terroir).

Le nez, plaisant et ouvert, mêle les agrumes, la vanille et la noisette. Le palais penche vers la vivacité, renforcée par une finale acidulée. Un vin dynamique et de bonne tenue. ⧗ 2014-2017 ♆ saumon à la plancha

⊶ Jean-Charles Fagot, 5, rue de l'Église, 21190 Corpeau, tél. 03 80 21 30 24, jeancharlesfagot@free.fr V r.-v.

JANOTSBOS En Créot 2011

■ 1er cru	1 800		15 à 20 €

Cette maison de négoce conduite par Thierry Janots, un Bourguignon issu du monde du vin, et par Richard Bos, un restaurateur néerlandais, s'est installée à Meursault en 2005 d'où elle exporte 80 % de sa production.

Le nez, engageant, mêle les fleurs blanches à la vanille et au pain grillé. Mêmes sensations en bouche, où le vin se montre rond et gourmand. ⧗ 2014-2017 ♆ volaille à la crème

⊶ JanotsBos, 2, pl. de l'Europe, 21190 Meursault, tél. 03 80 21 00 38, info@janotsbos.eu V r.-v.

DOM. LAMY-PILLOT En Créot 2012 ★★

■ 1er cru	4 000		20 à 30 €

Ce domaine de 15 ha créé en 1973 est une valeur sûre en chassagne et saint-aubin. Il est conduit depuis 1997 par les filles de René Lamy, Florence et Karine, et leurs époux Sébastien Caillat (à la vigne) et Daniel Cadot (au commercial).

Le nom de ce lieu-dit, contraction de « crais hauts », désigne une hauteur pierreuse, ce qu'atteste l'inclinaison de la vigne. 62 ares de chardonnay y donnent naissance à ce 1er cru ouvert sur d'élégantes senteurs florales, minérales et beurrées, ample, suave, rond et délicat en bouche, étayé par une fine acidité et un boisé ajusté. ⧗ 2015-2019 ♆ sandre au pain d'épice

⊶ Dom. Lamy-Pillot, 31, rte de Santenay, 21190 Chassagne-Montrachet, tél. 03 80 21 30 52, contact@lamypillot.fr V r.-v.

DOM. SYLVAIN LANGOUREAU En Remilly 2012 ★

■ 1er cru	6 300		15 à 20 €

Sylvain Langoureau (cinquième génération), régulièrement en vue pour ses saint-aubin, s'est installé en 1988 à la tête du domaine familial, dont les bâtiments datent de 1647, et qui étend ses vignes sur 10 ha.

Fidèle au rendez-vous, le domaine s'invite avec trois 1ers crus dans cette édition. En tête, ce En Remilly au nez de tilleul et de noisette, suave, gras sans lourdeur et long en bouche. ⧗ 2014-2019 ♆ vol au vent au crabe ■ 1er cru Bas de Vermarain à l'est 2012 ★ (11 100 b.) : ample et concentré. ⧗ 2014-2020 ■ 1er cru Les Frionnes 2012 (1 600 b.) : onctueux, souligné par un boisé discret. ⧗ 2014-2017

⊶ Dom. Sylvain Langoureau, 20, rue de la Fontenotte, 21190 Saint-Aubin, tél. 03 80 21 39 99, domaine.sylvain.langoureau@cegetel.net V r.-v.

DOM. LARUE Sur le sentier du Clou 2011 ★

■ 1er cru	4 000		11 à 15 €

Les frères Denis et Didier Larue ont pris la suite de leur père Guy, fondateur du domaine en 1945 à son retour de captivité. En 2012, Bruno a rejoint son père Denis sur ce vignoble de 17 ha réparti sur Saint-Aubin, Chassagne et Puligny.

Les Larue cultivent 1 ha de ce 1er cru, des ceps de soixante ans à l'origine d'un vin ouvert sur la cerise mûre et les épices, ample, concentré, très soyeux et persistant en bouche. ⧗ 2014-2020 ♆ rôti de porc aux champignons ■ 1er cru Les Cortons 2012 ★ (15 à 20 € ; 3 000 b.) : floral intense et rond. ⧗ 2016-2019

⊶ Dom. Larue, 32, rue Chatenière, 21190 Saint-Aubin, tél. 03 80 21 30 74, dom.larue@wanadoo.fr V r.-v.

DOM. PATRICK MIOLANE
Sur le sentiers du Clou 2011 ★★

1er cru | 2 000 | | 11 à 15 €

En 2007, Barbara, la cinquième génération, a rejoint son père Patrick Miolane sur les 9 ha du domaine, répartis sur Saint-Aubin, Chassagne et Puligny-Montrachet.

Un vaste *climat* (18 ha) que de nombreux producteurs ont planté en blanc, bien que son sol d'argiles brunes favorise le pinot. Ici, 60 ares à l'origine d'un vin très expressif (fruits blancs, brioche, miel), gras, onctueux, consistant et long, stimulé par la minéralité du terroir. Le coup de cœur fut mis aux voix. ⌛ 2016-2024 ¥ poularde crémée

Patrick Miolane, 2, rue des Perrières, 21190 Saint-Aubin, tél. 03 80 21 31 94 V r.-v.

♥ DOM. ANDRÉ MOINGEON ET FILS
La Chatenière 2012 ★★

1er cru | 3 000 | | 11 à 15 €

Un domaine de 10 ha sur Saint-Aubin, Blagny, Chassagne et Puligny, créé en 1983 par André Moingeon et ses deux fils Gérard et Michel. Ce dernier, désormais aux commandes, a été rejoint par son fils Florent en 2009.

« Jamais homme noble ne hait le bon vin », écrivait François Rabelais. De la noblesse, ce 1er cru n'en manque pas. Un vin bien typé aussi, qui dévoile un nez intense et élégant de fleurs blanches, d'agrumes et de silex. La bouche offre puissance et fermeté, mais aussi l'onctuosité caractéristique de l'appellation. Encore dans la fougue de sa jeunesse, mais plein de promesses. ⌛ 2017-2022 ¥ lotte aux agrumes ■ 1er cru Sur Gamay 2012 (3 000 b.) : un fruité persistant (citron, abricot) et une agréable fraîcheur. ⌛ 2014-2018

André Moingeon et Fils, 2, rue de la Fontaine, 21190 Saint-Aubin, tél. 03 80 21 93 67, contact@vins-moingeon.com V r.-v.

AGNÈS PAQUET Les Perrières 2012

1er cru | 1 800 | | 20 à 30 €

Agnès Paquet a créé son domaine en 2000 à partir d'une parcelle acquise par sa famille dans les années 1950. Installée dans les Hautes-Côtes de Beaune, elle exploite 8 ha de vignes, dont une grande partie sur Melin, hameau d'Auxey-Duresses.

Ce *climat*, une ancienne carrière de calcaire, étend ses 5,24 ha au soleil du midi. Agnès Paquet y exploite 28 ares depuis 2011, à l'origine d'un vin au nez floral, miellé et toasté, au palais souple, frais et équilibré. ⌛ 2014-2017 ¥ poisson en matelote

Agnès Paquet, 10, rue du Puits-Bouret, 21190 Meloisey, tél. 03 80 26 07 41, contact@vinpaquet.com V r.-v.

DOM. BERNARD PRUDHON Les Combes 2012 ★★

1er cru | 570 | | 15 à 20 €

Les Prudhon cultivent la vigne depuis 1860. Isabelle et Bernard, rejoints en 2011 par leur fille Élodie, sont installés depuis 1992 à la tête d'un vignoble de 8 ha.

Né sur 11 ares de ce *climat* situé au sortir de la combe de Saint-Aubin, ce 1er cru dévoile un joli nez floral (tilleul), vanillé et minéral. Élégant et long, le palais se révèle tendre, gras et ample, stimulé par une fine acidité en finale. ⌛ 2017-2020 ¥ carpaccio de saint-jacques ■ 1er cru Les Castets 2011 ★ (11 à 15 € ; 1 200 b.) : un vin ample et solide, aux tanins marqués, taillé pour la garde. ⌛ 2016-2021

Bernard Prudhon, 15, rue du Jeu-de-Quilles, 21190 Saint-Aubin, tél. 03 80 21 35 66, bernard.prudhon@orange.fr V t.l.j. 9h-12h 13h30-19h

BOURGOGNE

♥ HENRI PRUDHON ET FILS
La Chatenière 2012 ★★

1er cru | 720 | | 15 à 20 €

Une famille implantée de longue date à Saint-Aubin et une exploitation transmise depuis de nombreuses générations. Aujourd'hui, Vincent et Philippe Prudhon épaulent leur père Gérard à la tête d'un vignoble de 15 ha.

Ce Chatenière n'a qu'un défaut, sa confidentialité, les Prudhon n'exploitant que 12 ares de ce 1er cru. Une rareté renforcée par la qualité admirable de ce vin. Paré d'or pâle, le nez se révèle délicatement floral, beurré et vanillé. Le palais, ample et équilibré, très typé saint-aubin, conjugue avec élégance, onctuosité, rondeur, fermeté et fraîcheur du terroir. ⌛ 2015-2022 ¥ aumônière de saumon ■ 1er cru En Remilly 2012 ★ (1 700 b.) : un vin expressif (agrumes, acacia), raffiné et frais. ⌛ 2014-2020 ■ 1er cru Les Perrières 2012 (3 600 b.) : floral, vanillé, minéral et tendu. ⌛ 2014-2020

Henri Prudhon et Fils, 32, rue des Perrières, 21190 Saint-Aubin, tél. 03 80 21 31 33, henri-prudhon@wanadoo.fr V r.-v.

CH. DE SANTENAY En Vesvau 2012 ★★

| 24 500 | | 11 à 15 €

Ce majestueux château aux tuiles vernissées, aussi appelé « château Philippe le Hardi », fut propriété du premier duc de la grande Bourgogne (1342-1404). Aujourd'hui dans le giron du Crédit Agricole, il étend son vaste vignoble sur 97 ha et plusieurs AOC beaunoises et chalonnaises.

Un vin qui n'a rien de confidentiel, ce qui ajoute encore plus à son mérite. Au nez, de délicats parfums d'acacia et de viennoiserie. En bouche, il offre de la rondeur « sans surcharge pondérale », gardant un profil élancé grâce à une élégante fraîcheur citronnée. Il s'inscrit dans la durée. ⌛ 2014-2019 ¥ aumônière au chaource

SAS Ch. de Santenay, 1, rue du Château, 21590 Santenay, tél. 03 80 20 61 87, contact@chateau-de-santenay.com V r.-v.

DOM. GÉRARD THOMAS ET FILLES
Champ Tirant 2012 ★

| 7 900 | | 11 à 15 €

Le « et Filles » de l'étiquette concerne Isabelle et Anne-Sophie, désormais aux commandes du domaine créé par

leur père Gérard Thomas dans les années 1990. Le vignoble couvre une douzaine d'hectares en saint-aubin, principalement, et en meursault, chassagne et puligny.

Le domaine exploite une large part (1,63 ha) de ce *climat* qui allonge ses 5,92 ha à flanc de coteau. En 2012, cela donne un vin clair et brillant, complexe (fleurs blanches, fruits secs, épices, torréfié, citron), vif et rectiligne, précis et long. ⧗ 2014-2019 ⚲ terrine de poisson ■ 1er cru La Chatenière 2012 ★ (15 à 20 € ; 3 600 b.) : fougère, buis et fruits blancs au nez, rond et gras au palais. ⧗ 2014-2019

Dom. Gérard Thomas, 6, rue des Perrières, 21190 Saint-Aubin, tél. 03 80 21 32 57, domaine.gerard.thomas@orange.fr V r.-v.

SANTENAY

• Superficie : 330 ha • Production : 14 040 hl (85 % rouge)

Dominé par la montagne des Trois-Croix, le village de Santenay est devenu, grâce à sa « fontaine salée » aux eaux les plus lithinées d'Europe, une ville d'eau réputée... C'est donc un village polyvalent, puisque son terroir produit également d'excellents vins. Les Gravières, la Comme, Beauregard en sont les crus les plus connus. Comme à Chassagne, le vignoble présente la particularité d'être souvent conduit en cordon de Royat, élément qualitatif non négligeable.

ABBAYE DE SANTENAY Sous la roche 2012

■	n.c.		11 à 15 €

Géré depuis 2003 par Anne Clair, fille de Michel, et son époux, ce domaine vinifie ses cuvées dans une ancienne abbaye. Les 13 ha plantés principalement dans leur fief de Santenay sont en cours de conversion bio.

Les sols aux calcaires grisâtres filtrants de ce *climat* sont un bon terrain d'expression pour le chardonnay. Anne Clair y exploite 40 ares dont elle a extrait ce blanc ouvert sur la pomme, la poire, les fleurs blanches et la vanille. Une belle palette aromatique qui se prolonge dans une bouche équilibrée, fraîche et alerte. ⧗ 2015-2019 ⚲ sole meunière

Michel Clair et Fille, abbaye de Santenay, 2, rue de Lavau, 21590 Santenay, tél. 03 80 20 62 55, domaine-michel.clair@wanadoo.fr V t.l.j. 8h-12h 14h-18h

DOM. ALEXANDRE PÈRE ET FILS Gravières 2011

■ 1er cru	1 200		11 à 15 €

Ce domaine s'appuie sur un vignoble de 13 ha. Il réunit caves et exploitation au centre du village de Remigny, dans la plaine qui fait face aux collines de Santenay.

Au nez, des petits fruits rouges bien mûrs. En bouche, du fruit encore et une matière généreuse et souple enrobant des tanins bien présents, sans dureté. ⧗ 2016-2021 ⚲ rôti de sanglier

Dom. Alexandre Père et Fils, 1, pl. de la Mairie, 71150 Remigny, tél. 03 85 87 22 61, domalexandre@orange.fr V r.-v.

DOM. BACHEY-LEGROS Clos Rousseau Vieilles Vignes 2012 ★

■ 1er cru	6 000		20 à 30 €

Régulièrement mentionnés dans le Guide, les Bachey-Legros – Christiane et ses fils Samuel et Lénaïc – sont les cinquième et sixième générations à œuvrer sur ce domaine de 19 ha auquel s'est ajoutée une activité de négoce en 2008.

Des ceps de cinquante ans d'âge ont donné naissance à ce vin dominé par la cerise et la mûre agrémentées d'un boisé ajusté, franc et souple en attaque, ample, épicé, charnu et ferme dans son développement. Du caractère et du potentiel. ⧗ 2016-2022 ⚲ tajine de bœuf ■ *Village* Sous la roche 2012 ★ (15 à 20 € ; 3 900 b.) : un beau fruité frais (pêche) mâtiné d'un soupçon de vanille, bien équilibré, à la fois généreux, concentré et minéral. ⧗ 2014-2019

Dom. Bachey-Legros et Fils, 12, rue de la Charrière, 21590 Santenay, tél. 03 80 20 64 14, christiane.bachey-legros@wanadoo.fr V r.-v.

ARTHUR BAROLET ET FILS Les Champs Claude 2011 ★

■	2 790		15 à 20 €

Derrière cette étiquette se trouve la maison de négoce Henri de Villamont installée à Savigny-lès-Beaune depuis 1880.

« Un bon classique », concluent les dégustateurs. Ces derniers ont aimé son nez qui « pinote à souhait » (fruits rouges, noyau), comme sa bouche tout aussi fruitée, ample, élégante, structurée en finesse. ⧗ 2015-2019 ⚲ hamburger maison

Arthur Barolet, rue du Dr-Guyot, 21420 Savigny-lès-Beaune, tél. 03 80 21 50 59, contact@hdv.fr V t.l.j. sf dim. 10h-12h30 13h30-18h

JEAN-BAPTISTE BÉJOT 2012 ★

■	33 000		11 à 15 €

Maison de négoce fondée en 1891, acquise en 1954 par Roger Sauvestre, dirigée et considérablement développée par son fils Vincent à partir de 1988 autour d'achats de marques et de vignes dans toute la Bourgogne (200 ha en propre aujourd'hui), mais aussi dans la vallée du Rhône et Les Corbières (320 ha).

Le nez, intense et franc, mêle les fleurs blanches, le citron, les fruits jaunes, l'amande et le grillé de la barrique. Portée par la fraîcheur des agrumes, la bouche se montre alerte et très équilibrée. ⧗ 2014-2019 ⚲ lotte à l'américaine

Jean-Baptiste Béjot, 7, rte de Monthelie, 21190 Meursault, tél. 03 80 21 22 45, contact-france@bejot.com

JULES BELIN La Comme 2011

■ 1er cru	4 500		30 à 50 €

Cette vénérable maison de négoce fondée en 1817 et reprise en 2003 par la maison nuitonne Louis Max vinifie une vingtaine d'appellations via des achats de raisins dans la Côte de Nuits et la Côte de Beaune.

Situé en bordure de Chassagne, ce *climat* est, avec 21,6 ha, le second en surface des 1ers crus de la commune. La maison Belin y exploite 72 ares de pinot à l'origine d'un vin tout en fruits (fraise, cerise, framboise), un rien animal et floral, souple et frais, porté par de jolis tanins soyeux. ⧗ 2014-2018 ⚲ brie de Meaux

Jules Belin, 6, rue de Chaux, 21700 Nuits-Saint-Georges, tél. 03 80 62 43 00 r.-v.

DOM. BONNARDOT Clos Rousseau 2012 ★

1er cru	600		15 à 20 €

Installé en 2006 sur 40 ares, Ludovic Bonnardot, jeune vigneron originaire des Hautes-Côtes de Beaune, s'est associé en 2012 avec ses frères et ses parents, jusqu'alors en coopérative. Le vignoble s'étend désormais sur 15,5 ha cultivés dans un « esprit bio ».

Le « petit » Clos Rousseau affiche 7,9 ha, le Grand Clos le double. Les Bonnardot cultivent 20 ares du premier, dont ils extraient un vin expressif (cerise burlat, mûre, cannelle, grillé) dès l'olfaction; ample, ferme et long en bouche, encore jeune mais prometteur. 2016-2020 sandre au vin rouge *Village* 2012 ★ (1 800 b.) : de la fraîcheur, des tanins vifs et francs, une bonne longueur pour ce santenay qui vieillira bien aussi. 2016-2020

Ludovic et Émilien Bonnardot, 27, Grande-Rue, 21250 Bonnencontre, tél. 03 80 36 31 60, ludovic-bonnardot@orange.fr V r.-v.

PHILIPPE BOUCHARD 2012 ★

	3 495		11 à 15 €

Cette marque destinée à la grande distribution en France et à l'étranger appartient à la maison de négoce Corton André, conduite par Benoît Goujon, directeur, et Ludivine Griveau, œnologue maison.

Ce 2012 dévoile un joli nez d'agrumes (pamplemousse, citron), de pomme et de fleurs blanches souligné par un bon boisé aux tonalités de pain grillé. En bouche, il se montre intense et équilibré, mariant gras et fraîcheur sans fausse note, et déploie une longue finale sur les épices. 2015-2019 turbot grillé

Philippe Bouchard, BP 10, 21420 Aloxe-Corton, tél. 03 80 25 00 00, contact@philippe-bouchard.com
André Corton

MARC BOUTHENET Clos Rousseau 2011 ★

1er cru	1 600		11 à 15 €

Marc Bouthenet exploite depuis 1988 ce domaine familial de 21 ha, ce qui est loin d'être négligeable à l'échelle bourguignonne. Son fils Antoine Bouthenet, arrivé en 2009, compte développer la vente en bouteilles grâce à un nouveau caveau installé à Mercey, hameau de Cheilly-lès-Maranges.

Ce 2011 libère un joli bouquet de fruits rouges agrémenté du torréfié de la barrique. En bouche, il se montre puissant et corpulent, sous-tendu par une fine vivacité qui lui confère un surcroît de vigueur, de la longueur et une belle tenue à la garde. 2017-2021 civet de sanglier aux marrons

Dom. Marc Bouthenet, 11, rue Saint-Louis, Mercey, 71150 Cheilly-lès-Maranges, tél. 03 85 91 16 51, earlmarcbouthenet@orange.fr V t.l.j. sf dim. 8h-12h30 14h-19h

CAPUANO-FERRERI Vieilles Vignes 2012 ★★

	n.c.		11 à 15 €

Associé à l'ancien footballeur Jean-Marc Ferreri, John Capuano – dont le père Gino a créé en 1987 ce domaine implanté à Santenay – exploite 12 ha de parcelles s'égrenant de Beaune à Mercurey. Très régulier en qualité.

Cette cuvée, qui a concouru pour le coup de cœur, dévoile de fines senteurs de fruits rouges mûrs, que relaie une bouche fraîche et consistante aux tanins bien présents mais soyeux. Un santenay de bonne constitution. 2016-2020 canard aux pousses de bambou 1er cru La Comme 2012 (15 à 20 €) : un vin fruité (myrtille, cassis), à la fois rond, charnu et bien structuré. 2016-2020

EARL Dom. Capuano-Ferreri, 14, rue Chauchien, 21590 Santenay, tél. 03 80 20 68 04, john.capuano@wanadoo.fr V r.-v.

DOM. CHAPELLE ET FILS Les Gravières 2011 ★

1er cru	3 400		15 à 20 €

Domaine dans la famille Chapelle depuis 1893. Installé en 1991, Jean-François Chapelle conduit un vignoble de 19,7 ha (en bio certifié depuis 2009), du nord au sud de la Côte de Beaune, de Santenay à Aloxe-Corton, complété en 2002 par une activité de négoce.

Belle réussite pour ce domaine sur ses terres. En tête, ce Gravières développe un nez franc de fruits rouges relayé par une bouche puissante, longue et équilibrée, adossée à des tanins de qualité taillés pour la garde. 2017-2021 pigeon aux petits pois *Village* Clos des Cornières 2011 (11 à 15 €; 9 650 b.) : du fruit à l'olfaction, complété de notes balsamiques dans un palais souple et rond. 2014-2018 *Village* Saint-Jean 2012 (1 880 b.) : un vin floral, soutenu par un boisé fondu et par une fine vivacité aux tonalités acidulées en finale. 2014-2018

Dom. Chapelle, SCEA Philippe Chapelle et Fils, 2, rue des Petits-Sentiers, 21590 Santenay, tél. 03 80 20 60 09, contact@domainechapelle.com V t.l.j. sf dim. 9h-12h 14h-17h

DOM. MAURICE CHARLEUX ET FILS 2012

	1 830		11 à 15 €

Un domaine de 60 ares au temps de Ferdinand Charleux, en 1894, 10 ha aujourd'hui, en maranges et en santenay. Maurice, figure des Maranges, ayant pris sa retraite en 2008, Vincent, l'aîné de ses trois fils, qui travaille depuis 1999 sur l'exploitation, l'a relayé.

Cette cuvée née de ceps de quarante ans d'âge s'ouvre sur des notes soutenues de coing. Ronde, charnue, bien concentrée, la bouche trouve l'équilibre autour d'une fine acidité, plus sensible en finale. 2014-2018 gratin de fruits de mer

Maurice Charleux et Fils, 1, Petite-Rue, 71150 Dezize-lès-Maranges, tél. 03 85 91 15 15, domaine.charleux@wanadoo.fr V r.-v.

CH. DE LA CHARRIÈRE Les Gravières 2012

1er cru	2 400		15 à 20 €

Avec l'acquisition en 2004 de ce château, domaine familial situé dans le hameau de Santenay-le-Haut, Yves Girardin est à la tête d'un vignoble de 22,5 ha. Il en possédait trois à ses débuts en 1975.

Le domaine possède une parcelle de 39 ares sur ce *climat*, le plus grand des 1ers crus de Santenay (29 ha), le plus réputé aussi. Yves Girardin en signe une version fruitée (fraise, notamment), chaleureuse, solidement charpentée, de bonne longueur, qui demande à se fondre. 2017-2021 hure de sanglier

Dom. Yves Girardin, 1, rte de Dezize-lès-Maranges, 21590 Santenay, tél. 03 80 20 64 36, yves.girardin.domaine@orange.fr V r.-v.

FRANÇOISE ET DENIS CLAIR Clos Genet 2012 ★

■	4 000	◖◗	11 à 15 €

Créé par Françoise et Denis Clair en 1986 à partir de 5 ha, ce domaine souvent en vue pour ses saint-aubin et ses santenay couvre aujourd'hui 14 ha, avec une petite activité de négoce en complément. Le fils Jean-Baptiste arrivé en 2000 assure les vinifications depuis 2011.

La famille Clair possède 1,2 ha des 8,2 ha que compte ce clos attenant à leur maison. Le nez libère d'intenses parfums de fruits rouges. La bouche se révèle charnue, ronde et bien soutenue par des tanins fins et un bon boisé torréfié. Un santenay harmonieux, à la fois puissant et élégant. ⧗ 2016-2020 ▼ matelote d'anguilles au vin rouge ■ 1er cru Clos de la Comme 2012 (20 à 30 € ; 2 500 b.) : un nez de cassis, d'épices douces, relayé par un palais frais, souple, de bonne longueur. ⧗ 2015-2019 ■ 1er cru Clos de Tavannes 2012 (20 à 30 € ; 4 000 b.) : un vin aux « épaules carrées » mais sans manquer de chair, bâti pour bien évoluer. ⧗ 2017-2022

⊶ Françoise et Denis Clair, 14, rue de la Chapelle, 21590 Santenay, tél. 03 80 20 61 96, fdclair@orange.fr V r.-v.

BRUNO COLIN Les Gravières 2011 ★

■ 1er cru	1 500	◖◗	20 à 30 €

Bruno Colin s'est installé en 2004 à la suite du partage du domaine familial avec son frère Philippe. Cet adepte des élevages longs exploite 8,3 ha de vignes allant des Maranges à Puligny en passant par Chassagne, son fief.

Nées d'un sol riche en sables et galets venus du cône de déjection de Saint-Aubin, ces Gravières proposent à l'olfaction des notes intenses et bien mariées de torréfaction et de fruits rouges mûrs que prolonge avec la même intensité un palais ample, puissant et gras. Du tempérament et du potentiel. ⧗ 2017-2022 ▼ tajine d'agneau aux fruits secs

⊶ Dom. Bruno Colin, 3, imp. des Crêts, 21190 Chassagne-Montrachet, tél. 03 80 24 75 61, contact@domainebrunocolin.com V r.-v.

MARC COLIN ET SES FILS
Les Champs Claude Vieilles Vignes 2012

■	3 000	◖◗	30 à 50 €

Marc Colin et son épouse Michèle ont créé ce domaine à la fin des années 1970, à partir de 6 ha. Leurs enfants Caroline, Joseph et Damien conduisent aujourd'hui 19 ha à Saint-Aubin, Chassagne, Puligny et Santenay, et maintiennent haut la qualité des vins.

Situé dans le bas de Santenay, ce *climat* partage son nom avec son voisin de Chassagne. Les Colin y cultivent une parcelle de 33 ares à l'origine d'un vin fruité mûr (fraise, framboise), frais et solide sans dureté. ⧗ 2015-2020 ▼ cailles aux airelles

⊶ Dom. Marc Colin et Fils, rue de la Chatenière, 21190 Saint-Aubin, tél. 03 80 21 30 43, marccolin@ymail.com V r.-v.

CORON PÈRE ET FILS 2011

■	4 000	◖◗	20 à 30 €

Cette maison de négoce fondée en 1898 par Claude Coron et ses deux fils est passée sous la gouvernance de la maison Louis Max en 2003. Elle propose une trentaine d'appellations de toute la Côte-d'Or.

Au nez, de la cerise et de la framboise rehaussées d'épices. En bouche, du fruit toujours, de la souplesse, des tanins fins enrobés d'une chair tendre et ronde. Un santenay friand et léger. ⧗ 2014-2018 ▼ poulet fermier

⊶ Coron Père et Fils, 6, rue de Chaux, 21700 Nuits-Saint-Georges, tél. 03 80 62 43 00 r.-v.

CH. DE LA CRÉE Gravières 2011 ★

■ 1er cru	5 951	◖◗	15 à 20 €

Homme de théâtre et de télévision d'origine suisse, Nicolas Ryhiner a repris ce domaine en 2004, avec son épouse Béatrice : de 1,4 ha à leur arrivée, le vignoble a été porté à 10 ha aujourd'hui répartis dans sept communes de la Côte de Beaune.

Belle réussite pour Aline Beauné, à la cave, et Nicolas Perrault, à la vigne, avec le millésime 2011. Ce 1er cru séduit d'emblée par ses arômes intenses de fleurs blanches et de fruits jaunes agrémentés d'une touche grillée et vanillée. Le charme continue d'opérer en bouche, où le vin se montre très équilibré, offrant du gras, de la fraîcheur et un fruité croquant. ⧗ 2015-2019 ▼ quenelles de brochet ■ Clos de la Confrérie Monopole 2011 ★ (11 à 15 € ; 6 433 b.) : fruité et animal au nez, intense, ample, épicé et charpenté en bouche. ⧗ 2017-2022 ■ Clos du Château Monopole 2011 (11 à 15 € ; 5 037 b.) : un vin plaisant, dans un registre plus souple et léger que le précédent. ⧗ 2015-2018

⊶ Ch. de la Crée, 11, rue Gaudin, 21590 Santenay, tél. 03 80 20 63 36, la.cree@orange.fr V t.l.j. 9h-12h 14h-17h30; sam. dim. sur r.-v. ⊶ Nicolas Ryhiner

JACQUES GIRARDIN
Les Terrasses de Bievaux 2012 ★

■	11 000	◖◗	11 à 15 €

Le jeune Justin Girardin a rejoint en 2013 ses parents sur le domaine familial établi à Santenay-Le-Haut, et créé dans la foulée une activité de négoce pour compléter la gamme.

La maison exploite 2 ha sur ce *climat* planté en terrasses conçues pour dompter la pente. Elle propose un santenay harmonieux de bout en bout : nez riche et intense de fleurs blanches, de fruits blancs mûrs, de coing et de vanille ; bouche ronde, charnue et fraîche à la fois, qui s'achève sur une belle note acidulée. ⧗ 2014-2019 ▼ poulet au citron

⊶ SAS Justin Girardin, 13, rue de Narosse, 21590 Santenay, tél. 03 80 20 60 12, jacques.girardin@wanadoo.fr V r.-v.

VINCENT GIRARDIN Clos de Tavannes 2011 ★

■ 1er cru	5 500	◖◗	20 à 30 €

Une maison de grande qualité créée en 1992 par Véronique et Vincent Girardin, cédée en 2012 à leur partenaire historique la Compagnie des Vins d'Autrefois, et dirigée par Jean-Pierre Nié. Les équipes techniques et commerciales sont restées les mêmes, et les vins sont toujours vinifiés à Meursault.

Ce 1er cru bordant l'appellation voisine chassagne tient son nom de la famille de Saulx Tavannes, qui eut un temps la possession de la seigneurie laïque de Chambolle-Musigny. Éric Germain, l'œnologue maison, en extrait un vin au nez frais, floral et brioché, au palais à la fois dynamique, fin et charnu, fruité (agrumes), minéral et salin. ⧗ 2015-2020

🍴 vol-au-vent aux fruits de mer ■ 1er cru Le Beauregard 2011 ★ (5 000 b.) : un vin puissant, tannique, corsé, bâti pour durer. ⧗ 2017-2022

SAS Vincent Girardin, ZA Les Champs-Lins, 21190 Meursault, tél. 03 80 20 81 00, vincent.girardin@vincentgirardin.com V par correspondance

JAFFELIN Passetemps 2012

■ 1er cru | n.c. | | 20 à 30 €

Cette maison de négoce-élevage implantée à Beaune depuis 1816 appartient à la galaxie des vins Boisset. Elle conserve son autonomie d'achat avec Marinette Garnier à sa tête, une jeune œnologue qui a pris la suite de Prune Amiot en 2011.

Les 30 % de fûts neufs ont marqué de leur empreinte vanillée et épicée le bouquet de ce 2012. Suivent en bouche des notes généreuses d'abricot et de pêche mûrs sous-tendues par une belle vivacité qui vient dynamiser cet ensemble déjà appétant. ⧗ 2014-2017 🍴 turbot poché à la vanille

Maison Jaffelin, 2, rue Paradis, 21200 Beaune, tél. 03 80 22 12 49, jaffelin@maisonjaffelin.com V r.-v.

PHILIPPE JEANNOT Vieilles Vignes 2012 ★

■ | 3 000 | | 8 à 11 €

Fondé en 1997 par Valérie et Philippe Jeannot, rejoints en 2014 par leur fils Quentin, ce domaine établi dans le Couchois compte 9 ha de vignes disséminés entre Pommard et les Maranges. Il propose de nombreuses références en santenay et en maranges.

Dès le premier nez, du fruit rouge mûr à profusion : ce santenay « pinote » à souhait. Mêmes sensations fruitées en bouche, où le vin se montre consistant et soyeux, et étayé par des tanins fins et veloutés. ⧗ 2015-2019 🍴 œufs en meurette

EARL Philippe Jeannot, 21, rue de Saint-Léger, 71510 Saint-Sernin-du-Plain, tél. 06 21 60 51 73, domaine.jeannot@gmail.com V r.-v.

MESTRE PÈRE ET FILS Beaurepaire 2012 ★

■ 1er cru | 3 400 | | 20 à 30 €

Une famille de viticulteurs depuis 1887 et cinq générations. Des Maranges à Ladoix en passant par Chassagne et Aloxe, les frères Mestre (Gilbert, Gérard et Michel) exploitent un vignoble de 18 ha.

Élégant et ouvert, le nez mêle les agrumes à de fines nuances minérales et boisées. On retrouve les agrumes accompagnés de la pêche compotée et des épices dans un palais rond, gras et généreux, égayé par une pointe de vivacité en finale. ⧗ 2014-2019 🍴 croustillant de saumon

Mestre Père et Fils, 12, pl. du Jet-d'Eau, 21590 Santenay, tél. 03 80 20 60 11, gilbert.mestre@wanadoo.fr V t.l.j. sf dim. 10h-18h

DOM. EDMOND MONNOT ET FILS Le Chainey 2011

■ | 2 000 | | 11 à 15 €

Installé en 2000, Stéphane Monnot représente la troisième génération sur ce domaine des Maranges d'environ 15 ha créé en 1928. L'installation d'une cuverie moderne permet un travail du raisin par gravité.

Situé au-dessus des 1ers crus côté Maranges, ce *climat* ne connaît que la pente. Le domaine y cultive une parcelle de 30 ares à l'origine d'un vin floral, beurré et vanillé au nez, souple, généreux et rond en bouche. ⧗ 2014-2018 🍴 couscous de poisson

Dom. Edmond Monnot et Fils, 11, rue de Borgy, 71150 Dezize-lès-Maranges, tél. 03 85 91 16 12, domaine.monnotetfils@free.fr V r.-v.

♥ DAVID MOREAU Cuvée S 2011 ★★

■ | 3 600 | | 20 à 30 €

David Moreau s'est installé en 2009 à la tête des 5 ha plantés par ses grands-parents. Ce jeune vigneron avoue être plus interventionniste à la vigne qu'à la cave. Il a lui-même greffé les sélections massales de ses vignes où il pratique aussi labour et enherbement.

Après une étoile obtenue dans deux éditions précédentes, pour le millésime 2009 en blanc et en rouge, David Moreau franchit un palier avec ce santenay 2011 né de la première vigne plantée par son grand-père sur une parcelle située sur le *climat* Les Cornières. Fruits rouges confiturés, une touche animale, un beau boisé grillé, le nez est fort engageant et harmonieux. Un même fruité intense et généreux tapisse une bouche ample, concentrée, charnue, veloutée, aux tanins fins et policés. Déjà très avenant, ce santenay vieillira bien. ⧗ 2016-2020 🍴 rôti de veau aux girolles ■ 1er cru Clos des Mouches 2011 ★ (30 à 50 € ; 3 600 b.) : un vin puissant, solide, boisé, pas encore fondu mais très prometteur. ⧗ 2017-2021 ■ 1er cru Clos Rousseau 2011 (2 100 b.) : plus souple que les précédents, il reste bien structuré, offrant une bonne mâche et de la fraîcheur. ⧗ 2016-2019

David Moreau, 2, rue de la Bussière, 21590 Santenay, tél. 06 85 96 30 28, contact@bourgogne-david-moreau.com V r.-v.

LUCIEN MUZARD ET FILS Clos des Mouches 2011 ★★

■ 1er cru | n.c. | | 20 à 30 €

Domaine de 16 ha fondé à partir de 1965 par le Santenois Lucien Muzard, récemment disparu. Ses fils Hervé et Claude Muzard, vignerons et négociants, ont pris la relève en 1997, avec brio : leurs vins, notamment leurs santenay, collectionnent les étoiles du Guide.

Le millésime 2011 a souri aux Muzard. En tête, ce Clos des Mouches issu de leur négoce a concouru pour le coup de cœur. Au nez, des parfums soutenus de confiture de fruits rouges et de fougère. En bouche, du fruit toujours, de la souplesse, du volume et des tanins soyeux et caressants qui portent loin la finale. Déjà charmeur en diable, il vieillira bien. ⧗ 2015-2020 🍴 magret de canard ■ *Village* Champs Claude 2012 ★ : fleurs blanches et grillé au nez, délicat, souple, frais et long en bouche. ⧗ 2016-2019 ■ *Village* Vieilles Vignes 2012 (15 à 20 €) : cité pour son équilibre entre tanins et vivacité, et pour sa jolie finale épicée. ⧗ 2017-2020

Lucien Muzard et Fils, 1, rue de la Chapelle, 21590 Santenay, tél. 03 80 20 61 85, lucienmuzard21@gmail.com V r.-v

NICOLAS PÈRE ET FILS
Les Charmes Dessous Élevé en fût de chêne 2011

■ | 2 000 | | 11 à 15 €

Un domaine familial de 17 ha établi sur les hauteurs de Nolay, dans les hautes Côtes beaunoises, et conduit depuis 1987 par Alain Nicolas.

Ce *climat* passe en appellation *village* dans sa partie basse. Alain Nicolas y cultive 31 ares de pinot noir à l'origine d'un vin au charme fruité (cassis et sa feuille, cerise), au nez comme en bouche, soutenu par un boisé fondu et par des tanins au grain fin et serré. ⌛ 2015-2019 🍴 steak au poivre vert

Dom. Nicolas Père et Fils, 38, rte de Cirey, 21340 Nolay, tél. 03 80 21 82 92, nicolas-alain2@wanadoo.fr V t.l.j. 8h-12h 13h30-19h

DOM. CLAUDE NOUVEAU
Les Charmes Dessus 2011

■ | 5 600 | | 11 à 15 €

Souvent en vue pour ses maranges et ses santenay, ce domaine établi dans le hameau de Marchezeuil, dans les hautes Côtes de Beaune, étend son vignoble sur 14 ha. En 2010, Claude Nouveau en a confié les rênes à son gendre Stéphane Ponsard.

Ce 2011 offre un nez de bonne complexité mêlant les fruits rouges, la pivoine, les épices et le sous-bois. La bouche est harmonieuse, fraîche, fruitée et solidement charpentée. ⌛ 2016-2020 🍴 bœuf bourguignon

Dom. Claude Nouveau, Marchezeuil, 21340 Change, tél. 03 85 91 13 34, domaine@claudenouveau.com V r.-v.

DOM. OLIVIER Le Biévaux L'Air de rien 2011 ★

■ | 9 000 | | 15 à 20 €

Ce domaine familial (11 ha en bio sans certification) créé dans les années 1960 s'est spécialisé dans l'élaboration des vins blancs, sans négliger les rouges pour autant. Il a développé en 2005 une activité de négociant-éleveur pour compléter son offre.

Le Biévaux: un *climat* des hauteurs, situé entre 300 et 400 m d'altitude, où il a fallu installer les vignes en terrasses, celles-ci résistant à l'érosion de ce sol en forte pente. L'air de rien, ce vin ? Nullement, tout sauf insignifiant. Au nez, une belle intensité autour d'un boisé racé, des épices, de l'abricot sec et des fleurs blanches. En bouche, du fruit et des épices, de la fraîcheur et de la consistance. Bref, un vin complet et complexe, déjà harmonieux et armé aussi pour la cave. ⌛ 2015-2019 🍴 langouste flambée au cognac

Dom. Olivier, 5, rue Gaudin, 21590 Santenay, tél. 03 80 20 61 35, domaineolivier@orange.fr V r.-v.

DOM. PRIEUR-BRUNET Maladière 2011 ★

■ 1er cru | 16 000 | | 15 à 20 €

En 1804, les frères Claude et Jean Prieur acquièrent le château Perruchot à Santenay, devenu Prieur-Brunet en 1955. Leurs descendants Dominique Prieur-Uny et son fils Guillaume exploitent aujourd'hui un vignoble de 20 ha en Côte de Beaune, auquel est adossée une maison de négoce.

Situé au-dessus du centre thermal de Santenay, ce *climat* exposé au sud tire son nom de « maladrerie », un lieu privilégié pour les curistes venant y prendre le soleil. Un soleil que les raisins de pinot noir ont également apprécié, pour donner naissance à ce 1er cru ample, souple et soyeux, persistant sur les petits fruits bien mûrs mâtinés de réglisse et de chocolat. ⌛ 2016-2021 🍴 cailles rôties ■ 1er cru Clos Faubard Hommage à Guy Prieur 2011 ★ (20 à 30 €; 600 b.): attention... rareté. Un blanc tiré à 600 exemplaires, né d'un terroir réputé. Un vin expressif (beurre frais, fruits secs, pêche, agrumes), fin, rond, tendre, très gourmand. ⌛ 2015-2019 ■ Maison G. Prieur 1er cru Comme 2011 (1 500 b.): chaleureux au nez (cerise à l'eau-de-vie), plus vif en bouche, dense, soutenu par une trame serrée. ⌛ 2017-2020

Dom. Prieur-Brunet, rue de Narosse, 21590 Santenay, tél. 03 80 20 60 56, uny-prieur@prieur-santenay.com V r.-v.

Dominique Prieur

DOM. CHRISTIAN REGNARD 2012

■ | 2 100 | | 11 à 15 €

En 2010, Florian Regnard a rejoint son père Christian sur le domaine familial situé à Sampigny, l'un des trois villages de l'AOC maranges. Parcelle après parcelle, il agrandit le vignoble (9 ha aujourd'hui) et fait bouger les lignes en matière de vinification.

Cette cuvée est issue d'une parcelle très pentue, étagée autour de 400 m d'altitude, dont le sol calcaire engendre des vins sur la finesse. Grâce à quoi, ce jeune vigneron signe un santenay harmonieux, joliment fruité et épicé, rond, de bonne consistance et doté de tanins souples. ⌛ 2014-2018 🍴 fricassée de lapin

Christian Regnard, 9, rue Saint-Antoine, 71150 Sampigny-lès-Maranges, tél. 03 85 91 10 43, florian.regnard@hotmail.fr V r.-v.

JEAN-CLAUDE REGNAUDOT ET FILS
Clos Rousseau 2012 ★

■ 1er cru | 600 | | 11 à 15 €

Installés au cœur du village de Dezize, Jean-Claude et Didier Regnaudot cultivent avec talent 6,5 ha de vignes entre les Maranges et Santenay. Leurs vins parlent pour eux : le domaine a plusieurs coups de cœur à son actif.

Clos Rousseau côté Santenay, Clos Roussots côté Maranges, un même *climat*, deux orthographes et deux appellations, ou un aperçu de la complexité (et du charme) de la Bourgogne viticole... Du charme et de la complexité aussi dans ce vin mêlant la griotte, la violette, les épices et la vanille, et offrant une belle évolution en bouche autour de la fraîcheur, de tanins solides et d'un merrain ajusté. De bonne garde, assurément. ⌛ 2017-2024 🍴 perdrix au chou ■ *Village* 2012 ★ (600 b.): intensément fruité, charpenté et concentré. ⌛ 2017-2020

Jean-Claude Regnaudot et Fils, 6, Grande-Rue, 71150 Dezize-lès-Maranges, tél. 03 85 91 15 95, regnaudot.jc-et-fils@orange.fr V r.-v.

MAISON ROCHE DE BELLÈNE
Clos de la Comme Dessus 2011

■ | 1 800 | | 20 à 30 €

Maison de négoce fondée en 2008 par Nicolas Potel spécialisée dans les cuvées haut de gamme de la

Côte-d'Or et de la Côte chalonnaise – essentiellement des 1ers crus et grands crus, en quantités limitées.

Un nez de fruits exotiques (ananas), de miel, de fruits secs et de fleur d'acacia ouvre la dégustation. Ronde et généreuse, la bouche s'équilibre autour d'une fraîcheur minérale et citronnée qui lui confère du tonus et une belle longueur. ⌛ 2014-2017 🍴 sole au beurre blanc

🔑 Maison Roche de Bellène,
39, rue du Faubourg-Saint-Nicolas, 21200 Beaune,
tél. 03 80 20 67 64, christelle@
maisonrochedebellene.com V r.-v.

SORINE ET FILS En Charron 2012 ★

■	2 400	◖◗	11 à 15 €

Originaires de Santenay, les Sorine font du vin depuis 1929. Christian s'installe en 1990 à la tête des 12 ha familiaux, puis est rejoint en 2009 par son épouse Emma, enseignante formée à l'œnologie. Ils ont aussi développé une petite activité de négoce pour élargir leur gamme.

Ce *village* met en lumière la partie blanche de l'appellation, qui couvre 37 ha, soit quelque 10 % de l'ensemble. Parfums de chèvrefeuille et d'acacia composent un joli bouquet floral auquel s'associent des notes de fruits exotiques, de beurre et de grillé. Le palais se révèle ample et long, penchant vers la vivacité, sans manquer toutefois de gras ni de rondeur. Un santenay équilibré, qui vieillira bien. ⌛ 2016-2020 🍴 lotte sauce hollandaise

🔑 Sorine et Fils, 1, pl. de la Poste,
71150 Cheilly-lès-Maranges, tél. 03 85 87 18 07,
christian.sorine@orange.fr V r.-v.

♥ **CHRISTIAN VERGIER** Gravières Eros 2011 ★★

■ 1er cru	20 000	◖◗	20 à 30 €

Christian Vergier, ancien ouvrier agricole, aujourd'hui consultant international en spiritueux et conférencier, a créé son domaine en 2008 à partir de 50 ares, qu'il étend petit à petit (7 ha aujourd'hui) et qu'il complète par une activité de négoce.

Issu de la partie négoce, ce 1er cru s'ouvre timidement sur des parfums de cassis et de cerise noire qui prennent plus d'ampleur à l'aération. Plus prolixe, sur les mêmes arômes fruités, et très harmonieuse, la bouche s'appuie sur une vivacité bien sentie et sur des tanins d'une réelle finesse qui poussent loin une finale épicée et réglissée. ⌛ 2015-2019 🍴 lapin à la crapaudine ■ 1er cru Gravières 2011 (30 à 50 € ; 4 200 b.) : un joli vin floral et beurré, souple et frais, sans manquer de gras ni de rondeur. ⌛ 2014-2017

🔑 Christian Vergier, Vintage Tradition,
6, chem. des Curtils, 21190 Ébaty, tél. 06 80 23 62 82,
vintagetradition@orange.fr

DOM. DU VIEUX PRESSOIR 2012

■	1 500	◖◗	8 à 11 €

Éric Duchemin s'est installé en 1978 à Sampigny-lès-Maranges sur un domaine de 9 ha aujourd'hui (maranges, santenay et hautes-côtes-de-beaune), qui tire son nom d'un énorme pressoir du XVIIes. utilisé jusqu'en 1939.

Au nez, quelques nuances musquées accompagnent les petits fruits et un boisé fondu. En bouche, le vin se montre puissant et concentré, solidement bâti sur des tanins encore austères que le temps domestiquera. ⌛ 2017-2021 🍴 croustillant de caille

🔑 Éric Duchemin, Dom. du Vieux Pressoir,
16, Grande-Rue, 71150 Sampigny-lès-Maranges,
tél. 03 85 91 12 71, domaine.vieux.pressoir@wanadoo.fr
V r.-v.

MARANGES

• Superficie : 170 ha • Production : 7 450 hl (95 % rouge)

Situé en Saône-et-Loire, à l'extrémité sud de la Côte de Beaune, le vignoble des Maranges regroupe les trois communes de Chailly, Dezize et Sampigny-lès-Maranges qui avaient leur propre appellation jusqu'en 1989. Il comporte six 1ers crus. Les vins rouges ont droit également à l'AOC côte-de-beaune-villages. Fruités, corpulents et charpentés, ils peuvent vieillir de cinq à dix ans.

DOM. BERTRAND BACHELET 2012

■	3 250	🍾 ◖◗	11 à 15 €

Fils de Jean-Louis et petit-fils de Bernard Bachelet, des vignerons établis à Dezize-lès-Maranges bien avant la naissance de l'appellation maranges en 1988, Bertrand Bachelet a repris, en 2011, le domaine familial, qui compte 11 ha.

Pour son deuxième millésime, Bertrand Bachelet obtient une citation. Elle distingue une cuvée en AOC *village* – niveau qui représente en surface la moitié de l'appellation. Robe de velours grenat sombre, parfums discrets mais fins de fraise des bois. Après une attaque ronde, gourmande et fruitée, des tanins d'une « jolie rusticité » se font jour : bref, un maranges bien typé. ⌛ 2015-2018 🍴 côte de veau forestière

🔑 Bertrand Bachelet, rue des Maranges,
71150 Dezize-lès-Maranges, tél. 03 85 47 73 81,
domainebertrandbachelet@orange.fr V r.-v.

DOM. VINCENT BACHELET La Fussière 2012 ★

■ 1er cru	7 000	◖◗	11 à 15 €

Originaire d'une vieille famille vigneronne des Maranges (il est fils de Bernard Bachelet), Vincent Bachelet a travaillé avec ses frères avant de s'installer, en 2008, à Chassagne-Montrachet, dans les anciens chais du négociant de Marcilly. Il exploite 14 ha, essentiellement dans la Côte de Beaune.

Le plus vaste des sept 1ers crus de l'appellation (40 ha) a donné ici naissance à un vin grenat foncé, au nez de cerise nuancé d'une touche d'humus. On retrouve la cerise du pinot au sein d'une matière puissante, équilibrée et longue. Une bouteille de garde. ⌛ 2017-2020 🍴 filet de bœuf sauce au poivre vert ■ La Fussière 1er cru 2012 ★ (2 400 b.) : un vin bien construit, tendu, aux arômes de fruits jaunes. L'élevage lui a légué un boisé élégant au nez et du volume en bouche. ⌛ 2015-2017

🔑 Vincent Bachelet, 27, rte de Santenay,
21190 Chassagne-Montrachet, tél. 03 80 21 37 27,
bachelet.vincent1@wanadoo.fr V r.-v.

DOM. DU BEAUREGARD Les Clos Roussots 2012

1er cru | 1 000 | 11 à 15 €

Installés dans une commune du Couchois, Michel Dépernon et son fils Jérôme exploitent en agriculture raisonnée le domaine appartenant à leur famille depuis cinq générations. Le vignoble couvre 14 ha et produit des AOC régionales, du maranges et du santenay.

Un peu de tabac au premier nez, et bien vite un beau parfum de pinot noir – cerise et griotte. Dès l'attaque, on retrouve le fruit frais (cerise encore, et framboise), qui persiste et signe jusqu'en fin de bouche. Un ensemble flatteur, un peu plus tannique en finale. ⧗ 2015-2017 ▼ rôti de porc aux patates douces

Dom. du Beauregard, 9, rue de Mercey, 71510 Saint-Sernin-du-Plain, tél. 03 85 45 55 17, domaine-du-beauregard@orange.fr V r.-v.

DOM. JEAN-FRANÇOIS BOUTHENET Côte de Beaune Sur le chêne 2012 ★

1 350 | 8 à 11 €

Jean-François Bouthenet est établi à Cheilly-lès-Maranges, dans le hameau de Mercey qui domine la vallée de la Dheune, vers le Couchois. À la tête de 10 ha de vignes, il fut l'un des premiers à proposer du maranges blanc.

Situé sur un plateau entre Santenay et Cheilly-lès-Maranges, ce *climat* a donné vie à un 2012 au nez de cerise relevé d'épices. La mise en bouche dévoile une structure aux tanins marqués mais nobles. ⧗ 2015-2018 ▼ coq au maranges ■ Sur le chêne 2012 (2 680 b.) : nez de fleurs blanches et de tilleul, attaque tendue, palais concentré, sur la pêche et le citron. ⧗ 2015-2017

Dom. Jean-François Bouthenet, 4, rue du Four, 71150 Cheilly-lès-Maranges, tél. 03 85 91 14 29, bouthenetjf@free.fr V r.-v.

DOM. MARC BOUTHENET Clos des Loyères 2011 ★

1er cru | 700 | 8 à 11 €

Marc Bouthenet exploite depuis 1988 ce domaine familial de 21 ha, ce qui est loin d'être négligeable à l'échelle bourguignonne. Son fils Antoine Bouthenet, arrivé en 2009, compte développer la vente en bouteilles grâce à un nouveau caveau installé à Mercey, hameau de Cheilly-lès-Maranges.

Un nez expressif, ouvert sur les petits fruits rouges. L'attaque ronde et généreuse, où l'on retrouve les petits fruits légèrement confits, dévoile une chair savoureuse, aux tanins souples mais sans mollesse. Un vin bientôt prêt et susceptible d'une petite garde. ⧗ 2015-2017 ▼ jarret de porc aux choux

Dom. Marc Bouthenet, 11, rue Saint-Louis, Mercey, 71150 Cheilly-lès-Maranges, tél. 03 85 91 16 51, earlmarcbouthenet@orange.fr V t.l.j. sf dim. 8h-12h30 14h-19h

DOM. MAURICE CHARLEUX ET FILS La Fussière 2012 ★

1er cru | 1 900 | 11 à 15 €

Un domaine de 60 ares au temps de Ferdinand Charleux, en 1894, 10 ha aujourd'hui, en maranges et en santenay. Maurice, figure des Maranges, ayant pris sa retraite en 2008, Vincent, l'aîné de ses trois fils, qui travaille depuis 1999 sur l'exploitation, l'a relayé.

Une fois encore, une belle sélection en maranges. Le chardonnay représente 15 % de l'encépagement du domaine. Issu de la Fussière, il séduit par son nez concentré, associant un fruité mûr, un peu confit et un bon boisé, tandis que la bouche aux arômes de pêche et de fruits exotiques est à la fois tendue, riche, équilibrée et longue. ⧗ 2017-2019 ▼ aumônière au gouda ■ La Fussière 1er cru 2012 (4 520 b.) : au nez, des arômes de fruits rouges compotés que l'on retrouve dans une bouche équilibrée, soulignés d'un boisé grillé. ⧗ 2016-2020 ■ Les Clos Roussots 1er cru 2012 (8 000 b.) : un nez entre fruits rouges et noirs, un palais équilibré, plutôt tannique, à la finale fraîche, marquée d'une touche boisée. ⧗ 2016-2020

Maurice Charleux et Fils, 1, Petite-Rue, 71150 Dezize-lès-Maranges, tél. 03 85 91 15 15, domaine.charleux@wanadoo.fr V r.-v.

B DOM. CHEVROT La Fussière 2011 ★

1er cru | n.c. | 15 à 20 €

Depuis sa création, l'exploitation est passée de 5 ha à 16 ha. Les fils de Fernand et Catherine Chevrot, Pablo et Vincent, tous deux œnologues, se sont installés au début de ce siècle et ont engagé en 2008 la conversion bio de la propriété. Le cheval est revenu labourer la vigne comme à l'époque de Paul, fondateur du domaine en 1930.

De nouveau distinguée, cette cuvée est issue du plus connu et plus vaste (avec 40 ha) des sept 1ers crus de l'appellation. La robe est sombre, pourpre aux reflets violines ; les parfums mêlent une note florale au doux grillé du fût. Après une attaque franche, le palais dévoile une structure tannique harmonieuse. ⧗ 2017-2019 ▼ filet de bœuf en croûte

Dom. Chevrot et Fils, 19, rte de Couches, 71150 Cheilly-lès-Maranges, tél. 03 85 91 10 55, contact@chevrot.fr V r.-v. 2

♥ MAISON COLIN-SEGUIN Clos Roussots 2012 ★★

1er cru | 5 000 | 15 à 20 €

Pierre Colin et Olivier Seguin se sont associés en 2005 pour créer leur maison. Après des débuts dans la vente de vins fins, ils ont commencé en 2008 une activité de négoce-éleveur, appuyés par leur œnologue, Olivier Bosse-Platière.

Le premier coup de cœur du Guide pour le plus Santenois des 1ers crus de maranges (il existe aussi à Santenay, orthographié Clos Rousseau). Dans le verre, un pourpre soutenu et brillant. Les parfums de petits fruits noirs, alliés aux notes grillées et toastées léguées par l'élevage de douze mois en fût charment par leur finesse. Au palais, le vin se montre complexe, équilibré, dense, aussi rond que long. La finale persistante sur les fruits rouges épicés achève de convaincre : ce 2012 possède un réel potentiel. ⧗ 2017-2020 ▼ filet de bœuf sauce époisses

Maison Colin-Seguin, 4, rte de Dijon, 21700 Nuits-Saint-Georges, tél. 03 80 30 21 21, olivier.seguin@maison-colin-seguin.com V r.-v.

DOM. DEMANGEOT La Fussière 2012 ★

■ 1er cru	4 133		15 à 20 €

Originaire de Sampigny-lès-Maranges, cette famille vigneronne est enracinée dans les Hautes-Côtes : elle ne s'est déplacée que de 4 km en... quatre siècles. En 1982, Jean-Luc Demangeot s'installe sur le domaine, qui couvre aujourd'hui 9,75 ha.

Dans le verre, de la cerise, que l'on retrouve dans un nez d'une grande finesse, évocateur de petits fruits. Dense et charpentée, encore stricte, la bouche laisse percer le fruit ; elle devrait bien évoluer et gagner en expression et en élégance. ⧗ 2017-2020 ▼ lapin de garenne

Maryline et Jean-Luc Demangeot, 6, rue de Santenay, 21340 Change, tél. 03 85 91 11 10, contact@demangeot.fr V r.-v.

DOM. JERÔME FORNEROT Le Chamery 2011

■	2 000		8 à 11 €

Installé en 2004, Jérôme Fornerot est établi à Saint-Aubin, village de ses ancêtres. Pourtant, son vignoble de 6,5 ha produit surtout de l'AOC bourgogne et du santenay.

Cette vigne de trente ans est située à la limite de Santenay. Elle a donné naissance à ce 2011 au joli nez sur les fleurs, la cerise et les épices, prélude à une bouche fraîche en attaque, équilibrée, fondue et de bonne longueur. ⧗ 2015-2017 ▼ pintade rôtie

Dom. Jérôme Fornerot, 8, rue des Lavières, 21190 Saint-Aubin, tél. 06 81 32 64 32, jeromefornerot@aol.com V r.-v.

PHILIPPE JEANNOT Côte de Beaune 2012

■	3 500		8 à 11 €

Fondé en 1997 par Valérie et Philippe Jeannot, rejoints en 2014 par leur fils Quentin, ce domaine établi dans le Couchois compte 9 ha de vignes disséminés entre Pommard et les Maranges. Il propose de nombreuses références en santenay et en maranges.

Au grenat de la robe répond un nez de qualité, joliment fruité, que l'on retrouve au sein d'un palais équilibré. Un maranges à déboucher dans sa jeunesse. ⧗ 2015-2017 ▼ paupiettes de veau

EARL Philippe Jeannot, 21, rue de Saint-Léger, 71510 Saint-Sernin-du-Plain, tél. 06 21 60 51 73, domaine.jeannot@gmail.com V r.-v.

B CH. DE MELIN Clos Roussots 2012

■ 1er cru	3 000		11 à 15 €

Ingénieur dans le BTP, Arnaud Derats a repris le domaine de son grand-père Paul Dumay à Sampigny-les-Maranges. En 2000, il a acquis le château de Melin (XVIe s.) à Auxey-Duresses et y a transféré ses caves. Le vignoble (22 ha) est en bio certifié depuis 2012.

À une robe intense et sombre répond un nez mariant le cassis et la mûre à des notes boisées évoquant le caramel. Si les tanins sont marqués, ils apportent aussi cette longueur épicée bien typée des maranges. ⧗ 2017-2022 ▼ pavé de boeuf ■ Clos des Rois 1er cru 2012 (3 300 b.) : un nez de cerise noire et de cassis, petits fruits que l'on croque dans une bouche tannique et persistante. ⧗ 2017-2020

SCEA Ch. de Melin, Ch. de Melin, 21190 Auxey-Duresses, tél. 03 80 21 21 19, derats@chateaudemelin.com V t.l.j. sf dim. 10h-12h 14h-18h 5 Derats

DOM. EDMOND MONNOT ET FILS La Fussière 2012

■ 1er cru	2 400		11 à 15 €

Installé en 2000, Stéphane Monnot représente la troisième génération sur ce domaine des Maranges d'environ 15 ha créé en 1928. L'installation d'une cuverie moderne permet un travail du raisin par gravité.

Une fois de plus, c'est ce 1er cru blanc qui a retenu l'attention, alors que le maranges ne représente que 2,65 ha en 1er cru dans cette couleur. La robe jaune aux reflets verts cache un fruité complexe et mûr. La mise en bouche dévoile une matière ample, généreuse et harmonieuse. ⧗ 2017-2020 ▼ truite aux amandes sauce au beurre

Dom. Edmond Monnot et Fils, 11, rue de Borgy, 71150 Dezize-lès-Maranges, tél. 03 85 91 16 12, domaine.monnotetfils@free.fr V r.-v.

NICOLAS PERRAULT La Fussière 2012 ★★

■ 1er cru	n.c.		11 à 15 €

Nicolas Perrault n'a gardé du domaine fondé par son grand-père que 4 ha, les meilleurs terroirs (quatre 1ers crus sur les 7 que comptent les Maranges), car il a voulu conserver son poste de chef de culture au château de la Crée à Santenay. Si sa démarche est proche du bio, il refuse la certification pour ne pas s'interdire le recours aux pesticides en cas de force majeure.

Pas moins de trois 1ers crus retenus. Le plus connu, La Fussière, est monté jusqu'à la finale du coup de cœur. Une robe intense et sombre attire l'œil, tandis que se développent au nez la cerise noire et le cassis. On croque ces fruits dans une bouche remarquablement équilibrée, à la fois ronde et fraîche, qui tient la distance. De la matière et de l'élégance. ⧗ 2017-2020 ▼ viande rouge, fromage de caractère ■ La Fussière 1er cru 2012 ★ (1 200 b.) : issu de jeunes vignes (sept ans), un vin ample et généreux sur la pêche et l'abricot. ⧗ 2015-2017 ■ Clos des Loyères 1er cru 2011 (2 500 b.) : une texture souple et harmonieuse, des arômes de fruits rouges. ⧗ 2015-2017

Nicolas Perrault, 3, rue du Four, 71150 Dezize-lès-Maranges, tél. 03 85 91 14 67, perraultn@wanadoo.fr V r.-v.

DOM. PONSARD-CHEVALIER Clos des Rois 2012

■ 1er cru	1 800		11 à 15 €

Reprise en 1977 après plusieurs années de location par Michel Ponsard et Danielle Chevalier, cette exploitation familiale couvre 7 ha. Comme nombre de propriétés établies à Santenay, elle dispose aussi de vignes dans trois 1ers crus des Maranges.

Ce 1er cru a de nouveau intéressé les jurés. Il est situé à Sampigny, l'une des trois communes qui forment l'appellation maranges, et s'étend du pied de coteau à mi-pente. D'un grenat sombre, ce 2012 doit être sollicité pour libérer ses parfums fruités, qui s'affirment en bouche sur des notes de cerise nuancées de touches de sous-bois. Si l'approche est ronde, des tanins montrent ensuite une certaine fermeté tout en soulignant la persistance de la

BOURGOGNE

finale. ⧗ 2016-2019 🍴 lapin chasseur ■ La Fussière 1er cru 2012 (1 800 b.) : un profil plus souple, de la griotte et de la framboise mariées au grillé du fût, une finale épicée. Un vin de grillades. ⧗ 2014-2017

Dom. Ponsard-Chevalier, 2, «Les Tilles», 21590 Santenay, tél. 03 80 20 60 87, michelponsard@aol.com r.-v.

DOM.CHRISTIAN REGNARD
Les Clos Roussots 2012 ★

■ 1er cru | 2 400 | | 11 à 15 €

En 2010, Florian Regnard a rejoint son père Christian sur le domaine familial situé à Sampigny, l'un des trois villages de l'AOC maranges. Parcelle après parcelle, il agrandit le vignoble (9 ha aujourd'hui) et fait bouger les lignes en matière de vinification.

Reprise en 2011, une parcelle de 36 ares située en milieu de coteau est à l'origine de ce 2012 à la robe soutenue, qui fait défiler de jolies notes de petits fruits juste cueillis, cassis, fraise et framboise. Après une attaque ample et fruitée, on découvre une matière dense, complexe et longue. Ce vin n'est qu'au début de sa vie. ⧗ 2017-2020 🍴 jambonneau aux clous de girofle

Christian Regnard, 9, rue Saint-Antoine, 71150 Sampigny-lès-Maranges, tél. 03 85 91 10 43, florian.regnard@hotmail.fr r.-v.

♥ BERNARD REGNAUDOT
Clois des Rois 2012 ★★

■ 1er cru | 4 000 | | 11 à 15 €

Installé en 1996, Bernard Regnaudot est de souche vigneronne (père et grand-père). Ce viticulteur discret exploite 6 ha de vieilles vignes. Son domaine s'illustre régulièrement dans son fief des Maranges, et tire aussi de belles cuvées du village voisin de Santenay.

Ce Clos des Rois reçoit pour la troisième fois la couronne, après les 2002 et 2000. Cerise noire pour la couleur, cerise fraîche pour le bouquet – un nez typique de l'appellation selon un dégustateur. La matière suit, fruitée, charnue et ronde à souhait, d'un superbe équilibre. La cerise, alliée au cassis et à une touche de cacao, reste bien en bouche jusqu'à la finale. Un maranges modèle, que l'on pourra apprécier aussi bien jeune que patiné. ⧗ 2015-2019 🍴 magret de canard aux cerises ■ Clos des Loyères 1er cru 2012 (3 000 b.) : un nez vineux, sur les fruits rouges et noirs mûrs, une bouche charpentée, aux tanins épicés. À attendre. ⧗ 2017-2020

Bernard Regnaudot, 14, rte de Nolay, 71150 Dezize-lès-Maranges, tél. 03 85 91 14 90, bernard.regnaudot@orange.fr r.-v.

JEAN-CLAUDE REGNAUDOT ET FILS
Les Clos Roussots 2012

■ 1er cru | 1 500 | | 11 à 15 €

Installés au cœur du village de Dezize, Jean-Claude et Didier Regnaudot cultivent avec talent 6,5 ha de vignes entre les Maranges et Santenay. Leurs vins parlent pour eux : le domaine a plusieurs coups de cœur à son actif.

D'un pourpre profond, ce 2012 associe au nez cerise, merise et myrtille. Ronde et charnue, la bouche retrouve ces fruits avec persistance. Un vin qui invite à passer à table. ⧗ 2017-2020 🍴 coq au vin ■ La Fussière 1er cru 2012 (3 000 b.) : une robe noire qui attire l'attention par sa profondeur, annonciatrice d'une belle charpente de tanins déjà enrobés, aux arômes réglissés. ⧗ 2014-2019

Jean-Claude Regnaudot et Fils, 6, Grande-Rue, 71150 Dezize-lès-Maranges, tél. 03 85 91 15 95, regnaudot.jc-et-fils@orange.fr r.-v.

SORINE ET FILS Clos Roussot 2012

■ | 3 000 | | 8 à 11 €

Originaires de Santenay, les Sorine font du vin depuis 1929. Christian s'est installé en 1990 sur le domaine familial, qui couvre 12 ha entre Chassagne-Montrachet et les Maranges ; Emma Carré, longtemps enseignante, s'est formée en œnologie et l'a rejoint. En 2009, le couple a acquis à Cheilly-lès-Maranges un petit château doté de vénérables caves servant à l'élevage des vins en fût.

Les vignerons nous disent qu'ils ont évité de multiplier les remontages pour ne pas extraire trop de tanins, ce *climat* donnant des vins corsés. Le résultat ? Un vin rubis limpide, au nez discret, sur les fruits rouges confiturés, alliés au palais à la mûre et à la myrtille ; une bouche équilibrée et assez longue, étayée par des tanins fondus, plus fermes en finale. ⧗ 2017-2020 🍴 souris d'agneau aux cinq épices

Dom. Sorine et Fils, 1, place de la Poste, 71150 Cheilly-lès-Maranges, tél. 03 85 87 18 07, christian.sorine@orange.fr r.-v.

CÔTE-DE-BEAUNE-VILLAGES

• Superficie : 3 ha • Production : 195 hl

À ne pas confondre avec l'appellation côte-de-nuits-villages qui possède une aire de production particulière, l'appellation côte-de-beaune-villages n'est en elle-même pas délimitée. C'est une appellation de substitution pour tous les vins rouges des AOC communales de la Côte de Beaune, à l'exception des beaune, aloxe-corton, pommard et volnay.

MOILLARD 2012 ★

■ | 63 000 | | 11 à 15 €

Vincent Sauvestre (groupe Béjot) se souvenait d'avoir entendu ses grands-parents épiciers à Nuits-Saint-Georges parler souvent de la maison Moillard : il l'a achetée en 2008, pilotant depuis Meursault la partie négoce et le domaine afférent.

Issue de vignes en AOC communales souvent déclassées afin de monter le niveau de l'appellation, cette cuvée offre un nez élégant de fruits rouges et noirs nuancés d'épices. Le palais affiche un bel équilibre entre une matière tendre et ronde, une fine vivacité, un boisé fondu et des tanins bien en place. ⧗ 2017-2019 🍴 magret de canard

Dom. Moillard, 7, rte de Monthelie, 21190 Meursault, tél. 03 80 21 22 45, contact.france@bejot.com

La Côte chalonnaise

Le paysage s'épanouit quelque peu dans la Côte chalonnaise (4 500 ha) ; la structure linéaire du relief s'y élargit en collines de faible altitude s'étendant plus à l'ouest de la vallée de la Saône. La structure géologique est beaucoup moins homogène que celle du vignoble de la Côte-d'Or ; les sols reposent sur les calcaires du jurassique, mais aussi sur des marnes de même origine ou d'origine plus ancienne, lias ou trias. Des vins rouges d'AOC *village* et premier cru sont produits à partir du pinot noir à Mercurey, Givry et Rully, mais ces mêmes communes proposent aussi des blancs de chardonnay, cépage qui devient unique pour l'appellation montagny située un peu plus au sud ; c'est aussi là que se trouve Bouzeron, à l'aligoté réputé. Il faut enfin signaler un bon vignoble aux abords de Couches, que domine le château médiéval. D'églises romanes en demeures anciennes, chaque itinéraire touristique peut d'ailleurs se confondre ici avec une route des Vins.

BOURGOGNE-CÔTE-CHALONNAISE

• Superficie : 460 ha • Production : 24 150 hl (75 % rouge et rosé)

Située entre Chagny et Saint-Gengoux-le-National (Saône-et-Loire), la Côte chalonnaise possède une identité qui lui a permis d'être reconnue en AOC en 1990. L'appellation produit une majorité de rouges assez fermes dans leur jeunesse, quelques rosés et des blancs de style léger.

DOM. BERNOLLIN Sous la roche 2011 ★

■ | 2 607 | 🛢 | 8 à 11 €

Fondée en 1851 par Flavien Jeunet, cette maison de négoce, qui possède aussi 12 ha de vignes en propre, a été reprise dans les années 1930 par la famille Sounit, qui la cédera à son importateur danois en 1993. L'une des valeurs sûres de la Côte chalonnaise, en vins tranquilles comme en effervescents.

Une robe vieil or habille ce vin au nez fin de chèvrefeuille et d'agrumes souligné d'intenses notes de merrain. L'attaque se montre vive sans agressivité, la matière riche et puissante assure la continuité des arômes fruités et boisés jusqu'à la longue finale. ⧗ 2017-2020 🍴 gougères au fromage ■ Les Corbaisons 2012 (11 à 15 € ; 6 960 b.) : ample et équilibré, il montre une bonne persistance entre épices douces et fruits noirs. ⧗ 2016-2020

🔑 Maison Albert Sounit, 5, pl. du Champ-de-Foire, 71150 Rully, tél. 03 85 87 20 71, albert.sounit@wanadoo.fr V r.-v. 🔑 K. Kjellerup

CAVE DE BISSEY 2012 ★

■ | 19 900 | | 5 à 8 €

Fondée en 1928, la cave de Bissey est la plus ancienne coopérative de la Côte chalonnaise. Elle vinifie aujourd'hui sur une centaine d'hectares toutes les appellations régionales et communales, et même certains 1ers crus.

Blanc clair et lumineux bordé de franges dorées, ce vin développe des senteurs séduisantes de fougère, de foin frais, d'aubépine et de pêche blanche. Une complexité aromatique que l'on retrouve dans un palais équilibré, droit et persistant. ⧗ 2014-2017 🍴 rillettes de saumon ■ 2012 (32 000 b.) : nez de pivoine et de framboise, il séduit par sa fraîcheur et ses tanins fondus. ⧗ 2016-2019

🔑 Cave de Bissey, Les Millerands, 71390 Bissey-sous-Cruchaud, tél. 03 85 92 12 16, cave.bissey@wanadoo.fr V t.l.j. sf dim. 9h-12h 14h-18h30

VIGNERONS DE BUXY Tête de cuvée 2012 ★

■ | 26 000 | 🛢 | 5 à 8 €

Créée en 1931, la coopérative de Buxy rassemble aujourd'hui 270 adhérents.

Jaune pâle, ce vin livre après aération des parfums de fleurs blanches, de beurre frais et de toast grillé. Après une attaque perlante, les arômes boisés s'affirment avec puissance jusqu'en finale sans écraser le fruit, bien présent. Du caractère et du potentiel. ⧗ 2017-2020 🍴 volaille de Bresse à la crème

🔑 Vignerons de Buxy, Les Vignes-de-la-Croix, 2, rte de la Croix, 71390 Buxy, tél. 03 85 92 03 03, accueil@vigneronsdebuxy.fr V t.l.j. 9h-12h 14h-18h30

CH. DE CHAMILLY 2011

■ | 12 000 | 🛢 | 8 à 11 €

Véronique Desfontaine est depuis 1995 à la tête de l'ancienne demeure du marquis de Chamilly. En 2007, ses deux fils, Xavier et Arnaud, l'ont rejointe et ils exploitent ensemble un coquet vignoble de 25 ha.

Ce 2011 couleur rubis a séduit le jury par son nez délicat rappelant la framboise, le minéral et la cannelle. Son palais d'une élégante rondeur fruitée s'étire longuement sur de fraîches notes acidulées. ⧗ 2014-2017 🍴 œufs en meurette

🔑 EARL Ch. de Chamilly, 7, allée du Château, 71510 Chamilly, tél. 03 85 87 22 24, contact@chateaudechamilly.com V r.-v. 🔑 Desfontaine

JOCELYNE CHAUSSIN La Fortune 2012

■ | 1 500 | 🛢 | 5 à 8 €

Jocelyne Chaussin assure depuis 1988 la continuité de cette petite exploitation familiale (1,33 ha) ancrée depuis trois générations à Bouzeron. Respectueuse de la nature, elle travaille la vigne comme « dans l'ancien temps », sans produit chimique.

Le chardonnay, qui a grandi ici sur des argilo-calcaires, affirme sa présence dans ce vin à la robe jaune pâle nuancée de reflets vieil or. Le nez libère des parfums de fleurs blanches mêlées de notes beurrées et toastées. La bouche, riche dès l'attaque, est profonde et persistante. ⧗ 2014-2017 🍴 rôti de veau aux mousserons

🔑 Jocelyne Chaussin, 3, rue des Dames, 71150 Bouzeron, tél. 03 85 87 09 01, jeanlouis.chaussin@orange.fr V r.-v.

DOM. DAVANTURE 2012 ★

■ | 1 100 | 🛢 | 5 à 8 €

Les trois frères Davanture (Xavier, Damien et Éric) sont issus d'une longue dynastie de vignerons (huit générations). Ils officient sur un domaine de 22 ha situé à Saint-Désert, village de la Côte chalonnaise connu pour son église fortifiée.

Habillé d'or, ce vin libère un nez d'une belle typicité où se mêlent harmonieusement les fleurs blanches, le raisin frais et la brioche au beurre. D'une belle tenue, le palais se montre à la fois frais, charnu et rond. ⧗ 2014-2017 ♈ poêlée de grenouilles persillées

Dom. Davanture, rue de la Messe, Cidex 1516 n° 26, 71390 Saint-Désert, tél. 03 85 47 95 57, domaine.davanture@orange.fr V r.-v.

GAEC des Murgeres

DOM. DE L'ÉVÊCHÉ 2012 ★

	5 000		5 à 8 €

Sylvie et Vincent Joussier sont installés depuis 1985 sur ce domaine de 13 ha auparavant planté de fruitiers. Bien qu'encore très jeunes, les deux enfants du couple participent déjà à l'aventure viticole de la famille.

La robe est brillante, jaune à peine dorée. Le bouquet complexe et typique associe la finesse du chèvrefeuille et la fraîcheur des agrumes et du minéral. La bouche nette et fruitée révèle un bel équilibre entre rondeur et vivacité. ⧗ 2014-2017 ♈ jambon persillé

EARL Vincent Joussier, 6, rue de l'Évêché, 71640 Saint-Denis-de-Vaux, tél. 03 85 44 30 43, vincentjoussier@cegetel.net V t.l.j. 8h-19h; dim. sur r.-v.; f. 15-31 août

DOM. MASSE PÈRE ET FILS 2012

	4 000		5 à 8 €

Le domaine Masse est une exploitation familiale de près de 10 ha située à l'est de Givry, dans le petit village de Barizey. À sa tête, Fabrice Masse travaille dans une logique de rendements faibles et de respect de l'environnement.

Ce vin d'un or blanc cristallin livre sans demi-mesure des parfums de fleurs blanches mêlés au merrain de l'élevage. Si l'attaque se montre souple et gourmande, le palais affiche une certaine nervosité qui lui confère un caractère strict et tendu. Le vieillissement apportera le fondu nécessaire. ⧗ 2017-2020 ♈ filet de tilapia

Dom. Masse Père et Fils, hameau de Theurey, 71640 Barizey, tél. 03 85 44 36 73, domainemasse@wanadoo.fr V r.-v.

DOM. DE LA MONETTE 2012 ★

	2 950		8 à 11 €

Depuis sa reprise en 2008 par Roelof Ligtmans et Marlon Steine, un couple de Néerlandais sous le charme de la Bourgogne, ce vignoble de 5 ha situé dans la Côte chalonnaise est travaillé selon les principes de la culture biologique (en conversion).

Le nez, bien ouvert, évoque les fruits compotés. Le palais se révèle frais et fruité, porté par une structure tannique solide, encore un peu ferme en finale. La garde révèlera tout le potentiel de cette bouteille de caractère. ⧗ 2017-2020 ♈ magret de canard ■ En Cortechat 2012 (1 200 b.) : encore marqué par le bois (notes grillées mêlées aux fruits rouges et noirs) au nez. Des tanins puissants en soutien d'un palais noble et équilibré. ⧗ 2016-2019

Dom. de la Monette, Roelof Ligtmans, 15, rue du Château, Chamirey, 71640 Mercurey, tél. 03 85 98 07 99, vigneron@domainedelamonette.fr V r.-v.

BOUZERON

• Superficie : 47 ha • Production : 2 450 hl

Petit village situé entre Chagny et Rully, Bouzeron est de longue date réputé pour ses vins d'aligoté. Cette variété occupe la plus grande partie du vignoble communal. Planté sur des coteaux orientés est-sud-est, dans des sols à forte proportion calcaire, ce cépage à l'origine de vins blancs vifs s'exprime particulièrement bien, donnant naissance à des vins complexes et d'une « rondeur pointue ». Les vignerons du lieu, après avoir obtenu l'appellation bourgogne aligoté bouzeron en 1979, ont réussi à hisser l'aire de production au rang d'AOC communale.

DOM. CHANZY
Clos de la fortune 2012

	26 000		11 à 15 €

Implanté au cœur de Bouzeron, ce domaine de 32 ha (en Côte chalonnaise, avec aussi un pied en Côte de Beaune et en Côte de Nuits) est exploité par Jean-Baptiste Jessiaume, son régisseur et maître de chai. Il est épaulé par Anthony Colas, œnologue.

Issu d'un terroir argilo-calcaire, ce vin jaune citron parsemé de nuances vertes séduit par son fruité mûr et ses senteurs d'épices douces. Il dévoile une belle matière, franche et équilibrée, et s'étire dans une longue finale aux accents d'amande fraîche. ⧗ 2014-2017 ♈ jambon persillé

Dom. Chanzy, 1, rue de la Fontaine, 71150 Bouzeron, tél. 03 85 87 23 69, domaine@chanzy.com V t.l.j. sf sam. dim. 8h-12h 13h30-17h30

JOCELYNE CHAUSSIN La Fortune 2012

	3 500		5 à 8 €

Jocelyne Chaussin assure depuis 1988 la continuité de cette petite exploitation familiale (1,33 ha) ancrée depuis trois générations à Bouzeron. Respectueuse de la nature, elle travaille la vigne comme « dans l'ancien temps », sans produit chimique.

Une vendange manuelle d'aligoté de vingt-cinq ans d'âge a donné naissance à cette cuvée lumineuse, au nez frais mêlant les fruits du verger et la minéralité du terroir. Franche à l'attaque, presque mordante, la bouche marie d'agréables notes abricotées et citronnées. Un vin bien typé et construit pour durer. ⧗ 2016-2019 ♈ poisson sauce agrumes

Jocelyne Chaussin, 3, rue des Dames, 71150 Bouzeron, tél. 03 85 87 09 01, jeanlouis.chaussin@orange.fr V r.-v.

DOM. DES MOIROTS 2012

	5 850		8 à 11 €

Situé à Bissey-sous-Cruchaud en Côte chalonnaise, le domaine des Moirots est une affaire de famille : celle des Denizot. En 1990, Christophe a rejoint son père Lucien à la tête de l'exploitation, qu'il gère en compagnie de sa sœur Muriel et de son cousin Patrice.

Robe or clair à reflets argentés, nez discret de brioche, de noisette et de citron : l'approche est séduisante. Après une attaque franche, on découvre un vin souple, vif et alerte plus acidulé en finale. ⧗ 2016-2019 ♈ poisson aux agrumes

Dom. des Moirots, 14, rue des Moirots, 71390 Bissey-sous-Cruchaud, tél. 03 85 92 16 93, domainedesmoirots@orange.fr V r.-v. Denizot

RULLY

• Superficie : 357 ha • Production : 16 050 hl (65 % blanc)

La Côte chalonnaise assure la transition entre le vignoble de la Côte-d'Or et celui du Mâconnais. L'appellation rully déborde de sa commune d'origine sur celle de Chagny, petite capitale gastronomique. Nés sur le jurassique supérieur, les rully sont aimables et généralement de bonne garde. Certains lieux-dits classés en 1er cru ont déjà accédé à la notoriété.

ARTHUR BAROLET ET FILS 2012 ★			
	1 970		11 à 15 €

Derrière cette étiquette se trouve la maison de négoce Henri de Villamont installée à Savigny-lès-Beaune depuis 1880.

Du chardonnay de vingt ans d'âge récolté manuellement et élevé dix mois en fût a donné un vin or vert, évoquant au nez la brioche, la pêche blanche et les confiseries. Une très belle fraîcheur caractérise un palais étayé par des saveurs de fleurs blanches qui s'estompent au profit des

Le Chalonnais

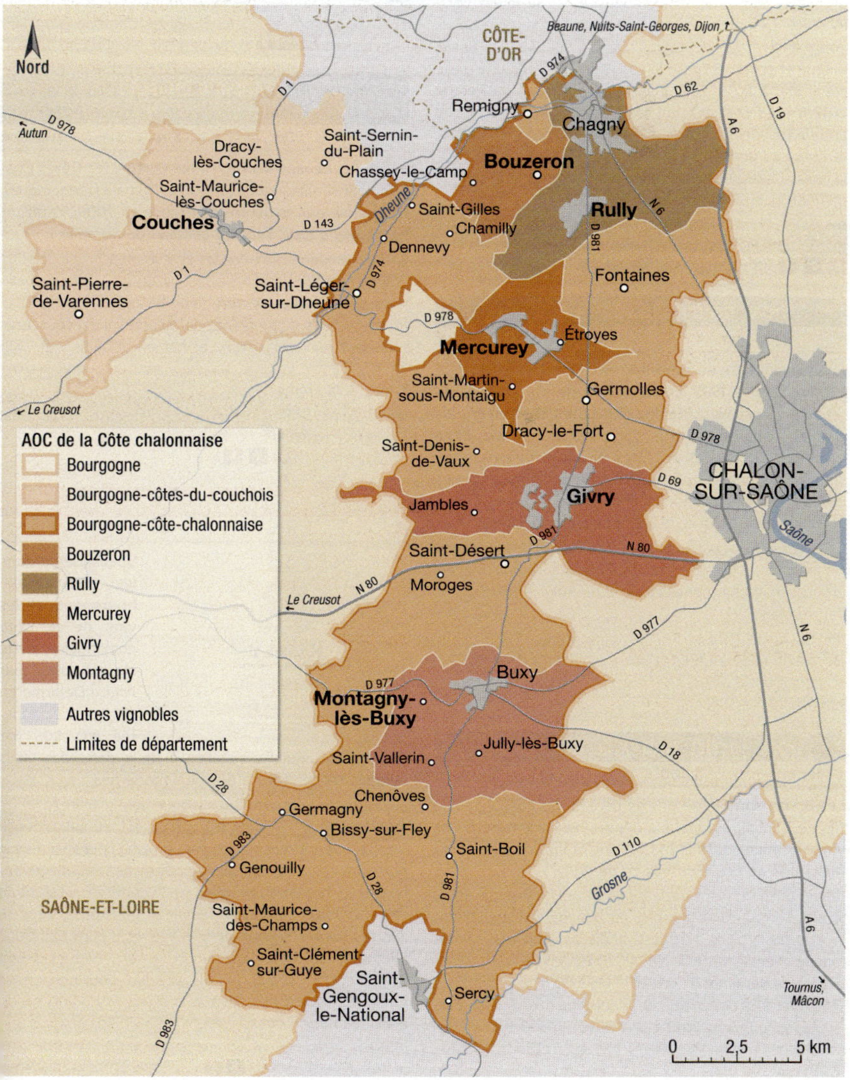

fruits, puis d'une note minérale surmontée par une pointe de vanille en finale. Le vin est parfaitement équilibré. ⧗ 2016-2019 ♈ lieu grillé à la sauge

Arthur Barolet, rue du Dr-Guyot, 21420 Savigny-lès-Beaune, tél. 03 80 21 50 59, contact@hdv.fr V t.l.j. sf dim. 10h-12h30 13h30-18h

DOM. BELLEVILLE Les Chauchoux 2012 ★★

17 000 | 11 à 15 €

Né à Rully au début du XXe s., ce domaine compte 24,8 ha répartis de la Côte chalonnaise à la Côte de Nuits. Il est rattaché au Château de Messey (Mâconnais) et au Manoir Murisaltien (Côte-d'Or), propriétés de la famille Dumont.

Ce vin né de pinot noir élevé sur argilo-calcaires est paré d'un léger rubis finement orangé. Le nez se révèle floral et épicé. Des arômes que l'on retrouve dans un palais gourmand, étayé de tanins fins et souples. La finale, longue et soyeuse, laisse le souvenir d'un vin d'une réelle plénitude. ⧗ 2016-2020 ♈ caille aux raisins La Perche 2012 ★★ (8 500 b.) : un vin élégant, délicat et d'une grande fraîcheur à la fois. Un modèle d'équilibre. ⧗ 2014-2017 La Pucelle 1er cru 2012 ★ (15 à 20 € ; 6 000 b.) : la finesse le dispute à la matière dans ce vin qui ne manque pas non plus de fraîcheur. ⧗ 2014-2017

SARL Dom. Belleville, 5, rue des Bordes, 71150 Rully, tél. 03 85 91 06 00, contact@domainebelleville.com V t.l.j. sf sam. dim. 8h-16h30 Marc Dumont

DOM. BOUCHARD PÈRE & FILS 2012

n.c. | 11 à 15 €

Fondée en 1731 et propriété du Champenois Joseph Henriot depuis 1995, cette maison de négoce est à la tête d'un vaste vignoble de 130 ha, dont 12 ha en grands crus et 74 ha en 1ers crus. Elle propose une très large gamme de vins, des AOC les plus prestigieuses aux simples régionales, qui reposent dans les magnifiques caves enterrées de l'ancien château de Beaune (XVe s.), conservatoire unique de très anciens millésimes.

Ce 2012 offre des parfums de beurre frais et de fruits secs. Un joli grain et un agréable fruité caractérisent la bouche, croquante et harmonieuse. ⧗ 2014-2017 ♈ brochet au beurre blanc

Bouchard Père et Fils, Ch. de Beaune, 15, rue du Château, 21200 Beaune, tél. 03 80 24 80 24, contact@bouchard-pereetfils.com V t.l.j. 10h-12h30 14h30-18h30

DOM. MICHEL BRIDAY Les Cloux 2012 ★

1er cru | 1 800 | 11 à 15 €

Les Briday sont vignerons de père en fils : Stéphane, le fils de Michel, est installé depuis 1989 à la tête de ce vaste domaine qui s'étend sur une quinzaine d'hectares implantés au cœur du village de Rully.

Ce vin offre un nez sympathique de pêche blanche et de fleurs. Son agréable attaque en bouche, pas forcément vive, laisse la place à un festival d'arômes et à une finale longue et persistante. ⧗ 2016-2020 ♈ quenelles de brochet Clos de Remenot 1er cru 2012 (15 à 20 € ; 2 400 b.) : un vin expressif, à dominante de tilleul et de miel. ⧗ 2014-2017 Gresigny 1er cru 2012 (15 à 20 € ; 7 000 b.) : un vin souple ample et rond, souligné par une fraîcheur discrète. ⧗ 2014-2017

Dom. Michel Briday, 31, Grande-Rue, 71150 Rully, domainemichelbriday@orange.fr

DOM. CHANZY En Rosey 2012 ★

29 000 | 15 à 20 €

Implanté au cœur de Bouzeron, ce domaine de 32 ha (en Côte chalonnaise, avec aussi un pied en Côte de Beaune et en Côte de Nuits) est exploité par Jean-Baptiste Jessiaume, son régisseur et maître de chai. Il est épaulé par Anthony Colas, œnologue.

Intense, le nez dévoile des parfums de poire, de citron et de fleurs blanches. Dynamique en attaque, le palais évolue vers le gras et affiche un volume certain, le tout sur fond de fleurs blanches, de fruits frais et de vanille. ⧗ 2016-2019 ♈ rouget grillé

Dom. Chanzy, 1, rue de la Fontaine, 71150 Bouzeron, tél. 03 85 87 23 69, domaine@chanzy.com V t.l.j. sf sam. dim. 8h-12h 13h30-17h30

CHAPUIS & CHAPUIS La Craie 2012 ★

900 | 11 à 15 €

Petits-fils de vignerons d'Aloxe-Corton, les frères Chapuis, Jean-Guillaume (le juriste) et Romain (l'œnologue), ont fondé leur structure de négoce en 2009, installant leur cuverie dans l'ancien château de Pommard.

Issu de vendanges manuelles et d'un pressurage doux en grappes entières, ce vin élevé un an en fût affiche un beau jaune d'or tirant sur le vert. Superbe au nez, sur les fruits frais ponctués d'une pointe de menthol, il est tout aussi séduisant au palais : franc et net en attaque, très bien équilibré entre volume, fraîcheur et fruité. ⧗ 2014-2017 ♈ lotte à la crème

Chapuis, SARL Chapuis Frères, 9, rue des Charmots, 21630 Pommard, tél. 06 89 56 05 12, r.chapuis@chapuisfreres.fr V r.-v.

♥ ANDRÉ DELORME 2012 ★★

n.c. | 11 à 15 €

Spécialisée dans les crémant-de-bourgogne et les vins de la Côte chalonnaise, cette maison créée par André Delorme en 1942 a été rachetée en 2005 par Éric Riffaut, qui l'a installée à Rully dans des chais équipés d'une cuverie des plus modernes.

Élaboré à partir du pinot noir longuement macéré (dix-huit jours) avant un élevage d'un an en fût, ce vin annonce d'emblée son fort caractère par une robe pourpre presque noire aux reflets grenat. Si le premier nez est encore sur la réserve, l'agitation libère un fruité confit de cassis et de mûre sauvage. La bouche, ample et généreuse, s'appuie sur des tanins soyeux et très fins et s'étire dans une longue finale épicée qui ajoute à son relief et à son intensité. Un rully puissant et racé, bâti pour une longue garde. ⧗ 2018-2024 ♈ lièvre à la royale

André Delorme, Le Meix, 11, rue des Bordes, 71150 Rully, tél. 03 85 87 10 12, contact@andre-delorme.com V t.l.j. sf dim. 10h-12h 14h-17h30

♥ DUVERNAY PÈRE & FILS Les Raclots 2012 ★★

1er cru | 2 900 | 11 à 15 €

Propriété fondée par Georges Duvernay en 1973 avec un seul hectare de vigne. Elle compte aujourd'hui 16 ha et est dirigée depuis 2000 par ses enfants Dominique et Patricia.

Parée d'or jaune intense et brillant, cette cuvée libère un nez complexe mariant les fruits mûrs, comme le coing et l'abricot, au beurre frais. La bouche se révèle ample, ronde et suave, rehaussée par une agréable touche anisée dans une finale d'une longueur remarquable. ⧗ 2014-2017 ♈ saint-pierre à la sauce hollandaise ■ Les Champs Cloux 1er cru 2012 ★ (8 à 11 € ; 8 500 b.) : un vin gourmand et frais. ⧗ 2015-2019

GFA Duvernay Père et Fils, 4, rue de l'Hôpital, 71150 Rully, tél. 03 85 87 04 69, gfaduvernay@wanadoo.fr V t.l.j. sf dim. 8h30-12h 13h30-18h

JEAN-CHARLES FAGOT 2012 ★

600 | 11 à 15 €

Installé entre Chagny et Puligny-Montrachet, Jean-Charles Fagot, à la tête de 4 ha de vignes, s'est fait négociant, pour étoffer sa gamme, et restaurateur (l'*Auberge du Vieux Vigneron* et sa cuisine du terroir).

Au nez, des notes de fleurs blanches fugaces laissent la place à l'agitation des parfums plus empyreumatiques et épicés. Le palais vif et légèrement poivré révèle une bonne persistance. Un vin alerte et complexe. ⧗ 2016-2019 ♈ saint-jacques à la nage

Jean-Charles Fagot, 5, rue de l'Église, 21190 Corpeau, tél. 03 80 21 30 24, jeancharlesfagot@free.fr V r.-v.

DOMINGOS FERREIRA CAMPOS 2011

1 500 | 8 à 11 €

Fils de salariés viticoles, Domingos décide de poursuivre ses études « viti » à Beaune. Après un apprentissage chez différents vignerons, il s'installe en 2005 sur 30 ares de vignes en location. Reflétant une belle évolution, son domaine compte aujourd'hui 9 ha de vignes en mercurey et rully.

Cette cuvée parée d'un jaune à reflets dorés, brillante et particulièrement lumineuse, dévoile un nez de noisette légèrement toasté. L'attaque douce et subtile fait place à un palais onctueux et gras, soutenu par la fraîcheur des agrumes jusqu'en finale. ⧗ 2014-2017 ♈ coquilles Saint-Jacques

Ferreira-Campos, 18, rue de Geley, 71150 Rully, tél. 03 85 91 27 42, ferreira-campos@orange.fr V r.-v.

DOM. DE LA FOLIE
Clos de Bellecroix Cuvée Marey 2012 ★

3 500 | 11 à 15 €

Le domaine de la Folie jouit d'un panorama exceptionnel de toute la Côte chalonnaise jusqu'à Nuits-Saint-Georges. Il appartient depuis plus de deux siècles à la famille Noël-Bouton. Clémence Dubrulle, incarnant la cinquième génération, est aujourd'hui aux commandes.

Hommage à Étienne-Jules Marey, l'ancêtre de la famille, professeur au Collège de France, physiologiste et précurseur du cinéma, cette cuvée rouge cerise dévoile un nez puissant de framboise et de mûre souligné de fines notes boisées et épicées. L'attaque est ample et généreuse suit une matière encore un peu sous l'emprise de tanins serrés. La promesse d'une bonne évolution. ⧗ 2016-2019 ♈ pintade aux girolles

Dom. de la Folie, chem. de la Folie, 71150 Chagny, tél. 03 85 87 18 59, domainedelafolie@sfr.fr V t.l.j. 8h-20h

DOM. DU FOUR BASSOT
En Varot Vieilles Vignes 2012

5 780 | 11 à 15 €

Dès son arrivée en 1999 à la tête du vignoble familial, Sébastien Gault n'a pas lésiné sur les investissements, tant à la vigne qu'en cuverie. En 2011, il a repris 4 ha dans l'appellation rully.

Ce vin à la robe cerise séduit par son bouquet de fruits rouges frais et de vanille. La bouche ample et racée dévoile des saveurs de burlat et de framboise. Les tanins encore fermes, sont néanmoins de belle naissance, et devraient construire, dans l'avenir, un palais équilibré. ⧗ 2017-2020 ♈ paleron de bœuf aux carottes

Dom. du Four Bassot, 35, rue des Fougères, 71640 Saint-Mard-de-Vaux, tél. 06 80 38 88 87, earldufourbassot@orange.fr V t.l.j. sf dim. 9h-12h 13h30-19h Sébastien Gault

CHRISTOPHE GRANDMOUGIN La Fosse 2012

1er cru | 3 000 | 15 à 20 €

Ce domaine fut jadis une demeure étape sur le long chemin du pèlerinage de Saint-Jacques de Compostelle. Acquis en 1955 par Christophe Amédée Grandmougin, il est géré par son fils Christophe depuis 1991.

Ce 2012 habillé d'un pourpre aux légers reflets violines affiche une belle intensité aromatique, pure et nette, rappelant la griotte et la cerise burlat sur fond de boisé bien dosé. La bouche, à l'unisson, dévoile une structure élégante reposant sur des tanins fins. ⧗ 2016-2019 ♈ onglet de bœuf grillé

Christophe Grandmougin, 11, rue Saint-Jacques, 71150 Rully, tél. 09 65 04 01 54, contact@christophe-grandmougin.fr V r.-v.

Ⓑ DOM. JAEGER-DEFAIX Rabourcé 2012 ★★

1er cru | 2 200 | 15 à 20 €

Épouse de Bernard Defaix, vigneron à Chablis, Hélène Jaeger a repris en 2005 l'exploitation de sa grande-tante Henriette Niepce. Elle a engagé la conversion bio dans la foulée (certification en 2009).

Élevé dix-huit mois en fût, ce 2012 expressif à souhait offre un bouquet délicat où se côtoient les fruits blancs, les fleurs et de légères notes d'agrumes. Minérale et croquante, la bouche confirme l'expression aromatique et dévoile un volume imposant. Un beau vin de garde, à la fois intense et élégant. ⧗ 2016-2019 ♈ fromage à pâte cuite ■ Les Cloux 1er cru 2012 ★ (4 000 b.) : une palette aromatique large (mandarine, muscat, noisette fraîche) qui « flirte » avec un boisé léger, bien maîtrisé. ⧗ 2016-2020

Dom. Jaeger-Defaix, 20, rue des Buis, 71150 Rully, tél. 03 86 42 40 75, helene.jaeger@wanadoo.fr V r.-v.

CLAUDIE JOBARD Montagne la Folie 2012

| 12 000 | | 11 à 15 € |

Cette vigneronne installée depuis 2006 dans le village de Demigny, en Saône-et-Loire, a repris les vignes de son grand-père Gabriel Billard, ajoutant à sa gamme de rully quelques arpents de pommard et de beaune 1er cru. Le tout représente aujourd'hui 9,5 ha.

Issu d'un terroir argilo-calcaire, ce 2012 livre avec délicatesse au premier nez des senteurs de rose et de jasmin. Après une légère aération, on distingue des notes d'acacia et de fruits mûrs. Cette palette aromatique complexe se prolonge dans une bouche d'abord franche et vive, puis d'une rondeur de bon aloi. 2016-2017 tapas de la mer

Dom. Claudie Jobard, 5, rte de Beaune, 71150 Demigny, tél. 03 85 49 46 81, contact@domaineclaudiejobard.fr V r.-v.

DOM. MICHEL JUILLOT Les Thiveaux 2012

| 8 000 | 11 à 15 € |

Fondé par Louis Juillot, développé par son fils Michel, conduit depuis la fin des années 1990 par son petit-fils Laurent Juillot, ce domaine emblématique de la Côte chalonnaise couvre 31 ha essentiellement en AOC mercurey, avec des parcelles en Côte de Beaune.

Ce 2012 pâle aux reflets d'argent libère des parfums d'agrumes et d'ananas, accompagnés de fines notes boisées. La bouche ronde et suave, imprégnée de saveurs de poire et autres fruits mûrs, est équilibrée par une fraîche minéralité. 2016-2019 langoustines

Dom. Michel Juillot, 59, Grande-Rue, 71640 Mercurey, tél. 03 85 98 99 89, infos@domaine-michel-juillot.fr V r.-v.

DOM. LABORBE-JUILLOT Les Saint-Jacques 2012 ★

| 14 960 | | 8 à 11 € |

Situé à Poncey (hameau de Givry), ce domaine de quelque 10 ha est entré dans le giron de la Cave des Vignerons de Buxy en 2007.

De ce 2012 or pâle aux reflets tilleul s'échappent des parfums suaves de pollen et de beurre frais. Une agréable fraîcheur perceptible dès l'attaque, que le vin tire de son origine calcaire, soutient longuement le palais, lui conférant une réelle énergie. 2014-2017 sole meunière

SCEA Laborbe-Juillot, 2, rte de Chalon, 71390 Buxy, tél. 03 85 92 03 03, accueil@vigneronsdebuxy.fr V t.l.j. 9h-12h 14h-18h30 Vignerons de Buxy

DOM. DES LAURIERS 2012 ★

| 4 000 | | 8 à 11 € |

La cave de Genouilly, dans la Côte chalonnaise, est la plus petite coopérative de Bourgogne : 70 adhérents pour à peine une centaine d'hectares de vignes.

Élevé dix mois en fût de chêne, ce vin drapé d'or vert aux reflets bronze dévoile de doux parfums de lys et de fleur d'acacia relevés de touches d'agrumes. Équilibrée, fraîche et croquante, la bouche propose un fruité (poire, pêche blanche) agréable et persistant. 2014-2017 tartare de saumon à l'aneth

Cave des Vignerons de Genouilly, 2, allée du 19-Mars-1962, 71460 Genouilly, tél. 03 85 49 23 72, contact@cave-genouilly.fr V r.-v.

DOM. OLIVIER LEFLAIVE FRÈRES Les Cloux 2012

| 1er cru | 7 500 | | 15 à 20 € |

Négociant-éleveur établi à Puligny-Montrachet depuis 1984, Olivier Leflaive, l'une des références de la Côte de Beaune, collectionne les étoiles, côté cave (négoce et domaine) et côté hôtellerie : quatre pour son hôtel de Puligny. Au chai, l'œnologue Franck Grux et son complice Philippe Grillet.

Paré d'un or pâle aux reflets argentés, ce 2012 offre un bouquet complexe d'agrumes, de pierre à fusil et de fleurs blanches. La bouche associe rondeur et vivacité dans un bel équilibre. 2016-2019 rôti de veau

Olivier Leflaive Frères, pl. du Monument, 21190 Puligny-Montrachet, tél. 03 80 21 37 65, contact@olivier-leflaive.com V r.-v. 5

MANOIR DE MERCEY Cuvée Louise 2012

| 3 200 | | 8 à 11 € |

Gérard Berger-Rive a fondé ce domaine en 1943, au cœur des Maranges. Xavier, son fils, a pris la relève en 1977 et développé la surface du vignoble pour la porter à 22 ha principalement, situés dans le secteur des Hautes-Côtes.

Animé de reflets or, ce 2012 s'ouvre au premier nez sur des notes boisées soutenues, relayées à l'aération par des parfums de fleurs et d'épices. La bouche d'un beau volume, bien équilibrée, reste toutefois sous l'emprise du bois. À attendre pour plus de fondu. 2017-2020 volaille à la crème

Dom. Gérard Berger-Rive et Fils, Manoir de Mercey, 2, rue Saint-Louis, 71150 Cheilly-lès-Maranges, tél. 03 85 91 13 81, contact@berger-rive.fr V r.-v. Xavier Berger

JEAN-BAPTISTE PONSOT Molesme 2012 ★

| 1er cru | 9 500 | | 15 à 20 € |

Bernard Ponsot, « encyclopédie vivante » de l'histoire de Rully et de son vignoble, lègue son domaine à son fils Jean-Baptiste en 2000. Depuis, celui-ci n'a eu de cesse d'améliorer la qualité des vins, nés de 8,5 ha de vignes.

Ce 2012 élevé douze mois en barrique livre un bouquet complexe, à la fois toasté et fruité. Doux en attaque, le palais se révèle ample, expressif (agrumes et miel), pour finir sur une note acidulée qui lui apporte un surcroît de vitalité. 2014-2017 brochet au beurre blanc

Jean-Baptiste Ponsot, 26, Grande-Rue, 71150 Rully, tél. 03 85 87 17 90, domaine.ponsot@orange.fr V r.-v.

DOM. DE RULLY SAINT-MICHEL Les Cloux 2012 ★

| 1er cru | 1 500 | | 15 à 20 € |

Autrefois rattaché au château Saint-Michel, ce domaine créé par le Grand Argentier de Napoléon III, Yvert

de Saint-Aubin, est géré par ses lointains descendants Solange des Déserts et Emmanuel de Bodard.

Parée d'une élégante robe jaune citron aux reflets verts, cette cuvée libère un nez intense et harmonieux de fleurs blanches et de pamplemousse. La bouche à la texture lisse et soyeuse est agréablement soulignée d'une fraîcheur minérale. ⧗ 2014-2017 ▼ blanquette de veau ■ Les Cloux 1er cru 2012 (1 500 b.) : encore fermé, tout en puissance. Prometteur. ⧗ 2016-2020

⊶ GFA Dom. Rully Saint-Michel, 42, rue du Château, 71150 Rully, tél. 03 85 91 28 63, domainerullysaintmichel@hotmail.fr V r.-v.
⊶ de Bodard

♥ MAISON ALBERT SOUNIT
Les Saint-Jacques 2012 ★★

■	5 389		11 à 15 €

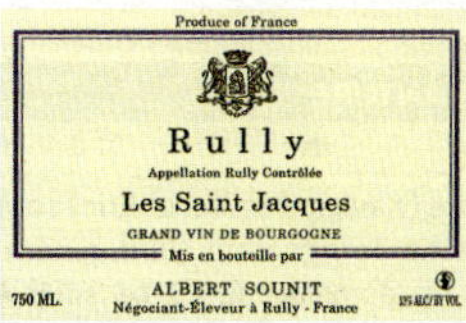

Fondée en 1851 par Flavien Jeunet, cette maison de négoce, qui possède aussi 12 ha de vignes en propre, a été reprise dans les années 1930 par la famille Sounit, qui la cédera à son importateur danois en 1993. L'une des valeurs sûres de la Côte chalonnaise, en vins tranquilles comme en effervescents.

Une fois de plus, cette maison prouve sa régularité avec cette cuvée d'un or clair orné de reflets brillants. Le nez, élagant et subtil, dévoile des parfums de petites fleurs blanches, de coing et de mandarine. Racée, la bouche est un modèle d'équilibre entre l'acidité, la rondeur et la minéralité, entre le bois et le cépage. Sa longue finale soyeuse laisse le souvenir d'un vin d'une réelle noblesse. ⧗ 2014-2017 ▼ sandre au beurre blanc ■ La Pucelle 1er cru 2011 (15 à 20 € ; 1 170 b.) : un vin à la fois frais et onctueux, à dominante florale. ⧗ 2014-2017

⊶ Maison Albert Sounit, 5, pl. du Champ-de-Foire, 71150 Rully, tél. 03 85 87 20 71, albert.sounit@wanadoo.fr V r.-v. ⊶ K. Kjellerup

(B) DOM. A. ET P. DE VILLAINE
Les Saint-Jacques 2012 ★★

■	9 000		15 à 20 €

Ce domaine situé à Bouzeron exploite 22 ha de vignes en culture biologique répartis dans les diverses appellations de la Côte chalonnaise. Aubert de Villaine (copropriétaire de la Romanée-Conti) et son épouse Pamela en ont confié la gestion à leur neveu Pierre de Benoist depuis 2007. Une valeur sûre.

Dans un habit or vert animé de reflets bronze, ce vin déploie des effluves fruités, qui évoluent sur des notes florales (rose) à l'aération. La bouche, superbe, révèle un fruit mûr et pur : « On croque le raisin », commente un juré. Quelques notes muscatées apportent une touche de complexité. Le volume est imposant, l'équilibre remarquable, entre fraîcheur et gras ; la finale, briochée, conclut la dégustation avec élégance. ⧗ 2016-2020 ▼ noix de Saint-Jacques rôties

⊶ Dom. de Villaine, 2, rue de la Fontaine, 71150 Bouzeron, tél. 03 85 91 20 50, contact@de-villaine.com V r.-v.

MERCUREY

• Superficie : 645 ha • Production : 27 700 hl (80 % rouge)

Situé à 12 km au nord-ouest de Chalon-sur-Saône, Mercurey jouxte au sud le vignoble de Rully. C'est l'appellation communale la plus importante en volume de la Côte chalonnaise. Le vignoble s'étage entre 250 et 300 m d'altitude autour de Mercurey (fusionnée avec Bourgneuf-Val-d'Or) et de Saint-Martin-sous-Montaigu. Plus charpentés sur marnes, plus fins sur sols caillouteux, les vins sont en général solides et aptes à la garde (jusqu'à six ans, voire davantage). Parmi trente-deux *climats* classés en 1ers crus, on citera Les Champs Martin, Clos des Barrault ou encore Clos l'Évêque.

DOM. BRINTET La Levrière 2012 ★★

■ 1er cru	6 000		15 à 20 €

Famille vigneronne depuis le XVIes., les Brintet ont pris leurs quartiers dans une belle bâtisse à la sortie du village de Mercurey où ils conduisent 9,5 ha de vignes.

Ce 1er cru élégamment paré d'un rouge rubis aux reflets carmins libère des parfums complexes de fruits noirs, de vanille et de pain grillé. En attaque, l'élevage boisé prend le dessus, puis s'efface progressivement au profit d'une matière dense et charnue, dans laquelle on retrouve les arômes fruités du nez. De longue garde, assurément. ⧗ 2017-2025 ▼ pintade rôtie ■ 2012 ★ (11 à 15 € ; 3 000 b.) : un bouquet expressif d'agrumes et de fleurs blanches, et un palais vif à souhait qui ne manque pas de volume. ⧗ 2014-2017

⊶ Dom. Brintet, 105, Grande-Rue, 71640 Mercurey, tél. 03 85 45 14 50, domaine.brintet@wanadoo.fr V r.-v.

VIGNERONS DE BUXY Buissonnier 2012

■	30 000		8 à 11 €

Créée en 1931, la coopérative de Buxy rassemble aujourd'hui 270 adhérents.

Cette cuvée couleur or dévoile un nez de petites fleurs blanches, où se mêlent l'acacia et le chèvrefeuille. Fruitée en attaque, la bouche se révèle gourmande, fraîche et minérale. ⧗ 2016-2019 ▼ joues de lotte

⊶ Vignerons de Buxy, Les Vignes-de-la-Croix, 2, rte de la Croix, 71390 Buxy, tél. 03 85 92 03 03, accueil@vigneronsdebuxy.fr V t.l.j. 9h-12h 14h-18h30

CH. DE CHAMILLY Clos La Perrière Monopole 2011

■	12 000		11 à 15 €

Véronique Desfontaine est depuis 1995 à la tête de l'ancienne demeure du marquis de Chamilly. En 2007, ses deux fils Xavier et Arnaud l'ont rejointe et ils exploitent ensemble un coquet vignoble de 25 ha.

Une robe rubis aux légers reflets cuivrés habille ce vin subtilement parfumé de fruits rouges confiturés et de vanille. Après une attaque fraîche, le palais dévoile une chair ronde, adossée à des tanins souples. ⧗ 2014-2017 ▼ andouillette grillée

⊶ EARL ch. de Chamilly, 7, allée du Château, 71510 Chamilly, tél. 03 85 87 22 24, contact@chateaudechamilly.com V r.-v. ⊶ Desfontaine

CH. DE CHAMIREY
Les Cinq 2011 ★

■ 1er cru | 2 500 | 50 à 75 €

Propriété de la famille Devillard, ce domaine emblématique a développé son activité viticole dans les années 1930, sous l'impulsion du Marquis de Jouennes. Les héritiers de ce dernier, Bertrand Devillard et ses enfants Amaury et Aurore, conduisent aujourd'hui un vaste vignoble de 39 ha.

Les meilleures pièces des cinq premiers crus rouges du domaine (Les Ruelles, Clos du Roi, En Sazenay, Clos l'Évêque et Champs Martin) sont assemblées pour constituer ce 2011. Drapé d'un rouge rubis frangé de cuivre, le vin libère un nez complexe et harmonieux de fruits noirs, d'épices, de menthol et de vanille. Ample et corsée, la bouche déploie des tanins veloutés enrobés par une chair ronde, et s'achève sur une longue note boisée. ⧗ 2017-2020 ♈ rôti de bœuf ■ 2011★ (15 à 20 €; 38 600 b.) : des arômes d'acacia, d'amande fraîche et de miel soutiennent un palais bien équilibré entre vivacité et rondeur. ⧗ 2017-2020

Ch. de Chamirey, Chamirey, 71640 Mercurey, tél. 03 85 45 21 61 V t.l.j. sf dim. lun. 10h-19h; déc.-avr. 9h-18h Devillard

LES CHAMPS DE L'ABBAYE
Les Marcoeurs 2012 ★

■ | 2 000 | | 20 à 30 €

Isabelle et Alain Hasard, ni Bourguignons ni vignerons mais passionnés de vin, s'installent en 1997 et créent de toutes pièces ce domaine. Ils exploitent aujourd'hui 6 ha (en bio depuis 1999), essentiellement en Côte chalonnaise, avec un pied en Côte de Beaune depuis 2009 grâce à 35 ares de monthélie.

De ce vin rubis éclatant s'échappent des parfums de petits fruits rouges et d'amande grillée sur fond épicé. L'attaque charmeuse ouvre sur un palais ample, gourmand et fruité. Un vin bien construit, à apprécier dans sa jeunesse. ⧗ 2014-2016 ♈ paupiettes de veau

Alain et Isabelle Hasard, 9, rue des Roches-Pendantes, 71510 Aluze, tél. 03 85 45 59 32, alainhasard@wanadoo.fr V r.-v.

DOM. VINCENT ET JEAN-PIERRE CHARTON
Clos du Roy 2012 ★

■ 1er cru | 5 500 | | 15 à 20 €

Un domaine créé en 1960, conduit depuis 2011 par la troisième génération. Vincent Chartron exploite aujourd'hui un vignoble de 10 ha.

La robe carmin montre quelques reflets tuilés. Le bouquet conjugue harmonieusement la framboise au boisé. Le palais, aux accents fruités, se révèle à la fois frais et charnu, bâti sur des tanins ronds. Un vin bien dans son millésime et prêt à boire. ⧗ 2014-2017 ♈ coq au vin ■ La Chassière 1er cru 2012 (2 700 b.) : d'une intensité mesurée, il « pinote » déjà bien et s'appréciera dans sa jeunesse. ⧗ 2014-2017

EARL Dom. Charton, 29, Grande-Rue, 71640 Mercurey, tél. 03 85 45 22 39, jean-pierre-charton@wanadoo.fr V r.-v.

DANJEAN-BERTHOUX Les Chavances 2012 ★

■ | 2 800 | | 11 à 15 €

Blotti au pied du célèbre mont Avril, le petit village bourguignon de Jambles développe sa vocation viticole ainsi que l'élevage de la célèbre race charolaise. Pascal Danjean y élabore ses vins depuis 1993, à la tête aujourd'hui de 11,6 ha de vignes.

Une récolte manuelle, un égrappage et une cuvaison de douze jours ont donné ce mercurey droit et franc. Le bouquet harmonieux mêle le café, la griotte, le toast grillé et les fruits noirs. Le palais développe une matière charnue et puissante, étayée par des tanins déjà fondus. La finale fraîche et persistante, associe la réglisse et les épices. ⧗ 2014-2017 ♈ entrecôte charolaise

Danjean-Berthoux, Le Moulin-Neuf, 45, rte de Saint-Désert, 71640 Jambles, tél. 03 85 44 54 74, danjean.berthoux@wanadoo.fr V t.l.j. 8h-12h 13h30-19h

DOM. DAVANTURE 2012 ★

■ | 5 400 | | 11 à 15 €

Les trois frères Davanture (Xavier, Damien et Éric) sont issus d'une longue dynastie de vignerons (huit générations). Ils officient sur un domaine de 22 ha situé à Saint-Désert, village de la Côte chalonnaise connu pour son église fortifiée.

Ce 2012 de caractère est encore en devenir. Le nez associe arômes boisés et petits fruits rouges et noirs. Le palais dévoile une matière dense, imprégnée de notes de cassis et soutenue par des tanins fermes encore un peu sévères en finale. Un peu de patience, et son harmonie se révélera. ⧗ 2017-2020 ♈ canard farci

Dom. Davanture, rue de la Messe, Cidex 1516 n° 26, 71390 Saint-Désert, tél. 03 85 47 95 57, domaine.davanture@orange.fr V r.-v. GAEC des Murgers

CH. D'ETROYES Les Ormeaux 2012 ★

■ | 11 000 | 11 à 15 €

Depuis 1720, les Protheau se sont relayés à Mercurey pour perpétuer la tradition viticole du château d'Etroyes. Le domaine dispose aujourd'hui d'un vignoble de 50 ha en Côte chalonnaise.

Cette parcelle de jeunes chardonnays a donné un vin or étincelant. Sa palette aromatique mêle harmonieusement le tilleul, la pêche, la poire et le pain grillé. Le palais, équilibré, se révèle à la fois souple et moelleux, étayé par une belle fraîcheur. ⧗ 2015-2019 ♈ noix de Saint-Jacques beurre de yuzu

Ch. d'Etroyes, Dom. M. Protheau, 71640 Mercurey, tél. 03 85 45 10 84, contact@domaine-protheau-mercurey.fr V t.l.j. sf dim. 10h-12h 14h-19h Protheau

DOM. DE L'EUROPE Les Chazeaux 2012 ★

■ | 2 500 | | 11 à 15 €

Chantal Côte et Guy Cinquin conduisent ce petit domaine de 3 ha à Mercurey. « Observer et écouter la nature, s'imprégner de la terre et de l'air, et devenir leurs humbles serviteurs », telle est leur devise.

Ce vin aux reflets rubis dévoile un nez bien typé, entre fruits rouges et épices douces. Élégante et bien bâtie, la bouche s'étire longuement sur des arômes croquants de griotte et de framboise. ⧗ 2014-2018 🍷 carré de veau ■ Les Closeaux 2012 (3 000 b.) : au nez, des saveurs de fruits rouges et de chocolat, relayées par un palais aux tanins fins. ⧗ 2014-2017

🔑 Guy et Chantal Cinquin, Dom. de l'Europe, 7, rue du Clos-Rond, 71640 Mercurey, tél. 06 08 04 28 12, cote.cinquin@wanadoo.fr V r.-v. 2 B

DOM. DU FOUR BASSOT
Clos de la Chiquette 2012

■ | 3 300 | | 11 à 15 €

Dès son arrivée en 1999 à la tête du vignoble familial, Sébastien Gault n'a pas lésiné sur les investissements, tant à la vigne qu'en cuverie. En 2011, il a repris 4 ha dans l'appellation rully.

De jeunes chardonnays de quinze ans ont donné naissance à ce vin très aromatique mêlant les fleurs jaunes à la pêche et à la mirabelle, à la pomme et au miel. Chaleureux et riche, le palais se révèle tout aussi expressif : amande, abricot, pêche de vigne. Un mercurey haut en expression. ⧗ 2016-2019 🍷 poularde de Bresse à la crème

🔑 Dom. du Four Bassot, 35, rue des Fougères, 71640 Saint-Mard-de-Vaux, tél. 06 80 38 88 87, earldufourbassot@orange.fr V t.l.j. sf dim. 9h-12h 13h30-19h 🔑 Sébastien Gault

DOM. GOUFFIER Champs Martin 2012

■ 1er cru | 1 000 | | 15 à 20 €

Ayant appartenu à la famille Gouffier pendant plus de deux cents ans, ce petit domaine de 5,5 ha a été repris en 2011 par Frédéric Gueugneau, ancien directeur administratif de la cave coopérative La Chablisienne.

Ce 2012 séduit d'emblée avec son nez de petits fruits rouges mâtinés d'un fin boisé. Ces arômes se retrouvent avec harmonie dans un palais rond, puissant et complexe, agrémenté en finale de nuances de cassis et de mûre. ⧗ 2016-2019 🍷 soupe de fraises au vin et aux épices

🔑 Dom. Gouffier, 11, Grande-Rue, 71150 Fontaines, tél. 06 47 00 01 04, domaine@domainegouffier.fr V r.-v. 🔑 Frédéric Gueugneau

DOM. PATRICK GUILLOT Les Veley 2012

■ 1er cru | 1 800 | | 11 à 15 €

Représentant la troisième génération de la famille sur la propriété, Patrick Guillot, installé depuis 1988, conduit un domaine de près de 6 ha situés principalement à Mercurey.

Cette cuvée grenat teintée de rose dévoile une olfaction délicate mariant la framboise, la mûre et la vanille. Présent dès l'attaque, le fruit s'exprime sans ostentation dans un palais équilibré, doté de tanins doux et fondus, et d'une finale agréable. ⧗ 2016-2019 🍷 andouillette grillée

🔑 Dom. Patrick Guillot, 9 A, rue de Vaugeailles, Chamirey, 71640 Mercurey, tél. 03 85 45 27 40, domaine.pguillot@orange.fr V r.-v.

ULYSSE JABOULET La Cour des bois 2012 ★

■ | 13 600 | | 11 à 15 €

Fondé en 1834 par Antoine Jaboulet à Tain-l'Hermitage, dans la Vallée du Rhône, cette maison de négoce s'étend dès la fin du XIXes. vers le nord pour atteindre la Bourgogne et Nuits-Saint-Georges, où elle est aujourd'hui implantée.

Ce 2012 rouge grenat intense révèle un nez expressif, à la fois épicé (vanille et cannelle) et richement fruité (mûre, cassis et myrtille). Fine et veloutée, la bouche s'appuie sur une structure légère, rehaussée par une pointe de fraîcheur acidulée. Un vin complexe, élégant et alerte. ⧗ 2016-2019 🍷 coq au vin

🔑 Ulysse Jaboulet, 6, rue de Chaux, 21700 Nuits-Saint-Georges, tél. 03 80 62 43 00 r.-v.

BOURGOGNE

DOM. MICHEL JUILLOT
Clos des Barraults 2012

■ 1er cru | 10 000 | | 20 à 30 €

Fondé par Louis Juillot, développé par son fils Michel, conduit depuis la fin des années 1990 par son petit-fils Laurent Juillot, ce domaine emblématique de la Côte chalonnaise couvre 31 ha essentiellement en AOC mercurey, avec des parcelles en Côte de Beaune.

Un vin rouge cerise, brillant et limpide. Du boisé au premier nez, puis des nuances fruitées apparaissent à l'agitation (groseille, framboise), mêlées à des parfums de rose et d'épices. La bouche s'avère bien structurée par des tanins fermes. Un mercurey solide et de garde. ⧗ 2017-2022 🍷 côte de bœuf ■ En Sazenay 1er cru 2012 (15 à 20 € ; 2 800 b.) : la vanille, le citron et les fleurs blanches composent le bouquet de ce vin frais et léger. ⧗ 2014-2017

🔑 Dom. Michel Juillot, 59, Grande-Rue, 71640 Mercurey, tél. 03 85 98 99 89, infos@domaine-michel-juillot.fr V r.-v.

♥ DOM. LEVERT-BARRAULT
Clos des Barraults 2012 ★★

■ 1er cru | 2 100 | | 15 à 20 €

Ce domaine de 9,5 ha sis à Mercurey est dans le giron des Domaines Famille Picard depuis 1995, au même titre que le Château de Chassagne-Montrachet.

Vêtu d'une robe rubis, ce 2012 décline des parfums intenses et élégants de fruits rouges (framboise, griotte) et noirs (myrtille, mûre). Au palais, il séduit par son équilibre remarquable entre des tanins fins et élégants, une matière charnue et une finale fraîche. Une bouteille déjà très harmonieuse, dont l'étoffe lui permettra aussi de bien évoluer. ⧗ 2015-2020 🍷 bœuf bourguignon

🔑 Dom. Levert-Barault, 71640 Mercurey, tél. 03 80 21 98 57, francine.picard@domainesfamillepicard.com 🔑 Famille Picard

B LOUIS MAX Les Vasées 2012 ★

■ 1er cru | 10 600 | | 30 à 50 €

Maison de négoce fondée en 1859 par Evgueni-Louis Max, émigré de Géorgie. Présidée depuis 2007 par Philippe Bardet, elle dispose, en plus de ses achats de raisins, d'un vignoble en propre de 150 ha à Mercurey et dans les Corbières. Sur les flacons, des étiquettes reconnaissables entre toutes, dessinées par Pierre Le Tan.

Issue d'un terroir marneux cultivé en agriculture biologique, cette cuvée rubis éclatant libère au nez des parfums de fruits noirs. Le palais équilibré, légèrement acidulé, est porté par des tanins fins et onctueux garants d'un bel avenir, et par une longue finale élégante, aux accents fruités. 2017-2020 épોisses

Louis Max, 6, rue de Chaux, 21700 Nuits-Saint-Georges, tél. 03 80 62 43 00, louismax@louis-max.fr r.-v.

DOM. DU MEIX FOULOT 2011 ★

1er cru | 4 000 | | 15 à 20 €

En 1996, Agnès Dewe-de Launay, après quatre années passées aux États-Unis, a repris le domaine de 20 ha à la suite de son père Paul.

Cette cuvée parée d'un rouge intense orné de reflets grenat libère un bouquet expressif de rose fanée, de griotte et de sous-bois. Le fruité persiste dans une bouche souple et ronde, soutenue par une belle tension et des tanins soyeux. Un bon classique élégant et harmonieux. 2014-2017 œufs en meurette

Dom. du Meix-Foulot, Touches, 71640 Mercurey, tél. 02 85 45 13 92, meixfoulo@club.fr V r.-v.

DOM. MENAND Les Champs Martin 2012 ★

1er cru | 2 000 | | 15 à 20 €

Installé en 1997 sur le domaine familial, Philippe Menand oriente rapidement son vignoble vers la culture biologique, puis la vinification biologique sans intrants. La certification est acquise pour ses 6 ha de vignes.

55 ares de pinots noirs de trente ans plantés sur le coteau des Champs Martin ont donné naissance à cette cuvée rubis intense aux reflets grenat. Le nez dévoile des parfums de fruits noirs légèrement confits soulignés par un soupçon de vanille. Après une attaque vive, le palais développe une sensation de richesse et de puissance soutenue par des tanins francs et virils. 2017-2020 coq au vin **Le Clos des Combins 1er cru 2012**: un vin aux arômes de fruits blancs, souple, vif et minéral, qui ne manque ni de matière ni de longueur. 2014-2017

Dom. Menand, 8, rue des Combins, 71640 Mercurey, tél. 03 85 45 19 19 V r.-v.

DOM. GAËLLE ET JÉRÔME MEUNIER 2012 ★★

1er cru | 1 000 | | 11 à 15 €

Ce jeune domaine créé en 2006 par deux passionnés, Gaëlle et Jérôme Meunier, compte aujourd'hui une dizaine d'hectares s'étendant de la Côte chalonnaise à la Côte de Beaune.

Né de ceps de quarante-cinq ans ce 2012 pourpre profond nuancé de violet dévoile un superbe bouquet fruité (framboise, groseille), floral (pivoine, lilas) et épicé (poivre blanc). L'attaque ronde et gourmande est un prélude à une bouche puissante, riche et large, tapissée d'arômes de fruits rouges et bâtie sur des tanins au grain très fin. Un modèle d'élégance et de force contenue. 2016-2025 pavé de biche aux airelles

Gaëlle et Jérôme Meunier, rue du Bois, 71640 Barizey, tél. 03 85 44 45 78, domainemeunier@orange.fr V r.-v.

PHILIPPE MILAN ET FILS Les Crêts 2012 ★

1er cru | 1 500 | | 11 à 15 €

À la suite du décès de son père Philippe en 2009, Karl Milan a repris l'exploitation du domaine. Il l'a depuis agrandi (11 ha aujourd'hui) en y ajoutant quelques parcelles de pommard et de maranges (*villages* et 1er cru).

Ce 1er cru issu de jeunes vignes affiche une robe rubis clair. Du verre s'échappent des parfums de fruits noirs. La bouche élégante et nette se caractérise par une chair riche et dense, soutenue par des tanins déjà ronds et persistants en finale. 2017-2020 faisan rôti

Philippe Milan et Fils, 2, rue du Pigeonnier, Valotte, 71150 Chassey-le-Camp, tél. 03 85 91 21 38, milan.philippe3@wanadoo.fr V t.l.j. sf dim. 8h-12h 14h-19h Karl Milan

DOM. DE LA MONETTE 2012 ★

| 2 100 | | 11 à 15 €

Depuis sa reprise en 2008 par Roelof Ligtmans et Marlon Steine, un couple de Néerlandais sous le charme de la Bourgogne, ce vignoble de 5 ha situé dans la Côte chalonnaise est travaillé selon les principes de la culture biologique (certification en 2013).

Paré d'une robe grenat profond, ce 2012 livre sans réserve un bouquet boisé grillé et des parfums naissants de mûre sauvage, de réglisse et de cuir. Ample, soutenu par des tanins nobles, le palais se montre frais et long, et déroule une joile finale poivrée. 2017-2020 faisan rôti

Dom. de la Monette, Roelof Ligtmans, 15, rue du Château, Chamirey, 71640 Mercurey, tél. 03 85 98 07 99, vigneron@domainedelamonette.fr V r.-v.

DOM. PIGNERET FILS La Chagnée 2012 ★★

| 2 800 | 8 à 11 €

Installés du côté de Givry, les frères Éric et Joseph Pigneret, quatrièmes du nom à conduire le domaine familial (27 ha), ont créé la marque de négoce Pigneret Fils pour enrichir leur gamme. Ils achètent ainsi des raisins et des moûts qu'ils vinifient et élèvent dans leur chai.

L'élégance de ce vin apparaît au premier regard grâce à sa couleur rubis et pourpre, lumineuse et brillante. Le bouquet à la fois fin et puissant mêle harmonieusement les fruits rouges (cerise, framboise) aux fruits noirs (mûre, myrtille, cassis). Le palais, rond et équilibré s'appuie sur des tanins fondus et veloutés. 2014-2018 entrecôte charolaise

Dom. Pigneret Fils, Vingelles, 71390 Moroges, tél. 03 85 47 15 10, domaine.pigneret@wanadoo.fr V t.l.j. 9h-12h 14h-19h

DOM. JEAN-MICHEL ET LAURENT PILLOT 2011

| 4 600 | 11 à 15 €

Les frères Pillot incarnent la cinquième génération de vignerons sur ce domaine de 19 ha implanté à Mellecey, au sud de Mercurey.

Ce vin rubis limpide et brillant aux légers reflets orangés livre des parfums plaisants de cerise et de framboise. La bouche à la fois ronde et fraîche, aux tanins fermes, s'étire longuement sur des saveurs de griotte et de raisin mûr 2014-2017 charcuteries bourguignonnes

Dom. Jean-Michel et Laurent Pillot, 47, rue des Vendangeurs, 71640 Mellecey, tél. 03 85 45 20 48, domaine.pillot@club-internet.fr V r.-v.

♥ FRANÇOIS RAQUILLET
Les Veleys 2012 ★★

1er cru	4 000		15 à 20 €

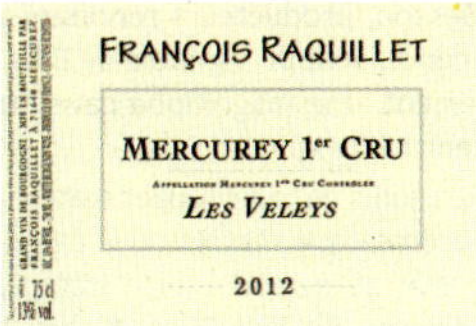

Héritiers de dix générations de vignerons, François et Emmanuelle Raquillet sont à la tête du domaine familial (10 ha) depuis 1990 et signent avec constance des cuvées de belle facture.

Paré d'un or paille lumineux, le vin libère un bouquet expressif associant la vanille, les fleurs blanches et le pain grillé. Frais en attaque, le vin dévoile des arômes très gourmands de noisette et de miel au sein d'un palais ample et large, long et intense, parfaitement équilibré. ⌛ 2014-2018 🍷 époisses ■ Les Naugues 1er cru 2012 ★ (3 000 b.) : ce 2012 se révèle présent d'un bout à l'autre de la dégustation avec, notamment, des arômes de fruits noirs et de vanille bien mariés et intenses. ⌛ 2017-2020

François Raquillet, 19, rue de Jamproyes, 71640 Mercurey, tél. 03 85 45 14 61, contact@domaine-raquillet.com V t.l.j. sf sam. dim. 9h-12h 14h-18h

CH. DE SANTENAY 2012 ★

	50 000		11 à 15 €

Ce majestueux château aux tuiles vernissées, aussi appelé « château Philippe le Hardi », fut propriété du premier duc de la grande Bourgogne (1342-1404). Aujourd'hui dans le giron du Crédit Agricole, il étend son vaste vignoble sur 97 ha et plusieurs AOC beaunoises et chalonnaises.

Or pâle, ce 2012 développe un nez fruité d'agrumes nuancé de fleurs blanches et de vanille. Son équilibre penche vers la gourmandise et la rondeur, même si une vivacité citronnée relève la finale. ⌛ 2014-2017 🍷 camembert chaud rôti au four ■ 2012 (15 à 20 € ; 260 000 b.) : encore sur la réserve, mais de la persistance, du fruité et de la fraîcheur. ⌛ 2017-2020

SAS Ch. de Santenay, 1, rue du Château, 21590 Santenay, tél. 03 80 20 61 87, contact@chateau-de-santenay.com V r.-v.

MICHEL SARRAZIN ET FILS
La Perrière 2012

	9 000		11 à 15 €

La généalogie de ce domaine remonte à 1671, toujours dans la même famille quelques siècles plus tard. Régulièrement distingués dans le Guide, les frères Sarrazin, Guy et Jean-Yves, savent tirer la quintessence des cépages bourguignons et des sols argilo-calcaires de Givry, leur fief d'origine. Incontournable.

Ce 2012, équilibré et plaisant, grenat à franges rouges, libère des parfums de fraise, de framboise et d'herbe fraîche introduisant une bouche tendre et souple, qui dure longuement sur de fines notes fruitées. ⌛ 2014-2017 🍷 entrecôte charolaise

SARL Michel Sarrazin et Fils, 26, rue de Charnailles, 71640 Jambles, tél. 03 85 44 30 57, sarrazin2@wanadoo.fr V t.l.j. 8h-19h; dim. matin sur r.-v.

MAISON ALBERT SOUNIT Vieilles Vignes 2011 ★

	3 648		11 à 15 €

Fondée en 1851 par Flavien Jeunet, cette maison de négoce, qui possède aussi 12 ha de vignes en propre, a été reprise dans les années 1930 par la famille Sounit, qui la cédera à son importateur danois en 1993. L'une des valeurs sûres de la Côte chalonnaise, en vins tranquilles comme en effervescents.

De vieux pinots noirs élevés douze mois en fût ont donné naissance à ce vin grenat aux reflets sombres. Le nez complexe allie les petits fruits noirs aux épices, et la feuille de mûre à la pivoine. Vif, salin et sapide, le palais est équilibré et rond, porté par des tanins fins et soyeux, et par une finale cerise à l'eau-de-vie et rose fanée. ⌛ 2017-2020 🍷 époisses

Maison Albert Sounit, 5, pl. du Champ-de-Foire, 71150 Rully, tél. 03 85 87 20 71, albert.sounit@wanadoo.fr V r.-v.

♥ DOM. DE SUREMAIN Les Crêts 2012 ★★

1er cru	4 900		15 à 20 €

Situé au cœur de Mercurey, le château du Bourgneuf est le fief de la famille de Suremain depuis sept générations. Un domaine né en 1870 du regroupement de différentes métairies familiales. La mise en bouteilles date de 1947. Installés en 1979, Yves et Marie-Hélène de Suremain, rejoints en 2005 par leur fils aîné Loïc, exploitent aujourd'hui un vignoble de 20 ha.

Ces pinots noirs de quarante ans ont poussé sur des marnes blanches calcaires (la craie) au sommet du coteau sud (la crête). Des raisins récoltés à la main, puis macérés quinze jours en cuve bois ouverte avant un élevage en fût (un an), qui ont donné naissance à ce 2012 pourpre sombre, au nez séducteur de pain d'épice, de fruits rouges et noirs (framboise, mûre, cassis). D'une puissance contenue, dense et soyeux à la fois, le palais repose sur des tanins fins et élégants qui garantissent une excellente tenue à la garde. ⌛ 2015-2025 🍷 canette aux figues et aux raisins ■ Clos l'Évêque 1er cru 2012 ★ (20 à 30 € ; 5 000 b.) : un vin plus immédiat et gourmand, prêt à boire. ⌛ 2014-2015

Dom. de Suremain, Ch. du Bourgneuf, 71, Grande-Rue, 71640 Mercurey, tél. 03 85 98 04 92, contact@domaine-de-suremain.com V t.l.j. 9h-12h 14h-18h; sam. dim. sur r.-v.

♥ DOM. THEULOT JUILLOT
Lieu-dit Château Mipont 2012 ★★

	3 400		11 à 15 €

Nathalie et Jean-Claude Theulot dirigent depuis 1986 le domaine créé par leurs grands-parents au début du siècle dernier. Ils ont progressivement étendu le vignoble de 5,5 ha à 11,5 ha aujourd'hui.

Déjà auteurs d'un coup de cœur (l'an dernier pour leur 2011), Nathalie et Jean-Claude Theulot sont de nouveau récompensés avec ce 2012 rouge cerise animé de reflets rubis. Le nez intense libère des parfums de fruits rouges (fraise, framboise, griotte) mêlés aux épices douces. Fruité en attaque, le palais, ample et gourmand, s'appuie sur une charpente tannique fine et soyeuse. 2016-2019 côte de bœuf fin gras du Mezenc Les Saumonts 1er cru 2012 ★ (15 à 20 € ; 1 300 b.) : un vin expressif et très séduisant par ses arômes d'orange soulignés par une belle minéralité. 2014-2017

Nathalie et Jean-Claude Theulot, Dom. Theulot Juillot, 4, rue de Mercurey, 71640 Mercurey, tél. 03 85 45 13 87, e.juillot.theulot@wanadoo.fr V t.l.j. 8h-12h 13h30-18h; sam. dim. sur r.-v.

DOM. TUPINIER-BAUTISTA Clos du Roy 2012 ★

1er cru	2 200		15 à 20 €

Manuel Bautista exploite depuis 1997 la propriété (10 ha aujourd'hui) de sa belle-famille, les Tupinier, vignerons à Mercurey depuis 1770. Une affaire de négoce a été créée pour l'achat de raisins de la Côte chalonnaise et de la Côte de Beaune.

Encore sous l'emprise de l'élevage, ce 1er cru révèle néanmoins un nez expressif de pain grillé et de fruits noirs, agrémentés de notes balsamiques et épicées. Après une attaque ronde et séveuse, la myrtille et le cassis reviennent au galop dans une bouche ample, portée par des tanins encore jeunes. 2019-2024 civet de marcassin En Sazenay 1er cru 2012 ★ (11 à 15 € ; 5 500 b.) : un vin de potentiel, net, élégamment tannique. 2019-2024 Les Vellées 1er cru 2012 (1 600 b.) : minéral et fruité. 2015-2019

Dom. Tupinier-Bautista, 21, rue de la Cure, 71640 Mercurey, tél. 06 87 16 02 14 V r.-v.

DOM. VENOT 2012 ★

	2 000		8 à 11 €

Ce domaine de la Côte chalonnaise a été fondé en 1983 par deux frères et l'épouse de l'un d'eux, réunis en GAEC (groupement d'exploitants). Sur ce vignoble de 12,5 ha, on bichonne les vignes et l'on vendange toujours à la main.

Cette cuvée rubis orné de reflets violacés développe une palette aromatique variée et complexe de myrtille, de bourgeon de cassis et de fruits confiturés. L'attaque franche et nette annonce une bouche équilibrée, charnue et fruitée, étayée par des tanins solides, encore un peu sévères en finale. 2017-2020 canard rôti

GAEC Venot la corvée, 11, rue de la Croix-de-Bois, 71390 Moroges, tél. 06 08 11 66 39 V t.l.j. sf dim. 8h-12h 14h-18h

GIVRY

• Superficie : 270 hl • Production : 12 580 hl (80 % rouge)

À 6 km au sud de Mercurey, cette petite bourgade typiquement bourguignonne est riche en monuments historiques. Le givry rouge, la production principale, aurait été le vin préféré d'Henri IV. Mais le blanc intéresse aussi. L'appellation s'étend principalement sur la commune de Givry, mais « déborde » aussi légèrement sur Jambles et Dracy-le-Fort.

DOM. BESSON Les Bois Gautiers 2012 ★

1er cru	2 000		15 à 20 €

Installés en 1989 sur le domaine familial fondé en 1938, Guillemette et Xavier Besson, producteurs renommés de la Côte chalonnaise, conduisent un vignoble de 8 ha. À leur disposition également, une magnifique cave du XVIIes. classée Monument historique.

Le nez intense libère des parfums de fruits rouges mâtinés d'épices orientales. Des arômes que l'on retrouve également dans un palais soyeux, au caractère bien trempé, grâce à des solides tanins. 2016-2019 bœuf bourguignon La Matrosse 2012 ★ (11 à 15 € ; 1 500 b.) : encore dominé par le boisé vif et bien structuré, ce givry demande néanmoins d'être attendu. 2016-2020 Les Grands Prétans 2012 (11 à 15 € ; 9 000 b.) : corpulent, puissant et chaleureux. 2016-2020

Dom. Xavier et Guillemette Besson, 9, rue des Bois-Chevaux, 71640 Givry, tél. 03 85 44 42 44, xavierbesson3@wanadoo.fr V r.-v. 3

DOM. CHOFFLET-VALDENAIRE Clos Jus 2012 ★

1er cru	5 000		11 à 15 €

Ce vieux vignoble créé en 1710 est exploité depuis 1988 par Denis Valdenaire, le gendre de M. Chofflet, savoyard d'origine. À la tête de 15 ha de vignes, il pratique une agriculture raisonnée.

Cette cuvée du Clos Jus d'un rouge cerise d'une belle intensité dévoile un nez puissant de fruits compotés, de sous-bois et de pain grillé. Au palais, on retrouve les arômes de l'olfaction dans une matière dense et fruitée, charpentée par des tanins encore un peu sévères. Un peu de temps devrait l'arrondir. 2017-2020 civet de marcassin Clos de Choué 2012 ★ (20 000 b.) : riche et puissant avec des tanins encore fermes et austères. 2017-2020

Dom. Chofflet-Valdenaire, Russilly, 71640 Givry, tél. 03 85 44 34 78, chofflet.valdenaire@orange.fr V r.-v.

LE CLOS DE MORTIÈRES
Cuvée Renaissance Monopole 2011

	3 000	11 à 15 €

Romain Bouillot, auparavant caviste et négociant, reprend en 2010 ce clos monopole de 3 ha, situé à Givry, laissé à l'abandon pendant quinze ans.

Signant ici son premier millésime, Romain Bouillot propose une cuvée grenat frangée de rose, au nez complexe de fruits rouges frais (fraise et framboise) mêlés de foin coupé et de brioche. Minéral dès l'attaque, le palais se révèle souple et fruité (griotte et groseille), porté par des tanins fins et soyeux qui créent une sensation finale veloutée. 2014-2015 tajine d'agneau

Romain Bouillot, 35, av. des Mortières, 71640 Givry, tél. 06 14 01 62 07, romain.bouillot@live.fr V r.-v.

DOM. DU CLOS SALOMON 2012 ★

1er cru	25 000		15 à 20 €

Domaine phare de l'appellation givry, ce 1er cru monopole appartient à la famille du Gardin. À sa tête, Ludovic héritier, associé avec Fabrice Perrotto, lyonnais d'origine, met un point d'honneur à conserver les traditions bourguignonnes : rendements faibles, vendanges manuelles, élevage en pièces de 228 l...

Paré de grenat, ce vin offre une palette aromatique harmonieuse dans laquelle se mêlent les fruits rouges, les épices et les notes boisées du fût. En bouche, du fruit à souhait (framboise, griotte) porté par des tanins soyeux et fins. ⌛ 2014-2017 🍷 poulet rôti

🔑 Dom. du Clos Salomon, 16, rue du Clos-Salomon, 71640 Givry, tél. 03 85 44 32 24, clos.salomon@wanadoo.fr V r.-v.

♥ DOM. DAVANTURE 2012 ★★

■	2 400		8 à 11 €

Les trois frères Davanture (Xavier, Damien et Éric) sont issus d'une longue dynastie de vignerons (huit générations). Ils officient sur un domaine de 22 ha situé à Saint-Désert, village de la Côte chalonnaise connu pour son église fortifiée.

Cette cuvée, née de chardonnays cueillis à la main et élevée douze mois en fût, a séduit d'emblée avec sa robe dorée lumineuse aux reflets pistache. Bien typée avec de subtiles notes de fleurs blanches et de noisette, l'olfaction impressionne par sa concentration. Tendre dès l'attaque, rond, gras et parfaitement équilibré, le palais révèle un fruité intense aux tonalités d'abricot, d'ananas et de brioche au beurre. Un vin racé, complexe et bâti pour bien vieillir. ⌛ 2017-2020 🍷 homard breton

🔑 Dom. Davanture, rue de la Messe, Cidex 1516 n° 26, 71390 Saint-Désert, tél. 03 85 47 95 57, domaine.davanture@orange.fr V r.-v.

🔑 GAEC des Murgers

DOM. DE LA FERTÉ Servoisine 2011 ★

■ 1er cru	3 800		20 à 30 €

Ce domaine doit son nom à l'abbaye de la Ferté, première fille de l'abbaye de Cîteaux, bâtie au début du VIIe s. Cultivés par les moines cisterciens jusqu'à la Révolution, les 2,5 ha de ce domaine ont été repris en 1995 par Bertrand Devillard (Ch. de Chamirey, Dom. des Perdrix).

Cette cuvée à la robe sombre et brillante exprime sans timidité les fruits rouges, particulièrement la cerise burlat, associés à la noix de coco et à la vanille. L'ampleur et la richesse en bouche se conjuguent avec une structure tannique concentrée. Un vin de caractère. ⌛ 2016-2019 🍷 canard aux cerises

🔑 Dom. de la Ferté, BP 5, 71640 Mercurey, tél. 03 85 45 21 61, contact@domainedelaferte.com V r.-v.

DOM. VINCENT LUMPP Le Vigron 2012 ★

■ 1er cru	5 500		11 à 15 €

Ce domaine créé par Vincent Lumpp, rejoint par son fils Baptiste en 2005, est situé au sud de l'appellation givry, dans le hameau de Poncey. Il compte 8 ha de vignes, dont 2 ha en monopole au Clos Saint-Paul.

Ce vin libère un bouquet frais et net de fruits rouges et noirs mêlés de touches végétales. La bouche est charnue, fruitée et puissante, soutenue par des tanins fermes de belle extraction et par une longue finale poivrée. ⌛ 2019-2022 🍷 gigot ■ Le Vigron 2012 (1 700 b.) : mangue, litchi et ananas signent le palais. Un vin déjà prêt. ⌛ 2014-2015

🔑 Dom. Vincent Lumpp, 45, rue de Jambles, Poncey, 71640 Givry, tél. 03 85 44 52 00, infodomaine-lumpp.fr V r.-v.

DOM. MOUTON Clos Jus 2012 ★

■ 1er cru	8 000		15 à 20 €

Cette exploitation familiale, installée depuis quatre générations à Givry, dispose aujourd'hui de 12 ha de vignes répartis en appellations régionales, communales et 1er cru. Elle est menée par Laurent Mouton.

Ce 2012 rubis clair libère un nez de fruits rouges et noirs soulignés de notes beurrées. Rond, gourmand et bien charpenté, le palais déploie un fruité aimable souligné par une agréable nuance boisée. ⌛ 2017-2020 🍷 fromages à pâte molle ■ Clos Charlé 2012 ★ (11 à 15 € ; 14 000 b.) : un nez de cerise, une bouche fraîche, fruitée, florale et construite autour de tanins souples et ronds. ⌛ 2014-2018 ■ Les Grands Prétans 2012 (15 à 20 € ; 3 500 b.) : un vin minéral, aux arômes de framboise. ⌛ 2014-2017

🔑 SCEA Dom. Mouton, 6, rue de l'Orcène, Poncey, 71640 Givry, tél. 03 85 44 37 99, domaine-mouton@vin-givry.com V r.-v.

DOM. PELLETIER-HIBON Vieilles Vignes 2012

■	7 800		8 à 11 €

La propriété n'a cessé de se développer depuis qu'André Pelletier (1898-1953) a pu acquérir quelques parcelles de Givry. Son fils Henri a poursuivi son œuvre jusqu'à sa retraite en 2005, après s'être associé avec son gendre Luc Hibon en 2001. Ce dernier et son épouse exploitent désormais la propriété familiale, qui compte 6 ha.

Parée de rouge cerise, cette cuvée livre un bouquet intense de fruits rouges et se révèle dans un palais souple, tendu et léger, adossé à des tanins fins et élégants. ⌛ 2014-2017 🍷 rôti de bœuf sauce béarnaise

🔑 Dom. Pelletier-Hibon, rue de la Planchette, Poncey, 71640 Givry, tél. 03 85 94 87 42, pelletier.hibon@club-internet.fr V r.-v.

DOM. DES PIERRES BLANCHES 2012 ★

■	5 000		8 à 11 €

Créée en 1931, la coopérative de Buxy rassemble aujourd'hui 270 adhérents.

Récoltés mécaniquement le 21 septembre 2012, ces chardonnays ont grandi sur des calcaires de l'oxfordien supérieur. On découvre un nez tout en discrétion, fait de fruits blancs et d'herbe fraîche. La bouche se distingue par sa chair dense, fruitée et concentrée. ⌛ 2016-2017 🍷 noix de Saint-Jacques

🔑 Vignerons de Buxy, Les Vignes-de-la-Croix, 2, rte de la Croix, 71390 Buxy, tél. 03 85 92 03 03, accueil@vigneronsdebuxy.fr V t.l.j. 9h-12h 14h-18h30

DOM. PIGNERET FILS 2012 ★★

■	8 000	8 à 11 €

Installés du côté de Givry, les frères Éric et Joseph Pigneret, quatrièmes du nom à conduire le domaine familial (27 ha), ont créé la marque de négoce Pigneret Fils pour enrichir leur gamme. Ils achètent ainsi des raisins et des moûts qu'ils vinifient et élèvent dans leur chai.

BOURGOGNE

Paré d'un rouge profond, ce givry dévoile des arômes intenses de fruits noirs frais et d'épices. Après une belle attaque, on découvre des tanins fins et bien extraits, une chair soyeuse et savoureuse, et une finale longue et fraîche. 2020-2025 rôti de biche

Dom. Pigneret Fils, Vingelles, 71390 Moroges, tél. 03 85 47 15 10, domaine.pigneret@wanadoo.fr t.l.j. 9h-12h 14h-19h

♥ DOM. RAGOT La Grande Berge 2012 ★★

1er cru | 9 000 | | 15 à 20 €

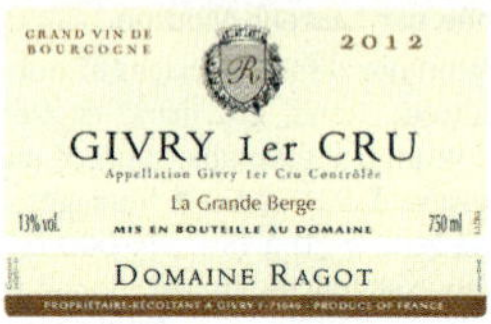

En 2003, Nicolas, incarnant la cinquième génération, a pris le relais de son père Jean-Paul à la tête de ce domaine familial de 9,2 ha, établi au cœur de Givry.

Ce vin grenat profond parsemé d'éclats rosés dévoile un nez intense qui mêle les fruits rouges (cerise et framboise) à des notes chocolatées nuancées de vanille. L'harmonie est déjà là en bouche : une association idéale de richesse, de boisé et de fruité, portée par des tanins soyeux et une finale fraîche. Un givry déjà charmeur en diable, qui vieillira bien. 2016-2019 onglet à l'échalote 1er cru Clos Jus 2012 ★ (5 200 b.) : encore un peu austère, il possède tous les atouts pour la garde (de la solidité et de la fraîcheur). 2017-2020

Dom. Ragot, 4, rue de l'École, 71640 Givry, tél. 03 85 44 35 67, vin@domaine-ragot.com t.l.j. sf dim. 8h-20h

MICHEL SARRAZIN ET FILS Champ Lalot 2012 ★

1er cru | 13 000 | | 11 à 15 €

La généalogie de ce domaine remonte à 1671, toujours dans la même famille quelques siècles plus tard. Régulièrement distingués dans le Guide, les frères Sarrazin, Guy et Jean-Yves, savent tirer la quintessence des cépages bourguignons et des sols argilo-calcaires de Givry, leur fief d'origine. Incontournable.

Paré d'un rouge rubis, ce 2012 libère un nez pur, bien typé pinot noir : petits fruits rouges et noirs savamment mêlés de notes animales et végétales. La bouche n'est pas en reste, équilibrée et gourmande ; même si les tanins picotent encore un peu les papilles, ils sont si élégants et séducteurs qu'on leur pardonne bien volontiers leur jeunesse. Un fruité raffiné s'étire longuement jusqu'à la finale fraîche et plaisante. 2017-2020 carré d'agneau rôti 1er cru Les Pièces d'Henry 2012 (4 000 b.) : un palais aromatique sur le miel et les fruits mûrs. 2014-2017

SARL Michel Sarrazin et Fils, 26, rue de Charnailles, 71640 Jambles, tél. 03 85 44 30 57, sarrazin2@wanadoo.fr t.l.j. 8h-19h; dim. matin sur r.-v.

LA SAULERAIE Champt Nalot 2012 ★

1er cru | 9 000 | | 11 à 15 €

L'histoire de la famille Parize en terre givrotine remonte à 1890, lorsque les aïeux de Laurent s'installent à Poncey, alors commune indépendante. Le domaine compte aujourd'hui 8 ha.

Les sols argilo-calcaires de ce cru ont vu naître cette cuvée élevée quinze mois en fût, qui en tire un nez teinté d'élégantes notes empyreumatiques mêlées aux senteurs de petits fruits noirs. Ample et corpulent, le palais offre une belle mâche bâtie sur des tanins fermes mais élégants. Un vin extrait et ambitieux, destiné à vieillir. 2017-2020 bécasses à la ficelle 1er cru Clos les Grandes Vignes 2011 ★ (9 000 b.) : une belle matière au palais, des touches minérales et des notes de groseille persistantes. 2016-2019

EARL Parize Père et Fils, 18, rue des Faussillons, 71640 Givry, tél. 03 85 44 38 60, laurent.parize@wanadoo.fr t.l.j. 9h-19h

MONTAGNY

• Superficie : 310 ha • Production : 17 000 hl

Entièrement vouée aux blancs, Montagny est l'appellation la plus méridionale de la Côte chalonnaise et annonce déjà le Mâconnais. Ses vins peuvent être produits sur quatre communes : Montagny, Buxy, Saint-Vallerin et Jully-lès-Buxy. Plusieurs 1ers crus (les Coères, les Burnins, les Platières...) sont délimités sur la commune de Montagny. Assez subtils, avec des arômes d'agrumes et une touche de minéralité, de bonne garde, les montagny mériteraient d'être mieux connus.

♥ JEAN-PIERRE BERTHENET Mont-Cuchot 2012 ★★

1er cru | n.c. | | 11 à 15 €

Vigneron depuis 1974, Jean-Pierre Berthenet quitte la cave coopérative de Buxy en 2002 pour vinifier sa propre production, le fruit d'une vingtaine d'hectares. Aujourd'hui, l'une des valeurs sûres de l'appellation montagny.

Or blanc, brillant et étincelant, ce 2012 propose une large et engageante palette aromatique : petites fleurs blanches printanières et agrumes confits, le tout rehaussé par de fines notes minérales. La bouche, savoureuse, dominée par les fruits blancs, offre un volume imposant, du gras, de la densité et déploie une longue finale aux tonalités salines qui apporte un surcroît de vitalité et d'équilibre. Bâti pour durer. 2016-2020 truite aux herbes fraîches Vieilles Vignes 1er cru 2012 ★ : un vin jaune tirant sur l'or, au nez délicat de lys, de noisette et de citron, au palais à la fois croquant, rond et persistant. 2017-2020

Dom. Berthenet, rue du Lavoir, 71390 Montagny-lès-Buxy, tél. 09 65 38 99 03, domaine.berthenet@free.fr t.l.j. sf dim. 9h-12h 13h30-18h

CAVE DE BISSEY Les Pidances 2012

1er cru | 12 700 | | 8 à 11 €

Fondée en 1928, la cave de Bissey est la plus ancienne coopérative de la Côte chalonnaise. Elle vinifie aujourd'hui sur une centaine d'hectares toutes les appellations régionales et communales, et même certains 1ers crus.

Ce 2012 livre un bouquet dominé par des arômes muscatés, agrémentés d'agrumes et d'amande. Dans le prolongement du nez, la bouche se révèle ronde et suave. Un vin gourmand et prêt à boire. 2014-2015 gougères

Cave de Bissey, Les Millerands, 71390 Bissey-sous-Cruchaud, tél. 03 85 92 12 16, cave.bissey@wanadoo.fr V t.l.j. sf dim. 9h-12h 14h-18h30

PHILIPPE BOUCHARD 2012

1er cru	12 782		15 à 20 €

Cette marque destinée à la grande distribution en France et à l'étranger appartient à la maison de négoce Corton André, conduite par Benoît Goujon, directeur, et Ludivine Griveau, œnologue maison.

Or clair, ce vin libère au premier nez des fleurs blanches puis s'intensifie à l'aération sur des notes de pâte d'amandes et de thé fumé. Nette et délicate, la bouche à la matière fine est empreinte d'une agréable minéralité. 2015-2019 cuisses de grenouilles

Philippe Bouchard, BP 10, 21420 Aloxe-Corton, tél. 03 80 25 00 00, contact@philippe-bouchard.com

VIGNERONS DE BUXY Les Coères 2012

1er cru	11 000		8 à 11 €

Créée en 1931, la coopérative de Buxy rassemble aujourd'hui 270 adhérents.

Parée d'une belle robe jaune pâle, cette cuvée présente un nez intensément citronné et floral. La bouche, tout aussi aromatique, s'enrichit de notes miellées et muscatées. Un ensemble harmonieux. 2014-2017 saint-jacques au beurre citronné

Vignerons de Buxy, Les Vignes-de-la-Croix, 2, rte de la Croix, 71390 Buxy, tél. 03 85 92 03 03, accueil@vigneronsdebuxy.fr V t.l.j. 9h-12h 14h-18h30

CH. DE CHAMILLY Les Burnins 2012

1er cru	7 000	11 à 15 €

Véronique Desfontaine est depuis 1995 à la tête de l'ancienne demeure du marquis de Chamilly. En 2007, ses deux fils Xavier et Arnaud l'ont rejointe et ils exploitent ensemble un coquet vignoble de 25 ha.

Paré d'or blanc clinquant, le vin libère au nez des parfums floraux (lys, lilas et chèvrefeuille). La bouche se révèle ample et juteuse, stimulée par des saveurs acidulées de clémentine. 2015-2018 poisson en sauce Les Reculerons 2012 (8 à 11 €; 6 000 b.): avec un nez mentholé, presque pétrolé, et un palais frais, minéral et fleuri, ce vin est plein d'harmonie. 2014-2017

EARL ch. de Chamilly, 7, allée du Château, 71510 Chamilly, tél. 03 85 87 22 24, contact@chateaudechamilly.com V r.-v.

DOM. DU CLOS SALOMON Le Clou 2012 ★

	n.c.	11 à 15 €

Domaine phare de l'appellation givry, ce 1er cru monopole appartient à la famille du Gardin. À sa tête, Ludovic, héritier, associé avec Fabrice Perrotto, lyonnais d'origine, met un point d'honneur à conserver les traditions bourguignonnes: rendements faibles, vendanges manuelles, élevage en pièces de 228 l...

Ce 2012 or pâle libère un nez franc et complexe qui associe la minéralité de son terroir d'origine (argilo-marneux) et le boisé de son élevage (vanille et toast grillé). Dans la continuité, la bouche, à la fois ronde et fraîche, évoque quant à elle les fleurs blanches et la tarte aux pommes, avant de déployer une finale citronnée. 2014-2019 sandre gillé

Dom. du Clos Salomon, 16, rue du Clos-Salomon, 71640 Givry, tél. 03 85 44 32 24, clos.salomon@wanadoo.fr V r.-v.

FEUILLAT-JUILLOT Les Jardins 2012 ★

1er cru	2 100		11 à 15 €

Françoise Feuillat-Juillot, fille d'une illustre famille vigneronne de Mercurey, a posé ses valises en 1989 sur les terres de Montagny. Elle exploite aujourd'hui 14 ha de vignes avec treize 1ers crus différents.

Ces Jardins, à l'olfaction printanière et charmeuse (petites fleurs blanches de bosquet), révèlent un palais subtil, qui prend de l'ampleur au fur et à mesure de la dégustation, pour finir sur des nuances gourmandes de pêche blanche et d'agrumes. 2015-2019 boudin blanc 1er cru Les Coères 2012 (15 à 20 € ; 7 000 b.) : discrètement fruité et minéral au nez, ce vin dévoile en bouche des arômes de miel et d'anis, et séduit par son équilibre. 2014-2019

Dom. Feuillat-Juillot, rte de Montorge, 71390 Montagny-lès-Buxy, tél. 03 85 92 03 71, domaine@feuillat-juillot.com V t.l.j. 9h-12h 14h-18h; sam. dim. sur r.-v.

DOM. DES MOIROTS Le Vieux Château 2012 ★

1er cru	12 600		11 à 15 €

Situé à Bissey-sous-Cruchaud en Côte chalonnaise, le domaine des Moirots est une affaire de famille: celle des Denizot. En 1990, Christophe a rejoint son père Lucien à la tête de l'exploitation, qu'il gère en compagnie de sa sœur Muriel et de son cousin Patrice.

Un peu plus de 3 ha de chardonnays de vingt-cinq ans vendangés à la main ont donné naissance à ce vin jaune clair et brillant. Le nez mêle les fleurs blanches (acacia), la pêche de vigne, le citron et les notes toastées de l'élevage en fût. La bouche ample et persistante révèle une belle minéralité et une agréable vivacité. Un montagny équilibré, expressif et alerte. 2014-2017 risotto de saint-jacques

Dom. des Moirots, 14, rue des Moirots, 71390 Bissey-sous-Cruchaud, tél. 03 85 92 16 93, domainedesmoirots@orange.fr V r.-v.

Denizot

CH. DE LA SAULE Cuvée spéciale en fût de chêne 2011

1er cru	25 000		11 à 15 €

Situé à une vingtaine de kilomètres au sud-ouest de Chalon-sur-Saône, Montagny-lès-Buxy rassemble de façon circulaire, au cœur du village, d'anciennes maisons vigneronnes. Ce château de 18,5 ha de vignes, propriété d'Alain Roy, est situé en contrebas du village.

Ce vin est bien dans son millésime avec sa robe dorée, ses parfums francs de fleur d'oranger, d'agrumes et de nuances minérales. Souple et friand en attaque, il se révèle bien équilibré, dynamisé par une tension aiguë en finale. 2014-2017 plateau de fruits de mer

Alain Roy, Ch. de la Saule, 71390 Montagny-lès-Buxy, tél. 03 85 92 11 83 V r.-v.

Le Mâconnais

Jeu de collines découvrant souvent de vastes horizons, où les bœufs charolais ponctuent de blanc le vert des prairies, le Mâconnais (5 700 ha en production) cher à Lamartine – Milly, son village, est vinicole, et lui-même possédait des vignes – est géologiquement plus simple que le Chalonnais. Les terrains sédimentaires du triasique au jurassique y sont coupés de failles ouest-est. 20 % des appellations sont communales, 80 % régionales (mâcon blanc et mâcon rouge). Sur des sols bruns calcaires, les blancs les plus réputés, issus de chardonnay, naissent sur les versants particulièrement bien exposés et très ensoleillés de Pouilly, Solutré et Vergisson avec les AOC pouilly-fuissé, pouilly-vinzelles, pouilly-loché, saint-véran. Ils sont remarquables par leur aptitude à une longue garde. Les rouges et rosés proviennent du pinot noir pour les vins d'appellation bourgogne, et de gamay noir à jus blanc pour les mâcons issus de terrains à plus basse altitude et moins bien exposés, aux sols souvent limoneux où des rognons siliceux facilitent le drainage.

MÂCON ET MÂCON-VILLAGES

• Production : 29 400 hl (85 % en rouge)

L'aire de production est assez vaste : du nord au sud, de la région de Tournus jusqu'aux environs de Mâcon, une cinquantaine de kilomètres sur une quinzaine de kilomètres d'est en ouest. À la diversité des situations répond celle des vins. Les appellations mâcon ou mâcon suivi de la commune d'origine sont utilisées pour les rouges, rosés et blancs. Les deux premiers sont le plus souvent issus de gamay, les troisièmes de chardonnay. Les vins blancs peuvent s'appeler aussi mâcon-villages.

VINS AUVIGUE Fuissé Moulin du pont 2012 ★

■	7 000	▮	5 à 8 €

Producteurs depuis plus de cinq générations, Michel et Jean-Pierre Auvigue pratiquent également depuis 1982 l'achat de raisins. Ils ont transformé un ancien moulin à huile, situé à la Patte d'Oie, en chai de vinification et d'embouteillage.

Fougueux et jovial, ce 2012 a séduit d'emblée par sa couleur vieil or, comme par son nez généreux de fleurs blanches, d'abricot sec et de beurre frais. Mais c'est surtout au palais qu'il révèle un caractère puissant et racé, aiguillonné par la minéralité de son terroir. Vivacité, salinité, silex et sapidité, tels sont les termes des jurés pour qualifier ce vin d'avenir. ⧗ 2016-2020 🍴 pâtes aux fruits de mer

SARL Vins Auvigue, 3131, rte de Davayé, Le-Moulin-du-Pont, 71850 Charnay-lès-Mâcon, tél. 03 85 34 17 36, vins.auvigue@wanadoo.fr V r.-v.

CAVE COOPÉRATIVE D'AZÉ
Cuvée de la Saint-Martin 2010 ★

■	10 000	▮▮	8 à 11 €

Fondée en 1927, la cave d'Azé vinifie aujourd'hui 280 ha de vignes sous la houlette de Denis Charlot. Elle s'est taillé une belle réputation pour ses vins blancs, sans négliger ses pinots noirs et ses effervescents, sans oublier non plus sa cuvée originale de liquoreux.

Une vendange manuelle le jour de la Saint-Martin a donné ce vin jaune safrané à l'olfaction explosive : figue, datte, abricot sec, orange séchée, épices chaudes. Si la bouche confirme le bouquet, elle le fait cependant plus discrètement : appuyée par une fine douceur, elle livre son bagage exotique. ⧗ 2014-2017 🍴 gougères ■ Sélection Prestige 2012 (5 à 8 € ; 20 000 b.) : issu de parcelles choisies (exposition, âge...) puis éclaircies pour limiter leur rendement, un vin encore discret au nez, frais et léger en bouche. ⧗ 2014-2016 ■ Fût de chêne 2012 (5 à 8 € ; 13 000 b.) : un joli vin fruité et équilibré. ⧗ 2014-2016

Cave coopérative d'Azé, En-Tarroux, 71260 Azé, tél. 03 85 33 30 92, contact@caveaze.com V t.l.j. 9h-12h 14h-18h

CÉDRIC ET JEAN-MARC BALANDRAS
Serrières 2012 ★

■	6 000	▮	5 à 8 €

Ce domaine de 10 ha familial a la particularité d'être situé dans un pittoresque hameau mâconnais à cheval sur deux villages (Cenves et Serrières), deux départements (Rhône et Saône-et-Loire) et, par conséquent, deux régions (Rhône-Alpes et Bourgogne). Cédric Balandras s'est installé avec son père en 2000.

Les sols granitiques de Serrières ont donné naissance à un 2012 primesautier à la robe rubis léger et aux senteurs de cassis, de cerise et de framboise. Même impression de légèreté et de fraîcheur en bouche, où l'on retrouve des sensations fruitées. ⧗ 2014-2017 🍴 mâchon

Cédric et Jean-Marc Balandras, Les Guérins, 71960 Serrières, tél. 03 85 35 72 94, jmcbalandras@orange.fr V r.-v. B

DOM. DU BICHERON Péronne 2012

■	24 000	▮	5 à 8 €

Créé en 1889 par Antoine Rousset sur 3 ha de vignes, non loin de Cluny et de la roche de Solutré, ce domaine, aujourd'hui conduit par ses arrière-petits-enfants Geneviève et David, compte 46 ha.

Engageante dans sa robe cristalline, cette cuvée offre un bouquet intense de citron jaune, d'anis et de menthe fraîche. La bouche, dans une belle continuité, se révèle vive et alerte, accompagnée en finale par une fine amertume. ⧗ 2015-2019 🍴 calamars à la plancha

Dom. du Bicheron, Saint-Pierre-de-Lanques, 71260 Péronne, tél. 03 85 36 94 53, domainedubicheron@wanadoo.fr V r.-v.
Denis Rousset

JEAN-CLAUDE BOISSET Igé Château-London 2012

■	9 000	▮▮	8 à 11 €

Un important négoce créé en 1961 par Jean-Claude Boisset qui, installé à Nuits-Saint-Georges dans l'ancien couvent des Ursulines, est propriétaire de vignes dans toute la Bourgogne, mais aussi dans d'autres vignobles en France et à l'étranger. Depuis 2002, Grégory Patriat, le vinificateur, s'attache à élaborer des cuvées haut de gamme, dans une approche « domaine ».

Ce mâcon livre un nez dominé par l'élevage (vanille, toast grillé), qui laisse néanmoins poindre des notes fruitées et florales à l'agitation. Ces saveurs se retrouvent dans un palais concentré, mais lui aussi encore sous l'emprise du bois. À attendre, pour plus de fondu. ⧗ 2016-2019 🍴 poulet à la crème

Maison Jean-Claude Boisset, 5, quai Dumorey, 21700 Nuits-Saint-Georges, tél. 03 80 62 61 61, patriat.g@jboisset.fr V t.l.j. 10h-19h

♥ DOM. FRANÇOIS BOURDON
Vergisson 2012 ★★

2 800 | 5 à 8 €

Ce domaine de plus de 13 ha possède deux caves : un chai moderne au cœur du hameau de Pouilly et une cave voûtée en pierre à Vergisson. À sa tête, Sylvie et François Bourdon représentent la cinquième génération.

Élevé dix mois en cuve sur lies fines, ce vin arbore une couleur d'or aux reflets lumineux. Le nez, élégant et complexe, révèle des senteurs fraîches et intenses d'agrumes et de fruits blancs. Tout aussi expressive, la bouche présente un équilibre parfait entre la rondeur, la vivacité et la persistance. Un grand vin intense et racé, à réserver à un mets fin. ⌛ 2014-2019 🍴 bar en croûte de sel

EARL François et Sylvie Bourdon, rue de la Chapelle, 71960 Solutré-Pouilly, tél. 03 85 35 81 44, francoisbourdon2@wanadoo.fr V t.l.j. 8h-20h

♥ DOM. CARRETTE
Solutré Les Condemines 2012 ★★

2 000 | 5 à 8 €

Henri Carrette, issu d'une famille vigneronne, acquiert en 1980 une grande maison avec cave voûtée au pied de la roche de Vergisson. Il y débute alors la vente en bouteilles à la propriété. Depuis 2004, son fils et son petit-fils perpétuent la tradition.

Ce 2012 à la robe dorée impeccable propose des parfums soutenus de fleur de vigne et de vanille mêlés de touches de miel. Une finesse aromatique que l'on retrouve dans un palais riche et intense : patine de l'élevage, gourmandise du fruit et finale « solaire » en font un vin précieux. « Un plat à lui tout seul ! » conclut un juré enthousiaste. ⌛ 2014-2019 🍴 blanquette de veau

GAEC Dom. Carrette, 39, rte des Crays, 71960 Vergisson, tél. 03 85 59 02 74, domaine.carrette@yahoo.fr V r.-v.

CH. DE CHAINTRÉ Chaintré 2012

3 500 | 5 à 8 €

Cédric et Patrice Martin ont décidé en 2012 de mutualiser leurs structures viticoles respectives, au départ à à la retraite de leurs parents Sylvaine et Jean-Jacques. Ils ont ainsi créé un domaine de 12 ha de vieilles vignes de chardonnay et de gamay.

Après neuf mois d'élevage en cuve, ce mâcon se présente vêtu d'or pâle, le nez ouvert sur des senteurs d'aubépine et de fruits exotiques. La bouche se révèle finement épicée, vive et minérale en finale. ⌛ 2014-2015 🍴 grenouilles en persillade

SCEV Cédric et Patrice Martin, Les Verchères, 71570 Chânes, tél. 06 74 10 15 49, martinpatris@club-internet.fr V r.-v.

♥ DOM. DES CHENEVIÈRES
Vieilles Vignes 2012 ★★

6 632 | 5 à 8 €

Ce domaine de 42 ha situé à l'ouest de Mâcon est exploité par la même famille depuis cinq générations. Ce sont aujourd'hui Vincent et Nicolas Lenoir, aidés de leurs épouses et de leurs enfants Sylvain et Aurélien, qui sont aujourd'hui aux commandes.

Ce 2012 charme d'emblée par l'or pâle de sa robe teintée de reflets vert de gris, puis par son olfaction racée, qui conjugue fraîcheur minérale et douceur fruitée. Le charme continue d'opérer dans un palais élégant, d'une rondeur gourmande et au fruité explosif, avec toujours cette ligne minérale en appoint qui pousse loin la finale. ⌛ 2014-2018 🍴 homard bleu de Bretagne ■ Les Poncemeugnes 2012 ★★ (4 654 b.) : un nez harmonieux et original mêlant des notes de citron, de poivre blanc et de minéralité, et un palais long, frais et gourmand pour ce vin de gastronomie. ⌛ 2014-2017

Dom. des Chenevières, Le Bourg, 71260 Saint-Maurice-de-Satonnay, tél. 03 85 33 31 27, domaine.chenevieres@orange.fr V t.l.j. 9h-12h 14h-19h

DOM. LES CHENEVIÈRES 2012 ★★

26 000 | 5 à 8 €

Georges Dubœuf a fondé cette affaire familiale de négoce en 1964. Il est l'un des grands acteurs viticoles en France. Numéro un pour la commercialisation des vins du Beaujolais et du Mâconnais, il vinifie annuellement 165 000 hl avec 400 viticulteurs et 20 caves coopératives sous contrat, soit l'équivalent de 30 millions de bouteilles.

Au nez, ce 2012 libère des parfums soutenus de fruits à chair blanche, de poire notamment, et de fruits exotiques. La bouche bien ciselée fait preuve de finesse, de précision et d'équilibre. Une bouteille élégante et harmonieuse. ⌛ 2014-2017 🍴 fromage de chèvre du Mâconnais

Les Vins Georges Dubœuf, Les Chenevières, 208, rue de Lancié, 71570 Romanèche-Thorins, tél. 03 85 35 34 20, gduboeuf@duboeuf.com V t.l.j. 10h-18h

DOM. SOPHIE CINIER Fuissé 2012 ★

2 000 | 8 à 11 €

En 2000, Sophie Cinier s'installe à la tête de la petite propriété familiale de 2,3 ha. Elle vend d'abord ses raisins aux négociants locaux, puis vinifie en 2005 pour la première fois. Elle travaille seule, de la vigne à la commercialisation.

Cette cuvée blonde platine offre un nez complexe mariant la noisette et le beurre frais. Une touche subtile de vivacité lui confère de la droiture en bouche, mais pas de dureté,

BOURGOGNE

et déploie une finale aussi large que longue. 2014-2017 coquillages et crustacés

Dom. Sophie Cinier, rue Adrien-Arcelin, Champ-Potard, 71960 Fuissé, tél. 03 85 35 66 41, sophie.cinier@orange.fr r.-v.

COLLOVRAY ET TERRIER Tradition 2012 ★★

60 000 | 8 à 11 €

Propriétaires du domaine des Deux Roches, les familles Collovray et Terrier ont développé une petite activité de négoce pour élargir leur gamme.

Cette cuvée issue de 7 ha de vignes cultivées sur un sol argilo-calcaire et vinifiées en cuve durant neuf mois dévoile un nez élégant, floral (chèvrefeuille et aubépine) et fruité (pêche de vigne et citron). Des arômes que l'on retrouve dans un palais rond et vineux étayé par une acidité ajustée. 2014-2017 quenelles de brochet

Collovray et Terrier, La Cuette, 71960 Davayé, tél. 03 85 35 86 51, info@collovrayterrier.com t.l.j. sf sam. dim. 8h-17h30

DOM. DE LA COMBE DE BRAY Bray 2011

5 000 | 5 à 8 €

Le savoir-faire traditionnel d'Henri Lafarge, installé en 1974, est reconnu : vendanges manuelles, vinification à l'ancienne sans foulage ni égrappage, élevage en fût de chêne. Il a créé sa marque en 1994 et conduit aujourd'hui un vignoble de 10 ha.

Ce 2011 mis en bouteilles récemment a la couleur de la cerise burlat et l'éclat du rubis. Son nez mêle aimablement la framboise et la groseille aux notes plus mûres du pruneau et du sureau. Une rondeur et des tanins bien fondus se marient harmonieusement dans un palais avenant et intense à la finale poivrée. 2015-2018 gigot aux épices douces

EARL Dom. de la Combe de Bray, Le Bourg, 71250 Bray, tél. 03 85 50 02 18, henri.lafarge@wanadoo.fr r.-v.

JEAN-MICHEL COMBIER Serrières 2012 ★

6 660 | - de 5 €

Situé sur les hauteurs de Serrières et dominant les jolis coteaux granitiques du « Triangle d'or » (Bussière, Pierreclos et Serrières), ce domaine géré depuis 1988 par Jean-Michel Combier compte aujourd'hui près de 8 ha.

Né du gamay récolté manuellement et vinifié six mois en cuve, ce vin rubis développe un nez plaisant et frais de griotte. Également fruité et pourvu de tanins fins, le palais plaît par son côté acidulé. Un vin frais et dynamique. 2014-2015 poulet rôti

Jean-Michel Combier, Les Provenchères, 71960 Serrières, tél. 03 85 35 75 80, jeanmichelcombier@orange.fr r.-v.

♥ DOM. CORDIER Aux bois d'Allier 2012 ★★

n.c. | 11 à 15 €

Basé à Fuissé, Christophe Cordier, succédant à son père Roger, a pris la tête de ce vignoble de 25 ha. Il a élargi sa gamme en créant une affaire de négoce à son nom. Une référence en Mâconnais, sous les deux casquettes.

Cette cuvée élevée une année sous bois revêt une robe d'un beau jaune doré aux reflets bronze. Très fruité (fruits

exotiques) et floral (fleurs blanches), le nez dévoile également des notes de vanille et quelques senteurs grillées apportées par la barrique. Bien étoffé, ample et structuré, le palais trouve son équilibre entre la maturité du raisin, la minéralité du terroir et le fondu du boisé. 2017-2022 blanquette de veau Milly Lamartine Clos du Four 2012 ★★ (15 à 20 €) : un bouquet complexe de fleur d'oranger, de brioche et de pêche de vigne relayé par un palais à la fois gras, ample et pourvu d'une belle acidité et d'une finale empyreumatique. Un vin complet et complexe. 2016-2019 Charnay Vieilles Vignes 2012 : encore marqué par l'élevage en fût, mais prometteur. 2016-2019

Dom. Cordier, 71960 Fuissé, tél. 03 85 35 62 89, domaine.cordier@wanadoo.fr r.-v.

DOMINIQUE CORNIN Chaintré Les Serreudières 2012 ★★

8 000 | 8 à 11 €

À l'origine, les vignes du domaine étaient confiées à la coopérative de Chaintré et récoltées à la machine. En 1995, Dominique Cornin se retire de la cave, opte pour la vendange manuelle et s'oriente peu à peu vers le bio, jusqu'à la certification obtenue en 2009. Son fils Romain l'a rejoint en 2012.

Ce vin très expressif associe harmonieusement de puissantes notes végétales (presque sauvignonnées), florales et citronnées. Tout aussi intense, la bouche se montre bien équilibrée et s'étire longuement sur des saveurs de mangue et de fruit de la Passion. Un vin tonique. 2014-2018 assiette de poissons crus

Dominique Cornin, 339, Savy-le-Haut, 71570 Chaintré, tél. 03 85 37 43 58, dominique@cornin.net r.-v.

MARCEL COUTURIER Vinzelles Au Corlier 2012

1 200 | 5 à 8 €

Installé en cave particulière depuis 2005 après avoir été apporteur à la cave coopérative des Grands Crus à Vinzelles, Marcel Couturier revendique une viticulture proche de l'agrobiologie, sans pour autant passer à la certification.

Née d'une petite parcelle de 30 ares de chardonnay âgé de soixante-dix ans, cette cuvée présente un premier nez floral, qui laisse place à l'aération aux fruits mûrs (abricots, pêche de vigne). L'attaque se fait sur le boisé de l'élevage, puis le palais évolue vers des notes de fruit de la Passion dans un environnement riche, avec toujours le boisé à l'arrière-plan. Un mâcon prometteur encore en devenir. 2016-2019 rôti de veau à la crème

EARL Dom. Marcel Couturier, Les Pelées, 71960 Fuissé, tél. 06 23 97 23 21, domainemarcelcouturier@orange.fr r.-v.

DOM. FRÉDÉRIC CURIS Davayé 2012

2 600 | 8 à 11 €

Installé en 1999 sur le vignoble familial de 9 ha, Frédéric Curis a développé la vente en bouteille et s'est égale-

ment investi dans la vie syndicale, présidant un temps l'appellation saint-véran.

De jeunes chardonnays de quinze ans cueillis à la main début septembre ont été vinifiés à basse température puis élevés neuf mois sur lies fines. Le résultat : un vin dévoilant de fines notes de fruits mûrs et de noisette et offrant un palais harmonieux et complexe, puissant et riche. ⧗ 2014-2017 Ÿ soufflé au fromage

Curis, Au-Clos-d'Amélie, Les Chailloux, 71960 Davayé, tél. 06 03 11 65 79, domainecuris@ovh.fr V r.-v. 5

DOM. DE LA DENANTE Davayé 2012

	6 000		5 à 8 €

Investi de multiples missions syndicales viticoles depuis de nombreuses années, Robert Martin est épaulé sur le domaine par son fils Damien. Ensemble, ils ont construit une cuverie moderne à Davayé pour accueillir le fruit de leurs 12 ha de vignes.

Une jolie robe or ourlée de vert introduit un bouquet fin dans lequel on distingue des notes florales et végétales soulignées de touches de fruits secs. Franche en attaque,

Le Maconnais

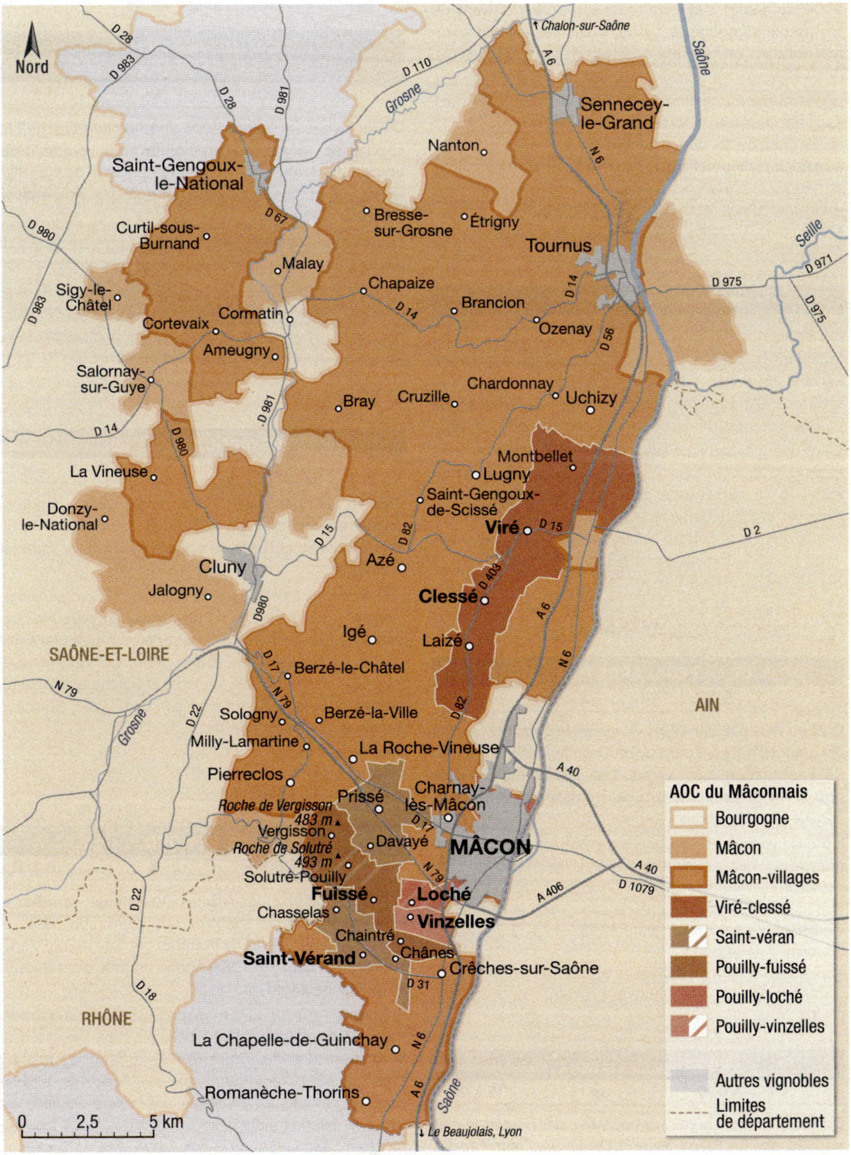

ronde dans son développement, la bouche est bien équilibrée. 2014-2016 fromage de chèvre sec

Damien Martin, Les Gravières, 71960 Davayé, tél. 03 85 35 82 88, martin.denante@wanadoo.fr V t.l.j. 8h-19h; dim. sur r.-v.

LOUIS DORRY
Milly-Lamartine Les Collonges 2012 ★

■	1 800		11 à 15 €

Ce domaine a son siège dans un ancien prieuré des moines de Cluny, à proximité de l'église romane de Bussières. Louis Dorry a repris l'exploitation familiale en 2006, au départ à la retraite de son père. Cultivant un minuscule vignoble de 1,3 ha, il est par ailleurs commercial dans une société de vente de matériel vinicole.

Le nez dévoile un panier de fruits frais (raisin, abricot, pêche blanche), agrémenté de notes empyreumatiques. Tapissée de saveurs torréfiées et fruitées, la bouche se révèle franche, tendue et longue; une vivacité qui laisse augurer un bon potentiel de garde. 2015-2019 escalope de veau à la crème

Louis Dorry, Le Prieuré, 71960 Bussières, tél. 06 11 65 11 56, louispdorry@hotmail.com V r.-v.

NADINE FERRAND 2012 ★

■	10 000		5 à 8 €

Incarnant la troisième génération de vignerons, Nadine Ferrand est depuis l'année 2000 à la tête d'une exploitation qu'elle a portée à plus de 10 ha. Sa fille Marine l'a rejointe en 2014. Un domaine régulier en qualité.

D'une grande clarté, ce vin aux reflets or blanc offre un nez mûr d'abricot et de chèvrefeuille. Sa bouche, d'abord minérale, se fait ensuite riche et structurée, avant de déployer une longue finale acidulée. 2014-2017 blanquette de veau ■ Solutré-Pouilly 2012 (8 à 11 €; 2 200 b.): vif et fruité, à dominante de pêche. 2014-2017

Nadine Ferrand, 51, chem. du Voisinet, 71850 Charnay-lès-Mâcon, tél. 06 09 05 19 74, ferrand.nadine@wanadoo.fr V r.-v.

DOM. DE LA FEUILLARDE Prissé 2012 ★★

■	5 000		5 à 8 €

Créé en 1934 par Jean-Marie Thomas, le domaine familial est aujourd'hui géré par Lucien Thomas, actif défenseur de l'appellation saint-véran. Les 20 ha du vignoble entourent la propriété située à Prissé, ancien bourg fortifié du Mâconnais.

Issue de gamays de cinquante ans, cette cuvée pourpre intense au nez explosif de fruits rouges sur fond de menthol se livre sans réserve. Adossé à une structure tannique fine, le palais se révèle plein, rond et raffiné. Ce vin offre tous les attraits d'un mâcon rouge. 2014-2017 grillades de bœuf

Lucien Thomas, Dom. de la Feuillarde, 71960 Prissé, tél. 03 85 34 54 45, contact@domaine-feuillarde.com V t.l.j. 8h-12h30 13h30-18h; dim. sur r.-v.

FICHET Igé La Cra 2012 ★

■	4 000		15 à 20 €

Domaine sorti de la cave coopérative par Francis Fichet en 1976. Ses fils Pierre-Yves et Olivier, aux commandes depuis 1999, exploitent aujourd'hui 32 ha de vignes, à partir desquels ils produisent une quinzaine de cuvées différentes nées des quatre cépages de Bourgogne.

Nés sur les coteaux calcaires d'Igé, les raisins de cette cuvée ont bénéficié d'une belle maturité et d'un élevage bien ajusté en fût de chêne. En témoigne la large palette aromatique du nez: noix de coco, fleur blanche et céleri frais. Le palais se révèle ample, généreux et gourmand, étayé par une belle trame boisée. 2014-2019 blanquette de saumon

EARL Pierre-Yves et Olivier Fichet, 651, rte d'Azé, Le Martoret, 71960 Igé, tél. 03 85 33 30 46, domaine-fichet@wanadoo.fr V r.-v.

DOM. OLIVIER FICHET
Burgy Les Verchères 2012 ★

■	2 600		11 à 15 €

Olivier Fichet a acquis en 2005 cette exploitation de 7 ha spécialisée dans la production de crémant-de-bourgogne. L'ancien propriétaire continue de travailler les vignes et son successeur produit des vins exclusivement tranquilles.

Le nez marie harmonieusement des notes minérales de pierre à fusil, nuances d'abricot et de fruit de la Passion. Ces arômes se retrouvent en bouche, où richesse et rondeur s'équilibrent par la présence de notes acidulées. Un mâcon de repas. 2014-2017 saumon gravlax

Dom. Olivier Fichet, Vignoble de Burgy, 71960 Igé, tél. 06 81 60 11 13, olivier.fichet@wanadoo.fr V r.-v.

YVES GIROUX & FILS 2012

■	3 600		5 à 8 €

Créé en 1973 par Yves Giroux, ce domaine a connu sa première succession en 2010. C'est aujourd'hui le fils aîné Sébastien qui préside aux destinées de ce vignoble de 6,8 ha.

Une vendange mécanique, une vinification avec les levures indigènes et un élevage de onze mois en cuve Inox ont donné naissance à un vin brillant de couleur jaune paille. Le nez, très ouvert, rappelant les fruits mûrs et exotiques introduit une bouche à la fois riche et fraîche, aux tonalités exotiques (ananas), stimulée par une finale citronnée. 2014-2016 gratin de fruits de mer

Dom. Yves Giroux et Fils, Les Molards, 71960 Fuissé, tél. 03 85 35 63 64, domainegiroux@wanadoo.fr V r.-v.

DOM. GUEUGNON REMOND Prissé 2012 ★

■	4 000		8 à 11 €

Établis à Charnay-lès-Mâcon, Véronique, la fille, et Jean-Christophe, le gendre, ont repris en 1997 ce domaine familial de 12 ha établi au bord de la voie Verte, endroit très couru des Mâconnais comme des touristes en quête de grand air.

Premier millésime pour ce mâcon Prissé issu de chardonnay de quarante ans, et une belle réussite. Des parfums de fruits secs et d'agrumes se mêlent harmonieusement dans une palette aromatique intense. Après une attaque ronde et souple, on distingue une trame acidulée qui relève la mâche fruitée de ce vin. 2014-2017 fromage de chèvre sec

Dom. Gueugnon Remond, 117, chem. de la Cave, 71850 Charnay-lès-Mâcon, tél. 03 85 29 23 88, vinsgueugnonremond@free.fr V r.-v.
J.-C. Remond

DOM. MARC JAMBON ET FILS
Pierreclos Cuvée Fût de chêne 2012 ★★

	3 885		8 à 11 €

Présente à Pierreclos depuis 1750, la famille Jambon (aujourd'hui Marc et son fils Pierre-Antoine) conduit un domaine de 11,5 ha et signe de très belles cuvées avec une réelle constance.

Ce 2012 délivre d'intenses et engageantes senteurs de citron et de vanille agrémentées d'une touche de caramel. Le palais, élégant et généreux, développe des arômes gourmands de tarte au citron meringuée et s'étire dans une longue finale, stimulée par une fine fraîcheur et toujours ces accents citronnés. Un ensemble très harmonieux. 2015-2019 brochet au beurre blanc

Dom. Marc Jambon et Fils, 38, imp. de la Roche, 71960 Pierreclos, tél. 03 85 35 73 15, domainemarcjambon@orange.fr V r.-v.

CAVE DES GRANDS VINS DE JULIÉNAS CHAINTRÉ
Fuissé 2013

	1 389		5 à 8 €

Cette cave résulte de l'union, en 2013, des coopératives de Juliénas et de Chaintré, fondées respectivement en 1960 et en 1928, et situées à 6 km l'une de l'autre. La nouvelle structure compte 290 ha de vignes en Beaujolais et en Mâconnais. Pour autant, chaque cave garde sa structure de vinification et son identité propre.

Une vendange mécanique fin septembre et un élevage court de quatre mois en cuve ont donné un caractère frais et printanier à ce 2013. Pamplemousse et verveine forment le nez, et la bouche se révèle fraîche, équilibrée et citronnée. 2014-2016 dos de cabillaud aux agrumes

Cave grands vins Juliénas-Chaintré, Le Clos-Reyssier, 69840 Juliénas, tél. 03 85 35 61 61, contactchaintre@julienaschaintre.fr V r.-v.

ROGER LASSARAT Vergisson La Roche 2012

	2 000		8 à 11 €

Roger Lassarat s'est installé en 1969 entre les roches de Vergisson et de Solutré, avec quelques ares de vignes. Il conduit aujourd'hui avec son fils Pierre-Henri un vignoble de 19 ha, dont 2 ha dans le Beaujolais en AOC moulin-à-vent, acquis avec son ami humoriste Laurent Gerra.

Ce mâcon en devenir livre un bouquet où le végétal et le fruit blanc se nuancent de touches grillées. La bouche, encore réservée, possède néanmoins les atouts pour bien évoluer : équilibre, matière et fraîcheur citronnée. 2016-2019 noix de Saint-Jacques au beurre de yuzu

Roger Lassarat, 121, rue du Martelet, 71960 Vergisson, tél. 03 85 35 84 28, info@roger-lassarat.com V r.-v.

LES VIGNERONS DE MANCEY
Mancey Les Essentielles 2012

	3 600		8 à 11 €

Fondée en 1929, la coopérative de Mancey est établie non loin de Tournus et de la Saône. Son terroir occupe la pointe des collines du Mâconnais, où elle mène un important travail de sélection parcellaire.

Cette cuvée dévoile un joli nez de prunelle et de fruits blancs. Souple et ronde, la bouche déploie d'originaux arômes muscatés qui persistent jusqu'en finale. Un mâcon expressif. 2014-2016 friture de poisson

Les Vignerons de Mancey, RN 6, En-Velnoux, BP 100, 71700 Tournus, tél. 03 85 51 71 62, contact@cave-mancey.com V t.l.j. 8h30-12h30 13h30-19h

JEAN MANCIAT Charnay Les Crays 2012 ★★

	1 300		8 à 11 €

Jean Manciat représente la troisième génération de vignerons sur ses terres familiales de Charnay-les-Mâcon, banlieue proche de Mâcon. Autrefois destinés au négoce local, les vins issus du domaine (quelque 8,7 ha) sont aujourd'hui vendus directement, avec 50 % du volume exporté.

Le vin dévoile une large palette aromatique où l'on distingue les agrumes, le boisé et le beurre frais. L'attaque souple et soyeuse ouvre sur un palais riche et fruité, parfaitement équilibré, qui s'autorise même une petite fermeté plaisante et s'étire dans une longue finale épicée. Une réelle plénitude se dégage de ce mâcon né d'un élevage bien maîtrisé. 2014-2018 blanquette de veau Charnay Franclieu 2012 ★ (15 000 b.) : un joli vin aromatique et complexe, sur les fleurs blanches, la craie, l'abricot et le genêt. 2014-2019

Jean Manciat, Levigny, 557, chem. des Gérards, 71850 Charnay-lès-Mâcon, tél. 03 85 34 35 50, dom.jeanmanciat@orange.fr V r.-v.

ÉVELYNE ET DOMINIQUE MERGEY
Fuissé Les Grandes Bruyères 2011

	2 700		8 à 11 €

Évelyne Mergey est depuis 2005 à la tête d'un petit domaine de 3 ha. Elle a confié l'élaboration des vins à sa fille et à son gendre, du domaine Cheveau à Pouilly.

Cette cuvée issue d'un élevage d'une année en fût de chêne présente un nez typique : citron, abricot et fleurs blanches. La bouche, sur l'ananas et les épices douces, est équilibrée et persistante, rehaussée en finale par une amertume plaisante. 2014-2016 tajine de poisson aux olives

Évelyne Mergey, Le Bouteau, 71570 Leynes, tél. 03 85 23 80 87, d.mergey@gmail.com V r.-v. 4

JEAN-PIERRE MICHEL
M Terroir de Quintaine 2012 ★

	15 000		8 à 11 €

Ce vigneron exploite 8,5 ha à Quintaine, au cœur de l'AOC viré-clessé, sur des coteaux surplombant la vallée de la Saône à mi-chemin entre Mâcon et Tournus. Ses pratiques : labour des sols, récolte manuelle à maturité, vinifications longues, élevages longs sur lies fines.

Les atouts de cette cuvée ? Une robe dorée limpide ; un nez complexe de fruits exotiques et de noisette ; une bouche riche, intense, moelleuse et vive à la fois. Un vin harmonieux. 2014-2017 andouillette au vin blanc

Jean-Pierre Michel, pl. de Quintaine, 71260 Clessé, tél. 03 85 23 04 82, vinsjpmichel@orange.fr V r.-v.

DOM. MONTBARBON 2012 ★

	2 500		5 à 8 €

Martine et Jacky Montbarbon, vignerons adhérents à la cave coopérative de Viré depuis 1981, s'installent en 2008 en cave particulière et commencent à vinifier leurs 13 ha de vignes.

Ce 2012 fermenté à basse température s'ouvre sur des senteurs toniques et gourmandes de citron et de fruits exotiques. Le palais se montre rond et souple, sous-tendu par une acidité fondue, et s'étire dans une longue finale au fruité « explosif ». ⧗ 2014-2017 ♈ tartare de poissons

Dom. Montbarbon, 3, chem. des Vignes, 71260 Viré, tél. 06 85 20 63 65, jacky.montbarbon@orange.fr V r.-v.

DOM. DU MOULIN À L'OR Vinzelles 2012 ★★

	4 000		5 à 8 €

Arnaud Mornand s'est installé en 2011 à Chaintré sur les 8,5 ha que son père Guy cultivait jusque-là. Il conduit son domaine en culture raisonnée.

Issu de vendanges mécaniques et élevé une année en cuve, ce 2012 a fière allure. Bien doré, il offre un nez généreux dominé par le miel d'acacia. Après une attaque riche et douce, le palais libère une minéralité intense, qui apporte beaucoup de fraîcheur et un caractère aérien des plus plaisants. Un vin précis, équilibré et salin. ⧗ 2014-2018 ♈ homard breton à la truffe

Dom. du Moulin à l'Or, 319, rte de Juliénas, 71570 Chaintré, tél. 06 07 97 43 25, arnaud.mornand@live.com V r.-v.

PASCAL PAUGET Chardonnay La Gelaine Terroir de Tournus 2012 ★★

	10 000		8 à 11 €

Pascal et Sylvie Pauget sont installés depuis 1992 à proximité de Tournus, célèbre pour son abbaye romane. Ils exploitent en agriculture biologique un petit vignoble de 6 ha situé de part et d'autre de la Saône sur des coteaux argilo-calcaires.

Ce 2012 orné de reflets cristal se révèle floral, avec de subtiles notes de chèvrefeuille et de verveine, mais aussi minéral et fruité. Le palais, rond et gras, affiche un volume imposant ; une légère amertume de belle origine et une pointe de fraîcheur lui procurent longueur et équilibre. Un vin racé et intense. ⧗ 2015-2018 ♈ filet de sandre au beurre blanc

Pascal Pauget, Les Crets, 71700 Ozenay, tél. 03 85 32 53 15, pauget.pascal@wanadoo.fr V r.-v.

DOM. PERRATON FRÈRES Loché Chrisalys 2011

	12 000		5 à 8 €

Depuis le haut de la colline argilo-calcaire de Chaintré sur lequel est implanté le domaine (12 ha) de Christophe et Franck Perraton, installés en 2004, on peut admirer la vallée de la Saône et, par temps clair, le massif du Mont-Blanc.

Ce 2011 issu d'une vigne de soixante ans d'âge et élevé dix mois en cuve Inox livre un bouquet complexe et intense de fruits mûrs (abricot, pêche) et de fruits secs (noisette). Ample, souple et gourmande, la bouche dévoile des arômes d'évolution qui lui confèrent du caractère. ⧗ 2014-2015 ♈ blanquette de veau à l'ancienne

Dom. Perraton Frères, 163, rue du Paradis, 71570 Chaintré, tél. 03 85 35 67 45, domaine@perratonfreres.fr V r.-v.

L'ŒUVRE DE PERRAUD 2012 ★★

	60 000		8 à 11 €

Après des études au lycée agricole de Mâcon-Davayé, Jean-Christophe Perraud s'installe sur l'exploitation familiale, alors adhérente à la cave coopérative. Aux commandes depuis 2008, il vinifie désormais dans son nouveau chai les 30 ha que compte le domaine.

Arborant une couleur jaune citron intense, ce 2012 dévoile une palette aromatique complexe mariant le zeste de citron, à l'orange et aux épices chaudes. La bouche offre un équilibre remarquable entre gras et vivacité, et déploie une longue finale aux accents de fruits secs. Un vin d'une réelle harmonie. ⧗ 2014-2018 ♈ escargots en persillade

Dom. Perraud, Nancelle, 71960 La Roche-Vineuse, tél. 03 85 32 95 12, domaineperraud@gmail.com V r.-v.

CHRISTOPHE PERRIN Bray L'Arquelaine 2012 ★

	1 870		8 à 11 €

Christophe Perrin a travaillé pendant onze ans dans un domaine à Vosne-Romanée avant de s'installer en 2007 sur ce petit bout de terre, aux confins du Clunysois. À la tête d'un peu plus de 4 ha de vignes, il vinifie séparément chaque parcelle.

Cette Arquelaine née sur argile et calcaire s'ouvre doucement sur un bouquet à dominante boisée, mais aussi floral et fruité. Si l'élevage marque également l'attaque, le palais riche et gras évolue ensuite vers le fruit blanc, avant de s'étirer longuement en finale sur les épices. Un beau travail du bois et un vin au potentiel certain. ⧗ 2016-2020 ♈ rôti de veau aux girolles La Montagne 2012 (2 865 b.) : né sur un sol composé d'argiles et de marnes, il intéresse par sa capacité de garde. ⧗ 2016-2019

Christophe Perrin, Chazeux, 71460 Chissey-lès-Mâcon, tél. 03 85 50 05 23, domaine.christopheperrin@orange.fr V t.l.j. 9h-12h 13h30-19h

DOM. PORCHERON Bray Les Trois Terroirs 2012

	1 318		5 à 8 €

Situé au cœur du Mâconnais, non loin de Cluny, Bray est le seul vignoble clunisois. Thomas Porcheron a pris la suite de son père en 2012, incarnant ainsi la quatorzième génération de vignerons sur ce vignoble de quelque 7 ha.

Travaillés en culture biologique non certifiée, ces gamays ont subi une cuvaison de ving-cinq jours puis un élevage de douze mois en pièce (fût de 228 l). Il en ressort un 2012 agréable, fruité au nez comme en bouche, bien équilibré. ⧗ 2014-2017 ♈ pintade rôtie

EARL Dom. Porcheron, Le Molard, 71250 Bray, tél. 06 69 55 38 37, domaineporcheron@orange.fr V r.-v.

RIJCKAERT Lugny Terroir de Bissy Les Crays vers Vaux Vieilles Vignes 2012

| 2 300 | | 11 à 15 € |

Installés en 1988, Régine et Jean Rijckaert ont décidé en 2013 de transmettre progressivement leur activité (domaine et négoce) à Florent Rouve, ancien directeur du domaine du lycée viticole de Mâcon-Davayé.

Ce 2012, à la robe or pâle animée de reflets argentés, offre un bouquet complexe et charmeur de fruits blancs et d'agrumes, un rien vanillés. Acidulé et frais, le palais signe un vin tonique. 2014-2017 poisson au citron

Maison Rijckaert, En-Correaux, 71570 Leynes, tél. 03 85 35 15 09, info@rijckaert.fr V r.-v.

RAPHAËL SALLET Uchizy Chardonnay Clos des Ravières 2011 ★

| 5 140 | | 8 à 11 € |

Issu d'une famille vigneronne de plusieurs générations, Raphaël Sallet rejoint en 1983 son père qui livre alors ses raisins à la coopérative. Souhaitant produire son propre vin, il crée son domaine en 1986, étendu aujourd'hui sur 25 ha sur les coteaux argilo-calcaires d'Uchizy et de Chardonnay.

Au nez, ce 2011 respire la finesse avec ses notes de fruits blancs soulignées de vanille. Une attaque vive et tonique ouvre sur un palais équilibré, tendu et long. Un 2011 bien élevé, sans boisé excessif. 2014-2017 tartare de saumon

Raphaël Sallet, L'Arfentière, 71700 Uchizy, tél. 03 85 40 50 45, vins@raphaelsallet.fr V r.-v. 3

DOM. DE LA SARAZINIÈRE Bussières Les Devants 2012 ★

| 4 500 | | 8 à 11 € |

Valeur sûre des AOC mâcon et mâcon-villages, Philippe Trébignaud a créé en 1990 ce domaine de 6 ha. Il élabore ses vins selon la méthode bourguignonne traditionnelle (vendanges manuelles, vinification et élevage en fût de chêne neuf et de réemploi).

Ce 2012 se révèle intense et fruité (cerise et framboise) à l'olfaction. Au palais, rondeur et fruit s'assemblent harmonieusement, tandis que la finale s'étire longuement sur des notes de menthe fraîche. Un vrai « vin plaisir ». 2014-2017 magret de canard aux cerises

Philippe Trébignaud, Dom. de la Sarazinière, 71960 Bussières, tél. 06 11 96 85 27, philippe.trebignaud@wanadoo.fr V r.-v.

DOM. CATHERINE ET DIDIER TRIPOZ Charnay Clos des Tournons 2012

| 3 870 | | 5 à 8 € |

En 1988, la famille Tripoz succède à la famille Chevalier à la tête de cette exploitation de Charnay, couvrant une dizaine d'hectares.

Cette cuvée a été éraflée à 100 % avant une cuvaison de douze jours. Du verre s'échappent d'intenses senteurs sauvages et épicées, accompagnées de notes de fruits rouges. La bouche est à l'unisson, tout en fruit, riche et soutenue par des tanins policés. 2014-2017 tartare de bœuf Chardonnay 2012 ★ (8 260 b.) : un vin mordant et aromatique, au boisé bien intégré. 2014-2018

Catherine et Didier Tripoz, 450, chem. des Tournons, 71850 Charnay-lès-Mâcon, tél. 03 85 34 14 52, didier.tripoz@wanadoo.fr V r.-v.

DOM. PIERRE VESSIGAUD Fuissé Les Taches 2012 ★★

| 4 000 | | 15 à 20 € |

Établi au cœur du hameau de Pouilly, entre les villages de Fuissé et de Solutré, ce domaine très régulier en qualité a engagé la conversion de son vignoble à l'agriculture biologique.

Élevé dix-huit mois en fût, ce vin se distingue d'emblée par sa parure jaune d'or bordée de reflets bronze. Le nez très expressif signe clairement le cépage : raisin blanc, pêche jaune et petites fleurs blanches. L'attaque offre un beau moelleux avant que n'arrive rapidement une fine fraîcheur acidulée qui apporte tonus et équilibre. La finale empyreumatique confère un surcroît de complexité, de structure. Un vin élégant et racé. 2014-2019 petite friture de Saône

Dom. Pierre Vessigaud, hameau de Pouilly, 71960 Solutré-Pouilly, tél. 03 85 35 81 18, contact@vins-pierrevessigaud.fr V t.l.j. sf dim. 9h-12h 13h30-19h

CAVE DE LA VIGNE BLANCHE 2012 ★

| 26 000 | 5 à 8 € |

La coopérative de Clessé fondée en 1927, aujourd'hui présidée par Patrick Rollet, regroupe près de 120 ha de vignes, de chardonnay principalement.

Ce vin offre un nez complexe à dominante de fruits exotiques (maracuja) mêlés de fruits confits. Sa bouche très goûteuse met en avant une matière riche et des arômes persistants. Beaucoup de caractère dans cette bouteille. 2014-2017 jambon persillé

Cave de Clessé, rte de la Vigne-Blanche, 71260 Clessé, tél. 03 85 36 93 88, cavecooperative.vigneblanche@wanadoo.fr V t.l.j. 9h-12h 14h-18h

B **LES VIGNES DE JOANNY** Davayé 2012 ★★

| 30 000 | | 11 à 15 € |

C'est Julien Collovray, un des enfants du domaine des Deux Roches à Davayé, qui se cache derrière Les Vignes de Joanny, hommage à son arrière-grand-père, fondateur de la lignée vigneronne. Conduit en bio, ce vignoble de 7 ha de chardonnay est principalement implanté à Davayé.

Ce 2012 d'un or vert intense déploie une olfaction complexe de rose et de litchi. En bouche, la maturité du raisin poussée dans des retranchements sucrés lui confère un caractère riche et soyeux contrebalancé par une fine fraîcheur qui apporte dynamisme et longueur. 2014-2019 langoustines au wok

Les Vignes de Joanny, La Cuette, 71960 Davayé, tél. 03 85 35 86 51, jcollovray@collovrayterrier.com V t.l.j. sf sam. dim. 8h-17h30 Julien Collovray

VIRÉ-CLESSÉ

• Superficie : 390 ha • Production : 22 000 hl

Appellation communale récente née en 1998, viré-clessé a de solides ambitions en matière de vins blancs. Elle a fait disparaître les dénominations mâcon-viré et mâcon-clessé avec le millésime 2002.

DOM. ANDRÉ BONHOMME
Les Prêtres de Quintaine 2011 ★★

2 100 | 15 à 20 €

André Bonhomme et son épouse Gisèle ont créé ce domaine en 1956 et l'ont transmis en 2004 à leur gendre Éric Palthey, ancien architecte, et à leur fille Jacqueline, tous deux rejoints entre-temps par leurs enfants Aurélien et Johan. Le travail des vignes est biologique (en conversion), les vendanges sont manuelles et la vinification est traditionnelle avec des élevages longs.

Ce 2011 né sur le *climat* Les Prêtres, face à la chapelle de Quintaine, s'affiche dans une robe dorée à souhait. Le nez, mûr et flatteur, déploie de riches senteurs de chèvrefeuille, d'aubépine et d'acacia dans un écrin minéral. En bouche, la puissance est poussée à son maximum, avec des accents épicés et minéraux, et une finale longue et persistante sur des saveurs d'agrumes. Un blanc de caractère, prometteur et racé. ⧗ 2014-2024 🍴 filet mignon de veau aux girolles **Les Brenillons Hors classe 2011 ★ (8 à 11 € ; 4 500 b.)** : délicat, fin et « sensuel ». ⧗ 2014-2019 **Vieilles Vignes 2011 ★ (11 à 15 € ; 16 500 b.)** : un vin excessif et tonique, aux accents iodés, minéraux et fruités. ⧗ 2016-2019

Dom. André Bonhomme, rue Jean-Large, 71260 Viré, tél. 03 85 27 93 93, earl.bonhomme.andre@terre-net.fr V t.l.j. 8h30-12h 13h30-18h30 Éric Palthey

COLLOVRAY & TERRIER Tradition 2011

6 000 | 8 à 11 €

Propriétaires du domaine des Deux Roches, les familles Collovray et Terrier ont développé une petite activité de négoce pour élargir leur gamme.

Cette cuvée propose une palette aromatique complexe et originale : agrumes, pêche jaune, mirabelle, champignon frais et sous-bois. Rond et gras, le palais s'avère équilibré entre le fruité et un boisé bien intégré. ⧗ 2014-2017 🍴 cuisses de grenouilles persillées

Collovray et Terrier, La Cuette, 71960 Davayé, tél. 03 85 35 86 51, info@collovrayterrier.com V t.l.j. sf sam. dim. 8h-17h30

CHRISTOPHE CORDIER Vieilles Vignes 2012 ★

n.c. | 15 à 20 €

Christophe Cordier est une marque de négoce de référence dans la région mâconnaise, fondée par le vigneron éponyme de Fuissé.

Ce 2012 laisse s'exprimer au nez, comme au palais, de nombreux parfums floraux et fruités mêlés de senteurs empyreumatiques. D'abord ronde et friande, la bouche devient, au fur et à mesure de la dégustation, complexe et structurée, jusqu'à la finale boisée. Un vin homogène. ⧗ 2015-2019 🍴 rôti de dinde à la crème

Christophe Cordier, 71960 Fuissé, tél. 03 85 35 62 89, domaine.cordier@wanadoo.fr V r.-v.

DOM. GONDARD PERRIN
Terrasses de la Perrière 2012

12 000 | 8 à 11 €

Implanté au cœur de Viré, ce domaine s'illustre depuis peu dans le Guide : Pierre Gondard livrait auparavant la totalité de sa récolte à la cave coopérative du village. Depuis 2008, il vinifie les 11,5 ha de vignes dans son propre chai.

Du verre s'échappent de fins arômes minéraux et floraux. Une attaque souple ouvre sur un palais de corpulence moyenne, mais à l'équilibre juste. ⧗ 2014-2015 🍴 fromage de chèvre frais

Pierre Gondard, Les Cochets, 4, rue René-Boudier, 71260 Viré, tél. 03 85 33 12 47, mylene.gondard@gmail.com V t.l.j. 9h-19h30

HUET L.B. 2012

15 000 | 5 à 8 €

Laurent Huet s'installe comme vigneron en 1987. D'abord apporteur à la cave coopérative de Clessé, il vinifie pour la première fois « à la maison » le millésime 1994. En 2008, son épouse embrasse le métier et reprend les vignes (aujourd'hui 30 ha).

Fermentés avec les levures indigènes, ces chardonnays de quarante ans d'âge ont été ensuite élevés neuf mois en cuve. Il en résulte un vin au nez exubérant de fruits exotiques et à la bouche ronde et suave. ⧗ 2014-2017 🍴 quenelles de brochet sauce Nantua

Huet L.B., rte de Germolles, 71260 Clessé, tél. 03 85 36 96 99, laurent.huet16@wanadoo.fr V r.-v.

DOM. ROBERT MARIN
Le Clos du château Vieilles Vignes 2012

n.c. | 5 à 8 €

Marielle et Robert Marin ont repris l'exploitation familiale en 1976, ainsi qu'une partie du vignoble de Gilbert Mornand, l'illustre maire de Clessé de 1971 à 2014.

Le bouquet de ce 2012, d'abord discret, s'ouvre peu à peu sur des notes d'agrumes et de petites fleurs blanches. La bouche fruitée et légèrement ronde s'achève sur des notes citronnées apportant la vivacité nécessaire à un bel équilibre. ⧗ 2014-2015 🍴 plateau de fruits de mer

EARL Dom. Robert Marin, rte de la Vigne-Blanche, 71260 Clessé, tél. 03 85 36 95 92, marin.robert71@orange.fr V r.-v.

♥ JEAN-PIERRE MICHEL M de Quintaine 2012 ★★

6 000 | 15 à 20 €

Ce vigneron exploite 8,5 ha à Quintaine, au cœur de l'AOC viré-clessé, sur des coteaux surplombant la vallée de la Saône à mi-chemin entre Mâcon et Tournus. Ses pratiques : labour des sols, récolte manuelle à maturité, vinifications longues, élevages longs sur lies fines.

Drapée d'un or éclatant aux reflets laiton, cette cuvée offre une palette aromatique fine et harmonieuse qui associe les fruits blancs mûrs, le miel et le grillé aux nuances minérales du terroir. Le palais se révèle suave, ample et riche, équilibré par des saveurs finales d'agrumes confits. Un modèle d'équilibre. ⧗ 2014-2019 🍴 lotte rôtie **Sur le chêne 2012 ★★ (6 900 b.)** : des senteurs bien mariées du bois et des fruits, une bouche délicate au final éclatant. ⧗ 2014-2017 **Terroir de Quintaine 2012 ★ (21 000 b.)** : un vin sobre, équilibré et élégant. ⧗ 2014-2017

Jean-Pierre Michel, pl. de Quintaine, 71260 Clessé, tél. 03 85 23 04 82, vinsjpmichel@orange.fr V r.-v.

DOM. MONTBARBON Les 3 Terroirs 2012

■	19 600	🍾	8 à 11 €

Martine et Jacky Montbarbon, vignerons adhérents à la cave coopérative de Viré depuis 1981, s'installent en 2008 en cave particulière et commencent à vinifier leurs 13 ha de vignes.

Ces chardonnays issus de trois sols différents (calcaires du bathonien, argiles épaisses et calcaires riches en fossiles du rauracien) ont été récoltés mécaniquement, puis vinifiés à basse température, avant d'être élevés dix mois en cuve Inox. En découle un vin expressif à dominante fruitée, souple et de bonne longueur. ⧗ 2014-2017 ⚲ rouget

⊶ Dom. Montbarbon, 3, chem. des Vignes, 71260 Viré, tél. 06 85 20 63 65, jacky.montbarbon@orange.fr V r.-v.

ANTONIN RODET L'Épinet 2012 ★

■	40 000	🍾	8 à 11 €

Fondé en 1875, ce négoce établi en Côte chalonnaise propose une vaste gamme de vins de toute la Bourgogne. Il possède aussi les châteaux de Mercey (48 ha au sud de la Côte de Beaune et en Côte chalonnaise) et de Rully (32 ha en rully). Dans le giron du groupe Boisset depuis 2010.

Cette cuvée issue du terroir réputé de l'Épinet livre de nombreux parfums engageants : beurre frais, amande et pêche jaune. Au palais, elle se révèle bien construite, ample et citronnée, stimulée par une finale tout en vivacité. ⧗ 2014-2017 ⚲ plateau de fruits de mer

⊶ Maison Antonin Rodet, 55, Grande-Rue, 71640 Mercurey, tél. 03 85 98 12 12, contact@rodet.com V t.l.j. sf dim. 10h-12h 14h-18h ⊶ Boisset

B DOM. SAINTE-BARBE L'Épinet 2012 ★

■	6 000	🛢	11 à 15 €

Un vignoble de 9 ha conduit en bio, des vendanges manuelles et des élevages longs : une méthode qui a fait ses preuves, témoin les nombreuses sélections des vins de Jean-Marie Chaland dans le Guide.

Ce 2012 au bel éclat d'or évoque les agrumes, les petites fleurs blanches et les fruits secs. La bouche, généreuse et ronde, est portée de bout en bout par une belle vivacité qui lui confère de la longueur. Un vin très homogène. ⧗ 2014-2017 ⚲ ragoût d'escargots aux noix ■ La Perrière 2012 ★ (3 000 b.) : construit autour de la minéralité du terroir et de la maturité du chardonnay. ⧗ 2014-2017

⊶ Jean-Marie Chaland, 12, rue En-Chapotin, Cidex 2163, 71260 Viré, tél. 09 64 48 09 44, jean-marie.chaland@orange.fr V r.-v. 3

DOM. DES TERRES DE CHATENAY Terroir de Quintaine 2012

■	3 500	🍾 🛢	8 à 11 €

Ce couple de vignerons est installé à Péronne, village situé à l'ouest des coteaux de Viré et de Clessé. À la tête de 8,5 ha, ils travaillent en lutte raisonnée et vinifient en cuve thermorégulée et fût de chêne.

À l'olfaction, ce 2012 laisse libre cours à la minéralité et aux notes d'agrumes. Le palais ? À la fois gras et frais, bien équilibré en somme. ⧗ 2014-2016 ⚲ huîtres

⊶ Dom. des Terres de Chatenay, Les Picards, 71260 Péronne, tél. 03 85 36 94 01, janinmojc@wanadoo.fr V r.-v. ⊶ Jean-Claude et Marie-Odile Janin

B DOM. DE LA VERPAILLE Virolis 2012

■	2 000	🛢	11 à 15 €

Estelle et Baptiste Philippe s'installent sur l'exploitation familiale en 2004. Ils convertissent l'ensemble du vignoble (20 ha) à l'agriculture biologique et la certification est acquise en 2009.

Élevé ensuite en demi-muid (600 l), ce 2012 garde l'empreinte de son élevage sous bois : exubérance des arômes empyreumatiques mêlés aux notes intenses de fruits exotiques. Des sensations que l'on retrouve dans un palais bien équilibré entre gras et acidité. Prometteur. ⧗ 2016-2020 ⚲ loup grillé au fenouil

⊶ Dom. de la Verpaille, Au Buc, 71260 Viré, tél. 03 85 33 14 47, domainedelaverpaille@gmail.com V t.l.j. sf dim. 13h30-18h30 ⊶ Philippe

DOM. LE VIROLYS Terroir de l'Épinet 2012

■	3 600	🍾	8 à 11 €

Laurent Gondard a créé sa cave de vinification en 2008 ; auparavant, il avait longtemps livré ses raisins à la cave coopérative du village, comme l'avaient fait avant lui ses ancêtres.

Ce 2012 qualifié d'« authentique » est un vin agréablement fruité, souple, frais et d'un bon volume. ⧗ 2014-2016 ⚲ gougères

⊶ Laurent Gondard, 9, rue en Ballot, 71260 Viré, tél. 06 08 73 30 87, laurent.gondard071@orange.fr V r.-v.

POUILLY-FUISSÉ

• Superficie : 760 ha • Production : 39 150 hl

Les profils des roches de Solutré et de Vergisson s'avancent dans le ciel comme la proue de deux navires ; à leur pied, le vignoble le plus prestigieux du Mâconnais, celui du pouilly-fuissé, se développe sur les communes de Fuissé, de Solutré-Pouilly, de Vergisson et de Chaintré. Les pouilly-fuissé ont acquis une très grande notoriété, notamment à l'exportation, et leurs prix ont toujours été en compétition avec ceux des chablis. Ils sont vifs, pleins de sève et complexes. Élevés en fût de chêne, ils acquièrent avec l'âge des arômes d'amande grillée ou de noisette.

VINS AUVIGUE Vieilles Vignes 2012

■	7 000	🛢	15 à 20 €

Producteurs depuis plus de cinq générations, Michel et Jean-Pierre Auvigue pratiquent également depuis 1982 l'achat de raisins. Ils ont transformé un ancien moulin à huile, situé à la Patte d'Oie, en chai de vinification et d'embouteillage.

Le nez, discret mais bien typé, mêle notes boisées et fruits jaunes mûrs. Pas encore totalement affiné, le palais ne manque pas d'argument toutefois et s'apprécie pour son fruité bien présent. ⧗ 2016-2019 ⚲ andouillette au vin blanc

⊶ SARL Vins Auvigue, 3131, rte de Davayé, Le-Moulin-du-Pont, 71850 Charnay-lès-Mâcon, tél. 03 85 34 17 36, vins.auvigue@wanadoo.fr V r.-v.

DAVID BIENFAIT Les Crays 2012 ★

	2 250		15 à 20 €

David Bienfait a grandi à Vergisson, fasciné par le métier de vigneron. Après un BTS « viti », il part pour la Nouvelle-Zélande puis rentre en Mâconnais fin 2009 pour s'installer sur 1,8 ha de pouilly-fuissé. Aujourd'hui, son domaine compte 3 ha de chardonnay.

Bouton d'or à l'œil, ce 2012 dévoile un nez riche mariant harmonieusement l'amande fraîche à un boisé élégant. Concentré et ample, doté d'une longue finale, le palais est équilibré. 2014-2019 poisson en sauce

David Bienfait, rue de l'Étang, 71960 Bussières, tél. 06 86 72 53 93, davidbienfait@hotmail.fr V r.-v.

NATHALIE BRESSAND Vieilles Vignes 2012 ★

	600		15 à 20 €

À la tête d'un petit domaine de 4,5 ha, Nathalie Bressand travaille de façon traditionnelle : vendanges manuelles, vinification et élevage en fût de chêne.

Né de chardonnays de soixante ans, ce 2012 séduit par sa robe limpide, couleur or, et par ses arômes intenses de noisette grillée, d'anis étoilé et de miel d'acacia. Après une attaque florale, la bouche se révèle ronde et ample, avant de retrouver la fraîcheur en finale grâce à une plaisante note mentholée. 2014-2019 pochouse de la Seille

Nathalie Bressand, Hameau de Chevigné, 71960 Davayé, tél. 03 85 35 84 32, nathalie.bressand@club-internet.fr V r.-v.

CH. DE CHAINTRÉ 2012

	7 000		11 à 15 €

Jean-Paul Paquet, vigneron fuisséen (Dom. de Fussiacus), a repris en 2003 ce vignoble, ancienne propriété du château de Chaintré. Il l'a transmis à son fils Yannick en 2006.

Vendangé à la main et élevé simplement en cuve thermorégulée durant neuf mois, ce 2012 déploie une olfaction intense mêlant nuances acidulées et notes plus classiques de fruits mûrs (pêche blanche et raisin blanc). La bouche laisse une impression très agréable : du corps, de la matière et une belle finale minérale. 2014-2017 gratin de fruits de mer

Dom. Paquet et Fils, Les Granges, 71570 Chaintré, tél. 03 85 27 01 06, fussiacus@wanadoo.fr V r.-v.

DOM. DE LA CHAPELLE
Clos de la Chapelle 2012 ★

	1 500		15 à 20 €

La marque « Dom. de la Chapelle » fut créée en 1904, mais elle n'appartenait pas à l'époque à la famille Rollet. En 2005, Catherine et Pascal Rollet ont acquis les vignes qu'ils travaillaient en métayage depuis 1982.

Vinifié et élevé en fût de chêne neuf pendant douze mois, ce vin se présente dans une robe dorée aux reflets émeraude. Tout en nuances empyreumatiques, le nez introduit une bouche à l'équilibre apprécié entre un bon boisé et une chair ronde et fruitée. 2014-2017 noix de Saint-Jacques Aux Bouthières 2012 ★ (2 400 b.) : un vin équilibré, frais et subtil. 2014-2017

EARL Pascal Rollet, hameau de Pouilly, 71960 Solutré-Pouilly, tél. 03 85 35 81 51, rolletpouilly@wanadoo.fr V t.l.j. 8h-19h

PHILIPPE CHARMOND La Roche 2012 ★★

	2 900		11 à 15 €

Célèbre pour ses roches de Solutré et de Vergisson, ce joli petit coin du Mâconnais accueille également Philippe Charmond et ses 7,5 ha de vignes. Son objectif affiché pour les prochaines années : moderniser sa cuverie afin d'avoir une meilleure maîtrise des fermentations.

Ce 2012 jaune d'or livre un nez complexe d'ananas, de beurre frais et de toast grillé. Après une attaque vive et tonique se déploie une matière riche et puissante aux arômes de fruits à noyau. La finale encore un peu tendue appelle la garde. Un « futur grand ». 2017-2021 turbot poché

Philippe Charmond, 263, rue du Château de France, 71960 Vergisson, tél. 03 85 35 87 98, philippe.charmond@aol.com V t.l.j. sf dim. 10h-19h; f. août

CHÂTEAU-POUILLY Cuvée 1551 2010 ★

	20 000		15 à 20 €

Perché sur le mont Pouilly, à la sortie du hameau, ce château se dresse fièrement depuis 1551 au milieu de ses 7 ha de vignes. À sa tête depuis 1981, Mme Canal du Comet vise à redonner son prestige à ce domaine protagoniste des Expositions universelles entre 1862 et 1912. Les traditions sont ici respectées, de la vigne à la bouteille (vinification de douze mois, assemblage avant mise, élevage long en bouteilles).

Ce 2010 vêtu d'une robe vieil or intense dévoile un nez construit autour de la maturité : miel d'acacia, épices douces et pêche jaune. Après une entame tout en délicatesse, la bouche développe une matière fraîche et tendue, typique du millésime. 2015-2019 poulet de Bresse crème et morilles

Château-Pouilly, rue du Château, 71960 Solutré-Pouilly, tél. 06 71 77 21 41, chateau@chateaupouilly.fr V r.-v.

DOM. CHEVEAU Vers Cras 2012 ★★

	2 700		15 à 20 €

Représentant la troisième génération, Nicolas Cheveau et son épouse Aurélie ont développé le domaine en superficie (16 ha) et privilégié le commerce en bouteilles afin de valoriser leurs terroirs et leur savoir-faire.

Trois cuvées ont séduit le jury. Ce Vers Cras possède une robe or vert attirante, un nez soutenu de citron, de fleurs blanches et de fougère. Dès l'attaque, la bouche s'avère tendue, fraîche, d'une grande finesse, et ce jusqu'en finale. Un vin remarquable par sa délicatesse et sa subtilité, à marier à de la belle gastronomie. 2015-2020 homard grillé Aux Bouthières 2012 ★ (1 900 b.) : élaboré en fût de chêne, un vin solide et prometteur. 2016-2021 Les Trois Terroirs 2012 (11 à 15 € ; 18 000 b.) : jeune et fringant. 2017-2020

Dom. Cheveau, rue de la Chapelle, 71960 Solutré-Pouilly, tél. 03 85 35 81 50, domaine@vins-cheveau.com V r.-v.

DOM. SOPHIE CINIER Vers Cras 2011

■	2 200	◖◗	15 à 20 €

En 2000, Sophie Cinier s'installe à la tête de la petite propriété familiale de 2,3 ha. Elle vend d'abord ses raisins aux négociants locaux, puis vinifie en 2005 pour la première fois. Elle travaille seule, de la vigne à la commercialisation.

Ce 2011 livre à l'olfaction de fines senteurs d'agrumes et de chèvrefeuille. Puissant dès l'attaque et bien fruité, le palais dévoile une fine acidité minérale typique du millésime, qui s'atténue au long de la dégustation pour finir sur une fraîcheur citronnée. ⧗ 2014-2017 ♈ langoustines

⊶ Dom. Sophie Cinier, rue Adrien-Arcelin, Champ-Potard, 71960 Fuissé, tél. 03 85 35 66 41, sophie.cinier@orange.fr V r.-v.

COLLOVRAY ET TERRIER Plénitude de bonté 2011 ★★

■	5 000	◖◗	20 à 30 €

Propriétaires du domaine des Deux Roches, les familles Collovray et Terrier ont développé une petite activité de négoce pour élargir leur gamme.

Ce 2011 flatte le regard dans sa robe d'or brillante et lumineuse. D'intenses senteurs de beurre, de pain grillé et d'agrumes composent une belle palette aromatique. Le palais se révèle boisé, dense, rond, très bien structuré et d'une longueur remarquable. Un vin puissant, de grande maturité, qui possède néanmoins de la fraîcheur. ⧗ 2017-2022 ♈ poulet de Bresse crème et morilles

⊶ Collovray et Terrier, La Cuette, 71960 Davayé, tél. 03 85 35 86 51, info@collovrayterrier.com V t.l.j. sf sam. dim. 8h-17h30

CHRISTOPHE CORDIER Vieilles Vignes 2012 ★★

■	n.c.	15 à 20 €

Christophe Cordier est une marque de négoce de référence dans la région mâconnaise, fondée par le vigneron éponyme de Fuissé.

Drapée dans une robe d'or, cette cuvée dévoile une palette aromatique complexe et très engageante qui associe les arômes de son passage en fût de chêne (paille dorée et beurre frais) à ceux du chardonnay très mûr (pêche de vigne, lys blanc et miel d'acacia). Le palais ample et puissant trouve l'équilibre grâce à une fine fraîcheur minérale et à sa finale saline qui temporisent la fougue du boisé torréfié. ⧗ 2017-2024 ♈ poularde à la crème

⊶ Christophe Cordier, 71960 Fuissé, tél. 03 85 35 62 89, domaine.cordier@wanadoo.fr V r.-v.

DOM. CORDIER PÈRE ET FILS 2012

■	n.c.	◖◗	15 à 20 €

Basé à Fuissé, Christophe Cordier, succédant à son père Roger, a pris la tête de ce vignoble de 25 ha. Il a élargi sa gamme en créant une affaire de négoce à son nom. Une référence en Mâconnais, sous les deux casquettes.

Ce pouilly-fuissé ne cache pas son élevage en barrique, sensible dès le premier nez à travers d'intenses notes toastées. On retrouve ce boisé quelque peu dominant dans une bouche ronde, chaleureuse et marquée par la sève de pin et la résine. À réserver aux amateurs de vins boisés. ⧗ 2016-2020 ♈ pintade à la crème

⊶ Dom. Cordier, 71960 Fuissé, tél. 03 85 35 62 89, domaine.cordier@wanadoo.fr V r.-v.

Ⓑ DOMINIQUE CORNIN Clos Reyssié 2012

■	4 700	◖◗	20 à 30 €

À l'origine, les vignes du domaine étaient confiées à la coopérative de Chaintré et récoltées à la machine. En 1995, Dominique Cornin se retire de la cave, opte pour la vendange manuelle et s'oriente peu à peu vers le bio, jusqu'à la certification obtenue en 2009. Son fils Romain l'a rejoint en 2012.

D'une belle intensité, le bouquet évoque la poire mûre, le laurier et les fleurs blanches. Exubérante dès l'attaque, la bouche joue dans un registre exotique (ananas, fruit de la Passion). ⧗ 2014-2017 ♈ sashimis

⊶ Dominique Cornin, 339, Savy-le-Haut, 71570 Chaintré, tél. 03 85 37 43 58, dominique@cornin.net V r.-v.

DOM. CORSIN Aux Chailloux 2012 ★

■	3 500	🛢 ◖◗	15 à 20 €

Ce domaine prestigieux et toujours familial existe depuis plus d'un siècle. Précurseur dans la vente en bouteilles, il est aujourd'hui entre les mains expertes de Jean-Jacques et Gilles Corsin.

Tout en finesse et en légèreté, ces Chailloux dévoilent un nez délicat et pur, qui se décline autour de senteurs de fleurs blanches, de yuzu et de brioche. Friand et franc, le palais ne joue pas les « gros bras », mais évolue plutôt dans le registre de la dentelle. Une longue note minérale et citronnée vient dynamiser la finale. ⧗ 2014-2020 ♈ poisson en sauce légère ■ Vieilles Vignes (15 740 b.) : un bon classique chaleureux, rond et élégant, qui ne manque pas de fraîcheur. ⧗ 2014-2019

⊶ Dom. Corsin, Les Plantés, 71960 Davayé, tél. 03 85 35 83 69, contact@domaine-corsin.com V r.-v.

DOM. DENUZILLER Le Clos 2011

■	2 000	◖◗	11 à 15 €

Ce domaine de 14 ha est constitué de 63 parcelles de chardonnay, que Gilles et Joël Denuziller vinifient en petit contenant afin de respecter au mieux la typicité de chaque terroir.

Cette cuvée élevée en pièce bourguignonne dévoile un nez très ouvert, porté sur les senteurs d'agrumes et les fleurs blanches. Minéral et équilibré, le palais se révèle élégant et long. ⧗ 2014-2017 ♈ fromage de chèvre mâconnais

⊶ Dom. Denuziller, imp. de l'Église, 71960 Solutré-Pouilly, tél. 03 85 35 80 77, domaine.denuziller@orange.fr V r.-v.

NADINE FERRAND Prestige 2012

■	5 300	🛢 ◖◗	20 à 30 €

Incarnant la troisième génération de vignerons, Nadine Ferrand est depuis l'année 2000 à la tête d'une exploitation qu'elle a portée à plus de 10 ha. Sa fille Marine l'a rejointe en 2014. Un domaine régulier en qualité.

Ce 2012 dévoile un nez frais et agréable de fleurs blanches, de bourgeon de cassis et de buis, souligné de nuances beurrées et briochées. On retrouve cette complexité aromatique dans un palais à la fois ample et vif, que dynamise une finale d'agrumes. Un peu de vieillissement lui apportera de la rondeur. ⧗ 2015-2018 ♈ soufflé au fromage

BOURGOGNE

Nadine Ferrand, 51, chem. du Voisinet, 71850 Charnay-lès-Mâcon, tél. 06 09 05 19 74, ferrand.nadine@wanadoo.fr V r.-v.

DOM. J.-A. FERRET
Clos des Prouges Tête de cru 2012 ★

■	3 700		30 à 50 €

Le domaine Ferret, fondé en 1890, a acquis sa notoriété au fil des années avec Jeanne Ferret, femme avant-gardiste et opiniâtre, puis avec sa fille Colette qui a su conserver le prestige du domaine. Poursuivant dans ce même esprit, la maison Louis Jadot, actuel propriétaire, met en valeur un vignoble de 18,6 ha.

Une couleur blé d'or habille ce vin. Sa palette aromatique à dominante boisée (toast grillé) laisse toutefois poindre de subtiles fragrances minérales. La bouche fraîche est arrondie par l'élevage et se prolonge avec élégance sur de fines notes minérales et mentholées. Déjà une belle délicatesse et du potentiel. 2016-2020 truite à l'oseille

SCEA Ferret-Lorton, rue du Plan, 71960 Fuissé, tél. 03 85 35 61 56, ferretlorton@orange.fr V r.-v. Famille Kopf

DOM. DE LA FEUILLARDE Vieilles Vignes 2012 ★★

■	5 000		11 à 15 €

Créé en 1934 par Jean-Marie Thomas, le domaine familial est aujourd'hui géré par Lucien Thomas, actif défenseur de l'appellation saint-véran. Les 20 ha du vignoble entourent la propriété située à Prissé, ancien bourg fortifié du Mâconnais.

70 ares de vieux chardonnay situés à Vergisson ont donné naissance à ce remarquable 2012. Le bouquet est un exemple de finesse et de délicatesse. On y retrouve les petites fleurs blanches associées au beurre frais et à des notes citronnées et mentholées. La bouche, à la fois dynamique, fraîche, riche et puissante, déploie de fins arômes d'herbe fraîchement coupée et des notes minérales. Un vin « vivant », frais et tendu. 2015-2020 salade de la mer

Lucien Thomas, Dom. de la Feuillarde, 71960 Prissé, tél. 03 85 34 54 45, contact@domaine-feuillarde.com V t.l.j. 8h-12h30 13h30-18h; dim. sur r.-v.

CH. FUISSÉ Tête de cru 2012

■	50 000		20 à 30 €

Ce domaine emblématique de Fuissé exploite aujourd'hui 35 ha de chardonnay sur les meilleurs terroirs de l'appellation. Aux commandes des vinifications, Antoine Vincent, ingénieur agronome et œnologue, dont les vins connaissent une renommée internationale (80 % à l'export).

Parée de dorée intense à reflets pistache, cette cuvée s'ouvre sur des notes d'abord empyreumatiques (beurre et pain grillé), puis fruitées (litchi, pêche blanche et poire). La bouche chaleureuse et beurrée en première approche s'équilibre par la suite grâce à une fine tension minérale. Un style « Nouveau Monde », réservé aux amateurs de vins boisés. 2014-2019 ris de veau aux girolles

Ch. de Fuissé, Le Plan, 71960 Fuissé, tél. 03 85 35 61 44, domaine@chateau-fuisse.fr V t.l.j. 8h-12h 13h30-17h30; sam. dim. sur r.-v. Famille Vincent

DOM. DES GERBEAUX
Vieilles Vignes Terroir de Solutré 2012 ★

■	12 000		11 à 15 €

Ce vignoble familial fut créé en 1896 par Jacques Charvet, l'arrière-grand-père de Jean-Michel Drouin. Il compte aujourd'hui 13 ha de chardonnay répartis dans les appellations mâcon, saint-véran et pouilly-fuissé.

Derrière une dominante boisée, on distingue de fines notes de fleurs blanches, de noisette et de menthe poivrée. Tout en légèreté, délicate, la bouche est soutenue par une fine vivacité mariée à une noble amertume. Un vin complexe et élégant. 2016-2022 turbot au beurre blanc ■ Cuvée Jacques Charvet 2011 (15 à 20 € ; 1 800 b.) : cuvée hommage à l'arrière-grand-père ; un vin encore sous l'emprise de son élevage de douze mois en fût, mais prometteur. 2016-2020

Dom. des Gerbeaux, Les Gerbeaux, 71960 Solutré-Pouilly, tél. 03 85 35 80 17, j-michel.drouin.gerbeaux@wanadoo.fr V Drouin

DOM. GIRARD ET FILS Vieilles Vignes 2012 ★★

■	3 500		11 à 15 €

Vincent Girard, représentant la cinquième génération, à la tête de ce domaine de 8,5 ha depuis 2009, perpétue le savoir-faire familial, tout en apportant de nouvelles méthodes, notamment en matière de vinification et d'élevage.

Dorée à reflets verts, cette cuvée évoque le brugnon, la prune et la poire, le tout vivifié par un soupçon de menthol. En bouche, elle se montre opulente et beurrée ; on y retrouve avec persistance le panier de fruits du nez. Un vin gourmand et expressif. 2014-2019 saint-jacques à la crème ■ Les Crays 2011 ★ (15 à 20 € ; 1 500 b.) : un pouilly-fuissé aromatique, au nez subtil de fleurs fraîches, qui mêle intimement la vanille et la poire williams en bouche. 2014-2017

Dom. Girard et Fils, rue des Gerbeaux, 71960 Solutré-Pouilly, tél. 03 85 35 83 28, domaine-girard@club-internet.fr V r.-v.

DOM. YVES GIROUX ET FILS 2012

■	6 000		11 à 15 €

Créé en 1973 par Yves Giroux, ce domaine a connu sa première succession en 2010. C'est aujourd'hui le fils aîné Sébastien qui préside aux destinées de ce vignoble de 6,8 ha.

Élaborée à partir de chardonnay de quarante ans cueillis à la main et vinifiée pour partie en fût de chêne, cette cuvée couleur paille offre de multiples senteurs : poire, pêche, citron, amande fraîche et vanille. Une complexité aromatique qui se retrouve dans une bouche ample, fine et équilibrée. Légèrement sec en finale, ce vin devra s'affiner en cave. 2016-2019 sole meunière

Dom. Yves Giroux et Fils, Les Molards, 71960 Fuissé, tél. 03 85 35 63 64, domainegiroux@wanadoo.fr V r.-v.

DOM. GONON Aux Vignes Dessus 2011

■	1 684		11 à 15 €

Situé à Vergisson au pied de la célèbre roche de Solutré, ce domaine de 14 ha, vieux de plusieurs générations

produit bon nombre des AOC du Mâconnais : pouilly-fuissé, saint-véran, bourgogne rouge... et même le très rare mâcon rosé.

Ce vin dévoile un nez agréable qui associe le citron et les fruits jaunes aux notes de pain grillé et de brioche de l'élevage en fût. On retrouve le boisé, bien fondu, dans un palais équilibré mais encore un peu vif. ⧗ 2016-2019 🍴 cuisses de grenouilles en persillade

Dom. Gonon, 1, chem. de la Renardière, En Caremantrant, 71960 Vergisson, tél. 03 85 37 78 42, domgonon@aol.com V r.-v.

LUDOVIC GREFFET 2012 ★

	1 000		11 à 15 €

Depuis son installation en 2000, Ludovic Greffet, quatrième du nom, à la tête du domaine, a modernisé l'exploitation familiale. Il s'est forgé un solide savoir-faire par un apprentissage dès son plus âge dans les vignes de son père et par de nombreuses expériences auprès de différents vignerons de la Côte de Beaune et de Châteauneuf-du-Pape.

De vieux chardonnays ont engendré ce vin or jaune intense, qui mêle harmonieusement les fleurs blanches (acacia et chèvrefeuille) aux senteurs plus douces de miel. La bouche se montre légère et fruitée, vive et tonique. Aromatique et élégant. ⧗ 2014-2018 🍴 fromage de chèvre

Ludovic Greffet, Impasse du Forgeron, 71960 Solutré-Pouilly, tél. 06 23 75 35 22, domaine@domaine-ludovic-greffet.fr V r.-v.

DOM. GUERRIN ET FILS La Maréchaude 2012 ★★

	2 800		15 à 20 €

En 1984, Maurice Guerrin a créé avec seulement 2,5 ha ce domaine qui compte aujourd'hui 14 ha de chardonnay. Son fils le rejoint fin 2011 afin de développer la commercialisation en bouteilles.

Dans le verre, un vin or brillant souligné de touches émeraude, qui dévoile d'intenses notes minérales et florales. La bouche bien agencée, dense, d'une fraîcheur acidulée, persiste longuement, soutenue par une forte minéralité. Fin et élégant, ce pouilly-fuissé est le reflet de son terroir. ⧗ 2014-2019 🍴 fruits de mer ■ Sur la Roche 2012 ★ (2 800 b.) : le boisé, encore marqué, devrait s'estomper et laisser pleinement s'exprimer le caractère minéral et « authentique » de ce vin. ⧗ 2016-2019

Dom. Guerrin et Fils, 572, rte des Bruyères, 71960 Vergisson, tél. 03 85 35 80 25, domaine@domaineguerrin.com V r.-v.

ROGER LASSARAT Racines 2011

	5 000		15 à 20 €

Roger Lassarat s'est installé en 1969 entre les roches de Vergisson et de Solutré, avec quelques ares de vignes. Il conduit aujourd'hui avec son fils Pierre-Henri un vignoble de 19 ha, dont 2 ha dans le Beaujolais en AOC moulin-à-vent, acquis avec son ami humoriste Laurent Gerra.

Le nez encore légèrement dominé par le bois (fumée, pain grillé) offre néanmoins de plaisantes senteurs minérales et citronnées. Le palais, à l'unisson, se révèle goûteux et équilibré. ⧗ 2014-2017 🍴 saumon gravlax

Roger Lassarat, 121, rue du Martelet, 71960 Vergisson, tél. 03 85 35 84 28, info@roger-lassarat.com V r.-v.

B CH. DE LAVERNETTE Cuvée Jean-Jacques de Boissieu 2012

	5 000		15 à 20 €

Aux mains de la famille de Boissieu depuis 1596, ce domaine de 11,4 ha pratique la culture biodynamique depuis 2005, et les vignes sont certifiées bio depuis 2010.

Le nez libère des parfums de pêche de vigne et de raisin frais mariés aux notes grillées de l'élevage sous bois. Une attaque perlante apporte de la fraîcheur à un palais riche, rond, ample et long. Un ensemble élégant et équilibré. ⧗ 2014-2019 🍴 carré de veau de lait

Ch. de Lavernette, La Vernette, 71570 Leynes, tél. 03 85 35 63 21, chateau@lavernette.com V t.l.j. sf dim. 9h-12h 13h30-18h de Boissieu

MANOIR DU CAPUCIN Aux Morlays 2012 ★

	2 068		15 à 20 €

Le manoir à colonnes toscanes, avec ses caves et son clos, fut la demeure du Capucin Luillier, auteur des Noëls Mâconnais au XVIIe s. Chloé Bayon et son compagnon Guillaume Pichon, les actuels propriétaires, en ont entrepris la rénovation afin de pouvoir l'habiter. Ils conduisent aujourd'hui un vignoble de 12,4 ha.

Or vert, ce vin offre au nez des expressions discrètes de chèvrefeuille, de beurre frais et de café grillé. Les fruits jaunes mûrs entrent en scène dans un palais suave et riche, vivifié par une agréable fraîcheur citronnée en finale. ⧗ 2016-2020 🍴 poisson mariné ■ Sensation 2012 ★ (11 à 15 € ; 2 079 b.) : un vin floral et séduisant, tout en subtilité et en tonicité. ⧗ 2014-2019

Chloé Bayon, Le Plan, 71960 Fuissé, tél. 03 85 35 87 74, manoirducapucin@yahoo.fr V r.-v.

GILLES MORAT Climat Sur la Roche 2012

	5 000		15 à 20 €

Après une carrière dans l'électronique, Gilles Morat décide de reprendre le domaine familial (6 ha) en 1997. Ce vigneron consciencieux s'illustre avec une grande régularité par ses pouilly-fuissé.

De couleur jaune d'or limpide, ce vin s'ouvre discrètement au nez sur des fragrances de chèvrefeuille, avant de délivrer à l'aération des arômes de pêche et de réglisse. Équilibre et souplesse caractérisent la bouche de ce 2012 déjà très aimable. ⧗ 2014-2017 🍴 terrine de lapin

Gilles Morat, 595, rte des Bruyères, 71960 Vergisson, tél. 03 85 35 85 51, gil.morat@wanadoo.fr V r.-v.

DOM. GILLES NOBLET Prestige 2012 ★

	1 900		11 à 15 €

Cette exploitation de plus de 14 ha, transmise de père en fils depuis 1936, est située au cœur de Fuissé.

Élevée en fût de chêne pendant un an, cette cuvée se présente dans une robe d'or blanc, brillante et limpide. Les fruits blancs, les agrumes et la minéralité forment un nez fin et vif. En bouche, on trouve de la rondeur, une bonne vivacité et une finale boisée persistante ; de l'équilibre, en somme. ⧗ 2016-2020 🍴 sorbet au citron ■ Les Champs 2012 (4 400 b.) : un bouquet d'agrumes et une bouche linéaire, tendue par une vivacité citronnée. ⧗ 2014-2017

Gilles Noblet, rue En-Collonge, 71960 Fuissé, tél. 03 85 35 63 02, gillesnoblet@wanadoo.fr
r.-v.

DOM. PERRATON FRÈRES
Excellence 2012

3 300 | | 15 à 20 €

Depuis le haut de la colline argilo-calcaire de Chaintré sur lequel est implanté le domaine (12 ha) de Christophe et Franck Perraton, installés en 2004, on peut admirer la vallée de la Saône et, par temps clair, le massif du Mont-Blanc.

Parée d'une robe or platine, cette cuvée livre un bouquet de belle intensité, qui s'ouvre sur le beurre frais et la menthe. L'attaque franche et ferme introduit un palais vif et léger, agrémenté d'une pointe d'amertume qui vient stimuler la finale. 2014-2018 friture de poisson

Dom. Perraton Frères, 163, rue du Paradis, 71570 Chaintré, tél. 03 85 35 67 45, domaine@perratonfreres.fr r.-v.

DOM. PASCAL RENAUD
Aux Chailloux 2012

3 600 | | 11 à 15 €

Depuis 1987 à la tête de l'ancienne propriété de la famille Balladur, Pascal Renaud est aujourd'hui secondé par son fils Guillaume pour cultiver les 15 ha du vignoble.

Après douze mois de barrique, le vin déploie une palette aromatique large et intense : agrumes, pêche blanche et minéralité, le tout finement souligné d'un trait boisé. La bouche séduit par son équilibre et sa fraîcheur ; on y retrouve le minéral du nez agrémenté de la souplesse apportée par les fruits blancs. Un vin plein de finesse, encore jeune, qui devrait bien évoluer. 2016-2020 lapin à la crème

Dom. Pascal Renaud, imp. du Tonnelier, 71960 Solutré-Pouilly, tél. 03 85 35 84 62, domainerenaudpascal@wanadoo.fr r.-v.

DOM. JEAN-PIERRE SÈVE Sélection Vieilles Vignes
Élevé en fût de chêne 2012

5 000 | | 15 à 20 €

Ce domaine de 7,4 ha est situé sur les hauteurs du village de Solutré, au pied de la célèbre roche. En sortant du caveau de dégustation, on découvre un beau panorama allant du vignoble de Pouilly-Fuissé au massif du Mont-Blanc, en passant par la plaine de la Saône.

Très pâle dans sa robe cristalline, ce 2012 se montre discret au premier nez, puis il s'ouvre délicatement sur des notes de fleurs blanches et de fruits mûrs. Souple et tendre, le palais se révèle agréable et gourmand. 2014-2016 gougères

EARL Dom. Jean-Pierre Sève, rue Adrien-Arcelin, 71960 Solutré-Pouilly, tél. 03 85 35 80 19, domaine@vins-seve.com r.-v.

DOM. SIMONIN Vieilles Vignes 2012 ★

2 000 | | 15 à 20 €

Vergisson, paisible village viticole blotti aux pieds des Roches, mérite un détour pour son panorama époustouflant sur la vallée de la Saône et la chaîne des Alpes. Jacques Simonin y possède 5 ha de chardonnay, qu'il travaille de façon traditionnelle.

Son séjour de dix mois en fût a marqué ce 2012, qui présente un nez ouvert sur d'intenses notes empyreumatiques. On décèle toutefois derrière ces arômes d'agréables parfums fruités. Une attaque boisée prélude à un palais gras et vanillé, vivifié par une finale minérale. Pour amateurs de vins boisés. 2017-2020 poulet aux girolles

Jacques Simonin, 94, rue Froide, 71960 Vergisson, tél. 03 85 35 84 72, domsimonin.ja@wanadoo.fr r.-v.

DOM. LA SOUFRANDISE Vieilles Vignes 2012 ★

18 000 | | 15 à 20 €

La maison de maître où sont logées les caves de ce domaine a été bâtie en 1931 par un lieutenant-colonel de la garde de Napoléon 1er. En 1853, le domaine est racheté par les ancêtres de Nicolas Melin, l'actuel propriétaire, qui étaient négociants en vins à Bercy, mais originaires de la région.

Jaune clair frangé de bronze, ce 2012 séduit par son nez floral et vanillé. La bouche, ample et puissante, exprime une belle rondeur et de nombreux parfums épicés. Un vin prometteur, à boire dans quelques années, quand il aura trouvé sa précision. 2016-2020 poisson au curry

Dom. la Soufrandise, Françoise et Nicolas Melin, Rouette-du-Clos, 71960 Fuissé, tél. 03 85 35 64 04, la-soufrandise@wanadoo.fr r.-v. Melin

♥ DOM. THIBERT PÈRE ET FILS
Vignes blanches 2011 ★★

8 000 | | 20 à 30 €

Issus d'une dynastie de vignerons longue de huit générations, Andrée et René Thibert créent leur propre domaine en 1967, sur 2,5 ha. Aujourd'hui, leurs enfants Sandrine et Christophe sont cogérants d'un vignoble de 30 ha.

Ce 2011 issu de chardonnays de quatre-vingts ans se pare d'un or vert étincelant. Au nez, il s'ouvre en douceur sur des notes d'agrumes et de chèvrefeuille délicatement mâtinées de senteurs boisées. La bouche ronde et puissante est soulignée par une fine trame minérale qui lui apporte une touche de fraîcheur bienvenue. Un vin bien né et parfaitement orchestré, bâti pour la garde. 2016-2022 homard breton grillé

Dom. Thibert Père et Fils, rue Adrien-Arcelin, 71960 Fuissé, tél. 03 85 27 02 66, info@domaine-thibert.com t.l.j. 8h30-12h30 13h30-18h30; sam. dim. sur r.-v.

DOM. TROUILLET Cœur de Pouilly 2012

1 600 | | 15 à 20 €

Au décès de son père Frédéric en 2007, William Trouillet, alors étudiant au lycée viticole de Davayé, revient sur l'exploitation familiale pour seconder sa mère Marie-Agnès, non sans avoir effectué plusieurs stages en France et à l'étranger. Aujourd'hui, l'exploi-

tation, qui s'est beaucoup agrandie (18 ha), est conduite de manière raisonnée.

Robe claire aux reflets verts ; nez ouvert sur les fruits exotiques, accompagnés d'une pointe grillée et des nuances florales typiques du chardonnay ; bouche à l'unisson, bâtie sur la richesse et la suavité, réveillée par une légère pointe de vivacité en finale. Un pouilly équilibré. ⌛ 2014-2017 🍴 sandre au beurre blanc ■ Aux Chailloux 2012 (de 11 à 15 € ; 2 500 b.) : un style différent, plus tonique et dynamique. ⌛ 2014-2017

🔑 Dom. Trouillet, rte des Concizes, 71960 Solutré-Pouilly, tél. 03 85 35 80 04, domaine.trouillet@wanadoo.fr V ✗ ▮ t.l.j. sf. dim 10h-12h 14h-19h

DOM. DU CH. DE VERGISSON 2012

■	8 000	▮ ◍	11 à 15 €

Stéphanie Saumaize et Pierre Desroches sont à la tête de ce domaine de 7 ha situé au pied de la roche de Vergisson. Depuis 2012, après quelques mois de rénovation, ils vinifient leur récolte dans les fameuses caves voûtées et superposées du château de Vergisson.

Teintée d'or vert, cette cuvée mise sur le fruit et la légèreté. Pêche blanche et poire williams nuancées de chèvrefeuille et de beurre introduisent une bouche équilibrée, à la fois ronde et acidulée. ⌛ 2014-2017 🍴 pâtes aux fruits de mer

🔑 Dom. du Ch. de Vergisson, 101, rue du Château-de-France, 71960 Solutré-Pouilly, tél. 06 21 85 67 60, pierredesroches@hotmail.fr V ✗ ▮ r.-v.
🔑 Pierre Desroches et Stéphanie Saumaize

DOM. PIERRE VESSIGAUD Vieilles Vignes 2012 ★★

■	35 000	◍	20 à 30 €

Établi au cœur du hameau de Pouilly, entre les villages de Fuissé et de Solutré, ce domaine très régulier en qualité a engagé la conversion de son vignoble à l'agriculture biologique.

Toujours bien placé dans le Guide, ce domaine finit au pied du podium cette année avec sa cuvée-phare. Né de vieilles vignes de quarante-cinq ans, ce 2012 couleur jaune paille foncée associe au nez les tons vanillés du boisé aux notes fruitées de la mirabelle et du citron. Gardant, elle aussi, l'empreinte des dix-huit mois de fût, la bouche conjugue fraîcheur acidulée, richesse et puissance. Déjà beaucoup de relief et une belle évolution en perspective. ⌛ 2017-2021 🍴 ris de veau à la crème ■ Vers Pouilly 2012 (2 300 b.) : un vin frais et droit. ⌛ 2014-2018

🔑 Dom. Pierre Vessigaud, hameau de Pouilly, 71960 Solutré-Pouilly, tél. 03 85 35 81 18, contact@vins-pierrevessigaud.fr V ✗ ▮ t.l.j. sf dim. 9h-12h 13h30-19h

POUILLY-LOCHÉ ET POUILLY-VINZELLES

Moins connues que leur voisine, ces petites appellations situées sur le territoire des communes de Loché et de Vinzelles produisent des vins blancs secs de même nature que le pouilly-fuissé, avec peut-être un peu moins de corps.

POUILLY-LOCHÉ

• Superficie : 32 ha • Production : 1 500 hl

DOM. CORDIER 2012

■	n.c.	15 à 20 €

Basé à Fuissé, Christophe Cordier, succédant à son père Roger, a pris la tête de ce vignoble de 25 ha. Il a élargi sa gamme en créant une affaire de négoce à son nom. Une référence en Mâconnais, sous les deux casquettes.

Des reflets ambre animent la robe dorée de ce vin. Des nuances grillées mêlées aux notes minérales du terroir caractérisent le nez, tandis qu'en bouche, les agrumes mènent la danse. ⌛ 2016-2018 🍴 volaille à la crème

🔑 Dom. Cordier, 71960 Fuissé, tél. 03 85 35 62 89, domaine.cordier@wanadoo.fr V ✗ ▮ r.-v.

DOM. YVES GIROUX & FILS Au bûcher 2012 ★

■	3 600	▮	8 à 11 €

Créé en 1973 par Yves Giroux, ce domaine a connu sa première succession en 2010. C'est aujourd'hui le fils aîné Sébastien qui préside aux destinées de ce vignoble de 6,8 ha.

Cueilli à la main, ce chardonnay de cinquante ans d'âge a été vinifié et élevé en cuve Inox avec les levures du terroir. Vert pâle, le vin propose une palette aromatique minérale et florale. Le palais se montre nerveux, stimulé par la fraîcheur des agrumes, sans toutefois manquer de rondeur. Un pouilly-loché alerte. ⌛ 2014-2017 🍴 escargots de Bourgogne

🔑 Dom. Yves Giroux et Fils, Les Molards, 71960 Fuissé, tél. 03 85 35 63 64, domainegiroux@wanadoo.fr V ✗ ▮ r.-v.

CH. DE LOCHÉ 2012

■	14 000	▮ ◍	11 à 15 €

Jean Loron, vigneron né dans le Beaujolais en 1711, vinifiait les lieux-dits de sa région et de la Bourgogne. En 1821, son petit-fils Jean-Marie développe la maison en fondant un commerce d'expédition de vins. Aujourd'hui, l'entreprise familiale est dirigée par la huitième génération.

Ce 2012 affiche une jolie teinte dorée. L'olfaction, à dominante florale (aubépine et rose), s'enrichit de notes de fruits blancs à l'aération. Des arômes qui se prolongent avec persistance dans une bouche bien équilibrée entre rondeur et fraîcheur. Un vin charmeur. ⌛ 2014-2018 🍴 blanquette de poissons

🔑 Maison Jean Loron, 1846, RN 6, 71570 Pontanevaux, tél. 03 85 36 81 20, vinloron@loron.fr 🔑 Xavier Barbet

DOM. TROUILLET Les Mûres 2012

■	11 000	▮	8 à 11 €

Au décès de son père Frédéric en 2007, William Trouillet, alors étudiant au lycée viticole de Davayé, revient sur l'exploitation familiale pour seconder sa mère Marie-Agnès, non sans avoir effectué plusieurs stages en France et à l'étranger. Aujourd'hui, l'exploitation, qui s'est beaucoup agrandie (18 ha), est conduite de manière raisonnée.

Or vert pâle, ce 2012 reste timide au nez et diffuse discrètement après aération des senteurs fumées et minérales. Ronde et équilibrée, la bouche s'achève sur des

BOURGOGNE

notes de pamplemousse. Un ensemble discret, mais plaisant. 2016-2018 asperges sauce mousseline

Dom. Trouillet, rte des Concizes, 71960 Solutré-Pouilly, tél. 03 85 35 80 04, domaine.trouillet@wanadoo.fr V t.l.j. sf. dim 10h-12h 14h-19h

POUILLY-VINZELLES

• Superficie : 52 ha • Production : 1 700 hl

JOSEPH DROUHIN 2012

	12 900		11 à 15 €

Créée en 1880, cette maison beaunoise travaille toutes les AOC, de Chablis (Drouhin-Vaudon) à Mâcon. Ce négoce, qui dispose d'un vaste domaine (73 ha) développé par Robert Drouhin à partir de 1957, géré désormais par ses quatre enfants, est aussi le plus important propriétaire de vignes cultivées en biodynamie. Incontournable.

Ce vin se présente dans une robe doré clair. Le nez, discret mais fin, évoque l'aubépine et le citron. Le palais se montre gras et légèrement poivré. Un bon représentant du millésime. 2016-2019 bouchées à la reine

Maison Joseph Drouhin, 7, rue d'Enfer, 21200 Beaune, tél. 03 80 24 68 88, maisondrouhin@drouhin.com V r.-v.

CAVE DES GRANDS CRUS BLANCS Les Quarts 2012

	15 000		8 à 11 €

Créée en 1929, la Cave des Grands Crus Blancs a scellé l'union des vignerons de deux villages voisins : Vinzelles et Loché.

Cette cuvée dorée à l'or fin livre un nez charmeur s'ouvrant sur les fleurs blanches et la minéralité. La bouche ? Légère et acidulée. Un vin plaisant et facile d'accès. 2016-2019 apéritif

Cave des Grands Crus blancs, 2367, rte des Allemands, 71680 Vinzelles, tél. 03 85 27 05 70, contact@lesgrandscrusblancs.com V t.l.j. 9h-12h30 13h30-18h30

DOM. THIBERT PÈRE ET FILS Les Longeays 2011

	14 500		15 à 20 €

Issus d'une dynastie de vignerons longue de huit générations, Andrée et René Thibert créent leur propre domaine en 1967, sur 2,5 ha. Aujourd'hui, leurs enfants Sandrine et Christophe sont cogérants d'un vignoble de 30 ha.

Presque 2 ha de chardonnay plantés en 1976, récoltés mécaniquement et élevés en fût de chêne, ont donné cette cuvée d'un bel or vert. D'intenses arômes de petites fleurs, d'aubépine notamment, et d'épices douces composent le nez. Riche et gras, le palais tout aussi expressif offre une agréable finale minérale et poivrée. 2014-2017 beignets de langoustines

Dom. Thibert Père et Fils, rue Adrien-Arcelin, 71960 Fuissé, tél. 03 85 27 02 66, info@domaine-thibert.com V t.l.j. 8h30-12h30 13h30-18h30; sam. dim. sur r.-v.

SAINT-VÉRAN

• Superficie : 680 ha • Production : 37 500 hl

Implantée surtout sur des terroirs calcaires, l'appellation, reconnue en 1971, constitue la limite sud du Mâconnais, entre les AOC pouilly-fuissé, pouilly-vinzelles et beaujolais. Elle est réservée aux vins blancs produits dans huit communes de Saône-et-Loire. Légers, élégants, fruités, les saint-véran accompagnent bien les débuts de repas. Ils sont intermédiaires entre les pouilly-fuissé et les mâcon suivis d'un nom de village.

VINS AUVIGUE Le Moulin du pont 2012

	15 000		8 à 11 €

Producteurs depuis plus de cinq générations, Michel et Jean-Pierre Auvigue pratiquent également depuis 1982 l'achat de raisins. Ils ont transformé un ancien moulin à l'huile situé à la « Patte d'Oie » en chai de vinification et d'embouteillage.

Ce 2012 de belle naissance, doré à souhait, laisse échapper des notes minérales ainsi que des senteurs fruitées (pêche et pomme) et florales (aubépine). Vif en attaque, le palais, en accord avec l'olfaction, s'affine progressivement pour présenter au final un bel équilibre entre rondeur et tension. 2014-2016 risotto aux coques

Vins Auvigue, 3131, rte de Davayé, Le Moulin-du-Pont, 71850 Charnay-lès-Mâcon, tél. 03 85 34 17 36, vins.auvigue@wanadoo.fr V r.-v.

DOM. DE LA BÂTIE Aux Bulands 2012

	1 500		8 à 11 €

La comtesse de Milly, par ailleurs propriétaire du château de Berzé, dans le val lamartinien, est à la tête de ce domaine de 11 ha situé à Saint-Vérand, village pittoresque à la frontière du Mâconnais et du Beaujolais.

Issu de sols principalement argileux, ce vin dévoile un nez discret, qui laisse percer à l'aération des senteurs de miel et de fruits jaunes relevées de zeste de citron. Après une attaque sur la douceur, on découvre une bouche plus vive et marquée par le millésime. Un vin déjà harmonieux et facile à boire. 2014-2015 poisson grillé

SCEA Dom. de la Bâtie, Aux Bulands, 71570 Saint-Vérand, tél. 03 85 35 14 66, domainedelabatie@free.fr V r.-v. de Milly

DOM. DE LA BÂTIE 2012 ★★

	12 000		8 à 11 €

Georges Dubœuf a fondé cette affaire de négoce en 1964. Leader dans la commercialisation des vins du Beaujolais et du Mâconnais, cette structure travaille avec 400 viticulteurs et 20 coopératives pour produire quelque 30 millions de bouteilles par an. Sa relation avec le domaine de la Bâtie remonte à 1968.

Ce 2012 habillé d'or blanc offre un nez fin et élégant, qui mêle le minéral et le floral. Ces arômes se confirment dans un palais riche, gras et bien fondu. D'allèchantes notes d'orange et de miel d'acacia concluent la dégustation. 2014-2018 saint-jacques poêlées

Les Vins Georges Dubœuf, 208, rue de Lancié, 71570 Romanèche-Thorins, tél. 03 85 35 34 20, gduboeuf@duboeuf.com V t.l.j 10h-18h au Hameau du Vin

DAVID BIENFAIT
Clos des Poncetys 2012 ★★

	1 170		11 à 15 €

David Bienfait a grandi à Vergisson, fasciné par le métier de vigneron. Après un BTS « viti », il part pour la Nouvelle-Zélande puis rentre en Mâconnais fin 2009 pour s'installer sur 1,8 ha de pouilly-fuissé. Aujourd'hui, son domaine compte 3 ha de chardonnay.

Élevée huit mois en fût de chêne, cette cuvée issue de jeunes vignes (quatre ans) se pare d'un seyant jaune d'or. Du beurre frais, de la pêche jaune, de la mandarine, le tout soutenu par le citron, l'olfaction se montre riche et intense. Ample et généreuse, la bouche est de très bonne tenue et l'équilibre gras-acidité est parfait. 2014-2018 dos de cabillaud au beurre blanc

David Bienfait, rue de l'Étang, 71960 Bussières, tél. 06 86 72 53 93, davidbienfait@hotmail.fr V r.-v.

♥ BOUCHARD AÎNÉ ET FILS 2011 ★★

	8 000		11 à 15 €

Dans le groupe Boisset depuis 1992, ce négoce beaunois a été fondé en 1731 par Michel Bouchard et son fils aîné Joseph. Dans l'ancien hôtel du conseiller du Roy (XVIIIᵉs.) sont entreposés les fûts d'élevage de cette maison historique qui propose une large gamme de vins de toute la Bourgogne, mais aussi du Beaujolais et du Rhône.

Ce 2011 revêt une seyante robe jaune clair frangée d'or. Le nez développe des notes fraîches de citron, de pomme granny smith et de poire mûre. Le palais ? Doux, léger, savoureux et fin, « sensuel », selon un juré, il est d'une longueur admirable. 2014-2019 salade d'écrevisses La Grande Bruyère 2012 ★★ (14 600 b.) : remarquable d'élégance, de classicisme et de noblesse. 2016-2019

Bouchard Aîné et Fils, 4, bd du Mal-Foch, 21200 Beaune, tél. 03 80 62 61 00, dupre.a@bouchard-aine.fr V r.-v. Boisset

DOM. BOURDON 2012 ★

	8 100		8 à 11 €

Ce domaine de plus de 13 ha possède deux caves : un chai moderne au cœur du hameau de Pouilly et une cave voûtée en pierre à Vergisson. À sa tête, Sylvie et François Bourdon représentent la cinquième génération.

Ce saint-véran d'un or soutenu s'ouvre lentement sur des senteurs bien typées mêlant les fleurs blanches à la mirabelle et l'amande à la minéralité du terroir. Ample et charnu, soutenu par une trame fraîche, le palais persiste longuement sur des saveurs fruitées. Complet, complexe et équilibré. 2014-2018 cuisses de grenouilles

EARL François et Sylvie Bourdon, rue de la Chapelle, 71960 Solutré-Pouilly, tél. 03 85 35 81 44, francoisbourdon2@wanadoo.fr V t.l.j. 8h-20h

DOM. DE LA CHAPELLE Les Perriers 2012

	4 500		8 à 11 €

La marque « Dom. de la Chapelle » fut créée en 1904, mais elle n'appartenait pas à l'époque à la famille Rollet. En 2005, Catherine et Pascal Rollet ont acquis les vignes qu'ils travaillaient en métayage depuis 1982.

Ce vin dévoile au nez d'intenses senteurs de fruits blancs et de miel. En bouche, il offre un bel équilibre gras-acidité. Un bon classique. 2014-2016 poulet à la crème

EARL Pascal Rollet, hameau de Pouilly, 71960 Solutré-Pouilly, tél. 03 85 35 81 51, rolletpouilly@wanadoo.fr V t.l.j. 8h-19h

CAVE CHARNAY-LÈS-MÂCON
Vieilles Vignes 2012 ★

	10 426		8 à 11 €

Créée en 1929, cette cave coopérative regroupe un vignoble de 120 ha qui s'étend sur les coteaux calcaires du Mâconnais.

Cette cuvée élaborée à partir de chardonnay de plus de cinquante ans dévoile de subtiles notes boisées agrémentées de senteurs de fruits mûrs (mirabelle), d'amande et de miel. Une attaque généreuse ouvre sur un palais riche et gourmand, auquel des notes de confiture d'oranges en finale apportent un surcroît de caractère et de complexité. 2014-2017 volaille à la crème

Cave de Charnay-lès-Mâcon, En Condemine, 71850 Charnay-lès-Mâcon, tél. 03 85 34 87 32, michael.dafre@cave-charnay.com V r.-v.

CH. CHASSELAS Téthys 2011 ★

	1 500		15 à 20 €

Ce domaine viticole depuis cinq siècles, que commande un château des XIVᵉ et XVIIIᵉs. flanqué de trois tours en poivrière, a été repris en 1999 par Jean-Marc Veyron La Croix et Jacky Martinon, à la tête de 12 ha conduits dans une démarche raisonnée (labour, griffage, amendement naturel...).

D'un vieil or intense, ce saint-véran dévoile une olfaction complexe qui mêle les épices, le minéral et les fruits mûrs. L'onctuosité de l'attaque annonce une bouche ample et riche, au caractère gourmand, éclatante de poire et de litchi, bien contrebalancée par une fine vivacité en finale. 2014-2018 sole meunière

Ch. de Chasselas, Cidex 604, 71570 Chasselas, tél. 03 85 35 12 01, chateauchasselas@aol.com V t.l.j. 10h-12h 14h-18h E
Veyron, Martinon

COLLOVRAY & TERRIER Tradition 2012 ★

	120 000		8 à 11 €

Propriétaires du domaine des Deux Roches, les familles Collovray et Terrier ont développé une petite activité de négoce pour élargir leur gamme.

Ce vin à la robe jaune d'or d'une belle intensité allie avec élégance des senteurs de fleurs d'acacia et de chèvrefeuille à des nuances de fruits secs. Une attaque tout en fraîcheur, un développement riche et ample, souligné de notes minérales : tout est en place, pour aujourd'hui ou pour demain. 2014-2017 volaille de Bresse à la crème

Collovray et Terrier, La Cuette, 71960 Davayé, tél. 03 85 35 86 51, info@collovrayterrier.com
V t.l.j. sf sam. dim. 8h-17h30

MARCEL COUTURIER Le Vallon 2012

1 800 | 11 à 15 €

Installé en cave particulière depuis 2005 après avoir été apporteur à la cave coopérative des Grands Crus à Vinzelles, Marcel Couturier revendique une viticulture proche de l'agrobiologie, sans pour autant passer à la certification.

La récolte manuelle de ces très vieux ceps de chardonnay (quatre-vingts ans) a donné naissance à un vin agréable. Vieil or intense et soutenu, ce 2012 déploie des senteurs de zeste d'orange, de pâte d'amandes et de litchi bien mariées aux notes fondues de l'élevage en fût. Le palais se révèle riche, opulent, bien ouvert sur les arômes perçus à l'olfaction. Un vin généreux. 2014-2015 blanquette de veau

EARL Dom. Marcel Couturier, Les Pelées, 71960 Fuissé, tél. 06 23 97 23 21, domainemarcelcouturier@orange.fr V r.-v.

DOM. DE LA CROIX SENAILLET Les Rochats 2012 ★★

1 300 | 11 à 15 €

Ce domaine fut créé par Maurice Martin en 1969, qui a progressivement abandonné la polyculture pour la vigne. En 1990, son fils Richard reprend le domaine familial, avant d'être rejoint par son frère Stéphane en 1992. La propriété de 6,5 ha s'est agrandie pour atteindre 25 ha aujourd'hui, cultivés en bio depuis 2010.

Ce vin cousu d'or et serti de reflets bronze dévoile un bouquet d'une grande complexité, qui mêle en toute harmonie des notes de fruit de la Passion, de mangue, de menthe fraîche et de bois blond. Il associe en bouche, dans un parfait équilibre, la minéralité du terroir à la maturité du chardonnay (ananas juteux). Un vin à la fois puissant, généreux, élégant et très long. 2014-2017 blanquette de poisson En Pommards 2012 ★ : miel, granny smith et acacia composent la palette aromatique de ce saint-véran charmant et croquant. 2014-2017

Richard et Stéphane Martin, Dom. de la Croix Senaillet, En Coland, 71960 Davayé, tél. 03 85 35 82 83, richard@domainecroixsenaillet.com
V r.-v.

DOM. DE LA DENANTE Les Maillettes 2012

12 000 | 8 à 11 €

Investi de multiples missions syndicales viticoles depuis de nombreuses années, Robert Martin est épaulé sur le domaine par son fils Damien. Ensemble, ils ont construit une cuverie moderne à Davayé pour accueillir le fruit de leurs 12 ha de vignes.

L'allure jaune d'or de ce 2012 attire l'œil. Frais et minéral à l'olfaction, le vin se révèle léger et friand en bouche, porté par une fine vivacité qui met le fruit en valeur. Un saint-véran tonique. 2014-215 gougères

Damien Martin, Les Gravières, 71960 Davayé, tél. 03 85 35 82 88, martin.denante@wanadoo.fr
V t.l.j. 8h-19h; dim. sur r.-v.

DOM. DES DEUX ROCHES P.R.C. 2011 ★★

n.c. | 15 à 20 €

L'aventure au domaine commence en 1928 avec les premières vignes que Joanny Collovray possède autour de Davayé, à l'ouest de Mâcon. Deux générations plus tard, les Collovray rencontrent les Terrier et s'associent au sein du domaine des Deux Roches, créé en 1986. Aujourd'hui, la quatrième génération est à l'œuvre…

Vêtu d'une robe jaune d'or intense et lumineux, ce vin s'ouvre sur de riches senteurs de bois blond, de beurre frais et de pain grillé. Une attaque fraîche dévoile une bouche intense et riche, agrémentée d'un soupçon de vanille. Une superbe bouteille, d'un équilibre remarquable. 2014-2019 volaille de Bresse à la crème

Dom. des Deux Roches, La Cuette, 71960 Davayé, tél. 03 85 35 86 51, info@collovrayterrier.com
V t.l.j. sf sam. dim. 8h30-17h30

PHILIPPE GENETIER La Discorde 2012 ★★

600 | 11 à 15 €

Philippe Genetier, par ailleurs marchand de matériel viticole, a acquis en 2009 une parcelle de 0,5 ha de chardonnay.

Une robe or foncé à reflets verts habille ce saint-véran s'ouvrant sur des parfums fruités (pêche blanche) et floraux (chèvrefeuille). Après une attaque gourmande, le palais se révèle à la fois rond et frais, puis s'étire longuement sur des saveurs de confiture de mandarines et de croûte de pain. Complexe et racé. 2014-2018 pochouse de Saône

Philippe Genetier, Le Bourgneuf, 71570 Chânes, tél. 06 18 08 51 08, genetierphilippe@wanadoo.fr
V r.-v.

CH. DE LA GREFFIÈRE Aux Monts 2012 ★

1 500 | 15 à 20 €

Installés en 1981, Isabelle et Vincent Greuzard ont ouvert en 2001 un petit musée où sont exposés les outils anciens de leurs parents et grands-parents, vignerons eux aussi. Ils exploitent aujourd'hui un vignoble de 42 ha.

Paré d'un jaune citron presque fluorescent, ce 2012 s'ouvre sur des notes intenses d'ananas confit, de massepain et de compote de pommes. Suit une bouche ample, moelleuse à souhait, sans lourdeur aucune. Un vin original et charmeur par sa douceur. 2014-2017 foie gras mi-cuit aux figues

Ch. de la Greffière, rte de Verzé, 71960 La Roche-Vineuse, tél. 03 85 37 79 11, isabelle@chateaudelagreffiere.com V t.l.j. 9h-12h 14h-17h30 Greuzard

DOM. GUERRIN & FILS Le Clos Vessats 2012 ★★

1 200 | 8 à 11 €

En 1984, Maurice Guerrin a créé avec seulement 2,5 ha ce domaine qui compte aujourd'hui 14 ha de chardonnay. Son fils le rejoint fin 2011 afin de développer la commercialisation en bouteilles.

Or vert intense et lumineux, ce 2012 libère au nez de douces notes florales et fruitées, ainsi qu'un parfum plus frais de lime. La bouche montre une grande richesse aromatique (pêche de vigne, chèvrefeuille, agrumes...) et un équilibre parfait entre gras et acidité. Un vin typé et très élégant. ⧗ 2014-2017 ¥ sandre au beurre blanc ■ **La Côte Rôtie 2012 (11 à 15 € ; 1 700 b.)** : encore sous l'emprise du bois de l'élevage, mais de la matière et un beau potentiel en devenir. ⧗ 2016-2019

Dom. Guerrin et Fils, 572, rte des Bruyères, 71960 Vergisson, tél. 03 85 35 80 25, domaine@domaineguerrin.com V r.-v.

BERNARD LAPIERRE 2012 ★

■	2 000		8 à 11 €

Installé en 1979, Bernard Lapierre conduit un vignoble qui vise aujourd'hui une viticulture raisonnée alliant labour, enherbement et vinification sans intrant.

Issu d'une parcelle de chardonnay planté sur argilo-calcaires, ce 2012 délivre des notes intenses et fraîches d'agrumes, notamment de zeste d'orange, soulignées par une fine minéralité. Après une attaque légèrement moelleuse, la bouche se révèle printanière et équilibrée. ⧗ 2014-2017 ¥ fromage de chèvre sec

Bernard Lapierre, chem. de Pierre, 71960 Solutré-Pouilly, tél. 03 85 35 81 12, lapierre.bernard@hotmail.fr V t.l.j. 8h-12h 14h-19h

DOM. LA MAISON Vieilles Vignes 2011

■	1 300		8 à 11 €

L'appellation saint-véran a vu le jour sur ce domaine : le père de Jean Chagny, l'actuel propriétaire, aidé d'autres vignerons locaux, s'est battu pendant plus de vingt ans pour faire reconnaître les qualités spécifiques de ce vin du Mâconnais. Le vignoble couvre aujourd'hui 12 ha.

Ce vin offre un nez fin et agréable, sans ostentation, qui évoque le chèvrefeuille, la craie et la pierre à fusil. Le palais, évoluant dans le même registre de finesse, révèle des arômes élégants de pamplemousse et d'épices, avant de s'étirer dans une finale fraîche, crayeuse et acidulée. Un beau potentiel de vieillissement. ⧗ 2015-2019 ¥ risotto aux langoustines

Jean Chagny, Au Bourg, 71570 Leynes, tél. 03 85 35 10 16, domaine.la.maison@free.fr V t.l.j. 10h-12h 15h-18h

LOÏC MARTIN Excellence 2011

■	2 500		11 à 15 €

Loïc Martin, jeune vigneron installé en 2009, exploite 4 ha de vignes dans la partie méridionale de l'appellation saint-véran.

Cette cuvée résulte de l'assemblage de deux parcelles de chardonnay sises à Leynes et Chasselas. Une belle robe or vert l'habille. Sa palette aromatique oscille entre le fruit et la fleur : citron, pêche blanche et chèvrefeuille. D'un beau volume, la bouche se révèle corpulente et complexe ; on y retrouve les fruits associés à la minéralité du terroir. Un joli vin, frais et « terroité ». ⧗ 2014-2016 ¥ sole meunière

Loïc Martin, La Creuze-Noire, 71570 Leynes, tél. 03 85 37 46 43, loic.martin@gmail.com V t.l.j. sf dim. 8h-12h 14h-18h

DOM. DES PÉRELLES 2012

■	5 000		8 à 11 €

Jean-Yves Larochette a pris en 1989 les rênes du domaine familial. Son exploitation a son siège aux confins du Mâconnais et du Beaujolais, et couvre aujourd'hui 10 ha répartis dans ces deux régions.

Robe jaune canari à reflets dorés, nez discret de citron et de noisette, palais équilibré entre douceur et acidité, jolie finale sur l'amande douce qui confère de l'originalité : ce 2012 séduit par son harmonie. ⧗ 2014-2016 ¥ jambon persillé

Jean-Yves Larochette, Les Pérelles, 71570 Chânes, tél. 06 82 04 21 57, jy.larochette@orange.fr V r.-v.

ROMUALD PETIT Vieilles Vignes des Colas 2012 ★★

■	1 200		11 à 15 €

Après des études de « viti-œno » qui l'ont conduit dans différents vignobles en France, Romuald Petit revient en 2005 sur ses terres du Mâconnais pour créer un domaine couvrant aujourd'hui 12 ha (8 ha à Saint-Vérand et 4 ha à Morgon).

Ce 2012 ne manque pas d'arguments : une éclatante robe cousue d'or blanc, un bouquet complexe qui réunit le zeste d'agrumes et les fleurs blanches, et un palais riche et fin soutenu par un boisé élégant et par une fraîcheur finale parfaitement ajustée. ⧗ 2014-2018 ¥ fromage de chèvre du Maconnais

Romuald Petit, Les Dîmes, 71570 Saint-Vérand, tél. 06 61 14 94 99, contact@romualdpetit.fr V t.l.j. sf dim. 8h-20h

♥ B DOM. DES PONCETYS Les Chailloux 2012 ★★

■	5 700		11 à 15 €

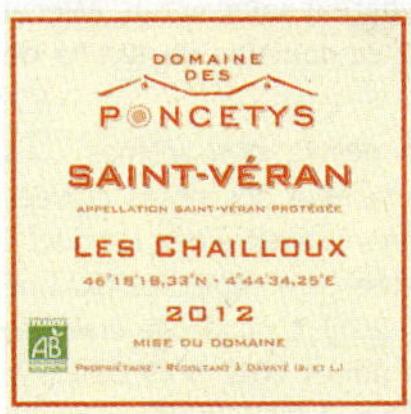

Le lycée viticole de Mâcon-Davayé forme les vignerons de Bourgogne et d'ailleurs depuis de nombreuses générations. Le domaine attenant (16 ha) est cultivé en bio, et Frédéric Servais, le maître de chai, entend produire les vins les plus « naturels » possible.

Paré d'une robe claire, jaune aux reflets bronze, ce vin propose un nez très expressif de fruits blancs et de miel d'acacia, le tout relevé de notes mentholées. La bouche se révèle ample, puissante et équilibrée ; on y retrouve la pêche blanche et l'abricot dans un élan aromatique long et persistant. Un modèle d'équilibre et de finesse. ⧗ 2015-2019 ¥ filet de bar en sauce

Dom. des Poncetys, 71960 Davayé, tél. 03 85 33 56 22, domaineponcetys@free.fr V t.l.j. 8h30-12h 14h-18h

CH. DE ROSSAN Au clos 2012 ★★

■	4 600		15 à 20 €

La famille Sapet a acquis le château de Rossan en 2007, puis les vignes du clos attenant en 2009. Très attachée au respect des traditions, elle a pour objectif de faire

revivre cet ancien domaine viticole. Pour commencer, elle convertit ce petit vignoble de 1 ha à la culture biologique.

Élevé pour partie en fût de chêne, ce 2012 se pare d'une robe jaune citron soutenu. Il déploie des parfums floraux soutenus mêlés de notes minérales et fruitées (pomme compotée, pêche de vigne). Le palais se révèle équilibré, concentré et persistant. Un vin intense et complexe, qui s'appréciera aussi bien jeune que pâtiné par la garde. ⧗ 2014-2018 ¥ fromage de chèvre sec du Mâconnais

⊶ Ch. de Rossan, Rossan, Les Durandis, 71960 Davayé, tél. 06 71 88 14 86, sapet89@hotmail.com ⊶ Catherine Sapet

FRÉDÉRIC TROUILLET 2012 ★

■	2 500		8 à 11 €

Au décès de son père Frédéric en 2007, William Trouillet, alors étudiant au lycée viticole de Davayé, revient sur l'exploitation familiale pour seconder sa mère Marie-Agnès, non sans avoir effectué plusieurs stages en France et à l'étranger. Aujourd'hui, l'exploitation, qui s'est beaucoup agrandie (18 ha), est conduite de manière raisonnée.

Ce 2012 frangé d'or vert dévoile un nez délicat de fruits blancs et de miel d'acacia. La bouche riche et ronde fait écho avec la note miellée du nez, bien contrebalancée par la vivacité de la finale. ⧗ 2016-2019 ¥ escalope de veau sauce crémée

⊶ Dom. Trouillet, rte des Concizes, 71960 Solutré-Pouilly, tél. 03 85 35 80 04, domaine.trouillet@wanadoo.fr V t.l.j. sf. dim 10h-12h 14h-19h

DOM. DES VALANGES Les Cras 2012 ★

■	9 000		11 à 15 €

Fervent défenseur de l'appellation saint-véran, Michel Paquet exploite depuis 1980 ce domaine de 12,1 ha de chardonnay à Davayé.

Ce 2012 d'un or étincelant délivre des arômes frais d'agrumes (pamplemousse) mêlés à des notes boisées (cannelle, toast grillé). En harmonie avec le nez, la bouche offre une chair tendre et fruitée, bien équilibrée par une finale vive et tendue. ⧗ 2014-2018 ¥ salade de crabe et pamplemousse ■ Les Terres noires 2012 ★ (9 000 b.) : frais, alerte et minéral à souhait. ⧗ 2014-2017

⊶ Michel Paquet, Dom. des Valanges, 71960 Davayé, tél. 03 85 35 85 03, domaine-des-valanges@wanadoo.fr V r.-v.

DOM. DU CH. DE VERGISSON 2012 ★

■	2 000		8 à 11 €

Stéphanie Saumaize et Pierre Desroches sont à la tête de ce domaine de 7 ha situé au pied de la roche de Vergisson. Depuis 2012, après quelques mois de rénovation, ils vinifient leur récolte dans les fameuses caves voûtées et superposées du château de Vergisson.

Dans le verre, un or pâle ourlé d'intenses reflets argentés et des arômes élégants évoquant le minéral, le fumé et le fruité (abricot et pêche de vigne). À la fois croquante et corpulente, légère et gracieuse : « une ballerine qui danse sur la langue », conclut une dégustatrice inspirée... ⧗ 2014-2017 ¥ aumônière de saumon

⊶ Dom. du Ch. de Vergisson, 101, rue du Château-de-France, 71960 Solutré-Pouilly, tél. 06 21 85 67 60, pierredesroches@hotmail.fr V r.-v.

⊶ Pierre Desroches et Stéphanie Saumaize

DOM. DES VIEILLES PIERRES Les Pommards 2012

■	6 500		8 à 11 €

Installé à l'entrée du village de Vergisson, dans de magnifiques bâtiments datant du XVIIIes., Jean-Jacques Litaud exploite le domaine familial, dont le vignoble couvre aujourd'hui 10 ha de chardonnay.

Cette cuvée née sur un *climat* situé à Davayé a été cueillie à la main, puis vinifiée « naturellement » en cuve durant onze mois. Elle plaît par sa teinte or clair parsemée de reflets verts et par ses parfums de fleur d'acacia, de citron, de pamplemousse et de miel. Simple et fruitée, la bouche dévoile une jolie rondeur soulignée par une amertume fine en finale. ⧗ 2014-2016 ¥ loup sauce crème citronnée

⊶ Jean-Jacques Litaud, Les Nambrets, 71960 Vergisson, tél. 03 85 35 85 69, j-j.litaud@orange.fr V r.-v.

CH. VITALLIS 2012 ★

■	7 100		5 à 8 €

Au château Vitallis, vieille demeure seigneuriale de 1305 située au cœur du village de Fuissé, on utilise les techniques les plus modernes en matière de culture de la vigne et de vinification : récolte mécanique, pressoir pneumatique, cuves thermorégulées, caves et stockages climatisés.

Ce 2012 s'ouvre sur des parfums puissants de fleurs blanches, de pêche de vigne et de citron, le tout dans un environnement minéral. Une attaque vigoureuse sur les agrumes introduit une bouche légère et fraîche. Un vin pimpant. ⧗ 2014-2017 ¥ salade de fruits de mer

⊶ Denis et Maxime Dutron, Le Bourg, rue Adrien-Arcelin, 71960 Fuissé, tél. 03 85 35 64 42, denis.dutron@wanadoo.fr V t.l.j. 8h30-19h; sam. dim. sur r.-v.; f. 9-24 août

B D'YS Vers la croix 2011 ★

■	700		11 à 15 €

Ce domaine est géré par un jeune couple depuis 2004 et conduit en bio depuis 2008. Stella, la jument percheronne de Yann Desgouille, laboure près de 20 % des vignes.

Ce *climat* Vers la croix, jolie parcelle de chardonnay située en plein cœur de Leynes, a donné naissance à un vin à la robe claire et limpide ornée de reflets vieil or. Le nez conjugue de subtiles senteurs de fleurs blanches bien typées du cépage à la minéralité de ce terroir calcaire de Leynes. La bouche, à l'unisson, offre une matière riche et savoureuse, rehaussée par la vivacité des agrumes et par une finale épicée. ⧗ 2014-2017 ¥ homard ■ Les Condemines 2011 (3 400 b.) : un vin expressif (chèvrefeuille et bergamote), intense et élégant. ⧗ 2014-2017

⊶ Yann et Stéphanie Desgouille, Les Pasquiers, 71570 Leynes, tél. 06 24 39 64 05, contact@dys-vins.com V r.-v.

La Champagne

33 500 ha

Production :

349 000 000 bouteilles ou 2 617 500 hl

Types de vins :

Blancs ou rosés effervescents pour l'essentiel. Quelques vins tranquilles rouges, blancs et rosés (AOC coteaux-champenois et rosé-des-riceys)

Principales régions :

Montagne de Reims, Côte des Blancs, vallée de la Marne, Aube.

Cépages :

Blancs : chardonnay pour l'essentiel (pinot blanc, pinot gris, arbanne, petit meslier très rarement).

Rouges : pinot noir, pinot meunier.

LA CHAMPAGNE

C'est dans le vignoble le plus septentrional du pays qu'a été mise au point la méthode champenoise, à l'origine d'un des vins les plus prestigieux du monde, le vin des rois devenu celui de toutes les fêtes. Un vin unique, nulle autre production ne pouvant usurper ce nom ; mais pluriel, en raison de l'étendue de l'aire d'appellation et de la diversité des styles.

Naissance du champagne

Apparu à l'époque gallo-romaine, le vignoble s'est d'abord développé grâce à des abbayes comme Hautvillers ou Saint-Thierry. Il a bénéficié de la proximité de la capitale et du sacre des rois à Reims. Cependant, les vins sont tranquilles jusqu'à la fin du XVII^e^s. S'ils ont tendance à pétiller dans les tonneaux – les frimas de cette région septentrionale arrêtant parfois les fermentations qui repartaient lorsque les températures remontaient – la mousse apparaît longtemps comme un accident de vinification.

Ce fut sans doute en Angleterre que l'on commença à mettre systématiquement en bouteilles ces vins instables qui, jusque vers 1700, étaient livrés en fût ; ce conditionnement permit au gaz carbonique de se dissoudre dans le vin pour se libérer au débouchage : le vin effervescent était né. La mode s'en répandit dans la haute société. Et dom Pérignon, à qui la tradition attribue la paternité du champagne ? Ce moine bénédictin, contemporain de Louis XIV et procureur de l'abbaye de Hautvillers, produisait les meilleurs vins de la région. Il perfectionna l'art du pressurage et de l'assemblage – à la base des champagnes de qualité –, mais n'inventa sans doute pas la méthode champenoise.

En 1728, le conseil du roi autorise le transport du vin en bouteilles ; un an plus tard, la première maison de vin de négoce est fondée : Ruinart. D'autres suivent (Moët en 1743), mais c'est au XIX^e^s. que la plupart des grandes maisons se créent ou se développent. Au cours du même siècle, l'élaboration du champagne se perfectionne et différents styles de champagnes s'affirment. En 1804, Mme Clicquot lance ainsi le premier champagne rosé ; à partir de 1860, Mme Pommery élabore des « bruts », à l'encontre du goût majoritaire de l'époque pour les doux ; vers 1870 sont proposés les premiers champagnes millésimés. Raymond Abelé invente, en 1884, le banc de dégorgement à la glace.

La Champagne est tardivement frappée par le phylloxéra, puis la Grande Guerre ravage les vignobles. La crise conduit à la protection juridique de l'appellation contre les usurpations et à la délimitation de l'aire de prodution. Un long processus semé de contestations et de troubles, entre l'arrêt de 1887 réservant aux producteurs de la région le terme de champagne, et la loi de 1927 fixant les limites de la région viticole.

Un vignoble septentrional

La Champagne est la plus septentrionale des régions viticoles de France. Le vignoble s'étend dans les départements de la Marne, de l'Aisne et de l'Aube, avec de modestes extensions en Seine-et-Marne et en Haute-Marne. Il est soumis à une double influence climatique, océanique et continentale. La première apporte de l'eau en quantité régulière ; la seconde, si elle favorise l'ensoleillement l'été, entraîne des risques de gel, notamment au printemps, qui font obstacle à la régularité de la production. Les écarts climatiques sont cependant atténués par la présence d'importants massifs forestiers. L'absence d'excès de chaleur contribue à la finesse des vins.

Les régions du vignoble

Un même paysage de coteaux se révèle dans tout le vignoble, où l'on distingue cependant plusieurs régions : la Montagne de Reims ; la Côte des Blancs ; la vallée de la Marne (la zone proche d'Épernay, sur la rive droite étant appelée « Grande Vallée de la Marne ») ; enfin, à l'extrême sud-est, le vignoble de l'Aube.

De la craie, du calcaire et des marnes

La mer, en se retirant il y a quelque 70 millions d'années, a laissé un socle crayeux dont la perméabilité et la richesse en principes minéraux apportent leur finesse aux vins de la Champagne ; ce substrat crayeux a également facilité le percement des galeries où mûrissent longuement des millions de bouteilles. Une couche argilo-calcaire recouvre le socle crayeux sur près de 60 % des terroirs actuellement plantés. Dans l'Aube, les sols marneux sont proches de ceux de la Bourgogne voisine.

Géologiquement, le vignoble correspond aux lignes de côtes concentriques de l'est du Bassin parisien : la côte d'Île-de-France regroupe la Montagne de Reims, la vallée de la Marne, la Côte des Blancs et celle du Sézannais. La côte de Champagne porte quelques vignes, autour de Vitry-le-François (Marne) et de Montgueux (Aube). Enfin, la côte des Bar est occupée par la plus grande partie vignobles de l'Aube (autour de Bar-sur-Seine et de Bar-sur-Aube). Les fronts de côte sont constitués de couches dures de calcaire ou de craie, les pentes des coteaux, où est installée la vigne, de formations plus tendres, crayeuses, marneuses ou sableuses.

Cépages : deux noirs et un blanc

Le choix des cépages s'adapte aux variations pédologiques et climatiques. Pinot noir (38 %), pinot meunier (32 %), chardonnay (30 %) ainsi

L'ÉCHELLE DES CRUS CHAMPENOIS

Le prix du kilo de raisins payé aux viticulteurs, en Champagne, est fixé en fonction de la qualité des grappes, elle-même liée à leur provenance. Il a servi d'étalon pour le classement en crus : les communes viticoles ont été placées sur une échelle variant de 100 à 80 % : 100 % pour les 17 grands crus, 99 à 90 % pour les premiers crus, et 89 à 80 % pour les autres. Les crus champenois ne prennent donc pas en compte la parcelle, comme en Bourgogne, mais la commune. Les mentions « grand cru », « premier cru » indiquent que les raisins proviennent uniquement de communes classées respectivement en grand cru ou en premier cru. Si le nom d'une commune apparaît, la vendange en provient exclusivement.

que d'autres variétés devenues très rares– pinot blanc, pinot gris, petit meslier, arbane – se partagent les surfaces plantées. Le pinot noir est surtout cultivé sur les coteaux de la Montagne de Reims et de l'Aube ; le meunier, sur ceux de la Marne, tandis que le chardonnay a donné son nom à la Côte des Blancs.

Une économie florissante

Malgré la crise, près de 305 millions de bouteilles de champagne ont été écoulées en 2013. Poids lourd de l'agriculture française, ce vin représente plus de 4 milliards d'euros de chiffre d'affaires, dont la moitié à l'export. En valeur, il contribue à environ 30 % des exportations de vins. Son élaboration particulière sur plusieurs années (en moyenne trois ans) oblige à un stockage supérieur à 1,4 milliard de bouteilles. La viticulture et l'élaborations occupent environ 30 000 personnes, dont 15 600 vignerons exploitants, parmi lesquels seulement 4 750 sont des récoltants-manipulants. Les autres sont des « vendeurs au kilo » qui approvisionnent le négoce ou les coopératives. Parmi ces dernières, 43 vendent au public. Si les neuf dixièmes des superficies appartiennent à des viticulteurs, le négoce assure près des trois quarts du chiffre d'affaires et plus de 80 % des exportations. On compte 300 maisons de négoce, dont quelques dizaines de sociétés d'envergure remontant souvent au XIXe, voire au XVIII^e^s.

Les étapes de l'élaboration

Les vendanges : en Champagne, la machine à vendanger est interdite, car il est essentiel que les grains de raisin parviennent en parfait état au lieu de pressurage et que les peaux des raisins noirs ne tachent pas le moût. Les centres de pressurage sont disséminés au cœur du vignoble afin de raccourcir le temps de transport du raisin. Le pressurage est sévèrement réglementé. De 4 000 kg de raisins, on ne peut extraire que 25,5 hl de moût. Le pressurage est fractionné entre la cuvée (20,5 hl) et la taille (5 hl). Les moûts sont vinifiés très classiquement comme tous les vins blancs.

L'assemblage des cuvées à la fin de l'hiver, le chef de cave goûte les vins disponibles et les mêle de façon à obtenir une cuvée harmonieuse, qui corresponde au goût suivi de la marque.

Style de champagne selon le dosage	Pourcentage de sucres
Brut zéro (brut nature)	Moins de 3 g/l (pas de sucres ajoutés)
Extra-brut	0 à 6 g/l
Brut	6 à 12 g/l
Extra-dry	12 à 17 g/l
Sec (dry)	17 à 32 g/l
Demi-sec	32 à 50 g/l
Doux (très rare)	Plus de 50 g/l

Le tirage : une liqueur de tirage, composée de levures, de vieux vins et de sucre, est ajoutée au vin au moment de la mise en bouteilles : c'est le tirage. Les levures vont transformer le sucre en alcool et il se dégage du gaz carbonique, prisonnier du flacon, qui se dissout dans le vin. Cette deuxième fermentation en bouteilles s'effectue lentement, à basse température (11 °C), dans les vastes caves champenoises.

Le repos sur lies : les levures forment des lies, qui influent sur le goût du vin. Un long vieillissement sur lies est indispensable à la finesse des bulles et à la qualité aromatique. La règlementation fixe un délai de quinze mois entre le tirage et l'expédition (dont douze mois sur lies) pour la plupart des champagnes, qui est porté à trois ans pour les millésimés. Ces durées sont supérieures dans la plupart des maisons. Le meilleur champagne, le plus complexe, est en effet celui qui a mûri le plus longtemps sur ses lies (cinq à dix ans).

Le remuage : il permet d'entraîner les lies vers le col du flacon en inclinant progressivement les bouteilles – à la main, sur les célèbres pupitres, et le plus souvent, grâce aux gyropalettes, qui automatisent et raccourcissent le processus.

Le dégorgement : après deux ou trois mois de remuage, on gèle le col dans un bain réfrigérant et on ôte le bouchon ; le dépôt est expulsé sous la pression du gaz carbonique.

Le dosage : on remplace le vide créé par l'expulsion du dépôt par une « liqueur de dosage » (ou « liqueur d'expédition ») : le plus souvent, celle-ci est composée de sucre de canne dissous dans du vin, pour arrondir le champagne qui a perdu tous ses sucres. Le mélange est ensuite homogénéisé et les bouteilles se reposent encore avant l'habillage pour laisser disparaître le goût de levure.

Tous les champagnes sont classés selon leur dosage en sept catégories (du brut zéro au rarissime doux). La catégorie figure obligatoirement sur l'étiquette. Une mention utile pour le consommateur, car le dosage conditionne le style du champagne, son usage et les accords avec les mets. Ainsi, les bruts ne conviennent pas pour les desserts sucrés. Ces derniers sont les plus nombreux.

Les styles de champagnes

En dépit de l'appellation unique, il existe de nombreux styles de champagnes différents, qui tiennent au dosage (voir ci-dessus) et à l'assemblage. L'art du champagne repose en effet sur l'assemblage, avant la prise de mousse, de vins tranquilles différents (les vins de base). Les cuvées peuvent associer des cépages, des années de récolte, des communes (crus), des vins vinifiés différemment (en cuve ou en fût). On trouve ainsi :

Des blancs de blancs et des blancs de noirs. Les premiers sont issus du seul cépage chardonnay, les seconds du pinot noir et/ou du pinot meunier vinifiés en blanc. Le blanc de blancs se caractérise par sa finesse et sa fraîcheur. Il dévoile des arômes de fleurs et fruits blancs, d'agrumes. On peut le servir à l'apéritif ou avec poissons et volailles. Le blanc de noirs, plutôt puissant et vineux, avec des arômes de fruits rouges et d'épices, peut accompagner un repas. De nombreux champagnes associent des cépages blancs et noirs.

Des champagnes blancs et des rosés. Il est possible en Champagne d'ajouter un peu de vin rouge au vin blanc pour obtenir un rosé, ce qui est interdit ailleurs. À côté de ces rosés d'assemblage, il existe des rosés de saignée, plus colorés et plus structurés, issus d'une macération de cépages noirs.

Des bruts sans année : ils sont issus de vins d'années différentes. La grande majorité des champagnes ne

LE STATUT DE L'ÉLABORATEUR

Le statut professionnel du producteur est une mention obligatoire, portée en petits caractères sous forme codée :
RM : récoltant-manipulant
NM : négociant-manipulant
CM : coopérative de manipulation
RC : récoltant-coopérateur
SR : société de récoltants
CM : coopérative de manipulation
MA : marque d'acheteur
« Manipuler » signifie « élaborer ». La marque d'acheteur désigne un champagne acheté par une structure qui ne le fabrique pas (restaurant, enseigne de supermarché…). L'amateur a alors intérêt à se renseigner sur l'élaborateur. Les récoltants-manipulants sont des vignerons qui ne peuvent élaborer leurs cuvées qu'à partir du raisin de leur domaine, à la différence des coopératives et des négociants qui peuvent s'approvisionner dans tout le vignoble. Ces derniers ont souvent aussi des vignes en propre, mais celles-ci ne fournissent qu'une partie de leurs raisins. Le récoltant-coopérateur confie tout ou partie de l'élaboration à une coopérative.

sont pas millésimés. La situation septentrionale du vignoble ne permet pas en effet de présenter chaque année un champagne de qualité né d'une seule vendange. Les Champenois ont donc créé une banque de vins – les vins de réserve, issus d'années antérieures – dans laquelle peut puiser le chef de cave pour composer des cuvées équilibrées. Certaines sont composées de vins jeunes, d'autres font appel à plus ou moins de vins de réserve. Nés d'un assemblage propre à chaque maison, parfois tenu secret, les bruts sans année représentent le style de la marque.

Des millésimés : ils proviennent des vendanges d'une seule année, précisée obligatoirement sur l'étiquette et le bouchon. Les millésimés ne sont élaborés que dans les meilleures années (la décision de millésimer une année est du ressort de chaque maison). Ils sont plus structurés et complexes que les bruts sans année, grâce à la qualité des vendanges et à un long repos sur lies. Les cuvées de prestige des grandes maisons sont souvent millésimées.

CHAMPAGNE

ACHILLE PRINCIER ★

● | 3 000 | 15 à 20 €

Propriétaires de la marque Achille Princier, Gilles Mansard et ses fils perpétuent une tradition familiale née en 1901. Installés à Cerseuil, hameau de Mareuil-le-Port, sur la rive gauche de la Marne, ils cultivent un vignoble de 24 ha. (RM)

Ce rosé d'assemblage composé d'une majorité de noirs (50 % de pinot noir et 15 % de meunier) présente un nez de fruits rouges aussi intense qu'agréable. En bouche, il séduit par son équilibre, sa fraîcheur et sa longueur. ⧗ 2014-2017 🍷 macarons framboise-cerise

SCEV Gilles Mansard, 4, rue de Tirvet, 51700 Mareuil-le-Port, tél. 03 26 52 74 59, maxime.mansard@yahoo.fr V r.-v.

ALLOUCHERY-PERSEVAL 2006 ★★

● 1er cru | 6 000 | 20 à 30 €

De souche vigneronne, Émilien Allouchery s'est installé en 2006 après ses études à Avize et à Beaune, suivies d'expériences en Afrique du Sud et en Nouvelle-Zélande. Implanté sur la Montagne de Reims, aux portes de la cité des Sacres, le domaine familial couvre 8 ha. (RC)

Pinot noir (60 %) et chardonnay composent ce millésimé aux reflets dorés. Riche et complexe, le nez associe les fruits jaunes mûrs et le pain grillé. Des arômes qui persistent au sein d'une matière généreuse et complexe. ⧗ 2015-2019 🍷 filet mignon aux pêches ● **Tradition 1er cru demi-sec (11 à 15 € ; 30 000 b.)** : issu du seul pinot noir, un champagne d'apéritif floral et vif. ⧗ 2014-2017

Émilien Allouchery, 11, rue de l'Église, 51500 Écueil, tél. 03 26 49 74 61, contact@alloucheryperseval.com V r.-v.

YANN ALEXANDRE
Vinothèque

● | 1 000 | | 75 à 100 €

Établis au sud-ouest de Reims, les Alexandre cultivaient déjà la vigne au début du XVIIIe s. Ils élaborent et commercialisent leurs cuvées depuis 1933. Yann, aux commandes depuis 2001, conduit 6,4 ha répartis dans neuf communes. Ses assemblages comprennent des vins élevés sous bois. (RM)

Cette cuvée issue des trois cépages champenois privilégie le chardonnay (60 %) ; elle est composée à 75 % de vins de réserve de trente-deux années différentes ! Le cépage majoritaire et un faible dosage lui confèrent un nez floral et frais ainsi qu'une bouche acidulée et citronnée. ⧗ 2014-2017 🍷 fruits de mer

Yann Alexandre, 3, rue Saint-Vincent, 51390 Courmas, tél. 06 81 03 81 79, yann.alexandre@wanadoo.fr V r.-v.

JEAN-ANTOINE ARISTON
Chardonnay by Charles Antoine 2008 ★

● | 10 000 | | 30 à 50 €

Quatre générations de vignerons. Établi dans un petit village de la vallée de l'Ardre, à l'ouest de Reims, Bruno Ariston est aux commandes de l'exploitation (7,5 ha) depuis 1962. Il est aujourd'hui épaulé à la cave par son fils Charles-Antoine. (RM)

Au nez, ce 2008 se partage entre le beurre, les agrumes et la pêche blanche. En bouche, il dévoile un subtil équilibre et une élégante rondeur. ⧗ 2014-2019 🍷 turbot au champagne ● **Carte blanche (11 à 15 € ; 20 000 b.)** : un assemblage privilégiant le chardonnay (60 %, le pinot noir en appoint). Un nez intense de pain grillé et un bel équilibre en bouche. ⧗ 2014-2017

Bruno Ariston, 4, rue Haute, BP 58, 51170 Brouillet, tél. 03 26 97 47 02, champagne.ariston@wanadoo.fr V r.-v.

PIERRE ARNOULD Sélection ★

Gd cru	10 000		11 à 15 €

Implanté à Verzenay, grand cru de la Montagne de Reims, ce domaine familial commercialise son champagne depuis 1925. La marque Pierre Arnould existe depuis 1955. Depuis 2002, c'est Nathalie, la fille de Pierre, qui élabore les champagnes de la propriété. (RM)

Le pinot noir, cépage roi de Verzenay, compose les trois quarts de cette cuvée, complété par le chardonnay. Or pâle aux reflets brillants, ce champagne a séduit par son nez entre fleurs blanches, pêche, amande et miel, puis par sa bouche tout aussi complexe, fraîche, bien dosée, harmonieuse et longue. ⏳ 2014-2019 🍴 fruits de mer

EARL Pierre Arnould, 1, rue Gambetta, 51360 Verzenay, tél. 03 26 49 40 12, arnould-ralle@wanadoo.fr V r.-v.

ARNOULD & GIBELIN ★

Gd cru	8 000		15 à 20 €

Thierry Gibelin est un amoureux du pinot noir de la Montagne de Reims. Installé depuis 2001 à Verzenay, ce négociant-manipulant s'est spécialisé dans les vins de ce secteur. (NM)

Ce pinot noir aux reflets dorés offre un premier nez intense de grillotine. L'attaque en bouche est fine et de jolies notes grillées et beurrées apparaissent, nuancées en finale d'arômes de fruits secs et d'abricot qui persistent longuement. ⏳ 2014-2017 🍴 desserts glacés

Arnould et Gibelin, 5, rue de la Gare, 51360 Verzenay, tél. 03 26 49 48 74, thgibelin@wanadoo.fr V r.-v.

MICHEL ARNOULD ET FILS B.50 2007

Gd cru	3 600	50 à 75 €

Famille établie depuis la fin du XIXᵉs. à Verzenay, grand cru de la Montagne de Reims. Michel Arnould a lancé sa marque en 1961, mais ses aïeux ont commercialisé leurs premières bouteilles dès 1929. Aujourd'hui, les 12 ha de vignes sont conduits par le fils et le gendre de Michel Arnould. (RM)

B.50 ? B comme « bois » (vinification en fût sans fermentation malolactique) et 50 comme *fifty-fifty* (du pinot noir et du chardonnay à parité). Au nez, le pain grillé l'emporte sur les fleurs blanches. En bouche, de la franchise, de la fraîcheur, une bonne puissance pour ce millésime, des notes d'agrumes et... beaucoup de fût. Pour les amateurs de ce style de champagne. ⏳ 2014-2019 🍴 chapon rôti aux girolles

Michel Arnould et Fils, 28, rue de Mailly, 51360 Verzenay, tél. 03 26 49 40 06, info@champagne-michel-arnould.com V t.l.j. 9h-12h 14h-17h; dim. 9h-12h

CH. VINCENT D'ASTRÉE Rêve d'été

1er cru	50 000		15 à 20 €

Marque de la coopérative de Pierry, près d'Épernay, fondée en 1956. La cave dispose des 80 ha de ses adhérents, qui cultivent leur vignoble dans cette commune ou dans celle, voisine, de Moussy. (CM)

Un rosé d'assemblage mariant chardonnay (40 %), meunier (40 %) et pinot noir. Paré d'une robe brillante rose clair animée d'une mousse fine, il libère de puissants parfums de fruits exotiques et de fruits confits. Cette intensité se retrouve au palais, alliée à une maturité franche et à un équilibre subtil et élégant. ⏳ 2014-2017 🍴 rôti de veau

Ch. Vincent d'Astrée, 1, rue Carnot, 51530 Pierry, tél. 03 26 54 03 23 V r.-v.

AUTRÉAU DE CHAMPILLON Réserve

Gd cru	30 000		15 à 20 €

Sur leur coteau de Champillon dominant la Marne, les Autréau cultivaient la vigne du vivant de dom Pérignon. Ils ont lancé leur champagne en 1953 et notablement agrandi leur vignoble. Aujourd'hui, trois générations gèrent la maison qui a pris le statut de négociant et s'appuie sur 32 ha en propre. (NM)

Partagé équitablement entre chardonnay de Chouilly et pinot noir d'Aÿ, ce grand cru offre un nez floral et compoté, prélude à une bouche harmonieuse et fraîche. On pourra le déboucher dès l'apéritif et le finir à table. ⏳ 2014-2017 🍴 rôti de veau

Autréau de Champillon, 7, rue René-Baudet, 51160 Champillon, tél. 03 26 59 46 00, champagne.autreau@wanadoo.fr V t.l.j. 8h-12h 14h-18h; sam. dim. sur r.-v.

AUTRÉAU-LASNOT

	12 400		15 à 20 €

À partir des années 1930, la famille Autréau constitue son domaine aux environs de Venteuil, sur la rive droite de la Marne. Aujourd'hui, Patrice Autréau met en valeur 16 ha de vignes. (RM).

Un rosé d'assemblage mariant les trois cépages champenois à parts égales. D'un rose soutenu, il offre au nez un joli panier de fruits des bois, de cerise et de fraise. La mise en bouche dévoile un champagne puissant, rond, d'une belle tenue, qui conviendra de l'apéritif au dessert. ⏳ 2014-2017 🍴 magret aux cerises

Autréau-Lasnot, 6, rue du Château, 51480 Venteuil, tél. 03 26 58 49 35, info@champagne-autreau-lasnot.com V t.l.j. 9h-12h 14h-17h30; dim. 10h-12h

AYALA Blanc de blancs 2007 ★★

	23 000	30 à 50 €

La maison Ayala ne tire pas son nom du patronyme de son fondateur : elle est née en 1860 de la rencontre de Raphaël-Edmond-Louis Gonzague de Ayala, fils d'un diplomate colombien, et de Berthe-Gabrielle d'Albrecht, nièce du vicomte de Mareuil. Depuis 2005 propriété du Champagne Bollinger, elle a pour chef de cave Caroline Latrive. (NM)

« Élégant » : le mot revient sur toutes les fiches de dégustation à propos de ce blanc de blancs millésimé issu exclusivement de la Côte des Blancs, terroir recherché pour la finesse qu'il lègue au chardonnay. À cette noble origine s'ajoute un élevage de sept ans sur lies avant dégorgement. D'un joli jaune citron, ce 2007 dévoile au nez une belle expression du cépage à maturité dans ses notes grillées et épicées qui s'allient à des senteurs citronnées. Une palette que l'on retrouve dans un palais ample, complexe et harmonieux. ⏳ 2014-2017 🍴 sole meunière ● **Brut majeur ★★ (20 à 30 € ; 500 000 b.) :** un assemblage des trois cépages privilégiant les noirs (60 %, dont 40 % de pinot noir) pour ce brut sans année au nez de fleurs blanches et de fruits jaunes, prenant à l'aération

CHAMPAGNE

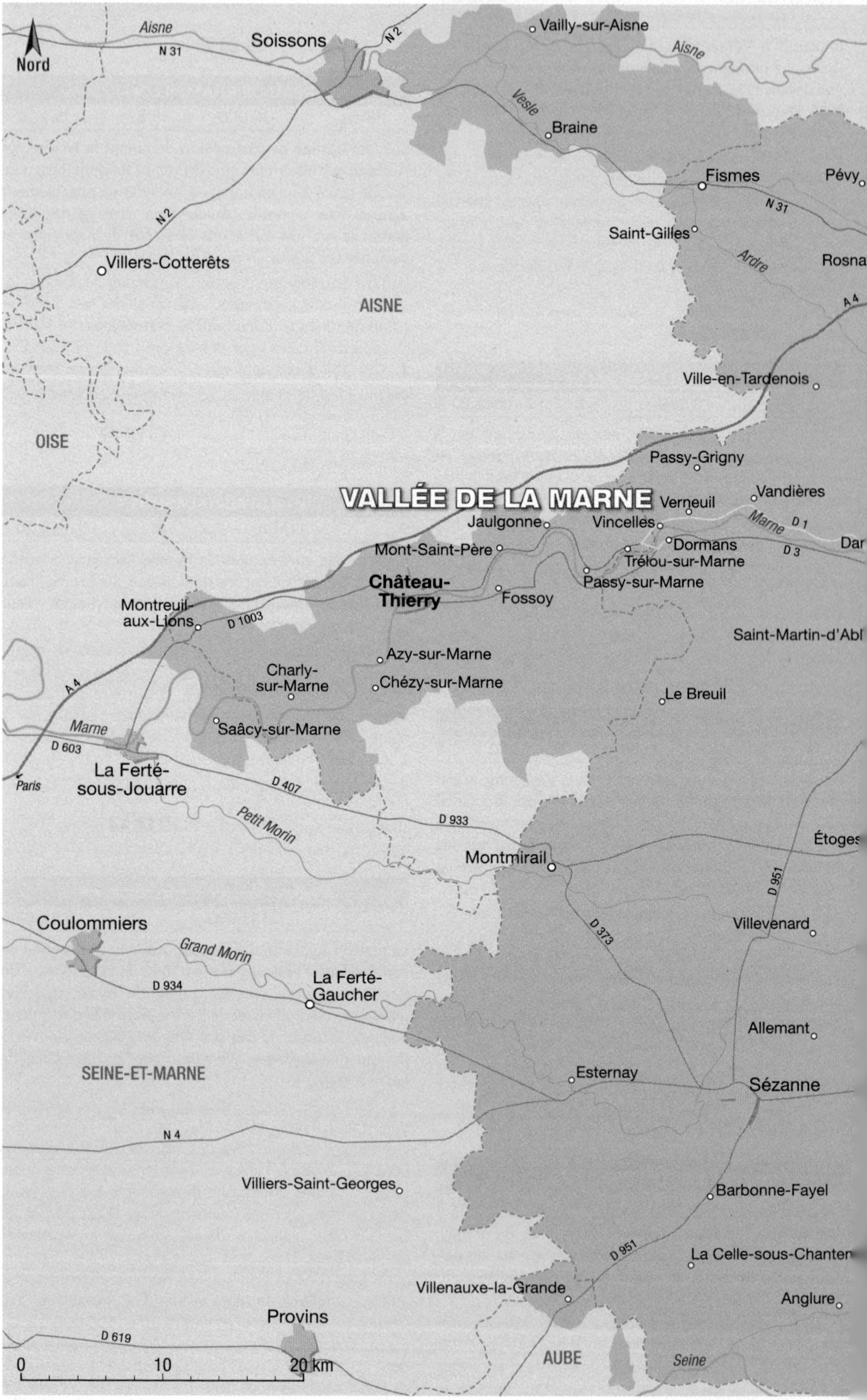
Nord
Aisne
N 31
Soissons
N 2
Vailly-sur-Aisne
Aisne
Vesle
Braine
Fismes
Pévy
N 31
Saint-Gilles
Ardre
Rosnay
N 2
Villers-Cotterêts
AISNE
A 4
Ville-en-Tardenois
OISE
Passy-Grigny
VALLÉE DE LA MARNE
Verneuil
Vandières
Jaulgonne
Vincelles
Marne
D 1
Mont-Saint-Père
Dormans
D 3
Trélou-sur-Marne
Château-Thierry
Fossoy
Passy-sur-Marne
Montreuil-aux-Lions
D 1003
Saint-Martin-d'Abl
Azy-sur-Marne
Charly-sur-Marne
Chézy-sur-Marne
A 4
Le Breuil
Marne
Saâcy-sur-Marne
D 603
La Ferté-sous-Jouarre
Paris
D 407
Petit Morin
D 933
Étoges
Montmirail
D 951
D 373
Coulommiers
Villevenard
Grand Morin
D 934
La Ferté-Gaucher
Allemant
SEINE-ET-MARNE
Esternay
Sézanne
N 4
Villiers-Saint-Georges
Barbonne-Fayel
D 951
La Celle-sous-Chanten
Villenauxe-la-Grande
Anglure
Provins
D 619
0
10
20 km
AUBE
Seine

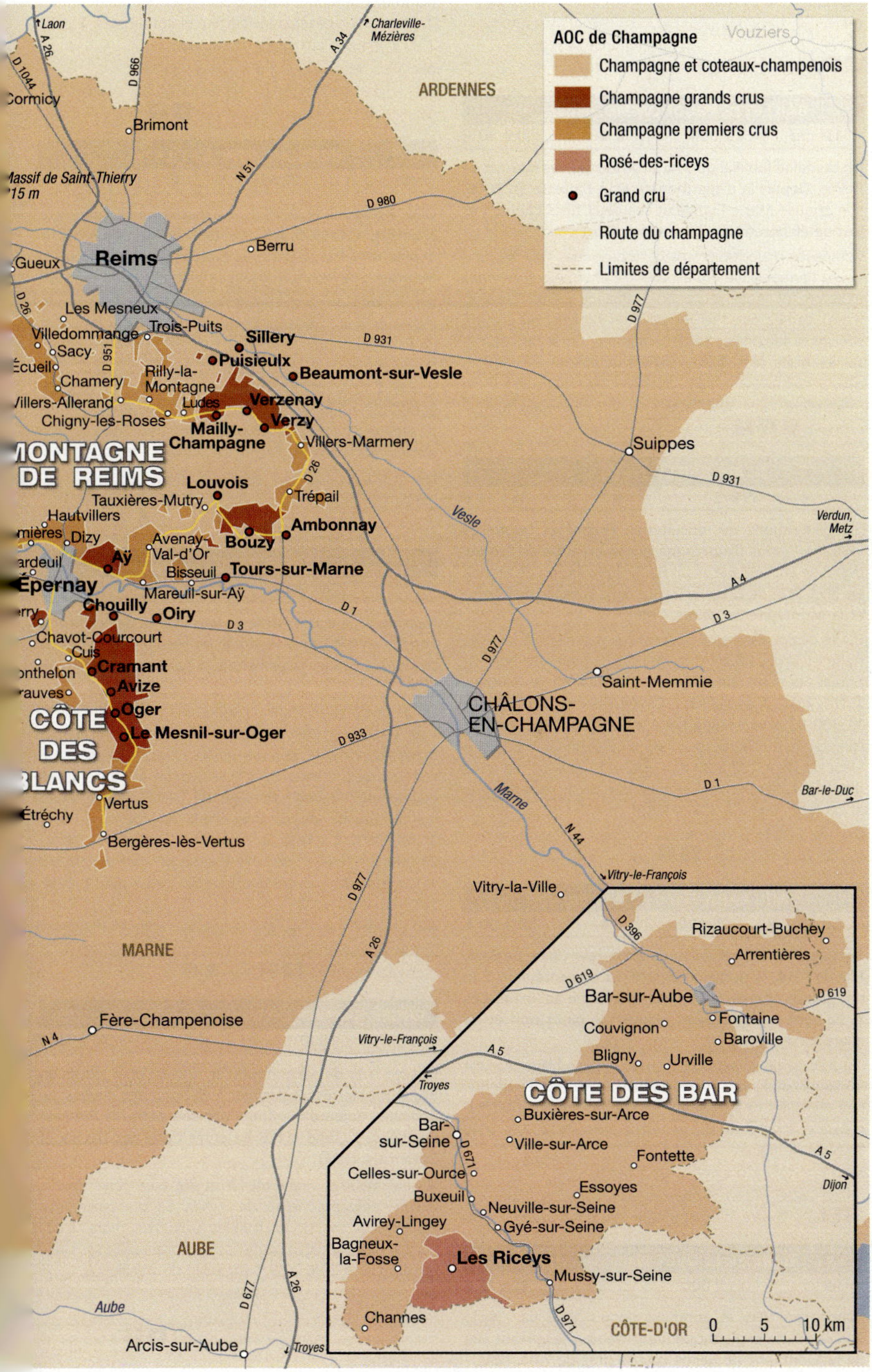
AOC de Champagne
Champagne et coteaux-champenois
Champagne grands crus
Champagne premiers crus
Rosé-des-riceys
Grand cru
Route du champagne
Limites de département
ARDENNES
MARNE
AUBE
CÔTE-D'OR
MONTAGNE DE REIMS
CÔTE DES BLANCS
CÔTE DES BAR
Reims
Épernay
CHÂLONS-EN-CHAMPAGNE
Laon
Charleville-Mézières
Vouziers
Cormicy
Brimont
Massif de Saint-Thierry
Berru
Gueux
Les Mesneux
Villedommange
Trois-Puits
Sacy
Sillery
Puisieulx
Beaumont-sur-Vesle
Écueil
Chamery
Rilly-la-Montagne
Villers-Allerand
Ludes
Verzenay
Verzy
Chigny-les-Roses
Mailly-Champagne
Villers-Marmery
Suippes
Louvois
Tauxières-Mutry
Trépail
Hautvillers
Dizy
Avenay-Val-d'Or
Bouzy
Ambonnay
Aÿ
Bisseuil
Tours-sur-Marne
Mareuil-sur-Aÿ
Chouilly
Oiry
Chavot-Courcourt
Cuis
Cramant
Avize
Oger
Le Mesnil-sur-Oger
Vertus
Bergères-lès-Vertus
Saint-Memmie
Verdun, Metz
Bar-le-Duc
Vitry-le-François
Vitry-la-Ville
Fère-Champenoise
Troyes
Arcis-sur-Aube
Vesle
Marne
Aube
Rizaucourt-Buchey
Arrentières
Bar-sur-Aube
Fontaine
Couvignon
Baroville
Bligny
Urville
Buxières-sur-Arce
Bar-sur-Seine
Ville-sur-Arce
Fontette
Celles-sur-Ource
Essoyes
Buxeuil
Neuville-sur-Seine
Avirey-Lingey
Gyé-sur-Seine
Bagneux-la-Fosse
Les Riceys
Mussy-sur-Seine
Channes
Dijon
0 5 10 km

des tons compotés, à la bouche fraîche, soyeuse et persistante. ⧗ 2014-2017

Ayala, 1, rue Edmond-de-Ayala, BP 6, 51160 Aÿ, tél. 03 26 55 15 44, contact@champagne-ayala.fr V r.-v. Bollinger

BAILLETTE-PRUDHOMME Héritage ★

1er cru | 2 000 | | 20 à 30 €

Un domaine familial de 5 ha situé aux portes sud-est de Reims. Depuis la disparition de Jean Baillette en 2005, son épouse Marie-France et ses deux filles Laureen et Justine élaborent le champagne. (RM)

Composée majoritairement de chardonnay (80 %), une cuvée harmonieuse qui a bénéficié d'un séjour de onze mois en fût: robe jaune doré, nuance de torréfaction (café) au nez que l'on retrouve en bouche, où elle est soulignée par l'intensité de la matière, finale persistante sur les fruits secs. ⧗ 2014-2019 comté

Marie-France Baillette, 4, rue de la Gare, 51500 Trois-Puits, tél. 03 26 82 37 14, champagnejbp@yahoo.fr V r.-v.

ALAIN BAILLY Tradition ★

| 55 875 | | 11 à 15 €

Six générations de viticulteurs. Premières bouteilles vers 1940 (sous d'autres marques), création de l'actuel domaine en 1962 par Alain Bailly, installation de Franck en 1993. Près de 12 ha de vignes dans la vallée de l'Ardre et la Montagne de Reims. (RM)

Cuvée composée majoritairement de meunier (85 %). Nez franc et droit, bouche étoffée aux arômes de bonbon acidulé, dosage réussi: le vin d'apéritif par excellence. ⧗ 2014-2017 gougères **Cuvée Prestige** (15 à 20 €; 10 800 b.): champagne floral, vif et gourmand, portant l'empreinte du chardonnay (90 %). ⧗ 2014-2017 **Cuvée Fleur de vigne** (20 à 30 €; 4 560 b.): un blanc de noirs de pur meunier puissant et généreux aux arômes de figue et de fruits cuits. ⧗ 2014-2018

Alain Bailly, 3, rue du Tambour, 51170 Serzy-et-Prin, tél. 03 26 97 41 58 V r.-v.

PAUL BARA Grand Rosé Bouzy ★★

Gd cru | 25 000 | | 20 à 30 €

Fondé en 1833 et conduit aujourd'hui par Chantale Bara, fille de Paul, ce domaine réputé est implanté dans l'un des grands crus de noirs de la Montagne de Reims. Les 11 ha sont exclusivement plantés de pinot noir et de chardonnay. (RM)

La délicatesse caractérise ce rosé d'assemblage mariant 80 % de pinot noir au chardonnay: couleur rose tendre, nez de fruits rouges subtil et élégant, bouche harmonieuse et fraîche sur des notes de groseille. ⧗ 2014-2018 soupe de fraises

Paul Bara, 4, rue Yvonnet, 51150 Bouzy, tél. 03 26 57 00 50, champagne.paul.bara@wanadoo.fr V t.l.j. sf sam. dim. 8h30-12h 14h-17h; f. août

BARBIER-LOUVET Blanc de blancs

1er cru | 2 000 | | 11 à 15 €

Fondée en 1835 et conduite depuis 1992 par David Barbier, cette exploitation implantée sur le versant sud de la Montagne de Reims couvre près de 7 ha. (RM)

Un blanc de blancs vif et aérien. Au nez, de la pêche blanche et de la poire complétées en bouche par des notes d'agrumes. Un champagne flatteur et consensuel. ⧗ 2014-2015 mousse aux œufs de saumon

EARL Barbier-Louvet, 8, rue de Louvois, 51150 Tauxières-Mutry, tél. 03 26 57 04 79, contact@champagne-barbier-louvet.com V r.-v.

BARDOUX PÈRE ET FILS ★

1er cru | 22 834 | | 15 à 20 €

Déjà vignerons au XVIIe s., les Bardoux ont lancé leur champagne en 1929. À la tête de l'exploitation familiale depuis 1973, Pascal Bardoux exploite près de 4 ha sur la Montagne de Reims, non loin de la Cité des Sacres. (RM)

Un assemblage classique des trois cépages champenois (60 % de noirs, meunier surtout). Nez avenant de fleurs, de pâtisserie et de mandarine, bouche à l'unisson, vive à l'attaque, soyeuse et longue, soutenue par une belle acidité. ⧗ 2014-2017 bouchées à la reine **1er cru 2007 ★** (2 000 b.): toujours les trois cépages (deux tiers de noirs) au service d'un millésime harmonieux aux arômes de pain d'épice, de poivre et d'écorce d'orange. ⧗ 2014-2019

Pascal Bardoux, 5-7, rue Saint-Vincent, 51390 Villedommange, tél. 03 26 49 25 35, contact@champagne-bardoux.com V r.-v.

DE BARFONTARC Tradition ★

| 260 900 | | 11 à 15 €

Marque de la coopérative de Baroville et des environs. Fondée en 1962, la cave vinifie les récoltes de 112 ha de pinot noir, cépage largement dominant dans ce secteur. (CM)

Un assemblage mettant en vedette le pinot noir (80 %, avec un appoint de chardonnay). Frais et délicat, le nez marie la poire, la pomme et les fleurs blanches. On retrouve ces arômes dans une bouche élégante, gourmande et complexe, florilège de fruits et d'agrumes, qu'une touche de caramel vient nuancer en finale. ⧗ 2014-2017 tourte au saumon **Rosé** (15 à 20 €; 23 000 b.): frais, d'une belle finesse, un rosé encore sur la jeunesse du fruit qui pourra attendre un peu. ⧗ 2014-2017

De Barfontarc, 18, rue de Bar-sur-Aube, 10200 Baroville, tél. 03 25 27 07 09, champagne@barfontarc.com V r.-v.

ROGER BARNIER Extra-brut 100 % Meunier 2009

| 1 500 | | 30 à 50 €

Descendant de viticulteurs et ancien chef cuisinier, Roger Barnier est le premier à élaborer ses cuvées. Le domaine, aujourd'hui dirigé par son petit-fils Frédéric Berthelot, s'étend sur 8 ha entre Côte des Blancs et Sézannais. (RM)

Un pur meunier vinifié en fût et tiré sous liège. Ce vin, encore nerveux, mérite de vieillir. Sa puissance, son équilibre et ses notes fruitées (agrumes mûrs, fruits blancs, abricot) accompagnées d'un boisé vanillé sont déjà remarqués. ⧗ 2016-2019 fricassée de volaille

Roger Barnier, 30, rue Vigne-Abbesse, 51270 Villevenard, tél. 03 26 52 82 77, champagne.barnier.rg@wanadoo.fr V r.-v.
Berthelot

CLAUDE BARON Cuvée Perle Rosé ★★

●	6 000		15 à 20 €

Installés depuis 1974 à l'ouest de Château-Thierry, Claude et Régine Baron ont créé en 2006 avec leurs trois filles (Claire, Lise et Aline, ces deux dernières à la cave) une structure de négoce, qui s'appuie sur un vignoble de 50 ha. (NM)

« Féminin » écrivent en cœur les jurés. Entendez : « élégant ». Le piquant de l'affaire, c'est que ce rosé – un assemblage des trois cépages – a été élaboré par des femmes. Les compliments fusent : couleur rose tendre, nez agréable de poire, bouche harmonieuse et fondue aux arômes de réglisse et de fruits mûrs. Un vin assez puissant pour accompagner un repas. 2014-2019 carré de veau rôti

Claude Baron, 1, rue des Chaillots, Grand-Porteron, 02310 Charly-sur-Marne, tél. 03 23 82 02 65, champagnebaronalbert@wanadoo.fr V t.l.j. sf dim. 9h-12h 14h-17h30; sam. 9h-12h

BARON ALBERT La Préférence 2008 ★★

●	12 000		15 à 20 €

Fondé en 1947 par Albert Baron, repris en 1972 par son fils Claude secondé aujourd'hui par ses trois filles, ce négoce dispose d'un important vignoble (50 ha) dans la vallée de la Marne, aux environs de Château-Thierry. Vinifiés sans fermentation malolactique, les champagnes élaborés par Lise Baron cultivent la fraîcheur. (NM)

Le chardonnay est en vedette (70 %) dans cette cuvée. Nez d'agrumes et d'épices. En bouche, arômes exubérants de citron, de fleurs blanches, de pain grillé et même de poivre. Subtilité, fraîcheur et longueur. 2014-2019 tartare de crabe en verrine ● Jean de la Fontaine 2007 ★ (15 000 b.) : même trilogie de cépages dominée par le chardonnay. De la finesse et de la personnalité. 2014-2019

Baron Albert, 1, rue des Chaillots, Grand-Porteron, 02310 Charly-sur-Marne, tél. 03 23 82 02 65, champagnebaronalbert@wanadoo.fr V t.l.j. sf dim. 8h30-12h 14h-17h30; sam. 9h-12h

BARON DAUVERGNE Délice de Bouzy ★

●	Gd cru	1 500		20 à 30 €

Domaine fondé en 1923, aujourd'hui structure de négoce dirigée depuis 2000 par Vincent Dauvergne. La maison a pignon sur rue à Bouzy, célèbre grand cru de la Montagne de Reims, et dispose de 7 ha en propre. (NM)

Mariant pinot noir et chardonnay à parité, une cuvée jaune doré aux reflets légèrement rosés. Cette intensité se retrouve au nez, où se mêlent le beurre, la noisette grillée et le zeste d'agrumes. Partagée entre petits fruits, agrumes et pain grillé, la bouche est harmonieuse et longue. 2015-2017 ris de veau au citron

Baron Dauvergne, 31, rue de Tours-sur-Marne, 51150 Bouzy, tél. 03 26 57 00 56, barondauvergne@orange.fr V r.-v.

BARON-FUENTÉ Rosé Dolorès

●	60 000		20 à 30 €

Maison née en 1967 du mariage de Gabriel Baron, vigneron champenois, avec Dolorès Fuenté, originaire d'Andalousie. Elle est gérée depuis 1993 par leurs enfants, Sophie et Ignace, qui s'appuient sur un domaine de 32 ha à l'ouest de Château-Thierry. (NM)

Le chardonnay (60 %) et les deux pinots à parts égales composent ce rosé acidulé et frais, aux arômes de cassis et de framboise. 2014-2017 brioche grillée à la confiture ● Monthuys Père et Fils (40 000 b.) : un rosé d'assemblage tout en fraîcheur, mariant 60 % de chardonnay et 40 % des deux pinots. 2014-2016

Baron-Fuenté, 21, av. Fernand-Drouet, 02310 Charly-sur-Marne, tél. 03 23 82 01 97, accueil.baronfuente@wanadoo.fr V t.l.j. sf dim. 8h-18h

BAUCHET PÈRE ET FILS
Signature ★

●	1er cru	35 000		15 à 20 €

Viticulteurs au début du XXᵉ s., les Bauchet sont devenus récoltants-manipulants en 1960, tout en constituant un domaine, 34 ha aux environs d'Épernay, géré depuis 2010 par Bruno Bauchet et sa cousine Florence Bauchet-Labelle. (RM)

Une dominante de chardonnay (75 %) dans cette cuvée. Nez ouvert sur les fruits jaunes, bouche fraîche et fruitée : une élégance aérienne. 2014-2017 pavé de cabillaud rôti ● Blanc de blancs 1er cru cuvée Saint-Nicaise 2007 ★ (20 à 30 € ; 5 000 b.) : du charme, de la fraîcheur et du potentiel. 2014-2017 ● Damien ★ (11 à 15 € ; 50 000 b.) : puissance, finesse, fraîcheur et longueur. Cuvée réservée aux cavistes et aux négociants. 2014-2017

SAS Bauchet, 4, rue de la Crayère, 51150 Bisseuil, tél. 03 26 58 92 12, bauchet.champagne@wanadoo.fr V r.-v.

BAUGET-JOUETTE Extra-brut

●	3 000		30 à 50 €

Installés depuis 1973 comme négociants, les Bauget sont aussi vignerons et ce, depuis le XIXᵉ s. Ils exploitent 13,5 ha sur les coteaux sud d'Épernay, la Côte des Blancs et dans la vallée de la Marne. (NM)

Né d'un assemblage des trois cépages champenois à parts presque égales, un champagne équilibré et vineux aux arômes de fruits confits et de pêche de vigne. 2014-2017 beignets de poulet

Bauget-Jouette, 1, rue Champfleury, BP 271, 51200 Épernay, tél. 03 26 54 44 05, info@bauget-jouette.fr V r.-v.

BAUSER Réserve

●	10 000		15 à 20 €

Champagne lancé par René Bauser dans les années 1970, après son départ de la coopérative. Aujourd'hui, ses trois enfants conduisent 18 ha plantés majoritairement de pinot noir et produisent dans les trois AOC de la Champagne. (RM)

Né de la vendange 2010, un pur pinot noir bien équilibré et frais, aux plaisants arômes de pain grillé et d'agrumes. Idéal à l'apéritif. 2014-2015 verrines de langoustines

EARL Bauser, 36, rue de la Voie-Pouche, 10340 Les Riceys, tél. 03 25 29 37 37, contact@champagne-bauser.com V t.l.j. 10h-12h 15h 18h

CHAMPAGNE

MARCELLIN BEAUFORT Les Facettes ★★

1er cru	n.c.		15 à 20 €

Bien connue à Bouzy, village réputé pour son pinot noir, la famille cultive la vigne depuis le XVIe s. En 1904, Marcellin Beaufort vend des « vins nature de Bouzy » ; en 1929, il commercialise ses premiers champagnes ; Hugues et Ludovic, ses arrière-petits-fils, ont repris sa marque. (NM)

Cet assemblage à majorité de pinot noir (70 %, avec le chardonnay en complément) charme par sa finesse et son harmonie. Au nez comme en bouche, il se partage entre le pain grillé, la vanille et les agrumes. Vineux et mûr, il pourra accompagner un repas. 2014-2018 filet mignon aux noix de cajou

La Commanderie Diffusion, 28, rue de Tours-sur-Marne, 51150 Bouzy, tél. 03 26 57 01 34 H. Beaufort

FRANÇOISE BEDEL
LÂme de la terre 2002 ★

	13 500		50 à 75 €

Établie dans la vallée de la Marne, en aval de Château-Thierry, Françoise Bedel a repris une partie de l'exploitation familiale en 1979. Depuis 1998, elle conduit ses 8,4 ha de vignes en biodynamie. En 2003, son fils Vincent l'a rejointe. (RM)

Les trois cépages champenois (deux tiers de noirs) composent ce millésime qui arrive à son apogée à en juger par sa couleur dorée et par son nez beurré, brioché et confit. Les fruits à noyaux compotés, s'ajoutent à cette palette dans une bouche gourmande et généreuse. 2014-2015 pintade aux pêches

Françoise Bedel, 71, Grande-Rue, 02310 Crouttes-sur-Marne, tél. 03 23 82 15 80, contact@champagne-bedel.fr V t.l.j. 9h-12h30 13h30-18h; sam. dim. sur r.-v.; f. août

GÉRARD ET OLIVIER BELIN Extra-brut 2007 ★

	2 500		15 à 20 €

Olivier, œnologue, et Katty Belin ont repris en 1997 le domaine familial constitué dans les années 1950 en aval de Château-Thierry : près de 8 ha de vieilles vignes. Le meunier est très présent dans le secteur, comme dans leurs cuvées. (RM)

Ce 2007 élaboré sans liqueur d'expédition privilégie les noirs (80 %, dont 50 % de meunier). Jaune intense, il exprime sans maquillage, avec vivacité et persistance, le terroir de la vallée de la Marne, dévoilant des arômes exubérants de fruits confits et de fruits secs. 2014-2017 carpaccio de saint-jacques ● Rosé ★ (3 000 b.) : un assemblage proche du précédent, avec du vin rouge de meunier. Robe rose pâle, arômes de fruits rouges et de fruits exotiques, bouche ronde, structurée, fraîche et fruitée. 2014-2017

Belin, 30A, Aulnois, 02400 Essômes-sur-Marne, tél. 03 23 70 88 43, info@champagne-belin.fr V r.-v.

L. BÉNARD-PITOIS Carte blanche ★

1er cru	36 000		11 à 15 €

À la tête du domaine familial depuis 1991, Laurent Bénard exploite 11 ha de vignes répartis dans deux grands crus de la Côte des Blancs et dans quatre 1ers crus de la grande vallée de la Marne. Il vinifie ses vins de base en petite cuve ou en fût. (RM)

Quatre parts de noirs (pinot noir, surtout) et une part de blancs dans ce 1er cru. Au nez, un panier de groseilles et de cassis. Ces arômes s'épanouissent dans une bouche étoffée, charnue, équilibrée et longue. 2014-2018 filet mignon et gelée de groseille

EARL Bénard-Louis, 23, rue Duval, 51160 Mareuil-sur-Aÿ, tél. 03 26 52 60 28, benard-pitois@wanadoo.fr V t.l.j. sf dim. 10h-12h 13h30-17h; sam. sur r.-v.

ALAIN BERGÈRE Réserve ★

	30 000		11 à 15 €

La tradition vigneronne remonte ici au XVIIe s. Installé en 1986 à la tête de la structure familiale, Alain Bergère s'appuie sur 13,5 ha de vignes dispersés autour d'Étoges et dans la vallée de la Marne, près de Château-Thierry. (NM)

Une cuvée marquée par la forte présence du chardonnay (80 %) : nez discret et frais mêlant la fleur blanche, la brioche, les fruits secs et la bergamote, bouche aussi complexe, d'une belle rondeur. Richesse et finesse. 2014-2017 canard à l'orange

Alain Bergère, 81, Grande-Rue, 51270 Étoges, tél. 03 26 59 35 90, champagne-alain-bergere@wanadoo.fr V r.-v.

F. BERGERONNEAU-MARION
Grande Réserve

1er cru	28 000		15 à 20 €

Héritier d'une lignée de vignerons et de tonneliers remontant au XVIe s., Florent Bergeronneau s'est installé en 1982 avec Véronique Marion sur le domaine constitué par son père non loin de la Cité des Sacres. (RM)

Les noirs sont en vedette dans cet assemblage (90 %, dont 60 % de meunier). Nez complexe sur les agrumes et les fruits compotés. Bouche bien fruitée, puissante, à la finale ample et vive. 2014-2017 copeaux de comté ● Pinot meunier Clos des Bergeronneau 1er cru (50 à 75 € ; 3 500 b.) : un beau champagne de table à son apogée, charpenté et long, intensément fruité (abricot sec, fruits confits). 2014-2015

Florent Bergeronneau, 22, rue de la Prévôté, 51390 Villedommange, tél. 03 26 49 75 26, contact@florent-bergeronneau-marion.fr V r.-v.

PAUL BERTHELOT Blason d'or ★

	10 000		20 à 30 €

Établis près d'Épernay, les Berthelot élaborent du champagne dès la deuxième moitié du XIXe s. Paul développe l'affaire et lance la marque à son nom. Aujourd'hui, son petit-fils Arnaud Berthelot s'appuie sur un vignoble de 16 ha. (NM)

Mi-chardonnay mi-pinot noir de la récolte 2007, un champagne au nez très fruité (fruits blancs et jaunes), aussi puissant qu'élégant. 2014-2017 carré de veau rôti

Berthelot, 889, av. du Gal-Leclerc, 51530 Dizy, tél. 03 26 55 23 83, champagneberthelotpaul@orange.fr V r.-v.

PIERRE BERTRAND Blanc de blancs ★

●	3 000		15 à 20 €

Pierre Bertrand crée son vignoble à partir de 1946 et devient récoltant-manipulant. Parmi ses neuf enfants, c'est sa fille Thérèse qui lui succède en 1982, puis son petit-fils Bertrand en 2010, à la tête aujourd'hui de 6 ha dans la grande vallée de la Marne. (RM)

Un nez complexe et évolué aux nuances de fruits exotiques et de miel. Le coing et la brioche complètent cette palette dans une bouche onctueuse à la finale acidulée : un très bel équilibre. 2014-2017 turbot à la normande

Pierre Bertrand, 166, rue Louis-Dupont, 51480 Cumières, tél. 03 26 54 08 24, bertrand.pierre7@wanadoo.fr V r.-v.

BESSERAT DE BELLEFON Cuvée des moines ★

●	n.c.	30 à 50 €

Originaire d'Hautvillers, Edmond Besserat a fondé en 1843 cette maison qui, après plusieurs changements de sièges et de propriétaires, appartient à la maison Burtin d'Épernay (Lanson-BCC). (NM)

La Cuvée des moines est une gamme de champagnes à petite mousse vinifiés sans fermentation malolactique. Ici, un assemblage des trois cépages champenois, avec deux tiers de noirs. Effervescence fine et légère. Nez riche et mûr, confit et brioché. Attaque fraîche, développement riche et onctueux, finale assez vive : une belle harmonie. 2014-2017 tartare de saumon

Besserat de Bellefon, 22, rue Maurice-Cerveaux, 51200 Épernay, tél. 03 26 78 52 16, info@besseratdebellefon.com V r.-v.

BEURTON-VINCENT Prestige 2009 ★★

●	3 200		15 à 20 €

Une lignée de viticulteurs remontant au XIXe s. Benjamin Beurton a repris en 2012 l'exploitation de ses parents : 8 ha sur la rive droite de la Marne. (RC)

Né des trois cépages (60 % de noirs), un 2009 aux parfums discrets et délicats de fleurs blanches et de fruits secs. Attaque à la fois vive et onctueuse, palais charnu et structuré aux plaisants arômes d'agrumes, d'amande et de miel. De la fraîcheur et un potentiel certain. 2014-2017 cabillaud en papillote

Beurton-Vincent, 5, rue du Sorbier, 51480 Cuchery, tél. 03 26 58 11 75, champagne@burton-vincent.com V r.-v.

BIARD-LOYAUX Cuvée de prestige ★

●	3 000		15 à 20 €

Créé en 1947 et conduit depuis 2005 par Laurent Biard, ce domaine de 11 ha est implanté sur la rive droite de la Marne, en amont de Château-Thierry. (RM)

Mi-blancs mi-noirs, cette cuvée a bénéficié d'un élevage partiel en fût qui lui donne un caractère bien structuré et fondu, en préservant sa vivacité. La palette aromatique, riche, mêle agrumes frais, citron confit et noisette grillée. 2014-2017 cailles au citron ● Blanc de blancs ★ (11 à 15 € ; 3 000 b.) : jeunesse et fraîcheur soulignées par des arômes de pamplemousse, de citron et de fruits blancs. 2015-2019

Biard-Loyaux, 1-2, rue du Château, 02850 Passy-sur-Marne, tél. 03 23 70 35 66, jbiard@wanadoo.fr V t.l.j. 8h-17h; sam. dim. sur r.-v.

BERNARD BIJOTAT ★

●	47 150		11 à 15 €

Bernard et Sébastien Bijotat cultivent 10 ha dans la vallée de la Marne, en aval de Château-Thierry. (RM)

Très cultivé sur le cours occidental de la vallée de la Marne, le meunier est majoritaire dans cette cuvée (60 %, avec 10 % de pinot noir). Un champagne équilibré et fin aux arômes de fruits compotés, tant au nez qu'en bouche. 2014-2017 petits feuilletés

Bernard Bijotat, 2, rte Nationale, 02310 Romeny-sur-Marne, tél. 03 23 70 12 51, contact@champagne-bernard-bijotat.fr V t.l.j. 8h-18h; sam. dim. sur r.-v.

MARC BIJOTAT Tradition ★

●	n.c.	11 à 15 €

Marc Bijotat et ses deux enfants Vanessa et Alexandre cultivent 13 ha entre Charly et Château-Thierry, dans la vallée de la Marne. Leur domaine est à 80 km de Paris. (RM)

Un brut sans année construit sur le meunier (80 %), cépage majoritaire dans ce secteur. Nez floral, beurré et brioché, attaque fraîche, palais équilibré aux jolies notes de pain grillé. 2014-2017 pâté chaud en croûte

Marc Bijotat, 70 bis, rte nationale, 02310 Romeny-sur-Marne, tél. 03 23 70 18 42, champagne-marc-bijojat@hotmail.fr V r.-v.

ARNAUD BILLARD Vieilles Vignes ★

●	3 000		15 à 20 €

Tourné vers le midi, le coteau de Reuil domine la Marne. Installé en 1992, Arnaud Billard y cultive près de 8 ha avec son épouse Lydie. (RM)

Assemblage de noirs issus d'une seule année (2007 pour cette édition), cette cuvée à son apogée dévoile une belle évolution dans ses arômes bien fondus de noisette, de réglisse, de torréfaction et de caramel. 2014-2015 veau braisé sauce champagne

Arnaud Billard, 4, rue Bacchus, hameau de l'Échelle, 51480 Reuil, tél. 03 26 58 66 60, info@domaine-bacchus.com V r.-v. 5

HUBERT BILLIARD Cuvée le Gaulois ★

● 1er cru	3 900		15 à 20 €

Installé en 1986, Hubert Billiard exploite le domaine familial (4,3 ha) implanté sur le versant sud de la Montagne de Reims, aux environs d'Avenay-Val-d'Or et d'Ambonnay. (RM)

Assemblage de pinot noir (60 %) et de chardonnay portant l'empreinte d'un élevage partiel en fût : robe or légèrement ambrée, nez puissant et toasté ; bouche également marquée par le boisé, avec des notes de fruits rouges. 2014-2017 volaille à la crème

Hubert Billiard, rte de Fontaine, 51160 Avenay-Val-d'Or, tél. 03 26 52 36 72, champagne.hubert.billiard@orange.fr V r.-v.

CHAMPAGNE

CH. DE BLIGNY
Clos du Château Cuvée 6 cépages

● | 4 500 | 🍾 | 30 à 50 €

Proche de Bar-sur-Aube, ce domaine de 20 ha est commandé par l'un des rares « châteaux du vin » en Champagne construit à la fin du XVIIIes. Il est propriété depuis 1999 de la famille Rapeneau. (RM)

Deux tiers de blancs et un tiers de noirs dans cette cuvée originale mettant en œuvre six cépages à parité : les trois variétés bien connues et trois autres rares : l'arbane, le petit meslier et le pinot blanc. Un ensemble équilibré et frais aux arômes d'orange confite et de citron vert. ⧗ 2014-2017 🍷 verrines de crabe aux agrumes ● Rosé Grande Réserve (20 à 30 €) : 50 % de chardonnay dans ce rosé d'assemblage frais et acidulé aux arômes de poire. ⧗ 2014-2015

🔑 Ch. de Bligny, Ch. de Bligny, 10200 Bligny, tél. 03 25 27 40 11, lbn@champagnemartel.com

MAXIME BLIN Rosé ★★

● | 11 000 | | 20 à 30 €

Située au nord-ouest de Reims dans le massif de Saint-Thierry, une exploitation de 12 ha fondée par Robert Blin et aujourd'hui conduite par Gilles Blin et son fils Maxime, arrivé en 2004. Deux marques : R. Blin et Fils et Maxime Blin. (RM)

Un rose tendre et cuivré pour ce rosé de pur pinot noir. Nez de fruits noirs charmeur, complexe et profond. Bouche croquante, ample, élégante et longue, panier de fraise, groseille et cassis. ⧗ 2014-2018 🍷 canard aux poires ● Cuvée Maxime Blin ★ (30 à 50 € ; 8 530 b.) : un assemblage par tiers des trois cépages. Arômes évolués de fruits secs et belle fraîcheur. Pour le repas. ⧗ 2014-2017 ● R. Blin et Fils Sélection ★ (15 à 20 €) : construit sur le pinot noir (90 %), un champagne harmonieux, intense, complexe (fruits jaunes, beurre et brioche). ⧗ 2014-2017

🔑 Maxime Blin, 11, rue du Point-du-Jour, 51140 Trigny, tél. 03 26 03 10 97 V r.-v.

BLONDEL Cuvée Prestige ★★

● 1er cru | 10 000 | 🍾 | 20 à 30 €

Fondée au début du XXes. par l'arrière-grand-père notaire de Thierry Blondel, cette maison s'appuie sur un vignoble de 11 ha d'un seul tenant – une rareté sur la Montagne de Reims où les successions ont morcelé les domaines. (NM)

Assemblage à parité de chardonnay et de pinot noir des récoltes 2005 et 2004, vieilli trois ans sur lattes. Nez très aromatique de pain grillé, de vanille et de fruits compotés, bouche bien structurée, gourmande, ample et longue. Pour l'apéritif comme pour le repas. ⧗ 2014-2018 🍷 toast de foie gras ● Carte d'or 1er cru ★ (15 à 20 € ; 100 000 b.) : du pinot noir (60 %) et du chardonnay au service d'un champagne harmonieux aux arômes de fruits blancs et de fruits exotiques. ⧗ 2014-2017

🔑 Blondel, Dom. des Monts-Fournois, BP 12, 51500 Ludes, tél. 03 26 03 43 92, contact@champagneblondel.com V r.-v.

BOCHET-LEMOINE Cuvée sélectionnée ★★

● | 8 000 | 🍾 | 15 à 20 €

Domaine constitué en 1992 à la suite du mariage de Jacky Brochet avec Valérie Lemoine : après la réunion de vignobles issus des deux familles, la propriété couvre plus de 8 ha sur la rive droite de la Marne. (RM)

Un rosé d'assemblage (65 % de meunier, 25 % de pinot noir et l'appoint en chardonnay). L'élégance est le maître mot de la dégustation. Un nez d'une grande finesse, tout en fruits rouges. Même délicatesse en bouche, avec un dosage un peu appuyé qui laisse une impression de douceur appréciée. ⧗ 2014-2018 🍷 charlotte aux fraises ● Cuvée sélectionnée (11 à 15 € ; 56 000 b.) : privilégiant aussi les noirs, un champagne puissant aux arômes de fruits confits, de café et de noisette. Adapté au repas. ⧗ 2014-2017

🔑 EARL Bochet-Lemoine, 3, rue Dom-Pérignon, 51480 Cormoyeux, tél. 03 26 58 64 11, bochet.lemoine@wanadoo.fr V

PIERRE BOEVER ET FILS
Des dames de France ★

● Gd cru | 8 000 | 🍾 | 11 à 15 €

Fils et petit-fils de récoltants, Sébastien Boever est installé sur le versant sud de la Montagne de Reims. Il a pris les rênes de l'exploitation familiale en 2004 après vingt ans de collaboration avec son père. (RM)

Complété par le chardonnay, le pinot noir prédomine (80 %) dans ce brut sans année au nez frais de fruits jaunes, légèrement minéral, et à la bouche intense et vive. Une petite nervosité en finale contribue à son harmonie. ⧗ 2014-2017 🍷 carré de veau rôti

🔑 SCEV Boever-Denancy, rue du Champ-Neuville, 51150 Tauxières, tél. 03 26 57 04 20, boever@cegetel.net V r.-v.

BOIZEL Grand Vintage 2004 ★★★

● | 80 000 | 🍾 | 30 à 50 €

Fondée en 1834, cette maison sparnacienne a vu se succéder cinq générations. En 1972, Évelyne Roques-Boizel en a pris les commandes avec son mari Christophe Roques. Tout en restant familiale, la société a rejoint en 1994 le petit groupe créé par Philippe Baijot et Bruno Paillard, devenu Lanson-BCC. (NM)

Le chardonnay présent à hauteur de 50 % (avec les deux pinots en appoint) marque de son empreinte ce millésimé au parfum de fleurs blanches d'une rare délicatesse. Vive et franche en attaque, la bouche accentue le plaisir, déployant des notes d'acacia, de fruits blancs et d'épices. Une très belle composition qui s'appréciera avec le temps. ⧗ 2016-2019 🍷 pintade truffée ● Rosé ★★ (70 000 b.) : les deux cépages noirs (80 %, dont 50 % de pinot noir) sont à l'honneur dans ce rosé riche, complexe et persistant. ⧗ 2014-2018

🔑 Boizel, 46, av. de Champagne, 51200 Épernay, tél. 03 26 55 21 51, boizelinfo@boizel.fr r.-v. ; f. août
🔑 Lanson-BCC

BOLLINGER La Grande Année 2004 ★★

● | n.c. | 🍾 | + de 100 €

Célèbre maison fondée en 1829 par Joseph Bollinger, négociant originaire du Wurtemberg. Elle est restée familiale, même si, depuis 2008, elle est présidée par une personne extérieure à la famille, Jérôme Philipon. Forte d'un vignoble de 164 ha à dominante de pinot noir, elle veille au maintien de son style fondé sur des assem-

blages savants de vins vinifiés séparément en fût de chêne (de réemploi pour éviter un boisé dominateur) et en cuve de petites capacités. Quant aux vins de réserve, ils sont conservés en magnum sous « petite mousse ». Le tirage se fait sous bouchage liège. (NM)

Élevé uniquement en fût comme tous les millésimés, ce 2004 apparaît d'emblée intense, boisé, complexe ; il délivre à l'aération de subtils arômes de maturité : compote de pommes, miel, vanille, biscuit, puis fruits à l'eau-de-vie. En bouche, il conjugue des impressions de souplesse et une fraîcheur soulignée par des arômes de citron et de pamplemousse. L'élégance même. 2014-2024 ravioles de foie gras ● Special Cuvée ★★ (de 30 à 50 €) : trois quarts de noirs (pinot noir, surtout) et un quart de chardonnay sont mis en œuvre dans cette cuvée au nez intense, droit et complexe, mariant pêche, notes briochées, toastées et tabac blond. Bouche flatteuse, minérale et vanillée. 2014-2019 ● Rosé ★★ (50 à 70 €) : assemblage du Special Cuvée incluant 5 à 6 % de vins rouges. Délicat de couleur, un vin puissant, vineux et long, aux arômes de caramel et de fumé. 2014-2019

Bollinger, 16, rue Jules-Lobet, 51160 Aÿ, tél. 03 26 53 33 66, contact@champagne-bollinger.fr

BONNAIRE Blanc de blancs Ver Sacrum ★

● Gd cru | 5 000 | | 20 à 30 €

Comme plus d'un viticulteur champenois, le grand-père a pris son indépendance vis-à-vis du négoce à la suite de la crise de 1929 et s'est lancé dans la manipulation en 1932. Aujourd'hui, Jean-Louis Bonnaire et ses deux fils cultivent 22 ha de vignes, principalement dans la Côte des Blancs. (RM)

Un chardonnay vieilli sous liège : parfums aériens de fleurs blanches, bouche alerte et tonique, longue finale fraîche soulignée de notes de pamplemousse. 2014-2017 sole meunière

Bonnaire, 120, rue d'Épernay, 51530 Cramant, tél. 03 26 57 07 85, info@champagne-bonnaire.com V r.-v.

ALEXANDRE BONNET Perle rosée ★★

● | 100 000 | | 20 à 30 €

Domaine fondé en 1932, devenu maison de négoce dans e giron du groupe Lanson-BCC depuis 1998. Son vaste vignoble (plus de 45 ha) essentiellement situé aux Riceys, dans la Côte des Bar, privilégie le pinot noir, omniprésent dans ce secteur. (NM)

ssu du seul pinot noir, ce rosé revêt pourtant une robe ose pâle. Le nez est élégant, frais et floral, et la bouche acée, acidulée et fruitée. 2014-2017 crêpes soufflées ux framboises

SAS Maison Alexandre Bonnet, 38, rue du Gal-de-Gaulle, 10340 Les Riceys, él. 03 25 29 30 93, info@alexandrebonnet.com r.-v. Lanson-BCC

BONNET-LAUNOIS Réserve

| 80 000 | | 15 à 20 €

tabli à quelques kilomètres en amont de Château-hierry (Aisne), le domaine conduit depuis 2000 par rnaud Robert a ses origines à Vertus, si bien que le vignoble se partage entre la Côte des Blancs et la vallée de la Marne. (RM)

Cet assemblage des trois cépages (70 % de noirs) dévoile un nez puissant aux nuances de réglisse, signe d'une belle évolution. Ce caractère évolué se confirme en bouche où l'on découvre vinosité, rondeur et fondu. 2014-2015 flétan sauce champagne

Bonnet-Launois, Le Sablon, 02650 Fossoy, tél. 03 23 71 59 44, contact@bonnet-launois.fr V r.-v. Arnaud Robert

BONNET-PONSON
Extra-brut Rosé de saignée 2008 ★

● Gd cru | n.c. | 15 à 20 €

Depuis 1862, six générations de Bonnet se sont succédé à Chamery. Aujourd'hui, Thierry et Cyril exploitent 10,5 ha sur le flanc nord de la Montagne de Reims, en 1er cru et en grand cru. Ils ont engagé la conversion bio de la moitié de la propriété. (RM)

Issu de vieilles vignes de pinot noir, un rosé complexe, gourmand et rond. Nez sur le zeste d'agrumes, la mandarine, le biscuit ; palais vanillé et compoté, à la fois onctueux et croquant. « Un dessert à lui tout seul », conclut un dégustateur. 2014-2017 bavarois aux agrumes et framboises ● Blanc de blancs 2006 1er cru Les Vignes Dieu Cuvée spéciale (6 000 b.) : un chardonnay élevé pour moitié sous bois. Au nez, des fruits secs. En bouche, une fraîcheur conservée et des arômes de fruits compotés et de frangipane. 2014-2017

Bonnet-Ponson, 20, rue du Sourd, 51500 Chamery, tél. 03 26 97 65 40, champagne.bonnet.ponson@wanadoo.fr V t.l.j. sf dim. lun. 9h-12h 13h30-16h30; f. août

CAMILLE BONVILLE Blanc de blancs ★

● Gd cru | 30 000 | | 15 à 20 €

Franck Bonville a commercialisé ses premiers champagnes après la dernière guerre. Depuis 2006, son petit-fils Olivier conduit le domaine : 20 ha bien situés dans la Côte des Blancs (grands crus Avize, Cramant et Oger). Autre étiquette : Camille Bonville. (NM)

Nez d'une belle finesse, partagé entre fruits confits et noisette ; bouche fraîche en attaque, puis ample, aux arômes évolués de poire en sirop. 2014-2015 homard à la poire

SARL Olivier Bonville, 9, rue Pasteur, 51190 Avize, tél. 03 26 57 52 30, olivier@champagnebonville.fr V r.-v.

BOUCANT-THIERY ★

● | 25 000 | | 15 à 20 €

Installé en 2007, Emmanuel Boucant gère un domaine familial agrandi dans les années 1970 (7 ha aujourd'hui), qui élabore ses champagnes depuis 1993. Son vignoble domine l'un des plus jolis méandres de la Marne, en aval de Château-Thierry. (RM)

Cépage majoritaire dans la vallée de la Marne, le meunier (60 %) domine l'assemblage, complété par le pinot noir (35 %) et par un soupçon de chardonnay. Nez discret d'agrumes et de fruits secs ; palais dans le même registre, à la fois souple et vif en attaque, frais et long. Une nervosité de jeunesse. 2014-2018 carpaccio de saint-jacques

Boucant-Thiery, 9, route de Moucherelle, Mont-de-Bonneil, 02400 Bonneil, tél. 06 78 14 31 18, manu.boucant@free.fr V r.-v.

BOUCHÉ PÈRE ET FILS
Grande Réserve Vintage 2004 ★

●	30 000		15 à 20 €

Domaine devenu négoce familial, établi à la porte sud d'Épernay. Créé en 1920, il est dirigé par l'œnologue Nicolas Bouché, dont le grand-père a débuté la commercialisation en 1945. Il dispose d'un coquet vignoble de 25 ha. (NM)

Cette maison privilégie l'élevage sur lies avant la commercialisation : neuf ans pour ce millésime. Il en résulte au nez une belle évolution (pêche mûre, coing) et un parfait équilibre en bouche, avec de l'élégance et de la complexité. 2014-2017 foie gras ● Cuvée réservée ★ (150 000 b.) : un assemblage classique (les trois cépages, dont 60 % de noirs) pour cette cuvée de caractère, ample et bien structurée, au nez de fruits blancs et de fruits secs. 2014-2017

Bouché Père et Fils, 10, rue du Gal-de-Gaulle, 51530 Pierry, tél. 03 26 54 12 44, info@champagne-bouche.fr V t.l.j. sf dim. 8h-12h 14h-17h; f. août

BOULACHIN-CHAPUT 2002 ★★

●	1 000	15 à 20 €

Négoce de création assez récente (1984), fondé cependant par deux lignées vigneronnes qui plongent leurs racines dans la région. Il est géré par Albert Boulachin et son fils Emmanuel, qui disposent d'un domaine de 8 ha aux environs de Bar-sur-Aube. (NM)

Assemblage par tiers des trois cépages champenois, ce 2002 charme d'emblée par son nez élégant qui déploie des senteurs de fruits frais avant d'explorer la gamme des fruits secs et du miel, arômes que l'on retrouve en bouche. À la fois charnu, gourmand, onctueux, frais et aérien, le palais laisse aussi les dégustateurs sous le charme. 2014-2017 cassolette de saint-jacques

Boulachin-Chaput, 21, rue Michelot, 10200 Arrentières, tél. 03 25 27 27 13, boulachin.chaput@wanadoo.fr t.l.j. sf dim. 9h-12h 14h-18h; r.-v. sam. dim.

DOMINIQUE BOULARD Réserve ★★

●	8 000		15 à 20 €

Les Boulard sont viticulteurs depuis la Révolution. Raymond avait fondé une maison. Ses trois enfants poursuivent depuis 2009 leur propre chemin. Dominique a créé ce négoce, qu'il gère avec filles et gendre. Il dispose de 3,5 ha de vignes principalement situés dans la vallée de la Marne. (NM)

Une nette dominante de noirs (90 %, dont 70 % de meunier) dans cette cuvée au nez complexe et élégant d'agrumes et de pêche de vigne. La bouche fine, équilibrée, bien dosée et persistante, se partage entre fruits blancs et notes florales. « Le brut que j'aime », conclut un dégustateur. 2014-2017 terrine de poisson

Dominique Boulard, 13, pl. du Gal-de-Gaulle, 51480 La Neuville-aux-Larris, tél. 03 26 51 46 31, dominboulard@orange.fr V t.l.j. sf sam. dim. 9h-18h; r.-v. sam. dim.

B FRANCIS BOULARD Extra-brut
Blanc de blancs Les Vieilles Vignes ★★

● Gd cru	3 390		30 à 50 €

Raymond Boulard, disparu en 1993, avait fondé une maison bien connue de nos premiers lecteurs. En 2009, Francis, un de ses fils, a créé sa propre structure avec son épouse Jeanne et leur fille Delphine. Ils disposent de 3 ha de vignes exploitées en bio. (NM)

Un faible dosage (selon la pratique de la maison, qui dose en extra-brut ou en brut nature) et une vinification en fût pour ce chardonnay tout en finesse, né dans le massif de Saint-Thierry. Arômes de beurres, d'aubépine et de fruits blancs. De l'intensité et une belle ligne acidulée jusqu'à la finale citronnée. 2014-2017 tartare de saumon ● Extra-brut Les Murgiers ★ (20 à 30 € ; 7 000 b.) : assemblage de meunier (70 %) et de pinot noir, vinification en fût. Nez frais, minéral ; palais alliant richesse, fraîcheur et arômes de fruits compotés. 2015-2017

Francis Boulard, Vendangeoir du Luxembourg, RD 944, 51220 Cauroy-lès-Hermonville, tél. 03 26 61 52 77, contat@francis-boulard.com V r.-v.

JEAN-PAUL BOULONNAIS
Blanc de blancs Réserve ★

● 1er cru	5 000		15 à 20 €

Aujourd'hui dirigée par Frédéric Boulonnais, arrière-petit-fils du fondateur, cette maison de négoce familiale s'appuie sur un vignoble de 5 ha à Vertus, 1er cru situé à l'extrémité sud de la Côte des Blancs. (NM)

Nez torréfié, grillé et légèrement beurré ; bouche à l'unisson, volumineuse et gourmande, avec ce qu'il faut de fraîcheur. Un vin qui charmera les amateurs de vins évolués. 2014-2017 blanquette de lotte

Jean-Paul Boulonnais, 14, rue de l'Abbaye, 51130 Vertus, tél. 03 26 52 23 41 V r.-v.

EDMOND BOURDELAT Prestige ★

●	6 000	15 à 20 €

Les Bourdelat cultivent la vigne depuis 1870. Bruno, fils d'Edmond, et son épouse Sandrine exploitent près de 5 ha sur les coteaux sud d'Épernay. (RM)

Le chardonnay (60 %) compose avec les deux pinots un joli champagne, frais, droit et bien dosé, aux arômes savoureux de fruits compotés. 2014-2016 noix de saint-jacques aux agrumes ● Réserve ★ (11 à 15 € ; 22 000 b.) : trois quarts de meunier (75 %) et un quart de chardonnay, avec des vins de réserve vieillis en fût : un champagne gourmand, complexe, aux arômes de pruneau cuit ; adapté pour le repas. 2014-2017 ● Rosé ★ (8 000 b.) : beaucoup de meunier (80 %) et un appoint de chardonnay dans ce rosé au nez acidulé de framboise et à la bouche gourmande penchant vers la douceur. 2014-2017

EARL Albert Bourdelat, 3, rue des Limons, 51530 Brugny, tél. 03 26 59 95 25, contact@champagne-edmond-bourdelat.fr V r.-v.

R. BOURDELOIS ★

● 1er cru	4 250	15 à 20

Créée en 1901 par Adonis Bourdelois, cette exploitation familiale est dirigée depuis 2012 par la petite-fille d

Raymond Bourdelois, Audrey Renoir, qui représente la sixième génération. Le vignoble couvre 5,6 ha sur les coteaux d'Épernay et autour d'Aÿ. (RM)

Les deux pinots (70 %) et le chardonnay composent ce rosé d'assemblage tirant sur l'orangé, livrant des parfums élégants de fruits rouges, de poire et d'amande, complétés en bouche par des notes de brioche. Le palais est à la fois riche et fin. ⧗ 2014-2019 ♈ fromage de brebis ● Blanc de noirs 1er cru (4 250 b.) : le pinot noir (80 %) domine cet assemblage au nez puissant (poire, agrumes) et à la bouche ronde, complexe, acidulée en finale. Un vin de repas, qui mérite de vieillir. ⧗ 2015-2018

SCEV Renoir-Bourdelois, 737, av. du Gal-Leclerc, 51530 Dizy, tél. 06 73 60 82 39, champagnebourdelois@hotmail.fr V t.l.j. sf dim. 8h30-12h 13h30-18h

BOURGEOIS-BOULONNAIS Blanc de blancs

● 1er cru | n.c. | | 15 à 20 €

Établie à Vertus, dans la partie sud de la Côte des Blancs, la famille Bourgeois dispose d'un vignoble de plus de 5 ha implanté uniquement sur cette vaste commune classée en 1er cru. (RM)

Une belle fraîcheur, tant au nez, où le citron se marie à la fleur blanche, qu'en bouche, où la fraîcheur se conjugue avec la rondeur. « Ce que l'on attend d'un blanc de blancs », conclut un dégustateur. ⧗ 2014-2017 ♈ verrines crevettes pamplemousse

Bourgeois-Boulonnais, 8, rue de l'Abbaye, 51130 Vertus, tél. 03 26 52 26 73, bourgeoi@hexanet.fr V r.-v.

CH. DE BOURSAULT Tradition ★

● | n.c. | | 15 à 20 €

Construit en 1843, un fastueux château néo-Renaissance dominant la vallée de la Marne, sur la rive gauche : le cadeau de mariage de Barbe-Nicole Clicquot (la « veuve Clicquot ») à sa petite-fille. Cas presque unique en Champagne, le domaine, clos de murs, inclut les bâtiments d'exploitation et le vignoble. Acquis par la famille Fringhian en 1927, il couvre près de 12 ha. (NM)

Le chardonnay est assemblé à parts presque égales (47 %) aux deux pinots dans cette cuvée dont la couleur soutenue annonce la maturité. Le nez évolué jouant sur des notes d'amande et de sirop d'orgeat et la bouche intense, ronde, aux nuances de citron bien mûr confirment cette impression. ⧗ 2014-2015 ♈ tempura de homard

SAS Ch. de Boursault, 2, rue Maurice-Gilbert, 51480 Boursault, tél. 03 26 58 42 21, info@champagnechateau.com V r.-v.

BOUTILLEZ-GUER Tradition ★

● 1er cru | 13 000 | | 11 à 15 €

La famille Boutillez est établie à Villers-Marmery depuis le XVe s. Aujourd'hui, Marc Boutillez cultive un peu plus de 5 ha dans ce 1er cru, l'un des rares de la Montagne de Reims où domine le chardonnay. (RM)

Marqué par les raisins blancs présents à hauteur de 80 % dans l'assemblage, ce champagne séduit par sa fraîcheur florale et fruitée au nez puis par son équilibre et sa longueur en bouche. ⧗ 2014-2017 ♈ pain brioché au crabe ● Blanc de blancs 1er cru ★ (4 500 b.) : un champagne crémeux, gourmand et long, au nez d'abricot et d'ananas. ⧗ 2015-2017

Boutillez-Guer, 38, rue Pasteur, 51380 Villers-Marmery, tél. 03 26 97 91 38, boutillez.guer@wanadoo.fr V r.-v.

G. BOUTILLEZ-VIGNON Cuvée Prestige ★

● 1er cru | 11 300 | | 11 à 15 €

Les Boutillez cultivaient déjà la vigne au XVIe s. à Villers-Marmery. Gérard et Colette ont créé leur domaine en 1964 et commercialisé leurs premières bouteilles en 1976. Colette et ses trois filles gèrent aujourd'hui 5 ha dans cinq crus de la Montagne de Reims. (RM)

Majoritaire à Villers-Marmery, le chardonnay (60 %) l'emporte dans cette cuvée, complété par le pinot noir. Un élégant champagne au nez de fleurs blanches et à la bouche soyeuse et suave marquée par un léger boisé grillé (dû aux 25 % de vins de réserve vieillis en fût). ⧗ 2014-2017 ♈ carpaccio de saint-jacques ● Rosé 1er cru ★ (15 à 20 € ; 2 400 b.) : constitué de la même base que la cuvée Prestige, un rosé harmonieux et fin aux arômes de fruits blancs et exotiques. ⧗ 2014-2017

EARL Boutillez-Vignon, 26, rue Pasteur, 51380 Villers-Marmery, tél. 03 26 97 95 87, champagne.g.boutillez.vignon@orange.fr V t.l.j. 10h-12h 14h-18h; sam. dim. sur r.-v.

OLIVIER ET BERTRAND BOUVRET Tradition ★

● | 23 000 | | 11 à 15 €

Un jeune domaine aubois de la région de Bar-sur-Seine. 1986, installation d'Olivier Bouvret et premières plantations ; 2001, arrivée de son frère Bertrand, suivie de la construction de la cave. Premières vinifications en 2002. (RM)

Majoritaire dans le Barséquanais, le pinot noir compose 88 % de cette cuvée, avec le chardonnay en appoint. Nez frais et gourmand alliant les fruits au sirop et la brioche. Attaque suave, bouche généreuse, poivrée et épicée. ⧗ 2014-2017 ♈ panacotta au citron ● La Perle (15 à 20 € ; 3 500 b.) : assemblage proche du précédent. Un champagne harmonieux aux arômes d'agrumes et de fleurs blanches. ⧗ 2014-2017

GAEC des Blés d'Or, 39, rue de l'Église, 10110 Merrey-sur-Arce, tél. 03 25 29 90 43, champagnebouvret@gmail.com V r.-v.

LAURENT BOUY Blanc de blancs

● | 2 700 | | 15 à 20 €

De vieille souche vigneronne, Laurent Bouy a pris la tête en 1977 du domaine familial qui couvre 5,5 ha dans la Montagne de Reims. (RM)

Célèbre pour son pinot noir (Verzy est un grand cru dédié à ce cépage), la Montagne de Reims recèle un certain nombre de parcelles plantées en chardonnay, témoin ce blanc de blancs. Le nez se partage entre agrumes confits et fleurs blanches, lesquelles se retrouvent dans une bouche fraîche et citronnée. ⧗ 2014-2017 ♈ mousse de poisson

Laurent Bouy, 7, rue de l'Ancienne-Église, 51380 Verzy, tél. 06 42 78 95 59 V r.-v.

CHAMPAGNE

BRATEAU-MOREAUX Tradition

● | 36 400 | 🍾 | 11 à 15 €

Succédant à deux générations de récoltants-manipulants, Dominique Brateau a repris en 1982 l'exploitation familiale qui couvre aujourd'hui 8 ha sur la rive gauche de la Marne. (RM)

Un pur meunier élaboré sans fermentation malolactique, selon le style de la maison. Nez floral agréable; bouche équilibrée, de bonne tenue, aux arômes de zeste d'orange et d'épices. ⏳ 2014-2017 🍷 fricassée de poulet au citron

🔑 Dominique Brateau, 12, rue Douchy, 51700 Leuvrigny, tél. 03 26 58 00 99, champagnebrateau-moreaux@orange.fr V r.-v.

SÉBASTIEN BRESSION Cuvée Prestige ★

● | 1 700 | 🍾 | 15 à 20 €

Sébastien Bression a repris en 2000, le petit domaine familial, qui a son siège à Étoges, entre Côte des Blancs et Sézannais, puis il l'a agrandi : aujourd'hui 3,6 ha sur les coteaux du Petit Morin et à Dizy, près d'Épernay. (RM)

Un soupçon de meunier et beaucoup de chardonnay (90 %) dans cette cuvée au nez agréablement évolué de miel, de fruits blancs confits et de caramel. Bouche à la fois ronde et vive, très fruitée. ⏳ 2014-2017 🍷 risotto aux fruits de mer

🔑 Sébastien Bression, La Haie-Carbon, 51270 Étoges, tél. 03 26 53 76 67, champagnebression.s@orange.fr V r.-v.

BRISSON-JONCHÈRE Vieilles Vignes ★

● | 3 700 | 🍾 | 15 à 20 €

Un petit domaine (2,6 ha) aubois récent. La famille vendait son raisin au négoce. Installés en 1998, Bénédicte et Claude Jonchère ont été coopérateurs jusqu'en 2005, puis se sont lancés dans l'élaboration de leurs cuvées. Bénédicte est à la cave. (RM)

Du pur pinot noir, cépage roi de la Côte des Bar. Nez vineux et riche, sur les fruits et le grillé; attaque à la fois souple et fraîche, en harmonie avec l'olfaction. Un style riche et dense. ⏳ 2014-2017 🍷 vieux salers

🔑 Brisson-Jonchère, 6, chem. de l'Argillier, 10200 Bar-sur-Aube, tél. 06 66 61 27 07, champagnebrissonjonchere@orange.fr V r.-v.

LOUIS BROCHET Extra-brut Extra Blanc ★

● | 2 000 | 🍾 | 20 à 30 €

Les Brochet cultivent la vigne depuis 1674 à Écueil, 1er cru de la Montagne de Reims. Henri Brochet et Yvonne Hervieux ont lancé après guerre la marque Brochet-Hervieux et créé le domaine géré pendant quarante-cinq ans par leur fils Alain. En 2011, nouvelle marque et nouvelle génération, avec Hélène et son frère Louis. (RM)

Une goutte de pinot noir dans cette cuvée qui doit presque tout au chardonnay. Nez élégant de pain grillé puis de poire. On retrouve la poire dans une bouche équilibrée et longue. ⏳ 2014-2018 🍷 pavé de sandre crème de champagne ● Brochet-Prevost ★ (15 à 20 €; 20 000 b.) : la dominante de pinot noir (80 %) donne un vin généreux, gras, vineux, à la finale très fraîche. ⏳ 2014-2017

🔑 Louis et Hélène Brochet, EARL Brochet-Hervieux, 12, rue de Villers-aux-Nœuds, 51500 Écueil, tél. 03 26 49 77 44, contact@champagne-brochet.com V r.-v.

VINCENT BROCHET 2006 ★

● 1er cru | 4 000 | 🍾 | 15 à 20 €

Installée à Écueil, au sud de Reims, depuis le XVIIe s., la famille Brochet lance après guerre la marque Brochet-Hervieux défendue par Alain Brochet. En 2010, Vincent, frère du précédent, crée sa marque de champagne. (RM)

Trois quarts de pinot noir et un quart de chardonnay contribuent à ce champagne doré sur tranche, au nez bien ouvert sur les agrumes. Dans le même registre, la bouche est tout aussi intense, équilibrée et longue, tendue par une belle acidité. De l'élégance. ⏳ 2014-2017 🍷 filet de bar aux oranges

🔑 Vincent Brochet, Dom. des Croix, 28, rue de Villers-aux-Nœuds, 51500 Écueil, tél. 03 26 49 24 06, contact@champagne-vincent-brochet.com V r.-v.

ANDRÉ BROCHOT Grande Réserve Prestige ★

● | 4 000 | 🍾 🛢 | 15 à 20 €

Créé en 1949, ce domaine familial a son siège dans un village des coteaux sud d'Épernay. Il est conduit par Francis Brochot depuis 1980 (RM)

Souvent retenue, la Grande Réserve connaît quelques variations dans son assemblage mais marie à parité les raisins blancs et noirs (dans cette version, les deux pinots). Intense dès le premier nez, elle livre des senteurs fraîches de fruits blancs et de pamplemousse. Tout en finesse, vive et longue, la bouche dévoile de jolies notes de grillé. ⏳ 2015-2018 🍷 salade de bar tiède aux agrumes

🔑 Francis Brochot, 21, rue de Champagne, 51530 Vinay, tél. 03 26 59 91 39, champagne.andre.brochot@orange.fr V r.-v.

ÉDOUARD BRUN ET CIE Blanc de blancs

● | 6 000 | 🍾 | 20 à 30 €

Fondée en 1898, cette structure de négoce familiale porte le nom de son créateur, un ancien tonnelier. Les fûts ou foudres sont toujours utilisés pour la vinification de certaines cuvées. La maison dispose en propre de 8 ha de vignes dans la Montagne de Reims et aux environs d'Aÿ. (NM)

Mariant des chardonnays de la Côte des Blancs et de la Montagne de Reims, ce blanc de blancs garde une ligne fringante et vive, en harmonie avec des arômes de citron et d'amande grillée. ⏳ 2014-2018 🍷 verrines de crabe aux pommes

🔑 SAS Édouard Brun, 14, rue Marcel-Mailly, 51160 Aÿ, tél. 03 26 55 20 11, contact@champagne-edouard-brun.fr V r.-v. 🔑 Delescot

GUY CADEL 2008 ★★

● | 8 000 | 🍾 | 15 à 20

Une vieille famille du cru (1717), et une exploitation partagée entre vignes et céréales jusqu'à l'installation de Philippe Thiébault en 1982. Aujourd'hui, ce dernier

exporte 60 % de sa production. Il exploite 10 ha de meunier et de chardonnay dans la vallée de la Marne et la Côte des Blancs (RM).

Chardonnay (60 %) et meunier composent ce 2008 or pâle, qui charme par son nez vif aux nuances de fleurs blanches, puis par son palais franc en attaque, souple, ample et long. Il mérite d'être attendu quelques années. 2016-2019 poulet au champagne

Guy Cadel, 13, rue Jean-Jaurès, 51530 Mardeuil, tél. 03 26 55 24 59, philippe-thiebault@wanadoo.fr V r.-v.

CAMIAT ET FILS Tradition ★★

| 15 000 | 11 à 15 € |

Domaine établi sur les coteaux du Petit Morin. Auguste plante les premiers ceps vers 1940 ; Paul élabore les premières cuvées dans les années 1950. Romuald Camiat reprend l'exploitation en 2008 après une expérience dans le conseil viticole. (RM)

Une entrée remarquée dans le Guide grâce à cette cuvée mariant par tiers les trois cépages champenois. Nez complexe et flatteur, miellé, épicé et fruité. Bouche ronde, riche, élégante et très longue, aux arômes de fruits secs ; une touche de châtaigne en finale. Un brut sans année composé de vins de réserve de qualité. 2014-2017 filet mignon aux girolles Blanc de noirs - Cuvée de réserve ★★ (15 à 20 € ; 3 000 b.) : un champagne harmonieux, tonique et long. Nez très agréable de beurre, de mirabelle et de poire, et explosion d'arômes en bouche (ananas, amande). 2014-2017

Camiat, 58, Grande-Rue, 51130 Loisy-en-Brie, tél. 03 26 59 32 19, contact@champagne-camiat.fr V r.-v. D

CANARD-DUCHÊNE Authentic brut ★

| n.c. | 20 à 30 € |

Fondée en 1868 par Victor Canard, tonnelier, et Léonie Duchêne, vigneronne, cette maison est restée implantée à Ludes, dans la Montagne de Reims, où elle dispose de 6 km de caves. Elle a été reprise en 2003 par le groupe Thiénot. (NM)

Quatre parts de noirs (pinot noir 45 %, meunier 35 %) pour une de blancs dans ce brut aux parfums agréables et suaves, floraux puis fruités. Bouche fraîche, intense, équilibrée, dans le même registre que le nez. 2014-2017 salade d'avocat aux crevettes

Canard-Duchêne, 1, rue Edmond-Canard, 51500 Ludes, tél. 03 26 61 10 96, info@canard-duchene.fr V t.l.j. sf diim. 10h30-18h Alain Thiénot

JEAN-YVES DE CARLINI Blanc de noirs

| Gd cru | 12 000 | 15 à 20 € |

Premiers champagnes dans les années 1950. Jean-Yves Carlini a pris la relève de Roger en 1972 ; il est épaulé depuis 2009 par sa fille et son gendre. Leur vignoble couvre près de 7 ha autour de Verzenay, grand cru de noirs dans la Montagne de Reims. (RM)

Le blanc de noirs est l'une des spécialités du domaine. Le pinot noir laisse son empreinte dans ce brut franc en attaque, rond et brioché, au nez acidulé et printanier. De la finesse. 2014-2017 poulet au citron

EARL Jean-Yves de Carlini, 13, rue de Mailly, 51360 Verzenay, tél. 03 26 49 43 91, champagne.decarlini@orange.fr V r.-v.

VINCENT CARRÉ Tradition ★

| 1er cru | 30 000 | 15 à 20 € |

Depuis 1894, quatre générations de vignerons. Installé en 1997, Vincent Carré dispose d'un domaine de 21 ha sur la Montagne de Reims (Trépail, Verzy). Le chardonnay, dominant à Trépail, est très présent dans ses cuvées. (RM)

Quatre parts de chardonnay pour une de pinot noir dans cette cuvée où la variété majoritaire laisse son empreinte : nez délicatement floral, bouche équilibrée et fraîche sur les agrumes. 2014-2017 copeaux de parmesan Rosé 1er cru (8 000 b.) : assemblage analogue au précédent, avec un apport de vin rouge. Robe orange pâle, nez discret, bouche sur la cerise confite, la fraise et la réglisse. 2014-2017

Vincent Carré, 3, rue de l'Égalité, 51380 Trépail, tél. 03 26 57 05 02, vincent@champagnecarre.com V r.-v.

GEORGES CARTIER Première Cuvée ★

| n.c. | 30 à 50 € |

Cette maison se trouve à deux pas de l'avenue de Champagne à Épernay où les visiteurs pourront découvrir des caves creusées au XVIIIes. (MA)

Cette cuvée privilégie les noirs (70 %, avec 45 % de meunier et 25 % de pinot noir). Nez intense et grillé, évocateur de noisette et de caramel, bouche riche et chaleureuse aux arômes de fruits mûrs et d'abricot. Un champagne de gastronomie. 2014-2017 chapon rôti

Georges Cartier, 9, rue Jean-Chandon-Moët, 51200 Épernay, tél. 03 26 32 06 22 V r.-v.

DE CASTELLANE

| n.c. | 20 à 30 € |

Bien connue à Épernay pour son beffroi dressé au bout de l'avenue de Champagne, cette maison fondée en 1895 par le vicomte Florens de Castellane est aujourd'hui dans le giron du groupe Laurent-Perrier. Autre emblème de la marque : la croix rouge de Saint-André. (NM)

Deux tiers de noirs (pinot noir et meunier) et un tiers de blancs dans ce rosé de couleur soutenue, qui demande à être aéré pour dévoiler ses parfums de fruits rouges nuancés de touches anisées et citronnées. Puissant et rond, il tiendra sa place à table. 2014-2017 pavé de saumon grillé

De Castellane, 63, av. de Champagne, 51200 Épernay, tél. 03 26 51 19 19, olivier.kanengieser@castellane.com V t.l.j. 10h-12h 14h-18h; f. 30 déc.-15 mars Laurent-Perrier

DE CASTELNAU 2004 ★★

| 20 000 | 30 à 50 € |

Marque lancée en 1916 en l'honneur d'un général de la Grande Guerre, reprise en 2003 par la Coopérative régionale des vins de Champagne. Fondée en 1962 par

CHAMPAGNE

24 vignerons, cette structure vinifie aujourd'hui la récolte de 900 ha. (CM)

Mi-blancs mi-noirs (avec les deux pinots), un 2004 déjà dégusté l'an dernier et de nouveau jugé remarquable. Les arômes de noisette grillée et de miel montrent une évolution heureuse ; le palais, qui conjugue gras et fraîcheur, est loué pour son élégance et sa longueur. « Surprenant pour un 2004 », conclut un juré. ⧗ 2014-2016 ¥ mignon de veau aux raisins confits

De Castelnau, 5, rue Gosset, CS 80007, 51066 Reims Cedex, tél. 03 26 77 89 00, castelnau@crvc.fr V t.l.j. sf sam. dim. 8h30-12h 14h-17h30

CRVC

CHARLES DE CAZANOVE Tradition

● | 60 000 | | 20 à 30 €

Fondée en 1811 par Charles Gabriel de Cazanove, héritier d'une lignée de maîtres verriers, cette maison de négoce rémoise est restée dans la famille jusqu'au milieu du XXes. Depuis 2004, elle fait partie du groupe Rapeneau. (NM)

Associant les trois cépages – deux tiers de noirs, dont 15 % de vin rouge qui lui donnent sa robe saumon tendre –, un rosé classique au nez de fruits rouges et à la bouche franche et équilibrée. ⧗ 2014-2017 ¥ sabayon de fruits rouges

Charles de Cazanove, 8, pl. de la République, 51100 Reims, tél. 03 26 88 53 86, ibn@champagnemartel.com V t.l.j. 10h-19h

ANDRÉ CEZ-RONDEAU 2008 ★

● | 3 000 | | 15 à 20 €

Prenant la suite de cinq générations de viticulteurs, André Cez crée son domaine en 1970 après dix ans comme salarié viticole. Son fils Frédéric installé en 1988, rejoint en 2013 par sa fille Aurélie, exploite aujourd'hui 5,5 ha le long de la rive gauche de la Marne. (RM)

Mi-pinot noir mi-chardonnay, un 2008 au nez ouvert, frais, toasté et grillé. Attaque franche, palais vif et élégant. Un beau millésime encore dans sa jeunesse. ⧗ 2015-2018 ¥ truffes noires sur pain grillé

Cez-Rondeau, 6, impasse du Palais, 51480 Œuilly, tél. 03 26 58 31 72, champagne-cez-rondeau@orange.fr V r.-v.

CHANOIR-FRESNE Cuvée Prestige ★

● | 3 500 | | 20 à 30 €

À la suite de trois générations, Dominique Chanoir exploite de 3,5 ha autour de Villedommange, joli village dominant la Cité des Sacres, sur les pentes de la Montagne de Reims. (RC)

Née d'un assemblage des trois cépages donnant une courte majorité au chardonnay (55 %), une cuvée à la robe or intense, au nez compoté et beurré. Une bouche expressive et longue sur le pain grillé, avec des touches fumées. Pour l'apéritif comme pour le repas. ⧗ 2014-2017 ¥ poularde aux morilles ● 1er cru (15 à 20 € ; 8 000 b.) : robe orange pâle et nez discret ; en bouche, des arômes évolués de cerise confite et de réglisse. ⧗ 2014-2017

Chanoir-Fresne, 1, rue de la Prévôté, 51390 Villedommange, tél. 06 08 60 95 05, contact@chanoir-fresne.fr V r.-v.

JACQUES CHAPUT Tradition ★

● | 80 000 | | 15 à 20 €

Installés dans la région de Bar-sur-Aube, les Chaput cultivent la vigne depuis plus de deux siècles. Jacques Chaput lance son champagne en 1955. Ses fils Jean-Paul et Jacky exploitent aujourd'hui 14 ha. (NM)

Née d'un assemblage de pinot noir (80 %) et de chardonnay, une cuvée très aromatique. Le nez se partage entre bonbon anglais, agrumes et fleurs blanches, tandis que la bouche franche et délicate dévoile des arômes de coing et de bergamote. ⧗ 2014-2017 ¥ perdreaux truffés

Jacques Chaput, 1, rue Blanche, 10200 Arrentières, tél. 03 25 27 00 14, contact@jacques-chaput.com V r.-v.

CHAPUY Tradition ★

● | 24 000 | | 15 à 20 €

Une famille enracinée dans la Côte des Blancs : un ancêtre fut maire d'Oger pendant la Révolution. En 1952, Serge Chapuy lance son champagne. Arnold prend le relais en 1981. Ses filles Élodie et Aurore, l'ont rejoint, la seconde se chargeant du vignoble et des vinifications. (NM)

Le chardonnay représente 60 % de cette cuvée, complété par les deux pinots à parité. Un nez puissant, sur la pomme. En bouche, une fraîcheur soulignée par de plaisants arômes de fruits blancs. Du potentiel. ⧗ 2014-2018 ¥ salade de jambon de Reims au moût

Chapuy, 10, rue de Champagne, 51190 Oger, tél. 03 26 57 51 30, contact@champagne-chapuy.com V r.-v.

GUY CHARBAUT Cuvée de Réserve ★

● 1er cru | n.c. | | 15 à 20 €

André Charbaut livre les premières bouteilles dans les années 1930. Son fils Guy développe le domaine et lance sa marque, exploitée aujourd'hui par Xavier. Le vignoble se répartit sur plusieurs communes, majoritairement situées en 1er cru. (NM)

Deux tiers de pinot noir et un tiers de chardonnay pour cette cuvée qui a une fois de plus convaincu, tant par ses arômes d'agrumes tout en finesse et en fraîcheur que par sa longueur. Elle pourra vieillir. ⧗ 2014-2018 ¥ gougères

SARL Guy Charbaut, 12, rue du Pont, 51160 Mareuil-sur-Aÿ, tél. 03 26 52 60 59, champagne.guy.charbaut@wanadoo.fr V t.l.j. sf dim. 9h-12h 14h-17h 3

CHARDONNET ET FILS Prestige

● | 3 000 | | 20 à 30 €

La première génération constitue le domaine en 1957, la seconde lance le champagne et Lionel Chardonnet prend le relais en 1990. L'exploitation (5,5 ha) est implantée pour l'essentiel dans les grands crus d'Avize, de Chouilly et de Cramant. (RM)

Né de la récolte 2006, ce blanc de blancs montre l'empreinte de son élevage de un an en fût dans son nez d'amande et de pain d'épice, puis dans sa bouche à la fois fraîche et ample, aux arômes complexes de boisé, de fruits secs (noisette) et de brioche. 2014-2017 brochettes de crevettes

EARL Lionel Chardonnet, 7, rue de l'Abattoir, 51190 Avize, tél. 03 26 57 78 30, champagne.chardonnet.et.fils@wanadoo.fr V r.-v.

♥ GUY CHARLEMAGNE Mesnillésime 2004 ★★

Gd cru | 20 000 | | 30 à 50 €

Fondée en 1892 et conduite depuis 1988 par Philippe Charlemagne, cette propriété de 15 ha s'étend pour l'essentiel autour du Mesnil-sur-Oger, au cœur de la Côte des Blancs. (SR)

Issu de vieilles vignes du Mesnil-sur-Oger, un chardonnay vinifié pour 20 % en fût de chêne (sans fermentation malolactique) et dosé en extra-brut. Goûté en 2012, il était apprécié pour ses notes de brioche, de beurre et de noisette. « Il garde des réserves », concluaient les jurés. Ils avaient vu juste. Cette cuvée est aujourd'hui louée pour son nez torréfié et pour son palais très structuré, rond et subtil, qui conserve de la fraîcheur. 2014-2018 volaille farcie ● Blanc de blancs Réserve grand cru ★★ (15 à 20 € ; 40 000 b.) : Nez expressif, floral et brioché ; bouche ample, charnue, complexe et longue, où l'on retrouve la brioche avec les agrumes confits. 2014-2017

Guy Charlemagne, 4, rue de La Brèche-d'Oger, 51190 Le Mesnil-sur-Oger, tél. 03 26 57 52 98, champagneguycharlemagne@orange.fr V t.l.j. sf dim. 8h-12h 14h-18h; sam. mat. sur r.-v.; f. août

J. CHARLIER 2004 ★

● | 10 000 | | 15 à 20 €

Établis sur la rive droite de la Marne, les Charlier exploitent 14 ha de vignes. Dans leur cave, d'impressionnants foudres de chêne utilisés pour la conservation des vins avant l'assemblage. (RM)

Assemblant par tiers les trois cépages champenois, un 2004 élevé un an en foudre. Nez intense et évolué, sur les fruits secs et le boisé ; bouche à l'unisson, suave et douce, aux arômes de torréfaction et de marc de raisin. 2014-2017 boudin blanc de Rethel aux pommes

Charlier et Fils, 4, rue des Pervenches, 51700 Montigny-sous-Châtillon, tél. 03 26 58 35 18, contact@champagne-charlier.com V r.-v.

CHARLOT-TANNEUX Blanc de noirs Cuvée Nicolas ★★

1er cru | 1 400 | | 20 à 30 €

L'une des rares propriétés champenoises conduites en biodynamie (certification en 2013). Proche d'Épernay, elle est dirigée depuis 2001 par Vincent Charlot, qui vinifie ses cuvées en barrique sans fermentation malolactique. (RM)

Du pinot noir majoritaire dans ce blanc de noirs tiré sous liège et issu de la récolte 2009. Frais, intense et complexe, le nez mêle les fleurs de printemps à une pointe d'amande. Dans le même registre, la bouche dévoile un vin de caractère, à la fois vineux, frais, fruité et long, où l'on retrouve l'amande. 2014-2018 homard sauce vanille ● L'Extravagant Extra-brut (50 à 75 €) : mi-blancs mi-noirs, un vin original au nez de réglisse, de compote de pommes et de caramel au lait. Palais subtil, acidulé, proche d'un rosé. 2014-2017

Vincent Charlot, 23, rue des Semons, 51530 Mardeuil, tél. 03 26 51 93 92, champcharlottanneux@free.fr V r.-v.

CHARPENTIER Blanc de noirs Terre d'émotion ★

● | 8 000 | | 30 à 50 €

Au milieu du XIXe s., les ancêtres de Jean-Marc Charpentier abreuvaient les cochers qui hâlaient les péniches sur la Marne. Le vin était alors tranquille. Aujourd'hui, ce récoltant installé en 1988 exporte 30 % de ses champagnes. Il exploite 20 ha aux environs de Château-Thierry. (RM)

Un blanc de noirs issu de raisins cultivés en biodynamie. Nez floral tout en finesse, nuancé de touches grillées. Bouche franche et élégante aux arômes de fruits mûrs et compotés portant la marque du pinot noir (80 % de l'assemblage). 2014-2017 poularde rôtie

Charpentier, 11, rte de Paris, 02310 Charly-sur-Marne, tél. 03 23 82 10 72, info@champagne-charpentier.com V r.-v.

CHASSENAY D'ARCE Cuvée première ★

● | 167 578 | | 20 à 30 €

Cette coopérative auboise fondée en 1956 fédère aujourd'hui 130 adhérents qui cultivent 300 ha répartis dans 10 villages de la vallée de l'Arce, près de Bar-sur-Seine. (CM)

Née d'un assemblage de pinot noir (60 %) et de chardonnay, une cuvée aux parfums agréables et francs, torréfiés et grillés. En bouche, elle se montre chaleureuse, ample, de bonne longueur. « Ce vin a de la conversation », conclut un dégustateur. 2014-2017 millefeuille de saumon au fromage

Chassenay d'Arce, 11, rue du Pressoir, 10110 Ville-sur-Arce, tél. 03 25 38 34 78, m.lorin@chassenay.com V t.l.j. sf dim. 10h-12h 14h-17h

GUY DE CHASSEY Carte noire ★

gd cru | 50 000 | | 15 à 20 €

Cette propriété familiale implantée sur le flanc sud de la Montagne de Reims dispose de 9,5 ha de vignes entre Bouzy et Louvois (grands crus) et Tauxières-Mutry. (RM)

Associant pinot noir (70 %) et chardonnay, vinifié sans fermentation malolactique, un brut tout en fraîcheur au nez d'agrumes et à la bouche vive, sur l'ananas, le citron et la pêche. 2014-2017 feuilleté de saint-jacques

Guy de Chassey, 1, pl. de la Demi-Lune, 51150 Louvois, tél. 03 26 57 04 45, info@champagne-guy-de-chassey.com V t.l.j. 10h-12h 14h-17h30; dim. sur r.-v.

CHAUDRON Cuvée Capucine ★★

1er cru | 8 000 | | 15 à 20 €

Les ancêtres de Luc Chaudron se sont établis en 1820 à Verzenay, grand cru de la Montagne de Reims. Depuis

2000, ce dernier est à la tête d'une affaire de négoce exportant 40 % de sa production. (NM)

Deux tiers de pinot noir pour un tiers de chardonnay dans ce brut au nez acidulé, livrant de légers arômes de fraise. La mirabelle et la pêche complètent cette palette au sein d'une bouche équilibrée, fraîche et longue. ⧗ 2014-2017 🍷 canapés de foie gras ● Rosé (10 000 b.) : un assemblage proche du précédent pour ce vin d'une fraîcheur aérienne soulignée d'arômes de groseille. ⧗ 2014-2017

⊶ Chaudron, 2, rue de Beaumont, 51360 Verzenay, tél. 03 26 66 66 66, commercial.chaudron@orange.fr V t.l.j. sf sam. dim. 9h-12h 13h30-17h30; f. août

FRANÇOIS CHAUMONT
Blanc de blancs Puisieulx 2008 ★

● Gd cru | 4 000 | 🍾 | 15 à 20 €

En 1994, François Chaumont reprend un vignoble familial de 5 ha à Puisieulx, grand cru de la Montagne de Reims. Le savoir-faire et les installations de son épouse Marie-Hélène Littière, vigneronne à Œuilly, lui permettent de quitter la coopérative en 2008. (RM)

Un nez gourmand, chaleureux, brioché, torréfié, aux nuances de noisette. Franche en attaque, bien structurée, vive en finale, la bouche dévoile des arômes délicats et persistants de fruits à chair blanche. ⧗ 2014-2019 🍷 sole meunière ● Blanc de noirs grand cru ★ (11 à 15 € ; 5 000 b.) : un pur pinot noir charmeur, au nez partagé entre les fruits et la torréfaction, au palais rond et gras, sur des nuances de mangue. ⧗ 2014-2017

⊶ François Chaumont, 4, rue de la Pierre-Aiguë, 51480 Œuilly, tél. 03 26 52 79 60, contact@champagne-francois-chaumont.fr V r.-v.

A. CHAUVET ★

● Gd cru | 10 000 | | 15 à 20 €

Fondée en 1848 et dirigée par la famille Paillard-Chauvet, cette maison de champagne établie à l'est d'Épernay dispose de 10 ha de vignes répartis dans sept grands crus et 1ers crus, notamment dans la Montagne de Reims. (NM)

Un rosé d'assemblage de pinot noir et de chardonnay vinifié sans fermentation malolactique. Nez riche, sur les fruits rouges (fraise des bois) et le sous-bois. Bouche ample, fidèle au nez, tout en fruits rouges (fraise, groseille), sous-tendue par une fraîcheur acidulée. ⧗ 2014-2017 🍷 tarte aux fraises ● Carte blanche ★ (40 000 b.) : deux tiers de pinot noir et un tiers de chardonnay dans ce brut harmonieux, au nez complexe de poire, de mirabelle et de beurre fondu. ⧗ 2014-2017

⊶ A. Chauvet, 41, av. de Champagne, 51150 Tours-sur-Marne, tél. 03 26 58 92 37, contact@champagnechauvet.fr V r.-v.

⊶ Famille Paillard-Chauvet

♥ HENRI CHAUVET ★★

● | 8 000 | 🍾 | 15 à 20 €

Le fondateur du domaine et de la marque était un pépiniériste qui cultivait vers 1900 les plants greffés nécessaires à la reconstitution du vignoble dévasté par le phylloxéra. Depuis 1987, Damien, son arrière-petit-fils exploite 8 ha à deux pas de Reims. (RM)

Issu d'une macération partielle de pinot noir, un rosé soutenu, rose grenadine aux reflets saumonés. Le nez

intense et élégant évoque les fruits rouges (cerise). La bouche, à l'unisson, se révèle charmeuse en diable, fraîche et longue, portée de bout en bout par un fruité délicat. ⧗ 2014-2017 🍷 cailles aux cerises

⊶ Damien Chauvet, 6, rue de la Liberté, 51500 Rilly-la-Montagne, tél. 03 26 03 42 69, contact@champagne-chauvet.com V r.-v.

MARC CHAUVET ★

● | n.c. | 🍾 | 15 à 20 €

Une famille enracinée depuis le XVIes. à Rilly-la-Montagne, au sud de Reims. Aujourd'hui, Nicolas (à la vigne) et sa sœur Clotilde, œnologue (à la cave), installés en 1996, perpétuent le domaine créé en 1964 par leur père Marc. Leurs vins sont vinifiés sans fermentation malolactique. (RM)

Un rosé d'assemblage issu des trois cépages. Robe rose soutenu aux reflets rubis, nez élégant, sur la rose. En bouche, une matière imposante, en harmonie avec un dosage généreux, et une finale sur la cerise. Un style puissant. ⧗ 2014-2018 🍷 dessert aux cerises et mascarpone

⊶ SCEV Marc Chauvet, 3, rue de la Liberté, 51500 Rilly-la-Montagne, tél. 03 26 03 42 71, champagnemarcchauvet@gmail.com V t.l.j. 8h30-12h 13h30-18h; sam. dim. sur r.-v.

PASCAL CHEMINON Blanc de blancs 2007 ★

● Gd cru | n.c. | 🍾 | 15 à 20 €

À la suite de trois générations, Pascal Cheminon s'est installé en 1975 sur le domaine familial qui couvre un peu plus de 6 ha dans la Montagne de Reims. (RM)

Un blanc de blancs d'Ambonnay qui montre que la Montagne de Reims, réputée pour son pinot noir, recèle de bons terroirs à chardonnay. Nez très frais d'agrumes, légèrement mentholé, bouche fruitée, à la fois puissante et harmonieuse. ⧗ 2014-2017 🍷 huîtres chaudes au champagne

⊶ SCEV Pascal Cheminon et Fils, 5, rue des Sous-la-Ville, 51380 Villers-Marmery, tél. 03 26 97 95 34, cheminon.pascal@orange.fr V r.-v.

M. CHEVROLAT Cuvée florale ★

● | 2 500 | 🍾 | 15 à 20 €

Michel Chevrolat a repris en 1984 l'exploitation créée par son père André en 1952 (7 ha aujourd'hui) et plantée majoritairement en pinot noir. Il n'a commercialisé ses champagnes que vingt ans plus tard. Il propose aussi depuis 2003 du rosé-des-riceys. (RM)

Mi-pinot noir mi-chardonnay, cette cuvée élevée six mois en fût délivre des parfums intenses : un soupçon de fleurs et, surtout, de la pêche de vigne et des notes toastées. La pêche se marie aux fruits secs et à la brioche dans une bouche mûre et élégante. ⧗ 2014-2017 🍷 coquille de poisson à la crème

⊶ EARL Michel Chevrolat, 7 bis, rue du Pont, 10340 Les Riceys, tél. 03 25 29 99 64, champagne.mchevrolat@cder.fr V r.-v.

H. DE CHOISEUL ★

● 1er cru | 46 056 | | 20 à 30 €

Établie aux portes sud d'Épernay, la famille Vollereaux cultive la vigne dès 1805 et commercialise ses premières bouteilles en 1923. Aujourd'hui, c'est une structure de négoce forte d'un important domaine (42 ha). Pierre Vollereaux passe le relais à son fils Franck qui commercialise ses cuvées sous deux marques : Vollereaux et H. de Choiseul. (NM)

Un champagne né de la récolte 2009 et des trois cépages assemblés pratiquement à parts égales (30 % de chardonnay). À la fois gourmand et délicat, le nez mêle les fruits jaunes, les fleurs jaunes et les fruits secs. La bouche, à l'unisson, se montre ronde et riche. ⧗ 2014-2017 ♈ turbot au sabayon de champagne

SA Vollereaux, 48, rue Léon-Bourgeois, 51530 Pierry, tél. 03 26 54 03 05, f.vollereaux@champagne-vollereaux.fr V r.-v.

JULIEN CHOPIN Carte d'or ★

● | 10 000 | | 20 à 30 €

Les aïeux des Chopin cultivaient déjà la vigne au XVIII^e^s. à Monthelon. La famille commercialise son champagne depuis 1947. Installé en 2006, Emmanuel Chopin conduit un domaine 6 ha entre coteaux sud d'Épernay et Côte des Blancs. (RC)

Nez de fruits jaunes, avec une pointe de nougat ; bouche équilibrée, dont l'acidité fondue s'accorde avec la palette aromatique : mangue et mirabelle, et même litchi. Un blanc de blancs qui sort des sentiers battus. ⧗ 2014-2017 ♈ poulet à la crème

EARL Emmanuel Chopin, 3, rue Gaston-Poittevin, 51530 Monthelon, tél. 03 51 40 92 35, info@champagnejulienchopin.com V t.l.j. 9h-11h30 13h-18h ; dim. sur r.-v.

PAUL CLOUET ★

● | 6 000 | | 20 à 30 €

Domaine fondé en 1907 et conduit depuis 1992 par Marie-Thérèse Bonnaire : 6 ha entre Bouzy, grand cru de noirs, et Chouilly, grand cru de blancs. La marque rend hommage au grand-père, et les cuvées sont élaborées par Jean-Louis Bonnaire, mari de la vigneronne, également récoltant à Cramant. (RM)

Le pinot noir domine (80 %, complété par le chardonnay) dans ce rosé d'assemblage élégant aux senteurs de fruits confits et de zeste d'orange, à la fois riche et frais en bouche. ⧗ 2014-2017 ♈ salade de fruits ● 2007 ★ (30 à 50 € ; 4 000 b.) : un assemblage analogue au précédent (sans vin rouge). Fruité et grillé, richesse et fraîcheur : du style. ⧗ 2014-2017

SCEV Paul Clouet, 10, pl. André-Tritant, 51150 Bouzy, tél. 03 26 57 07 31, contact@champagne-paul-clouet.com V r.-v. 4

POL COCHET Brut nature Latitude 48.01 ★

● | 5 000 | | 15 à 20 €

Descendant de Pol Cochet, négociant à Ambonnay, et héritier d'une lignée de professionnels du vin, Éric Petitjean s'est associé à l'élaborateur aubois Grémillet pour proposer des cuvées au nom de son aïeul. (MA)

Deux tiers de pinot noir et un tiers de chardonnay dans cette cuvée élaborée sans liqueur d'expédition. Nez discret de pomme verte et de fleurs blanches, arômes que l'on retrouve dans une bouche fraîche et longue à la finale citronnée. ⧗ 2014-2017 ♈ langouste

Pol Cochet, 64, rue de Champrot, 51200 Épernay, tél. 06 85 05 54 36, contact@champagne-pol-cochet.com V r.-v.

Éric Petitjean

COLLARD-CHARDELLE ★

● | 8 009 | | 15 à 20 €

Trois générations se sont succédé sur ce domaine de la vallée de la Marne (6,5 ha), conduit avec brio par Daniel Collard depuis 1970. À chaque génération sa marque, mais un style constant : des vinifications sans fermentation malolactique et un élevage en foudre de chêne. (RM)

Rosé cuivré aux reflets orangés, un rosé d'assemblage (80 % de noirs, dont 50 % de pinot noir, 20 % de chardonnay). De fraîches senteurs de fruits rouges (framboise) et une bouche franche, croquante, en parfaite harmonie avec le nez. ⧗ 2014-2017 ♈ petits pâtés de lapin

Collard-Chardelle, 68, rue de Reuil, 51700 Villers-sous-Châtillon, tél. 03 26 58 00 50, champagne.collard.chardelle@wanadoo.fr V r.-v. D Daniel Collard

♥ COLLARD-PICARD Cuvée Prestige ★★

● | 40 000 | | 20 à 30 €

En 1996, Caroline et Olivier ont unis leurs noms, Picard et Collard, à la ville et à la cave. Aujourd'hui, un domaine de 15 ha dans la vallée de la Marne et la Côte des Blancs – avec les parcelles en 1er cru et en grand cru conduites en bio – et, depuis 2013, une adresse prestigieuse à Épernay. (RM)

Selon la tradition Collard, cette cuvée mi-blancs mi-noirs (les deux pinots à parité) a été vinifiée sans fermentation malolactique et a séjourné quinze mois en foudre de chêne. Il en résulte un nez agréable et frais de vanille et de noisette, une bouche crémeuse, vive et longue, aux accents vanillés, miellés et grillés : une rare harmonie. ⧗ 2014-2017 ♈ poularde de Bresse ● Cuvée Sélection ★ (15 à 20 € ; 30 000 b.) : un blanc de noirs (pinot noir et meunier) frais et élégant, sur les fleurs et les agrumes. ⧗ 2014-2015

Collard-Picard, 15, av. de Champagne, 51200 Épernay, tél. 03 26 52 36 93, collard-picard@wanadoo.fr V t.l.j. sf mer. 10h-18h (10h30-17h30 l'hiver)

COLLET Art déco ★

● | 200 000 | | 30 à 50 €

Marque de la Coopérative générale des vignerons (Cogevi) choisie en hommage à son fondateur. Elle est la plus ancienne de Champagne, constituée en 1921 à l'initiative de Raoul Collet, dans le sillage des révoltes de 1911 contre la fraude. (CM)

Un bel or pâle aux reflets verts. Le nez s'ouvre lentement sur les fruits confits, puis sur les agrumes. Le palais, léger, d'une belle expression fruitée (fruits rouges, mandarine), finit sur des notes florales. ⧗ 2014-2017 ▼ apéritif
● 2004 ★ (30 000 b.) : 45 % de chardonnay, autant de pinot noir et 10 % de meunier ; un millésime qui, après sept ans de cave, est à son apogée. Nez évolué mais plaisant (confiture de mirabelles, pâte de fruits), palais gras, rond et long. ⧗ 2014-2015

⊶ Collet - Cogevi, 14, bd Pasteur, CS30008, 51160 Aÿ, tél. 03 26 55 15 88, info@champagne-collet.com V r.-v.

RENÉ COLLET
Empreinte de terroir ★★

●	15 825		11 à 15 €

Au début du XXᵉs., les Collet vendent leurs raisins au négoce. René Collet, coopérateur, lance son champagne en 1973. Ses trois fils, Thomas, Vincent et Florent, s'installent entre 2001 et 2011, et décident d'élaborer leurs cuvées. Ils disposent de 5 ha de vignes dans le Sézannais. (RM)

Une vinification partielle en fût pour cette cuvée à dominante de chardonnay (72 %, avec le pinot noir en appoint). Nez élégant, entre fruit et pain grillé, palais généreux, gras et long, sur des notes de viennoiserie et de moka. « Belle expression d'un terroir et d'un savoir-faire », écrit un juré. ⧗ 2014-2018 ▼ escalope de veau aux champignons

⊶ EARL René Collet, 6, ruelle de Louche, 51120 Fontaine-Denis, tél. 03 26 80 22 48, contact@champagne-collet.fr V r.-v.

COMTESSE LAFOND Comtesse

●	20 000	20 à 30 €

Bien connu à Pouilly-sur-Loire, Patrick de Ladoucette, négociant et propriétaire de nombreux domaines, notamment dans la vallée de la Loire et en Bourgogne, a lancé au début du XXIᵉs. sa marque de champagne et restauré à Épernay l'ancien château de Pékin pour en faire le siège de sa maison. (NM)

Cet assemblage de pinot noir (60 %) et de chardonnay doit être aéré pour dévoiler un nez minéral auquel répond un palais dynamique et d'une agréable finesse. ⧗ 2014-2017 ▼ terrine de saint-jacques

⊶ Comtesse Lafond, 79, av. de Champagne, 51200 Épernay, tél. 03 26 32 26 40, comtesselafond@wanadoo.fr V t.l.j. 10h-12h 14h-18h

JACQUES COPIN Brut nature 2004 ★

●	8 000		15 à 20 €

Enfants de viticulteurs, Jacques et Anne-Marie Copin ont fondé en 1963 ce domaine conduit depuis 1995 par leur fils Bruno et sa femme Marielle. L'exploitation couvre 10 ha dans la vallée de la Marne. (RM)

Voici la version sans dosage d'un millésimé apprécié l'an dernier en brut. Mi-chardonnay mi-pinot noir, c'est un champagne de caractère, expressif tout au long de la dégustation : au nez, des notes beurrées, de la brioche et des fruits exotiques ; en bouche, beaucoup de franchise, et une palette complexe et gourmande de réglisse et de griotte. Surprenant. ⧗ 2014-2017 ▼ poêlée de cèpes

⊶ Bruno Copin, 23, rue de la Barre, 51700 Verneuil, tél. 03 26 52 92 47, contact@champagne-jacques-copin.com V t.l.j. 8h-12h 14h-18h

JACQUES COPINET
Blanc de blancs Sélection ★★

●	12 000		15 à 20 €

En 1975, Jacques Copinet vend ses premières bouteilles. Sa fille Marie-Laure et son mari Alexandre Kowal suivent ses traces. Leurs vignes (9 ha) s'étendent principalement au sud du Sézannais, terre propice au chardonnay, ainsi que dans l'Aube et la vallée de la Marne. (RM)

Une nouvelle fois, le jury a apprécié un blanc de blancs de cet élaborateur : nez gourmand, frais et floral, bouche crémeuse sur les fruits frais, les agrumes et le miel d'acacia. De la complexité et de la subtilité. ⧗ 2014-2017 ▼ cabillaud façon blanquette

⊶ EARL Copinet, 11, rue de l'Ormeau, 51260 Montgenost, tél. 03 26 80 49 14, info@champagne-copinet.com V r.-v.
⊶ Alexandre Kowal

S. COQUILLETTE 2008 ★

●	7 000		20 à 30 €

Stéphane Coquillette conduit 7 ha de vignes implantées dans la Côte des Blancs, la Montagne de Reims et la grande vallée de la Marne. Ses enfants, Diane et Louis, se préparent à prendre la relève. (RM)

Un blanc de blancs équilibré, ample et agréable, aux arômes de noisette, de praline et de feuille séchée. ⧗ 2014-2017 ▼ ris de veau rissolés

⊶ Stéphane Coquillette, 15, rue des Écoles, 51530 Chouilly, tél. 03 26 51 74 12, champagne.coquillette@orange.fr V r.-v.

CORDEUIL P. ET F.
Cuvée des Fondateurs Réserve ★

●	6 000		15 à 20 €

Établie dans la Côte des Bar (Aube), la famille Cordeuil a reconstitué dans les années 1950 le vignoble familial. Premières vinifications dans les années 1970, installation de Gilbert en 1985. Aujourd'hui, 9 ha travaillés par deux générations. En ligne de mire, la conversion bio. (RM)

Partagée entre pinot noir (55 %) et chardonnay, une cuvée vinifiée sans fermentation malolactique, selon la tradition familiale. Elle s'ouvre doucement et laisse découvrir un côté gourmand, compoté et légèrement grillé. Ample, puissamment aromatique, la bouche finit sur une fraîcheur mentholée. ⧗ 2014-2017 ▼ croustillant de saint-jacques

⊶ EARL Cordeuil, 2, rue de Fontette, 10360 Noé-les-Mallets, tél. 03 25 29 65 37, champagne.cordeuil@orange.fr V t.l.j. sf dim. 8h-12h 14h-18h

PIERRE CORDONNIER Blanc de blancs 2005 ★★★

●	1er cru	2 000		15 à 20 €

Installée en 2004, Isabelle Cordonnier élabore ses champagnes et bichonne le petit vignoble familial

(2,6 ha) à Grauves, village en 1er cru voisin d'Avize et de Cramant, dans la Côte des Blancs. (RM)

Superbe expression d'un millésime propice au chardonnay. À une robe or soutenu répond un nez d'une rare complexité, où se déploient brioche, thé, torréfaction, vanille, beurre, miel, et même de la « tarte chaude ». Et encore du fruit blanc, de la mirabelle... Cette richesse aromatique se retrouve en bouche, avec une belle générosité et une fraîcheur tonique en finale. Un « grand champagne »... mais une petite cuvée. ⧗ 2017-2020 🍷 poularde rôtie aux morilles

Pierre Cordonnier, 3, rue des Coudons, 51190 Grauves, tél. 03 26 53 17 79, chmpagnepierrecordonnier@wanadoo.fr V r.-v.

PIERRE COURTOIS L'Amour courtois 2002 ★★

●	2 600		15 à 20 €

Pierre Courtois a commencé à vinifier au début des années 1970. Son domaine est implanté dans la vallée de la Marne, à l'ouest de Château-Thierry, dans l'un des premiers villages viticoles champenois que l'on rencontre en venant de Paris. (RM)

Avec un nez évolué mariant les fruits jaunes, le miel et le pain grillé, et une bouche harmonieuse penchant vers la rondeur, ce chardonnay 2002 est à son apogée. ⧗ 2014-2016 🍷 canapés au roquefort ● 2004 ★ (30 à 50 € ; 30 000 b.) : autre millésime à son apogée, rond et gras, aux arômes de confiture de mirabelles et de pâte de fruits. ⧗ 2014-2015

SARL Courtois-Romero, 34, rue de l'Église, 02310 Croutes-sur-Marne, tél. 03 23 82 15 49, champagnecourtois@orange.fr V r.-v.

DAVID COUTELAS Cuvée César 2005 ★

●	5 000		30 à 50 €

David Coutelas a pris les rênes en 1997 de l'exploitation familiale : près de 8 ha sur les coteaux bordant la rive droite de la Marne. (RM)

La cuvée de prestige millésimée de l'exploitation, une fois de plus distinguée. Dédiée à l'arrière-grand-père César et vinifiée à sa manière : en fût de chêne, sans soutirage et sans fermentation malolactique. Deux tiers de chardonnay et un tiers de pinot noir. Le nez dévoile un boisé délicat, épicé, bien intégré. La bouche harmonieuse, d'une belle vivacité, offre une finale acidulée très plaisante. ⧗ 2015-2017 🍷 copeaux de parmesan

David Coutelas, 13, rue des Vignes, 51700 Villers-sous-Châtillon, tél. 03 26 59 07 57, david.coutelas@wanadoo.fr V r.-v.

AMAURY COUTELAS Origin'

●	25 000		15 à 20 €

Vignoble fondé en 1809. Installé depuis 2005 à la tête de 7 ha de vignes dans la vallée de la Marne, Damien Coutelas a créé en 2011 une structure de négoce qui commercialise ses cuvées sous la marque Amaury Coutelas. Il est attaché à l'élevage en fût. (ND)

Les noirs dominent (60 %, meunier surtout) dans cette cuvée partiellement vinifiée sous bois. Robe jaune d'or, nez délicat de fruits secs, légèrement toasté ; bouche équilibrée, ronde, confite et compotée. Du caractère. ⧗ 2014-2017 🍷 carré de veau

Amaury Coutelas, 69, rue de Reuil, 51700 Villers-sous-Châtillon, tél. 06 89 42 23 76, champagne.amaury.coutelas@gmail.com V r.-v. D

ALAIN COUVREUR Tradition Cuvée réservée ★

●	17 528		15 à 20 €

Créé en 1961 dans le massif de Saint-Thierry, à l'ouest de Reims, ce domaine est conduit depuis 2008 par David et Rémi Couvreur, les fils d'Alain Couvreur issus d'une vieille famille de tonneliers et de vignerons. David élabore aussi des cuvées sous son nom propre. (RM)

Mi-blancs mi-noirs, cette cuvée issue des trois cépages offre un bouquet printanier d'une belle fraîcheur florale. Le plaisir se prolonge dans un palais ample, aromatique, à la longue finale fruitée. ⧗ 2014-2017 🍷 tartare de langoustines ● David Couvreur Blanc de blancs 2007 Élevé en fût de chêne ★ (30 à 50 € ; 2 021 b.) : nez bien présent, beurré, compoté et anisé, bouche structurée et fraîche. ⧗ 2014-2017

EARL Alain Couvreur, 18, Grande-Rue, 51140 Prouilly, tél. 03 26 48 58 95, earl-alain.couvreur@laposte.net V r.-v.

DOMINIQUE CRÉTÉ ET FILS Sélection ★

●	15 053		11 à 15 €

En 1984, Dominique Crété prend la conduite du vignoble familial : 7,6 ha sur les coteaux sud d'Épernay. Il lance son champagne dix ans plus tard. (RM)

Le chardonnay (85 %), associé au meunier est en vedette dans cette cuvée au nez élégant partagé entre les agrumes, les fleurs blanches et le pain grillé. Les fruits blancs bien mûrs viennent compléter cette palette dans une bouche fraîche et structurée. ⧗ 2014-2017 🍷 poisson à la plancha ● Cuvée Émeraude 2008 ★ (15 à 20 € ; 5 112 b.) : assemblage mi-chardonnay mi-meunier. Nez intense sur les fleurs blanches, les fruits jaunes, le biscuit, avec une touche minérale ; bouche fraîche et droite, où l'abricot s'allie à la poire. ⧗ 2014-2017

Dominique Crété et Fils, 99, rue des Prieurés, 51530 Moussy, tél. 03 26 54 52 10 V r.-v.

CRUCIFIX PÈRE ET FILS Prestige ★

● 1er cru		n.c.	15 à 20 €

Poursuivant l'œuvre des deux générations précédentes, Jean-Jacques Crucifix et son fils Sébastien conduisent un vignoble de 5 ha autour d'Avenay-Val-d'Or, 1er cru de la grande vallée de la Marne, près d'Aÿ. (RC)

Mariant pinot noir et chardonnay à parts égales, cette cuvée séduit par son joli cordon de bulles et par ses arômes gourmands de fruits exotiques et de pâte de fruits. Dans le même registre, le palais se montre équilibré et frais. ⧗ 2014-2017 🍷 gougères ● Cuvée Signature 1er cru ★ (20 à 30 € ; 900 b.) : du chardonnay majoritaire (80 %) complété par du pinot noir, dans cette cuvée vinifiée et élevée six mois sous bois. Nez légèrement boisé, torréfié ; bouche puissante et évoluée, sur les agrumes, les fruits, secs et compotés. ⧗ 2014-2017

Crucifix Père et Fils, 3, allée de la Livre, 51160 Avenay-Val-d'Or, tél. 03 26 52 34 93, champagne.crucifix@wanadoo.fr V r.-v.

CHAMPAGNE

CUILLIER PÈRE ET FILS
Grande Réserve ★★

●	19 000	15 à 20 €

Constitué en 1904 dans le massif de Saint-Thierry, au nord-ouest de Reims, ce vignoble couvre 6,5 ha. Patrick Cuillier, qui le gère depuis 1980, confie ses vendanges à la coopérative de Trigny. (RC)

Un assemblage par tiers des trois cépages champenois. Robe jaune doré, nez très fruité avec un léger soupçon de cuir. Bouche agréable, sur des notes de beurre, de fruits confits et de fruits exotiques. ⌛ 2014-2015 🍴 terrine de lapin ● Tradition ★ (11 à 15 € ; 15 000 b.) : un assemblage dominé par les noirs (70 %, meunier surtout). Nez vif, sur les fruits frais, puis plus évolué, sur le raisin sec. Bouche ample, équilibrée et longue, dans le même registre. ⌛ 2014-2017

🔑 Cuillier Père et Fils, 14, pl. d'Armes, 51220 Pouillon, tél. 03 26 03 10 74, contact@champagne-cuillier.fr V r.-v.

CUPERLY Grande Réserve ★

● Gd cru	100 000		15 à 20 €

Fondée en 1845 par Auguste Cuperly, cette maison de négoce a constitué un domaine au début du XXᵉs. Dirigée depuis 1967 par Gérard Cuperly, elle s'appuie sur un vignoble de 10 ha implanté dans la Montagne de Reims, autour de Verzy. (NM)

Un assemblage de pinot noir (60 %) et de chardonnay comprenant un tiers de vins de réserve élevés en fût. L'élevage transparaît dans les arômes grillés et briochés du nez, qui se prolongent dans une bouche délicatement fondue, crémeuse, au dosage très agréable. ⌛ 2014-2017 🍴 faisan aux chanterelles

🔑 Cuperly, ZI Les Monts-de-Sillery, rte de Sainte-Ménéhould, 51360 Prunay, tél. 03 26 05 44 60, champagne.cuperly@wanadoo.fr V t.l.j. sf sam. dim. 8h30-12h 13h30-17h30

COMTE AUDOIN DE DAMPIERRE Blanc de blancs
Cuvée des Ambassadeurs ★★

● Gd cru	n.c.	20 à 30 €

Audoin de Dampierre est le descendant d'une dynastie champenoise sept fois séculaire. Son arrière-grand-père s'est intéressé au champagne en 1880. Lui-même a créé en 1986 une maison de négoce implantée dans le massif de Saint-Thierry, au nord-ouest de Reims. (NM)

Un blanc de blancs issu des grands crus d'Avize, de Cramant et du Mesnil-sur-Oger. Le nez intense se montre fruité, puis vanillé. La bouche séduit par sa souplesse, son côté acidulé et par sa longue persistance. Pour ses cuvées de prestige, la maison propose le ficelage à l'ancienne : le bouchon est retenu par deux fils (de chanvre selon l'ordonnance royale de 1735) noués en croix. ⌛ 2014-2017 🍴 salade d'oranges ● Blanc de blancs Family Réserve grand cru 2007 ★ (50 à 75 € ; 42 000 b.) : une des fameuses cuvées bouchées à l'ancienne. Un nez élégant et complexe, une bouche tout aussi complexe, d'une très agréable fraîcheur : belle image du millésime. ⌛ 2014-2017

🔑 SAS Comte Audoin de Dampierre, 3, pl. Boisseau, 51140 Chenay, tél. 03 26 03 11 13, champagne@dampierre.com V r.-v.

PAUL DANGIN ET FILS
Tradition Cuvée élaborée en fût de chêne 2007 ★

●	6 400		15 à 20 €

Une famille enracinée à Celles-sur-Ource, village aubois proche de Bar-sur-Seine. Le champagne a été lancé par Paul Dangin en 1947. Aujourd'hui, la structure de négoce, forte de 50 ha de vignes, mobilise quinze membres de la famille. (NM)

Déjà remarqué dans de précédentes éditions, un blanc de blancs vinifié en fût de chêne. L'élevage est perceptible à la dégustation. Le nez mêle les fruits secs, un léger vanillé à quelques touches compotées. Ces arômes se confirment dans une bouche vive, équilibrée et tout aussi complexe que le nez. ⌛ 2014-2017 🍴 andouillette au chaource

🔑 SARL Paul Dangin et Fils, 11, rue du Pont, 10110 Celles-sur-Ource, tél. 03 25 38 50 27, contact@champagne-dangin.com V t.l.j. sf sam. dim. 8h-12h 13h30-18h

DAUBY MÈRE & FILLE Blanc de noirs ★★

● 1er cru	8 000		15 à 20 €

Francine (depuis 1990) et Flore (depuis 2009) : un tandem mère-fille conduit cette exploitation constituée au début du XXᵉs., qui a commercialisé son champagne à partir de 1956. Le domaine couvre 8 ha autour d'Aÿ, célèbre grand cru de noirs. (RM)

Née de pur pinot noir récolté à Mutigny, cette cuvée comprend 40 % de vins de réserve élevés en fût et foudre de chêne durant un à trois ans. Elle s'annonce par des parfums de fleurs blanches nuancés d'une fine pointe fumée avant de dévoiler une bouche ample, riche et complexe, aux arômes de fruits frais en salade, d'agrumes, de fruits exotiques. ⌛ 2014-2017 🍴 pâté en croûte chaud porc-lapin

🔑 Dauby, 22, rue Jeanson, 51160 Aÿ, tél. 03 26 54 96 49, champagne.dauby@wanadoo.fr V r.-v.

FLORENCE DAUPHIN

●	n.c.		15 à 20 €

L'aïeul de Florence Dauphin, Paul Gyéjacquot, achète les premières parcelles vers 1900. Son père et son oncle élaborent les premiers champagnes en 1990. En 2012, Florence reprend l'exploitation familiale : 3 ha dans l'Aube, près des Riceys. (RM)

Ce rosé d'assemblage issu de pur pinot noir est frais, bien structuré, d'une bonne tenue en bouche ; il séduit par ses senteurs de fruits rouges et de pamplemousse qui s'épanouissent au palais. ⌛ 2014-2017 🍴 tarte aux fruits rouges

🔑 Florence Dauphin, 14, rue du Château, 10340 Avirey-Lingey, tél. 03 25 29 17 20, champagne.florence.dauphin@orange.fr V r.-v.

HENRI DAVID-HEUCQ Chardonnay 2009 ★

●	4 000		15 à 20 €

Quatre générations au service du champagne. Henri David-Heucq s'est installé en 1973 et a lancé sa marque. Quarante ans plus tard, ses fils Olivier et Maxime le secondent sur l'exploitation, 9,5 ha, dans la vallée de la Marne. Le meunier, cépage roi du secteur, prédomine. (NM)

Des parfums flatteurs de fleurs blanches incitent à poursuivre la dégustation. Dans la continuité du nez, le palais délivre des arômes à la fois riches et subtils. Rond, bien structuré, il dévoile une fraîcheur bienvenue en finale. ⧗ 2014-2017 🍴 coquilles Saint-Jacques

SARL David-Heucq & Fils, 3, rte de Romery, 51480 Fleury-la-Rivière, tél. 03 26 58 47 19, contact@davidheucq.com V r.-v.

JACQUES DEFRANCE 2002 ★

	5 000		20 à 30 €

Louis, Roger, Jacques et aujourd'hui Christophe : quatre générations de viticulteurs aubois installés au Riceys-Bas, l'un des trois bourgs qui forment l'important village viticole aubois des Riceys. Le vignoble compte aujourd'hui 12 ha à dominante de pinot noir, omniprésent dans ces contrées. (RM)

Le pinot noir et le chardonnay s'allient à parts égales dans ce 2002 d'un jaune pâle légèrement doré, mêlant au nez la brioche, le beurre et les fruits blancs. On retrouve les fruits blancs alliés à des nuances de fruits jaunes et de fruits exotiques dans une bouche généreuse, fraîche et persistante. ⧗ 2014-2017 🍴 poularde aux girolles ● Exception Christophe Defrance (3 000 b.) : un nez délicat d'aubépine en harmonie avec une bouche équilibrée et fraîche. ⧗ 2014-2017

Jacques Defrance, 28, rue de la Plante, 10340 Les Riceys, tél. 03 25 29 32 20, champagne-jacques-defrance@wanadoo.fr V r.-v.

DANIEL DEHEURLES Prestige

	n.c.		15 à 20 €

Établie dans la Côte des Bar, la famille Deheurles a vendu son raisin au kilo jusqu'en 1990, puis s'est lancée dans la manipulation. Daniel Deheurles, à la tête de 5,5 ha, a commercialisé ses premières bouteilles en 2000. (RM)

Né de pinot noir (60 %) et de chardonnay, ce brut sans année séduit par son nez léger et floral puis par sa bouche tonique et élégante où la fleur du verger s'allie à des arômes de fruits blancs persistants. ⧗ 2014-2019 🍴 risotto de saint-jacques

EARL Deheurles, 1, rue de l'École, 10110 Celles-sur-Ource, tél. 03 25 38 57 64, champagne.deheurles@orange.fr V t.l.j. sf dim. 8h-12h 13h30-19h

DÉHU PÈRE ET FILS Tradition ★

	90 000		15 à 20 €

Installé en 2000 en amont de Château-Thierry, Benoît Déhu, huitième du nom, perpétue une tradition vigneronne remontant à la fin du XVIIIes. Une partie de son domaine est en conversion bio. Cépage roi du secteur, le pinot meunier est très présent dans ses cuvées. (SR)

Trois quarts de meunier, avec le pinot noir et le chardonnay en appoint, dans cette cuvée au nez agréable et droit, partagé entre les fruits secs et une touche citronnée. Dès l'attaque, la bouche montre une belle vivacité que souligne une effervescence très présente. Généreuse et équilibrée, elle offre une finale flatteuse. ⧗ 2014-2019 🍴 petits cakes salés au comté ● Grande Réserve (20 à 30 € ; 3 000 b.) : proche du précédent, avec un peu plus de chardonnay. Nez complexe sur le fruit et la fleur blanche, bouche à l'unisson, franche et nette. ⧗ 2014-2019

Déhu Père et Fils, 3, rue Saint-Georges, 02650 Fossoy, tél. 03 23 71 90 47, contact@champagne-dehu.com V r.-v.

M. DELABAYE & FILS Sélection

	50 000		11 à 15 €

Victor Delabaye fonde l'exploitation en 1921 à Damery, non loin d'Épernay ; Maurice lui succède et lance sa marque en 1959. Installés en 2001, Sylvie et Germain conduisent 10 ha autour d'Aÿ, grand cru, et de Cumières, Hauvillers et Dizy, 1ers crus. (RM)

Privilégiant les noirs (80 % des deux pinots à parts égales), cette cuvée se montre fermée au nez, laissant poindre à l'aération un soupçon de fleurs et d'agrumes. Plus expressive en bouche, elle se révèle fraîche à l'attaque et dévoile des arômes primaires rappelant la pomme. De la finesse. ⧗ 2014-2017 🍴 lotte grillée au gingembre

SCE Maurice Delabaye et Fils, 16, rue Anatole-France, BP 152, 51480 Damery, tél. 03 26 51 94 91, scev-delabaye@wanadoo.fr V r.-v.

V. DELAGARDE Blanc de noirs ★★

	4 000		15 à 20 €

De vieille souche vigneronne, Valérie Delozanne et Vincent Delagarde ont repris en 2000 les vignes de leurs parents respectifs : 8 ha à dominante de meunier, très cultivé dans le secteur des monts de Reims et dans la vallée de l'Ardre. (RM)

Ce pur meunier récolté en 2009 a engendré un champagne intense et riche. Le nez puissant mêle les fruits confits, la prune, le miel et une pointe de torréfaction. Le prélude à une bouche mûre et vineuse, qui déroule les arômes de l'olfaction avec une note épicée en finale. Un vin de repas. ⧗ 2014-2017 🍴 poularde de Bresse

Valérie et Vincent Delagarde, 67, rue de Savigny, 51170 Serzy-et-Prin, tél. 03 26 97 40 18, contact@champagne-delagarde-delozanne.fr V r.-v.

DELAGNE ET FILS ★★

	400 000	15 à 20 €

Les Mansart élaboraient des vins de champagne à Cerseuil. La marque fait désormais partie de la galaxie Martel (Rapeneau) établie à Épernay (NM).

Le meunier (65 %), le pinot noir (10 %) et le chardonnay (25 %) composent ce brut or pâle, au nez discret mais fin de fleur blanche miellée et de beurre. La poire et la brioche s'ajoutent à cette palette dans une bouche fraîche et longue. Un champagne élégant, en devenir. ⧗ 2015-2019 🍴 apéritif ● Delagne et Fils Tradition Grande Cuvée ★ (20 à 30 € ; 20 000 b.) : du chardonnay (55 %) et du pinot noir presque à parité dans cette cuvée au nez de fruits jaunes, à la bouche équilibrée, fruitée, fine et longue. ⧗ 2015-2020 ● Mansard 1er cru ★ (30 000 b.) : une cuvée mi-chardonnay mi-pinot noir, au joli bouquet de fleurs blanches, vineuse, puissante et longue. De l'avenir. ⧗ 2015-2020

Mansard-Baillet, 14, rue Chaude-Ruelle, BP 1011, 51318 Épernay Cedex, tél. 03 26 54 18 55, contact@champagnemansard.com V r.-v. Rapeneau

CHAMPAGNE

DELAHAIE Prestige ★

1er cru | 15 000 | 15 à 20 €

Négociant à Épernay, Jacques Brochet élabore une gamme de champagnes sous la marque Delahaie. Ses cuvées sont souvent remarquées par nos dégustateurs. (NM)

Le pinot (60 %) l'emporte sur le chardonnay dans cette cuvée à l'effervescence généreuse, au nez intense et frais rappelant les fruits blancs ou rouges. Bien équilibré et fondu, le palais est servi par un dosage juste. 2014-2017 sablés salés au comté

Jacques Brochet, 16, allée de la Côte-des-Blancs, 51200 Épernay, tél. 03 26 54 08 74, champagne.delahaie@wanadoo.fr V r.-v.

♥ DELAMOTTE Blanc de blancs 2004 ★★★

n.c. | 50 à 75 €

L'une des plus anciennes maisons de Champagne, née en 1760. Elle a conservé le nom de son fondateur, conseiller échevin de Reims marié à une riche propriétaire de vignes à Aÿ. Depuis 1988, elle est rattachée au groupe Laurent-Perrier. Société sœur du mythique Salon, elle est établie au Mesnil-sur-Oger, au cœur de la Côte des Blancs, et le chardonnay est très présent dans ses cuvées. (NM)

Animée d'un cordon de bulles fines, couronnée d'une mousse crémeuse et persistante, la robe de ce chardonnay, d'un jaune pâle aux larges reflets verts, affiche une jeunesse étonnante et éclatante. Le nez sur la noisette, l'orange et les fleurs blanches est d'une rare élégance. Celle-ci se prolonge en bouche, où l'on découvre de la bergamote, des fleurs séchées et des touches épicées. La finale d'une grande longueur est agrémentée de fraîches notes d'agrumes et de zeste confit. Un chardonnay champenois d'exception. Parmi les meilleurs de l'année. (NM) 2014-2020 bar à l'étouffée

Delamotte, 7, rue de la Brèche-d'Oger, 51190 Le Mesnil-sur-Oger, tél. 03 26 57 51 65, champagne@salondelamotte.com V r.-v.

ANDRÉ DELAUNOIS Cuvée sublime

1er cru | 29 000 | 11 à 15 €

Edmond Delaunois devient manipulant dans les années 1920. André, son petit-fils, modernise les installations dans les années 1970. Aujourd'hui, les deux filles, les gendres et le petit-fils exploitent 7,6 ha autour de Rilly-la-Montagne, 1er cru proche de Reims. (RM)

Issue des trois cépages champenois et dominée par les noirs, cette cuvée intéresse par un nez bien présent, évoquant la pêche et l'abricot ; arômes que l'on retrouve dans une bouche gourmande et ronde, à la finale fraîche. 2014-2017 cassolette de ris de veau

André Delaunois, 17, rue Roger-Salengro, 51500 Rilly-la-Montagne, tél. 03 26 03 42 87, contact@champagne-andre-delaunois.fr V r.-v.

DELAVENNE PÈRE & FILS ★

Gd cru | 10 000 | 15 à 20 €

Un domaine familial créé en 1920 que Maëlle et Jean-Christophe Delavenne conduisent depuis 2008 : 9 ha entre les grands crus Bouzy, Ambonnay (Montagne de Reims) et Cramant (Côte des Blancs). Les champagnes sont vinifiés sans fermentation malolactique. (RM)

Un rosé mariant deux tiers de pinot noir (dont 17 % de vin rouge de Bouzy) et un tiers de chardonnay. Rose orangé aux reflets tuilés, il libère des parfums délicats de pêche et d'abricot. Frais et fruité, le palais développe d'intenses notes de groseille et de fraise des bois, qui évoluent en finale vers le cassis. 2014-2017 fondant au chocolat framboisé Réserve grand cru (30 000 b.) : deux cépages (pinot noir 60 %, chardonnay) et deux années, 2009 et 2008, composent ce brut sans année mûr et agréable, adapté pour le repas. 2014-2015

Delavenne Père et Fils, 6, rue de Tours, 51150 Bouzy, tél. 03 26 57 02 04, champagnedelavenne@orange.fr V r.-v.

SERGE DEMIÈRE Tradition ★★

25 000 | 11 à 15 €

Ce vigneron, installé en 1976, exploite 7 ha sur deux grands crus célèbres pour leur pinot noir : Ambonnay, sur le versant sud-est de la Montagne de Reims, et la commune voisine de Bouzy. (RM)

Cet assemblage de pinot noir (60 %) et de chardonnay libère des parfums de fruits frais aussi intenses qu'agréables. On retrouve ce fruité complexe aux nuances d'agrumes dans une bouche fraîche en attaque, dotée d'un beau volume et pourtant aérienne. Une réelle harmonie. 2014-2017 langoustines rôties aux agrumes

Serge Demière, 7, rue de la Commanderie, 51150 Ambonnay, tél. 03 26 57 07 79, serge.demiere@wanadoo.fr V r.-v.

DEMILLY DE BAERE Cuvée Carte d'or ★★

60 000 | 11 à 15 €

Gérard Demilly appartient à une famille établie à Bligny (Côte des Bar) depuis le XVIIe s. En 1978, il étudie la viticulture et achète avec son épouse Françoise un vignoble (8 ha aujourd'hui) dont le siège occupe une ancienne verrerie du XVIIIe s. Après avoir fait ses classes en Australie et en Californie, leur fils Vincent les a rejoints. (NM)

Pas moins de quatre cépages dans cette cuvée : beaucoup de pinot noir (72 %), un peu de chardonnay et un soupçon de meunier et de pinot blanc. Un nez bien ouvert sur des notes grillées et des nuances de fruits blancs (nectarine), une attaque fraîche, des arômes en harmonie avec le nez et une finale agréable sur le citron confit. 2014-2017 poulet aux écrevisses Cuvée Blanc de noirs ★★ (15 à 20 € ; 7 000 b.) : issu du pinot noir (90 %) et du meunier, un vin « charmant », élégant, au nez délicat de fruit confit et de noisette, à la bouche complexe, ciselée et nerveuse, sur les fruits blancs et la pêche de vigne, avec un soupçon de poivre. 2014-2017

Gérard Demilly, Dom. de la Verrerie, 1, rue du Château, 10200 Bligny, tél. 03 25 27 44 81, champagne-demilly@wanadoo.fr V r.-v.

GASTON DERICBOURG Tradition

●	n.c.	🍾	30 à 50 €

Maire de Pierry, près d'Épernay, durant trente ans, Gaston Dericbourg avait lancé sa marque en 1920. Sans enfant, il a transmis sa maison de champagne et ses vignes à la famille Mandois. (NM)

Ce rosé issu des trois cépages champenois comprend deux tiers de noirs et un tiers de blancs. Le nez brioché est élégant, légèrement évolué. La bouche n'est pas très longue, mais elle séduit par son équilibre et par une douce suavité soulignée par des arômes de fruits mûrs. Un rosé de plaisir immédiat. ⧗ 2014-2015 🍴 brioche aux fruits confits

🔑 Dericbourg, 66, rue du Gal-de-Gaulle, BP 9, 51530 Pierry, tél. 03 26 54 03 18, info@champagne-dericbourg.fr 🔑 Mandois

DÉROUILLAT
Cuvée Cécile 2006 ★

● 1er cru	2 600	🍾	20 à 30 €

La propriété a élaboré ses premiers champagnes avant 1945, sous la marque Dérouillat-Bauchet puis Dérouillat-Franquet. Installé en 1985, Luc Dérouillat a préféré simplifier. Secondé par ses filles Fanny et Cécile, il exploite 5,5 ha sur les coteaux d'Épernay, dans la Côte des Blancs et la vallée de la Marne. (RM)

Mi-chardonnay mi-pinot noir, ce millésimé délivre un nez puissant et complexe de pomme et de poire confiturées, avec des nuances de miel et de tabac. Le pain grillé s'ajoute à cette palette dans un palais d'une rondeur élégante, puissant, gourmand et long. « Un vin passionnant », conclut un juré. Et ce que l'on appelle un champagne d'amateurs. ⧗ 2014-2017 🍴 risotto aux truffes

🔑 Luc Dérouillat, 23, rue des Chapelles, 51530 Monthelon, tél. 03 26 59 76 54, champagne.derouillat@wanadoo.fr V t.l.j. sf dim. 10h-12h 14h-17h30

E. DÉSAUTEZ ET FILS
Tradition

● Gd cru	27 000	🍾	11 à 15 €

Fondé en 1905 par Émile Désautez, ce domaine est géré depuis 1975 par sa petite-fille et son mari Patrick Debeiner, qui a construit une nouvelle cave et développé l'élaboration du champagne. Il dispose de près de 4 ha dans les grands crus Verzenay, Verzy et Mailly-Champagne. (RM)

Le pinot noir (75 %) compose avec le chardonnay cette cuvée jaune d'or, dont le nez plaisamment évolué évoque la pomme au four. Puissante, expressive et longue, la bouche finit sur une note suave de caramel. À servir de l'apéritif au dessert. ⧗ 2014-2017 🍴 tarte fine aux pommes ● **Grande Cuvée Saint-Nicolas (15 à 20 € ; 3 000 b.)** : issu de pinot noir et de chardonnay à parts sensiblement égales, un champagne au joli nez de mirabelle et de fruits exotiques assortis d'une pointe de viennoiserie. Une attaque franche, de l'élégance et de la persistance. ⧗ 2014-2017

🔑 EARL Désautez et Fils, 22, rue de Mailly, 51360 Verzenay, tél. 03 26 49 40 59, desautezetfils@free.fr V r.-v. 🔑 Patrick Deibener

PAUL DÉTHUNE Blanc de noirs ★

● Gd cru	4 000	🛢	30 à 50 €

Une lignée remontant à 1610, une propriété constituée en 1840. Des caves du XVII^e^s. et 7 ha autour d'Ambonnay, grand cru de noirs de la Montagne de Reims, conduits depuis 1995 par Pierre et Sophie Déthune. (RM)

Vinifié et élevé en fût pendant six mois, ce pur pinot noir libère au nez des arômes de pâte d'amandes et de torréfaction alliés à des notes de pomme reinette bien mûre. Le palais ample et complexe dévoile de jolies nuances de fruits compotés et de cire d'abeille. Vin agréable et séduisant. ⧗ 2014-2017 🍴 lapin farci

🔑 EARL Paul Déthune, 2, rue du Moulin, 51150 Ambonnay, tél. 03 26 57 01 88, info@champagne-dethune.com V r.-v.

DEUTZ Amour de Deutz 2005 ★★★

●	45 000	🍾	+ de 100 €

Originaires d'Aix-la-Chapelle, deux négociants en vins, William Deutz et Pierre-Hubert Geldermann, ont fondé en 1838 cette prestigieuse maison. Longtemps demeurée familiale, elle est entrée en 1993 dans le groupe Roederer. Réputée pour ses assemblages minutieux (30 à 40 crus différents pour son brut Classic), elle s'approvisionne dans un rayon restreint de 30 km autour du grand cru Aÿ, dans la Grande Vallée de la Marne. (NM)

Un blanc de blancs de prestige au nez gourmand, flatteur, suave et séducteur mêlant de jolies notes de fruits mûrs (poire) et confits à une touche florale. Riche, soyeux et chaleureux, le palais a enchanté les jurés. À déguster pour lui-même, ou en bonne compagnie lors de la prochaine Saint-Valentin, par exemple. Cette bouteille pourra aussi accompagner un dessert fruité. ⧗ 2014-2019 🍴 tarte amandine aux poires ● **Cuvée William Deutz 2000 (80 500 b.)** : une cuvée haut de gamme où le pinot noir (60 %) s'allie à 30 % de chardonnay et au meunier. Quatorze années après la récolte, une robe d'un or prononcé aux beaux reflets et un bel équilibre, même si le caractère apparaît un peu discret pour le millésime. ⧗ 2014-2017 ● **Classic (30 à 50 €)** : issu des trois cépages, avec deux bons tiers de noirs, un brut sans année frais, léger et subtil, aux arômes de pamplemousse et d'abricot frais. ⧗ 2014-2017

🔑 Deutz, 16, rue Jeanson, 51160 Aÿ, tél. 03 26 56 94 00, france@champagne-deutz.com V r.-v.

VEUVE A. DEVAUX D.

●	n.c.	🍾 🛢	30 à 50 €

Les frères Jules et Auguste Devaux fondent au milieu du XIX^e^s. une maison de champagne qui a pignon sur rue à Épernay et que la dernière génération, sans héritier, cède en 1987 à l'Union auboise, importante coopérative fondée en 1967. Sous cette marque, la cave « habille » son haut de gamme. (CM)

Le pinot noir (60 %) et le chardonnay composent une cuvée au nez tout en finesse fait de fleurs blanches nuancées d'anis et à la bouche expressive et équilibrée. ⧗ 2014-2016 🍴 saint-jacques poêlées

🔑 Devaux, Dom. de Villeneuve, 10110 Bar-sur-Seine, tél. 03 25 38 30 65, mariegillet@champagne-devaux.fr V t.l.j. sf dim. 10h-18h; f. sam. oct.-avr. 🔑 Union auboise

CHAMPAGNE

DIDIER-DUCOS Absolu Meunier

● | 4 000 | 🍾 | 15 à 20 €

Un domaine fondé en 1950 par Adrien Didier et Yvonne Ducos, conduit depuis 2001 par leur petit-fils Nicolas Didier et son épouse Clothilde. Le vignoble couvre 8 ha sur les coteaux d'Épernay. (RM)

Un pur meunier qui s'affiche sur l'étiquette, la chose se voit de plus en plus. Celui-ci dévoile un nez beurré et floral. La bouche équilibrée aux arômes de fruits secs et cuits témoigne d'une belle évolution. (RM) ⌛ 2014-2016 🍷 canapés au foie gras

EARL Didier-Ducos, 9 bis, rue Julien-Ducos, 51530 Saint-Martin-d'Ablois, tél. 03 26 59 93 39, champagnedidierducos@orange.fr V r.-v.

FRANÇOIS DILIGENT Pinot blanc ★

● | 10 000 | 🍾 | 30 à 50 €

Les Moutard, alliés aux Diligent, sont vignerons depuis quatre siècles à Buxeuil, en amont de Bar-sur-Seine. François Diligent élabore des champagnes sous son nom dès 1927. Une maison dirigée aujourd'hui par François Moutard, qui apprécie les bruts non dosés et les cépages rares comme le pinot blanc, cépage confidentiel encore cultivé dans l'Aube. (NM)

Un nez puissant, sur les fruits blancs, puis le toasté. Une attaque fraîche, prélude à une bouche équilibrée aux notes de poire et de prune. « Cuvée assez typique du pinot blanc qui donne un vin tout en gourmandise, facile à boire », conclut un juré. ⌛ 2014-2017 🍷 poulet aux agrumes

François Diligent, 6, rue des Ponts, 10110 Buxeuil, tél. 03 25 38 50 73

DOM CAUDRON Vieilles Vignes ★

● | 11 000 | 🍾 | 20 à 30 €

Cette marque de la coopérative de Passy-Grigny rend hommage au curé de ce village de la vallée de la Marne. Un bon vivant qui appuya, par un don de 1 000 F, la fondation de la cave en 1929. Cette dernière vinifie 130 ha cultivés par ses adhérents. (CM)

Des ceps de meunier de plus de cinquante ans sont à l'origine de ce champagne d'un jaune soutenu, aux parfums puissants et évolués de grillé, de noisette et de brioche beurrée. Dans le même registre, la bouche fait preuve d'une belle longueur. Un champagne de caractère. ⌛ 2014-2017 🍷 cassolette de homard ● Cuvée Cornalyne ★ (30 à 50 € ; 7 600 b.) : du pur meunier vinifié à 50 % dans le chêne. Un champagne rond et vineux, aux arômes de boisé et de fruits rouges macérés. ⌛ 2014-2017

Coopérative vinicole, 22, rue Jean-York, 51700 Passy-Grigny, tél. 03 26 52 45 17, champagnedomcaudron@hexanet.fr V r.-v.

PIERRE DOMI Cuvée Memory ★★

● | n.c. | 15 à 20 €

Créée en 1947, cette exploitation familiale, aujourd'hui conduite par Stéphane et Thierry Lutz, les petits-fils de Pierre Domi, a son siège à Grauves, surplombé par des falaises, à l'ouest de la Côte des Blancs. Le vignoble de 8,5 ha s'éparpille sur les coteaux sud d'Épernay. (RM)

Complété par le chardonnay, le pinot meunier (85 %) est en vedette dans cette cuvée d'un jaune très soutenu, au nez intense, brioché et vanillé, et à la bouche charnue, riche de saveurs de fruits confits et de noisette grillée. ⌛ 2014-2015 🍷 foie gras poêlé aux fruits rouges ● Grande Réserve ★ (11 à 15 € ; 60 000 b.) : issu de chardonnay (60 %) et de meunier, un champagne ample et étoffé, dans le même style évolué que le précédent. ⌛ 2014-2015

EARL Domi, 10, rue Bruyère, 51190 Grauves, tél. 03 26 59 71 03, contact@champagne-domi.com V r.-v.

DOM PÉRIGNON 2004 ★★

● | n.c. | + de 100 €

Le champagne de prestige par excellence, nommé en hommage au « père du champagne ». Chargé du vignoble et de la cave de l'abbaye de Hautvillers, dom Pérignon n'inventa pas seulement la méthode champenoise, il montra aussi cette maîtrise de l'art de l'assemblage qui fait les grandes cuvées. Son lointain successeur, depuis les années 1990, est le Vertusien Richard Geoffroy. La composition du Dom Pérignon reste secrète et chaque millésime est une création. Tout au plus sait-on qu'il met en œuvre du chardonnay et du pinot noir des grands crus de la Côte des Blancs et de la Montagne de Reims, ainsi que de Hautvillers, en souvenir de dom Pérignon. (NM)

Ce millésime expressif et très élégant développe des arômes tertiaires rappelant les fruits secs. Un vin déjà harmonieux qui mérite de vieillir en douceur dans l'obscurité d'une bonne cave. ⌛ 2017-2024 🍷 poularde demi-deuil ● Vintage œnothèque 1996 ★ : un vin pour amateur éclairé, né d'une des grandes années du siècle dernier, surprenant par son nez poivré et par son palais riche et onctueux, aux notes intenses de fruits secs, comme la noix et la noisette. ⌛ 2014-2019 ● Vintage rosé 2003 ★ : chaleureux et puissant, ce rosé du millésime de la canicule paré d'une robe tuilée révèle beaucoup de matière et des arômes évolués de fruits cuits, de café torréfié et de réglisse, tout en gardant une belle ligne de fraîcheur. ⌛ 2014-2017

Dom Pérignon, 20, av. de Champagne, 51200 Épernay, tél. 03 26 51 20 00

ÉTIENNE DOUÉ Cuvée Sélection ★★

● | 20 703 | 🍾 | 11 à 15 €

À l'ouest de Troyes, Montgueux possède un coteau crayeux propice au chardonnay au milieu des grandes cultures. Étienne Doué y a constitué son vignoble à partir de 1972 et a commercialisé ses premiers champagnes en 1977. Il exploite aujourd'hui 6 ha. (RM)

Pour cette cuvée assemblant chardonnay (60 %) et pinot noir, l'élégance est au rendez-vous. Nez fin et fruité fait d'agrumes et de fruits blancs (pêche, poire), avec une touche de fleurs blanches. Bouche à l'unisson, franche et intense. Et un joli potentiel. ⌛ 2015-2019 🍷 sushis

Étienne Doué, 11, rte de Troyes, chem. du Petit-Tot, 10300 Montgueux, tél. 03 25 74 84 41, virginie@champagneetiennedoue.com V r.-v.

DOURDON-VIEILLARD Blanc de blancs 2008

● | 3 000 | 🍾 | 20 à 30 €

Héritière d'une lignée de vignerons établie depuis 1812 à Reuil, sur la rive droite de la Marne, Fabienne Dourdon a pris la relève en 2006 sur ce domaine qui commercialise son vin depuis 1958 et compte près de 10 ha. (RM)

Après un 2007 plaisant, ce blanc de blancs 2008 donne satisfaction. Au nez, des fleurs blanches, puis un peu de noisette grillée. Plus expressive, la bouche se montre fraîche à l'attaque puis assez ronde, plutôt gourmande, avec ses notes de pêche blanche et de brioche. ⧗ 2014-2015 🍴 toasts de saumon fumé

Dourdon-Vieillard, 8, rue des Vignes, 51480 Reuil, tél. 03 26 58 06 38, dourdonvieillard@aol.com
V r.-v.

DOYARD-MAHÉ
Extra-brut Blanc de blancs 2008 ★★

1er cru	6 000		20 à 30 €

Créé en 1888 par Maurice Doyard, cofondateur du Comité interprofessionnel du vin de Champagne, ce domaine est géré depuis 1988 par Philippe Doyard, l'un de ses petits-fils, rejoint par sa fille Carole. Situé dans la Côte des Blancs, le chardonnay est à la base de ses cuvées. (RC)

Une mousse fine animée de nombreux cordons ; un nez discret, mais délicat et chaleureux, teinté de fleur de prunier, de poire fraîche et de pamplemousse jaune, compose un prélude engageant. Quant à la bouche, elle procure un réel plaisir avec ses saveurs fondues allant des fruits jaunes à la réglisse. Un blanc de blancs d'une grande élégance et d'une belle personnalité. ⧗ 2015-2017 🍴 huîtres chaudes à la crème ● Extra-brut Blanc de blancs Cuvée Désir (7 000 b.) : un blanc de blancs fin, léger et acidulé, au nez puissant de fleurs blanches, d'agrumes et de grillé, complétés en bouche par des arômes épicés. ⧗ 2014-2015

Philippe Doyard, 28, chem. du Moulin d'Argensole, 51130 Vertus, tél. 03 26 52 23 85, champagne.doyard-mahe@wanadoo.fr V r.-v.

DRAPPIER Blanc de blancs ★★

	60 000		20 à 30 €

Une maison auboise de renom fondée en 1808. Son actuel propriétaire, Michel Drappier, conduit un vignoble de 54 ha (dont un tiers en bio) aux environs de Bar-sur-Aube, mais s'approvisionne aussi dans d'autres secteurs. À la cave, les sulfitages et les dosages sont mesurés. Les bouteilles de prestige vieillissent dans les vénérables caves creusées par les moines de la toute proche abbaye de Clairvaux. (NM)

Un soupçon de pinot blanc dans ce chardonnay de la Côte des Bar. Expressif et harmonieux, le nez joue sur la vanille et l'amande. La bouche équilibrée, vive et longue, ajoute à cette palette de jolis arômes de pamplemousse et de fleurs blanches. Ce vin mérite un peu de patience avant d'être apprécié pleinement. ⧗ 2017-2020 🍴 tartare de saumon ● Carte d'or ★★ (900 000 b.) : du pinot noir (80 %), du chardonnay et un soupçon de meunier pour ce champagne très gourmand. Nez floral, frais et biscuité. Palais rond, gras, volumineux et long, au dosage parfaitement maîtrisé. ⧗ 2014-2017 ● Grande Sendrée 2006 ★ (de 50 à 75 € ; 45 000 b.) : cuvée de prestige issue d'une même parcelle, partagée entre pinot noir (55 %) et chardonnay, vieillie six ans. Un champagne très onctueux et tout en finesse, aux jolies senteurs de fleurs et de fruits blancs. ⧗ 2014-2017

Drappier, rue des Vignes, 10200 Urville, tél. 03 25 27 40 15, info@champagne-drappier.com
V r.-v.

DROUILLY L.V. Tradition ★

	15 000		11 à 15 €

Ce domaine de la Côte des Bar, exploité à l'origine en polyculture, dispose de 8 ha de vignes. L'œnologue Vincent Drouilly prend la suite de ses grands-parents et parents en 1997 et quitte la coopérative pour se lancer dans la manipulation. (RM)

Cet assemblage de pinot noir (85 %) et de chardonnay a bénéficié d'un passage partiel en barrique pendant huit mois. Le nez expressif livre des arômes de figue et de pruneau ; la bouche, ronde et vineuse, dévoile quelques notes boisées bien fondues. Un vin gourmand. ⧗ 2014-2017 🍴 filet mignon de veau aux chanterelles

Le Clos Blet, 5, Grande-Rue, 10360 Noé-les-Mallets, tél. 06 86 89 78 43, champagnedlv@wanadoo.fr
V r.-v. B

CHAMPAGNE

HERVÉ DUBOIS Blanc de blancs 2004 ★

Gd cru	2 000		20 à 30 €

Au sortir de la Grande Guerre, Paul Dubois, cocher, se lance dans le transport de vins et achète des terres pour nourrir ses chevaux, incluses plus tard dans l'aire d'appellation. Installé en 1980, son petit-fils Hervé Dubois exploite aujourd'hui 7 ha dans la Côte des Blancs et vinifie le chardonnay sans fermentation malolactique. (RM)

Tiré sous liège, ce chardonnay 2004 conserve une agréable vivacité soulignée par de fraîches notes d'agrumes, de fleurs blanches et d'ananas. ⧗ 2014-2017 🍴 bar de ligne ● Cuvée Brut (11 à 15 € ; 8 000 b.) : issu des trois cépages (avec 60 % des deux pinots à parité), un champagne puissant, complexe et minéral. ⧗ 2015-2017

Hervé Dubois, 67, rue Ernest-Vallé, 51190 Avize, tél. 03 26 57 52 45, champagne.dubois@gmail.com
V r.-v.

DUMANGIN-RAFFLIN Réserve ★★

1er cru	n.c.		15 à 20 €

Daniel Dumangin conduit depuis 1975 les vignes héritées de sa famille. Son domaine est implanté à Chigny-les-Roses, 1er cru de la Montagne de Reims. (RM)

Un brut sans année privilégiant les noirs (40 % de meunier, 20 % de pinot noir) et comprenant des vins de réserve élevés en foudre. Il surprend agréablement par son nez aux nuances de pain frais, de zeste d'agrumes, d'amande et de pâte de coings. Riche et bien équilibré, le palais confirme ce côté évolué avec ses arômes de fruits compotés et sa longue finale grillée, voire chocolatée. ⧗ 2014-2015 🍴 crumble aux pommes

Dumangin-Rafflin, 42, rue Georges-Legros, 51500 Chigny-les-Roses, tél. 03 26 03 48 21, d.dumangin@aliceadsl.fr V r.-v.

DUMÉNIL Brut Grande Réserve ★

1er cru	20 000		20 à 30 €

Le fondateur Élie Duménil était vigneron et cafetier à Chigny-les-Roses. Frédérique Poret, son arrière-petite-fille, et son mari Hugues y exploitent aujourd'hui 8 ha ainsi que dans les villages voisins de Ludes et de Rilly, 1ers crus de la Montagne de Reims. (RM)

Née d'un assemblage par tiers des trois cépages champenois, cette cuvée s'annonce par un nez d'une belle finesse, brioché et beurré. Une attaque fraîche, sur des notes d'agrumes, introduit un palais équilibré à la finale longue et élégante. ⧗ 2014-2017 🍷 feuilletés au comté

⊶ Duménil, 15, rue des Vignes, 51500 Chigny-les-Roses, tél. 03 26 03 44 48, info@champagne-dumenil.com V r.-v.

⊶ F. Poret

DANIEL DUMONT Réserve 2009 ★

1er cru	11 000		15 à 20 €

Située à proximité de la Cité des Sacres, sur la Montagne de Reims, cette exploitation fondée en 1970 est conduite depuis 1992 par un frère et une sœur, secondés par la génération suivante. Le vignoble couvre 10 ha. (RM)

Complété par le chardonnay, le pinot noir (70 %) domine dans ce 2009 au nez expressif, minéral, floral et miellé. Le cépage principal laisse son empreinte en bouche, où l'on trouve structure, intensité et longueur. Cette cuvée mérite de vieillir quelques années pour gagner en arômes gourmands. ⧗ 2015-2019 🍷 carré de veau aux morilles

⊶ Daniel Dumont, 11, rue Gambetta, 51500 Rilly-la-Montagne, tél. 03 26 03 40 67, info@champagne-danieldumont.com V r.-v.

DUVAL-LEROY Clos des Bouveries 2005 ★

	31 853		50 à 75 €

Forte d'un vignoble de 200 ha et de cinq centres de pressurage, cette maison fondée en 1859 à Vertus est la plus importante de la Côte des Blancs. Dirigée depuis 1991 par Carol Duval-Leroy, elle est restée dans le giron familial. La plupart des cuvées sont construites sur le chardonnay. (NM)

Issue d'une seule parcelle de chardonnay située à Vertus, cette cuvée est millésimée chaque année. Elle est élevée pour moitié en fût. Le nez agréable passe de l'aubépine aux fruits jaunes pour s'orienter vers des nuances évoluées de réglisse et de fruits macérés. À l'unisson, la bouche dévoile des arômes bien fondus de pain grillé et de vanille. Elle apparaît corpulente et vineuse, avec une belle fraîcheur sous-jacente qui souligne la longue finale. ⧗ 2016-2019 🍷 pavé de sandre crème de champagne

⊶ Duval-Leroy, 69, av. de Bammental, 51130 Vertus, tél. 03 26 52 10 75, champagne@duval-leroy.com V r.-v.

ALBÉRIC DUVAT Cuvée Sélection

	20 000		11 à 15 €

En 1870, un aïeul alsacien s'établit en Champagne. Installé en 1950, Albéric Duvat devient manipulant et lance sa marque huit ans plus tard. En 1991, Xavier prend le relais, rejoint en 2010 par son fils Léonard. Implanté à mi-chemin entre Sézanne et Épernay, le domaine couvre 10 ha. (RM)

Mariant 40 % de blancs à 60 % de noirs (dont 40 % de meunier), cette cuvée intéresse par son nez assez fin fait de fruits secs et compotés, arômes que l'on retrouve dans une bouche d'une belle longueur. ⧗ 2014-2017 🍷 dinde farcie aux pommes

⊶ SAS Xavier Duvat et Fils, 20, Grande-Rue, 51270 Fèrebrianges, tél. 03 26 59 35 69, xduvat@wanadoo.fr V r.-v.

CHARLES ELLNER Grande Réserve ★★

	200 000		15 à 20 €

Maison de négoce créée en 1905 par Charles-Émile Ellner, remueur devenu élaborateur. Les générations successives ont agrandi peu à peu le vignoble, qui compte aujourd'hui 50 ha. Jean-Pierre Ellner, petit-fils du fondateur, est aux commandes, épaulé par ses neveux. (NM)

Issue de chardonnay (57 %) et de pinot noir, cette cuvée a été élaborée sans fermentation malolactique. Nez agréablement floral, palais gras et frais, dans le même registre, avec des notes grillées. Une très belle harmonie. ⧗ 2014-2017 🍷 feuilletés au saumon

⊶ SAS Ellner, 6, rue Côte-Legris, 51200 Épernay, tél. 03 26 55 60 25, info@champagne-ellner.com V r.-v.

ESTERLIN Blanc de blancs ★

	80 000		20 à 30 €

Au lendemain des vendanges 1947, trois vignerons (Ange-Cléophas Fransoret, Jean Cadestin et Paul Déhu) fondent cette coopérative à Mancy, près d'Épernay. Aujourd'hui, 163 adhérents cultivant 120 ha et trois centres de pressurage. (CM)

Vinifié sans fermentation malolactique comme tous les champagnes de la cave, ce pur chardonnay a séduit tant par la finesse de son nez aux nuances de fleurs et de fruits blancs que par sa bouche crémeuse, fruitée et persistante. ⧗ 2014-2017 🍷 buisson de langoustines ● Sélection ★ (15 à 20 € ; 130 000 b.) : cuvée issue des trois cépages (60 % de noirs, dont 50 % de meunier). Nez floral à la fois intense et subtil, palais charpenté aux plaisants arômes de fruits secs. ⧗ 2014-2017

⊶ CVM Esterlin, 25, av. de Champagne, 51200 Épernay, tél. 03 26 59 71 52, contact@champagne-esterlin.fr

CHRISTIAN ÉTIENNE La Rosée ★

	5 000		11 à 15 €

Installés en 1978 non loin de Bar-sur-Aube, Christian et Anne exploitent un domaine de 10 ha. Ils ont adopté la devise des Cisterciens qui cultivaient la vigne tout près de là, à Clairvaux : *Ama, ora et labora* (« Aime, prie et travaille »). (RM)

Un rosé d'assemblage (trois quarts de pinot noir et un quart de chardonnay). Robe rose saumon, nez d'agrumes et de fruits rouges, palais tout en souplesse, florilège de petits fruits où ressortent la framboise et la cerise. ⧗ 2014-2017 🍷 financier aux framboises

⊶ Christian Étienne, 12, rue de la Fontaine, 10200 Meurville, tél. 03 25 27 46 66, champagneesperance@orange.fr V r.-v.

NATHALIE FALMET Le Val Cornet ★★

	5 000		30 à 50 €

« Vigneronne-œnologue », comme le précise l'étiquette, Nathalie Falmet a repris en 1990 la propriété de ses parents – 3,5 ha près de Bar-sur-Aube – et commencé à vinifier ses cuvées en 2008. (RM)

Cuvée issue de pinot noir et de meunier à parts égales récoltés sur un même parcellaire et vinifiée huit mois en fût. Nez élégant de fleurs et de fruits rouges mûrs ; bouche équilibrée et fraîche, dans le même registre aromatique. 2014-2017 poulet au champagne ● Rosé de saignée Tentation rosée ★ (4 000 b.) : même assemblage que le précédent, en version rosé : jolies senteurs de fruits rouges et de réglisse, et matière vineuse et onctueuse. 2014-2017

Nathalie Falmet, 1, rue Saint-Maurice, 10200 Rouvres-les-Vignes, tél. 06 07 02 74 27, nathalie.falmet@orange.fr V r.-v.

J. FANIEL ET FILS ★

●	7 000		11 à 15 €

Au milieu du XXe s., André Faniel plante des vignes autour de Cormoyeux, sur la rive droite de la Marne, et lance son champagne. En 1992, son fils Jacques crée sa marque. Avec Mathieu, la troisième génération arrive en 2009 sur le domaine, qui compte 8 ha. (RM)

Issu des trois cépages champenois, un rosé d'assemblage dominé par les noirs (90 %). Couleur rose tendre ; parfums complexes (fraise, groseille, fleurs séchées, caramel) ; bouche à la fois intense et fraîche déployant la même richesse aromatique que le nez. 2014-2015 rouget grillé sauce rouille

J. Faniel, 19, rue des Gouttes-d'Or, 51480 Cormoyeux, tél. 03 26 58 64 04, contact@champagne-fanieletfils.fr V r.-v.

SERGE FAYE Tradition ★

● 1er cru	24 000		15 à 20 €

Le domaine a son siège rue Michel-Letellier, plus connu sous le nom de Louvois. Le ministre de la Guerre de Louis XIV avait fait construire un château dans le village sur le flanc sud de la Montagne de Reims. Serge Faÿe, qui a succédé en 1983 à son père, exploite 5 ha aux environs. (RM)

Le pinot noir, cépage roi de Louvois, contribue pour 80 % à cette cuvée, complété par le chardonnay. Robe jaune doré, nez s'ouvrant à l'aération sur les fruits rouges, la poire, la pomme et le citron. On retrouve cette belle expression dans une bouche ronde à la finale fraîche. « Original et attachant », selon un juré. 2014-2017 carpaccio de saint-jacques ● Réserve 1er cru ★ (de 20 à 30 € ; 5 000 b.) : même assemblage que le précédent, avec des récoltes plus anciennes. Un vin généreux aux arômes de pêche et d'abricot. Superbe finale fruitée. 2014-2017

SCEV Serge Faÿe, 40, rue Michel-Letellier, 51150 Louvois, tél. 03 26 57 81 66 V r.-v.

FENEUIL-POINTILLART Demi-sec ★

● 1er cru	1 500		11 à 15 €

Jeannick Pointillart et Daniel Feneuil sont les héritiers de deux familles vigneronnes enracinées depuis le XVIIe s. à Chamery, 1er cru de la Montagne de Reims. Ils ont lancé leur champagne en 1972 et transmis leur domaine de près de 7 ha à leur fils Benjamin. (RC)

Les demi-secs sont devenus plutôt rares. Issu des trois cépages (dont 60 % de chardonnay), celui-ci, dosé à 32 g/l, offre un nez frais partagé entre la pêche blanche et l'abricot sec, puis un palais gourmand et fruité : un ensemble flatteur. 2014-2017 galette frangipane

Feneuil-Pointillart, 21, rue du Jard, 51500 Chamery, tél. 03 26 97 62 35, champagne.fp@wanadoo.fr V r.-v.

FÉRAT-CROCHET Les Vignes douces ★

●	2 000		15 à 20 €

Un vignoble de 4,3 ha constitué dans les années 1970 par Patrick Férat sur les coteaux du Petit Morin, entre Côte des Blancs et Sézannais. Jérôme Férat, qui a rejoint son père en 2006, officie en cave. (RM)

Les trois cépages (50 % de pinot noir, 40 % de chardonnay, 10 % de meunier) récoltés en 2008 sur un même lieu-dit contribuent à cette cuvée vieillie cinq ans. Nez frais et floral, bouche sur la même ligne, franche en attaque, bien équilibrée entre acidité et rondeur. Un joli champagne d'apéritif. 2014-2017 gougères

Jérôme Férat, 5, rue du Gué-Renard, 51270 Talus-Saint-Prix, tél. 03 26 52 81 76, feratcrochet@wanadoo.fr V r.-v.

NICOLAS FEUILLATTE Brut Palmes d'or Vintage 2002 ★★

●	n.c.		75 à 100 €

Nicolas Feuillatte est depuis 1986 la marque du Centre Vinicole de Chouilly. Fondée en 1972, cette union de producteurs regroupe 82 coopératives, 5 000 adhérents et plus de 2 200 ha répartis dans toute la Champagne. Ses caves stockent des dizaines de millions de bouteilles. (CM)

Cette cuvée haut de gamme est composée de chardonnay et de pinot noir à parts égales. Elle a mûri quinze mois minimum en cuve et neuf ans minimum en cave. Le nez délivre des parfums de fruits blancs (poire) qui laissent la place à de jolies notes poivrées. La bouche fort élégante, offre une très belle minéralité. 2014-2017 tapas de la mer

Nicolas Feuillatte, Centre Vinicole Champagne, CD 40A chem. de Plumecoq, 51530 Chouilly, tél. 03 26 59 55 50, r.marcelino@feuillatte.com V r.-v. au 03 26 59 64 61

DANY FÈVRE ★★★

●	1 000		11 à 15 €

Ce domaine fondé en 1880 dispose de 8 ha de vignes implantées sur les coteaux de l'Arce, à l'est de Bar-sur-Seine (Aube). Il est conduit depuis 1981 par Évelyne Penot, épaulée par Stéphane Fèvre depuis 2012. (RM)

Issu de pur pinot noir, cépage dominant du Barséquanais, ce « gourmand » est un rosé demi-sec dosé à 35 g/l. D'une couleur saumonée plaisante, il attire l'attention par son nez original, vif, aux nuances de framboise compotée, de sirop, avec un soupçon de caramel. Malgré le sucre souligné par des arômes de fruits rouges compotés, la bouche, bien structurée, garde une belle fraîcheur. Une gourmandise, vraiment. 2014-2017 croquants aux fruits rouges

Stéphane Fèvre et Évelyne Penot, 8, rue Benoit, 10110 Ville-sur-Arce, tél. 03 25 38 76 63, champagne.fevre@wanadoo.fr V r.-v.

ALEXANDRE FILAINE Cuvée Confidence ★★

●	2 000		20 à 30 €

Fabrice Gass est installé à Damery, sur la rive droite de la Marne, non loin d'Épernay. Sa marque est un

CHAMPAGNE

hommage aux grands-parents, Emmanuel Filaine et Marcelle Alexandre. (RM)

Assemblage classique des trois cépages (deux tiers de noirs, du pinot noir surtout), cette cuvée n'en est pas moins originale : elle a été vinifiée en fût de bois du pays – de l'acacia – et tirée sous liège. Le nez est intense, fin, complexe, et le palais puissant, frais et long. Un équilibre parfait. ⌛ 2014-2017 🍴 poulet aux morilles

Fabrice Gass, 17, rue Raymond-Poincaré, 51480 Damery, tél. 03 26 58 88 39, alexandrefilaine@orange.fr V r.-v.

FLEURY Rosé de saignée ★★

●	19 000		30 à 50 €

Célèbre maison auboise fondée en 1895. Émile Fleury est le premier à greffer du pinot noir ; Robert Fleury commercialise ses premières bouteilles en 1929 et Jean-Pierre Fleury est un pionnier de la biodynamie en Champagne : conversion de ses 15 ha de la Côte des Bar dès 1989. Vingt ans plus tard, ses trois enfants entrent en scène : Morgane tient une cave à Paris, Jean-Sébastien se charge des vinifications et Benoît des vignes. (NM)

Une macération de 24h du pinot et un repos sur lies de plus de trois ans pour ce rosé au nez intense de fruits rouges, légèrement grillé et vanillé. Attaque vive, ampleur, complexité, finale fraîche : une rare élégance. ⌛ 2014-2019 🍴 soupe de cerises ● Extra-brut 2004 Robert Fleury ★ (8 000 b.) : outre les trois cépages classiques, cette cuvée élevée à 80 % sous bois comprend 30 % de pinot blanc. Nez sur les fruits mûrs, la pâte d'amandes et le gingembre confit. En bouche, encore du fruit mûr allié à une belle fraîcheur. ⌛ 2014-2017 ● Extra-brut Boléro 2004 ★ (5 000 b.) : un pur pinot noir élevé en partie sous bois. Nez mûr de poire et de pêche confiturées, avec une touche florale. Bouche à l'unisson, puissante, harmonieuse. Un champagne de repas. ⌛ 2014-2017

Fleury, 43, Grande-Rue, 10250 Courteron, tél. 03 25 38 20 28, champagne@champagne-fleury.fr V r.-v.

FOISSY-JOLY Grande Cuvée ★★

●	6 000		11 à 15 €

Noë-les-Mallets : un village aubois entouré d'un petit amphithéâtre couvert de vignes au fond du rû Noë, dans la région de Bar-sur-Seine. Frédéric Joly y conduit le domaine familial à la suite de trois générations. (RM)

Composée de 70 % de pinot noir complété par du chardonnay, cette cuvée est une fois de plus jugée remarquable. Cette version offre un nez délicatement floral et un palais soyeux, expressif et finement acidulé. ⌛ 2014-2019 🍴 flétan à la crème citronnée

Foissy-Joly, 2 et 4, rue de Chatet, 10360 Noé-les-Mallets, tél. 03 25 29 65 24, contact@champagne-foissy-joly.com V r.-v.

FOLLET Spécial ★

●	6 000		15 à 20 €

Quatre générations se sont succédé à la tête de ce vignoble de la vallée de la Marne et de la Montagne de Reims. Installé en 1982, Joël Follet est épaulé à la cave par son fils Nicolas, œnologue. (RM)

Le meunier, majoritaire (72 %), et le chardonnay composent cette cuvée fraîche, harmonieuse, fondue, aux arômes intenses, toastés et miellés. ⌛ 2014-2019 🍴 vol-au-vent ● Follet-Ramillon Tradition ★ (11 à 15 € ; 20 595 b.) : une cuvée née des trois cépages champenois ; beaucoup de meunier (70 %), beaucoup de fruit, de la vinosité et un bon équilibre. ⌛ 2014-2017

SCEV Follet-Ramillon, 29, Grande-rue, 51480 Belval-sous-Chatillon, tél. 03 26 58 11 68, champagne.follet-ramillon@wanadoo.fr V r.-v.

FOREST-MARIÉ Tradition ★

●	1er cru	55 000		11 à 15 €

Thierry Forest conduit depuis 1980 le domaine familial, tout proche de Reims. Son vignoble se partage entre Écueil, 1er cru de la Montagne de Reims au sud de la Cité des Sacres, et Trigny, dans le massif de Saint-Thierry, au nord-ouest. (RM)

Complétés par le chardonnay, les deux cépages noirs composent 70 % de cette cuvée au nez expressif, partagé entre la fraise, les fruits mûrs et des notes épicées et grillées. La bouche est ronde, équilibrée, richement fruitée. ⌛ 2016-2019 🍴 verrines de gambas

SCEV Forest-Marié, 20, rue de la Chapelle, 51140 Trigny, tél. 03 26 03 13 23, champagne-forest-marie@orange.fr V r.-v.

JEAN FORGET
Cuvée Andréa

●	1er cru	n.c.		15 à 20 €

Installé en 2000, Christian Forget est établi à Ludes, commune classée en 1er cru sur le versant nord de la Montagne de Reims. (RM)

Un rosé d'assemblage associant 70 % de meunier, 15 % de pinot noir et 15 % de chardonnay. Cerise à l'œil, cerise au nez, avec d'autres fruits rouges et des notes grillées. Le fruit rouge se prolonge dans une bouche fraîche et charnue à l'attaque, un peu nerveuse en finale. ⌛ 2016-2019 🍴 soupe de cerises aux épices

Christian Forget, 2, rue Nationale, 51500 Ludes, tél. 03 26 61 81 96, champagnesforget@aol.com V r.-v.

FRÈREJEAN FRÈRES ★★

●	1er cru	30 000		15 à 20 €

Les frères Guillaume, Rodolphe et Richard Frèrejean-Taittinger ont réactivé une ancienne marque. Ils proposent des cuvées issues de Grauves et de la Côte des Blancs, longuement vieillies sur lattes, élaborées par la coopérative locale, le Royal Coteau. (MA)

Une cuvée mi-blancs mi-noirs (les deux pinots) élevée cinq ans sur lattes. Ce vieillissement lui confère une robe jaune doré et un nez joliment évolué, évocateur d'amande, de cacahuète, de moka et de beurre. Des notes fruitées d'une grande fraîcheur viennent compléter cette palette dans un palais expressif, ample, bien dosé, à la finale épicée. ⌛ 2014-2019 🍴 foie gras ● Blanc de blancs 1er cru 2005 Cuvée des hussards ★★ (de 20 à 30 € ; 5 000 b.) : nez franc, sur les fruits compotés, avec des notes toastées et vanillées ; bouche harmonieuse et fondue, dans le même registre. ⌛ 2014-2017

Le Royal Coteau, 11, rue de la Coopérative, 51190 Grauves, tél. 03 26 59 71 12, rodolphe.ft@freresjeanfreres.com V r.-v.

FRESNET-JUILLET Carte d'or ★

40 000 | 11 à 15 €

Gérard Fresnet décide en 1952 d'élaborer ses champagnes et consacre de longues années (entre 1955 et 1997) à creuser à la main ses caves dans la craie. Son fils Vincent a pris le relais, à la tête de près de 6 ha entre la Montagne de Reims et la Grande Vallée de la Marne. (NM)

Cette cuvée privilégie le pinot noir (80 %) complété par le chardonnay. Un champagne bien fait, franc en attaque, souple et rond, aux plaisants arômes miellés et briochés. 2014-2017 croquetas de poulet à l'espagnole

Fresnet-Juillet, 10, rue de Beaumont, 51380 Verzy, tél. 03 26 97 93 40, info@champagne-fresnet-juillet.com V r.-v.

FROMENT-GRIFFON Grande Réserve ★

1er cru | 5 000 | 11 à 15 €

Marie et Mathias Griffon, tous deux œnologues diplômés, exploitent depuis 2002 les 6,2 ha du vignoble créé par l'arrière-grand-père de Mathias dans la Montagne de Reims. Matthias est aussi le vice-président de la coopérative de Sermiers, où il apporte ses raisins ; il intervient dans les assemblages. (RC)

Une cuvée mi-blancs mi-noirs issue des trois cépages champenois. Le nez surprend par sa fraîcheur et son intensité. La bouche suit la même ligne, élégante, vive, minérale, beurrée et briochée. 2016-2019 mijoté de lotte aux épices

Froment-Griffon, 2, rue Clos-des-Moines, 51500 Sermiers, tél. 03 26 46 94 36, contact@champagne.froment-griffon.com V r.-v.

FROMENTIN-LECLAPART Tradition

Gd cru | 31 133 | 11 à 15 €

Jean-Baptiste Fromentin a repris en 2005 le domaine familial créé en 1954. Son vignoble de 5 ha est fort bien situé à Bouzy et à Ambonnay, deux grands crus de noirs de la Montagne de Reims. (RC)

Composé de deux gros tiers de pinot noir complétés par le chardonnay, un champagne flatteur, tant par ses arômes de pêche et de fleurs blanches que par sa bouche tonique et fraîche, malgré un dosage appuyé. À servir bien frais à l'apéritif. 2014-2019 verrines de saumon

Fromentin-Leclapart, 1, rue Paul-Doumer, 51150 Bouzy, tél. 03 26 57 06 84, contact@champagne-fromentin-leclapart.fr V r.-v.

MICHEL FURDYNA Réserve ★★

28 000 | 15 à 20 €

Ouvriers agricoles d'origine polonaise, les parents de Michel Furdyna ont constitué peu à peu dans la Côte des Bar un vignoble de près de 10 ha repris par ce dernier en 1976. La première bouteille a été commercialisée deux ans plus tard. (RM)

Issue de pur pinot noir, cette cuvée s'annonce par un nez franc, riche, toasté et beurré, prélude à une bouche équilibrée, minérale et gourmande, à la finale fraîche et longue. Une élégance rare. 2014-2019 poulet au champagne Blanc de blancs La Désirée (3 000 b.) : un blanc de blancs comprenant 25 % de pinot blanc aux côtés du chardonnay. Nez expressif (fruits jaunes, ananas) ; bouche intense, ample, finale nerveuse sur les agrumes. 2015-2017

EARL Furdyna, 13, rue du Trot, 10110 Celles-sur-Ource, tél. 03 25 38 54 20, champagne.furdyna@wanadoo.fr V r.-v.

GALLIMARD PÈRE ET FILS Cuvée Quintessence Vieilli en fût de chêne ★★

3 000 | 20 à 30 €

Cette famille des Riceys, dans la Côte des Bar, a élaboré ses premiers champagnes en 1930. Aujourd'hui, Didier Gallimard conduit 10 ha plantés majoritairement de pinot noir. (NM)

Un chardonnay qui a connu le bois. Nez très riche mariant les fruits jaunes, les agrumes et des notes grillées, prélude à une bouche à la fois ronde, puissante, précise et élégante, d'une fraîcheur prometteuse. 2014-2017 huîtres chaudes gratinées

EARL Gallimard Père et Fils, 18-20, rue Gaston-Cheq-le-Magny, BP 23, 10340 Les Riceys Cedex, tél. 03 25 29 32 44, champ.gallimard@wanadoo.fr V t.l.j. sf dim. 9h-12h 14h-17h30; sam. sur r.-v.; f. 15-31 août

MICHEL GAWRON Prestige ★

1 000 | 15 à 20 €

Héritière d'une lignée vigneronne remontant au XVIIIᵉ s., formatrice en viticulture, Sybil Gawron exploite avec son époux Michel un petit vignoble (à peine 2 ha) dans le massif de Saint-Thierry, au nord-ouest de Reims. Le couple s'est retiré de la coopérative en 2009. (RM)

Cette cuvée donne une très large majorité aux cépages noirs. Un champagne gras, équilibré, de bonne longueur, associant des arômes évolués de beurre et de fruits secs, tant au nez qu'en bouche. 2014-2015 poularde sauce suprême

Michel Gawron, 9, rue de Villers, 51220 Pouillon, tél. 03 26 03 11 79, msg@champagne-gawron.fr V r.-v.

♥ GEOFFROY Rosé de saignée ★★

1er cru | 22 000 | 20 à 30 €

Perpétuant une tradition vigneronne remontant au XVIIᵉ s., Jean-Baptiste Geoffroy est installé depuis 2006 à Aÿ, dans les locaux d'une ancienne coopérative. Ses racines sont à Cumières, village sur la rive droite de la Marne, presque en face d'Épernay, où il cultive 13,5 ha. (RM)

Obtenu par macération du pinot noir pendant 65 à 72 heures en cuve de chêne ouverte, ce rosé a charmé les dégustateurs. Rouge pâle aux reflets saumonés, il offre un nez attirant, précis, sur la cerise. On retrouve ce style raffiné en bouche, avec une attaque fraîche, une jolie rondeur et un fruité riche. 2014-2015 clafoutis aux cerises

René Geoffroy, 4, rue Jeanson, 51160 Aÿ, tél. 03 26 55 32 31, info@champagne-geoffroy.com V r.-v.

PIERRE GIMONNET ET FILS
Cuvée Cuis Blanc de blancs ★★

1er cru | 113 138 | | 20 à 30 €

La lignée des Gimonnet de Cuis remonte au XVIIIes. Le champagne naît en 1930, avec Pierre. Installés en 1996, ses petits-fils Didier et Olivier sont à la tête d'un vaste domaine (28 ha) planté pour l'essentiel de chardonnay en grand cru et 1er cru dans la Côte des Blancs. (RM)

Particularité de la maison : des vins de réserve conservés en bouteilles sur lies fines et des dosages assez faibles. Le but recherché, la fraîcheur, est atteint avec ce 1er cru au nez élégant de fleurs blanches, de citron et de menthe, vif et délicat en bouche, à la finale qualifiée d'« envoûtante ». 2014-2017 saint-jacques poêlées Blanc de blancs Spécial Club Grands Terroirs de chardonnay 2006 ★★ (de 30 à 50 € ; 15 230 b.) : cuvée de prestige millésimée issue de vieilles vignes. Un modèle de fraîcheur, de finesse et de complexité (fruits secs, amande grillée, café). 2014-2017

Pierre Gimonnet et Fils, 1, rue de la République, 51530 Cuis, tél. 03 26 59 78 70, info@champagne-gimonnet.com V t.l.j. sf dim. 8h30-12h30 14h-18h; f. 10 août-1er sept.

GIMONNET-GONET Blanc de blancs Cuvée or ★★

Gd cru | 35 000 | | 15 à 20 €

Tous deux issus de lignées bien connues de la Côte des Blancs, Philippe Gimonnet et son épouse Anne Gonet lancent leur champagne en 1986 et agrandissent leur domaine : 13 ha aujourd'hui, dont l'essentiel dans quatre grands crus de blancs et quelques autres dans la vallée de la Marne. (RM)

Nez expressif et complexe, beurré, miellé et épicé (poivre). Bouche agréable, à la fois ample et tout en finesse, avec un joli retour épicé en finale. 2014-2018 tartare de dorade en verrine Tradition ★★ (de 11 à 15 € ; 30 000 b.) : mi-blancs mi-noirs, un brut au nez de fruits blancs, au palais élégant, frais et subtil, montrant une pointe de nervosité en finale 2014-2017

Philippe et Anne Gimonnet-Gonet, 225, rue du Bas-des-Auges, 51190 Le Mesnil-sur-Oger, tél. 03 26 57 51 44, contact@champagne-gimonnet-gonet.com V r.-v.

PHILIPPE GLAVIER Idylle céleste ★

Gd cru | 1 400 | | 15 à 20 €

Installé en 1995, Philippe Glavier s'est lancé dans l'élaboration du champagne à partir d'un vignoble modeste (4,4 ha), mais disséminé pour l'essentiel dans des grands crus de la Côte des Blancs. (RM)

Sur les quarante-sept parcelles de ce vignoble, l'une, plantée de pinot noir, est située à Ambonnay (grand cru). Elle a fourni les 10 % de vin rouge à l'origine de la teinte saumonée de ce rosé composé pour le reste de chardonnay. Un vin au nez discrètement fruité, qui s'épanouit en bouche sur de belles notes de prune et de fraise. 2014-2017 cailles aux griottes

Philippe Glavier, 82, rue Nestor-Gaunel, 51530 Cramant, tél. 03 26 57 58 86, info@champagne-philippe-glavier.com V r.-v.

J. GOBANCÉ Réserve ★★

| 5 000 | | 15 à 20 €

Créé en 1962 dans la vallée de l'Ardre, ce domaine familial élabore ses champagnes depuis 1990. Couvrant 10,5 ha dans ce secteur et la vallée de la Marne, il a été repris en 2010 par les frères Gobancé, Stéphane, Emmanuel et Cédric, ce dernier conduisant la cave. (RM)

Né de 70 % de noirs (du meunier, surtout), un brut au nez généreux sur les fruits compotés et la torréfaction. Bouche à l'unisson, ronde et longue. 2014-2017 crumble aux fruits Cuvée Anne-Élisabeth ★ (20 à 30 € ; 2 500 b.) : mi-meunier mi-chardonnay, une cuvée au nez expressif et élégant, fruité et floral. Palais équilibré, gras, frais et fruité, finale affirmée et soyeuse. 2014-2017

Joël Gobancé, 17, pl. Saint-Martin, 51170 Savigny-sur-Ardres, tél. 03 26 97 42 39, contact@champagne-gobance.fr V r.-v.

PIERRE GOBILLARD Cuvée Prestige ★★

1er cru | 10 000 | | 20 à 30 €

Cette maison de négoce est établie dans la vallée de la Marne à l'entrée du village de Hautvillers, le « berceau du champagne » où officia dom Pérignon. Hervé et Florence Gobillard, à sa tête depuis 1990, ont été rejoints par leurs enfants Pierre-Alexis et Chloé. (NM)

Complété par le pinot noir, le chardonnay (70 %) domine l'assemblage de cette cuvée au nez élégant, beurré et toasté. Ce côté beurré agrémenté de vanille s'épanouit dans un palais d'une rare harmonie. À ouvrir à l'apéritif et à finir à table. 2014-2017 bouchées à la reine au ris de veau

Pierre Gobillard, 341, rue des Côtes-de-L'Héry, 51160 Hautvillers, tél. 03 26 59 45 66, info@champagne-gobillard-pierre.com V t.l.j. 9h-12h 14h-18h

PAUL GOERG
Extra-brut Blanc de blancs Absolu ★★

1er cru | 20 000 | | 30 à 50 €

Créée en 1950, une coopérative implantée à Vertus, village de la Côte des Blancs classé en 1er cru. En 1984, elle a lancé sa marque en hommage à un ancien maire de la commune. Elle dispose d'un vignoble de 120 ha où le chardonnay est majoritaire. (CM)

Riche, expressif, le nez penche vers les fruits confits et le caramel, alors que la bouche est fraîche, bien structurée et longue. Un blanc de blancs fort harmonieux. 2014-2017 carpaccio de bar Cuvée Lady 2002 1er cru ★ (50 à 75 € ; 5 000 b.) : du chardonnay très majoritaire (15 % de pinot noir) dans ce millésime resté dix ans sur lies avant dégorgement. Un champagne intense, puissant, long et bien équilibré, pour le repas. 2014-2017

Paul Goerg, 30, av. du Gal-Leclerc, 51130 Vertus, tél. 03 26 52 12 45, info@champagne-goerg.com V t.l.j. sf sam. dim. 8h30-12h 13h30-17h30; f. août

SCEA la Goutte d'Or

MICHEL GONET Blanc de blancs 2008

Gd cru | 40 000 | | 20 à 30 €

Maison créée en 1802, développée par Michel Gonet (né en 1935) et dirigée par sa fille Sophie Signolle.

Aujourd'hui, un vignoble de 40 ha avec des parcelles bien situées dans la Côte des Blancs (Le Mesnil-sur-Oger, Oger, Vertus), dans l'Aube et le Sézannais. Par ailleurs, la famille possède neuf châteaux dans le Bordelais. (RM)

Un blanc de blancs peu dosé. Encore jeune, élégant, le nez joue sur les agrumes, la poire, le mimosa et l'amande fraîche. La bouche fraîche et tonique finit sur une pointe d'amertume. Un style épuré. ⧗ 2014-2017 ♈ sole grillée

SCEV Michel Gonet et Fils, 196, av. Jean-Jaurès, 51190 Avize, tél. 03 26 57 50 56, info@champagnegonet.com t.l.j. 9h-12h30 13h30-17h; sam. dim. sur r.-v.; f. 3 sem. en août 2

PHILIPPE GONET Réserve ★

125 656 | 20 à 30 €

Maison datant de 1830 et disposant en propre de 19 ha disséminés dans les principaux terroirs de l'appellation. Depuis 2001, elle est conduite par Pierre Gonet et sa sœur Chantal Brégeon, enfants de Philippe. La maison est installée au cœur de la Côte des Blancs et le chardonnay est très présent dans sa gamme. (NM)

Des noirs majoritaires (70 %, dont 60 % de pinot noir) dans cette cuvée. Nez réservé, sur les agrumes, avec un soupçon de miel; palais bien présent, vif en attaque, bien structuré et fin, associant des notes fraîches de pamplemousse à des nuances plus suaves de fruits blancs et de goyave. ⧗ 2014-2017 ♈ calamars grillés ● Blanc de blancs Signature ★ (34 633 b.): un champagne bien construit, aux fins arômes d'agrumes, de fruits frais et de fleurs blanches. ⧗ 2014-2017

SAS Philippe Gonet, 1, rue de la Brèche-d'Oger, 51190 Le Mesnil-sur-Oger, tél. 03 26 57 53 47, office@champagne-philippe-gonet.com t.l.j. 8h-12h 14h-17h; sam. dim. sur r.-v.; f. août

GONET SULCOVA Blanc de blancs ★

25 000 | 15 à 20 €

Domaine créé par Charles Gonet et développé par son fils Jacques. Vincent Gonet et son épouse Davy Sulcova en prennent les rênes en 1985, lancent leur marque et s'installent à Épernay. Rejoints par leurs enfants, ils exploitent 16 ha dans la Côte des Blancs et à Montgueux, dans l'Aube. (RM)

Au nez, de délicates notes de fruits jaunes. Beaucoup d'ampleur en bouche pour un chardonnay, mais la finesse est au rendez-vous avec de plaisants arômes d'amande et de brioche. ⧗ 2014-2017 ♈ saint-jacques à la crème ● chardonnay grand cru cuvée Gaïa ★ (30 à 50 €; 7 000 b.): vinifié en fût de chêne, issu de la récolte 2009, un champagne encore très boisé mais plein de charme, sur les agrumes et les fruits jaunes. ⧗ 2015-2017

SCEV Beauregard, 13, rue Henri-Martin, 51200 Épernay, tél. 03 26 54 37 63, jagonet@wanadoo.fr r.-v. Gonet

♥ GOSSET Extra-brut Celebris 2002 ★★

25 000 | + de 100 €

« La plus ancienne maison de la Champagne », fondée en 1584 – avant que le vin de la région ne prît mousse – par Pierre Gosset, échevin d'Aÿ et propriétaire de vignes. À l'époque, les vins de cette ville, souvent rouges, rivalisaient à la cour avec ceux de Beaune. Après Pierre Gosset, treize générations se sont succédé. La société est aujourd'hui dans le giron du groupe Renaud-Cointreau. Les champagnes Gosset ne font pas leur fermentation malolactique. (NM)

Légère domination du chardonnay (52 %) allié au pinot noir dans ce 2002 qui captive par la complexité de son nez, où l'on découvre les fleurs du verger, la pâte de fruits, la pêche blanche, des notes beurrées et briochées. Fondue et ronde, la bouche prolonge le plaisir avec de délicates nuances de fruits mûrs, de vanille et une touche empyreumatique. ⧗ 2014-2019 ♈ lotte au beurre noisette ● Grand Blanc de blancs ★★ (50 à 75 €; 100 000 b.): une remarquable texture pour ce champagne puissant, gourmand et velouté. ⧗ 2015-2017

Gosset, 12, rue Godart-Roger, 51200 Épernay, tél. 03 26 56 99 56, info@champagne-gosset.com t.l.j. sf sam. dim. 8h30-11h45 14h-17h

Renaud Cointreau

J.-M. GOULARD Prestige ★★

18 000 | 15 à 20 €

Implanté à Prouilly, dans le massif de Saint-Thierry, ce vignoble familial couvre 7,5 ha aujourd'hui. Jean-Marie Goulard s'est lancé dans la manipulation au cours des années 1970. Ses trois fils l'ont rejoint; l'aîné, Sébastien officie à la cave. (RM)

Née d'un assemblage par tiers des trois cépages champenois, cette cuvée séduit par la délicatesse et la fraîcheur de son nez aux nuances de fruits blancs et de citron. Des qualités que l'on retrouve en bouche: belle attaque sur des notes de pomme et de poire, finale longue et tonique. ⧗ 2014-2017 ♈ terrine de saint-jacques

EARL Goulard, 13, Grande-Rue, 51140 Prouilly, tél. 03 26 48 21 60, contact@champagne-goulard.com r.-v. 2

J.-L. GOULARD-GÉRARD Grande Réserve ★

25 000 | 15 à 20 €

Jean-Luc et Florence Goulard, épaulés par leurs enfants Lucile et Pierre, exploitent 6 ha dans quatre communes du massif de Saint-Thierry, au nord-ouest de Reims. (RM)

Née d'un assemblage par tiers des trois cépages champenois, une cuvée bien agréable avec son nez abricoté et son palais rond aux arômes de fruits confits. Un « champagne d'initiation ». ⧗ 2014-2016 ♈ volaille aux petits légumes ● Sublime Élevé en fût de chêne ★ (20 à 30 €; 2 660 b.): au nez, de la noisette, du caramel et du fumé, en bouche, du fruit confit, ce qu'il faut de fraîcheur et une finale douce et flatteuse. ⧗ 2014-2017

Goulard, 4, rue de la Couture, 51140 Trigny, tél. 03 26 03 18 78, champagnejlgoulard@orange.fr r.-v.

GUSTAVE GOUSSARD Tradition ★

4 000 | 15 à 20 €

Installé près des Riceys, diplômé de la faculté d'œnologie de Dijon, Didier Goussard s'est associé en 1989

avec sa sœur et son beau-frère (Goussard et Dauphin). Après la disparition de ce dernier, il a créé ce négoce en 2013, avec une nouvelle marque, Gustave Goussard. Le vignoble maison est en conversion bio depuis 2011. (NM)

Une cuvée issue de pinot noir, cépage roi des Riceys. Le nez est franc, minéral et exotique. On retrouve ces arômes de fruits exotiques dans une bouche bien structurée et harmonieuse. 2014-2017 mousse de mangue au chocolat

Didier Goussard, SARL du Val de Sarce, 2, chem. Saint-Vincent, 10340 Avirey-Lingey, tél. 03 25 29 30 03, gustave.goussard@orange.fr V r.-v.

HENRI GOUTORBE Spécial Club 2004 ★★

Gd cru | 7 000 | | 20 à 30 €

Les Goutorbe sont pépiniéristes viticoles depuis le début du XXᵉs. Henri a agrandi peu à peu son domaine et s'est lancé dans la manipulation. Son fils René et ses petits-enfants Élisabeth et Étienne exploitent aujourd'hui 22 ha de vignes et gèrent un hôtel à Aÿ. (RM)

Très présent dans les cuvées du domaine, le pinot noir compose 70 % de ce 2004 complétés par le chardonnay. Nez fin, flatteur, mariant la fleur blanche, le citron, l'ananas et le litchi. Attaque franche, bouche dans le même registre, intense et très longue. Du caractère et du potentiel. 2014-2018 dos de cabillaud et purée de céleri

René Goutorbe, 9 bis, rue Jeanson, 51160 Aÿ-Champagne, tél. 03 26 55 21 70, info@champagne-henri-goutorbe.com V mar. ven. 9h30-12h 14h-17h; lun. sam. sur r.-v.

ANDRÉ GOUTORBE ET FILS
Plaisir d'antan Élevé en fût de chêne ★

| 3 000 | | 20 à 30 €

La famille, qui cultive la vigne depuis 1875, a lancé son champagne dès 1902. Après Victor, Armand et André, David s'est installé en 2000. Son vignoble est implanté dans la vallée de la Marne, non loin d'Épernay. (RM)

Mi-blancs mi-noirs (pinot noir), une cuvée élevée pendant deux ans en fût avant tirage sous liège et repos de cinq ans en bouteilles. Un brut tout en fraîcheur, au nez complexe, fruité, miellé et boisé, adapté pour la table. 2014-2017 saint-nectaire fermier

André Goutorbe et Fils, 6, rue Georges-Clemenceau, 51480 Damery, tél. 03 26 58 43 47, champ.goutorbe-andre@wanadoo.fr V r.-v.

THIERRY GRANDIN
Rosé de saignée Cuvée Constant ★

| 1 500 | | 15 à 20 €

La famille commercialise son champagne depuis un siècle. Établi dans un village niché entre Marne et Ardre, Thierry Grandin, par ailleurs président de la coopérative de La Neuville-aux-Larris, a lancé sa marque en 1982. Ses vignes sont implantées dans la vallée de la Marne et à Villedommange. (RC)

Ce rosé de macération doit tout au meunier, cépage roi du secteur. D'un rose soutenu, un champagne tout en fruits rouges frais, puissant et gourmand. Idéal pour la table. 2014-2017 turbot rôti à la feuille de laurier

Thierry Grandin, 10, rue de la Mairie, 51480 Champlat, tél. 03 26 58 11 71, grandin.constant@orange.fr V t.l.j. sf dim. 9h-18h; f. août

♥ ALFRED GRATIEN
Cuvée Paradis 2006 ★★

| n.c. | | 50 à 75 €

Une maison fondée par Alfred Gratien, rachetée en 2000 par le groupe allemand Henkell & Co, qui a rassemblé de nombreuses marques européennes d'effervescents. La maison conserve son chef de cave, Nicolas Jaeger, quatrième du nom à travailler pour la marque et ses traditions (absence de fermentation malolactique, élevage des vins de base en pièces champenoises de réemploi). (NM)

Après un coup de cœur l'an dernier pour la version non millésimée de cette cuvée, c'est au tour du millésimé assemblant, lui aussi, deux tiers de chardonnay à un tiers de pinot noir. Nez franc et intense, sur la brioche, le pain grillé, la torréfaction, bouche harmonieuse et très fruitée : un champagne de gastronomie. 2014-2017 toasts au foie gras 2000 ★ : un assemblage proche du précédent, avec les trois cépages. Nez intense, légèrement boisé, aux arômes évolués de fruits confits. Bouche encore fraîche, dans le même registre. 2014-2017

Alfred Gratien, 30, rue Maurice-Cerveaux, 51200 Épernay, tél. 03 26 54 38 20, contact@alfredgratien.com V r.-v.

GÉRARD GRATIOT Prélude ★

| 8 350 | | 15 à 20 €

En 1907, Désiré Gratiot remporte un concours agricole pour son vin blanc. Installés en 2002, ses descendants Sandrine et Rémy Gratiot exploitent 18 ha dans la vallée de la Marne, en aval de Château-Thierry. (RM)

Trois quarts de meunier et un quart de chardonnay composent cette cuvée au nez expressif, acidulé et mentholé. Bien structurée et fraîche, la bouche dévoile des arômes de chocolat et de menthe. 2014-2018 dos de cabillaud à l'unilatéral

Gérard Gratiot, 27, av. Fernand-Drouet, 02310 Charly-sur-Marne, tél. 03 23 82 06 89, contact@champagne-gratiot.fr V r.-v.

GRATIOT-PILLIÈRE Tradition ★

| 80 000 | | 11 à 15 €

Les ancêtres cultivaient la vigne du vivant de dom Pérignon. Lancement du champagne dans les années 1960. Installés en 1991, Olivier et Sébastien Gratiot exploitent 18 ha dans la vallée de la Marne et confient leur récolte à la Covama, importante coopérative du secteur. (RC)

Trois quarts de meunier avec les deux autres cépages en complément. Nez délicatement beurré et brioché. Bouche fraîche en attaque, séduisante par sa finesse et ses arômes persistants de noisette et d'amande grillée. 2014-2017 toasts au foie gras

SCEV Gratiot-Pillière, 8-10, av. Fernand-Drouet, 02310 Charly-sur-Marne, tél. 03 23 82 08 68, info@champagne-gratiot-pilliere.com t.l.j. sf dim. 9h-12h30 13h30-17h30

A. GRILLIAT & FILS Carte d'or ★

1er cru | 10 000 | | 11 à 15 €

En 2014, Fabien Grilliat succède à son père Alain qui a lancé sa marque en 1975. Le vignoble familial (5 ha) est bien situé, partagé entre la Grande Vallée de la Marne (notamment Aÿ, grand cru de noirs) et Avize, grand cru de la Côte des Blancs. (RM)

Reflétant l'encépagement du domaine, ce champagne assemble 70 % de pinot noir au chardonnay. Le nez mariant fruits exotiques et caramel est une belle surprise. La bouche séduit par son intensité, son gras et sa texture caressante. 2014-2017 terrine de poisson

EARL A. Grilliat et Fils, 27, rue Jules-Blondeau, 51160 Aÿ, tél. 03 26 55 17 65, champagne-grilliat@club-internet.fr t.l.j. 9h-12h 14h-18h; f. 1er-15 août

GRUET Blanc de blancs 2009 ★

| 38 808 | | 15 à 20 €

Les Gruet cultivaient déjà la vigne sous Louis XIV dans la Côte des Bar, mais c'est Claude Gruet – toujours en activité – qui a constitué le domaine (20 ha aujourd'hui) et s'est lancé dans l'élaboration du champagne en 1975. (NM)

Si, comme plusieurs de ses confrères aubois, Claude Gruet cultive le pinot blanc, les jurés ont préféré son classique blanc de blancs de pur chardonnay. Reflétant le terroir de la Côte des Bar, ce 2009 au nez floral, minéral et légèrement citronné, se montre ample et crémeux. Belle harmonie. 2014-2017 gougères

Gruet, 48, Grande-Rue, 10110 Buxeuil, tél. 03 25 38 54 94, contact@champagne-gruet.com t.l.j. sf sam. dim. 8h-12h 13h30-17h30; f. sem. du 15 août

MAURICE GRUMIER Réserve ★

| 12 000 | | 15 à 20 €

Héritier d'une lignée remontant à 1743, Armand Grumier commercialise ses premières bouteilles en 1928. Fabien arrive sur le domaine en 1999 et en prend les rênes en 2006. Avec son épouse Hélène, il exploite 8 ha dans la vallée de la Marne. (RM)

Une cuvée composée des trois cépages à parts égales, avec 40 % de vins de réserve, dont une partie élevée en fût de chêne. Nez intense partagé entre les fruits exotiques et un boisé vanillé et grillé, arômes complétés au palais par des touches de fruits rouges (framboise, groseille). Bouche ronde, équilibrée et persistante. 2014-2017 feuilletés de lotte

Fabien Grumier, 13, rte d'Arty, 51480 Venteuil, tél. 03 26 58 48 10, champagnegrumier@wanadoo.fr r.-v.

PATRICE GUAY Cuvée Tradition

| 15 000 | | 11 à 15 €

Quatre générations de viticulteurs; premières bouteilles en 1930; 5 ha de vignes dans la vallée de la Marne. Installé en 1983, Patrice Guay a lancé en 2000 un champagne à son nom. (RM)

Trois quarts de noirs (meunier, essentiellement) et un quart de blancs s'allient dans ce champagne plus rond que long aux plaisants arômes de beurre, de fleurs séchées et de cerise confite. 2014-2017 bouchées de ris de veau

Patrice Guay, 15, rue de Bel-Air, 51700 Festigny, tél. 03 26 57 67 66, guaypatrice@wanadoo.fr t.l.j. 8h30-12h 14h-18h

RENÉ GUÉ
Blanc de blancs Les Confidences de Victoire ★★

| 7 000 | 20 à 30 €

Un domaine familial de 6 ha bien situé à Chouilly, grand cru de la Côte des Blancs. (RM)

Après un coup de cœur l'an passé, cette cuvée dédiée à la petite-fille du récoltant est de nouveau fort appréciée. Un champagne puissant aux arômes de maturité évoquant le grillé et le caramel. Un blanc de blancs pour initiés, que les dégustateurs verraient bien au dessert. 2014-2017 gâteau aux noix

René Gué, 2, rue de Monthelon, 51530 Chouilly, tél. 03 26 54 50 32, philippegue.chouilly@orange.fr r.-v.

NICOLAS GUEUSQUIN Tradition ★

| 180 000 | 15 à 20 €

Établi près d'Épernay, un négoce discret mais prospère créé en 1993 par Nicolas Gueusquin, jeune ingénieur agronome. Toujours dirigé par son fondateur, il s'appuie sur un vignoble en propre de 10 ha. (NM)

Marquée par les cépages noirs (80 %, dont 50 % de pinot noir), cette cuvée mêle au nez la pâte de fruits (agrumes) et le pain grillé. Les fruits blancs ou rouges complètent cette palette dans une bouche ample, vineuse, bien structurée, à la finale légèrement épicée. 2014-2017 dinde fermière

Nicolas Guesquin, 5, allée du Petit-Bois, 51530 Dizy, tél. 03 26 59 99 34, info@sa-lesrochesblanches.fr r.-v.

GUILLETTE-BREST

| 15 000 | | 11 à 15 €

Le village de Monthelon domine son vignoble et la région des coteaux sud d'Épernay. Installé dans cette commune, Maxime Guillette conduit le domaine familial, qui compte 5 ha. (RM)

Les trois cépages champenois (70 % de noirs, du meunier surtout) vinifiés sans fermentation malolactique contribuent à ce champagne gourmand au nez de brioche et de fruits secs. En bouche, on découvre des arômes grillés et une pointe d'acidité, qui donne du tonus. Pour l'apéritif comme pour la table. 2014-2017 poulet aux girolles

SCEV Guillette-Brest, 14, rue Gaston-Poittevin, 51530 Monthelon, tél. 03 26 59 73 38, max_4848@hotmail.fr r.-v.

GUYOT-GUILLAUME
Extra-brut N° 6 Vinifié en fût de chêne ★★

| n.c. | | 30 à 50 €

Les Guyot ont planté leur vignoble entre 1960 et 1980 dans la vallée de l'Ardre. Installé en 1975, Dominique

Guyot cultive 5 ha de vignes. Il confie sa vendange à la coopérative mais assure l'élaboration à partir de la prise de mousse. (RC)

Cuvée composée d'un tiers de meunier vinifié en fût de chêne et de deux tiers de chardonnay. Le nez franc associe les fruits blancs à un boisé bien fondu. L'élevage donne de la rondeur et du corps à ce champagne frais et élégant. Idéal au repas. 2014-2018 risotto aux asperges

Dominique Guyot, 9, rue des Sablons, 51890 Méry-Prémecy, tél. 03 26 03 65 25, dom.guyo@wanadoo.fr V r.-v.

HAMM Réserve 1er cru ★

1er cru | n.c. | 20 à 30 €

Élaborateurs de champagne à Aÿ depuis 1910, les Hamm ont pris le statut de négociant en 1930. La troisième génération s'approvisionne en chardonnay et en pinot noir dans quinze crus différents. Les vins de la maison ne font pas leur fermentation malolactique. (NM)

Associant pinot noir et chardonnay, un champagne de maturité (plus de trois ans de cave) fort harmonieux : une robe d'or clair ; des parfums de fruits mûrs portés par une effervescence bien présente, prélude à une bouche aromatique, de bonne tenue et parfaitement équilibrée. 2014-2017 médaillons de veau

Hamm, 16, rue Nicolas-Philipponnat, 51160 Aÿ, tél. 03 26 55 44 19, champagne.hamm@wanadoo.fr V r.-v.

HARLIN PÈRE & FILS Tradition ★

n.c. | 11 à 15 €

Descendant de viticulteurs, Guy Harlin plante des vignes dans les années 1960 dans la vallée de la Marne (Tours-sur-Marne, notamment) ainsi qu'à Épernay. Dominique, l'un de ses fils, prend la direction du domaine en 1990 et installe pressoir et cuverie. Maxime et Guillaume, ses petits-fils, ont rejoint en 2012 l'exploitation, qui couvre 9,5 ha. (RM)

Privilégiant les noirs (90 %, dont 80 % de meunier), un champagne de belle tenue, au nez grillé, floral et fruité, et à la bouche bien fraîche, dans le même registre. On pourra le déboucher dès l'apéritif et le finir à table. 2014-2017 feuilletés aux champignons

Harlin Père et Fils, 8, rue de la Fontaine, 51700 Mareuil-le-Port, tél. 03 26 58 34 38, contact@champagne-harlin.com V r.-v.

JEAN-NOËL HATON Noble Vintage 2007

30 000 | 20 à 30 €

Fondé en 1928 par Octave Haton, l'un des pionniers de la manipulation à Damery, ce négoce est dirigé par Jean-Noël Haton depuis 1971 ; son fils Sébastien officie en cave. La famille s'approvisionne sur 110 ha et détient un vignoble de 20 ha. À la cuverie, plus de cent cuves permettant de vinifier les crus séparément et des fûts utilisés pour certains vins de réserve. (NM)

Complété par le pinot noir, le chardonnay (60 %) l'emporte dans ce 2007 : bulle fine, robe brillante, nez délicat, brioché, bouche fraîche et nette. Une élégance aérienne. 2014-2017 tartare de dorade aux agrumes

Jean-Noël Haton, 5, rue Jean-Mermoz, 51480 Damery, tél. 03 26 58 40 45, contact@champagne-haton.com V r.-v.

MARC HÉBRART Prestige 2007 ★

1er cru | 7 000 | 20 à 30 €

Jean-Paul Hébrart conduit depuis 1997 l'exploitation créée par son père Marc en 1962 : 14 ha, avec des parcelles dans trois grands crus (Oiry et Chouilly dans la Côte des Blancs, Aÿ dans la vallée de la Marne) et dans cinq 1ers crus, entre Hautvillers et Bisseuil. Elle exporte 80 % de ses cuvées. (RM)

Pinot noir (60 %) et chardonnay contribuent à cette cuvée dont le nez floral, beurré et brioché, prélude à une bouche charnue et complexe, à la finale élégante et fraîche. Un champagne à son apogée, qui conviendra à toutes les occasions. 2014-2016 saint-jacques à la crème

Marc Hébrart, 18, rue du Pont, 51160 Mareuil-sur-Aÿ, tél. 03 26 52 60 75, champagne.hebrart@wanadoo.fr V r.-v.

♥ CHARLES HEIDSIECK Blanc des millénaires 1995 ★★★

n.c. | + de 100 €

La saga des Heidsieck débute avec Florens Louis, originaire d'Allemagne, qui crée en 1785 une structure à l'origine de toutes les maisons Heidsieck. Celle-ci est fondée en 1851 par son petit-neveu Charles-Camille. Ce dernier achète 47 crayères remontant à l'Antiquité pour entreposer les nombreuses cuvées qu'il entend écouler, et part à la conquête des États-Unis où il se fait l'ambassadeur de la maison. Comme Piper Heidsieck, la marque appartient depuis 2011 au groupe EPI. (NM)

Or soutenu, ce chardonnay de la Côte des Blancs, âgé de près de vingt ans sort immanquablement des sentiers battus. Il ouvre sur un univers captivant d'arômes tertiaires qui n'en finissent pas de se révéler : pétales séchés, boîte à cigares, coing, humus, pain grillé, cuir, menthol, noisette ; toutes ces nuances révèlent une oxydation fine, lente, élégante et maîtrisée. Les arômes de fruits secs, notamment la noisette, s'intensifient et persistent longuement dans une bouche soyeuse, qui a conservé une fraîcheur agréable. Pour amateurs de grands blancs de caractère. 2014-2018 ris de veau en croûte de châtaigne ● Rosé Réserve (50 à 75 €) : un rosé d'assemblage mariant les trois cépages à parts égales. Une robe saumon clair traversée de fines bulles ; les reflets orangés évoquent une évolution confirmée par un nez complexe et une présence fruitée et mûre en bouche. L'attaque fraîche et une note minérale apportent de la subtilité. 2014-2017

PH-CH, 12, allée du Vignoble, 51100 Reims, tél. 03 26 84 43 00, daniel.cabaleiro@champagnes-ph-ch.com EPI

HÉNIN-DELOUVIN Tradition

21 516 | 11 à 15 €

Christine Delouvin et son mari Jacky Hénin ont regroupé leurs vignobles et lancé leur marque en 1990. Leur domaine couvre 7 ha répartis dans sept communes, notamment à Aÿ (grand cru de pinot noir), Chouilly

(grand cru de blancs), et dans la vallée de la Marne. (RM)

Les noirs dominent (60 %) dans cette cuvée qui réunit les trois cépages champenois. Or pâle, ce brut intéresse par son nez complexe d'agrumes, de pain grillé, de brioche, d'amande et de fleurs séchées. La bouche nerveuse et moins expressive incite à laisser vieillir ce champagne quelque temps. ⧗ 2015-2018 🍴 sole grillée

Hénin-Delouvin, 22, quai du Port, 51160 Aÿ, tél. 03 26 54 01 81, champagne-henin-delouvin@hexanet.fr V r.-v.

HENRIOT 2006 ★★

●	n.c.		30 à 50 €

Négociants en draps et en vins établis dans la région au XVIIᵉs., les Henriot s'intéressent au champagne dès le XVIIIᵉs., mais la marque remonte à 1808, lancée par une veuve champenoise, Apolline Henriot. Une maison restée indépendante, dirigée par Thomas Henriot, qui s'est étendue à la Bourgogne (Bouchard Aîné et Fils, William Fèvre) et au Beaujolais (Villa Ponciago). Le chardonnay est très présent dans ses cuvées. (NM)

Mi-chardonnay mi-pinot noir, ce 2006 provient de quinze crus, notamment de la Côte des Blancs et de la Montagne de Reims. La robe aux reflets encore verts est traversée par un train de bulles discrètes. C'est à l'aération que l'on découvre d'intenses notes briochées et beurrées. On retrouve ces sensations gourmandes dans une matière puissante et ample qui tapisse la bouche longuement. Agréable dès l'apéritif, ce champagne a suffisamment d'étoffe pour accompagner le repas. ⧗ 2014-2018 🍴 bouchées de gambas

Henriot, 81, rue Coquebert, 51100 Reims, tél. 03 26 89 53 00, contact@champagne-henriot.com

STÉPHANE HERBERT Cuvée Excellence ★

● 1er cru	3 000		15 à 20 €

Héritier de plusieurs générations de vignerons, Stéphane Herbert a lancé sa marque en 2000, quatre ans après son installation. Il exploite 4,5 ha autour de Rilly-la-Montagne, 1ᵉʳ cru de la Montagne de Reims. (RC)

Il a fallu une dizaine de fûts et une vingtaine de bâtonnages pendant dix mois pour élever ce blanc de blancs. Le résultat ? Un nez expressif de fruits mûrs ou confits ; une attaque fraîche, puis un développement harmonieux entre puissance et finesse ; une persistance notable. Un champagne comme on l'aime : complexe et frais. ⧗ 2014-2018 🍴 filets de sole sauce vanillée

Stéphane Herbert, 11, rue Roger-Salengro, 51500 Rilly-la-Montagne, tél. 03 26 03 49 93, champagneherbert@wanadoo.fr V r.-v.

DIDIER HERBERT ★

● Gd cru	5 000		20 à 30 €

Didier Herbert reprend en 1982 l'exploitation familiale. Il installe un pressoir, aménage une cuverie, lance sa marque et prend le statut de négociant. Il dispose en propre de plus de 6 ha dans la Montagne de Reims, en 1ᵉʳ cru et en grand cru. (NM)

Le pinot noir (60 %) se marie au chardonnay dans cet extra-brut qui séduit d'entrée par son nez floral aux nuances de coing et de fruits confits, et par son excellent équilibre entre souplesse et fraîcheur. Un champagne élégant, à ouvrir dès l'apéritif. ⧗ 2014-2017 🍴 rillettes de saumon maison ● **Private Blanc de blancs grand cru Vieilli en fût de chêne 2007 ★** (4 000 b.) : une spécialité de la maison : un rare blanc de blancs millésimé de Mailly, fief du pinot noir. Neuf mois de barrique sans fermentation malolactique, six ans de cave. Robe dorée, arômes grillés, vanillés, boisés, matière ronde, riche et vive. ⧗ 2014-2016

Didier Herbert, 32, rue de Reims, 51500 Rilly-la-Montagne, tél. 03 26 03 41 53, infos@champagneherbert.fr V t.l.j. sf dim. 9h-17h; f. août

CHARLES HESTON Tradition ★

●	n.c.		11 à 15 €

Marque de la coopérative des Six Coteaux fondée en 1951 dans le massif de Saint-Thierry, au nord-ouest de Reims : 130 adhérents y apportent la récolte de leurs 154 ha. (CM)

Ce brut sans année fait la part belle aux raisins noirs (75 %, meunier surtout). Il plaît par ses parfums gourmands et subtils de fruits secs légèrement miellés. Des notes d'abricot complètent cette palette aromatique dans une bouche onctueuse et fraîche. ⧗ 2014-2018 🍴 choux fourrés au fromage

Coopérative des Six Coteaux, rte de Thil, 51220 Villers-Franqueux, tél. 03 26 03 08 78, champagne-charlesheston@orange.fr V t.l.j. sf sam. dim. 9h-12h30 14h-18h

FRANÇOIS HEUCQ Réserve ★

●	37 000		11 à 15 €

François Heucq a pris en 1974 la tête du domaine familial : 6,3 ha aux environs de Fleury-la-Rivière, village situé dans une vallée tributaire de la Marne, sur la rive droite. (RM)

Né de l'assemblage des trois cépages champenois par tiers, cette cuvée fort louée l'an dernier a encore convaincu. On retrouve le nez expressif mêlant fleurs blanches, pain et fruits confits, arômes qui se déploient en bouche à la faveur d'une effervescence très présente. Tout en fraîcheur citronnée, la finale laisse une impression bien agréable. ⧗ 2014-2017 🍴 quiche au chaource

SARL François Heucq et Fils, 3, impasse de l'École, 51480 Fleury-la-Rivière, tél. 03 26 58 60 20, champagne.francoisheucq@gmail.com V r.-v.

HEUCQ PÈRE & FILS Cuvée antique 2006 ★★

●	4 100		20 à 30 €

Domaine de 5,6 ha sur la rive droite de la Marne. André Heucq, depuis 1973, concilie modernité – cuves thermorégulées, gyropalettes, panneaux photovoltaïques, nouveau chai en 2014 – et tradition, avec la vinification en barrique. (RM)

Vieilli six ans en cave, ce 2006 mariant le chardonnay (40 %) et les deux pinots (60 %, à parité) a été élevé partiellement (20 %) en fût de chêne. Ses arômes frais d'agrumes et de fleurs blanches accompagnent une bouche généreuse, flatteuse et bien structurée. ⧗ 2015-2019 🍴 pavé de sandre crème de champagne ● **Extra-brut Tradition** (15 à 20 € ; 4 000 b.) : un blanc de noirs (meunier à 90 %) discret au nez, fruité en bouche, vif et chaleureux ; il gagnera à attendre un peu. ⌛ 2015-2018

⊶ André Heucq, 6, rue Eugène-Moussé, 51700 Cuisles, tél. 03 26 58 10 08, andre.heucq@wanadoo.fr
V r.-v.

HOUSSART Réserve

1er cru	5 000		11 à 15 €

Fraîchement diplômé d'œnologie, Romain Houssart reprend en 2007 l'exploitation de ses grands-parents à Chamery, 1er cru de la Montagne de Reims. Sa démarche : vinification sans fermentation malolactique, élevages longs sur lies fines, en cuve Inox ou en fût. (RM)

Mi-cuve mi-fût, ce 1er cru évoque au premier nez un fournil de boulanger avant de révéler ses origines : il provient à 80 % de cépages noirs (dont 75 % de meunier). Le nez chaleureux évoque la fleur printanière, les agrumes, le miel puis les fruits compotés. En bouche, un soupçon de caramel, de fruits secs. De la finesse, de la fraîcheur et une persistance aromatique remarquée. ⌛ 2015-2018 🍴 ris de veau en croûte

⊶ Romain Houssart, 7, rue de l'Église, 51500 Chamery, tél. 06 84 38 39 66, champagnehoussart@hotmail.fr
V r.-v.

BERNARD HUBSCHWERLIN Cuvée blanche

	6 000		15 à 20 €

Rejoint en 2013 par son fils Benjamin, Bernard Hubschwerlin a pris les commandes en 1981 du vignoble – 4,3 ha dans la vallée de Seine, au sud de l'AOC – planté par son père et lancé sa marque en 1990. Son village est situé dans la vallée de la Seine, à l'extrême sud de la Champagne. Ici, on pratique encore le remuage manuel et le dégorgement à la volée. (RM)

Un assemblage original : du pinot blanc (90 %), rare mais présent dans l'Aube, complété par du meunier, variété peu cultivée dans le secteur. La robe or paille annonce des arômes évolués de grillé, de coing et d'amande. Si l'attaque apparaît souple, le dosage est bien maîtrisé, et la finale reste tendue et persistante. ⌛ 2014-2018 🍴 sole au champagne

⊶ EARL Bernard Hubschwerlin, 12, Grande-Rue, 10250 Courteron, tél. 03 25 38 24 11, champagne.hubschwerlin@wanadoo.fr V t.l.j. 9h-12h 14h-19h; sam. dim. sur r.-v.

HUCBOURG-BERTRAND Tradition ★

	n.c.		11 à 15 €

Alors que sa famille vendait ses moûts au négoce, Bertrand Hucbourg lancait sa marque en 1997. Il cultive 2,5 ha entre Avenay-Val-d'Or (Montagne de Reims) et Reuil (vallée de la Marne), et laisse le soin à la coopérative de ce dernier village d'élaborer ses cuvées. (RC)

Issu majoritairement de meunier (70 %, complétés de 20 % de pinot noir et d'un soupçon de chardonnay), ce brut dévoile une belle maturité dans ses nuances gourmandes de fruits jaunes et de caramel. Équilibré, ample et de bonne longueur, il finit sur une pointe d'amertume. ⌛ 2014-2018 🍴 pêches pochées aux framboises

⊶ Hucbourg-Bertrand, 57, Grande-Rue, 51480 Reuil, tél. 03 26 57 77 88, champagne.hucbourg.b@wanadoo.fr V r.-v.

HUGUENOT-TASSIN Cuvée Réserve

	11 000		15 à 20 €

Bien que l'arrière-grand-père d'Édouard Huguenot ait été à l'origine du premier pressoir communal de Celles-sur-Ource (Aube), la famille ne vit de la vigne que depuis deux générations. Installé en 2008 après ses études à Beaune et des expériences en Afrique du Sud et en Australie, ce récoltant exploite 7 ha dans la région de Bar-sur-Seine. (RM)

Reflétant l'encépagement du domaine, cette cuvée assemble à parts égales le chardonnay, le pinot noir et le pinot blanc – présent dans l'Aube. Le nez mêle des senteurs plaisantes d'amande, de mirabelle et de jasmin ; la poire s'ajoute à cette palette dans une bouche ronde et structurée. Un champagne de caractère que l'on pourra servir avec un plat un peu relevé. ⌛ 2014-2018 🍴 lotte sauce safranée

⊶ Huguenot-Tassin, 4, rue du Val-Lune, 10110 Celles-sur-Ource, tél. 03 25 38 54 49, champhuguenot.tassin@free.fr V r.-v.

FERNAND HUTASSE ET FILS ★★

Gd cru	n.c.		15 à 20 €

Les Hutasse se sont installés dans les années 1930 à Bouzy (grand cru de la Montagne de Reims réputé pour son pinot noir). Leur vignoble de 11 ha est aujourd'hui cultivé par Rudy et Nathalie. (RM)

Le pinot noir (60 %) l'emporte sur le chardonnay dans cet assemblage une fois de plus fort loué. Le nez aux nuances torréfiées, grillées et fumées, dévoile une élégante maturité. Les dégustateurs y respirent la noisette, la cacahouète, la pomme sortant du four. Complexité, vinosité, structure et charpente : un champagne de caractère, malgré un dosage un peu marqué. Pour le repas. ⌛ 2014-2019 🍴 poularde aux morilles

⊶ Rudy et Nathalie Hutasse, rue du Haut-Petit-Chemin, 51150 Bouzy, tél. 03 26 57 08 58, info@champagne-tornay.fr
V t.l.j. 8h30-12h 13h30-18h; sam. dim. sur r.-v. 2

HUBERT D'IGNY Prestige ★

	n.c.		15 à 20 €

Reprise par Béatrice et Raphaël Lamiraux au début des années 2000, cette structure familiale établie dans la vallée de la Marne a commercialisé ses premières bouteilles avant 1914. Deux marques : Granzamy Père et Fils et Hubert d'Igny. (MA)

Alliés au chardonnay, les deux pinots à parité (60 %) composent cette cuvée au nez vineux et intense, sur les fruits mûrs et confits (agrumes). On retrouve ce caractère au palais, avec beaucoup de finesse, de fraîcheur et une belle longueur. ⌛ 2014-2017 🍴 gambas grillées

⊶ SAS Granzamy, 15, rue de Champagne, 51480 Venteuil, tél. 03 26 58 60 62, champ.granzamy@orange.fr V r.-v.

IRROY Carte d'or

	n.c.		20 à 30 €

Marque fondée à Reims en 1820 par les frères Irroy, deux propriétaires de vignobles de Mareuil-sur-Aÿ. Elle appartient aujourd'hui à la maison Taittinger. (NM)

Un assemblage privilégiant les noirs (75 %, dont 45 % de meunier) pour ce brut à la robe très claire parcourue d'une bulle fine. D'abord un rien trop sérieux, il doit être aéré pour livrer son fruit et ses arômes briochés. De discrètes notes d'agrumes et de fleurs enrichissent sa bouche juvénile et vive. 2015-2018 gougères au comté

Irroy, 42, bd Lundy, 51100 Reims, tél. 03 26 85 84 20, communication@champagne-irroy.fr Tattinger

ROBERT JACOB

| 2 267 | 15 à 20 €

Créé par Robert Jacob en 1960, ce vignoble proche de Bar-sur-Seine (Aube) compte aujourd'hui 6 ha. Il a été repris par son fils Daniel qui s'est lancé en 1976 dans l'élaboration du champagne. (RM)

Un rosé d'assemblage original (obtenu par adjonction de vin rouge) : s'il provient sans surprise du cépage majoritaire de l'Aube, le pinot noir, il a connu partiellement le bois ; les vins ont été vinifiés sans fermentation malolactique et le vin rouge a été obtenu par vinification semi-carbonique. Après de longues années de vieillissement (récolte 2006), ce champagne a des reflets tuilés et des arômes de fruits compotés. La bouche, en revanche, apparaît plus fraîche et fruitée. 2015-2018 crumble groseilles et framboises Prestige (6 000 b.) : vinifié sous bois et élevé cinq ans sur lattes, un blanc de blancs de caractère, vineux et long, au nez puissant, grillé, miellé et épicé. Pour les amateurs de champagnes vieux. 2014-2015

Robert Jacob, 14, rue de Morres, 10110 Merrey-sur-Arce, tél. 03 25 29 83 74, champagnejacob@wanadoo.fr V t.l.j. sf dim. 9h-12h 14h-17h30

ANDRÉ JACQUART Blanc de blancs Expérience

1er cru | 40 000 | 15 à 20 €

En 1908, Michel Jacquart achète les premières vignes. Un demi-siècle plus tard, André Jacquart devient récoltant-manipulant. Ses petits-enfants, Benoît et Marie Doyard prennent le relais en 2004 – après un début de carrière dans la banque (pour lui) et dans la communication (pour elle). Leur vaste vignoble couvre 24 ha dans la Côte des Blancs, et s'étend aussi dans le Bordelais. Les vinifications sont ici exigeantes : quatre ans de vieillissement pour le moins. (RM)

Selon la pratique du domaine, une vinification partielle en fût, sans fermentation malolactique. Une élaboration qui se traduit par un nez complexe, évolué et boisé, sur les fruits confits, le beurre et des notes grillées, et par une bouche généreuse et fraîche, un peu courte pour certains jurés. 2014-2017 ris de veau rissolés

André Jacquart, 63, av. de Bammental, 51130 Vertus, tél. 03 26 57 52 29, contact@a-jacquart-fils.com V r.-v. Couleurs Doyard

♥ JACQUART Blanc de blancs 2006 ★★

| 100 000 | 30 à 50 €

Créée en 1964, cette coopérative installée dans un somptueux hôtel particulier de Reims est rattachée à Alliance Champagne, important groupement de caves (2 400 ha, plus de 7 % du vignoble champenois). Les vignes destinées à la marque Jacquart couvrent 350 ha répartis dans plus de 60 crus des quatre grands secteurs de la région. (CM)

Un blanc de blancs élégant et raffiné. Sa mousse crémeuse coiffe sa robe dorée, brillante et limpide. Du verre monte un frais parfum de verger en fleur agrémenté de citronnelle et de vanille. Plus complexe encore, le palais ajoute à cette palette une note briochée. Harmonieux, plein et tout en finesse, il traduit une vendange bien mûre. « Du plaisir ! » conclut un dégustateur. « J'aime bien », écrit un autre qui, pratiquant la litote, vote aussi pour un coup de cœur. 2014-2020 belons et sabayon au champagne Mosaïque (20 à 30 €) : issu des trois cépages (60 % de noir), un champagne plaisant par ses arômes de fruits blancs et rouges très mûrs, soulignés de miel et de grillé, et par sa rondeur en bouche. 2014-2016

Alliance Champagne, 34, bd Lundy, 51100 Reims, tél. 03 26 07 88 40

YVES JACQUES Cuvée Tradition Réserve

| 3 000 | 11 à 15 €

Originaires de la Brie, les Jacques se lancent dans la vigne en 1932. Yves s'installe en 1955, agrandit le domaine et commercialise ses premiers champagnes en 1962. Son fils Rémy, qui a pris le relais en 1985, exploite 17 ha. (RM)

Le meunier (50 %), complété par le pinot noir (30 %) et le chardonnay, a laissé sa marque sur cette cuvée dorée aux arômes fruités et évolués (coing, compote...), et à la bouche ronde, charnue et expressive. Idéal au repas. 2014-2016 volaille farcie aux fruits secs

SCEV Rémi Jacques, 1, rue de Montpertuis, 51270 Baye, tél. 03 26 52 80 77, champagne.yvesjacques@wanadoo.fr V t.l.j. 9h-12h 14h-18h; dim. 9h-12h

GILBERT JACQUESSON
Cuvée Prestige Élevé en fût de chêne

| 4 440 | 15 à 20 €

Établi sur la rive gauche de la Marne, Henri Michel a débuté la champagnisation en 1927. Installé en 2000 à la tête de 7 ha, Jean-Baptiste Jacquesson représente la quatrième génération de récoltants-manipulants. (RM)

Un assemblage des trois cépages pratiquement à égalité (40 % de meunier, 30 % de pinot noir et autant de chardonnay), élevé huit mois en fût. Le champagne s'ouvre lentement, discrètement floral, avant de révéler des notes de noisette. Les agrumes dominent dans une bouche agréable mais plutôt fugace. 2014-2016 langoustines sauce à l'orange

Jean-Baptiste Jacquesson, 6, rue de l'Avenir, 51700 Troissy, tél. 03 26 52 70 69, troissy@club-internet.fr V t.l.j. sf sam. dim. 9h-12h 14h-17h; f. 20 déc.-5 janv. 15-31 août 3

JACQUESSON-BERJOT ★

| n.c. | 11 à 15 €

Loïc et Véronique Jacquesson exploitent 6 ha dans la vallée de la Marne. Ils ont lancé en 1992 leur champagne,

CHAMPAGNE

dont ils confient l'élaboration au Centre vinicole Nicolas Feuillatte à Chouilly. (RC)

Un joli rosé d'assemblage au nez intense de fruits confits, de noyau et de kirsch, auquel répond une bouche tout en griotte, à la longue finale sur les petits fruits noirs. ⌛ 2014-2018 🍷 fruits rouges et sabayon champagne ● **Réserve** : des pinots en vedette (90 %, dont 50 % de pinot noir) dans ce brut au nez de pêche, d'abricot et de brioche, au palais gras, persistant, à la fois rond et frais. ⌛ 2014-2018

⊶ Jacquesson-Berjot, 6, rue de Troissy, 51700 Nesle-le-Repons, tél. 03 26 58 38 92, loic.jacquesson@wanadoo.fr V 🚶 🍷 r.-v.

JACQUINET-DUMEZ Carte d'or ★

●	7 000	🍾	15 à 20 €

Domaine fondé en 1935. Installés en 1985, Olivier et Aline Jacquinet exploitent un vignoble de 7 ha autour des 1ers crus Mesneux, Sacy, Écueil et Villedommange. (RM)

Un brut privilégiant les noirs (60 % de meunier) complétés par le chardonnay. La robe soutenue, or paille, annonce de la générosité. De fait, le nez introduit dans un univers gourmand de pain d'épice, de nonette, de fruits secs, et de miel. Ces riches arômes parfument aussi une matière ample, structurée et équilibrée. Un beau champagne de table. ⌛ 2014-2018 🍷 turbot sauce hollandaise ● **Grande Réserve** ★ (10 à 15 €) : un blanc de noirs (80 % de meunier) rond et long, dont le nez floral et fruité s'agrémente de notes de fruits secs et de fumé reflétant un passage en foudre de chêne. ⌛ 2015-2018

⊶ Jacquinet-Dumez, 26, rue de Reims, 51370 Les Mesneux, tél. 03 26 36 25 25, contact@champagne-jacquinet-dumez.com V 🚶 🍷 t.l.j. 9h-12h 13h30-17h30

PIERRE JAMAIN ★

●	2 849	🍾	15 à 20 €

Un petit vignoble de 3,5 ha à l'extrême sud du Sézannais, propice au chardonnay. Pierre Jamain a commercialisé les premières bouteilles en 1962. Sa fille Élizabeth Jamain-Dona a pris le relais en 1985, rejointe depuis par Caroline. (RM)

Un rosé d'assemblage (80 % de chardonnay) au nez discret de rose, de fruits rouges et de noisette. Sans excès de longueur, il se montre agréable en attaque, souple et joliment fruité en finale. ⌛ 2014-2017 🍷 cailles rôties aux cerises ● **2008** ★ (10 353 b.) : un blanc de blancs au nez discret, partagé entre les fleurs blanches et des notes évoluées de fruits mûrs et de grillé. Bouche charnue et fraîche, dans le même registre. ⌛ 2014-2017

⊶ Pierre Jamain, 1, rue des Tuileries, 51260 La Celle-sous-Chantemerle, tél. 03 26 80 21 64, caroline@champagnejamain.com V 🚶 🍷 r.-v.

JEAUNAUX-ROBIN Extra-brut Grande Tradition

●	5 000	🍾 🛢	20 à 30 €

Michel Jeaunaux et Marie-Claude Robin se lancent dans la manipulation dans les années 1970, à partir des vignes familiales. Cyril, installé en 1999, exploite (en biodynamie non certifiée) près de 6 ha, pour l'essentiel à l'entrée de la vallée du Petit Morin, avec 1 ha près de Bar-sur-Aube. (RM)

Les noirs dominent (90 %, dont deux tiers de meunier) dans l'assemblage de cet extra-brut partiellement vinifié en fût (15 %). Une robe pâle ; un nez fin et léger sur les fruits mûrs, la vanille, la pâtisserie et les épices. Construite sur la fraîcheur, une bouche nette, droite et vive, d'une vigueur prometteuse. ⌛ 2015-2018 🍷 pavé de bar au beurre citronné

⊶ Cyril Jeaunaux, 1, rue de Bannay, 51270 Talus-Saint-Prix, tél. 03 26 52 80 73, cyril@champagne-jr.fr V 🚶 🍷 r.-v.

JOANNES LIOTÉ ET FILS Cuvée Prestige ★

●	7 500	🍾	15 à 20 €

Un domaine familial créé en 1929 aux portes d'Epernay, conduit depuis 1989 par Didier Joannes, à la suite de ses parents. Le vignoble, 8,6 ha sur les deux rives de la Marne, fait la part belle au meunier. (RM)

Aucune grappe de meunier dans ce brut mais 70 % de chardonnay et du pinot noir récoltés en 2007. Cinq ans de vieillissement sur lattes lui ont apporté des reflets dorés et ont épanoui son nez. Fruités et épicés, les arômes parfument sa matière souple et équilibrée, et persistent longtemps en bouche. Sa puissance et sa fraîcheur laissent une impression d'harmonie. ⌛ 2014-2015 🍷 sole grillée ● **Brut Cuvée de réserve** (11 à 15 € ; 60 000 b.) : un champagne construit sur le meunier (70 %, avec les deux autres cépages en appoint). Nez discret mais complexe (poire, pêche, fleurs blanches, agrumes, brioche...), bouche légère est flatteuse. ⌛ 2014-2017

⊶ SCEV Joannes Lioté, 31, rue Victor-Hugo, 51530 Mardeuil, tél. 03 26 55 32 02, joannes-liote@wanadoo.fr V 🚶 🍷 r.-v.

RENÉ JOLLY Cuvée spéciale RJ ★

●	8 000	🍾 🛢	20 à 30 €

Créé au XVIIIe s. dans la vallée de l'Ource (Aube), ce domaine familial de 13,5 ha est conduit depuis 2000 par Pierre-Éric Jolly qui a développé l'export, privilégie l'élevage en fût et a mis au point un nouveau muselet à trois branches. (RM)

Le chardonnay (54 %) et le pinot noir des récoltes 2006 et 2005 composent cette cuvée qui atteint sa plénitude. Une robe bien dorée et un nez brioché et grillé préludent à une bouche vive à l'attaque, puis ample et onctueuse, qui finit sur une légère pointe d'amertume. ⌛ 2015-2018 🍷 canard à l'orange ● **Blanc de blancs** ★ (15 à 20 € ; 6 000 b.) : des arômes fins et typés de fleurs blanches et d'agrumes, une bouche équilibrée et longue à la finale boisée. ⌛ 2015-2019

⊶ René Jolly, 10, rue de la Gare, 10110 Landreville, tél. 03 25 38 50 91, contact@jollychamp.com V 🚶 🍷 r.-v.

BERTRAND JOREZ Sélection ★

●	n.c.	11 à 15 €

Domaine familial de 5 ha établi depuis trois générations sur le versant nord de la Montagne de Reims. Installé en 1980, Bertrand Jorez a lancé son champagne la même année. (RC)

Le chardonnay (60 %) et le meunier récoltés en 2009 se partagent cette cuvée au nez élégant d'acacia et de pêche. La bouche montre un réel équilibre entre ampleur et fraîcheur. Un champagne harmonieux, d'une grande finesse, qui tiendra sa place à l'apéritif comme à table. ⧗ 2015-2019 🍷 poulet aux écrevisses ● Tradition : issu des trois cépages (meunier 48 %, chardonnay 44 %, pinot noir 8 %) et de la vendange 2010, un brut au nez léger et au palais vif et droit. ⧗ 2014-2015

🔑 Bertrand Jorez, 13, rue de Reims, 51500 Ludes, tél. 03 26 61 14 05, bertrand.jorez@wanadoo.fr V r.-v.

JOSEPH PERRIER 2004 ★

● | n.c. | | 50 à 75 €

Joseph Perrier, fils de négociant, crée son affaire en 1825. Ses cuvées deviennent « royales » en fournissant la cour d'Angleterre au début du XXe s. Paul Pithois prend le contrôle de l'affaire en 1888, la seule à avoir subsisté parmi les dizaines qui prospéraient au XIXe s. à Châlons-en-Champagne. Une maison présidée aujourd'hui par son arrière-petit-fils Jean-Claude Fourmon. Aux commandes de la production (dont 20 % issus de 21 ha en propre), Claude Dervin, comme avant lui son père et son grand-père. (NM)

Ce rosé dominé par le pinot noir (61 %) épaulé par 33 % de chardonnay et un soupçon de meunier provient de grands crus (Mailly, Chouilly, Le Mesnil-sur-Oger) et de 1ers crus (Cumières, Rilly...) ; il a vieilli six ans en cave. La couleur dans des tons orangé tuilé a été obtenue par l'ajout d'un vin rouge de Cumières. Le nez se montre intense et frais avec des arômes de fruits mûrs et d'écorce de mandarine. La bouche, un peu fugace, est expressive, fraîche à l'attaque, soyeuse, nuancée d'arômes de torréfaction. ⧗ 2014-2018 🍷 magret de canard

🔑 Joseph Perrier, 69, av. de Paris, 51016 Châlons-en-Champagne Cedex, tél. 03 26 68 29 51, ejp@josephperrier.fr V t.l.j. 8h-12h 14h-18h

JEAN JOSSELIN Alliance ★

● | 20 166 | | 15 à 20 €

La famille Josselin cultive la vigne depuis 1854 à Gyé-sur-Seine (Aube). Jean a lancé sa marque en 1957 Son fils Jean-Pierre a pris le relais en 1980, rejoint en 2010 lui aussi par son fils Jean-Félix, œnologue. (RM)

Le pinot noir (70 %) s'allie au chardonnay dans cette cuvée or clair traversée d'une bulle fine. Le nez évoque la fleur blanche, avec des touches de fruits secs et confits. C'est surtout en bouche que ce champagne convainc, tout en finesse, rond sans lourdeur et droit sans rien de mordant, de belle longueur : un réel équilibre, et même de la noblesse, selon un juré. Proche des deux étoiles. ⧗ 2015-2018 🍷 saint-jacques à la crème

🔑 Jean-Pierre Josselin, 14, rue des Vannes, 10250 Gyé-sur-Seine, tél. 03 25 38 21 48, champagne-josselin@orange.fr V t.l.j. 8h-12h 13h30-17h30; sam. dim. sur r.-v.

♥ KRUG Grande Cuvée ★★

● | n.c. | | + de 100 €

Originaire de la vallée du Rhin, Joseph Krug, fondateur en 1843 de cette célèbre maison rémoise, fut un assembleur hors pair, qui réussit à magnifier terroirs, cépages et années pour produire un champagne de prestige à son goût. Il codifia sa méthode, transmise de

génération en génération. Si l'affaire appartient depuis 1999 au groupe LVMH, elle est restée maîtresse de son savoir-faire, le style étant garanti par Olivier Krug, gardien du temple. Elle ne propose que des cuvées haut de gamme, fruits d'assemblages minutieux et savants de vins vinifiés en fût de 205 l identifiés par le cru. Le vieillissement sur pointe dure six ans au minimum. Il en résulte des champagnes complexes et de garde. (NM)

La cuvée emblématique de la maison à son meilleur : l'intemporel. Un assemblage de 134 vins des trois cépages et de 12 millésimes différents (le plus ancien de 1990 et le plus récent de 2005). De très fines bulles traversent la robe claire, limpide et brillante, offrant au nez d'intenses fragrances de fruits secs et confits, de cuir, de boisé et d'humus. Les fleurs blanches et le pain grillé s'ajoutent en bouche à cette palette aromatique d'une rare complexité. Ample et charpentée, la bouche, grâce à sa vivacité et à son effervescence, laisse une sensation de finesse au palais. Le savourer maintenant ? L'oublier en cave ? Le déguster pour lui-même, à l'apéritif, à table ? Chacun y va de sa proposition mais tout le monde s'accorde sur ce point : c'est un « grand champagne », un « vin sublime, de grande gastronomie ». ⧗ 2014-2025 🍷 noix de Saint-Jacques aux truffes ● Vintage 2000 ★★ ♥ : vieilli plus de dix ans, ce millésimé né de pinot noir, de meunier et de chardonnay reçoit comme l'an dernier deux étoiles et un coup de cœur. Toujours aussi complexe et élégant, le nez traduit une évolution maîtrisée, déclinant toute la gamme empyreumatique (cacao, café, fumé) et des notes de fruits secs. Dans le même registre, la bouche suave, expressive et longue n'a pas bougé, mise en valeur par une acidité préservée. ⧗ 2014-2020 ● Rosé ★★ : un rosé d'assemblage issu des trois cépages. Robe saumon très clair, nez de fruits mûrs ou macérés, de beurre, de vanille, de fumé ; bouche à l'unisson, riche, fondue et d'une rare longueur. ⧗ 2014-2018

🔑 Krug, 5, rue Coquebert, 51100 Reims, tél. 03 26 84 44 20, krug@krug.fr 🔑 LVMH

LABBE ET FILS Carte d'or ★★

● 1er cru | 7 000 | | 11 à 15 €

Depuis la fin du XIXe s., les Labbe se succèdent de père en fils sur leurs terres de Chamery, 1er cru situé sur le flanc nord de la Montagne de Reims, qui mérite le détour pour la très haute flèche de son église. Le vignoble, qui couvre aujourd'hui 10 ha, est dirigé par Didier Labbe depuis 1975. (RM)

Le meunier (50 %) s'allie au pinot noir (40 %) et à un appoint de chardonnay dans ce champagne intense et flatteur. Brioche, amande, beurre, fruits jaunes, chocolat composent une palette aromatique très gourmande, tant au nez qu'en bouche. Le palais, à l'unisson, conjugue rondeur et fraîcheur, et persiste longuement. ⧗ 2014-2018 🍷 allumettes au comté

🔑 Labbe et Fils, 5, chem. du Hasat, 51500 Chamery, tél. 03 26 97 65 45, champagne.labbe@wanadoo.fr V t.l.j. sf dim. 9h-12h 14h-18h30; f. 8-31 août

LACOMBE ★★

1er cru | 60 000 | 15 à 20 €

Francis Tribaut, également à la tête du champagne Lallier, a créé en 2004 la maison portant le nom de son beau-père, vigneron à Cahors. L'affaire s'appuie sur 20 ha en propre et sur un site de production très moderne, construit en 2011. (NM)

Née de 50 % de pinot noir et de 20 % de meunier alliés à 30 % de chardonnay, cette cuvée assemble la récolte de 2010 avec 30 % de vins de réserve (2009 et 2007). Elle vieillit trois ans sur lattes. Le résultat ? Un champagne qui conjugue puissance et élégance. Le nez intense associe les fruits jaunes (pêche, mirabelle) et des nuances grillées. Après une attaque fraîche, le palais se développe avec ampleur et son fruité persiste longuement. Une remarquable harmonie. 2015-2018 pavé de sandre crème de champagne ● Grande Cuvée ★ (100 000 b.): issu des trois cépages presque à parité, un champagne d'apéritif, harmonieux et long, aux arômes d'agrumes, de beurre et de brioche. 2015-2018

Georges Lacombe, 4, pl. de la Libération, 51160 Aÿ, tél. 03 26 55 43 40, contact@champagne-lacombe.fr V r.-v.
Francis Tribaut

LACOURTE-GODBILLON ★

1er cru | 47 000 | 15 à 20 €

Installés en 2006 sur le domaine familial fondé en 1883 (8 ha au sud-ouest de Reims), Géraldine Lacourte et son conjoint Richard Desvignes sont désormais récoltants-manipulants : jusqu'en 2014 et la construction d'un pressoir-cuverie, ils confiaient le pressurage à la coopérative. (RM)

Les propriétaires disent rechercher un style de champagne tendu et frais. À lire les commentaires des dégustateurs, l'objectif est atteint avec cette cuvée qui met en vedette le pinot noir, cépage majoritaire à Écueil, complété par le chardonnay. Un nez gourmand et complexe (fruits blancs, fruits exotiques, fleurs blanches, noisette et notes grillées) prélude à une bouche légère marquée par les agrumes et une franche acidité. À servir dès l'apéritif. 2015-2018 sole meunière ● 2007 1er cru (20 à 30 € ; 10 000 b.): mi-pinot noir mi-chardonnay, une cuvée élégante, discrète et vive, aux arômes de pain grillé. 2015-2018

Lacourte-Godbillon, 16, rue des Aillys, 51500 Écueil, tél. 03 26 49 74 75, contact@champagne-lacourte-godbillon.com V r.-v.

LACROIX
Cuvée Tradition ★★

45 000 | 11 à 15 €

Jean Lacroix s'installe en 1968 sur la rive droite de la Marne, agrandit son vignoble et lance son champagne en 1974. Son fils Anthony, qui l'a rejoint en 1999, officie en cave. Le domaine couvre 13 ha. (RM)

Les noirs sont en vedette (90 %, dont 60 % de meunier) dans ce brut qui assemble les années 2010 et 2009. Or très clair, la robe est parcourue d'un joyeux cordon de fines bulles qui laissent monter de fringantes senteurs d'agrumes et de fruits jaunes. Après une attaque fraîche, la bouche dévoile vinosité et richesse. Une longue finale marquée par une pointe saline conclut la dégustation. 2014-2017 tourte chaude au lapin

Lacroix, 14, rue des Genêts, Montigny-sous-Châtillon, 51700 Châtillon-sur-Marne, tél. 03 26 58 35 17, champlacroix2@wanadoo.fr V r.-v.

LACULLE
Brut premier

56 000 | 15 à 20 €

La famille Laculle, établie en 1789 dans l'Aube, cultive plus de 11 ha de vignes sur les coteaux de la vallée de l'Arce, à l'est de Bar-sur-Seine. La marque a été créée en 2000. (RM)

Ce brut est un blanc de pinot noir, cépage très majoritaire dans le Barséquanais. Ouvert, son nez évoque l'amande, l'abricot et le grillé. Mûre et vive à la fois, sa bouche est complexe et dotée d'une bonne longueur. 2014-2015 cailles farcies aux fruits secs

Laculle, 1, rue du Vieux-Château, 10110 Chervey, tél. 03 25 38 78 17

ALAIN LALLEMENT
Blanc de blancs ★

3 000 | 15 à 20 €

Alain Lallement, qui a pris les rênes de l'exploitation en 1975, est aujourdhui appuyé par son fils Antoine. La famille a développé l'hébergement, ce qui permet aux visiteurs de découvrir la vaste forêt de Verzy et ses hêtres tortillards, les célèbres faux. (RM)

Une curiosité : du chardonnay de Verzy, grand cru de la Montagne de Reims célèbre pour son pinot noir. Ce blanc de blancs n'en est pas moins très réussi : au nez, d'agréables senteurs d'agrumes (citron, pamplemousse), d'amande grillée et de cire se prolongent dans une bouche fraîche en attaque, aérienne, aromatique et longue. Son dosage juste contribue à son harmonie. 2015-2019 sole grillée

Alain Lallement, 19, rue Carnot, 51380 Verzy, tél. 03 26 97 92 32, champagne.alain.lallement@club-internet.fr V r.-v. 3 B

LAMBLOT
Carte noire Tradition ★

10 000 | 11 à 15 €

Entre Ardre et Vesle, Janvry annonce la Montagne de Reims. Sous Louis XIV, Droüin Lamblot fut le premier de la lignée à y cultiver de la vigne. Aujourd'hui, Patrick Lamblot et son fils Alexandre conduisent 6,5 ha éparpillés en de multiples parcelles. (RC)

Un blanc de noirs (90 % de meunier) des récoltes 2011 à 2008. Malgré le cépage dominant et la présence de vins de réserve, ce brut garde un caractère très juvénile avec sa robe pâle, son nez vif de fleurs blanches et d'agrumes, puis avec son attaque fraîche. La bouche montre ensuite une rondeur soulignée par un dosage perceptible. Légers amers en finale. 2015-2018 verrines crevettes pamplemousse ● Brut Sélection ★ (15 à 20 € ; 6 500 b.): les trois cépages champenois récoltés en 2009 et assemblés par tiers. Nez de verger en fleurs, de fruits blancs et de noisette, bouche fraîche à l'attaque, ample et ronde, bon dosage. 2014-2016

Lamblot, 9, rue Saint-Vincent, 51390 Janvry, tél. 03 26 03 80 00, contact@champagne-lamblot.fr V r.-v.

LAMIABLE Extra-brut ★★

Gd cru	15 000		15 à 20 €

Première récolte en 1955 par les quatre frères Lamiable. En 1972, Jean-Pierre reprend l'exploitation (5,7 ha dans la Montagne de Reims) et lance son champagne. Il est appuyé aujourd'hui par Orianne, à la vente, et par Ophélie, aux vignes et à la cave. (NM)

Souvent remarqué, l'extra-brut du domaine est plébiscité cette année. Ophélie Lapie-Lamiable veut éviter, écrit-elle, de « trop manipuler » la vendange. Sans doute apprécie-t-elle ce style de champagne peu dosé. Celui-ci naît de six parts de pinot noir pour quatre de chardonnay et des récoltes 2011 et 2010. Paré d'une robe or clair animée d'une mousse légère, il offre un nez floral, fruité (agrumes) et minéral, complexe et tout en finesse. En bouche, il séduit par sa pureté, son harmonie et sa longueur. 2015-2018 plateau de fruits de mer

Lamiable, 8, rue de Condé, 51150 Tours-sur-Marne, tél. 03 26 58 92 69, lamiable@champagnelamiable.fr V r.-v.

JEAN-JACQUES LAMOUREUX Réserve ★

	72 782		11 à 15 €

René Lamoureux a planté ses premières vignes en 1947 aux Riceys, relayé en 1978 par Jean-Jacques qui a lancé son champagne en 1985. Son fils Vivien, œnologue, officie aujourd'hui en cave. (RM)

Un blanc de noirs qui doit presque tout au pinot noir (96 %), cépage roi aux Riceys. Un champagne à la robe claire traversée de bulles fines et au nez franc, discrètement floral. Les dégustateurs ont surtout aimé la complexité et l'ampleur dune bouche rafraîchie par une acidité délicate. 2014-2015 gougères rosé (8 500 b.) : issu essentiellement de pinot noir, un rosé de caractère à la robe soutenue, au nez partagé entre fraise et griotte, et à la bouche puissante et aromatique. Les 7 % de chardonnay apportent de la fraîcheur. 2014-2015

EARL Jean-Jacques Lamoureux, 27 bis, rue du Gal-de-Gaulle, 10340 Les Riceys, tél. 03 25 29 11 55, champlamoureux@orange.fr V t.l.j. sf dim. 10h-12h 14h-18h

VINCENT LAMOUREUX Réserve ★

	6 240		15 à 20 €

Ce domaine est né en 1987 de l'union de Sylviane Vincent avec Jean-Michel Lamoureux. Ces récoltants cultivent 8 ha et proposent les trois AOC de la Champagne. (RM)

Le pinot noir, qui compose 70 % de ce champagne, a légué ses arômes de groseille, de framboise et de fruits blancs, tandis que le chardonnay imprime au nez un côté floral et aérien. À la fois riche et tendu au palais, ce champagne séduit par sa complexité et se montre harmonieux de l'attaque à la finale. 2014-2019 croustillants au chèvre frais

EARL Vincent Lamoureux, 2, rue du Sénateur-Lesaché, 10340 Les Riceys, tél. 03 25 29 39 32, lamoureux-vincent@wanadoo.fr V r.-v.

PHILIPPE LANCELOT Les Bas de Saran 2008

Gd cru	n.c.	30 à 50 €

Le champagne Lancelot-Wanner naît en 1974 de l'union d'Yves Lancelot et Françoise Wanner. Leur fils Philippe Lancelot prend les rênes du domaine en 2007 : 4,6 ha dans la Côte des Blancs. Son ambition : des vins de garde dignes de ce terroir. (RM)

Le château de Saran domine l'un des meilleurs coteaux de Champagne pour le chardonnay, entre Cramant et Chouilly. La propriété en cultive quatre parcelles. Ce brut d'un millésime de bonne tenue se montre encore jeune, floral, fin et vif. En devenir. 2016-2020 huîtres Y. Lancelot-Wanner Chardonnay Réserve grand cru (15 à 20 € ; 25 000 b.) : nez agréable de citron et d'acacia, attaque fraîche, corps souple, de bonne longueur, plus rond que le précédent. 2014-2015

Y. Lancelot-Wanner, 155, rue de la Garenne, 51530 Cramant, tél. 03 26 57 58 95, philippe@champagnelancelot.com V r.-v.

LANCELOT FILS Tradition Saint-Jean ★

	4 000		15 à 20 €

Claude Lancelot s'est installé en 1978 sur le domaine familial : 5 ha de vignes à dominante de chardonnay, aux environs d'Avize, mais pas sur cette commune. En 2012, la moitié du vignoble a été transmise au fils. (RM)

Un rosé né de la saignée d'une cuve de pinot noir récolté en 2006. La macération, plutôt longue, a donné une couleur saumon soutenu. Sans surprise, le nez s'ouvre sur un panier de fruits rouges (fraise, framboise, cerise) et la bouche, après une attaque fraîche, se montre corpulente et vineuse. 2014-2017 soupe de fruits rouges Blanc de blancs Cuvée spéciale Cramant grand cru 2006 ★ (4 000 b.) : nez intense d'agrumes confits et de fruits secs, bouche ronde, crémeuse et pourtant fraîche, appelant une viande blanche. 2014-2018 Brio Claude Lancelot 2004 ★ (20 à 30 € ; 4 000 b.) : né d'un assemblage de pinot aubois (40 %) et de chardonnay, un champagne de repas, or paille, rond, légèrement évolué (fruits compotés et fleurs séchées). 2014-2017

Lancelot-Goussard, 30, rue Ernest-Vallé, 51190 Avize, tél. 03 26 57 94 68 V r.-v.

LANCELOT-PIENNE Table ronde ★

Gd cru	8 000		15 à 20 €

L'union d'Albert Lancelot avec Brigitte Pienne, suivie de la mise en commun de leurs vignobles de la Côte des Blancs, est à l'origine de la marque, en 1970. Leur fils Gilles, œnologue, leur succède en 2005. Les vins du domaine sont très peu dosés. (RM)

Gilles Lancelot est marié à Céline Perceval, d'où le nom de la cuvée... Cette version, qui assemble les années 2009 à 2006, illustre bien le blanc de blancs sans année. Robe claire, nez fin, grillé, beurré et brioché, bouche légère et fraîche aux senteurs de fruits mûrs, belle longueur, tout y est. L'harmonie aussi. 2014-2018 carpaccio de saint-jacques Cuvée Marie Lancelot 2009 (30 à 50 € ; 3 000 b.) : issu du seul chardonnay de Cramant, un blanc de blancs au nez discret de fleurs blanches, de fruits secs et de grillé, et à la bouche structurée et fraîche. 2014-2015

CHAMPAGNE

Lancelot-Pienne, 1, pl. Pierre-Rivière, 51530 Cramant, tél. 03 26 59 99 86, lancelot-pienne@wanadoo.fr V r.-v.

LANSON Vintage Collection 1990 ★★

	n.c.	+ de 100 €

Maison fondée en 1760 par François Delamotte, propriétaire de vignes à Cumières. Jean-Baptiste Lanson prend le contrôle de l'affaire en 1837, lui donne son nom et sa dimension internationale en commerçant vers l'Europe du Nord. La marque est depuis 2006 le fleuron du groupe BCC. Le style maison : une grande fraîcheur due à des vinifications sans fermentation malolactique. (NM)

Il est heureux de pouvoir acheter et déguster des millésimes anciens conservés dans les meilleures conditions. Celui-ci, à son apogée, naît d'une récolte d'une exceptionnelle qualité. Il assemble pinot noir et chardonnay à parts pratiquement égales. La robe d'or ambré révèle son âge certes, mais la bulle est encore bien présente et propulse hors du verre un bouquet magnifique de richesse et de complexité. Parfaitement fondue, la grande acidité équilibre la maturité et porte loin les saveurs. « Un grand seigneur ! » s'exclame un de nos dégustateurs expérimenté. 2014-2017 carré de porc aux épices ● **Noble Cuvée 2000 ★ (75 à 100 €)** : deux tiers de chardonnay et un tiers de pinot noir dans ce 2000 aux reflets ambrés, encore frais, aromatique et harmonieux. Au nez comme au palais, une palette complexe et évoluée : menthol, fumée, iode, pâte de coings, pruneau cuit, cacao. 2014-2017

Lanson, 66, rue de Courlancy, 51100 Reims, tél. 03 26 78 50 50, info@lanson.fr V r.-v.
Lanson-BCC

GUY LARMANDIER Blanc de blancs ★★

	Gd cru	30 000		15 à 20 €

Récoltants-manipulants depuis plusieurs générations, les Larmandier sont bien connus dans la Côte des Blancs. La marque a été lancée en 1961. Les enfants de Guy et de Colette, Marie-Hélène et François, ont pris les commandes du domaine : 9 ha à Vertus, Chouilly et Cramant. (RM)

Cramant a la réputation de livrer des vins élégants, longs à se faire. Né au cœur de ce grand cru, celui-ci semble répondre à ce profil. Sa robe or clair aux reflets verts est traversée par un train de bulles vives. Le nez, très fin, est encore sur la réserve. La bouche fraîche et délicate voit sa vivacité équilibrée par un subtil dosage. La longue finale sur de nobles amers laisse présager une bonne garde. 2015-2020 huîtres ● **Blanc de blancs cuvée perlée grand cru (7 500 b.)** : un champagne floral, fin, frais et harmonieux. Une bonne introduction au blanc de blancs. 2015-2018

Guy Larmandier, 30, rue du Gal-Kœnig, 51130 Vertus, tél. 03 26 52 12 41, guy.larmandier@wanadoo.fr V r.-v.

LARNAUDIE-HIRAULT Blanc de noirs ★★

	1er cru	n.c.	15 à 20 €

Installés à Trois-Puits, 1er cru situé aux portes de Reims, Yves et Marie-Thérèse Larnaudie ont lancé leur champagne en 1975. Leur fils aîné Michaël les a rejoints en 2006 sur un vignoble de 7 ha. (RM)

Né du seul pinot noir, ce champagne en porte l'empreinte : une robe dorée, un nez riche, qui met en avant les fruits mûrs ; une bouche puissante, structurée et longue, équilibrée par une franche acidité et de frais arômes d'agrumes. Harmonie et solidité. 2015-2018 poularde aux morilles ● **2008 1er cru ★ (20 à 30 € ; 2 520 b.)** : 2008 a donné des raisins bien mûrs et acides. Ici, du chardonnay et du pinot noir à parité et une vinification partielle en fût. Nez subtil, floral et brioché, bouche gourmande où richesse et fraîcheur s'équilibrent. 2014-2017

Larnaudie-Hirault, 20, Grande-Rue, 51500 Trois-Puits, tél. 03 26 85 47 14, champagne.larnaudie-hirault@wanadoo.fr V r.-v.

P. LASSALLE-HANIN 2005 ★★

	1 500		15 à 20 €

Une exploitation familiale située à Chigny-les-Roses, village de la Montagne de Reims. Le vignoble de 8,5 ha s'est constitué à partir des années 1950. (RM)

Millésime solaire, 2005 a imprimé sa marque aux raisins de pinot et de chardonnay assemblés à parts égales dans cette cuvée. Le nez intense et joliment évolué mêle les fruits cuits, la crème caramel, la pâtisserie et des notes grillées. Tout aussi aromatique, charnue, la bouche bénéficie d'une belle fraîcheur et d'une finale sur les fruits secs. 2014-2017 poulet au champagne ● **Blanc de blancs ★ (10 000 b.)** : un champagne en devenir qui met en avant le citron et les herbes fraîches dans une matière vive et longue. 2014-2017 ● **Cuvée de réserve (11 à 15 € ; 25 000 b.)** : issu des trois cépages avec une dominante de noirs, un jeune champagne d'apéritif frais à l'attaque, de bonne longueur, aux arômes de fleurs blanches, de grillé et de brioche. 2014-2017

P. Lassalle-Hanin, 2, rue des Vignes, 51500 Chigny-les-Roses, tél. 03 26 03 40 96, gaec.lassalle.hanin@orange.fr V r.-v.

LAURENT LAUNAY Réserve ★★

	20 000		11 à 15 €

Pierre Launay a débuté ses plantations en 1967 dans le Sézannais et vendu ses premières bouteilles en 1973. Associés, ses trois fils, Jérôme (à la vigne), Lionel (à la cave) et Laurent (à la gestion), commercialisent leurs vins sous des prénoms différents. Le domaine de 14 ha s'étend aussi dans la Côte des Bar, dans l'Aube. (RM)

Le chardonnay (60 %) s'allie au pinot noir dans cette cuvée qui assemble les années 2010 et 2009. Jaune pâle aux reflets verts, un champagne facile et aimable, au nez expressif de fleurs, de miel et de brioche, à la bouche équilibrée, ronde et persistante. 2015-2018 bouchées aux saint-jacques

GAEC Champavigne, 11, rue Saint-Antoine, 51120 Barbonne-Fayel, tél. 03 26 80 20 03, contact@champagne-launay.fr V r.-v.

LAURENT-GABRIEL Carte d'or

	1er cru	14 585	11 à 15 €

Une marque créée par Daniel Laurent en 1982. Depuis 2001, Marie-Marjorie Laurent, sa fille, exploite les 3 ha du domaine répartis dans la Grande Vallée de la Marne en Côte des Blancs. (RM)

Les raisins noirs sont en avant (75 % de pinot noir et 10 % de meunier) dans ce brut vinifié sans fermentation malolactique. L'orange, au nez, le pamplemousse, au palais, dominent la palette aromatique, en harmonie avec une bouche fraîche de bonne longueur. 2014-2017 salade de crabe au pamplemousse

EARL Laurent-Gabriel, 2, rue des Remparts, 51160 Avenay-Val-d'Or, tél. 03 26 52 32 69, email@laurent-gabriel.com V r.-v.

LAURENT-PERRIER 2004 ★★

n.c. | 30 à 50 €

Cette célèbre maison, créée en 1812 par le tonnelier André-Michel Pierlot, associe les patronymes de Mathilde Perrier et de son époux Eugène Laurent, chef de cave ayant repris l'affaire. Elle connaît l'expansion jusqu'au lendemain de la Grande Guerre, puis la léthargie après la disparition sans héritier de la veuve Laurent-Perrier en 1925. Marie-Louise de Nonancourt, née Lanson, rachète la maison en 1939 ; son fils Bernard (1920-2010) lui redonne son lustre et en fait un groupe d'importance détenant des marques réputées comme Salon et Delamotte, et célèbre pour ses cuvées spéciales. (NM)

Ce 2004 assemble à parts égales du chardonnay grand cru de la Côte des Blancs et du pinot noir de même rang de la Montagne de Reims. Or pâle, auréolé d'une jolie mousse persistante, il se montre d'abord discret et frais, et gagne en complexité et en finesse à l'aération, libérant des notes de fruits jaunes, d'agrumes confits et d'herbes de Provence. Après une attaque fraîche et minérale, la bouche dévoile des arômes de torréfaction, de caramel et d'anis qui persistent longuement. 2014-2025 ris de veau à la crème **Brut ★** : mi-blancs mi-noirs (les deux pinots), le brut sans année vieillit trois ans au minimum. Nez de fruits blancs puis de torréfaction, attaque fraîche et aérienne, bonne longueur, bon dosage. 2014-2018 **Cuvée Rosé** (50 à 75 €) : né du pur pinot noir, un champagne rose-orangé aux arômes de fruits rouges, équilibré, très légèrement tannique. 2014-2018

Laurent-Perrier, Dom. Laurent-Perrier, 51150 Tours-sur-Marne, tél. 03 26 58 91 22, al.domenichini@laurent-perrier.fr V r.-v.

Famille de Nonancourt

PASCAL LEBLOND-LENOIR Prestige ★

2 648 | 15 à 20 €

Établie sur les hauteurs de la Seine, à l'extrême sud de la Champagne, cette famille a commercialisé ses premières bouteilles après 1945. Pascal a lancé sa marque en 1980. Avec ses enfants Claire et Julien, il exploite un domaine de 10 ha dont une partie est dédiée au rare pinot blanc. (RM)

Deux gros tiers de chardonnay complétés de pinot noir ont donné un champagne clair au nez frais d'agrumes, d'aubépine et de fruits blancs. Une touche de pâtisserie vient parfaire cette palette dans un palais vif, élégant et persistant. Une cuvée qui fera le même usage qu'un blanc de blancs : à ouvrir dès l'apéritif. 2014-2018 miniquiches au saumon **Grande Réserve ★** (10 à 15 € ; 6 500 b.) : 20 % de pinot blanc s'ajoutent au chardonnay (18 %) et au pinot noir (62 %) de la récolte 2009. Un champagne jeune, droit, frais et aérien, au nez de fruits blancs (poire). 2015-2017

Pascal Leblond-Lenoir, 49, Grande-Rue, 10110 Buxeuil, tél. 03 25 38 54 04, pascal.leblondlenoir@free.fr V r.-v.

ALAIN LEBOEUF ★

5 700 | 11 à 15 €

Fils et petit-fils de vignerons aubois, Alain Leboeuf a repris en 1989 le domaine familial : 7 ha à l'extrême sud-est de la Champagne, aux confins de la Haute-Marne. (RM)

Meunier et chardonnay se partagent les 10 % venant compléter le pinot noir qui compose pour l'essentiel ce très joli rosé d'assemblage. Si la robe est d'un rose très soutenu, les arômes fruités sont aériens et délicats. En bouche, le dosage sensible, associé aux notes de framboise et à une belle fraîcheur, donne à ce vin un côté gourmand et flatteur. 2014-2020 dessert aux fruits rouges **Blanc de blancs Réserve** (6 300 b.) : intensément floral au nez, généreusement dosé, fondu, tout en rondeur et en fruits jaunes ; pour le dessert. 2014-2018

SCEV Alain Leboeuf, 1, rue du Moulin, 10200 Colombé-la-Fosse, tél. 03 25 27 11 26, scevleboeuf@wanadoo.fr V r.-v.

ALEXANDRE LEBRUN Révélation 2009 ★★

1 000 | 30 à 50 €

Ses ancêtres travaillaient déjà la terre sur les coteaux sud d'Épernay au XVIIIe s. Après avoir fait deux fois le tour du monde pour découvrir les pays viticoles, Alexandre Lebrun a repris l'exploitation familiale en 2006 et lancé sa marque. (RM)

Un blanc de noirs né du seul meunier vinifié à basse température (10 °C), élevé partiellement en fût et dosé en extra-brut. Le fruit est ici mis en valeur, un florilège de pêche, de coing, d'abricot et de griotte. Une touche beurrée s'ajoute à cette palette dans une bouche flatteuse, ample et longue. 2014-2015 crumble à la pêche **2006 ★** : champagne aux arômes délicatement évolués (pain de mie, caramel, raisins secs) et à la bouche fraîche. 2015-2018

Alexandre Lebrun, 9, rue Saint-Vincent, 51530 Monthelon, contact@champagne-lebrun.fr V t.l.j. 9h-12h 14h-19h 3 A

PAUL LEBRUN Blanc de blancs Cuvée Prestige

25 000 | 15 à 20 €

Un domaine né en 1902 au cœur de la Côte des Blancs. En 1931, Paul Lebrun lance son champagne. Aujourd'hui, ses petits-enfants Nathalie et Jean Vignier cultivent 16,5 ha de chardonnay autour de Cramant et dans le Sézannais. (RM)

Une cuvée vinifiée en partie en fût (20 %), qui apparaît encore très jeune : discrètement citronnée et vive au nez, équilibrée et fraîche en bouche, elle s'épanouira au fil des ans. 2015-2020 carpaccio de poisson et lentillons

SA Vignier Lebrun, 35, rue Nestor-Gaunel, 51530 Cramant, tél. 03 26 57 54 88, champagne.vignier-lebrun@wanadoo.fr V t.l.j. sf dim. 8h-12h 13h30-17h30

LE BRUN DE NEUVILLE Cuvée authentique ★★★

10 054 | 20 à 30 €

Coopérative créée en 1963 par une vingtaine de producteurs des coteaux sud de Sézanne, alors peu plantés en vignes. La structure s'est développée au gré des

CHAMPAGNE

plantations : aujourd'hui 150 ha, à dominante de chardonnay, pour autant d'adhérents. (CM)

Deux tiers de chardonnay et un tiers de pinot noir composent cette remarquable cuvée. Tirée sous liège, c'est-à-dire bouchée avec une capsule en liège pour le vieillissement sur lattes, elle a connu une fine oxydation. Les conséquences sont heureuses : une belle couleur or ambré ; un nez ouvert et gourmand évoquant la crème, la brioche et les épices ; une bouche grillée et beurrée, avec des nuances de caramel au lait. Son attaque franche et sa fraîcheur lui confèrent un excellent équilibre. Une réelle harmonie. ⧗ 2014-2018 🍴 chaource fouetté à la sarriette ● Blanc de blancs Cuvée Chardonnay ★★ (192 000 b.) : vin construit sur l'acidité. Le nez reste discret et c'est en bouche que l'on perçoit le mieux ses notes de fleurs blanches, de beurre et d'agrumes. Une attaque fraîche ouvre sur un palais ample et onctueux, avec de beaux amers soulignant sa longueur. ⧗ 2015-2020

Le Brun de Neuville, rte de Chantemerle, 51260 Bethon, tél. 03 26 80 48 43, contact@lebrundeneuville.fr V t.l.j. sf dim. 9h-12h 14h-18h

LE BRUN SERVENAY
Exhilarante Vieilles Vignes 2006 ★

● | 3 500 | | 20 à 30 €

Patrick le Brun conduit un vignoble familial dont la majeure partie est située au cœur de la Côte des Blancs, patrie du chardonnay. Ses cuvées ne font pas leur fermentation malolactique et sont faiblement dosées. (RM)

Des cépages noirs (20 % des deux pinots) en appoint complètent le chardonnay et contribuent à la complexité gourmande de cette cuvée vinifiée en extra-brut. Des notes de grillé, de pâte d'amande et de kirsch se dessinent avec beaucoup de nuances et parfument une matière tout en fraîcheur et d'un bel équilibre. ⧗ 2014-2015 🍴 cassolette de saint-jacques

SCEV Le Brun Servenay, 14, pl. Léon-Bourgeois, 51190 Avize, tél. 03 26 57 52 75, contact@champagnelebrun.com V r.-v.

DANIEL LECLERC ET FILS Cuvée Réserve ★

● | 2 000 | | 11 à 15 €

Daniel Leclerc plante sa première vigne en 1975 à Polisot, au sud de Bar-sur-Seine et signe ses premiers champagnes en 1990 à partir de 2 ha. Ses enfants Alexandre et Raphaëlle le rejoignent en 1984 et exploitent aujourd'hui près de 8 ha. (RM)

Une robe vieil or animée de reflets orangés : un témoignage de la présence de 90 % de pinot noir, des vendanges 2006 et 2005 (le chardonnay venant en complément). Le nez, original, charme le jury : on y trouve du fruit rouge, du miel, de la lavande, du grillé. Ample, riche et fraîche en attaque, la bouche offre une finale élégante et persistante. « Assez marqué par le pinot mais très séduisant », conclut un juré de la Côte des Blancs... ⧗ 2015-2018 🍴 cassolette de pied de porc ● Brut Tradition ★ (55 000 b.) : issu d'un assemblage comparable au précédent, mais de vins plus jeunes, un champagne au nez puissant et fruité, légèrement floral. En bouche, une explosion d'arômes de fruits blancs, associée à une belle fraîcheur. ⧗ 2014-2018

EARL Daniel Leclerc, Maison-Rouge, 10110 Polisot, tél. 03 25 38 51 12, champagne.daniel.leclerc@orange.fr V r.-v.

HERVÉ LECLÈRE
Esprit de tradition ★

● 1er cru | 17 000 | | 15 à 20 €

Installé en 1980 sur le domaine familial, Hervé Leclère cultive plus de 4 ha entre massif de Saint-Thierry et Montagne de Reims. (RC)

On retrouve cette cuvée, qui, cette année, est un pur pinot noir. Elle exprime son cépage à travers un nez fruité un peu confit, mâtiné de touches florales et sa belle carrure. Les agrumes s'épanouissent dans une bouche équilibrée, aromatique et fraîche. ⧗ 2014-2015 🍴 flétan à la crème citronnée ● Reflet de sélection 1er cru (6 000 b.) : un champagne né de trois quarts de pinot noir et d'un quart de chardonnay, floral, grillé et brioché, ouvert et équilibré. ⧗ 2014-2016

Hervé Leclère, 2, rue Saint-Vincent, 51500 Écueil, tél. 03 26 49 76 64, herve.leclere@wanadoo.fr V r.-v.

LECLÈRE-POINTILLART Tradition ★

● 1er cru | 35 000 | | 11 à 15 €

Domaine familial implanté à Écueil, dans la Montagne de Reims. Installé en 1979, Patrice Leclère exploite alentour ses 10 ha de vignes. (RC)

Très cultivé à Écueil, le pinot noir des récoltes 2008 à 2010 est le cépage exclusif de ce champagne flatteur : robe or clair, arômes de fruits blancs mâtinés d'une touche florale, bouche élégante, gourmande, équilibrée et persistante. ⧗ 2015-2020 🍴 feuilleté de boudin blanc ● Rosé (15 à 20 € ; 4 000 b.) : le pinot noir est en vedette (80 %, avec le chardonnay en appoint) dans ce rosé saumon clair au joli nez de fruits confits et de beurre. En bouche, des arômes de fruits à noyau, une certaine longueur et un dosage sensible. ⧗ 2015-2018

Patrice Leclère, 3, Grande-Rue, 51500 Écueil, tél. 03 26 49 77 47, leclpoint@aol.com V t.l.j. sf dim. 9h-12h 13h30-18h

XAVIER LECONTE
Blanc de blancs Les Vents d'anges 2004 ★★★

● | 1 580 | | 30 à 50 €

À la suite de quatre générations, Xavier Leconte exploite un vignoble de 10,3 ha sur la rive gauche de la Marne. Coopérateur lors de son installation, il est devenu récoltant-manipulant dans les années 1980 et a été rejoint en 2013 par son fils Alexis, œnologue. (RM)

À Troissy, on vinifie surtout du meunier, mais les chardonnays peuvent toucher l'excellence, témoin cette petite cuvée particulièrement bichonnée, issue d'une seule parcelle. Un blanc de blancs vinifié en fûts bourguignons avec bâtonnage, puis laissé pas moins de huit ans sur lattes. Bien sûr, sa robe est d'un or soutenu et l'effervescence est un peu timide et très fine, mais on se laisse séduire par ses arômes toastés et beurrés soulignés par de nobles touches de craie et de pierre à fusil. Opulente, la bouche reste néanmoins fraîche grâce à une belle acidité aux nuances citronnées et fruitées. ⧗ 2014-2017 🍴 queues de langoustines rôties ● Cuvée Alexis ★ (15 à 20 €) : trois quarts de chardonnay complétés de meunier et une vinification partielle en fût pour cette cuvée. Nez de viennoiserie légèrement évolué, bouche équilibrée, fraîche et de bonne longueur. ⧗ 2014-2016

Xavier Leconte, 7, rue des Berceaux, hameau Bouquigny, 51700 Troissy, tél. 03 26 52 73 59, contact@champagne-xavier-leconte.com V r.-v.

LE GALLAIS Brut nature Cuvée des cèdres ★

●	2 000		20 à 30 €

1927 : l'arrière-grand-père de l'actuel récoltant achète des terres du célèbre château de Boursault, sur la rive gauche de la Marne. 1998 : Hervé Le Gallais commercialise ses premiers champagnes. Avec sa fille Charlotte, il exploite un petit vignoble de 4 ha, clos de murs. (RM)

Une cuvée non dosée issue à 90 % de noirs (les deux pinots à parité). Nez expressif, complexe, joliment évolué, sur les fruits rouges compotés et le miel. Bouche dans le même registre, souple, ronde, agrémentée de notes miellées et grillées. 2014-2017 poularde rôtie ● Blanc de noirs 2004 : une belle évolution pour ce 2004 issu des deux cépages noirs à parts égales. Palais rond, encore frais, arômes de fleurs séchées et d'amande grillée. 2014-2017

Le Gallais, 2, rue Maurice-Gilbert, 51480 Boursault, tél. 03 26 58 94 55, clg@champagnelegallais.com V r.-v.

ÉRIC LEGRAND Bulle de folie ★★

●	4 000		20 à 30 €

Éric Legrand cultive depuis 1980 la propriété familiale qui couvre près de 16 ha dans les vallées de l'Ource et de la Seine (Aube). Il exporte près du tiers de ses cuvées. Autre marque : Legrand Frères. (RM)

Éric Legrand est un Aubois qui réussit bien ses blancs de blancs. Vinifié en fût de chêne neuf, celui-ci, d'un or clair brillant, s'annonce par un nez intense et complexe, où les notes d'élevage ne masquent pas le vin : on y découvre des notes florales, citronnées, beurrées et empyreumatiques, avec des touches d'eucalyptus et de résine. Bien structurée, la bouche est ample, boisée, fraîche et longue. Un champagne à savourer avec lenteur pour en apprécier toutes les nuances successives. 2014-2017 papillote de bar au champagne ● Legrand Frères rosé ★★ (15 à 20 € ; 6 000 b.) : du pur pinot noir (dont 10 % vinifiés en rouge) pour ce rosé d'un rose tendre, bien équilibré, au nez d'une grande finesse, entre pêche et abricot. 2014-2018 ● Cuvée extra-brut ★ (15 à 20 € ; 4 000 b.) : autre blanc de blancs, dosé à 2 g/l. Floral au nez comme en bouche, un champagne, net, droit et pur. 2014-2018

Éric Legrand, 39, Grande-Rue, 10110 Celles-sur-Ource, tél. 03 25 38 55 07, champagne.legrand@wanadoo.fr V r.-v.

PIERRE LEGRAS
Extra-dry Blanc de blancs Cuvée spéciale ★

● Gd cru	8 000		20 à 30 €

Au XVIIe s., Pierre Legras cultivait déjà quelques arpents à Chouilly. Le domaine couvre aujourd'hui 10 ha, principalement autour de ce village de la Côte des Blancs classé en grand cru. Philippe Legras est associé avec ses fils Michel et Vincent, ce dernier, installé en 2001, élaborant les cuvées. (NM)

Un blanc de blancs arrivé à maturité : les raisins, vinifiés en cuve et en fût, ont été récoltés en 2000, 1999 et 1998. Après un long élevage (deux ans en cuve puis une décennie sur lattes), le vin présente une robe encore pâle. Il libère des senteurs d'agrumes nuancées de notes empyreumatiques et d'une jolie touche iodée. La bouche conjugue ampleur et fraîcheur, nullement écrasée par le dosage en extra-dry (14 g/l). 2015-2018 foie gras poêlé ● Blanc de blancs grand cru (15 à 20 € ; 20 000 b.) : un nez léger, sur les fleurs et les fruits blancs, une bouche riche et longue, dont la vivacité incite à patienter un peu. 2016-2019

Pierre Legras, 28, rue de Saint-Chamand, 51530 Chouilly, tél. 03 26 56 30 97, contact@champagne-pierre-legras.com V r.-v.

LEGRAS & HAAS Blanc de blancs 2008 ★★

● Gd cru	32 000		30 à 50 €

Maison fondée en 1991 à Chouilly (Côte des Blancs) par François Legras et Brigitte Haas, de vieille souche vigneronne, aujourd'hui relayés par leurs fils Rémi, Olivier et Jérôme. Le vignoble compte 37 ha. Chacun des fils cultive à part ses parcelles, la récolte étant mise en commun et complétée par des apports de quelques viticulteurs. (NM)

Un millésime de grande réputation, élaboré avec des raisins caractérisés par une haute maturité et une acidité élevée. Ce blanc de blancs ne lui nuira pas. Il dévoile un nez aérien où se mêlent des notes d'anis, de pain d'épice et de fruits secs qui s'imposent au palais. Sa texture crémeuse répond parfaitement à sa vivacité et la finale légèrement réglissée est agréable et longue. 2015-2018 beaufort ou comté ● Extra-brut Blanc de blancs Grand cru (10 000 b.) : des arômes de fleurs et de fruits blancs (pêche et poire) discrets au nez et plus affirmés en bouche. Légèreté, finesse et élégance. 2015-2018

Legras et Haas, 9, Grande-Rue, 51530 Chouilly, tél. 03 26 54 92 90, direction@legras-et-haas.com V r.-v.

JEAN-PIERRE LEGRET
Blanc de blancs Cuvée spéciale ★

●	9 000		15 à 20 €

Les grands-parents et parents ont commencé par planter 3 ha dans cette zone sud de la Côte des Blancs, puis 2 ha dans le Sézannais. Un domaine que Jean-Pierre Legret conduit aujourd'hui en s'inspirant de la démarche biodynamique. (RM)

Or intense, ce pur chardonnay développe d'agréables parfums fruités ainsi que des arômes tertiaires qui témoignent d'une belle évolution. La bouche expressive et persistante dévoile un équilibre parfait entre acidité et suavité. 2014-2018 filets de bar à l'orange

Alain Legret, 6, rue de Bannay, 51270 Talus-Saint-Prix, tél. 03 26 52 81 41, alain-legret@wanadoo.fr V t.l.j. 9h-12h 13h30-18h

LELARGE-PUGEOT Tradition

● 1er cru	30 000		15 à 20 €

La famille Lelarge a acquis ses premières parcelles en 1799, au sud-ouest de Reims. Installé en 1990, Dominique Lelarge et son épouse Dominique Pugeot lancent un champagne à leur marque. Leur vignoble (8,7 ha) est l'un des rares en Champagne à être conduit (depuis 2013) en bio certifié. (RM)

Le meunier compose 60 % de ce brut, escorté par le pinot noir (25 %) et le chardonnay (15 %). À la robe dorée répond un nez de pêche, de mirabelle, nuancé d'une touche minérale et crayeuse que l'on retrouve dans une bouche franche et fine. ⌛ 2014-2017 🍴 sablés salés aux noix de cajou

⊶ Dominique Lelarge, 30, rue Saint-Vincent, 51390 Vrigny, tél. 03 26 03 69 43, contact@champagnelelarge-pugeot.com V r.-v.

CLAUDE LEMAIRE ★

●	3 000		11 à 15 €

Louis Lemaire élabore les premiers champagnes dans les années 1920, avant d'être relayé par Claude en 1950. Patrice, installé en 1990 sur ce domaine situé rive gauche de la Marne et secondé par son fils Aurélien, commercialise ses bouteilles sous son nom ou sous celui de son père. (RM)

Un rosé de pur pinot noir teinté par 20 % de vin rouge et élevé dix-huit mois en barrique. Il en résulte une robe soutenue et des arômes intenses et complexes, tant au nez qu'en bouche : un florilège de framboise, de fruits blancs, de fraise des bois et de cassis. Au palais, ampleur et fraîcheur, et une jolie finale acidulée. ⌛ 2014-2017 🍴 tarte aux fraises ● Grande Réserve Vieilles Vignes (15 à 20 € ; 4 000 b.) : un blanc de meunier élevé sept mois en barrique et foudre. Nez fin de fruits jaunes légèrement mentholés, bouche équilibrée, fruitée et briochée. ⌛ 2014-2018

⊶ Patrice Lemaire, 9, rue Croix-Saint-Jean, 51480 Boursault, tél. 03 26 58 40 58, champagne.lemaire@wanadoo.fr V r.-v.

HENRI LEMAIRE Esprit Pinots ★

●	12 763		11 à 15 €

À la fin du XIXᵉ s., deux arrière-grands-parents de Nathalie Guillemont cultivent la vigne à Damery, en aval d'Épernay. Le grand-père, Henri Lemaire, commercialise les premiers champagnes en 1947. Installés en 1995, Nathalie et Pascal ont gardé sa marque. Ils exploitent près de 6 ha. (RM)

Un blanc de noirs de pur meunier. Si la robe apparaît pâle, montrant des reflets verts, le nez se révèle expressif et gourmand : la tarte aux fruits, se mêle au pralin, au beurre et aux agrumes, puis délivre des notes toastées et grillées. Dans le même registre aromatique, la bouche est élégante et tonique. ⌛ 2014-2018 🍴 crumble pomme-poire ● Or classique (22 610 b.) : les trois cépages à parité dans ce brut bien équilibré qui libère à l'aération des notes de fleurs et de fruits jaunes. ⌛ 2015-2018

⊶ SAS Henri Lemaire, 13, rue Raymond-Poincaré, 51480 Damery, tél. 03 26 53 83 12, accueil@champagne-henri-lemaire.fr V r.-v.

MICHEL LENIQUE Sélection

●	33 118		15 à 20 €

Un Alexandre Lenique, fils d'un chef de cave, fonde le domaine en 1768. Michel Lenique lance son champagne en 1960. Il a été rejoint par son gendre Bertrand Robinet puis par son fils Alexandre. Le vignoble s'étend sur 6,7 ha autour d'Épernay, sur la Côte des Blancs et dans la vallée de la Marne. (NM)

Les blancs et les noirs (les deux pinots à 25 %) sont assemblés à parts égales dans cette cuvée or pâle au nez de fleurs et de fruits blancs. La bouche est puissante, riche d'arômes de pêche, de fruits compotés et de miel, marquée par un dosage un peu appuyé. ⌛ 2014-2018 🍴 langoustines au miel

⊶ Michel Lenique, 20, rue du Gal-de-Gaulle, 51530 Pierry, tél. 03 26 54 03 65, salenique@wanadoo.fr V r.-v.

LEQUEUX-MERCIER 2004 ★

●	3 970		20 à 30 €

En aval de Dormans, le coteau de Passy-sur-Marne domine les premiers méandres de la rivière à son entrée dans le département de l'Aisne. Installé en 1973, Michel Lequeux représente la troisième génération sur le domaine familial qui couvre 6 ha. (RM)

Mi-blancs mi-noirs (pinot noir), un 2004 au nez riche et complexe, à la bouche harmonieuse, charnue, acidulée, fondue et longue. ⌛ 2014-2017 🍴 chaource

⊶ Lequeux-Mercier, 13, rue de Champagne, 02850 Passy-sur-Marne, tél. 03 23 70 35 32, champagnelequeuxmercier@voila.fr V r.-v.

LEQUIEN ET FILS Cuvée de réserve ★

●	n.c.		15 à 20 €

Philippe Lequien reprend en 1995 l'exploitation familiale, installe des pressoirs et quitte la coopérative. Il met en valeur 4 ha sur les coteaux sud d'Épernay. (RM)

Un champagne mi-blancs mi-noirs (30 % de pinot noir et 20 % de meunier) au nez riche et toasté. La bouche ajoute à cette palette des notes de fruits, de brioche et de viennoiserie, laissant le souvenir d'un ensemble complexe et mûr. Un champagne de repas. ⌛ 2014-2017 🍴 dinde fermière ● Rosé de saignée (11 à 15 €) : deux tiers de pinot noir, un tiers de meunier pour cette cuvée de couleur rose pâle, fine et fraîche au nez et aérienne au palais. ⌛ 2014-2015

⊶ Lequien et Fils, 1, rue d'Illbesheim, 51530 Chavot-Courcourt, tél. 03 26 54 95 84, champagne.lequien.et.fils@wanadoo.fr V r.-v.

PAUL LEREDDE Cuvée rosée

●	8 000		15 à 20 €

Paul Leredde, récoltant-coopérateur, a lancé sa marque en 1960. Son fils Jean-Yves a décidé de vinifier lui-même sa production. Son vignoble couvre 6,5 ha dans la partie la plus occidentale de la vallée de la Marne. (RM)

Ce rosé d'assemblage met en œuvre les trois cépages champenois, avec une majorité de noirs (88 %, meunier surtout). D'un rose intense, il délivre dans un premier temps de délicates notes fumées, puis des arômes de fruits rouges presque confiturés. La bouche au dosage un peu appuyé se montre généreuse et puissante, tendue en finale. Un rosé de repas. ⌛ 2015-2018 🍴 yakitori de caille

⊶ Paul Leredde, 49, rue de Bezu, 02310 Crouttes-sur-Marne, tél. 03 23 82 09 41, contact@champagne-paul-leredde.com V r.-v.

L'HOSTE PÈRE ET FILS Blanc de blancs Prestige ★

●	30 000		11 à 15 €

À l'écart des capitales du champagne que sont Reims et Épernay, le vignoble de Vitry-le-François ne s'est développé que récemment. Jean L'Hoste, qui a constitué son exploitation à partir de 1971, est un des pionniers de l'élaboration du champagne dans la région. Aujourd'hui, son fils Pascal dispose d'un coquet domaine de 14 ha à dominante de chardonnay. (NM)

Du chardonnay des récoltes 2010 et 2009 a donné ce blanc de blancs bien typé aux senteurs de fournil de boulanger et d'agrumes. La bouche se montre expressive, structurée, équilibrée et de bonne longueur. ⌛ 2015-2018 🍴 buisson de langoustines

L'Hoste Père et Fils, rue de Vavray, 51300 Bassuet, tél. 03 26 73 94 43, champagnelhoste@wanadoo.fr V t.l.j. 8h30-12h 14h-19h; dim. sur r.-v.

CHARLES-LOUIS DES LIVRY Blanc de noirs Verzenay ★

Gd cru	3 000		15 à 20 €

Ludovic Hatté a repris en 1979 le vignoble familial constitué au début du siècle dernier : 10,5 ha dans quatre grands crus de la Montagne de Reims dédiés au pinot noir, ainsi que des parcelles de meunier dans la vallée de l'Ardre. (RM)

Une des cuvées de prestige de la propriété : du pur pinot noir des récoltes 2010 et 2009 qui commence à dévoiler sa maturité à travers des notes discrètes de noisette soulignées en bouche par des nuances de miel, de mangue, de fruits mûrs, qui prennent des tons confits en finale. Un champagne puissant, chaleureux, fondu et équilibré. ⌛ 2015-2018 🍴 poularde rôtie

SCEV Ludovic Hatté et Fils, 3, rue Thiers, 51360 Verzenay, tél. 03 26 49 43 94, champagneludovichatte@orange.fr V r.-v.

LOMBARD & CIE Tanagra ★★

Gd cru	n.c.	50 à 75 €

Née en 1925, cette maison de négoce familiale a connu une belle croissance dans les années 1960 avec Philippe Lombard. Elle poursuit son développement depuis 1980 avec Thierry Lombard, petit-fils du fondateur. (NM)

Tanagra ? Des statuettes grecques antiques d'une grande finesse. C'est le nom donné à cette cuvée élevée partiellement en demi-muid, composée de quatre parts de chardonnay pour une de pinot noir. Il est bien trouvé à en juger par le nez élégant, citronné et beurré, de ce champagne et par la bouche agréablement fraîche, à la fois délicate et persistante. ⌛ 2014-2018 🍴 saint-jacques à la crème ● **Brut tendre Louis-Philippe** (20 à 30 €) : un champagne au nez de sureau, d'amande et de guimauve, et aux arômes grillés et compotés. Sans être un demi-sec, il laisse une impression de douceur suave. ⌛ 2014-2015

Lombard & Cie, 1, rue des Cotelles, 51200 Épernay, tél. 03 26 59 57 40, info@champagne-lombard.com V r.-v.

BERNARD LONCLAS Extra-dry Cuvée Prestige ★

	11 200	15 à 20 €

Bernard Lonclas a planté ses premiers ceps en 1974 dans le jeune vignoble de Vitry-le-François et lancé sa marque en 1976. Avec sa fille Aurélie, il exploite 8,5 ha de vignes, essentiellement du chardonnay. (NM)

Un tiers de meunier vient compléter le chardonnay dans ce champagne dosé en extra-dry, c'est-à-dire légèrement plus doux qu'un brut. D'un or pâle lumineux, cette cuvée séduit par son nez expressif et frais de fleurs blanches et de beurre. Un soupçon de fruits jaunes vient compléter au palais cette palette plutôt marquée par le chardonnay. La fraîcheur règne aussi en bouche, où le dosage contrebalance judicieusement la vivacité. ⌛ 2014-2019 🍴 foie gras poêlé ● **2009** ★ (20 à 30 € ; 3 600 b.) : issu de quatre parts de chardonnay pour une de meunier, un millésimé d'une belle finesse aux parfums de fruits jaunes surmûris et de fruits secs, et au dosage un peu marqué pour certains. ⌛ 2014-2018

Bernard Lonclas, chem. de Travent, 51300 Bassuet, tél. 03 26 73 98 20, contact@champagne-lonclas.com V t.l.j. sf mar. dim. 9h-12h 14h-19h30

JOSEPH LORIOT-PAGEL Blanc de blancs 2007 ★

Gd cru	5 000		20 à 30 €

Son arrière-grand-père fut l'un des premiers Champenois à greffer son vignoble après le phylloxéra et à installer un pressoir dès 1910. En 1980, Joseph Loriot lance sa marque après son union avec Odile Pagel, fille d'un vigneron d'Avize. Son fils Jean-Philippe les a rejoints en 2006 sur la propriété – 9 ha dans la vallée de la Marne et sur la Côte des Blancs. (RM)

Le chardonnay laisse son empreinte sur ce 2007 au nez intense, d'abord minéral, puis grillé et brioché, avec des nuances de fruits confits. La bouche est bien équilibrée, dans le même registre. ⌛ 2014-2018 🍴 poulet au champagne ● **Cuvée de réserve 2006** ★ (15 à 20 € ; 5 000 b.) : issu des trois cépages (les deux noirs à 30 % chacun), un millésimé aux arômes riches de pâtisserie, de tabac blond et d'agrumes. Attaque franche et belle impression d'équilibre malgré un dosage un peu marqué. ⌛ 2014-2018

Joseph Loriot-Pagel, 40, rue de la République, 51700 Festigny, tél. 03 26 58 33 53, contact@champagne-loriot-pagel.fr V r.-v.

YVES LOUVET 2005 ★

	3 000		15 à 20 €

Une lignée de vignerons qui remonte au XIXe s. Installé sur le flanc sud-est de la Montagne de Reims, Frédéric Louvet a succédé en 2004 à son père Yves. Il exploite 11 ha dans quatre villages des environs (dont les grands crus de noirs Bouzy et Louvois) ainsi que dans la Côte des Blancs. (RM)

Trois quarts de pinot noir et un quart de chardonnay ont permis d'obtenir ce champagne gourmand et flatteur au fruité persistant. Au palais, une fine acidité équilibre la rondeur. ⌛ 2014-2017 🍴 volaille aux champignons des bois ● **Cuvée de réserve 1er cru** ★ (4 000 b.) : un assemblage analogue au précédent, mais de la récolte 2008 pour ce champagne intense, gourmand et fruité, mêlant coing, abricot, fruits secs et agrumes. Un palais équilibré, sur des notes beurrées et briochées, avec une touche d'amertume en finale. ⌛ 2014-2018

Frédéric Louvet, 21, rue du Poncet, 51150 Tauxières-Mutry, tél. 03 26 57 03 27, yves.louvet@wanadoo.fr V r.-v.

DE LOZEY 2004

	5 000		20 à 30 €

Quatre générations de Cheurlin se sont succédé depuis qu'Edmond a acheté et planté les premières parcelles à la fin du XIXe s. Après lui, Raymond (premiers champagnes), Daniel, et Philippe. Ce dernier lance la marque de Lozey dans les années 1980. La maison possède 12 ha de vignes en propre dans la Côte des Bar. (NM)

Le chardonnay vient en complément du pinot noir (70 %) dans ce 2004. Leur alliance nous vaut un nez élégant de fleurs du verger assorti d'une touche de fruits cuits qui signe sa maturité. La bouche est bien présente, avec élégance et équilibre. ⌛ 2014-2017 🍷 ris de veau à la crème

🔑 De Lozey, 72, Grande-Rue, 10110 Celles-sur-Ource, tél. 03 25 38 51 34, de.lozey@wanadoo.fr V r.-v.
🔑 Ph. Cheurlin

MACQUART-LORETTE Cuvée Prestige ★

● 1er cru	5 100	15 à 20 €

André Macquart a repris, dans les années 1970, les vignes de son grand-père. Il a été rejoint en 2006 par son fils Clément, qui a pris le relais en 2013, à la tête de 5,5 ha de chardonnay et de pinot noir. (RC)

Un peu plus de pinot noir (60 %) que de chardonnay dans cette cuvée issue de la récolte 2008. La légère évolution se dévoile par des notes de beurre, de brioche, de toasté et de fruits jaunes mûrs. Onctueuse et souple à l'attaque, la bouche est riche et ample. La finale, de bonne longueur, est marquée par une petite pointe d'amertume. ⌛ 2014-2017 🍷 apéritif, sandre au beurre blanc ● Réserve 1er cru ★ (10 à 15 € ; 18 200 b.) : du pinot noir très majoritaire (90 %) dans ce brut vineux et long, libérant après aération des parfums élégants de fruits frais et de viennoiserie. ⌛ 2015-2018

🔑 Clément Macquart, 6, chem. des Glaises, 51500 Écueil, tél. 03 26 49 74 42, contact@champagne-macquart.fr V r.-v.

MICHEL MAILLIARD L'Oger 2004 ★

●	5 000	20 à 30 €

Pas moins de 23 ha pour cette propriété, dont les origines remontent à la fin du XIXes. Michel Mailliard a développé le vignoble, implanté principalement aux environs de Vertus, le plus vaste 1er cru de la Côte des Blancs. (RM)

L'Oger ? Un pur chardonnay, évidemment. Ses arômes (grillé, fruits secs, blé cuit) sont évolués et néanmoins délicats. Charnue et vive en attaque, ample et dense, la bouche séduit par sa longue finale tout en fraîcheur. ⌛ 2014-2017 🍷 apéritif, turbot au champagne ● Cuvée Prestige 2008 (10 000 b.) : un blanc de blancs au nez flatteur (fruits compotés et une touche beurrée) et au palais équilibré, encore sur la réserve. ⌛ 2015-2018

🔑 Michel Mailliard, 52, av. de Bammental, 51130 Vertus, tél. 03 26 52 15 18, info@champagne-michel-mailliard.com V r.-v. 4

MAILLY GRAND CRU Les Échansons 2004 ★

● Gd cru	6 701	75 à 100 €

Le terroir pour enseigne, telle est la démarche de cette coopérative fondée en 1929. Pour en être adhérent, on ne doit obéir qu'à une exigence de taille : n'apporter que des raisins de l'aire de Mailly, grand cru du flanc nord de la Montagne de Reims, où prospère le pinot noir. La cave regroupe 80 viticulteurs qui cultivent 70 ha. (CM)

Une effervescence fine et discrète anime une robe d'or soutenu, qui laisse monter des senteurs de fruits jaunes mûrs et de beurre. Au palais, ce sont les agrumes qui ressortent. Un champagne équilibré et long. ⌛ 2014-2017 🍷 ravioles de langoustines ● Blanc de noirs grand cru ★ (30 à 50 € ; 25 000 b.) : un nez sur le beurre, la confiture de lait et les fruits mûrs ; une bouche vive aux arômes d'agrumes, dont la fraîcheur est renforcée par une pointe minérale. ⌛ 2016-2022

🔑 Mailly Grand Cru, 28, rue de la Libération, 51500 Mailly-Champagne, tél. 03 26 49 41 10, contact@champagne-mailly.com V r.-v.

ÉRIC MAÎTRE Tradition ★

●	45 000	🍾	11 à 15 €

Installé en 1985, Éric Maître cultive un vignoble de 8 ha dans ce secteur de l'Aube où le pinot noir est roi, et perpétue une exploitation familiale qui date de 1800. (RM)

Ces pinots noirs aubois ont donné naissance à un champagne intense mêlant au nez fleurs et fruits blancs. Fraîche en attaque, la bouche est équilibrée, de bonne longueur. ⌛ 2014-2017 🍷 apéritif

🔑 Éric Maître, 32, Grande-Rue, 10110 Celles-sur-Ource, tél. 03 25 38 58 69, champagne.ericmaitre@wanadoo.fr V r.-v.

MALARD Blanc de Noirs ★

● Gd cru	n.c.	20 à 30 €

Originaire d'Épernay, Jean-Louis Malard a créé sa maison à Aÿ en 1996. Les raisins proviennent de 1ers et de grands crus. La vaste cuverie et les caves sont situées à Oiry, dans la Côte des Blancs.

Un pur pinot noir. Une fine bulle parcourt la robe or clair, libérant de délicats arômes de fruits blancs et de réglisse. La bouche équilibrée conjugue souplesse et fraîcheur ; un dosage léger souligne sa minéralité et lui confère une grande finesse. ⌛ 2014-2018 🍷 huîtres chaudes ● Blanc de blancs grand cru : un nez intense, sur les fleurs blanches, relevé de touches poivrées ; une bouche fraîche, où les fleurs se mêlent aux agrumes. ⌛ 2014-2018

🔑 Malard, 23, rue Jeanson, 51160 Aÿ, tél. 03 26 32 40 11, marketing@marquesetdomaines.com V t.l.j. 10h-19h

FRÉDÉRIC MALÉTREZ

● 1er cru	4 000	🍾	15 à 20 €

Après avoir repris l'exploitation familiale en 1982, Frédéric Malétrez a lancé sa marque deux ans plus tard. Le cœur de son vignoble de 5,5 ha est situé à Chamery, un 1er cru de la Petite Montagne de Reims exposé au levant. (RM)

Les trois cépages champenois collaborent à ce rosé qui surprend par sa robe rose orangé très pâle, presque œil-de-perdrix. Le nez est à la fois délicat et vineux. On retrouve cette vinosité dans un palais aux arômes de fruits confits et de pêche au sirop. Bien équilibré, ce vin finit sur une pointe acidulée. ⌛ 2014-2017 🍷 crumble aux pêches

🔑 Frédéric Malétrez, 11, rue de la Bertrix, 51500 Chamery, tél. 03 26 97 63 92, champagne.maletrez.f@orange.fr V r.-v.

MALLOL-GANTOIS
Blanc de blancs Grande Réserve ★

●	4 000	🍾	15 à 20 €

Bernard Mallol conduit depuis 1981 un vignoble très bien situé : ses 7 ha sont implantés pour l'essentiel à Cramant et à Chouilly, deux grands crus de la Côte des Blancs. Deux parcelles de pinot noir situées à Mareuil-sur-Aÿ lui permettent d'élaborer un champagne rosé 1er cru.

Assemblage des années 2007 et 2006, ce blanc de blancs mêle au nez le pain frais et un léger fruité. En bouche, il se montre puissant, ample et rond, tout en faisant preuve d'une belle élégance. ⧗ 2014-2020 ⚲ poularde à la crème ● Rosé (2 000 b.) : un rosé délicat, charnu et frais aux arômes gourmands de petits fruits rouges et d'agrumes. ⧗ 2014-2015

Bernard Mallol, 290, rue du Gal-de-Gaulle, 51530 Cramant, tél. 03 26 57 96 14, champagne.mallol@wanadoo.fr V r.-v.

MANDOIS Victor Mandois Vieilles Vignes 2005 ★

●	40 000		50 à 75 €

Le frère Jean Oudart, contemporain de dom Pérignon, serait l'inventeur de la liqueur de tirage et aurait introduit le liège pour le bouchage. Il repose dans l'église de Pierry sous laquelle ont été creusées au XVIIIes. les caves de la maison Mandois. L'affaire, demeurée familiale, dispose de 40 ha sur les coteaux d'Épernay, la Côte des Blancs et dans le Sézannais. (NM)

Une cuvée en hommage à Victor, qui fut en 1860 le premier des Mandois à élaborer ses champagnes. Un pur chardonnay à l'effervescence nerveuse et au cordon persistant. Au nez, des parfums tout en finesse de foin et de fleurs blanches, relayés en bouche par des notes d'amande amère, de citron confit et de fleur d'oranger. Équilibre, délicatesse et jeunesse. ⧗ 2015-2018 ⚲ sole grillée ● Brut Origine ★ (30 à 50 € ; 100 000 b.) : issu des trois cépages champenois (60 % des deux pinots), un champagne puissant et équilibré aux arômes évolués d'épices et de beurre. ⧗ 2014-2015 ● Brut Rosé Grande Réserve ★ (30 à 50 € ; 66 000 b.) : un rosé d'assemblage au nez discrètement floral puis fruité et au palais frais, élégant et long. ⧗ 2014-2015

Mandois, 66, rue du Gal-de-Gaulle, BP 9, 51530 Pierry, tél. 03 26 54 03 18, info@champagne-mandois.fr V r.-v.

JOËL MANSARD Tradition ★

●	10 000		11 à 15 €

Les Mansard sont établis depuis quatre générations à Mareuil-le-Port, dans la vallée de la Marne. Aujourd'hui, Micheline et ses deux filles, Séverine et Émilie, gèrent l'exploitation qui couvre plus de 11 ha.

Le meunier (60 % complétés des pinot noir et chardonnay à parité) domine cet assemblage des années 2010 à 2008. Au nez, des notes toastées et beurrées, puis des senteurs de confiture de coings trahissant un début d'évolution. La bouche se montre ferme et longue, tenue par une franche acidité qui lui donne du relief. ⧗ 2015-2018 ⚲ poisson en sauce ● 2008 Cuvée Millésime (20 à 30 € ; 4 000 b.) : un pur meunier à la robe dorée, au bouquet mûr, torréfié, à la texture vineuse, équilibrée grâce à la vivacité de l'année. ⧗ 2014-2017

Mansard et Filles, Cerseuil, 53, rue de Tirvet, 51700 Mareuil-le-Port, tél. 03 26 52 72 80, joel.mansard@wanadoo.fr V t.l.j. sf dim. 10h-12h 14h-18h

MARC Perla Rosa ★

● Gd cru	1 654		30 à 50 €

À la tête de 4 ha de vignes dans la Vallée de la Marne, Patrice Marc, rejoint par Grégory, perpétue une lignée de vignerons débutée en 1625. Il exporte 60 % de sa production. (RM)

La macération pendant une nuit d'une cuve de pinot noir a donné naissance à ce rosé à la robe saumonée, au nez d'épices et d'agrumes. Une vinification sans fermentation malolactique a permis de conserver une grande vivacité à la bouche et, comme la matière est bien là, l'ensemble est harmonieux. ⧗ 2014-2016 ⚲ cailles aux raisins

Marc, 1, rue du Creux-Chemin, 51480 Fleury-la-Rivière, tél. 03 26 58 46 88, contact@champagne-marc.fr V r.-v.

D. MARC 2008 ★★

●	1 500	20 à 30 €

Les Marc sont plusieurs à Fleury-la-Rivière, où leurs ancêtres cultivaient la vigne il y a près de quatre siècles. Didier Marc perpétue cette lignée depuis 1982 ; il exploite 4 ha dans la vallée de la Marne.

Née de pinot noir et de chardonnay à parts égales, cette cuvée a été vinifiée en extra-brut, un parti-pris judicieux qui permet d'éviter toute lourdeur à une matière souple et charnue, laquelle conserve son agréable fraîcheur, de l'attaque à la longue finale. Des fruits frais bien mûrs et une note grillée composent une palette aromatique gourmande à souhait. Une robe d'or et une effervescence fine complètent ce joli tableau. ⧗ 2015-2018 ⚲ navarin de homard aux légumes ● Tradition ★ (10 à 15 € ; 20 000 b.) : les noirs sont en vedette (80 %, dont 70 % de meunier) dans cette cuvée au nez intense de beurre et de vanille, prélude à une bouche charpentée et onctueuse. ⧗ 2014-2018 ● Rosé ★ (15 à 20 € ; 5 000 b.) : 80 % de meunier, le solde en chardonnay pour ce rosé frais et charmeur au nez de fruits rouges et à la bouche acidulée. ⧗ 2014-2018

Didier Marc, 11, rue Dom-Pérignon, 51480 Fleury-la-Rivière, tél. 03 26 58 60 69, champagnedidiermarc@free.fr V t.l.j. sf dim. 9h-12h 14h-18h ; f. 15-30 août

MICHEL MARCOULT Blanc de blancs Authentique Élevé en fût de chêne ★

●	2 000		20 à 30 €

Domaine fondé en 1967 par Michel Marcoult, rejoint en 2004 par Julien. Il couvre près de 10 ha : plus de la moitié dans le Sézannais, le reste dans le secteur de Vitry-le-François et dans la Côte des Bar (Aube).

Un pur chardonnay ayant séjourné en fût ; d'abord timide, il s'ouvre sur des notes exotiques et grillées. Son élevage ne passe pas inaperçu, mais ce boisé se fond harmonieusement dans un palais équilibré, donnant une touche vanillée suave à la longue finale. ⧗ 2014-2019 ⚲ vol-au-vent ● Tradition (10 à 15€ ; 50 000 b.) : dominé par le chardonnay (60 %, avec le pinot noir en appoint), un champagne frais, tout en finesse, aux parfums de fruits blancs, à la finale marquée par son dosage. ⧗ 2014-2015

SCEV Marcoult, 12, rte de Queudes, 51120 Barbonne-Fayel, tél. 03 26 80 20 19, contact@marcoult.fr V r.-v.

JEAN MARNIQUET Grande Réserve ★

● 1er cru	30 000		11 à 15 €

Fondateur de la marque, Jean Marniquet fut dans les années 1920 l'un des pionniers de l'aviation, d'où les ailes dorées sur les étiquettes. Son petit-fils, Brice Marniquet, a pris le relais en 1995, à la tête de 6,5 ha dans la Montagne de Reims, la Grande Vallée de la Marne et sur la Côte des Blancs. (RM)

CHAMPAGNE

Assemblage de pinot noir majoritaire (80 %) et de chardonnay, ce champagne, d'abord discret, s'ouvre à l'aération sur des notes de cire, de miel et de menthol. Franc à l'attaque, il dévoile une belle fraîcheur soulignée par des arômes de pamplemousse, de bergamote et de réglisse. Un ensemble élégant et long. 2015-2020 poisson en sauce

EARL Brice Marniquet, 12, rue Pasteur, 51160 Avenay-Val-d'Or, tél. 03 26 52 32 36, contact@marniquet.fr V r.-v.

JEAN-PIERRE MARNIQUET

●	6 000		15 à 20 €

La crise du vignoble dans les années 1930 a poussé Pierre Coutelas à se mettre à son compte. Jean-Pierre Marniquet, son petit-fils, a repris l'exploitation en 1974, porté sa superficie de 2 à 7 ha et agrandi la cave. Son vignoble est implanté dans la vallée de la Marne. (RM)

Ce rosé d'assemblage doit presque tout au chardonnay: 5 % de meunier et autant de pinot noir lui donnent sa teinte rose clair. Il a été vinifié sans fermentation malolactique et son dosage est assez faible. Il en résulte une bouche bien fraîche, parfumée de notes persistantes de fruits rouges et d'agrumes, de noisette, d'amande et de chocolat. 2015-2020 gougères

Jean-Pierre Marniquet, 8, rue des Crayères, 51480 Venteuil, tél. 03 26 58 48 99, jp.marniquet@cder.fr V r.-v.

GUILLAUME MARTEAUX Excellence

●	1 400		15 à 20 €

Installé en 2001 sur le domaine familial, Guillaume Marteaux exploite près de 5 ha en forme de cirque sur la rive droite de la Marne, en aval de Château-Thierry. Le meunier est très présent dans l'encépagement. (RM)

Ce rosé d'assemblage fait la part belle aux noirs (80 %, dont 50 % de meunier). D'un rose aux reflets orangés, il donne une impression de fraîcheur avec ses arômes de fleurs, d'agrumes et de fruits frais associés à une bouche riche et longue, où les agrumes s'allient avec la framboise. 2014-2018 soupe de fruits rouges ● Excellence (10 à 15 €; 6 000 b.): dominé par les noirs (75 %, meunier surtout), un champagne puissant, équilibré et long, aux arômes de sous-bois. 2014-2017

Guillaume Marteaux, 6, chem. des Vignes, 02400 Bonneil, tél. 06 76 94 77 29, contact@champagne-mg.fr V r.-v.

G.H. MARTEL Cuvée Victoire ★

●	25 000		30 à 50 €

Fondée en 1869, cette maison appartient depuis 1979 à la famille Rapeneau, négociante en vin depuis le début du XIXᵉs. et élaboratrice de champagne depuis 1925. Elle a connu une expansion remarquable à la fin du XXᵉs. et la marque G.H. Martel est son fer de lance. (NM)

Mi-pinot noir mi-chardonnay, une cuvée issue des récoltes 2008 et 2007, élevée un an en fût. Les fruits jaunes bien mûrs, le coing confit, le tabac composent une palette évoluée, qui se confirme dans une bouche vineuse et expressive aux arômes grillés, toastés et cocaotés, qui finit sur une note de zeste d'orange. 2014-2016 suprême de volaille truffé ● Cuvée Victoire rosé ★ (27 000 b.): un rosé d'assemblage (60 % des deux pinots dont 10 % de vin rouge) à la robe rose soutenu, au nez floral, fruité et minéral, bien équilibré en bouche. 2014-2017

Martel & Co, 69, av. de Champagne, BP 101, 51318 Épernay Cedex, tél. 03 26 51 06 33, contact@champagnemartel.com V t.l.j. 10h-19h

PHILIPPE MARTIN Blanc de noirs Vieilli en fût de chêne Terres d'antan

● 1er cru	3 240		30 à 50 €

La famille Martin cultive la vigne depuis 1750 dans la Grande Vallée de la Marne, non loin d'Épernay. Installé en 1970, puis rejoint par sa fille, Philippe Martin exploite un vignoble de 10 ha. (RM)

Le pinot noir, qui compose exclusivement ce blanc de noirs, a été élevé cinq mois en fût. Ce séjour a laissé son empreinte dans cette cuvée, lui léguant un nez complexe, où les fruits rouges et la fougère se marient avec les notes grillées et vanillées du chêne; en bouche, l'élevage se traduit par une pointe d'amertume, mais ce champagne, digne d'intérêt, est ample, charnu et puissant. 2015-2019 risotto aux champignons

Philippe Martin, 355, rue du Bois-des-Jots, 51480 Cumières, tél. 03 26 55 30 37, martin@hexanetfr V t.l.j. 9h-12h30 13h30-19h ; sam. dim. sur r.-v.

DENIS MARX 2006 ★★

●	8 000		15 à 20 €

En 1974, Denis Marx reprend l'exploitation familiale et la développe. Il cultive avec ses enfants 11 ha de vignes répartis dans sept communes au cœur de la vallée de la Marne. (RM)

Ce 2006 met en vedette le chardonnay (80 %), complété par les deux pinots à parts égales. À la robe jaune doré répond un nez très disert: fruits jaunes mûrs, fruits exotiques, brioche et vanille. La bouche est tout aussi complexe. Onctuosité et équilibre, générosité et persistance, gourmandise et fraîcheur: certains dégustateurs lui auraient bien décerné un coup de cœur... 2014-2018 apéritif ● Rosé ★ (10 à 15 €; 11 000 b.): un rosé d'assemblage mobilisant les trois cépages (60 % de noirs); robe rose aux reflets saumonés, arômes complexes de fleurs et de fruits rouges, la fraise ressortant à l'aération. Un champagne franc, équilibré, frais, de bonne tenue. 2014-2015

Denis Marx, 31, rue de la Chapelle, Cerseuil, 51700 Mareuil-le-Port, tél. 03 26 52 71 96, denis-marx@wanadoo.fr V r.-v.

MARY-SESSILE Sessile ★

●	n.c.		20 à 30 €

Marque créée en 2013 par Claire, Maud et Vincent Lagille, récoltants de Treslon, dans la vallée de l'Ardre. « Sessile » évoque le chêne dont on fait des fûts. (RM)

Ce brut de pur pinot noir garde l'empreinte de son séjour de douze mois en fût dans un nez boisé, miellé, aux nuances de fruits jaunes et de pomme au four. La bouche équilibrée et longue offre des notes fraîches d'agrumes. 2015-2018 dinde rôtie

Mary-Sessile, 49, rue de la Planchette, 51140 Treslon, tél. 03 26 97 43 99, contact@champagne-mary-sessile.com V r.-v.

RÉMY MASSIN Sec Grains de douceur

●	5 000	🍾	15 à 20 €

Louis-Aristide Massin, né en 1865, plante les premiers ceps. Rémy lance son champagne en 1974 et reste actif sur l'exploitation. Son fils Sylvère élabore les cuvées, tandis que son petit-fils Cédric, arrivé en 2002, développe l'export et conduit le vignoble : 22 ha dans les vallées de l'Arce et de l'Ource (Aube). (RM)

Grains de douceur ? Un sec, dosé à 24,8 g/l, donc proche du demi-sec. Il naît du seul pinot noir, cépage majoritaire dans l'Aube. Le nez agréable mêle la cerise à l'alcool à des notes fraîches d'agrumes. Un dosage judicieux permet un bel équilibre entre une sensation de douceur suave et une fraîcheur citronnée, et laisse une impression de légèreté. ⌛ 2014-2018 🍷 tarte au citron ● **Prestige** (17 000 b.) : mi-blancs mi-noirs (pinot noir), un champagne vif au nez d'aubépine et de citron. ⌛ 2014-2015

🔑 Rémy Massin et Fils, 34, Grande-Rue, 10110 Ville-sur-Arce, tél. 03 25 38 74 09, contact@champagne-massin.com V 🏠 t.l.j. 9h-12h 14h-18h30; dim. mat. sur r.-v.

LOUIS MASSING Extra-brut ★

● Gd cru	30 000	🍾	15 à 20 €

Les petits-enfants de Louis Massing, le fondateur de la maison de négoce, disposent en propre de 11 ha dans la Côte des Blancs. (NM)

Une belle expression de la Côte des Blancs qui lègue parfois, comme ici, une touche crayeuse au vin. Un nez discret et fin, où pointent des notes beurrées, briochées et minérales, une bouche dans le même registre, nerveuse à l'attaque, équilibrée, pas très longue mais bien construite. ⌛ 2015-2018 🍷 apéritif, crustacés ● **Réserve ★** (75 000 b.) : 80 % de noirs (les deux pinots) pour cette cuvée intensément fruitée (fruits rouges, pêche et abricot compotés, agrumes), à la texture riche et dense, équilibrée par une belle fraîcheur. ● **Blanc de blancs grand cru cuvée Excellence Élevé en fût de chêne ★** (30 à 50 € ; 3 000 b.) : le chardonnay prend ici des notes de fruits jaunes, de beurre, soulignées par l'oxydation ménagée.

🔑 SAS Deregard-Massing, 118, allée Jules-Lucotte, 51190 Avize, tél. 03 26 57 52 92, champagne.louismassing@wanadoo.fr V 🚶 🏠 t.l.j. 9h-12h 14h-17h

HERVÉ MATHELIN Cuvée Privilège ★★

●	10 000	🍾	15 à 20 €

Sur la rive gauche de la Marne, les Mathelin élaborent leurs champagnes depuis trois générations. Nicolas, fils d'Hervé s'est installé en 1999, rejoint en 2012 par Florian. (RM)

Une touche de pinot noir (5 %) est venue compléter le chardonnay des récoltes 2011 et 2010. Au nez, une palette délicate et complexe de fleurs blanches, de fruits jaunes et de grillé. Les agrumes s'ajoutent à ces arômes dans un palais d'une rondeur plaisante et d'une belle persistance. ⌛ 2015-2018 🍷 apéritif, viande blanche ● **Cuvée Réserve ★** (10 à 15 € ; 30 000 b.) : 70 % de noirs (les deux pinots) et 30 % de blancs dans ce champagne harmonieux, gourmand et long, aux notes mûres de coing, de brioche et de fruits secs. ⌛ 2014-2016 ● **Rosé** (10 à 15 € ; 8 000 b.) : un rosé d'assemblage issu des trois cépages, d'une couleur rose bonbon, avec des arômes de framboise, de confiture de fruits rouges, de noyau, à la bouche un rien tannique. ⌛ 2014-2018

🔑 Champagne Hervé Mathelin, 2, rte de Paris, 51700 Troissy, tél. 03 26 52 74 42, herve.mathelin@wanadoo.fr V 🏠 r.-v.

MATHELIN Tradition ★

●	54 032	🍾	11 à 15 €

L'aventure viticole de la famille Mathelin a débuté en 1791 sur la rive gauche de la Marne. Aujourd'hui, Gilles, Coralie, Cédric et Aurélien gèrent en famille une exploitation qui couvre plus de 14 ha.

Une majorité de raisins noirs (meunier 60 %, pinot noir 20 %) pour cette cuvée aux agréables senteurs de citron et de fruits exotiques (mangue, ananas) ; en bouche, un bel équilibre penchant vers la rondeur, avec des arômes de pêche, de brioche et de beurre plus évolués qu'au nez. ⌛ 2014-2017 🍷 apéritif, pâté en croûte

🔑 SCEV Mathelin, 4, rue des Gibarts, Cerseuil, 51700 Mareuil-le-Port, tél. 03 26 52 73 58, mathelin.champagne@orange.fr V 🚶 🏠 r.-v.

GUY MÉA Cuvée Prestige ★★

● 1er cru	n.c.	20 à 30 €

Cette propriété est implantée dans un village de la Montagne de Reims où le marquis de Louvois, ministre de Louis XIV, fit construire par Mansard un château aujourd'hui en grande partie détruit. Elle élabore du champagne depuis plus d'un demi-siècle. (RM)

Le pinot noir joue ici les seconds rôles, allié au chardonnay (60 %). Un champagne charnu et vif aux parfums élégants de fleurs blanches et de citron. Après une attaque à la fois souple et fraîche, la matière se fait plus dense, évoluant sur des notes persistantes d'agrumes et de fruits secs. Un brut tout en finesse, auquel plusieurs dégustateurs auraient bien décerné un coup de cœur. ⌛ 2014-2019 🍷 langouste à la nage

🔑 SCE La Voie des Loups, 2, rue de l'Église, 51150 Louvois, tél. 03 26 57 03 42, champagne.guy.mea@wanadoo.fr V 🚶 🏠 r.-v.

MERCIER ★

●	n.c.	🍾	20 à 30 €

Maison fondée en 1858 par Eugène Mercier, qui démocratisa le champagne en regroupant plusieurs maisons pour bénéficier de volumes suffisants. Il fit creuser à Épernay un immense réseau de 18 km de galeries que l'on visite à bord d'un petit train. En 1970, Mercier fusionne avec Moët et Chandon, avant de rejoindre le groupe LVMH. La maison dispose d'un vaste vignoble de 231 ha. (NM)

Une robe cuivrée éclatante, ornée de brillants reflets orangés, un nez plus réservé sur les fruits rouges macérés et le pain grillé. C'est surtout en bouche que ce rosé séduit, rond à l'attaque, charpenté, épicé, rafraîchi par une belle acidité. Richesse et caractère. ⌛ 2015-2018 🍷 canard à l'orange

🔑 Mercier, 68-70, av. de Champagne, 51200 Épernay, tél. 03 26 51 20 00 V 🚶 🏠 r.-v.

LE MESNIL Blanc de blancs ★

● Gd cru	140 000	20 à 30 €

Marque lancée dans les années 1970 par la coopérative du Mesnil-sur-Oger fondée en 1937 dans ce grand cru de la Côte des Blancs. Dans sa gamme, exclusivement du chardonnay. (CM)

Il a vieilli trois ans en cave. L'or de sa robe montre des reflets verts. Son nez évoque le pamplemousse puis explore les fruits blancs et les fleurs du verger. La bouche reste sur la même ligne ; elle parle d'agrumes, de pomme verte et de fleurs blanches, avec fraîcheur et persistance, dans un langage harmonieux. ⧗ 2014-2018 ♈ piccata al limone ● Blanc de blancs Grand cru Prestige 2005 (30 à 50 € ; 20 000 b.) : une évolution idéale, avec au nez, des fruits blancs mûrs, de la mirabelle, du beurre, de la crème pâtissière, de la frangipane, des fruits à l'alcool, et en bouche, de l'ampleur et une fraîcheur conservée. Longue finale acidulée. ⧗ 2014-2015

Le Mesnil, 19, rue Charpentier-Laurain, 51190 Le Mesnil-sur-Oger, tél. 03 26 57 53 23, lemesnil@wanadoo.fr V r.-v.

MÉTÉYER PÈRE ET FILS
Exclusif 100 % meunier ★

●	2 000		15 à 20 €

Franck Météyer exploite depuis 1998 le domaine fondé par son trisaïeul en 1860. Sa famille a été la première du village à installer son propre pressoir en 1929. Le vignoble s'étend sur la rive droite de la rivière.

Ce champagne est en fait un brut nature, élaboré sans dosage. Il naît du seul meunier, cépage dominant dans ce secteur de la vallée de la Marne, et provient de la plus vieille vigne du domaine, vendangée en 2006. Vinifié sans fermentation malolactique, un champagne de caractère et de connaisseurs, qui étonne par ses multiples notes de torréfaction (moka, praliné, grillé), de fumée et de fruits secs se déployant dans une matière nerveuse. ⧗ 2015-2018 ♈ volaille rôtie, chaource

Météyer Père et Fils, 39, rue de l'Europe, 02850 Trélou-sur-Marne, tél. 03 23 70 26 20, champagnemeteyer@wanadoo.fr V t.l.j. sf dim. 9h-12h 14h-18h

B BRUNO MICHEL
Cuvée rosé ★

●	14 000	20 à 30 €

Installé en 1980 au sud d'Épernay, Bruno Michel exploite 13 ha de vignes. Son domaine est l'un des rares en Champagne à être conduit en bio certifié (certification en 2004). (RM)

Très présent sur l'exploitation, le meunier compose 80 % de cette cuvée, complété par le chardonnay. D'un rose soutenu aux reflets orangés, ce rosé séduit par ses parfums de fraise et d'orange confite que l'on retrouve dans une bouche à la fois ronde et fraîche. Équilibré et gourmand, ce vin est proche de la seconde étoile. ⧗ 2014-2015 ♈ apéritif ● Cuvée Pauline vinifiée en fût de chêne 2002 ★ (30 à 50 €) : 90 % de chardonnay, 10 % de meunier ; une couleur très pâle, à peine rosée, mais des parfums intenses de fruits confits et de vanille, un bel équilibre et une grande longueur. ⧗ 2014-2018

Bruno Michel, 4, allée de la Vieille-Ferme, 51530 Pierry, tél. 03 26 55 10 54, champagnebrunomichel51@orange.fr V r.-v.

G. MICHEL Saveurs d'automne 1989 ★★★

●	5 000		30 à 50 €

Un domaine établi sur le coteau prolongeant au sud celui d'Épernay. Il est dirigé par Guy Michel, vigneron depuis... 1959. Sa vinothèque fait mieux : elle renferme des champagnes vinifiés il y a plus d'un siècle (de 1912 à notre époque). On peut acquérir à la propriété certains de ces millésimes anciens. (RM)

Vingt-cinq ans, quel bel âge ! Le témoin d'une année de haute maturité. 50 % de meunier, 40 % de chardonnay et le solde en pinot noir, un champagne vinifié sans fermentation malolactique. Des bulles très fines traversent avec souplesse la robe d'un bel or brillant et participent à l'éloquence du nez. Dans une gamme aromatique très large, les agrumes et fruits confits sont encore fort présents. Bien vivante, la matière est ample, droite et savoureuse. Cette bouteille est une belle surprise et elle pourra encore étonner. ⧗ 2014-2020 ♈ apéritif ● Paris Folies 1990 (1 500 b.) :plus jeune et né d'une année moins chaude, ce champagne, pour être intense, semble pourtant plus âgé que le précédent avec ses notes de fruits à noyau et de fruits secs. Pour les connaisseurs. ⧗ 2014-2020

G. Michel, 31, rue des Prieurés, 51530 Moussy, tél. 03 26 54 03 17, guymichel.champagne@orange.fr V r.-v.

E. MICHEL Réserve extra-qualité 2004 ★

●	n.c.		30 à 50 €

Cette marque est dans le giron de la maison Duval-Leroy, implantée dans la Côte des Blancs : les équipes sont les mêmes, mais les assemblages sont différents (davantage de pinot noir) et la distribution est distincte (particuliers et foires). (NM)

Un blanc de blancs issu de la généreuse année 2004. À la robe bien dorée répondent de plaisants parfums de viennoiserie et de caramel. Le côté gourmand du nez se confirme dans une bouche marquée dès l'attaque par une belle acidité qui lui donne de l'équilibre et souligne la longue finale. ⧗ 2015-2018 ♈ cailles au citron, chaource

E. Michel, 59, av. de Bammental, 51130 Vertus, tél. 03 26 52 14 91 V r.-v.

JEAN MICHEL Cuvée spéciale 2006 ★

●	5 000		15 à 20 €

La famille cultive la vigne depuis le milieu du XIXᵉs. Olivier Michel dispose d'un domaine de 12 ha sur les coteaux sud d'Épernay. (RM)

Un assemblage des chardonnay (60 %) et meunier (40 %) vinifiés à 80 % en cuve et à 20 % en fût sans fermentation malolactique a permis d'obtenir ce champagne à la robe claire et au nez discret, mais agréable, nuancé de noisette. La bouche se montre équilibrée et vive, bâtie pour une petite garde. ⧗ 2015-2019 ♈ coquilles Saint-Jacques ● Blanc de meunier 2008 (5 000 b.) : une cuvée offrant une expression typée du cépage : un nez ouvert et fruité (pêche blanche, mirabelle...), une bouche ronde à l'acidité bien fondue. Bon dosage. ⧗ 2014-2015

EARL Jean Michel, 15, rue Jean-Jaurès, 51530 Moussy, tél. 03 26 54 03 33, champagnejeanmichel@yahoo.fr V r.-v.

PAUL MICHEL
Carte blanche Pur chardonnay ★

●	1er cru	100 000		15 à 20 €

Au sud d'Épernay, Cuis, un 1er cru, est l'un des premiers villages de la Côte des Blancs. C'est dans cette com

mune qu'est établie cette exploitation de 20 ha fondée en 1952 et aujourd'hui dirigée par Philippe, Denis et Didier Michel. (RM)

Un blanc de blancs des vendanges 2010. Des arômes plaisants d'agrumes (pamplemousse), de fruits exotiques (papaye, ananas), avec une touche de minéralité. La fraîcheur du palais indique un certain potentiel de garde. ⧗ 2015-2020 🍴 carpaccio de saint-jacques ● Pur chardonnay Grande Réserve 2004 1er cru (20 à 30 €; 6 000 b.): nez discret, bouche agréable, florale et minérale. ⧗ 2014-2016

Paul Michel, 20, Grande-Rue, 51530 Cuis, tél. 03 26 59 79 77, champagne-p.michel@orange.fr V t.l.j. sf sam. dim. 9h-12h 14h-17h; f. août

CHARLES MIGNON Cuvée comte de Marne ★

● Gd cru | 20 000 | | 20 à 30 €

Une maison de négoce familiale créée à Épernay en 1995 par Bruno Mignon, arrière-petit-fils de vignerons, et par sa femme Laurence. Trois marques : Charles Mignon, Louis Tollet (destinée aux cavistes et aux restaurateurs), Léon Launois. (NM)

Le pinot noir (55 %) et le chardonnay sont pratiquement à parité dans cette cuvée au nez très agréable, intense et fin, mêlant la pêche de vigne, le miel et la torréfaction. Suffisamment étoffée, la bouche tire son harmonie d'une acidité enrobée par le dosage. ⧗ 2015-2018 🍴 ravioles de foie gras ● Cuvée comte de Marne Rosé grand cru (10 000 b.): assemblage identique au précédent; un joli fruit sur une trame vive et longue, avec une pointe tannique. ⧗ 2015-2018 ● Premium réserve 1er cru: une dominante de pinot noir (75 %), avec un appoint de chardonnay dans ce brut charnu et long aux arômes de fruits rouges, montrant une belle harmonie entre le nez et la bouche. ⧗ 2015-2018

Charles Mignon, 7, rue Irène-Joliot-Curie, 51200 Épernay, tél. 03 26 58 33 33, info@champagne-mignon.fr r.-v.

FABRICE MILINAIRE Blanc de blancs ★★

● | 778 | | 15 à 20 €

Après avoir travaillé huit ans sur l'exploitation familiale, Fabrice Milinaire s'installe en 1997 et décide d'élaborer ses champagnes, qu'il signe dès 1999. Il dispose d'environ 3 ha dans le massif de Saint-Thierry, au nord-ouest de Reims.

Un train de jolies bulles très fines, de doux arômes d'acacia et de pêche blanche, auxquels s'ajoutent en bouche des notes d'ananas et de poire. Une matière équilibrée, tout en finesse, bénéficiant d'un dosage léger et précis, une jolie finale. Un seul défaut : le caractère confidentiel de ce blanc de blancs... ⧗ 2015-2018 🍴 fruits de mer

Fabrice Milinaire, 20, av. de Champagne, 51220 Hermonville, tél. 03 26 97 49 42, fabrice.milinaire@wanadoo.fr V r.-v.

♥ MOËT ET CHANDON Grand Vintage Collection 1999 ★★★

● | n.c. | | 30 à 50 €

L'une des plus anciennes maisons de Champagne, fondée en 1743 par Claude Moët, propriétaire de vignes. Au début du XIXe s., son petit-fils Jean-Rémy donne à la société une dimension internationale, avec la compli-

cité de son gendre Pierre-Gabriel Chandon de Briailles. Leurs héritiers ont conforté le succès de la marque, devenue la plus connue et la plus vendue au monde. Aujourd'hui, Moët & Chandon, riche de 1 250 ha de vignes (dont 50 % en grand cru) et de 28 km de caves, continue son expansion au sein du puissant groupe LVMH.

Si 1999 n'est pas le millésime le plus coté de la décennie, ce champagne, où les trois cépages champenois sont assemblés presque à parts égales (pinot noir 38 %, meunier et chardonnay à 31 %), en offre une superbe expression. La robe brillante aux reflets dorés est parcourue d'un train de fines bulles. Le nez intense, d'une rare complexité, associe les fruits secs (abricot, poire, amande), la brioche et la torréfaction (pain grillé, cacao). On retrouve au palais cette complexité, ainsi qu'un très bel équilibre: nulle lourdeur dans ce vin qui a gardé de la fraîcheur et dont la persistance subjugue. ⧗ 2014-2018 🍴 poularde aux morilles ● Grand Vintage 2006 ★ (30 à 50 €): les trois cépages champenois (chardonnay 42 %, pinot noir 39 %, meunier 19 %) au service d'un beau champagne de repas, complexe (notes grillées, toastées, vanillées, amande), vineux et équilibré. ⧗ 2014-2018

Moët et Chandon - MHCS, 20, av. de Champagne, 51200 Épernay, tél. 03 26 51 20 00, info@moet.fr V r.-v. LVMH

PIERRE MONCUIT Blanc de blancs ★★

● Gd cru | 40 000 | 15 à 20 €

Cette propriété fondée en 1889 choie les blancs de blancs provenant de son vaste vignoble (20 ha, dont 15 en grand cru) entre Côte des Blancs et Sézannais. Elle est conduite par Yves et Nicole Moncuit, laquelle se charge des vinifications, et forme sa fille Valérie. (RM)

Toute l'élégance d'un blanc de blancs accompli; arômes tout en finesse, typiques du chardonnay et de son terroir, la Côte des Blancs: pierre à fusil, fleurs blanches, agrumes, nuances qui se prolongent dans une bouche fraîche, légèrement briochée, à la finale minérale. ⧗ 2015-2018 🍴 apéritif, fruits de mer ● Blanc de blancs grand cru 2005 non dosé (30 à 50 €; 2 500 b.): des arômes évolués de fruits mûrs, de foin, de caramel avec une pointe de fourrure, une rondeur équilibrée par l'acidité, une finale vive sans agressivité. ⧗ 2015-2018 ● Blanc de blancs grand cru 2005 (30 à 50 €; 13 000 b.): un champagne complexe, équilibré, évolué, aux arômes de fleurs et d'agrumes confits, agrémentés en bouche de notes de crème pâtissière et de cire. ⧗ 2014-2015

Pierre Moncuit, 11, rue Persault-Maheu, 51190 Le Mesnil-sur-Oger, tél. 03 26 57 52 65, contact@pierre-moncuit.fr V t.l.j. sf dim. 9h-12h 14h-17h30; f. août

ROBERT MONCUIT Blanc de blancs ★

● Gd cru | 50 000 | | 15 à 20 €

« Propriétaire de vignes au Mesnil-sur-Oger depuis 1889 » annonce fièrement l'étiquette. Pierre Amillet, le petit-fils de Robert Moncuit qui commercialisa les

premières bouteillles en 1928, a pris en 2000 les rênes de l'exploitation : 8 ha dans la Côte des Blancs. (RM)

Issu des récoltes 2010 et 2009, ce blanc de blancs s'annonce par un nez délicat mêlant les fleurs blanches à quelques notes plus évoluées d'amande et autres fruits secs. Franc à l'attaque, sur des arômes de pêche blanche et de coing, un champagne agréable, malgré un dosage perceptible en finale. ⧗ 2014-2015 🍷 apéritif

Pierre Amillet, 2, pl. de la Gare,
51190 Le Mesnil-sur-Oger, tél. 03 26 57 52 71,
contact@champagnerobertmoncuit.com r.-v.

MONDET Nature ★

● | 5 000 | 🍾 | 11 à 15 €

Le village où cette maison a son siège se niche au fond d'un vallon tributaire de la Marne. Fondée en 1926, l'affaire est dirigée par Francis Mondet, ses filles et ses gendres, qui disposent de 11 ha en propre. (NM)

Cette cuvée non dosée privilégie les raisins noirs (85 %, dont 65 % de meunier). Le nez discret se partage entre les fruits blancs et les agrumes. La bonne attaque dévoile un vin puissant et équilibré, vif sans agressivité, encore jeune. ⧗ 2015-2019 🍷 apéritif, poisson grillé ● **Brut Tradition** (15 à 20 € ; 10 330 b.) : issue de pinot noir (80 %) avec un appoint de chardonnay, une cuvée finement florale, fruitée et minérale au nez, fraîche et persistante. ⧗ 2015-2018

SARL Francis Mondet, 2, rue Dom-Pérignon,
51480 Cormoyeux, tél. 03 26 58 64 15,
champagne.mondet@wanadoo.fr t.l.j. 9h-12h 14h-17h30; dim. sur r.-v.; f. 10-31 août

MONIAL Brut nature Lux aeterna ★

● | 2 500 | 🍾 | 20 à 30 €

Dans la Côte des Bar (Aube), les cuvées aux noms latins d'Emmanuel Calon vieillissent depuis 2007 sous les voûtes en ogive d'un ancien cellier du monastère cistercien de Clairvaux. Outre ses 2 ha de vignes, le producteur exploite 300 ha de céréales. (NM)

Modestie monastique ? Un chardonnay discret à l'approche, qu'il faut solliciter pour qu'il libère des notes de grillé, de réglisse et de fleurs blanches. Au palais, il conjugue fraîcheur et générosité et finit sur une agréable touche de miel. ⧗ 2015-2018 🍷 langoustines à la citronnelle

Emmanuel Calon, Le-Cellier-aux-Moines,
10200 Colombé-le-Sec, tél. 03 25 27 02 04,
calon.emmanuel@wanadoo.fr t.l.j. 9h-12h 14h-18h; de nov. à mars sur r.-v.

MONMARTHE 2006 ★

● 1er cru | 10 000 | 🍾 | 15 à 20 €

Sous Louis XV, les Monmarthe étaient déjà vignerons. En 1930, Ernest lance son champagne. Soixante ans plus tard, Jean-Guy Monmarthe s'installe à la tête du domaine : 17 ha dans la Montagne de Reims. (RM)

Le pinot noir (60 %) et le chardonnay collaborent à cette cuvée dorée à l'effervescence crémeuse, qui libère des parfums légers, plutôt évolués, de toasté et de fruits secs ou confits. Une pointe de fraîcheur minérale contribue à l'équilibre du palais. ⧗ 2015-2018 🍷 apéritif, toasts au chaource ● **Secret de famille 1er cru** ★ (10 à 15 € ; 95 000 b.) : mettant en vedette les raisins noirs (80 %, les deux pinots à égalité), un champagne puissant, au nez assez évolué (notes grillées et fruits blancs bien mûrs), plutôt destiné au repas. ⧗ 2014-2015

Jean-Guy Monmarthe, 38, rue Victor-Hugo,
51500 Ludes, tél. 03 26 61 10 99,
champagne-monmarthe@wanadoo.fr r.-v.

MONTAUDON Classe M ★★

● | n.c. | 20 à 30 €

Créée en 1891 par un chef de cave d'Épernay, cette maison dont Joséphine Baker raffolait, est restée dans la famille du fondateur jusqu'en 2008. La marque fait partie depuis 2010 du vaste groupe coopératif Alliance Champagne. (CM)

Mi-pinot noir mi-chardonnay, cette cuvée assemble des vins des années 2009, 2008 et 2006. Elle révèle naturellement des notes évoluées (caramel, allié à des nuances de beurre frais). En bouche, elle conjugue ampleur, fraîcheur, richesse et élégance. Un champagne pour les connaisseurs. ⧗ 2014-2018 🍷 noix de Saint-Jacques caramélisées ● **Réserve première** : trois quarts de noirs (pinot noir, surtout) et un quart de blancs au service d'un champagne ouvert et généreux aux arômes de fruits frais (pomme et pêche) et de fruits exotiques. ⧗ 2014-2018

Montaudon, 1, rue Kellermann, BP 2742,
51061 Reims Cedex, tél. 03 26 79 01 01
Alliance Champagne

MONT-HAUBAN Trois cépages ★

● | n.c. | 🍾 | 15 à 20 €

Née en 1947, la coopérative de Monthelon-Morangis commercialise sous la marque Mont-Hauban des champagnes produits à partir des 86 ha de ses adhérents. Elle est située sur l'un des coteaux sud d'Épernay. (CM)

Comme son nom l'indique, les trois cépages champenois sont assemblés à parts égales dans cette cuvée associant à la récolte de 2010 des vins de réserve remontant jusqu'à 2007. De sa robe d'or clair aux reflets verts montent des fragrances fruitées et briochées. Dans le même registre aromatique, le palais équilibré et long laisse une impression de jeunesse, ce qui signe un certain potentiel. ⧗ 2015-2019 🍷 apéritif

Coopérative Monthelon-Morangis, 3, rte de Mancy,
51530 Monthelon, tél. 03 26 59 70 27, accueil@champagnemonthauban.com t.l.j. sf sam. dim. 9h-12h 13h30-17h30

MORIZE PÈRE ET FILS 2000 ★

● | 4 692 | 🍾 | 20 à 30 €

Les Morize sont établis aux Riceys (Aube) depuis 1830, et récoltants-manipulants depuis trois générations. Guy Morize, installé en 1970, dispose d'un vignoble de 6 ha et de splendides caves voûtées bâties par les Cisterciens au XIIe s.

Discret au premier nez, ce 2000 libère à l'aération des notes d'orange confite et de fruits noirs précédant une bouche tout en rondeur vivifiée par une pointe de fraîcheur bienvenue. ⧗ 2014-2017 🍷 soupe de fruits rouges ● **Réserve** ★ (15 à 20 € ; 23 045 b.) : un nez partagé entre les fleurs blanches, le citron et les fruits jaunes, prélude à une bouche alliant richesse et fraîcheur. ⧗ 2015-2018

Morize Père et Fils, 122, rue du Gal-de-Gaulle,
10340 Les Riceys, tél. 03 25 29 30 02,
champagnemorize@wanadoo.fr r.-v.

MOST Extra-brut version rosé ★★

1er cru	3 250		30 à 50 €

Le plus jeune négociant de champagne ! Gaétan Gillet n'est pas du sérail et n'a pas un arpent de vignes. BTS de viti-œno à Avize, stages... Il trouve des appuis et crée sa maison en 2011, à vingt-deux ans. Il aime les champagnes peu dosés. (NM)

L'adjonction de 15 % d'un vin rouge de pinot noir à un vin de base de chardonnay explique la couleur soutenue, orangée aux reflets cuivrés, de cette cuvée. Au nez, des arômes mûrs : la fraise compotée, puis le caramel, le poivre et une pointe fumée. La bouche reprend cette palette, assortie d'une touche de cuir. Ces arômes rehaussent une matière équilibrée et intense. Le choix d'un dosage extra-brut (2 g/l), qui évite toute lourdeur au vin, se justifie pleinement. Frôle le coup de cœur. 2014-2018 volaille, viandes blanches

Most, 4, impasse de l'Ancienne-Mairie, 51190 Avize, tél. 06 23 21 35 29, champagnemost@gmail.com V r.-v. Gaëtan Gillet

CORINNE MOUTARD Tradition ★

	n.c.	11 à 15 €

Héritière d'une lignée de viticulteurs bien connue dans l'Aube, Corinne Moutard s'est installée en 1985 et commercialise depuis 1998 sa propre marque. Ses champagnes sont élaborés dans l'exploitation familiale située non loin des Riceys. (NM)

Dominée par les raisins noirs (60 % de pinot noir, 10 % de meunier), cette cuvée libère des senteurs fraîches de pomme verte mêlées à des nuances de torréfaction et de fruits secs traduisant une légère évolution. Équilibrée et harmonieuse, la bouche présente une agréable pointe acidulée en finale. 2014-2017 ris de veau en croûte

Corinne Moutard, 49, Grande-Rue, 10110 Polisy, tél. 03 25 38 52 47, champagnecorinnemoutard@wanadoo.fr V t.l.j. 9h-12h 14h-18h, sam. dim. sur r.-v.; f. 15-31 août

MOUTARDIER Pur Meunier ★

	6 000		20 à 30 €

Camille est le premier des Moutardier à avoir élaboré son champagne en 1920. William Saxby, l'arrière-petit-fils, s'est installé en 2010. Proche de la vallée de la Marne et forte de 18 ha, la maison a un slogan peu commun : « le meilleur du meunier ». Très cultivé dans la vallée de la Marne, ce cépage forme la base de presque toutes ses cuvées. (NM)

Un brut nature, c'est-à-dire non dosé, né du seul meunier. Un fin cordon de bulles anime la robe dorée aux reflets jaune orangé et laisse monter des parfums complexes et évolués : pomme cuite, coing, fruits macérés, miel, cire, épices et bien d'autres senteurs qui se confirment en bouche. Un peu fugace, le palais est agréable, à la fois ample et vif. 2014-2016 feuilleté au boudin blanc Carte d'or ★ (15 à 20 € ; 150 000 b.) : le chardonnay en appoint du meunier (85 %) dans cette cuvée au nez intense, élégamment évolué (miel, caramel, coing, pomme), à la bouche complexe et toastée, tonifiée par une finale fraîche. 2014-2015 2007 ★ (15 à 20 € ; 10 000 b.) : du meunier (80 %) et du chardonnay. Une robe soutenue, un nez évolué et un corps vineux mais frais dessinent un millésime à son apogée, que l'on servira à table. 2014-2015

Moutardier, 12, chem. des Ruelles, 51210 Épernay, tél. 03 26 59 21 09, contact@champagne-jean-moutardier.fr V t.l.j. 8h30-12h30 13h30-17h30; sam. dim. sur r.-v.

MOUTARD PÈRE ET FILS Grande Cuvée

	100 000		20 à 30 €

Sous Louis XIII, des Moutard cultivaient déjà la vigne de Bar-sur-Seine, mais la famille n'élabore son champagne que depuis 1927. Aujourd'hui, François, Véronique et Agnès disposent d'un domaine de 22,5 ha. Ils cultivent d'anciens cépages et proposent des champagnes de terroir. (NM)

La principale cuvée de brut sans année de la maison, issue du cépage aubois majoritaire, le pinot noir, et de la récolte 2010. Un nez tout en finesse associant les fleurs blanches, l'anis et la réglisse. Au palais, une vivacité de jeunesse. 2015-2018 apéritif

Moutard-Diligent, 6, rue des Ponts, 10110 Buxeuil, tél. 03 25 38 50 73, champagne@champagne-moutard.eu V t.l.j. sf sam. dim. 8h-12h 14h-18h

MOUTAUX Val de Beauregard ★

	500	20 à 30 €

Installés à Bligny, village niché à mi-chemin entre Bar-sur-Aube et Bar-sur-Seine, Christine et Renaud Fischer ont pris la suite de quatre générations de vignerons. Leur domaine couvre 13 ha.

Mi-chardonnay mi-pinot noir, une microcuvée née de l'unique récolte 2002. Beurre, viennoiserie, brioche se manifestent au nez ; également évoluée, la bouche est ample, avec ce qu'il faut de fraîcheur. 2014-2015 foie gras poêlé Carte blanche (15 à 20 € ; 8 500 b.) : du chardonnay majoritaire dans ce vin au nez d'ananas et de pamplemousse, légèrement évolué en bouche. 2014-2015

EARL Moutaux, 2, rue des Ponts, 10200 Bligny, tél. 03 25 27 40 25, champagne.moutaux@orange.fr V r.-v.

MOUZON-LEROUX ET FILS
Blanc de blancs 2007 ★

Gd cru	1 660	20 à 30 €

Premiers vignerons en 1776, premiers champagnes en 1938. Aujourd'hui, Pascale, Philippe et Sébastien Mouzon, qui exploitent 10 ha répartis sur une centaine de parcelles à Verzy, Verzenay, Ludes et Villers Marmery, dans la Montagne de Reims, ont engagé la conversion bio de 7 ha du domaine. (NM)

Toute la finesse du chardonnay : nez discret mais plaisant d'agrumes et de fleurs blanches, attaque acidulée, bouche équilibrée, ample et fraîche, laissant présager une bonne évolution dans le temps. 2015-2022 apéritif

SARL Mouzon-Leroux, 16, rue Basse-des-Carrières, 51380 Verzy, tél. 03 26 97 96 68, champagne-mouzon-leroux@wanadoo.fr V r.-v.

♥ **G.-H. MUMM** Mumm de Cramant ★★★

	n.c.		20 à 30 €

Comme d'autres grands noms de la Champagne, la maison Mumm est d'origine allemande, fondée en 1827 par les trois frères Mumm, Jacobus, Gottlieb et Philipp, fils d'un négociant de Cologne. Georges-Hermann Mumm, petit-fils du fondateur, lègue ses initiales à

l'entreprise et lance en 1875 le cordon rouge, évocation de la Légion d'honneur. L'affaire est restée dans la famille jusqu'en 1914 : la guerre entraîne sa mise sous séquestre en raison de la nationalité allemande de ses propriétaires. Forte d'un vignoble en propre de 218 ha, la société constitue désormais le fleuron champenois du groupe Pernod Ricard.

À l'origine réservé aux amis et aux meilleurs clients de la maison, ce blanc de blancs né dans un des crus les plus illustres de la Côte des Blancs remonte à 1882. La robe claire est parcourue de bulles très fines (il s'agit d'un champagne « à demi-mousse », à l'effervescence discrète). Le nez est en revanche envoûtant, intense, délicat et complexe : il associe les agrumes, les fruits blancs (pêche, coing) et la torréfaction. La bouche, à l'unisson, apparaît puissante et structurée, équilibrée par une belle fraîcheur que renforce une minéralité crayeuse sous-jacente. Un blanc de blancs stylé au nez fabuleux. ⧗ 2015-2018 🍴 tartare de saumon ● 2006 ★ : Il faut un moment d'aération pour découvrir les notes complexes d'évolution qui teintent la matière ample et ronde soulignée d'une belle fraîcheur. ⧗ 2015-2018

G.-H. Mumm, 29, rue du Champs-de-Mars, 51100 Reims, tél. 03 26 49 59 69, mumm@mumm.com V r.-v. Pernod Ricard

NAPOLÉON Tradition

●	70 000		20 à 30 €

Les vignerons de la cave de la Goutte d'Or à Vertus n'ont eu qu'à traverser la rue pour faire alliance avec une marque prestigieuse : la maison Ch & A Prieur, fondée en 1825, qui exploitait la marque Napoléon depuis 1907, sur le trottoir d'en face. (NM)

La cuvée Tradition associe le pinot noir et le chardonnay. De fins cordons de bulles et de légers arômes de fruits, d'agrumes, et de brioche : l'approche est discrète. L'attaque apparaît nerveuse, la bouche vive, dans le même registre citronné : un jeune champagne en devenir. ⧗ 2015-2020 🍴 sole meunière ● Napoléon 2000 ★ (30 à 40 € ; 10 000 b.) : un champagne tout en souplesse et en rondeur, aux arômes de fruits mûrs, de coing et de vanille. ⧗ 2014-2015

Napoléon, 30, rue du Gal-Leclerc, 51130 Vertus, tél. 03 26 52 11 74, info@champagne-napoleon.fr V t.l.j. sf sam. dim. 8h30-12h 13h30-17h

BERNARD NAUDÉ Tradition ★

●	56 687		11 à 15 €

Un monument surmonté d'une statue de Napoléon et érigé en 1830 par un ancien officier de la Grande Armée, Armand Prosper Cornette, signale cette exploitation de Charly-sur-Marne, aux confins de l'Aisne et de la Seine-et-Marne. Bernard Naudé, récoltant depuis les années 1970, se lance dans la manipulation en 1983 et cultive aujourd'hui avec son fils Vincent un vignoble de 8 ha. (RM)

L'étiquette ne le précise pas, mais il s'agit d'un blanc de noirs (90 % meunier). Au nez, de légers parfums de fruits blancs, arômes que l'on retrouve en bouche mêlés à des notes de fruits rouges. ⧗ 2014-2017 🍴 terrine de homard

EARL la Tour Napoléon, 12, av. Fernand-Drouet, BP 61, 02310 Charly-sur-Marne, tél. 03 23 82 09 26, info@champagne-bernard-naude.com V t.l.j. sf dim. 9h30-12h 13h30-18h30

NÉRET-VÉLY Prestige 2008 ★

●	2 600		15 à 20 €

Une exploitation familiale constituée en 1945 et transmise à Alain Néret en 1980. Son vignoble (5,2 ha) est situé à 20 km, dans les environs de Festigny, sur la rive gauche de la Marne. (RM)

Ce pur chardonnay de la récolte 2008 libère au premier nez des parfums frais d'agrumes et de fruits jaunes puis, à l'aération, des notes plus évoluées de brioche et de fruits secs. La bouche reste fine et fraîche. ⧗ 2014-2018 🍴 aumonières de poisson

Alain Néret, 333, rue des Sources, Fontaine au Bron, 51210 Vauchamps, tél. 03 26 81 66 59, neretvelychamp@orange.fr V r.-v.

LOUIS NICAISE Blanc de noirs Noir ★

● 1er cru	1 500		20 à 30 €

Lucien Nicaise se met à son compte en 1928. En 2012, Laure, son arrière-petite-fille, a pris les commandes du domaine après avoir épaulé son père Régis pendant dix ans. À la tête de 9 ha de vignes, elle a introduit la vinification sous bois. (RM)

Un monocru de Hautvillers vinifié en fût et présenté dans des bouteilles ficelées à l'ancienne. Comme le laisse présager son nom, cette cuvée provient du seul pinot noir. Elle assemble 60 % de la vendange 2010, 15 % de 2009 et des vins plus âgés. Le nez, racé et complexe, évocateur de fruits mûrs, annonce une bouche ample, vineuse et longue, aux arômes de sous-bois. Un champagne de repas. ⧗ 2014-2015 🍴 faisan farci aux pommes

Louis Nicaise, 11, pl. de la République, 51160 Hautvillers, tél. 03 26 59 40 21, champagnelouisnicaise@hotmail.fr V r.-v.

PHILIPPE NOIZET Cuvée Carole ★

●	6 000		11 à 15 €

Représentant la quatrième génération sur le domaine, Philippe Noizet débute sa carrière en 1971 et crée son étiquette quatre ans plus tard. Il cultive un vignoble de 3 ha sur le massif de Saint-Thierry, un terroir à forte proportion sableuse au nord-ouest de Reims. (RC)

Ce champagne mi-blancs mi-noirs, issu des trois cépages champenois, mêle des senteurs évoluées de fruits confits et de miel, alors que la bouche, vive à l'attaque, développe une belle fraîcheur jusqu'à la finale. ⧗ 2014-2015 🍴 bouchées aux saint-jacques

Philippe Noizet, 6, rte de Villers-Franqueux, 51220 Thil, tél. 03 26 03 17 14, champagne.noizetp@wanadoo.fr V r.-v. 1

CAROLE NOIZET Cuvée Sélection ★★

●	3 400		15 à 20 €

En 500, saint Thierry fonda au nord-ouest de Reims une abbaye qui fut l'un des berceaux du vignoble champe-

nois et qui donna son nom au village où Carole Noizet est aujourd'hui établie. La récoltante, installée en 2000, représente la troisième génération sur un domaine couvrant 5,5 ha. (RC)

Mi-noirs mi-blancs, cette cuvée issue des trois cépages champenois a charmé les dégustateurs. Tous portent aux nues ses arômes gourmands tout en finesse, de fleurs blanches et de pêche de vigne qui se confirment dans une bouche superbement équilibrée, à l'effervescence délicate. ⧗ 2017-2025 🍷 crevettes marinées aux agrumes ● Cuvée Perle Noir ★ (3 000 b.) : issu des deux pinots à parts égales, un blanc de noirs expressif (brioche, amande, miel), ample et généreux avec équilibre, à la finale élégante et longue. ⧗ 2014-2017

Carole Noizet, 1, rte de Thil, 51220 Saint-Thierry, tél. 03 26 97 77 45, champagnenoizetcarole@gmail.com V r.-v.

NOMINÉ-RENARD Cuvée spéciale ★

●	10 000		15 à 20 €

Claude Nominé, œnologue, dirige le domaine créé par son père en 1960. Aidé de son fils Simon, il exploite un vignoble de 20 ha implanté sur les coteaux du Petit Morin, du Sézannais et de la vallée de la Marne. (RM)

Les trois cépages (60 % des deux pinots à parité, 40 % de chardonnay) récoltés en 2010 contribuent à cette cuvée au nez fin et gourmand, légèrement évolué, mêlant les fruits blancs, les fruits secs et confits. La bouche suit la même ligne, dans un bel équilibre et avec persistance. ⧗ 2014-2017 🍷 vol-au-vent

Nominé-Renard, 32, rue Vigne-l'Abbesse, 51270 Villevenard, tél. 03 26 52 82 60, contact@champagne-nomine-renard.com V r.-v.

OLIVIER PÈRE ET FILS Grande Réserve ★

●	25 000		11 à 15 €

Sur la rive droite de la Marne, la famille Olivier cultive la vigne depuis 1910 et élabore son champagne depuis 1968. Installé en 2000, Bertrand Olivier exploite 11 ha de vignes. (RM)

Les trois cépages (40 % de blancs et 60 % de noirs, dont 40 % de meunier) sont associés dans cette cuvée or pâle aux senteurs de fleurs blanches, de brioche et de pain grillé. Les fruits compotés s'ajoutent à cette palette dans une bouche équilibrée et fraîche. ⧗ 2014-2017 🍷 feuilletés au chaource ■ Aparté 100 % pinot noir (20 à 30 € ; 3 000 b.) : un champagne bien typé « noirs », au nez puissant de baies rouges et de beurre, et à la bouche ample et vineuse. ⧗ 2016-2020

EARL Olivier Père et Fils, 2, rue Kennedy, 02850 Trélou-sur-Marne, tél. 03 23 70 25 96, contact@champagne-olivier-pereetfils.com V r.-v.

CHARLES ORBAN ★

●	4 300		15 à 20 €

Les Orban sont établis dans la vallée de la Marne depuis le XVIIIe s. Dans les années 1950, Charles Orban quitte la coopérative et lance sa marque. L'exploitation est passée en 1997 dans le giron de la famille Rapeneau. (RM)

Un rosé d'assemblage qui tire sa couleur saumonée de l'adjonction, classique, de 15 % de vin rouge à un vin de base blanc (40 % chardonnay, 40 % de pinot noir, 5 % meunier). La méthode permet également de rehausser les arômes et d'arrondir les vins champenois. Ici, l'exercice est réussi, car le nez se révèle intensément fruité (framboise, fruits à noyau), et le palais étoffé, droit et frais. ⧗ 2014-2017 🍷 sablés aux framboises

Charles Orban, 44, rte de Paris, 51700 Troissy, tél. 03 26 52 70 05, contact@champagnecharleorban.com r.-v.

FRANCIS ORBAN Réserve ★

●	44 500		15 à 20 €

L'arrière-grand-père de Francis Orban s'est lancé dès 1929 dans l'élaboration de ses cuvées. Installé en 1999, ce dernier exploite 7,5 ha sur la rive gauche de la Marne. Il s'applique à mettre en valeur le meunier, cépage qu'il juge trop méconnu. (RM)

Encore jeune (vins de base, 2011), cette Réserve issue du pur meunier porte une robe claire, mais elle offre toutes les qualités du cépage d'où elle est issue : un fruité intense et élégant, une bouche souple à l'attaque, expressive et dotée d'une agréable vivacité, marquée en finale par une légère pointe d'amertume. ⧗ 2015-2018 🍷 sole meunière aux petits légumes

Francis Orban, 23, rue du Gal-de-Gaulle, 51700 Leuvrigny, tél. 03 26 58 84 41, francis.orban@free.fr V r.-v.

LUCIEN ORBAN Carte d'or ★★

●	5 000		11 à 15 €

À la tête de plus de 6 ha de vignes dans la vallée de la Marne, Hervé Orban dirige depuis 1991 l'exploitation fondée par son grand-père ; ses champagnes portent l'étiquette créée par son père Lucien. (RM)

Un rosé d'assemblage composé de noirs (meunier à 90 %). Sa légère effervescence ne trouble pas sa belle robe pâle au rose cuivré. Son nez vineux enchante, mêlant le fruit confit, le coing, l'abricot, arômes que l'on retrouve dans une bouche charnue et soyeuse, et équilibrée par une fine acidité. La finale persistante est marquée par une pointe tannique qui donne du relief. De la solidité et de la profondeur. ⧗ 2014-2018 🍷 pastilla de caille aux amandes

SCEV Hervé Orban, 11, rue du Gal-de-Gaulle, 51700 Cuisles, tél. 03 26 58 16 11, herve.orban@wanadoo.fr V r.-v.

BRUNO PAILLARD 2004 ★★

● Gd cru	n.c.		50 à 75 €

Une maison de négoce créée en 1981 par Bruno Paillard. Alors âgé de vingt-sept ans, ce descendant de courtiers et de vignerons vend sa vieille Jaguar pour fonder son affaire. Il mise sur des champagnes haut de gamme. Aujourd'hui, il dispose en propre de 32 ha de vignes (dont 45 % en grand cru) et d'une cuverie « hors sol » ultramoderne. Toutes ses cuvées comptent au moins 20 % de vins vinifiés en fût et leur dosage est très mesuré. (NM)

Pinot noir (52 %) et chardonnay sont assemblés presque à parts égales dans ce 2004. Après neuf mois de repos en cave, il affiche une robe jaune doré et un nez tout en finesse et en fraîcheur laissant percevoir des notes grillées. On retrouve cette fraîcheur en attaque, accompagnée d'arômes de fruits mûrs, de torréfaction, de café qui signent la maturité de ce champagne. Bonne longueur.

2014-2017 poularde aux morilles ● **NPU 1999 ★ (Plus de 100 €)** : Nec plus ultra, comme son nom l'indique, est la cuvée de prestige de la maison, élaborée les très bonnes années. Mi-chardonnay mi-pinot noir, un 1999 riche, structuré et intense, au boisé fondu, aux notes de beurre, de brioche, de coing et de fruits confits. Étonnant de fraîcheur pour son âge. 2014-2015

Bruno Paillard, av. de Champagne, 51100 Reims, tél. 03 26 36 20 22, info@brunopaillard.com

PALMER & C° 2008 ★

●	60 000		30 à 50 €

Fondée à Avize en 1947 par sept vignerons, cette coopérative aujourd'hui installée à Reims a connu un bel essor dans les années 1980. Elle tire son approvisionnement de 365 ha répartis dans une cinquantaine de crus – pour l'essentiel situés dans la Montagne de Reims. Palmer est sa marque. (CM)

Les chardonnays à l'origine des blancs de blancs millésimés de Palmer proviennent de crus de la Montagne dédiés aux blancs (Villers-Marmery, Trépail) ainsi que du Sézannais. Ce 2008 offre un nez expressif et fin de fruits blancs, de brioche, de beurre, de miel et d'agrumes confits. La bouche, à l'unisson, est franche à l'attaque, tonique et fraîche, un peu fugace. 2015-2018 huîtres chaudes à la crème ● **Blanc de blancs 2007 ★ (40 000 b.)** : un nez de fruits secs, de pâtisserie, de brioche, une attaque franche et gourmande, une bouche ronde et longue. 2014-2017

Palmer, 67, rue Jacquart, 51100 Reims, tél. 03 26 07 35 07, contact@champagne-palmer.fr

PAQUES ET FILS
Origine Élevé en fût de chêne 2007 ★★

● 1er cru	4 000		20 à 30 €

Les Paques font du vin depuis quatre générations. D'abord à Chigny-les-Roses, ensuite à Rilly-la-Montagne, village distant d'un saut de puce, sur le versant nord de la Montagne de Reims. Installé en 1995, Philippe Paques est à la tête d'un domaine qui couvre 10,5 ha en 1er cru. (RM)

La cuvée de prestige du domaine est fort complimentée dans sa version 2007. Un assemblage judicieux à dominante chardonnay (80 %, avec un appoint de pinot noir) lui confère toute sa personnalité. L'élégance est le maître mot de la dégustation : arômes délicats et complexes de fruits blancs, de fruits rouges, de fleur d'oranger, d'agrumes, de tabac blond ; bouche harmonieuse à la finale fraîche. 2014-2018 verrines de saint-jacques

Paques et Fils, 1, rue Valmy, 51500 Rilly-la-Montagne, tél. 03 26 03 42 53, phil.paques@wanadoo.fr V r.-v.

B FRANCK PASCAL Tolérance

●	4 129		30 à 50 €

Ingénieur de formation, Franck Pascal s'est installé sur le domaine familial en 1994. Il a adopté la biodynamie (certification en 2006) sur ses 4 ha de vignes implantées dans la vallée de la Marne. Les dosages réduits sont faits au sucre de canne bio. (RM)

Ce rosé d'un saumon très pâle doit presque tout aux raisins noirs (58 % de meunier, 39 % de pinot noir), à 3 % de chardonnay près. On aime ses parfums de cassis, de myrtille et de fruits à noyau, sa bouche ronde et élégante finissant sur une légère pointe tannique. À ouvrir à l'apéritif. 2014-2016 brochettes tutti frutti ● **Extra-brut blanc de noirs Harmonie 2009 (50 à 75 € ; 4 523 b.)** : du meunier et du pinot noir à parts égales dans ce champagne au nez complexe de fruits mûrs, d'agrumes, de miel, de beurre et de cacao, et à bouche fraîche et jeune dévoilant des arômes de pamplemousse. 2014-2017

Franck Pascal, 1bis, rue Valetine-Régnier, 51700 Baslieux-sous-Chatillon, tél. 03 26 51 89 80, franck.pascal@wanadoo.fr r.-v. 5

ÉRIC PATOUR Tradition

●	15 000		11 à 15 €

Ce vignoble familial est implanté près de Bar-sur-Seine, dans l'Aube. Il est dirigé par Éric Patour depuis 1994. (RM)

Les deux pinots aubois – le noir à 60 % et le blanc à 40 % – sont associés dans cette cuvée au nez tout en finesse de fleurs et de fruits blancs, légèrement fumé. Douceur et acidité s'équilibrent dans une bouche persistante. 2015-2019 terrine de saumon aux légumes ● **Cuvée de réserve (3 000 b.)** : mi-pinot noir mi-chardonnay, un vin minéral, élégant et frais aux arômes de fruits secs et de vanille. 2015-2018

Éric Patour, 11, rue du Vivier, 10110 Celles-sur-Ource, tél. 03 25 38 25 33, eric.patour@orange.fr V r.-v.

♥ DENIS PATOUX Cuvée Prestige 2006 ★★

●	n.c.		11 à 15 €

Viticulteurs depuis plus d'un siècle sur la rive droite de la Marne, les Patoux ont commencé à élaborer du champagne en 1945. Installé en 1976, Denis Patoux dispose d'un vignoble de 8,5 ha qui s'est beaucoup agrandi ces vingt dernières années grâce à des plantations nouvelles. (RM)

Mariant 50 % de pinot noir, 20 % de meunier et 30 % de chardonnay, ce millésimé or paille livre des parfums gourmands et légèrement évolués de brioche, d'abricot confit, de mirabelle compotée, de coing et de pain grillé. Une même richesse aromatique règne dans une bouche tout en finesse, harmonieuse et fraîche. À déguster de l'apéritif au dessert. 2014-2015 suprême de poulet aux agrumes ● **Extra-brut (2 000 b.)** : un champagne équilibré et long, au joli nez d'amande et de fruits exotiques, qui doit sa fraîcheur à son dosage et à sa composition (90 % de chardonnay). 2015-2018

Denis Patoux, 1, rue Bailly, 51700 Vandières, tél. 03 26 58 36 34, denis.patoux@wanadoo.fr V r.-v.

HUBERT PAULET Cuvée Risleus 2002 ★★

●	8 800		30 à 50 €

Issu d'une lignée vigneronne remontant à plus d'un siècle, Olivier Paulet s'est installé en 1998. Il exploite plus de 8 ha dans la Montagne de Reims. Hubert, son grand-père, avait commercialisé les premières bouteilles dans les années 1930. (RM)

Une cuvée de prestige du domaine déjà plébiscitée dans une version antérieure. Née de l'année 2002, millésime d'équilibre, de presque autant de blancs (47 %) que de noirs (53 %, dont 33 % de meunier), cette cuvée a été vinifiée en fût. C'est un champagne gourmand au nez puissant et complexe d'abricot et d'épices. Des notes de sous-bois et de truffe viennent enrichir la gamme aromatique dans une bouche ample et charpentée. ⌛ 2014-2015 ♈ mignon de veau aux girolles

⊶ EARL Hubert Paulet, 58, rue de Chigny, 51500 Rilly-la-Montagne, tél. 03 26 03 40 68, champ.h.paulet@wanadoo.fr V ⛹ ⛉ r.-v.

PAUL-SADI Blanc de blancs ★★★

● 1er cru | 6 367 | ⛺ ⊕ | 15 à 20 €

Marque créée en 2011 par Jérôme Portier en hommage à ses grands-parents. La maison de négoce, fondée la même année, est implantée à Beaumont-sur-Vesle, au pied de la Montagne de Reims. Elle dispose de plus de 6 ha de vignes. (NM)

Issu de Villers-Marmery, un village de la Montagne où le chardonnay est roi, ce blanc de blancs est vinifié pour partie en fût de chêne, avec fermentation malolactique partielle. L'élégance est le maître mot de la dégustation de ce champagne expressif alliant harmonieusement notes florales et fruitées à un boisé bien fondu. La bouche offre un superbe équilibre et une finale gourmande aux nuances de noisette. ⌛ 2014-2015 ♈ foie gras poêlé

⊶ Paul-Sadi, 21 bis, rte Nationale, 51360 Beaumont-sur-Vesle, tél. 03 26 40 25 18, paul.sadi@orange.fr V ⛹ ⛉ r.-v.

JEAN-MICHEL PELLETIER ★

● | 3 500 | ⛺ | 11 à 15 €

Jean-Michel Pelletier a repris à partir de 1982 des vignes familiales dans la vallée de la Marne et porté la superficie de son domaine à près de 5 ha. Diplômé en œnologie, il participe aux assemblages à la coopérative de Passy-Grigny qui vinifie sa production. (RC)

Issu d'un assemblage de meunier (80 %) et de chardonnay (20 %), ce rosé tire sa couleur de 15 % de vin rouge. Le nez intense est un concentré de fruits rouges (griotte, grenade), avec des touches fumées et une belle minéralité qui apporte de la fraîcheur. La bouche ronde et structurée dévoile des nuances de fruits rouges et noirs compotés. À servir de l'apéritif au dessert. ⌛ 2015-2018 ♈ mousse de fruits rouges ● Sélection ★ (7 000 b.) : des noirs majoritaires (80 % des deux pinots) dans ce brut de belle tenue au nez floral et miellé. ⌛ 2015-2018

⊶ EARL Jean-Michel Pelletier, 22, rue Bruslard, 51700 Passy-Grigny, tél. 03 26 52 65 86, champagnejmpelletier@wanadoo.fr V ⛹ ⛉ r.-v.

JEAN PERNET Tradition ★★

● | 45 000 | ⛺ | 20 à 30 €

Un ancêtre de Christophe et de Frédéric Pernet cultivait la vigne au début du XVIIe s. Le tandem dirige aujourd'hui une petite maison de négoce forte d'un vignoble de 16,5 ha répartis entre Côte des Blancs, vallée de la Marne et coteaux d'Épernay. (NM)

Deux tiers de noirs (55 % de pinot noir, 10 % de meunier) et 35 % de blancs des récoltes 2010 et 2009 contribuent à un champagne aux arômes de fruits mûrs et de moka, aussi intenses au nez qu'au palais. La bouche équilibrée et longue laisse deviner un potentiel intéressant. ⌛ 2014-2018 ♈ terrine de saumon et langoustines ● Blanc de blancs grand cru 2006 ★ : idéal pour l'apéritif, un chardonnay harmonieux au nez flatteur de noisette et de fleurs blanches, et à la bouche ample, fraîche et gourmande. ⌛ 2015-2018

⊶ Jean Pernet, 6, rue de la Brèche-d'Oger, 51190 Le Mesnil-sur-Oger, tél. 03 26 57 54 24, champagne.pernet@orange.fr V ⛹ ⛉ r.-v.

Ⓑ PERNET-LEBRUN Cuvée d'argent-sol 2009 ★

● | 8 319 | ⛺ | 15 à 20 €

Les Pernet-Lebrun sont vignerons depuis cinq générations. Janick Pernet a repris en 1990 l'exploitation familiale qui couvre 12 ha sur les coteaux sud d'Épernay. (RM)

Chardonnay et meunier se partagent à parité cette agréable cuvée aux délicates senteurs briochées et beurrées. Des nuances fruitées d'abricot confit viennent compléter la palette dans une bouche souple à l'attaque, charnue, vineuse et suave en finale. L'ensemble, qui manque peut-être d'un peu de fraîcheur, se révélera néanmoins à table. ⌛ 2014-2015 ♈ poularde à la crème ● Cuvée Tradition ★ (52 46 b.) : issu d'un assemblage de 70 % de meunier et de 30 % de chardonnay, un brut au nez floral et charmeur, et à la bouche fruitée, bien équilibrée. ⌛ 2014-2015

⊶ Pernet-Lebrun, Ancien-Moulin, 51530 Mancy, tél. 03 26 59 71 63, contact@champagne-pernetlebrun.com V ⛹ ⛉ r.-v.

PERRIER-JOUËT Belle Époque 2006 ★

● | n.c. | ⛺ | + de 100 €

Maison fondée sous le Premier Empire (1811) par Pierre-Nicolas Perrier, bouchonnier d'Épernay propriétaire de vignes, et par Adèle Jouët. Leur fils, Charles, développa l'affaire, notamment vers l'Angleterre où elle devint fournisseur de la reine Victoria. La maison se flatte d'avoir élaboré le premier champagne brut (1854) et figure aussi parmi les précurseurs en matière de vins millésimés. Devenue en 2005 l'un des fleurons du géant Pernod-Ricard, elle s'appuie sur un vignoble de 65 ha (à Cramant et à Avize, en Côte des Blancs à Mailly dans la Montagne de Reims, à Aÿ et à Dizy dans la Grande Vallée de la Marne). Le chardonnay est très présent dans ses cuvées. Sérigraphiées sur la bouteille, les anémones Art nouveau dessinées en 1902 par Émile Gallé ornent depuis 1964 la cuvée millésimée Belle Époque. (NM)

Ce millésimé de prestige assemble à parts égales les blancs et les noirs (45 % de pinot noir et un soupçon de meunier). D'abord réservé, il s'ouvre à l'aération sur des senteurs de fruits blancs, de fruits à noyau (mirabelle) et sur des notes grillées. À la fois souple et frais en attaque, il laisse une impression d'agréable légèreté en bouche. La finale est marquée par des touches épicées et par une pointe de noble amertume. ⌛ 2015-2018 ♈ saint-jacques à l'huile de truffe ● Grand Brut ★ (30 à 50 €) : les noirs sont en vedette (80 %, les deux pinots à parité) dans cette cuvée au nez de beurre, de pain grillé et de miel, prélude à une bouche franche et toastée. ⌛ 2014-2015

⊶ Perrier-Jouët, 28, av. de Champagne, 51200 Épernay, tél. 03 26 53 38 00, info@perrier-jouet.fr

⊶ Pernod Ricard

PERRON Extra-dry Cuvée Élixir ★

●	4 000	🍾	20 à 30 €

En 1999, Marilyne Perron-Beauvineau a pris la direction de l'exploitation familiale proche de Bar-sur-Aube et s'est lancée dans l'œnotourisme. Son fils aîné Fabrice se charge depuis 2010 du travail en cave. (RC)

Les extra-dry, plus dosés que les bruts, ne sont pas légion. Celui-ci est à dominante de pinot noir (80 %) complété par du meunier (12 %) et par un petit appoint de chardonnay. Issu de la récolte 2005, il évolue dans un registre évolué et riche, déployant des notes de grillé et de fruits à l'alcool. Le dosage est judicieux et nos dégustateurs louent le bon équilibre entre acidité et sucre. Foie gras, fromage ou dessert ? ⧗ 2014-2015 🍷 parmesan vieux

Perron-Beauvineau, 5, rte de Spoy, 10200 Meurville, tél. 03 25 27 40 56, champagne-perron-beauvineau@hotmail.fr V t.l.j. 9h-12h 13h30-20h; dim. sur r.-v. 2

PERSEVAL-FARGE Brut nature La Pucelle ★★

● 1er cru	1 000	🍾	20 à 30 €

Son haut clocher (56 m) signale de loin le village de Chamery situé au sud de Reims, au pied de la Montagne, et classé en 1er cru. La famille y cultive la vigne depuis le XVIIIes. Depuis 1980, Isabelle et Benoist Perseval exploitent un vignoble de 4 ha sur les coteaux environnants. (RM)

Ce brut nature provient d'une parcelle de pinot noir implantée sur le lieu-dit La Pucelle. Vinifié partiellement en fût (20 %), il est encore bien jeune et réservé, très pâle de couleur et fort discret au nez. Il ne dévoile qu'au palais ses jolis arômes d'agrumes (citron et pomelo) qui parfument une matière fraîche et tendue dont l'équilibre ne souffre nullement d'un manque de sucre. Une grande franchise. ⧗ 2016-2019 🍷 plateau de fruits de mer ● Terre de sables ★ (15 à 20 € ; 2 000 b.) : proche des deux étoiles, un champagne issu des trois cépages à parité. Des arômes délicats d'agrumes et de viennoiserie, et une bouche élégante et fraîche. ⧗ 2014-2017

Benoist Perseval, 12, rue du Voisin, 51500 Chamery, tél. 03 26 97 64 70, champagne.perseval-farge@orange.fr V r.-v.

PESSENET-LEGENDRE Cuvée Cléo ★

●	2 600	🍾	11 à 15 €

Cyrille Pessenet a repris en 1996 le domaine familial qui couvre 4,2 ha sur la rive droite de la Marne, entre Reuil et Hautvillers. Il a lancé sa propre marque en l'an 2000. (RM)

Mariant 90 % des deux cépages noirs à parité avec 10 % de chardonnay, cette cuvée délivre des parfums intenses et frais d'agrumes et de noisette. Des notes briochées viennent enrichir la palette dans une bouche légère, équilibrée et longue. ⧗ 2015-2018 🍷 chapon sauce champagne ● Cuvée Prestige ★ (15 à 20 € ; 5 000 b.) : né de trois quarts de chardonnay et d'un quart de pinot noir, un brut au nez subtil et à la bouche bien structurée. ⧗ 2014-2018

Pessenet-Legendre, 37, Grande-Rue, 51480 Reuil, tél. 03 26 57 87 19, champagne-pessenet-legendre@orange.fr V r.-v.

TH. PETIT 2005 ★

● Gd cru	1 500	15 à 20 €

Pour échapper aux ravages de la crise de 1929, Théophile Petit commercialise son champagne. Son fils André prend la relève en 1948 et, profitant des Trente Glorieuses, porte le vignoble de 1 à 6,3 ha. Puis il forme sa nièce Bénédicte Bérard-Meuret, qui gère désormais le domaine situé dans la Montagne de Reims. (RC)

Trois quarts de pinot noir et un quart de chardonnay contribuent à ce millésimé au nez expressif de jasmin, de fruits secs et d'épices, et à la bouche généreuse et longue aux arômes de moka. ⧗ 2014-2019 🍷 quiche au boudin de Rethel ● Demi-sec grand cru (2 000 b.) : un pur chardonnay dosé à 45 g/l. Un nez évolué de pêche, de fruits mûrs, voire confits, de brioche et de toasté, prélude à une bouche équilibrée, dans le même registre. ⧗ 2014-2019

Bénédicte Bérard-Meuret, 11, rue Colbert, 51150 Ambonnay, tél. 03 26 57 01 13, champagneth.petit@wanadoo.fr V r.-v. C

EARL Th. Petit

PETITJEAN-PIENNE Blanc de blancs 2006 ★

● Gd cru	5 000	🍾	20 à 30 €

De vieille souche vigneronne, Denis Petitjean crée avec son épouse sa propre marque en 1981. Leur fille Marie les rejoint en 2004. La famille exploite 3,5 ha de vignes, implantés pour plus des deux tiers dans des grands crus de la Côte des Blancs. (RM)

Un pur blanc de blancs de Cramant au nez tout en finesse, sur le noyau de pêche, la fleur d'oranger, avec un côté iodé. Gourmande, élégante et fraîche, la bouche finit sur une note de pâte de coings. ⧗ 2014-2015 🍷 carpaccio de saint-jacques ● Cœur de chardonnay blanc de blancs grand cru (15 à 20 € ; 23 233 b.) : un chardonnay en pleine jeunesse, floral, acidulé, de garde : à attendre un peu. ⧗ 2015-2020

Denis Petitjean, 4, allée des Bouleaux, 51530 Cramant, tél. 03 26 57 58 26, petitjean.pienne@wanadoo.fr V r.-v. 1 D

DANIEL PÉTRÉ & FILS ★

●	5 000	🍾	15 à 20 €

À la suite de nombreuses générations, Daniel et Marie-Christine Pétré, rejoints par leurs fils Vincent et Étienne, exploitent près de 20 ha dans l'Aube. Ils confient l'élaboration de leurs cuvées au centre vinicole de la Champagne, à Chouilly. (RC)

D'un rose légèrement ambré, ce rosé offre un nez gourmand sur les fruits rouges (fraise) et le cassis, et ne déçoit pas en bouche. Intense, ample, généreux et friand, il révèle un équilibre joliment serein et sa longueur enrichit son attrait : une belle étoile. ⧗ 2014-2017 🍷 millefeuille aux fruits rouges

Daniel Pétré et Fils, 2, chem. de la Voie-aux-Chèvres, 10110 Ville-sur-Arce, tél. 03 25 38 77 23, contact@champagne-petre.com V r.-v.

♥ PHILIPPONNAT Clos des Goisses 2004 ★★

●	350 000	🍾	30 à 50 €

Les Philipponnat sont propriétaires de vignes à Aÿ depuis le début du XVIes. ; négociants et vinificateurs, ils ont un blason datant de la fin du XVIIes. et un château à Mareuil-sur-Aÿ, acquis en 1910. Ils ont acheté en 1935 le

Clos des Goisses, l'un des rares clos champenois ceint de murs et le plus vaste aussi (5,5 ha), implanté sur un coteau aux pentes vertigineuses, en surplomb du canal latéral de la Marne et de cette rivière. (NM)

Pinot noir (65 %) et chardonnay exposés au sud ont engendré un champagne à la robe dorée ornée d'une mousse persistante. Le nez, tout en finesse, s'ouvre intensément sur un florilège de parfums : beurre, notes grillées, poudre d'amande, vanille, menthol, réglisse et épices. Vineux, chaleureux avec une pointe tannique, le palais enchante par son boisé bien fondu, agrémenté d'une touche de zeste de citron. Un champagne puissant et doté d'une rare longueur, à la finale marquée par une note d'eau-de-vie. ⧗ 2014-2019 🍴 parmesan vieux ● Royale Réserve (350 000 b.) : un brut équilibré mêlant au nez les fruits blancs, le caramel, la vanille et la torréfaction, très marqué aussi par le boisé en bouche. ⧗ 2018-2022

⊶ Philipponnat, 13, rue du Pont, 51160 Mareuil-sur-Aÿ, tél. 03 26 56 93 00, info@philipponnat.com V r.-v. ⊶ Lanson BCC

JACQUES PICARD Réserve ★

● | 30 000 | 🍾 | 15 à 20 €

En 1950, Roger Picard plante des vignes sur les flancs du mont de Berru, qui s'élève dans la plaine, à l'est de Reims. Son fils Jacques lance son champagne. Sylvie et Corinne, filles de Jacques, conduisent aujourd'hui la propriété (17 ha) avec leurs conjoints. Plusieurs étiquettes : Jacques Picard, Corinne Picard, Henri de Berr. (RM)

Assemblage bâti sur le chardonnay (85 %), complété par le pinot noir. Si la robe est plutôt claire, or aux reflets verts, le nez aux nuances de fruits mûrs et de fruits secs traduit un début d'évolution, qui se confirme dans une bouche de belle longueur mais assez stricte par sa vivacité. ⧗ 2014-2017 🍴 soupe de lotte ● Henri de Berr (10 à 15 € ; 30 000 b.) : né d'un assemblage de 60 % de chardonnay et de 40 % de meunier, un champagne au nez vif de fruits exotiques, frais et long au palais. ⧗ 2014-2018

⊶ Jacques Picard, 12, rue de Luxembourg, 51420 Berru, tél. 03 26 03 22 46, champagnepicard@aol.com V r.-v.

PICARD & BOYER
Esprit de famille ★★

● | 14 000 | 🍾 | 15 à 20 €

Marque créée en 1993 par Antoine Picard et son associé Francis Boyer. En raison du décès soudain de son père, Axel Picard reprend le domaine en 2011, à vingt-cinq ans. Le vignoble couvre 4,8 ha dans la vallée de la Marne. (RM)

Cépage majoritaire de la vallée de la Marne, le meunier est en vedette (70 %) dans ce brut sans année, complété par le chardonnay. Quatre ans de cave et les arômes de miel et de fruits confits qui annoncent une certaine évolution. Son côté chaleureux est équilibré par la fraîcheur et la longueur de la bouche. ⧗ 2014-2017 🍴 poulet de Bresse aux champignons

⊶ Picard & Boyer, Ch. de Vrilly, 51100 Reims, tél. 03 26 85 11 69, contact@champagne-picard-boyer.fr

G. PIERRARD Blanc de blancs ★

● Gd cru | 7 389 | 🍾 | 15 à 20 €

Après une première vie dans le négoce en tant que directeur de cave, Gérald Pierrard a repris une exploitation de 2,1 ha à Cramant, grand cru de la Côte des Blancs, avec l'ambition de produire et de commercialiser des champagnes à maturité issus de ce beau terroir. (RM)

Après six ans de cave, ce blanc de blancs livre de fines notes de fruits mûrs, voire confits, et de grillé. Une belle complexité qui donne du relief à une bouche charnue en attaque, fraîche et longue. ⧗ 2015-2018 🍴 tourte aux fruits de mer

⊶ G. Pierrard, 411, rue Ferdinand-Moret, 51530 Cramant, tél. 03 26 51 90 25, champagne.gpierrard@gmail.com V r.-v.

PIERSON-CUVELIER ★

● 1er cru | 16 000 | 🍾 | 11 à 15 €

Création du domaine en 1901 dans la Montagne de Reims. Premières bouteilles en 1928. François Pierson, à la tête du vignoble familial depuis (12 ha) depuis 1978, possède encore le journal de vendanges tenu par son arrière-grand-mère à partir de 1860. Ses cuvées sont construites sur le pinot noir. (RM)

Le pinot noir règne sans partage dans ce rosé à la robe saumonée et légère, et au nez délicat de fruits rouges. La bouche franche et fraîche brille par sa longue finale gourmande. ⧗ 2015-2018 🍴 fraisier

⊶ Pierson-Cuvelier, 4, rue de Verzy, 51150 Louvois, tél. 03 26 57 03 72, pierson-cuvelier@orange.fr V r.-v.

PIERSON-WHITAKER
Blanc de chardonnay

● 1er cru | 5 000 | 🍾 | 15 à 20 €

Sur l'étiquette, le nom à consonance anglophone est celui d'Imogen Whitaker, la compagne britannique de Didier Pierson. Établi près de la Côte des Blancs, le couple a fait sensation en plantant du chardonnay et des pinots dans le Hampshire pour élaborer du *sparkling*. (NM)

Ce blanc de blancs en robe pâle livre des arômes de fleurs blanches, de fruits mûrs, de miel et de cire, arômes que l'on retrouve dans une bouche pas très longue mais franche et élégante. ⧗ 2014-2017 🍴 poulet au champagne

⊶ Didier Pierson, 30, rue de la Forêt-Charbonnière, 51130 Villiers-aux-Bois, tél. 03 26 51 80 98, didierpierson.champagne@gmail.com V r.-v.

PIOT-SÉVILLANO Tradition ★

● | 35 000 | 🍾 | 11 à 15 €

Alexis Piot devient récoltant-manipulant en 1955. En 2007, sa petite-fille Christine Sévillano et Vincent Scher quittent leurs métiers respectifs de journaliste et de créateur de site Internet, pour reprendre ce vignoble de 8 ha dans la vallée de la Marne. (RM)

Les cépages noirs sont en vedette (85 %, dont 70 % de pinot meunier) dans ce brut aux arômes intenses de miel et de fruits confiturés qui s'épanouissent dans une bouche franche, fraîche, riche et longue. ⧗ 2014-2018 🍴 allumettes au parmesan ● Cuvée interdite ★ (20 à 30 € ; 1 500 b.) : mi-blancs mi-noirs, issu des trois cépages, un brut aux arômes évolués de beurre, d'épices et de café. 2014-2017

Vincent et Christine Piot-Sévillano, 23, rue d'Argentelle, 51700 Vincelles, tél. 03 26 58 23 88, contact@piot-sevillano.com r.-v. Vincent Scher

PLOYEZ-JACQUEMART Extra-brut Vintage Blanc de blancs 2005 ★★

●	11 794	30 à 50 €

Fondé en 1930 dans la Montagne de Reims, ce négoce familial dispose d'un vignoble en propre de 2 ha. En 2006, Laurence Ployez, qui assure les vinifications depuis 1988, en a pris les rênes. Elle privilégie les faibles dosages. (NM)

Resté six ans en cave, dont quatre sur pointes, un blanc de blancs très expressif aux arômes évolués et complexes de pâte de fruits, de miel, de beurre, d'agrumes confits et de torréfaction (café), qui s'épanouissent en bouche. À la fois riche, mûr et frais, le palais est porté en finale par une agréable amertume qui apporte de l'équilibre et souligne la longueur. Pour les amateurs de champagnes de caractère. 2014-2018 carpaccio de bœuf

Ployez-Jacquemart, 8, rue Astoin, 51500 Ludes, tél. 03 26 61 11 87, contact@ployez-jacquemart.fr r.-v. 5

POINTILLART ET FILS 2006 ★

● 1er cru	6 000		15 à 20 €

Marque créée en 1946 par le grand-père d'Anthony Pointillart. Ce dernier a repris l'exploitation familiale en 2006 : 6 ha sur les coteaux d'Écueil, au sud de Reims. (RC)

Mi-pinot noir mi-chardonnay, le premier millésimé de la nouvelle génération a connu un passage très partiel dans le bois (10 %). La barrique contribue pourtant grandement aux notes grillées et fumées que l'on perçoit aussi bien au nez qu'en bouche. Un champagne ample et gourmand, pour la table. 2014-2017 dinde fermière aux abricots ● Brut 1er cru (10 à 15 € ; 30 000 b.) : un brut qui doit presque tout au pinot noir (10 % de chardonnay). Nez subtil et complexe, bouche délicate finissant sur une touche d'amertume. 2014-2017

Anthony Pointillart et Fils, 10, Grande-Rue, 51500 Écueil, tél. 03 26 49 74 95, anthony@champagnepointillartetfils.com r.-v.

POINTILLART-LEROY Sélection ★

● 1er cru	8 810	15 à 20 €

Après des études de droit, Juliette Pointillart a repris en 2010, avec son mari Grégory Lévêque, le domaine familial qui couvre 5,1 ha autour d'Écueil, 1er cru au sud de Reims. Le couple confie sa récolte à la coopérative d'Écueil. (RC)

Issue des trois cépages champenois, cette cuvée fait la part belle au pinot noir (60 %), complété par le meunier et par le chardonnay. D'un or soutenu, elle libère de discrètes notes de poire, de pêche et de beurre frais. Plus aromatique en bouche, elle fait preuve d'une agréable vivacité. 2015-2018 terrine de saint-jacques ● 2008 1er cru ★ (5 200 b.) : mi-blancs mi-noirs (pinot noir, surtout), un millésimé équilibré, jeune et frais, sur le beurre et la brioche au nez, les agrumes et les fleurs blanches au palais. 2015-2018

Pointillart-Leroy, 4, rue de Villers-aux-Nœuds, 51500 Écueil, tél. 03 26 49 77 24, jl.pointillart@wanadoo.fr r.-v.

RÉGIS POISSINET Prestige ★

●	6 000		15 à 20 €

Située sur la rive droite de la Marne, l'exploitation conduite par Régis Poissinet a été constituée en 1947. Le vignoble couvre 7 ha, avec le meunier pour cépage principal. (RM)

Né de 70 % de meunier complétés par du chardonnay, ce brut s'annonce par un nez discrètement floral et exotique. Ample, équilibrée, fraîche et finement aromatique, la bouche, déjà harmonieuse, laisse espérer une bonne évolution dans le temps. 2015-2018 salade de rattes aux gambas

Régis Poissinet, 10 bis rue de Ménicourt, 51480 Cuchery, tél. 03 26 58 12 93, regispoissinet@champagne-poissinet.asso.fr r.-v.

GASTON POITTEVIN Cuvée Perle d'or ★

● 1er cru	5 416		11 à 15 €

Entre les deux guerres, un Gaston Poittevin fut député de la Marne et président du Syndicat des vignerons. Son arrière-petit-fils, prénommé lui aussi Gaston, exploite 5,8 ha à Cumières, 1er cru de la Grande Vallée de la Marne. Dans sa cave, on pratique encore le remuage à la main. (RM)

Or pâle aux reflets verts, ce pur chardonnay délivre des senteurs discrètes, tout en finesse, de fleurs blanches et de pêche, teintées de minéralité. L'attaque fraîche est soulignée d'arômes de fruits blancs et d'agrumes. La finale est élégante et longue, légèrement grillée et citronnée. 2014-2018 poêlée de saint-jacques ● 1er cru ★ (16 730 b.) : issu majoritairement du pinot noir, un blanc de noirs discret au nez de fleurs et de fruits blancs légèrement citronné, à l'attaque nette et à la bouche vive. Jeune, il fera le même usage que le blanc de blancs. 2015-2018

EARL Gaston Poittevin, 129, rue Louis-Dupont, 51480 Cumières, tél. 03 26 55 38 37, gaston.poittevin@wanadoo.fr r.-v.

♥ POL ROGER Sir Winston Churchill 2000 ★★★

●	n.c.		+ de 100 €

Cette maison de négoce d'Épernay expédia ses premières bouteilles en Angleterre, dès sa création par le jeune Pol Roger en 1849. Vite célèbre dans le royaume, elle a tissé des liens privilégiés avec les amateurs britanniques, et Winston Churchill ne manquait pas d'afficher sa préférence pour le champagne Pol Roger. L'affaire, restée familiale, s'appuie sur un vignoble de 90 ha. Elle est aujourd'hui dirigée par Patrice Noyelle. (NM)

Une cuvée créée en 1975, dont la compostion reste secrète (tout au plus sait-on qu'elle associe pinot noir et chardonnay). Un coup de cœur salue l'exceptionnelle alliance de l'évolution et de la fraîcheur dans ce 2000. Le nez, racé et bien ouvert, libère des nuances nouvelles à l'aération, beurre, fruits compotés et fruits secs, pain d'épice. Vive à l'attaque, la bouche reste sur cette ligne tout au long de la dégustation, déployant toute son élégance et sa complexité. Un grand champagne à son apogée, à servir à table. 2014-2019 ris de veau aux morilles Brut Réserve ★★ ♥ (30 à 50 €) : un second coup de cœur ! Ce brut assemble par tiers les trois cépages champenois et les récoltes 2009 à 2006. Les dégustateurs louent la subtilité de ses parfums de fleurs blanches, d'agrumes et de menthol, tout comme le raffinement de sa bouche complexe, à la fois riche, tendue et fine. Un modèle d'élégance, pour l'apéritif comme pour la table. 2014-2017 Vintage 2004 ★ (50 à 75 €) : du pinot noir (60 %) et du chardonnay dans ce millésime floral et citronné, équilibré et frais. 2014-2017

Pol Roger, 1, rue Winston Churchill, 51200 Épernay, tél. 03 26 59 58 00, polroger@polroger.fr t.l.j. sf sam. dim. 9h-12h 14h-17h

PASCAL PONSON Grande Réserve ★

1er cru | 10 000 | | 15 à 20 €

Domaine créé à la fin du XIXe s. À sa tête depuis une trentaine d'années, Pascal Ponson exploite 12,5 ha de vignes en 1er cru dans le pays parfois appelé « Petite Montagne de Reims », au sud-ouest de la Cité des Sacres. (RM)

Le meunier (50 %) est assemblé au pinot noir et au chardonnay. Fruits rouges confits, caramel, miel s'entremêlent dans un nez puissant. Dense et structuré, le palais est équilibré et fait preuve d'une belle vivacité en finale. 2014-2018 rôti de veau mariné au lait Rosé des gentes dames 1er cru (12 500 b.) : un rosé qui doit presque tout au meunier (10 % pinot noir, 10 % chardonnay en complément). Robe rose vif, nez discret mais agréable, bouche enrobée et longue. 2014-2016

Pascal Ponson, 2, rue du Château, 51390 Coulommes-la-Montagne, tél. 03 26 49 00 77, ponson@wanadoo.fr V r.-v.

POTEL-PRIEUX L'Instant précieux

| 6 700 | | 15 à 20 €

Charles Potel, qui vivait en 1640, semble être le premier vigneron d'une lignée qui aboutit à François Potel, à la tête du domaine familial depuis 1997. La propriété est située sur la rive droite de la Marne. (RM)

Les raisins noirs composent les trois quarts de cette cuvée (pinot noir 60 %, dont environ 10 % de vin rouge, meunier 15 %). Un rosé en robe très claire animé de fines bulles, qui libère tout un florilège de parfums ; sa palette de fruits rouges variés (fraise, framboise, cerise) s'enrichit à l'aération de notes de noisette, de menthol et de réglisse. Friande, fruitée et épicée, la bouche fait preuve d'un bel équilibre et d'une longueur satisfaisante. 2014-2015 bavarois aux fruits rouges L'Instant précieux Grande Réserve (11 à 15 € ; 20 300 b.) : issu à 70 % des deux pinots complétés de chardonnay, un brut penchant vers la richesse et la rondeur, aux arômes gourmands de pâte de fruits, de brioche et d'abricot. 2014-2017

Potel-Prieux, 10, rue de Champagne, 51480 Venteuil, tél. 03 26 58 48 59, potel.prieux@wanadoo.fr V r.-v.

R. POUILLON ET FILS Les Valnons 2006

Gd cru | 4 000 | | 20 à 30 €

Roger Pouillon a lancé son champagne en 1947. Aujourd'hui, son petit-fils Fabrice, après son mariage avec Élodie Desbordes, originaire d'Écueil (Champagne Desbordes-Amiaud), exploite 15 ha de vignes réparties dans douze communes. Il est attaché à l'élevage sous bois. (RM)

Fait rare en Champagne : sur l'étiquette, on découvre les noms des deux lieux-dits d'où provient cet assemblage, soit les Valnons à Aÿ, et Pu de Peigne au Mesnil-sur-Oger. C'est un blanc de blancs partiellement vinifié en fût, arrivé à son apogée. Ses arômes – miel, brioche beurrée, fruits mûrs, cacao – sont complexes, évolués. La bouche ample et riche a gardé de la fraîcheur. 2014-2016 bouchées aux fruits de mer

R. Pouillon et Fils, 3, rue de la Couple, 51160 Mareuil-sur-Aÿ, tél. 03 26 52 63 62, contact@champagne-pouillon.com V r.-v.

YVELINE PRAT ★

| 20 000 | | 15 à 20 €

Établis entre Côte des Blancs et Sézannais, au nord des marais de Saint-Gond, Yveline et Alain Prat ont constitué à partir de 1975 un coquet domaine de 12 ha, avec du chardonnay à Congy et dans le Sézannais, du meunier dans la vallée de la Marne et du pinot noir dans la Côte des Bar. (RM)

Les trois cépages sont mis à contribution (avec 65 % de noirs) pour donner un champagne d'un rose intense, tout en fruits rouges, dont la fraîcheur est mise en valeur par un dosage réussi. 2014-2017 millefeuille aux framboises

Yveline Prat, 9, rue des Ruisselots, 51130 Vert-Toulon, tél. 03 26 52 12 16, info@champagneprat.com V r.-v.

PRESTIGE DES SACRES Prestige

| 5 000 | | 15 à 20 €

Fondée en 1961, la coopérative de Janvry commercialise ses champagnes depuis 1974. Elle propose deux marques : Prestige des Sacres et Ch. de l'Auche. L'approvisionnement couvre 115 ha aux environs de la cité des Sacres : massif de Saint-Thierry, Montagne de Reims… (CM)

Les trois cépages champenois sont assemblés par tiers dans ce rosé à la robe tuilée. Au nez, des parfums de fruits mûrs et un soupçon de fumé. Dans le même registre aromatique, la bouche est marquée par une franche vivacité. 2014-2017 verrines de gambas à la mangue Ch. de l'Auche cuvée Sélection (11 à 15 € ; 30 000 b.) : un blanc de noirs (85 % de meunier) plaisant par ses arômes de fruits blancs, son attaque et sa finale. 2014-2015

Prestige des Sacres, rue de Germigny, 51390 Janvry, tél. 03 26 03 63 40 V t.l.j. sf sam. dim. 8h-12h 13h30-18h

YANNICK PRÉVOTEAU Brut nature Cuvée Marius ★

| 10 000 | | 15 à 20 €

Une exploitation familiale établie à Damery, sur la rive droite de la Marne, non loin d'Épernay. Depuis 1996, deux frères, Yannick et Éric Prévoteau, conduisent le vignoble : 10,4 ha répartis dans douze communes. Ils vinifient sans fermentation malolactique. (RM)

Trois quarts de noirs et un quart de blancs collaborent à cette cuvée non dosée. Le nez est plutôt fruité, un rien beurré. Dans le même registre, la bouche se montre à la fois souple et fraîche, assez longue. ⌛ 2014-2015 🍷 tartare de cabillaud au poivre

⊶ Yannick Prévoteau, 4 bis, av. de Champagne, 51480 Damery, tél. 03 26 58 41 65, yannick.prevoteau@orange.fr V t.l.j. sf dim. 8h-12h 13h30-17h

CH. ET A. PRIEUR Grand Prieur 2002 ★

●	9 000	🍾	30 à 50 €

Fondée en 1825 par Jean-Louis Prieur, cette maison est considérée comme la plus ancienne de Vertus. Elle a été cédée en 2005 à la coopérative La Goutte d'Or, implantée dans la même commune. Les vins vieillissent ici trois ans sur lattes. (NM).

Mi-chardonnay mi-pinot noir, ce 2002 or brillant aux reflets citron séduit par son nez complexe mêlant des arômes frais d'agrumes (citron, pamplemousse, orange) à des notes d'évolution rappelant les fruits secs et le biscuit. Souplesse, élégance et soyeux caractérisent la bouche de ce champagne agréable et resté frais. ⌛ 2014-2015 🍷 poulet de Bresse aux écrevisses ● Grand Prieur blanc de blancs (20 à 30 €; 20 000 b.): un blanc de blancs au nez complexe, citronné, beurré, brioché, vanillé, et à la bouche crémeuse, gourmande et longue. ⌛ 2014-2017

⊶ Ch. et A. Prieur, 30, rue du Gal-Leclerc, 51130 Vertus, tél. 03 26 52 37 61, info@champagne-prieur.com V t.l.j. sf sam. dim. 8h30-12h 13h30-17h30

CLAUDE PRIEUR Prestige ★

●	7 800	15 à 20 €

Trois générations se sont succédé sur ce domaine de plus de 9 ha situé au sud de Bar-sur-Aube, non loin de la Gironde – un petit ruisseau local ! Claude Prieur a repris l'exploitation familiale en 1975 et s'est lancé dans l'élaboration du champagne. (RM)

Pinot noir et chardonnay à parts égales composent cette cuvée or pâle aux reflets verts. Le nez, sur la réserve, livre des arômes de fruits secs qui signent un début d'évolution. D'une belle puissance, la bouche trouve son équilibre grâce à une acidité bien fondue. Malgré un dosage sensible, la longueur est appréciable. ⌛ 2015-2018 🍷 carré de veau aux girolles ■ Cuvée de réserve cité (10 à 15 €; 5 000 b.): mariant pinot noir (60 %) et chardonnay, un champagne de bonne tenue, gras et équilibré, aux arômes plutôt évolués (beurre, brioche et miel). ⌛ 2014-2015

⊶ Claude Prieur, 2, rue Gaston-Cheq, 10200 Bergères, tél. 03 25 27 44 01, champrieur@free.fr V r.-v.

ROGER PRIOUX Cuvée Ewann ★

●	1 000	🍾	15 à 20 €

Commune de la Montagne de Reims dominant la Cité des Sacres, Villedommange fut pendant plusieurs siècles un lieu de pèlerinage grâce aux reliques de saint Lié, patron des bergers. C'est dans ce village que Cédric Prioux s'est installé en 2005, reprenant les 2,3 ha de vignes du domaine familial. (RM)

Les deux cépages noirs se taillent la part du lion (45 % chacun) dans cette cuvée au nez de fleurs blanches, de pain d'épice et d'abricot. La bouche, à l'unisson, est harmonieuse et longue. ⌛ 2015-2018 🍷 sole grillée

⊶ SARL Roger Prioux, 3, rue du Gré-d'Argent, 51390 Villedommange, tél. 06 77 79 07 19, champagneprioux@orange.fr V r.-v.

QUATRESOLS-GAUTHIER ★★

● 1er cru	18 000	🍾	11 à 15 €

Domaine créé en 1928. Comme beaucoup de viticulteurs champenois, les Quatresols sont devenus récoltants-manipulants pour faire face à la mévente durant la période de l'entre-deux-guerres. Aujourd'hui, ce sont Régis et son fils Guillaume qui cultivent le vignoble : plus de 7,1 ha dans la Montagne de Reims. (RM)

Pinot meunier (40 %), pinot noir (30 %) et chardonnay composent cette cuvée. Le nez est bien ouvert sur des notes de fruits exotiques, de kirsch, de pain grillé et de fruits secs, qui s'épanouissent dans un palais puissant, généreux et gras. « Un brut sans année qui vaut le détour », conclut un dégustateur. ⌛ 2014-2015 🍷 toasts au foie gras

⊶ Guillaume Régis Quatresols, 4, rue de Reims, 51500 Ludes, tél. 03 26 61 10 13, pointfrguillaume@hotmail.fr V t.l.j. 8h-19h

SERGE RAFFLIN ★

●	5 000	15 à 20 €

Une lignée vigneronne remontant au règne de Louis XV. Premiers champagnes dans les années 1920. Aujourd'hui, 8 ha dans la Montagne de Reims et la vallée de l'Ardre. Denis Rafflin, l'actuel récoltant, préside le conseil d'administration de la coopérative de Chigny-les-Roses qui vinifie ses cuvées. (RC)

Ce rosé d'assemblage naît d'une dominante de cépages noirs (60 % pinot noir, 25 % de meunier); 18 % de vin rouge lui ont permis d'obtenir une robe rose aux reflets orangés. De fins arômes de fraise des bois, d'agrumes et de torréfaction préludent à une bouche complexe, fraîche, fruitée et longue. Un champagne que l'on pourra servir au repas. ⌛ 2015-2018 🍷 mignon de veau aux morilles ■ Prestige 2008 (16 000 b.): 60 % de raisins noirs (les deux pinots) et 40 % de blancs au service d'un champagne équilibré et frais, aux arômes floraux. ⌛ 2014-2016

⊶ EARL Serge Rafflin, 1A, rue de Chigny, 51500 Ludes, tél. 03 26 61 12 84, contact@champagnesergerafflin.fr V r.-v.

LOUIS RÉGNIER Grande Réserve Rosé ★★

●	n.c.	20 à 30 €

Lancée en 2002, la marque appartient à Jean-Noël Haton, à la tête d'une petite maison de négoce de Damery, village situé sur la rive droite de la Marne près d'Épernay. (NM)

Né d'un assemblage de raisins noirs majoritaires (70 %, pinot noir et meunier à égalité) et de chardonnay, ce rosé tire de l'adjonction de vin rouge sa couleur saumonée. Il séduit par un nez confit tout en finesse, et surtout par sa bouche aux arômes de fruits rouges et à la matière fondue, à la fois dense et élégante. Il pourra accompagner tout un repas. ⌛ 2015-2018 🍷 cailles grillées en crapaudine ■ Grande Réserve ★ (30 000 b.): assemblage analogue au rosé. Nez réservé, mais bouche fruitée, charpentée, à la finale vive et de bonne longueur. Pour l'apéritif comme pour la table (poisson). ⌛ 2014-2016

⊶ SAS Louis Régnier, 10, av. de Champagne, 51480 Damery, tél. 06 32 18 31 95

DE REKENEIRE-PETIT ★

● | 3 100 | 🍾 | 11 à 15 €

Quatre générations se sont succédé sur cette exploitation implantée dans la partie ouest de la vallée de la Marne, en aval de Château-Thierry. Les actuels récoltants ont repris le domaine en 1990 et ont porté le vignoble de 7 à 12 ha. (RM)

Pour obtenir l'élégante couleur rose orangée, l'élaborateur a ajouté 17 % d'un vin rouge de pinot noir à un vin blanc constitué des trois cépages (40 % de chardonnay). Le caractère « chardonnay » domine pourtant le nez aux senteurs florales. Assez chaleureux, légèrement poivré, parfumé de rose, le palais est fin et rond à la fois : équilibre serein. ⧗ 2014-2015 🍴 faisan rôti ● Prestige ★ (14 000 b.) : du pinot noir et du chardonnay à parts égales pour ce champagne d'apéritif au nez de brioche et de pêche et au palais fondu, ample et vif. ⧗ 2014-2017

🔑 De Rekeneire, 41, rue Robert Gerbaux, 02570 Chézy-sur-Marne, tél. 03 23 82 81 48, les-hautes-roches@wanadoo.fr V 🚶 🍷 r.-v.

BERNARD REMY Carte Blanche ★★

● | 150 000 | 🍾 | 11 à 15 €

Installé dans le Sézannais, Bernard Remy plante ses premiers pieds de vigne en 1970, construit sa cave et lance son champagne en 1983. En 2009, son fils Rudy a pris la tête de la maison, qui a adopté le statut de négociant. Il exploite en propre 11 ha. (NM)

Le pinot noir (60 %) et le chardonnay des récoltes 2010 et 2011 composent une cuvée remarquable. Le nez flatteur allie notes florales, pain grillé et épices, arômes qui persistent longuement dans une bouche ronde, équilibrée par ce qu'il faut de vivacité.

🔑 Bernard Remy et Fils, 19, rue des Auges, 51120 Allemant, tél. 03 26 80 60 34, info@champagnebernardremy.com V 🚶 🍷 t.l.j. sf dim. 8h-12h 14h-18h

ERNEST REMY Blanc de Noirs 2005 ★

● Gd cru | 3 200 | 🍾 | 20 à 30 €

Isabey Remy et Zelia Dubois, enfants de vignerons, se marient et créent en 1883 leur domaine. Ils élaborent dès cette époque leur champagne, qui prend en 1927 le nom d'Ernest Remy à l'arrivée de leur petit-fils aux commandes. En 2008, Alice Thomine, arrière-petite-fille des fondateurs, et son époux Tarek Berrada ont relancé l'affaire, forte d'un vignoble de 15 ha dans des grands crus de la Montagne de Reims. (NM)

Ce millésimé est un blanc de noirs (pinot noir) dosé en extra-brut (5 g/l.) Son nez léger et agréable allie de délicates notes de pamplemousse et de miel, tandis que la bouche se montre puissante et équilibrée. ⧗ 2014-2017 🍴 dos de cabillaud piqué au chorizo

🔑 Ernest Remy, 1, rue Aristide-Bouché, 51500 Mailly-Champagne, tél. 03 26 97 63 55, contact@ernest-remy.fr V 🚶 🍷 r.-v.

F. REMY-COLLARD
Blanc de blancs Élevé en Fût de chêne ★★

● | 3 000 | 🛢 | 20 à 30 €

Fabrice Remy et Sophie Collard, du même village, ont mis en commun leur nom et leur savoir-faire pour créer leur marque en 2006. Ils exploitent plus de 10 ha de vignes dans la vallée de la Marne. Ils évitent le plus souvent la fermentation malolactique et privilégient la vinification en foudre de chêne. (RM)

Né de la récolte 2008, ce blanc de blancs garde l'empreinte de son séjour dans le chêne. Le nez est partagé entre minéralité, boisé, agrumes, litchi et fleurs blanches. Une complexité qui s'accentue encore au palais, où des notes toastées et des touches de violette entrent en scène et persistent en finale. Un remarquable équilibre. ⧗ 2015-2018 🍴 cabillaud en croûte de noisette

🔑 F. Remy-Collard, 41, rue du Jardin-Neuf, 51700 Villers-sous-Châtillon, tél. 06 75 72 07 13, remy-collard@orange.fr V 🚶 🍷 r.-v. 🏠 D

VINCENT RENOIR Tradition ★

● Gd cru | 16 000 | 🍾 | 11 à 15 €

Les grands-parents de Vincent Renoir, qui a repris l'exploitation en 1983, ont débuté la manipulation dans les années 1940. Aujourd'hui, ce récoltant cultive 5 ha dans la Montagne de Reims. (RM)

Mi-pinot noir mi-chardonnay, ce champagne libère d'abord timidement, puis avec plus d'entrain, des arômes d'agrumes et de fruits exotiques que l'on retrouve au palais. La bouche harmonieuse et longue bénéficie d'une effervescence douce et onctueuse et d'une belle vivacité. De la subtilité. ⧗ 2015-2018 🍴 terrine de saint-jacques ● Réserve grand cru ★ (15 à 20 € ; 3 000 b.) : chardonnay (60 %) et pinot noir des années 2007 et 2006 contribuent à cette cuvée au nez évolué de fruits secs, de coing et de miel, qui a gardé sa fraîcheur. ⧗ 2014-2017 ● Grand cru 2004 ★ (15 à 20 € ; 1 000 b.) : un assemblage similaire au précédent dans ce champagne de maturité (fruits mûrs, nuances grillées et épicées), charnu et riche, équilibré par une belle vivacité. ⧗ 2014-2015

🔑 Vincent Renoir, 19, rue de la Gare, 51380 Verzy, tél. 03 26 97 95 59, vincent-renoir51@orange.fr V 🚶 🍷 r.-v.

ANDRÉ ROBERT
Blanc de blancs Le Mesnil 2006 ★

● Gd cru | 13 089 | 🛢 | 20 à 30 €

Exploitation créée au cœur de la Côte des Blancs, il y a quatre générations. André Robert débute la commercialisation du champagne en 1962. Bertrand Robert exploite aujourd'hui 14 ha. Il élève ses vins de base en barrique. (RM)

Pour qu'un vin soit vinifié et élevé avec bâtonnage pendant sept mois dans des barriques de 225 l sans tomber dans un boisé outrancier, la matière première doit être de grande qualité. C'était le cas pour les chardonnays à l'origine de ce 2006 aux fins arômes de fleurs blanches, de mangue, de cire et de caramel. Un champagne ample et structuré, servi par une finale fraîche et longue. Il est à son apogée. ⧗ 2014-2016 🍴 sandre au beurre blanc

🔑 André Robert, 15, rue de l'Orme, 51190 Le Mesnil-sur-Oger, tél. 03 26 57 59 41, info@champagne-andre-robert.com V 🚶 🍷 r.-v.

VALÉRY ROBERT Cuvée Désirée ★

● | 10 000 | 🍾 | 15 à 20 €

Deux générations s'activent sur ce domaine aubois de 14 ha, fondé en 1992 aux Riceys, importante commune

viticole de la Côte des Bar, célèbre pour son rosé tranquille. (RM)

Huit parts de chardonnay pour deux de pinot noir ont donné cette cuvée aux senteurs de fleurs blanches, de pêche, de fruits secs et de toast. Servi à l'attaque par une efferves-cence caressante, le palais est équilibré, frais et bien dosé. Une belle harmonie entre le nez et la bouche. ⧗ 2014-2017 ♈ saumon à l'unilatéral ● Extra-brut Cuvée Prestige ★(11 à 15 € ; 15 000 b.) : mariant 70 % de pinot noir et 30 % de chardonnay, une cuvée au nez léger de pêche blanche, de beurre, de vanille, de miel et de grillé, arômes que l'on retrouve dans un corps droit et tonique. ⧗ 2015-2018

Robert, 8, rue de Bagneux, 10340 Les Riceys, tél. 03 25 29 10 33, contact@champagnevaleryrobert.fr V t.l.j. sf sam. dim. 8h-12h 13h30-17h30

JACQUES ROBIN ★

●	5 375		15 à 20 €

Établi dans la région de Bar-sur-Seine (Aube), Jacques Robin s'est installé en 1973. Il élabore son champagne depuis 1985 et exploite plus de 9 ha avec ses enfants Sébastien et Aude, qui l'ont rejoint en 1998. (RM)

Une seule et unique parcelle de pinot noir a permis d'élaborer le vin blanc à la base de l'assemblage, ainsi que le vin rouge qui donne à ce rosé une couleur framboise assez prononcée. Les fruits rouges (cerise, framboise, cassis) dominent au nez et se confirment dans une bouche chaleureuse et quelque peu tannique, qui finit sur une note de pamplemousse. ⧗ 2015-2018 ♈ pata negra

SCEA Jacques Robin, 23, rue de la 2e D.B., 10110 Buxières-sur-Arce, tél. 03 25 38 76 25, ajrobin@orange.fr V r.-v.

LOUIS ROEDERER Cristal ★★★

●	n.c.		+ de 100 €

Une maison née à Reims dès 1776. Louis Roederer en devient le patron en 1833, la développe, acquiert des vignes. Dans les annéees 1870, la maison, qui livre 2,5 millions de bouteilles, a pour principal client la Russie où le tsar Alexandre II demande à Louis Roederer II de lui créer un champagne de prestige : la célèbre cuvée Cristal est lancée (1876). Riche d'un vignoble de 240 ha représentant les deux tiers de ses approvisionnements, la société est toujours dirigée par les descendants des fondateurs. Le dernier, Frédéric Rouzaud, est aujourd'hui à la tête d'un groupe détenant les Cham-pagnes Deutz et de nombreux crus de prestige, du Médoc à la Provence, du Portugal à la Californie. (NM)

Mondialement recherchée, cette cuvée doit être à la hauteur de sa réputation. Pour ce millésime 2004, la maison a une nouvelle fois maîtrisé le sujet en s'appuyant sur la tradition. Des raisins de nobles origines (pinot noir à 55 %, complété par le chardonnay), vinifiés pour partie en foudre sans fermentation malolactique, un vieillisse-ment de plus de six ans en cave. Il en résulte un champagne d'une grande distinction. Sa robe jaune pâle est traversée de bulles délicates. Le nez, tout en finesse, déploie à l'aération de multiples nuances : fleurs et fruits blancs, puis biscuit, vanille et enfin iode, granite et notes grillées. La bouche repose sur une ferme acidité. Vive à l'attaque, ample et soyeuse, elle offre une finale élégante et longue. Un champagne racé qui récompensera les amateurs patients. ⧗ 2018-2025 ♈ saint-pierre crème de langoustine ● Brut Premier ★(30 à 50 €) : 40 % de pinot noir, 40 % de chardonnay et 20 % de meunier issus de plus de cinquante crus vinifiés en foudre, trois ans de vieillissement en cave. Un champagne complexe et d'une grande fraîcheur, au nez floral, mentholé, citronné, bis-cuité, avec une touche de sous-bois, et à la bouche dense, riche, teintée d'agrumes et de minéralité. ⧗ 2014-2018 ● Rosé 2008 : 66 % de pinot noir de Cumières et 34 % de chardonnay de la Côte des Blancs, et une maturation de quatre ans en cave pour ce rosé en robe saumon clair. Nez éclatant de fruits rouges et jaunes nuancés d'herbes aromatiques (thym) et de fruits secs ; palais riche, un peu tannique et d'une généreuse vivacité. ⧗ 2016-2020

Louis Roederer, 21, bd Lundy, CS 40014, 51722 Reims, tél. 03 26 40 42 11, com@champagne-roederer.com Famille Rouzaud

ROGGE-CERESER Réserve ★

●	17 000		11 à 15 €

Créée en 1982 sur la rive droite de la Marne, cette exploitation familiale a lancé son champagne en 1997. Le fils, Benjamin Rogge, s'est installé en 2000 sur le domaine, qui couvre 10 ha. (RM)

Les raisins noirs l'emportent (40 % de pinot noir, 20 % de meunier) dans l'assemblage de cette cuvée. Le nez puissant et agréable mêle fruits jaunes et fruits exotiques, puis des notes grillées apparaissent et se prolongent dans une bouche franche à l'attaque, équilibrée, à la finale soyeuse et suave. ⧗ 2014-2017 ♈ apéritif ● La Colleterie (5 000 b.) : mariant les trois cépages par tiers, un champagne au nez évolué de compote et de beurre, suivi d'une bouche légère. ⧗ 2014-2017

Rogge-Cereser, 1, imp. des Bergeries, 51700 Passy-Grigny, tél. 03 26 52 96 05, info@rogge-cereser.fr V r.-v. 2

DANIEL ROLLIN
Cuvée blanche 2009 ★★

●	3 400		15 à 20 €

La famille cultive la vigne depuis quatre générations, élabore son champagne depuis 1982. Implantée à l'ex-trémité sud de la Champagne, non loin des Riceys (Aube), l'exploitation est mise en valeur par Éric Braux, installé en 2008. (RM)

Dans une région où le pinot noir est roi, le chardonnay peut donner de bons résultats, à en juger par ce blanc de blancs, remarquable de finesse et d'élégance. Le nez évoque l'aubépine, le beurre, la noisette et les fruits blancs. La bouche se développe avec intensité et franchise ; sa fraîcheur équilibre parfaitement son ampleur. Un millé-sime à son apogée et qui devrait y rester quelques années. ⧗ 2014-2018 ♈ pavé de turbot sauce citron

EARL La Tonnelle Rollin, 41, Grande-Rue, 10340 Bragelogne, tél. 03 25 29 10 13, champagne-daniel.rollin@hotmail.fr V r.-v.

BRUNO ROULOT
Cuvée Prestige ★

●	3 000		15 à 20 €

Éleveurs et agriculteurs, les Roulot plantent leurs premières vignes en 1965, sur la rive gauche de la Marne. Bruno Roulot s'installe en 1981, devient récoltant, lance

sa marque et porte le vignoble à 6 ha. Son fils Benoît le rejoint en 2013. (RM)

Cette cuvée assemble à parité du chardonnay élevé en cuve et du meunier élevé en foudre. Un nez finement évolué mêlant fruits secs, coing et nuances beurrées et briochées prélude à une bouche fraîche, équilibrée, élégante et longue. ⧗ 2015-2018 ⚲ filet de saint-pierre aux girolles ● Tradition ★ (11 à 15 € ; 40 000 b.) : 5 % de chardonnay s'intègrent au meunier dans cette cuvée qui a connu partiellement le bois. Un champagne harmonieux partagé entre agrumes et notes empyreumatiques. ⧗ 2014-2017

⊶ EARL Bruno Roulot, 1, rue Saint-Martin, 02330 La Chapelle-Monthodon, tél. 03 23 82 42 90, champagne.bruno.roulot@wanadoo.fr V t.l.j. 8h30-18h30

OLIVIER ROUSSEAUX ★

Gd cru	4 893		15 à 20 €

Olivier Rousseaux a succédé à son père en 1985. À la tête de près de 5 ha de vignes, il est installé à Verzenay, grand cru de la Montagne de Reims, non loin du célèbre moulin. (RM)

Le pinot noir, cépage roi de la Montagne de Reims, compose à 90 % ce rosé, complété d'une touche de chardonnay. La robe saumonée est animée d'une mousse abondante. On aime les arômes de fruits blancs et jaunes, l'attaque souple et suave, équilibrée par une fraîcheur persistante qui laisse une impression de légèreté. ⧗ 2015-2018 ⚲ charlotte fraise-rhubarbe

⊶ Olivier Rousseaux, 21, rue de Mailly, 51360 Verzenay, tél. 03 26 49 40 50, orousseaux@wanadoo.fr V r.-v.

ROUSSEAUX-FRESNET Antique ★★

Gd cru	2 000		20 à 30 €

Les coteaux nord de la Montagne de Reims accueillent un trio de grands crus prestigieux : Mailly-Champagne, Verzenay et Verzy. Héritiers de quatre générations de récoltants, Jean-Brice Rousseaux et son épouse exploitent 6,5 ha dans ces trois communes. (RM)

Antique ? Une bouteille bouchée à l'ancienne, au fil de chanvre. Un pur pinot noir vinifié en fût. Les parfums sont intenses et complexes : les notes beurrées du premier nez s'enrichissent à l'aération de senteurs d'agrumes et de fleurs. La bouche confirme l'olfaction : d'une grande fraîcheur, elle se déroule avec finesse, équilibre et persistance. ⧗ 2015-2018 ⚲ saint-jacques à la vanille ● Prestige blanc de noirs grand cru ★ (15 à 20 € ; 4 000 b.) : un nez légèrement évolué, sur les fruits à noyau et le beurre ; en bouche, la puissance du pinot noir et une belle fraîcheur soulignée de notes d'agrumes confits. ⧗ 2014-2016 ● Brut Tradition (11 à 15 € ; 20 000 b.) : dominé par le pinot noir (80 %), cette cuvée développe des arômes intensément fruités dans une matière enrobée. ⧗ 2014-2016

⊶ Jean-Brice Rousseaux-Fresnet, 17, rue de Mailly, 51360 Verzenay, tél. 03 26 49 45 66, champagnerousseauxfresnet@voila.fr V r.-v.

ROYER PÈRE ET FILS

	17 400		11 à 15 €

Les Royer sont plusieurs à Landreville, petit village des bords de l'Ource, près de Bar-sur-Seine. Franck et Jean-Philippe sont les petits-fils de Georges Royer, le fondateur de l'exploitation en 1960. Dans leur vignoble de 28 ha, le pinot noir trouve une large place. (RM)

Reflétant l'encépagement de ce secteur aubois, le pinot noir règne sans partage dans ce rosé. Un champagne de couleur soutenue, vif et équilibré, aux arômes de fruits mâtinés de notes grillées. ⧗ 2014-2018 ⚲ brochettes de lotte

⊶ Royer et Cie, 120, Grande-Rue, 10110 Landreville, tél. 03 25 38 52 16, infos@champagne-royer.com V t.l.j. sf sam. dim. 8h30-12h 13h30-17h; f. 10-31 août

RUELLE-PERTOIS Blanc de blancs Cuvée de Réserve

1er cru	10 000		15 à 20 €

Un domaine familial de 6 ha répartis entre coteaux d'Épernay et Côte des Blancs. Il est géré depuis 2002 par Virginie et Benoît Ruelle, frère et sœur, héritiers de trois générations de récoltants-manipulants. (RM)

Ce blanc de blancs séduit par son nez aérien d'agrumes, d'amande et de fleurs blanches. À la fois souple et vif à l'attaque, charnu, ample et frais, il laisse une impression de finesse et d'élégance. ⧗ 2014-2018 ⚲ carpaccio de saumon et d'avocat

⊶ SCEV Ruelle-Pertois, 11, rue du Champagne, 51530 Moussy, tél. 03 26 54 05 12, ruellemi@wanadoo.fr V r.-v.

RUFFIN ET FILS Cuvée Nobilis 2006

Gd cru	8 000		20 à 30 €

Maison établie à Étoges, bourg situé au centre de la ligne de coteaux qui se déploie des marais de Saint-Gond jusqu'au sud de la Côte des Blancs. Forte de 11 ha de vignes, elle a pris le statut de négociant en 1995, à l'arrivée d'Alexandre Ruffin. Ce dernier, associé à son oncle Dominique, gère les vinifications. (NM)

Ce blanc de blancs exprime une gamme d'arômes évolués d'une belle finesse : fruits jaunes, noisette et autres fruits secs. Il attaque avec souplesse, se développe avec rondeur et offre une finale crémeuse, équilibrée par ce qu'il faut de fraîcheur. ⧗ 2014-2017 ⚲ rôti de veau Orloff

⊶ Ruffin et Fils, 20, Grande-Rue, 51270 Étoges, tél. 03 26 59 30 14, contact@champagnes-ruffin.com V t.l.j. sf sam. dim. 8h-12h 14h-17h

RUINART 2007 ★★

	n.c.	50 à 75 €

La doyenne des maisons de champagne. On pourrait la classer Monument historique, comme le sont ses caves creusées dans la craie pendant la période gallo-romaine. Le fondateur de l'affaire, Nicolas Ruinart, ajouta le négoce en vin en 1729 à son activité de marchand drapier – une autre industrie florissante dans la région à l'époque. La société est restée familiale jusqu'à son absorption par Moët et Chandon en 1963. Son champagne de prestige tire son nom du moine dom Ruinart, contemporain de dom Pérignon. (NM)

2007 est un millésime de puissance et de fraîcheur, surtout pour le chardonnay. Cette cuvée en contient 45 %, complété par du pinot noir. La robe or pâle est parcourue de fins cordons de bulles, qui font monter des parfums traduisant une belle maturité : la noisette se lie aux fleurs blanches et à la brioche. On retrouve ces arômes dans une bouche droite et tendue. Délicat et complexe, ce vin évoluera avec grâce. Un « grand champagne », conclut un dégustateur. ⧗ 2015-2020 🍴 ravioles de homard

● Rosé ★ : du chardonnay et du pinot noir dans les mêmes proportions que le précédent, avec 19 % de pinot vinifié en rouge. Une teinte pâle, rose orangé, des arômes évolués, confits, légèrement grillés, un corps puissant et vineux, souligné par une belle acidité. ⧗ 2014-2015

Ruinart, 4, rue des Crayères, 51100 Reims, tél. 03 26 77 51 51, aaubry@ruinart.com mar. au ven. sur r.-v. LVMH

LOUIS DE SACY Blanc de blancs Cuvée inédite ★

● Gd cru | 3 000 | | 50 à 75 €

Une famille enracinée en Champagne depuis 1633. Sa marque de champagne, lancée en 1955, rend hommage à un avocat et homme de lettres du XVIIᵉs. Alain Sacy a pris en 1986 la tête de la maison établie dans la Montagne de Reims. Il dispose de 20 ha de vignes en propre.

Inédite ? Sans doute parce les blancs de blancs monocrus à Verzy, l'un des fiefs du pinot noir, ne sont pas légion. Ce chardonnay séduit, tant par son nez citronné et brioché, bien typé et une belle finesse, que par sa bouche élégante, légèrement acidulée. ⧗ 2014-2018 🍴 brochettes de gambas

Louis de Sacy, 6, rue de Verzenay, 51380 Verzy, tél. 03 26 97 91 13, contact@champagne-louis-de-sacy.fr V t.l.j. sf sam. dim. 8h-12h 14h-18h

SADI MALOT Blanc de blancs Cuvée de Réserve

● 1er cru | 40 000 | | 11 à 15 €

Marque lancée en 1920. Le fondateur avait été prénommé Sadi en souvenir d'un oncle tombé au front, lui-même baptisé ainsi en hommage au président Sadi-Carnot… À la tête du domaine depuis 1990, Franck Malot exploite 10 ha sur la Montagne de Reims. (RM)

Un blanc de blancs né à Villers-Marmery, l'un des rares villages de la Montagne où le chardonnay est très présent. Un nez discret mais fin, sur les fleurs blanches et les agrumes, une bouche à l'unisson, fraîche en attaque et citronnée en finale, composent un champagne prometteur, à ouvrir dès l'apéritif. ⧗ 2015-2018 🍴 tartare de dorade granité citron

Malot, 35, rue Pasteur, 51380 Villers-Marmery, tél. 03 26 97 90 48, sadi-malot@wanadoo.fr V t.l.j. sf dim. 9h-19h (sam. 17h)

SAINT-CHAMANT Blanc de blancs

● | 17 234 | | 20 à 30 €

À quatre-vingt-trois ans, Christian Coquillette, qui commercialise ses champagnes sous la marque Saint-Chamant, est toujours en activité. Le siège de la maison est à Épernay et les installations sont à Chouilly. Le vignoble couvre 11,5 ha, entre coteaux d'Épernay et Côte des Blancs. (RM)

Un champagne à deux facettes : mûr et complexe au nez (il naît de la récolte 2008), il se montre vif, droit et minéral au palais, dévoilant des arômes de fruits frais. ⧗ 2014-2015 🍴 noix de Saint-Jacques à la crème

Christian Coquillette, Champagne Saint-Chamant, 50, av. Paul-Chandon, 51200 Épernay, tél. 03 26 54 38 09, champagnesaintchamant@orange.fr V r.-v.

SALMON 2008 ★

● | 7 255 | | 20 à 30 €

Ce domaine de 10 ha est implanté dans la vallée de l'Ardre. Après Michel Salmon, fondateur de la marque, Olivier est aux commandes depuis 1980, rejoint entre-temps par son fils Alexandre. La montgolfière sur les étiquettes ? Une passion du producteur. (RM)

Ce millésimé, qui assemble les trois cépages champenois par tiers, s'annonce par un nez vif encore sur la réserve. De même, la bouche, vineuse et bien structurée, n'a pas atteint sa pleine expression. Du potentiel. ⧗ 2015-2019 🍴 croustade aux fruits de mer

EARL Salmon, 21-23, rue du Capitaine-Chesnais, 51170 Chaumuzy, tél. 03 26 61 82 36, info@champagnesalmon.com V t.l.j. 9h-18h

♥ SALON Blanc de blancs Le Mesnil 2002 ★★

● | n.c. | + de 100 €

Aimé Salon, fils de charron, naît en 1867 à Pocancy, village de la plaine, à quelques kilomètres de la Côte des Blancs. Ses parents veulent faire de lui un instituteur. Il choisit les affaires et commence sa carrière en ramassant, à bicyclette, des peaux de lapin pour une entreprise de fourrures de la capitale qu'il finit par diriger. Épicurien, il revient dans son pays natal pour créer un champagne de rêve. Avec l'aide de son beau-frère, chef de cave, il choisit le terroir : le Mesnil-sur-Oger ; les meilleures parcelles : celles du haut de l'église ; son premier millésime, 1905, est réservé à sa consommation personnelle. La maison (dans l'orbite du groupe Laurent-Perrier depuis 1988) naît en 1920. Elle est célèbre pour ne proposer qu'une cuvée de blanc de blancs millésimé élaborée seulement les bonnes années et exclusivement issue du Mesnil-sur-Oger, grand cru de la Côte des Blancs.

Le trente-huitième millésime de Salon et le premier du XXIᵉs. est dévoilé après plus de dix ans de cave. La robe or clair brillant est animée de fines bulles ; le nez sans exubérance mais complexe, d'une grande finesse, associe des notes de fruits jaunes (abricot), de torréfaction (café), de noisette et autres fruits secs, arômes auxquels s'ajoutent en bouche les agrumes et le beurre. Quant au palais, tout aussi complexe, il réussit le tour de force d'être ample et délicat à la fois. La longue finale laisse le souvenir d'une élégance rare. ⧗ 2014-2020 🍴 poularde de Bresse à la crème

Salon, 5, rue de la Brèche-d'Oger, 51190 Le Mesnil-sur-Oger, tél. 03 26 57 51 65, champagne@salondelamotte.com Laurent-Perrier

SANGER Voyage 360 ★

● | 40 000 | | 15 à 20 €

L'École de viticulture d'Avize a vu le jour en 1919 grâce au legs des époux Puisard, riches négociants. Depuis

1927, c'est un établissement public (rebaptisé Viti Campus), qui forme la majorité des professionnels champenois. En 1952, d'anciens élèves ont créé la coopérative des Anciens. Aujourd'hui, ils sont plus de deux cents apprentis et stagiaires à participer à l'élaboration des cuvées en travaillant à la vigne et à la cave. (CM)

Les trois cépages du vignoble sont à égalité dans cette cuvée issue des 42 terroirs mis en valeur par la cave – représentatifs de toute la Champagne –, et née à 80 % de la récolte 2010 (avec des vins de réserve de 2009 et 2008). Le nez intensément beurré, brioché et miellé, annonce une bouche charpentée, ronde et longue. ⧗ 2014-2016 ♆ foie gras ● Prestige Ultime grand cru 2008 ★ (20 à 30 € ; 2 000 b.) : un blanc de blancs ample, mêlant fleurs blanches, agrumes et notes empyreumatiques. L'apport d'un tiers de vins vinifiés sans fermentation malolactique contribue à sa complexité. ⧗ 2015-2018

Coopérative des Anciens, 33, rempart du Midi, 51190 Avize, tél. 03 26 57 79 79, contact@sanger.fr V t.l.j. sf sam. dim. 8h-12h 14h-17h

CAMILLE SAVÈS
Carte blanche ★

● 1er cru | 29 937 | | 15 à 20 €

Aux origines du domaine, le mariage, en 1894, d'Eugène Savès, ingénieur agronome, avec Anaïs Jolicœur, fille d'un vigneron de Bouzy. Installé en 1982, Hervé Savès, rejoint par Arthur en 2012, conduit près de 10 ha dans la Montagne de Reims. (RM)

Marquée par le pinot noir (75 %, pour 25 % de chardonnay) et vinifiée sans fermentation malolactique, cette cuvée offre une matière intense et puissante, florale et fruitée, dont on apprécie la fraîcheur et l'équilibre. ⧗ 2014-2016 ♆ langoustines à la nage ■ Cuvée rosé grand cru (20 à 30 € ; 11 996 b.) : un rosé d'assemblage mariant chardonnay (60 %) et pinot noir (dont 12 % de bouzy rouge), séduisant par sa robe pâle, ses arômes de fraise vanillée et par sa bouche gourmande, onctueuse et fraîche. ⧗ 2014-2015

Camille Savès, 4, rue de Condé, 51150 Bouzy, tél. 03 26 57 00 33, champagne.saves@hexanet.fr V r.-v.

FRANÇOIS SECONDÉ ★

● Gd cru | 25 000 | | 15 à 20 €

La production de Sillery, grand cru de la Montagne de Reims, approvisionne surtout les maisons de champagne. François Secondé est le seul récoltant à proposer du sillery grand cru. Ancien ouvrier viticole, il a acheté sa première vigne en 1972 ; il exploite aujourd'hui 5,5 ha dans quatre grands crus. (RM)

Deux tiers de pinot noir et un tiers de chardonnay composent cette cuvée au nez de fleurs blanches, de foin, de fruits frais et d'épices, une complexité d'arômes que l'on retrouve dans une bouche généreuse et fraîche. Un champagne qui pourra accompagner un repas. ⧗ 2014-2016 ♆ feuilleté aux saint-jacques ■ 2007 (20 à 30 € ; 3 000 b.) : un blanc de blancs qui a connu le bois, séduisant par son nez complexe (agrumes, fleur d'oranger, fleurs séchées, amande), par son attaque ronde et sa matière onctueuse, équilibrée par une finale acidulée. ⧗ 2014-2016

EARL François Secondé, 6, rue des Galipes, 51500 Sillery, tél. 03 26 49 16 67, francois.seconde@wanadoo.fr V t.l.j. sf sam. dim. 8h-12h 13h30-17h30

J.-M. SÉLÈQUE Cuvée Partition 2008
Extra-brut 2008 ★

● 1er cru | 1 500 | | 30 à 50 €

Cette exploitation, établie aux portes d'Épernay, élabore ses champagnes depuis les années 1970. Elle dispose de 7,5 ha de vignes dans la vallée de la Marne et la Côte des Blancs. À la cave officient Richard Sélèque et son fils Jean-Marc, installé en 2008. Leurs vins de réserve sont élevés en barrique. (RM)

Le chardonnay domine (72 %) dans cette cuvée, associé aux deux pinots. Après un premier nez lacté, on découvre une belle gamme d'arômes : acacia, poire mûre, pêche cuite, agrumes confits, miel, puis brioche. Dans le même registre, la bouche se montre franche, ample et persistante, marquée en finale par une note de fruits à l'alcool. ⧗ 2014-2018 ♆ carpaccio de veau ● Cuvée Or blanc extra-brut ★ (20 à 30 € ; 4 000 b.) : un pur chardonnay de la récolte 2009 aux arômes de fruits acidulés et au palais élégant, à la fois souple et franc. ⧗ 2014-2016

SCEV R. et J.-M. Sélèque, 38, rue du Gal-de-Gaulle, BP 12, 51530 Pierry, tél. 06 72 25 25 02, contact@seleque.fr V r.-v.

CRISTIAN SENEZ Carte blanche ★★

● | 200 000 | | 11 à 15 €

Dans les années 1950, Cristian Senez, alors chef de cave à la coopérative de Fontette (Aube), acquiert ses premières parcelles ; il défriche et plante. Aujourd'hui, sa fille Angélique et son gendre Frédéric Roger, maître de chai, exploitent un vignoble de 28 ha. Les champagnes de la maison ne font pas leur fermentation malolactique. (NM)

Né du seul pinot noir, ce blanc montre des reflets rosés. Au premier nez, il livre des senteurs de jeunesse évoquant les fleurs blanches ; puis il révèle sa complexité, libérant des parfums de fruits blancs, de petits fruits rouges et de foin. Après une attaque franche, la bouche garde une belle fraîcheur. ⧗ 2014-2017 ♆ salade de fruits rouges

Senez, 6, Grande-Rue, 10360 Fontette, tél. 03 25 29 60 62, contact@champagne-senez.com V r.-v.

SERVEAUX FILS Carte d'Or

● | 21 102 | | 15 à 20 €

Domaine familial créé en 1954 sur la rive droite de la Marne. Installé en 1993, Pascal Serveaux, aidé de ses fils Nicolas et Hugo, cultive 15 ha de vignes. (RM)

Un assemblage dominé par le chardonnay (60 %) associé aux deux pinots à parité. Des notes fruitées et minérales se partagent le nez, complétées au palais par des nuances de brioche. L'ensemble est franc et équilibré. ⧗ 2014-2018 ♆ coquilles Saint-Jacques ● Grand Vintage 2005 (20 à 30 € ; 5 030 b.) : assemblage mi-meunier mi-chardonnay, un champagne vif et franc, auquel un passage de six mois en fût a légué des nuances de sous-bois. ⧗ 2014-2017

Pascal Serveaux, 2, rue de Champagne, 02850 Passy-sur-Marne, tél. 03 23 70 35 65, serveaux.p@wanadoo.fr V r.-v.

CHAMPAGNE

SERVENAY ET FILS Blanc de blancs ★★

| | 3 000 | | 15 à 20 € |

Héritier d'une lignée de viticulteurs remontant à 1865, Philippe Servenay s'est installé en 1986. Il exploite 4 ha de vignes sur la rive droite de la Marne. (RM)

Issu de la récolte 2010, ce blanc de blancs est un brut nature, vinifié sans dosage. Un champagne élégant tout au long de la dégustation : robe or pâle parcourue de bulles fines, nez floral, fruité et mentholé, bouche bien équilibrée, franche à l'attaque, enrichie de notes persistantes de fruits secs et de pâtisserie. ⌛ 2014-2018 🍷 plateau de fruits de mer

Philippe Servenay, 22, rue Kennedy, 02850 Trélou-sur-Marne, tél. 03 60 38 52 24, champagneservenayetfils@hotmail.fr V t.l.j. 8h30-17h30

SIMART-MOREAU Sélection ★

| Gd cru | 23 500 | | 15 à 20 € |

Jean-Philippe Simart a pris en 2013 la tête de l'exploitation fondée à Chouilly par son père Pascal. Les trois quarts de ses 4,5 ha de vignes sont implantés en grand cru, le reste en 1er cru. Du chardonnay de la Côte des Blancs et des pinots de la Grande Vallée de la Marne. (RM)

Des chardonnays de la Côte des Blancs (80 %) et des pinots noirs d'Aÿ ont donné naissance à un champagne aussi gourmand que délicat. Fruits et beurre au nez ; équilibre, gras, finesse et longueur en bouche. De l'élégance et de la personnalité. Pour l'apéritif, les entrées et les fruits de mer. ⌛ 2015-2018 🍷 verrines de langoustines ● Grande Réserve grand cru (21 537 b.) : même assemblage, avec plus de maturité. Nuances de fruits mûrs et belle vivacité. ⌛ 2015-2018 ● Cuvée des crayères 2007 grand cru (2 716 b.) : un blanc de blancs au nez discrètement floral et minéral, agréable par sa fraîcheur. ⌛ 2015-2018

Jean-Philippe Simart, 9, rue du Moulin, 51530 Chouilly, tél. 03 26 55 42 06, simart.moreau@wanadoo.fr V r.-v.

GABRIEL SIMON Réserve

| Gd cru | 100 000 | | 20 à 30 € |

Marque de la cave coopérative de Mailly-Champagne, village de la Montagne de Reims classé en grand cru. (CM)

Trois quarts de pinot noir associés à un quart de chardonnay contribuent à ce champagne puissant et évolué. Torréfaction, truffe, moka s'unissent dans une bouche riche et équilibrée, de belle longueur. ⌛ 2015-2018 🍷 foie gras poêlé

Cave des Vignerons de la Montagne de Reims, BP1, 51500 Mailly-Champagne, tél. 03 26 49 41 10

SIMON-DEVAUX 2008 ★

| | 1 500 | | 15 à 20 € |

Une marque créée dans les années 1990 par la mère d'Alain Simon. Après ses études de viticulture-œnologie à Beaune, ce dernier s'installe en 1998 sur l'exploitation familiale qui compte 7 ha répartis dans la Côte des Bar (Aube). Il investit dans un pressoir et vinifie sa première cuvée en 2003. (RM)

L'année 2008 est réputée avoir donné naissance à des vins équilibrés, concentrés et frais. Ce brut réunissant pinot noir et chardonnay à parts égales correspond bien à ce profil. Il dévoile des arômes de fruits confits et de pain grillé qui persistent dans une bouche dense et vive. Une bouteille longue et harmonieuse laissant espérer une bonne garde. ⌛ 2014-2019 🍷 blanquette de lotte

Simon-Devaux, 2, rue du Clamart, 10110 Celles-sur-Ource, tél. 03 25 29 00 35, simon-devaux@neuf.fr V r.-v.

JACQUES SONNETTE Tradition ★

| | 35 000 | | 11 à 15 € |

Installé en 1973 sur l'exploitation familiale située dans un hameau de Charly-sur-Marne – le village viticole le plus proche de Paris –, Jacques Sonnette élabore son champagne depuis 1976. Dans son vignoble de 8 ha, le meunier est très présent. (RM)

Le chardonnay (20 %) a allégé le meunier (80 %) dans cette cuvée au nez frais et plaisant, où se mêlent les fleurs blanches, les agrumes, la pêche et l'abricot. L'effervescence taquine un palais empreint de vivacité et marqué en finale par un retour des agrumes accompagnés de notes miellées. ⌛ 2014-2017 🍷 gougères ● Brut rosé (5 000 b.) : un rosé d'assemblage associant les trois cépages (dont 11 % de pinot noir vinifié en rouge). Robe saumon pâle, nez de fraise et de coing discret, d'une belle finesse, bouche suave. ⌛ 2014-2016

Jacques Sonnette, 2, rue du Port-Picard, Grand-Porteron, 02310 Charly-sur-Marne, tél. 03 23 82 05 71, contact@champagnesonnette.com V r.-v.

SOURDET-DIOT Prestige

| | 14 000 | | 15 à 20 € |

Le vignoble de la Chapelle-Monthodon est situé sur la rive gauche de la Marne. Raymond Sourdet a planté là ses premiers ceps en 1962. Son fils Patrick, installé en 1975, élabore désormais ses propres champagnes. Ludivine, sa fille, et son époux Damien ont rejoint la propriété. (RM)

Chardonnay (60 %) et meunier (40 %) de la récolte 2009 sont associés dans cette cuvée. Après un peu d'aération, le champagne dévoile tous ses parfums : fleurs blanches et agrumes au premier nez, puis notes plus évoluées d'amande fraîche, de fruits secs et de fruits confits. Plus discrète, la bouche est ample et structurée. ⌛ 2015-2019 🍷 verrines de crabe aux agrumes

EARL Sourdet-Diot, 1, hameau de Chézy, 02330 La Chapelle-Monthodon, tél. 03 23 82 46 18, info@champagnesourdet.com V r.-v.

SOUTIRAN Blanc de blancs

| Gd cru | 5 000 | | 30 à 50 € |

Orphelin, Gérard Soutiran prend en location les vignes de son parrain, puis s'associe à un viticulteur possédant un pressoir. Il ne cesse d'agrandir son bien (6 ha aujourd'hui), tout en créant avec d'autres la coopérative d'Ambonnay. Son fils Alain Soutiran lance sa marque en 1970 et passe le relais en 1990 à sa fille Valérie Renaux. (NM)

Un blanc de blancs aux arômes subtils, fruités, briochés et vanillés, qui se prolongent dans une bouche ronde mais bien équilibrée. ⌛ 2014-2017 🍷 ris de veau à la crème

Soutiran, 3, rue de Crilly, 51150 Ambonnay, tél. 03 26 57 07 87, info@soutiran.com
V r.-v. 2

TAITTINGER
Blanc de blancs Comtes de Champagne 2005 ★★

	n.c.		+ de 100 €

Alexandre Fourneaux produisait des vins tranquilles à Rilly-la-Montagne. Son fils créa une maison de négoce dès 1734. Deux siècles plus tard, Pierre Taittinger devint en 1936 l'actionnaire principal de la maison Forest-Fourneaux à laquelle il donna son nom. Passée en 2005 sous le contrôle d'un fonds de pension américain, rachetée un an plus tard par la famille, l'affaire est dirigée par Pierre-Emmanuel Taittinger. Avant de s'installer sur la butte Saint-Nicaise, site historique, elle avait son siège à l'hôtel des Comtes de Champagne, d'où le nom de sa cuvée de prestige. La maison dispose de crayères du IVes. et d'un vaste vignoble (288 ha). Le chardonnay est son cépage emblématique.

Du 1976 au 2004, ce blanc de blancs de prestige, issu de cinq grands crus de la Côte des Blancs et vieilli dix ans, a obtenu quatorze coups de cœur au fil des éditions du Guide – et la Grappe d'or l'an dernier. Les chardonnays ont particulièrement bien mûri en 2005. Ils donnent ici naissance à un champagne or pâle, partagé au nez entre fraîcheur citronnée et touches évoluées de sous-bois. La bouche s'enrichit de notes grillées, anisées, briochées, d'arômes de fruits secs, avec une pointe boisée en finale. Sans être d'une puissance imposante, ce 2005 charme par l'harmonie de ses saveurs. Il est à son apogée. 2014-2020 homard à la nage

Taittinger, 9, pl. Saint-Nicaise, 51100 Reims, tél. 03 26 85 45 35, communication@taittinger.fr
V t.l.j 9h30-17h30 ; f. sam. dim. mi-mars à mi-nov.

TANNEUX-MAHY
Vieilli en fût de chêne

	4 400		15 à 20 €

Prenant la suite de trois générations de récoltants-manipulants, Christophe et Katia Tanneux se sont installés sur l'exploitation en 2009. Proche d'Épernay, leur vignoble couvre 7 ha sur les deux rives de la Marne. (RM)

Trois quarts de chardonnay et un quart des deux pinots dans cette cuvée vinifiée en totalité en fût de chêne, sans fermentation malolactique. Nez subtil d'aubépine, de menthol, de fruits confits et de torréfaction. Bouche à l'unisson, gourmande, bien dosée, structurée et fraîche. 2014-2018 filet de bar rôti

Christophe Tanneux, 2, rue Jean-Jaurès, 51530 Mardeuil, tél. 03 26 55 24 57, champagne.tanneux@orange.fr V t.l.j. sf dim. 10h-12h30 14h-18h30; f. août

SÉBASTIEN TAPRAY
Prestige ★

	n.c.	15 à 20 €

Viticulteur depuis 2000 dans la région de Bar-sur-Aube, Sébastien Tapray apporte sa récolte à la coopérative de Colombé-le-Sec qui élabore ses cuvées. (ND)

Cette cuvée privilégie le chardonnay (70 %) complété par le pinot noir. Elle a intéressé les jurés par son nez épanoui mêlant les fleurs, les agrumes et le menthol à des notes plus mûres de pain d'épice, de beurre et de noisette. Une palette olfactive évoluée que l'on retrouve dans une bouche équilibrée et encore vive. 2014-2018 filet mignon de veau à la crème

Sébastien Tapray, 29, Grande-Rue, 10200 Colombé-la-Fosse, tél. 03 25 27 99 12 V r.-v.

TARLANT Brut nature Zéro ★★

	100 000		20 à 30 €

Les Tarlant cultivaient déjà la vigne sous le règne de Louis XIV. Constitution du domaine à partir de 1780 dans la vallée de la Marne, premier champagne en 1929. Aujourd'hui, un vignoble de 14 ha et un style reconnu. Aux commandes depuis 1999, Benoît et Mélanie, les enfants de Jean-Mary Tarlant, qui préside la maison. À la cave, Benoît vinifie en petite cuve ou en barrique, sans fermentation malolactique. (RM)

Comme son nom l'indique, cette cuvée ne reçoit pas le moindre gramme de sucre au dégorgement. Elle naît de l'assemblage par tiers des trois cépages champenois et des années 2008 à 2005. La robe est dorée, presque ambrée. Le nez mêle des notes fruitées (agrumes, notamment) et empyreumatiques. La bouche florale et épicée conjugue structure et fraîcheur. 2015-2018 carpaccio de saint-jacques Cuvée Louis Extra-brut ★(50 à 75 € ; 8 000 b.) : cuvée mi-chardonnay mi-pinot noir. Son âge (assemblage des années 1999 à 1996) et la vinification sous bois ont donné un caractère confit et miellé. De la structure, de la fraîcheur et de la personnalité. 2014-2015

Tarlant, 21, rue de la Coopérative, 51480 Œuilly, tél. 03 26 58 30 60, champagne@tarlant.com
V r.-v.

V. TESTULAT Brut nature Blanc de blancs ★

	7 500		15 à 20 €

Une maison d'Épernay fondée en 1862 par Vincent Testulat. Cinq générations plus tard, c'est toujours un Vincent Testulat qui signe les cuvées. (NM)

Le risque avec un extra-brut ? Une acidité trop tranchante si le vin n'est pas assez structuré. Rien de cela ici. La bouche est vive certes, mais franche, fine et fraîche. Une robe d'un or très pâle aux reflets verts et de délicates notes florales et iodées complètent le portrait de ce champagne abouti. 2015-2018 huîtres

SA V. Testulat, 23, rue Léger-Bertin, 51200 Épernay, tél. 03 26 54 10 65, vtestulat@champagne-testulat.com
V r.-v.

♥ ÉRIC THERREY Cuvée spéciale ★★

	n.c.	15 à 20 €

La ville de Troyes est dominée à l'ouest par une butte calcaire où excelle le chardonnay. Jacky Therrey y a planté les premières vignes dans les années 1960 et lancé son champagne en 1978. Après vingt-cinq ans de collaboration familiale, son fils Éric a pris en 2006 la direction du domaine et rajeuni l'outil de production en 2011. Il cultive 8 ha à Montgueux et à Celles-sur-Ource. (RM)

Complété par le pinot noir, le chardonnay (90 %) donne le ton de cette cuvée or pâle traversée d'une efferves-

cence tonique. Le nez de fruits jaunes et de fleurs, un rien fumé, est discret mais subtil. C'est en bouche que ce champagne s'impose. Frais à l'attaque, il gagne en ampleur et dévoile sa richesse sans la moindre lourdeur, sur des notes de pêche et de fleurs blanches. La finale longue et savoureuse laisse le souvenir d'une bouteille harmonieuse. ⧗ 2015-2020 ▼ tartare de homard

⊶ Éric Therrey, 8, rte de Montgueux, La Grange-au-Rez, 10300 Montgueux, tél. 03 25 70 30 25, contact@champagne-therrey.fr V t.l.j. 9h-12h 14h-19h

THIÉNOT
Cuvée Stanislas 2005 ★

● | n.c. | | 75 à 100 €

Ancien banquier, Alain Thiénot est revenu à ses racines champenoises. Il a débuté par le courtage, acheté des vignes à partir de 1976, créé sa maison en 1985, acquis les marques Marie-Stuart, Joseph-Perrier et Canard-Duchêne, s'est diversifié dans le Bordelais, le Languedoc. Depuis 2003, il a pour appui ses enfants Stanislas et Garance. (NM)

Dédiée au fils, cette cuvée millésimée provient exclusivement de chardonnay de la Côte des Blancs. Le nez, d'une belle finesse, joue sur les épices, l'amande grillée et autres fruits secs. Franche, riche, équilibrée et structurée, la bouche montre un potentiel intéressant. Un champagne agréable, qui pourra accompagner un repas. ⧗ 2015-2018 ▼ huîtres chaudes à la crème

⊶ Thiénot, 4, rue Joseph-Cugnot, 51500 Taissy, tél. 03 26 77 50 10, infos@thienot.com V t.l.j. sf sam. dim. 9h-12h 14h-17h30

J. M. TISSIER Réserve ★

● | n.c. | ▮ | 15 à 20 €

Petit-fils de Diogène Tissier, vigneron à la nombreuse descendance, Jacques Tissier a travaillé dès l'âge de quatorze ans avec son père Jean-Marie et a repris la propriété en 1993. Il exploite plus de 5 ha de vignes sur les coteaux d'Épernay et dans le Sézannais. (RM)

Ce brut assemble chardonnay (60 %) et meunier. Or soutenu, il offre un joli nez mêlant les fruits exotiques bien mûrs, la figue, la noisette et des touches grillées. Dans le même registre, la bouche se montre ample, aromatique, équilibrée et longue. ⧗ 2014-2015 ▼ poulet au champagne ● Apollon 2007 ★ (20 à 30 €; 2 100 b.) : mi-chardonnay mi-meunier, un champagne plaisant par son nez de pistache et de torréfaction, et par sa bouche douce, fraîche, gourmande et longue. ⧗ 2014-2016

⊶ SAS J.-M. Tissier, 9, rue du Gal-Leclerc, 51530 Chavot-Courcourt, tél. 03 26 54 17 47, contact@champagne-jm-tissier.com V r.-v.

DIOGÈNE TISSIER ET FILS 2006

● | 4 500 | ▮ ◍ | 15 à 20 €

Diogène, le fondateur de la maison en 1931, eut neuf enfants, dont trois suivirent ses traces. Vincent Huber, son petit-fils, est installé comme lui à Chavot-Courcourt, au sud d'Épernay. (NM)

Mi-blancs mi-noirs (pinot noir), mi-cuve mi-fût, ce millésimé est surtout marqué par le chardonnay et le bois ; il prend des airs bourguignons avec son nez bien ouvert sur des notes vanillées, beurrées et miellées qui se prolongent dans une bouche à l'acidité franche. Un champagne à la forte personnalité qui plaît surtout aux amateurs de champagnes boisés. ⧗ 2014-2018 ▼ filet mignon au miel et aux cèpes ● Cuvée de réserve (25 000 b.) : mariant chardonnay (60 %), meunier (25 %) et pinot noir, un bon brut sans année pour l'apéritif, au nez léger d'agrumes et de fruits mûrs et à la bouche fine et fraîche. ⧗ 2014-2015

⊶ Diogène Tissier et Fils, 10, rue du Gal-Leclerc, 51530 Chavot-Courcourt, tél. 03 26 54 32 47, diogenetissier@hexanet.fr V r.-v. ⊶ Huber

GUY TIXIER
Cuvée de réserve ★

● | 20 000 | ▮ | 11 à 15 €

Guy Tixier hérite en 1960 du quart du vignoble paternel constitué par André à partir de 1920, et lance sa marque. Son fils Olivier lui succède en 1989. Le domaine couvre 5,3 ha, principalement dans la Montagne de Reims. (RC)

Les trois cépages champenois sont assemblés en proportions presque équivalentes dans ce brut sans année. Les vins de base de 2011 sont complétés par une part importante de vins de réserve (46 %) de 2010, ce qui explique le profil évolué de cette cuvée. Miel, pain d'épice et beurre se disputent le nez et se retrouvent dans une bouche vivifiée par une effervescence tonique. ⧗ 2015-2018 ▼ cailles aux fruits secs ● Rosissime Rosé de saignée (15 à 20 € ; 3 000 b.) : composé des deux cépages noirs à parts égales, un rosé issu d'une macération de trente heures. Pas trop de longueur mais beaucoup de couleur, de fruits rouges frais (framboise, surtout) avec une certaine élégance.

⊶ Olivier Tixier, 12, rue Jobert, 51500 Chigny-les-Roses, tél. 03 26 03 42 51, champguytixier@wanadoo.fr V r.-v.

MICHEL TIXIER
Rosé de noirs 2009 ★

● 1er cru | 879 | ▮ | 20 à 30 €

Le vignoble familial remonte aux années 1920. En 1963, Michel Tixier s'installe et lance sa marque. Benoît, son fils, prend le relais en 1998. Son domaine de 5 ha comprend trente-six parcelles réparties dans la Montagne de Reims, la Côte des Blancs et la vallée de la Marne. (RM)

Une petite cuvée issue d'une seule parcelle de pinot noir cultivée sur la Montagne de Reims, est à l'origine de ce rosé de saignée. Une macération de près de 30 h lui a légué une robe presque rubis, des arômes de fraise des bois et de cassis qui se prolongent dans une bouche structurée et ronde, légèrement tannique en finale. ⧗ 2014-2015 ▼ charlotte aux fraises ● Grande Année 1er cru ★ (11 à 15 € ; 15 760 b.) : un nom paradoxal pour une cuvée mariant deux années ; assemblage de chardonnay (40 %), de pinot noir (40 %) et de meunier. Un champagne flatteur par sa rondeur et par ses arômes d'abricot et de pêche de vigne. ⧗ 2015-2018

⊶ Benoît Tixier, 8, rue des Vignes, 51500 Chigny-les-Roses, tél. 03 26 03 42 61, champ.michel.tixier@wanadoo.fr V r.-v.

LOUIS TOLLET
La Grande Cuvée rosée ★

1er cru	n.c.	30 à 50 €

Une maison de négoce familiale créée à Épernay en 1995 par Bruno Mignon, arrière-petit-fils de vignerons, et par sa femme Laurence. Trois marques : Charles Mignon ; Louis Tollet (destinée aux cavistes et aux restaurateurs), Léon Launois. (NM)

Une jolie couleur de mandarine impériale aux reflets tuilés. Fin et complexe, le nez mêle la torréfaction (chocolat, moka), la fumée, le zeste d'orange confit, le fruit confituré, le beurre. Dans le même registre, la bouche, riche, fondue, ample et ronde finit sur une note de chocolat amer. Un rosé de gastronomie. 2014-2015 foie gras poêlé aux figues ● 1er cru ★ (20 à 30 €) : issu de trois quarts de pinot noir et d'un quart de chardonnay, un champagne équilibré, long et bien dosé, aux arômes de fleurs blanches et de pêche. 2015-2018 ● La Grande Cuvée 1er cru (20 à 30 €) : né de pinot noir et de chardonnay, un brut harmonieux, frais et long, au caractère citronné et frais. 2015-2018

Charles Mignon, 7, rue Irène-Joliot-Curie, 51200 Épernay, tél. 03 26 58 33 33, info@champagne-mignon.fr r.-v.

FRÉDÉRIC TORCHET ★★

●	4 000		15 à 20 €

Installé en 1985 sur le domaine créé par son père, Frédéric Torchet est établi dans le Sézannais. Il exploite 5 ha de chardonnay, cépage dominant de ce secteur, ainsi que 2 ha de pinot noir implantés à l'autre extrémité de l'Aube, près des Riceys. Ses vins ne font pas la fermentation malolactique. (RM)

Un chardonnay auquel 12 % de vin rouge ont donné une couleur rose tendre. Un cordon de fines bulles porte au nez d'agréables notes fruitées. Fraise, framboise, pêche et abricot composent une jolie gamme dans une bouche acidulée et fraîche. Un champagne élégant, à servir de l'apéritif au dessert. 2014-2017 pêches pochées à la verveine ● Tradition ★ (15 000 b.) : mi-pinot noir mi-chardonnay, un champagne d'apéritif frais et long, aux tendres parfums de fleurs et de fruits blancs. 2014-2017

Frédéric Torchet, 12-14, rue Saint-Vincent, 10370 Villenauxe-la-Grande, tél. 03 25 21 36 15, torchet.f@wanadoo.fr V r.-v.

BERNARD TORNAY
Palais des dames ★

Gd cru	n.c.		20 à 30 €

Nathalie Tornay conduit cette exploitation familiale dont les lointaines origines remontent au XVIIe s. Le domaine de 10 ha est installé à Bouzy, au cœur du vignoble des « grands noirs ». (RM)

Pinot noir et chardonnay à parts égales composent une cuvée jaune pâle au profil aromatique évolué (fruits mûrs, café, beurre). Ni trop vif, ni trop rond, bien équilibré et fin, le palais est marqué en finale par une plaisante note miellée. 2015-2018 foie gras poêlé

Bernard Tornay, rue du Haut-Petit-Chemin, 51150 Bouzy, tél. 03 26 57 08 58, info@champagne-tornay.fr V t.l.j. 8h30-12h 13h30-18h 2

G. TRIBAUT Grande Cuvée spéciale ★

1er cru	20 000		20 à 30 €

Gaston Tribaut s'est installé en 1935 à Hautvillers, « berceau du champagne », où officia dom Pérignon. Ses deux fils sont devenus récoltants-manipulants. Depuis 1992, Vincent et Valérie, petit-enfants du fondateur, gèrent la maison, forte de 12 ha de vignes. (NM)

Le champagne de prestige de la maison assemble à parité pinot noir et chardonnay. Nez floral, fruité et beurré ; bouche au diapason, aromatique, équilibrée. 2014-2017 verrines de langoustines

G. Tribaut, 88, rue d'Eguisheim, 51160 Hautvillers, tél. 03 26 59 40 57, champagne.tribaut@wanadoo.fr V t.l.j. 9h-12h 14h-18h; f. dim. janv.-mars

TRIBAUT-SCHLOESSER Brut ★

1er cru	20 000		11 à 15 €

Les deux familles mentionnées sur l'étiquette sont à l'origine de cette maison de négoce familiale fondée en 1929 et nichée dans un vallon tributaire de la Marne, à l'orée de la forêt d'Hautvillers. Jean-Marie Tribaut, qui la dirige, dispose de 20 ha de vignes. (NM)

Les vins de réserve ont été élevés en foudre dans cet assemblage où dominent les cépages noirs (60 % pinot, 20 % meunier). Au nez, de fins arômes fruités, grillés et minéraux (pierre à fusil). La bouche, en accord avec le nez, se montre ample et gourmande. Polyvalent, ce champagne est « une valeur sûre », pour reprendre la conclusion d'un juré. 2015-2018 bouchée à la reine

Tribaut-Schloesser, 21, rue Saint-Vincent, 51480 Romery, tél. 03 26 58 64 21, contact@champagne-tribaut.com V r.-v. M. Tribaut

TRICHET-DIDIER Trois-Puits ★

1er cru	5 850		15 à 20 €

Antoinette Trichet plante les premiers pieds de vigne dans les années 1950. Son fils, uni à une demoiselle Didier, se lance dans la manipulation au détour des années 1970. Depuis 1986, Pierre Trichet, le petit-fils, conduit le domaine : 4 ha aux portes de Reims. (NM)

Le meunier (53 %, dont 17 % vinifiés en rouge) compose plus de la moitié de ce rosé, complété par les deux autres cépages. La robe rose intense est traversée d'un joli cordon de bulles qui porte à la surface du verre des senteurs de fraise et de framboise compotées. Ces sensations gourmandes s'épanouissent au palais, tonifiées par une belle vivacité. 2014-2018 tarte aux fraises

SARL Pierre Trichet, 11, rue du Petit-Trois-Puits, 51500 Trois-Puits, tél. 03 26 82 64 10, trichet-didier@orange.fr V t.l.j. sf dim. 8h-12h 13h30-18h 3

ALFRED TRITANT
Extra-brut Cuvée Essentiel

Gd cru	n.c.	15 à 20 €

Installé sur le versant sud de la Montagne de Reims, Alfred Tritant devient récoltant-manipulant en 1929. Aujourd'hui, Jean-Luc Weber-Tritant est aux commandes. Son vignoble a une superficie restreinte (2,5 ha), mais il est très bien situé, à Bouzy et à Ambonnay, grands crus fiefs du pinot noir. (RM)

CHAMPAGNE

Le pinot noir (70 %) compose avec le chardonnay dans cette cuvée au nez mentholé et épicé d'une fraîcheur bien agréable. Cette sensation de vivacité se prolonge en bouche grâce à une franche acidité qui donne tout son relief à une matière gourmande et persistante. ⧗ 2015-2018 🍴 truite aux amandes

⊶ Alfred Tritant, 23, rue de Tours, 51150 Bouzy, tél. 03 26 57 01 16, champagne.tritant@free.fr
V r.-v.

♥ TROUILLARD
Extra-brut Blanc de noirs ★★

● | n.c. | 🍾 | 15 à 20 €

Maison fondée en 1896 par Lucien Trouillard, alors jeune caviste à façon, devenu à la force du poignet chef de cave d'une petite affaire à Pierry, avant de fonder sa société. Celle-ci a été reprise en 2006 par la famille Gobillard de Hautvillers. (NM)

Cet extra-brut issu des vendanges 2011 et 2010 doit presque tout au pinot noir (90 %). Traversant la robe dorée aux reflets clairs, un chapelet de fines bulles alimente la collerette, libérant de subtils arômes grillés, toastés et vanillés, et des senteurs de fruits jaunes mûrs. En harmonie avec le nez, la bouche se montre droite, dense, ample et généreuse. Son attaque vive et sa finale longue et suave lui confèrent une réelle séduction. ⧗ 2015-2018 🍴 dinde fermière ● Cuvée Elexium ★ (100 000 b.) : mi-blancs mi-noirs (les deux pinots), une cuvée aussi agréable au nez qu'au palais, marquée en attaque par une fine acidité qui apporte de la fraîcheur. ⧗ 2014-2017

⊶ Trouillard, 38, rue de l'Église, 51160 Hautvillers, tél. 03 26 55 37 55, champagnetrouillard@free.fr
V r.-v.

TSARINE Blanc de blancs 2006 ★★

● Gd cru | n.c. | 30 à 50 €

Cette marque appartient au Champagne Chanoine. Dès 1730, les frères Chanoine creusent leur cave à Épernay. Leur maison, la plus ancienne après Ruinart, a subi une éclipse après la guerre, avant de renaître après son intégration dans le groupe Lanson-BCC. Elle a créé la marque Tsarine en souvenir de Catherine II, grande amatrice de champagne. Aujourd'hui, Isabelle Tellier officie à la cave. (NM)

Un blanc de blancs d'une typicité irréprochable. De petites nuances vertes ornent sa robe d'or pâle. Fleurs blanches, noisette grillée, miel, beurre, crème et brioche composent un bouquet complexe, en début d'évolution. La bouche apparaît ample, riche et dense, sans jamais tomber dans la lourdeur. Un champagne expressif qui signe sa longue finale d'une jolie note d'amande fraîche. ⧗ 2014-2015 🍴 écrevisses à la nage ● Cuvée Premium ★ (20 à 30 €) : assemblage par tiers des trois cépages, un champagne au nez flatteur et fruité, au palais à la fois ample et aérien, franc en attaque et suave en finale. ⧗ 2014-2018

⊶ Tsarine, allée du Vignoble, 51100 Reims, tél. 03 26 78 50 08, contact@champagnetsarine.com
V r.-v. f. août ⊶ Lanson-BCC

VADIN-PLATEAU L'Expression du terroir 2007

● | 1 500 | 🍾 | 30 à 50 €

Joseph Plateau cultivait la vigne en 1785, mais la famille n'élabore son champagne que depuis les années 1950. Aujourd'hui, Yann Vadin exploite 7 ha entre Aÿ et Château-Thierry. (RM)

Vinifié en cuves ovoïdes, une rareté, ce brut marie trois quarts de pinot noir et un quart de chardonnay. Habillé d'or, il livre des notes confites (pruneau, raisin sec), de noisette, de sous-bois et de fumée qui se prolongent dans une bouche ronde, puissante et équilibrée. Un champagne de caractère, à son apogée. ⧗ 2014-2015 🍴 rougets sauce crème et citron

⊶ Jean-Luc Vadin, 12, rue de la Coopérative, 51480 Cumières, tél. 03 26 55 23 36, contact@champagneetcroisiere.com V r.-v.

JEAN VALENTIN Tradition ★

● 1er cru | 30 000 | 11 à 15 €

Ancien ingénieur viticole au CIVC (Comité Interprofessionnel des Vins de Champagne), Gilles Valentin est établi aux portes de la Cité des Sacres. Il dirige depuis 1995 le domaine fondé en 1922 par sa grand-mère. Le vignoble de 5,5 ha est situé dans la Montagne de Reims. (RM)

Cet assemblage de meunier (50 %), de pinot noir (38 %) et de chardonnay séduit par la finesse de son nez fruité (poire, pêche), floral (acacia) et épicé (réglisse). Tout aussi expressive, la bouche, montre une ampleur et une souplesse enveloppantes, rafraîchie par une fine acidité. ⧗ 2014-2018 🍴 filets de bar au champagne ● Blanc de blancs 1er cru Saint-Avertin ★ (15 à 20 € ; 5 000 b.) : des arômes légèrement évolués (notes miellées, toastées, amande, fruits mûrs), une bouche nette et franche. ⧗ 2014-2015

⊶ EARL les Coteaux Valentin, 9, rue Saint-Remi, 51500 Sacy, tél. 03 26 49 21 91, givalentin@wanadoo.fr
V r.-v.

VALENTINE Brut nature ★

● | 17 000 | 🍾 | 20 à 30 €

Benoît Marguet a donné le nom de sa fille à une gamme de champagnes. Il met en valeur un domaine créé en 1905 par son trisaïeul à Ambonnay (Montagne de Reims), rebaptisé plusieurs fois (depuis 2005 Marguet Père et Fils). Il complète ses approvisionnements par des achats de raisin. (NM)

Élaboré sans dosage, un blanc de noirs (80 % pinot noir, 20 % meunier) élégant tout au long de la dégustation. Au nez, il évoque discrètement les agrumes (pamplemousse rose), sur un fond beurré, puis se développe avec équilibre et harmonie au palais. ⧗ 2015-2018 🍴 crevettes au pamplemousse, salade d'agrumes

⊶ Valentine, 1, pl. Barancourt, 51150 Ambonnay, tél. 03 26 53 78 61, benoit@champagne-marguet.fr
V r.-v.

M. VANZELLA Tradition ★★

● | 20 000 | 🍾 | 11 à 15 €

Domaine constitué en 1950 par Marius Vanzella, exploité depuis 1987 par Alain Gérin, marié à Sophie, petite-fille du fondateur. Ces récoltants confient leurs raisins à l

coopérative Les Clos à Mailly. Leur vignoble couvre 10 ha entre Montagne de Reims et vallée de la Marne. (RC)

Ce brut au nez subtil, sur les fleurs et les agrumes, met à contribution les trois cépages champenois (60 % des deux pinots à parts égales). C'est surtout au palais qu'il convainc ; la bouche, à la fois structurée et élégante, est étayée par une acidité tonique et agrémentée d'arômes gourmands et persistants de viennoiserie. ⧗ 2015-2018 ⚲ poulet aux morilles ● **2007 (15 à 20 € ; 5 000 b.)** : un autre champagne de repas à majorité de noirs. Robe dorée, nez puissant entre beurre et abricot, attaque souple équilibrée par une belle fraîcheur. ⧗ 2015-2018

SCEV Vanzella, 7, rue Joliot-Curie, 51500 Mailly-Champagne, tél. 03 26 49 41 67, champagne.vanzella@wanadoo.fr V r.-v.

VARNIER-FANNIÈRE Brut zéro ★

● Gd cru | 6 000 | | 20 à 30 €

Jean Fannière fut le premier récoltant-manipulant de la famille, en 1950. Guy Varnier, son gendre, lui succéda en 1965. Installé depuis 1988, son fils Denis dispose de 4 ha de vignes très bien situées dans la Côte des Blancs. (RM)

Rose pâle aux reflets saumonés, ce rosé d'assemblage vinifié sans dosage met en vedette sans surprise le chardonnay (90 %) assemblé à du vin rouge d'Ambonnay. Au nez, des nuances discrètes et complexes de fleurs et d'agrumes, qui se confirment dans une bouche structurée et fraîche, voire nerveuse. Pour l'apéritif ou pour la table, à l'exclusion du dessert. ⧗ 2014-2018 ⚲ ris de veau à la crème

Varnier-Fannière, 23, Rempart-du-Midi, 51190 Avize, tél. 03 26 57 53 36, avize@orange.fr V r.-v.

VARRY-LEFÈVRE ★

● 1er cru | 12 000 | | 11 à 15 €

Établie dans la Montagne, près de Reims, cette propriété (4,2 ha) a commercialisé ses premières cuvées en 1948. À sa tête depuis 2009, Christophe Lefèvre confie les vinifications à la coopérative d'Écueil, mais il effectue les assemblages, la mise en bouteilles et le dégorgement. (RC)

Ce 1er cru met en vedette le pinot noir (88 %), avec le meunier et le chardonnay en appoint. Son expression au nez est discrète mais agréable, sur les agrumes et les fruits, frais et confits. Fraîche en attaque, la bouche joue sur des notes de pêche et de poire. ⧗ 2015-2018 ⚲ carpaccio de dorade au gingembre ● **Sélection 1er cru ★ (15 à 20 € ; 3 200 b.)** : un blanc de noirs (100 % pinot noir) franc et bien typé avec ses arômes de fruits jaunes, son ampleur et sa rondeur. ⧗ 2014-2015

Christophe Lefèvre, 11, Grande-Rue, 51500 Écueil, tél. 03 26 49 74 47, champagnelefevre@wanadoo.fr V r.-v.

VAUVERSIN
Blanc de blancs Brut original

● Gd cru | 15 000 | | 15 à 20 €

Si la lignée remonte à 1640, c'est Fernand Vauversin qui, en 1930, a commercialisé les premières bouteilles. Le domaine est exigu (3 ha), mais très bien situé dans la Côte des Blancs. À sa tête, Bruno, rejoint en 2011 par son fils Laurent, expérimente la démarche bio. (RM)

Un nez élégant de pêche mûre, de noisette et d'amande, signe la maturité de ce blanc de blancs. La bouche reste fraîche et bien équilibrée. Vive et franche en attaque, elle finit sur des notes citronnées et meringuées. ⧗ 2015-2016 ⚲ flétan sauce hollandaise

Vauversin, 9 bis, rue de Flavigny, 51190 Oger, tél. 03 26 57 51 01, bruno.vauversin@wanadoo.fr V r.-v.

VAZART-COQUART ET FILS
Extra-brut Blanc de blancs ★★

● Gd cru | 3 000 | | 15 à 20 €

Établis dans la Côte des Blancs, les Vazart ont lancé en 1954 leur marque, qui s'est développée sous l'impulsion de Jacques Vazart. Son fils Jean-Pierre l'a rejoint en 1991, prenant le relais en 1995. Entièrement situé à Chouilly, village classé en grand cru, le vignoble familial couvre 11 ha. (RM)

La récolte 2009, associée à des vins de réserve des vendanges 2008 à 2006, a permis d'offrir une jolie palette aromatique mêlant biscuit, beurre frais, noisette, fleurs et fruits blancs. En dépit du faible dosage, le palais apparaît gourmand, avec ses notes de viennoiserie. La fraîcheur lui donne structure et relief, et la finale se montre vive. ⧗ 2015-2018 ⚲ plateau de fruits de mer ● **1er cru (6 000 b.)** : 85 % de chardonnay et 15 % de pinot noir dans ce champagne rose intense, franc et frais en bouche, au nez de fruits blancs et rouges légèrement grillé. ⧗ 2014-2017

Vazart-Coquart, 6, rue des Partelaines, 51530 Chouilly, tél. 03 26 55 40 04, contact@vazart-coquart.com V r.-v.

JEAN VELUT Tradition ★

● | n.c. | | 15 à 20 €

Avec ses sols argilo-calcaires propices au chardonnay, la colline de Montgueux, à l'ouest de Troyes, fait figure d'exception dans un vignoble aubois acquis au pinot noir. C'est sur ses pentes que Jean Velut, agriculteur des environs passionné par la vigne, a constitué son domaine. Son fils Denis est aux commandes depuis 1982. (RM)

Le chardonnay (80 %) laisse son empreinte dans ce champagne au nez intense d'agrumes (citron, pamplemousse), de fleurs blanches et de pain frais. En harmonie avec l'olfaction, la bouche se montre équilibrée, à la fois charnue et légère. La finale est marquée par une touche subtilement amère aux accents de pamplemousse. ⧗ 2015-2018 ⚲ assiette de la mer

EARL Velut, 9, rue du Moulin, 10300 Montgueux, tél. 03 25 74 83 31, champ.velut@wanadoo.fr V r.-v.

DE VENOGE 2002 ★

● | 30 000 | | 30 à 50 €

Cette maison de champagne doit son existence à un citoyen suisse venu du canton de Vaud – région viticole. Henri-Marc de Venoge crée la société en 1837. Son fils la développe à l'international, lance des cuvées spéciales et introduit sur les étiquettes le cordon bleu emblématique, qui rappelle une décoration du temps de la

CHAMPAGNE

monarchie. L'affaire appartient depuis 1998 au groupe Lanson-BCC. (NM)

Le pinot noir donne le ton dans ce brut où il est associé à 15 % de meunier et à 15 % de chardonnay. Légèrement évolué, le nez libère d'élégantes senteurs grillées, briochées et florales. Cette palette aromatique s'enrichit au palais de notes fruitées et miellées qui contribuent à l'harmonie de ce champagne bien équilibré. ⧗ 2014-2017 🍷 tourte de ris de veau ● **Cordon bleu (20 à 30 €; 600 000 b.)**: un assemblage privilégiant les noirs (50 % pinot noir, 25 % meunier, 25 % chardonnay) pour le brut sans année de la maison qui ne décevra pas les habitués; nez fin et fruité, bouche gourmande et équilibrée, sur les fruits jaunes. ⧗ 2014-2015

De Venoge, 46, av. de Champagne, 51200 Épernay, tél. 03 26 53 34 34, infos@champagnedevenoge.com
[V] t.l.j. sf sam. dim. 9h-12h 14h-17h Lanson BCC

J. -L. VERGNON Extra brut RosÉmotion ★

● Gd cru | 4 000 | 30 à 50 €

Issu d'une famille de négociants du Mesnil-sur-Oger, Jean-Louis Vergnon reconstitue en 1950 le vignoble familial et commence à élaborer ses champagnes en 1985. Conduite aujourd'hui par Didier Vergnon, appuyé par l'œnologue Christophe Constant, l'exploitation dispose de 5 ha très bien situés dans la Côte des Blancs. (NM)

Le chardonnay est au cœur des cuvées des Vergnon, qui offrent un caractère frais et vif: les vins ne font pas leur fermentation malolactique, et le style extra-brut (très peu dosé) est recherché. Ce rosé adopte bien le profil de la maison: il contient 88 % de chardonnay; du pinot noir, vinifié en rouge, lui donne sa couleur saumon très pâle. Le nez délicat se partage entre fruits rouges et brioche; la bouche structurée, tendue par une acidité bien présente, finit sur une agréable note d'amande amère. ⧗ 2015-2018 🍷 grenadin de veau ● **Extra-brut blanc de blancs Éloquence Grand Cru ★ (20 à 30 €; 15 000 b.)**: un nez puissant d'agrumes, de beurre et de brioche, une bouche ample aux arômes de fruits mûrs, rafraîchie par une finale acidulée, un rien amère. ⧗ 2015-2017

J.-L. Vergnon, 1, Grande-Rue, 51190 Le Mesnil-sur-Oger, tél. 03 26 57 53 86, contact@champagne-jl-vergnon.com [V] [🚶] [🍷] r.-v.

VERRIER ET FILS
Cuvée Raymond Verrier 2009 ★

● | 1 000 | [bouteille, fût] | 20 à 30 €

Auguste et Ismérie Verrier produisaient des vins tranquilles en 1860. Raymond Verrier élabore ses premiers champagnes en 1929. Installé en 2009, son petit-fils Emmanuel exploite 5 ha entre Sézanne et Épernay. (NM)

Une large proportion de chardonnay (90 %) et une touche de pinot, un séjour de six mois en fût perçu par notre jury à la dégustation à travers de discrètes notes vanillées. Les fleurs blanches et la brioche complètent la gamme aromatique. Franche, fraîche et assez longue, la bouche finit sur une agréable note de pêche blanche. ⧗ 2015-2018 🍷 ravioles de foie gras ● **Cuvée Ismérie (2 000 b.)**: un blanc de blancs franc et frais qui n'a pas encore atteint sa pleine expression. ⧗ 2015-2018

Verrier et Fils, rue des Rochelles, 51270 Étoges, tél. 03 26 59 32 42, champagne.verrier@orange.fr
[V] [🚶] [🍷] r.-v.

LES VERTUS D'ÉLISE
Cuvée Nina ★★

● | 2 500 | [fût] | 11 à 15 €

Cédric Guyot obtient un diplôme de sommellerie, puis reprend le domaine familial fondé en 1920 par son arrière-grand-mère Élise dans la Côte des Blancs. Hommage est rendu à l'aïeule avec la gamme « Les Vertus d'Élise ». Autre marque: Guyot-Poutrieux. (RM)

Un rosé de saignée non millésimé mais né d'une seule année (ici, 2010). Une macération de 48 h lui a légué une robe rose intense et un nez d'aubépine, de fleurs coupées et de fraise. Les arômes de fruits rouges s'intensifient et se prolongent en bouche. Un rosé « tout terrain », que l'on pourrra servir de l'apéritif au dessert. ⧗ 2014-2018 🍷 soupe de fraises au champagne

SCEV les Vertus d'Élise, 12, rue du Dr-Bonnet, 51130 Vertus, tél. 06 70 72 84 87, lesvertusdelise@yahoo.fr [V] [🚶] [🍷] r.-v.

MAURICE VESSELLE 2005 ★

● Gd cru | 8 400 | 20 à 30 €

Les Vesselle sont nombreux à Bouzy, grand cru de la Montagne de Reims célèbre pour son pinot noir. Maurice Vesselle a inscrit la première fois son prénom sur une étiquette en 1955. Didier et Thierry, ses fils sont attachés aux pratiques traditionnelles et labourent l'ensemble de leur vignoble. (RM)

L'assemblage met en vedette le cépage phare de Bouzy (pinot noir 85 %), complété par le chardonnay. La robe jaune paille aux reflets cuivrés est animée d'une fine effervescence. D'intenses arômes d'évolution – fruits jaunes compotés (abricot, mirabelle), beurre et foin – se libèrent d'une matière vineuse et ample à l'attaque fraîche. Un vin de repas. ⧗ 2014-2015 🍷 foie gras poêlé aux mirabelles ● **Cuvée réservée grand cru (15 à 20 €; 31 000 b.)**: né d'un assemblage analogue au précédent, un champagne au nez évolué, sur les fruits mûrs ou cuits, resté assez frais en bouche. ⧗ 2014-2015

Maurice Vesselle, 2, rue Yvonnet, 51150 Bouzy, tél. 03 26 57 00 81, champagne.vesselle@wanadoo.fr [🍷] r.-v.

GEORGES VESSELLE
Extra-brut Blanc de noirs

● Gd cru | 3 000 | [bouteille] | 20 à 30 €

La famille Vesselle est installée depuis plusieurs générations à Bouzy, célèbre grand cru de la Montagne de Reims. Georges, qui fut durant vingt-cinq ans maire du village, a créé la maison en 1954. Ses deux derniers fils, Éric et Bruno, se sont associés à lui en 1993 avant de reprendre l'affaire, forte de 17 ha principalement dédiés au pinot noir. (NM)

Ce champagne a fait son entrée dans la gamme en 2013. Il livre des senteurs intenses de fleurs blanches, de pâte d'amandes, de pâtisserie et de brioche beurrée. La bouche structurée attaque avec rondeur sur des arômes de griotte, tandis que la finale fraîche est soulignée par des notes de zeste d'agrumes. ⧗ 2014-2018 🍷 escalope de veau aux morilles

Georges Vesselle, 16, rue des Postes, 51150 Bouzy, tél. 03 26 57 00 15, contact@champagne-vesselle.fr
[V] [🍷] t.l.j. sf sam. dim. 9h-12h 14h-17h

VEUVE J. LANAUD Carte blanche

| n.c. | | 15 à 20 € |

Henry Léopold Tabourin fonde en 1919 cette maison qu'il baptise du nom de sa mère. L'affaire est dirigée aujourd'hui par les frères Édouard et Jonathan Gauthier, ses descendants. Implantée à Avize au cœur de la Côte des Blancs, la maison dispose d'une douzaine d'hectares en propre. (NM)

Mariant deux tiers de chardonnay et les deux pinots à égalité, ce brut s'annonce par un bouquet puissant et évolué aux notes de sous-bois, de prune compotée, de truffe et de tabac. À la générosité du nez répond celle de la bouche qui reste équilibrée grâce à son acidité sous-jacente. Un champagne à son apogée. 2014-2015 poulet aux morilles

Gauthier, 3, pl. Léon-Bourgeois, 51190 Avize, tél. 03 26 57 99 19, champagnelanaud@wanadoo.fr V t.l.j. sf dim. 10h-12h 14h-18h

VEUVE MAÎTRE-GEOFFROY Grand Rosé ★★

| 1er cru | 10 000 | | 15 à 20 € |

Thierry Maître et son fils Maxime perpétuent l'exploitation fondée en 1878 par leur aïeule devenue veuve. Situé dans la Grande Vallée de la Marne, le domaine couvre 12 ha. Il a son siège à Cumières, un 1er cru réputé pour sa précocité. (RM)

Construit sur 60 % de noirs, un champagne à la robe d'un rose profond parcourue d'une effervescence tonique. Le nez délicat, partagé entre rose et fruits rouges (framboise, groseille), prélude à une bouche harmonieuse et légère, malgré une petite pointe tannique. La longue finale aux nuances de cerise est particulièrement appréciée. Pour l'apéritif ou le dessert. 2015-2018 mini clafoutis aux cerises ● Carte rouge 1er cru ★ (10 à 15 € ; 30 000 b.) : né des trois cépages dans les mêmes proportions que le rosé, un champagne au nez complexe (fleurs blanches, agrumes, fruits rouges) conjuguant richesse, rondeur et fraîcheur au palais. 2015-2018

Veuve Maître-Geoffroy, 116, rue Gaston-Poittevin, 51480 Cumières, tél. 03 26 55 29 87, th.maitre@wanadoo.fr V r.-v.

VEUVE MAURICE LEPITRE Grand Brut Rilly ★★

| 1er cru | 8 000 | | 15 à 20 € |

Créée en 1905 par Maurice Lepitre, gérée à partir de 1926 par sa veuve, la propriété dotée de celliers à colombages est conduite depuis 1981 par leur descendant, Bernard Milliex. Celui-ci exploite 7 ha dans la Montagne de Reims, non loin de la Cité des Sacres. (RM)

Le chardonnay contribue pour 60 % à cet assemblage, les deux cépages noirs venant en complément. Après quatre ans sur lattes, le champagne affiche une brillante robe or pâle à l'effervescence bien vivante. Le nez mêle l'acacia et le beurre à des nuances d'évolution rappelant la noisette, les fruits confits ou macérés dans l'alcool. Même profil au palais dont la richesse et la vinosité sont équilibrées par une belle acidité sous-jacente. 2014-2015 saumon à l'unilatérale

Maurice Lepitre, 26, rue de Reims, 51500 Rilly-la-Montagne, tél. 03 26 03 40 27, mlepitre@free.fr V r.-v.

MARCEL VÉZIEN Cuvée Armand Vézien

| 7 000 | | 15 à 20 € |

Armand Vézien plante les premiers pieds de vigne à la fin du XIXes. Son petit-fils Marcel élabore les premières cuvées en 1958. Aujourd'hui, Jean-Pierre Vézien gère une affaire de négoce, forte d'une vingtaine d'hectares dans l'Aube. (NM)

Sept parts de pinot noir et trois de chardonnay pour cette cuvée au nez d'agrumes, arômes que l'on retrouve dans une bouche agréable à la longue finale citronnée. 2015-2018 ris de veau en croûte aux girolles

Marcel Vézien et Fils, 68, Grande-Rue, 10110 Celles-sur-Ource, tél. 03 25 38 50 22, marcelvezien@champagne-vezien.com V t.l.j. 8h30-11h45 13h30-16h45; sam. dim. sur r.-v.; f. semaine du 15 août

FLORENT VIARD 2005 ★★

| 3 000 | | 15 à 20 € |

En s'installant sur le domaine familial en 1994, Florent Viard a commencé à signer les champagnes de la propriété. Il cultive 4,5 ha dans la Côte des Blancs et confie sa récolte à la coopérative de la Goutte d'Or à Vertus. (RC)

L'année 2005 s'est montrée très favorable aux chardonnays et ce blanc de blancs reçoit un concert d'éloges. Ses bulles aussi fines qu'alertes animent une robe or pâle aux reflets verts, laissant monter des parfums intenses et complexes de fleurs et de fruits blancs, d'agrumes et d'amande. Ronde, droite et équilibrée, la bouche est portée par une élégante minéralité jusqu'à une superbe finale. 2014-2025 homard à la nage ● Blanc de blancs 1er cru (10 à 15 € ; 8 000 b.) : un nez délicat et nuancé (beurre, tabac, épices) et une bouche fraîche et équilibrée, un peu sur la réserve. 2015-2018

Florent Viard, 35, av. Saint-Vincent, 51130 Vertus, tél. 03 26 51 60 82, champagne.florent.viard@orange.fr V r.-v.

VIGNON PÈRE ET FILS 2007 ★★

| Gd cru | 1 079 | | 20 à 30 € |

Ce domaine familial a lancé sa marque en 1946. Il couvre près de 7 ha dans la Montagne de Reims. D'abord caviste, Stéphane Vignon s'est installé en 2013. Fidèle à la tradition familiale, il élève ses vins de base en fût ; à l'instar de René Muré, vigneron d'Alsace chez qui il s'est formé, il intervient le moins possible en cave : pas de levurage, ni de collage, pas de filtration ou de passage au froid... (RM)

Ce millésime fait la part belle au pinot noir (80 %), complété par le chardonnay. Sa robe or soutenu annonce sa richesse ; le premier nez, franc et vif, évoque les fruits exotiques (ananas, mangue) et la poire. À la faveur de l'aération, des notes d'élevage – caramel, cacao et vanille – enrichissent la palette aromatique et s'épanouissent dans une bouche fraîche et longue. De l'élégance et de la prestance. 2014-2018 foie gras poêlé

Vignon Père et Fils, 10, rue Colet, 51360 Verzenay, tél. 09 61 49 05 71, vignon.marquises@orange.fr V r.-v.

VILMART & CIE Grand Cellier ★★

1er cru	28 620		20 à 30 €

Domaine fondé en 1890 par Désiré Vilmart, au sud de Reims. Un siècle plus tard, son arrière-arrière-petit-fils, Laurent Champs, en a pris les rênes. Il dispose de 11 ha partagés entre chardonnay (majoritaire) et pinot noir. À la cave, il évite la fermentation malolactique et, comme les vignerons du XVIe s. représentés sur les stalles de l'église de Rilly, reste fidèle au bois pour l'élevage de ses vins. (RM)

Une vinification de dix mois en foudre pour cet assemblage de 70 % de chardonnay et de 30 % de pinot noir. Le nez se développe dans un registre empyreumatique, que l'on retrouve dans une bouche fraîche et aérienne aux nuances de fruits secs. 2014-2018 buisson de langoustines

Vilmart et Cie, 5, rue des Gravières, BP 4, 51500 Rilly-la-Montagne, tél. 03 26 03 40 01, laurent.champs@champagnevilmart.fr V r.-v.

Laurent Champs

VOIRIN-DESMOULINS Tradition ★★

	45 000		11 à 15 €

Pascale Voirin exploite depuis 1997 le domaine et la marque créés en 1960 par ses parents, Bernard Voirin et Nicole Desmoulins. Le vignoble (plus de 9 ha) se partage entre la Côte des Blancs (Chouilly) et la vallée de la Marne, non loin de Château-Thierry. (RM)

Mi-blancs mi-noirs (30 % de pinot noir), le brut plaît par ses parfums complexes de fruits jaunes confits et de pâtisserie, qui se confirment au palais. Structurée avec finesse, équilibrée et de bonne longueur, la bouche finit sur une légère et noble amertume : une réelle harmonie. 2014-2018 pâté en croûte ardennais

Voirin-Desmoulins, 24, rue des Partelaines, 51530 Chouilly, tél. 03 26 54 50 30, champagne.voirin-desmoulins@wanadoo.fr V r.-v.

VOIRIN-JUMEL Blanc de noirs ★

1er cru	3 000	11 à 15 €

En 1945, les Voirin élaborent leurs premières cuvées et les Jumel achètent des vignes. La marque est lancée en 1967. Depuis 1980, Patrick et Alice Voirin, frère et sœur, exploitent le domaine : 12 ha dans la Côte des Blancs. (RM)

Une parcelle de pinot noir de Mareuil-sur-Aÿ acquise en 1944 par la grand-mère d'Alice Voirin en échange d'un camion (une très mauvaise affaire à l'époque...) est à l'origine de ce blanc de noirs. Ce champagne séduit par un nez fin et complexe de fruits confits, de miel et de biscuits. Tout aussi expressive, puissante et vineuse, la bouche trouve son équilibre grâce à une fine acidité soulignée en finale par une note d'agrumes. Bon dosage. 2015-2018 tourte aux champignons Blanc de blancs grand cru (15 à 20 € ; 40 000 b.) : un nez délicat où les fruits blancs et l'ananas jouent avec des notes briochées et miellées. En bouche, une acidité bien présente apportant droiture et fraîcheur. 2015-2018

Voirin-Jumel, 555, rue de la Libération, 51530 Cramant, tél. 03 26 57 55 82, info@champagne-voirin-jumel.com V t.l.j. 9h-11h30 13h30-17h

VRANKEN 2007 ★★

	n.c.	30 à 50 €

En 1976, l'homme d'affaires belge Paul-François Vranken a lancé un champagne à son nom. Depuis lors, il s'est taillé un empire, grâce aux acquisitions successives de maisons, comme Charles Lafitte, Heidsieck and Co Monopole, Pommery, et de domaines viticoles en Languedoc, en Provence et au Portugal. (NM)

Une robe intensément dorée ; Un nez complexe et tout en finesse mêlant les fruits secs (noisette), le beurre, le caramel et, à l'aération, les agrumes. Une complexité qui se confirme dans une bouche fraîche, équilibrée et de belle longueur. 2015-2018 filets de bar à l'orange Rosé : des parfums de fruits confits et d'épices, une attaque vive et un palais rond. 2014-2018

Vranken, 56, bd Henry-Vasnier, 51100 Reims, tél. 03 26 61 62 63 V r.-v.

Vranken Pommery Monopole

WARIS ET FILLES ★★

	n.c.		15 à 20 €

Bertrand et Virginie Waris représentent la cinquième génération de Waris sur le domaine qui couvre 5 ha dans la Côte des Blancs. Ils ont lancé leur étiquette en 2002, peu après leur installation. (RM)

Un rosé qui charme par son raffinement et par sa complexité, tant au nez qu'en bouche. De sa robe saumon clair s'échappent de fraîches senteurs de rose, de framboise et de fruits exotiques (mangue, litchi). La mûre, la myrtille et des nuances mentholées s'ajoutent à cette palette dans un palais frais, structuré et élégant. 2014-2017 magret de canard au miel Grand cru : un blanc de blancs, bien sûr. Subtil et complexe. Fleurs, citron vert et fruits secs donnent le ton d'une matière équilibrée et joyeuse. 2014-2018

Waris et Filles, 6, rue d'Oger, 51190 Avize, tél. 04 67 77 21 42, virginie.waris@wanadoo.fr V r.-v.

ALAIN WARIS ET FILS
Blanc de blancs Cuvée étrusque ★

	n.c.		20 à 30 €

Odile et Alain Waris conduisent ce domaine fondé en 1898 par Armand Waris, arrière-grand-père d'Alain. Ils mettent en valeur 6 ha de vignes aux environs d'Avize, grand cru de la Côte des Blancs. (RM)

Un blanc de blancs au nez intense et fin de fleurs et de fruits blancs, et à la bouche subtile et longue. 2015-2018 Blanc de blancs grand cru (15 à 20 €) : nez fin et floral, agrémenté de nuances d'agrumes et d'épices, bouche vive, et jeune, avec une certaine ampleur. 2015-2018

Alain Waris et Fils, 6, rue d'Oger, 51190 Avize, tél. 03 26 57 87 35, champagne.alain.waris@orange.fr V t.l.j. sf dim. 9h30-12h30 14h30-17h30 ; f. août

WARIS-HUBERT
Blanc de blancs Équinoxe ★

Gd cru	1 500		20 à 30 €

Olivier Waris et son épouse Stéphanie conduisent depuis 1997 ce vignoble de près de 11,5 ha dispersés dans la Côte des Blancs, le Sézannais, la vallée de l'Ardre

et la Côte des Bar. Succédant à trois générations de viticulteurs, le vigneron s'est lancé dans l'élaboration du champagne. (RM)

Un blanc de blancs issu d'Avize (grand cru) et vinifié en fût. Non millésimé, il provient d'une seule année (ici, 2007). Or pâle, ce chardonnay séduit par son nez mêlant les fruits (pêche), la vanille et des nuances empyreumatiques (pain grillé), arômes auxquels s'ajoutent en bouche la brioche et des touches fumées. Léger et bien fondu, le boisé apporte de la rondeur et de la complexité sans nuire à l'équilibre. ⧗ 2015-2018 🍴 risotto de langoustines

Waris-Hubert, 14, rue d'Oger, 51530 Cramant, tél. 03 26 58 29 93, olivier.waris@orange.fr V t.l.j. 9h-12h 14h-18h; f. 15-31 août

WARIS-LARMANDIER
Blanc de blancs 2007

Gd cru	3 000	30 à 50 €

Marie-Hélène Waris-Larmandier, aujourd'hui associée avec ses trois enfants, exploite le domaine. Son frère François et son fils aîné Jean-Philippe, arrivé sur l'exploitation en 2010, se chargent de l'élaboration des cuvées, toute une gamme de blancs de blancs provenant d'un vignoble de 7 ha situé dans la Côte des Blancs. Ils ont adopté la biodynamie, sans certification. (RM)

Ce 2007 intéresse par son nez intense et délicat de fleurs blanches et d'agrumes (pamplemousse). Après une attaque minérale, la bouche dévoile une matière riche et généreuse offrant une finale plutôt souple. ⧗ 2015-2018 🍴 fricassée de poulet aux girolles

EARL Waris-Larmandier, 608, rempart du Nord, 51190 Avize, tél. 03 26 57 79 05, earlwarislarmandier@wanadoo.fr V r.-v. B

COTEAUX-CHAMPENOIS
• Production : 550 hl

Appelés à l'origine vins nature de Champagne, ils devinrent AOC en 1974 et prirent le nom de coteaux-champenois. Tranquilles, ils sont souvent rouges, plus rarement blancs ou rosés ; on les boira avec respect et curiosité historique, en songeant qu'ils sont la survivance de temps antérieurs à la naissance du champagne. Comme ce dernier, ils peuvent naître de raisins noirs vinifiés en blanc (blanc de noirs), de raisins blancs (blanc de blancs) ou encore d'assemblages.

Le coteaux-champenois rouge le plus connu porte le nom de la célèbre commune de Bouzy (grand cru de pinot noir). Dans cette commune, on peut découvrir l'un des deux vignobles les plus étranges au monde (l'autre est situé à Aÿ) : de « vieilles vignes françaises préphylloxériques », conduites en foule, selon une technique immémoriale abandonnée partout ailleurs. Tous les travaux sont exécutés artisanalement, à l'aide d'outils anciens. C'est la maison Bollinger qui entretient ce joyau destiné à l'élaboration d'un rare champagne.

Les coteaux-champenois se boivent jeunes ; à 7-8 °C et avec les plats convenant aux vins très secs pour les blancs ; à 9-10 °C et avec des mets légers (viandes blanches et... huîtres) pour les rouges que l'on pourra, pour quelques années exceptionnelles, laisser vieillir.

CHARLES HESTON
Red

■	2 000		15 à 20 €

Marque de la coopérative des Six Coteaux fondée en 1951 dans le massif de Saint-Thierry, au nord-ouest de Reims : 130 adhérents y apportent la récolte de leurs 154 ha. (CM)

Sur des sols argilo-sablonneux et dans une région aussi septentrionale, il n'est pas aisé d'obtenir une bonne maturité phénolique. Les raisins à l'origine de ce coteau rouge, du meunier pour les deux tiers et du pinot noir pour un tiers, sont parvenus à cette juste maturité. La robe est claire et le nez vif. Un élevage partiel en fût a permis de nuancer les parfums de cerise et de myrtille des notes boisées et vanillées. La bouche est légère mais équilibrée, fraîche et structurée par des tanins bien fondus. ⧗ 2015-2018 🍴 pâté en croûte champenois

Coopérative des Six Coteaux, rte de Thil, 51220 Villers-Franqueux, tél. 03 26 03 08 78, champagne-charlesheston@orange.fr V t.l.j. sf sam. dim. 9h-12h30 14h-18h

R. POUILLON ET FILS
Mareuil 2009 ★

■	500		20 à 30 €

Roger Pouillon a lancé son champagne en 1947. Aujourd'hui, son petit-fils Fabrice, après son mariage avec Élodie Desbordes, originaire d'Écueil (Champagne Desbordes-Amiaud), exploite 15 ha de vignes réparties dans douze communes. Il est attaché à l'élevage sous bois. (RM)

Orientées au sud, au bord de la Marne, les pentes de Mareuil-sur-Aÿ font partie des coteaux historiques de la Champagne et ont de longue date livré des vins tranquilles de qualité. Ce pur pinot noir de la belle année 2009 est à la hauteur de la renommée de ce terroir. Vinifié et élevé vingt-quatre mois en fût, il en a hérité des notes empyreumatiques qui se marient aux senteurs de fruits rouges du pinot. Le boisé prend le dessus en bouche, en donnant de la structure, sans pour autant écraser la matière riche et équilibrée. ⧗ 2015-2018 🍴 tournedos

R. Pouillon et Fils, 3, rue de la Couple, 51160 Mareuil-sur-Aÿ, tél. 03 26 52 63 62, contact@champagne-pouillon.com V r.-v.

JEAN VESSELLE
Bouzy 2005

■ Gd cru	4 000		15 à 20 €

Les ancêtres de Delphine Vesselle étaient déjà vignerons à Bouzy il y a trois siècles, alors que le vin du cru, rouge et sans bulle, était célèbre à la cour. Son arrière-grand-père constitue le domaine (15 ha aujourd'hui) et élabore du champagne dès le début du XXᵉs. La récoltante a pris en 1995 la succession de son père Jean, aujourd'hui disparu. (RM)

Arrivé à maturité, ce bouzy rouge conserve quelques atouts de la jeunesse – une robe rubis et des notes de fruits rouges – tout en laissant transparaître son âge dans ses reflets orangés et ses arômes tertiaires. La bouche ample, fruitée, est marquée par une pointe tannique en finale. ⧗ 2014-2018 🍴 pigeon rôti

Jean Vesselle, 4, rue Victor-Hugo, 51150 Bouzy, tél. 03 26 57 01 55, contact@champagnejeanvesselle.fr r.-v.

ROSÉ-DES-RICEYS

• Production : 360 hl

Les trois villages des Riceys (Haut, Haute-Rive et Bas) sont situés à l'extrême sud de l'Aube, non loin de Bar-sur-Seine. La commune accueille les trois appellations : champagne, coteaux-champenois et rosé-des-riceys. Ce dernier est un vin tranquille, l'un des meilleurs rosés de France. Déjà apprécié par Louis XIV, il aurait été apporté à Versailles par les canats, spécialistes réalisant les fondations du château, originaires des Riceys.

Ce rosé est issu de la vinification par macération courte de pinot noir, dont le degré alcoolique naturel ne peut être inférieur à 10 % vol. Il faut interrompre la macération – saigner la cuve – à l'instant précis où apparaît le « goût des Riceys » (un goût d'amande et de fruits rouges) qui, sinon, disparaît. Ne sont labellisés que les rosés marqués par ce goût spécial. Élevé en cuve, le rosé-des-riceys se boit jeune, à 8-9 °C, à l'apéritif ou en entrée ; élevé en pièce, il mérite d'attendre entre trois et cinq ans, et on le servira alors à 10-12 °C pendant le repas.

M. CHEVROLAT 2012 ★

●	2 500		11 à 15 €

Michel Chevrolat a repris en 1984 l'exploitation créée par son père André en 1952 (7 ha aujourd'hui) et plantée majoritairement en pinot noir. Il n'a commercialisé ses champagnes que vingt ans plus tard. Il propose aussi depuis 2003 du rosé-des-riceys. (RM)

Une macération de cinq jours en grappes entières a permis d'obtenir ce rosé à la robe soutenue et aux parfums délicats de violette et de fruits rouges. Dans le prolongement du nez, la bouche se montre savoureuse et harmonieuse. 2015-2018 chaource

EARL Michel Chevrolat, 7 bis, rue du Pont, 10340 Les Riceys, tél. 03 25 29 99 64, champagne.mchevrolat@cder.fr r.-v.

♥ GUY LAMOUREUX 2011 ★★

■	1 700		11 à 15 €

La famille est installée de longue date aux Riceys (Aube), dans la partie méridionale de la Champagne. En 1996, Stéphane et Alexandre Lamoureux ont repris le domaine, qui s'étend sur plus de 8 ha. Ils exploitent la marque créée en 1970 par Guy Lamoureux. (RM)

Aucun rosé-des-riceys n'avait obtenu de coup de cœur depuis l'édition 2009 du Guide. Élevé plusieurs mois en fût de quatre vins, celui-ci se pare d'une robe orangée et déploie un bouquet bien séduisant : de la griotte et de la fraise en avant-garde, puis de la violette, que rejoignent ensuite vanille, épices et fumée. Tout aussi aromatique, onctueuse et riche, la bouche est structurée par des tanins d'une grande finesse et par une fraîcheur qui souligne la finale expressive et longue. 2015-2018 canard laqué

Guy Lamoureux, 10, rue de Frolle, 10340 Les Riceys, tél. 03 25 29 34 39, champagneguylamoureux@wanadoo.fr r.-v.

MARQUIS DE POMEREUIL 2010

■	2 055		15 à 20 €

L'une des plus anciennes coopératives de la Champagne, fondée en 1922 au village des Riceys, dans l'Aube. Elle dispose des 82 ha de ses adhérents. La marque Marquis de Pomereuil a été lancée en 1970. (CM)

Né d'une macération assez courte (moins de quatre jours), ce 2010 dévoile une robe orangée assez claire où percent des reflets d'évolution, de couleur pelure d'oignon. L'évolution est également sensible au nez, où elle laisse poindre des nuances de cacao et de caramel mêlées aux notes de fruits frais. La bouche n'est pas des plus longues mais elle séduit par son attaque franche et par sa fraîcheur. 2014-2015 pâté en croûte champenois

Marquis de Pomereuil, 3-5, rte de Gyé, 10340 Les Riceys, tél. 03 25 29 32 24, marquis.de.pomereuil@hexanet.fr t.l.j. sf dim. 8h30-12h 14h-18h

MOREL PÈRE ET FILS 2009 ★★

■	n.c.		15 à 20 €

Prenant la suite de quatre générations, Pascal Morel s'est installé en 1973 à la tête du vignoble familial (8 ha aujourd'hui). C'est l'un des spécialistes du rosé-des-riceys qu'il a vinifié avant le champagne.(RM)

Un sujet maîtrisé et une recette éprouvée : macération d'environ cinq jours du pinot noir en grappes entières, puis élevage en fût ancien pendant onze mois et vieillissement en bouteilles d'au moins deux ans. Ce 2009 est à son meilleur, mais il pourra aussi être attendu. Ample, tendu, droit, il déploie avec intensité des arômes complexes de fruits rouges, de violette et d'épices. Un rosé franc, intense et équilibré. 2014-2018 pastilla de pigeon aux amandes

Morel Père et Fils, 93, rue du Gal-de-Gaulle, 10340 Les Riceys, tél. 03 25 29 10 88, morel.pereetfils@wanadoo.fr r.-v.

Le Jura, la Savoie et le Bugey

• Le Jura

Superficie :

2 500 ha

Production :

86 000 hl

Types de vins :

Blancs pour les deux tiers, rouges et rosés (un tiers), effervescents.

Spécialités : vins jaunes (vins de voile) et liquoreux (vins de paille).

Cépages :

Rouges : pinot noir, poulsard (ou ploussard), trousseau.

Blancs : chardonnay, savagnin.

• La Savoie et le Bugey

Superficie :

2 200 ha pour la Savoie,
500 ha pour le Bugey

Production :

140 000 hl

Types de vins :

Blancs majoritairement (70 %), secs pour la plupart ; rouges et quelques rosés. Quelques blancs effervescents.

Cépages :

Rouges : mondeuse ; gamay ; pinot noir.

Blancs : jacquère (majoritaire) ; altesse ; bergeron (roussanne) ; chasselas ; chardonnay ; molette ; gringet.

Faisant pendant à celui de la Bourgogne, le vignoble du Jura, soumis à un climat plus continental, est d'une surface bien plus restreinte. S'il cultive largement le chardonnay et le pinot noir bourguignons, il choie des cépages autochtones, comme le savagnin en blanc et le trousseau et le poulsard en rouge. Les amateurs prisent ses productions aussi originales que confidentielles, telles que le vin de paille, le vin jaune et le macvin.

Face à la Côte d'Or

Le vignoble, situé sur la rive gauche de la Saône, occupe les pentes qui descendent du premier plateau des monts du Jura vers la plaine, selon une bande nord-sud traversant tout le département, de la région de Salins-les-Bains à celle de Saint-Amour. Ces pentes, beaucoup plus dispersées et irrégulières que celles de la Côte-d'Or, se répartissent sous toutes les expositions, à une altitude se situant entre 250 et 400 m.

Un climat continental

Le climat voit ses caractères accusés par l'orientation générale en façade ouest et par les traits spécifiques du relief jurassien, notamment l'existence des « reculées », ces profondes échancrures du plateau ; les hivers sont très rudes et les étés très irréguliers, mais avec souvent beaucoup de journées chaudes. La vendange se prolonge parfois jusqu'à novembre en raison des différences de précocité entre les cépages. Les sols marneux et argileux sont en majorité issus du trias et du lias, surtout dans la partie nord, ainsi que des calcaires qui les surmontent, surtout dans le sud du département. Les cépages locaux sont parfaitement adaptés à ces terrains. Ils nécessitent toutefois un mode de conduite assez élevé au-dessus du sol, pour éloigner le raisin de l'humidité parfois néfaste à l'automne. C'est la taille dite « en courgées », longs bois arqués que l'on retrouve sur les sols semblables du Mâconnais. La culture de la vigne est ici très ancienne : elle remonte au moins au début de l'ère chrétienne si l'on en croit les textes de Pline ; et il est sûr que le vin du Jura, qu'appréciait tout particulièrement Henri IV, était fort en vogue dès le Moyen Âge. La région compta jusqu'à 20 000 ha de vignes avant la crise phylloxérique.

Cépages locaux et bourguignons

Le poulsard (ou ploussard) n'a été cultivé, semble-t-il, que dans le Revermont, ensemble géographique incluant également le vignoble du Bugey, où il porte le nom de mècle. Ce raisin à gros grains oblongs, très parfumé et peu coloré, contient peu de tanin. C'est le cépage type des vins rosés, vinifiés ici le plus souvent comme des rouges. Le trousseau, autre cépage local, est en revanche riche en couleur et en tanin. Il donne naissance à des vins rouges caractéristiques des appellations d'origine du Jura. Le pinot noir, venu de la Bourgogne, est utilisé en assemblage ou vinifié seul. Il contribue aussi, avec le chardonnay, au crémant-du-jura, vin effervescent élaboré selon la méthode traditionnelle. Le chardonnay, comme en Bourgogne, réussit ici parfaitement sur les terres argileuses, où il apporte aux vins blancs leur bouquet inégalable. Le savagnin est le cépage blanc local. Il est cultivé sur les marnes les plus ingrates.

Des vins originaux

Le savagnin donne, après plus de six ans d'élevage spécial dans des fûts en vidange (non ouillés), le vin jaune, un vin de garde vif, riche et complexe, fruit d'une patiente vinification du savagnin sous voile de levures. Le vin de paille, un liquoreux, et le macvin, un vin de liqueur, sont deux autres productions réputées du Jura. Vins de paille et vins jaunes sont proposés dans trois appellations : arbois, côtes-du-jura et l'étoile. Château-chalon est réservée au vin jaune et le macvin-du-jura, un vin de liqueur, bénéficie de son AOC.

Les vins blancs ont parfois un caractère très évolué, presque oxydé : ils sont élevés longuement, sans ouillage, dans le style des vins jaunes. Ils sont souvent issus de savagnin, parfois assemblé au chardonnay. À côté de ces blancs « tradition », on trouve nombre de blancs classiques, les « floraux », vinifiés en cuve ou en fût. Au début du XX^e^s., on trouvait des vins rouges de plus de cent ans ; ce n'est plus le cas aujourd'hui.

Le rosé, quant à lui, est en fait un vin rouge peu coloré et peu tannique, qui se rapproche souvent plus du rouge que du rosé des autres vignobles. De ce fait, il est apte à un certain vieillissement.

ARBOIS, CAPITALE DU VIGNOBLE

Pleine de charme, la vieille cité d'Arbois, si paisible, est la capitale de ce vignoble ; on y évoque le souvenir de Pasteur qui, après y avoir passé sa jeunesse, y revint souvent. C'est là, de la vigne à la maison familiale, qu'il mena ses travaux sur les fermentations, si précieux pour la science œnologique ; ils devaient, entre autres, aboutir à la découverte de la « pasteurisation ». C'est à Arbois qu'a été fondée la plus ancienne coopérative de la région, en 1906.

ARBOIS

• Superficie : 795 ha • Production : 30 000 hl (54 % rouge et rosé ; 45 % blanc et jaune ; 1 % vin de paille)

La plus connue des AOC du Jura s'applique à tous les types de vins produits sur douze communes de la région d'Arbois. Il faut rappeler l'importance des marnes triasiques dans cette zone, et la qualité toute particulière des « rosés » de poulsard qui sont issus des sols correspondants. Réputé justement pour ses vins de poulsard, le village de Pupillin peut faire figurer son nom sur les étiquettes à côté de celui d'Arbois.

♥ FRUITIÈRE VINICOLE D'ARBOIS
Vin de paille 2010 ★★

| 10 000 | 20 à 30 €

Arbois, 1906 : quelques vignerons décident de fonder cette coopérative, l'une des premières en France. La fruitière est toujours là, forte des apports issus de 170 ha de vignes et d'une gamme très complète. Disposant de chais modernes au château Béthanie, acquis en 1969, ses vins figurent souvent en tête d'affiche dans le Guide.

D'un très bel or ambré, ce vin de paille est essentiellement issu de chardonnay, complété par un peu de poulsard. Abricot et raisins secs forment un nez agréable et intense. La bouche magnifie le fruité, en nous emmenant vers le coing, le raisin et la figue. L'équilibre sucre-alcool-acidité est parfait et la structure idéale. Une cuvée au bon potentiel de garde pouvant excéder la décennie. (Bouteilles de 37,5 cl.) ⧗ 2015-2030 ⧗ cœur coulant au chocolat ■ Pinot noir 2012 (5 à 8 € ; 20 000 b.) : du cassis au nez et un trait de boisé. Encore sévère lors de la dégustation, ce vin possède cependant une belle matière. Il faut donc l'attendre un peu. ⧗ 2016-2019

Fruitière Vinicole d'Arbois, 2, rue des Fossés, 39600 Arbois, tél. 03 84 66 11 67, contact@chateau-bethanie.fr V r.l.j. 10h-12h 14h-18h

CAVEAU DE BACCHUS Réserve du caveau
Cuvée des Géologues 2011 ★★★

| 4 000 | 11 à 15 €

Le caveau de Bacchus, c'est le repaire original qu'a créé Lucien Aviet en 1961 dans le charmant village de Montigny-lès-Arsures. Son fils l'y a rejoint en 1999. Ils dirigent une exploitation de 6 ha.

100 % trousseau, la cuvée des Géologues a été baptisée ainsi pour remercier des étudiants en géologie pour les recherches effectuées sur le terroir jurassien. Un bien bel hommage en effet que ce vin rouge grenat aux reflets violacés. Le trousseau est éclatant au nez dans les notes de petits fruits rouges relevés par des tons d'épices. La bouche, parfaitement équilibrée, est ronde et fruitée, portée par des tanins bien fondus. Une faille qu'on explore longuement, dans un plaisir absolu. ⧗ 2014-2019 magrets de canard ■ Vin jaune cuvée de la Confrérie 2005 ★★ (30 à 50 € ; 1 000 b.) : vin jaune au caractère bien trempé. Agrumes et épices forment un nez puissant, tandis que la bouche est vive, signe de bonne garde. (Bouteilles de 62 cl.) ⧗ 2014-2024

EARL Caveau de Bacchus, quartier de la Boutière, 39600 Montigny-lès-Arsures, tél. 03 84 66 11 02, caveaubacchus@orange.fr V r.-v.

Vincent Aviet

PAUL BENOIT ET FILS Pinot 2011

| 8 000 | 8 à 11 €

Paul et Christophe Benoit, installés au hameau La Chenevière, ancien lieu de culture du chanvre, exploitent un domaine de 10 ha.

Ce pinot noir couleur rubis dévoile un joli nez fruité, empli de fraîcheur. La bouche, légère et agréablement fruitée, finit sur une note boisée. Un vin agréable, assez original pour ce type de cépage. ⧗ 2014-2017 médaillons de porc

Paul Benoit et Fils, 4, rue du Chardonnay, La Chenevière, 39600 Pupillin, tél. 03 84 37 43 72, paul-benoit-et-fils@orange.fr V t.l.j. 8h30-19h

DOM. DE LA BORDE
Ploussard de Feule Pupillin 2012 ★

| 1 000 | 8 à 11 €

Sans attaches familiales dans le milieu viticole, Julien Mareschal s'est lancé en 2003 et a pris possession de l'ancien alambic municipal surplombant les vignes. Le domaine de 5 ha est en conversion vers la biodynamie depuis 2012.

« Feule » est le nom d'une parcelle très pentue exposée au plein sud. Le ploussard y a donné un vin d'un beau rouge sombre. Épicé et légèrement fruité, le nez est engageant. Très caractéristique, la bouche fruitée et gouleyante tire d'une note poivrée le petit supplément d'âme nécessaire. Une harmonie certaine, associée à une belle persistance. ⧗ 2015-2018 magret de canard ■ Pupillin Tradition 2010 (3 000 b.) : nez net aux tons de pain et d'amande. Une légère amertume en bouche mais un bel équilibre et une jolie finale. ⧗ 2017-2019

Dom. de la Borde, 11, rue des Vignes, 39600 Pupillin, tél. 06 62 63 32 34, julien.mareschal@free.fr V r.-v.

DOM. DANIEL DUGOIS
Trousseau Grevillière 2011 ★★

| 8 000 | 8 à 11 €

Daniel Dugois s'installe en 1974 et commercialise sa production au négoce. En 1982, il décide de vinifier lui-même. Son fils, Philippe, le rejoint en 2007 après avoir vinifié à l'étranger et conduit seul le domaine depuis 2014 et la retraite de son père.

Cette cuvée, dans le millésime 2009, fut récompensée par un coup de cœur. Sans atteindre ce sommet, la version 2011 est cependant remarquable. Très sombre, ce vin nous plonge immédiatement au nez dans l'univers du fruité. Les petits fruits rouges s'y déploient avec force, soutenus en cela par l'agitation du verre. En bouche, une belle matière déjà fondue s'exprime en puissance et en longueur. Une prestation harmonieuse. ⧗ 2014-2019 chapon aux épices ■ Vin jaune 2006 ★ (20 à 30 € ; 2 400 b.) : un nez intense de fruits secs, de fruits confits et d'épices, relayé par une bouche persistante et de belle tenue. (Bouteilles de 62 cl.) ⧗ 2019-2024

Dom. Daniel Dugois, 4, rue de la Mirode, 39600 Les Arsures, tél. 03 84 66 03 41, daniel.dugois@wanadoo.fr V r.-v. B

DOM. MARTIN FAUDOT
Savagnin 2011 ★★

	5 500		15 à 20 €

Louis Faudot obtint en 1896 de la part de la société de viticulture d'Arbois un diplôme d'honneur pour ses recherches concernant le greffage. Héritiers de ces savoir-faire, Michel Faudot et Jean-Pierre Martin sont à la tête d'un domaine familial de 11 ha.

Récolté aux derniers jours d'août 2011, ce savagnin donne un vin de couleur or au nez puissant, très typé, sur le raisin sec, la noix, le curry et autres épices. On le prendrait presque pour un vin jaune tant la bouche est typée et puissante. La noix est reine dans cet ensemble très présent et très persistant. 2014-2022 escalope de veau au citron ■ Trousseau 2012 ★ (11 à 15 € ; 6 000 b.) : nez fruité, distingué et intense. La bouche suit cette trajectoire aromatique en y ajoutant notes de cuir et nuances animales. Un vin presque aérien, aux tanins croquants. 2015-2019

Dom. Martin Faudot, 19, rue Bardenet, 39600 Mesnay, tél. 03 84 66 29 97, info@domaine-martin.fr V r.-v. E

RAPHAËL FUMEY ET ADELINE CHATELAIN
Chardonnay 2012

	6 500		5 à 8 €

Raphaël Fumey et Adeline Chatelain sont logés dans une belle maison comtoise du quartier Saint-Laurent à Montigny-lès-Arsures, charmant village proche d'Arbois et proclamé capitale du trousseau. Ils cultivent 14 ha de vignes.

Élevé quatorze mois en cuve, ce chardonnay offre une robe très claire aux jolis reflets verts. Le nez fin et délicat est bien typique. Les fleurs blanches (aubépine) y dominent. Une belle attaque sur les agrumes et les fleurs blanches introduit une bouche vive. 2015-2019 asperges et crème à la ciboulette

Raphaël Fumey et Adeline Chatelain, 2, Saint-Laurent, 39600 Montigny-lès-Arsures, tél. 03 84 66 27 84, contact@fumey-chatelain.fr V t.l.j. sf dim. 10h30-12h 13h30-18h30

DOM. AMÉLIE GUILLOT
Trousseau Vieilles Vignes 2011

	1 000		8 à 11 €

Obtenant un diplôme d'œnologue en 1995, Amélie Guillot s'installe la même année sur 2 ha de vignes. Originaire de Bourgogne mais étrangère au milieu viticole, elle exploite aujourd'hui près de 4 ha qu'elle vendange manuellement.

Très pâle, ce trousseau a été élevé douze mois en fût. Bien que peu intense, le fruité du nez est intéressant dans ses tons de fraise. Légère, la bouche l'est aussi, mais elle reste agréable par son fruité simple et aimable. Un « vin de tonnelle ». 2014-2017 charcuterie

Amélie Guillot, 1, rue du Coin-des-Côtes, 39600 Molamboz, tél. 03 84 66 04 00, amelie.guillot@wanadoo.fr V r.-v. D

DOM. HORDÉ Chardonnay Les Fouilles 2012 ★★

	1 680		5 à 8 €

Yves Hordé a acquis un peu à l'aventure une vigne sur le coteau de Port-Lesney en 1999 alors qu'il habitait Reims. Il s'est pris au jeu et s'est agrandi, louant ou achetant des parcelles. Il cultive désormais 2,7 ha, limite les produits phytosanitaires et vendange manuellement.

Cette cuvée provient de vignes d'une quarantaine d'années situées sur la commune de Vadans. Une vinification et un élevage en cuve (pas de fût) pour ce chardonnay or pâle aux reflets verts. Le ton est donné dès le premier nez : une intensité florale se développe avec force, mais aussi avec élégance et délicatesse ; si le sucre n'était pas qu'une saveur, on pourrait presque y percevoir une certaine « sucrosité ». Une douceur que l'on retrouve dans un palais équilibré, vivifié par une touche citronnée. 2015-2020 terrine de poisson

Yves Hordé, 14, rue du Port, 39600 Port-Lesney, tél. 03 84 73 89 24, yves.horde39@orange.fr V r.-v.

HUGHES-BÉGUET
Pupillin Côte de Feule 2012

	1 000		11 à 15 €

Patrice Béguet a abandonné sa carrière de consultant en informatique pour passer un diplôme d'œnologue à Montpellier. Il s'est installé en 2009 à la tête de 3 ha aussitôt convertis au bio. La moitié des vignes est à Mesnay, le reste à Arbois et à Pupillin.

Le nez de ce ploussard provenant d'un coteau réputé du village de Pupillin associe fruits rouges et réglisse. Vive et légère, la bouche développe un fruité où domine le bourgeon de cassis. Un vin à boire plutôt frais. 2014-2017 saucisse de Morteau

Patrice Béguet, 1, rue Bardenet, 39600 Mesnay, tél. 03 84 66 26 39, patrice@hughesbeguet.com V t.l.j. 9h-20h

FRÉDÉRIC LORNET Chardonnay 2012 ★

	8 000	8 à 11 €

Il est plutôt rare pour un viticulteur de travailler sur le site d'une abbaye cistercienne du XIIe s., et il n'est pas non plus souvent donné aux œnophiles de déguster dans une ancienne chapelle. Boire un vin de Frédéric Lornet, c'est un peu aller aux sources de l'abbaye de Gennes et du travail séculaire autour de la vigne et du vin.

Fermenté en cuve, ce vin or très limpide a été élevé en foudre pendant douze mois. D'une bonne intensité, le nez s'ouvre sur des notes épicées délicates, relayé par un caractère floral et fruité apprécié. La bouche, ample et structurée, est assez vineuse et l'ensemble harmonieux. 2014-2019 papillote d'aiglefin ■ Trousseau 2012 ★ (7 000 b.) : fruité et carné, il donne dans les épices et le cuir à l'olfaction. La bouche plaît par sa rondeur et sa belle présence aromatique sur la confiture de fraises. 2014-2018

Frédéric Lornet, L'Abbaye, 39600 Montigny-lès-Arsures, tél. 03 84 37 45 10, frederic.lornet@orange.fr V t.l.j. sf dim. 10h-12h30 14h-18h30

DOM. OVERNOY-CRINQUAND
Chardonnay Pupillin 2011 ★

■ | 2 700 | | 5 à 8 €

Vigneron de père en fils depuis trois générations, on n'imagine pas ici cultiver la vigne autrement que de façon mécanique. Ainsi, le travail du sol intégral avec labour a toujours été pratiqué. L'exploitation est certifiée « agriculture biologique » depuis 1999.

D'un beau jaune soutenu, ce vin a été vinifié et élevé en fûts de 600 l. Le nez de pomme verte, de levure et d'éthanol traduit un élevage « oxydatif ». La bouche suit ce chemin très typé (noix), portée par une structure bien constituée, où l'acidité tient une juste place. Amateurs de vins floraux, passez votre chemin. ⧗ 2014-2019 ▼ rôti de veau

Dom. Overnoy-Crinquand, chem. des Vignes, 39600 Pupillin, tél. 03 84 66 01 45, domaine_overnoycrinquand@yahoo.fr V t.l.j. 9h-12h 14h-18h; dim. sur r.-v.

DOM. DÉSIRÉ PETIT Pinot Pupillin 2012 ★

■ | 4 000 | | 8 à 11 €

Désiré Petit a bâti dès 1932 ce domaine qui compte aujourd'hui 26 ha. Ses fils Gérard et Marcel l'ont fait prospérer à partir de 1970, et ce sont désormais les enfants de Marcel, Anne-Laure et Damien, qui en ont la responsabilité, confortant certains positionnements, comme les vendanges manuelles, mais explorant aussi de nouvelles voies, telle la cuvée sans soufre.

Issu d'une macération de dix-sept jours puis d'un élevage en pièces pendant dix mois, ce pinot a la couleur d'une cerise burlat. Une invitation gourmande confirmée par un nez très fruité, délicatement boisé et agrémenté d'un soupçon de réglisse. Derrière une pointe de perlant, la bouche se montre riche mais équilibrée, étayée par des tanins mûrs. ⧗ 2015-2019 ▼ bavette d'aloyau aux cèpes

Dom. Désiré Petit, 62, rue du Ploussard, 39600 Pupillin, tél. 03 84 66 01 20, contact@desirepetit.com V t.l.j. 9h-12h 14h30-18h30

♥ DOM. DE LA PINTE
Poulsard de l'ami Karl 2011 ★★★

■ | 6 200 | | 8 à 11 €

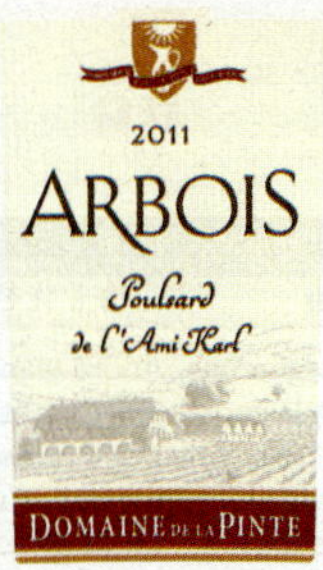

On les voit de la route nationale, ces caves uniques dans le Jura : des bâtiments voûtés de 70 m de long, pensés en 1953 par Roger Martin, qui fit du savagnin une passion au point d'en planter 13 ha d'un seul tenant sur les marnes bleues du lias, au lieu-dit « La Pinte à la Capitaine ». Toujours propriété de la famille, le domaine est dirigé par Bruno Ciofi, qui l'a converti à l'agriculture biologique et s'engage depuis 2009 vers la biodynamie.

Un bel échantillon des effets de la biodynamie avec ce poulsard rubis aux reflets orangés. Pas besoin de test ADN, les petits fruits rouges du nez, dominés par la fraise, et ce soupçon de poivre signent un poulsard de haut rang. Ronde et équilibrée, la bouche continue à faire du fruité le caractère marquant et remarquable de ce vin abordable, à tous les points de vue. ⧗ 2014-2017 ▼ samoussas au bœuf ■ Pupillin Melon à queue rouge 2011 ★ (15 à 20 € ; 6 400 b.) : vanille, fleurs blanches, pêche et miel constituent un joli nez. La bouche ne déçoit pas : une attaque souple, une belle matière et un beau fond de fruité mûr. ⧗ 2015-2018

Dom. de la Pinte, rte de Lyon, 39600 Arbois, tél. 03 84 66 06 47, contact@lapinte.fr V t.l.j. 9h-12h 14h-18h; sam. dim. sur r.-v.

FRUITIÈRE VINICOLE DE PUPILLIN
Plouss'Art Pupillin 2009 ★

■ | 6 000 | | 5 à 8 €

Fondée par quelques vignerons en 1909, cette coopérative couvre aujourd'hui 70 ha provenant d'une quarantaine de sociétaires, pour une production d'environ 3 500 hl. Située au cœur du village, dans un cadre régulièrement modernisé, elle allie les dernières techniques de vinification et le respect des usages traditionnels.

Cette cuvée célèbre le centenaire de la Fruitière. Vieillie en foudre pendant deux ans, elle se pare d'une robe d'un rouge très intense. Puissant, le nez est bien fruité, à dominante de pruneau et doté d'une touche lactée. La bouche se révèle ample et charpentée, avec encore un peu de sévérité en finale. L'ensemble n'est pas forcément très typique d'un poulsard, mais reste cohérent et de bonne tenue. ⧗ 2014-2018 ▼ brochettes de bœuf au barbecue

Fruitière vinicole de Pupillin, 35, rue du Ploussard, 39600 Pupillin, tél. 03 84 66 12 88, info@pupillin.com V t.l.j. 9h-12h 14h-18h

JURA

Jura

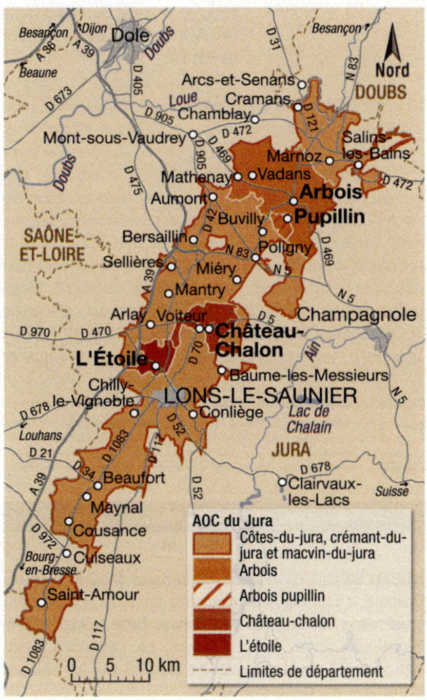

DOM. DE LA RENARDIÈRE
Pupillin Les Vianderies 2011 ★★

3 000 | 11 à 15 €

Depuis son installation en 1990, Jean-Michel Petit n'a cessé d'investir : construction d'une cuverie en 1992, caveau de dégustation en 1996 et cave de vieillissement en rochers naturels en 2013 régulée par des puits canadiens.

Né du chardonnay, ce vin jaune pâle aux reflets verts et argentés a été élevé en fût pendant dix-huit mois. Le nez n'est pas des plus expansifs aujourd'hui, mais quelle finesse ! Pêche, fleurs blanches, agrumes et touche de vanille forment un ensemble des plus délicats. Chaleureuse et fruitée, la bouche reste dans cette veine élégante. La matière est bien présente, le boisé bien fondu et l'harmonie remarquable. ⧗ 2015-2019 ▾ soupe de potimarron au vieux comté ■ Pupillin Ploussard 2012 (8 à 11 € ; 6 000 b.) : un fruité agréable au nez associé à de jolies nuances d'épices et de réglisse. De la matière dans une bouche ronde, où le pruneau côtoie des notes fumées. Un vin ouvert. ⧗ 2014-2017

Dom. de la Renardière, rue du Chardonnay, 39600 Pupillin, tél. 03 84 66 25 10, renardiere@libertysurf.fr V r.-v. Jean-Michel Petit

♥ ROLET PÈRE ET FILS Vin jaune 2006 ★★

9 000 | 20 à 30 €

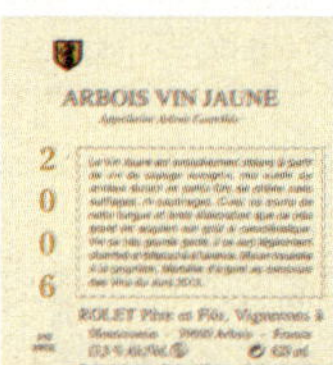

C'est Désiré Rolet qui a créé ce domaine dans les années 1940. Ses enfants conduisent aujourd'hui une des plus importantes exploitations du Jura, constituée de 60 ha dans les AOC arbois, côtes-du-jura et l'étoile.

Issu de vendanges réalisées le 10 octobre 2006, ce vin jaune se présente sous une robe d'or prononcé. Subtil, le nez ne perd pas de temps pour dévoiler une large palette d'épices que côtoie la noix fraîche. L'attaque se fait sur une belle minéralité. Une grande richesse se développe ensuite, dans un équilibre remarquable entre alcool et acidité. La noix verte domine, mais l'amande et le nougat s'invitent aussi. Une nouvelle confirmation du savoir-faire familial. Une cuvée au bon potentiel de garde pouvant excéder la décennie. (Bouteilles de 62 cl.) ⧗ 2017-2030 ▾ coq au vin jaune ■ Chardonnay Harmonie 2012 ★ (8 à 11 € ; 9 000 b.) : agrumes, miel et touches briochées signent un nez sympathique. La bouche s'avère souple et fruitée. Une cuvée qui porte parfaitement son nom. ⧗ 2014-2019

Rolet Père et Fils, Montesserin, rte de Dole, 39600 Arbois, tél. 03 84 66 00 05, rolet@wanadoo.fr V t.l.j. 9h-12h 14h-18h30, au 11 rue de l'Hôtel-de-Ville

B DOM. DE SAINT-PIERRE F 2011

n.c. | 8 à 11 €

Ancien salarié de Hubert et Renaud Moyne, Fabrice Dodane a racheté leur domaine en 2012. Celui-ci est situé dans le haut de Mathenay, petit village d'une centaine d'âmes près d'Arbois. La certification en agriculture biologique, acquise en 2011 par les anciens propriétaires, reste d'actualité.

Une cuvée intensément rouge aux reflets violacés, qui est encore fermée au nez. La bouche, un peu rustique de prime abord, laisse entrevoir un beau potentiel. À attendre donc. ⧗ 2016-2019 ▾ rôti de bœuf ■ Vin jaune Les Brûlées 2010 (11 à 15 €) : un vin encore sur la réserve au nez et marqué par le fût. Un boisé fortement ressenti aussi dans une bouche par ailleurs bien constituée. ⧗ 2017-2024

Dom. de Saint-Pierre, 6, rue du Moulin, 39600 Mathenay, tél. 03 84 73 97 23, fdodane@orange.fr V t.l.j. sf dim. 10h-12h 16h-19h

JACQUES TISSOT Vin de paille 2008 ★★

4 600 | 20 à 30 €

C'est en 1962 que Jacques Tissot crée son domaine avec une parcelle héritée de son père. La modernisation des chais est engagée en 1992 avec la création d'une surface de 2 000 m² au bord de la nationale 83. Aujourd'hui, la propriété compte 30 ha de vignes, conduite désormais par les enfants, Philippe et Nathalie.

Un assemblage de chardonnay, de savagnin et de poulsard est à l'origine de ce vin de paille très ambré. Puissant, le nez évoque d'abord les fruits secs, puis le torréfié, et enfin les agrumes confits. Bien équilibrée, la bouche nous fait passer par une large gamme de fruits secs. Une cuvée au bon potentiel de garde pouvant excéder la décennie. (Bouteilles de 37,5 cl.) ⧗ 2015-2024 ▾ ananas rôti ■ Vin jaune 2006 (6 000 b.) : assez discret au nez mais élégamment épicé. Une large palette d'épices se retrouve aussi dans une bouche équilibrée. ⧗ 2017-2024

Dom. Jacques Tissot, 39, rue de Courcelles, 39600 Arbois, tél. 03 84 66 24 54, courrierjt@yahoo.fr V t.l.j. 10h-12h 14h15-19h

DOM. JEAN-LOUIS TISSOT Trousseau 2010

5 000 | 8 à 11 €

L'arrière-grand-père maternel fut l'un des fondateurs de la Fruitière d'Arbois. C'est en 1965 que Jean-Louis Tissot décida de créer son domaine qui, depuis 1994, est cogéré par son fils Jean-Christophe et sa fille Valérie.

Ce vin couleur pourpre offre un nez qui tire sur la pomme. La bouche confirme ce caractère évolué avec, cependant, une belle matière vineuse associée à une structure charpentée. Un vin prêt à boire. ⧗ 2014-2017 ▾ bœuf bourguignon

Jean-Louis Tissot, Vauxelles, 39600 Montigny-lès-Arsures, tél. 03 84 66 13 08, jean.louis.tissot.vigneron.arbois@wanadoo.fr V t.l.j. sf dim. 9h-12h 14h-17h30

DOM. DE LA TOURAIZE Les Moulins 2012 ★

800 | 8 à 11 €

Héritier de huit générations de vignerons, André-Jean Morin a d'abord livré ses raisins à la coopérative avant de vinifier lui-même. Pratiquant une viticulture sans engrais ni insecticides, il envisage l'arrêt total du désherbage chimique. Il dirige une exploitation de 4 ha.

Ce 2012 mi-chardonnay mi-savagnin doit son nom à un ami néerlandais qui possède un moulin près d'Arbois et grâce à qui la moitié de la cuvée est vendue en Hollande. Les jus sont mariés à la vendange et fermentés en fût. Élégant et flatteur, le nez s'ouvre sur le boisé, puis décline des notes de fruits blancs et d'amande. Avec une belle attaque sur la pomme verte, la bouche dévoile une matière finement aiguisée par une jolie acidité. Un vin net et harmonieux. 2017-2022 truite aux amandes ■ Trousseau Les Corvées 2012 ★ (2 400 b.) : encore un peu fermé, le nez est fin et fruité. La structure est assez légère, et l'expression un peu figée, mais il y a dans cette bouche un potentiel certain. 2015-2018

Dom. de la Touraize, 69, rue de Courcelles, 39600 Arbois, tél. 06 83 41 74 60, aj.morin@wanadoo.fr V r.-v. André-Jean Morin

CHÂTEAU-CHALON

• Superficie : 50 ha • Production : 1 620 hl

Le plus prestigieux des vins du Jura est exclusivement du vin jaune, le célèbre vin de voile élaboré en quantité limitée selon des règles strictes. Le raisin est récolté sur les marnes noires du lias, dans un site remarquable : un vieux village établi sur des falaises. La mise en vente s'effectue six ans et trois mois après la vendange. Il est à noter que, dans un souci de qualité, les producteurs eux-mêmes ont refusé l'agrément en AOC pour les récoltes de 1974, 1980, 1984 et 2001.

MARIE ET DENIS CHEVASSU 2006

2 000 | 20 à 30 €

Les vignes ont été plantées par les parents de la vigneronne, éleveurs. Nichée dans la verdure sur les hauts de Ménétru, la maison familiale, une ancienne tuilerie, abrite des caves du XVIIIe s. Marie-Pierre Chevassu a pris les rênes du domaine en 2008, après avoir travaillé dans d'autres vignobles.

Limpide, brillant et d'une couleur soutenue, ce château-chalon donne tout de suite le ton au nez : ici, l'énergie est de mise, la noix sèche fait une entrée tonitruante, tandis que des touches de grillé et d'agrumes lui emboîtent puissamment le pas. Vif en attaque, le palais se fait ensuite plus généreux et laisse poindre une touche de noble amertume en finale. 2015-2025 poisson au vin de savagnin

Marie-Pierre Chevassu-Fassenet, Granges-Bernard, 39210 Menétru-le-Vignoble, tél. 03 84 48 17 50, mpchevassu@yahoo.fr V t.l.j. 9h-12h 14h-18h

DOM. COURBET Cœur de barrique 2006

445 | 30 à 50 €

Diplômé d'œnologie, Damien Courbet a pris la suite de ses parents en 2011, après avoir visité d'autres horizons viticoles, comme la Californie ou l'Afrique du Sud. Les caves sont situées dans la maison familiale du petit village de Nevy-sur-Seille et dans l'ancienne église de celui-ci. Les 7,5 ha de la propriété sont cultivés pour moitié en biodynamie, mais sans certification.

La barrique, cette cuvée n'a vu qu'elle en effet, de la vinification à l'élevage. Dans une robe d'or soutenu, ce vin est très ouvert au nez. Puissant, celui-ci penche du côté de la noix, du curry, mais aussi du caramel et du fumé. La bouche se montre chaleureuse, tempérée par une fine acidité et dominée par de jolies notes de noix. 2014-2025 poulet aux écrevisses et piment

Dom. Courbet, 1130, rte de la Vallée, 39210 Nevy-sur-Seille, tél. 03 84 85 28 70, dcourbet@hotmail.com V r.-v.

DOM. JEAN-CLAUDE CREDOZ 2006

2 200 | 20 à 30 €

Issu d'une famille vigneronne depuis 1853, Jean-Claude Credoz a repris le domaine familial en 2002, après s'être associé avec ses frères. Les parents apportaient leur vendange à la coopérative, mais Jean-Claude a suivi la voie de ses plus lointains ancêtres et vinifie au domaine.

Jaune aux reflets verts, ce château-chalon est assez fin au nez : plus amande que noix, il se montre également floral avec des notes d'herbe fraîche. Nerveuse sans en « faire des tonnes », la bouche finit agréablement sur des tons citronnés. 2014-2025 comté

Dom. Jean-Claude Credoz, 3, rue des Chèvres, 39210 Château-Chalon, tél. 03 84 44 64 91, domjccredoz@orange.fr V t.l.j. 8h-12h 13h-19h

DOM. GENELETTI 2007

8 000 | 30 à 50 €

Le domaine, situé dans l'appellation l'étoile, s'est agrandi dans les AOC château-chalon et arbois. Il compte désormais 15,5 ha, conduits par David Geneletti depuis 1997.

Ce château-chalon doré provient du lieu-dit Vignes-aux-Dames, en référence aux biens des abbesses qui résidèrent ici jusqu'à la Révolution. Le nez puissant rappelle le parfum des greniers à pommes. Légèrement austère, la bouche affiche une solide constitution qui permettra une bonne garde. 2015-2030 coq au vin jaune

Dom. Geneletti, 14, rue Saint-Jean, 39210 Château-Chalon, tél. 03 84 44 95 06, contact@domaine-geneletti.net V t.l.j. sf dim. 10h-12h 14h-18h30

DOM. GRAND En Beaumont 2007 ★★★

2 600 | 30 à 50 €

Chez les Grand, on est vigneron de père en fils depuis 1692. Après René Grand, Lothain et ses frères consacrent les années 1970 à 1990 à développer le domaine familial. En 1985, ils quittent Saint-Lothain pour s'installer à Passenans. En 2006, Lothain, son épouse et leur fils Emmanuel reprennent le domaine dans son ensemble, désormais conduit par ce dernier et son frère Sébastien.

Les frères Grand ont réussi à pouvoir cultiver 70 ares dans cette appellation convoitée. Et avec succès pour cette cuvée jaune ambré qui, bien qu'encore un peu sur la réserve au nez, laisse imaginer le meilleur : déjà l'amande fraîche, la noisette, la pâte de coings et le curry se placent aux premières loges. Puissant sans être lourd, le palais offre cette juste dose d'acidité des vins jaunes de garde. La noix est bien marquée et une pointe de minéralité vient apporter un surcroît de fraîcheur et d'élégance. 2017-2030 poulet au vin jaune et morilles

Dom. Grand, 139, rue du Savagnin, 39230 Passenans, tél. 03 84 85 28 88, domaine-grand@wanadoo.fr V t.l.j. sf dim. (sf juil.-août) 9h-12h 14h-18h; sam. dim. sur r.-v. en jan.-fév.

DOM. MACLE 2006 ★

4 000 | 30 à 50 €

Jean Macle, ancien maire de Château-Chalon, a créé cette exploitation en 1964. Ses enfants sont désormais

en charge d'un domaine de 12 ha où vins blancs et jaunes ont la part belle. Les vins sont élaborés de manière traditionnelle et vieillissent dans des caves nichées au cœur du village.

Pas moins de 4 ha de l'exploitation sont consacrés à cette appellation, et donnent naissance à ce 2006 au nez fin et évolutif. D'abord minéral, un peu éthéré, celui-ci progresse vers la noix, l'amande et l'herbe sèche. La bouche s'affirme avec puissance mais aussi beaucoup de délicatesse. La noix verte entraîne la pomme dans son long sillage. « Vin de garde » figure en gros sur l'étiquette, pour les distraits ! 2015-2030 vieux comté

Dom. Macle, 15, rue de la Roche, 39210 Château-Chalon, tél. 03 84 85 21 85, maclel@wanadoo.fr V r.-v.

JEAN-LUC MOUILLARD 2007 ★★★

1 400 | 20 à 30 €

Depuis 1991, Jean-Luc Mouillard élève dans ses belles caves voûtées datant de la fin du XVIe s. des vins de l'AOC l'étoile, côtes-du-jura, macvin-du-jura, crémant-du-jura et château-chalon.

La commune de Mantry n'est pas située dans la zone de l'AOC château-chalon, mais Jean-Luc Mouillard a la chance d'exploiter 70 ares dans cette prestigieuse appellation voisine de son domicile. Jaune étincelant, ce vin est à la fois doux et puissant au nez, affirmant des parfums délicats d'amande, de noix et d'épices douces. Une attaque souple ouvre sur un palais bien balancé entre chaleur et vivacité, où la minéralité côtoie des notes d'amande. Un vin à la fois riche et tendu, d'une superbe harmonie. Suffisamment ouvert pour être consommé dès maintenant, il a les épaules pour vieillir. 2014-2030 croûte aux morilles

Jean-Luc Mouillard, 379, rue du Parron, 39230 Mantry, tél. 03 84 25 94 30, domainemouillard@hotmail.fr V r.-v. 2

♥ DOM. DÉSIRÉ PETIT
Vin jaune 2006 ★★★

1 560 | 30 à 50 €

Désiré Petit a bâti dès 1932 ce domaine qui compte aujourd'hui 26 ha. Ses fils Gérard et Marcel l'ont fait prospérer à partir de 1970, et ce sont désormais les enfants de Marcel, Anne-Laure et Damien, qui en ont la responsabilité, confortant certains positionnements, comme les vendanges manuelles, mais explorant aussi de nouvelles voies, telle la cuvée sans soufre.

1 % de la surface de ce domaine d'abord arboisien est consacré à cette appellation renommée. Les 26 petits ares vendangés le premier jour d'octobre 2006 ont donné un vin splendide, couleur jaune clair, au nez de noisette, de noix mûre et d'épices. Tout en élégance, la bouche chante la noisette avec une belle énergie, soulignée par une fine acidité qui dynamise un ensemble particulièrement harmonieux. Encore signé Gérard et Marcel Petit, ce vin jaune montre la voie à la génération suivante, Anne-Laure et Damien. 2014-2025 sandre à la crème

Dom. Désiré Petit, 62, rue du Ploussard, 39600 Pupillin, tél. 03 84 66 01 20, contact@desirepetit.com V t.l.j. 9h-12h 14h30-18h30

CÔTES-DU-JURA

• Superficie : 512 ha • Production : 20 540 hl (70 % blanc et jaune ; 28 % rouge et rosé ; 2 % vin de paille)

L'appellation englobe toute la zone du vignoble de vins fins et produit tous les types de vins jurassiens, à l'exception des effervescents.

CH. D'ARLAY Vin jaune 2006

4 000 | 30 à 50 €

Constitué à la fin du XIe s., ce domaine viticole, aujourd'hui propriété du comte Alain de Laguiche, a été au cours de son histoire une vigne royale d'Espagne, d'Angleterre et de France. Le château et les caves sont classés monuments historiques.

Deux des 22 ha de la propriété sont consacrés au vin jaune. Doré à souhait, ce 2006 présente un nez intense mais peu typé, avec un côté confit marqué évoluant vers l'herbe sèche. La bouche, puissante et équilibrée, d'une longueur honorable et tout aussi surprenante sur le plan aromatique, laisse deviner un beau potentiel de garde pouvant excéder la décennie. (Bouteilles de 62 cl.) 2014-2024 gougère au fromage

Ch. d'Arlay, 2, rte de Proby, 39140 Arlay, tél. 03 84 85 04 22, chateau@arlay.com V t.l.j. sf dim. 10h-12h 14h-18h Alain de Laguiche

DOM. BADOZ Vin jaune Les Roussots 2007

8 000 | 20 à 30 €

Dix générations de Badoz se sont succédé sur ce domaine de 10 ha, dont les caves sont situées dans la petite ville de Poligny, qui sait si bien marier production viticole et affinage du comté. Benoît a pris la succession de son père en 2003.

Ce vin jaune est bien présent au nez, bien typé aussi dans ses tons de noix verte et de pomme. La bouche, sans afficher un gros volume, séduit par sa finesse aromatique à dominante de noix. Une cuvée au bon potentiel de garde. (Bouteilles de 62 cl.) 2014-2024 cake aux noix et au comté Chardonnay Les Roussots 2012 (8 à 11 € ; 3 000 b.) : une bonne intensité au nez, sur l'aubépine, les fruits exotiques, la citronnelle et la verveine. L'attaque est franche, la bouche équilibrée et de bonne longueur. 2015-2019 Trousseau Les Roussots 2012 (8 à 11 € ; 7 000 b.) : assez sombre, ce rouge attire par son nez de fruits rouges relevé de poivre et par sa bouche à l'unisson, ronde et ample. 2015-2019

Benoît Badoz, 3, av. de la Gare, 39800 Poligny, tél. 03 84 37 18 00, benoit@badoz.fr V t.l.j. sf dim. 9h-12h 14h-19h

DOM. BERTHET-BONDET Chardonnay 2012 ★

3 000 | 8 à 11 €

Issu d'une famille travaillant dans la lunetterie, Jean Berthet-Bondet, ancien maire de Château-Chalon, est ingénieur agronome de formation, tout comme son épouse. Ils se sont installés en 1985 et travaillent

désormais 11 ha de vignes, commandés par une très belle demeure aux caves voûtées. Une valeur sûre.

Fermenté en barrique et bâtonné, ce 2012 or aux reflets verts a été élevé en fût ouillé pendant douze mois (15 % de fûts neufs). Aucune agressivité dans ce nez de fleurs blanches, d'agrumes, de poire et de miel. La douceur se poursuit dans une bouche ronde, où les tons aromatiques de l'olfaction sont rehaussés de notes épicées. Délicatesse et puissance forment ici une belle alliance. ⧗ 2014-2017 🍴 truite aux amandes

Berthet-Bondet, 7, rue de la Tour, 39210 Château-Chalon, tél. 03 84 44 60 48, berthet-bondet@orange.fr V r.-v.

DANIEL BROCARD Vin jaune 2005

	2 600		20 à 30 €

Dans ce domaine proche du château du Pin (XIIIe s.), on est viticulteur de père en fils depuis 1890. Daniel brocard, installé en 1992, y conduit 4,5 ha de vignes.

Ce 2005 doré aux reflets verts annonce d'emblée au nez ce qui restera sa principale caractéristique : la puissance. Tout aussi « carré d'épaules », le palais déploie une fine vivacité et un joli développement aromatique sur la noix. (Bouteilles de 62 cl.) ⧗ 2015-2024 🍴 feuilleté au roquefort

Daniel Brocard, 7, rue de l'Église, 39570 Pannessières, tél. 03 84 43 04 67 V t.l.j. 8h-19h, dim. 8h-12h

PHILIPPE BUTIN Vin de paille 2010

	800		20 à 30 €

Cette exploitation familiale depuis trois générations est adepte des vendanges manuelles. Philippe Butin produit essentiellement des vins à partir de cépages blancs qu'il cultive sur les coteaux de Lavigny. Sa production figure régulièrement en bonne place dans le Guide.

Ici, c'est une association de cépages blancs (chardonnay, savagnin) et rouges (poulsard, trousseau) qui a donné ce vin de paille ambré aux reflets orangés. Raisins secs au nez, une belle longueur en bouche. Tout à fait représentatif. (Bouteilles de 37,5 cl.) ⧗ 2019-2024 🍴 foie gras de canard en cocotte

Philippe Butin, 21, rue de la Combe, 39210 Lavigny, tél. 03 84 25 36 26, ph.butin@wanadoo.fr V r.-v.

MARCEL CABELIER Chardonnay 2011 ★

	17 675	5 à 8 €

Sous cette dénomination œuvre un négociant-vinificateur qui s'est installé en 1986 et s'est fortement développé depuis quelques années dans le Jura en vendant ses vins sous la marque « Marcel Cabelier ». Les apports de 114 vignerons concernent toutes les appellations jurassiennes.

Ce chardonnay se fait tout de suite remarquer par son nez subtil, où se mêlent agrumes, fleurs blanches, noisette, miel, pomme cuite et un joli trait de minéralité. L'attaque est franche, et si la matière est légère, elle dégage une belle finesse. Un vin de plaisir, à déboucher au débotté. ⧗ 2014-2017 🍴 tarte aux légumes

Maison du Vigneron, 22, rte de Champagnole, 39570 Crançot, tél. 03 84 87 61 30, o.gwiss@lgcf.fr V r.-v.

CHAMP DIVIN Chardonnay savagnin sous voile Cuvée Pollux 2009 ★★

	n.c.		15 à 20 €

Belges d'origine, ingénieurs de formation, les époux Closset ont acquis ce domaine en 2008 après avoir été conseillers agricoles à la chambre d'agriculture du Maine-et-Loire. Dès leur installation dans le sud du vignoble, ils ont vu les choses en bio et en biodynamie.

Cette cuvée mi-chardonnay mi-savagnin est élevée sous voile. Jaune pâle, elle a des accents boisés au nez, accompagnés de noix et de pâte d'amandes. La rondeur vient tout de suite en bouche, comme un appel chaleureux, aux tons d'abricot sec, de noix et de pomme. L'élevage est ici particulièrement bien maîtrisé. Quelques heures d'ouverture préalables à la dégustation sont recommandées. ⧗ 2014-2019 🍴 brochettes de poisson aux épices ■ Chardonnay savagnin ouillé cuvée Castor 2011 (10 000 b.) : dans le manège enchanté, voici maintenant Castor ; même assemblage que pour Pollux, mais en version ouillée. Élevé en fût pendant neuf mois, il est cité pour son nez expressif et sa jolie bouche. ⧗ 2015-2017

Fabrice Closset – Champ divin, 39, rue du Château, 39570 Gevingey, tél. 03 84 24 93 41, fabrice.champdivin@gmail.com V r.-v.

MARIE ET DENIS CHEVASSU Savagnin 2008

	800		11 à 15 €

Les vignes ont été plantées par les parents de la vigneronne, éleveurs. Nichée dans la verdure sur les hauts de Ménétru, la maison familiale, une ancienne tuilerie, abrite des caves du XVIIIe s. Marie-Pierre Chevassu a pris les rênes du domaine en 2008, après avoir travaillé dans d'autres vignobles.

Ce vin de savagnin couleur or pâle est donc le premier vin dit « typé » produit par Marie-Pierre. Même si l'heure de la retraite avait sonné pour eux, Marie et Denis Chevassu ont su transmettre tout leur savoir pour son élaboration. Le nez est discret mais agréable, sur le citron et les fleurs blanches. Malgré une finale un peu courte, la fraîcheur de la bouche est appréciée. ⧗ 2015-2019 🍴 fricassée de champignons

Marie-Pierre Chevassu-Fassenet, Granges-Bernard, 39210 Menétru-le-Vignoble, tél. 03 84 48 17 50, mpchevassu@yahoo.fr V t.l.j. 9h-12h 14h-18h

DOM. COURBET Chardonnay 2011 ★

	3 700		5 à 8 €

Diplômé d'œnologie, Damien Courbet a pris la suite de ses parents en 2011, après avoir visité d'autres horizons viticoles, comme la Californie ou l'Afrique du Sud. Les caves sont situées dans la maison familiale du petit village de Nevy-sur-Seille et dans l'ancienne église de celui-ci. Les 7,5 ha de la propriété sont cultivés pour moitié en biodynamie, mais sans certification.

Vinifiée en fût (25 % de fûts neufs), cette cuvée a été aussi élevée en barrique pendant onze mois. Au nez, le citron fait une entrée très remarquée, que les fleurs blanches viennent vite talonner. Légère et fruitée, la bouche suit cette ligne aromatique dans une agréable vivacité. ⧗ 2014-2017 🍴 apéritif

Dom. Courbet, 1130, rte de la Vallée, 39210 Nevy-sur-Seille, tél. 03 84 85 28 70, dcourbet@hotmail.com V r.-v.

DOM. JEAN-CLAUDE CREDOZ
Vin de paille 2010 ★★

1 900 | 15 à 20 €

Issu d'une famille vigneronne depuis 1853, Jean-Claude Credoz a repris le domaine familial en 2002, après s'être associé avec ses frères. Les parents apportaient leur vendange à la coopérative, mais Jean-Claude a suivi la voie de ses plus lointains ancêtres et vinifie au domaine.

Mettez un tiers de poulsard, un tiers de chardonnay et un tiers de savagnin ; faites sécher et pressurez. Voilà en résumé ce qui donne ce 2010 couleur vieil or remarquable en tous points. Miel et raisin sec se partagent un nez bien constitué. La bouche, parfaitement équilibrée, fait la part belle aux fleurs d'acacia et au miel. Une composition harmonieuse. (Bouteilles de 37,5 cl.) ⏳ 2018-2024 🍷 cake aux fruits confits

Dom. Jean-Claude Credoz, 3, rue des Chèvres, 39210 Château-Chalon, tél. 03 84 44 64 91, domjccredoz@orange.fr V t.l.j. 8h-12h 13h-19h

DOM. GRAND Vin de paille 2010 ★

6 400 | 20 à 30 €

Chez les Grand, on est vigneron de père en fils depuis 1692. Après René Grand, Lothain et ses frères consacrent les années 1970 à 1990 à développer le domaine familial. En 1985, ils quittent Saint-Lothain pour s'installer à Passenans. En 2006, Lothain, son épouse et leur fils Emmanuel reprennent le domaine dans son ensemble, désormais conduit par ce dernier et son frère Sébastien.

Le chardonnay s'associe ici au savagnin et au poulsard pour donner un vin couleur vieil or aux senteurs de miel. L'attaque est très franche et alerte, et l'équilibre très réussi entre douceur et fraîcheur. Un ensemble harmonieux. (Bouteilles de 37,5 cl.) ⏳ 2017-2024 🍷 crêpes à la confiture d'abricots

Dom. Grand, 139, rue du Savagnin, 39230 Passenans, tél. 03 84 85 28 88, domaine-grand@wanadoo.fr V t.l.j. sf dim. (sf juil.-août) 9h-12h 14h-18h; sam. dim. sur r.-v. en jan.-fév.

DOM. HORDÉ
Chardonnay de Port-Lesney 2012 ★

1 200 | 5 à 8 €

Yves Hordé a acquis un peu à l'aventure une vigne sur le coteau de Port-Lesney en 1999 alors qu'il habitait Reims. Il s'est pris au jeu et s'est agrandi, louant ou achetant des parcelles. Il cultive désormais 2,7 ha, limite les produits phytosanitaires et vendange manuellement.

Ce joli vin or pâle n'a connu que la cuve, pendant dix mois. Le nez, discret, s'ouvre à l'aération sur des notes de miel, de fruits blancs et d'agrumes. Bien équilibrée, la bouche contient suffisamment d'acidité pour offrir une belle fraîcheur, tout en étant dotée d'un gras enveloppant. ⏳ 2014-2019 🍷 terrine de poisson

Yves Hordé, 14, rue du Port, 39600 Port-Lesney, tél. 03 84 73 89 24, yves.horde39@orange.fr V r.-v.

DOM. LABET Chardonnay ouillé Fleurs 2012 ★

8 000 | 8 à 11 €

C'est Alain Labet, le père, qui a développé le domaine à partir de 1974. Ses enfants, Romain et Charline, ont repris l'exploitation en 2013, rejoints par leur aîné, Julien, qui avait depuis 2003 son propre domaine. La maison, forte de 13 ha dans le sud du vignoble, s'est fait une spécialité des vinifications parcellaires, notamment de chardonnay.

Cette cuvée, élevée en pièces de quatre à dix vins pendant douze mois sur lies, provient d'une vendange de différentes parcelles de vignes âgées de trente à quarante-cinq ans. Question florale, le dégustateur n'y trouve pas à redire au nez, tant la fleur blanche y est présente. Des notes anisées et de menthol complètent ce joli tableau olfactif. Le palais offre beaucoup de fraîcheur minérale à l'attaque, puis évolue vers plus de gras et de rondeur. Un vin élégant et persistant. ⏳ 2014-2017 🍷 risotto aux légumes

EARL Dom. Labet, 14, montée des Tilleuls, 39190 Rotalier, tél. 03 84 25 11 13, domaine.labet@wanadoo.fr V r.-v.

MARIE-ANNE ET FRÉDÉRIC LAMBERT
Trousseau 2012 ★

1 500 | 8 à 11 €

Œnologue de formation, Frédéric Lambert a commencé à acheter des vignes en production et des terrains dès 1993. L'installation s'est faite dix ans plus tard et l'exploitation compte désormais 6 ha, comprenant tous les cépages jurassiens, vendangés manuellement.

Vinifié en cuve et vieilli en fût pendant six mois, ce trousseau rouge foncé sent bon le cassis. Équilibrée, la bouche présente une bonne attaque et délivre de jolies notes de cerise noire. ⏳ 2014-2019 🍷 omelette aux cèpes

Frédéric Lambert, 14, Pont-du-Bourg, 39230 Le Chateley, tél. 06 03 10 69 04, domainefredericlambert@orange.fr V r.-v.

♥ DOM. LIGIER PÈRE ET FILS
Trousseau Les Chassagnes 2012 ★★

5 500 | 8 à 11 €

Installée à Arbois, la famille Ligier a créé ce domaine de toutes pièces en 1986 ; 10 ha aujourd'hui. Des investissements réguliers ont été faits, notamment la construction, en 2002, d'un chai adapté au vieillissement des vins jaunes.

« La valeur n'attend point le nombre des années », pourrait-on dire à propos de ce vin issu de vignes d'une douzaine d'années. Rouge cerise aux reflets bruns, la robe de ce trousseau est engageante. Le nez dégage d'emblée une belle intensité de fruits mûrs, de réglisse, de cuir et d'épices. Ronde, charnue et équilibrée, la bouche se livre sans réserve elle aussi, offrant un panier de fruits rouges à pleine maturité. Un vin racé au beau potentiel de garde. ⏳ 2016-2020 🍷 bœuf aux oignons

EARL Ligier, 56, rte de Pupillin, 39600 Arbois, tél. 03 84 66 28 06, gaec.ligier@wanadoo.fr V t.l.j. 9h-18h30; dim. sur r.-v.

♥ FRÉDÉRIC LORNET
Chardonnay Charles Rouget 2012 ★★

60 000 | 8 à 11 €

Il est plutôt rare pour un viticulteur de travailler sur le site d'une abbaye cistercienne du XIIe s., et il n'est pas

non plus souvent donné aux œnophiles de déguster dans une ancienne chapelle. Boire un vin de Frédéric Lornet, c'est un peu aller aux sources de l'abbaye de Gennes et du travail séculaire autour de la vigne et du vin.

On connaît surtout Frédéric Lornet dans l'appellation arbois. Il présente pour la première fois cette cuvée issue de vignes de la commune de Salins-les-Bains. Charles Rouget, ampélographe local, ne serait pas peu fier de voir son nom sur une telle bouteille, lui qui fit de si longues observations sur ce vignoble. Fermenté en cuve, puis élevé en foudre pendant un an, ce vin aux reflets d'or a d'emblée conquis les dégustateurs par la puissance de son nez, qui n'empêche nullement l'expression de la finesse : le tilleul côtoie la verveine, relayés par les fruits mûrs (poire) et les agrumes. L'attaque est fraîche, la bouche développe une rondeur avenante, sans perdre de son équilibre, jusqu'à la longue finale, sur la noisette, la mirabelle et le brioché. ⧗ 2014-2019 ♈ saint-jacques et fondue de poireaux

Frédéric Lornet, L'Abbaye, 39600 Montigny-lès-Arsures, tél. 03 84 37 45 10, frederic.lornet@orange.fr V t.l.j. sf dim. 10h-12h30 14h-18h30

DOM. MACLE 2010

| | 25 000 | | 11 à 15 € |

Jean Macle, ancien maire de Château-Chalon, a créé cette exploitation en 1964. Ses enfants sont désormais en charge d'un domaine de 12 ha où vins blancs et jaunes ont la part belle. Les vins sont élaborés de manière traditionnelle et vieillissent dans des caves nichées au cœur du village.

Cet assemblage de 80 % de chardonnay et 20 % de savagnin, élevé trente-six mois en fût, est régulièrement au rendez-vous du Guide et fut coup de cœur dans les deux dernières éditions. La version 2010 s'ouvre doucement à l'aération sur la noix, les fruits secs et la cire, et déploie un bon volume en bouche. ⧗ 2015-2017 ♈ asperges à la crème

Dom. Macle, 15, rue de la Roche, 39210 Château-Chalon, tél. 03 84 85 21 85, maclel@wanadoo.fr V r.-v.

LA MAISON DE ROSE Saugeot 2011 ★

| | 3 000 | | 5 à 8 € |

La Maison de Rose, c'est Dominique Grand, issu d'une famille de viticulteurs de Saint-Lothain, autrefois associé à ses frères au sein du domaine Grand Frères et installé en solo depuis plusieurs années.

Issue du seul chardonnay, cette cuvée a été élevée dix-huit mois en fût. De couleur or pâle, elle dévoile un nez chaleureux, à la fois floral et fruité. L'attaque est acidulée, puis la bouche se montre plus riche, tapissée d'arômes harmonieux de mirabelle, de grillé et de frangipane. ⧗ 2014-2017 ♈ tarte au comté

La Maison de Rose, 8, rue de l'Église, 39230 Saint-Lothain, tél. 03 84 37 01 32, lamaisonderose@wanadoo.fr V r.-v.

DOM. DES MARNES BLANCHES Empreinte Tradition 2010

| | 4 000 | | 8 à 11 € |

Tous deux œnologues, Pauline et Géraud Fromont ont créé leur domaine en 2008, en reprenant 4 ha sur un terroir de marnes blanches que sont venus compléter 6 ha sur des terrains argilo-calcaires. Leur vignoble, situé dans le sud Revermont, est conduit en agriculture biologique.

Cette cuvée dorée est composée de 60 % de savagnin et de 40 % de chardonnay, élevés sous voile séparément en fût pendant trente-six mois. Noix, beurre et brioché constituent la base aromatique du nez, prolongée par une bouche bien équilibrée. ⧗ 2014-2017 ♈ fromage

Pauline et Géraud Fromont, 3, Les Carouges, 39190 Sainte-Agnès, tél. 03 84 25 19 66, contact@marnesblanches.com V t.l.j. 8h-20h

CH. DE MIÉRY Savagnin 2006 ★

| | 1 200 | | 11 à 15 € |

Philippe de Buhren voulait déguster ses propres vins et en faire profiter ses amis. C'est ainsi qu'il a repeuplé 2 ha en 1985, pour trois quarts en chardonnay et un quart en savagnin, sur des parcelles plantées en vignes avant le phylloxéra.

Jaune pâle aux reflets verts, ce vin de savagnin a été élevé sous voile, sans ouillage, puis mis en bouteilles en août 2013. Le nez, bien ouvert, délivre des notes d'amande et de pomme verte. La bouche, plutôt légère, se fait apprécier par sa franchise et sa qualité aromatique. ⧗ 2014-2024 ♈ escargots persillés

Ch. de Miéry, 4, rue de la Croix, 39800 Poligny, tél. 03 84 37 31 28, philippe.debuhren@hotmail.fr V r.-v. Ph. de Buhren

MOREL Vin de paille 2010 ★★

| | 2 500 | | 20 à 30 € |

Jean-Luc Morel a décidé de passer la main en janvier 2014 à ses deux fils qui reprennent ainsi une partie de l'ancien domaine Morel-Thibaut, l'autre partie étant désormais gérée séparément par Michel Thibaut. Louis et Valentin ont tout de suite pris leurs marques et engagé une conversion à l'agriculture biologique.

Né sous l'aire du domaine Morel-Thibaut, ce vin de paille couleur ambré clair dévoile un nez intense de fruits secs et de pain d'épice. Après une attaque franche, la bouche, d'un équilibre remarquable, déploie des notes douces de caramel. De l'harmonie à tous les étages. (Bouteilles de 36,5 cl.) ⧗ 2014-2024 ♈ soufflé au comté ■ Trousseau 2012 ★ (8 à 11 € ; 3 000 b.) : les fruits rouges sont au rendez-vous d'un nez intense. Tendre, franche et longue, la bouche évoque la cerise noire. ⧗ 2014-2018

Dom. Morel, 8, rue Coittier, 39800 Poligny, tél. 06 88 56 82 98, domaine.morel@orange.fr V r.-v.

DOM. DE LA PETITE MARNE Trousseau 2012 ★

| | 3 000 | | 8 à 11 € |

Jean-Yves et Philippe Noir ont pris la suite de leur père sur une propriété de 11 ha. Adhérents à la cave

coopérative depuis 1976, ils ont décidé en 2003 de vinifier au domaine. Le nom de celui-ci fait référence à la nature des sols du terroir polinois.

Un trousseau 2010 a obtenu un coup de cœur ; sans atteindre les mêmes sommets, ce 2012 couleur framboise plaît par son petit côté sauvage au nez, relevé par une note poivrée et tempéré par de jolies nuances de fruits rouges. Cette composition aromatique se retrouve dans une bouche encore un peu austère mais prometteuse. ⌛ 2015-2019 🍴 carré d'agneau rôti aux champignons ■ Pinot noir Vieilles Vignes 2012 (5 à 8 € ; 5 000 b.) : un vin au nez de cassis assez fortement boisé, bien constitué en bouche, qu'un peu de garde devrait harmoniser. ⌛ 2015-2017

🔑 Noir Frères - Dom. de la Petite Marne, RN 83, 39800 Poligny, tél. 06 83 33 88 74, petitemarne.noir@wanadoo.fr V ven. sam. 10h-12h 14h-19h

B DOM. PIGNIER
Vin jaune 2006 ★

	2 500		30 à 50 €

La famille Pignier possède cet ancien vignoble monastique depuis 1794. Les caves sont situées dans le village de Montaigu qui protégeait autrefois les salines de Lons-le-Saunier, sur la route du Haut-Jura. En 1998, la fratrie Pignier a fait le choix de la biodynamie. Un choix jamais renié par ces producteurs, détenteurs de multiples coups de cœur dans le Guide.

De couleur or soutenu, ce vin jaune est très expressif au nez. D'abord floral, il évolue vers des notes plus mûres de noix. Du tempérament également dans une bouche vive à l'attaque, puissante mais fine. La noix devient de plus en plus marquée au sein d'une très belle longueur. Bio et véritablement dynamique, un vin au beau potentiel de garde pouvant excéder la décennie. (Bouteilles de 62 cl.) ⌛ 2014-2025 🍴 mont d'or au four

🔑 Dom. Pignier, 11, pl. Rouget-de-Lisle, 39570 Montaigu, tél. 03 84 24 24 30, contact@domaine-pignier.com V t.l.j. sf dim. 10h-12h 14h-18h30

FRUITIÈRE VINICOLE DE PUPILLIN
Chardonnay 2010

	13 000		5 à 8 €

Fondée par quelques vignerons en 1909, cette coopérative couvre aujourd'hui 70 ha provenant d'une quarantaine de sociétaires, pour une production d'environ 3 500 hl. Située au cœur du village, dans un cadre régulièrement modernisé, elle allie les dernières techniques de vinification et le respect des usages traditionnels.

Travaillé par une macération pelliculaire, une fermentation thermorégulée et un vieillissement de treize mois sous voile, ce vin de chardonnay a été conçu pour avoir un caractère « oxydatif ». Il est en fait un peu « hybride », ce qui fait de lui un vin consensuel. Ainsi, le nez est plutôt floral avec l'appui de notes de fruits confits, de miel et de pain d'épice. La bouche, suivant cette même ligne aromatique complexe, se montre chaleureuse. ⌛ 2015-2020 🍴 fromage de chèvre

🔑 Fruitière vinicole de Pupillin, 35, rue du Ploussard, 39600 Pupillin, tél. 03 84 66 12 88, info@pupillin.com V t.l.j. 9h-12h 14h-18h

DOM. QUILLOT Vin de paille 2006 ★★

	3 700		15 à 20 €

Les vins de ce domaine sont élaborés par la Maison du Vigneron, négociant-vinificateur situé à Crançot. Les vignes (23 ha) sont implantées autour du Montain et de Lavigny.

Couleur vieil or, ce 2006 a bien au nez les attributs naturels du vin de paille : miel et raisins secs se développent avec une belle intensité. Une attaque puissante, de très beaux arômes de cacao et d'abricot dans une belle longueur : le plaisir est complet. (Bouteilles de 37,5 cl.) ⌛ 2017-2024 🍴 soufflé au chocolat ■ Chardonnay Vieilles Vignes 2010 (5 à 8 € ; 25 936 b.) : nez beurré et fruits secs de belle intensité et bouche élégante sur des tons de pomme, de brioche et d'agrumes. ⌛ 2014-2017

🔑 Dom. Quillot, 22, rte de Champagnole, 39570 Crançot, tél. 03 84 87 61 30, o.gwiss@lgcf.fr

CH. DE QUINTIGNY Pinot noir 2012 ★★★

	4 000	5 à 8 €

L'exploitation familiale a été créée en 1973. Co-exploitant en 1993, Sébastien Cartaux assure seul le devenir du domaine depuis 2010, secondé par son épouse Sandrine.

Rouge très intense, ce vin est un concentré de fruit. Le nez est dominé par le cassis, mais les fruits confits sont aussi de la partie, avec une touche élégante de réglisse. Toujours très marquée par le fruit, la bouche s'ouvre largement, offrant une matière riche et équilibrée. Une note épicée bien mariée complète cet ensemble de velours. Gourmandise et plaisir pourraient résumer la dégustation. ⌛ 2017-2020 🍴 tournedos grillé

🔑 Dom. Cartaux-Bougaud, 5, rue des Vignes, Juhans, 39140 Arlay, tél. 03 84 48 11 51, contact@vinscartaux.fr V r.-v.

XAVIER REVERCHON Savagnin Réserve 2006 ★★

	764		15 à 20 €

Xavier représente la quatrième génération de Reverchon sur ce domaine créé en 1900. Il s'est installé en 1978, appliquant un principe qui lui est cher : le labour des vignes. Il se fait fort aussi de n'employer ni engrais ou désherbage chimiques, ni insecticide ou acaricide. Les vendanges sont manuelles.

Cette cuvée de savagnin a été élaborée avec les fûts non retenus dans l'élaboration du vin jaune 2006. Un tri qui laisse de beaux restes ! Jaune clair aux reflets verts, ce vin puissant et ouvert nous accueille au nez sur la noix fraîche et l'abricot sec, agrémentés de nuances d'agrumes. Une belle attaque ouvre sur une bouche équilibrée et complexe, où le fruit sec est dominant. Ce savagnin bien élevé et très typé possède un potentiel certain. ⌛ 2015-2020 🍴 saint-jacques aux champignons

🔑 Xavier Reverchon, 2, rue du Clos, 39800 Poligny, tél. 03 84 37 02 58, reverchon.chantemerle@wanadoo.fr V r.-v.

♥ PIERRE RICHARD Vin jaune 2006 ★★

	1 700		20 à 30 €

Pierre Richard s'est installé en 1976 par succession. Il travaille désormais avec son fils, Vincent, revenu sur l'exploitation en 2009. Les 9 ha de vignes sont cultivés

principalement dans le village du Vernois, dont le vignoble fit l'objet d'un vaste remembrement dans les années 1960.

D'un doré soutenu, ce vin jaune se révèle à la fois en puissance et en finesse. Le nez se fait noisette et amande, dans une très grande élégance. Certes, la vivacité en bouche est intense, mais c'est un attribut de garde, et il va falloir de la patience pour que ce fougueux s'assagisse. Mais d'ici quelques années, cette noix que l'on sent déjà poindre n'en sera que mieux valorisée et l'expression globale n'en sera que meilleure. Un modèle du genre, que l'on pourra attendre plus d'une décennie. (Bouteilles de 62 cl.) 2014-2030 poulet au curry ■ Vin de paille 2009 ★★ (2 800 b.) : un vin ambre clair au nez de raisin sec. Franche, avec ce qu'il faut d'acidité, la bouche évoque le caramel et laisse une impression harmonieuse. (Bouteilles de 62 cl.) 2019-2024

Pierre Richard, 136, rte de Voiteur, 39210 Le Vernois, tél. 03 84 25 33 27, domainepierrerichard@wanadoo.fr V t.l.j. 8h30-18h

RIJCKAERT Chardonnay Les Jarres 2011

■ | 13 200 | | 11 à 15 €

Jean Rijckaert possède un domaine dans le Mâconnais, mais travaille également 5 ha dans le Jura. Il agit par ailleurs en tant que négociant-vinificateur. Depuis 2013, son activité est transmise progressivement à Florent Rouve, ancien directeur du domaine du lycée viticole de Mâcon-Davayé.

Ce vin or pâle a été fermenté et élevé en fûts de sept, huit vins pour la plupart. Il faut une bonne agitation du verre pour que le nez offre des notes de fleurs blanches et un petit côté torréfié. Une attaque vive introduit une bouche équilibrée, qui se fait épicée derrière le café, et la finale laisse une bonne impression. 2015-2017 soufflé au foie gras

Maison Rijckaert, En Correaux, 71570 Leynes, tél. 03 85 35 15 09, info@rijckaert.fr V r.-v.

DOM. ROBELIN FILS Trousseau 2012 ★

■ | 3 000 | | 8 à 11 €

Après des études d'œnologie et de viticulture dans la proche Bourgogne, les fils de Marie-Claude Robelin ont repris en 2009 l'exploitation créée en 1982. Ils gèrent désormais 10 ha de vignes.

Rouge soutenu, ce vin de trousseau a le fruit dans la peau. Du nez jusqu'en fin de bouche, cassis frais et autres de ces petits fruits viennent agréablement se rappeler à nous. Le palais ? Une belle longueur, de la matière, mais un peu de garde nécessaire pour gommer l'austérité de la finale. 2017-2019 barbecue ribs

Dom. Robelin Fils, 13, pl. de l'Église, 39210 Voiteur, tél. 03 84 85 29 97, robelinfils@wanadoo.fr V t.l.j. 10h-12h 15h-19h

DOM. DE SAVAGNY Poulsard 2011 ★

■ | 6 859 | 5 à 8 €

Un domaine de 12 ha, créé en 1986 par Claude Rousselot-Pailley et acquis une quinzaine d'années plus tard par la Maison du Vigneron, affaire de négoce établie à Crançot.

Rouge tuilé, ce vin est sur le fruit. Ainsi, les fruits rouges associés à la réglisse forment un nez avenant. Légère, la bouche poursuit ce chemin aromatique classique mais agréable et sûr. 2014-2015 charcuterie ■ Chardonnay 2011 (18 508 b.) : une certaine subtilité au nez, sur notes d'agrumes et de menthol, prolongé par une bouche légère et bien expressive. 2014-2017

Dom. de Savagny, 22, rte de Champagnole, 39570 Crançot, tél. 03 84 87 61 30, mbailly@lgcf.fr V t.l.j. sf sam. dim. 10h-12h30 13h30-18h

DOM. MICHEL THIBAUT Vin de paille 2009 ★★

■ | 2 300 | | 15 à 20 €

Natif de Poligny, Michel Thibaut a multiplié les expériences professionnelles dans différents vignobles en France. Il était depuis 1989 le cogérant du domaine Morel-Thibaut. Une autre page se tourne en 2013 avec la création de son propre domaine sur un peu plus de 5 ha.

Ce vin de paille reste une production de l'ancien domaine Morel-Thibaut. Il a été élaboré à partir de 40 % de chardonnay, 30 % de poulsard, 25 % de savagnin et 5 % de trousseau, pressurés aux environs de Noël. Abricot et raisins secs forment la trame aromatique d'un nez d'une belle intensité. La bouche, franche, est dans la belle lignée des vins de paille du domaine. (Bouteilles de 37,5 cl.) 2019-2030 tarte aux fruits exotiques ■ Tradition 2009 (8 à 11 € ; 1 600 b.) : nez frais, légèrement floral puis citronné mais aussi sur la noix fraîche. Sa franchise et sa fraîcheur en bouche en font un bon compagnon. 2015-2019 ■ Trousseau 2012 (5 à 8 € ; 3 000 b.) : un vin sombre et bien construit, aux beaux arômes de mûre. 2015-2019

Dom. Michel Thibaut, 1, rue des Perchées, 39800 Poligny, tél. 03 84 37 07 41, domaine.michel.thibaut@orange.fr V r.-v.

FRUITIÈRE VINICOLE DE VOITEUR Vin de paille 2009 ★★

■ | 7 900 | | 15 à 20 €

Cette fruitière – une coopérative, au sens de la mise en commun du fruit du travail – a été créée assez récemment, en 1957, par rapport à de vénérables consœurs locales. Située au pied de Château-Chalon, elle offre un panorama intéressant sur le village et le vignoble.

Chardonnay, poulsard et savagnin sont à l'origine de ce vin de paille d'une belle couleur ambrée. Le nez n'est pas très intense, mais de jolies notes de fruits secs s'y développent. En bouche, les tons de chocolat et un bel équilibre laissent un sentiment d'harmonie. (Bouteilles de 37,5 cl.) 2019-2024 brownies au chocolat ■ Cuvée Prestige 2009 ★ (8 à 11 € ; 9 200 b.) : un vin bien ouvert au nez sur la noix, le brioché, voire le minéral, à la bouche ronde et chaleureuse. 2015-2019

Fruitière vinicole de Voiteur, 60, rue de Nevy, 39210 Voiteur, tél. 03 84 85 21 29, voiteur@fvv.fr V t.l.j. 8h30-12h 13h30-18h; dim. 10h-12h 14h-18h

CHRISTELLE ET GILLES WICKY Savagnin ouillé 2011

■ | 700 | | 11 à 15 €

Gilles Wicky s'est installé en 2003. Ses 4,7 ha de vignes conduites en agriculture biologique (conversion) sont

situés dans un secteur de terrasses dans la commune de Beaufort et en plaine dans la commune de Gevingey. La récolte est manuelle.

Si ce vin est issu de savagnin, rien à voir avec un vin jaune. Point de noix si typique de ce dernier, mais un nez de citronnelle et d'agrumes d'une belle intensité. L'attaque est franche, voire vive, mais la bouche reste équilibrée. Un style rafraîchissant, où le gras est absent. ⧗ 2014-2017 🍴 filet de sandre sauce crémée

Gilles et Christelle Wicky, 13, rue Principale, 39190 Sainte-Agnès, tél. 06 07 59 59 97, gilles.wicky@wanadoo.fr V r.-v.

CRÉMANT-DU-JURA

• Superficie : 331 ha • Production : 19 700 hl (93 % blanc)

Reconnue en 1995, l'AOC crémant-du-jura s'applique à des mousseux élaborés selon les règles strictes des crémants (la méthode traditionnelle), à partir de raisins récoltés à l'intérieur de l'aire de production de l'AOC côtes-du-jura. Les cépages rouges autorisés sont le poulsard (ou ploussard), le pinot noir (appelé localement gros noirien) et le trousseau ; les cépages blancs sont le chardonnay (appelé aussi melon d'Arbois ou gamay blanc), le savagnin (appelé localement naturé) et le pinot gris (rare).

CAVEAU DES BYARDS 2011

● | 50 000 | | 5 à 8 €

Cette petite coopérative est relativement récente puisqu'elle a été créée en 1953. C'est une affaire à taille humaine : 40 ha de vignes seulement et dix-sept adhérents. Mais elle investit régulièrement et sa production figure souvent en bonne place dans le Guide.

Élaboré à base de chardonnay, ce brut présente bien : de belles bulles forment une mousse délicate dans un écrin jaune pâle. Très floral au nez, ce vin dévoile une juste fraîcheur en bouche. ⧗ 2014-2015 🍴 tarte aux fruits

Caveau des Byards, rte de Voiteur, 39210 Le Vernois, tél. 03 84 25 33 52, info@caveau-des-byards.fr V t.l.j. 9h-12h 14h-18h

MARCEL CABELIER 2012 ★★

● | 328 546 | 5 à 8 €

Sous cette dénomination œuvre un négociant-vinificateur qui s'est installé en 1986 et s'est fortement développé depuis quelques années dans le Jura en vendant ses vins sous la marque « Marcel Cabelier ». Les apports de 114 vignerons concernent toutes les appellations jurassiennes.

De belles bulles forment une mousse très généreuse sur fond jaune pâle à reflets verts. Intense et très fin, le nez est brioché à souhait et délicatement fruité. La bouche, ronde et élégante, offre un équilibre proche de la perfection. Le premier opérateur de l'appellation (1,5 million de bouteilles sortent de ses caves) peut porter fièrement l'étendard. ⧗ 2014-2017 🍴 mousse au chocolat

Maison du Vigneron, 22, rte de Champagnole, 39570 Crançot, tél. 03 84 87 61 30, o.gwiss@lgcf.fr V r.-v.

MARIE-PIERRE CHEVASSU-FASSENET 2011 ★★

● | 4 000 | | 5 à 8 €

Les vignes ont été plantées par les parents de la vigneronne, éleveurs. Nichée dans la verdure sur les hauts de Ménétru, la maison familiale, une ancienne tuilerie, abrite des caves du XVIIIes. Marie-Pierre Chevassu a pris les rênes du domaine en 2008, après avoir travaillé dans d'autres vignobles.

Récoltés au plus près de la maturité (degré naturel de 11 %), les raisins de chardonnay ont donné un crémant gourmand. Dans une robe d'or assez soutenu apparaît une belle effervescence. Floral et fruité (agrumes), le nez est agréable. Équilibrée, la bouche sait partager une bonne acidité, source de vivacité, et un caractère crémeux, presque vineux. Cette constitution lui permet d'être le compagnon de tout un repas, pas seulement d'un apéritif. ⧗ 2014-2017 🍴 volaille rôtie

Marie-Pierre Chevassu-Fassenet, Granges-Bernard, 39210 Menétru-le-Vignoble, tél. 03 84 48 17 50, mpchevassu@yahoo.fr V t.l.j. 9h-12h 14h-18h

JOSEPH DORBON 2010

● | 2 000 | 5 à 8 €

C'est à 6 km au nord d'Arbois, sur la commune de Vadans, que sont implantés les 3 ha de vignes de Joseph Dorbon. Le village se trouve au pied d'un château du XVIIIes. Les plus vieilles vignes du domaine sont travaillées à l'aide d'un cheval et les vendanges sont manuelles.

Si la mousse est intense, elle n'en est pas moins fine. Le nez est bien développé, sur des tons de fruits secs (amande), de miel et de grillé. Cette ligne aromatique se retrouve dans une bouche équilibrée. ⧗ 2014-2015 🍴 financiers

Joseph Dorbon, 3, pl. de la Liberté, 39600 Vadans, tél. 03 84 37 47 93, joseph.dorbon@wanadoo.fr V t.l.j. 10h-12h 14h-19h

DOM. GRAND Prestige ★★

● | 50 000 | | 8 à 11 €

Chez les Grand, on est vigneron de père en fils depuis 1692. Après René Grand, Lothain et ses frères consacrent les années 1970 à 1990 à développer le domaine familial. En 1985, ils quittent Saint-Lothain pour s'installer à Passenans. En 2006, Lothain, son épouse et leur fils Emmanuel reprennent le domaine dans son ensemble, désormais conduit par ce dernier et son frère Sébastien.

Dans la gamme des quatre crémant-du-jura du domaine, celui-ci, non millésimé, est élaboré à partir de chardonnay. Si les bulles sont timides, la robe d'or vert est agréable à voir. Fleurs blanches et fruité composent un nez expressif. Partant sur une belle attaque, la bouche affiche beaucoup de volume et offre de généreuses notes de pêche et d'abricot. ⧗ 2014-2017 🍴 tarte aux fruits jaunes

Dom. Grand, 139, rue du Savagnin, 39230 Passenans, tél. 03 84 85 28 88, domaine-grand@wanadoo.fr V t.l.j. sf dim. (sf juil.-août) 9h-12h 14h-18h; sam. dim. sur r.-v. en jan.-fév.

LIGIER PÈRE ET FILS
Blanc de blancs ★

● | 8 500 | 🍾 | 5 à 8 €

Installée à Arbois, la famille Ligier a créé ce domaine de toutes pièces en 1986, 10 ha aujourd'hui. Des investissements réguliers ont été faits, notamment la construction, en 2002, d'un chai adapté au vieillissement des vins jaunes.

Un blanc de blancs aux bulles nombreuses, formant une belle collerette. D'une belle amplitude, le nez va du côté des fleurs blanches, part vers le fruité, puis vient sur les notes de miel. Les bulles, dans une mousse intense et énergique, envahissent une bouche très agréable, harmonieuse et d'une belle complexité aromatique. ⧗ 2014-2015 🍴 pain perdu aux fruits rouges

⊶ EARL Ligier, 56, rte de Pupillin, 39600 Arbois, tél. 03 84 66 28 06, gaec.ligier@wanadoo.fr V t.l.j. 9h-18h30; dim. sur r.-v.

DOM. DES MARNES BLANCHES

● | 6 000 | 🍾 | 5 à 8 €

Tous deux œnologues, Pauline et Géraud Fromont ont créé leur domaine en 2008, en reprenant 4 ha sur un terroir de marnes blanches que sont venus compléter 6 ha sur des terrains argilo-calcaires. Leur vignoble, situé dans le sud Revermont, est conduit en agriculture biologique.

Des raisins de chardonnay cueillis dans les tout derniers jours d'août 2011 ont donné ce brut à l'effervescence impeccable. Citronné, le nez offre beaucoup de fraîcheur et la bouche une belle matière, tout en conservant cet agréable côté frais. ⧗ 2014-2015 🍴 tarte aux fruits rouges

⊶ Pauline et Géraud Fromont, 3, Les Carouges, 39190 Sainte-Agnès, tél. 03 84 25 19 66, contact@marnesblanches.com V t.l.j. 8h-20h

♥ DOM. DE MONTBOURGEAU ★★

● | 12 000 | 🍾 | 5 à 8 €

C'est en 1920 que Victor Gros, le grand-père de Nicole Deriaux, s'est installé à Montbourgeau. Son père, Jean Gros, conforta la renommée du domaine. À proximité des 9 ha de vignes se dévoile un lieu bucolique, bordé par une allée de tilleuls débouchant sur les chais qui entourent la maison familiale.

Si près de la moitié des ventes de ce domaine se font avec l'étranger, ce n'est pas un hasard. Avec un tel ambassadeur, on ne peut qu'être sous le charme. D'une robe cristalline s'échappent de nombreuses et fines bulles. Les fleurs blanches et la pomme forment un nez expressif et intense. L'attaque est franche, la mousse présente dans une belle vivacité, et une jolie complexité aromatique sur fond de pêche blanche s'affirme dans une bouche longue et élégante. ⧗ 2014-2018 🍴 tarte Tatin

⊶ Dom. de Montbourgeau, 53, rue de Montbourgeau, 39570 L'Étoile, tél. 03 84 47 32 96, domaine@montbourgeau.com V t.l.j. 9h-12h 14h-18h30; dim. sur r.-v. ⊶ Nicole Deriaux

CHRISTOPHE PERRIN 2012

● | 5 000 | 🍾 | 5 à 8 €

C'est en 1998 que Christophe Perrin s'est installé à Vernantois, village situé au sud de Lons-le-Saunier, au fond du val de Sorne. Il y cultive 6 ha de vignes.

Un hectare de chardonnay a été consacré à ce crémant jaune paille à la mousse abondante. Fleurs blanches et arômes de brioche constituent un nez classique mais agréable. Une légère amertume en finale pointe dans une bouche qui reste bien équilibrée. ⧗ 2014-2015 🍴 brioche

⊶ Christophe Perrin, 3, chem. de Vervaux, 39570 Vernantois, tél. 03 84 47 56 31, christophe-perrin39@orange.fr V t.l.j. sf dim. 17h-19h; sam. 10h-19h

DÉSIRÉ PETIT 2012 ★

● | 16 000 | 🍾 | 8 à 11 €

Désiré Petit a bâti dès 1932 ce domaine qui compte aujourd'hui 26 ha. Ses fils Gérard et Marcel l'ont fait prospérer à partir de 1970, et ce sont désormais les enfants de Marcel, Anne-Laure et Damien, qui en ont la responsabilité, confortant certains positionnements, comme les vendanges manuelles, mais explorant aussi de nouvelles voies, telle la cuvée sans soufre.

Ce rosé, issu de pinot noir (80 %) et de ploussard, se présente dans une très belle robe couleur framboise. Les bulles fines composent un joli chapelet vertical. Très expressif, le nez est fruité à souhait (fruits rouges, cassis). L'attaque est franche, et l'évolution agréable, sur des arômes de petits fruits rouges qui persistent au sein d'une bouche équilibrée. Un bel ensemble. ⧗ 2014-2015 🍴 tarte aux framboises

⊶ Dom. Désiré Petit, 62, rue du Ploussard, 39600 Pupillin, tél. 03 84 66 01 20, contact@desirepetit.com V t.l.j. 9h-12h 14h30-18h30

CH. DE QUINTIGNY 2011 ★★

● | 8 000 | 5 à 8 €

L'exploitation familiale a été créée en 1973. Coexploitant en 1993, Sébastien Cartaux assure seul le devenir du domaine depuis 2010, secondé par son épouse Sandrine.

Affichant une bulle alerte et une seyante robe jaune d'or, ce vin bien représentatif de l'appellation a le nez qui « chardonne » intensément et dévoile une bouche à la fois vive et ample. Un très bel équilibre, de la longueur et de la prestance. ⧗ 2014-2015 🍴 tarte aux fruits

⊶ Dom. Cartaux-Bougaud, 5, rue des Vignes, Juhans, 39140 Arlay, tél. 03 84 48 11 51, contact@vinscartaux.fr V r.-v.

XAVIER REVERCHON 2011 ★★

● | 5 800 | 🍾 | 8 à 11 €

Xavier représente la quatrième génération de Reverchon sur ce domaine créé en 1900. Il s'est installé en 1978, appliquant un principe qui lui est cher : le labour des vignes. Il se fait fort aussi de n'employer ni engrais ou désherbage chimiques, ni insecticide ou acaricide. Les vendanges sont manuelles.

Ce crémant très pâle est issu d'un assemblage de chardonnay, de pinot noir et d'une touche de savagnin. La mousse est formée d'une myriade de petites bulles qui se faufilent le long des parois du verre. Fleurs blanches, abricot et pêche signent un nez de caractère. Ce trait d'élégance perdure au sein d'une bouche ample et d'une grande finesse. Ce crémant allie remarquablement volume et vivacité. ⧗ 2014-2016 🍷 salade de pêches à la menthe

⊶ Xavier Reverchon, 2, rue du Clos, 39800 Poligny, tél. 03 84 37 02 58, reverchon.chantemerle@wanadoo.fr V r.-v.

DOM. DE SAVAGNY 2011

● | 36 994 | 5 à 8 €

Un domaine de 12 ha, créé en 1986 par Claude Rousselot-Pailley et acquis une quinzaine d'années plus tard par la Maison du Vigneron, affaire de négoce établie à Crançot.

Le chardonnay est à l'origine de ce crémant couleur jaune paille à la mousse abondante. De bonne intensité, le nez tourne autour des fleurs blanches. Ronde et harmonieuse, dotée d'une mousse généreuse, la bouche est agréablement miellée. ⧗ 2014-2015 🍷 apéritif

⊶ Dom. de Savagny, 22, rte de Champagnole, 39570 Crançot, tél. 03 84 87 61 30, mbailly@lgcf.fr V t.l.j. sf sam. dim. 10h-12h30 13h30-18h
⊶ J. Helfrich

DOM. JEAN-LOUIS TISSOT 2010

● | 11 000 | | 5 à 8 €

L'arrière-grand-père maternel fut l'un des fondateurs de la Fruitière d'Arbois. C'est en 1965 que Jean-Louis Tissot décida de créer son domaine qui, depuis 1994, est cogéré par son fils Jean-Christophe et sa fille Valérie.

Sous sa belle robe d'or, ce crémant laisse échapper de fines bulles. Classique, le nez frais et brioché est de bonne composition. Un peu fuyante, la bouche apparaît assez dosée. ⧗ 2014-2015 🍷 salade de fruits

⊶ Jean-Louis Tissot, Vauxelles, 39600 Montigny-lès-Arsures, tél. 03 84 66 13 08, jean.louis.tissot.vigneron.arbois@wanadoo.fr V t.l.j. sf dim. 9h-12h 14h-17h30

L'ÉTOILE

• Superficie : 66 ha • Production : 2 345 hl

Le village doit son nom à des fossiles, segments de tiges d'encrines (échinodermes en forme de fleurs), petites étoiles à cinq branches. Son vignoble produit des vins blancs, jaunes et de paille.

CH. L'ÉTOILE Vin jaune 2005 ★★

■ | 2 500 | | 20 à 30 €

Alexandre Vandelle dirige depuis une dizaine d'années cette propriété qui offre, du haut du mont Muzard, une vue panoramique sur le vignoble, la plaine et le Revermont. C'est en 1883 que ses ancêtres sont venus s'y installer. Les cépages blancs (chardonnay, savagnin) dominent.

Couleur tournesol, ce vin jaune laisse de belles larmes sur le verre. Mais la tristesse n'est pas au rendez-vous à l'approche de ce nez puissant, où muscade et pâte d'amandes rivalisent d'élégance. L'attaque est souple, puis la bouche déploie une belle matière à la fois dense et d'une grande délicatesse. Elle s'achève joliment sur la noisette et le safran. Ce vin, qui ne s'impose pas par la force, démarre piano pour finir fortissimo, tapissant le palais d'épices douces. (Bouteilles de 62 cl.) ⧗ 2020-2040 🍷 vieux comté ■ Vin de paille 2009 (1 600 b.) : un vin issu de 90 % de chardonnay et de 10 % de poulsard, au nez agréable de miel d'acacia et de fleurs blanches, très doux et miellé en bouche. (Bouteilles de 37,5 cl.) ⧗ 2020-2025

⊶ Alexandre Vandelle, Ch. l'Étoile, 994, rue Bouillod, 39570 L'Étoile, tél. 03 84 47 33 07, info@chateau-etoile.com V t.l.j. 8h-12h 13h30-19h; dim. sur r.-v.

DOM. GENELETTI Vin de paille 2010 ★

■ | 3 000 | | 15 à 20 €

Le domaine, situé dans l'appellation l'étoile, s'est agrandi dans les AOC château-chalon et arbois. Il compte désormais 15,5 ha, conduits par David Geneletti depuis 1997.

L'assemblage de chardonnay (50 %), de poulsard (40 %) et de savagnin a donné naissance à ce vin couleur ambre. Fruits secs et coing s'expriment chaleureusement au nez. Assez simple sur le plan aromatique mais bien fruitée, la bouche s'avère ample et équilibrée entre sucre et acidité. (Bouteilles de 37,5 cl.) ⧗ 2017-2022 🍷 foie gras

⊶ Dom. Geneletti, 14, rue Saint-Jean, 39210 Château-Chalon, tél. 03 84 44 95 06, contact@domaine-geneletti.net V t.l.j. sf dim. 10h-12h 14h-18h30

DOM. DE MONTBOURGEAU 2011 ★

■ | 25 000 | | 8 à 11 €

C'est en 1920 que Victor Gros, le grand-père de Nicole Deriaux, s'est installé à Montbourgeau. Son père, Jean Gros, conforta la renommée du domaine. À proximité des 9 ha de vignes se dévoile un lieu bucolique, bordé par une allée de tilleuls débouchant sur les chais qui entourent la maison familiale.

Pur chardonnay vieilli en fût pendant deux ans, ce vin doré propose un nez salué pour sa complexité, entre floral et pâte d'amandes. Droite, presque incisive à l'attaque, la bouche ne joue pas les gros bras mais sait se faire apprécier pour sa franchise. Un vin qui « brille par sa netteté cristalline », commente un dégustateur. D'un étoile, on n'en attendait pas moins. ⧗ 2017-2020 🍷 rouelle de porc au citron confit

⊶ Dom. de Montbourgeau, 53, rue de Montbourgeau, 39570 L'Étoile, tél. 03 84 47 32 96, domaine@montbourgeau.com V t.l.j. 9h-12h 14h-18h30; dim. sur r.-v. ⊶ Nicole Deriaux

♥ CH. DE QUINTIGNY Savagnin 2010 ★★

■ | 5 000 | | 11 à 15 €

L'exploitation familiale a été créée en 1973. Co-exploitant en 1993, Sébastien Cartaux assure seul le devenir du domaine depuis 2010, secondé par son épouse Sandrine.

Ce vin, d'un beau doré, a fermenté en cuve, puis a été élevé en fût sous voile. « Un étoile qui s'assume », commente un dégustateur, soulignant le caractère typique de ce nez de noix lié à cet élevage si particulier. À la fois concentrée et vive, presque tranchante, la bouche est d'une franchise à toute épreuve. Du caractère, de l'expression aromatique et une belle élégance. La finale généreuse en fruits secs achève de séduire. ⧗ 2017-2022 ¥ ris de veau

Dom. Cartaux-Bougaud, 5, rue des Vignes, Juhans, 39140 Arlay, tél. 03 84 48 11 51, contact@vinscartaux.fr V r.-v.

DOM. PHILIPPE VANDELLE Vieilles Vignes 2011

	14 000		8 à 11 €

La famille Vandelle est arrivée à L'Étoile dans les années 1880. Philippe et Bernard sont installés depuis 2001, en bas du village, où ils exploitent 13 ha de vignes.

Vinifiée en cuve, puis vieillie en fût sous voile, cette cuvée est très expressive au nez avec ses parfums de foin coupé, de fleurs blanches et de fruits. Souple, la bouche présente de jolies notes de muscade et de noisette. Un vin plus marqué par la maîtrise technique que par l'expression « terroir » mais qui reste très agréable. ⧗ 2017-2020 ¥ viande blanche à la crème

Dom. Philippe Vandelle, 186, rue Bouillod, 39570 L'Étoile, tél. 03 84 86 49 57, info@vinsphilippevandelle.com V r.-v. B

MACVIN-DU-JURA

• Superficie : 88 ha • Production : 4 095 hl (92 % blanc)

Tirant probablement son origine d'une recette des abbesses de l'abbaye de Château-Chalon, l'AOC macvin-du-jura – anciennement maquevin ou marc-vin-du-jura – a été reconnue en 1991. C'est en 1976 que la Société de Viticulture engagea pour la première fois une démarche de reconnaissance en AOC pour ce produit très original. L'enquête fut longue. En effet, au cours du temps, le macvin, d'abord vin cuit additionné d'aromates ou d'épices, est devenu mistelle, élaboré à partir du moût concentré par la chaleur (cuit), puis vin de liqueur muté soit au marc, soit à l'eau-de-vie de vin. C'est cette dernière méthode, la plus courante, qui a été finalement retenue pour l'AOC. Vin de liqueur, le macvin met en œuvre du moût ayant subi un léger départ en fermentation, muté avec une eau-de-vie de marc de Franche-Comté à appellation d'origine issue de la même exploitation que le moût. Ce dernier doit provenir des cépages et de l'aire de production ouvrant droit à l'AOC. L'eau-de-vie doit être « rassise », c'est-à-dire vieillie en fût de chêne pendant dix-huit mois au moins. Après cette association réalisée sans filtration, le macvin doit « reposer » pendant un an en fût de chêne, puisque sa commercialisation ne peut se faire avant le 1er octobre de l'année suivant la récolte. Apéritif d'amateur, il rappelle les produits jurassiens à forte influence du terroir.

CAVEAU DES BYARDS 2012 ★

	20 000		11 à 15 €

Cette petite coopérative est relativement récente puisqu'elle a été créée en 1953. C'est une affaire à taille humaine : 40 ha de vignes seulement et dix-sept adhérents. Mais elle investit régulièrement et sa production figure souvent en bonne place dans le Guide.

Les fruits secs se mêlent au foin, au miel, aux fruits exotiques et au grillé pour former un nez complexe et chaleureux. Tout aussi généreuse, ample et miellée, la bouche s'inscrit dans la continuité. ⧗ 2017-2025 ¥ foie gras

Caveau des Byards, rte de Voiteur, 39210 Le Vernois, tél. 03 84 25 33 52, info@caveau-des-byards.fr V t.l.j. 9h-12h 14h-18h

MARIE ET DENIS CHEVASSU 2010

	2 130	11 à 15 €

Les vignes ont été plantées par les parents de la vigneronne, éleveurs. Nichée dans la verdure sur les hauts de Ménétru, la maison familiale, une ancienne tuilerie, abrite des caves du XVIIIes. Marie-Pierre Chevassu a pris les rênes du domaine en 2008, après avoir travaillé dans d'autres vignobles.

L'herbe sèche et la noix se partagent un nez avenant. Équilibrée, la bouche est peu concentrée, mais offre un joli ton aromatique marqué aussi par l'herbe sèche, en cohérence avec le nez, dans une longueur intéressante. ⧗ 2017-2025 ¥ financiers aux noix

Marie-Pierre Chevassu-Fassenet, Granges-Bernard, 39210 Menétru-le-Vignoble, tél. 03 84 48 17 50, mpchevassu@yahoo.fr V t.l.j. 9h-12h 14h-18h

DOM. FORET 2011

	1 300		15 à 20 €

Sur les 7,5 ha cultivés dans ce domaine, 3,5 ha sont situés au lieu-dit Les Corvées, qui appartenait avant la Révolution à une abbaye d'Arbois où les paysans faisaient « la corvée ». La cave se trouve au pied de Curon, où le domaine exploite 1,1 ha de vignes.

Le Haut-Jura est connu pour sa production d'eau-de-vie de gentiane. On retrouve dans ce macvin massif les arômes de cette plante montagnarde et l'amertume qui y est associée. Foin et herbes sèches viennent compléter la palette aromatique. ⧗ 2020-2030 ¥ melon et jambon en chiffonade

Dom. Foret, 13, rue de la Faïencerie, 39600 Arbois, tél. 03 84 66 23 01, domaineforet@gmail.com t.l.j. 10h-19h30

DOM. AMÉLIE GUILLOT

	700		11 à 15 €

Obtenant un diplôme d'œnologue en 1995, Amélie Guillot s'installe la même année sur 2 ha de vignes. Originaire de Bourgogne mais étrangère au milieu viticole, elle exploite aujourd'hui près de 4 ha qu'elle vendange manuellement.

Ce macvin rosé est issu d'un jus de poulsard macéré 72 h auquel a été ajoutée une eau-de-vie de marc de 4 ans d'âge. La confiture de griottes domine dans un nez agréable. Sans être un monstre de puissance, la bouche plaît par sa rondeur et son joli fruité. ⧗ 2017-2025 ¥ coupe glacée vanille et fruits rouges

Amélie Guillot, 1, rue du Coin-des-Côtes, 39600 Molamboz, tél. 03 84 66 04 00, amelie.guillot@wanadoo.fr V r.-v. D

CH. DE MIÉRY 2009 ★★

	700		11 à 15 €

Philippe de Buhren voulait déguster ses propres vins et en faire profiter ses amis. C'est ainsi qu'il a repeuplé 2 ha en 1985, pour trois quarts en chardonnay et un quart en savagnin, sur des parcelles plantées en vignes avant le phylloxéra.

JURA

Pour ce macvin, Philippe de Buhren a utilisé un jus de savagnin qu'il a ensuite muté avec un marc de Franche-Comté, l'ensemble ayant vieilli en fût pendant quatre ans. Ce vin jaune pâle dévoile un nez complexe de foin et de fruits secs agrémentés d'un soupçon de gentiane. Bien structurée et généreuse, la bouche allie volume et équilibre sur un fond miellé des plus agréables. ⧗ 2020-2030 🍴 tarte au chocolat et glace vanille

Ch. de Miéry, 4, rue de la Croix, 39800 Poligny, tél. 03 84 37 31 28, philippe.debuhren@hotmail.fr V r.-v.

JEAN-LUC MOUILLARD 2012

| 3 000 | 11 à 15 € |

Depuis 1991, Jean-Luc Mouillard élève dans ses belles caves voûtées datant de la fin du XVIe s. des vins de l'AOC l'étoile, côtes-du-jura, macvin-du-jura, crémant-du-jura et château-chalon.

De couleur or paille, ce macvin libère fruits blancs et miel au nez. Sucre et marc sont bien associés en bouche, avec en soutien une fine vivacité. Les arômes de miel se confirment dans une belle persistance. ⧗ 2017-2025 🍴 tarte au chocolat

Jean-Luc Mouillard, 379, rue du Parron, 39230 Mantry, tél. 03 84 25 94 30, domainemouillard@hotmail.fr V r.-v. 2

PIERRE RICHARD 2009

| 3 000 | 11 à 15 € |

Pierre Richard s'est installé en 1976 par succession. Il travaille désormais avec son fils, Vincent, revenu sur l'exploitation en 2009. Les 9 ha de vignes sont cultivés principalement dans le village du Vernois, dont le vignoble fit l'objet d'un vaste remembrement dans les années 1960.

Le savagnin est généralement utilisé pour produire des vins jaunes ou des vins blancs. Ici, il est à la base de ce macvin jaune paille. Des nuances d'alambic au nez et un léger goût de miel en bouche. Un vin sur la douceur. ⧗ 2017-2020 🍴 pain d'épice

Pierre Richard, 136, rte de Voiteur, 39210 Le Vernois, tél. 03 84 25 33 27, domainepierrerichard@wanadoo.fr V t.l.j. 8h30-18h

♥ MARIE-ANGE ET JEAN-PIERRE SALVADORI 2012 ★★

| 1 000 | 15 à 20 € |

Après une formation à Beaune, Jean-Pierre Salvadori s'est installé en 1983. Producteur notamment de château-chalon, il réside dans le village éponyme, doté d'un remarquable patrimoine et magnifiquement bâti sur le bord d'une falaise en aplomb de la reculée de Baume-les-Messieurs.

Pour élaborer ce macvin doré, le vigneron s'est servi d'un moût de chardonnay provenant de vignes de cinquante ans et d'une eau-de-vie de deux ans de fût minimum. Cette alliance s'exprime dans un nez enchanteur de miel, de fleurs blanches et de pain d'épice. Tout est fondu en bouche, mais une belle vivacité dynamise ce vin intense. Équilibre, profondeur, longueur : un moment d'harmonie. ⧗ 2017-2030 🍴 foie gras

Jean-Pierre Salvadori, 10, rue des Chèvres, 39210 Château-Chalon, tél. 03 84 44 62 86, domainesalvadori@hotmail.fr V r.-v.

DOM. VAPILLON 2012

| 1 500 | 11 à 15 € |

Jean-Yves Vapillon est un vigneron de la « préfecture » : les bâtiments du domaine familial sont situés dans la première ville du Jura, aux abords de la gare. Quant aux vignes, elles sont essentiellement implantées dans l'AOC l'étoile, toute proche.

Il y a dans le nez de ce macvin doré une puissance telle que celle qu'on peut trouver dans *La Marseillaise* de Rouget de Lisle, natif de Lons-le-Saunier. Miel et pain d'épice chantent l'alliance du moût d'un beau chardonnay et d'une eau-de-vie accomplie. Sucre et alcool sont bien équilibrés en bouche, accompagnés par un joli goût de poire. ⧗ 2017-2025 🍴 comté

Jean-Yves Vapillon, 120, rte de Macornay, 39000 Lons-le-Saunier, tél. 06 08 64 90 70, jean-yves.vapillon@wanadoo.fr V r.-v.

CHRISTELLE ET GILLES WICKY ★

| 1 000 | 15 à 20 € |

Gilles Wicky s'est installé en 2003. Ses 4,7 ha de vignes conduites en agriculture biologique (conversion) sont situés dans un secteur de terrasses dans la commune de Beaufort et en plaine dans la commune de Gevingey. La récolte est manuelle.

D'une belle couleur jaune doré, ce macvin est puissant au nez, même si l'on n'y décèle aucune empreinte dominante de l'alcool. Au contraire, fruits confits et abricot s'affirment en finesse. La bouche, tout en rondeur, suit cette ligne aromatique équilibrée dans un joli cortège de fruits secs et de pomme. ⧗ 2017-2025 🍴 tarte Tatin

Gilles et Christelle Wicky, 13, rue Principale, 39190 Sainte-Agnès, tél. 06 07 59 59 97, gilles.wicky@wanadoo.fr V r.-v.

LA SAVOIE ET LE BUGEY

Du lac Léman à la rive droite de l'Isère, dans les départements de la Haute-Savoie, de l'Ain, de l'Isère et surtout de la Savoie, le vignoble s'éparpille en îlots le long des vallées, borde les lacs ou s'accroche aux basses pentes les mieux exposées des Préalpes. Il fournit surtout des vins friands à boire jeunes, blancs secs pour les deux tiers, mais les sélections du Guide montrent l'existence de vins de caractère, voire de garde.

La vigne, la montagne et l'eau

Le vignoble savoyard est principalement situé à proximité du lac Léman ou de celui du Bourget, ou le long des rives du Rhône et de l'Isère. Les barrières rocheuses des Bauges et de la Chartreuse, les lacs et les cours d'eau tempèrent la rudesse du climat montagnard.

Des cépages typiques

Du fait de la grande dispersion du vignoble, ils sont assez nombreux. Les principales variétés sont au nombre de deux en rouge et de quatre en blanc. En rouge, le gamay, importé du Beaujolais voisin après la crise phylloxérique, donne des vins vifs et gouleyants, à consommer dans l'année. La mondeuse, cépage local, fournit des vins rouges bien charpentés, notamment à Arbin; c'était, avant le phylloxéra, le cépage le plus important de la Savoie; elle connaît un regain d'intérêt mérité, car ses vins ont de la personnalité et du potentiel. En blanc, la jacquère et le chasselas (ce dernier cultivé sur les rives du lac Léman) sont à l'origine de vins blancs frais et légers. L'altesse est un cépage très fin, typiquement savoyard, celui de l'appellation roussette-de-savoie. La roussanne, appelée localement bergeron, donne également des vins blancs de haute qualité, spécialement à Chignin (chignin-bergeron). On trouve encore, sur des superficies restreintes, le pinot noir et le chardonnay, et des variétés locales comme le persan (rouge), la molette et le gringet (blancs).

SAVOIE-BUGEY

VIN-DE-SAVOIE

• Superficie : 1 744 ha • Production : 93 372 hl (70 % blanc)

Le vignoble donnant droit à l'appellation est installé le plus souvent sur les anciennes moraines glaciaires ou sur des éboulis. La dispersion géographique s'ajoute à ce facteur géologique pour expliquer la diversité des vins savoyards, souvent consacrée par l'adjonction d'une dénomination locale à celle de l'appellation régionale (ex. : vin-de-savoie Apremont). Au bord du Léman, à Marin, Ripaille, Marignan et Crépy (ex-AOC), comme sur la rive suisse, c'est le chasselas qui règne. Il donne des vins blancs légers, à boire jeunes, souvent perlants. Les autres zones ont des cépages différents et, selon la vocation des sols, produisent des vins blancs ou des vins rouges. On trouve ainsi, du nord au sud, Ayze, au bord de l'Arve, et ses vins blancs pétillants ou mousseux, puis, au bord du lac du Bourget (et au sud de l'appellation seyssel), la Chautagne, et ses vins rouges au caractère affirmé. Au sud de Chambéry, les bords du mont Granier recèlent des vins blancs frais, comme le cru Apremont et celui des Abymes, vignoble établi sur le site d'un effondrement qui, en 1248, fit des milliers de victimes. En face, Monterminod, envahi par l'urbanisation, a malgré tout conservé un vignoble qui donne des vins remarquables ; il est suivi de ceux de Saint-Jeoire-Prieuré, de l'autre côté de Challes-les-Eaux, puis de Chignin, dont le bergeron a une renommée justifiée. En remontant l'Isère par la rive droite, les pentes sud-est sont occupées par les crus de Montmélian, Arbin, Cruet et Saint-Jean-de-la-Porte.

DOM. DES ANGES Le Plaisir des anges 2013 ★

■	11 000	5 à 8 €

Les deux frères Angelier, Michel et Joseph, sont à la tête de ce domaine de 8 ha, créé en 1989.

Cuvée phare de leur domaine, ce vin né d'une parcelle de 1,8 ha d'aligoté affiche un nez minéral, sur la pierre à fusil, une bouche équilibrée, à la fois riche et fraîche, longue et alerte. ⧗ 2016-2019 🍷 huîtres ■ Les Abymes 2013 ★ (moins de 5 € ; 10 600 b.) : séduisants arômes de citron confit. ⧗ 2014-2018

🔑 Angelier Frères, 526, chem. de Murs, 73800 Les Marches, tél. 04 79 28 03 41, domainedesanges@wanadoo.fr V t.l.j. 8h-12h 14h-19h

DOM. BELLUARD Ayse Méthode traditionnelle Les Perles du mont Blanc 2010 ★

●	30 000	🍾	8 à 11 €

Dominique Belluard n'a eu de cesse de reconvertir les vergers familiaux en vignes jusqu'à obtenir un domaine de 10 ha, dont 8,5 ha conduits en biodynamie. Il a pris pour blason le cépage gringet. Ce dernier a longtemps eu la réputation d'être un cousin du savagnin, probablement en raison de ses arômes floraux de jasmin.

Cet Ayse mousseux, au nez vineux, complexe et mûr de fruits jaunes, de brioche et de grillé, penche vers la rondeur en bouche, équilibré par une fine vivacité. ⧗ 2014-2017 🍷 escalopes de dinde à la crème ■ Les Alpes 2012 (11 à 15 € ; 12 000 b.) : au nez, le fruit est déjà patiné (coing), s'accordant bien avec la bouche, équilibrée et longue. ⧗ 2014-2017

🔑 Dom. Belluard, 283, Les Chenevaz, 74130 Ayse, tél. 04 50 97 05 63, domainebelluard@wanadoo.fr V r.-v.

PHILIPPE BETEMPS Apremont 2013 ★

■	n.c.	🍾	- de 5 €

Installé depuis 1990 sur ce domaine de 9,5 ha, Philippe Betemps est un spécialiste de l'Apremont.

Né de parcelles des contreforts graveleux du mont Granier, ce vin plaisant offre un nez de fleurs blanches rehaussé de notes de fruit de la Passion, et une bouche vive, facile et avenante. Une légère pointe d'amertume apporte un supplément d'âme en finale. ⧗ 2014-2016 🍷 gambas grillées

🔑 EARL Philippe Betemps, Saint-Pierre, 73190 Apremont, tél. 04 79 28 33 18, philippebetemps@orange.fr V r.-v.

FRANÇOIS CARREL ET FILS
Jongieux Gamay Vieilles Vignes 2013

■ | 16 000 | ▮ | 5 à 8 €

Créé en 1949, ce domaine familial mené par Éric Carrel a atteint 13,5 ha. Il vend la totalité de ses vins en bouteilles.

Ce 2013 rouge carmin intense affiche un nez fruité et chocolaté. Le fruit (cassis) bien présent en bouche en fait un vin gouleyant. ⧗ 2014-2015 🍷 fromage de Savoie ■ Jongieux Pinot 2013 (4 000 b.) : fruité tant au nez qu'au palais. ⧗ 2014-2015

François et Éric Carrel, lieu-dit Le Haut, 73170 Jongieux, tél. 04 79 33 18 48, gaec-la-rosiere@wanadoo.fr V r.-v.

JEAN CAVAILLÉ Cep noir Vieilles Vignes 2012

■ | 20 000 | ▮ | 8 à 11 €

Fondée en 1949 par Jean Cavaillé, cette maison de négoce a son siège à Aix-les-Bains. Si elle diffuse aujourd'hui des vins de toute la France, elle veille particulièrement à ses vins de Savoie. Laurent Cavaillé représente la troisième génération.

Ce 2012 de belle intensité au nez, sur le miel et les fruits à chair blanche (pomme, poire), est dominé par des notes de cire d'abeille en bouche. Longueur, onctuosité, rondeur sont équilibrées par la minéralité qui apporte de la fraîcheur. ⧗ 2016-2018 🍷 quenelles de brochet

Jean Cavaillé, PAE des Combaruches, 285, bd Jean-Jules-Herbert, 73100 Aix-les-Bains, tél. 04 79 61 04 90, cavaille@cavaille.com V r.-v.

LA CHANCELIÈRE Chignin Bergeron 2013 ★★

■ | 21 000 | ▮ | 5 à 8 €

Fabien Félix s'est installé en 1999 sur ce domaine familial qui ne trouvait pas de successeur : 4,5 ha, le tout vendu en vrac au négoce. Aujourd'hui, le domaine couvre 11,5 ha et vend 70 % de sa production en bouteilles. Depuis 2012, Fabien Félix est associé avec Georges Navarro.

Le vin offre une robe or pâle aux reflets verts, un nez intense d'écorce d'orange, de miel et d'amande douce. La bouche s'avère « envoûtante », ni trop lourde ni trop acide. Fin, onctueux, persistant, ce vin complexe est très agréable. ⧗ 2016-2019 🍷 chamonix mont blanc ■ Mondeuse Élevé en fût de chêne 2012 ★ (3 950 b.) : un vin charnu, boisé, aux arômes de pruneau et de griotte. ⧗ 2014-2015 ■ Chignin 2013 ★ (moins de 5 € ; 30 000 b.) : un nez amylique et floral, une bouche sur les agrumes, fraîche et fine. ⧗ 2014-2015

Dom. de la Chancelière, Chef-Lieu, 73800 Chignin, tél. 04 79 71 57 38 V r.-v.

PHILIPPE CHAPOT
Apremont 2013 ★★

■ | 25 000 | ▮ | - de 5 €

Cette exploitation a misé sur la viticulture à partir des années 1950. Elle a triplé ses superficies pour atteindre 10 ha de vignes. La cave de vinification a été aménagée en 1983.

Ce vin, très pâle, tire de son cépage, la jacquère, ses arômes de fleurs blanches (lys), de fruits jaunes (pêche), d'agrumes et de pierre à fusil. Charnu, droit, nerveux, le palais est longuement soutenu par la minéralité. ⧗ 2014-2016 🍷 truite grillée ■ 2013 ★ (3 000 b.) : un vin amylique, friand et élégant. ⧗ 2014-2015

Philippe Chapot, La Serraz, 73190 Apremont, tél. 04 79 28 26 20, p.chapot@orange.fr V r.-v.

DOM. DU COLOMBIER Apremont 2013

■ | 13 000 | ▮ | 5 à 8 €

Aujourd'hui à la tête d'un domaine de 15 ha, Patrick Tardy a démarré en 1987 avec 1 ha d'apremont, avant de s'étendre sur neuf crus. En 2003, il a inauguré son nouveau chai et un caveau de vente flambant neuf en 2013. Il aime vendanger tard, vinifier à basse température et élever ses vins sur lies fines.

Ce vin au nez minéral et parfumé d'agrumes dévoile une bouche vive et perlante qui lui donne une bonne fraîcheur. ⧗ 2014-2015 🍷 tartiflette ■ Mondeuse 2013 (4 000 b.) : frais, épicé et poivré au nez, encore un peu austère en bouche. ⧗ 2016-2018

Patrick Tardy, 230, chem. de la Grue, Saint-André, 73800 Les Marches, tél. 04 79 28 04 92, contact@lesvinstardy.fr V r.-v.

SAMUEL ET FABIEN GIRARD-MADOUX
Chignin Bergeron 2013

■ | 6 400 | 8 à 11 €

Ce domaine de 5,5 ha est tenu par les frères Samuel et Fabien Girard-Madoux. Le premier s'est destiné immédiatement à la vigne, le second a fait un détour par la boulangerie avant de s'installer en 2001.

Le vin jaune pâle dévoile un nez de poire et de banane, avec une bouche fraîche et ample à la finale un peu alcooleuse. ⧗ 2015-2017 🍷 truite grillée ■ Chignin mondeuse Tradition 2013 ★ (5 à 8 € ; 6 000 b.) : ample et de belle structure, marqué par des tanins encore un peu accrocheurs mais prometteurs. ⧗ 2017-2019

Samuel et Fabien Girard-Madoux, Cave Plantin, Tormery, 73800 Chignin, tél. 04 79 28 11 76, caveplantin@gmail.com V r.-v.

♥ CHARLES GONNET
Chignin 2013 ★★

■ | 50 000 | ▮ | 5 à 8 €

Un domaine de 14 ha, en progression constante, souvent en vue pour ses vins blancs (chignin, roussette), qui n'hésite pas à faire évoluer ses pratiques pour permettre au raisin d'exprimer tout son potentiel.

Véronique Gonnet signe une cuvée remarquable, où « tout est dans l'équilibre », explique-t-elle, dans un juste dosage des interventions à la vigne et en cave. Pas de recette miracle mais une vinification classique. Le vin en tire un nez très aromatique de fruits jaunes. Équilibrée et tout aussi expressive, la bouche offre fraîcheur et persistance, portée par une très fine amertume en finale. ⧗ 2014-2018 🍷 lavaret grillé

Dom. Charles Gonnet, Chef-Lieu, Cidex 3500, 73800 Chignin, tél. 06 80 74 08 46, veronique.gonnet@bbox.fr V r.-v.

LA GOUTTE D'OR Crépy 2013

| 40 000 | 5 à 8 € |

Cet important domaine (25,3 ha) existe depuis 1890. Le père et le grand-père de Claude Mercier ont largement contribué à l'accession du crépy à l'AOC.

Ce 2013 jaune or dévoile un nez de coing et de miel, arômes que l'on retrouve en bouche. Rond et onctueux, il trouve un équilibre sur la fraîcheur que porte longuement sa finale. 2014-2017 apéritif

EARL La Goutte d'Or, Dom. de la Grande Cave, 74140 Ballaison, tél. 04 50 94 01 23, clmercier74@aol.com V t.l.j. sf dim. 8h-12h 13h30-18h

DOM. DE L'IDYLLE Arbin Mondeuse 2013 ★

| 6 000 | 8 à 11 € |

Philippe et François Tiollier ont accueilli au domaine la jeune génération, en l'occurrence Sylvain, de retour pour les vendanges 2012 après des études d'œnologie sur cet important domaine de 20,8 ha.

Cette mondeuse, vinifiée pour partie en grappes entières, pour l'autre en éraflage, affiche une robe violacée, un nez de cerise et de violette, une bouche fraîche et fine. Un ensemble harmonieux et de bonne garde. 2016-2019 pintade rôtie aux herbes **Roussette-de-savoie Altesse 2013 (5 à 8 € ; 9 000 b.)** : plaisante par sa rondeur et sa minéralité. 2014-2017

Dom. de l'Idylle, 339, rue Croix-de-l'Ormaie, 73800 Cruet, tél. 04 79 84 30 58, tiollier.idylle@wanadoo.fr V t.l.j. sf dim. 9h-19h

Philippe et François Tiollier

DOM. LABBÉ Abymes 2013 ★

| 53 000 | - de 5 € |

Depuis 2004, les cousins Jérôme et Alexandra Labbé, exploitent 8,5 ha au pied du mont Granier.

Le vin or pâle offre un nez citronné et minéral, et une bouche à la fois fraîche et ronde, citronnée et fruitée, d'une belle longueur. Le sucre résiduel (5 g/l) n'est pas perceptible. 2015-2018 fondue savoyarde

La Savoie et le Bugey

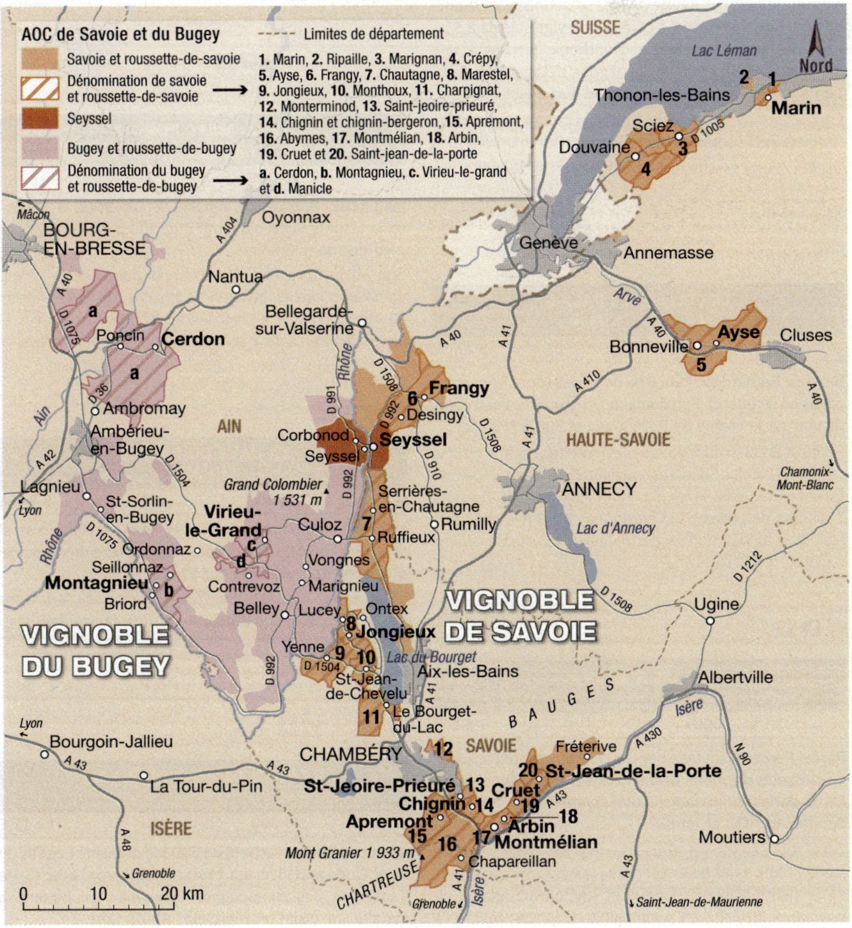

Dom. Labbé, 22, chem. de Pré-la-Grange, 73800 Les Marches, tél. 04 76 13 21 79, domainelabbe@free.fr V r.-v.

DOM. DE MÉJANE Persan 2013

■	9 000	5 à 8 €

Anne Bellemin-Laponnaz, fille de Jean Henriquet, est à la tête du domaine (14 ha) depuis 2002. Les bâtiments du XVIII^e^s. comptent une cave entièrement rénovée en 2000.

Ce vin à la robe foncée affiche un nez de fruits mûrs et de cuir. Sa bouche est tannique, certes, mais aussi longue et généreuse. 2016-2018 tomme de Savoie

Dom. de Méjane, Les Reys, 73250 Saint-Jean-de-la-Porte, tél. 04 79 71 48 51, contact@domaine-de-mejane.com V t.l.j. sf dim. 9h-12h 14h-18h

MICHEL ET XAVIER MILLION-ROUSSEAU
Jongieux Gamay 2013 ★

■	7 500		5 à 8 €

Michel (le père) et Xavier (le fils) se définissent comme des artisans vignerons, à la tête d'un vignoble de 8,5 ha implanté sur le coteau de Monthoux. Situées à une altitude de 300 à 500 m, les vignes s'étagent en forte pente avec une exposition au sud-sud-ouest.

Ce gamay aux arômes de fruits confits et de pruneau séduit par sa souplesse, sa rondeur et son harmonie. Un vin généreux. 2014-2015 assiette de charcuterie

Michel et Xavier Million-Rousseau, Monthoux, 73170 Saint-Jean-de-Chevelu, tél. 04 79 36 83 93, vinsmillionrousseau@orange.fr V t.l.j. sf dim. 8h30-12h 14h-19h

LE CELLIER DU PALAIS
Apremont 2013 ★

■	5 000	5 à 8 €

Béatrice Bernard exploite 8 ha de vignes (dont la majeure partie en jacquère). Son domaine offre un très beau point de vue sur la chaîne de Belledonne et sur le Nivolet.

Fruité et floral (fruits exotiques et violette), ce 2013 affiche une belle rondeur dans un palais qui ne manque pas de fraîcheur et d'énergie. Un vin équilibré. 2014-2015 rillettes de poisson ■ Chardonnay 2013 ★ (1 500 b.): plaît par sa délicatesse florale et sa bouche finement perlante. 2014-2017

Béatrice Bernard, Le Cellier du Palais, village de l'Église, 73190 Apremont, tél. 04 79 28 33 30 V r.-v.

PASCAL PERCEVAL
La Côte de Gariou Cuvée Prestige 2013 ★

■	1 600		5 à 8 €

Pascal Perceval, installé depuis 1990 aux Marches, juste en dessous du mont Granier, exploite un vignoble de 28 ha donnant naissance à une gamme d'une trentaine de vins en AOC et en IGP.

Cette cuvée élevée sur 18 ares de velteliner révèle une robe jaune doré, un nez beurré et floral, une bouche d'agrumes et de fleurs blanches, longue et légèrement teintée de vivacité. 2016-2019 aumônières de langoustines

SARL Pascal Perceval, 709, chem. de Cresmont, 73800 Les Marches, tél. 04 79 28 13 13, vinperceval.gp@wanadoo.fr V t.l.j. sf dim. 8h-12h 14h-18h; sam. 9h-12h

JEAN PERRIER ET FILS
Abymes Cuvée Gastronomie 2013 ★★★

■	25 000		8 à 11 €

Les Perrier cultivent la vigne depuis 1853. Par la suite, l'entreprise (négoce et propriété) s'est largement développée, notamment sous la conduite de Gilbert Perrier, aujourd'hui épaulé par ses fils Philippe, Christophe et Gilles. Le vignoble familial s'étend sur 60 ha et huit communes.

Cette jacquère des éboulis du mont Granier séduit avec son nez intense de pamplemousse, sa bouche ample, élégante, épicée et délicatement fruitée (pêche de vigne), qui s'étire dans une finale interminable. Elle offre un beau potentiel pour la garde. 2015-2020 plateau de fruits de mer ■ Fleur de Chardonnay Élevé en fût de chêne 2013 ★ (11 à 15 €; 15 000 b.): un nez subtil de tilleul, d'aubépine, d'acacia et de jasmin, et une bouche minérale, florale et délicate. 2014-2015

Jean Perrier et Fils, rue de la Jacquère, 73800 Les Marches, tél. 04 79 28 11 45, info@vins-perrier.com V t.l.j. sf sam. dim. 9h-12h 13h30-17h30

DOM. MARC PORTAZ
Abymes Tête de cuvée 2013 ★★

■	10 000		- de 5 €

Jean-Marc Portaz est installé depuis 2000 à Chapareillan, sur le vignoble familial de 10 ha créé en 1993 au pied du mont Granier.

Son Abymes, vinifié à basse température, affiche un nez pamplemousse et minéral. La bouche se révèle fine et équilibrée, longue et bien nette. Un vin harmonieux et alerte. 2014-2018 lavaret en papillote aux herbes

EARL Dom. Marc Portaz, allée du Colombier, 38530 Chapareillan, tél. 04 76 45 23 51, domainemarcportaz@wanadoo.fr V r.-v.

LA CAVE DU PRIEURÉ
Jongieux Mondeuse 2013 ★

■	23 000		5 à 8 €

Noël et Julien Barlet, père et fils, sont les cinquième et sixième générations de vignerons à la tête du domaine, qui étend son vignoble sur 27 ha.

Si le nez est discrètement fruité (framboise), la bouche s'avère dense, gourmande, avec des tanins robustes, caractéristiques d'une mondeuse de garde. 2016-2020 agneau grillé

Raymond Barlet et Fils, La Cave du Prieuré, 73170 Jongieux, tél. 04 79 44 02 22, caveduprieure@wanadoo.fr V t.l.j. 14h-19h

LES FILS DE RENÉ QUÉNARD
Chignin Bergeron La Bergeronnelle 2012 ★★

■	20 000		11 à 15 €

Philippe Viallet a racheté en 2008 le domaine Les Fils de René Quénard (18 ha dont 15 ha de bergeron) avec Claire Taittinger, des champagnes éponymes. Le binôme a installé sur place un régisseur, Alexis Cote.

Cette cuvée dévoile un nez complexe de pomme confite, de noisette et de tilleul, relevé d'épices douces (clou de girofle). La bouche, ample et parfumée (noisette, miel, cire) finit sur une belle acidité qui se fondra avec la garde. ⧗ 2016-2019 🍴 diots au vin blanc

Les Fils de René Quénard, Le Villard, Cidex 4707, 73800 Chignin, tél. 04 79 28 01 15, info@lesfilsderenequenard.fr V r.-v.

♥ ANDRÉ ET MICHEL QUÉNARD
Arbin Mondeuse Terres brunes 2013 ★★

| 5 500 | 11 à 15 €

Guillaume Quénard, le fils de Michel, est arrivé au domaine en 2009 après des études au lycée viticole de Beaune, puis à l'école d'ingénieurs de Changins (Suisse). Il assure aujourd'hui les vinifications aux côtés de son frère Romain, qui l'a rejoint en 2013 après des études de viticulture.

Nouveau venu dans la gamme des vins du domaine, ce 2013 violine, au nez discret mais complexe, fruité et fumé, se distingue par une bouche intense et dense, finement parfumée (pivoine, framboise), longue et élégante, adossée à de splendides tanins. ⧗ 2016-2020 🍴 côte de bœuf ■ Chignin Vieilles Vignes 2013 ★ (5 à 8 € ; 30 000 b.) : intense au nez et complexe en bouche. ⧗ 2015-2019 ■ Chignin-Bergeron Les Terrasses 2013 ★ (15 à 20 € ; 16 000 b.) : fruit confit au nez, ample et généreux en bouche. ⧗ 2015-2019

André et Michel Quénard, Torméry, 73800 Chignin, tél. 04 79 28 12 75, am.quenard@wanadoo.fr V r.-v.

JEAN-FRANÇOIS QUÉNARD
Anne-Sophie 2012 ★

| 5 000 | | 11 à 15 €

Jean-François Quénard exploite un domaine de 18 ha établi non loin des tours ruinées qui ajoutent encore du relief au village de Chignin. Il achève actuellement la construction d'une cave de stockage pour faire de la place à la cuverie.

Chaque fille Quénard a donné son prénom à une cuvée. Celle-ci porte celui de la troisième fille. Elle offre un nez miellé, boisé, fin et élégant, prélude à une bouche franche, fraîche et dense, minérale et subtile. ⧗ 2014-2019 🍴 tarte au chocolat et aux framboises ■ Chignin-bergeron Le Bergeron d'Alexandra 2012 ★ (20 à 30 € ; 950 b.) : cette cuvée de vendanges tardives affiche encore une belle acidité. Elle séduit par son nez de coing, de vanille, d'abricot et de caramel, et par sa bouche fruitée et onctueuse. (Bouteilles de 50 cl.) ⧗ 2014-2020 ■ Chignin-Bergeron Le Bergeron comme avant... 2011(15 à 20 € ; 3 000 b.) : distingué pour sa puissance aromatique (noisette, grillé) et sa minéralité en bouche. ⧗ 2014-2017

Jean-Pierre et Jean-François Quénard, Le Villard, Cidex 4706, 73800 Chignin, tél. 04 79 28 08 29, j.francois.quenard@wanadoo.fr V r.-v.

PASCAL RAVIER Abymes 2013 ★

| 10 000 | 5 à 8 €

L'éboulement du mont Granier, qui ravagea la contrée au Moyen Âge, se serait arrêté à Myans, village voisin de Chignin, épargnant ses habitants. Pascal Ravier, installé dans cette commune, cultive 13 ha aux environs.

La jacquère 2013 renoue avec la subtilité des 2009 du domaine : une couleur or limpide, un nez minéral et floral délicat, une bouche fruitée et ronde. Un ensemble élégant et harmonieux. ⧗ 2014-2019 🍴 plateau de fruits de mer

Dom. Pascal et Benjamin Ravier, Chacuzard, 73800 Myans, tél. 04 79 28 10 97, veronique.ginet@wanadoo.fr V t.l.j. 9h-19h

PHILIPPE ET SYLVAIN RAVIER
Chignin Bergeron Les Amandiers 2013 ★

| 40 000 | | 8 à 11 €

Philippe Ravier conduit un domaine qui s'est considérablement agrandi, passant de 3 ha en 1983 à 25 ha aujourd'hui. Son fils Sylvain l'a rejoint en 2007.

Ce 2013 affiche une robe or clair, un nez miellé et praliné, relayé par une bouche concentrée, généreuse et très suave en finale (5 g/l). ⧗ 2014-2017 🍴 aumônières de saumon ■ Roussette-de-savoie 2013 ★ (5 à 8 € ; 10 000 b.) : distingué pour son nez intense de fleur d'acacia et pour sa bouche riche et douce. ⧗ 2014-2017

Philippe et Sylvain Ravier, 68, chem. du Cellier, 73800 Myans, tél. 04 79 28 17 75, vinsdesavoie@wanadoo.fr V r.-v.

CH. DE RIPAILLE Ripaille 2013

| 135 000 | | 5 à 8 €

Les 21 ha de vignes du domaine entourent le château construit en 1434 par les ducs de Savoie, détenu par les Chartreux au XVII[e]s. et par la famille Necker depuis 1892.

Les 19 ha de chasselas consacrés à cette cuvée donnent un vin or pâle, au nez discret d'agrumes. Le palais gras et enrobé est relevé d'un zeste d'agrumes en finale. Un joli vin typique. ⧗ 2014-2018 🍴 pintade rôtie au miel

Paule Necker, Dom. de Ripaille, 83, av. de Ripaille, 74200 Thonon-les-Bains, tél. 04 50 71 75 12, domaine.ripaille@wanadoo.fr V t.l.j. 10h-12h 14h-17h (18h en été)

DOM. DE ROUZAN
Apremont 2013 ★★

| 20 000 | | 5 à 8 €

Denis Fortin est à la tête d'un petit domaine de 7 ha (dont la moitié en apremont) qu'il a repris en 1991, succédant à son père. Il a construit un chai en 1992 avant de l'agrandir en 2005. Depuis 2013, il conduit une ferme pédagogique.

Ce vin or pâle aux reflets verts dévoile un nez de silex, de pamplemousse et de fleurs blanches. Le palais, ample et tendre, s'égaye de petites notes de bonbon anglais et dévoile une belle fraîcheur en finale. ⧗ 2014-2017 🍴 petite friture de poisson

Fortin, 152, chem. de la Mairie, 73190 Saint-Baldoph, tél. 04 79 28 25 58, denis.fortin@wanadoo.fr V r.-v.

DOM. DES SABOTS DE VÉNUS Abymes 2013 ★★

■	16 700	🍾	- de 5 €

Cette coopérative fondée en 1966 réunit une dizaine de vignerons qui travaillent individuellement leurs vignes, puis les vendangent en commun. Il apportent leur récolte à la cave qui assure la vinification, l'embouteillage et la commercialisation.

Ce 2013 élevé sur 3 ha de jacquère est un vin très pâle, au nez de feuille de cassis et de pierre à fusil. Équilibré et minéral en bouche, il affiche un côté acidulé apporté par les arômes d'agrumes. Pas complètement sec (5,5 g/l de sucres résiduels), un vin agréable. ⧗ 2014-2018 🍷 anguille grillée ■ **Apremont 2013 ★ (5 à 8 € ; 15 600 b.)** : il séduit par un équilibre dominé par la fraîcheur et par la présence de ses notes d'agrumes et de fruits exotiques. Ses 6 g/l de sucres résiduels sont à peine perceptibles. ⧗ 2014-2015

🔑 Le Vigneron savoyard, rte du Crozet, 73190 Apremont, tél. 04 79 28 33 23 V 🍷 t.l.j. sf sam. dim. lun. 8h-12h 14h-18h

Ⓑ CH. LA TOUR DE MARIGNAN
Méthode traditionnelle La Perle 2011 ★

●	6 000	🍾	11 à 15 €

Les moines, qui se trompaient rarement en la matière, avaient valorisé dès le XIIIes. le coteau de Boisy, au bord du lac Léman. Olivier Canelli vinifie presque sans souffre et cultive en bio son domaine de 5 ha, certifié depuis 1993.

Élevé huit mois en fût, puis plus de deux ans sur lattes, ce 2011 dévoile une jolie bulle et un nez de brioche et de miel relevé de camphre. En bouche, une vivacité aérienne lui confère beaucoup d'équilibre et de dynamisme. ⧗ 2014-2018 🍷 truite à l'oseille ■ **Perlant 2012 (8 à 11 € ; 6 000 b.)** : élevé dix mois en fût, ce vin séduit par son nez noisette et miel, et par son palais gras. ⧗ 2016-2018

🔑 Olivier et Xavier Canelli, Ch. la Tour de Marignan, 74140 Sciez, tél. 04 50 72 70 30, tourdemarignan@hotmail.com V 🚶 🍷 t.l.j. 9h-19h

FABIEN TROSSET
Arbin Mondeuse 2013

■	8 000	🍾	8 à 11 €

Installé en 2011 sur un domaine de 7 ha, à Arbin – un des crus consacrés à la mondeuse –, le jeune et talentueux Fabien Trosset a agrandi le vignoble familial qui couvre aujourd'hui 15 ha.

Ce vin violine au nez intense de cassis et de violette révèle une bouche fraîche, florale et légère, aux tanins bien enrobés. « Joufflu » et débonnaire. ⧗ 2014-2019 🍷 poulet rôti

🔑 Dom. Fabien Trosset, 142, chem. des Moulins, 73800 Arbin, tél. 06 03 75 56 14, trosset.fabien@ sfr.fr V 🚶 🍷 t.l.j. sf dim. 8h-12h 14h-18h

LES FILS DE CHARLES TROSSET
Arbin Mondeuse Harmonie 2013

■	n.c.	🍾	11 à 15 €

Vigneron n'est pas son métier officiel, puisque Louis Trosset est retraité de l'université de Savoie. Cet ancien professeur de biologie végétale, passionné de botanique et de géologie, exploite avec son frère une mosaïque de petites parcelles de 15 à 45 ares exposées plein sud. Une référence incontournable à Arbin, haut lieu de la mondeuse.

Née d'une sélection parcellaire, cette cuvée se révèle épicée et tannique, avec un joli nez poivré, épicé, floral, et une bouche de bonne facture, aux tanins bien extraits. ⧗ 2014-2018 🍷 travers de porc

🔑 SCEA Les Fils de Charles Trosset, 280, chem. des Moulins, 73800 Arbin, tél. 04 79 84 30 99, louis.trosset@univ-savoie.fr V 🍷 r.-v.

ADRIEN VACHER
Apremont Jacquère Les Adrets 2013 ★

■	25 000	🍾	5 à 8 €

Charles-Henri Gayet, propriétaire du château des Violettes, est également négociant et dirigeant de la maison Adrien Vacher.

Né d'une parcelle exposée au sud, ce vin vendangé à la main et vinifié à basse température offre un nez délicat de mirabelle, de pétale de rose et de violette, prolongé par une bouche fine et nette, qui fait montre d'une belle harmonie. ⧗ 2014-2015 🍷 rillettes de crabe ■ **Abymes Cuvée réservée 2013 ★ (moins de 5 € ; 26 000 b.)** : séduisant nez d'agrumes, vif, et longue finale. ⧗ 2014-2018

🔑 Maison Adrien Vacher, ZA Plan-Cumin, 177, rue de la Mondeuse, 73800 Les Marches, tél. 04 79 28 11 48, charleshenri.gayet@wanadoo.fr V 🍷 r.-v.

MAISON PHILIPPE VIALLET
Chignin-Bergeron Les Bouillettes 2013 ★★

■	10 000	🍾	8 à 11 €

La petite coopérative d'Apremont exporte 80 % de sa production.

Philippe Viallet, producteur négociant, a apporté à la « coop' » 2 ha de roussanne, à l'origine de ce 2013 admirable. Avec son nez de fleur d'acacia, de jasmin, de muscat frais, de noisette et d'amande, le vin séduit immédiatement. La bouche est riche, intense et miellée, équilibrée par une noble amertume en finale. ⧗ 2014-2018 🍷 poularde rôtie ■ **Chignin-Bergeron Les Vendanges des premières neiges 2012 ★ (20 à 30 € ; 3 400 b.)** : une curiosité que ce vin issu de vendanges tardives, resté un an en fût d'acacia, qui révèle un nez de vanille, de noix, de coing et de miel, relayé par une bouche suave et ample. (Bouteilles de 50 cl.) ⧗ 2014-2015 ■ **Apremont Vieilles Vignes 2013 (5 à 8 € ; 40 000 b.)** : cette jacquère séduit par sa minéralité, ses arômes d'agrumes et sa fraîcheur en bouche. ⧗ 2014-2015

🔑 SICA Les Vignerons des TS, rte de Myans, Le Clos-Réserve, 73190 Apremont, tél. 04 79 28 20 68, viallet-vins-qualite@wanadoo.fr

DOM. DU CH. DE LA VIOLETTE
Mondeuse Sous les cèdres... 2012 ★

■	3 000	🍾	5 à 8 €

Charles-Henri Gayet, négociant et patron de la maison Adrien Vacher, a repris en 2000 ce domaine créé en 1957, passé de 7 à 20 ha.

Cette mondeuse d'un beau rouge sombre et intense a été vinifiée en vendange entière et macération carbonique à basse température. Elle en tire un nez d'épices et de fruits rouges et noirs (groseille, cassis), et une bouche fraîche, fine et longue, plus stricte en finale. ⧗ 2014-2018 🍴 entrecôte grillée

⊶ Dom. du Ch. de la Violette, 203, rte de Myans, 73800 Les Marches, tél. 04 79 28 13 30, charleshenri.gayet@wanadoo.fr V 🚶 🍷 t.l.j. sf dim. 9h-12h 14h-19h ⊶ Charles-Henri Gayet

DOM. JEAN VULLIEN & FILS
Chignin Bergeron Harmonie 2013 ★★

■ | 14 000 | 🍾 | 11 à 15 €

Olivier et David Vullien, les fils de Jean, sont, comme nombre de leurs collègues de Fréterive, à la fois vignerons et pépiniéristes. Ils exploitent 34 ha répartis sur les pentes de la combe de Savoie, de Fréterive à Montmélian.

Ce vin, paré d'une vive robe dorée, dévoile un nez de vendanges surmûries, de fleurs séchées et de miel. La bouche se révèle à la fois riche, généreuse et minérale, et se conclut sur une jolie note d'abricot, portant avec élégance son côté vendanges tardives. ⧗ 2014-2017 🍴 foie gras

⊶ EARL Dom. Jean Vullien et Fils, La Grande-Roue, 60, rue de la Soierie, 73250 Fréterive, tél. 04 79 28 61 58, contact@jeanvullien.com V 🚶 🍷 t.l.j. 9h-12h 14h-18h30; dim. 9h-12h

ROUSSETTE-DE-SAVOIE

• Superficie : 213 ha • Production : 10 600 hl

Issue aujourd'hui du seul cépage altesse, la roussette-de-savoie est produite à Frangy, le long de la rivière des Usses, à Monthoux et à Marestel, au bord du lac du Bourget. L'usage qui veut que l'on serve jeunes les roussettes de ce cru est regrettable, puisque, bien épanouies avec l'âge, elles font merveille sur du poisson, des viandes blanches ou encore avec le beaufort local.

DENIS ET DIDIER BERTHOLLIER
Baron Decouz 2013 ★

■ | 1 600 | 🛢 | 8 à 11 €

Alexis Berthollier a spécialisé l'exploitation familiale dès le début des années 1960. À la tête de 11 ha de vignes, ses deux fils, Denis et Didier, poursuivent la même démarche de qualité, en replantant des coteaux délaissés et en adaptant les cépages aux terroirs.

Ce vin charnu, qui a passé autant de temps en cuve qu'en fût (dix mois pour chaque), au nez de pomme mure et de miel, dévoile une bouche épicée et vanillée, riche, ronde et longue. ⧗ 2016-2018 🍴 salade de foies de volaille et fruits ■ Vin-de-savoie Saint-Anthelme chignin bergeron 2011 (11 à 15 € ; 4 800 b.) : ce vin élevé sur un coteau au sol très calcaire exposé au sud, dont la pente avoisine les 60 %, se distingue par sa bouche puissante et généreuse. ⧗ 2014-2016

⊶ Denis et Didier Berthollier, Dom. la Combe des Grand'Vignes, Le Viviers, 73800 Chignin, tél. 04 79 28 11 75, berthollier@ chignin.com V 🚶 🍷 t.l.j. 8h-11h30 13h30-18h30; dim. 8h-13h

♥ EUGÈNE CARREL ET FILS Marestel 2012 ★★

■ | 10 000 | 🍾 | 8 à 11 €

Les Carrel sont vignerons de père en fils et filles depuis 1830 et six générations. Spécialisé dans les années 1970 par Eugène Carrel et conduit par son fils Olivier depuis 1994, le domaine couvre 24 ha implantés sur les fortes pentes du mont de la Charvaz et du mont du Chat. Une valeur sûre en blanc comme en rouge.

Cette roussette de Marestel à la robe or jaune séduit d'emblée par son nez expressif d'ananas et d'épices douces. La bouche, poivrée et fruitée, est un modèle d'élégance et d'équilibre, et s'étire dans une longue finale aux accents d'agrumes. ⧗ 2014-2018 🍴 filet de truite safrané ■ Marestel cuvée Eugène Marc 2012 (11 à 15 € ; 2 000 b.) : une cuvée séduisante grâce à son nez de zeste d'orange et à sa bouche vanillée (signe d'un élevage de six mois en fût). ⧗ 2016-2019

⊶ Dom. Eugène Carrel et Fils, Le Haut, 73170 Jongieux, tél. 04 79 44 00 20, carrel-eugene@ wanadoo.fr V 🚶 🍷 t.l.j. 8h-12h 14h-17h45; dim. sur r.-v.

SAVOIE-BUGEY

CHEVALLIER-BERNARD Marestel 2012 ★★

■ | 2 700 | 🍾 | 8 à 11 €

Jean-Pierre Bernard a apporté du Beaujolais sa connaissance du gamay quand il s'est installé en 1996 à Jongieux sur la petite exploitation de son beau-père. Il maîtrise aussi la vinification des blancs.

De jeunes ceps de onze ans, le vin tire les arômes complexes que l'on attend d'une bonne roussette : abricot et ananas, poire et pomme, de la finesse et une belle minéralité en bouche, une finale longue et élégante. ⧗ 2014-2018 🍴 coquilles Saint-Jacques ■ Jongieux Gamay 2013 ★ (moins de 5 € ; 16 000 b.) : séduisant par son fruité pimpant et son harmonie. ⧗ 2014-2016

⊶ Dom. Chevallier-Bernard, Le Haut, 73170 Jongieux, tél. 04 79 44 00 33, cpjbernard@orange.fr V 🚶 🍷 r.-v.

VINCENT COURBET Frangy Altesse 2013

■ | 16 000 | 🍾 | 5 à 8 €

Ce domaine a été créé en 1968 par le père et le grand-père de Vincent Courlet à partir de 20 ha de vignes. Depuis 1998, le vigneron, qui est passé par l'Oregon, exploite 5 ha autour de Frangy, l'un des meilleurs crus pour la roussette. Il s'intéresse au bio, mais n'a pas engagé de conversion.

Ce vin à la robe pâle teintée de reflets verts dévoile un nez d'amande fraîche et d'abricot. Vif et citronné à l'attaque, le palais évolue ensuite vers la rondeur avant de prendre des accents acidulés en finale. ⧗ 2016-2018 🍴 gambas au curry

⊶ Vincent Courlet, 133, rue Basse, 74270 Frangy, tél. 06 81 86 02 52, vincent.courlet@orange.fr V 🚶 🍷 r.-v.

DOM. EDMOND JACQUIN Marestel 2013 ★

■ | 15 000 | 🍾 | 8 à 11 €

Patrice Jacquin, maire de Jongieux, défend avec civisme le foncier viticole de sa commune face à l'urbanisation.

Il conduit avec son père Jean-François un domaine de 38 ha, dont les vins sont souvent en vue dans le Guide.

Ce Marestel pâle aux reflets argentés est un vin puissant : son attaque franche et perlante est de belle ampleur, la matière riche et les arômes de fruits bien présents. Il saura montrer tout son équilibre après la garde. 2014-2018 langoustines au jus de citron ■ Jongieux 2013 (5 à 8 € ; 20 000 b.) : floral et bien typé jacquère, bâti sur une franche vivacité. 2014-2016

Dom. Edmond Jacquin et Fils, Jongieux-le-Haut, 73170 Jongieux, tél. 04 79 44 02 35, jacquin4@wanadoo.fr V t.l.j. 8h-12h 14h-18h 2

GUY JUSTIN Monthoux 2011 ★★

■	3 200		5 à 8 €

Emmanuelle Justin aide son père Guy au domaine : à lui, le tracteur et les vinifications, à elle, le commerce et les marchés. Le domaine est spécialiste de l'altesse, ce cépage occupant près des deux tiers de la superficie totale (12 ha).

Cette roussette 2011, qui a connu un élevage de dix-huit mois, dévoile un nez de fruits blancs mûrs agrémentés de notes grillées. Riche en bouche, elle affiche de la complexité et de la rondeur. Le vin évolue vers un équilibre harmonieux entre sucres et acidité. Sa finale, fraîche et élégante, est persistante. Un bel ambassadeur de son appellation. 2016-2020 foie gras poêlé ■ Cuvée gastronomique 2012 (14 000 b.) : un vin au nez de miel et de cire, égayé par une légère et agréable amertume finale. 2014-2017

EARL Guy Justin, La Touvière, 73170 Billième, tél. 04 79 36 81 61, justin.emmanuelle@live.fr V r.-v.

DOM. LUPIN Frangy 2013 ★★

■	25 000		5 à 8 €

Bruno Lupin possède 5,5 ha du minuscule cru Frangy occupant un coteau exposé au plein sud et un terroir de moraine glaciaire, sur lequel il n'exploite que de l'altesse, qu'il décline en plusieurs cuvées confidentielles. Cet ancien œnologue intervient très peu sur ses cuves, laissant au vin le temps de se faire.

Principale cuvée du domaine, cette roussette au nez délicat de fruits blancs et jaunes (pêche, poire, abricot) teinté de notes d'agrumes, déploie une bouche ronde et souple, en harmonie avec l'olfaction. La finale, persistante, est rehaussée de touches de pamplemousse qui lui confèrent une légère et plaisante amertume. 2014-2018 bar au fenouil ■ Frangy cuvée Les Barriques 2012 (2 000 b.) : ce vin, qui a passé dix mois en fût, en retire des notes vanillées. Le palais s'exprime dans un style fruité séduisant, avec un équilibre réussi entre la douceur et l'acidité. 2014-2018

Bruno Lupin, rue du Grand-Pont, 74270 Frangy, tél. 04 50 32 29 12, lupin.bruno@aliceadsl.fr V t.l.j. sf dim. lun. 8h30-14h30 17h-20h

CH. DE LA MAR Marestel La Chapelle 2012 ★

■	3 000		15 à 20 €

Jean-Paul Richard, néovigneron, a acheté en 2009 et rénové cette splendide bâtisse qui tombait en ruine au pied du coteau de Marestel. Il exploite son vignoble en biodynamie et confie le soin de vinifier à Olivier Turlais, œnologue réputé de la région.

Issue de vignes de quarante ans et d'un passage de huit mois en fût, cette cuvée offre un nez fruité, épicé et vanillé, et une bouche sur l'écorce d'orange, à la finale fondue. 2015-2018 filet de truite à l'oseille ■ Marestel Le Golliat 2012 (11 à 15 € ; 3 000 b.) : une cuvée séduisante par son nez d'orange et de pamplemousse, et par sa bouche riche et ronde. 2016-2019

SARL du Ch. de la Mar, Aimavigne, 73170 Jongieux, tél. 04 79 96 09 84, chateaudelamar@live.fr V r.-v. 5 Richard

JEAN-FRANÇOIS MARÉCHAL Altesse de Beauregard 2013 ★

■	3 000		5 à 8 €

Jean-François Maréchal, aujourd'hui secondé par son épouse Nathalie, a concrétisé son rêve d'enfant lorsqu'il a planté sa première vigne, avec l'aide de ses parents, à quatorze ans ! À dix-huit ans, il vendait ses premières bouteilles. Désormais, il exploite 10 ha.

Cette roussette issue de 1 ha d'altesse, levurée, vinifiée à basse température et bâtonnée, révèle un nez délicat de fleur d'oranger et d'agrumes. À l'attaque, elle se montre franche, fraîche et nerveuse, puis évolue vers la rondeur et le gras. La finale, acidulée, apporte un agréable regain de fraîcheur. 2014-2017 sole meunière aux herbes ■ Abymes 2013 ★ (moins de 5 € ; 3 000 b.) : sur le minéral et les agrumes confits, un vin équilibré et persistant. 2014-2017

Jean-François Maréchal, coteau des Belettes, 73190 Apremont, tél. 04 79 28 36 23, marechal.jf@free.fr V t.l.j. 16h30-19h 2 B

B CH. DE MÉRANDE Son Altesse 2013 ★

■	7 000		11 à 15 €

En 2009, l'ensemble du domaine (12 ha) est passé en biodynamie et la certification est à présent acquise. Daniel Genoux et Yann Pernuit travaillent principalement la roussette (1,2 ha) et l'arbin (4 ha).

Cette roussette, pressée en douceur en grappes entières pendant quatre heures et fermentée à basse température, affiche une robe jaune paille, un nez de miel et de fruits blancs teinté de quelques notes fumées, et une bouche bien équilibrée. 2014-2018 saumon à l'oseille

Mme Alexis Genoux, 335, chem. de Mérande, 73800 Arbin, tél. 04 79 65 24 32, dangenoux@wanadoo.fr V r.-v. B

CH. DE MONTERMINOD 2012 ★

■	12 000		15 à 20 €

La famille Perrier cultive la vigne depuis plus de cent cinquante ans. Gilbert Perrier, lui, a acheté ce domaine de 37 ha au début des années 2000, acquérant ainsi une belle palette de cépages et d'appellations de Savoie. Depuis, la superficie s'est étendue à 59 ha.

Les Perrier ont acquis ce domaine en 2002, s'étoffant ainsi en surface et faisant entrer l'altesse dans leur gamme. Le cépage a donné naissance à un 2012 au nez puissant de fruits murs presque confits (ananas, agrumes) et d'épices (gingembre et cardamome). La bouche, franche en attaque et en harmonie avec l'olfaction, séduit par sa richesse et sa longue finale. 2014-2018 tarte au citron ■ Jean Perrier Père et Fils Chignin-bergeron Fleur de roussane 2013 ★ (15 000 b.) : séduit par ses notes de raisin sec et sa bouche à la fois riche et minérale. ⌛ 2014-2016

Dom. Jean Perrier, hameau de Saint-André, 73800 Les Marches, tél. 04 79 28 11 45, info@vins-perrier.com V t.l.j. sf sam. dim. 9h-12h 13h30-17h30

DOM. SAINT-ROMAIN Marestel 2012 ★★

■	4 500		8 à 11 €

Nicolas Perret, négociant, a aussi un casquette de viticulteur. Il exploite 20 ha à Billième et vinifie à Jongieux.

Cette roussette née d'un terroir calcaire et caillouteux a été récoltée avec une légère surmaturité et fermentée à basse température. Elle en tire une robe dorée, un nez de fruits mûrs (ananas, mangue, abricot confit), une bouche ronde et épicée sur sa finale. ⌛ 2016-2020 🍴 tarte Tatin ■ Vin-de-savoie Jongieux Mondeuse Terre natale 2012 ★ (4 000 b.) : un vin rond, épicé (poivre) et équilibré, qui saura attendre. ⌛ 2016-2019

Nicolas Perret, Le Haut, 73170 Jongieux, tél. 04 79 36 83 54, vins.perret@wanadoo.fr V t.l.j. 9h-12h 14h-19h

SEYSSEL

• Superficie : 73 ha • Production : 3 016 hl

Occupant les deux rives du Rhône entre Haute-Savoie et Ain, cette AOC produit des vins blancs tranquilles, à base du seul cépage altesse, et des vins mousseux associant cette variété à la molette ; les effervescents sont commercialisés trois ans après leur prise de mousse. Les cépages locaux donnent aux seyssel un fin bouquet aux nuances de violette.

MAISON MOLLEX Roussette Vieilles Vignes 2011

■	6 500		5 à 8 €

La famille Mollex se flatte de cultiver la vigne depuis (au moins) 1359. Mais il a fallu attendre le début des années 1930 pour qu'elle vende son vin en bouteilles. Aujourd'hui, Jean-Luc et Sébastien Mollex perpétuent cette tradition et exploitent le plus grand vignoble de l'AOC (25 ha).

Né de vieilles vignes d'altesse plantées il y a cinquante ans par le fondateur du domaine, ce vin a été vinifié à basse température. Il en tire un nez vineux et expressif. La bouche, fraîche, fine et longue, signe un seyssel de bonne tenue, sans effusions. ⌛ 2014-2016 🍴 pavé de saumon

Maison Mollex, 161, pl. de l'Église, 01420 Corbonod, tél. 04 50 56 12 20, maisonmollexsa@wanadoo.fr V t.l.j. sf dim. 9h-12h 14h-18h; lun. 14h-18h

BUGEY

• Superficie : 490 ha • Production : 30 335 hl (55 % rouge et rosé)

Dans le département de l'Ain, le vignoble du Bugey occupe les basses pentes des monts du Jura, dans l'extrême sud du Revermont, de Bourg-en-Bresse à Ambérieu-en-Bugey, ainsi que celles qui, de Seyssel à Lagnieu, descendent vers la rive droite du Rhône. Autrefois important, il est aujourd'hui réduit et dispersé. En 2009, il a accédé à l'AOC. Il est établi le plus souvent sur des éboulis calcaires assez escarpés. L'encépagement reflète la situation de carrefour de la région : en rouge, le poulsard jurassien – limité à l'assemblage des effervescents de Cerdon – y voisine avec la mondeuse savoyarde et le pinot et le gamay de Bourgogne ; de même, en blanc, la jacquère et l'altesse sont en concurrence avec le chardonnay – majoritaire – et l'aligoté, sans oublier la molette, cépage local surtout utilisé dans l'élaboration des vins effervescents. En 2011 a été reconnue l'appellation roussette-du-bugey.

MAISON ANGELOT Mondeuse 2012 ★

■	10 000		5 à 8 €

Philippe et Éric Angelot ont repris en 1987 le domaine familial, qu'ils ont agrandi à grands pas, le passant de 5 ha de vignes à 29 ha aujourd'hui.

La parcelle de mondeuse représente 2,4 ha et exige un travail irréprochable de vendange en vert, d'effeuillage et de tri des raisins. Moyennant quoi le vin affiche une robe violacée, un nez de violette relevé d'une note poivrée, et des tanins massifs sans être rugueux. Un beau vin de terroir. ⌛ 2014-2018 🍴 filet de lièvre aux champignons ■ Cuvée Maxime 2013 ★ (14 000 b.) : ce vin a retenu l'attention pour son nez de pêche et d'agrumes, et sa bouche débonnaire. ⌛ 2014-2017 ■ Rousette du Bugey 2013 (7 000 b.) : un vin vif, fruité et acidulé (citron vert). ⌛ 2014-2017

GAEC Maison Angelot, 121, rue du Lavoir, 01300 Marignieu, tél. 04 79 42 18 84, maison.angelot@voila.fr V r.-v.

DOM. YANNICK BLANCHET
Cerdon Méthode ancestrale 2013 ★★

●	30 000	5 à 8 €

Yannick Blanchet s'est installé en 2006 à Jujurieux en prenant la succession de son arrière-grand-père sur 1,5 ha de vignes. Le domaine s'étend aujourd'hui sur 4,8 ha et propose deux cuvées, Méthode ancestrale et Vieilles Vignes.

Ce vin arbore une robe vive. Le nez, typique d'un pur gamay, évoque la fraise et la framboise. La bouche, tout aussi intense et pimpante, offre un fruité charmeur de cerise et de groseille. ⌛ 2014-2016 🍴 apéritif

Yannick Blanchet, Chaux, 68, pl. du Plâtre, 01640 Jujurieux, tél. 04 37 86 55 69, blanchetyannick.viticulteur@orange.fr V r.-v.

CAVEAU SYLVAIN BOIS Chardonnay 2013 ★

■	12 800		- de 5 €

Sylvain Bois, jeune vigneron d'une trentaine d'années, s'est offert en 2012, après douze années d'efforts, une cuverie flambant neuve pour vinifier les 4,8 ha de son domaine.

Ce vin libère des arômes de fleurs blanches et de pêche. Minéral et épicé en bouche, il est réveillé en finale par quelques zestes d'agrumes. ⌛ 2014-2017 🍴 poisson poché au beurre blanc ■ Coteau de Chambon Roussette du Bugey 2013 (5 400 b.) : un nez exubérant de citron vert, relayé par une bouche nerveuse, qui a besoin d'un peu de temps pour s'adoucir. ⌛ 2014-2017 ■ Coteau de Chambon Pinot noir 2013 (4 600 b.) : un vin léger et frais, aux accents de poivron et de cassis. ⌛ 2014-2017

Sylvain Bois, 11, rte de Bourgogne, 01350 Béon, tél. 04 79 87 23 26, cavesylvainbois@yahoo.fr
V r.-v.

CAVEAU BUGISTE Cuvée Vieilles Vignes 2013 ★

| 30 000 | | 5 à 8 €

Le Caveau bugiste est une association de quatre propriétaires regroupant 45 ha de vignes.

Cette cuvée, habituée du Guide, dévoile un nez de pêche et de poire, et une bouche à la fois tendre, tonique et acidulée, à peine marquée par les trois mois de fût. 2015-2018 reblochon Roussette du Bugey cuvée Tradition 2013 (7 000 b.) : frais et fruité, sur des arômes de pêche blanche. 2014-2015

Le Caveau bugiste, 326, rue de la Vigne-du-Bois, 01350 Vongnes, tél. 04 79 87 92 32, caveau-bugiste@wanadoo.fr V t.l.j. 9h-12h 14h-19h

P. CHARLIN Montagnieu 2011 ★

| 27 800 | | 5 à 8 €

Installé en 1980, Patrick Charlin s'impose comme l'un des chefs de file de ce petit vignoble de Montagnieu, où il exploite un vignoble de 6 ha accroché aux pentes du coteau.

2,8 ha sont consacrés à la production de cet effervescent que l'on voit régulièrement dans le Guide, couronné par un coup de cœur l'an dernier. Un mousseux à base d'altesse (10 %) et surtout de chardonnay (90 %). La robe d'un jaune pâle aux reflets verts déploie un fin chapelet de bulles. Le nez s'avère ouvert et floral, la bouche intense, fruitée et amylique. 2014-2015 apéritif

EARL P. Charlin, Le Richenard, 01680 Groslée, tél. 06 25 90 50 67 V r.-v.

CLOS DE LA BIERLE
Méthode traditionnelle Chardonnay 2010 ★

| 2 860 | 5 à 8 €

Le terroir du Clos de la Bierle est réputé depuis les années 1890. Le propriétaire de l'époque, médecin, avait élaboré une boisson légère et fruitée à base de raisins fermentés et la vendait contre l'anxiété « et la noirceur de l'esprit ». Il mourut sans héritier et le Clos fut laissé en friche, jusqu'à ce que Thierry Troccon le rachète en 1985.

Cet effervescent est un pur chardonnay. Il a retenu l'attention par son nez brioché et floral, et par sa bouche vineuse et ronde. Un vin généreux et gourmand. 2014-2017 fraisier Cru Cerdon Méthode ancestrale 2013 (62 800 b.) : pur gamay au nez de framboise, rond et friand en bouche. 2014-2017

Thierry Troccon, Leymiat, Clos de la Bierle, 01450 Poncin, tél. 04 74 37 25 55, cerdon@closdelabierle.fr V t.l.j. 8h-19h30

PIERRE DUCOLOMB Mondeuse 2013 ★★

| 8 500 | | 5 à 8 €

Pierre Ducolomb a repris l'exploitation familiale en 1972. Il exploite un domaine de 8 ha. Spécialiste des rouges, il voit régulièrement ses mondeuses figurer dans le Guide.

Fidèle au rendez-vous, le vigneron signe une belle mondeuse à la robe violacée, au nez subtil de violette, d'épices douces et de fruits noirs, au palais dense et poivré, étayé par des tanins onctueux. 2014-2017 bœuf bourguignon

Pierre Ducolomb, Vernans, 01680 Lhuis, tél. 04 74 39 82 58, pierre.ducolomb@wanadoo.fr V t.l.j. sf dim. 8h-12h 14h-19h

DUPORT & DUMAS Pinot noir 2013 ★

| 4 800 | | 5 à 8 €

Duport & Dumas est une maison de négoce régulière en qualité, située sur les bords du Rhône, au pied de la montagne de Tentanet, qui exploite un vignoble de 9 ha.

Ce vin s'affiche en robe rubis. Il libère de subtils arômes de fruits rouges, au nez comme en bouche et révèle de fins tanins en finale. 2014-2017 carpaccio de bœuf

Duport & Dumas, Pont-Bancet, 01680 Groslée, tél. 04 74 39 75 19, duportdumas.vinsdubugey@orange.fr V r.-v.

CAVE GIRARDI-DUPOYET
Cerdon Méthode ancestrale Demi-sec 2013

| n.c. | | 5 à 8 €

Michel Girardi, le fondateur, est parti à la retraite en 2012. Pierre-Athanase Dupoyet est venu le remplacer pour épauler Stéphane, le neveu de Michel, déjà installé depuis 1997. Le domaine couvre 6,2 ha de vignes dédiées au Cerdon méthode ancestrale.

Ce joli vin (issu à 95 % de gamay) plaît avec son nez vineux, très fruits rouges. Le palais se montre gourmand et rond en attaque, plus acidulé en finale. Un ensemble équilibré. 2014-2016 verrines aux fraises

Cave Girardi-Dupoyet, rue de la Gumarde, 01450 Cerdon, tél. 04 74 39 95 90, cavegirardi@orange.fr V r.-v.

CAVE LAURENCIN
Roussette du Bugey Montagnieu 2012 ★

| 2 640 | | 5 à 8 €

Jacqueline Laurencin a repris en 1976 l'exploitation familiale créée en 1950, dont le vignoble couvre 2,3 ha.

Cette roussette offre un nez expressif et généreux de pâte de coings. En bouche, elle se révèle souple, ronde et gourmande. Un vin harmonieux. 2014-2017 tomme de Savoie

Jacqueline Laurencin, Le Village, 01470 Seillonnaz, tél. 04 74 36 78 53, cavelaurencin@orange.fr
V r.-v.

LINGOT-MARTIN Cerdon Méthode ancestrale Demi-sec sélectionnée 2013 ★

| 16 666 | 8 à 11 €

Le cellier Lingot-Martin, vinifié par Jean-Luc Guillon, regroupe cinq familles et 35 ha. Les deux fondateurs ont quitté le groupe : M. Martin en 2010, M. Lingot en 2014, mais de nouveaux associés les ont remplacés et l'aventure débutée en 1970 continue.

Cette cuvée est un assemblage à 70 % de poulsard et 30 % de gamay, à la robe rose vif, au nez de rose ancienne et d'églantine, complexe et fin en bouche, doté d'une bulle discrète. 2014-2016 macarons Cerdon Méthode ancestrale Demi-sec Cuvée réservée 2013 (33 645 b.) : robe grenadine, belles bulles, bouche fruitée et fraîche. ⌛ 2014-2017

Cellier Lingot-Martin, ZA Sous la côte Menestruel, 01450 Poncin, tél. 04 74 39 97 77, lingot-martin.isa@orange.fr V t.l.j. 8h-12h 13h30-18h

GEORGES MARTIN Cerdon Méthode ancestrale Demi-sec Cuvée spéciale 2013 ★

● | 6 000 | 5 à 8 €

Un domaine de 6,5 ha désormais conduit par Xavier Barbe après le départ à la retraite en 2013 de Laure Martin, épouse de Georges.

Cette cuvée de pur gamay offre un nez de groseille et de cassis. La bouche est un vrai panier de fruits rouges (cerise, fraise, framboise), qui séduit par son caractère franc et vif. ⌛ 2014-2016 🍷 bavarois aux fruits rouges ● Cerdon Méthode ancestrale Demi-sec Vieilles Vignes 2013 (12 000 b.) : l'alliance du gamay (70 %) et du poulsard offre une cuvée rose vif au nez fruité et à la bouche longue et structurée. ⌛ 2014-2016

Dom. Georges Martin - Xavier Barbe, hameau de Vieillard, 01640 Jujurieux, tél. 06 70 29 33 97, vins.georges.martin@wanadoo.fr V t.l.j. 8h-20h

DOM. MONIN Manicle 2012 ★★

■ | 5 000 | | 11 à 15 €

Les frères Hubert et Philippe Monin sont installés depuis 1980 sur cette exploitation héritée de leur père Eugène. Un domaine d'une vingtaine d'hectares, régulier en qualité, commandé par une ancienne maison forte du XVᵉ s.

Ce pinot noir a été vinifié à la bourguignonne, éraflé et macéré durant quinze jours, puis élevé en fût pendant huit mois. Il en retire un nez de fraise, de framboise et de vanille, une bouche ronde sans tanins agressifs, agréable et équilibrée. ⌛ 2014-2015 🍷 osso bucco ■ Les Bâtardes cuvée Vieilles Vignes 2012 ★ (5 à 8 € ; 4 000 b.) : un chardonnay élevé huit mois en fût, complexe, beurré au nez, frais en bouche, mêlant les agrumes et la noisette. ⌛ 2015-2019 ■ Mondeuse Les Pérrailles cuvée Vieilles Vignes 2012 ★ (8 à 11 € ; 3 900 b.) : une mondeuse au nez poivré, dense, tannique et fruitée. ⌛ 2014-2015

Dom. Monin, 204, rue de la Vigne-du-Bois, 01350 Vongnes, tél. 04 79 87 92 33, info@domaine-monin.fr V t.l.j. 9h30-12h30 14h30-19h

♥ CAVEAU D'ONCIN Roussette Montagnieu 2012 ★★

■ | 1 323 | | 5 à 8 €

Benoît Dumont a repris en 1999 l'exploitation fondée par son arrière-grand-père, un vignoble de poche de 3,2 ha, sur lequel il produit quatre vins.

Ce vin pâle aux reflets argentés séduit par son nez complexe de gelée de coing et de fleurs blanches. À l'attaque, il surprend agréablement par sa fraîcheur, avant d'évoluer vers plus de rondeur, rehaussé par les

épices dans une longue et belle finale. Une roussette gourmande et très équilibrée. ⌛ 2014-2017 🍷 poularde en gelée ■ Montagnieu Mondeuse 2012 (1 161 b.) : un fruité intense de cassis et des tanins encore austères mais prometteurs pour cette mondeuse de caractère. ⌛ 2015-2018

Benoît Dumont, vers Oncin, 01470 Montagnieu, tél. 04 74 36 72 23, caveau-oncin@wanadoo.fr V r.-v. B

DOM. PERDRIX Montagnieu 2012 ★

● | 10 700 | | 5 à 8 €

Philippe et Corinne Perdrix ont repris en 1999 le domaine familial créé en 1985. À la fois vignerons et négociants, ils exploitent aujourd'hui 3,5 ha de vignes.

Ce chardonnay a retenu l'attention par son nez expressif amylique et fruité, et par son bel équilibre en bouche entre le sucre et l'acidité. ⌛ 2014-2017 🍷 apéritif

Philippe Perdrix, 283, rue du Creux-des-Vignes, 01300 Saint-Benoît, tél. 04 74 39 74 24, vin.philippeperdrix@wanadoo.fr V sam. 9h-12h 14h-19h; du lun. au ven. sur r.-v.; f. dim.

B RENARDAT-FACHE Cerdon Méthode ancestrale Demi-sec 2013

● | 79 180 | 8 à 11 €

Spécialiste du Cerdon, Alain Renardat-Fache et son fils Élie exploitent en bio certifié depuis 2008, un vignoble de 12,5 ha sur le terroir Mérignat, et s'essaient à la biodynamie depuis 2012.

Au nez, ce 2013 évoque la groseille. En bouche, il penche vers la rondeur, mais sans lourdeur, grâce à une fine vivacité en soutien. ⌛ 2014-2017 🍷 tarte aux fraises

Alain et Élie Renardat-Fache, Le Village, 01450 Mérignat, tél. 04 74 39 97 19, contact@alain-renardat-fache.com V r.-v.

THIERRY TISSOT Mataret Mondeuse 2011

■ | 4 900 | | 5 à 8 €

Après plusieurs expériences dans différents vignobles en France et à l'étranger, Thierry Tissot, œnologue, a repris en 2001 l'exploitation familiale créée à la fin du XIXᵉ s. Il a rénové la cave et replanté le coteau du Mataret, longtemps laissé à l'abandon en raison de son caractère morcelé et pentu.

En partie éraflée, la vendange de cette mondeuse a macéré quinze jours. Le vigneron en tire un vin foncé, au nez de fruits rouges et de clou de girofle, souple et fondu en bouche. ⌛ 2014-2017 🍷 onglet à l'échalote

Thierry Tissot, 42, quai du Buizin, 01150 Vaux-en-Bugey, tél. 06 81 14 02 17, tissot.bugey@gmail.com V r.-v.

SAVOIE-BUGEY

Le Languedoc et le Roussillon

• Le Languedoc

Superficie :

236 000 ha

Production :

12,7 Mhl (toutes catégories confondues) ; 1 245 000 hl (AOC du Languedoc).

Types de vins :

Rouges majoritaires, rosés et blancs secs ; effervescents (à Limoux) ; vins doux naturels (muscats).

Cépages principaux : (en AOC)

Rouges : grenache noir, syrah, carignan, mourvèdre, cinsault, cabernet-sauvignon.

Blancs : grenaches gris et blanc, macabeu, clairette, bourboulenc, vermentino (rolle), muscat à petits grains, muscat d'Alexandrie, marsanne, roussanne, piquepoul, chardonnay, mauzac, chenin, ugni blanc.

• Le Roussillon

Superficie :

7 300 ha

Production :

900 000 hl environ (dont 540 000 en AOC, et 307 000 en IGP, le reste sans IG).

Types de vins :

Rouges majoritaires, rosés, quelques blancs secs ; vins doux naturels.

Cépages principaux :

Rouges : grenache noir, carignan, syrah, mourvèdre, lladoner pelut.

Blancs : grenaches gris et blanc, macabeu, malvoisie du Roussillon, roussanne, marsanne, vermentino, muscat à petits grains, muscat d'Alexandrie.

LE LANGUEDOC

Plus de deux mille ans d'histoire pour cette région viticole, sous le même soleil méditerranéen. Et pourtant, que de mutations ! Aucun vignoble de France n'a connu de tels bouleversements. Naguère symbole de la viticulture de masse, il fournit encore un tiers de la production française. Si, depuis les années 1980, il se contracte comme peau de chagrin, depuis la première édition en 1985, il s'étoffe dans le Guide ! La preuve de son ascension qualitative. En une génération, le « gros rouge » a fait place à des rouges multiples, tour à tour profonds, veloutés, épicés, ronds, suaves, fringants, aux arômes de cerise, de garrigue, de réglisse... Les vins doux naturels sont toujours superbes, mais la région fournit désormais des blancs vifs, avec ou sans bulles, et des rosés pimpants.

De la montagne à la mer

Entre la bordure méridionale du Massif central, les Corbières et la Méditerranée, le Languedoc est formé d'une mosaïque de vignobles répartis dans trois départements côtiers : le Gard, l'Hérault et l'Aude. On y distingue quatre zones successives : la plus haute, formée de régions montagneuses, notamment de terrains anciens du Massif central ; la deuxième, région des Soubergues (coteaux pierreux) et des garrigues, la partie la plus ancienne du vignoble ; la troisième, la plaine alluviale, assez bien abritée et présentant quelques coteaux peu élevés (200 m) ; et la quatrième, la zone littorale formée de plages basses et d'étangs où le développement concerté du tourisme balnéaire dans les années 1960 n'a pas fait totalement disparaître la viticulture.

L'héritage de l'Antiquité

La vigne est ici chez elle, léguée par les Grecs dès le VIII^{e}s. av. J.-C., puis par les Romains, qui font la conquête des terres bordant le golfe du Lion dès le II^{e}s. av. J.-C. Le vignoble se développe rapidement et concurrence même celui de la péninsule. Affecté par les incursions sarrasines plus que par les grandes invasions, il connaît un début de renaissance au IX^{e}s. grâce aux monastères. La vigne occupe alors surtout les coteaux, les plaines étant vouées aux cultures vivrières. Le commerce du vin s'étend aux XIVe et XV^{e}s. Aux XVIIe et XVIII^{e}s., l'essor économique donne une nouvelle impulsion à la viticulture. Création du port de Sète, ouverture du canal des Deux Mers... ces nouvelles infrastructures encouragent les exportations. Avec le développement des manufactures de tissage de draps et de soieries, une certaine prospérité règne. Le vignoble commence alors à se répandre dans la plaine. Le frontignan est réputé jusqu'en Europe du Nord.

De la viticulture de masse à la recherche des terroirs

L'essor du chemin de fer, entre les années 1850 et 1880, assure l'ouverture de nouveaux marchés urbains dont les besoins sont satisfaits par l'abondante production de vignobles reconstitués après la crise du phylloxéra. C'est la grande époque du « vin de consommation courante », avec ses crises de surproduction récurrentes, qui ne décline qu'à partir du milieu du XX^{e}s. et surtout du milieu des années 1970. Une telle production ne correspond plus au goût du consommateur. Institué en 1949, le statut VDQS, catégorie un peu moins contraignante que l'AOC, a permis à ses vignobles de progresser par paliers : un grand nombre sont devenus AOVDQS. Leur reconnaissance par étapes en AOC a jalonné leurs progrès. Grâce à ses bons terroirs situés sur les coteaux et au retour à des cépages traditionnels, le Languedoc viticole produit aujourd'hui des vins de qualité. En 2009, les vins sans indication géographique comptent pour moins de 10 % (encore 20 % en 2000), les vins de pays (IGP) représentent 70 % de la production, et les AOC 27 %. Le Languedoc est aussi la première région pour le bio. Depuis 2007 et la création d'une appellation régionale languedoc (qui s'étend aux Pyrénées-Orientales), la profession cherche à hiérarchiser ses appellations, comme c'est le cas dans les vignobles anciens tel le Bordelais.

Des terroirs variés

Les différentes appellations du Languedoc se trouvent dans des situations très variées quant à l'altitude, à la proximité de la mer et aux terroirs. Les sols peuvent être ainsi des schistes de massifs primaires, comme dans certains secteurs des Corbières, du Minervois et de Saint-Chinian ; des grès du lias et du trias (alternant souvent avec des marnes), comme en Corbières et à Saint-Jean-de-Blaquière ; des terrasses et cailloux roulés du quaternaire, excellent terroir à vignes, comme dans le Val d'Orbieu (Corbières), à Caunes-Minervois, dans la Méjanelle ; des terrains calcaires à cailloutis souvent en pente ou situés sur des plateaux, comme en Corbières, en Minervois ; des terrains d'alluvions récentes dans les coteaux du Languedoc.

Un climat méditerranéen

Assurant l'unité du Languedoc, ce climat a ses contraintes et ses accès de violence. C'est la région la plus chaude de France, avec des températures pouvant dépasser 30 °C en juillet et en août ; les pluies sont rares, irrégulières et mal réparties. La belle saison connaît toujours un manque d'eau important du 15 mai au 15 août. Dans beaucoup d'endroits, seule la culture de la vigne et de l'olivier est possible. La pluviométrie peut varier cependant du simple au triple suivant l'endroit (400 mm au bord de la mer, 1 200 mm sur les massifs montagneux). Les vents viennent renforcer la sécheresse du climat lorsqu'ils soufflent de la terre (mistral, cers, tramontane) ; au contraire, ceux qui proviennent de la mer modèrent les effets de la chaleur et apportent une humidité bénéfique. Souvent transformées en torrents après les orages, souvent à sec en période de sécheresse, les rivières ont contribué à l'établissement du relief et des terroirs.

Un encépagement très varié

À partir de 1950, l'aramon, cépage des vins de table légers planté au XIX^{e}s., a progressivement laissé la place aux variétés traditionnelles du Languedoc-Roussillon, comme le grenache noir ; venus des autres régions françaises, des cépages comme les cabernet-sauvignon, cabernet franc merlot et chardonnay, se sont également répandus, notamment pour roduire des vins de pays. Dans le ignoble des vins d'appellation, les épages rouges sont le carignan, qui pporte au vin structure, tenue et ouleur; le grenache, qui donne au in sa chaleur, participe au bouquet nais s'oxyde facilement avec le emps; la syrah, cépage de qualité, ui apporte ses tanins et des arômes ui s'épanouissent au vieillissement; e mourvèdre, qui donne des vins élégants et de garde; le cinsault enfin, qui, cultivé en terrain pauvre, donne un vin souple au fruité agréable. Ce dernier entre surtout dans l'assemblage des vins rosés.

Les blancs sont produits à base de grenache blanc pour les vins tranquilles, de piquepoul, de bourboulenc, de macabeu et de clairette. Le muscat à petits grains est à l'origine d'une production traditionnelle de vins doux naturels – les vins liquoreux, riches en sucres et en alcool, se conservaient bien, même sous les climats chauds, ce qui explique leur naissance sur des terres méditerranéennes. Marsanne, roussanne et vermentino se sont ajoutés plus récemment à ce riche éventail de cépages blancs. Pour les vins effervescents, on fait appel au mauzac, au chardonnay et au chenin.

ABARDÈS

Superficie : 400 ha • Production : 18 000 hl

Rouges ou rosés, les cabardès proviennent de dix-huit communes situées au nord de Carcassonne et à l'ouest du Minervois. Implanté dans la partie la plus occidentale du Languedoc, le vignoble subit davantage l'influence océanique que les autres appellations. C'est pourquoi les cépages autorisés comprennent des cépages atlantiques, comme le merlot et le cabernet-sauvignon, à côté de variétés méditerranéennes comme le grenache noir et la syrah.

CH. AUZIAS Cuvée Mademoiselle 2012 ★

■	20 000		8 à 11 €

Le domaine Auzias, situé à deux pas de la cité de Carcassonne et du canal du Midi, est l'exploitation du château Auzias-Paretlongue, dont l'histoire remonte au début du XIIᵉs. Dans la même famille depuis 1872, ce domaine de 160 ha d'un seul tenant est dirigé par Nathalie et Dominique Auzias, entourés de leurs quatre enfants.

Assemblage de syrah et de cabernet franc complétés par le grenache, ce vin élevé douze mois en fût libère des arômes puissants de pruneau et de vanille. La bouche se révèle bien équilibrée, bâtie sur des tanins fondus. Un vin bien construit, que l'on peut apprécier dès à présent. ⧗ 2014-2019 🍴 cassoulet

EARL Ch. Auzias, chem. de Paretlongue, 11610 Pennautier, tél. 04 68 47 28 28, benjamin@auzias.fr V t.l.j. 9h-12h 13h30-17h30

B DOM. GUILHEM BARRÉ Sous le bois 2012 ★★★

■	4 000		8 à 11 €

Guilhem Barré, diplômé en psychologie, s'est fait vigneron en 2008, en choisissant le Languedoc à une époque où l'on y parlait plutôt d'arrachages. Un domaine à taille humaine (5 ha), conduit en bio certifié.

Ce 2012 arbore une robe soutenue couleur cerise bigarreau. Le nez riche et complexe évoque le cassis et la groseille mûrs. Puissante, dense mais toujours équilibrée, la bouche s'appuie sur des tanins à la fois solides et soyeux, et offre une longueur exceptionnelle. Un vin superbe, qui atteindra son apogée d'ici trois à quatre ans, mais que l'on pourra aussi apprécier plus jeune. ⧗ 2015-2019 🍴 saucisse de Toulouse

Guilhem Barré, chem. de Montolieu, 11610 Ventenac-Cabardès, tél. 06 32 38 72 55, guilhem.barre@voila.fr V r.-v.

CH. LA BASTIDE ROUGEPEYRE Prestige 2011 ★★

■	5 000		8 à 11 €

Situé sur le versant sud de la Montagne Noire, à Pennautier, près de Carcassonne, le château la Bastide RougePeyre est une ancienne ferme fortifiée du XIIIᵉs. La même famille cultive depuis neuf générations les vignes du château. Le domaine de 50 ha est conduit par l'officier de marine Dominique de Lorgeril.

Issu de six cépages, ce vin d'une grande complexité se pare d'une robe pourpre profond et livre d'intenses parfums de fruits noirs. Suave et puissant en attaque, il offre un palais ample et chaleureux, étayé par des tanins veloutés et vivifié par une touche réglissée en finale. ⧗ 2014-2019 🍴 gigot d'agneau

Dominique de Lorgeril, La Bastide-Rougepeyre, 11610 Pennautier, tél. 04 68 72 51 91, chateaulabastide@rougepeyre.com V r.-v.

DOM. DE CABROL Vent d'ouest 2011 ★★

■	20 000		11 à 15 €

Un pilier de l'appellation, avec nombre de coups de cœur à son actif. Le domaine s'étend sur 150 ha, mais la vigne n'occupe que 21 ha, à 300 m d'altitude, dans un paysage de garrigue et de bois. Claude Carayol y est installé depuis 1987.

Reflet de la lente maturation du cabernet-sauvignon en altitude, ce vin séduit par sa puissance aromatique, au nez comme en bouche. Des arômes de pruneau, de cassis et d'amande précèdent une bouche superbe, soutenue par des tanins soyeux et déjà bien fondus. Un vin élégant et généreux à la fois. ⧗ 2014-2017 🍴 filet de bœuf à l'échalote

Claude Carayol, D 118, 11600 Aragon, tél. 06 81 14 00 26, cc@domainedecabrol.fr V r.-v.

NOTRE-DAME DE LA GARDIE 2013 ★

■	3 400		- de 5 €

Dans le Languedoc, chaque village a longtemps eu sa coopérative. En 2008, la cave de Conques-sur-Orbiel (1929) et celles de Salsigne et de Villegailhenc ont fusionné pour constituer la cave du Triangle d'Or, qui reste proche de son vignoble et qui dispose, pour son approvisionnement, des 620 ha de ses adhérents.

Vêtu d'une robe pâle brillante, ce rosé libère des arômes intenses de groseille. Frais en attaque, il offre un bel équilibre entre gras et fraîcheur, et une finale alerte sur des notes citronnées. ⧗ 2014-2015 🍴 pizza quatre-saisons

⊶ SCAV Vignerons du Triangle d'Or, 11600 Conques-sur-Orbiel, tél. 04 68 77 12 90, admin@v-triangle-or.com V ⚐ ⚐ r.-v.

DOM. PARAZOLS-BERTROU
Ni ange ni démon 2012 ★

■	45 000	⚐ ⚐	5 à 8 €

Jean-Marie Bertrou et son épouse réunissent leur vignoble en 1998 et créent leur cave en 2003. Leur domaine de 45 ha situé au pied de la Montagne Noire à une quinzaine de kilomètres de Carcassonne est à cheval sur les AOC minervois et cabardès.

Ce vin dévoile au nez des parfums soutenus de fruits rouges accompagnés en bouche par un boisé bien fondu. Un 2012 raffiné et bien construit. ⧗ 2014-2019 ⚐ selle d'agneau du pays cathare aux herbes

⊶ Ch. de Parazols-Bertrou, Dom. de Parazols, 11600 Bagnoles, tél. 04 68 77 06 46, vinsparazolsbertrou@orange.fr V ⚐ ⚐ r.-v.

♥ CH. DE PENNAUTIER
L'Esprit de Pennautier 2011 ★★★

■	6 000	⚐	20 à 30 €

Les Lorgeril possèdent six domaines familiaux en Languedoc-Roussillon, parmi lesquels le château de Pennautier (146 ha) créé en 1620. Nicolas et Miren de Lorgeril, qui représentent la dixième génération à conduire ce vaste domaine de 146 ha, sont également à la tête d'une structure de négoce.

Le Languedoc

Ce mariage de la syrah, du merlot et du cabernet-sauvignon séduit d'emblée par sa jolie robe profonde. Au nez, il libère des senteurs intenses de garrigue agrémentées de notes épicées et mentholées. En bouche, il se révèle concentré, étayé par des tanins soyeux, arrondis par un bel élevage de douze mois en fût. Une très longue finale laisse augurer un bon potentiel de garde. Un très beau cabardès, étoffé et intense. ⧗ 2014-2019 🍷 magret de canard aux pêches ■ Comtes de Lorgeril Le Montpeyre 2011 (3 000 b.) : assemblage de syrah et de merlot, ce vin séduit par ses arômes de fruits rouges, sa souplesse et sa rondeur. ⧗ 2014-2017

🔑 Vignobles Lorgeril, BP 4, Ch. de Pennautier, 11610 Pennautier, tél. 04 68 72 65 29, contact@lorgeril.com V t.l.j. sf dim. 10h-18h (ven. sam. 22h); f. 1er-15 janv. E

CH. VENTENAC
La Grande Réserve de Georges 2011 ★★

■	70 000	⦀	8 à 11 €

Alain Maurel a créé ce domaine en 1973, plantant les vignes en haute densité (6 500 pieds/ha). Un beau patrimoine de 100 ha, qu'il a transmis à ses enfants.

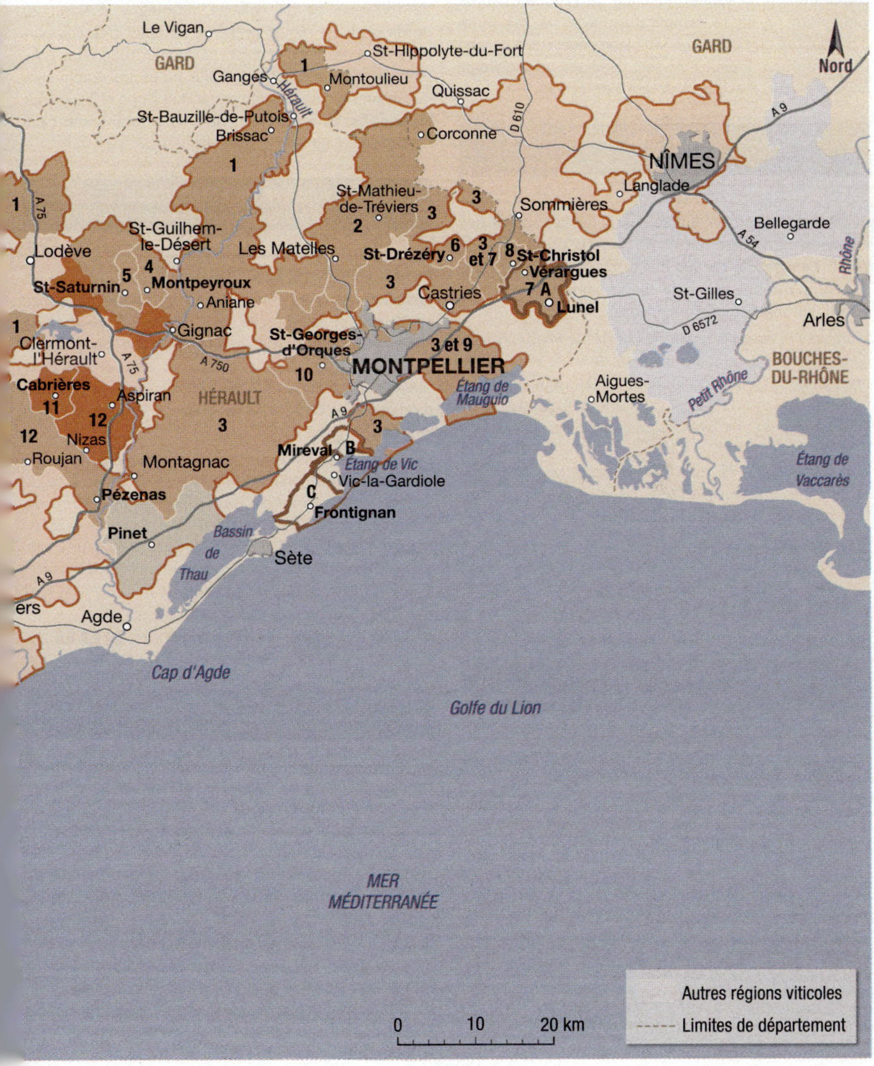

Le cabernet-sauvignon (40 %) et un an de fût ont donné naissance à ce vin bien typé. En robe sombre, il présente un nez riche et fruité agrémenté de fines notes vanillées. La bouche est fraîche et délicate. Un 2011 élégant, souple et alerte. ⧗ 2014-2018 ♆ croûte forestière aux champignons

⊶ Vignobles Alain Maurel, 4, rue des Jardins, 11610 Ventenac-Cabardès, tél. 04 68 24 93 42, accueil@vignoblesalainmaurel.fr V ⊡ t.l.j. sf sam. dim. 8h-12h 13h30-18h

CLAIRETTE-DU-LANGUEDOC

• Superficie : 60 ha • Production : 2 487 hl

Les vignes du cépage clairette sont cultivées dans huit communes de la vallée moyenne de l'Hérault. Après vinification à basse température avec le minimum d'oxydation, on obtient un vin blanc généreux à la robe jaune soutenu. Il peut être sec, demi-sec ou moelleux. En vieillissant, il acquiert un goût de rancio.

ADISSAN
Moelleux 2013 ★

■ | 20 000 | - de 5 €

Berceau de la clairette, Adissan perpétue la tradition des moelleux. Le village fournit 70 % de la production de l'AOC. Le vignoble occupe des terrasses villafranchiennes composées de galets de quartz, silex et calcaires au sein d'une matrice argilo-sableuse.

D'un beau jaune doré, ce vin dévoile des arômes généreux de cire d'abeille, de poire mûre et de miel. Bien équilibrée, la bouche révèle un moelleux délicat soutenu par une fine fraîcheur qui ne faiblit pas. Une belle occasion de découvrir à petit prix l'une des plus anciennes appellations de la région. ⧗ 2014-2015 ♆ foie gras mi-cuit ■ **L'Églantier 2013 (60 000 b.)** : des arômes intenses de pêche blanche et de fruits exotiques relayés par une bouche tout en finesse. ⧗ 2014-2015

⊶ Cave coop. La Clairette d'Adissan, 2, av. du Gal-de-Gaulle, 34230 Adissan, tél. 04 67 25 01 07, clairette.adissan@wanadoo.fr V ⊡ t.l.j. sf dim. lun. 9h-12h 15h-18h; sam. 9h-12h

LES HAUTS DE SAINT-ROME
Cabrières 2013 ★★

■ | 100 000 | 🛢 | - de 5 €

Coopérative fondée en 1937, forte des 330 ha de ses adhérents. Si la cave mise sur les rosés, réputés à Cabrières, elle dispose également sur les fameux schistes gris de 20 ha de clairette blanche, l'un des très anciens cépages du Languedoc.

Parée d'une robe pâle à peine dorée, cette cuvée libère les arômes flatteurs d'un panier de fruits à chair blanche délicatement mûris au soleil (abricot, poire, pêche de vigne). Pas de lourdeur dans une bouche ample, onctueuse et nerveuse à fois. En finale, de fines notes épicées. ⧗ 2014-2015 ♆ foie gras

⊶ Caves de l'Estabel, 20, rte de Fontès, 34800 Cabrières, tél. 04 67 88 91 60, sca.cabrieres@wanadoo.fr V ⊡ ⊡ t.l.j. 9h-12h 14h-18h

CORBIÈRES

• Superficie : 13 000 ha • Production : 461 000 hl

VDQS depuis 1951, reconnus en AOC en 1985, les Corbières constituent une région typiquement viticole, et ce massif montagneux aride, qui sépare le bassin de l'Aude des plaines du Roussillon, n'offre guère d'autres possibilités de culture. Cette vaste appellation s'étend sur 87 communes. Les corbières rouges, majoritaires, ont en commun un côté chaleureux et souvent charpenté. Ils assemblent aux traditionnels carignan et grenache noir la syrah, le cinsault, le mourvèdre, le lladoner pelut… L'appellation produit aussi des rosés et des blancs ; ces derniers mettent à contribution les cépages grenache, macabeu, bourboulenc, marsanne, roussanne et vermentino. Corbières maritimes au sud-est, hautes Corbières au sud, Corbières centrales faites de terrasses et de collines, montagne d'Alaric au nord-ouest… la région présente un relief très compartimenté et des terroirs divers par leur altitude, leurs sols, l'influence méditerranéenne plus ou moins dominante. Ce cloisonnement des sites a conduit à une réflexion sur les spécificités des terroirs de l'AOC, notamment ceux de Durban, Lagrasse et Sigean.

ABBAYE DE FONTFROIDE
Deo Gratias 2011 ★★★

■ | 15 000 | 🛢 🛢 | 15 à 20 €

Fondée en 1093, l'abbaye bénédictine de Fontfroide fut rattachée à l'ordre cistercien au XIIe s. Une puissance spirituelle et temporelle qui donna un pape à la chrétienté. Aujourd'hui, un site splendide, un domaine viticole (36,5 ha) depuis les années 1990 et une cave rénovée entre 2000 et 2005, sous l'impulsion de Laure d'Andoque et de Nicolas de Chevron Villette, installés en 2004.

Deux tiers de syrah et un tiers de grenache contribuent à cette cuvée accomplie : nez intense et franc, attaque ronde, bouche portée par une superbe trame tannique, boisé bien ajusté (élevage partiel de quatorze mois en barrique) et arômes complexes et riches : cassis, pruneau, figue, cire d'abeille, poivre… ; persistance remarquable. ⧗ 2014-2019 ♆ magret de canard

⊶ Abbaye de Fontfroide, RD 613, 11100 Narbonne, tél. 04 68 45 50 65, nlcv@fontfroide.com V ⊡ ⊡ t.l.j. 10h-12h30 13h30-18h ⌂ © ⊶ de Chevron Villette

CH. DES ALADÈRES
Cuvée confidentielle 2012 ★★★

■ | 18 000 | 🛢 🛢 | 15 à 20 €

Dominant l'étang de Bages, le château de Lastours et ses 850 ha (dont 100 ha de vignes) ont été rachetés en 2004 par des courtiers en assurances qui ont restructuré le vignoble, refait à neuf le chai, développé des structures d'accueil et d'activités pour les amateurs de sports mécaniques. Autre étiquette : Ch. des Aladères.

Une vinification en douceur pour cette cuvée mariant quatre cépages (dont 40 % de carignan). Au premier nez, un boisé fumé, qui laisse s'exprimer à l'aération le petit fruit rouge, la griotte. De la densité, des tanins bien extraits, une ligne fraîche qui donne du relief à l'ensemble et une touche de minéralité en finale : superbe. ⧗ 2014-2018 ♆ côte de bœuf aux sarments

Famille P. et J. Allard, Ch. de Lastours, 11490 Portel-des-Corbières, tél. 04 68 48 64 74, contact@chateaudelastours.com t.l.j. 9h-12h30 13h30-18h

CH. AURIS 2013 ★★

8 500 | 5 à 8 €

Ancienne grange cistercienne – 162 ha, dont 40 de vignes, sur le versant nord du massif de Fontfroide. Jean-Claude Albert acquiert le domaine en 2005 et restructure le vignoble, en conversion bio.

Grenache blanc majoritaire, avec un appoint de marsanne. À un nez puissant, sur la pêche et les fleurs blanches, répond une bouche ronde en attaque, équilibrée et aromatique. 2014-2017 chèvre frais ■ 2012 ★ (8 à 11 € ; 8 500 b.) : un vin concentré, marqué au nez comme en bouche par un boisé vanillé appuyé. 2014-2016

EARL Auris Albert, ch. Auris, rte du Massif-de-Fontfroide, 11100 Narbonne, tél. 04 68 45 16 85, chateauauris@voila.fr r.-v.

CH. D'AUSSIÈRES 2012 ★

120 000 | 15 à 20 €

En 1920, Aussières comptait 270 ha de vignes et 120 employés, formant un véritable hameau avec ses artisans et son école. Il reste l'un des plus vastes domaines languedociens (167 ha). Les Domaines Barons de Rothschild (Lafite) l'ont repris en 1999 et entièrement replanté, l'encépagement tenant compte des sols.

Une robe profonde aux reflets violines : de la syrah majoritaire (70 %) et pas de carignan dans l'assemblage du 2012. Nez très droit, sur le fruit noir, le pruneau, les épices (poivre) ; le cassis s'allie à la réglisse dans une bouche élégante et déjà aimable. 2014-2017 canard rôti

SAS Aussières, RD 613, 11100 Narbonne, tél. 04 68 45 17 67, aussieres@lafite.com r.-v.
Domaines Barons de Rothschild (Lafite)

CH. LA BASTIDE L'Optimée 2011 ★★★

28 000 | 11 à 15 €

Au nord-ouest de Lézignan-Corbières, un vaste domaine (170 ha) tourné vers l'exportation, acquis en 1990 par Anne-Marie et Guilhem Durand. Proche du Minervois, il est installé sur une terrasse ancienne de l'Aude, riche en galets.

De la syrah majoritaire dans ce 2011 au nez captivant par sa complexité : la mûre, le fruit cuit et la garrigue mêlés à un joli boisé aux nuances de noisette s'épanouissent dans le verre. Chaleureuse et souple en attaque, équilibrée par des tanins frais et soyeux, la bouche offre une longue finale épicée et vanillée. 2014-2018 gigue de chevreuil ■ Exubérance Vieilles Vignes 2012 ★★ (8 à 11 € ; 28 000 b.) : le grenache en vedette (80 %) dans ce vin ample et souple, floral et fruité, à peine boisé. 2014-2017

SCEA Ch. la Bastide, ch. la Bastide, 11200 Escales, tél. 04 68 27 08 47, chateaulabastide@wanadoo.fr r.-v. Guilhem Durand

CH. BEAUREGARD MIROUZE Tradition 2013 ★★

6 600 | 5 à 8 €

Ingénieurs agronomes, Karine et Nicolas Mirouze ont quitté la banque et l'informatique pour reprendre en 2000 le domaine familial : 360 ha, dont 25 de vignes implantées sur le versant nord du massif de Fontfroide aux sols de grès et au microclimat frais. Un vignoble cultivé en bio.

Tendre de couleur, un rosé fruité, avec une nuance florale de rose et une touche amylique ; en bouche, de la fraîcheur, de la consistance et une finale épicée : une très belle harmonie. 2014-2015 seiches à la plancha ■ Lauzina 2011 ★★ (11 à 15 € ; 9 000 b.) : de la syrah (70 %), du grenache et du fût dans ce vin généreux et rond qui ne manque ni d'élégance ni de personnalité. 2014-2017

Karine et Nicolas Mirouze, ch. Beauregard Mirouze, 11200 Bizanet, tél. 04 68 45 19 35, info@beauregard-mirouze.com r.-v.

DOM. LA BOUYSSE Valensol 2012 ★

3 000 | 5 à 8 €

En 1996, Martine Pagès et son frère Christophe Molinier, tous deux œnologues, reprennent le domaine familial (42 ha près de Fontfroide, sur le terroir de Boutenac) et quittent la coopérative. Ils engagent la conversion bio du domaine (certification en 2013).

Un assemblage original – carignan et mourvèdre à parité – et un nez qui ne l'est pas moins, avec une touche d'agrumes. En bouche, de la franchise, une attaque souple, de l'étoffe. Finale tannique. 2015-2017 saucisses grillées

GAEC Molinier, 19, rue des Écoles, 11200 Saint-André-de-Roquelongue, tél. 04 68 45 50 34, info@domainelabouysse.com t.l.j. 8h-12h

VIGNERONS DE CAMPLONG La Cuvée 2011 ★★

13 000 | 11 à 15 €

Fondée en 1932, la coopérative du village de Camplong (30 vignerons, 250 ha) bénéficie d'un excellent terroir, sur les pentes sud de l'Alaric. À l'origine, un seul vin vendu en vrac ; aujourd'hui, de larges gammes et des cuvées ambitieuses.

Quatre cépages (syrah, grenache, mourvèdre et carignan) et un élevage partiel sous bois pour cette cuvée au nez partagé entre le petit fruit et le pruneau. Des tanins serrés mais soyeux, des arômes de réglisse, de menthol et de garrigue et une longue finale fraîche dessinent une bouche très harmonieuse. 2014-2017 salers

Vignerons de Camplong, 25, av. de la Promenade, 11200 Camplong-d'Aude, tél. 04 68 43 60 86, vignerons-camplong@wanadoo.fr t.l.j. sf dim. 8h-12h 14h-18h (19h l'été)

CH. CAPENDU L'Excellence 2012 ★★

24 000 | 5 à 8 €

Implanté sur le piémont nord de l'Alaric, ce domaine dont le siège est au cœur de Capendu recèle un puits qui alimentait le village en eau au XIXe s. Conduit depuis 2006 par Didier Ragaru, il fournit beaucoup de vins grâce à un vignoble de 87 ha. Dans les caves, des cuves béton, Inox et des barriques.

Du carignan, du grenache et de la syrah composent cette cuvée d'une rare harmonie. Le nez charme par sa complexité. Dans le verre, on respire de la violette, mais aussi un soupçon de fleur blanche, du fruit noir, du sous-bois et de la truffe ; la bouche, à l'unisson, séduit de l'attaque à la finale, offrant un remarquable équilibre entre les tanins et l'acidité. 2014-2018 aiguillettes de canard

Ch. Capendu, pl. de la Mairie, 11700 Capendu, tél. 04 68 79 00 61, contact@chateau-capendu.com V t.l.j. sf sam. dim. 8h-12h 14h-18h Ragaru

CASTELMAURE Cuvée n° 3 2012 ★★★

	40 000		20 à 30 €

Fondée en 1921, la coopérative d'Embres-et-Castelmaure se niche au fond des hautes Corbières, entre les pentes sauvages de La Sauveille et du col de Bent. 380 ha de vignes. Les ceps plongent leur racines dans des sols rocailleux, calcaires ou schisteux.

N° 3 ? Cette cuvée se partage entre trois cépages : syrah (40 %), grenache (35 %) et carignan récoltés à la main. Elle sent la garrigue, le caillou chauffé au soleil, le caramel, la vanille, les épices. Ses tanins lui font une belle ossature. Rien d'anguleux, tout est enrobé, onctueux, mais non sans relief ni caractère. Un soupçon de moka confirme un passage en barrique bien mené. 2014-2018 tournedos ■ La Pompadour 2012 ★★ (8 à 11 €, 120 000 b.) : un trio carignan (50 %)-grenache-syrah. Ouvert, mûr, gourmand et rond. 2014-2016

SCV Castelmaure, 4, rte des Cannelles, 11360 Embres-et-Castelmaure, tél. 04 68 45 91 83, vins@castelmaure.com V t.l.j. 10h-12h 15h-18h

DOM. DU CERBIER Cuvée Indiana 2012 ★★

	6 100		8 à 11 €

Juriste de formation et néo-vigneronne, Carol Bloch achète en 2002 ses premières parcelles dans les hautes Corbières (environ 20 ha aujourd'hui), avant d'aménager sa cave et de se lancer dans la vente en bouteilles.

L'année 2012 a été favorable au grenache et cette cuvée, issue à 70 % de ce cépage, en tire profit. Le nez, entre fruits et fleurs, commence à évoluer. La bouche est ronde, un tantinet chaleureuse, mais charmeuse grâce à ses tanins soyeux. 2014-2016 agneau biryani ■ Les Nuits blanches 2012 ★ (2 400 b.) : construit sur la syrah, un vin très dense, aux arômes de fruits noirs épicés, reflétant le cépage majoritaire et son élevage en barrique. 2015-2017

Carol Bloch, 5, portail de la Trinité, BP 02, 11200 Fabrezan, tél. 04 68 43 55 31, domaineducerbier@free.fr V r.-v.

CLOS DE L'ANHEL Les Dimanches 2012

	3 000		15 à 20 €

Œnologue-conseil, Sophie Guiraudon n'a pu résister à l'appel de la vigne. Elle s'installe en 2000. Peu de surface, juste ce qu'il faut (9,5 ha) pour cultiver, vinifier, élever et vendre son vin, toute seule. En bio certifié.

Issu de vieux carignans (60 %) et de syrah, un vin jeune, tant par sa robe aux reflets violines que par son nez aux arômes frais de fruits rouges, que l'on retrouve dans un palais ample et chaleureux. 2014-2015 tajine d'agneau aux pruneaux

Sophie Guiraudon, 2, rue Montlauriers, 11220 Montlaur, tél. 04 68 43 18 12, anhel@wanadoo.fr V r.-v.

DOM. LA COMBE GRANDE L'Espère 2011 ★★★

	2 600		11 à 15 €

Selon la légende, les Wisigoths auraient enterré un trésor dans la montagne de l'Alaric. Ce relief, en tout cas, offre des terroirs propices. Sur ses pentes, Christophe Sournies et son cousin Jacques Tibie conduisent le domaine (75 ha) où leur famille est installée depuis 1890.

Quatre cépages, une vinification complexe (macération carbonique ou égrappage), une fermentation malolactique en barrique, un élevage dans le bois. Il en résulte un vin intense à l'œil. Le nez ? Une note de cire, puis du boisé, qui laisse finalement percer des notes de fruits noirs bien mûrs ; si l'attaque se montre ronde, ample et suave, les tanins boisés tiennent la finale. 2014-2017 côte à l'os sur braise

Dom. la Combe Grande, chem. de Garrigue-Plane, 11200 Camplong-d'Aude, tél. 04 68 75 38 28, domaine.combegrande@orange.fr V r.-v. Tibie-Sournies

CH. ÉTANG DES COLOMBES 2013 ★★

	55 000		5 à 8 €

Propriété familiale depuis quatre générations, à l'est de Lézignan. Henri Gualco a commencé la mise en bouteilles au domaine dès 1973 et participé activement au développement de l'appellation avant de transmettre cette exploitation de 80 ha à son fils Christophe.

Robe saumon pâle, nez floral et fruité, nuancé d'une note de litchi. Attaque souple sur la rose, les fruits exotiques, le cassis, avec une touche muscatée. La finale est marquée par une petite pointe tannique. 2014-2015 gambas sautées ■ Ch.Saint-James Prieuré Élevé en fût de chêne 2011 ★★ (8 à 11 € ; 30 000 b.) : la syrah (60 %) escortée du mourvèdre et du grenache. Nez raffiné associant pruneau, garrigue, notes grillées et épicées, bouche élégante et fraîche, d'un rare équilibre, portant encore la marque de la barrique. 2014-2017

Christophe Gualco, Ch. Étang des Colombes, 11200 Cruscades, tél. 04 68 27 00 03, christophe.gualco@wanadoo.fr V t.l.j. 8h-12h 13h30-18h

CH. FABRE CORDON Parfums d'été 2011 ★★

	4 000		5 à 8 €

Situé dans la zone côtière des étangs, un domaine implanté à l'emplacement d'une *villa* gallo-romaine qui bordait la voie Domitienne. Aujourd'hui, 12 ha (en bio certifié depuis 2013) conduits par Henri et Monique Fabre, anciens coopérateurs et vignerons indépendants depuis 2001.

Riche en grenache (75 %), un vin méridional à souhait, évocateur de pierre chaude et de fruit bien mûr. Corsé, franc, puissant et concentré, bâti sur des tanins serrés mais affables, il mérite bien son nom. 2014-2019 brochettes au barbecue ■ Printemps d'Amandine 2013 ★ (3 500 b.) : nez de pamplemousse, palais gras, aromatique et frais. 2014-2015

Ch. Fabre Cordon, L'Oustal-Nau, 11440 Peyriac-de-Mer, tél. 04 68 42 00 31, chateaufabrecordon@gmail.com V r.-v.

DOM. FAIRJAL 2012

	5 500		5 à 8 €

Serge Serris a repris en 1981 le domaine familial implanté dans le Minervois. Il exploite 32 ha sur des terrasses argilo-calcaires dominant le canal du Midi. Outre ses minervois, il propose des corbières.

Essayer de faire simple et bon ; pour cela, mettre en œuvre les cépages ayant au mieux profité des conditions météorologiques de 2012 : grenache et mourvèdre, à parité. Après une vinification traditionnelle et longue, on obtient un vin sincère, franc, souple et accueillant. 2014-2016 côtes d'agneau

Ch. Pique-Perlou, 12, av. des Écoles, 11200 Roubia, tél. 04 68 43 22 46, chateau.pique-perlou@wanadoo.fr V t.l.j. 10h-12h30 15h30-19h

♥ CH. FONTENELLES
Cuvée Notre-Dame 2012 ★★

	35 000		11 à 15 €

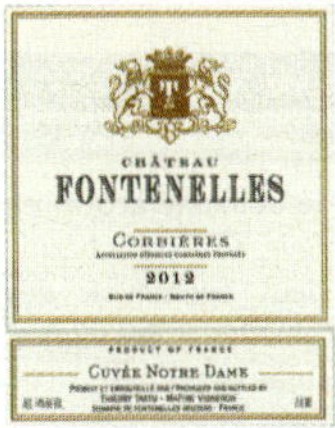

Domaine familial situé sur le versant nord de l'Alaric. En cinq générations, sa surface est passée de 7 à 40 ha. Aux commandes depuis 1993, Thierry et Nelly Tastu misent sur la qualité.

De la syrah (55 %), du grenache, des vieux carignans et mourvèdres, une vinification savante – macération carbonique et préfermentation à froid pour partie. Robe sombre aux reflets violines. Beau boisé vanillé, bien marqué au nez comme en bouche, laissant percer des arômes de cassis. Bouche superbe : attaque franche, tanins mûrs et enrobés, ampleur rare, densité et aménité, fraîcheur et longueur. 2016-2019 côte de bœuf ■ Cuvée Renaissance Élevé en fût de chêne 2012 ★★ (15 à 20 € ; 30 000 b.) : issu du même assemblage, un vin proche du précédent, généreux, aux tanins drus, au boisé plus appuyé, chocolaté et épicé. 2014-2018

Thierry Tastu, Ch. de Fontenelles, 78, av. des Corbières, 11700 Douzens, tél. 04 68 79 12 89, t.tastu@fontenelles.com V t.l.j. 9h-12h 14h-18h; sam. dim. sur r.-v.

LA GALAURA Ribaute 2011

	8 500		11 à 15 €

Laurent et Sylvie Bachevillier créent en 2010 ce domaine en pleine nature, vers Lagrasse. Du vin, mais aussi de la bière, des olives, du safran, des légumes... D'emblée, le bio (certification en 2013). L'hiver, les 5,8 ha de vignes servent de parcours aux ânes et aux moutons, qui font un bon travail de désherbage.

Assemblage équilibré de quatre cépages, vinification et élevage en cuve de bois. Senteurs de pruneau, de cassis, alliées à des fragrances boisées (caramel). Bouche souple et fraîche en attaque, que viennent conforter quelques tanins bien ajustés. 2014-2016 moelleux au chocolat

Laurent et Sylvie Bachevillier, Dom. les Cascades, 4 bis, av. des Corbières, 11220 Ribaute, tél. 06 88 21 84 99, domainelescascades@yahoo.fr V sam. 15h-19h; juil. août t.l.j. 16h-19h 2 D

CH. GLÉNUM Élevé en fût de chêne 2012

	8 000	8 à 11 €

Proche de Durban-Corbières, Haut Gléon bénéficie d'une situation privilégiée à l'entrée de la vallée du Paradis – cela ne s'invente pas. Ce domaine très ancien a développé l'œnotourisme : un havre de paix au milieu de la garrigue, avec château restauré, piscine, parc privé et ... vignes (35 ha). Propriété du groupe coopératif Foncalieu depuis 2012.

De la syrah (45 %) alliée au grenache et au carignan dans cette cuvée au nez concentré de fruits rouges et de cassis, agrémenté de notes d'élevage. Bouche droite et aromatique, dont les tanins demandent à s'assouplir. 2016-2018 carré d'agneau

Ch. Haut Gléon, Dom. de Gléon-le-Haut, 11360 Villesèque-des-Corbières, tél. 04 68 48 85 95, contact@hautgleon.com V t.l.j. 9h-12h 14h-18h 5 E

♥ DOM. DU GRAND ARC
En sol majeur 2012 ★★

	10 000		11 à 15 €

Bruno et Fabienne Schenck ont changé de vie. Pour lui, fini l'emploi de cadre aux usines Renault. Toute la famille s'installe en 1990 dans les hautes Corbières, au pied des citadelles cathares. Création du domaine en 1995 ; aujourd'hui, 25 ha en conversion bio. À la faveur de l'expérience et d'un terroir de grande qualité, le Grand Arc est devenu une référence de l'appellation.

Troisième coup de cœur pour ce vin. L'assemblage reste le même : grenache (60 %) et syrah. Finesse du nez, justesse dans le boisé soulignant des arômes de fruits rouges mûrs. Au palais, c'est encore mieux : fraîcheur, rondeur, tanins suaves et bien enrobés, notes torréfiées de l'élevage et joli retour fruité, tout concourt à une rare harmonie. 2015-2018 côte de bœuf

Dom. du Grand Arc, 15, chem. des Métairies-du-Devez, 11350 Cucugnan, tél. 04 68 45 01 03, domaine.grandarc@gmail.com V t.l.j. 9h-12h 14h-18h Bruno Schenck

CH. DU GRAND CAUMONT
Cuvée Tradition 2012 ★

	96 400		5 à 8 €

Une villa gallo-romaine, puis un château incendié à la Révolution. Constitué au milieu du XIXᵉ s., le vignoble a été acquis en 1906 par Louis Rigal, propriétaire de caves de roquefort. En 2003, sa petite-fille Laurence est arrivée aux commandes de cette vaste unité (près de 100 ha).

Le carignan (45 %, vinifié en macération carbonique), épaulé par la syrah et le grenache ont engendré une cuvée au nez de petits fruits macérés accompagnés d'une touche d'épices. Attaque franche et harmonieuse, bouche agréablement ronde, avec ce qu'il faut de structure, et un retour du fruit épicé en finale. 2015-2017 osso bucco

SARL FLB Rigal, Ch. du Grand Caumont, 11200 Lézignan-Corbières, tél. 04 68 27 10 82, chateau.grand.caumont@wanadoo.fr V t.l.j. sf dim. 8h-12h 13h-18h; sam. sur r.-v. E

CH. GRAND MOULIN Vieilles Vignes 2012 ★★★

	70 000		5 à 8 €

Son père, vendeur de bétail, possédait une petite vigne. Jean-Noël Bousquet décide à huit ans qu'il sera vigneron,

cultive la vigne puis s'installe en 1988 sur 24 ha. Il est aujourd'hui à la tête d'un vaste domaine de 115 ha.

Des ceps vraiment vieux (jusqu'à cent ans) ; quatre cépages, avec une légère dominance de la syrah. L'élevage en fût (30 % neufs) marque le bouquet de notes de vanille et de clou de girofle. En bouche, une fringante vivacité conforte une aimable structure ; les tanins sont patinés et veloutés. Belle et longue finale. ⌛ 2014-2019 🍷 bécasse flambée ■ Terres rouges 2012 ★★ (8 à 11 € ; 15 000 b) : de la syrah en vedette (80 %), élevage analogue au précédent : concentration, ampleur. Du fût neuf, des épices, mais aussi du fruit. Une réelle personnalité. ⌛ 2014-2017

🔑 Ch. Grand Moulin, 6, av. Gallieni, 11200 Lézignan-Corbières, tél. 04 68 27 40 80, contact@chateaugrandmoulin.com V ⛹ 🍷 t.l.j. sf dim. 9h-19h 🔑 Bousquet

CH. MANSENOBLE Réserve 2012

■	10 000	◐	11 à 15 €

En 1993, Guido Jansegers, Belge, courtier en assurances et chroniqueur œnologique, s'est fait vigneron dans les Corbières en reprenant un domaine datant du XVII[e]s. Avec succès. Ses parcelles sont au pied de l'Alaric.

Typique de l'appellation, tant par son assemblage (grenache et carignan, avec un appoint de syrah et de mourvèdre) que par son profil. Le nez monte en puissance à l'aération ; l'élevage partiel sous bois laisse s'exprimer un fruité poivré. Souple et chaleureuse, la bouche est étayée par des tanins boisés, prenant en finale « un accent rocailleux », selon un juré. ⌛ 2015-2017 🍷 gigot d'agneau

🔑 Ch. Mansenoble, 15, av. Henri-Bataille, 11700 Moux, tél. 04 68 43 93 39, mansenoble@wanadoo.fr V ⛹ 🍷 t.l.j. 9h30-11h30 14h-17h30 ; sam. dim. sur r.-v. 🏠 D 🔑 Jansegers

CH. DE MATTES-SABRAN
Cuvée Chevreuse Élevé en fût de chêne 2011 ★★★

■	15 000	🛢 ◐	8 à 11 €

Une ancienne dépendance de l'abbaye de Lagrasse, proche de la côte : 615 ha, dont 67 de vignes en AOC. Dans la même famille depuis 1733 et géré depuis plus d'un siècle par des femmes – Marie-Alyette Brouillat aujourd'hui.

De la syrah (80 %) et du mourvèdre ; un an de cuve puis un autre de fût. Nez discret mais élégant, sur les fruits bien mûrs et les épices, bouche généreuse, douce et soyeuse en attaque, avec une belle rétro-olfaction. Les tanins du bois sont bien fondus et la finale agréable : une superbe bouteille. ⌛ 2014-2018 🍷 cuissot de chevreuil rôti ■ Le Clos Redon 2012 ★★★ (5 à 8 € ; 10 000 b.) : assemblage analogue, dix-huit mois de cuve. Nez fruité et floral, une touche d'épices. De la rondeur et du fond, de la persistance. ⌛ 2014-2018

🔑 Marie-Alyette Brouillat, Ch. de Mattes, 11490 Portel-des-Corbières, tél. 09 77 78 21 35, mattes.sabran@laposte.net V ⛹ 🍷 t.l.j. sf dim. 8h-12h 14h-19h 🏠 B

MÉTAIRIE DE CHARLES 2013 ★★

■	8 400	🛢	- de 5 €

Fondée en 1932, la coopérative de Fabrezan s'est choisi comme nom Terre d'Expression ; une manière d'exprimer la diversité des terroirs cultivés par ses adhérents – 1 400 ha répartis dans 23 communes, de Boutenac aux pentes de l'Alaric, de Lézignan à Lagrasse.

Une des cuvées dédiée aux grandes figures nées dans les Corbières ; ici, Charles Cros, natif de Fabrezan. Grenache blanc, marsanne et macabeu contribuent à ce blanc au nez tout en finesse, discrètement floral. Vif en attaque, puis rond, persistant, le palais finit sur une touche grillée. ⌛ 2014-2015 🍷 encornets farcis

🔑 Terre d'Expression Créateurs de Vins, 5, rue des Coopératives, 11200 Fabrezan, tél. 04 68 43 61 18, info@terredexpression.fr V ⛹ 🍷 t.l.j. sf sam. dim. 8h-12h 14h-18h

B CH. MONTFIN Mathilde 2012 ★

■	4 000	◐	11 à 15 €

Peyriac-de-Mer, où est implanté le domaine acquis en 2002 par Jérôme et Raymond Estève, tire son charme des étangs littoraux, où l'on peut apercevoir des flamants roses, de la garrigue, des pinèdes et des vignes. Les 23 ha de l'exploitation sont cultivés en bio.

Dominée par le carignan (60 %) complété par le grenache, un corbières à l'accent méridional ; on y hume la garrigue, avec un soupçon d'encens, puis la pierre chaude ; la bouche chaleureuse reste dans cette ligne ensoleillée. ⌛ 2015-2017 🍷 épaule d'agneau au thym

🔑 Ch. Montfin, 10, rue du Rec-de-l'Aire, 11440 Peyriac-de-Mer, tél. 04 68 41 93 30, info@chateaumontfin.com V ⛹ 🍷 t.l.j. 10h-12h30 15h-18h30 🔑 Jérôme Estève

CH. GUILLEM DE MONTJUSTIN
Cuvée Montplaisir 2012 ★

■	3 000	- de 5 €

Ancien domaine familial de 70 ha, situé au pied de l'Alaric. Pierre Fabre, retraité, accompagne ses deux fils Jean-Baptiste et Guilhem ; le premier, œnologue, a travaillé dans plusieurs vignobles du Nouveau Monde ; le second est œnologue et ingénieur agronome.

Cuvée issue des cépages carignan, mourvèdre et syrah assemblés par tiers. Robe sombre, nez partagé entre le fruit rouge mûr et des notes mentholées plus fraîches. En bouche, de l'ampleur, du gras, de la rondeur, sur des arômes de cerise confites, de kirsch et d'épices. Les tanins sont bien fondus. ⌛ 2014-2017 🍷 côtelettes d'agneau

🔑 SCEA GJB Fabre, chez Pierre Fabre, 7, av. de la promenade, 11200 Fabrezan, tél. 06 78 44 26 83, fabre.pierre11@gmail.com V ⛹ 🍷 r.-v.

LES OLLIEUX ROMANIS 2012 ★★★

■	80 000	🛢	- de 5 €

Fondé en 1860, ce vaste vignoble familial (150 ha), situé dans le terroir de Boutenac, possède dès 1896 cave et chai à barriques construits avec les pierres de la carrière du domaine. Jacqueline et François le relancent au cours des années 1980. Depuis 2001, leur fils Pierre conduit l'exploitation.

Du carignan et du grenache à parts égales (40 % chacun), complétés par de la syrah, vinifiés en grains entiers, avec une cuvaison courte pour privilégier le fruit. Fruité et épicé au nez, ce vin enchante par sa bouche charnue, ample, concentrée, mûre et d'un rare équilibre ; sa petite touche tannique en finale révèle son identité Corbières. Carafage conseillé. ⧗ 2014-2017 🍴 brochettes de bœuf

🔑 SARL Le Hameau des Ollieux, RD 613 TM 26, 11200 Montséret, tél. 04 68 43 35 20, pbories@chateaulesollieux.com V t.l.j. 10h-18h

CELLIERS D'ORFÉE Cuvée Sextant 2011 ★★

■	33 000		11 à 15 €

Créée en 1933, la cave d'Ornaisons a fusionné avec celle de Ferrals-les-Corbières. Son nom poétique réunit les premières syllabes de ces deux villages. La coopérative dispose d'un vignoble de 900 ha répartis sur les AOC corbières et corbières-boutenac.

Mi-syrah mi-carignan, une cuvée récoltée à la main et élevée en barrique neuve. Au nez, un boisé de qualité laisse la place à des arômes de fruits cuits. Après une attaque ample et souple, le vin affiche des tanins boisés puissants et veloutés, caractéristiques de cette cuvée emblématique de la cave. ⧗ 2015-2019 🍴 daube de sanglier

🔑 Celliers d'Orfée, 53, av. des Corbières, 11200 Ornaisons, tél. 04 68 27 09 76, contact@celliersdorfee.com V r.-v.

DOM. PECH DES ASPRES Élevé en fût de chêne 2012

■	4 500		11 à 15 €

Lydie Hiez, originaire de la région parisienne, et son conjoint Vincent Viannes se sont installés comme jeunes agriculteurs et rachètent peu à peu de vieilles parcelles sur le terroir de Boutenac : 11,5 ha aujourd'hui. Premier millésime en 2007.

Carignan (40 %), syrah, grenache et un soupçon de mourvèdre composent ce 2012 qui s'ouvre sur la tapenade et le thym, avec des notes d'élevage rappelant le cacao. La bouche franche, plutôt souple et longue est marquée par la présence de tanins boisés et d'impressions plus austères en finale. ⧗ 2015-2017 🍴 tajine d'agneau aux pruneaux

🔑 EARL Hiez Viannes, 7, rue de la Forge, 11200 Boutenac, tél. 06 82 74 16 55, lydie.hiez@orange.fr V r.-v.

Ⓑ DOM. DES PIERRES BLEUES Quartz 2012 ★★

■	3 000		8 à 11 €

Venu de l'ouest, Olivier Fouquet s'est établi dans les Corbières. Régisseur d'un domaine durant dix ans, il a voulu faire « son » vin et s'est installé en 2008 sur 6,5 ha à l'entrée des hautes Corbières, sauvant les dernières parcelles de vignes de Villerouge-Termenès.

Sur ce terroir schisteux, Olivier Fouquet a misé sur la syrah et le grenache assemblés à parité. Intensité de la couleur, vivacité du nez, sur le cassis et la vanille de l'élevage. Dans le même registre, le palais offre une très belle attaque ; des tanins jeunes, encore austères en finale, lui donnent du relief. ⧗ 2015-2018 🍴 pavé de bœuf sauce au poivre

🔑 Olivier Fouquet, Dom. des Pierres Bleues, 4, rue Blanche, 11330 Villerouge-Termenès, tél. 06 20 35 38 45, contact@domainepierresbleues.fr V r.-v.

DOM. RÉGAZEL Sans bruit 2012 ★

■	3 900		8 à 11 €

Ancien coopérateur, Michel Moreno et son neveu Adrian se sont associés en 2012 pour proposer des vins de terroir. Leurs 5 ha de vignes couvrent les pentes nord de l'Alaric, entre garrigue, oliviers et chênes truffiers.

Du grenache et de la syrah complétés par le carignan. Un court séjour dans le bois. Robe plutôt légère, nez boisé, épicé, avec une note de chocolat et de sous-bois. Attaque fraîche, palais ample et gras aux tanins déliés. ⧗ 2015-2018 🍴 rôti de bœuf

🔑 Dom. Régazel, 1, hameau Le Pessou, 11700 Comigne, tél. 06 73 11 37 04, domaine.regazel@live.fr V r.-v. 🔑 Moréno

DOM. ROQUE SESTIÈRE Vieilles Vignes 2013 ★★★

■	11 500		5 à 8 €

Ancien instituteur installé en 1993 sur le domaine de son beau-père, Roland Lagarde a fait passer la superficie cultivée de 28 à 15 ha, misant sur la qualité et sur la vente en bouteilles. Les blancs constituent la spécialité de la propriété (deux tiers des vins).

Assemblage à parité de macabeu et de grenache blanc, avec 10 % de roussanne. Une robe très pâle aux reflets verts, des parfums complexes et subtils de fruits blancs et d'acacia. La bouche charme par sa franchise, sa persistance et son équilibre : la puissance, la richesse et la rondeur se conjuguent à une fraîcheur tonique. ⧗ 2014-2016 🍴 dorade au four

🔑 EARL Roland Lagarde, Dom. Roque Sestière, 8, rue des Étangs, 11200 Luc-sur-Orbieu, tél. 04 68 27 18 00, roque.sestiere@wanadoo.fr V t.l.j. sf dim. 10h-18h

DOM. ROUÏRE-SÉGUR Tradition 2013 ★★

■	40 000		5 à 8 €

Domaine créé en 1910. Les 30 ha de vignes regardent la montagne d'Alaric alors que le chai se situe à Ribaute. Geneviève Bourdel et son fils Nicolas, arrivé en 2004, signent leurs bouteilles.

Né d'une saignée de syrah (70 %) et de grenache, un rosé clair, charmeur par l'intensité de ses arômes de fraise et de groseille soulignés d'une touche amylique. De la souplesse, vivifiée par un aiguillon d'acidité, et une longue finale. ⧗ 2014-2015 🍴 salade grecque ■ L'Air du temps 2012 ★★ (8 à 11 € ; 4 000 b.) : 80 % de grenache élevé en cuve, 20 % de syrah élevée en barrique. Nez sur l'olive noire, les fruits mûrs et le boisé, bouche ample et charpentée aux arômes de garrigue. Du potentiel. ⧗ 2014-2017

🔑 Dom. Rouïre-Ségur, 12, rue des Fleurs, 11220 Ribaute, tél. 04 68 27 19 76, nicolasbourdel@orange.fr V r.-v.

DOM. LA RUNE Perthro 2011

■	6 000		8 à 11 €

Installés en 1993, Dominique Mestre et Xavier Rémon exploitent avec leur fils Manuel, œnologue, quelque 22 ha. La Rune ? Le lieu-dit où a été construite la cave. Mais les cuvées du domaine portent des noms de runes, caractères de l'ancien alphabet nordique : un clin d'œil aux amateurs d'ésotérisme.

Un vin sincère, où l'on retrouve tous les cépages de l'appellation, même le cinsault. Après un égrappage, une longue cuvaison. Pas de bois. Un vin solide aux arômes de fruits noirs, avec un soupçon de menthe. ⧗ 2014-2018 🍴 gigot d'agneau braisé

Xavier Rémon, Dom. la Rune, 7, rue de l'Église, 11220 Talairan, tél. 04 68 44 04 99, contact@domainelarune.com V r.-v.

SAINT-AURIOL Châtelaine 2013 ★★★

| 50 000 | | 5 à 8 € |

Fille de Jean Auriol, bien connu dans les Corbières, Dominique Auriol a débuté dans un important groupement de producteurs, puis dirigé le syndicat des corbières avant de reprendre et de restaurer en 1995 les propriétés familiales, tout en créant une maison de négoce.

Issu de quatre cépages, un superbe rosé provenant de la première propriété familiale. Robe tendre, nez gourmand tout en fruits rouges. Un ensemble équillibré, aromatique, jovial, possédant assez d'étoffe pour accompagner le repas. 2014-2015 grillade de porc Orangerie Ciceron 2013 ★★ (19 000 b.): originaire d'un autre domaine familial, un blanc très élégant aux arômes d'acacia puis de pêche de vigne. 2014-2017

SAS Les Domaines Auriol, 12, rue Gustave-Eiffel, 11200 Lézignan, tél. 04 68 58 15 15, info@les-domaines-auriol.eu Vialade

DOM. SAINTE-MARIE-DES-CROZES Premiers pas sur la Lune 2013 ★★

| 7 300 | | 8 à 11 € |

Après une lignée de vignerons « par habitude et par héritage », pluri-actifs, Bernard Alias prend en 1997 les rênes du domaine situé sur le flanc nord de l'Alaric. Il restructure le vignoble et modernise la cave. Sa fille Christelle vient de le rejoindre après une expérience à l'étranger. Aujourd'hui, 34 ha de vignes en conversion bio.

Un blanc typé par la roussanne (90 %). Joli nez de fruits confits, d'écorce d'orange. Bouche vive en attaque, puis charnue et ample, avec un plaisant retour sur l'orange confite. 2014-2017 omelette aux morilles Hector et Juliette 2012 ★★ (12 300 b.) : dominé par la syrah, un rouge harmonieux, boisé et épicé (cannelle). De la fraîcheur, une belle charpente de tanins fondus et une finale cacaotée. 2014-2017

Bernard Alias, 36, av. des Corbières, 11700 Douzens, tél. 04 68 79 09 00, d.alias11@orange.fr V t.l.j. 9h-18h; sam. dim. sur r.-v.

CH. SAINT-ESTÈVE 2012 ★★

| 147 200 | 5 à 8 € |

Dans la famille Latham, on trouve Hubert, qui tenta le premier de traverser la Manche en avion, ou Henri de Monfreid, le célèbre explorateur et écrivain. Éric Latham, après avoir exporté du café et du cacao de Côte-d'Ivoire, a acquis en 1984 le château Saint-Estève (130 ha) rattaché jadis à l'abbaye de Fontfroide.

Un corbières bien typé, tant par son assemblage (grenache, carignan, syrah et mourvèdre) et sa vinification (avec égrappage) que par son profil : nez de réglisse, épicé, avec des touches de fenouil, de beurre et de boisé (une petite partie du vin est élevée en barrique) ; palais franc, puissant et consistant, aux tanins lissés. Déjà plaisant et prometteur. 2014-2017 carré d'agneau

Éric Latham, Ch. Saint-Estève, 11200 Thézan-des-Corbières, tél. 04 68 43 32 34, contact@chateau-saint-esteve.com V t.l.j. 10h-12h 14h-18h

CH. DE SAINT-EUTROPE 2013 ★

| 37 000 | 5 à 8 € |

Quatre générations se sont succédé sur ce domaine. Après avoir vinifié plus de vingt-cinq ans dans une coopérative, Olivier Verdale a repris avec son frère Jean-Louis l'exploitation familiale ; 45 ha de vieilles vignes sur le terroir réputé de Boutenac.

Mi-syrah mi-grenache, ce rosé affiche une couleur pâle très « mode » et libère des parfums intenses et frais de fraise et de fruits exotiques, avec une touche de bonbon anglais ; la bouche, plus réservée, montre un réel équilibre. 2014-2015 tomates mozzarella au basilic

EARL Ch. de Saint-Eutrope, 31, rue de Fabrezan, 11220 Saint-Laurent-de-la-Cabrerisse, tél. 04 68 44 05 55, verdale.olivier@orange.fr V r.-v. Verdale

CH. DE SÉRAME Réserve du château 2012 ★★

| 53 000 | | 5 à 8 € |

L'un des rares domaines de la région à garder l'imposante superficie des vignobles languedociens d'autrefois : plus de 170 ha. Il est aujourd'hui la propriété des vignobles Dourthe, et le négociant bordelais a fait aussi les choses en grand, en convertissant tout le vignoble au bio (certification en 2013).

La syrah, très majoritaire dans cette cuvée, lui assure un abord avantageux, sans trahir le caractère du corbières. Souple en attaque, ce 2012 présente une bonne assise, avec de gracieux tanins bien fondus et une finale boisée rappelant le caramel. 2014-2017 canard rôti

SAS Ch. de Sérame, lieu-dit Sérame, 11200 Lézignan-Corbières, tél. 04 68 27 59 00, frederic.garrabou@gmail.com Vins Dourthe

DOM. SERRES-MAZARD Cuvée Joseph Mazard 2011 ★★★

| 18 000 | | 11 à 15 € |

Portant le nom des grands-parents, cette exploitation (60 ha) proche de Lagrasse, où s'activent Jean-Pierre et Annie Mazard, Damien et Marie-Pierre, est accueillante, avec ses gîtes et ses sentiers botaniques qui permettent de découvrir la flore sauvage.

De la syrah (50 %), escortée des carignan, grenache et mourvèdre. D'un grenat légèrement cuivré, ce 2011 vous entraîne au milieu de la garrigue : thym, romarin, olive noire, eucalyptus, avec une touche mentholée, se bousculent au nez. La bouche, à l'unisson, est généreuse et suave. Un vin singulier. 2014-2019 civet de lapin de garenne

Dom. Serres-Mazard, 6, pl. Fontvieille, 11220 Talairan, tél. 04 68 44 02 22, mazard.jeanpierre@free.fr V r.-v.

CH. SPENCER LA PUJADE Le P'tit Spencer 2012 ★★

| 70 000 | | 5 à 8 € |

Acquis en 2011 par le financier Christopher Spencer et géré par Sébastien Bonneaud, un « bien de village » : la bâtisse et le chai ne sont pas situés au milieu des vignes, mais dans le bourg. Les ceps (34 ha) couvrent un amphithéâtre entouré de garrigue.

Composée à 50 % de carignan, cépage très présent ici, assemblé au mourvèdre, à la syrah et au grenache, cette cuvée a été vinifiée avec des levures indigènes. Un vin friand, à la fois souple et frais, associant un joli fruité (griotte, framboise) et quelques petits tanins qui lui donnent du relief et de la typicité. ⧗ 2014-2015 ▾ tendrons de veau

Ch. Spencer La Pujade, 1A, rue de l'Église, 11200 Ferrals-les-Corbières, tél. 06 09 04 39 34, contact@chateauspencer-lapujade.fr V r.-v.
Spencer

CH. TRILLOL Cucugnan Prestige 2011 ★★

■ | 3 350 | | 15 à 20 €

Le village de Cucugnan, immortalisé par A. Daudet, n'est pas en Provence, mais dans l'Aude, sous le regard des châteaux de Quéribus et de Peyrepertuse, aux confins des Pyrénées-Orientales. La famille Sichel, propriétaire dans le Médoc, y a acquis en 1990 une exploitation (40 ha) qu'elle a rénovée.

Du grenache, de la syrah et du carignan ; égrappage pour les deux tiers, macération carbonique pour un tiers ; élevage en fût neuf. Le résultat ? Un nez intense et complexe mêlant cassis et fraise confiturés, pruneau, beurre, vanille et même une touche de musc. Superbe en attaque, rond, gras, un tantinet chaleureux, ce vin reste alerte et gracieux grâce à ses tanins parfaitement fondus. ⧗ 2014-2019 ▾ lapin de garenne

Ch. Trillol, 10, rte de Duilhac, CD 14, 11350 Cucugnan, tél. 04 68 45 01 13, trillol@orange.fr V t.l.j. nov.-mars 10h-18h (avr.-oct. 10h30-18h30); janv. fév. sur r.-v.

♥ CH. VIEUX MOULIN 2012 ★★

■ | 50 000 | | 5 à 8 €

Plus de deux siècles d'existence pour ce domaine, qui, avec Alexandre They, installé en 1998, et son œnologue Claude Gros, est devenu une valeur sûre du Guide. Il couvre 28 ha au cœur des Corbières occidentales.

Le coup de cœur échoit cette année à la cuvée classique, qui marie les carignan, mourvèdre, grenache et syrah. Nez captivant et complexe, florilège de cassis, d'épices et de grillé, auxquels s'ajoutent en bouche les fruits confits, les fruits exotiques et la réglisse. De la rondeur, de la générosité, des tanins sans la moindre aspérité et une superbe finale. ⧗ 2015-2018 ▾ perdreau rôti ■ Les Ailes 2012 ★★ (15 à 20 € ; 8 000 b.) : mêlant le pruneau, la cerise kirschée à la vanille de l'élevage sous bois, un vin presque noir, dense, riche, charpenté et suave. ⧗ 2015-2018

EARL Alexandre They et Associés, Ch. Vieux Moulin, 11700 Montbrun-des-Corbières, tél. 04 68 43 29 39, alex.they@vieuxmoulin.net V r.-v.

CH. DU VIEUX PARC La Sélection 2012 ★

■ | 9 400 | | 8 à 11 €

Fondé en 1850, un domaine familial proche de Lézignan-Corbières, qui a commencé la vente en bouteilles en 1975. Installé en 1987, Louis Panis – rejoint en 2006 par son fils Guillaume – a agrandi la propriété (58 ha aujourd'hui), rénové la cave et aménagé un chai à barriques.

Du carignan et de la syrah, avec du grenache et du mourvèdre en renfort. Quelle couleur ! Le nez n'a rien d'explosif, mais il séduit par sa finesse et la diversité de ses arômes de fruits mûrs ou confiturés, d'olive noire et de vanille (un an de fût). Aimable, la bouche n'en bénéficie pas moins d'un soutien tannique de qualité. ⧗ 2014-2017 ▾ bécasse flambée

Louis Panis, 1, av. des Vignerons, 11200 Conilhac-Corbières, tél. 04 68 27 47 44, guillaume.panis@chateau-vieuxparc.fr V r.-v.

CH. LA VOULTE-GASPARETS 2013 ★★

■ | 20 000 | | 8 à 11 €

Six générations se sont succédé sur ce domaine implanté sur une terrasse d'alluvions anciennes longue de 5 km, appuyée sur les collines gréseuses de Boutenac. Conduit avec brio depuis plus de trente ans par Patrick Reverdy, aujourd'hui épaulé par son fils Laurent, il ne quitte pas le devant de la scène.

Le vermentino (rolle) est en vedette (70 %) dans cette cuvée, complété par le grenache blanc et le macabeu. Les parfums associent les fleurs blanches et des touches d'épices et d'agrumes. Ces arômes se confirment dans une bouche vive en attaque, ronde et d'une rare persistance. ⧗ 2014-2017 ▾ chèvre frais

SAS ch. la Voulte-Gasparets, 13, rue des Corbières, 11200 Boutenac, tél. 04 68 27 07 86, chateaulavoulte@wanadoo.fr V t.l.j. 9h-12h 14h-18h

CORBIÈRES-BOUTENAC

• Superficie : 245 ha • Production : 8 926 hl

Le terroir de Boutenac (dix communes de l'Aude) fait depuis 2005 l'objet d'une AOC à part entière pour des vins rouges comportant une proportion notable de carignan (30 à 50 %).

CH. AIGUILLOUX Anne-Georges 2011 ★★

■ | 6 000 | | 15 à 20 €

Fondé en 1860, un domaine de 125 ha, dont 36 de vignes d'un seul tenant, traversé par un ruisseau du nom d'Aiguilloux. François Lemarié, qui le conduit depuis 1982, passe le relais à sa fille Anne. Conversion bio engagée en 2010.

Du carignan (50 %) de soixante-dix ans, du grenache et de la syrah. Après un an de fût, ce 2011 associe des notes de fruits confiturés à des touches boisées, grillées et balsamiques. La garrigue et le poivre s'ajoutent à cette palette dans une bouche suave, ample, dotée d'une solide assise tannique. Une belle maturité. ⧗ 2014-2018 ▾ volaille rôtie ■ Cuvée Aventure 2012 ★ (5 à 8 € ; 40 000 b.) : élevé en cuve, un vin harmonieux et frais aux arômes de romarin et d'épices. ⧗ 2014-2015

François Lemarié, Ch. Aiguilloux, 11200 Thézan-des-Corbières, tél. 04 68 43 32 71, aiguilloux@wanadoo.fr V r.-v.

LANGUEDOC

♥ DOM. CALVEL
Cuvée Gaston Vieilles Vignes 2011 ★★

■ | 6 600 | | 11 à 15 €

Pascale Calvel a repris l'exploitation familiale en 1996, s'est séparée de quelques vignes pour en planter de meilleures et a créé son chai, quittant la coopérative. Son domaine de 22 ha se trouve entre le massif de Fontfroide et les basses collines de Boutenac.

Cuvée dédiée par Pascale à son grand-père qui lui fit aimer le métier. Robe profonde bien typée boutenac. Nez boisé, libérant à l'aération des notes de cuir, d'épices et de fruits mûrs ; bouche à l'unisson, aux nuances de garrigue. De la générosité, de l'ampleur, une solide charpente de tanins denses mais patinés. Superbe finale laissant une sensation d'harmonie. ⌛ 2014-2018 🍴 bœuf en daube ■ Corbières Dom. Robin 2013 ★ (5 à 8 € ; 3 000 b.) : un blanc floral, tendre, rond et long. ⌛ 2014-2015

Pascale Calvel, 3, enclos des Grillons, 11200 Saint-André-de-Roquelongue, tél. 06 88 76 89 10, domainecalvel@hotmail.fr V r.-v. E

B CH. DES CARAGUILHES
Solus 2012 ★★

■ | 15 000 | | 15 à 20 €

Ancienne grange cistercienne, le château, situé à flanc de coteaux domine le vaste vignoble de 130 ha d'un seul tenant qui s'étale tout autour en pente douce, entouré de 500 ha de garrigue. Un pionnier du bio avant l'heure – dès 1987. Propriétaire depuis 2007, Pierre Gabison reste sur cette ligne.

De la syrah (50 %) mariée aux mourvèdre et carignan. Robe sombre, nez réservé mais élégant, sur les fruits mûrs, le pruneau et la réglisse mêlés à un boisé suave et cacaoté. Après une attaque fraîche, la bouche se montre ronde, ample, chaleureuse et bien charpentée, dans le même registre que l'olfaction. De la personnalité. ⌛ 2015-2018 🍴 coq au vin

Ch. de Caraguilhes, Dom. de Caraguilhes, 11220 Saint-Laurent-de-la-Cabrerisse, tél. 04 68 27 88 99, chateau@caraguilhes.fr V t.l.j. sf sam. dim. 9h-12h 14h-18h

Pierre Gabison

CÔTE DE PIERRE 2012 ★★

■ | 3 000 | | 20 à 30 €

Enracinée dans les Corbières depuis 1605, la famille Fabre détient 360 ha de vignes répartis sur quatre domaines et châteaux, en corbières, corbières-boutenac et IGP – dont le château de Luc, acheté en 1876. En ligne de mire, le bio.

Carignan (60 %), grenache et mourvèdre ont été élevés séparément en fût. Le nez se partage entre des notes fraîches de fruits rouges et des touches boisées et épicées. On retrouve les petits fruits en attaque. Sans offrir une charpente imposante, ce vin est de belle tenue ; il mise surtout sur l'élégance. ⌛ 2015-2017 🍴 salmis de pintade

Famille Fabre, Ch. de Luc, 1, rue du Château, 11200 Luc-sur-Orbieu, tél. 04 68 27 10 80, info@famille-fabre.com V t.l.j. 9h-12h 14h-18h; sam. dim. sur r.-v. 3

DOM. DE VILLEMAJOU Grand Vin 2011 ★★★

■ | n.c. | | 20 à 30 €

Enfant des Corbières, Gérard Bertrand est un important propriétaire et négociant du sud de la France, dont les cuvées apparaissent dans le Guide sous diverses AOC (corbières, fitou, minervois, languedoc, côtes-du-roussillon...) et en IGP.

Villemajou est le domaine familial acheté en 1970 par Georges, le père de Gérard Bertrand : 130 ha en boutenac. Des ceps de quatre-vingts ans de carignan, grenache et syrah sont à l'origine de ce superbe 2011 déployant au nez toutes les nuances fruitées : fruits noirs bien mûrs, voire cuits, fruits secs, arômes que l'on retrouve en bouche, rehaussés d'épices. Le palais, à l'unisson, enchante par son gras et sa rondeur conjugués à une robuste charpente de tanins serrés au grain fin. De l'expression et de la personnalité. ⌛ 2015-2018 🍴 lièvre à la royale

Gérard Bertrand, Ch. l'Hospitalet, rte de Narbonne-Plage, 11100 Narbonne, tél. 04 68 45 36 00, c.fuchs@gerard-bertrand.com V t.l.j. 9h-19h

FAUGÈRES

• Superficie : 2 004 ha • Production : 68 733 hl (99 % rouge et rosé)

Reconnus en AOC depuis 1982 comme les saint-chinian leurs voisins, les faugères sont produits dans sept communes situées au nord de Pézenas et de Béziers, et au sud de Bédarieux. Les vignobles sont plantés sur des coteaux à forte pente, d'altitude relativement élevée (250 m), dans les premiers contreforts schisteux peu fertiles des Cévennes. Produits à partir des cépages grenache, syrah, mourvèdre, carignan et cinsault, les faugères rouges sont bien colorés, chaleureux, avec des arômes de garrigue et de fruits rouges. L'appellation produit aussi des rosés et de rares blancs.

B ABBAYE SYLVA PLANA
Le Songe de l'abbé 2011 ★★

■ | 35 000 | | 15 à 20 €

L'abbaye fut fondée en 1139 sous l'abbatiat de Desiderius. Elle dresse sa tour capitulaire au cœur des schistes de Faugères, où la tradition viticole inaugurée par les moines cisterciens se perpétue depuis plus de huit siècles. Nicolas Bouchard officie aujourd'hui sur les 50 ha de vignes du domaine.

Ce 2011 révèle à la fois puissance et finesse. Le nez, d'abord discret, libère à l'aération des parfums de pâte de fruits (cassis, framboise) évoluant à l'aération vers les épices et les notes minérales. Une attaque souple rappelant les arômes du nez ouvre sur un palais gras et frais à la fois, adossé à des tanins denses et serrés laissant augurer une longue garde. ⌛ 2015-2020 🍴 gibier mariné

Abbaye Sylva Plana, 13 ancienne RN, 34480 Laurens, tél. 04 67 24 91 67, info@vignoblesbouchard.com V r.-v. 4

Guy Bouchard

♥ LES AMANTS DE LA VIGNERONNE
Dans la peau 2012 ★★★

3 000 | 20 à 30 €

À l'entrée du vieux village de Faugères, cette maison de caractère est entourée de vignes. Christian et Régine Godefroid, habitués du Guide, y ont aménagé des chambres d'hôtes. Sur ce petit domaine (8 ha) créé en 2004 sur un terroir de schistes, les vignes ont un âge moyen de vingt-cinq ans.

Ce 2012 a envoûté le grand jury par ses parfums intenses de bois et d'épices (gingembre), de garrigue et de fruits mûrs. Des tanins fins et soyeux viennent souligner la rondeur et l'onctuosité du palais. Tout est équilibre, volupté et séduction dans ce vin gourmand et généreux mais sans lourdeur. 2015-2020 côte de bœuf grillée

Les Amants de la Vigneronne, 1207, rte de Pézenas, 34600 Faugères, tél. 04 67 95 78 49, lesamantsdelavigneronne@yahoo.fr V t.l.j. 10h-19h; f. déc.-janv. 4 Godefroid

DOM. BALLICCIONI Kallisté 2012 ★★

5 300 | 15 à 20 €

Situé à Autignac, le domaine de Véronique et André Balliccioni existe depuis 1998. Le vignoble de 7 ha est implanté sur des sols schisteux

Kallisté, « la plus belle », c'est ainsi que dans l'Antiquité, les marins dénommaient la Corse, d'où est originaire le propriétaire du domaine. Les arômes de fruits rouges bien mûrs et de grillé qui se révèlent avec finesse au nez sont rappelés dans un palais souple, rond et ample, adossé à des tanins fondus. La fraîcheur et le fruit égayent une finale gourmande. 2015-2018 colombo de veau

Dom. Balliccioni, 1, chem. de Ronde, 34480 Autignac, tél. 04 67 90 20 31, ballivin@sfr.fr V r.-v.

CAUSSE NOIR Caïus 2011

2 400 | 15 à 20 €

Jérôme Py a eu un coup de foudre pour ces parcelles de faugères en 2011 et s'est installé sur un petit domaine de 6 ha à Cabrerolles, à 30 km au nord de Béziers.

Tous les parfums de la garrigue agrémentés de notes minérales s'expriment dans cette cuvée partiellement élevée en barrique. La bouche, équilibrée, allie vivacité et rondeur, et dévoile une longue finale aux accents de Zan et d'épices. Un vrai « vin plaisir ». 2014-2015 viandes rouges

Jérôme Py, Dom. du Causse Noir, rue de l'Ancienne-Forge, 34480 Cabrerolles, tél. 06 07 23 38 40, jeromepy.caussenoir@gmail.com V r.-v.

B DOM. DE CÉBÈNE Les Bancèls 2012 ★★

10 000 | 11 à 15 €

Après avoir œuvré pendant vingt ans dans le négoce bordelais, Brigitte Chevalier, originaire du Médoc, a pris en 2007 la tête de ce domaine de 11 ha plantés sur schistes, au cœur du parc naturel régional du Haut-Languedoc.

Cette cuvée doit son nom aux terrasses sur lesquelles sont cultivées les vignes. Élégant et frais, le nez libère des parfums aériens d'eucalyptus, de menthol et de poivre que viennent compléter des arômes intenses de fruits confiturés. La bouche ronde, riche et ample, s'appuie sur des tanins déjà soyeux et s'achève sur une finale chaleureuse. Un faugères généreux et bien typé. 2014-2017 côte de bœuf grillée sur sarments

Brigitte Chevalier, ancienne rte de Béziers, 34600 Bédarieux, tél. 06 74 96 42 67, bchevalier@wanadoo.fr V r.-v.

CH. CHENAIE Les Douves 2012 ★

10 000 | 11 à 15 €

Ce château au donjon imposant du XIIe s. était au Moyen Âge un poste de guet sur le passage de la montagne du Carroux vers la plaine méditerranéenne. La famille Chabbert y cultive les 30 ha de vignes du domaine et a installé dans le donjon son chai à barriques et son caveau de dégustation.

Au nez, des arômes complexes de fruits noirs (cassis, mûre) et rouges (framboise, cerise) et d'épices douces agrémentés de notes plus originales de guimauve et de pâtisserie. La bouche ample, ronde et généreuse est bien équilibrée par la fraîcheur. 2015-2020 côte de bœuf grillée

EARL André Chabbert et Fils, 2, rue des Noyers, 34600 Caussiniojouls, tél. 04 67 95 48 10, chateauchenaie@orange.fr V t.l.j. 10h-11h 15h-17h30; f. du 15 juin au 31 août

DOM. COTTEBRUNE Transhumance 2011 ★

30 000 | 11 à 15 €

Ce vignoble (11 ha) créé par Pierre Gaillard, vigneron réputé de la vallée du Rhône nord, a été planté à haute densité (9 000 pieds/ha) afin que les raisins atteignent plus facilement leur maturité.

D'abord timide, le nez s'ouvre sur la fraîcheur des fruits rouges, de l'eucalyptus et du menthol, suivie d'une note plus douce et gourmande de pain brioché. Ample, rond et fruité, le palais est sous-tendu par une fine fraîcheur qui lui apporte équilibre et longueur. 2015-2017 assiette de charcuterie

EARL Cottebrune, rte de la Chaudière, La Liquière, 34480 Cabrerolles, tél. 06 75 87 43 98, domaine-cottebrune@domainespierregaillard.com V r.-v.

B CH. DES ESTANILLES Raison d'être 2011 ★

3 300 | 30 à 50 €

L'autodidacte Julien Seydoux, a racheté en 2009 le domaine que Michel Louison avait créé en 1976 et marqué de son empreinte avec, au fil des ans, des faugères souvent remarquables. Un vignoble qui couvre 30 ha. Une valeur sûre.

Ce 2011 développe à l'olfaction des arômes de fruits mûrs (cerise, framboise, myrtille) et des notes végétales plus fraîches. Souple à l'attaque, le palais dévoile des tanins encore jeunes et prometteurs, agrémentés d'accents torréfiés et fumés. 2017-2021 canard braisé aux champignons

SCEA Ch. des Estanilles, Lentheric, 34480 Cabrerolles, tél. 04 67 90 29 25, contact@chateau-estanilles.com V r.-v. Seydoux

LANGUEDOC

CH. DE GRÉZAN
Les Schistes dorés 2011 ★★

■ | 6 000 | ◍ | 20 à 30 €

Jadis villa romaine puis commanderie de Templiers, ce curieux château vaut le détour. On l'appelle le « petit Carcassonne du Bitterois », avec son mur d'enceinte fortifié et crénelé remanié au XIXes. Côté vignes, 110 ha conduits par Rémy Fardel et Jean-Louis Pujol.

Vinifié puis élevé en barrique, cet assemblage à majorité de syrah teintée de mourvèdre libère des parfums complexes et puissants de fruits rouges confiturés, de garrigue et de cassis au premier nez relayés à l'aération par des notes de moka et de vanille. Ample et tout aussi généreuse avec ses notes de tabac, d'épices et de fumé, la bouche s'appuie sur des tanins bien présents jusqu'en finale. ⧗ 2015-2020 ♈ fromage à pâte persillée

SCEA Ch. de Grézan, D 909, 34480 Laurens, tél. 04 67 90 27 46, chateau-grezan@wanadoo.fr V t.l.j. sf dim. 9h-12h 14h-18h

B CH. DE LA LIQUIÈRE Cistus 2012 ★

■ | 15 000 | ◍ | 15 à 20 €

Depuis les années 1970, ce domaine est l'un des fleurons de l'appellation, à l'honneur dans le Guide avec une régularité sans faille. Doté d'un magnifique terroir de soixante-dix petites parcelles de schistes et de 60 ha de vignes, qui sculptent le paysage, il bénéficie aujourd'hui du savoir-faire de la jeune génération hérité du grand-père Jean et du père Bernard Vidal, qui furent l'un et l'autre présidents de l'appellation.

Cuvée incontournable du domaine. La version 2012 dévoile d'intenses parfums de fruits noirs bien mûrs et de fleurs de garrigue. Soutenu par des tanins soyeux, le palais se révèle ample et rond, vivifié par une fine fraîcheur minérale. Un vin tout en élégance et dans la parfaite typicité de son appellation. ⧗ 2015-2018 ♈ joue de bœuf

Ch. de la Liquière, La Liquière, 34480 Cabrerolles, tél. 04 67 90 29 20, info@chateaulaliquiere.com V t.l.j. sf dim. 9h-12h 14h30-18h; sam. sur r.-v.
Vidal-Dumoulin

MAS GABINÈLE Rarissime 2012 ★

■ | 16 000 | ◍ | 30 à 50 €

Thierry Rodriguez rachète ses premières vignes à son ami Gabriel Mas, surnommé Gabinèle, qui désigne en occitan un petit cabanon en bois. Le vignoble couvre aujourd'hui 18 ha.

Des raisins bien mûrs provenant de parcelles à faible rendement et un élevage de seize mois en fût ont donné naissance à cette cuvée aux accents de sous-bois, de cuir et d'épices. La bouche développe une belle matière, charnue, gourmande, adossée à des tanins fins, et s'étire en une longue finale toastée et grillée. ⧗ 2015-2019 ♈ tajine d'agneau aux épices douces ■ 2012 ★ (11 à 15 €; 32 000 b.): un nez discret, une bouche gourmande et fruitée (cassis) soutenue par des tanins fins et fondus. ⧗ 2014-2016

Thierry Rodriguez, Mas Gabinèle, 1750, chem. de Bédarieux, 34480 Laurens, tél. 04 67 89 71 72, info@masgabinele.com V r.-v.

MAS ONÉSIME Paradis caché 2011 ★

■ | 1 500 | ◍ | 15 à 20 €

Les grands-parents ont acquis des vignes après la Seconde Guerre mondiale. Ses parents ont apporté leurs raisins à la coopérative puis agrandi le vignoble (7 ha aujourd'hui). Olivier Villaneuva a débuté la mise en bouteilles à la propriété en 2011.

Ce 2011 issu de syrah (majoritaire), de carignan, de mourvèdre et de grenache cultivés sur un terroir de schistes a séjourné douze mois en fût. Il délivre un nez complexe d'épices, de poivre, de torréfaction et de fumé. Riche et suave, tapissée de tanins denses et soyeux, la bouche libère des arômes de fruits mûrs et de garrigue pour finir sur une note plus fraîche de menthol. ⧗ 2015-2018 ♈ joue de bœuf confite

Olivier Villaneuva, La Liquière, 34480 Cabrerolles, tél. 04 67 93 63 58, olivier@masonesime.com V r.-v.

DOM. DU MÉTÉORE
Les Léonides 2013

■ | 5 000 | ▮ | 8 à 11 €

Une météorite serait tombée à Cabrerolles il y a plus de dix mille ans. Au fond d'un cratère de 220 m de diamètre (le cirque du Clot) se niche la vigne de Geneviève et Guy Libès. Les cuvées portent ici des noms d'étoiles filantes : Orionides, Perséides, Léonides.

Cette cuvée issue de roussanne et de marsanne enrichies de 20 % de rolle libère au nez des parfums intenses de miel et de fruits confits. Ces arômes s'attardent aussi dans un palais rond et gras avant de laisser la place en finale à des notes poivrées. ⧗ 2014-2016 ♈ pélardon ■ Cuvée Les Lyrides 2011 (20 à 30 €; 7 000 b.): un nez intense et complexe de cassis, de poivre, de cardamome et de tabac blond; un palais ample et frais porté par des tanins souples et soyeux. ⧗ 2015-2017

Geneviève et Guy Libes, Dom. du Météore, 34480 Cabrerolles, tél. 04 67 90 21 12, domainedumeteore@wanadoo.fr V r.-v.

B DOM. OLLIER-TAILLEFER
Grande Réserve 2012

■ | 30 000 | ▮ | 8 à 11 €

Fos est un charmant village fleuri du haut Languedoc. Incarnant la cinquième génération, Françoise et Luc Ollier, frère et sœur natifs du cru, y conduisent un vignoble familial de 36 ha, certifié bio. Une valeur sûre de l'AOC faugères.

Ce 2012 est bien représentatif de son terroir de schistes avec ses notes minérales et poivrées au nez. Porté en bouche par des saveurs de fruits noirs (cassis, myrtille, pruneau), ce vin est équilibré, souple et frais. ⧗ 2015-2017 ♈ canette rôtie aux figues

Dom. Ollier-Taillefer, rte de Gabian, 34320 Fos, tél. 04 67 90 24 59, ollier.taillefer@wanadoo.fr V r.-v.

PARFUM DE SCHISTES 2012 ★★

■ | 200 000 | ▮ | 5 à 8 €

Cette coopérative est l'une des toutes dernières créées en Languedoc, en 1959. Trois anciennes tours romaines

de Faugères transformées en moulins à vent au XVIIIe s. ont été restaurées, et l'on visite aujourd'hui le vieux moulin à grains.

Cette cuvée phare de la coopérative est un assemblage de syrah et grenache vinifié en macération carbonique. Une explosion de parfums envahit le nez : thym, eucalyptus, menthe et cassis. Ces arômes, agrémentés de notes minérales et épicées, sont prolongés par un palais équilibré, généreux et rond, adossé à des tanins soyeux. 2015-2019 viande en sauce

Les Crus Faugères, Mas Olivier, 34600 Faugères, tél. 04 67 95 08 80, contact@lescrusfaugeres.com V t.l.j. 9h-12h 14h-18h

B CH. DES PEYREGRANDES 2012 ★

	5 500		5 à 8 €

Marie Boudal cultive avec un soin méticuleux ses vieilles vignes (24 ha) de syrah, de grenache, de carignan et de mourvèdre (certaines sont âgées de plus de soixante-dix ans) accrochées sur les flancs des coteaux escarpés de Roquessels.

Syrah et grenache composent à parts égales ce 2012 au nez vif et complexe de fruits noirs (cassis) et rouges, de fleurs de garrigue et d'épices (poivre). Une attaque fraîche ouvre sur un palais riche et rond aux saveurs de pâte de coings soutenu par des tanins fins et soyeux. 2014-2017 bécasses à la ficelle

Marie-Geneviève Boudal-Bénézech, 11, chem. de l'Aire, 34320 Roquessels, tél. 04 67 90 15 00, chateau-des-peyregrandes@wanadoo.fr V t.l.j. sf dim. 14h-18h

DOM. DE LA REYNARDIÈRE Prestige 2013 ★

	3 200		5 à 8 €

Ce domaine de 75 ha répartis dans cinq communes rassemble les exploitations des familles Mégé et Pons, la première demeurant à Saint-Geniès-de-Fontedit, la seconde à Autignac.

Ce rosé est un habitué du Guide et séduit ici par ses arômes gourmands de petits fruits rouges (cerise, fraise) et sa bouche fraîche, croquante et charnue. Une finale légèrement tannique. 2014-2015 turbot grillé aux herbes

Dom. de la Reynardière, 7, cours Jean-Moulin, 34480 Saint-Geniès-de-Fontedit, tél. 04 67 36 25 75, contact@reynardiere.fr V t.l.j. sf dim. 10h-12h 16h-19h Mégé

B DOM. LA TOUR PENEDESSES Les Raisins de la colère 2012 ★★

	4 500		15 à 20 €

Alexandre Fouque, œnologue, a sillonné la Bourgogne, les vignobles californiens de la Napa Valley, puis les grands crus et les maisons de la Champagne, et la presqu'île de Saint-Tropez, avant de s'établir à Faugères. Un esprit œcuménique.

Plutôt discrète au nez – quelques notes poivrées à l'aération –, cette cuvée se révèle dans une bouche ample, ronde, charnue et très expressive (cassis et myrtille mûrs, pruneau, épices), adossée à des tanins fins et fondus. Un faugères déjà très accort et gourmand à souhait, tout en offrant un bon potentiel de garde. 2015-2019 fondant au chocolat

Dom. La Tour Penedesses, 2, rue Droite, 34600 Faugères, tél. 04 67 95 17 21, domainetour.penedesses@orange.fr V t.l.j. 9h-13h 14h-19h

FITOU

• Superficie : 2 590 ha • Production : 90 023 hl

L'appellation fitou, la plus ancienne AOC rouge du Languedoc-Roussillon (1948), est située dans la zone méditerranéenne de l'aire des corbières ; elle comprend à l'est le Fitou maritime, qui borde l'étang de Leucate, séparé par un plateau calcaire du Fitou de l'intérieur dans le massif des Corbières, à l'abri du mont Tauch. L'AOC s'étend sur neuf communes, lesquelles ont également le droit de produire les vins doux naturels rivesaltes et muscat-de-rivesaltes. Le carignan trouve ici son terroir de prédilection. Il peut être complété par le grenache noir, le mourvèdre et la syrah. Élevé au moins neuf mois, le fitou affiche une couleur rubis foncé et un corps puissant et charpenté.

LANGUEDOC

CH. ABELANET Roma 2011 ★

	2 500		15 à 20 €

Autrefois relais de diligences sur la route de l'Espagne, le domaine (20 ha) est propriété de la même famille depuis 1697. Douze générations se sont succédé. Régis Abelanet a passé le témoin à son épouse Marie-Françoise et à leur fils Romain.

Cette cuvée mettant à l'honneur le carignan (50 %) bénéficie d'une vinification soignée (fermentation en barrique debout) et d'un élevage de vingt mois sous bois. La robe montre de légers reflets cuivrés. Élegant mais encore marqué par le bois, le nez mêlant les épices et les fruits noirs est celui d'un fitou de garde. L'attaque dévoile une fraîcheur surprenante – due aux parcelles en altitude où le schiste domine –, puis des tanins chocolatés envahissent le palais : la promesse d'un bel avenir. De la puissance et de la finesse. 2014-2020 coq au Byrrh

Vieilles Vignes 2011 ★ (8 à 11 € ; 20 000 b.) : six mois de cuve et un an de fût pour ce vin élégant au nez épicé, finement sauvage, et à la bouche ronde, vive en finale. 2015-2020

Marie-Françoise Abelanet, 7, av. de la Mairie, 11510 Fitou, tél. 04 68 45 76 50, contact@chateau-abelanet.com V t.l.j. 10h-12h 14h-18h

GÉRARD BERTRAND 2012 ★★

	n.c.		8 à 11 €

Enfant des Corbières, Gérard Bertrand est un important propriétaire et négociant du sud de la France, dont les cuvées apparaissent dans le Guide sous diverses AOC (corbières, fitou, minervois, languedoc, côtes-du-roussillon...) et en IGP.

Le nez puissant garde toute la finesse du grenache et du carignan, cépages rois sur ces terres d'altitude arides et sèches. Des senteurs du Sud, évocatrices de garrigue, s'allient au nez à des notes mentholées et à des parfums de fruits noirs compotés. Suave à l'attaque, le palais montre la rondeur et la douceur typiques du grenache avant l'entrée en scène des tanins du carignan, qui tapissent la bouche. Enfin, la fraîcheur des terroirs en altitude souligne la finale. ⌛ 2014-2017 🍴 canard laqué

Gérard Bertrand, Ch. l'Hospitalet, rte de Narbonne-Plage, 11100 Narbonne, tél. 04 68 45 36 00, c.fuchs@gerard-bertrand.com V t.l.j. 9h-19h

♥ DOM. BERTRAND-BERGÉ
La Boulière 2011 ★★★

■ | 5 000 | | 15 à 20 €

En 1993, Jérôme Bertrand décide de quitter le système coopératif pour vinifier ses propres vins, comme un devoir envers ses ancêtres. Il a cru très tôt dans la qualité des terroirs rudes de Fitou, élevé et valorisé les vins du cru, puis hissé son domaine (35 ha) parmi les grands.

Un nouveau coup de cœur s'ajoute à un brillant palmarès. Grâce à une cuvée née en altitude sur un plateau de galets balayé par les vents et regardant la Méditerranée. Beaucoup de mourvèdre (40 %) et dix-huit mois d'élevage pour ce vin à la robe profonde et au nez intense sur les fruits rouges confits, les épices douces, le thym et le romarin. La bouche complexe fait preuve d'un équilibre parfait : attaque ronde, suave, délicatement épicée, ampleur, structure bien fondue. Un fitou de caractère au caractère fitou ! ⌛ 2015-2020 🍴 lièvre à la royale ■ Les Mégalithes 2012 ★ (11 à 15 € ; 10 000 b.) : un vin généreux et équilibré (95 % de très vieux carignan). ⌛ 2015-2020 ■ Origines (8 à 11 € ; 40 000 b.) : du carignan et du grenache, de la puissance et des tanins enrobés. ⌛ 2015-2020

Dom. Bertrand-Bergé, 38, av. du Roussillon, 11350 Paziols, tél. 04 68 45 41 73, bertrand-berge@wanadoo.fr V t.l.j. 9h-12h 14h-18h B

LES VIGNERONS DU CAP LEUCATE
Cap 42° Dame de Cézilly 2011 ★★

■ | 15 000 | | 11 à 15 €

Créée en 1920, la coopérative de Leucate a fusionné avec plusieurs coopératives (Quintillan, Roquefort-des-Corbières, La Palme...). Un acteur incontournable du Fitou maritime, avec plus de 170 adhérents, 1 400 ha et un chai sorti de terre en 2010.

Le mourvèdre est bien présent (40 %, autant de carignan et 20 % de grenache) dans ce vin sombre aux reflets violines. Au nez, beaucoup d'épices, du poivre, du genêt, du thym, du romarin et les nuances fumées et toastées de l'élevage en fût. La bouche se révèle puissante, généreuse et persistante, sans manquer d'élégance. Ce 2011 se bonifiera encore. ⌛ 2015-2018 🍴 civet de lièvre ■ Saint-Pancrace 2011 ★ (8 à 11 € ; 10 000 b.) : une dominante de carignan (60 %) dans ce vin rond et souple sur les fruits mûrs et le sous-bois. ⌛ 2015-2017

Vignobles Cap Leucate, Chai La Prade, 11370 Leucate, tél. 04 68 33 20 41, contact@cave-leucate.com V t.l.j. 9h-12h 16h-19h

LES MAÎTRES VIGNERONS DE CASCASTEL
Carte or 2012 ★★

■ | 150 000 | | 5 à 8 €

Cave fondée en 1921 dans les hautes Corbières. Les inondations catastrophiques de 1999 furent l'occasion d'un nouveau départ, et la coopérative a investi dans des installations modernes.

Remarquable sélection par le nombre et la qualité des cuvées... Avec une préférence pour la Carte or au nez intense et fin de poivre, de fruits noirs (myrtille et cassis) et à la bouche séduisante par son volume, ses tanins enrobés, son élégance et ses arômes persistants de fleurs et de cerise. ⌛ 2016-2019 🍴 agneau aux amandes façon tajine ■ Vieilles Vignes Grande Sélection 2012 ★★ (100 000 b.) : élégance, boisé discret, tanins soyeux. ⌛ 2015-2020 ■ Ch. de Cascastel Cuvée Exception ★ (8 à 11 € ; 85 000 b.) : solide structure et boisé appuyé. ⌛ 2015-2020 ■ Expression de schistes ★ (8 à 11 € ; 60 000 b.) : nez intense, complexe, boisé et bon potentiel de garde. ⌛ 2015-2020

SCA Les Vignerons de Cascastel, Grand-Rue, 11360 Cascastel-des-Corbières, tél. 04 68 45 91 74, info@cascastel.com V t.l.j. sf sam. dim. 9h-12h 14h-18h

CAZES
Les Garrigues 2012 ★

■ | 30 000 | | 5 à 8 €

Fondation en 1895, premières mises en bouteilles en 1955 et une croissance continue. Aujourd'hui, un domaine de 220 ha entièrement conduit en biodynamie depuis 2005. À sa carte, toutes les AOC du Roussillon. Dans le giron du groupe Advini.

S'il ne vient pas de la propriété, ce fitou élaboré par l'œnologue Isabelle Roig est très typique. Assemblant carignan, grenache, syrah et mourvèdre, ce vin rubis profond offre un nez intense de cassis et de sous-bois. Tout aussi intense au palais, il se montre épicé, frais et soyeux. ⌛ 2014-2017 🍴 truffade

Cazes, 4, rue Francisco-Ferrer, 66600 Rivesaltes, tél. 04 68 64 08 26, info@cazes.com V r.-v.

CH. CHAMP DES SŒURS
La Tina 2012

■ | 4 500 | | 15 à 20 €

Domaine de 15 ha situé dans la zone maritime de Fitou. Aux commandes, Laurent Maynadier, quatorzième génération de viticulteurs du cru, et Marie Valette, œnologue. Premières bouteilles en 1999.

La Tina ? En occitan, un foudre en bois. Nez élégant, gourmand, d'une belle fraîcheur, sur les fruits rouges et noirs (mûre), avec un côté minéral. Attaque souple et ronde, bouche tout en finesse aux arômes de poivre et de garrigue. Un travail précis pour maîtriser le carignan largement majoritaire. ⌛ 2014-2017 🍴 tajine de poulet aux amandes ■ Cuvée classique 2012 (5 à 8 € ; 25 000 b.) : un vin rond, suave et frais, au nez de framboise, de cassis et d'épices. ⌛ 2014-2015

Laurent Maynadier, 19, av. des Corbières, 11510 Fitou, tél. 04 68 45 66 74, laurent.maynadier@orange.fr V r.-v.

CH. DES ERLES 2012

	2 500		11 à 15 €

Issu d'une grande famille bordelaise et présent sur plusieurs continents, le propriétaire et négociant François Lurton est aussi implanté dans le Languedoc-Roussillon depuis les années 1990. Associé à son frère Jacques jusqu'en 2007, il y dirige seul aujourd'hui plusieurs domaines dans les AOC saint-chinian, fitou, corbières et côtes-du-roussillon-villages.

Robe intense et profonde. Au nez, un boisé appuyé légué par un élevage de dix-huit mois en demi-muid, des notes de sous-bois et de mûre. Franche et soyeuse à l'attaque, dominée par des notes empyreumatiques (grillées), la bouche dévoile une belle trame tannique et une finale gourmande et suave marquée par le cassis et le poivre. 2017-2019 côte de bœuf aux herbes de provence

François Lurton, Dom. de Poumeyrade, 33870 Vayres, tél. 05 57 55 12 12, communication@francoislurton.com

DOM. GRAND GUILHEM Angels 2012 ★★

	1 060		20 à 30 €

Il était ingénieur, elle était experte en commerce de l'art. Venant de Montmartre, où les vignes de la Butte les ont inspirés, Séverine et Gilles Contrepois deviennent en 1997 vignerons dans le Fitou intérieur ; ils y vinifient depuis 2003 : 12 ha de vignes (en bio depuis 2004).

La robe profonde montre déjà de beaux reflets rubis. Le bouquet intense associe à un subtil boisé du sous-bois, de la violette, des notes réglissées et mentholées. Après une attaque souple, sur des nuances d'élevage (caramel) et de fruits confits, le carignan (70 %) s'affirme par une belle trame tannique qui demande à s'affiner. 2014-2017 filet de bœuf en croûte **Cuvée principale 2012 (11 à 15 € ; 10 000 b.)** : un vin aux puissants arômes de fruits noirs, à la bouche charnue et gourmande. 2015-2016

Dom. Grand Guilhem, 1, chem. du Col-de-la-Serre, 11360 Cascastel-des-Corbières, tél. 04 68 45 86 67, gguilhem@aol.com V t.l.j. 10h30-12h30 18h30-20h 5 E Contrepois

CH. DE LA GRANGE Via Fonteius 2011

	25 000		8 à 11 €

Implanté dans le Fitou maritime, le domaine des frères Dell'Ova vinifie en cave particulière depuis 1986. Traversé par la voie Domitienne, le vignoble couvre aujourd'hui 67 ha sur le territoire de La Palme, dans une zone ventée bénéficiant de la fraîcheur des embruns. En bio certifié depuis 2012.

Un nez plus subtil qu'exubérant, où le grenache entrant à hauteur de 50 % dans l'assemblage apporte ses notes de fruits rouges et noirs (mûre). La bouche a beaucoup de personnalité grâce à des tanins bien présents, alliés à une belle acidité et à une bonne longueur. Un fitou de tradition. 2014-2017 navarin d'agneau

GAEC Dell'Ova Frères, Cabanes-de-la-Palme, BP 5, 11480 La Palme, tél. 04 68 48 17 88, dellovafreres@orange.fr V t.l.j. sf dim. 10h-12h 14h-19h

DOM. LEPAUMIER Cuvée Auzeville 2012 ★

	12 000		5 à 8 €

Ce domaine est inscrit depuis le début du siècle dernier dans le paysage fitounais. Installé depuis 2006, Christophe Lepaumier cultive 20 ha côté mer et étang, et côté garrigue sur les hauteurs du village, et il vinifie dans la vieille cave de pierre de son grand-père.

Un nez partagé entre des notes épicées et des nuances de violette et de cassis, une attaque ronde, un beau volume et une matière intense composent un vin de caractère qui, après un premier contact austère, se révèle plaisant... 2014-2017 parmentier de canard **Vieilles Vignes 2012 (10 000 b.)** : quatre mois de fût pour ce vin souple étayé par des tanins fins mêlant les fruits noirs à un boisé vanillé et toasté. 2015-2017

Christophe Lepaumier, 15, av. de la Mairie, 11510 Fitou, tél. 06 12 26 27 71 V t.l.j. 10h-12h 14h-18h30

DOM. LERYS Cuvée Prestige 2012 ★★

	n.c.		8 à 11 €

Domaine familial fondé en 1861 dans le haut Fitou. Après un passage en coopérative entre 1948 et 1977, il a renoué avec la vinification. En 1995, Maguy et Alain Izard ont passé le relais à Alban qui exploite 40 ha de vignes sur un terroir de schistes.

Intense et complexe, le nez joue avec élégance sur la liqueur de cassis, les épices douces et la garrigue. La même richesse séduit en bouche, où l'on retrouve le cassis associé à une belle trame tannique. Le vieux carignan (70 %), qui s'exprime magnifiquement sur les schistes de Villeneuve, donne beaucoup de personnalité à ce vin de belle longueur. 2014-2017 côte de bœuf aux girolles

EARL Costo Soulano, 1, rue de Pech-de-Gril, 11360 Villeneuve-les-Corbières, tél. 04 68 45 95 47, domlerys@gmail.com V t.l.j. sf dim. 10h-19h 1 Alban Izard

DOM. MAMARUTA Cacahuète 2012

	4 500		11 à 15 €

Marc Castan reprenant les vignes de son grand-père, qui était vétérinaire de campagne, s'est installé en 2003 entre garrigue, étang et mer. Première vinification en 2009. Le jeune vigneron cultive ses 14 ha en bio et s'essaye à la biodynamie.

Cacahuète ? Le surnom du motoculteur de Marc Castan. Très expressif, le vin mêle au nez boisé torréfié des fruits noirs et des touches minérales, mentholées et poivrées. En bouche, les fruits noirs se teintent de nuances chaleureuses de confiture cuite au chaudron, mais le palais n'en reste pas moins bien équilibré et frais. 2014-2019 cassoulet de Castelnaudary

Marc Castan, 10, rue Dr-Ferroul, 11480 La Palme, tél. 06 83 24 90 92, marccastan@hotmail.fr V r.-v.

MAS DES CAPRICES Oufti 2012 ★

	9 000		11 à 15 €

Enfants de viticulteurs alsaciens, Mireille et Pierre Mann ont été restaurateurs avant de devenir artisans-vignerons en 2005. Premières bouteilles en 2009, premiers succès. Aujourd'hui, 15 ha en bio sur le plateau

LANGUEDOC

calcaire de Leucate et sur les contreforts schisteux des Corbières.

Oufti ? Un anagramme de Fitou et une expression liégeoise signifiant « étonnant ! ». Cette cuvée fait la part belle au mourvèdre, qui s'est bien implanté dans le sud de l'appellation, notamment sur les sables et les calcaires. Au nez, des fruits rouges croquants, de la mûre, de la garrigue et une touche de jacinthe. La garrigue se lie aux épices douces et au cassis dans une bouche ronde et harmonieuse en attaque, dotée de tanins soyeux. ⌛ 2014-2017 🍷 civet de cerf

🔑 Mas des Caprices, 57, imp. de la Menuiserie, 11370 Leucate, tél. 06 89 15 18 50, masdescaprices@free.fr V 🚶 🍷 t.l.j. sf lun. 11h-13h 18h-20h; hiver sur r.-v. 🔑 Pierre Mann

DOM. MAYNADIER Cuvée Sélection 2011

■ | 10 000 | ◖◗ | 8 à 11 €

Une lignée vigneronne remontant au XVIe s. Aujourd'hui, Marie-Antoinette et sa fille Cécile vinifient dans la plus ancienne cave de Fitou, jadis relais de diligences datant de 1697. Leur vignoble de 26 ha est en conversion bio.

Un fitou de tradition : du carignan et du grenache, de la syrah en appoint et un long élevage en barrique. Il en résulte une robe soutenue aux reflets orangés, un nez complexe, fruité et épicé, avec des nuances de sous-bois et un boisé léger. Bien équilibrée, la bouche montre des tanins serrés qui demandent à s'affiner. ⌛ 2014-2017 🍷 magret de canard aux pommes

🔑 Dom. Maynadier, 45, RD 6009, 11510 Fitou, tél. 04 68 45 63 11, cecile@domainemaynadier.com V 🚶 🍷 t.l.j. 9h15-12h30 14h-19h30

DOM. LES MILLE VIGNES Cadette 2011 ★

■ | 15 000 | 🍾 | 15 à 20 €

Les mille pieds de vignes des débuts se sont transformés au fil des achats et des plantations en une propriété de 11 ha dans le Fitou maritime. Ce domaine créé en 1979 par Jacques Guérin, ancien professeur de « viti » au lycée d'Orange, est conduit depuis 2006 par sa fille Valérie.

Du mourvèdre associé au carignan et au grenache. Légèrement évolué à l'œil, ce 2011 séduit par son nez intensément fruité aux nuances de liqueur de cassis caractéristiques du terroir et d'une vinification respectueuse du raisin. On retrouve en bouche ces puissants arômes de fruits noirs et de cerise. L'attaque est souple et épicée, la bouche fraîche et longue est étayée par des tanins suaves. ⌛ 2014-2017 🍷 carré d'agneau au four

🔑 Dom. les Mille Vignes, 24, av. Saint-Pancrace, 11480 La Palme, tél. 04 68 48 57 14, les.mille.vignes@free.fr V 🚶 🍷 r.-v. 🔑 V. Guérin

CH. DE NOUVELLES Cuvée Vieilles Vignes 2012 ★★

■ | 23 000 | 🍾 | 11 à 15 €

Aux abords du col d'Extrême, le domaine tire son nom de Jacques Fournier de Novelli – pape Benoît XII au XIVe s. – qui eut ici un château. Propriété de la famille depuis 1834, il couvre 75 ha. À sa tête, Jean Daurat-Fort et son fils Jean-Rémy, le premier président l'organisme de défense des vins de Fitou.

Robe rubis profond ; bouquet puissant mêlant les fruits noirs, le poivre et des épices douces. Suavité de l'attaque, retour des fruits noirs mêlés de figue et présence tannique de grande classe. La trilogie du haut Fitou remarquablement mise en valeur par le terroir argilo-calcaire et par l'œnologue Jérôme Hourdel. Finaliste du coup de cœur. ⌛ 2016-2019 🍷 magret de canard aux figues ■ Cuvée Gabrielle 2012 ★★ (15 à 20 € ; 8 000 b.) : vin gourmand, légèrement boisé, puissant et élégant : l'expression d'un terroir de schistes. ⌛ 2015-2017 ■ Cuvée Augusta 2012 ★ (8 à 11 €) : finesse, longueur et tanins soyeux. ⌛ 2015-2017

🔑 SCEA R. Daurat-Fort, Ch. de Nouvelles, 11350 Tuchan, tél. 04 68 45 40 03, daurat-fort@terre-net.fr V 🚶 🍷 r.-v. 🏠 D

PRIEUR DE SÉGURE Vieilles Vignes 2012 ★

■ | 170 000 | ◖◗ | 5 à 8 €

Locomotive des hautes Corbières, cette coopérative regroupant quelque 200 vignerons vinifie le fruit de 1 460 ha de vignes implantées sur un terroir rude et sec propice aux grands vins. À sa carte, des corbières, fitou, VDN et vins en IGP.

Un trio grenache-carignan-syrah au nez bien ouvert sur un boisé délicat et des notes de fruits rouges compotés. Le fruit s'épanouit dans une bouche harmonieuse, ample en attaque, de bonne longueur et étayée par des tanins plus marqués en finale. ⌛ 2015-2018 🍷 canette aux olives ■ La Grande Réserve Rocflamboyant 2012 (95 000 b.) : un fruité épicé pour ce vin agréable et léger. ⌛ 2014-2017 ■ Dom. du Vieux Moulin 2012 Élevé en fût de chêne (38 000 b.) : des petits fruits et un boisé léger, des tanins souples. Déjà charmeur. ⌛ 2014-2017 ■ Chasse gardée 2012 (130 000 b.) : un vin souple, léger et agréable, aux tanins soyeux. ⌛ 2014-2017

🔑 SCA Mont Tauch, 2, rue de la Cave, 11350 Tuchan, tél. 04 68 45 41 08, contact@mont-tauch.com V 🚶 🍷 t.l.j. sf dim. 9h-12h 14h-18h

DOM. DE LA ROCHELIERRE Cuvée Privilège Élevé en fût de chêne 2012 ★★

■ | 15 000 | ◖◗ | 8 à 11 €

Quatre générations se sont succédé sur ce domaine. Depuis 1998, Jean-Marie Fabre, président des vignerons indépendants de l'Aude. Un producteur engagé qui préserve son terroir de fitou : ses vignes (15 ha) n'ont pas vu de produits chimiques depuis 1979 (méthode Cousinié).

Une belle régularité confirmée avec cette cuvée née des cépages carignan, grenache, mourvèdre et syrah. Robe soutenue aux reflets violets, bouquet complexe de fruits rouges, d'épices, de sous-bois et de venaison. Palais ciselé, frais et long, aux tanins denses et soyeux, et au fin boisé traduisant une réelle maîtrise de l'élevage. ⌛ 2015-2018 🍷 parmentier de canard confit ■ Noblesse du temps 2012 ★ (15 à 20 € ; 3 000 b.) : 50 % de mourvèdre et treize mois en barrique neuve pour ce vin charnu et généreux au fort potentiel. ⌛ 2015-2020

🔑 Fabre, Dom. de la Rochelierre, 17, rue du Vigné, 11510 Fitou, tél. 04 68 45 70 52, la.rochelierre@orange.fr V 🚶 🍷 r.-v.

DOM. DE ROUDÈNE Sélection 2012 ★★

■ | 10 000 | 🍾 | 5 à 8 €

Le village de Paziols, au pied du mont Tauch : c'est là que sont installés depuis 1986 Jean-Pierre et Bernadette Faixo, sur 36 ha. La sécheresse de la garrigue ? Trom-

peuse, vous dira Jean-Pierre, expert en hydrogéologie. En réalité, le massif des Corbières est gorgé d'eaux souterraines.

Cette cuvée faisant la part belle au grenache (50 %) n'est pas très intense, mais elle offre un nez engageant, sur la violette, les herbes de la garrigue et les fruits noirs légèrement confiturés. La réglisse et les fruits noirs s'épanouissent dans une bouche à l'attaque ample, volumineuse et franche, et à la finale persistante. Un vin élégant, bel ambassadeur du fitou de tradition. ⧗ 2014-2017 ⚲ charcuterie de montagne

⊶ Bernadette et Jean-Pierre Faixo, 5, espace des Écoles, 11350 Paziols, tél. 04 68 45 43 47, domainederoudene@orange.fr V t.l.j. 8h30-12h30 14h-19h

CH. WIALA Rebelle 2012			
■	6 000		8 à 11 €

Alain Voorons, venu du nord, et Wiebke Seubert, originaire d'Allemagne, se sont rencontrés sur les bancs d'une école lors d'un stage de formation agricole à Narbonne, et se sont lancés ensemble en 2001 dans la création d'un vignoble dans le haut Fitou : 8 ha de vignes, une mosaïque de terroirs.

Au nez de prune et de laurier répond une attaque souple, tout en rondeur, agrémentée de notes de petits fruits rouges, d'épices et de garrigue : l'élevage en cuve respecte le fruit. Un ensemble plaisant malgré une petite pointe chaleureuse en finale. ⧗ 2014-2017 ⚲ tarte aux légumes

⊶ SCEA Seubert, Ch. Wiala, 3, rue de la Glacière, 11350 Tuchan, tél. 04 68 45 49 49, vins@chateau-wiala.com V t.l.j. 16h-20h

LANGUEDOC

• Superficie : 9 522 ha • Production : 398 780 hl (85 % rouge et rosé)

En 2007, l'appellation coteaux-du-languedoc s'est élargie et a pris le nom de languedoc. L'ancienne AOC était formée de terroirs disséminés en Languedoc, dans la zone des coteaux et des garrigues, entre Narbonne et Nîmes, du pied de la Montagne Noire et des Cévennes à la mer Méditerranée – d'anciennes aires VDQS promues en AOC en 1985. Elle a fait place à partir du millésime 2006 à une vaste appellation régionale incluant toutes les aires d'appellation du Languedoc et du Roussillon, jusqu'à la frontière espagnole – à l'exception de Malepère : près de 500 communes (122 dans les Pyrénées Orientales, 195 dans l'Aude, 160 dans l'Hérault et 19 dans le Gard). Les AOC existantes (corbières, faugères, côtes-du-roussillon, etc.) subsistent. Quant au nom « coteaux-du-languedoc », il a pu figurer sur les étiquettes jusqu'en 2012 pour les vins provenant de l'aire historique de l'appellation.

Six cépages dominent la production des vins rouges (majoritaires) et des rosés : carignan et cinsault (limités à 40 %) complétés par les grenache noir, lladoner, mourvèdre et syrah ; en blanc, grenache blanc, clairette, bourboulenc, marsanne, roussanne et vermentino sont les principaux cépages, le piquepoul étant également utilisé. Ce dernier, qui donne un vin vif, est la variété exclusive du picpoul-de-pinet produit autour du bassin de Thau et promu au rang d'AOC avec le millésime 2013. Six autres dénominations géographiques correspondent à un terroir particulier et affichent des conditions de production plus restrictives que dans le reste de la région : La Clape, où l'on produit les trois couleurs, le Pic-Saint-Loup pour les rouges et les rosés, les Grés de Montpellier, Pézenas et les Terrasses du Larzac pour les rouges, ainsi que Sommières depuis 2009. En outre, certaines dénominations liées à une ancienne renommée peuvent figurer sur l'étiquette des rouges et des rosés : Cabrières, célèbre pour ses rosés, Montpeyroux, Saint-Saturnin, Saint-Georges-d'Orques, La Méjanelle, Quatourze, Saint-Drézéry, Saint-Christol et Vérargues.

ABBAYE DES MONGES La Clape Le Chant des pierres 2012 ★★			
■	3 000		11 à 15 €

En 1202 fut fondée en ce lieu une abbaye cistercienne habitée par des bernardines. Il en reste encore l'église, classée Monument historique. Ce domaine de 30 ha est administré depuis 1997 par Paul de Chefdebien.

Cet assemblage de quatre cépages de vieilles vignes cultivées en faible densité permet de révéler la typicité du terroir pierreux dans ce vin qui embaume la garrigue et le cacao. La bouche offre du gras et une solide structure tannique, et dévoile en finale une pointe de fraîcheur bienvenue, qui apporte équilibre et longueur. ⧗ 2015-2018 ⚲ perdreaux braisés au lard ■ La Clape Augustine 2012 ★ (8 à 11 €, 3 000 b.) : un vin léger en couleur mais pas en arômes, des notes de menthe succédant à l'anis et aux fleurs blanches. Harmonieux et frais en bouche. ⧗ 2014-2016

⊶ Paul de Chefdebien, Ch. Abbaye des Monges, rte de Gruissan, 11100 Narbonne, tél. 04 68 32 26 61, info@abbaye-des-monges.com V t.l.j. 9h-19h

B ABBAYE DE VALMAGNE Cuvée Bernard et Benoît 2013 ★★			
■	5 000		8 à 11 €

Histoire et vignoble se conjuguent à l'abbaye de Valmagne depuis plus de huit siècles. L'église abbatiale aux proportions de cathédrale et son cloître aux baies cintrées abritent des foudres gigantesques. Le comte Henri de Turenne, ancêtre du propriétaire actuel, avait acquis l'abbaye en 1838.

Roussanne et marsanne sont à l'honneur dans ce vin or pâle. Au nez, élégance rime avec finesse autour d'arômes de miel, de fleurs blanches et de notes minérales. Pour sa rondeur et son volume à l'attaque, sa fraîcheur délicate et ses jolies notes florales en finale, cette cuvée est qualifiée de « pulpeuse et expressive ». ⧗ 2014-2016 ⚲ turbot grillé ■ Cuvée de Turenne Grés de Montpellier 2011 ★ (11 à 15 € ; 18 000 b.) : une robe profonde, des arômes de fruits secs, d'épices et de vanille, une bouche fondue, voici un vin déjà mûr qui a trouvé son équilibre. ⧗ 2014-2015

⊶ Abbaye de Valmagne, RD 5, 34560 Villeveyrac, tél. 04 67 78 06 09, info@valmagne.com V t.l.j. 14h-18h ⊶ d' Allaines

ABBOTTS & DELAUNAY Réserve 2013 ★			
■	6 600		8 à 11 €

Laurent Delaunay est issu d'une famille bourguignonne ancienne. Fondateur de la maison de négoce Badet

Clément & Cie, il a acheté en 2005 la maison Abbotts créée en 1996 à Marseillette, près de Carcassonne, par une jeune œnologue australienne, Nerida Abbott.

Vermentino, marsanne et roussanne se complètent harmonieusement dans ce 2013. Derrière les senteurs de fruits à chair blanche et d'agrumes se profilent de délicates notes minérales. La bouche, savoureuse, trouve l'équilibre entre fraîcheur et rondeur. ⧗ 2014-2016 🍷 bouillabaisse

Abbotts & Delaunay, 32, av. du Languedoc, 11800 Marseillette, tél. 04 68 79 00 00, contact@abbottsetdelaunay.com V r.-v.

DOM. LES ANGES DE BACCHUS Délice des anges 2013 ★

■	3 000	5 à 8 €

À une quinzaine de kilomètres au nord de Montpellier, ce domaine étend ses 20 ha de vignes sur des éboulis calcaires.

Voici un rosé très charmeur aux arômes d'une grande finesse, qui rappellent les fleurs blanches et les baies rouges. Sa belle tenue en bouche s'accompagne d'une fraîcheur très appréciable. Gourmand et flatteur. ⧗ 2014-2015 🍷 tourte aux poireaux de vigne

Dom. les Anges de Bacchus, lot Les Plans, 59, rue des Verdales, 34570 Vailhauquès, tél. 06 17 31 57 18, lesangesdebacchus@yahoo.fr V r.-v.

CH. D'ANGLÈS La Clape Classique 2011 ★★

■	68 000		8 à 11 €

Éric Fabre, après une longue carrière de directeur technique au château Lafite-Rothschild dans le Médoc, s'est installé à La Clape. Un terroir déjà couvert de vignes du temps de Jules César, qu'il s'attache à valoriser depuis 2002.

Au nez, une belle intensité aromatique : cacao, épices, fruits noirs, garrigue. En bouche, de la puissance tannique, mais aussi du gras pour « arrondir les angles ». Un vin « d'hiver », généreux et solide, armé pour la garde. ⧗ 2016-2020 🍷 bécasse rôtie à la ficelle

Éric Fabre, Ch. d'Anglès, 11560 Saint-Pierre-la-Mer, tél. 04 68 33 61 33, info@chateaudangles.com V t.l.j. sf dim. 9h-19h

CH. D'ASSAS Grés de Montpellier Réserve 2011 ★

■	20 000		8 à 11 €

Valeur sûre de l'appellation, cette coopérative élabore ses vins en sélectionnant le meilleur parmi les terroirs de calcaires argileux qui entourent le château d'Assas, une folie montpelliéraine du XIXe s.

Ce 2011 issu de syrah, de grenache et d'une pointe de mourvèdre s'affiche dans une robe sombre aux reflets grenat. Les arômes intenses allient cannelle, fumé et réglisse. La bouche y ajoute les fruits mûrs autour de tanins denses et veloutés, et s'étire dans une finale élégante, où notes d'élevage et minéralité du terroir font bon ménage. ⧗ 2014-2017 🍷 gibier en sauce

SCA Les Vignerons du Pic, 285, av. de Castries, 34820 Assas, tél. 04 67 59 62 55, cavevigneronsdupic@wanadoo.fr V t.l.j. sf lun. 9h-12h 14h-18h

LES AUGUSTINS Pic Saint-Loup Les Bambins 2012

■	25 000		8 à 11 €

Les cuvées du domaine évoquent chacune un membre de la famille : Sourire d'Odile, Secret de Monique, Les Deux Roger... Frédéric Mézy est à la manœuvre et travaille selon les préceptes de l'agriculture biodynamique et le calendrier lunaire, sans certification.

Cette cuvée s'ouvre sur les épices, le moka et le grillé. C'est au palais qu'elle s'épanouit, les fruits mûrs et la réglisse ajoutant à sa complexité. L'élevage en fût a permis d'assouplir des tanins encore bien présents. Au final, un beau « vin d'automne », équilibré et prometteur. ⧗ 2014-2018 🍷 rôti de veau tandoori

Clos des Augustins, 111, chem. de la Vieille, 34270 Saint-Mathieu-de-Tréviers, tél. 04 67 54 73 45, closdesaugustins@wanadoo.fr V t.l.j. 9h-12h30 14h-18h

DOM. D'AUPILHAC La Boda 2011 ★

■	n.c.		20 à 30 €

Sylvain Fadat travaille en agriculture biologique ses deux terroirs de Montpeyroux. Argilo-calcaires et marnes bleues pour Aupilhac, sur un versant sud. Argilo-calcaires et vestiges volcaniques pour Cocalières, à 350 m d'altitude.

L'assemblage des deux terroirs du domaine apporte de la complexité à cette cuvée au nez de poivre gris, de fruits noirs et de cuir. La bouche, solide et généreuse, à la structure encore un peu jeune, révèle une fraîcheur délicate qui lui apporte l'équilibre et renforce sa tenue à la garde. ⧗ 2016-2020 🍷 confit de canard

Sylvain Fadat, 28, rue du Plô, 34150 Montpeyroux, tél. 04 67 96 61 19, aupilhac@aupilhac.com V t.l.j. 9h-12h30 14h-17h

DOM. LES AURELLES Pézenas Aurel 2010 ★★

■	4 800		30 à 50 €

Les vignes des Aurelles, étendues sur 9 ha et cultivées en phytobiologie, plongent leurs racines dans des sols de graves villafranchiennes et d'éboulis calcaires, en bordure du plateau de Nizas, paysage unique en Languedoc. Faibles rendements, travail du sol, soins méticuleux de la souche à la vendange : Basile Saint-Germain met tout en œuvre pour faire émerger la complexité de ce terroir. Une valeur sûre de l'appellation.

Cette cuvée ciselée libère un nez complexe d'épices douces, de moka, de fruits secs, de figue noire et de garrigue. La bouche est gourmande, suave, délicate, avec une pointe chocolatée et vanillée, et surtout des tanins soyeux. Un beau millésime, qui va encore s'épanouir avec le temps. ⧗ 2014-2017 🍷 magret de canard aux airelles

Basile Saint-Germain, 8, chem. des Champs-Blancs, 34320 Nizas, tél. 04 67 25 08 34, contact@les-aurelles.com V r.-v.

CH. BAS D'AUMELAS Grés de Montpellier Classique 2012 ★

■	10 000		8 à 11 €

Cette ferme du XIIe s. devint château au XVIe s. quand le seigneur Bonnet la préféra à son domaine ravagé par les guerres de Religion. Propriété depuis trois siècles de la

famille d'Albenas, ce domaine (16 ha) d'Aumelas, où la vigne côtoie les parcours des moutons, est exploité depuis 2001 par Geoffroy et Jean-Philippe.

Beaucoup de grenache, un tiers de roussanne et une pointe de viognier composent ce vin produit sur les plus hautes garrigues de la commune d'Aumelas. Ce 2012 livre un nez d'abricot et de fleurs blanches, avec une touche de garrigue et de grillé. Équilibré et frais, le palais prolonge les notes florales, avant une finale aux parfums de fruits secs. ⧗ 2014-2017 🍴 poêlée de saint-jacques

Geoffroy et Philippe d'Albenas, Ch. Bas d'Aumelas, 34230 Aumelas, tél. 04 30 40 60 29, contact@chateaubasaumelas.fr V r.-v.

DOM. BELLES PIERRES Chant des âmes 2011 ★

■	4 000		11 à 15 €

À Murviel-lès-Montpellier, ce domaine de 15 ha créé par Joseph Coste est à présent conduit par son fils Damien et son épouse Monica. Ils recherchent avant tout l'expression du terroir, et ont ainsi banni l'emploi de barriques neuves.

Dans ce duo syrah-mourvèdre, les senteurs sont expressives: fruits rouges, fruits à noyau et parfums de sous-bois se mêlent aux notes de grillé, de caramel et de vanille. La bouche se montre à la fois ample, solide, harmonieuse et élégante, agrémentée de saveurs boisées qui s'étirent longuement dans une finale robuste. ⧗ 2014-2017 🍴 rôti de porc ail et olives

Damien Coste, Dom. Belles Pierres, rte de Bel-Air, D 102, 34570 Murviel-lès-Montpellier, tél. 04 67 47 30 43, bellespierres@wanadoo.fr V r.-v.

CH. BELLEVUE 2012 ★★

■	5 000		11 à 15 €

Ce domaine, qui appartient depuis 1977 à Hélène Péra, est situé à Montblanc, sur des terrasses villafranchiennes classées en AOC languedoc depuis 2011. Fondé à la fin du XVIIIe s. par un notaire, il doit son nom à sa situation au sommet d'une colline.

Belle entrée dans le Guide pour cette cuvée de syrah et de grenache. Bien équilibré entre fraîcheur et maturité, au nez comme en bouche, ce 2012 révèle une grande complexité aromatique allant des arômes de cassis, de tapenade et d'épices orientales jusqu'au fumé. Concentrée, chaleureuse et ample tout en restant gourmande et friande, la bouche signe un vin généreux, de caractère mais sans dureté. ⧗ 2016-2020 🍴 carré d'agneau aux herbes

Péra, Dom. de Bellevue, 34290 Montblanc, tél. 04 67 98 50 01, domainedebellevue@yahoo.fr V t.l.j. sf dim. 9h30-12h 14h30-18h30; f. 31 déc.-10 janv.

BERGERIE DU CAPUCIN Pic Saint-Loup Larmanela 2011 ★

■	5 000		15 à 20 €

Guilhem Viau, après dix ans passés en cave coopérative, s'est lancé en 2008 et a baptisé son domaine du nom du lieu-dit où se situaient les pâturages et la bergerie de son aïeule Jeanne.

Cette cuvée, encore dans sa jeunesse, s'épanouit à l'aération sur des parfums de tabac, d'eucalyptus, de grillé et de vanillé. Cette palette d'arômes s'accompagne dans un palais ample de plaisantes notes de fruits rouges. La structure tannique, pour l'heure ferme, laisse présager un bel avenir. ⧗ 2016-2022 🍴 viande rouge rôtie ou en sauce

Bergerie du Capucin, Mas de Boisset, 34270 Valflaunès, tél. 04 67 59 01 00, contact@bergerieducapucin.fr V r.-v. Guilhem Viau

CH. DE CABRIÈRES Cabrières Tradition 2011 ★★

■	n.c.		11 à 15 €

Coopérative fondée en 1937, forte des 330 ha de ses adhérents. Si la cave mise sur les rosés, réputés à Cabrières, elle dispose également sur les fameux schistes gris de 20 ha de clairette blanche, l'un des très anciens cépages du Languedoc.

Ce 2011 exprime avec fierté la typicité de son terroir de schistes avec ses notes de violette, de fruits noirs, d'épices et, surtout, sa fine touche minérale, libérées à l'olfaction. Soyeux et délicat sans manquer de corps ni de complexité, le palais révèle une finale réglissée qui complète harmonieusement cette palette aromatique. ⧗ 2014-2018 🍴 selle d'agneau farcie au thym ■ **Cabrières Grande Cuvée 2013 ★ (moins de 5 €; 50 000 b.)**: près de 50 % de cinsault dans ce rosé très friand, à la robe claire et aux arômes de fleurs et de fruits blancs. Ampleur et équilibre signent la bouche. ⧗ 2014-2017

Caves de l'Estabel, 20, rte de Fontès, 34800 Cabrières, tél. 04 67 88 91 60, sca.cabrieres@wanadoo.fr V t.l.j. 9h-12h 14h-18h

LANGUEDOC

(B) LES CAILLOUTIS 2012 ★

■	10 000		8 à 11 €

Elle a bien grandi depuis sa création en 1950 : soixante-quinze adhérents alors, cent trente aujourd'hui. Cette coopérative « artisanale », comme elle se qualifie, trône au cœur du village de Montpeyroux. Le vignoble se partage entre trois entités, toutes baignées de soleil : le causse, le piémont et la terrasse d'éboulis.

Premier millésime d'un vignoble de syrah et de grenache converti en agriculture biologique, ce 2012 est très séducteur avec ses parfums de fruits noirs, d'épices douces et de fleurs séchées. Une structure fine côtoie une belle rondeur dans une bouche agréablement fraîche et réglissée en finale. Gourmand et équilibré. ⧗ 2014-2016 🍴 saucisse grillée aux herbes

Coop. artisanale Montpeyroux, 5, pl. François-Villon, 34150 Montpeyroux, tél. 04 67 96 61 08, cave@montpeyroux.org V t.l.j. 9h-12h 14h-18h; dim. sur r.-v.

DOM. CASTAN Les Terres rouges 2012 ★

■	6 200		5 à 8 €

André Castan travaille depuis plus de vingt ans en agriculture raisonnée sur ce terroir argilo-calcaire de la période du Lias, à Cazouls-lès-Béziers, en bordure de l'appellation saint-chinian. Une cave centenaire abrite les vinifications.

Syrah et grenache implantés sur terres rouges sont associés dans ce vin au nez dominé par des arômes de liqueur de mûre, de cassis et de cuir. En bouche, l'ambiance est bien méditerranéenne : de la rondeur et du gras, des tanins soyeux et fondus, et une finale aux notes de garrigue. ⧗ 2014-2016 🍴 cochon de lait à la broche

Dom. Castan, 26 bis, av. Jean-Jaurès, 34370 Cazouls-lès-Béziers, tél. 04 67 93 54 45, domandrecastan@aol.com V t.l.j. sf dim. 10h-12h30 16h-19h30

B DOM. DU CAUSSE D'ARBORAS
Terrasses du Larzac La Sentinelle 2012 ★

	12 000		8 à 11 €

Ce domaine acquis en 2014 par les Vignobles Jeanjean, dispose d'un beau vignoble de 15 ha planté à 350 m d'altitude sur le causse d'Arboras, au pied du pic Baudile.

Née sur des hauts causses calcaires, cette cuvée doit beaucoup à la syrah qui, alliée au grenache et au mourvèdre, lui apporte un nez intense de cassis, de mûre et d'épices. La bouche révèle un fruité intense, des tanins souples et fondus, de la fraîcheur et de la finesse, sans manquer de concentration. 2016-2020 gigot d'agneau à l'ail

SCEA Dom. du Causse d'Arboras, L'Enclos, 34725 Saint-Félix-de-Lodez, tél. 04 67 88 80 00, elise.bellot@vignobles-jeanjean.com V t.l.j. sf dim. 9h30-19h Jeanjean

B CH. DE CAZENEUVE
Pic Saint-Loup Les Calcaires 2012 ★

	13 000		11 à 15 €

Le château de Cazeneuve, vieille bâtisse du IXe s., est établi au cœur du domaine. André Leenhardt, un habitué du Guide, est l'un des vignerons emblématiques du Pic Saint-Loup, à la tête d'un beau vignoble de 45 ha planté sur argilo-calcaires.

Cette cuvée, dont le nom fait référence au terroir qui l'a vue naître, séduit d'emblée par la diversité de ses arômes : cassis, réglisse, cannelle, chocolat au lait. En bouche, des fruits rouges et des notes de tabac, de la fraîcheur et une solide structure qui se bonifiera avec le temps. 2015-2019 bœuf bourguignon 2012 (15 à 20 € ; 12 000 b.) : une cuvée riche en arômes de coing et d'agrumes, et en notes boisées. Une bouche confite à l'équilibre chaleureux et portée par la noisette. 2014-2017

Ch. de Cazeneuve, Cazeneuve, 34270 Lauret, tél. 04 67 59 07 49, andre.leenhardt@wanadoo.fr V r.-v. Leenhardt

LA CHAPELLE DE BÉBIAN Pézenas 2010 ★

	20 000		11 à 15 €

Un domaine historique, où Bebianus, un vétéran romain, cultivait déjà la vigne au Ier s. ; une tradition perpétuée et développée à partir du XIIe s. par les moines cisterciens, qui construisirent la chapelle. Un domaine viticole de 32 ha aujourd'hui, régulier en qualité, acquis en 2009 par Dimitry Pumpyanski, qui a maintenu l'œnologue Karen Turner aux commandes du chai. Sur un cadran solaire, la devise de la propriété : *nihil sine sole*, « rien sans le soleil »...

Issu de grenache, syrah et cinsault implantés sur un sol caillouteux et sec, ce 2010 déploie un nez intense et complexe de pain d'épice, de tabac et de fruits compotés. La bouche se révèle à la fois ronde et bien structurée, fine et racée. Déjà plaisant, ce vin peut attendre. 2014-2017 salmis de pintade Pézenas 2013 (7 000 b.) : fleurs blanches et agrumes au nez, gras et générosité en bouche. 2014-2016

Prieuré Saint-Jean-de-Bébian, rte de Nizas, 34120 Pézenas, tél. 04 67 98 13 60, info@bebian.com V t.l.j. sf dim. 10h-12h 14h-17h; sam. sur r.-v.

DOM. CHAZALON
Pic Saint-Loup Altitude 658 2011 ★

	5 000		8 à 11 €

Stéphane Chazalon, éléctronicien de métier, a acquis il y a une petite dizaine d'années un vignoble de 4,2 ha pour satisfaire sa passion du vin. Il travaille au plus près du terroir, dans le respect de l'environnement.

Deux ans d'élevage ont marqué cette cuvée, hommage au pic Saint-Loup, dont elle dévoile l'altitude. Le nez libère des parfums de confiture de fruits noirs et de réglisse que complète la vanille. En bouche, la mâche est sensible et les tanins, encore fermes, sont adoucis par des saveurs d'épices douces et de fruits secs. 2014-2018 viande rouge en sauce ou sanglier

Stéphane Chazalon, 160, chem. du Gouletier, 34270 Saint-Mathieu-de-Treviers, tél. 06 76 23 98 38 V r.-v.

LE CHEMIN DES RÊVES
Pic Saint-Loup La Soie 2011 ★★★

	1 000		20 à 30 €

Pour Benoît Viot, autrefois pharmacien mais toujours passionné de biologie et de médecine, l'alchimie du vin n'a pas de secret. Après une première vie professionnelle, ce Tourangeau, qui revendique aujourd'hui une « vie de passion », s'est installé en 2004 à la tête d'un domaine d'une douzaine d'hectares créé *ex nihilo*.

Cette cuvée élégante et séductrice dévoile à l'olfaction des arômes intenses d'amande, de réglisse, de café, de moka et de grillé libérés sans excès, et développe au palais une douceur veloutée. Celui-ci s'appuie sur une fine structure tannique et s'étire dans une longue finale pleine de fraîcheur. Un vin admirable d'élégance et d'équilibre, déjà charmeur en diable. 2014-2017 carré d'agneau aux herbes Pic Saint-Loup Gueule de loup 2011 ★★ (15 à 20 € ; 5 000 b.) : une cuvée à la fois tonique et suave, intense et élégante, qui libère sa richesse aromatique (fruits frais et compotés, moka, chocolat, piment) sans ostentation dans une bouche ample aux tanins ciselés. 2014-2019

Le Chemin des Rêves, 218, rue de la Syrah, 34980 Saint-Gély-du-Fesc, tél. 04 99 62 74 25, contact@chemin-des-reves.com V t.l.j. sf dim. 16h-19h Benoît Viot

LES CHEMINS DE CARABOTE
Terrasses du Larzac Les Pierres qui chantent 2011 ★

	6 000		15 à 20 €

Depuis son premier millésime en 2005, Jean-Yves Chaperon s'est imposé comme l'une des valeurs sûres de l'appellation. Ce journaliste de radio, amateur de chasse et de jazz, sait faire vibrer son terroir de galets roulés. Il a construit sa cave en pierre du Gard et guide son vignoble (6,5 ha) vers le bio.

Faire chanter les pierres ? Un défi relevé par ce passionné de musique. Et les galets roulés s'expriment à travers le grenache, la syrah et le carignan dans ce vin au nez de fruits confiturés, de réglisse et d'épices. Gras et chaleureux, mais non dénué de finesse, le palais prolonge ces arômes jusque dans une finale intense et soyeuse. ⌛ 2014-2017 🍴 joues de porc au piment d'Espelette

Jean-Yves Chaperon et Nicole Michel, Mas de Navas, 34150 Gignac, tél. 06 07 16 76 13, contact@carabote.com V r.-v.

DOM. CINQ VENTS Montpeyroux 2011 ★★

■ | 12 000 | | 15 à 20 €

Christopher Johnson-Gilbert, un Anglais passionné de vin, s'associe en 2008 à Virgile Joly. Ils valorisent en agriculture biologique un vignoble de 10 ha situé à 300 m d'altitude et balayé par les cinq vents locaux qui influencent le climat de Montpeyroux.

Ce vin pourpre intense libère un beau bouquet d'épices, de cerise noire et de tabac blond. Une attaque sur les fruits noirs ouvre une bouche ample et charpentée. La fraîcheur bien caractéristique du terroir se révèle en finale, agrémentée de savoureuses notes réglissées et grillées. ⌛ 2016-2018 🍴 civet de biche

Dom. Cinq Vents, 22, rue du Portail, 34725 Saint-Saturnin-de-Lucian, tél. 04 67 44 52 21, domaine@d5v.fr V t.l.j. sf dim. 9h-12h 14h-18h

♥ B **DOM. CLAVEL** Les Garrigues 2012 ★★

■ | 35 000 | | 8 à 11 €

Estelle, Pierre et leurs fils Antoine et Martin perpétuent l'histoire familiale dans la lignée de Jean Clavel. Leur vignoble de 25 ha (en bio certifié) a la particularité de couvrir trois terroirs : Pic Saint-Loup, Grés de Montpellier et La Méjanelle. Une référence du Languedoc viticole.

Cette cuvée est un délice dont les arômes puissants montent par vagues. Au nez, les fruits rouges mûrs se mêlent à la violette et aux épices. On les retrouve dans un palais rond et gourmand dès l'attaque, soyeux et délicat, soutenu jusqu'en finale par une remarquable fraîcheur minérale. Un vin d'un grand équilibre, à la fois généreux, dense et rectiligne. ⌛ 2014-2019 🍴 agneau rôti à la broche

■ Pic Saint-Loup Bonne Pioche 2012 ★ (11 à 15 € ; 26 000 b.) : un vin aux parfums intenses de fruits noirs, de sous-bois, de cuir et de vanille, prolongés par une bouche suave aux tanins soyeux. ⌛ 2014-2017

Dom. Pierre Clavel, Mas de Périé, rte de Sainte-Croix, 34820 Assas, tél. 04 99 62 06 14, info@vins-clavel.fr V t.l.j. sf dim. 14h-19h

CLOS DE L'AMANDAIE
Grés de Montpellier Huis clos 2011 ★

■ | 4 000 | | 15 à 20 €

À Aumelas, hameaux et vignobles parsèment la garrigue. Autour d'un château du XIIe s., parmi les chênes verts, de petites parcelles cachées dans les combes et une cave en pierre du Gard forment le domaine de Philippe Peytavi (15 ha).

Assemblage à parité de syrah et de grenache, ce 2011 s'exprime sans réserve à l'olfaction : les fruits mûrs (cerise, cassis) précèdent la vanille et les épices. Des tanins subtils lui assurent une bonne tenue en bouche renforcée par une finale fraîche et élégante. ⌛ 2014-2017 🍴 viande grillée

Philippe Peytavy, Mas Arnaud, rte de Montpellier, 34230 Aumelas, tél. 06 86 68 08 62, closdelamandaie@free.fr V t.l.j. sf dim. 17h-19h; sam. 14h-19h

♥ **CLOS DES NINES** Obladie 2012 ★★★

■ | 5 000 | | 15 à 20 €

En 2002, Isabelle Mangeart décide de changer de métier et crée de toutes pièces le Clos des Nines, dont le nom est un clin d'œil à ses trois filles (*nines*, en occitan). Le vignoble de 10 ha se niche au cœur de la garrigue et des oliviers, entre Sète et Montpellier.

Cette cuvée, dont le nom rend hommage à une chanson des Beatles, livre un bouquet intense et enchanteur de confiture d'abricots, de pain grillé, d'agrumes mûrs et de verveine. De discrètes notes boisées et vanillées viennent compléter ces superbes parfums. Une bouche savoureuse prend le relais, étonnante d'équilibre, de fraîcheur et de longueur. Un vin ciselé, complexe et d'une rare élégance. ⌛ 2014-2017 🍴 encornets farcis

Clos des Nines, 329, chem. du Pountiou, 34690 Fabrègues, tél. 04 67 68 95 36, clos.des.nines@free.fr I. Mangeart

CLOS DU PRIEUR Terrasses du Larzac 2011

■ | 15 000 | | 15 à 20 €

Entre les falaises calcaires du Larzac et les berges de la Buèges, un authentique clos de 5 ha, établi sur un terroir de cailloutis calcaires au climat original par sa fraîcheur repris en 1999 en fermage par Marie, fille de Jean Orliac (Dom. de l'Hortus).

D'un rouge dense avec encore quelques reflets juvéniles, ce 2011 libère un nez élégant d'épices, de vanille et de grillé. La bouche, d'abord un peu austère, s'épanouit vite sur la mûre et la réglisse, avec des tanins fins et une fraîcheur agréable, typique de ce terroir. ⌛ 2014-2017 🍴 pavé de bœuf grillé

Marie Orliac, rue du Prieur, 34380 Saint-Jean-de-Buèges, tél. 04 67 55 31 20, m.orliac@wanadoo.fr V r.-v.

DOM. LE CLOS DU SERRES
Terrasses du Larzac La Blaca 2012 ★★

■ | 15 000 | | 11 à 15 €

Entre le soleil de l'Hérault et l'air frais de l'Aveyron, sur une mosaïque de schistes, galets et grès rouges, Sébastien Fillon a repris en 2006 ce domaine de 10 ha. Cet ingénieur chimiste de formation guide aujourd'hui son vignoble vers le bio.

Climat frais et sols pauvres au pied du Larzac, c'est là le pays du chêne blanc (*blaca* en occitan). Syrah, grenache et carignan composent un vin ouvert sur la violette et les fruits noirs, puis sur la truffe, le goudron, le cuir et le laurier. Le palais séduit par son ampleur et la finesse de sa structure, par ses arômes de mûre, de cerise noire, de

LANGUEDOC

laurier, de menthol et de pivoine, et par sa longue finale. ⏳ 2020-2024 🍷 magret de canard en croûte de noix

Le Clos du Serres, rte du Viala, 34700 Saint-Jean-de-la-Blaquière, tél. 04 67 88 21 96, contact@leclosduserres.fr V r.-v.

B LE CLOS RIVIERAL Les Fontanilles 2012 ★

■	5 000		8 à 11 €

Ce petit domaine familial conduit en agriculture biologique se situe autour du village du Bosc, dans les premiers contreforts du Larzac, sur un terroir de schistes et de grès. Il est conduit par Olivier Bellet, jeune œnologue.

C'est une cuvée tout en douceur, avec juste ce qu'il faut de complexité et de nuances : fruits rouges, violette, café et caramel. En bouche, les épices douces mènent la danse, en finesse, accompagnées de tanins moelleux. Un ensemble gourmand et rond, sans manquer de fraîcheur. ⏳ 2014-2017 🍷 grillades de viande

Olivier Bellet, 6, rue du Rivieral, Loiras, 34700 Le Bosc, tél. 06 72 22 38 68, belletol@wanadoo.fr V r.-v. D

CH. LA CLOTTE-FONTANE Crémailh 2012 ★★

■	10 000		8 à 11 €

Deux pharmaciens de formation, Maryline et Philippe Pagès, ont acquis en 2002 ce domaine situé aux portes de Sommières. Le château s'inscrit dans une boucle du Vidourle, fleuve venu des Cévennes et se jetant dans la Méditerranée.

Ce 2012 grenat profond séduit d'emblée par ses parfums de fruits rouges, de réglisse, d'épices et de tapenade. Harmonieux, le palais marie ampleur et tanins fondus. Sa finale délicatement vanillée ne manque pas de fraîcheur, et contribue à l'élégance remarquable de ce vin. ⏳ 2014-2017 🍷 veau aux morilles

Maryline Pagès, Dom. de la Clotte, rte de Lecques, 30250 Salinelles, tél. 04 66 80 06 09, chateaulaclottefontane@gmail.com V r.-v.

CH. COMBE DES DUCS La Clape Sourire de Vénus Élevé en fût de chêne 2012 ★

■	1 330		11 à 15 €

Sur les pas de ses ancêtres, Gautier Fountic cultive en famille 43,5 ha de vignes sur le massif de La Clape, entre mer et garrigue.

Le traditionnel bourbourlenc est complété de roussanne et de marsanne. Le vin en retire un joli nez de pêche, d'épices et de fleurs blanches. Un boisé léger, bien maîtrisé, apparaît en bouche. L'ensemble est suave mais ne manque pas de fraîcheur. ⏳ 2014-2016 🍷 curry de lotte

GAEC Combe des Ducs, 24, av. du Gal-de-Gaulle, 11560 Fleury-d'Aude, tél. 04 68 33 90 04, combedesducs@voila.fr V t.l.j. 17h-20h 2 E Fountie

DOM. DE LA COSTE MOYNIER Saint-Christol 2013 ★

■	29 000		- de 5 €

L'ordre des chevaliers de Saint-Jean-de-Jérusalem (ou ordre de Malte) cultivait déjà la vigne sur ce terroir de galets roulés de Saint-Christol. Luc et Élisabeth Moynier perpétuent depuis 1975 la tradition des moines hospitaliers sur un vignoble de plus de 77 ha.

Ce rosé pâle aux légers reflets saumonés reflète bien la typicité de ce terroir baigné de soleil : arômes d'épices et de fruits rouges, bouche longue et généreuse. Le vin ne manque pourtant pas de fraîcheur, ce qui contribue à son bel équilibre. ⏳ 2014-2015 🍷 risotto aux gambas

Élisabeth et Luc Moynier, Dom. de la Coste Moynier, 34400 Saint-Christol, tél. 04 67 86 02 10, luc.moynier@wanadoo.fr V t.l.j. sf dim. 9h-12h30 13h30-19h30

B DOM. COSTEPLANE Les Cistes 2011 ★

■	1 500		15 à 20 €

Situé sur la bordure des Cévennes à 15 km au nord de Sommières, ce domaine est une propriété familiale depuis 1450. Françoise et Vincent Coste, tous deux ingénieurs agronomes, conduisent en bio ce vignoble de 26,5 ha.

Ce syrah-grenache répand un parfum intense, délicatement vanillé, de confiture de fruits rouges suivi de notes plus discrètes de plantes de la garrigue. De l'équilibre, des tanins fondus, de la chair et une finale agréablement fraîche font de cette cuvée un belle expression de ce terroir, le plus oriental de l'appellation. ⏳ 2014-2017 🍷 pot-au-feu avec os à moelle ■ Pioch de l'Oule 2012 ★ (8 à 11 € ; 3 800 b.) : un vin aux arômes d'épices, de fleurs séchées et d'agrumes. La fraîcheur contribue à son bon équilibre en bouche. ⏳ 2014-2015

Françoise et Vincent Coste, mas Costeplane, rte de Saint-Théodorit, 30260 Cannes-et-Clairan, tél. 04 66 77 85 02, domaine.costeplane@hotmail.com V r.-v.

B COSTES-CIRGUES Bois du roi 2011 ★★

■	7 600		11 à 15 €

Conduit en agriculture biologique et biodynamique depuis 2003 par Béatrice Althoff, ce domaine est une mosaïque de 17 ha constituée d'une centaine de petites parcelles.

Ce vin tire son nom de la forêt qui entoure les vignes du domaine. Un languedoc pur jus : une robe presque noire et une large palette d'arômes où s'entremêlent des touches de poivre, de réglisse, de garrigue et de torréfaction. Le palais concentré et charnu finit sur une fraîcheur subtile. ⏳ 2015-2019 🍷 gardiane de taureau ■ 2011 ★★ (15 à 20 € ; 4 450 b.) : un vin concentré aux parfums de réglisse, d'épices et de moka. Un beau mariage entre la typicité du terroir et un élevage bien mené. ⏳ 2015-2018

Béatrice Althoff, Dom. de Costes-Cirgues, 1531, rte d'Aubais, 30250 Sommières, tél. 06 77 14 09 69, althoff.beatrice@orange.fr V t.l.j. sf dim. 10h-13h 15h-19h D

DOM. COSTON Terrasses du Larzac 2012 ★★

■	20 000		8 à 11 €

Les 12 ha de vignes de ce domaine sont nichés au cœur de la garrigue dans les communes d'Aniane et de Puéchabon. Perpétuant la tradition familiale, les frères Coston ont réhabilités en 2000 la cave de leur grand-père.

Cette cuvée classique du domaine allie syrah, grenache, carignan et mourvèdre. Elle s'impose d'emblée par un nez intense de grillé, d'épices et de fruits secs torréfiés. La bouche s'adosse à des tanins denses mais fondus et, comme souvent dans ce terroir, à une belle fraîcheur qui souligne des arômes persistants de cassis et de framboise. La finale longue et suave laisse le souvenir d'un vin harmonieux. ⧗ 2014-2017 🍷 côtelettes d'agneau grillées ■ Les Garigoles 2011 ★ (15 à 20 € ; 5 000 b.) : une robe pourpre sombre, un nez d'épices, de vanille, de grillé et de garrigue, des tanins mûrs et souples, et de la fraîcheur tout au long de la dégustation. ⧗ 2015-2018

Coston, 3, rte de Montpellier, 34150 Puéchabon, tél. 04 67 57 48 96, domainecoston@yahoo.fr V r.-v.

LES COTEAUX DU PIC
Pic Saint-Loup Cuvée spéciale 2011

■	17 000		11 à 15 €

La cave coopérative de Saint-Mathieu-de-Tréviers, établie au pied du pic Saint-Loup, exploite ses vignes en agriculture raisonnée ; la conversion au bio a démarré pour une partie du vignoble.

Cet assemblage de syrah majoritaire et de grenache issus de sélections parcellaires se révèle d'abord discret au nez, puis libère à l'aération des senteurs de thym, de griotte, de violette et de réglisse. L'élevage en fût, épaulé par des tanins ronds, marque le palais de son empreinte épicée et vanillée. Sans pour autant écraser les fruits rouges et confiturés. ⧗ 2014-2018 🍷 gigot d'agneau au romarin

SCA Les Coteaux du Pic, 140, av. des Coteaux-de-Montferrand, 34270 Saint-Mathieu-de-Tréviers, tél. 04 67 55 81 19, info@coteaux-du-pic.com V t.l.j. sf dim. lun. 9h30-12h30 14h30-18h

DOM. LA CROIX CHAPTAL
Terrasses du Larzac Cuvée Charles 2010 ★

■	10 000		11 à 15 €

Créé au Xe s. par les moines bénédictins de l'abbaye de Gellone, ce domaine se partage entre 11 ha de bois et 20 ha de vignes. Depuis 1999, il revit grâce à l'artisan vigneron Charles-Walter Pacaud. Les clés de voûte sculptées du cellier sont reproduites sur l'étiquette.

Ce vin aromatique et fin associe au premier nez les fruits rouges très mûrs et les baies sauvages aux épices douces et à la vanille. La bouche est harmonieuse et équilibrée, étayée par une fraîcheur caractéristique. Les notes fruitées s'imposent, secondées par les arômes boisés d'un élevage bien maîtrisé, et enveloppent des tanins délicats qui soulignent une finale soyeuse. ⧗ 2014-2017 🍷 magret de canard sauce aux cerises

Pacaud-Chaptal, Dom. la Croix Chaptal, hameau de Cambous, 34725 Saint-André-de-Sangonis, tél. 06 82 16 77 82, lacroixchaptal@wanadoo.fr V r.-v.

CH. DE LA DEVÈZE-MONNIER
Terrasses du Larzac Les Reynets 2011 ★

■	4 000		8 à 11 €

Ancien professeur de sciences naturelles, Laurent Damais a quitté les tableaux noirs en 1986 pour s'attacher au vignoble familial dans le beau vallon de Montoulieu, entre Larzac et Cévennes.

Captivant par sa brillance aux reflets rubis, ce vin de montagne est né entre schistes et calcaires : les fruits sauvages (griotte, mûre) y côtoient les épices de la garrigue et les fruits à noyau. La bouche est ronde, fruitée, (cassis), boisée sans excès et adossée à des tanins soyeux. Un heureux équilibre, une belle fraîcheur et un bon potentiel de garde. ⧗ 2017-2020 🍷 sanglier en daube

SCEA du Dom. de la Devèze, 34190 Montoulieu, tél. 04 67 73 70 21, domainedeladeveze@hotmail.fr V t.l.j. sf dim. 9h-12h 15h-19h Damais

DEVOIS DES AGNEAUX D'AUMELAS
Élevé en fût de chêne 2013 ★★

■	50		5 à 8 €

Cette ancienne bergerie du XIe s. fondée par les Templiers est entourée de garrigue sur le plateau d'Aumelas, là où paissaient les troupeaux de brebis (*devois*). Le vignoble implanté sur des sols de cailloutis calcaires est mené en agriculture biologique.

D'abord discret, le nez, qui n'en est pas moins franc, s'épanouit à l'aération dans une large palette de parfums : notes minérales, poire, fleurs blanches, brioche. Le plaisir est prolongé en bouche, où les agrumes, par leur finesse, contribuent à un subtil équilibre, presque aérien, entre la rondeur et la fraîcheur. ⧗ 2014-2018 🍷 tarte aux pêches et abricots

SARL Mas des Étangs, Mas-Neuf, 34110 Vic-la-Gardiole, tél. 04 67 88 80 00, elise.bellot@vignobles-jeanjean.com V r.-v.

CH. ELLUL-FERRIÈRES
Grés de Montpellier Grande Cuvée 2011

■	2 500		15 à 20 €

Sylvie et Gilles Ellul ont créé en 1997 ce domaine sur les coteaux entourant Castries. L'orientation au sud offre de belles vues sur la Méditerranée et un climat propice à la maturation de tous les cépages de l'appellation.

Né de syrah et de grenache plantés sur les grès et galets de l'est montpelliérain, ce vin déploie un nez puissant, vanillé et boisé, révélant à l'aération la figue sèche et le pruneau. L'attaque douce évolue vers un palais chaleureux sur la vanille et les fruits cuits. Un ensemble généreux et harmonieux. ⧗ 2014-2017 🍷 viande rouge grillée

Dom. Ellul-Ferrières, RD 610, Fontmagne, 34160 Castries, tél. 06 15 38 45 01, contact@domaine-ellul.com V r.-v.

CH. DE L'ENGARRAN Saint-Georges d'Orques
Quetton Saint-Georges 2010 ★

■	20 000		20 à 30 €

Le château de l'Engarran est une « folie » montpelliéraine du XVIIIe s. classée à l'Inventaire général des Monuments historiques. Diane Losfelt et Constance Rerolle, sur les traces de leurs parents, y cultivent un vignoble de 55 ha, à Saint-Georges-d'Orques, dans les Grés de Montpellier.

Sur un terroir de galets rougis par le temps, la syrah est associée à un peu de grenache et de mourvèdre pour offrir ce vin puissant et élégant au nez intense d'épices, de fruits confits et de moka. L'ampleur et la rondeur des tanins enrobent le palais, où l'on retrouve cassis, vanille et chocolat dans une finale longue et savoureuse. ⧗ 2017-2020 🍴 sanglier sauce au poivre ■ **Grés-de-Montpellier 2011 ★ (11 à 15 € ; 45 000 b.)** : un nez d'épices, de vanille, de fruits noirs et de cacao ; une bouche aux tanins souples et aux notes boisées, torréfiées et épicées. ⧗ 2014-2015 ■ **Saint-Georges-d'Orques 2013 ★ (8 à 11 € ; 37 000 b.)** : un rosé fin et savoureux de grenache et de cinsault, au nez expressif de petits fruits acidulés, à l'équilibre soigné et d'une belle persistance. ⧗ 2014-2015

SCEA du Ch. de l'Engarran, Ch. de l'Engarran, 34880 Lavérune, tél. 04 67 47 00 02, lengarran@wanadoo.fr V t.l.j. 10h-13h 15h-19h; dim. sur r.-v.
Grill

ESCATTES
Sommières Héritage 2011 ★★

■	4 000		8 à 11 €

Entre Sommières et Nîmes, ce domaine familial de 24 ha est remarquable par son mas et son parc à la française du XIXᵉs. François Robelin, installé en 2008, a engagé la conversion en bio.

Au nez, les arômes de vendange mûre, de fruits noirs et d'épices (genièvre et clou de girofle) s'imposent progressivement dans une belle complexité méridionale et chaleureuse. Une attaque puissante et souple ouvre sur un palais parfaitement équilibré entre structure, douceur et fruité et qui s'étire dans une finale longue et intense. Un vin de caractère. ⧗ 2017-2020 🍴 viande rouge grillée ■ **Sommières La Combe 2011 ★ (11 à 15 € ; 1 800 b.)** : un vin tout en concentration ; un nez puissant de garrigue, d'épices et de fruits noirs et une bouche riche et généreuse soutenue par des tanins doux et un bon boisé. ⧗ 2017-2020

Dom. de l'Escattes, Mas d'Escattes, 2300, rte de Saint-Étienne-d'Escattes, 30420 Calvisson, tél. 04 66 01 40 58, smc.robelin@wanadoo.fr
V t.l.j. sf dim. lun. 8h30-12h30 14h30-18h
Robelin

CH. L'EUZIÈRE
Pic Saint-Loup Les Escarboucles 2011 ★

■	14 000		15 à 20 €

Marcelle Causse, ancienne sertisseuse en joaillerie, a rejoint son frère Michel au sein du domaine familial (25 ha). Frère et sœur représentent la quatrième génération au domaine, ancien relais de chevaux sur la route des évêques de Maguelone.

Dans cette cuvée, syrah, grenache et mourvèdre conjuguent tout en finesse leurs effets au travers de senteurs balsamiques, de parfums de garrigue, de laurier, de thym et de fruits noirs. Au palais, où la mûre et la compotée de framboises renforcent la sensation fruitée, le vin révèle une belle présence, de la gourmandise et un bon équilibre sur la fraîcheur. ⧗ 2014-2018 🍴 poulet gingembre et coriandre ■ **Grains de lune 2012 ★ (8 à 11 € ; 11 000 b.)** : une cuvée délicate au nez de fleurs blanches et de fruits, élégante et fraîche en bouche. ⧗ 2014-2016

Michel et Marcelle Causse, L'Euzière, 9, ancien chem. d'Anduze, 34270 Fontanès, tél. 04 67 55 21 41, leuziere@chateauleuziere.fr
V t.l.j. 10h-12h 14h (16h en été)-19h; f. 16-22 août

DOM. FÉLINES JOURDAN 2013

■	20 000		5 à 8 €

Claude Jourdan a regagné le domaine familial il y a une vingtaine d'années, prenant la suite de sa mère Marie-Hélène aux côtés de son oncle Serge, en charge de la culture des vignes. Ce vaste domaine de 100 ha se répartit en trois entités, au bord de l'étang de Thau.

La fleur, qui flirte en retenue avec le fruité et le fenouil, donne le sens de cette cuvée. Discrète et aérienne à l'olfaction, elle révèle une bouche ronde, chaleureuse, soutenue en finale par une pointe de fraîcheur. ⧗ 2014-2017 🍴 dorade à la provençale

Claude Jourdan, Dom. Félines Jourdan, 34140 Mèze, tél. 04 67 43 69 29, claude@felines-jourdan.com V r.-v.

DOM. LE FESQ René Genieys 2012

■	5 400		11 à 15 €

Ce domaine de 10 ha créé en 2003 repose sur une terre fertile ensoleillée et volcanique au bord d'une rivière entourée de collines, au nord de Pézenas.

Syrah et grenache composent cet assemblage et font preuve d'une grande maturité. Après une légère aération, le vin dévoile un nez au fruité original mêlant des notes de fraise des bois bien mûre, de mûre, de litchi, suivies de touches plus épicées (réglisse en bâton, poivre, vanille) que lui a apportées l'élevage. La bouche, aux tanins souples, est plus retenue et d'une agréable douceur. ⧗ 2014-2017 🍴 tajine d'agneau

EARL le Fesq, Dom. le Fesq, rte de Caux, 34120 Pézenas, tél. 04 67 90 79 22, marianne-genieys@hotmail.fr V r.-v.

CH. FONTANÈS
Pic Saint-Loup La Petite Serine 2012 ★★

■	4 000		20 à 30 €

Cyriaque Rozier a créé son domaine au début des années 2000, sur un coteau argilo-calcaire, à partir de sélections massales plantées à haute densité (10 000 pieds/ha).

Cette cuvée est un vrai travail d'orfèvre tant l'intensité est en tout point présente. Elle dévoile un bouquet éclatant : réglisse, menthol, thym, garrigue, chutney et confiture de fraises. Le palais, dense et mature, s'appuie sur une structure tannique ferme et sur une agréable fraîcheur. Un vin solide et complexe. ⧗ 2015-2018 🍴 gigot de sanglier aux olives

Rozier, 10, rue des Chênes, 34160 Montaud, tél. 06 10 17 03 18, cyriaque.rozier@hotmail.fr
V r.-v.

DOM. DU GRAND CRÈS
Le Blanc du Grand Crès 2012 ★★

■	6 600		8 à 11 €

Hervé Leferrer a quitté la Romanée-Conti après avoir eu le coup de foudre pour ce domaine niché à 300 m d'altitude au cœur des Corbières, difficile d'accès au milieu des bois et de la garrigue.

Cet assemblage de roussanne, de viognier et de grenache offre un nez généreux et complexe de fruits confits (poire, pêche, nectarine), de pâte de coings et de noisette. La bouche est d'une élégance raffinée, dotée d'une touche de réglisse rafraîchissante, d'un fruité confituré et d'une belle longueur. 2014-2017 poularde rôtie sauce safranée

Hervé Leferrer, 26, rue Sainte-Élisabech, 11200 Fabrezan, tél. 09 61 48 72 67, grand.cres@wanadoo.fr V r.-v.

DOM. LES GRANDES COSTES
Pic Saint-Loup 2011 ★

15 000 | 15 à 20 €

Jean-Christophe Granier a repris en 2000 la vieille propriété familiale, l'a rebaptisée et a donné un nouvel élan à ce vignoble de 18 ha situé à Corconne et à Vacquières, en bordure du pic Saint-Loup.

L'élevage de deux ans en fût a laissé des traces épicées, empyreumatiques et cacaotées au nez, parfums complétés par des notes de cassis confit et une touche de cuir. Au palais, où s'expriment les arômes du nez, notamment ceux de l'élevage qui devraient s'adoucir avec le temps, ce sont le velouté et la suavité qui dominent. 2014-2019 poule au pot

Jean-Christophe Granier, 2, rte du Moulin-à-Vent, 34270 Vacquières, tél. 04 67 59 27 42, jcgranier@grandes-costes.com V r.-v.

♥ LA GRANGE Pézenas Castalides Icône 2012 ★★

n.c. | 20 à 30 €

Idéalement situé en bordure du parc naturel régional du Haut Languedoc, sur des sols de l'ère primaire, à une altitude de 250 m, ce vignoble de 30 ha est cerné par la garrigue. Les raisins mûrissent entourés d'arbustes de thym et de romarin, puis sont vinifiés parcelle par parcelle dans des chais implantés au cœur des vignes.

Les trois puits de la propriété sont gardés, selon la légende, par les nymphes « Castalides », qui donnent leur nom aux languedoc rouges du domaine. Assemblage de syrah et de mourvèdre plantés sur schistes, cette cuvée à la fois intense et subtile se présente dans une robe profonde aux reflets violines de jeunesse. Le bouquet gourmand, riche et mûr, marie harmonieusement les fruits noirs, le moka et les épices. D'une grande plénitude, la bouche se révèle onctueuse, suave, étoffée et très aromatique (moka toujours, fruits en confiture, épices encore...), soutenue par une structure puissante sans dureté, d'une rare longueur. Déjà grand, ce vin est bâti pour durer. 2014-2019 bécasses à la ficelle

Dom. la Grange, rte de Fouzilhon, 34320 Gabian, tél. 04 67 24 69 81, info@domaine-lagrange.com V r.-v. Freund

GRÈS SAINT-PAUL Antonin 2012 ★

20 000 | 8 à 11 €

Cette propriété familiale est dirigée depuis 1976 par Jean-Philippe Servière, vigneron lunellois héritier de six générations. Au vignoble (24 ha) planté sur une terrasse villafranchienne de galets roulés, comme à la cave, il allie tradition et modernité, après avoir redonné leur lustre aux bâtiments usés par les ans.

De l'élégance et un équilibre sans faille pour cet assemblage de syrah et de grenache complété de mourvèdre et paré de reflets violines de jeunesse. Le vin libère des arrômes de cerise confite, d'épices douces et de réglisse. La bouche, souple et ample à l'attaque, se montre riche et soyeuse, étayée par des tanins présents sans dureté. Un classique incontournable. 2014-2017 osso bucco

GFA Grès Saint-Paul, 1909, rte de Restinclières, 34400 Lunel, tél. 04 67 71 27 90, contact@gres-saint-paul.com V t.l.j. sf dim. 9h30-12h30 14h30-19h

DOM. GUINAND
Saint-Christol Vieilles Vignes 2012 ★

50 000 | 5 à 8 €

C'est au cœur de Saint-Christol, village de culture taurine, que se trouve la cave des frères Guinand, depuis 1993 à la tête de ce domaine réputé de 60 ha. Ici, les vignes de syrah et de grenache trouvent leur expression sur un sol caillouteux qui regarde la mer.

Issu de vignes de plus de quarante ans, ce joli vin présente un nez de petits fruits rouges mêlés de violette qui se dévoile progressivement. On retrouve les fruits rouges dans une bouche souple, ample et fine, portée par des tanins ronds et une agréable fraîcheur. Un ensemble savoureux et équilibré. 2014-2017 gratin de lasagnes

EARL Dom. Guinand, 36, rue de l'Épargne, 34400 Saint-Christol, tél. 04 67 86 85 55, contact@domaineguinand.com V t.l.j. sf dim. 10h-12h 15h-18h

DOM. GUIZARD Saint-Georges-d'Orques Prestige Élevé en fût de chêne 2010 ★★

6 000 | 11 à 15 €

Au cœur du village de Lavérune, installé dans les anciens communs du château des Évêques, ce domaine appartient à la famille Guizard depuis le XVIe s. Son vignoble de syrah et de grenache s'étend sur une très ancienne terrasse au sol rouge et pierreux.

C'est sur les galets de Saint-Georges-d'Orques qu'est née cette cuvée à la robe profonde ornée de reflets tuilés. La syrah, majoritaire, lui offre ses notes intenses de cassis et d'iris, tandis que le mourvèdre apporte les épices et les parfums de garrigue. En bouche, ce 2010 est fruité, rond et soyeux avec une belle ampleur et des tanins veloutés. La finale est longue et suave. 2014-2017 lièvre en daube aux cèpes

Dom. Guizard, 12, bd de la Mairie, 34880 Lavérune, tél. 04 67 27 86 59, vigneron@domaine-guizard.com V t.l.j. sf sam. dim. 10h-19h

L'HORTGRAND Montpeyroux 2011

900 | 15 à 20 €

C'est dans une maison vigneronne au cœur du hameau Barry que Cathy et Marc Cros vinifient une petite partie de leurs raisins apportés jusqu'alors à la coopérative de Montpeyroux.

Cette cuvée confidentielle développe des arômes très mûrs de confiture et de fruits à l'alcool. Ce vin onctueux n'a pas manqué de soleil ; il plaira à ceux qui recherchent suavité et ampleur en bouche. 2014-2015 canard à l'orange

Marc Cros, 1, rue Fontvieille, 34150 Montpeyroux, tél. 04 67 96 68 40, cros.marc34@orange.fr
V r.-v.

CH. L'HOSPITALET
La Clape La Réserve 2013 ★

■	n.c.		8 à 11 €

Enfant des Corbières, Gérard Bertrand est un important propriétaire et négociant du sud de la France, dont les cuvées apparaissent dans le Guide sous diverses AOC (corbières, fitou, minervois, languedoc, côtes-du-roussillon...) et en IGP.

Dans cette cuvée, l'incontournable bourboulenc se marie au grenache, au rolle et à la roussanne. Des arômes de fruits exotiques se profilent derrière des notes toastées et boisées. Plein et rond en bouche, équilibré, ce 2013 s'ouvrira encore lorsque les arômes liés à l'élevage se seront fondus. 2015-2018 rouget grillé ■ **Ch. la Sauvageonne Grand Vin 2013 ★ (20 à 30 €)**: un vin produit à Saint-Jean-de-la-Blaquière sur un terroir dominé par les schistes et les ruffes, à 50 km au nord de Montpellier. Délicat et d'une belle vivacité, il développe des arômes de fruits secs, d'agrumes et de vanille. 2014-2017

Gérard Bertrand, Ch. l'Hospitalet, rte de Narbonne-Plage, 11100 Narbonne, tél. 04 68 45 36 00, c.fuchs@gerard-bertrand.com
V t.l.j. 9h-19h

LA JASSE CASTEL Bleu Velours 2012 ★

■	2 200		20 à 30 €

Pascale Rivière a eu un coup de foudre pour ce causse de Montpeyroux, ses hautes vignes et sa bergerie du XVIIe s. Dressé face au vent et baigné de soleil, le vignoble de La Jasse Castel couvre aujourd'hui 10 ha.

Un quatuor de cépages fait chanter cette bouteille : vieux carignan de plus de cinquante ans, grenache, syrah, cinsault, l'ensemble étant récolté manuellement et transporté en cagettes. L'intensité des arômes de cassis agrémentés de notes de poivre gris est éclatante au nez comme en bouche. Celle-ci, portée par des tanins soyeux, s'étire dans une longue finale pleine de fraîcheur. 2015-2017 parillada de viande rouge grillée

Pascale Rivière, 18, Route-Neuve, 34150 Montpeyroux, tél. 04 67 88 65 27, jasse-castel@wanadoo.fr V r.-v.

DOM. VIRGILE JOLY
Saint-Saturnin Saturne 2011 ★

■	20 000		11 à 15 €

Cet œnologue a fondé son propre domaine en 2000 après avoir été *flying winemaker* dans le sud de la France et au Chili. Il s'est installé sur la place du village de Saint-Saturnin-de-Lucian, entre mairie et église. Les vignes, agrandies petit à petit, couvrent aujourd'hui 15 ha.

Grenache, syrah et carignan récoltés à maturité s'allient pour révéler la typicité du terroir dans ce 2011 aux parfums de confiture de fruits rouges (fraise et cerise) et d'épices douces. La bouche soyeuse et élégante s'appuie sur des tanins de qualité et déploie une belle finale réglissée et délicatement vanillée. 2015-2017 gigot d'agneau à l'aïl

Dom. Virgile Joly, 22, rue du Portail, 34725 Saint-Saturnin-de-Lucian, tél. 04 67 44 52 21, virgilejoly@wanadoo.fr V t.l.j. sf dim. 9h-12h 14h-18h

CH. DE LANCYRE
Pic Saint-Loup Grande Cuvée 2012 ★

■	17 000		15 à 20 €

Régis Valentin, œnologue et maître de chai, a repris en 2001 ce domaine familial créé en 1960 par les familles Durand-Valentin. Il produit des vins sur 73 ha occupant un beau terroir de calcaires durs et d'argiles rouges.

Encore dans sa jeunesse et marqué par l'élevage qui s'exprime à travers la vanille et un grillé mâtiné de poivre, ce 2012 dévoile à l'aération de la réglisse, du pruneau et des fruits noirs, témoins de sa belle maturité. On retrouve les notes boisées dans un palais solide, aux tanins de qualité mais encore sévères. 2016-2019 filet de bœuf sauce au poivre ■ **Grande Cuvée 2012 ★ (6 000 b.)**: un vin dont on peut dès à présent apprécier le fruité de pêche blanche et d'agrumes, tonique et frais. 2014-2016

Ch. de Lancyre, hameau de Lancyre, 34270 Valflaunès, tél. 04 67 55 32 74, contact@chateaudelancyre.com V t.l.j. sf dim. 10h-12h30 14h30-18h30 Régis Valentin

LAROCHE
La Croix Chevalière 2012 ★

■	3 000		20 à 30 €

Ce domaine de 40 ha situé à proximité de Béziers fait partie des trois vignobles cultivés en France par le groupe Laroche.

Ce 2012 très sombre libère immédiatement des arômes de torréfaction et de vanille, puis des notes mentholées et fruitées. La bouche, généreuse, présente un beau volume soutenu par des tanins encore fermes. Une longue persistance épicée et boisée témoigne de son potentiel de garde. 2015-2019 tournedos maître d'hôtel

Mas la Chevalière, rte de Murviel, 34500 Béziers, tél. 04 67 49 88 30, camille-devergeron@larochewines.com V r.-v.

LASCAUX
Pic Saint-Loup Les Secrets 2011 ★

■	n.c.	20 à 30 €

Jean-Benoît Cavalier, agronome, a relancé le domaine familial (45 ha aujourd'hui) au milieu des années 1980, marchant dans les pas de plus de dix générations de vignerons sur ce terroir de cailloutis calcaires.

Ce vin encore dans sa jeunesse libère des parfums d'épices et de garrigue (cade, genévrier, torréfaction). Si, au palais, sa finesse et son élégance peuvent paraître de la retenue, on apprécie les tanins déjà équilibrés et la rondeur, qui le dispute à la fraîcheur. 2014-2017 tournedos Rossini ■ **Pierres d'argent 2012 (15 à 20 € ; 5 000 b.)**: une cuvée fruitée, florale (fleurs jaunes) et vanillée, mariant agréablement rondeur et belle fraîcheur. 2014-2019

Jean-Benoît Cavalier, pl. de l'Église, 34270 Vacquières, tél. 04 67 59 00 08, info@chateau-lascaux.com V t.l.j. sf sam. dim. 10h-12h 14h-18h

LATUDE Pézenas 2011

■	10 000	◖◗	8 à 11 €

La cave de Fontès a été créée en 1930 par une trentaine de vignerons. Aujourd'hui, elle en compte deux cents. Sur les premiers contreforts des Cévennes méridionales, les vignes recouvrent les coulées basaltiques de Fontès.

Cette cuvée – hommage au baron éponyme, propriétaire du château Mazers à Fontès et seul évadé de la Bastille – associe la syrah majoritaire et le grenache issus de parcelles sélectionnées. Elle mêle les fruits confiturés, au nez comme en bouche, à des notes florales (violette) et épicées, et séduit par sa douceur et sa maturité. ⧗ 2014-2016 ▼ viande rouge braisée

⊶ SCVA la Fontesole, bd Jules-Ferry, 34320 Fontès, tél. 04 67 96 01 74, cave@fontesole.fr V t.l.j. sf dim. 8h-12h 14h-18h

LUCIAN Saint-Saturnin 2013 ★

■	15 000	5 à 8 €

« La Cathédrale », comme l'appellent les vignerons de Saint-Saturnin-de-Lucian, est l'une des rares coopératives présidée par une femme, Bernadette Gazel. Elle a créé le « Sentier du vin des poètes », une balade qui permet de découvrir ce joli terroir. La tour carrée du XIVe s. est aujourd'hui le clocher du village et l'emblème de la cave.

Grenache, syrah et cinsault s'allient avec finesse dans ce vin d'un rose soutenu, au nez intense de fruits rouges et de fleurs séchées. Riche sans lourdeur, le palais exprime bien la générosité de ce terroir méditerranéen. ⧗ 2014-2015 ▼ poulet au gingembre et coriandre

⊶ Les Vins de Saint-Saturnin, 5, av. Noël-Calmel, 34725 Saint-Saturnin-de-Lucian, tél. 04 67 96 61 52, contact@vins-saint-saturnin.com V t.l.j. 8h30-12h 14h-18h

Ⓑ DOM. MAGELLAN 2013 ★

■	3 000	▮	8 à 11 €

Bruno Lafon a hérité de son père la passion du vin et la rigueur bourguignonne. Séduit par le terroir languedocien, il a acquis ce domaine de 30 ha en 1999, qu'il conduit en agriculture biologique.

Ce rosé clair et brillant, couleur pétale de rose, se distingue par sa finesse : un nez expressif de groseille et de fleurs délicates, une bouche harmonieuse, persistante et d'une belle vivacité. ⧗ 2014-2015 ▼ rouget grillé

⊶ Dom. Magellan, 467, av. de la Gare, 34480 Magalas, tél. 04 67 36 20 83, sylvielegros@domainemagellan.com V t.l.j. sf sam. dim. 8h-12h 13h30-17h30

CH. MALAVIEILLE Alliance 2012 ★★

■	3 000	▮ ◖◗	8 à 11 €

Également propriétaire du Mas de Bertrand à Saint-Saturnin, Mireille Bertrand possède le vignoble du château Malavieille cultivé en biodynamie depuis 2007, près du lac du Salagou sur les fameux sols rouges lie-de-vin de « ruffes » et de basalte.

Ce 2012 libère un bouquet gourmand d'abricot confit mâtiné de nuances florales et d'une fine minéralité. Le palais se révèle doux et fin ; on y perçoit des arômes de fruits secs et toujours cette ligne minérale qui signe le terroir. Un ensemble harmonieux, élégant et persistant. ⧗ 2014-2017 ▼ saint-jacques grillées sauce citron

⊶ Bertrand, Ch. de Malavieille, 34800 Mérifons, tél. 04 67 96 34 67, domainemalavieille.merifons@wanadoo.fr V r.-v.

JEAN-CLAUDE MAS Les Faïsses 2012 ★★

■	35 000	◖◗	11 à 15 €

À la fois vigneron et négociant, Jean-Claude Mas a créé en 2000 les Domaines Paul Mas autour de ses 35 ha de vignes. Il entend mettre en valeur les nuances des terroirs au travers de sept gammes de vins.

Cet assemblage de grenache et de syrah dose savamment l'élevage et l'expression du terroir. Le nez subtil et riche traduit la grande maturité des raisins, dominé par les fruits noirs et la fraise écrasée auxquels se mêlent des notes florales et épicées. L'élégance de la structure tannique, l'exact équilibre, la puissance aromatique forment au palais un ensemble harmonieux. ⧗ 2016-2018 ▼ rôti de veau tandoori

⊶ Domaines Paul Mas, rte de Villeveyrac, 34530 Montagnac, tél. 04 67 90 16 10, info@paulmas.com V t.l.j. sf dim. lun. 10h30-19h30

Ⓑ MAS BRUGUIÈRE Pic Saint-Loup L'Arbouse 2012 ★

■	50 000	▮ ◖◗	11 à 15 €

Une route sublime se faufile entre les falaises de l'Hortus et le pic Saint-Loup, et conduit au mas Bruguière. Après avoir succédé à son père Guilhem, Xavier Bruguière (la septième génération) a lancé la conversion bio du domaine familial (18 ha).

Dans ce vin au nez très fruité (groseille, agrumes), tout se joue en demi : un assemblage à parts égales de syrah et de grenache élevé en cuve béton autant qu'en cuve bois tronconique. Le palais se montre plein, rond et fondu, équilibré par un soupçon de fraîcheur. ⧗ 2014-2017 ▼ côtelette d'agneau

⊶ Mas Bruguière, La Plaine, 34270 Valflaunès, tél. 04 67 55 20 97, xavier.bruguiere@wanadoo.fr V t.l.j. sf mer. dim. 10h-12h 14h-18h (15h-19h) en juil.-août

MAS BRUNET Cuvée Tradition Élevé en fût de chêne 2012 ★★

■	14 150	◖◗	11 à 15 €

Le haut terroir du Causse-de-la-Selle, fait d'argiles rouges et de pierres dolomitiques sculptées par les ans, est l'un des plus septentrionaux de l'appellation. Serge et Marc Coulet œuvrent respectivement depuis 1988 et 1990 sur ce domaine de 28,7 ha implanté en pleine garrigue.

Cette cuvée bien connue du Guide enchante nos papilles cette année encore. Le bouquet est d'une réelle complexité : notes de pain beurré, de noix, de mandarine confite et de fleurs séchées. La bouche se révèle ample et alerte, soutenue par une vivacité caractéristique de ce terroir d'altitude. ⧗ 2014-2016 ▼ bourride de baudroie

⊶ GAEC du Dom. de Brunet, rte de Saint-Jean-de-Buèges, 34380 Causse-de-la-Selle, tél. 04 67 73 10 57, contac@domainedebrunet.com V t.l.j. 9h30-12h 15h30-19h; dim. 15h30-19h 2 ⊶ Coulet

LANGUEDOC

MAS CORIS Cabrières Pic de Vissou 2011 ★

| | 1 200 | | 20 à 30 € |

Ce vignoble de 4 ha est implanté au pied du pic de Vissou, site classé, sur des sols de schistes bien spécifiques du terroir de Cabrières.

Une robe grenat sombre habille ce vin dominé au nez par des notes intenses d'épices, de fruits noirs et de vanille. Derrière une attaque puissante et vineuse apparaissent des tanins fermes et de belle qualité. La finale est encore un peu marquée par un élevage sous bois qui demande à se fondre. ⌛ 2016-2019 🍴 tajine d'agneau aux fruits secs

Véronique Attard, 3, rue du Dauphiné, 34170 Castelnau-le-Lez, tél. 06 74 14 88 91, byvero34@gmail.com V r.-v.

MAS D'ARCAY Grés de Montpellier 1779 2012 ★

| | 6 300 | | 8 à 11 € |

Jean Lacauste est issu de huit générations de vignerons. Il a acquis en 2007 cette ancienne propriété viticole de la fin du XIXe s., et exploite aujourd'hui 40 ha sur le terroir historique de Saint-Drézery.

Ce 2012 de couleur grenat assez clair reflète bien le millésime. Déjà prêt à boire, il est dominé au nez par les fruits rouges et les épices douces bien caractéristiques de ce terroir. Charnu et rond, il offre en finale une fraîcheur agréable qui lui apporte l'équilibre. ⌛ 2014-2017 🍴 gigot d'agneau au thym ■ Cheveux d'ange 2013 ★ (2 000 b.) : un vin intense sur les fruits très mûrs, la cire et la vanille, au palais ample, généreux et délicatement boisé. ⌛ 2014-2019

EARL Camp du Four, Mas d'Arcay, 1080, rte de Beaulieu, 34160 Saint-Drézery, tél. 06 76 04 21 11, lacaustej@yahoo.fr V r.-v.
Lacauste

MAS D'AUZIÈRES Les Éclats 2011 ★★

| | n.c. | | 8 à 11 € |

Entre vigne et garrigue, le Mas d'Auzières étend son vignoble d'une dizaine d'hectares sur un terroir très pierreux d'argiles à éclats calcaires et offre une vue imprenable sur le pic Saint-Loup. À sa tête, Irène Tolleret, dont les vins sont régulièrement en vue dans ces pages.

Cette cuvée dévoile un bouquet exubérant et bien typé de garrigue, de groseille, de cassis et de cacao. Le palais ? Rondeur, volume, générosité, tanins fins et soyeux. Une vraie gourmandise. ⌛ 2014-2016 🍴 côte de bœuf et frites maison

Mas d'Auzières, 22, lot Mas-de-Fontan-Saint-Loup, 34270 Fontanes, tél. 06 25 45 16 60 V r.-v.
Tolleret

MAS DE FIGUIER Pic Saint-Loup Joseph 2012 ★

| | 9 500 | | 11 à 15 € |

Le domaine fut créé par le grand-père en 1920. Gilles Pagès y conduit aujourd'hui un vignoble de 21 ha, dont il a engagé la conversion à l'agriculture biologique.

Une large dominante de syrah dans cette cuvée qui rend hommage au grand-père. Au nez, un fruité intense de mûre rehaussé d'épices. On retrouve les traits de caractère du cépage dans une bouche ronde et élégante, adossée à des tanins soyeux, une pointe agréable de fraîcheur venant stimuler la finale. ⌛ 2014-2019 🍴 tajine d'agneau aux épices douces

Gilles Pagès, Mas de Figuier, 34270 Vacquières, tél. 04 67 59 00 29, pagesgi@orange.fr V r.-v. D

MAS DE FOURNEL Pic Saint-Loup Pierre 2012 ★

| | 3 340 | | 15 à 20 € |

Gérard Jeanjean est, selon ses dires, un jeune vinificateur de plus de soixante-dix ans. Auparavant, il transportait du vin dans son camion-citerne. Après trente-cinq ans d'une vie de camionneur, il s'est lancé dans l'aventure viticole en 1998 et conduit aujourd'hui un vignoble de 7 ha.

Ce 2012 s'ouvre sur des notes de cuir relayées à l'aération par la violette et la confiture de fraises. La bouche dévoile des senteurs bien méditerranéennes de garrigue, d'épices et de fruits mûrs à souhait, qui enrobent des tanins au grain fin et soyeux. Un vin généreux et solaire. ⌛ 2014-2017 🍴 lièvre en gibelotte

SCEA Mas de Fournel, 34270 Valflaunès, tél. 04 67 55 22 12, masdefournel@free.fr V t.l.j. 9h-19h; dim. sur r.-v. Jeanjean

MAS DE LA BARBEN Lauzières 2012 ★

| | 2 000 | | 8 à 11 € |

La *barben* désigne les genévriers des garrigues. Au nord-ouest de Nîmes, sur un plateau argilo-calcaire à 200 m d'altitude, ce domaine (25 ha) est la propriété de la famille Hermann, qui l'a rénové de la cave au vignoble. Une valeur sûre.

Paré d'un doré brillant, ce vin séduit par ses arômes de pâte de coings, de pain grillé, et ses notes boisées et minérales. La rondeur s'installe immédiatement en bouche, sans lourdeur, avec ce qu'il faut de fraîcheur en appoint. Un vin goûteux et très bien élevé. ⌛ 2014-2015 🍴 gratin de poisson en béchamel

Hermann, rte de Sauve, 30900 Nîmes, tél. 04 66 81 15 88, masdelabarben@wanadoo.fr V t.l.j. sf dim. 9h-12h 14h-19h

B **MAS DE LA SERANNE** Terrasses du Larzac Le Clos des immortelles 2012 ★

| | 15 000 | | 11 à 15 € |

À la suite à une reconversion professionnelle, Isabelle et Jean-Pierre Venture se sont installés en 1998 sur le terroir réputé d'Aniane. Ils conduisent aujourd'hui, en bio certifié, un vignoble de 16 ha qu'ils continuent d'embellir, remontant des murs de pierre sèche et plantant des essences méditerranéennes. Côté cave, des vins d'une grande régularité, souvent en vue dans ces pages.

Les immortelles évoquent les fleurs jaunes des garrigues entourant le vignoble, mais cette cuvée issue principalement de syrah et de carignan séduit par ses parfums de fruits noirs (myrtille, mûre, cerise) mêlés de réglisse et de vanille. Les fruits très mûrs, le boisé et les épices tapissent une bouche ample et puissante aux tanins solides mais sans dureté. De bonne garde, assurément. ⌛ 2017-2020 🍴 agneau du Larzac aux herbes ■ Les Ombelles 2012 ★ (8 à 11 € ; 4 500 b.) : un jaune brillant, un nez subtil d'abricot, de vanille et d'amande grillée, beaucoup de rondeur et de gras en bouche, très languedocien. ⌛ 2014-2017

Venture, Mas de la Seranne, rte de Puéchabon, 34150 Aniane, tél. 04 67 57 37 99, mas.seranne@wanadoo.fr V t.l.j. sf dim. 10h-12h 15h-19h

MAS DE L'ONCLE
Pic Saint-Loup Sélection 2012 ★

■ | 4 000 | | 15 à 20 €

Fabrice Bonmarchand a repris les 10 ha du Mas de l'Oncle en 2011, après avoir travaillé à travers la France en tant qu'ingénieur du bâtiment. Il a entrepris la conversion du vignoble en bio et développé des activités œnotouristiques.

Dans ce 2012, les parfums évoquent la réglisse, les fruits noirs bien mûrs et les épices. Cette richesse aromatique se retrouve dans un palais ample bâti sur des tanins déjà assouplis. Une belle fraîcheur étire la finale. ⌛ 2014-2017 🍴 fromage au lait de vache

Mas de l'Oncle, pl. Miolane, 34270 Lauret, tél. 06 47 71 72 06, contact@masdelloncle.com V t.l.j. 10h-13h 15h-19h; sam. dim. sur r.-v. Bonmarchand

MAS DE LUNÈS Les Deux Frères 2012 ★

■ | 100 000 | | 5 à 8 €

Les anciens appellent ce causse le « désert d'Aumelas ». Ce domaine de 75 ha (en conversion bio), le premier de la famille Jeanjean (1936), implanté sur un terroir d'argiles à galets a été conquis sur une étendue de 1 000 ha de garrigue sauvage servant de réserve de chasse.

Syrah et grenache. Robe sombre et dense. Au nez, de la complexité : baies rouges, clou de girofle et café. En bouche, de la rondeur, de la douceur, des tanins déjà fondus et soyeux, des notes typées de garrigue. Un vin harmonieux, affable et méridional à souhait. ⌛ 2014-2016 🍴 côtelettes d'agneau grillées ■ Grés de Montpellier 2012 ★ : un vin aux arômes de fruits mûrs et d'épices, ample et structuré en bouche. Son élevage bien maîtrisé révèle de fines notes boisées. ⌛ 2014-2017

SARL Mas de Lunès, L'Enclos, 34725 Saint-Félix-de-Lodez, tél. 04 67 88 80 00, elise.bellot@vignobles-jeanjean.com V t.l.j. sf dim. 9h-19h Jeanjean

♥ MAS DE MARTIN Grés de Montpellier
Ecce Vino Grande Cuvée 2011 ★★

■ | 1 800 | | 30 à 50 €

Le Mas de Martin de Christian Mocci est un îlot secret de vignes (20 ha) caché au milieu des garrigues et des pinèdes. Ancienne dépendance de l'abbaye de Saint-Germain et halte sur le chemin de Saint-Jacques-de-Compostelle, le domaine est cité dès le XIIes.

Cette cuvée phare du domaine née d'un assemblage de mourvèdre, de syrah et (une pointe) de grenache est à la hauteur de ses ambitions. Si elle joue la modestie dans sa robe grenat limpide, elle affiche vite un caractère bien trempé à travers une palette intense et complexe d'épices (cannelle, badiane, poivre du Sichuan) et de fruits mûrs (griotte, cassis). Offrant le même registre fruité et épicé, le palais se révèle ample, généreux, suave et solide à la fois, appuyé par une structure ferme et un boisé parfaitement ajusté. Un grand et beau vin de terroir alliant force et douceur. ⌛ 2017-2020 🍴 filet de bœuf aux cèpes

Christian Mocci, Mas de Martin, rte de Carnas, 34160 Saint-Bauzille-de-Montmel, tél. 04 67 86 98 82, masdemartin@gmail.com V t.l.j. 9h-12h 14h-17h

MAS DES CABRES Sommières La Draille 2011 ★

■ | 4 000 | | 11 à 15 €

Les Boutin sont présents à Aspères depuis 1724. Installé en 2003 à la tête de ce domaine familial de 12,5 ha, Florent Boutin, ingénieur agronome et œnologue, est le nouveau président du terroir Sommières reconnu par l'INAO en 2011.

Ancienne voie de transhumance entre plaine et montagne, cette draille longe de belles vignes sur les coteaux d'Aspères. Cette cuvée, qui évoque les balades dans la garrigue par son nez élégant d'épices, de fruits noirs et de sous-bois, charme aussi le palais par sa matière dense, sa rondeur et ses notes de mûre, de griotte et de cacao qui persistent avec élégance. ⌛ 2014-2017 🍴 joue de porc au miel et thym

Florent Boutin, 12, Le Plan, 30250 Aspères, tél. 06 23 68 14 24, masdescabres@hotmail.fr V r.-v.

Ⓑ MAS DES CHIMÈRES
Terrasses du Larzac Nuit grave 2012 ★

■ | 17 000 | | 8 à 11 €

Guilhem Dardé, paysan-vigneron comme il se présente, produit ses vins en agriculture biologique à Octon, en bordure du lac du Salagou. Son épouse Palma travaille avec lui et leur fille Maguelone les a rejoints en 2008.

Syrah et mouvèdre, le grenache en appoint, ont exprimé le meilleur des galets de basalte du domaine : un nez intense de fruits très mûrs mêlés aux notes vanillées et torréfiées. Riche et harmonieuse, la bouche offre des saveurs d'iris et de violette soutenues par une belle fraîcheur qui étire la finale, savoureuse. ⌛ 2017-2020 🍴 râble de lièvre à la royale

Mas des Chimères, 26, rue de la Vialle, 34800 Octon, tél. 04 67 96 22 70, mas.des.chimeres@wanadoo.fr V r.-v. Dardé

MAS DES DAMES La Dame 2011 ★

■ | n.c. | | 8 à 11 €

Les bâtiments du domaine datent du XVIIIes. et son vignoble, en conversion au bio, a gardé la structure de petites parcelles cernées de garrigue. Il a été acquis par la famille néerlandaise van Wilgen et doit son nom aux trois filles de ladite famille.

Ce vin affiche une belle jeunesse à travers ses arômes de fruits rouges et sa fraîcheur. L'élevage en demi-muid (un an) finalisé en cuve béton en a complexifié le bouquet à travers la vanille, les épices et le grillé. La bouche évolue avec élégance et équilibre, portée par des tanins enrobés. ⌛ 2014-2017 🍴 carré d'agneau aux champignons van Wilgen, Mas des Dames, rte de Causses et Veyran, 34490 Murviel-les-Béziers, tél. 04 67 37 26 69, mas.desdames@orange.fr V r.-v.

MAS DES QUERNES
Les Ruches 2013 ★

■	12 000		11 à 15 €

Pari réussi pour Peter Riegel, négociant allemand, et Jean Natoli, œnologue, qui ont créé en 2000 ce domaine (11 ha) et qui enchaînent les sélections dans le Guide. Leur vignoble établi sur un glacis de cailloutis calcaires converti au bio orne les flancs d'un petit vallon secret sur le versant sud du Larzac.

Cette cuvée doit son nom à la parcelle de grenache qui, avec le carignan et une dominante de mourvèdre, compose ce vin au nez intense de garrigue, de fruits sauvages, d'épices et de réglisse. La bouche souple et gourmande, à la fois riche et fraîche, est très méridionale avec du fruit, de la garrigue, et une longue finale évoquant le cacao. Un pur « vin plaisir ». 2014-2017 polenta au chèvre ■ Terrasses du Larzac La Villa romaine 2012 ★ (20 à 30 € ; 3 000 b.) : le nez de fruits noirs et de garrigue est puissant et soyeux ; en bouche, de la mûre, de la framboise, des épices et une pointe de vanille. 2017-2020

SAS Gens et Pierres, 425, av. Saint-Sauveur-du-Pin, 34980 Saint-Clément-de-Rivière, tél. 06 61 08 22 02, jean@mas-des-quernes.com V r.-v.
Jean Natoli

MAS D'ISNARD La Méjanelle 2012 ★

■	15 000		5 à 8 €

Aux portes de Montpellier, Ludovic Rouquairol cultive les 35 ha de ce vieux domaine familial situé sur l'un des terroirs historiques de l'appellation. Le climat adouci par la proximité de la mer y autorise la maturation lente et complète de tous les cépages languedociens.

Une base de syrah, un cinquième de grenache et une pointe de mourvèdre mûris sur les galets de la Méjanelle composent ce beau vin au nez d'épices, d'eucalyptus, de camphre et de menthol évoquant les essences aromatiques de la forêt méditerranéenne, avant que n'apparaisse une touche de cassis. La bouche est gourmande, suave et souple, poivrée et vanillée, longuement soutenue par des tanins très mûrs. 2014-2017 civet de lièvre au laurier

Rouquairol, 3, rue du Petit-Nice, 34920 Le Crès, tél. 04 67 70 33 02, mas.isnard@orange.fr V t.l.j. sf dim. 16h-20h

MAS DU NOVI
Grés de Montpellier Prestigi 2011 ★

■	60 000		8 à 11 €

Chapelle sur le chemin de Saint-Jacques-de-Compostelle au XIes., le mas du Novi possède un calvaire portant l'inscription *siste et ora viator* : « Assieds-toi et prie, voyageur. » C'est aujourd'hui un domaine de 47 ha de vignes dans une couronne de garrigue offrant une vue surprenante sur la mer et l'étang de Thau.

Bâtie autour de la syrah et élevée douze mois en fût, cette cuvée à la robe grenat sombre libère un nez complexe de fruits très mûrs, de vanille et de grillé. Sur la violette et les fruits noirs, la bouche se révèle ronde, friande et équilibrée, adossée à une structure souple et soyeuse. 2017-2020 agneau au curry

SAS Saint-Jean du Noviciat, Mas du Novi, rte de Villeveyrac, 34530 Montagnac, tél. 04 67 24 07 32, contact@masdunovi.com V t.l.j. 10h-19h Grangely

MAS GABRIEL
Pézenas Clos des lièvres 2011 ★

■	4 500		11 à 15 €

Ce petit domaine a été créé en 2006 par Peter et Deborah Core, des Anglais amoureux de la région et de la nature, qui cultivent un peu plus de 6,5 ha conduits en agriculture biologique et situés sur une terrasse villafranchienne et sur les flancs d'une coulée basaltique.

Cette cuvée à dominante de syrah associe à la rondeur une agréable fraîcheur qui lui confère une certaine tonicité. Cassis, cannelle et café composent un bouquet avenant. Des arômes que l'on retrouve dans une bouche élégante et équilibrée, ronde sans manquer de fraîcheur, adossée à des tanins présents sans être agressifs. Un ensemble déjà agréable, qui évoluera bien. 2014-2017 tajine d'agneau

Mas Gabriel, 9, av. de Mougères, 34720 Caux, tél. 04 67 31 20 95, info@mas-gabriel.com V r.-v. P. et D. Core

MAS GOURDOU
Pic Saint-Loup Divin Venin 2011 ★

■	1 600		15 à 20 €

Domaine historique de l'appellation, le Mas Gourdou appartient à la famille de Jocelyne Thérond depuis la Révolution. Benoît, le fils, a repris en 2012 la tête de ce vignoble de 20 ha commandé par une bâtisse datant du XIIIe.

Ce 2011 se pare d'une belle robe grenat profond. Des notes de vanille et de torréfaction se mêlent au poivre et aux fruits confiturés. On apprécie son bel équilibre, sa rondeur, ses tanins fondus et sa finale réglissée délicatement marquée par l'élevage en fût. 2014-2017 salmis de pintade ■ Pic Saint-Loup Les Drailles 2013 ★ (5 à 8 € ; 2 400 b.) : un vin aux arômes délicats de petits fruits rouges et de café, à la bouche ample et généreuse 2014-2015

EARL Mas Gourdou, 34270 Valflaunès, tél. 04 67 55 30 45, jtherond@masgourdou.com V t.l.j. 9h-12h 15h-19h ; dim. sur r.-v.

MAS GRANIER Les Marnes 2012 ★★

■	25 000		8 à 11 €

Le mas Montel, autrefois ferme du prieuré Saint-Pierre-d'Aspères, date du IXes. pour ses parties les plus anciennes. Acquis après guerre par Marcel Granier, il est depuis 1992 la propriété de ses deux fils Dominique et Jean-Philippe, qui conduisent aujourd'hui 40 ha de vignes.

Né au cœur de la garrigue, sur un terroir d'éboulis calcaires, et élevé avec attention, ce vin se pare d'une belle robe dorée à reflets verts. Son bouquet de fleurs blanches, de grillé, d'agrumes et de fruits exotiques conjugue puissance et finesse. Une attaque ronde et onctueuse introduit un palais élégant, dont la subtile fraîcheur parfait l'équilibre. 2014-2016 turbot sauce mousseline ■ La Clémence 2012 ★ (5 à 8 € ; 25 000 b.) : dans ce vin élevé en foudre de chêne de Russie, les arômes complexes d'épices, de grenadine et de tabac se mêlent dans une bouche ample et généreuse. ⧗ 2014-2017

Mas Granier, 2, chem. du Mas-Montel, 30250 Aspères, tél. 04 66 80 01 21, montel@wanadoo.fr V t.l.j. sf dim. 10h-12h30 14h30-18h30

MAS NOIR Grés de Montpellier 2012 ★

■	18 000		8 à 11 €

Authentique mas languedocien du XVIe s., le domaine doit son nom à un ministre du culte protestant. Denis Tissot y conduit un vignoble de 35 ha d'un seul tenant dominant la mer.

À l'origine de ce 2012, une parcelle de 4,3 ha de galets roulés amenés des Alpes par les flots du Rhône. Le nez se révèle riche et complexe : cacao, griotte et pruneau agrémentés de notes torréfiées apportées par douze mois de fût. Des tanins encore jeunes et denses, mais déjà élégants, soutiennent un palais de bonne tenue, bien étoffé, étiré dans une finale longue et soyeuse. Un bon potentiel de garde. ⧗ 2017-2020 ▼ gardiane de taureau

SCEA Ch. Ministre, Mas du Ministre, 34130 Maugio, tél. 04 67 12 19 09 V r.-v.
Tissot

MAS PEYROLLE
Pic Saint-Loup Esprit 2012 ★★

■	7 000		8 à 11 €

Jean-Baptiste Peyrolle, descendant d'une longue lignée de vignerons, a réaménagé la cave de son arrière-grand-père à partir de 2002, après quelques aventures viticoles à l'étranger. Il conduit aujourd'hui un vignoble de 10 ha en agriculture biologique.

Assemblage de mourvèdre, de syrah et d'un soupçon de cinsault, cette cuvée séduit d'emblée par sa robe rubis brillant comme par ses notes florales, qui se dévoilent en douceur. Fraise et épices douces, tanins très fins, fraîcheur mentholée, le charme opère aussi en bouche. Un vin délicat, aérien, harmonieux. ⧗ 2014-2018 ▼ aiguillettes de canard aux airelles ■ Pic Saint-Loup Chant de l'aire 2012 ★★ (11 à 15 € ; 4 000 b.) : un vin éclatant aux parfums de fruits noirs (cassis, mûre), d'encens, de moka, d'olive et de truffe. Un bouche fraîche aux douces notes d'élevage, appétente et d'une belle longueur. ⧗ 2014-2020

Mas Peyrolle, 5, rte de Brestalou, 34270 Vacquières, tél. 06 12 29 53 91, jbpeyrolle@yahoo.fr V r.-v.

DOM. DE MASSEREAU
Sommières La Tourie 2012 ★★

■	4 500		11 à 15 €

À 3 km de Sommières, les vignes de syrah et de grenache dominent le Vidourle et bordent le camping de la famille Freychet, qui mise sur l'œnotourisme. Arnaud Freychet dirige depuis 1993 ce domaine familial, après un épisode coopératif durant un quart de siècle.

Paré de rubis clair, ce vin révèle à l'olfaction des fruits très mûrs aux accents méridionaux d'épices douces, de cade et de garrigue. En bouche, la puissance de la syrah et la maturité du grenache s'expriment généreusement, avec gourmandise et rondeur, autour d'arômes persistants de cannelle, de cacao et de fruits secs (pruneau). Un vin friand et attachant. ⧗ 2017-2020 ▼ civet de lièvre aux girolles

Arnaud Freychet, 1990, rte d'Aubais, 30250 Sommières, tél. 04 66 80 03 23, vin@massereau.com V t.l.j. sf dim. 9h-12h 14h-18h D GFA Massereau

PAUL MAURY La Clape L'Insoupçonné 2011 ★

■	2 023		15 à 20 €

Paul Maury conduit un petit vignoble de 6 ha acquis en 2002 et situé à Salles-d'Aude, l'une des cinq communes de la dénomination La Clape. Il a créé sa propre cave en 2008.

Derrière une robe bien sombre, on découvre une cuvée qui n'aura pas peur du temps. Les arômes d'épices, de myrtille et de grillé s'amplifient au palais, tandis que les tanins fermes donnent l'assurance d'un vin bien bâti. La rondeur ne fait pas défaut et elle se conjugue avec une pointe de fraîcheur en finale. ⧗ 2015-2019 ▼ ragoût d'escoubilles

Paul Maury, 340, rue du Jeau-du-Mail, 11110 Salles-d'Aude, tél. 06 15 08 54 07, contact@lacombesaintpaul.com V r.-v.

LES VIGNERONS DE LA MÉDITERRANÉE
Mythique Languedoc 2013

■	33 300		- de 5 €

Basé à Narbonne, le groupe Val d'Orbieu, est l'un des négociants les plus importants du Languedoc. Il a développé une gamme « Mythique » facilement identifiable à la chouette qui figure sur l'étiquette.

Cette cuvée séduit par son nez de baies rouges et de garrigue, par sa souplesse en bouche et la finesse de ses tanins. Un vin gourmand, dont la rondeur affirme bien le caractère méditerranéen. ⧗ 2014-2015 ▼ sauté de veau aux olives

Les Vignerons de la Méditerranée, ZI Plaisance, 12, rue du Rec-de-Veyret, BP 14, 11100 Narbonne, tél. 04 68 42 75 00, elaurent@valorbieu.com

CH. MIRE L'ÉTANG La Clape
Réserve du château 2011 ★

■	6 000		15 à 20 €

Depuis les hauteurs du domaine, face au soleil levant, on « mire les étangs », l'embouchure de l'Aude, la Méditerranée et le golfe du Lion. Le terroir caillouteux s'étale en terrasses, caressé par les brises marines. Acquis par la famille Chamayrac en 1972, le domaine comptait alors 36 ha de vignes ; il est grand d'une cinquantaine aujourd'hui. Un pilier de La Clape.

L'une des cuvées phare du domaine et du Guide, coup de cœur à plusieurs reprises. La version 2011 se présente dans une robe pourpre soutenu, le nez ouvert sur des arômes de grillé, de vanille, de fruits rouges et de résine de pin. La bouche se révèle puissante, chaleureuse et encore sous l'emprise du bois. On préférera donc attendre un peu, afin que le caractère de terroir prenne le dessus sur les notes d'élevage. Prometteur. ⧗ 2015-2019 ▼ cailles ou bécasses rôties

Ch. Mire l'Étang, 11560 Fleury-d'Aude, tél. 04 68 33 62 84, mireletang@wanadoo.fr V t.l.j. sf dim. 9h-12h 15h-19h

LANGUEDOC

MOLLARD ET FILLON Terrasses du Larzac 2012 ★

	20 000		11 à 15 €

Nicolas Mollard et Sébastien Fillon (le Clos des Serres) ont créé en 2011 cette structure de négoce pour vinifier une sélection de parcelles en Terrasses du Larzac. L'agriculture biologique ciblée et une bonne valorisation, pour un juste revenu du vigneron, constituent leur ligne de conduite.

Au nez, les arômes de fruits rouges et noirs sont bien présents, avec de petites notes de grillé. La bouche séduit par son volume, la finesse de ses tanins fondus, sa fraîcheur minérale et sa longue finale gourmande et fruitée. Un passage en carafe est conseillé. ⧗ 2017-2020 🍴 canard aux navets du Pardailhan

SAS Mollard et Fillon, rte du Viala, 34700 Saint-Jean-de-la-Blaquière, tél. 04 67 88 21 96, mollard.fillon@gmail.com V r.-v.

B DOM. MONPLÉZY Pézenas Félicité 2011 ★★

	8 000		11 à 15 €

Ce domaine de Pézenas fut marqué naguère par la forte personnalité de Georges Sutra, syndicaliste viti-vinicole et député européen. Situé en zone Natura 2000, il est désormais dirigé par Anne Sutra de Germa, militante à la Ligue de protection des oiseaux, qui vient de finaliser la conversion du vignoble en bio.

Une robe veloutée, grenat profond à peine ourlé de cuivre. Au nez, des senteurs complexes de fruits (cassis, cerise), de fleurs (violette) et d'épices (clou de girofle). En bouche, une attaque ample, un fruité « explosif » mâtiné de poivre et de notes florales, des tanins ronds et soyeux, de la douceur contrebalancée par une belle fraîcheur. Un ensemble harmonieux et gourmand à souhait. ⧗ 2014-2020 🍴 mousse au chocolat

Dom. Monplézy, chem. Mère-des-Fontaines, 34120 Pézenas, tél. 06 15 38 08 52, domainemonplezy@orange.fr V r.-v.

B MORTIÈS Pic Saint-Loup 2011 ★★

	24 000		11 à 15 €

Ce domaine, créé en 1993 autour d'un mas du XVIIIe s., est situé à 20 km au nord de Montpellier, sur le versant sud du pic Saint-Loup, dans la cuvette de Mortiès. Les familles Guiraudon, Moustiès et Rabasa ont repris en 2008 ce vignoble de 24 ha, aujourd'hui entièrement conduit en bio. Une valeur sûre de l'appellation.

Cet assemblage de syrah, de grenache et de mourvèdre s'ouvre à l'aération sur des notes chaleureuses et harmonieuses d'épices, de fruits noirs mûrs et de garrigue. On retrouve les fruits noirs agrémentés de réglisse, dans un palais ample, rond et élégant, étayé par des tanins au grain fin. Un vin à la fois gourmand et racé. ⧗ 2014-2017 🍴 pavé de bœuf

Dom. de Mortiès, rte de Cazevieille, 34270 Saint-Jean-de-Cuculles, tél. 04 67 55 11 12, contact@morties.com V r.-v. Guiraudon, Moustiès

CH. DES MOUCHÈRES Pic Saint-Loup Tradition 2012

	6 000		5 à 8 €

À la fin du XVIIe s., Fulcrand Teissèdre cultivait quelques parcelles dans le lieu-dit Masage-de-la-Vieille, à Saint-Mathieu-de-Tréviers, au pied du pic Saint-Loup. En 2004, Jean-Philippe Teissèdre est revenu au domaine de son ancêtre et lui a donné un nouvel essor.

Ce vin avec ses parfums de groseille, de framboise, de violette et de cassis se révèle très engageant au nez. La bouche est dans la même veine, adossée à une structure souple et ronde. Un vin aimable et gourmand. ⧗ 2014-2016 🍴 grillade de viande

Jean-Philippe Teissèdre, 1, chem. de la Vieille, 34270 Saint-Mathieu-de-Tréviers, tél. 04 67 55 20 17, contact@chateaudesmoucheres.com V t.l.j. sf dim. 14h-19h

CH. MOYAU La Mer 2013 ★

	7 600		5 à 8 €

Le nom de Moyau aurait été donné à ce lieu proche du rivage par un pirate qui, dit-on, en avait fait son repaire. Racheté et rénové en 2004 par la famille Köhler, le vignoble s'étend sur 25 ha nichés dans la garrigue avec une vue imprenable sur la Méditerranée.

Quelques reflets verts parsèment la robe de ce 2013 issu de cinq cépages. Au nez, la poire, le genêt et les agrumes s'imposent. Derrière la rondeur et le gras en bouche, une pointe de fraîcheur bien agréable. Un vin suave sans lourdeur. ⧗ 2014-2016 🍴 tapas de la mer

Ch. Moyau, rte des Étangs, 11560 Saint-Pierre-la-Mer, tél. 04 68 45 68 83, info@moyau.com V t.l.j. sf sam. dim. 9h-12h 14h-17h E

CH. DE LA NÉGLY La Clape La Côte 2012

	40 000	15 à 20 €

Sur le terroir de La Clape, les brises marines estivales tempèrent la force du soleil et de la tramontane. Installé depuis 1992, Jean Paux-Rosset a réencépagé 75 ha de vignes. Son fils Bastien est aujourd'hui le chef d'exploitation, et Didier Lacreu, son maître de chai.

D'une belle couleur grenat, ce vin évoque au nez les épices, la framboise et la vanille. Structuré par des tanins fins, il se montre équilibré et soyeux, et s'achève sur une finale très fruitée. ⧗ 2014-2017 🍴 filet mignon de veau aux morilles

Ch. la Négly, 16, rte de Lunès, 11100 Narbonne, tél. 04 68 32 41 50, lanegly@wanadoo.fr V t.l.j. sf sam. dim. 9h-12h 14h-17h

DOM. DE NIZAS 2012 ★★

	10 200		8 à 11 €

Dans les années 1970, John Goelet, descendant d'une famille de négociants bordelais, a fondé les domaines Clos Duval en Californie, Taltarni et Clover Hill en Australie. Puis il a posé son sac dans le Languedoc, reprenant en 1998 cette propriété établie sur le terroir de Pézenas : 40 ha répartis sur une mosaïque de trois sols, argilo-calcaires, galets roulés et basalte.

La robe est pimpante, d'un beau jaune à reflets tilleul. Le nez, complexe, riche et affirmé, associe les agrumes, les fleurs blanches et la pêche. Des arômes que l'on retrouve dans un palais parfaitement équilibré entre fraîcheur minérale et rondeur méditerranéenne, auquel de beaux amers apportent en finale un surcroît de longueur et de complexité. ⧗ 2014-2017 🍴 turbot grillé

Dom. de Nizas et Sallèles, hameau de Sallèles, 34720 Caux, tél. 04 67 90 17 92, contact@domaine-de-nizas.com V t.l.j. sf sam. dim. 9h-18h
Goelet

DOM. LE NOUVEAU MONDE Tradition 2011 ★★

6 000 | 5 à 8 €

Ce vignoble de 20 ha établi au sud de Béziers, propriété de la famille Borras-Gauch, est situé entre mer et étang, sur une terrasse villafranchienne de galets roulés mêlés à l'argile rouge, et sous l'influence de la Méditerranée.

La robe sombre aux reflets violines est un beau présage. Le bouquet, intense et élégant, mêle la cire d'abeille, la cerise, la figue sèche et la framboise. De beaux tanins fermes et fins structurent sans dureté un palais ample, gras et soyeux. Une finale fraîche et réglissée ajoute un charme certain à cet ensemble harmonieux et racé. 2015-2018 canard aux airelles

Famille Borras-Gauch, Dom. le Nouveau Monde, 34350 Vendres, tél. 04 67 37 33 68, domaine-lenouveaumonde@wanadoo.fr
V r.-v. E

CH. PECH-CÉLEYRAN
La Clape Cinquième Génération 2013 ★

10 500 | 5 à 8 €

Depuis 1870, la famille de Saint-Exupéry exploite ce domaine où venait jouer, enfant, Henri de Toulouse-Lautrec. Jacques de Saint-Exupéry (cinquième génération) et son fils Nicolas conduisent aujourd'hui un vignoble d'une centaine d'hectares plantés autour d'une petite colline (le « pech ») de cailloux et de garrigue du massif de La Clape.

La finesse et l'élégance caractérisent ce vin aux arômes de fruits à chair blanche, de tilleul et de verveine qui s'épanouissent tant au nez qu'en bouche. Rond à l'attaque, il déploie en finale une fraîcheur très agréable. 2014-2015 truite aux amandes

Famille de Saint-Exupéry, Ch. Pech-Céleyran, 11110 Salles-d'Aude, tél. 04 68 33 50 04, saint-exupery@pech-celeyran.com V t.l.j. sf dim. 9h30-12h30 14h30-18h30 4 E

B CH. PECH-REDON La Clape L'Épervier 2011 ★

25 000 | 11 à 15 €

Une route sinueuse mène au point culminant du massif de La Clape, le Coffre de Pech-Redon, qui donne son nom à ce domaine situé au cœur du parc naturel. Christophe Bousquet conduit ses 30 ha de vignes en agriculture biologique.

Quatre cépages sont assemblés dans ce 2011 pour révéler la complexité du terroir. On y distingue des parfums de garrigue, de fleurs séchées et de confiture de fruits rouges. Après une attaque soyeuse et suave, le palais dévoile une solide charpente et une longue finale qui signent un beau vin de garde. 2015-2019 cuissot de cheveuil aux airelles **La Clape La Centaurée 2011 ★ (20 à 30 €)** : autre cuvée typique de La Clape avec sa robe profonde, ses arômes de tabac, de poivre et de genièvre, ses tanins structurés et sa finale d'une agréable fraîcheur. 2014-2020

Christophe Bousquet, Ch. Pech-Redon, rte de Gruissan, 11100 Narbonne, tél. 04 68 90 41 22, chateaupechredon@orange.fr V t.l.j. sf dim. 10h-12h 14h-19h D

DOM. DU PECH ROME
Pézenas Clemens 2011 ★

5 000 | 11 à 15 €

La passion de deux pharmaciens pour le vin, Mary, originaire d'Irlande, et Pascal Blondel, natif du Languedoc, est à l'origine de ce domaine né en 2001 : 12 ha établis sur des terrasses de Pézenas composées d'une trilogie de sols : basalte, calcaires dolomitiques et galets.

Dans le registre des vins sympathiques, faciles et prêts à boire, cette cuvée présente déjà quelques notes d'évolution. D'une couleur rubis frangé d'orangé, elle dévoile une palette aromatique à dominante fruitée : fruits rouges confits, figue et pruneau. S'y ajoute un soupçon de laurier, de cannelle et de café dans un palais souple et soyeux, aux tanins affinés. 2014-2016 grillades **Florens 2012 ★ (8 à 11 € ; 2 000 b.)** : après une approche discrète, des notes de fruits blancs et jaunes bien mûrs, la noisette et le grillé montent du verre. En bouche, rondeur, finesse et belle fraîcheur finale. 2014-2017

SCEA Remparts de Neffiès, 17, rue Montée-des-Remparts, 34320 Neffiès, tél. 06 08 89 58 11, pechromevin@wanadoo.fr
V r.-v. Pascal Blondel

♥ PLAN DE L'HOMME
Terrasses du Larzac Habilis 2011 ★★

n.c. | 11 à 15 €

Rémi Duchemin a repris en 2009 le Plan de l'Homme, à l'origine le Plan de l'Om. Après avoir brillé dans le Pic Saint-Loup, au Mas de Mortiès, c'est entre les collines rouges et les galets noirs de basalte des Terrasses du Larzac qu'il a entrepris, avec succès, de produire sur 12 ha très morcelés et en conversion bio des vins hautement expressifs, tant rouges que blancs.

Habile, il fallait l'être pour extraire un tel vin des austères grès rouges du nord de la Lergue. Dans ce paysage minéral, qui évoque un décor de western, le grenache s'est exprimé avec autorité, bien épaulé par la syrah et le carignan. De la robe au rubis sombre, on apprécie la brillance et les reflets violines. Du nez, intense, on savoure la complexité, mêlant la maturité du cassis et de la griotte à l'exotisme du poivre, de la cannelle et de la vanille. En bouche, enfin, on ne se lasse pas de cette attaque fine et fraîche, de cette bouche empreinte d'une douceur légère, de ces notes d'épices, de fruits mûrs et de cuir, et de ces tanins denses et veloutés qui étirent longuement la finale. Un digne représentant de son terroir, d'une grande richesse et d'une réelle harmonie. 2017-2020 épaule d'agneau au foin de Crau **Florès 2012 ★★ (8 à 11 € ; 5 000 b.)** : couleur paille légère, nez de fleurs blanches et de fruits exotiques, palais délicat et équilibré, minéral et un rien anisé, à la finale élégante. 2014-2019

Le Plan de l'Homme, 15, av. Marcellin-Albert, 34725 Saint-Félix-de-Lodez, tél. 04 67 44 02 21, contact@plandelhomme.fr V r.-v.
Duchemin

CH. PUECH-HAUT
Prestige 2013 ★★

■	50 000	⬛	15 à 20 €

Dès 1985, Gérard Bru a relancé la notoriété du terroir historique de Saint-Drézery et fait de Puech-Haut une valeur sûre. Son domaine s'étend aujourd'hui sur près de 160 ha répartis dans plusieurs dénominations de l'AOC languedoc. Dans la cave, des têtes de bélier sculptées dans la pierre soutiennent des cuves en bois tronconiques.

Habituée du Guide, cette cuvée de marsanne et de roussanne est saluée par les jurés pour son nez intense de fruits exotiques (litchi, mangue) et de pêche. La bouche généreuse, ample, souple et très équilibrée, associe le fruit mûr à des notes de cire d'abeille et s'étire dans une finale longue et gourmande. Un vin à la fois puissant et élégant. ⧗ 2014-2015 ♈ tielle sétoise

SCEA Ch. Puech-Haut, 2250, rte de Teyran, 34160 Saint-Drézery, tél. 04 99 62 27 27, chateau.puech-haut@wanadoo.fr
V t.l.j. sf dim. 10h-12h 14h-18h
Bru

DOM. LES QUATRE AMOURS
Louis 2011 ★★

■	3 360		15 à 20 €

Quatre générations de vignerons se sont succédé depuis le XIXes. à la tête de ce domaine étendu aujourd'hui sur 12 ha, conduit depuis 2006 par France et Michel Siohan. Les Quatre Amours ? Paul, Olga, Louis et Rose, les enfants du couple.

Sur les coteaux graveleux d'Aspiran, la syrah et le grenache ont trouvé un beau terrain d'expression. Ils s'expriment sans réserve dans ce vin au nez « explosif » et complexe de fruits en compote (fraise), de badiane, de cannelle, de garrigue et de fumé. Une forte personnalité qui caractérise aussi une bouche ample, généreuse et suave, aux tanins mûrs et aux accents boisés (moka, cacao). Pour amateurs de vins riches et puissants. ⧗ 2014-2017 ♈ bœuf en daube

Dom. les Quatre Amours, 8, rte de Croix-de-Saint-Antoine, 34230 Belarga, tél. 04 67 24 60 89, fmsiohan@wanadoo.fr
V r.-v. F. et M. Siohan

DOM. DE QUERELLE
Soumestre 2012 ★

■	3 000	8 à 11 €

Depuis quatre générations, la famille de Michel Abel dirige ce domaine qui tire son nom de l'occitan *cairas*, « lieu pierreux » ; un terroir situé sur une terrasse caillouteuse au sud de Béziers, sur lequel est implanté un vignoble de 15 ha.

La proximité de la mer permet ici une bonne maturation des raisins. Ce 2012 l'illustre par sa robe presque noire, ses arômes de fruits confiturés (cassis, mûre) et de grillé libérés dans un palais ample et généreux ; aux tanins présents sans excès. Un ensemble équilibré. ⧗ 2014-2017 ♈ bécasses rôties à la ficelle

Michel Abel, Dom. de Querelle, 34410 Sérignan, tél. 06 14 97 35 21, domainedequerelle@orange.fr
V r.-v.

B DOM. DE LA RAMADE
La Clape Vin d'initiés 2012 ★

■	3 021	⬛	15 à 20 €

Un domaine récent, créé en 2007 par Jacques Ribourel : 2 ha d'oliviers et 15 ha de vignes conduits en bio certifié au cœur du massif de La Clape.

Cette syrah complétée de grenache et de mourvèdre libère au nez des arômes de vanille et de fruits noirs confiturés, agrémentés d'une touche minérale liée au terroir. La bouche, de bonne facture, est tenue par des tanins veloutés et par une agréable fraîcheur en finale. Un vin équilibré. ⧗ 2015-2017 ♈ daube languedocienne

Jacques Ribourel, rte de Narbonne-Plage, Les Murailles, 11110 Armissan, tél. 04 68 41 31 15, domainedelaramade@gmail.com V t.l.j. 10h-18h 5

DOM. DE RIEUSSEC LA CROIX DELTORT
Terrasses du Larzac Collection Gentilhommière 2011

■	3 000	⬛	15 à 20 €

C'est en 2003 que Marie-Hélène Deltort, avocat, a repris ce domaine de 15 ha fondé sur les vestiges d'une *villa* romaine et appartenant depuis cinq siècles à sa famille. Au nord de Gignac, ce petit terroir de galets et cailloutis calcaires est perché sur une banquette qui domine le confluent du Rieussec et de l'Hérault.

Cette cuvée à dominante de syrah cultive l'élégance avec sa robe sombre, son nez de fruits rouges et d'épices, et sa bouche ronde, fraîche et réglissée, aux tanins encore jeunes et prometteurs. ⧗ 2017-2020 ♈ canard au miel et aux épices

Marie-Hélène Deltort, Dom. de Rieussec la Croix Deltort, rte d'Aniane, 34150 Gignac, tél. 04 67 57 54 11, domainederieussec@gmail.com V sam. dim. 10h-19h; en saison t.l.j. 10h-20h

B DOM. DE ROQUEMALE
Grés de Montpellier Mâle 2012 ★★

■	2 500	⬛	15 à 20 €

Roquemale signifie « mauvaise roche » en langue d'Oc ; la vigne y produit peu, mais du raisin à bonne maturité. Valérie Tabaries et Dominique Ibanez, fils de vignerons, ont entièrement créé ce domaine en 2001, séduits par ce terroir constitué de sols argilo-calcaires et de terres rouges : 12 ha aujourd'hui, en bio certifié.

Ce 2012 à la robe carminée dévoile un nez intense où se mêlent l'influence de la syrah (90 %) et de l'élevage en barrique : notes de garrigue, de cannelle, de chocolat et d'épices. En bouche, on découvre un vin expressif (épices, fruits mûrs) et bien charpenté, mais sans dureté, étayé par des tanins fins et « arrondis » par l'apport de l'aimable grenache. ⧗ 2017-2020 ♈ magret de canard aux figues

Valérie et Dominique Ibanez, 25, rte de Clermont, 34560 Villeveyrac, tél. 04 67 78 24 10, contact@roquemale.com V t.l.j. sf dim. lun. 10h-12h 16h-19h30 2

CH. ROUQUETTE-SUR-MER
La Clape Le Clos de la tour 2011 ★★★

■	3 000		20 à 30 €

Situées sur les falaises de bord de mer du massif de La Clape, les vignes, disposées en ilots entourés de garri-

gues et de bois, regardent la mer, dont elles reçoivent les brises salutaires. Ancienne propriété de la vicomtesse de Narbonne au XVe s., le domaine appartient depuis 1970 à Jacques Boscary, à la tête aujourd'hui d'un vignoble de 40 ha.

La somptueuse robe pourpre de ce vin présage le meilleur. Des senteurs bien méditerranéennes composent un bouquet exubérant des plus engageants : du poivre, des notes balsamiques, de la mûre, des épices et du cacao. La bouche confirme la bonne tenue de cette cuvée en s'appuyant sur des tanins soyeux et dociles enrobés par une chair délicate. Une finale longue, subtilement fraîche et mentholée, vient couronner le tout. ⌛ 2014-2019 🍴 cuissot de sanglier à la broche ■ La Clape L'Absolu 2011 ★★ (50 à 75 € ; 2 000 b.) : autre très belle réussite que cette cuvée bien typée : robe sombre, arômes de tabac, de fruits secs et de garrigue, bouche ample structurée par des tanins à la fois fermes et veloutés. ⌛ 2014-2020

🔑 Jacques Boscary, Ch. Rouquette-sur-Mer, rte Bleue, 11100 Narbonne-Plage, tél. 04 68 65 68 65, bureau@chateaurouquette.com V t.l.j. 10h-12h30 14h30-18h30

SAINT-DAUMARY
Pic Saint-Loup L'Asphodèle 2011

■ | 5 000 | | 11 à 15 €

Julien Chapel a été le plus jeune vigneron du Languedoc lors de son installation. Il a repris en 1999, à l'âge de dix-neuf ans à peine, les vignes de son père, puis quitté la cave coopérative et il conduit à présent un vignoble de 20 ha dont il a engagé la conversion bio.

Ce millésime au nez d'abord discret s'épanouit à l'aération sur des parfums de sous-bois, de réglisse et de poivre. La bouche est ample, fruitée, épicée et bien tenue par des tanins fermes qui assureront un bel avenir à cette bouteille. ⌛ 2015-2020 🍴 gardiane de taureau

🔑 Chapel, 106, rue des Micocouliers, 34270 Valflaunès, tél. 06 09 23 81 76, julien.chapel@orange.fr V r.-v.

DOM. SAINTE-CÉCILE DU PARC
Pézenas Sonatina 2011 ★★

■ | 4 500 | | 11 à 15 €

Les cuvées sont ici placées sous le signe de la musique, et pour cause : le domaine est installé au lieu-dit Sainte-Cécile, patronne des musiciens. Christine Mouton-Bertoli l'a racheté en 2005 et y a généré de nombreuses évolutions : plantations sur la moitié du domaine (12 ha aujourd'hui), construction d'une cave et conversion vers le bio.

Cette cuvée, assemblage de syrah pour la puissance et de cinsault pour l'élégance, décline au nez des parfums de fruits rouges et noirs très mûrs, presque confits, que viennent stimuler le poivre noir et les notes grillées et toastées de l'élevage. La bouche, complète et complexe, incroyablement fruitée, s'appuie sur des tanins solides sans dureté. ⌛ 2015-2019 🍴 rôti de porc aux airelles

🔑 SCEA Mouton-Bertoli, Dom. Sainte-Cécile du Parc, rte de Caux, 34120 Pézenas, tél. 06 79 18 68 56, cmb@stececileduparc.com V r.-v.

CH. SAINT-MARTIN DE LA GARRIGUE
Grés de Montpellier 2011 ★

■ | 15 000 | | 15 à 20 €

Le château d'inspiration Renaissance a conservé son esthétique classique en s'enrichissant des apports de ses propriétaires successifs : seigneurs et notables, hommes d'épée ou d'Église. Le vignoble est fort de dix-sept cépages répartis sur trente-neuf parcelles de grès calcaires.

Intense et noir, ce 2011 libère un nez riche et balsamique mêlé de truffe et de poivre. S'ensuit une bouche veloutée par la grande maturité du mourvèdre et de la syrah. Une pointe de grenache apporte un surcroît de douceur et de rondeur à ce vin bien mis en valeur par un élevage en fût ajusté. De bonne garde, assurément. ⌛ 2017-2020 🍴 gibier de caractère

🔑 SCEA Saint-Martin de la Garrigue, 34530 Montagnac, tél. 04 67 24 00 40, contact@stmartingarrigue.com V t.l.j. sf sam. dim. 8h30-12h 13h30-17h30

CH. DE LA SALADE SAINT-HENRI
Pic Saint-Loup Aguirre 2011 ★

■ | 6 000 | | 11 à 15 €

Sur ce domaine familial, qui doit son nom à un casque romain trouvé en ces lieux, les bâtiments datent du Moyen Âge, et la vigne y est cultivée depuis le début du XVIIIe s. Anne Donnadieu, pharmacienne de formation, est aux commandes depuis 2006.

La syrah, qui a trouvé sa terre d'élection sur les éboulis calcaires, est le pivot d'un assemblage complété par le grenache et le mourvèdre. Le nez allie subtilement le fruité du cassis aux épices de la garrigue et de l'élevage. L'attaque est ample, également fruitée, et les tanins, bien présents, ont été affinés par le fût. Un ensemble élégant qui laisse en bouche une sensation soyeuse. ⌛ 2014-2017 🍴 gigot d'agneau à l'ail

🔑 Vialla-Donnadieu, Dom. de la Salade Saint-Henri, 1050, rte de Saint-Jean-de-Cuculles, 34270 Saint-Mathieu-de-Tréviers, tél. 04 67 55 20 11, annedonnadieu@gmail.com V t.l.j. sf dim. 11h-13h 16h-18h 🔑 Scolhat-Vialla

DOM. DE SAUMAREZ
Grés de Montpellier Trinitas 2011 ★★

■ | 5 000 | | 8 à 11 €

Liz Williamson est néo-zélandaise, et Robin anglais. Ils ont choisi en 2004 le terroir de calcaire jurassique à silex des collines de Murviel-lès-Montpellier, près de ruines romaines, avec une vue étonnante sur la Méditerranée, pour créer leur domaine, étendu sur 11 ha aujourd'hui.

Mourvèdre, grenache, et syrah à parts égales pour ce Trinitas qui tient toutes ses promesses. La robe est pourpre intense. Le nez s'ouvre progressivement sur des parfums harmonieux de fruits mûrs, de fruits secs et surtout d'épices, de celles qui marquent si souvent les Grés de Montpellier. On retrouve ces arômes dans une bouche solide sans dureté, boisée sans excès. Un vin intense et élégant, long et bien équilibré, qui gagnera à être carafé. ⌛ 2014-2017 🍴 cassoulet ■ S' 2012 ★ (14 000 b.) : un nez de fruits rouges, de vanille et de poivre,

LANGUEDOC

relayé par une bouche souple, équilibrée et gourmande. ⌛ 2014-2017

Liz et Robin Williamson, Dom. de Saumarez, chem. de Cathala, 34570 Murviel-lès-Montpellier, tél. 06 24 41 56 20, desaumarez@yahoo.fr r.-v.

LE SOLEILLA La Clape L'Intrus 2011 ★

■	8 000		15 à 20 €

Une propriété d'une vingtaine d'hectares répartis sur le massif rocheux de la presqu'île de La Clape, auprès d'une colline baignée de soleil, d'où le nom du domaine. Peter Wildbolz est à sa tête depuis 2003.

De vieilles vignes de carignan apportent ici leur soutien au grenache et à la syrah. Cet assemblage contribue au beau profil aromatique de ce vin qui séduit d'emblée avec ses parfums chaleureux de garrigue, de grillé, d'épices et de pruneau à l'alcool. Le palais, à l'unisson, se révèle ample, gras, puissant mais soyeux, soutenu par des tanins ronds et un boisé doux. ⌛ 2015-2018 🍴 coq au vin

Mas du Soleilla, rte de Narbonne-Plage, 11100 Narbonne, tél. 04 68 45 24 80, vins@mas-du-soleilla.com r.-v. 5 Wildbolz

VIGNERONS DU SOMMIÉROIS
Les Romanes 2013 ★★

■	7 200		5 à 8 €

Soixante-dix vignerons, pour près de 590 ha de vignes, sont réunis dans cette coopérative établie dans la partie la plus orientale de l'appellation languedoc.

Les roussanne et grenache blanc assemblés dans ce vin proviennent d'une sélection de parcelles implantées sur des coteaux au sol calcaire caillouteux. Un premier nez d'épices douces est rattrapé par des notes de pain grillé beurré et de fruits à chair blanche. Le palais ? À la fois frais et puissant, expressif et complexe. Un vin typé et harmonieux. ⌛ 2014-2016 🍴 poulet au gingembre et au miel

SCA les Vignerons du Sommiérois, 2, rue de l'Arnède, 30250 Sommières, tél. 04 66 80 03 31, charlotte.d@les-vignerons-du-sommierois.com t.l.j. sf dim. 9h-12h30 15h-19h

LA TÊTE DANS LES ÉTOILES
Terrasses du Larzac Au-delà des rêves 2012 ★★

■	1 200		11 à 15 €

L'héritage de cinq générations de vignerons, un passage par la coopérative, « l'envie de faire quelque chose de petit pour maîtriser toutes les étapes » : Luc Jourdan a redonné vie en 2009 à l'ancienne cave de son grand-père en créant un petit domaine d'à peine 4 ha.

Issu de grenache et de syrah, ce vin intense s'annonce au nez par des notes de sous-bois, d'épices, de fruits noirs et de torréfaction, agrémentées d'une touche animale. La bouche est superbe : du volume, de la douceur, des tanins soyeux et fondus à souhait, et aucune lourdeur ici, grâce à une fraîcheur bien présente. Déjà très harmonieux, ce languedoc est promis à un bel avenir. ⌛ 2016-2020 🍴 canard à la ficelle

Luc Jourdan, 1 bis, rue des Hortensias, 34700 Salelles-du-Bosc, tél. 06 47 04 05 35, latetedanslesetoiles@orange.fr r.-v.

LES TROIS PUECHS
Pézenas Cuvée Excellence 2012 ★★

■	1 200		20 à 30 €

Le vignoble (25 ha sur argilo-calcaires mêlés de basalte) est implanté sur trois puechs – « monts » en occitan –, correspondant chacun à un lieu-dit. Un patrimoine familial que Jacques Couderc, ancien président de la cave de Gabian, a largement restructuré (nouvelles plantations, remembrements) pour créer le domaine en 2010.

Belle entrée dans le Guide pour cette cuvée d'un pourpre très profond. Un vin d'une grande maturité, qui dévoile un bouquet complexe et gourmand de fruits rouges mûrs, de réglisse et de vanille. En bouche, des saveurs de clou de girofle, de cannelle et autres épices, du volume, du gras, de la rondeur, des tanins fermes mais sans excès de vigueur. Voilà qui autorise un plaisir immédiat, tout en assurant une belle évolution à la garde. ⌛ 2014-2020 🍴 tarte au chocolat noir

Dom. les Trois Puechs, 4, rte de Magalas, 34480 Fouzilhon, tél. 09 62 20 98 87, lestroispuechs@gmail.com r.-v.

CH. DE VALFLAUNÈS
Pic Saint-Loup Espérance 2012

■	28 000		15 à 20 €

Fabien Reboul a installé son chai en 1998 au cœur du village de Valflaunès, à l'emplacement de l'ancienne ménagerie du baron Jean-Jacques Louis Durand, premier maire de Montpellier élu au XVIIIe s. Il exploite aujourd'hui, à la main et sans insecticides, un vignoble de 13 ha.

Un assemblage de syrah (60 %), de mourvèdre (30 %) et de carignan. Le nez à la complexité naissante, s'ouvre à l'aération sur des notes de sous-bois, de garrigue et d'épices. Le palais se montre fruité à souhait, ample et bien équilibré entre rondeur et fraîcheur. ⌛ 2014-2017 🍴 lièvre aux herbes

Ch. de Valflaunès, 179, rue de l'Ancien-Lavoir, 34270 Valflaunès, tél. 06 83 48 37 85, fabien.reboul@free.fr r.-v.

VERMEIL DU CRÈS
Collection Vermeil Élevé en fût de chêne 2011

■	15 000		5 à 8 €

Située à 3 km des « éco-plages » de Sérignan, cette coopérative fondée en 1935 regroupe quelque 990 ha de vignes établis sur les plateaux caillouteux de Sérignan, Vendres et Sauvian.

Ce vin exprime d'abord des arômes de fruits mûrs et d'épices rapidement complétés par des notes boisées. En bouche, une attaque franche, une bonne présence tannique, de l'équilibre et des notes d'élevage en fût encore marquées. ⌛ 2015-2018 🍴 rôti de bœuf aux morilles

SCAV Les Vignerons de Sérignan, 114, av. Roger-Audoux, 34410 Sérignan, tél. 04 67 32 24 82, gestion@vignerons-serignan.com t.l.j. sf dim. 9h-12h 15h-18h

CH. LA VERNÈDE Caecilia 2011 ★

■	4 000		20 à 30

En 1872, les héritiers de Hyacinthe d'Hauteroche, comt d'Hulst, cédèrent leur propriété à Henri Calvet, descer dant de Pierre Mignard, Premier peintre de Louis XIV

Aujourd'hui, le château appartient à la famille Ribet ; Jean-Marc, son actuel propriétaire, est l'arrière arrière-petit-fils d'Henri Calvet. Le vignoble (en conversion bio) est établi sur les terrasses proches de Béziers.

Ce 2011 sombre se montre fort expressif au nez : fruits noirs, cacao, notes toastées et vanillées. Plein, rond et charnu, le palais s'appuie sur des tanins extraits avec mesure et sur un boisé bien dosé. ⧗ 2015-2019 ❦ côte de bœuf à la moelle

Jean-Marc Ribet, Ch. la Vernède, rte de Salles, 34440 Nissan-lez-Ensérune, tél. 04 67 37 00 30, chateaulavernede.34@orange.fr V t.l.j. 9h-12h 14h-18h 4 E

B VILLA DONDONA
Montpeyroux Cuvée Oppidum 2011 ★★★

| 2 000 | | 15 à 20 € |

Un ancien médecin, André Suquet, décide en 1998 d'offrir à sa compagne Jo Lynch, artiste peintre, un petit jardin près de chez eux. À défaut, il acquiert 15 ha de garrigue commandés par un ancien hôpital du XIVe s. et plante ses premiers ceps trois ans plus tard... Le vignoble couvre aujourd'hui 8,6 ha à la sortie du hameau du Barry.

Ce 2011, proposé en coup de cœur, respire le terroir caillouteux de Montpeyroux. Il livre des senteurs puissantes de garrigue, de cire, de mûre et de figue sèche. Soutenu par une fraîcheur caractéristique, le palais, ample et charnu, s'adosse à des tanins soyeux et fermes à la fois. La finale, riche et onctueuse, se prolonge langoureusement sur des notes épicées et réglissées. Un vin admirable d'équilibre, de force contenue et de complexité. ⧗ 2017-2020 ❦ pigeons aux épices et baies rouges

Villa Dondona, Dom. Lynch-Suquet, Le Barry, 34150 Montpeyroux, tél. 04 67 96 68 34, villadondona@wanadoo.fr V r.-v.

DOM. DE VILLENEUVE
Pic Saint-Loup Fol'Envie 2012 ★★

| 1 800 | | 30 à 50 € |

À Claret, au nord de Montpellier, le domaine d'Anne-Lise Fraisse et de son époux apiculteur étend son vignoble sur 48 ha. Les bâtiments et le caveau voûté du XIIe s., récemment restauré, sont établis au cœur des vignes, dans un cirque naturel bordé de garrigue et de pinède.

Issu de parcelles sélectionnées et travaillées à bas rendement, ce vin au nom évocateur s'ouvre sur des notes puissantes et complexes, balsamiques, de pierre à fusil, d'eucalyptus, de cassis et de vanille. En bouche, de la fraîcheur, un boisé parfaitement ajusté, des tanins fins et soyeux, et une longue finale souple et fruitée. Un modèle d'harmonie. ⧗ 2014-2019 ❦ hachis parmentier de canard

Anne-Lise Fraisse, hameau Les Embuscalles, 149, chem. des Horts, 34270 Claret, tél. 04 67 59 02 84, fraisse.villeneuve@orange.fr V t.l.j. sf dim. 9h-12h 14h-15h

DOM. LA VOÛTE DU VERDUS 2012

| 4 860 | | 8 à 11 € |

Ce domaine familial (20 ha) mené par Guilhem Bonnet, le père, et Mélanie, sa fille, doit son nom au célèbre village de Saint-Guilhem-le-Désert, traversé par le Verdus qui passe près de la cave, sous une voûte en pierre.

De l'assemblage de quatre cépages (syrah, grenache, carignan et mourvèdre) le vin tire un nez intense et complexe de fruits rouges et noirs (mûre, cassis), de violette, d'épices et de garrigue. Des accents de Méditerranée que l'on retrouve dans une bouche ample et chaleureuse, bâtie sur des tanins encore un peu fermes mais fins. ⧗ 2015-2019 ❦ magret de canard

Dom. la Voûte du Verdus, 15, rue Descente-du-Portal, 34150 Saint-Guilhem-le-Désert, tél. 04 67 57 45 90, larouteduverdus@gmail.com V r.-v.

B DOM. ZUMBAUM TOMAZI
Pic Saint-Loup Clos Maginiai 2011 ★

| 13 000 | | 11 à 15 € |

Parmi les premiers à avoir opté pour la viticulture biologique, ce domaine de 12 ha situé au pied du causse de l'Hortus est entouré d'une végétation méditerranéenne de chênes verts, genévrier cade, thym et romarin.

Il faut aérer cette cuvée « terrienne » pour en apprécier le bouquet : cuir et animal de prime abord, puis griotte, fleurs séchées et vanille. De la mâche en bouche, des tanins encore fermes mais sans sécheresse, des senteurs de romarin et de garrigue qui lui confèrent son originalité et son caractère bien méditerranéens. ⧗ 2014-2017 ❦ viande rouge en marinade

Tomasi Zumbaum, 83, rue des Airs, 34270 Claret, tél. 04 67 55 78 77, domainezumbaumtomasi@wanadoo.fr V t.l.j. sf dim. 9h-17h30 E

PICPOUL-DE-PINET

BEAUVIGNAC 80e anniversaire 2013 ★★

| 20 000 | - de 5 € |

La cave de Pomérols, fondée en 1932, regroupe aujourd'hui près de cent cinquante viticulteurs en picpoul-de-pinet, dont les vignes couvrent aussi bien le terroir de garrigues de Castelnau-de-Guers que le glacis d'épandage qui constitue le cœur historique de l'appellation.

Cette cuvée anniversaire, finaliste du coup de cœur, est issue de parcelles vendangées tard. Elle libère un nez puissant porté sur les fruits exotiques (ananas, fruit de la Passion), qui livre sa pleine expression à l'aération. Elle séduit aussi avec son palais élégant et fruité, parfaitement équilibré entre gras et fraîcheur. ⧗ 2014-2015 ❦ sardines grillées ■ Cuvée Prestige 2013 ★ (8 à 11 € ; 13 000 b.) : un nez vanillé, toasté, miellé et fruité, relayé par une bouche suave. ⧗ 2015-2017

Cave les Costières de Pomérols, av. de Florensac, 34810 Pomérols, tél. 04 67 77 01 59, info@cave-pomerols.com V r.-v.

CONDAMINE L'ÉVÊQUE G. Bascou 2013 ★

| n.c. | | 5 à 8 € |

Si le siège de l'exploitation familiale est situé dans le vieux centre de Nézignan-l'Évêque, au sud de Pézenas, la famille Bascou possède depuis plusieurs générations des vignes de picpoul-de-pinet sur la commune de Pomérols.

Cette cuvée semble discrète à l'œil, mais seulement à l'œil. Après une légère aération, c'est le minéral qui s'exprime. Puis lentement se dégagent de toniques notes citronnées. La bouche est à l'envi : nette, ample, vive et dotée d'une belle persistance. ⧗ 2014-2015 🍷 fromage de chèvre

Guilhem Bascou, Dom. de la Condamine, 34120 Nézignan-l'Évêque, tél. 04 67 98 27 61, guilhem.bascou@wanadoo.fr V t.l.j. sf dim. 9h-13h

LA CROIX GRATIOT 2013

50 000 | 5 à 8 €

La Croix Gratiot est un domaine de près de 27 ha regroupés autour des bâtiments, au cœur d'une étendue de collines calcaires où le vignoble est cerné de garrigue.

L'intensité du nez se décline à travers les fruits à chair blanche, les agrumes et quelques notes florales. La bouche associe dans un bel équilibre, rondeur, fraîcheur iodée et vivacité des agrumes (pamplemousse, citron). ⧗ 2014-2015 🍷 plateau de fruits de mer

La Croix Gratiot, Dom. de Sainte-Croix, 34530 Montagnac, tél. 04 67 25 27 88, croixgratiot@gmail.com V r.-v. Ricome

DOM. DES LAURIERS Prestige 2013

20 000 | - de 5 €

Jouxtant Pézenas, le vignoble de Marc Cabrol s'étend sur 45 ha entre garrigue et pinèdes, à Castelnau-de-Guers, l'une des cinq communes de l'appellation picpoul-de-pinet. Une valeur sûre.

Le nez, d'abord discret, se développe à l'aération sur un fruité mûr et intense. La bouche, à l'unisson, offre du volume et une agréable rondeur qui témoigne d'une bonne maturité des raisins. ⧗ 2014-2016 🍷 poulet rôti

EARL Dom. des Lauriers, 15, rte de Pézenas, 34120 Castelnau-de-Guers, tél. 04 67 98 18 20, contact@domaine-des-lauriers.com V t.l.j. sf sam. dim. 9h-12h 14h-17h Cabrol

LES VIGNERONS DE MONTAGNAC M 2013

60 000 | - de 5 €

Cette coopérative produit du vin depuis 1937. Aujourd'hui, cinq cents vignerons issus de huit communes cultivent 2 000 ha de vignes bordées au sud par l'étang de Thau et la Méditerranée, au nord par des reliefs calcaires où l'Hérault a creusé des gorges profondes.

Le nez, plaisant, libère de fines notes iodées et anisées. Bien qu'un peu fugace, la bouche séduit par sa vivacité aux accents citronnés. Un ensemble alerte et équilibré. ⧗ 2014-2015 🍷 huîtres

SCAV Les Vignobles Montagnac, 15, av. d'Aumes, BP 08, 34530 Montagnac, tél. 04 67 24 03 74, cooperative.montagnac@wanadoo.fr V t.l.j. sf dim. 9h30-12h 15h30-18h; sam. 9h30-12h30

L'ORMARINE Duc de Morny 2013 ★

200 000 | 5 à 8 €

Coopérative fondée en 1922, l'Ormarine – à l'époque Association des Producteurs de vin blanc de Pinet – est un acteur de poids dans la défense de la toute nouvell AOC. Elle représente aujourd'hui plus de 500 coopéra teurs pour une surface de 1 900 ha, dont 520 dédiés a seul cépage piquepoul.

Les fleurs d'amandier et surtout le fruité des agrumes e de la mangue marquent de leur empreinte le nez comm la bouche. Après une attaque enrobée, le palais est vivifi par la fameuse arête acide typique des vins de ce terroi Un beau classique, plein de fraîcheur, comme il se doi ⧗ 2014-2015 🍷 moules et huîtres de l'étang de Thau

Cave de l'Ormarine, 13, av. du Picpoul, 34850 Pinet, tél. 04 67 77 03 10, caveormarine@wanadoo.fr V r.-v.

B CH. PETIT ROUBIÉ 2013 ★

108 000 | 5 à 8

Olivier Azan pratique l'agriculture biologique depui 1985. Son domaine couvre 56 ha au cœur de l'appella tion, à proximité de l'étang de Thau.

Cette cuvée libère au nez des parfums de fruits à cha blanche mûrs, agrémentés de notes de bourgeon d cassis. Des arômes qui se prolongent dans une bouch ronde et gourmande, bien équilibrée par une vivacité au tonalités citronnées. ⧗ 2014-2015 🍷 risotto aux coques

Olivier Azan, Dom. de Petit Roubié, 34850 Pinet, tél. 04 67 77 09 28, petitroubie@gmail.com V t.l.j. sf sam. dim. 9h-12h30 13h30-17h

♥ DOM. REINE JULIETTE Terres rouges 2013 ★★

30 000 | 5 à 8

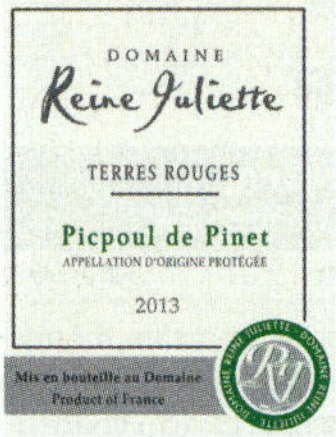

Construite en 118 av. J.-C. pou relier l'Italie à l'Espagne, la Vi Domitia, dite « chemin de reine Juliette », est la plus ar cienne voie romaine de Gaul Elle favorisa l'expansion de viticulture dans le Languedo et elle jouxte ce domaine fam lial créé en 1986.

Un coup de cœur « historique » le premier pour la toute nouvell appellation picpoul-de-pinet. Une cuvée qui s'annonc sans réserve par un bouquet intense, riche et complex d'agrumes (citron, pomelo) et de fruits exotiques (mar gue, fruit de la Passion). Le palais se révèle ample, fra comme il se doit et très fruité : agrumes confits, pêche e cette touche iodée qui signe son origine. ⧗ 2014-201 🍷 tielle sétoise

EARL Alliès, 11, rte de Magalas, 34480 Pouzolles, tél. 04 67 24 78 77, marion.allies0765@orange.fr V jeu. sam. 10h-12h 16h-18h

SAINT-JEAN-DES-SOURCES 2013 ★★

60 000 | - de 5

Dominant le bassin de Thau et longeant la Via Domiti le domaine d'Albert Morin existe depuis 1330 et compt aujourd'hui 60 ha de vignes.

Ce 2013 franc et droit au nez libère une fraîcheur et u fruité qui montent à l'agitation, mêlant le citron, pamplemousse et la pêche blanche. La bouche se révè ample, ronde, intense, fraîche et tonique à la fois. Un v complet et parfaitement équilibré. ⧗ 2014-2016 ¥ gambas à la plancha

⊶ Albert Morin, Dom. Morin-Langaran, rte de Marseillan, 34140 Mèze, tél. 04 67 43 71 76, domainemorin-langaran@wanadoo.fr V t.l.j. 10h-18h (19h d'avr. à sept.); f. dim. janv.-fév.

LES APPELLATIONS DE LIMOUX

BLANQUETTE-DE-LIMOUX

Ce sont les moines de l'abbaye Saint-Hilaire, commune proche de Limoux, qui, découvrant que leurs vins repartaient en fermentation, ont été les premiers élaborateurs de blanquette-de-limoux. Trois cépages sont utilisés pour son élaboration : le mauzac (90 % minimum), le chenin et le chardonnay ; ces deux derniers cépages introduits à la place de la clairette apportent à la blanquette acidité et finesse aromatique. La blanquette-de-limoux est élaborée suivant la méthode de seconde fermentation en bouteille et se présente sous dosages brut, demi-sec ou doux.

ANTECH Grande Réserve 2012 ★★

● | 80 000 | | 8 à 11 €

Propriétaire et négociant, cette maison familiale et indépendante depuis six générations est dirigée aujourd'hui par Françoise Antech, à la suite de son père Georges et de son oncle Roger. Une valeur sûre, spécialisée dans l'élaboration des bulles limouxines.

Au nez, les notes de fleurs blanches (aubépine) et de noisette sont stimulées par des senteurs agréablement citronnées. Le palais se montre suave et charnu à souhait, équilibré par une pointe de fraîcheur bien dosée. ⧗ 2014-2017 ¥ langoustines ● Cuvée Élégance Brut 2012 ★ (5 à 8 € ; 80 000 b.) : une cuvée bien équilibrée portée par la fraîcheur et le fruité (pomme en finale). ⧗ 2014-2015

⊶ Georges et Roger Antech, Dom. de Flassian, 11300 Limoux, tél. 04 68 31 15 88, courriers@antech-limoux.com V t.l.j. sf sam. dim. 8h-12h 14h-18h

CH. BEAUSOLEIL Réserve 2012 ★★

● | 100 000 | | 8 à 11 €

Cette maison de négoce familiale spécialisée dans l'élaboration des bulles de Limoux (blanquette et crémant) et propriétaire du Dom. Beausoleil a été fondée en 1890 par Joseph Salasar. Dirigée par son petit-fils René depuis 1974, elle a été cédée en 2012 à la famille Bonfils, propriétaire de nombreux vignobles dans le Languedoc-Roussillon.

De surprenantes mais très agréables nuances fumées et grillées se dégagent de l'olfaction. On les retrouve en compagnie de notes de prune et de poire dans une bouche parfaitement équilibrée entre rondeur et fraîcheur. Une blanquette de caractère. ⧗ 2014-2016 ¥ filet de turbot aux herbes fraîches

⊶ Maison Salasar, 4, rue de l'Égalité, 11260 Campagne-sur-Aude, tél. 04 68 20 04 62, rfernandez@salasar.fr V t.l.j. 8h-12h 14h-18h
⊶ Bonfils

LA CROIX DU BARRIS 2012 ★★

● | 15 000 | 8 à 11 €

Ce domaine créé en 1842 fut propriété de l'abbaye bénédictine des moines de Saint-Hilaire, berceau de la blanquette-de-limoux. Propriété de la famille Antech depuis six générations, il est aujourd'hui conduit par Michèle et son époux Jean-Christophe.

Cette cuvée parcourue d'un cordon de fines bulles dévoile un bouquet flatteur d'abricot et d'ananas, agrémenté de légères notes beurrées et anisées. Des arômes que l'on retrouve dans une bouche harmonieuse et persistante, soutenue jusqu'en finale par une belle fraîcheur. ⧗ 2014-2016 ¥ toasts de saumon

⊶ Dom. la Croix du Barris, 14, av. du Béal, 11250 Saint-Hilaire, tél. 04 68 69 44 93, lacroixdubarris@gmail.com V r.-v.

CH. MARTINOLLES Prima Perla Blanc de blancs ★★

● | 20 000 | 8 à 11 €

Racheté en 2011 à la famille Vergnes par Jean-Claude Mas, déjà propriétaire de nombreux vignobles dans la région, ce domaine situé à proximité de l'abbaye de Sainte-Hilaire – où fut inventée la blanquette-de-limoux en 1531 – étend sur 60 ha son vignoble entouré d'oliviers et de chênes truffiers.

Proche du coup de cœur, cette cuvée dévoile une fine effervescence et libère des parfums intenses et complexes de fruits blancs, d'abricot et d'acacia. À l'unisson, le palais séduit par son équilibre remarquable et sa grande fraîcheur soulignée en finale par d'élégantes notes citronnées. ⧗ 2014-2017 ¥ choux pâtissiers aux raisins ● Cuvée Blanc de blancs ★★ (7 000 b.) : du fruit, de la fraîcheur, une jolie rondeur, bref de l'équilibre. ⧗ 2014-2016 ● Cuvée brute 2012 ★ (13 000 b.) : un bon classique, vif, énergique et fruité. ⧗ 2014-2016

⊶ Ch. Martinolles, 11250 Saint-Hilaire, tél. 04 68 69 41 93, info@martinolles.com V t.l.j. 9h-12h 14h-18h ⊶ Jean-Claude Mas

Ⓑ DOM. PÉCHOU Élégance ★★

● | n.c. | | 8 à 11 €

Propriétaire du domaine Delmas avec son mari Bernard, Marlène Delmas signe cette étiquette issue du même vignoble ; 30 ha à Antugnac conduits en bio depuis 1986.

Au nez, des agrumes, des fleurs blanches et du poivre. La même palette aromatique caractérise le palais, franc, frais, équilibré et élégant, étiré dans une longue finale fruitée. ⧗ 2014-2017 ¥ ananas rôti

⊶ Marlène Delmas, 11, rte de Couiza, 11190 Antugnac, tél. 04 68 74 21 02, marlene.domainedelmas@orange.fr

SIEUR D'ARQUES Diaphane Grande Cuvée 2011 ★

● | 75 000 | | 8 à 11 €

La cave coopérative Sieur d'Arques est un acteur incontournable du vignoble limouxin, dont elle assure environ 60 % de la production. Fondée en 1946, elle fédère aujourd'hui quelque 290 adhérents et dispose d'un vaste vignoble de 2 200 ha éparpillé dans plus de quarante communes, qui lui permet d'opérer une sélection parcellaire rigoureuse sur une très large variété de terroirs.

Des bulles fines traversent cette cuvée aux parfums de fleur d'aubépine, d'agrumes et de pomme verte. Le vin révèle son équilibre dans un palais élégant aux arômes de fruits à chair blanche. ⧗ 2014-2016 🍷 filet de cabillaud sauce crustacés ● Cuvée Aimery ★ (5 à 8 € ; 75 000 b.) : une cuvée qui séduit par ses arômes briochés, son volume et son élégance. ⧗ 2014-2016

⊶ SAS Sieur d'Arques, rte de Carcassonne, 11300 Limoux, tél. 04 68 74 63 00, s.echantillon@sieurdarques.com t.l.j. 9h-12h 14h-18h

BLANQUETTE MÉTHODE ANCESTRALE

AOC à part entière, la blanquette méthode ancestrale reste un produit confidentiel. Le principe d'élaboration réside dans une seule fermentation en bouteille. Aujourd'hui, les techniques modernes permettent d'élaborer un vin peu alcoolisé (autour de 6 % vol.), doux, provenant de l'unique cépage mauzac.

CH. MARTINOLLES 2012 ★

●	50 000	8 à 11 €

Racheté en 2011 à la famille Vergnes par Jean-Claude Mas, déjà propriétaire de nombreux vignobles dans la région, ce domaine situé à proximité de l'abbaye de Sainte-Hilaire – où fut inventée la blanquette-de-limoux en 1531 – étend sur 60 ha son vignoble entouré d'oliviers et de chênes truffiers.

Cette cuvée dévoile une discrète effervescence. Le nez surprend par ses parfums de pain grillé agrémentés de touches amyliques. Le palais, rond et bien équilibré, est soutenu en finale par des saveurs fraîches de pomme. ⧗ 2014-2015 🍷 crêpes Suzette

⊶ Ch. Martinolles, 11250 Saint-Hilaire, tél. 04 68 69 41 93, info@martinolles.com t.l.j. 9h-12h 14h-18h ⊶ Jean-Claude Mas

ROBERT ★

●	20 000	5 à 8 €

Dans les années 1930, Pierre Robert s'installait au domaine de Fourn pour y cultiver quelques arpents de mauzac, cépage traditionnel de la région. Aujourd'hui, ses deux petits-fils Jean-Luc et Bernard sont aux commandes de 35 ha de vignes. Un haut-lieu de la bulle de Limoux.

Cette cuvée, qui affiche une effervescence fine et abondante, révèle au nez des parfums caractéristiques de pomme mûre, que viennent compléter des notes exotiques et minérales. Le palais se montre frais et bien équilibré, à l'unisson de l'olfaction. ⧗ 2014-2015 🍷 tarte aux pommes

⊶ Sté des Vins Robert, Dom. de Fourn, 11300 Pieusse, tél. 04 68 31 15 03, robert.blanquette@wanadoo.fr t.l.j. 9h-12h 14h-19h

CRÉMANT-DE-LIMOUX

• Production : 30 000 hl

Reconnu seulement en 1990, le crémant-de-limoux n'en bénéficie pas moins de la solide expérience et de l'exigence des producteurs de la région en matière de vins effervescents. Les conditions de production de la blanquette étant déjà très strictes, les Limouxins n'ont eu aucune difficulté à adopter la rigueur de l'élaboration propre au crémant. Depuis déjà quelques années s'affinaient dans leurs chais des cuvées issues de subtils mariages entre la personnalité et la typicité du mauzac, l'élégance et la rondeur du chardonnay, la jeunesse et la fraîcheur du chenin. Depuis 2004, le mauzac, cépage traditionnel de la région, est désormais réservé à la blanquette et c'est le chardonnay qui règne en maître dans l'appellation crémant-de-limoux. Enfin, le pinot noir peut être utilisé en appoint pour élaborer des rosés.

ANTECH Cuvée Alliance 2012 ★★

●	40 000	8 à 11 €

Propriétaire et négociant, cette maison familiale et indépendante depuis six générations est dirigée aujourd'hui par Françoise Antech, à la suite de son père Georges et de son oncle Roger. Une valeur sûre, spécialisée dans l'élaboration des bulles limouxines.

Cet assemblage de quatre cépages (mauzac, chardonnay, chenin, pinot noir) libère des parfums délicats de litchi et de fleur d'aubépine. Ces mêmes arômes tapissent un palais à la fois doux et frais, bien équilibré en somme. ⧗ 2014-2016 🍷 clafoutis aux cerises ● Émotion 2012 ★ (40 000 b.) : un palais harmonieux, croquant, bien équilibré entre fruité, vinosité et fraîcheur. ⧗ 2014-2016 ● Héritage 2012 ★ (11 à 15 € ; 8 000 b.) : un vin complet, fin et frais, fruité et persistant. ⧗ 2014-2016

⊶ Georges et Roger Antech, Dom. de Flassian, 11300 Limoux, tél. 04 68 31 15 88, courriers@antech-limoux.com t.l.j. sf sam. dim. 8h-12h 14h-18h

GÉRARD BERTRAND
Code rouge Brut éternel Blanc de blancs ★

●	n.c.	20 à 30 €

Enfant des Corbières, Gérard Bertrand est un important propriétaire et négociant du sud de la France, dont les cuvées apparaissent dans le Guide sous diverses AOC (corbières, fitou, minervois, languedoc, côtes-du-roussillon...) et en IGP.

Au nez, d'agréables notes briochées mâtinées de nuances de fleurs blanches et de fruits jaunes. En bouche, une mousse onctueuse, de la fraîcheur et des notes persistantes d'agrumes (citron notamment) et d'épices. Un ensemble harmonieux et élégant. ⧗ 2014-2017 🍷 plateau de fromages de chèvre ● Naturalys brut 2012 ★ : dans la gamme des vins bio de ce négoce, celui-ci offre un palais empli d'arômes floraux et d'épices qui se prolongent dans une finale fraîche. ⧗ 2014-2016

⊶ Gérard Bertrand, Ch. l'Hospitalet, rte de Narbonne-Plage, 11100 Narbonne, tél. 04 68 45 36 00, c.fuchs@gerard-bertrand.com t.l.j. 9h-19h

B DOM. DELMAS Cuvée des Sacres Brut 2010 ★

●	12 000		11 à 15 €

Domaine situé sur le versant méridional d'un coteau en amphithéâtre, dans le charmant village d'Antugnac, Bernard Delmas, cuisinier de formation et troisième du nom à conduire l'exploitation familiale, avec son épouse Marlène, est un pionnier de l'agriculture biologique : ses 30 ha de vignes sont convertis depuis 1986.

Cette cuvée s'ouvre sur des parfums intenses de fruits à l'alcool et de pierre à fusil. Cette expression de maturité se retrouve au palais, équilibrée par une fine vivacité. Un vin généreux et complexe. ⌛ 2014-2015 🍴 filet de maigre au beurre citronné ● Cuvée Passion Brut 2010 (8 à 11 € ; 60 000 b.) : des fruits mûrs et des notes de noisette grillée, au nez comme en bouche, de la franchise et de la vivacité. ⌛ 2014-2015

🔑 Dom. Delmas, 11, rte de Couiza, 11190 Antugnac, tél. 04 68 74 21 02, domainedelmas@orange.fr
V 🚶 🍷 t.l.j. 9h-12h 14h-18h; sam. dim. sur r.-v.

DOM. J. LAURENS Les Graimenous 2012 ★★

● | 66 000 | 🍾 | 8 à 11 €

Jacques Calvel, un enfant du pays de Sault, est revenu aux sources après une carrière dans l'informatique aux États-Unis et en Suisse. En 2002, il a repris le domaine Laurens, fondé dans les années 1980 par le Champenois Michel Derviu, l'a agrandi (30 ha aujourd'hui) et modernisé, secondé par son maître de chai Henri Albrus.

Le nez déploie des parfums généreux mais élégants de fruits blancs et jaunes à l'alcool mâtinés d'une fine touche minérale. Des arômes que prolonge avec persistance une bouche franche et vive. Un ensemble des plus harmonieux, à la fois intense, complexe et raffiné. ⌛ 2014-2017 🍴 feuilletés au fromage de chèvre ● Clos des Demoiselles Brut 2012 (11 à 15 € ; 48 000 b.) : une cuvée bien équilibrée entre la fraîcheur des agrumes et des fruits blancs, et l'onctuosité de la finale. ⌛ 2014-2015

🔑 SCEA Dom. J. Laurens, Les Graimenous, rte de La Digne-d'Amont, 11300 La Digne-d'Aval, tél. 04 68 31 54 54, domaine.jlaurens@wanadoo.fr
V 🚶 🍷 t.l.j. 9h-12h 14h-18h; sam. dim. sur r.-v.
🔑 J. Calvel

ROBERT 2012 ★

● | 13 000 | 8 à 11 €

Dans les années 1930, Pierre Robert s'installait au domaine de Fourn pour y cultiver quelques arpents de mauzac, cépage traditionnel de la région. Aujourd'hui, ses deux petits-fils Jean-Luc et Bernard sont aux commandes de 35 ha de vignes. Un haut-lieu de la bulle de Limoux.

Ce 2012 dévoile à l'olfaction des nuances de confiserie qui se mêlent à des notes franches de citron. La bouche à la fois fraîche et onctueuse renoue avec les agrumes et déploie une longue finale épicée. ⌛ 2014-2016 🍴 gâteau basque

🔑 Sté des Vins Robert, Dom. de Fourn, 11300 Pieusse, tél. 04 68 31 15 03, robert.blanquette@wanadoo.fr
V 🚶 🍷 t.l.j. 9h-12h 14h-19h

DOM. ROSIER Ma maison 2012

● | 100 000 | 🍾 | 5 à 8 €

En 1982, Michel Rosier a quitté sa Champagne natale pour venir s'implanter sur les terres d'altitude (300 à 450 m) de Villelongue-d'Aude, ancien village fortifié construit en circulade, situé dans la partie ouest de l'appellation, caractérisée par un climat océanique.

Cette cuvée à la mousse généreuse, assemblage de chardonnay (majoritaire), de chenin et de pinot noir, livre un nez d'abricot et de poire mûre complété par une touche florale. On retrouve ces arômes dans un palais frais et équilibré, un brin plus strict en finale. ⌛ 2014-2016 🍴 fromage de brebis ● Cuvée Ma maison 2012 (8 à 11 € ; 60 000 b.) : un nez délicat de fruits des bois, où pointe une senteur florale, un palais fin, frais et suave à la fois. ⌛ 2014-2015

🔑 Dom. Rosier, rue Farman, 11300 Limoux, tél. 04 68 31 48 38, domaine-rosier@wanadoo.fr
V 🚶 🍷 r.-v.

♥ TOQUES ET CLOCHERS Édition limitée 2010 ★★★

● | 30 000 | 🍾 | 15 à 20 €

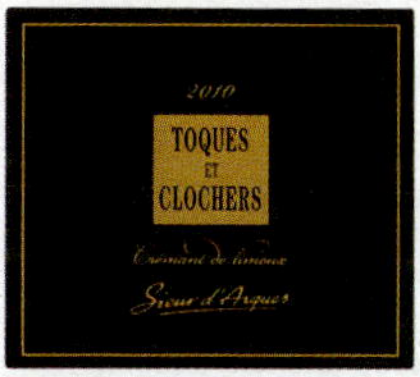

Guilhem Marty dirige cette coopérative, valeur sûre de Limoux, qui compte 280 adhérents et un vignoble de 2 200 ha. La cave est le principal opérateur de blanquette-de-limoux et de crémant-de-limoux, et pratique une rigoureuse sélection des parcelles.

Une robe jaune lumineux à reflets dorés, animée de nombreuses petites bulles fines et persistantes, habille ce 2010 issu de chardonnay et de mauzac. Le bouquet, intense et complexe, mêle les fruits secs (noisette légèrement grillée) et la poire williams. Une attaque franche et nette ouvre sur un palais ample, élégant et frais, qui s'étire dans une longue finale épicée. ⌛ 2014-2017 🍴 truite aux amandes ● Première bulle Premium Brut 2012 ★ (11 à 15 € ; 150 000 b.) : du volume, de la vivacité, du fruit et des épices pour ce crémant harmonieux. ⌛ 2014-2016 ● Blason rouge Brut (11 à 15 € ; 150 000 b.) : un vin fruité, bien équilibré entre onctuosité et fraîcheur. ⌛ 2014-2016

🔑 SAS Sieur d'Arques, av. du Languedoc, 11300 Limoux, tél. 04 68 74 63 00, s.echantillon@sieurdarques.com V 🚶 🍷 t.l.j. 9h-12h 14h-18h

LIMOUX

• Superficie : 194 ha • Production : 8 097 hl (60 % blanc)

L'appellation limoux nature, reconnue en 1938, désignait le vin de base destiné à l'élaboration de l'appellation blanquette-de-limoux et toutes les maisons de négoce en commercialisaient quelque peu. En 1981, cette AOC s'est vu interdire, au grand regret des producteurs, l'utilisation du terme *nature*, et elle est devenue limoux. Resté à 100 % mauzac, le limoux a décliné lentement, les vins de base de la blanquette-de-limoux étant alors élaborés avec du chenin, du chardonnay et du mauzac. Cette appellation renaît depuis l'intégration, pour la première fois à la récolte 1992, des cépages chenin et chardonnay, le mauzac restant toutefois obligatoire. La dynamique équipe limouxine voit ainsi ses efforts récompensés. Une particularité : la fermentation et l'élevage jusqu'au 1er mai, à réaliser obligatoirement en fût de chêne. Depuis 2004, l'AOC produit également des vins rouges à partir des cépages atlantiques (merlot surtout, cabernets et cot) et des cépages méditerranéens (syrah, grenache).

LANGUEDOC

ABBOTTS & DELAUNAY Zéphyr 2012 ★★

■ | 3 500 | | 15 à 20 €

Laurent Delaunay est issu d'une famille bourguignonne ancienne. Fondateur de la maison de négoce Badet Clément & Cie, il a acheté en 2005 la maison Abbotts créée en 1996 à Marseillette, près de Carcassonne, par une jeune œnologue australienne, Nerida Abbott.

Intense et complexe, ce 2012 libère au nez des parfums de noisette et de fruits frais que vient ponctuer une touche minérale. Au palais, beaucoup de volume, de gras et d'intensité aromatique – fruits blancs et citron, sur fond de boisé fin et fondu –, le tout souligné par une pointe d'acidité. ⧗ 2015-2018 🍷 turbot grillé aux herbes fraîches

Abbotts & Delaunay, 32, av. du Languedoc, 11800 Marseillette, tél. 04 68 79 00 00, contact@abbottsetdelaunay.com V r.-v.

ANNE DE JOYEUSE La Butinière Élevé en fût de chêne 2011 ★★

■ | 50 000 | | 8 à 11 €

Cette cave coopérative fondée en 1929 s'est fait une spécialité de l'élaboration des vins rouges de Limoux et de la haute vallée de l'Aude issus de sélections parcellaires rigoureuses, sans pour autant négliger la production des vins blancs.

De son élevage en barrique (un an), ce 2011 révèle à l'olfaction un mariage heureux du bois (notes grillées) et du raisin (fruits rouges mûre, violette). Au palais, il se montre chaleureux, rond, ample et doux. Un ensemble très harmonieux, intense et velouté. ⧗ 2016-2020 🍷 cassoulet de Castelnaudary ■ Le Chemin de Martin Élevé en fût de chêne 2011 ★ (5 à 8 € ; 70 000 b.) : de la concentration, de la souplesse et des tanins ronds. ⧗ 2016-2019

Oustal Anne de Joyeuse, 41, av. Charles-de-Gaulle, BP 39, 11303 Limoux Cedex, tél. 04 68 74 79 40, commercial.france@cave-adj.com t.l.j. 9h-12h 15h-19h

♥ LA CAPITELLE DU DOM. DE BARON'ARQUES 2011 ★★

■ | 35 000 | | 15 à 20 €

Ancienne propriété de l'abbaye de Saint-Polycarpe au XVIIe s., ce domaine (43 ha aujourd'hui) a été acquis en 1998 par la baronne Philippine de Rothschild (Ch. Mouton-Rothschild à Pauillac) et ses deux fils, qui l'ont entièrement rénové, à la vigne et au chai, et en ont fait l'une des valeurs sûres de l'appellation.

Cet assemblage de merlot (majoritaire) et de syrah complétés d'un peu de malbec dévoile un bouquet intense et complexe de fruits noirs mûrs, d'épices douces et de torréfié. Une générosité que l'on retrouve dans un palais ample, dense, riche, élégant, adossé à des tanins bien présents mais soyeux et rehaussé par une longue finale fraîche et épicée. Un vin complet et très harmonieux, bâti pour bien vieillir. ⧗ 2017-2020 🍷 cassoulet de Castelnaudary ■ Dom. de Baron'Arques 2011 ★ (30 à 50 € ; 60 000 b.) : nez intense et complexe de petits fruits rouges et d'épices, bien qu'encore un peu fermé ; palais long, soyeux et fin, bien équilibré par la fraîcheur. ⧗ 2016-2019

Dom. de Baron'Arques, 11300 Saint-Polycarpe, tél. 04 68 31 96 60, cfoucachon@domainedebaronarques.com V t.l.j. sf sam. dim. 9h-12h 14h-17h

GFA Baronne Philippine de de Rothschild

DOM. DE LA BORDE-LONGUE Sainte-Marie 2012 ★

■ | 4 875 | | 15 à 20 €

Après avoir voyagé dans les vignobles du Cap en Afrique du Sud, Jean-Louis Denois, fils d'une famille vigneronne de Cumière (1er cru de Champagne), s'est installé en 1989 dans la haute vallée de l'Aude. Ce vignoble de 15 ha planté entre 400 et 500 m d'altitude est l'un des plus élevés du Languedoc.

De son passage d'un an en barrique ce 2012 hérite un bouquet toasté et grillé, qui fait place à l'aération à de fines senteurs fruitées (pêche jaune, mirabelle). On retrouve les arômes du merrain agrémentés de touches florales dans un palais velouté et rond, équilibré par une juste fraîcheur. ⧗ 2016-2018 🍷 escalopes de dinde aux champignons ■ Chloé Vieilles Vignes 2012 (2 500 b.) : un vin puissant et chaleureux au nez comme en bouche, bien fruité et boisé, avec une pointe d'amertume en finale. ⧗ 2016-2019

Dom. Denois, Borde-Longue, 11300 Roquetaillade, tél. 04 68 31 83 64, jldenois@orange.fr

DOM. JO RIU Esprit de famille 2011 ★

■ | 6 000 | | 5 à 8 €

Le domaine a toujours vendu ses vins en vrac, jusqu'en 2007, année où la petite-fille de Jo Riu, Caroline, a repris les 34 ha de vignes, épaulée par Arnaud Mayade, son maître de chai.

Au nez, le vin libère des arômes intenses de fruits rouges mûrs et de cannelle. Souple, rond et soyeux, le palais est soutenu par des tanins fondus. Un ensemble équilibré et gourmand, que l'on appréciera dans sa jeunesse. ⧗ 2014-2016 🍷 côte de bœuf grillée

Dom. Jo Riu, Les Bouziers, 11300 Pieusse, tél. 06 22 87 82 17, contact@domaine-joriu.com V r.-v.

♥ TOQUES ET CLOCHERS Haute-Vallée 2012 ★★

■ | 37 000 | | 11 à 15 €

Guilhem Marty dirige cette coopérative, valeur sûre de Limoux, qui compte 280 adhérents et un vignoble de 2 200 ha. La cave est le principal opérateur de blanquette-de-limoux et de crémant-de-limoux, et pratique une sélection rigoureuse des parcelles.

D'une régularité impressionnante, la gamme Toques et Clochers décroche un nouveau coup de cœur, le troisième de suite... Honneur au terroir semi-montagneux de la haute vallée et son climat rude, terrain de prédilection du chardonnay. La version 2012 s'ouvre sur un bouquet intense et très élégant de mie de pain et de fruits secs légèrement grillés. Des arômes que l'on retrouve, accompagnés de notes toastées et citronnées, dans un palais rond et soyeux, étayé par une fine fraîcheur minérale bien caractéristique de ce terroir. 2016-2020 poulet à la crème Autan 2012 ★ (28 000 b.) : un nez boisé et fruité (pêche et agrumes), une bouche à l'unisson, ample et équilibrée par une agréable vivacité. 2015-2019

SAS Sieur d'Arques, av. du Languedoc, 11300 Limoux, tél. 04 68 74 63 00, s.echantillon@sieurdarques.com V t.l.j. 9h-12h 14h-18h

MALEPÈRE

• Superficie : 384 ha • Production : 18 521 hl

Longtemps AOVDQS côtes-de-la-malepère, ce vignoble a accédé à l'appellation d'origine contrôlée en 2007. Il s'étend sur le territoire de trente-neuf communes de l'Aude. Sa situation au nord-ouest des hauts de Corbières limite les influences méditerranéennes pour le soumettre à des influences océaniques. Aussi les malepère, vins rouges ou rosés, ne privilégient-ils pas les cépages du Sud mais les variétés bordelaises. En rouge, le merlot doit constituer la moitié de l'assemblage, suivi du cabernet franc ou du cot (20 %). En rosé, c'est le cabernet franc qui joue le rôle majeur (50 %). Les cépages méditerranéens, comme le grenache et le cinsault, n'entrent dans les assemblages qu'à titre accessoire.

CH. DE COINTES Clémence 2011 ★★

6 000 | 8 à 11 €

Consuls de Carcassonne au XVIIe s., les premiers châtelains ont légué leur nom à la propriété. Au siècle dernier, les grands-parents de François Gorostis y exploitaient les vignes (30 ha) pour le négoce. Ce dernier a repris avec Anne, son épouse, ce domaine devenu une valeur sûre du Guide.

Assemblage des trois cépages atlantiques (merlot, cabernet-sauvignon et cabernet franc) complété d'une touche de grenache noir, ce vin élevé en barrique revêt une robe pourpre profond. Il présente un nez puissant de fruits mûrs et d'épices. Le palais se révèle rond et chaleureux, dominé par des notes de café jusque dans sa finale, longue et intense. 2014-2019 pavé de bœuf

Anne Gorostis, Ch. de Cointes, 11290 Roullens, tél. 04 68 26 81 05, chateaudecointes@wanadoo.fr V t.l.j. sf dim. lun. 10h30-12h30 17h30-19h; f. en hiver

D. DE FOURNERY 2013 ★★

n.c. | - de 5 €

Construite en 1947 sur l'ancienne gare de Routier, la cave du Razès s'approvisionne dans trente-six communes et regroupe 3 000 ha de vignes au sud de Carcassonne. À voir au village : l'église fortifiée Saint-Laurent, datant du XIIIe s.

Dans une robe soutenue légèrement saumonée, ce rosé au nez intense et fruité s'annonce prometteur. Ample et fruitée, la bouche dévoile une fraîcheur remarquable qui pousse loin la finale. 2014-2015 grillades de porc et gratin de courgettes

Cave du Razès, D 623, 11240 Routier, tél. 04 68 69 39 15, anerche@cave-razes.com V r.-v.

♥ DOM. GIRARD Cuvée Néri 2011 ★★★

4 000 | 11 à 15 €

Le village d'Alaigne est une circulade : un village médiéval bâti en rond, les ruelles s'enroulant autour de l'église. Les Girard, vignerons depuis quatre générations, y conduisent un domaine de 28 ha en altitude (350 à 450 m) et produisent leurs propres vins depuis 2000. Une valeur sûre de l'appellation.

Ce vin est né sur un terroir en altitude occupant un coteau exposé au sud-est et propice à la maturation lente de ses cépages (merlot, cabernet franc et malbec). Vinifiés séparément et assemblés pour un élevage d'une dizaine de mois en barrique, ceux-ci ont donné naissance à ce 2011 à la robe rubis profond qui annonce un vin riche. Le nez, complexe, libère des arômes de fruits compotés, de pruneau et de fruits à l'alcool accompagnés de notes grillées. Une attaque ample et intense ouvre sur un palais suave et généreux, bâti sur des tanins d'une rare finesse, bien en place mais sans dureté. Un vin d'une grande harmonie, qui s'appréciera aussi bien jeune que patiné par la garde. 2015-2019 magret de canard

Dom. Girard, 3, chem. de la Garriguette, 11240 Alaigne, tél. 04 68 69 05 27, domaine-girard@wanadoo.fr V r.-v.

CH. GUILHEM Clos du Blason 2011 ★★

2 800 | 20 à 30 €

Établi au cœur du village de Malviès, près de Carcassonne, ce domaine, valeur sûre de l'appellation, est dans la même famille depuis six générations : 35 ha de vignes (en bio certifié depuis 2013) commandés par un château de style Directoire construit à la fin du XVIIIe s., bâti sur des vestiges gallo-romains. Après sa mère Brigitte Gourdou Guilhem, aux commandes pendant plus de 25 ans, Bertrand Gourdou a pris le relais en 2005.

Vêtue d'une belle robe pourpre, cette cuvée issue à 80 % de vieilles vignes de merlot a été élevée dix-huit mois en fût de chêne neuf. Elle présente un nez généreux, dominé par des notes de fruits à l'alcool. Une attaque puissante ouvre sur un palais ample et suave, doté d'un équilibre remarquable entre fraîcheur et concentration. Des notes grillées s'invitent en fin de dégustation. 2014-2019 entrecôte de bœuf sauce bordelaise

B. Gourdou, Ch. Guilhem, 1, bd du Château, 11300 Malviès, tél. 04 68 31 14 41, contact@chateauguilhem.com V t.l.j. 9h-12h 14h-18h; sam. dim. sur r.-v.

LASSALLE 2013 ★

20 000 | 5 à 8 €

Cette cave coopérative fondée en 1929 s'est fait une spécialité de l'élaboration des vins rouges de Limoux

LANGUEDOC

et de la haute vallée de l'Aude, issus de sélections parcellaires rigoureuses, sans pour autant négliger la production des vins blancs.

Ce rosé brillant arbore une robe pâle aux reflets gris. Il offre un nez fruité agrémenté d'originales notes de coing. Bel équilibre en bouche où se conjugue le fruit et la fraîcheur, et bonne longueur finale. ⌛ 2014-2015 🍷 risotto aux gambas

Oustal Anne de Joyeuse, 41, av. Charles-de-Gaulle, BP 39, 11303 Limoux Cedex, tél. 04 68 74 79 40, commercial.france@cave-adj.com t.l.j. 9h-12h 15h-19h

MINERVOIS

• Superficie : 5 000 ha • Production : 170 000 hl (97 % rouge et rosé)

Le minervois est produit sur soixante et une communes, dont quarante-cinq dans l'Aude et seize dans l'Hérault. Cette région plutôt calcaire, aux collines douces et au revers exposé au sud, protégée des vents froids par la Montagne Noire, produit des vins blancs, rosés et rouges.

Le vignoble du Minervois est sillonné de routes séduisantes ; un itinéraire fléché constitue la route des Vins, bordée de nombreux caveaux de dégustation. Un site célèbre dans l'histoire du Languedoc, celui de l'antique cité de Minerve, où eut lieu un acte décisif de la tragédie cathare, de nombreuses chapelles romanes et les églises de Rieux et de Caune sont les atouts touristiques de la région.

CH. D'AGEL In extremis 2011 ★★

■	4 000		20 à 30 €

Sur son rocher dominant un méandre de la rivière Cesse, Agel est établi sur la route Minervoise, à mi-chemin entre Béziers et Carcassonne. Les raisins sont implantés sur un terroir d'altitude (180 m) aux sols formés d'éclats calcaires considéré parmi les meilleurs du Languedoc.

Cette cuvée d'exception à dominante de syrah ne s'élabore que les grandes années. Elle naît sur le plateau de Cazelles, terroir rocheux qui mène la vie dure aux vignerons. Quand le soleil darde ses rayons sur les ceps et qu'Éole s'en mêle, le raisin atteint là des sommets de concentration. Apparaissent alors des arômes intenses et mûrs de fruits cuits, de réglisse et de cannelle associés à une fraîcheur apportée par le terroir. Il en résulte un vin à la fois solide, velouté, tendre et délié, qui s'étire en une longue finale. ⌛ 2014-2018 🍷 sauté d'agneau

SAS Ch. d'Agel, Les Crozes, 34210 Agel, tél. 04 68 91 37 74, contact@chateaudagel.com V t.l.j. sf sam. dim. 9h-12h 14h-17h

LES VIGNERONS D'ARGELIERS Les 87 2012 ★

■	10 000		5 à 8 €

C'est d'Argeliers que partit la révolte vigneronne de 1907 contre la fraude. Quatre-vingt-sept vignerons du village emmenés par Marcellin Albert furent les premiers à manifester. Ils étaient 600 000 trois mois plus tard dans les rues de Montpellier. Créée en 1931, la coopérative compte 300 adhérents et son domaine couvre 1 600 ha.

Cette cuvée commémorative de la révolte soulève une foule d'arômes, avec un boisé intense en tête du cortège. Défilent ensuite des notes de fruits noirs aux accents appuyés de cassis portés par un corps musculeux. Un élevage justement revendiqué pour cette cuvée à la belle harmonie. ⌛ 2015-2018 🍷 rôti de sanglier

La Languedocienne et ses vignerons, 10, av. Pierre-de-Coubertin, 11120 Argeliers, tél. 04 68 46 11 14, lang-vin@wanadoo.fr V t.l.j. 10h-12h 15h-18h

FRANK BENAZETH Aragonite 2012 ★

■	15 000		11 à 15 €

Frank Benazeth a suivi les traces de ses parents vignerons et repris en 1987 le domaine familial (30 ha), établi sur les contreforts de la Montagne Noire. Plus original, il élève depuis 1998 une cuvée en barrique sous les stalactites du gouffre géant de la Cabrespine.

Le gouffre de la Cabrespine abrite des concrétions d'aragonite qui se présentent sous la forme de cascades ou de colonnes uniques par leur taille et leur couleur ocre vif. Ce minéral donne son nom à l'une des cuvées les plus en vue du domaine, mi-syrah mi-grenache. Après un séjour souterrain de dix mois, le vin ressort massif, encore dans sa gangue. Il tire d'un élevage bien mené un boisé racé qui, combiné au raisin, donne des arômes gourmands de petit déjeuner : notes chaudes de cacao, de pain grillé nappé de beurre et de confiture de mûres. Un bel avenir s'ouvre à lui. ⌛ 2015-2019 🍷 gigot de sept heures

Frank Benazeth, 16, rue de la Condamine, 11160 Villeneuve-Minervois, tél. 06 30 61 30 01 V r.-v.

GÉRARD BERTRAND Art de vivre Réserve 2012 ★★

■	n.c.		5 à 8 €

Enfant des Corbières, Gérard Bertrand est un important propriétaire et négociant du sud de la France, dont les cuvées apparaissent dans le Guide sous diverses AOC (corbières, fitou, minervois, languedoc, côtes-du-roussillon…) et en IGP.

Pendant quatre jours, à la fin du mois de juillet, Gérard Bertrand organise un festival de jazz au domaine de L'Hospitalet, avec dîners-concerts. On peut s'y délecter des plus célèbres morceaux de John Coltrane ou de Miles Davis, et aussi de ce « virtuose » sorti de la réserve de la maison qui swingue entre notes épicées intenses et fruits rouges frais. Le duo syrah-carignan joue une partition parfaite sur fond de tanins soyeux jusqu'à une finale chaleureuse aux accents de cannelle et de vanille. ⌛ 2014-2018 🍷 pavé d'Aubrac aligot

Gérard Bertrand, Ch. l'Hospitalet, rte de Narbonne-Plage, 11100 Narbonne, tél. 04 68 45 36 00, c.fuchs@gerard-bertrand.com V t.l.j. 9h-19h

DOM. DE BLAYAC 2012 ★★

■	7 000		5 à 8 €

Fondé en 1900, un domaine implanté à La Caunette, joli village au bord de la Cesse à deux pas de Minerve. Sept générations s'y sont succédé. Depuis 2003, Stéphane Blayac est aux commandes du vignoble, qui couvre 40 ha.

Grenache et syrah escortés du carignan ont puisé dans le calcaire dur de ce terroir des arômes capiteux de garrigue, qui exaltent les parfums de fruits rouges, de cassis et de myrtille. Dynamique, puissante et ample à l'attaque, la bouche porte des notes de vanille et de moka torréfié, avant de glisser voluptueusement sur des tanins soyeux et de s'alanguir en une finale suave. 2014-2018 sauté d'agneau

Stéphane Blayac, Vialanove, 34210 La Caunette, tél. 04 68 91 25 40, earldomaineblayac@wanadoo.fr V t.l.j. 8h-20h, dim. sur r.-v. D

CH. BORIE NEUVE Les Terrasses 2013 ★★

	4 000		5 à 8 €

Restaurateur, Bruno Correia a quitté la région parisienne pour s'installer avec sa famille sur un domaine ancien (1928) entre vignes et garrigue. En ligne de mire : un projet œnotouristique. Acquise en 2007, l'exploitation est située à 15 km au nord-est de Carcassonne, tout près du canal du Midi.

Beaucoup de cinsault (70 %) et le grenache en appoint dans ce rosé pâle et brillant au nez délicatement floral, entre parfums de tilleul en juin et de verger au printemps. La bouche associe vivacité de jeunesse, générosité et finesse. L'archétype du vin moderne, tout en fruit et sans chichi. 2014-2015 poisson à la plancha

SARL des Vignobles réunis Badens-Aigues Vives, Dom. Borie Neuve, 11800 Badens, tél. 04 68 79 28 62, contact.vignoblesreunis@orange.fr V t.l.j. sf dim. 9h-12h 13h-18h30 4 E

DOM. DU BOSC ROCHET Carpe diem 2011 ★★

	3 474		5 à 8 €

Un domaine agrandi par l'arrière-grand-père en 1960 (40 ha) et planté de cépages nobles par le père. Michaël arrive en 1998 sur l'exploitation dont il prend les rênes en 2009 avec Christelle. Le couple mise sur la vente directe.

Mariant syrah (60 %) et carignan (ce dernier vinifié en macération carbonique), longuement passé en cuve et brièvement par le bois, voici un vin à apprécier dès aujourd'hui sans se soucier de son avenir. On est charmé par sa souplesse et par la finesse de son attaque sur des arômes concentrés de cerise. Le palais n'est que soie et délicatesse, avec des tanins cousus main, épicés et réglissés, rehaussé en finale par une longue et chaleureuse note de tabac blond. 2014-2017 navarin d'agneau

Michaël Barthès, Le Bosc, 34210 Agel, tél. 06 72 82 63 20, contact@domaineduboscrochet.com V t.l.j. 10h-12h 16h-19h; sam. dim. sur r.-v.

CALMEL ET JOSEPH Les Terroirs 2012 ★★

	25 000		8 à 11 €

Laurent Calmel, œnologue, s'est associé avec Jérôme Joseph pour fonder en 1995 une maison de négoce spécialisée dans les vins de terroir languedociens. Le duo a lancé son étiquette en 2007. Il sélectionne les parcelles, vinifie et élève les cuvées.

La syrah (60 %) est assemblée au grenache dans ce 2012 mariant la fraîcheur de la groseille et la suavité du coing avec une note qui rappellerait presque le caramel ; au deuxième nez, des épices et une jolie minéralité. Le prélude à une bouche suave et finement ciselée. Un vin complet et complexe. 2014-2018 côte de bœuf

SARL Calmel et Joseph, 42, rue Barbès, 11000 Carcassonne, tél. 04 68 72 09 88, lcalmel@calmel-joseph.com r.-v.

DOM. CAZELLES-VERDIER Le Marchand de poivre 2012 ★★

	13 000		8 à 11 €

La tradition viticole familiale remonte à 1713. Arrivé en 1990 sur l'exploitation dont il prend les rênes en 1997, Jean-Paul Verdier exploite 22 ha sur le causse de Minerve. Il cultive en bio une partie de son vignoble.

Une cuvée en hommage au grand-père maternel, créateur en Indochine d'une prospère plantation de poivre qui lui permit d'agrandir le domaine. Ce 2012 exprime le meilleur d'un terroir de calcaires durs. Ses parfums de fraise et de groseille s'allient non pas au poivre mais aux douces notes de vanille de l'élevage. Une matière ample, dense, massive, épicée et chocolatée tapisse le palais jusqu'à une finale toute suave. 2015-2019 civet de lapin

Jean-Paul Verdier, Cazelles, 2, rte de Bize, 34210 Agel, tél. 04 68 91 15 81, jean-paul.verdier@orange.fr V r.-v.

LOU COLOMBIER La Plume du peintre 2012 ★★

	1 600		15 à 20 €

Ancien commercial, Alain Clerbout a quitté le nord de la France et étudié un an au lycée viticole de Beaune avant de créer son domaine et de construire sa cave. Son vignoble couvre 27 ha sur argilo-calcaires, à cheval sur les AOC minervois et saint-chinian. Premières vendanges en 2004.

De la syrah majoritaire (80 %) et du grenache dans cette cuvée. Des parfums d'arabica et de fève de cacao d'une rare puissance mâtinés ensuite de notes d'épices et de toute une gamme d'arômes suaves de fruits secs traduisent son élevage de vingt-quatre mois en demi-muid. Une composition exubérante et une finale superbe. Un travail d'artiste, réellement. 2015-2019 cuissot de chevreuil

EARL Dom. Lou Colombier, 13, chem. de Mortplo, 34310 Montouliers, tél. 06 19 43 30 08, al.clerbout@gmail.com V r.-v. D

DOM. LA CROIX DE SAINT-JEAN Lo Mainatge 2012 ★★

	15 000		8 à 11 €

Trois générations de vignerons se côtoient sur ce domaine situé dans la partie orientale du Minervois : Michel Fabre, le père, quatre-vingts ans, qui a réimplanté le vignoble sur les coteaux, et ses enfants Alexis et Annabelle. La Croix-Saint-Jean a été lancé en 2003 en association avec Fabrice Leseigneur, photographe et œnophile.

Cette année le « fils » (*Lo mainatge*, en occitan) dépasse le père. Les jurés ont préféré l'attrait de la jeunesse à l'expérience du bois et loué cet assemblage de grenache (70 %) et de syrah au caractère méditerranéen bien trempé avec ses accents de thym et de garrigue. En bouche, c'est un vin chaleureux, ample et complexe, aux arômes de violette et d'épices. 2014-2018 andouillette de canard Lo Paire 2011 ★ (15 à 20 € ; 5 000 b.) : un vin dominé par la syrah associée au grenache et au mourvèdre. 2015-2019

Fabre, La Croix-de-Saint-Jean, 11120 Bize-Minervois, tél. 04 68 46 35 32, lacroixdestjean@hotmail.fr
V r.-v.

PIERRE CROS Les Aspres 2011 ★★★

■	n.c.		20 à 30 €

Installé sur 25 ha de vignes, et autant d'oliviers, d'amandiers et de chênes truffiers, Pierre Cros est un grand artiste vigneron, référence du Minervois, à en juger par son palmarès dans le Guide. Il se voit comme un « paysan » et dit tenir de ses père et grands-pères, boulangers à Badens, son respect du client. Outre les cépages de l'appellation, Pierre Cros préserve de vieux ceps oubliés, voire « mal aimés » (comme l'aramon), et acclimate des variétés venues d'ailleurs.

La cuvée mythique du domaine monte une nouvelle fois sur le podium. Une syrah cultivée à petits rendements et élevée en barrique. Dans la lignée des millésimes précédents, ce 2011 mêle des senteurs intenses et chaleureuses de fruits mûrs et d'épices à des notes de cèdre et d'eucalyptus. La torréfaction et le cacao s'invitent dans une attaque ample et suave. Concentrée et onctueuse, la bouche est étayée par des tanins à la fois serrés et élégants, délicatement épicés, qui soulignent une finale intense, véritable apothéose. ⌛ 2015-2024 🍷 cuissot de chevreuil ■ Vieilles Vignes 2012 ★★★ (11 à 15 €) : du carignan centenaire, un court séjour dans le bois. Épices douces et fruits confits, finesse et souplesse. ⌛ 2015-2019

Pierre Cros, 20, rue du Minervois, 11800 Badens, tél. 04 68 79 21 82, dom-pierre-cros@wanadoo.fr
V r.-v.

DOM. ENTRETAN Cuvée Polère 2012 ★★

■	4 000		8 à 11 €

Vigneron discret, Jean-Claude Plantade s'est installé en 1979 avec Dominique et vinifie en cave particulière depuis 2001. Il cultive 12 ha au sud du Minervois, près du canal du Midi, et exporte la moitié de ses vins vers l'Allemagne.

Le nom de cette cuvée rend hommage à un oncle amateur de vins. C'est le fleuron du domaine et le millésime 2012 n'a pas laissé le jury de glace. Assemblage de syrah (70 %) et de mourvèdre, c'est un beau minervois chaleureux et dense, aux senteurs généreuses de garrigue, de cassis et de groseille, rehaussées de notes exotiques de vanille et de cannelle léguées par un court séjour dans le bois. Harmonieusement structuré, il est aussi d'une rare persistance. ⌛ 2015-2020 🍷 salmis de palombe

GAEC Plantade, 10, rue des Alizés, 11200 Roubia, tél. 04 68 43 25 16, jean.plantade@wanadoo.fr
V r.-v.

CH. FAÎTEAU 2012 ★★

■	13 000		5 à 8 €

Le domaine offre une vue imprenable sur les Pyrénées. L'arrière-grand-père de Jean-Michel Arnaud a planté les premiers ceps vers 1920. Ce dernier est sorti de la coopérative en 2000 pour proposer ses cuvées : vins de pays, minervois et minervois-la-livinière.

Quatre cépages sont réunis dans ce 2012 : syrah (55 %), carignan, grenache et un soupçon de mourvèdre. Franc, droit, solide et marqué par des tanins carrés, ce vin ne renonce pas pour autant à l'élégance et n'est pas avare de parfums de fruits mûrs assortis de délicates notes florales. Alliant une belle fraîcheur à une douceur suave, il est de bonne composition et ne manque pas d'ambition. ⌛ 2014-2019 🍷 cassoulet

Jean-Michel Arnaud, Ch. Faîteau, rte des Mourgues, 34210 La Livinière, tél. 06 15 90 89 48, jm.arnaud71@orange.fr V r.-v.

EXCELLENCE DE FLORIS 2011 ★★

■	2 400		8 à 11 €

Si l'imposant château à la sortie d'Azille date de la fin du XIXe s., l'exploitation est dans la famille depuis plus de cinq siècles. Damien Remaury, dernier de la lignée, s'est installé en 2005 sur le domaine qui couvre 100 ha au voisinage du canal du Midi.

La quête de l'excellence n'est pas un vain mot avec cette cuvée où le mouvèdre complète la syrah (80 %). La robe chatoyante aux nuances bleutées est profonde et jeune. De son séjour de douze mois en fût ce vin a tiré de la matière et d'élégantes notes vanillées qui soulignent les parfums intenses de fruits rouges. La reine-claude s'ajoute à cette palette dans un palais chaleureux et ample qui laisse une impression d'harmonie. ⌛ 2014-2018 🍷 civet de lièvre

Damien Remaury, SCEA de Floris, Floris, 11700 Azille, tél. 06 75 02 24 12, scea-de-floris@orange.fr V r.-v.

CH. LA GRAVE Expression 2013 ★★

■	20 000		5 à 8 €

Ancien prieuré de l'abbaye de Lagrasse devenu métairie, ce domaine de 100 ha est installé sur les balcons de l'Aude, vaste amphithéâtre dominant le canal du Midi. Héritiers d'une longue lignée de vignerons, Josiane et Jean-Pierre Orosquette établis depuis 1978 ont transmis le flambeau à leur fils Jean-François.

Les blancs, rarissimes en Minervois, représentent 15 % de l'offre de ce domaine disposant de terroirs exposés au nord sur sols d'argiles. Assemblage de macabeu (60 %), de vermentino et de marsanne, celui-ci cache, derrière sa robe cristalline, des notes citronnées et mentholées qui mènent une ronde endiablée sous l'acacia en fleur. Tendre et élégant, il finit sur une belle fraîcheur juvénile. ⌛ 2014-2017 🍷 sole grillée

Jean-François Orosquette, Ch. la Grave, 11800 Badens, tél. 04 68 79 16 00, chateaulagrave@wanadoo.fr V t.l.j. 9h-12h 14h-17h30, sam. dim. sur r.-v.

CH. DE L'HERBE SAINTE Ambroisie Élevé en barrique 2011 ★

■	1 175		11 à 15 €

Le domaine (61 ha) a été acquis en 2001 par la famille Greuzard, originaire de Bourgogne et installée en Languedoc depuis 1980. Premier achat de vignes en 1987 et premières vinifications à la propriété en 2010.

La syrah majoritaire (60 %) dans l'assemblage est complétée par trois autres cépages. L' « herbe sainte » désigne dans la région toutes les plantes aromatiques de la garrigue et, de fait, les jurés respirent dans ce vin des notes intenses de thym, de romarin et de genévrier. L'élevage en fût lui apporte de l'ampleur et des tanins veloutés sans rien lui enlever de sa fraîcheur ni de sa suavité. Les arômes évoquent l'amande grillée, puis une douce nuance miellée marque la finale. 2015-2018 tournedos Rossini

Famille Greuzard, Dom. de l'Herbe Sainte, 11120 Mirepeisset, tél. 04 68 46 30 37, herbe.sainte@wanadoo.fr V t.l.j. 10h-12h 16h-19h; dim. sur r.-v.

DOM. DES HOMS
Gravières de Sancastel 2012 ★★★

6 500 | 11 à 15 €

À la croisée du vent marin et du cers, les vignes sont idéalement plantées sur des terrasses caillouteuses au pied de la Montagne Noire. Jean-Marc de Crozals a repris en 2002 l'exploitation familiale. Il a commencé la mise en bouteilles à la propriété et converti au bio les 20 ha.

Parmi les nombreux prétendants au coup de cœur, voici le premier, issu de syrah majoritaire. Il a fermenté avec des levures indigènes et fini sa fermentation et son élevage sans collage ni filtration dans des demi-muids de 500 l. Le nez évoque la garrigue environnante, avec une touche d'épices et une pointe empyreumatique. Solide, bien construit et persistant, riche d'arômes de fruits noirs et de vanille : un vin chaleureux fait pour des mets de caractère. 2015-2022 daube de canard

de Crozals, Dom. des Homs, 11160 Rieux-Minervois, tél. 04 68 78 10 51, jm.decrozals@free.fr V t.l.j. 10h-13h 15h-19h30

DOM. DES MAELS
Le Clos du Pech Laurié 2011

3 600 | 11 à 15 €

Morgane et Frédéric Laigre-Schwertz ont quitté l'Alsace pour s'installer en 2002 sur les rives du canal du Midi dans un petit domaine de 15 ha exploité en bio (certification en 2011). Pâtissiers à la retraite, les parents de Morgane s'occupent des chambres d'hôtes.

Issu de grenache majoritaire et de syrah, ce 2011 séduit par son nez de mûre et de cassis généreusement poivré. La fraise et la framboise viennent compléter cette belle palette aromatique dans une bouche puissante et volumineuse. 2014-2018 sauté d'agneau

Schwertz, 32, av. des Platanes, 11200 Argens-Minervois, tél. 04 68 27 52 29, vignoble@domainedesmaels.com V r.-v. 3

DOM. LES MAILLOLS Tradition 2012 ★

6 700 | 8 à 11 €

Christophe Hernandez s'est installé en 2005 dans la partie ouest du Minervois, non loin de Carcassonne. Il exploite 10 ha sur des terroirs variés (argilo-calcaires et schistes) et pratique, dit-il, une culture « réfléchie » adaptée au millésime.

La cuvée Tradition marie le grenache (60 %) et la syrah. Les raisins ont été vendangés de nuit pour garder leur fraîcheur. Un vin puissant, charnu et suave aux arômes complexes mêlant le fruit rouge à des notes de garrigue. 2014-2018 tournedos aux cèpes

Christophe Hernandez, 4, rue des Maillols, 11600 Villegly, tél. 04 68 78 95 09, domainelesmaillols@gmail.com V t.l.j. sf dim. 10h-12h 16h-19h; f. 1er - 10 juil.

CH. MIGNAN Pech Quisou 2012 ★

20 000 | 5 à 8 €

Domaine créé en 1956 par le grand-père de Christian Mignard sur les hautes terrasses argilo-calcaires de Siran et repris en 2002 par ce dernier. Aujourd'hui, 16 ha partagés entre les AOC minervois et minervois-la-livinière. L'actuel vigneron a construit sa cave et engagé la conversion bio du vignoble.

De la syrah (60 %) assemblée au carignan et au grenache dans cette cuvée issue de la colline (pech) de Quisou. Le nez tire d'un élevage partiel en fût de fines nuances d'épices douces. Bien présent en bouche, ce 2012 séduit par sa franchise, sa texture dense et ses tanins serrés et vanillés. La finale est marquée par une note de fruits secs. 2014-2019 brochettes de bœuf

Christian Mignard, Ch. Mignan, 34210 Siran, tél. 06 74 23 33 54, chateau.mignan@wanadoo.fr V r.-v.

CH. MILLEGRAND
Élevé en fût de chêne 2012 ★

200 000 | 5 à 8 €

Rapatrié d'Algérie, Jean-Michel Bonfils a constitué un « empire » viticole : 17 propriétés en Languedoc et 3 en Bordelais, soit 1 400 ha. Son fils gère depuis 2000 Millegrand, ancienne propriété de l'évêché de Carcassonne : 80 ha de vignes le long du canal du Midi, non loin de Carcassonne.

Les Bonfils sont des adeptes de l'extraction maximale : chaque grain doit restituer avec générosité tous les soins et les efforts apportés par le geste du vigneron. Il faut ensuite réussir l'élevage ; par une savante alchimie, le fruit rouge se fond ici avec la vanille suave léguée par le fût dans une chair à la fois chaleureuse et élégante. 2014-2018 pavé de biche

Jérôme Bonfils, Ch. de Millegrand, 11800 Trèbes, tél. 04 67 93 10 10

CH. MIRAUSSE Le Grand Penchant 2012 ★★

n.c. | 8 à 11 €

Ancienne terre du seigneur de Badens achetée à la Révolution par un ancêtre de Raymond Julien, qui a pris les rênes de la propriété en 1971. Viticulteur exigeant, il reste fidèle à la vendange manuelle et pratique la vinification en grains entiers.

Deux tiers de syrah, du grenache et une goutte de carignan composent cette cuvée qui porte le nom d'un lieu-dit. Un vin droit et franc au regard ténébreux. Le nez livre avec générosité de suaves arômes de fruits frais. La bouche, à l'unisson, dévoile une attaque ronde et se développe avec ampleur sur des notes de fruits bien mûrs. 2014-2018 canard laqué

Raymond Julien, Ch. Mirausse, 11800 Badens, tél. 06 87 77 81 53, julien.mirausse@wanadoo.fr V r.-v.

♥ CH. MOLIÈRES Sainte-Lune 2012 ★★★

■ | 100 000 | 🛢 | - de 5 €

Installé en 2007, Jérôme Portal, qui exploite 20 ha non loin de la serre d'Oupia, a pris ses marques dans le Guide. Il propose des cuvées sous plusieurs étiquettes : à son nom ou à celui des localités, comme Artix.

Avec cette cuvée dédiée à une sainte mystérieuse et nocturne, Jérôme Portal décroche... la lune. La syrah (50 %), le grenache et le carignan composent un vin à la robe profonde comme une nuit sans... lune. Au nez, le cassis s'allie à la mûre. La complexité aromatique s'affirme au palais, où s'invitent le chocolat, la cerise burlat, la truffe et l'olive noire. Des nuances harmonieusement mariées dans une bouche parfaitement équilibrée, puissante, d'une rare persistance. ⧗ 2014-2019 🍴 cassoulet ■ Ch. d'Artix 2012 ★★ : une valeur sûre, une nouvelle fois au rendez-vous du Guide. ⧗ 2014-2019

🔑 Jérôme Portal, Dom. d'Artix, 34210 Beaufort, tél. 04 68 91 28 28, ch-beaufort@wanadoo.fr V r.-v.

DOM. L'OSTAL CAZES Estibals 2012 ★★

■ | 250 000 | 🛢 | 11 à 15 €

Jean-Michel Cazes, propriétaire du Ch. Lynch-Bages en pauillac, a acheté en 2002 au pied de la Montagne Noire 150 ha de terres. Le vignoble a été restructuré, et une ancienne tuilerie aménagée en cave. Aujourd'hui, 62 ha situés en partie sur le prestigieux terroir de La Livinière et formant l'Ostal Cases – terme occitan qui signifie à la fois la famille et la maison.

Assemblant syrah (60 %), carignan et grenache, ce minervois est issu de toutes les parcelles du domaine en appellation. Il a été élevé pour les deux tiers en cuve et pour un tiers en fût. N'ayant donc rien d'austère dans sa charpente, il garde des lignes élégantes et arrondies. Un univers cosy, suave, fondu et soyeux aux arômes gourmands de fruits rouges et de réglisse. ⧗ 2015-2019 🍴 entrecôte

🔑 J.-C. Cazes, Tuilerie Saint-Joseph, 34210 La Livinière, tél. 04 68 91 47 79, contact@lostalcazes.com V t.l.j. sf lun. 10h-12h 14h-18h

CH. D'OUPIA Les Barons 2012 ★★

■ | 35 000 | 🛢 | 8 à 11 €

De la forteresse médiévale des seigneurs d'Oupia il ne reste que des pans de mur et une tour. En 1970, André Iché hérite le domaine acquis par son grand-père en 1860. Il fait de la propriété une référence du Minervois. Disparu en 2007, il a laissé l'œuvre de sa vie à sa fille Marie-Pierre.

Nés de syrah majoritaire et élevés en barrique, ces Barons ont été lancés par André Iché en 1985. Ils montrent toujours la même prestance et cette puissance maîtrisée par un élevage raffiné. Les arômes de raisin, de fruits noirs compotés trouvent leur place sans être écrasés par le bois. Concentré, dense, ample et profond, ce millésime est le digne descendant d'une grande lignée. ⧗ 2015-2022 🍴 gigue de chevreuil

🔑 Marie-Pierre Iché, Ch. d'Oupia, 4, rue du Château, 34210 Oupia, tél. 04 68 91 20 86, contact@chateauoupia.fr V r.-v.

CH. PÉPUSQUE Terre de Pépusque 2011 ★

■ | 2 000 | 🛢 | 11 à 15 €

Dans la famille de Renée Laburthe depuis la fin du XVIIIes., le domaine (38 ha) couvre les premières pentes de la Montagne Noire, à cheval sur les AOC minervois et la-livinière. Benoît Laburthe, descendant d'une lignée de négociants, conduit la propriété depuis 1986.

Ces vignerons appliquent à leur vignoble la méthode Cousinié, dont les amendements rééquilibrent les sols. Le dosage pointu des éléments nutritionnels vise à renforcer les défenses de la vigne et *in fine* la qualité du vin. Celui-ci issu de syrah majoritaire cultivée sur un terroir graveleux très chaud affiche un bouquet de réglisse et de fruits confiturés. Après une attaque sur le cassis, la cannelle et la vanille de l'élevage enrobent des tanins pour l'heure encore vifs. ⧗ 2016-2019 🍴 confit de canard

🔑 EARL des Vignobles Laburthe, 7, rue du 11-Novembre-1918, 11700 Pépieu, tél. 04 68 91 41 38, chateau.pepusque@orange.fr V r.-v.

DOM. DU PETIT CAUSSE Cuvée Griotte de Ventajou 2012 ★★

■ | 3 000 | 🛢 | 8 à 11 €

Le Petit Causse est l'un des terroirs les plus prestigieux de l'appellation. L'un des plus chauds aussi, à la grande joie des cigales. Fondé par l'arrière-grand-père, le domaine couvre 18 ha. Philippe Chabbert, aux commandes depuis 1988, a vinifié ses premières cuvées en 2003.

Cette cuvée fait référence à la carrière de marbre de Félines-Minervois exploitée sur la montagne de Ventajou. Assemblage de carignan (40 %), de grenache et de syrah, elle n'a pas laissé de marbre le jury, conquis par ses senteurs chaleureuses d'épices douces, par la sucrosité de sa bouche alliant la griotte bien mûre et le chocolat, et par sa structure aussi solide qu'élégante. ⧗ 2015-2019 🍴 bœuf braisé à la tomate

🔑 Philippe Chabbert, rue de la Sallèle, 34210 Félines-Minervois, tél. 04 68 91 66 12, naguycha@orange.fr V r.-v.

CH. PIQUE-PERLOU Élevé en fût de chêne 2011

■ | 10 000 | 🛢 | 5 à 8 €

Serge Serris a repris en 1981 le domaine familial implanté dans le Minervois. Il exploite 32 ha sur des terrasses argilo-calcaires dominant le canal du Midi. Outre ses minervois, il propose des corbières.

Serge Serris a l'amour du travail bien fait, dans le respect des traditions : labours systématiques, tri de la vendange, culture raisonnée. Assemblant quatre cépages, cette cuvée a tiré de son passage en barrique des arômes grillés qui s'affirment sur des tanins encore vifs. Le raisin arrive à s'exprimer à travers de plaisantes notes de fruits mûrs qui agrémentent une finale chaleureuse. ⧗ 2015-2018 🍴 tajine d'agneau

🔑 Ch. Pique-Perlou, 12, av. des Écoles, 11200 Roubia, tél. 04 68 43 22 46, chateau.pique-perlou@wanadoo.fr V t.l.j. 10h-12h30 15h30-19h 🔑 Serge Serris

LES VIGNERONS DE POUZOLS ET MAILHAC
Instant si rare 2012 ★★

■	20 000	🍾	5 à 8 €

Réunissant 200 vignerons de deux communes voisines au sud-est de l'appellation minervois, non loin de Narbonne, cette coopérative dispose des 650 ha de ses adhérents.

La syrah (60 %) et le grenache laissent leur empreinte dans cette cuvée au nez de violette nuancé de notes de sirop de cassis et de kirsch. Le palais franc et étayé par des tanins denses et élégants laisse une impression de puissance et de richesse. ⧗ 2014-2017 🍴 saucisses confites aux haricots

🔑 Les Vignerons de Pouzols Mailhac, RD 5, 11120 Pouzols-Minervois, tél. 04 68 46 13 76, cave.pouzols@yahoo.fr V 🚶 🍷 t.l.j. 9h-12h 14h-19h

DOM. LA PRADE MARI
Conte des garrigues 2011 ★

■	20 000	🛢	11 à 15 €

Pierre Mari et son fils Laurent ont quitté la région d'Oran, où ils cultivaient vignes, oliviers et orangers, et reconstruit en 1964 une propriété dans le Minervois héraultais. Professeur de dessin industriel, Éric, le petit-fils, a choisi en 2000 de perpétuer le domaine au décès de son père. Son vignoble de 24 ha est en conversion bio.

Mi-syrah mi-grenache, ce vin offre une belle expression de son terroir avec ses senteurs de romarin, et de menthe poivrée en harmonie avec les notes de fruits mûrs et de réglisse, et les touches vanillées et grillées de l'élevage. Cette belle alliance d'arômes se prolonge dans un palais charnu et soyeux, dont l'élégance n'occulte en rien une extraction de grande noblesse. De la finesse et du caractère. ⧗ 2014-2018 🍴 daube de bœuf

🔑 Dom. la Prade Mari, 5, hameau de la Prade, 34210 Aigne, tél. 04 68 91 22 45, domainelaprademari@wanadoo.fr V 🚶 🍷 t.l.j. 9h-17h; sam. dim. sur r.-v. 🏠 E 🔑 Éric Mari

DOM. PUJOL Cuvée Saint-Fructueux 2011 ★★

■	11 200	15 à 20 €

Le domaine résulte de l'union en 2000 de deux familles vigneronnes de Saint-Frichoux, village proche du canal du Midi : André Izard (aux vignes), Yves Pujol et Jean-Claude Pujol (le premier à la cave, le second à la gestion). Emmanuel Pujol officie en cave. Le vignoble couvre 55 ha.

Cette cuvée privilégiant la syrah (80 %) est dédiée au saint patron du village. Derrière sa bannière pourpre, une procession de notes de fruits rouges et de baie de sureau. La bouche harmonieuse conjugue douceur et puissance. Quant à la finale, avec son retour aromatique, elle transporte au paradis ! ⧗ 2015-2020 🍴 gigot d'agneau au thym

🔑 Dom. Pujol-Izard, 8 bis, av. de l'Europe, 11800 Saint-Frichoux, tél. 04 68 78 15 30, info@pujol-izard.com V 🚶 🍷 t.l.j. 8h-12h 14h-18h; sam. dim. sur r.-v.

B DOM. DE LA RÈZE 2012

■	25 000	🍾	5 à 8 €

Domaine d'environ 70 ha exploité en bio et acheté en 2012 par les Grands Chais de France, puissant groupe basé en Alsace qui détient quelque 300 ha en Languedoc-Roussillon.

Issu d'une courte macération de syrah (60 %) et de mourvèdre, et élevé neuf mois en cuve, un vin gourmand aux senteurs charmeuses et originales de poivre vert et de sésame grillé. En bouche, il se montre franc et friand, à la fois ample et frais. ⧗ 2014-2017 🍴 tapas (charcuterie, champignons)

🔑 SCEA de Tholomies, 34210 La Livinière, tél. 04 67 39 29 49 🔑 GCF

DOM. SAINTE-LÉOCADIE Éden 2011 ★★

■	3 600	🛢	11 à 15 €

Établi au sud-est de l'appellation minervois sur un terroir de mourrels particulièrement chaud et aride, ce domaine de 33 ha tire son nom d'une martyre vénérée par les arrière-grands-parents, fondateurs du vignoble. Arrivé sur l'exploitation en 1996, Thierry Bonnel a bâti une nouvelle cave en 2002.

Une étiquette cocasse pour cet Éden, assemblage de syrah (60 %), de grenache et de mourvèdre vinifié en grains entiers. La réussite est totale, avec un nez intensément fruité caractéristique de ce mode de vinification, sur la liqueur de groseille, arôme complété en bouche par la vanille et la cannelle de l'élevage. Bien fondu, suave, le palais est la douceur même, jusqu'à la caresse de la finale. ⧗ 2014-2019 🍴 côte de bœuf

🔑 Thierry Bonnel, La Combe, 34210 Aigne, tél. 04 68 91 80 27, contact@domaine-sainteleocadie.com V 🚶 🍷 t.l.j. 9h-19h; hors-saison sur r.-v.

DOM. TAILHADES MAYRANNE
... à Élise 2012 ★★

■	2 000	🍾	11 à 15 €

Domaine situé au cœur de la citadelle cathare de Minerve juchée sur son éperon entre les canyons de la Cesse et du Brian. Succédant en 1999 à quatre générations, Régis Tailhade a étudié l'hydrogéologie, avant de travailler ses 22 ha de vignes plantées sur des terres chaudes et arides.

Une cuvée qui tire son caractère d'une vieille syrah (80 %, avec un appoint de grenache) et d'une macération carbonique. Si ses tanins crépitent comme les cailloux de Mayranne, comment ne pas adorer ces senteurs de cassis confituré et de myrtille que l'on retrouve dans une bouche franche, fraîche et fondue ? La finale chaleureuse aux nuances de cerise à l'eau-de-vie donne une intensité gourmande à ce grand vin de terroir. ⧗ 2014-2018 🍴 sauté de veau

🔑 Dom. Tailhades Mayranne, Dom. de Mayranne, 34210 Minerve, tél. 09 65 15 40 28, domaine.tailhades@orange.fr V 🍷 r.-v. 🏠 C

DOM. DES TOURELS Les Terres rouges 2011 ★

■	3 400	🍾	5 à 8 €

Domaine fondé en 1885 par un médecin qui épousa une patiente vigneronne. Installé en 2005, son descendant Sébastien Sabatier exploite 32 ha dans la partie sud-est du Minervois, au voisinage de l'Aude et du canal du Midi.

Cinq générations se sont succédé sur ces « terres rouges », des argilites difficiles à travailler que ce vigneron aura su

LANGUEDOC

faire parler. Assemblage dominé par la syrah, cette cuvée au regard noir, intense et brillant, offre un nez de cassis et de mûre plein de fraîcheur. Au palais, elle conjugue souplesse et suavité avec une fougue juvénile. ⧗ 2014-2018 🍷 carré d'agneau au romarin

Dom. des Tourels, 12, Le Sol, 11200 Tourouzelle, tél. 04 68 91 35 94, sebastien@domainedestourels.com t.l.j. sf dim. lun. 14h-18h Sabatier

DOM. TOUR TRENCAVEL
Lo Cagarol 2012 ★★

8 000 | 11 à 15 €

Installé en 2005 sur le domaine familial, Jean-Luc Fabrié cultive en bio ses 32 ha, fort de deux terroirs : les terrasses de galets de l'Argent-Double et les terres arides, calcaires ou marno-calcaires de Félines rafraîchies par les brises venues du Causse.

Lo Cagarol ? L'escargot, en occitan, sobriquet donné à la famille. Un des fleurons du domaine issu de vieilles vignes de syrah. Un nez évocateur de petit déjeuner : arabica concentré, toast généreusement couvert d'une confiture de cassis. En bouche, de la garrigue, beaucoup de volume, d'ampleur et de générosité conjugués à une réelle élégance. Une note fraîche de framboise conclut en beauté la dégustation. ⧗ 2014-2018 🍷 Souris d'agneau

EARL Tour Trencavel, La Guillou, 11160 Trausse-Minervois, tél. 06 11 73 17 95, tour.trencavel@wanadoo.fr r.-v. Fabrié

LES TROIS BLASONS 2012

8 000 | - de 5 €

Marque de la coopérative d'Azillanet, qui fait désormais partie du vaste groupement Alliance Minervois après les fusions successives de caves (Homps, La Livinière, Rieux-Minervois, Vilalier...) en 2008 et 2012 : 600 adhérents, 3 000 ha, 49 communes.

Syrah et grenache à parts égales avec le carignan en appoint composent un vin carmin soutenu qui charme par ses parfums de fruits noirs bien mûrs et par sa structure souple, élégante, tout en finesse, qui ne renie pas pour autant le côté chaleureux et les notes balsamiques de son terroir. Une réussite signée par Albane d'Andréa, œnologue de la cave. ⧗ 2014-2017 🍷 entrecôte grillée

Les Trois Blasons, rte d'Olonzac, 34210 Azillanet, tél. 04 68 91 22 61, les3blasons@allianceminervois.com t.l.j. 9h-12h 14h-18h Alliance Minervois

DOM. VORDY Françoise 2012 ★★

14 000 | 5 à 8 €

Ingénieur, Didier Vordy a repris en 1994 avec son épouse Hélène le domaine familial, autour de la citadelle cathare de Minerve : 20 ha, en bio certifié depuis 2013, ils sont aujourd'hui épaulés par leur fils. S'accrochant aux versants de la Cesse et du Brian, les ceps plongent leurs racines dans des calcaires appelés grésettes.

Du carignan, de la syrah et du grenache à parité dans ce vin bien élevé, tout en finesse et en franchise, et d'une présence agréable, qui offre d'entrée de séduisants arômes de fruits noirs confiturés et de pain grillé. ⧗ 2014-2018 🍷 côte de bœuf grillée aux sarments Los Gals 2013 ★★ (11 à 15 € ; 2 500 b.) : un des rares blancs de l'appellation, assemblage de roussanne (70 %) et de grenache blanc. Une remarquable réussite : proche du coup de cœur. ⧗ 2014-2018

Didier Vordy, Mayranne, 34210 Minerve, tél. 04 68 91 80 39, vordy.didier@wanadoo.fr r.-v.

MINERVOIS-LA-LIVINIÈRE

• Superficie : 200 ha • Production : 7 000 hl

Reconnue en 1999, l'appellation minervois-la-livinière regroupe cinq communes des contreforts de la Montagne Noire. Elle produit des vins rouges issus de petits rendements.

♥ CH. CESSERAS 2011 ★★★

30 000 | 11 à 15 €

Sept générations se sont succédé sur une propriété créée en 1840, qu'elles ont façonnée et agrandie (92 ha aujourd'hui). Un ancêtre, Camille Ournac, sénateur et maire de Toulouse de 1880 à 1920, restaura la place du Capitole. Pierre-André, qui dirige l'exploitation depuis 1985, a quitté la coopérative et créé un chai.

Le coup de cœur de cette édition est attribué à l'un des fleurons de l'appellation. Un assemblage de quatre cépages, syrah en tête. Après trois ans d'élevage, ce vin rubis brille de mille feux. Son nez est une boîte de santal recélant des trésors de fruits noirs, d'épices rares et subtiles, de cuir de Russie. D'un beau volume, chaleureux et harmonieux, ce millésime bâti pour résister aux outrages du temps reparaîtra, après bien des années, son bouquet de violettes à la boutonnière. ⧗ 2015-2024 🍷 filet de chevreuil

Pierre-André et Guillaume Ournac, chem. de Minerve, 34210 Cesseras, tél. 06 08 88 60 17 r.-v.

DOM. CHABBERT-FAUZAN
Clos la Coquille 2011 ★★

3 600 | 8 à 11 €

Gérard Chabbert s'est installé en 1980 sur le domaine familial implanté à Cesseras, sur les collines de calcaires durs de Fauzan, à 300 m d'altitude. Le vignoble couvre 16 ha, dont le fameux Clos de la Coquille (3 ha), proche d'un site préhistorique.

Assemblage de syrah (70 %) et de grenache, un vin surprenant de concentration. La palette aromatique mêle des notes chaleureuses d'épices, des nuances douces de pruneau à des touches vives et croquantes de cerise burlat, auxquelles s'ajoute la vanille léguée par un séjour d'un an en fût. L'élevage a surtout contribué à l'ampleur soyeuse d'une matière que viennent titiller des grains de tanins fins. À la fois frais et suave, opulent et vigoureux, ce vin subtil cultive avec classe le paradoxe. ⧗ 2015-2022 🍷 filet de bœuf aux truffes

Jocelyne Chabbert, hameau de Fauzan, 34210 Cesseras, tél. 04 68 91 23 64 r.-v.

CH. DE FAUZAN Cuvée Albert 2012 ★

■	4 000	◖◗	20 à 30 €

Domaine proche de Minerve. Le grand-père de Jean-Philippe Bourrel, intéressé par les truites de la Cesse, l'achète en 1956 et s'attache à ce terroir caillouteux. Installé en 2002, l'actuel exploitant construit un chai et restructure un vignoble couvrant aujourd'hui 60 ha.

Cuvée dédiée au grand-père qui a remis en culture ce beau terroir de calcaire karstique. Le petit-fils en tire la quintessence par une vinification en grains entiers de la syrah. Il en résulte des arômes intenses et gourmands de cassis et de fruits des bois sur une matière délicate et élégante. Des notes chaleureuses de sirop de cerise saupoudré d'une pincée de cannelle s'étirent ensuite en une finale onctueuse. ⧗ 2015-2022 🍷 moelleux au chocolat

🔑 Ch. de Fauzan, hameau de Fauzan, 34210 Cesseras, tél. 06 83 82 24 90, chateaudefauzan@orange.fr V t.l.j. 9h-12h 14h 19h D

CH. SAINTE-EULALIE La Cantilène 2011 ★★

■	60 000	◖◗	11 à 15 €

Créé en 1868 sur les coteaux de La Livinière aux sols calcaires, ce domaine de 38 ha est depuis 1996 la propriété d'Isabelle et de Laurent Coustal, ce dernier, œnologue. Si la maison de maître et le logement des employés sont typiques d'une « campagne » du Languedoc, les bâtiments sont aussi HQE (haute qualité environnementale).

Le terroir en altitude permet cette lente maturation du raisin qui procure de riches polyphénols et transmet une belle fraîcheur au vin. Cette cuvée mariant la syrah (55 %), le carignan et le grenache livre des arômes de cerise bien mûre et de pruneau relevés d'épices, tout en étant finement acidulée. Soyeuse, ronde et harmonieuse, elle finit sur une délicate touche de vanille qui rappelle l'élevage majoritaire en fût. ⧗ 2015-2022 🍷 gigot d'agneau

🔑 Isabelle Coustal, Ch. Sainte-Eulalie, 34210 La Livinière, tél. 04 68 91 42 72, info@chateausainteeulalie.com V r.-v.

DOM. LA SIRANIÈRE 2012

■	2 100	◖◗	20 à 30 €

Quelques amis pour lesquels le vin est « avant tout une fête » ont acheté des vignes en 2007 et 2008, puis une cave, du matériel d'exploitation, et ils se sont attaché les services de Bernard Marty, chef d'orchestre au chai. Leur domaine ne compte que 3,9 ha : une moitié sur les hauteurs de La Livinière, l'autre sur le piémont de Siran.

Ces amis donc apprécient les vins robustes, volumineux et charpentés. Mais pas brutaux ! Bien élevés et racés, à l'image de ce 2012 partagé entre le grenache et la syrah, entre la cuve et le fût (avec une partie en fûts neufs). Après seize mois d'élevage, le vin offre un nez intensément grillé et fumé. Des notes chaleureuses de kirsch s'invitent en bouche, où l'on découvre des tanins encore jeunes qui demandent à se fondre. ⧗ 2015-2022 🍷 gardiane de taureau

🔑 SAS La Siranière, 9, av. des Meulières, 34210 La Livinière, tél. 06 12 72 12 98, lasiraniere@neuf.fr V r.-v.

SAINT-CHINIAN

• Superficie : 3 261 ha • Production : 138 218 hl (99 % rouge et rosé)

Mentionnés dès 1300, les saint-chinian sont VDQS depuis 1945 et AOC depuis 1982. Implanté dans l'Hérault, au nord-ouest de Béziers, orienté vers la mer, le vignoble couvre vingt communes et s'étend sur des coteaux le plus souvent situés entre 100 et 300 m d'altitude. Il s'enracine dans les schistes, surtout dans la partie nord, et dans les cailloutis calcaires, vers le sud. Nés du grenache, de la syrah, du mourvèdre, du carignan et du cinsault, les saint-chinian ont un potentiel de garde de quatre à cinq ans. Une maison des Vins créée à Saint-Chinian assure la promotion des vins de l'appellation.

DOM. BELLES COURBES Symphonia 2011

■	3 800	◖◗	8 à 11 €

Le domaine doit son nom à sa particularité d'être planté en courbes de niveau au flanc de trois collines très pentues. D'un âge moyen de quarante ans, les 10 ha de vignes de Jean-Benoît Pelletier sont à la frontière des terroirs de Saint-Chinian et Faugères, au nord de Béziers.

Au nez, le vin foisonne de notes de garrigue, de fruits noirs, de sous-bois et de caramel. Au palais, derrière une attaque suave se dévoilent des tanins denses qui demandent à s'affiner. Un vin qui séduira les amateurs de parfums boisés. ⧗ 2016-2020 🍷 daube de sanglier

🔑 Jean-Benoît Pelletier, 24, cours Lafayette, 34480 Saint-Geniès-de-Fontedit, tél. 04 67 36 32 24, vinbellescourbes@wanadoo.fr V r.-v.

CH. BELOT Best of Belot 2012 ★★

■	3 000	◖◗	15 à 20 €

Cet ancien rendez-vous des chasses royales au XVII[e]s. aurait reçu la visite du roi Louis XIV. Depuis 1997, Lionel Belot est aux commandes. Après avoir entièrement restauré le domaine et renouvelé le vignoble avec l'aide de sa famille, il y cultive aujourd'hui 35 ha de vignes.

Complexe, le nez de fruits noirs, de garrigue, d'épices et de fumé, est complété de notes cacaotées et vanillées d'une grande finesse. Doté d'une solide structure ample, puissant, expressif, le palais montre un très bel équilibre et s'étire dans une longue finale suave. Il faudra attendre un peu toutefois que les tanins s'arrondissent. ⧗ 2015-2019 🍷 bécasses à la ficelle

🔑 Lionel Belot, Dom. du Tendon, 34360 Pierrerue, tél. 04 67 38 08 96, vignoble.belot@wanadoo.fr V t.l.j. 9h-12h 14h-18h

CH. BOISSEZON-GUIRAUD 2012

■	40 000	5 à 8 €

À cheval sur les terroirs de schistes de Roquebrun et les argilo-calcaires de Causses-et-Veyran, ce domaine familial de 43 ha aujourd'hui est dirigé par Michel et Pompilia Guiraud.

Du verre s'échappent des parfums gourmands de fruits rouges (groseille) et noirs (cassis). On retrouve ces arômes dans une bouche souple en attaque, plus ferme dans son développement, étayée par des tanins encore jeunes et rehaussée en finale par une agréable touche poivrée. ⧗ 2015-2018 🍴 grillade

Michel et Pompilia Guiraud, 10, av. de Balaussan, 34460 Roquebrun, tél. 04 67 89 68 17, gaec.guiraud@wanadoo.fr V r.-v.

♥ B BORIE LA VITARÈLE Les Schistes 2012 ★★★

■ | 15 000 | | 11 à 15 €

Un domaine de 60 ha conduit en bio et en biodynamie depuis 1990 par Jean-François Izarn, adepte des vinifications douces avec des levures indigènes, respectueuses de l'environnement et du terroir. Ce vigneron d'une grande valeur, reconnu et apprécié de ses pairs, a « quitté la scène » prématurément, à la suite d'un accident de tracteur dans son vignoble. Sa femme Cathy poursuit aujourd'hui son œuvre, à laquelle elle a largement contribué.

Issu de vignes haut perchées sur un terroir de schistes, ce 2012 libère des arômes puissants de fruits noirs (cassis) et de garrigue (ciste) accompagnés d'une touche réglissée plus fraîche. Des tanins denses et d'une grande finesse soutiennent un palais généreux et onctueux, qui s'achève sur une subtile note vanillée. S'il est déjà fort engageant, ce vin à la fois étoffé, élégant et complexe est bâti pour bien vieillir. ⧗ 2015-2020 🍴 pigeon rôti aux épices

Jean-François Izarn, Borie La Vitarèle, 34490 Causses-et-Veyran, tél. 04 67 89 50 43, jf.izarn@borielavitarele.fr V r.-v.

DOM. DE CANIMALS LE HAUT 2012 ★

■ | 5 000 | | 5 à 8 €

Cette ancienne laiterie, consacrée au fil des ans à l'élevage et au négoce des chevaux, étend son vignoble de 20 ha sur un terroir de schistes au cœur de l'appellation, dans une des vallées encaissées de Saint-Chinian.

Ce 2012 à dominante de syrah livre un nez frais de laurier et de Zan agrémenté de notes de tapenade. Ample et concentré, le palais rappelle l'olive noire accompagnée de cade et de réglisse et s'appuie sur des tanins déjà fondus. Une expression flatteuse de ce beau terroir de schistes. ⧗ 2014-2017 🍴 colombo de poulet

Jean-Louis et Brigitte Castel, Dom. de Canimals Le Haut, 34360 Saint-Chinian, tél. 04 67 38 19 13, brigittecastel@sfr.fr V r.-v. A

DOM. CARRIÈRE-AUDIER Le Castelas 2012 ★

■ | n.c. | | 5 à 8 €

Ce domaine de 60 ha se situe dans l'un des lieux les plus touristiques de l'appellation : Vieussan, village à flanc de coteau qui domine les terrasses plantées de vignes surplombant l'Orb. La famille Audier y travaille depuis 1985.

De vieilles vignes de syrah, de grenache et de mourvèdre, implantées sur un terroir de schistes au nord de l'AOC, ont donné naissance à cette jolie cuvée. Le bouquet dévoile des arômes de cassis et de réglisse agrémentés d'un boisé bien fondu aux accents caramélisés. Une attaque souple introduit un palais rond, bâti sur des tanins fondus et soyeux. ⧗ 2014-2017 🍴 ris d'agneau

Dom. Carrière-Audier, Le Village, 34390 Vieussan, tél. 04 67 97 77 71, carriereaudier@free.fr V t.l.j. 9h-13h 15h-20h

DOM. CATHALA Cuvée A' 2012 ★

■ | 2 000 | | 8 à 11 €

La famille Cathala cultive la vigne de père en fils depuis sept générations. Les 15 ha que compte l'exploitation sont aujourd'hui conduits par les frères Bruno et Pascal Cathala, à Cessenons-sur-Orb, à 20 km au nord-ouest de Béziers.

Au nez, ce vin délivre des arômes gourmands de fruits rouges confits et de fruits secs (amande), « réchauffés » par des notes douces de vanille et de café torréfié. Épaulé par des tanins élégants, le palais révèle un fruité savoureux et long. Un ensemble harmonieux, que l'on pourra apprécier dans sa jeunesse. ⧗ 2014-2017 🍴 entrecôte grillée

Dom. Cathala, 19, chem. du Pizou, 34460 Cessenon-sur-Orb, tél. 06 33 59 55 34, domaine.cathala@gmail.com V r.-v.

CH. CAZAL VIEL Vieilles Vignes 2011 ★

■ | 65 000 | | 8 à 11 €

Henri Miquel, qui fut président de l'appellation saint-chinian, cultive avec son fils Laurent ce domaine situé au cœur de l'appellation, acquis par sa famille en 1791. Plus de 85 % de la production est exporté vers quatre continents.

Cette cuvée composée à 75 % de syrah libère un bouquet intense de fruits rouges (griotte) agrémenté d'une pointe mentholée et camphrée. Veloutée et suave, l'attaque introduit un palais gourmand et chaleureux (cerise à l'eau-de-vie) soutenu par une fine minéralité qui apporte une fraîcheur bienvenue. Des tanins souples et fondus soutiennent cet ensemble harmonieux, qui s'étire dans une longue finale réglissée. ⧗ 2015-2017 🍴 côte de bœuf grillée

Ch. Cazal Viel, hameau Cazal-Viel, 34460 Cessenon-sur-Orb, tél. 04 67 89 74 93, laurent@laurent-miquel.com V t.l.j. sf sam. dim. 9h-12h 13h-17h C

CH. DE CIFFRE Terroirs d'altitude 2011 ★

■ | 45 000 | | 8 à 11 €

Les Lorgeril possèdent six domaines familiaux en Languedoc-Roussillon, parmi lesquels le Ch. de Ciffre (70 ha) qui s'étend sur les appellations faugères, saint-chinian et languedoc. Nicolas et Miren de Lorgeril sont également à la tête d'une structure de négoce.

Au nez, des senteurs délicates de vanille et de pain toasté se mêlent à de plus intenses parfums de violette, de tapenade et de réglisse. Suivant la même ligne aromatique, en y ajoutant des notes de fruits rouges, le palais se révèle velouté et suave, adossé à des tanins soyeux. Longue finale chaleureuse. ⧗ 2015-2018 🍴 rôti de bœuf ■ **Dom. Lorgeril Les Pins Cuvée Comtes de Lorgeril Grand Vin 2011 ★** (20 à 30 € ; 3 200 b.) : un nez puissant et complexe de pâte de coings, de confiture de fraises et de cannelle. En bouche, des notes chaudes de caramel, de cacao et de pain toasté, une matière charnue et suave, des tanins, fins et fondus. ⌛ 2015-2018

Ch. de Ciffre, 34480 Autignac, tél. 04 68 72 65 29, contact@lorgeril.com

CLOS BAGATELLE
La Terre de mon père 2011 ★★

■	n.c.		20 à 30 €

En 1623, un ancêtre, artisan drapier, s'établit au lieu-dit Bagatelle dans le massif de l'Espinouse. Replantation du vignoble dans les années 1960, premières bouteilles en 1973. Installé en 1993 avec Christine Deleuze, Luc Simon tire de ses 60 ha des saint-chinian et des muscat-de-saint-jean-de-minervois appréciés.

Cette trilogie de syrah, grenache et mourvèdre, agrémentée d'un soupçon de carignan, séduit par son nez complexe qui dévoile des notes fumées et boisées, puis des parfums de garrigue et d'épices. On retrouve cette palette d'arômes agrémentée de vanille dans un palais ample et soyeux, qui s'appuie sur des tanins fondus d'une grande finesse. ⌛ 2015-2018 ¥ gardianne de taureau

EARL Bagatelle, Clos Bagatelle, 34360 Saint-Chinian, tél. 04 67 93 61 63, closbagatelle@wanadoo.fr V r.-v.

DOM. COMPS Cuvée de Penelle 2012 ★

■	10 000		5 à 8 €

C'est en 1975 que sortirent les premières bouteilles du domaine, au village de Puisserguier. Vigneron et œnologue, Jean-Christophe Martin gère la propriété (20 ha) avec l'appui de toute sa famille, y compris de ses grands-parents Juliette et Pierre Comps.

Au nez, le cassis est omniprésent, puis l'aération révèle des arômes plus complexes de fruits cuits et de cuir. On retrouve le cassis associé à une note citronnée dans un palais ample et frais, bâti sur des tanins bien fondus. La dégustation s'achève sur un fin boisé vanillé et une note fumée. ⌛ 2015-2018 ¥ canard aux olives ■ Les Gleizettes 2012 (5 000 b.) : un nez gourmand de fruits rouges et de violette, une bouche bien équilibrée sur la fraîcheur et le fruit, une finale réglissée. ⌛ 2015-2016

SCEA Martin Comps, 23, rue Paul-Riquet, 34620 Puisserguier, tél. 06 73 30 00 30 r.-v.

DOM. LA CROIX SAINTE-EULALIE
Armandélis 2012 ★★

■	21 000		8 à 11 €

L'ancienne chapelle qui a laissé son nom au lieu a disparu, mais la croix trône encore au cœur du vignoble. Ce domaine familial étend ses 32 ha de vignes sur les trois types de terroirs de l'appellation : schistes, grès et argilo-calcaires.

Cette cuvée, née sur un terroir de grès, porte le nom d'un ancêtre de la famille, fin gourmet. C'est à l'aération que le nez révèle ses arômes de fruits noirs, de garrigue, de fruits secs et de réglisse. Frais et ample, le palais est étayé par des tanins d'une grande finesse. Un vin puissant qui ne manque pas d'élégance et qui s'achève sur une note cacaotée des plus suaves. ⌛ 2015-2018 ¥ daube de lièvre

Dom. la Croix Sainte-Eulalie, 17-19, av. de Saint-Chinian, hameau de Combejean, 34360 Pierrerue, tél. 06 87 10 52 47, croix-sainte-eulalie@neuf.fr V t.l.j. 9h-12h30 13h30-18h Agnès Gleizes

CH. LA DOURNIE Étienne 2011 ★

■	13 000		8 à 11 €

Ce domaine de 50 ha implanté sur les sols schisteux de Saint-Chinian a vu six générations de femmes de la famille Étienne se succéder.

Le nez révèle des arômes jeunes et frais de violette, de cassis et de ciste (de Montpellier) que l'on retrouve au palais, rejoints par l'olive noire et la réglisse. Un vin ample étayé de tanins fondus, qui offre une finale vive aux accents de garrigue. ⌛ 2015-2017 ¥ volaille aux herbes

Ch. la Dournie, La Dournie, 34360 Saint-Chinian, tél. 04 67 38 19 43, chateau.ladournie@wanadoo.fr V t.l.j. sf sam. dim. 9h-12h30 13h30-18h Étienne

DOM. LA GRANGE LÉON
D'une main à l'autre Berlou 2012 ★

■	2 000		15 à 20 €

Véronique et Joël Fernandez étaient vignerons coopérateurs à Berlou depuis 1993, mais ce n'est qu'en 2008 qu'ils décidèrent de créer leur domaine (8 ha), baptisé du prénom d'un arrière-grand-père vigneron. Un domaine régulièrement mentionné dans le Guide.

Un vin intense et puissant dès l'olfaction, centré sur les fruits noirs (cassis, mûre), les fruits exotiques et les épices. Cette richesse se retrouve dans une bouche solidement charpentée et stimulée jusqu'en finale par une agréable fraîcheur. ⌛ 2016-2020 ¥ magret de canard

La Grange Léon, 3, rue du Caladou, 34360 Berlou, tél. 06 73 83 37 68, lagrangeleon@orange.fr V r.-v. Fernandez

B DOM. DES JOUGLA Les Tuileries 2013 ★★

■	6 700		5 à 8 €

Dans ce domaine familial, qui se transmet de génération en génération depuis 1545, le chai de vinification a été construit en 1900 et rénové pour la dernière fois en 2007. L'épaisseur des murs permet une température régulière été comme hiver.

Cette cuvée est un assemblage de grenache blanc et de vermentino associés à un soupçon de viognier, plantés sur des terres calcaires et vinifiés en macération pelliculaire. Le nez ? Il s'ouvre d'emblée sur des notes florales d'aubépine et d'acacia, relayées à l'aération par un fruité intense et frais d'agrumes. Vif à l'attaque, le palais évolue vers la rondeur. Un vin harmonieux. ⌛ 2015-2016 ¥ langouste grillée ■ Vielhs Arrasics 2012 ★ (11 à 15 € ; 1 850 b.) : un nez très complexe de fruits rouges et noirs confiturés, d'épices, de clou de girofle et de menthol, et un boisé vanillé bien intégré. Même complexité aromatique dans une bouche ronde, dense et structurée, avec un boisé plus présent. ⌛ 2017-2022

Dom. des Jougla, Le Village, 34360 Prades-sur-Vernazobre, tél. 04 67 38 06 02 V r.-v.

DOM. LA LINQUIÈRE
Le Chant des cigales 2012 ★★★

■	16 400		8 à 11 €

Sorti de la cave coopérative en 2001, ce domaine de la famille Salvestre s'est depuis affirmé comme l'un des porte-drapeaux de l'appellation, en témoignent les

nombreuses distinctions dans ces pages. Les vins proviennent des parcelles de schistes perchées à 310 m d'altitude.

L'association des trois tènements de l'appellation (schistes, calcaires et grès) est sublimée dans ce vin puissant et complexe offrant un équilibre particulièrement abouti. Au nez, des arômes d'olive noire, de Zan et de boisé se conjuguent à des parfums réjouissants de guimauve, de violette et de petits fruits rouges. La bouche charnue et onctueuse à souhait s'appuie sur une fine trame acide et sur des tanins denses et élégants, avant de déployer une longue finale suave et cacaotée. ⧗ 2017-2022 🍷 cochon de lait à la broche

🔑 Famille Salvestre, 12, av. de Béziers, 34360 Saint-Chinian, tél. 04 67 38 25 87 V t.l.j. 9h-12h 14h30-19h

MAS DE CYNANQUE Plein Grès 2012 ★

■ | 10 000 | | 8 à 11 €

Depuis sa création en 2004, ce domaine de 14 ha conduit pour partie en bio fait preuve d'une remarquable constance. Violaine et Xavier de Franssu, tous deux anciens élèves de l'Agro de Montpellier, savent tirer la quintessence de ce terroir de grès rouges.

Issue de l'assemblage des quatre traditionnels cépages rouges de l'AOC, implantés sur des sols de grès rouges, cette cuvée séduit dès l'olfaction. Complexe, le premier nez délivre des fruits noirs, des épices et des notes empyreumatiques. Puis l'aération révèle des parfums de garrigue et d'olive noire. Ronde et chaleureuse en attaque, la bouche, bien charpentée, est vivifiée par une pointe d'amertume en finale. ⧗ 2015-2017 🍷 canard à l'orange ■ Acutum 2011 (11 à 15 € ; 10 000 b.) : un nez mentholé, réglissé, puis boisé et vanillé. Un palais puissant et concentré, vineux, aux tanins encore fermes. ⧗ 2017-2020

🔑 Mas de Cynanque, rte d'Assignan, 34310 Cruzy, tél. 04 67 25 01 34, contact@masdecynanque.com V r.-v.

CH. MILHAU-LACUGUE Les Truffières 2012 ★★

■ | 14 000 | | 11 à 15 €

Exploitant depuis 1994 cette ancienne possession des Hospitaliers de Saint-Jean, à 3 km de l'abbaye de Fontcaude, Jean Lacugue, œnologue de formation, a une conviction : l'importance du terroir dans l'expression des vins. Ce domaine (aujourd'hui 100 ha) accueillait au Moyen Âge les nombreux pèlerins de Saint-Jacques-de-Compostelle.

Cette cuvée est issue d'une sélection de vieilles vignes de syrah et de grenache implantées sur un plateau calcaire à 200 m d'altitude. Elle libère les fruits confiturés et la fraise écrasée. On retrouve ces arômes complétés d'une note épicée dans une bouche onctueuse bâtie sur des tanins soyeux. Une grande élégance. ⧗ 2017-2022 🍷 veau à la crème ■ Ch. Milhau-Lacugue 2013 (5 à 8 € ; 6 400 b.) : encore un peu fermé au nez et discrètement fruité. Croquant et vif en bouche, sur des arômes de poire et de poivre blanc. ⧗ 2014-2015

🔑 SCEA Ch. Milhau-Lacugue, Dom. de Milhau, rte de Cazedarnes, 34620 Puisserguier, tél. 04 67 93 64 79, lacuguejean@yahoo.fr V r.-v.

DOM. DU MINISTRE 2012 ★

■ | 18 000 | | 5 à 8 €

Issu d'une grande famille bordelaise et présent sur plusieurs continents, le propriétaire et négociant François Lurton est aussi implanté dans le Languedoc-Roussillon, depuis les années 1990. Associé à son frère Jacques jusqu'en 2007, il y dirige seul aujourd'hui plusieurs domaines dans les AOC saint-chinian, fitou, corbières et côtes-du-roussillon-villages.

Au nez, des notes d'élevage (toasté, vanillé) côtoient les fruits noirs. Ample et généreuse, l'attaque introduit une bouche puissante et persistante, étayée de tanins enrobés. ⧗ 2014-2017 🍷 côte de veau à la crème

🔑 François Lurton, Dom. de Poumeyrade, 33870 Vayres, tél. 05 57 55 12 12, communication@francoislurton.com

G. MOULINIER Tradition 2013 ★

■ | 13 000 | | 5 à 8 €

On ne naît pas vigneron, on le devient à force de passion, de conviction et de travail. Tel est le parcours de Guy Moulinier, qui a repris le domaine familial en 1994. Il conduit aujourd'hui 22 ha de vignes, à Pierrerue, à 30 km au nord-ouest de Béziers.

Assemblage de syrah et de grenache, vinifié pour moitié par pressée directe et pour moitié par saignée, ce rosé plaît de bout en bout. Le nez, d'abord floral, s'affirme sur des notes de fruits rouges bien mûrs. Le palais se révèle vif et fruité à souhait, stimulé en finale par une jolie note poivrée. ⧗ 2014-2015 🍷 tarte aux fraises

🔑 Dom. Guy et Stéphane Moulinier, Dom. Moulinier, 34360 Pierrerue, tél. 04 67 38 03 97, domaine-moulinier@wanadoo.fr V r.-v.

🔑 Stéphane Moul

DOM. PECH DE LUNE Équinoxe 2011

■ | 9 000 | | 8 à 11 €

Ce domaine a été créé en 2006 suite au rachat par les actuels propriétaires de 9 ha de vignes et d'un bâtiment. Il est situé sur un plateau calcaire niché à 250 m d'altitude au sud-ouest de l'appellation, le terroir de Villespassans.

Le nez dévoile une belle complexité aromatique de petits fruits rouges et noirs (myrtille, cassis), de violette et de torréfié. À la fois douce et fraîche, l'attaque introduit une bouche dense et fruitée, adossée à des tanins veloutés et serrés. ⧗ 2014-2018 🍷 côte de bœuf grillée

🔑 SCEA Pech de Lune, pl. Louis-Pasteur, 34360 Villespassans, tél. 04 67 93 44 35, pech-de-lune@neuf.fr V r.-v.

CH. PECH-MÉNEL 2010 ★

■ | 6 600 | | 15 à 20 €

Au cœur de la garrigue, on découvre dolmen et villa romaine, signes que le site a longtemps été peuplé. Les sœurs Marie-Françoise et Élisabeth Poux y sont nées, et les 55 ha du Pech-Ménel, formé de Pech (sommet de colline) et Ménel (firmament), n'ont plus de secret pour elles.

Cet assemblage de syrah et de carignan vinifié en macération carbonique a bénéficié d'un long élevage de plus de trois ans en cuve. Discret au premier nez, il libère à l'aération des arômes complexes de sous-bois et d'épices vivifiés par une originale note d'ananas. Aérien et léger en bouche, ce 2010 révèle une belle souplesse et des tanins croquants. 2014-2016 rôti de bœuf

Marie-Françoise et Élisabeth Poux, Dom. de Pech-Ménel, rte de Creissan, 34610 Quarante, tél. 04 67 89 41 42, pech-menel@wanadoo.fr V r.-v.

CH. QUARTIRONI DE SARS
Haut Coup de foudres 2011

8 000	5 à 8 €

Au hameau du Priou, au sud du Caroux et de l'Espinouse culminant à plus de 1 000 m, les vignes alignées sur les coteaux de schistes surplombent la vallée de Saint-Chinian. Armelle, Roger, Guilhem et Magali Quartironi cultivent en famille ce domaine d'une superficie de 16 ha.

Cette cuvée élevée un an en foudre libère des arômes délicats de garrigue et de sous-bois, suivis de notes épicées (cannelle) et de fruits rouges confiturés (fraise). La bouche se montre fraîche et friande, portée par une fine acidité. Les tanins demandent à se fondre. 2015-2018 fromage de brebis crémeux

Dom. des Pradels-Quartironi, hameau Le Priou, Pierrerue, 34360 Saint-Chinian, tél. 04 67 38 01 53, quartironipradels@gmail.com V r.-v. 2 E

♥ ROCHES NOIRES
Roquebrun Macération 2012 ★★

220 000	8 à 11 €

Son terroir de schistes orienté au sud a valu au village de Roquebrun une dénomination particulière en 2005. Les vignerons de la coopérative pratiquent une sélection des parcelles et des apports selon les cépages, les tènements et les maturités.

Paré d'une robe grenat sombre qui évoque la couleur des schistes sur lesquels est implanté le vignoble, ce vin libère une palette aromatique typique des cépages méditerranéens : des fragrances d'olive noire se mêlent à des notes fumées et toastées au premier nez, puis s'invitent à l'aération des senteurs de vanille, de poivron et de sous-bois. Une attaque souple ouvre sur un palais ample, dense, riche et généreux. Un saint-chinian de caractère mais déjà très avenant. 2015-2017 brochette d'agneau grillée

SCAV Cave de Roquebrun, av. des Orangers, 34460 Roquebrun, tél. 04 67 89 64 35, cave@cave-roquebrun.fr V r.-v.

CH. SAINT-MARTIN DES CHAMPS
Sélection 2013 ★

30 000	5 à 8 €

Héritiers d'une longue lignée de vignerons (XVIIe s.), Michel Birot et son fils Pierre ont acquis en 1997 ce château situé aux portes de Béziers, puis l'ont restauré de fond en comble, le vignoble de 90 ha autant que la cave.

Ce rosé, à majorité de syrah, révèle des parfums de pêche blanche et de prune, vivifiés par une note citronnée. La bouche offre à la fois du gras et de la fraîcheur, et déploie une longue finale fruitée. Un rosé équilibré et élégant. 2014-2015 salade de gésiers

Birot, Ch. Saint-Martin-des-Champs, rte de Puimisson, 34490 Murviel-lès-Béziers, tél. 04 67 32 92 58, domaine@saintmartindeschamps.com V t.l.j. sf dim. 9h-18h E

SECRET DES CAPITELLES 2012 ★

100 000	5 à 8 €

Créée en 1937 sous une forme coopérative, la cave des Vignerons de Saint-Chinian est située au cœur du village de Saint-Chinian. Elle regroupe 175 adhérents travaillant un millier d'hectares.

Cet assemblage de grenache et de syrah à la teinte rubis fait preuve d'une grande complexité aromatique : senteurs de garrigue et d'olive noire, notes balsamiques, parfums de réglisse et de clou de girofle. Tout aussi aromatique, le palais se révèle frais et persistant. 2015-2017 viande à la broche

Cave des Vignerons de Saint-Chinian, rte de Sorteilho, 34360 Saint-Chinian, tél. 04 67 38 28 48, info@vin-saintchinian.com V t.l.j. 9h-12h 14h-18h

LANGUEDOC

CH. DE VEYRAN
Clos de l'Olivette 2012 ★★

50 000	5 à 8 €

Ancienne bastide languedocienne du XIIe s., le château Veyran et son exploitation viticole (36 ha) sont sous la responsabilité de Gérard Antoine, qui a succédé à son père Henri en 1984. Le caveau occupe une belle cave voûtée du XVIIIe s.

La syrah (majoritaire) a subi une longue macération avant de donner naissance à cette cuvée harmonieuse. Discrète au premier nez, celle-ci libère à l'aération des arômes exubérants de garrigue, de cassis, de confiture de fruits rouges, de grillé, de poivre du Sichuan et une pointe balsamique. Frais et élégant en attaque, le palais dévoile des tanins souples et fondus, et s'étire dans une longue finale des plus douces. 2014-2017 brochette de grives

GFA Ch. Veyran, hameau de Veyran, 34490 Causses-et-Veyran, tél. 06 63 85 22 80, antoine@chateau-veyran.com V t.l.j. sf sam. dim. 8h-12h 13h-17h

CH. VIRANEL Tradition 2013 ★★

20 000	5 à 8 €

Histoire familiale et patrimoine se transmettent depuis quatre siècles et demi sur cette propriété en terrasses dominant la vallée de l'Orb. Depuis 2012, la dernière génération, Arnaud et Nicolas Bergasse, conduit un vignoble de 38 ha.

Ce rosé de saignée à dominante de grenache libère de délicats parfums d'agrumes et de verveine. On retrouve ce beau duo aromatique dans une bouche fraîche, longue et élégante. Un vin pimpant et très harmonieux. 2014-2015 tapas de poissons Tradition 2013 ★ (10 000 b.) : son élevage sur lies fines lui confère ampleur et complexité (fleurs blanches, poire, fruits exotiques, pointe originale de buis), le tout souligné par une agréable vivacité. ⌛ 2015-2016

⊶ Ch. Viranel, 34460 Cessenon-sur-Orb, tél. 04 67 89 60 59, contact@viranel.fr V r.-v.

LES VINS DOUX NATURELS

Dès l'Antiquité, les vignerons de la région ont élaboré des vins liquoreux de haute renommée. Au XIIIᵉs., Arnaud de Villeneuve découvrit le mariage miraculeux de la « liqueur de raisin et de son eau-de-vie » : c'est le principe du mutage qui, appliqué en pleine fermentation sur des vins rouges ou blancs, arrête celle-ci en préservant ainsi une certaine quantité de sucre naturel. Les vins doux naturels d'appellation contrôlée se répartissent dans la France méridionale : Pyrénées-Orientales, Aude, Hérault, Vaucluse et Corse, jamais bien loin de la Méditerranée. Les cépages utilisés sont le grenache (blanc, gris, noir), le macabeu, la malvoisie du Roussillon, dite tourbat, le muscat à petits grains et le muscat d'Alexandrie. La taille courte est obligatoire. Les rendements sont faibles et les raisins doivent, à la récolte, avoir une richesse en sucre de 252 g minimum par litre de moût. L'agrément des vins est obtenu après un contrôle analytique. Ils doivent présenter un taux d'alcool acquis de 15 à 18 % vol., une richesse en sucre de 45 g minimum à plus de 100 g pour certains muscats et un taux d'alcool total (alcool acquis plus alcool en puissance) de 21,5 % vol. minimum. Certains sont commercialisés tôt (muscats), d'autres le sont après trente mois d'élevage. Vieillis sous bois de manière traditionnelle, c'est-à-dire dans des fûts, ils acquièrent parfois après un long élevage des notes très appréciées de rancio.

MUSCAT-DE-LUNEL

• Superficie : 321 ha • Production : 8 206 hl

Implanté entre Nîmes et Montpellier, le vignoble est principalement installé sur des nappes de cailloutis de plusieurs mètres d'épaisseur à ciment d'argile rouge (gress). Le seul muscat à petits grains est à l'origine de vins doux naturels qui doivent garder au minimum 110 g/l de sucre.

DOM. DES AIRES 2012 ★

■	n.c.	🍾	8 à 11 €

En créant le domaine en 1986, Robert Brun a misé d'emblée sur la vente directe. Son fils Christophe, après avoir été enseignant pendant six ans, a repris l'exploitation paternelle : 19 ha, du muscat à petits grains et d'autres cépages pour les IGP.

Pour son premier millésime, l'ancien professseur d'espagnol plante une belle banderille avec ce muscat à la chaleur toute ibérique, où l'orange donne la réplique à l'abricot sec. D'une douceur envoûtante, les fruits secs s'épanouissent au palais sur des notes moelleuses de figue confite. À servir bien frais. ⌛ 2014-2017 🍴 pâtisseries orientales

⊶ Brun, SCEA Dom. des Aires, 67, rue des Aires, 34400 Lunel, tél. 04 67 71 12 08, domainedesaires@yahoo.fr V t.l.j. 8h-18h; 8h-19h30 (été)

MUSCAT-DE-FRONTIGNAN

• Superficie : 812 ha • Production : 19 666 hl

Reconnu en 1936, le frontignan a été le premier muscat à obtenir l'appellation d'origine contrôlée. Il naît entre Sète et Mireval. Le vignoble, exposé au sud-est, est abrité des vents du nord par le massif de la Gardiole. Il s'enracine dans des terrains secs, caillouteux, pierreux, issus de couches jurassiques, molassiques et d'alluvions anciennes – des sols ingrats pour toute autre culture. Autrefois appelé « muscat doré de Frontignan », le muscat à petits grains est le cépage exclusif de l'appellation. Avec un minimum de 110 g/l de sucre, les frontignan sont des vins doux naturels puissants ; ils ne manquent pourtant jamais d'élégance.

DOM. DU MAS ROUGE 2013 ★

■	3 000	🍾	8 à 11 €

Ce mas typique est protégé par le bois des Aresquiers, entre Méditerranée et étangs. Julien Cheminal, qui l'a acquis en 1997, en a restauré le vignoble (31 ha) ainsi que le chai à l'imposante charpente. Il vinifie depuis 2002, montrant une belle régularité.

Scintillant, frais et typé, ce frontignan rappelle une compositon florale de jacinthe et de rose, ou encore un buffet de fruits exotiques. Il donne l'impression de croquer un litchi bien mûr et très doux. Un ensemble chaleureux, fondu et opulent, suave et délicat. L'accord gourmand original est proposé par le producteur. ⌛ 2014-2018 🍴 curry d'agneau

⊶ Dom. du Mas Rouge, 30, chem. de la Poule-d'Eau, 34110 Vic-la-Gardiole, tél. 04 67 51 66 85, contact@domainedumasrouge.com V t.l.j. sf dim. 10h-13h 15h-19h ⊶ Cheminal

CH. DE LA PEYRADE Prestige 2012 ★★

■	n.c.	🍾	8 à 11 €

Le château de la Peyrade a été construit à la fin du XVIIIᵉs. sur un léger promontoire au bord de l'étang des Eaux blanches face à l'île de Sète. Son vignoble de 25 ha est entièrement dédié au muscat blanc à petits grains. Un champion des coups de cœur.

Une subtile pointe d'orange amère apporte une touche d'originalité à ce millésime, où l'on trouve des flaveurs intenses de coing, de raisin sec et de figue. Ce 2012 a conservé toute sa vivacité soulignée par des notes mentholées et anisées particulièrement élégantes, il montre un beau volume, en harmonie avec des arômes de litchi très doux. Cette harmonieuse revue aromatique ne serait pas complète sans l'indispensable acacia en fleur. Proche du coup de cœur. ⌛ 2014-2020 🍴 melon

⊶ Yves Pastourel et Fils, Ch. de la Peyrade, rond-point Salvador-Allende, 34110 Frontignan, tél. 04 67 48 61 19, info@chateaulapeyrade.com V t.l.j. 9h-12h 14h-18h30

DOM. PEYRONNET Belle Étoile 2013 ★★

■	7 000	🍾	8 à 11 €

Le petit commerce de vins et muscats installé en 1935 dans l'ancienne forge de l'arrière-grand-père est toujours là. L'achat de la première parcelle date de la même

époque. Œnologue, Alain Peyronnet a repris en 1990 le vignoble familial – 12 ha dédiés au muscat – et montre une régularité sans faille.

Née sous une bonne étoile, cette cuvée ne connaît pas d'éclipse. Scintillante, elle darde d'éclatants rayons dorés et brille aussi par son olfaction : après la pomme verte, des fruits exotiques, de la pêche et de la poire bien mûres. En bouche, la chaleur du soleil méditerranéen calmée par la vivacité d'un abricot frais, acidulé et charnu. La finale intense n'a rien d'une étoile filante ! ⌛ 2014-2020 🍷 tarte aux abricots

🔑 EARL Dom. Peyronnet, 9, av. de la Libération, 34110 Frontignan, tél. 04 67 48 34 13, caves.favier-bel@wanadoo.fr V r.-v.

♥ DOM. DE LA PLAINE
Nuits blanches 2013 ★★★

■ | 5 000 | 🍾 | 8 à 11 €

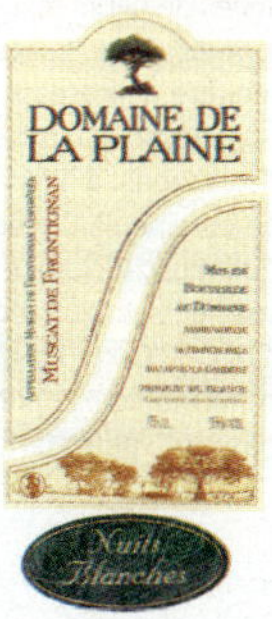

Marie-Noëlle et Francis Sala ont créé le domaine en 1988 dans la partie orientale de l'aire d'appellation, au pied du massif de la Gardiole. Ils exploitent un vignoble de 20 ha exclusivement planté en muscat à petits grains qui leur vaut des mentions régulières dans le Guide.

Nuits blanches ? Celles que le créateur du vin passe plus d'une fois à surveiller les vinifications, afin de pouvoir engendrer, comme ici, un « nouveau-né » faisant l'admiration de tous. Étincelant de jeunesse, ce vin comble par sa vivacité fruitée, par ses parfums de pêche et d'abricot. En bouche, il se révèle potelé, bien rond, riche d'arômes gourmands de miel et de caramel équilibrés par les notes acidulées d'un joli panier de fruits exotiques, qui s'attardent en une finale intense et harmonieuse. ⌛ 2014-2020 🍷 tiramisu aux fraises

🔑 Francis Sala, Dom. de la Plaine, 6, rte de Montpellier, 34110 Vic-la-Gardiole, tél. 04 67 48 10 78, muscat-de-f@wanadoo.fr V t.l.j. 8h-20h; oct. à mars sur r.-v.

CH. DE STONY Soleil d'hiver 2013 ★★

■ | 9 300 | 🍾 | 8 à 11 €

Domaine acquis en 1860 par un aïeul savoyard de la famille, fabricant de vermouth, qui approvisionnait son industrie grâce aux vins de la propriété. Installé en 1983, son descendant Frédéric Nodet exploite 12,5 ha de vignes, blanches surtout. Après la conversion au muscat, celle au bio (engagée en 2011) est d'actualité.

Une vraie ruche, ce muscat, qui déverse le miel mille fleurs... puis la verveine en notes encore suaves et douces... avant l'arrivée en fanfare des fruits exotiques, du pomelo qui entrent dans la danse sur un rythme effréné. De la rondeur, puis une finale élégante, enthousiasmante de jeunesse et de vivacité. ⌛ 2014-2020 🍷 roquefort

🔑 Ch. de Stony, La Peyrade, 34110 Frontignan, tél. 04 67 18 80 30, chateaudestony@orange.fr V t.l.j. 9h-12h30 14h-18h30 (10h-13h 15h-19h30 l'été); dim. sur r.-v. 🔑 Frédéric Nodet

MUSCAT-DE-MIREVAL

• Superficie : 275 ha • Production : 6 211 hl

Ce vignoble est bordé par Frontignan à l'ouest, le massif de la Gardiole au nord et la mer et les étangs au sud. D'origine jurassique, les sols se présentent sous forme d'alluvions anciennes de cailloutis calcaires. Le cépage exclusif est le muscat à petits grains ; le mutage est effectué assez tôt, car les vins doivent avoir un minimum de 110 g/l de sucre ; ceux-ci sont fruités et liquoreux, avec onctuosité.

DOM. DE LA BELLE DAME
Belle Dame bleue 2013 ★★

■ | 6 000 | 🍾 | 5 à 8 €

Jean-Luc Mazas a créé en 1996 ce domaine qui couvre 14 ha. Depuis 2007, il vinifie sa récolte et commercialise ses vins – secs, pétillants et VDN (muscat-de-mireval). Il propose aussi des produits du terroir.

La Belle Dame est un joli papillon qui cohabite avec les raisins jeunes. Rien d'étonnant quand on connaît le souci du vigneron à ne pas troubler l'environnement (viticulture raisonnée sans insecticide), ni ses vins débourbés manuellement et laissés au repos l'hiver. Dans la course aux étoiles, prime à la jeunesse du 2013. Une tenue claire aux reflets verts, de la puissance, du muscle et, pourtant, une belle souplesse. Des fleurs blanches, de l'acacia et un zeste de citron frais qui lui donne la préséance. ⌛ 2014-2019 🍷 feuilleté au roquefort ■ La Verte printanière 2012 ★ (3 000 b.) : proche du précédent, avec un peu moins de fraîcheur. ⌛ 2014-2019

🔑 Dom. de la Belle Dame, 135, chem. de la Tieulière, 34110 Mireval, tél. 06 62 24 10 10, contact@belledame.fr V r.-v. 🔑 Jean-Luc Mazas

♥ CH. D'EXINDRE
Vent d'anges 2012 ★★★

■ | 7 070 | 🍾 | 11 à 15 €

Ancienne villa gallo-romaine puis domaine épiscopal, le domaine a été acquis à la Révolution par la famille Sicard, toujours propriétaire aujourd'hui. Une cave du XIXᵉs., 45 ha de vignes. Des IGP, des AOC languedoc, du muscat-de-mireval.

Un fleuron du domaine : la cuvée Vent d'anges, issue d'une récolte tardive de muscat surmûri. Ces anges vous entraînent au jardin d'Éden ; à peine franchi la porte du paradis, des parfums de fleur de sureau et de jasmin vous accueillent ; puis vous découvrez une matière moelleuse aux nuances de gelée de coing rafraîchie par des touches de limoncello et de menthol. Un voyage au paradis qui laisse une sensation de plénitude. ⌛ 2014-2020 🍷 tarte aux pignons

🔑 Catherine Sicard-Géroudet, La Magdelaine-d'Exindre, 34750 Villeneuve-lès-Maguelone, tél. 04 67 69 49 77, catherinegeroudet@yahoo.fr V tlj. sf mer. dim. 15h-19h; sam. 9h-12h

DOM. DU MAS ROUGE 2013 ★★

■ | 8 000 | 🍾 | 8 à 11 €

Ce mas typique est protégé par le bois des Aresquiers, entre Méditerranée et étangs. Julien Cheminal, qui l'a acquis en 1997, en a restauré le vignoble (31 ha) ainsi que le chai à l'imposante charpente. Il vinifie depuis 2002, montrant une belle régularité.

Le domaine fait coup double : il a été également sélectionné pour son frontignan. Deux productions complémentaires, qui ont chacune leur personnalité. Ce muscat, à son tour, offre une belle composition florale et embaume la rose, mais on y trouve aussi de la fleur de sureau et une touche d'anis étoilé. Cette fraîcheur tonique, qui se prolonge avec des arômes de fruits exotiques, est équilibrée par des impressions chaleureuses et une finale suave, souple et douce. ⧗ 2014-2019 🍴 salade de fruits

Dom. du Mas Rouge, 30, chem. de la Poule-d'Eau, 34110 Vic-la-Gardiole, tél. 04 67 51 66 85, contact@domainedumasrouge.com V t.l.j. sf dim. 10h-13h 15h-19h Cheminal

MUSCAT-DE-SAINT-JEAN-DE-MINERVOIS

• Superficie : 185 ha • Production : 5 522 hl

Constitué de parcelles imbriquées dans la garrigue, le vignoble est perché à 200 m d'altitude. Il s'ensuit une récolte tardive – près de trois semaines environ après les autres appellations de muscat de l'Hérault. Seul cépage autorisé, le muscat à petits grains plonge ses racines dans des sols calcaires d'un blanc étincelant où apparaît parfois le rouge de l'argile. Les vins doivent avoir un minimum de 125 g/l de sucre. Ils sont très aromatiques, avec beaucoup de finesse, de fraîcheur et des notes florales caractéristiques.

BAGATELLE Grain de lumière 2013 ★★

■ | 4 200 | | 8 à 11 €

En 1623, un ancêtre, artisan drapier, s'établit au lieu-dit Bagatelle dans le massif de l'Espinouse. Replantation du vignoble dans les années 1960, premières bouteilles en 1973. Installé en 1993 avec Christine Deleuze, Luc Simon tire de ses 60 ha des saint-chinian et des muscat-de-saint-jean-de-minervois appréciés.

Ce « Grain de lumière » illumine la dégustation de reflets jaune pâle scintillants éclairant la route qui mène vers des champs bordés d'acacias en fleur. En bouche aussi, ce ne sont que vergers au printemps, dans une ambiance chaleureuse et moelleuse – impressions florales qui laissent un long sillage parfumé. ⧗ 2014-2019 🍴 salade d'oranges

EARL Bagatelle, Clos Bagatelle, 34360 Saint-Chinian, tél. 04 67 93 61 63, closbagatelle@wanadoo.fr V r.-v. Luc Simon

♥ DOM. DE BARROUBIO Dieuvaille 2012 ★★★

■ | 5 000 | 🍾 | 11 à 15 €

La famille est établie dans le Minervois depuis la fin du XVe s. Installé en 2000, Raymond Miquel exploite 60 ha, dont 31 sont dédiés à la vigne. Référence en muscat-de-saint-jean-de-minervois, le domaine propose aussi des rouges intéressants en AOC minervois.

Cette cuvée Dieuvaille 2012 triomphe et remporte la mise, grâce à l'élégance et à l'intensité de ses fragrances de fleurs blanches et de pêche de vigne. Parfaitement équilibré, suave et distingué, éclatant de jeunesse, d'une rare délicatesse : un vin haute couture à l'étoffe fine et précieuse. La griffe de Raymond Miquel, qui habille les plus grands. ⧗ 2014-2020 🍴 pêche pochée au muscat et verveine ■ Cuvée bleue 2012 ★ (5 à 8 € ; 4 000 b.) : un joli muscat floral et fruité (agrumes confits), d'une aimable rondeur en bouche. (Bouteilles de 50 cl.) ⧗ 2014-2020 ■ Carte noire 2013 ★ (8 à 11 € ; 40 000 b.) : un vin harmonieux, riche sans lourdeur, fruité (poire, agrumes) et persistant. (Bouteilles de 50 cl.) ⧗ 2014-2020

Raymond Miquel, Barroubio, 34360 Saint-Jean-de-Minervois, tél. 04 67 38 14 06, barroubio@barroubio.fr V t.l.j. 10h-12h 14h-18h

DOM. MARCON Petit grain 2012 ★

■ | 10 000 | 8 à 11 €

Si le caveau de dégustation se trouve à Saint-Chinian, le domaine est implanté au hameau de Barroubio, à Saint-Jean-de-Minervois. Sur les 13,5 ha, onze sont plantés de muscat à petits grains. Prenant la suite de deux générations de viticulteurs, Philippe Marcon s'est installé en 2010, en coopérative puis en cave particulière.

On pourrait faire de ce muscat une allégorie de la finesse, de l'élégance et de la générosité. La puissance du terroir et la maîtrise de la vinification apportent des notes d'épices originales, des touches acidulées de bonbon anglais et des nuances de fruits exotiques. ⧗ 2014-2019 🍴 marbré au chocolat

Philippe Marcon, 30, rue du Magot, 34360 Saint-Chinian, tél. 04 67 38 02 95 V r.-v.

LE ROUSSILLON

Le Roussillon viticole, qui correspond au département des Pyrénées-Orientales, est très proche du Languedoc voisin par son climat, son histoire, son encépagement et les styles de vins. Il est d'ailleurs inclus dans la nouvelle appellation régionale languedoc. La différence est surtout culturelle : le Roussillon est en majeure partie catalan. L'offre du plus méridional des vignobles de France se partage entre de superbes vins doux naturels et des vins secs : rouges aux multiples facettes, rosés généreux et même, de plus en plus, blancs vifs.

Aux portes de l'Espagne

Amphithéâtre tourné vers la Méditerranée, le vignoble du Roussillon est bordé par trois massifs : les Corbières au nord, le Canigou à l'ouest, les Albères au sud, qui forment la frontière avec l'Espagne. Trois fleuves, la Têt, le Tech et l'Agly, ont modelé un relief de terrasses dont les sols caillouteux et lessivés sont propices aux vins de qualité, et particulièrement aux vins doux naturels. On rencontre également des schistes noirs et bruns, des arènes granitiques, des argilo-calcaires ainsi que des collines détritiques du pliocène. Le vignoble du Roussillon bénéficie d'un climat très ensoleillé, avec des températures clémentes en hiver, chaudes en été. La pluviométrie (350 à 600 mm/an) est mal répartie, et les pluies d'orage ne profitent guère à la vigne. Il s'ensuit une période estivale très sèche, dont les effets sont souvent accentués par la tramontane, vent qui favorise la maturation des raisins. La vigne, depuis l'invasion phylloxérique, est plantée sur les meilleurs terroirs, en particulier sur les coteaux. Sa culture reste traditionnelle, souvent peu mécanisée. La plante est encore fréquement conduite en gobelet : les ceps forment de petits buissons, sans palissage.

Vins doux naturels et vins secs

L'implantation de la vigne en Roussillon, sous l'impulsion des marins grecs attirés par les richesses minières de la côte, date du VII^{e}s. avant notre ère. Sans doute produisait-on ici déjà des vins doux. Au Moyen Âge, époque d'essor de la viticulture, fut mise au point, dans la région, la technique du mutage des vins à l'alcool, qui permet la conservation et qui valut aux vins doux roussillonnais une réputation solide. Si la part de ces derniers dans la production a baissé à la fin du XX^{e}s., leur qualité s'est améliorée, et la région en offre une diversité sans pareille. La modernisation de l'équipement des caves, la diversification de l'encépagement et des techniques de vinification (avec la macération carbonique, par exemple), et la maîtrise des températures au cours de la fermentation permettent aujourd'hui au Roussillon d'exceller dans les vins secs.

CÔTES-DU-ROUSSILLON ET CÔTES-DU-ROUSSILLON-VILLAGES

Ces deux appellations s'étendent dans les Pyrénées-Orientales – la région historique du Roussillon. L'aire la plus étendue, celle des côtes-du-roussillon, produit des vins dans les trois couleurs, tandis que les côtes-du-roussillon-villages sont toujours rouges.

Les vins blancs sont produits principalement à partir des cépages macabeu et grenache blanc, complétés par la malvoisie du Roussillon, la marsanne, la roussanne et le rolle, et vinifiés par pressurage direct. Bien méditerranéens, finement floraux (fleur de vigne), ils accompagnent les fruits de mer, les poissons et les crustacés.

Les vins rosés et les vins rouges sont obtenus à partir d'au moins trois cépages, le carignan (60 % maximum), le grenache noir, la syrah et le mourvèdre constituant les cépages principaux. Tous ces cépages (sauf la syrah) sont conduits en taille courte à deux yeux. Souvent, une partie de la vendange est vinifiée en macération carbonique, notamment le carignan qui donne, avec cette méthode de vinification, d'excellents résultats. Les vins rouges sont fruités, épicés et riches. Les rosés, vinifiés obligatoirement par saignée, sont aromatiques, corsés et nerveux.

Au sud de Perpignan, depuis 2003, on produit des côtes-du-roussillon-Les Aspres, une dénomination attribuée aux vins rouges après identification parcellaire.

Les côtes-du-roussillon-villages sont localisés dans la partie septentrionale du département des Pyrénées-Orientales ; ils s'enrichissent de quatre dénominations reconnues pour leur terroir particulier : Caramany, Lesquerde, Latour-de-France et Tautavel. Gneiss, arènes granitiques et schistes confèrent aux vins une richesse et une diversité qualitatives que les vignerons ont bien su mettre en valeur. Les côtes-du-roussillon-villages varient selon la nature de leur terroir mais affichent toujours de beaux tanins, fins pour les terroirs acides, plus solides sur schistes et argilo-calcaires ; certains peuvent se boire jeunes, d'autres gagnent à être gardés quelques années ; ils développent alors un bouquet intense et complexe. Leurs qualités organoleptiques diversifiées leur permettent de s'associer avec les mets les plus variés.

CÔTES-DU-ROUSSILLON

• Superficie : 5 770 ha • Production : 215 500 hl (98 % rouge et rosé)

ABBOTTS & DELAUNAY Réserve 2011			
■	13 500		8 à 11 €

Issu d'une famille de producteurs et négociants bourguignons, Laurent Delaunay, œnologue, après avoir créé Badet Clément & Cie, a racheté en 2005 l'affaire fondée en 1996 par la jeune œnologue australienne

Nerida Abbott, créant sous le nom d'Abbotts & Delaunay une société de négoce-vinificateur spécialisée dans les vins du Languedoc-Roussillon. L'œnologue Vincent Charleux se charge des vinifications.

Un trio de syrah (55 %), carignan et grenache. L'élevage en fût apporte une robe sombre, adoucie par un léger tuilé. Il marque aussi le nez, partagé entre la torréfaction, le cuir et la truffe. En bouche, de la rondeur et du fondu, avec une touche de poivron grillé. À servir dès maintenant. 2014-2017 tomates farcies

Abbotts & Delaunay, 32 av. du Languedoc, 11800 Marseillette, tél. 04 68 79 00 00, contact@abbottsetdelaunay.com V r.-v. Laurent Delaunay

DOM. ALQUIER Tradition 2012 ★

	3 500		5 à 8 €

Au pied des Pyrénées et du col du Perthus, le domaine de Patricia et Pierre Alquier s'étend sur 32 ha dans le merveilleux terroir des Albères – merveilleux tant pour ses paysages que pour l'expression de finesse et de minéralité que ces sols acides du piémont nord-pyrénéen confèrent aux vins.

Le terroir des Albères a permis de conserver à ce blanc, issu essentiellement de macabeu et de vermentino, une finesse aromatique remarquée : pamplemousse, fruits exotiques et notes muscatées s'allient au nez à une nuance de muguet et à une touche végétale plus sauvage. La bouche est à la fois souple et vive, finement citronnée. 2014-2017 tajine de poulet citron confit Tradition 2011 (6 000 b.) : un rouge aux tanins veloutés 2014-2017

Alquier, Dom. Alquier, 66490 Saint-Jean-Pla-de-Corts, tél. 04 68 83 20 66, domainealquier@wanadoo.fr V t.l.j. sf dim. 9h-12h 15h-19h

ARNAUD DE VILLENEUVE 153 RD 900 2013 ★★★

	40 000		- de 5 €

Cette coopérative porte le nom de l'inventeur des vins doux naturels, Arnaud de Villeneuve. La cave rassemble 350 viticulteurs de Salses et de Rivesaltes, qui cultivent quelque 2 500 ha de vignes.

153 RD 900 ? L'adresse de la coopérative. Un rosé gourmand et élégant, finement épicé, qui sent bon la groseille et la garriguette. En bouche, la cerise prend le pas sur la fraise et le vin surprend par son volume, tonifié par une finale d'une agréable fraîcheur. Un rosé « tout terrain », qui s'alliera non seulement aux salades, mais aussi aux grillades. 2014-2015 paella Ch. de Pézilla La Marquise 2012 ★ (5 à 8 € ; 20 000 b.) : un rouge puissant et solide aux arômes de fruits noirs et d'épices, qui peut attendre. 2014-2017

Arnaud de Villeneuve, 153 RD 900, 66600 Rivesaltes, tél. 04 68 64 06 63, contact@caveadv.com t.l.j. 9h-12h 14h-18h

GERARD BERTRAND Les Aspres Réserve 2012 ★

	n.c.		5 à 8 €

Enfant des Corbières, Gérard Bertrand est un important propriétaire et négociant du sud de la France, dont les cuvées apparaissent dans le Guide sous diverses AOC (corbières, fitou, minervois, languedoc, côtes-du-roussillon...) et en IGP.

D'un rouge intense, un vin franc, agréable, mûr, mêlant des senteurs minérales, épicées à des notes de garrigue estivale. Avec son palais gourmand, sur le fruit réglissé, il est prêt à passer à table tout en possédant quelques réserves, à en juger par ses tanins bien présents. 2014-2017 pavé de bœuf sauce poivre

Gerard Bertrand, Ch. L'Hopitalet, Route de Narbonne Plage, 11100 Narbonne, tél. 04 68 45 36 00, c.fuchs@gerard-bertrand.com V t.l.j. 9h-19h

DOM. DE BESOMBES Esprit 2012

	n.c.		8 à 11 €

Au début du XVIIIe s., Joseph-Antoine Tiburce, procureur des fermes du roi, crée le domaine familial. Son lointain héritier, Damien de Besombes Singla, après des études de commerce international, a repris en 2002 la propriété. Il exploite en bio 41 ha de vignes sur trois terroirs différents ; la vallée de l'Agly, la plaine du Roussillon et les Aspres.

Un côtes-du-roussillon dédié à Esprit, un ancêtre – comme les meilleures cuvées du domaine. Une longue macération pour rechercher l'extraction et l'expression d'un terroir argilo-calcaire. La syrah (70 %) apporte le fruit noir et la fraîcheur ; le grenache, complice, donne générosité et finesse. Pour fondre l'ensemble, un boisé réglissé (sept mois de fût). Prêt à passer à table 2014-2017 gigot d'agneau

Damien de Besombes Singla, Mas Saint-Michel, 66600 Salses-le-Château, tél. 06 12 10 97 68, damien.debesombes@gmail.com V r.-v.

CH. DE CALADROY Rosé des vents 2013

	20 000		5 à 8 €

Une forteresse médiévale qui gardait la frontière entre le royaume de France et celui d'Espagne. De la terrasse du château, on découvre un panorama exceptionnel : au loin, la mer, le Canigou ; en contrebas, les vignes (130 ha) et les oliviers (7 ha). La chapelle du XIIe s. accueille le caveau de dégustation.

L'altitude du vignoble contribue au maintien d'une belle acidité dans ce rosé couleur pivoine. Une belle maîtrise de la vinification a permis de préserver les arômes de petits fruits des bois au-delà de la note amylique. Un vin sincère, souple et frais. 2014-2015 chipolatas grillées

SCEA Ch. de Caladroy, lieu-dit Caladroy, 66720 Bélesta, tél. 04 68 57 10 25, chateau.caladroy@wanadoo.fr V t.l.j. sf sam. dim. 8h-12h 14h-18h Mezerette

CH. DE CALCE 2013 ★

	2 360		- de 5 €

Au nord-ouest de Perpignan, sur la rive gauche de l'Agly, le village vigneron de Calce hésite entre schistes et calcaires, entre plaine et collines. En son sein, une forteresse médiévale. Fondée en 1932, la coopérative est forte des 213 ha de ses adhérents. En mai, elle organise une journée portes ouvertes festive : « Les caves se rebiffent. »

Le pays de Calce est réputé pour la minéralité de ses vins blancs. Dans cette cuvée assemblant deux tiers de grenache blanc et un tiers de macabeu, celle-ci s'allie aux fruits exotiques et à des notes citronnées. Un vin frais, agréable, où la pêche domine le pomelo. 2014-2017 lotte rôtie au citron vert

SCV Les Vignerons du Ch. de Calce, 8 route d'Estagel, 66600 Calcé, tél. 04 68 64 47 42, scvcalce@orange.fr V t.l.j. sf dim. 9h-12h 14h-18h sf sam. 9h-12h

CASOTS 2012 ★★

15 000 | 5 à 8 €

Cette structure est issue du regroupement de trois coopératives : Bages, Saint-Jean-Lasseille et Trouillas, soit 650 ha. Ici, pas de constructions spectaculaires, mais un bon usage des compétences et des équipements de chaque cave, sous la direction de Ch. Lléres. Une destinée commune pour 150 viticulteurs du terroir des Aspres, ces collines du sud de Perpignan.

La cuvée « bio » des vignerons. L'étiquette est en papier recyclé. Elle représente un casot, petit abri dans les vignes. Le grenache (50 %) s'allie à la syrah et à un appoint de carignan. Une robe fraîche, rubis intense. Au nez percent la griotte, l'eau-de-vie de prune, rehaussées d'une touche de genièvre. Dès l'attaque, on découvre une belle harmonie au palais, où un tanin solide accompagne les fruits rouges. La suavité du grenache s'enrichit en finale d'une note de thym. 2014-2017 civet de lièvre

Les Vignobles du Sud Roussillon, 1 av. du Mas-Deu, 66300 Trouillas, tél. 04 68 53 47 08, info@vignobles-sud-roussillon.fr V r.-v.

DOM. CAZES Marie-Gabrielle 2013

90 000 | 5 à 8 €

Fondation en 1895, premières mises en bouteilles en 1955 et une croissance continue. Aujourd'hui, un domaine de 220 ha entièrement conduit en biodynamie depuis 2005. À sa carte, toutes les AOC du Roussillon. Dans le giron du groupe Advini.

De la syrah (50 %), du grenache et du mourvèdre composent un vin enlevé, épicé, aérien, tout en fruit et en fraîcheur. Un profil tendu, des tanins structurés, un concentré de fruits rouges. Un gourmand que l'on peut croquer dès maintenant, mais qui saura attendre. 2014-2017 pavé de bœuf aux champignons

Maison Cazes, 4, rue Francisco-Ferrer, 66600 Rivesaltes, tél. 04 68 64 08 26, info@cazes.com V r.-v. Advini

DOM. DE LA CROIX DE TERRE 2013

12 000 | 5 à 8 €

La famille Jonquères d'Oriola est très connue dans le domaine sportif pour les exploits olympiques de Pierre en hippisme et de Christian en escrime. William, qui a rejoint son père Philippe en 2010, représente la vingt-septième génération de vignerons ! Depuis 1485, c'est au château bâti par les templiers que s'élabore le vin du domaine (60 ha aujourd'hui).

Mi-grenache mi-syrah, ce vin mêle au nez fruits frais et début de pruneau, sous-bois et violette. En bouche, on salue sa fraîcheur, ses tanins fondus, son fruité intense, fin et élégant. 2014-2017 tajine d'agneau aux pruneaux Ch. de Corneilla du Vercol 2013 ★ (60 000 b.) : un fruité complexe et suave (figue sèche, confiture de fruits rouges), de la garrigue, des épices. 2014-2015 Ch. de Corneilla 2013 ★ (32 000 b.) : un rosé gourmand, entre épices et sucrosité. 2014-2015

ROUSSILLON

Le Roussillon

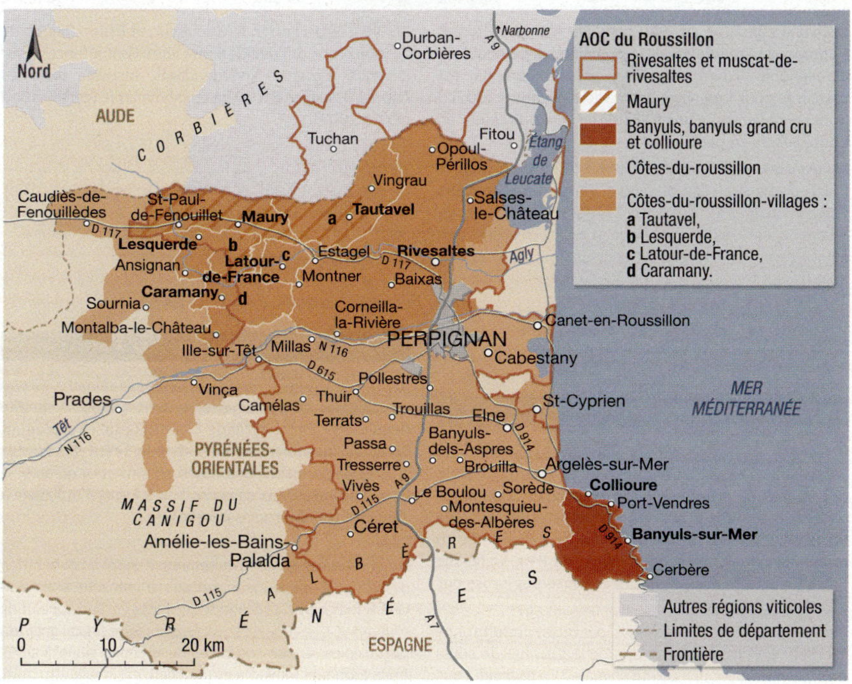

Jonquères d'Oriola EARL, Ch. de Corneilla, 3 rue du Château, 66200 Corneilla-del-Vercol, tél. 04 68 22 73 22, chateaudecorneilla@hotmail.com V t.l.j. sf dim. 11-12h 17-18h30

B DOM. DES DEMOISELLES Marieta 2012

■	6 000	8 à 11 €

Au sud de Perpignan, Tresserre, village du cœur des Aspres est, selon la légende, le pays des bruxes (fées, ou demoiselles). Mais, c'est en hommage aux trois générations de femmes qui se sont succédé à la tête du domaine (30 ha aujourd'hui) que la propriété porte ce nom. La dernière est représentée par Isabelle Raoux, qui a abandonné l'équitation pour perpétuer l'exploitation et qui officie en cave.

Marieta, c'est la coccinelle en catalan. Elle a ici changé sa tenue rouge pour un pourpre intense. Un peu timide, elle livre en quelques battements d'ailes des senteurs sauvages de violette et de petits fruits des bois. En bouche, la griotte, la myrtille et la mûre s'entourent d'un tanin soyeux, la fraîcheur est toujours présente. L'ensemble apparaît fondu, agréable, prêt à boire. ⧗ 2014-2017 ▼ navarin d'agneau ■ Le Mas 2012 ★ (9 500 b.) : du grenache noir dominant – contrairement à la marieta issue de syrah majoritaire ; de jolis arômes de cerise réglissée. ⧗ 2014-2015 ■ Les Charlines 2013 ★ (5 à 8 €) : un rosé tout en fruit et en fraîcheur. ⧗ 2014-2015

Isabelle Raoux, Mas Mulès, 66300 Tresserre, tél. 06 83 04 34 62, domaine.des.demoiselles@nordnet.fr V r.-v. D

DOM. DEPRADE-JORDA Tradition 2013 ★

■	2 500	▮	5 à 8 €

Domaine constitué en 1920 dans les Albères. Thomas Deprade est l'œnologue et le commercial, François est au vignoble. Toute la famille, parents compris, est mobilisée pour faire vivre cette vaste propriété (90 ha) dont toute la production s'écoule en vente directe – en bouteilles et en petit vrac.

Du macabeu et du grenache blanc à parité. Beaucoup de fraîcheur dans la robe or tendre. Au nez, des senteurs florales (magnolia), citronnées, exotiques (ananas), assorties d'une touche amylique. La bouche est bien équilibrée entre moelleux et fraîcheur ; on y retrouve la note d'agrumes, avec la minéralité du terroir des Albères. ⧗ 2014-2016 ▼ carpaccio de saint-jacques

Dom. Deprade Jorda, 98 route Nationale, 66700 Argelès-sur-Mer, tél. 04 68 81 10 29, domainedepradejorda@free.fr V r.-v.

DOM. DE L'ENCANTADE Roc d'en Manas 2012 ★

■	2 720	▮ ◖◗	15 à 20 €

C'est dans un terroir d'altitude (plus de 400 m), non loin deTarerach, qu'Antonin Moisan est venu en 2008 poser sa tente (ou plutôt sa yourte) pour concrétiser son rêve vigneron. Il dispose désormais d'une cave construite en matériaux naturels et conduit en bio ses 8 ha. La famille produit en outre miel, confiture et conserves issues des légumes du potager.

Serez-vous *encantade* (enchanté) par cette robe profonde à reflets violines, par cette approche sauvage de sous-bois, de mûre, avec une pointe animale ? En tout cas, vous serez conquis par la belle charpente du carignan (60 %), par les arômes d'épices et de fruits rouges, le boisé élégant et la fraîcheur d'un vin d'altitude qui n'atteindra sa plénitude que dans un an ou deux. ⧗ 2016-2018 ▼ entrecôte

Moisan Antonin, Boynes, 66130 Trevillach, tél. 06 60 88 55 34, encantade@gmail.com V r.-v.

CH. L'ESPARROU Mas Grand 2012

■	12 000	◖◗	11 à 15 €

Construit à la fin du XIXe s. par l'architecte danois Petersen, comme ceux de Rey, de Valmy et d'Aubiry, un château noyé dans son parc, à deux pas des plages et de l'étang de Canet. La pointe avancée d'un plateau viticole de galets roulés de haute expression. Longtemps propriété de la famille Rendu, il a été acquis en 2012 par Jean-Michel Bonfils, dont la famille détient de nombreux vignobles en Languedoc et jusqu'en Bordelais.

Né à deux pas de la Méditerranée, le vin reflète son origine solaire ; le grenache (35 %, aux côtés du carignan et de la syrah) ressort, apportant chair, maturité, cerise confiturée. La fraîcheur marine transparaît aussi dans des arômes de framboise et de fraise des bois, ainsi que l'élevage d'un an en fût. Un vin généreux, pour gibier ou fromage. ⧗ 2014-2017 ▼ pavé de biche aux cerises

Ch. l'Esparrou, 66140 Canet-en-Roussillon, tél. 04 67 93 10 10, bonfils@bonfilsvins.com V t.l.j. 10h-12h 14h-18h Bonfils

B DOM. FERRER-RIBIÈRE Tradition 2012 ★

■	14 000	▮	5 à 8 €

En 1993, Denis Ferrer, le viticulteur, et Bruno Ribère, de l'« interpro », ont décidé d'unir leurs compétences pour devenir vignerons indépendants. Installés dans les Aspres, ils exploitent 30 ha en biodynamie (certification bio en 2007).

Issu des quatre cépages rouges du Roussillon, un vin de garde, remarqué pour sa fraîcheur et sa bonne structure, où les fruits rouges confiturés s'accompagnent d'une touche grillée. Un peu prisonnier de la bouteille, il se libérera à l'aération. ⧗ 2014-2017 ▼ magret de canard

Dom. Ferrer-Ribiere, SCEA des Flo, 20 rue du Colombier, 66300 Terrats, tél. 04 68 53 24 45, domferrerribiere@orange.fr V r.-v.

DOM. FONTANEL 2012 ★★

■	8 000	◖◗	8 à 11 €

Les origines du domaine remontent à 1864. À sa tête depuis 1989, Pierre et Marie-Claude Fontaneil exploitent 30 ha sur des terroirs variés, d'où ils tirent des cuvées à forte personnalité, aussi bien en vins secs qu'en vins doux naturels. Deux caveaux, l'un à Estagel et l'autre à Tautavel (où se trouve la cave).

Célèbres pour leur affinité avec les grenaches noirs, les argilo-calcaires de Tautavel se prêtent aussi à l'élaboration de blancs de garde, pour peu que le grenache blanc soit vinifié sous bois. Ce cépage se complète ici d'un appoint de roussanne. Une robe d'or ; au nez, un boisé fin, du grillé, du pain d'épice se font complices de la pêche jaune. Vanille, fruits exotiques s'invitent en bouche. L'ensemble, structuré, ample, onctueux, conserve de la fraîcheur et offre une belle finale sur le fruit. ⧗ 2014-2017 🍴 poule sauce suprême

⊶ Dom. Fontanel, 25 av. Jean-Jaurès, 66720 Tautavel, tél. 04 68 29 04 71, Pierre@domainefontanel.fr V 🚶 🍷 r.-v.

DOM. GRIER Galamus 2011 ★

■ | 15 000 | ◖◗ | 8 à 11 €

Originaire d'Afrique du Sud où elle détient une maison réputée en matière d'effervescents, la famille Grier, en quête de terroirs d'exception, a forcément exploré la France. Bordeaux, Bourgogne ?... C'était sans compter sur le charme de la vallée de l'Agly. C'est ainsi que la famille a acquis en 2006 un vignoble de 25 ha d'un seul tenant dans le Fenouillèdes.

La robe est profonde, pourpre avec des reflets rouge tendre. Doucement, un fruité noir se dessine, finement épicé, accompagné de violette et d'une note de sous-bois. La bouche, à l'unisson, présente un joli fondu ; suave, souple, elle porte l'empreinte d'un grenache allié à la syrah et au carignan ⧗ 2015-2017 🍴 ragoût d'agneau ■ Aquila 2011 (5 à 8 € ; 50 000 b.) : issu des mêmes cépages, élevé en cuve, un rouge gouleyant et frais pour viandes blanches et charcuteries ⧗ 2014-2016

⊶ Dom. Grier, 18 av. Jean-Moulin, 66220 Saint-Paul-de-Fenouillet, tél. 04 68 73 34 39, contact@domainegrier.com V 🚶 🍷 r.-v.

CH. DES HOSPICES DE CANET
Grande Terre blanche 2011 ★

■ | 3 000 | 11 à 15 €

Cinq générations se sont succédé sur ce domaine (50 ha aujourd'hui) implanté sur des terrasses de galets roulés, entre le littoral et Perpignan, et trois se côtoient actuellement : Louis, le grand-père, Michel, le père, et Marc, le petit-fils ingénieur agronome, installé en 2007.

Encore un blanc fermenté et élevé en barrique avec bâtonnages. Il est vrai que les grenaches gris et blancs se prêtent à l'exercice. Le grenache blanc domine l'assemblage de ce vin couleur or, au nez accueillant, évoluant de l'eucalyptus et des épices (safran) vers la cire et la pêche jaune, avec une touche liquoreuse. En bouche, beaucoup de volume, de fruits confits, un joli fondu, du boisé bien présent et une fraîcheur notable. ⧗ 2014-2016 🍴 bouillabaisse

⊶ Ch. des Hospices de Canet, 5 impasse de l'Hort, 66140 Canet-en-Roussillon, tél. 06 63 02 46 00, contact@domaine-berassis.FR V 🚶 🍷 t.l.j. sf dim. 9h-12h 16h-19h 🏠 B

CH. DE JAU 2013

■ | 6 534 | 5 à 8 €

Du bâtiment construit au XIIe s. par les moines cisterciens, il ne reste que la superbe tour épousant la roche. Jean et Bernard Dauré ont acheté le domaine en 1974. La magnanerie du milieu du XIXe s. abrite aujourd'hui l'Espace d'art contemporain, qui voisine avec l'un des premiers restaurants vignerons créés en France, ouvert l'été.

Sur place, au restaurant grill, ce rosé de couleur soutenue, au nez gourmand de fruits rouges sera parfait autour d'un melon chiffonnade ou de grillades catalanes. L'attaque est ample, généreuse, relayée rapidement par une belle fraîcheur qui garantit à ce vin une vie au-delà de l'été. ⧗ 2014-2015 🍴 viande blanche grillée

⊶ Vignobles Dauré, Ch. de Jau, 66600 Cases-de-Pène, tél. 04 68 38 90 10, daure@wanadoo.fr V 🍷 t.l.j. sf ven. sam. dim. 9h-17h (hiver); t.l.j. 10h-20h (été)

DOM. LAFAGE Le Vignon 2009 ★★

■ | 2 000 | ◖◗ | 30 à 50 €

Éliane et Jean-Marc Lafage ont vinifié pendant dix ans dans l'hémisphère Sud, puis ont repris l'exploitation familiale, établie sur trois terroirs bien distincts du Roussillon : la vallée de l'Agly, vers Maury ; les terrasses de galets roulés, proches de la mer ; les Aspres et ses terres d'altitude. Aujourd'hui, quelque 160 ha cultivés à petits rendements.

Étonnant, ce 2009 né dans les Aspres, sur un terroir de schistes, d'une dominante de carignan, avec du mourvèdre et de la syrah en appoint. Un élevage en cuve et deux ans de barrique lui confèrent une profondeur remarquée, une intensité appréciée tout au long de la dégustation : à l'œil ; au nez, qui mêle griotte, myrtille et fruits épicés ; en bouche, où le vin se montre plein, gorgé de fruits noirs, adossé à des tanins enrobés. Un vin gourmand, d'un rare équilibre, en devenir. ⧗ 2014-2017 🍴 filet de bœuf aux cèpes ■ Dom. Lafage Cuvée centenaire 2013 ★ (11 à 15 € ; 40 000 b.) : un blanc onctueux élevé en barrique. ⧗ 2014-2016 ■ Saint-Roch Vieilles Vignes 2013 (8 à11 € ; 8 000 b.) : autre blanc, plus aérien et floral ⧗ 2014-2016

⊶ Dom. Lafage, Mas Miraflor, route de Canet, 66000 Perpignan, tél. 04 68 80 35 82, contact@domaine-lafage.com V 🍷 t.l.j. sf dim. 10h-12h 15h-18h
⊶ J.-M. Lafage

DOM. LAPORTE Sumeria 2011 ★

■ | 5 000 | ◖◗ | 11 à 15 €

Domaine de 23 ha, situé à l'est de Perpignan, près de l'antique Ruscino et de la Via Domitia. Acquis en 1962 par la famille de Raymond Laporte, qui l'exploite depuis 1980, il bénéficie d'un terroir exceptionnel : les hautes terrasses caillouteuses de la Têt, balayées par les vents marins et la tramontane.

Un vin né d'un assemblage dominé par la syrah, dont le millésime précédent avait obtenu un coup de cœur. Après un an sous bois, le 2011 affiche une couleur profonde. Le nez, à l'aération, se libère d'une note terroitée pour rejoindre le fruit noir, la tapenade, le genièvre et le fruit confituré. En bouche, de la souplesse et une fraîcheur remarquée ; de la finesse et une longue finale vanillée. ⧗ 2014-2017 🍴 ravioles de cèpes

⊶ Raymond Laporte, Ch. Roussillon, 66000 Perpignan, tél. 04 68 50 06 53, domaine-laporte@wanadoo.fr V 🍷 r.-v.

CH. LAURIGA
Cuvée Jean Élevé en fûts de chêne 2011 ★★★

■ | 6 300 | ◖◗ | 15 à 20 €

Jacqueline Clar poursuit l'œuvre de Jean sur les 50 ha du domaine, restructuré dans les années 1990. Ce vignoble situé au sud-ouest de Perpignan, sur des terrasses de galets et des sables fournissait jadis la cour du roi d'Aragon.

Si l'élevage a marqué la robe de reflets tuilés, il a donné un vin accompli, qui a frôlé le coup de cœur. L'assemblage privilégie la syrah, complétée de carignan et de grenache. Au nez, le sous-bois humide, le cèpe s'allient au cuir et au tabac brun. Quant au palais, il enchante par son ampleur, son tanin remarquable, ses arômes de fruits noirs, de cerise confiturée, de garrigue et d'épices exotiques. 2014-2017 fricassée de sanglier ■ Cuvée Bastien 2012 ★★ (11 à 15 € ; 3 500 b.) : élevé en cuve, un autre rouge finaliste du coup de cœur, salué pour son fruité. 2014-2015 ■ 2013 (5 à 8 € ; 8 000 b.) : un très joli fruité. 2014-2015

Ch. Lauriga, traverse de Ponteilla, RD 37, 66300 Thuir, tél. 04 68 53 26 73, info@lauriga.com V r.-v. Jacqueline Clar

BERNARD MAGREZ
Si mon père savait 2011 ★★

■ | n.c. | | 8 à 11 €

Bernard Magrez, connu notamment pour son Ch. Pape Clément, cru classé des Graves, collectionne les vignobles dans l'Ancien et le Nouveau Monde. Il aime investir de nouveaux terroirs à forte personnalité et a créé à partir de 2002 un domaine dans la vallée de l'Agly (25 ha). La propriété est aujourd'hui installée à Montner, dans la cave du village magnifiquement rénovée.

On éprouve toujours du plaisir à déguster du « Magrez », des vins où la puissance est contenue, où le boisé épouse le vin et où l'extraction est toujours présente mais mesurée, laissant parler un fruit gourmand. Élégance, intensité et finesse résument la dégustation ce 2011 à dominante de syrah (68 %). 2014-2017 épaule d'agneau ■ Passion d'une vie 2011 ★ (11 à 15 € ; 20 100 b.) : avec moins de syrah (48 %) et plus de barrique, ce 2011 reste dans le même registre velouté que le précédent. Pour les amateurs de vins boisés. 2014-2017

Bernard Magrez, 2 Grand-Rue, 66720 Montner, tél. 06 88 97 92 21, domaine-magrez-montner@orange.fr V r.-v.

MAÎTRE DE CABESTANY
La Cuvée Élevé en fût de chêne 2012 ★

■ | 58 000 | | 5 à 8 €

Les Terroirs romans sont nés en 2010 du regroupement des coopératives de Cabestany, Alenya, Villeneuve-de-la-Raho, Elne et Saint-Nazaire, villages proches de la mer, au sud de Perpignan : 72 viticulteurs, 305 ha. Le nom fait allusion au riche patrimoine roman de ces communes.

Cette cuvée rend hommage à un sculpteur du XIIe s. resté anonyme, dont l'école rayonna en Catalogne. De la syrah majoritaire, complétée par le grenache. Elle s'ouvre à l'aération sur les fruits rouges et la garrigue en été. La mise en bouche dévoile un vin franc, gourmand et persistant, tout en fruits frais. Son tanin ferme permettra une petite garde. 2014-2017 bœuf braisé ■ Dame d'Elne 2012 Élevé en fût de chêne (62 000 b.) : même assemblage, même présence exubérante du fruit – ici des petits fruits à l'alcool ; de la finesse. 2014-2016

SARL Terroirs Romans, 67 av. Paul-Reig, 66200 Elne, tél. 04 68 22 06 51, terroirs-romans@orange.fr V SCV C.A.V.E.S

B MAS BÉCHA Cuvée Charles Classique 2012 ★★

■ | 30 000 | | 8 à 11 €

Au sud de Perpignan, Charles Perez exploite son domaine depuis 2004 au hameau de Nils, dans les Aspres – 30 ha en bio. Cette figure du vignoble se fait « croquer » par un artiste différent chaque année pour illustrer ses étiquettes. Il en va de même pour les membres de sa famille. Le Mouton Rothschild catalan, en quelque sorte !

De la syrah (60 %), du grenache et du mourvèdre. On ne se lasse pas de ce fruit mûr et généreux, de cette force élégante, de ces tanins enrobés et des notes épicées, réglissées qui soulignent la finale. 2014-2016 magret grillé ■ La Bergerie du camps de Nyils Les Aspres 2010 ★★ (75 à 100 € ; 600 b.) : de la générosité et de superbes arômes de fruits noirs pour ce rouge à dominante de syrah ■ Excellence Charles 2012 ★★ (15 à 20 € ; 6 000 b.) : un rouge friand, suave, sur le cassis et la cerise. ■ Classique Ève 2013 ★ (5 à 8 € ; 8 000 b.) : un rosé frais et printanier !

Charles Perez, 3, av. de Pollestres, 66300 Nyls-Ponteilla, tél. 04 68 95 42 04, hachette2015@masbecha.com V r.-v. Charles Perez

DOM. MAS CRÉMAT
L'Envie 2012 ★★

■ | 7 000 | | 8 à 11 €

Les terres de schistes noirs ont donné son nom au Mas Crémat (« brûlé » en catalan), repris en 2006 par une famille de vignerons bourguignons : Christine et Julien Jeannin, secondés par leur mère Catherine. Un superbe mas du XIXe s. et un vignoble de 33 ha labouré et conduit en fonction du cycle de la lune.

Quatre cépages sont ici réunis. Timide, ce 2012 se dévoile lentement à l'aération, déployant des senteurs de maquis, de sous-bois et de violette. La bouche est tout autre : minéralité, structure, ampleur, il cachait bien son jeu. Une présence épicée où cassis, mûre s'imposent. Le tanin est velouté, le vin se croque, gourmand aujourd'hui et demain. 2014-2016 gigot d'agneau ■ La Yose 2013 ★★ (2 700 b.) : mi-grenache blanc mi-vermentino, un blanc frais aux jolis arômes de fruits exotiques, idéal pour le poisson. 2014-2016

Dom. Mas Crémat, Mas Crémat, 66600 Espira-de-l'Agly, tél. 04 68 38 92 06, mascremat@mascremat.com V t.l.j. sf dim. 10h-12h 14h-18h Jeannin

MAS CRISTINE 2012 ★★

■ | 18 000 | | 11 à 15 €

Superbe mas situé dans le massif des Albères, à la limite du cru banyuls, isolé au milieu du maquis ponctué de chênes-lièges. Les vignes dominent les pins qui descendent en pente douce vers la mer. Implanté sur des sols de schistes, de quartz et d'argile rouge, le domaine (15 ha) a été acheté en 2006 à la famille Dauré (Jau) par Philippe Gard et Julien Grill. L'équipe est aussi à la tête de la Coume del Mas.

De la syrah et du grenache, avec une goutte de carignan. Le terroir de schistes bruns apporte finesse, velouté, mais aussi la note chaleureuse, méditerranéenne, des vins mûrs, sur le fruit noir ou macéré. Le bois accompagne bien le fruit ; il apporte une touche réglissée et de la fermeté à ce vin qui saura attendre. 2015-2017 civet de lapin

Mas Cristine, chem. de Saint-André, 66700 Argelès-sur-Mer, tél. 04 68 88 37 03, info@mascristine.com V r.-v.

MAS JANEIL Le Traou de l'Ouille 2011 ★★

	4 600		11 à 15 €

Représentant la cinquième génération d'une célèbre lignée bordelaise, François Lurton a créé en 1988 avec son frère Jacques une société qu'il dirige seul depuis 2007. S'il exploite de nombreux vignobles dans le Nouveau Monde, notamment en Argentine, il a trouvé en Roussillon des terroirs aptes à produire des vins concurrençant ceux des pays émergents.

François Lurton exploite 28 ha dans la vallée de l'Agly, région qui recèle des terroirs frais comme ce « creux de l'eau » (*traou de l'ouille*). Un élevage de dix mois en demi-muid avec bâtonnage, du grenache gris (allié au macabeu), voilà de quoi élaborer des vins blancs de garde, à cent lieues des vins « verts » initialement programmés pour le Roussillon ! Ici, de l'or en bouteille, un nez complexe mêlant notes grillées, minérales et nuances de pêche jaune évoquant la surmaturation. En bouche, un air de liquoreux, du volume, de la pêche encore, avec du fruit confit. Le boisé accompagne une fraîcheur si intense qu'elle fait penser à un riesling. Superbe. ⧗ 2015-2017 ▼ homard grillé

François Lurton (Mas Janeil), Dom. de Poumeyrade, 33870 Vayres, tél. 05 57 55 12 12, communication@francoislurton.com r.-v.

DOM. DU MAS ROUS 2011 ★

	5 000		8 à 11 €

En 1850, Michel Bizern, agriculteur, transforme en maison une bergerie des Albères, au pied des Pyrénées, fondant le *mas del ros* (« maison du blond » en catalan), qui devient Mas Rous. Son arrière-petit-fils, José Pujol, qui est brun, reprend l'exploitation en 1976. Une valeur sûre de ce beau terroir. Le vignoble (35 ha) est en conversion bio.

Le terroir des Albères engendre des vins remarqués pour leur fraîcheur et leur souplesse. Celui-ci répond bien à ce profil, après avoir dévoilé des senteurs sauvages de maquis, de sous-bois où percent violette et fruits des bois. Un ensemble élégant, fondu et fin, minéral et poivré, adossé à des tanins veloutés, où le fruit noir apporte sa vivacité. Pour un plaisir immédiat. ⧗ 2014-2016 ▼ brochettes de bœuf

Dom. du Mas Rous, M. Pujol, 66740 Montesquieu-des-Albères, tél. 04 68 89 64 91, masrous@mas-rous.com V t.l.j. sf dim. 9h30-12h 14h-18h José Pujol

DOM. MIRABAU 2013 ★★

	n.c.		5 à 8 €

Implantés en Languedoc, les Domaines Auriol sont la création d'une vigneronne, Claude Vialade, qui sait s'entourer. Surtout tournée vers l'export, la maison possède plusieurs domaines en propre dans les Corbières, vinifie des vins à partir d'achats de raisins et diffuse des vins de propriété. En tout, 8 millions de litres vinifiés et 10 millions vendus en bouteilles et bib provenant de 74 caves partenaires du sud de la France.

Provenant de Terrats, dans les Aspres, ce vin associe la syrah (60 %) et le grenache. Une robe grenat intense avenante et jeune. Au nez, de la cerise et du bourgeon de cassis, en contrepoint de notes plus méditerranéennes de ciste et de garrigue. Le fruit rouge reprend ses droits dans un palais suave et velouté, s'entourant d'un joli grain de tanin et de la sucrosité du grenache. De la finesse. ⧗ 2014-2017 ▼ bolas de picolat ■ Intense de Claude Vialade Les Balcons des Pyrénées 2013 ★ : du grenache et du carignan dans ce vin ample, puissant et frais, qui pourra convenir au gibier. ⧗ 2016-2018

Les Domaines Auriol, Z.I. Gaujac, 11200 Lézignan-Corbières, tél. 04 68 58 15 15, info@les-domaines-auriol.eu Claude Vialade

DOM. MODAT De-ci et de-là 2012

	2 600		11 à 15 €

D'origine catalane, Philippe Modat, magistrat, est un amateur de vins éclairé – comme son père, devenu lui aussi vigneron. Cette passion s'est concrétisée par la constitution en 2006 d'un domaine dans la vallée de l'Agly : 25 ha de vignes sur un plateau à 300 m d'altitude, en conversion bio depuis 2011 (8 ha en biodynamie) et une cave de conception écologique, dotée de cellules photovoltaïques, inaugurée en 2008.

Dans les vieilles vignes de grenache noir, il y a souvent des souches de blanc (ici, grenaches blanc et gris, macabeu) plantées « de-ci, de-là ». Cueillies séparément, elles ont donné naissance à ce blanc paré d'or, très minéral (pierre à fusil), jouant entre fruits confits (coing, abricot) et fruits secs grillés. Vif et onctueux, toasté et fruité, épicé et souple, il marie les paradoxes. À déboucher dès l'apéritif. ⧗ 2014-2017 ▼ loup au fenouil

Dom. Modat, Lieu-dit Les Plas, 66720 Cassagnes, tél. 04 68 54 39 14, contact@domaine-modat.com V r.-v.

ROUSSILLON

CH. DE L'OU 2012 ★

	10 000		8 à 11 €

Philippe Bourrier, agronome, et son épouse Séverine, œnologue, ont acheté en 1999 ce domaine dont le nom vient d'une résurgence dans un bassin en forme d'œuf (*ou* en catalan). Ils ont refait le chai et travaillé d'emblée en bio leur vignoble qui couvre 40 ha entre plaine du Roussillon et Fenouillèdes.

Mariant syrah (60 %) et grenache, ce 2012 s'habille d'une robe profonde ornée de reflets rappelant les briquettes catalanes. Le nez est complexe, dominé pour les uns par le cuir, la tapenade et le grillé, pour les autres par le fruit mûr. Très onctueux à l'attaque, le palais conserve une belle fraîcheur sur des tanins encore un peu appuyés. ⧗ 2015-2017 ▼ civet de sanglier sauce pimentée

Ch. de l'Ou, rte de Villeneuve, 66200 Montescot, tél. 04 68 54 68 67, chateaudelou66@orange.fr V r.-v. Bourrier

DOM. DE LA PERDRIX T13 2013 ★

	5 000		5 à 8 €

Depuis 1807, le vin était élaboré au village dans la vieille cave familiale. Après avoir pris le relais en 1996 et passé treize ans dans ces locaux, ne pouvant « pousser les murs », Virginie et André Gil ont établi en 2009 un nouveau chai au cœur des vignes, regardant le Canigou. Leur domaine couvre 35 ha.

Dans un décor rose tendre saumoné percent discrètement les petits fruits des bois, accompagnés de la note douce de la fraise au sucre. Les fruits rouges s'installent en bouche, la cerise apparaît, avec une touche amylique, puis la mûre joue avec l'acidité en finale. Intense, équilibré et frais, un vin bien fait. ⧗ 2014-2017 🍴 poisson à la plancha ■ Cuvée Joseph Sébastien Pons 2012 ★(11 à 15 € ; 10 000 b.) : quatre cépage et un élevage sous bois pour un vin à servir dès maintenant sur des viandes en sauce. ⧗ 2014-2016

Dom. de la Perdrix, Traverse-de-Thuir, 66300 Trouillas, tél. 04 68 53 12 74, contact@domaine-perdrix.com V t.l.j. sf dim. 10h-12h 15h-18h30 (19h de juil. à sept.)

LES PINS & CO Dom. Brial 2013 ★★

■ | 13 000 | | 8 à 11 €

Suivi à la parcelle, maîtrise de la totalité de la chaîne d'élaboration, du raisin à la bouteille, démarche de développement durable... La cave de Baixas, fondée en 1923, compte 380 coopérateurs qui exploitent 2 500 ha répartis sur une trentaine de communes.

Le « second » vin des Pins passe en force pour ses attraits présents. Assemblage dominé par le grenache blanc, il a fermenté en barrique de 500 l. Or clair, il charme par son nez intense et complexe, autour du toasté, de l'amande grillée, de la vanille et de l'acacia. Rondeur, finesse, volume et fraîcheur, abricot mêlé au citron, tout est superbe. Un excellent mariage du boisé et du vin mis en valeur par un beau travail de bâtonnage sur lies fines. ⧗ 2014-2017 🍴 dorade au four ■ Ch. Les Pins 2012 ★ (11 à 15 € ; 12 000 b.) : valeur sûre de la cave, un blanc vinifié en barrique neuve avec bâtonnage. Floral et vanillé, étoffé et long, il se mariera avec les viandes blanches et les poissons au beurre blanc. ⧗ 2014-2017

Vignobles Dom Brial, 14, av. Mal-Joffre, 66390 Baixas, tél. 04 68 64 22 37, contact@dom-brial.com V r.-v.

♥ DOM. PIQUEMAL
Les Terres grillées 2013 ★★★

■ | 4 000 | | 5 à 8 €

Sous l'impulsion d'Annie et de Pierre Piquemal, ce domaine familial (48 ha) est devenu une référence du Roussillon. Tout en maintenant les pratiques traditionnelles, il dispose maintenant d'un chai très moderne, à l'extérieur du village. Un outil adapté pour exalter l'expression de chaque terroir (schistes feuilletés, argilo-calcaires, galets roulés). Les vinifications sont assurées par Marie-Pierre Piquemal.

L'attelage syrah-grenache vous entraîne vers des chemins bordés de vergers en fleurs, vers la framboise et la fraise des bois. En bouche, ce vin montre une ampleur surprenante, équilibrée par des notes de petits fruits acides, par une vivacité contenue par la suavité du grenache. Une harmonie bien méditerranéenne pour ce rosé accompli, fait pour la table. ⧗ 2014-2015 🍴 soupe au pistou ■ Le Chant des frères 2012 (6 000 b.) : un rouge mi-grenache mi-syrah ; de la barrique ; parfait pour le fromage. ⧗ 2014-2017

Dom. Piquemal, RD 117, km 7, 66600 Espira-de-l'Agly, tél. 04 68 64 09 14, contact@domaine-piquemal.com V t.l.j. sf dim. 9h-12h 14h-18h

CH. PLANÈRES
Prestige 2013 ★

■ | 13 000 | | 5 à 8 €

Sur le haut de Saint-Jean-Lasseille, dans les Aspres, ce domaine de 100 ha s'étend sur le plateau de Planères, autour d'une bâtisse catalane du XIXᵉs. Francis Jaubert, le père, a été à l'origine de la reconnaissance en AOC des côtes-du-roussillon (1977), des vins secs au pays des VDN. Les frères Gilles, Guy et Claude Jaubert et Roland Noury continuent son œuvre.

Feuille d'automne, reflets saumonés, l'approche est douce et agréable, et révèle un vin très aromatique jouant sur la note miellée de la fleur d'amandier et sur le fruité intense de la pêche blanche et du brugnon. Le fruit blanc, nuancé d'un soupçon de noyau, s'épanouit dans un palais la fois frais et rond, marqué en finale par une légère amertume agréable, qui donne de l'allonge. ⧗ 2014-2015 🍴 zarzuela

Ch. Planères, Vignobles Jaubert-Noury, 66300 Saint-Jean-Lasseille, tél. 04 68 21 74 50, contact@chateauplaneres.com V r.-v.

CH. DE REY Sisquo 2012

■ | 12 000 | | 5 à 8 €

Dominant la Grande Bleue et les étangs, le château de Rey, fondé en 1875, déroule ses 36 ha sur les galets et sables de la « haute » terrasse de l'Agly culminant à...15 m. Un château très « fin XIXᵉs. » à la tour élancée, des gîtes à 5 mn des plages. Aux commandes depuis 1996, Cathy et Philippe Sisqueille.

Un vin à dominante de syrah (70 %), très frais, gourmand, ouvert sur le fruit noir finement épicé, au grain de tanin remarqué. Une belle présence ⧗ 2014-2017 🍴 sauté d'agneau ■ 2012 Galets roulés 2012 ★★ (11 à 15 € ; 6 000 b.) : mi-grenache mi-carignan, un profil différent. Un ensemble plein, « solaire », dominé par les épices et par la douceur cacaotée d'un boisé de caractère. D'abord un peu fermé, il se révèle rapidement, puissant, le tanin solide, prêt à affronter gibier ou cuisine épicée ⧗ 2014-2015 ■ Galets roulés 2013 (11 à 15 € ; 900 b.) : un rosé surprenant par la note toastée léguée par un élevage de cinq mois en barrique. ⧗ 2014-2015

Cathy et Philippe Sisqueille, Ch. de Rey, rte de Saint-Nazaire, 66140 Canet-en-Roussillon, tél. 04 68 73 86 27, contact@chateauderey.com V t.l.j. sf dim. 10h-12h 15h-18h

DOM. RIÈRE-CADÈNE
Cuvée Fernand Cadène 2010 ★

■ | n.c. | | 8 à 11 €

Fondé en 1904, un domaine de 24 ha, conduit depuis 1994 par Jean-François Rière qui a renoué avec les vinifications au domaine. La cave est située à Perpignan même, dans un secteur agricole encore préservé, ce qui a permis l'aménagement de gîtes.

Un assemblage de syrah et de grenache, un élevage sous bois pour ce vin qui se révèle à l'aération sur des senteurs d'épices, de torréfaction, de garrigue et de cuir. Au palais, il apparaît mûr, équilibré et long. On y retrouve l'épice, alliée à la fraîcheur, et le fruit mûr, avec des tanins veloutés. Un vin bien présent et élégant. ⧗ 2014-2017 🍴 gigot d'agneau ■ Cuvée Jean Rière 2012 : élevé en cuve et plus léger, un « vin de copains ». ⧗ 2014-2017

Dom. Rière Cadène, Mas Bel Air, chem. de Saint-Génis-de-Tanyères, 66000 Perpignan, tél. 04 68 63 87 29, contact@domainerierecadene.com V D Rière

DOM. DE ROMBEAU Le Blanc Fruité 2013 ★★

| 5 700 | 8 à 11 € |

Le domaine de Rombeau est dans la famille depuis des siècles. Vigneron médiatique, restaurateur et hôtelier, Pierre-Henri de La Fabrègue lui a donné un bel éclat. Des 100 ha de l'exploitation naissent des muscats-de-rivesaltes, des rivesaltes et des vins secs, en AOC et en IGP. Une production bien connue des lecteurs du Guide.

Quelques mois de barrique et l'or s'affirme, brillant, lumineux. Au nez, le boisé enrobe la pêche au sirop et l'abricot rouge du Roussillon. En bouche, la vanille accompagne un léger toasté, relayée par les fruits jaunes qui prennent des nuances exotiques. La finale rappelle les fruits secs tout en jouant sur la fraîcheur. 2014-2017 lotte au vin blanc

SCEA Dom. de Rombeau, 2, av. de la Salanque, 66600 Rivesaltes, tél. 04 68 64 35 35, domainederombeau@wanadoo.fr V t.l.j. 8h-20h 3 de La Fabrègue

DOM. ROSSIGNOL Vermell 2012 ★

| 4 800 | 5 à 8 € |

Où vont s'arrêter Fabienne et Pascal Rossignol ? Création du domaine en 1995, chai souterrain en 2002, certification bio en 2009, musée, automates, clos des cépages, chambres d'hôtes,... aujourd'hui 18 ha dans les Aspres pour ces vignerons qui ont le sens de l'accueil.

Rares sont les vins à base de mourvèdre (60 %), cépage de vignerons, réservé à l'approche mais qui apporte un joli grain de tanin, une note de fumé et de truffe autour du fruit noir. Complété par la syrah (20 %) avec un appoint de grenache et de carignan, ce cépage à l'origine de vins de garde s'empare ici de la minéralité du terroir pour livrer un vin d'une fraîcheur remarquée. 2015-2017 pavé de bœuf grillé

Pascal Rossignol, rte de Villemolaque, 66300 Passa, tél. 04 68 38 83 17, domaine.rossignol@free.fr V t.l.j. sf dim. 10h00-12h00 15h-18h30 4

DOM. SARDA MALET 2012

| 30 000 | 11 à 15 € |

« On devrait construire les villes à la campagne, l'air y est plus pur. » Cette citation d'A. Allais est en passe de se réaliser tant la ville de Perpignan pousse aux portes du domaine. Un havre de paix avec une vue splendide sur le Canigou. Jérôme Sarda hérite des premières vignes, exploitées aujourd'hui par son petit-fils Jérôme Malet. Certification bio en 2013.

Du mourvèdre marié à la syrah, avec un complément de grenache. À l'aération, ce 2012 dévoile doucement des notes boisées élégantes, des senteurs de truffe et de poivre vert. L'attaque est directe, le vin équilibré sur des tanins racés. Il saura attendre. 2015-2018 entrecôte aux cèpes 2013 (2 000 b.) : rose profond, fruité, très marqué par la syrah. 2014-2015

Dom. Sarda-Malet, Mas Saint-Michel, chem. de Sainte-Barbe, 66000 Perpignan, tél. 04 68 56 72 38, info@sarda-malet.com V r.-v.

♥ **DOM. SOL-PAYRÉ**
Scelerata Âme noire Les Aspres 2011 ★★★

| 8 000 | 15 à 20 € |

Le grand-père de Jean-Claude Sol, ouvrier agricole émigré d'Espagne en 1913, a reconstruit sa vie à l'abri de la cathédrale d'Elne, fondant un domaine qui s'est agrandi petit à petit pour atteindre 42 ha. Principalement implanté au sud du département, entre Perpignan et Collioure, le vignoble s'est étendu au nord, sur les sols acides des Fenouillèdes.

Mourvèdre, carignan, syrah, grenache : les quatre cépages principaux de l'appellation ne font plus qu'un vin grenat, bien ouvert sur la fraise des bois, la réglisse, la vanille, la touche fraîche et relevée de la menthe poivrée. Le tanin est soyeux, le palais ample et enrobé. Un vin gourmand, d'une parfaite harmonie. 2014-2017 poulet aux gambas Trilogia 2012 ★★ (6 000 b.) : un élevage en cuve ; la syrah, le grenache et le carignan au service d'un vin fruité et réglissé, d'une remarquable finesse. 2014-2016 Ater 2011 ★ (20 à 30 € ; 4 000 b.) : de la syrah majoritaire pour ce vin rouge fermenté et élevé en barrique, aux beaux arômes de fruits rouges épicés et vanillés. Il est prêt. 2014-2016

Dom. Sol-Payré, rue de Paris, 66200 Elne, tél. 04 68 22 17 97, domaine@sol-payre.com V t.l.j. sf dim. 9h-12h 15h-18h; f. apr.-m. de nov. à mars

TERRASSOUS Les Pierres plates 2011 ★★

| n.c. | 8 à 11 € |

Les vignerons de Constance et Terrassous regroupent depuis 2009 trois caves des Aspres, dans la partie sud du Roussillon dénommée Aspres. Un terroir de collines et de terrasses au pied du Canigou, lequel apporte avec ses schistes une palette supplémentaire de terroirs. La cave commercialise en tirage limité toute une gamme de splendides vins doux naturels, du six ans d'âge aux millésimes anciens.

Bien élevé par les producteurs de Terrats, il est prêt. Il assemble mourvèdre (50 %) et syrah, avec un appoint de grenache. Le jury salue la qualité de ses tanins, le subtil mariage de la torréfaction héritée de la barrique et d'un fruité mûr mêlant cerise noire et pruneau. Un vin rond, charnu, harmonieux, parfait avec des viandes relevées. 2014-2017 lapin chasseur Terrassous Villare Juliani 2012 ★ (5 à 8 € ; 28 000 b.) : il privilégie davantage le fruit et la syrah (75 %). 2014-2015 Ch. Mossé 2013 (5 à 8 € ; 20 000 b.) : un joli rosé à la fois tendre et frais. 2014-2015

SCV Les Vignobles de Constance et du Terrassous, 66300 Terrats, tél. 04 68 53 02 50, contact@terrassous.com V t.l.j. sf dim. 9h-12h 14h-18h30 (hiver); 9h-12h30 14h30-19h (été)

DOM. LA TOUPIE Fine Fleur 2012 ★★★

| 3 000 | 8 à 11 € |

Après vingt ans passés dans l'administration viticole, puis à parcourir le vignoble pour la coopérative du Mont Tauch, dans l'Aude, Jérôme Collas a franchi le pas... et

ROUSSILLON

la « frontière » entre Languedoc et Roussillon, pour s'installer en 2012 sur 10 ha dans la vallée de l'Agly.

La fine fleur des blancs, à un doigt du coup de cœur. Du grenache gris et du macabeu à parité, un élevage de cinq mois sur lies en barrique. Un « vin plaisir », or tendre, très aromatique, aux senteurs miellées de fleurs du verger, de pêche blanche, avec un soupçon de vanille, le tout souligné d'une ligne de fraîcheur surprenante. Ample, délicat et soyeux, ce blanc s'attarde en bouche sur la pêche-abricot, retrouve un joli boisé avant de s'effacer sur des sensations toniques de vivacité. 2014-2017 lotte à la vanille

Dom. la Toupie, 19, rte de Perpignan, 66380 Pia, tél. 07 86 28 99 52, contact@domainelatoupie.fr V r.-v. Jérôme Collas

♥ DOM. TRILLES
Incantation 2012 ★★★

3 000 | 8 à 11 €

BTS en poche, Jean-Baptiste Trilles rejoint en 2000 les vignes familiales (40 ha cultivés) dans les Aspres. Apporteur de raisins à la coopérative à ses débuts, il devient vigneron en 2007, avant de construire en 2010 une cave à sa mesure à Tresserre, aux pays des bruixes (fées ou sorcières). Des sorcières qui ont inspiré le nom de ses cuvées.

Nul doute que c'est la bonne fée, et non la vilaine sorcière, qui s'est penchée sur le berceau de ce millésime. Toutefois, si ce vin enchante, ces charmes ne doivent rien à la magie, cette cuvée prenant ses habitudes dans le Guide. On salue au-delà de son équilibre, sa finesse et son élégance. Ce vin au regard noir s'entoure de senteurs de sous-bois, de violette, puis de touches plus chaleureuses de cerise et d'épices. La bouche est franche, toastée, charnue et fraîche ; on y croque la cerise ; le tanin velouté joue avec la douceur. Une présence harmonieuse et une large gamme d'accords, dès aujourd'hui. 2014-2017 côte de bœuf

Jean-Baptiste Trilles, chem. des Coulouminettes, 66300 Tresserre, tél. 06 15 46 64 71, contact@domainetrilles.fr V mer. 10h-12h 14h-18h

Ⓑ DOM. DES TROIS ORRIS
La Pierre blanche 2011

10 522 | 5 à 8 €

Le domaine de 15 ha doit son nom aux abris de berger (orris) qui parsèment le territoire de ce terroir d'altitude. C'est dans ce coin sauvage des Fenouillèdes, au nord du Canigou, que le Hollandais Joep Graler communie depuis 2003 avec sa nature. En bio depuis 2006.

La fraîcheur d'un terroir d'altitude donne au carignan un profil tendu, tandis que le grenache apporte sucrosité et fruité de cerise. Senteurs de maquis et sous-bois complètent le profil aromatique. Avec ses tanins mûrs et arrondis, ce 2011 est prêt à passer à table. 2014-2017 pavé de bœuf aux morilles

Dom. des Trois Orris, Route de Marcevol, 66320 Tarérach, tél. 06 75 02 51 00, troisorris@wanadoo.fr V r.-v. Graler

DOM. VAQUER L'Éphémère 2013 ★★

n.c. | 5 à 8 €

Domaine acheté en 1912 par la famille Vaquer dans les Aspres. Dans la lignée, le « maréchal », Fernand Vaquer, figure historique du rugby catalan, deux fois champion de France avant guerre puis entraîneur dans les années 1950 de l'USAP. Premières mises en bouteilles en 1968. Aujourd'hui, Frédérique est la vigneronne.

Sur le terrain de Tresserre, Frédérique sort de la mêlée avec ses flacons de trois-quarts... bien sûr ! D'un rose soutenu mais encore tendre, ce rosé libère d'emblée des senteurs de cerise, de cassis, accompagnées d'une touche de fraise de type amylique. En bouche, il dévoile une matière ample, très enrobée autour d'un fruité remarqué, et montre un bel équilibre entre fraîcheur et suavité. L'un de ces rosés de table qui savent se tenir. 2014-2015 poivrons marinés

Dom. Vaquer, 1-2, rue des Écoles, 66300 Tresserre, tél. 04 68 38 89 53, domainevaquer@gmail.com V r.-v.

DOM. DE VÉNUS L'Effrontée 2010 ★

8 120 | 11 à 15 €

Un domaine constitué à partir de 2003 par des associés et amis, autour de Jean-Luc Coupet, spécialiste en fusions-acquisitions de domaines, de Jean-François Nègre, qui a quitté le domaine de l'Ile Margaux, de Gilles Gavignaud, ancien propriétaire et aujourd'hui régisseur, de Nathalie Abet, au chai, et d'Alice Euvrard, au commercial. Aujourd'hui, 40 parcelles et 15 ha dans le haut Agly.

Surprenant de fraîcheur, ce 2010 vinifié et élevé sous bois libère encore des notes florales, entre toasté de la barrique et zeste d'agrumes. Cette vivacité minérale née d'un terroir d'altitude confère une réelle élégance à cette alliance aromatique de pain grillé et de fruits confits. À boire. 2014-2016 saint-jacques au beurre

Dom. de Vénus, 13, av. Jean-Moulin, 66220 Saint-Paul-de-Fenouillet, tél. 04 68 59 18 81, domainedevenus@adsl.fr V r.-v. Nègre

VIGNERONS CATALANS
Villa Soleil Premium 2013

80 000 | - de 5 €

Groupement de producteurs installé à Perpignan depuis 1964, partenaire d'une centaine de caves coopératives et particulières du département. Les Vignerons Catalans en Roussillon vendent 35 millions de bouteilles par an.

Né du trio syrah (55 %), grenache et carignan, ce 2013 affiche sa fraîcheur dans une robe rouge tendre à reflets violines, mais il surprend au nez par l'odeur miellée très douce, alliée à un fruité suave évoquant la confiture de fraises. Doux, léger, tendre et fin, c'est le type même du « vin plaisir » que l'on appréciera dès l'automne. 2014-2017 salade de gésiers

Vignerons Catalans, 1870, av. Julien-Panchot, BP 29000, 66962 Perpignan Cedex 9, tél. 04 68 85 04 51, contact@vigneronscatalans.com

CH. DE VILLECLARE Révélation 2011 ★★

1 200 | 11 à 15 €

Un domaine de la famille Jonquères d'Oriola situé dans les Albères, sur la rive gauche du Tech. Au milieu des vergers de pêchers et d'abricotiers, des vignes et d'un

parc aux arbres plus que centenaires, la bâtisse des Templiers du XIIe s. se dessine, imposante, sur fond de massif pyrénéen. Pour le vin, il provient de 40 ha, en conduite raisonnée, avec le bio en ligne de mire.

Une syrah dominante dans ce vin surprenant. Après un nez qui traîne un peu, discret, sur des notes plutôt vertes, quelle impression en bouche ! Une matière ample, ronde, un tanin soyeux, un fruité vanillé entre cerise et myrtille, une douceur qui tempère la puissance. L'ensemble est harmonieux, solide et élégant, de garde. Une « révélation ». ⧗ 2016-2018 ▼ bœuf en daube

François Jonquères d'Oriola, Ch. de Villeclare, 66690 Palau-del-Vidre, tél. 04 68 22 14 92, villeclare@wanadoo.fr V r.-v.

CÔTES-DU-ROUSSILLON-VILLAGES

• Superficie : 2 270 ha • Production : 67 500 hl

DOM. DE L'AGLY
Latour de France L'Authentique 2013 ★★

■ | 35 000 | | 11 à 15 €

Ce domaine de 12 ha est né en 2003 de la passion de l'œnologue catalan Hervé Sabardeil et du négociant bordelais Jean-Patrick Moaté. Ils ont déniché la perle rare sur les hauts de Latour de France, à 280 m d'altitude. Première récolte en 2003. En 2008, Boris Kovac, lui aussi œnologue, les a rejoints et un nouveau chai a été inauguré en août 2013.

Ce vin à la robe sombre et profonde se distingue par sa franchise et par son ampleur. Le nez exubérant associe la cerise et la garrigue, tandis que les fruits des bois et la mûre s'invitent dans une bouche onctueuse à la finale poivrée. ⧗ 2014-2017 ▼ paleron de bœuf braisé

Dom. de l'Agly, 6, imp. Saint-Pierre, 66530 Claira, tél. 06 08 89 70 23, sarabardeil.vindivin@orange.fr

Sabardeil

ARCADIE Byzance 2012 ★★

■ | 6 300 | | 8 à 11 €

Originaire de la vallée du Rhône, Agnès Graugnard, œnologue, a créé sa maison de négoce en 2003. Elle vinifie des raisins achetés à trois producteurs partenaires installés dans le Fenouillèdes et dans la vallée de l'Agly. Commercialisés sous la marque Arcadie, ses vins sont issus de vendanges manuelles et fermentent sans levurage.

Dans l'assemblage, 40 % d'un cépage roussillonnais que l'on ne voit plus guère, le lladoner pelut (proche du grenache) ; la syrah est, elle aussi, très présente. D'un grenat profond aux reflets cerise, ce 2012 s'annonce par un nez à la fois puissant et délicat, corbeille de fruits rouges et noirs rehaussés d'épices. La bouche riche et ample est adossée à des tanins subtils. Une réelle harmonie. ⧗ 2014-2017 ▼ tajine d'agneau aux pruneaux

Arcadie, 18, av. Jean-Moulin, 66220 Saint-Paul-de-Fenouillet, tél. 06 76 54 22 49, contact@vinarcadie.com V r.-v.

Agnès Graugnard

DOM. ARGUTI Ugo 2011

■ | 8 000 | | 11 à 15 €

En 2004, Marie-Christine et Ugo Arguti ont posé leurs valises dans la vallée de l'Agly. Toscan d'origine, bordelais d'adoption, le second a longtemps dirigé un grand château à Saint-Émilion. Il exploite 7 ha et signe désormais ses cuvées.

Grenat aux légers reflets fuchsia, cette cuvée Ugo provient d'une majorité de grenache associé à la syrah, avec du carignan en appoint. Le nez, bien ouvert sur les fruits des bois, est rehaussé d'un joli boisé vanillé (dix-huit mois de fût). La bouche franche déroule son fruité et ses épices douces avec générosité. La finale souple est marquée par un boisé bien maîtrisé ⧗ 2014-2017 ▼ ris de veau aux truffes

Dom. Arguti, 14, av. du 16-Août-1944, 66220 Saint-Paul-de-Fenouillet, tél. 06 73 85 17 93, domaine.arguti@orange.fr V r.-v.

GÉRARD BERTRAND
Tautavel Hommage aux vignerons 2012 ★

■ | n.c. | | 30 à 50 €

Enfant des Corbières, Gérard Bertrand est un important propriétaire et négociant du sud de la France, dont les cuvées apparaissent dans le Guide sous diverses AOC (corbières, fitou, minervois, languedoc, côtes-du-roussillon...) et en IGP.

Cette cuvée, choisie chez les vignerons de Tautavel, fait partie de la gamme « Vins d'exception » du négociant. Le grenache, planté sur un terroir emblématique de la vallée de l'Agly, a engendré ce vin à la robe nette et sombre. Le nez fin offre un fruité superbe, entre cerise noire et pruneau compoté. La bouche intéresse par son attaque franche et intense et par la complexité de sa palette aromatique. ⧗ 2014-2018 ▼ brochettes d'agneau

Gérard Bertrand, Ch. l'Hospitalet, rte de Narbonne-Plage, 11100 Narbonne, tél. 04 68 45 36 00, c.fuchs@gerard-bertrand.com V t.l.j. 9h-19h

DOM. DE BILA-HAUT Occultum lapidem 2012 ★

■ | 100 000 | | 11 à 15 €

Cette vénérable (XIXe s.) et incontournable maison, mise sur une orbite internationale par Michel Chapoutier à partir des années 1990, propose une large gamme issue de ses propres vignes (350 ha, en biodynamie) ou d'achats de raisin dans la plupart des appellations phares de la vallée du Rhône, mais aussi dans le Roussillon et en Alsace.

Michel Chapoutier a acquis dans la vallée de l'Agly, à Latour de France, le domaine de Bila-Haut. Des sols de schistes noirs, de gneiss et des argilo-calcaires, plantés de syrah, de grenache et de carignan. Ces roches cachées se dévoilent dans cette cuvée d'un brillant rouge violine. Le nez de cassis et de mûre se mâtine de la torréfaction et du cacao de l'élevage. Franc et ample en attaque, le palais révèle des arômes complexes, des tanins puissants et une finale chaleureuse. ⧗ 2014-2017 ▼ rôti de veau Rosée des Pyrénées ■ Les Vignes de Bila-Haut 2012 ★ (5 à 8 € ; 100 000 b.) : un élevage en cuve tout aussi réussi. ⧗ 2014-2017

Maison M. Chapoutier, 18, av. du Dr-Paul-Durand, 26600 Tain-l'Hermitage, tél. 04 75 08 28 65, chapoutier@chapoutier.com V r.-v.

DOM. BOUDAU Patrimoine 2011 ★★

■ | 8 000 | | 15 à 20 €

Véronique et Pierre Boudau, le frère et la sœur, sont à la tête de ce domaine familial depuis 1993. Ils ont décidé

de donner un nouveau souffle à la propriété, qui couvre quelque 50 ha sur d'excellents terroirs, à l'entrée de la vallée de l'Agly. Le pari est réussi : la totalité de la production est mise en bouteilles et commercialisée dans un réseau de restaurants et de cavistes.

Une remarquable cuvée issue de grenache majoritaire complété par la syrah. D'un grenat profond aux reflets bleutés, ce 2011 révèle un nez intense de fruits noirs mâtiné de notes grillées. Le palais affiche une belle puissance et un bon potentiel de garde tout en sachant rester élégant. ⌛ 2014-2017 🍴 gigot d'agneau

Dom. Boudau, 6, rue Marceau, 66600 Rivesaltes, tél. 04 68 64 45 37, contact@domaineboudau.fr V t.l.j. sf dim. 10h-12h 15h-19h; sam. 15h-19h en hiver

CH. DE CALADROY Pierre droite 2012 ★★

■	4 000		15 à 20 €

Une forteresse médiévale qui gardait la frontière entre le royaume de France et celui d'Espagne. De la terrasse du château, on découvre un panorama exceptionnel : au loin, la mer, le Canigou ; en contrebas, les vignes (130 ha) et les oliviers (7 ha). La chapelle du XIIᵉs. accueille le caveau de dégustation.

Parmi des cuvées qui ont toutes leur personnalité, le jury a préféré la Pierre droite, née d'une majorité de mourvèdre. Grenat aux reflets rubis, ce vin déploie au nez de délicats parfums de cerise et d'épices (cumin, noix muscade). On retrouve cette présence épicée dans une bouche ronde, élégante et persistante. ⌛ 2014-2017 🍴 rôti de veau aux cèpes ■ Cuvée La Cour carrée 2012 ★ (8 à 11 € ; 6 600 b.) : un « quatre-quarts » bien construit et harmonieux de cépages méridionaux. ⌛ 2014-2016

SCEA Ch. de Caladroy, lieu-dit Caladroy, 66720 Bélesta, tél. 04 68 57 10 25, chateau.caladroy@wanadoo.fr V t.l.j. sf sam. dim. 8h-12h 14h-18h
Mézerette

CH. DE CALCE Calcidoine 2011

■	1 100		15 à 20 €

À une quinzaine de kilomètres au nord-ouest de Perpignan, sur la rive gauche de l'Agly, le village de Calce se cale contre des collines, derniers contreforts des Corbières. Fondée en 1932, sa coopérative appose sur ses étiquettes le terme flatteur de « château ». Forte des 213 ha de ses adhérents, elle joue sur des terroirs de schistes et de calcaires.

Un trio carignan-syrah-grenache est à l'origine de cette cuvée pourpre aux reflets bruns. Le nez est avenant, tout en fruits – framboise, cassis, myrtille –, rehaussé de poivre gris. On retrouve cette corbeille de fruits dans une bouche fraîche, voire vive, construite sur des tanins fermes et droits. ⌛ 2014-2016 🍴 côte de bœuf sauce béarnaise

SCV Les Vignerons du Ch. de Calce, 8, rte d'Estagel, 66600 Calce, tél. 04 68 64 47 42, scvcalce@orange.fr V t.l.j. sf dim. 9h-12h 15h-18h; sam. 9h-12h

LES VIGNERONS DE CARAMANY Huguet de Caraman Élevé en fût de chêne 2011 ★

■	13 000		11 à 15 €

Caramany se niche dans la vallée de l'Agly, non loin d'un lac de retenue. Fondée en 1924, sa coopérative est au centre de la vie locale, proposant des journées d'animation au bord du lac. Les vignes (280 ha) en altitude de ses adhérents bénéficient de nuits fraîches et de terroirs de gneiss qui confèrent aux vins de la subtilité.

De la syrah (70 %) et du carignan. Ce dernier bénéficie d'une macération carbonique. Aujourd'hui la règle pour ce cépage en AOC côtes-du-roussillon-villages, cette pratique permet de donner au vin la fraîcheur des fruits rouges juste cueillis. On trouve de la cerise dans cette cuvée, et aussi des épices, des notes torréfiées et du poivre. ⌛ 2014-2016 🍴 épaule d'agneau rôtie aux épices

SCV de Caramany, 70, Grand-Rue, 66720 Caramany, tél. 04 68 84 51 80, vigneronsdecaramany@orange.fr V t.l.j. 8h-12h 14h-18h; dim. 14h-18h

(B) DOM. CARLE-COURTY Cuvée Quentin 2010

■	1 800		11 à 15 €

Implanté au pied de l'ermitage de Força Real, d'où le panorama embrasse tout le Roussillon, le vignoble de Carle-Courty (3,5 ha au départ, 12 ha aujourd'hui) est cultivé en bio depuis 2002. Un choix de vie pour Frédéric Carle, comptable né en Champagne, installé depuis 1995 dans la vallée de la Têt, entre ceps de syrah et schistes bruns, vieilles vignes de carignan et de grenache, et cheminées de fées.

Cette cuvée Quentin assemble syrah et mourvèdre, escortés du carignan et du grenache. Il s'agit d'un 2010, dont la robe a pris un ton brun aux reflets acajou. Le nez franc est légèrement boisé (un an de fût), sur une pointe d'épices douces. Vif, frais, ample, épicé et gourmand, le palais débouche sur une finale aux tanins généreux. ⌛ 2014-2015 🍴 cailles farcies aux cèpes

Dom. Carle Courty, 6, rte de Corneilla, 66170 Millas, tél. 04 68 57 21 79, domaine.carlecourty@orange.fr V t.l.j. sf dim. 9h30-12h 14h30-19h; f. janv.

DOM. CHEMIN FAISANT Le Petit Dernier 2012

■	n.c.		5 à 8 €

À la création du domaine, en 1986, Sylvie et Charles Faisant exploitent 3 ha de vignes familiales. Chemin faisant, ils ont acquis 100 ha et plus de 200 000 bouteilles sortent des chais de Tautavel... La recherche de l'excellence reste toujours le moteur de ce vigneron passionné par l'expression des terroirs.

Après des cuvées au nom de ses filles, Charles Faisant a souhaité en proposer une au nom du petit dernier... Du grenache à 50 %, complété de syrah et de carignan. D'un grenat vif aux reflets violines, ce vin révèle un nez frais de fraise des bois et de poivre vert. Après une attaque ample, il se dévoile, tout en fruits et en fraîcheur. Le type même du « vin plaisir ». ⌛ 2014-2016 🍴 charcuterie catalane

SCEA Sylvie et Charles Faisant, Mas Seguala, 66720 Tautavel, tél. 04 68 29 48 15, scfaisant@orange.fr V r.-v.

CLOS DEL REY L'Aragone 2012 ★★★

■	2 500		11 à 15 €

Domaine créé en 2001 par Jacques Montagné. Aujourd'hui, Julien, qui a pris le relais en 2004, travaille une douzaine d'hectares au milieu de 300 ha de garrigue aux senteurs de thym et de romarin. À 300 m d'altitude,

ses parcelles sont les plus hautes du cru Maury, au pied du château cathare de Quéribus.

Au lieu-dit de La Plane Arago, de vieux ceps de quatre-vingts ans. Du carignan, essentiellement. Julien Montagné en a tiré un vin qui a fait grande impression – comme d'ailleurs une autre cuvée de ses vieilles vignes l'an dernier. Les dégustateurs ont aimé la robe grenat aux reflets cerise; plus encore, le nez intense et net de mûre sauvage. Quant à la bouche, avec ses arômes complexes d'épices et de garrigue et sa solide structure de vin de garde, elle a emporté la conviction. ⧗ 2014-2019 🍴 filet de biche aux airelles

⊶ Julien Montagné, 7, rue Henri-Barbusse, 66460 Maury, tél. 04 68 59 15 08, closdelrey@gmail.com V ⛹ ⛫ r.-v. ⊶ J. Montagné

DOM. DU CLOS DES FÉES
Grande Réserve des sommeliers 2012 ★★★

■ | 8 000 | 🍾 | 11 à 15 €

Ancien sommelier et journaliste, Hervé Bizeul crée en 1998 avec Claudine un domaine à Vingrau. Le terroir lui plaît; il en perçoit le potentiel. Mais le projet initial se limite à produire un vin pour les copains. Son premier millésime connaît un succès fulgurant. Aujourd'hui, fort d'une nouvelle cave, le vigneron propose des créations qui respectent le terroir.

Né de syrah, avec un rien de grenache et de carignan, voici l'un des finalistes du coup de cœur. Une robe grenat aux reflets burlat, un nez intense et très fin, sur les épices douces et les fruits noirs. Une bouche qui a toutes les qualités: richesse, rondeur, fraîcheur et longueur. Élégante dès aujourd'hui, elle s'adosse à des tanins racés qui laissent augurer un plaisir durable. ⧗ 2014-2018 🍴 côte de bœuf grillée

⊶ Dom. du Clos des Fées, 69, rue Mal-Joffre, 66600 Vingrau, tél. 04 68 29 40 00, info@closdesfees.com V ⛹ ⛫ r.-v. ⊶ Hervé Bizeul

CLOS DES VINS D'AMOUR Un baiser 2010 ★★

■ | 8 000 | ⦶ | 15 à 20 €

Christine et Nicolas Dornier, tous deux œnologues, se sont associés à Christophe et Laurence Dornier pour reprendre en 2002 les vignes cultivées par la famille depuis 1860. Les deux couples ont quitté la coopérative en 2004. Leur domaine (25 ha) s'étend sur les terroirs schisteux de Tautavel, de Maury et de Saint-Paul-de-Fenouillet.

Le « baiser » est un habitué du Guide. D'un séjour d'un an en demi-muid (barriques de 600 l) il ressort habillé d'un rubis brillant aux reflets orangés. Le nez est intense, minéral et réglissé. Une touche bien typée de garrigue de thym s'invite dans une bouche élégante, à la fois ample vive, onctueuse en finale. ⧗ 2014-2017 🍴 côtelettes d'agneau au thym

⊶ Vignobles Dornier, 3, rte de Lesquerde, 66460 Maury, tél. 04 68 34 97 06, maury@closdesvinsdamour.fr V ⛹ ⛫ r.-v.

DOM. DE LA COUME MAJOU Roc blanc 2011

■ | 1 200 | 🍾 | 20 à 30 €

D'origine belge, Luc Charlier, médecin, chercheur en pharmacie...et aussi amateur éclairé de vins et rédacteur à la revue *In vino veritas*, s'est établi en 2005, à près de cinquante ans, à Corneilla-la-Rivière, où il soigne une douzaine de parcelles – 10 ha entre Estagel et Saint-Paul-de-Fenouillet.

Grenache (70 %) et carignan composent cette cuvée. L'aboutissement d'un travail minutieux: grappes triées à la vigne, éraflage total; un élevage exclusivement en cuve pour faire parler le terroir. Le résultat? Un nez tout en finesse, très typé avec ses notes de fruits rouges, de pain d'épice et de garrigue. En bouche, un bel équilibre et le velours de tanins à grains fins, soyeux et fondus, qui mettent en valeur des arômes de framboise confite et d'épices. Tout en subtilité, ce 2011 est prêt à passer à table. ⧗ 2014-2016 🍴 pigeon aux cerises

⊶ Luc Charlier, 11, rue de l'Église, 66550 Corneilla-la-Rivière, tél. 04 68 51 84 83, charlier.luc@wanadoo.fr V ⛹ ⛫ r.-v.

DOM. DANJOU-BANESSY Les Mirandes 2011 ★★

■ | 2 800 | ⦶ | 20 à 30 €

Le grand-père Denis Banessy, secondé par sa fille Denise Danjou, modernise et agrandit le domaine, et le spécialise dans les vins doux naturels. Depuis 2001, ses petit-fils Benoît et Sébastien Danjou perpétuent cette tradition, tout en développant une gamme de vins secs. Le vignoble de 20 ha est en conversion bio.

La syrah domine dans ce vin sombre aux reflets bruns. Intense et élégant, le nez dévoile des notes d'olive noire, de sous-bois, de truffe et de cuir. La bouche équilibrée, fondue, bien structurée et persistante est remarquable de fraîcheur. De la personnalité. ⧗ 2014-2017 🍴 filet de bœuf en croûte

⊶ Dom. Danjou-Banessy, 1 bis, rue Thiers, 66600 Espira-de-l'Agly, tél. 04 68 64 18 04, bendanjou@hotmail.fr V ⛹ ⛫ r.-v.

ROUSSILLON

DOM. DEPEYRE Rubia Tinctoria 2012 ★★★

■ | 2 000 | ⦶ | 15 à 20 €

Serge Depeyre et Brigitte Bile se rencontrent pendant leurs études, s'installent en 1995 à Cases-de-Pène, à 10 mn de Perpignan, et créent en 2002 leur domaine: 13 ha dans la vallée de l'Agly, sur argilo-calcaires et schistes noirs. Ici, pas d'engrais chimiques, un apport de matière organique. Une mule assure une partie des labours.

La syrah, cultivée à tout petits rendements sur schistes, compose les neuf dixièmes de cette cuvée grenat profond, qui s'ouvre sur le fruit mûr, la confiture de cerises avec une pointe animale. La bouche réussit l'exploit d'être généreuse, ample et puissante tout en laissant une impression de finesse aérienne. ⧗ 2014-2017 🍴 pigeonneau rôti aux fruits secs ■ Cuvée Tradition 2012 ★★ (8 à 11 €; 10 000 b.): la syrah s'associe au grenache et au carignan; une finesse remarquable. ⧗ 2014-2017

⊶ Dom. Depeyre, 1, rue Pasteur, 66600 Cases-de-Pène, tél. 04 68 28 32 19, brigitte.bile@orange.fr V ⛹ ⛫ r.-v. ⊶ Bile

DOM BRIAL Corpus 2011 ★

■ | 10 000 | ⦶ | 20 à 30 €

Suivi à la parcelle, maîtrise de la totalité de la chaîne d'élaboration, du raisin à la bouteille, démarche de développement durable... La cave de Baixas, fondée en 1923, compte 380 coopérateurs qui exploitent 2 500 ha répartis sur une trentaine de communes.

Un tirage limité pour cette cuvée d'un grenat intense et sombre, élevée quatorze mois dans le bois. Au nez, de la framboise rehaussée de notes d'épices. Des tanins soyeux apportent en bouche des sensations de souplesse et de fondu. L'élevage signe avec délicatesse la finale par une élégante pointe de torréfaction et de vanille. 2014-2017 civet de sanglier ■ Les Pins & Co 2012 (8 à 11 € ; 50 000 b.) : élevé en cuve, un vin facile à marier avec toutes sortes de viande. 2014-2017

Vignobles Dom Brial, 14, av. Mal-Joffre, 66390 Baixas, tél. 04 68 64 22 37, contact@dom-brial.com V r.-v.

DOM. DE L'EDRE Carrément rouge 2012 ★★

■	10 000		11 à 15 €

Jacques Castany travaillait dans les transports et Pascal Dieunidou, dans l'informatique. En 2002, ils se lancent en viticulture dans une cave minuscule. Avec succès, comme en témoigne un palmarès déjà brillant. Le vignoble de 10 ha est situé à Vingrau, face à un cirque grandiose où domine le calcaire.

Quatre cépages – de la syrah (50 %) et du grenache surtout – composent cette cuvée noir d'encre aux reflets violines, au nez de tapenade, d'épices et de fruits mûrs. Une attaque ronde introduit une bouche réglissée, dont la finale aux tanins serrés laisse une impression de fraîcheur et de profondeur. On verrait bien cette bouteille avec des plats sucrés-salés. 2014-2017 magret de canard aux cerises

Dom. de l'Edre, 8, rue de la République, 66720 Tautavel, tél. 06 08 66 17 51, contact@edre.fr V r.-v. P. Dieunidou et J. Castany

DOM. FONTANEL Tautavel Prieuré 2012

■	8 000		15 à 20 €

Les origines du domaine remontent à 1864. À sa tête depuis 1989, Pierre et Marie-Claude Fontaneil ont regroupé des vignes familiales. Ils exploitent 30 ha sur des terroirs variés, d'où ils tirent des cuvées à forte personnalité, aussi bien en vins secs qu'en vins doux naturels. Deux caveaux, l'un à Estagel et l'autre à Tautavel (où se trouve la cave).

Plusieurs fois au sommet, cette cuvée associe la syrah (70 %) et le mourvèdre plantés sur un terroir tardif. D'un grenat intense aux reflets violines, elle se partage au nez entre fruits mûrs et épices douces. Le fruit prend des accents compotés et vanillés dans une bouche ample, charnue et longue, bâtie sur une trame tannique solide et au grain fin. À attendre. 2016-2019 daube de bœuf

Dom. Fontanel, 25, av. Jean-Jaurès, 66720 Tautavel, tél. 04 68 29 04 71, pierre@domainefontanel.fr V r.-v.

LES HAUTS DE FORÇA RÉAL 2011 ★

■	20 000		15 à 20 €

***Força real*, ou « château royal », en catalan. Une forteresse bâtie au XIII^e^s. sur un piton par les rois d'Aragon pour défendre leur frontière. Puis un ermitage. À 400 m d'altitude, la vue embrasse tout le Roussillon. Sur les pentes, un superbe terroir de schistes (70 ha, dont 40 dédiés à la vigne ; des oliviers aussi) mis en valeur par la famille Henriquès, qui a de longues habitudes dans le Guide.**

Beaucoup de syrah et un appoint de grenache dans ce 2011 grenat profond, au nez expressif de truffe, de garrigue et d'olive noire. En bouche, le fruit domine, relayé par le poivre et les épices. L'ensemble associe générosité et souplesse. 2014-2017 tournedos Rossini

Dom. Força Réal, 66170 Millas, tél. 04 68 85 06 07, info@forcareal.com V t.l.j. sf sam. dim. 11h-19h

CH. DE JAU Jaujau Ier 2011

■	12 606		15 à 20 €

Du bâtiment construit au XII^e^s. par les moines cisterciens il ne reste que la superbe tour épousant la roche. Jean et Bernard Dauré ont acheté le domaine en 1974. La magnanerie du milieu du XIX^e^s. abrite aujourd'hui l'Espace d'art contemporain, qui voisine avec l'un des premiers restaurants vignerons créés en France, ouvert l'été.

Après les Jaja de Jau, voici l'avènement de Jaujau Ier... sorti de la barrique. La robe grenat profond est engageante. Le nez délicat mêle la vanille de l'élevage aux fruits des bois. L'attaque est souple et nette, et la bouche séduit par sa suavité et sa finesse. Malgré l'étiquette facétieuse, ce Jaujau n'a rien d'un rhinocéros ! 2014-2017 sauté d'agneau

Vignobles Dauré, Ch. de Jau, 66600 Cases-de-Pène, tél. 04 68 38 90 10, daure@wanadoo.fr V t.l.j. sf ven. sam. dim. 9h-17h (hiver) ; t.l.j. 10h-20h (été)

BERNARD MAGREZ Mon seul rêve 2012 ★

■	16 500		11 à 15 €

Bernard Magrez, connu notamment pour son Ch. Pape Clément, cru classé des Graves, collectionne les vignobles dans l'Ancien et le Nouveau Monde. Il aime investir de nouveaux terroirs à forte personnalité et a créé à partir de 2002 un domaine dans la vallée de l'Agly (25 ha). La propriété est aujourd'hui installée à Montner, dans la cave du village magnifiquement rénovée.

Quatre cépages sont réunis dans cette cuvée grenat profond. Le nez intense et élégant joue sur les fruits noirs et de belles notes d'élevage aux accents épicés. L'attaque veloutée ouvre sur un palais flatteur aux tanins savoureux, où l'on retrouve un boisé de bonne facture, bien fondu dans le vin. 2014-2017 filet de bœuf aux morilles

Bernard Magrez, 2, Grand-Rue, 66720 Montner, tél. 04 68 80 24 81, domaines-magrez-montner@orange.fr V r.-v.

DOM. MAS CRÉMAT Cuvée Bastien 2011 ★

■	2 500		11 à 15 €

Les terres de schistes noirs ont donné son nom au Mas Crémat (« brûlé » en catalan), repris en 2006 par une famille de vignerons bourguignons : Christine et Julien Jeannin, secondés par leur mère Catherine. Un superbe mas du XIX^e^s. et un vignoble de 33 ha labouré et conduit en fonction du cycle de la lune.

Une cuvée souvent remarquée. Le 2011 associe par tiers grenache, syrah et mourvèdre. D'un rouge profond, il offre un nez expressif de fraise, de poivre et de vanille. Bien équilibrée, puissante et corsée, la bouche incite à attendre deux ans cette bouteille – qui sera agréable à découvrir dans le patio tout en cayrous du mas. 2016-2018 côte de veau grillée

Dom. Mas Crémat, Mas Crémat, 66600 Espira-de-l'Agly, tél. 04 68 38 92 06, mascremat@mascremat.com V t.l.j. sf dim. 10h-12h 14h-18h Jeannin

MAS DE LA DEVÈZE 2012

■ | 5 000 | | 11 à 15 €

Simon Hugues était agriculteur, Nathalie commerciale dans la filière viticole à l'export. Ils ont repris en 2012 au cœur du terroir de Maury une très ancienne propriété, qui avait été démantelée dans les années 1980 ; ils s'attachent à restaurer, en famille, les 30 ha d'un vieux vignoble de vignes en gobelet.

Une cuvée de mourvèdre (60 %) et de grenache, d'un grenat profond presque noir. Le nez s'ouvre sur les fruits noirs et la tapenade. La réglisse s'invite en force dans une bouche élégante, associant richesse et vivacité, étayée par de discrets tanins épicés. L'ensemble bénéficiera d'une garde d'un an ou deux. ⧗ 2015-2018 🍷 civet de lièvre

⊶ Nathalie et Simon Hugues, Mas de la Devèze, rte des Mas, 66720 Tautavel, tél. 04 68 61 04 58, contact@masdeladeveze.fr V r.-v.

MAS DES MONTAGNES Terroirs d'altitude 2012 ★

■ | 25 000 | | 8 à 11 €

Le berceau des Lorgeril est, en AOC cabardès, le château de Pennautier, un « Versailles en Languedoc » construit au Grand Siècle à la gloire des seigneurs du lieu, trésoriers des États du Languedoc. Nicolas et Miren de Lorgeril, leurs descendants, possèdent trois autres domaines en Languedoc-Roussillon, ainsi qu'une structure de négoce.

En 2006, Nicolas et Miren de Lorgeril ont acquis cette propriété de 34 ha bénéficiant de terroirs d'altitude, entre Agly et Fenouillèdes. Mi-grenache mi-syrah, cette cuvée rouge profond aux reflets brique mêle au nez la garrigue et la réglisse. Avec son attaque ronde, son beau volume et sa finale longue et fraîche, c'est un vin très équilibré, qui gagnera à être carafé. ⧗ 2014-2017 🍷 gigot d'agneau de sept heures ■ Cuvée classique 2012 ★ (5 à 8 € ; 25 000 b.) : élevée en cuve, tout aussi plaisante. ⧗ 2014-2017

⊶ Mas des Montagnes (Lorgeril), 11610 Pennautier, tél. 04 68 72 65 29, contact@lorgeril.com

MAS JANEIL 2010 ★

■ | 31 000 | | 5 à 8 €

Représentant la cinquième génération d'une célèbre lignée bordelaise, François Lurton a créé en 1988 avec son frère Jacques une société qu'il dirige seul depuis 2007. S'il exploite de nombreux vignobles dans le Nouveau Monde, notamment en Argentine, il a trouvé en Roussillon des terroirs aptes à produire des vins concurrençant ceux des pays émergents.

Au pied de Quéribus, un domaine de 28 ha. De très vieux grenaches (55 % dans ce vin) associés au carignan, à la syrah et au mourvèdre donnent vie à ses cuvées. Celle-ci affiche une robe grenat aux reflets acajou et un nez de cerise burlat et de mûre. Le prélude à une bouche puissante, construite sur une structure tannique solide et enrobée, bien typée par sa finale aux notes de garrigue. ⧗ 2014-2017 🍷 aiguillettes de canard

⊶ François Lurton (Mas Janeil), Dom. de Poumeyrade, 33870 Vayres, tél. 05 57 55 12 12, communication@francoislurton.com r.-v.

MAS MUDIGLIZA Carminé 2011 ★

■ | 9 000 | | 11 à 15 €

Venu du Libournais, Dimitri Glipa, amoureux de la haute vallée de l'Agly et des Fenouillèdes, suivant les traces d'amis girondins, a délaissé les chais bordelais. Depuis 2006, il s'est consacré à rassembler des parcelles de vieilles vignes. Son domaine compte aujourd'hui 13 ha sur des schistes et des arènes granitiques.

Issu de grenache majoritaire, ce 2011 attire l'attention par la profondeur de sa robe cerise noire et par son nez complexe de sous-bois et de cacao. Avec sa bouche fraîche et charnue, bien structurée, aux arômes de fruits mûrs, et sa finale minérale, il conjugue un bel équilibre et un réel caractère. ⧗ 2014-2016 🍷 perdreau sauce au poivre noir

⊶ Mas Mudigliza, 20, rue de Lesquerde, 66220 Saint-Paul-de-Fenouillet, tél. 06 79 82 03 46, masmudigliza@neuf.fr V r.-v. ⊶ Dimitri Glipa

♥ DOM. MODAT Caramany Comme avant 2011 ★★★

■ | 8 000 | | 11 à 15 €

D'origine catalane, Philippe Modat, magistrat, est – comme son père, devenu lui aussi vigneron – un amateur de vins éclairé. Cette passion s'est concrétisée en 2006 par la constitution en 2006 d'un domaine dans la vallée de l'Agly : 25 ha de vignes sur un plateau à 300 m d'altitude, en conversion bio depuis 2011 (8 ha en biodynamie) et une cave de conception écologique, dotée de cellules photovoltaïques, inaugurée en 2008.

Du carignan (50 %) associé à la syrah et au grenache, un élevage de seize mois, avec un apport de bois mesuré (20 %) nous valent ce vin grenat brillant, à la fois ambitieux et accessible, ample, souple et élégant. « Une réelle maîtrise », conclut un dégustateur ⧗ 2014-2017 🍷 viande rouge grillée

⊶ Dom. Modat, lieu-dit Les Plas, 66720 Cassagnes, tél. 04 68 54 39 14, contact@domaine-modat.com V r.-v.

MONT D'ESTAGEL Côtes d'Agly 2010 ★★

■ | 8 000 | | 11 à 15 €

Les Vignerons des Côtes d'Agly regroupent six caves coopératives dans la vallée de l'Agly. Ils sont 220 viticulteurs à cultiver des vignes à Estagel, Montner, Lesquerde, Saint-Paul-de-Fenouillet et Caudiès. Ils proposent la plupart des productions du Roussillon, en vins secs et en vins doux naturels.

Issu de syrah (60 %) et de grenache, vinifié par longue macération, ce 2010 est resté dix-huit mois en fût. Il en ressort vêtu d'une robe intense aux reflets rubis. Aussi puissant qu'élégant, le nez associe les fruits noirs et un fin boisé. Ample, riche et rond, le palais est équilibré par une belle fraîcheur. ⧗ 2014-2017 🍷 tajine d'agneau ■ Expression Latour de France 2012 ★ (5 à 8 € ; 20 000 b.) : élevé en cuve, un trio de cépages dominé par la syrah (50 %). ⧗ 2014-2017 ■ Ch. Montner 2012 (5 à 8 € ;

100 000 b.) : assemblage proche du précédent, avec un peu plus de grenache. ⌛ 2014-2017

Les Vignerons des Côtes d'Agly, av. Louis-Vigo, 66310 Estagel, tél. 04 68 29 00 45, contact@agly.fr V t.l.j. sf dim. 9h-12h 14h-18h

♥ DOM. MOUNIÉ
Tautavel Cuvée Expression 2011 ★★★

■	8 000		8 à 11 €

Une cave construite en 1925 et cinq générations de vigneronnes : le domaine se transmet de mère en fille. Depuis 1992, il est dirigé par Claude Rigaill, assisté de l'œnologue Brigitte Soriano. Un travail de restructuration des parcelles a été mené sur les 22 ha de l'exploitation.

Ce coup de cœur n'est pas le premier. Il salue une grande interprétation du terroir – argilo calcaire pour cette cuvée, qui est l'expression de la syrah (60 %) et du grenache, rehaussés d'un soupçon de mourvèdre et de carignan. Au nez se déploie une riche palette de fruits noirs, de réglisse, de truffe et d'olive noire. Le palais, tout aussi complexe, affiche puissance, volume, densité et une solide structure, avec beaucoup de fraîcheur, d'élégance et des tanins déjà soyeux. Un vin charnu et racé. ⌛ 2014-2019 🍴 rognons d'agneau au cumin

Dom. Mounié, 1, av. du Verdouble, 66720 Tautavel, tél. 04 68 29 12 31, domainemounie@free.fr V r.-v. Claude Rigaill

DOM. PIQUEMAL Pygmalion 2010

■	2 500		11 à 15 €

Sous l'impulsion d'Annie et de Pierre Piquemal, ce domaine familial (48 ha) est devenu une référence du Roussillon. Tout en maintenant les pratiques traditionnelles, il dispose maintenant d'un chai très moderne, à l'extérieur du village. Un outil adapté pour exalter l'expression de chaque terroir (schistes feuilletés, argilo-calcaires, galets roulés). Les vinifications sont assurées par Marie-Pierre Piquemal.

Une cuvée d'assemblage de syrah, de grenache et de carignan issus de schistes noirs. Robe profonde aux reflets bruns, nez superbe de puissance, sur le cassis et le poivre. Bouche soutenue dès l'attaque par des tanins bien présents mais enrobés à laquelle un boisé léger donne de l'élégance. De la personnalité et encore du potentiel. ⌛ 2014-2016 🍴 bœuf en daube

Dom. Piquemal, RD 117, km 7, 66600 Espira-de-l'Agly, tél. 04 68 64 09 14, contact@domaine-piquemal.com V t.l.j. sf dim. 9h-12h 14h-18h

CH. PLANÈZES
Latour de France Élevé en fût de chêne 2010 ★★★

■	13 000		8 à 11 €

Les Vignerons de Trémoine : une coopérative fondée en 1919, regroupant soixante vignerons qui cultivent 600 ha dans quatre villages situés dans la vallée de l'Agly : Planèzes, Rasiguères, Lansac et Cassagnes. L'histoire de la cave est liée au festival de musique classique créé en 1980 par la pianiste britannique Moura Lympany.

Un trio classique des cépages syrah (50 %), grenache et carignan. D'un pourpre intense, ce 2010 offre un nez suave, fruité et boisé, sur la cerise noire et le pain d'épice, avec une pointe de caramel. Les épices dominent au palais, associées à des notes complexes de sous-bois, de gibier et de réglisse. ⌛ 2014-2016 🍴 tajine aux pruneaux ■ Cuvée Moura Lympany Élevé en fût de chêne 2011 (5 à 8 € ; 50 000 b.) : un vin plus jeune, né des mêmes cépages et élevé aussi sous bois. ⌛ 2014-2017

Les Vignerons de Trémoine, 5, av. de Caramany, 66720 Rasiguères, tél. 04 68 29 11 82, rasigueres@wanadoo.fr V t.l.j. sf dim. 8h-12h 14h-18h

DOM. RETY 2012 ★★

■	2 500		11 à 15 €

Fils de paysans bretons émigrés aux États-Unis, né à Manhattan et franco-américain, Patrick Rety a réalisé son rêve : faire du vin, travailler sur l'expression du terroir. Il étudie et commence son parcours en Bretagne, vendant des franchises d'une chaîne de restauration. En 2012, son domaine voit le jour, près de Rivesaltes.

Une entrée remarquée dans le Guide pour ce premier millésime du domaine. Les trois cépages mourvèdre, syrah et grenache, élevés en fût de chêne, ont engendré un vin grenat profond, d'un beau volume. Le nez franc s'ouvre sur le fruit, relayé par un fin boisé. En bouche, un corps puissant et bien charpenté, des arômes de cerise mûre et une finale aux nuances de sous-bois composent un ensemble d'une remarquable harmonie. ⌛ 2014-2017 🍴 salmis de palombe

Patrick Réty, rue Rigaud, 66600 Espira-de-l'Agly, tél. 06 20 02 29 65, rety.patrick@orange.fr t.l.j. 10h-12h 14h-16h

CH. ROMBEAU 2011 ★

■	n.c.		11 à 15 €

Le domaine de Rombeau est dans la famille depuis des siècles. Vigneron médiatique, restaurateur et hôtelier, Pierre-Henri de La Fabrègue lui a donné un bel éclat. Des 100 ha de l'exploitation naissent des muscats-de-rivesaltes, des rivesaltes et des vins secs, en AOC et en IGP. Une production bien connue des lecteurs du Guide.

En côtes-du-roussillon-villages, Pierre-Henri de la Fabrègue ne présente au Guide que sa cuvée préférée : Élise. D'un grenat profond, le 2011 séduit par son nez de cacao et de fruits mûrs. La bouche expressive et longue est bâtie sur une puissante charpente tannique qui demande à se fondre. ⌛ 2015-2018 🍴 pièce de bœuf grillée

SCEA Dom. de Rombeau, 2, av. de la Salanque, 66600 Rivesaltes, tél. 04 68 64 35 35, domainederombeau@wanadoo.fr V t.l.j. 8h-20h 3 P.-H. de La Fabrègue

DOM. DE SABBAT 2011 ★

■	4 000		11 à 15 €

Après avoir travaillé dans plusieurs propriétés du Bordelais, de Bourgogne et de Provence, Sylvain Lejeune a créé en 2009 son domaine dans la vallée de l'Agly : 10,5 ha, cultivés en bio. Fervent défenseur des

travaux à la main, le vigneron a banni le tracteur de sa propriété.

Beaucoup de carignan (60 %), de la syrah et du grenache dans ce 2011 qui permet à ce vigneron de faire son entrée dans le Guide. La robe grenat intense s'anime de reflets violines. Le nez complexe associe la mûre, le sous-bois, le champignon et la réglisse. Une belle attaque introduit une bouche charpentée par des tanins à la fois puissants et enrobés. Le fruit noir prend un ton de cassis dans la finale généreuse. ⧗ 2014-2017 ♈ civet de sanglier

Dom. de Sabbat, 24, bd Carnot, 66720 Latour-de-France, tél. 06 75 48 19 74, contact@domainedesabbat.fr V r.-v. Sylvain Lejeune

DOM. DES SCHISTES Les Terrasses 2012 ★

■	7 000		11 à 15 €

La cinquième génération officie dans cette exploitation de la vallée de l'Agly qui vinifie en cave particulière depuis 1989. Comme son nom l'indique, les marnes schisteuses dominent. À la vigne, Jacques et Mickaël Sire sont pointilleux sur le travail du sol et leur domaine (plus de 50 ha) est conduit en bio. Une valeur sûre du Guide.

Issue de sols schisteux sur éboulis calcaires, cette cuvée associe 50 % de carignan au grenache et à la syrah. Sa robe burlat moirée de noir, son nez de fruits mûrs, d'épices et de poivre annoncent une bouche puissante à la solide structure tannique. Un fort potentiel. ⧗ 2015-2018 ♈ côte de bœuf

Dom. des Schistes, 1, av. Jean-Lurçat, 66310 Estagel, tél. 04 68 29 11 25, sire-schistes@wanadoo.fr V r.-v. B Sire

SEMPER Lesquerde Voluptas 2012 ★

■	4 000		8 à 11 €

Tradition, ce terme est omniprésent dans cette famille vigneronne. Autour des parents Paul et Geneviève, les fils Florent (à la vigne) et Mathieu (à la cave) perpétuent un travail authentique de la vendange. Sur leur domaine de 30 ha, ils peuvent jouer sur deux terroirs : les schistes noirs de Maury et les arènes granitiques de Lesquerde.

Une cuvée souvent distinguée, issue de terrains granitiques et de syrah majoritaire. Ce 2012 réjouit par l'intensité de ses parfums envoûtants de violette. Sa bouche souple se prolonge sur des tanins soyeux. Un authentique vin de terroir à la finale savoureuse. ⧗ 2014-2017 ♈ magret de canard aux cèpes

Dom. Semper, 2, chem. du Rec, 66460 Maury, tél. 04 68 59 14 40, domaine.semper@wanadoo.fr V t.l.j. 10h30-12h 15h30-19h

DOM. SERRELONGUE Extrait de passion 2011 ★★★

■	2 000		20 à 30 €

Fils de coopérateurs, Julien Fournier s'est lancé en 2002 dans l'aventure de la cave particulière sur le domaine familial. Ses parcelles couvrent près de 5 ha, majoritairement sur les schistes de Maury, certaines se trouvant sur les terres caillouteuses de Tautavel. De vieilles vignes, des vinifications avec les levures indigènes.

De vieux ceps de mourvèdre (60 %), du grenache et un soupçon de syrah sont à l'origine de cette cuvée élevée dix-huit mois dans le bois. Le vin en ressort noir d'encre, avec un nez intense et complexe de fruits mûrs, de torréfaction et de sous-bois. Une attaque tout en finesse sur des notes de laurier-sauce, un corps puissant, une finale minérale et fraîche : le portrait d'un vin de garde que l'on peut attendre deux ans. ⧗ 2014-2019 ♈ gigue de chevreuil ■ Carigno 2012 ★★ (5 à 8 € ; 8 000 b.) : beaucoup de carignan, évidemment, un élevage en cuve pour ce très joli vin de grillades. ⧗ 2014-2017

Julien Fournier, 149, av. Jean-Jaurès, 66460 Maury, tél. 06 16 95 15 87, julienf66@aol.com V r.-v.

B DOM. DES SOULANES Jean Pull 2013 ★★

■	12 000		8 à 11 €

Située au pied du château Quéribus, cette exploitation de 18 ha a été rachetée en 2003 par Cathy et Daniel Laffitte. Avant d'en devenir propriétaire, Daniel a travaillé sur le vignoble, en agriculture biologique depuis 1972.

Assemblage de quatre cépages, cette toute jeune cuvée au nez franc et frais de cassis, légèrement poivré, révèle un palais structuré et équilibré aux tanins suaves. Avec sa finale puissante, elle peut encore attendre deux ans. ⧗ 2014-2017 ♈ joues de porc confites

Laffite, Mas de Las-Fredas, 66720 Tautavel, tél. 06 12 33 63 14, daniel.laffite@nordnet.fr V r.-v.

LES VIGNERONS DE TAUTAVEL VINGRAU Les Vingt Marches 2011 ★★

■	1 725		11 à 15 €

Depuis 2010, date de la fusion des trois caves de Tautavel et Vingrau, les vignerons ont mis en place une nouvelle gamme afin d'affirmer leur identité propre. Grâce à des sélections parcellaires, l'équipe propose chaque année des Tautavel à forte personnalité.

Clin d'œil à Vingrau (qui en est la traduction en catalan), ces Vingt Marches atteignent ici un haut degré de qualité. Ce trio classique des trois cépages carignan, grenache et syrah affiche une robe splendide, d'un grenat profond presque noir. La suite tient les promesses de la présentation : au nez, une belle alliance de crème de cassis, de fruits en confiture et de café fraîchement torréfié ; une attaque ample, puissante et élégante dévoilant un vin remarquablement équilibré, où la note boisée respecte le fruit. ⧗ 2014-2018 ♈ civet de sanglier aux airelles ■ Roc Amour Tautavel 2011 ★ (1 725 b.) : un assemblage proche, un élevage de dix-huit mois, dont douze en barrique. À noter que ce Roc Amour existe vraiment à Tautavel. ⧗ 2014-2018

Les Vignerons Tautavel-Vingrau, 24, av. Jean-Badia, 66720 Tautavel, tél. 04 68 29 12 03, contact@tautavelvingrau.com V t.l.j. 9h30-12h 14h30-17h Ovigueres

VIGNERONS CATALANS Haute Coutume 2012 ★★

■	6 500		8 à 11 €

Groupement de producteurs installé à Perpignan depuis 1964, partenaire d'une centaine de caves coopératives et particulières du département. Les Vignerons Catalans en Roussillon vendent 35 millions de bouteilles par an.

Le nom de la cuvée fait référence à la haute couture et à la tradition : respect du terroir (schistes pour ce vin), assemblages en finesse. Ici, de la syrah (50 %), du grenache et du carignan – ce dernier vinifié en macération carbonique comme il se doit. Une robe grenat aux reflets rubis, un nez intense et complexe de griotte, d'épices et de vanille, agrémenté d'une touche de confiture de mûres. Une bouche souple et puissante qui préserve le fruit jusqu'à la finale aux tanins doux. ⌛ 2014-2017 🍴 gigot d'agneau en croûte d'épices ■ Ch. Cuchous 2013 (5 à 8 € ; 50 000 b.) : élevé en cuve, il privilégie le carignan. ⌛ 2014-2017 ■ Les Villages de terroir catalans Tautavel 2012 (5 à 8 € ; 35 000 b.) : pas de bois non plus, et le même trio de cépages. ⌛ 2014-2017

🔑 Vignerons Catalans, 1870, av. Julien-Panchot, BP 29000, 66962 Perpignan Cedex 9, tél. 04 68 85 04 51, contact@vigneronscatalans.com

ARNAUD DE VILLENEUVE
153 RD 900 Réserve 2012 ★

■	13 700	▮	5 à 8 €

Cette cave coopérative porte le nom de l'inventeur des vins doux naturels, Arnaud de Villeneuve. Elle rassemble 350 viticulteurs de Salses et de Rivesaltes, qui cultivent quelque 2 500 ha de vignes.

Syrah et mourvèdre à parité, avec un peu de grenache en appoint, composent un joli « vin plaisir » : robe grenat aux reflets noirs, nez très fin de fruits mûrs, bouche élégante où souplesse et fraîcheur sont en équilibre. ⌛ 2014-2017 🍴 côtelettes d'agneau au romatin

🔑 Cave Arnaud de Villeneuve, 153, RD 900, 66600 Rivesaltes, tél. 04 68 64 06 63, contact@caveadv.com V 🚶 🍷 t.l.j. 9h-12h 14h-18h

COLLIOURE

• Superficie : 619 ha • Production : 19 930 hl (85 % rouge et rosé)

Portant le nom d'un charmant petit port méditerranéen, cette appellation couvre le même terroir que celui de l'appellation banyuls ; il regroupe les quatre communes de Collioure, Port-Vendres, Banyuls-sur-Mer et Cerbère. Les collioure rouges et rosés assemblent principalement grenache noir, mourvèdre et syrah, le cinsault et le carignan entrant comme cépages accessoires. Issus de petits rendements, ce sont des vins colorés, chaleureux, corsés, aux arômes de fruits rouges bien mûrs. Les rosés sont aromatiques, riches et néanmoins nerveux. Les collioure blancs, qui font la part belle aux grenaches blanc et gris, sont produits depuis le millésime 2002.

LES CLOS DE PAULILLES 2012 ★

■	80 000	▮	11 à 15 €

Avec 100 ha d'un seul tenant (dont 63 plantés), le plus vaste domaine des AOC collioure et banyuls, situé dans le site protégé de l'anse des Paulilles. Ancienne propriété de la famille Pams, puis pendant trente-cinq ans des Dauré (Jau). Ces derniers l'ont vendu en 2013 à la famille Cazes, laquelle s'implante ainsi en Côte Vermeille. La cave a été totalement rénovée. Le restaurant les pieds dans l'eau est un des attraits du lieu.

Deux tiers de mourvèdre dans cette cuvée, qui ne contient qu'une goutte de grenache noir, avec 30 % de syrah. Robe grenat profond aux nuances pourpres, nez intense de fruits mûrs et d'épices, prélude à une bouche fraîche et structurée. Les arômes de fruits noirs sont mis en valeur par des tanins enrobés. ⌛ 2014-2019 🍴 civet de sanglier ■ Les Clos de Paulilles 2013 ★ (50 000 b.) : des grenaches blanc et gris élevés sur lies, un peu de bois. Une belle fraîcheur florale. ⌛ 2014-2019

🔑 Les Clos de Paulilles, 66660 Port-Vendres, tél. 04 68 98 07 58, info@cazes.com V 🚶 🍷 t.l.j. sf dim. 9h-12h 14h-18h30 🔑 Cazes

COUME DEL MAS Quadratur 2012 ★★

■	2 000	🛢	20 à 30 €

Ingénieur agronome, Philippe Gard a d'abord travaillé à la chambre d'agriculture d'Auxerre, puis à celle de Bordeaux. Mais sa passion, c'est la vigne, et il a fini par se poser avec Nathalie en 1998 à Cosprons, près de l'anse des Paulilles, où il exploite aujourd'hui 15 ha en terrasses. Il lance son étiquette Coume del Mas en 2001. Intenses et raffinés, ses banyuls comme ses collioure ont fait sensation.

Une fois de plus, la cuvée Quadratur impressionne. Le grenache (50 %) s'associe au mourvèdre (30 %) et au carignan et le vin séjourne un an en fûts (neufs pour moitié). Magnifique de présence, la robe est un pur grenat aux reflets cerise. Le nez intense et complexe de fruits noirs, de sous-bois et de poivre, prélude à une bouche ample, charnue, solidement structurée, aux tanins bien fondus. La puissance et le charme. ⌛ 2014-2019 🍴 gigot de sept heures ■ Consolation Dog Strangler 2012 ★★ (30 à 50 € ; 900 b.) : « Étrangle-chien », c'est le nom que les anciens de Collioure donnent au mourvèdre, cépage exclusif de cette cuvée pigée aux pieds, élevée en barrique : le vin de gibier par excellence, solide et de garde. ⌛ 2014-2019 ■ Abysses 2012 ★ (1 000 b.) : du grenache et de la syrah à parité, un élevage en barrique. Nez de fruits noirs épicé et réglissé, palais rond et frais. ⌛ 2014-2019

🔑 Coume Del Mas, 3, rue Alphonse-Daudet, 66650 Banyuls-sur-Mer, tél. 04 68 88 37 03, philippe@coumedelmas.com V 🚶 🍷 r.-v. 🔑 Philippe Gard

♥ CYRCÉE 2012 ★★★

■	7 374	🛢	30 à 50 €

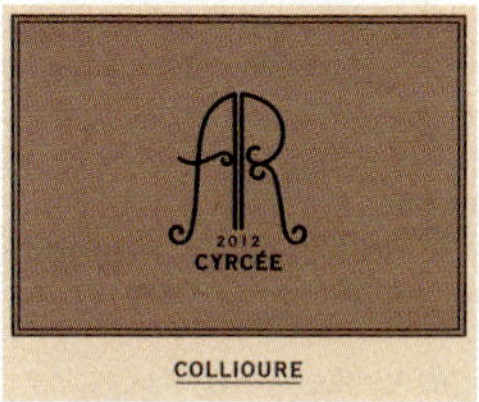

Coopérative créée en 1950 et nommée en hommage à l'abbé qui, vers 1870, devint négociant-éleveur de vins de Banyuls pour financer l'agrandissement de l'église paroissiale sans faire appel à la générosité publique et qui se fit à l'occasion le mécène de Maillol. Installée à Banyuls-sur-Mer, la cave s'appuie sur les 1 200 ha de ses 750 adhérents pour proposer toute une gamme de banyuls et de collioure. Une valeur sûre.

Assemblage de syrah (40 %), de mourvèdre (30 %), de grenache noir et de carignan, cette cuvée élevée en barrique est saluée d'entrée pour la profondeur de sa robe pourpre aux reflets grenat. Son nez complexe se partage entre la mûre et les notes fumées et grillées de l'élevage. En bouche, le passage en fût contribue au caractère puissant de ce millésime rond, ample et d'une fraîcheur remarquable. Cette structure solide et ce volume permettent la garde. ⌛ 2014-2020 🍴 faisan en cocotte ■ Cornet & Cie 2012 ★ (8 à 11 € ; 27 318 b. de 75 cl, 4 614 b. de 50 cl) : issu des grenaches gris et blanc, un vin équilibré aux arômes de fleurs et de fruits jaunes. ⌛ 2014-2018

■ Cuvée des Peintres 2012 ★ (8 à 11 € ; 49 470 b. de 75 cl, 9 870 b. de 50 cl) : 60 % de grenache noir, une vinification exaltant le fruit, des épices, de la souplesse. ⧗ 2014-2018 ■ In fine 2012 ★ (8 à 11 € ; 2 982 b.) : grenache noir (75 %) et syrah ; un fruit intense et assez d'étoffe. ⧗ 2014-2018

Cave de l'Abbé Rous, rte du Balcon-de-Madeloc, 66650 Banyuls-sur-Mer, tél. 04 68 88 72 72 V r.-v.

LE DOMINICAIN Les Culottes 2012 ★

■ | 6 000 | | 8 à 11 €

Face au château royal de Collioure, cette coopérative est installée depuis sa fondation (1926) dans l'ancienne église du couvent des Dominicains, sécularisé à la Révolution. Ce monument du XIIIe s. abrite de vieux foudres qui créent une atmosphère particulière. La cave vinifie 120 ha situés sur le terroir de la commune. À voir dans l'église, l'exposition réalisée par Francis Pous, président de la cave.

Les Culottes ? Un lieu-dit. Le grenache noir est majoritaire dans cette cuvée, complété par le mourvèdre et par un appoint de carignan. D'un grenat aux reflets bruns, ce 2012 offre un nez de petits fruits rouges mâtiné de notes de gibier. Ample, franche et souple, la bouche dévoile une structure généreuse et des tanins ronds qui rendent ce vin très flatteur. ⧗ 2014-2018 côtes de mouton au thym

Cave coop. le Dominicain, pl. Orfila, 66190 Collioure, tél. 04 68 82 05 63, contact@dominicain.com V t.l.j. 9h-12h30 13h30-18h

L'ÉTOILE Montagne 2011

■ | 6 000 | | 11 à 15 €

Au cœur du village, la petite cave garde l'aspect rétro de l'époque de sa création. Fondée en 1921, c'est la plus ancienne coopérative de Banyuls. Connue pour ses vins doux naturels traditionnels hors d'âge, elle a su maintenir les traditions dans un esprit de famille. Les grands foudres, les demi-muids et dames-jeanne donnent naissance à des produits bien typés.

Le grenache noir en vedette, la syrah en complément et le mourvèdre en appoint. Une robe soutenue, aux reflets violines. Le nez tout en fruits est relevé de la note un peu poivrée de la pivoine et d'une pointe d'épices. Ampleur, rondeur et élégance résument la bouche, marquée en finale par un retour épicé et réglissé rappelant le terroir de schistes. ⧗ 2014-2018 civet de seiches et langoustines ■ Les Toiles Fauves 2013 (8 à 11 € ; 13 200 b.) : de la couleur, de l'ampleur et du fruit. ⧗ 2014-2015

Sté coopérative l'Étoile, 26, av. du Puig-del-Mas, 66650 Banyuls-sur-Mer, tél. 04 68 88 00 10, info@cave-letoile.com V t.l.j. 9h30-12h30 14h30-18h

DOM. MADELOC Serrail 2011 ★★

■ | 20 000 | | 11 à 15 €

Pierre Gaillard aime les côtes et les schistes. Producteur bien connu de la Côte Rôtie, il s'est tourné vers le sud et s'est intéressé à Faugères, avant de racheter en 2002 Madeloc en Côte Vermeille. Sa fille Élise, ingénieur agricole, conduit le domaine (19 ha environ) et vinifie avec brio. Sur certaines pentes, on a recours au treuil, comme dans la vallée du Rhône.

Dominée par le grenache noir (80 %), complété par le mourvèdre et un soupçon de syrah, élevée dix-huit mois partiellement en barrique, cette cuvée a eu des voix pour un coup de coeur grâce à son élégance. D'un grenat brillant et profond, elle charme par son nez aussi intense que raffiné, floral et épicé. Ronde et veloutée, ample, généreuse et charnue, la bouche montre une belle fraîcheur qui lui donne du tonus et souligne sa persistance. ⧗ 2014-2018 canard aux cerises ■ Cuvée Crestall 2011 ★ (20 à 30 € ; 600 b.) : une microcuvée vedette, mi-syrah mi-mourvèdre, élevée dix-huit mois en fût neuf : une structure imposante ⧗ 2014-2018 ■ Penya 2012 ★ (20 à 30 € ; 600 b.) : 40 % de vermentino allié au grenache gris, un élevage sur lies en barrique : un blanc gras, frais, aromatique et long. ⧗ 2014-2018

Dom. Madeloc, 1 bis, av. du Gal-de-Gaulle, 66650 Banyuls-sur-Mer, tél. 04 68 88 38 29, domaine-madeloc@wanadoo.fr V r.-v.

Pierre Gaillard

DOM. PIC JOAN 2012 ★

■ | 7 000 | | 15 à 20 €

Jean Solé et Laura Parcé ont fondé leur domaine en 2009 à partir de vignes familiales et créé leur cave avec seulement 2,3 ha. Aujourd'hui, ils exploitent plus de 7 ha en « artisans vignerons ». À leur carte, des collioure fort remarqués et de jeunes banyuls rimage. De juin à octobre, le jeune couple fait aussi « table vigneronne ».

Du grenache et du carignan à parité, avec un appoint de mourvèdre, un séjour de sept mois sous bois pour ce 2012 d'un grenat clair aux reflets orangés. Le nez intense est marqué par les notes de grillé et de toasté de l'élevage. L'attaque gourmande et ample est relayée par des impressions de fraîcheur et par des tanins agréables et fondus. ⧗ 2014-2018 marmite de thon ■ 2012 ★ (4 000 b.) : du grenache gris majoritaire pour ce vin rond et frais, floral et délicatement boisé. ⧗ 2014-2015 ■ 2013 ★ (11 à 15 € ; 2 700 b.) : un rosé intense, de la robe grenadine à la bouche puissante et tout en fruits rouges. ⧗ 2014-2015

Jean Solé, 20, rue de l'Artisanat, 66650 Banyuls-sur-Mer, tél. 04 68 98 74 41, domainepicjoan@orange.fr V t.l.j. 10h-12h30 15h-19h

DOM. PIÉTRI-GÉRAUD Trousse chemise 2011 ★

■ | 2 000 | | 20 à 30 €

Établi au cœur de Collioure, dans une des plus petites rues de la cité, ce domaine est dirigé depuis 2006 par Laetitia Piétri-Clara, qui a pris la suite de sa mère Maguy. Appuyée par l'œnologue Hélène Grau, la vigneronne perpétue la tradition inaugurée à la fin du XIXe s. par l'arrière-grand-père Étienne Giraud. Le vignoble couvre 20 ha, essentiellement en AOC banyuls et collioure.

Du mourvèdre prédominant (90 %) et un élevage de vingt-quatre mois en fût. Il en résulte un vin grenat profond, au nez complexe et riche de mûre et de zeste d'orange mâtinés de notes d'élevage rappelant la vanille et le caramel. Le Zan et la violette entrent en scène dans une bouche structurée, élégante et longue. ⧗ 2014-2020 mijotée de joues de bœuf ■ Sine Nomine 2012 ★ (11 à 15 € ; 4 329 b.) : les quatre cépages principaux de l'appellation (dont grenache 60 %) et un élevage en cuve pour ce vin gourmand, prêt à passer à table. ⧗ 2014-2018

Laetitia Piétri-Clara, Dom. Piétri-Géraud, 22, rue Pasteur, 66190 Collioure, tél. 04 68 82 07 42, domaine.pietri-geraud@wanadoo.fr V r.-v.

ROUSSILLON

DOM. DE LA RECTORIE Montagne 2012 ★★

■	10 000		20 à 30 €

La famille Parcé avait renoncé à vinifier après la mort de l'arrière-grand-père en 1913. Marc et son frère Thierry – rejoints par Jean-Emmanuel, fils de ce dernier – ont agrandi le domaine et sont sortis de la coopérative en 1984. À partir d'une trentaine de parcelles, Thierry, le vinificateur, propose des vins d'une régularité exemplaire en banyuls et en collioure (les plus gros volumes).

Issu de grenache noir, de carignan, de counoise (30 %, cépage également présent dans la vallée du Rhône), avec un appoint de mourvèdre, ce vin issu des parcelles en montagne a du caractère : nez concentré et raffiné mêlant fruits noirs, épices, réglisse et sous-bois ; bouche remarquable par son ampleur et sa puissance, à laquelle une finale fraîche donne de l'élégance. ⧗ 2014-2018 ¥ civet de lièvre ■ Côté mer 2012 ★★ (11 à 15 € ; 25 000 b.) : de la syrah (50 %), du grenache (40 %) et du carignan ; plus souple que le précédent, il s'accordera aussi avec les viandes blanches. ⧗ 2014-2018

Dom. de la Rectorie, 30-65, av. du Puig-del-Mas, 66650 Banyuls-sur-Mer, tél. 04 68 88 13 45, thierryparce@orange.fr V t.l.j. sf dim. 10h-12h 16h-19h Thierry Parcé

DOM. SAINT-SÉBASTIEN Inspiration céleste 2012 ★★

■	3 000		20 à 30 €

Jacques Piriou et Romuald Peronne – l'œnologue – se sont associés pour racheter ce domaine en 2008 et sont entrés dans le Guide par la grande porte avec leurs collioure. Ils gèrent à Banyuls un restaurant en terrasse face au port, *Le Jardin de Saint-Sébastien*, et proposent une promenade en bateau pour découvrir par la mer les 15 ha de leur vignoble en terrasses. À leur carte, des collioure et des banyuls exclusivement.

Les quatre cuvées de collioure du domaine sont retenues ! Différents par leur style et leur structure, les vins des deux gammes Empeinte et Inspiration ont en partage une belle ampleur, un côté gourmand, une structure soyeuse et une belle fraîcheur finale. Inspiration céleste ? Cette cuvée naît à plus de 450 m d'altitude ; du grenache noir à 90 %. Après un élevage d'un an en barrique neuve, elle ressort marquée par un boisé torréfié et épicé, qui souligne la puissance du vin et ses arômes de cerise. ⧗ 2014-2018 ¥ carré d'agneau au thym ■ Empreintes 2012 ★★ (11 à 15 € ; 10 000 b.) : un élevage en cuve pour révéler l'expression du grenache noir sur schistes : le vin de toutes les grillades. ⧗ 2014-2018 ■ Empreintes 2012 ★★ (11 à 15 € ; 8 000 b.) : la version blanche de la précédente, à base de grenache gris, avec une touche de vermentino. Pour les poissons à la plancha. ⧗ 2014-2018 ■ Inspiration minérale 2012 ★ (20 à 30 € ; 3 000 b.) : vinifié et élevé en demi-muid. ⧗ 2014-2018

Dom. Saint-Sébastien, 10, av. du Fontaulé, 66650 Banyuls-sur-Mer, tél. 04 68 88 30 14, contact@domaine-st-sebastien.com V t.l.j. 10h-13h 14h-19h Piriou-Peronne

TERRES DES TEMPLIERS Prestige 2012 ★★

■	6 096		30 à 50 €

Devenu Terres des Templiers, l'ancien Cellier des Templiers est une coopérative créée en 1921. Elle revendique l'héritage de cet ordre militaire à qui l'on doit la mise en valeur des pentes schisteuses de Banyuls. Aujourd'hui, la cave dispose des 1 200 ha de ses adhérents et, depuis la récolte 2011, du Mas Ventous, un vaste chai de vinification qui s'ajoute à la grande cave de 1964, réservée aux longs élevages. À sa carte, des collioure et banyuls.

L'assemblage de ce vin, élevé un an en fût de chêne neuf, met en vedette mourvèdre (40 %) et syrah (30 %), avec un appoint de grenache noir et de carignan. D'un pourpre moiré de noir, ce 2012 conjugue au nez profondeur et finesse, entre réglisse et boisé fumé. Ses tanins denses au joli grain et son équilibre sur la fraîcheur laissent deviner un réel potentiel. ⧗ 2014-2019 ¥ pièce de bœuf ■ Terre des Oms 2013 ★ (11 à 15 € ; 4 470 b.) : rosé « bio » coloré et généreux, issu des raisins de Jean-Jacques et François Oms. ⧗ 2014-2015

Terres des Templiers, rte du Mas-Reig, 66650 Banyuls-sur-Mer, tél. 04 68 98 36 70, dmalejacq@templers.com V t.l.j. 10h-19h30 ; f. janv.

♥ TERRIMBO 2012 ★★★

■	1 500		20 à 30 €

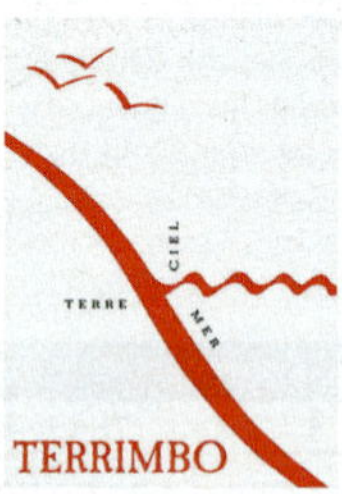

Philippe Gard, propriétaire en vue de Coume del Mas, s'est associé avec Jacky Loos, créateur de l'hôtel *Host et Vinum* et de son restaurant *Le Clos des Pins* à Canet-en-Roussillon, pour fonder en 2011 Terrimbo, un petit domaine (1,5 ha) en conversion bio. Le vignoble est implanté sur des terrasses de schistes, en bas du village de Cospron, près de la baie de Paulilles.

Associant la syrah (60 %) et le grenache, ce vin grenat sombre, après un séjour de douze mois dans le chêne, évoque surtout le fruit au nez : cassis, mûre mâtinés de pruneau, avec une pincée d'épices douces. L'attaque est croquante et alerte, et la bouche bien fruitée conjugue ampleur, rondeur et fraîcheur minérale. Les tanins enrobés permettront de savourer ce remarquable vin de terroir dès maintenant. ⧗ 2014-2018 ¥ brochette de thon

Terrimbo, 3, rue Daudet, 66650 Banyuls-sur-Mer, tél. 06 86 81 71 32, info@terrimbo.com V r.-v.

DOM. LA TOUR VIEILLE Rosé des roches 2013

■	7 000		8 à 11 €

Créé en 1982, le domaine (14 ha en culture raisonnée) regroupe les vignes de Vincent Cantié (à Collioure) et celles de Christine Campadieu (à Banyuls), issus l'un comme l'autre de vieilles familles vigneronnes. L'exploitation domine la mer sur les hauteurs de Collioure. Elle montre une belle régularité, aussi bien en vins doux naturels qu'en vins secs.

Dans cette cuvée Vincent propose un classique rosé de bord de mer, gourmand à souhait. De couleur framboise, il mêle au nez la cerise, le cassis et la groseille. Un vin intense, gras, parfait pour la table. ⧗ 2014-2015 ¥ poisson à la plancha ■ Les Canadells 2012 (11 à 15 € ; 6 000 b.) : mariant cinq cépages, un blanc vif, aromatique et tout en finesse. ⧗ 2014-2016

Dom. la Tour Vieille, 12, rte de Madeloc, 66190 Collioure, tél. 04 68 82 44 82, info@latourvieille.fr V t.l.j. sf sam. dim. 9h-12h 14h-18h

LES VINS DOUX NATURELS

Dès l'Antiquité, les vignerons de la région ont élaboré des vins liquoreux de haute renommée. Au XIIIe s., Arnaud de Villeneuve découvrit le mariage miraculeux de la « liqueur de raisin et de son eau-de-vie » : c'est le principe du mutage qui, appliqué en pleine fermentation sur des vins rouges ou blancs, arrête celle-ci en préservant ainsi une certaine quantité de sucre naturel. Les vins doux naturels d'appellation contrôlée se répartissent dans la France méridionale : Pyrénées-Orientales, Aude, Hérault, Vaucluse et Corse, jamais bien loin de la Méditerranée. Les cépages utilisés sont le grenache (blanc, gris, noir), le macabeu, la malvoisie du Roussillon, dite tourbat, le muscat à petits grains et le muscat d'Alexandrie. La taille courte est obligatoire. Les rendements sont faibles et les raisins doivent, à la récolte, avoir une richesse en sucre de 252 g minimum par litre de moût. L'agrément des vins est obtenu après un contrôle analytique. Ils doivent présenter un taux d'alcool acquis de 15 à 18 % vol., une richesse en sucre de 45 g minimum à plus de 100 g pour certains muscats et un taux d'alcool total (alcool acquis plus alcool en puissance) de 21,5 % vol. minimum. Certains sont commercialisés tôt (muscats), d'autres le sont après trente mois d'élevage. Vieillis sous bois de manière traditionnelle, c'est-à-dire dans des fûts, ils acquièrent parfois après un long élevage des notes très appréciées de rancio.

BANYULS ET BANYULS GRAND CRU

• Superficie : 1 160 ha • Production : 28 500 hl (90 % rouge)

Voici un terroir exceptionnel, comme il en existe peu dans le monde viticole : à l'extrémité orientale des Pyrénées, des coteaux en pente abrupte sur la Méditerranée. Seules les quatre communes de Collioure, Port-Vendres, Banyuls-sur-Mer et Cerbère bénéficient de l'appellation. Le vignoble s'accroche à des terrasses installées sur des schistes dont le substrat rocheux est, sinon apparent, tout au plus recouvert d'une mince couche de terre. Le sol est donc pauvre, souvent acide, n'autorisant que des cépages très rustiques, comme le grenache, au rendement extrêmement faible – souvent moins d'une vingtaine d'hectolitres à l'hectare.

En revanche, le lieu bénéficie d'un microclimat particulier avec un ensoleillement optimisé par la culture en terrasses – culture difficile car manuelle, afin de protéger la terre qui ne demande qu'à être ravinée par le moindre orage – et par la proximité de la Méditerranée. L'encépagement des rouges, majoritaires, est à base de grenache ; ce sont surtout de vieilles vignes qui occupent le terroir. La vinification se fait par macération ; le mutage intervient parfois sur le raisin, permettant ainsi une longue macération qui peut durer plus d'un mois ; c'est la pratique de la macération sous alcool, ou mutage sur grains. Grenaches gris et blanc, macabeu, plus rarement muscat et malvoisie, entrent dans la composition des blancs.

L'élevage joue un rôle essentiel. En général, il tend à favoriser une évolution oxydative du produit, dans le bois (foudre, demi-muid) ou en bonbonnes exposées au soleil sur les toits des caves. Les différentes cuvées ainsi élevées sont assemblées avec le plus grand soin par le maître de chai pour créer les nombreux types que nous connaissons. Dans certains cas, l'élevage cherche à préserver au contraire le fruit du vin jeune en empêchant toute oxydation ; on obtient alors des produits différents : ce sont les rimages. Pour l'appellation grand cru, l'élevage sous bois est obligatoire pendant trente mois.

Les vins sont rouges, de couleur rubis à acajou, avec un bouquet de raisins secs, de fruits cuits, d'amande grillée, de café, d'eau-de-vie de pruneau, ou plus rarement blancs. Les rimages gardent des arômes de fruits rouges, de cerise et de kirsch. Les banyuls se dégustent à une température de 12 à 17 °C selon leur âge ; on les boit à l'apéritif, au dessert (certains banyuls sont les seuls vins à pouvoir accompagner un dessert au chocolat), avec un café et un cigare, mais également avec du foie gras, un canard aux cerises ou aux figues, et certains fromages à pâte persillée.

BANYULS

DOM. BERTA-MAILLOL
Avis traditionnel 2000 ★★

■ | 1 500 | ⫾ | 30 à 50 €

Le domaine remonte à 1611 ! Jean-Louis Berta-Maillol en 1996, puis son frère Michel en 2003 ont pris la suite de leur père. Leurs 15 ha de vignes s'accrochent aux pentes schisteuses de la vallée de la Baillauri, aménagées en terrasses.

Après treize ans de fût, le noir profond de la robe est devenu ambré, acajou ; le fruit noir a laissé place aux fruits secs, le nez s'est enrichi de notes d'épices, de cacao, de tabac blond, de figue et de noix. Le palais ample, généreux, remarquable de fondu, offre un équilibre sur la douceur et montre déjà en finale les notes de fruits secs du rancio. ⧗ 2014-2040 🍴 gâteau aux noix ■ Rimage 2012 ★★ (11 à 15 € ; 5 000 b.) : pour mordre dans le fruit noir confituré et vanillé, en se délectant d'une coupe de fruits des bois. ⧗ 2014-2016

🔑 Jean-Louis et Michel Berta-Maillol, Mas Paroutet, rte des Mas, 66650 Banyuls-sur-Mer,
tél. 04 68 88 00 54, domaine@bertamaillol.com
V 🚶 🏠 t.l.j. 9h-12h30 14h-19h

DOM. DE LA CASA BLANCA Pineil 2012 ★★

■ | 3 000 | ⫾ | 11 à 15 €

L'enfant du pays, le terrien Laurent Escapa, a accueilli le marin Henri Levano, puis Valérie Reig est venue compléter le trio pour œuvrer dans une des plus vieilles caves du terroir. Dans ce petit domaine (8 ha), la mule et le treuil ont fait leur apparition pour éviter l'emploi de désherbant sur les terrasses accrochées aux collines banyulencques.

Tout l'art du vinificateur consiste à éviter l'oxydation pendant le court passage en barrique (un an) qui doit donner fondu et volume au vin. L'objectif est ici atteint : la couleur reste profonde et affiche sa jeunesse dans des reflets violines. Le fruit noir et la cerise burlat se mêlent autour d'une touche d'eau-de-vie de prune et d'une note fraîche de griotte. On apprécie le fondu du cœur de bouche et sa pointe vanillée. (Bouteilles de 50 cl.) ⧗ 2014-2016 🍴 délice aux fruits rouges ■ Les Escoumes 2012 (2 000 b.) : un banyuls blanc élégant, parfait pour les pâtes persillées.

Dom. de la Casa blanca, 16, av. de la Gare, 66650 Banyuls-sur-Mer, tél. 04 68 88 12 85, domainedelacasablanca@orange.fr V r.-v.

M. CHAPOUTIER 2012

■	20 000		11 à 15 €

Cette vénérable (XIXe s.) et incontournable maison, mise sur une orbite internationale par Michel Chapoutier à partir des années 1990, propose une large gamme issue de ses propres vignes (350 ha, en biodynamie) ou d'achats de raisin dans la plupart des appellations phares de la vallée du Rhône, mais aussi dans le Roussillon et en Alsace.

Ce 2012 dévoile une recherche d'extraction, de richesse, de force, mais aussi de fondu, de finesse et d'équilibre. La robe est profonde ; les parfums de fruits des bois sont rehaussés de touches épicées et de notes fraîches de sous-bois. La bouche ample et solide montre une vivacité tonique. La cerise accompagne la mûre : c'est bien l'univers des rimages de Banyuls. (Bouteilles de 50 cl.) 2014-2016 forêt-noire

Maison M. Chapoutier, 18, av. du Dr-Paul-Durand, 26600 Tain-l'Hermitage, tél. 04 75 08 28 65, chapoutier@chapoutier.com V r.-v.

COUME DEL MAS Galateo 2012 ★

■	6 000		15 à 20 €

Ingénieur agronome, Philippe Gard a d'abord travaillé à la chambre d'agriculture d'Auxerre, puis à celle de Bordeaux. Mais sa passion, c'est la vigne, et il a fini par se poser avec Nathalie en 1998 à Cosprons, près de l'anse de Paulilles, où il exploite aujourd'hui 15 ha en terrasses. Il lance son étiquette Coume del Mas en 2001. Intenses et raffinés, ses banyuls comme ses collioure ont fait sensation.

Si vous oubliez la bouteille dans un coin de cave, ce n'est pas grave, ce banyuls est fait pour durer ! Beaucoup d'extrait, de matière, de volume, sans excès de douceur ; des tanins présents, mais déjà intégrés. Du fruit noir, de la tapenade, un soupçon d'épices, un boisé délicat, une complexité qui se prête aujourd'hui à des accords sucrés-salés. (Bouteilles de 50 cl.) 2014-2016 tajine d'agneau aux pruneaux

Coume Del Mas, 3, rue Alphonse-Daudet, 66650 Banyuls-sur-Mer, tél. 04 68 88 37 03, philippe@coumedelmas.com V r.-v.

LE DOMINICAIN Vieilli en fût de chêne 2005 ★★★

■	n.c.		15 à 20 €

Face au château royal de Collioure, cette coopérative est installée depuis sa fondation (1926) dans l'ancienne église du couvent des Dominicains, sécularisé à la Révolution. Ce monument du XIIIe s. abrite de vieux foudres qui créent une atmosphère particulière. La cave vinifie 120 ha situés sur le terroir de la commune. À voir dans l'église, l'exposition réalisée par Francis Pous, président de la cave.

Le « Dominicain » en main, le temps se prête à la méditation. On ne peut rester insensible à l'appel de ce tuilé brun, de ces senteurs de miel et de cuir des vieux foudres, avec une touche toastée et chocolatée ; difficile aussi de résister à ces arômes de fruits confiturés qui s'épanouissent en bouche, à ces notes de café et de vanille ! De la douceur, du fondu, de l'ampleur, tout est enrobé, velouté, on sent la patine et le soyeux des schistes, et le chocolat conclut en beauté la dégustation. 2014-2040 moelleux au chocolat et café

Cave coop. le Dominicain, pl. Orfila, 66190 Collioure, tél. 04 68 82 05 63, contact@dominicain.com V t.l.j. 9h-12h30 13h30-18h

DOM. MADELOC Cirera 2010

■	3 000		15 à 20 €

Pierre Gaillard aime les côtes et les schistes. Producteur bien connu de la Côte Rôtie, il s'est tourné vers le sud et s'est intéressé à Faugères, avant de racheter en 2002 Madeloc en Côte Vermeille. Sa fille Élise, ingénieur agricole, conduit le domaine (19 ha environ) et vinifie avec brio. Sur certaines pentes, on a recours au treuil, comme dans la vallée du Rhône.

Une robe grenat soutenu, des senteurs de maquis et de schistes un soir d'été pour ce banyuls étonnant de fraîcheur. La bouche ample finit sur une touche surprenante et séduisante de cacao amer. 2014-2016 aiguillettes de canard au banyuls ■ Asphodèles 2012 (11 à 15 € ; 2500 b.) : de l'or et du miel, de la vanille ; un palais onctueux aux accents de rhum épicé et de noix de cajou. 2014-2040

Dom. Madeloc, 1 bis, av. du Gal-de-Gaulle, 66650 Banyuls-sur-Mer, tél. 04 68 88 38 29, domaine-madeloc@wanadoo.fr V r.-v.

Pierre Gaillard

DOM. PIC JOAN 2012

■	6 400		15 à 20 €

Jean Solé et Laura Parcé ont fondé leur domaine en 2009 à partir de vignes familiales et créé leur cave avec seulement 2,3 ha. Aujourd'hui, ils exploitent plus de 7 ha en « artisans vignerons ». À leur carte, des collioure fort remarqués, et de jeunes banyuls rimage. De juin à octobre, le jeune couple fait aussi « table vigneronne ».

Un banyuls bien dans le type rimage, avec son regard sombre, son premier nez de sous-bois humide, qui laisse percer à l'aération des notes franches de cerise et de mûre. La bouche confirme le fruit dans sa jeunesse, prend de la puissance, généreuse, étayée de bons tanins. 2014-2016 clafoutis fruits rouges et chocolat

Jean Solé, 20, rue de l'Artisanat, 66650 Banyuls-sur-Mer, tél. 04 68 98 74 41, domainepicjoan@orange.fr V t.l.j. 10h-12h30 15h-19h

DOM. DE LA RECTORIE Cuvée Pierre Rapidel 2006 ★★

■	6 000	20 à 30 €

La famille Parcé avait renoncé à vinifier après la mort de l'arrière-grand-père en 1913. Marc et son frère Thierry – rejoints par Jean-Emmanuel, fils de ce dernier – ont agrandi le domaine et sont sortis de la coopérative en 1984. À partir d'une trentaine de parcelles, Thierry, le vinificateur, propose des vins d'une régularité exemplaire en banyuls et en collioure (les plus gros volumes).

Après avoir apprécié le tuilé acajou lumineux de la robe, fermez les yeux, approchez... vous pénétrez dans un univers de fruits secs, de noisette grillée, sur fond de pruneau à l'eau-de-vie, de cacao, avec la note miellée des foudres et une touche vive de genièvre... Ce florilège se retrouve dans une bouche fondue où le tanin est encore présent, empreint d'une légère amertume. ⧗ 2014-2040 Ÿ fondant au chocolat noir ■ **Cuvée Thérèse Reig rimage muté sur grains 2012 ★ (11 à 15 € ; 5 000 b.)** : davantage sur le fruit, parfait pour le foie gras poêlé. ⧗ 2014-2016

⊶ Dom. de la Rectorie, 30-65, av. du Puig-del-Mas, 66650 Banyuls-sur-Mer, tél. 04 68 88 13 45, thierryparce@orange.fr V t.l.j. sf dim. 10h-12h 16h-19h ⊶ Thierry Parcé

DOM. SAINT-SÉBASTIEN Empreintes 2012 ★

■ | 7 000 | | 15 à 20 €

Jacques Piriou et Romuald Peronne – l'œnologue – se sont associés pour racheter ce domaine en 2008 et sont entrés dans le Guide par la grande porte avec leurs collioure. Ils gèrent à Banyuls un restaurant en terrasse face au port, *Le Jardin de Saint-Sébastien*, et proposent une promenade en bateau pour découvrir par la mer les 15 ha de leur vignoble en terrasses. À leur carte, des collioure et des banyuls exclusivement.

Le grenache gris (40 %) apporte à la robe une légère nuance grisée et en bouche une étoffe serrée qui donne de la longueur ; le grenache blanc contribue au volume, à la rondeur, aux senteurs de fleurs blanches miellées. Enfin, une goutte de muscat (10 %) lègue une fraîcheur mentholée et des notes vives de fruits exotiques et d'agrumes dans ce monde de douceur. ⧗ 2014-2016 Ÿ pêches pochées ■ **Banyuls Tradition Inspiration ardente 2010 (11 à 15 € ; 4 329 b.)** : un vin ample aux nuances de fruits confits, parfait pour les desserts au chocolat et fruits rouges. ⧗ 2014-2040

⊶ Dom. Saint-Sébastien, 10, av. du Fontaulé, 66650 Banyuls-sur-Mer, tél. 04 68 88 30 14, contact@domaine-st-sebastien.com V t.l.j. 10h-13h 14h-19h ⊶ Piriou-Peronne

♥ **CELLIER DES TEMPLIERS**
Rimage Mise précoce 2012 ★★★

■ | 66 204 | | 15 à 20 €

Devenu Terres des Templiers, l'ancien Cellier des Templiers est une coopérative créée en 1921. Elle revendique l'héritage de cet ordre militaire à qui l'on doit la mise en valeur des pentes schisteuses de Banyuls. Aujourd'hui, la cave dispose des 1 200 ha de ses adhérents et, depuis la récolte 2011, du Mas Ventous, un vaste chai de vinification qui s'ajoute à la grande cave de 1964, réservée aux longs élevages. À sa carte, des collioure et banyuls.

Le soin mis pour éviter la moindre oxydation est ici récompensé. On tient là un vrai rimage, qui conserve une robe profonde, entre rouge et noir, aux tendres reflets violines, tout en gardant la richesse aromatique du fruit charnu. Qui recèle aussi, emprisonnés au plus tôt dans la bouteille, le cassis et la cerise noire frais et gourmands, et de remarquables tanins. ⧗ 2014-2016 Ÿ pralines au chocolat amer ■ **Ravaner 2011 (22 740 b.)** : un blanc doré mêlant des notes grillées, vanillées et des touches de fruits secs. Assez sec, il devrait s'entendre avec le chèvre. ⧗ 2014-2040

⊶ Terres des Templiers, rte du Mas-Reig, 66650 Banyuls-sur-Mer, tél. 04 68 98 36 70, dmalejacq@templiers.com V t.l.j. 10h-19h30; f. janv.

DOM. LA TOUR VIEILLE
Rimage Mise tardive 2009 ★★

■ | n.c. | | 15 à 20 €

Créé en 1982, le domaine (14 ha en culture raisonnée) regroupe les vignes de Vincent Cantié (à Collioure) et celles de Christine Campadieu (à Banyuls), issus l'un comme l'autre de vieilles familles vigneronnes. L'exploitation domine la mer sur les hauteurs de Collioure. Elle montre une belle régularité, aussi bien en vins doux naturels qu'en vins secs.

Ce rimage mise tardive se rapproche des vintages de Porto. Un seul domaine, un seul millésime (« rimage » : âge du raisin), deux à trois ans d'élevage sous bois avant une garde en bouteilles. Le grenat reste soutenu, la cerise confiturée se nuance de notes épicées et la bouche montre du volume. On aime le soyeux de ses tanins, le bel équilibre entre le fruit mûr et la fraîcheur. Une présence discrète mais réelle. ⧗ 2014-2016 Ÿ foie gras poêlé aux cerises

⊶ Dom. la Tour Vieille, 12, rte de Madeloc, 66190 Collioure, tél. 04 68 82 44 82, info@latourvieille.fr V t.l.j. sf sam. dim. 9h-12h 14h-18h ⊶ Cantié-Campadieu

DOM. VIAL-MAGNÈRES Ambré Rivage ★

■ | n.c. | 20 à 30 €

Un vent mauvais pendant les vendanges 2013 a emporté Bernard Saperas et avec lui un vigneron accompli, chantre de son terroir. Cet œnologue et chimiste de formation, arrivé en 1985 sur le domaine de son beau-père, avait donné un bel élan à la propriété et à l'appellation : c'est à lui que l'on doit le banyuls blanc, l'engouement pour le rancio, la réussite du collioure blanc... et le chemin d'Anicet pour découvrir le cru. Olivier et Chrystel Saperas sont désormais les porteurs de mémoire et les garants de l'avenir.

Après quelques années d'élevage, la robe a pris un ton or. Les fleurs jaunes miellées se mêlent au coing et au zeste d'orange, sur fond de tabac blond. La bouche douce et généreuse s'épanouit sur des notes de raisin passerillé, équilibrée par une fraîcheur tonique aux accents persistants d'agrumes confits. ⧗ 2014-2040 Ÿ salade d'oranges à la cannelle

⊶ Olivier Saperas, 14, rue Édouard-Herriot, 66650 Banyuls-sur-Mer, tél. 06 37 28 89 47, thibault@tramontanewines.com V r.-v.

BANYULS GRAND CRU

L'ÉTOILE 2003 ★★

■ | 6 000 | | 15 à 20 €

Au cœur du village, la petite cave garde l'aspect rétro de l'époque de sa création. Fondée en 1921, c'est la plus ancienne coopérative de Banyuls. Connue pour ses vins doux naturels traditionnels hors d'âge, elle a su maintenir les traditions dans un esprit de famille. Les grands foudres, les demi-muids et dames-jeanne donnent naissance à des produits bien typés.

Le grenache est vraiment un cépage solide ! Malgré huit ans de fût, il garde de la profondeur dans ce rouge tuilé. Il tarde à prendre les arômes des vieux banyuls et s'amuse, « entre deux », à garder quelques airs de vieux vintages – un peu de cerise, de pruneau –, avant de se laisser prendre par le cacao, le tabac miellé, et la note exotique des épices. Un bel équilibre, de l'ampleur, une douceur mesurée le font apprécier dès maintenant, même si on lui prédit un bel avenir. ⧗ 2014-2040 🍷 opéra

Sté coopérative l'Étoile, 26, av. du Puig-del-Mas, 66650 Banyuls-sur-Mer, tél. 04 68 88 00 10, info@cave-letoile.com V t.l.j. 9h30-12h30 14h30-18h

CUVÉE CHRISTIAN REYNAL 2004 ★★

■	5 382		30 à 50 €

Coopérative créée en 1950 et nommée en hommage à l'abbé qui, vers 1870, devint négociant-éleveur de vins de Banyuls pour financer l'agrandissement de l'église paroissiale sans faire appel à la générosité publique et qui se fit à l'occasion le mécène de Maillol. Installée à Banyuls-sur-Mer, la cave s'appuie sur les 1 200 ha de ses 750 adhérents pour proposer toute une gamme de banyuls et de collioure. Une valeur sûre.

La robe a pris un ton roux, fauve aux reflets acajou : le temps a fait son œuvre et marqué de l'empreinte patinée des vieux foudres couleur et arômes. Le nez, d'une belle complexité, mêle douceur lactée, cacao, épices et fruits confits, avec une dominante de pruneau. La palette se complète de nuances d'eau-de-vie de prune et de cerise noire dans un palais à la fois ample, généreux et nerveux. Le soyeux des tanins accompagne les fruits secs dans une finale qui tarde à s'estomper. ⧗ 2014-2040 🍷 roquefort

Cave de l'Abbé Rous, rte du Balcon-de-Madeloc, 66650 Banyuls-sur-Mer, tél. 04 68 88 72 72 V r.-v.

RIVESALTES

• Superficie : 5 180 ha • Production : 107 930 hl (55 % blanc)

Longtemps, rivesaltes fut la plus importante des appellations des vins doux naturels : elle couvrait 14 000 ha et produisait 264 000 hl en 1995. Puis la crise a frappé et après un Plan rivesaltes qui a permis la reconversion d'une partie de ce vignoble, la production de cette appellation se rapproche désormais en volume de celle du muscat-de-rivesaltes.

Le terroir du rivesaltes s'étend en Roussillon et dans une toute petite partie des Corbières, sur des sols pauvres, secs, chauds, favorisant une excellente maturation.

Quatre cépages sont autorisés : grenache, macabeu, malvoisie et muscat, les deux premiers étant largement dominants. La vinification se fait en blanc et en rouge. Les rivesaltes rouges proviennent principalement du grenache noir ; ce cépage subit alors souvent une macération, afin de donner le maximum de couleur et de tanins.

L'élevage des rivesaltes est fondamental pour la détermination de la qualité. Les blancs donnent les ambrés, et les rouges les tuilés, au terme de deux ans ou plus d'élevage. Selon l'élevage, en cuve ou dans le bois, ils développent des arômes bien différents. Le bouquet rappelle la torréfaction, les fruits secs, avec une note de rancio dans les vins les plus évolués. Certains rivesaltes rouges ne subissent pas d'élevage et sont mis très jeunes en bouteilles. Ce sont les grenats, caractérisés par des arômes de fruits frais : cerise, cassis, mûre. Les derniers cahiers des charges autorisent les rivesaltes rosés.

On boira les rivesaltes à l'apéritif ou au dessert, à une température de 11 à 15 °C, selon leur âge. Dans le même style fruité, une production de rosé pourrait se développer.

DOM. ALQUIER Ambré Hors d'âge ★★

■	2 000		15 à 20 €

Au pied des Pyrénées et du col du Perthus, le domaine de Patricia et Pierre Alquier s'étend sur 32 ha dans le merveilleux terroir des Albères – merveilleux tant pour ses paysages que pour l'expression de finesse et de minéralité que ces sols acides du piémont nord-pyrénéen confèrent aux vins.

Même le long élevage n'arrive pas à effacer cette expression de terroir. Après le bel ambre roux de la robe et les senteurs de fruits secs et de pain aux noix, c'est la fraîcheur qui surprend en bouche, la finesse et la complexité aromatique : le tabac blond côtoie le pomelo et un joli toasté, avant l'entrée en scène des fruits secs et du rancio de la noix. ⧗ 2014-2040 🍷 foie gras

Alquier, Dom. Alquier, 66490 Saint-Jean-Pla-de-Corts, tél. 04 68 83 20 66, domainealquier@wanadoo.fr V t.l.j. sf dim. 9h-12h 15h-19h

♥ DOM. BELLAVISTA
Ambré 20 ans d'âge 1993 ★★★

■	3 000		30 à 50 €

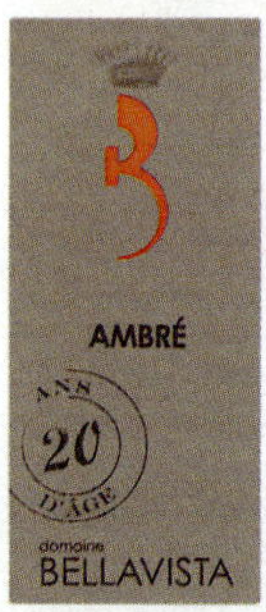

Acquis en 1992 par la famille Bertrand, le domaine de 50 ha, adossé aux collines de Castelnou, dresse fièrement les superbes bâtisses du XIIIe s. remarquablement rénovées. Ce qui n'était alors que le « paillé » de la bergerie peut accueillir jusqu'à 200 personnes pour vivre des instants privilégiés de convivialité en pleine nature. Le vignoble a été converti au bio en 2013.

Un superbe ambré à reflets topaze. Tout y est : finesse, élégance, fondu, équilibre, intensité aromatique sur des notes de fruits secs, de pain d'épice, d'abricot rouge, tendre sucrosité en équilibre avec une acidité retenue, finale rancio... Un plaisir pur, après un accueil des plus prometteurs sur des notes d'abricot sec, de cuir, de pain grillé, et surtout de rancio, avec le cerneau de noix. ⧗ 2014-2040 🍷 roquefort

Dom. Bellavista, Mas Bellavista, 66300 Camélas, tél. 04 68 53 25 18, domainebellavista@orange.fr V r.-v.

BERTRAND-BERGÉ
Tuilé Grande Réserve Ma-Ga 2011 ★

■	1 000		15 à 20 €

À l'instar de son aïeul Jean Sirven, qui vinifiait son vin à la fin du XIXe s., Jérôme Bertrand a quitté la coopérative en 1993 pour élaborer ses propres vins. Il a cru très tôt dans la qualité des terroirs rudes de Fitou, élevé et

valorisé les vins du cru, puis hissé son domaine (35 ha) parmi les grands. Son vignoble est en conversion bio.

Selon la façon dont il est conduit, l'élevage en milieu oxydatif – obligatoire pendant trente mois pour les tuilés – marque plus ou moins le vin. Ici, il affecte peu la couleur qui reste jeune et encore profonde, et laisse filtrer la senteur forestière des fruits des bois. En revanche, la souplesse, le fondu, la note confiturée de la cerise, un léger toasté et l'enrobage des tanins sont son œuvre. ⌛ 2014-2044 🍴 fondant au chocolat

🔑 Dom. Bertrand-Bergé, 38, av. du Roussillon, 11350 Paziols, tél. 04 68 45 41 73, bertrand-berge@wanadoo.fr V 🚶 🍷 t.l.j. 9h-12h 14h-18h 🏠 B

B CAZES Grenat 2012 ★

■	8 000	🍾	11 à 15 €

Fondation en 1895, premières mises en bouteilles en 1955 et une croissance continue. Aujourd'hui, un domaine de 220 ha entièrement conduit en biodynamie depuis 2005. À sa carte, toutes les AOC du Roussillon. Dans le giron du groupe Advini.

C'est toujours un plaisir de croquer dans le fruit charnu d'un grenat. Mais pour que le plaisir soit complet, il faut de superbes grenaches à maturité pour le côté solaire et la sucrosité, une vinification soignée avec une longue macération pour en tirer le fruit, de jolis tanins et ce regard sombre, andalou, du vin dès l'approche. C'est tout un art de fondre le tout rapidement pour éviter la dureté des tanins, la brûlure de l'alcool. C'est ce défi qui a été relevé ici. ⌛ 2014-2016 🍴 canard aux cerises

🔑 Maison Cazes, 4, rue Francisco-Ferrer, 66600 Rivesaltes, tél. 04 68 64 08 26, info@cazes.com V 🚶 🍷 r.-v.

DOM. COMELADE Le Barral 1987

■	3 000	15 à 20 €

Lionel Comelade représente la cinquième génération à la tête du domaine familial (60 ha aujourd'hui), établi au pied des terres cathares de Quéribus. C'est dans cette splendide vallée de l'Agly où Estagel fait figure de capitale, qu'il joue sur les schistes noirs, les argiles rouges et les éboulis calcaires blancs.

Beaucoup de patience à l'ombre des tonneaux pour, plus de vingt ans après, retrouver vie. Certes, le vin d'origine a laissé en route une « part des anges » importante (pertes, évaporation, lies...) mais cet ambré fauve, qui tarde à s'ouvrir, réserve une sensation en bouche unique. La surprise vient de l'ampleur de l'attaque et de cet abord « liquoreux », évocateur de fruits exotiques et de vendanges tardives, avec l'acidité indispensable à une bonne tenue. (Bouteilles de 50 cl.) ⌛ 2014-2040 🍴 foie gras

🔑 Dom. Comelade, 8, rue Fournalau, 66310 Estagel, tél. 06 14 87 78 05, domaine.comelade@wanadoo.fr r.-v.

DOM. LES CONQUES Ambré 2006 ★

■	7 000	🛢	15 à 20 €

Installé en 1998 à Fourques, au pied du Canigou, sur 9 ha de vignes, François Douville est « parti en bio » au pas lent et sûr de sa mule. C'est dans le paysage de bocage dodelinant des Aspres que le duo trace un sillon complice.

L'oxydation recherchée dans les vins doux naturels peut être plus ou moins poussée. Ce qu'a apprécié le jury, c'est la délicatesse de l'élevage qui donne cet ambré doux, à l'expression aromatique intense où l'abricot et les fruits secs doucement vanillés restent très présents. C'est aussi cette suavité de la bouche, sa complexité – écorce d'orange, tabac, fruits secs – et ce surprenant profil tendu avant que la noix ne se glisse en finale. ⌛ 2014-2040 🍴 gâteau aux noix

🔑 Douville, 5, place de la Mairie, 66300 Fourques, tél. 04 68 52 82 56, francois.douville@wanadoo.fr V 🚶 🍷 r.-v.

CH. DE CORNEILLA 2000

■	3 600	🍾 🛢	11 à 15 €

La famille Jonquères d'Oriola est très connue dans le domaine sportif pour les exploits olympiques de Pierre en hippisme et de Christian en escrime. William, qui a rejoint son père Philippe en 2010, représente la vingt-septième génération de vignerons ! Depuis 1485, c'est au château bâti par les templiers que s'élabore le vin du domaine (60 ha aujourd'hui).

L'an 2000 est déjà loin, mais ce tuilé n'a rien perdu de sa fraîcheur ni de sa générosité. De couleur encore soutenue, il se révèle sur la douceur du miel de sapin des Vosges, sur les épices douces, puis la cerise à l'eau-de-vie s'impose, le boisé épicé se laisse surprendre par la puissance de tanins savoureux. Il est prêt... pour durer. Même si on peut le savourer dès à présent. ⌛ 2014-2040 🍴 fondant chocolat-caramel

🔑 EARL Jonquères d'Oriola, Ch. de Corneilla, 3, rue du Château, 66200 Corneilla-del-Vercol, tél. 04 68 22 73 22, chateaudecorneilla@hotmail.com V 🚶 🍷 t.l.j. sf dim. 11h-12h 17h-18h30

DOM. DES DEMOISELLES Tuilé Kilya Élevé en fût de chêne 2000 ★

■	n.c.	🛢	20 à 30 €

Au sud de Perpignan, Tresserre, village du cœur des Aspres est, selon la légende, le pays des bruxes (fées, ou demoiselles). Mais, c'est en hommage aux trois générations de femmes qui se sont succédé à la tête du domaine (30 ha aujourd'hui) que la propriété porte ce nom. La dernière est représentée par Isabelle Raoux, qui a abandonné l'équitation pour perpétuer l'exploitation et qui officie en cave.

Kilya ? La fille de la vigneronne, et peut-être la prochaine génération. Sans attendre qu'elle grandisse, on pourra ouvrir dès maintenant sa cuvée née au début de siècle. La robe dépouillée, très tendre, confine à l'ambré. Un vin timide à l'approche, où la confiture de prunes se cache derrière le boisé. Très enrobé, fondu, il est éloquent en bouche, et parle de tabac blond miellé, d'abricot sec, de figue, avant de s'effacer sur la patine du bois et sur les fruits secs. ⌛ 2014-2040 🍴 sablés aux noix

🔑 Isabelle Raoux, Mas Mulès, 66300 Tresserre, tél. 06 83 04 34 62, domaine.des.demoiselles@nordnet.fr V 🚶 🍷 r.-v. 🏠 D

DIVÍ ELEGANCIA Grenat 2012

■	2 856	11 à 15 €

Cette structure coopérative, qui regroupe désormais également les vignerons de Saint-André, est adhérente du groupe audois du Val d'Orbieu, qui fédère onze caves. Avec une nouvelle présentation, elle met en

valeur les vins doux naturels issus de ce village vigneron du piémont du Canigou.

Un vin souple et fin où l'on a recherché l'aspect « primeur », privilégiant le fruit à la puissance. Un exercice réussi avec la fraîcheur des petits fruits acides, une bouche gouleyante où rien n'accroche : un joli grenat d'été aux tanins veloutés. ⧗ 2014-2016 ⚲ clafoutis aux cerises

SCA des Vignerons de Passa Saint-André, 56, rue du Stade, 66690 Saint-André, tél. 04 68 89 03 03, cave.saintandre@wanadoo.fr V t.l.j. sf dim. 9h-12h 14h30-18h

DOM BRIAL Tuilé 2007 ★★

■	15 000		5 à 8 €

Suivi à la parcelle, maîtrise de la totalité de la chaîne d'élaboration, du raisin à la bouteille, démarche de développement durable... La cave de Baixas, fondée en 1923, compte 380 coopérateurs qui exploitent 2 500 ha répartis sur une trentaine de communes.

Une cave reconnue pour la qualité de ses muscats, mais aussi pour l'élevage des rivesaltes, grâce à des VDN comme ce 2007 déjà prêt. Un tuilé qui prend des airs d'ambré en se parant de jolies notes fauves, presque acajou, en jouant au-delà du pruneau sur les fruits secs et le miel de châtaigne. En bouche, on ne se pose plus de questions, le fondu est superbe, le tanin soyeux, le cacao s'entoure de torréfaction, la figue devance l'amande grillée, l'harmonie est là. ⧗ 2014-2024 ⚲ sablés aux fruits secs ■ Ambré Grande Réserve 1999 ★ (20 à 30 € ; 8 200 b.) : des arômes de verveine, d'eucalyptus et de boisé avec une finale rancio. ⧗ 2014-2016 ■ Ch. les Pins Primage 2008 ★ (11 à 15 € ; 12 000 b.) : du fruit mûr et l'expression vanillée et chocolatée d'un boisé patiné. De l'ampleur. ⧗ 2014-2016

Vignobles Dom Brial, 14, av. Mal-Joffre, 66390 Baixas, tél. 04 68 64 22 37, contact@dom-brial.com V r.-v.

CHEZ JAU Ambré 2007 ★

■	5 712	11 à 15 €

Du bâtiment construit au XIIe s. par les moines cisterciens, il ne reste que la superbe tour épousant la roche. Jean et Bernard Dauré ont acheté le domaine en 1974. La magnanerie du milieu du XIXe s. abrite aujourd'hui l'Espace d'art contemporain, qui voisine avec l'un des premiers restaurants vignerons créés en France, ouvert l'été.

L'approche fauve aux reflets cuivrés donne le ton, et la palette aromatique est celle d'un vin très bien élevé ! Pain d'épice, fleur d'acacia, fruits secs, abricot, banane séchée se dévoilent à l'aération. Franc, droit, le vin garde en bouche cette petite arête tendue qui accompagne un boisé vanillé, un zeste d'orange amère, avant une finale épicée. (Bouteilles de 50 cl.) ⧗ 2014-2040 ⚲ reine de Saba ■ Grenat (9 600 b.) : un grenat souple et gouleyant, pour l'apéritif. ⧗ 2014-2016

Vignobles Dauré, Ch. de Jau, 66600 Cases-de-Pène, tél. 04 68 38 90 10, daure@wanadoo.fr V t.l.j. sf ven. sam. dim. 9h-17h (hiver); t.l.j. 10h-20h (été)

MAS PEYRE Tuilé Moments de ví 2008 ★★

■	4 000		15 à 20 €

La famille Bourrel a constitué son domaine en 1988. Elle a quitté la coopérative en 2003 pour créer sa cave. À l'arrivée de Baptiste, le fils aîné, en 2009, elle a engagé la conversion bio du vignoble (40 ha). Le jeune frère, César, gère la commercialisation.

On s'attardera sur ce tuilé acajou qui évoque dès le verre la fraîcheur du maquis, le fruit mûr confituré et rappelle par un toasté discret que le vin a passé trois ans sous bois. Un bel élevage mariant le grenache et sa note de cerise à un boisé enrobant, légèrement chocolaté, qui lisse les tanins et apporte l'exotisme des épices à un vin qui garde en finale la fraîcheur des terres d'altitude. ⧗ 2014-2040 ⚲ moelleux chocolat cerises

Mas Peyre, 3 ter, rue de Lesquerde, 66220 Saint-Paul-de-Fenouillet, tél. 04 68 59 29 45, maspeyre@orange.fr V t.l.j. 9h30-12h00 15h-19h 2

CH. DE PÉNA Ambré Hors d'âge ★★

■	8 000		8 à 11 €

Le village de Cases-de-Pène tient son nom d'un ermitage du Xe s. établi sur un roc (*pena* en catalan) calcaire qui ferme la vallée de l'Agly. Les terres noires schisteuses y alternent avec l'ocre des argilo-calcaires, formant deux superbes terroirs de 480 ha sur lesquels travaillent les 55 vignerons de la coopérative locale.

Un hors d'âge issu d'un joli travail d'assemblage au chai de vins de plus de dix ans, élevés sous bois. Cela donne un ambré lumineux et limpide aux nuances vieil or, au nez complexe mêlant fruits confits et une note de petit pain au chocolat ! Puis vient le plaisir d'une bouche souple, ample sans excès, où le fondu des tanins est superbe, qui renoue avec les fruits secs et confits, s'enrichit d'un boisé savoureux, de nuances d'abricot et d'un soupçon de noix fraîche en finale. ⧗ 2014-2040 ⚲ foie gras au figues

Cellier de Péna, 2, bd Mal-Joffre, 66600 Cases-de-Pène, tél. 04 68 38 93 30, cellier-de-pena@orange.fr V t.l.j. sf dim. 9h-12h 14h-18h

DOM. DE LA PERDRIX Tuilé 2008 ★★

■	2 500		11 à 15 €

Depuis 1807, le vin était élaboré au village dans la vieille cave familiale. Après avoir pris le relais en 1996 et passé treize ans dans ces locaux, ne pouvant « pousser les murs », Virginie et André Gil ont établi en 2009 un nouveau chai au cœur des vignes, regardant le Canigou. Leur domaine couvre 35 ha.

Ce tuilé 2008, d'un acajou dense et brillant, est le dernier à avoir été élevé au village. Son grillé se nuance d'une note de caramel au lait et d'une touche plus relevée de poivre du Sichuan. Ample, puissant, le palais révèle un bel équilibre entre la fraîcheur de la cerise à l'eau-de-vie, la sucrosité de la confiture de figues et une fine amertume qui imprime de la longueur. ⧗ 2014-2040 ⚲ forêt-noire

Dom. de la Perdrix, Traverse-de-Thuir, 66300 Trouillas, tél. 04 68 53 12 74, contact@domaine-perdrix.com V t.l.j. sf dim. 10h-12h 15h-18h30 (19h de juil. à sept.)

DOM. DE RANCY Ambré 2001 ★★★

■	7 200		15 à 20 €

À Latour de France, dans les différentes petites caves du domaine, au cœur du village, tonneaux et tonnelets invitent à la curiosité. Bienvenue chez Brigitte et

Jean-Hubert Verdaguer et surtout en pays « rancio », un pays fait de longs élevages sous bois où les vieux rivesaltes en perdent la notion d'ambré ou de tuilé ! Depuis sa fondation en 1920, ce domaine (17 ha aujourd'hui) s'intéresse aux vins doux naturels. Le rivesaltes est une des passions du vigneron, à la tête du domaine depuis 1989.

Choc de culture entre le nez qui prône le boisé, les fruits secs, le rhum agricole sur un registre un peu sec et la bouche, généreuse, ample sur un équilibre doux dès l'attaque. Une bouche qui invite la confiture de cerises et de mûres, les notes fumées et torréfiées du café noir, l'amertume dosée du chocolat ; l'ensemble est tendu par une belle acidité avant une finale sur le cerneau de noix. Superbe, mais à réserver aux initiés. (Bouteilles de 50 cl.) ⧗ 2014-2040 🍷 moelleux au chocolat noir

Jean-Hubert Verdaguer, 11, rue Jean-Jaurès, 66720 Latour-de-France, tél. 04 68 29 03 47, info@domaine-rancy.com t.l.j. 10h-13h 15h-19h; dim. sur r.-v.

♥ DOM. RIÈRE CADÈNE
Ambré La Grande Réserve ★★★

| 800 | | + de 100 €

Fondé en 1904, un domaine de 24 ha, conduit depuis 1994 par Jean-François Rière qui a renoué avec les vinifications au domaine. La cave est située à Perpignan même, dans un secteur agricole encore préservé, ce qui a permis l'aménagement de gîtes.

Une petite et rare (800 cols seulement) merveille. Surprenant, cet ambre qui joue avec la couleur café, café qui déteint même sur les arômes, accompagné d'abricot sec, de cacao, dans un registre aérien où s'invitent le ciste et les senteurs de maquis. L'équilibre en bouche est parfait autour d'une fraîcheur acide qui porte le vin ; une touche d'agrumes, de vieux cuir, un soupçon de noix viennent compléter un majestueux univers aromatique. ⧗ 2014-2040 🍷 tiramisu

Dom. Rière Cadène, Mas Bel Air, chem. de Saint-Génis-de-Tanyères, 66000 Perpignan, tél. 04 68 63 87 29, contact@domainerierecadene.com

DOM. SALVAT
Grenat 2011

| 4 800 | | 11 à 15 €

Que ce soit du côté de Taïchac sur les hauteurs des Fenouillèdes ou plus près de la Grande Bleue à Corneilla-la-Rivière, Jean-Philippe Salvat arpente ses 35 ha avec la passion que lui ont transmise cinq générations de vignerons.

Le court élevage sous bois lui vaut cette robe patinée, cette évolution aromatique vers le pruneau, et une touche discrètement grillée et épicée. Il apporte également rondeur, fondu, un soupçon de figue dans un monde empyreumatique où les tanins reprennent de la vigueur en finale. ⧗ 2014-2016 🍷 figue pochée au rivesaltes

Dom. Salvat, 8, av. Jean-Moulin, 66220 Saint-Paul-de-Fenouillet, tél. 04 68 59 29 00, salvat.jp@wanadoo.fr t.l.j. 9h-12h 14h-18h

♥ TERRASSOUS
Ambré Hors d'âge 12 ans 2001 ★★★

| 8 800 | | 11 à 15 €

Les vignerons de Constance et Terrassous regroupent depuis 2009 trois caves des Aspres, dans la partie sud du Roussillon dénommée Aspres. Un terroir de collines et de terrasses au pied du Canigou, lequel apporte avec ses schistes une palette supplémentaire de terroirs. La cave commercialise en tirage limité toute une gamme de splendides vins doux naturels, du six ans d'âge aux millésimes anciens.

Parmi les vins goûtés, deux ont rivalisé pour le coup de cœur. Les dégustateurs ont finalement élu celui-ci. Ce qui a fait la décision, c'est la couleur fauve, la limpidité remarquable du regard, l'expression aérienne et suave alliant fleurs séchées, orange confite, miel et noix ; c'est la complexité de la bouche, tendre, fondue mais fraîche, où tout est harmonie autour de l'abricot rouge, avant que la noix et le rancio ne viennent enlever la finale. ⧗ 2014-2040 🍷 roquefort ■ 1992 ★★ (30 à 50 € ; 1 500 b.) : un nez complexe et une bouche intense, sur les fruits secs, associant une belle rondeur et ce qu'il faut de fraîcheur. ⧗ 2014-2040 ■ 1981 ★★★ (30 à 50 € ; 1 254 b.) : superbe de bout en bout. Nez intense, entre fruits secs et chocolat blanc, attaque douce, ampleur, richesse des arômes de figue et de pruneau, le tout vivifié par une acidité sublime ; finale d'une rare longueur, sur une noble amertume. Vos petits-enfants pourront l'apprécier, s'il en reste. ⧗ 2014-2040 ■ 1974 ★★ (50 à 75 € ; 1 128 b.) : une très belle expression aromatique (grillé, abricot confit, figue sèche, vieux foudres, caramel). ⧗ 2014-2040

SCV Les Vignobles de Constance et du Terrassous, 66300 Terrats, tél. 04 68 53 02 50, contact@terrassous.com t.l.j. sf dim. 9h-12h 14h-18h30 (hiver); 9h-12h30 14h30-19h (été)

TORRE DEL FAR
Grenat 2010

| 3 000 | | 8 à 11 €

Depuis 2010, date de la fusion des trois caves de Tautavel et Vingrau, les vignerons ont mis en place une nouvelle gamme afin d'affirmer leur identité propre. Grâce à des sélections parcellaires, l'équipe propose chaque année des Tautavel à forte personnalité.

Lorsque les premiers grenats sont apparus – on les nommait alors « vintages », avant que le porto ne se réserve l'usage de cette mention –, ce vin a été le fer de lance de cette nouvelle production. Il continue son chemin avec une approche originale d'élevage en bouteilles. Ainsi, si la robe de ce 2010 s'orne de quelques reflets tuilés, elle reste profonde. En matière aromatique, des notes de sous-bois, de cuir et de venaison créent la surprise ; quant à la bouche, où le pruneau accueille les fruits secs, elle est remarquée pour le côté bien enrobé des tanins. ⧗ 2014-2016 ¥ far aux pruneaux

Les Vignerons Tautavel-Vingrau, 24, av. Jean-Badia, 66720 Tautavel, tél. 04 68 29 12 03, contact@tautavelvingrau.com V t.l.j. 9h30-12h 14h30-17h

LES VIGNERONS DE TRÉMOINE Grenat 2012

■	3 000		8 à 11 €

Les Vignerons de Trémoine : une coopérative fondée en 1919, regroupant soixante vignerons qui cultivent 600 ha dans quatre villages situés dans la vallée de l'Agly : Planèzes, Rasiguères, Lansac et Cassagnes. L'histoire de la cave est liée au festival de musique classique créé en 1980 par la pianiste britannique Moura Lympany.

De la douceur et de la vivacité dans ce grenat typique, à la robe avenante, au nez jouant sur une jolie note poivrée accompagnant le cassis. Fraîcheur et souplesse en bouche, avec un soupçon de fruits mûrs, une pointe tannique agréable, un petit accent de chocolats Mon Chéri : une vraie gourmandise à savourer sans attendre. ⧗ 2014-2016 ¥ canard aux cerises

Les Vignerons de Trémoine, 5, av. de Caramany, 66720 Rasiguères, tél. 04 68 29 11 82, rasigueres@wanadoo.fr V t.l.j. sf dim. 8h-12h 14h-18h

VIGNERONS CATALANS
Ambré Haute Couture 1979

■	4 500		20 à 30 €

Groupement de producteurs installé à Perpignan depuis 1964, partenaire d'une centaine de caves coopératives et particulières du département. Les Vignerons catalans en Roussillon vendent 35 millions de bouteilles par an.

Trente années d'attente, de lente évolution dans l'ombre des vieux foudres, de soins attentionnés... Pour se parer de vieil or, d'ambre roux, pour obtenir cette présence aromatique douce, lactée, miellée, toastée, ces notes d'agrumes confits. Rondeur, fondu sont de mise en bouche, l'équilibre est doux, le tanin présent ; les agrumes, le raisin passerillé accompagnent la finale. ⧗ 2014-2040 ¥ saint-honoré

Vignerons Catalans, 1870, av. Julien-Panchot, BP 29000, 66962 Perpignan Cedex 9, tél. 04 68 85 04 51, contact@vigneronscatalans.com

ARNAUD DE VILLENEUVE
Ambré Hors d'âge 1985 ★

■	4 500		20 à 30 €

Cette cave coopérative porte le nom de l'inventeur des vins doux naturels, Arnaud de Villeneuve. Elle rassemble 350 viticulteurs de Salses et de Rivesaltes, qui cultivent quelque 2 500 ha de vignes.

Une explosion aromatique liée au long travail de garde, mais aussi aux cépages d'origine : le grenache gris qui porte le vin ; le muscat d'Alexandrie qui apporte de la subtilité, une petite touche d'orange confite et une surprenante fraîcheur aux accents d'eucalyptus ; le grenache blanc qui donne de la rondeur et le macabeu qui vient compléter le quatuor avec ses notes de fleurs miellées. ⧗ 2014-2040 ¥ tarte à l'orange meringuée

Cave Arnaud de Villeneuve, 153, RD 900, 66600 Rivesaltes, tél. 04 68 64 06 63, contact@caveadv.com V t.l.j. 9h-12h 14h-18h

MUSCAT-DE-RIVESALTES

• Superficie : 5 221 ha • Production : 106 765 hl

Le muscat-de-rivesaltes peut provenir de l'ensemble du terroir des appellations rivesaltes, maury et banyuls. Les deux cépages autorisés sont le muscat à petits grains et le muscat d'Alexandrie. Le premier, souvent appelé muscat blanc ou muscat de Rivesaltes, est précoce et préfère les terrains relativement frais et calcaires. Le second, appelé aussi muscat romain, est plus tardif et très résistant à la sécheresse.

La vinification s'opère soit par pressurage direct, soit avec une macération plus ou moins longue. La conservation se fait obligatoirement en milieu réducteur, pour éviter l'oxydation des arômes primaires. Avec 100 g/l minimum de sucres, les vins sont liquoreux. Ils sont à boire jeunes, à une température de 9 à 10 °C. Ils accompagnent l'apéritif, les desserts (tartes au citron, aux pommes ou aux fraises, sorbets, glaces, fruits, touron, pâte d'amandes) ainsi que le roquefort.

B DOM. BERTRAND-BERGÉ 2013

■	3 751	11 à 15 €

À l'instar de son aïeul Jean Sirven, qui vinifiait son vin à la fin du XIXes., Jérôme Bertrand a quitté la coopérative en 1993 pour élaborer ses propres vins. Il a cru très tôt dans la qualité des terroirs rudes de Fitou, élevé et valorisé les vins du cru, puis hissé son domaine (35 ha) parmi les grands. Son vignoble est en conversion bio.

La robe est d'un or pâle brillant. Discret au premier nez (menthol, fruits exotiques), ce muscat libère à l'aération des arômes intenses de citron et d'orange confite. La bouche est fraîche, très enlevée. Un vin croquant, à la fois léger et bien présent. ⧗ 2014-2016 ¥ tarte à l'orange

Dom. Bertrand-Bergé, 38, av. du Roussillon, 11350 Paziols, tél. 04 68 45 41 73, bertrand-berge@wanadoo.fr V t.l.j. 9h-12h 14h-18h B

DOM. BOBÉ 2013 ★

■	2 500		5 à 8 €

Robert Vila est établi depuis 1986 tout près de Perpignan sur les terrasses caillouteuses de la Têt. Il conduit un vignoble de 40 ha.

Le muscat d'Alexandrie exprime ici toute sa personnalité. La robe est d'un or pâle, limpide et brillante. Le nez évoque les fleurs blanches, le raisin mûr, l'abricot confit et le miel. La bouche douce et riche est vivifiée par des notes d'agrumes, de bergamote et de menthol. ⧗ 2014-2016 ¥ rousquilles

Robert Vila, Dom. Bobé, 5, chem. de Baixas, 66240 Saint-Estève, robert.vila@wanadoo.fr V t.l.j. sf sam. dim. 14h30-18h

♥ DOM. BOUDAU Classique 2013 ★★

■	25 000	8 à 11 €

Véronique et Pierre Boudau, le frère et la sœur, sont à la tête de ce domaine familial depuis 1993. Ils ont décidé de donner un nouveau souffle à la propriété, qui couvre quelque 50 ha sur d'excellents terroirs, à l'entrée de la vallée de l'Agly. Le pari est réussi : la totalité de la production est mise en bouteilles et commercialisée dans un réseau de restaurants et de cavistes.

Le muscat est un des « must » de la production. D'une couleur extrêmement pâle, avec des reflets verts, celui-ci libère des arômes puissants de fleurs blanches, de poire fraîche, de pêche blanche, de banane verte et de fruits exotiques. Gras sans être lourd, d'une belle fraîcheur en bouche : un vin « très enjoué et moderne » selon les dégustateurs sous le charme. ⌛ 2014-2016 🍴 foie gras

Dom. Boudau, 6, rue Marceau, 66600 Rivesaltes, tél. 04 68 64 45 37, contact@domaineboudau.fr
V t.l.j. sf dim. 10h-12h 15h-19h; sam. 15h-19h en hiver

VIGNOBLES CAP LEUCATE Royal 2013 ★

14 400 | | 5 à 8 €

Créée en 1920, la coopérative de Leucate a fusionné avec plusieurs coopératives (Quintillan, Roquefort-des-Corbières, La Palme...). Un acteur incontournable du Fitou maritime, avec plus de 170 adhérents, 1 400 ha et un chai sorti de terre en 2010.

Cette cuvée est élaborée avec une majorité de muscat à petits grains, cépage particulièrement adapté au terroir calcaire environnant. Elle affiche une robe dorée aux reflets verts et présente une belle palette aromatique : bourgeon de cassis, poire et pêche blanche. On retrouve ces arômes dans une bouche fraîche. Un vin « a la niaque » et qui reflète bien le millésime. ⌛ 2014-2016 🍴 choux à la crème

Vignobles Cap Leucate, Chai La Prade, 11370 Leucate, tél. 04 68 33 20 41, contact@cave-leucate.com V t.l.j. 9h-12h 16h-19h

B DOM. CARLE COURTY Harmonie des sens 2013

2 200 | | 8 à 11 €

Implanté au pied de l'ermitage de Força Real, d'où le panorama embrasse tout le Roussillon, le vignoble de Carle-Courty (3,5 ha au départ, 12 ha aujourd'hui) est cultivé en bio depuis 2002. Un choix de vie pour Frédéric Carle, comptable né en Champagne, installé depuis 1995 dans la vallée de la Têt, entre ceps de syrah et schistes bruns, vieilles vignes de carignan et de grenache et cheminées de fées.

Vêtue d'or pâle brillant aux reflets argentés, cette cuvée développe des arômes puissants de pêche blanche et de poire fraîche agrémentés d'une note de pâte de coings. En bouche, la vivacité domine, équilibrée par une douceur agréable. Un vin tonique et élégant. ⌛ 2014-2016 🍴 crevettes à la citronnelle

Dom. Carle Courty, 6, rte de Corneilla, 66170 Millas, tél. 04 68 57 21 79, domaine.carlecourty@orange.fr
V t.l.j. sf dim. 9h30-12h 14h30-19h; f. janv.

LES MAÎTRES VIGNERONS DE CASCATEL Jardin d'Éden 2013

50 000 | | 8 à 11 €

Située dans le massif des hautes Corbières et le haut Fitou, à 20 km de la Méditerranée, cette cave créée en 1921 regroupe aujourd'hui 100 vignerons qui cultivent 1 000 ha.

Ce « Jardin d'Éden » livre des fragrances de fleurs blanches, de pêche de vigne, de citron et de menthe fraîche. Ample et bien équilibré en bouche, d'une bonne persistance, il finit sur des notes abricotées. ⌛ 2014-2020 🍴 macaron à l'abricot

Les Maîtres Vignerons de Cascatel, Grande-Rue, 11360 Cascatel, tél. 04 68 45 91 74, info@cascatel.com
V t.l.j. sf sam. dim. 9h-12h 14h-18h

B DOM. CAZES 2011

60 000 | | 11 à 15 €

Fondation en 1895, premières mises en bouteilles en 1955 et une croissance continue. Aujourd'hui, un domaine de 220 ha entièrement conduit en biodynamie depuis 2005. À sa carte, toutes les AOC du Roussillon. Dans le giron du groupe Advini.

Le muscat a toujours été un des produits phares de la maison. Depuis plusieurs années, cette cuvée n'est commercialisée qu'au bout de deux années d'élevage. Cette technique donne un vin à la robe d'or paille brillant et aux arômes légèrement évolués de fruits confiturés, d'orange confite et de rose poivrée. Une belle présence en bouche. ⌛ 2014-2016 🍴 pâtisseries orientales

Maison Cazes, 4, rue Francisco-Ferrer, 66600 Rivesaltes, tél. 04 68 64 08 26, info@cazes.com
V r.-v. Advini

DOM. COLL DE ROUSSE 2013 ★

2 000 | | 5 à 8 €

Le village de Tresserre est connu pour sa fête des sorcières et sa station de recherches viti-vinicoles. C'est également un village à la tradition viticole ancienne où de nombreux vignerons ont su se faire une réputation méritée. Parmi eux, Jean-Pierre Boussuge, depuis 1998 à la tête du domaine Coll de Rousse (25 ha).

Un muscat de belle facture. La robe or clair aux reflets argentés est brillante. Les parfums puissants et variés sont dominés par les fruits à chair blanche (poire, pêche). La bouche, onctueuse et souple, offre un bel équilibre et une douceur mesurée. Elle se prolonge en finale sur des nuances de litchi. ⌛ 2014-2016 🍴 salade de pêches blanches

Jean-Pierre Boussuge, 2, rue de Montesquieu, 66300 Tresserre, tél. 06 73 72 58 20, coll-de-rousse@orange.fr V r.-v.

B CROIX MILHAS ★

15 000 | | 5 à 8 €

En 1964, une poignée de vignerons s'unissent parce qu'ils sont convaincus que « le groupe est meilleur que le meilleur du groupe ». Cinquante ans plus tard, les Vignerons Catalans rassemblent neuf caves coopératives, 2 500 adhérents et une quarantaine de caves privées, soit plus de 10 000 ha.

La marque Croix Milhas est dédiée à une gamme de vins doux naturels, dont ce muscat (bio en bouteilles de 50 cl) est un des fleurons. La robe est d'un bel or jaune. Les arômes évoquent le raisin de muscat mûr, le miel et la confiture de citrons. Ample et savoureuse à l'attaque, la bouche se prolonge sur des notes d'agrumes confits. (Bouteilles de 50 cl.) ⌛ 2014-2016 🍴 crumble aux abricots

Vignerons Catalans, 1870, av. Julien-Ranchot, BP 29000, 69962 Perpignan Cedex, tél. 04 68 85 04 51, contact@vigneronscatalans.com

DOM BRIAL 2013 ★

■	60 000	🍾	5 à 8 €

Suivi à la parcelle, maîtrise de la totalité de la chaîne d'élaboration, du raisin à la bouteille, démarche de développement durable... La cave de Baixas fondée en 1923 compte 380 coopérateurs qui exploitent 2 500 ha répartis dans une trentaine de communes.

Dans sa robe cristalline couleur or pâle brillant, cette cuvée libère des arômes d'agrumes, de fruits frais et de tilleul. La bouche, à la fois vive et onctueuse, évoque le miel, l'amande fraîche, les fleurs blanches (jasmin, muguet) et le menthol. Beaucoup de finesse, de l'équilibre, un très beau classique. ⧗ 2014-2016 ♈ tarte au citron meringuée

Vignobles Dom Brial, 14, av. Maréchal-Joffre, 66390 Baixas, tél. 04 68 64 22 37, contact@dom-brial.com V r.-v.

DOM. D'ESPERET 2013

■	10 000	🍾	8 à 11 €

Sur la route des châteaux cathares, au cœur des Fenouillèdes, ce domaine de 90 ha produit des vins des grandes appellations du secteur : côtes-du-roussillon, côtes-du-roussillon-villages, muscat-de-rivesaltes et maury.

Ce 2013 constitué à 80 % de muscat à petits grains présente une belle robe limpide aux reflets argentés. Tout en élégance, il exprime au nez comme en bouche des arômes frais et fruités de poire et de fleurs blanches. ⧗ 2014-2016 ♈ tarte aux poires

Dom. d'Esperet, 66220 Saint-Paul-de-Fenouillet, tél. 04 68 59 18 85, domainedesperet@sfr.fr V r.-v.

DOM. DES ÉTANGS Diví Elegancia ★

■	4 050	11 à 15 €

Cette structure coopérative, qui regroupe désormais également les vignerons de Saint-André, est adhérente du groupe audois du Val d'Orbieu, qui fédère onze caves. Avec une nouvelle présentation, elle met en valeur les vins doux naturels issus de ce village vigneron du piémont du Canigou.

Dans sa bouteille élancée de 50 cl, cette cuvée dévoile une belle robe nappée d'or fin. Ses parfums puissants évoquent les fruits confits (agrumes, ananas), le miel et la cire d'abeille. La bouche, gourmande sur des notes de poire et de fleur d'oranger, finit sur une touche mentholée. ⧗ 2014-2016 ♈ foie gras de canard poêlé

SCA des Vignerons de Passa Saint-André, 56, rue du Stade, 66690 Saint-André, tél. 04 68 89 03 03, cave.saintandre@wanadoo.fr V t.l.j. sf dim. 9h-12h 14h30-18h

GOURMANDISE DE TRÉMOINE 2012 ★

■	1 500	🛢	8 à 11 €

Les Vignerons de Trémoine : une coopérative fondée en 1919, regroupant soixante vignerons qui cultivent 600 ha dans quatre villages situés dans la vallée de l'Agly : Planèzes, Rasiguères, Lansac et Cassagnes. L'histoire de la cave est liée au festival de musique classique créé en 1980 par la pianiste britannique Moura Lympany.

Ce 2012 affiche une belle robe or jaune brillant et libère des parfums de fleur d'abricotier, de fruit de la Passion, d'agrumes et de menthe. En bouche, il dégage une impression de puissance et déploie des notes de fruits confits, de pamplemousse et d'orange amère. ⧗ 2014-2016 ♈ pâtisseries orientales

Les Vignerons de Trémoine, 5, av. de Caramany, 66720 Rasiguères, tél. 04 68 29 11 82, rasigueres@wanadoo.fr V t.l.j. sf dim. 8h-12h 14h-18h

CH. DES HOSPICES DE CANET Intuition 2012

■	6 000	🛢	5 à 8 €

Depuis cinq générations, la famille Bénassis est installée au cœur de Canet-en-Roussillon. La cave est abritée dans une bâtisse traditionnelle catalane datant de 1836. Le vignoble, lui, est situé sur les terrasses de galets roulés entre le littoral et la ville de Perpignan. Aujourd'hui, trois générations officient sur le domaine : Louis, le grand-père, Michel, le père et Marc, le petit-fils ingénieur agronome.

Ce muscat est d'une belle couleur or jaune et offre des notes aromatiques originales mêlant la poire fraîche, le pruneau écrasé, la fleur d'oranger et la verveine. ⧗ 2014-2016 ♈ salade de fruits frais

Dom. des Hospices de Canet, 5, imp. de l'Hort, 66140 Canet-en-Roussillon, tél. 06 63 02 46 00, contact@domaine-benassis.fr V t.l.j. sf dim. 9h-12h 16h-19h

DOM. LAFAGE Grain de vigne 2013 ★

■	10 000	🍾	11 à 15 €

Éliane et Jean-Marc Lafage ont vinifié pendant dix ans dans l'hémisphère Sud, puis ont repris l'exploitation familiale, établie sur trois terroirs bien distincts du Roussillon : la vallée de l'Agly, vers Maury, les terrasses de galets roulés proches de la mer, les Aspres et ses terres d'altitude. Aujourd'hui, quelque 160 ha cultivés à petits rendements.

Une des valeurs sûres de l'appellation, cette cuvée est encore une fois à l'honneur dans le Guide. La robe dorée aux reflets verts est légère et brillante. Le nez, très expressif et frais, évoque les fruits exotiques (mangue), les fruits à chair blanche (pêche, poire) et les agrumes (citron, kumquat). En bouche, l'attaque est vive, les arômes sont toujours frais, fruités et agrémentés d'une pointe mentholée. Un vin tonique et élégant. ⧗ 2014-2016 ♈ apéritif

Dom. Lafage, Mas Miraflors, rte de Canet, 66000 Perpignan, tél. 04 68 80 35 82, contact@domaine-lafage.com V t.l.j. sf dim. 10h-12h 15h-18h

DOM. LAPORTE 2012 ★

■	10 000	🍾	8 à 11 €

Domaine de 23 ha, situé à l'est de Perpignan, près de l'antique Ruscino et de la Via Domitia. Acquis en 1962 par la famille de Raymond Laporte qui l'exploite depuis 1980, il bénéficie d'un terroir exceptionnel : les hautes terrasses caillouteuses de la Têt, balayées par les vents marins et la tramontane.

Cette cuvée est élaborée exclusivement avec du muscat à petits grains. La robe est d'un bel or fin aux reflets verts. Au nez, on perçoit des notes intenses de fruits exotiques, de fleurs blanches, ainsi qu'une nuance finement minérale. Beaucoup de fraîcheur en bouche accompagnée de nuances anisées, mentholées et de pamplemousse. ⌛ 2014-2016 🍴 beignets de fleurs d'acacia

🔑 Raymond Laporte, Ch. Roussillon, 66000 Perpignan, tél. 04 68 50 06 53, domaine-laporte@wanadoo.fr
V r.-v.

MAS CRISTINE 2013 ★

	3 000		11 à 15 €

Superbe mas situé dans le massif des Albères, à la limite du cru banyuls, isolé au milieu du maquis ponctué de chênes-lièges. Les vignes dominent les pins qui descendent en pente douce vers la mer. Implanté sur des sols de schistes, de quartz et d'argile rouge, le domaine (15 ha) a été acheté en 2006 à la famille Dauré (Jau) par Philippe Gard et Julien Grill. L'équipe est aussi à la tête de la Coume del Mas.

Une robe or blanc aux reflets légèrement nacrés. Un bouquet exubérant d'agrumes frais et de fleur d'acacia. L'attaque en bouche est fraîche et soyeuse sur des notes de citron confit et de pomelo. La finale, sur la rose, est d'une belle longueur. ⌛ 2014-2020 🍴 crème brûlée

🔑 Mas Cristine, chem. de Saint-André, 66700 Argelès-sur-Mer, tél. 04 68 88 37 03, info@mascristine.com V r.-v.

MAS DE LA DEVÈZE 2013 ★★

	2 000		8 à 11 €

Simon Hugues était agriculteur, Nathalie commerciale dans la filière viticole à l'export. Ils ont repris en 2012 au cœur du terroir de Maury une très ancienne propriété, qui avait été démantelée dans les années 1980 ; ils s'attachent à restaurer, en famille, les 30 ha d'un vieux vignoble de vignes en gobelet.

Un superbe muscat or pâle aux reflets verts qui libère des arômes puissants de grains de muscat, d'agrumes (pomelo), de fruits exotiques et de pêche blanche. L'équilibre en bouche est parfait, alliant onctuosité, fraîcheur et intensité aromatique (citron, fruit de la Passion). Une entrée remarquée dans le Guide. ⌛ 2014-2016 🍴 carpaccio de saint-jacques aux agrumes

🔑 Nathalie et Simon Hugues, Mas de la Devèze, rte des Mas, 66720 Tautavel, tél. 04 68 61 04 58, contact@masdeladeveze.fr V r.-v.

DOM. MOUNIÉ 2013

	8 000		8 à 11 €

Une cave construite en 1925 et cinq générations de vigneronnes : le domaine se transmet de mère en fille. Depuis 1992, il est dirigé par Claude Rigaill, assisté de l'œnologue Brigitte Soriano. Un travail de restructuration des parcelles a été mené sur les 22 ha de l'exploitation.

Cette cuvée de muscat est une habituée du Guide. On la retrouve cette année encore parée d'une robe parfaite. Elle offre des arômes intenses de fleurs blanches (acacia), de poire, d'agrumes et de miel. Un vin très plaisant. ⌛ 2014-2016 🍴 salade de fraises

🔑 Dom. Mounié, 1, av. du Verdouble, 66720 Tautavel, tél. 04 68 29 12 31, domainemounie@free.fr
V r.-v. 🔑 Claude Rigaill

Ⓑ CH. NADAL-HAINAUT 2013 ★

	5 000		8 à 11 €

Le superbe bâtiment du XVIIIes. a été édifié sur le site de l'ancien prieuré de Santa Maria de l'Eule. Il a été restauré avec beaucoup de goût par Martine et Jean-Marie Nadal qui exploitent depuis 1980 un domaine de 45 ha certifié bio en 2013.

Ce 2013 à base de muscat d'Alexandrie (80 %) offre une robe or tendre aux reflets verts. Le nez se révèle progressivement sur des notes de fruits blancs frais et de mangue. L'attaque en bouche est vive et aromatique (note « sauvignon »), et la finale gourmande. ⌛ 2014-2016 🍴 pêche Melba

🔑 Jean-Marie Nadal, Ch. Nadal-Hainaut, RD 37, 66270 Le Soler, tél. 04 68 38 07 38, chateaunadalhainaut@gmail.com V t.l.j. sf dim. 9h-12h 15h-18h30 Ⓔ

CH. DE NOUVELLES Prestige 2013 ★★

	10 000		11 à 15 €

Aux abords du col d'Extrême, le domaine tire son nom de Jacques Fournier de Novelli – pape sous le nom de Benoît XII au XIVe s. – qui eut ici un château. Propriété de la famille depuis 1834, il couvre 75 ha. À sa tête, Jean Daurat-Fort et son fils Jean-Rémy, le premier président l'organisme de défense des vins de Fitou.

Encore une magnifique cuvée qui a frôlé le coup de cœur... Depuis plusieurs millésimes, ce domaine nous régale d'un muscat à la robe d'or clair et aux arômes d'une belle fraîcheur. Le 2013 est dans la lignée, par ses notes d'agrumes (pomelo, citron), de fruits exotiques (mangue, ananas) et de rose poivrée. La bouche est franche, vive et savoureuse, et la finale d'une belle longueur sur des notes citronnées. ⌛ 2014-2016 🍴 fromage à pâte persillée

🔑 SCEA R. Daurat-Fort, Ch. de Nouvelles, 11350 Tuchan, tél. 04 68 45 40 03, daurat-fort@terre-net.fr V r.-v. Ⓓ

Ⓑ DOM. PARCÉ L'Exotisme 2013 ★

	4 000		8 à 11 €

Depuis leur installation en 1982, André et Armelle Parcé ont accompli un patient travail de restructuration de leur domaine de 20 ha qu'ils parachèvent en 2013 en obtenant la certification bio.

La robe de ce 2013 est d'un bel or pâle brillant. Les arômes sont d'une grande puissance : agrumes, mangue, bourgeon de cassis et fleurs blanches. En bouche, l'équilibre est parfait, à la fois frais et onctueux. La finale est longue et fraîche. ⌛ 2014-2016 🍴 tarte à la rhubarbe

🔑 Parcé, 21 ter, rue du 14-Juillet, 66670 Bages, tél. 04 68 21 80 45, vinsparce@9business.fr
V t.l.j. 9h15-12h 16h-19h

CH. DE PÉNA 2013

	15 000	8 à 11 €

Le village de Cases-de-Pène tient son nom d'un ermitage du X^es. établi sur un roc (*pena* en catalan) calcaire qui ferme la vallée de l'Agly. Les terres noires schisteuses y alternent avec l'ocre des argilo-calcaires, formant deux superbes terroirs de 480 ha sur lesquels travaillent les 55 vignerons de la coopérative locale.

Cette cuvée affiche une robe jaune d'or brillant. Expressive au nez, elle libère des parfums intenses de genêt et de

ROUSSILLON

fruits à chair blanche. Beaucoup de douceur en bouche sur des arômes de miel, de poire et de vanille. ⧗ 2014-2016 ♈ macaron à la vanille

⊶ Cellier de Péna, 2, bd Mal-Joffre, 66600 Cases-de-Pène, tél. 04 68 38 93 30, cellier-de-pena@orange.fr
V t.l.j. sf dim. 9h-12h 14h-18h

♥ DOM. PIQUEMAL
Les Larmes d'Hélios 2013 ★★

	7 000		8 à 11 €

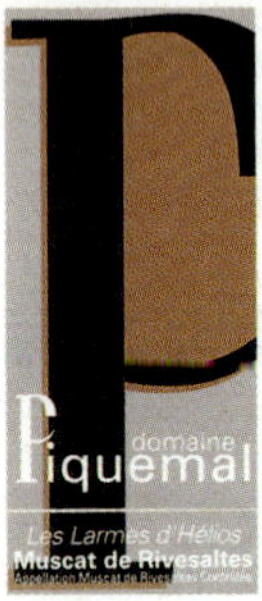

Sous l'impulsion d'Annie et de Pierre Piquemal, ce domaine familial (48 ha) est devenu une référence du Roussillon. Tout en maintenant les pratiques traditionnelles, il dispose maintenant d'un chai très moderne, à l'extérieur du village. Un outil adapté pour exalter l'expression de chaque terroir (schistes feuilletés, argilo-calcaires, galets roulés). Les vinifications sont assurées par Marie-Pierre Piquemal.

Élaborée à base de muscat à petits grains planté sur un terroir argilo-calcaire, cette cuvée bien nommée évoque le soleil catalan qui a vu mûrir les raisins. Sa robe est d'un or très clair aux séduisants reflets verts. Fins et complexes, ses arômes évoquent les fleurs blanches (freesia), le buis et les agrumes frais. Sa grande élégance en bouche, sa fraîcheur gourmande et ses notes aromatiques de brugnon et de poire williams emportent l'adhésion. ⧗ 2014-2016 ♈ sorbet pêche citron

⊶ Dom. Piquemal, RD 117, km 7, 66600 Espira-de-l'Agly, tél. 04 68 64 09 14, contact@domaine-piquemal.com
V t.l.j. sf dim. 9h-12h 14h-18h

CH. PLANÈRES
Excellence 2013 ★

	13 000		8 à 11 €

Le vignoble du château Planères s'étend sur 100 ha, dont 60 ha d'un seul tenant autour d'une bâtisse catalane du XIXᵉs. sur le plan (plateau) de Planères. Le domaine des frères Jaubert et de Roland Noury, l'un des pionniers des crus du Roussillon, apparaît tel un balcon donnant sur les Albères, la mer et le Canigou.

Une robe jaune pâle aux reflets argentés ; des fragrances puissantes de fruits exotiques et d'agrumes frais. L'attaque en bouche est gourmande, sur des notes de pêche blanche, le palais étant relevé ensuite par une bonne vivacité. Un vin croquant. ⧗ 2014-2016 ♈ roquefort

⊶ Ch. Planères, Vignobles Jaubert-Noury, 66300 Saint-Jean-Lasseille, tél. 04 68 21 74 50, contact@chateauplaneres.com
V t.l.j. 9h-12h30 14h-18h (19h en été)

CH. DE REY 2013 ★

	6 000		8 à 11 €

Dominant la Grande Bleue et les étangs, le château de Rey, fondé en 1875, déroule ses 36 ha sur les galets et sables de la « haute » terrasse de l'Agly culminant à...15 m. Un château très « fin XIXᵉs. » à la tour élancée, des gîtes à 5 mn des plages. Aux commandes depuis 1996, Cathy et Philippe Sisqueille.

Le muscat d'Alexandrie, cépage principal de cette cuvée, a donné naissance à un vin qui enchante successivement l'œil par sa robe doré brillant aux reflets vert pâle, puis le nez par sa palette d'une belle intensité aromatique aux nuances de fleurs blanches (fleur d'oranger), de fruits frais et d'agrumes. En bouche, l'équilibre est parfait entre douceur et fraîcheur, et la finale persiste sur des notes mentholées. ⧗ 2014-2022 ♈ salade de pêches blanches à la menthe

⊶ Cathy et Philippe Sisqueille, Ch. de Rey, rte de Saint-Nazaire, 66140 Canet-en-Roussillon, tél. 04 68 73 86 27, contact@chateauderey.com
V t.l.j. sf dim. 10h-12h 15h-18h

Ⓑ CH. ROMBEAU 2013 ★

	11 600		8 à 11 €

Le domaine de Rombeau est dans la famille depuis des siècles. Vigneron médiatique, restaurateur et hôtelier, Pierre-Henri de La Fabrègue lui a donné un bel éclat. Des 100 ha de l'exploitation naissent des muscats-de-rivesaltes, des rivesaltes et des vins secs, en AOC et en IGP. Une production bien connue des lecteurs du Guide.

Cette cuvée de muscat bio a été remarquée par le jury pour sa belle robe d'or jaune et ses parfums de fruits exotiques, de verveine et d'orange confite. Très tonique en bouche, elle développe des notes d'agrumes confits et de vanille. ⧗ 2014-2020 ♈ parfait au Grand Marnier ■ 2012 (11 à 15 € ; 8 000 b.) : un beau classique aux notes d'ananas mûr et de citronnelle. ⧗ 2014-2020

⊶ SCEA Dom. de Rombeau, 2, av. de la Salanque, 66600 Rivesaltes, tél. 04 68 64 35 35, domainederombeau@wanadoo.fr V t.l.j. 8h-20h ③ ⊶ P.-H. de La Fabrègue

DOM. SANAC 2012 ★

	2 700	8 à 11 €

Établie au pied du massif des Albères, la famille Sanac cultive la vigne depuis le XVIIᵉs. Depuis 1978, c'est Michel qui conduit le domaine (55 ha) réparti sur deux terroirs : Saint-Génis-des-Fontaines et Trouillas.

Ce 2012 est d'une belle teinte or fin. Le nez très agréable évoque les fleurs blanches, la pêche de vigne, l'ananas frais et la verveine. Beaucoup de charme et d'élégance dans une bouche qui offre de la fraîcheur sur des notes de citron vert et de fruits exotiques. ⧗ 2014-2020 ♈ pâtisseries catalanes

⊶ Dom. Sanac, 3, rue Pasteur, 66740 Saint-Genis-des-Fontaines, tél. 04 68 89 80 61, domainesanac@wanadoo.fr V t.l.j. sf dim. 10h-12h 16h-19h ; sam. 10h-12h

DOM. SOL-PAYRÉ 2013 ★

	6 000		8 à 11 €

Le grand-père de Jean-Claude Sol, ouvrier agricole émigré d'Espagne en 1913, a reconstruit sa vie à l'abri de la cathédrale d'Elne, fondant un domaine qui s'est agrandi petit à petit pour atteindre 42 ha. Principalement implanté au sud du département, entre Perpignan et Collioure, le vignoble s'est étendu au nord, sur les sols acides des Fenouillèdes.

Ce 2013 est d'un beau jaune d'or brillant. Les arômes sont à la fois floraux, fruités (raisin mûr, pêche blanche), légèrement camphrés et épicés. Beaucoup d'ampleur en bouche, une belle concentration, une plaisante vivacité. Un bon classique. ⧗ 2014-2020 🍴 tarte Tatin à la mangue

Dom. Sol-Payré, rue de Paris, 66200 Elne, tél. 04 68 22 17 97, domaine@sol-payre.com V t.l.j. sf dim. 9h-12h 15h-18h; f. apr.-m. de nov. à mars

ARNAUD DE VILLENEUVE Tradition 2013 ★

■	24 000		8 à 11 €

Cette cave coopérative porte le nom de l'inventeur des vins doux naturels, Arnaud de Villeneuve. Elle rassemble 350 viticulteurs de Salses et de Rivesaltes, qui cultivent quelque 2 500 ha de vignes.

Cette cuvée, coup de cœur dans l'édition 2014 du Guide, est encore une fois d'excellente facture. La robe est d'un or jaune brillant aux reflets verts. Le nez est d'une belle intensité, avec de fines notes de fleurs et d'agrumes frais légèrement mentholées. La bouche est légère, d'une bonne fraîcheur. Un vin tout en finesse. ⧗ 2014-2016 🍴 mousse aux fruits exotiques

Cave Arnaud de Villeneuve, 153, RD 900, 66600 Rivesaltes, tél. 04 68 64 06 63, contact@caveadv.com V t.l.j. 9h-12h 14h-18h

MAURY

• Superficie : 280 ha • Production : 6 600 hl (85 % rouge)

Le vignoble recouvre la commune de Maury, au nord de l'Agly, et une partie des trois communes limitrophes. Encadré par des montagnes calcaires, les Corbières au nord et les Fenouillèdes au sud, il s'accroche à des collines escarpées aux sols de schistes noirs de l'aptien plus ou moins décomposés. Les maury rouges doivent leur caractère au grenache noir, cépage dominant. La vinification se fait souvent par de longues macérations, suivies d'un long élevage en fût – parfois en bonbonnes de verre – qui permet d'affiner des cuvées remarquables.

D'un rouge profond lorsqu'ils sont jeunes, les maury prennent par la suite une teinte acajou. Au bouquet, ils évoquent d'abord les petits fruits rouges, avant d'évoluer vers le cacao, les fruits cuits et le café. Appréciés à l'apéritif et au dessert, notamment sur les préparations au chocolat ou au café, ils accompagnent également des mets épicés et sucrés-salés. Plus rares sont les blancs, élaborés à partir des grenaches blanc et gris et du macabeu.

VIGNERONS DES CÔTES D'AGLY Grenat 2011 ★★

■	12 000		8 à 11 €

Les Vignerons des Côtes d'Agly regroupent six caves coopératives dans la vallée de l'Agly. Ils sont 220 viticulteurs à cultiver des vignes à Estagel, Montner, Lesquerde, Saint-Paul-de-Fenouillet et Caudiès. Ils proposent la plupart des productions du Roussillon, en vins secs et en vins doux naturels.

Déjà prêt, ce 2011 se distingue par sa souplesse. L'approche est tendre; le rouge grenat de la robe s'orne de reflets tuilés; le nez s'ouvre sur les fruits au sirop. La fraise partage l'attaque avec la douceur de la cerise, la finesse et la fluidité marquant une bouche bien fondue. ⧗ 2014-2024 🍴 toasts à la figue et au foie gras

Les Vignerons des Côtes d'Agly, av. Louis-Vigo, 66310 Estagel, tél. 04 68 29 00 45, contact@agly.fr V t.l.j. sf dim. 9h-12h 14h-18h

LA COUME DU ROY 2012 ★★★

■	2 500		11 à 15 €

Créé en 1850, l'un des plus anciens domaines de Maury, dans la vallée de l'Agly, précurseur de la vente en bouteilles, sous la marque Maury doré (déposée en 1932). Aujourd'hui, il a gardé un esprit conquérant, avec un site en chinois et en anglais. Agnès de Volontat-Bachelet exploite avec son époux Jean-François 25 ha et propose des vins secs et des vins doux naturels où le grenache est en vedette. À sa carte, de très vieux maury vinifiés par l'arrière-grand-père. Une valeur sûre.

Le mutage sur grains, avec une longue macération, apporte cette robe sombre, traduisant une importante extraction, ces senteurs de fruits noirs, qui laissent ensuite parler la cerise. La bouche emprisonne le fruit, l'accompagne de jolis tanins déjà fondus; la cerise se croque, charnue, d'une surprenante suavité. Un ensemble harmonieux, pour l'entrée (melon) ou le dessert. (Bouteilles de 50 cl.) ⧗ 2014-2024 🍴 soupe de fruits rouges

Agnès de Volontat-Bachelet, 13, rte de Cucugnan, 66460 Maury, tél. 04 68 59 67 58, contact@lacoumeduroy.com V r.-v.

DOM. DU DERNIER BASTION Tuilé Rancio 2007 ★

■	2 400		11 à 15 €

Le nom du domaine fait référence à Quéribus, dernier bastion cathare dominant le village. Une très ancienne exploitation familiale (1798) installée au rez-de-chaussée d'une maison vigneronne à l'entrée du village de Maury, si l'on vient de Perpignan. Un chai minuscule où l'on a l'impression que le temps s'est arrêté et où dorment des barriques et demi-muids. Dans le vignoble d'une quinzaine d'hectares, le grenache est roi.

Cinq ans d'élevage oxydatif (un an au soleil, quatre en foudre de chêne) pour se parer de roux et d'un tuilé avenant. Au nez, c'est tout l'univers des vins bien élevés qui s'offre, le fruit sec, la torréfaction, les épices réglissées, le cacao, le grenache jouant sur le pruneau. Un réel plaisir olfactif. Le fruité mûr domine la bouche autour de tanins encore bien présents; le vin est ample, puissant. Les fruits secs s'invitent en finale avec le rancio. ⧗ 2014-2044 🍴 gâteau aux noix

Dom. du Dernier Bastion, 29, av. Jean-Jaurès, 66460 Maury, tél. 06 73 03 24 71, dernierbastion@orange.fr V r.-v. Lafage

DOM. FONTANEL 2012

■	4 000		11 à 15 €

Les origines du domaine remontent à 1864. À sa tête depuis 1989, Pierre et Marie-Claude Fontaneil ont regroupé des vignes familiales. Ils exploitent 30 ha sur des terroirs variés, d'où ils tirent des cuvées à forte personnalité, aussi bien en vins secs qu'en vins doux naturels. Deux caveaux, l'un à Estagel et l'autre à Tautavel (où se trouve la cave).

La mixité de l'élevage, entre cuve et fût, apporte une note virile à ce maury à la robe sombre, qui affiche dès l'ouverture un nez intense sur les fruits rouges et la touche vanillée du bois. Un vin bien présent, puissant, très extrait, dominé en bouche par la mûre, mais encore jeune. Prometteur, il gagnera en fondu au cours des deux ou trois prochaines années. 2016-2024 tarte poire et roquefort

Dom. Fontanel, 25, av. Jean-Jaurès, 66720 Tautavel, tél. 04 68 29 04 71, pierre@domainefontanel.fr V r.-v.

GRAIN DE LUNE 2011 ★★

| | 685 | | 8 à 11 € |

Maison de négoce fondée en 2009 dans le Gard. Son nom, Vindemiatrix, est celui d'une étoile de la constellation de la Vierge apparaissant dans le ciel au moment des récoltes. Les deux associés à l'origine du projet se sont fixé comme objectif de faire briller au firmament des appellations les vins doux naturels, production trop souvent méconnue.

Remarqué pour son début d'évolution, ce 2011 a délaissé le noir profond et le fruit rouge pour se présenter sous un grenat adouci et s'ouvrir au nez sur un fruité « d'évolution » rappelant le pruneau et la figue. La bouche se poursuit sur un joli fondu, une belle rondeur, un tanin enrobé où la cerise revient, légèrement épicée. (Bouteilles de 37 cl.) 2014-2024 chocolat noir cru équateur

Vindemiatrix, 131, impasse des Palmiers, 30100 Alès, tél. 06 20 14 83 52, contact@vin-demiatrix.com

Nousbaum

MAS AMIEL Vintage Charles Dupuy 2008 ★★

| | 4 000 | 30 à 50 € |

Protégé par la barre rocheuse où s'accroche le château de Quéribus, le mas Amiel est l'un des plus vastes domaines des Pyrénées-Orientales. En 1816, un évêque le perd en jouant aux cartes contre un certain Raymond-Étienne Amiel. Charles Dupuy, l'ancien propriétaire, a donné une grande notoriété aux vins doux naturels de la propriété, notamment à ses « vintages ». Olivier Decelle, qui a repris le Mas Amiel en 1999, diversifie la gamme en proposant des vins secs.

Élevé en bouteille, ce vin demande à reprendre vie, à déployer sa robe d'un grenat profond, à doucement s'ouvrir sur les fruits noirs (mûre, myrtille), avant que n'apparaisse la cerise. Une gourmandise en bouche : suavité des fruits confiturés, fraîcheur du cassis, avec beaucoup de présence, de matière autour de tanins que le temps a assagis. Un plaisir immédiat mais également à venir, ce qui montre une fois de plus l'intérêt des gardes en bouteille. 2014-2034 pavé de chevreuil aux cerises

Mas Amiel, Dom. Mas Amiel, 66460 Maury, tél. 04 68 29 01 02, contact@lvod.fr V t.l.j. 8h30-12h30 13h30-19h

Decelle

MAS LAVAIL Expression Grenat 2012 ★★

| | 13 000 | | 11 à 15 € |

Jean et Nicolas Batlle, père et fils, ont acquis ce joli mas du XIXe s. en 1999, à l'installation du second. À la tête de ce domaine de 80 ha de vieilles vignes, Nicolas poursuit le travail de quatre générations de vignerons sur les terres noires de Maury.

Le grenat de Perpignan envie sa robe profonde. Le vin se révèle d'entrée, intense, sur le fruit mûr, la cerise fraîche et la mûre gorgée de soleil. La barrique nappe le fruit de vanille et d'épices, apporte la note fruitée des arabicas d'altitude. L'ensemble est équilibré, tout en finesse. 2014-2017 opéra

Dom. Mas de Lavail, Mas de Lavail, RD 117, 66460 Maury, tél. 04 68 59 15 22, masdelavail@wanadoo.fr V t.l.j. sf dim. 10h30-12h 15h-18h30

Battle

MAS MUDIGLIZA Grenat 2012 ★

| | 4 000 | | 15 à 20 € |

Venu du Libournais, Dimitri Glipa, amoureux de la haute vallée de l'Agly et des Fenouillèdes, suivant les traces d'amis girondins, a délaissé les chais bordelais. Depuis 2006, il s'est consacré à rassembler des parcelles de vieilles vignes. Son domaine compte aujourd'hui 13 ha sur des schistes et des arènes granitiques.

Habillé de velours rouge à reflets rubis, ce grenat se dévoile lentement, libérant des senteurs de maquis, de sous-bois, où percent la mûre et le cassis. L'attaque est fraîche, sur le fruit noir ; le tanin apparaît bien présent mais fin ; la cerise à l'eau-de-vie accompagne la finale. Une petite garde assurera un fondu idéal. 2014-2017 coupe de fruits des bois

Mas Mudigliza, 20, rue de Lesquerde, 66220 Saint-Paul-de-Fenouillet, tél. 06 79 82 03 46, masmudigliza@neuf.fr V r.-v. Dimitri Glipa

MAS PEYRE Éclats de vi 2011

| | 2 000 | | 11 à 15 € |

La famille Bourrel a constitué son domaine en 1988. Elle a quitté la coopérative en 2003 pour créer sa cave. À l'arrivée de Baptiste, le fils aîné, en 2009, elle a engagé la conversion bio du vignoble (40 ha). Le jeune frère, César, gère la commercialisation.

Le maury blanc est assez rare, le terroir étant colonisé par le grenache noir, mais quelques macabeus et grenaches blanc ou gris permettent d'élaborer des cuvées comme celle-ci, à la robe pâle, aux senteurs de pêche et à la fraîcheur affirmée. Au nez, les fleurs du maquis accompagnent l'abricot et la noix de cajou, et une petite touche de « gewurztraminer » vient compléter cette palette. En bouche, la vivacité équilibre la douceur. 2014-2024 sorbet aux pêches

Mas Peyre, 3 ter, rue de Lesquerde, 66220 Saint-Paul-de-Fenouillet, tél. 04 68 59 29 45, maspeyre@orange.fr V t.l.j. 9h30-12h00 15h-19h 2

♥ LES VIGNERONS DE MAURY Tuilé Cuvée du centenaire ★★★

| | 5 700 | | 15 à 20 € |

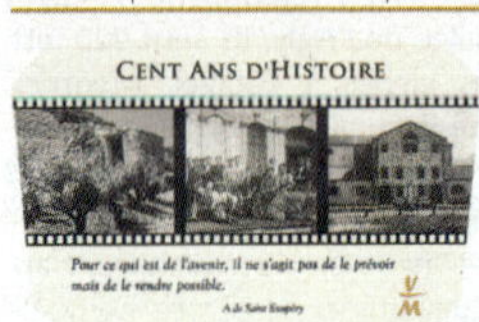

Fondée en 1910, la cave coopérative de Maury est aujourd'hui la plus ancienne du département encore en activité. Après les révoltes viticoles de 1907, elle regroupa plus de 130 propriétaires. Aujourd'hui, la cave vit du grenache qui donne les traditionnels vins doux naturels et, depuis 2011, les maury secs.

Le temps a habillé le vin de fauve et de roux. Après un long élevage dans les foudres centenaires, le fruit rouge d'origine a laissé la place à des senteurs de maquis, de figue et de pruneau ; le nez flirte avec le vieil armagnac, revient sur le toasté... Superbe. La bouche est à l'unisson, ample, douce, le tanin soyeux, mêlant fruits secs, cerise kirschée, notes empyreumatiques, pour revenir en finale sur l'abricot et un début de rancio. ⧗ 2014-2024 🍴 roquefort ■ Tuilé Chabert de Barbera 1988 ★★ (30 à 50 € ; 7 000 b.) : superbe vin complexe, où percent des notes d'agrumes, d'orange confite. ⧗ 2014-2024

⊶ SCAV Les Vignerons de Maury, 128, av. Jean-Jaurès, 66460 Maury, tél. 04 68 59 00 95, contact@vigneronsdemaury.com V t.l.j. 8h30-12h30 14h-18h30

♥ B DOM. POUDEROUX 2012 ★★★

■ | 10 000 | 🍾 | 15 à 20 €

Une remarquable régularité pour ce domaine de 16 ha niché au cœur du village de Maury. Une petite cave bien agencée et un joli jardin-terrasse où Robert et Cathy Pouderoux accueillent leurs visiteurs. À leur carte, le rouge est en vedette : du maury, bien sûr, (doux ou sec) et aussi des côtes-du-roussillon-villages. En bio certifié depuis 2012.

L'approche est dense, le regard noir envoûtant. Très ouvert, le grenache noir s'exprime sur des notes de cerise et de framboise, avec une pointe plus sauvage de cassis. Après une attaque fraîche, le vin s'impose, puissant, riche, épicé, tout en fruits autour d'un tanin savoureux. Un maury gourmand qui se livre dès à présent, mais qui saura également attendre. ⧗ 2014-2024 🍴 fondant au chocolat ■ Hors d'âge 15 ans d'âge ★ (20 à 30 € ; 2 500 b.) : du pruneau, des notes empyreumatiques, du cacao. Il attend chocolat, cigare et peut se déguster pour lui-même. ⧗ 2014-2034

⊶ Dom. Pouderoux, 2, rue Émile-Zola, 66460 Maury, tél. 04 68 57 22 02, domainepouderoux@orange.fr V r.-v.

DOM. DE SERRELONGUE 2012

■ | 4 000 | 🍾 | 11 à 15 €

Fils de coopérateurs, Julien Fournier s'est lancé en 2002 dans l'aventure de la cave particulière sur le domaine familial. Ses parcelles couvrent près de 5 ha, majoritairement sur les schistes de Maury, certaines se trouvant sur les terres caillouteuses de Tautavel. De vieilles vignes, des vinifications avec les levures indigènes.

L'or pâle de la robe laisse voir un léger reflet gris, indice de la présence du grenache gris. Ce cépage marque aussi la bouche ajoutant à la suavité de la pêche et à la rondeur léguées par le grenache blanc, de la longueur ; et ce soupçon de tanins qui structure le vin et prolonge le plaisir. ⧗ 2014-2024 🍴 sorbet aux fruits jaunes ■ Vintage 2011 (4 000 b.) : un grenat tout en fruits pour la tarte aux myrtilles. ⧗ 2014-2024

⊶ Julien Fournier, 149, av. Jean-Jaurès, 66460 Maury, tél. 06 16 95 15 87, julienf66@aol.com V r.-v.

MAURY SEC

Réservée à l'origine aux vins doux naturels, l'appellation maury est accordée à partir du millésime 2011 aux vins secs produits sur le même terroir (communes de Maury, Tautavel, Saint-Paul et Rasiguères). Les vignerons de cette aire d'appellation proposaient auparavant leurs vins secs en AOC côtes-du-roussillon-villages. Le grenache noir, emblématique de l'appellation, entre à hauteur de 60 % minimum (et 80 % maximum) dans les assemblages. Les vins bénéficient d'un élevage de six mois au minimum.

CAZES Castell d'Agly 2013 ★

■ | 18 500 | 🍾 | 8 à 11 €

Fondation en 1895, premières mises en bouteilles en 1955 et une croissance continue. Aujourd'hui, un domaine de 220 ha entièrement conduit en biodynamie depuis 2005. À sa carte, toutes les AOC du Roussillon. Dans le giron du groupe Advini.

Un vin que l'on pourra sans doute découvrir à *La Table d'Aimé*, restaurant bio ouvert par les Cazes au cœur du domaine à Rivesaltes – les Cazes sont aussi à la pointe dans le développement de l'œnotourisme. Quant à ce jeune maury, d'un grenat limpide, il mêle au nez la groseille et le noyau de cerise et dévoile une bouche réglissée, minérale, d'une belle rondeur. ⧗ 2014-2017 🍴 pigeon rôti ■ Côtes-du-roussillon-village Alter Élevé en fût de chêne 2012 ★ (11 à 15 € ; 10 500 b.) : une trilogie syrah-grenache-mourvèdre, pour viandes rouges grillées et en sauce. ⧗ 2014-2017 ■ Côtes-du-roussillon-villages Ego 2013 (8 à 11 € ; 30 000 b.) : même assemblage que le précédent, élevé en cuve, plus souple. ⧗ 2014-2017

⊶ Maison Cazes, 4, rue Francisco-Ferrer, 66600 Rivesaltes, tél. 04 68 64 08 26, info@cazes.com V r.-v.

LA COUME DU ROY Voluntas 2011 ★

■ | 2 200 | 🛢 | 30 à 50 €

Créé en 1850, l'un des plus anciens domaines de Maury, dans la vallée de l'Agly, précurseur de la vente en bouteilles, sous la marque Maury doré (déposée en 1932). Aujourd'hui, il a gardé un esprit conquérant, avec un site en chinois et en anglais. Agnès de Volontat-Bachelet exploite avec son époux Jean-François 25 ha et propose des vins secs et des vins doux naturels où le grenache est en vedette. À sa carte, de très vieux maury vinifiés par l'arrière-grand-père. Une valeur sûre.

D'un rubis profond, ce maury sec intéresse par son nez intense, florilège de confiture de mûres, de réglisse, de sous-bois et d'épices douces. Une attaque ample, puissante et généreuse ouvre sur un palais riche et concentré, aux tanins fins et bien enrobés, qui finit sur une légère touche de cacao. ⧗ 2014-2017 🍴 civet de sanglier

⊶ Agnès de Volontat-Bachelet, 13, rte de Cucugnan, 66460 Maury, tél. 04 68 59 67 58, contact@lacoumeduroy.com V r.-v.

MAS AMIEL Légende 2012 ★

■ | 3 000 | 🛢 | 15 à 20 €

Protégé par la barre rocheuse où s'accroche le château de Quéribus, le mas Amiel est l'un des plus vastes domaines des Pyrénées-Orientales. En 1816, un évêque

ROUSSILLON

le perd en jouant aux cartes contre un certain Raymond-Étienne Amiel. Charles Dupuy, l'ancien propriétaire, a donné une grande notoriété aux vins doux naturels de la propriété, notamment à ses « vintages ». Olivier Decelle, qui a repris le Mas Amiel en 1999, diversifie la gamme en proposant des vins secs.

Cette Légende d'un grenat sombre et brillant conte une belle histoire. Le nez intense et puissant parle de cerise noire et de cacao. La longue finale montre une belle fraîcheur en harmonie avec une pointe de griotte. ⧗ 2014-2017 🍷 tarte au chocolat ■ Vers le nord 2012 (3 500 b.) : plus puissant que le précédent. ⧗ 2014-2019

⊶ Mas Amiel, Dom. Mas Amiel, 66460 Maury, tél. 04 68 29 01 02, contact@lvod.fr V t.l.j. 8h30-12h30 13h30-19h

♥ LES VIGNERONS DE MAURY
Tradition 2013 ★★★

■ | 35 000 | | 5 à 8 €

Fondée en 1910, la cave coopérative de Maury est aujourd'hui la plus ancienne du département encore en activité. Après les révoltes viticoles de 1907, elle regroupa plus de 130 propriétaires. Aujourd'hui, la cave vit du grenache qui donne les traditionnels vins doux naturels et, depuis 2011, les maury secs.

Cette cuvée porte la signature du grenache noir de Maury. Il arbore une robe profonde, cerise noire aux reflets violines, et s'ouvre avec intensité sur les fruits à l'eau-de-vie, pour se porter ensuite sur le cassis. Avec sa fraîcheur réglissée et sa finale aux tanins bien enrobés, la bouche dévoile un superbe équilibre, à apprécier dès aujourd'hui. ⧗ 2014-2017 🍷 joues de porc à la catalane

⊶ SCAV Les Vignerons de Maury, 128, av. Jean-Jaurès, 66460 Maury, tél. 04 68 59 00 95, contact@vigneronsdemaury.com V t.l.j. 8h30-12h30 14h-18h30

DOM. POUDEROUX
Montpin 2011 ★★

■ | 4 000 | 15 à 20 €

Une remarquable régularité pour ce domaine de 16 ha niché au cœur du village de Maury. Une petite cave bien agencée et un joli jardin-terrasse où Robert et Cathy Pouderoux accueillent leurs visiteurs. À leur carte, le rouge est en vedette : du maury, bien sûr, (doux ou sec) et aussi des côtes-du-roussillon-villages. En bio certifié depuis 2012.

Ce 2011 à la robe très dense, pourpre intense, présente un nez surprenant de fraîcheur sur le cassis, les épices et les fruits rouges macérés. La bouche souple, pleine et ronde est toute en fruits. La finale élégante est rehaussée d'une touche de réglisse et de cannelle. ⧗ 2014-2017 🍷 daube de canard ■ Côtes-du-roussillon-villages Latour de grès 2012 ★ (11 à 15 € ; 8 000 b.) : un assemblage par tiers de carignan, syrah et mourvèdre et un élevage en demi-muid. ⧗ 2014-2017 ■ Côtes-du-roussillon-village Terre brune 2010 (5 000 b.) : du grenache majoritaire, associé à la syrah et au mourvèdre, un élevage sous bois. ⧗ 2014-2017

⊶ Dom. Pouderoux, 2, rue Émile-Zola, 66460 Maury, tél. 04 68 57 22 02, domainepouderoux@orange.fr V r.-v.

CH. SAINT-ROCH Kerbuccio 2012 ★

■ | 10 000 | | 15 à 20 €

Éliane et Jean-Marc Lafage ont vinifié pendant dix ans dans l'hémisphère Sud, puis ont repris l'exploitation familiale, établie sur trois terroirs bien distincts du Roussillon : la vallée de l'Agly, vers Maury, les terrasses de galets roulés proches de la mer, les Aspres et ses terres d'altitude. Aujourd'hui, quelque 160 ha cultivés à petits rendements.

Kerbuccio est le nom celte du château de Quéribus, qui domine le Ch. Saint-Roch (36 ha), un des domaines de Jean-Marc et d'Éliane Lafage. Un vin en vue dans le Guide, commercialisé à l'origine comme côtes-du-roussillon-villages. Le 2012, habile assemblage de grenache, de syrah et de mourvèdre, s'annonce par une robe grenat intense. Il séduit par son nez exubérant de griotte mûre et de groseille. La bouche, à l'unisson, montre une attaque vive et des tanins serrés qui appellent une garde de deux à trois ans. ⧗ 2016-2019 🍷 pavé de biche

⊶ Dom. Lafage, Mas Miraflors, rte de Canet, 66000 Perpignan, tél. 04 68 80 35 82, contact@domaine-lafage.com V t.l.j. sf dim. 10h-12h 15h-18h

DOM. LA TOUPIE
Sur un fil rouge 2012 ★

■ | 3 000 | 11 à 15 €

Après vingt ans passés dans l'administration viticole, puis à parcourir le vignoble pour la coopérative du Mont Tauch, dans l'Aude, Jérôme Collas a franchi le pas... et la « frontière » entre Languedoc et Roussillon, pour s'installer en 2012 sur 10 ha dans la vallée de l'Agly.

D'un rouge à la fois sombre et limpide, ce maury sec associe au nez des notes de sous-bois, de garrigue et une pointe de grillé. La belle attaque dévoile une trame de tanins fins, puis le vin monte en puissance sur des notes de fruits mûrs. Un ensemble harmonieux, savoureux et gourmand. ⧗ 2014-2017 🍷 filet de bœuf en croûte pleurotes

⊶ Dom. la Toupie, 19, rte de Perpignan, 66380 Pia, tél. 07 86 28 99 52, contact@domainelatoupie.fr V r.-v. ⊶ Jérôme Collas

Le Poitou et les Charentes

Superficie :

Haut-Poitou : 700 ha ;

Cognac : 685 400 ha (79 727 plantés, essentiellement destinés à la production de l'eau-de-vie ; pineau-des-charentes : 1 138 ha).

Production :

Haut-Poitou : 19 000 hl ;

Cognac : 765 000 hl (cognac) ; 100 000 hl (pineau-des-charentes).

Types de vins :

Vin de liqueur (le pineau-des-charentes, assemblage de moût et de cognac, eau-de-vie élaborée dans la même aire d'appellation) ; vins tranquilles rouges, rosés et blancs (haut-poitou).

Sous-régions :

Haut-Poitou au nord (rattaché viticolement au Val de Loire).

Vignobles du cognac et ses six terroirs (voir carte).

Cépages principaux :

Rouges : cabernet franc, cabernet-sauvignon, merlot, gamay (ce dernier uniquement pour le haut-poitou).

Blancs : ugni blanc (surtout), colombard, folle blanche (pour le cognac) ; sémillon, montils, sauvignon.

LE POITOU ET LES CHARENTES

Les vignobles des anciennes provinces de l'Aunis, de la Saintonge et du Poitou ont prospéré avant celui du Bordelais, grâce au port de La Rochelle. Si le Poitou n'a gardé que quelques ceps, les Charentes ont, depuis le XVIe s., fondé leur essor sur la distillation des vins blancs. Le cognac a fait leur réputation – une eau-de-vie qui contribue à un élégant vin de liqueur, le pineau-des-charentes.

Du Bassin parisien au Bassin aquitain

Au nord-ouest, la Vendée ; au nord, l'Anjou ; au nord-est, la Touraine ; à l'est, les plateaux du Limousin ; au sud, le Bassin aquitain. Géologiquement, le Poitou, enserré entre les terrains primaires du Massif armoricain et du Massif central, fait communiquer les deux grands bassins sédimentaires du territoire français, le Bassin parisien et le Bassin aquitain : d'où le nom de Seuil du Poitou. Ses terrains sont de nature sédimentaire, tout comme ceux, au sud, des pays charentais, auréoles du Bassin aquitain. Les reliefs plats du Poitou font place à des terrains plus ondulés en Charente, où les sols prennent çà et là la couleur blanchâtre du calcaire. Son climat océanique très doux rapproche la région Poitou-Charentes de l'Aquitaine : il est souvent ensoleillé en été ou à l'arrière-saison, avec de faibles écarts de températures permettant une lente maturation des raisins.

La fortune médiévale

Dès l'époque gallo-romaine, les pays des Pictaves et des Santones ont été rattachés à la même province que Bordeaux et, à partir du Xe s., Aquitaine et Poitou ont été réunis sous un même duché, avant de devenir partie intégrante, au milieu du XIIe s., du grand royaume Plantagenêt comprenant Aquitaine, Poitou, Anjou et Angleterre. Leur histoire viticole présente ainsi des traits communs, quoique les époques de prospérité n'aient pas toujours coïncidé.

Aux temps gallo-romains, malgré l'éclat de Saintes et de Poitiers, nul indice d'une viticulture prospère dans la région, alors que Bordeaux possède déjà des vignobles réputés. C'est au Moyen Âge que le vignoble poitevin s'épanouit. Sa viticulture a un caractère hautement spéculatif : elle est suscitée par le renouveau de la navigation maritime et par l'essor des villes de l'Europe du Nord. Le nouveau patriciat urbain veut consommer du vin. Des navires, plus gros et plus perfectionnés qu'auparavant, partent en quête de la boisson aristocratique. Les Poitevins répondent à cette demande. On plante en quantité dans les diocèses de Poitiers et de Saintes : vins de La Rochelle, de Ré et d'Oléron, de Niort, de Saint-Jean d'Angély, d'Angoulême... Fondée par Guillaume X et protégée par les ducs d'Aquitaine, La Rochelle est l'un des principaux ports d'expédition. On appelle aussi vins du Poitou les produits nés dans les régions voisines de l'Aunis, de la Saintonge et de l'Angoumois – les provinces historiques situées sur le territoire actuel des deux Charentes.

Des alambics pour les Hollandais

La prise de La Rochelle par le roi de France, en 1224, ferme aux vins du Poitou le marché anglais qui achète désormais des clarets bordelais. Les autres régions de l'Europe du Nord deviennent alors leur principal débouché, en particulier la Hollande, surtout après 1579, quand les Provinces-Unies prennent leur indépendance et s'affirment comme une puissance maritime et commerciale. Les Hollandais apprécient les vins blancs doux. Néanmoins, les vins de la région voyagent mal. Les négociants hollandais trouvent la solution : le *brandwijn* (« vin brûlé »), ou eau-de-vie. Grâce à la distillation, ils parviennent à valoriser des vins faibles, à diminuer les volumes transportés et à remédier à une surproduction récurrente. Une opération tellement intéressante que l'alambic se répand dans les campagnes de l'Aunis et de la Saintonge.

Cette eau-de-vie est devenue le cognac, dont la notoriété s'est affirmée aux XVIIIe s. et XIXe s. La crise phylloxérique, si elle a suscité l'essor des alcools de grains, n'a pas ruiné durablement le vignoble charentais, qui bénéficiait d'un grand prestige, consacré par une AOC dès 1909. En revanche, le vignoble poitevin a failli disparaître complètement du paysage viticole.

LE COGNAC, PRINCIPALE PRODUCTION RÉGIONALE

La région administrative comprend quatre départements : la Vienne, les Deux-Sèvres, la Charente et la Charente-Maritime. Son vignoble principal est celui du cognac, le quatrième en superficie de l'Hexagone ; il s'étend sur les deux Charentes, avec une incursion en Dordogne. Le vignoble poitevin, dont les vins, au XIIe s., dépassaient en notoriété ceux du Bordelais, se réduit à des îlots au nord-est de Poitiers, vers Neuville. Mentionnons enfin des vignobles au nord des Deux-Sèvres, dans la plaine de Thouars, rattachés au vignoble du Saumurois (vallée de la Loire).

HAUT-POITOU

• Superficie : 186 ha • Production : 11 000 hl (55 % blanc)

Le docteur Guyot rapporte en 1865 que le vignoble de la Vienne représente 33 560 ha. De nos jours, outre le vignoble du nord du département, rattaché au Saumurois, et une enclave dans les Deux-Sèvres, seuls subsistent deux îlots viticoles autour des cantons de Neuville et de Mirebeau. Marigny-Brizay est la commune la plus riche en viticulteurs indépendants. Les autres se sont regroupés pour former la cave de Neuville-de-Poitou. En 2011, le Haut-Poitou a accédé à l'appellation d'origine contrôlée. Les sols du plateau du Neuvillois, évolués sur calcaires durs et craie de Marigny ainsi que sur marnes, sont propices aux différents cépages de l'appellation ; le plus connu d'entre eux est le sauvignon (blanc ou gris). En rouge, le cépage principal est le cabernet franc, complété par le merlot, le pinot noir et le gamay.

DOM. DE LA RÔTISSERIE 2013 ★

■	n.c.	5 à 8 €

Valeur sûre de l'AOC, ce domaine tire son nom d'un four creusé dans le tuffeau qui servait autrefois aux habitants du hameau. Le vignoble, dirigé par Pierre Baudon et son fils Michaël, couvre 21 ha.

La robe de ce cabernet est teintée d'un rouge léger aux reflets violines. Le nez gourmand, sur les fruits rouges, aiguise les papilles. La bouche est à l'unisson : légère, aérienne, fraîche et gouleyante. Un « vin plaisir ». ⌛ 2014-2016 🍷 grillades ■ 2013 ★ (4 000 b.) : un rosé à dominante de pinot noir, fruité, vif et intense. ⌛ 2014-2015

EARL Baudon, 2 bis, rue de la Croix-l'Abbé, 86380 Marigny-Brizay, tél. 05 49 52 09 02, domaine.rotisserie86@orange.fr V lun. au ven. 9h-19h; sam. 9h-12h30

DOM. LA TOUR BEAUMONT 2013 ★

■	43 000		5 à 8 €

Ce domaine, qui doit son nom au donjon d'un ancien château du XIIᵉs, existe depuis 1880 ; 25 ha aujourd'hui, répartis de part et d'autre de la rivière Le Clain.

D'abord discret, le nez s'ouvre à l'aération sur le citron et la verveine. La bouche est plus expressive, acidulée et fraîche, elle se termine par une note d'agrumes persistante. ⌛ 2014-2016 🍷 asperges à la crème

Gilles et Brigitte Morgeau, 2, av. de Bordeaux, 86490 Beaumont, tél. 05 49 85 50 37, tour.beaumont@terre-net.fr V t.l.j. sf dim. 9h30-12h 14h30-19h (18h sam. et en hiver)

♥ DOM. DE VILLEMONT 2013 ★★

■	16 000		5 à 8 €

Un domaine de 22 ha régulier en qualité, exploité en famille par les Bourdier : le père et le fils à la vigne et au chai, la mère et la fille à la commercialisation.

Le nez exprime pleinement les arômes du cépage avec ses notes de bourgeon de cassis et de pamplemousse, mais pas seulement, la minéralité étant une autre composante.

Cette intensité se prolonge en bouche autour d'une fine trame acide qui rappelle les agrumes et apporte de la vivacité. Un vin dynamique et très harmonieux. ⌛ 2014-2017 🍷 plancha de poissons

EARL Alain Bourdier, 6, rue de l'Ancienne-Commune, Seuilly, 86110 Mirebeau, tél. 05 49 50 51 31, contact@domainedevillemont.com V t.l.j. sf dim. 9h30-12h 14h-18h

PINEAU-DES-CHARENTES

Le pineau-des-charentes est produit dans la région de Cognac – vaste plan incliné d'est en ouest, d'une altitude maximale de 180 m, qui s'abaisse progressivement vers l'océan Atlantique. Le vignoble, traversé par la Charente, est implanté sur des coteaux au sol essentiellement calcaire. Sa destination principale est la production du cognac. Cette eau-de-vie est « l'esprit » du pineau-des-charentes, vin de liqueur résultant du mélange des moûts des raisins charentais frais ou partiellement fermentés avec du cognac.

Selon la légende, c'est par hasard qu'au XVIᵉs. un vigneron un peu distrait commit l'erreur de remplir de moût de raisin une barrique qui contenait encore du cognac. Constatant que ce fût ne fermentait pas, il l'abandonna au fond du chai. Quelques années plus tard, alors qu'il s'apprêtait à vider la barrique, il découvrit un liquide limpide, doux et fruité : ainsi serait né le pineau-des-charentes. Le recours à cet assemblage se poursuit aujourd'hui encore de la même façon artisanale et à chaque vendange, car le pineau-des-charentes ne peut être élaboré que par les viticulteurs.

Les moûts de raisin proviennent essentiellement, pour les blancs, des cépages ugni blanc, colombard, montils, sauvignon et sémillon, auxquels peuvent être adjoints le merlot et les deux cabernets, et, pour les rouges et rosés, des cabernets, du merlot et du malbec. Le moût doit dépasser les 170 g de sucre par litre en puissance. Le pineau-des-charentes vieillit en fût de chêne pendant au moins un an, le plus souvent pendant plusieurs années. Il ne peut sortir de la région que mis en bouteilles.

Comme en matière de cognac, il n'est pas d'usage d'indiquer le millésime. En revanche, un qualificatif d'âge est souvent spécifié. Le terme « vieux pineau » est réservé au pineau de plus de cinq ans, et celui de « très vieux pineau » à celui de plus de dix ans. Dans ces deux cas, le vieillissement s'accomplit exclusivement en barrique. La qualité de ce vieillissement doit être reconnue par une commission de dégustation. Le degré alcoolique est généralement compris entre 17 % vol. et 18 % vol., et la teneur en sucre non fermenté entre 125 et 150 g ; le rosé est généralement plus doux et plus fruité que le blanc, lequel est plus nerveux et plus sec. Le pineau-des-charentes peut être consommé jeune (à partir de deux ans) ; il donne alors tous ses arômes de fruits, encore plus présents dans le rouge et le rosé. Avec l'âge, il prend des parfums de rancio très caractéristiques.

LES RAISINS DE L'ABBAYE ★

3 500 | 8 à 11 €

Cet ancien domaine ecclésiastique, devenu une ferme charentaise avec cour fermée et porche typique, étend son vignoble sur 27 ha près de Saint-Jean-d'Angély. La vente directe de pineau et de cognac a débuté en 1999 à la reprise de l'exploitation par Thierry et Olivier Madé.

D'un jeune pineau, il a les reflets verts et la robe jaune pâle. Le nez penche vers les fruits frais, les agrumes et l'abricot. Une légère acidité marque l'attaque, puis la bouche devient gourmande : elle offre des arômes de raisins pressés agrémentés de notes de noisette et de vanille qui se prolongent jusqu'en finale. Un beau vin élaboré dans un style jeune et frais, très élégant dans sa catégorie. 2014-2017 apéritif et foie gras

GAEC de l'Abbaye, 17, chem. de l'Abbaye, 17400 Asnières-la-Giraud, tél. 05 46 59 17 36, raisins.abbaye@gmail.com V t.l.j. sf dim. 9h-12h30 14h-20h Guy Madé

BERTRAND Tradition ★★

80 000 | 8 à 11 €

François Bertrand fonde en 1848 le domaine du Feynard, constitué alors de 2 ha de vignes. Depuis, sept générations se sont succédé, et le vignoble s'étend aujourd'hui sur 110 ha. Jean-François Bertrand commercialise également la marque Dom. du Feynard en pineau et des cognacs « Bertrand ».

Cette cuvée fait la part belle au cabernet-sauvignon (60 %) complété de merlot, cépages qui lui donnent sa couleur grenat profond. Le nez libère des parfums de fruits rouges mûrs. La bouche est dans la même lignée, riche de fruits confiturés, concentrée, ample et ronde. L'ensemble forme un tout harmonieux et très gourmand. 2014-2018 savarin chocolat et fruits rouges

SARL M. et J.-F. Bertrand, Le Feynard, 17210 Chevanceaux, tél. 05 46 04 61 08, contact@vignobles-bertrand.fr V r.-v.

DOM. DE BIRIUS ★★★

1 900 | 8 à 11 €

Valeur sûre du pineau-des-charentes, ce domaine est situé en Petite Champagne tout près de la cité médiévale de Pons. Philippe Bouyer pratique depuis longtemps la lutte raisonnée et l'enherbement naturel de son vignoble de 23 ha.

Ce pineau a fait l'unanimité tant il sait flatter les sens : à l'œil, son rouge grenat est intense et charmeur. Le nez, tout aussi soutenu, évoque les fruits rouges mûrs. Ample, concentrée et charnue, la bouche donne l'impression de croquer une cerise burlat et s'achève sur une pointe acidulée des plus plaisantes. 2014-2019 clafoutis aux cerises Dom. de Birius ★ (4 000 b.) : des parfums de raisin sec et d'épices et une bouche puissante sur des arômes de vanille. 2014-2017

EARL Bouyer, Dom. de Birius, 4, rue des Peupliers, La Brande, 17800 Biron, tél. 05 46 91 22 71, contact@cognac-birius.com V r.-v.; juil.-août nov.-déc. t.l.j. sf dim. 9h-12h30 14h-19h

RAYMOND BOSSIS Vieux ★

4 000 | 15 à 20 €

D'origine vendéenne, la famille Bossis s'est installée en Charente en 1924. Raymond Bossis a développé le domaine et, en 1970, la vente directe. C'est aujourd'hui son fils Jean-Luc qui conduit les 31 ha de vignes plantés sur les coteaux argilo-calcaires de l'estuaire de la Gironde.

D'un jaune doré brillant, ce vieux pineau révèle un nez complexe où le floral (tilleul) se mêle au fruité (agrumes confits) et aux épices douces, le tout agrémenté de notes boisées et de rancio ; des arômes que l'on redécouvre dans une bouche ronde, soutenue par une pointe d'acidité. 2014-2022 coquilles Saint-Jacques au pineau

SCEA Les Groies, 4, Les Groies, 17150 Saint-Bonnet-sur-Gironde, tél. 05 46 86 02 19, pineau.bossis@neuf.fr V t.l.j. 9h-12h 14h-19h Raymond Bossis

CHAINIER ★★

n.c. | 11 à 15 €

Cette propriété familiale située au cœur de la région de Cognac étend son vignoble de 39 ha dans les crus de la Petite et de la Grande Champagne. Dominique Chainier y produit des cognacs et des pineaux.

Le jaune d'or clair brillant de ce pineau flatte l'œil. Le nez libère des parfums de fleurs (violette et acacia) agrémentés de notes de coing et d'abricot. Au palais, les arômes de noisette et de pain grillé sont joliment fondus. L'ensemble offre un bel équilibre entre l'acidité et la rondeur. La finale est harmonieuse et longue. 2014-2020 fondant au chocolat noir

Dominique Chainier, 15, La Barde-Fagnouse, 17520 Arthénac, tél. 05 46 49 12 85, info@cognacchainier.com 2

DULUC ★

n.c. | 8 à 11 €

C'est après la crise du phylloxéra, en 1884, que la famille Duluc acquiert cette propriété. Les deux frères Pierre et Daniel reprennent en 1978 le vignoble de 47 ha implanté sur les sols argilo-calcaires de la Grande Champagne. En juillet 2013, Guillaume les rejoint.

Jaune paille à reflets verts, ce pineau de pur ugni blanc évoque les fleurs blanches et les fruits frais. Vive et expressive à l'attaque, la bouche ample évolue vers une finale chaleureuse et fruitée. L'alcool est bien fondu, et le rancio discret. Un ensemble équilibré. 2014-2017 salade mesclun-magrets fumés Duluc ★ : un pineau riche en fruits rouges (cassis et groseille), persistant, ample et généreux. 2014-2017

Pierre et Daniel Duluc, GAEC de l'If, Chez Guionnet, 16120 Touzac, tél. 05 45 97 03 30, pierreduluc@orange.fr V t.l.j. sf dim. 9h-19h

FAVRE ET FILS L'Insulaire ★★

40 000 | 8 à 11 €

Ce domaine (41 ha) créé en 1900 et implanté au cœur de l'île d'Oléron est en conversion bio depuis 2010. Pascal Favre y propose différents pineaux, cognacs et vins de pays.

Un vin élégant d'un joli rubis, au nez fin et complexe (fruits rouges confits, noisette, chocolat). De l'ampleur, une belle tenue en bouche, des saveurs de noix et de fruits cuits portés en finale par une fraîcheur qui concourt à son harmonie. Un beau pineau. ⧗ 2014-2019 ♈ fondant au chocolat

⊶ SCEA Favre et Fils, village La Fromagerie, 17310 Saint-Pierre-d'Oléron, tél. 05 46 47 05 43, vignoble.favre@orange.fr V ⛹ 🍷 t.l.j. sf dim. 9h-12h30 14h30-19h

MICHEL FRADON

■	6 000	⦀	8 à 11 €

Michel Fradon dirige avec son fils ce domaine de 25,5 ha situé en Petite Champagne, près de Jonzac. La tradition est ici de ne proposer à la vente que des vieux pineaux et de très vieilles qualités de cognac.

Jaune vieil or, ce pineau libère des parfums de pamplemousse et de citron bien mûrs assortis de notes d'abricot sec. Le palais, à l'unisson, ajoute un soupçon de liqueur d'orange. La finale est légèrement boisée. ⧗ 2014-2017 ♈ tarte chaude à l'abricot

⊶ Michel Fradon, Le Château, 17500 Reaux, tél. 05 46 48 46 02, contact@domaine-fradon.com V ⛹ 🍷 t.l.j. 8h-20h

DOM. DE FRAICHEFONT ★

■	1 000	⦀	11 à 15 €

Vendange manuelle à maturité, extraction lente des jus, élevage à 50 % en fût neuf, vieillissement durant trois à cinq ans, telles sont les méthodes de production respectueuses du raisin employé par Lionel Ducom, installé en 1995.

Le bois neuf pare ce pineau d'une belle robe or et lui donne des parfums de fruits secs de cannelle et de vanille. En bouche, ces arômes d'élevage se nuancent d'agrumes en laissant poindre une touche acidulée. Un vin ample, rond et complexe. ⧗ 2014-2017 ♈ crumble de pêches sauce chocolat

⊶ Lionel Ducom, Fraichefont, rue du Labeur, 16170 Auge-Saint-Médard, tél. 06 80 00 87 84, dl.ducom@wanadoo.fr V ⛹ 🍷 r.-v.

DOM. GARDRAT

■	n.c.	⦀	5 à 8 €

La famille acquiert ses premières vignes en 1894. Lionel Gardrat conduit aujourd'hui 35 ha répartis sur des terroirs diversifiés ; il s'illustre régulièrement en vins de pays charentais et propose d'intéressants pineaux.

Issu du mutage d'un moût de merlot né sur un sol argilo-calcaire, ce pineau rubis intense mêle au nez les fruits rouges et un soupçon de rancio que l'on retrouve dans un palais discret mais équilibré. ⧗ 2014-2017 ♈ gratin de fruits rouges ■ **Réserve (11 à 15 € ; 2 000 b.)** : notes boisées très présentes qui se traduisent au nez par des arômes de vanille et en bouche par de la noisette grillée et de la cannelle. ⧗ 2014-2017

⊶ SARL Vignoble Gardrat, 13, rue de la Touche, 17120 Cozes, tél. 05 46 90 86 94, contact@domaine-gardrat.fr V 🍷 r.-v.

Le Poitou-Charentes

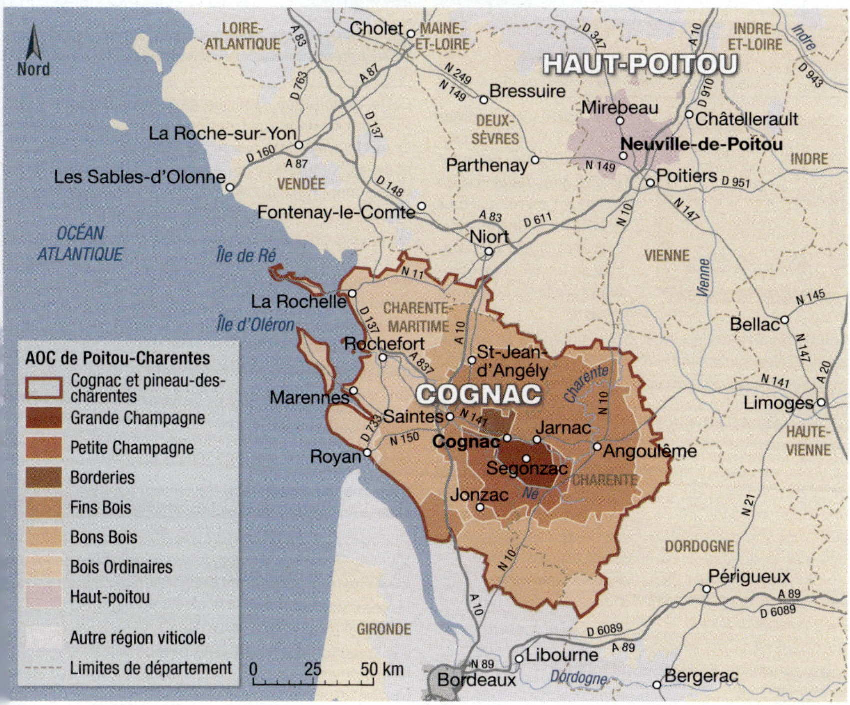

HENRI GEFFARD ★

9 000 | 11 à 15 €

Incontournable, cette propriété viticole (30 ha) de Grande Champagne appartient à la famille Geffard depuis 1840. Henri ayant pris sa retraite, ce sont ses enfants Karine et Stéphane qui lui ont succédé. Ils élaborent pineaux, cognacs et vins de pays charentais.

La robe rouge carmin attire l'œil. Le nez fondu captive par ses notes de pruneau et de fruits cuits. Des arômes qui perdurent dans une bouche alliant fraîcheur et onctuosité. Un vin séduisant et équilibré. ⧗ 2014-2017 ⚲ far breton

SARL Henri Geffard, La Chambre, 16130 Verrières, tél. 05 45 83 02 74, cognac.geffard@aliceadsl.fr V t.l.j. 8h30-12h 13h30-18h; dim. sur r.-v. 1 B

GUÉRINAUD ★

7 000 | 0 à 11 €

L'histoire vigneronne de la famille a débuté en 1914 avec l'arrière-grand-père. Emmanuel Guérinaud s'installe en 1998 sur le domaine et se lance aussitôt dans la mise en bouteilles et la vente en direct. Ses vignes couvrent 41 ha.

De son élevage de quatre ans en fût, ce pineau hérite une robe rouge brique et un nez confit de fruits rouges mariés au rancio. La bouche est agréable et souple dès l'attaque. On y retrouve des notes persistantes de fruits rouges et de grillé. ⧗ 2014-2017 ⚲ melon charentais

Guérinaud, 3, L'Opitage, 17800 Mazerolles, tél. 05 46 94 01 56, emmanuel.guerinaud@terre-net.fr V r.-v.

♥ GUILLON-PAINTURAUD Extra-vieux Exception ★★

6 000 | 30 à 50 €

On peut remonter jusqu'en 1610 pour retrouver les origines de cette famille, dont l'exploitation (18 ha) est ancrée au cœur de la Grande Champagne. C'est dire si elle est attachée au terroir et aux produits qu'elle élabore avec passion.

Son nom « Exception » n'est pas usurpé tant ce produit est rare. Non seulement parce que les pineaux rosés très vieux sont introuvables mais surtout parce que celui-ci est d'une qualité remarquable. Après ving-cinq ans de fût, il se pare d'une robe prune tuilée et offre au nez une corbeille de fruits confits, de pruneau et de pâte de coings. Le rancio est éclatant et racé. La noix et l'amande ajoutent de la complexité et de la persistance aromatique. Après une attaque ronde et douce, la bouche déploie avec puissance son concentré de fruits confiturés, de pruneau très mûr et de griotte. La finale est tout en volupté. Un vin d'une souplesse et d'une longueur admirables. (Bouteilles de 50 cl.) ⧗ 2014-2024 ⚲ chocolat noir grand cru

Guillon-Painturaud, Biard, 16130 Segonzac, tél. 05 45 83 41 95, infos@cognac-guillon-painturaud.com V t.l.j. sf dim. 10h-12h 14h-18h

THIERRY JULLION

15 000 | 8 à 11 €

Thierry Jullion, représentant la cinquième génération, exploite depuis 1981 un beau vignoble familial de 45 ha. Régulièrement remarqué dans le Guide pour son pineau et ses vins de pays, il produit aussi du cognac.

Ce pineau vieil or aux reflets orangés présente un nez franc et droit qui libère des parfums de vanille et de noisette. En bouche, ce vin est rond et frais à la fois. L'équilibre entre les sucres et l'alcool est respecté. ⧗ 2014-2017 ⚲ fromage de chèvre

EARL Dom. de Montizeau, Montizeau, 17520 Saint-Maigrin, tél. 05 46 70 00 73 V t.l.j. sf sam. dim. 14h-19h 2 C

Thierry Jullion

S. LASCAUX Très vieux ★

800 | 20 à 30 €

Acheté en 1950 par les grands-parents de Sylvain Lascaux, propriétaire depuis 1988, ce domaine commandé par une demeure typiquement charentaise du XVIIe s. s'étend sur 22 ha.

Ce pineau a bénéficié d'un vieillissement de plus de quatorze ans en fût. En robe ambrée, il révèle un nez complexe qui allie la reine-claude, le coing, l'amande et un rancio intense. Racé, il l'est aussi en bouche où le rancio domine savamment et persiste très longtemps. ⧗ 2014-2025 ⚲ cailles au pineau-des-charentes

Sylvain Lascaux, Logis-du-Renfermis, 16720 Saint-Même-les-Carrières, tél. 05 45 81 90 48, earl.des.renfermis@orange.fr V t.l.j. 9h-19h; sam. dim. sur r.-v. en hiver D

DOM. DE LA MARGOTTERIE Tradition ★★

3 000 | 11 à 15 €

Cette exploitation familiale de 75 ha se situe à Saint-Ciers-sur-Gironde aux frontières de deux départements. Le mariage des deux terroirs qui sont ceux de la Gironde et de la Charente-Maritime permet à la propriété d'offrir une gamme des plus variées : vins de blaye-côtes-de-bordeaux ainsi que pineaux et cognacs.

Ce pineau affiche une robe rouge soutenu aux reflets cuivrés et livre au premier nez des parfums de bourgeon de cassis, de myrtille et de mûre, puis pointent les épices, notamment la cannelle. La bouche élégante offre une belle richesse aromatique, étayée par une jolie fraîcheur, pour finir sur une touche tannique. Un vin d'une réelle complexité. ⧗ 2014-2017 ⚲ tiramisu

SCEA Terrigeol et Fils, 27, av. du Pont-de-la-Grâce, Le Pas-d'Ozelle, 33820 Saint-Ciers-sur-Gironde, tél. 05 57 32 61 96, info@chateau-des-matards.com V t.l.j. 9h-12h30 14h-18h; f. janv.

VIGNOBLES MORANDIÈRE Quintessence ★★

3 000 | 11 à 15 €

Vincent Morandière a acquis son savoir-faire en Alsace et en Australie, mais aussi près de son père, dont il a pris la succession en 2005, à la tête d'un vignoble de 33 ha consacré au pineau et aux IGP.

D'un jaune doré du plus bel effet, ce pineau s'oriente à l'olfaction vers le vanillé et la cannelle, assortis d'un touche citronnée. On retrouve ces arômes d'élevage sou bois (plus de sept ans) en bouche, contrebalancés par une jolie fraîcheur. Un vin mûr et complexe. ⌛ 2014-2020 🍴 foie gras poêlé

Vincent Morandière, Le Breuil, 17150 Saint-Georges-des-Agouts, tél. 05 46 86 02 76, vignobles.morandiere@orange.fr

DOM. DE L'OISELLERIE ★★

10 500 | 8 à 11 €

Situé à la périphérie d'Angoulême, le château était autrefois réputé pour son élevage de faucons et aussi pour son cognac. Racheté au XXᵉs. par le Conseil général, il a été reconverti en lycée viticole. Les vignes couvrent 34 ha.

La robe est élégante, d'un rubis étincelant. Le nez expressif de framboise, de fraise, de cassis et de mûre ne laisse pas de doute sur la maturité ni sur la qualité du merlot récolté. La touche vanillée et le cognac à peine perceptible démontrent la maîtrise de l'élevage (deux ans en fût). Le palais reste boisé, épicé mais harmonieux, et concentré en fruits rouges. De la matière, du corps, de l'intensité aromatique et une grande douceur. ⌛ 2014-2019 🍴 muffin chocolat blanc framboise ■ Blanc (10 500 b.): un vin acidulé, aux parfums de fruits frais à chair blanche. ⌛ 2014-2017

Lycée agricole L'Oisellerie, 16400 La Couronne, tél. 05 45 67 36 90, expl.angouleme@educagri.fr V t.l.j. sf dim. lun. 9h-12h 13h30-18h30

J. PAINTURAUD Vieux ★★

15 000 | 15 à 20 €

Établie depuis 1934 à Segonzac, au cœur de la Grande Champagne, la famille Painturaud élabore des cognacs et des pineaux. En 2011, Jacques Painturaud a pris sa retraite et laissé sa place à deux de ses quatre fils, Jean-Philippe et Emmanuel, à la tête de 25 ha de vignes.

Dans sa belle robe ambrée, ce pineau a tout du vin évolué. Il libère à l'agitation l'orange confite et les fruits blancs bien mûrs. Le rancio et les notes boisées apportent de la complexité et de l'intensité à l'olfaction. On retrouve l'orange confite agrémentée de rancio et de pruneau dans une bouche ample, généreuse et persistante. Un vin offrant volume et harmonie. ⌛ 2014-2025 🍴 mouclade

SARL J. Painturaud, 3, rue Pierre-Gourry, 16130 Segonzac, tél. 05 45 83 40 24, contact@cognac-painturaud.com V t.l.j. 9h-12h 14h-18h30; dim. sur r.-v.

DOM. PAUTIER ★

7 000 | 8 à 11 €

Cette maison de grand maître franc-maçon, construite en 1830 sur les bords de la Charente, commande un vignoble (30 ha) planté sur un terroir de groie. Aujourd'hui propriété de la famille Pautier, elle fut jadis une maison de négoce de cognacs.

Le nez, discret, s'ouvre à l'aération sur les fruits à chair blanche. Le palais, dans la même veine, est très souple, fondu, sans manquer de corps et de persistance. ⌛ 2014-2019 🍴 ravioles de chèvre frais

Dom. Pautier, EARL de la Romède, 23, rte de la Grande-Champagne, 16200 Bourg-Charente, tél. 05 45 81 24 89, domaine.pautier@cerfrance.fr V t.l.j. 10h-12h 15h30-18h30; dim. sur r.-v.

THIERRY POUILLOUX Vieux ★

1 000 | 15 à 20 €

Ce domaine, où la vente directe s'est développée en 1978, se situe à Pérignac, dans le triangle Cognac-Pons-Saintes, au cœur de la Saintonge romane. Les 34 ha de vignes s'étendent sur les sols à dominante calcaire de la Petite Champagne.

Paré d'une robe vieil or, ce vieux pineau livre un nez délicat qui s'ouvre à l'aération sur le miel, les fruits jaunes confits et la prune. Le palais se révèle souple, fin et équilibré. La finale, un peu courte, bénéficie d'une séduisante palette aromatique. ⌛ 2014-2020 🍴 gâteau basque

Thierry Pouilloux, 6, imp. du Sud, Peugrignoux, 17800 Pérignac, tél. 05 46 96 41 41, pouilloux.thierry@wanadoo.fr V t.l.j.sf dim. 9h30-12h15 15h-19h15

DOM. DE LA PRENELLERIE

7 000 | 8 à 11 €

Conduit par la même famille depuis cinq générations, ce domaine est situé sur les coteaux argilo-calcaires de l'estuaire de la Gironde, à 5 km de Talmont, site touristique emblématique de la Charente-Maritime.

L'association du merlot et des deux cabernets donne naissance à un joli nez de cassis et de myrtille. Le palais se montre souple, léger et persistant. Un pineau équilibré et bien typé. ⌛ 2014-2017 🍴 apéritif

SCEA Billonneau, Dom. la Prenellerie, 1, La Prenellerie, 17120 Épargnes, tél. 06 08 33 00 80, fbillonneau@yahoo.com V t.l.j. sf dim. 9h-12h 14h-19h

REYNAC Extra-vieux ★

n.c. | 15 à 20 €

La maison Reynac, fondée en 1969 par la société H. Mounier, a contribué à l'essor du pineau au-delà des limites régionales et s'est imposée comme une marque leader de l'appellation. Son nom associe *rey* (« le roi ») au suffixe *ac* régional (« la propriété, le fief »).

Paré d'une teinte vieil or et issu d'un patient vieillissement de plus de dix ans en barrique, ce pineau a développé un rancio qui évoque la noix et la figue sèche. Rond, équilibré, il dégage harmonie et puissance. En finale, des notes de boisé fondu et de fruits secs agrémentées d'une pointe d'acidité lui donnent du peps. ⌛ 2014-2025 🍴 roquefort

H. Mounier, 49, rue Lohmeyer, 16100 Cognac, tél. 05 45 82 45 77, hmounier@hmounier.fr V t.l.j. sf sam. dim. 9h-12h 14h-17h

LE CHAI DU ROUISSOIR

3 000 | 8 à 11 €

En 2000, Hugues, le fils de Didier Chapon, reprend la propriété familiale (25 ha) alors exclusivement dédiée au cognac. Il diversifie la production avec le pineau et les vins de pays, qu'il commercialise en bouteilles.

Ce pineau a subi un début de fermentation alcoolique qui a dégradé 2 à 3 % vol. au cours de la macération. Il en résulte un vin à la robe rose pâle très inhabituelle. Le nez ? Il est marqué par les arômes amyliques. Souple et acidulé, le palais offre une finale de bonne longueur sur le bonbon. Un vin élégant et tout en légèreté. ⌛ 2014-2017 🍴 grillades de bœuf

Chapon, 1, Roussillon, 17500 Ozillac, tél. 05 46 48 14 76, chaidurouissoir@hotmail.com V t.l.j. sf dim. 14h-19h

ROUSSILLE ★

	9 000		8 à 11 €

Gaston Roussille fonde ce domaine en 1928 puis se lance dans la vente en bouteilles dans les années 1950. Son petit-fils Pascal a pris les rênes du vignoble de 30,7 ha, commandé par des bâtiments disposés en enfilade permettant ainsi de suivre les étapes de l'élaboration du cognac (pressoir, distillerie et vieillissement).

Si la robe de ce pineau est rouge profond, c'est que Pascal Roussille réalise une macération à froid des raisins de merlot (70 %) et de cabernet par l'eau-de-vie. L'extraction de la couleur et des arômes est ainsi amplifiée ; il en résulte un nez intense de cassis et de myrtille. L'attaque est suave, la cerise noire domine et les tanins sont soyeux et veloutés. Un vin de belle concentration et bien typé. 2014-2017 roquefort

Pascal Roussille, 21, rue de Libourdeau, 16730 Linars, tél. 05 45 91 05 18, sca.pineau-roussille@terre-net.fr V t.l.j. 8h-12h 14h-19h; dim. sur r.-v.

FAMILLE VALLEIN TERCINIER
Vieux 10 ans en fût de chêne ★

	n.c.	15 à 20 €

La maison Vallein Tercinier est une entreprise familiale indépendante installée depuis 1791 près de Saintes, dont le savoir-faire se transmet de génération en génération, mais aussi de maître de chai en maître de chai.

L'équilibre est le fil conducteur de la dégustation. Les fruits confits composent le nez de ce vieux pineau, tandis qu'une fraîcheur agréable couplée au rancio égaye les papilles. La structure est soignée, la rondeur plaisante. 2014-2020 palets bretons **Vieux 10 ans en fût de chêne** : au nez, le rancio est très expressif et le pruneau cuit domine. Malgré l'âge, l'acidité est toujours là, apportant une belle fraîcheur. 2014-2020

SARL Vallein Tercinier, Dom. des Forges, 17460 Chermignac, tél. 05 46 92 64 30, tercinier@cognac-tercinier.com V t.l.j. 8h30-12h30 13h30-18h30 (19h l'été); sam. dim. sur r.-v.

♥ VEUVE BARON ET FILS
Vieux Logis de Brissac ★★

	9 500		11 à 15 €

Cet ancien pavillon de chasse datant de François Ier, avec cour fermée par les chais de vinification et de vieillissement, se transmet de père en fils depuis 1837. Antoine Baron, cinquième du nom, dirige depuis 2007 le domaine situé au nord de Cognac, à l'origine de pineaux blancs réputés.

La robe lumineuse, vieil or aux reflets verts, de ce vieux pineau attire le regard. Le bouquet, très riche, s'ouvre délicatement sur le miel et les agrumes mâtinés de noix et de noisette. Le rancio, à peine perceptible tant il joue dans la finesse et l'élégance, se retrouve dès l'attaque et donne au palais une rondeur remarquable. Un grand pineau, complexe et subtil. 2014-2022 foie gras entier mi-cuit

SCEA Vignobles Baron, Logis de Brissac, 16370 Cherves-Richemont, tél. 05 45 83 16 27, veuve.baron@wanadoo.fr V t.l.j. sf dim. 9h30-12h 14h-18h30

FÉLIX-MARIE DE LA VILLIÈRE ★

	n.c.	8 à 11 €

La distillerie Vinet-Delpech est la réunion de deux familles viscéralement ancrées dans la région et toutes deux productrices de pineau et cognac. Leur domaine couvre 80 ha.

Trois cépages entrent dans la composition de ce pineau blanc : le colombard, le montils (25 % chacun) et l'ugni blanc, issus d'un terroir calcaire tout près d'Archiac. Le nez mêle les fruits à chair blanche et des notes d'évolution. La bouche bien structurée offre du volume et une finale agréable. 2014-2017 Pata Negra

SA Distillerie Vinet-Delpech, 3, imp. Félix-Chartier, 17520 Brie-sous-Archiac, tél. 05 46 70 04 66, contact@vinet.delpech.com V t.l.j. sf sam. dim. 8h30-12h 14h-17h

La Provence et la Corse

- **La Provence**

Superficie :

29 000 ha

Production :

1 300 000 hl

Types de vins :

Rosés majoritaires, rouges de garde et blancs.

Cépages principaux :

Rouges : grenache, cinsault, syrah, carignan, tibouren, mourvèdre, cabernet-sauvignon.

Blancs : ugni blanc, vermentino (rolle), bourboulenc, clairette, sémillon, sauvignon.

- **La Corse**

Superficie :

7 000 ha

Production :

350 000 hl dont 35,5 % en AOC, 59,2% en IGP et 5,3 % en VSIG.

Types de vins :

En AOC, rosés majoritaires (55 %), rouges (33 %), blancs (10,5 %), vins doux naturels muscat-du-cap-corse (1,5 %).

En IGP, rosés majoritaires (48 %), rouges (35 %) et blancs (17 %).

Cépages principaux :

Rouges : niellucciu, sciaccarellu, grenache, cinsault, syrah, carignan, aleatico.

Blancs : vermentinu (rolle), bourboulenc, clairette, muscat à petits grains.

LA PROVENCE

La Provence, pour tout un chacun, c'est un pays de vacances, où « il fait toujours soleil » et où les gens, à l'accent chantant, prennent le temps de vivre... Pour les vignerons aussi, c'est un pays de soleil, qui brille trois mille heures par an. Les pluies y sont rares mais violentes, les vents fougueux et le relief tourmenté. Les Phocéens, débarqués à Marseille vers 600 av. J.-C., ne se sont pas étonnés d'y voir de la vigne, comme chez eux, et ont participé à sa diffusion. Grâce au tourisme, la viticulture a retrouvé des couleurs, et sa couleur préférée est le rosé. La région fournit aussi des rouges concentrés ou fruités, et de rares blancs.

Des voies romaines aux routes des vacances

Après les Phocéens, les Romains puis les moines et les nobles, et jusqu'au roi-vigneron René d'Anjou, comte de Provence au XV^{e}s., se sont fait les propagateurs de la vigne. Éléonore de Provence, épouse d'Henri III, roi d'Angleterre, sut donner aux vins de Provence un grand renom, tout comme Aliénor d'Aquitaine l'avait fait pour les vins d'Aquitaine. Ils furent par la suite un peu oubliés du commerce international, faute de se trouver sur les grands axes de circulation. Ces dernières décennies, le développement du tourisme les a remis à l'honneur, et spécialement les vins rosés, vins joyeux s'il en est, symboles de vacances estivales et dignes accompagnements des plats provençaux.

Un vignoble morcelé et des cépages variés

La structure du vignoble est souvent morcelée, la géopédologie étant très diversifiée par le relief offrant des zones contrastées tant en matière des sols que des microclimats. Comme dans les autres vignobles méridionaux, les cépages sont très variés : l'appellation côtes-de-provence en admet treize. Encore que les muscats, qui firent la gloire de bien des terroirs provençaux avant la crise phylloxérique, aient pratiquement disparu.

Le rosé en tête

Depuis plusieurs années, le rosé s'est imposé auprès des consommateurs. La Provence possède ainsi le premier vignoble au monde de vins rosés et s'impose comme la première région en France des vins de cette couleur avec environ 40 % de la production nationale.

Ces vins, de même que les vins blancs (ceux-ci plus rares mais souvent surprenants), sont généralement bus jeunes. Il en est de même pour beaucoup de vins rouges, lorsqu'ils sont légers. Mais les plus corsés, dans toutes les appellations, vieillissent fort bien.

« AVE L'ASSENT »

Et puisqu'on parle encore provençal dans quelques domaines, sachez qu'un « avis » est un sarment, qu'une « tine » est une cuve et qu'une « crotte » est une cave ! Peut-être vous dira-t-on aussi qu'un des cépages porte le nom de « pecoui-touar » (queue tordue) ou encore « ginou d'agasso » (genou de pie), à cause de la forme particulière du pédoncule de sa grappe...

BANDOL

• Superficie : 1 690 ha • Production : 56 466 hl (95 % rouge et rosé)

Noble vin produit sur les terrasses brûlées de soleil des villages de Bandol, Le Beausset, La Cadière-d'Azur, Le Castellet, Évenos, Ollioules, Saint-Cyr-sur-Mer et Sanary, à l'ouest de Toulon, le bandol est blanc, rosé ou rouge. Ce dernier est corsé et tannique grâce au mourvèdre, cépage qui le compose pour plus de la moitié. Généreux, il s'accorde avec les venaisons et les viandes rouges. Sa palette aromatique et subtile est faite de poivre, de cannelle, de vanille et de cerise noire. Le bandol rouge supporte fort bien une longue garde.

CH. D'AZUR Tradition 2012

■	3 300	🍾	11 à 15 €

Dans les années 1990, après une expérience en Bordelais, Hélène et Paul Charavel ont créé un petit domaine de 3 ha. Gaël Cluchier, leur petit-neveu, les a rejoints en 2010, diplôme d'œnologue en poche. Par de nouvelles plantations, le vignoble s'est agrandi, passant à 4,5 ha.

À l'olfaction, se dégagent de timides notes de sous-bois et de garrigue associées à un trait vanillé. La bouche est agréable et intense, même si les tanins accrochent quelque peu les papilles en finale. Laissons-lui du temps pour s'affranchir de cette pointe d'austérité. ⧗ 2016-2022 🍴 poitrine de veau au jus d'ail

Ch. d'Azur, 1010, chem. de la Peiguière, 83270 Saint-Cyr-sur-Mer, tél. 04 94 26 31 42, contact@chateaudazur.fr V t.l.j. sf dim. 9h-12h 15h-19h
Charavel

DOM. DES BAGUIERS 2013 ★

■	26 000	🍾	11 à 15 €

Transmis de génération en génération, le domaine délaisse la polyculture à la fin des années 1970 pour se consacrer à la vigne. Depuis, Franck et Claudine Jourdan travaillent aux côtés de leur père Jean-Louis sur un vignoble de 36 ha étendu entre Bandol, Le Castellet et La Cadière-d'Azur.

Une robe éclatante couleur marbre rose habille ce vin au nez séducteur de buis et d'agrumes, enrichis de notes douces de pêche blanche. Croquante en attaque, la bouche évolue vers la douceur et la vinosité, pour s'éveiller en finale sur la fraîcheur des agrumes. ⧗ 2014-2015 🍴 anchoïade

GAEC Jourdan, 227, rue des Micocouliers, Le Plan-du-Castellet, 83330 Le Castellet, tél. 04 94 90 41 87, jourdan@domainedesbaguiers.com V t.l.j. sf dim. 10h-12h 15h-18h30

B LA BASTIDE BLANCHE Cuvée Fontanéou 2012 ★

■	3 000	🍾	20 à 30 €

Un domaine de référence, créé en 1972 par Baptistin Bronzo et son fils Michel à partir de 10 ha de vignes.

Agrandi et entièrement restructuré, le vignoble couvre aujourd'hui 28 ha aménagés en terrasses au pied du Castellet et cultivés en biodynamie. La famille Bronzo a également pris en fermage les châteaux des Baumelles (10 ha à Saint-Cyr) et du Castillon (8 ha au Castellet).

Fidèle au rendez-vous, la Bastide blanche propose ici une belle expression du mourvèdre: un bandol de caractère, expressif et typé (fruits mûrs, épices, réglisse), solidement charpenté, onctueux, concentré, mais qui conserve aussi une réelle finesse grâce à la fraîcheur qui le sous-tend. ⌛ 2017-2025 🍷 gigot d'agneau ■ 2013★ (11 à 15 €; 70 000 b.): un vin subtil, frais, à l'aromatique délicate sur des notes d'agrumes et de pêche jaune, qui offre en bouche un équilibre très réussi entre tonicité et vinosité, agrémenté en finale d'une pointe saline. ⌛ 2014-2015 ■ Ch. du Castillon 2013★ (11 à 15 €; 10 000 b.): un rosé charnu et soyeux, qui ne joue pas la carte « trendy » (comprenez fruits exotiques), mais celle plus « tradi » des fruits rouges (cerise). ⌛ 2014-2015

SCEA Bronzo, 367, rte des Oratoires, 83330 Sainte-Anne-du-Castellet, tél. 04 94 32 63 20, contact@bastide-blanche.fr V r.-v.

BASTIDE DE LA CISELETTE 2013 ★

■	n.c.		11 à 15 €

Jusqu'alors coopérateur, Robert De Salvo s'est lancé dans l'élaboration de son propre vin en 2010. Installé sur les terres de ses ancêtres, au Brûlat-du-Castellet, il exploite un vignoble de 12 ha sur des terroirs variés, au parcellaire découpé.

Ce rosé légèrement saumoné dévoile un joli nez floral et fruité. Des arômes soutenus que l'on retrouve avec persistance dans un palais équilibré, frais, souple et de bonne longueur. ⌛ 2014-2015 🍷 filets de rougets à la citronnelle

Robert De Salvo, 54, chem. de l'Olivette, 83330 Le Brûlat-du-Castellet, tél. 04 94 07 98 84, rds.bastideciselette@orange.fr V t.l.j. sf sam. dim. 14h-18h

CH. DES BAUMELLES 2011 ★★

■	4 500		15 à 20 €

Véritable château flanqué d'une tour d'angle, perdu dans la végétation entre Saint-Cyr et Bandol, ce domaine ne manque pas de charme. Ses 10 ha de vignes sont exploités en fermage par la famille Bronzo (La Bastide blanche).

Une élégante robe grenat profond habille ce bandol au nez d'une rare complexité: fruits noirs mûrs, chocolat, épices, garrigue et encore cuir, humus… Introduit par une attaque vigoureuse, le palais développe un « gros » volume et un fruité « solaire », adossé à des tanins à la fois puissants et délicats. Un très beau classique, assorti d'une maîtrise parfaite de l'élevage. ⌛ 2016-2024 🍷 épaule d'agneau grillée

SCEA Bronzo (Ch. des Baumelles), 367, rte des Oratoires, 83330 Sainte-Anne-du-Castellet, tél. 04 94 32 63 20, contact@bastide.blanche.fr V r.-v.

B DOM. DE LA BÉGUDE 2011 ★

■	4 500		20 à 30 €

Depuis 1996, Guillaume Tari est à la tête d'un domaine devenu viticole au XIVe s. Situé à l'emplacement d'un ancien village mérovingien construit stratégiquement au point culminant de l'appellation bandol, à plus de 400 m d'altitude, le vignoble (17 ha) est conduit en bio.

L'olfaction n'a pas laissé nos dégustateurs indifférents, et c'est une large palette aromatique qu'ils décrivent: fruits rouges, épices, grillé, garrigue, cuir, menthe poivrée… La bouche? Du volume, des tanins soyeux et fondus, et un boisé encore un peu marqué, hérité d'un élevage de vingt-quatre mois, qui demande à s'affiner. Un vin plein, racé et fort prometteur. ⌛ 2016-2024 🍷 mijoté de joues de bœuf

SCEA Dom. de la Bégude, rte des Garrigues, 83330 Le Camp-du-Castellet, tél. 04 42 08 92 34, contact@domainedelabegude.fr V t.l.j. sf dim. 9h-17h30 5 Guillaume Tari

B BUNAN
Moulin des Costes Charriage 2011 ★★

■	18 000		20 à 30 €

La troisième génération est aujourd'hui aux commandes Domaines Bunan, créés en 1961, qui comprennent plusieurs exploitations réputées en côtes-de-provence et bandol: le Moulin des Costes, le château et le Mas de la Rouvière, Bélouvé, tous ces vignobles étant conduits en culture biologique depuis 2011.

D'un rouge violacé profond, ce 2011 dévoile un bouquet bien typé de torréfaction, de truffe, d'olive noire et d'épices. La bouche offre une matière dense, de la concentration sans lourdeur, de la puissance conjuguée à l'élégance. Un vin déjà très harmonieux qui vieillira bien. ⌛ 2015-2020 🍷 figatelli à la plancha ■ Moulin des Costes 2013★ (11 à 15 €; 80 000 b.): un rosé d'une grande générosité aromatique marqué par les agrumes (le pomelo, notamment), franc, frais, équilibré et long. ⌛ 2017-2024 ■ Ch. la Rouvière 2011★ (8 000 b.): une belle expression aromatique (fruits mûrs, grillé, fraîcheur mentholée) et une matière onctueuse soutenue par des tanins encore très fermes qui demandent une garde pour se fondre. ⌛ 2017-2024

SCEA Domaines Bunan, Le Moulin-des-Costes, 338 bis, chem. de Fontanieu, 83740 La Cadière-d'Azur, tél. 04 94 98 58 98, bunan@bunan.com V t.l.j. 9h-12h 14h-18h; f. dim. d'oct. à mars

DOM. DU CAGUELOUP 2013 ★★

■	n.c.	8 à 11 €

Héritier d'une longue lignée de vignerons (vingt et une générations), Richard Prébost conduit depuis les années 1980 ce domaine bien connu pour ses bandol, qui propose aussi de beaux côtes-de-provence. Cagueloup? C'est l'histoire d'un petit Prébost qui un jour avala un louis d'or. Son père, pris de panique, lui lança: « Cague l'ou »…

Ce rosé aérien, d'une grande élégance et d'une réelle complexité, allie la fraîcheur de la pêche et du fenouil à la subtilité de la violette. Une palette aromatique délicate que prolonge avec persistance un palais vif et alerte, à la texture fine et soyeuse. ⌛ 2014-2015 🍷 loup grillé au fenouil et au safran

Dom. du Cagueloup, 267, chem. de la Verdelaise, 83270 Saint-Cyr-sur-Mer, tél. 04 94 26 15 70, domaineducagueloup@gmail.com V t.l.j. 9h-21h (été); 10h-19h (hiver); f. jan. Prébost

PROVENCE

DUPÉRÉ BARRERA
Cuvée India 2011 ★

■ | 6 000 | | 15 à 20 €

Emmanuelle Dupéré et Laurent Barrera possèdent plusieurs casquettes : celle de négociants-éleveurs spécialisés dans les vins du sud de la France (maison créée en 2001) et celle de vignerons à la tête d'un domaine de 7 ha en côtes-de-provence (Dom. du Clos de la Procure).

Un nom évocateur qui inspire le voyage et l'exotisme ; un nom bien choisi à en juger par le bel éventail de saveurs épicées, grillées et chocolatées qu'offre l'olfaction. Sa nature méridionale, comprenez généreuse et « solaire », sa charpente tendre et élégante de tanins doux, ses notes de mûre et de boisé en font un vin équilibré et déjà savoureux. ⏳ 2014-2020 🍴 osso bucco

Dupéré Barrera, 254, rue Robert-Schumann, 83130 La Garde, tél. 04 94 23 36 08, vinsduperebarrera@hotmail.com V r.-v.

♥ DOM. DUPUY DE LÔME 2013 ★★

■ | 44 000 | | 11 à 15 €

Ancienne propriété de Stanislas Dupuy de Lôme, l'inventeur du cuirassé à vapeur, ce domaine (15 ha) est situé au cœur du site naturel des Grès de Sainte-Anne-d'Évenos. Il a été restructuré en 1998 par deux descendants, Benoît Cossé et Geoffroy Perouse, et le chai est sorti de terre en 2006. Le Bourguignon Gérald Damidot élabore les vins, issus d'un terroir silico-calcaire exposé plein nord.

Une robe aux reflets saumonés, éclatante de limpidité, habille ce rosé magistral. Ce vin flatte les sens dès le

La Provence

premier nez par sa fraîcheur aux accents d'agrumes, d'anis et de menthol. Le palais est « sous tension, mais sous contrôle » : une vivacité intense mais fine, jamais agressive, compose sa colonne vertébrale et soutient longuement son expression fruitée (orange et pomelo). Un rosé aérien, d'une élégance rare. ⌛ 2014-2017 🍴 saint-jacques flambées

🔑 Dom. Dupuy de Lôme, 624, rte de Toulon, 83330 Sainte-Anne-d'Évenos, tél. 04 94 05 22 99, domainedupuydelome@orange.fr V r.-v.
🔑 SAS les Grès

CH. DE FONT VIVE 2011 ★

■	3 500		11 à 15 €

La famille Barthès est à la tête de deux domaines : Dom. de Font-Vive et Ch. Barthès, implanté dans les restanques du Val d'Arenc. Régulièrement en vue dans le Guide pour ses rosés notamment.

D'un rouge intense et profond, ce bandol a besoin d'un peu d'aération pour libérer ses parfums de cerise à l'alcool, de fruits confiturés et d'épices. La bouche s'avère puissante et concentrée tout en gardant un agréable caractère soyeux. La longue finale cacaotée laisse le souvenir d'un vin gourmand et généreux. ⌛ 2014-2018 🍴 fondant au cholocat ■ 2013 ★ (80 000 b.) : une jolie teinte abricot doré, un nez frais sur les fruits exotiques et le silex, une bouche élégante et tonique, empreinte

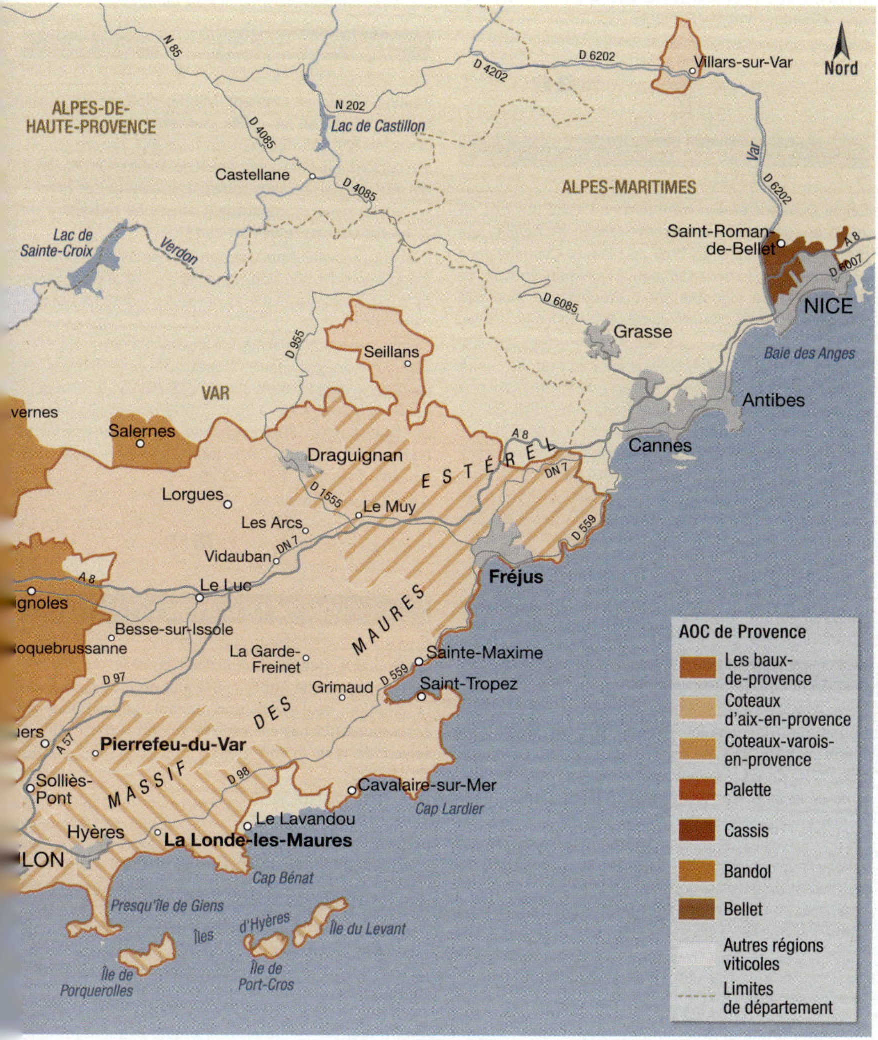

d'une fine minéralité et de nuances de poivre blanc. 2014-2015

Philippe Barthès, Ch. de Font Vive, chem. du Val-d'Arène, 83330 Le Beausset, tél. 04 94 98 60 06, barthesph2@wanadoo.fr r.-v.

DOM. DE FRÉGATE 2011

35 000 | 11 à 15 €

« Entre mer et pierres » ; ainsi s'affiche le domaine, dans la même famille depuis 1882. Son nom vient du vieux provençal *fragato* (« casser »), en référence au travail d'épierrage nécessaire pour planter la vigne. La Grande Bleue, ici omniprésente, borde la propriété dont le vignoble couvre 30 ha, à cheval entre Saint-Cyr et Bandol.

Au nez comme en bouche, des fruits noirs et une nuance plus reglissée que boisée ; une trame tannique fine et soyeuse ; un bandol déjà plaisant et harmonieux. 2014-2018 poulet fermier en cocotte

Dom. de Frégate, rte de Bandol, 83270 Saint-Cyr-sur-Mer, tél. 04 94 32 57 57, commercial@domainedefregate.com t.l.j. 8h30-12h30 13h30-18h30

LE GALANTIN 2011 ★★

38 000 | 11 à 15 €

Céline Devictor et son frère Jérôme Pascal ont pris en 2000 la suite de leurs parents Liliane et Achille, qui créèrent le domaine en 1965 au Plan-du-Castellet face à la montagne du Gros-Cerveau, à quelques encablures de la mer. Le vignoble s'est étendu sur plusieurs parcelles de l'AOC bandol et couvre aujourd'hui 35 ha.

Une robe rouge foncé aux éclats violines de jeunesse habille ce bandol aux senteurs de merrain frais, de cuir et de sous-bois. Une attaque puissante ouvre une bouche généreuse et aromatique, sur les fruits mûrs et la réglisse, soutenue par des tanins bien enrobés. Long, équilibré, solide sans excès de vigueur, de bonne garde assurément. 2017-2025 daube provençale 2013 ★ (7 500 b.) : un vin fin et franc, aux tonalités exotiques, bien équilibré entre acidité et alcool, long et tonique en finale. 2014-2017

Jérôme Pascal et Céline Devictor, 690, chem. du Galantin, 83330 Le Plan-du-Castellet, tél. 04 94 98 75 94, domaine-le-galantin@wanadoo.fr t.l.j. sf dim. lun. 9h-12h 14h-17h30

CH. JEAN-PIERRE GAUSSEN 2013

n.c. | 11 à 15 €

Fondateurs du domaine dans les années 1960, Jean-Pierre et Julia Gaussen conduisent toujours l'exploitation, 12 ha de vignes sur sols argilo-calcaires de bandol, avec désormais leur fille Mireille à leurs côtés.

Cet assemblage de clairette et de bourboulenc présente un bouquet subtil et discret de pêche blanche et de lilas nuancé d'une pointe grillée. Tonique à l'attaque, la bouche penche ensuite vers la douceur, soulignée par des notes d'abricot, et s'épanouit dans une finale aux accents d'amande fraîche. Un blanc frais et délicat. 2014-2017 dos de cabillaud en croûte

Ch. Jean-Pierre Gaussen, 1585, chem. de l'Argile, 83740 La Cadière-d'Azur, tél. 04 94 98 75 54, jp.gaussen@free.fr r.-v.

DOM. DU GROS'NORÉ Cuvée Antoinette 2010 ★

3 500 | 30 à 50 €

Alain Pascal construit sa cave en 1996, créant ainsi un domaine nommé Gros'Noré en mémoire de son père Honoré, à l'embonpoint célèbre, qui lui a transmis son vignoble (17 ha aujourd'hui) et son art. Il a fait de cette étiquette une référence pour les amateurs de bandol.

Élaboré le plus naturellement (sans levure ajoutée, ni collage), ce bandol à l'habit sombre affiche une personnalité affirmée, comme toujours au domaine. Une expression fruitée chaleureuse ouvre la dégustation. Elle se prolonge dans une bouche riche, dense et généreuse, encadrée par une trame tannique serrée et par un élevage ajusté. Un bel avenir en perspective. 2017-2024 côte de bœuf sauce au poivre

Alain Pascal, 675, chem. de l'Argile, 83740 La Cadière-d'Azur, tél. 04 94 90 08 50, alainpascal@gros-nore.com r.-v.

LES VIGNOBLES GUEISSARD G 2013 ★★

30 000 | 11 à 15 €

Pauline Giraud et Clément Minne, diplôme de « viti-œno » en poche et après des expériences dans le Nouveau Monde, décident de faire leur propre vin. Ils s'associent en 2011 avec Frédéric Valette et Philippe Barrère. Vignerons sans terres, ils prennent des parcelles en fermage et constituent ainsi une mosaïque de 17 ha répartis sur plusieurs terroirs.

Joliment présenté dans une parure rose pâle, ce 2013 ne manque pas d'expression, agrumes en tête, accompagnés de fruits à chair blanche et de pêche jaune. La bouche n'est pas en reste : fraîche en attaque, sur les agrumes toujours, elle laisse place à une agréable douceur et s'étire dans une longue finale fruitée. Un rosé flatteur et savoureux, dans un style moderne. 2014-2015 rougets grillés G 2012 ★ (15 à 20 € ; 7 000 b.) : un nez intense de fruits noirs, d'épices et de vanille, une bouche équilibrée, portée par des tanins fondus et par une agréable fraîcheur. 2015-2020

SAS Dom. Gueissard, 73, allée des Écureuils, 83110 Sanary-sur-Mer, tél. 09 81 49 76 00, clement@lesvignoblesgueissard.com t.l.j. sf dim. lun. 10h-12h 15h-18h; oct.-mai sur r.-v.

DOM. DE LA LAIDIÈRE 2011 ★

20 000 | 15 à 20 €

Ce domaine familial, aujourd'hui conduit par Freddy Estienne et sa fille Anne, a vu le jour en 1941, l'année de la création de l'appellation bandol. Le vignoble en restanques (25 ha) est exposé au sud-sud-est sur un terroir de type marno-sableux à la sortie des gorges d'Ollioules.

Paré d'une robe rouge profond aux nuances aubergine, ce bandol se livre sans réserve sur des arômes de fruits noirs mûrs assortis d'épices et de fines notes grillées. Une attaque franche prélude à une bouche bien structurée, riche et chaleureuse, portée sur les fruits à l'alcool. Une cuvée à la ligne aromatique finement menée et d'une bonne longueur. 2014-2019 civet de lapin

Dom. de la Laidière, 426, chem. de Font-Vive, 83330 Évenos, tél. 04 98 03 65 75, info@laidiere.com t.l.j. sf dim. 9h-12h 14h-18h; sam. 10h30-12h

Estienne

DOM. LOU CAPELAN 2013 ★

	81 000		11 à 15 €

À l'origine, un petit domaine familial de 4 ha au lieu-dit Les Capelaniers, repris en 1992 par Maurice Silvestri. La production est alors en vin de table, mais les terrains sont classés en AOC bandol. Arrachage, replantation et premier bandol élaboré en 1996. Aujourd'hui, le vignoble couvre 43 ha, dont 14 en production, sur La Cadière et Le Castellet.

Ce rosé couleur chair dévoile un bouquet intense et délicat de fruits jaunes, de pamplemousse et de noisette. Une attaque tonique introduit une bouche gourmande et suave, qui évolue dans un registre exotique. Une alliance très réussie de la fraîcheur, de la rondeur et de l'élégance aromatique. 2014-2015 magret de canard à l'orange

Maurice Silvestri, mas des Figuier, 930, chem. de la Massoque, 83330 Le Brûlat-du-Castellet, tél. 04 98 03 60 09, loucapelan@hotmail.fr V t.l.j. sf dim. lun. 10h-12h 14h-18h

DOM. LES LUQUETTES 2013

	15 000		11 à 15 €

L'exploitation de ce domaine de 12 ha était une histoire d'hommes depuis quatre générations, jusqu'à l'arrivée d'Élisabeth Lafourcade en 1996. Celle-ci passe alors de l'élevage d'ovins en Gironde à la culture de la vigne en Provence, suivant une démarche bio sans certification. La pérennité du domaine « au féminin » est assurée avec l'arrivée de sa fille Sophie.

Une robe rose pâle nuancée de pêche. Un nez fin et expressif alliant notes fruitées (pêche de vigne, citron) et florales. En bouche, on retrouve la vivacité du fruit (ananas et agrumes), associée à une matière onctueuse. Un rosé équilibré. 2014-2015 pissaladière

Dom. les Luquettes, SCEA Le Lys, Élisabeth et Sophie Lafourcade, 20, chem. des Luquettes, 83740 La Cadière-d'Azur, tél. 04 94 90 02 59, domaineleslluquettes@gmail.com V r.-v. E. Lafourcade

DOM. MAUBERNARD 2010 ★

	11 250		11 à 15 €

Installé en 2000, Michel Vidal conduit ce petit domaine familial créé par son arrière-grand-père Julien Fabre. Le vignoble s'étend sur 8 ha (en conversion bio) aux portes de Saint-Cyr.

Une robe rouge foncé aux reflets roux habille ce 2010 dominé à l'olfaction par les fruits mûrs. Le palais se montre gras, rond, généreux, soutenu par des tanins fins qui s'harmonisent avec son caractère vineux. 2016-2024 agneau rôti aux herbes

Dom. Maubernard, 4949, chem. de Saint-Antoine, quartier La Bourrasque, 83270 Saint-Cyr-sur-Mer, tél. 04 91 37 03 44, domaine.maubernard@wanadoo.fr V t.l.j. sf sam. dim. 9h-12h 14h-18h

MOULIN DE LA ROQUE Les Baumes 2013 ★★

	90 000		8 à 11 €

Installée depuis 1950 dans un moulin du XVIe s., une partie de la structure de la coopérative du Castellet a été transférée dans 3 200 m² semi-enterrés répondant aux normes éco-environnementales ; le site de la Cadière-d'Azur abrite désormais les vinifications.

Ce 2013 s'ouvre sur un bouquet complexe et élégant de fruits à chair blanche (poire, pêche) et de fruits rouges acidulés, adouci par une nuance de dragée. Le prélude à un palais très équilibré, qui propose une équation remarquable entre volume, fraîcheur et fruité délicat (pêche blanche, groseille). Un rosé en dentelle. 2014-2015 bouillabaisse **Grande Réserve 2011 ★ (11 à 15 € ; 10 000 b.)**: un nez discret de fruits noirs, une attaque franche relayée par une bouche riche et ronde soutenue par un élevage maîtrisé. 2015-2020

Moulin de la Roque, 1, rte des Sources, 83330 Le Castellet, tél. 04 94 90 10 39, cave@laroque-bandol.fr V r.-v.

CH. DE LA NOBLESSE 2013 ★★

	2 600		11 à 15 €

Ce domaine, fondé dans les années 1930 et resté familial depuis lors, étend ses vignes sur 13 ha d'un seul tenant. Aux commandes, Henri Gaussen, épaulé depuis 1990 par sa fille Agnès Cade, œnologue.

Quelques pieds de clairette, d'ugni blanc et de rolle (0,5 ha) ont donné naissance à ce 2013 à la robe brillante nuancée de vert. Le nez délicat conjugue parfums fruités de kumquat et d'agrumes à de subtiles nuances d'épices douces. La bouche, persistante, parfaitement équilibrée et tout aussi aromatique, associe des notes de fruits blancs bien mûrs à de plus toniques senteurs citronnées et à une fine salinité en finale. 2014-2017 crumble abricot-pistache

EARL Ch. de la Noblesse, 1685, chem. de l'Argile, 83740 La Cadière-d'Azur, tél. 04 94 98 72 07, chateau.noblesse@gmail.com V t.l.j. 10h-12h 14h-19h Gaussen-Cade

DOM. DE L'OLIVETTE 2011 ★★

	40 000		15 à 20 €

Depuis deux siècles, la famille Dumoutier, très impliquée dans la création de l'AOC bandol, anime l'un des plus vastes domaines de l'appellation avec ses 55 ha de vignoble implantés entre les villages médiévaux du Castellet et de La Cadière-d'Azur.

Ce bandol se présente dans une seyante robe rouge profond. Fruits mûrs, boisé grillé, senteurs de sous-bois, son expression complexe et bien typée est tout aussi engageante. L'attaque, puissante, au fruité élégant, ouvre sur un palais intense et riche aux tanins généreux et bien enrobés, qui s'étire dans une longue finale fruitée. La promesse d'un avenir radieux. 2017-2018 marcassin à la broche **2013 ★ (11 à 15 € ; 150 000 b.)**: une teinte corail, la fraîcheur du zeste d'agrumes et une note de noisette, structure et tonicité en bouche, ce rosé a du caractère. 2014-2016

Dumoutier, Dom. de l'Olivette, 519, chem. de l'Olivette, 83330 Le Castellet, tél. 04 94 98 58 85, contact@domaine-olivette.com V t.l.j. 8h30-12h 14h-18h

CH. PEY NEUF 2013 ★

	60 000		8 à 11 €

Guy Arnaud, héritier de trois générations de vignerons sur ces terres familiales de La Cadière-d'Azur, non loin du

port de Bandol, a pris en 1982 les rênes du domaine et de ses 56 ha de vignes. Il cultive une partie du vignoble selon les principes de la biodynamie, sans certification.

Ce 2013 dévoile un bouquet intense et opulent de fruits rouges (cerise), d'agrumes et de fruits exotiques (mangue) souligné par des notes fraîches de feuille de tomate. La puissance aromatique (agrumes et litchi) est aussi de mise dans un palais suave, rond et gourmand. Un bandol qualifié de « moderne ». 2014-2015 poulet à la citronnelle

Guy Arnaud, 1947, rte de la Cadière-d'Azur, 83270 Saint-Cyr-sur-Mer, tél. 04 94 90 14 55, domaine.peyneuf@wanadoo.fr V t.l.j. 9h-12h30 15h-18h

CH. DE PIBARNON 2011 ★★

	80 000		30 à 50 €

La famille de Saint-Victor (aujourd'hui Éric) prend pied en 1977 sur ces terres bandolaises qu'elle exploite en bio non certifié. Après de nombreux travaux d'agrandissement, la propriété compte aujourd'hui 50 ha de vignes s'étageant en restanques, à 300 m d'altitude, et formant un cirque exposé au sud-est.

Ce bandol fait la part belle au mourvèdre (92 %), cépage phare de l'appellation. Grâce à quoi, il se présente dans une robe sombre comme il se doit, ouvert sur les fruits mûrs (cassis et fraise), les épices et des notes torréfiées. Une intensité aromatique (fruits rouges, touches fumées, cuir, poivre et cacao) que l'on retrouve dans une bouche ample, dense et puissante, bâtie sur des tanins fermes. Un vin généreux et solide, armé pour une longue garde. 2017-2024 lièvre à la royale

Ch. de Pibarnon, La Croix-des-Signaux, 83740 La Cadière-d'Azur, tél. 04 94 90 12 73, contact@pibarnon.fr V t.l.j. sf dim. 9h-12h 14h-18h E. de Saint-Victor

DOM. ROCHE REDONNE 2013 ★★

	14 000		11 à 15 €

Geneviève et Henri Tournier sont à la tête de ce domaine depuis 1982. Constitué à partir des vignes familiales, il est constitué d'une mosaïque de parcelles de 6 ha située au pied de La Cadière-d'Azur, sur des coteaux exposés au nord. La conversion bio est en cours.

Le bouquet, frais et expressif, est un agréable cocktail de fruits exotiques et d'agrumes agrémenté d'un soupçon d'épices. Suivant la même ligne aromatique, la bouche se révèle fine, ronde et soyeuse. Un ensemble très harmonieux, riche et élégant. 2014-2017 salade du pêcheur

Geneviève et Henri Tournier, Ch. des Palums, 83740 La Cadière-d'Azur, tél. 04 94 90 11 83, roche.redonne@free.fr V r.-v.

CH. ROMASSAN 2011

	17 000		20 à 30 €

Alsacienne d'origine, la famille Ott, installée en Provence en 1896, a acquis Romassan en 1956 (70 ha au pied du Castellet) et possède aussi le château de Selle et le Clos Mireille en côtes-de-provence. Deux AOC et un flacon singulier, inspiré de l'amphore romaine. L'ensemble (dans le giron du champenois Roederer depuis 2004) est dirigé par les cousins Christian et Jean-François Ott.

Tourné à l'olfaction vers une plaisante fraîcheur fruitée et mentholée, ce bandol montre un caractère épanoui en bouche, associant la rondeur à une agréable pointe d'amertume. 2014-2020 pâté de grives

SA Domaines Ott, Ch. Romassan, 601, rte des Mourvèdres, 83330 Le Castellet, tél. 04 94 98 71 91, chateauromassan@domaines-ott.com V t.l.j. sf sam. dim. 9h-12h 14h-18h Roederer

♥ CH. SALETTES 2012 ★★

	20 000	15 à 20 €

Depuis 1604, dix-huit générations de vignerons se sont succédé sur ce terroir mêlé d'argile, de calcaire et de roc concassé sur lequel est implanté le vignoble : 40 ha d'un seul tenant au pied de La Cadière-d'Azur. Un domaine entièrement restructuré, à la vigne et au chai, par Jean-Pierre Boyer, puis par son fils Nicolas, décédé prématurément en 2011. Jean-Pierre a donc repris les rênes, secondé par l'œnologue Alexandre Le Corguillé.

Ce domaine, d'une réelle constance dans la qualité, signe un bandol admirable. Ni levuré ni filtré, ce 2012 offre une expression généreuse et aboutie du mourvèdre. Le bouquet s'ouvre sans réserve sur un fruité riche et engageant de cerise et de cassis, souligné par un boisé finement épicé. Le palais se montre à la fois subtil, ample, dense et velouté, galvanisé par une longue finale pleine de fraîcheur. Une alliance parfaite de complexité et d'élégance. 2017-2024 gigot d'agneau de sept heures

Ch. Salettes, chem. des Salettes, 83740 La Cadière-d'Azur, tél. 04 94 90 06 06, salettes@salettes.com V r.-v. Boyer-Ricard

DOM. SORIN 2012 ★

	4 900		15 à 20 €

Bourguignon d'origine, Luc Sorin s'installe en terres provençales en 1994. Ses vignes (14 ha), conduites en culture raisonnée, sont groupées à 80 % en un seul tenant et traversées par la limite de l'aire d'appellation bandol.

Œil, nez, bouche, le charme opère à tous les stades de la dégustation. La robe est profonde, ornée de reflets violines. La finesse des arômes de petits fruits noirs, de cassis notamment, est le prélude à une bouche à la fois élégante et solide. L'attaque est franche, le fruit agréable et épanoui jusqu'en finale, la structure tannique bien en place et la matière concentrée sans excès. 2015-2019 gigot de chevreuil

Dom. Sorin, 1617, rte de La Cadière-d'Azur, 83270 Saint-Cyr-sur-Mer, tél. 04 94 26 62 28, luc.sorin@wanadoo.fr V r.-v.

♥ DOM. DE SOUVIOU Tête de cuvée 2011 ★★

	6 800		20 à 30 €

Ce domaine très ancien (les cultures de la vigne et des oliviers existaient déjà au XVIes.) est entré dans la famille Pascal en 2001. Celle-ci y a relancé l'oléiculture, sans négliger le vin. Situé sur la route qui monte de Beausset au circuit du Castellet, le vignoble s'étend sur 20 ha en restanques, à l'origine de bandol (et aussi de côtes-de-provence) d'une constance remarquable.

Valeur sûre du domaine, cette Tête de cuvée décroche un nouveau coup de cœur après ceux obtenus dans les millésimes 2007 et 2009. La robe est intense, rubis aux légers reflets violets. Intense aussi est le nez, porté sur les petits fruits noirs, le boisé vanillé et un soupçon de poivre. Une attaque franche et tonique introduit un palais montant et opulent, solidement bâti sur des tanins fermes, qui s'étire dans une longue finale aux accents fruités et fumés. Un bandol net et sans bavure, bien typé et armé pour la garde. ⧗ 2017-2022 🍷 côte de bœuf aux sarments

EARL Olivier Pascal, Dom. de Souviou, RN 8, 83330 Le Beausset, tél. 04 94 90 57 63, souviou@wanadoo.fr V t.l.j. 9h-12h 15h-19h

♥ DOM. LA SUFFRÈNE 2011 ★★

■ | 45 000 | 15 à 20 €

C'est au lieu-dit La Suffrène – qui aurait été autrefois la résidence d'une compagne du Bailli de Suffren – que s'étend une partie des vignes de ce domaine incontournable de l'AOC bandol. Un vignoble familial de 55 ha morcelé en une centaine de parcelles, dont les raisins étaient portés à la coopérative jusqu'en 1996 et l'arrivée de Cédric Gravier, à la suite de ses grands-parents.

Quatrième coup de cœur d'affilée pour le décidément très talentueux Cédric Gravier. Blanc, rouge, rosé, peu importe la couleur, ce vigneron maîtrise toutes les facettes de son appellation. Retour aux fondamentaux de Bandol : le coup de cœur est rouge cette année, rouge profond même. Un rouge chaleureux, intensément bouqueté autour des petits fruits mûrs mâtinés de cacao et de moka. Un rouge dense, concentré et velouté en bouche, étayé par des tanins fins, en rangs serrés, qui s'achève sur une longue note poivrée. Les amateurs de vins puissants et généreux n'attendront pas ; pour plus de finesse et de complexité encore, on patientera. ⧗ 2014-2022 🍷 magret de canard au cassis ■ 2013 ★ (11 à 15 € ; 8 000 b.) : ce joli blanc aux reflets citronnés offre un équilibre très réussi entre le croquant du fruit frais et la douceur de l'amande et du pain brioché. ⧗ 2014-2017

Dom. la Suffrène, 1066, chem. de Cuges, 83740 La Cadière-d'Azur, tél. 04 94 90 09 23, suffrene@wanadoo.fr V t.l.j. sf dim. 9h-12h 14h-18h Cédric Gravier

Ⓑ CH. GUILHEM TOURNIER 2013 ★

■ | 18 000 | 🍾 | 11 à 15 €

Fils des propriétaires du domaine Roche Redonne, Guilhem Tournier exploite depuis 2004 son propre vignoble conduit en bio : 6 ha établis au pied du village médiéval de La Cadière-d'Azur.

Des nuances abricotées animent une robe rose très pâle. Fruits exotiques (mangue) et agrumes dessinent un nez intense et acidulé, relevé d'une touche minérale. La bouche dévoile une grande fraîcheur et beaucoup de gourmandise, bien servie par d'intenses senteurs d'agrumes. Un rosé stylé, élégant et persistant. ⧗ 2014-2015 🍷 tartare de thon à la mangue

Guilhem Tournier, Ch. des Palums, 83740 La Cadière-d'Azur, tél. 04 94 90 11 83, roche.redonne@free.fr V r.-v.

DOM. DES TROIS FILLES 2013 ★

■ | 12 000 | 🍾 | 11 à 15 €

Un nouveau nom dans le Guide et une nouvelle vie pour ce domaine sorti en 2013 de la coopérative par les trois filles de la famille Arlon – Audrey, Léonie et Justine. Un vignoble porté aujourd'hui à 7,5 ha, accroché à une colline surplombant la mer, à La Cadière-d'Azur.

Une teinte fidèle au bandol, aux nuances à peine orangées, habille ce rosé au bouquet subtil et frais d'écorce d'orange, de citron vert et de pomelo. La bouche, tout aussi expressive, attaque sur la vivacité, pour pencher ensuite vers plus de douceur et de générosité, jusqu'à la finale, intense et chaleureuse. ⧗ 2014-2015 🍷 côtelettes d'agneau

Dom. des Trois Filles, 1616, chem. de la Bégude, 83740 La Cadière-d'Azur, tél. 06 62 89 79 90, contact@domainesdestroisfilles.com V t.l.j. sf dim. 10h-12h30 16h-19h l'été Famille Arlon

CH. VAL D'ARENC 2011

■ | 30 000 | 🛢 | 11 à 15 €

Propriétaire du château la Lauzade en côtes-de-provence, ainsi que du château Marquis de Terme en margaux, la famille Sénéclauze a acquis ce vignoble en 1990, puis l'a restructuré (20 ha aujourd'hui) et construit un nouveau chai de vinification et d'élevage.

Paré d'une robe grenat profond, ce bandol dévoile un nez aux accents de fruits noirs et d'épices, qui s'ouvre à l'aération sur des nuances subtiles de sous-bois et sur un léger grillé. Le palais offre de la fraîcheur, de la complexité (grillé, vanille, réglisse et fruits rouges) et du volume, soutenu par des tanins fermes et élégants. ⧗ 2014-2019 🍷 sauté d'agneau aux olives

SCA Ch. Val d'Arenc, 997, chem. du Val-d'Arenc, 83330 Le Beausset, tél. 04 94 98 71 89, domainedevaldarenc@orange.fr r.-v. Seneclauze

CH. VANNIÈRES 2011 ★★

■ | 20 000 | 🛢 | 20 à 30 €

Cette aventure familiale a débuté en 1956 avec Colette Boisseaux, s'est prolongée avec son fils Éric et aujourd'hui son petit-fils Charles-Éric. Le domaine dispose d'un vignoble de 32 ha, commandé par un château du XIXᵉs. dont le chai, plus ancien, témoigne d'une activité viticole dès le XVIᵉs.

Le mourvèdre, largement majoritaire (95 %), donne naissance à un vin très expressif et d'une belle maturité, ouvert sur la griotte et les notes d'élevage. Douce et tendrement vanillée, la bouche apparaît dense, corpulente, longuement soutenue par le bois neuf et par des tanins au grain fin. Un vin à la générosité élégante, d'une grande complexité. ⧗ 2016-2022 🍷 volaille farcie ■ 2013 ★ (15 à 20 € ; 3 200 b.) : fruits à chair jaune, fleurs blanches, pointe minérale, ce joli nez est relayé par une bouche harmonieuse, à la fois vive et grasse, le tout enveloppé d'une teinte lumineuse aux reflets verts. ⧗ 2014-2017

PROVENCE

Ch. Vannières, chem. Saint-Antoine, 83740 La Cadière-d'Azur, tél. 04 94 90 08 08, info@vannieres.com V t.l.j. sf dim. 8h-12h 14h-18h Boisseaux

CH. LA VIVONNE 2011

■	6 666		11 à 15 €

Situé sur les hauteurs du village médiéval du Castellet, entre mer et montagne au cœur du vignoble bandolais, ce domaine de 25 ha a été racheté à Walter Gilpin par Michel Benhaim en 2010.

Habillé d'une robe grenat aux nuances rubis, ce 2011 livre des notes délicates de fruits noirs confiturés mâtinées de grillé, de cuir et de senteurs des sous-bois. La bouche se distingue par son volume, par la finesse de ses tanins et par ses arômes généreux de pruneau, de fumée et de sous-bois encore. ⌛ 2016-2020 ¥ côte de bœuf aux sarments

La Vivonne, 3345, montée-du-Château, 83330 Le Castellet, tél. 04 94 98 70 09, domaine@vivonne.com V r.-v. M. Benhaim

LES BAUX-DE-PROVENCE

• Superficie : 300 ha • Production : 9 212 hl

Perchée sur un éperon rocheux, la citadelle des Baux garde le souvenir des seigneurs orgueilleux qui l'édifièrent à partir du XI[e]s. La blancheur de ses murailles est celle du calcaire des Alpilles, dont elle constitue un avant-poste. Ce massif au relief pittoresque taillé en biseau par l'érosion est le paradis de l'olivier, dont les fruits bénéficient de deux AOC. Le vignoble trouve également dans ce secteur un milieu favorable, sur les dépôts caillouteux caractéristiques de cette région, comme les grèzes litées, éboulis d'origine glaciaire. Elles sont ici peu épaisses et la fraction fine, dont dépend la réserve hydrique du sol, est importante. Ce secteur se distingue par une nuance climatique qui en fait une zone précoce, peu gélive, chaude et plus arrosée (650 mm). Reconnue en 1995 au sein de la zone des coteaux-d'aix-en-provence, cette AOC est réservée aux vins rouges (80 %) et rosés. Les règles de production y sont plus strictes (rendement plus bas, densité plus élevée, taille plus restrictive, élevage d'au moins douze mois pour les vins rouges, minimum de 50 % de saignée pour les vins rosés) ; l'encépagement, mieux défini, repose sur le couple grenache-syrah, accompagné quelquefois du mourvèdre.

MAS SAINTE-BERTHE Louis David 2011 ★★

■	13 000		11 à 15 €

Situé au pied des Baux-de-Provence, ce domaine constant en qualité tire son nom d'une chapelle érigée sur ses terres en 1538. Aux côtés des 5 ha d'oliviers, s'étend un vignoble de 40 ha planté à partir de 1950, sous la direction de Christian Nief.

Ce vin passé à 50 % dans le bois (fût neuf et barrique d'un an) s'ouvre sans réserve sur un nez généreux de fruits mûrs, de réglisse et de grillé. En bouche, il se révèle riche, puissant sans agressivité, fondu et long. Déjà très plaisant, il offre aussi un bon potentiel de garde. ⌛ 2014-2019 ¥ gigot en croûte

Mas Sainte-Berthe, chem. de Sainte-Berthe, 13520 Les Baux-de-Provence, tél. 04 90 54 39 01, info@mas-sainte-berthe.com V t.l.j. 9h-12h 14h-18h Rolland

B CH. ROMANIN 2012

■	18 000		20 à 30 €

Anciens propriétaires du Château Montrose, cru classé de Saint-Estèphe, Anne-Marie et Jean-Louis Charmolüe ont acquis en 2006 ce domaine au passé ancien, situé au cœur de l'AOC baux-de-provence : 58 ha conduits en biodynamie depuis 1989.

À l'origine de ce 2012, la syrah (50 %), complétée de mourvèdre et de cabernet-sauvignon, et un élevage en foudre de dix-huit mois. Dans le verre, des fruits noirs compotés, un palais suave, concentré, aux tanins encore un rien austères, à la finale minérale. Tout ceci devrait s'harmoniser sans trop d'attente. ⌛ 2015-2018 ¥ côte de bœuf ■ La Chapelle 2012 (11 à 15 € ; 35 000 b.) : une dominante de grenache pour ce vin fruité (cerise noire), rond et bien fondu. ⌛ 2014-2016

Ch. Romanin, rte de Cavaillon, 13210 Saint-Rémy-de-Provence, tél. 04 90 92 45 87, contact@romanin.fr V r.-v. Charmolüe

B DOM. DE LA VALLONGUE Garrigues 2013 ★

■	3 800		11 à 15 €

Niché au cœur des Alpilles, sur l'ancienne voie romaine qui reliait l'Espagne à l'Italie, ce domaine de 30 ha, en bio depuis 1985, est la propriété de M. Latouche depuis 2009.

Issue à parts égales de grenache, de clairette et de rolle, cette cuvée dévoile un nez franc et expressif de genêt en fleur et de poire juteuse. En bouche, elle se révèle ample, ronde, concentrée, sans manquer de la fraîcheur nécessaire à l'équilibre. ⌛ 2014-2017 ¥ lotte à la provençale ■ Pierres cassées 2011 (15 à 20 € ; 5 000 b.) : un vin puissant, chaleureux (fruits confiturés) et boisé (torréfaction). ⌛ 2014-2017

Dom. de la Vallongue, rte de Mouriès, BP 4, 13810 Eygalières, tél. 04 90 95 91 70, contact@lavallongue.com V t.l.j. sf dim. 9h30-12h 14h30-18h Latouche

BELLET

• Superficie : 48 ha • Production : 1 150 hl (65 % rouge et rosé)

De rares privilégiés connaissent ce minuscule vignoble situé sur les hauteurs de Nice, dont la production est presque introuvable ailleurs que localement. Elle est faite de blancs originaux et aromatiques, grâce au rolle, cépage de grande classe, et au chardonnay (qui se plaît à cette latitude quand il est exposé au nord et suffisamment haut) ; de rosés soyeux et frais ; de rouges somptueux, auxquels deux cépages locaux, la fuella et le braquet, donnent une typicité certaine. Ils seront à leur juste place avec la riche cuisine niçoise si originale, la tourte de blettes, le tian de légumes, l'estocaficada, les tripes, sans oublier la socca, la pissaladière ou la poutine.

COLLET DE BOVIS 2012 ★

■	3 000		15 à 20 €

Jean Spizzo, enseignant universitaire, s'est passionné pour la culture de la vigne et la vinification dès 1974. Le vignoble de 4,5 ha, en conversion à l'agriculture biologique, est situé sur les collines de Bellet qui dominent la ville de Nice.

Ce vin blanc à la robe jaune pâle lumineuse ornée de reflets dorés révèle avec persistance des parfums de miel mêlés de notes vanillées et torréfiées. La bouche, équilibrée entre richesse, rondeur et vivacité, fait écho à l'olfaction. Un joli vin expressif, bien représentatif de l'appellation. ⌛ 2016-2019 🍷 coquilles Saint-Jacques ■ 2013 ★ (11 à 15 € ; 2 100 b.) : un palais riche et enveloppant, sur l'amande, l'abricot et les agrumes, stimulé par une finale bien fraîche. ⌛ 2014-2015

⊶ Jean Spizzo, Le Fogolar - Collet de Bovis, 370, chem. de Crémat, 06200 Nice, tél. 04 93 37 82 52, jeanetmichele.spizzo@sfr.fr V t.l.j. sf dim. 8h-12h 14h-19h

♥ B CH. DE CRÉMAT 2010 ★★

■ | 10 000 | | 20 à 30 €

Propriété de Cornelis Kamerbeek, amateur éclairé et passionné de vin depuis 2001, ce domaine de 15 ha (converti au bio) s'étend sur un terroir de galets roulés caractéristiques de l'appellation bellet. Une valeur sûre.

Cette cuvée jaune or lumineuse et limpide dévoile un nez complexe et intense d'agrumes et de menthol, associés à des notes de torréfaction et de pierre à fusil, expression de la minéralité typique des vins de Bellet. Le palais, ample, rond et tout aussi complexe, soutenu par une fine vivacité, révèle un équilibre admirable. Un grand blanc de gastronomie. ⌛ 2014-2017 🍷 poularde de Bresse à la crème ■ 2010 ★★ (12 000 b.) : une grande intensité d'arômes de fruits noirs cuits dans ce vin aux tanins veloutés, soutenus par une finale réglissée. ⌛ 2016-2020

⊶ Kamerbeek, 442, chem. de Crémat, 06200 Nice, tél. 04 92 15 12 15, cremat.vins@orange.fr V t.l.j. 9h-12h 13h-17h

B DOM. SAINT-JEAN 2013 ★

■ | 800 | | 15 à 20 €

Créé ex mihilo en 2006 par Jean-Patrick et Nathalie Pacioselli, le vignoble couvre aujourd'hui 2,5 ha, certifiés bio depuis 2013.

Cette cuvée rose pale aux reflets saumonés libère un nez plaisant porté par les parfums de fleurs blanches et de fruits blancs biens mûrs. La bouche, franche en attaque, se révèle équilibrée, à la fois ronde et vive, complexe et persistante sur les agrumes et le menthol. ⌛ 2014-2019 🍷 oursinade

⊶ Nathalie et Jean-Patrick Pacioselli, 343, chem. de Crémat, 06200 Nice, tél. 06 08 28 08 74, saintjeanbellet@orange.fr V r.-v.

DOM. DE TOASC 2011 ★★

■ | 8 500 | | 15 à 20 €

En 1995, Bernard Nicoletti achète 12 ha de terrains laissés à l'abandon au lieu-dit Toasc, sur les collines de Nice. Il conserve les oliviers et replante les cépages typiques du bellet : 7 ha de vignes (en cours de conversion au bio) en restanques dominant la vallée du Var. Il inaugure sa cave en 2000.

Ce vin rubis aux reflets violacés s'ouvre sur un nez de fruits noirs très mûrs associés à des notes d'épices et de pain grillé. Le palais, franc en attaque, se montre riche, structuré par des tanins fins et soyeux, et par un boisé noble qui n'écrase pas le fruit. Une belle évolution en perspective. ⌛ 2016-2019 🍷 daube de taureau de Camargue ■ 2013 ★ (5 000 b.) : un nez expressif et délicat de fleur d'oranger, un palais frais, suave et rond à la fois rehaussé de notes d'agrumes et de menthol en finale. ⌛ 2014-2016

⊶ Dom. de Toasc, 213, chem. de Crémat, 06200 Nice, tél. 04 92 15 14 14, contact@domainedetoasc.com V t.l.j. sf dim. lun. 14h30-17h30

⊶ Nicoletti

CASSIS

• Superficie : 200 ha • Production : 7 687 hl

Un creux de rochers, auquel on n'accède que par des cols relativement hauts de Marseille ou de Toulon, abrite, au pied des falaises les plus élevées de France, des calanques et une certaine fontaine qui, selon les Cassidens, rendrait leur ville plus remarquable que Paris... Mais aussi un vignoble que se disputaient déjà, au XIe s., les puissantes abbayes, en demandant l'arbitrage du pape, et qui produit aujourd'hui des vins rouges, rosés et surtout blancs. Mistral disait de ces derniers qu'ils sentaient le romarin, la bruyère et le myrte. Capiteux et parfumés, les cassis blancs sont des vins de classe qui s'apprécient particulièrement avec les bouillabaisses, les poissons grillés, les coquillages et les viandes blanches.

LA BADIANE Deux Sœurs 2011

■ | 4 150 | | 15 à 20 €

Sous la marque La Badiane, le négociant-éleveur toulonnais Jean-Luc Poinsot propose une gamme variée issue des différents terroirs de Provence.

Les « deux sœurs » ? Deux pitons rocheux qui surplombent les vignes à l'origine de cette cuvée. Au nez, de frais arômes mentholés agrémentés de verveine se mêlent à des notes de vanille, d'écorce d'orange confite et de cire. À l'unisson, la bouche séduit par sa franchise. ⌛ 2014-2017 🍷 lotte en brochettes aux épices douces

⊶ La Badiane, quartier Saint-Benoît, 83890 Besse-sur-Issole, tél. 06 07 87 98 05, jlpoinsot@labadiane.fr V r.-v.

DOM. DU BAGNOL Cuvée Marquis de Fesques 2013 ★

■ | 1 600 | | 15 à 20 €

Depuis 2003, Sébastien Genovesi dirige ce domaine de 14,5 ha implanté en plein cœur de Cassis, qui fut créé en 1884 par le marquis de Fesques. Les archives mentionnent la présence de vignes dès 1430 en ce lieu appelé « Lobanhou », au pied du cap Canaille, la plus haute falaise maritime de France. Il est en conversion bio.

La robe est d'un seyant jaune pâle nuancé de reflets dorés, et la palette aromatique variée : fleurs blanches, fruits frais, amande, noisette, sureau, touche miellée. Des arômes qui témoignent d'une belle personnalité cassidenne et que l'on retrouve dans une bouche ample, gourmande et équilibrée. ⌛ 2014-2017 🍷 merlu de ligne grillé à l'ail

Sébastien Genovesi, Dom. du Bagnol, 12, av. de Provence, 13260 Cassis, tél. 04 42 01 78 05, jeanlouis.geno@orange.fr V r.-v.

CH. BARBANAU
Clos Val Bruyère 2012 ★★★

25 000 | 11 à 15 €

Sur les traces d'un arrière-grand-père vigneron, Sophie et Didier Simonini font l'acquisition en 1989 de ce domaine situé à l'extrémité ouest des côtes-de-provence, non loin de Cassis, autre appellation qu'ils produisent. Ils conduisent en bio depuis 2008 leur vignoble de 27,5 ha.

Ce blanc se présente avec élégance dans une robe claire aux reflets verts. L'olfaction se révèle complexe et généreuse : nougat, réglisse, fruits mûrs, viennoiserie, notes florales et anisées... La bouche ? À la fois croquante et douce, dense et persistante, gourmande et parfaitement équilibrée. Original et noble, ce vin d'avenir est déjà très charmeur. 2014-2019 loup en croûte de sel Kalahari 2011 ★★ (20 à 30 € ; 4 000 b.) : un vin profond, bien construit, à l'élevage parfaitement maîtrisé, qui déploie d'harmonieuses notes de grillé, de pralin, d'épices et de fruits compotés. 2014-2019

Ch. Barbanau, hameau de Roquefort, 13830 Roquefort, tél. 04 42 73 14 60, contact@chateau-barbanau.com V t.l.j. sf dim. 10h-12h 15h-18h Simonini-Cerciello

CLOS SAINTE-MAGDELEINE
Bel-Arme 2013 ★

3 200 | 20 à 30 €

Bientôt un siècle que la famille Sack exploite ce domaine (1921) aujourd'hui conduit en bio. La propriété située dans le parc national des Calanques dispose d'un vignoble étagé en restanques, face à la mer sur les flancs du cap Canaille, commandé par une demeure au style Art déco.

Coup de cœur dans la précédente édition pour sa version 2012, cette cuvée propose à l'olfaction une fraîcheur très fruitée (fruits à chair blanche). Portée sur le floral, la bouche se révèle ample, ronde et charnue. Un bon classique, harmonieusement aromatique. 2014-2016 poisson grillé

Jonathan Sack-Zafiropulo, Clos Sainte-Magdeleine, av. du Revestel, 13260 Cassis, tél. 04 42 01 70 28, clos.sainte.magdeleine@gmail.com V t.l.j. 10h-12h30 14h30-19h

DOM. COURONNE DE CHARLEMAGNE 2013 ★★

6 000 | 11 à 15 €

Le Domaine du Paternel créé en 1951 est exploité par Jean-Pierre Santini, son épouse et leurs trois enfants. C'est l'un des plus grands domaines de l'appellation cassis, tourné vers l'agriculture biologique. L'autre domaine (7 ha) des Santini, Couronne de Charlemagne, situé au pied de la colline éponyme, est également conduit en bio.

Cette cuvée a séduit le jury par son expression aromatique complexe, fraîche et délicate. Une corbeille de fruits des plus gourmandes (agrumes, pastèque, pêche, poire) caractérise le bouquet agrémenté d'aériennes notes florales (genêt, fleurs blanches). À l'unisson, le palais offre beaucoup de dynamisme et de longueur, porté par une fine vivacité. Un très beau cassis friand et alerte. 2014-2017 plateau de coquillages Dom. du Paternel Blanc de blancs 2013 ★ (160 000 b.) : un vin dense et droit à la fraîcheur minérale ponctuée d'une touche saline et du zeste d'agrumes. 2014-2017

Dom. du Paternel, 11, rte Pierre-Imbert, 13260 Cassis, tél. 04 42 01 77 03, contact@domainedupaternel.com V t.l.j. sf dim. 9h30-12h30 14h-18h Santini

DOM. LA FERME BLANCHE Excellence 2012 ★

5 000 | 11 à 15 €

En 1714, le vignoble s'étendait jusqu'aux portes de la cité phocéenne. Démembré à la Révolution, il n'en reste aujourd'hui que 30 ha menés par Jéromine Paret et Philippe Garnier. Le domaine est en conversion bio.

Cette cuvée Excellence vinifiée et élevée en barrique affiche un air de jeunesse dans sa robe lumineuse. Au nez, de fines nuances de badiane, de genêt et de verveine agrémentées d'un léger boisé. Ces arômes se prolongent dans une bouche d'une belle ampleur stimulée par une finale pleine de fraîcheur. 2014-2017 tarte aux asperges 2012 ★ (5 333 b.) : un vin aux parfums de garrigue, de fruits noirs et d'épices, et aux tanins fermes. 2014-2017

Dom. de la Ferme blanche, RD 559, 13260 Cassis, tél. 04 42 01 00 74, fermeblanche@wanadoo.fr V t.l.j. 9h-18h F. Paret

CH. DE FONTCREUSE Cuvée F 2013

81 700 | 11 à 15 €

Une fontaine creusée en 1687 pour alimenter en eau courante le château en cours de construction est à l'origine du nom du domaine, que le vigneron Jean-François Brando a acquis trois siècles plus tard. Ce lieu fut aussi, après la Révolution, la demeure des commissaires de la République.

Plaisante par son bouquet floral (tilleul, verveine) et mentholé, cette cuvée séduit aussi par son palais généreux, rond, miellé et biscuité, avant d'afficher plus de fermeté en finale. 2014-2015 bouillabaisse

Jean-François Brando, Ch. de Fontcreuse, 13, rte Pierre-Imbert, 13260 Cassis, tél. 04 42 01 71 09, fontcreuse@wanadoo.fr V t.l.j. sf sam. dim. 8h30-12h 14h-18h

DOM. DES QUATRE VENTS 2013 ★

25 000 | 8 à 11 €

Alain de Montillet est depuis 1975 à la tête du domaine des Quatre Vents, structure familiale de 10 ha en cours de conversion vers l'agriculture biologique, qui produit du cassis depuis la création de l'AOC en 1936.

Une robe jaune paille habille ce vin au nez discret d'aubépine, de pêche et de citron. La bouche, qui montre un relief aromatique plus marqué exprimant de jolies notes de fruits blancs et d'agrumes, est vivifiée par une finale minérale. Un vin plaisant, expressif et tonique. 2014-2016 tartare de saumon

⊶ Alain de Montillet, Dom. des Quatre Vents, 7, av. des Albizzi, 13260 Cassis, tél. 04 42 01 88 10, quatrevents-cassis@orange.fr V r.-v.

COTEAUX-D'AIX-EN-PROVENCE

• Superficie : 4 720 ha • Production : 211 012 hl (95 % rouge ou rosé)

Sise entre la Durance au nord et la Méditerranée au sud, entre les plaines rhodaniennes à l'ouest et la Provence triasique et cristalline à l'est, l'AOC coteaux-d'aix-en-provence appartient à la partie occidentale de la Provence calcaire. Le relief est façonné par une succession de chaînons, parallèles au rivage marin et couverts de taillis, de garrigue ou de résineux : chaînon de la Nerthe près de l'étang de Berre, chaînon des Costes prolongé par les Alpilles, au nord.

Entre ces reliefs s'étendent des bassins sédimentaires d'importance inégale (bassin de l'Arc, de la Touloubre, de la basse Durance) où se localise l'activité viticole. Grenache et cinsault forment encore la base de l'encépagement, avec une prédominance du premier ; syrah et cabernet-sauvignon sont en progression et remplacent peu à peu le carignan.

Les vins rosés légers, fruités et agréables s'apprécient avec des plats provençaux : ratatouille, artichauts barigoule, poisson grillé au fenouil, aïoli... Les vins rouges bénéficient d'un contexte pédologique et climatique favorable. Jeunes et fruités, avec des tanins souples, ils peuvent accompagner viandes grillées et gratins. Ils atteignent leur plénitude après deux ou trois ans de garde et se marient alors avec viandes en sauce et gibiers. La production de vins blancs est limitée. La partie nord de l'aire de production est plus favorable à l'élaboration de ces cuvées qui mêlent la rondeur du grenache blanc à la finesse de la clairette, du rolle et du bourboulenc.

DOM. BAGRAU Cuvée Jovic 2013 ★

■	12 000	🍾	5 à 8 €

Un domaine situé entre les chaînes de la Trevaresse et des Costes, créé en 2005 par Mireille Bastard sur 13 ha, étoffé de 27 ha à l'arrivée en 2009 de son mari Christian.

Jovic ? Le début des prénoms des enfants (Johanna et Victor). Dans le verre, un rosé très grenache (70 %), ample, rond et gras, qui développe des arômes de bonbon au caramel et de fruits rouges mâtinés d'une touche de violette (20 % de syrah). Un vin harmonieux. ⧗ 2014-2015 🍴 saumon en papillote

⊶ EARL Dom. Bagrau, Le Grand-Saint-Paul, 13840 Rognes, tél. 04 42 50 12 53, domaine@bagrau.com V t.l.j. sf dim. 10h-12h 15h-19h

Ⓑ CH. BAS Pierres du Sud 2013 ★

■	n.c.	🍾	8 à 11 €

Bâti sur les ruines d'un site gallo-romain, ce domaine étend son vignoble de 72 ha à 200 m d'altitude. La conversion bio est certifiée depuis 2010.

Ce rosé, qui ne sacrifie pas à la mode de la pâleur diaphane et de la légèreté, se présente dans une robe soutenue aux reflets orangés, le nez empreint de senteurs chaudes de fruits mûrs. Une générosité que l'on retrouve dans une bouche certes riche et vineuse, mais non dénuée de fraîcheur et d'élégance. Un 2013 complexe et structuré. ⧗ 2014-2016 🍴 tajine d'agneau

⊶ Ch. Bas, Ch. Bas, 13116 Vernègues, tél. 04 90 59 13 16, chateaubas@wanadoo.fr V r.-v. ⊶ Irène de Blanquet

Ⓑ CH. DE BEAUPRÉ 2013

■	26 000	🍾	8 à 11 €

Construite en 1739, cette bastide servait au XIXᵉs. de relais de chevaux à la famille Double, des armateurs marseillais, avant d'être convertie en domaine viticole en 1890 par le baron Émile Double. Sa descendante, Phanette, conduit aujourd'hui un vignoble de 43 ha, en bio certifié depuis 2013.

Une robe pâle habille ce vin au nez bien fruité (mangue, ananas, abricot), souple, rond et de bonne persistance en bouche, sous-tendu par une pointe minérale. ⧗ 2014-2017 🍴 joues de lotte au citron

⊶ Ch. de Beaupré, 3525, RD 7N, 13760 Saint-Cannat, tél. 04 42 57 33 59, contact@beaupre.fr V t.l.j. 9h-12h 14h-18h30 ⊶ Double

LES CAILLAS Élevé en fût de chêne 2012 ★★

■	13 000	🛢	5 à 8 €

Située dans la partie la plus septentrionale de l'appellation coteaux-d'aix, aux portes des Alpilles, cette petite cave coopérative a été fondée en 1925.

Si le bois reste pour l'heure assez présent, la noblesse de l'élevage est unanimement saluée par les jurés. Car le merrain accompagne mais n'écrase pas le vin, gras, charnu, velouté, épicé et vivifié par une agréable touche mentholée. ⧗ 2015-2019 🍴 pâté de grive

⊶ Cellier Saint-Augustin, Quartier de la gare, 13560 Sénas, tél. 04 90 57 20 25, staugustin3@wanadoo.fr V r.-v.

TRADITION DE CALAVON 2012

■	10 000	🍾	8 à 11 €

Propriété des Audibert depuis cinq générations, ce domaine produit du vin depuis l'époque des princes d'Orange. Son vignoble, certifié bio avec le millésime 2013, s'étend sur 50 ha.

Les carignans (50 %) qui entrent dans cet assemblage ont été vinifiés en macération carbonique. Outre leur vigueur tannique, ils apportent une vivacité bien présente dès l'attaque, qui contrebalance la richesse de la matière. Au final, un vin équilibré et de bonne garde. ⧗ 2015-2018 🍴 entrecôte grillée

⊶ Ch. de Calavon, 12, av. de Badonviller, 13410 Lambesc, tél. 04 42 57 15 37, contact@chateaudecalavon.com V t.l.j. sf dim. 9h-13h 14h-18h ⊶ Audibert

♥ CH. CALISSANNE Rocher rouge 2012 ★★

■	3 500	🛢	20 à 30 €

Ancienne place forte celto-ligure, La Calissanne fut propriété de l'ordre de Malte aux XIIIᵉ et XIVᵉs., d'un parlementaire aixois au XVIIᵉs., d'un industriel du savon au XIXᵉs., et enfin, en 2001, de l'homme d'affaires Philippe Kessler, disparu en 2008. C'est aujourd'hui Sophie, l'épouse de ce dernier, qui dirige cette vaste propriété de 1 000 ha, dont une centaine de vignes, répartie sur 25 parcelles de coteaux pierreux en pente légère. Un pilier de l'AOC coteaux-d'aix, conduit par Jean Bonnet, directeur technique, qui mène depuis vingt-

cinq ans une réflexion poussée sur la politique de plantation et l'entretien du vignoble.

Jean Bonnet, avec la complicité de Denis Lang, a planté une parcelle de 1,8 ha de mourvèdre en 1996 sur les terres caillouteuses de la propriété. Près de vingt ans plus tard, le résultat démontre que le choix fut judicieux. Ce Rocher rouge apporte au domaine son... treizième coup de cœur ! Au nez, des arômes complexes, généreux et bien typés de cuir, de Zan, de garrigue et de fruits mûrs. À l'unisson, la bouche, concentrée à souhait, suave et soyeuse, s'appuie sur une solide charpente tannique, épaulée par un élevage parfaitement ajusté. Un vin au caractère affirmé, pensé et maîtrisé de bout en bout. ⌛ 2016-2020 🍴 épaule d'agneau braisé ■ Clos Victoire 2012 ★★ (15 à 20 € ; 10 000 b.) : à dominante de syrah, complété de cabernet franc, un vin déjà accessible par son côté rond, tendre et fruité (fruits macérés), sans manquer ni de fraîcheur (notes mentholées) ni de structure. ⌛ 2014-2017 ■ Terres de Provence 2012 ★ (moins de 5 € ; 100 000 b.) : un vin harmonieux, souple et très aromatique, floral et fruité, porté par des tanins bien fondus. ⌛ 2014-2017 ■ Ch. Calissanne 2013 ★ (5 à 8 € ; 15 000 b.) : un vin très floral, agrémenté de nuances épicées et mentholées, qui conjugue, rondeur, richesse et finesse. ⌛ 2014-2017

🔑 Ch. Calissanne, SAS La Jasso de Calissanne, RD 10, 13680 Lançon-de-Provence, tél. 04 90 42 63 03, commercial@chateau-calissanne.fr V t.l.j. 9h30-19h; dim. 9h-13h; lun. 13h-19h

🔑 Sophie Kessler Matière

DOM. CAMAÏSSETTE 2013 ★

■ | 10 000 | 🍾 | 5 à 8 €

En 1974, Michelle Nasles quitte son métier de comptable pour reprendre le domaine familial fondé en 1901 : des oliviers et 24 ha de vignes. Aidée de son mari Jacques et de son fils œnologue Olivier, elle défend les coteaux-d'aix, comme son père, l'un des artisans de leur accession en AOC.

Vermentino et ugni blanc composent ce blanc au nez exubérant de litchi, de pêche et de chèvrefeuille, au palais tendre et délicat, porté par une fine vivacité. ⌛ 2014-2017 🍴 bourride de lotte ■ 2013 (12 000 b.) : du fruit, du floral, de la fraîcheur et de la puissance. ⌛ 2014-2015

🔑 Michelle Nasles, Dom. de la Camaïssette, RD 18, 13510 Éguilles, tél. 04 42 92 57 55, michelle.nasles@wanadoo.fr V t.l.j. sf dim. 9h30-12h 14h30-18h

CELLIER D'ÉGUILLES Ophélie 2013

■ | 25 000 | 5 à 8 €

Créée en 1923, la cave d'Éguilles regroupe une quarantaine de coopérateurs et un vignoble de 230 ha.

Deux tiers de grenache, un tiers de syrah, c'est le cocktail réussi par la cave pour offrir un rosé « très Provence » : couleur pétale de rose, amylique et fruité, frais et tonique. ⌛ 2014-2015 🍴 tian de légumes

🔑 Le Cellier d'Éguilles, 1, place Lucien Fauchier, 13510 Éguilles, tél. 04 42 92 51 12, celliereguilles@orange.fr V t.l.j. sf dim. 9h-12h30 14h-19h

CH. MONTAURONE Cuvée Tradition 2013 ★

■ | 225 000 | 🍾 | - de 5 €

On garde ici la mémoire du terrible tremblement de terre de 1909 qui ravagea le pays d'Aix et détruisit les bâtiments du domaine. Tout a été reconstruit, et l'exploitation, propriété de Pierre Decamps depuis 2013, s'étend aujourd'hui sur 90 ha.

Ce château voit grand : 225 000 bouteilles, qui plus est de très bonne facture, ce qui accroît son mérite. Dans le verre, un bouquet élégant de fleurs blanches, d'agrumes et de groseille, prolongé par un palais fin, frais, fringant et long. ⌛ 2014-2015 🍴 poulet à l'ananas

🔑 SCEA Berthoune, Dom. de la Montaurone, 2430 A, rte d'Éguilles, 13760 Saint-Cannat, tél. 04 42 57 20 04, scea.berthoune@wanadoo.fr V r.-v. 🔑 Decamps

DOM. NAÏS 2013

■ | 20 000 | 🍾 | 5 à 8 €

Laurent Bastard et Éric Davin, deux amis d'enfance attachés à leur terre natale, ont créé ce domaine en 2002 avec l'aide de leurs épouses Christiane et Évelyne. Ils conduisent un vignoble de 43 ha morcelé sur la commune de Rognes.

Cette cuvée se pare d'une robe rose pâle très *made in Provence*. Au nez, la pêche blanche se mêle aux agrumes. En bouche, la fraîcheur donne le ton jusqu'à la finale, nerveuse. Le rosé de tonnelle par excellence. ⌛ 2014-2015 🍴 brochettes de poulet

🔑 Dom. Naïs, rte du Puy-Sainte-Réparade, 13840 Rognes, tél. 04 42 50 16 73, domainenais@gmail.com V r.-v.

🔑 Laurent Bastard et Éric Davin

DOM. L'OPPIDUM DES CAUVINS Tradition 2013 ★★

■ | 190 000 | 🍾 | - de 5 €

Rémy et Dominique Ravaute ont repris en 1989 le domaine créé par leur grand-père au début du siècle dernier et situé au cœur du massif de la Trévaresse, sur une ancienne place forte romaine. Un vignoble de 85 ha et l'une des valeurs sûres des coteaux-d'aix-en-provence.

Cette cuvée qui n'a rien de confidentiel prouve que quantité peut rimer avec qualité. D'une seyante robe saumonée, elle délivre des parfums floraux délicats. Une même ambiance printanière caractérise la bouche, vive, légère, aérienne. ⌛ 2014-2016 🍴 saumon gravlax

🔑 Dom. l'Oppidum des Cauvins, RD 543, Les Cauvins, 13840 Rognes, tél. 04 42 50 29 40, oppidumdescauvins@wanadoo.fr V r.-v.

🔑 Ravaute

CH. PARADIS 2013

■ | 70 000 | 🍾 | 8 à 11 €

Xavier et Odile Thieblin ont acheté en 2011 le domaine et sa bâtisse du XVIIIe s. en pierre de Rognes. L'année suivante, ils ont acquis 50 ha de vignes attenant à la propriété et fait passer ainsi le vignoble de 30 à 80 ha.

Ce rosé saumoné et brillant se révèle plus exubérant au nez (fruits mûrs et rose) qu'en bouche. Celle-ci plaît toutefois par son équilibre gras-fraîcheur. ⌛ 2014-2015 🍴 travers de porc à la plancha

Ch. Paradis, 2900, chemin de Pommier, 13610 Le Puy-Sainte-Réparade, tél. 04 42 54 09 43, contact@chateauparadis.com V t.l.j.sf dim. 9h-12h30 14h-18h Thieblin

CH. PETIT SONNAILLER Cuvée Prestige 2013 ★

	6 600		8 à 11 €

Ancienne commanderie des Templiers située sur la route du sel, ce château et sa tour du XIIes. sont campés sur un plateau calcaire à 300 m d'altitude. Converti à la viticulture en 1930, le domaine conduit par Dominique Brulat depuis 1991, couvre aujourd'hui 45 ha.

Cette cuvée à forte dominante de rolle se révèle d'emblée très expressive : notes boisées fondues, pêche jaune, sirop d'abricot, châtaigne. On retrouve tout cela dans un palais gras, rond, tendre et long. 2014-2017 comté 2013 (5 à 8 € ; 20 000 b.) : un rosé aromatique (fruits rouges, pêche, note minérale), frais et gourmand. 2014-2015

Dominique Brulat, Ch. Petit Sonnailler, 13121 Aurons, tél. 04 90 59 34 47, jc.brulat@club-internet.fr V t.l.j. 8h-19h 3

CH. PIGOUDET Classic 2013 ★

	6 600	8 à 11 €

Ce château, situé à l'extrême nord-est de l'appellation, à l'emplacement d'une ancienne *villa* romaine, fut la résidence d'été de l'archevêque d'Aix au XVIes. Propriété depuis 1992 de la famille Schmidt-Rabe, il étend son vignoble sur 40 ha.

Deux blancs sélectionnés et deux styles. La cuvée Classic évoque le pamplemousse et l'ananas, et dévoile beaucoup de fraîcheur et une structure délicate en bouche. 2014-2016 filet de sole Insolite ! 2013 (11 à 15 € ; 6 600 b.) : plus riche et gras, sur des notes fumées et d'ananas très mûr. 2014-2016

Ch. Pigoudet, rte de Jouques, 83560 Rians, tél. 04 94 80 31 78, pigoudet@pigoudet.com V r.-v. Schmidt-Rabe

LES QUATRE TOURS Signature 2013 ★

	20 000		5 à 8 €

Fondée en 1924 au pied de la montagne Sainte-Victoire, la coopérative de Venelles réunit des vignerons du pourtour nord d'Aix-en-Provence. Elle vinifie les vendanges de 250 ha, répartis de part et d'autre de la chaîne de la Trévaresse, entre 200 et 350 m d'altitude.

Ce 100 % syrah tapisse la bouche de fruits très mûrs (fraise, framboise) et se distingue par sa solide structure. Un rosé de gastronomie, pour une cuisine relevée. 2014-2015 boeuf épicé au basilic

SCA Les Quatre Tours, 56, av. de la Grande-Bégude, 13770 Venelles, tél. 04 42 54 71 11, sylvain.marseille-4tours@orange.fr V r.-v.

CH. SAINT-HILAIRE Prestige 2013 ★★

	16 000		8 à 11 €

La famille Lapierre exploite la vigne depuis le XVIIIes. sur Coudoux. Le domaine dans sa forme moderne a été créé en 1973, et étend son vignoble sur 58 ha, en cours de conversion bio.

En 2012, la propriété s'est dotée d'une nouvelle cave équipée de matériel dernier cri, qui a accueilli la vendange nocturne de cette cuvée haut de gamme. Robe saumoné clair ; nez délicat, floral et fruité (agrumes, fruits exotiques) ; palais ample, velouté, légèrement confituré et persistant. Un rosé de bouche. 2014-2015 côtes d'agneau grillées

Ch. Saint-Hilaire, La Plantade R19, 13111 Coudoux, tél. 04 42 52 10 68, contact@chateau-saint-hilaire.fr V t.l.j. sf dim. 9h-12h30 14h30-19h Yves Lapierre

DOM. SAN PEYRE 2013 ★

	30 000		5 à 8 €

La coopérative de Lambesc, située à une vingtaine de kilomètres au nord-ouest d'Aix-en-Provence, a été fondée par Jules Reynaud en 1922. Forte de 700 ha de vignes, elle est un acteur important de l'AOC coteaux-d'aix et une valeur sûre pour ses rosés.

Ce 2013 s'affiche dans une couleur « tendance », pâle et limpide. Le nez est très ouvert sur les fruits rouges acidulés, groseille en tête. À l'unisson, le palais offre la fraîcheur attendue. Un ensemble harmonieux, cohérent. 2014-2015 filets de rouget 2012 (10 000 b.) : pas encore fondu mais prometteur, solidement structuré et réglissé. À attendre. 2016-2019

SCA Les Vignerons du Roy René, 6, av. du Gal-de-Gaulle, RN7, 13410 Lambesc, tél. 04 42 57 00 20, c.lesage@lesvigneronsduroyrene.com V t.l.j. sf dim. 9h-12h 14h30-19h

DOM. VAL DE CAIRE 2012 ★

	8 000		5 à 8 €

Un domaine de 15,5 ha repris en 2003 par Guillaume Reynier suite au départ à la retraite de l'ancien propriétaire, coopérateur. La conservion bio est engagée depuis 2011.

Macération longue et pigeage de la syrah, remontage du cabernet-sauvignon, élevage de douze mois en cuve avec pour résultat un vin tout en fruit, rond, souple, soyeux, et long. 2014-2015 tajine d'agneau Coup de foudre 2013 ★ (8 à 11 € ; 2 000 b.) : une complexité certaine (litchi, mangue, pamplemousse, aubépine), de la fraîcheur et de l'élégance. 2014-2015

Guillaume Reynier, Dom. Val de Caire, rte de Caire-Val, 13840 Rognes, tél. 04 42 50 94 79, valdecaire@gmail.com V r.-v.

♥ B DOM. DE VALDITION Vallon des Anges 2013 ★★

	10 000		11 à 15 €

Cet important domaine de 250 ha (dont 90 de vignes) est une ancienne propriété de François Ier, qui l'offrit en dot de mariage à sa fille Caroline du Prévôt. Commandé par une bastide surmontée d'un clocher du XIIes., le vignoble est en bio certifié depuis 2012.

Les raisins, récoltés sur un terroir caillouteux et calcaire d'Eyguières, ont subi une macération pelliculaire puis un élevage sur

PROVENCE

lies. Le résultat : un rosé pâle admirable d'expressivité et de complexité dès l'olfaction (pamplemousse, rose, pêche et abricot). Le palais est tendre, rond et soyeux, le fruit omniprésent et l'élégance assurée de bout en bout. ⧗ 2014-2015 🍴 escalope de veau à la milanaise ■ Vallon des Anges 2013 ★(4 600 b.) : ample, souple et aromatique (genêt, ananas et pêche). ⧗ 2014-2017

⊶ Dom. de Valdition, rte d'Eygalières, 13660 Orgon, tél. 04 90 73 08 12, valdition@valdition.com V 🍷 t.l.j. 9h30-12h30 14h-18h

CH. DE VAUCLAIRE 2013 ★

■	7 000	🍾	5 à 8 €

Cette propriété, dans la famille Sallier depuis 1774, dispose d'un vignoble de 30 ha en coteaux d'un seul tenant, commandé par une bastide de style florentin. Depuis 2013, Adeline Sallier, installée en 1982, est accompagnée par sa fille Charlotte.

La collaboration mère-fille débute sous les meilleurs auspices. Ce 2013 à dominante de rolle se livre sans réserve sur des arômes intenses de fleurs blanches. Les fruits exotiques et les épices viennent en renfort dans une bouche d'une réelle finesse, montante et persistante. ⧗ 2014-2017 🍴 risotto aux fruits de mer ■ 2013 (33 000 b.) : un rosé expressif (agrumes, fleurs blanches), fin et frais. ⧗ 2014-2015

⊶ SCA Ch. de Vauclaire, 2398, RD 556, Dom. de Vauclaire, 13650 Meyrargues, tél. 04 42 57 50 14, contact@chateaudevauclaire.com V 🍷 t.l.j. sf dim. 9h-12h 14h-18h (19h mai-oct.) 🏠 E ⊶ Sallier

VILLA BAULIEU 2012 ★★

■	6 000	🛢	20 à 30 €

Ancienne propriété seigneuriale des comtes de Provence, et de Pierre Guénant depuis 2002, le château Beaulieu est un vaste domaine de 300 ha, dont 180 de vigne plantés à l'emplacement de l'immense cratère du volcan éteint de la Trévaresse.

Cette cuvée est le fruit d'une sélection très rigoureuse opérée à l'intérieur d'un clos de 8 ha. Après douze mois de barrique, elle délivre d'intenses parfums torréfiés, poivrés et balsamiques. Le palais se révèle riche, puissant et très équilibré, soutenu par un boisé noble et des tanins serrés et soyeux. ⧗ 2016-2020 🍴 civet de chevreuil ■ Villa Beaulieu 2013 ★ (5 600 b.) : vif, dynamique, citronné et long, tout indiqué pour les fruits de mer. ⧗ 2014-2017 ■ Cuvée Bérengère 2013 ★ (15 à 20 € ; 3 300 b.) : un nez de vanille, de miel et de châtaigne, une bouche ample et ronde. ⧗ 2014-2017

⊶ PGA Domaines, Ch. Beaulieu, D 14C, 13840 Rognes, tél. 04 42 50 20 19, mfabre@pgadomaines.com V 🚶 🍷 r.-v. ⊶ Pierre Guénant

CH. VIRANT Tradition 2012

■	28 000	🍾	5 à 8 €

Établie non loin de l'étang de Berre, sur un éperon rocheux, cette vaste propriété de 130 ha de vignes (et 30 ha d'oliviers) conduite par Robert Cheylan dispose d'une cave souterraine de 1631, d'une cave de vinification de 1897 et d'un bâtiment récent pour l'embouteillage, le stockage et... le moulin à huile.

Pas d'exubérance ici, mais un vin d'une aimable simplicité, fruité et épicé, charnu et rond, avec une pointe d'amertume qui lui sied bien. ⧗ 2014-2017 🍴 paupiettes de veau à la tomate

⊶ Ch. Virant, 13680 Lançon-de-Provence, tél. 04 90 42 44 47, contact@chateauvirant.com V 🚶 🍷 t.l.j. 8h-12h 14h-18h30 ⊶ Robert Cheylan

COTEAUX-VAROIS-EN-PROVENCE

• Superficie : 2 285 ha • Production : 123 900 hl (97 % rouge et rosé)

Reconnue en 1993, l'AOC est produite dans le département du Var sur 28 communes. Ceinturé à l'est et à l'ouest par les côtes-de-provence, le vignoble, discontinu, se niche entre les massifs calcaires boisés, au nord de la Sainte-Baume et autour de Brignoles qui fut résidence d'été des comtes de Provence. Signalons que le syndicat a son siège dans l'ancienne abbaye de La Celle reconvertie en hôtel-restaurant sous la houlette d'Alain Ducasse.

B DOM. LA BASTIDE DES OLIVIERS Cuvée Justine 2013 ★

■	5 000	🍾	8 à 11 €

Converti à la culture biologique depuis son installation en 2000, Patrick Mourlan perpétue un savoir-faire hérité de plusieurs générations de viticulteurs et s'applique, dans une bastide entourée d'oliviers centenaires, à élaborer ses vins avec le moins d'intervention possible.

Une robe melon, assez claire, un bouquet attrayant, mi-garrigue mi-floral. La bouche se montre suave, presque sirupeuse, mais le croquant du fruit rééquilibre cette nature généreuse. Un rosé expressif et fort gouleyant. ⧗ 2014-2015 🍴 tapas

⊶ Patrick Mourlan, La Bastide des Oliviers, 1011, chem. Louis-Blériot, 83136 Garéoult, tél. 04 94 04 03 11, patrick.mourlan@wanadoo.fr V 🚶 🍷 r.-v.

BERGERIE D'AQUINO 2007 ★★

■	5 000	🛢	20 à 30 €

Créé en 2002, autour des ruines d'une très vieille bergerie, ce petit domaine de 5 ha ne disposait pas de chai de vinification et d'élevage. Reprenant en 2008 la propriété, Jean-Pierre Beert, industriel belge, reconstruit la bergerie et y aménage une cave performante.

Ce 2007 d'un rouge profond, presque noir, déploie un bouquet à la fois riche et frais, élégant, d'une grande complexité : cassis, fruits rouges, poivre, tabac, cacao, cuir... La bouche monte en puissance sans lourdeur ni dureté, se montrant à la fois vigoureuse et aérienne. Un coteaux-varois racé et subtil. ⧗ 2014-2017 🍴 gigue de chevreuil ■ Étoiles d'Aquino 2013 ★ (15 à 20 € ; 3 000 b.) : encore sur sa réserve, il offre cependant une belle densité avec une pointe de tension conforme au millésime. ⧗ 2015-2017

⊶ Bergerie d'Aquino, rte de Mazaugues, D 64, 83170 Tourves, tél. 06 29 21 09 52, info@aquino.fr

B CH. LA CALISSE Patricia Ortelli 2012 ★

■	5 000	🍾	15 à 20 €

Au XIXes., cette ancienne magnanerie était plantée d'amandiers dont les fruits servaient aux confiseurs

d'Aix-en-Provence pour la fabrication des calissons. Désormais dédié à la vigne (11,8 ha), le domaine est dirigé par Patricia Ortelli depuis 1991, qui le conduit en agriculture biologique.

Une robe cerise noire habille ce 2012 au nez complexe, ouvert sur le cacao, la réglisse, le cassis, le tabac et le sous-bois. La bouche se révèle franche et équilibrée, à la fois ronde, généreuse et fraîche ; fraîcheur renforcée par une finale mentholée. 2014-2018 faux-filet en porte-feuille et sauce Patricia Ortelli 2013 (11 à 15 € ; 6 000 b.) : riche, frais, gourmand, ce blanc procure du plaisir dès le premier coup d'œil. 2014-2017

Ch. la Calisse, 83670 Pontevès, tél. 04 94 77 24 71, contact@chateau-la-calisse.fr V t.l.j. sf dim. 9h-12h 14h-17h Patricia Ortelli

DOM. DE CAMBARET Cuvée des Gravettes 2013 ★

	4 800		5 à 8 €

Sébastien Truc, après des études de viticulture et d'œnologie en Bourgogne, rejoint son père Francis en 2003 au sein du domaine familial (29 ha d'un seul tenant). Respectueux de la tradition en vigne comme en cave, il assure toutes les étapes de la production et privilégie la vente directe au domaine.

Un assemblage traditionnel (rolle, sémillon, clairette) pour ce joli blanc tonique et frais, long et distingué, fruité de bout en bout. Un vin flatteur et cohérent. 2014-2016 apéritif

Francis Truc, 4, rue Louis-Chauvin, 83136 Garéoult, tél. 04 94 04 88 81, domainedecambaret@gmail.com V r.-v.

CH. DES CHABERTS Cuvée Prestige 2011

	9 500		8 à 11 €

Au pied du massif forestier qu'est la montagne de La Loube, ce vignoble de 30 ha perché à 350 m d'altitude entre Garéoult et La Roquebrussanne est constitué de coteaux arides et caillouteux abrités des vents dominants.

Au nez, des notes de cacao et de vanille douce signent un élevage bien senti. On retrouve ces tonalités boisées dans une bouche généreuse et bien charpentée. Un vin déjà plaisant, qui gagnera cependant à vieillir un peu. 2014-2017 bœuf en daube

Ch. des Chaberts, Mme Cundall, 83136 Garéoult, tél. 04 94 04 92 05, chaberts@wanadoo.fr V t.l.j. sf dim. 9h-12h 14h-18h Cundall

CH. LA CURNIÈRE 2013

	3 400		8 à 11 €

Situé sur la route des gorges du Verdon, à une altitude de 500 m, le Château la Curnière est le domaine le plus septentrional de l'appellation coteaux-varois.

Point de démonstration excessive ici : derrière une robe bouton d'or et brillante se révèle, au nez comme en bouche, une nature finement odorante établie sur une vigueur citronnée. Un vin aimable et frais. 2014-2016 tapas de fruits de mer

Ch. la Curnière, rte de Montmeyan, 83670 Tavernes, tél. 04 94 69 23 94, contact@chateaulacurniere.com V t.l.j. 10h-18h

DOM. DU DEFFENDS Marie-Liesse 2012 ★★

	4 000		11 à 15 €

Jacques de Lanversin acquiert le domaine en 1963 et restructure le vignoble. Sa famille exploite aujourd'hui 14 ha de vignes sur des coteaux argilo-calcaires bien ensoleillés, à 420 m d'altitude. Une valeur sûre de l'appellation, reconnue notamment pour ses rouges.

Le nez se dévoile progressivement autour de la mûre, du cassis et de la réglisse. Le palais s'adosse à une structure affirmée, sans excès de vigueur, et bâtie sur des tanins souples et soyeux, et sur un élevage parfaitement maîtrisé. Un vin très long et remarquable d'équilibre. 2014-2018 gigue de chevreuil

Suzel de Lanversin, Dom. du Deffends, chem. du Deffends, 83470 Saint-Maximin-la-Sainte-Baume, tél. 04 94 78 03 91, domaine@deffends.com V t.l.j. sf dim. 10h-12h 15h-18h

CH. DUVIVIER Les Mûriers 2010 ★★

	n.c.	15 à 20 €

Situé dans la zone la plus septentrionale de l'AOC coteaux-varois, ce domaine de 28 ha a été racheté en 1992 par la maison suisse Delinat. Vignoble et travail au chai sont conduits en agriculture biologique certifiée.

Coup de cœur dans le millésime 2009, cette cuvée tient son rang avec sa version 2010. Au nez, les fruits rouges confiturés côtoient les épices, la vanille et des notes camphrées. Ample et rond, le palais s'appuie sur des tanins fins et soyeux qui confèrent à ce vin une élégance certaine et lui promettent un bel avenir. 2015-2019 souris d'agneau confite

SCEA Ch. Duvivier, La Genevrière, D 560, 83670 Pontevès, tél. 04 94 77 02 96, aak@chateau-duvivier.com V r.-v.

CH. DE L'ESCARELLE 2013 ★★

	80 000	5 à 8 €

En 1920, François-Joseph Fournier (déjà propriétaire de l'île de Porquerolles) fit cadeau à son épouse de cette propriété adossée au contrefort de la montagne de La Loube. Depuis 1960, la famille Gassier a transformé le domaine qui, avec 105 ha de vignes, représente sans doute la plus grande cave particulière de l'AOC coteaux-varois.

La robe d'un seyant rose clair est élégante, le nez fin et floral (jasmin, chèvrefeuille, fleur de buis). Le fruité s'invite avec gourmandise et intensité dans une bouche ample et ronde soulignée par une discrète fraîcheur. Un équilibre remarquable. 2014-2015 bourride Mes bastides 2011 ★ (30 000 b.) : puissance et générosité sont les atouts de ce rouge charnu et expressif (caramel au lait, fruits confits, réglisse). 2014-2018

SA Ch. l'Escarelle, Ch. de l'Escarelle, 83170 La Celle, tél. 04 94 69 09 98, commercial@escarelle.fr V t.l.j. sf dim. 9h-12h 14h-18h

ESTANDON VIGNERONS Saint-Louis de Provence 2013

	15 000		8 à 11 €

Le Cercle des Vignerons de Provence a adopté le nom de sa marque emblématique et il s'affiche désormais sous la nouvelle dénomination Estandon Vignerons.

PROVENCE

Cette cuvée à la robe fraîche et légère affiche d'emblée sa tonicité à travers des notes exotiques et amyliques. Des arômes que l'on retrouve avec autant de dynamisme dans une bouche marquée en finale par une agréable amertume, laquelle ne nuit nullement à l'harmonie du palais. ⌛ 2014-2015 🍴 pissaladière

Estandon Vignerons, 727, bd Bernard-Long, BP 90300, 83175 Brignoles Cedex, tél. 04 94 37 21 00, lfourastie@estandon-vignerons.fr

CH. FONTAINEBLEAU 2012

■ | 5 500 | | 11 à 15 €

L'eau est omniprésente au Château Fontainebleau : fontaines moussues et canaux de pierre de l'époque romaine forment un véritable réseau d'irrigation. Racheté en 2009 par Jean-Louis Bouchard, président d'une société de services numériques, ce domaine enclavé dans la forêt a retrouvé tout son dynamisme après avoir subi d'importants travaux de rénovation. Sous l'impulsion de l'œnologue Valérie Courrèges, il est en conversion bio/biodynamie depuis 2013.

Ce vin de caractère déploie de bons arômes fruités de cassis et de griotte, de poivre et de cacao. On retrouve cette palette jusqu'en finale dans un palais bien structuré autour de tanins fermes, qu'il conviendra de laisser s'affiner encore un peu. ⌛ 2015-2018 🍴 côte de bœuf

Ch. Fontainebleau, rte de Montfort-sur-Argens, 83143 Le Val, tél. 04 94 59 59 09, info@chateaufontainebleau.fr V t.l.j. 10h-19h

Bouchard

CH. DE FONTLADE Saint-Qvinis 2013

■ | 20 000 | | 5 à 8 €

Le Château de Fontlade, ancienne propriété des moines de Saint-Victor, a été acquis par la famille de Montremy en 1942. Grâce à sa source, ce domaine de 35 ha produisant essentiellement des coteaux-varois fut autrefois un péage et un relais sur la voie Aurélienne qui reliait Rome à Narbonne.

Expressif et alerte, ce rosé s'ouvre sur des nuances amyliques agrémentées d'une note zestée de pamplemousse rose. Le palais conserve cette tonalité vive et fruitée, typique du millésime, et déploie une jolie finale sur la fraise. ⌛ 2014-2015 🍴 panna cotta aux fruits rouges

SCEA Baronne Philippe de Montremy, Dom. de Fontlade, rte de Cabasse, 83170 Brignoles, tél. 04 94 59 24 34, fontlade@orange.fr V t.l.j. sf sam. dim. 9h-12h 14h-18h

DOM. DE GARBELLE Come prima 2011

■ | 4 000 | 8 à 11 €

En 2006, Jean-Charles Gambini a repris le flambeau sur l'exploitation familiale de 11 ha aujourd'hui. Il développe, en parallèle de son activité de vigneron, une production de miel et d'huile d'olive.

Parée d'une robe rouge foncé aux reflets bleutés, cette cuvée délivre une palette gourmande et riche de fruits noirs (cassis, mûre et myrtille) légèrement cacaotée et rehaussée par une touche de fraîcheur poivrée. La bouche, tendre et enveloppante, étayée par des tanins mûrs sans être massifs, privilégie l'élégance. Un 2011 à la fois fin et bien généreux. ⌛ 2014-2018 🍴 tajine d'agneau ■ Il fallait... Rosé 2013 ★ (10 000 b.) : un vin à la présentation impeccable, expressif (fruits frais, notes printanières de fleurs blanches) et bien équilibré, à la fois suave et frais. ⌛ 2014-2015

Jean-Charles Gambini, Dom. de Garbelle, 83136 Garéoult, tél. 06 08 63 91 00, contact@domaine-de-garbelle.com V t.l.j. sf dim. 9h-12h 14h-18h30

DOM. LA GAYOLLE Prestige 2013 ★

■ | 9 000 | | 8 à 11 €

Au cœur de la Provence verte, entre chênes et pins maritimes, ce domaine familial créé en 1855 déroule ses 46 ha au pied du massif de La Loube. C'est Nicolas Paul, héritier de sept générations de vignerons, qui dirige aujourd'hui l'exploitation.

Ce rosé de caractère, couleur litchi, s'ouvre sans réserve sur un bouquet fin d'agrumes, de pêche de vigne et de fleurs blanches. La bouche, onctueuse et fraîche à la fois, prolonge agréablement avec persistance l'expression du fruit. ⌛ 2014-2015 🍴 poulet basquaise

Dom. la Gayolle, 83170 La Celle, tél. 09 66 81 18 28, la-lgayolle@orange.fr V t.l.j. 9h30-12h30 14h30-18h30

LA GRAND' VIGNE Cuvée Les Fournerys 2013 ★

■ | 6 000 | 5 à 8 €

Roland Mistre, œnologue reconnu dans la région, a repris en 1998 l'exploitation familiale créée au début du XXe s., qui livrait ses raisins à la coopérative. Il vinifie aujourd'hui pour son compte le fruit de 12 ha de vignes et fait figure de valeur sûre en coteaux-varois.

Cette cuvée issue d'une sélection parcellaire s'ouvre sur un bouquet frais et élégant de pêche, de poire et de poivre blanc. Une attaque ample et charnue introduit un palais tout aussi gourmand et expressif (melon confit, cassis, notes amyliques). Un rosé savoureux, à réserver pour la table. ⌛ 2014-2015 🍴 langouste grillée

La Grand'Vigne, rte de Cabasse, 83170 Brignoles, tél. 04 94 69 37 16, contact@lagrandvigne.com V t.l.j. 9h-12h 14h-18h Roland Mistre

♥ HARMONIE DES ARPENTS 2013 ★★

■ | 2 000 | 5 à 8 €

Un nouveau nom dans le Guide. En 2006, Gilles Gaimard quitte la cave coopérative et choisit d'élaborer son propre vin, mais ce n'est qu'en 2009 qu'il construit sa cave de vinification.

Une entrée en fanfare. Ce rosé à base de grenache (80 %) et de syrah se présente dans une élégante robe pâle à peine saumonée. Tonique et racé dans son expression olfactive, il associe la fraîcheur des agrumes à l'acidulé des notes amyliques, le tout agrémenté d'une fine tonalité florale. Tendre et soyeux, le palais suit la même ligne aromatique, longuement, sans heurt. ⌛ 2014-2015 🍴 carpaccio de saumon

Gilles Gaimard, chem. du Tennis, av. Le-Bellegou, 83136 Gareoult, tél. 06 88 88 83 90, ggaimard@wanadoo.fr V r.-v.

CH. LAFOUX Cuvée Auguste 2012 ★

	7 000		11 à 15 €

Racheté en 1999 par Claudine et Yvon Boisdron, le domaine doit son nom à la source voisine de La Foux. Il est commandé par une bastide du XIIIes. bâtie sur un ancien fortin romain situé le long de la voie Aurélienne. Le domaine s'étend sur 174 ha, dont 22 ha de vignes plantées sur un sol argilo-calcaire et entourées de chênes.

Vanille, noix de coco, cacao, cuir, menthol : ce 2012 encore marqué par son élevage dévoile une intéressante complexité à l'olfaction. La bouche se montre puissante, boisée elle aussi, mais avec justesse, et adossée à des tanins encore jeunes et serrés, gages d'une bonne évolution. ⧗ 2015-2019 ¶ côte de bœuf sauce marchand de vin

Ch. Lafoux, RN 7, 83170 Tourves, tél. 04 94 78 77 86, contactlafoux@gmail.com V t.l.j. sf dim. 9h-12h 14h-18h Boisdron

(B) **CH. LA LIEUE** Tradition 2013 ★★

	15 700	5 à 8 €

Fondé en 1876 par Philomène Batilde, veuve d'un soyeux lyonnais, ce domaine (75 ha aujourd'hui) se transmet depuis cinq générations au sein de la famille Vial. Le vignoble converti à l'agriculture biologique dès 1997 est conduit par Jean-Louis et Julien Vial (père et fils).

La personnalité de ce blanc paré d'une robe jaune étincelant aux reflets argentés s'exprime d'emblée à travers un bouquet intense et varié : abricot, pêche blanche, bourgeon de cassis, fleurs blanches... À l'unisson, la bouche se révèle dense, consistante, généreuse et vivifiée par une pointe saline et une finale pleine de fraîcheur. ⧗ 2014-2018 ¶ anchois marinés ■ Cuvée Batilde Philomène 2011 ★ (8 à 11 € ; 16 100 b.) : un vin riche en saveurs (griotte, poivre, tabac blond, pruneau), frais et solidement bâti autour de tanins encore fermes. ⧗ 2015-2019

Famille Vial, Ch. la Lieue, rte de Cabasse, 83170 Brignoles, tél. 04 94 69 00 12, chateau.la.lieue@orange.fr V t.l.j. 9h-12h30 14h-19h; dim. 10h-12h 15h-18h

(B) **DOM. DU LOOU** Esprit de blancs 2013 ★★

	10 000		5 à 8 €

Longtemps propriété du clergé de Saint-Victor à Marseille, le domaine du Loou (dont la tradition viticole remonte à l'Antiquité) appartient depuis 1954 à la famille Di Placido. Couvrant 25 ha à l'origine, il compte aujourd'hui 60 ha de vignes d'un seul tenant conduites en bio.

Les notes de fruits exotiques, de chèvrefeuille et de pêche blanche très présentes à l'olfaction se prolongent à la dégustation, où elles offrent un allant et une fraîcheur en harmonie avec la nature volumineuse et ronde du palais. Un vin parfaitement équilibré, complexe et intense. ⧗ 2014-2016 ¶ plancha de gambas à l'ail ■ Rosée de printemps 2013 ★ (8 à 11 € ; 10 000 b.) : une jolie finesse aromatique (orange amère, bonbon anglais, cassonade), une attaque franche, un palais rond et gourmand, un ensemble harmonieux. ⧗ 2014-2015

SCEA Di Placido, Dom. du Loou, 83136 La Roquebrussanne, tél. 04 94 86 94 97, domaine-du-loou@wanadoo.fr V r.-v.

(B) **CH. MARGILLIÈRE** Bastide 2013 ★★

	26 000	8 à 11 €

À quelques kilomètres de Brignoles, le caveau de dégustation a été aménagé dans une ancienne magnanerie du XVIIes. rénovée avec les techniques d'antan. À partir de 1996 et grâce à Patrick Caternet, le vignoble retrouve son lustre d'autrefois. En 2002, Pauline, sa fille, prend en charge la commercialisation des vins du domaine étiquetés bio depuis 1999.

Belle robe rose clair et arômes variés de chèvrefeuille, de pêche de vigne, de mirabelle et de pomelo : l'entrée en matière est des plus engageantes. La bouche, à l'unisson, révèle un équilibre remarquable entre douceur et vivacité, et s'étire dans une longue finale fruitée. Un rosé friand et très harmonieux. ⧗ 2014-2015 ¶ bouillabaisse

Ch. Margillière, rte de Cabasse, 83170 Brignoles, tél. 04 94 69 05 34, contact@chateau-margilliere.com V t.l.j. sf dim. 9h30-12h 14h30-18h Caternet

CH. D'OLLIÈRES Haut du pigeonnier 2013 ★

	2 500		15 à 20 €

Sous la direction de Charles Rouy, qui a fait ses armes dans la célèbre maison beaunoise Bouchard, cette ancienne seigneurie a su retrouver sa tradition viticole à partir de 2002 grâce à une restructuration du vignoble (16 ha replantés sur les 35 ha que compte aujourd'hui le domaine) et à un investissement dans des équipements modernes.

Cet assemblage de rolle (80 %) et d'ugni blanc exprime une nature mi-bourguignonne mi-méridionale. Au nez, des parfums d'amande grillée, de vanille, de cannelle et de fleurs blanches accompagnés de nuances minérales. En bouche, de la douceur, de la rondeur et de la densité, un boisé bien présent et une fine fraîcheur qui apporte tonus et équilibre. De jolies promesses en perspective. ⧗ 2015-2018 ¶ fromage de chèvre

Ch. d'Ollières, Le Château, 83470 Ollières, tél. 04 94 59 85 57, info@chateau-ollieres.com V t.l.j. sf sam. dim. 9h-12h30 14h-17h30

CH. DE LA PRÉGENTIÈRE Cuvée Prestige 2013 ★

	16 000		11 à 15 €

Au sein de ce vaste vignoble de 56 ha exposé plein sud face aux monts Petit et Gros Bessillon, au cœur de la Provence verte, on distingue encore les traces de la ligne de chemin de fer qui reliait Nice à Meyrargues au XIXes. Reprise en 2001 par Jean-Claude Caillou, cette propriété a connu une profonde restructuration.

Ce rosé couleur pêche combine avec finesse des notes d'agrumes et de fleurs blanches. La bouche d'une grande fraîcheur est portée jusqu'en finale par d'élégantes saveurs fruitées. Un vin très harmonieux. ⧗ 2014-2015 ¶ poulet à la citronnelle

SARL Dom. de la Prégentière, RD 560, 83670 Pontevès, tél. 04 94 77 10 64, etien.monge@orange.fr V t.l.j. sf sam. dim. 10h-12h 14h-17h30 D Caillou

DOM. DE RAMATUELLE 2013 ★

	n.c.	8 à 11 €

Fanny, sa fille, et Hugues, son gendre, sont venus seconder Bruno Latil sur ce domaine familial situé au

PROVENCE

cœur de la Provence verte. Niché au pied du massif de la Sainte-Baume, sur des coteaux et semi-coteaux argilo-calcaires, le vignoble de 50 ha est enherbé et pâturé de l'hiver au printemps par un troupeau de brebis.

Auréolé de reflets verts, ce blanc se présente sous de bons auspices. Au nez, de subtils arômes de fleurs blanches, de fruits blancs et d'agrumes. La bouche, ample et ronde, évolue sur des notes miellées et sur les fruits confits, et s'étire dans une longue finale chaleureuse. ⧗ 2014-2016 ♆ cabillaud à la sauce tomate épicée

⊶ EARL Bruno Latil, Dom. de Ramatuelle, 83170 Brignoles, tél. 04 94 69 10 61, ramatuelle2@wanadoo.fr V t.l.j. sf dim. 9h-12h 14h-18h

B LES RESTANQUES VERTES 2013

	13 330		5 à 8 €

La coopérative de Rougiers est l'une des plus anciennes de la région. Construite en 1913 au sein du massif de la Sainte-Baume, elle fait partie de l'Inventaire général du patrimoine culturel de Rougiers. Elle regroupe quarante adhérents qui conduisent un vignoble de plus de 150 ha.

Point de mollesse ici. Une robe rose franc et un nez de fruits rouges pour commencer. En bouche, le vin se montre droit, vif, sans fioriture. Un rosé au-delà des modes, alerte et sans chichi. ⧗ 2015-2016 ♆ plateau de charcuterie

⊶ Les Vignerons de la Sainte-Baume, rte de Brignoles, 83170 Rougiers, tél. 04 94 80 42 47, cave.saintebaume@orange.fr V t.l.j. sf dim. 9h-12h 15h-18h

♥ B DOM. LA ROSE DES VENTS 2013 ★★

	14 600	5 à 8 €

Fondée au début du XXe s., l'exploitation s'est transmise au fil des générations. Depuis 1994, Gilles Baude, œnologue, conduit le domaine avec son beau-frère Thierry Josselin, chargé de la commercialisation : 38 ha de vignes exploitées en agriculture biologique. Une valeur sûre en coteaux-varois.

Ce blanc lumineux dévoile un bouquet à la fois gourmand et élégant de fruits blancs, d'agrumes et de jasmin. Une finesse aromatique à laquelle fait écho un palais à l'équilibre admirable : gras et onctueux, il reste tonique et aérien de bout en bout. ⧗ 2014-2017 ♆ sole meunière

2013 ★ (130 000 b.) : agréable et jovial, ce vin associe franchise, fraîcheur des agrumes et bourgeon de cassis. ⧗ 2014-2015

⊶ Dom. la Rose des Vents, rte de Toulon, 83136 La Roquebrussanne, tél. 04 94 86 99 28, larosedesvents073@orange.fr V t.l.j. sf dim. 9h-12h 14h-18h

L'ORATOIRE SAINT-ANDRIEU 2013 ★

	53 000	8 à 11 €

Acquis en 2003 par Jean-Paul et Nancy Bignon, par ailleurs propriétaires du Château Talbot, cru classé de saint-julien dans le Médoc, ce domaine de 12 ha jouit d'un terroir argilo-calcaire privilégié à 380 m d'altitude au pied du Bessillon.

Ce vin se caractérise par une agréable palette florale (genêt, glycine) et par des saveurs gourmandes de bonbon anglais et de pâtisserie, que l'on retrouve au nez comme en bouche. Un rosé expressif, bien équilibré et délicat. ⧗ 2014-2015 ♆ tian de légumes

⊶ Dom. Saint-Andrieu, chem. Saint-Andrieu, 83570 Correns, tél. 04 94 59 52 42, domainesaintandrieu@club-internet.fr V r.-v.

⊶ Bignon

DOM. SAINT-ESTIENNE 2013 ★

	80 000	5 à 8 €

La maison de négoce Bréban fondée en 1952 est spécialisée depuis trois générations dans la commercialisation des vins de Provence.

Ce rosé dévoile à l'olfaction d'agréables senteurs de fruit de la Passion et de bourgeon de cassis. Le palais affiche un bel équilibre, se montrant à la fois dense, rond et frais. ⧗ 2014-2015 ♆ poêlée de saint-jacques aux agrumes

⊶ Vins Breban, av. de la Burlière, 83170 Brignoles, tél. 04 94 69 37 55, contact@vinsbreban.com

DOM. DE SAINT-FERRÉOL 2013

	6 000	5 à 8 €

Armelle et Guillaume de Jerphanion sont devenus vignerons en 1979 au domaine de Saint-Ferréol situé aux portes du Verdon, l'un des domaines les plus septentrionaux de l'appellation coteaux-varois, dont le vignoble (85 ha) est exposé plein sud.

Né d'un assemblage de syrah, de cinsault et de grenache, ce rosé équilibré se présente dans une robe aux reflets corail. On apprécie, au nez comme en bouche, son expression franche, florale et fruitée, et sa fraîcheur. ⧗ 2014-2015 ♆ petits farcis niçois

⊶ Guillaume de Jerphanion, Dom. de Saint-Ferréol, 83670 Pontevès, tél. 04 94 77 10 42, saint-ferreol@wanadoo.fr V t.l.j. sf dim. 9h-12h 15h-18h30 3 D

DOM. SAINT-JEAN DE VILLECROZE
Cuvée spéciale 2013

	6 000		5 à 8 €

À l'origine, sans doute un domaine des Templiers. Saint-Jean de Villecroze a (re)trouvé sa vocation viticole à partir de 1973 après avoir été acheté par un couple franco-américain qui a replanté le vignoble. Le domaine a été repris en 1993 par un vigneron italien, Francesco Caruso.

Cette cuvée se présente dans une robe marbre rose, le nez ouvert sur la mangue et la framboise. La bouche se révèle mûre, de bonne densité. Un vin plaisant et harmonieux. ⧗ 2014-2015 ♆ cake aux olives

⊶ SA Dom. Saint-Jean de Villecroze, quartier Saint-Jean, 83690 Villecroze, tél. 04 94 70 63 07, contact@domaine-saint-jean.com V t.l.j. 10h-12h 15h-18h

DOM. SAINT-JEAN-LE-VIEUX
Cuvée La Grand' Bastide 2011

	14 000		5 à 8 €

Pierre et Claude Boyer conduisent depuis 1990 un domaine de 65 ha, sur lequel ils s'emploient à moder-

niser les techniques culturales et le travail au chai dans le respect de l'environnement (toiture photovoltaïque, phytobac pour la récupération des eaux de lavage...).

La robe se pare d'un rouge franc de jeunesse. Le nez dévoile des parfums plaisants de gingembre frais et de poivron rouge. La bouche, portée par des tanins solides sans dureté, offre un caractère plus mûr et déploie une jolie finale aux accents de tabac blond. ⧗ 2014-2017 ¶ selle d'agneau aux herbes

Dom. Saint-Jean-le-Vieux, 317, av. 8-Mai-1945, 83470 Saint-Maximin, tél. 04 94 59 77 59, domaine@saintjeanlevieux.com V t.l.j. sf dim. 8h-12h 14h-19h Pierre Boyer

DOM. SAINT-JULIEN
Exception de Saint-Julien 2010 ★

■ | 6 000 | | 11 à 15 €

Depuis 1992, la famille Garrassin redynamise ce domaine dont l'origine remonterait à l'époque gallo-romaine. La cave a été reconstruite sur les vestiges d'une ancienne bergerie du XVIIe s., et le vignoble replanté pour atteindre 30 ha. Claire, petite-fille de Maurice Garrassin, apporte son énergie au domaine.

Ce vin d'un rouge sombre propose un nez complexe et profond d'épices, de cire et de cuir ; l'aération libère des notes de pruneau et de vanille. La bouche dévoile une texture soyeuse et de beaux tanins ronds. Un vin harmonieux et caressant. ⧗ 2014-2016 ¶ souris d'agneau caramélisée

Dom. Saint-Julien, rte de Tourves, RD 205, 83170 La Celle, tél. 04 94 59 26 10, info@domaine-st-julien.com V t.l.j. sf dim. lun. 9h-12h 14h-18h Garrassin

DOM. SAINT-MITRE
Clos Madon 2011

■ | 3 000 | | 11 à 15 €

Un domaine de 35 ha repris en 2004 par Nelly et Daniel Martin, vignerons champenois, qui ont procédé à une importante restructuration du vignoble et du chai.

Un rouge cardinal habille ce vin aux tonalités fruitées et vanillées. La bouche se révèle souple et ronde, solidifiée par des tanins présents sans dureté. ⧗ 2014-2017 ¶ filet mignon de porc caramélisé

Dom. Saint-Mitre, rte d'Esparron, 83470 Saint-Maximin-la-Sainte-Baume, tél. 04 94 78 07 54, saint.mitre@wanadoo.fr V r.-v. Martin

THUERRY
Les Abeillons 2013 ★

■ | 13 000 | | 11 à 15 €

Au sein du parc régional du Haut-Var Verdon, une bâtisse templière du XIIe s. soulignée par un chai longiligne ultramoderne et semi-enterré (2 200 m²), commande une propriété de 340 ha, dont 40 ha de vignes. Une valeur sûre de la Provence viticole, dans les trois couleurs.

Rolle et sémillon marquent l'identité de cette cuvée haute en expression : agrumes et fruits exotiques avec une légère touche végétale. Le palais ? Droit et frais en attaque, puis évoluant sur une belle rondeur fruitée. L'ensemble équilibré allie gras, douceur et vivacité. ⧗ 2014-2017 ¶ pâtes aux fruits de mer

Ch. Thuerry, Ch. Thuerry, 83690 Villecroze, tél. 04 94 70 63 02, thuerry@chateauthuerry.com V t.l.j. 9h-17h30 ; été 9h-19h Croquet

B CH. TRIANS 2013 ★

■ | 15 000 | | 8 à 11 €

Cette ancienne magnanerie, qui a toujours eu une activité viticole, tire son nom d'une villa romaine, la villa Triana. Depuis 1990, Jean-Louis Masurel, jadis directeur du groupe LVMH, lui a redonné son caractère. Implantés en coteau, à 350 m d'altitude, et exposés au nord-ouest, les 20 ha de vignes sont certifiés culture biologique en 2012.

Dans l'air du temps, ce rosé s'affiche dans une robe claire à la nuance melon. Nez et bouche sont à l'unisson, tous deux expressifs et frais, livrant des accents de pamplemousse et d'ananas agrémentés d'une légère et fort plaisante amertume qui apporte un surcroît de complexité. ⧗ 2014-2015 ¶ tian de fenouil

Ch. Trians, chem. des Rudelles, 83136 Néoules, tél. 04 94 04 08 22, trians@wanadoo.fr V t.l.j. sf dim. 9h-12h 14h-18h E

♥ DOM. DU VIGNARET 2013 ★★

■ | 10 000 | | 5 à 8 €

Après avoir vinifié au sein de prestigieux domaines de la région provençale, Roger Tourrel (ancien maître de chai du château de Galoupet) reprend en 2004 les vignes familiales et décide d'élaborer ses propres vins. Il exploite aujourd'hui 30 ha en culture raisonnée, préférant l'utilisation du compost à celle d'engrais chimiques.

Une robe brillante d'un rose saumon habille ce vin admirable qui rappellera aux lecteurs assidus la version 2011, coup de cœur de l'édition 2013. Une même intensité aromatique caractérise le nez, ouvert sans réserve sur des senteurs fruitées (mangue, litchi, pomelo, pêche blanche) et florales (rose et violette). Le palais conjugue dans un équilibre parfait volume, gras et fraîcheur, cette dernière étant renforcée en finale par une belle amertume citronnée. ⧗ 2014-2015 ¶ filets de rouget

EARL Tourrel, Dom. du Vignaret, 8, rue de Provence, 83136 Sainte-Anastasie, tél. 04 94 80 53 95, vignaret@orange.fr V t.l.j. sf dim. 9h30-12h30 15h-19h

CÔTES-DE-PROVENCE

• Superficie : 23 280 ha • Production : 975 977 hl (96 % rouge et rosé)

Née en 1977, cette vaste appellation occupe un bon tiers du département du Var, avec des prolongements dans les Bouches-du-Rhône, jusqu'aux abords de Marseille, et une enclave dans les Alpes-Maritimes. Trois terroirs la caractérisent : le massif siliceux des Maures, au sud-est, bordé au nord par une bande de grès rouge allant de Toulon à Saint-Raphaël, et, au-delà, l'importante masse de collines et de plateaux calcaires qui annonce les Alpes. Issus de

PROVENCE

nombreux cépages en proportions variables, sur des sols et des expositions tout aussi divers, les côtes-de-provence présentent, à côté d'une parenté due au soleil, des variantes qui font précisément leur charme... Un charme que le Phocéen Protis goûtait sans doute déjà, six cents ans avant notre ère, lorsque Gyptis, fille du roi, lui offrait une coupe en aveu de son amour... La diversité des côtes-de-provence a conduit à individualiser certains terroirs, comme ceux de Sainte-Victoire et de Fréjus, reconnus en 2005, ou La Londe en 2008.
Sur les blancs tendres mais sans mollesse du littoral, les nourritures maritimes et très fraîches seront tout à fait à leur place, tandis que ceux qui sont un peu plus « pointus », nés un peu plus au nord, appelleront des écrevisses à l'américaine et des fromages piquants. Les rosés, plus ou moins tendres ou nerveux, s'accorderont aux fragrances puissantes de la soupe au pistou, de l'anchoïade, de l'aïoli, de la bouillabaisse, et aussi aux poissons et fruits de mer aux arômes iodés : rougets, oursins, violets. Parmi les rouges, ceux qui sont tendres, à servir frais, conviennent aussi bien aux gigots et aux rôtis qu'au pot-au-feu, surtout si l'on sert ce dernier en salade ; les rouges puissants, généreux, qui peuvent parfois vieillir une dizaine d'années, conviendront aux civets, aux daubes, aux bécasses. Et pour les amateurs d'harmonies insolites, rosés frais et champignons, rouges et crustacés en civet, blancs avec daube d'agneau (au vin blanc) procurent de bonnes surprises.

CUVÉE DE L'AMIRAL 2013 ★

■ | 3 300 | | - de 5 €

Le vignoble de la cave coopérative de l'Amiral est situé au cœur de la Provence verte sur des coteaux qui dominent le château d'Entrecasteaux (XIe s.) et ses jardins dessinés par Le Nôtre. Fondée en 1925, la cave regroupe 194 ha de vignes composés de restanques, de coteaux et de petits plateaux.

Une robe jaune très pâle aux reflets verdoyants habille ce vin qui mêle à l'olfaction fleurs blanches et citron vert. La bouche s'équilibre entre rondeur, douceur et notes vivifiantes et persistantes d'agrumes et de fruits jaunes. 2014-2016 carpaccio saint-jacques citronnelle

SCA Les Caves de l'Amiral, rte de Saint-Antonin, quartier Les Prés, 83570 Entrecasteaux, tél. 04 94 04 42 68, cave.amiral@wanadoo.fr V r.-v.

CH. DES ANGLADES 2012

■ | 10 000 | | 8 à 11 €

À la sortie de la ville d'Hyères, une allée de palmiers conduit à la bâtisse du XVIIe s., cœur de ce domaine racheté en 2000 par un Varois, M. Gautier, qui a engagé une remise à niveau des vignes (25 ha sur un terroir de colluvions de schistes issus du massif des Maures) et de la cave.

Mourvèdre, syrah et carignan pour ce 2012. Au nez, des petits fruits rouges agrémentés de notes de cuir et d'amande. En bouche, de la fraîcheur, du fruit toujours et des tanins fondus. Un vin aimable, souple et facile d'accès. 2014-2017 brochettes de bœuf et poivron

Ch. des Anglades, 1845, rte de Nice, 83400 Hyères, tél. 04 94 65 22 21, contact@lesanglades.com V Gautier

♥ CH. ANGUEIROUN
La Londe Prestige 2011 ★★★

■ | 8 000 | | 15 à 20 €

Créé par un négociant en 1931 sur une ancienne réserve de chasse, le domaine couvre 120 ha face à la mer, dont 35 ha de vignes entourant un mas et une bastide datés du XIXe s. Une petite anguille (*angueiroun* en provençal) orne les étiquettes d'Éric Dumon, installé ici depuis 1998.

Issu de syrah, grenache et cabernet-sauvignon, ce La Londe admirable revêt une somptueuse robe rouge sombre aux reflets de velours noir, qui laisse deviner la puissance du vin. De fait, un bouquet intense, noble et complexe s'échappe du verre : cassis, mûre, fruits secs, épices, cuir. Une générosité (fruité compoté, grillé, cacao) prolongée par un palais au volume imposant, à la fois dense et élégant, profond et gourmand. Un vin chaleureux, que l'on prendra soin de carafer pour l'apprécier pleinement. 2014-2020 agneau en croûte et cèpes

Dumon, 1077, chem. de l'Angueiroun, 83230 Bormes-les-Mimosas, tél. 04 94 71 11 39, contact@angueiroun.fr V t.l.j. 8h-12h 14h-18h

CH. LES APIÈS L'Arène de la vallée 2013

■ | n.c. | | 8 à 11 €

C'est en 2001 que M. Wouters acquiert ce domaine qu'il le rénove entièrement en 2005. Depuis 2010, sa fille dirige l'exploitation, dont le vignoble couvre 20 ha d'un seul tenant.

Rose pâle aux nuances saumonées, ce 2013 dévoile à l'olfaction de timides notes de fruits jaunes (pêche, abricot, melon). La bouche, plus diserte, jouit d'un bel équilibre entre fraîcheur et rondeur ; elle est tapissée d'arômes généreux de fruits exotiques mûrs et de framboise. 2014-2015 croustillant de camembert aux pommes ■ Classique 2013 (11 à 15 € ; 2 666 b.) : un bon équilibre entre rondeur et fraîcheur pour ce blanc à la finale fruitée sur des notes de pêche et d'agrumes. 2016-2019

Ch. les Apiès, Clos Saint-Jean, 83460 Les Arcs-sur-Argens, tél. 06 30 44 16 14, cathywouters73@gmail.com V t.l.j. 10h-12h30 14h-19h Wouters

CH. L'ARNAUDE Pierre-Louis 2011 ★

■ | 9 600 | | 15 à 20 €

Dans cet ancien ermitage situé sur la route de Saint-Jacques-de-Compostelle dans la plaine de Lorgues, les moines cultivaient vignes et oliviers. Séduit par la quiétude des lieux, Pierre Olivier Turbil a racheté le domaine en 2013, où il développe un projet nouveau autour de l'œnotourisme.

Cette cuvée Pierre-Louis dévoile à l'olfaction une engageante fraîcheur fruitée et réglissée. Une attaque souple ouvre sur un palais friand, frais et long, en harmonie avec le nez. 2014-2016 omelette aux truffes

Ch. l'Arnaude, 692, rte de Vidauban, 83510 Lorgues, tél. 04 94 73 70 67, info@chateaularnaude.com V t.l.j. 9h30-17h30; été 9h-18h 5
Turbil

B DOM. DES ASPRAS
Les Trois Frères 2012 ★★

	7 300		11 à 15 €

Avec Michaël Latz à sa tête, ce domaine fut l'un des pionniers de la conversion intégrale en bio du village de Correns, dès 1996. Aujourd'hui, le vigneron est épaulé par ses trois fils Sébastien, Alexandre et Raphaël, sur un vignoble de 16 ha entourant une bâtisse de style piémontais.

Se présentant dans un noir profond aux reflets rouges, ce vin dévoile une personnalité des plus chaleureuses et des plus expressives. Au nez, cassis puis violette et Zan. À l'unisson, le palais développe une mâche généreuse, construite autour de tanins fondus et une longue finale ample et fruitée. Déjà harmonieuse, cette bouteille vieillira bien. 2014-2019 rôti de bœuf en croûte champignons Les Trois Frères 2013 ★★ (8 à 11 € ; 38 000 b.) : un rosé charmeur en diable, qui associe, au nez comme en bouche, la douceur des fleurs blanches et le croquant des fruits à chair jaune (pêche et abricot). 2014-2015

SARL Dom. des Aspras, Dom. des Aspras, 83570 Correns, tél. 04 94 59 59 70, domaine@aspras.com V t.l.j. 9h-12h 15h-19h E
Michaël Latz

♥ CH. D'ASTROS Cuvée spéciale 2013 ★★

	30 000		8 à 11 €

Sur cette propriété se sont succédé une commanderie templière, une bâtisse de la Renaissance et enfin le château à l'architecture italienne (1862) où fut tourné le film *Le Château de ma mère*. Ses 80 ha conduits par la famille Martin-Maurel sont implantés sur les contreforts argilo-calcaires dominant la plaine des Maures.

La douceur de la robe rose pâle aux nuances pomelo laisse présager un vin tout en délicatesse. De fait, cet assemblage de grenache (85 %) et de syrah ponctué d'une pointe de rolle livre un bouquet subtil et complexe de fruits rouges (fraise, notamment) et de meringue vivifié par une fine touche d'agrumes. La bouche ample, croquante et charnue, s'épanouit avec élégance et intensité sur les fruits des bois. Un rosé complet et harmonieux à la personnalité affirmée, que l'on réservera à la table. 2014-2015 risotto de lotte au safran

SCEA du Ch. d'Astros, rte de Lorgues, 83550 Vidauban, tél. 04 94 99 73 00, contact@astros.fr V t.l.j. sf dim. 8h30-12h30 14h-18h
Maurel

CH. DE L'AUMERADE Cuvée Sully 2013 ★

Cru clas.	21 733		11 à 15 €

Remarqué par le roi Henri IV et par son ministre le duc de Sully, qui y fait planter en 1594 le premier mûrier en France et les platanes ornant toujours les jardins du château, ce domaine entre dans la famille Fabre en 1932 avec Louis Fabre et obtient cette année-là le titre de cru classé.

Dans son élégant flacon – modèle déposé conçu en 1950 d'après une pâte de verre d'Émile Gallé –, la cuvée Sully, une valeur sûre du domaine, séduit aussi par le contenu. À l'aveugle, les dégustateurs ont apprécié ce pur rolle pour son bouquet élégant de fleur de jasmin et d'agrumes, comme pour son palais persistant et finement floral. Une belle expression du cépage. 2014-2017 filets de rougets à la provençale

Ch. de l'Aumerade, rte de Puget-Ville, 83390 Pierrefeu-du-Var, tél. 04 94 28 20 31, production@aumerade.com V t.l.j. sf dim. 8h30-12h30 14h-18h Famille Fabre

LA BADIANE L'Été en rose 2013

	10 000	8 à 11 €

Sous la marque La Badiane, le négociant-éleveur toulonnais Jean-Luc Poinsot propose une gamme variée issue des différents terroirs de Provence.

Ce rosé franc joue l'expression fruitée (pêche blanche) et déploie une matière ronde, aiguisée par une agréable touche végétale. 2014-2015 apéritif

La Badiane, quartier Saint-Benoît, 83890 Besse-sur-Issole, tél. 06 07 87 98 05, jlpoinsot@labadiane.fr V r.-v.

LES VIGNERONS DU BAOU
Sainte-Victoire 2013

	5 000	8 à 11 €

Cette coopérative viticole a été créée en 1912 dans la commune de Pourcieux, face au massif de la Sainte-Victoire. Elle vinifie la production de 380 ha de vignes.

Des reflets argent animent une robe rose. Des nuances de bonbon anglais et de fruits rouges dominent le nez. La bouche, souple et ronde, est stimulée par une pointe de vivacité et s'achève sur une note agréable de fruits à noyau. 2014-2015 bouillabaisse Cuvée Lou Baou 2013 (5 000 b.) : un blanc expressif et de bonne complexité (ananas, rose, fleurs blanches...). 2014-2016

Les Vignerons du Baou, 42, av. Raoul-Blanc, 83470 Pourcieux, tél. 04 94 78 03 06, vignerons-du-baou@wanadoo.fr V t.l.j. sf dim. 9h-12h 13h30-17h30

B CH. BARBANAU L'Instant 2013

	35 000		8 à 11 €

Sur les traces d'un arrière-grand-père vigneron, Sophie et Didier Simonini font l'acquisition en 1989 de ce domaine situé à l'extrémité ouest des côtes-de-provence, non loin de Cassis, autre appellation qu'ils produisent. Ils conduisent en bio depuis 2008 leur vignoble de 27,5 ha.

Ce vin couleur litchi aux reflets groseille s'ouvre sur des tonalités exotiques et des notes de pamplemousse. Suivant la même trame aromatique fruitée, la bouche se révèle fraîche, alerte, un rien acidulée. 2014-2015 soupe au pistou L'Instant 2013 (10 000 b.) : un vin « croquant » dominé par des arômes de fruits à chair blanche. 2014-2016

PROVENCE

Ch. Barbanau, hameau de Roquefort, 13830 Roquefort, tél. 04 42 73 14 60, contact@chateau-barbanau.com V t.l.j. sf dim. 10h-12h 15h-18h Simonini

CH. BARBEIRANNE Cuvée Charlotte 2011 ★

| 15 000 | | 15 à 20 € |

Au cœur de la Provence verte, ce vignoble de 34 ha est établi sur le terroir argilo-calcaire des coteaux du massif des Maures. Les oliviers côtoient les parcelles de vignes en restanques autrefois plantées de lavande encadrant une bastide du XVIIIe s.

De cet assemblage de syrah, cabernet-sauvignon et grenache élevé vingt-quatre mois en barrique naît un vin sombre et dense aux accents de fruits noirs et d'épices ponctués de touches mentholées et fumées. Une attaque franche introduit un palais ample, puissant, mûr et concentré, adossé à des tanins fermes. Un rouge au caractère affirmé et de bonne garde. ⌛ 2014-2019 🍷 côte de bœuf sauce morilles

Ch. Barbeiranne, lieu-dit La Pellegrine, 83790 Pignans, tél. 04 94 48 84 46, barbeiranne@wanadoo.fr V t.l.j. sf dim. 9h-12h 13h30-18h; sam. 10h-12h 14h-18h Marie-Noëlle Febvre

B CH. BARBEYROLLES Noir et or 2013 ★

| 2 600 | 11 à 15 € |

Régine Sumeire conduit depuis 1977 ce vignoble de 12 ha établi dans la presqu'île de Saint-Tropez. Les années 2000 ont vu arriver la certification bio à la vigne, la modernisation de la cave (travail par gravité) et l'adhésion au nouveau cahier des charges de la vinification bio.

Des raisins récoltés à bonne maturité, une vinification et un élevage soigneusement maîtrisés ont donné cette cuvée aux arômes chaleureux de fruits noirs cuits (cassis, mûre). La bouche, à l'unisson, se révèle ample, charnue et persistante. Un rouge bien méridional à vocation gastronomique. ⌛ 2014-2016 🍷 côtelettes d'agneau grillées

Ch. Barbeyrolles, 2065, rte de la Berle, 83580 Gassin, tél. 04 94 56 33 58, regine@barbeyrolles.com V t.l.j. sf dim. 9h-18h Régine Sumeire

BASTIDE DES DEUX LUNES Tout près des étoiles 2013 ★★

| 15 000 | | 5 à 8 € |

Bertrand Dubois, œnologue, a repris au début des années 2000 les vignes familiales, jusqu'alors destinées à la vinification en coopérative. Le chai de la Bastide des Deux Lunes a vu le jour pour les vendanges 2012.

La robe rose pâle est d'une grande brillance, et le bouquet d'une grande finesse. Petits fruits rouges, agrumes et fleurs blanches préludent avec élégance à une bouche à la fois ample, généreuse et fine. Un rosé complet et équilibré. ⌛ 2014-2015 🍷 poisson aux agrumes

Bastide des Deux Lunes, 329, rue de la Thèse, 83390 Puget-Ville, tél. 06 16 31 13 71, bastidedes2lunes@gmail.com V r.-v. Bertrand Dubois

DOM. DES BEAUCAS Exception 2013 ★

| n.c. | | 8 à 11 € |

Le vignoble, qui date de 1780, est situé sur les terres du Revest, anciennement propriété des princes de Condé, en surplomb du golfe de Saint-Tropez ; un emplacement de choix, où les vignes sont cultivées depuis plus de deux mille ans. Conduit depuis 2001 par la famille Roynette, il s'étend aujourd'hui sur 13 ha.

Ce vin en robe claire propose une olfaction discrète avant de s'ouvrir à l'aération sur des senteurs florales intenses. Le palais offre un bon équilibre entre vivacité, alcool et persistance fruitée. Un rosé élégant. ⌛ 2014-2015 🍷 bouillabaisse

Roynette, Dom. des Beaucas, CD 44, 83120 Sainte-Maxime, tél. 04 94 40 73 76, contact@domainedesbeaucas.com V t.l.j. sf dim. 10h-19h (ouvert dim. en été)

CH. DE BERNE 2012 ★

| 25 000 | | 20 à 30 € |

Situé au cœur du Var, ce vaste domaine de 118 ha de vignes est devenu un véritable centre œnotouristique : journées à thème, concerts, cours de cuisine, visites des caves et dégustations, hôtel relais-château, deux restaurants...

Composée majoritairement de syrah, cette cuvée rouge profond présente un nez complexe de fruits rouges et d'épices associés à un boisé encore dominant, mais de qualité. Une attaque franche prélude à un palais généreux en fruits mûrs et solidement bâti sur des tanins fermes qui demandent à se fondre. Un vin ample, puissant et bien élevé, armé pour la garde. ⌛ 2015-2020 🍷 tajine d'agneau à la courgette 2013 ★ (15 à 20 € ; 50 000 b.) : un rosé fin, ample et persistant sur des notes croquantes de fraise. ⌛ 2014-2015

Vignobles de Berne, rte de Salernes, 83510 Lorgues, tél. 04 94 60 43 60, info@chateauberne.com V t.l.j. 9h-18h

DOM. DES BLAÏS 2013

| 42 000 | 5 à 8 € |

Fondée en 1912, cette cave coopérative dédiées aux côtes-de-provence produit 110 000 hl pour 530 ha de vignes. Aux commandes des vinifications, le talentueux maître de chai François Brun.

Des nuances litchi animent la robe de ce rosé ouvert sur des parfums intenses de pâtisserie et de bonbon acidulé. Franc dès l'attaque, le palais conjugue volume, fruité et fine tension. Un vin bien construit. ⌛ 2014-2015 🍷 anchoïade

La Vidaubanaise, 89, chem. de Sainte-Anne, BP 24, 83550 Vidauban, tél. 04 94 73 00 12, commercial@vidaubanaise.com V t.l.j. sf dim. 8h-12h 14h-18h

MAS DES BORRELS 2013 ★

| 22 000 | | 8 à 11 € |

La famille Garnier, propriétaire du domaine du Cazal depuis 1966, a acquis en 1985 la parcelle du Mas des Borrels. Michel et Jeanine Garnier cultivent ainsi une cinquantaine d'hectares sur les coteaux dominant la vallée des Borrels, non loin d'Hyères et de la Méditer-

ranée, sur les contreforts schisteux du massif des Maures.

Ce rosé aux reflets saumonés offre à l'olfaction des arômes discrets mais fins d'abricot et de fruits blancs. Une délicate expression fruitée caractérise aussi la bouche de ce vin plaisant, sans exubérance. 2014-2015 pavé de thon mi-cuit

GAEC Garnier, Mas des Borrels, 3846, chem. des Borrels, 83400 Hyères, tél. 04 94 12 76 51, masdesborrels@gmail.com V t.l.j. sf dim. 10h-12h 15h-18h

DOM. BORRELY-MARTIN Le Collet 2009 ★★

	4 000		15 à 20 €

À quelques kilomètres du massif des Maures, ce vignoble familial de 7,5 ha s'étend sur des sols de schistes et de grès permiens dans l'aire d'AOC côtes-de-provence.

Né d'un assemblage de mourvèdre et de syrah, et d'un élevage luxueux de vingt-quatre mois en fût, ce 2009 se présente dans une robe dense, couleur cerise noire. Le nez empreint d'arômes concentrés de liqueur de cassis, évolue à l'aération vers des nuances bien typées de poivre, de garrigue et de menthol. Le palais à la fois généreux, riche et élégant, s'adosse à des tanins soyeux. Un vin solaire et intense, d'une grande profondeur. À carafer avant le service. 2014-2019 mi-cuit au chocolat Carré de Laure 2010 (11 à 15 €; 4 000 b.) : un vin franc qui offre des arômes de fruits rouges et des notes épicées. 2014-2016

Dom. Borrely-Martin, Grande-Rue, 83340 Les Mayons, tél. 04 94 60 09 39, claude.martin0602@orange.fr V t.l.j. sf dim. lun. 9h-12h 16h-18h Martin Frères

DOM. BOUISSE-MATTERI Cuvée du Paradis 2013 ★

	3 200		5 à 8 €

Partis de 13 ha de vignes, Bruno Merle et son épouse n'exploitent pas moins de 55 ha aujourd'hui. Depuis 2009, leur fils Thomas participe pleinement à l'élaboration des vins. La famille possède un grand caveau de dégustation à l'architecture hispano-baroque bien connu des œnophiles hyérois.

Amande fraîche, poire, aubépine, ce blanc à la teinte éclatante fait preuve d'une réelle complexité, tant au nez qu'en bouche. Frais, minéral et équilibré, il exprime son terroir avec élégance. 2014-2016 encornets à la plancha

Dom. Bouisse-Matteri, 3301, rte des Loubes, 83400 Hyères, tél. 04 94 38 65 05, bruno.merle@wanadoo.fr V t.l.j. sf dim. 9h-19h Famille Merle

DOM. DE LA BOUVERIE 2013 ★

	60 000		5 à 8 €

C'est dans les années 1980 que Jean Laponche acquiert ce domaine, ancienne ferme autrefois consacrée à l'élevage de bovins. Il exploite aujourd'hui un vignoble de 30 ha face aux crêtes dentelées du rocher de Roquebrune-sur-Argens.

Né d'un assemblage équilibré de grenache, cinsault et syrah, ce rosé en robe claire livre un nez ouvert sur l'écorce de pamplemousse. La bouche s'harmonise entre une aimable rondeur et une fine minéralité avant de montrer une belle tonicité en finale. Un vin net, équilibré, sans artifice. 2014-2015 rougets grillés 2011 (8 à 11 €; 20 000 b.) : une élégante touche boisée s'associe à un fruité franc dans ce 2011 à la trame tannique encore serrée. 2015-2018

Jean Laponche, Dom. de la Bouverie, 83520 Roquebrune-sur-Argens, tél. 04 94 44 00 81, domainedelabouverie@wanadoo.fr V t.l.j. sf dim. 9h-12h30 15h-18h30

CH. DE BRÉGANCON Réserve du château 2013

Cru clas.	10 000		11 à 15 €

Placé en bordure maritime, ce cru classé de Provence est commandé par une demeure du XVIIes. (résidence présidentielle d'été), propriété de la famille Tézenas depuis huit générations. Si l'on y élevait jadis les vers à soie, seuls les vignes et les oliviers y sont désormais exploités.

Rolle (80 %) et ugni blanc sont à la base de ce 2013 aux reflets verts et lumineux. Au nez comme en bouche, la pêche de vigne et le melon jaune rehaussés de notes citronnées impriment une fraîcheur appuyée, un rien plus stricte en finale. Un vin droit dans ses bottes. 2014-2015 sushis

SARL Ch. de Brégançon, 639, rte de Léoube, 83230 Bormes-les-Mimosas, tél. 04 94 64 80 73, chateaudebregancon@wanadoo.fr V t.l.j. 9h-12h 13h-19h Teéenas

B DOMAINES BUNAN Bélouvé 2013 ★★

	35 000		8 à 11 €

La troisième génération est aujourd'hui aux commandes des Domaines Bunan créés en 1961, qui comprennent plusieurs exploitations réputées en côtes-de-provence et bandol : le Moulin des Costes, le château et le Mas de la Rouvière, Bélouvé, tous ces vignobles étant conduits en culture biologique depuis 2011.

Pas moins de cinq cépages composent cette cuvée à la robe litchi ornée de nuances sable. Le nez livre d'intenses parfums de mangue et de fruit de la Passion agrémentés d'une note de basilic. La bouche tonique et ciselée, qui ne manque ni de douceur ni de volume, s'épanouit sur des arômes exotiques puissants faisant écho à l'olfaction. Un vin complet, équilibré, expressif. 2014-2015 poulet tandoori 2013 ★ (6 000 b.) : un blanc frais et plaisant, ample et tonique, à dominante d'agrumes. 2014-2017

SCEA Domaines Bunan, Le Moulin-des-Costes, 338 bis, chem. de Fontanieu, 83740 La Cadière-d'Azur, tél. 04 94 98 58 98, bunan@bunan.com V t.l.j. 9h-12h 14h-18h; f. dim. d'oct. à mars

C & D SAINT-TROPEZ Élégance 2013 ★

	25 000		5 à 8 €

Brasseur par ailleurs depuis 2013, Thomas Carteron, qui vinifie depuis 2003, s'est spécialisé dans le rosé. Il avait précédemment travaillé au domaine de Mamary à La Londe-des-Maures.

Une robe rose aux reflets bleutés habille ce vin aux senteurs fines et gourmandes de bonbon anglais. La bouche offre du volume, de la chair et une agréable fraîcheur acidulée aux accents de fruits rouges, qui

PROVENCE

s'harmonise avec les nuances olfactives. Un vin cohérent, au nom bien choisi. 2014-2015 poisson en croûte de sel

C & D Saint-Tropez, Espcace des Lices, 9, bd Louis-Blanc, 83990 Saint-Tropez, tél. 06 79 03 02 40, carteron@roses-saint-tropez.com V r.-v. Carteron

CH. DE CABRAN Cuvée des Restanques 2013 ★★

	4 500		11 à 15 €

Un domaine établi sur le site d'une villa gallo-romaine, en bordure de la voie Domitienne. Ses terres vouées autrefois aux troupeaux de chèvre (*cabro* en provençal) sont plantées de vignes depuis 1820 et l'installation des Monzat de Saint-Julien, toujours aux commandes. Le vignoble couvre 18 ha sur un terroir de roches volcaniques de l'Esterel.

Le nez, très élégant, conjugue senteurs d'acacia et de pamplemousse. Au palais, des arômes miellés et des notes de jasmin complètent cette riche palette aromatique, parfaitement soutenue par un boisé fin et bien ajusté. 2014-2017 tajine de poulet aux citrons confits

Ch. de Cabran, chem. de Cabran, 83480 Le Puget-sur-Argens, tél. 04 94 40 80 32, cabran@wanadoo.fr V t.l.j. sf dim. 10h-12h 14h-19h

CANTA RAINETTE Divine 2013 ★★

	5 000		5 à 8 €

Canta Rainette ? À la tombée du jour, les petites grenouilles se mettent à chanter... Propriété de la famille Castellino depuis 1990, ce domaine étend son vignoble sur 30 ha à La Motte, en bordure de la vallée des Esclans.

Paré d'une éclatante robe pétale de rose, ce 2013 à la complexité affirmée dévoile un nez intense de fruits rouges et jaunes, et de fleurs blanches. Le prélude à une bouche ample, ronde, charnue, sur les fruits rouges subtilement rehaussés des épices douces apportées par une vinification partielle en barrique. Un rosé cossu et équilibré. 2014-2016 sauté de veau aux olives ■ Tradition 2012 ★ (6 500 b.) : un vin fruité et épicé, généreux et finement tannique. 2014-2019

Dom. de Canta Rainette, SCEA Castellino, 1144, rte de Bagnols, 83920 La Motte, tél. 04 94 70 28 25, canta.rainette@wanadoo.fr V t.l.j. sf dim. 9h-12h 15h-18h

CH. CARPE DIEM Castille 2013 ★★

	11 600		8 à 11 €

Albéric Philipon a repris début 2013 ce domaine de 14 ha. Il se rend tous les mardis au marché de Cotignac pour y proposer ses vins. Le vignoble est en conversion bio.

Castille ? C'est le prénom de la fille d'Albéric et de Marie-Caroline, née le deuxième jour des vendanges. Faisant la part belle au grenache, cette cuvée s'affiche dans une robe sable doré. Le nez, expressif et complexe, mêle fruits exotiques, mandarine et bonbon acidulé. La bouche, onctueuse sans manquer de tonicité, évolue dans un registre de fruits mûrs et s'épanouit dans une longue finale suave et chaleureuse. Un généreux rosé de gastronomie. 2014-2016 carré d'agneau

SCEA Ch. Carpe Diem, 4436, rte de Carcès, 83570 Cotignac, tél. 04 94 04 72 88, contact@chateaucarpediem.com V t.l.j. 9h30-12h30 15h-19h; f. 15-31 janv.

CH. DU CARRUBIER Cuvée ingénue 2013

	12 000	8 à 11 €

Située sur la route du fort de Brégançon, cette propriété familiale depuis 1974 est nichée dans la commune de La Londe, en contrebas du massif des Maures. Les vignes, implantées sur un sol siliceux d'origine schisteuse, occupent 25 des 88 ha que compte l'exploitation.

Dans une robe lumineuse à la teinte franche, ce rosé fringant dévoile au nez une fraîcheur aux notes d'agrumes, qui se prolonge dans une bouche bien équilibrée, plus douce en finale, sur le pain d'épice. 2014-2015 paella

SC du Dom. du Carrubier, 1590, rte du Carrubier, 83250 La Londe-les-Maures, tél. 04 94 66 82 82, contact@carrubier.fr V r.-v.

CH. CASTEL LAMARE 2013 ★

	150 000		5 à 8 €

Appartenant au même propriétaire que le Ch. Reillanne, ce domaine de 45 ha est implanté sur un terroir de cailloutis argilo-calcaires entre Montfort et Cotignac, au nord-est de Brignoles.

Des éclats saumonés et un joli nez aux nuances florales (rose, acacia) et fruitées (fruits blancs) composent une belle entrée en matière. On retrouve la rose dans une bouche fraîche, souple et élégante, qualifiée de « féminine ». 2014-2015 pavlova aux fruits rouges

Comte Guillaume de Chevron Villette, Reillanne, 83340 Le Cannet-des-Maures, tél. 04 94 50 11 70

CH. CAVALIER Prestige 2013 ★

	12 000		15 à 20 €

Ce domaine acquis par Pierre Castel en 2000 ne produit que du rosé en AOC côtes-de-provence à partir d'un coquet vignoble de 140 ha implanté sur des terres sableuses.

Ce vin se montre aussi agréable à l'œil, par sa teinte rose saumoné, qu'au nez, par ses nuances florales soutenues. Une élégance aromatique que l'on retrouve dans une bouche fraîche, délicate et persistante. 2014-2015 tian de légumes ■ Réserve de la Famille 2013 ★ (8 à 11 € ; 200 000 b.) : des connotations florales et fruitées (agrumes) pour un rosé discret mais fin. 2014-2015

SCEA Ch. Cavalier, 1265, chem. de Marafiance, 83550 Vidauban, tél. 04 94 73 56 73, vidauban@castel-freres.com V r.-v.

DOM. CÉZANNE Les Tours du Pinet 2013

	16 000		11 à 15 €

Fondée en 1908, la coopérative des Vignobles de Saint-Tropez regroupe la production de 133 adhérents qui cultivent 177 ha de vignes sur tout le littoral tropézien.

Un rosé franc aux nuances or ; une approche aromatique délicate et florale ; une bouche ample, ronde et harmonieuse aux subtils accents grillés. Un rosé gras et persistant, à réserver pour la table. 2014-2015 curry de veau

Vignobles de Saint-Tropez, av. Paul-Roussel, 83990 Saint-Tropez, tél. 04 94 97 01 60, contact@vignobles-saint-tropez.com V

CH. CLARETTES Grande Cuvée 2013 ★

| 1 800 | 8 à 11 € |

Le vignoble a changé de mains en 2013, racheté à la famille Crocé-Spinelli. Les vignes (11,5 ha) sont situées sur les hauteurs du village des Arcs-sur-Argens, réputé pour son passé médiéval.

Une robe éclatante aux nuances argentées habille ce vin qui s'ouvre sans ostentation sur des parfums de fruits secs, d'aubépine et de fruits blancs. Une attaque franche introduit un palais de belle tenue, long et ciselé par une fine vivacité. 2014-2017 aïoli Élevé en fût de chêne 2012 ★ (11 à 15 € ; 4 200 b.) : un vin charpenté et puissant issu d'un élevage de douze mois en fût, qu'il faut laisser s'attendrir. 2016-2019

SA Ch. Clarettes, 1195, rte des Nouradons, 83460 Les Arcs-sur-Argens, tél. 06 95 04 69 13, chateauclarettes@gmail.com

CLOS CIBONNE Cuvée Prestige Olivier 2012 ★

| Cru clas. | 10 000 | 15 à 20 € |

Ce cru de 15 ha doit son nom au comte de Cibon, son propriétaire jusqu'en 1793, année de son rachat par la famille Roux. Vers 1930, André Roux lui donnera ses lettres de noblesse à travers des vins issus de tibouren. Une tradition perpétuée depuis 2003 par Brigitte, la petite-fille, et son époux Claude Deforges.

Olivier ? L'arrière-petit-fils d'André Roux. Dans le verre, un vin rouge profond, qui intègre 10 % de tibouren, dont le nez, vanillé et épicé, est encore dominé par le bois. Sa nature méridionale se dévoile plus nettement en un palais soyeux, charnu, longuement tapissé de fruits rouges compotés, « réveillé » en finale par une pointe de salinité. 2014-2017 faisan en cocotte aux figues

SCEA André Roux, Dom. Clos Cibonne, chem. de la Cibonne, 83220 Le Pradet, tél. 04 94 21 70 55, contact@clos-cibonne.com V t.l.j. sf dim. lun. 9h-12h 14h-18h

DOM. DU CLOS D'ALARI Grand Clos 2013 ★

| 15 000 | 11 à 15 € |

Anne-Marie et Nathalie Vancoillie, mère et fille, conduisent depuis 1998 ce domaine niché au cœur du Var, près de l'abbaye du Thoronet, et disposant d'un vignoble de 10 ha en AOC côtes-de-provence. Elles produisent également de l'huile d'olive grâce à leurs trois cents oliviers et exploitent aussi des chênes truffiers.

Ce rosé pâle et saumoné dévoile un nez expressif : pêche, agrumes et fleurs blanches. La bouche ? Ronde, souple, fruitée à souhait. Une belle gourmandise. 2014-2015 nouilles chinoises aux crevettes Christophe 2011 ★★ (20 à 30 € ; 350 b.) : du cassis et des fruits rouges sur fond vanillé au nez et une belle saveur cacaotée en bouche pour ce vin concentré, généreux, de bonne garde. 2014-2017 Le Vermentino 2013 ★ (5 000 b.) : un blanc au nez subtil de fleur d'acacia, de genêt et de jasmin, et au palais soyeux, tendre et élégant. 2014-2017

Nathalie Vancoillie, Clos d'Alari, 717, rte de Mappe, 83510 Saint-Antonin-du-Var, tél. 04 94 04 46 74, leclosdalari@noos.fr V r.-v. 5

DOM. DU CLOS DE LA PROCURE 2011 ★

| 11 000 | 11 à 15 € |

Le Clos de la Procure est situé à Carnoules (30 km à l'est de Toulon), en limite nord de l'influence maritime provençale. Le domaine conduit en bio est constitué de 5 ha de vieilles vignes et d'une parcelle de plus de 1 ha de syrah plantée en 2005.

La robe est sombre et le nez riche et boisé (vanille, grillé), avant de se tourner à l'aération vers le fruit noir et la cerise à l'alcool. La bouche, ample et suave, est soutenue par un fruité intense relevé d'épices et par des tanins bien présents, mais soyeux. Un rouge harmonieux et généreux, aux arômes d'élevage encore un peu marqués, mais prometteur. 2015-2019 daube provençale

Le Clos de la Procure, 122 rue Dakar, 83100 Toulon, tél. 04 94 23 36 08, laurentbarrera@hotmail.com V r.-v. Barrera

CLOS DE L'OURS Grizzly 2013 ★★

| 14 000 | 8 à 11 € |

Fabienne et Michel Brotons ont réalisé leur rêve en créant ce domaine viticole. Depuis 2012, ils exploitent 13 ha de vignes en agriculture biologique, au cœur de la Provence verte.

Ce rosé pâle aux reflets brillants déploie un nez délicat de pêche blanche, d'ananas, de pamplemousse et de fleurs blanches. L'harmonie en bouche est remarquable : de la fraîcheur et une fine salinité adoucies par des arômes de fruits blancs juteux et sucrés. Un rosé fin, complexe et gourmand. 2014-2015 crème brûlée

Clos de l'Ours, 4776, chem. du Clos-de-Ruou, 83570 Cotignac, tél. 04 94 04 77 69, closdelours@gmail.com V r.-v. 5 Brotons

DOM. CLOS GAUTIER Clos du château 2013 ★

| 6 000 | 8 à 11 € |

Gilles Pedini, originaire de la région niçoise, a pris la suite, en juillet 2011, de Sébastien Pereira, créateur en 2003 de ce domaine de 33 ha situé au cœur de la Provence verte. Le vignoble s'étend sur les coteaux argilo-calcaires qui dominent le village de Carcès.

Ce rosé très pâle dévoile de plaisants parfums d'agrumes. À l'unisson, la bouche se révèle fine, souple, fraîche et persistante. Un ensemble harmonieux, dynamique et élégant. 2014-2015 poissons de roche

Dom. Clos Gautier, EARL Pedini, 800, chem. des Bastides, 83570 Carcès, tél. 04 94 80 05 05, clos.gautier@free.fr V t.l.j. 9h-12h 14h-18h

CLOS SAINTE-ANNE 2013 ★★

| 1 500 | 11 à 15 € |

Ce petit domaine tropézien de 6 ha a été créé en 2010 par Jean-Michel Augier et son fils Christophe.

Ces néo-vignerons signent ici leur troisième millésime et une deuxième parution dans le Guide avec ce vin or blanc éclatant, qui a frôlé le coup de cœur. Le nez complexe et intense mêle senteurs florales (acacia), fruitées (pêche blanche) et exotiques (lait de coco, mangue). Le palais fait écho à l'olfaction, ajoutant une fine note saline, et marie subtilement rondeur et fraîcheur. Un blanc aromatique et très équilibré. 2014-2016 fromage de chèvre

PROVENCE

Jean-Michel et Christophe Augier, 40, Vieux-Chemin-de-Sainte-Anne, 83990 Saint-Tropez, tél. 04 94 97 04 35, clos.sainte.anne@orange.fr V

LES CLOS SERVIEN
L C S 2013 ★★

	2 000		11 à 15 €

À la tête depuis 2010 de ce domaine, dont la production était jusqu'alors portée à la coopérative, la famille Servien exploite cette jolie propriété de 11 ha établie sur une terre schisteuse, à quelques kilomètres du golfe de Saint-Tropez.

Très intense, presque exubérant, le nez de ce 2013 mêle parfums de poire et de fruits exotiques. Des arômes soutenus que prolonge avec persistance une bouche ample, fraîche et franche. Un vin charmeur en diable, alerte, de haute expression. 2014-2017 poulet à l'ananas

Dom. les Clos Servien, 310, chem. de la Tour, 83310 Grimaud, tél. 06 09 96 12 67, lesclosservien@orange.fr V t.l.j. sf sam. dim. 15h30-19h; f. nov.-mars

LES CAVES DU COMMANDEUR
Secrète 2013 ★

	17 333		5 à 8 €

Cette coopérative née en 1912 regroupe 800 ha de vignes exploités par cent vingt viticulteurs, au cœur de la Provence verte. Elle produit, à l'image de la Provence viticole, plus de 85 % de rosés.

De prime abord floral, le nez évolue à l'aération vers des notes de fruits rouges et de pêche. Le palais affiche une jolie finesse, du volume et une vivacité mesurée. Un rosé harmonieux. 2014-2015 friture de chipirons **Clos Plince 2010 ★★ (20 à 30 € ; 8 000 b.)** : un vin prometteur ; généreux et intense au nez, sur les fruits rouges mûrs, tout aussi fruité et solidement bâti en bouche. À laisser un peu en cave pour plus de rondeur. 2014-2017 **Dédicace 2012 (8 à 11 € ; 8 000 b.)** : un vin aux parfums de fruits frais, d'épices et de cachou, rond et généreux en bouche. 2014-2017

Les Caves du Commandeur, 18, rue de Moulin, 83570 Montfort-sur-Argens, tél. 04 94 59 59 02, eurlcommandeur@orange.fr V t.l.j. sf dim. 9h-12h30 14h30-18h30

B VIGNERONS DE CORRENS
Croix de Basson 2013 ★

	80 000		5 à 8 €

Fondée en 1930, la cave coopérative de Correns, petit village pittoresque niché au cœur du Var, regroupe 80 vignerons. Ceux-ci ont tous fait le choix de l'agriculture biologique dès 1997.

Son allure rose très pâle a charmé les dégustateurs. Des notes enthousiasmantes d'agrumes, de petits fruits rouges acidulés et de rose composent un bouquet complexe et avenant. La bouche se révèle souple, très fraîche et pleine de fruit. Un joli rosé, aromatique à souhait. 2014-2015 tomate mozarella

EURL Les Vignerons de Correns, pl. de l'Église, 83570 Correns, tél. 04 94 59 59 46, lesvignerons-correns@wanadoo.fr V r.-v.

CH. DE LA COULERETTE Élixir 2013

	n.c.		8 à 11 €

Le vignoble de 60 ha d'un seul tenant s'étend sur une petite colline, *petit coulet* en provençal, exposée plein sud face aux îles d'Or. Il est conduit depuis 1962 par la famille Brechet, installée dans un château du XIXᵉs. au pied du massif des Maures, également productrice de gigondas et de châteauneuf-du-pape.

À l'agitation s'expriment des notes minérales agrémentées de fleurs blanches, de fruits rouges et de buis. Une attaque vive et droite ouvre sur un palais plein, riche sans lourdeur, qui renoue en finale avec la fraîcheur. 2014-2015 salade de fruits exotiques

Ch. de la Coulerette, Famille Brechet, 83250 La Londe-les-Maures, tél. 04 90 83 70 31, contact@famillebrechet.fr r.-v. Famille Brechet

CH. COUSSIN Sainte Victoire 2013 ★★

	10 000	11 à 15 €

Ce château situé au cœur du vignoble de la Sainte-Victoire fut au XVIIᵉs. la propriété de Jean-Baptiste Coussin, avocat à la cour d'appel d'Aix. Il devient au début du XXᵉs. le berceau de la famille Sumeire qui essaimera plus tard la partie varoise des côtes-de-provence.

De fraîches senteurs de buis, de menthe, de sauge et d'aubépine signent un bouquet complexe et racé. La mise en bouche est florale, le développement rond, souple et soyeux. Un rosé très expressif, élégant, d'une grande harmonie. 2014-2015 carré d'agneau confit à l'ail **2011 ★★ (15 à 20 € ; 1 100 b.)** : un vin complexe aux nuances épicées et minérales, concentré et bien bâti. 2014-2017 **Rosé à la rose 2013 ★★ (5 à 8 € ; 300 000 b.)** : un vin à la fois frais et rond porté par des arômes floraux et fruités. 2014-2017 **Ch. Maupague 2011 ★ (8 à 11 € ; 4 000 b.)** : suave et souple, porté sur les épices, les fruits noirs et le cuir. 2014-2017

Famille Sumeire, 1048, chem. de Coussin, 13530 Trets, tél. 04 42 61 20 00, sumeire@sumeire.com V r.-v.

DOM. DE LA CRESSONNIÈRE Prunelle 2013 ★

	30 000		11 à 15 €

Ancienne magnanerie reconvertie en exploitation viticole au XIXᵉs., le domaine est situé à 15 km de la mer, entre 180 et 230 m d'altitude. Il étend son vignoble de 30 ha sur un sol calcaire du trias mêlé aux influences des terres rouges du permien.

Des fruits blancs, de la poire, des senteurs de guimauve : le bouquet est engageant. En bouche, de la souplesse, du soyeux, de l'équilibre et une jolie finale saline. 2014-2015 aïoli aux légumes de saison **Carignanne 2011 ★ (3 000 b.)** : iris, violette et fruits mûrs pour le nez, tanins souples et finale mentholée pour la bouche. 2016-2019

Cressonnière, RD 97, 83790 Pignans, tél. 04 94 48 81 22, cressonniere@wanadoo.fr V t.l.j. sf dim. 9h-12h 14h-18h

DOM. DE LA CROIX Éloge 2013 ★

Cru clas.	95 000		15 à 20 €

Le groupe Bolloré a acquis en 2001 deux domaines viticoles des côtes-de-provence : La Bastide blanche,

dont les 15 ha de vignes s'étendent entre le cap Taillat et le cap Lardier, sur la partie sauvage de la presqu'île de Saint-Tropez ; et le domaine de la Croix (environ 100 ha), cru classé situé au pied du village de La Croix-Valmer, face à la mer.

Sous une parure rose très clair, ce 2013 offre des arômes intenses de fruits exotiques et d'agrumes. Une belle densité caractérise la bouche agrémentée de fines nuances salines, la mer bordant les vignes à l'origine de ce joli vin de Provence. ⏳ 2014-2015 🍴 araignées et tourteaux ■ Éloge Cru classé 2011 ★ (20 à 30 € ; 13 600 b.) : une composition autour des fruits rouges et d'un élevage bien maîtrisé pour ce rouge tendre et élégant. ⏳ 2015-2017

🔑 Dom. de la Croix et Bastide blanche, bd de Tabarin, 83420 La Croix-Valmer, tél. 04 94 95 01 75, contact@domainedelacroix.com V t.l.j. 10h-13h 15h-19h

CH. DEFFENDS Cuvée Première 2013 ★

■	24 000	🍾	5 à 8 €

Depuis 1998, Xavier Vergès est à la tête du vignoble du château Deffends, une belle unité de 30 ha implantée sur une terrasse de graves argilo-calcaires des Maures et commandée par une bastide du XVIIe s. aux platanes séculaires. Une valeur sûre en côtes-de-provence et coteaux-varois.

Cette cuvée élaborée sur une base de cinsault, de grenache et de syrah revêt une robe rose franc. Elle dévoile des arômes plaisants de pêche de vigne, de fruits exotiques et de melon. Souple en attaque, la bouche se révèle plus nerveuse dans son développement, portée par une vivacité aux accents de pamplemousse et de citron. ⏳ 2014-2015 🍴 brochettes de poulet mariné

🔑 Vergès, EARL Ch. Deffends, quartier du Deffends, 83660 Carnoules, tél. 04 94 28 33 12, chateaudeffends@orange.fr V t.l.j. 9h-12h 15h-19h E

CH. DES DEMOISELLES 2012 ★★

■	23 300	11 à 15 €

Située sur le plateau de La Motte près des gorges de Pennafort, cette ancienne propriété de la famille Grimaldi du prince de Monaco, est conduite par Aurélie Bertin depuis 2005. D'importants travaux de rénovation ont redonné sa splendeur à la bastide de 1830 qui commande un vignoble de près de 70 ha.

Une belle robe rouge cerise, presque noire, habille ce 2012 de haute expression. Le nez est d'une complexité remarquable : fruits noirs, vanille, violette, réglisse... Tout aussi intense, riche, dense et généreuse, la bouche s'appuie sur une trame puissante et s'étire dans une longue finale qui laisse le souvenir d'un vin d'une grande maturité. ⏳ 2016-2019 🍴 selle d'agneau farcie

🔑 SCEA Ch. des Demoiselles, 2040, rte de Callas, 83920 La Motte, tél. 04 94 99 50 30, contact@sainte-roseline.com V r.-v. 🔑 Teillaud

DOM. DESACHY La Londe 2010 ★

■	2 957	🛢	8 à 11 €

Anne et Marc Desachy ont pris la relève de leur père sur ce domaine d'une douzaine d'hectares face aux îles d'Or, créé dans les années 1980.

Le nez, tout en retenue, mêle des parfums épicés et vanillés à des notes de petits fruits noirs. Ces arômes s'affinent et s'affirment en bouche, accompagnant une structure tannique pour l'heure un peu austère. Patience, le potentiel est là... ⏳ 2017-2019 🍴 plateau de fromages d'Auvergne

🔑 Dom. Desachy, Le Bas-Pansard, 83250 La Londe-les-Maures, tél. 04 94 66 84 46, domaine.desachy@orange.fr V t.l.j. sf dim. 9h-12h 15h-18h30

DOM. TERRES DESTEL Cuvée Estelle 2013 ★★

■	45 000	15 à 20 €

Sur ce domaine viticole, le seul de la commune de Saint-Raphaël, au cœur du massif de l'Esterel, les vignes sont implantées sur un terroir argilo-volcanique. La propriété doit son nom à celui (Estelle) de la fille de Philippe Polette, propriétaire des lieux depuis 2010.

Des éclats cristallins font briller ce rosé expressif s'ouvrant sur des parfums soutenus et élégants de framboise, de pêche, de pomelo et de bonbon acidulé. La bouche tendre, soyeuse et fruitée à souhait, s'appuie sur une fine vivacité acidulée qui lui apporte un regain de dynamisme jusqu'en finale. ⏳ 2014-2015 🍴 langoustines poêlées ■ Cuvée Premium 2013 ★★ (11 à 15 € ; 45 000 b.) : au nez charmeur de fruits frais répond une bouche non moins accorte, généreuse, riche en fruit et en épices douces. Très joli vin de gastronomie. ⏳ 2014-2015

🔑 Dom. Terres Destel, rue Jean-Rostand, 83700 Saint-Raphaël, terres.destel@orange.fr 🔑 Polette

DOM. DES DIABLES Sainte-Victoire Rose bonbon 2013 ★★

■	30 000	🍾	11 à 15 €

Virginie Fabre et Guillaume Philip, les enfants du domaine Sainte-Lucie, dirigent depuis 2007 cette propriété de 17 ha auparavant laissée à l'abandon. Une création récente, mais déjà une référence, souvent en vue dans le Guide pour ses côtes-de-provence rosés.

Une fois de plus, le charme de cette cuvée au nom chargé de gourmandise opère. Paré d'une robe chair très pâle, ce rosé s'ouvre avec exubérance sur des notes exotiques, de pomelo, d'herbe fraîche et d'agrumes sur un fond légèrement fumé. La bouche n'est pas en reste : franche et tonique en attaque, pamplemousse rose à l'arrière-plan, elle s'épanouit dans une finale soyeuse et suave. Un vin riche et expressif, persistant et racé. ⏳ 2014-2016 🍴 tartare dorade mangue citron vert ■ Sainte-Victoire Le Petit Diable 2013 ★ (8 à 11 € ; 30 000 b.) : un joli nez de fruits à chair blanche et une bouche fraîche et gourmande pour ce rosé bien typé. ⏳ 2014-2015

🔑 Dom. des Diables, av. Paul-Cézanne, Dom. Sainte-Lucie, 13114 Puyloubier, tél. 06 81 43 94 62, contact@mip-provence.com V t.l.j. sf dim. lun. mar. 10h-12h 14h-18h; f. juil.-déc.

DOM. DU DRAGON Cuvée Prestige 2013

■	19 000	🍾	5 à 8 €

À la sortie de Draguignan en direction des gorges du Verdon, ce domaine étend ses 65 ha de vignes sur des coteaux argilo-calcaires et abrite des vestiges gaulois, une chapelle du XIIe s. et un château qui surplombe le vignoble.

PROVENCE

De couleur rose pâle, ce vin offre un registre aromatique essentiellement tourné vers les agrumes. La bouche est conforme au millésime, sur la vivacité, sans manquer ni de chair ni de structure. 2014-2015 veau aux olives

SCEA Dom. du Dragon, 990, av. Frédéric-Henri-Manhes, 83300 Draguignan, tél. 04 98 10 23 00, domaine.dragon@wanadoo.fr V t.l.j. sf dim. 10h-12h 15h-18h (15h-19h en été) E Houppertz

CH. D'ESCLANS 2013

110 000 | | 20 à 30 €

Célèbre fabricant marseillais d'allumettes dans les années 1850, Joseph Toussaint Caussemille fut l'un des propriétaires du château d'Esclans, bâtisse du XIXes. inspirée des villas toscanes. Sacha Lichine, fils de feu Alexis Lichine, ancien propriétaire du château Prieuré-Lichine, a pris les commandes du domaine (267 ha) en 2006.

Au nez et en bouche, ce rosé garde des traces de sa vinification en demi-muid ; le boisé accompagne des nuances discrètes mais délicates de pêche et de jasmin. Les amateurs ne s'y tromperont pas, qui apprécieront son atypicité. 2014-2016 petits farcis niçois

Caves d'Esclans, Dom. Sacha Lichine, 4005, rte de Callas, 83920 La Motte, tél. 04 94 60 40 40, chateaudesclans@sachalichine.com V t.l.j. 9h-13h 14h-19h Alexis Lichine

DOM. DE L'ESPARRON 2013

48 700 | | 5 à 8 €

Laurent Migliore et sa sœur Virginie représentent la quatrième génération à la tête de ce domaine fondé en 1937. Non loin du Village des tortues de Gonfaron, cette propriété s'étend sur 45 ha au pied du massif des Maures sur des terres argilo-calcaires.

Ce rosé couleur pomelo livre un bouquet fin et discret de fruits jaunes. Plus prolixe, la bouche ample et bien équilibrée associe arômes de pêche, d'abricot et de petits fruits rouges. 2014-2015 filets de rouget

Dom. de l'Esparron, EARL Migliore, Dom. de l'Esparron, 83590 Gonfaron, tél. 04 94 78 34 41, domaineesparron@orange.fr V t.l.j. sf dim. 8h-12h 13h30-18h30 Migliore

DOM. DE L'ESTAN
Diamantine 2013 ★★

20 000 | 5 à 8 €

Exploitation familiale transmise depuis trois générations chez les Bataille, le domaine de l'Estan (40 ha) s'étend sur des restanques de cailloutis calcaires à quelques pas du joli village de Carcès.

Une robe cristalline aux nuances saumonées habille ce vin au bouquet complexe et engageant de nèfle, de miel, d'agrumes et de fleurs blanches. Une attaque ample dévoile un palais bien équilibré entre rondeur et structure, sur fond de fruits à noyau. Un rosé bien construit. 2014-2015 escalope de veau milanaise

EARL Bataille, 174, chem. de Clos-de-Gérin, 83570 Carcès, tél. 04 94 04 31 73, earlbataille@orange.fr V r.-v.

DOM. DES FÉRAUD Cuvée Prestige 2013

13 000 | | 8 à 11 €

Markus Conrad et les siens ont acquis en 2011 ce domaine ancien, jusqu'alors propriété de la famille Fournier. Établi dans le sanctuaire écologique de la plaine des Maures, le vignoble couvre 15 ha (en conversion bio) plantés sur un terroir sablo-limoneux très qualitatif.

Ce vin se présente dans une robe saumonée. Le nez, sans ostentation, laisse poindre à l'aération des notes fraîches de pamplemousse. La bouche, à l'unisson, s'équilibre agréablement autour du fruit. Un rosé discret et sympathique. 2014-2015 salade niçoise

SARL Cerf, Dom. des Féraud, 2956, chem. de Marafiance, 83550 Vidauban, tél. 04 94 73 03 12, domainedesferaud@orange.fr V t.l.j. 9h-12h 14h-17h ; ven. 9h-12h Conrad

B LA FERME DES LICES 2013

4 000 | | 15 à 20 €

L'union de huit propriétaires et de Laurence Berlemont, œnologue, a permis de reconstituer un ancien vignoble de 8 ha (menacé par un projet immobilier), la seule cave particulière de Saint-Tropez. Le domaine situé sur le littoral sud-est du Var, dans la plaine des Salins, propose des vins aujourd'hui certifiés bio.

L'expression du rolle transparaît avec légèreté dans cette cuvée en robe claire et limpide : fleur de cerisier, buis, fruits exotiques et pointe épicée. Des arômes auxquels fait écho un palais équilibré, de bonne longueur. 2014-2015 curry de poisson

SCEA Clos des Vignes, Mas de la Moutte, chem. des Treilles-de-la-Moutte, 83990 Saint-Tropez, tél. 04 94 59 12 40, info@lafermedeslices.fr V r.-v.

CH. FERRY LACOMBE
Sainte-Victoire Séduction 2013 ★

25 000 | | 8 à 11 €

L'histoire de ce domaine, situé dans le paysage de la montagne Sainte-Victoire, remonte au XVIIes. lorsque Daniel de Ferry, maître-verrier, s'installa à La Combe, dont la forêt fournissait le bois nécessaire à son activité. Le vignoble couvre 40 ha.

Un nom équivoque qui tient ses promesses... Cette cuvée séduit d'emblée par sa robe marbre rose et son nez à la fois puissant et doux de fraise en sirop. Un fruité généreux prolongé par un palais ample et riche sans mollesse, bien tonifié par une juste fraîcheur. Gourmand et typé. 2014-2015 salade de fruits rouges

Ferry Lacombe Diffusion, Clos-la-Neuve, 83910 Trets, tél. 04 94 59 86 03, closlaneuve@guylacombe.com V t.l.j. sf dim. 9h-19h

B CH. FONT DU BROC 2013 ★

12 000 | | 11 à 15 €

Sur un terroir argilo-calcaire dominant la cité médiévale des Arcs-sur-Argens, ce domaine couvre plus de 120 ha consacrés à la vigne (en bio certifié), aux oliviers et à l'élevage de chevaux de compétition.

Des reflets verts illuminent la robe jaune pâle de ce 2013, premier millésime certifié bio. Expressif, le nez mêle notes de fruits du verger (pêche, abricot) et senteurs exotiques de mangue et de fruit de la Passion. Malgré une finale quelque peu chaleureuse, le palais séduit par sa tonicité. Un ensemble harmonieux. ⧗ 2014-2015 ♈ pavé de thon et coulis de tomate ■ 2010 ★ (20 à 30 € ; 40 000 b.) : un rouge friand, souple, fruité et épicé. ⧗ 2014-2016

⊶ Ch. Font du Broc, chem. de la Font-du-Broc, 83460 Les Arcs-sur-Argens, tél. 04 94 47 48 20, cbroch@chateau-fontdubroc.com V t.l.j. 10h-19h (18h dim.) ⊶ Sylvain Massa

(B) DOM. LES FOUQUES
Cuvée de l'Aubigue 2011 ★

■	6 000		8 à 11 €

Situé à l'entrée de la vallée des Borrels, ce domaine de 17 ha cultivé en biodynamie depuis 1991 a obtenu sa certification bio.

Assemblage de grenache, syrah, cabernet-sauvignon et cinsault issus d'un terroir de schistes, cette cuvée dévoile à l'aération des notes intenses de fruits noirs et de garrigue ponctuées de nuances fraîches et mentholées. La bouche se révèle ample et puissante, et bien servie par le fruité, par des tanins solides et par un boisé encore dominant qui demandent à se patiner. ⧗ 2014-2019 ♈ sauté de bœuf aux épices

⊶ Christelle Rapée, 1405, rte des Borrels, 83400 Hyères, tél. 04 94 65 68 19, fouques.bio@wanadoo.fr V r.-v. (E)

(B) DOM. DE LA FOUQUETTE
Cuvée Brin de mimosa 2013 ★★

■	8 000		8 à 11 €

Sur les contreforts du massif des Maures, Isabelle Daziano conduit depuis 2005, avec son époux Jean-Pierre, les 16 ha du domaine paternel, et signe en 2013 son premier millésime en bio certifié.

Cette cuvée jaune pâle aux reflets vert étincelant dévoile un nez d'une intensité remarquable. Pamplemousse, fruits exotiques et buis s'entremêlent avec élégance, avant de s'épanouir dans un palais long, alerte, tendu par une fine vivacité. Un vin très expressif et dynamique. ⧗ 2014-2016 ♈ filet de dorade au citron confit

⊶ Dom. de la Fouquette, rte de Gonfaron, 83340 Les Mayons, tél. 04 94 73 08 45, domaine.fouquette@wanadoo.fr V t.l.j. 10h-12h 15h-19h (2) ⊶ Daziano

DOM. FOUSSENQ Cuvée Collet Redoun 2013 ★

■	5 000	5 à 8 €

Cave et caveau sont situés en plein cœur du village de Carcès, la vente ayant lieu dans un ancien relais de diligences. Depuis l'année 2000, Manuel Foussenq est à la tête de ce domaine de 25 ha où les vignerons se succèdent de père en fils depuis 1566.

Assemblage de rolle, d'ugni blanc et de clairette, ce 2013 jaune doré arbore un nez fin et puissant de fruits à noyau (pêche, abricot) ponctué de notes exotiques. Le palais se révèle vif et citronné, intense et persistant. Un vin tonique et expressif. ⧗ 2014-2015 ♈ plateau de fruits de mer ■ Cuvée du Maître vigneron 2013 ★ (10 000 b.) : un rosé gourmand, ample et rond, à la finale citronnée. ⧗ 2014-2015

⊶ Manuel Foussenq, 9, pl. Gabriel-Péri, 83570 Carcès, tél. 04 94 04 54 18, cave@domaine-foussenq.fr V t.l.j. sf dim. 8h-12h 13h30-17h30; sam. 8h-12h

CH. DE GAIROIRD 2013 ★

■	50 000		5 à 8 €

Autour d'une bastide du XVIIIe s., quatre générations de Pierrefeu se sont succédé pour mettre en valeur un vignoble de 45 ha, actuellement en conversion à l'agriculture biologique.

Olivier de Pierrefeu propose un rosé à la teinte harmonieuse. Le nez associe le goût suave de la pêche de vigne à la fraîcheur à peine acidulée du pomelo. Un caractère fruité que prolonge un palais long et frais. ⧗ 2014-2015 ♈ pavlova

⊶ Olivier de Pierrefeu, SCEA Ch. de Gairoird, chem. des Vignes, 83390 Cuers, tél. 04 94 48 50 60, caveau@gairoird.fr V t.l.j. sf dim. 9h30-12h30 13h30-18h

CH. DU GALOUPET
Empreinte 2011 ★★

■ Cru clas.	n.c.	30 à 50 €

Ce cru classé très ancien, qui apparaît sur les cartes établies sous Louis XIV, est situé au large de Hyères, face aux îles d'Or. Le château, dont les 72 ha de vignes s'étendent sur des roches métamorphiques, possède une cave voûtée enterrée, vestige de l'époque romane, et une cave ultramoderne dédiée à l'élaboration des vins.

Ce 2011 pourpre soutenu libère un avenant fruité confituré de myrtille et de cassis, relayé à l'aération par les épices douces. Le palais se montre concentré et solidement bâti sur des tanins fermes enrobés par une rondeur mi-boisée mi-fruitée qui ajoute à la puissance et à la générosité de ce vin. ⧗ 2014-2019 ♈ lièvre à la royale

⊶ Ch. du Galoupet, quartier Saint-Nicolas, 83250 La Londe-les-Maures, tél. 04 94 66 40 07, wines@galoupet.com V t.l.j. sf dim. 9h30-12h30 13h30-17h30

CH. DES GARCINIÈRES
Cuvée du prieuré 2013 ★

■	4 000		8 à 11 €

Un domaine de 17 ha établi sur un ancien prieuré des moines cisterciens de l'abbaye Saint-Victor de Marseille. La famille de Stéphanie Valentin, qui s'est installée en 1987, en est propriétaire depuis 1898.

Une robe saumonée habille ce vin à forte dominante de grenache (90 %), qui évolue à l'olfaction dans un registre exotique. La bouche, à l'unisson, se révèle ample et généreuse, et soutenue par une juste fraîcheur. ⧗ 2014-2015 ♈ tartare de saint-jacques ■ Cuvée traditionnelle 2013 (3 000 b.) : un vin complexe et long en bouche centré sur les agrumes et les fleurs blanches. ⧗ 2014-2015

⊶ Famille Valentin, Ch. des Garcinières, 1082, rte de la Foux, 83310 Cogolin, tél. 04 94 56 02 85, garcinieres@wanadoo.fr V r.-v.

CH. GASSIER Sainte-Victoire 946 2013 ★

■	4 000		20 à 30 €

Situé dans la commune de Puyloubier, sur les coteaux calcaires issus de colluvions arrachées à la montagne Sainte-Victoire, le vignoble conduit par la famille Gas-

PROVENCE

sier couvre une quarantaine d'hectares. Un important producteur de vins rosés de l'AOC côtes-de-provence.

Ce 2013 élevé en fût dévoile à l'olfaction des notes vanillées qui ne masquent pas le fruit, bien présent. La bouche se révèle ronde, souple et soyeuse. Un vin de caractère, qui pourra vieillir un peu. 2014-2016 risotto aux gambas Sainte-Victoire Le Pas du moine 2013 ★ (11 à 15 € ; 40 000 b.) : un bouquet expressif et doux de fleurs blanches et de pâtisserie, puis un palais souple et fruité. Un rosé gouleyant. 2014-2015

SCEA Ch. Gassier, Logis-de-la-Colle, 13114 Puyloubier, tél. 04 42 66 38 74, gassier@chateau-gassier.fr t.l.j. sf sam. dim. 9h-12h 13h-17h Advini

DOM. GAVOTY Cuvée Clarendon 2013 ★

30 000		11 à 15 €

Ce domaine – vaste vignoble de 45 ha d'un seul tenant – est la propriété des Gavoty depuis 1806. Il a bâti sa renommée sur l'élaboration de blancs et de rouges de garde. Un domaine précurseur aussi : c'est Pierre Gavoty qui a introduit le rolle dans le côtes-de-provence blanc. Sa fille Roselyne, en charge des vinifications depuis 1985, a pris la direction de l'exploitation en 2001.

Un joli rose clair habille cette cuvée intensément bouquetée autour de nuances florales et finement fruitées. Le palais frais, long et expressif, dévoile d'élégants accents de pêche, de bergamote et de sureau. Un rosé tonique et distingué. 2014-2015 gambas au safran

Roselyne Gavoty, Dom. Gavoty, Le Grand-Campdumy, 83340 Cabasse, tél. 04 94 69 72 39, domaine@gavoty.com t.l.j. sf sam. dim. 8h-12h 14h-18h

DOM. DE LA GISCLE Moulin de l'Isle 2013 ★★

75 000		5 à 8 €

Ce domaine s'est développé dès le XVIᵉs. autour d'un moulin à farine devenu magnanerie, puis symbole de ce vignoble planté sur un terroir schisteux. Pierre Audemard et son épouse ont rejoint les parents au début des années 1990 pour développer l'activité et la vente au caveau.

Ce rosé pâle et lumineux se dévoile sans retenue à l'olfaction sur les fruits rouges. En bouche, il se montre ample et gras sans lourdeur, des notes acidulées de groseille lui apportant en finale de la fraîcheur et de la légèreté. Un vin très équilibré, qui laisse à la fois une impression de générosité et de finesse. 2014-2016 crevettes sautées au poivre

Dom. de la Giscle, 1122, rte de Collobrières, hameau de l'Amirauté, 83310 Cogolin, tél. 04 94 43 21 26, dom.giscle@wanadoo.fr t.l.j. sf mer. dim. 9h-12h30 14h-18h30; f. 26 déc.-15 janv. Audemard

LES VIGNERONS DE GONFARON Féérique 2013

2 000		5 à 8 €

Créée en 1921, la coopérative de Gonfaron réunit aujourd'hui quelque 130 adhérents pour un vignoble de 600 ha implanté sur des terroirs d'une grande diversité – schistes, grès rouge, argilo-calcaires – entre le massif des Maures et l'Aille, qui prend sa source au village.

D'abord discret, le nez dévoile des notes de bonbon anglais après une aération soutenue. La bouche, fraîche et souple, s'articule quant à elle autour d'un fruité persistant. 2014-2015 gambas sauce aigre-douce

Maîtres Vignerons de Gonfaron, 83590 Gonfaron, tél. 04 94 78 30 02, info@vignerons-gonfaron.com t.l.j. 9h-12h 14h-18h

CH. LA GORDONNE La Chapelle Gordonne 2013 ★

150 000		15 à 20 €

Situé sur les coteaux de Pierrefeu au cœur du massif des Maures, ce vignoble s'étend sur près de 300 ha. Le nom du domaine rappelle un certain conseiller de Gourdon, qui acquit la propriété au XVIIᵉs.

Paré d'une robe éclatante à la teinte marbre rose, ce rosé gourmand livre un nez riche et mûr de fruits des bois et de violette. Il dévoile une bouche onctueuse, stimulée par une finale tonique et acidulée, aux accents amyliques. 2014-2015 salade de chipirons

Ch. la Gordonne, rte de Cuers, 83390 Pierrefeu-du-Var, tél. 04 94 28 20 35, jpouget@listel.fr t.l.j. sf sam. dim. 9h-12h 13h-19h Vranken

DOM. DU GRAND CROS L'Esprit de Provence 2013 ★

25 000		8 à 11 €

Au cœur de l'appellation côtes-de-provence, le vignoble du Grand Cros côtoie les pins ainsi qu'une oliveraie. Il a séduit en 2000 la famille Faulkner, qui l'a entièrement réhabilité. C'est Julian, le fils, qui dirige aujourd'hui le domaine et les vinifications.

La robe est délicate, pâle aux reflets gris. Le nez associe de fines notes de goyave, de grenade et de réséda sur un fond de minéralité. Des arômes que prolonge une bouche ample et élégante. Un harmonieux rosé de repas. 2014-2015 poulet basquaise

Dom. du Grand Cros, RD 13, 83660 Carnoules, tél. 04 98 01 80 08, info@grandcros.fr t.l.j. sf dim. 9h-18h Faulkner

LA GRANDE BAUQUIÈRE Moment suspendu 2013 ★★

3 000		20 à 30 €

Acquis en 2012 par le couple Salat, ce domaine de 41 ha, aujourd'hui niché au pied de la montagne Sainte-Victoire, est en pleine restructuration. L'exploitation est dirigée par l'œnologue Catherine Speich.

Faisant la part belle au grenache, cette cuvée se présente dans une robe rose légère. Le nez, délicat, mêle fruits à noyau, fruits rouges acidulés et agrumes. On retrouve ces derniers dans une bouche persistante, bientôt relayés par les fruits rouges (cerise, framboise). Un rosé harmonieux, tonique et fruité. 2014-2015 tartare de thon 2013 ★ (1 200 b.) : un blanc aux arômes de pêche, élégant, rond et persistant. 2014-2017

Dom. de la Grande Bauquière, RD 12, chem. des Plaines, 13114 Puyloubier, tél. 04 42 29 05 37, domaine.bauquiere@orange.fr t.l.j. sf sam. dim. 8h30-12h30 14h-17h Alain Salat

DOM. DE LA GRANDE PALLIÈRE 2013 ★★

	20 000		8 à 11 €

Ce domaine familial de 32 ha, situé à près de 250 m d'altitude, est entièrement tourné vers l'agriculture biologique depuis 1998, comme tous les vignobles de Correns, village « bio » depuis les années 1990.

Cet assemblage à dominante de rolle livre un bouquet complexe mêlant les agrumes, les fleurs blanches et les épices. Généreuse en attaque, la bouche s'épanouit harmonieusement entre une aimable rondeur et une fine fraîcheur citronnée. Un vin à la forte personnalité, très aromatique, à l'expression élégante et flatteuse. 2014-2016 Dorade grillée aux herbes 2013 (50 000 b.) : un rosé souple et chaleureux à dominante de fruits rouges. 2014-2015

Dom. de la Grande Pallière, La Grande-Pallière, 83570 Correns, tél. 04 94 59 57 55, contact@lagrandepalliere.com V r.-v. Guibergia

LES VIGNOBLES GUEISSARD Cuvée G 2013

	6 000		8 à 11 €

Pauline Giraud et Clément Minne, diplôme de « viti-œno » en poche et après des expériences dans le Nouveau Monde, décident de faire leur propre vin. Ils s'associent en 2011 avec Frédéric Valette et Philippe Barrère. Vignerons sans terres, ils prennent des parcelles en fermage et constituent ainsi une mosaïque de 17 ha répartis sur plusieurs terroirs.

Un joli nez de pamplemousse, de pêche et de grenadine ; une bouche ample, suave et charnue : l'archétype du rosé gourmand et aromatique, à boire sous la tonnelle. 2014-2015 tartare de saumon

SAS Dom. Gueissard, 73, allée des Écureuils, 83110 Sanary-sur-Mer, tél. 09 81 49 76 00, clement@lesvignoblesgueissard.com V t.l.j. sf dim. lun. 10h-12h 15h-18h; oct.-mai sur r.-v. Minne

HECHT & BANNIER 2013

	12 000		8 à 11 €

Grégory Hecht et François Bannier sont négociants-éleveurs à Aix-en-Provence. Ayant créé leur maison en 2002, ils se consacrent aux vins du sud de la France. Ils visitent chaque année plusieurs centaines de domaines pour sélectionner les vins correspondant à leur philosophie.

Des parfums frais de fruits exotiques et de fleurs blanches ouvrent la dégustation. Arômes qui persistent longuement dans un palais tonique et dense, gras et frais, bien équilibré en somme. 2014-2015 chèvre à l'huile d'olive

Hecht & Bannier, 3, rue du 4-Septembre, 13100 Aix-en-Provence, tél. 04 42 69 19 71, contact@hbselection.com V r.-v.

DOM. L'HEURE BLEUE L'Aube azur 2013 ★

	6 452		8 à 11 €

Une entrée dans le Guide pour ce tout nouveau domaine repris par Alain Place et son épouse, tombés sous le charme de la Provence. Après de gros travaux de restructuration sur les 5 ha que compte le vignoble, le couple signe son premier millésime en 2012. L'heure bleue ? Un moment particulier où les nuages et le ciel sont sublimés par la lumière à la tombée du jour…

Rose très pâle et brillant, ce 2013 se développe autour de délicates senteurs florales de lys et de gentiane. La bouche, suivant la même ligne aromatique, offre du gras et de la longueur, équilibrée par une fraîcheur « qui va bien ». 2014-2015 crumble d'abricots aux amandes

Alain Place, rte Notre-Dame-des-Anges, 83590 Gonfaron, tél. 06 17 33 33 33, info@domaineheurebleue.com

DOM. JACOURETTE L'Ange et Luce 2013 ★

	8 000	5 à 8 €

Hélène Dragon, quatrième du nom à conduire l'exploitation familiale, œuvre au chai et à la vente, tandis que son époux Frédéric Arnaud conduit la vigne. Le duo est installé depuis 1997 à la tête d'un domaine de 20 ha situé à 5 km de la montagne Sainte-Victoire.

Le nez, délicat et complexe, mêle nuances de fruits exotiques et senteurs épicées. La bouche révèle un bon équilibre entre une rondeur caressante et une fraîcheur ciselée aux accents d'agrumes. 2014-2017 dorade au gros sel

Dom. Jacourette, rte de Trets, RD 23, 83910 Pourrières, tél. 04 94 78 54 60, helene.dragon@jacourette.com V r.-v. Hélène Dragon

DOM. DE JALE La Nible 2011 ★

	4 000		15 à 20 €

Les 22 ha du vignoble, implantés au pied du massif des Maures sur des sols de grès rose et de schistes, sont entourés de pins parasols et de chênes-lièges. Le domaine a été créé en 1998, et la cave, un an plus tard.

Après un séjour de vingt-quatre mois en fût, cet assemblage à dominante de syrah complétée de carignan offre un vin sombre et très expressif qui s'ouvre sur des arômes généreux et suaves de fruits rouges, d'épices et de cacao. Le palais, puissant, volumineux et long, est bâti sur des tanins ronds et fondus. 2014-2018 ragoût de bœuf

Dom. de Jale, chem. des Fenouils, rte de Saint-Tropez, 83550 Vidauban, tél. 04 94 73 51 50, domjale@yahoo.fr V t.l.j. sf sam. dim. 9h-12h 14h-18h François Seminel

DOM. DU JAS D'ESCLANS Cuvée du Loup Rosé de saignée 2013 ★★

Cru clas.	16 000		8 à 11 €

Pastoralisme, agriculture, magnanerie et viticulture sont autant d'activités qui se sont succédé au fil des siècles sur cette propriété. Depuis 2002, la famille de Wulf s'attache à cultiver en bio ce cru classé de Provence. La cave de vinification, moderne, répond aux critères d'écoconstruction.

Élégance et raffinement émanent de ce vin, tant par sa robe brillante couleur chair que par ses parfums frais de pamplemousse et de bourgeon de cassis. Cette expression se complète d'arômes de mangue dans une bouche ample, fraîche et longue. 2014-2017 saint-jacques à la nage Cru classé 2013 ★★ (27 000 b.) : un vin exubérant, tout en fruit, riche et sans mollesse grâce à une fine vivacité. 2014-2017

EARL du Dom. du Jas d'Esclans, 3094, rte de Callas, 83920 La Motte, tél. 04 98 10 29 29, contact@jasdesclans.fr V t.l.j. sf dim. 8h-12h 14h-18h M. de Wulf

PROVENCE

JAS DES OLIVIERS Cuvée Sainte-Brigitte 2013 ★

2 600 | 5 à 8 €

Le Jas des Oliviers est une ancienne bergerie convertie à la vigne et exploitée par la famille Ollivier depuis 1824 ; ses 24 ha se dispersent sur le territoire de Fréjus, à 1 km à peine de la mer, dans les terres rouges volcaniques du massif de l'Esterel.

Des éclats argentés animent la robe de ce vin aux senteurs d'agrumes et de fruits exotiques. Suivant la même ligne aromatique, la bouche se révèle ample et vive. Un blanc alerte et harmonieux. ⏳ 2014-2017 🍴 bar grillé

Jas des Oliviers, 1386, av. André-Léotard, 83600 Fréjus, tél. 04 94 51 15 19, jasdesoliviers@gmail.com V t.l.j. sf dim. lun. 9h-12h 15h-19h
Ollivier

CH. DE JASSON Éléonore 2013

60 000 | 11 à 15 €

Anciens restaurateurs parisiens, Benjamin de Fresne et son épouse Marie-Andrée ont repris cette exploitation en 1990 : 16 ha de vignes sur sols de schistes et d'argile à quelques encablures de la Méditerranée, au sud, et du massif des Maures, au nord.

Au nez, mangue et agrumes. En bouche, de la souplesse, du fruit, à l'unisson avec l'olfaction, un zest de salinité et une finale un rien plus structurée. ⏳ 2014-2015 🍴 côtelettes d'agneau

Benjamin de Fresne, Ch. de Jasson, 813, rte de Collobrières, 83250 La Londe-les-Maures, tél. 04 94 66 81 52, chateau.de.jasson@orange.fr
V t.l.j. 9h30-12h30 15h-19h

Ⓑ CH. LA JEANNETTE La Londe Fleurs 2013 ★

39 000 | 5 à 8 €

Implanté à l'entrée de la vallée des Borrels, ce vignoble s'étend sur 42 ha. Racheté en 2000 à la famille Moutte (propriétaire depuis plus de cent ans), il est aujourd'hui mené par Gisèle et Hervé Limon, qui ont acquis la certification bio en 2012 et réalisé d'importants investissements en cave. Une valeur sûre.

Une robe couleur chair, un nez alerte de fruits d'été, un palais équilibré entre fraîcheur, souplesse et rondeur, avec une petite tension finale conforme au millésime : un rosé très plaisant, à déguster sous la tonnelle. ⏳ 2014-2015 🍴 assiette de charcuterie ■ La Londe Baguier 2011 ★ (11 à 15 € ; 4 500 b.) : un vin prometteur, puissant, solide mais encore un peu strict. ⏳ 2017-2019

SCEA Ch. la Jeannette, 566, chem. des Borrels, 83400 Hyères, tél. 04 94 65 68 30, chateaulajeannette@yahoo.fr V t.l.j. sf dim. 9h30-12h30 14h-18h30 Limon

CH. LAUZADE 2013 ★

50 000 | 8 à 11 €

Propriétaire du Ch. Marquis de Terme (margaux) et du Val d'Arenc (bandol), la famille Sénéclauze a repris le Ch. Lauzade en 2007. Les origines de ce domaine remontent à 46 av. J.-C., date de construction d'une villa romaine sur ce terroir argilo-calcaire et gréseux. Les 40 ha de vignes sont commandés par une bastide du XIXe s. à la cour carrée plantée de platanes tricentenaires.

Le grenache est à l'honneur dans cette cuvée aux reflets argent. Le nez, d'un abord timide, dévoile à l'aération des nuances de fruits à chair blanche, d'amande fraîche et de fraise des bois. Le palais, rond et plein, offre une belle complexité aromatique allant des fruits rouges croquants aux agrumes, en passant par des notes poudrées de dragée. Un rosé ample, tendre et expressif. ⏳ 2014-2015 🍴 curry de dinde lait de coco

Ch. Lauzade-Sénéclauze, 3423, rte de Toulon, RD 97, 83340 Le Luc-en-Provence, tél. 04 94 60 72 51, chateaulauzade@orange.fr V t.l.j. sf sam. dim. 9h-12h 13h30-17h30

♥ Ⓑ DOM. LOLICÉ Pierrefeu Évasion 2013 ★★

13 300 | 8 à 11 €

Tourné vers la plaine de Cuers-Pierrefeu, ce domaine appartient aux Munet depuis 1998 : Patrick s'occupe des vignes (17 ha en bio), tandis que son épouse Barbara œuvre au chai. Son nom est une contraction des prénoms des enfants, Lola, Lissy et Célia. D'abord destinés à la coopérative, les raisins sont vinifiés au domaine depuis 2002.

Paré d'une robe rose pâle aux nuances pêche, cet assemblage de grenache (80 %) et de cinsault a fait l'unanimité. L'intensité de l'olfaction laisse rêveur : un savoureux mélange de fruits exotiques, de fleurs blanches et d'agrumes agrémenté d'une touche minérale. Tonicité, élégance, longueur et persistance aromatique caractérisent une bouche tapissée de doux arômes de fruits rouges, de senteurs plus fraîches d'agrumes et de délicates nuances florales, une note finement grillée venant ponctuer la finale. Un rosé haut en expression, complexe et racé. ⏳ 2014-2015 🍴 chipirons à la catalane ■ Cuvée Évasion 2011 ★ (11 à 15 € ; 1 800 b.) : un joli nez de fruits rouges compotés, relayé par un palais souple et équilibré. ⏳ 2014-2016

SCEA Dom. Lolicé, 1122, chem. de la Ruol, quartier Saint-Laurent, 83390 Puget-Ville, tél. 04 94 33 53 61, lolicedomaine@orange.fr
V r.-v.

CAVE DES VIGNERONS LONDAIS La Londe Amplitude 2013

10 000 | 8 à 11 €

Cette cave dynamique créée en 1921 au lendemain de la guerre n'a cessé d'évoluer. Un nouveau caveau alliant modernité et tradition a été construit en 2011. Forte de 109 adhérents, elle est aujourd'hui sous la direction d'Éric Dusfourd, qui a effectué en 2013 sa première vinification à la cave.

Ce rosé à la parure chair se distingue par la franchise d'une olfaction tournée vers les fleurs blanches, les agrumes et l'orgeat. La bouche se montre tonique, ample, d'une bonne complexité (arômes floraux, groseille, anis, pointe saline). ⏳ 2014-2015 🍴 oursinade

Cave des Vignerons Londais, Le Pansard, RD 559, 83250 La Londe-les-Maures, tél. 04 94 66 80 23, boutique@vignerons-londais.com V t.l.j. 8h45-12h15 15h-18h

DOM. LONGUE TUBI 2012

| | 1 000 | | 11 à 15 € |

Longue Tubi est un rappel aux origines gallo-romaines d'une conduite en terre cuite qui captait probablement l'eau d'une source, trace d'une activité humaine très ancienne sur ces terres calcaires. François et Catarina Buisine y conduisent un vignoble de 21 ha.

Des reflets verts et dorés ornent la robe de ce vin au bouquet intensément miellé et citronné. Ampleur, équilibre et finesse caractérisent un palais où l'on retrouve les arômes de miel, avec une fine fraîcheur en soutien. 2014-2017 poulet au citron

Dom. Longue Tubi, rte de Gonfaron, 83340 Flassans-sur-Issole, tél. 04 94 82 37 00, longuetubi@gmail.com V r.-v. Buisine

♥ CELLIER LOU BASSAQUET
Sainte-Victoire 2013 ★★

| | 5 500 | 5 à 8 € |

Créée en 1914 dans la vallée de l'Arc, la cave coopérative de Trets tire son nom Lou Bassaquet du surnom donné aux Tretsois par les villages voisins en mémoire du saccage infligé au village par les armées de François Ier en 1537.

Issu d'une stricte sélection parcellaire, ce Sainte-Victoire paré de beaux reflets framboisés s'ouvre sans réserve sur des notes douces et généreuses de fraise compotée, d'orange confite et d'épices, agrémentées de fines nuances florales. D'une longueur impressionnante, le palais se révèle ample, soyeux, concentré et riche en saveurs, sans lourdeur ni mollesse, soutenu par une fraîcheur « qui va bien ». Un rosé de bouche, intense et élégant. 2014-2016 canard rôti à l'orange

Cellier Lou Bassaquet, chem. du Loup, BP 22, 13530 Trets, tél. 04 42 29 20 20, contact@loubassaquet.com V t.l.j. sf dim. 9h-12h 14h-18h

DOM. LE LOUP BLEU
Vol de nuit 2013 ★

| | 5 000 | | 5 à 8 € |

Ce vignoble de 9 ha, qui produit exclusivement en AOP côtes-de-provence et côtes-de-provence Sainte-Victoire, a été acquis en 2012 et restructuré. Le domaine, en cours de conversion bio, doit son nom à la montagne *Podium Luperium*, la « colline des Loups ».

Une robe lumineuse, pâle aux reflets gris, habille ce rosé expressif, au nez comme en bouche, mêlant des arômes de fruits frais (citron, pomelo) à de délicates senteurs florales. S'y ajoute au palais une agréable pointe végétale, qui apporte un surcroît de complexité. 2014-2015 tarte fine à la tomate Sainte-Victoire Croix du sud 2013 ★ (8 à 11 €; 2 000 b.): un rosé expressif, suave et généreux, dont on regrettera la production confidentielle... 2014-2015

Dom. le Loup Bleu, Piconin, 13114 Puyloubier, tél. 06 24 05 64 75, m.dubois@le-loup-bleu.com V r.-v.

Ⓑ DOM. DE LA MADRAGUE
Cuvée Claire 2013

| | 4 000 | | 11 à 15 € |

Implanté sur la presqu'île de Saint-Tropez, le domaine a été entièrement restructuré depuis son acquisition en 2007 par Jean-Marie Zodo : modernisation du caveau et de la cave, certification en agriculture biologique, observation des directives européennes de 2012 pour une vinification bio.

De délicats reflets verts ornent une robe lumineuse. Des parfums généreux de miel et d'abricot confit s'ajoutent aux notes de caramel pour composer un nez riche et engageant. Le palais porte plus nettement la trace de l'élevage en barrique et appelle une petite garde pour plus de fondu. 2016-2018 fromage de chèvre

Dom. de la Madrague, rte de Gigaro, 83420 La Croix-Valmer, tél. 04 94 49 04 54, info.lamadrague@orange.fr V t.l.j. sf dim. 9h-12h30 14h30-18h Jean-Marie Zodo

CH. MAÏME Cuvée Véronique 2011

| | 7 000 | | 11 à 15 € |

Implanté près de la cité médiévale des Arcs-sur-Argens, ce domaine conduit depuis 1998 par Jean-Louis Sibran étend ses 35 ha de vignes sur les contreforts du massif des Maures. Son nom (« Maxime » en provençal) a été inspiré par une chapelle médiévale située au cœur du vignoble.

Fruits rouges, épices et senteurs du sous-bois composent le bouquet avenant de ce vin rouge à la robe profonde. La bouche offre un bon équilibre entre structure tannique, élevage sous bois, fruit et matière. 2015-2017 civet de lièvre

SCEA Ch. Maïme, RN 7, 83460 Les Arcs-sur-Argens, tél. 04 94 47 41 66, maime.terre@wanadoo.fr V r.-v.

Ⓑ CH. MARAVENNE Donum Dei 2011

| | 5 000 | | 15 à 20 € |

Ce vignoble de 25 ha implanté sur des sols schisteux au pied du massif des Maures est conduit en agriculture biologique depuis 2001. En 2012, Jean-Louis Gourjon a cédé son domaine à la famille Venturini.

Un premier nez de garrigue (thym) relayé à l'agitation par des senteurs de venaison et de petits fruits. La bouche, solide, s'appuie sur des tanins bien présents et un peu serrés, enrobés de notes de fruits mûrs. La finale mentholée apporte une fraîcheur agréable. Un vin cohérent, mais encore jeune. 2016-2019 pièce de bœuf sauce marchand de vin

Ch. Maravenne, rte de Valcros, 83250 La Londe-les-Maures, tél. 04 94 66 80 20, contact@maravenne.com V t.l.j. sf dim. 9h-12h 14h-18h Audinet et Venturini

DOM. DE MARCHANDISE 2012

| | 24 000 | | 8 à 11 € |

Établi au pied du rocher de Roquebrune, ce domaine était depuis 1910 exclusivement dédié aux vins rouges.

Pierre et Robert Chauvier l'acquièrent en 1971, en améliorent les équipements et le vignoble, et étendent la production aux rosés.

Assemblage de syrah, de carignan, de cabernet-sauvignon et de mourvèdre, ce vin dévoile au nez un fruité frais souligné par un bon boisé. À l'unisson, la bouche révèle des tanins de qualité encore un peu stricts. Une petite garde ne lui nuira pas. ⧗ 2016-2019 ᛘ côte de bœuf

⊶ Dom. de Marchandise, 2867, rte de Marchandise, 83520 Roquebrune-sur-Argens, tél. 04 94 45 42 91, contact@domainedemarchandise.com V ▣ t.l.j. 9h-12h 14h-19h

MARQUIS DE VALLATS 2013 ★

	50 000	▮	5 à 8 €

Située dans le golfe de Saint-Tropez, la cave de Grimaud est l'une des plus anciennes de la région. Fondée en 1932, elle regroupe quelque 270 coopérateurs pour 950 ha de vignes, dont la majorité s'accrochent aux coteaux sablo-argileux dominant le golfe.

Faisant la part belle au grenache, cette cuvée à la robe sable développe une olfaction à dominante florale (genêt), puis s'ouvre à l'agitation sur des notes de fruits jaunes (abricot, pêche, nèfle) et d'épices douces. La bouche se montre à la fois suave et saline, sur fond de fruits du verger, une pointe tannique lui apportant un supplément d'âme et de longueur. Un vin de gastronomie, sans exubérance aromatique et bien structuré. ⧗ 2014-2015 ᛘ petits farcis niçois

⊶ SCV Les Vignerons de Grimaud, 36, av. des Oliviers, 83310 Grimaud, tél. 04 94 43 20 14, vignerons.grimaud@wanadoo.fr V ▣ t.l.j. sf dim. 8h30-12h30 14h-18h15

LA MASCARONNE Quat' saisons 2013

	60 000	▮	8 à 11 €

C'est sur un terrain argilo-calcaire que sont implantés les 45 ha de vignes disposées en restanques de cette propriété des côtes-de-provence.

Rose pâle aux nuances vives, ce 2013 déploie un bouquet fruité à souhait: fraise, nectarine et pêche blanche se côtoient avec délicatesse. Des arômes relayés avec persistance par une bouche fraîche et alerte. ⧗ 2014-2015 ᛘ beignets de fleurs de courgette

⊶ SCEA Ch. la Mascaronne, RN 7, 83340 Le Luc-en-Provence, tél. 04 94 39 45 40, info@mascaronne.com ⊶ Tom Bove

B MAS PORQUETIÈRE Équilibre 2013

	4 000	▮	8 à 11 €

Après un parcours en sommellerie, Stéphane Cuer reprend des études puis devient vigneron en 2002 et vinifie sur ce domaine de 12 ha conduit en agriculture biologique depuis ses origines.

Jaune pâle aux reflets verdoyants, ce vin développe de délicates notes florales (acacia) au premier nez, avant de s'ouvrir à l'aération sur les fruits à chair blanche. La bouche se montre ronde, ample, suave et fruitée. ⧗ 2014-2016 ᛘ dos de cabillaud sauce crémée

⊶ Stéphane Cuer, Mas Porquetière, rte de l'EAALAT, 83340 Le Cannet-des-Maures, tél. 04 94 73 04 67, stephanecuer@gmail.com V ▣ r.-v.

CH. MATHERON Le M' Tradition 2013 ★★

	15 000	5 à 8 €

En 1962, la famille Bernard, déjà à la tête du domaine des Vérans à Cannet-des-Maures depuis plus de deux cents ans, rachète le château Matheron à Vidauban.

Ce 2013 s'harmonise crescendo: la robe est à peine rosée; le nez se dévoile avec retenue mais finesse et variété autour des agrumes, des fruits blancs et des fleurs blanches; la bouche s'impose par son volume, sa générosité, son caractère épicé et sa longueur. Un rosé de gastronomie. ⧗ 2014-2016 ᛘ oursins

⊶ EARL Bernard, 400, chem. du Domaine-de-Matheron, 83550 Vidauban, tél. 04 94 73 01 64, contact@chateau-matheron.com V ▣ ▣ t.l.j. sf dim. 9h30-12h30 15h-19h; juil.-août dim. 10h-13h ▣ 2

DOM. DE MAUVAN 2013 ★

	10 000	▮	5 à 8 €

Une bastide provençale du XVIII^e^s. commande ce domaine de 150 ha s'étendant sur les contreforts de la montagne Sainte-Victoire, le long de la N7. Dans la famille depuis quatre générations, le vignoble de 24,5 ha implanté sur un terroir de cailloutis calcaires est conduit depuis 1994 par Gaëlle Maclou.

Une robe rose très pâle et un nez floral (lys, glycine) composent une entrée en matière élégante. En bouche, l'expression aromatique, en écho à l'olfaction, et la persistance complètent l'harmonie de ce joli rosé. ⧗ 2014-2015 ᛘ salade de poulpe

⊶ Gaëlle Maclou, Dom. de Mauvan, RN 7, 13114 Puyloubier, tél. 04 42 29 38 33, mauvan@wanadoo.fr V ▣ ▣ r.-v.

DOM. DE LA MAYONNETTE 2013 ★

	6 500	▮	5 à 8 €

Propriété viticole depuis 1913, ce domaine de quelque 20 ha entièrement restructuré en 1989 est aujourd'hui conduit en agriculture raisonnée. Curiosité : un pont du XII^e^s. construit par les Templiers permet d'accéder à la propriété.

Une robe pâle aux reflets roses habille cet assemblage traditionnel cinsault-grenache-syrah, qui séduit par une expression franche de fruits frais et par un palais suave et rond, un rien plus ferme en finale. ⧗ 2014-2015 ᛘ poulet à la citronnelle

⊶ Henri Julian, 280, chem. de Sigaloux, 83260 La Crau, tél. 04 94 48 28 38, domaine-de-la-mayonnette@orange.fr V ▣ ▣ t.l.j. sf dim. 8h-17h; été 9h-18h

GM PAR GABRIEL MEFFRE 2013 ★

	130 000	▮	8 à 11 €

Affaire de négoce-éleveur créée en 1936 par Gabriel Meffre, cette maison est devenue un acteur incontournable, propriétaire de 800 ha de vignes dans toute la vallée du Rhône, ainsi qu'en Provence. Reprise en 2009 par Éric Brousse, associé du groupe bourguignon Boisset.

Une élégante robe rose bonbon habille ce vin au nez sans exubérance ouvert sur des notes légères de fleurs blanches. La bouche ample, fine et sémillante, propose une variation autour des fruits jaunes et des agrumes. ⧗ 2014-2015 ᛘ gaspacho vert

Gabriel Meffre, Le Village, 84190 Gigondas, tél. 04 90 12 32 47, gabriel-meffre@meffre.com V t.l.j. sf dim. lun. 10h-12h30 14h30-18h Éric Brousse

CH. LES MESCLANCES
Cuvée Saint-Honorat 2013 ★

	8 400		8 à 11 €

En 2009, aidé de sa fille et de son gendre, Arnaud de Villeneuve a repris le domaine à la retraite de son frère Xavier. D'importants travaux de rénovation des chais, de nouvelles cuvées, il ouvre un nouveau chapitre.

Ce rosé pâle dévoile un bouquet délicat empreint d'agréables senteurs florales et fruitées. Des arômes prolongés par un palais gras et rond, soutenu par une fine fraîcheur qui confère un côté aérien à la finale. Un vin élégant et équilibré. 2014-2015 tartare de saumon aux baies roses Cuvée Saint-Honorat 2012 ★ (1 800 b.) : notes de pain grillé, touches minérales et citronnées pour ce blanc franc et bien ciselé. 2014-2017

SCEA Ch. les Mesclances, 3583, chem. du Moulin-Premier, 83260 La Crau, tél. 04 94 12 10 95, amaury.walch@mesclances.com V t.l.j. sf dim. 8h30-12h 13h-19h de Villeneuve

MINUTY Prestige 2013 ★

	300 000		15 à 20 €

Les vignes du château Minuty d'époque napoléonienne surplombent la presqu'île de Saint-Tropez, en contrebas du village de Gassin. Incarnant la troisième génération à la tête de ce cru réputé, classé depuis 1936, Jean-Étienne et François Matton conduisent aujourd'hui un vaste vignoble de 72 ha.

La robe est couleur chair. Le nez dévoile avec réserve de fines nuances de fleurs blanches et d'agrumes. La bouche se montre fraîche, fruitée (petits fruits rouges et fruits exotiques mûrs) et un rien acidulée (bonbon). Un rosé « tendance », fringant et expressif. 2014-2015 nems de crevettes

SA Minuty, Ch. Minuty, 83580 Gassin, tél. 04 94 56 12 09 V t.l.j. sf sam. dim. 9h-12h 14h-18h Matton

CH. MISTRAL 2013 ★

	93 000	8 à 11 €

La société de négoce Gilardi commercialise la production de plusieurs domaines provençaux (Ch. Mistral, Dom. de la Vieille Tour, Dom. de Grand Route...).

Né près de Cuers sur les contreforts du massif des Maures, ce 2013 dévoile des parfums élégants d'agrumes, de fruits exotiques et de fraise. En bouche, il se révèle souple, frais et léger. Un rosé aérien. 2014-2015 terrine de lapin

SA Gilardi, ZAC du Pont-Rout, 83460 Les Arcs-sur-Argens, tél. 04 98 10 45 45, gilardi@gilardi.fr V t.l.j. sf sam. dim. 8h-12h 13h-17h; f. mi-août

CH. MONTAUD 2011 ★★

	12 000	8 à 11 €

La famille Ravel est propriétaire depuis 1952 de ce domaine situé au pied du massif des Maures, dont le vignoble de 320 ha implanté sur des sols de schistes et de grès impose un enracinement profond. Aujourd'hui, Fréderic Ravel insuffle une nouvelle dynamique tournée vers la distribution des vins en bouteilles.

Encore dans sa jeunesse, ce 2011 libère un bouquet complexe, floral, fruité (fraise) et épicé (poivre, curry). Souple en attaque, la bouche dévoile ensuite des tanins vigoureux, qui demandent à se fondre, avant de déployer une finale plus douce et soyeuse. Un ensemble équilibré et bâti pour bien vieillir. 2014-2019 gigot d'agneau à la ficelle 2013 ★ (5 à 8 € ; 200 000 b.) : un rosé chaleureux et rond, vivifié par la fraîcheur des fruits exotiques (ananas, mangue) et du pamplemousse. 2014-2015

Ch. Montaud, Vignobles Ravel, 348, rte des Maures, 83390 Pierrefeu, tél. 04 94 28 20 30, contact@chateau-montaud.eu V t.l.j. sf sam. dim. 8h-12h 13h-17h30 F. Ravel

LES VIGNERONS DU MONT SAINTE-VICTOIRE
Sainte-Victoire 2013 ★

	7 000	5 à 8 €

Établie dans le site classé de la montagne Sainte-Victoire, cette cave coopérative exploite le fruit de 700 ha de vignes implantés sur la face sud de ce mont si cher à Cézanne.

Une jolie friandise florale et fruitée que ce vin rosé. Des arômes que prolonge un palais tout en rondeur et souplesse. Un bon représentant de la dénomination Sainte-Victoire. 2014-2015 plateau de fruits de mer Les Élégantes 2013 ★ (10 000 b.) : une teinte rose fuchsia et de jolies notes acidulées de framboise, au nez comme en bouche. 2014-2017 2012 ★ (6 700 b.) : des fruits rouges, un soupçon d'épices et de minéralité, une bouche bien structurée pour ce vin à boire jeune ou arrondi par une petite garde. 2014-2017

Les Vignerons du Mont Sainte-Victoire, 63, av. d'Aix, 13114 Puyloubier, tél. 04 42 66 32 21, vignerons-msv@wanadoo.fr V t.l.j. sf dim. 9h-12h 14h-18h

CH. MOURESSE Classic 2013 ★

	60 000		8 à 11 €

Repris en 2008 par Hynde et Christophe Bouvet, qui y ont réalisé d'importants investissements tant au chai qu'au vignoble, ce domaine possède 25 ha de vignes en AOC côtes-de-provence. Régulier en qualité, dans les trois couleurs.

Robe diaphane et nez timide (anis et fruits exotiques à l'aération), ce rosé s'annonce avec retenue. Plus en verve, la bouche se révèle ample, ronde et fruitée, avec une pointe d'amertume agréable en finale qui lui apporte un supplément d'âme et de longueur. 2014-2015 homard grillé et tian de légumes Grande Cuvée 2013 (11 à 15 € ; 7 000 b.) : un vin expressif et bien équilibré entre fraîcheur et douceur fruitée. 2014-2015

SCEA Dom. de Mouresse, 951, chem. des Grands-Pins, 83550 Vidauban, tél. 09 61 59 27 23, mouresse@gmail.com V r.-v. Bouvet

DOM. DES MYRTES Cuvée Prestige 2012

	4 000		5 à 8 €

Situé sur les contreforts sud du massif des Maures, le vignoble du domaine, implanté sur un sol de cailloutis

PROVENCE

de schistes caractéristique de la dénomination La Londe, s'étend sur 45 ha. L'exploitation pratique une polyculture horticole, arboricole, viticole et maraîchère.

Fruits rouges et fruits noirs se libèrent à l'aération. La mise en bouche est jolie, et la structure tannique fondue. Un rouge bien fait, souple et agréable. ⧗ 2017-2019 Ÿ souris d'agneau confite aux légumes ■ La Londe cuvée Prestige 2013 (10 000 b.) : un vin couleur litchi, aux parfums de fruits rouges et d'agrumes, tout en finesse. ⧗ 2014-2015

GAEC Barbaroux, Dom. des Myrtes, 83250 La Londe-les-Maures, tél. 04 94 66 83 00, domainedesmyrtes@free.fr V t.l.j. sf sam. dim. 9h-12h 14h30-18h

FAMILLE NÉGREL Nuit blanche en Provence 2013 ★★

■	30 000		8 à 11 €

Accompagné de ses enfants Maud et Matthieu, Guy Négrel perpétue une tradition familiale remontant à 1813 sur ces terres des contreforts de la montagne Sainte-Victoire. Le vignoble de 45 ha est implanté sur un terroir de gravoches.

Ce rosé cristallin livre, après aération, de fins parfums de groseille et de cerise agrémentés d'une touche exotique d'ananas. Un fruité que prolonge un palais frais, souple et croquant. « De l'harmonie à tous les étages », conclut un dégustateur. ⧗ 2014-2015 Ÿ pâtes au basilic et à l'ail ■ Mas de Cadenet Sainte-Victoire 2013 ★ (11 à 15 € ; 70 000 b.) : un rosé délicat et frais, qui marie sans fausse note nuances florales et fruitées. ⧗ 2014-2016 ■ Mas de Cadenet 2013 ★ (11 à 15 € ; 11 000 b.) : un vin élégant et expressif, tourné vers les agrumes, la poire et les fleurs blanches, à la fois tendre et dynamique en bouche. ⧗ 2014-2016

Famille Négrel, Mas de Cadenet, RD 57, 13530 Trets, tél. 04 42 29 21 59, maud.negrel@masdecadenet.fr

CH. DE PAMPELONNE 2011

■	40 000		11 à 15 €

Le château, dont la construction remonte à la fin du XVIIe s., se situe à proximité des célèbres plages de Pampelonne, sur la presqu'île de Saint-Tropez. Le domaine et ses 50 ha de vignes appartiennent à la famille Gasquet-Pascaud depuis 1840.

Au nez, les fruits rouges, cerise en tête, accompagnent d'agréables notes d'épices douces et de garrigue. Souple et friand, le palais garde le croquant du fruit, étayé par une structure légère. ⧗ 2014-2016 Ÿ grillades

SCA Les Maîtres Vignerons de la Presqu'île de Saint-Tropez, 270, RD 98, La Foux, 83580 Gassin, tél. 04 94 56 32 04, info@mavigne.com t.l.j. sf dim. 9h-13h 15h-19h (juil.-août 19h30)

CH. PAQUETTE Roches noires 2011

■	11 000		8 à 11 €

Jérôme Paquette, œnologue, conduit un domaine de 27 ha (déjà présent sur les cartes du XVIIe s.) implanté sur un sol de roches volcaniques. Son grand-père avait acquis en 1952 cette exploitation alors appelée Curebéasse.

Des reflets rouges, jeunes et francs, ornent la robe de ce vin aux arômes de fruits rouges et d'épices, soutenus par de fines notes boisées. La bouche est soignée : un fruité persistant, une légère salinité, des tanins fondus et un bel équilibre. ⧗ 2014-2017 Ÿ lapin aux olives

Ch. Paquette, Dom. de Curebéasse, 83600 Fréjus, tél. 04 94 40 87 90, contact@chateaupaquette.fr V t.l.j. sf dim. 9h-19h

CH. PARADIS Cuvée Laure 2013 ★★

■	3 500		8 à 11 €

Un domaine de 40 ha établi face au massif des Maures, dirigé depuis 2007 par Jean-Charles Foellner.

La robe est cristalline. Au nez transparaît un caractère fringant et fort expressif marqué par le pomelo, l'abricot et la pêche. Délicate et intense à la fois, la bouche s'étoffe d'une rondeur aux saveurs de pain d'épice et de fleur d'oranger, puis s'étire dans une longue finale pleine de fraîcheur. Un blanc complexe et élégant. ⧗ 2014-2015 Ÿ risotto de la mer

SCEA Ch. Paradis, Dom. du Paradis, av. du Paradis, 83340 Le Luc-en-Provence, tél. 04 94 47 96 13, jcf@chateauparadis.fr V t.l.j. 10h-19h Foellner

CH. PAS DU CERF 2013 ★

■	14 000	11 à 15 €

Le vignoble étend ses 80 ha à quelques kilomètres des plages de l'Estagnol et des Îles d'Or sur les contreforts schisteux du massif des Maures. La famille Gualtieri, parents et enfants, s'est installée en 2001 sur cette propriété remontant à 1848, en quittant dans le même temps la coopérative.

Ce 100 % rolle d'apparence très pâle dévoile des notes élégantes rappelant la pinède. La bouche, ample et persistante, évoque les fruits à chair blanche, l'abricot et le jasmin. Un blanc expressif, complexe et fin. ⧗ 2014-2017 Ÿ turbot sauce mousseline ■ 2013 ★ (8 à 11 € ; 67 000 b.) : un rosé gourmand au nez floral et à la bouche soyeuse vivifiée par un fruité croquant. ⧗ 2014-2015

SCEA Ch. Pas du Cerf, rte de Collobrières, 83250 La Londe-les-Maures, tél. 04 94 00 48 80, info@pasducerf.com V t.l.j. sf dim. 9h-12h30 14h30-18h30 Gualtieri

CH. PEIGROS Cuvée Camille 2013 ★

■	21 000		8 à 11 €

Robert Ghico est depuis 2010 propriétaire du château Vert (30 ha), l'un des plus vieux domaines de La Londe-les-Maures, et de château Peigros (18,5 ha) travaillé sur un mode biologique.

Une explosion florale agrémentée de nuances fraîches d'agrumes caractérise le bouquet. Une palette aromatique élégante à laquelle un palais ample, fin et équilibré ajoute d'intenses arômes de fruits rouges. Un rosé haut en expression. ⧗ 2014-2015 Ÿ cœur d'artichaut à l'estragon

Robert Ghico, rte de Puget-Ville, quartier Peigros, 83390 Pierrefeu-du-Var, tél. 04 22 14 08 98, contact@chateau-peigros.com V

CH. PEYRASSOL 2011 ★

■	11 000		15 à 20 €

La cave moderne et le parc de sculptures s'intègrent aujourd'hui parfaitement dans cette ancienne commanderie templière créée en 1204. Ici, face au massif des Maures, on exploite 90 ha de vignes, 150 chênes

truffiers et des milliers d'oliviers dans une vaste propriété acquise en 2001 par Philippe Austruy.

Un nez légèrement réglissé, nuancé d'épices et de fruits rouges, ouvre la dégustation. Le palais se révèle ample, souple et élégant sans manquer de la structure nécessaire pour bien vieillir. Un vin équilibré. ⧗ 2014-2017 🍴 épaule d'agneau au romarin

🔑 La Commanderie de Peyrassol, RN 7, 83340 Flassans-sur-Issole, tél. 04 94 69 71 02, contact@peyrassol.com V 🚶 🍷 r.-v. 🔑 Ph. Austruy

Ⓑ DOM. PINCHINAT Villa Victorine 2013 ★

■	20 000	🍾	5 à 8 €

Situé dans la plaine de Trets au pied de la montagne Sainte-Victoire, ce domaine est dirigé par Alain de Welle, qui applique depuis son installation en 1990 les règles de l'agriculture biologique sur les 30 ha de vignes.

Ce rosé très pâle dévoile un nez discret de fruits rouges acidulés relayés à l'agitation par l'abricot. La bouche, à l'unisson, déploie une agréable fraîcheur fruitée, avant de pencher vers la douceur en finale. Un vin franc, tonique et harmonieux. ⧗ 2014-2015 🍴 tian de légumes ■ 2013 ★ (3 400 b.) : ce blanc libère des notes d'acacia et de miel, et offre une bouche persistante qui évolue vers la cannelle. ⧗ 2016-2019

🔑 Alain de Welle, Dom. Pinchinat, 83910 Pourrières, tél. 04 42 29 29 92, domainepinchinat@wanadoo.fr V 🚶 🍷 r.-v.

Ⓑ DOM. DES PLANES 2013 ★★

■	20 000	🍾	11 à 15 €

Déjà plus de trois décennies que la famille Rieder, d'origine allemande, exploite ce vaste domaine de 96 ha, dont 28 plantés de vignes conduits depuis 2009 en agriculture biologique. Ilse Rieder est aux commandes depuis 2005.

Ce vin dévoile un nez intense et complexe, fruité (pamplemousse, litchi, ananas) et floral (rose, aubépine et acacia). Une palette qui se confirme dans une bouche persistante et parfaitement équilibrée entre rondeur et fraîcheur. Un vin gourmand, expressif et élégant. Le coup de cœur a été mis aux voix. ⧗ 2014-2017 🍴 gelée de homard aux petits légumes ■ L'Admirable 2013 ★★ (6 800 b.) : un rosé rond et onctueux aux arômes intenses de fraise et d'agrumes. ⧗ 2014-2015

🔑 SCEA Les Planes Famille Rieder, Dom. des Planes, 83520 Roquebrune-sur-Argens, tél. 04 98 11 49 00, vin@dom-planes.com V 🚶 🍷 t.l.j. sf dim. 9h-12h30 14h30-18h30 🏠 Ⓔ

CH. DU PUGET Cuvée Tradition 2013 ★

■	40 000	5 à 8 €

Située dans le massif des Maures à trente kilomètres de la mer, cette propriété familiale de 21 ha est conduite en lutte raisonnée par Pierre Grimaud. Le vignoble implanté sur argilo-calcaires se déploie autour d'une demeure bâtie en 1640.

Paré d'une robe cristalline rose très pâle aux nuances saumonées, ce vin libère avec finesse des arômes de fruits à chair blanche et de petits fruits rouges. La bouche se montre tonique, franche et fruitée, et affiche de la rondeur et une longueur appréciable sur un fond de fruits jaunes ponctué de notes d'agrumes. ⧗ 2014-2015 🍴 bouillabaisse

🔑 Ch. du Puget, 219, rue du Mas-de-Clapier, 83390 Puget-Ville, tél. 04 94 48 31 15, chateaudupuget@wanadoo.fr V 🚶 🍷 t.l.j. sf dim. lun. 9h-12h 15h-18h 🔑 Pierre Grimaud

DOM. RABIEGA Clos Diere 2011 ★

■	3 270	🛢	20 à 30 €

Propriété de 10 ha, le domaine Rabiega est situé sur le plateau argilo-calcaire qui côtoie les hauteurs de Draguignan. L'œnologue suédois Sven Anders Aakesson l'a cédé en 2014 à Yves Tanchou, qui souhaite lui donner une dimension œnotouristique.

Bien fondues, les notes d'élevage (quatorze mois de fût) côtoient des arômes complexes et typés de fruits mûrs, d'épices, de violette et de garrigue. La bouche se révèle ample, suave et généreusement fruitée, adossée à des tanins encore jeunes. ⧗ 2016-2019 🍴 tajine de poulet ■ Le Rocher 2011 ★ (2 200 b.) : en discrétion, autour des épices, avec une structure tannique soyeuse, dans une présence sympathique. ⧗ 2014-2017

🔑 SARL Dom. Rabiega-Novocom, 516, chem. du Cros-d'Aimar, 83300 Draguignan, tél. 04 94 68 44 22, info@rabiega.com V 🚶 🍷 r.-v.

CH. RASQUE Clos de Madame 2013 ★

■	2 400	20 à 30 €

Gérard Biancone s'est installé en 1983 dans le village provençal de Taradeau, où il a créé le château de Rasque, établi sur un beau terroir argilo-calcaire. Sa fille Sophie a pris en 2007 la conduite du vaste vignoble de 100 ha.

Ce vin se présente dans une robe très pâle aux reflets saumonés. À l'aération, des parfums de fleurs blanches, de fruits rouges et d'ananas se mêlent avec discrétion. On retrouve les fruits rouges associés à des notes d'amande dans une bouche fraîche et ample. Un ensemble harmonieux. ⧗ 2014-2015 🍴 carpaccio de saint-jacques

🔑 Ch. Rasque, rte de Flayosc, 83460 Taradeau, tél. 04 94 99 52 20, accueil@chateaurasque.com V 🚶 🍷 lun.-ven. 9h-18h; sam. dim. 10h-18h 🏠 Ⓖ 🔑 Sophie Courtois Biancone

CH. RÉAL MARTIN Perle de rosé 2013

■	41 000	🍾	8 à 11 €

Jean-Marie Paul, pionnier de la restauration moderne et fondateur du groupe Score, a été séduit par cet ancien domaine des comtes de Provence (35 ha aujourd'hui) situé à 350 m d'altitude. Il s'y est installé en 2001 et a entrepris une rénovation complète de la bastide du XVIe s. et de la cave.

Au nez, ce vin rose pâle dévoile de délicates notes de petits fruits des bois et de bonbon acidulé. L'attaque franche ouvre sur une bouche longue et vive soutenue par des arômes de fruits exotiques et d'agrumes. Un rosé croquant et fringant. ⧗ 2014-2015 🍴 salade de fraise au basilic

🔑 SCEA Ch. Réal Martin, rte de Barjols, 83143 Le Val, tél. 04 94 86 40 90, crm@chateau-real-martin.com V 🚶 🍷 t.l.j. 8h30-12h 13h30-17h30; juin-sept. t.l.j. sf dim. 10h-18h 🔑 Score International

CH. RÊVA Concerto 2013

| | 20 000 | | 8 à 11 € |

Patrice Maillard a acquis en 2004 un domaine de 32 ha qu'il a rebaptisé château Rêva, une bastide du XVIIIe s. dont il poursuit la rénovation en famille, avec son épouse et ses deux filles.

Des nuances corail habillent la robe de ce vin aux notes de fruits rouges et de pêche. Un nez frais relayé par un palais croquant et équilibré, qui s'achève sur une note citronnée persistante. 2014-2015 tapenade

Patrice Maillard, Ch. Rêva, 1833, rte de Bagnols, 83920 La Motte, tél. 04 94 70 24 57, chateaureva@orange.fr V t.l.j. sf dim. 10h-12h30 14h30-18h (juil.-août 19h)

B DOM. REVAOU La Londe 2011

| | 8 000 | | 8 à 11 € |

Dans un décor encore un peu sauvage au cœur de la vallée des Borrels, Bernard Scarone s'attache à préserver un terroir de schistes entièrement exploité en bio depuis 2003. C'est en 1988 qu'il a pris la tête de ce domaine familial de 30 ha, qui porte le nom du ruisseau Lou Revaou.

Une robe grenat aux nuances rouge sang. Au nez, des notes intenses et subtiles d'épices, de garrigue et de fruits noirs. La bouche fraîche, ample et épicée s'appuie sur une structure tannique solide mais soyeuse. Un vin déjà appréciable, qui pourra aussi patienter un peu en cave. 2014-2017 grillade aux aromates 2013 (13 000 b.) : un rosé floral et gouleyant. 2014-2015

Dom. du Revaou, Les 3e-Borrels, 83250 La Londe-les-Maures, bernard.scarone@wanadoo.fr V r.-v. Scarone

CH. RIOTOR 2013 ★★

| | 70 000 | | 8 à 11 € |

Au pied du massif des Maures, 48 ha de vignes complantées sur sols de grès et de schistes rouges sont exploités par la famille Abeille depuis quatre générations.

La robe est d'un seyant rose pâle aux reflets bleutés. Le nez offre de discrètes mais agréables sensations florales et fruitées. Plus présent en bouche, le vin développe une ligne aromatique harmonieuse et persistante autour des fruits du verger et offre un équilibre parfait entre rondeur et fraîcheur. 2014-2015 petits farcis niçois

Famille Abeille, 3, bd François-Rey, 84350 Courthézon, tél. 04 90 83 72 75 V r.-v.

LES VIGNERONS DE ROQUEFORT Sur un air de mistral 2013 ★

| | 35 000 | 5 à 8 € |

La coopérative de Roquefort-la-Bédoule, petit village provençal proche de la Méditerranée, a été créée en 1963. Elle regroupe 70 adhérents et 85 ha de vignes implantés sur les coteaux argilo-calcaires de la commune.

Ce vin rose franc dévoile à l'olfaction des notes d'agrumes et de cerise griotte. Des arômes auxquels fait écho un palais souple et frais, plus suave en finale. 2014-2015 artichauts barigoule

Les Vignerons de Roquefort-la-Bédoule, 1, bd Frédéric-Mistral, 13830 Roquefort-la-Bédoule, tél. 04 42 73 22 80, lesvigneronsderoquefort@wanadoo.fr V t.l.j. sf dim. 8h30-12h 14h-19h

DOM. LA ROSE DES VENTS Le Jas d'Émilien 2013 ★

| | 2 500 | | 8 à 11 € |

Fondée au début du XXe s., l'exploitation s'est transmise au fil des générations. Depuis 1994, Gilles Baude, œnologue, conduit le domaine (38 ha) avec son beau-frère Thierry Josselin, chargé de la commercialisation. Une valeur sûre en coteaux-varois.

Un rosé confidentiel, élaboré à partir de parcelles situées près de Taradeau. Une robe cristalline ; un nez délicat de fruits exotiques et d'agrumes ; un palais rond équilibré par une fine fraîcheur : un vin bien construit de bout en bout. 2014-2015 risotto aux asperges

Dom. la Rose des Vents, rte de Toulon, 83136 La Roquebrussanne, tél. 04 94 86 99 28, larosedesvents073@orange.fr V t.l.j. sf dim. 9h-12h 14h-18h EARL Baude

CH. ROUBINE 2013 ★★

| Cru clas. | 50 000 | | 11 à 15 € |

Quelque 85 ha de vignes en cours de conversion bio situées dans un cirque naturel bordé de pins et de chênes constituent ce cru classé de Provence, connu depuis le XIVe s. pour ses origines templières (ordre de Saint-Jean-de-Jérusalem). Valérie Rousselle, à la tête du domaine depuis 1994, cultive au total treize cépages méditerranéens.

Cet assemblage de rolle, de sémillon et d'ugni blanc offre un vin jaune d'or pâle et scintillant, aux arômes puissants de fruit de la Passion, de mangue, de fruits à chair blanche et d'agrumes. Ample et généreuse, tonifiée par des notes citronnées, la bouche s'équilibre parfaitement entre délicatesse et fraîcheur. 2014-2017 salade mangue-crevettes Inspire Cru classé 2013 (20 à 30 € ; 13 000 b.) : un rosé à la bouche gourmande et à la finale citonnée très fraîche. 2014-2015

Ch. Roubine, 4216, rte de Draguignan, 83510 Lorgues, tél. 04 94 85 94 94, contact@chateauroubine.com V t.l.j. 9h-18h 5 V. Rousselle

CH. DU ROUËT Belle Poule 2012 ★

| | 44 000 | | 8 à 11 € |

Au pied des roches rouges des premiers contreforts de l'Esterel, cette propriété conduite par la famille Savatier depuis la fin du XIXe s. se tourne résolument vers la vigne dès 1927. Son vignoble s'étend aujourd'hui sur 85 ha

De son cours passage en fût, ce 2012 jaune pâle et brillant retire un nez floral (genêt, acacia) et subtilement vanillé un palais ample, très gras et intensément boisé (pain grillé vanille), équilibré par une fine vivacité. Un blanc de caractère armé pour la garde. 2014-2018 pintade aux chanterelles

Dom. du Ch. du Rouët, rte de Bagnols-en-Forêt, 83490 Le Muy, tél. 04 94 99 21 10, chateau.rouet@wanadoo.fr V t.l.j. 8h30-12h 14h-18h; dim. 14h-18h D Savatier

DOM. LA ROUILLÈRE Grande Réserve 2013 ★

■	53 000	🍾	11 à 15 €

Redynamisé depuis les années 2000, le domaine situé sur la presqu'île de Saint-Tropez doit son nom au ruisseau qui prend sa source en contrebas. Bertrand Letartre y exploite 40 ha de vignes, alliant tradition culturale et cave moderne.

Un rosé « trendy » à la couleur peau de pêche. Séducteur aussi par ses arômes frais d'agrumes, de pêche et de framboise, et par sa bouche vive à l'attaque, plus chaleureuse en finale. ⌛ 2014-2015 🍷 brochettes de porc à la coriandre

O⊣ Dom. la Rouillère, rte de Ramatuelle, 83580 Gassin, tél. 04 94 55 72 60, contact@domainedelarouillere.com V 🚶 🍷 t.l.j. 9h-12h 14h-18h; f. nov. O⊣ Letartre

DOM. SAINT-ALBERT Cuvée Prestige 2011 ★

■	8 500	🍾	8 à 11 €

Olivier Foucou conduit depuis 1997 ce domaine familial de 16 ha. Les vignes implantées au cœur de la vallée des Borrels, sur un terroir de schistes et de phyllades, côtoient ici pêchers, cognassiers, abricotiers et autres arbres fruitiers.

Le nez associe épices douces et petits fruits noirs. Le palais, tout en souplesse, s'appuie sur des tanins fins et élégants, et dévoile des arômes de fruits mûrs, avant qu'une pointe de vivacité vienne « titiller » la finale et apporter l'équilibre. Un vin d'une bonne typicité. ⌛ 2014-2017 🍷 lapin de garenne à la broche

O⊣ Olivier Foucou, 3846, chem. des Borrels, 83400 Hyères, tél. 04 94 65 68 64, olivier.foucou@orange.fr V 🍷 t.l.j. sf dim. 10h-12h 15h-18h

Ⓑ DOM. SAINT-ANDRÉ DE FIGUIÈRE Première de Figuière 2013 ★★

■	25 300	🍾	11 à 15 €

Après vingt ans passés à Chablis au domaine Laroche, Alain Combard revient en 1992 dans sa Provence natale pour reprendre ce domaine de 65 ha (en bio certifié). Ce défenseur de la dénomination La Londe a aujourd'hui transmis le relais à trois de ses enfants et à son gendre.

Rolle (75 %) et sémillon sont à l'origine de ce 2013 lumineux aux légers reflets dorés. Le nez puissant et frais mêle les agrumes, l'abricot et les fleurs blanches soulignés par une note miellée. La bouche révèle un équilibre parfait entre gras et vivacité, et déploie une longue finale vive et fruitée. ⌛ 2014-2017 🍷 coquillages ■ La Londe Confidentielle 2013 ★★ (20 à 30 € ; 26 500 b.) : une belle expression de son terroir que ce vin riche et généreux, ample et gourmand. ⌛ 2014-2015

O⊣ Saint-André de Figuière, 605, rte de Saint-Honoré, BP 47, 83250 La Londe-les-Maures, tél. 04 94 00 44 70, figuiere@figuiere-provence.com V 🍷 t.l.j. sf dim. 9h-12h 14h-18h O⊣ Famille Combard

DOM. SAINT-ANDRIEU 2013

■	71 000	8 à 11 €

Acquis en 2003 par Jean-Paul et Nancy Bignon, par ailleurs propriétaires du Château Talbot, cru classé de saint-julien dans le Médoc, ce domaine de 12 ha jouit d'un terroir argilo-calcaire privilégié à 380 m d'altitude au pied du Bessillon.

Derrière une robe peau de pêche se dévoile un rosé aux accents de petits fruits rouges et de bonbon acidulé. La bouche, ample et ronde, est tout aussi gourmande sur un fond de fraise et de guimauve. Un vin tendre et aromatique. ⌛ 2014-2015 🍷 crumble aux fruits rouges

O⊣ Dom. Saint-Andrieu, chem. Saint-Andrieu, 83570 Correns, tél. 04 94 59 52 42, domainesaintandrieu@club-internet.fr V 🚶 🍷 r.-v. O⊣ Bignon

CH. SAINTE-BÉATRICE Cuvée Vaussière 2013

■	9 300	🍾	5 à 8 €

Situé à 4 km de la belle ville de Lorgues, ce domaine (52 ha aujourd'hui) est en constante évolution depuis sa création en 1975 : restructuration complète du vignoble, construction de bâtiments et de caves voûtées, ouverture d'un musée de la Vigne et du Vin.

Un vin très pâle et brillant. Timide de prime abord, le nez de cette cuvée dominée par le rolle (60 %) développe à l'aération des notes de fruits jaunes et de fleurs blanches. En bouche, texture soyeuse, fine minéralité et nuances florales sont de mise. ⌛ 2014-2016 🍷 brandade de morue

O⊣ Ch. Sainte-Béatrice, 491, chem. des Peiroux, 83510 Lorgues, tél. 04 94 67 62 36, stebeatrice@wanadoo.fr V 🍷 t.l.j. sf dim. 8h-12h 14h-18h O⊣ Movaretti

CH. SAINTE-CROIX Laurent Gerra 2013 ★

■	15 000	🍾	8 à 11 €

Cette ancienne ferme fortifiée du XIIe s. située à 4 km de l'abbaye de Thoronet est conduite depuis quatre générations par la famille Pélépol. En 2007, Stéphane a pris la relève de son père Jacques à la tête de ce vignoble de 45 ha.

Un clin d'œil à l'humoriste fervent amateur des vins du domaine et ami de la famille. La robe litchi s'égaye de nuances corail. Le nez mêle discrètement les fruits jaunes (pêche, abricot) et la clémentine. Poursuivant dans un registre fruité (fruits blancs) rehaussé d'épices douces, la bouche dévoile une agréable fraîcheur. Un rosé fin à l'aromatique soignée. ⌛ 2014-2015 🍷 cake aux olives

O⊣ Ch. Sainte-Croix, rte du Thoronet, 83570 Carcès, tél. 04 94 80 79 13, chateausaintecroix83@yahoo.fr V 🚶 🍷 t.l.j. sf dim. 9h-12h 14h-18h

DOM. SAINTE-CROIX LA MANUELLE Les Pierres sauvages 2012

■	1 300	🛢	15 à 20 €

Situé à quelques pas de l'abbaye du Thoronet, ce domaine de 38 ha a été créé en 1950 par Fernand Pélépol. Implanté sur un terroir argilo-calcaire en restanques, le vignoble est désormais conduit par Christian Pélépol et sa famille, qui ont inauguré leur nouvelle cave de vinification en 2009.

Ce blanc dévoile des parfums intenses et riches de fruits jaunes confits, de miel, de tabac blond et de fleurs jaunes. La bouche, ample, suave et persistante, suit la ligne aromatique de l'olfaction, agrémentée de notes de toffee (bonbon au caramel) en finale. Un vin puissant et gras, à réserver pour la table. ⌛ 2014-2017 🍷 saumon à l'oseille

Dom. Sainte-Croix La Manuelle, rte de l'Abbaye, 83340 Le Thoronet, tél. 04 94 67 31 47, saintecroixlamanuelle@orange.fr V t.l.j. 9h-19h (18h en hiver) Pélépol

♥ DOM. SAINTE-LUCIE
Made in Provence by Sainte-Lucie 2013 ★★

■	10 000		11 à 15 €

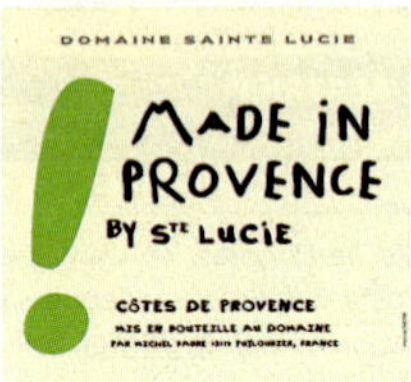

Créée en 1979 par Michel Fabre à partir de 8 ha sur le piémont de la montagne Sainte-Victoire, cette propriété s'est considérablement agrandie pour atteindre aujourd'hui 33 ha. L'arrivée des enfants – Virginie en 2005, Aurélien en 2009 – a donné un souffle nouveau au domaine (importants investissements à la vigne et au chai, au marketing et au commercial), dont le Guide s'est fait le témoin. Une valeur sûre.

Sixième coup de cœur pour Sainte-Lucie depuis l'édition 2008, le premier ayant été attribué à cette même cuvée Made in Provence, mais dans sa version rouge. Ici, un blanc admirable de bout en bout. Le nez à la fois « explosif » et délicat dévoile d'intenses parfums de pêche blanche, d'agrumes et de fruit de la Passion. Long, ample et tonique, le palais évolue dans le registre de la fraîcheur, offrant des notes aromatiques très appuyées, en écho parfait à l'olfaction. Un vin d'une grande cohérence, puissant et élégant. ⧗ 2014-2017 🍴 lotte aux épices ■ Sainte-Victoire l'Hydrophathe 2011 ★★ (20 à 30 €, 4 000 b.) : une syrah complétée de 5 % de cabernet pour ce vin d'une réelle finesse aromatique, centrée sur les fruits noirs et les épices, au palais frais, concentré, soyeux, bien charpenté et boisé avec justesse (élevage de dix huit mois en fût). ⧗ 2014-2015 ■ Sainte-Victoire L'Hydropathe 2013 ★★ (20 000 b.) : une fine expression aromatique sur les agrumes et les fruits exotiques relayée par un palais ample, frais (touche minérale), délicat et parfaitement équilibré. ⧗ 2014-2015

Dom. Sainte-Lucie, av. Paul-Cézanne, 13114 Puyloubier, tél. 06 81 43 94 62, contact@mip-provence.com V mer.-sam. 10h-12h 14h-18h; f. juil. à déc. Fabre

DOM. SAINTE-MARIE
Tradition 2013 ★★

■	100 000		8 à 11 €

En 1884, une épidémie de choléra s'arrête miraculeusement aux portes de la propriété. Une statue de la Vierge est alors édifiée, et le domaine baptisé de son nom ; une propriété reprise en 2007 par Christopher Duburcq, qui en engage la conversion bio l'année suivante.

Paré d'une robe vibrante rose franc, ce 2013 né de cinq cépages livre de délicates notes florales (rose, fleurs blanches), de fruits rouges et de pêche. Le palais ample, plein et tout aussi subtil, prolonge avec persistance l'expression florale, ajoutant une touche exotique et une nuance minérale. Un vin parfaitement équilibré et typé, belle expression du terroir. ⧗ 2014-2015 🍴 rougets grillés

Dom. Sainte-Marie, RN 98, rte de Saint-Tropez, 83230 Bormes-les-Mimosas, tél. 04 94 49 57 15, contact@domainesaintemarie.fr V r.-v. Duburcq

LA CHAPELLE DE SAINTE-ROSELINE 2011 ★

■ Cru clas.	6 890	30 à 50 €

Autour de l'abbaye Sainte-Roseline du XIe s. et de sa chapelle où reposent les reliques de la sainte, cet ancien vignoble des évêques de Fréjus (où séjourna le pape Jean XXII) côtoie les oliviers et les forêts sur une superficie de 90 ha. En 1994, Bernard Teillaud entreprend de rénover cette propriété, puis en 2007, sa fille Aurélie Bertin Teillaud reprend le domaine. L'un des dix-huit crus classés de Provence et l'un des piliers de l'appellation, souvent en vue pour ses rouges.

Robe noir profond aux reflets violines : la couleur est engageante. Le nez s'ouvre lentement sur des senteurs de fruits noirs mûrs et d'épices. En bouche, puissance et tanins fermes sur un fond fruité, beaucoup de volume et une belle longueur. Une cuvée de caractère, qu'il faudra faire patienter un peu pour l'apprécier dans sa plénitude. ⧗ 2015-2018 🍴 moelleux au chocolat

SCEA Ch. Sainte-Roseline, 83460 Les Arcs-sur-Argens, tél. 04 94 99 50 30, contact@sainte-roseline.com V t.l.j. 9h-12h30 14h-18h30 Teillaud

DOM. SAINT-JEAN DE VILLECROZE
Réserve 2013 ★

■	n.c.		11 à 15 €

À l'origine, sans doute un domaine des Templiers. Saint-Jean de Villecroze a (re)trouvé sa vocation viticole à partir de 1973 après avoir été acheté par un couple franco-américain qui a replanté le vignoble. L'exploitation a été reprise en 1993 par un vigneron italien, Francesco Caruso.

Au nez, notes minérales et nuances de fruits blancs. On retrouve le fruit et la minéralité du terroir, agrémentés d'une touche florale, dans une bouche à la fois fine et riche, sans lourdeur, soulignée jusqu'en finale par une juste fraîcheur. ⧗ 2014-2017 🍴 bourride

SA Dom. Saint-Jean de Villecroze, quartier Saint-Jean, 83690 Villecroze, tél. 04 94 70 63 07, contact@domaine-saint-jean.com V t.l.j. 10h-12h 15h-18h Caruso

CH. SAINT-JULIEN D'AILLE
Triumvir des Rimbauds 2012 ★

■	4 600		20 à 30 €

Cette très ancienne exploitation viticole, propriété un temps de l'Institut Pasteur, a été entièrement restaurée par Bernard Fleury, qui l'a acquise en 1999. Elle s'étend sur 80 ha. Le nom du domaine associe l'Aille, petite rivière de la plaine des Maures, et saint Julien, centurion romain martyr au IVe s.

Assemblage syrah-mourvèdre passé vingt-quatre mois sous bois, ce vin à la robe rubis soutenu conjugue fruits noirs, senteurs de garrigue (thym), nuances fumées et grillées. L'attaque soyeuse, sur un registre de fruits noirs (myrtille), dévoile une belle matière étayée de tanins enrobés et une longue finale poivrée. Un rouge puissant aux accents de soleil. ⧗ 2014-2019 🍴 agneau de sept heures

SARL Ch. Saint-Julien d'Aille, 5480, rte de La Garde-Freinet, 83550 Vidauban, tél. 04 94 73 02 89, contact@saintjuliendaille.com V t.l.j. sf dim. 9h30-18h30 Fleury

CH. DE SAINT-MARTIN
Grande Réserve Blanc 2013 ★★

Cru clas. | 15 000 | | 11 à 15 €

Les Romains au IIe s. av. J.-C., puis les moines de Lérins du Xe au XVIIIe s. ont cultivé la vigne sur ces terres. Depuis 1740 et dix-huit générations, le château se transmet de mère en fille (à une exception près). Adeline de Barry est depuis 1996 aux commandes de ce cru classé de Provence.

Ce blanc très pâle se dévoile avec parcimonie; aux nuances fumées du premier nez succèdent à l'agitation des notes de pamplemousse. La bouche se montre soyeuse et souple, vivifiée par des arômes persistants d'agrumes. 2014-2017 fromage de chèvre

SCEA Ch. de Saint Martin, rte des Arcs, 83460 Taradeau, tél. 04 94 99 76 76, contact@chateaudesaintmartin.com V t.l.j. sf dim. 9h-12h 14h-18h 5 de Barry

CH. SAINT-PIERRE
Cuvée du Prieur 2011 ★★

| 15 000 | | 8 à 11 €

À la suite de trois générations de vignerons, Jean-Philippe Victor exploite les terres du château Saint-Pierre depuis 1987. Les vignes sont situées en contrebas du village médiéval des Arcs-sur-Argens, au cœur de l'appellation côtes-de-provence.

Des reflets grenat soutenu flattent le regard. Le nez se révèle particulièrement complexe: garrigue, noix de coco, fleurs séchées, fruits noirs. Offrant la même intensité aromatique, portée sur les fruits mûrs et les épices, la bouche se révèle ample et puissante, et bâtie sur une structure tannique soyeuse. Un vin riche et harmonieux. 2014-2019 daube de gibier Cuvée du Prieur 2013 ★ (7 000 b.): un vin sur les fruits mûrs, le toasté et le vanillé, équilibré par une agréable minéralité. 2014-2017

Ch. Saint-Pierre, rte de Taradeau, D 10, 83460 Les Arcs-sur-Argens, tél. 04 94 47 41 47, contact@chateausaintpierre.fr V t.l.j. sf dim. 9h-12h 14h-18h (juil.-août 19h) Jean-Philippe Victor

B DOM. SAINT-ROMAN D'ESCLANS 2012 ★★

| 5 500 | 8 à 11 €

Cette propriété viticole de quelque 15 ha située à La Motte, sur un coteau dominant la vallée des Esclans, a été acquise en 1973 par Philippe Miguet. Ses petits-enfants ont repris les rênes en 2011.

Si la robe est intense, d'un rouge dense et sombre tirant vers le noir, le nez se fait discret mais précis: vanillé léger, touche de moka, petits fruits noirs (cassis). Au palais, l'attaque est soyeuse et la structure tannique présente sans dureté, enrobée d'une chair tendre et douce. Des arômes de fraise confiturée et de Zan persistent en finale. Un vin déjà très harmonieux. 2014-2016 côtelettes d'agneau

Dom. Saint-Roman d'Esclans, rte de Callas, D 25, 83920 La Motte, tél. 04 94 70 24 92, st-roman@wanadoo.fr V r.-v. E Raymond

DOM. DE SAINT-SER
Sainte-Victoire Prestige 2013 ★★

| 72 000 | | 11 à 15 €

Le vignoble (31 ha) s'étend sur un terroir privilégié de cailloutis calcaires adossé au versant sud de la montagne Sainte-Victoire, où les raisins bénéficient d'un ensoleillement maximal. Le domaine tient son nom de la chapelle de Saint-Ser dédiée à un ermite du Ve s. qui, ignorant les menaces du souverain wisigoth Enric, fut décapité.

Derrière une robe marbre rose se dessine un vin démonstratif, ouvert sur des notes gourmandes et douces de guimauve, de pâtisserie et de pomme d'amour. La bouche tout aussi séduisante, souple et ronde, évoque elle aussi les douceurs de l'enfance: guimauve de nouveau, marmelade, pâte de fruits. Un rosé friand, de haute expression. 2014-2015 crumble à la rhubarbe

SAS Dom. de Saint-Ser, RD 17, rte de Cézanne, 13114 Puyloubier, tél. 04 42 66 30 81, info@saint-ser.com V t.l.j. 10h-13h 14h-19h J. Guichot

CELLIER SAINT-SIDOINE Élite 2013

| 4 800 | | 5 à 8 €

Rebaptisée Cellier Saint-Sidoine en 1987, la coopérative de Puget-Ville fondée en 1923 regroupe 250 adhérents et exploite, avec quelque 700 ha de vignes, l'un des plus grands ensembles de l'aire des côtes-de-provence.

Ce 2013 de couleur rose clair libère à l'olfaction des parfums d'agrumes, de clémentine notamment. Un joli fruit qui se prolonge dans une bouche fraîche et harmonieuse. « Un vin aux belles proportions », conclut un juré. 2014-2015 filets de rougets en salade

Cellier Saint-Sidoine, 12, rue de la Libération, 83390 Puget-Ville, tél. 04 98 01 80 50, cellier-saint-sidoine@wanadoo.fr V r.-v.

♥ DOM. DE LA SANGLIÈRE
La Londe Prestige 2013 ★★

| 13 500 | | 11 à 15 €

Ce vignoble de bord de mer de quelque 20 ha est conduit par Rémy et Olivier Devictor avec les mêmes contraintes qu'en bio, mais sans certification. Au cap Bénat, site protégé à quelques kilomètres des îles d'Hyères, ils poursuivent le travail initié par leur père dans les années 1980.

Quelques reflets couleur melon animent la robe rose pâle de ce vin aux parfums bigarrés. Mandarine, fruits rouges, pêche, rose... un joli nez tout en subtilité. La bouche ne déçoit pas, bien au contraire: de la densité, une acidité contenue, une persistance fruitée, tout y est parfaitement agencé. Un rosé d'une grande harmonie, expressif et élégant. 2014-2015 loup grillé au fenouil

Dom. de la Sanglière, 3886, rte de Léoube, 83230 Bormes-les-Mimosas, tél. 04 94 00 48 58, remy@domaine-sangliere.com V t.l.j. 9h-12h 15h-19h 5 Rémy Devictor

BRUNO SEIGNEZ
Val d'Astier 2013 ★

| 30 000 | | 11 à 15 € |

C'est dans le lieu-dit Val-d'Astier, sur les hauteurs de Cogolin au pied des Maures et à quelques kilomètres du golfe de Saint-Tropez, que Bruno Seignez a créé son domaine en 2003, après avoir fait ses armes dans des caves provençales.

Une robe quasi cristalline et un nez discret de fruits à chair blanche, d'aubépine et de bonbon anglais. La bouche associe rondeur, souplesse et fraîcheur dans un bel équilibre. 2014-2015 filets de rouget Val d'Astier 2013 ★ (4 000 b.) : un vin frais et délicat, encore quelque peu dominé par le boisé. 2015-2017

Bruno Seignez, Dom. Val d'Astier, RD 98, 83310 Cogolin, tél. 06 09 13 27 64, accueil@domainevaldastier.com V t.l.j. 9h-13h 16h-20h; r.-v. (hors-saison)

DOM. SIOUVETTE Le Clos 2013 ★

| 5 000 | | 11 à 15 € |

Ancienne ferme des pères chartreux de la Verne, cette propriété familiale (depuis 1836) produisait autrefois du bois d'œuvre. Elle se convertit à la viticulture au début du XXes. Les 22 ha de vignes plantées en coteaux sur les sols argilo-schisteux du massif des Maures surplombent la vallée de la Môle.

Au nez, finesse et fraîcheur des agrumes et de l'ananas. En bouche, retour persistant des agrumes (zeste de citron), de la souplesse et de la vivacité. Un rosé dynamique et bien construit. 2014-2015 tarte tropézienne

EARL Dom. Siouvette, 990, rte de Toulon, 83310 La Môle, tél. 04 94 49 57 13, contact@siouvette.com V t.l.j. 8h-12h30 13h30-19h E
Sauron

DOM. TERRE DE MISTRAL
Sainte-Victoire Rosalie 2013 ★

| 140 000 | | 8 à 11 € |

Denis Gueury et Serge Davico décident en 2007 de s'associer afin de partager une passion commune pour leur terroir provençal. Pendant que Denis s'occupe de l'oliveraie et du moulin à huile, Serge s'affaire au chai.

Sur sa réserve lors de la dégustation, ce rosé à peine saumoné promet un bel automne. Il s'ouvre peu à peu sur des notes fraîches de citron vert, de poire et de pêche. Une approche gouleyante et fruitée que prolonge un palais frais, alerte, de bonne longueur. Un vin bien représentatif d'un côtes-de-provence Sainte-Victoire. 2014-2015 salade de lotte aux agrumes

Dom. Terre de Mistral, chem. du Pavillon, rte de Peynier, 13790 Rousset, tél. 04 42 29 14 84, commerce@terre-de-mistral.com V r.-v.
Serge Davico

TERRES OCRÉES 2013 ★

| 464 000 | 5 à 8 € |

Le Cercle des Vignerons de Provence a adopté le nom de sa marque emblématique et il s'affiche désormais sous la nouvelle dénomination Estandon Vignerons.

Une jolie robe couleur pêche ; un bouquet à dominante fruitée ponctué de nuances florales (lys) ; une bouche ronde et équilibrée par une agréable fraîcheur : un bon classique. 2014-2015 saint-jacques à la plancha

Estandon Vignerons, 727, bd Bernard-Long, BP 90300, 83175 Brignoles Cedex, tél. 04 94 37 21 00, lfourastie@estandon-vignerons.fr

DOM. DES THERMES
Iter Privatum 2013 ★

| 16 000 | | 5 à 8 € |

La famille Robert, qui exploite ses vignes depuis six générations (1792), est sortie de la coopérative en 1998. Le vignoble de 40 ha d'un seul tenant entoure une bâtisse du XVIIIes. et des pins parasols centenaires situés sur le site d'une villa gallo-romaine, dont on peut découvrir les vestiges dans un musée créé en 2012.

Ce rosé pâle s'ouvre sur un nez *tutti frutti* intense (poire, fruits exotiques). La bouche, ample et généreuse, offre un large écho aux arômes perçus à l'olfaction. Un vin friand. 2014-2015 tajine de lotte au gingembre Ursae 2013 ★ (8 à 11 € ; 12 000 b.) : fruité et amylique, rond et harmonieux. 2014-2015

Dom. des Thermes, EARL Robert, RN 7, 83340 Le Cannet-des-Maures, tél. 04 94 60 73 15, domaine.des.thermes@orange.fr V t.l.j. sf dim. 8h-19h

THUERRY Le Château 2013 ★

| n.c. | 11 à 15 € |

Au sein du parc régional du Haut-Var Verdon, une bâtisse templière du XIIes. soulignée par un chai longiligne ultramoderne et semi-enterré (2 200 m²), commande une propriété de 340 ha, dont 40 ha de vignes. Une valeur sûre de la Provence viticole, dans les trois couleurs.

Un blanc à la robe jaune pâle animée de reflets verts. L'olfaction est intense, fraîche et variée : poire, ananas, pamplemousse, rose, litchi. Le palais ? Tout aussi expressif et complexe, ample et bien équilibré. 2014-2016 terrine de loup en gelée Le Château 2013 ★ : de la vivacité, des fruits rouges, de la structure et de la longueur ; un rosé complet et bien construit. 2014-2015

Ch. Thuerry, 83690 Villecroze, tél. 04 94 70 63 02, thuerry@chateauthuerry.com V t.l.j. 9h-17h30; été 9h-19h Croquet

B DOM. LA TOUR DES VIDAUX
Farnoux 2012

| 3 600 | | 11 à 15 € |

Marlena et Paul Weindel conduisent, selon les préceptes de la biodynamie, un vignoble de 20 ha planté sur des sols schisteux dans la petite vallée fluviale du Réal Martin, occupant le versant méridional du massif des Maures.

Un rouge cerise profond habille ce vin au nez subtil de griotte, de petits fruits noirs et de violette. On retrouve le fruit dans une bouche riche et dense bâtie sur des tanins encore jeunes qui demandent à s'arrondir. 2016-2019 agneau confit Sainte-Madeleine (5 à 8 €, 1 800 b) : un vin porté sur la noisette, l'amande et les épices au nez, équilibré et fruité (poire) en bouche. 2014-2015

V.-Paul Weindel, 243, rte de Pignans, hameau Les Vidaux, 83390 Pierrefeu-du-Var, tél. 04 94 48 24 01, paulweindel@orange.fr V t.l.j. sf dim. 9h-12h 14h30-18h30

DOM. DES TOURNELS Cuvée spéciale 2013 ★★

■	27 600		8 à 11 €

Cela fait quarante ans que Laurent Bologna est à la tête de ce vignoble situé au pied du phare de Camarat. Sur les 110 ha que compte le domaine, 55 ha de vignes dominant la baie de Pampelonne bien connue des estivants.

Une douce pâleur rehaussée de reflets violines habille ce vin. L'agitation révèle des parfums complexes et intenses de fleurs blanches, d'agrumes (pomelo) et de fruits exotiques. Une jolie trame aromatique à laquelle fait écho une bouche ample, fraîche et longue. 2014-2015 salade de poulpe

Laurent Bologna, Dom. des Tournels, 83350 Ramatuelle, tél. 04 94 55 90 91, contact@domaine-des-tournels.com V t.l.j. 9h30-12h30 15h30-18h30

B **DOM. LA TOURRAQUE** Harmonie 2013 ★

■	3 000		11 à 15 €

Sur le site classé des Trois Caps (Lardier, Camarat et Taillat) de la presqu'île de Saint-Tropez, les 36 ha de vignes du domaine convertis en bio s'étendent jusqu'à la mer aux côtés de quatre cents oliviers. L'œnologue José Craveris laisse aujourd'hui les commandes à la nouvelle génération.

Ce blanc chaleureux s'ouvre sur un bouquet expressif de pêche blanche agrémenté d'une pointe minérale. Douce et ronde en attaque, la bouche monte en puissance jusqu'à une finale longue et briochée. 2014-2016 poulet à la crème

Dom. la Tourraque, chem. de la Bastide blanche, 83350 Ramatuelle, tél. 04 94 79 25 95, latourraque@wanadoo.fr V r.-v. GAEC Brun-Craveris

B **CH. TOUR SAINT-HONORÉ** La Londe Sixtine 2013 ★

■	3 200		11 à 15 €

Serge Portal, de souche londaise, cultive ses 27,8 ha de vignes en bio certifié sur les restanques arrachées aux contreforts du massif des Maures, en face des îles d'Or.

Parée d'une robe brillante et cristalline, cette cuvée arbore un nez exubérant: agrumes, fruits rouges acidulés, aubépine, fruits exotiques. La bouche n'est pas en reste : du volume, de la tension, d'intenses notes d'agrumes et de fruits rouges faisant écho à l'olfaction. Un rosé très tonique et aromatique. 2014-2015 brochettes de poulet au saté ■ **Sixtine 2011 ★ (20 à 30 € ; 2 900 b.)** : une robe sombre et profonde, la complexité des fruits noirs juteux et des épices, un palais vineux et fruité pour ce vin « solaire ». 2014-2017 ■ **TSH 2013 ★ (8 à 11 € ; 5 500 b.)** : de teinte très pâle, ce blanc libère à l'aération de légères notes résinées et offre une bouche onctueuse et douce. 2014-2017

Ch. Tour Saint-Honoré, 1255, rte de Saint-Honoré, 83250 La Londe-les-Maures, tél. 04 94 66 98 22, chateau-tsh@wanadoo.fr V r.-v.
Serge Portal

LE CELLIER DES TROIS COLLINES Vitis n° 5 2012 ★★

■	4 000	8 à 11 €

Le Cellier des Trois Collines est né de la fusion des coopératives de Draguignan et de Flayosc, associant ainsi environ 200 ha de vignes établis sur les terroirs de Trans-en-Provence et de Callas, sur les contreforts du haut Var.

Ce 2012 rouge profond livre des senteurs intenses et généreuses de fruits noirs, d'épices et de fruits rouges à l'eau-de-vie. Une attaque soyeuse ouvre sur un palais solide sans dureté, porté par des tanins fins et veloutés. Un vin de garde sans artifice, expressif et cohérent. 2016-2019 gigot de sept heures ■ **Vitis n° 3 2013 ★** : un rosé ample, fin et croquant, aux arômes de fruits à noyau. 2014-2015

Le Cellier des Trois Collines, rond-point Michelages, 83780 Flayosc, tél. 04 94 39 61 09, contact@cellierdes3collines.com V t.l.j. sf dim. 9h-13h 15h-19h

DOM. DES TROIS FILLES 2013

■	6 000	8 à 11 €

Un nouveau nom dans le Guide et une nouvelle vie pour ce domaine sorti en 2013 de la coopérative par les trois filles de la famille Arlon – Audrey, Léonie et Justine. Un vignoble porté aujourd'hui à 7,5 ha, accroché à une colline surplombant la mer, à La Cadière-d'Azur.

La pointe de mourvèdre (5 %) confère à ce vin une nuance saumonée et concourt à son caractère expressif (arômes de pêche). Le palais se montre frais et dynamique jusqu'en finale. 2014-2015 grillades

Dom. des Trois Filles, 1616, chem. de la Bégude, 83740 La Cadière-d'Azur, tél. 06 62 89 79 90, contact@domainesdestroisfilles.com V t.l.j. sf dim. 10h-12h30 16h-19h l'été Famille Arlon

DOM. LES TROIS TERRES Cuvée Famille 2013 ★★

■	11 000	5 à 8 €

Luc Nivière, ancien pompier professionnel reconverti à la vigne pour succéder à son père, est depuis 2002 à la tête de ce domaine de 30 ha. Les vignes sont implantées au point de jonction de trois terroirs argilo-calcaires aux couleurs différentes : une spécificité représentée sur les étiquettes.

Cette cuvée célèbre les quatre générations de viticulteurs de cette « famille ». Ce 2013 est un rosé très pâle au bouquet frais d'agrumes, au palais ample et ciselé par la vivacité des fruits rouges acidulés et du citron. Un vin tonique et longiligne. 2014-2015 poulet coco façon thaï

Dom. les Trois Terres, D 79, rte de Brignoles, 83340 Cabasse, tél. 04 94 80 38 46, domainetroisterres@orange.fr V t.l.j. 10h-12h 14h30-18h30 Luc Nivière

B **CH. LA TULIPE NOIRE** 2013 ★★

■	8 700	11 à 15 €

Créé en 2010 par la jeune œnologue Audrey Baccino, ce domaine réunit des parcelles situées entre Carquei-

PROVENCE

ranne et La Crau, pour partie certifiées bio. En étroite collaboration avec son père Alain, elle suit aussi le domaine familial de Peirecèdes situé sur le terroir de Pierrefeu-Cuers.

Paré d'une robe pâle étincelante, ce rosé à dominante de tibouren (70 %) livre un bouquet élégant aux nuances florales d'une grande finesse. À l'unisson, la bouche se montre généreuse et douce, sous-tendue par une fraîcheur ajustée qui lui confère longueur et tonicité. Un grand rosé de gastronomie, parfaitement équilibré. ⧗ 2014-2015 🍴 rougets au beurre de basilic ■ 2012 ★ (8 700 b.) : élevé dix-huit mois en fût, il ne manque ni de caractère ni de fermeté tannique ; des arômes de vanille, d'épices et de fruits à l'eau-de-vie soulignent son expression chaleureuse. ⧗ 2014-2015 ■ Dom. des Peirecèdes Règue des botes 2013 ★ (8 à 11 € ; 7 300 b.) : rosé à la teinte claire, frais, friand et très expressif (pomelo, citron vert, fougère). ⧗ 2014-2015

🔑 Audrey Baccino, Ch. la Tulipe Noire, 1820, av. Jean-Honnet, La Moutonne, 83260 La Crau, tél. 06 77 00 27 75, contact@chateaulatulipenoire.com V t.l.j. sf dim. lun. 10h-12h30 15h30-18h30

B DOM. TURENNE
Antoine 2013

■	8 000		8 à 11 €

Philippe Bénézet, troisième génération de vignerons à la tête du domaine depuis 1990, exploite ses 22 ha de vignes en agriculture biologique depuis 2007.

Élevé sur lies fines pendant trois mois, ce blanc issu de vermentino et de clairette séduit par son caractère floral (tilleul, acacia) au nez comme en bouche, et par sa fine vivacité. ⧗ 2014-2015 🍴 moelleux au chocolat ■ Les Gravoches 2011 (15 à 20 € ; 4 000 b.) : plaisant par ses arômes de garrigue et de fruits rouges épicés, et par sa structure fondue. ⧗ 2014-2015

🔑 Philippe Bénézet, Dom. Turenne, rte de Pierrefeu, 83390 Cuers, tél. 04 94 48 68 77, philippe-benezet@wanadoo.fr V t.l.j. sf dim. 9h-12h 14h-17h 3

B CH. LES VALENTINES 2013

■	130 000	11 à 15 €

Situé au bord de la Méditerranée, au sein de la dénomination La Londe, ce domaine de 35 ha est conduit en bio certifié. Apparu aux premières heures du XXe s., il apportait sa vendange à la coopérative, puis Gilles Pons a créé en 1997 la cave qu'il a baptisé du nom de ses enfants Valentin et Clémentine.

Une robe très pâle aux nuances dorées habille ce vin au nez finement floral et au palais souple, frais et fruité. Un rosé plaisant, d'une aimable simplicité. ⧗ 2014-2015 🍴 salade niçoise

🔑 Ch. les Valentines, rte de Collobrières, RD 88, 83250 La Londe-les-Maures, tél. 04 94 15 95 50, contact@lesvalentines.com V t.l.j. 9h-19h
🔑 Gilles Pons

CH. LA VALETANNE
Vieilles Vignes 2013 ★★

■	50 000		8 à 11 €

L'œnologue suisse Jérôme Constantin dirige ce jeune domaine (2007) constitué d'un vignoble de 15 ha entre mer et collines, dont une partie est revendiquée en côtes-de-provence La Londe.

Assemblage de tous les cépages provençaux, ce rosé en robe légère et saumonée dévoile un bouquet frais et plein de fruit. À l'unisson, la bouche généreusement fruitée se révèle à la fois délicate, soyeuse et très dense. ⧗ 2014-2015 🍴 tartare de thon aux baies roses ■ La Londe Larmes de Valetanne 2013 ★ (15 à 20 € ; 950 b.) : un vin expressif et subtil, sur les fruits rouges et les fleurs (rose, lys) au nez, centré sur les agrumes en bouche. ⧗ 2014-2015

🔑 Ch. la Valetanne, rte de Valcros, 83250 La Londe, tél. 04 94 28 91 78, jc@chateauvaletanne.fr V r.-v. 🔑 Kenth Runge

DOM. VALETTE
Cuvée des Hautes Restanques 2013 ★

■	15 000		5 à 8 €

Situé sous la tour de garde du village médiéval des Arcs-sur-Argens, le domaine Valette, propriété de la famille Vivet, est sorti de la cave coopérative locale en 1983. Son vignoble couvre aujourd'hui 15 ha.

Ce vin s'ouvre sur des senteurs délicates de fruits blancs et de miel. Au palais, il se montre frais et tout aussi fruité sans manquer de densité, une pointe de vivacité plus marquée venant réveiller la finale. ⧗ 2014-2015 🍴 salade pastèque-tomate-feta-menthe

🔑 Dom. Valette, 300, rte de Sainte-Cécile, 83460 Les Arcs, tél. 04 94 73 30 55, domvalette83@aol.com V t.l.j. 8h-12h 14h-19h

CH. DE VAUCOULEURS
Les Lézards 2012 ★

■	3 968		8 à 11 €

Propriété de la famille De Wulf depuis 2010 – qui a pris la suite de la famille Bigot à sa tête depuis 1943 –, ce domaine de 24 ha est conduit en bio certifié depuis 2013. Le château veille sur la vallée de l'Argens, défendu par sa garde de chênes, d'oliviers et de pins parasols.

Pas encore de logo AB sur l'étiquette de ce vin pimpant et friand. Ce sera pour l'an prochain. Pour l'heure, cet assemblage syrah-cabernet-sauvignon s'ouvre sur des notes de fruits rouges croquants agrémentés de nuances florales. En bouche, il se montre souple et frais, soutenu par des tanins soyeux. ⧗ 2014-2017 🍴 tartare de bœuf ■ Cuvée Château 2013 ★ (5 à 8 € ; 6 364 b.) : un blanc flatteur d'une agréable fraîcheur, aux notes de bonbon acidulé, de fruits blancs et d'agrumes. ⧗ 2014-2015

🔑 Ch. de Vaucouleurs, RND 7, 83480 Puget-sur-Argens, tél. 04 94 45 20 27, contact@chateaudevaucouleurs.fr V t.l.j. sf dim. 9h-12h 14h-18h 🔑 De Wulf

CH. VAUDOIS 2013 ★

■	4 000		11 à 15 €

Un domaine de 12 ha d'un seul tenant implanté sur sol schisteux, entre Saint-Raphaël et Saint-Tropez, et créé par Marie et Gérard Delli-Zotti en 2000.

À dominante de syrah, ce rouge partiellement vinifié en foudre arbore une belle robe rouge cerise. Le nez d'une bonne complexité développe des arômes de fruits noirs, d'épices et de garrigue agrémentés d'une note douce de moka. La bouche charnue, onctueuse et fruitée est soutenue par des tanins fins et déroule une finale subtilement cacaotée. À apprécier aussi bien jeune que patiné par la garde. ⌛ 2014-2019 🍴 navarin d'agneau

⊶ Ch. Vaudois, rte de Saint-Aygulf, 83520 Roquebrune-sur-Argens, tél. 04 94 81 49 41, chateau-vaudois@wanadoo.fr V t.l.j. sf sam. dim. 9h-12h 14h-18h ⊶ Delli-Zotti

CH. VOLTERRA 2012 ★

■	3 000		11 à 15 €

L'imprésario parisien et propriétaire de salles de théâtre Léon Volterra acquit le domaine en 1926. Délaissé pendant une dizaine d'années, ce vignoble a été repris en 1999 par un groupe d'investisseurs canadiens. Il bénéficie d'une exposition exceptionnelle sur le cap Camarat, face à la mer.

De douces senteurs vanillées séduisent dès le premier nez. La bouche portée sur les épices et la confiture de fruits rouges se révèle ample, généreuse et bien structurée. Un rouge bien typé. ⌛ 2016-2019 🍴 côte de bœuf braisée ■ Vermentino 2013 (3 300 b.) : un pur vermentino d'une jolie complexité (agrumes, fruits exotiques, poire, fleurs blanches), fin et soyeux en bouche. ⌛ 2014-2017

⊶ Ch. Volterra, rte de Camarat, 83350 Ramatuelle, tél. 04 94 49 66 83, ruth@chateauvolterra.com V t.l.j. 10h-18h

PALETTE

• Superficie : 48 ha • Production : 1 843 hl (70 % rouge et rosé)

Tout petit vignoble, aux portes d'Aix, qui englobe l'ancien clos du bon roi René. Rosés, rouges et blancs font appel à de nombreux cépages locaux. Les rouges, de garde, expriment la violette et le bois de pin.

B CH. HENRI BONNAUD 2013 ★★

■	13 000		15 à 20 €

En 1996, Henri Bonnaud a transmis à son petit-fils Stéphane Spitzglous un beau vignoble de 14 ha (dont une partie est convertie au bio, l'autre en cours de conversion), implanté sur les calcaires de Langesse, face à la montagne Sainte-Victoire, sur lesquels sont produits des vins de palette depuis 2004.

Ce 2013 à la robe rose pâle animée de reflets saumonés dévoile à l'aération un nez à la fois puissant et subtil où se mêlent notes d'agrumes et de fruits blancs bien mûrs. La bouche à l'attaque ample et ronde est soutenue par une jolie fraîcheur. Un rosé de caractère. ⌛ 2014-2016 🍴 toast de pâte d'olives de Nice ■ 2011 ★ (20 à 30 € ; 45 000 b.) : un palais à la fois bien structuré et soyeux, aux arômes de cassis, de réglisse et de poivron. ⌛ 2017-2020

⊶ Ch. Henri Bonnaud, 585, chem. de la Poudrière, 13100 Le Tholonet, tél. 04 42 66 86 28, contact@chateau-henri-bonnaud.fr V t.l.j. sf dim. 10h-12h 14h-18h

CH. CRÉMADE 2013 ★★

■	8 000		15 à 20 €

Un domaine incontournable de l'appellation palette, commandé par une bastide typiquement aixoise du XVIIIe s. Au pied de la montagne Sainte-Victoire, le vignoble de 9 ha riche de plus de vingt-cinq cépages s'étend sur le terroir très particulier de cailloutis calcaires de Langesse.

Cette cuvée rose pâle aux reflets abricot libère un nez fin et élégant de fruits jaunes (pêche de vigne) mêlés de notes d'agrumes. Rondeur, richesse et générosité caractérisent le palais, qui s'étire en finale sur des notes gourmandes de fruits exotiques. ⌛ 2014-2015 🍴 vitello tonnatto ■ 2009 ★ (12 000 b.) : intense et chaleureux, centré au nez comme en bouche sur les petits fruits rouges à l'eau-de-vie mêlés de notes poivrées et grillées. Un vin charpenté, souple et chaleureux, à la finale fraîche. ⌛ 2014-2017

⊶ Ch. Crémade, 649, rte de Langesse, 13100 Le Tholonet, tél. 04 42 66 76 80, chateaucremade@yahoo.fr V r.-v.
⊶ S. Moquet

CH. DE MEYREUIL 2013 ★

■	3 500		8 à 11 €

Dominant le village de Meyreuil, sous le regard bienveillant de la montagne Sainte-Victoire, cette propriété est commandée par un château qui fut un ancien couvent de jeunes filles au XVII[e]s. Tout autour un petit vignoble de 4 ha, conduit depuis 2006 par Jacqueline Raynaud.

Cette cuvée jaune pâle aux reflets dorés dévoile un nez qui mêle élégamment des parfums de rose ancienne et de fruits blancs. La bouche ronde, aux saveurs de fruits d'été (pêche, abricot) et d'agrumes, est soutenue par une agréable fraîcheur. Un ensemble expressif et harmonieux. ⌛ 2014-2016 🍴 dorade royale sur sarments

⊶ J. Raynaud, Le Château, allée des Pins, 13590 Meyreuil, tél. 04 42 58 03 96

PROVENCE

LA CORSE

La production viticole corse est avant tout orientée vers l'élaboration de vins identitaires portés par des cépages historiquement installés et adaptés aux sols et climats locaux. Les efforts qualitatifs tant au vignoble (gestion des arrachages et des restructurations) qu'en unité de vinification (efforts sur les cuveries, maîtrise des températures) se ressentent bien évidemment dans les vins. Cette évolution, qui apporte une vision d'avenir, est aujourd'hui associée à un fort développement de la production en agriculture biologique et à un essor de l'œnotourisme.

Une montagne dans la mer

La définition traditionnelle de la Corse est aussi pertinente en matière de vins que pour mettre en évidence ses attraits touristiques. La topographie est en effet très tourmentée dans toute l'île, et même l'étendue que l'on appelle la côte orientale – et qui, sur le continent, prendrait sans doute le nom de costière – est loin d'être dénuée de relief. Cette multiplication de pentes et de coteaux inondés le plus souvent de soleil mais maintenus dans une relative humidité par l'influence maritime, les précipitations et le couvert végétal explique que la vigne soit présente à peu près partout. Seule l'altitude en limite l'implantation.
Le relief et les modulations climatiques qu'il entraîne s'associent à trois grands types de sols pour caractériser la production vinicole, dont la majorité est constituée de vins de pays (surtout) et de vins sans indication géographique. Le plus répandu des sols est d'origine granitique ; c'est celui de la quasi-totalité du sud et de l'ouest de l'île. Au nord-est se rencontrent des sols de schistes, et entre ces deux zones existe un petit secteur de sols calcaires.

Des cépages originaux

Aux côtés des cépages importés, on trouve en Corse des cépages spécifiques d'une originalité certaine, en particulier le niellucciu qui donne des vins au caractère tannique dominant et qui excelle sur le calcaire. Le sciaccarellu, lui, présente plus de fruité et donne des vins que l'on apprécie davantage dans leur jeunesse. Quant au blanc, vermentinu (ou malvasia), il est, semble-t-il, apte à produire les meilleurs vins des rivages méditerranéens.
En règle générale, on consommera plutôt jeunes les blancs et surtout les rosés ; ils iront très bien sur tous les produits de la mer et avec les excellents fromages de chèvre du pays, ainsi qu'avec le brocciu. Les vins rouges, eux, conviendront, selon leur âge et la vigueur de leurs tanins, aux différentes préparations de viande et, bien sûr, à tous les fromages de brebis. À noter que certains grands vins blancs, élevés ou non sous bois, ont une belle aptitude au vieillissement.

CORSE OU VIN-DE-CORSE

• Superficie : 2 150 ha • Production : 90 360 hl (90 % rouge et rosé)

L'AOC corse ou vin-de-corse peut être produite dans les trois couleurs sur l'ensemble des terroirs classés de l'île, à l'exception de l'aire d'appellation patrimonio, au nord. Selon les régions et les domaines, les proportions respectives des différents cépages ainsi que les variétés des sols apportent aux vins des tonalités diverses. Les nuances régionales justifient une dénomination spécifique de microrégions, dont le nom peut être associé à l'appellation (Coteaux-du-Cap-Corse, Calvi, Figari, Porto-Vecchio, Sartène). La majeure partie de la production est issue de la côte orientale.

ALFIERI POLIDORI Sartène 2010 ★

■ | 6 000 | 🍾 | 11 à 15 €

Le domaine San Micheli, l'un des plus anciens de l'appellation corse Sartène, est dans la famille Phélip depuis plus de trois cents ans. Jean-Paul et Bénédicte en ont pris les commandes en 1975. Son exposition sud-ouest lui assure un climat favorable à la culture de la vigne.

Cette cuvée se présente dans une robe rouge clair aux reflets tuilés révélant la maturité du vin. Le nez libère des fragrances épicées et des notes de garrigue du maquis. La bouche d'une étonnante jeunesse se montre souple et fraîche, étayée par des tanins fondus. Un vin harmonieux. ⧗ 2015-2018 🍴 carré de porc rôti

🔑 Dom. San Micheli, Capanelli, vallée de l'Ortolo, 20100 Sartène, tél. 04 95 77 03 86, contact@domainesanmicheli.com V r.-v. E

DOM. D'ALZIPRATU
Calvi Cuvée Pumonte 2012 ★★

■ | 12 000 | 🍾 | 15 à 20 €

Créé en 1968 par le baron Henry-Louis de la Grange, ce domaine de 37 ha répartis sur trois terroirs autour du couvent d'Alzipratu bénéficie de l'influence climatique mer-montagne. Il est conduit par Pierre Acquaviva et Cécilia, son épouse.

Assemblage de sciaccarellu (60 %) et de niellucciu (40 %), ce 2012 évoque la noix muscade et le fruit sec. On retrouve les épices dans une bouche onctueuse, soyeuse et longue. ⧗ 2014-2017 🍴 calinzanincu et figues fraîches ■ Calvi 2013 ★ (7 000 b.) : ce pur vermentinu floral (fleurs jaunes du maquis), iodé et minéral offre une bouche ample et fraîche à dominante d'agrumes. ⧗ 2014-2017

🔑 Dom. d'Alzipratu, lieu-dit Alzipratu, 20214 Zilia, tél. 04 95 62 75 47, alzipratu@orange.fr V t.l.j. sf sam. dim. 9h-12h 13h30-18h

L'ÂME DU TERROIR 2013 ★

■ | 30 000 | 🍾 | - de 5 €

Cette belle propriété est gérée par la famille Pouyau depuis plus de deux siècles. Sur les coteaux d'Antisanti, à l'ouest de la commune d'Aléria, Roger et sa fille Julia

conduisent un vaste vignoble de 95 ha tout autour de la cave.

Ce 2013 libère des arômes de petits fruits rouges et de cassis agrémentés de senteurs de myrte et de poivre. On retrouve les épices dans un palais frais qui évolue vers la rondeur et qui offre de jolies notes de violette en fin de dégustation. Un vin expressif et charmeur. ⧗ 2014-2017 🍷 bœuf grillé ■ Cuvée Castellu Vecchiu 2013 (5 à 8 € ; 30 000 b.) : un rouge épicé aux tanins veloutés. ⧗ 2014-2017

Dom. du Mont Saint-Jean, Campo Quercio, BP 19, 20270 Aléria, tél. 04 95 57 13 21, montstjean@wanadoo.fr V r.-v. Pouyau

♥ CAMELLU Calvi 2013 ★★

■	3 000		8 à 11 €

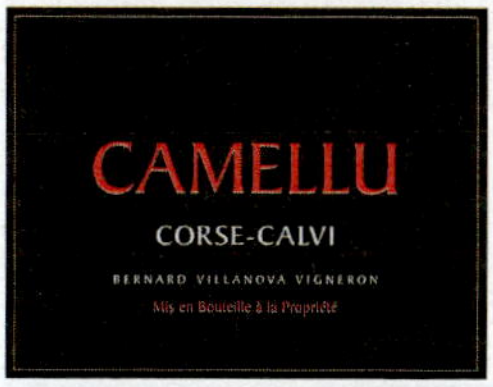

Avec 4 ha de vignes, Bernard Villanova exploite le plus petit vignoble de l'appellation corse Calvi. Un domaine familial restructuré en 1994, planté en coteaux et bien exposé sur une arène granitique.

Le nez très ouvert, expressif et puissant est dominé par les agrumes et les fruits exotiques. Un festival aromatique qui se prolonge dans une bouche intense et persistante, ample et parfaitement équilibrée entre rondeur et vivacité. Un modèle du genre. ⧗ 2014-2015 🍷 sauté de veau aux olives ■ Calvi 2011 ★★ (10 000 b.) : des fruits rouges bien mûrs tout au long de la dégustation, un palais doux et rond. ⧗ 2014-2015

Bernard Villanova, 4, pl. Prince-Pierre, 20214 Calenzana, tél. 04 95 33 34 12, camellu@wanadoo.fr V t.l.j. sf sam. dim. 8h-12h 14h-18h

DOM. CASABIANCA 2012

■	30 000		5 à 8 €

Fondé en 1954, ce vaste domaine de 470 ha, dont 240 ha en AOC, a été repris en 2009 par Anne-Marie Casabianca, la fille de Jean Bernardin, le fondateur.

Ce 2012 libère de fines notes de clou de girofle et de poivre blanc. Souple et fraîche, la bouche est dominée par les petits fruits rouges. Un vin plaisant et alerte. ⧗ 2014-2015 🍷 club-sandwich à la coppa ■ 2013 (30 000 b.) : un vin légèrement perlant aux senteurs d'anis et aux saveurs de cerise. ⧗ 2014-2015

Dom. Casabianca, RN 198, 20230 Bravone, tél. 04 95 38 96 00, domaine-casabianca@orange.fr V t.l.j. sf sam. dim. 8h-17h; l'été ouv. sam.

Ⓑ CASTELLU DI BARICCI Sartène 2013 ★

■	18 000		11 à 15 €

Établie dans la vallée de l'Ortolo, la famille Quilichini produit des vins depuis trois siècles. C'est en 2010 qu'Élisabeth a repris la propriété familiale. Le domaine de 12 ha a acquis sa certification bio en 2013.

Cet assemblage de sciaccarellu et de grenache s'affiche en robe diaphane. Il s'ouvre sur des notes florales et amyliques, et dévoile une bouche franche et légère. ⧗ 2014-2019 🍷 apéritif ■ Sartène 2013 (15 à 20 € ; 8 000 b.) : un pur vermentinu aux arômes de pêche et de banane. ⧗ 2014-2017 ■ Sartène 2011 (15 à 20 €) : ce rouge épicé offre un palais souple étayé de tanins fondus. ⧗ 2014-2017

Élisabeth Quilichini, vallée de l'Ortolo, 20100 Sartène, tél. 06 64 19 60 21, info@castelludibaricci.com V r.-v. E

CLOS CANTA 2013 ★

■	5 000		5 à 8 €

Ce domaine de 30 ha situé dans la commune de Tallone, tout près d'Aléria, a été créé par Egard Gandoin à la fin des années 1960. Ses fils Pierre et Paul l'ont repris en 1986.

Nouveau venu dans le Guide cette année, ce vin miroite de reflets orangés. Il s'ouvre à l'agitation sur des notes de groseille. En bouche, il déploie un beau fruité sur une trame citronnée. ⧗ 2014-2016 🍷 avocat au crabe ■ Orizonte 2013★ (5 000 b.) : mi-sciaccarellu mi-niellucciu, ce rosé offre des arômes de framboise dans une bouche soutenue par le zeste d'orange. ⧗ 2014-2015

SCA du Dom. Sainte-Anne, Dom. Sainte-Anne, 20270 Tallone, tél. 04 95 57 04 18, scasteanne@aliceadsl.fr V r.-v.

La Corse

B CLOS CULOMBU Calvi Ribbe Rosse 2013 ★

■	4 000	🍾	15 à 20 €

Ce domaine de 53 ha est dirigé par la famille Suzzoni depuis 1973. Situé dans la commune de Lumio sur un beau terroir d'arènes granitiques, il est conduit par Étienne Suzzoni depuis 1989.

Ce rosé s'ouvre sur des parfums de fruits rouges et de bonbon anglais. Fraîche en attaque, la bouche penche ensuite vers la rondeur et dévoile un fruité exubérant de fraise. Un vin haut en expression. ⧗ 2014-2015 ⚲ assiette de tapas ■ Calvi 2012 (4 000 b.): ce vin solide aux notes boisées vanillées intenses (dix-huit mois en fût) est à retenir un peu en cave. ⧗ 2015-2019

⊶ Étienne Suzzoni, chem. San-Pedru, 20260 Lumio, tél. 04 95 60 70 68, etienne.suzzoni@gmail.com V t.l.j. 9h-19h; f. janv.

CLOS D'ORLÉA Alliance n° 1 2011 ★

■	10 000	🍾	5 à 8 €

Le Clos d'Orléa exploité par François Orsucci depuis 1990 est une jolie propriété de 55 ha située non loin du fort d'Aléria.

Cet assemblage de niellucciu (40 %), de sciaccarellu (30 %) et de syrah (30 %) libère de jolies notes du maquis, de ciste et d'immortelle, que l'on retrouve dans une bouche aux tanins bien fondus. ⧗ 2014-2017 ⚲ club-sandwich à la pancetta

⊶ François Orsucci, Clos d'Orléa, 20270 Aléria, tél. 04 95 57 13 60, contact@closdorlea.com V t.l.j. 9h-13h 15h-20h

CLOS FORNELLI La Robe d'ange 2013 ★

■	9 000	🍾	8 à 11 €

En 2005, Josée Vanucci a repris avec son mari Fabrice ce vignoble familial créé en 1928 et restructuré dans les années 1970 par ses parents, qui portaient leur raisin à la coopérative. Leur vignoble de 18 ha prend racine sur les terrasses alluviales de la Bravone.

Ce pur sciaccarellu arbore une robe claire ornée de reflets violines. Il s'ouvre sur de jolies notes de fruits rouges et délivre une bouche fruitée et légère. ⧗ 2014-2015 ⚲ assiette de charcuteries corses

⊶ Clos Fornelli, Pianiccia, 20270 Tallone, tél. 06 61 76 46 19, josee.vanucci@laposte.net V r.-v.

CLOS LANDRY Rosé gris 2013 ★

■	50 000	🍾	8 à 11 €

Créé en 1900 par Timothée Landry, ce domaine se situe à proximité de l'aéroport de Calvi. Dans la famille de Cathy Paolini depuis quatre générations, il occupe 25 ha complantés des cépages traditionnels: sciaccarellu, grenache, niellucciu, vermentinu.

Cet assemblage de sciaccarellu (50 %), de grenache (40 %) et de vermentinu (10 %) libère des arômes puissants de fruits exotiques et d'agrumes (cédrat). On retrouve ces derniers dans une bouche vive et tonique qui ne manque toutefois pas de gras. Un rosé bien équilibré. ⧗ 2014-2015 ⚲ apéritif ■ Calvi 2012 ★ (12 000 b.): ce vin soyeux délivre des arômes de petits fruits rouges et d'épices. ⧗ 2014-2017 ■ Calvi 2013 (5 000 b.): un blanc simple et frais, sur des notes de pamplemousse et de lavande. ⧗ 2014-2017

⊶ EARL Clos Landry, rte de la Forêt-de-Bonifatu, 20260 Calvi, tél. 06 85 84 45 09, closlandry@wanadoo.fr V t.l.j. sf dim. 9h-19h ⊶ CM Paolini

CLOS LUCCIARDI Signora Catalina 2013 ★

■	12 000	🍾	8 à 11 €

Josette et Joseph Lucciardi ont repris en 2004 l'exploitation familiale, après une période de fermage. Enraciné sur le sol argilo-caillouteux des coteaux d'Antisanti, le vignoble couvre 11 ha.

Cette cuvée, qui rend hommage à la tante du propriétaire, libère des arômes gourmands de rose et de loukoum. La bouche se révèle suave et fruitée, soutenue par un trait d'acidité qui lui confère de la longueur. Un vrai « rosé plaisir ». ⧗ 2014-2015 ⚲ salade de fraises ■ 2013 (20 000 b.): des petits fruits rouges assortis d'une note poivrée précèdent une bouche tout aussi fruitée, franche et vive. ⧗ 2014-2015

⊶ Lucciardi, Dom. de Pianiccione, 20270 Antisanti, tél. 06 77 07 27 34, contact@closlucciardi.com V r.-v.

CLOS POGGIALE 2012 ★★

■	35 000	🍾 ⊕	5 à 8 €

Jean-François Renucci a racheté ce magnifique vignoble à la famille Skalli en 2011. Situé sur le plateau de Pianiccia, près de l'étang de Diana aux portes d'Aléria, le vignoble couvre une dizaine d'hectares.

Élevé douze mois en fût, ce 2012 séduit par son nez vanillé. Gourmand, le palais délivre des arômes intenses de fruits rouges étayés par des tanins fins et veloutés. Un vin à la puissance maîtrisée, que l'on appréciera aussi bien jeune que patiné par la garde. ⧗ 2014-2018 ⚲ magret au gros sel ■ 2013 ★★ (70 000 b.): ce rosé lumineux aux arômes de fleurs blanches agrémentés de notes amyliques offre une bouche exubérante et persistante. ⧗ 2014-2015 ■ 2013 (30 000 b.): un blanc floral, souple et léger. ⧗ 2014-2015

⊶ Dom. Terra Vecchia, LD Terra Vecchia, 20270 Aléria, tél. 04 95 57 20 30, contact@clospoggiale.fr V t.l.j. sf sam. dim. 9h-12h 13h30-18h ⊶ Renucci

ENCLOS DES ANGES Calvi 2011

■	n.c.	🍾	11 à 15 €

Richard Spurr, winemaker anglo-irlandais, a abordé la Corse comme consultant, avant de s'installer en Balagne en 2007 sur un vignoble de 15 ha à l'abandon.

Le nez expressif et intense évoque la mirabelle compotée et les épices. En bouche, ce 2011 se révèle concentré et opulent. Un blanc généreux, à réserver pour la table. ⧗ 2014-2017 ⚲ volaille à la crème et aux morilles

⊶ Spurr, Ch. de la Signoria, rte de la Forêt-de-Bonifatu, 20260 Calvi, tél. 06 20 26 31 70, mspurr@orange.fr V r.-v.

DOM. FIGARELLA Calvi 2013 ★

■	6 600	🍾	5 à 8 €

Implanté à Calenzana, ce domaine en cours de conversion bio créé par François Acquaviva en 1966 cultive 34 ha. Le fils de ce dernier, Achille, a repris le vignoble dans les années 1980 et c'est aujourd'hui Marina,

petite-fille du fondateur, qui assure le suivi des vignes et des vinifications.

Ce vin dévoile un nez expressif de fleur d'aubépine, de pêche de vigne et d'iode. Le palais, qui suit la même ligne aromatique complexe, conjugue sans fausse note rondeur et fraîcheur. ⏳ 2014-2017 🍴 calamars à la plancha ■ **Calvi 2011 ★ (13 300 b.)** : ce vin dévoile de délicates notes de fruits rouges associés au pain d'épice et déploie en bouche des tanins encore un peu fermes. ⏳ 2015-2018

🔑 Achille Acquaviva, rte de la Forêt-de-Bonifato, Dom. de Figarella, 20214 Calenzana, tél. 04 95 61 06 69, domainefigarella@wanadoo.fr V 🍷 t.l.j. sf dim. 11h-12h30 16h-19h30

B DOM. FIUMICICOLI
Sartène Cuvée Vassilia 2013 ★★

■	20 000	🍾	11 à 15 €

Ce vignoble situé à l'extrême sud de la Corse fait partie des incontournables du Sartenois. Cette très belle propriété de 73 ha est menée en bio par Félix et Simon Andréani, vignerons rigoureux et vinificateurs de talent.

Ce pur vermentinu invite au voyage dans un jardin d'agrumes : le nez exprime le cédrat, le pamplemousse, le citron et le bigaradier. Un voyage qui se poursuit en bouche dans un verger de printemps : les saveurs de pêche et d'abricot soutenues par une juste fraîcheur s'étirent jusqu'en finale. Un vin complexe et généreux, d'une grande harmonie. ⏳ 2014-2019 🍴 côte de veau en sauce blanche ■ **Sartène Cuvée Vassilia 2013 ★★ (20 000 b.)** : un rosé puissant et gourmand aux saveurs persistantes de petits fruits rouges et de bonbon anglais. ⏳ 2014-2015 ■ **Sartène Cuvée Vassilia 2012 ★★ (25 000 b.)** : un rouge élégant et bien typé, solide et expressif, aux arômes de fruits rouges et de maquis. ⏳ 2014-2019

🔑 EARL Terra Corsa, Dom. Fiumicicoli, rte de Levie, 20100 Sartène, tél. 04 95 77 10 20, domaine.fiumicicoli@laposte.net V 🚶 🍷 r.-v.

🔑 F. et S. Andréani

B DOM. DE GRANAJOLO
Porto-Vecchio Cuvée Tradition 2013 ★

■	11 000	🍾	5 à 8 €

Ce domaine de 20 ha fondé par André et Monika Boucher en 1974 est le premier vignoble corse à avoir obtenu en 1987 une certification bio. À la disparition de son père, Gwenaële, œnologue, a repris la gestion de la propriété avec sa mère.

Ce vin s'ouvre sur des senteurs de fleurs blanches et sur des nuances herbacées. Vif en attaque, le palais se montre ensuite plus gras et onctueux, tapissé de fines saveurs de myrte. ⏳ 2014-2017 🍴 scampi ■ **Porto-Vecchio Cuvée Monika 2012 (4 933 b.)** : un nez de fruits rouges précède une bouche souple, simple et fraîche. ⏳ 2014-2017

🔑 G. Boucher, La Testa, 20144 Sainte-Lucie-de-Porto-Vecchio, tél. 04 95 70 37 83, info@granajolo.fr V 🚶 🍷 t.l.j. sf dim. 9h-13h 17h-19h; sam. sur r.-v.

DOM. DE MUSOLEU Cuvée Monte Cristo 2012 ★

■	6 600	🍾	8 à 11 €

Situé au cœur du village de Folelli, ce domaine tire son nom du site romain sur lequel il est implanté. C'est le grand-père Jean-Sébastien Morazzani qui planta la vigne en 1880, puis son fils François reprit l'exploitation en 1930. Depuis 1972, Charles, le petit-fils, est aux commandes d'un vignoble couvrant 17 ha.

Cette cuvée tire son nom de l'île italienne qui fait face au domaine. Elle s'ouvre sur des arômes de fruits rouges et de mûre assortis d'épices, typiques du niellucciu (70 %) et de la syrah (30 %). Rond en attaque, le palais révèle lui aussi une belle concentration de fruits et s'étire dans une longue finale qui laisse le souvenir d'un vin très expressif et gourmand. ⏳ 2014-2018 🍴 tranches de gigot d'agneau grillées

🔑 Charles Morazzani, Dom. de Musoleu, 20213 Folelli, tél. 04 95 36 80 12, charles.morazzani@orange.fr V 🍷 t.l.j. sf dim. 8h30-12h 15h-19h

B DOM. PERO LONGO Sartène Sérénité 2013 ★

■	7 000		8 à 11 €

Ce domaine de 24 ha est situé dans le Sartenais, tout près de la sculpture naturelle « Le Lion de Rocca Pina ». Repris par la famille Richarme en 1993, il s'est converti au bio et à la biodynamie en 2000.

Discret au premier abord, ce vin libère à l'aération des notes d'amande fraîche. En bouche, la palette s'enrichit de saveurs d'agrumes confits. Un vin souple et gras. ⏳ 2014-2017 🍴 filet de cabillaud concassé tomates

🔑 Pierre Richarme, Dom. Pero Longo, 20100 Sartène, tél. 04 95 77 07 11, contact@perolongo.com V 🍷 r.-v. 🏠 4 🏠 E

B DOM. DE PETRA BIANCA
Figari Vinti Legna 2011 ★★

■	12 000	🛢	11 à 15 €

Joël Rossi et Jean Curallucci reprennent en 1990 cette propriété de 48 ha. Situé dans la commune de Figari, le domaine est conduit en bio.

Assemblage de niellucciu et de sciaccarellu, ce vin a passé douze mois en fût. Son habit rouge sombre aux reflets violets séduit d'emblée. Beaucoup de charme et d'intensité à l'olfaction également, ouverte sur de puissants parfums de griotte. La bouche ? De l'élégance à revendre, de la rondeur, des tanins soyeux et veloutés à souhait, et toujours ce fruité gourmand. ⏳ 2014-2017 🍴 fromage de brebis un peu fait ■ **Figari Vinti Legna 2013 (8 à 11 € ; 8 000 b.)** : un rosé frais et aromatique aux notes intenses de litchi et de pamplemousse. ⏳ 2014-2015

🔑 Dom. Petra Bianca, lieu-dit Petra-Grossa, 20114 Figari, tél. 04 95 71 01 62, petra.bianca@ sfr.fr V 🚶 🍷 r.-v.

PRÉSIDENT TRADITION
Réserve du président 2012 ★★

■	60 000	🍾	5 à 8 €

Fondée en 1958, la SCA UVIB est la plus grande structure coopérative de Corse. Établie non loin de l'étang de Diana, elle vinifie quelque 1 700 ha de vignes appartenant à une centaine de producteurs.

La Réserve du président est la marque phare de la cave. Elle rend hommage à son président fondateur. Assemblage par moitié de niellucciu et de syrah, elle livre au nez un subtil mélange de violette et de réglisse bien typé de la syrah. Le palais se révèle souple, rond et soyeux, étayé par des tanins veloutés, et s'étire dans une longue finale aux accents de fruits rouges. ⏳ 2014-2018 🍴 épaule de veau tomates oignons rouges ■ Tradition 2013 ★★ (25 000 b.) : un vin intense, suave et persistant au nez comme en bouche sur des notes de miel et de fleur d'acacia. ⧗ 2014-2017 ■ Tradition 2013 (53 000 b.) : des notes de bonbon anglais animent une bouche à la fois onctueuse et fraîche. ⧗ 2014-2015

⊶ SCA UVIB, Padulone, 20270 Aléria, tél. 04 95 57 02 48, aleymarie@uvib.fr V t.l.j. 8h30-12h30 14h-18h

DOM. DE LA PUNTA 2013 ★

■ | 20 000 | | 8 à 11 €

Fruit d'une histoire d'amitié, ce domaine a été créé en 2003 par deux anciens coopérateurs. Située au nord de la commune d'Aléria, l'exploitation couvre aujourd'hui 30 ha.

Marqué par des parfums de miel agrémentés de fines notes épicées, ce pur vermentinu offre une bouche à la fois vive et onctueuse. Un vin équilibré et long. ⧗ 2014-2016 🍷 verrine thon et carottes

⊶ SCEA de la Punta, RN 198, 20270 Aléria, tél. 04 95 30 60 68, domaine.de.la.punta@wanadoo.fr V t.l.j. sf sam. dim. 9h-12h 14h-18h

⊶ Lugarini et Paoli

♥ DOM. RENUCCI Calvi Cuvée Vignola 2013 ★★

■ | 16 000 | | 11 à 15 €

Les Renucci ont commencé à travailler la vigne en 1850. En 1960, Joseph Renucci hérite du domaine familial, que reprend en 1991 son fils Bernard, accompagné de son épouse. Établi en Balagne dans la vallée du Reginu, le vignoble couvre aujourd'hui 20 ha complantés essentiellement en cépages locaux.

Ce pur vermentinu a séduit d'emblée le jury par ses arômes puissants et complexes de fleurs du maquis agrémentés de notes d'agrumes et de menthol. Franc en attaque, le palais offre un superbe volume et des saveurs intenses de citron et de fruits exotiques qui s'étirent longuement en finale. Un vin très expressif, élégant, frais et soyeux. ⧗ 2014-2017 🍷 tagliatelles aux fruits de mer ■ Calvi Cuvée Vignola 2013 ★ (26 000 b.) : ce vin libère des arômes puissants de fruits rouges agrémentés de notes du maquis, que l'on retrouve dans une bouche fraîche et persistante. ⧗ 2014-2015

⊶ Bernard Renucci, Dom. Renucci, 20225 Feliceto, tél. 06 13 61 84 61, domaine.renucci@wanadoo.fr V t.l.j. sf dim. 10h-12h 15h-18h30; f. oct.-mars

DOM. A RONCA Calvi 2012 ★

■ | 13 330 | 5 à 8 €

En 2006, Marina Acquaviva a repris une partie du domaine familial Figarella pour créer sa propre marque. Son exploitation, en cours de conversion bio, compte une douzaine d'hectares.

Ce pur sciaccarellu à la robe sombre présente une palette aromatique associant les fruits noirs mûrs et la prune. C'est un vin solide, intense, encore fougueux en bouche, que l'on fera patienter un peu en cave et que l'on prendra soin de carafer avant le service. ⧗ 2015-2017 🍷 brochettes de veau au barbecue ■ Calvi 2013 ★ (13 330 b.) : ce vin franc et tendu délivre de beaux arômes de fleurs blanches et de pêche, au nez comme en bouche. ⧗ 2014-2017 ■ Calvi 2013 (13 330 b.) : un rosé frais et aromatique aux notes d'abricot et de bonbon anglais. ⧗ 2014-2015

⊶ Marina Acquaviva, rte de la Forêt-de-Bonifato, Dom. A Ronca, 20214 Calenzana, tél. 04 95 61 06 69, aronca@orange.fr V t.l.j. sf dim. 11h-12h30 16h-19h30

SAN ANTONE 2013

■ | 17 000 | - de 5 €

La Cave Saint-Antoine représente plus de 400 ha de vignes situées dans la plaine orientale, près de Ghisonaccia. Les trois quarts du vignoble sont sur l'aire de l'AOC corse.

Assemblage de niellucciu et de sciaccarellu, ce 2013 libère des arômes de fruits rouges légèrement confits qui préludent à une bouche solide aux tanins encore jeunes qui demandent à se fondre. À réserver en cave. ⧗ 2016-2019 🍷 sauté de veau aux olives

⊶ Coop. Saint-Antoine, Saint-Antoine, 20240 Ghisonaccia, tél. 04 95 56 61 00, info@cavesaintantoine.com V r.-v.

DOM. SANT'ARMETTU Sartène Pivarella 2013 ★★

■ | 6 000 | | 20 à 30 €

Depuis 1996, Gilles Seroin a repris ce domaine familial de 30 ha qui domine le golfe de Propriano et la baie de Tizzano. Les vignes sont plantées en terrasses le long des coteaux sur un sol d'arènes granitiques.

En robe jaune citron, ce vin pur vermentinu s'ouvre sans réserve sur des senteurs de fleurs et de fruits blancs agrémentées de touches d'agrumes. On retrouve les fruits blancs mâtinés de fines notes boisées dans un palais généreux et persistant qui ne manque ni de fraîcheur ni de « peps ». ⧗ 2014-2019 🍷 plateau de fruits de mer ■ Sartène A Maredda 2013 (15 à 20 € ; 4 000 b.) : un rosé frais et amylique. ⧗ 2015-2018 ■ Sartène Myrtus 2011 (12 000 b.) : un rouge tannique aux arômes de fruits rouges mâtinés de notes de torréfaction. ⧗ 2015-2018

⊶ EARL Sant'Armettu, 9, av. Napoléon, 20110 Propriano, tél. 04 95 76 24 47, contact@santarmettu.com V t.l.j. sf sam. dim. 8h-12h 14h-18h ⊶ Seroin

(B) DOM. SAPARALE Sartène Casteddu 2013 ★★

■ | 12 000 | | 11 à 15 €

Cette propriété fondée au XIXᵉ s. par Philippe de Rocca Serra a repris vie en 1998 avec l'arrivée à sa tête de Philippe Farinelli, œnologue de talent et vinificateur averti, descendant du fondateur. Le domaine de 50 ha est conduit en bio.

Ce vin s'ouvre sur des notes fruitées et florales agrémentées de fines touches boisées signant son élevage de six mois en fût. Le palais, à l'unisson, se montre intense, puissant et chaleureux sans lourdeur, et bien équilibré par une pointe de fraîcheur. ⧗ 2014-2022 🍷 côtes de porc au curry ■ Sartène Saparale 2012 ★ (5 à 8 € ; 90 000 b.) : un nez de cassis et de vanille précède une bouche puissante et boisée ; à attendre. ⌛ 2016-2022 ■ Sartène Casteddu 2011 (12 000 b.) : un vin chaleureux aux arômes de framboise et d'épices soutenu par des tanins encore un peu fermes ; à encaver, lui aussi. ⌛ 2015-2019

🔑 Dom. Saparale, vallée de l'Ortolo, 20100 Sartène, tél. 04 95 77 15 52, contact@saparale.com V r.-v. E 🔑 Farinelli

♥ SECRET CASANOVA 2010 ★★★

■ | 19 600 | 🍾 | 5 à 8 €

Créée en 1975, cette cave, la troisième structure coopérative de l'île, vinifie la production de quelque 800 ha de vignes et regroupe une trentaine d'exploitations. Le président actuel André Casanova a donné son nom à la marque principale commercialisée par la cave.

Le jury a été envoûté par ce 2010 au nez de pomme agrémenté de notes d'arbouse et d'un soupçon de miel. On retrouve le miel dans une bouche parfaitement équilibrée, soyeuse, ample, ronde et fraîche, étirée dans une longue finale fruitée. Un grand vin, intense et complexe. ⌛ 2014-2019 🍴 aumônières de noix de Saint-Jacques ■ 2013 ★ (120 000 b.) : subtil mélange d'arômes de fruits blancs, d'anis et de notes amyliques, ce rosé offre une agréable fraîcheur. ⌛ 2014-2015 ■ 2012 ★ (19 600 b.) : un vin souple et léger aux saveurs réglissées. ⌛ 2014-2017

🔑 Cave Coopérative d'Aghione, Samuletto, 20270 Aghione, tél. 04 95 56 60 20, coop.aghione.samuletto@yahoo.fr V t.l.j. sf sam. dim. 8h-17h

DOM. DE TANELLA
Figari Clos Marc-Aurèle 2011 ★★

■ | 10 000 | 🍾 | 8 à 11 €

Fondé par la famille de Peretti Della Rocca en 1870, ce domaine de 57 ha d'un seul tenant sur des arènes granitiques, qui se transmet de père en fils depuis sa création, est conduit par Jean-Baptiste depuis 1975. Un des fleurons du terroir de Figari.

Ce rouge expressif mêle des arômes puissants de fruits rouges et d'épices mâtinés de notes de cuir. On retrouve les fruits dans une bouche ronde et généreuse, étayée de tanins souples et de très belle longueur. ⌛ 2014-2017 🍴 tajine de bœuf et pois chiches ■ Figari Cuvée Alexandra 2013 ★ (20 000 b.) : ce rosé exprime la pêche blanche et offre un palais frais en attaque, évoluant vers le gras. ⌛ 2014-2015 ■ Figari Cuvée Alexandra 2013 (11 à 15 € ; 10 000 b.) : ce vin aux senteurs de mûre et de maquis offre une bouche franche soutenue par des tanins encore un peu fermes. ⌛ 2015-2018

🔑 SAS de Peretti della Rocca, Dom. de Tanella, rte de Bonifacio, 20137 Porto-Vecchio, tél. 04 95 70 46 23, tanella@wanadoo.fr V t.l.j. sf dim. 9h30-12h 15h-18h30 ; sam. 9h30-12h

TERRA NOSTRA
Cuvée ancestrale 2012 ★

■ | 100 000 | 🍾 | 8 à 11 €

L'Union des Vignerons Associés du Levant (UVAL) est un groupement de producteurs situé à Borgo, à 15 km au sud de Bastia. Elle regroupe environ 900 ha de vignes répartis sur la côte est de la Corse et une quarantaine de vignerons. Outre ses vins de marque, elle a développé depuis plusieurs années la vinification de domaines particuliers, ainsi qu'une structure de négoce.

Pur niellucciu, ce 2012 exprime les baies de myrte agrémentées de notes poivrées. Ample et souple, le palais est dominé par les petits fruits rouges et soutenu par des tanins bien fondus. Un rouge agréable et soyeux, à boire dans sa jeunesse. ⌛ 2014-2015 🍴 magret grillé à la plancha ■ Sciaccarellu 2013 (moins de 5 € ; 100 000 b.) : un rosé gourmand, sur des notes de petits fruits rouges. ⌛ 2014-2015

🔑 UVAL Les Vignerons Corsicans, lieu-dit Rasignani, 20290 Borgo, tél. 04 95 58 44 00, uval.sica@corsicanwines.com V t.l.j. sf dim. 9h-12h 14h-19h ; lun. 14h-19h

B DOM. DE TORRACCIA
Porto-Vecchio Oriu 2011 ★

■ | 26 000 | 🍾 | 15 à 20 €

Créé en 1964 par Christian Imbert, ce domaine de 43 ha est dirigé par son fils Marc depuis 2008. Le vignoble, conduit en bio, est situé dans la région du Freto à l'extrémité méridionale de l'île.

Très séduisant à l'œil dans sa robe intense, ce 2011 libère de puissants arômes de fruits cuits. La bouche portée par des tanins encore un peu fermes révèle une agréable fraîcheur renforcée en finale par une touche mentholée. À attendre un peu. ⌛ 2015-2018 🍴 daube de sanglier

🔑 Dom. de Torraccia, 20137 Lecci, tél. 04 95 71 43 50, torracciaoriu@wanadoo.fr V t.l.j. sf dim. 8h-12h 14h-18h 🔑 Marc Imbert

DOM. VICO 2013

■ | n.c. | 🍾 | 5 à 8 €

Ce domaine de 75 ha est le seul de Corse à ne pas être près de la mer. C'est donc au cœur de l'île, à Ponte Leccia que les vignes s'épanouissent sous le regard bienveillant du Monte Cinto, point culminant de l'île.

Ouvert sur de riches parfums de fleurs blanches, de fruits printaniers et d'anis, ce 2013 offre une bouche vive et amylique. Un rosé pimpant et alerte. ⌛ 2014-2015 🍴 salade au brocciu ■ 2013 (21 000 b.) : un blanc expressif aux jolies notes de bergamote et de réglisse. ⌛ 2014-2015

🔑 Dom. Vico, rte de Calvi, 20218 Ponte-Leccia, tél. 04 95 47 61 35, domaine.vico@orange.fr V t.l.j. sf dim. 10h-19h ; f. fév.

DOM. LA VILLA ANGELI 2013 ★★

■ | 15 000 | 🍾 | 8 à 11 €

L'Union des Vignerons Associés du Levant (UVAL) est un groupement de producteurs situé à Borgo, à 15 km au sud de Bastia. Elle regroupe environ 900 ha de vignes répartis sur la côte est de la Corse et une quarantaine de vignerons. Outre ses vins de marque, elle a développé depuis plusieurs années la vinification de domaines particuliers, ainsi qu'une structure de négoce.

Sur les collines qui dominent le site romain d'Aléria, non loin de Ghisonaccia, se trouvent les vignes du domaine la Villa Angeli, propriété de Guy Mizael. Ce pur vermentinu dévoile des arômes soutenus d'agrumes et de jasmin. La bouche se révèle ronde, souple et généreuse, équilibrée

CORSE

par une pointe de noble amertume en finale. ⧗ 2014-2016 🍴 aumônière de fromage frais ■ 2012 ★ (30 000 b.) : cet assemblage de niellucciu et de grenache s'ouvre sur quelques notes animales mêlées de senteurs discrètes de sous-bois et révèle une bouche souple, ronde et légère. ⧗ 2014-2017 ■ 2013 ★ (60 000 b.) : un rosé acidulé, franc et frais. ⧗ 2014-2015 ■ Cuvée Don Pasquale 2013 ★ (15 à 20 € ; 30 000 b.) : un blanc aux notes de fleurs blanches, d'agrumes et d'infusion, à la bouche ronde et tendre. ⧗ 2014-2017

🔑 Cave Coopérative de la Marana, lieu-dit Rasignani, 20290 Borgo, tél. 04 95 58 44 00, uval-sica@corsicanwines.com V 🍷 t.l.j. sf dim. 9h-12h 14h-19h ; lun. 14h-19h

AJACCIO

• Superficie : 243 ha • Production : 8 800 hl (90 % rouge et rosé)

L'appellation ajaccio borde sur quelques dizaines de kilomètres la célèbre cité impériale et son golfe. Ce terroir d'exception, généralement granitique, permet au sciaccarellu, cépage phare pour les rouges et rosés, et au vermentinu, en blanc, d'exprimer tout leur potentiel.

L'ALZETO 2013 ★★

■	65 000	8 à 11 €

Ce domaine possède la parcelle (50 ha) de vigne la plus élevée de Corse : elle culmine à 500 m d'altitude. La famille Albertini est aux commandes depuis le XIXe s., et c'est aujourd'hui Alexis qui est en charge de l'élaboration des vins.

D'un beau rose vif et soutenu, ce 2013 libère des arômes intenses de fruits rouges « piqués » de notes épicées. Le palais charnu à souhait est stimulé par une très agréable vivacité qui apporte équilibre, tonus et relief à ce rosé charmeur en diable. ⧗ 2014-2017 🍴 côtelettes d'agneau grillées ■ 2012 (40 000 b.) : un rouge tout en rondeur, porté par des tanins soyeux et une agréable vinosité. ⧗ 2016-2019 ■ L'Alezo 2013 (11 à 15 € € ; 30 000 b.) : l'élégance du vermentinu révélée dans un palais souple et frais à la fois. ⧗ 2014-2015

🔑 Clos d'Alzeto, 20151 Sari-d'Orcino, tél. 04 95 52 24 67, contact@closdalzeto.com V 🍷 t.l.j. sf dim. 8h-12h 14h-18h 🔑 Pascal Albertini

CLOS CAPITORO 2011 ★★

■	90 000	🍾	8 à 11 €

Fondé dans la seconde moitié du XIXe s., le Clos Capitoro (50 ha) fut l'un des premiers domaines corses à mettre en bouteilles (1856). Situé sur des coteaux argilo-siliceux non loin des plages de Porticcio, il est aujourd'hui conduit par Jacques Bianchetti secondé par ses filles Éloïse et Mélissa.

Ce 2011 au seyant rubis brillant s'ouvre sans réserve sur les fruits rouges et la réglisse. Riche et généreux en bouche, il s'appuie sur des tanins nobles, solides mais « bien domptés », enrobés par une chair tendre et douce. ⧗ 2014-2017 🍴 lapin aux herbes de la garrigue ■ 2013 (16 000 b.) : un blanc diaphane aux jolies fragrances d'aubépine, nerveux en bouche. ⧗ 2014-2017

🔑 Jacques Bianchetti, Clos Capitoro, Pisciatella, 20166 Cauro, tél. 04 95 25 19 61, eloise@clos-capitoro.com V 🏠 🍷 r.-v.

CLOS ORNASCA 2012 ★

■	16 600	🍾	8 à 11 €

Un petit domaine adossé à la montagne, à quelques kilomètres de la mer : 10 ha d'un seul tenant sur un sol granitique caractéristique des terroirs corses, sous la conduite depuis 2002 de Jean-Antoine Manenti et Laetitia Tola, fille du fondateur Vincent Tola.

Un beau triplé pour ce domaine régulier en qualité. En tête, ce 2012 tout en fruits rouges et en épices stimulé par une pointe de menthol, au palais chaleureux et corsé s'adossant à des tanins encore fougueux qui lui assurent un bon potentiel de garde. ⧗ 2016-2020 🍴 carré de porc rôti à la sauge ■ 2013 ★ (23 000 b.) : plus gris que rosé, un 2013 amylique, fruité et très frais. ⧗ 2014-2015 ■ 2013 ★ (6 700 b.) : de jolies fragrances de citron vert et de menthe poivrée, un palais tout aussi expressif, élégant et long. ⧗ 2014-2015

🔑 Tola-Manenti, Clos Ornasca, Eccica Suarella, 20117 Cauro, tél. 04 95 25 09 07, closornasca@orange.fr V 🍷 r.-v.

♥ DOM. COMTE PERALDI 2011 ★★★

■	136 666	🍾 🛢	8 à 11 €

Ce domaine de 50 ha établi à la lisière d'Ajaccio est la propriété de la famille Tyrel de Poix depuis 1963. C'est désormais l'épouse de Guy de Poix, disparu prématurément, qui entretient la grande notoriété de ce vignoble, l'un des plus vastes de l'appellation.

Ce rouge plein de noblesse, expression parfaite du sciaccarellu, s'ouvre sur les fruits noirs confits rehaussés de notes poivrées bien typées du cépage. Offrant la même intensité aromatique, la bouche, généreuse et longue, s'adosse à des tanins caressants et veloutés qui laissent envisager une bonne évolution. ⧗ 2014-2019 🍴 tagliata de bœuf ■ 2013 (6 600 b.) : un vin gras sans lourdeur et chaleureux à souhait. ⧗ 2014-2015 ■ 2013 (49 460 b.) : un rosé généreusement aromatique et bien souple. ⧗ 2014-2015

🔑 EARL Dom. Peraldi, chem. du Stiletto, 20167 Mezzavia, tél. 04 95 22 37 30, dom.peraldi@wanadoo.fr V 🏠 🍷 r.-v. 🔑 Tyrel de Poix

Ⓑ DOM. MARTINI 2008 ★

■	15 000	🍾	11 à 15 €

Fondée au XVIIe s., cette jolie propriété de 50 ha doit son nom au cardinal Martini, son fondateur florentin arrivé en Corse au XVIIe s. Le domaine familial, conduit en agriculture biologique, s'étend en limite de la vallée du Prunelli.

Ce 2008 habillé d'un rouge aux reflets tuilés libère un joli nez fruité (fruits rouges mûrs) et poivré. Le palais aux tanins soyeux et assagis déroule un fruité suave que vient soutenir une finale fraîche. 2014-2017 assiette de charcuterie corse

Dom. Martini, Eccica, Suarella, 20117 Cauro, tél. 04 95 20 04 09 V r.-v.

DOM. DE PIETRELLA 2012 ★★

40 000 | 5 à 8 €

Ce beau domaine de 38 ha situé dans la commune de Cauro fut créé par les frères Tirroloni dans les années 1980. Toussaint, fils de l'un des fondateurs, l'a repris à son compte au début des années 2000 et s'emploie à élaborer ses vins dans la grande tradition des ajaccio.

Très régulier dans le Guide, ce domaine voit les trois couleurs retenues. En tête, ce magnifique 2012 paré de grenat, au bouquet intense d'épices, de fruits rouges et de menthol. La bouche se révèle suave, généreuse et riche, adossée à des tanins soyeux et équilibrée par une juste fraîcheur. 2017-2020 côte de veau aux cèpes 2013 ★ (30 000 b.) : un rosé alerte, frais et fruité (groseille et cerise). 2014-2015 2013 (20 000 b.) : un blanc plaisant par son caractère très floral (fleurs jaunes). 2014-2016

Toussaint Tirroloni, Dom. de Pietrella, 20117 Cauro, tél. 04 95 50 11 52, info@domainedepietrella.com V t.l.j. sf dim. 9h-12h 1430h-18h30

DOM. DE PRATAVONE 2012 ★

60 000 | | 5 à 8 €

Cette propriété de 44 ha située non loin du site préhistorique de Filitosa est dirigée par Isabelle Courrèges. Elle en a modernisé le chai en 2012, le dotant d'un équipement à la pointe de la technologie.

Ce 2012 rubis clair dévoile un joli nez tout en fruits et en épices. Le palais se montre souple et fruité à souhait, porté par des tanins fins et soyeux. Un ajaccio gourmand. 2014-2018 agneau rôti aux épices douces Cuvée Guillaume de Pratavone 2013 ★ (11 à 15 € ; 4 600 b.) : un rosé tendre et suave, sur le coing et les fruits confits qui ne manque pas non plus de fraîcheur. 2014-2015

SCEA Dom. de Pratavone, 20123 Cognocoli-Monticchi, tél. 04 95 24 34 11, domainepratavone@wanadoo.fr V t.l.j. sf dim. 8h-12h 14h30-19h Courrèges

DOM. DE LA SORBA 2012 ★

15 000 | | 5 à 8 €

Louis Musso cultive ce vignoble de 25 ha depuis les années 2000. Il a repris la suite de son père et doté le vignoble d'un outil moderne de vinification.

Au nez, des fruits rouges mûrs, des épices et une touche animale. On retrouve les fruits dans une bouche puissante aux tanins solides, encore un peu sévères en finale. Un vin de bonne garde, assurément. 2016-2019 selle d'agneau rôtie au romarin Cuvée Sebastianu Costa 2011 (11 à 15 € ; 2 000 b.) : son séjour de un an en fût (notes toastées) n'a pas altéré le fruité du sciacarrellu ; un vin bien équilibré, solide sans dureté, boisé sans excès. 2016-2019

Louis Musso, EARL Dom. San Biaggio, Dom. de la Sorba, rte du Finosello, 20090 Ajaccio, tél. 04 95 23 38 26, domainedelasorba@wanadoo.fr V r.-v.

PATRIMONIO

• Superficie : 418 ha • Production : 16 140 hl (85 % rouge et rosé)

Au pied du cap Corse, la petite enclave de terrains calcaires qui, du golfe de Saint-Florent, se développe vers l'est et surtout vers le sud, présente les caractères d'un cru bien homogène. Le niellucciu, en rouge et en rosé, et le vermentinu en blanc laissent leur empreinte dans des vins typés et d'excellente qualité : des rouges fruités et épicés, qui peuvent être somptueux et aptes à une longue garde, des rosés colorés, puissants et fruités, des blancs gras et aromatiques.

DOM. ALISO-ROSSI
Réserve du domaine 2013 ★

10 000 | 8 à 11 €

Non loin de la rivière Aliso, qui finit sa course dans le golfe de Saint-Florent, ce domaine étend ses 25 ha de vignes au cœur du maquis. Dominique Rossi y cultive les cépages corses sur différents terroirs (schistes, argilo-calcaires), des parcelles de vieilles vignes ayant appartenu à son grand-père. Une valeur sûre pour ses patrimonio et ses muscats.

Plus souvent en vue pour ses blancs, le domaine propose ici un rouge de belle tenue. Une cuvée carmin profond, qui dévoile un nez intense de menthe poivrée et de fruits rouges frais. On attendrait un vin nerveux et, pourtant, c'est une sensation veloutée qui enrobe un palais adossé à des tanins souples et déjà assagis. Un patrimonio accorte et charmeur. 2014-2017 fromage corse

Dom. Aliso-Rossi, Dominique Rossi, hameau Corsu, 20246 Santo-Pietro-di-Tenda, tél. 04 95 37 03 03, dominique.rossi024@orange.fr V r.-v.

♥ NAPOLÉON BRIZI 2012 ★★

n.c. | | 11 à 15 €

Le domaine a été créé en 1920 par le grand-père de Napoléon Brizi. Fort de 12 ha situés non loin des portes nord de Saint-Florent, il fait partie des propriétés historiques de l'appellation patrimonio. Depuis 2011, Napoléon Brizi exploite aussi, avec des amis, plus de 3 ha de muscat à petits grains au pied de falaises calcaires.

Paré de rouge grenat, ce patrimonio libère des parfums généreux et intenses de fruits rouges très mûrs complétés de notes gourmandes de chocolat. Des arômes qui enveloppent un palais longuement soutenu par une structure tannique très élégante, à la fois bien présente, souple et soyeuse. Un vin d'une grande harmonie, que l'on appréciera aussi bien jeune que patiné par la garde. 2015-2019 rôti de biche 2013 ★ (10 000 b.) : ce rosé de niellucciu complété par 20 % de vermentinu séduit par son fruité et sa fine fraîcheur minérale. 2014-2015

EARL Napoléon Brizi, Patrimonio, 20253 Patrimonio, tél. 04 95 58 44 01, uval-mazoyer@corsicawines.com V r.-v.

DOM. DE CATARELLI Blanc de blancs 2013 ★

■ | 5 000 | 11 à 15 €

Ce domaine est situé dans la commune de Farinole, au départ de la sinueuse route du cap Corse. Les premières vignes furent plantées en 1880 par l'arrière-grand-père Xavier Massini. Le phylloxéra n'ayant pas épargné l'île, le vignoble fut restructuré en 1920 et reçut son nom actuel. Un vignoble de 9 ha aujourd'hui conduit par Laurent Le Stunff, régulièrement en vue pour ses blancs notamment.

L'élégance est de mise dès l'olfaction, centrée sur d'intenses parfums de citron et de pamplemousse. Le palais, lui aussi porté sur les agrumes, se révèle vif et tonique à souhait. Un ensemble très harmonieux, tout indiqué pour les produits de la mer. ⧗ 2014-2016 🍴 risotto aux coques

EARL Dom. de Catarelli, Marine de Farinole, rte de Nonza, 20253 Patrimonio, tél. 04 95 37 02 84 V t.l.j. sf dim. 9h-12h 15h-19h; f. nov.-mars

Laurent Le Stunff

♥ CLOS ALIVU 2013 ★★

■ | 6 600 | | 8 à 11 €

Par ailleurs responsable du domaine familial situé à Bravone, sur la côte orientale (AOC corse), Éric Poli a repris en 2005 le Clos Alivu (« olivier »), un petit domaine de 3 ha de niellucciu et de vermentinu d'une quarantaine d'années établi dans la commune de Poggio d'Oletta.

Ce pur vermentinu en robe jaune clair aux reflets légèrement dorés dévoile un bouquet fin et très engageant de fleurs blanches, d'agrumes et d'ananas. Des arômes subtils que l'on retrouve dans une bouche d'une grande fraîcheur, souple, soyeuse et longue, rehaussée en finale par de beaux amers qui apportent un surcroît de complexité. Un blanc alerte et racé, que l'on réservera pour la table. ⧗ 2014-2017 🍴 ceviche de thon aux agrumes ■ 2013 ★ (10 600 b.) : un nez frais d'agrumes, un palais aux accents exotiques (ananas) agrémenté d'une agréable amertume en finale. ⧗ 2014-2015 ■ 2013 ★ (9 300 b.) : un vin intense et puissant sans excès de rigueur, adossé à des tanins soyeux. ⧗ 2014-2018

Éric Poli, Imm. Palazzo, 20217 Saint-Florent, tél. 09 66 52 24 07, clos.alivu@orange.fr t.l.j. 9h-12h 16h-20h; f. oct.-avr.

Ⓑ CLOS DE BERNARDI Crème de tête 2012 ★

■ | 15 000 | | 11 à 15 €

Jean-Laurent de Bernardi, dont le père fut à l'origine de l'appellation patrimonio, conduit depuis 1981 ce domaine créé à la fin du XIXe s. Ceinte de murs sur tout son périmètre, cette exploitation conduite en agriculture biologique est située en limite de la commune de Saint-Florent.

Un vin de caractère que ce 2012. Sombre à l'œil, il dévoile un nez intense et charmeur de griotte et de noisette. C'est en bouche que s'affirme sa forte personnalité, à travers une structure tannique virile, qui laisse présager un bon vieillissement. ⧗ 2017-2020 🍴 daube de bœuf charolais

Jean-Laurent de Bernardi, 20253 Patrimonio, tél. 06 18 49 60 16, jeanlaurent@closdebernardi.fr V t.l.j. sf dim. 9h-12h 14h-19h

CLOS SAN QUILICO 2012 ★★★

■ | 11 000 | | 5 à 8 €

Seconde propriété de la famille Orenga de Gaffory, le Clos San Quilico, que dirige Henry Orenga, couvre 30 ha de vignes situées sur la petite route qui rejoint Poggio d'Oletta depuis Saint-Florent. Il est commandé par un corps de ferme datant du XVIIIe s., en cours de rénovation.

Paré d'un rouge sombre, ce vin exprime sa personnalité généreuse dès l'olfaction à travers des notes de confiture de fruits noirs et de cannelle. La bouche, fruitée et suave, dévoile des tanins fins et soyeux, avant de s'étirer dans une longue finale pleine de fraîcheur. Un patrimonio parfaitement équilibré, intense et racé, que l'on peut apprécier jeune ou faire attendre. ⧗ 2015-2020 🍴 viande de bœuf grillée ■ 2013 ★ (28 000 b.) : un vin floral, fruité et suave, qu'une finale fraîche vient équilibrer. ⧗ 2014-2015 ■ 2013 ★ (20 000 b.) : un vin fruité et léger soutenu par une finale tonique et fraîche. ⧗ 2014-2016

EARL Dom. San Quilico, 20253 Patrimonio, tél. 04 95 37 45 00, contact@orengadegaffory.com V t.l.j. 8h-18h Henri Orenga

CLOS SIGNADORE A Mandria 2012 ★

■ | 5 600 | 15 à 20 €

Ce vignoble de 10 ha acquis en 2001 par Christophe Ferrandis se situe dans la commune de Poggio d'Oletta, non loin de la cathédrale de Saint-Florent. Essentiellement complanté en niellucciu, il dispose d'une majorité de vignes de plus de quarante ans.

Paré d'un rouge sombre aux reflets légèrement tuilés, ce pur niellucciu au nez plutôt discret demande une légère aération pour libérer ses notes fruitées et épicées. Des arômes prolongés par un palais ample et bien structuré, encore un peu sévère en finale. ⧗ 2016-2019 🍴 tajine de bœuf aux pruneaux

Christophe Ferrandis, Clos Signadore, La Morta-Piana, 20232 Poggio-d'Oletta, tél. 06 15 18 29 81, contact@signadore.com V r.-v.

CLOS TEDDI Tradition 2013 ★

■ | 5 000 | | 15 à 20 €

Marie-Brigitte Poli-Juillard a repris en 1996 les rênes de la propriété familiale. Son vignoble de 35 ha situé dans le désert des Agriates, sur un ancien site archéologique, n'est accessible que par une piste difficile. Elle travaille avec soin ses sélections parcellaires.

Ce pur vermentinu à la robe limpide, finement dorée et brillante, libère un nez subtil de fruits blancs agrémentés de nuances d'eucalyptus. Nerveux et intense à l'attaque, le palais penche ensuite vers la rondeur, avant que ne revienne la vivacité en finale. Un ensemble équilibré et dynamique. ⧗ 2014-2015 🍴 bar au four ■ Grande Cuvée 2011 ★ (5 000 b.) : un niellucciu qui tire de son élevage en fût de plaisantes notes vanillées et chocolatées. Le palais dévoile des tanins fougueux, qui commencent à se fondre. ⧗ 2016-2017

Marie-Brigitte Poli, Casta, 20217 Saint-Florent, tél. 09 66 82 24 07, clos.teddi@orange.fr V t.l.j. 9h-12h 16h-20h; f. oct.-avr.

DOM. DEVICHI Mademoiselle D 2012 ★

| 2 600 | | 5 à 8 € |

Un domaine familial créé à la fin du XIXᵉs., dans la famille Devichi depuis six générations. Situé à Barbaggio en Haute-Corse, il étend ses 27 ha de vignes sur un sol argilo-calcaire. Arrivée sur l'exploitation en 2002, Marie-Françoise a succédé à son père en 2012.

Cette Mademoiselle dévoile un bouquet accorte de fruits rouges mâtinés d'épices. Le palais est élégant, fin et fruité, étayé par de jolis tanins soyeux. Un ensemble déjà harmonieux et flatteur. ⧗ 2014-2017 gigot d'agneau à la broche

Marie-Françoise Devichi, lieu-dit Fontana, 20253 Barbaggio, tél. 06 03 83 57 03, m.f@wanadoo.fr V r.-v.

DOM. D'E CROCE 2011 ★★★

| 25 000 | | 15 à 20 € |

Yves Leccia a créé son propre domaine en 2005, après avoir dirigé avec sa sœur l'exploitation familiale pendant une quinzaine d'années. Il conduit aujourd'hui, avec son épouse Sandrine, un vignoble couvrant 15 ha de sols argilo-calcaires et schisteux à Poggio d'Oletta. L'un des piliers de l'appellation patrimonio, souvent en vue aussi pour ses muscats.

Ce superbe 2011 rubis profond dévoile un bouquet soutenu, élégant et complexe de fruits noirs et rouges mâtinés de notes épicées. Une entrée en matière des plus engageantes à laquelle répond avec la même intensité un palais puissant, solide mais sans dureté, étayé par des tanins fins et veloutés. Un modèle d'équilibre et de force maîtrisée. ⧗ 2014-2019 côte de bœuf 2013 ★ (11 à 15 € ; 6 500 b.) : un vin frais, fruité et bien équilibré. ⧗ 2014-2015 2013 (20 à 30 € ; 13 000 b.) : un vin net et droit, bien typique de l'appellation. ⧗ 2014-2015

Dom. E Croce Yves Leccia, lieu-dit Morta-Piana, 20232 Poggio-d'Oletta, tél. 04 95 30 72 33, leccia.yves@wanadoo.fr V r.-v.

DOM. GIACOMETTI Cru des Agriates 2013 ★

| 20 000 | | 5 à 8 € |

Sur la route qui joint Saint-Florent à la Balagne en traversant le désert des Agriates, on trouve ce domaine créé en 1966. Laurent Giacometti, père de l'actuel propriétaire, le rachète en 1987 avant l'arrivée de la troisième génération Simon et Sarah.

Second millésime pour Simon Giacometti. Un vin au caractère bien affirmé, à contre-courant de la tendance rosé léger. Un vin au fruité généreux de fraise et de framboise, suave et rond, intense et long. ⧗ 2014-2015 salade de pêches de vigne à la menthe Cru des Agriates 2012 (20 000 b.) : issu de niellucciu complété d'un soupçon de sciaccarellu, un vin puissant aux tanins fougueux et aux agréables notes de grillé. ⧗ 2017-2020

Giacometti, Casta, 20246 Santo-Pietro-di-Tenda, tél. 04 95 37 00 72, domainegiacometti@orange.fr V t.l.j. sf sam. dim. 10h-12h 15h-19h

CLOS MARFISI Blanc de blancs 2012

| 5 000 | | 11 à 15 € |

Établi sur la route du cap corse, ce clos de 12 ha offre un superbe panorama sur ses vignes plantées face au couchant sur un sol calcaire qui offre une maturité précoce aux vins du domaine. À sa tête aujourd'hui, Lucie Marfisi incarne la quatrième génération.

Au nez, de légères notes d'évolution (noix) aux côtés des fleurs blanches et des agrumes. Des arômes que l'on retrouve dans un palais puissant, riche et gras. Un blanc au caractère généreux. ⧗ 2014-2015 fromages corses

Lucie Marfisi, Clos Marfisi, 20253 Patrimonio, tél. 04 95 37 07 49 V t.l.j. 9h-12h 14h-19h; f. janv.-fév.

DOM. MONTEMAGNI Menhir 2011 ★

| 12 000 | | 8 à 11 € |

Le domaine le plus important de l'appellation patrimonio en surface : de 15 ha en 1850, date de sa création par l'arrière-grand-père, à plus de 100 ha aujourd'hui. Aux commandes, le patriarche respecté Louis Montemagni, qui a confié les vinifications à une jeune œnologue de talent, Aurélie Melleray. Un pilier de la Corse viticole.

Ce 2011 s'ouvre sans réserve sur des notes intenses et complexes de cuir et d'iode marin. Des arômes confirmés par une bouche intense aux tanins serrés mais « attendris » par une chair ronde et soyeuse. Une belle expression de la puissance du niellucciu à découvrir, selon ses goûts, aujourd'hui ou après une petite garde. ⧗ 2014-2017 rôti de sanglier 2013 ★ (5 à 8 € ; 17 000 b.) : une petite merveille d'arômes (abricot, pêche, citrus) et d'équilibre entre rondeur et fraîcheur. ⧗ 2014-2016 Menhir 2013 (8 000 b.) : tout en fruit et en notes amyliques, un vin soutenu par une belle vivacité. ⧗ 2014-2015

Montemagni, Puccinasca, 20253 Patrimonio, tél. 04 95 37 14 46, domainemontemagni@orange.fr V t.l.j. 9h-18h 3

DOM. NOVELLA Perla di Rosa 2013 ★

| 6 000 | | 8 à 11 € |

Une propriété familiale de 12 ha reprise en 1976 par Pierre-Marie Novella. Le vignoble situé dans la commune d'Oletta, au cœur de la Conca d'Oro, est travaillé sans désherbant ni engrais chimique.

Ce 2013 composé de niellucciu teinté de 20 % de vermentinu revêt une robe claire aux légers reflets saumonés. Le bouquet libère de fins arômes de fruits blancs. Le palais, équilibré, s'épanouit sur d'agréables notes marines et sur une douceur de bon aloi. ⧗ 2014-2015 plateau de fruits de mer 2013 (11 à 15 € ; 5 000 b.) : encore dans sa jeunesse, un vin tout en fraîcheur et en finesse dominé par des arômes de fleurs blanches. ⧗ 2015-2017

Pierre-Marie Novella, 20232 Oletta, tél. 04 95 39 07 41, domainenovella@wanadoo.fr V t.l.j. sf dim. 10h-12h 15h-19h; f. nov. janv. fév.

ORENGA DE GAFFORY Cuvée Felice 2012 ★

| 6 500 | | 8 à 11 € |

C'est en 1966, alors que l'AOC patrimonio n'est pas encore reconnue, que Pierre Orenga de Gaffory crée son domaine. Un vaste ensemble de 60 ha aujourd'hui morcelés sur différentes communes et différents ter-

roirs, et tous dans l'aire d'appellation patrimonio, dont il est l'une des valeurs sûres. Aux commandes depuis 1974, Henry, fils de Pierre, qui dirige aussi un second domaine, le Clos San Quilico, dans la commune de Poggio d'Oletta.

Habillé d'un rouge profond aux reflets brillants, ce 2012 s'ouvre sur des arômes intenses de mûre et de framboise. Le palais dévoile des tanins encore un peu fougueux mais de noble extraction, qui appellent la garde. ⌛ 2017-2020 🍴 civet de marcassin ■ Cuvée Felice 2013 ★ (3 800 b.) : du fruit à souhait (fruits rouges), de la vivacité et du gras, de l'équilibre en somme. ⌛ 2014-2016

GFA Orenga de Gaffory, Morta-Majo, 20253 Patrimonio, tél. 04 95 37 45 00, contact@orengadegaffory.com V t.l.j. 8h-18h

MUSCAT-DU-CAP-CORSE

• Superficie : 89 ha • Production : 1 977 hl

Délimitée dans les territoires de 17 communes de l'extrême nord de l'île, l'appellation a été reconnue en 1993 – aboutissement des longs efforts d'une poignée de vignerons regroupés sur les terroirs calcaires de Patrimonio et sur ceux, schisteux, de l'AOC vin-de-corse coteaux-du-cap-corse.

Le seul muscat blanc à petits grains entre dans ce vin élaboré par mutage à l'eau-de-vie de vin, comme tout vin doux naturel. L'eau-de-vie arrête la fermentation et préserve ainsi au moins 95 g/l de sucres résiduels. Les muscats n'en gardent pas moins une belle fraîcheur. Ils pourront accompagner des canapés de foie gras, du fromage et des salades de fruits.

B CLOS DE BERNARDI 2013 ★

■ | 4 000 | 🍾 | 11 à 15 €

Jean-Laurent de Bernardi, dont le père fut à l'origine de l'appellation patrimonio, conduit depuis 1981 ce domaine créé à la fin du XIXes. Ceinte de murs sur tout son périmètre, cette exploitation conduite en agriculture biologique est située en limite de la commune de Saint-Florent.

Ce 2013 surprend agréablement par ses arômes de loukoum à la rose et de fleurs blanches. La bouche se montre longue et suave, égayée par une fine fraîcheur. ⌛ 2014-2020 🍴 gâteau à l'orange

Jean-Laurent de Bernardi, 20253 Patrimonio, tél. 06 18 49 60 16, jeanlaurent@closdebernardi.fr V t.l.j. sf dim. 9h-12h 14h-19h

DOM. DE CATARELLI 2013 ★

■ | 4 000 | 11 à 15 €

Ce domaine est situé dans la commune de Farinole, au départ de la sinueuse route du cap Corse. Les premières vignes furent plantées en 1880 par l'arrière-grand-père Xavier Massini. Le phylloxéra n'ayant pas épargné l'île, le vignoble fut restructuré en 1920 et reçut son nom actuel. Un vignoble de 9 ha aujourd'hui conduit par Laurent Le Stunff, régulièrement en vue pour ses blancs notamment.

Ce 2013, qui joue la carte de la tradition dans son habit jaune d'or pâle, allie au nez de beaux arômes d'épices (cannelle) et de miel de printemps. Au palais, il exprime toute sa puissance sans pour autant se montrer lourd ni trop chaleureux, grâce à une fine trame acide en soutien, et déroule une longue finale suave et harmonieuse. ⌛ 2014-2020 🍴 tartare de poisson

EARL Dom. de Catarelli, Marine de Farinole, rte de Nonza, 20253 Patrimonio, tél. 04 95 37 02 84 V t.l.j. sf dim. 9h-12h 15h-19h; f. nov.-mars

CLOS NICROSI
Muscatellu 2012 ★

■ | 5 000 | 🍾 | 15 à 20 €

La propriété, dont certaines limites sont la Méditerranée, a presque les pieds dans la mer. Jean-Noël Luigi et son fils Sébastien sont d'ardents défenseurs des muscats de tradition. À Rogliano, ils conduisent 10 ha de vignes plantées sur un terroir riche en minéraux et constitué de schistes dégradés et d'alluvions.

Les raisins que Jean-Noël Luigi laisse passeriller en cagettes sous le chaud soleil de septembre ont donné naissance à ce vin au nez gourmand de fruits blancs agrémentés d'une touche originale de bonbon acidulé. Le palais se montre riche, suave et long, soutenu jusqu'en finale par une juste fraîcheur. ⌛ 2016-2022 🍴 salade d'agrumes

SCEA Clos Nicrosi, 20247 Rogliano, tél. 04 95 35 41 17, clos.nicrosi@orange.fr V t.l.j. sf dim. 10h-12h 16h-19h; 30 sept.-1er juin sur r.-v.

Jean-Noël Luigi

CLOS SAN QUILICO 2013 ★★

■ | 12 500 | 🍾 | 8 à 11 €

Seconde propriété de la famille Orenga de Gaffory, le Clos San Quilico, que dirige Henry Orenga, couvre 30 ha de vignes situées sur la petite route qui rejoint Poggio d'Oletta depuis Saint-Florent. Il est commandé par un corps de ferme datant du XVIIIe s., en cours de rénovation.

La robe est d'un seyant jaune doré. Le bouquet, à la complexité naissante, dévoile des parfums de fleurs blanches encore discrets mais très fins. Plus expressive, sur les fruits exotiques et les agrumes, la bouche se révèle suave, tendre et parfaitement équilibrée par ce qu'il faut d'acidité. ⌛ 2014-2020 🍴 tarte au citron

EARL Dom. San Quilico, 20253 Patrimonio, tél. 04 95 37 45 00, contact@orengadegaffory.com V t.l.j. 8h-18h

DOM. D'E CROCE 2012

■ | 800 | 🍾 | 20 à 30 €

Yves Leccia a créé son propre domaine en 2005, après avoir dirigé avec sa sœur l'exploitation familiale pendant une quinzaine d'années. Il conduit aujourd'hui, avec son épouse Sandrine, un vignoble couvrant 15 ha de sols argilo-calcaires et schisteux à Poggio d'Oletta. L'un des piliers de l'appellation patrimonio, souvent en vue aussi pour ses muscats.

Yves Leccia signe un muscat bien traditionnel, expressif (fleurs blanches, fruits secs et fruits exotiques) et fin à l'olfaction, puissant, suave et très riche en bouche. Un muscat qui saura patienter en cave. ⌛ 2016-2022 🍴 tarte au chocolat amer

Dom. d'E Croce, Yves Leccia , lieu-dit Morta-Piana, 20232 Poggio-d'Oletta, tél. 04 95 30 72 33, leccia.yves@wanadoo.fr V t.l.j. sf dim. 9h-12h 15h-18h

CLOS MARFISI 2012

	3 000		15 à 20 €

Établi sur la route du cap corse, ce clos de 12 ha offre un superbe panorama sur ses vignes plantées face au couchant sur un sol calcaire qui offre une maturité précoce aux vins du domaine. À sa tête aujourd'hui, Lucie Marfisi incarne la quatrième génération.

Ce muscat se présente dans une élégante robe jaune doré. De fines senteurs de coing et de mirabelle composent un bouquet engageant. Le palais offre un bon équilibre entre une douceur bien dosée et une agréable fraîcheur. 2014-2019 apéritif

Lucie Marfisi, Clos Marfisi, 20253 Patrimonio, tél. 04 95 37 07 49 V t.l.j. 9h-12h 14h-19h; f. janv.-fév.

♥ LOUIS MONTEMAGNI
Cuvée Prestige 2013 ★★

	6 000		11 à 15 €

Le domaine le plus important de l'appellation patrimonio en surface : de 15 ha en 1850, date de sa création par l'arrière-grand-père, à plus de 100 ha aujourd'hui. Aux commandes, le patriarche respecté Louis Montemagni, qui a confié les vinifications à une jeune œnologue de talent, Aurélie Melleray. Un pilier de la Corse viticole.

Le domaine confirme, s'il le fallait, sa haute maîtrise dans l'élaboration des vins blancs en général, et des muscats en particulier. Aurélie Melleray a su exprimer au mieux toute la complexité aromatique du muscat à petits grains avec cette cuvée au bouquet à la fois intense et délicat de fleurs blanches et d'agrumes confits. Ces arômes accompagnent avec la même finesse un palais ample, soyeux et long, qui, malgré sa grande richesse, conserve un caractère aérien souligné jusqu'en finale par une fraîcheur remarquable. Un vin qui ravira aussi bien les becs sucrés que les becs salés. 2014-2020 salade d'oranges

Montemagni, Puccinasca, 20253 Patrimonio, tél. 04 95 37 14 46, domainemontemagni@orange.fr V t.l.j. 9h-18h 3

DOM. NOVELLA 2013

	12 000		15 à 20 €

Une propriété familiale de 12 ha reprise en 1976 par Pierre-Marie Novella. Le vignoble situé dans la commune d'Oletta, au cœur de la Conca d'Oro, est travaillé sans désherbant ni engrais chimique.

Bien droit, ce vin traditionnel est encore timide au premier nez. À l'agitation, il livre de frais arômes de fleurs blanches et de myrtille. Gras et bien aromatique au palais, il s'équilibre entre douceur et vivacité dans une bonne longueur. 2014-2015 comté hors d'âge

Pierre-Marie Novella, 20232 Oletta, tél. 04 95 39 07 41, domainenovella@wanadoo.fr V t.l.j. sf dim. 10h-12h 15h-19h; f. nov. janv. fév.

♥ ORENGA DE GAFFORY Impassitu 2012 ★★

	3 000		15 à 20 €

C'est en 1966, alors que l'AOC patrimonio n'est pas encore reconnue, que Pierre Orenga de Gaffory crée son domaine. Un vaste ensemble de 60 ha aujourd'hui morcelés sur différentes communes et différents terroirs, et tous dans l'aire d'appellation patrimonio, dont il est l'une des valeurs sûres. Aux commandes depuis 1974, Henry, fils de Pierre, qui dirige aussi un second domaine, le Clos San Quilico, dans la commune de Poggio d'Oletta.

Henry Orenga a choisi de revenir aux fondamentaux avec cette cuvée Impassitu. Il a opté, en effet, pour une vendange à maturité tardive, avec un tri rigoureux des raisins, pour n'en retenir que les meilleurs et les plus concentrés. Vinifié avec talent par son œnologue Philippe Rideau, le vin s'ouvre sur des notes intenses et élégantes de fruits secs et de fleurs blanches. Le palais ? De la richesse, bien sûr, du gras, de la générosité, mais aussi, et surtout, une impression remarquable de légèreté, un caractère presque aérien apporté par la fraîcheur « qui va bien ». 2017-2022 tarte au chocolat

GFA Orenga de Gaffory, Morta-Majo, 20253 Patrimonio, tél. 04 95 37 45 00, contact@orengadegaffory.com V t.l.j. 8h-18h

CORSE

Le Sud-Ouest

Superficie :

51 500 ha (environ)

Production :

1 600 000 hl (environ)

Types de vins :

Rouges ; rosés ; blancs secs et moelleux ; vins effervescents (gaillac) ; vins de liqueur (floc-de-gascogne).

Cépages principaux :

Rouges : malbec (cot ou auxerrois), tannat, négrette, fer-servadou (braucol ou mansois), duras, merlot, cabernet franc, cabernet-sauvignon, syrah, gamay.

Blancs : sauvignon, sémillon, muscadelle, mauzac, l'en de l'el (loin de l'œil), gros manseng, petit manseng, courbu, baroque, ugni blanc (ce dernier pour l'armagnac).

LE SUD-OUEST

Groupant sous la même bannière des appellations aussi éloignées qu'irouléguy, bergerac ou gaillac, la région viticole du Sud-Ouest rassemble ce que les Bordelais appelaient le « Haut-Pays » et le vignoble de l'Adour, proche des Pyrénées. Elle comprend de microvignobles très anciens, jusqu'au pied du Massif central. À la diversité des cépages cultivés dans ces régions dispersées répond celle de la production : le Sud-Ouest fournit pratiquement tous les styles de vins. Des vins originaux, longtemps restés dans l'ombre, et qui bénéficient souvent de ce fait d'un bon rapport qualité-prix.

Dans l'ombre de Bordeaux

Jusqu'à l'apparition du rail, les vins du Haut-Pays, en provenance des vignobles de la Garonne et de la Dordogne, sont restés dans l'ombre du grand voisin bordelais. Fort de sa position géographique et de privilèges royaux, Bordeaux dictait sa loi aux producteurs de Duras, Buzet, Fronton, Cahors, Gaillac et Bergerac. Jusqu'à la fin du XVIIIe s., tous leurs vins devaient attendre que la récolte bordelaise soit entièrement vendue aux amateurs d'outre-Manche et aux négociants hollandais avant d'être embarqués, quand ils n'étaient pas utilisés comme vins « médecins » pour remonter certains clarets. De leur côté, les vins du piémont pyrénéen ne dépendaient pas de Bordeaux, mais étaient soumis à une navigation hasardeuse sur l'Adour avant d'atteindre Bayonne. On peut comprendre que, dans ces conditions, leur renommée ait rarement dépassé le voisinage immédiat.

Un conservatoire des cépages

Si les vignobles les plus proches du Bordelais, dans le Bergeracois ou le Lot-et-Garonne, cultivent les mêmes variétés que leur voisin girondin, les autres constituent un véritable musée des cépages d'autrefois. On trouve rarement ailleurs une telle diversité de variétés. Le particularisme et l'enclavement de nombreuses régions du Sud-Ouest expliquent la survivance de cépages locaux. Les Gascons ont ainsi le petit et le gros mansengs, le tannat, le baroque, sans parler de l'arrufiac, du raffiat de Moncade ou du camaralet de Lasseube. Cahors tire son originalité du malbec (ou auxerrois-, Fronton de la négrette, Gaillac des duras, len de l'el (loin de l'œil), mauzac, braucol... Loin de renier le qualificatif de vin « paysan », toutes ces appellations le revendiquent avec fierté en donnant à ce terme toute sa noblesse. La vigne n'a pas exclu l'élevage et les autres cultures, et les vins côtoient sur le marché les produits fermiers avec lesquels ils se marient tout naturellement, ce qui fait du Sud-Ouest l'une des régions privilégiées de la gastronomie de tradition.

Le piémont du Massif central

CAHORS

• Superficie : 4 050 ha • Production : 155 370 hl

D'origine gallo-romaine, le vignoble de Cahors est l'un des plus anciens de France. Jean XXII, pape d'Avignon, fit venir des vignerons quercinois pour produire le châteauneuf-du-pape, et François Ier planta à Fontainebleau un cépage cadurcien ; l'Église orthodoxe adopta le cahors comme vin de messe, et la cour des tsars comme vin d'apparat... Pourtant, ce vignoble revient de loin ! Totalement anéanti par les gelées de 1956, il était retombé à 1 % de sa surface antérieure. Reconstitué dans les méandres de la vallée du Lot avec des cépages nobles traditionnels – le principal étant l'auxerrois, également appelé cot ou malbec (70 % de l'encépagement), complété par le merlot (environ 20 %) et le tannat –, le terroir de Cahors a retrouvé la place qu'il mérite, gagnant même les causses comme dans les temps anciens.
Appelé jadis *black wine* par les Anglais, le cahors est puissant, robuste, haut en couleur ; il s'agit incontestablement d'un vin de garde, même si cette aptitude au vieillissement varie en fonction du terroir, de l'encépagement et de la vinification. Il peut toutefois être servi jeune : il est alors charnu, agréablement fruité, et doit être consommé légèrement rafraîchi, sur des grillades par exemple.

CH. D'ARQUIÈS 2012 ★

■ | 50 000 | | - de 5 €

Dans la famille Montagne depuis les années 1960, le vignoble établi non loin du village médiéval de Puy-l'Évêque s'est étoffé au fil des ans en agrégeant de petites propriétés alentour. Il couvre aujourd'hui 22 ha à Vire-sur-Lot.

Gourmand et élégant, ce duo malbec-merlot respire la cerise et la mûre agrémentées de notes réglissées. Le palais, rond, souple et friand, rappelle les saveurs de fruits rouges présentes au nez et s'achève sur une fine fraîcheur. ⧗ 2014-2017 ¥ charcuteries de terroir

Éric Montagne, Arquiès, 46700 Vire-sur-Lot, tél. 05 65 36 52 75, montagneeric@free.fr V t.l.j. 9h-12h 14h-19h; dim. sur r.-v.

JEAN-LUC BALDÈS Triguedina Vigne grande 2011

■ | 41 000 | | 5 à 8 €

En 1830, Étienne Baldès planta ses premières vignes au Clos Triguedina, sur les deuxième et troisième terrasses du Lot. Jean-Luc Baldès, en digne héritier, exploite aujourd'hui les 60 ha d'un seul tenant du domaine. Une référence de l'appellation cahors.

Ce 2011 né de sols calcaires propices au malbec dévoile un nez de fruits rouges compotés et un palais bien structuré aux tanins suaves. La finale chaleureuse, portée par des notes de torréfaction, laisse le souvenir d'un vin à la fois élégant et riche. ⧗ 2014-2017 ¥ cassolette de champignons à l'ail

SARL Jean-Luc Baldès, Les Poujols, 46700 Vire-sur-Lot, tél. 05 65 21 30 81, contact@jlbaldes.com V t.l.j. sf dim. 9h-12h 14h-18h

♥ DOM. LA BÉRANGERAIE Cuvée Maurin 2011 ★★

■	17 530		5 à 8 €

Née officiellement en 1971, la propriété des Béranger a le même âge que l'AOC cahors. Le fils et la fille de Sylvie et d'André Bérenger, aidés de leurs conjoints, ont repris le vignoble familial (32 ha) en 1997.

Ce pur malbec dévoile un nez élégant et délicat de fraise et de mûre, où la violette et la cannelle s'invitent après agitation. Une complexité qui s'exprime aussi dans une bouche longue, soyeuse et fraîche, portée par un fruité intense que l'on retrouve jusqu'à la finale. Un vin racé et parfaitement équilibré. ⧗ 2014-2018 🍷 navarin d'agneau ■ Cuvée Juline 2011 (14 540 b.) : ce malbec teinté de merlot révèle son fruité (fruits noirs) dans une bouche ample, gourmande et fraîche. ⧗ 2014-2017

La Bérangeraie, Coteaux de Cournou, 46700 Grézels, tél. 05 65 31 94 59, berangeraie@wanadoo.fr V t.l.j. 9h-17h30

DOM. LA BORIE Exception 2011 ★★

■	3 000		15 à 20 €

Logée entre deux méandres du Lot, la petite ville de Prayssac accueille de nombreux vignerons, tel Jacques Froment, représentant la cinquième génération sur ce domaine couvrant aujourd'hui 23 ha.

Le nez est une explosion d'arômes : fruits noirs bien mûrs, fruits à l'eau-de-vie, fragrances torréfiées du café. Le palais gras et ample répond à l'olfaction par des saveurs généreuses de kirsch et d'épices qui s'étirent dans une longue finale. ⧗ 2016-2019 🍷 magret de canard

Jacques Froment, Dom. la Borie, 46220 Prayssac, tél. 05 65 22 42 90, domaine.la.borie@wanadoo.fr V t.l.j. 9h-12h 14h-18h

DOM. LE BOUT DU LIEU Empyrée 2011

■	2 800		20 à 30 €

L'histoire commence en 1925, quand les grands-parents d'Arnaldo Dimani quittent leur Italie natale une simple valise à la main pour s'installer dans le Lot, où ils acquièrent en 1980 un petit vignoble. Aujourd'hui, le domaine s'étend sur 18 ha.

Élevée vingt mois en fût, cette cuvée s'ouvre sans réserve sur les fruits, cassis en tête, agrémentés d'épices et de grillé. Le palais tendre et équilibré s'adosse à des tanins déjà assagis. Les fruits, stimulés par des notes mentholées, reviennent en finale. ⧗ 2014-2017 🍷 canard rôti aux cèpes

Dimani et Fils, Le Bout-du-Lieu, 46140 Saint-Vincent-Rive-d'Olt, tél. 06 89 29 66 24, leboutdulieu@orange.fr V r.-v.

♥ CH. LES BOUYSSES 2012 ★★

■	95 000		8 à 11 €

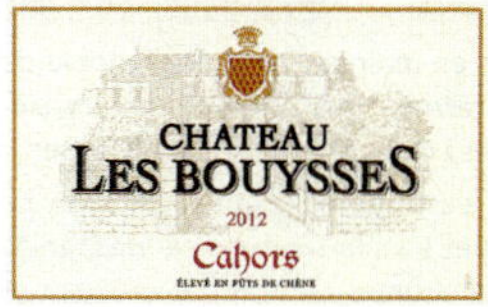

Les vignerons d'Ovalie forment avec les coopératives de Fronton, Rabastens et Técou le groupe Vinovalie, qui compte 4 000 ha de vignes et 450 coopérateurs.

Ce vin intense marie au nez les fruits noirs aux arômes de torréfaction et de moka. Le palais se révèle onctueux et velouté, porté par des tanins soyeux. La finale, longue et fraîche, sur le cassis et le menthol, apporte un surcroît de vigueur et de complexité. Un cahors d'une harmonie rare, à la fois caressant et alerte. ⧗ 2014-2018 🍷 tarte au chocolat

Vinovalie / Côtes d'Olt, 46140 Parnac, tél. 05 65 30 71 86, froment.herve@cotesolt.com V r.-v.

♥ CH. LA CAMINADE La Commandery Malbec 2011 ★★

■	26 600		11 à 15 €

Ce domaine familial, dont le nom signifie « presbytère » en patois, a appartenu au clergé jusqu'à la Révolution. Représentant la quatrième génération, Dominique et Richard Ressès sont aujourd'hui à la tête d'un vignoble de 35 ha à dominante de malbec. Un pilier de l'appellation cahors.

Ce malbec né sur graves révèle un nez expressif et harmonieux, où les fruits rouges se fondent dans un boisé vanillé et toasté. Souple, suave et charnu, adossé à des tanins fins et soyeux, le palais prolonge les sensations olfactives et s'étire dans une longue finale pleine de fraîcheur. ⧗ 2014-2020 🍷 canard à la broche ■ 2012 ★★ (5 à 8 € ; 153 000 b.) : un duo merlot-malbec gourmand, tout en fruit (framboise, mûre), aux tanins souples et ronds. ⧗ 2014-2017

Ch. la Caminade, 46140 Parnac, tél. 05 65 30 73 05, resses@wanadoo.fr V t.l.j. sf sam. dim. 8h-12h 14h-18h Resses

CH. CANTELAUZE 2011

■	50 000		11 à 15 €

Cantelauze ("Chant de l'alouette" "en occitant") a été acquis en 2011 par trois amis, qui ont aussitôt engagé la conversion bio du vignoble (11,5 ha) et se sont attachés les services du consultant Stéphane Derenoncourt

Issu de malbec et de merlot, ce 2011 livre un nez de fruits noirs mâtiné de notes fumées et toréfiées. À l'unisson, le palais se révèle puissant, charnu et chaleureux. ⧗ 2014-2016 🍷 tajine d'agneau aux pruneaux

SARL Ch. Cantelauze, rte de Vire-sur-Lot, 46700 Duravel, tél. 06 85 70 89 29, jbalbenne@cantelauze.com V r.-v. Albenne-Mezy-Legros

SUD-OUEST

DOM. DE CAPELANEL
La Rangée du curé 2012 ★★

■ | 12 000 | ◖◗ | 8 à 11 €

Sébastien Dauliac a pris en main en 2002 ce vignoble de 14 ha implanté sur un terroir sidérolithique (sables siliceux et argiles à graviers) caractéristique des Causses.

Le nez est marqué par les fruits noirs (cassis, mûre). Le palais se montre élégant et souple, soutenu par des tanins solides mais soyeux. Des arômes de noix, de pruneau et d'épices accompagnent longuement la finale. ⧗ 2014-2020 🍴 entrecôte grillée ■ Mythique 2011 ★ (11 à 15 € ; 2 000 b.) : l'élevage a apporté à ce vin des notes de cacao et de torréfié au nez. Le palais, élégant, révèle des saveurs de framboise et de cerise bien intégrées au boisé. ⧗ 2014-2018

🔑 Dauliac, Les Roques, 46140 Saint-Vincent-Rive-d'Olt, tél. 06 81 62 66 48, sebastien.dauliac@orange.fr
V 🚶 🍷 r.-v.

♥ CH. DE CAYX Cuvée Majesté 2011 ★★★

■ | 3 700 | ◖◗ | 30 à 50 €

Propriété de la reine et du prince consort du Danemark, Henri de Laborde de Monpezat, le château de Cayx étend son vignoble sur 22 ha dominant le Lot. Aux commandes, Guillaume Bardin, neveu du prince, est épaulé au chai par Alexandre Gélis, venu de Lagrézette.

Ce vin de malbec, qui a connu deux ans de fût, signe une remarquable maîtrise de l'extraction. Son nez intense et complexe offre un mariage raffiné de fruits noirs, de vanille et de chocolat, stimulé par des notes mentholées. Le palais, à la fois charpenté, velouté et suave, révèle un fin boisé qui s'estompe peu à peu devant le fruit. L'alliance parfaite de la force, de la douceur et de l'élégance. ⧗ 2014-2018 🍴 magret de canard fumé

🔑 SCEA Ch. de Cayx, Caïx, 46140 Luzech, tél. 05 65 30 52 50, office@chateau-de-cayx.com
V 🚶 🍷 t.l.j. sf dim. 10h-12h 13h30-18h
🔑 SAR Henrik

CH. DU CÈDRE GC 2011 ★★

■ | 9 000 | ◖◗ | 50 à 75 €

Pascal et Jean-Marc Verhaeghe ont acquis leur certification bio au terme d'une longue pratique commencée au début des années 1990. Consacré autrefois à la culture de la lavande, le domaine compte aujourd'hui 27 ha de vignes. Un pilier de l'appellation cahors.

Ce pur malbec né de sols argilo-calcaires tire de son élevage de deux ans en barrique un nez complexe de fruits mûrs fondus dans la vanille. Son palais ample et structuré persiste longuement sur les arômes perçus à l'olfaction. ⧗ 2016-2020 🍴 confit de canard ■ Le Cèdre 2011 (30 à 40 € ; 40 000 b.) : un vin structuré et bien fruité (cerise), rehaussé de réglisse. ⧗ 2014-2018

🔑 Ch. du Cèdre, Bru, 46700 Vire-sur-Lot, tél. 05 65 36 53 87, chateauducedre@wanadoo.fr
V 🚶 🍷 t.l.j. sf dim. 9h-12h 14h-18h
🔑 Pascal et Jean-Marc Verhaeghe

CH. CHAMBERT 2009 ★★

■ | 60 000 | 🛢 ◖◗ | 11 à 15 €

Philippe Lejeune a repris le domaine en 2007. Le général Bataille, mort en 1914 sur le front des Vosges, fut un temps l'occupant du château. Les 55 ha du vignoble forment la plus grande surface de l'AOC cahors en biodynamie (conversion en cours).

Dominé par les fruits noirs au nez, ce 2009 se révèle très abouti au palais : souplesse et suavité le disputent à la fraîcheur, le tout porté par des tanins finement fondus dans le boisé. ⧗ 2014-2018 🍴 gigot d'agneau à l'ail ■ Les Hauts de Chambert 2012 ★★ (8 à 11 € ; 80 000 b.) : un vin concentré et aromatique, au nez complexe (fruits rouges cuits, figue, datte et cerise à l'eau-de-vie) et au palais finement tannique, rehaussé de poivre. ⧗ 2014-2020

🔑 Vignobles Chambert, Les Hauts-Coteaux, 46700 Floressas, tél. 05 65 31 95 75, info@chambert.com V 🚶 🍷 t.l.j. sf sam. dim. 9h-12h30 14h-17h 🔑 Lejeune

LE CLOS D'UN JOUR
Un jour… 2011 ★

■ | 6 000 | ◖◗ | 15 à 20 €

Un jour… Stéphane Azémar, architecte de formation, et Véronique, archéologue, ont quitté la région parisienne

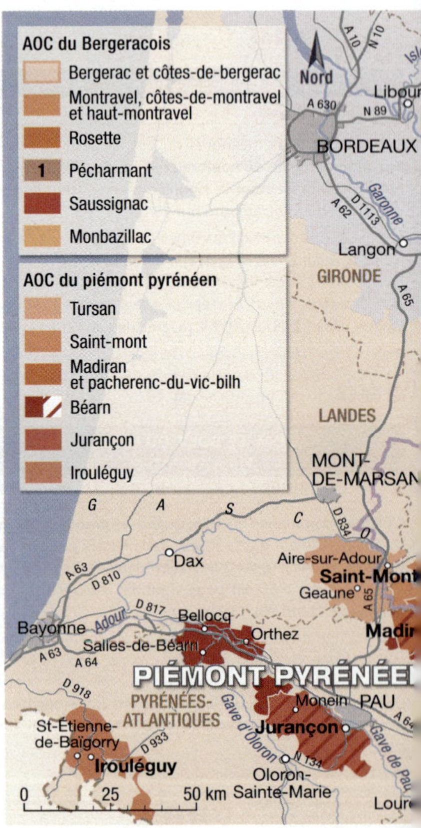

pour s'installer sur une petite propriété à Duravel, un village abrité du vent du nord par un arc de collines, et faire de la vigne leur métier.

Au nez, les fruits surmûris se mêlent aux notes d'élevage. Le palais associe rondeur, structure, longueur et saveurs de moka et de kirsch. ⧗ 2014-2018 ¥ canard à la broche

⊶ Véronique et Stéphane Azémar, Le Clos d'un Jour, 46700 Duravel, tél. 05 65 36 56 01, s.azemar@wanadoo.fr V t.l.j. sf dim. 9h-19h

CLOS TROTELIGOTTE K-or 2012 ★

■ | 20 000 | | 8 à 11 €

Christian Rybinski et son fils Emmanuel cultivent leurs 12 ha de vignes sur des sols argilo-calcaires sidérolithiques rouges, riches en fer. Après une dizaine d'années d'agriculture raisonnée, les deux vignerons ont engagé la conversion bio de leur vignoble.

Fruits noirs et pruneau s'expriment pleinement au nez, agrémentés de chocolat et d'épices. Le palais, frais et équilibré, offre un beau volume et une finale plus chaleureuse sur les fruits confits à l'alcool. ⧗ 2014-2018 ¥ filet de bœuf

⊶ Emmanuel Rybinski, Le Cap-Blanc, 46090 Villesèque, tél. 06 74 81 91 26, contact@clostroteligotte.com V t.l.j. sf dim. 9h-12h 14h-18h

CH. LA COUSTARELLE
Grande Cuvée Prestige 2011 ★

■ | 90 000 | 11 à 15 €

Paul, Gaston, Pierre, Michel et Caroline Cassot : depuis 1870, la même famille conduit ce domaine de 40 ha situé sur les troisièmes terrasses du Lot, rive droite, exposées au plein sud.

Ce vin issu de malbec et de tannat affiche un nez complexe où les fruits rouges et noirs le disputent aux notes de torréfaction et de grillé. Le palais se montre dense, charnu et ample. L'ensemble est équilibré et vieillira bien. ⧗ 2016-2019 ¥ poularde à la truffe noire

⊶ SCEA Cassot et Fille, Ch. la Coustarelle, Les Caris, 46220 Prayssac, tél. 05 65 22 40 10, chateaulacoustarelle@wanadoo.fr V t.l.j. sf sam. dim; 9h-12h30 14h-18h30 ⊶ Caroline Cassot

DIVIN CROISILLE 2011 ★★

■ | 7 500 | | 20 à 30 €

Cécile et Bernard Croisille se sont installés en 1979 au hameau de Fages, perdu sur le causse au-dessus de Luzech. Ils ont agencé une cave moderne et commencé à élaborer leur vin en 2000, à partir de 25 ha de vignes. Leur fils Germain débute sa carrière.

Le Sud-Ouest

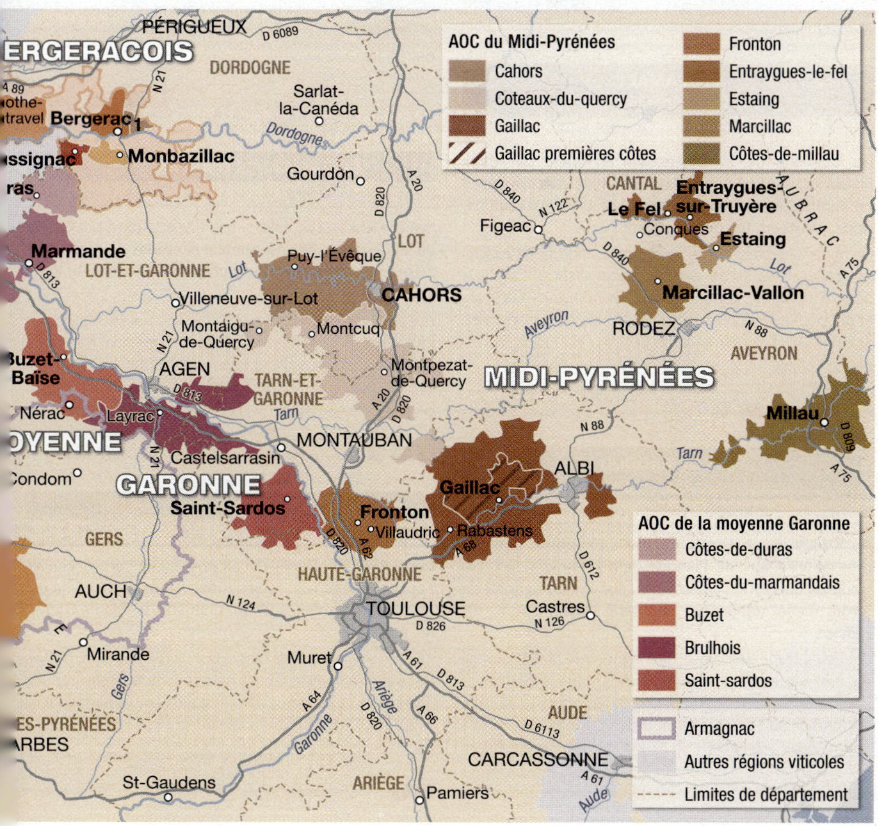

Le nez révèle des arômes francs de fruits noirs et de toasté grillé apportés par dix-huit mois d'élevage en fût. La bouche est à la fois tendre et dense, soutenue par des tanins soyeux et fins. La finale persiste sur des notes torréfiées. Déjà fort plaisant, ce vin vieillira bien. ⌛ 2014-2018 🍴 magret de canard ■ Ch. les Croisille Noble Cuvée 2011 ★ (8 à 11 € ; 12 000 b.) : un vin fruité et cacaoté, au palais souple et suave. ⌛ 2014-2015

Ch. les Croisille, Fages, 46140 Luzech, tél. 05 65 30 53 88, chateaulescroisille@wanadoo.fr V t.l.j. 9h-19h

CH. CROZE DE PYS Prestige Élevé en fût de chêne 2012

■ | 18 000 | | 8 à 11 €

René Roche avait repris en 1966 un vignoble abandonné à Vire-sur-Lot, planté en auxerrois, merlot et tannat sur des terres de gravier et de sables. Œnologue à Bordeaux, son fils Jean, revenu en 1987 poursuivre le travail de ses ancêtres, conduit aujourd'hui 48 ha de vignes.

Au nez, les fruits rouges se mêlent à un fin boisé. On retrouve le fruit dans un palais harmonieux, aux tanins ronds et doux. ⌛ 2014-2017 🍴 confit de canard

SCEA des Domaines Roche, Ch. Croze de Pys, 46700 Vire-sur-Lot, tél. 05 65 21 30 13, chateau-croze-de-pys@wanadoo.fr V t.l.j. 9h30-12h 13h30-17h; sam. dim. sur r.-v.

CH. FAMAEY Malbec Tradition 2012

■ | 80 000 | | 5 à 8 €

Un domaine de 27 ha, acquis en 2000 par deux Flamands, Luc Luyckx et Marc Van Atwerpen. Famaey ? Le nom de jeune fille de l'épouse de Luc. Aux vinifications, Marteen, fils de ce dernier.

Ce pur malbec dévoile un nez gourmand de fruits rouges et noirs rehaussés de notes de pain d'épice. Le palais déploie un fruité croquant, soutenu par des tanins délicats et par une fine fraîcheur. Un cahors friand et facile d'accès. ⌛ 2014-2017 🍴 poularde rôtie

Ch. Famaey, Les Inganels, 46700 Puy-l'Évêque, tél. 05 65 30 59 42, chateau.famaey@wanadoo.fr V r.-v. 4 D Luc Luyckx

CH. DE GAUDOU Tradition Les Pigeonniers 2012 ★

■ | 200 000 | | 5 à 8 €

Au XVIIIes., Louis Durou s'installa au lieu-dit Gaudou, près de Vire-sur-Lot. Flanqué de pigeonniers, selon la tradition quercynoise, le château domine un vignoble de 38 ha mené aujourd'hui par René Durou et son fils Fabrice.

Cet assemblage de malbec, de merlot et de tannat dévoile un nez expressif et franc de fruits noirs (myrtille) et de poivre. La bouche, souple et persistante sur le fruit, est portée par des tanins suaves et ronds. Un cahors gourmand et aromatique. ⌛ 2014-2017 🍴 rôti de marcassin

Durou et Fils, Ch. de Gaudou, 46700 Vire-sur-Lot, tél. 05 65 36 52 93, info@chateaudegaudou.com V t.l.j. sf dim. 14h-18h

CH. LES GRAUZILS L'Essentiel 2012

■ | 10 000 | | 8 à 11 €

Le nom de Grauzils provient de « grès » ou de « graves », désignant des sols maigres et caillouteux. Une référence au terroir où sont plantés les 22 ha de vignes du domaine occupant les deuxième et troisième terrasses qui s'étagent de la rivière jusqu'au village de Prayssac.

Au nez, les fruits à noyau s'associent harmonieusement au boisé de l'élevage. La bouche, ample et longue, s'exprime en finesse et déploie une agréable finale épicée et réglissée. ⌛ 2014-2017 🍴 pavé de bœuf

Philippe Pontié, Gamot, 46220 Prayssac, tél. 05 65 30 62 44, pontie.philippe@wanadoo.fr V t.l.j. sf dim. 9h-12h 14h-19h E

B CH. HAUT-MONPLAISIR Pur Plaisir 2010 ★

■ | 7 000 | | 20 à 30 €

Cathy et Daniel Fournié ont repris en 1994 ce domaine de 30 ha, aujourd'hui certifié en agriculture biologique. Autodidactes à leur arrivée, ils ont pris conseil auprès des vignerons voisins. Ils ont vite et bien appris, témoins les sélections régulières dans ces pages.

Complexe et expressif, le nez évolue sur des notes de fruits noirs et de torréfaction. Le palais se révèle souple, charnu et concentré, porté par des tanins soyeux et un boisé doux. Un ensemble tendre et équilibré. ⌛ 2014-2017 🍴 côte de bœuf

Ch. Haut-Monplaisir, Daniel et Cathy Fournié, 46700 Lacapelle-Cabanac, tél. 05 65 24 64 78, chateau.hautmonplaisir@wanadoo.fr V t.l.j. sf sam. dim. 9h-12h 14h-18h E

CH. LES HAUTS D'AGLAN A 2011

■ | 8 000 | | 15 à 20 €

Isabelle Rey-Auriat, fille, petite-fille et arrière-petite-fille de vignerons, a décidé, après des études de commerce à Toulouse, de reprendre la propriété familiale de 14 ha à Soturac.

Au nez, un fruité généreux de cerise kischée, de fraise et de groseille rehaussé d'épices. En bouche, un bon volume, une structure bien en place et une finale fraîche. Un ensemble harmonieux. ⌛ 2014-2018 🍴 assiette de charcuterie

Isabelle Rey-Auriat, Aglan, 46700 Soturac, tél. 05 65 36 52 02, isabelle.auriat@terre-net.fr V t.l.j. 9h-12h 13h30-18h, sam. dim. sur r.-v.

DOM. D'HOMS Les Chevaliers 2011

■ | 1 900 | | 11 à 15 €

Roger Thiery et Daniel Cauzit possédaient entre Saux et Tournon d'Agenais, deux petites vignes de 4 et 5 ha qui ne font plus qu'un seul vin. Charlène, la fille de Daniel, les a rejoints.

Le nez mêle la fraise, le cassis, la violette et le pain d'épice. Le palais se montre à la fois frais et rond, soutenu par une fine structure tannique. Un vin gourmand et harmonieux. ⌛ 2014-2017 🍴 magret de canard grillé

Dom. d'Homs, Maux, D 656, 46800 Saux, tél. 05 65 24 93 12, contact@domainedhoms-cahors.fr V t.l.j. 10h-17h (19h en été), sur r.-v. du 1er sept. au 30 juin

CH. LAGRÉZETTE Malbec 2011 ★★

■	55 000		20 à 30 €

Un domaine emblématique du vignoble cadurcien acquis en 1980 par l'homme d'affaires Alain-Dominique Perrin. Pour l'architecture caractéristique de son manoir du XVIes., avec ses tours en poivrière, ses toits pentus et son pigeonnier. Pour son beau patrimoine viticole aussi (83 ha), exploité depuis le XVIes. Pour ses vins ambitieux, surtout, régulièrement en vue dans ces pages.

Fidèle au rendez-vous, Lagrézette propose une cuvée de haut lignage. Le nez, bien ouvert, mêle les fruits noirs, les épices et la vanille. Ample et suave, le palais s'appuie sur un élevage parfaitement maîtrisé et sur des tanins à la fois solides et soyeux. Un vin puissant et élégant. ⧗ 2015-2019 ▼ civet de marcassin

SCEV la Grézette, Dom. de Lagrézette, 46140 Caillac, tél. 05 65 20 07 42, cblanc@lagrezette.fr V t.l.j. 10h-12h 14h-18h; f. janv. A.-D. Perrin

CH. LAMARTINE Cuvée particulière 2012 ★

■	100 000		11 à 15 €

Selon la légende, la ramure d'un chêne centenaire abritait ici les rendez-vous galants d'une belle Martine... Depuis 1975, Alain Gayraud conduit ce domaine aux origines anciennes (1883), situé aux confins du Lot-et-Garonne. Le vignoble couvre 35 ha, exposés au plein sud. Un pilier de l'appellation.

Complexe et expressif, le nez dévoile des parfums de fruits rouges (fraise, framboise) et noirs (mûre) soutenus par un fin boisé vanillé. On retrouve ces arômes agrémentés de réglisse, dans un palais ample, puissant et suave, adossé à des tanins veloutés. Un cahors aimable et généreux. ⧗ 2014-2018 ▼ civet de lièvre ■ Expression 2012 (20 à 30 € ; 15 000 b.) : au nez complexe de fruits noirs (myrtille, cassis), de réglisse et de cannelle répond un palais rond stimulé par les épices en finale. ⧗ 2014-2018

SCEA Ch. Lamartine, Lamartine, 46700 Soturac, tél. 05 65 36 54 14, chateau-lamartine@wanadoo.fr V t.l.j. sf dim. 9h-12h 13h30-18h30 Alain Gayraud

CH. DE MERCUÈS Malbec 2012 ★★

■	65 000		15 à 20 €

Fondée en 1887 dans le Lot, la maison Georges Vigouroux œuvre depuis quatre générations à la renommée des vins du Sud-Ouest. Ce négoce, pionnier de l'appellation cahors, distribue les vins de ses marques et possède plusieurs domaines (Leret-Monpezat, Mercuès, Tournelle ou encore Haute-Serre).

Ce vin issu de malbec, de merlot et de tannat révèle un nez puissant et complexe où les fruits noirs se marient au moka apporté par le bois. Ample et bien charpenté, le palais déroule des tanins suaves qui poussent loin la finale. Un cahors harmonieux et typé, à la fois velouté et puissant. ⧗ 2015-2020 ▼ confit de canard à l'ail ■ Gouleyant 2012 ★★ (5 à 8 € ; 130 000 b.) : un fruité gourmand dominé par la cerise et la mûre, et un palais riche et tannique signent un cahors de caractère, en dépit de son nom. ⧗ 2014-2018 ■ Ch. Leret-Monpezat 2012 ★ (11 à 15 € ; 7 000 b.) : un vin complexe, au boisé bien maîtrisé ; les fruits noirs se mêlent harmonieusement à la vanille et aux notes de moka dans un palais solidement bâti. ⧗ 2014-2018

GFA Georges Vigouroux, Ch. de Mercuès, 46090 Mercuès, tél. 05 65 20 80 80, vigouroux@g-vigouroux.fr V t.l.j. sf lun. 10h-12h 14h30-19h; f. nov.-mars

DOM. DE MÉRIGUET 2011 ★

■	20 000		8 à 11 €

Le vignoble des Janicot est scindé en trois îlots de production : le domaine de Mériguet (8 ha), le château de la Madeleine Noire (12 ha) et le domaine de Matèle (4 ha en IGP côtes-du-lot).

Le nez intense et complexe mêle les fruits noirs à des notes de grillé et de chocolat. Le palais se montre solide et puissant, porté par des tanins bien maîtrisés, sans excès de vigueur. La finale, longue et suave, laisse le souvenir d'un vin harmonieux. ⧗ 2016-2018 ▼ tarte au chocolat

EARL Janicot Vignobles, Chante-Quercy, 46090 Valroufié, tél. 06 84 34 15 72, anthonyjanicot@yahoo.fr V t.l.j. 8h-19h 2 B

MÉTAIRIE GRANDE DU THÉRON Cuvée Prestige 2012 ★★

■	32 000		8 à 11 €

Ce domaine aux bâtiments en pierre jaune du Quercynois dispose de 32 ha de vignes plantées sur les coteaux pentus de la troisième terrasse dominant la vallée du Lot.

Ce malbec dévoile un nez expressif où la fraise et la griotte se mêlent aux notes toastées et vanillées de la barrique. Le palais associe chair tendre, rondeur avenante et tanins solides sans dureté. Un cahors déjà flatteur et armé pour bien vieillir. ⧗ 2014-2019 ▼ foie gras truffé

Liliane Barat-Sigaud, Métairie Grande du Théron, 46220 Prayssac, tél. 05 65 22 41 80, barat-sigaud@wanadoo.fr V r.-v.

MONT LAUR 2012 ★

■	81 000		5 à 8 €

Cette propriété transmise de père en fils depuis cinq générations déploie ses 44 ha de vignes sur les hauts coteaux de Floressas. Deux grands pigeonniers de 1876 ornent les bâtiments du domaine.

Le nez, gourmand, mêle fruits noirs et rouges mûrs. Ce fruité généreux se prolonge dans une bouche suave, aux tanins souples, égayée par une fine fraîcheur en finale. Un vin équilibré. ⧗ 2014-2017 ▼ cassoulet

Patrick et Ludovic Laur, Le Bourg, 46700 Floressas, tél. 05 65 31 95 61, vignobleslaur@orange.fr V r.-v.

CH. NOZIÈRES Ambroise de l'Her Élevé en fût de chêne 2011

■	35 000		5 à 8 €

Pierre et Paulette Maradenne ont acheté en 1955 cette propriété où se côtoyaient la vigne, la lavande, les céréales et les vaches laitières. Les premières bouteilles sortirent dans les années 1970. Aujourd'hui conduit par leur petit-fils Olivier Guitard, le domaine étend ses vignes sur plus de 50 ha.

Révélant au nez des parfums de fruits rouges et noirs (cerise, cassis), ce vin très expressif et charnu révèle en bouche une nature chaleureuse et douce, renforcée par la rondeur des tanins. ⧗ 2014-2017 ▼ magret de canard

SUD-OUEST

EARL de Nozières, Claude Guitard, Bru, 46700 Vire-sur-Lot, tél. 05 65 36 52 73, chateaunozieres@wanadoo.fr V t.l.j. sf dim. 9h-12h 14h-19h

DOM. LE PASSELYS Tradition 2012 ★

■	20 000		5 à 8 €

Les quais de Douelle, ancien port sur le Lot, sont décorés d'une fresque dédiée au vin de Cahors. Installés aux environs, Marie-Hélène et Thierry Baudel conduisent un domaine familial de 7 ha qui étend ses vignes sur les troisièmes terrasses du Lot.

Ce vin authentique s'ouvre sur un bouquet gourmand de fruits noirs (cassis, mûre) agrémentés de réglisse. Rondeur et suavité caractérisent le palais, soutenu par des tanins soyeux et déjà bien fondus 2014-2017 grillades de bœuf

EARL le Passelys, La Prade, 46140 Douelle, tél. 05 65 20 05 76, contact@lepassely.com V r.-v.

Thierry Baudel

DOM. DU PEYRIÉ 2011 ★

■	7 500		5 à 8 €

Propriété familiale depuis 1920, le domaine est aujoud'hui exploité par Christian Gilis, incarnant la quatrième génération de vignerons. Il conduit quelque 15 ha de vignes sur la commune de Soturac.

Gourmand et aromatique, ce vin est marqué au nez par les fruits noirs (cassis, myrtille) et rouges (cerise) que viennent soutenir des notes épicées. Le palais, ample et charnu, associe onctuosité et fraîcheur. Un vin équilibré. 2014-2016 assiette de charcuterie

Christian Gilis, Dom. du Peyrié, 46700 Soturac, tél. 05 65 21 18 86, domaine.peyrie@wanadoo.fr V t.l.j. sf dim. 9h-12h 14h-18h

CH. PINERAIE Élevé en fût de chêne 2012

■	150 000		8 à 11 €

Un domaine de 50 ha fondé il y a cent cinquante ans sur les deuxième et troisième terrasses du Lot. Aujourd'hui, les cinquième et sixième générations travaillent ensemble, Anne et Emmanuelle Burc ayant rejoint leur père Jean-Luc.

Le nez dévoile des parfums intenses et complexes où les fruits noirs (cassis, mûre) se mêlent à des notes de vanille et de moka. Le palais, à la fois ample, puissant et frais, révèle des tanins souples et une agréable suavité en finale. 2014-2019 gigot d'agneau

Burc, Leygues, 46700 Puy-l'Évêque, tél. 05 65 30 82 07, chateaupineraie@wanadoo.fr V t.l.j. sf sam. dim. 9h-12h 14h-18h

CH. DU PLAT FAISANT Cuvée des générations 2012 ★★

■	4 000		8 à 11 €

Le domaine se situe au cœur du lieu-dit Les Roques, sur les hauteurs de Saint-Vincent-Rive-d'Olt. Serge Bessières et Caroline Dumond conduisent un vignoble de 20 ha en cours de conversion bio. Une valeur sûre de l'AOC cahors, souvent en vue pour ses cuvées de l'Ancêtre et des Générations, qui honorent les aïeux vignerons.

Révélant un nez expressif de fruits rouges stimulés par des notes mentholées et boisées (vanille, moka), ce vin ne manque pas de gourmandise avec son palais ample et charnu. Ses tanins affirmés mais bien soyeux persistent dans une finale suave. 2014-2018 confit de canard ■ Cuvée de l'ancêtre 2012 ★ (11 à 15 € ; 6 000 b.) : belle intensité aromatique, fruitée et grillée, relayée par un palais puissant et équilibré. 2015-2018

Ch. du Plat Faisant, Les Roques, 46140 Saint-Vincent-Rive-d'Olt, tél. 05 65 30 76 38, chateauplatfaisan@wanadoo.fr V r.-v.

CH. PONZAC Maintenant 2012 ★★

■	25 000		5 à 8 €

Carnacois depuis le XIVᵉs., les Molinié sont très liés à l'histoire du village. Jean-Pierre est ainsi maire de Carnac. Au château, Mathieu et Virginie élaborent la trilogie de Ponzac : les cuvées « Maintenant », « Patiemment » et « Éternellement ».

Ce pur malbec né de sols argilo-calcaires est bien représentatif de son appellation : le nez franc de fruits noirs est stimulé d'épices et de notes mentholées ; la bouche, souple et équilibrée, est soulignée par une fraîcheur qui sublime le fruité, avant d'offrir une finale suave et charnue. 2014-2017 confit de canard

EARL la Croix des Vignes, Le Causse, 46140 Carnac-Rouffiac, tél. 05 65 31 99 48, chateau.ponzac@wanadoo.fr V t.l.j. 9h-19h

Molinié

DOM. DU PRINCE Lou Prince Excellence 2011 ★

■	n.c.		20 à 30 €

La légende villageoise raconte qu'un jour un Jouves ayant vu le roi de France pour lui livrer du vin aurait été surnommé « Lou Prince » à son retour. Ce surnom reste utilisé par les vieux villageois de Cournou. Didier et Bruno Jouves, Lou Prince actuels, conduisent aujourd'hui un domaine de 27 ha.

Au nez, la mûre et la réglisse sont encore bien enrobées de torréfié. Le palais se révèle long, dense et charpenté par des tanins ronds et doux. Un cahors généreux. 2014-2018 civet de marcassin

GAEC de Pauliac, Dom. du Prince, Cournou, 46140 Saint-Vincent-Rive-d'Olt, tél. 05 65 20 14 09, domaineduprince@alsatis.net V t.l.j. 9h-19h

Jouves

CH. QUATTRE Les Carrals 2012 ★★

■	8 000		20 à 30 €

Établi en Quercy blanc, ce vignoble de 60 ha est planté sur les plus hautes terrasses du sud de l'appellation. Il est la propriété d'une société rattachée au groupe bordelais Ginestet.

Ce pur malbec né des sols argilo-calcaires du lieu-dit Les Carrals révèle un nez intense et complexe où les épices (cannelle) et le caramel se mêlent aux fruits à noyau. Le palais, harmonieux et élégant, déroule une agréable suavité autour d'arômes de boisé et de confiture de mûres. 2014-2018 rôti de marcassin ■ Cuvée principale 2012 ★★ (5 à 8 € ; 30 000 b.) : du fruité et de la gourmandise portés par la mûre et la cerise à l'eau-de-vie, et un palais structuré par des tanins déjà bien fondus. 2014-2017

SCEA Saint-Seurin, Ch. Quattre, 46800 Bagat-en-Quercy, tél. 05 65 36 91 04, chateauquattre@orange.fr V t.l.j. sf sam. dim. 9h-12h 14h-17h; ven. 16h Mauget

RIGAL Le Vin noir 2012

■	6 000		30 à 50 €

Cette maison cadurcienne, dont les origines remontent à 1755, rayonne aujourd'hui dans tout le Sud-Ouest, affiliée désormais au vaste groupe Advini.

Ce vin de malbec né sur graves dévoile toute sa délicatesse dès le nez, où le cassis et la mûre se mêlent à la cerise burlat et aux épices douces. En bouche, il associe puissance, corpulence, rondeur et fraîcheur; la promesse d'une bonne évolution. 2015-2019 poularde truffée

SAS Rigal, Ch. Saint-Didier, 46140 Parnac, tél. 05 65 30 70 10, audrey.boguslawski@rigal.fr

SERRE DE BOVILA La Conquista 2010 ★

■	10 000		8 à 11 €

Thierry et Philippe Romain sont propriétaires de deux domaines: Ch. Montels à Albias, fleuron des IGP Coteaux et Terrasses de Montauban (40 ha), et Serre de Bovila à Fargues, sur l'un des sites les mieux exposés de l'appellation cahors (8 ha).

Parfumé de fruits noirs (cassis) rehaussés de réglisse, ce cahors se montre rond et élégant en bouche, confirmant les arômes de l'olfaction. Un vin gourmand. 2014-2017 poulet rôti

Philippe et Thierry Romain, Dom. de Montels, Serre de Bovila, 82350 Albias, tél. 05 63 31 02 82, philippe@vignoblesromain.com V t.l.j. 9h-12h 14h-19h

DOM. DU THÉRON Cuvée Prestige 2012 ★

■	18 000		8 à 11 €

Un citoyen hollandais, M. Nanninga, a repris en 2008 les 12 ha de vignes exploités pendant onze ans à Prayssac, près de Cahors, par M. Pauwels. Mais pas de changement au vignoble ni au chai, toujours sous la responsabilité des frères Crassat.

Ce pur malbec révèle de beaux arômes de fruits (fraise, mûre) nuancés de notes de cuir et de brioche. Le palais se montre à la fois rond, bien structuré et délicatement suave en finale. 2014-2017 confit de canard

Dom. du Théron, Le Théron, 46220 Prayssac, tél. 05 65 20 13 13, crassathenryjean@gmail.com V r.-v. Crassat

CH. TOUR DE MIRAVAL Perle noire 2011 ★

■	n.c.		8 à 11 €

Évelyne Demeaux-Lévy a reçu de sa grand-mère Rachel ce domaine qui domine la vallée à l'origine de son nom. Sur ce terroir argilo-calcaire, elle conduit vers l'agriculture biologique ses 4 ha de vignes.

Paré de rouge sombre, ce vin se distingue par ses qualités aromatiques: à l'olfaction, la fraise, la framboise et la mûre se marient au poivre et à la cannelle. Le palais, dominé par la fraîcheur, est porté par des tanins veloutés. Un vin d'un bel équilibre. 2014-2017 poêlée de cèpes

Évelyne Demeaux-Lévy, Ch. de Miraval, 46800 Saint-Matre, tél. 06 86 05 89 74, chateau.miraval@free.fr V r.-v.

TOURNEPIQUE 2012

■	140 000		- de 5 €

À travers leur maison de négoce Albas Distribution, les frères Didier et Arnaud Pelvillain proposent plusieurs marques en AOC cahors.

Ce pur malbec s'ouvre sur un nez généreux de cerise à l'eau-de-vie et de réglisse. Le palais se révèle gourmand, souple et équilibré, égayé par une fine fraîcheur et dévoile de gourmandes saveurs de prune, de cerise et de chocolat. 2014-2017 tajine aux pruneaux ■ Gariottin 2012 ★ (5 à 8 €; 102 000 b.): un «vin plaisir» aux saveurs de framboise, bien équilibré entre douceur et fraîcheur. 2014-2016 ■ Ch. du Port Carteraie 2012 ★ (5 à 8 €; 49 800 b.): un vin ample, rond et gourmand. 2014-2017

Albas Distribution France Vin, RD 9, Circofoul, 46140 Albas, tél. 05 65 30 52 97 Pelvillain

CH. TOUZEAU Cuvée Prestige 2012 ★★

■	3 700		11 à 15 €

Ce domaine établi depuis 1880 à Prayssac est commandé par une bâtisse de pierres blanches dont l'architecture s'inspire des manoirs biarrots, arcachonnais et bretons. Une magnifique collection de rosiers borde son vignoble, étendu sur 7 ha.

Ce pur malbec révèle un nez de fruits noirs et rouges bien mûrs dans lequel s'invite la violette. Le palais répond élégamment à l'olfaction avec, en prime, des notes épicées. Les tanins déjà bien fondus laissent une impression de souplesse et de rondeur. 2014-2017 poularde à la truffe

SCEA Ch. de Touzeau, La Borie-Basse, 46220 Prayssac, tél. 06 27 10 59 84, chateau.touzeau@gmail.com t.l.j. sf sam. dim. 9h-13h 14h-17h Exposito

CH. VINCENS Prestige 2012 ★

■	48 000		5 à 8 €

Prosper Vincens acheta sa première parcelle à son retour de la Grande Guerre. Au début des années 1980, la génération suivante quitta la coopérative pour élever ses propres vins. La famille, aujourd'hui Isabelle Vincens et son frère Philippe, est toujours aux commandes et conduit un vignoble de 38 ha.

Expressif au nez, sur des parfums de fruits noirs mûrs relevés de réglisse, ce vin révèle un palais harmonieux et rond, aux tanins fondus. Un cahors bien typé du malbec et élevé avec justesse. 2014-2017 confit de canard ■ Origine 2012 (8 à 11 €; 40 000 b.): discret au nez, ce vin révèle son intensité en bouche autour d'un fruité croquant et d'un fin boisé. 2014-2017

Ch. Vincens, Foussal, 46140 Luzech, tél. 05 65 30 51 55, philippe@chateauvincens.fr V t.l.j. sf dim. 9h-12h 14h-19h

COTEAUX-DU-QUERCY

• Superficie : 300 ha • Production : 13 290 hl

Située entre Cahors et Gaillac, la région viticole du Quercy s'est reconstituée assez récemment. Mais, comme dans toute l'Occitanie, la vigne y était cultivée dès l'Antiquité. La viticulture connut cependant plusieurs périodes de

reflux. Elle pâtit notamment, au Moyen Âge, de la prépondérance de Bordeaux, puis au début du XXᵉs., du poids du Languedoc-Roussillon. La recherche de la qualité, qui s'est manifestée à partir de 1965 par le remplacement des hybrides, a conduit à la définition d'un vin de pays en 1976. Peu à peu, les producteurs ont isolé les meilleurs cépages et les meilleurs sols. Ces progrès qualitatifs ont débouché sur l'accession à l'AOVDQS en 1999. Le territoire délimité s'étend sur 33 communes des départements du Lot et du Tarn-et-Garonne. Le 31 décembre 2011, la catégorie des AOVDQS a disparu et les coteaux-du-quercy ont été reconnus en AOC. Rouges et rosés, les coteaux-du-quercy assemblent le cabernet franc, cépage principal pouvant atteindre 60 %, et les tannat, cot, gamay ou merlot (chacune de ces variétés à hauteur de 20 % maximum).

BESSEY DE BOISSY
Collégiale 2012 ★

■ | 73 334 | | 5 à 8 €

Créée en 1985, cette coopérative est implantée à Montpezat-de-Quercy, très belle bastide située au nord du Tarn-et-Garonne, au milieu d'un pays vallonné, où la vigne compose avec de multiples cultures. Elle vinifie le produit de 135 ha récolté par ses 35 adhérents.

Si quatre cépages entrent dans l'assemblage de cette cuvée, c'est le cabernet franc, variété reine de l'appellation, qui imprime sa marque. Une robe engageante, grenat sombre aux reflets violets. Un nez ouvert et plaisant, sur les fruits noirs mûrs et les épices. Souple et suave en attaque, la bouche est bien équilibrée, structurée par des tanins doux et réglissés. La finale chaleureuse est marquée par un retour des notes fruitées et épicées du nez. ⧗ 2015-2017 🍴 canard rôti pomme sarladaise

Vignerons du Quercy, RD 20, 82270 Montpezat-de-Quercy, tél. 05 63 02 03 50, lesvigneronsduquercy@wanadoo.fr t.l.j. sf dim. 9h-12h 14h-19h

DOM. DE LA GARDE l'Aîné 2011 ★

■ | 3 000 | | 11 à 15 €

Installé au sud du Lot, dans la région du Quercy blanc, Jean-Jacques Bousquet conduit un vignoble de 16 ha. Présent dans le Guide dès les premières éditions en coteaux-du-quercy (alors vins de pays), ce domaine très régulier en qualité s'est agrandi et propose aussi du cahors.

Pas moins de deux ans en fût pour cette cuvée de prestige issue de parcelles sélectionnées. La robe est imposante, très « classe », couleur d'encre avec une frange violette. Au nez, un boisé très appuyé laisse à l'arrière-plan des notes de réglisse et de fruits noirs. L'attaque ronde, volumineuse, introduit un palais ample et gras, structuré par des tanins de qualité, bien enrobés ; la finale est marquée par le retour des notes toastées et épicées du merrain. Déjà harmonieux, ce 2011 mérite d'attendre pour assimiler son élevage. ⧗ 2016-2020 🍴 gigot d'agneau ■ Cuvée Tradition Élevé en fût de chêne 2011 ★ (5 à 8 € ; 12 000 b.) : un vin plus souple que le précédent, plus typé cabernet franc avec ses notes de fruits noirs et une touche végétale. ⧗ 2015-2017

Jean-Jacques Bousquet, Le Mazut, 46090 Labastide-Marnhac, tél. 05 65 21 06 59, contact@domainedelagarde.com V t.l.j. sf dim. 9h-12h 14h-19h

♥ DOM. DE GUILLAU
Plénitude Élevé en fût de chêne 2011 ★★★

■ | 2 700 | | 5 à 8 €

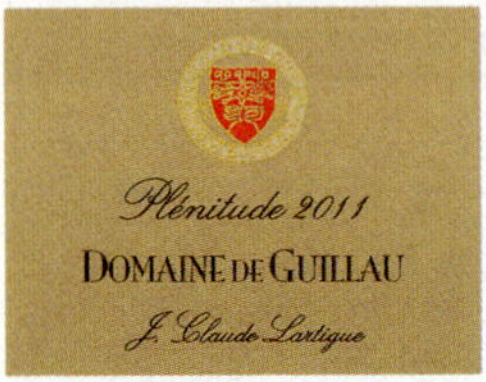

Un ancêtre charpentier a construit la grange qui sert aujourd'hui de chai, faisant parfois payer ses services en lopins de terre. Quant à Jean-Claude Lartigue, il est au nombre des producteurs qui ont « bâti » leur appellation. Le Guide l'a découvert en 1999 alors que les coteaux-du-quercy étaient encore classés en vins de pays. Le domaine couvre 7,5 ha, non loin de Montpezat-du-Quercy.

Un cinquième coup de cœur, sauf erreur… Ici pour un 2011 à la robe presque noire, ourlée de violet. Le séjour d'un an en fûts de chêne (neufs à 50 %) lui a donné un nez aussi complexe qu'élégant ; les dégustateurs relèvent avec délectation et force points d'exclamation le cassis, la myrtille, la framboise, le poivre, la réglisse, alliés aux notes vanillées et toastées d'un boisé bien fondu. La mise en bouche dévoile une matière riche, suave, d'une rare ampleur, qui confirme avec persistance les arômes perçus à l'olfaction. Un superbe équilibre et un plaisir durable. ⧗ 2015-2019 🍴 magret de canard aux framboises ■ Cuvée Tradition 2012 ★ (moins de 5 € ; 13 000 b.) : un élevage en cuve et plus de merlot que de tannat aux côtés du cabernet franc. Belle expression du millésime : pas trop de matière, mais un joli fruit mûr, de la souplesse et une réelle finesse. ⧗ 2015-2017

Jean-Claude Lartigue, 181, rte de Borredon, 82270 Montalzat, tél. 06 11 86 22 04, jean-claude.lartigue@orange.fr V r.-v.

DOM. DE LINON Cuvée Tradition 2012 ★

■ | 9 000 | | - de 5 €

Domaine de 35 ha, aux confins du Lot et du Tarn-et-Garonne. Dans la famille Mourgues, on cultive la vigne depuis quatre générations. La cave de vinification a été créée en 2003, année marquée par l'installation de Thomas.

D'une couleur soutenue, ce 2012 s'ouvre à l'aération sur un bouquet élégant de fruits noirs et d'épices, arômes que l'on retrouve en bouche. Après une attaque fine, de petits tanins serrés et vifs montent à l'assaut du palais. Encore fermes, ils confèrent à cette bouteille un côté un peu rustique et une petite pointe d'amertume : un vin solide en devenir. ⧗ 2016-2019 🍴 côtes d'agneau grillées

Dom. de Linon, Linon, 46170 Saint-Paul-de-Loubressac, tél. 05 65 21 98 03, domainedelinon@orange.fr V t.l.j. sf dim. 8h-12h30 13h30-19h

MYSTÈRE D'ÉLÉNA
Élevé en fût de chêne 2011 ★★

■ | 800 | | 20 à 30 €

Domaine familial de 12 ha implanté à l'ouest de Montauban, non loin du village médiéval de Bruniquel. Avant l'an 2000, il fournissait son vin en vrac aux négociants. Sous l'impulsion de Mickaël Raynal, arrivé sur l'exploi-

tation en 2010, il développe la vente directe et s'oriente vers le bio.

Cette microcuvée ambitieuse s'est placée sur les rangs lors de l'élection du coup de cœur. Elevée sur lies avec bâtonnage, elle a séjourné dix-huit mois dans le bois, sans collage ni filtration. Il en résulte une robe très soutenue et un nez d'une grande fraîcheur, aux nuances de fruits rouges, de compote de rhubarbe et de bourgeon de cassis. Le cassis se mêle à la framboise et à un boisé délicat dans une bouche tout en finesse, ample et savoureuse, étayée par des tanins doux. La finale persistante est tonifiée par une note mentholée. De la fraîcheur et de l'élégance, pour un plaisir immédiat. ⌛ 2014-2017 🍴 palombe rôtie

EARL Papyllon, La Cave de Revel, 82800 Vaïssac, tél. 05 63 30 92 97, winesfmick@yahoo.fr V r.-v.

GAILLAC

• Superficie : 3 923 ha • Production : 160 000 hl (65 % rouge et rosé)

Comme l'attestent les vestiges d'amphores fabriquées à Montels, les origines du vignoble gaillacois remontent à l'occupation romaine. Au XIIIes., Raymond VII, comte de Toulouse, prit à son endroit un des premiers décrets d'appellation contrôlée, et le poète occitan Auger Gaillard célébrait déjà le vin pétillant de Gaillac bien avant l'invention du champagne. Le vignoble se répartit entre les premières côtes, les hauts coteaux de la rive droite du Tarn, la plaine, la zone de Cunac et le pays cordais. Les coteaux calcaires se prêtent admirablement à la culture des cépages blancs traditionnels comme le mauzac, le len-de-l'el (loin-de-l'œil), l'ondenc, le sauvignon et la muscadelle. Les zones de graves sont réservées aux cépages rouges, duras, braucol ou fer-servadou, syrah, gamay, négrette, cabernet, merlot. La variété des cépages explique la palette des vins gaillacois. Pour les blancs, on trouvera les secs et perlés, frais et aromatiques, et les moelleux des premières côtes, riches et suaves. Ce sont ces vins, très marqués par le mauzac, qui ont fait la renommée de l'appellation. Le gaillac mousseux peut être élaboré soit par une méthode artisanale à partir du sucre naturel du raisin (méthode gaillacoise), soit par la méthode traditionnelle ; la première donne des vins plus fruités, avec du caractère. Les rosés de saignée sont légers ; quant aux vins rouges, s'ils sont souvent gouleyants, notamment lorsqu'ils sont issus de gamay, ils peuvent aussi se montrer plus charpentés et offrir un certain potentiel de garde.

L'AUBARÈL Len de l'El 2012 ★★

■ | 1 000 | | 8 à 11 €

Ce petit domaine de 6 ha fondé en 1904 a été repris en 2008 par Lucas Merlo, vigneron natif d'Albi. Après avoir travaillé dans le Médoc et à Cahors, il s'est installé sur les premières côtes de Gaillac.

Le nez s'ouvre sur des parfums de pomme miellée, puis progresse vers l'abricot sec et la nèfle. Le palais, gras et ample, se déploie autour d'une douceur portée par la figue et le raisin sec. Un vin plein de rondeur, à la finale longue et savoureuse, sur le miel de châtaigne. (Bouteilles de 50 cl.) ⌛ 2014-2024 🍴 cailles rôties aux figues et raisins

Lucas Merlo, Dom. Laubarel, 3000, rte de Cordes, 81600 Gaillac, tél. 05 63 57 41 90, lucas.merlo545@orange.fr V t.l.j. sf dim. 9h-12h30 14h-19h

DOM. BARREAU Tradition 2013

■ | 8 000 | | 5 à 8 €

Installé sur la rive droite du Tarn, au niveau des premières côtes de Gaillac, le domaine de Jean-Claude Barreau compte 35 ha de vignes, dont 6 ha de mauzac.

Léger, le nez révèle des parfums frais de pomme granny-smith que viennent souligner des notes de poivre blanc. Le palais penche vers la fraîcheur, à travers des arômes de pomme et de citron. Un gaillac alerte. ⌛ 2014-2017 🍴 filet de maigre au beurre citronné

Dom. Barreau, Boissel, 81600 Gaillac, tél. 05 63 57 57 51, domaine.barreau@wanadoo.fr V t.l.j. 9h-12h 14h-19h

♥ CH. BOURGUET 2012 ★★

■ | 9 900 | | 5 à 8 €

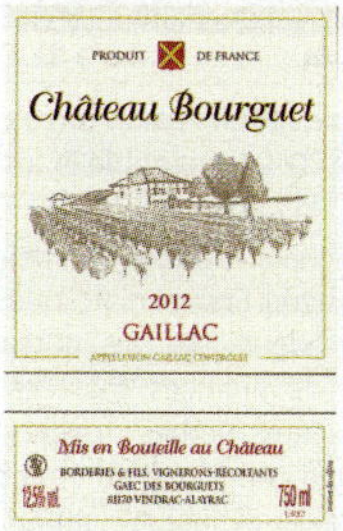

Composé de 21,5 ha de vignes exposées au levant face à la cité médiévale de Cordes-sur-Ciel, le domaine est conduit par Jean et Jérôme Borderies à Vindrac-Alayrac, sur les terres les plus au nord de l'AOC gaillac.

Braucol, syrah et cabernet-sauvignon composent un vin d'une remarquable typicité. Bien ouvert, le nez associe un fruité généreux aux épices. Parfaitement équilibré, le palais se révèle franc en attaque, ample, élégant, porté par des tanins fins et soyeux qui poussent loin la finale, soulignée d'un trait de poivre noir. ⌛ 2015-2018 🍴 aligot de Laguiole

Jean et Jérôme Borderies, Les Bourguets, 81170 Vindrac-Alayrac, tél. 05 63 56 15 23, chateaubourguet@orange.fr V t.l.j. sf dim. 9h-12h 15h-18h; dim. juil.-août 15h-18h

DOM. DE BRIN Brin de temps 2012 ★★★

■ | 2 400 | | 11 à 15 €

Autrefois apportés à la coopérative, les raisins de ce domaine de 10 ha sont désormais vinifiés à la propriété par Damien Bonnet. Sur un plateau entouré de bois de chênes, ce dernier applique aux vignes une culture biologique (conversion en cours) et à la cave des vinifications naturelles.

Intensément ouvert sur des notes de fruits mûrs, d'épices et de toasté, le nez s'assagit à l'aération et gagne en élégance et en tenue. En bouche, le vin, ample et chaleureux, renoue avec la puissance, adossé à des tanins suaves et ronds. Un gaillac sur la force et la concentration. ⌛ 2015-2020 🍴 rôti de biche aux airelles ■ **Vendemia 2012 ★ (5 à 8 € ; 5 000 b.)** : encore un peu retenu, ce vin au palais volumineux et gras est porté par des tanins un peu stricts aujourd'hui, gages d'une bonne évolution. ⌛ 2016-2019

Damien Bonnet, lieu-dit Brin, 81150 Castanet, tél. 05 63 56 90 60, domainedebrin@gmail.com V t.l.j. sf dim. 9h-12h 14h-19h

DOM. DE BROUSSE Colline blanche 2013 ★★

| | 4 000 | | 5 à 8 € |

Sur les premières côtes du plateau cordais, à Cahuzac-sur-Vère près d'Albi, Philippe et Suzanne Boissel exploitent un petit vignoble de 8 ha exposé au plein sud et souvent balayé par le vent d'autan.

Agréable et intense, le nez révèle des notes de pomme et de poire cuite où pointent une touche de noix et des parfums d'agrumes confits (citron). Ces arômes, agrémentés d'une sensation beurrée, se confirment dans un palais persistant, gras et rond. Un gaillac suave et généreux. 2014-2017 feuilleté de saumon fumé ■ Haut Cordurier 2012 ★ (4 500 b.) : un vin aux tanins déjà bien intégrés et soyeux, agréablement fruité en finale, à apprécier dans sa jeunesse. 2014-2016

Dom. de Brousse, 81140 Cahuzac-sur-Vère, tél. 05 63 33 90 14, domainedebrousse@wanadoo.fr V t.l.j. 10h-12h30 15h-19h ; f. janv. Boissel

CANTO PERLIC
Bel Canto Élevé en fût de chêne 2013

| | 2 400 | | 8 à 11 € |

Süne et Ursula Sloge, deux Suédois séduits par le terroir gaillacois, ont restauré à partir de 2010 le vignoble et les chais de ce domaine de 7,5 ha.

Intense, le nez dégage une fraîcheur portée par des parfums de buis, de litchi et de mangue. Franc en attaque, le vin est tendu au palais, mais adouci par des notes d'élevage qui enrobent la finale de nuances toastées. 2014-2017 filet de sandre aux herbes fraîches ■ Prestige 2012 : un vin généreux, rond et bien fruité (cassis, mûre, puis fraise en finale). 2016-2019

Dom. Canto Perlic, rte de la Ramaye, 81600 Gaillac, tél. 05 63 57 25 56, cantoperlic@telia.com V r.-v. Sloge

DOM. CARCENAC Jadis 2012 ★★

| | 25 000 | | 5 à 8 € |

Le domaine est aujourd'hui conduit par Joseph, Nicole et leur fils Cédric Carcenac, au cœur du village de Montans. Il compte 70 ha s'étendant sur les trois types de terroirs gaillacois.

Complexe, frais et intense, le nez évolue sur la framboise et la fraise soutenues par de délicates notes poivrées et mentholées. Rond, équilibré et très aromatique, le palais s'appuie sur une structure tannique solide mais sans excès de vigueur. Un ensemble harmonieux et bâti pour bien vieillir. 2016-2020 cochon de lait grillé ■ D'antan 2012 ★ (15 000 b.) : un vin souple et fruité, soutenu par un bon boisé vanillé. 2014-2016

Dom. Carcenac, Le Jauret, 81600 Montans, tél. 05 63 57 57 28, domaine.carcenac@orange.fr V t.l.j. 8h-12h 14h-19h

DOM. DES CASSAGNOLS
Arbre de vigne 2012 ★★

| | 6 600 | | 5 à 8 € |

Installé en 1986, Éric Stilhart a quitté la coopérative en 2005. Il conduit aujourd'hui, près de 28 ha de vignes à Lisle-sur-Tarn et a engagé la conversion bio.

Riche, concentré et complexe, le nez progresse sur des parfums de miel de châtaigne, d'abricot sec et de figue rehaussés d'épices. Au palais, le vin se montre ample et équilibré par une fine fraîcheur, avant de dévoiler une finale généreuse sur les fruits confits. 2014-2018 marquise au chocolat

Éric Stilhart, Saint-Salvy, 81310 Lisle-sur-Tarn, tél. 05 63 33 34 59, eric.stilhart@gmail.com V r.-v.

CASTEL DE BRAMES Tradition 2012 ★

| | 4 050 | | 5 à 8 € |

Originellement constitué par un négociant gaillacois (1791), ce domaine a été laissé à l'abandon après la crise du phylloxéra et la Seconde Guerre mondiale. Il a retrouvé un nouveau souffle en 1969, date d'arrivée des actuels propriétaires, à la tête aujourd'hui de 26 ha de vignes.

Le nez profond et aromatique mêle les fruits rouges et noirs (griotte, mûre, cassis), les épices et des accents végétaux. Le palais frais et fruité s'appuie sur une structure tannique harmonieuse et fondue. 2015-2018 chevreuil aux airelles

Estela Loddo, Brames-Aïgues, 81310 Peyrole, tél. 05 63 57 25 80, estela@castel-de-brames.com V t.l.j. 8h30-19h Castel de Brames

DOM. DE LA CHANADE Galien blanc 2013 ★★

| | 13 600 | | 8 à 11 € |

Situé sur le plateau cordais, le vignoble de la Chanade (40 ha) a été repris en 1997. Son propriétaire actuel, petit-fils de viticulteurs gaillacois, a ainsi renoué avec ses racines.

Ample et complexe, le nez progresse sur des parfums de fruits exotiques (ananas) et d'agrumes, puis sur des arômes floraux et vanillés. Le palais se révèle ample, gras et gourmand, sous-tendu par une fine vivacité. En finale, l'élevage soutient le fruité de ses nuances grillées. 2014-2017 congre au beurre citronné

SCEA Dom. de la Chanade, La Chanade, 81170 Souel, tél. 05 63 56 31 10, lachanade@orange.fr V t.l.j. 9h-12h 14h-18h Hollevoet

CH. CLÉMENT TERMES Mémoire 2012 ★

| | 9 330 | | 8 à 11 € |

Le domaine est né en 1860 sous l'impulsion de Clément Termes qui construisit un chai, puis le château. Olivier et Caroline David, ses descendants (septième génération), sont désormais à la tête de 120 ha de vignes.

Le nez fin et suave de fruits rouges et noirs est soutenu par un discret boisé. En bouche, ce 2012 se montre à la fois rond et frais. Le boisé est bien intégré, la trame tannique fondue, et l'ensemble déjà très harmonieux. 2014-2017 cassoulet ■ 2012 (5 à 8 € ; 180 000 b.) : un gaillac tout en souplesse et en légèreté. 2014-2016

SCEV David, Les Fortis, 81310 Lisle-sur-Tarn, tél. 05 63 40 47 80, juliecoustel@clementtermes.fr V t.l.j. sf dim. 9h-12h 13h-18h30

CH. LA COMBELLE
Le Secret de la barrique 2012 ★

| | 2 000 | | 15 à 20 € |

Petit-fils de vigneron et fils de forestier, Didier Smolinski a vinifié dans différentes régions viticoles avant de

s'installer en 2013 dans le Gaillacois, à la tête de 22 ha de vignes.

Le nez, généreux, mêle fruits rouges macérés et notes d'élevage. Rond en attaque, le palais dévoile une trame tannique serrée et les mêmes fruité mûr et boisé chocolaté et épicé que ceux perçus à l'olfaction. Un gaillac de caractère. ⧗ 2015-2018 🍷 chevreuil aux airelles ■ **Paroles de terroir 2012 ★ (8 à 11 € ; 11 000 b.)** : un vin concentré et assez ferme en finale. ⧗ 2015-2018

Ch. la Combelle, 81170 Frausseilles, tél. 06 66 66 44 17, contact@chateaulacombelle.com V r.-v.

DOM. LA CROIX DES MARCHANDS
Brut Méthode ancestrale 2013 ★★

●	12 000	8 à 11 €

Montans, près de Gaillac, abritait dans l'Antiquité de multiples ateliers de fabrication d'amphores frappées du sceau du village. C'est là que les Bézios, père et fils, mènent ce domaine de 30 ha fondé en 1971.

Ce pur mauzac riche en bulles s'ouvre sur un nez intense de fruits jaunes et blancs bien mûrs. Au palais, le vin dévoile un beau volume et des arômes persistants de pomme qui apportent fraîcheur et équilibre. ⧗ 2014-2015 🍷 blanquette de poisson

J.-M. et M.-J. Bézios, Dom. la Croix des Marchands, 81600 Montans, tél. 05 63 57 19 71, contact@croixdesmarchands.fr V t.l.j. sf dim. 9h-12h 14h-19h

CH. DE L'ENCLOS DES ROSES Doux 2012

■	4 000	🍾	8 à 11 €

Aurélie Balaran, fille de Roselyne et Jean-Marc Balaran (domaine d'Escausses), a acheté en 2007 des parcelles du château Larroze, propriété de la famille Cros dans les années 1980. Elle conduit aujourd'hui un vignoble de 19 ha.

Subtil et frais, le nez mêle le chèvrefeuille et les fruits à chair blanche (poire). Le palais se révèle souple et vif, porté par la fraîcheur des agrumes. ⧗ 2015-2017 🍷 sorbet orange et citron

Aurélie Balaran, La Salamandrie, 81150 Sainte-Croix, tél. 05 63 56 80 52, aurelie.balaran@wanadoo.fr V t.l.j. 9h-19h; dim. sur r.-v.

♥ DOM. D'ESCAUSSES
Vendanges dorées 2012 ★★★

■	10 000	🛢	8 à 11 €

À mi-chemin entre Albi et le village médiéval de Cordes-sur-Ciel, le vignoble (31 ha) de la famille Balaran s'étend à flanc de coteaux dans la roche mère de calcaires et de marnes, à 250 m d'altitude, avec une exposition sud-est à sud-ouest.

Issu d'un assemblage de len de l'el, de mauzac et d'ondenc, ce 2012 dévoile un nez expressif et élégant de fruits confits (ananas) et de poire au sirop. Le palais, ample et riche, mêle les fruits blancs caramélisés et les fruits jaunes confits, vivifié en finale par une fraîcheur bienvenue. Un vin complexe, intense et parfaitement équilibré. (Bouteilles de 50 cl.) ⧗ 2018-2025 🍷 charlotte aux poires ■ **La Croix petite 2012 (15 000 b.)** : un vin puissant, corpulent et boisé. Prometteur ⧗ 2017-2020

Roseline et Jean-Marc Balaran, EARL Denis Balaran, Dom. d'Escausses, 81150 Sainte-Croix, tél. 05 63 56 80 52, jean-marc.balaran@wanadoo.fr V t.l.j. 9h-19h; dim. sur r.-v.

CH. ISSALY 2013 ★★

■	10 500	5 à 8 €

Plus ancienne coopérative du Gaillacois et du Tarn, cette cave est aussi le plus gros producteur de vins blancs de la région. Elle s'est illustrée dès 1957 en créant le gaillac perlé.

Le nez libère des parfums intenses d'agrumes et de fruits exotiques. Le palais, élégant, trouve l'équilibre entre gras et fraîcheur, évoluant tout en finesse et en souplesse jusqu'à une finale teintée d'une pointe de salinité. ⧗ 2014-2015 🍷 apéritif

Cave de Labastide, BP 12, 81150 Marssac-sur-Tarn, tél. 05 63 53 73 73, commercial@cave-labastide.com V r.-v.

DOM. DE LABARTHE Les Grains d'or de Labarthe
Vendanges tardives 2012 ★

■	8 000	🛢	11 à 15 €

Ce domaine transmis de père en fils depuis 1550 est aujourd'hui conduit par Jean-Paul Albert, à la tête d'un vignoble de 68 ha qui entoure d'anciennes bâtisses de pierre blanche.

Le nez flatteur et frais mêle les fleurs blanches (acacia, tilleul) et le miel. La bouche offre un bel équilibre entre le sucre et la fraîcheur, entre le fruit et le bois. La finale apporte un surcroît de vivacité. (Bouteilles de 50 cl.) ⧗ 2017-2020 🍷 galette à la frangipane

Albert, Dom. de Labarthe, 81150 Castanet, tél. 05 63 56 80 14, labarthe@vinlabarthe.com V r.-v.

CH. DE LACROUX Vigne du Rey 2012 ★★

■	5 600	🍾	5 à 8 €

Sur les coteaux de l'Albigeois, les frères Philippe-Xavier, Jean-Marie et Bruno Derrieux perpétuent un héritage ancien sur leurs 38 ha de vignes : en 1700, Jeanne et Guillaume Derrieux, laboureurs, cultivaient déjà les coteaux de Lincarque.

Fin, délicat et friand, le nez libère des arômes de fleurs (acacia, sureau) et de fruits (pomme, abricot). Franc en attaque, le palais marie douceur et fraîcheur, fruits confits et notes muscatées dans une belle harmonie. ⧗ 2016-2018 🍷 tarte à l'abricot

GAEC Pierre Derrieux et Fils, Ch. de Lacroux, Lincarque, 81150 Cestayrols, tél. 05 63 56 88 88, lacroux@chateaudelacroux.com V t.l.j. 9h-12h30 14h-19h

DOM. DE LARROQUE Les Seigneurines 2012 ★★

■	5 500	🛢	8 à 11 €

Commandé par une maison de maître du XVIII^e^s. en pierre du pays, le domaine existe depuis 1995, année où

Valérie et Patrick Nouvel ont entrepris la restauration des bâtiments et du vignoble de 18 ha, actuellement en conversion bio.

Marqué au nez par la griotte, le cassis et les épices, ce 2012 affiche un palais rond, ample et suave qui confirme les arômes perçus à l'olfaction. Adossé à des tanins soyeux, il marie avec finesse le raisin et le boisé jusqu'à la finale. ⧗ 2014-2017 ♈ cassoulet

⊶ EARL Valérie et Patrick Nouvel, Larroque, 81150 Cestayrols, tél. 05 63 56 87 63, domainedelarroque@wanadoo.fr V r.-v.

CH. LASTOURS
Les Graviers 2013 ★

■	20 000		- de 5 €

Au bout d'une longue allée de platanes, un château construit au XVII^e^s. et remanié au siècle suivant, entouré d'un jardin à la française. Son propriétaire, Hubert de Faramond, est aujourd'hui à la tête d'un vignoble de 50 ha.

Bien ouvert, le nez révèle des notes complexes, beurrées, florales et fruitées. Arômes que l'on retrouve dans un palais bien équilibré, à la fois riche, rond et frais. ⧗ 2014-2015 ♈ poulet gingembre et coriandre ■ Les Graviers 2013 ★ (60 000 b.) : un nez frais sur les agrumes et les fruits exotiques agrémenté de plaisantes notes herbacées, prolongé par un palais d'une aimable rondeur. ⧗ 2015-2017

⊶ Hubert de Faramond, 81310 Lisle-sur-Tarn, tél. 05 63 57 07 09, chateau-lastours@wanadoo.fr V t.l.j. 9h-12h 14h-19h

DOM. DE LONG-PECH
Brut Méthode ancestrale 2013

●	5 800	8 à 11 €

Depuis 2000, Sandra Bastide et sa sœur Karine travaillent sur ce vignoble de 18 ha perché sur les hauteurs de Lisle-sur-Tarn, et proposent tous les types de vins gaillacois.

Ce pur mauzac à la fois doux et frais au nez, sur les fruits blancs et l'ananas, dévoile au palais un fruité suave bien équilibré par ce qu'il faut d'acidité et par une fine effervescence. ⧗ 2014-2016 ♈ tarte aux pommes ■ Douceurs des brumes 2012 (3 340 b.) : un vin frais et fruité, plus chaleureux en finale. ⧗ 2014-2015

⊶ GAEC Bastide Père et Fille, Dom. de Long-Pech, Lapeyrière, 81310 Lisle-sur-Tarn, tél. 05 63 33 37 22, contact@domaine-de-long-pech.com V t.l.j. 9h-12h 14h-18h30; dim. sur r.-v.

MAS D'AUREL Cuvée Clara 2012 ★★

■	2 200		8 à 11 €

Revenu du célèbre vignoble algérien Mascars, Albert Ribot s'installe en 1962 sur ce domaine, à présent conduit par sa fille Brigitte et son mari Jacques Molinier. Un corps de bâtiment en pierre calcaire blanche, une cour fermée, un pigeonnier, le mas d'Aurel est des plus typiques.

Assemblage à parts égales de muscadelle et de len de l'el, ce 2012 au nez intense et flatteur porté par les fleurs et les fruits blancs miellés déroule un palais fruité, suave et confit, équilibré par la fraîcheur. Une belle expression de l'appellation dans sa version moelleuse. ⧗ 2016-2020 ♈ verrine de mangues aux spéculoos

⊶ Mas d'Aurel, 81170 Donnazac, tél. 05 63 56 06 39, masdaurel@wanadoo.fr V t.l.j. sf dim. 9h-12h 14h-19h

DOM. MAS PIGNOU
Méthode ancestrale ★★

●	15 460	8 à 11 €

Le domaine de Jacques et Bernard Auque s'étend sur 36 ha et culmine à plus de 200 m d'altitude au sommet des premières côtes de Gaillac, offrant une vue exceptionnelle à 360 ° sur la route des Bastides.

Au nez, cet effervescent au cordon régulier de bulles fines libère des arômes frais de pomme verte et de kiwi. Beaucoup de douceur et de fruit tapissent un palais bien équilibré par la fraîcheur. ⧗ 2016-2018 ♈ apéritif

⊶ Dom. Mas Pignou, Mas de Bonnal, 81600 Gaillac, tél. 05 63 33 18 52, maspignou@gmail.com V t.l.j. 9h-12h 14h-19h; sam. dim. sur r.-v.

⊶ B. Auque

CH. LES MÉRITZ Prestige 2012 ★

■	100 000		5 à 8 €

Situés à Cahuzac-sur-Vère, les Domaines Philippe-Gayrel sont issus du rapprochement entre les familles Gayrel et Philippe, et proposent des vins signés par Françoise Laurent, l'œnologue conseil de Crus et Châteaux du Sud-Ouest.

Plutôt suave au nez, sur les petits fruits rouges et les fruits à noyau, ce 2012 offre de la souplesse et de la fraîcheur dans un palais bien fruité, qui se conclut sur une note plus chaleureuse et plaisante. ⧗ 2015-2018 ♈ cailles aux raisins ■ L'Élixir 2012 ★ (8 à 11 € ; 33 000 b.) : un palais long, frais et aromatique, sur la fraise et la cerise, soutenu par une structure tannique bien en place. ⧗ 2014-2017

⊶ Les Domaines Philippe-Gayrel, Ravailhe, 81140 Cahuzac-sur-Vère, tél. 05 63 56 53 49

CH. MONTELS
Sec Les Pezots 2012 ★

■	2 500		8 à 11 €

Propriété de Bruno Montels, ce domaine de 28 ha est situé à Souel, sur le plateau calcaire de Cordes.

Expressif au nez, sur les fruits exotiques et les fruits à chair blanche (poire, pêche), ce vin révèle un palais rond et onctueux, qui rappelle les arômes de l'olfaction, agrémentés jusqu'en finale de notes d'élevage. ⧗ 2014-2017 ♈ salade de crevettes à la mangue ■ Secret de Saint-André 2011 ★ (2 550 b.) : élevé en fût, ce vin très équilibré séduit par son fruité mûr et sa rondeur. ⧗ 2015-2018

⊶ Bruno Montels, Burgal, 81170 Souel, tél. 05 63 56 01 28, montels0887@aol.com V r.-v.

♥ DOM. DU MOULIN
Florentin 2012 ★★★

■	4 000		20 à 30 €

Nicolas et Jean-Paul Hirissou conduisent 40 ha de vignes, 20 ha sur la rive gauche du Tarn, sur des graves, et 20 ha sur la rive droite, sur des terres argilo-calcaires.

Très réguliers en qualité, leurs vins fréquentent assidûment le Guide, souvent aux meilleures places.

Signant le cinquième coup de cœur consécutif pour ce domaine, ce 2012 à la robe profonde et brillante s'ouvre sur un nez de fruits mûrs compotés (cassis) et d'épices de l'élevage. Plein de fruit à l'attaque, le vin révèle toute sa densité et sa richesse dans un palais gras et soyeux. L'élevage parfaitement maîtrisé en fait un beau vin de caractère, bâti pour la garde. ⌛ 2016-2024 Ÿ grillades ■ Sec Vieilles Vignes 2013 ★★ (8 à 11 € ; 8 000 b.) : un vin remarquable par sa structure, sa fraîcheur et par sa savoureuse palette aromatique, sur les agrumes et le grillé. ⌛ 2014-2017

⊶ Dom. du Moulin, chem. des Crêtes, 81600 Gaillac, tél. 05 63 57 20 52, domainedumoulin81@orange.fr V t.l.j. 9h-12h 14h-19h ⊶ Nicolas Hirissou

LES SECRETS DU CH. PALVIÉ 2008 ★

■	9 000		11 à 15 €

La famille Bézios est établie depuis longtemps en Gaillacois (La Croix des Marchands). Jérôme Bézios, dont le père fut président de l'interprofession, conduit aujourd'hui 20 ha de vignes dans le secteur de Salette.

Bien typé au nez, sur le cassis et les épices, cet assemblage de syrah et de braucol dévoile un palais bien charpenté, riche et puissant. Sa longueur en bouche est un bon présage pour la garde. ⌛ 2017-2021 Ÿ cous de canard farcis au foie gras

⊶ Jérôme Bézios, Ch. Palvié, 81140 Cahuzac-sur-Vère, tél. 06 80 65 44 69, jeromebezios@orange.fr

CH. DE RHODES
Vendanges tardives 2012 ★★

■	2 513		11 à 15 €

Dans un paysage de collines toscanes, un château aux tourelles aiguisées, deux caves voûtées en brique, et 20 ha de vignes alentour. Éric Lepine mène en bio (certifié en 2013) ce domaine, où il a réintroduit le prunelard, vieux cépage local.

Encore un peu discret, le nez révèle à l'aération de doux parfums d'iris et de beurre frais. Suave en attaque, le palais trouve l'équilibre entre fraîcheur et douceur, stimulé en finale par une note citronnée. ⌛ 2015-2018 Ÿ bras de gitan

⊶ Ch. de Rhodes, Boissel, 81600 Gaillac, tél. 05 63 57 06 02, info@chateau-de-rhodes.com V t.l.j. sf sam. dim. 9h-12h 13h30-17h30; f. 20-déc.-5 janv. 25 juil.-20 août ⊶ Éric Lepine

B DOM. ROTIER
Renaissance Vendanges tardives 2012 ★★★

■	7 500		15 à 20 €

Alain Rotier et Francis Marre, beaux-frères, se partagent le travail : Francis aux cultures et Alain à l'élaboration des vins. La propriété (35 ha), fondée en 1985, est aujourd'hui l'un des piliers du vignoble gaillacois, notamment pour ses vins doux qui collectionnent étoiles et coups de cœur du Guide.

Ce pur len de l'el entre l'or et l'ambre libère de profonds et intenses parfums de fruits bien mûrs, voire compotés (nèfle, rhubarbe, figue, ananas). Volumineux, intense et gras, le vin tapisse le palais de notes de rôties et de touches d'agrumes confits agrémentées d'un boisé bien fondu. D'une rare élégance. ⌛ 2017-2025 Ÿ crème brûlée aux fruits d'été ■ Renaissance 2011 ★ (11 à 15 € ; 21 000 b.) : un nez de fruits rouges, une bouche charnue et fraîche qui confirme les arômes de l'olfaction, avec quelques notes de grillé. À apprécier dans sa jeunesse. ⌛ 2014-2016

⊶ Dom. Rotier, Petit Nareye, 81600 Cadalen, tél. 05 63 41 75 14, rotier.marre@domaine-rotier.com V t.l.j. sf dim. 9h-12h 14h-19h ⊶ Francis Marre et Alain Rotier

DOM. SALVY Léonie 2012 ★★

■	1 380		11 à 15 €

La propriété fut créée par un aïeul prénommé Salvy, qui a laissé son nom au domaine. Sur les coteaux pierreux qui surplombent la Vère, Anne, Marc et Patrick Durel cultivent sur 20 ha les cépages à l'accent gaillacois, les rouges duras et braucol, et les blancs mauzac et len de l'el.

Expressif à l'olfaction, sur les fruits mûrs (nèfle, coing, pomme), le vin se montre ample, suave et rond au palais, tapissé par la douceur de saveurs de caramel au lait qui se prolongent en finale. ⌛ 2016-2020 Ÿ crème catalane ● Brut Méthode ancestrale 2013 ★ (8 à 11 € ; 2 200 b.) : une effervescence délicate dans un palais vif et fruité pour cette méthode gaillacoise. ⌛ 2014-2016

⊶ Dom. Salvy, Arzac, 81140 Cahuzac-sur-Vère, tél. 05 63 33 97 29, salvy@wanadoo.fr V t.l.j. sf lun. 10h-12h 15h-18h ⊶ Anne Marc et Patrick Durel

DOM. SARRABELLE
Saint-André 2012

■	20 000		5 à 8 €

La source qui jaillit près du château de Montaigut était jadis le lieu des rendez-vous galants de la belle Yolande, que ses prétendants rêvaient de serrer dans leurs bras, *sarro-bello* en occitan. Voilà l'origine du nom du domaine de Laurent et Fabien Caussé, aujourd'hui à la tête d'un vignoble de 38 ha.

Ce pur braucol dévoile un nez plaisant de fruits rouges, soutenu par une fine touche boisée. En bouche, les tanins du bois se fondent dans le fruit, avant que le vin ne révèle une finale fraîche. ⌛ 2014-2017 Ÿ cochon de lait rôti

⊶ Dom. Sarrabelle, Les Fortis, 81310 Lisle-sur-Tarn, tél. 05 63 40 47 78, contact@sarrabelle.com V t.l.j. sf dim. 9h-12h 14h-19h ⊶ Caussé

CH. TAUZIÈS Rouge Confidence 2012 ★

■	10 000		8 à 11 €

Situé sur les premiers coteaux de la rive droite du Tarn, ce domaine de 52 ha a été fondé en 1958. Il est aujourd'hui conduit par la quatrième génération. Les cépages ancestraux du Gaillacois y côtoient les plus récents.

C'est à l'aération que ce 2012 libère tous ses parfums de fruits rouges. En bouche, le vin se montre franc et doté d'une belle matière aux tanins fondus et soyeux. 2014-2017 daube de bœuf

Ch. Tauziès, rte de Cordes, 81600 Gaillac, tél. 05 63 57 06 06, chateau.tauzies@wanadoo.fr V t.l.j. sf dim. 8h30-12h 14h-18h30 Mouly

CH. DE TERRIDE Cuvée du château Sélection de vieilles vignes 2012 ★

6 000 | 5 à 8 €

Un château flanqué de deux tours carrées, construit en 1650 par un maître verrier, se dresse devant 40 ha de vignes ceints de bois. Jean-Paul et Solange David, accompagnés de leurs enfants Alix et Romain, s'emploient à restaurer vignoble et bâtisse.

Ce vin issu de syrah, de braucol et de merlot révèle un nez plein de fruits (cerise, fraise, framboise) rafraîchi par des notes mentholées et poivrées. Fruité et frais au palais, le vin dévoile une matière croquante qui lui confère un caractère gourmand. 2014-2018 civet de lièvre Brut Instant Terride Méthode ancestrale 2014 ★ (8 à 11 € ; 6 500 b.) : de fines bulles, un fruité intense (pomme, poire) et de la douceur en bouche. 2014-2017

Alix David, Ch. de Terride, 81140 Puycelsi, tél. 05 63 33 26 63, info@chateau-de-terride.com V t.l.j. 9h-12h 14h-19h; dim. sur r.-v.

CH. TOUNY LES ROSES Le Poète Élevé en fût de chêne 2011

1 500 | 8 à 11 €

Ce château, métairie viticole avant Napoléon, a toujours produit du vin. Le bâtiment est entouré de vignes et pourvu d'un ponton sur le Tarn. Le vignoble de 2,5 ha est conduit depuis 1999 par Thierry Bosschaert.

Le nez, intense, mêle le cassis à des notes de menthol et de boisé. Le palais, souple et harmonieux, restitue les arômes de l'olfaction avec une bonne persistance. 2014-2017 poularde rôtie aux cèpes

Thierry Bosschaert, 32, chem. de Touny, 81150 Lagrave, tél. 05 63 57 90 90, chateau@touny.fr V r.-v.

DOM. DE VAISSIÈRE Doux 2012 ★

3 000 | 5 à 8 €

L'histoire vigneronne des Vaissière sur les terres de Busque est ancienne ; un lieu-dit porte même le nom de la famille. Au XIX[e]s., mégisseries et vignes peuplaient la campagne. André Vaissière, dernier représentant en date de cette lignée, conduit aujourd'hui un vignoble de 16 ha.

Ce pur len de l'el se montre aérien et frais à l'olfaction, porté par les parfums de la golden et de la nectarine. Le palais se montre rond, consistant et suave, sans laisser de côté la fraîcheur, qui se révèle en finale à travers des notes d'agrumes confits. 2014-2019 chausson aux pommes 2012 (moins de 5 € ; 5 600 b.) : un vin léger, dynamique et fruité. 2014-2017

Vaissière, 81300 Busque, tél. 05 63 34 59 06, andre.vaissiere@orange.fr V t.l.j. sf dim. 9h-12h30 15h-20h

DOM. DE LA VALIÈRE Cuvée Tradition 2012 ★★

5 000 | 5 à 8 €

Georges et Jacques Bennes cultivent en agriculture raisonnée le vignoble familial de 5,3 ha, établi sur un terroir de graves au sud-ouest de l'appellation gaillac.

Les parfums de fruits rouges cuits et de réglisse que ce 2012 libère au nez se confirment dans un palais équilibré, aux tanins soyeux et bien intégrés. Un gaillac riche et généreux, qui ne manque ni de structure ni de fraîcheur. 2016-2020 cuisses de canard confites

EARL Bennes, 2530, rte des Rives-de-L'Agout, Saint-Waast, 81800 Coufouleux, tél. 06 80 43 61 76, contact@domaine-valiere.com V t.l.j. sf dim. 15h-19h

♥ **DOM. VAYSSETTE** Brut Méthode ancestrale 2013 ★★

10 000 | 8 à 11 €

Florentin et Andrée Vayssette, les grands-parents, s'installèrent en 1930 sur le chemin des crêtes de Gaillac. Les suivirent Jacques, leur fils, et Maryse. Aujourd'hui le petit-fils Patrice les épaule sur les 26 ha de vignes. Une valeur sûre de l'appellation.

Ce 2013 affiche de fines bulles et un nez délicat de fruits blancs (pomme, poire). Dans un palais à la fine effervescence, la douceur est équilibrée par une fraîcheur bienvenue. Un modèle accompli de méthode ancestrale. 2014-2015 tarte aux poires Cuvée Maxime 2012 (11 à 15 € ; 7 360 b.) : pour les amateurs de fruits à maturité et de douceur. (Bouteilles de 50 et 75 cl.) 2014-2019

Vayssette, 2738, chem. des Crêtes, 81600 Gaillac, tél. 05 63 57 31 95, domaine.vayssette@e-kiwi.fr V t.l.j. 9h-12h 14h-19h; dim. sur r.-v.

V DE VIGNÉ-LOURAC 2012 ★★

33 000 | 8 à 11 €

Un domaine régulier en qualité, pour ses gaillac mais aussi pour ses vins de pays, dirigé par Alain Gayrel et son fils Vincent.

S'ouvrant sur une agréable fraîcheur, le nez libère des parfums de fruits noirs (cassis), agrémentés de notes réglissées. Le palais se révèle parfaitement équilibré : du charnu, de la rondeur, du fruit, un boisé ajusté, une structure fine et une fraîcheur bien sentie. Un vin complet. 2016-2019 cuisse de sanglier rôtie Vigné-Lourac Terrae Veritas 2013 ★ (5 à 8 € ; 38 000 b.) : un vin bien fruité et équilibré. 2014-2019

Alain et Vincent Gayrel, 103, av. Foch, 81600 Gaillac, tél. 05 63 81 21 11, cave-gaillac@wanadoo.fr V t.l.j. 9h30-12h30 14h30-19h30

LES VIRTUOSES SAINT-MICHEL 2012 ★★

20 000 | 8 à 11 €

Les vignerons d'Ovalie forment, avec les coopératives de Fronton, Rabastens et Técou, le groupe Vinovalie qui compte 4 000 ha de vignes et 450 coopérateurs.

Au nez, ce vin marie élégamment les notes boisées à celles du fruit. Le palais, concentré et structuré par des tanins bien enrobés et des notes d'élevage marquées, révèle une finale fraîche très agréable. Un cahors solide sans dureté, à boire jeune ou patiné pour la garde. 2015-2019 cailles aux airelles Saint-Michel Les Sentiers de Saint-Jacques 2013 ★ (moins de 5 € ; 445 000 b.) : un nez délicat de fruits rouges et de fleurs blanches, et un palais subtil sur l'églantine et la fraise fraîche. 2014-2015 Astrolabe

2013 (26 000 b.) : au nez intense et complexe sur les fruits jaunes, les fruits exotiques et les agrumes succède un palais gras et concentré. Un blanc au caractère affirmé. ⌛ 2014-2017

SCA Vignerons de Rabastens, 33, rte d'Albi, 81800 Rabastens, tél. 05 63 33 73 80, jn.barrau@vigneronsderabastens.com V r.-v.

VINS-D'ESTAING

• Superficie : 18 ha • Production : 656 hl (95 % rouge et rosé)

Entourées par les causses de l'Aubrac, les monts du Cantal et le plateau du Lévezou, les appellations de l'Aveyron seraient plutôt à classer parmi celles du Massif central. Ces petits vignobles sont très anciens puisque leur fondation par les moines de Conques remonte au IXe s. Les vins-d'estaing se partagent entre rouges et rosés frais et parfumés (cassis, framboise), à base de fer-servadou et de gamay, et blancs originaux, assemblages de chenin, de mauzac et de rousselou, des vins vifs au parfum de terroir.

LES VIGNERONS D'OLT Cuvée Prestige 2012 ★

■ | n.c. | | 5 à 8 €

En 1983, une dizaine de vignerons plantèrent en commun 6 ha de vignes sur les anciennes terrasses de « Persillés ». Et en 2006 s'est ouverte la maison de la Vigne, du Vin et des Paysages d'Estaing.

Paré d'un rouge grenat profond et brillant, ce 2012 révèle un nez expressif et typé de fruits noirs (cassis, myrtille) et rouges (cerise), de poivre, d'ortie et de sureau. Le palais déroule une matière fruitée portée par des tanins soyeux et réglissés, qui font place à une finale fraîche teintée de minéralité. ⌛ 2015-2018 truite aux herbes

SCA Les Vignerons d'Olt, L'Escaillou, 12190 Coubisou, tél. 05 65 44 04 42, cave.vigneronsdolt@wanadoo.fr V t.l.j. sf lun. jeu. dim. 10h-12h30 14h-18h; f. jan.

VINS-D'ENTRAYGUES-ET-DU-FEL

• Superficie : 21 ha • Production : 718 hl (80 % rouge et rosé)

Ces vins naissent au sud du département du Cantal et au nord de celui de l'Aveyron, sur les premiers contreforts des massifs du Cantal et de l'Aubrac. Produits au confluent du Lot et de la Truyère, les blancs d'Entraygues, cultivés sur d'étroites banquettes aux sols schisteux aménagées à flanc de coteaux abrupts, sont issus de chenin et de mauzac ; ils sont frais et fruités. Ils font merveille sur les truites sauvages et le cantal doux. Les vins rouges du Fel, solides et terriens, seront bus sur l'agneau des Causses et sur la potée auvergnate. Comme tous les AOVDQS, ces vins ont été reconnus en AOC en 2011.

JEAN-MARC VIGUIER Cuvée spéciale 2012

■ | 8 000 | | 5 à 8 €

Sur les coteaux abrupts qui dominent la vallée du Lot s'étirent les 6,3 ha de vignoble de Jean-Marc Viguier, héritier d'une très longue lignée de vignerons.

Au nez, ce vin se montre frais, porté par des notes de fleurs (genêt), de fruits (pêche blanche) et par une touche anisée. Franc et tonique en attaque, le palais offre du gras et de la densité, et s'étire dans une jolie finale citronnée. ⌛ 2014-2016 truite aux amandes

Jean-Marc Viguier, Le Buis, 12140 Entraygues, tél. 05 65 44 50 45, jeanmarc.viguier@yahoo.fr V t.l.j. sf dim. 10h-12h 15h-19h

MARCILLAC

• Superficie : 185 ha • Production : 7 904 hl

Reconnu en AOC en 1990, ce vin rouge naît dans l'Aveyron, dans une cuvette naturelle au microclimat favorable, le « vallon ». Cultivé sur des argiles riches en oxyde de fer, les rougiers, le mansoi (fer-servadou) lui donne une réelle originalité, faite d'une rusticité tannique et d'arômes de framboise.

DOM. DES COSTES ROUGE Clos de la Ferrière 2012 ★★

■ | 3 000 | | 8 à 11 €

À l'origine exploité en polyculture, ce domaine – en cours de conversion bio – est aujourd'hui presque exclusivement dédié à la vigne (6 ha), une petite production de légumes, de céréales et de volaille complétant l'activité. Éric et Claudine Vinas y sont installés depuis 1993.

Une robe dense, tirant vers le noir, habille ce vin ouvert sur les fruits noirs, les épices et le sureau. Des arômes que l'on retrouve dans un palais souple et frais. Un marcillac expressif et franc. ⌛ 2014-2018 magret de canard

Claudine et Éric Vinas, Combret, 12330 Nauviale, tél. 05 65 72 83 85, domaine-des-costes-rouges@wanadoo.fr V t.l.j. 9h-12h 14h-19h; juil.-août sur r.-v.

DOM. DU CROS Vieilles Vignes 2012 ★★

■ | 22 000 | | 8 à 11 €

Il y a encore trente ans, ce domaine emblématique de l'AOC marcillac ne disposait que d'un hectare de vignes et produisait environ 4 000 bouteilles par an. La superficie atteint à présent les 30 ha, conduits par Philippe Teulier, secondé depuis 2006 par son fils Julien. Une valeur sûre.

Ce 2012 dévoile un nez intense et complexe de fruits rouges, de piment, de réglisse et de menthol. Fruitée et épicée, dense et fraîche, la bouche s'appuie sur des tanins soyeux et sur un boisé parfaitement ajusté. L'équilibre parfait. ⌛ 2015-2019 civet de biche

Philippe Teulier, Dom. du Cros, Le Cros, 12390 Goutrens, tél. 05 65 72 71 77, pteulier@domaine-du-cros.com V t.l.j. sf dim. 9h-12h 14h-18h

♥ DOM. DE LADRECHT 2013 ★★

■ | 20 000 | | 5 à 8 €

Établie dans le fameux vallon de Marcillac, cette coopérative créée en 1965 regroupe une quarantaine de vignerons et fournit 60 % de la production de l'AOC.

La « coop » joue une nouvelle fois pleinement son rôle d'ambassadeur avec ce vin haut en expression. Au nez, d'intenses parfums de fruits noirs (cassis, myrtille)

s'associent à des notes de poivre. Une entrée en matière engageante, prélude à un palais vif et alerte en attaque, dense, généreux, fruité et épicé, arrimé à de solides tanins. Un marcillac de caractère, bien typé ; parfait pour découvrir les caractères du fer-servadou. ⧗ 2016-2019 ¥ escalope de veau de l'Aveyron

Les Vignerons du Vallon, RD 840, 12330 Valady, tél. 05 65 72 70 21, valady@groupe-unicor.com
V t.l.j. sf dim. 9h-12h 14h-18h Unicor

DOM. DU MIOULA 2013 ★★

	22 000		5 à 8 €

Le *mioula* (« milieu » en patois), c'est le milieu des vignes. Cultivé par les moines de Conques au XIes., puis par les abbés de la cathédrale de Rodez, ce vignoble mal en point a été restauré à partir de 1995 par Bernard Angles, qui en a fait l'un des piliers de l'appellation.

Les fruits rouges s'expriment intensément au nez, stimulés par des notes mentholées et épicées. Le palais, ample et équilibré, conjugue densité et fraîcheur, étayé par des tanins bien extraits, solides mais sans dureté. ⧗ 2016-2018 ¥ assiette de charcuterie ■ Terre rose 2013 (3 500 b.) : une cuvée vive et souple. Un vin simple, discret et bien équilibré. ⧗ 2014-2015

Bernard Angles, Le Mioula, 12330 Salles-la-Source, tél. 06 08 95 15 60, bernardangles@wanadoo.fr
V r.-v.

CÔTES-DE-MILLAU

• Superficie : 56 ha • Production : 2 030 hl (97 % rouge et rosé)

Reconnu en AOVDQS en 1994, le plus méridional des vignobles aveyronnais est implanté sur des coteaux de la haute vallée du Tarn, dans un secteur déjà soumis aux influences méditerranéennes. Majoritaires, les rouges et rosés sont composés de syrah et de gamay et, dans une moindre proportion, de cabernet-sauvignon, de fer-servadou et de duras. Les blancs assemblent chenin et mauzac. Les côtes-de-millau ont accédé à l'AOC en 2011.

B DOM. DU VIEUX NOYER 2012 ★

	6 000		5 à 8 €

Un grand noyer au tronc sculpté des symboles de la vigne trône à l'entrée de la propriété de Bernard Portalier, vignoble de 15 ha établi au pied des Grandes Causses. À découvrir, outre les vins, les apéritifs maison, le Calistou (noix, mirabelle et vin rosé) et la Vignola (cerise et vin rouge).

Le nez très ouvert sur des notes de fruits rouges et d'épices évolue vers des parfums de bourgeon de cassis et de sous-bois à l'aération. Le palais, tout aussi fruité et agrémenté d'une pointe épicée, séduit par sa souplesse, sa fraîcheur et sa jolie finale relevée par une agréable touche d'amertume. ⧗ 2014-2016 ¥ grillades ■ Les Barandelles 2012 ★ (8 à 11 € ; 3 500 b.) : un nez complexe porté par les épices (cannelle) et les fruits noirs ; un palais de fruits confiturés à la généreuse et encore jeune structure tannique et à la finale chaleureuse. ⧗ 2015-2017

Dom. du Vieux Noyer, rte des Gorges, Boyne, 12640 Rivière-sur-Tarn, tél. 05 65 62 64 57, bernard.portalier@sfr.fr V r.-v.

La moyenne Garonne

FRONTON

• Superficie : 2 060 ha • Production : 97 242 hl

Vin des Toulousains, le fronton provient d'un très ancien vignoble, autrefois propriété des chevaliers de l'ordre de Saint-Jean-de-Jérusalem. Lors du siège de Montauban, Louis XIII et Richelieu se livrèrent à force dégustations comparatives... Reconstitué grâce à la création des coopératives de Fronton et de Villaudric, le vignoble a conservé un encépagement original avec la négrette, variété locale que l'on retrouve à Gaillac ; lui sont associés principalement la syrah, le cot, le cabernet franc et le cabernet-sauvignon, le fer-servadou et le gamay. Le terroir occupe les trois terrasses du Tarn, aux sols de boulbènes, de graves ou de rougets. Les vins rouges à forte proportion de cabernet, de gamay ou de syrah sont fruités et aromatiques. Plus riches en négrette, ils sont alors plus puissants, tanniques, dotés d'un fort parfum de terroir aux accents de violette. Les rosés sont francs, vifs et fruités.

B ALABETS 2012 ★★

	10 000		8 à 11 €

Marc Penavayre, ingénieur agronome et œnologue, a donné un nouvel élan au domaine familial qu'il a repris en 1991, restructuré et agrandi. Le vignoble, qui a achevé sa conversion bio en 2012, s'étend aujourd'hui sur 30 ha.

Cette pure négrette brille d'un bel éclat. Elle s'ouvre à l'aération sur des parfums de fruits mûrs et de fleurs. Ample et ronde à l'attaque, elle dévoile une trame tannique plutôt serrée qui lui donne de la densité tout en préservant son élégance. La finale, de bonne longueur, laisse un sillage de réglisse et d'épices. ⧗ 2015-2018 ¥ pintade rôtie ■ Tot ço que cal 2012 (15 à 20 € ; 5 000 b.) : un appoint de syrah dans l'assemblage, quinze mois de fût. De la souplesse, de petits tanins, des épices et de la réglisse. ⧗ 2016-2019

Ch. Plaisance, 102, pl. de la Mairie, 31340 Vacquiers, tél. 05 61 84 97 41, chateau-plaisance@wanadoo.fr
V mer. à sam. 9h-12h 15h-19h Penavayre

VIGNOBLES ARBEAU Arborescence 2013 ★★

	50 000		5 à 8 €

Créée en 1878, la maison de négoce des Arbeau a pris de l'envergure au XXes. en se spécialisant dans les vins et spiritueux. En 1920, la famille acquiert le Ch. Coutinel (52 ha) et se lance dans la mise en bouteilles en 1982. Depuis les années 2000, Géraud Arbeau et sa sœur Anne dirigent l'affaire.

De couleur pivoine soutenu, un rosé harmonieux que l'on peut déboucher à l'apéritif et finir à table. Un nez pimpant, alliant la fraise et la groseille à une fine touche d'églantine et de citron. Un palais ample et gras, soutenu par ce qu'il faut de fraîcheur et un tanin léger ; une finale gourmande sur le bonbon aux fruits. ⧗ 2014-2015 ¥ grillade de porc ■ Ch. Coutinel Tradition 2011 (60 000 b.) : la négrette alliée à la syrah, au gamay et au fer-servadou dans un vin souple, rond et chaleureux. ⧗ 2014-2018

Vignobles Arbeau, 6, rue Demages, 82370 Labastide-Saint-Pierre, tél. 05 63 64 01 80, vignobles@arbeau.com V r.-v.

CH. BAUDARE Perle noire 2012 ★★

■	35 000	🍾	5 à 8 €

Au temps de Napoléon, Guillaume Vigouroux fut le seul des quatre frères à revenir des champs de bataille. David, son descendant de la cinquième génération, installé sur le domaine familial en 1995, s'est marié avec une... Anglaise, qui contribue à la renommée de la négrette outre-Manche. Le vignoble, créé en 1882, s'étend aujourd'hui sur 85 ha.

Une cuvée de pure négrette à la robe profonde, presque noire. Elle séduit d'emblée par ses parfums gourmands de cassis et de fruits confiturés, préludes à une bouche ronde et suave en attaque, aux tanins bien enrobés, équilibrée par une finale fraîche et longue, où l'on retrouve les arômes du nez. ⧗ 2015-2019 🍴 confit de canard ■ **Vieilles Vignes 2012 ★ (90 000 b.)** : de la négrette, de la syrah et du malbec au service d'un vin équilibré et long, aux jolis arômes de fruits noirs écrasés, de réglisse et d'épices. ⧗ 2015-2017 ■ **Cuvée Prestige 2012 ★ (90 000 b.)** : de la souplesse, du fruit compoté et la marque vanillée du fût pour cet assemblage de négrette, de cabernet-sauvignon et de malbec. ⧗ 2015-2017

🔑 David et Claude Vigouroux, 161, rue Basse, Cave de vente, 82370 Campsas, tél. 05 63 30 51 33, vigouroux@aol.com V sam. 9h-12h 14h-18h; sur r.-v. en sem.

CH. BELAYGUES Le Vieux Chai 2012 ★

■	1 000	🛢	5 à 8 €

Installé en 2001, Guillaume Veyrac exploite 17 ha sur la première terrasse du Tarn. Il a équipé son domaine d'un chai fonctionnel et d'un caveau de dégustation.

Une approche engageante : une robe grenat profond, un nez élégant, bien ouvert sur les fruits rouges compotés mariés à des notes d'élevage évoquant les fruits secs et les épices douces. La suite ne déçoit pas : après une attaque franche, on découvre une bouche à la fois volumineuse et fraîche, structurée par une trame de tanins soyeux. Le mariage du vin et du bois est très harmonieux. ⧗ 2015-2017 🍴 gigot d'agneau

🔑 Guillaume Veyrac, 1755, chem. de Bonneval, 82370 Labastide-Saint-Pierre, tél. 06 58 69 28 28, chateaudebelaygues@orange.fr V 🚶 🍷 r.-v.

CH. BELLEVUE LA FORÊT 2011 ★

■	240 000	🍾	5 à 8 €

Avec 102 ha d'un seul tenant, Bellevue la Forêt est le plus vaste domaine de l'appellation. Issu d'une lignée de viticulteurs d'Afrique du Nord, Patrick Germain l'a acquis un an avant la création de l'AOC, en 1974. Dès lors, il l'a bien mis en valeur et largement diffusé ses vins. En 2008, il l'a vendu à Philip Grant. Formé au vin, l'homme d'affaires irlandais ne manque pas d'ambition pour le vignoble.

Des reflets d'évolution dans la robe ; un nez chaleureux sur les fruits rouges et noirs confiturés ou macérés, relevé d'épices. En bouche, l'attaque est souple, la matière ronde, équilibrée, tout aussi aromatique, étayée par des tanins fondus. ⧗ 2014-2016 🍴 mixed grill ■ **2012 (305 000 b.)** : des parfums un peu plus frais (fruits rouges et noirs, menthol, réglisse, épices...), de la rondeur et un peu plus de réserve. ⧗ 2015-2018

🔑 Ch. Bellevue la Forêt, 5580, rte de Grisolles, 31620 Fronton, tél. 05 34 27 91 91, cblf@chateaubellevuelaforet.com V 🚶 🍷 t.l.j. sf dim. 9h-12h 14h-18h 🔑 Philip Grant

CH. BOUISSEL La Forgeronne 2011 ★★

■	1 000	🛢	30 à 50 €

Constitué par le grand-père dans les années 1930, ce domaine de 20 ha est implanté sur la troisième terrasse du Tarn, la plus haute et la plus ancienne. Anne-Marie et Pierre Selle ont spécialisé le domaine et lancé la mise en bouteilles en 1989. Arrivé en 2008, leur fils Nicolas a engagé la conversion bio (certification en 2012). Son cheval de bataille : la négrette.

Une cuvée ambitieuse, vinifiée en partie et élevée dix-huit mois en barriques neuves. Un septième coup de cœur ? Non, car ce style imposant, presque massif, a dérouté certains dégustateurs. Mais tous ont salué cette pure négrette hors du commun, habillée d'une robe très sombre aux reflets violets. Les parfums de griotte et de fruits à l'eau-de-vie enrobés de chocolat évoquent un fruit surmûri, une forte extraction et l'élevage sous bois. La bouche est d'une présence incroyable : puissante, ample, riche, confite, avec un bon soutien tannique soulignant la longue finale. Un vin généreux, presque méditerranéen. ⧗ 2015-2025 🍴 côte de bœuf grillée ■ **La Cabane 2011 ★ (11 à 15 € ; 12 000 b.)** : un nouveau nom pour la cuvée Le Bouissel. Un millésime fruité, poivré et réglissé ; de l'ampleur et des tanins serrés. ⧗ 2014-2017 ■ **La Guillotte 2012 ★ (8 à 11 € ; 14 000 b.)** : du fruit rouge confituré, de la rondeur. ⧗ 2014-2017

🔑 Pierre, Anne-Marie et Nicolas Selle, Ch. Bouissel, 200, chem. du Vert, 82370 Campsas, tél. 05 63 30 10 49, chateaubouissel@orange.fr V 🚶 🍷 t.l.j. sf dim. 10h-12h 14h-19h; sam. sur r.-v.

B CH. BOUJAC Kelina 2012 ★★

■	5 000	🍾 🛢	8 à 11 €

Un domaine familial tourné, à l'origine, vers la polyculture et l'élevage. Arrivés à sa tête en 1989, Philippe et Michelle Selle l'ont spécialisé et se sont orientés vers la vente directe. Le vignoble, qui compte aujourd'hui 30 ha, est exploité en bio certifié depuis 2012.

Issue d'une vendange parcellaire et de petits rendements, cette cuvée de pure négrette a été vinifiée en barrique et élevée en cuve. Par des pigeages quotidiens, on a recherché l'extraction. Il en résulte un nez expressif et plutôt frais, alliant la réglisse, les fruits noirs (mûre, cassis) et un léger boisé grillé. Plus intense, la bouche est bien construite ; suave et ronde en attaque, elle dévoile ensuite des tanins serrés qui n'ont cependant rien d'austère : un vin à la fois gourmand, épicé et charpenté. ⧗ 2015-2019 🍴 entrecôte ■ **L'Insoumise 2012 (4 000 b.)** : cassis, cerise, violette, réglisse, les arômes typiques d'une pure négrette dans un « vin plaisir » tout en rondeur. ⧗ 2014-2016

🔑 Ch. Boujac, 427, chem. de Boujac, 82370 Campsas, tél. 05 63 30 17 79, selle.philippe@wanadoo.fr V 🚶 🍷 t.l.j. sf dim. 9h-12h30 14h30-19h 🔑 Michelle Selle

CARROL DE BELLEL Tradition 2012 ★

■	4 000	🍾	- de 5 €

En 2007, Yannick Gasparotto s'associe à son père Gilbert sur le domaine familial qu'il reprend l'année

suivante. Il a porté la superficie de l'exploitation à 32 ha et pratique la lutte raisonnée.

Un fronton issu de 50 % de négrette alliée au cabernet franc et à la syrah. La robe est plutôt claire, mais le nez se montre intense et suave, sur les fruits rouges confiturés, les fleurs, la réglisse et les épices. L'annonce d'une bouche ronde et veloutée, avec ce qu'il faut de fraîcheur, qui finit sur un plaisant retour fruité. D'une simplicité de bon aloi, équilibré et plaisant, un fronton de tradition. ⧗ 2014-2017 🍷 chipolatas au gril

⊶ EARL Carrol de Bellel, 103, chem. de Boujac, 82370 Campsas, tél. 06 49 25 05 82, yannick.gasparotto@hotmail.fr V t.l.j. sf dim. 14h-18h ⊶ Gasparotto

CH. CASSIN Sunshine Drink Chic 2012

■ | 13 000 | | 8 à 11 €

Entre 1968 et 2008, Michel Lugou a agrandi le domaine familial, portant sa superficie de moins de 10 ha à 75 ha. À sa retraite, il l'a revendu aux frères Cassin, par ailleurs héritiers d'une entreprise de BTP, qui se sont lancés dans des travaux de rénovation des bâtiments.

Un nouveau nom dans le Guide. Pour un vin en robe claire, aux parfums de fruits rouges mûrs, nuancés de la touche de violette bien frontonnaise et d'un soupçon de café. La bouche est ample, suave et aromatique, construite sur des tanins veloutés qui s'associent à une note grillée en finale. Une présence sympathique. ⧗ 2014-2017 🍷 panini occitan oignon saucisse

⊶ SARL Le Fronton Nez, 800, rte de Nohic, 31620 Fronton, tél. 05 61 82 93 29, info@chateau-cassin.fr V r.-v. ⊶ Cassin

CH. CAZE Patrimoine 2012 ★

■ | 4 000 | | 8 à 11 €

Martine Rougevin-Baville exploite depuis 1991 le domaine créé en 1776 par son ancêtre, un notable toulousain. Elle dispose aujourd'hui de 14 ha, plantés à 50 % de négrette et pour l'autre moitié de cabernets et de syrah. La cave semi-enterrée date de la création du domaine.

Élevé en fût, le fronton de prestige de la propriété s'habille d'une robe dense à reflets pourpres. Le nez, de bonne intensité, mêle les fruits rouges et noirs (cerise, fraise et cassis) et la violette, avec un boisé bien fondu à l'arrière-plan. Une attaque souple introduit une bouche fruitée, ronde, aux tanins déjà bien enrobés, où l'on retrouve en finale la violette bien mariée à la barrique. Un ensemble élégant et charmeur. ⧗ 2015-2019 🍷 épaule d'agneau farcie

⊶ Martine Rougevin-Baville, Ch. Caze, 45, rue de la Négrette, 31620 Villaudric, tél. 05 61 82 92 70, chateau.caze@wanadoo.fr V t.l.j. 9h-12h 15h-19h; dim. lun. sur r.-v.

CH. CLAMENS Héritage 2012 ★

■ | 13 300 | | 5 à 8 €

Jean-Michel Bégué représente la quatrième génération de vignerons sur le domaine. D'abord coopérateur, il s'est mis avec succès à la vinification. En 2012, il a cédé sa propriété à l'homme d'affaires allemand Stefan Heppelmann, mais il est resté aux commandes de l'exploitation.

La négrette (50 %) compose avec la syrah et le cabernet-sauvignon dans ce fronton grenat sombre aux reflets pourpres, au nez chaleureux de fruits noirs compotés et de réglisse. La bouche, à l'unisson, est tout aussi gourmande. Ample et fruitée, elle est bâtie sur des tanins soyeux qui lui donnent de la tenue. ⧗ 2014-2019 🍷 canette rôtie ■ **Cuvée Prestige 2012** ★ **(56 600 b.)** : issue de négrette (70 %) et de cabernet franc, une cuvée harmonieuse, plus étoffée que la précédente. ⧗ 2015-2019

⊶ EARL Bégué-Heppelmann, 740, chem. de Caillol, 31620 Fronton, tél. 05 61 82 45 32, chateauclamens@orange.fr V t.l.j. sf dim. 9h-12h 13h30-19h

CH. CLOS MIGNON 2012 ★★

■ | 66 000 | | 5 à 8 €

Commandé par des bâtiments d'exploitation en brique et galets typiques du Frontonnais, le domaine remonte à 1870. Il est implanté à Villaudric, un terroir historique de l'appellation. Acquis par la famille Muzart en 1952, il est géré depuis 2000 par Olivier, qui conduit ses 20 ha en lutte raisonnée.

La négrette (50 %) se marie à la syrah et au cabernet-sauvignon dans ce vin grenat sombre au nez intense et typé de fruits rouges et de cassis écrasés, de réglisse et d'épices. Après une attaque ample et aromatique, on découvre une matière de très belle tenue, structurée sans aspérité. La finale persistante, soulignée de tanins fins, est marquée par un plaisant retour des épices. ⧗ 2014-2017 🍷 saucisse de Toulouse grillée

⊶ Olivier Muzart, EARL du Ch. Clos Mignon, 109, rte de Clos-Mignon, 31620 Villeneuve-les-Bouloc, tél. 05 61 82 10 89, omuzart@closmignon.com V t.l.j. sf dim. lun. 15h-19h

CH. CRANSAC Cuvée Renaissance 2012

■ | 20 000 | | 8 à 11 €

Un vrai château du XVIIe s., en brique rose, et un domaine de 150 ha, dont 50 ha de vignes implantées sur les anciennes terrasses du Tarn. En 1999, la propriété est achetée par Laurent Philis, qui produit sa première cuvée en 2003.

La négrette (40 %) fait jeu égal avec la syrah, le cabernet franc en appoint, dans ce vin au nez réservé mais assez complexe mêlant les fruits très mûrs et un boisé bien fondu aux accents grillés et chocolatés. La bouche souple et svelte monte en puissance, étayée par des tanins qui se font plus présents en finale, sur un mélange de fruit et de merrain. Du charme. ⧗ 2014-2017 🍷 bavette grillée

⊶ SCEA Dom. de Cransac, 1020, chem. du Cotité, BP 61, 31620 Fronton, tél. 05 62 79 34 30, l.philis@chateaucransac.com V t.l.j. sf sam. dim. 9h-12h 14h-18h

CH. DEVÈS Noir Désir 2012 ★

■ | 5 000 | | 8 à 11 €

Depuis plus de trente ans, Michel Abart exploite son domaine sur la deuxième terrasse du Tarn. Alors que la machine à vendanger s'est généralisée sur les terrasses peu accidentées du Frontonnais, il est resté attaché aux vendanges manuelles. Il a réservé plus d'une fois de bonnes surprises aux amateurs.

Cette pure négrette aux reflets acajou séduit par son nez mêlant les fruits noirs surmûris, le cuir, le Zan et les épices. Franche à l'attaque, ronde et ample, elle est structurée par des tanins fins et réglissés, et équilibrée par une belle fraîcheur. ⌛ 2014-2017 🍴 pintade rôtie ■ Cuvée Allegro 2012 ★ (5 à 8 € ; 4 000 b.) : de la syrah (40 %) en renfort de la négrette dans ce vin au joli nez de fruits noirs, de griotte et d'épices, concentré et chaleureux. ⌛ 2014-2017

⊶ Abart, 2255, rte de Fronton,
31620 Castelnau-d'Estrétefonds, tél. 06 17 20 67 56,
chateaudeves@hotmail.fr V r.-v.

INÈS 2013 ★

■ | 90 000 | 5 à 8 €

Implantée à Fronton même, la coopérative s'est associée avec les caves de Técou et de Rabastens (AOC gaillac) et des Côtes d'Olt (cahors) pour former Vinovalie, structure dont le nom est un clin d'œil au sport collectif préféré du Sud-Ouest.

Un rosé moderne, en robe saumonée très brillante, au nez intense de fruits exotiques, de pivoine et de buis évoquant presque un vin blanc. Aromatique elle aussi, la bouche montre un fort bel équilibre entre ampleur, gras et fraîcheur. ⌛ 2014-2015 🍴 salade de volaille marinée ■ Ch. Majorel Cuvée Prestige 2012 (8 à 11 € ; 14 000 b.) : nez complexe (framboise, cassis, touche mentholée, boisé élégant, vanillé et grillé), palais dans le même registre, plutôt svelte. ⌛ 2014-2017 ■ Comte de Négret 2012 cité (moins de 5 € ; 290 000 b.) : un fronton tout en fruit, en rondeur et en souplesse. ⌛ 2014-2017

⊶ Cave de Fronton-Vinovalie,
175, av. de la Dourdenne, 31620 Fronton,
tél. 05 62 79 97 79, coop@vins-fronton.com V t.l.j. sf dim. 9h-19h

CH. JOLIET Élevé en fût 2012 ★★

■ | 4 000 | 8 à 11 €

Créateurs du domaine en 1984, François et Marie-Claire Daubert ont pris leur retraite en 2010 et transmis leur domaine à de jeunes vignerons frontonnais, Marie-Ange et Jérôme Soriano. Le vignoble couvre 16 ha.

La négrette s'allie au cabernet-sauvignon (40 %) et à la syrah dans ce vin élevé un an en fût. La robe très sombre montre des nuances violines. Le nez s'ouvre à l'aération sur les fruits rouges et noirs très mûrs, voire compotés, puis sur des notes d'élevage aux accents d'épices douces. Franche à l'attaque, de bon volume, la bouche s'appuie sur une trame de tanins bien fondus. Sa fraîcheur est contrebalancée par une rondeur suave. La finale joue une jolie partition sur le fruit et le merrain. ⌛ 2015-2017 🍴 pigeon rôti ■ Haute Expression 2011 (5 000 b.) : quatre cépages pour un fronton aromatique et rond. ⌛ 2014-2017

⊶ EARL de Joliet, 1070, chem. des Peyrounets,
31620 Fronton, tél. 05 61 82 46 02, dejoliet@orange.fr
V mer. à sam. 9h-12h 15h-18h ⊶ Soriano

CH. LAUROU Les Complices 2011 ★

■ | 8 000 | 8 à 11 €

Informaticien et parisien dans une vie antérieure, Guy Salmona s'est reconverti à Fronton dans la négrette en rachetant ce domaine. En 2009, il a engagé la conversion bio de ses 44 ha de vignes.

La syrah se fait complice de la négrette (50-50) dans cette cuvée parée d'une robe profonde aux reflets violines. Le nez, expressif, libère une note de cuir avant de s'orienter vers les fruits noirs confits ou macérés, relevés d'épices. La bouche persistante, elle aussi épicée, conjugue puissance, ampleur et fraîcheur. Un réel équilibre. ⌛ 2014-2019 🍴 parmentier de confit de canard ■ Délit d'initiés (10 000 b.) : une pure négrette tout en fraîcheur, violette et fruits noirs. ⌛ 2015-2019

⊶ Guy Salmona, Laurou, 2250, rte de Nohic,
31620 Fronton, tél. 05 61 82 40 88, chateau.laurou@wanadoo.fr V r.-v.

DOM. DE LESCURE Sans plus attendre... 2013 ★★

■ | 20 000 | 5 à 8 €

Acquise en 1923 par la famille Cardetti, l'exploitation a débuté la production viticole en 1970, avec Jean-Marie. Installé en 2008, Fabien a porté la superficie du vignoble à 25 ha ; il cultive aussi 15 ha de céréales et 8,5 ha de noisetiers.

Il a frôlé le coup de cœur ce vin rose bonbon dont le nez subtil laisse découvrir progressivement ses parfums : fruits rouges, pêche, abricot, fleurs et agrumes. Vive à l'attaque, à la fois ronde et fraîche, la bouche procure un grand plaisir par son équilibre, sa richesse et sa palette aromatique qui prolonge l'olfaction, le bonbon anglais en prime. ⌛ 2014-2015 🍴 clafoutis

⊶ EARL Dom. de Lescure, 151, chem. de Lescure,
82370 Labastide-Saint-Pierre, tél. 05 63 30 55 45,
domainedelescure@orange.fr V r.-v.
⊶ Fabien Cardetti

CH. MARGUERITE 2012

■ | 64 500 | - de 5 €

Ce vaste domaine de Campsas couvre 75 ha partagés entre négrette, malbec, gamay et cabernet-sauvignon. Il consacre une part non négligeable de sa production au fronton rosé.

La robe est superbe, profonde ; le nez, élégant, se partage entre les fruits très mûrs et les épices. Ample, ronde et suave, toujours aromatique, la bouche repose sur une trame de tanins policés. Un vin gourmand, sur le fruit. ⌛ 2014-2017 🍴 tendrons de veau braisés

⊶ SCEA Ch. Marguerite, 1709, chem. Cavailles,
82370 Campsas, tél. 09 61 37 69 90,
chateau.marguerite@wanadoo.fr V r.-v.

♥ **CH. MONTAURIOL** Prestige 2012 ★★

■ | 30 000 | 5 à 8 €

Dirigeant d'une briqueterie, Nicolas Gélis s'est orienté avec succès vers la viticulture dans le Frontonnais ; il a racheté successivement trois châteaux, Ferran (1994), Montauriol (1998) et Cahuzac (2008), et développé une structure de négoce. À la tête de plus de 100 ha de vignes sur des terroirs différents, il est devenu une valeur sûre de l'appellation.

La négrette (55 %), la syrah et le cabernet franc s'associent dans cette cuvée grenat profond au nez intense, mariage harmonieux de fruits rouges mûrs, de cuir et d'épices douces, sur un fond de torréfaction. L'attaque suave annonce une bouche tout en rondeur et en souplesse, aux tanins soyeux. L'élevage et ses notes grillées accompagnent le fruit dans une longue finale gourmande. Finesse et élégance. ⌛ 2015-2019 🍴 gigot d'agneau ■ **Mons aureolus Élevé en fût de chêne ★★ (8 à 11 €; 12 000 b.)**: le cabernet-sauvignon remplace le cabernet franc dans l'assemblage de cette cuvée qui a frôlé le coup de cœur. Nez complexe (violette, fruits noirs à l'alcool, vanille, épices, fumé) et palais encore plus enrobé que dans la cuvée précédente. ⌛ 2014-2019 ■ **Ch. Fonvieille 2012 ★★ (30 000 b.)**: pas de bois, mais de la complexité et un très bel équilibre. ⌛ 2014-2019

Nicolas Gélis, Ch. Montauriol,
1925, rte des Châteaux, 31340 Villematier,
tél. 05 61 35 30 58, contact@vignobles-nicolasgelis.com
V t.l.j. sf sam. dim. 9h-12h 13h-16h

♥ DOM. DES PRADELLES Prestige 2012 ★★

■ | 7 800 | | 5 à 8 €

Domaine fondé en 1869. Sa vocation viticole s'affirme en 1990 avec François Prat, qui sort de la coopérative. Sa fille Noëlle prend le relais en 2012, mais son père reste actif à la cave, ainsi que Philippe Sérié, le maître de chai, et Alain Escarguel, l'œnologue. Le domaine s'étend sur 14,8 ha au sud de l'appellation, sur la troisième terrasse du Tarn.

Les jurés ont été charmés par cette cuvée partagée entre négrette (52 %) et syrah. La robe presque noire annonce une belle concentration. Le nez se montre gourmand avec finesse et complexité, mariant la violette, la mûre, le cassis et les épices. Tout aussi savoureuse et aromatique, la bouche ravit par sa texture, son volume, ses tanins polis et sa finale longue et fraîche. ⌛ 2014-2018 🍴 confit d'oie

Noëlle Prat, 44, chem. de la Bourdette,
31340 Vacquiers, tél. 05 61 84 97 36, noelle.prat@hotmail.fr V t.l.j. sf dim. 14h-19h; sam 9h-12h A

LE ROC La Folle Noire d'Ambat 2012 ★

■ | n.c. | | 5 à 8 €

Dans la famille Ribes, chacun trouve sa place. Jean-Luc, bluesman à ses heures, a repris la propriété familiale en 1981, rejoint au fil du temps par Frédéric et Cathy, puis par Pierre. La propriété couvre 20 ha sur boulbènes et sur graves.

La Folle Noire – autrement dit, la négrette –, règne sans partage dans cette cuvée. Si la robe est intense, le nez demande une légère aération pour libérer son fruité qui s'épanouit sur des notes de fruits rouges frais. Encore plus aromatique, la bouche montre d'emblée son côté gourmand, onctueux, suave, évoluant sur de petits tanins fins et fondus jusqu'à la finale fraîche et épicée. ⌛ 2014-2017 🍴 chipolatas au barbecue

Dom. Le Roc, 1605 c, rte de Toulouse,
31620 Fronton, tél. 05 61 82 93 90, leroc@cegetel.net
V t.l.j. sf sam. dim. 9h-12h 14h-18h F. Ribes

DOM. ROUMAGNAC Ô Grand R 2012

■ | 23 000 | | 5 à 8 €

À Raygades, hameau de Villematier en Haute-Garonne, le domaine s'étend sur 14 ha, à la limite des troisième et deuxième terrasses. Jean-Paul Roumagnac cultive depuis longtemps les vignes familiales. En 2011, son fils Nicolas s'est lancé dans la vente directe.

Mi-négrette mi-cabernet-sauvignon, un fronton au nez montant, bien typé, sur les fruits rouges, le cassis, la cerise à l'eau-de-vie, la réglisse et les épices de Ceylan. L'attaque souple annonce une bouche tendre aux tanins enrobés, qui finit sur un retour des arômes du nez. Un ensemble léger mais plaisant. ⌛ 2014-2016 🍴 boudin galabar

Jean-Paul et Nicolas Roumagnac,
525, hameau de Raygades, 31340 Villematier,
tél. 06 80 95 34 08, contact@domaineroumagnac.fr
V r.-v.

B CH. SAINT-LOUIS L'Esprit 2011 ★★

■ | 4 000 | | 11 à 15 €

Racheté en 1991 par Marie-Cécile (née Arbeau) et Ali Mahmoudi, le domaine de 35 ha (dont 24 en fronton) a connu de grandes transformations, tant à la vigne qu'au chai, la dernière étant la certification bio. L'esprit persan d'Ali, œnologue iranien formé à Toulouse, y souffle comme un parfum d'Orient (le hammam n'a pas été oublié).

Beaucoup de négrette (85 %) et un appoint de cabernet franc dans cette cuvée élevée quatorze mois en fût. La robe profonde montre des reflets violets. La palette aromatique captive par sa complexité: la pivoine rehausse les fruits noirs (cassis et mûre), sur un fond doucement boisé. Franche à l'attaque, la bouche est fort agréable, à la fois ronde et fraîche, souple et onctueuse. Ses arômes épanouis (fruité vanillé) sont soulignés par une trame de tanins bien fondus. Un vin de belle tenue, très bien élevé, intense… qui ne manque pas d'esprit ! ⌛ 2015-2019 🍴 civet de lièvre

SCEA Ch. Saint-Louis, 380, chem. du Bois-Vieux,
82370 Labastide-Saint-Pierre, tél. 05 63 30 13 13,
proprietaire@chateausaintlouis.fr V t.l.j. 9h-12h 14h-18h; sam. dim. sur r.-v. E A. Mahmoudi

♥ CH. VIGUERIE DE BEULAYGUE L'Echanteur 2011 ★★

■ | 4 000 | | 11 à 15 €

Transmise dans la même famille depuis cinq générations, cette exploitation ne s'est spécialisée qu'à la fin des années 1990; elle commercialise sa production depuis 1995. Cédric Faure, qui a pris la relève en 2002, cultive près de 19 ha et élabore des cuvées qui suscitent beaucoup d'intérêt.

Cet Enchanteur a parfaitement accompli sa mission. La négrette (70 %) compose, avec la syrah, une belle partition. La robe grenat soutenu est encore jeune. Le nez intense associe les fruits noirs (mûre, cassis) très mûrs, voire compotés, à des notes de réglisse et de cacao. Rond, ample, riche, structuré, puissant et long, le palais allie fraîcheur et moelleux dans un superbe équilibre. ⌛ 2014-

2019 magret crème de cassis ■ Croix de l'agneau 2012 (5 à 8 € ; 6 000 b.) : joli nez sur les fruits noirs, la violette et les épices, corps plus tendre et suave que le précédent. 2014-2017

EARL Cédric Faure, 1650, chem. de Bonneval, 82370 Labastide-Saint-Pierre, tél. 06 70 51 97 43, ce.faure@gmail.com V t.l.j. sf dim. 9h-19h

BRULHOIS

• Superficie : 194 ha • Production : 8 787 hl

Passés de la catégorie des AOVDQS en 1984 à celle de AOC en 2011, ces vins sont produits de part et d'autre de la Garonne, autour de la petite ville de Layrac, dans les départements du Gers, du Lot-et-Garonne et du Tarn-et-Garonne. Essentiellement rouges, ils sont issus des cépages bordelais et des cépages locaux, tannat et cot.

LES VIGNERONS DU BRULHOIS
Voûte Saint Roc 2012 ★★

■ | 10 000 | | - de 5 €

Née de l'association, en 1997, des caves de Goulens et Donzac, elles-mêmes créées en 1960, la cave du Brulhois vinifie sous des marques diverses la plus grande partie des vins de l'appellation brulhois.

Le cabernet franc (50 %) compose avec le tannat (40 %) et le merlot une cuvée séduisante, mi-cuve mi-fût. Rubis aux reflets violets, ce 2012 s'annonce par un nez flatteur et gourmand, sur les petits fruits très mûrs (fraise, cassis). Une entrée en matière plaisante que la mise en bouche confirme : attaque harmonieuse, ample et fraîche, belle présence du fruit et tanins fondus : « il donne du plaisir », conclut un dégustateur. 2014-2017 onglet grillé ■ Ch. Grand Chêne 2012 ★ (5 à 8 € ; 40 000 b.) : même élevage que le précédent, avec le tannat dominant (50 %), suivi des deux cabernets et d'une touche de merlot. Petit nez fruité et tanins soyeux. 2014-2017 ■ Carrelot des Amants 2012 (270 000 b.) : quatre cépages et un élevage en cuve pour un vin flatteur, souple et fruité. 2014-2017 ■ Ch. Grand Chêne 2013 (5 à 8 € ; 15 000 b.) : pas de chêne, bien sûr, mais un assemblage de merlot, de cot et d'abouriou ; du fruit à revendre (groseille, fraise, framboise, cerise et agrumes), de la rondeur et une fraîcheur acidulée. 2014-2015

Les Vignerons du Brulhois, 3458, av. du Brulhois, 82340 Donzac, tél. 05 63 39 91 92, info@vigneronsdubrulhois.com V r.-v.

B DOM. DU POUNTET Éclats de fruits 2013 ★

■ | 15 000 | | 5 à 8 €

Guillaume Combes, œnologue, et sa femme Amanda ont acheté en 2003 ce domaine de 13 ha proche d'Auvillar, cité célèbre par sa halle circulaire. Implanté sur des graves ou des argilo-calcaires propices aux cépages rouges, le vignoble est certifié bio depuis 2012.

Le merlot (60 %) s'allie au tannat dans cette cuvée d'un rouge profond, au nez ouvert sur la fraise, le cassis et la cerise kirschée. Après une attaque fraîche et franche, la bouche dévoile une certaine ampleur et une bonne structure, étayée par des tanins soyeux. 2014-2017 canette rôtie

Dom. du Pountet, RD 626, lieu-dit Saint-Amand, 32800 Eauze, tél. 06 23 84 82 45, contact@pountet.com V r.-v. Combes

BUZET

• Superficie : 2 091 ha • Production : 115 003 hl (95 % rouge et rosé)

Connu depuis le Moyen Âge et autrefois partie intégrante du haut pays bordelais, le vignoble de Buzet s'étendait entre Agen et Marmande. D'origine monastique, il a été développé par les bourgeois d'Agen puis a failli disparaître après la crise phylloxérique. Il est devenu à partir de 1956 le symbole de la renaissance du vignoble du haut pays. Un renouveau qui doit beaucoup à la cave coopérative de Buzet, laquelle élève une grande partie de sa production en barrique. Ce vignoble s'étend aujourd'hui entre Damazan et Sainte-Colombe, sur les premiers coteaux de la Garonne, près des villes touristiques de Nérac et de Barbaste. L'alternance de boulbènes et de sols graveleux et argilo-calcaires permet d'obtenir des vins à la fois variés et typés. Les rouges, puissants, profonds, charnus et soyeux, rivalisent avec certains de leurs voisins girondins.

♥ DOM. DE BRAZALEM 2012 ★★

■ | 45 000 | | 5 à 8 €

Cette coopérative, cave majeure du Sud-Ouest de la France, produit de nombreux vins de Buzet (en rouge, blanc et rosé). Elle fut créée en 1953 et l'appellation buzet voyait le jour vingt ans plus tard. Elle prône une viticulture durable, conciliant progrès technologiques et pratiques naturelles.

Cette cuvée d'un pourpre profond et intense affiche un nez complexe où les touches boisées, toastées, vanillées et épicées, se mêlent aux fruits (cassis, cerise mûre). Des arômes que l'on retrouve avec intensité dans une bouche puissante dès l'attaque, charnue, ample, suave et très aromatique (vanille, clou de girofle et réglisse). Un vin d'une harmonie remarquable, armé pour la garde. 2017-2025 canard braisé aux champignons ■ Dom. de la Chapellanie 2012 ★★ (moins de 5 € ; 57 000 b.) : au nez, des arômes de fruits rouges intenses et flatteurs ; en bouche, des tanins bien présents, enrobés par une chair suave et un fruité généreux. 2015-2019 ■ Dom. de la Sébastiane 2012 ★ (65 000 b.) : un vin séduisant par son intensité fruitée, au nez comme en bouche, et ses tanins fondus. 2015-2018

Les Vignerons de Buzet, 56, av. des Côtes-de-Buzet, BP 17, 47160 Buzet-sur-Baïse, tél. 05 53 84 74 30, buzet@vignerons-buzet.fr V r.-v. 3 D

DOM. COURÈGE-LONGUE
Vitatge Viélh Vieilles Vignes 2012 ★

■ | 3 000 | | 11 à 15 €

Le nom de Courège-Longue provient des vignes que cultivaient avec minutie le père et le grand-père de David Sazi, sur ce terroir si particulier de graves rubéfiées où est implanté ce petit domaine de 5,5 ha.

La robe dense et intense promet un vin de belle concentration. Le nez, élégant et flatteur, s'ouvre sur un joli boisé vanillé, puis révèle à l'aération des parfums

SUD-OUEST

soutenus de fruits noirs bien mûrs et de groseille. Cette harmonie entre le merrain et le fruit se retrouve dans une bouche solide, riche et longue. Un vin qui saura exprimer tout son potentiel avec le vieillissement. ⌛ 2016-2019 🍴 tournedos Rossini

🔑 David Sazi – Courège-Longue, Débat, 47230 Feugarolles, tél. 06 49 95 45 14, sazi.david@neuf.fr V r.-v.

L'EXCELLENCE Merlot cabernet 2012 ★

■ | 170 000 | 🍾 | - de 5 €

Cette coopérative, cave majeure du Sud-Ouest de la France, produit de nombreux vins de Buzet (en rouge, blanc et rosé). Elle fut créée en 1953 et l'appellation buzet voyait le jour vingt ans plus tard. Elle prône une viticulture durable, conciliant progrès technologiques et pratiques naturelles.

Ce vin à la robe grenat intense se montre discret mais fin au nez, porté par d'agréables notes florales. Le palais se révèle ample et gras, soutenu par des tanins solides, encore un peu austères en finale. Prometteur et racé. ⌛ 2017-2020 🍴 canette rôtie aux figues ■ Marquis de Prada 2012 ★ (5 à 8 € ; 90 000 b.) : un fruité puissant teinté d'une note végétale et des tanins présents mais encore austères pour ce vin de caractère. ⌛ 2016-2019 ■ L'Étoile du vigneron Astris 2012 ★ (120 000 b.) : un nez d'une grande finesse, aux notes de fruits frais et de violette ; une bouche souple et pourvue d'une belle rondeur en attaque, portée par des tanins mûrs et par une finale suave et épicée. ⌛ 2015-2019 ■ Baron d'Albret 2012 (5 à 8 € ; 180 000 b.) : un « vin plaisir » net et droit, à boire sur le fruit. ⌛ 2014-2017

🔑 Les Vignerons de Buzet, 56, av. des Côtes-de-Buzet, BP 17, 47160 Buzet-sur-Baïse, tél. 05 53 84 74 30, buzet@vignerons-buzet.fr V r.-v. 3 D

FRANDAT 2012 ★

■ | 16 000 | 🍾 | 5 à 8 €

Propriété viticole depuis plus de deux siècles, ce domaine a été repris en 1980 par Patrice Sterlin, qui a instauré dix ans plus tard la vinifiation à la propriété. Il a passé la main à sa fille Laetitia et son gendre Mickaël Le Biavant, à la tête aujourd'hui d'un vignoble de 28 ha. Un pilier de l'AOC buzet.

Ce vin d'un rouge brique léger s'ouvre sur un nez puissamment marqué par le fruit et les épices, puis révèle à l'agitation d'agréables notes florales. Souple en attaque, riche et dense, le palais s'appuie sur des tanins solides, encore un peu sévères en finale. Un vin trapu et consistant, à laisser vieillir. ⌛ 2017-2020 🍴 cuisse de canard confite

🔑 Laetitia et Mickaël Le Biavant, EARL Vignoble du Frandat, Le Frandat, 47600 Nérac, tél. 05 53 65 23 83, contact@chateaudufrandat.fr V t.l.j. sf dim. 9h-12h 13h30-18h

CH. PIERRON Fleur d'Albret 2012 ★

■ | 40 000 | 🍾 | - de 5 €

Établi sur un plateau dominant Nérac, ce domaine de 26 ha a été repris en 2007 par Guy Beloussoff, acheteur national dans la grande distribution, et par Jean-François Fonteneau, chef d'entreprise et œnologue de formation. Au chai, Jean Leplus apporte son expérience.

Ce 2012 rubis éclatant dévoile un nez délicat et fin de fruits mûrs et de réglisse. On retrouve le fruit, jusqu'en finale, dans une bouche bien structurée par des tanins fermes, qui doivent encore se fondre. ⌛ 2016-2018 🍴 dinde rôtie ■ Fleur d'Albert 2013 ★ (5 à 8 € ; 17 000 b.) : un nez très ouvert sur les fruits exotiques et les agrumes, et une bouche fruitée et charnue rehaussée par une finale fraîche. ⌛ 2014-2015 ■ Alternative 2012 ★ (8 à 11 € ; 17 000 b.) : un vin expressif sur les petits fruits rouges frais et la vanille, étayés par des tanins et un boisé bien présents. ⌛ 2016-2019 ■ 2012 ★ (5 à 8 €) : une belle complexité aromatique qui mêle le fruité du raisin aux notes vanillées du fût ; un palais à l'unisson, intense et bien charpenté, qui mérite de vieillir. ⌛ 2017-2019

🔑 SC du Ch. Pierron, rte de Mézin, 47600 Nérac, tél. 05 53 65 05 52, chateau.pierron@orange.fr V t.l.j. sf sam. dim. lun. 9h-12h 14h-18h

B DOM. SALISQUET Esbérit 2013

■ | 5 000 | 🍾 | - de 5 €

Carine et Audrey, les deux filles de la famille Chassenard, ont repris en 2010 le domaine familial et l'ont sorti de la cave coopérative pour vinifier leurs propres vins. Elles ont aussi engagé la conversion bio de leurs 9,7 ha de vignes.

Paré d'un joli rose pâle orangé, ce vin au nez encore un peu fermé révèle à l'agitation de bons parfums de fruits mûrs. La bouche, volumineuse, charnue et gourmande, dévoile une palette aromatique fruitée (framboise, pamplemousse) soutenue par une finale longue et fraîche. ⌛ 2014-2015 🍴 brochettes de poulet aux épices douces

🔑 SCEA de Caraud, lieu-dit Calezun, 47230 Vianne, tél. 05 53 97 53 22, scea.caraud@gmail.com V r.-v. 🔑 Chassenard

CH. SAUVAGNÈRES Tradition 2012

■ | 90 000 | 🍾 | 5 à 8 €

Jacques Therasse effectua ses premières plantations dans les années 1970 et 1980 avec son fils Bernard, pour porter le domaine à 20 ha aujourd'hui. Les vignes sont disposées en arc de cercle autour du chai, situé à Sainte-Colombe-en-Bruilhois, aux portes d'Agen.

La robe grenat profond révèle une belle concentration. Le nez est élégant, ouvert sur le cassis frais et une petite pointe d'épices. La bouche est à l'avenant, souple, fraîche et fruitée, soutenue par des tanins fondus et enrobés. ⌛ 2014-2015 🍴 curry d'agneau

🔑 Pierre et Olivier Therasse, lieu-dit Sauvagnères, 47310 Sainte-Colombe-en-Bruilhois, tél. 05 53 67 20 23, contact@sauvagneres.fr V r.-v.

GEORGES VIGOUROUX Pigmentum Merlot Malbec 2012

■ | 22 000 | 🍾 | 5 à 8 €

Originaire de Cahors, Bertrand-Gabriel Vigouroux, propriétaire et négociant, est un fin connaisseur du malbec. À son arrivée en 1995 à Buzet, il a replanté en haute densité son vignoble des coteaux de Calignac avec une grande proportion du cépage cadurcien. Et le malbec de prospérer désormais dans l'appellation buzet…

Le malbec assemblé ici au merlot donne un vin grenat intense qui présente quelques notes d'évolution. Le nez, intense lui aussi, dévoile des parfums plaisants de fruits frais accompagnés de légères notes végétales et animales. La bouche s'ouvre franchement sur le fruit, portée par des tanins ronds et mûrs. Un buzet harmonieux, aimable et expressif. ⌛ 2014-2017 🍴 salade de gésiers de canard

SAS Georges Vigouroux, rte de Toulouse, BP 159, 46003 Cahors Cedex 9, tél. 05 65 20 80 80, vigouroux@g-vigouroux.fr V t.l.j. sf dim. 8h-12h30 14h-19h30

CÔTES-DU-MARMANDAIS

• Superficie : 1 314 ha • Production : 67 387 hl (97 % rouge et rosé)

Les côtes-du-marmandais sont produits sur les deux rives de la Garonne ; le vignoble, un peu en aval de Buzet, jouxte à l'ouest l'Entre-deux-Mers, au nord les côtes-de-duras. Les vins blancs, à base de sémillon, de sauvignon, de muscadelle et d'ugni blanc, sont secs, vifs et fruités. Les vins rouges, issus des cépages bordelais et d'abouriou, de syrah, de cot et de gamay, sont bouquetés et souples. La Cave du Marmandais, qui regroupe les deux sites de Beaupuy et de Cocumont, fournit les plus importants volumes de l'AOC.

CH. LA BASTIDE Jean-André Lafitte 2012 ★

■ | 117 500 | | - de 5 €

La coopérative de Marmande représente 95 % de la production de l'appellation, soit environ 810 ha pour six millions de bouteilles répartis dans de nombreux domaines. Elle a aussi remis à l'honneur l'abouriou, vieux cépage rouge du Lot-et-Garonne menacé de disparition, en lui aménageant un conservatoire en 2004. Un acteur incontournable du Marmandais.

Ce vin au nez intense de fruits rouges et de bonbon anglais s'ouvre sur un palais souple et rond bien marqué par le fruit. Ses tanins fondus et soyeux permettront d'apprécier cette aimable bouteille dans sa jeunesse. ⌛ 2014-2016 🍴 petit farcis niçois ■ 2013 ★ (5 à 8 € ; 18 000 b.) : un équilibre subtil entre les arômes de fruits et de fleurs rehaussés de notes boisées pour ce blanc de caractère ; ⌛ 2014-2017 ■ 2012 (5 à 8 € ; 117 500 b.) : au nez, des notes de grillé et de vanille, de muscade et de café ; en bouche, des tanins solides, qui doivent encore s'arrondir. ⌛ 2016-2018

SCA Cave du Marmandais, La Cure, 47250 Cocumont, tél. 05 53 94 50 21, chais@cavedumarmandais.fr V r.-v.

♥ B CH. BAZIN 2012 ★★

■ | 18 000 | | 11 à 15 €

La coopérative de Marmande représente 95 % de la production de l'appellation, soit environ 810 ha pour six millions de bouteilles répartis dans de nombreux domaines. Elle a aussi remis à l'honneur l'abouriou, vieux cépage rouge du Lot-et-Garonne menacé de disparition, en lui aménageant un conservatoire en 2004. Un acteur incontournable du Marmandais.

Cette cuvée se présente dans une seyante robe aux reflets pourpres annonciatrice d'une belle concentration. Le nez mêle des parfums intenses et généreux de fruits cuits, d'épices et de muscade, agrémentés par un boisé vanillé soutenu légué par son élevage de douze mois en fût. Le palais, à l'unisson, offre un mariage très harmonieux des tanins du raisin avec ceux du bois. Un vin riche, puissant et complexe, qui saura bien vieillir. ⌛ 2017-2020 🍴 cou de canard farci au foie gras ■ Excellence de Bazin 2012 (8 à 11 € ; 40 000 b.) : dans le même style, un vin vigoureux, bien boisé, aux tanins austères toutefois, qu'il conviendra de laisser mûrir. ⌛ 2016-2018

SCA Cave du Marmandais, La Cure, 47250 Cocumont, tél. 05 53 94 50 21, chais@cavedumarmandais.fr V r.-v.

CH. DE BEAULIEU Élevé en fût de chêne 2012

■ | 81 600 | | 8 à 11 €

Le château de Beaulieu est un ancien fortin gascon flanqué de tours, agrandi aux XVIe et XVIIe s. Fin 1991, Agnès et Robert Schulte, les propriétaires du château depuis une vingtaine d'années, décident de racheter les 30 ha de vignes attenants.

Ce 2012 rouge sombre intense et soutenu est élégant au nez avec des notes de fraise et de vanille. Le palais, souple en attaque sur les fruits rouges, dévoile des tanins marqués qui demanderont à vieillir. ⌛ 2018-2020 🍴 civet de lièvre

Robert et Agnès Schulte, Ch. de Beaulieu, 47180 Saint-Sauveur-de-Meilhan, tél. 05 53 94 30 40, chateau_de_beaulieu@hotmail.com V t.l.j. 8h-12h 13h30-17h30

B DOM. DE BEYSSAC L'Essentiel 2012 ★★

■ | 6 100 | | 11 à 15 €

C'est une reconversion réussie pour ce « néovigneron » qui a créé ce domaine *ex nihilo* en 2009. Avec ses 10,4 ha de vignoble installés à Marmande, il affiche un parcours technologique remarquable : éco-construction du chai, agriculture biologique au vignoble et une vinification la plus naturelle possible.

Cette cuvée d'un rouge grenat profond charme dès l'olfaction par l'intensité de ses arômes de fruits mûrs rehaussés d'un léger boisé. En bouche, elle fait preuve de volume, portée par des tanins solides, au grain fin. La barrique lui apporte une touche de vanille et de séduisantes notes de chocolat. Un beau vin, puissant et de bonne garde. ⌛ 2017-2020 🍴 souris d'agneau confite ■ L'Initial 2012 (13 700 b.) : un vin élégant, fruité et suave, rehaussé en finale par une pointe d'acidité qui lui confère l'équilibre. ⌛ 2015-2019

Dom. de Beyssac, Bellevue, Beyssac, 47200 Marmande, tél. 06 81 26 46 52, info@domainedebeyssac.fr V r.-v. F. Broutet

CH. BOIS BEAULIEU Belle du Méras 2012 ★

■ | 16 000 | | 8 à 11 €

La légende rapporte que les fils de Clovis venaient chasser le sanglier sur ce plateau du Meilhan... Après la création du chai en 1998 et la conversion de ce vignoble de 10 ha en bio (certification acquise en 2013), la famille Tarascon continue à exprimer le meilleur de ce terroir.

Cette cuvée, porte-drapeau du domaine, s'ouvre sur un nez de fruits noirs rehaussés d'une pointe de boisé. La bouche, à l'attaque douce, associe le fruit à une chair

SUD-OUEST

ronde et suave. Les arômes de fruits noirs persistent dans une finale chaleureuse. Un vin généreux. ⧗ 2017-2020 ♆ magret de canard braisé ■ In rosa 2013 ★ (5 à 8 € ; 3 600 b.) : un rosé plaisant et fruité, qui offre beaucoup de fraîcheur en finale. ⧗ 2014-2015 ■ Quadrige 2012 ★ (11 à 15 € ; 2 400 b.) : puissant et généreux, sur un nez mûr de fruits rouges, de pruneau et de café. En bouche, de beaux tanins ronds et suaves, et une longue finale épicée et vineuse. ⧗ 2016-2019

Ch. Bois Beaulieu, Caubayn et Garbail, 47180 Meilhan-sur-Garonne, tél. 05 53 94 18 58, contact@bois-beaulieu.com V t.l.j. 14h-18h

Tarascon

DOM. BONNET
Abouriou Le Précoce Les Cépages oubliés 2012 ★★

■ | 4 000 | | 8 à 11 €

En 2004, Gérard Bonnet décide de sortir de la cave coopérative, il crée un chai et installe un espace d'accueil à Marmande. Il conduit aujourd'hui un vignoble de 20 ha, dont une partie en conversion à l'agriculture biologique.

Issu d'abouriou, ce vin d'un rouge intense et profond libère au nez des notes de fruits mûrs (cassis) nuancées d'une élégante pointe de vanille. Le palais se révèle suave et complexe (fruits cuits, chocolat, épices) et s'appuie sur une solide charpente tannique qui lui permettra de bien vieillir. ⧗ 2015-2020 ♆ confit de canard ■ De la racine au vin 2012 ★★ (5 000 b.) : ce vin issu de l'agriculture biologique est très concentré au nez : fruits rouges (griotte) et noirs (pruneau) bien mûrs, fruits confits... Un vrai panier de fruits que l'on retrouve au palais, épaulé par des tanins puissants mais sans dureté. Un vin déjà agréable, qui saura toutefois vieillir. ⧗ 2015-2020 ■ 2013 (moins de 5 € ; 15 000 b.) : un rosé fruité (fraise, framboise) et bien frais. ⧗ 2014-2015

Gilbert Bonnet, Lachaupe-Bouilhats, 47200 Marmande, tél. 06 14 74 78 90, domainebonnet-gilbert@vinsdemarmande.com V r.-v.

CLOS CAVENAC Terra 2012 ★

■ | 20 000 | | - de 5 €

Emmanuelle Piovesan a repris en 2003 le domaine familial de 11 ha qu'elle convertit à l'agriculture biologique depuis le millésime 2012.

Cette cuvée grenat aux reflets rubis offre une belle expression de fruits rouges et noirs confiturés. La même palette tapisse longuement le palais, porté par des tanins soyeux et fondus, et « réveillé » par une finale fraîche. ⧗ 2015-2019 ♆ côte de bœuf à la moelle

Emmanuelle Piovesan, Cavenac, 47180 Castelnau-sur-Gupie, tél. 05 53 83 81 20, closcavenac@yahoo.fr V r.-v.

ESSENCE D'ABOURIOU Abouriou merlot 2012 ★

■ | 100 000 | | 5 à 8 €

La coopérative de Marmande représente 95 % de la production de l'appellation, soit environ 810 ha pour six millions de bouteilles répartis dans de nombreux domaines. Elle a aussi remis à l'honneur l'abouriou, vieux cépage rouge du Lot-et-Garonne menacé de disparition, en lui aménageant un conservatoire en 2004. Un acteur incontournable du Marmandais.

Cette cuvée s'ouvre sur un nez gourmand de fruits mûrs confiturés (fruits rouges et cassis). Le palais souple, suave et fruité, s'adosse à des tanins d'une belle rondeur. Un vin gourmand et généreux. ⧗ 2015-2018 ♆ hachis parmentier de canard ■ Just arbouriou 2012 ★ (40 000 b.) : un nez de fruits rouges, de pruneau, de groseille et de cassis. En bouche, les tanins soyeux et ronds restent discrets. ⧗ 2015-2018 ■ Elegansa 2012 ★ (moins de 5 € ; 40 000 b.) : le nez, d'abord bien fermé, libère à l'aération des arômes de cerise, de muscade et de girofle. La bouche est solidement structurée par des tanins un peu austères qui demandent à s'affiner. ⧗ 2016-2020

SCA Cave du Marmandais, La Cure, 47250 Cocumont, tél. 05 53 94 50 21, chais@cavedumarmandais.fr V r.-v.

CH. SARRAZIÈRE 2012 ★★

■ | 80 000 | | - de 5 €

La coopérative de Marmande représente 95 % de la production de l'appellation, soit environ 810 ha pour six millions de bouteilles répartis dans de nombreux domaines. Elle a aussi remis à l'honneur l'abouriou, vieux cépage rouge du Lot-et-Garonne menacé de disparition, en lui aménageant un conservatoire en 2004. Un acteur incontournable du Marmandais.

Élégance et maturité caractérisent le nez de ce 2012, porté sur la fraise et le cassis. La bouche se révèle d'une grande souplesse, étayée par une fine fraîcheur qui lui apporte longueur et dynamisme. Un vrai « vin plaisir », à boire sur le fruit. ⧗ 2014-2018 ♆ grillades de viande rouge ■ Secret de vigneron 2012 ★ (8 à 11 € ; 20 000 b.) : encore dominé par un boisé fougueux, ce vin de matière, riche, puissant et complexe, s'avère prometteur. ⧗ 2016-2018 ■ Quezaco 2012 (5 à 8 € ; 40 000 b.) : une bouche équilibrée, aux tanins ronds et suaves, mais plus austères en finale. ⧗ 2016-2018

SCA Cave du Marmandais, La Cure, 47250 Cocumont, tél. 05 53 94 50 21, chais@cavedumarmandais.fr V r.-v.

CH. TERREBERT 2012 ★★

■ | 80 000 | | - de 5 €

La coopérative de Marmande représente 95 % de la production de l'appellation, soit environ 810 ha pour six millions de bouteilles répartis dans de nombreux domaines. Elle a aussi remis à l'honneur l'abouriou, vieux cépage rouge du Lot-et-Garonne menacé de disparition, en lui aménageant un conservatoire en 2004. Un acteur incontournable du Marmandais.

Séducteur, concentré et mûr, le nez dévoile des arômes de cassis et autres petits fruits noirs. Le palais s'appuie sur des tanins denses et soyeux. Un vin déjà prêt à boire, qui exprimera aussi son potentiel dans le temps. ⧗ 2014-2019 ♆ navarin d'agneau ■ Ferran-Pradets 2012 ★ (140 000 b.) : avec ses arômes de fruits mûrs et ses tanins bien ronds, ce vin est souple et agréable. ⧗ 2014-2018 ■ Ch. Soubiran 2012 (43 500 b.) : d'agréables arômes d'épices enrichissent cette cuvée aux tanins encore un peu austères. ⧗ 2016-2019

SCA Cave du Marmandais, La Cure, 47250 Cocumont, tél. 05 53 94 50 21, chais@cavedumarmandais.fr V r.-v.

LA VIEILLE ÉGLISE Réserve 2012 ★★

■	133 000		5 à 8 €

La coopérative de Marmande représente 95 % de la production de l'appellation, soit environ 810 ha pour six millions de bouteilles répartis dans de nombreux domaines. Elle a aussi remis à l'honneur l'abouriou, vieux cépage rouge du Lot-et-Garonne menacé de disparition, en lui aménageant un conservatoire en 2004. Un acteur incontournable du Marmandais.

Avec ses parfums de fruits rouges et ses notes de vanille et de caramel, le nez est flatteur. La bouche se révèle à la fois suave et puissante, bâtie sur des tanins denses et sur une belle fraîcheur qui lui donne de l'allonge. Un vin gourmand et intense. ⌛ 2016-2020 🍴 oies du Maine farcies ■ Richard 1er 2012 ★ (20 000 b.) : fin et raffiné, intense et long en bouche, tapissé de notes vanillées et caramélisées, ce vin est un bel exemple d'élevage en fût bien maîtrisé. ⌛ 2016-2020 ■ Ch. Monplaisir Élevé en fût de chêne 2012 ★ (moins de 5 € ; 40 000 b.) : un vin souple, aux tanins ronds et doux, mais dont le boisé demande encore à se fondre. ⌛ 2016-2019

🔑 SCA Cave du Marmandais, La Cure, 47250 Cocumont, tél. 05 53 94 50 21, chais@cavedumarmandais.fr V r.-v.

SAINT-SARDOS

• Superficie : 104 ha • Production : 5 492 hl

Ancien vin de pays, saint-sardos a été reconnu en AOVDQS en 2005 et AOC en 2011. Ce vignoble fut créé au XIIes. lors de la fondation de l'abbaye de Grand Selve à Bouillac. Il s'étend sur la rive gauche de la Garonne, au sud-ouest du Tarn-et-Garonne et au nord de la Haute-Garonne. Rouges et rosés, les saint-sardos assemblent au moins trois cépages : la syrah (plus de 40 % de l'encépagement) et le tannat (plus de 20 %), complétés par le cabernet franc et le merlot.

PECH DE BOISGRAND Élevé en fût de chêne 2011 ★★

■	15 000		5 à 8 €

L'appellation saint-sardos est née autour de la coopérative locale, fondée en 1956, qui a fait renaître ce vignoble de la Lomagne, déjà mis en valeur au Moyen Âge par les Cisterciens. La cave assure l'essentiel de la production et a créé de multiples marques.

Un assemblage dominé par la syrah (60 %), complétée par le tannat et le merlot. Si cette cuvée a été élevée un an en fût, le boisé est léger ; ses notes vanillées et toastées contribuent à la complexité du nez, venant souligner toute une farandole de petits fruits frais : cerise griotte, fraise, mûre. Le prélude à une attaque fraîche et à une bouche tout aussi aromatique, ample et persistante, aux tanins soyeux. Un ensemble harmonieux et sincère. ⌛ 2014-2017 🍴 poulet rôti ■ Les Hauts de Cadis 2012 ★ (12 000 b.) : syrah prépondérante et élevage de deux ans en cuve pour ce vin fruité et gourmand. ⌛ 2014-2017 ■ Moulin Rout Élevé en fût de chêne 2011 ★ (6 000 b.) : boisé marqué et tanins fondus. ⌛ 2014-2015

🔑 Les Vignerons de Saint-Sardos, 2, chem. de Naudin, 82600 Saint-Sardos, tél. 05 63 02 52 44, contact@cave-saint-sardos.com V t.l.j. sf dim. 9h-12h 14h-18h

B DOM. LA TUCAYNE Synergie 2012 ★

■	5 300		5 à 8 €

Le seul domaine indépendant de la petite AOC, qui vinifie 18 ha. Installé sur le vignoble familial en 1985, Jean-Claude Delpech a quitté en 1998 son poste de président du syndicat pour construire son chai. Il a engagé en 2008 la conversion bio du domaine et s'est associé avec un jeune œnologue, Stéphane Almendros.

Cette cuvée fait la part belle à la syrah (60 %), puis au tannat (30 %), avec un appoint de merlot. On aime son petit nez de fruits noirs et rouges, qui s'ouvre ensuite sur des notes florales (violette et lys), sur un fond vanillé. Bien équilibrée, ronde et fraîche, la bouche est étayée par des tanins encore un peu vifs en finale. ⌛ 2014-2017 🍴 magret de canard grillé

🔑 Delpech-Almendros, lieu-dit la Tucayne, 82600 Bouillac, tél. 06 75 79 60 46, latucayne@gmail.com V r.-v. B

Le Bergeracois et Duras

BERGERAC

• Superficie : 10 002 ha • Production : 500 562 hl (70 % rouge et rosé)

Héros de la célèbre pièce d'Edmond Rostand, Cyrano de Bergerac a certainement accru la notoriété de la cité dordognaise qui a donné son nom à l'AOC en 1936. Sa gastronomie comme son vignoble vallonné, mosaïque de terroirs, confèrent à la région un réel intérêt touristique. Les vins peuvent être produits dans 90 communes de l'arrondissement de Bergerac. Rouges, rosés ou blancs secs, les bergerac naissent principalement du merlot, des cabernets et du malbec en rouge et en rosé, du sémillon, du sauvignon et de la muscadelle en blanc. Les rouges sont aromatiques et souples, les rosés, frais et fruités. La diversité des terroirs (calcaires, graves, argiles, boulbènes) donne aux blancs des expressions aromatiques variées. Jeunes, les vins sont fruités, élégants, un rien nerveux. Vinifiés dans le bois, ils devront attendre un an ou deux avant de révéler l'expression du terroir.

SUD-OUEST

CH. BRIAND 2013 ★

■	8 000		5 à 8 €

Le chai est une ancienne dépendance du château de Bridoire. Quant au vignoble d'environ 20 ha, il a été repris par deux jeunes vignerons, Cédric et Amélie Bougues, qui le restructurent et l'entourent de jachères fleuries, ce qui contribue à la biodiversité, sans parler de la beauté du paysage.

Du sauvignon (60 %) et du sémillon. Un séjour de six mois en barrique lui a légué de la complexité, des notes vanillées au nez, torréfiées au palais, qui n'écrasent pas les senteurs de fleurs blanches, de fruits cuits et d'agrumes. En bouche, de belles rondeurs en harmonie avec des notes de coing et de fruits confits rafraîchies par des touches de pamplemousse. Un boisé bien intégré. ⌛ 2014-2017 🍴 flétan sauce citron ■ Arthur 2012 (8 à 11 € ; 8 000 b.) : malgré un élevage en fût, un vin friand et souple. ⌛ 2014-2017

Ch. Briand, EARL Montfort Bougues, Le Nicot, 24240 Ribagnac, tél. 06 83 33 48 83, chtbriand@yahoo.fr V t.l.j. 9h-19h; sam. dim. sur r.-v.
Cédric et Amélie Bougues-Ayre

CH. LA BRIE
Cuvée Plénitude 2012 ★

■ | 4 200 | | 8 à 11 €

Sous l'Ancien Régime, ce domaine appartenait à une famille protestante réfugiée en Hollande après la révocation de l'édit de Nantes. Couvrant 54 ha, il a été racheté en 1962 par le département et les communes de Bergerac et de Monbazillac pour être rattaché au lycée agricole créé à leur initiative. Un chai pédagogique a été construit en 1994.

Un séjour de douze mois en barrique pour cette cuvée mêlant au nez les fruits rouges mûrs et des notes d'élevage évoquant le cacao et le moka. La bouche, à l'unisson, associe un caractère suave et un boisé vanillé et toasté qui commence à se fondre. ⌛ 2016-2019 🍷 magret grillé

Ch. la Brie, Lycée viticole, 24240 Monbazillac, tél. 05 53 74 42 46, expl.bergerac@educagri.fr V t.l.j. 10h-12h30 14h-18h30

♥ DOM. DU CANTONNET 2013 ★★

■ | 5 000 | | - de 5 €

Situé en Périgord pourpre, entre Bergerac et Sainte-Foy-la-Grande, un domaine acheté en 1975 par Jean-Paul Rigal, qui l'a transmis en 2000 à son fils Thierry. Replanté, il couvre aujourd'hui 30 ha.

Le merlot en vedette (90 %) dans ce rosé de saignée à la robe soutenue, au nez de fruits rouges très flatteur, qui s'impose par sa tenue en bouche : rondeur et fraîcheur, belle montée en puissance, persistance des arômes. Une réelle harmonie. ⌛ 2014-2016 🍷 crumble fraise rhubarbe

EARL Vignobles Rigal, Dom. du Cantonnet, 24240 Razac-de-Saussignac, tél. 05 53 27 88 63, vin@domaine-du-cantonnet.fr V r.-v.

DOM. LE CASTELLAT
Sélection Vieilles Vignes 2013

■ | 6 000 | | - de 5 €

Dominant la vallée de la Dordogne, sur la rive gauche, le « petit castel » est une maison de plaisance qui a pris la place d'une tour de garde. Autrefois exploité en polyculture, le domaine est désormais consacré aux vins. Jean-Luc Lescure est à sa tête depuis 1983.

De puissantes senteurs d'agrumes traduisent la présence majoritaire du sauvignon. Ces notes aromatiques se prolongent en bouche, soulignées d'une agréable fraîcheur. ⌛ 2014-2017 🍷 truite grillée

Jean-Luc Lescure, Le Castellat, 24240 Razac-de-Saussignac, tél. 05 53 27 08 83, domaine.castellat@wanadoo.fr V r.-v.

CLOS DU MAINE-CHEVALIER
Cuvée Prestige Élevé en fût de chêne 2012 ★★

■ | 2 700 | | 5 à 8 €

Fondée en 1947 et conduite depuis 1988 par Claudine et Claude Caillard, une propriété de 12 ha située aux confins du Lot-et-Garonne, sur le plateau argilo-calcaire d'Issigeac. Un bon terroir viticole, si bien que la famille a arrêté la polyculture-élevage pour se consacrer au vin.

Pas moins de quatre cépages (dont 10 % de malbec) dans cette cuvée élevée quinze mois dans le chêne. Au nez, du fruit rouge, de la réglisse, une pointe de vanille. L'élevage en fût est bien maîtrisé : le bois respecte le raisin, les tanins sont enrobés et la finale est marquée par un plaisant retour du fruit. Rondeur et longueur. ⌛ 2014-2017 🍷 côtes d'agneau ■ Demi-sec 2013 (moins de 5 € ; 4 000 b.) : le successeur d'un coup de cœur, tendre et suave. ⌛ 2014-2016 ■ Sec 2013 (moins de 5 € ; 2 700 b.) : 90 % de sauvignon dans ce vin délicatement floral. ⌛ 2014-2017

EARL Clos du Maine-Chevalier, Le Maine-Chevalier, 24560 Plaisance, tél. 05 53 58 55 63, closdudomainechevalier@orange.fr V t.l.j. 9h-12h30 13h30-19h Caillard

DOM. DE LA COMBE 2013

■ | 12 000 | | - de 5 €

Sylvie et Claude Sergenton ont acquis en 1980 ce domaine, qui comptait alors 8 ha de vignes, et ont porté sa superficie à 26 ha. Leurs enfants les ont rejoints en 2005. L'un d'eux, Thierry, est devenu maître de chai.

Avec sa robe soutenue, ses arômes élégants de fruits rouges et son palais ample et gras, ce plaisant rosé est proche d'un clairet. ⌛ 2014-2015 🍷 poulet grillé mariné ■ Cuvée William Élevé en fût de chêne 2012 (5 à 8 € ; 900 b.) : né de sauvignon (80 %) et de muscadelle, un bergerac sec élevé seize mois en fût. Un joli nez complexe (chèvrefeuille, litchi, muscat, notes toastées), une bouche fraîche, plus discrète, qui demande à se fondre. ⌛ 2014-2017

EARL Dom. de la Combe, La Combe, 24240 Razac-de-Saussignac, tél. 05 53 27 86 51, thierrysergenton@gmail.com V r.-v.
Sergenton

CH. COMBRILLAC L'Inédit 2012 ★★

■ | n.c. | | 8 à 11 €

Ingénieur en agriculture et œnologue, Florent Girou a géré un domaine en Toscane avant de reprendre en 2008 l'exploitation familiale. Situé aux portes de Bergerac sur une haute terrasse de la Dordogne, le vignoble couvre 15 ha.

Cette cuvée porte bien son nom : les vins mettant en vedette les cabernets (90 % ici, essentiellement du cabernet-sauvignon) ne sont pas légion dans l'appellation. Si le nez de fruits rouges et d'épices apparaît discret, la bouche se montre expressive, mêlant les fruits noirs, la cerise et la prune. Ronde et ample, elle est étayée par des tanins jeunes mais déjà soyeux. Une harmonie suave. ⌛ 2016-2021 🍷 côte de bœuf

Florent Girou, imp. Coucombre, 24130 Prigonrieux, tél. 05 53 23 32 49 V r.-v.

CH. COURT-LES-MÛTS 2013 ★★

	12 000		5 à 8 €

Cinq générations au service du vin. Pierre Sadoux quitte les hauts plateaux algériens en 1961 pour s'établir sur cet ancien domaine (XVIIe s.) du Bergeraçois implanté sur les coteaux de la rive gauche de la Dordogne. Aujourd'hui, Pierre Sadoux Jr est aux commandes et conduit une exploitation de 54 ha.

Assemblage classique de sauvignon majoritaire escorté du sémillon et de la muscadelle. Nez complexe et flatteur mêlant des notes fraîches de fleurs blanches et d'agrumes à des touches d'abricot et de fruits confits. Bouche dans le même registre, à la fois ronde et délicate. Un sec gourmand, qui rappelle un moelleux et qui donne l'impression de croquer dans le fruit. ⧗ 2014-2016 ♈ chèvre frais ■ Sec cuvée Annabelle 2012 (8 à 11 € ; 5 500 b.) : un boisé très présent, mais le fruit ne demande qu'à se réveiller. ⧗ 2014-2017

Pierre Sadoux, Ch. Court-les-Mûts, 24240 Razac-de-Saussignac, tél. 05 53 27 92 17, court-les-muts@wanadoo.fr V t.l.j.sf dim. 9h-12h 14h-18h; sam. sur r.-v.

CH. LE FAGÉ 2013 ★★

	25 000		5 à 8 €

Créé en 1757, un domaine commandé par un petit château aux allures de chartreuse, sur la côte nord de Monbazillac ; 48 ha aujourd'hui. Héritier de dix générations, Benoît Gérardin en a pris les rênes en 2012. Il est en quête de vins droits, fruités et frais.

Robe soutenue et profonde ; nez puissant de fruits rouges (fraise), avec une pointe amylique. Bouche bien construite, ronde en attaque, fraîche en finale, avec un joli retour du fruit. ⧗ 2014-2015 ♈ tomates farcies ■ Cuvée Prestige Élevé en fût de chêne 2012 ★ (8 à 11 € ; 4 600 b.) : un pur merlot au nez vanillé et torréfié, bien structuré mais très marqué par l'élevage. ⧗ 2016-2019 ■ Monbazillac cuvée Grande Réserve Vinifié en fût de chêne 2011 (15 à 20 € ; 3 600 b.) : un style léger, élégant et floral. ⧗ 2014-2020

Gérardin, Ch. le Fagé, 24240 Pomport, tél. 05 53 58 32 55, info@chateau-le-fage.com V t.l.j. 8h15-12h 13h45-17h15; sam. dim. sur r.-v.

CH. DE FAYOLLE 2012 ★

	19 000	5 à 8 €

Déjà propriétaire d'une ferme bio en Écosse, Julian Taylor a acheté en 2010 ce domaine commandé par un château du XVe s. à l'architecture typiquement périgourdine. Il a réduit sa superficie de 17 à 10 ha, ne gardant que les meilleures parcelles.

Assemblage classique à majorité de merlot, ce 2012 offre un nez plutôt floral et minéral, avec des notes de torréfaction. Les fruits rouges, nuancés de touches de café, s'affirment dans une bouche ronde en attaque, marquée en finale par des tanins encore sévères. ⧗ 2016-2019 ♈ salmis de palombe

SARL Marcassin, Ch. de Fayolle, 24240 Saussignac, tél. 05 53 74 32 02, admin@chateaufayolle.com V t.l.j. sf ven. sam. dim. 13h30-17h30

CH. LA FORÊT Réserve 2012

	13 333		5 à 8 €

Domaine créé vers 1900 par les Borie sur les coteaux sud de l'appellation, près d'Eymet. Installé en 1998, Hervé étend et restructure le vignoble (50 ha aujourd'hui). Après l'arrivée en 2011 sur l'exploitation de sa compagne Laurence Nicolas, œnologue, il développe la vente directe.

Les rouges représentent la principale production du domaine. Mi-merlot mi-cabernet-sauvignon, ce 2012 attire l'attention par son nez à la fois intense et subtil mêlant les fruits noirs à la pivoine. Suave et rond en attaque, bien structuré, le palais repose sur des tanins denses, un peu austères en finale. ⧗ 2014-2018 ♈ aiguillettes de canard

Vignobles Borie, La Forêt, 24500 Sainte-Innocence, tél. 06 63 90 08 71, vignobles.borie@wanadoo.fr V r.-v.

CH. LA GRANDE BORIE 2013

	10 000		5 à 8 €

Créé en 1925 pour produire des vins blancs liquoreux, ce vignoble familial s'est agrandi et diversifié à partir des années 1960. Proche de Monbazillac mais hors de l'aire d'appellation, il s'est aussi tourné vers les rouges. Conduit depuis 1989 par Claude Lafaye, il compte aujourd'hui 30 ha.

Un bergerac sec au nez complexe et frais mêlant les fleurs blanches et les agrumes à des notes plus mûres de fruits jaunes. Dans le même registre, la bouche penche vers la rondeur, tonifiée en finale par une pointe de fraîcheur bienvenue. ⧗ 2014-2017 ♈ chèvre chaud

EARL des Vignobles Lafon-Lafaye, 577, chem. de la Grande-Borie, 24520 Saint-Nexans, tél. 05 53 24 33 21, cllafaye@wanadoo.fr V t.l.j. 8h30-12h 14h-19h

B GRANDE MAISON Cuvée La Tour 2012

	3 000		11 à 15 €

Grande Maison ? Une ancienne demeure fortifiée construite par les Anglais pendant la guerre de Cent Ans. Thierry Desprès avait acquis en 1990 le domaine, l'avait converti au bio et lui avait donné du lustre, notamment grâce à ses monbazillac. La famille Chabrol l'a repris en 2012.

Premier millésime de Benjamin Chabrol. Issu des sauvignons blanc et gris, un bergerac sec ambitieux, fermenté et élevé dix mois en barrique neuve, avec bâtonnage. Nez vif, sur les fleurs blanches et les fruits exotiques, avec une jolie touche vanillée. Palais gras et fruité, boisé bien fondu, finale chaleureuse. ⧗ 2014-2017 ♈ saint-jacques aux truffes

Benjamin Chabrol, LD Grande Maison, 24240 Monbazillac, tél. 05 53 58 26 17, grandemaison.monbazillac@gmail.com V t.l.j. sf dim. 8h30-12h30 14h-19h

B CH. DU GRAND ROC Les Coteaux 2012 ★★

	17 000		5 à 8 €

Fondé en 1965, un domaine de 20 ha situé aux confins du Libournais. Installé en 1986, Henri-Paul Guillot l'a converti à la biodynamie. Au chai, il préfère les cuves en béton à la barrique, pour mettre en valeur le fruit.

SUD-OUEST

Un assemblage original : aux côtés du merlot, 30 % de malbec et 20 % de cabernet franc. Exposés plein sud sur les coteaux de la Dordogne, les raisins ont donné un vin à l'attaque puissante, sur le fruit mûr presque confit, qui affiche sa charpente et sa concentration. La cerise, avec une touche chocolatée, domine la palette aromatique. ⌛ 2017-2019 🍷 magret aux cerises

Henri-Paul Guillot, 39, rte du Roc, 24230 Lamothe-Montravel, tél. 05 53 73 68 80, henri-paul.guillot@cegetel.net V r.-v.

B CH. GRINOU Terroir Réserve Merlot 2012

■ | 30 000 | | 8 à 11 €

En 1978, Guy Cuisset s'est installé sur le domaine fondé sur la rive gauche de la Dordogne par son grand-père venu de Thiérache. Améliorant les techniques de vinification, il a fait une valeur sûre de ce vignoble, exploité en bio certifié depuis 2009. Ses fils julien et Gabriel travaillent aujourd'hui à ses côtés.

Un pur merlot. Si ce 2012 rubis soutenu a séjourné six mois dans le bois, c'est néanmoins un vin sur le fruit tout au long de la dégustation. Souple et friand, vif en finale, il est prêt à passer à table. ⌛ 2014-2016 🍷 saucisses confites pommes sautées

Guy Cuisset, Le Bourg, 24240 Monestier, tél. 05 53 58 46 63, chateaugrinou@aol.com V t.l.j. 10h-12h30 13h30-19h30

DOM. DE HAUT-MONTLONG Éclat de fruit 2013

■ | 15 000 | | 5 à 8 €

En 1925, un métayage de 6 ha. La deuxième génération achète les vignes en 1950 et le domaine s'agrandit peu à peu. Aujourd'hui, 70 ha sur les hauteurs de Pomport, dans la vallée de la Dordogne. Alain Sergenton, installé en 1983, a passé le relais à ses filles Laurence et Audrey, et à ses gendres.

Un « éclat de sauvignon » : nez vif, floral, avec une touche de lierre, attaque fraîche et citronnée, bouche longue et nerveuse aux arômes variétaux. Toute la vivacité du millésime. ⌛ 2014-2017 🍷 cabécou sur pain grillé

Dom. Haut Montlong, Haut-Montlong, 24240 Pomport, tél. 05 53 58 81 60, sergenton-haut-montlong@wanadoo.fr V t.l.j. 8h-12h 14h-18h; sam. dim. sur r.-v. 2 D

CH. HAUT PERTHUS Élevé en fût de chêne 2012

■ | 90 000 | | 8 à 11 €

Au sud du Bergeracois, une maison noble de type chartreuse coiffée de petites tuiles périgourdines : le domaine de la Grande Pleyssade fondé au XVIIIe s. Il a longtemps appartenu à une famille d'officiers. Fort de 33 ha de vignes, il a été repris en 2007 par Stéphane Dupuy.

Un assemblage classique de merlot (60 %) et des deux cabernets. Robe jeune aux reflets violines, nez révélateur d'un élevage en fût (six mois), associant aux notes de fruits rouges des touches de réglisse et de boisé vanillé. Avec son attaque nerveuse et ses tanins un peu sévères, ce 2012 est typique du millésime. Sa bonne structure lui permettra de s'affiner. ⌛ 2015-2018 🍷 pavé de bœuf aux cèpes

Dupuy, La Grande-Pleyssade, 24240 Mescoulès, tél. 05 53 24 27 61, scea.dupuy@orange.fr V t.l.j. 8h-12h 13h30-19h

♥ CH. DU HAUT PEZAUD
Bois des rêves 2012 ★★

■ | 2 000 | | 5 à 8 €

Comptable à Bruxelles, éprise des liquoreux, Christine Borgers a quitté en 1999 la Belgique pour devenir vigneronne à Monbazillac. Elle a construit une cave moderne et renouvelé des parcelles sur les quelque 9 ha du domaine.

Le 2011 Fût de chêne avait frôlé le coup de cœur. Son successeur le décroche. Rebaptisée, la cuvée porte le nom plus poétique de Bois des rêves. Le jury, qui l'a dégustée à l'aveugle, a été conquis, lui, par son bouquet intense de fruits rouges et de cassis, comme par sa bouche aux tanins souples et affables, qui reste sur la même ligne fruitée, le fût restant discret. Un modèle de « vin plaisir ». ⌛ 2014-2017 🍷 palombe aux petits pois

Ch. du Haut Pezaud, Les Pezauds, 24240 Monbazillac, tél. 06 70 75 56 72, cborgers@wanadoo.fr V t.l.j. 8h-12h 13h-18h

Christine Borgers

B CH. LES HAUTS DE CAILLEVEL
Rosenvie 2013 ★★

■ | 6 600 | | 5 à 8 €

Sylvie Chevallier et Marc Ducrocq organisaient des « événements ». En 1999, ils ont changé de vie et sont devenus « artisans vignerons » en reprenant ce domaine sur la rive gauche de la Dordogne, dont le nom évoque les cailloux : 18 ha d'un seul tenant, des blancs sur le plateau, des rouges sur le coteau. En bio certifié depuis 2013.

Robe brillante aux reflets orangés ; nez délicat de fruits rouges (fraise) et de bonbon anglais. Le fruité s'affirme dans une bouche ronde, tonifiée par une ligne de fraîcheur. La finale persistante est marquée par une touche d'amertume agréable. ⌛ 2014-2015 🍷 poulet croustillant à la chinoise ■ Sec Fleur de roche 2013 ★ (6 000 b.) : un sauvignon floral au nez, fruité, perlant et très frais en bouche. ⌛ 2014-2018

Ch. les Hauts de Caillevel, 24240 Pomport, tél. 05 53 73 92 72, caillevel@wanadoo.fr V t.l.j. sf dim. 9h-12h 14h-18h

B JAUBERTIE Mirabelle 2012

■ | 16 000 | | 15 à 20 €

Nick Ryman, homme d'affaires britannique, a acheté la Jaubertie en 1973. Son fils Hugh a quitté les vignobles d'Australie il y a plus de trente ans pour reprendre le domaine commandé par un château Directoire. Aujourd'hui, 46 ha en bio certifié. Une valeur sûre.

Plus modeste que certains de ses devanciers, mais de bonne facture. Premier nez boisé, sur le beurre, le caramel et le moka ; à l'aération, des senteurs de fleurs blanches et des notes fraîches d'agrumes. Palais complexe et suave, bien équilibré entre le fût et le fruit, malgré une touche d'amertume en finale. ⌛ 2014-2017 🍷 turbot à la crème ■ 2012 (5 à 8 € ; 60 000 b.) : un élevage en cuve pour ce rouge fruité et chaleureux, né de merlot (50 %), de cabernet-sauvignon et de malbec. ⌛ 2014-2017

SA Ryman, Ch. de la Jaubertie, 24560 Colombier, tél. 05 53 58 32 11, jaubertie@wanadoo.fr V t.l.j. 10h-17h

CH. LAMOTHE BELAIR 2013 ★

| 5 000 | - de 5 € |

À la limite du Libournais, un domaine acheté en 1991. Le plateau de Belair, où sont implantées les vignes, prolonge le coteau de Saint-Émilion, où Stéphane Puyol détient par ailleurs le château Barberousse bien connu des lecteurs du Guide.

Issu d'une saignée de cabernet franc et de merlot, un rosé au nez flatteur de fraise et de framboise, à la bouche vive, fruitée et longue, dont la fraîcheur est soulignée par un petit perlant. 2014-2015 gambas à la plancha ■ 2012 (90 000 b.): joli nez de cassis bien marié au boisé, finale encore austère. 2015-2018 ■ Ch. Lamothe-Bellevue 2012 (30 000 b.): de la matière et des tanins assez fondus. 2014-2017

SCEA Vignobles Stéphane Puyol, Ch. Barberousse, 33330 Saint-Émilion, tél. 05 57 24 74 24, chateau-barberousse@wanadoo.fr V r.-v.

B CH. LAROQUE Joli cœur 2013 ★

| 3 300 | 5 à 8 € |

Aux confins de la Gironde, un vignoble établi sur un plateau rocheux offrant une vue imprenable sur la vallée de la Dordogne. Repris en 2007 par Olivier, fils de Jacques de la Bardonnie, il est cultivé depuis vingt-cinq ans en biodynamie.

Un rosé saumon foncé aux reflets tirant sur le rouge. Nez gourmand sur les fruits rouges macérés. Bouche tout aussi fruitée, persistante, finissant sur une touche d'amertume. 2014-2015 poulet à l'ananas

Olivier Faurichon de la Bardonnie, Ch. la Roque, 941, rte de Couin , 24230 Saint-Antoine-de-Breuilh, tél. 06 13 82 08 90, domainedupossible@gmail.com V r.-v. 1

B CH. MARIE PLAISANCE Le Brin de Plaisance 2013

| 27 000 | - de 5 € |

Une demeure du XVIIIe s. de style périgourdin, un chai du XIXe s. rénové et 70 ha de vignes sur la rive gauche de la Dordogne, aux confins du département de la Gironde. Le domaine a été repris en 2006 par les trois enfants – la cinquième génération de la famille Merillier. En bio certifié depuis 2013.

Dans des millésimes un brin moins fastes que 2009 ou 2010, le rosé arrive généralement à tirer son épingle du jeu... Celui-ci offre un nez très floral, avec une touche de poivron rappelant la forte présence des cabernets. Plus fruitée, la bouche est vive et plaisante. 2014-2015 salade de tomates bio à l'estragon

EARL des Vignobles Merillier, La Ferrière, 24240 Gageac-Rouillac, tél. 05 53 27 86 23, chateaumarieplaisance@hotmail.fr V t.l.j. sf dim. 8h-12h 14h-18h

B MARQUIS DE BÉRAC Cuvée Alexandre 2012 ★

| 113 000 | - de 5 € |

Ce marquis a pour armoiries le logo AB et la petite feuille bio de l'UE. Des vins élaborés par une coopérative, ou plutôt, par la branche bio du Groupement de viticulteurs Dordogne Périgord (GVDP) créée en 2013, qui rassemble dix-sept viticulteurs.

Quatre cépages (merlot 60 %, cabernets 35 %, malbec 5 %) sont réunis dans ce vin friand, charnu, tout en fruits rouges et en vivacité, fait pour maintenant. 2014-2016 saucisses de Toulouse au gril

Vignobles de Bérac-GVDP, Les Séguinots, rte d'Eymet, 24100 Saint-Laurent-des-Vignes, tél. 05 53 63 77 20, berac@unidor.fr

DOM. DE MAYAT 2013 ★★

| 16 000 | - de 5 € |

Représentant la troisième génération de viticulteurs, Francis Lagarde s'installé en 1979, et crée son chai dix ans plus tard. Son vignoble (42 ha) est implanté sur la rive droite de la Dordogne, près de Sainte-Foy-la-Grande, à cheval sur le Bordelais et le Bergeracois.

Il frôle le coup de cœur, ce rosé qui doit tout aux deux cabernets. Le nez de fruits rouges et de cassis charme par sa subtilité. Doux et tendre en attaque, le palais garde cette belle ligne fruitée jusqu'à la finale très persistante. Délicat et assez puissant pour être servi au repas. 2014-2016 filets de poulet au gingembre

Francis Lagarde, Dom. de Mayat, 33220 Fougueyrolles, tél. 05 53 24 84 42, florencelagarde2@wanadoo.fr V r.-v.

CH. LES MERLES 2013 ★

| 12 000 | 5 à 8 € |

Au siècle dernier, trois générations de Lajonie ont constitué un vignoble d'environ 65 ha dans le Bergeracois. La famille exploite trois domaines: le Ch. Pintouquet – le berceau –, le Ch. Bellevue (monbazillac) et le Ch. les Merles, géré depuis 1983 par Joël et Alain.

Les trois cépages blancs de la région (avec 80 % de sauvignon) composent ce bergerac sec produit sur la rive droite de la Dordogne, en amont de Bergerac. Nez d'agrumes bien mûrs, avec une touche toastée. Attaque tonique et fruitée, palais assez gras, avec ce qu'il faut de fraîcheur. Le boisé, très marqué, demande à se fondre. 2015-2017 poule sauce suprême ■ 2012 (26 000 b.): nez plaisant de fruits noirs et d'épices, bouche corsée, charnue, un peu tannique en finale. 2015-2017

GAEC des Merles, Les Merles, 24520 Mouleydier, tél. 05 53 63 43 70, alain.lajonie@wanadoo.fr V r.-v.
Lajonie

B L'INSPIRATION DES MIAUDOUX 2012 ★★

| 2 700 | 15 à 20 € |

Installé en 1986 sur la rive gauche de la Dordogne, Gérard Cuisset a débuté comme salarié viticole. Aujourd'hui, la famille exploite 35 ha de vignes et des pruniers d'Ente (pour le pruneau d'Agen). Un domaine de référence, en bio depuis 2003. Le fils aîné Samuel l'oriente vers la biodynamie.

En 2012, le bergerac sec vole la vedette au rouge grâce à ses belles qualités de structure, de volume et de gras, et à un élevage en barrique bien mené. Le boisé vanillé couvre un peu le fruit, qui s'exprimera avec le temps. 2015-2018 risotto crémeux aux girolles ■ L'Inspiration des Miaudoux 2012 ★ (5 000 b.): pur merlot élevé en barrique, corsé et charpenté. Le boisé doit se fondre. 2016-2019

SUD-OUEST

■ Saussignac Ch. Miaudoux 2011★ (6 000 b.): fruits exotiques et confits au nez, douceur et onctuosité en bouche. (Bouteilles de 50 cl.) ⧗ 2014-2024

Gérard Cuisset, Les Miaudoux, 24240 Saussignac, tél. 05 53 27 92 31, gerard.cuisset@wanadoo.fr V r.-v. E

CH. MOULIN GARREAU Ballon rouge 2013

■	27 000		- de 5 €

Un moulin à vent dressé autrefois au hameau de Garreau donne son nom à ce domaine situé aux confins du Libournais. Pharmacien parisien reconverti dans la viticulture, Alain Péronnet a fait ses (brillants) débuts dans le Guide avec le millésime 2005. Son ancienne spécialité, l'homéopathie, l'aura peut-être incité à la conversion bio de ses 10 ha de vignes.

Nez chaleureux, puissant, sur des notes complexes de fruits rouges dominées par la cerise. Bouche ronde en attaque, charnue, étoffée et pleine de mâche, marquée par de jeunes tanins qui devront s'assouplir. ⧗ 2017-2019 pavé de bœuf aux champignons

Alain Péronnet, 10, rte du Coteau, 24230 Lamothe-Montravel, tél. 05 53 61 26 97, aperonnet@wanadoo.fr V r.-v.

DOM. DE MOULIN-POUZY La Cuvée 2012

■	13 000		8 à 11 €

Depuis 1896, cinq générations se sont succédé sur ce domaine établi sur la rive gauche de la Dordogne. Aujourd'hui, Fabien Castaing exploite 50 ha en viticulture raisonnée. Il protège les espèces recensées dans ses vignes, de la huppe fasciée aux orchidées sauvages.

Ce vigneron nous dit aimer les vins généreux et fruités. Objectif atteint, car on relève ces deux qualificatifs sous la plume de nos dégustateurs. Le nez est encore fermé, dominé par la barrique, mais des notes de fruits rouges mûrs (framboise) s'épanouissent en bouche, soulignés en finale par une touche vanillée. ⧗ 2015-2017 confit de canard

EARL Vignobles Castaing, Dom. de Moulin-Pouzy, La Font-du-Roc, 24240 Cunèges, tél. 05 53 58 41 20, info@moulin-pouzy.com V t.l.j. sf sam. dim. 9h-12h 13h30-17h

CH. LE PAVILLON 2012 ★

■	26 667		5 à 8 €

Alliance Aquitaine est une vaste structure coopérative née en 2009 de la fusion des caves de Bergerac, du Fleix, de Saint-Vivien et de Carsac-de-Gurson : 200 viticulteurs, 1 600 ha à cheval sur la Dordogne et la Gironde. Elle propose des appellations du Bergeracois et des AOC régionales bordeaux.

Après un 2011 coup de cœur, un 2012 aux parfums intenses de petits fruits rouges et de cassis. Attaque fraîche et fruitée ; palais séveux, structuré, nerveux, à la trame tannique encore jeune ; joli retour fruité en finale. ⧗ 2015-2017 entrecôte ■ Mosaïque 2013 (moins de 5 € ; 33 300 b.) : vin équilibré aux plaisants arômes de fruits rouges et de bonbon anglais. ⧗ 2014-2015

SCA Alliance Aquitaine, Le Vignoble, 24130 Le Fleix, tél. 05 53 24 64 32, contact@allianceaquitaine.com V t.l.j. sf dim. 9h-12h 14h-18h

DOM. DE PÉCOULA 2013

■	11 000		- de 5 €

À la suite de leurs père et grand-père, René Labaye et son frère Jean-Marie exploitent le vignoble familial qui compte aujourd'hui 33 ha, dont 25 sont destinés au monbazillac.

Un nez discrètement framboisé. Le fruité s'épanouit dans une bouche équilibrée, fraîche et longue. ⧗ 2014-2015 grillade de porc ■ Sec 2013 (8 000 b.) : né d'un assemblage de sauvignon (60 %), de sémillon et de muscadelle, un blanc de bonne facture, qui plaît par sa palette assez complexe, où les fruits frais s'allient à des touches florales, épicées et minérales. ⧗ 2014-2016

GAEC de Pécoula, Pécoula, 24240 Pomport, tél. 05 53 58 46 48, pecoula.labaye@wanadoo.fr V t.l.j. sf dim. 9h-12h 14h-18h Labaye

CH. PERROU-LA-BARAGOILE 2012

■	13 400		5 à 8 €

Vieille noblesse d'origine champenoise remontant aux Croisades. Parmi ses nombreuses branches, l'une s'est fixée dans le Sud-Ouest et possède de vastes vignobles dans l'Entre-deux-Mers et le Bergeracois.

Acheté par la famille en 2002, ce vignoble installé sur un plateau calcaire domine les vallées de la Dordogne et de la Gardonnette. Il a donné un 2012 bien réussi pour le millésime. Au nez, un discret fruité que l'on retrouve à la mise en bouche ; une bouche bien structurée, marquée par des tanins jeunes et vifs. ⧗ 2014-2017 bavette à l'échalote

SCEA Famille d'Amécourt, Vernajou, 24240 Gageac-et-Rouillac, tél. 05 56 71 54 56, vignesdamecourt@aol.com V r.-v.

CH. PINTOUCAT 2013 ★

■	10 000		- de 5 €

Vignoble situé au pied du coteau de Monbazillac, dans la famille de l'actuel producteur depuis 1976. Une ancienne « marque hollandaise » : au XVII^e^s., les négociants venus des Pays-Bas se fournissaient ici en vins doux. Aujourd'hui, 26 ha conduits depuis 2011 par Gilles Beaudoin.

Les deux cabernets contribuent à ce rosé saumoné, au nez discret mais élégant. Un vin flatteur, tant par son attaque douce et suave que par ses arômes complexes, floraux et fruités. ⧗ 2014-2015 melon ■ Côtes-de-bergerac moelleux 2013 (5 à 8 € ; 5 000 b.) : nez intense et délicat, sur les fruits blancs et le bonbon, bouche florale et fraîche, à la plaisante finale citronnée. ⧗ 2014-2017

Gilles Beaudoin, Le Pintoucat, 24240 Monbazillac, tél. 05 53 73 14 01, beaudoin.gilles@wanadoo.fr V r.-v.

CH. DU PRIORAT 2013

■	20 000	- de 5 €

Mis en valeur par Daniel Maury depuis 1983, ce vignoble familial de 27 ha, partagé à parité entre cépages rouges et blancs, est situé dans la partie nord-ouest du Bergeracois, voisine du Libournais.

Les rosés du domaine sont régulièrement retenus. Pour le 2013, une couleur soutenue aux légers reflets orangés et des arômes très plaisants. On aime son nez frais, floral, un rien mentholé, et les jolies notes de violette perçues en bouche. ⧗ 2014-2015 soupe de fraises à la menthe

GAEC du Priorat, Le Priorat, 24610 Saint-Martin-de-Gurson, tél. 05 53 80 76 06, lepriorat-gaec@wanadoo.fr V t.l.j. sf dim. 8h30-12h 14h-18h Maury

CH. LA RAYRE Premier Vin 2012

■	1 200		11 à 15 €

Les Vesselle sont bien connus à Bouzy. Vincent a quitté sa Champagne pour pratiquer l'assemblage sous des cieux plus cléments. Il a racheté en 1999 La Rayre, ancienne métairie du château de Fonvieille. Couvrant 25 ha de coteaux au sud de Monbazillac, son vignoble est en bio certifié depuis 2013.

Pour ce Premier Vin, 40 % de sémillon aux côtés du sauvignon, vendange surmûrie, macération pelliculaire, fermentation et élevage en barrique sur lies. Plus modeste que ses devanciers, ce 2012 ample et souple, encore sous l'emprise de l'élevage, a besoin de s'affiner. 2015-2017 carré de veau ■ Sec Cuvée classique 2013 (5 à 8 €; 20 000 b.): élevé en cuve, un blanc frais et délicatement floral, avec une touche minérale. 2015-2017

Ch. la Rayre, La Rayre, 24560 Colombier, tél. 05 53 58 32 17, vincent.vesselle@orange.fr V r.-v. Vesselle

LES JARDINS DE SAVIGNAC Le Feuillardier 2012 ★

■	11 000	- de 5 €

Une maison de négoce familiale du Bergeracois, fondée dans les années 1980 par Patrick Montfort et reprise en 1997 par Julien Montfort.

Les Jardins de Cyrano sont rebaptisés « Jardins de Savignac ». Une gamme de « vins plaisir », indique le négociant. Le jury, à l'aveugle, emploie pour décrire ce pur merlot des qualificatifs qui le rattachent à ce profil : robe légère, nez sur le fruit rouge avec une pointe fumée et vanillée, bouche souple et charnue aux arômes confiturés et aux tanins fondus, finale aimable. 2014-2017 rosbif ■ Julien de Savignac Clos l'Envège 2013 (5 à 8 €; 20 000 b.): un rosé de pressurage direct, vif et fruité. 2014-2015

Julien de Savignac, av. de la Libération, 24260 Le Bugue, tél. 05 53 07 10 31, julien.de.savignac@wanadoo.fr V t.l.j. sf dim. lun. 10h30-12h30 15h-18h30 Montfort

CH. SEIGNORET LES TOURS Cuvée Séduction Élevé en fût de chêne 2012 ★★

■	9 600		11 à 15 €

Premières parcelles et plantations en 1992 sur le coteau de Saussignac. Serge Gazziola reprend ensuite l'exploitation familiale du Ch. les Plaguettes. Il s'est constitué ainsi un domaine de 39 ha.

Beaucoup de malbec (40 %), allié au traditionnel merlot dans ce rouge issu d'une très longue macération et d'un élevage de treize mois en fûts de 300 l, neufs à 70 %. Le résultat ? Une robe profonde aux reflets violines, un nez intense, complexe, associant la violette, le fruit noir et un boisé épicé et vanillé bien fondu ; une bouche ample et fruitée en attaque, chaleureuse, structurée par des tanins serrés, aux notes de cuir et de vanille. Un ensemble à la fois concentré et suave. 2015-2019 brochettes de rumsteck

EARL Vignobles Serge Gazziola, Les Plaguettes, 24240 Saussignac, tél. 06 08 61 58 77, contact@vignobles-gazziola.com V r.-v.

ROSE DE SIGOULÈS 2013 ★

■	8 000		5 à 8 €

Fondée en 1939, cette coopérative regroupe aujourd'hui 150 adhérents qui cultivent 900 ha de vignes au sud de Bergerac.

Un sauvignon élevé sur lies. Nez intense et complexe de buis, de bourgeon de cassis et d'agrumes, palais élégant, tonique et aromatique : une « rose » parfumée, fraîche et sans épines. 2014-2017 salade de poulet au fenouil ■ Sec Doméa 2013★ (moins de 5 €; 6 000 b.): l'expression typée du sauvignon, avec vivacité et franchise. 2014-2017 ■ Doméa 2013★ (moins de 5 €; 6 000 b.): de la fraîcheur, du fruité et assez de structure pour les grillades. 2014-2016 ■ L'Audace de Sigoulès 2012★ (15 à 20 €; 6 000 b.): un joli travail d'élevage en fût (seize mois). Du fruit noir, des épices et de la vanille, une matière ronde aux tanins boisés bien fondus. 2015-2019

Cave de Sigoulès, Mescoules, 24240 Sigoulès, tél. 05 53 61 55 00, contact@vigneronsdesigoules.fr V t.l.j. 9h-12h30 14h-17h30

B CH. LE TAP 2013 ★

■	5 000		5 à 8 €

Domaine situé à l'emplacement d'une carrière, inscrite au cadastre napoléonien au lieu-dit Tas-de-Pierre, raccourci au fil du temps en Tap. Olivier Roches, fils de vigneron de Pécharmant, s'y est installé en 2001 avec son épouse Mireille. Il exploite 16 ha – en bio certifié depuis 2010.

À la couleur cerise répond un fruité intense (fruit rouge mûr, cassis), bien mis en valeur en bouche par une belle fraîcheur. La finale est marquée d'une petite pointe tannique. L'ensemble a suffisamment de présence pour accompagner un repas. 2014-2015 brochettes de poulet au poivron

Olivier Roches, Ch. le Tap, 24240 Saussignac, tél. 05 53 27 53 41, chateauletap@live.fr V t.l.j. 9h-19h E

FLEUR DE THÉNAC 2012 ★★

■	47 000		8 à 11 €

Un château construit sur les ruines d'un prieuré bénédictin et une vaste propriété de 200 ha où la vigne côtoie pruniers, cultures, bois et étangs. Racheté en 2001 par Eugen Shvidler, homme d'affaires américain d'origine russe, le domaine est devenu en quelques années une valeur sûre du Bergeracois.

Le « second vin » de Thénac a frôlé le coup de cœur. Deux tiers de merlot, un élevage partiel en barrique de douze mois. Nez superbe, intense, complexe, florilège de fruits rouges, de cassis, de pivoine soulignés d'un boisé épicé bien fondu. Attaque souple et charnue, tanins expressifs et affables, finale persistante marquée par un plaisant retour du fruit. Un « équilibre remarquable pour le millésime », selon un juré. 2016-2020 carré d'agneau ■ Sec Ch. Thénac 2012★ (15 à 20 €; 14 200 b.): associé au sémillon et à la muscadelle, le sauvignon (54 %) ressort, mais avec subtilité. Un vin gourmand et vif. 2014-2017

SUD-OUEST

SCEA Ch. Thénac, Le Bourg, 24240 Thénac, tél. 05 53 61 36 85, wines@chateau-thenac.com V r.-v.

♥ CH. TOUR DE GRANGEMONT Sec 2013 ★★

■	4 000		5 à 8 €

Le gros du vignoble (48 ha) se trouve au lieu-dit Grangemont ; une haute tour se dressait autrefois en haut du coteau, d'où le nom du domaine. Fabien Lavergne, œnologue, a pris en 2012 la direction de la propriété familiale où il secondait depuis des années son père Christian.

Du pur sauvignon gris vinifié et élevé quatre mois en barrique avec bâtonnages. Il en résulte un vin jaune doré au nez d'une rare complexité mêlant les agrumes bien mûrs (mandarine), les fleurs blanches, le fenouil et une touche boisée. Ample et gras, tonifié par une belle vivacité, le palais finit sur une légère note toastée. Original et harmonieux. ⧗ 2014-2018 ♆ mignon de veau aux morilles ■ 2012 ★★ (moins de 5 euros ; 50 000 b.) : excellent rapport qualité-prix pour cet assemblage mi-merlot mi-cabernet (avec une goutte de malbec), élevé en cuve. Un fruit intense (cassis), de la charpente et de l'aménité. Finaliste du coup de cœur. ⧗ 2016-2020

EARL Lavergne, Portugal, 24560 Saint-Aubin-de-Lanquais, tél. 05 53 24 32 89, tour-de-grangemont@sfr.fr V t.l.j. sf dim. 10h-12h 15h-19h

B CH. TOUR DES GENDRES Conti-ne périgourdine 2012 ★

■	4 000		15 à 20 €

***Una storia italiana*. En 1986, les frères de Conti joignent leurs terres, associent leurs familles et fondent l'entreprise de Conti. Jean et Luc, leurs épouses et un cousin suivent ainsi les pas de Vincenzo, arrivé là en 1925. Aujourd'hui, 50 ha de vignes en bio depuis 2005, et une structure de négoce.**

Une pure muscadelle, ce n'est pas courant. Un boisé discret, des notes de fruits exotiques ; un vin à la fois puissant et subtil. ⧗ 2014-2017 ♆ poulet à la citronnelle ■ La Gloire de mon père 2011 (11 à 15 € ; 40 000 b.) : assemblage de cabernet-sauvignon, malbec et merlot. Moins puissant que d'autres millésimes, mais complexe. ⧗ 2014-2017

SCEA De Conti, Les Gendres, 24240 Ribagnac, tél. 05 53 57 12 43, familledeconti@wanadoo.fr V r.-v. C

♥ L'EXCELLENCE DU CH. LES TOURS DES VERDOTS Sec Les Verdots selon David Fourtout 2012 ★★

■	9 000		20 à 30 €

Conduite depuis 1992 par David Fourtout issu d'une famille originaire de Saint-Émilion, cette exploitation de 45 ha est une valeur sûre du Bergeracois. Un succès lié à un beau terroir de calcaires veinés de silex, à des installations modernes et à des sélections exigeantes.

Une des cuvées de David Fourtout est plébiscitée, cette année encore ; le sauvignon blanc, gris, la muscadelle et le sémillon composent un bergerac sec haut de gamme qui a fermenté et séjourné quatorze mois en barrique neuve. Le vin en ressort jaune paille aux reflets dorés, avec un nez complexe mêlant les agrumes, l'acacia, la vanille et la croûte de pain. Souple et chaleureux en attaque, puissant, il dévoile – sans la moindre lourdeur – des notes de vins passerillés (abricot sec, pêche jaune) accompagnées de nuances d'élevage épicées et toastées. Un blanc de grande garde qui mérite d'attendre. ⧗ 2015-2022 ♆ loup à la crème de morilles ■ Monbazillac Les Verdots selon David Fourtout 2011 (30 à 50 € ; 2 600 b.) : un élevage de trente-six mois en barrique neuve pour ce liquoreux puissant, chaleureux, confit et toasté. (Bouteilles de 50 cl.) ⧗ 2014-2025

EARL David Fourtout, Les Verdots, 24560 Conne-de-Labarde, tél. 05 53 58 34 31, verdots@wanadoo.fr V t.l.j. sf dim. 9h-12h30 14h-18h30 ; juil.-août 9h-19h 2 B

CÔTES-DE-BERGERAC

Cette appellation ne définit pas un terroir mais des conditions de récolte plus restrictives qui doivent permettre d'obtenir des vins riches, concentrés, charpentés, au potentiel de garde plus important que les bergerac.

CH. BÉLINGARD Réserve 2012 ★

■	12 000		8 à 11 €

Le domaine familial mené par Laurent de Bosredon est situé au-dessus de la vallée de la Dordogne, sur un promontoire célèbre pour son ancien culte druidique, où se déroulèrent les premiers combats de la guerre de Cent Ans.

La robe grenat intense laisse deviner un vin de matière. Le nez expressif, sur les fruits noirs confiturés (cassis) et des notes épicées et boisées, annonce une bouche dense et concentrée, tapissée de beaux tanins suaves et bien intégrés, et d'arômes généreux de chocolat. Un beau vin qui saura vieillir. ⧗ 2017-2020 ♆ magret de canard braisé

SCEA de Bosredon, Ch. Belingard, 24240 Pomport, tél. 05 53 58 28 03, contact@belingard.com V t.l.j. sf dim. 9h30-13h 14h30-18h

CH. DU BLOY Sirius 2011 ★★

■	2 400		8 à 11 €

Olivier Lambert, informaticien, et Bertrand Lepoittevin-Dubost, avocat, se sont associés en 2001 pour relancer ce domaine de 16,5 ha dont ils ont engagé la conversion bio.

Le bouquet, bien ouvert, évoque les fruits rouges et le cassis. Le palais se révèle à la fois souple, concentré et généreux, porté sur la cerise et la mûre confiturées, agrémentées de notes de vanille. En soutien, des tanins fins et soyeux. Une belle expression du fruit et un élevage très maîtrisé. ⧗ 2016-2020 🍴 rôti de bœuf ■ Montravel Lilia 2012 (900 b.) : un nez ouvert sur les agrumes, une bouche ronde et fruitée, avec une légère amertume en finale. ⧗ 2014-2017

SCEA Lambert Lepoittevin-Dubost, Le Blois, 24230 Bonneville, tél. 05 53 22 47 87, chateau.du.bloy@wanadoo.fr V t.l.j. 9h-12h 14h-18h; sam. dim. sur r.-v.

DOM. DU BOIS DE POURQUIÉ 2013 ★★

■ | 9 000 | | 5 à 8 €

Alain Mayet descend d'une ancienne famille de bâtisseurs de cathédrales venus du centre de la France, dont certains s'installèrent dans la vallée de la Dordogne. Marlène et Alain Mayet sont depuis 1981 à la tête de ce domaine de 30 ha.

Subtil et fin, le nez révèle dans une agréable complexité des parfums de fleurs d'acacia, d'abricot, d'agrumes et de miel. Le palais, rond, gras et puissant, est dominé par les notes de fruits confits. Un vin suave, riche et intense, mais sans lourdeur aucune, une fine fraîcheur lui apportant le juste équilibre. ⧗ 2016-2024 🍴 salade d'agrumes frais ■ 2011 ★ (5 000 b.) : expressif au nez, sur les fruits noirs (mûre, cassis) et des notes toastées, rond, puissant et complexe en bouche, avec de beaux tanins déjà fondus. ⧗ 2016-2019

Marlène et Alain Mayet, Le Bois-de-Pourquié, 24560 Conne-de-Labarde, tél. 05 53 58 25 58, domaine-du-bois-de-pourquie@wanadoo.fr V t.l.j. sf dim. 9h-12h 14h-19h

CH. LES BRANDEAUX 2013 ★

■ | 5 000 | | - de 5 €

Jean-Marc Piazzetta est œnologue, son frère Thierry est commercial : les compétences familiales sont ainsi complémentaires pour la conduite de ce coquet vignoble de 30 ha.

Fin et élégant, le nez marie les notes d'agrumes (pamplemousse), de buis et de bourgeon de cassis du sauvignon à celles de coing du sémillon. La bouche se montre bien équilibrée : de la souplesse, du gras, de la fraîcheur, du fruit frais (agrumes, abricot) et une touche finement miellée. ⧗ 2016-2022 🍴 tarte aux abricots ■ Bergerac 2012 cuvée Excellence (5 à 8 € ; 9 000 b.) : chaleureux au nez (fruits à l'eau-de-vie), tannique et boisé en bouche, avec une légère amertume en finale. Il mérite d'attendre un peu. ⧗ 2016-2019

EARL Piazzetta, Les Brandeaux, 24240 Thénac, tél. 05 53 58 41 50, les.brandeaux@gmail.com V t.l.j. sf sam. dim. 9h-12h00 14h-19h A

B CH. LE CHABRIER Le Moelleux d'octobre 2012

■ | 6 000 | | 5 à 8 €

C'est avec les pierres d'une forteresse démolie en 1345 par le comte anglais de Derby que fut bâti en 1640 ce petit château périgourdin, aujourd'hui propriété de Pierre Carle arrivé en 1991 de Paris avec son épouse (Éléna) et leurs enfants. Il conduit aujourd'hui un domaine de 20 ha.

Paré d'un beau jaune pâle brillant, ce moelleux affiche un nez presque liquoreux, porté par les fruits confits et le miel. Ces sensations de richesse se confirment dans un palais suave et gras, égayé en finale par une fine fraîcheur. ⧗ 2016-2022 🍴 gâteau moelleux à l'orange

Ch. Le Chabrier, 24240 Razac-de-Saussignac, tél. 05 53 27 92 73, chateau.le.chabrier@free.fr V t.l.j. 10h-12h 14h-17h Pierre Carle

LE CLOS DU BREIL Expression 2012 ★

■ | 3 600 | | 8 à 11 €

Aux marges orientales de l'appellation, cette petite propriété familiale de 8 ha, conduite par Yann Vergniaud à la suite de ses parents, Nadine et Jean, bénéficie du terroir des calcaires d'Issigeac, riche en silex.

Le nez complexe marie agréablement le bois et le fruit : réglisse, poivre, fruits noirs (myrtille)... En bouche, ce vin se montre volumineux et suave, adossé à des tanins soyeux et fondus. La légère amertume de la finale signe son potentiel de vieillissement et apporte un surcroît de longueur et de complexité. ⧗ 2016-2020 🍴 gâteau au chocolat ■ Bergerac 2013 (2 700 b.) : un joli fruité mis en valeur par une agréable fraîcheur. ⧗ 2014-2017

Famille Vergniaud, Le Breil, 24560 Saint-Léon-d'Issigeac, tél. 05 53 58 75 55, leclosdubreil@free.fr V t.l.j. sf dim. 9h-12h30 14h-18h; sam. 9h-12h30

CH. COURT-LES-MÛTS L'Oracle 2011 ★

■ | 2 800 | | 15 à 20 €

Cinq générations au service du vin. Pierre Sadoux quitte les hauts plateaux algériens en 1961 pour s'établir sur cet ancien domaine (XVIIe s.) du Bergeraçois implanté sur les coteaux de la rive gauche de la Dordogne. Aujourd'hui, Pierre Sadoux Jr est aux commandes et conduit une exploitation de 54 ha.

Cette cuvée, au nez discret de fruits rouges et noirs rehaussés de notes toastées, révèle de beaux tanins fondus et soyeux dans un palais à la finale vive et alerte. Un beau mariage du fruit et du bois, de la rondeur et de la fraîcheur. ⧗ 2015-2018 🍴 coq au vin rouge ■ 2012 (8 à 11 € ; 10 500 b.) : un nez fruité et empreint de notes animales et épicées, prélude à une bouche dense et tannique. ⧗ 2016-2019

Pierre Sadoux, Ch. Court-les-Mûts, 24240 Razac-de-Saussignac, tél. 05 53 27 92 17, court-les-muts@wanadoo.fr V t.l.j.sf dim. 9h-12h 14h-18h; sam. sur r.-v.

GRANGE NEUVE 2013 ★★

■ | 38 533 | | - de 5 €

Anthony Castaing préside désormais aux destinées de ce vignoble familial fondé en 1896 par Pierre Pichon. Le vignoble s'étend sur 74 ha à Pomport, à 12 km au sud de Bergerac.

Le vigneron dit rechercher dans ses vins la rondeur, le gras et la maturité du fruit. Objectif atteint. Riche et complexe, le nez mêle les fleurs blanches, l'acacia, le buis, les agrumes et le miel. La bouche, souple et florale en attaque, évolue vers le fruit mûr et le miellé. La finale, qui laisse pointer l'acidité, donne du tonus au vin et parfait son équilibre. ⧗ 2016-2019 🍴 tarte au citron meringuée ■ Monbazillac 2011 ★ (5 à 8 € ; 58 266 b.) : discret au nez, ce vin se montre plus expressif, riche et fruité (fruits compotés) en bouche, rehaussé par une finale vive. ⌛ 2016-2020

SCEA de Grange Neuve, Grange-Neuve, 24240 Pomport, tél. 05 53 58 42 23, castaing@grangeneuve.fr V t.l.j. 9h-12h 13h30-18h; sam. dim. sur r.-v. Castaing et Fils

CH. HAUT LAMOUTHE 2013 ★★

	7 000		5 à 8 €

Cette propriété familiale conduite par trois frères, Christian, Michel et Alain Durand, possède aussi des vergers de pruniers et de pommiers. Coté vigne, le domaine s'est développé depuis les années 1980 pour atteindre aujourd'hui 20 ha, implantés au pied du tertre de Montcuq.

Ce moelleux original, issu de sauvignon, révèle au nez des parfums de buis, d'agrumes et de fruits exotiques. La bouche se montre fraîche et tout aussi aromatique : fleurs blanches, pêche, citron... Un vin de haute expression. ⌛ 2016-2022 gâteau au chocolat Bergerac 2013 ★ : un rosé intense, suave et floral, qui ne manque toutefois ni de croquant ni de fraîcheur ; de l'équilibre en somme. ⌛ 2014-2015

GAEC de Lamouthe, 56, rte de Lamouthe, 24680 Lamonzie-Saint-Martin, tél. 09 64 45 34 53, chateauhautlamouthe@wanadoo.fr V t.l.j. sf dim. 8h30-18h; sam. 8h30-12h Durand Pouget

CH. LA JOLIE 2013 ★

	13 333		- de 5 €

En 2008, ce négociant s'est associé à la cave coopérative de Dordogne et à Unidor (unité de mise en bouteilles) pour former un pôle commun de commercialisation en vue de développer et de valoriser les vins de Bergerac et de Bordeaux, sous la bannière « Couleurs d'Aquitaine ».

Paré d'un bel or pâle brillant, ce vin affiche un nez joliment fruité parfumé d'agrumes et de fruits blancs. La bouche penche elle aussi vers le fruit, avec persistance, et vers la fraîcheur. Un « doux tonique ». ⌛ 2014-2019 tarte au citron

SAS Socav, Les Seguinots, Bât. Unidor, rte de Marmande, 24100 Saint-Laurent-des-Vignes, tél. 05 53 57 63 61, socav@socav.fr

DOM. DE LA LINIÈRE 2012 ★

	900		8 à 11 €

Mathias et Anne Wauquier ont racheté en 2000 cette massive ferme fortifiée du XVIe s., établie au cœur du Périgord pourpre. Le domaine se partage entre les vignes (sur 6 ha), les champs de blé et les prairies pour les six chevaux de la propriété.

Paré d'un beau rouge profond, ce vin est encore un peu fermé au premier nez, mais il séduit par la présence des parfums de fruits rouges (cerise) et de l'orange sanguine libérés par l'aération. La bouche, aimable et ronde, dévoile d'agréables notes chocolatées et s'appuie sur des tanins bien présents mais sans dureté, qui commencent à se fondre. La finale offre un long retour fruité. ⌛ 2016-2020 rôti de bœuf

Mathias Wauquier, La Linière, 24240 Monestier, tél. 05 53 57 31 40, wauquier_anne@yahoo.fr V r.-v.

CH. MONESTIER LA TOUR 2012 ★★

	12 000		15 à 20 €

Cette valeur sûre du Bergeracois a changé de mains en 2012, Karl-Friedrich Scheufele, coprésident de la société horlogère suisse Chopard, l'ayant rachetée. Dès 1998, son ancien propriétaire, Philip de Haseth-Möller, avait entièrement restauré cette ancienne capitainerie du XIIIe s., où voisinent des bâtiments du XVIIIe et une tour du XIXe façon Viollet-le-Duc. Sur ce vaste domaine de plus de 100 ha, 30 sont consacrés aux vignes.

Un vin de caractère. Au nez, le boisé, intense, se mêle à la cerise mûre. Tonique et frais en attaque, le palais dévoile une superbe concentration, un volume imposant et des tanins puissants mais soyeux, gages d'une longue garde. ⌛ 2018-2024 daube de bœuf Bergerac 2012 Terres Vieilles ★ (8 à 11 € ; 70 000 b.) : un vin solidement structuré, fruité (cerise) et de bonne garde. ⌛ 2017-2022

SCEA Monestier la Tour, La Tour, 24240 Monestier, tél. 05 53 24 18 43, contact@chateaumonestierlatour.com V r.-v. K.-F. Scheufele

CH. MONTDOYEN Tout simplement 2011 ★★

	8 348		15 à 20 €

Originaires du Nord, les Hembise, qui pratiquent la lutte raisonnée, ont installé dans les vignes des nichoirs à oiseaux et à insectes pour favoriser la biodiversité. Ils ont repris en 1998 ce domaine alors presque à l'abandon, qui fait l'objet depuis d'une restructuration exigeante. Le vignoble couvre aujourd'hui 37 ha.

Ouvert sur les fruits noirs, la réglisse, le poivre et le cacao, le nez fait preuve d'une grande complexité. La bouche, ronde et puissante, affiche un beau volume, valorisée par des arômes de fruits mûrs et de chocolat. La promesse d'un beau vin de garde. ⌛ 2018-2024 confit d'oie à la landaise Ainsi soit-il 2011 ★ (8 à 11 € ; 14 426 b.) : bien concentré lui aussi, ce vin dévoile des tanins plus soyeux, de la finesse et un joli fruité en finale. ⌛ 2017-2020 Bergerac Divine Miséricorde 2012 ★★ (2 646 b.) : un bel exercice de style pour ce sauvignon vinifié et élevé en barrique : un palais ample et gras, bien ouvert sur les fruits exotiques. ⌛ 2014-2020

SARL Vignobles Jean-Paul Hembise, Ch. Montdoyen, Le Puch, 24240 Monbazillac, tél. 05 53 58 85 85, contact@chateau-montdoyen.com V t.l.j. 9h-13h 14h-19h

CH. LES SAINTONGERS D'HAUTEFEUILLE Élevé en fût de chêne 2011

	n.c.		8 à 11 €

La famille d'Hautefeuille arrivant de Picardie en 1973 trouva des chais à l'abandon. Elle renoue avec la vocation viticole du domaine à partir de 1999, en replantant merlot et cabernet-sauvignon sur les meilleures parcelles. Catherine d'Hautefeuille mène aujourd'hui ce petit vignoble de 2,4 ha, établi sur le plateau des calcaires d'Issigeac.

Paré d'un rouge profond, franc et brillant, ce 2011 bien que discret au nez séduit par ses notes de bois et de tabac. Plutôt souple en attaque, il révèle rapidement sa fraîcheur, aux accents mentholés, et s'adosse à des tanins fondus et à un boisé fin. ⌛ 2016-2019 cassoulet toulousain

Catherine d'Hautefeuille, Les Saintongers, 24560 Saint-Cernin-de-Labarde, tél. 05 53 24 32 84, vianneydhautefeuille@hotmail.fr r.-v.

♥ ROSE DE SIGOULÈS Doux 2012 ★★

■	6 000		5 à 8 €

Fondée en 1939, cette coopérative regroupe aujourd'hui 150 adhérents qui cultivent 900 ha de vignes au sud de Bergerac.

Cette cuvée emblématique de la cave se pare d'un beau jaune paille brillant et déploie un nez à la fois concentré et fin de fruits confits (abricot sec) et de miel. La bouche s'avère puissante, dense, complexe – on y retrouve le fruit et les notes miellées, avec persistance. La longue finale lui apporte fraîcheur et équilibre. 2014-2020 cœur coulant au chocolat noir ■ Ch. la Besage Prestige 2012 ★ (8 à 11 €) : au nez, des fruits à noyau, de la prune compotée et de la vanille ; en bouche, le même fruité généreux et un bon boisé, mais aussi de la fraîcheur. 2017-2020 ■ Bergerac Clos d'Yvigne Le Prince 2012 ★ (8 à 11 €) : un boisé toasté, au nez comme en bouche, de la rondeur, du charnu, de la structure et une agréable pointe d'amertume ; de bonne garde. 2017-2020

Cave de Sigoulès, Mescoules, 24240 Sigoulès, tél. 05 53 61 55 00, contact@vigneronsdesigoules.fr t.l.j. 9h-12h30 14h-17h30

DOM. DU SIORAC 2013

■	20 400		5 à 8 €

Conduite par les trois frères Landat, rejoints par la dernière génération, cette exploitation de 27 ha est implantée tout au sud du département de la Dordogne, à mi-chemin entre les bastides d'Eymet et d'Issigeac. Outre le vin, elle produit du verjus, un jus de raisins verts acidulé utilisé en cuisine.

D'une teinte or pâle aux reflets verts, ce vin dévoile un nez à la fois fin et concentré, totalement sur le fruit. Un fruité que l'on retrouve avec la même finesse dans une bouche légère, bien équilibrée entre sucres et acidité. 2014-2019 foie gras

Dom. du Siorac, Siorac, 24500 Saint-Aubin-de-Cadelech, tél. 05 53 74 52 90, info@domainedusiorac.fr t.l.j. sf dim. 9h-12h 14h-18h

LES VERDOTS 2012 ★★

■	15 000		20 à 30 €

Conduite depuis 1992 par David Fourtout issu d'une famille originaire de Saint-Émilion, cette exploitation de 45 ha est une valeur sûre du Bergeracois. Un succès lié à un beau terroir de calcaires veinés de silex, à des installations modernes et à des sélections exigeantes.

Encore une belle cuvée signée David Fourtout. Un 2012 au nez intense d'épices et de fruits à l'eau-de-vie, une bouche concentrée, suave sans lourdeur, solide sans dureté, élégante de bout en bout. 2017-2020 canard aux figues ■ Ch. les Tours des Verdots 2011 ★ (8 à 11 € ; 25 000 b.) : très ouvert au nez sur les fruits compotés, des tanins bien fondus en bouche, de la rondeur ; un vin gourmand. 2015-2019 ■ Monbazillac Ch. les Tours des Verdots 2012 ★ (15 à 20 € ; 2 500 b.) : un vin suave, riche, fruité, long et équilibré par une juste fraîcheur. 2014-2020

EARL David Fourtout, Les Verdots, 24560 Conne-de-Labarde, tél. 05 53 58 34 31, verdots@wanadoo.fr t.l.j. sf dim. 9h-12h30 14h-18h30 ; juil.-août 9h-19h 2 B

MONBAZILLAC

• Superficie : 1 949 ha • Production : 44 152 hl

Ce vignoble est implanté au cœur du Bergeracois, sur des coteaux pentus de la rive gauche de la Dordogne exposés au nord. Les grappes y reçoivent en automne la fraîcheur et les brumes qui favorisent le développement du botrytis, la pourriture noble. Le sol argilo-calcaire apporte des arômes intenses ainsi qu'une structure puissante à ces vins moelleux et liquoreux.

DOM. DU BOYER 2011

■	4 000		11 à 15 €

Un domaine établi au cœur du Périgord pourpre, conduit par la famille Boyer depuis trois générations. Le vignoble, planté sur un beau coteau argilo-calcaire, couvre 15 ha.

Riche et vineuse au nez, ouverte sur des parfums d'agrumes mûrs et de cannelle, cette cuvée déroule au palais une agréable souplesse qui évolue vers la douceur. Des notes grillées rappellent que ce vin a connu le bois. Un monbazillac de bonne facture, dont l'harmonie est assurée par une agréable vivacité en finale. 2014-2020 baba au rhum

SCEA Dumonteil & Fils, Le Boyer, 24240 Pomport, tél. 05 53 58 64 37, yannick.dumonteil008@orange.fr t.l.j. 9h-19h

CLOS LA SELMONIE 2011 ★★

■	8 888		15 à 20 €

Propriété familiale depuis cinq générations, aujourd'hui dirigée par Madeleine Beigner, rejointe en 2014 par son fils Benoît, ingénieur-œnologue. La conversion bio est en cours.

Une seyante robe jaune d'or ornée de reflets verts habille ce vin. Le nez, engageant, dévoile des parfums de pâte de fruits et de coing. Tout aussi flatteur et suivant la même ligne aromatique fruitée, le palais se montre frais en attaque, suave et riche dans son développement. Un ensemble très harmonieux, riche sans lourdeur, au potentiel certain. 2017-2025 gâteau aux noix

Madeleine et Christian Beigner, Le Chrisly, 24240 Pomport, tél. 05 53 58 42 35, lechrislybeigner@orange.fr r.-v.

B CH. CLUZEAU Bois blanc 2012 ★★

■	2 400		11 à 15 €

Tonnelier durant quarante ans en Corrèze, Marc Saury a racheté en 2004, à un viticulteur partant à la retraite, cette propriété de 13 ha conduite en bio au cœur du Périgord pourpre, et a construit un chai moderne.

D'un beau jaune or, ce 2012 s'ouvre au premier nez sur des parfums de vanille légués par quatorze mois de fût, puis révèle à l'agitation des arômes complexes de fruits secs et de figue. Le palais se révèle ample, gras, suave et aromatique (fruits confits, miel, boisé discret). Un vin flatteur, riche et concentré. ⌛ 2016-2025 🍷 tarte au chocolat

⊶ SCEA le Petit Cluzeau, Le Petit-Cluzeau, 24240 Flaugeac, tél. 06 80 71 04 05, chateau.cluzeau@yahoo.fr V t.l.j. sf sam. dim. 8h-16h

CH. HAUTE-FONROUSSE 2012

	70 000		5 à 8 €

Gaston Géraud acheta en 1962 le domaine à une famille belge. Son petit-fils Stéphane mène aujourd'hui l'exploitation dont le vignoble couvre 33 ha.

Parée d'un jaune clair brillant, cette cuvée est encore un peu fermée au premier nez, mais libère à l'agitation de plaisants parfums de fruits confits (abricot sec, datte). Le palais se révèle franc, frais, bien fruité, d'une douceur très mesurée. Un vin agréable et léger. ⌛ 2014-2018 🍷 apéritif

⊶ EARL Ch. Haute-Fonrousse, La Haute-Fonrousse, 24240 Monbazillac, tél. 06 14 22 15 04, geraud.vins@wanadoo.fr V t.l.j. sf dim. 9h-12h 14h-19h

CH. DU HAUT PEZAUD
Tentation Élevé en fût de chêne 2011

	3 200		11 à 15 €

Comptable à Bruxelles, éprise des liquoreux, Christine Borgers a quitté en 1999 la Belgique pour devenir vigneronne à Monbazillac. Elle a construit une cave moderne et renouvelé certaines parcelles sur les quelque 9 ha du domaine.

Paré d'un or pâle brillant, ce vin, d'un abord réservé, s'ouvre à l'aération sur les fleurs blanches mâtinées de notes poivrées et réglissées. Le palais se révèle ample, rond, très riche, presque sirupeux, sensation renforcée par des arômes soutenus de fruits confits. ⌛ 2015-2020 🍷 foie gras

⊶ Ch. du Haut Pezaud, Les Pezauds, 24240 Monbazillac, tél. 06 70 75 56 72, cborgers@wanadoo.fr V t.l.j. 8h-12h 13h-18h ⊶ Christine Borgers

♥ CH. HAUT-THEULET 2012 ★★

	26 666		11 à 15 €

Jean-Jacques Lacoste exploite un ensemble viticole réparti sur deux domaines. Caillavel, établi sur le plateau de Pomport, dispose d'un vignoble de 20 ha commandé par un château incendié pendant la guerre de Cent Ans et reconstruit au XVIes. Haut Theulet, d'une superficie de 11 ha, est implanté sur Monbazillac. Des vins souvent en vue dans ces pages.

Le nez, généreux et complexe, associe une palette variée de fruits confits à un boisé fin. Le palais, rond, riche sans lourdeur, sous-tendu par une discrète vivacité, prolonge les impressions olfactives avec une belle intensité : fruits blancs en confiture, abricot mûr, vanille, caramel au lait... Un vin d'une grande harmonie et au potentiel certain. (Bouteilles de 50 cl.) ⌛ 2016-2025 🍷 aumônières de foie gras ■ Côtes-de-bergerac Ch. Caillavel 2012 (5 à 8 € ; 2 000 b.) : un vin fruité (agrumes) et très frais. ⌛ 2014-2018

⊶ Ch. les Hauts de Caillavel, 24240 Pomport, tél. 05 53 73 92 72, caillevel@wanadoo.fr V t.l.j. sf dim. 9h-12h 14h-18h

Ⓑ CH. KALIAN 2012 ★

	6 000		11 à 15 €

Anne et Alain Griaud ont acquis en 1992 cette propriété (convertie en bio) qu'ils baptisent alors Château Kalian, en référence aux prénoms de leurs enfants : Katell et Kilian. La première est aujourd'hui *winemaker* en Virginie, et le second a pris la suite de ses parents.

Ouverte sur les fleurs au premier nez, cette cuvée révèle progressivement une belle complexité sur des parfums de fruits exotiques et de fruits secs (noisette, amande). D'une douceur mesurée, stimulé par une agréable fraîcheur, le palais libère quant à lui des arômes soutenus de fruits bien mûrs (abricot, pamplemousse). Un ensemble harmonieux, plus souple et fin que riche et puissant. ⌛ 2014-2020 🍷 coquilles Saint-Jacques au miel ■ Bergerac 2012 ★ (8 à 11 € ; 5 000 b.) : un vin structuré, boisé et généreux (pruneau). ⌛ 2016-2019

⊶ EARL Kalian Griaud, Ch. Kalian, Bernasse, 24240 Monbazillac, tél. 05 53 24 98 34, kalian.griaud@wanadoo.fr V t.l.j. 10h-19h

CH. LADESVIGNES Automne 2011

	5 000		15 à 20 €

Véronique et Michel Monbouché ne cessent d'améliorer et d'étendre leur domaine (63 ha aujourd'hui), qui bénéficie d'un panorama imprenable sur Bergerac et la vallée de la Dordogne. La fin des travaux qu'ils ont entrepris est prévue pour... 2020.

Le nez, discret, à la complexité naissante, mêle à l'agitation notes minérales, fleurs blanches et fruits secs. Le palais est rond, gras et doux, mis en valeur par des arômes flatteurs de fruits confits. La finale est plus marquée par l'élevage. La garde lui apportera l'harmonie. ⌛ 2016-2020 🍷 tarte Tatin

⊶ Ch. Ladesvignes, Ladesvignes, 24240 Pomport, tél. 05 53 58 30 67, contact@ladesvignes.com V t.l.j. sf sam. dim. 9h-12h 14h-18h ⊶ Monbouché

CH. DE PLANQUES 2011 ★

	3 200	8 à 11 €

Sous le nom de « Planques Livardie », ce domaine fait partie des trente-deux marques hollandaises dont les protestants, émigrés aux Pays-Bas après la révocation de l'édit de Nantes en 1685, assurèrent le commerce florissant tout au long du XVIIIes. L'une des plus anciennes propriétés du Bergeracois, dans la même famille depuis cette date.

Le nez intense et riche s'ouvre sur des notes d'agrumes et de fruits exotiques (papaye, banane). Le palais est onctueux, renforcé par des arômes de prune confite et de miel. Un vin d'une grande suavité, généreux et équilibré par une fine fraîcheur bienvenue. ⌛ 2016-2022 🍷 foie gras ■ Bergerac 2013 ★ (moins de 5 € ; 5 600 b.) : une belle présence aromatique, à dominante de fraise et de framboise, et une bouche vive et alerte. Un vin pimpant. ⌛ 2014-2015

SCEA Ch. de Planques, Planques, 24100 Bergerac, tél. 05 53 58 30 18, chateau.de.planques@wanadoo.fr V t.l.j. sf sam. dim. 8h30-12h 14h-17h30

CH. POULVÈRE 2011 ★

20 000 | 5 à 8 €

Ancienne dépendance du château de Monbazillac, le château Poulvère date de la même époque. Il est exploité depuis plus de cent ans par les Borderie, qui travaillent toujours en famille sur un vignoble de 104 ha : Francis conduit le vignoble, et son neveu Frédéric le chai.

Cette cuvée s'ouvre sur des notes florales puis sur l'abricot. La bouche se révèle franche et vive, adoucie par des arômes de miel. Un vin encore dans sa jeunesse, qui révélera son équilibre et son intensité avec la garde. 2016-2020 fromages à pâte persillée Bergerac 2013 ★ (moins de 5 € ; 33 000 b.) : un nez délicat de fraise et de bonbon anglais, une bouche ronde et bien équilibrée, stimulée par une agréable amertume en finale. 2014-2015 Pécharmant Dom. des Grangettes Selon Gaston 2011 (8 à 11 € ; 14 000 b.) : un vin puissant encore dans sa jeunesse ; la garde aidera à fondre ses tanins, encore austères. 2017-2020

GFA Poulvère et Barses, Poulvère, 24240 Monbazillac, tél. 05 53 58 30 25, famille.borderie@poulvere.com V t.l.j. sf dim. 9h-12h30 13h30-18h Borderie

♥ B CH. LA ROBERTIE Vendanges de Brumaire 2011 ★★

3 000 | 15 à 20 €

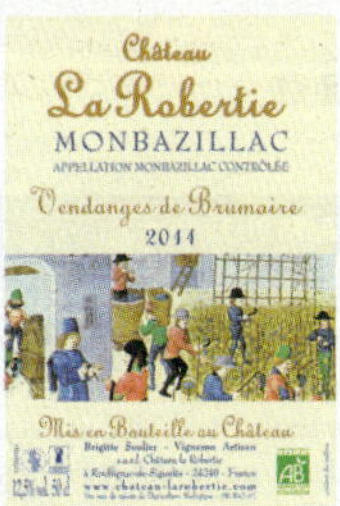

« Vigneron artisan », c'est ainsi que se définit Brigitte Soulier, depuis 1999 à la tête de ce domaine très régulier en qualité : 14 ha en bio certifié depuis 2011 (la biodynamie est en cours), qu'elle conduit avec son mari Jean-Philippe. Le vignoble comprend deux ensembles : à Rouffignac, les sémillon s'accordent aux argiles, sur le plateau de Flaugeac, les cépages rouges prennent racine dans un sol de calcaire dur et riche en fer.

La robe est d'un élégant jaune d'or aux reflets cuivrés. Le nez, bien ouvert, mêle la poire en confiture, la noix de coco et la vanille. Puissante et suave, ample et généreuse, la bouche associe le coing, l'abricot confit et les épices. Un vin intense, riche et complexe, doté d'un potentiel de garde certain. (Bouteilles de 50 cl). 2016-2025 canard à l'orange Côtes-de-bergerac Robertie Haute 2011 (11 à 15 € ; 6 000 b.) : un mariage réussi entre les fruits rouges, les tanins et le boisé. Un vin encore dans sa jeunesse que la garde aidera à libérer pleinement. 2016-2019

Ch. la Robertie, La Robertie, 24240 Rouffignac-de-Sigoulès, tél. 05 53 61 35 44, chateau.larobertie@wanadoo.fr V t.l.j. 10h-19h ; sam. dim. sur r.-v. Brigitte Soulier

SEIGNEURS DE MONBAZILLAC 2011

8 000 | 5 à 8 €

La maison Yvon Mau, maison de négoce bordelaise filiale du groupe espagnol Freixenet, distribue aussi une gamme de vins du Bergeracois.

Parée d'un jaune or brillant, cette cuvée s'ouvre sur un nez d'abricot confit et d'épices. Des arômes prolongés par un palais onctueux, équilibré et de bonne longueur. 2014-2018 gâteau basque

SA Yvon Mau, rue Sainte-Pétronille, 33190 Gironde-sur-Dropt, tél. 05 56 61 54 54, info@ymau.com

CH. VARI 2011 ★

17 000 | 11 à 15 €

Yann Jestin, installé depuis 1994 sur ce domaine de 20 ha, est œnologue et courtier en grands crus classés du Bordelais. Il a engagé en 2009 la conversion de son vignoble à l'agriculture biologique.

Teinté de jaune paille aux reflets dorés, ce 2011 révèle un nez discret, légèrement boisé. Le palais, gourmand et délicatement suave, mêle les fruits frais et le miel, et déroule jusqu'en finale une fine vivacité. Un monbazillac atypique, alerte et aérien. 2014-2018 toasts de pain d'épice au foie gras

SARL Les Vignobles Jestin, Pataud, 24240 Monbazillac, tél. 05 53 61 84 98, contact@chateau-vari.com V t.l.j. sf sam. dim. 8h-12h 13h-17h

MONTRAVEL

Cette région garde le souvenir de Montaigne : c'est dans la maison forte familiale que l'écrivain rédigea ses *Essais* et l'on peut encore visiter sa « librairie » à Saint-Michel-de-Montaigne. La production se divise en montravel blanc sec, typé par le sauvignon, en côtes-de-montravel et haut-montravel, deux appellations de vins moelleux, et depuis 2001 en montravel rouge. En rouge comme en blanc, les cépages sont ceux du Bordelais voisin.

CH. BRUNET-CHARPENTIÈRE Sec 2013

2 600 | 5 à 8 €

En 1986, Robert et Pierrette Descoins replantent les vignes d'un ancien domaine établi sur la rive droite de la Dordogne. Aujourd'hui, leur fils Franck est à la tête d'un vignoble de 24 ha enracinés sur un coteau en pente douce exposé au plein sud.

Le nez simple mais intense évoque les parfums du sauvignon. La bouche, tonique, affiche un fruité plaisant et frais. Un vin bien typé du cépage. 2014-2015 plateau de fruits de mer

EARL Brunet-Charpentière, Les Charpentières, 24230 Montazeau, tél. 05 53 27 54 71, franck.descoins@free.fr V r.-v. Descoins

L'ENCLOS PONTYS 2011 ★

10 000 | 8 à 11 €

Négociant bordelais bien connu, Jean-Marie Chadronnier a cherché de « grands terroirs » hors des appellations de prestige. C'est ainsi qu'il a acquis Marsau (12 ha) en 1994, séduit par son terroir d'argiles profondes où prospère le merlot, cépage exclusif. Avant de planter en 2002, à deux collines de là, mais dans le Bergeracois (Sud-Ouest) deux petits hectares à Montpeyroux, berceau de la famille : c'est l'Enclos Pontys (AOC montravel), dominé lui aussi par le merlot.

Paré d'une robe intense et sombre, ce 2011 révèle un joli nez de fruits rouges bien mûrs qu'accompagnent des

SUD-OUEST

notes boisées. La bouche ample et harmonieuse dévoile elle aussi un beau fruité. Ce vin aux tanins serrés et légèrement austères mérite d'attendre pour s'exprimer pleinement. ⧗ 2017-2020 🍴 foie gras de canard en cocotte
⊶ Famille Chadronnier, SC Ch. Marsau, Bernarderie, 33570 Francs, tél. 06 09 71 22 35, jm.chadronnier@gmail.com V r.-v.

CH. LAULERIE Comtesse de Ségur 2011 ★

■	12 000		8 à 11 €

Installés dans le Périgord en 1977, les frères Dubard, Serge et Olivier, rejoints par leur sœur Marine, ont créé un vaste ensemble viticole. Leur fleuron bergeracois est le Ch. Laulerie, 83 ha aujourd'hui, complétés en 2000 par les 10 ha en pécharmant des Farcies du Pech'. Valeur sûre du Bergeracois, ils se sont étendus au Libournais voisin.

Le nez, puissant, mêle les fruits mûrs et le poivre. Une générosité que ne renie pas le palais, intense, rond, charnu, soutenu par des tanins solides qu'il conviendra de laisser s'affiner. ⧗ 2017-2020 🍴 civet de lièvre ■ Comtesse de Ségur 2012 ★ (13 000 b.) : un vin floral et boisé au nez, suave et rond en bouche, auquel une petite garde assurera plus de fondu. ⧗ 2016-2019
⊶ Vignobles Dubard, Le Gouyat, 24610 Saint-Méard-de-Gurçon, tél. 05 53 82 48 31, contact@vignoblesdubard.com V t.l.j. sf sam. dim. 9h-12h30 13h30-17h30

CH. MAROT Désir carmin 2011

■	2 000		8 à 11 €

Le domaine de la famille Reynou se situe à Perreau, hameau du XVIe s. proche du village de Saint-Michel-de-Montaigne. Succédant à quatre générations de viticulteurs, Gaëlle reprend le vignoble en 2013 : 21,5 ha conduits en viticulture raisonnée.

Le nez, intense et riche, ouvert sur des notes suaves de fruits bien mûrs. La bouche, ronde et équilibrée, sur le cassis, est marquée en finale par des tanins plus stricts qui demandent à se fondre. ⧗ 2016-2019 🍴 coq au vin ■ Bergerac 2012 (5 à 8 € ; 11 000 b.) : un vin jeune mais prometteur, porté par des tanins encore austères en finale. ⧗ 2016-2019
⊶ EARL Vignobles Reynou, Perreau, 24230 Saint-Michel-de-Montaigne, tél. 06 81 08 98 36, gaelle@vignobles-reynou.fr V t.l.j. sf sam. dim. 8h30-12h 13h30-17h30

CH. MASBUREL 2012 ★

■	2 400		8 à 11 €

Jean de Sambellie, consul de Sainte-Foy à l'époque de Louis XV, planta ici le premier cep de vigne. Entre 1998 et 2003, Olivia et Neil Donnan ont restauré la bastide girondine, équipé la cave et replanté plus d'un tiers du vignoble, avant de prendre leur retraite en 2008 et de vendre la propriété à l'Anglais Julian Robbins.

Paré d'un jaune paille soutenu, ce 2012 révèle un nez complexe de fleurs blanches mariées à un léger boisé. Le palais est rond et gras, bien porté sur le fruit à l'attaque, avant que n'apparaisse le boisé en finale, agrémenté d'une pointe d'amertume agréable. Un vin riche et puissant. ⧗ 2016-2019 🍴 poisson au curry doux
⊶ Ch. Masburel, lieu-dit Masburel, 33220 Fougueyrolles, tél. 05 53 24 77 73, chateau-masburel@wanadoo.fr V r.-v. ⊶ Julian Robbins

♥ CH. MOULIN CARESSE
Cœur de roche 2011 ★★★

■	2 000		30 à 50 €

Très ancienne propriété familiale située sur les hauteurs de Montravel, ce vaste domaine est aujourd'hui l'une des références en Bergeracois, grâce au travail mené depuis 1990 (sortie de la coopérative) par Jean-François Deffarge, « autodidacte en œnologie », qui passe aujourd'hui la main à ses enfants. Le vignoble (47 ha) s'étend sur deux terroirs bien distincts : des pentes argilo-calcaires et un haut plateau de boulbènes.

Le nez, à la fois généreux et d'une finesse remarquable, conjugue en toute harmonie petits fruits mûrs et boisé bien fondu. Le palais se révèle intense et caressant, très fruité (fruits rouges), ample et riche, porté par des tanins veloutés et soyeux. Un grand vin né d'une vinification et d'un élevage parfaitement soignés. ⧗ 2018-2024 🍴 civet de sanglier ■ Bergerac Magie d'automne 2012 ★ (5 à 8 € ; 26 000 b.) : un vin friand et rond, sur les fruits rouges et noirs épaulés par un agréable boisé. ⧗ 2016-2019 ■ Bergerac Magie d'automne 2013 (5 à 8 € ; 16 000 b.) : un vin typé sauvignon, auquel le boisé amène un surcroît de structure et de complexité. ⧗ 2014-2016
⊶ EARL Deffarge Danger, 1235, rte de Couin, 24230 Saint-Antoine-de-Breuilh, tél. 05 53 27 55 58, moulin.caresse@cegetel.net V t.l.j. 9h-12h 14h-18h; sam. dim. sur r.-v.

CH. MOULIN DE BEL-AIR 2013 ★★

■	22 500	5 à 8 €

Après un parcours dans l'électronique, Jean-René Ley est revenu aux vignes familiales, qui couvrent aujourd'hui 50 ha dans le Bergeracois et le Libournais. Le château se trouve à l'endroit d'une commanderie des Templiers dont subsiste la chapelle.

Paré d'un jaune d'or limpide, ce 2013 dévoile un nez intense de fleurs blanches et d'agrumes agrémentés de légères notes minérales. Le palais réserve d'agréables surprises : rondeur, fruité, matière sont mis en valeur par une acidité bienvenue. Un vin harmonieux et subtil. ⧗ 2014-2018 🍴 filet de maigre aux herbes fraîches
⊶ GAF Ley et Fils, Dom. des Templiers, 24230 Saint-Michel-de-Montaigne, tél. 05 53 58 68 15, ley.vignobles@wanadoo.fr V t.l.j. 9h-12h30 14h-17h; f. 1er-31 août

♥ CH. PUY-SERVAIN
Marjolaine Élevé en fût de chêne 2012 ★★

■	4 500		8 à 11 €

Puy-Servain est le nom du lieu-dit et signifie « sommet » (*puy*), « venteux ou servi par le vent » (*servain*). Daniel Hecquet fut œnologue au célèbre château d'Yquem, avant de regagner la propriété familiale à Port-Sainte-Foy, qui compte aujourd'hui 47 ha de vignes. Un pilier du Bergeracois pour ses montravel et haut-montravel.

Du sauvignon et du bois : facile à dire, moins facile à faire. Et pourtant… Remarquable par son équilibre, ce vin s'ouvre sur des parfums exubérants de fruits frais (agrumes, fruits exotiques) mâtinés par un fin vanillé. La même intensité caractérise le palais, gras, souple, élégant, qui marie sans fausse note arômes exotiques et boisé fondu. Un modèle de vinification. ⧗ 2016-2018 🍷 saint-jacques au beurre citronné ■ Pécharmant Prestige des Bertranoux 2011 (15 à 20 € ; 4 200 b.) : des fruits frais agréablement présents au nez, une bouche bien équilibrée avec des tanins qui demandent à se fondre. Un joli vin, encore jeune. ⧗ 2016-2019

⊶ SCEA Puy-Servain, Calabre, 33220 Port-Sainte-Foy, tél. 05 53 24 77 27, oenovit.puyservain@wanadoo.fr V t.l.j. 8h-12h 14h-18h ⊶ Hecquet

CH. LE RAZ
Cuvée Grand Chêne Élevé en fût de chêne 2012 ★

■ | 7 600 | | 5 à 8 €

Le domaine est entré dans la famille Barde en 1958. Au fil des ans, des achats et des fermages, il s'est s'agrandi de vignes, de bois et de cultures, et embelli après la restauration de sa gentilhommière du XVIIes. Les vignes occupent aujourd'hui 60 ha sur les hauts plateaux.

Floral et minéral pour les uns, fruits blancs mûrs pour les autres, le nez fait preuve d'intensité et de complexité. Le palais, qui s'ouvre sur une attaque fruitée et suave, s'enrichit d'un boisé marqué, encore un peu dominant. Un vin qui demande à se révéler avec la garde. ⧗ 2016-2019 🍷 blanquette de veau aux morilles ■ Bergerac Cuvée Grand Chêne Élevé en fût de chêne 2012 (20 800 b.) : un vin souple, charnu, bien fruité, mais encore un peu austère en finale. À attendre pour plus d'harmonie. ⧗ 2016-2018

⊶ GAEC du Maine, Le Raz, 24610 Saint-Méard-de-Gurçon, tél. 05 53 82 48 41, vignobles-barde@le-raz.com V t.l.j. sf dim. 9h-12h30 14h15-18h30 ; sam. sur r.-v. ⊶ Barde

TERRE BLEUE 2013

■ | 16 000 | | 5 à 8 €

Fondée en 1935, cette cave coopérative établie aux confins du Bergeracois et du Bordelais exploite aujourd'hui un vignoble de 400 ha et propose une large gamme de vins des aires de Bergerac et de Montravel.

Ce 2013 jaune pâle s'ouvre sur un joli fruité. En attaque, le palais se montre gras et tout aussi fruité, puis il évolue vers une franche vivacité jusqu'en finale. Un vin encore jeune et un brin fougueux. ⧗ 2015-2018 🍷 plateau de fruits de mer

⊶ Union de Viticulteurs de Port-Sainte-Foy, 78, rte de Bordeaux, 33220 Port-Sainte-Foy, tél. 05 53 27 40 75, union.viticulteurs@orange.fr V r.-v.

B CH. TUQUET MONCEAU Sec 2013 ★

■ | 8 000 | | - de 5 €

Cette ferme typique de la région est construite sur une butte qui lui vaut son nom de « Tuquet ». Éric Goubault de Brugière et son épouse exploitent ce domaine depuis 1998. En 2000, une nouvelle étape est franchie avec la construction du chai. En 2009, c'est la conversion vers l'agriculture biologique qui est entamée, et aujourd'hui certifiée.

Cette cuvée s'ouvre sur un nez agréablement parfumé d'agrumes, de poire mûre, de notes minérales et de fleurs blanches. Le palais séduit par son gras, que l'on perçoit dès l'attaque, et par sa légère douceur. Les arômes fruités persistent jusqu'en finale, soulignés par une fine vivacité. ⧗ 2014-2016 🍷 filet de sandre au four ■ Bergerac 2012 (26 000 b.) : un vin souple et agréable sur le fruit et la fraîcheur. ⧗ 2014-2015

⊶ EARL Éric et Cécile Goubault de Brugière, Le Tuquet, 24230 Saint-Vivien, tél. 05 53 22 79 49, cecileric.goubault@gmail.com V r.-v.

CÔTES-DE-MONTRAVEL

• Superficie : 30 ha • Production : 1 169 hl

CH. PIQUE-SÈGUE 2011 ★

■ | 4 800 | | 8 à 11 €

Cette propriété fut déjà répertoriée au XIVes. par l'archevêque de Bordeaux pour la qualité de ses vins. Henri IV y faisait halte, dit-on, pour abreuver son cheval à l'une de ses fontaines. Sept siècles plus tard, la vigne demeure, couvrant plus de 220 ha sur les plus hauts coteaux de Montravel.

Cette cuvée jaune d'or limpide aux reflets verts révèle le sauvignon à l'olfaction, avec ses notes de fleurs, de buis, mais aussi de fruits confits. Le palais, fruité et suave, fait preuve d'un beau volume. Une fraîcheur fort à propos accompagne la finale. ⧗ 2014-2020 🍷 foie gras poêlé

⊶ SNC Ch. Pique-Sègue, Ponchapt, 33220 Port-Sainte-Foy-et-Ponchapt, tél. 05 53 58 52 52, infos@chateau-pique-segue.fr V r.-v.

CH. ROQUE-PEYRE 2013 ★

■ | 26 000 | | 5 à 8 €

À l'origine, cette petite propriété familiale produisait surtout des vins doux, comme la plupart des vignerons de la région. Aujourd'hui, Jean-Marie Vallette propose aussi des vins rouges. Après plus d'un siècle d'existence, le domaine s'étend sur 47 ha, associant la viticulture au tourisme vert.

Ce 2013 jaune pâle aux reflets verts révèle un nez intense et complexe, sur des notes acidulées associées aux fruits exotiques. Le palais, bien équilibré, offre rondeur et onctuosité, ainsi qu'une fraîcheur agréable portée par des arômes d'agrumes. Un vin alerte et fruité. ⧗ 2016-2018 🍷 tarte au citron

⊶ EARL Vignobles Vallette, lieu-dit Roque, 33220 Fougueyrolles, tél. 05 53 24 77 98, vignobles.vallette@wanadoo.fr V r.-v.

PÉCHARMANT

• Superficie : 418 ha • Production : 14 864 hl

Au nord-est de Bergerac, ce « Pech », colline couverte de vignes, donne un vin rouge aux tanins fins et élégants, apte à la garde.

L'ANCIENNE CURE L'Abbaye 2011 ★★

12 000 | 11 à 15 €

Cinquième génération à cultiver la vigne, Christian Roche hérite d'une partie de la propriété familiale en 1984. Cinq ans plus tard, il aménage son chai de vinification. Établi dans l'ancien presbytère de Colombier, il conduit aujourd'hui un vaste vignoble de plus de 40 ha (avec une dominante de vignes blanches) aux sols variés, ce qui lui permet de proposer une large gamme de vins du Bergeracois, complétée par une activité de négociant-éleveur. Incontournable.

D'un beau noir intense et profond, ce pécharmant dévoile un nez complexe de fruits rouges et noirs mâtinés d'épices et d'un fin vanillé. Le palais, tout aussi aromatique (fruits frais, épices, cacao), se révèle ample, dense, puissant, porté par des tanins solides, encore un peu stricts en finale. Tous les attributs du grand vin de garde. ⌛ 2018-2024 🍴 confit d'oie aux pommes rissolées ■ Côtes-de-bergerac L'Extase 2011 ★ (15 à 20 € ; 10 000 b.) : beau mariage de la cerise et de la groseille agrémentés de vanille, de la matière et de la structure. ⌛ 2017-2022 ■ Monbazillac L'Extase 2011 ★ (30 à 40 € ; 5 000 b.) : un nez surprenant d'acacia, de cannelle et de litchi ; un palais gras et onctueux, tapissé par des notes de confiture acidulée, de cannelle et de prune, stimulé par une fine vivacité. ⌛ 2017-2025 ■ Monbazillac L'Abbaye 2011 ★ (20 à 30 € ; 8 000 b.) : un nez intense et confit sur les fruits mûrs et les agrumes, un palais onctueux d'une grande complexité, porté par le coing, la poire et l'ananas. ⌛ 2017-2025

🔑 SARL l'Ancienne Cure, 24560 Colombier, tél. 05 53 58 27 90, ancienne-cure@orange.fr t.l.j. 9h-19h, dim. sur r.-v.

CH. BEAUPORTAIL 2012 ★★★

24 000 | 8 à 11 €

Installé en 2003, Fabrice Feytout conduit aujourd'hui un vignoble de 10 ha établi sur les coteaux de Pécharmant. Souvent en vue pour ses rouges comme pour ses monbazillac.

Ce 2012 à la robe profonde presque noire s'ouvre sur un nez intense et concentré de fruits noirs et de griotte. Le palais est puissant, gras et volumineux, porté par de beaux arômes de fruits noirs. Les tanins sont bien présents, mais sans excès de vigueur, épaulés par un boisé discret et par une pointe de vivacité qui apporte du tonus et de la longueur. Un vin admirable promis à une longue garde. ⌛ 2018-2025 🍴 civet de biche ■ Monbazillac Grains nobles de la Truffière 2011 ★★ (11 à 15 € ; 6 500 b.) : un nez suave et confit de figue, relayé par une bouche puissante, riche et onctueuse. (Bouteilles de 50 cl.) ⌛ 2016-2024

🔑 La Truffière-Beauportail, rte du Hameau-de-Pécharmant, Beauportail, 24100 Bergerac, tél. 06 08 03 13 16, truffiere-beauportail@wanadoo.fr r.-v.
🔑 Fabrice Feytout

CH. CHAMPAREL 2011 ★

23 200 | 8 à 11 €

Cette propriété viticole centenaire étage ses de 9 ha de vignes au sommet d'un coteau bien exposé plein sud. La propriété a le charme des demeures périgourdines et dispose d'un panorama exceptionnel sur Bergerac et la vallée de la Dordogne.

Cette cuvée grenat presque noir aux reflets acajou s'ouvre sur un nez de fruits rouges (fraise, framboise) et des notes grillées, épicées et réglissées, léguées par douze mois en fût. Le palais ? Rond, fruité (fruits noirs), un rien acidulé et encore un peu strict en finale. Du potentiel. ⌛ 2017-2020 🍴 magret de canard braisé

🔑 Françoise Bouché, 1637, Hameau-de-Pécharmant, 24100 Pécharmant, tél. 05 53 57 34 76, champarel@wanadoo.fr r.-v.

MARQUIS DE CHAMTERAC 2011 ★★

n.c. | 8 à 11 €

Le château de Monbazillac, siège de la cave coopérative de Monbazillac depuis 1960, présente une architecture originale, mélange de systèmes défensifs médiévaux et d'élégance de la Renaissance. Le monument datant du XVIe s. est emblématique du Bergeracois.

Le nez dévoile de fines senteurs de fruits rouges. Gras et suave, le palais prolonge ce fruité gourmand et s'appuie sur des tanins mûrs et soyeux. ⌛ 2015-2018 🍴 ballottines de canard ■ Bergerac 2013 ★ (moins de 5 € ; 33 000 b.) : un joli vin empreint de notes de bonbon anglais dont la fraîcheur persiste agréablement en bouche. ⌛ 2014-2015 ■ Monbazillac Ch. Septy 2011 ★ (11 à 15 € ; 42 500 b.) : un vin élégant, fin, d'une agréable suavité apportée par des arômes persistants de caramel et de miel. ⌛ 2016-2024

🔑 SARL Ch. de Monbazillac, rte de Mont-de-Marsan, 24240 Monbazillac, tél. 05 53 63 65 00, gmpasselande@chateau-monbazillac.com t.l.j. 10h-12h30 13h30-18h

♥ CH. CORBIAC Number one 2012 ★★

36 000 | 8 à 11 €

Antoine de Corbiac, qui a rejoint sa mère Thérèse sur l'exploitation, représente la... dix-septième génération sur le domaine, une famille apparentée à Cyrano de Bergerac. Très ancien, ce vignoble, de 16,5 ha aujourd'hui, idéalement perché sur la crête du coteau de Pécharmant, est aussi une valeur sûre du Bergeracois.

Le bouquet, intense et fin, associe sans fausse note fruits noirs (cassis, mûre) et nuances vanillées. Le palais, à l'unisson, se révèle ample, gras, rond, adossé à des tanins puissants mais soyeux et à un boisé parfaitement intégré. La finale, longue, suave et fruitée, laisse le souvenir d'un vin d'une grande harmonie et bâti pour durer. ⌛ 2018-2025 🍴 cailles farcies au foie gras

🔑 Durand de Corbiac, Ch. de Corbiac, 24100 Bergerac, tél. 05 53 57 20 75, corbiac@corbiac.com r.-v.

CH. LES FARCIES DU PECH' 2011 ★★★

50 000 | 8 à 11 €

Installés dans le Périgord en 1977, les frères Dubard, Serge et Olivier, rejoints par leur sœur Marine, ont créé

un vaste ensemble viticole. À leur fleuron bergeracois, le Ch. Laulerie, ils ont ajouté en 2000 le vignoble des Farcies du Pech' : 10 ha dans l'aire du pécharmant, commandés par une chartreuse du XVIIe s. s'ouvrant sur un parc de 8 ha.

Le nez de fruits noirs, d'épices et de vanille se dévoile avec subtilité, finesse et puissance. Le palais se révèle ample, concentré et charnu, étayé par des tanins bien mûrs et agréablement enrobés qui portent loin la finale suave et fruitée. Un pécharmant intense, généreux et de longue garde. 2018-2025 cassoulet ■ Élixir 2011 ★★ (15 à 20 € ; 6 000 b.) un vin au nez expressif sur le fruit et les notes d'épices, au palais puissant et croquant, mais encore un peu dominé par le boisé et par une pointe d'acidité, que le temps domptera. 2018-2022

SARL Hameau de Pécharmant, Ch. les Farcies du Pech', 24100 Bergerac, tél. 06 75 28 01 90, sbdubard@gmail.com V t.l.j. sf dim. 8h-13h 14h-19h 4 Dubard

DOM. DU HAUT-PÉCHARMANT Prestige 2011 ★

■ | 20 000 | | 11 à 15 €

Les 35 ha du vignoble s'étalent au sommet du coteau de Pécharmant, au sol caillouteux et sablonneux parsemé de silex taillés. Didier Roches est installé depuis 1998 dans une demeure du XIXe s. entourée d'un parc dominant la vallée.

Ce 2011 grenat presque noir s'ouvre sur un nez généreux mais élégant avec ses notes de fruits à l'eau-de-vie, de réglisse et de vanille. Au palais, la structure tannique est bien en place, enrobée d'une agréable douceur et de beaux arômes de fruits rouges mûrs. La pointe d'amertume en finale et la légère nervosité des tanins s'assagiront avec l'âge. 2018-2023 rôti de bœuf

Didier Roches, Dom. du Haut-Pécharmant, 24100 Bergerac, tél. 05 53 57 29 50, hautpecharmant@orange.fr V t.l.j. 8h-12h30 13h30-18h30

♥ CH. HUGON 2011 ★★★

■ | 3 600 | | 8 à 11 €

Sébastien Cousy bichonne son petit domaine de 4,1 ha en haut de la butte du hameau de Pécharmant. Ayant repris le vignoble en 2007, il le cultive en lutte raisonnée et proscrit l'utilisation de désherbants.

Noire intense aux reflets violacés, cette cuvée révèle au nez puissance et complexité : fruits noirs, épices, chocolat, notes grillées et torréfiées. La bouche, ample, généreuse et suave, dévoile des arômes de fruits et de vanille qui se mêlent harmonieusement, faisant presque oublier les tanins tant ils sont mûrs et enrobés. La finale s'étire longuement sur un plaisant retour du fruit, laissant le souvenir d'un vin d'une harmonie exceptionnelle. 2017-2022 palombe rôtie aux cèpes

Sébastien Cousy, chem. du Hameau-de-Pécharmant, 24100 Bergerac, tél. 05 53 73 23 80, chateau.hugon@neuf.fr V t.l.j. 9h-12h 14h-18h

CH. DES LYS Cuvée Platine 2011 ★

■ | 4 500 | | 15 à 20 €

Reconversion réussie pour Isabelle Priollaud, qui a repris ce vignoble en 2010, après avoir étudié l'ébénisterie d'art et l'agencement de luxe.

Le travail de la vigneronne sur l'alliance du bois et des métaux explique le nom de cette cuvée à la robe grenat intense, presque noire. Le nez puissant et expressif mêle les fruits noirs et la cerise. Le palais se déroule tout en rondeur, sur des arômes de fruits bien mûrs, soutenue par des tanins fins et serrés qui demandent à se fondre encore. Prometteur. 2017-2021 civet de lapin

Priollaud, 1214, chem. du Hameau-de-Pécharmant, 24100 Bergerac, tél. 05 47 77 07 24, chateaudeslys@gmail.com V r.-v.

CH. LES MARNIÈRES Les Pierres levées 2012 ★

■ | 5 000 | | 8 à 11 €

La propriété de Reine et Christophe Geneste est dans la famille depuis six générations. Le vignoble de 32 ha se partage entre 20 ha de rouges et 12 ha de blancs. Certaines parcelles sont constituées de marnes, d'où le nom de la propriété.

Agréablement portée par les fruits noirs et des notes boisées au nez, cette cuvée se montre élégante avec son fruité et ses tanins soyeux et bien enrobés. Le temps lui apporte plus d'harmonie encore. 2016-2020 confit de canard ■ Les Pierres levées 2011 (5 600 b.) : plaisant au nez grâce à ses notes florales (en particulier la violette), ce vin affiche des tanins fins et gourmands, encore un peu marqués par le boisé du fût. 2017-2020 ■ Côtes-de-bergerac 2013 (5 à 8 € ; 12 000 b.) : une cuvée d'une agréable fraîcheur, soulignée par de fines notes d'agrumes. 2014-2018

Christophe Geneste, SCEA Vignobles Geneste, imp. des Marnières, 24520 Saint-Nexans, tél. 05 53 58 31 65, chateaulesmornieres@orange.fr V r.-v. E

DOM. LA MÉTAIRIE Cuvée du Puech 2011 ★

■ | 13 000 | | 5 à 8 €

Tout a commencé au château Thieulet à Monbazillac, berceau de la famille Alard. Antoine Alard a diversifié sa production avec des pécharmant issus du Dom. de la Métairie et du Ch. de Biran.

Cette cuvée s'ouvre sur un nez de fruits noirs bien mûrs rehaussés de notes de réglisse. Le palais s'appuie sur des tanins bien présents mais sans dureté. La finale est vive mais équilibrée par une agréable suavité. Un vin complet, qui demande toutefois à attendre un peu pour parfaire son harmonie. 2016-2019 confit de canard aux lentilles ■ Bergerac Ch. Thieulet 2013 ★ (12 000 b.) : au nez, une palette aromatique à dominante d'agrumes ; en bouche, de la nervosité, de l'intensité et de plaisantes notes de rose. 2014-2016

SARL Dom. la Métairie, Le Theulet, 24240 Monbazillac, tél. 05 53 57 30 43, alardetfils@wanadoo.fr

DOM. LE PERRIER Cuvée le Perrier 2012 ★

■ | 1 500 | | 11 à 15 €

Cette petite exploitation de 10 ha est dans la famille depuis trois générations. Alexis Labat s'y est installé en

SUD-OUEST

2010 après avoir fait ses classes dans le Bordelais. Il replante aujourd'hui son vignoble en augmentant la densité des vignes.

Ce vin livre un bouquet intense et concentré sur le fruit, rehaussé de notes d'épices douces et de torréfaction. Le palais se révèle puissant, riche, chaleureux, soutenu par un boisé pour l'heure un peu dominant. Prometteur. ⌛ 2017-2020 🍷 coq au vin

⊶ Guyon-Labat, Les Graves, 24140 Queyssac, tél. 05 53 27 11 76, domaineleperrier@orange.fr V ⊠ ⊠ t.l.j. 8h-12h 14h-19h

CH. LA RENAUDIE
• Vieilles Vignes 2012 ★

■	8 000	◍	15 à 20 €

Ce château du XVIIIᵉs. se dresse à Lembras, sur une colline dominant Bergerac. Le vignoble s'étend sur 102 ha d'un seul tenant, une taille imposante représentant environ 10 % de la surface de l'AOC pécharmant.

Les fruits noirs (cassis, mûre) s'expriment avec puissance au nez. Le palais s'équilibre entre gras, tanins enrobés et fine vivacité, qui pousse loin la finale. ⌛ 2017-2020 🍷 confit de canard

⊶ Ch. la Renaudie, RN 21, 24100 Lembras, tél. 05 53 27 05 75, contact@chateaurenaudie.com V ⊠ ⊠ t.l.j. 9h30-18h30

CH. DU ROOY 2011 ★★

■	26 000	◍	8 à 11 €

Partis de rien, avec un vignoble en mauvais état, Gilles et Laetitia Gérault améliorent chaque année les vignes, le chai, les équipements de vinification et de stockage, et la qualité des vins nés d'un vignoble de 19 ha.

D'un beau grenat profond, ce vin affiche un nez complexe de fruits rouges, d'épices et de boisé. Le palais s'ouvre sur les fruits rouges, puis évolue vers plus de puissance, porté par des tanins solides, denses et encore un peu austères. Un vin de caractère, encore dans sa jeunesse. ⌛ 2018-2021 🍷 civet de lièvre à la royale ■ Bergerac 2013 ★★ (moins de 5 € ; 6 000 b.) : un nez gourmand de fruits rouges et un palais bien équilibré, frais et empreint d'une légère douceur. ⌛ 2014-2015

⊶ Gilles et Laetitia Gérault, Rosette, 24100 Bergerac, tél. 05 53 24 13 68, contac@chateau-du-rooy.fr V ⊠ ⊠ t.l.j. 10h-19h, dim. sur r.-v.

CH. LA TILLERAIE 2011 ★★

■	5 000	◍	8 à 11 €

Ce domaine doit son nom à l'allée de tilleuls majestueux menant à un joli manoir de la fin du XVIIIᵉs. La demeure, entourée d'un parc planté d'arbres centenaires (séquoias, pins maritimes, pins bleus, marronniers et chênes), commande un vignoble de 30 ha établi sur les collines dominant Bergerac.

Au nez, les parfums de fruits noirs se marient agréablement aux notes toastées et chocolatées. Le palais séduit d'emblée par son attaque souple. On y retrouve les fruits noirs, le cacao et les épices, qui se mêlent à des tanins puissants mais déjà bien fondus dans le boisé. Un beau travail sur la structure et l'équilibre. ⌛ 2017-2020 🍷 civet de sanglier ■ L'Apogée 2012 ★ (20 à 30 € ; 1 400 b.) : un vin très puissant sur les fruits noirs, les épices et les notes toastées, pour lequel le temps contribuera à freiner la nervosité. ⌛ 2018-2022

⊶ Ch. la Tilleraie, Le Pécharmant, 24100 Bergerac, tél. 05 53 57 86 42, priscilla@chateaulatilleraie.com V ⊠ t.l.j. sf sam. dim. 8h-12h 14h-17h ⊶ Begue-Barraud

CH. DE TIREGAND 2012

■	60 000	◍	11 à 15 €

Ce domaine appartient à une branche lointaine de la famille de l'auteur du *Petit Prince*. Son somptueux château est inscrit à l'Inventaire des monuments historiques. Dirigé aujourd'hui par François-Xavier de Saint-Exupéry, la propriété s'étend sur 460 ha comprenant des forêts, un club hippique et 35 ha de vignes.

Les fruits rouges présents au nez se retrouvent en bouche, avec légèreté et finesse. Un vin élégant et souple, à apprécier dans sa jeunesse. ⌛ 2014-2017 🍷 aiguillettes de canard

⊶ SCEA Ch. de Tiregand, 118, rte de Sainte-Alvère, 24100 Creysse, tél. 05 53 23 21 08, contact@chateau-de-tiregand.com V ⊠ ⊠ t.l.j. sf dim. 9h-12h 14h-17h30 ⊶ de Saint-Exupéry

ROSETTE

• Superficie : 10,6 ha • Production : 402 hl

Dans un amphithéâtre de collines dominant au nord la ville de Bergerac et sur un terroir argilo-graveleux est installée l'appellation la plus confidentielle de la région, qui produit un vin moelleux.

NICOLAS ECKERT
Les Notes de la Cardinolle 2013 ★

■	1 600	🍾	5 à 8 €

Depuis les années 1990, époque de son installation, Nicolas Eckert poursuit la restauration de son vignoble en renouvelant les plantations à densité élevée et en choisissant les cépages en fonction du terroir.

Ce 2013 or pâle et limpide révèle un nez complexe et bien balancé entre le fruité du sémillon et les arômes floraux du sauvignon. La bouche est discrète mais bien équilibrée entre le fruité, la fraîcheur et une douceur maîtrisée. Un joli vin tout en nuances et en finesse. ⌛ 2014-2020 🍷 apéritif

⊶ Nicolas Eckert, 39, rte de la Cardinolle, 24130 Prigonrieux, tél. 05 53 63 28 77 V ⊠ r.-v.

DOM. DU GRAND JAURE 2013

■	13 700	🍾	5 à 8 €

Bernadette Baudry et son frère Bertrand ont pris la relève sur le domaine familial. Producteurs exclusifs de vins rouges jusque-là, ils se diversifient désormais en plantant des cépages blancs pour produire du rosette.

Paré d'un agréable jaune clair aux reflets vert pâle, cette cuvée offre un nez frais marqué par le sauvignon et une petite pointe acidulée. Le palais, franc et explosif – un vrai panier de fruits exotiques (mangue, fruit de la Passion) – s'équilibre avec finesse entre une douceur maîtrisée et une agréable fraîcheur. Un « vin plaisir », à boire sur le fruit. ⌛ 2014-2017 🍷 apéritif

GAEC Baudry, 16, chem. de Jaure, 24100 Lembras, tél. 05 53 57 35 65, domaine.du.grand.jaure@wanadoo.fr V t.l.j. sf dim. 9h-19h

♥ CH. MONTPLAISIR 2013 ★★★

■ | 3 800 | | 5 à 8 €

Les parents de Charles Blanc, originaires de Saint-Émilion et de Cognac et eux-mêmes enfants de vignerons, ont acheté ce vignoble en 1978. Leur fils reprend la propriété en 2001 après s'être formé à Sancerre et en Nouvelle-Zélande. Il conduit aujourd'hui 9 ha de vignes.

Paré d'un or pâle brillant aux reflets verts, ce 2013 révèle toute sa superbe dès le nez, complexe et puissant, ouvert sans réserve sur des parfums d'agrumes, de fleurs blanches et même une pointe muscatée. Le palais associe rondeur, gras, douceur et fruité frais. Un moelleux d'une grande harmonie, à la fois onctueux et aérien, élégant et délicat. ⧗ 2014-2018 ▼ tarte au chocolat amer

Charles Blanc, 147, rte de Peymilou, lieu-dit Montplaisir, 24130 Prigonrieux, tél. 06 81 05 69 64, info@chateau-montplaisir.com V t.l.j. 9h-19h

JULIEN DE SAVIGNAC
Clos L'Envège 2013

■ | 8 000 | | 5 à 8 €

Une maison de négoce familiale du Bergeracois, fondée dans les années 1980 par Patrick Montfort et reprise en 1997 par Julien Montfort.

Le nez fruité et frais affiche des notes d'agrumes. La bouche, franche, fraîche et aromatique, tient bien la note. Un vin bien typé rosette. ⧗ 2014-2018 ▼ apéritif ■ Bergerac sec Les Quatre Vents 2013 (moins de 5 €; 15 000 b.) : le sauvignon est aisément reconnaissable au nez, grâce à ses parfums de fleurs et d'agrumes, tout come en bouche, où il apporte sa vivacité caractéristique. ⧗ 2014-2016

Julien de Savignac, av. de la Libération, 24260 Le Bugue, tél. 05 53 07 10 31, julien.de.savignac@wanadoo.fr V t.l.j. sf dim. lun. 10h30-12h30 15h-18h30

Montfort

LES VIGNOBLES DU LAC 2013

■ | 9 192 | | 5 à 8 €

À Ginestet, un terroir situé au nord de Bergerac plutôt dédié à la production de blancs moelleux, Guy Gaudy et Alain Dantin conduisent un domaine de 30 ha.

Au nez, ce 2013 est marqué par les fruits blancs (pomme, poire) et des notes d'agrumes plus fraîches. Le palais se montre gras et généreusement fruité (raisin surmûri), bien équilibré entre la douceur et fraîcheur. Un bon classique. ⧗ 2014-2018 ▼ foie gras

SCEA Dom. du Lac, Le Lac, 24130 Ginestet, tél. 05 53 57 45 27, domainedulac@orange.fr V t.l.j. 8h-12h 14h-19h

SAUSSIGNAC

• Superficie : 49 ha • Production : 771 hl

Un vignoble situé sur la rive gauche de la Dordogne, entre celui du pays foyen (Gironde), à l'ouest, et l'aire du monbazillac, à l'est. Loué au XVIe s. par le Pantagruel de François Rabelais, inscrit au cœur d'un superbe paysage de plateaux et de coteaux, ce terroir engendre de grands vins liquoreux.

Ⓑ CHANTAL ET PATRICK GÉRARDIN
Mon p'tit Arthur 2011

■ | 2 200 | | 8 à 11 €

Implantée sur un site gallo-romain, cette petite propriété de 7 ha a été reprise en 1997 par Chantal et Patrick Gérardin, qui ont converti le vignoble au bio.

Encore un peu fermé au nez, ce 2011 révèle néanmoins des arômes plaisants d'ananas. Fruit que l'on retrouve dans une bouche plus suave que fraîche, mais sans lourdeur, accompagnée de notes de fruits blancs et jaunes confiturées. (Bouteilles de 50 cl.) ⧗ 2017-2024 ▼ ananas au kirsch ■ Bergerac Ch. la Maurigne 2011 cuvée La Maurigne Élevé en fût de chêne ★ (5 à 8 € ; 2 600 b.) : un nez boisé et une bouche fruitée, adossée à des tanins ronds et élégants. ⧗ 2016-2020

Chantal et Patrick Gérardin, Ch. la Maurigne, 24240 Razac-de-Saussignac, tél. 05 53 27 25 45, contact@chateaulamaurigne.com V t.l.j. 10h-19h

Ⓑ CH. PAYRAL Réserve 2011 ★

■ | 1 000 | | 11 à 15 €

Isabelle et Thierry Daulhiac conduisent un domaine d'une quinzaine d'hectares implantés sur un terroir à silex. La démarche bio est poussée ici jusqu'au chai : élevage en fût sans sulfites et emploi de levures exclusivement indigènes.

Paré d'un beau jaune paille aux reflets dorés, ce 2011 révèle un nez généreux de vanille, de coing et d'abricot. Le palais surprend agréablement par une fraîcheur qui vient contrebalancer la douceur du miel et des fruits confits, le tout souligné par un fin boisé. Un vin élégant au potentiel certain. ⧗ 2017-2025 ▼ boudin aux pruneaux

EARL Thierry et Isabelle Daulhiac, Ch. Le Payral, Le Bourg, 24240 Razac-de-Saussignac, tél. 05 53 22 38 57, daulhiac.thierry@wanadoo.fr V r.-v.

VENDANGES D'AUTREFOIS
Élevé en fût de chêne 2012

■ | 30 000 | | 5 à 8 €

Cette cave coopérative, prolongée par une structure de négoce, regroupe quelque 400 adhérents pour une surface totale de 4 000 ha de vignes.

Jaune d'or brillant, ce saussignac dévoile un premier nez floral, puis s'ouvre à l'aération sur des notes de fruits confits et de miel. Le palais offre un bon équilibre entre fraîcheur et douceur des fruits compotés (abricot, pêche). (Bouteilles de 50 cl.) ⧗ 2016-2018 ▼ crème caramel ■ Bergerac Epicurus 2012 Élevé en fût de chêne (12 000 b.) : un nez complexe qui marie habilement fruité et boisé, prolongé par une bouche charnue et structurée en finesse. À boire dans sa jeunesse. ⧗ 2014-2015

SUD-OUEST

SAS Vins Fins du Périgord, Les Seuguinots bât. Unidor, rte de Marmande, 24100 Saint-Laurent-des-Vignes, tél. 05 53 63 78 50, contact@vinsfinsduperigord.fr V r.-v.

CÔTES-DE-DURAS

• Superficie : 1 943 ha • Production : 111 660 hl (65 % rouge et rosé)

Entre côtes-du-marmandais au sud et Bergeracois au nord, ce vignoble fait la jonction entre ceux de la Garonne et ceux de la Dordogne. Il est implanté sur des coteaux découpés par la Dourdèze et ses affluents, aux sols d'argilo-calcaires et de boulbènes. Prolongement du plateau de l'Entre-deux-Mers, il a accueilli tout naturellement les cépages bordelais : en blanc, sémillon, sauvignon et muscadelle ; en rouge, cabernet franc, cabernet-sauvignon, merlot et malbec. Historiquement, il a été marqué par l'influence des huguenots, très présents dans la région. Après la révocation de l'édit de Nantes, les exilés protestants faisaient venir, dit-on, le vin de Duras jusqu'à leur retraite hollandaise et marquer d'une tulipe les rangs de vigne qu'ils se réservaient. Le vignoble se partage entre les vins blancs, secs ou moelleux, et les vins rouges, souvent vinifiés en cépages séparés. Il produit aussi des rosés. La Maison des Vins de Duras permet de découvrir tous ces vins ainsi que les cépages, dans un jardin des vignes où l'on peut pique-niquer.

DOM. DES ALLÉGRETS Cuvée Voyage d'Oenos 2012 ★★

■ | 20 000 | | 8 à 11 €

Installée aux confins de la Gironde depuis cinq générations, la famille Blanchard perpétue ce domaine qui compte aujourd'hui 17 ha. Une valeur sûre.

Cette cuvée, après un séjour de quatorze mois en fût, affiche un beau rubis aux reflets intenses et un nez de cassis compoté, allié à d'agréables notes de vanille. L'attaque est souple, ronde et charnue. La structure tannique, encore un peu marquée par le bois, ne demande qu'à se fondre avec le temps. ⧗ 2017-2019 ♈ daube de bœuf ■ Cuvée Champ du bourg 2012 ★★ (4 000 b.) : un nez expressif et complexe sur la poire, l'abricot, le miel et les fruits confits. Une bouche suave et chaleureuse, torréfiée par une finale fraîche. ⧗ 2014-2015 ■ Divine Alliance 2013 ★ (8 à 11 € ; 3 500 b.) : une cuvée élevée en fût, encore marquée par l'élevage. ⧗ 2014-2015

Famille Blanchard, Dom. des Allégrets, 47120 Villeneuve-de-Duras, tél. 05 53 83 09 22, contact@allegrets.com V r.-v.

DOM. AMBLARD 2013

■ | 77 000 | | - de 5 €

Ce vignoble appartient à la famille Pauvert depuis 1938 et couvre 130 ha.

Ce blanc sec présente un nez délicat d'agrumes, de fruits exotiques (litchi) et de fruits à chair blanche. Il se montre vif à l'attaque puis affiche rondeur et volume. ⧗ 2014-2015 ♈ plateau de fruits de mer

Guy Pauvert, Dom. Amblard, 47120 Saint-Sernin-de-Duras, tél. 05 53 94 77 92, domaine.amblard@wanadoo.fr V t.l.j. sf sam. dim. 8h-12h 14h-18h

CAVE DE BERTICOT Marguerite Duras 2012 ★★

■ | 2 400 | 5 à 8 €

Fondée en 1965, la cave coopérative de Duras rassemble 120 viticulteurs qui cultivent 1 000 ha. Elle fournit 55 % de la production de l'appellation, dans les trois couleurs : des vins de propriétés et des vins de la cave, sous la marque Berticot.

Le nez est d'une belle intensité, fruité, épicé et vanillé. Les fruits rouges et les notes vanillées présents à l'olfaction se prolongent dans une bouche à la structure plutôt légère mais plaisante par sa suavité. ⧗ 2014-2015 ♈ colombo de veau ■ Grande Réserve 2012 ★★ (moins de 5 € ; 33 333 b.) : nez puissant et intense au nez sur les fruits confits, la vanille et la torréfaction ; bouche, gourmande, généreuse et suave aux tanins bien enrobés. ⧗ 2016-2025 ■ Seigneur de Berticot ★★ 2012 (moins de 5 € ; 60 266 b.) : un vin tout en fruit, souple, rond et suave. ⧗ 2016-2018 ■ Seigneur de Berticot ★ 2013 (moins de 5 € ; 77 333 b.) : un sauvignon de belle expression, sur les agrumes, équilibré et frais. ⧗ 2016-2018

Cave de Berticot, rte de Sainte-Foy-la-Grande, 47120 Duras, tél. 05 53 83 75 47, contact@berticot.com V r.-v.

SECRET DE BERTICOT 2013 ★★

■ | 306 666 | | - de 5 €

Fondée en 1965, la cave coopérative de Duras rassemble 120 viticulteurs qui cultivent 1 000 ha. Elle fournit 55 % de la production de l'appellation, dans les trois couleurs : des vins de propriétés et des vins de la cave, sous la marque Berticot.

Ce sauvignon fait preuve d'une belle fraîcheur en bouche, soulignée par des notes florales et citronnées. ⧗ 2014-2015 ♈ cailles aux raisins ■ Grange aux filles 2013 ★★ (5 à 8 € ; 16 000 b.) : beaucoup de fruit, une touche amylique et un équilibre remarquable entre rondeur et fraîcheur. ⧗ 2014-2015 ■ Secret de Berticot 2012 ★ (moins de 5 € ; 395 600 b.) : un profil tendre et léger avec un nez de fruits rouges légèrement compotés et une bouche ample et souple, équilibrée en finale par une pointe de fraîcheur. ⧗ 2016-2019 ■ BB de Berticot 2013 ★ (5 à 8 € ; 52 933 b.) : un sauvignon très expressif (bourgeon de cassis, agrumes), d'une belle fraîcheur. ⧗ 2014-2015

Cave de Berticot, rte de Sainte-Foy-la-Grande, 47120 Duras, tél. 05 53 83 75 47, contact@berticot.com V r.-v.

B CAVE DE BERTICOT Cuvée sans nom 2012 ★★

■ | 12 000 | | 11 à 15 €

Fondée en 1965, la cave coopérative de Duras rassemble 120 viticulteurs qui cultivent 1 000 ha. Elle fournit 55 % de la production de l'appellation, dans les trois couleurs : des vins de propriétés et des vins de la cave, sous la marque Berticot.

Un beau mariage du raisin et du chêne. Un palais bien structuré, plaisant par sa sucrosité. ⧗ 2016-2020 ♈ cailles aux figues ■ Cuvée première 2012 ★ (moins de 5 € ; 32 000 b.) : un nez particulièrement fruité et frais prélude à une bouche gourmande, ronde et suave, dans le même registre. ⧗ 2014-2020 ■ Cuvée première 2013 ★ (5 à 8 € ; 77 333 b.) : les fruits exotiques et les agrumes sont mis en valeur par une belle fraîcheur. ⧗ 2014-2017 ■ Ch. du Marquet Cuvée Tradition 2012 (moins de 5 € ; 38 666 b.) : un joli fruité, de la rondeur et de la chair, une finale plus stricte. ⧗ 2015-2019

Cave de Berticot, rte de Sainte-Foy-la-Grande, 47120 Duras, tél. 05 53 83 75 47, contact@berticot.com V r.-v.

DOM. LES BERTINS
Terre blanche 2012

■ | 24 400 | | 5 à 8 €

Ce domaine de 14,7 ha a été acquis en 1968 par Pierrette et Dominique Manfe qui l'ont transmis en 2001 à Jackie, leur fille.

Cette cuvée rouge cerise est très marquée au nez par le cassis, mâtiné d'une petite note végétale. L'attaque fruitée et les tanins discrets confirment qu'il s'agit d'un vin à apprécier dans sa jeunesse. ⧗ 2016-2018 🍷 steack tartare

Dom. les Bertins, Les Bertins, 47120 Saint-Astier, tél. 05 53 94 76 26, contact@lesbertins.fr V t.l.j. sf dim. 9h-12h30 14h-19h

LES COURS 2012 ★★

■ | 2 600 | | 5 à 8 €

Fabrice Pauvert a coiffé la double casquette de vigneron et de négociant. Il a repris en 2007 le petit vignoble de sa belle-famille (10 ha) ainsi que la marque du domaine des Cours. Il est aussi président de l'Organisme de défense et de gestion des côtes-de-duras.

Avec sa couleur jaune très pâle aux reflets verts, ce moelleux étonne. Il se montre plus classique au nez, avec sa palette aromatique complexe de fruits confiturés et de miel. Légèrement perlante, la bouche attaque avec souplesse puis penche vers la fraîcheur, avec une belle expression de fruits exotiques et d'agrumes. Un équilibre subtil entre rondeur et vivacité. ⧗ 2017-2019 🍷 foie gras de canard chaud et figues ■ 2013 ★ (moins de 5 € ; 3 000 b.) : équilibré, rond, un rosé aux agréables arômes de fruits rouges. ⧗ 2014-2015

Fabrice Pauvert, Le Grand-Coup, 47120 Saint-Sernin, tél. 05 53 83 62 42, fabrice-pauvert@orange.fr V r.-v. SARL Fasy

DOM. DE FERRANT
C de Ferrant 2012 ★

■ | 4 000 | | 8 à 11 €

Denis Vuillien, ex-ingénieur de travaux publics, et son épouse Marie-Thérèse ont opté pour une retraite active en reprenant ce domaine situé dans la vallée de Dropt : 13 ha de vignes et 9 ha de pruniers d'ente qui donnent les pruneaux d'Agen.

Bien qu'encore un peu fermée au nez, cette cuvée équilibrée révèle un agréable fruité et un fin boisé épicé, héritage du séjour de douze mois en fût. ⧗ 2016-2019 🍷 cailles rôties aux châtaignes ■ 2013 ★ (5 à 8 € ; 2 600 b.) : un rosé gourmand, tout en rondeur, aux arômes de fruits bien présents. ⧗ 2014-2015 ■ Sauvignon 2013 ★ (5 à 8 € ; 2 600 b.) : un sauvignon agréable et bien typé avec ses arômes d'agrumes et de buis. ⧗ 2014-2015

SCEA Vignobles Vuillien, Dom. de Ferrant, 47120 Esclottes, tél. 05 53 84 45 02, vignobles.vuillien@free.fr V t.l.j. 9h-18h; sam. dim. sur r.-v.

GRAND MAYNE Merlot cabernet 2012 ★★

■ | 65 000 | | 5 à 8 €

Référence de l'appellation, le domaine a été acheté en 1985 et restauré par l'importateur britannique Andrew Gordon qui a entièrement replanté le vignoble (34 ha aujourd'hui).

Marquée au nez par d'intenses parfums de pruneau et de fruits noirs, cette cuvée ne manque pas d'intensité non plus en bouche, avec les arômes perçus à l'olfaction rehaussés de griotte. La bouche est structurée par des tanins bien charpentés mais fondus. Un vin d'une grande finesse. ⧗ 2016-2018 🍷 chapon rôti ■ Cuvée des vendangeurs 2013 ★★ (8 à 11 € ; 12 000 b.) : un nez grillé et toasté empreint de fruits mûrs. En bouche, le boisé est bien marié au raisin, lui donnant rondeur et gras sur des notes de fruits exotiques. ⧗ 2016-2020 ■ 2013 ★ (13 000 b.) : un nez de framboise et une bouche ronde et gourmande, légèrement tannique. ⧗ 2014-2015 ■ 2013 ★ (50 000 b.) : un nez fin mêlant les agrumes, le litchi et les fleurs blanches. Un palais gras, équilibré, d'une bonne longueur. ⧗ 2014-2018

Dom. du Grand Mayne, Le Grand-Mayne, 47120 Villeneuve-de-Duras, tél. 05 53 94 74 17, domaine-du-grand-mayne@wanadoo.fr V t.l.j. 9h-12h 13h-17h, sam. dim. sur r.-v.

CH. LA GRAVE BECHADE 2012 ★

■ | 40 000 | | 5 à 8 €

Le préfet Abdon Bechade fonda le domaine en 1860, la famille Amar le racheta en 1965 et trois générations s'y sont succédé depuis lors. Sur les coteaux de Baleyssagues, le vignoble compte 65 ha de vignes, 59 ha en rouge et 6 ha en blanc.

D'un grenat intense presque noir, ce 2012 affiche de puissants arômes de cerise griotte et de cassis. On retrouve le fruit dans une attaque plaisante et suave ; les tanins, bien présents, se font un peu sévères en finale. ⧗ 2015-2018 🍷 assiette anglaise

Ch. la Grave Bechade, La Grave, 47120 Baleyssagues, tél. 05 53 83 70 06, lagravebechade@wanadoo.fr V t.l.j. 8h-12h 14h-17h

B DOM. LES HAUTS DE RIQUETS
Le Mignon 2012 ★

■ | 5 000 | | 8 à 11 €

Soixante plantes sauvages sont répertoriées, dont une collection d'orchidées, sur le sentier botanique qui traverse les vignes des Bireaud, un domaine de 15 ha exploité en bio certifié. C'est sous l'impulsion de l'arrière-grand-père Pierre-Élie Bireaud que fut créée l'AOC côtes-de-duras en 1937.

Cette cuvée rubis intense affiche un nez riche et complexe mariant le fruit noir (cassis) et des notes d'épices et de vanille héritées de son élevage de huit mois en fût. L'attaque est ronde, sur un joli fruité. Bien structuré, ce vin révèle de beaux tanins boisés et une agréable finale. ⧗ 2016-2019 🍷 veau aux cèpes ■ Amourette 2013 (5 à 8 € ; 6 000 b.) : un sauvignon floral au nez. ⧗ 2014-2016

Hauts de Riquets, Riquet, 47120 Baleyssagues, tél. 05 53 83 83 60, hautsderiquets@orange.fr V t.l.j. 10h-18h, de nov. à mai sur r.-v. Bireaud

SUD-OUEST

♥ CH. LAPLACE Cuvée Grand Terroir 2012 ★★

■	20 000	🍾	- de 5 €

Fondée en 1965, la cave coopérative de Duras rassemble 120 viticulteurs qui cultivent 1 000 ha. Elle fournit 55 % de la production de l'appellation, dans les trois couleurs : des vins de propriétés et des vins de la cave, sous la marque Berticot.

Un nez intense de fruits rouges mûrs. Une attaque charmeuse, souple et onctueuse sur les fruits noirs et rouges, relayée par une structure tannique remarquable, solide et douce à la fois. Une légère fraîcheur en finale vient parfaire l'harmonie de ce vin. ⧗ 2014-2015 🍷 cuisse de pintade aux cèpes ■ Ch. Duclos ★★ 2012 (19 333 b.) : un vin épicé, rond, doux, porté par une bonne structure. ⧗ 2015-2018 ■ Ch. de Gorrichon ★ 2013 (40 000 b.) : un sauvignon très typé, fin et bien équilibré. ⧗ 2015-2016 ■ Ch. Laplace ★ 2013 (40 000 b.) : un sauvignon au nez d'agrumes et de fruits exotiques, à la bouche ronde, bien fraîche en finale. ⧗ 2015-2018

🔑 Cave de Berticot, rte de Sainte-Foy-la-Grande, 47120 Duras, tél. 05 53 83 75 47, contact@berticot.com V 🚶 🍷 r.-v.

DOM. DE LAPLACE Boisé 2012 ★★

■	12 488	5 à 8 €

Jean-Luc Carmelli conduit depuis 1984 ce domaine de 33 ha créé en 1924 par son grand-père à Saint-Jean-de-Duras, sur les coteaux de la vallée du Dropt. Il élève aussi des blondes d'Aquitaine.

Très joli nez de fruits rouges (cassis) et d'épices. La bouche séduit par son équilibre tout en rondeur et en souplesse. ⧗ 2016-2019 🍷 rôti de bœuf ■ 2013 ★ (moins de 5 €) : une belle expression du fruit au nez, une bouche ronde et fraîche. ⧗ 2016-2019

🔑 EARL de Laplace, Laplace, 47120 Saint-Jean-de-Duras, tél. 05 53 83 00 77, laplace.carmelli@wanadoo.fr V 🚶 🍷 t.l.j. 9h-12h 14h-18h 🏠 B

DOM. DE LAULAN 2012 ★★

■	10 000	🍾	- de 5 €

Des habitués du Guide. Depuis leur arrivée en 1974, Gilbert et Claudie Geoffroy ont entièrement rénové leur vignoble tout en l'agrandissant : 35 ha aujourd'hui. En 2000, ils ont passé le relais à leurs enfants, Régis et Angélique.

D'un rubis intense, ce vin libère au nez d'agréables notes de fruits rouges, de bourgeon de cassis, de poivre et d'épices. La bouche est, elle aussi, bien portée par le fruit (cassis) en attaque, puis elle révèle de beaux tanins, ronds et équilibrés. Un réelle harmonie. ⧗ 2018-2020 🍷 cailles rôties ■ 2013 (5 à 8 € ; 90 000 b.) : un nez discret sur les agrumes et une bouche surprenante par son onctuosité et son volume. ⧗ 2015-2018

🔑 EARL Geoffroy, Laulan, 47120 Duras, tél. 05 53 83 73 69, contact@domainelaulan.com V 🚶 🍷 t.l.j. sf sam. dim. 8h-12h 13h30-18h30

CH. MOLHIÈRE Terroir des ducs Sauvignon 2013

■	30 000	🍾	5 à 8 €

Au XVIe s., un nommé Lamolhière, venu au pays de Duras, obtint une tenure du baron de Duras et se convertit au protestantisme. Après la révocation de l'édit de Nantes, son domaine fut confisqué. Dans les années 1950, le Bordelais Claude Blancheton le racheta. Aujourd'hui, le domaine de 30 ha est géré par ses fils, Patrick et Francis.

Cette cuvée, expression typée du sauvignon, livre un nez d'agrumes. La bouche aromatique, trouve un bel équilibre entre souplesse et vivacité. ⧗ 2014-2017 🍷 filet de cabillaud au beurre citronné ■ Terroir des ducs 2013 (12 000 b.) : discret au nez, plus expressif en bouche, un rosé qui penche vers la rondeur. ⧗ 2014-2015

🔑 Blancheton Frères, La Moulière, 47120 Duras, tél. 05 53 83 70 19, molhiere@wanadoo.fr V 🍷 t.l.j. 9h-12h30 14h30-19h

DOM. MONT RAMÉ 2012 ★★

■	3 000	🛢	8 à 11 €

Agronome de formation et viticulteur par passion, Manuel Baritaud a repris en 2005 la propriété familiale de 7 ha acquise en 1920 par son arrière-grand-père, venu d'Espagne.

Cette cuvée d'un rubis intense mêle au nez les fruits mûrs à d'intenses notes d'élevage : caramel, cacao et vanille. Le fruit mûr se retrouve dans une attaque ronde et souple. Le vin est bien charpenté par des tanins qui ne demandent qu'à se fondre avec le temps. ⧗ 2017-2019 🍷 agneau aux herbes en cocotte

🔑 Dom. Mont Ramé, Mont-Ramé, 47120 Duras, tél. 05 53 83 70 78, andre.baritaud@wanadoo.fr V 🚶 🍷 r.-v. 🔑 Manuel Baritaud

B DOM. DU PETIT MALROMÉ Céleste 2012 ★

■	6 600	🍾	5 à 8 €

En quête d'une « production nature » sur son domaine de 9,7 ha, Alain Lescaut, est passé du bio en 1997, à la biodynamie dix ans plus tard.

Le nez est d'une belle complexité, sur les fruits rouges et noirs (cassis, cerise), relevés d'épices. La bouche est tout en rondeur et sur le fruit. ⧗ 2014-2017 🍷 cailles aux raisins ■ Blanc d'Alban Élevé en fût de chêne 2013 (2 200 b.) : une cuvée au boisé appuyé qui devrait se fondre avec le temps. ⧗ 2016-2019

🔑 Alain Lescaut, Dom. du Petit Malromé, Le Lac, 47120 Saint-Jean-de-Duras, tél. 05 53 89 01 44, petitmalrome@wanadoo.fr V 🚶 🍷 r.-v. 🔑 A. Lescaut

DOM. DE LA TUILERIE LA BREILLE 2013 ★★

■	5 000	🍾	- de 5 €

Jean-Marc Ossard a repris en 1993 le domaine de son beau-père, avec qui il a appris le métier. L'esprit de famille est toujours présent dans la conduite de cette exploitation de 35 ha.

Ce sauvignon dévoile des parfums séducteurs de fruits exotiques et de fleurs blanches. En bouche, ces arômes sont rehaussés de nuances de bourgeon de cassis, mis en valeur par une agréable fraîcheur qui donne de l'allonge à la finale. ⧗ 2016-2018 ⫯ plateau de fruits de mer ■ 2013 ★★ (3 000 b.): nez pimpant de framboise et d'agrumes, palais rond et gourmand. ⧗ 2014-2015 ■ 2012 ★ (15 000 b.): un vin intense tant au nez qu'en bouche, à déguster dans sa jeunesse. ⧗ 2014-2017

⊶ Ossard et Patriarca, La Tuilerie, 47120 Loubès-Bernac, tél. 05 53 94 78 32, latuilerie47@lgtel.fr V t.l.j. 8h-20h ⊶ EARL des Monts d'Or

DOM. DU VIEUX BOURG 2013 ★

■ | 20 000 | - de 5 €

En 1952, Georges Bireaud achetait le domaine du Vieux Bourg en côtes-de-duras. Depuis lors, ses descendants se sont attachés avec constance à mettre en valeur son vignoble, porté à 30 ha. Bernard Bireaud en a assuré la gestion avant de le transmettre à son fils Vincent.

Un sauvignon agréable et bien typé par ses parfums de fleurs blanches et d'agrumes. Les fruits exotiques s'invitent dans une bouche ronde et onctueuse, vivifiée en finale par une belle fraîcheur. ⧗ 2014-2015 ⫯ huîtres

⊶ Bernard Bireaud, Dom. du Vieux Bourg, 47120 Pardaillan, tél. 05 53 83 02 18, vieux_bourg@lgtel.fr V t.l.j. sf dim. 9h-12h 14h-18h, sam. sur r.-v.

Le piémont pyrénéen

MADIRAN

• Superficie : 1 273 ha • Production : 61 738 hl

D'origine gallo-romaine, le madiran fut pendant longtemps le vin des pèlerins de Saint-Jacques-de-Compostelle, avant de retrouver la notoriété grâce à la gastronomie du Gers. Son aire de production, à quelque 40 km au nord-est de Pau, est à cheval sur trois départements : le Gers, les Hautes-Pyrénées et les Pyrénées-Atlantiques. Le cépage roi à l'origine de ce vin rouge est le tannat, complété par les cabernet franc (ou bouchy), cabernet-sauvignon, fer-servadou (ou pinenc). Les vignes, cultivées en demi-hautain, partagent les coteaux avec cultures et bosquets.

Les madiran traditionnels, à forte proportion de tannat, sont colorés et virils. Fort tanniques, ils supportent très bien le passage sous bois et doivent attendre quelques années. Avec l'âge, ils se montrent à la fois sensuels, charnus et charpentés et s'allient avec le gibier et les fromages de brebis des hautes vallées. Lorsqu'ils sont moins riches en tannat et issus de cuvaisons plus courtes, les madiran sont plus souples et fruités. Ils peuvent alors être servis jeunes, avec les confits d'oie et les magrets de canard saignants.

CH. BARRÉJAT Cuvée des vieux ceps 2011 ★★

■ | 33 000 | | 5 à 8 €

Quatre générations se sont succédé sur ce domaine qui commercialise sa production en bouteilles depuis 1967. Installé en 1992, Denis Capmartin exploite aujourd'hui 29 ha avec une belle régularité. Il a équipé son exploitation d'un chai à barriques en 1997, avant de moderniser sa cuverie en 2008.

Intense et complexe, le nez révèle des parfums de fruits à l'eau-de-vie (guignolet), puis des notes d'élevage (épices, grillé, coco et vanille). Ample et suave, le palais s'adosse à des tanins déjà fondus Les arômes de fruits noirs se font une place grâce à un élevage bien maîtrisé. ⧗ 2015-2020 ⫯ côte à l'os

⊶ Denis Capmartin, Ch. Barréjat, 32400 Maumusson, tél. 05 62 69 74 92, deniscapmartin@laposte.net V t.l.j. sf dim. 8h30-12h30 14h-19h

DOM. BERNET Tradition 2012 ★★

■ | 50 000 | | 5 à 8 €

Installé en 1980, Yves Doussau conduit le domaine familial de 11 ha répartis entre les AOC madiran et pacherenc-du-vic-bilh.

Ce 2012 dévoile un nez gourmand et tout en nuances de fruits noirs (cassis, mûre) légèrement confiturés, rehaussés de touches épicées. En bouche, il se révèle suave, chaleureux, concentré et persistant, soutenu par des tanins qui commencent à s'arrondir. ⧗ 2016-2019 ⫯ bécasse aux cèpes ■ Pacherenc-du-vic-bilh 2012 ★ (8 à 11 € ; 5 000 b.) : un nez expressif de fruits jaunes, de miel et de vanille, un palais suave, frais et persistant. ⧗ 2014-2016

⊶ Yves Doussau, Dom. Bernet, 32400 Viella, tél. 05 62 69 71 99, earl.bernet@wanadoo.fr V t.l.j. 9h-13h 14h-19h

♥ DOM. BERTHOUMIEU Charles de Batz 2011 ★★

■ | 26 000 | | 11 à 15 €

Fondée vers 1850, cette propriété familiale a vu se succéder six générations. À la suite de son père Louis, Didier Barré, installé en 1980, a contribué au renouveau du madiran. Il exploite 26 ha. Sa cuvée haut de gamme, issue de très vieilles vignes, est dédiée à Charles de Batz, qui n'est autre que d'Artagnan.

Le tannat compose 90 % de cette cuvée au nez gourmand et intense alliant les fruits noirs aux notes de noix de coco et de toast grillé de l'élevage. Le fruit noir prend des accents confits et se prolonge dans un palais puissant et rond, aux tanins déjà polis. La finale persistante et suave est marquée par un retour des fruits noirs confiturés. ⧗ 2016-2024 ⫯ salmis de palombe ■ Pacherenc-du-vic-bilh Sec 2013 Pierres de grès ★ (8 à 11 € ; 6 500 b.) : un pacherenc sec aromatique, gras et acidulé, à la finale fraîche et citronnée. ⧗ 2017-2019

⊶ Didier Barré, Dutour, 32400 Viella, tél. 05 62 69 74 05, barre.didier@wanadoo.fr V t.l.j. 8h-12h15 14h-19h, dim. sur r.-v.

CH. BOUSCASSÉ 2011 ★

■ | 250 000 | | 11 à 15 €

Le berceau familial, dont les origines sont antérieures à la Révolution. 55 ha aujourd'hui. Alain Brumont en hérite en 1979, l'équipe en 1988 d'un chai à barriques, achète en 1980 le Ch. Montus. Avec ses vins savoureux et de garde, il a fortement contribué à redorer le blason du madiran et de son cépage principal, le tannat, longtemps considérés comme rustiques. Comme le dit lui-même ce découvreur de terroirs gascons : « Aux

côtés des goûts affirmés tricentenaires comme Bordeaux et Bourgogne, il y a aujourd'hui le goût Brumont. »

La cuvée « de base » du domaine, où le tannat (60 %), compose avec les deux cabernets. Le nez monte en puissance, associant un boisé de qualité à des parfums de fruits noirs (cassis, mûre) soulignés de notes de menthol et de poivre noir. La bouche bien construite s'adosse à des tanins déjà arrondis qui permettront d'apprécier cette bouteille prochainement, tout en autorisant la garde. Un élevage bien maîtrisé. ⧗ 2014-2017 🍴 confit de canard

Ch. Bouscassé SA Vignobles, Brumont, 32400 Maumusson-Laguian, tél. 05 62 69 74 67, contact@brumont.fr V t.l.j. sf sam. dim. 9h-12h 14h-18h A. Brumont

B CLOS BASTÉ 2011 ★

■	13 000		11 à 15 €

En 1998, Philippe Mur, œnologue et maître de chai, achète avec son épouse Chantal une bâtisse en ruines, la maison Basté, puis quelques parcelles alentour. Le domaine, qui compte aujourd'hui 10 ha, est conduit en agriculture biologique.

Net, gourmand et complexe, ce 2011 libère des parfums de fruits noirs (cassis, mûre) soutenus par des notes grillées et réglissées. Le palais, souple à l'attaque, est généreux et suave, porté par des tanins bien maîtrisés. La finale longue et fraîche confère de l'élégance à l'ensemble. ⧗ 2017-2020 🍴 côte à l'os

Philippe et Chantal Mur, Clos Basté, 64350 Moncaup, tél. 05 59 68 27 37, closbaste@wanadoo.fr V t.l.j. sf dim. 10h-18h D

CLOS DE L'ÉGLISE Pur sang 2011 ★

■	3 300		15 à 20 €

Un vignoble fondé avant la Première Guerre mondiale, conduit depuis 1997 par Arnaud Vigneau, qui exploite 20 ha de vignes en madiran, pacherenc-du-vic-bilh et béarn.

La cuvée de prestige de l'exploitation, élevée dix-huit mois en barrique. Ce 2011 libère des parfums intenses et raffinés de fruits rouges et noirs (cassis, mûre) soutenus par des notes grillées et réglissées. Après une attaque ample, les tanins apparaissent encore un peu stricts, mais dénués d'agressivité. Un boisé chocolaté et torréfié vient souligner la finale. ⧗ 2015-2019 🍴 fromage des Pyrénées ■ 2012 ★ (5 à 8 €; 80 000 b.): un vin concentré, aux tanins déjà enrobés et aux arômes de fruits noirs. ⧗ 2014-2017

Arnaud Vigneau - Clos de l'Église, rte de l'Église, 64350 Crouseilles, tél. 06 07 13 05 06, closdeleglise@orange.fr V t.l.j. 8h-12h 14h-18h, dim. sur r.-v.

DOM. DU CRAMPILH Vieilles Vignes Élevé en fût de chêne 2011 ★

■	15 000		11 à 15 €

Une maison béarnaise isolée, dominant un vallon agreste. L'exploitation se transmet depuis quatre générations et Bruno Oulié a pris la relève en 1995. Le domaine couvre 24 ha, dédiés au madiran et au pacherenc-du-vic-bilh.

Pur tannat élevé dix-huit mois en fût, ce 2011 s'annonce par d'élégants parfums de cassis et de pruneau, soulignés par des notes de grillé. Les fruits noirs se prolongent dans une bouche souple en attaque, étayée par les solides tanins typés du madiran, dénués toutefois d'agressivité. La finale est marquée par une pointe de fraîcheur. ⧗ 2015-2019 🍴 rôti de biche ■ 2012 L'Originel ★ (8 à 11 €; 120 000 b.): du tannat élevé en cuve ; un vin généreux et fruité, tonique et puissant. ⧗ 2016-2017

Bruno Oulié, Dom. du Crampilh, chem. dép. 205, 64350 Aurions-Idernes, tél. 05 59 04 00 63, madirancrampilh@orange.fr V t.l.j. sf sam. dim. 9h-12h 14h-18h

CAVE DE CROUSEILLES Grande Réserve d'or Élevé en fût de chêne 2012 ★★

■	60 000		5 à 8 €

Établie dans l'AOC madiran, la coopérative de Crouseilles, a été créée en 1950, deux ans après la reconnaissance en AOC du madiran et du pacherenc-du-vic-bilh. Elle a largement contribué au renouveau du grand vin rouge pyrénéen, dont elle fournit plus du tiers des volumes. Regroupant 130 vignerons, elle propose, outre le madiran, du pacherenc et du béarn.

Ce 2012 s'ouvre sur des notes de fruits rouges et noirs compotés, accompagnées des nuances épicées et réglissées de l'élevage. Il offre une attaque ronde sur le fruit rouge bien mûr, relayée par des tanins denses mais enrobés qui soulignent la finale chaleureuse. Un vin robuste. ⧗ 2015-2019 🍴 garbure ■ 2012 Carte d'or ★★ (moins de 5 €; 200 000 b.): élevé en cuve, un vin rond, souple et frais, chaleureux en finale. ⧗ 2014-2017

Cave de Crouseilles, rte du Château, 64350 Crouseilles, tél. 05 62 69 66 77, m.darricau@crouseilles.fr V t.l.j. 9h-12h 14h-19h 3 D

CRU DU PARADIS Tradition 2011

■	80 000		8 à 11 €

Jacques Maumus représente la troisième génération sur l'exploitation familiale, créée au lendemain de la Grande Guerre. Il a remodelé le vignoble et fait passer sa superficie de 7 ha à 27 ha.

D'abord réservé au nez, ce vin libère à l'aération des parfums intenses de fruits noirs rehaussés des accents vanillés du fût. Ample et plein, le palais marie les petits fruits et un boisé aux nuances de chocolat. Les tanins encore un peu sévères se poliront avec le temps. ⧗ 2015-2018 🍴 fromage des Pyrénées

Jacques Maumus, Cru du Paradis, Le Paradis, 65700 Saint-Lanne, tél. 05 62 31 98 23, cru.du.paradis@wanadoo.fr V t.l.j. sf dim. 9h-13h 14h-19h

DOM. DAMIENS Saint-Jean 2012 ★

■	12 000		11 à 15 €

En 1970, André Beheïty, jeune agriculteur, achète un coteau en friche de 10 ha proche de son petit vignoble de 6 ha. Première vinification en 1971, aménagement du chai à barriques en 1987. Installé en 1999, Pierre Michel dispose de 16 ha de vignes en conversion bio.

Un nez bien ouvert et chaleureux, sur les fruits à l'alcool. Quant au palais, il se révèle dense et bien structuré, offrant une matière généreuse en harmonie avec des tanins enrobés. Le boisé est discret et bien intégré. ⧗ 2015-2020 🍴 pavé de biche ■ Pacherenc-du-vic-bilh Sec 2013 ★ (5 à 8 € ; 3 000 b.) : un sec plutôt rond aux arômes de fruits jaunes et de fruits exotiques, à la finale fraîche. ⧗ 2015-2016

⊶ Pierre-Michel Beheïty, Dom. Damiens, 64330 Aydie, tél. 05 59 04 03 13, domainedamiens64@gmail.com
V t.l.j. 9h-12h30 14h-19h, dim. sur r.-v.

GASTON PHÉBUS 2011 ★

■ | 100 000 | 5 à 8 €

Cette maison cadurcienne, dont les origines remontent à 1755, rayonne aujourd'hui dans tout le Sud-Ouest, affiliée désormais au vaste groupe Advini.

Mêlant la vanille au cassis et à la framboise, ce 2011 offre une belle mâche et se montre à la fois puissant et frais. La finale est marquée par des notes de vanille et de torréfaction évoquant le chocolat amer. Agréable jeune, cette bouteille ne manque pas de potentiel. ⧗ 2015-2018 🍴 canard à la ficelle

⊶ SAS Rigal, Ch. Saint-Didier, 46140 Parnac, tél. 05 65 30 70 10, audrey.boguslawski@rigal.fr

GRAIN DU MOULIN Premium 2011 ★

■ | 5 000 | | 11 à 15 €

Ce domaine créé en 2005 compte 4,5 ha. Il est conduit par Olivier Ladeveze qui produit en AOC madiran et pacherenc-du-vic-bilh.

Ce pur tannat assez discret au nez dévoile à l'agitation des parfums de fruits noirs et un fin boisé. Gourmand en bouche, il présente d'agréables tanins déjà bien fondus. Un ensemble harmonieux. ⧗ 2015-2018 🍴 magret de canard

⊶ SCEA du Moulin, 2, chem. du Centre, 64330 Vialer, tél. 05 59 04 07 99, ladeveze.olivier@wanadoo.fr
V r.-v. ⊶ Olivier Ladeveze

DOM. D'HÉCHAC Le Marquis 2011 ★

■ | 4 000 | | 8 à 11 €

Cet ancien domaine du marquis de Tranclieu, ruiné par le phylloxéra et par incendie a été repris et replanté par Lucien Rémon en 1970. Depuis sa disparition en 2005, ses deux fils aînés, Jean-Pascal et Fabien, perpétuent l'exploitation (17 ha).

Un pur tannat au nez frais et discret de fruits noirs et rouges (cerise, cassis) et des notes vanillées soulignées d'un boisé vanillé. Au palais, des tanins déjà enrobés et une plaisante finale sur les fruits compotés. Un élevage bien maîtrisé. ⧗ 2015-2018 🍴 confit de canard ■ Pacherenc-du-vic-bilh Doux 2012 cuvée Maëlys ★ (7 000 b. en deux formats) : un nez discret de fruits frais et de miel, un palais à la fois gras et vif. ⧗ 2014-2016

⊶ GAEC Rémon, 2, rte du Vignoble, 65700 Soublecause, tél. 05 62 96 35 75, domainedhechac@wanadoo.fr V t.l.j. sf dim. 9h-19h

DOM. LABRANCHE LAFFONT Vieilles Vignes 2011 ★★

■ | 23 000 | | 11 à 15 €

Le domaine familial remonte à la Révolution. Jeune œnologue, Christine Dupuy s'installe en 1992 sur l'exploitation. Elle porte sa superficie de 6 à 21 ha et, surtout, s'impose comme l'une des valeurs sûres de l'appellation. Son trésor : 50 ares de vignes préphylloxériques. Vignoble en bio certifié depuis 2014.

Franc et complexe au nez, ce vin de pur tannat libère d'abord des parfums de fruits noirs, puis des notes d'élevage évoquant les épices, le tabac et la réglisse. Après une attaque souple, il révèle une matière puissante, étayée par des tanins encore fermes que la garde devrait arrondir. ⧗ 2015-2019 🍴 pièce de porc noir de Bigorre ■ 2012 ★ (5 à 8 € ; 52 000 b.) : des arômes de fruits noirs et d'épices, un palais rond, concentré, tannique et chaleureux. ⧗ 2015-2017

⊶ Christine Dupuy, 32400 Maumusson-Laguian, tél. 05 62 69 74 90, christine.dupuy@labranchelaffont.fr
V t.l.j. 9h-12h30 14h-19h, dim. sur r.-v.

DOM. MANAUDE 2012 ★★

■ | 40 000 | | 5 à 8 €

Le berceau de ce vaste groupement de coopératives, né en 1979 de la fusion de trois caves gersoises, se trouve à Saint-Mont. Devenue Plaimont Producteurs, la structure réunit depuis 1999 la cave de Crouseilles et celle de Condom : un acteur majeur du Sud-Ouest viticole.

Un madiran élevé en cuve, coloré, bien ouvert sur les fruits noirs (cassis et mûre), rehaussé de touches épicées. Suave à l'attaque, bien construite, concentrée, la bouche déroule un beau fruité (cassis, mûre) jusqu'en finale. Une réelle harmonie tout au long de la dégustation. ⧗ 2016-2019 🍴 garbure ■ Ch. de Mascaraas 2011 ★★ (11 à 15 € ; 6 000 b.) : davantage de tannat et un passage en barrique dans ce vin accompli, structuré, rond et gras, aux arômes de fruits noirs, de chocolat amer et de vanille. ⧗ 2017-2020

⊶ Plaimont Producteurs, 32400 Saint-Mont, tél. 05 62 69 62 87, d.caillard@plaimont.fr V t.l.j. 9h-12h30 14h-19h ③ ©

♥ DOM. DE MAOURIES Cailloux de Pyren Vieilles Vignes 2012 ★★

■ | 6 000 | | 8 à 11 €

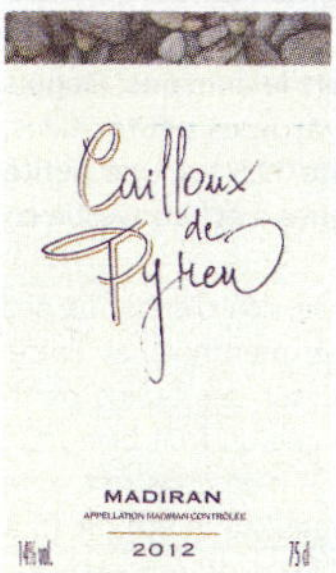

Fondé en 1907, le domaine couvre aujourd'hui 28 ha de vignes, réparties sur trois communes et 25 parcelles. Si Jacqueline et André Dufau s'activent toujours sur l'exploitation, ce sont leurs trois enfants, Philippe, Pascal et Isabelle qui en assurent la gestion. La carte des vins compte propose trois AOC (pacherenc, madiran et saint-mont) et des IGP côtes-de-gascogne.

Cette cuvée issue à 90 % de tannat enchante d'emblée par ses parfums de fruits noirs compotés (cassis), soutenus par des notes boisées et mentholées héritées d'un séjour de dix-huit mois en barrique. Les promesses du nez sont tenues au palais, où l'on découvre une matière ample, fraîche et suave, aux arômes de cassis et de framboise. Les tanins doux et enrobés soulignent la longue finale élégamment marquée par l'élevage. ⧗ 2015-2020 🍴 bécasses à la ficelle ■ 2011 Cailloux de Pyren Vieilles Vignes ★★ (6 000 b.) : dans le même registre que le 2012, un vin à la fois gourmand, structuré et persistant. ⧗ 2015-2020

Dom. de Maouries, Maouries, 32400 Labarthète, tél. 05 62 69 63 84, domainedemaouries@alsatis.net V t.l.j. sf dim. 9h-12h30 14h-19h
Dufau

LIONEL OSMIN & CIE Mon Adour 2012

	60 000		11 à 15 €

Fils d'un bijoutier béarnais, Lionel Osmin devient ingénieur agronome et fonde en 2010 une maison de négoce spécialisée dans les vins du grand Sud-Ouest, d'Irouléguy à Bergerac, de Madiran à Marcillac. Il a quatre associés, dont l'œnologue Damiens Sartori.

Bien ouvert au nez sur les fruits à l'eau-de-vie, soulignés de notes de réglisse, ce 2012 est puissant et chaleureux au palais, étayé par des tanins bien mûrs et affables. La finale montre un agréable retour des arômes perçus à l'olfaction. 2017-2020 terrine de gibier

Lionel Osmin & Cie, 14, rue des Bruyères, 64160 Morlaas, tél. 05 59 05 14 66, vin@osmin.fr V t.l.j. sf dim. lun. 10h-20h, f. janv.

CH. PEYROS Vieilles Vignes 2011

	35 000		11 à 15 €

La propriété madiranaise de la famille Lesgourgues, dont le berceau est situé dans le Bas-Armagnac, et qui s'étend jusqu'en l'Uruguay. Son nom signifie « lieu pierreux » en gascon. Les 20 ha de vignes sont cultivées en lutte raisonnée.

Grillé et mentholé, le nez est encore dominé par les notes de l'élevage, qui laisse cependant percer des parfums de fruits noirs. L'attaque souple est relayée par un palais rond aux tanins bien enrobés. La finale est marquée par un retour des fruits noirs soulignés par le boisé. 2016-2020 marquise au chocolat

Ch. Peyros, 9, chem. du Château, 64350 Corbère-Abères, tél. 05 57 94 09 20, chateau.peyros@leda-sa.com Leda SA

DOM. SERGENT Élevé en fût de chêne 2012 ★★

	16 900		8 à 11 €

En 1902, Hubert Dousseau acquiert le domaine. Depuis 1995, Brigitte et Corinne, ses arrières-petites-filles, conduisent le domaine qui compte 19,5 ha. Une petite maison gasconne au cœur des vignes a été convertie en gîte.

Ce pur tannat affiche une robe dense, noir d'encre. Le nez affiche un agréable boisé réglissé, mentholé et épicé. Suave, ample et intense, construit sur des tanins particulièrement élégants, le palais exprime un fruit bien mûr, soutenu par un boisé raffiné. Un vin bien construit, apte à la garde. 2017-2024 gigot d'agneau 2012 ★ (5 à 8 € ; 47 000 b.) : élevé en cuve, un vin solide, puissant, aux arômes de fruits noirs et aux tanins serrés. 2016-2020

Brigitte et Corinne Dousseau, Dom. Sergent, 32400 Maumusson-Laguian, tél. 05 62 69 74 93, contact@domaine-sergent.com V t.l.j. sf sam. dim. 9h-12h30 14h-18h30

DOM. TAILLEURGUET Élevé en fût de chêne 2011 ★

	2 500		8 à 11 €

André Dartigues a confié à son gendre François Bouby la gestion de l'exploitation. Ce dernier consacre 9 ha à la culture de la vigne, à l'extrémité sud-ouest du Gers, dans la commune de Maumusson.

Intense et flatteur au nez, ce 2011 libère des parfums de fruits noirs (cassis, mûre), puis des notes de boisé. La bouche vineuse et vive à la foie marie élégamment les fruits rouges aux notes bien fondues de l'élevage. La finale tannique et sévère signe un vin de garde. 2016-2020 côte de bœuf

EARL Dom. Tailleurguet, 32400 Maumusson-Laguian, tél. 05 62 69 73 92, domaine.tailleurguet@wanadoo.fr V t.l.j. sf dim. 9h-13h 14h-19h Bouby

CH. VIELLA Prestige 2011 ★★

	7 800		11 à 15 €

Propriété de la famille depuis 1952, conduite par Alain Bortolussi depuis 1982, l'exploitation tire son nom de la commune gersoise où elle est implantée. Bien restauré, un vrai château du XVIIIe s., dominant un coteau viticole, des caves voûtées abritant le chai à barriques ; 25 ha de vignes.

Une robe profonde, noir d'encre, pour ce madiran de pur tannat. Le nez s'ouvre à l'aération sur des notes de fruits noirs à l'eau-de-vie, alliées à des nuances de vanille et de torréfaction léguées par l'élevage. Puissant, gras et structuré, adossé à des tanins fondus et réglissés, le palais exprime le raisin bien mûr. La finale est marquée par des notes de chocolat. Une belle harmonie. 2015-2018 lièvre à la royale Pacherenc-du-vic-bilh 2012 ★ (8 à 11 € ; 5 000 b.) : fruité et finement boisé, ce vin suave et rond est équilibré par une agréable acidité. (Bouteilles de 50 cl.) 2014-2018

Alain Bortolussi, Ch. de Viella, rte de Maumusson, 32400 Viella, tél. 05 62 69 75 81, contact@chateauviella.fr V t.l.j. 8h-12h30 14h-19h

PACHERENC-DU-VIC-BILH

• Superficie : 260 ha • Production : 10 510 hl

Né sur la même aire que le madiran, ce vin blanc est issu de cépages locaux (courbu, gros et petit mansengs, arrufiac) et bordelais (sauvignon) ; cet ensemble apporte une palette aromatique d'une extrême richesse. Tous les pacherenc sont gras et vifs. Suivant les conditions climatiques du millésime, ils sont secs ou moelleux. Les premiers, à boire jeunes, expriment les agrumes, les fruits exotiques et le miel. L'amande et la noisette s'ajoutent à cette gamme dans les moelleux, de moyenne garde. Les pacherenc font d'excellents vins d'apéritif et les moelleux sont parfaits sur le foie gras en terrine.

♥ ODÉ D'AYDIE Sec 2013 ★★★

	n.c.		8 à 11 €

Le château d'Aydie des Laplace est une affaire de famille : quatre enfants aujourd'hui suivent les traces de leur grand-père Frédéric, qui fut l'un des premiers à vendre du madiran en bouteilles, avec l'aide d'André Daguin, le célèbre cuisinier gascon. L'exploitation couvre 52 ha.

Cet assemblage de petit et gros mansengs emporte l'adhésion par son nez remarquablement ouvert, où les

agrumes, les fruits blancs et les fruits exotiques sont soulignés par un élégant boisé. Franc à l'attaque, ample et gourmand, le palais montre un parfait équilibre entre rondeur et fraîcheur. ⌛ 2014-2017 🍷 merlu à l'espagnole ■ Madiran Ch. d'Aydie 2011★ (11 à 15 €; 40 000 b.): élevé en foudre et en cuve de bois, ce 2011 offre un palais gourmand aux tanins soyeux. Un vin agréable dès sa jeunesse. ⌛ 2015-2018

Famille Laplace, Ch. d'Aydie, 64330 Aydie, tél. 05 59 04 08 00, jerome@famillelaplace.com V t.l.j. 9h-13h 14h-17h

DOM. BASSAIL Cuvée Muriel 2012 ★★

■ | 3 750 | | 8 à 11 €

Patrick Berdoulet conduit depuis 1980 l'exploitation familiale située dans la commune de Viella, dans le Gers. D'une superficie totale de 11 ha, le domaine est dédié au madiran et au pacherenc-du-vic-bilh.

Le nez expressif mêle des parfums d'agrumes, de fruits jaunes compotés et de miel. Le vin apparaît rond et suave au palais, équilibré par une fine acidité finale. ⌛ 2014-2017 🍷 tarte au chocolat amer ■ Madiran Tradition 2012★ (5 à 8 €; 25 960 b.): un vin franc, puissant et concentré, aux arômes de fruits noirs. ⌛ 2016-2018

EARL Dom. Bassail, Patrick Berdoulet, Dom. Bassail, 32400 Viella, tél. 05 62 69 76 62, domaine.bassail@wanadoo.fr V t.l.j. 9h-12h 14h-19h Berdoulet

Ⓑ DOM. CAPMARTIN Cuvée du couvent 2013 ★

■ | 2 400 | | 11 à 15 €

L'histoire du domaine débute en 1986 avec 1,5 ha de vignes en location. La première récolte donnera 60 hl l'année suivante. Depuis lors, le vignoble a grandi et Guy Capmartin, qui s'est installé dans l'ancien couvent de Maumusson, conduit son exploitation en bio. Une valeur sûre, tant en madiran qu'en pacherenc-du-vic-bihl.

Fruits confits (nèfle, coing, agrumes) et notes d'élevage composent un bouquet intense et complexe. On retouve les arômes de surmaturité dans une bouche ample et suave, équilibrée par une belle fraîcheur en finale. ⌛ 2014-2018 🍷 clafoutis aux abricots

Dom. Capmartin, Le Couvent, 32400 Maumusson, tél. 05 62 69 87 88, capmartinguy@yahoo.fr V t.l.j. 9h-13h 14h-19h; dim. sur r.-v.

DOM. COUSTAÜ Prestige du Coustaü Cuvée Sainte-Jeanne 2012 ★★

■ | n.c. | | 11 à 15 €

Edmond Prechacq conduit depuis 1974 ce domaine de 7 ha situé dans la commune de Mont-Disse dans les Pyrénées-Atlantiques. À sa carte les AOC madiran et pacherenc-du-vic-bilh.

Intense et complexe, le nez mêle des notes d'aubépine, de miel et de fruits frais à des notes compotées. Onctueux en attaque, rond et gras, le palais montre un remarquable équilibre entre fraîcheur et suavité. Les arômes révélés à l'olfaction persistent longuement. ⌛ 2015-2018 🍷 fromage à pâte persillée

Dom. Coustaü, Mont-Disse 64, 64330 Mont-Disse, tél. 05 59 04 04 17 V r.-v.
Edmond Prechacq

♥ CAVE DE CROUSEILLES Harmonie 2013 ★★

■ | 50 000 | | 8 à 11 €

Établie dans l'AOC madiran, la coopérative de Crouseilles a été créée en 1950, deux ans après la reconnaissance en AOC du madiran et du pacherenc-du-vic-bilh. Elle a largement contribué au renouveau du grand vin rouge pyrénéen, dont elle fournit plus du tiers des volumes. Regroupant 130 vignerons, elle propose, outre le madiran, du pacherenc et du béarn.

Le nez subtil et bien équilibré mêle des notes beurrées à celles de la vanille du fût et des fruits à maturité (mangue, ananas, abricot, coing). Très riche dès l'attaque, le palais concentré et volumineux, dévoile un beau mariage du fruit et du bois, et déploie une longue finale pleine de fraîcheur. ⌛ 2015-2019 🍷 salade d'oranges à la menthe ■ Les Ombrages 2013★★ (5 à 8 €; 40 000 b.): un vin suave à l'attaque qui développe une trame aromatique légère. Un vin frais et équilibré. ⌛ 2015-2017 ■ Folie de roi Sec 2013★★ (5 à 8 €; 30 000 b.): un vin souple, ample et rond, équilibré par une fraîcheur citronnée élégante. ⌛ 2015-2017 ■ Sec Les Ombrages 2013★★ (moins de 5 €; 40 000 b.): ce vin souple évolue sur la fraîcheur et une finale agréablement citronnée. ⌛ 2015-2017

Cave de Crouseilles, rte du Château, 64350 Crouseilles, tél. 05 62 69 66 77, m.darricau@crouseilles.fr V t.l.j. 9h-12h 14h-19h ③ Ⓓ

CH. LAFFITTE-TESTON Ericka Élevé en fût de chêne Sec 2013 ★★★

■ | 35 000 | | 5 à 8 €

Jean-Marc Laffitte a acquis ce domaine de 40 ha il y a plus de vingt-cinq ans. Il expérimente le vieillissement de ses madiran en barriques de chêne, à 800 m de profondeur au fond des grottes de Bétharram. Ses enfants Ericka et Joris l'épaulent désormais.

Ce vin au nez expressif et gourmand, mêlant les fruits exotiques (ananas, mangue) et les agrumes, révèle un délicat boisé. Des arômes que l'on retrouve dans une bouche suave et élégante, épaulée par une fine fraîcheur. Un pacherenc racé, intense et complexe. ⌛ 2014-2017 🍷 filet de maigre au beurre citronné ■ Madiran Vieilles Vignes Vieilli en fût de chêne 2013★ (8 à 11 €; 40 000 b.): un vin moderne à la fois rond, suave et frais, aux tanins déjà fondus. ⌛ 2015-2018

Jean-Marc Laffitte, Ch. Laffitte-Teston, 32400 Maumusson-Laguian, tél. 05 62 69 74 58, info@laffitte-teston.com V t.l.j. sf dim. 9h30-12h30 13h30-18h30

LAOUGUÉ Passion de Charles Clément 2013 ★

■	3 500	🍾	5 à 8 €

Pierre Dabadie s'est installé en 1980 sur l'exploitation familiale dont il a fait passer la superficie de 7 à 20 ha, 16 étant dédiés au madiran.

Un pur petit courbu qui s'ouvre sur les fleurs blanches, puis sur la pêche, les agrumes et les fruits exotiques. Dans le même registre, la bouche ronde à l'attaque finit sur un joli fruité acidulé. ⌛ 2015-2018 🍷 plateau de fruits de mer

Pierre Dabadie, rte de Madiran, 32400 Viella, tél. 05 62 69 90 05, contact@domaine-laougue.fr V t.l.j. 8h-12h 14h-18h

DOM. DU MOULIÉ L 2012 ★

■	1 800	🍾 🛢	11 à 15 €

En gascon, *moulié* signifie « moulin » et « meunier ». Dans la famille depuis 1920, le domaine borde l'ancien chemin menant au moulin du village sur le Bergons, petit affluent de l'Adour. Les deux sœurs Charrier, Lucie (à la cave) et Michèle (à la vigne), conduisent un vignoble de 16 ha en cours de conversion bio.

Un joli vin mêlant la fraîcheur des agrumes et des fleurs blanches au miel et aux notes toastées de l'élevage. Un palais franc, bien équilibré entre douceur et acidité, pour l'heure un peu marqué par le bois. ⌛ 2015-2018 🍷 salade d'agrumes à la menthe

Famille Charrier, Dom. du Moulié, 32400 Cannet, tél. 05 62 69 77 73, domainedumoulie@orange.fr V t.l.j. 9h-12h 14h-18h, dim. sur r.-v. D

L'OR DU VIEUX PAYS Raisins dorés 2013 ★★

■	40 000	🛢	8 à 11 €

La coopérative des Vignerons de Gascogne appartient au groupe Plaimont Producteurs, acteur de poids des vins du Piémont pyrénéen.

Discret au premier nez, ce moelleux libère à l'agitation des parfums complexes : fruits frais et de fruits bien mûrs soutenus par des notes beurrées et miellées. La bouche séduit par ses arômes d'ananas et de mangue légèrement vanillés, par son équilibre entre douceur et vivacité et par sa finale marquée par une pointe d'amertume agréable. ⌛ 2016-2018 🍷 foie gras poêlé

Producteurs Vignoble de Gascogne, 32400 Saint-Mont, tél. 05 62 69 62 87, d.caillard@plaimont.fr V r.-v. Plaimont Producteurs

CH. DU POUEY Sec 2013

■	4 000	🍾	5 à 8 €

Exploité en famille depuis quatre générations, ce domaine de 22 ha est situé sur les hauteurs de Viella, face à la chaîne des Pyrénées. Le vignoble est conduit en lutte raisonnée.

Encore discret au nez, ce pacherenc sec dévoile à l'aération de plaisants parfums de pêche, d'abricot et de mangue. Souple et rond en attaque, vif en finale, il développe au palais les arômes perçus au nez. ⌛ 2015-2018 🍷 poisson mariné

Ch. de Pouey, EARL Lannusse, 32400 Viella, tél. 06 31 82 96 91, ch.pouey@orange.fr V t.l.j. sf sam. dim. 9h-12h 14h-19h

SAINT-MONT

• Superficie : 1 149 ha • Production : 76 724 hl (80 % rouge et rosé)

Consacré AOVDQS en 1981 sous le nom de côtes-de-saint-mont, le saint-mont a accédé trente ans plus tard à l'AOC. Prolongement vers l'est du vignoble de Madiran, il tire son nom et son origine d'une abbaye fondée au XIᵉs. et a connu une renaissance à partir de 1970. Le cépage rouge principal est encore ici le tannat, les cépages blancs, vinifiés en secs, se partageant entre la clairette, l'arrufiac, le courbu et les mansengs. L'essentiel de la production est assuré par l'Union dynamique des caves coopératives Plaimont. Colorés et corsés, rapidement ronds et plaisants, les rouges accompagnent grillades et garbure gasconne. Les rosés sont fins et fruités, les blancs secs et nerveux.

PLAIMONT L'Absolu des trois terroirs 2012 ★

■	10 000	🛢	11 à 15 €

Le groupe Plaimont Producteurs est le fruit d'une association de trois caves en 1979 qui unirent leurs initiales (PL pour Plaisance, AI pour Aignan et MONT pour Saint-Mont) pour créer ce leader des vins du Sud-Ouest produisant 40 millions de bouteilles.

Ce vin de couleur tulipe noire affiche un nez franc et complexe mêlant les fruits rouges et noirs (cerise, mûre, cassis) aux notes épicées d'un boisé bien dosé. Souple à l'attaque, d'une belle rondeur, la bouche s'adosse à des tanins élégants qui soutiennent une finale persistante. ⌛ 2016-2019 🍷 entrecôte ■ Les Hauts de Bergelle 2012 ★ (5 à 8 € ; 200 000 b.) : une cuvée sur le fruit, fraîche et souple. ⌛ 2016-2019

Plaimont Terroirs et Châteaux, 32400 Saint-Mont, tél. 05 62 69 62 87, d.caillard@plaimont.fr V t.l.j. sf dim. 9h-12h30 14h30-19h 4 D

PLAIMONT Le Passé authentique 2013 ★

■	120 000	🍾	5 à 8 €

La coopérative des Vignerons de Gascogne appartient au groupe Plaimont Producteurs, acteur de poids des vins du Piémont pyrénéen.

Cette cuvée affiche un nez intensément fruité mêlant la poire, la pêche et l'ananas. D'attaque franche, la bouche, ronde et vive, reste bien fruitée. ⌛ 2014-2018 🍷 plateau de fruits de mer

Producteurs Vignoble de Gascogne, 32400 Saint-Mont, tél. 05 62 69 62 87, d.caillard@plaimont.fr V r.-v.

TURSAN

• Superficie : 300 ha • Production : 16 532 hl (82 % rouge et rosé)

Autrefois vignoble d'Aliénor d'Aquitaine, le terroir de Tursan s'étend essentiellement dans les Landes, sur les coteaux de l'est de la Chalosse, autour d'Aire-sur-Adour et de Geaune. Il produit des vins dans les trois couleurs. Les plus intéressants sont les blancs, issus principalement d'un cépage original, le baroque. Sec et nerveux, au parfum inimitable, le tursan blanc accompagne alose, pibale et poisson grillé. Longtemps classé en AOVDQS (appellation d'origine vin délimité de qualité supérieure), il a accédé à l'AOC à la disparition des AOVDQS en 2011.

♥ BARON DE BACHEN 2012 ★★

■ | 13 800 | | 15 à 20 €

Le chef étoilé Michel Guérard cultive en tursan (20 ha) son jardin de vignes à Eugénie-les-Bains et aussi les étoiles dans le Guide. Maison noble dominant l'Adour, le château de Bachen a été acquis par la famille en 1983.

Ce 2012, assemblage de baroque, de sauvignon et de gros manseng, a enchanté les dégustateurs par ses parfums subtils de fleurs et de fruits blancs, d'agrumes, soulignés d'un fin boisé. Rond, ample et gras, le palais est soutenu par une belle vivacité qui porte loin la finale. Une expression accomplie de l'appellation. ⧗ 2014-2020 ♈ saumon en papillote ■ Ch. de Bachen 2012 ★ (8 à 11 € ; 24 280 b.) : un vin parfumé et harmonieux, au boisé bien fondu, laissant s'exprimer le fruit (ananas, pêche). ⧗ 2014-2017

Michel Guérard,
Cie hôtelière et fermière d'Eugénie-les-Bains,
40320 Eugénie-les-Bains, tél. 05 58 71 76 76,
direction@michelguerard.com V r.-v.

LES VIGNERONS LANDAIS Secret 2012 ★

■ | 10 000 | | 11 à 15 €

La coopérative regroupe aujourd'hui 154 vignerons sur les terroirs de Tursan et de Chalosse, dans le sud des Landes.

Réservé au premier nez, ce 2012 libère à l'aération des parfums de fruits rouges compotés, de chocolat, de café et d'épices. Intense en saveurs de fruits noirs à l'attaque, la bouche dévoile progressivement des tanins suaves soulignés en finale par une pointe d'amertume. ⧗ 2017-2019 ♈ confit d'oie ■ 2012 Expression (5 à 8 € ; 5 000 b.) : un vin franc et gras, à la finale nette et acidulée. ⧗ 2014-2016

Les Vignerons landais, 30, rue Saint-Jean,
40320 Geaune, tél. 05 58 44 51 25, info@tursan.fr
V t.l.j. sf dim. 9h-12h 14h30-17h30

BÉARN

Les vins du Béarn peuvent être produits sur trois aires séparées. Les deux premières coïncident avec celles du jurançon et du madiran. La troisième comprend les communes qui entourent Orthez, Salies-de-Béarn et Bellocq. Reconstitué après la crise phylloxérique, le vignoble occupe les collines prépyrénéennes et les graves de la vallée du Gave. Les cépages rouges sont constitués par le tannat, les cabernet-sauvignon et cabernet franc (bouchy), les anciens manseng noir, courbu rouge et fer-servadou. Les vins sont corsés et généreux, et accompagnent garbure (soupe régionale) et palombe grillée. Les rosés du Béarn sont vifs et délicats, avec des arômes fins de cabernet et une bonne structure en bouche.

DOM. DE LA CAILLABÈRE Confidence 2012 ★

■ | 4 000 | | 15 à 20 €

Créée en 1992 par Jean-Marc Larroudé à partir de vignes familiales, cette propriété étend ses 4 ha sur des coteaux exposés à l'est-sud-est. Les sols argilo-limoneux sont très caillouteux, comme le suggère le nom béarnais du domaine.

Cette cuvée de pur tannat récolté légèrement surmûri a été plus d'une fois au sommet. Le 2012 revêt une robe très sombre et libère des parfums intenses de fruits rouges (cerise mûre), avec une touche de poivre et un léger vanillé. La bouche dense, bien équilibrée, dévoile une trame de tanins serrés et fermes. Beaucoup de corps et de charpente dans ce vin encore fermé, qui mérite d'attendre. ⧗ 2016-2019 ♈ civet de sanglier

Jean-Marc Larroudé, 479, rte de Madiran,
64330 Taron, tél. 05 59 04 78 80, caillabere@gmail.com V r.-v.

CAVE DE CROUSEILLES Carte d'or 2013 ★

■ | 100 000 | | - de 5 €

Établie dans l'AOC madiran, la coopérative de Crouseilles, a été créée en 1950, deux ans après la reconnaissance en AOC du madiran et du pacherenc-du-vic-bilh. Elle a largement contribué au renouveau du grand vin rouge pyrénéen, dont elle fournit plus du tiers des volumes. Regroupant 130 vignerons, elle propose, outre le madiran, du pacherenc et du béarn.

Un rose framboise lumineux et limpide. Un nez intense évoquant une vendange fraîche, où se bousculent la framboise, la fraise et les agrumes. Une bouche friande et équilibrée, à la fois ronde et nerveuse. ⧗ 2014-2015 ♈ pâté en croûte ■ Le Petit Cayolar 2013 ★ (50 000 b.) : un vin dense et chaleureux, aux notes de fruits noirs, qui devrait encore gagner en expression. ⧗ 2015-2019

Cave de Crouseilles, rte du Château,
64350 Crouseilles, tél. 05 62 69 66 77, m.darricau@crouseilles.fr V t.l.j. 9h-12h 14h-19h

DOM. LAPEYRE Série 1909 2012 ★

■ | 3 000 | | 11 à 15 €

Installé à Salies-de-Béarn, une des nombreuses petites villes thermales du Piémont pyrénéen, Pascal Lapeyre a repris en 1987 le domaine fondé en 1909 par son arrière-grand-père et aménagé la cuverie et le chai. Exposés plein sud, ses 13 ha de vignes couvrent les coteaux du Guilhemas, face aux Pyrénées. Ses vins, valeur sûre de l'AOC, sont vendus sous l'étiquette Dom. Lapeyre ou Dom. Guilhemas.

Affichant une robe presque noire aux reflets pourpres, ce vin de pur tannat élevé un an sous bois libère des parfums de fruit à l'armagnac qui se prolongent en bouche, accompagnés de notes de pruneau, de réglisse et de tabac. Au palais, il séduit par son équilibre et par ses tanins fins. Original. ⧗ 2016-2018 ♈ daube de canard ■ Cuvée principale 2012 (5 à 8 € ; 13 000 b.) : également passé en barrique, un vin plus souple que le précédent, aux notes de fruits mûrs, de pruneau et de vanille. ⧗ 2014-2017

Pascal Lapeyre, 52, av. des Pyrénées,
64270 Salies-de-Béarn, tél. 05 59 38 10 02, contact@domaine-lapeyre-guilhemas.com V t.l.j. 8h30-12h30 14h30-19h30; dim. sur r.-v.

SUD-OUEST

JURANÇON

« Je fis, adolescente, la rencontre d'un prince enflammé, impérieux, traître comme tous les grands séducteurs : le jurançon », écrit Colette. Célèbre depuis qu'il servit à Pau au baptême d'Henri IV, le jurançon est devenu le vin des cérémonies de la maison de France. On trouve ici les premières notions d'appellation protégée – car il était interdit d'importer des vins étrangers – et même une hiérarchie des crus, puisque toutes les parcelles étaient répertoriées suivant leur valeur par le parlement de Navarre. Comme les autres vins de Béarn, le jurançon, alors rouge ou blanc, était expédié jusqu'à Bayonne, au prix de navigations parfois hasardeuses sur les eaux du Gave. Très prisé des Hollandais et des Américains, le jurançon connut une éclipse avec la crise phylloxérique. La reconstitution du vignoble fut effectuée avec les méthodes et les cépages anciens, sous l'impulsion de la Cave de Gan et de quelques propriétaires.

Ici plus qu'ailleurs, le millésime revêt une importance primordiale, surtout pour les jurançon moelleux qui demandent une surmaturation tardive par passerillage sur pied. Les cépages traditionnels, uniquement blancs, sont le gros et le petit mansengs, et le courbu. Les vignes sont cultivées en hautains pour échapper aux gelées. Il n'est pas rare que les vendanges se prolongent jusqu'aux premières neiges.

Le jurançon sec est un blanc de couleur claire à reflets verts. Très aromatique, avec des nuances miellées, il accompagne truites et saumons du Gave. Les jurançon moelleux ont une couleur dorée, des arômes complexes de fruits exotiques (ananas et goyave) et d'épices (muscade et cannelle). Leur équilibre acidité-liqueur en fait des faire-valoir tout indiqués du foie gras. Ces vins peuvent vieillir très longtemps et donner de grandes bouteilles qui accompagneront un repas, de l'apéritif au dessert en passant par les poissons en sauce et le fromage pur brebis de la vallée d'Ossau.

DOM. BELLEGARDE
Sec Cuvée La Pierre blanche 2012 ★★

■ | 8 000 | ◖◗ | 11 à 15 €

Pascal Labasse s'est formé au château la Tour Blanche à Sauternes. Il est passé de l'agriculture conventionnelle à la lutte raisonnée, avant de s'engager en 2008 dans la conversion bio de son vignoble de 14 ha.

Un assemblage original pour ce jurançon sec qui incorpore aux côtés du petit manseng (60 %) et du gros manseng 15 % de camaralet, variété locale. La robe soutenue indique une certaine évolution. Le cépage dominant marque le nez d'arômes d'ananas, de poire et de pomme au four soulignés par un boisé grillé et vanillé apporté par l'élevage. Les fruits exotiques s'épanouissent dans un palais onctueux et gras, équilibré par une belle vivacité. ⧗ 2014-2019 ¥ clafoutis aux poires ■ Cuvée Tradition 2012 (11 à 15 € ; 8 000 b.) : un moelleux vif et chaleureux, d'une belle qualité aromatique (acacia, miel, mandarine, orange amère). ⧗ 2015-2018

⊶ Pascal Labasse, Dom. Bellegarde, quartier Coos, 64360 Monein, tél. 05 59 21 33 17, contact@domaine-bellegarde.fr V ⚐ ⚑ t.l.j. sf dim. 10h-12h 14h-18h

DOM. BORDENAVE Cuvée des Dames 2012

■ | 8 500 | ▮ | 15 à 20 €

Implantée à Monein, au cœur de l'appellation jurançon, cette propriété familiale se transmet depuis 1676. Elle élabore ses propres vins depuis que Gisèle Bordenave, œnologue, l'a reprise en 1993.

Un pur petit manseng aux parfums intenses de fruits exotiques et de coing qui s'épanouissent dans un palais ample et gras. La finale est marquée par une touche de chocolat blanc. ⧗ 2014-2019 ¥ bleu d'Auvergne ■ Terres de Mémoire Sec 2012 (11 à 15 € ; 2 250 b.) : élevé sous bois, un jurançon sec équilibré, aux arômes bien typés d'ananas et d'agrumes. ⧗ 2014-2018

⊶ Dom. Gisèle Bordenave, rte d'Ucha, quartier Ucha, 64360 Monein, tél. 05 59 21 34 83, contact@domaine-bordenave.com V ⚐ ⚑ t.l.j. 9h-19h, dim. sur r.-v.

DOM. BORDENAVE-COUSTARRET
Cuvée Renaissance 2012 ★

■ | 6 200 | ▮ | 8 à 11 €

Au cœur des coteaux de Lasseube au sud de Pau, le petit domaine de 5 ha est installé en altitude, à 380 m, face aux Pyrénées. Fondé en 1842, il est conduit depuis 1995 par Sébastien Bordenave-Coustarret.

Assemblage de petit manseng (80 %) et de courbu, ce jurançon sec a été vinifié sans levurage. Légèrement brioché, le nez libère d'agréables notes d'abricot, de pêche et de citron confit. Frais et intensément aromatique, le palais affiche une nervosité tonique en finale. ⧗ 2014-2017 ¥ langoustines

⊶ Bordenave-Coustarret, chem. Ranque, 64290 Lasseube, tél. 05 59 21 72 66, domainecoustarret@wanadoo.fr V ⚐ ⚑ t.l.j. 9h30-12h30 13h30-18h, dim. sur r.-v.

B DOM. BRU-BACHÉ
La Quintessence 2012 ★★

■ | 9 000 | 20 à 30 €

Claude Loustalot poursuit l'œuvre de son oncle sur ce célèbre domaine. Il cultive les 11 ha en agriculture biologique et en biodynamie, avec pour objectif de préserver l'identité du jurançon.

La cuvée vedette du domaine, née de pur petit manseng, affiche un beau palmarès dans le Guide. Complexe et exubérant, le nez déploie de superbes notes de surmaturation : figue sèche, pralin, fruits exotiques confits, pâte de coing, orange amère. Le palais, gras et ample, est aussi remarquablement frais. La finale persistante est marquée par un retour des fruits surmûris, avec une note d'armagnac et une touche « rhum-raisin ». ⧗ 2017-2025 ¥ foie gras sur pain d'épice ■ Les Casterasses 2012 ★ (11 à 15 € ; 10 000 b.) : un tout petit cran au dessous mais fort élégant. ⧗ 2016-2019

⊶ Dom. Bru-Baché, 39, rue Barada, 64360 Monein, tél. 05 59 21 36 34, domaine.bru-bache@orange.fr V ⚐ ⚑ r.-v. ⌂ B ⊶ Claude Loustalot

DOM. DE CABARROUY Cuvée Passerillage 2011 ★

■ | 5 100 | ▮ ◖◗ | 11 à 15 €

Dans les années 1980, Patrice Limousin, alors jeune vigneron dans la région nantaise, rencontre Freya Skoda, une étudiante berlinoise. Le couple achète en

1988 ce domaine à l'abandon. Ils ont replanté les vignes, restauré la demeure du XVIIIe et aménagé un chai.

Pur petit manseng récolté le 10 novembre, ce moelleux affiche une fraîcheur surprenante ; après une touche miellée et briochée, il libère des senteurs de fleurs blanches, de citron, d'ananas, avec une pointe mentholée et réglissée. L'élevage transparaît dans des notes de vanille et de moka. Le palais montre le même profil, misant plus sur la finesse et la vivacité que sur la puissance. ⧗ 2015-2019 ♈ poulet au gingembre

Dom. de Cabarrouy, chem. Cabarrouy, 64290 Lasseube, tél. 05 59 04 23 08, domaine.cabarrouy@orange.fr V t.l.j. 10h-12h30 14h-19h ; dim. sur r.-v.

DOM. CASTERA Cuvée Privilège 2012 ★

■	4 000		11 à 15 €

Fondée en 1895, cette ferme béarnaise a longtemps accueilli veaux, vaches, cochons, couvées et un verger de pêches roussanne de Monein. Les blondes d'Aquitaine et les champs de maïs sont restés, mais le vignoble a gagné du terrain (11,5 ha) avec l'arrivée de Christian Lihour. Son fils Franck l'a rejoint en 2014.

Un pur petit manseng vinifié et élevé dix-huit mois en barrique. Expressif et frais, le nez mêle les agrumes (citron vert), les fruits exotiques, les fleurs blanches et le miel. Après une attaque fraîche, le palais gras garde ce fond de vivacité jusqu'en finale. ⧗ 2014-2019 ♈ charlotte aux pommes et poires

Christian Lihour, quartier Ucha, 64360 Monein, tél. 05 59 21 34 98, christian.lihour@wanadoo.fr V r.-v.

DOM. CAUHAPÉ Sec Geyser 2013 ★★

■	21 800		11 à 15 €

Dans la première édition du Guide, un coup de cœur avait couronné un moelleux 1982 élaboré par Henri Ramonteu. Onze autres ont suivi. Le domaine s'étend sur 43 ha de vignes escarpées, plantées à flanc de colline.

Ce jurançon sec réhabilite les cépages d'antan, le camaralet (25 %) et le lauzet (10 %), assemblés au courbu et au petit manseng. Il en tire un nez intense de citron vert, de fruits exotiques et de bourgeon de cassis. Eclatant et vif en bouche, ce vin offre un joli bouquet de saveurs ; les fruits exotiques persistent longuement dans une finale tonifiée par une touche mentholée. ⧗ 2014-2018 ♈ gambas flambées

Henri Ramonteu, Dom. Cauhapé, quartier Castet, 64360 Monein, tél. 05 59 21 33 02, contact@cauhape.com V t.l.j. sf dim. 8h-12h30 13h30-18h

CLOS DE LA VIERGE Sec 2013 ★

■	16 000		5 à 8 €

La maison est sise sur la place de l'église à Lahourcade. Anne-Marie Barrère, épaulée par sa sa sœur et sa mère gèrent un vignoble de 16 ha réparti sur deux terroirs : le Clos Cancaillaü et le Clos de la Vierge.

Issu de gros manseng, ce jurançon sec s'annonce par un nez très frais et intensément parfumé, sur les fleurs blanches et les fruits exotiques, rehaussé de délicates touches d'épices. Une agréable fraîcheur anime le palais où l'on retrouve les arômes perçus à l'olfaction. Un ensemble bien typé. ⧗ 2014-2019 ♈ carpaccio de saint-jacques ■ Clos Cancaillaü Gourmandise 2012 ★ (11 à 15 € ; 1 800 b.) : un moelleux d'une belle finesse, typé par ses arômes (ananas, fruit de la Passion, orange, citron et léger vanillé du fût). ⧗ 2014-2019

Anne-Marie Barrère, 4, rte de Monein, place de l'Église, 64150 Lahourcade, tél. 05 59 60 08 15, earl.barrere@orange.fr V t.l.j. sf dim. 8h-19h, f. 1er oct.-15 nov.

CLOS GUIROUILH Petit Cuyalàa 2011 ★★

■	1 000		30 à 50 €

La propriété de Jean Guirouilh, au village de Lasseube. L'homme a quitté polyculture et bétail pour se consacrer au jurançon. Marie-Françoise Guirouilh-Rogrigues conduit l'exploitation depuis 2011.

Un petit manseng récolté le 9 novembre dans une parcelle en terrasse. Après vingt-deux mois d'élevage en fût, le vin affiche un nez intense de miel, de fruits confits (nèfle, ananas et autres fruits exotiques), de confiture d'agrumes, de fruits secs et de notes de torréfaction évoquant le moka. Suave à l'attaque, ample et gras, le palais développe une palette aromatique dans le même registre. Le boisé bien fondu apporte des notes de pain d'épice, de vanille et de grillé. La finale est longue et tonique. Puissance et élégance. ⧗ 2015-2019 ♈ blancs de volaille à l'ananas

SCEA Guirouilh, rte de Belair, 64290 Lasseube, tél. 05 59 04 21 45, guirouilh@gmail.com V r.-v.

B CLOS THOU Suprême de Thou 2012 ★★

■	n.c.		15 à 20 €

Métayers puis fermiers, les arrière-grands-parents d'Henri Lapouble-Laplace ont acheté le domaine que ce vigneron, installé en 1993, met aujourd'hui en valeur. Les 8,5 ha de vignes sont conduits en bio.

Un nez captivant ; il rassemble tous les parfums d'un petit manseng vendangé à haute maturité : truffe, miel, acacia, fruits exotiques, fruits secs... le tout associé à un noble boisé, vanillé et grillé. Le palais, riche, dense et gourmand, développe des arômes de mangue, d'abricot sec et d'agrumes. Une belle fraîcheur lui confère une rare élégance. ⧗ 2015-2018 ♈ chapon de Bresse aux figues ■ Cuvée Guilhouret Sec 2012 ★ (8 à 11 €) : un assemblage de quatre cépages (petit et gros mansengs, courbu et camaralet) pour ce vin de style moderne, net, intensément fruité, gras et long. ⧗ 2017-2019

Henri Lapouble-Laplace, 245, chem. Larredya, 64110 Jurançon, tél. 05 59 06 08 60, clos.thou@wanadoo.fr V t.l.j. sf dim. 9h-12h30 14h-19h

DOM. GAILLOT Sélection 2012

■	12 000		11 à 15 €

Jean-Louis Gaillot a pris en 2007 la tête de l'exploitation familiale qui couvre 32 ha. L'étiquette affiche sa date de création : 1632. La maison, elle, date du XVIIIes. Domaine en conversion bio.

Vendangé le 20 novembre, le petit manseng a donné naissance à un moelleux au nez de miel, d'orange, d'ananas, qui dévoile à l'agitation de légères notes vanillées. Savoureuse, équilibrée entre douceur et fraîcheur, la bouche dévoile un boisé bien dosé aux nuances de pain d'épice et finit sur une touche de noble amertume. ⧗ 2015-2018 ♈ ananas rôti

SUD-OUEST

EARL Dom. Gaillot, chem. Gaillot, 64360 Monein, tél. 06 29 90 09 96, domaine.gaillot@orange.fr
V t.l.j. 9h-19h

♥ CAVE DE GAN JURANÇON
Grain d'Automne 2012 ★★

| | 100 000 | | 8 à 11 € |

Fondée en 1949, la cave de Gan réunit 300 viticulteurs et fournit plus de la moitié des volumes de l'appellation jurançon. Elle propose ses vins de marque et des vins de propriétés élaborés par ses soins.

Du pur petit manseng et pas de bois dans ce moelleux tout en fruit qui enchante par son nez exubérant et complexe, florilège d'abricot, de fruit de la Passion, de mandarine confite, agrémenté d'une touche de liqueur de café. Tout aussi intense, ample et souple, le palais charme par son élégance. ⧗ 2014-2017 🍷 foie gras poêlé ■ **Le Vieux Caveau 2012 ★ (5 à 8 € ; 66 600 b.)** : né des deux mansengs à parts égales, un moelleux généreux, aromatique, plus simple que le précédent. ⧗ 2015-2018 ■ **Prestige d'automne 2012 ★ (100 000 b.)** : un nez chaleureux et intense sur le miel et les fleurs, un palais généreux, vivifié par des notes d'agrumes (pamplemousse, mandarine). ⧗ 2015-2018

Cave de Gan Jurançon, 53, av. Henri-IV, 64290 Gan, tél. 05 59 21 57 03, cave@cavedejurancon.com
V t.l.j. sf dim. 8h-12h 13h30-18h30

DOM. GUIRARDEL Tradicioû 2011

| | 5 000 | | 8 à 11 € |

Des Alpes aux Pyrénées : Françoise Casaubieilh et Pierre Coulomb son époux, ingénieurs, ont travaillé longtemps dans la Silicon Valley française de Grenoble avant de reprendre en 2008 le domaine familial créé en 1800 sur les coteaux de Monein. Leur vignoble de 6 ha est en conversion bio.

Le gros manseng domine dans ce moelleux qui libère des senteurs de fleurs blanches et de pêche puis, à l'agitation, une touche minérale et les nuances vanillées et grillées de l'élevage. Dans le même registre, le palais, bien équilibré, penche légèrement vers la fraîcheur. ⧗ 2014-2019 🍷 clafoutis aux abricots

EARL F. & J. Casaubieilh, Dom. Guirardel, chem. Bartouille, 64360 Monein, tél. 05 59 21 31 48, jurancon@domaine-guirardel.fr V r.-v.

DOM. HAUGAROT
Cuvée André-Jean Élevé en fût de chêne 2012 ★★

| | 3 300 | | 11 à 15 € |

En 2001, à dix-neuf ans, Jean-Pierre Proharam reprend les vignes familiales jusqu'alors vinifiées à la coopérative. En 2004, il réalise sa première vinification et inaugure son chai en 2008.

Une cuvée de petit manseng récolté durant la deuxième quinzaine de novembre. La robe dorée est éclatante. Le nez bien ouvert marie les fruits blancs mûrs, les agrumes confits, les fruits secs, un boisé bien fondu et une fraîcheur minérale. Suave à l'attaque, ample et long, le palais est tendu par une belle acidité qui lui donne du tonus. ⧗ 2015-2020 🍷 salade de fruits

Jean-Pierre Proharam, 672, chem. des Crêtes, 64110 Saint-Faust, tél. 05 59 40 69 10, domainehaugarot@yahoo.fr V t.l.j. sf dim. 8h30-12h30 13h30-19h

CHARLES HOURS Sec Cuvée Marie 2012 ★★

| | 50 000 | | 11 à 15 € |

Charles Hours, œnologue, conduit son vignoble en bio depuis vingt ans, mais sans certification. Il a agrandi le domaine paternel (24 ha aujourd'hui). Sa fille Marie, installée à ses côtés, met au point des cuvées « trendy » à côté des vins « tradi ».

Bien connue de nos lecteurs, une cuvée de gros manseng élevée sous bois. L'élevage apporte de la complexité à ce jurançon sec qui s'ouvre sur des notes de vanille avant de dévoiler des parfums de fruits exotiques, d'agrumes et des touches minérales. Vive en attaque, franche, aussi aromatique que le nez, la bouche est structurée par une belle acidité et dévoile un élevage bien maîtrisé. Du potentiel. ⧗ 2015-2020 🍷 saint-jacques à la crème ■ **Uroulat 2012 ★ (20 à 30 € ; 30 000 b.)** : un petit manseng élevé sous bois. Nez intense et complexe (fleur d'oranger, fruits exotiques, vanille, amande, épices), palais aromatique, gras, frais et long. ⧗ 2014-2019

Charles Hours, Uroulat, 64360 Monein, tél. 05 59 21 46 19, charles.hours@orange.fr
V r.-v.

CH. DE JURQUE Tendresse 2012

| | 21 500 | | 11 à 15 € |

Les Domaines Latrille se composent de deux propriétés en jurançon. Le berceau est le château Jolys (32 ha), créé en 1962 par Pierre-Yves Latrille, ingénieur agronome ; le château de Jurque (10 ha) a été planté entre 2003 et 2011. Claire et Camille Bessou-Latrille, petites-filles du fondateur, sont aux commandes depuis 2012.

Encore réservé, délicat et frais, ce 2012 s'ouvre sur des parfums de fruits à chair blanche. Le palais est à la fois rond et souple, vif et aérien. ⧗ 2014-2019 🍷 toasts de foie gras ■ **Ch. Jolys cuvée Pauline Sec 2013 (4 000 b.)** : un nez intense, partagé entre les agrumes et les fruits à chair blanche, un palais équilibré, aux arômes de citron et de pamplemousse. ⧗ 2014-2016

SCEA Dom. Latrille, 330, rte de la Chapelle-de-Rousse, 64290 Gan, tél. 05 59 21 72 79, contact@domaineslatrille.fr
V t.l.j. sf sam. dim. 8h-12h 13h30-16h30

B CH. LAFITTE Réserve 2011 ★

| | 1 300 | | 11 à 15 € |

Lafitte, avec deux « t ». Deux belles tours d'angle et des lettres d'ancienneté : le château remonte au moins au XIVe. La propriété a été acquise en 2000 par Philippe Arraou qui a planté 4 ha. Depuis 2012, c'est son fils Antoine qui conduit le domaine.

Un petit manseng récolté le 5 décembre 2011, fermenté sans levurage et élevé vingt-quatre mois en fût. Expressif et chaleureux, le nez mêle la crème caramel, le miel, la pâte de fruits et l'orange confite. L'attaque incisive introduit une bouche chaleureuse qui montre un bel équilibre entre douceur et fraîcheur et marie subtilement le boisé aux notes de surmaturation. ⌛ 2018-2020 🍴 cannelés bordelais

⊶ Ch. Lafitte, 64360 Monein, tél. 05 59 21 49 44, contact@chateau-lafitte.com V t.l.j. 8h-20h

⊶ Arraou

♥ B CH. LAPUYADE Sec 2012 ★★

1 500 | 8 à 11 €

La famille Aurisset conduit son domaine de 8 ha en bio certifié depuis 1999, en biodynamie depuis 2007. L'hiver, le vignoble enherbé offre un pâturage aux moutons.

Un remarquable assemblage de gros manseng (75 %) et de petit manseng élevés dans le bois. Complexe et bien ouvert, le nez associe des parfums de fruits secs (raisin et figue) et de fruits confits à des notes plus fraîches : fruits exotiques et touches mentholées. Franc, dense, mûr et long, le palais traduit un mariage accompli entre le fruit et le boisé. ⌛ 2014-2020 🍴 tajine de poulet aux abricots ■ 2012 ★ (11 à 15 € ; 3 500 b.) : issu de pur petit manseng élevé sous bois, un moelleux parfumé, complexe, riche, tonifié par une belle acidité. ⌛ 2014-2024

⊶ Aurisset, chem. Lapuyade, 64360 Cardesse, tél. 05 59 21 32 01, clos.marie-louise@wanadoo.fr V r.-v.

DOM. LARROUDÉ Un jour d'automne 2012 ★

2 000 | 20 à 30 €

Entre gave de Pau et gave d'Oloron, Christiane et Julien Estoueigt gouvernent depuis 1985 un petit domaine de 7 ha, couvrant des coteaux exposé plein sud, face aux Pyrénées. En conversio bio.

Un petit manseng vendangé à la mi-novembre et élevé dix-huit mois en barrique. Le nez intense mêle les fleurs blanches, les fruits jaunes, la tarte Tatin, le miel, un fin boisé à des notes plus vives d'agrumes. À la fois miellé et acidulé, le palais est bien équilibré entre douceur et fraîcheur. La finale, sur l'orange confite et la noisette, traduit un beau mariage du fruit et du bois. ⌛ 2015-2018 🍴 apéritif

⊶ Dom. Larroudé, quartier Marquesouquères, 64360 Lucq-de-Béarn, tél. 05 59 34 35 40, domaine.larroude@wanadoo.fr V r.-v.

DOM. DE MALARRODE Cuvée Gabriel 2012 ★

6 000 | 11 à 15 €

Gaston Mansanné est revenu en 1986 dans son Béarn natal. Il a arraché de vieux ceps en fin de vie et des arbres fruitiers et replanté les gros et petits mansengs. Son domaine couvre 14 ha.

Un petit manseng élevé dix-huit mois en barrique. Le nez, intense et complexe, mêle les fleurs blanches, le miel, les agrumes et les épices douces. Suave à l'attaque, onctueux, le palais est équilibré par une belle fraîcheur. Les arômes fruités perçus à l'olfaction prennent des accents confits et s'accompagnent de notes grillées. ⌛ 2015-2019 🍴 carré de porc aux abricots

⊶ Gaston Mansanné, quartier Ucha, 64360 Monein, tél. 05 59 21 44 27, mansanne.gaston@wanadoo.fr V r.-v.

DOM. MONTAUT Sec 2012 ★

3 600 | 5 à 8 €

Cette propriété familiale très ancienne a été reprise par Fernand Montaut en 1988. Son fils Nicolas a pris le relais en 2010. Il exploite près de 5 ha de vignes.

Né de gros manseng, ce jurançon sec revêt une robe très pâle et offre un nez délicat de fleurs blanches, d'agrumes et de pêche. La bouche dévoile un côté chaleureux, bien contrebalancé par une belle acidité qui souligne ses arômes de fruits blancs et d'aubépine. ⌛ 2014-2017 🍴 truite grillée aux herbes

⊶ Dom. Montaut, quartier Haut-Ucha, 64360 Monein, tél. 05 59 21 38 17, domaine.montaut@gmail.com V t.l.j. 9h-12h 14h-18h

CH. DE NAVAILLES Sec 2013 ★★

15 000 | 5 à 8 €

Ce domaine peut s'enorgueillir de posséder un château féodal du XIIe s. reconstruit au XVIe s. puis acquis par Jean de Navailles en 1640. Les vins du domaine sont vinifiés par la cave de Gan.

Un nez élégant, discrètement floral, fruité et minéral. Cette élégance et cette minéralité se retrouvent dans une bouche bien équilibrée entre rondeur et vivacité. ⌛ 2014-2017 🍴 verrines de crevettes ■ Dom. Loustalé Sec 2013 ★ (10 500 b.) : un vin floral, qui associe élégamment rondeur et fraîcheur croquante. ⌛ 2014-2017 ■ Dom. Lasserre 2012 (8 à 11 € ; 33 000 b.) : un moelleux simple mais bien fait, aux arômes d'ananas et d'épices. ⌛ 2014-2017

⊶ Ch. de Navailles, 53, av. Henri-IV, 64290 Gan, tél. 05 59 21 57 03 V t.l.j. sf dim. 8h-12h 13h30-18h30

DOM. NIGRI Toute une histoire... 2012 ★★

20 000 | 11 à 15 €

Créé il y a plus de trois cents ans et commandé par une bâtisse du XVIIIe s., ce domaine de 13,5 ha est dans la famille depuis quatre générations. Il est conduit depuis 1993 par Jean-Louis Lacoste, œnologue. En bio certifié depuis 2013.

Un pur petit manseng. L'élevage en barrique de 400 l a peu marqué ce vin, qui évoque la truffe au premier nez, avant de libérer à l'agitation des notes de fruits confits, de fruits exotiques (litchi, ananas, mangue), d'agrumes, de fleurs blanches et de miel. Gourmand, ample et généreux, le palais est équilibré par une belle acidité qui donne de l'allonge à la finale. ⌛ 2014-2025 🍴 tarte à l'ananas

⊶ Jean-Louis Lacoste, Dom. Nigri, Candeloup, 64360 Monein, tél. 05 59 21 42 01, domaine.nigri@wanadoo.fr V t.l.j. 9h-12h 13h30-18h; dim. sur r.-v.

LIONEL OSMIN & CIE Foehn 2011

8 000 | 15 à 20 €

Fils d'un bijoutier béarnais, Lionel Osmin est devenu ingénieur agricole et a fondé en 2010 une maison de négoce spécialisée dans les vins du grand Sud-Ouest, d'Irouléguy à Bergerac, de Madiran à Marcillac. Il a quatre associés, dont l'œnologue Damiens Sartori.

Assez complexe, le nez monte en puissance, libérant des notes de fruits exotiques (mangue, ananas), d'agrumes confits et de miel d'acacia. Le palais, généreux, trouve son équilibre dans une finale fraîche sur les agrumes. ⧗ 2014-2019 ᛘ tajine de poulet aux citrons confits

⊶ Lionel Osmin & Cie, 14, rue des Bruyères, 64160 Morlaas, tél. 05 59 05 14 66, vin@osmin.fr
V ▣ t.l.j. sf dim. lun. 10h-20h, f. janv.

CH. DE ROUSSE Sec 2013

	7 000		8 à 11 €

Domaine de 10 ha conduit depuis 2000 par les frères Marc et Olivier Labat. Cultivées en étroites terrasses, les vignes exposées au sud-sud-est sont disposées en amphithéâtre, avec à l'arrière-plan la chaîne des Pyrénées.

Un jurançon sec bien typé avec sa robe cristalline, son nez assez complexe, partagé entre les fleurs blanches, la pêche, la mangue et les agrumes, prélude à une bouche ronde, équilibrée par une finale fraîche aux arômes de citron et de pamplemousse. ⧗ 2014-2016 ᛘ salade de crevettes à la mangue

⊶ Ch. de Rousse, La Chapelle-de-Rousse, 64110 Jurançon, tél. 05 59 21 75 08, chateauderousse@wanadoo.fr V ▣ ▣ t.l.j. 9h-18h
⊶ Marc et Olivier Labat

B DOM. DE SOUCH
Cuvée de Marie Kattalin 2012 ★★

	6 693		30 à 50 €

Jean de Souch, « Syndic des éleveurs de treille » au XVIIIes., a donné son nom à ce domaine et sa vocation viticole. En 1986, Yvonne Hegoburu, figure de l'agriculture biologique sur ces terres de Béarn, a replanté le vignoble et l'a converti très tôt à l'agriculture biologique et à la biodynamie. La propriété, à taille humaine, couvre environ 7 ha.

Un petit manseng vendangé le 12 novembre, vinifié sans levurage et élevé un an en barrique. Le vin libère par petites touches une palette aromatique complexe : fleurs blanches, bergamote, miel, coing et truffe. En bouche, ce liquoreux montre la fraîcheur des jurançon accomplis. ⧗ 2016-2020 ᛘ tajine de poulet aux abricots ■ Sec 2012 ★ (20 à 30 € ; 9 450 b.) : un sec bien typé, mêlant les fruits blancs aux touches vanillées et toastées de l'élevage. ⧗ 2014-2017

⊶ SCEA Dom. de Souch, 805, chem. de Souch, 64110 Laroin, tél. 05 59 06 27 22, domaine.desouch@neuf.fr V ▣ ▣ t.l.j. 9h-12h30 14h-18h, dim. sur r.-v.
⊶ Y. Hegoburu

LE VALOISIN 2012 ★

	30 000		5 à 8 €

Le groupe Castel est à la fois négociant et propriétaire de nombreux domaines en Bordelais, en Provence, en Languedoc et en Loire.

Une sélection de négoce associant le petit manseng (60 %) et le gros manseng. Le nez s'ouvre sur les fruits jaunes et les fruits exotiques, avec une touche amylique. Le palais est délicat, aérien et fruité à souhait (abricot et coing). Pour découvrir le jurançon moelleux. ⧗ 2014-2019 ᛘ canard à l'orange

⊶ Sté des Vins de France, 21-24, rue G.-Guynemer, 33290 Blanquefort

♥ B DOM. VIGNAU LA JUSCLE
Vendanges tardives 2012 ★★

	4 500		20 à 30 €

Chirurgien, Michel Valton est devenu vigneron en 1983 à Saint-Faust. Il s'est installé dans une ferme du XVIIIes. et cultive en bio un vignoble de 5 ha traversé par un sentier de randonnée. Une occasion pour les promeneurs de faire halte pour découvrir une vue imprenable sur les Pyrénées et les vins de ce domaine, valeur sûre du Guide. Le fils Antonin s'apprête à prendre le relais.

Vendanges tardives ? Le 24 décembre ! Le petit manseng a été élevé deux ans, pour une moitié en cuve et pour l'autre en barriques neuves. Habillé d'or soutenu, ce 2012 monte en puissance, libérant des notes de fruits exotiques (ananas), de miel, de cire d'abeille, de truffe blanche et de boisé. Concentré, puissant, riche, gourmand et bien fondu, le palais finit sur une belle fraîcheur. Le jury est conquis. ⧗ 2014-2025 ᛘ coq de bruyère aux raisins

⊶ Michel Valton, Dom. Vignau la Juscle, 64110 Saint-Faust, tél. 05 59 83 03 66, michelvalton@yahoo.fr V ▣ ▣ r.-v.

IROULÉGUY

• Superficie : 214 ha • Production : 6 380 hl (88 % rouge et rosé)

Dernier vestige d'un grand vignoble basque dont on trouve la trace dès le XIes., l'irouléguy témoigne de la volonté des vignerons de perpétuer l'antique tradition des moines de Roncevaux. Le vignoble s'étage sur le piémont pyrénéen, dans les communes de Saint-Étienne-de-Baïgorry, d'Irouléguy et d'Anhaux. Les cépages d'autrefois ont à peu près disparu pour laisser place au cabernet-sauvignon, au cabernet franc et au tannat pour les vins rouges, au courbu et aux gros et petit mansengs pour les blancs. De couleur cerise, vif et léger, le rosé accompagne la piperade et la charcuterie. Le rouge, parfois assez tannique, convient aux confits.

DOM. ABOTIA 2012 ★

	9 000		11 à 15 €

Une grande ferme dans le pur style bas-navarrais près de Saint-Jean-Pied-de-Port, au pied du pic de l'Arradoy. Jean-Claude et Louisette Errecart ont relancé la viticulture sur l'exploitation, où l'on élève aussi des porcs. Leur fils Peïo, qui s'est installé en 2001 et a introduit les cépages blancs, cultive 10 ha de vignes en étroites banquettes. Une valeur sûre.

Issu de gros manseng (50 %), de petit manseng (35 %) et de petit courbu, un vin fermenté et élevé six mois en fût. D'un jaune paille aux nuances vertes, il présente un nez intense, d'une belle complexité : les agrumes, le miel et le beurre frais se mêlent aux notes de torréfaction de l'élevage. Bien équilibrée, à la fois ample et vive, de bonne longueur, la bouche porte encore une empreinte du bois qui demande à se fondre. ⧗ 2014-2017 ᛘ truite aux amandes

⊶ Peïo Errecart, Dom. Abotia, 64220 Ispoure, tél. 05 59 37 03 99, abotia@wanadoo.fr V r.-v.

B ARRETXEA Rouge Tradition 2012 ★

■ | 15 000 | 🍾 | 11 à 15 €

Son père élevait des vaches à Irouléguy. Michel Riouspeyrous voulut rester paysan et il choisit la vigne. Avec Thérèse, il revient au pays en 1989, plante parcelle après parcelle un vignoble en terrasses ou sur des coteaux abrupts. Soucieux d'authenticité, il adopte la démarche bio dès l'origine (et la biodynamie en 1998). Aujourd'hui, un domaine de 8 ha, phare de l'appellation.

D'un grenat tirant sur le violet, ce 2012 s'ouvre à l'aération sur des parfums de griotte, de fruits noirs et d'épices (poivre). Suivant cette même ligne aromatique, la bouche apparaît souple à l'attaque, marquée par des tanins encore jeunes et vifs. ⧗ 2015-2019 🍷 axoa de veau au piment d'Espelette ■ Cuvée Haitza 2011 ★ (15 à 20 € ; 8 000 b.) : cuvée vedette élevée en fût ; millésime plus souple que certains de ses devanciers, mais plaisant par ses arômes de fruits confiturés et de cacao, et par son boisé fondu. ⧗ 2014-2018

⊶ Maison Arretxea, Riouspeyrous, 64220 Irouléguy, tél. 05 59 37 33 67, arretxea@free.fr V r.-v.

♥ DOM. BRANA 2012 ★★

■ | 25 000 | 🛢 | 15 à 20 €

Quatre générations au service des vins et des spiritueux. En 1897, Pierre-Étienne Brana fonde une maison de négoce à Ustaritz. Jean installe l'affaire à Saint-Jean-Pied-de-Port. Étienne se lance en 1974 dans la distillation d'eaux-de-vie puis, dix ans plus tard, dans l'élaboration de vins d'Irouléguy. Depuis 1986, c'est Jean (deuxième du nom) qui commande les 23 ha du domaine établi pour l'essentiel en terrasses.

Le quatrième coup de cœur de la maison Brana. Plantés sur des terrasses aux sols de grès rose et d'argilo-calcaire, les cabernets (cabernet franc, surtout) et le tannat ont engendré un vin somptueux, grenat brillant. Intense et complexe, le nez captive : on y trouve des fruits noirs, des épices, du cuir, une touche mentholée et un léger toasté. Après une attaque ronde et souple, la bouche dévoile toute sa richesse et sa solide structure. Si les tanins sont encore fermes, l'impression d'ampleur et de volume l'emporte. Un vin de garde. ⧗ 2015-2020 🍷 salmis de palombe ■ 2012 ★★ (20 000 b.) : des arômes intenses, complexes et frais (ananas, agrumes, touches mentholées) et une bouche remarquablement équilibrée, ample et tendue par une belle acidité. ⧗ 2014-2019

⊶ Brana, 3 bis, av. du Jai-Alai, BP 20, 64220 Saint-Jean-Pied-de-Port, tél. 05 59 37 00 44, contact@brana.fr V r.-v.

B DOM. ILARRIA 2012

■ | 6 000 | 🍾 🛢 | 15 à 20 €

Peïo Espil reprend en 1987 le domaine familial où l'on cultive la vigne depuis des siècles. Premier des viticulteurs de l'appellation à vinifier en dehors de la coopérative, il s'engage dans l'agriculture biologique au cours des années 1990. Aujourd'hui, il exploite près de 10 ha.

Un assemblage original : le petit courbu domine (80 %), escorté par le petit manseng. D'un jaune paille intense, ce 2012 offre un nez engageant, légèrement boisé (quatre mois de fût), où les fruits exotiques (ananas) se mêlent à l'abricot sec, à la pêche, au miel et à l'amande. Plus simple, ample et bien équilibrée, la bouche finit sur une note d'élevage. ⧗ 2014-2017 🍷 poisson en sauce

⊶ Dom. Ilarria, 64220 Irouléguy, tél. 05 59 37 23 38, ilarria@wanadoo.fr V t.l.j. sf sam. dim. 10h-12h 14h-18h; oct.-juin sur r.-v. ⊶ Peio Espil

MENDIA Xuri 2013

■ | 25 000 | 🛢 | 11 à 15 €

Non loin de Saint-Étienne-de-Baïgorry et de son château, la coopérative a été créée en 1952, une année avant la promotion des irouléguy en « vins délimités de qualité supérieure ». Elle a participé à l'ascension de l'appellation et amorcé un virage qualitatif au cours des années 1990. Les chais ont été rénovés en 2000.

Des cuvées aux noms basques et des étiquettes bilingues pour les vins de la cave. Xuri ? Blanc. Du gros manseng, escorté par le petit manseng, au service d'un vin au nez d'agrumes et de fleurs blanches, ample et rond en bouche. ⧗ 2014-2017 🍷 lomo au piment d'Espelette ■ 2013 (5 à 8 € ; 20 000 b.) : un vin franc et gourmand au nez de fruits noirs (cassis) assorti d'une touche de poivron ; une attaque souple, puis de jeunes tanins d'une rusticité de bon aloi. ⧗ 2014-2017

⊶ Cave d'Irouléguy, rte de Saint-Jean-Pied-de-Port, 64430 Saint-Étienne-de-Baïgorry, tél. 05 59 37 41 33, contact@cave-irouleguy.com V t.l.j. 9h-12h 14h-18h

LIONEL OSMIN & CIE Euskal Egun 2012 ★

■ | 15 000 | 🍾 | 20 à 30 €

Fils d'un bijoutier béarnais, Lionel Osmin est devenu ingénieur agronome et a fondé en 2010 une maison de négoce spécialisée dans les vins du grand Sud-Ouest, d'Irouléguy à Bergerac, de Madiran à Marcillac. Il a quatre associés, dont l'œnologue Damiens Sartori.

Euskal Egun ? Le Ciel basque. Un vin issu d'une macération pelliculaire des deux mansengs, assemblés à 20 % de petit courbu. D'un jaune pâle aux reflets verts, il séduit par ses arômes intenses et frais de fruits exotiques, de citron et de pamplemousse, en harmonie avec un palais à la fois rond et nerveux, tonique à souhait. ⧗ 2014-2017 🍷 ossau-iraty

⊶ Lionel Osmin & Cie, 14, rue des Bruyères, 64160 Morlaas, tél. 05 59 05 14 66, vin@osmin.fr V t.l.j. sf dim. lun. 10h-20h; f. janv.

FLOC-DE-GASCOGNE

Le floc-de-gascogne est produit dans l'aire géographique de l'appellation armagnac. Il s'agit d'un vin de liqueur muté à l'aide de la célèbre eau-de-vie. La région viticole fait partie du piémont pyrénéen et se répartit sur trois départements : le Gers, les Landes et le Lot-et-Garonne. Afin de donner une force supplémen-

taire à l'antériorité de leur production, les vignerons du floc-de-gascogne ont mis en place un principe nouveau qui n'est ni une délimitation parcellaire telle qu'on la rencontre pour les vins, ni une simple aire géographique comme pour les eaux-de-vie. C'est le principe des listes parcellaires approuvées annuellement par l'INAO.
Les blancs sont issus des cépages colombard, gros manseng et ugni blanc, qui doivent ensemble représenter au moins 70 % de l'encépagement et ne peuvent dépasser seuls 50 % depuis 1996, avec pour cépages complémentaires le baroque, la folle blanche, le petit manseng, le mauzac, le sauvignon, le sémillon ; pour les rosés, les cépages sont le cabernet franc et le cabernet-sauvignon, le cot, le fer-servadou, le merlot et le tannat, ce dernier ne pouvant dépasser 50 % de l'encépagement. Les règles de production mises en place par les producteurs sont contraignantes : 3 300 pieds/ha taillés en guyot ou en cordon, nombre d'yeux à l'hectare toujours inférieur à 60 000, rendement de base des parcelles inférieur ou égal à 60 hl/ha...
Les moûts récoltés ne peuvent avoir moins de 170 g/l de sucres. La vendange, une fois égrappée et débourbée, est mise dans un récipient où le moût peut subir un début de fermentation. Aucune adjonction de produits extérieurs n'est autorisée. Le mutage se fait avec une eau-de-vie d'armagnac d'un compte d'âge minimum 0 et d'un degré minimum de 52 % vol. Tous les lots de vins sont dégustés et analysés. En raison de l'hétérogénéité toujours à craindre de ce type de produit, l'agrément se fait en bouteilles et ces dernières ne peuvent sortir des chais des récoltants avant le 15 mars de l'année qui suit celle de la récolte.

DOM. DE BILÉ ★★★

■	7 300	🍾	8 à 11 €

Un domaine familial de 16 ha, entre les mains du « clan » Della-Vedove – Didier et Marie-Claude, et leurs fils Romain et Thibault – établi non loin de Bassoues, une bastide fortifiée dominée par son donjon.

Vêtu d'une robe couleur cerise aux reflets violines, ce floc friand exhale des parfums frais et complexes de violette, de rose et de fraise des bois rehaussés d'une pointe de minéralité. En bouche, toujours très aromatique, il reste léger et frais. « Excellent ! » selon un des membres du jury. ⌛ 2014-2015 🍷 tiramisu aux fraises ■ Dom. de Bilé (10 000 b.) : des arômes de fruits blancs et de litchi, une bouche onctueuse. ⌛ 2014-2015

🔑 Dom. de Bilé, EARL Della-Vedove, 32320 Bassoues-d'Armagnac, tél. 06 12 86 01 97, contact@domaine-de-bile.com V t.l.j. 9h-19h, dim. a.-m. sur r.-v.

DOM. DU CAPITAINE ★

■	1 200	🍾	8 à 11 €

Christophe Mendousse conduit depuis 1988 la propriété familiale de 71 ha, dont 55 ha de céréales et 16 ha de vignes.

En robe garance, ce floc libère des arômes de cerise à l'eau-de-vie. Marquée par les fruits rouges, la bouche est agréable et fraîche. ⌛ 2014-2015 🍷 profiteroles au chocolat

🔑 Christophe Mendousse, Capitaine, 32410 Beaucaire-sur-Baïse, tél. 05 62 68 15 16, earlducapitaine@32.sideral.fr V t.l.j. 9h-19h

DOM. DES CASSAGNOLES ★

■	4 600	🛢	8 à 11 €

Autrefois consacré à la seule production d'armagnac, le domaine de 75 ha campe à Grondin, au cœur de la Ténarèze. Janine et Gilles Baumann s'attachent aujourd'hui à élaborer des « flocs de terroir » et des vins de pays.

Même si l'armagnac se fait un peu dominateur au nez, ce floc blanc séduit par ses arômes de pêche et sa bouche expressive qui laisse une impression de fraîcheur. ⌛ 2014-2017 🍷 apéritif

🔑 Dom. des Cassagnoles, Famille Baumann, BP 13, 32330 Gondrin, tél. 05 62 28 40 57, j.baumann@domainedescassagnoles.com V t.l.j. sf dim. 9h-12h30 14h-18h; sam. 9h30-12h30 14h-17h30

DOM. CHIROULET ★★

■	n.c.	🍾	8 à 11 €

Philippe Fezas contemple de son domaine la petite église du XIIIe s. érigée au hameau d'Heux, tout proche. Dans les rangs de vignes souffle le *chiroula*, un vent bienfaisant qui sèche les grappes, lesquelles donneront des flocs de haute expression.

Le nez évoque la cerise noire surmûrie, l'amande grillée et le chocolat. Ample et frais, le palais offre une matière veloutée et persistante. ⌛ 2014-2015 🍷 mousse au chocolat

🔑 EARL Famille Fezas, Dom. Chiroulet, 32100 Larroque-sur-l'Osse, tél. 05 62 28 02 21, chiroulet@wanadoo.fr V t.l.j. sf dim. 9h-12h 14h-18h30, sam. sur r.-v.

CAVE DE CONDOM ★

■	40 800	🍾	5 à 8 €

Fondée dans les années 1950, la coopérative de Condom regroupe aujourd'hui plus de 150 producteurs cultivant un vignoble de quelque 1 300 ha.

Le merlot et le cabernet-sauvignon se sont alliés à l'armagnac pour donner naissance à ce floc rosé bien typé. Le nez distingué, sur les fruits mûrs (groseille, mûre, cassis, fraise), laisse poindre l'armagnac. D'une belle rondeur, le palais est équilibré entre le sucre, l'alcool et la fraîcheur du fruit. ⌛ 2014-2015 🍷 salade de fruits rouges

🔑 Val de Gascogne, Cave de Condom, 59, av. des Mousquetaires, 32100 Condom, tél. 05 62 28 12 16 V t.l.j. sf dim. 9h-12h30 14h30-19h

DOM. D'EMBIDOURE

■	5 300	🍾	8 à 11 €

Les deux sœurs Menegazzo, Nathalie et Sandrine, ont ajouté les flocs et les vins de pays à la tradition bachique inaugurée par leur père avec l'armagnac. Elles exploitent 30 ha de vignes au village de Réjaumont, dans le Haut-Armagnac, ainsi qu'un verger de pommiers.

Le colombard et le gros manseng à parité ont rencontré l'armagnac pour obtenir une mistelle parée de jaune d'or brillant. L'olfaction élégante délivre de tendres senteurs florales (sureau) agrémentées de notes de cire d'abeille. Le palais se révèle rond et onctueux. ⌛ 2014-2017 🍷 terrine de foie gras

🔑 EARL Menegazzo Filles, Dom. d'Embidoure, 32390 Réjaumont, tél. 05 62 65 28 92, menegazzo.embidoure@wanadoo.fr V t.l.j. 9h-12h 14h-18h30, sam. dim. sur r.-v.

ENTRAS ★★

■	5 500		8 à 11 €

Tout a commencé après guerre dans la Ténarèze : Zoé et Miguel Maestrojuan sont ouvriers paysans à la ferme de Bordeneuve, qu'ils finissent par acheter. Aujourd'hui leurs héritiers cultivent 37 ha de coteaux entre l'Auloue et la Baïse.

Ce floc libère des parfums de fruits rouges et noirs agrémentés de notes truffées. Riche et ample, la bouche délivre des notes de fruits mûrs avec beaucoup de douceur. ⧗ 2014-2015 🍴 clafoutis aux cerises ■ Eutras (4 530 b.) : de son élevage de deux ans en fût, ce floc gourmand conserve quelques notes boisées qui se mêlent à des arômes de mirabelle. ⧗ 2014-2015

GAEC Bordeneuve-Entras, Entras, 32410 Ayguetinte, tél. 05 62 68 11 41, mbrmaestrojuan@wanadoo.fr V t.l.j. 9h-12h30 14h-18h (20h en été), dim. a.-m. sur r.-v. Maestrojuan

FERME DE GAGNET ★

■	n.c.		8 à 11 €

À la ferme de Gagnet, les femmes commandent : Marielle, Marion, Caroline et Éliane Tadieu y conduisent 10 ha de vignes et un élevage de canards dont les foies gras accompagnent fort bien le floc.

Assemblage de merlot et des deux cabernets (franc et sauvignon) liés à l'armagnac, ce floc libère des arômes frais de cassis. Tout aussi fruitée, la bouche est souple et offre une bonne longueur. ⧗ 2014-2015 🍴 soupe de fruits rouges

Ferme de Gagnet, Gagnet, 47170 Mézin, tél. 06 82 36 19 82, fermedegagnet@gmail.com V t.l.j. sf dim. 9h-13h 15h-20h B Tadieu

DOM. DU GRAND COMTÉ

■	2 000	8 à 11 €

À Roquelaure, en Haut Armagnac, Michel Baylac et son épouse Sabine perpétuent depuis 1982 sur ces terres de Gascogne le savoir-faire acquis de leurs ancêtres.

Drapé de jaune pâle, ce floc friand délivre des arômes de fruits confits que l'on retrouve dans une bouche ronde et généreuse. ⧗ 2014-2017 🍴 tapas ■ Dom. du Grand Comté (2 000 b.) : un nez de griotte et de fleurs de printemps précède une bouche à la fois riche et fraîche. ⧗ 2014-2015

Michel Baylac, Dom. du Grand Comté, 32810 Roquelaure, tél. 05 62 65 59 45, grand-comte@wanadoo.fr V r.-v. C

DOM. DE GUILHON D'AZE ★

■	13 885		8 à 11 €

Propriété de la famille Tastet depuis plus d'un siècle, le domaine couvre 55 ha dans le Bas-Armagnac, à Larée dans le Gers. Denis Tastet est l'actuel maître des lieux, à la suite de son père André.

Jaune pâle aux reflets verts, ce floc offre un nez gourmand de fleurs, de confiserie et de caramel. Très fruitée, la bouche est douce et plaisante. ⧗ 2014-2015 🍴 baba au rhum ■ Dom. du Guilhon d'Aze (14 000 b.) : un floc aérien et frais aux arômes de groseille et de framboise. ⧗ 2014-2015

Denis Tastet, Dom. de Guilhon d'Aze, 32150 Larée, tél. 05 62 09 53 88, contact@denis-tastet.fr V t.l.j. 8h-12h 14h-19h

LAFONTAN ★★

■	40 000		8 à 11 €

La cave coopérative de Nogaro propose ses flocs sous trois marques différentes : Lafontan, de Montal et De Castelfort.

Ce floc libère des arômes exubérants de fleurs, de fruits blancs et de fruits secs. On retrouve les fruits blancs dans une bouche ronde et persistante. Retour chaleureux de l'armagnac en finale. ⧗ 2014-2015 🍴 tarte aux mirabelles ■ de Montal ★ (20 000 b.) : un bouquet charmant de violette et de fruits rouges, une bouche douce sur les fruits confits, le kirsch et l'eau-de-vie. ⧗ 2014-2015 ■ Lafontan (20 000 b.) : un nez de fruits rouges, une bouche tout aussi fruitée, même si l'armagnac se fait encore un peu dominateur. ⧗ 2014-2015

Lafontan, 32110 Nogaro, tél. 05 62 09 01 79, info@armagnac-lafontan.fr V r.-v.

DOM. DE LARTIGUE

■	4 000		8 à 11 €

Proche d'Éauze, au cœur du Bas-Armagnac, le domaine de 40 ha a été fondé en 1952 par le grand-père de Sonia et Jérôme Lacave. Le magasin se trouve face à la place du village de Bretagne-d'Armagnac.

Ce floc rosé affiche une robe grenat légèrement tuilée. Le nez intensément fruité (fraise surmûrie) annonce une bouche douce, onctueuse et gourmande. ⧗ 2014-2017 🍴 moelleux au chocolat noir

EARL Francis Lacave, Dom. de Lartigue, au Village, 32800 Bretagne-d'Armagnac, tél. 05 62 09 90 09, francis.lacave@wanadoo.fr V r.-v.

DOM. DE MAGNAUT

■	3 000		8 à 11 €

Ce domaine de 35 ha s'est fait connaître grâce aux armagnacs de Pierre Terraube, et c'est son fils arrivé en 2000 qui entretient à présent sa réputation en Ténarèze, dans le nord-ouest du Gers.

La palette aromatique du nez, centrée sur les fruits rouges (fraise, framboise, groseille), se retrouve dans une bouche vive encore un peu marquée par l'armagnac. Un beau potentiel aromatique, à attendre un peu. ⧗ 2015-2017 🍴 croustade aux pommes

Jean-Marie Terraube, Magnaut, 32250 Fourcès, tél. 05 62 29 45 40, domainedemagnaut@wanadoo.fr V t.l.j. sf dim. 9h-12h 14h-19h

CH. DE MILLET

■	3 890		8 à 11 €

Au château de Millet, on sait recevoir et les touristes œnophiles séjournent dans l'ancien pigeonnier restauré du XVe s. Francis et Lydie Dèche, et leur fille Laurence, dirigent ce domaine de 80 ha à Éauze, l'une des plus anciennes cités de Gascogne, au cœur du Bas-Armagnac.

Un floc rosé original et « surprenant », selon l'avis du jury cependant sous le charme d'une olfaction à la fois fruitée, florale et surtout vanillée. On retrouve la vanille dans une bouche souple et onctueuse. 2014-2015 tarte Tatin

EARL du Ch. de Millet, av. de Parlebosq, 32800 Éauze, tél. 05 62 09 87 91, info@chateaudemillet.com V t.l.j. sf dim. 9h-12h 14h-18h D Famille Dèche

CH. MONLUC ★

4 000 | | 11 à 15 €

Le château féodal vit naître Blaise de Monluc, homme de lettres et, plus encore, homme de guerre envoyé par le roi pacifier l'Aquitaine et maréchal de France. Le domaine de René Lassus couvre 70 ha. Il est conduit depuis 2010 en agriculture biologique.

En tenue vermillon, ce floc rosé libère des arômes de cerise à l'eau-de-vie. Frais en attaque, il persiste sur des notes fruitées. 2014-2015 forêt-noire Ch. Monluc ★ (4 000 b.) : ce floc blanc puissant, et encore marqué par l'armagnac, pourra attendre un peu. 2015-2017

SAS Dom. de Monluc, 32310 Saint-Puy, tél. 05 62 28 94 00, contact@monluc.fr V t.l.j. sf lun. 10h-12h 14h-19h Lassus

DOM. DE PICARDON ★

8 000 | | 8 à 11 €

Situé à Réans dans le Gers, ce domaine de 80 ha est conduit par Jean-Pierre Rande qui produit une gamme de vins, de flocs, d'armagnac et de pimençon (un apéritif à base de vins des côtes de Gascogne et de piment doux).

Les deux cabernets (franc et sauvignon) ont été sollicités pour se marier à l'armagnac. Cette union a donné un floc rouge clair traversé de reflets tuilés. Les jurés ont aimé son parfum fruité (fraise et griotte marquées par la liqueur) et sa bouche dans le même registre. 2014-2015 quatre-quarts

Jean-Pierre Rande, Picardon, 32800 Réans, tél. 05 62 09 95 52, domainedepicardon@wanadoo.fr V t.l.j. sf dim. 9h-12h 14h-18h

DOM. POLIGNAC ★

6 000 | | 8 à 11 €

Village gascon posé au milieu du vignoble de l'Armagnac, Gondrin se situe sur l'une des routes qu'empruntaient les pèlerins de Saint-Jacques-de-Compostelle. Jacques Gratian, le maître des lieux, est passé expert dans l'art du floc.

Discret au nez, ce floc rosé présente une bouche ample et soyeuse aux saveurs de noyau de cerise, agrémentée de notes de café. 2014-2015 fondant au chocolat Dom. Polignac (6 000 b.) : un floc suave exprimant des arômes de pruneau confit. 2014-2017

EARL Gratian, Polignac, 32330 Gondrin, tél. 05 62 28 54 74, j.gratian@cerfrance.fr V t.l.j. 10h-13h 15h-20h

♥ DOM. SAINT-LANNES ★★

4 000 | 8 à 11 €

À Saint-Lannes, dans les années 1950, les gens vivaient l'autarcie à la gersoise, entre céréales, vaches, basse-cour et vignes. C'est dans ce hameau qu'est établie la famille de Michel Duffour. Ce dernier, arrivé en 1973, est aujourd'hui épaulé par son fils Nicolas.

Jaune pâle aux reflets émeraude, ce floc blanc libère de subtils parfums fruités et floraux. La bouche, équilibrée par une fine fraîcheur, délivre de généreux arômes de miel et déploie une finale d'une longueur remarquable. 2014-2015 gratin de figues rôties au miel

Vignobles Duffour, Saint-Lannes, BP 6, 32330 Lagraulet-du-Gers, tél. 05 62 29 11 93, contact@saint-lannes.fr V r.-v.

DOM. DE SANCET ★

3 800 | | 8 à 11 €

Situé au cœur du Bas-Armagnac, ce domaine familial de 35 ha produit armagnac, floc et autres liqueurs, ainsi que des vins de pays.

Gros manseng, ugni blanc et colombard judicieusement associés, alliés à l'armagnac, ont donné naissance à cette élégante mistelle. Drapé de jaune pâle libérant à l'olfaction de subtils parfums de fruits blancs, ce floc révèle en bouche de douces saveurs de citron confit. 2014-2015 roquefort

Alain Faget, Sancet, 32110 Saint-Martin-d'Armagnac, tél. 05 62 09 08 73, domainedesancet@wanadoo.fr V t.l.j. 9h-12h30 14h30-19h

DOM. SAN DE GUILHEM ★

16 000 | | 8 à 11 €

À *Hramosen* – nom gascon de Ramouzens, petit village du canton d'Éauze –, une grande ferme gasconne à colombage, entourée de vignes s'adosse à un vieux chai. Alain Lalanne, installé sur ces terres depuis 1974, conduit un vignoble de 50 ha.

Ce floc rosé libère d'intenses parfums de cerise, de framboise et de mûre cuites que l'on retrouve dans une bouche puissante, souple et de bonne longueur. 2014-2015 tartelette croustillante au melon

Alain Lalanne, Dom. San de Guilhem, 32800 Ramouzens, tél. 05 62 06 57 02, domaine@sandeguilhem.com V t.l.j. sf sam. dim. 8h-12h 13h30-17h30

LES TROIS DOMAINES ★

3 800 | 8 à 11 €

À Réjaumont (« mont Royal »), ancienne bastide ceinte de murailles de la Lomagne gersoise, la propriété (30 ha) résulte du regroupement de trois anciens domaines. L'équipe des Trois Domaines rassemble Éliane et Francis Baurens, Didier Cartié et Stéphane Lartigue.

Le nez, à la fois intense et fin, est marqué par la cerise et la mûre. Tout aussi aromatique, la bouche est souple et riche. 2014-2015 opéra les Trois Domaines (2 500 b.) : des arômes de noyau et de pruneau que l'on retrouve dans une bouche onctueuse. 2014-2015

Les Trois Domaines, Lassalle, 32390 Réjaumont, tél. 05 62 65 28 83, 3domaines@3domaines.com V r.-v. Famille Baurens

La Loire

Superficie :

51 900 ha

Production :

2 840 000 hl

Types de vins :

Blancs (45 %) secs, demi-secs, moelleux et liquoreux, rosés (22 %), rouges (21 %), effervescents (12 %).

Sous-régions :

Région nantaise, Anjou-Saumur, Touraine, Centre.

Cépages :

Rouges : cabernet franc (breton), cot, gamay, pinot noir, grolleau ; accessoirement : pineau d'Aunis, cabernet-sauvignon, pinot meunier.

Blancs : muscadet (ou melon de Bourgogne), chenin (pineau de la Loire), sauvignon ; accessoirement : chardonnay, romorantin, pinot gris (malvoisie), tressallier, menu pineau.

LA VALLÉE DE LA LOIRE ET LE CENTRE

Unis par un fleuve majestueux jalonné de châteaux Renaissance, les divers pays de la vallée de la Loire sont baignés par une lumière unique, qui fait éclore ici le « Jardin de la France ». Dans ce jardin, bien sûr, la vigne est présente ; des confins du Massif central jusqu'à l'estuaire, elle ponctue le paysage au long du fleuve et d'une dizaine de ses affluents. Les ceps donnent naissance à une des productions les plus variées du pays. Les vins ont pour traits communs des prix doux et une vivacité qui anime jusqu'à ses grands vins liquoreux.

Quatre sous-régions

Les vignobles de la région nantaise, de l'Anjou et de la Touraine forment de véritables entités. On a également inclus dans les vignobles de la Loire ceux, plus dispersés, du Berry, des côtes d'Auvergne et des côtes roannaises ; ils appartiennent au bassin hydrographique de la Loire et se rapprochent des vignobles ligériens par les types de vins produits, friands et fruités.

De l'Océan à la montagne

De l'embouchure à la source du plus long fleuve de France, les différences climatiques ne sont pas minces : bien qu'identifiés comme septentrionaux, certains vignobles sont situés à une latitude qui, dans la vallée du Rhône, subit l'influence climatique méditerranéenne... Mâcon est à la même latitude que Saint-Pourçain, et Roanne, que Villefranche-sur-Saône. Le relief influe ici sur le climat, ainsi que l'éloignement de l'Océan ; le courant d'air atlantique qui s'engouffre d'ouest en est dans le couloir tracé par la Loire s'estompe à mesure qu'il rencontre les collines du Saumurois et de la Touraine. Alors que le climat de la région nantaise est océanique, avec des hivers peu rigoureux, des étés chauds et souvent humides, le climat du Centre et des vignobles du Massif central est semi-continental, avec des hivers froids et des étés chauds.

Massif armoricain et Bassin parisien

Dans la basse vallée de la Loire, l'aire du muscadet et une partie de l'Anjou (dit « Anjou noir ») reposent sur le Massif armoricain constitué de schistes, de gneiss et d'autres roches de l'ère primaire, sédimentaires ou éruptives. La région nantaise présente un relief peu accentué, les roches dures du Massif armoricain étant entaillées à l'abrupt par de petites rivières. Les vallées escarpées ne permettent pas la formation de coteaux cultivables, et la vigne occupe le mamelon des plateaux.

L'Anjou est un pays de transition entre la région nantaise et la Touraine. Il se divise en plusieurs sous-régions : les coteaux de la Loire (prolongement de la région nantaise), en pente douce d'exposition nord, où la vigne longe la bordure du plateau ; les coteaux du Layon, schisteux et pentus, et ceux de l'Aubance ; la zone proche de la Touraine, dans laquelle s'est développé le vignoble des rosés.
L'Anjou englobe historiquement le Saumurois ; géographiquement, ce dernier devrait plutôt être rattaché à la Touraine occidentale avec laquelle il présente des similitudes, tant au point de vue des sols (sédimentaires) que du climat. Les formations sédimentaires du Bassin parisien viennent ici recouvrir des formations primaires du Massif armoricain, de Brissac-Quincé à Doué-la-Fontaine.
Le Saumurois se caractérise essentiellement par la craie tuffeau sur laquelle poussent les vignes ; dans le sous-sol, les bouteilles rivalisent avec les champignons de Paris pour occuper galeries et caves facilement creusées. En face du Saumurois, on trouve sur la rive droite de la Loire les vignobles de Saint-Nicolas-de-Bourgueil, sur le coteau turonien. Plus à l'est, après Tours, et sur le même coteau, débute le vignoble de Vouvray ; Chinon, sur l'autre rive, est le prolongement du Saumurois sur les coteaux de la Vienne. Azay-le-Rideau, Montlouis, Amboise, Mesland et les coteaux du Cher complètent la Touraine. Les petits vignobles des coteaux du Loir, de l'Orléanais, de Cheverny, de Valençay et des coteaux du Giennois peuvent être rattachés à la Touraine.
Les vignobles du Berry (ou du Centre) se distinguent des trois autres tant par les sols, essentiellement jurassiques – voisins de ceux du Chablisien, pour Sancerre et Pouilly-sur-Loire – que par le climat. Nous rattachons Saint-Pourçain, la Côte roannaise et le Forez à cette quatrième unité, bien que sols (Massif central primaire) et climats (semi-continental à continental) soient différents.

LES ATOUTS DU TOURISME

Résidence royale au XVI[e]s., berceau de la Renaissance, la région a pour atouts ses paysages et son architecture, des châteaux de la Loire à l'habitat troglodytique de l'Anjou-Saumur. Le tourisme y est varié : culturel, gastronomique (fromages de chèvre AOC, rillettes...) ou œnologique ; et les routes qui suivent le fleuve sur les « levées », ou celles, un peu en retrait, qui traversent vignobles et forêts sont des axes de découvertes inoubliables. Un large tronçon du Val de Loire, entre Sully-sur-Loire (Loiret) et Chalonnes-sur-Loire (Maine-et-Loire) a été inscrit au Patrimoine mondial par l'Unesco.

Les cépages blancs

Dans la région nantaise, un cépage domine : le melon, à l'origine d'un vin blanc sec et vif. Le cépage folle blanche engendre le gros-plant, un autre vin blanc sec, plus léger. En Anjou, en Saumurois et en Touraine, le cépage-roi en blanc est le chenin ou pineau de la Loire, à l'origine de grands vins liquoreux ou moelleux, et d'excellents vins secs, demi-secs et mousseux ; on le trouve jusqu'à l'est de Tours, à Vouvray, Montlouis, Amboise et Mesland, ainsi que dans les vignobles sarthois de Jasnières et des coteaux du Loir. Le chardonnay et le sauvignon y ont été plus tardivement associés.
En Touraine orientale, le sauvignon supplante le chenin, donnant des vins blancs très aromatiques. C'est le cépage vedette des vins blancs du Centre, des sancerre, pouilly-fumé, reuilly, quincy, menetou-salon... Citons aussi des cépages beaucoup plus rares, comme le romorantin en cour-cheverny, le chasselas, qui subsiste à Pouilly-sur-Loire, le tressallier en saint-pourçain, ou encore le pinot gris.

Les cépages rouges

On trouve le gamay à l'ouest, en Vendée et sur les coteaux d'Ancenis, en Anjou et surtout en Touraine orientale où il tend cependant à régresser. Il est en revanche majoritaire, voire exclusif, dans les vignobles du Massif central (côtes-d'auvergne, côte-roannaise, côtes-du-forez...). Autrefois très répandu, le grolleau noir produit traditionnellement des rosés demi-secs. Le cabernet franc, anciennement appelé « breton », l'a supplanté, complété par le cabernet-sauvignon. Les cabernets engendrent des vins rouges fins et corsés ayant une bonne aptitude à la garde et conservant un caractère vif dans la vallée de la Loire. Le cabernet franc est à la base de trois appellations réputées de la Touraine occidentale : chinon, bourgueil et saint-nicolas-de-bourgueil. En amont du fleuve, on se rapproche de la Bourgogne, et le cabernet s'efface derrière le pinot noir. C'est la variété des rouges du Berry, comme le sancerre. Parmi les cépages rouges, on citera aussi le cot (malbec) cultivé en Touraine orientale, qui donne des vins structurés, le pineau d'Aunis des coteaux du Loir à la nuance poivrée, le meunier cultivé notamment dans l'Orléanais, ou encore la négrette, dans les fiefs-vendéens.

Les appellations régionales du Val de Loire

ROSÉ-DE-LOIRE

• Superficie : 1 100 ha • Production : 61 672 hl

Vin d'appellation régionale, AOC depuis 1974, le rosé-de-loire peut être produit dans les limites des AOC anjou, saumur et touraine. Ce rosé sec naît des cépages cabernet franc, cabernet-sauvignon, gamay noir à jus blanc, pineau d'Aunis et grolleau.

VIGNOBLE DE L'ARCISON 2013 ★★

| | 3 000 | | - de 5 € |

Cette exploitation (26 ha) est située sur le territoire de la commune de Thouarcé, célèbre pour son cru bonnezeaux. Romain Reulier a pris en 2008 la succession de ses parents.

Limpide et brillant, ce 2013 présente un nez flatteur et gourmand où s'entremêlent notes amyliques, rose et fruits rouges. Le palais est souple et soyeux. En finale, une agréable pointe d'amertume et une fine fraîcheur. 2014-2015 salade de pamplemousses

Romain Reulier, Vignoble de l'Arcison, Le Mesnil, 49380 Thouarcé, tél. 02 41 54 16 81, vignoble-arcison@orange.fr V r.-v. B

DOM. BODINEAU 2013 ★

| | 5 000 | | - de 5 € |

Établis dans le petit hameau de Savonnières, Frédéric Bodineau et sa sœur Anne-Sophie officient ensemble sur ce domaine familial (32 ha) dont l'origine remonte à 1850. Lui est à la vigne et au chai, elle à l'accueil et au service clientèle.

Ce rosé aux reflets orangés présente un nez printanier, frais et floral. La bouche est aérienne et élégante. 2014-2015 filet de sandre à la plancha

Dom. Bodineau, Savonnières, 4, chem. du Château-d'Eau, 49700 Les Verchers-sur-Layon, tél. 02 41 59 22 86, domainebodineau@yahoo.fr V t.l.j. 9h-18h

LE CLOS DES MOTÈLES 2013 ★

| | 5 500 | - de 5 € |

Au sud de l'appellation anjou, dans le département des Deux-Sèvres, Bruno Basset et Vincent Baron exploitent 28 ha de vignes. Plantés sur des sols graveleux, cette exploitation familiale produit des vins blancs, rosés et rouges.

Ce vin charme d'emblée par son nez expressif de fruits rouges (fraise des bois). Le charme continue d'opérer en bouche : de la souplesse, de la rondeur et une longue finale sur la groseille. 2014-2015 salade de fruits

GAEC le Clos des Motèles, 42, rue de la Garde, 79100 Sainte-Verge, tél. 05 49 66 05 37, leclosdesmoteles@orange.fr V t.l.j. sf dim. 9h-12h 14h-18h30

DOM. DU COLOMBIER 2013 ★

| | 3 000 | | - de 5 € |

Ce domaine familial créé en 1974 comprend un vignoble de 42 ha situé non loin de Doué-la-Fontaine, la « Cité des roses ». À la tête de cette exploitation depuis 2003, Sylvain Bazantay et sa sœur Florence proposent une vaste gamme de vins d'Anjou.

Dans sa robe rose pâle, ce 2013 présente bien. Au nez, des fruits rouges et des notes amyliques. La bouche est à l'unisson et séduit par sa fraîcheur. Un rosé expressif et alerte. 2014-2015 brochettes de veau au barbecue

EARL Sylvain et Florence Bazantay, 10, rue du Colombier, Linières, 49700 Brigné-sur-Layon, tél. 02 41 59 31 82, earlbazantay@orange.fr V t.l.j. sf dim. 9h-12h30 14h-18h30

DOM. DES DEUX ARCS 2013 ★

| | 4 500 | | - de 5 € |

Jean-Marie Gazeau, après une expérience en Afrique du Sud, a rejoint son père Michel en 2005 sur le domaine familial (48 ha). Leurs vins sont régulièrement sélectionnés dans le Guide, dans diverses appellations de l'Anjou.

Ce 2013 arbore une robe rose vif. Au nez, les fruits rouges dominent nettement, agrémentés de nuances amyliques. La bouche, friande, franche et très fruitée, tient bien la note. 2014-2015 tiramisu aux fruits rouges

Dom. des Deux Arcs, 11, rue du 8-Mai-1945, 49540 Martigné-Briand, tél. 02 41 59 47 37, do2arc@wanadoo.fr V t.l.j. sf dim. 9h-12h 14h-19h

Jean-Marie Gazeau

VIGNOBLE DE L'ÉCASSERIE 2013

| | 2 000 | - de 5 € |

Trois générations de Reulier se sont succédé sur cette exploitation de 35 ha. Depuis la construction d'un nouveau chai en 2007, les vins du domaine sont régulièrement en vue dans le Guide.

Ce rosé arbore une robe rose soutenu aux reflets orangés. On retrouve cette intensité au nez : autour de la fraise et de la groseille. Le palais se montre charnu et charmant,

LOIRE

offrant un équilibre bien ajusté entre fraîcheur et rondeur. ⧗ 2014-2015 🍷 crevettes grillées citronnées

🔑 EARL Reulier, Vignoble de L'Écasserie, L'Écasserie, 49380 Champ-sur-Layon, tél. 02 41 78 03 75, vignoble.ecasserie@orange.fr V t.l.j. sf dim. 8h30-12h 14h-18h30

B DOM. DU FRESCHE 2013 ★

	3 000		- de 5 €

Alain Boré conduit depuis 1989 ce domaine familial régulièrement mentionné dans le Guide. L'exploitation (28 ha), cultivée en bio, est implantée dans la partie ouest du vignoble angevin, sur des coteaux schisteux dominant la Loire.

Ce 2013 s'affiche dans une robe rose soutenu. Le nez dévoile de fines et intenses notes de fruits rouges. La bouche, à l'unisson, se montre vive, friande et persistante. Un rosé dynamique et harmonieux. ⧗ 2014-2015 🍷 calamars à la plancha

🔑 Alain Boré, Dom. du Fresche, rte de Chalonnes, D 151, 49620 La Pommeraye, tél. 02 41 77 74 63, domainedufresche@orange.fr V t.l.j. sf dim. lun. 10h-12h 14h-18h; f. 15-31 août

DOM. DE MIHOUDY 2013 ★

	20 000		- de 5 €

Bruno et Jean-Charles Cochard sont associés avec leur père Jean-Paul sur ce vignoble de 56 ha situé dans la vallée du Layon. Un domaine de référence qui s'illustre souvent en anjou, blanc ou rouge, ainsi qu'en bonnezeaux.

Ce rosé clair et limpide séduit d'emblée par son nez expressif d'arômes de fraise, de framboise et de cerise. L'attaque est gourmande et pleine de promesses. Ample, gras et riche en fruits, ce rosé-de-loire est un digne représentant de son appellation. ⧗ 2014-2015 🍷 quiche lorraine

🔑 Cochard et Fils, Dom. de Mihoudy, 49540 Aubigné-sur-Layon, tél. 02 41 59 46 52, domainedemihoudy@orange.fr V t.l.j. sf dim. 8h30-12h 14h-18h30

♥ CH. DE MONTGUÉRET 2013 ★★★

	39 000		- de 5 €

Le château de Montguéret est devenu la propriété des Grands Chais de France après le rachat en 2005 de la société Lacheteau. Son vaste vignoble couvre 101 ha.

C'est unanimement et avec un grand OUI que le jury a décerné un coup de cœur à ce vin. La robe est légère, et son rose pâle. Le nez, particulièrement intense, offre de la complexité : pamplemousse, fruits rouges (fraise, framboise) et notes florales. La bouche n'est pas en reste et propose ce que l'on espère d'un rosé ligérien : de la fraîcheur, du fruit et une finale persistante. Beaucoup de

Vallée de la Loire

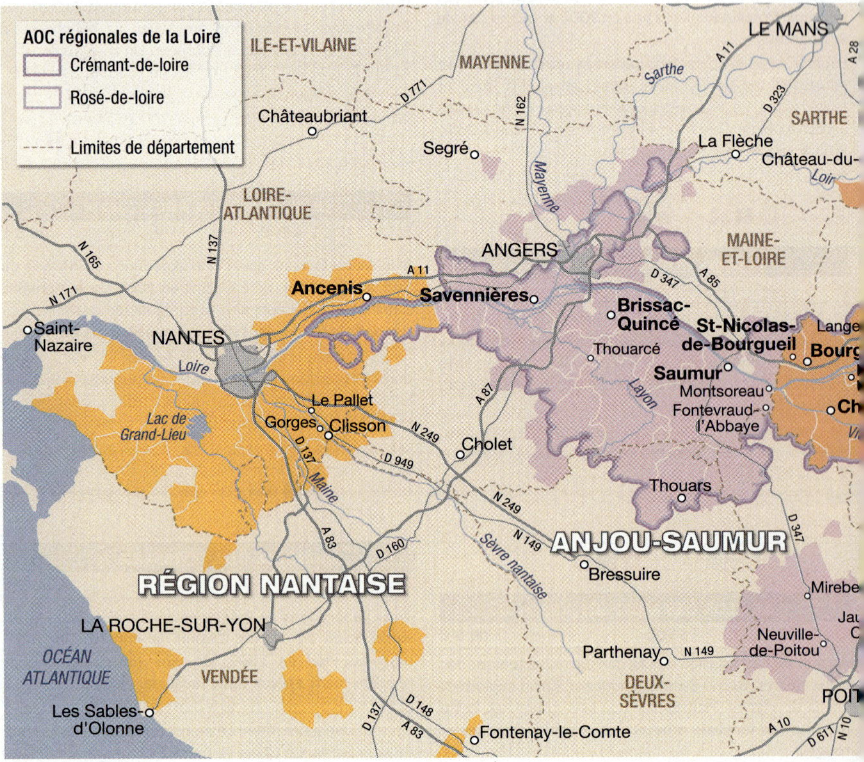

gourmandise, résultat d'une vinification soignée. ⧗ 2014-2015 🍴 pissaladière

Lacheteau, Ch. du Cléray, 44194 Vallet, tél. 02 40 36 66 00, contact@lacheteau.fr V t.l.j. sf dim. 9h-12h30 13h30-18h; sam. sur r.-v.

GCF

DOM. DE SAINTE-ANNE 2013

13 000 | 5 à 8 €

Ce domaine situé à proximité du château de Brissac se transmet depuis plus de six générations. Implanté sur une croupe argilo-calcaire correspondant aux auréoles occidentales du Bassin parisien, il s'étend sur 56 ha.

Ce 2013 revêt une robe rose pâle. Discret au premier nez, il libère à l'aération de jolies notes de fruits rouges. Souple à l'attaque, le palais se révèle tendre et frais. ⧗ 2014-2015 🍴 grillades et crudités

EARL Brault, Sainte-Anne, 49320 Brissac-Quincé, tél. 02 41 91 24 58, marc-brault@wanadoo.fr V t.l.j. sf dim. 9h-12h 14h-18h

VIGNES DE L'ALMA 2013 ★

4 000 | - de 5 €

Saint-Florent-le-Vieil, village charnière entre l'Anjou et le pays nantais. Roland Chevalier y conduit un domaine de 10 ha. Ses vins rosés et rouges se rattachent à l'anjou, et ses blancs à l'AOC muscadet-coteaux-de-la-loire.

La couleur bien vive de ce rosé donne envie de porter le nez au-dessus du verre, d'où montent des notes intenses de fruits rouges et de bonbon au cassis. Le jury est unanime pour souligner l'équilibre et la vivacité de l'ensemble. ⧗ 2014-2015 🍴 tarte aux oignons

Roland Chevalier, L'Alma, 49410 Saint-Florent-le-Vieil, tél. 02 41 72 71 09, chevalier.roland@wanadoo.fr V t.l.j. sf dim. 8h30-12h30 14h-19h

CRÉMANT-DE-LOIRE

• Superficie : 1 512 ha • Production : 100 963 hl

Il s'agit d'une appellation régionale qui peut s'appliquer à des vins effervescents surtout blancs, parfois rosés, produits selon la méthode traditionnelle dans les limites des appellations anjou, saumur, touraine et cheverny. Les cépages, nombreux, sont les variétés plantées dans les différents secteurs du Val de Loire : chenin ou pineau de Loire, cabernet-sauvignon et cabernet franc, pinot noir, chardonnay... Reconnue en 1975, l'AOC a trouvé son public.

ACKERMAN Royal ★

42 000 | 8 à 11 €

Négoce fondé en 1811 par Jean-Baptiste Ackerman, qui fut l'un des premiers à utiliser les anciennes carrières de

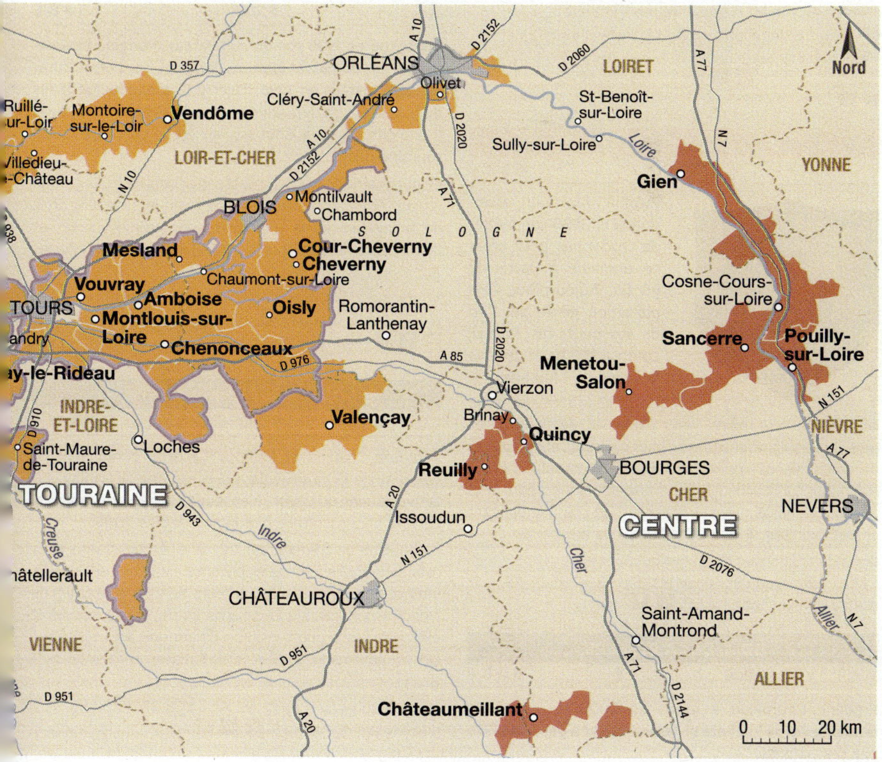

tuffeau pour élaborer des vins selon la méthode traditionnelle. Régulièrement au rendez-vous du Guide, la maison Ackerman est aujourd'hui le plus important producteur de vins effervescents du Saumurois.

Une effervescence fine et généreuse accompagne une robe jaune pâle aux reflets verts et argent. Le bouquet livre des parfums de fruits blancs compotés (coing, pêche, poire). En bouche, on retrouve ces arômes agrémentés de notes briochées qui persistent agréablement en finale. ⧗ 2014-2015 🍷 panettone

🔑 SA Ackerman, 19, rue Léopold-Palustre, 49400 Saint-Hilaire-Saint-Florent, tél. 02 41 53 03 10, contact@ackerman.fr V t.l.j. 9h30-12h30 14h-18h30

DOM. DE L'ANGELIÈRE 2011 ★★

●	25 000	🍾	5 à 8 €

Depuis six générations, la famille Boret s'attache à cultiver son domaine situé dans de la vallée du Layon. Depuis 2000, c'est Arnaud Boret qui conduit les 50 ha de vignes.

Ce crémant séduit par sa robe jaune pâle aux reflets argentés animée d'un ruban de bulles fines et régulières. Le nez dévoile une palette complexe où se marient agréablement la cerise, la noisette et les fleurs blanches. La bouche ample, fraîche et fruitée laisse une impression harmonieuse pendant toute la dégustation. ⧗ 2014-2015 🍷 macarons au chocolat ● 2012 ★ (6 500 b.) : nez de fruits rouges, bouche souple et fruitée qui offre une bonne vivacité et une belle longueur. ⧗ 2014-2015

🔑 EARL Boret, Domaine de l'Angelière, 49380 Champ-sur-Layon, tél. 02 41 78 85 09, boret@orange.fr V t.l.j. sf dim. 9h-18h

♥ CH. D'AVRILLÉ 2012 ★★

●	13 500	5 à 8 €

Eusèbe Biotteau abandonna en 1938 son métier de cordonnier pour créer ce domaine à partir de 40 ha. Aujourd'hui, l'exploitation gérée par l'un de ses petits-fils, Pascal, compte 200 ha et domine la vallée de l'Aubance.

Ce 2012 arbore une robe jaune paille aux reflets verts parsemée de fines bulles persistantes. Il présente des arômes puissants et complexes de fruits blancs (poire, pêche), de fleurs blanches et d'agrumes. La bouche, à la fois ronde et tonique, s'étire dans une longue finale pleine de fraîcheur. Un crémant pimpant et très expressif. ⧗ 2014-2016 🍷 pavlova aux poires

🔑 SCEA Biotteau, Ch. d'Avrillé, L'Homois, 49320 Saint-Jean-des-Mauvrets, tél. 02 41 91 22 46, chateau.avrille@wanadoo.fr V r.-v.

DOM. DE LA BESNERIE

●	4 000	🍾	5 à 8 €

Frédéric Pironneau a repris en 2008 les rênes du domaine (16 ha) acheté et remis en état à partir de 1976 par ses parents.

Libérant un joli chapelet de fines bulles, cette cuvée tire de son assemblage de chenin et de chardonnay élevés sur graviers un nez fruité à dominante de pêche. Doux à l'attaque, le palais rappelle les arômes de l'olfaction, que complètent des notes de fruits secs ; une fine fraîcheur le sous-tend jusqu'en finale. Un brut à la fois tendre et alerte. ⧗ 2014-2016 🍷 apéritif

🔑 EARL Pironneau, Dom. de la Besnerie, 41, rte de Mesland, 41150 Monteaux, tél. 02 54 70 23 75, pironneau.f@wanadoo.fr V t.l.j. sf mer. 9h-12h 14h30-19h; dim. sur r.-v.

CH. DE BROSSAY 2011 ★

●	19 000	5 à 8 €

Ce domaine remontant au XVes. se situe dans le haut Layon, au sud de l'Anjou et à l'ouest du Saumurois. Hubert et Raymond Deffois, récemment rejoints par les gendres de ce dernier, Nicolas Tamboise et Benjamin Grandsart, conduisent un vignoble de 45 ha.

Ce joli vin jaune doré à reflets verts exhale d'intenses arômes de fruits confits, d'abricot sec et de pêche. Un doux fruité que l'on retrouve dans un palais souple et rond, équilibré par une fine fraîcheur. ⧗ 2014-2015 🍷 biscuits à la cuillère

🔑 Ch. de Brossay, Brossay, 49560 Cléré-sur-Layon, tél. 02 41 59 59 95, contact@chateaudebrossay.fr V t.l.j. sf dim. 8h-12h 14h-20h

DOM. DE LA CHAPELLE Fines Bulles

●	5 200	5 à 8 €

Constitué en 1935 par un cultivateur d'origine beauceronne, le domaine était à l'origine en polyculture-élevage. Installé en 1996, Thierry Gosseaume, petit-fils du fondateur, l'a définitivement spécialisé en viticulture. Il exploite 25 ha à Choussy, au cœur de l'appellation touraine-oisly.

Ce pur chardonnay aux agréables parfums de fruits confits (coing) libère une effervescence tonique. Le palais offre de la vivacité, de la rondeur et des arômes fruités et floraux, bref de l'équilibre. ⧗ 2014-2015 🍷 toasts de rillettes

🔑 Thierry Gosseaume, La Chapelle, 14, rte de la Gittonière, 41700 Choussy, tél. 02 54 71 32 43, fines-bulles@orange.fr V mer. sam. 9h-12h 14h-19h; autres j. sur r.-v.

Ⓑ DOM. PIERRE CHAUVIN 2012 ★★

●	4 000	11 à 15 €

Paul-Éric Chauvin et Philippe Cesbron conduisent ce domaine de 15 ha situé dans la commune de Rablay, sur la rive gauche du Layon. L'ensemble de leur vignoble est certifié en agriculture biologique depuis 2008.

La bulle de ce crémant est très fine et persistante, et la robe jaune pâle limpide et brillante est attirante. Le nez, intense et expressif, allie senteurs florales et arômes de fruits blancs (pêche). La bouche ample, ronde, souple et élégante, laisse une sensation d'harmonie très plaisante. Un vin gourmand. ⧗ 2014-2015 🍷 macarons à la pêche

🔑 Dom. Pierre Chauvin, 45, Grande-Rue, 49750 Rablay-sur-Layon, tél. 02 41 78 32 76, info@domainepierrechauvin.fr V r.-v.
🔑 Chauvin-Cesbron

LES CLOS MAURICE
Volupté des Clos 2012 ★

6 000 | 8 à 11 €

Après avoir travaillé à Châteauneuf-du-Pape, puis dans le Beaujolais et enfin avec son père pendant plusieurs années sur le domaine familial, Mickaël Hardouin a pris en 2007 la direction de ce vignoble de 21 ha et engagé la conversion bio.

Avec son élégante robe rose pâle, ses arômes printaniers intenses de fruits rouges et de notes florales, son effervescence fine et abondante, cette cuvée se révèle harmonieuse et expressive. 2014-2015 tarte aux myrtilles

Mickaël Hardouin, 18, rue de la Mairie, 49400 Varrains, tél. 02 41 38 80 02, closmaurice@orange.fr V r.-v.

MADAME DE CHANCENY

12 000 | 5 à 8 €

Créée en 1955, cette coopérative vinifie la vendange de 90 viticulteurs qui se répartissent plus de 800 ha. La moitié des raisins provient de la région nantaise et des coteaux d'Ancenis, l'autre moitié de l'Anjou.

Voici un crémant blanc surprenant dans sa robe saumonée, couronnée d'une collerette de bulles fines et abondantes. Le nez développe d'agréables arômes de fruits (framboise) et de fleurs blanches. Souple en attaque, le palais montre une belle persistance aromatique, à dominante florale. 2014-2015 soufflés glacés à la framboise

Terrena Vignerons de la Noëlle, bd des Alliés, 44150 Ancenis, tél. 02 40 98 92 72, fgouraud@terrena.fr V t.l.j. sf dim. 9h-12h30 14h-18h30

DOM. DE FONTENY ★

855 | 8 à 11 €

Situé aux portes de Brissac, un domaine fondé en 1983, conduit par Jean-Dominique Poupart, rejoint depuis quelques années par son fils Nicolas.

La robe jaune pâle aux reflets dorés est animée d'un cordon de fines bulles. Le nez, intense et complexe, livre des arômes de rose et de fruits blancs (pêche, poire, pomme). La bouche, souple, fraîche et équilibrée, s'étire dans une longue finale. Un crémant alerte et harmonieux. 2014-2015 pêche Melba

EARL Poupart, Dom. de Fonteny, 49320 Brissac-Quincé, tél. 06 81 31 47 82, domainefonteny@gmail.com V t.l.j. 9h-12h30 14h-19h

CH. DU FRESNE Marquis de Gilbourg ★★

20 000 | 5 à 8 €

Ce château du XVe s. bâti en pierre de schiste a gardé de son architecture d'origine une tourelle ronde. Constitué en 1927, le vignoble de 90 ha est conduit depuis 2010 par trois associés, Nicolas Richez, David Maugin et Yannis Bretault.

La robe jaune aux reflets verts, délicate et limpide, est parcourue de longs chapelets de fines bulles. Le nez harmonieux et frais mêle les fruits blancs, l'iris et les notes briochées. La bouche confirme ces belles impressions; riche, ronde et fruitée, elle offre une fine effervescence qui lui confère beaucoup d'élégance. 2014-2017 huîtres

Ch. du Fresne, 25 bis, rue des Monts, 49380 Faye-d'Anjou, tél. 02 41 54 30 88, contact@chateaudufresneanjou.com V t.l.j. sf dim. 8h-12h 14h-19h; f. 3e sem. janv.

DOM. DE LA GABILLIÈRE 2009 ★

12 110 | 5 à 8 €

Ce domaine d'application pédagogique du lycée viticole d'Amboise (20 ha) est également une structure de recherche à l'échelle de la région Centre, en lien avec les différents organismes viticoles.

Cet élégant 2009 mêle chenin, chardonnay et pinot noir. Au nez, d'intenses parfums d'agrumes. En bouche, des bulles fines, un fruité en accord avec l'olfaction et un bel équilibre rondeur-fraîcheur. 2014-2017 tarte au citron

Dom. de la Gabillière, 46, av. Émile-Gounin, 37400 Amboise, tél. 02 47 23 35 51, expl.lpa.amboise@educagri.fr V r.-v. Lycée viticole d' Amboise

DOM. DE LA GERFAUDRIE 2012 ★

3 500 | 5 à 8 €

Le domaine de la Gerfaudrie, situé sur la corniche angevine, domine les vallées de la Loire et du Layon et étend ses vignes sur 20 ha. Aux commandes, Armelle, Bénédicte et Pascal Bourreau.

D'un rose pâle brillant animé d'une mousse généreuse, ce vin offre un nez frais et élégant où les fruits frais ont toute leur place. Ample en bouche, agrémenté d'une pointe d'acidité, il montre une belle harmonie. 2014-2015 crabe farci

SCEV Dom. de la Gerfaudrie, 25, rue de l'Onglée, 49290 Chalonnes-sur-Loire, tél. 02 41 78 02 28, domaine-gerfaudrie@wanadoo.fr V r.-v. Bourreau

♥ DOM. DE HAUTE-PERCHE 2011 ★★

7 000 | 5 à 8 €

Créé en 1966, ce domaine (30 ha) situé aux portes d'Angers était à l'origine dédié aux vins de table. Restructuré, replanté de cépages nobles, il est devenu une valeur sûre des appellations anjou-villages-brissac et coteaux-de-l'aubance. C'est Véronique, la fille d'Agnès et de Christian Papin, qui est à la tête du domaine depuis 2012.

D'un jaune pâle délicat aux reflets verts, ce 2011 est animé par une bulle à la fois fine et généreuse. Il séduit d'emblée par la fraîcheur et l'élégance de son bouquet, ouvert sur les fruits blancs, les notes florales et d'agréables nuances briochées. Ample et gras en bouche, d'une belle persistance aromatique et stimulé par une pointe de vivacité parfaitement ajustée, ce crémant brille par son harmonie. 2014-2015 meringues aux poires

EARL Véronique Papin, Dom. de Haute-Perche, 7, chem. de la Godelière, 49610 Saint-Melaine-sur-Aubance, tél. 02 41 57 75 65, papin.ch.a@wanadoo.fr V t.l.j. sf dim. 10h-12h15 14h-18h15

DOM. DES HAUTS PERRAYS ★

	5 000	8 à 11 €

Reprise et rebaptisée en 2009 par Luc Le Fournis, cette propriété de 16 ha (anciennement Domaine Fardeau) est située au pied de la Corniche angevine, sur les coteaux qui surplombent les vallées du Layon et de la Loire.

La robe jaune doré est parcourue de longs chapelets de bulles fines et persistantes. Le nez, encore un peu discret, associe les fleurs de sureau et d'acacia aux fruits frais. La bouche, élégante et vive, s'achève sur des arômes fruités très agréables. Un vin bien équilibré et tonique. ⧗ 2014-2015 ꝩ cake aux fruits

Dom. des Hauts Perrays, Les Hauts-Perrays, 49290 Chaudefonds-sur-Layon, tél. 02 41 78 67 57, contact@domaine-des-hauts-perrays.fr V r.-v.
Le Fournis

VIGNOBLE HOUDET 2011

	6 000		5 à 8 €

Sous l'impulsion dynamique des frères Houdet, qui ont repris l'exploitation familiale en 2001, le domaine (18 ha) propose toute la gamme des vins d'Anjou.

La robe jaune pâle aux reflets verts s'anime d'une effervescence délicate. Au nez, les fruits blancs frais se mêlent à des notes briochées. La bouche se révèle ronde et souple, et la belle remontée des bulles en finale signe un vin élégant et alerte. ⧗ 2014-2016 ꝩ huîtres

Vignoble Houdet, La Grande-Terrandière, 49670 Valanjou, tél. 02 41 45 44 92, contact@vignoblehoudet.com V r.-v.

LACHETEAU ★★

	n.c.	5 à 8 €

Créée en 1990, la société de négoce Lacheteau s'est spécialisée dans la production de vins rosés et de vins effervescents. Elle est entrée dans le giron des Grands Chais de France en 2005.

Une bulle fine et persistante parcourt une robe jaune pâle aux reflets brillants. Le nez intense et expressif associe les fruits (la poire, la pomme) à des notes légèrement fumées. La bouche se montre à la fois douce et fraîche, gourmande et fruitée, équilibrée en somme. ⧗ 2014-2016 ꝩ gratin de saint-jacques ● **Tête de cuvée**: nez intense (arômes de mangue, de poire et d'ananas), bouche fraîche, équilibrée, fruitée et d'une belle longueur. ⧗ 2014-2015

SAS Lacheteau, 282, rue Lavoisier, 49700 Doué-la-Fontaine, tél. 02 41 59 26 26, mbrieau@lacheteau.fr GCF

LANGLOIS

	150 000	8 à 11 €

Spécialisée dans l'élaboration des vins effervescents, cette maison de négoce fait partie depuis 1973 du groupe Bollinger. Ses vignes dominent la Loire et la ville de Saumur, ses caves sont aménagées dans d'anciennes carrières creusées dans le tuffeau.

Une bulle fine et régulière parcourt une robe jaune aux reflets dorés. Le nez fin mêle fleurs blanches et pain grillé. La bouche se révèle fraîche, franche, aromatique, gourmande et longue. Un crémant équilibré et pimpant. ⧗ 2014-2017 ꝩ nougat glacé

Langlois-Chateau, 3, rue Léopold-Palustre, 49400 Saint-Hilaire-Saint-Florent, tél. 02 41 40 21 40, contact@langlois-chateau.fr V 1er avr.-15 oct. t.l.j. 10h-12h30 14h-18h; 16 oct.-30 mars sur r.-v.

DOM. MICHAUD ★

	8 000	5 à 8 €

Installé depuis 1985 dans la vallée du Cher, Thierry Michaud exploite 24 ha de vignes et produit des vins de terroir. Une valeur sûre du Guide, pour ses crémant-de-loire et ses touraine.

Beaucoup de charme dans ce rosé à la bulle gracieuse et persistante. Un nez frais sur l'abricot, une attaque nerveuse sur des notes élégantes de petits fruits rouges et une légère pointe d'évolution en finale font un ensemble harmonieux et complexe. ⧗ 2014-2015 ꝩ tarte aux pommes

Dom. Michaud, 20, rue des Martinières, 41140 Noyers-sur-Cher, tél. 02 54 32 47 23, thierry@domainemichaud.com V t.l.j. sf dim. 9h-12h 14h-19h

MONCONTOUR ★

	40 000		5 à 8 €

Cette maison de négoce créée en l'an 2000 appartient à Gilles Feray, par ailleurs propriétaire de plusieurs châteaux en Touraine. Jérôme Noisy est l'œnologue.

Cette cuvée à l'effervescence fine libère des parfums de fruits d'automne (pomme, poire) et de fruits confits. À l'unisson, le palais se révèle tendre et rond, stimulé par une pointe de fraîcheur en finale. ⧗ 2014-2017 ꝩ tarte au chocolat et à l'orange

Caves du Val de France, rue du Petit-Coteau, 37210 Vouvray, tél. 02 47 52 60 77, infos@moncontour.com V t.l.j. 10h-12h 15h-18h
Gilles Feray

VIGNOBLE MUSSET-ROULLIER
Noctambule 2012 ★

	11 000	5 à 8 €

Les domaines Rouillier et Musset se sont associés en 1994 ; leur exploitation couvre aujourd'hui 35 ha implantés sur les coteaux de la Loire. Une valeur sûre du vignoble angevin aussi bien en blanc qu'en rouge.

Ce crémant s'affiche dans une robe jaune nuancé de bronze parcourue de bulles fines et abondantes. Le nez, élégant et intense, présente des arômes de cacao, de cerise, de fruits blancs et de fleurs blanches agrémentés de délicates notes briochées. On retrouve toutes ces senteurs dans une bouche complexe, raffinée et bien équilibrée. ⧗ 2014-2015 ꝩ brownie au chocolat

Vignoble Musset-Roullier, 36, Le Bas-Chaumier, 49620 La Pommeraye, tél. 02 41 39 05 71, musset-roullier@wanadoo.fr V t.l.j. sf mar 9h-12h 14h-19h (sam. 17h); dim. sur r.-v.

DOM. DU PORTAILLE

	20 000		5 à 8 €

Cette exploitation familiale s'est développée avec Marcel Tisserond puis avec ses deux fils Philippe et François, qui se sont installés respectivement en 1998 et 2003. Aujourd'hui, 40 ha au-dessus des coteaux du bonnezeaux.

Des bulles fines et légères animent ce crémant. Le nez discret mais fin révèle des arômes de fruits blancs et de fleur de sureau. La bouche, ronde et tendre, trouve l'équilibre autour d'une pointe acidulée bien ajustée. ⧗ 2014-2015 ▾ gâche vendéenne

⊶ François et Philippe Tisserond, 24, rue de Jarzé, Millé, 49380 Chavagnes-les-Eaux, tél. 02 41 54 31 63, earl.tisserond@wanadoo.fr V t.l.j. sf dim. 9h-12h 14h-19h

CH. DE LA PRESLE Albane 2011

●	9 334		8 à 11 €

Installés à Oisly, Anne-Sophie Penet et son époux Frédéric Meurgey sont depuis 1998 à la tête du domaine familial acquis dans les années 1880 et implanté sur les terroirs argilo-sableux de la Sologne viticole.

Ce pur pinot noir d'une belle prestance affiche une mousse persistante et dense, et libère un nez abricoté agrémenté de notes de pivoine et de rose. Le palais se montre suave, rond et intense. Un crémant de caractère. ⧗ 2014-2017 ▾ poires pochées au vin rouge

⊶ Dom. Jean-Marie Penet, Ch. de la Presle, 41700 Oisly, tél. 02 54 79 52 65, domaine.jean-marie.penet@wanadoo.fr V t.l.j. sf dim. 9h-12h 14h30-18h30 ⊶ Meurgey

B LES QUARTERONS ★

●	6 600	8 à 11 €

Installé en Touraine occidentale, sur une terrasse ancienne de la Loire, le domaine est bien connu des lecteurs du Guide pour ses saint-nicolas-de-bourgueil. Thierry, Agnès et Xavier Amirault exploitent aujourd'hui 31 ha de vignes en agriculture biologique et biodynamique.

Ce crémant se présente dans une robe jaune pâle aux reflets dorés, animée de fines bulles. Le nez complexe et intense développe des parfums de fruits blancs, d'agrumes et de fleurs blanches. La bouche se montre ample, ronde et souple, et s'étire dans une longue finale fruitée. ⧗ 2014-2015 ▾ dacquoise aux fruits

⊶ Clos des Quarterons, 46, av. Saint-Vincent, 37140 Saint-Nicolas-de-Bourgueil, tél. 02 47 97 75 25, agnes.amirault@gmail.com V t.l.j. sf dim. 9h-12h 14h-17h30

ROBERT ET MARCEL La Perrière ★★

●	60 000		8 à 11 €

Créée en 1957 par quinze viticulteurs, la coopérative de Saint-Cyr-en-Bourg compte aujourd'hui 180 adhérents, vinifie la récolte de 1 800 ha et stocke ses vins dans une immense galerie longue de quelque 10 km.

Ce vin aux bulles fines et à la robe jaune pâle dévoile une belle complexité. Ses arômes se révèlent au fil de la dégustation, passant des fruits blancs aux fruits secs, réhaussés de notes délicatement fumées ; arômes qui se prolongent dans une bouche ample et onctueuse. ⧗ 2014-2015 ▾ crumble aux pommes

⊶ Cave des Vignerons de Saumur, La Perrière, 49260 Saint-Cyr-en-Bourg, tél. 02 41 53 06 18, boutique@robertetmarcel.com V t.l.j. 9h30-19h

MICHEL ROBINEAU 2011

●	2 100	5 à 8 €

À la tête de 11 ha de vignes, Michel Robineau a créé son exploitation en 1990 dans l'aire des coteaux-du-layon. Son domaine jouit d'une très bonne réputation, confortée par nombre d'étoiles et de coups de cœur dans le Guide.

Cette cuvée se pare d'une belle robe or pâle aux reflets argentés parcourue d'un discret chapelet de fines bulles. Le nez dévoile d'agréables parfums de fruits blancs et jaunes bien mûrs, accompagnés de notes délicatement miellées. La bouche est à la fois ronde, souple, fraîche et fruitée. Un crémant complet et expressif. ⧗ 2014-2015 ▾ cake au miel et à la cannelle

⊶ Michel Robineau, 3, chem. du Moulin, Les Grandes-Tailles, 49750 Saint-Lambert-du-Lattay, tél. 02 41 78 34 67, vignoblemichelrobineau@orange.fr V r.-v.

BENOÎT ROCHER 2012 ★

●	5 000	5 à 8 €

Cette ancienne exploitation agricole, située dans la région de Brissac, au-dessus du célèbre coteau de Bonnezeaux, s'est spécialisée dans la viticulture. Installé en 2001, Benoît Rocher exploite 18 ha de vignes et s'illustre régulièrement dans le Guide.

Ce crémant vêtu d'une robe jaune pâle aux reflets verts offre de beaux arômes de fruits blancs bien mûrs et de pamplemousse, agrémentés de notes grillées. Généreux et gourmand, sans manquer de fraîcheur, le palais est séduisant et bien équilibré. ⧗ 2014-2015 ▾ granité au pamplemousse

⊶ Benoît Rocher, Closerie de la Picardie, 49380 Notre-Dame-d'Allençon, tél. 02 41 54 30 32, contact@benoitrocher.fr V t.l.j. sf dim. 10h-19h

DOM. DE SAINT-MAUR 2012 ★

●	6 600	5 à 8 €

Implanté sur la rive gauche de la Loire, à proximité de l'abbaye de Saint-Maur, le vignoble aurait été créé par les moines bénédictins. Il est conduit depuis l'année 2000 par Xavier Chouteau et s'étend aujourd'hui sur 38 ha.

Ce 2012 arbore une robe jaune aux reflets verts parcourue d'un cordon de bulles fines et élégantes. Il exhale des parfums doux de fruits blancs et de fleurs blanches nuancés de miel. Des arômes que l'on retrouve dans une bouche souple et ronde, aiguillonnée par une finale plus vive. ⧗ 2014-2015 ▾ sorbet à l'abricot

⊶ Xavier Chouteau, Saint-Maur, 49350 Le Thoureil, tél. 02 41 57 30 24, info@domaine-de-saint-maur.fr V t.l.j. sf dim. 17h-19h

B DOM. SAUVÈTE ★

●	5 000	8 à 11 €

Jérôme et Dominique Sauvète exploitent 17 ha de vignes en agriculture biologique entre Chenonceaux, Cheverny et le zoo de Beauval.

Cette cuvée à la mousse fine et persistante libère au nez des parfums élégants de fleurs blanches. Soutenu par une fraîcheur active, le palais évolue quant à lui sur des notes de fruits blancs, de pomme notamment. Un crémant pimpant et tonique. ⧗ 2014-2017 ▾ côte de veau grillée

⊶ Dom. Sauvète, 9, chem. de la Bocagerie, 41400 Monthou-sur-Cher, tél. 02 54 71 48 68, domaine-sauvete@wanadoo.fr V t.l.j. sf dim. 10h-12h 14h-19h

TERTRE 2012

	6 500	5 à 8 €

Situé à l'ouest de l'appellation anjou, ce domaine conduit par Patrick et Sylvie Orillon depuis 2001 s'est progressivement spécialisé en viticulture et dispose aujourd'hui de 25 ha de vignes.

La robe jaune pâle aux reflets dorés est parcourue d'un cordon de fines bulles. Encore un peu discret, le bouquet s'ouvre doucement sur les fruits blancs mûrs, un rien confits, et sur la noisette. La bouche se montre ronde, soyeuse, souple et fruitée. 2014-2015 millefeuille

Dom. du Tertre, Le Tertre, 49570 Montjean-sur-Loire, tél. 02 41 39 02 72, onillon-patrick@orange.fr V t.l.j. sf dim. 8h30-12h 14h-19h Onillon

CH. LA TOMAZE 2012 ★★

	n.c.		5 à 8 €

Depuis la Révolution, sept Jacques Lecointre se sont succédé sur ce domaine repris en 1988 par Vincent Lecointre. Son fils Cyrille est en phase d'installation. L'exploitation, étendue sur 28 ha, regroupe plusieurs îlots viticoles situés à Rablay-sur-Layon, Faye-d'Anjou et Champ-sur-Layon.

La robe jaune pâle aux reflets dorés s'anime d'une effervescence fine et délicate. Le bouquet mêle des senteurs fraîches de fleurs blanches, de fruits blancs et de citron. La bouche séduit par sa souplesse et sa fraîcheur fruitée et gentiment acidulée. Un crémant à la fois tonique et très élégant. 2014-2015 madeleines

Ch. la Tomaze, 6 B, rue du Pineau, 49380 Champ-sur-Layon, tél. 02 41 78 86 34, vignoblelecointre@orange.fr V r.-v.

DOM. DE LA TUFFIÈRE 2012 ★

	6 000		5 à 8 €

Situé sur la rive droite de la Loire, au nord-est d'Angers, ce domaine de 25 ha, de création monastique, remonte au XIVᵉs. L'exploitation est conduite par les familles Coignard et Benesteau : les enfants Clarisse et Frédéric ont succédé à leurs parents en 2002 et se sont installés avec leurs conjoints, Fabrice et Stéphanie.

Un crémant à la robe rose bonbon parcourue de fines bulles. Au nez, c'est une explosion de fruits rouges, tout en finesse et harmonie. La bouche conjugue sans fausse note une chair onctueuse et une élégante fraîcheur. De l'équilibre et de la gourmandise. 2014-2015 soufflés glacés à la framboise

EARL Coignard-Benesteau, Dom. de la Tuffière, 49140 Lué-en-Baugeois, tél. 02 41 45 11 47, vignoble-tuffiere@wanadoo.fr V t.l.j. sf dim. 9h-12h30 14h-19h

VEUVE AMIOT ★★

	94 912	5 à 8 €

Créée en 1884 par Élisa Amiot, devenue veuve prématurément, cette maison, reprise en 1990 par la Compagnie française des grands vins, est l'une des maisons dédiée au fines bulles les plus importantes du Saumurois.

Ce rosé très pâle offre de fines bulles en abondance. Il séduit d'emblée par la fraîcheur, l'élégance et le fruité de son nez. Ample sur les fruits rouges, stimulé par une légère acidité, le palais affiche une harmonie remarquable et une belle persistance. 2014-2015 clafoutis aux cerises

SAS Veuve Amiot, 19-21, rue Jean-Ackerman, 49400 Saint-Hilaire-Saint-Florent, tél. 02 41 83 14 14, infos@veuve-amiot.com V t.l.j. 10h-13h 14h-18h CFGV

La région nantaise

Ce sont des légions romaines qui apportèrent la vigne il y a deux mille ans en pays nantais, carrefour de la Bretagne, de la Vendée, de la Loire et de l'Océan. Après un hiver terrible en 1709, où la mer gela le long des côtes, le vignoble fut complètement détruit, puis reconstitué principalement par des plants du cépage melon venus de Bourgogne.
L'aire de production des vins de la région nantaise occupe aujourd'hui 16 000 ha et s'étend géographiquement au sud et à l'est de Nantes, débordant légèrement des limites de la Loire-Atlantique vers la Vendée et le Maine-et-Loire. Les vignes sont plantées sur des coteaux ensoleillés exposés aux influences océaniques. Les sols plutôt légers et caillouteux se composent de terrains anciens entremêlés de roches éruptives. Le vignoble produit bon an, mal an, 960 000 hl dans les quatre appellations d'origine contrôlée : muscadet, muscadet-coteaux-de-la-loire, muscadet-sèvre-et-maine et muscadet-côtes-de-grand-lieu, ainsi que les AOVDQS gros-plant-du-pays-nantais, coteaux-d'ancenis et fiefs-vendéens.

LES AOC DU MUSCADET ET LE GROS-PLANT-DU-PAYS-NANTAIS

Le muscadet est un vin blanc sec reconnu en appellation d'origine contrôlée dès 1936. Il est issu d'un cépage unique : le melon. Principalement situé dans la partie sud du département de Loire-Atlantique, avec quelques incursions dans le Maine-et-Loire et en Vendée, le vaste vignoble comprend quatre appellations d'origine contrôlée : l'AOC régionale muscadet ; le muscadet-sèvre-et-maine, qui regroupe 23 communes des vallées de la Sèvre et de la Maine, et qui fournit les plus importants volumes ; le muscadet-coteaux-de-la-loire, qui s'étend plus en amont sur 24 communes des deux rives du fleuve, en particulier dans la région d'Ancenis sur la rive droite ; le muscadet-côtes-de-grand-lieu, AOC plus récente, qui correspond à 19 communes au sud-ouest de Nantes.
La mise en bouteilles sur lie est une technique traditionnelle de la région nantaise, qui fait l'objet d'une réglementation précise, renforcée en 1994. Pour bénéficier de cette mention, les vins doivent n'avoir passé qu'un hiver en cuve ou en fût et se trouver encore sur leur lie et dans leur chai de vinification au moment de la mise en bouteilles ; celle-ci ne peut intervenir qu'à des périodes définies et en aucun cas avant le 1ᵉʳ mars, la commercialisation étant autorisée seulement à partir du premier jeudi de mars. Ce procédé permet d'accentuer la fraîcheur, la finesse et le bouquet des vins. Vif mais sans verdeur, aromatique, le muscadet accompagne

parfaitement les poissons et les fruits de mer; il constitue également un excellent apéritif et doit être servi frais mais non glacé (8-9 °C).

MUSCADET

• Superficie : 2 977 ha • Production : 185 011 hl

OLIVIER BEAUMARD 2013 ★

	4 000		- de 5 €

Olivier Beaumard, troisième génération de vignerons, a installé son domaine de 5 ha dans la commune du Landreau, à une trentaine de kilomètres à l'est de Nantes.

Au nez, ce muscadet libère un fruité discret. Celui-ci se fait plus intense en bouche, agrémenté de notes de fleurs blanches ; rondeur et vivacité sont au rendez-vous. Un muscadet équilibré. ⌛ 2014-2016 ▼ langoustines

Olivier Beaumard, La Tour-Gasselin, 44430 Le Landreau, tél. 02 40 57 72 12, domaine-beaumard@gmail.com V r.-v.

B DOM. DE LA BREGEONNETTE Clos de la Coudray 2012 ★

	4 900		8 à 11 €

Ancienne propriété du marquis de Rochechouart, ce domaine créé en 1947 est installé au nord-est de Vallet. Stéphane Orieux y cultive aujourd'hui 14 ha de vignes plantées sur micaschistes.

Au nez, une fraîcheur minérale bien présente. En bouche, de la puissance, de la richesse et une jolie finale citronnée qui vient relever l'ensemble. Un muscadet bien typé en somme. ⌛ 2014-2015 ▼ plateau d'huîtres

Stéphane Orieux, La Touche, 44330 Vallet, tél. 02 40 46 68 41, contact@muscadet-orieux.com V r.-v.

MUSCADET-SÈVRE-ET-MAINE

• Superficie : 7 822 ha • Production : 421 272 hl

DOM. JEAN AUBRON Vallet 2012 ★

	6 000		8 à 11 €

Cette ancienne seigneurie du XVIIes., qui fut propriété de la famille de Sévigné, est située sur un terroir de gabbros typique de la région. Le domaine couvre aujourd'hui 85 ha.

Dans une robe très pâle aux reflets gris, ce 2012 libère des arômes de datte fraîche soulignés par une fine trame minérale. La bouche, structurée et riche, offre une belle longueur. À attendre un peu pour en savourer tout le potentiel. ⌛ 2014-2019 ▼ huîtres au four

Jean Aubron, L'Audigère, 44330 Vallet, tél. 02 40 33 91 91, jean.aubron@wanadoo.fr V r.-v.

DOM. DE L'AULNAYE Cuvée Prestige Sur lie 2013 ★★

	3 000		- de 5 €

Aux portes de Nantes, il reste dans la commune de Vertou quelques exploitations, qui ont su résister à l'urbanisation à l'image du domaine de l'Aulnaye dont le vignoble couvre aujourd'hui 15 ha.

Ce 2013 s'ouvre sur un bouquet floral et fruité très élégant. Onctueuse, la bouche offre des notes d'agrumes et de fruits exotiques animées d'un léger perlant. Un ensemble équilibré. ⌛ 2014-2017 ▼ verrines avocat crevettes

Perthuy, L'Aulnaye, 44120 Vertou, tél. 02 40 34 70 22, domaineaulnaye@orange.fr V r.-v.

DOM. DE LA BERTAUDIÈRE Sur lie 2013 ★

	9 000		- de 5 €

Alain Vallet a repris en 1988 le domaine familial (20 ha) situé entre Le Loroux-Bottereau et La Chapelle-Basse-Mer.

Un 2013 bien typé : un nez intense, floral et mentholé, relayé par une bouche minérale et légèrement perlante. ⌛ 2014-2017 ▼ risotto aux fruits de mer

Alain Vallet, La Bertaudière, 44430 Le Loroux-Bottereau, tél. 02 40 33 85 66, alainvallet.viti@neuf.fr V r.-v.

CLAUDE BLANCHARD ET FILS Gorges 2010 ★

	2 500		8 à 11 €

Alain et Philippe Blanchard exploitent un domaine de 32 ha réparti dans trois communes : Gorges, Mouzillon et Vallet.

Ce 2010 s'ouvre sur une fine note mentholée et un soupçon de citron. Le palais se montre souple, frais et long. Un vin élégant et alerte, à carafer avant le service. ⌛ 2014-2017 ▼ tajine aux fruits de mer

GAEC Claude Blanchard et Fils, 4, Le Quarteron, 44190 Gorges, tél. 02 40 54 07 82, gaec.blanchard@wanadoo.fr V r.-v.

DOM. DU BOIS CHAUVET Sur lie 2013 ★★

	n.c.		- de 5 €

Dominique Birot est installé depuis 1996 à la tête de cette exploitation familiale, dont le vignoble couvre 19 ha.

Ce classique de l'AOC présente un nez élégant de fruits exotiques (ananas, mangue) et de pamplemousse. Des arômes que l'on retrouve avec intensité dans une bouche équilibrée et fraîche, de bonne longueur. ⌛ 2014-2017 ▼ pain de poisson

Dominique Birot, GAEC du Bois Chauvet, Le Bois-Chauvet, 49230 Tillières, tél. 06 14 17 82 42, birot.dominique0261@orange.fr V r.-v.

CHRISTOPHE ET BRIGITTE BOUCHER Gorges 2010 ★

	5 860		8 à 11 €

Installés depuis 1985, Christophe et Brigitte Boucher conduisent le domaine familial (15 ha) implanté dans la vallée de la Sèvre, à Gorges, là où a été délimité un cru communal.

Dans une robe très limpide et brillante aux reflets verts, ce 2010 délivre un nez discret de pomme fraîche et de fruits secs. À l'aération, il exprime le citron confit et la pêche blanche. Vif en attaque, il offre un palais riche et une belle longueur. À attendre un peu. ⌛ 2014-2019 ▼ papillote de colin aux pommes

Christophe et Brigitte Boucher, 2, La Ganolière, 44190 Gorges, tél. 02 40 06 98 87, earl.boucher@wanadoo.fr V r.-v.

DOM. BOUFFARD Sur lie 2013 ★

	20 000		- de 5 €

Ce domaine d'une belle régularité est établi à Saint-Crespin, une commune de l'est du vignoble nantais située aux portes de l'Anjou. Gilles et Frédéric Bouffard y produisent tous les types de vins de la région (blanc, rouge, rosé et mousseux) sur une exploitation de 26 ha.

Ce vin brillant et limpide présente un nez tout en finesse de citron et de fleurs blanches. Arômes que l'on retrouve en bouche, mâtinés d'une pointe grillée en finale. 2014-2017 apéritif

GAEC Gilles et Frédéric Bouffard, 8, La Brosse, 49230 Saint-Crespin-sur-Moine, tél. 02 41 70 43 42, gaec.bouffard@orange.fr V r.-v.

BOULLAULT & FILS
Grande Garde 2012 ★★

	4 000		5 à 8 €

Cette propriété viticole de 40 ha appartenait au début du XXe s. au marquis de Rochechouart. Celui-ci la vendit en 1930 au bisaïeul de Thomas Boullault, lequel dirige le domaine depuis 2012.

Discret au premier nez, ce vin libère à l'aération des arômes gourmands de coing confit. Franc en attaque, il offre une bouche exubérante de fruits mûrs mâtinés d'une touche minérale. Un vin ample et généreux. 2014-2019 bar de ligne au beurre blanc

Thomas Boullault, La Touche, 44330 Vallet, tél. 02 40 33 95 30, boullault-fils@wanadoo.fr V t.l.j. sf dim. 8h30-19h

CH. DE LA BRETONNERIE
Élevé en fût de chêne 2012 ★

	5 000		5 à 8 €

Plantée au milieu d'un coteau, la bâtisse domine des vignes centenaires. Philippe Guilbaud représente la quatrième génération à la tête de ce domaine familial de 33 ha.

Cette cuvée élevée onze mois en fût de chêne arbore une robe aux reflets dorés. Elle livre des parfums d'eucalyptus et de thym. Encore frais et jeune, le palais confirme les arômes du nez, agrémentés d'un soupçon de poivre. Ce 2012 peut attendre un peu pour affirmer sa puissance. 2014-2019 noix de veau aux morilles

Ch. de la Bretonnerie, La Bretonnerie, 44690 La Haie-Fouassière, tél. 06 30 93 65 49, contact@fredericguilbaud-vigneron.fr V r.-v.

DOM. DE LA BRETONNIÈRE
La Sélection du domaine Sur lie 2013 ★

	35 000		- de 5 €

Situé au sud du Landreau, le domaine est proche du lycée viticole de Briacé, où les frères Patrice et Pierre-Yves Charpentier ont fait leurs études de viticulture, avant de reprendre l'exploitation en 1989. Leur domaine couvre 35 ha.

Dans une robe vive aux reflets verts, ce 2013 libère des arômes de pomme verte et de fleur de genêt. Riche et puissante, la bouche ne manque pas de fraîcheur et signe un vin équilibré que l'on pourra apprécier aussi bien jeune que pâtiné par la garde. 2014-2019 huîtres

GAEC Charpentier-Fleurance, 56, La Bretonnière, 44430 Le Landreau, tél. 02 40 06 43 39, charpentierlabretonniere@orange.fr V r.-v.

DOM. DE LA BRETONNIÈRE
Cuvée Prestige Vieilles Vignes Sur lie 2013 ★

	20 000		- de 5 €

Ce domaine de 28 ha installé depuis 1900 dans un joli petit village de vignerons en bordure de la Maine s'est transmis de génération en génération.

Ce vin issu de terroirs de gneiss est très fringant. Il libère au nez des arômes de fruits blancs et de bonbon anglais. La bouche, alerte, offre beaucoup de fraîcheur. Un 2013 fin, tonique et élégant. 2014-2017 palourdes farcies

EARL Cormerais Bertrand, 324 bis, La Bretonnière, 44690 Maisdon-sur-Sèvre, tél. 02 40 54 83 91, cormerais.bertrand@orange.fr V t.l.j. sf dim. 8h-20h

CH. DE BRIACÉ Goulaine 2010 ★★

	7 000		8 à 11 €

Le château de Briacé est une très ancienne propriété viticole, brûlée pendant la Révolution et reconstruite au XIXe s. Depuis 1957, il abrite le lycée viticole qui forme une partie des vignerons de la région nantaise. À sa disposition, un vignoble de 20 ha.

Le nez s'ouvre sur des notes minérales et libère à l'aération des arômes d'abricot et de pêche mâtinés de zeste d'orange. Souple en attaque, la bouche se révèle à la fois fraîche, généreuse et d'une belle longueur. Beaucoup d'élégance et d'harmonie dans ce vin que l'on pourra garder un peu pour en savourer tout le potentiel. 2014-2019 salade de fruits Sur lie 2013 ★★ (moins de 5 €; 70 000 b.): abricoté au nez, ce vin offre une bouche souple, puissante et soyeuse. 2014-2017

Ch. de Briacé, Lycée de Briacé, 44430 Le Landreau, tél. 02 40 06 49 16, contact@chateau-briace.com V r.-v.

DOM. DE CHAINTRÉ Prestige Sur lie 2013 ★

	3 000		- de 5 €

Marcel Luneau a repris en 1970 l'exploitation familiale alors en polyculture, qu'il a peu à peu spécialisée. Sur 55 ha, il produit muscadets et vins de pays.

Ce 2013 délivre des parfums de fruits à chair blanche, que l'on retrouve dans une bouche raffinée, associant rondeur et fraîcheur. 2014-2017 huîtres de Cancale

Marcel Luneau, Chaintré, 44330 Mouzillon, tél. 02 40 36 31 16 V r.-v.

DOM. DE LA CHALOUSIÈRE Sur lie 2013 ★★★

	9 000		- de 5 €

À la sortie de Vallet, sur la route de Beaupréau, La Chalousière est un petit village typique du vignoble nantais. C'est ici, dans un cadre fleuri, que Viviane et Michel Petiteau conduisent un domaine de 21 ha.

Issu de terroirs de micaschistes, ce vin arbore une robe cristalline. Il libère des arômes intenses de raisin frais et d'amande relevés d'une touche minérale. Très jeune en bouche, frais, perlant et élégant, il offre aussi de la rondeur et du gras, avant de revenir en finale sur plus de mordant. Un équilibre admirable. ⌛ 2014-2019 🍴 huîtres

🔑 Michel Petiteau, 451, La Chalousière, 44330 Vallet, tél. 02 40 36 20 15, contact@domaine-chalousiere.com V t.l.j. sf dim. 9h-12h30 14h-18h30

CH. CHESNAIE MORINIÈRE Sur lie 2013 ★★

	46 000		- de 5 €

Après avoir repris un petit vignoble en 1990 et créé sa société, la famille Morinière décide de s'établir au château de la Chesnaie, à proximité de la chapelle Saint-Barthélémy. Elle conduit aujourd'hui un vignoble de 38 ha.

Ce vin dévoile un nez subtil dominé par des notes minérales. Une sensation « terroitée » présente aussi, avec intensité, dans un palais plein de fraîcheur et d'une grande longueur. ⌛ 2014-2017 🍴 fromage de chèvre affiné

🔑 EARL Ch. de la Thébaudière, 48, La Chesnaie, 44450 Saint-Julien-de-Concelles, tél. 02 40 54 13 13, moriniere.chesnaie@wanadoo.fr V r.-v.

♥ DOM. PIERRE CHEVALLIER Sur lie 2013 ★★★

	10 000		- de 5 €

Exploité depuis 1993 par Pierre-François Chevallier, ce domaine familial de 15 ha est situé sur le lieu-dit de Bonne-Fontaine, réputé pour ses terres de schistes et de gabbros, et pour les vins bien typés auxquels il donne naissance.

Cette cuvée séduit par un nez flatteur et puissant aux notes fruitées (agrumes), florales et grillées. Le charme continue d'agir en bouche : ample et ronde, celle-ci fait preuve de beaucoup de finesse et d'élégance, et s'étire dans une longue finale pleine de fraîcheur. ⌛ 2014-2017 🍴 sole meunière à la crème

🔑 EARL Pierre-François Chevallier, 115, Bonne-Fontaine, 44330 Vallet, earlchevallierpierrefrancois@orange.fr V r.-v.

DOM. CLAIR MOREAU L'Hermitage Sur lie 2012 ★★

	7 000		- de 5 €

En 2013, Clair Moreau, qui a développé l'exploitation pendant quarante ans s'est associé avec Édouard Massart à la tête de ce domaine de 18 ha.

Ce vin aux parfums de fleurs blanches et de citron délivre une bouche aux arômes de pêche blanche soutenue en finale par de fines notes minérales qui apportent de la fraîcheur et une belle allonge. ⌛ 2014-2017 🍴 sashimis de dorade

🔑 Dom. Clair Moreau, 7, la Petite-Jaunaie, 44690 Château-Thébaud, tél. 02 40 06 61 42, domaine@clairmoreau.fr V r.-v. 🔑 Massart

CLOS DE BEAUREGARD Sur lie 2013

	73 000		- de 5 €

Propriété de 19 ha implantée sur les coteaux entre la Sèvre nantaise, la Logne et la Sanguèze.

Le clos de Beauregard est bien connu pour son sous-sol de gabbros, qui a donné naissance à ce vin aux parfums floraux mâtinés de touches citronnées. En bouche, il offre une agréable nervosité. ⌛ 2014-2017 🍴 cabillaud grillé aux aromates

🔑 SCEA Guilbaud-Moulin, 1, rue de la Planche, 44330 Mouzillon, tél. 02 51 71 77 66

LA COINDRIE Sur lie 2013 ★

	10 000		- de 5 €

Situé sur la butte de la Roche, face au marais de la Goulaine, ce domaine de 16,5 ha est conduit depuis 1990 par Patrice Merceron.

Ce 2013 libère à l'aération des notes de zeste d'orange et de pamplemousse que l'on retrouve dans une bouche franche et minérale. Un vin bien typé et alerte. ⌛ 2014-2017 🍴 filet de cabillaud aux agrumes

🔑 Patrice Merceron, 291, rue du Chêne, La Coindrie, 44430 Le Loroux-Bottereau, tél. 02 40 33 85 07, merceronpatrice.viti@orange.fr V r.-v.

CH. DU COING DE SAINT-FIACRE L'Ancestrale 2009 ★★

	12 618		8 à 11 €

Véronique Günther-Chéreau a décidé en 1989 de délaisser la pharmacie pour s'occuper de cette propriété viticole du XVIII[e]s. située au confluent de la Sèvre et de la Maine, acquise par son père en 1973.

Cette cuvée limpide présente un nez exubérant et friand de cire et de miel mâtinés d'une touche iodée. La bouche révèle une grande richesse, de la densité et de beaux arômes de miel et d'acacia soutenus par une fine arête acide aux accents d'orange. En finale, une légère touche saline. Une très belle expression de l'AOC. ⌛ 2014-2022 🍴 carpaccio de saumon

🔑 Véronique Günther-Chéreau, Le Coing, 44690 Saint-Fiacre-sur-Maine, tél. 02 40 54 85 24, contact@chateau-du-coing.com V t.l.j. sf dim. 9h-13h 14h-17h30

DOM. DES CORMIERS Sur lie 2013 ★

	10 000		- de 5 €

Vertou, première commune viticole aux portes de Nantes, connaît une forte urbanisation. Quelques producteurs résistent et maintiennent à flot le vignoble local, tels Michel et Brigitte Loiret qui, installés depuis 1977, y conduisent 25 ha.

Né sur des terres de gneiss, ce vin présente un nez subtil et aromatique évoquant le citron vert. La bouche ronde et grasse est sous-tendue par une belle fraîcheur minérale. ⌛ 2014-2017 🍴 poêlée de noix de Saint-Jacques

🔑 Brigitte et Michel Loiret, 47, rte de La Haye-Fouassière, 44120 Vertou, tél. 02 40 34 28 13, loiret.earl@wanadoo.fr V r.-v.

MICHEL DELHOMMEAU Cuvée Symbiose Sur lie 2009 ★

	10 000		5 à 8 €

Sur la rive gauche de la Sèvre, Monnières est un très joli petit village situé sur un promontoire bien connu pour ses terroirs variés et propices aux vins de qualité. Michel Delhommeau y a pris la suite de ses parents en 1988.

Son domaine compte aujourd'hui 25 ha en conversion bio.

Élevé sur lie durant dix-huit mois, ce 2009 s'affiche en robe jaune d'or. Il séduit par ses arômes de raisin cuit, de badiane et de fleur de cassis. Riche en attaque, il offre une bouche ample et généreuse. ⧗ 2014-2017 ♈ poêlée de noix de Saint-Jacques ■ Cuvée Harmonie 2013 ★ (moins de 5 €) : ce vin libère de fins arômes de pêche que l'on retrouve dans une bouche de bonne longueur. ⧗ 2016-2019

⊶ EARL les Vignes Saint-Vincent, Michel Delhommeau, 9, La Huperie, 44690 Monnières, tél. 02 40 54 60 37, delhommeaum@wanadoo.fr V 🚶 🍷 r.-v.

DOM. LOUIS DONATIEN Sur lie 2013 ★

■ | 10 000 | 🍾 | - de 5 €

Emmanuel Luneau est installé depuis 1997 sur ce domaine, un ancien relais de poste établi au nord-ouest de Vallet sur un terroir de schistes.

Discret au nez, ce vin libère à l'aération de fines notes florales. En bouche, il est bien équilibré entre rondeur et fraîcheur, et offre une bonne longueur. ⧗ 2014-2017 ♈ feuilletés aux fruits de mer

⊶ Emmanuel Luneau, Le Bois-Brûlé, 44330 Vallet, tél. 02 40 33 91 47, emmanuel.luneau@orange.fr V 🚶 🍷 r.-v.

DOM. DES DUAUX
Rubis de la Sanguèze Mouzillon-Tillières 2007 ★

■ | 2 000 | 🍾 | 5 à 8 €

Patrice Aubron a pris en 1989 la suite de ses parents à la tête de ce domaine familial de 14 ha.

Élevée quarante-huit mois, cette cuvée libère des parfums éminemment épicés (curry, noix de muscade, vanille) et offre une bouche puissante, suave et harmonieuse. ⧗ 2014-2019 ♈ langouste grillée

⊶ Patrice Aubron, Les Duaux, 49230 Tillières, tél. 02 41 70 46 48, aubron.patrice@orange.fr V 🚶 🍷 r.-v.

CH. ELGET Clisson 2010 ★

■ | 6 500 | 🍾 | 8 à 11 €

Établi dans la commune de Gorges, Gilles Luneau conduit un domaine qui compte aujourd'hui 22 ha de vignes.

Ce vin s'ouvre à l'aération sur des arômes de fruits mûrs, cuits et confits, agrémentés d'un soupçon de réglisse. On retrouve ces arômes dans une bouche riche et puissante, relevée par une finale épicée. ⧗ 2014-2019 ♈ crème brûlée à la réglisse

⊶ Gilles Luneau, Ch. Elget, 20, Les Forges, 44190 Gorges, tél. 02 40 54 05 09, chateau-elget@wanadoo.fr V 🚶 🍷 t.l.j. 9h-12h45 14h-19h30; dim. sur r.-v.

♥ DOM. ÉPINAY Clisson 2010 ★★

■ | 6 000 | 🍾 | 8 à 11 €

Ce domaine, propriété d'un riche négociant nantais au XVIIe s., est dans la famille Paquereau depuis quatre générations. À sa tête aujourd'hui, les frères Sylvain et Cyrille, installés en 2000 et 2006, ont engagé la conversion bio du vignoble (37 ha).

Le nez séduisant et expressif, ouvert sur de fines notes de genêt et d'agrumes, compose une entrée en matière des plus engageantes. Dominé par des arômes de noisette relevés de touches citronnées et mentholées, le palais offre à la fois une rondeur caressante et une fraîcheur élégante. Un très beau millésime, parfaitement équilibré, à carafer avant le service. ⧗ 2014-2019 ♈ filet de bar ■ Esprit 2013 ★ (5 à 8 € ; 6 000 b.) : ce vin expressif, au nez d'aubépine, d'iris et de citron, dévoile une bouche ample et persistante sur les agrumes. ⧗ 2014-2017

⊶ EARL Cyrille et Sylvain Paquereau, L'Épinay, 20, rte de la Sablette, 44190 Clisson, tél. 02 40 36 13 57, domaine-epinay@orange.fr V 🚶 🍷 r.-v.

CH. DE L'ÉPINAY Sur lie 2013 ★

■ | 20 000 | 🍾 | 5 à 8 €

Damien Robert conduit un vignoble de 25 ha constitué de vignes âgées de trente-cinq ans et plantées sur un sol de micaschistes et de gneiss.

Drapé dans une robe jaune intense, ce 2013 présente un nez fruité et une bouche bien équilibrée entre douceur et fraîcheur, et de belle longueur. ⧗ 2014-2019 ♈ filet de sole aux raisins

⊶ Damien Robert, Ch. de l'Épinay, 44690 Saint-Fiacre-sur-Maine, tél. 06 38 27 66 65, damien.robert3@free.fr V 🚶 🍷 r.-v.

CH. DE LA FAUBRETIÈRE Sur lie 2013 ★

■ | 5 000 | 🍾 | - de 5 €

Cette propriété de 25 ha située entre La Haye-Fouassière et Vertou a été créée en 1900 par le grand-père de Patrick Suteau, l'actuel propriétaire.

C'est sur un terroir d'orthogneiss qu'est né ce vin typique aux parfums de pierre à fusil. Ample et fruitée (agrumes), la bouche est marquée en finale par une pointe d'amertume qui lui apporte un surcroît de longueur et de complexité. ⧗ 2014-2017 ♈ sandre au beurre nantais

⊶ Patrick Suteau, 2, rue des Iris, La Cornillère, 44690 La Haye-Fouassière, tél. 02 40 54 81 53, martine.suteau@orange.fr V 🚶 🍷 t.l.j. sf dim. 8h30-12h30 14h-19h

CH. DE LA FERTÉ Vieilles Vignes Sur lie 2013 ★

■ | 15 600 | 🍾 | - de 5 €

Créée en 1947 par le grand-père de la famille Sécher, cette exploitation étend ses 28 ha de vignes sur les coteaux de la Sanguèze. Elle a été reprise en 2006 par Jérôme Sécher et son associé Denis Hervé.

Ce 2013 subtil évoque la jeunesse et la fraîcheur : il séduit par ses senteurs florales et ses saveurs de pêche blanche. Son équilibre et sa minéralité en font un vin déjà plaisant qui vieillira bien. ⧗ 2014-2017 ♈ bricks aux fruits de mer

⊶ Jérôme Sécher et Hervé Denis, La Ferté, 44330 Vallet, tél. 02 40 86 37 48, gaecdelaferte@orange.fr V 🚶 🍷 r.-v.

DOM. DU FIEF-SEIGNEUR Sur lie 2013 ★

15 000 | - de 5 €

Thierry et Jean-Hervé Caillé dirigent depuis 2002 cette exploitation familiale dont le vignoble couvre 18 ha.

Ce millésime présente un nez expressif et fin de fleurs blanches et de fruits secs. À l'unisson, la bouche se montre souple et onctueuse. ⧗ 2014-2017 ♆ coquilles Saint-Jacques rôties

EARL Thierry et Jean-Hervé Caillé, 12 bis, rue des Moulins, 44690 Monnières, tél. 02 40 54 65 03, thierry.caille343@orange.fr V r.-v.

MANOIR DE LA FIRETIÈRE Clos du Moulin Chartrie Sur lie 2013 ★

17 550 | 5 à 8 €

Situé à la limite du Landreau et du Loroux-Bottereau, ce domaine conduit par Guillaume Charpentier étend ses vignes à proximité des marais de Goulaine.

Très limpide, ce vin puissant présente un nez flatteur d'agrumes et de fruits blancs mûrs, puis il charme en bouche par son attaque franche et sa finale réglissée. ⧗ 2014-2019 ♆ langoustine grillée

SARL Guillaume Charpentier, Les Noues, 44430 Le Loroux-Bottereau, tél. 02 40 06 43 76, manoir.f@orange.fr V r.-v.

FLEURON DES POUINIÈRES Sur lie 2013 ★

6 000 | - de 5 €

Ce domaine créé en 2006 dispose d'un microvignoble de 1 ha.

Cette cuvée au nez discret libère à l'aération des notes fruitées (agrumes, fruits blancs), que l'on retrouve dans une bouche franche, soutenue par un trait citronné. ⧗ 2014-2017 ♆ plateau de fruits de mer

Jean-Paul Busson et Fils, La Pouinière, 44330 Vallet, mc.busson@orange.fr V r.-v.

DOM. DE LA FOLIETTE Tradition Sur lie 2012 ★★

10 000 | 5 à 8 €

Ce domaine tire son nom des petites folies, demeures bourgeoises que faisaient construire au XVIIIe s. les armateurs nantais à leur retour des expéditions aux Indes. Le vignoble couvre 40 ha plantés de vignes de cinquante ans.

En robe pâle aux reflets dorés, ce vin libère des parfums frais et légers de fleurs blanches. Très croquant, le palais acidulé et intense délivre d'agréables notes épicées témoin de son passage de neuf mois en fût. ⧗ 2014-2019 ♆ sushis

Dom. de la Foliette, 35, rue de la Fontaine, 44690 La Haye-Fouassière, tél. 02 40 36 92 28, domaine.de.la.foliette@wanadoo.fr V r.-v.

Brosseau-Hervouet-Vincent

DOM. DE LA GARNIÈRE Vieilles Vignes Sur lie 2013 ★★

10 000 | 5 à 8 €

Située à l'extrême est du vignoble nantais, sur les coteaux de la Moine, cette propriété a vu passer trois générations : le grand-père, en polyculture, le père, Camille, qui se spécialise dans la vigne, et aujourd'hui Olivier et Pascal, à la tête de 27 ha.

La région nantaise

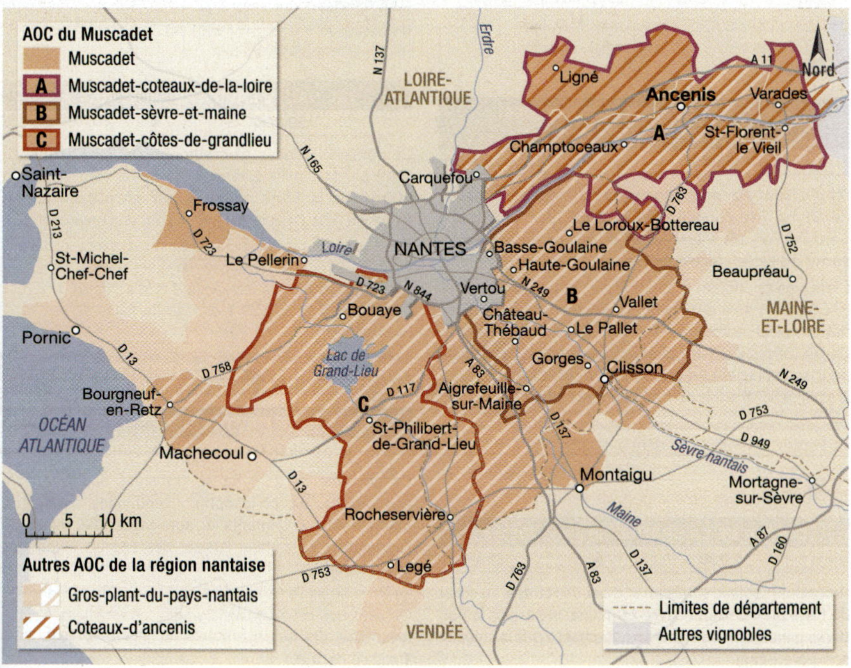

Le terroir est bien là : avec son nez intense de pierre à fusil et son palais aux arômes de fruits blancs relevés de touches épicées et minérales, ce vin est bien typé de l'AOC et du millésime. ⧗ 2014-2019 🍴 sole meunière

GAEC Camille Fleurance & Fils, 202, La Garnière, 49230 Saint-Crespin-sur-Loire, tél. 02 41 70 40 25, fleurance@garniere.com V r.-v.

DOM. P. GIRARD
Fleuron La Rebourgère Sur lie 2013 ★

	20 000		- de 5 €

Situé entre la Sèvre et le Maine, ce domaine de 38 ha est conduit et agrandi depuis 1991 par Patrick Girard. En 2013, son fils Guillaume rejoint l'exploitation.

Issu d'un terroir de gneiss, ce 2013 révèle de discrets arômes de fleurs blanches et de citron ; arômes que l'on retrouve dans une bouche équilibrée, à la fois douce et fraîche, dotée d'une finale persistante. ⧗ 2014-2017 🍴 salade de pommes de terre et saumon

EARL Patrick Girard, 17, La Rebourgère, 44690 Maisdon-sur-Sèvre, tél. 02 40 54 60 75, earlgirard@wanadoo.fr V r.-v.

DOM. DU GRAND CHÂTELIER Vieux Moulin 2009

	5 000		8 à 11 €

En 1994, Patrick Lebas a repris les rênes de cette exploitation familiale de 18 ha créée par son bisaïeul en 1870.

Ce vin au premier nez discret s'ouvre à l'aération sur des notes d'agrumes, que l'on retrouve dans une bouche légère et fraîche dominée par des arômes de zeste de pamplemousse. Un vin tendu et alerte. ⧗ 2014-2024 🍴 salade de fruits de mer au pamplemousse

Patrick Lebas, Le Châtelier, 44330 Vallet, tél. 02 40 36 40 01, patrick.lebas4@wanadoo.fr V r.-v.

DOM. DES GRANDS PRESBYTÈRES
Vieilles Vignes Sur lie 2012 ★★

	12 000		5 à 8 €

Situé à Saint-Fiacre, sur un terroir de gneiss, ce domaine de 21 ha est conduit depuis 2009 par Christophe Gerdais. Son fils Pierre-Henri le rejoint en 2014 à sa sortie du lycée viticole de Beaune.

Cette cuvée dorée a charmé le jury par son nez intensément frais et minéral. Franche en attaque, d'une belle ampleur, la bouche révèle des notes de pierre à fusil. Ce vin, certes déjà très plaisant, gagnera à être attendu pour en apprécier plus encore la finesse et la complexité. ⧗ 2014-2025 🍴 alose de Loire au beurre blanc

EARL Nelly Marzelleau, 2 bis, rue Combe, La Pétière, 44690 Saint-Fiacre-sur-Maine, tél. 02 40 54 80 73, nelly.marzelleau@wanadoo.fr V r.-v.

DOM. R DE LA GRANGE Goulaine 2010 ★

	5 000		11 à 15 €

Propriété familiale située au sud-est de Nantes, au cœur de l'aire du muscadet-sèvre-et-maine. Incarnant la huitième génération de vignerons, Raphaël a pris la suite de son père Rémy.

Élevée sur lie durant trente mois, cette cuvée libère des arômes complexes de noisette fraîche, de tabac blond et de fleur de lilas. La bouche se révèle souple, ronde, de bonne longueur. À carafer avant le service. ⧗ 2014-2019 🍴 lapin à la moutarde

Raphaël Luneau, La Grange, 44430 Le Landreau, tél. 02 40 06 45 65, domaine.r.delagrange@wanadoo.fr V t.l.j. sf dim. 9h30-12h30 14h30-19h

GRIVOTIÈRES Sur lie 2013

	150 000		- de 5 €

Datant de 1880, Drouet Frères est l'une des plus anciennes maisons de négoce-élevage du pays nantais, conduite aujourd'hui par la quatrième génération. Elle exporte vers cinquante-six pays à travers le monde.

Cette cuvée exprime d'emblée la pêche blanche, relayée par les agrumes et le jasmin à l'aération. Puissante, la bouche dévoile une fraîcheur minérale sur une trame fruitée. Un 2013 croquant et racé. ⧗ 2014-2020 🍴 cassolette de fruits de mer

Drouet Frères, 4, rue de la Loge, 44195 La Chapelle-Heulin, tél. 02 40 36 65 20, drouet@loirewines.fr V t.l.j. sf dim. lun. 9h30-12h30 15h-19h (sam. 14h-18h)

GUILBAUD FRÈRES Grand Or Sur lie 2013 ★

	60 000		- de 5 €

Cette maison de négoce a été créée en 1927 par l'arrière-grand-père et le grand-oncle des actuels propriétaires, aux commandes depuis 1983.

Au nez, les parfums de fruits jaunes, d'agrumes et de fleurs blanches se mêlent harmonieusement. Franc en attaque, le palais se montre frais et nerveux : tout indiqué pour tous les coquillages. ⧗ 2014-2017 🍴 moules marinière

Guilbaud Frères, BP 49601, 44196 Clisson Cedex, tél. 02 40 06 90 69 V r.-v.

CH. HAUTE CARIZIÈRE Sur lie 2013 ★

	50 000		- de 5 €

Ce domaine dispose d'un vignoble de 9 ha acquis en 1909 par la famille Giraud. Les vignes sont situées à 500 m de la Sèvre nantaise, sur un plateau ancien exposé à l'est. Depuis 2013, 8 ha sont en conversion bio.

Élevé sur lie durant six mois, ce vin fin et complexe dévoile au nez comme en bouche de fines notes minérales agrémentées de nuances acidulées d'agrumes. Un 2013 bien élevé. ⧗ 2014-2017 🍴 plateau de fruits de mer

Bidaud Giraud, 11, rue du Calvaire, La Cornillère, 44690 La Haye-Fouassière, tél. 02 40 54 83 24, contact@bidgi.fr V r.-v.

DOM. DE LA HAUTE FÉVRIE Sur lie 2013 ★

	55 000		- de 5 €

Ce domaine de 26,5 ha se transmet depuis quatre générations. Sa philosophie : vendanges manuelles, maîtrise des rendements et application des règles de l'agriculture raisonnée, l'usage des engrais chimiques étant banni.

Ce vin charme d'emblée par ses arômes de fleurs blanches. On retrouve ces nuances florales, agrémentées d'agrumes, dans une bouche fraîche et légère. ⧗ 2014-2024 🍴 salade de fruits de mer au pamplemousse

Dom. de la Haute Févrie, 109, la Févrie, 44690 Maisdon-sur-Sèvre, tél. 02 40 36 94 08, haute-fevrie@orange.fr V r.-v. Branger

SÉLECTION DES HAUTS PÉMIONS Sur lie 2013 ★

	36 000		- de 5 €

Le domaine des Hauts Pémions, dont le vignoble couvre 18 ha, offre un beau panorama sur la vallée de la Sèvre et les moulins de la Bidière et de la Gustais.

Ce 2013 au fort caractère libère des arômes intenses de fleurs blanches et de pêche. En bouche, on retrouve les fleurs soutenues par une belle fraîcheur. Touche séveuse en finale. 2014-2019 merlu au beurre nantais

Christophe Drouard, 224, La Hallopière, 44690 Monnières, tél. 06 85 02 88 71, muscadet.drouard@free.fr V r.-v.

VIGNOBLE JAUMOUILLÉ
Jeunes Vignes Sur lie 2013 ★★

	8 000		- de 5 €

Établi sur les coteaux de la Maine, dans l'aire du muscadet-sèvre-et-maine et de ses sols de gabbros, de granite et de gneiss, ce domaine créé en 1921 étend son vignoble sur 36 ha.

Cette cuvée s'affiche dans une robe striée de reflets dorés chatoyants. Le nez dominé par les fruits blancs et les fruits exotiques est soutenu par une pointe d'agrumes. À l'unisson, le palais se révèle élégant, très frais et d'une belle persistance. 2014-2022 plateau de fruits de mer

Jaumouillé, 4, La Noue, 49230 Saint-Crespin-sur-Loire, tél. 02 41 70 41 72, vignoblejaumouille@terre-net.fr V t.l.j. 9h-19h

DOM. DU LANDREAU-VILLAGE
Sur lie 2013 ★★★

	142 000		- de 5 €

Ce domaine est établi au pied du clos Ferré, célèbre terroir de Vallet aux sols de micaschistes. Son vignoble est conduit en lutte raisonnée depuis 2003.

Ce vin libère des arômes de fleurs blanches et de fruits associés à une touche minérale. Franc en attaque, il offre une bouche riche, montante et fruitée. Un vin de haute expression, intense et harmonieux. 2014-2020 langouste grillée au fenouil

GFA Dom. du Landreau-Village, 114, Le Landreau-Village, 44330 Vallet, tél. 02 40 33 90 23 V t.l.j. sf sam. dim. lun. 10h-12h 15h-16h

CH. DE LA MALONNIÈRE Sur lie 2013

	98 000		- de 5 €

Ce château construit en 1650 et en partie détruit à la Révolution domine les marais de Goulaine, qui contribuent au microclimat du lieu.

Issu d'un terroir de micaschistes, ce vin libère des arômes frais et intensément fruités, relayés par un palais onctueux, riche et puissant. 2014-2017 raie au beurre de noisette

EARL Sauvêtre, Ch. de la Malonnière, 44430 Le Loroux-Bottereau, tél. 02 40 33 81 48, yves.sauvetre@wanadoo.fr V r.-v.

MANOIR DE LA MOTTRIE
Goulaine 2009 ★★★

	3 000		8 à 11 €

Ce domaine garde quelques traces de l'ancienne motte féodale à laquelle il doit son nom. Il dispose aujourd'hui de 12 ha de vignes.

Ce vin séduit d'emblée par son nez intense de citron vert, qui évolue à l'arétaion vers des notes de mangue, de fumé et de grillé. À la fois puissant, généreux et élégant, le palais déploie une longue finale fraîche et citronnée. Un modèle d'harmonie entre force, élégance et dynamisme. 2014-2017 langoustines flambées

EARL Manoir de la Mottrie, La Levraudière, 44330 La Chapelle-Heulin, tél. 06 83 12 08 98, manoirdelamottrie@orange.fr V r.-v.
Alain Gripon

CHRISTOPHE ET RAPHAËL MERLAUD
Les Corbeillères Sur lie 2013 ★★

	5 000	- de 5 €

Domaine situé sur les coteaux de la Sanguèze, sur un beau terroir de micaschistes.

Ce vin s'exprime sur les fruits et les fleurs blanches. L'attaque, animée par un léger perlant introduit un palais rond et corpulent, stimulé par une fine fraîcheur. 2014-2019 terrine de poisson sauce à l'estragon

EARL Christophe et Raphaël Merlaud, La Bourdelière, 152, Les Corbeillères, 44330 Vallet, tél. 06 81 13 14 20, raphael.merlaud@orange.fr V r.-v.

CAVE DE LA MOINE Sur lie 2013

	6 500		- de 5 €

Cette société de négoce créée en 2008 vinifie et commercialise les produits issus d'un domaine familial de 17 ha exploité par Sophie Gaboriau et Pascal Denis, situé sur les coteaux sud de la Moine, à l'extrême est du vignoble nantais.

Franc en attaque, ce vin dévoile une bouche tonique et persistante dominée par des notes d'agrumes qui font écho à une olfaction ouverte sur le citron. Un 2013 de bon aloi, frais et fruité. 2014-2019 pamplemousse au crabe

Cave de la Moine, 5, Fromont, 49230 Saint-Crespin-sur-Moine, tél. 02 41 63 34 25, cavedelamoine@orange.fr V t.l.j. sf dim. 9h-12h 14h-18h

CH. LA MORINIÈRE
Sur lie 1ère Cuvée du château ★

	65 000	- de 5 €

Structure de négoce des Frères Couillaud, propriétaires-récoltants du Château de la Ragotière.

Les micaschistes sont très présents dans cette partie orientale du vignoble nantais. Ils ont donné naissance à ce vin au nez à la fois subtil et intense de fleurs blanches, un rien fumé et minéral. Souple en attaque, riche, le palais offre une longue finale fraîche. 2014-2022 reblochon

SARL Chardet Vineyard, La Grande-Ragotière, 44330 La Regrippière, tél. 02 40 33 60 56, freres.couillaud@wanadoo.fr

LOIRE

NOUET Excellence Sur lie 2013 ★★

19 000 | - de 5 €

La famille Nouet est implantée dans le village de la Cognardière depuis 1720. Jean-Claude Nouet s'est installé en 1984 sur le vignoble familial, rejoint peu après par son frère Pierre-Yves. Ils conduisent un domaine de 23,5 ha.

Ce 2013 présente un nez délicat de fleurs blanches. Frais en attaque, il offre de la finesse et une bonne longueur en bouche. Un vin élégant et très harmonieux. 2014-2019 bar en croûte de sel

GAEC Nouet Frères, 1, imp. des Pressoirs, La Cognardière, 44330 Le Pallet, tél. 02 40 80 41 72, nouet.vigneron@orange.fr V t.l.j. 10h-12h30 14h-19h; dim. sur r.-v.

LAURENT PERRAUD Clisson 2010 ★★

6 000 | 8 à 11 €

Les générations de Perraud se succèdent ici depuis 1804 ; dernier du nom, Laurent, installé sur ce domaine familial de 42 ha depuis 1986.

Ce 2010 présente un nez floral et fruité, agrémenté de vanille et de miel. Franc et vif en attaque, il penche ensuite vers la rondeur et la corpulence, relevé en finale par une légère touche épicée. 2014-2019 poulet de Bresse à la crème

Laurent Perraud, Dom. de la Vinçonnière, 44190 Clisson, tél. 02 40 03 95 76, domaine.vinconniere@wanadoo.fr V t.l.j. sf dim. 8h30-12h 14h-19h; sam. sur r.-v.

STÉPHANE ET VINCENT PERRAUD Clisson 2009 ★

7 460 | 8 à 11 €

Ardents défenseurs du Clisson, Stéphane et Vincent Perraud conduisent ce domaine familial certifié en bio depuis 2013 et pratiquent des vendanges manuelles.

Après quatre ans d'élevage sur lie, ce 2009 libère des arômes de fleurs blanches et de pomme associés à des notes minérales. Ample, la bouche reste sur les fruits et offre en finale une touche réglissée qui apporte fraîcheur et surcroît de complexité. 2014-2019 suprêmes de volaille à la crème **Sélection des Cognettes Sur lie 2013 ★ (5 à 8 € ; 30 000 b.)** : ce vin puissant et gourmand délivre des arômes de fruits blancs et d'agrumes associés au bonbon anglais. 2014-2017

Stéphane et Vincent Perraud, 25, rte de Saint-Crespin, 44190 Clisson, tél. 02 40 54 45 62, vincentperraud@wanadoo.fr V t.l.j. sf dim. 8h30-12h30 14h-19h15

DOM. PLESSIS GLAIN Saint-Yo 2012

2 500 | 5 à 8 €

Saint-Julien-de-Concelles domine la vallée de la Loire et les terres maraîchères où sont cultivés, entre autres, le muguet et la mâche nantaise. La famille Pétard y exploite, elle, la vigne depuis le XIXe s. : 37 ha plantés sur des coteaux de micaschistes.

Après une fermentation et un élevage sous bois durant un an, ce vin limpide offre une belle intensité aromatique (vanille, cire), de la richesse équilibrée par une juste fraîcheur et une bonne longueur. 2014-2017 crevettes marinées au gingembre et à la coriandre

EARL Vincent et Jean-Paul Pétard, Le Plessis-Glain, 44450 Saint-Julien-de-Concelles, tél. 02 40 03 60 28, domaine-plessisglain@free.fr V t.l.j. sf dim. 10h-12h 14h-18h

DOM. DE LA POITEVINIÈRE Sur lie 2010 ★

600 | - de 5 €

Les vignes du domaine (16 ha) âgées de quarante ans sont plantées sur un sous-sol de gabbros et bien exposées au sud-ouest, sur la rive droite de la Sèvre nantaise.

Ce 2010 à la robe claire libère des senteurs complexes de poire, de mûre, de vanille et de cire. Souple en attaque, il dévoile une bouche ample, délicatement fruités et agrémentée de notes pâtissières. La légère amertume en finale augure une belle conservation. 2014-2021 apéritif

Vincent Rineau, Dom. de la Poitevinière, 44190 Gorges, tél. 06 83 44 57 41, vincent.rineau@wanadoo.fr V r.-v.

DOM. DE LA POTARDIÈRE Goulaine 2010 ★

1 200 | 8 à 11 €

Dominant le marais de Goulaine et le château du même nom, ce domaine de 27 ha offre un très beau point de vue sur la région.

Ce vin libère des parfums frais de fleurs blanches et de fruits (agrumes en tête). Ample et gourmande, la bouche offre du gras et de la puissance, avec une légère vivacité en soutien. 2014-2019 brochettes de saint-Jacques

Couillaud et Fils, La Potardière, 44430 Le Loroux-Bottereau, tél. 02 40 33 82 50, domainepotardiere@orange.fr V r.-v.

DOM. DES POUINIÈRES Sur lie 2013 ★

10 000 | - de 5 €

Depuis 2002, Dominique Chupin conduit ce domaine de 15,5 ha situé à l'est de Vallet sur un terroir de micaschistes, et produit du muscadet, du gros-plant et des vins de pays.

Ce vin limpide, au nez d'amande et de fleurs blanches, offre une bouche souple et ample dans le même registre, avec ce qu'il faut de gras et de fraîcheur. 2014-2017 sole meunière

EARL Chupin, 1, La Pouinière, 44330 Vallet, tél. 02 40 36 21 70, earl.chupin44@orange.fr V t.l.j. 8h-12h30 14h-20h

DOM. DE LA RENOUÈRE Sur lie 2013 ★

16 000 | - de 5 €

Cette exploitation familiale est dirigée depuis 1995 par Vincent Viaud.

Dominé par les fleurs blanches et les d'agrumes, ce 2013 se révèle souple en attaque, avant de dévoiler une fine acidité qui lui confère un plaisant dynamisme et pousse loin la finale. 2014-2017 merlu au beurre nantais

EARL Vincent Viaud, 1, La Renouère, 44430 Le Landreau, tél. 02 40 06 43 05, muscadetviaudv@orange.fr V r.-v.

DAMIEN RINEAU Gorges 2009 ★★

7 500 | 11 à 15 €

Les Rineau se succèdent de père en fils depuis neuf générations sur ces coteaux de la Sèvre nantaise aux sols

de gabbros altérés. Héritier de cette longue lignée, Damien Rineau conduit ce domaine de 15 ha depuis 1983.

Très belle réussite pour ce vin resté sur ses lies pendant quarante mois. Dans une robe pâle à reflets verts, il présente un premier nez intense et ouvert, iodé et minéral, puis offre à l'aération des notes florales et un soupçon d'agrumes. Gourmand en attaque, le palais révèle une belle harmonie des saveurs entre les fleurs blanches, les fruits blancs et les agrumes. ⧗ 2014-2019 ♈ bourriche d'huîtres

Damien Rineau, 1, La Maison-Neuve, 44190 Gorges, tél. 07 70 26 53 90, rineau.damien@wanadoo.fr V t.l.j. sf dim. 8h-20h

♥ DOM. DE LA RINIÈRE Pierre de soleil 2009 ★★

■	n.c.	▮	5 à 8 €

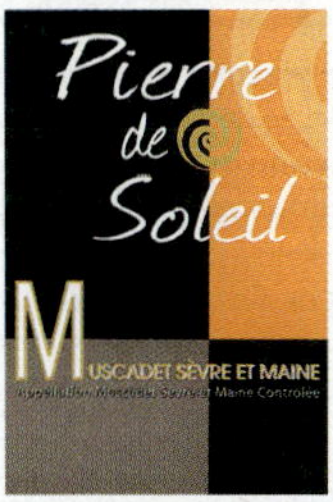

Exploitation familiale depuis quatre générations, le domaine de la Rinière, qui occupe trois coteaux à trente kilomètres au sud de Nantes, étend ses 22 ha sur des sols de micaschistes du Landreau réputés produire des vins typés.

Ce 2009 séduit d'emblée par sa robe dorée et finement perlée. Le charme continue d'opérer à l'olfaction avec des arômes de pamplemousse mâtinés de notes minérales. Au palais, il se révèle souple, gras et onctueux, rehaussé par la fraîcheur du terroir en finale. Un vin à la fois riche, généreux, élégant et parfaitement équilibré. ⧗ 2014-2017 ♈ homard grillé aux sarments

EARL Didier Pasquereau, Dom. de la Rinière, 44430 Le Landreau, tél. 02 40 06 44 23, pasquereau.didier@orange.fr V r.-v.

♥ LA ROCHE BLANCHE Sur lie 2013 ★★

■	16 000	▮	- de 5 €

S'il est installé à Vallet, ce domaine de 42 ha possède aussi un caveau de dégustation-vente sur la côte vendéenne, à Saint-Gilles-Croix-de-Vie.

Vif et alerte, ce vin séduit d'emblée par son nez intense de fleurs blanches et de citron. Parfaitement bâti, il offre du gras et de la rondeur en attaque, avant de libérer d'intenses arômes de poire soutenus par des notes d'agrumes. La finale ample, fraîche et persistante laisse une impression de grande harmonie. ⧗ 2014-2019 ♈ poêlée de langoustines

EARL Lechat et Fils, 12, av. des Roses, 44330 Vallet, tél. 02 40 33 94 77, earl-lechat@orange.fr V r.-v.

DOM. LES ROCHES GAUDINIÈRES Vieilles Vignes Élevé sur lies fines 2012 ★

■	8 000	▮	8 à 11 €

Alexandre Déramé a repris en 2002 ce domaine familial de 31 ha réputé pour son sous-sol de gabbros, à la frontière entre les communes de Mouzillon et du Pallet.

De vieilles vignes de soixante-dix ans ont donné naissance à ce vin aux reflets cuivrés. Des arômes de violette associés à une touche d'amande flattent le nez. Ample et fraîche, la bouche est, quant à elle, dominée par les agrumes (mandarine, pamplemousse). Un vin complexe. ⧗ 2014-2019 ♈ quenelles de brochet sauce Nantua ■ **La Morandière Sur lie 2013 (moins de 5 € ; 80 000 b.)** : les fruits exotiques tapissent longuement un palais ample et rond. ⧗ 2014-2017

EARL Déramé et Fils, La Morandière, 44330 Mouzillon, tél. 02 40 80 41 43, derame@wanadoo.fr r.-v.

DOM. DU ROYAUME Sur lie 2013

■	30 000	▮	- de 5 €

Cette exploitation est située sur les coteaux de la Sanguèze, au nord-est du Pallet.

Ce vin paré d'une robe aux reflets verts libère des arômes d'abricot et d'agrumes. Souple en attaque, le palais révèle de plaisantes notes de noisette et une aimable rondeur. Un vin généreux et élégant. ⧗ 2014-2017 ♈ moules farcies

EARL Vignobles Philippe Chénard, La Boisselière, 44330 Le Pallet, tél. 02 40 80 98 17, philippe.chenard@wanadoo.fr V r.-v.

DOM. SALMON Réserve du fief Sur lie 2013 ★★

■	120 000	- de 5 €

Dominique Salmon est installé à Château-Thébaud, village perché sur un coteau rocheux dominant la Maine.

Ce 2013 intensément fruité au nez présente un palais rond et onctueux, équilibré et stimulé par une belle vivacité en finale. Un sèvre-et-maine au caractère généreux. ⧗ 2014-2017 ♈ crevettes à la crème

EURL D. Salmon, Dom. Salmon, Les Landes-Devin, 44690 Château-Thébaud, tél. 06 84 18 75 74 V r.-v.

SECRETS DE CHAI Sur lie 2013

■	133 000	- de 5 €

Créée en 1955, cette coopérative vinifie la vendange de 90 viticulteurs qui se répartissent plus de 800 ha. La moitié des raisins provient de la région nantaise et des coteaux d'Ancenis, et l'autre moitié de l'Anjou.

Sur un fond de fraîcheur, ce 2013 tout en légèreté offre un agréable fruité d'une bonne longueur. Un sèvre-et-maine alerte et bien typé. ⧗ 2014-2017 ♈ assiette nordique

Terrena Vignerons de la Noëlle, bd des Alliés, 41150 Ancenis, tél. 02 40 98 92 72, fgouraud@terrena.fr V t.l.j. sf dim. 9h-12h30 14h-18h30

DOM. DES SENS Sur lie 2013

■	6 000	▮	- de 5 €

Sébastien Dabin a créé en 2009 ce domaine de 19 ha dans le petit village de Monnières, situé sur le sentier de randonnée du circuit des Moulins.

Des parfums de fleurs blanches et de poire associés au citron précèdent une bouche à la fois soyeuse, élégante, fraîche et tonique. ⧗ 2014-2017 ♈ huîtres

Sébastien Dabin, 201, Coursay, 44690 Monnières, tél. 06 81 04 44 51, sebastiendabin@orange.fr V r.-v.

CH. THÉBAUD 2009 ★

	13 000		11 à 15 €

Jean Poiron et Thérèse Dabin ayant pris leur retraite, ce sont leurs fils Laurent et Jean-Michel qui conduisent le domaine depuis 2004. Leur vignoble est implanté sur des granites précoces.

Ce 2009 s'ouvre sur le citron confit puis libère à l'aération des arômes de badiane, de caramel au beurre salé et de chèvrefeuille. La bouche est à la fois tonique et généreuse, fraîche et gourmande. Un ensemble harmonieux et complexe. ⧗ 2014-2019 ♈ koulibiac

Poiron-Dabin, Chantegrolle, 44690 Château-Thébaud, tél. 02 40 06 56 42, dom.poiron@wanadoo.fr V r.-v.

CH. THÉBAUD Grand M de la Fruitière 2010 ★

	8 000		8 à 11 €

Sur les granites de Château-Thébaud, Pierre et Chantal Lieubeau dirigent depuis 1980 cette exploitation familiale créée en 1816.

Des notes intenses et complexes de liqueur d'orange et de noisette préludent à une bouche généreuse, ample et longue, vivifiée par des notes mentholées en finale. ⧗ 2014-2019 ♈ poularde demi-deuil Dom. de la Fruitière Sur Lie 2013 (moins de 5 € ; 100 000 b.) : un vin vif, floral et minéral. ⧗ 2016-2019

EARL La Fruitière, La Fruitière, 44690 Château-Thébaud, tél. 02 40 06 54 81, chantal@lieubeau.com V t.l.j. sf dim. 10h30-12h30 14h-19h

DOM. DES TILLEULS Essentielle 2013 ★★

	30 000		- de 5 €

Créée en 1905, cette propriété familiale de 5 ha a été agrandie en 1989 par Daniel Houssin et son épouse Évelyne. Leurs enfants Jérôme et Noémie les ont rejoints à la tête d'un vignoble qui couvre aujourd'hui 27 ha.

Ce vin a séduit par ses arômes élégants de fleurs blanches, de guimauve et de citron. Souple en attaque, le palais se révèle puissant, gras et gourmand, longuement tapissé de notes caramélisées qui s'étirent en finale. ⧗ 2014-2017 ♈ brochettes de saint-jacques rôties

Dom. des Tilleuls, 47, rue du Vignoble, 44330 La Regrippière, tél. 02 40 33 60 04, contact@domainedestilleuls.fr V r.-v.

TOPAZE Sur lie 2013 ★

	7 000		- de 5 €

Jean-Paul et Nathalie Sauvaget exploitent depuis 2001 4 ha de vignes plantées sur des terroirs de gneiss et de micas.

Ce 2013 limpide et brillant livre des parfums de fruits mûrs assortis de notes caramélisées. Des sensations que l'on retrouve dans une bouche souple, riche et intense. À attendre un peu pour plus de fondu. ⧗ 2015-2019 ♈ bar en papillote au muscadet

Caillat-Sauvaget, 22, rue de la Poste, 44690 Monnières, tél. 02 40 54 64 91, jpaul@topaze-monnieres.com V t.l.j. 14h-19h 2

DOM. JEAN-LUC VIAUD Goulaine Fleur de Panloup 2009

	3 000		8 à 11 €

Une grande partie des vignes de ce domaine appartenait autrefois au château de Beauchêne. Installé en 1995, Jean-Luc Viaud y conduit un vignoble de 15 ha.

Ce vin aux arômes de pêche jaune offre une bouche onctueuse et puissante. Un sèvre-et-maine généreux, de caractère ⧗ 2014-2017 ♈ comté

Jean-Luc Viaud, 2, La Renouère, 44430 Le Landreau, tél. 02 53 78 13 25, contact@domainejeanlucviaud.fr V r.-v.

DOM. DE LA VRILLONNIÈRE Sur lie 2013 ★

	26 000		- de 5 €

À mi-chemin entre les villages viticoles réputés du Landreau et de La Chapelle-Heulin, ce domaine de 44 ha est transmis de père en fils depuis quatre générations. Stéphane Fleurance est aux commandes depuis 2008.

Issu des gneiss du Landreau, ce vin limpide s'ouvre sur des notes de fruits à chair blanche et de fleurs blanches. En bouche, il se révèle harmonieux, suave, gras et de bonne longueur. ⧗ 2014-2017 ♈ paella aux fruits de mer

EARL de la Vrillonnière, 10, La Vrillonnière, 44430 Le Landreau, tél. 02 40 06 42 00, lavrillonniere44@gmail.com V t.l.j. sf dim. 9h-12h 14h30-18h30 Fleurance

MUSCADET-CÔTES-DE-GRAND-LIEU

• Superficie : 277 ha • Production : 14 447 hl

CLOS DE LA CLÉMENCIÈRE Sur lie 2013

	15 000		- de 5 €

Marcel Malidain crée l'exploitation en 1954 : 5 ha de vignes, de la polyculture et un élevage bovin. Son fils Michel prend le parti de la seule vigne en 1974. Depuis 2006, Romain dirige un vignoble de 44 ha, aidé depuis 2011 par Pascal, salarié du domaine.

Cette cuvée dévoile des notes de fleurs blanches associées à des touches de grillé. En bouche, le vin offre des fruits frais soulignés d'une fine trame minérale. Un 2013 frais et léger. ⧗ 2014-2017 ♈ pizza aux fruits de mer

Vignoble Malidain, 6, Le Demi-Bœuf, 44310 La Limouzinière, tél. 02 40 05 82 29, ledemiboeuf@vignoblemalidain.com V t.l.j. sf dim. 8h30-12h30 14h-18h; sam. 8h30-12h30

DOM. DE LA COCHE La Salle aux fées Sur lie 2013

	8 800		- de 5 €

Située à l'extrême ouest du vignoble nantais, Sainte-Pazanne est une commune principalement tournée vers l'agriculture. Un îlot viticole demeure : celui des cousins Emmanuel et Laurent Guitteny, à la tête depuis 2000 d'un vignoble de 30,5 ha.

Le vignoble dont est issue cette cuvée bien typée est dominé par un dolmen nommé la « Salle aux fées ». Drapé d'or, ce vin libère des arômes de fleurs blanches et de fruits secs mâtinés d'une touche de fruits blancs mûrs. Vive en attaque, la bouche penche ensuite vers la rondeur et la générosité. Un ensemble expressif et équilibré. ⌛ 2014-2017 🍴 brochet sauce vin blanc champignons

🔑 SCEA Dom. de la Coche, La Coche, 44680 Sainte-Pazanne, tél. 02 40 02 44 43, contact@domainedelacoche.com V t.l.j. sf dim. lun. 10h-12h 14h-19h

DOM. LES COINS Sur lie 2013

	15 000		- de 5 €

Didier Malidain s'est installé en 1996 sur ce domaine familial de 55 ha qui se transmet de père en fils depuis 1850.

Le nez minéral est complété par des arômes subtils de fleurs blanches. En bouche, le vin offre de la finesse et un perlant léger. Un joli vin de terroir. ⌛ 2014-2017 🍴 bar grillé

🔑 EARL Jean-Claude et Didier Malidain, 5, Grossève, 44650 Corcoué-sur-Logne, tél. 02 40 05 95 95, domaine.les.coins@wanadoo.fr V r.-v.

CH. LA FORCHETIÈRE Sur lie 2013 ★

	48 000		- de 5 €

Vaste domaine de 60 ha situé sur la route de la Vendée à l'entrée de Corcoué-sur-Logne, dans le giron du groupe des Grands Chais de France.

Issue d'un terroir de gneiss, cette cuvée présente un nez expressif et frais de fleurs blanches et de fruits exotiques. On retrouve les fruits dans un palais fin, souple et léger. ⌛ 2014-2017 🍴 moules frites

🔑 SCEA Champteloup, 49700 Brigné-sur-layon, tél. 02 40 36 66 00, contact@lacheteau.fr 🔑 GCF

LA GARNAUDIÈRE Sur lie 2013 ★

	14 660		- de 5 €

Au sud du lac de Grandlieu, la commune de La Limouzinière a conservé quelques exploitations viticoles. La Garnaudière y est installée depuis 1981 et conduite depuis 2003 par François Denis, à la tête d'un vignoble de 42 ha.

Cette cuvée libère des parfums délicats de fleurs blanches et de fruits exotiques. On retrouve les fruits dans une bouche souple et fraîche. ⌛ 2014-2017 🍴 salade avocat crevettes

🔑 GAEC de la Garnaudière, 15, La Garnaudière, 44310 La Limouzinière, tél. 02 40 05 82 28, lagarno78@gmail.com V t.l.j. sf dim. 8h-12h 14h-19h; sam. 8h-12h 🔑 Denis

DOM. LE GRAND FÉ Sur lie 2013

	20 000		- de 5 €

À la tête de l'exploitation depuis 2003, Jean Boutin propose une belle gamme de cépages et de vins. Son domaine couvre 26 ha, et une partie du vignoble entoure un ancien relais de poste du XVIIIe s. transformé en chai.

Ce 2013 présente un nez dominé par les fleurs blanches et les fruits à chair jaune. En bouche, il se révèle puissant, rond et onctueux. Un vin généreux, à réserver pour la table. ⌛ 2014-2017 🍴 suprême de pintade aux champignons

🔑 EARL Jean Boutin, 8, Le Poirier, 44310 La Limouzinière, tél. 06 80 08 69 40, jean.boutin1@bbox.fr V t.l.j. sf dim. 10h-12h30 15h-19h30; sam. 10h-12h30

DOM. DU HAUT BOURG Origine 2003 ★

	8 000		11 à 15 €

Situé sur la commune de Bouaye, à la sortie de Nantes, ce domaine créé en 1945 est une valeur sûre de la région. Hervé et Nicolas Choblet, le père et le fils, cultivent 39 ha sur un terroir de micaschistes et de granite.

Cette cuvée élevée sur lies pendant dix ans en cuve souterraine fleure bon le miel et la vanille. Parfaitement équilibrée, la bouche se montre riche dès l'attaque et offre des saveurs de miel et de fruit rôti. Un 2003 onctueux, suave et complexe, à réserver pour la table. ⌛ 2014-2017 🍴 chèvre chaud sur lit de mâche ■ Gros-plant-du-pays-nantais Sur Lie 2013 (moins de 5 € ; 15 000 b.) : floral au nez, franc en attaque, ce vin délivre des arômes agréables d'agrumes. ⌛ 2014-2015

🔑 Dom. du Haut Bourg, 11, rue de Nantes, 44830 Bouaye, tél. 02 40 65 47 69, contact@hautbourg.fr V t.l.j. sf dim. 9h-12h 14h-18h30 🔑 Choblet

Ⓑ DOM. LES HAUTES NOËLLES Les Granges Sur lie 2013 ★★

	7 500		5 à 8 €

Propriété familiale créée en 1930 et reprise en 2010 par Jean-Pierre Guedon qui réalise alors son rêve de devenir vigneron après une carrière de chef d'entreprise. Le domaine de 25 ha est en bio certifié depuis 2012.

Ce vin aux reflets dorés charme d'emblée par son nez intensément minéral. Vif en attaque, il révèle une bouche fraîche aux accents citronnés, qui s'arrondit en finale. On pourra l'attendre un peu pour qu'il révèle toute sa complexité. ⌛ 2015-2018 🍴 anguille grillée sauce hollandaise

🔑 Dom. les Hautes Noëlles, La Haute-Galerie, rue de Nantes, 44710 Saint-Léger-les-Vignes, tél. 02 40 31 53 49, domaine@les-hautes-noelles.com V mar. ven. 9h-12h 14h-18h; sam. 9h-12h 🔑 J.-P. Guedon

DOM. DES HERBAUGES Classic Sur lie 2013 ★

	360 000		- de 5 €

Sur les bords du lac de Grandlieu, Jérôme Choblet conduit un vaste vignoble de 100 ha, perpétuant ainsi le savoir-faire de trois générations.

Dans sa robe jaune d'or, cette cuvée au nez citronné dévoile en bouche des arômes exubérants de fruits exotiques, avant de déployer une finale plus minérale. ⌛ 2014-2017 🍴 sole au beurre blanc ■ Ch. de la Pierre Sur lie 2013 ★ (5 à 8 € ; 70 000 b.) : ce 2013 s'ouvre sur des notes florales intenses que l'on retrouve dans un palais au fort tempérament. ⌛ 2014-2019 ■ Fief Guérin Vieilles Vignes Sur lie 2013 ★ (5 à 8 € ; 65 000 b.) : un nez minéral et citronné, et une bouche ample et ronde. ⌛ 2014-2019

🔑 Dom. des Herbauges, Les Herbauges, 44830 Bouaye, tél. 02 40 65 44 92, contact@domaine-des-herbauges.com V t.l.j. sf dim. lun. 9h-12h 14h-18h 🔑 Jérôme Choblet

CH. DE LORIÈRE Le Bois de Lorière Sur lie 2013 ★

	20 000		- de 5 €

Construit en 1640, pillé et incendié en 1793 puis confisqué par l'État, ce manoir établi sur les coteaux

LOIRE

dominant l'Acheneau a été acquis par la famille Hervé en 1886. Depuis 1998, c'est Vincent Hervé, cinquième du nom, qui en conduit les 25 ha de vignes.

Les dégustateurs ont aimé ce vin pour son nez finement citronné et pour son palais intensément fruité, franc, frais et gras à la fois, animé par un léger perlant. ⧗ 2014-2017 🍴 quiche océane

Vincent Hervé, Ch. de Lorière, 44830 Brains, tél. 02 40 65 68 47, chateauloriere@sfr.fr V t.l.j. sf dim. 11h-12h 17h-19h

DOM. DU MOULIN Sur lie 2013 ★

| 6 000 | - de 5 € |

Achille Figureau pratiquait la polyculture. Reprenant l'exploitation à la fin des années 1970, son fils Michel décide de se spécialiser dans la vigne. C'est aujourd'hui sa femme Bernadette et sa fille Imelda qui conduisent les 20 ha de vignes.

Ce 2013 s'ouvre à l'aération sur des notes minérales. Il offre en bouche ampleur, puissance et persistance. Un vin de caractère. ⧗ 2014-2017 🍴 crabe farci ■ Gros-plant-du-pays-nantais Sur lie 2013 (1 700 b.) : rondeur, souplesse et bonne longueur pour ce vin aimable. ⧗ 2014-2017

Dom. du Moulin, 7, rue du Plessis, 44860 Pont-Saint-Martin, tél. 02 40 32 70 56, domainedumoulin@hotmail.fr V r.-v.
Figureau

DOM. DE LA PIERRE BLANCHE Sur lie 2013 ★

| 10 000 | - de 5 € |

Ce domaine de 37 ha conduit depuis 1971 par la famille Épiard tire son nom de la première pierre posée en 1850 lors de l'édification des bâtiments . Il est aujourd'hui géré par Freddy Épiard, épaulé à l'administratif et au commercial par sa sœur Sandrine.

Ouvert au nez sur des nuances citronnées, ce 2013 présente une bouche à la fois fraîche, ronde et souple, longuement parcourue par des arômes de poire. Un vin expressif et harmonieux. ⧗ 2014-2017 🍴 vitello tonnato

EARL Vignoble Épiard, La Pierre-Blanche, 85660 Saint-Philbert-de-Bouaine, tél. 02 51 41 93 42, vignoble-epiard@orange.fr t.l.j. sf dim. 9h-12h 14h30-18h; sam. 9h-12h

DOM. DE LA TOUQUETIÈRE Sur lie 2013

| 50 200 | - de 5 € |

Situé au sud du lac de Grandlieu, ce domaine familial de 44 ha conduit par Dominique Brossard est commandé par un élégant manoir du XVIIe s.

Fin et aromatique, ce vin libère des notes citronnées à l'olfaction et offre une bouche fraîche stimulée en finale par des nuances acidulées. ⧗ 2014-2017 🍴 plateau de fruits de mer ■ Gros-plant-du-pays-nantais Manoir de L'Hommelais Sur lie 2013 (12 900 b.) : des arômes puissants de fleurs blanches précèdent une bouche franche qui ne manque ni de fraîcheur ni de gras. ⧗ 2014-2015

Dominique Brossard, 3, Manoir-de-L'Hommelais, 44310 Saint-Philbert-de-Grand-Lieu, tél. 02 40 78 96 75, ets.brossard@wanadoo.fr V r.-v.

MUSCADET-COTEAUX-DE-LA-LOIRE

• Superficie : 244 ha • Production : 12 064 hl

DOM. DE LA CAMBUSE Sur lie 2013 ★★

| 4 000 | - de 5 € |

Vivant aussi de l'élevage bovin, ce domaine de 13 ha possède des vignes plantées sur les coteaux escarpés du sud de la Loire. Après avoir longtemps proposé ses productions au négoce, il a développé une activité de vente directe.

Élégant et complexe, le nez libère des parfums de fruits et de fleurs blanches agrémentés de notes grillées et anisées. La bouche se révèle souple en attaque, puis ample, riche et intense, vivifiée en finale par une fraîcheur aux accents d'agrumes. ⧗ 2016-2019 🍴 fromage de chèvre ■ Coteaux-d'ancenis Malvoisie 2013 (5 à 8 € ; 7 000 b.) : un nez complexe et un palais bien équilibré entre suavité et fraîcheur. ⧗ 2014-2015 ■ Coteaux-d'ancenis 2013 (3 000 b.) : un vin friand, net et droit, sans artifices. ⧗ 2014-2015

Dom. de la Cambuse, 7, La Cambuse, 49530 Drain, tél. 02 40 83 91 63, domainedelacambuse@orange.fr V t.l.j. sf dim. 9h-12h30 14h-19h

DOM. DU CHAMP CHAPRON Sur lie 2013 ★

| 20 000 | - de 5 € |

Ce domaine, dont les origines remontent au XVIIIe s., est situé à la limite de l'Anjou et du pays nantais, sur la rive sud de la Loire. Carmen Suteau, qui a pris en 1999 la direction de ce vignoble de 70 ha, a été rejointe par son fils en 2007.

Discrète et fine à l'olfaction, cette cuvée s'ouvre au palais sur un fruité frais. Elle monte progressivement en puissance sur des notes grillées et minérales. Un ensemble élégant et gourmand. ⧗ 2014-2016 🍴 fruits de mer

EARL Suteau-Ollivier, Le Champ-Chapron, 44450 Barbechat, tél. 02 40 03 65 27, suteau.ollivier@wanadoo.fr V r.-v.

DOM. DES GÉNAUDIÈRES La Coulée d'or Sur lie 2013 ★

| 10 000 | - de 5 € |

Régulièrement sélectionné dans le Guide pour ses coteaux-d'ancenis, ce domaine familial est campé sur un rocher de la commune du Cellier depuis 1635. Les Athimon exploitent aujourd'hui 35 ha de vignes à flanc de coteaux sur la rive droite de la Loire.

Si cette cuvée se montre discrète au nez, la fraîcheur mentholée et un beau volume apparaissent rapidement au palais. Les arômes du cépage s'intensifient jusqu'à la finale, vive et tonique. ⧗ 2014-2016 🍴 tartare de saumon ■ Coteaux-d'ancenis 2013 ★ (5 000 b.) : un vin vif et bien équilbré, aux arômes de bonbon anglais et de fruits frais. ⧗ 2014-2015

Athimon et ses enfants, Dom. des Génaudières, 44850 Le Cellier, tél. 02 40 25 40 27, earl.athimon@wanadoo.fr V t.l.j. sf dim. 9h-12h30 14h-19h

DOM. DU MOULIN GIRON Sur lie 2013 ★

| 50 000 | - de 5 € |

Construit dans les années 1450, ce moulin est situé à 500 m des ruines du château où naquit le poète Joachim

Du Bellay. Nadine Allard et son père Jean-Pierre exploitent ses 48 ha de vignes plantés sur un beau terroir de schistes.

Bien ouvert sur les agrumes et la brioche, le nez révèle aussi des parfums élégants de fleur de tilleul. Le palais à l'attaque fraîche et fruitée progresse sur des saveurs minérales et grillées, tonifié en finale par un léger perlant et des notes de fruits blancs. Un vin expressif, frais et croquant. ⌛ 2015-2019 🍴 poêlée d'anguilles de Loire ■ Coteaux-d'ancenis Gamay 2013 ★(9 200 b.) : des parfums et des saveurs de fruits rouges pour cette cuvée souple et ronde. ⌛ 2014-2015 ■ Coteaux-d'ancenis Malvoisie 2013 (5 à 8 € ; 19 700 b.) : une cuvée suave, tendre, élégante et bien équilibrée. ⌛ 2014-2017

EARL Dom. du Moulin Giron, Le Moulin-Giron, 49530 Liré, tél. 06 08 09 56 20, domainemoulingiron@orange.fr V t.l.j. sf mer. dim. 9h30-12h 14h30-18h30 B N. et J.-P. Allard

DOM. DU QUARTERON
Sur lie 2013 ★★

| | 4 000 | | - de 5 € |

Cette propriété est située dans le joli village de Bouzille, sur la rive gauche de la Loire. Elle est conduite par François Vincent, l'arrière-petit-fils du fondateur.

Un nez séducteur et puissant de fleurs (primevère), de miel et de menthol. Des arômes que l'on retrouve avec la même intensité dans un palais frais et alerte, stimulé par un léger perlant. Un ensemble équilibré, expressif et très élégant. ⌛ 2016-2019 🍴 aumônières de saumon

EARL François Vincent, La Vasinière, 49530 Bouzille, tél. 02 40 98 11 22, domaine.quarteron@orange.fr V t.l.j. sf dim. 9h-19h

DOM. DE LA VALLÉE
Sur lie 2013 ★★

| | 6 600 | | - de 5 € |

Damien Terrien a repris cette exploitation établie sur les coteaux de Liré, patrie du poète Joachim du Bellay, où les micaschistes, très présents, influencent la typicité des vins.

Le nez dévoile des parfums harmonieux et complexes de noisette grillée, de thym et de menthol. Une attaque souple et légère ouvre sur un palais montant et expressif (grillé, anis, réglisse), soutenu jusqu'en finale par une fine fraîcheur citronnée. ⌛ 2016-2017 🍴 brochet au beurre blanc

EARL Damien Terrien, La Tranchaie, 49530 Liré, tél. 06 18 15 41 11, damienearl.terrien@sfr.fr V jeu. ven. sam. 8h-12h30 14h-19h ; lun. mar. mer. sur r.-v.

GROS-PLANT-DU-PAYS-NANTAIS

• Superficie : 1 212 ha • Production : 90 255 hl

Le gros-plant-du-pays-nantais est un vin blanc sec, AOVDQS depuis 1954 et AOC depuis 2011, produit dans trois départements : Loire-Atlantique, Maine-et-Loire et Vendée. Il est issu d'un cépage unique d'origine charentaise, la folle blanche, appelée ici gros-plant. Comme le muscadet, le gros-plant peut être mis en bouteilles sur lie.

CLOS CAFFIN Sur lie 2013 ★★

| | 25 000 | | 5 à 8 € |

La famille Chéreau Carré est établie dans la région depuis 1412. En 1953, Monsieur Chéreau père acquiert le château de Chasseloir. Son mariage avec Edmonde Carré, qui possède le château de l'Oiselinière de la Ramée, permet d'agrandir le vignoble. Depuis 2003, c'est Bernard Chéreau qui est aux commandes.

Ce 2013 séduit d'emblée par ses parfums puissants de fleurs blanches. Il présente une bouche très raffinée, légère et fraîche. Un gros-plant harmonieux et aérien. ⌛ 2014-2015 🍴 crevettes à l'aneth ■ Muscadet-sèvre-et-maine Ch. de Chasseloir Sur lie 2013 ★ (120 000 b.) : ce vin libère des arômes de pomme verte que l'on retrouve dans une bouche nerveuse. ⌛ 2015-2017 ■ Muscadet-sèvre-et-maine Ch. de la Chesnaie Sur lie 2013 (60 000 b.) : issue de vignes de quarante ans, cette cuvée offre une bouche généreuse en fruits, relevée d'une touche acidulée en finale. ⌛ 2015-2017

Bernard Chéreau, Ch. de Chasseloir, 44690 Saint-Fiacre-sur-Maine, tél. 02 40 54 81 15, contact@chereau-carre.fr V r.-v.

BRUNO CORMERAIS Sur lie 2013

| | 5 000 | | - de 5 € |

Établi non loin de la Maine, sur les coteaux granitiques de Saint-Lumine-de-Clisson, Bruno Cormerais est un producteur atypique ; pour imprimer à ses vins sa « marque de fabrique », il vendange souvent plus tardivement que ses collègues son vignoble de 27 ha.

Issu d'un terroir granitique, ce vin citronné et minéral au nez charme en bouche par sa finesse et sa longueur. ⌛ 2014-2015 🍴 sashimis saumon graines de sésame

EARL Bruno, Marie-F. et Maxime Cormerais, 41, La Chambaudière, 44190 Saint-Lumine-de-Clisson, tél. 02 40 03 85 84, b.mf.cormerais@orange.fr V r.-v.

DOM. DE LA CORNULIÈRE Sur lie 2013 ★★

| | 5 000 | | - de 5 € |

Établi sur un sol argilo-siliceux reposant sur une roche mère de gabbros des coteaux de la Sèvre nantaise, ce domaine de 25 ha est conduit depuis 1984 par Jean-Michel Barreau.

Ce vin à la robe légèrement dorée présente un nez subtil et engagenat de pierre à fusil, de genêt et de buis. Légèrement perlant, il offre une bouche fraîche, alerte et élégante, longuement parcourue de saveurs d'agrumes. ⌛ 2014-2015 🍴 rillettes de maquereau

EARL Jean-Michel et Jean-Philippe Barreau, La Cornulière, 44190 Gorges, tél. 02 40 03 95 06, jm.barreau@terre-net.fr V t.l.j. sf dim. 8h-12h30 14h-19h

GOISLOT-PAPIN
Haute-Cour de la Débaudière Sur lie 2013 ★★

| | 13 000 | | - de 5 € |

Chantal et Yves Goislot sont installés depuis 1984 à Vallet, au-dessus des boucles de la Sanguèze, petite rivière qui se jette dans la Sèvre. Leur domaine de 35 ha, établi sur des coteaux escarpés, bénéficie de sols de gabbros semi-précoces.

LOIRE

Très limpide, ce 2013 séduit par son nez délicatement minéral. En bouche, il révèle un joli perlant en attaque, puis beaucoup de souplesse et de fraîcheur, jusqu'à la finale, longue, fine et fruitée. ⧗ 2014-2015 ♈ filets de hareng pommes à l'huile ■ Muscadet-sèvre-et-maine Sur lie 2013 (93 000 b.) : un vin persistant et bien équilibré, minéral et fruité (zeste d'agrumes). ⧗ 2014-2017

GAEC Goislot-Papin, 220, La Débaudière, 44330 Vallet, tél. 06 13 24 48 91, goislot.papin0464@orange.fr V r.-v.

CH. DE LA JOUSSELINIÈRE Sur lie 2013

■ | 12 000 | | - de 5 €

Situé sur la route entre Nantes et Le Loroux-Bottereau, ce joli petit château du XIIe s. a été détruit pendant la Révolution et reconstruit au XIXe s. Son vignoble d'une vingtaine d'hectares a été replanté sur un sol schisteux granitique.

Drapé d'une robe cristalline, ce gros-plant libère des parfums de fleurs blanches. L'attaque vive et perlante prélude à un palais frais, franc et aromatique. ⧗ 2014-2015 ♈ soupe de poisson ■ Muscadet-sèvre-et-maine Ch. Salmonière 2013 (40 000 b.) : ce 2013 aux notes d'agrumes évoluant vers la pierre à fusil offre une bouche minérale et une finale nerveuse. ⧗ 2014-2015

GAEC de la Jousselinière, La Jousselinière, 44450 Saint-Julien-de-Concelles, tél. 02 40 54 11 08, muscadetchon@aol.com r.-v.

MICHEL LIBEAU ET FILS Sur lie 2013 ★★

■ | 3 000 | | - de 5 €

Michel Libeau incarne la troisième génération à conduire ce domaine familial situé à l'entrée du Loroux-Bottereau, sur la route de Nantes.

Ce vin aux reflets nacrés présente un nez franc et citronné sur un fond minéral. En bouche, il se révèle vif, fin et long. Un ensemble harmonieux, délicat et très élégant. ⧗ 2014-2015 ♈ sardines au feu de bois ■ Muscadet-sèvre-et-maine Goulaine 2009 ★ (2 000 b.) : des arômes de pêche et de poire précèdent une bouche ample aux notes gourmandes de cire d'abeille. ⧗ 2014-2020

Michel Libeau et Fils, Dom. de la Landelle, 89, rte de Nantes, 44430 Le Loroux-Bottereau, tél. 02 40 33 81 15, domainelandelle@hotmail.fr V r.-v.

CHRISTOPHE ET RAPHAËL MERLAUD Les Corbeillères Sur lie 2013 ★★

■ | 1 000 | - de 5 €

Domaine situé sur les coteaux de la Sanguèze, sur un beau terroir de micaschistes.

Né à l'extrême-est de Vallet sur un terroir de gabbros réputé pour l'originalité de ses vins, ce 2013 est digne de son terroir. Au nez, il libère des arômes intenses et délicats d'aubépine. En bouche, il affiche un équilibre parfait entre rondeur et acidité. Un modèle du genre. ⧗ 2014-2015 ♈ huîtres de Cancale

EARL Christophe et Raphaël Merlaud, La Bourdelière, 152, Les Corbeillères, 44330 Vallet, tél. 06 81 13 14 20, raphael.merlaud@orange.fr V r.-v.

CH. LA PERRIÈRE Sur lie 2013 ★

■ | 30 000 | | - de 5 €

Établi au Pallet, Vincent Loiret, de formation commerciale, complétée par un cursus en « viti-œno », s'est installé en 1993 sur le vignoble familial (50 ha).

Ce vin de caractère allie les arômes du cépage (agrumes, fleurs blanches) à ceux du terroir (pierre à fusil). Franc en attaque, il se révèle souple, fin et doté d'une bonne longueur en bouche. ⧗ 2014-2015 ♈ beignets de crevettes

Vincent Loiret, 120, La Mare-Merlet, 44330 Le Pallet, tél. 02 40 80 43 24, vins.loiret@free.fr V t.l.j. sf dim. 9h-12h 14h-18h; f. 10-20 août

DOM. DE LA POTARDIÈRE Sur lie 2013 ★★

■ | 26 000 | | - de 5 €

Dominant le marais de Goulaine et le château du même nom, ce domaine de 27 ha offre un très beau point de vue sur la région.

En robe limpide, ce 2013 s'ouvre sur les fleurs blanches et les agrumes. Souple en attaque, le palais prolonge ces arômes avec intensité et séduit par son aimable rondeur. ⧗ 2014-2017 ♈ cassolette de fruits de mer ■ Muscadet-sèvre-et-maine Sur lie 2013 (24 000 b.) : ce 2013 au nez fruité offre une bouche citronnée. ⧗ 2014-2016

Couillaud et Fils, La Potardière, 44430 Le Loroux-Bottereau, tél. 02 40 33 82 50, domainepotardiere@orange.fr V r.-v.

PRIEURÉ ROYAL SAINT-LAURENT Vieilles Vignes 2012 ★

■ | 4 000 | | - de 5 €

Issu d'une lignée vigneronne remontant à 1740, Michel Morilleau reprend en 1986 ce domaine de 17 ha situé entre la Logne et la Boulogne, et se spécialise dans les vins blancs.

Ce vin non filtré libère un nez intensément fruité (fruits blancs et jaunes, agrumes). Les mêmes sensations caractérisant une bouche ample, persistante et fraîche. ⧗ 2014-2016 ♈ moules marinière

Michel Morilleau, Prieuré Royal Saint-Laurent, 8, Saint-Laurent, 44650 Legé, tél. 02 40 26 60 95, m.morilleau@yahoo.fr V r.-v.

FIEFS-VENDÉENS

• Superficie : 469 ha • Production : 27 613 hl (85 % rouge et rosé)

Anciens fiefs du Cardinal : cette dénomination évoque le passé de ces vins appréciés par Richelieu après avoir connu un renouveau au Moyen Âge à l'instigation des moines, comme bien souvent. L'AOVDQS fut accordée en 1984, puis l'AOC, en 2011. À partir de gamay, de cabernet et de pinot noir, la région de Mareuil produit des rosés et des rouges fins et fruités ; les blancs sont encore confidentiels. Non loin de la mer, le vignoble de Brem, lui, donne des blancs secs à base de chenin et de grolleau gris, ainsi que des rosés et des rouges. Aux environs de Fontenay-le-Comte, blancs secs (chenin, colombard, melon, sauvignon), rosés et rouges (gamay et cabernets) proviennent des régions de Pissotte et de Vix.

DOM. DE LA CAMBAUDIÈRE
Mareuil 2013 ★

	14 000		- de 5 €

Dominant la vallée de l'Yon, qui a donné son nom à la préfecture de la Vendée (La Roche-sur-Yon), le domaine possède encore une vigne de négrette vieille de cent quarante ans, qui a pu résister au phylloxéra.

Du pamplemousse à l'olfaction, agrémenté de melon et de mangue. Dans une bouche fidèle au nez, de la finesse de la fraîcheur et de la rondeur, bref de l'équilibre. 2014-2015 rillettes

Michel Arnaud, La Cambaudière, 85320 Rosnay, tél. 02 51 30 55 12, cavearnaud@orange.fr V r.-v.

LE CLOS DES CHAUMES
Mareuil 2013 ★

	30 000	5 à 8 €

Fabien Murail est depuis l'année 2000 à la tête du domaine familial situé dans la commune de La Couture. Constitué en 1955 par son grand-père à partir de 1 ha, le vignoble s'est développé pour atteindre aujourd'hui 17 ha.

Au nez, de fines nuances de fruits rouges, à dominante de cerise. En bouche, du fruit également, des tanins soyeux et une agréable fraîcheur en finale. 2015-2018 foie de veau à la framboise 2013 ★ (35 000 b.): un vin souple, frais et équilibré. 2014-2015 2013 (20 000 b.): un vin vif, léger et de bonne longueur. 2014-2015

Fabien Murail, La Tudelière, 85320 La Couture, tél. 02 51 30 58 56, earl.murailfabien@orange.fr V t.l.j. sf dim. 9h-12h 14h-18h

DOM. COIRIER
Pissotte Origine 2013 ★

	13 000	5 à 8 €

Seule famille de vignerons à produire des fiefs-vendéens sur le terroir de Pissotte, les Coirier portent fièrement ce blason viticole depuis plus d'un siècle. Le domaine (24 ha) se trouve à la sortie de Fontenay-le-Comte, sur la route de la forêt de Mervent.

Après avoir dévoilé ses arômes variétaux et minéraux à l'olfaction, cette cuvée révèle toute son intensité dans un palais fruité, pimpant et persistant. 2014-2017 jambon cuit aux moguettes Cuvée Origine 2013 (20 000 b.): un vin rond, fruité et gourmand. 2014-2015

Dom. Coirier, La Petite-Groie, 85200 Pissotte, tél. 02 51 69 40 98, coirier@pissotte.com V t.l.j. sf dim. 9h-12h30 14h30-18h

CH. MARIE DU FOU 2013 ★

	220 000		5 à 8 €

Dominant les vallées du Lay et de l'Yon, cette ancienne forteresse médiévale exploite un vignoble de 90 ha qui bénéficie d'un microclimat particulier à la jonction de trois écosystèmes: le bocage vendéen, la plaine de Luçon et le Marais poitevin.

Le nez est chaleureux, sur les fruits rouges mûrs, et intense. Le palais, tout aussi intense et fruité, dévoile des tanins solides et serrés, soulignés par une fine fraîcheur en finale. 2014-2016 entrecôte grillée 2013 ★(180 000 b.): une cuvée gourmande et fruitée à souhait (fruits rouges) qu'une finale fraîche vient stimuler. 2014-2016 2013 ★ (80 000 b.): un vin frais, au fruité persistant (pomme, poire). 2014-2016

Ch. Marie du Fou, 5, rue de la Trémoille, 85320 Mareuil-sur-Lay, tél. 02 51 97 20 10, jmourat@mourat.com V t.l.j. sf dim. 9h30-12h30 14h30-19h J. Mourat

VIGNOBLES MERCIER
Cuvée M Grande Sélection 2013

	8 000		5 à 8 €

À l'extrême sud de la Vendée, le vignoble de Vix est situé sur une terrasse argilo-calcaire dominant le Marais poitevin. Pépinière viticole depuis 1890, cette exploitation conduite depuis quatre générations par les Mercier s'étend aujourd'hui sur 42 ha.

Le fruité puissant de l'olfaction annonce un vin gourmand De fait, le palais, à la fois suave et frais, dévoile des arômes intenses de fraise qui persistent longuement en finale. 2014-2015 tarte aux fraises

Les Vignobles Mercier, 16, rue de la Chaignée, 85770 Vix, tél. 02 51 00 60 87, vignobles@mercier-groupe.com V t.l.j. sf dim. 8h-12h 14h-18h

DOM. DES PIERRES FOLLES
Mareuil 2013 ★

	11 000		- de 5 €

Cette propriété fondée en 1937 doit son nom à deux menhirs dressés à l'entrée du domaine. La troisième génération, aux commandes depuis 1994, conduit aujourd'hui un vignoble de 35 ha.

À un nez fruité à souhait répond un palais intense et frais, sur la framboise et la fraise, soutenu par des tanins soyeux. Un vin harmonieux et pimpant. 2014-2015 rôti de veau

EARL Dom. des Pierres Folles, Pierres-Folles, 85320 Rosnay, tél. 02 51 28 21 00, domaine-de-pierre-folle@orange.fr V t.l.j. 10h-12h 15h-18h30 J.-F. Tessier

DOM. DE LA VIEILLE RIBOULERIE
Cuvée des rêves de l'Yon 2013 ★

	n.c.		- de 5 €

Cette exploitation doit son nom à l'ancienne seigneurie de La Riboulerie. Son vignoble s'étend sur 52 ha plantés en bordure de l'Yon.

Cette cuvée associe pinot noir, gamay et négrette. Le nez dévoile des parfums plaisants de framboise et de fleurs blanches. Les mêmes arômes accompagnent un palais frais et tout en légèreté 2014-2015 filet de dinde à la coriandre Cuvée Privilège 2013: finesse au nez, rondeur et fraîcheur au palais, une cuvée bien équilibrée. 2014-2016 Vignoble Macquigneau-Brisson Cuvée des moulins brûlés 2013 (5 à 8 €): un nez fin sur les fruits rouges, un palais suave et fruité, porté par des tanins ronds. 2014-2016

Vignoble Macquigneau-Brisson, Le Plessis, 85320 Rosnay, tél. 02 51 30 59 54, macquigneauh@orange.fr V r.-v.

LOIRE

COTEAUX-D'ANCENIS

• Superficie : 170 ha • Production : 10 131 hl (85 % rouge et rosé)

Produits sur les deux rives de la Loire, à l'est de Nantes, les coteaux-d'ancenis, classés AOVDQS en 1954, ont accédé à l'AOC en 2011. On en produit quatre types, à partir de cépages purs : gamay (80 % de la production), cabernet, chenin et malvoisie (pinot gris).

DOM. DES GALLOIRES
Malvoisie 2013 ★★

■ | 26 000 | | 5 à 8 €

Construite à l'emplacement d'un ancien manoir, cette propriété familiale créée en 1967 est régulièrement en vue pour l'une ou l'autre de ses quatorze cuvées produites dans les AOC anjou, cabernet-d'anjou, coteaux-d'ancenis et muscadet-coteaux-de-la-loire. L'exploitation, conduite par Maxime Toublanc, couvre aujourd'hui 50 ha.

Ce moelleux séduit d'emblée par sa robe jaune d'or et ses arômes très intenses d'abricot et de fruits exotiques compotés. En bouche, il fait preuve d'un équilibre remarquable entre fraîcheur, alcool et sucres résiduels, et s'étire dans une longue finale fruitée qui fait écho à l'olfaction. ⧗ 2014-2019 🍷 foie gras ■ Les Deux Fillettes 2013 (moins de 5 € ; 8 000 b.) : ce rosé bien typé libère des arômes de bonbon anglais et délivre une bouche ronde, souple et de bonne longueur. ⧗ 2014-2015 ■ Le Vieux Planty 2013 (20 000 b.) : un vin souple, léger et bien fruité (fruits rouges). ⧗ 2014-2015

🔑 Dom. des Galloires, 1, La Galloire, 49530 Drain, tél. 02 40 98 20 10, contact@galloires.com
V t.l.j. sf dim. 9h-12h 14h-19h (sam. 17h) 🔑 Toublanc

DOM. DU HAUT FRESNE 2013 ★

■ | 16 000 | | - de 5 €

Fondé en 1958, ce domaine de 60 ha se transmet de père en fils depuis trois générations. Situé sur des coteaux faisant face à la Loire, près de Liré, il est souvent remarqué pour la qualité de ses coteaux-d'ancenis.

En robe rose pâle, ce 2013 présente un nez expressif évoquant la framboise. Le palais, à l'unisson, offre une jolie souplesse, de la rondeur et ce qu'il faut de fraîcheur. Un vin équilibré, en somme. ⧗ 2014-2015 🍷 plateau de charcuterie ■ Cuvée Prestige 2013 (12 000 b.) : un léger fruité au nez comme en bouche et des tanins encore un peu jeunes en finale. ⧗ 2015-2017

🔑 EARL Renou Frères et Fils, Dom. du Haut Fresne, 49530 Drain, tél. 02 40 98 26 79, contact@renou-freres.com V r.-v.

DENIS ONILLON 2013

■ | 1 500 | | - de 5 €

Établi à Liré, village natal du poète Joachim Du Bellay, Denis Onillon a repris le domaine de son beau-père en 1999. Installé sur 4,5 ha, il a depuis doublé la surface.

Une robe légère, un nez de petits fruits rouges et une bouche souple et aromatique concourent à l'agrément de cette bouteille. ⧗ 2014-2017 🍷 galette au jambon et au fromage

🔑 Denis Onillon, 144, rue de la Draperie, 49530 Liré, tél. 02 40 09 02 24, onillondenis@orange.fr
V t.l.j. sf mer. dim. 9h-12h 14h-19h; f. 15-31 août

DOM. DES PIERRES MESLIÈRES Malvoisie 2013

■ | 10 500 | | 5 à 8 €

Conduit par Jean-Claude Toublanc, ce domaine de la rive droite de la Loire est installé sur un site préhistorique où s'élève, en son centre, un mégalithe de 12 m de hauteur. Ses 20 ha de vignes reposent sur des sols de micaschistes exposés au midi.

Au nez, un joli fruité exotique. En bouche, du fruit toujours, exotique aussi, de la souplesse, de la fraîcheur et de la fluidité. Un ensemble harmonieux et élégant. ⧗ 2014-2017 🍷 mousse de mangue

🔑 Jean-Claude Toublanc, Les Pierres-Meslières, 44150 Saint-Géréon, tél. 02 40 83 23 95, toublanc.jc@bbox.fr V t.l.j. sf dim. 9h-13h 14h30-19h; f. 15-30 août

DOM. DE LA PLÉIADE 2013 ★★

■ | 10 000 | | - de 5 €

Ce domaine doit son nom au poète Joachim Du Bellay, né dans la commune de Liré et auteur du manifeste de la Pléiade. Bernard Crespin, installé en 1982, exploite aujourd'hui un vignoble de 11 ha.

Ce gamay en robe foncée offre un nez de fruits mûrs rehaussé de nuances poivrées. Tout aussi fruitée, la bouche se révèle onctueuse, concentrée et puissante, soutenue en finale par une bonne fraîcheur. Il mérite d'attendre un peu avant de trouver un épanouissement complet. ⧗ 2015-2017 🍷 bœuf à l'angevine ■ Muscadet-coteaux-de-la-loire Sur lie 2013 ★ (6 500 b.) : ce blanc offre d'intenses arômes de poire, de vanille et de fleurs blanches, et délivre une bouche équilibrée, à la fois fraîche, onctueuse et ample. ⧗ 2014-2015

🔑 Bernard Crespin, 210, rue de la Pléiade, 49530 Liré, tél. 02 40 09 01 39, crespin.pleiade@wanadoo.fr
V t.l.j. sf dim. 10h-12h30 15h-19h

Anjou-Saumur

À la limite septentrionale des zones de culture de la vigne, sous un climat atlantique, avec un relief peu accentué et de nombreux cours d'eau, les vignobles de l'Anjou et du Saumurois s'étendent dans le département du Maine-et-Loire, débordant un peu sur le nord de la Vienne et des Deux-Sèvres.

Les vignes ont depuis fort longtemps été cultivées sur les coteaux de la Loire, du Layon, de l'Aubance, du Loir, du Thouet... C'est à la fin du XIXe s. que les surfaces plantées sont les plus vastes. Le Dr Guyot, dans un rapport au ministre de l'Agriculture, cite alors 31 000 ha en Maine-et-Loire. Le phylloxéra anéantira le vignoble, comme partout. Les replantations s'effectueront au début du XXe s. et se développeront un peu dans les années 1950-1960, pour régresser ensuite. Aujourd'hui, ce vignoble couvre environ 17 380 ha produisant un million d'hectolitres.

Les sols, bien sûr, complètent très largement le climat pour façonner la typicité des vins de la région. C'est ainsi

qu'il faut faire une nette différence entre ceux qui sont produits dans l'« Anjou noir » constitué de schistes et autres roches primaires du Massif armoricain, et ceux qui sont produits dans l'« Anjou blanc », ou Saumurois, sur les terrains sédimentaires du Bassin parisien dans lesquels domine la craie tuffeau. Les cours d'eau ont également joué un rôle important pour le commerce : ne trouve-t-on pas encore trace aujourd'hui de petits ports d'embarquement sur le Layon ? Les plantations sont de 4 500-5 000 pieds par hectare ; la taille, qui était plus particulièrement en gobelet et en éventail, est aujourd'hui en guyot.

La réputation de l'Anjou est due aux vins blancs moelleux, dont les coteaux-du-layon sont les plus connus. Cependant, l'évolution conduit désormais aux types demi-sec et sec, à la production de vins rouges et, plus récemment encore, de rosés, lesquels ont le vent en poupe. Dans le Saumurois, ces derniers sont les plus estimés, avec les vins mousseux qui ont connu une forte croissance, notamment les AOC saumur et crémant-de-loire.

ANJOU

• Superficie : 1 890 ha • Production : 98 794 hl (61 % rouge)

Constituée d'un ensemble de près de 200 communes, l'aire géographique de cette appellation régionale englobe toutes les autres. Traditionnellement, le vin d'Anjou était un vin blanc doux ou moelleux issu de chenin, ou pineau de la Loire. L'évolution de la consommation vers des secs a conduit les producteurs à associer à ce cépage du chardonnay ou du sauvignon, dans la limite maximale de 20 %. La production de vins rouges s'est accrue depuis les années 1970 (et surtout celle de rosés, qui disposent d'appellations spécifiques). Ce sont les cépages cabernet franc et cabernet-sauvignon qui sont alors mis en œuvre.

DOM. DE L'ANGELIÈRE Prestige 2012

6 000 | 5 à 8 €

Depuis six générations, la famille Boret s'attache à cultiver son domaine situé dans la vallée du Layon. Depuis 2000, c'est Arnaud Boret qui conduit les 50 ha de vignes.

Cette cuvée d'un beau jaune doré apparaît discrète au nez mais s'affirme en bouche. Son attaque souple est équilibrée par une belle acidité. La palette aromatique associe les fleurs blanches et les fruits jaunes à un fin boisé. 2014-2017 truite grillée au thym

EARL Boret, Domaine de l'Angelière, 49380 Champ-sur-Layon, tél. 02 41 78 85 09, boret@orange.fr V t.l.j. sf dim. 9h-18h

DOM. BODINEAU 2013 ★

3 000 | 5 à 8 €

Établis dans le petit hameau de Savonnières, Frédéric Bodineau et sa sœur Anne-Sophie officient ensemble sur ce domaine familial (32 ha) dont l'origine remonte à 1850. Lui est à la vigne et au chai, elle à l'accueil et au service clientèle.

Nez encore discret. La fraîcheur et la vivacité de la bouche laissent entrevoir un bon potentiel de garde. Ce vin devrait s'affirmer dans les mois qui viennent. 2014-2017 filet de saumon grillé

Dom. Bodineau, Savonnières, 4, chem. du Château-d'Eau, 49700 Les Verchers-sur-Layon, tél. 02 41 59 22 86, domainebodineau@yahoo.fr V t.l.j. 9h-18h

CH. DE BROSSAY
Les Neprons 2012

1 400 | 5 à 8 €

Ce domaine remontant au XVes. se situe dans le haut Layon, au sud de l'Anjou et à l'ouest du Saumurois. Hubert et Raymond Deffois, récemment rejoints par les gendres de ce dernier, Nicolas Tamboise et Benjamin Grandsart, conduisent un vignoble de 45 ha.

Une robe jaune or habille ce millésime qui, dès le premier nez, libère des notes de fruits exotiques et de fruits jaunes. Le palais est souple, ample et long. 2014-2017 cabillaud à la crème d'aneth

Ch. de Brossay, Brossay, 49560 Cléré-sur-Layon, tél. 02 41 59 59 95, contact@chateaudebrossay.fr V t.l.j. sf dim. 8h-12h 14h-20h

DOM. CADY Cheninsolite 2012 ★★

3 000 | 8 à 11 €

Appartenant à la famille Cady depuis 1927, ce domaine (21 ha) est une référence en matière de vins liquoreux. Il est implanté sur les coteaux surplombant le Layon à Saint-Aubin-de-Luigné, village surnommé la « Perle du Layon ».

Cette cuvée originale est un chenin élevé sous bois. Son nez affiche une belle complexité : arômes de fruit de la Passion et de poire agrémentés de notes vanillées et fumées. La bouche, à l'unisson, est parfaitement équilibrée entre fraîcheur et rondeur. 2014-2017 cabillaud poché au beurre blanc

Dom. Cady, 20, Valette, 49190 Saint-Aubin-de-Luigné, tél. 02 41 78 33 69, domainecady@yahoo.fr V t.l.j. 9h-12h 15h-18h; sam. dim. sur r.-v.

DOM. DE CHANTEMERLE
Cuvée Tradition 2013 ★

4 000 | 5 à 8 €

Situé au centre de trois petits reliefs, Trémont offre de jolis points de vue sur les vignes en coteaux. C'est ici qu'est installé ce domaine de 29 ha fondé en 1920, conduit aujourd'hui par Caroline et Patrick Laurilleux.

D'un grenat intense, cette cuvée libère des senteurs de fruits rouges bien mûrs. La bouche est fruitée, ronde et souple. Tout ce que l'on attend de l'appellation. 2014-2017 rillettes

Patrick et Caroline Laurilleux, 4, rue de l'École, 49310 Trémont, tél. 02 41 59 43 18, chantemerle49@orange.fr V t.l.j. sf dim. 9h-12h30 14h-19h

DOM. DE LA CLARTIÈRE
Terres de Paillé 2013 ★★

4 000 | - de 5 €

Depuis 1930, quatre générations de « Pierre » se sont succédé à la tête de ce vignoble (26 ha) situé dans

LOIRE

lehaut Layon. Installé en 2007, Pierre-Antoine Pinet s'est fait connaître par ses rosés de qualité qui représentent 70 % de sa production.

Il s'en est fallu de peu que cette cuvée 2013 soit élue coup de cœur. Jaune pâle aux reflets dorés, elle s'ouvre sur de plaisantes notes d'abricot, de poire et de fruits confits. Le boisé, discret au nez, s'affirme en bouche et participe à l'harmonie de l'ensemble. ⌛ 2014-2017 🍴 risotto asperges et saint-Jacques

🔑 EARL Pierre-Antoine Pinet, La Clartière, 49560 Nueil-sur-Layon, tél. 02 41 59 53 05, earlpinet@orange.fr V 🚶 🍷 t.l.j. sf dim. 10h-19h

DOM. LES CLÉRAMBAULTS Cuvée Vieilles Vignes 2012 ★

■ | 3 500 | 🍾 | - de 5 €

En 2005, Sébastien Terrien, diplômé d'œnologie, a rejoint son père Pierre sur ce domaine de 20 ha. Les vignes sont situées à l'ouest de l'appellation anjou, sur les sols schisteux de la commune de Bouzillé.

Ce 2012 affirme sa puissance dès le nez bien ouvert sur les fruits noirs et les épices. La bouche dévoile une matière mûre à souhait qui confirme les premières impressions. Les tanins sont déjà fondus. Une belle harmonie. ⌛ 2014-2017 🍴 entrecôte

🔑 GAEC Terrien, 30, rue de Verdun, 49530 Bouzillé, tél. 02 40 98 17 51, sebastien.terrien701@orange.fr V 🚶 🍷 r.-v.

LE CLOS DES MOTÈLES 2013 ★

■ | 5 000 | - de 5 €

Établis au sud de l'appellation anjou dans le département des Deux-Sèvres, Bruno Basset et Vincent Baron exploitent 28 ha de vignes plantés sur des sols graveleux.

Un blanc apprécié pour son nez très expressif alliant fruité et minéralité, pour son attaque acidulée et son palais rond et gras. ⌛ 2014-2017 🍴 crottin de chèvre ■ 2013 (12 000 b.) : nez intense de fruits bien mûrs, attaque franche, bouche fraîche et gourmande, jolie finale. ⌛ 2014-2017

🔑 GAEC Le Clos des Motèles, 42, rue de la Garde, 79100 Sainte-Verge, tél. 05 49 66 05 37 V 🚶 🍷 t.l.j. sf dim. 9h-12h 14h-18h30

Ⓑ CLOSEL – CH. DES VAULTS Une émotion 2012

■ | 3 500 | 🍾 | 11 à 15 €

Un vignoble d'origine monastique. Quatre générations de femmes se sont succédé à sa tête. Aux commandes aujourd'hui, Évelyne de Pontbriand, présidente de l'appellation savennières, produit des vins de caractère en biodynamie.

La robe est pâle, le nez encore discret. La bouche plus fruitée évolue sur des tanins souples. Une agréable légèreté. ⌛ 2014-2016 🍴 escalope poulet grillé citron

🔑 Dom. du Closel, Ch. des Vaults, 1, pl. du Mail, 49170 Savennières, tél. 02 41 72 81 00, closel@savennieres-closel.com V 🍷 t.l.j. 9h30-18h30; f. dim. en hiver

DOM. DU COLOMBIER 2013

■ | 10 000 | 🍾 | - de 5 €

Ce domaine familial créé en 1974 comprend un vignoble de 42 ha situé non loin de Doué-la-Fontaine, la « Cité des roses ». À la tête de cette exploitation depuis 2003, Sylvain Bazantay et sa sœur Florence proposent une vaste gamme de vins d'Anjou.

Vêtu d'une robe au grenat léger, ce 2013 libère de délicats parfums de fruits rouges frais. Après une attaque franche, on retrouve ces arômes dans une bouche souple, longue et bien construite. ⌛ 2014-2016 🍴 rillettes de canard

🔑 EARL Sylvain et Florence Bazantay, 10, rue du Colombier, Linières, 49700 Brigné-sur-Layon, tél. 02 41 59 31 82, earlbazantay@orange.fr V 🍷 t.l.j. sf dim. 9h-12h30 14h-18h30

DOM. DES DEUX VALLÉES Clos du Bois 2013 ★

■ | 29 300 | 🍾 | - de 5 €

En 2001, Philippe et René Socheleau ont repris et restructuré ce domaine de 42 ha perché sur les hauteurs de Saint-Aubin-de-Luigné dans la vallée du Layon.

La robe d'un rouge profond presque noir annonce des parfums intenses de fruits rouges. Franche, gourmande, ample et fruitée, la bouche offre un bel équilibre. ⌛ 2014-2017 🍴 pigeon rôti

🔑 Dom. des Deux Vallées, Bellevue, 49190 Saint-Aubin-de-Luigné, tél. 02 41 78 33 24, contact@domaine2vallees.com V 🚶 🍷 t.l.j. sf dim. 9h-12h 14h-18h 🔑 Socheleau

CH. DE FESLES La Chapelle Vieilles Vignes 2013

■ | 40 000 | 🍾 | 5 à 8 €

En juillet 2008, le groupe Grands Chais de France a acheté à Bernard Germain le château de Fesles, situé dans l'aire du bonnezeaux. Le domaine a engagé au printemps 2010 la conversion bio de son vignoble de 55 ha.

Cet anjou d'un grenat intense offre un nez de petits fruits rouges. Après une belle attaque, la bouche se montre souple, élégante, fluide et bien équilibrée. ⌛ 2014-2017 🍴 onglet à l'échalote

🔑 Ch. de Fesles, Fesles, 49380 Thouarcé, tél. 02 41 68 94 08, gbigot@sauvion.fr V 🚶 🍷 t.l.j. sf dim. 10h-12h30 14h-17h30 🔑 Grands Chais de France

CH. DU FRESNE 2013 ★

■ | 35 000 | - de 5 €

Ce château du XVe s. bâti en pierre de schiste a gardé de son architecture d'origine une tourelle ronde. Constitué en 1927, le vignoble de 90 ha est conduit depuis 2010 par trois associés, Nicolas Richez, David Maugin et Yannis Bretault.

Ce 2013 grenat intense offre un nez plaisant de fruits frais, puis de fruits surmûris, presque cuits. On retrouve cette palette riche et généreuse dans une bouche harmonieuse où les tanins sont présents mais bien fondus. ⌛ 2014-2017 🍴 tournedos aux morilles

🔑 Ch. du Fresne, 25 bis, rue des Monts, 49380 Faye-d'Anjou, tél. 02 41 54 30 88, contact@chateaudufresneanjou.com V 🚶 🍷 t.l.j. sf dim. 8h-12h 14h-19h; f. 3e sem. janv.

DOM. DES GALLOIRES Les Rougeries 2013 ★

■ | 7 000 | 5 à 8 €

Construite à l'emplacement d'un ancien manoir, cette propriété familiale créée en 1967 est régulièrement en vue

pour l'une ou l'autre de ses quatorze cuvées produites dans les AOC anjou, cabernet-d'anjou, coteaux-d'ancenis et muscadet-coteaux-de-la-loire. L'exploitation, conduite par Maxime Toublanc, couvre aujourd'hui 50 ha.

Vêtu de pourpre intense, ce 2013 dévoile au nez d'élégants parfums de petits fruits rouges très frais. La bouche gourmande, ronde et volumineuse est marquée en finale par un intense retour fruité. 2014-2017 rôti de dinde

Dom. des Galloires, 1, La Galloire, 49530 Drain, tél. 02 40 98 20 10, contact@galloires.com V t.l.j. sf dim. 9h-12h 14h-19h (sam. 17h) Toublanc

VIGNOBLE HOUDET Cuvée Tradition 2013 ★★

■ | 5 400 | | 5 à 8 €

Sous l'impulsion dynamique des frères Houdet, qui ont repris l'exploitation familiale en 2001, le domaine (18 ha) propose toute la gamme des vins d'Anjou.

Ce 2013 grenat soutenu libère des parfums intenses de fruits bien mûrs. Riche, élégante, généreuse, fruitée à souhait, la bouche est bien structurée ; les tanins, encore un peu austères, devraient s'arrondir dans les mois qui viennent. 2015-2018 bavette à l'échalote

Vignoble Houdet, La Grande-Terrandière, 49670 Valanjou, tél. 02 41 45 44 92, contact@vignoblehoudet.com V r.-v.

LE LOGIS DU PRIEURÉ 2013 ★

■ | 8 000 | | - de 5 €

Implanté à Concourson-sur-Layon, ce domaine de 33 ha produit une large gamme de vins d'Anjou (liquoreux, rouges et rosés). Vincent Jousset est à sa tête depuis 1982.

Cet anjou affiche une belle robe rouge soutenu et révèle d'intenses parfums de fruits noirs. Du fruité encore en bouche, au sein d'une matière bien structurée et équilibrée. 2014-2017 cuisses de pintade aux cèpes

Vincent Jousset, Le Logis du Prieuré, 8, rte des Verchers, 49700 Concourson-sur-Layon, tél. 02 41 59 11 22, contact@logisduprieure.fr V t.l.j. sf dim. 9h-12h30 14h-18h

Anjou et Saumur

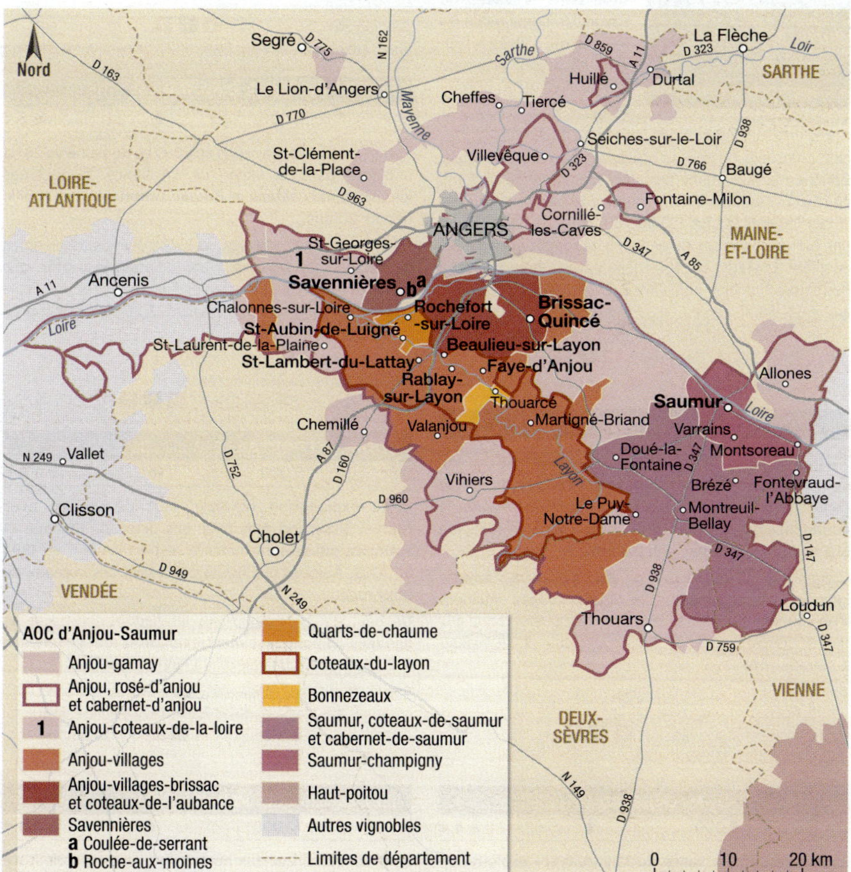

DOM. MATIGNON Sur le fruit 2013

■ | 15 000 | | 5 à 8 €

Ce domaine est situé à 500 m du château de Martigné-Briand, au cœur de l'aire des coteaux-du-layon, mais la commune est aussi la petite capitale des vins rosés de l'Anjou. Depuis 1988, Yves Matignon et sa sœur Hélène y cultivent 38 ha de vignes.

Rubis aux reflets mauve, cet anjou exprime de légers parfums de fruits rouges. Gourmande, fruitée, équilibrée et longue, la bouche est étayée par des tanins encore un peu austères. ⧗ 2015-2017 🍴 steak frites

🔑 EARL Yves et Hélène Matignon, 21, av. du Château, 49540 Martigné-Briand, tél. 02 41 59 43 71, info@domaine-matignon.fr V r.-v.

♥ DOM. DE MIHOUDY Quid novi ? Vino... 2013 ★★

■ | 12 000 | | 5 à 8 €

Bruno et Jean-Charles Cochard sont associés avec leur père Jean-Paul sur ce vignoble de 56 ha situé dans la vallée du Layon. Un domaine de référence qui s'illustre souvent en anjou, blanc ou rouge, ainsi qu'en bonnezeaux.

Après un 2012 déjà coup de cœur, le 2013 réitère l'exploit. Nez complexe de miel, d'acacia, d'abricot et d'ananas. Bouche charnue, fruitée, acidulée : sans conteste un grand chenin. ⧗ 2014-2017 🍴 Saint-Jacques au beurre d'agrumes ■ Les Tréjeots 2013 ★ (35 000 b.) : cette bouteille délivre des parfums intenses de petits fruits rouges et noirs. Bel équilibre gustatif au sein d'un palais charnu, ample, harmonieux et bien équilibré. ⧗ 2014-2019

🔑 Cochard et Fils, Dom. de Mihoudy, 49540 Aubigné-sur-Layon, tél. 02 41 59 46 52, domainedemihoudy@orange.fr V t.l.j. sf dim. 8h30-12h 14h-18h30

DOM. DE LA MOTTE 2013

■ | 7 000 | | - de 5 €

Ce domaine de 18 ha est implanté à l'entrée du village de Rochefort-sur-Loire, petit bourg situé juste avant la confluence du Layon et de la Loire. Fondé en 1935, il a été repris en 1995 par Gilles Sorin.

Grenat aux reflets violines, ce 2013 délivre des arômes intenses et gourmands de fruits rouges nuancés d'un soupçon de violette, et offre une bouche ronde aux tanins souples et à la finale agréable. ⧗ 2014-2017 🍴 pintade rôtie

🔑 Gilles Sorin, 35, av. d'Angers, 49190 Rochefort-sur-Loire, tél. 02 41 78 72 96, sorin.dommotte@wanadoo.fr V t.l.j. sf dim. 8h30-12h 13h30-18h30

DOM. OGEREAU 2013

■ | 9 000 | | 5 à 8 €

Implantée dans la vallée du Layon, cette exploitation créée à la fin du XIXe s. collectionne étoiles et coups de cœur dans toutes les couleurs de l'Anjou. Le vignoble de 24 ha est conduit par Vincent Ogereau, l'un des vinificateurs ligériens les plus talentueux.

Au nez, d'intenses arômes où les fruits rouges frais côtoient les fruits confits. Ronde en attaque, gourmande et équilibrée, la bouche offre un joli retour fruité en finale. ⧗ 2014-2017 🍴 feuilleté champignons-jambon

🔑 Vincent Ogereau, 44, rue de la Belle-Angevine, 49750 Saint-Lambert-du-Lattay, tél. 02 41 78 30 53, contact@domaineogereau.com V r.-v.

DOM. DU PETIT CLOCHER 2013

■ | 75 000 | | - de 5 €

Une affaire de famille depuis 1920, 5 ha aux origines, 80 ha aujourd'hui. Un domaine phare du haut Layon, notamment pour ses vins rouges, conduit par la jeune génération : Stéphane, Julien et Vincent Denis, arrivés respectivement en 2003, 2006 et 2009.

Ce 2013 délivre au nez comme en bouche des arômes de fruits mûrs compotés. Son attaque franche, son volume et sa finale gourmande en font un vin plaisant. ⧗ 2014-2017 🍴 sauté de veau

🔑 Dom. du Petit Clocher, 1, rue du Layon, 49560 Cléré-sur-Layon, tél. 02 41 59 54 51, petit.clocher@wanadoo.fr V t.l.j. sf dim. 8h30-12h30 14h-18h 🔑 Denis

CH. DE LA PICHONNIÈRE 2012

■ | 2 000 | | - de 5 €

Robert de Lamotte a repris en 2009 ce domaine de 20 ha implanté dans la vallée de l'Aubance, à quelques kilomètres du château de Brissac, propriété de sa famille depuis 20 ans.

Grenat aux reflets violines, ce 2012 s'ouvre sur des notes de fraise et de groseille. Franc à l'attaque, il offre une bouche harmonieuse aux tanins bien fondus et une finale élégante. Un vin friand et plaisant. ⧗ 2014-2017 🍴 lapin à la moutarde de Dijon

🔑 Robert de Lamotte, Château de la Pichonnière, 49320 Charcé-Saint-Ellier, tél. 06 23 15 30 37, chateaudelapichonniere@sfr.fr V r.-v.

DOM. DU PORTAILLE Moulin de Millé 2013 ★

■ | 5 000 | | 5 à 8 €

Cette exploitation familiale s'est développée avec Marcel Tisserond puis avec ses deux fils Philippe et François, qui se sont installés respectivement en 1998 et 2003. Aujourd'hui, 40 ha au-dessus des coteaux du bonnezeaux.

Un nez déjà bien ouvert sur les fleurs blanches et les agrumes. La bouche se montre tendre et tout en rondeur. ⧗ 2014-2017 🍴 joues de raie à l'indienne

🔑 François et Philippe Tisserond, 24, rue de Jarzé, Millé, 49380 Chavagnes-les-Eaux, tél. 02 41 54 31 63, earl.tisserond@wanadoo.fr V t.l.j. sf dim. 9h-12h 14h-19h

CH. PRINCÉ 2013 ★

■ | 12 000 | | 5 à 8 €

La propriété située aux portes d'Angers est constituée de 15 ha d'un seul tenant. Arrivé en 2002 sur l'exploi-

tation, Mathias Levron s'est imposé très vite par son professionnalisme et sa rigueur. En conversion bio.

D'un rouge profond presque noir, cette cuvée offre au nez une palette de fruits frais bien mûrs. Volumineuse, souple, très fruitée (griotte), la bouche déroule une belle finale fraîche aux tanins fondus. ⌛ 2014-2018 🍷 pâté en croûte

🔑 Ch. Princé, Le Petit-Princé,
49610 Saint-Melaine-sur-Aubance, tél. 02 41 57 82 28
V r.-v. 🔑 Levron Vincenot

CH. DE PUTILLE 2013

25 000	- de 5 €

Les premières caves ont été creusées dans les douves de l'ancien château de Putille, aujourd'hui disparu. Située sur les coteaux de la Loire, l'exploitation, qui couvrait 13 ha lorsque Pascal Delaunay a rejoint son père en 1984, en compte aujourd'hui 60. Sa notoriété a, elle aussi, grandi, témoin des différents coups de cœur obtenus en rouge, blanc et crémant.

Ce 2013 arbore une robe grenat soutenu et dévoile d'intenses parfums de fruits rouges qui se prolongent agréablement dans une bouche ronde, ample et bien équilibrée. ⌛ 2014-2017 🍷 neufchâtel

🔑 EARL Ch. de Putille, 26, Putille,
49620 La Pommeraye, tél. 02 41 39 02 91,
chateaudeputille@orange.fr V t.l.j. sf dim.
8h-12h30 14h-19h

♥ DOM. DES RICHÈRES 2013 ★★

7 000	- de 5 €

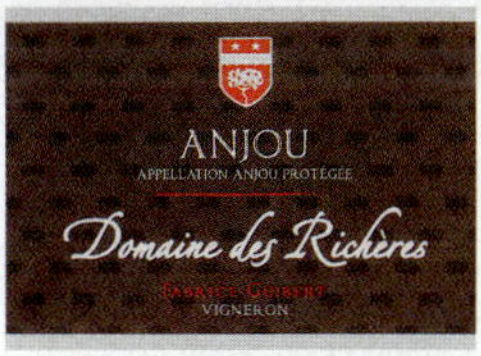

Anciennement rattaché à la seigneurie de Millé, ce domaine est exploité par la famille Guibert à partir de 1775. En 2006, Fabrice Guibert a pris les rênes de la propriété – 58 ha situés au cœur des coteaux-du-layon.

Cette bouteille grenat aux reflets tuilés séduit par son intense expression aromatique : fruits rouges nuancés de notes épicées. La bouche se montre à la fois structurée, ronde, élégante. ⌛ 2014-2017 🍷 cailles aux raisins

🔑 EARL Guibert, 7, rte d'Angers, Millé,
49380 Chavagnes-les-Eaux, tél. 02 41 54 10 47,
faguibert@yahoo.com V r.-v.

DOM. RICHOU Rogeries 2012 ★

6 000	11 à 15 €

Valeur sûre du vignoble angevin, ce domaine de 31 ha est en conversion à l'agriculture biologique. Aux commandes depuis 1978, Damien et Didier Richou ont obtenu plusieurs coups de cœur tant pour leurs blancs que pour leurs rouges et leurs fines bulles.

Au nez comme en bouche, cette cuvée séduit par son fruit et son équilibre entre rondeur et acidité. Un dégustateur la juge pleine « d'une vivacité joyeuse ». ⌛ 2014-2017 🍷 escalopes de veau à la crème

🔑 Dom. Richou, Chauvigné, 49610 Mozé-sur-Louet,
tél. 02 41 78 72 13, domaine.richou@wanadoo.fr
V r.-v.

DOM. DES ROCHELLES
L'Ardoise 2013 ★★

20 000	5 à 8 €

Conduit depuis les années 1970 par Jean-Yves Lebreton, rejoint entre temps par son fils Jean-Hubert, ce domaine de 52 ha s'était spécialisé en viticulture dès 1920. Avec plusieurs coups de cœur à son actif, il fait partie des références de l'Anjou pour sa production de vins rouges.

Une robe grenat intense invite à découvrir les subtils arômes de fruits rouges et noirs surmûris. La bouche est remarquable : onctueuse, souple, fraîche et fruitée, elle séduit par sa finale soyeuse et délicatement tannique. ⌛ 2014-2018 🍷 rôti de porc aux pruneaux

🔑 EARL J.-Y. A. Lebreton, Dom. des Rochelles,
49320 Saint-Jean-des-Mauvrets, tél. 02 41 91 92 07,
jy.a.lebreton@wanadoo.fr V t.l.j. sf dim. 9h-12h
14h-18h

CH. DE LA ROULERIE
Les Mérances 2013 ★

9 000	8 à 11 €

Dirigé par Philippe Germain depuis 2004, le château de la Roulerie tire son prestige de ses vins liquoreux produits dans la commune de Saint-Aubin-de-Luigné. La même rigueur est appliquée à la vinification des vins rouges. La propriété couvre 40 ha.

Ce 2013 revêt une robe rouge intense et libère des senteurs puissantes de fruits noirs très mûrs et des notes de petits fruits à l'alcool. Impressions qui persistent dans une bouche agréable, souple et longue, d'une indéniable harmonie. ⌛ 2014-2019 🍷 poulet grillé

🔑 SCEA Ch. de la Roulerie, Ch. de la Roulerie,
49190 Saint-Aubin-de-Luigné, tél. 02 41 68 22 85,
pgermain@laroulerie.fr V t.l.j. sf dim. 8h-19h
🔑 Philippe Germain

DOM. DU TERTRE
Vieilles Vignes 2013 ★★

5 000	- de 5 €

Situé à l'ouest de l'appellation anjou, ce domaine conduit par Patrick et Sylvie Onillon depuis 2001 s'est progressivement spécialisé en viticulture et il dispose aujourd'hui de 25 ha de vignes.

Vêtu d'une belle robe grenat, ce 2013 offre un nez intense de fruits rouges bien mûrs, agréablement nuancés de notes boisées et grillées. Les fruits rouges persistent en bouche et imprègnent une matière ronde, soutenue par des tanins bien fondus. ⌛ 2014-2019 🍷 brochettes de mouton

🔑 Dom. du Tertre, Le Tertre,
49570 Montjean-sur-Loire, tél. 02 41 39 02 72,
onillon-patrick@orange.fr V t.l.j. sf dim.
8h30-12h 14h-19h 🔑 Onillon

DOM. DES TROIS MONTS
Cuvée Prestige 2013 ★

5 000	- de 5 €

Le domaine des Trois Monts est situé dans le haut Layon, dans une commune constituée de trois buttes.

LOIRE

Le vignoble (42 ha) est conduit depuis 1999 par Sébastien Gueneau et son frère Nicolas.

Nez intense et frais de fruits rouges. Bouche tout aussi fraîche, ronde et structurée par des tanins bien présents mais soyeux. Cette cuvée a un bel avenir. 2014-2019 poulet aux champignons

Dom. des Trois Monts, 3, rue Saint-Fiacre, 49310 Trémont, tél. 02 41 59 45 21, scea.hubertgueneauetfils@wanadoo.fr V t.l.j. 8h-12h30 14h-18h30

♥ DOM. DE LA TUFFIÈRE
Château de Villevêque 2013 ★★

	2 000		5 à 8 €

Situé sur la rive droite de la Loire, au nord-est d'Angers, ce domaine de 25 ha, de création monastique, remonte au XIVᵉs. L'exploitation est conduite par les familles Coignard et Benesteau : les enfants Clarisse et Frédéric ont succédé à leurs parents en 2002 et se sont installés avec leurs conjoints, Fabrice et Stéphanie.

Cette cuvée séduit d'emblée par sa magnifique robe, rouge intense et par l'intensité et la complexité de ses arômes de fruits rouges frais. La bouche est ronde, généreuse, le boisé fondu et les tanins bien présents sont très soyeux. Un vin gourmand à souhait. 2014-2019 côte de bœuf grillée

EARL Coignard-Benesteau, Dom. de la Tuffière, 49140 Lué-en-Baugeois, tél. 02 41 45 11 47, vignoble-tuffiere@wanadoo.fr V t.l.j. sf dim. 9h-12h30 14h-19h

LES VIGNES DE L'ALMA 2013

	10 000		- de 5 €

Saint-Florent-le-Vieil, village charnière entre l'Anjou et le pays nantais. Roland Chevalier y conduit un domaine de 10 ha. Ses vins rosés et rouges se rattachent à l'Anjou, et ses blancs à l'AOC muscadet-coteaux-de-la-loire. Une valeur sûre.

Grenat aux reflets cerise, ce vin libère des senteurs de fruits rouges frais, nuancées de notes florales. Des arômes que l'on retrouve dans une bouche fraîche, souple, aux tanins déjà bien fondus. 2014-2017 rôti de veau

Roland Chevalier, L'Alma, 49410 Saint-Florent-le-Vieil, tél. 02 41 72 71 09, chevalier.roland@wanadoo.fr V t.l.j. sf dim. 8h30-12h30 14h-19h

ANJOU-GAMAY

• Superficie : 125 ha • Production : 6 630 hl

Vin rouge produit à partir du cépage gamay. Né sur les terrains les plus schisteux de la zone, bien vinifié, il peut donner un excellent vin de carafe. Quelques exploitations se sont spécialisées dans l'anjou-gamay, dont la seule ambition est de plaire au cours de l'année qui suit sa récolte.

DOM. DE L'ANGELIÈRE 2013 ★

	5 000		- de 5 €

Depuis six générations, la famille Boret s'attache à cultiver son vignoble situé dans la vallée du Layon : 50 ha conduits aujourd'hui par Arnaud Boret.

C'est sur un sol sableux et enherbé que ce raisin est cultivé, ce qui a pour effet de concentrer le fruit. Celui-ci se retrouve dans cette cuvée aux parfums de cerise et de fruits cuits. La bouche est harmonieuse, gourmande, onctueuse, presque sucrée. 2014-2016 plateau de charcuteries

Dom. de l'Angelière, L'Angelière, 49380 Champ-sur-Layon, tél. 02 41 78 85 09, boret@orange.fr V t.l.j. sf dim. 9h-18h

DOM. DES BONNES GAGNES 2013

	4 000		- de 5 €

Exploité par les Héry de père en fils depuis 1610, ce domaine fondé par les moines de l'abbaye du Ronceray s'étend sur 38 ha. Il bénéficie d'une terre riche, argilo-calcaire, qui assure le bon développement de la vigne.

Au nez, ce gamay associe fruits rouges et épices (poivre). La mise en bouche est tendre, les tanins fins et soyeux, la finale fraîche, et l'ensemble bien équilibré. 2014-2016 andouillette grillée

EARL Héry Vignerons, Orgigné, 49320 Saint-Saturnin-sur-Loire, tél. 02 41 91 22 76, hery.vignerons@orange.fr V t.l.j. sf dim. 9h-12h 14h-18h30

DOM. DE BRIZÉ
Clos Galet 2013

	13 333	- de 5 €

Cette propriété familiale, dont l'origine remonte au XVIIIᵉs., est conduite depuis 1989 par Line Delhumeau et son frère Luc. Régulièrement présente dans le Guide, l'exploitation possède des vignes réparties dans plusieurs appellations de l'Anjou et du Saumurois.

Une robe violine ; un nez discret de fruits rouges et d'épices. Ces arômes s'affirment ans une bouche gouleyante mais, qui ne manque pas d'étoffe. Une jolie matière pour un vin aimable. 2014-2016 crostinis tomate et jambon

EARL Dom. de Brizé, Line et Luc Delhumeau, 36, rue des Jonchères – village de Cornu, 49540 Martigné-Briand, tél. 02 41 59 43 35, contact@domainedebrize.fr V r.-v.

♥ VIGNES DE L'ALMA 2013 ★★

	14 000		- de 5 €

Saint-Florent-le-Vieil, village charnière entre l'Anjou et le pays nantais. Roland Chevalier y conduit un domaine de 10 ha. Ses vins rosés et rouges se rattachent à l'Anjou, et ses blancs à l'AOC muscadet-coteaux-de-la-loire. Une valeur sûre.

Du fruit, du fruit et encore du fruit. Aussi intense que la robe, le nez se partage en effet entre le cassis et la fraise. Quant à la bouche, elle se révèle savoureuse, dense et onctueuse. Une jolie matière issue d'un raisin bien mûr. ⧗ 2014-2016 🍷 galette jambon-fromage

Roland Chevalier, L'Alma, 49410 Saint-Florent-le-Vieil, tél. 02 41 72 71 09, chevalier.roland@wanadoo.fr V t.l.j. sf dim. 8h30-12h30 14h-19h

ANJOU-VILLAGES

• Superficie : 190 ha • Production : 8 510 hl

Le terroir de l'AOC anjou-villages correspond à une sélection de terrains dans l'AOC anjou : seuls les sols se ressuyant facilement, précoces et bénéficiant d'une bonne exposition ont été retenus. Ce sont essentiellement des sols développés sur schistes, altérés ou non. Issus du cabernet franc parfois complété par du cabernet-sauvignon, les anjou-villages sont colorés, fruités, charnus et assez charpentés. Vite prêts, ils se gardent deux à trois ans.

♥ DOM. DE LA BERGERIE
Le Chant du bois 2012 ★★

■ | 7 500 | | 5 à 8 €

Dans la famille Guégniard, le métier de vigneron se transmet de mère en fils ou de père en fille depuis huit générations. Installée en 2010, Anne gère l'exploitation de 36 ha, tandis que David Guitton, son compagnon, est aux fourneaux dans le restaurant du même nom.

Deux coups de cœur pour la famille Guégniard dans ce Guide (voir savennières) : pas de hasard ici, mais un travail méticuleux au vignoble et au chai. Cette cuvée a enchanté d'emblée le jury par l'intensité de ses parfums de cassis, de groseille et de framboise. Un panier de fruits rouges et noirs que l'on retrouve, complété par des arômes d'élevage (vanille, menthol), dans une bouche harmonieuse, ample, riche et généreuse, épaulée par des tanins mûrs et soyeux et par une fine fraîcheur. ⧗ 2014-2018 🍷 côte de bœuf

Yves et Anne Guégniard, Dom. de la Bergerie, 49380 Champ-sur-Layon, tél. 02 41 78 85 43, domainedelabergerie@wanadoo.fr V t.l.j. sf dim. 9h-12h30 14h-19h

DOM. CHUPIN 2012

■ | 28 000 | | 5 à 8 €

Ce vaste domaine de 98 ha est établi dans l'aire des coteaux-du-layon. Il a été racheté en 1988 aux héritiers d'Émile Chupin par Guy Saget, bien connu pour ses vignobles dans la région de Pouilly-sur-Loire.

Une robe intense. Au nez, des effluves de cuir. Le palais s'enrichit d'arômes de fruits noirs. Structuré et puissant : un vin solide, agrémenté d'une pointe d'amertume en finale qui devrait s'estomper au cours des prochains mois. ⧗ 2015-2017 🍷 rôti de sanglier sauce groseille

SCEA Dom. Émile Chupin, 8, rue de l'Église, 49380 Champ-sur-Layon, tél. 02 41 78 86 54, domaine.chupin@wanadoo.fr r.-v.

DOM. LA CROIX DE GALERNE 2012 ★

■ | 2 600 | | 5 à 8 €

Après une expérience dans le Bordelais, André Roger et son épouse Yvette, œnologue, s'installent en 1988 à Martigné-Briand, village dominant le Layon. Leur domaine est passé de 12 ha à 30 ha. Depuis 2009, leur fils Frédéric se charge des vinifications.

Rouge presque noir, la robe est assortie au nez où les fruits rouges (fraise) s'associent aux fruits noirs (cassis, cerise). Ronde, onctueuse, suave, la bouche s'appuie sur des tanins mûrs et déjà fondus. ⧗ 2014-2017 🍷 gigot d'agneau

Roger, 20, rue du Pressoir, Maligné, 49540 Martigné-Briand, tél. 02 41 59 65 73, earl.roger@orange.fr V t.l.j. sf dim. 8h30-12h 14h-18h30

CH. GAILLARD 2012 ★

■ | 6 000 | | 5 à 8 €

Installés non loin du musée de la Vigne et du Vin à Saint-Lambert-du-Lattay, dans la vallée du Layon, les Cailleau sont à la tête de 48 ha de vignes. Le fils a rejoint l'exploitation en 2003 et s'occupe des vinifications.

Un nez affirmé de cassis. Le cabernet franc planté sur les schistes de Saint-Lambert est encore un peu jeune et fougueux. Quelques mois en cave devraient lui permettre de mûrir et de s'arrondir. ⧗ 2015-2017 🍷 bûchette d'Anjou

EARL Cailleau et Fils, 2, chem. du Grand-Clos, 49750 Saint-Lambert-du-Lattay, tél. 02 41 78 42 00, domaine.ducquerie@wanadoo.fr V t.l.j. sf dim. 8h-12h30 14h-18h30

CH. DE LA MULONNIÈRE Rouge Baiser 2012 ★

■ | n.c. | | 8 à 11 €

Le Ch. de la Mulonnière (38 ha), situé au pied d'un coteau exposé au sud, a été construit en 1876 par Charles Messe, ancien officier d'artillerie de Napoléon III. Le vignoble est conduit depuis 2002 par Jean-Louis Saget.

Comme son nom l'indique, ce vin se présente dans une robe rouge sombre qui invite à poursuivre la dégustation. D'une réelle complexité, le nez associe les fruits et les fleurs aux poivron. La bouche est bien construite, même si la finale est encore un peu jeune et nerveuse. ⧗ 2014-2017 🍷 tarte aux oignons

SAS Ch. de la Mulonnière, La Mulonnière, 49750 Beaulieu-sur-Layon, tél. 02 41 78 47 52, chateau.lamulonniere@orange.fr V r.-v.

DOM. DE LA PETITE CROIX Vieilles Vignes 2012

■ | 6 400 | | 5 à 8 €

Régulièrement mentionné dans le Guide, ce domaine familial est situé au cœur de la vallée du Layon. François Geffard, à la tête d'une exploitation de 50 ha, propose un beau panel de vins ligériens.

Le cabernet-sauvignon entre à hauteur de 80 % dans cette cuvée aux notes intenses de fruits bien mûrs. Un vin étoffé, bien construit, à la longue finale aux accents de cerise. ⧗ 2014-2015 🍷 pigeon rôti

SCEA Vignoble Denéchère Geffard, La Petite-Croix, 49380 Thouarcé, tél. 02 41 54 06 99, scea@lapetitecroix.com V r.-v.

CH. DE PUTILLE 2012 ★★

| | 18 000 | | 5 à 8 € |

Les premières caves ont été creusées dans les douves de l'ancien château de Putille, aujourd'hui disparu. Située sur les coteaux de la Loire, l'exploitation, qui couvrait 13 ha lorsque Pascal Delaunay a rejoint son père en 1984, en compte aujourd'hui 60. Sa notoriété a, elle aussi grandi, témoin les différents coups de cœur obtenus en rouge, blanc et crémant.

La robe rouge profond annonce un nez intense où se mêlent les fruits rouges et la violette. La bouche n'est pas en reste, concentrée, généreuse et fraîche. ⧗ 2014-2017 colombo de joues de porc

EARL Ch. de Putille, 26, Putille, 49620 La Pommeraye, tél. 02 41 39 02 91, chateaudeputille@orange.fr V t.l.j. sf dim. 8h-12h30 14h-19h Delaunay

DOM. DES TRAHAN Le Logis de Preuil 2012

| | 2 200 | | 5 à 8 € |

Ce domaine est situé au sud de l'appellation anjou, dans le département des Deux-Sèvres. Jean-Yves Trahan cultive 65 ha de vignes sur des sols de schistes plus ou moins altérés et propose toutes les appellations d'Anjou.

La robe, foncée, se pare de nuances violines. Le nez encore discret distille des arômes de fruits noirs et d'élevage (vanille). Concentrée et dominée pour l'heure par les tanins du bois, la bouche devrait s'arrondir avec quelques mois de cave. ⧗ 2015-2019 rôti de bœuf

SCEA les Magnolias des Trahan, 2, rue des Genêts, 79290 Cersay, tél. 05 49 96 80 38, domainesdestrahan@wanadoo.fr V r.-v. Jean-Marc Trahan

DOM. DES TROIS MONTS Élégance 2012

| | 3 000 | | - de 5 € |

Le domaine des Trois Monts est situé dans le haut Layon, dans une commune constituée de trois buttes. Le vignoble (42 ha) est conduit depuis 1999 par Sébastien Gueneau et son frère Nicolas.

L'olfaction encore dominée par le bois (six mois d'élevage en fût) laisse entrevoir une belle matière. La bouche est charnue et dense, et la barrique apporte des notes mentholées agréables et fraîches. ⧗ 2015-2019 onglet à l'échalote

Dom. des Trois Monts, 3, rue Saint-Fiacre, 49310 Trémont, tél. 02 41 59 45 21, scea.hubertgueneauetfils@wanadoo.fr V t.l.j. 8h-12h30 14h-18h30

ANJOU-VILLAGES-BRISSAC

• Superficie : 105 ha • Production : 4 517 hl

Au sein de l'AOC anjou-villages, les dix communes situées autour du château de Brissac constituent l'aire géographique de cette appellation reconnue en 1998. Les vignes sont implantées sur un plateau en pente douce vers la Loire limité au nord par ce fleuve et au sud par les coteaux abrupts du Layon. Les sols sont profonds. La proximité de la Loire, qui limite les températures extrêmes, explique également la particularité du terroir. Complexes, charnus et denses, les anjou-villages-brissac sont aptes à une moyenne garde (deux à cinq ans) et peuvent vivre dix ans les meilleures années.

♥ DOM. DES BONNES GAGNES Les Clos 2012 ★★

| | 12 000 | | 5 à 8 € |

Exploité par les Héry de père en fils depuis 1610, ce domaine fondé par les moines de l'abbaye du Ronceray s'étend sur 38 ha. Il bénéficie d'une terre riche, argilo-calcaire, qui assure le bon développement de la vigne.

C'est indéniable, le millésime 2012 a su être généreux avec les vignerons exigeants ; témoin cette cuvée d'un rouge si profond que l'on dirait de l'encre. Le nez, lui aussi, affiche cette intensité avec ses arômes puissants de cassis et de groseille. Le palais fait preuve d'une belle maturité et se révèle charnu, généreux, concentré, sur les fruits bien mûrs. Un ensemble équilibré et gourmand à souhait. ⧗ 2014-2018 rognons de veau

EARL Héry Vignerons, Orgigné, 49320 Saint-Saturnin-sur-Loire, tél. 02 41 91 22 76, hery.vignerons@orange.fr V t.l.j. sf dim. 9h-12h 14h-18h30

CH. PRINCÉ 2012 ★

| | 6 000 | | 11 à 15 € |

La propriété située aux portes d'Angers est constituée de 15 ha d'un seul tenant. Arrivé en 2002 sur l'exploitation, Mathias Levron s'est très vite imposé par son professionnalisme et sa rigueur. En conversion bio.

La robe intense montre des reflets grenat et l'olfaction dévoile un joli fruité. La bouche, intense dès l'attaque, monte en puissance jusqu'à la finale, où de jeunes tanins garantissent une belle garde. ⧗ 2016-2020 rôti de porc aux pruneaux

Ch. Princé, Le Petit-Princé, 49610 Saint-Melaine-sur-Aubance, tél. 02 41 57 82 28 V r.-v. Levron et Vincenot

DOM. DES ROCHELLES 2012

| | 20 000 | | 5 à 8 € |

Conduit depuis les années 1970 par Jean-Yves Lebreton, rejoint entre temps par son fils Jean-Hubert, ce domaine de 52 ha s'était spécialisé en viticulture dès 1920. Avec plusieurs coups de cœur à son actif, il fait partie des références de l'Anjou pour sa production de vins rouges.

L'ancien nom du cabernet franc, le breton, s'affiche sur l'étiquette. Le nez se partage entre les épices et les fruits rouges. L'attaque est fraîche, et les tanins apparaissent bien présents. Quelques mois de vieillissement leur seront bénéfiques. ⧗ 2015-2018 plateau de fromages

EARL J.-Y. A. Lebreton, Dom. des Rochelles, 49320 Saint-Jean-des-Mauvrets, tél. 02 41 91 92 07, jy.a.lebreton@wanadoo.fr V t.l.j. sf dim. 9h-12h 14h-18h

CH. LA VARIÈRE La Chevalerie 2012 ★★

■	8 000		11 à 15 €

Issu d'une grande famille vigneronne installée depuis cinq générations sur les coteaux de l'Aubance, Jacques Beaujeau est à la tête d'un vaste domaine angevin (105 ha) qu'il a complété d'une propriété en saumur-champigny, le domaine de la Perruche.

Ce vin est un incontournable de l'appellation. Traduisant un raisin récolté à maturité, le nez livre des parfums intenses et généreux de fruits compotés. Un boisé vanillé soutient le palais, savamment associé à des tanins à la fois soyeux et serrés. L'ensemble est rond, intense, et la fraîcheur finale assure une garde certaine. ⧗ 2016-2020 rôti de cerf ■ Vieilles Vignes 2012 ★ (8 à 11 € ; 60 000 b.) : les fruits sont au rendez-vous et la bouche fait preuve d'une belle concentration. ⧗ 2014-2019

SCA Jacques Beaujeau, Ch. la Varière, 49320 Brissac, tél. 02 41 91 22 64, beaujeau@wanadoo.fr V t.l.j. sf dim. 10h-13h 15h-18h; sam sur r.-v.

ROSÉ-D'ANJOU

• Superficie : 2 267 ha • Production : 149 536 hl

Après un fort succès à l'exportation au début du XXᵉs., ce vin demi-sec connaît à nouveau une embellie. Le grolleau, principal cépage, autrefois conduit en gobelet, produit des vins rosés légers, jadis appelés « rougets ».

DOM. DE BRIGNEAU 2013 ★

■	3 000	- de 5 €

Succédant à quatre générations de vignerons, Thierry et Yohann Vallet dirigent un domaine de 43 ha. Implantées entre Angers et Saumur, dans le Maine-et-Loire, sur des terrains argilo-calcaires, les vignes sont travaillées sur le mode traditionnel et raisonné.

Si la robe est pâle, le nez est expressif, dominé par le pamplemousse et les fruits exotiques. Tendre et soyeuse à l'attaque, la bouche finit sur la fraîcheur. Un rosé bien équilibré entre le sucre et l'acidité. ⧗ 2014-2015 grillades de poulet au curry

Yohann et Thierry Vallet, 1, rue des Ouches, 49700 Brigné, tél. 06 70 29 79 81, codivallet@wanadoo.fr V r.-v.

LES CAPRICES D'INÈS 2013

■	51 466		- de 5 €

Les Caves de la Loire, fondées en 1951, constituent l'une des plus grandes coopératives de la région : elle regroupe 350 adhérents et une surface totale cultivée de 1 600 ha.

Ce rosé aux reflets grenadine s'annonce par un nez de bonbon anglais. L'attaque montre une vivacité renforcée par un léger perlant. Un vin franc, frais et long, tout en fruits rouges. ⧗ 2014-2015 brochettes de poulet

Les Caves de la Loire, rte de Vauchrétien, 49320 Brissac-Quincé, tél. 02 41 91 22 71, loire-wines@uapl.fr V t.l.j. sf dim. 9h-12h30 14h-18h

DOM. ÉMILE CHUPIN 2013

■	80 000		- de 5 €

Ce vaste domaine de 98 ha est établi dans l'aire des coteaux-du-layon. Il a été racheté en 1988 aux héritiers d'Émile Chupin par Guy Saget, bien connu pour ses vignobles dans la région de Pouilly-sur-Loire.

Paré d'une robe grenadine, ce rosé livre des notes intenses de fruits rouges. La bouche, tout aussi fruitée, se révèle tendre jusqu'à la finale marquée par une pointe d'amertume. ⧗ 2014-2015 soupe de fraises

SCEA Dom. Émile Chupin, 8, rue de l'Église, 49380 Champ-sur-Layon, tél. 02 41 78 86 54, domaine.chupin@wanadoo.fr r.-v.

Saget la Perrière

DOM. LA GUILLAUMERIE 2013 ★

■	8 200		- de 5 €

Après vingt ans passés dans le monde du vin, Frédéric Hanse et son épouse réalisent leur rêve en rachetant le domaine la Guillaumerie situé dans l'aire des coteaux-du-layon. Ils exploitent 19 ha de vignes, dont la moitié en chenin.

Ce millésime, le premier du domaine, dévoile une robe limpide et brillante, et un nez friand et généreux aux notes subtiles de fruits rouges. La bouche souple et douce est équilibrée par une finale vive. ⧗ 2014-2015 toasts de rillettes

Frédéric Hanse, Domaine La Guillaumerie, La Liaumerie, 49190 Rochefort-sur-Loire, tél. 02 41 78 79 53, domainelaguillaumerie@gmail.com V r.-v.

DOM. LEDUC-FROUIN
La Seigneurie 2013

■	10 000		- de 5 €

Installés dans le village troglodytique de Martigné-Briand, Antoine Leduc, œnologue, et sa sœur Nathalie conduisent depuis 1990 le domaine familial (30 ha). Leurs vins séjournent dans la fraîcheur de caves souterraines creusées dans le falun.

La fraise est le fil conducteur de la dégustation de ce rosé de pur grolleau : par les nuances de la robe aux reflets rouges, par le nez qui associe ce fruit à la groseille. On retrouve enfin la fraise dans un palais charnu stimulé par une finale pleine de vivacité ⧗ 2014-2015 tarte aux fraises et aux framboises

Antoine et Nathalie Leduc, Dom. Leduc-Frouin, La Seigneurie Sousigné, 49540 Martigné-Briand, tél. 02 41 59 42 83, info@leduc-frouin.com V r.-v.

DOM. DE LA PETITE ROCHE 2013

■	90 000		- de 5 €

Ce domaine fondé après la Révolution compte aujourd'hui 72 ha de vignes plantées sur des sols argilo-schisteux, graveleux et limono-sableux. Près de la moitié de sa superficie est destinée à l'élaboration du cabernet-d'anjou.

Ce rosé dévoile un nez au fruité expressif (pamplemousse, groseille, griotte). Légèrement perlant en attaque, le palais révèle un côté acidulé des plus friands. ⧗ 2014-2015 soupe de fraises

SCEV Regnard, Dom. de la Petite Roche, 49310 Trémont, tél. 02 41 59 43 03, contact@domainepetiteroche.com V r.-v.

LOIRE

♥ DOM. DES RICHÈRES 2013 ★★

■ | 30 000 | - de 5 €

Anciennement rattaché à la seigneurie de Millé, ce domaine est exploité par la famille Guibert à partir de 1775. En 2006, Fabrice Guibert a pris les rênes de la propriété – 58 ha situés au cœur des coteaux-du-layon.

Ce 2013 rose pâle associe au nez la violette, la fraise, le pamplemousse et la grenadine. Cette jolie complexité se retrouve dans une bouche élégante, parfaitement équilibrée entre douceur et vivacité. ⧗ 2014-2015 🍷 brochettes de poulet aux agrumes

⊶ EARL Guibert, 7, rte d'Angers, Millé, 49380 Chavagnes-les-Eaux, tél. 02 41 54 10 47, faguibert@yahoo.com V r.-v.

DOM. SAINT-ARNOUL 2013

■ | 10 000 | ▮ | - de 5 €

Valeur sûre de l'Anjou, ce domaine est implanté sur un très beau site troglodytique, où des caves en falun ont été aménagées pour l'élevage des vins de garde. Le vignoble de 30 ha est dirigé par Alain Poupard depuis 1986.

Moelleux avec ses 19 g/l de sucres résiduels, ce pur grolleau aux reflets orangés s'ouvre sur des parfums discrets mais subtils de fruits rouges. En bouche, son fruit et sa fraîcheur se révèlent avec plus d'intensité. L'ensemble est bien équilibré. ⧗ 2014-2015 🍷 mousse de fruits rouges

⊶ Poupard, Dom. Saint-Arnoul, 5, rue des Caves-Sousigné, 49540 Martigné-Briand, tél. 02 41 59 43 62, domaine@saint-arnoul.com V r.-v.

DOM. DES TROTTIÈRES 8 1/2 2013

■ | 25 000 | ▮ | - de 5 €

Le domaine a été créé en 1906 par M. Brochard, pionnier dans le vignoble angevin de l'introduction des porte-greffes américains résistant au phylloxéra. Il couvre aujourd'hui 108 ha et propose une large gamme d'appellations de l'Anjou et du Saumurois.

Une robe orangée légèrement tuilée ; un nez dominé par la framboise, arôme que l'on retrouve dans une bouche suave, souple, à la finale bien fruitée. ⧗ 2014-2015 🍷 charlotte aux fraises

⊶ SCEA Dom. des Trottières, Les Trottières, 49380 Thouarcé, tél. 02 41 54 14 10, contact@domainedestrottieres.com V t.l.j. sf dim. 9h-12h 14h-17h; sam. sur r.-v.

CABERNET-D'ANJOU

• Superficie : 5 341 ha • Production : 331 114 hl

On trouve dans cette appellation d'excellents vins rosés demi-secs issus des cépages cabernet franc et cabernet-sauvignon. À table, on les associe assez facilement, servis frais, au melon en hors-d'œuvre ou à certains desserts pas trop sucrés. En vieillissant, ces vins prennent une nuance tuilée et peuvent être bus à l'apéritif. Ceux qui naissent sur les faluns de la région de Tigné et dans le Layon sont les plus réputés.

DOM. CADY 2013 ★

■ | 6 000 | ▮ | 5 à 8 €

Appartenant à la famille Cady depuis 1927, ce domaine (21 ha) est une référence en matière de vins liquoreux. Il est implanté sur les coteaux surplombant le Layon à Saint-Aubin-de-Luigné, village surnommé la « Perle du Layon ».

Ce rosé est issu d'un raisin bien mûr, à en juger par son nez de fruits confits agrémentés d'une touche miellée. La bouche, plus classique, se développe sans heurts et laisse une impression d'équilibre. ⧗ 2014-2015 🍷 clafoutis aux cerises

⊶ Dom. Cady, 20, Valette, 49190 Saint-Aubin-de-Luigné, tél. 02 41 78 33 69, domainecady@yahoo.fr V t.l.j. 9h-12h 15h-18h; sam. dim. sur r.-v.

CH. DE CHAMPTELOUP 2013 ★

■ | 240 000 | ▮ | - de 5 €

Vaste domaine de 60 ha situé sur la route de la Vendée à l'entrée de Corcoué-sur-Logne ; dans le giron des Grands Chais de France.

En robe vive et lumineuse, ce 2013 dévoile des parfums intenses de fruits rouges presque confiturés. Un raisin bien mûr que l'on retrouve dans une bouche équilibrée par une vivacité soutenue. ⧗ 2014-2015 🍷 bruschetta tomates basilic

⊶ SCEA Champteloup, 49700 Brigné-sur-layon, tél. 02 40 36 66 00, contact@lacheteau.fr ⊶ GCF

DOM. DE CHANTEMERLE Cœur de fruits 2013 ★

■ | 5 800 | - de 5 €

Situé au centre de trois petits reliefs, Trémont offre de jolis points de vue sur les vignes en coteaux. C'est ici qu'est installé ce domaine de 29 ha fondé en 1920 et conduit aujourd'hui par Caroline et Patrick Laurilleux.

Un nez expressif empreint de jolis fruits rouges. L'attaque est fraîche, un rien mentholée. La douceur prend le relais jusqu'en finale. « On croque du fruit ! » note un dégustateur. ⧗ 2014-2015 🍷 soufflés glacés à la framboise

⊶ Patrick et Caroline Laurilleux, 4, rue de l'École, 49310 Trémont, tél. 02 41 59 43 18, chantemerle49@orange.fr V t.l.j. sf dim. 9h-12h30 14h-19h

VIGNOBLE DE L'ÉCASSERIE 2013 ★

■ | 2 000 | - de 5 €

Trois générations de Reulier se sont succédé sur cette exploitation de 35 ha. Depuis la construction d'un nouveau chai en 2007, les vins du domaine sont régulièrement en vue dans le Guide.

Issu du seul cabernet franc, ce 2013 arbore une robe rose pâle. L'olfaction mêle les fruits frais et les agrumes. Quant au palais, il est de bonne intensité mais c'est sa longueur que les dégustateurs ont unanimement soulignée. ⧗ 2014-2015 🍷 chop suey aux crevettes

⊶ EARL Reulier, Vignoble de l'Écasserie, L'Écasserie, 49380 Champ-sur-Layon, tél. 02 41 78 03 75, vignoble.ecasserie@orange.fr V t.l.j. sf dim. 8h30-12h 14h-18h30 ⊶ Reulier

CH. DE FESLES La Chapelle 2013 ★

33 000 | 5 à 8 €

En juillet 2008, le groupe Grands Chais de France a acheté à Bernard Germain le château de Fesles, situé dans l'aire du bonnezeaux. Le domaine a engagé au printemps 2010 la conversion bio de son vignoble de 55 ha.

Il prendrait presque un air de sauvignon, ce pur cabernet franc, avec son nez d'agrumes et de genêt. À ces plaisants arômes s'ajoutent un bel équilibre et une agréable fraîcheur. 2014-2015 grillades

Ch. de Fesles, Fesles, 49380 Thouarcé, tél. 02 41 68 94 08, gbigot@sauvion.fr V t.l.j. sf dim. 10h-12h30 14h-17h30

Grands Chais de France

DOM. DE FIERVAUX 2013 ★★

10 000 | 5 à 8 €

Installée en Saumurois au pied de la butte calcaire de Puy-Notre-Dame couverte de vignes, l'exploitation (34 ha) possède une cave creusée dans le tuffeau au Moyen Âge, sur plus de 600 m. Christian Cousin y élabore ses vins.

Coup de cœur dans l'édition 2014 du Guide, ce cabernet-d'anjou a failli réitérer l'exploit cette année. Le jury a été séduit par l'expression aromatique intense de ce 2013, où se mêlent la fraise des bois et la groseille. Les fruits bien mûrs s'épanouissent dans un palais gras et bien équilibré. 2014-2015 colombo de poulet

Christian Cousin-Maitreau, 235, rue des Caves-Oiré, 49260 Vaudelnay, tél. 02 41 52 34 63, christian@domainedefiervaux.com V r.-v.

DOM. LEDUC-FROUIN La Seigneurie 2013 ★

10 000 | - de 5 €

Installés dans le village troglodytique de Martigné-Briand, Antoine Leduc, œnologue, et sa sœur Nathalie conduisent depuis 1990 le domaine familial (30 ha). Leurs vins séjournent dans la fraîcheur des caves souterraines creusées dans le falun.

Ce 2013 présente une belle intensité aromatique. Franchement marqué par des notes de bonbon anglais au nez, il séduit en bouche par son fruité, son équilibre et son agréable touche d'amertume en finale. 2014-2015 poulet tandoori

Antoine et Nathalie Leduc, Dom. Leduc-Frouin, La Seigneurie Sousigné, 49540 Martigné-Briand, tél. 02 41 59 42 83, info@leduc-frouin.com V r.-v.

LES LIGÉRIENS 2013 ★★

36 000 | - de 5 €

Créée en 1955, cette coopérative vinifie la vendange de 90 viticulteurs qui se répartissent plus de 800 ha. La moitié des raisins provient de la région nantaise et des coteaux d'Ancenis, et l'autre moitié d'Anjou.

Rose pâle aux reflets violines, ce rosé offre au nez un subtil mélange de fruits rouges et d'agrumes. La bouche est à l'unisson, douce, tout en nuances, équilibrée, d'une belle longueur. Un vin « moderne et friand », note un dégustateur. 2014-2015 crabe au curry et lait de coco

Terrena Vignerons de la Noëlle, bd des Alliés, 41150 Ancenis, tél. 02 40 98 92 72, fgouraud@terrena.fr V t.l.j. sf dim. 9h-12h30 14h-18h30

LE LOGIS DU PRIEURÉ 2013 ★

5 500 | - de 5 €

Implanté à Concourson-sur-Layon, ce domaine de 33 ha produit une large gamme de vins d'Anjou (liquoreux, rouges et rosés). Vincent Jousset est à sa tête depuis 1982.

La couleur intense est animée de reflets orangé doré. Le nez chaleureux livre des notes de pêche et d'amande verte. Rond à l'attaque, équilibré, le palais finit sur une pointe d'amertume qui lui confère du caractère. 2014-2015 parmentier de porc au curry

Vincent Jousset, Le Logis du Prieuré, 8, rte des Verchers, 49700 Concourson-sur-Layon, tél. 02 41 59 11 22, contact@logisduprieure.fr V t.l.j. sf dim. 9h-12h30 14h-18h

♥ LES CAVES DE LA LOIRE Les Terriades Prestige 2013 ★★

51 466 | - de 5 €

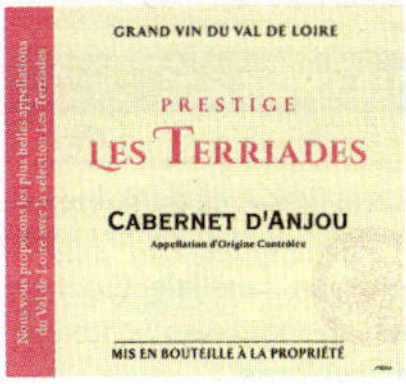

Les Caves de la Loire, fondées en 1951, constituent l'une des plus grandes coopératives de la région : elle regroupe 350 adhérents et une surface totale cultivée de 1 600 ha.

Ce rosé charme d'emblée par la complexité de sa palette aromatique aux parfums d'agrumes agrémentés d'une touche de framboise et de bonbon anglais. La bouche, raffinée, est à l'unisson. La finale, à la fois acidulée et tendre, montre une belle persistance. 2014-2016 travers de porc à l'aigre doux ■ Elisys 2013 ★★ (136 000 b.) : nez très expressif sur le bonbon anglais, fraîcheur et persistance. 2014-2015

Les Caves de la Loire, rte de Vauchrétien, 49320 Brissac-Quincé, tél. 02 41 91 22 71, loire-wines@uapl.fr V t.l.j. sf dim. 9h-12h30 14h-18h

DOM. DE MONTGILET 2013 ★

53 170 | 5 à 8 €

Ce domaine, situé aux portes d'Angers, est une référence de la région. À la tête de l'exploitation créée par leur grand-père, Victor et Vincent Lebreton conduisent 58 ha sur un terroir de schistes ardoisiers.

Couleur soutenue, parfums de fraise surmûrie, bouche généreuse : un vin riche, typique d'un cabernet conduit à maturité. 2014-2015 salade de fruits

Dom. de Montgilet, 10, chem. de Montgilet, 49610 Juigné-sur-Loire, tél. 02 41 91 90 48, montgilet@wanadoo.fr V t.l.j. sf dim. 9h-12h 14h-18h; f. jours fériés Victor et Vincent Lebreton

DOM. DE PAIMPARÉ 2013 ★

5 000 | - de 5 €

Domaine situé à proximité du musée de la Vigne et du Vin à Saint-Lambert-du-Lattay, dans la vallée du Layon, la commune la plus viticole de l'Anjou. Installé en 1990,

LOIRE

Michel Tessier y exploite 15 ha. Ses vins sont régulièrement distingués dans le Guide.

Ce rosé aux reflets violines présente un nez frais et intense, dominé par les petits fruits rouges. La bouche se fait plus tendre, équilibrée par une belle vivacité. 2014-2015 tarte aux fraises

SCEA Michel Tessier, 32, rue Rabelais, 49750 Saint-Lambert-du-Lattay, tél. 02 41 78 43 18, domainedepaimpare@gmail.com V r.-v.

DOM. DU PETIT CLOCHER 2013

■	18 000		- de 5 €

Une affaire de famille depuis 1920, 5 ha aux origines, 80 ha aujourd'hui. Un domaine phare du haut Layon, notamment pour ses vins rouges, conduit par la jeune génération : Stéphane, Julien et Vincent Denis, arrivés respectivement en 2003, 2006 et 2009.

Si le nez apparaît encore sur la réserve, la bouche est une corbeille de fruits rouges. Un rosé franchement acidulé. 2014-2015 tarte fruits rouges glace vanille

Dom. du Petit Clocher, 1, rue du Layon, 49560 Cléré-sur-Layon, tél. 02 41 59 54 51, petit.clocher@wanadoo.fr V t.l.j. sf dim. 8h30-12h30 14h-18h Denis Père et Fils

DOM. DE LA PETITE CROIX 2013

■	30 000		- de 5 €

Régulièrement mentionné dans le Guide, ce domaine est situé à Thouarcé, au cœur des vignes du Layon. François Geffard, à la tête de l'exploitation familiale (50 ha), propose un beau panel ligérien : bonnezeaux, coteaux-du-layon, anjou dans les trois couleurs.

La couleur soutenue de ce rosé est engageante. Le nez libère des notes de framboise et de groseille. La bouche est ronde et ample. Un vin harmonieux. 2014-2015 salade crevettes pamplemousse

SCEA Vignoble Denéchère-Geffard, La Petite Croix, 49380 Thouarcé, tél. 02 41 54 06 99, scea@lapetitecroix.com V r.-v.

DOM. DE LA PETITE ROCHE 2013 ★

■	100 000		- de 5 €

Ce domaine fondé après la Révolution compte aujourd'hui 72 ha de vignes plantées sur des sols argilo-schisteux, graveleux et limono-sableux. Près de la moitié de sa superficie est destinée à l'élaboration du cabernet-d'anjou.

Ce rosé affiche une robe claire et libère des arômes intenses de fraise et de framboise. Si l'attaque penche vers la douceur, l'équilibre est rétabli par ce qu'il faut de fraîcheur et par la présence discrète de perlant. 2014-2015 apéritif ■ Ch. de la Roche Bousseau 2013 ★ (150 000 b.) : un rosé de bonne facture, franc et agréable, aux arômes de bonbon anglais. 2014-2015

SCEV Regnard, Dom. de la Petite Roche, 49310 Trémont, tél. 02 41 59 43 03, contact@domainepetiteroche.com V r.-v.

DOM. DES RICHÈRES 2013 ★

■	30 000		- de 5 €

Anciennement rattaché à la seigneurie de Millé, ce domaine est exploité par la famille Guibert à partir de 1775. En 2006, Fabrice Guibert a pris les rênes de la propriété – 58 ha situés au cœur des coteaux-du-layon.

Un cabernet-d'anjou tout en fraîcheur, rose clair, au nez de fleurs blanches et de fruits frais. Acidulé à l'attaque, le palais dévoile des arômes persistants de bonbon au cassis. 2014-2015 tarte aux fruits rouges

EARL Guibert, 7, rte d'Angers, Millé, 49380 Chavagnes-les-Eaux, tél. 02 41 54 10 47, faguibert@yahoo.com V r.-v.

DOM. DE LA ROCHE LAMBERT 2013

■	1 600		- de 5 €

Le grand-père de Sébastien Prudhomme, actuel gérant de la propriété et par ailleurs directeur d'exploitation au lycée viticole de Montreuil-Bellay, était tonnelier. Il lui a légué 1 ha de vigne. Aujourd'hui, le domaine ne compte pas moins de 25 ha.

Un joli nez de fruits rouges. L'attaque franche et acidulée contribue à l'équilibre de ce rosé à la finale persistante et épicée. 2014-2015 apéritif, chips au crevettes

Sébastien Prudhomme, 16, rue du Calvaire, 79100 Mauzé-Thouarsais, tél. 05 49 96 64 18, domainedelarochelambert@orange.fr V r.-v.

DOM. DE LA ROCHE MOREAU 2013

■	6 000		- de 5 €

Le domaine de 24 ha est situé sur la corniche angevine entre les vallées de la Loire et du Layon. Le chai ancien est classé (XVIIe s.), et la cave est installée dans une mine à charbon désaffectée, dans laquelle mûrissent les vins de garde.

Ce demi-sec affiche une robe rose soutenu et libère des parfums d'agrumes et de rose. La bouche, aérienne, est fraîche et gourmande. Tout ce que l'on attend de l'appellation. 2014-2015 taboulé

André Davy, Dom. de la Roche Moreau, La Haie-Longue, 49190 Saint-Aubin-de-Luigné, tél. 02 41 78 34 55, davy.larochemoreau@wanadoo.fr V r.-v.

DOM. DE SAINT-MAUR 2013 ★★

■	2 300	- de 5 €

Implanté sur la rive gauche de la Loire, à proximité de l'abbaye de Saint-Maur, le vignoble aurait été créé par les moines bénédictins. Il est conduit depuis l'année 2000 par Xavier Chouteau et s'étend aujourd'hui sur 38 ha.

La robe rose nuancée de touches orangées est séduisante. Le nez, intense et complexe, offre une gamme fruitée (pêche blanche) et florale (rose) qui se prolonge en bouche agrémentée d'une touche acidulée. Vrai « vin plaisir ». 2014-2015 apéritif dînatoire

Xavier Chouteau, Saint-Maur, 49350 Le Thoureil, tél. 02 41 57 30 24, info@domaine-de-saint-maur.fr V t.l.j. sf dim. 17h-19h

DOM. DES SAULAIES 2013 ★

■	n.c.		5 à 8 €

La famille Leblanc est installée depuis 1662 sur les terres escarpées de Faye-d'Anjou. Initialement tournée vers

les vins blancs, puis vers les vins rosés au début du XXes., l'exploitation a ajouté les rouges à sa gamme au cours des années 1960-1970.

Ce demi-sec rose orangé se partage entre la fraise et la mûre. Remarqué pour sa finesse, il offre une finale persistante qui laisse une impression d'harmonie. ⧗ 2014-2015 ♈ sabayon de fruits rouges

Philippe et Pascal Leblanc, Dom. des Saulaies, 49380 Faye-d'Anjou, tél. 02 41 54 30 66, philippepascal.leblanc@wanadoo.fr V t.l.j. sf dim. 8h-13h 14h-19h

DOM. DE TERREBRUNE 2013 ★

	140 000		- de 5 €

Situé non loin du château de Brissac, ce domaine de 55 ha est géré par Alain Bouleau et Patrice Laurendeau depuis 1986. Les rosés représentent aujourd'hui plus de la moitié des vins produits par la propriété.

D'un rose orangé intense, ce 2013 délivre de fines senteurs florales. La bouche se révèle souple, fraîche et agréablement acidulée en finale. Un rosé alerte et harmonieux. ⧗ 2014-2015 ♈ salade de fruits exotiques

Dom. de Terrebrune, La Motte, 49380 Notre-Dame-d'Allençon, tél. 02 41 54 01 99, domaine-de-terrebrune@wanadoo.fr V t.l.j. sf dim. 9h-12h 15h-18h Bouleau et Laurendeau

DOM. DU TERTRE 2013 ★

	3 500		- de 5 €

Situé à l'ouest de l'appellation anjou, ce domaine conduit par Patrick et Sylvie Onillon depuis 2001 s'est progressivement spécialisé en viticulture et il dispose aujourd'hui de 25 ha de vignes.

Une robe limpide légèrement saumonée. Le nez, frais et agréable, dévoile des notes de fraise et de fruits des bois. Cette gamme aromatique se prolonge dans une bouche persistante, bien équilibrée entre douceur et acidité. Une jolie composition. ⧗ 2014-2015 ♈ terrine de sandre aux épices

Dom. du Tertre, Le Tertre, 49570 Montjean-sur-Loire, tél. 02 41 39 02 72, onillon-patrick@orange.fr V t.l.j. sf dim. 8h30-12h 14h-19h Onillon

DOM. DES TROTTIÈRES
9 1/2 2013 ★

	25 000		- de 5 €

Le domaine a été créé en 1906 par M. Brochard, pionnier dans le vignoble angevin de l'introduction des porte-greffes américains résistant au phylloxéra. Il couvre aujourd'hui 108 ha et propose une large gamme d'appellations de l'Anjou et du Saumurois.

Rose aux reflets orangés, ce rosé, discret au premier nez, libère à l'aération des notes de fruits rouges, qui se prolongent dans une bouche tendre, fraîche à l'attaque et douce en finale. ⧗ 2014-2017 ♈ salade de crevettes pamplemousse

SCEA Dom. des Trottières, Les Trottières, 49380 Thouarcé, tél. 02 41 54 14 10, contact@domainedestrottieres.com V t.l.j. sf dim. 9h-12h 14h-17h; sam. sur r.-v.

DOM. DE LA TUFFIÈRE 2013 ★★

	10 000		- de 5 €

Situé sur la rive droite de la Loire, au nord-est d'Angers, ce domaine de 25 ha, de création monastique, remonte au XIVes. L'exploitation est conduite par les familles Coignard et Benesteau : les enfants Clarisse et Frédéric ont succédé à leurs parents en 2002 et se sont installés avec leurs conjoints, Fabrice et Stéphanie.

C'est d'abord la couleur rose intense qui a séduit le jury. Le nez, avec ses notes de petits fruits rouges (groseille et framboise) n'a pas laissé insensible non plus. Le palais est harmonieux, les sucres résiduels étant équilibrés par un caractère acidulé. Un vin gourmand et généreux, qui donne en bouche ce qu'il promet au nez. ⧗ 2015-2018 ♈ salade de fraises

EARL Coignard-Benesteau, Dom. de la Tuffière, 49140 Lué-en-Baugeois, tél. 02 41 45 11 47, vignoble-tuffiere@wanadoo.fr V t.l.j. sf dim. 9h-12h30 14h-19h

DOM. VERDIER 2013 ★

	8 000		- de 5 €

Sébastien Verdier représente la quatrième génération sur ce domaine créé en 1910 sur les coteaux du Layon. Il a largement contribué à son développement : l'exploitation est passée de 18 ha à son arrivée en 1997 à 33 ha aujourd'hui.

Si la robe est brillante et limpide, c'est la bouche qui a séduit avec une attaque franche et acidulée, une évolution soyeuse et de jolis arômes de cerise. ⧗ 2014-2017 ♈ tartare mangue-crevettes

EARL Sébastien Verdier, 26 bis, rue Rabelais, 49750 Saint-Lambert-du-Lattay, tél. 02 41 74 01 77, sebastien@domaineverdier.com V r.-v.

COTEAUX-DE-L'AUBANCE

• Superficie : 216 ha • Production : 6 722 hl

Petit affluent de la rive gauche de la Loire, comme le Layon qui coule plus à l'ouest, l'Aubance est bordée de coteaux de schistes portant de vieilles vignes de chenin, dont on tire un vin blanc moelleux qui s'améliore en vieillissant. Cette appellation a choisi de limiter strictement ses rendements.
Depuis 2002, la mention « Sélection de grains nobles » est autorisée pour les vins de vendanges présentant une richesse naturelle minimale de 234 g/l, soit 17,5° sans aucun enrichissement. Ceux-ci ne pourront être commercialisés que dix-huit mois après la récolte.

CH. D'AVRILLÉ Beaumont 2013 ★★

	20 000	5 à 8 €

Eusèbe Biotteau abandonna en 1938 son métier de cordonnier pour créer ce domaine à partir de 40 ha. Aujourd'hui, l'exploitation gérée par l'un de ses petits-fils, Pascal, compte 200 ha et domine la vallée de l'Aubance.

Ce vin allie un réel caractère et une belle élégance. La robe est jaune d'or et le nez se montre vif. La mise en bouche dévoile de suaves notes de raisin confit et des nuances plus fraîches de fruits exotiques (litchi, mangue et ananas). La finale fraîche laisse une sensation d'harmonie. 2014-2022 verrine de mangue en tiramisu

SCEA Biotteau, Ch. d'Avrillé, L'Homois, 49320 Saint-Jean-des-Mauvrets, tél. 02 41 91 22 46, chateau.avrille@wanadoo.fr V r.-v.

DOM. DU BOIS MOZÉ Élégance 2012 ★

	2 500	8 à 11 €

Ancien manoir du XVIe s., le domaine est devenu au XVIIe s. une métairie du château de Montsabert. Il s'est développé dans les années 1950-1970 avant de changer de mains en 1996. La cave a été récemment rénovée.

Cette cuvée porte bien son nom. Éclatante, teintée de vert, elle déploie une large palette de parfums suaves : fruits secs, fruits confits, en passant par le coing et le miel ; arômes que l'on retrouve dans un palais souple et rond, montrant un bel équilibre entre douceur et vivacité. 2014-2020 foie gras de canard

SCEA Dom. de Bois Mozé, Le Bois-Mozé, 49320 Coutures, tél. 02 41 57 91 28, contact@bois-moze.fr V r.-v.

DOM. DES BONNES GAGNES La Féehery 2012 ★

	5 000		5 à 8 €

Exploité par les Héry de père en fils depuis 1610, ce domaine fondé par les moines de l'abbaye du Ronceray s'étend sur 38 ha. Il bénéficie d'une terre riche, argilo-calcaire, qui assure le bon développement de la vigne.

Or pâle aux reflets verts, cette cuvée offre un nez complexe, dominé par le coing et agrémenté d'une délicate minéralité. La bouche, souple, soyeuse et équilibrée, est au diapason. 2014-2020 poulet au citron

EARL Héry Vignerons, Orgigné, 49320 Saint-Saturnin-sur-Loire, tél. 02 41 91 22 76, hery.vignerons@orange.fr V t.l.j. sf dim. 9h-12h 14h-18h30

DOM. DE CONQUESSAC 2013 ★★

	7 130	5 à 8 €

Logés dans le cellier historique du Conquessac non loin du château de Brissac, les vins du domaine (25 ha) sont aujourd'hui produits pas Nicolas, Paul et Claudette Hervé, une famille de vignerons arboriculteurs.

Ce 2013 joue sur le registre de l'élégance : paré d'une robe doré intense, il livre un nez complexe où se marient les fruits secs, les fruits confits, le coing, la mangue et la vanille, agrémentés de notes torréfiées. La bouche déroule une matière suave, gourmande et persistante. Remarquable et typique. 2016-2022 assortiment de biscuits sablés

EARL Dom. de Conquessac, Les Landes, 49320 Vauchrétien, tél. 06 82 34 65 19, xavierleble@hotmail.fr V t.l.j. sf dim. 8h-18h30 Hervé

DOM. DES DEUX-MOULINS Les Ruettes 2013 ★

	16 000		8 à 11 €

Ce domaine proche des vallées de l'Aubance et de la Loire tient son nom de deux moulins caviers typiques de l'Anjou viticole. Créé à partir de 12 ha de vignes par Daniel Macault en 1989, il compte 63 ha aujourd'hui.

Discret mais frais au premier nez, ce moelleux jaune doré libère après agitation des parfums de fruits confits et de miel. Des arômes qui s'épanouissent dans un palais ample auquel une légère pointe d'acidité en finale donne un beau relief. 2015-2020 curry de volaille

EARL Dom. des Deux-Moulins, 20, rte de Martigneau, 49610 Juigné-sur-Loire, tél. 02 41 54 65 14, les.deux.moulins@wanadoo.fr t.l.j. sf dim. 9h-18h

DOM. DITTIÈRE Les Boujets 2013 ★★

	2 000		8 à 11 €

Fondée avant la Première Guerre mondiale par le grand-père des frères Bruno et Joël Dittière, cette exploitation de 38 ha est établie près de Brissac, sur des terroirs sablo-graveleux.

Paré d'un or vif d'une belle intensité, ce 2013 offre un nez opulent et complexe mariant les fleurs blanches, les fruits secs, les fruits confits, la compotée de fruits blancs... La bouche harmonieuse allie richesse et subtilité. 2015-2022 canard à l'orange

Dom. Dittière, 1, chem. de la Grouas, 49320 Vauchrétien, tél. 02 41 91 23 78, domaine.dittiere@sfr.fr V r.-v.

CH. LA DOUESNERIE 2013

	4 000		8 à 11 €

À quelques kilomètres du château de Brissac, ce domaine fondé au XVIe s. sur un clos appartenant aux ducs de Brissac s'étend aujourd'hui sur 35,6 ha. Michel Rabineau a repris l'exploitation familiale en 1982.

De couleur claire, limpide, ce vin est encore discret à l'olfaction, mais l'attaque onctueuse et moelleuse amorce un palais fruité, riche et complexe, persistant et bien équilibré. 2014-2020 cailles farcies au foie gras

Rabineau-Fillion, La Douesnerie, 4, rue Principale, 49320 Vauchrétien, tél. 02 41 54 81 62, rabineau@terre-net.fr V t.l.j. sf dim. 9h-12h30 14h-18h30; sam. sur r.-v.

DOM. DE HAUTE PERCHE Cuvée Tradition 2013 ★

	n.c.	8 à 11 €

Créé en 1966, ce domaine (30 ha) situé aux portes d'Angers était à l'origine dédié aux vins de table. Restructuré, replanté de cépages nobles, il est devenu une valeur sûre des appellations anjou-villages-brissac et coteaux-de-l'aubance. C'est Véronique, la fille d'Agnès et de Christian Papin, qui est à la tête du domaine depuis 2012.

La robe est d'un jaune doré. Le nez, encore un peu discret, exprime les fruits blancs agrémentés d'une touche de miel ; arômes que l'on retrouve dans une bouche équilibrée et persistante. 2014-2020 tarte aux poires et amandes

EARL Véronique Papin, Dom. de Haute-Perche, 7, chem. de la Godelière, 49610 Saint-Melaine-sur-Aubance, tél. 02 41 57 75 65, papin.ch.a@wanadoo.fr V t.l.j. sf dim. 10h-12h15 14h-18h15

♥ CH. PRINCÉ 2012 ★★

	n.c.	11 à 15 €

La propriété située aux portes d'Angers est constituée de 15 ha d'un seul tenant. Arrivé en 2002 sur l'exploi-

tation, Mathias Levron s'est vite imposé par son professionnalisme et sa rigueur. En conversion bio.

Une robe engageante, jaune paille aux reflets dorés. Le nez s'ouvre sur d'intenses et élégantes senteurs fruitées, légèrement confiturées. Le miel s'invite dans un palais à la fois nerveux et suave, ample et délicat. Une harmonie remarquable. ⧗ 2016-2024 🍴 foie gras poêlé

Ch. Princé, Le Petit-Princé, 49610 Saint-Melaine-sur-Aubance, tél. 02 41 57 82 28 r.-v.

DOM. DES ROCHELLES Tradition 2013 ★★

10 000 | 11 à 15 €

Conduit depuis les années 1970 par Jean-Yves Lebreton, rejoint entre temps par son fils Jean-Hubert, ce domaine de 52 ha s'était spécialisé en viticulture dès 1920. Avec plusieurs coups de cœur à son actif, il fait partie des références de l'Anjou pour sa production de vins rouges.

Cette cuvée, qui se pare d'une magnifique robe d'or fin, livre un nez d'une grande pureté, subtil et complexe, floral et miellé. La bouche brille par son fruité intense, par son ampleur, sa douceur et sa fraîcheur : un remarquable équilibre. ⧗ 2014-2022 🍴 crumble aux pommes et poires miellées

EARL J.-Y. A. Lebreton, Dom. des Rochelles, 49320 Saint-Jean-des-Mauvrets, tél. 02 41 91 92 07, jy.a.lebreton@wanadoo.fr t.l.j. sf dim. 9h-12h 14h-18h

DOM. DE SAINTE-ANNE 2013 ★

15 000 | 5 à 8 €

Ce domaine situé à proximité du château de Brissac se transmet depuis plus de six générations. Implanté sur une croupe argilo-calcaire correspondant aux auréoles occidentales du Bassin parisien, il s'étend sur 56 ha.

Ce 2013 jaune doré aux reflets verts développe à l'olfaction des arômes élégants et frais de fleurs blanches et de miel. La bouche fraîche, acidulée et persistante, fait preuve d'une belle harmonie. ⧗ 2014-2022 🍴 carpaccio d'ananas

EARL Brault, Sainte-Anne, 49320 Brissac-Quincé, tél. 02 41 91 24 58, marc-brault@wanadoo.fr t.l.j. sf dim. 9h-12h 14h-18h

ANJOU-COTEAUX-DE-LA-LOIRE

• Superficie : 30 ha • Production : 980 hl

Située en aval d'Angers, l'appellation est réservée aux vins blancs issus du pineau de la Loire. Elle constitue un vestige du vignoble médiéval d'Anjou, qui était planté sur les bords de la Loire, principale voie de transport à cette époque. Cette proximité du fleuve conditionne le climat des coteaux qui se caractérise par des températures douces, avec des écarts atténués. Les vins paraissent presque légers, délicats, ce qui traduit bien les conditions de maturation équilibrées. L'aire de production est située uniquement sur les schistes et les calcaires de Montjean.

COTEAU SAINT-VINCENT 2013 ★

3 800 | 5 à 8 €

Cette exploitation est établie à Chalonnes-sur-Loire, commune située au bord de l'eau, au confluent du Layon et de la Loire. Œnologue de formation, Olivier Voisine exploite depuis 2008 un vignoble de 23 ha sur des sols schisteux caractéristiques de l'Anjou noir.

Le nez encore un peu fermé laisse percer des effluves de fruits mûrs et de fleurs blanches. La bouche, plus expressive, dévoile des arômes généreux et persistants d'abricot et de miel. ⧗ 2014-2024 🍴 chapon au cidre

EARL Olivier Voisine, Coteau Saint-Vincent, 49290 Chalonnes-sur-Loire, tél. 02 41 78 59 00, coteau-saint-vincent@wanadoo.fr r.-v.

CH. DE PUTILLE Clos du Salvert 2013 ★

4 000 | 5 à 8 €

Les premières caves ont été creusées dans les douves de l'ancien château de Putille, aujourd'hui disparu. Située sur les coteaux de la Loire, l'exploitation, qui couvrait 13 ha lorsque Pascal Delaunay a rejoint son père en 1984, en compte aujourd'hui 60. Sa notoriété a, elle aussi, grandi, témoin les différents coups de cœur obtenus en rouge, blanc et crémant.

Paré d'une robe dorée, ce vin au nez encore discret révèle à l'agitation d'agréables arômes délicatement mentholés et miellés. Fruitée, charnue, ronde et ample, la bouche offre un bel équilibre. ⧗ 2014-2025 🍴 aumônières de noix de Saint-Jacques

EARL Ch. de Putille, 26, Putille, 49620 La Pommeraye, tél. 02 41 39 02 91, chateaudeputille@orange.fr t.l.j. sf dim. 8h-12h30 14h-19h Delaunay

DOM. DU TERTRE Prestige 2013 ★★★

3 000 | 5 à 8 €

Patrick Onillon est arrivé en 2001 sur l'exploitation familiale qu'il conduit seul depuis 2009. Créé en 1946 par son grand-père, le domaine couvre 25 ha et propose une vaste gamme de vins dans huit appellations différentes.

Cette élégante cuvée doré intense affiche un nez puissant de genêt et de cire d'abeille. En bouche, elle charme par son fruité délicat, par son élégance et par sa longueur. D'une harmonie rare. ⧗ 2014-2025 🍴 beignets de fleurs de courgettes

EARL Patrick et Sylvie Onillon, Dom. du Tertre, Le Tertre, 49570 Montjean-sur-Loire, tél. 02 41 39 02 72, onillon-patrick@orange.fr r.-v.

SAVENNIÈRES

• Superficie : 147 ha • Production : 5 068 hl (crus inclus)

Implanté sur la rive droite de la Loire, à une quinzaine de kilomètres en aval d'Angers, ce vignoble se singularise par sa production : des vins blancs secs issus du chenin, essentiellement dans la commune de Savennières.

Les schistes et grès pourpres leur confèrent un caractère particulier, ce qui les a fait définir longtemps comme crus des coteaux de la Loire ; mais ils méritent une appellation à part entière. Pleins de sève, un peu nerveux, ils vont à merveille sur les poissons cuisinés.

CH. DE BELLEVUE Éclat de schiste 2012

2 700 | 15 à 20 €

Le château, construit au XIXe s., est situé sur un point culminant de Saint-Aubin-de-Luigné. Il est entouré d'un parc de plus de 4 ha et d'un vignoble de 32 ha, dont Hervé Tijou a pris les commandes en 1995.

Cette cuvée libère des arômes de fruits exotiques et de muguet. Le palais est souple et brioché. L'élevage apparaît présent sans être écrasant. Un vin équilibré qui traduit une vendange mûre soigneusement vinifiée. 2016-2019 moules marinière

Hervé Tijou, EARL Tijou et Fils, Ch. de Bellevue, 49190 Saint-Aubin-de-Luigné, tél. 02 41 78 33 11, chateaubellevuetijou@orange.fr V t.l.j. sf dim. 9h-12h 14h-18h

♥ DOM. DE LA BERGERIE Le Grand Beaupréau 2012 ★★★

5 600 | 11 à 15 €

Dans la famille Guégniard, le métier de vigneron se transmet de mère en fils ou de père en fille depuis huit générations. Installée en 2010, Anne gère l'exploitation de 36 ha, tandis que David Guitton, son compagnon, est aux fourneaux dans le restaurant du même nom.

D'un jaune doré aux reflets brillants, ce vin a fait l'unanimité. Son nez intense ne laisse aucun doute sur la maturité du raisin : des agrumes, du coing et des fleurs blanches en harmonie avec un boisé discret. La bouche n'est pas en reste, souple en attaque, volumineuse, fraîche et longue. 2015-2024 saint-jacques beurre coriandre vanillé

Yves et Anne Guégniard, Dom. de la Bergerie, 49380 Champ-sur-Layon, tél. 02 41 78 85 43, domainede.la.bergerie@wanadoo.fr V t.l.j. sf dim. 9h-12h30 14h-19h

DOM. DES DEUX ARCS 2012 ★

4 500 | 11 à 15 €

Jean-Marie Gazeau, après une expérience en Afrique du Sud, a rejoint son père Michel en 2005 sur le domaine familial (48 ha). Leurs vins sont régulièrement sélectionnés dans le Guide, dans diverses appellations de l'Anjou.

La première cuvée de savennières de Jean-Marie Gazeau décroche une belle étoile. D'un jaune soutenu, ce vin présente un nez intense de miel et de vanille, reflet d'un élevage de huit mois en fût bien maîtrisé. La bouche, où l'on retrouve le boisé, se révèle ample, charpentée et longue, égayée en finale par une plaisante note acidulée. 2015-2022 filet de perche au fenouil

Dom. des Deux Arcs, 11, rue du 8-Mai-1945, 49540 Martigné-Briand, tél. 02 41 59 47 37, do2arc@wanadoo.fr V t.l.j. sf dim. 9h-12h 14h-19h

DOM. DHOMMÉ Les Fougerais 2012 ★

7 000 | 8 à 11 €

Réputé pour ses coteaux-du-layon, ce vignoble, en conversion bio, s'est bien étoffé depuis sa création en 1960 et s'étend aujourd'hui sur 23 ha. Avec Clarisse Dhommé, c'est la quatrième génération qui conduit le domaine.

Si la robe est jaune pâle, le nez se montre intense, partagé entre le raisin frais, la pêche et la vanille. Une belle complexité que l'on retrouve dans une bouche ni opulente ni trop svelte, ample et bien équilibrée. 2014-2019 sandre sauce crémée

Dom. Dhommé, 46, Les Petits-Fresnaies, 49290 Chalonnes-sur-Loire, tél. 02 41 45 06 53, info@domainedhomme.com V t.l.j. sf dim. 9h-12h 14h-19h

MOULIN DE CHAUVIGNÉ Clos Brochard 2012 ★

3 000 | 8 à 11 €

Offrant un plaisant panorama sur la vallée de la Loire, Chauvigné est un moulin cavier construit en 1750 au cœur des vignes. Implanté à Rochefort-sur-Loire, le domaine est constitué de 11 ha cultivés par Christian Plessis, la vinification étant assurée par son épouse Sylvie.

Ce 2012 fruité est agrémenté de notes florales : un joli prélude à une bouche soutenue par une fine arête acide. « Vif », « tendu », « acidulé » sont les adjectifs employés par le jury. Un vin qui gagnera à vieillir un peu. 2017-2022 terrine de poisson 2012 ★ (5 à 8 € ; 21 000 b.) : un nez entre fumée et minéralité ; une bouche agréable, nette, minérale, bien équilibrée. 2015-2019

EARL Christian et Sylvie Plessis, Moulin de Chauvigné, 49190 Rochefort-sur-Loire, tél. 02 41 78 86 56, info@moulindechauvigne.com V r.-v.

DOM. RICHOU La Bigottière 2012 ★★

2 500 | 15 à 20 €

Valeur sûre du vignoble angevin, ce domaine de 31 ha est en conversion à l'agriculture biologique. Aux commandes depuis 1978, Damien et Didier Richou ont obtenu plusieurs coups de cœur tant pour leurs blancs que pour leurs rouges et leurs fines bulles.

Un nez intense, sur les agrumes, où l'élevage en fût a laissé quelques notes fumées. La bouche montre un remarquable équilibre entre souplesse, densité et vivacité. Tout est en place pour une bonne garde. 2017-2022 gambas au gingembre

Dom. Richou, Chauvigné, 49610 Mozé-sur-Louet, tél. 02 41 78 72 13, domaine.richou@wanadoo.fr V r.-v.

DOM. TAILLANDIER 2012 ★

15 000 | 11 à 15 €

Éric Taillandier s'installe en 1992, son frère Marc le rejoint en 1994. En plus du savennières, l'exploitation produit du coteaux-du-layon dans le plus grand respect de l'environnement.

Un vin généreux, dont le nez affiche une belle complexité naissante (fruits jaunes bien mûrs et fleurs blanches).

La bouche ample et onctueuse penche vers la rondeur mais reste équilibrée. 2015-2020 salade du pêcheur

Taillandier, Varennes, 49170 Savennières, tél. 02 41 72 23 70, erictaillandier@hotmail.fr V t.l.j. 10h30-12h 14h30-18h30

SAVENNIÈRES-ROCHE-AUX-MOINES

• Superficie : 19 ha • Production : 336 hl

Il est difficile de séparer les deux crus savennières-roche-aux-moines et savennières-coulée-de-serrant, qui ont pourtant reçu une appellation particulière, tant ils sont proches en caractère et en qualité. La coulée-de-serrant, plus restreinte en surface, est située de part et d'autre de la vallée du Petit Serrant. Elle est propriété en monopole de la famille Joly. La roche-aux-moines appartient à plusieurs propriétaires. Si elle est moins homogène que son homologue, on y trouve cependant des cuvées qui n'ont rien à lui envier.

CLOS DE LA BERGERIE 2012 ★★

	n.c.	30 à 50 €

Les 3,2 ha du savennières-roche-aux-moines exploités par Nicolas Joly. Le terroir est schisteux, mais moins pentu que celui de la célèbre coulée-de-serrant du même propriétaire. La démarche biodynamique est identique, et les rendements sont presque aussi faibles, de 25 à 30 hl/ha.

Dans le verre, un jaune doré très dense. Le vin dévoile à l'aération toute sa complexité : d'abord frais, légèrement fumé, il s'ouvre vers les fruits jaunes mûrs, le coing, avec des touches miellées, épicées (curry), minérales et une note de pain grillé. Le palais, dès l'attaque, est vivifié par la fraîcheur alerte du chenin. Gras, puissant, il confirme les arômes de surmaturation du nez –fruits mûrs ou compotés – sans perdre de cette tension qui lui donne de l'allonge. La finale est marquée par une noble amertume et une touche de noisette grillée. Un style à part, un peu oxydatif mais remarquable. 2015-2024 volaille à la crème

Nicolas Joly, Ch. de la Roche aux Moines, 49170 Savennières, tél. 02 41 72 22 32, info@coulee-de-serrant.com V t.l.j. sf dim. 9h-12h 14h-17h30

DOM. DES FORGES 2012

	2 560		15 à 20 €

La première parcelle a été acquise en 1890. Réputée pour ses vins liquoreux, la propriété, qui compte aujourd'hui 47 ha, a vu en 1996 l'installation de Stéphane et de Séverine Branchereau, incarnant la cinquième génération aux commandes du domaine.

Un joli jaune pâle orné de quelques reflets dorés. Le nez est franc mais encore sur la réserve. L'attaque est souple, et le boisé déjà fondu accompagne le palais jusqu'à la finale acidulée. 2014-2019 aumônières de noix de Saint-Jacques

SCEA Domaine des Forges Branchereau, Le Clos-des-Forges, 49190 Saint-Aubin-de-Luigné, tél. 02 41 78 33 56, cb@domainedesforges.net V t.l.j. 9h-12h 14h-19h (18h sam.); dim. mat. sur r.-v.

CH. PIERRE-BISE 2012 ★

	6 010	15 à 20 €

Ce domaine de 5,5 ha, né de la fusion de deux exploitations familiales, est conduit depuis 1974 par Claude Papin, l'un des plus fins connaisseurs des terroirs angevins et des plus talentueux élaborateurs de vins blancs de la région, en sec comme en liquoreux. Incontournable.

D'un jaune paille nuancé et brillant, ce 2012 offre un nez déjà bien ouvert sur des notes de fleurs et de fruits à chair blanche. Le palais, à l'unisson, se révèle ample, généreux et charnu, équilibré par une fine fraîcheur. Un vin harmonieux, qui vieillira bien. 2014-2019 pavé de sandre au beurre blanc

EARL Ch. Pierre-Bise, 1, imp. du Chanoine-des-Douves, 49750 Beaulieu-sur-Layon, tél. 02 41 78 31 44, chateaupb@hotmail.com V r.-v. Papin

SAVENNIÈRES-COULÉE-DE-SERRANT

B CLOS DE LA COULÉE DE SERRANT 2012 ★★

	n.c.		30 à 50 €

Ce vénérable clos de 7 ha planté de vieux ceps de chenin accrochés à des coteaux schisteux, création des cisterciens en 1130, est l'une des rares appellations en monopole du vignoble français. Confortée au fil des siècles par des amateurs illustres et couronnés, son aura a pris une dimension internationale depuis que Nicolas Joly, « pape » français de la biodynamie, préside à sa destinée. Le vin tire son caractère original et unique de raisins récoltés en surmaturité – voire botrytisés – en cinq passages. À la cave, surtout pas de bois neuf qui masquerait le terroir, mais des barriques de 500 l. Et aussi peu d'interventions que possible.

Le 882e millésime du clos. La robe or jaune traduit la surmaturité. Frais et élégant, le nez exprime d'abord la minéralité du terroir, puis dévoile des notes d'agrumes mûrs évocateurs de mandarine, avec des touches épicées de poivre blanc et de curry. Ample, soyeuse et onctueuse en attaque, la bouche impressionne par sa puissance. Sa belle acidité est soulignée par des notes d'écorce d'agrumes et par une légère et noble amertume. La finale est longue, généreuse et fruitée. De la matière, du tonus, du terroir : un vin complet, racé et intense, dont la complexité devrait encore s'affirmer avec le temps. 2017-2024 poulet de Bresse aux morilles

Nicolas Joly, Ch. de la Roche aux Moines, 49170 Savennières, tél. 02 41 72 22 32, info@coulee-de-serrant.com V t.l.j. sf dim. 9h-12h 14h-17h30; f. janv.-fév.

COTEAUX-DU-LAYON

• Superficie : 1 486 ha • Production : 46 625 hl

Demi-secs, moelleux ou liquoreux, les coteaux-du-layon naissent du seul chenin, cultivé le long de la rive gauche de la Loire sur les coteaux des communes qui bordent le Layon, de Nueil à Chalonnes. Plusieurs villages sont réputés : le plus connu, devenu une appellation à part entière, est celui de Chaume. Six noms peuvent être ajoutés à l'appellation : Rochefort-sur-Loire, Saint-Aubin-de-Luigné, Saint-Lambert-du-Lattay, Beaulieu-

sur-Layon, Rablay-sur-Layon, Faye-d'Anjou. Depuis 2002, les vins ont droit à la mention « Sélection de grains nobles » lorsque la richesse naturelle minimale de la vendange est de 234 g/l, soit 17,5 % vol. sans aucun enrichissement. Ils ne peuvent être commercialisés avant les dix-huit mois suivant la récolte. Vins subtils, or vert à Concourson, plus jaunes et plus puissants en aval, les coteaux-du-layon présentent des arômes de miel et d'acacia acquis lors de la surmaturation. Leur capacité de vieillissement est étonnante.

DOM. DES BARRES Saint-Aubin 2013 ★

10 000 | 5 à 8 €

La commune de Saint-Aubin-de-Luigné, surnommée la « Perle du Layon », se situe dans le bas Layon, tout près de la confluence entre la Loire et le Layon. La famille Achard y conduit ce domaine de 30 ha depuis trois générations.

Une cuvée jaune doré limpide au nez encore un peu fermé, qui libère à l'agitation d'agréables parfums fruités (abricot, fruits confits) et floraux (acacia). On retrouve ces arômes dans une bouche chaleureuse, bien équilibrée entre douceur et vivacité. ⌛ 2014-2020 🍴 brioche perdue aux fruits confits

🔑 Patrice Achard, Dom. des Barres, 49190 Saint-Aubin-de-Luigné, tél. 02 41 78 98 24, achardpatrice@wanadoo.fr V r.-v. B

CH. BELLERIVE 2013 ★

55 000 | 8 à 11 €

Un château bâti au bord du Layon et un vignoble de plus de 38 ha. Le domaine est dirigé depuis 2004 par l'industriel Alain Château.

Le nez intense mêle les fruits frais et confits (ananas, abricot, coing...). En bouche, ce 2013 se montre ample, onctueux, fruité, équilibré par une belle fraîcheur. ⌛ 2014-2020 🍴 ananas rôti à la badiane

🔑 SARL Ch. Bellerive, Chaume, 49190 Rochefort-sur-Loire, tél. 02 41 78 33 66, info@vignobles-alainchateau.com V r.-v. 🔑 Alain Château

DOM. DE BISE 2013

3 000 | 5 à 8 €

Ce domaine familial créé en 1920 possède un corps de ferme sur cour. David Lafuie est aujourd'hui à la tête d'un vignoble de 9 ha.

Paré d'un jaune d'or intense et limpide, ce vin, encore un peu fermé au nez, libère des parfums fruités délicats et complexes, légèrement acidulés. La bouche est volumineuse, souple et équilibrée par ce qu'il faut de fraîcheur. ⌛ 2014-2020 🍴 tarte aux abricots et pistaches

🔑 EARL Lafuie, 15, rue des Perrières, Maligné, 49540 Martigné-Briand, tél. 02 41 59 43 39, earl.lafuie@wanadoo.fr V r.-v.

DOM. DES BOHUES 2013 ★★

4 000 | 8 à 11 €

Cette exploitation, installée depuis 1933 sur le plateau schisteux de Saint-Lambert-du-Lattay, est conduite depuis trois générations par la famille Retailleau. Le domaine s'étend sur 14 ha répartis en AOC anjou, cabernet-d'anjou et coteaux-du-layon.

Cette cuvée attire l'œil par sa robe jaune clair aux reflets dorés. Le nez, puissant et flatteur, associe élégamment fruits confits et fruits exotiques ; arômes qui se retrouvent au palais dans une bouche ronde, riche, équilibrée et longue. ⌛ 2014-2022 🍴 risotto au thé et fruits secs

🔑 Denis Retailleau, Les Bohues, 49750 Saint-Lambert-du-Lattay, tél. 02 41 78 33 92, denisretailleau.bohues@orange.fr V t.l.j. 8h30-12h30 14h-19h; f. 15-31 août

DOM. DE LA BOUGRIE 2013

13 000 | 5 à 8 €

Cette exploitation familiale installée à Champ-sur-Layon a vu le jour au début des années 1920. Aujourd'hui conduite par Claudine et Vincent Goujon, elle vinifie les diverses appellations angevines.

Ce vin paré d'une jolie robe jaune paille aux reflets vert pâle libère des parfums agréables et complexes, floraux et fruités (fruits exotiques). Le fruité se prolonge dans une bouche ample et bien équilibrée. ⌛ 2014-2020 🍴 escalope de saumon à la crème

🔑 SCEV La Bougrie, Dom. de La Bougrie, 49380 Champ-sur-Layon, tél. 02 41 78 86 21, goujonvincent@wanadoo.fr V r.-v.

DOM. DE CHANTEMERLE Cuvée Chantemerle 2013

8 000 | 5 à 8 €

Situé au centre de trois petits reliefs, Trémont offre de jolis points de vue sur les vignes en coteaux. C'est ici qu'est installé ce domaine de 29 ha fondé en 1920, conduit aujourd'hui par Caroline et Patrick Laurilleux.

Cette cuvée d'un jaune lumineux, encore discrète au nez, laisse percevoir des notes de fleurs blanches, de miel et de coing ; parfums qui agrémentent aussi un palais franc, frais de belle longueur. ⌛ 2014-2020 🍴 tarte aux mirabelles

🔑 Patrick et Caroline Laurilleux, 4, rue de l'École, 49310 Trémont, tél. 02 41 59 43 18, chantemerle49@orange.fr V t.l.j. sf dim. 9h-12h30 14h-19h

DOM. DE CLAYOU 2013

7 000 | 5 à 8 €

Installé au cœur des coteaux du Layon, à Saint-Lambert-du-Lattay, ce domaine de 28 ha produit une vaste gamme de rosés, de rouges et de blancs sur la rive gauche du Layon. Incarnant la troisième génération, Jean-Bernard Chauvin est aux commandes depuis 1983.

Ce 2013 paré d'une classique robe jaune paille libère des arômes encore discrets, à la fois fruités (fruits blancs) et floraux (acacia) ; on les retrouve dans un palais onctueux d'une belle persistance. ⌛ 2014-2020 🍴 gratin à la fourme d'Ambert

🔑 SCEA Jean-Bernard Chauvin, 18 B, rue du Pont-Barré, 49750 Saint-Lambert-du-Lattay, tél. 02 41 78 44 44, contact@domainedeclayou.fr V t.l.j. sf dim. 9h-12h 14h-19h

DOM. DU CLOS DES GOHARDS Cuvée Emma 2013

6 000 | 8 à 11 €

Mickaël et Fabienne Joselon, frère et sœur, ont repris l'exploitation familiale en 2010 lors du départ de leur

père à la retraite. Régulièrement distingué dans le Guide, le domaine compte 42 ha et propose diverses appellations ligériennes.

D'un jaune paille limpide, cette cuvée présente un nez complexe de fleurs blanches, de fruits confits et de fruits exotiques. La bouche, riche et équilibrée, offre une longue finale aux notes miellées. ⌛ 2014-2020 🍴 saint-jacques au beurre citronné

⊶ EARL Joselon, Les Oisonnières, 49380 Chavagnes-les-Eaux, tél. 02 41 54 13 98, earljoselon@orange.fr V r.-v.

CLOS DES HUITAINS 2012 ★

	3 500		8 à 11 €

Centre d'aide par le travail créé en 1978, ce domaine appartient à la Fédération des communautés de l'Arche de Jean Vanier. Il accueille trente adultes handicapés qui participent aux travaux de la vigne. L'exploitation de 25 ha est conduite en bio depuis 2000.

Ce 2012 d'un jaune éclatant libère des arômes de fruits blancs et fleurs blanches agrémentés de délicates notes épicées. La bouche fruitée, ronde et fraîche, présente un bon équilibre et une belle longueur. ⌛ 2014-2020 🍴 ananas rôti à l'anis

⊶ ESAT de La Rebellerie, La Rebellerie, 49560 Nueil-sur-Layon, tél. 02 41 59 53 51, secretariat.cat@arche-anjou.org V t.l.j. sf sam. dim. 9h-12h 14h-17h; f. août ⊶ L' Arche en Anjou

DOM. DES CLOSSERONS Faye La Placette 2013 ★★

	4 600		11 à 15 €

Dans ce domaine né en 1956, trois générations se mettent au service des vins d'Anjou, en particulier des liquoreux de la région : Jean-Claude Leblanc, le fondateur, ses deux fils Yannick et Dominique, aujourd'hui rejoints par le petit-fils Fabien.

Cette cuvée jaune paille aux reflets orangés déploie une palette aromatique associant très agréablement le miel aux fruits exotiques et à la figue. Riche, ample, suave, bien équilibrée, la bouche n'est que finesse et élégance. ⌛ 2014-2022 🍴 cailles rôties aux raisins ■ Vieilles Vignes 2013 ★ (8 à 11 € ; 6 400 b.) : parfums délicats et généreux de fruits confits, de fleurs blanches et de coing. Palais doux, gourmand et fruité. Finale longue et harmonieuse. ⌛ 2014-2020

⊶ EARL Jean-Claude Leblanc et Fils, Dom. des Closserons, 2, rue des Monts, 49380 Faye-d'Anjou, tél. 02 41 54 30 78, contact@domaine-leblanc.fr V r.-v.

COTEAU SAINT-VINCENT Vieilles Vignes 2013 ★

	4 500		5 à 8 €

Cette exploitation est établie à Chalonnes-sur-Loire, commune située au bord de l'eau, au confluent du Layon et de la Loire. Œnologue de formation, Olivier Voisine exploite depuis 2008 un vignoble de 23 ha sur des sols schisteux caractéristiques de l'Anjou noir.

Ce 2013 jaune paille à reflets dorés affiche un nez de fruits exotiques et de fleurs blanches. Onctueux, rond et fruité en bouche, ce liquoreux offre une finale riche et harmonieuse. ⌛ 2014-2020 🍴 foie gras poêlé

⊶ EARL Olivier Voisine, Coteau Saint-Vincent, 49290 Chalonnes-sur-Loire, tél. 02 41 78 59 00, coteau-saint-vincent@wanadoo.fr V r.-v. 1

DOM. DHOMMÉ Les Beauvais 2013

	5 000		8 à 11 €

Réputé pour ses coteaux-du-layon, ce vignoble, en conversion bio, s'est bien étoffé depuis sa création en 1960 et s'étend aujourd'hui sur 23 ha. Avec Clarisse Dhommé, c'est la quatrième génération qui conduit le domaine.

Un nez délicat de fruits exotiques, de fleurs blanches et de fruits secs (abricot), agrémenté de légères notes boisées. La bouche, dans le même registre, se montre ample et longue. ⌛ 2014-2020 🍴 poulet en croûte d'épices douces

⊶ Dom. Dhommé, 46, Les Petits-Fresnaies, 49290 Chalonnes-sur-Loire, tél. 02 41 45 06 53, info@domainedhomme.com V t.l.j. sf dim. 9h-12h 14h-19h ⊶ Xavier et Clarisse Dhommé

DOM. DE LA DUCQUERIE Les 3 Clochers 2013 ★

	10 000		5 à 8 €

Installés non loin du musée de la Vigne et du Vin à Saint-Lambert-du-Lattay, dans la vallée du Layon, les Cailleau sont à la tête de 48 ha de vignes. Le fils a rejoint l'exploitation en 2003 et s'occupe des vinifications.

Ce 2013 jaune paille intense livre des parfums de fruits jaunes (pêche, abricot) et de fleurs (genêt). La bouche se montre gourmande, fruitée et volumineuse, avec ce qu'il faut de vivacité. De la matière et un bel équilibre. ⌛ 2014-2020 🍴 foie gras au chutney d'abricot

⊶ EARL Cailleau et Fils, 2, chem. du Grand-Clos, 49750 Saint-Lambert-du-Lattay, tél. 02 41 78 42 00, domaine.ducquerie@wanadoo.fr V t.l.j. sf dim. 8h-12h30 14h-18h30

VIGNOBLE DE L'ÉCASSERIE 2013

	2 000	5 à 8 €

Trois générations de Reulier se sont succédé sur cette exploitation de 35 ha. Depuis la construction d'un nouveau chai en 2007, les vins du domaine sont régulièrement en vue dans le Guide.

Un vin d'un jaune intense au nez encore discret. Après aération, il révèle au palais un fruité complexe (poire, abricot), avec quelques notes acidulées qui apportent de la fraîcheur. ⌛ 2014-2020 🍴 tarte aux poires

⊶ EARL Reulier, Vignoble de L'Écasserie, L'Écasserie, 49380 Champ-sur-Layon, tél. 02 41 78 03 75, vignoble.ecasserie@orange.fr V t.l.j. sf dim. 8h30-12h 14h-18h30

DOM. DES ÉPINAUDIÈRES 2013

	3 480		5 à 8 €

Ce domaine de 26 ha, créé par Roger Fardeau en 1966, a été repris en 1991 par son fils Paul et sa belle-fille Nathalie. Producteurs de beaux cabernet-d'anjou et coteaux-du-layon, ils s'illustrent aussi régulièrement en AOC anjou.

La robe est jaune aux reflets dorés et le nez, très expressif, évoque les fruits bien mûrs, avec des notes d'acacia et de

LOIRE

miel. La bouche confirme ces agréables arômes et offre une douceur gourmande, équilibrée par ce qu'il faut de fraîcheur. 2014-2019 gâteau au miel

SCEA Fardeau, 14, Sainte-Foy, 49750 Saint-Lambert-du-Lattay, tél. 02 41 78 35 68, fardeau.paul@club-internet.fr V r.-v.

DOM. DE FIERVAUX 2013 ★

| | 5 000 | | 8 à 11 € |

Installée en Saumurois au pied de la butte calcaire de Puy-Notre-Dame couverte de vignes, l'exploitation (34 ha) possède une cave creusée dans le tuffeau au Moyen Âge, sur plus de 600 m. Christian Cousin y élabore ses vins.

Cette cuvée jaune d'or intense libère de délicats parfums de fruits confits soulignés de notes boisées. La bouche se révèle généreuse, dense, équilibrée et offre une belle finale. Un vin que l'on attendra quelques années pour que le boisé se fonde. 2016-2022 brioche perdue aux fruits confits

Christian Cousin-Maitreau, 235, rue des Caves-Oiré, 49260 Vaudelnay, tél. 02 41 52 34 63, christian@domainedefiervaux.com V r.-v.

DOM. DE FONTENY 2013

| | 3 000 | 5 à 8 € |

Situé aux portes de Brissac, un domaine fondé en 1983 conduit par Jean-Dominique Poupart, rejoint depuis quelques années par son fils Nicolas.

Cette cuvée jaune paille dévoile un nez délicat de fruits confits et de miel vivifié par des touches citronnées. Équilibrée, la bouche séduit par sa longue finale légèrement acidulée. 2014-2020 saint-jacques au citron confit

EARL Poupart, Dom. de Fonteny, 49320 Brissac-Quincé, tél. 06 81 31 47 82, domainefonteny@gmail.com V t.l.j. 9h-12h30 14h-19h

DOM. DES FORGES Chaume 2012 ★

| 1er cru | 2 866 | | 11 à 15 € |

La première parcelle a été acquise en 1890. Réputée pour ses vins liquoreux, la propriété compte aujourd'hui 47 ha. Stéphane Branchereau, qui représente la cinquième génération, s'est installé en 1996 avec sa femme Séverine.

La robe jaune paille doré, le nez intense de fruits très mûrs (fruits exotiques et fruits confits) et le palais riche, long, soyeux, légèrement acidulé et bien équilibré, font de ce 2012 un beau représentant de l'appellation. 2014-2020 ananas rôti

Branchereau - Dom. des Forges, Le Clos-des-Forges, 49190 Saint-Aubin-de-Luigné, tél. 02 41 78 33 56, cb@domainedesforges.net V t.l.j. 9h-12h 14h-19h (sf sam. 18h); dim. sur r.-v.

CH. DU FRESNE Faye Grande Sélection 2013

| | 9 000 | 5 à 8 € |

Ce château du XVe s. bâti en pierre de schiste a gardé de son architecture d'origine une tourelle ronde. Constitué en 1927, le vignoble de 90 ha est conduit depuis 2010 par trois associés, Nicolas Richez, David Maugin et Yannis Bretault.

Jaune pâle à reflets blancs, cette cuvée libère des notes fruitées et florales que l'on retrouve dans une bouche grasse et ample, équilibrée par une pointe de fraîcheur. 2014-2020 saint-jacques aux agrumes confits

Ch. du Fresne, 25 bis, rue des Monts, 49380 Faye-d'Anjou, tél. 02 41 54 30 88, contact@chateaudufresneanjou.com V t.l.j. sf dim. 8h-12h 14h-19h; f. 3e sem. janv.

DOM. DE LA GERFAUDRIE
Les Hauts de la Gerfaudrie 2013 ★

| | 13 500 | | 5 à 8 € |

Le domaine de la Gerfaudrie, situé sur la corniche angevine, domine les vallées de la Loire et du Layon et étend ses vignes sur 20 ha. Aux commandes, Armelle, Bénédicte et Pascal Bourreau.

Ce vin doré à souhait exprime d'élégants arômes de fruits blancs bien mûrs (pêche). La bouche, ronde et souple, se montre délicate et harmonieuse, légèrement acidulée en finale. 2014-2020 clafoutis aux pêches

SCEV Dom. de la Gerfaudrie, 25, rue de l'Onglée, 49290 Chalonnes-sur-Loire, tél. 02 41 78 02 28, domaine-gerfaudrie@wanadoo.fr V r.-v.

DOM. DU LANDREAU
Le Petit Clos 2013

| | 11 810 | | 8 à 11 € |

Cette exploitation s'est régulièrement développée après avoir parié sur la vente aux particuliers ; elle compte aujourd'hui 50 ha. Elle est installée à Saint-Lambert-du-Lattay, village de vignerons par excellence où plus de 60 % de de la surface agricole est plantée de vignes.

D'un jaune pâle limpide, cette cuvée, encore un peu fermée au nez, laisse deviner de subtils arômes floraux et fruités assortis d'une nuance minérale, qui s'affirment dans une bouche légère et ronde. Un vin simple mais agréable. 2014-2019 bavarois aux pommes

SARL Dom. du Landreau, Le Landreau, 49750 Saint-Lambert-du-Lattay, tél. 02 41 78 30 41, cmorin@domaine-du-landreau.com V r.-v.

LEDUC-FROUIN
Arpège 2012 ★

| | 5 000 | | 5 à 8 € |

Installés dans le village troglodytique de Martigné-Briand, Antoine Leduc, œnologue, et sa sœur Nathalie conduisent depuis 1990 le domaine familial (30 ha). Leurs vins séjournent dans la fraîcheur de caves souterraines creusées dans le falun.

À une robe jaune orangé répond un nez complexe caractéristique de vendanges bien mûres : agrumes et fruits jaunes et blancs confits (pêche). Tout aussi fruitée, la bouche se révèle ample, voire opulente, équilibrée par une pointe de vivacité. 2014-2020 crumble d'abricots aux amandes

Antoine et Nathalie Leduc, Dom. Leduc-Frouin, La Seigneurie Sousigné, 49540 Martigné-Briand, tél. 02 41 59 42 83, info@leduc-frouin.com V r.-v.

LE LOGIS DU PRIEURÉ Clos des Aunis 2013

| 6 000 | | 8 à 11 € |

Implanté à Concourson-sur-Layon, ce domaine de 33 ha produit une large gamme de vins d'Anjou (liquoreux, rouges et rosés). Vincent Jousset est à sa tête depuis 1982.

Cette cuvée jaune paille à reflets dorés associe au nez des parfums de coing à des nuances de miel. Riche, ample, longue, la bouche se montre douce et équilibrée. ⧗ 2014-2020 🍴 tarte aux pommes

Vincent Jousset, Le Logis du Prieuré, 8, rte des Verchers, 49700 Concourson-sur-Layon, tél. 02 41 59 11 22, contact@logisduprieure.fr V t.l.j. sf dim. 9h-12h30 14h-18h

DOM. LE MONT Faye d'Anjou 2013

| 6 000 | | 8 à 11 € |

Depuis 1995, c'est Claude Robin, fils de Louis, qui conduit l'exploitation fondée par son grand-père en 1930 et implantée au sommet d'un coteau dominant la vallée du Layon. Il y pratique une culture raisonnée avec enherbement.

Un vin élégant dans sa robe jaune d'or brillant, au nez complexe de poire et de mirabelle, onctueux et généreux en bouche. La finale est marquée par une pointe d'amertume qui contribue à son équilibre. ⧗ 2015-2020 🍴 poire pochée aux épices

EARL Louis et Claude Robin, 64, rue des Monts, 49380 Faye-d'Anjou, tél. 02 41 54 31 41, robinclaudemont@orange.fr V r.-v.

DOM. DE LA MOTTE Rochefort 2013 ★

| 7 000 | | 8 à 11 € |

Ce domaine de 18 ha est implanté à l'entrée du village de Rochefort-sur-Loire, petit bourg situé juste avant la confluence du Layon et de la Loire. Fondé en 1935, il a été repris en 1995 par Gilles Sorin.

Ce 2013 jaune doré s'ouvre sur des nuances fruitées et florales très agréables. La bouche fraîche et fine, sur la pomme verte, offre un bel équilibre. Mieux vaut toutefois attendre cette bouteille quelques années pour qu'elle révèle tout son potentiel. ⧗ 2017-2022 🍴 caille aux pommes

Gilles Sorin, 35, av. d'Angers, 49190 Rochefort-sur-Loire, tél. 02 41 78 72 96, sorin.dommotte@wanadoo.fr V t.l.j. sf dim. 8h30-12h 13h30-18h30

CH. DE LA MULONNIÈRE 2012

| 14 000 | 8 à 11 € |

Le Ch. de la Mulonnière (38 ha) situé au pied d'un coteau exposé au sud a été construit en 1876 par Charles Messe, ancien officier d'artillerie de Napoléon III. Le vignoble est conduit depuis 2002 par Jean-Louis Saget.

D'un élégant jaune aux reflets argentés, cette cuvée encore discrète au nez dévoile après agitation d'agréables parfums fruités et floraux, qui se retrouvent dans une bouche souple, équilibrée par une pointe d'acidité. ⧗ 2014-2020 🍴 tarte aux abricots

SAS Ch. de la Mulonnière, La Mulonnière, 49750 Beaulieu-sur-Layon, tél. 02 41 78 47 52, chateau.lamulonniere@orange.fr V r.-v.

B CH. DES NOYERS Vieilles Vignes 2012 ★

| 2 000 | | 11 à 15 € |

J.-P. Besnard a repris en 1990 ce domaine commandé par un château du XVIe s. situé au bord du Layon, où il a aménagé de luxueuses chambres d'hôtes. Le maître de chai Frédéric Étienne, ancien responsable de l'institut technique du Vin à Angers, a été recruté en 2008.

Ce 2012 jaune orangé aux reflets ambrés offre un bouquet intense et complexe de fruits blancs surmûris, d'orange et de mandarine confites. À la fois douce, voluptueuse, subtile et concentrée, la bouche est harmonieuse et délicate. ⧗ 2014-2020 🍴 tarte à l'orange meringuée

Ch. des Noyers, Les Noyers, 49540 Martigné-Briand, tél. 02 41 54 03 71, chateaudesnoyers@wanadoo.fr V t.l.j. 9h-12h 14h-19h; sam. dim. sur r.-v. G B

J.-P. Besnard

DOM. DE LA PETITE CROIX L'Éclipse 2013 ★

| 5 000 | | 8 à 11 € |

Régulièrement mentionné dans le Guide, ce domaine familial est situé à Thouarcé, au cœur des vignes du Layon. François Geffard, à la tête d'une exploitation de 50 ha, propose un beau panel de vins ligériens.

La robe jaune orangé, le nez complexe mariant fruits (agrumes) et fleurs blanches sur fond miellé, et le palais fruité, gourmand et bien équilibré, font de ce vin un très beau représentant de l'appellation. ⧗ 2014-2020 🍴 brochette de saint-jacques

SCEA Vignoble Denéchère-Geffard, La Petite-Croix, 49380 Thouarcé, tél. 02 41 54 06 99, scea@lapetitecroix.com V r.-v. B

♥ DOM. DE PIED-FLOND Les Tentations... 2012 ★★

| 3 000 | | 11 à 15 € |

Construite en pierre de falun (pierre coquillière), cette ancienne seigneurie du XVe s. est entrée dans la famille Gourdon en 1864 et a vu se succéder sept générations. Franck Gourdon a pris les commandes en 2000 de ce domaine de 23 ha.

Cette cuvée aux reflets jaune d'or libère des parfums intenses et complexes de coing, d'abricot, de mandarine et d'ananas compotés. Au palais, elle se montre ample, très concentrée, onctueuse et fruitée à souhait. La longue finale sur le fruit laisse une impression d'harmonie et présage un grand avenir. ⧗ 2014-2024 🍴 foie gras et toasts de pain d'épice ■ Tradition 2012 ★ (5 à 8 € ; 8 000 b.) : nez fruité (abricot), floral, légèrement mentholé. Bouche dans le même registre, onctueuse, bien équilibrée et de bonne longueur. ⧗ 2014-2020

Franck Gourdon, Dom. de Pied-Flond, 49540 Martigné-Briand, tél. 02 41 59 92 36, pied-flond@9business.fr V r.-v.

LOIRE

CH. PIÉGUË Les Varennes 2013 ★★

■ | 40 000 | 🍾 | 5 à 8 €

Cette propriété domine la vallée de la Loire, face au vignoble de Savennières situé sur l'autre rive. Elle s'étend sur 27 ha. Des pins parasols, révélateurs de conditions climatiques favorables, lui donnent un air méditerranéen.

Ce superbe 2013 offre une élégante robe or intense et une palette aromatique expressive et complexe, sur les fruits blancs et les fruits confits. Le palais, riche, puissant, fruité et très rond, fait preuve d'une belle harmonie. ⧗ 2014-2022 🍴 gratin de pêches et abricots aux amandes

🔑 Ch. Piéguë, Piéguë, 49190 Rochefort-sur-Loire, tél. 09 63 20 20 39, chateau-piegue@wanadoo.fr V t.l.j. sf dim. 9h-12h 14h-19h 5

♥ B CH. DE PLAISANCE
Chaume Les Zerzilles 2011 ★★★

■ 1er cru | 10 000 | 🍾 | 11 à 15 €

Installé depuis 1980, Guy Rochais exploite en bio et biodynamie 26 ha de vignes situées principalement sur la rive gauche de la Loire, avec plusieurs parcelles dans des appellations aussi prestigieuses que chaume ou quarts-de-chaume. Une valeur sûre.

D'un doré éclatant, ce 2011 brille plus encore par son nez puissant et envoûtant évoquant le raisin passerillé, et par son palais riche, dense, onctueux et délicat tout à la fois. Un chaume admirable de puissance maîtrisée. ⧗ 2014-2024 🍴 chaud-froid de volaille

🔑 Guy Rochais, Ch. de Plaisance, Chaume, 49190 Rochefort-sur-Loire, tél. 02 41 78 33 01, rochais.guy@wanadoo.fr V r.-v.

DOM. DU PORTAILLE Planche Mallet 2013 ★

■ | 2 700 | 🛢 | 8 à 11 €

Cette exploitation familiale s'est développée avec Marcel Tisserond puis avec ses deux fils Philippe et François, qui se sont installés respectivement en 1998 et 2003. Aujourd'hui, 40 ha au-dessus des coteaux du bonnezeaux.

Ce 2013 jaune paille aux reflets orangés s'ouvre sur des parfums de fruits exotiques et sur des notes plus suaves de pruneau. Des sensations confirmées dans une bouche franche à l'attaque, souple et équilibrée, à la finale délicatement fruitée. ⧗ 2014-2020 🍴 boudin blanc

🔑 François et Philippe Tisserond, 24, rue de Jarzé, Millé, 49380 Chavagnes-les-Eaux, tél. 02 41 54 31 63, earl.tisserond@wanadoo.fr V t.l.j. sf dim. 9h-12h 14h-19h

DOM. DE LA ROCHE MOREAU Chaume 2012 ★★

■ 1er cru | n.c. | 🛢 | 11 à 15 €

Le domaine de 24 ha est situé sur la corniche angevine entre les vallées de la Loire et du Layon. Le chai ancien est classé (XVIIe s.) et la cave est installée dans une mine à charbon désaffectée, dans laquelle mûrissent les vins de garde.

Cette remarquable cuvée, parée d'une robe vieil or, libère des arômes délicats de fruits confits et de coing, accompagnés des notes agréablement vanillées et briochées de l'élevage. Le palais aromatique, à la fois opulent et frais, offre une longue finale. ⧗ 2014-2022 🍴 escalope de foie gras aux pommes ■ 2013 ★ (5 à 8 € ; 4 000 b.) : un nez complexe sur les fruits mûrs, le coing et le miel, légèrement minéral, une bouche ample et bien équilibrée. ⧗ 2014-2020 ■ Saint-Aubin 2013 ★ (8 à 11 € ; 8 000 b.) : un nez intense de tilleul, d'abricot, de menthe fraîche, une bouche ample et persistante. ⧗ 2014-2020

🔑 André Davy, Dom. de la Roche Moreau, La Haie-Longue, 49190 Saint-Aubin-de-Luigné, tél. 02 41 78 34 55, davy.larochemoreau@wanadoo.fr V r.-v.

LA ROCHE SAINT-AENS 2013 ★

■ | 25 000 | 🍾 | 5 à 8 €

Situé sur les hauteurs de Rochefort-sur-Loire, ce domaine s'inscrit dans le paysage remarquable de la corniche angevine. Exploitée par son fondateur et ses deux fils, la propriété est passée de 2 ha en 1976 à 50 ha aujourd'hui.

Cette cuvée séduit d'emblée par sa robe or limpide et son élégant nez fruité agrémenté de notes florales, minérales et miellées. Ample, douce, fruitée (abricot, litchi) et longue, la bouche laisse une sensation de fraîcheur. ⧗ 2014-2020 🍴 tarte aux pommes

🔑 EARL Pin, Les Hautes-Brosses, 49190 Rochefort-sur-Loire, tél. 02 41 78 35 26, pin@webmails.com V r.-v.

DOM. SAUVEROY
Saint-Lambert Vieilles Vignes 2013 ★★

■ | 12 000 | 🍾 | 8 à 11 €

Pascal et Véronique Cailleau gèrent l'exploitation familiale depuis 1985. Le vignoble s'est agrandi, passant de 1 ha à sa création en 1866 à 28 ha répartis entre les appellations coteaux-du-layon, anjou-villages et anjou.

Un vin d'emblée séduisant avec sa couleur jaune d'or, son nez expressif, complexe et élégant sur les fruits exotiques, le miel, l'acacia, les fleurs... Les fruits prennent des accents compotés et confits dans une bouche ample et ronde. Remarquable harmonie générale. ⧗ 2014-2022 🍴 cailles rôties aux figues

🔑 EARL Pascal Cailleau, Dom. Sauveroy, 49750 Saint-Lambert-du-Lattay, tél. 02 41 78 30 59, domainesauveroy@sauveroy.com V r.-v.

DOM. DES TROTTIÈRES 2013 ★

■ | 25 000 | 🍾 | 5 à 8 €

Le domaine a été créé en 1906 par M. Brochard, pionnier dans le vignoble angevin de l'introduction des porte-greffes américains résistant au phylloxéra. Il couvre aujourd'hui 108 ha et propose une large gamme d'appellations de l'Anjou et du Saumurois.

D'une avenante couleur jaune paille, cette cuvée libère une fine palette aromatique où se côtoient l'abricot et les fruits exotiques. Un 2013 riche, élégant et moelleux. ⧗ 2014-2020 🍴 pain perdu aux fruits

🔑 SCEA Dom. des Trottières, Les Trottières, 49380 Thouarcé, tél. 02 41 54 14 10, contact@domainedestrottieres.com V t.l.j. sf dim. 9h-12h 14h-17h; sam. sur r.-v. 🔑 Lamotte

DOM. VERDIER 2013

■ | 8 000 | 5 à 8 €

Sébastien Verdier représente la quatrième génération sur ce domaine créé en 1910 sur les coteaux du Layon. Il a largement contribué à son développement : l'exploitation est passée de 18 ha à son arrivée en 1997 à 33 ha aujourd'hui.

Un beau jaune aux reflets dorés habille cette cuvée qui, après agitation, libère des parfums de fruits bien mûrs assortis de notes citronnées et miellées qui glissent dans une bouche ample et bien équilibrée. ⧗ 2014-2020 ▼ filets de barbue aux agrumes confits ■ Saint-Lambert 2013 (6 500 b.) : nez complexe sur les fleurs blanches, les agrumes et les fruits confits. Bouche souple et fruitée ; belle finale miellée. ⧗ 2014-2020

⊶ EARL Sébastien Verdier, 26 bis, rue Rabelais, 49750 Saint-Lambert-du-Lattay, tél. 02 41 74 01 77, sebastien@domaineverdier.com V r.-v.

QUARTS-DE-CHAUME

• Superficie : 28 ha • Production : 579 hl

Le nom de l'appellation dit l'ancienneté de ce vignoble réputé de la vallée du Layon : le seigneur se réservait le quart de la production et gardait le vin né sur le meilleur terroir. Les quarts-de-chaume proviennent d'une colline exposée plein sud autour de Chaume, à Rochefort-sur-Loire. Les vignes souvent vieilles, l'exposition et les aptitudes du chenin conduisent à des productions, faibles en général mais de grande qualité. Récoltés par tries, les vins sont moelleux ou liquoreux. Séveux et nerveux, ils sont de garde (de cinq ans à plusieurs décennies, selon le millésime).

DOM. DES BAUMARD 2012

■ | 4 000 | | 30 à 50 €

Les ancêtres de Florent Baumard cultivaient la vigne à Rochefort-sur-Loire au début du XVIIe s. L'exploitation, qui a pris son essor à partir des années 1950, vinifie les plus prestigieuses appellations de l'Anjou, comme le savennières et le quarts-de-chaume.

Ce vin jaune pâle aux reflets verts livre des parfums de fruits très mûrs évoquant la pourriture noble, agrémentés d'une pointe minérale. La bouche apparaît ample, riche, fruitée et bien équilibrée. ⧗ 2014-2025 ▼ tarte fine aux pommes

⊶ Dom. des Baumard, 8, rue de l'Abbaye, 49190 Rochefort-sur-Loire, tél. 02 41 78 70 03, contact@baumard.fr V t.l.j. sf dim. 10h-12h 14h-17h30

♥ CH. PIERRE-BISE 2011 ★★

■ Gd cru | 3 914 | | 20 à 30 €

Ce domaine de 5,5 ha, né de la fusion de deux exploitations familiales, est conduit depuis 1974 par Claude Papin, l'un des plus fins connaisseurs des terroirs angevins et des plus talentueux élaborateurs de vins blancs de la région, en sec comme en liquoreux. Incontournable.

Or intense, ce 2011 affiche un nez puissant et complexe de fruits confits, de pâte de coings et de miel, arômes que l'on retrouve dans une bouche riche, ample, onctueuse, à laquelle une belle vivacité confère un rare équilibre. Une remarquable image des liquoreux de la Loire. (Bouteilles de 50 cl.) ⧗ 2017-2035 ▼ escalope de foie gras de canard

⊶ EARL Ch. Pierre-Bise, 1, imp. du Chanoine-des-Douves, 49750 Beaulieu-sur-Layon, tél. 02 41 78 31 44, chateaupb@hotmail.com V r.-v.

BONNEZEAUX

• Superficie : 67 ha • Production : 1 830 hl

« L'inimitable vin de dessert », disait le Dr Maisonneuve en 1925. À cette époque, les grands liquoreux étaient surtout consommés à ce moment du repas ou dans l'après-midi, entre amis. De nos jours, on apprécie ce grand cru plutôt à l'apéritif. Très parfumé, plein de sève, de grande garde, le bonnezeaux doit toutes ses qualités au terroir exceptionnel qu'il occupe : surplombant le village de Thouarcé, trois petits coteaux de schiste abrupts exposés au plein sud : La Montagne, Beauregard et Fesles.

DOM. DE MIHOUDY 2013 ★

■ | 16 000 | | 11 à 15 €

Bruno et Jean-Charles Cochard sont associés avec leur père Jean-Paul sur ce vignoble de 56 ha situé dans la vallée du Layon. Un domaine de référence qui s'illustre souvent en anjou, blanc ou rouge, ainsi qu'en bonnezeaux.

D'un jaune intense aux reflets dorés, ce 2013 dévoile des parfums concentrés de raisins très mûrs et de miel stimulés par des notes d'agrumes et une pointe mentholée. Ces nuances aromatiques se prolongent avec intensité dans une bouche fraîche, élégante et longue. (Bouteilles de 50 cl.) ⧗ 2014-2020 ▼ volaille au curry doux

⊶ Cochard et Fils, Dom. de Mihoudy, 49540 Aubigné-sur-Layon, tél. 02 41 59 46 52, domainedemihoudy@orange.fr V t.l.j. sf dim. 8h30-12h 14h-18h30

DOM. DES PETITS QUARTS Le Malabé 2013 ★★

■ | 3 300 | | 11 à 15 €

Ce vignoble constitué à la fin du XIXe s. est implanté à Faye-d'Anjou, au cœur des coteaux-du-layon. Installé en 1987, Jean-Pascal Godineau a assis la réputation du domaine sur les moelleux et les liquoreux, qui constituent l'essentiel de sa production.

Une cuvée du domaine très souvent aux meilleures places. D'un jaune paille aux reflets brillants, le 2013 libère des parfums complexes, à la fois doux et frais, de fruits confits, de fruits exotiques (ananas), d'agrumes et de miel. Généreux, suave, tout aussi aromatique, le palais est vivifié par une belle fraîcheur, qui souligne la persistance de la finale et confère élégance et dynamisme à l'ensemble. ⧗ 2016-2024 ▼ duo de foies gras (canard et oie) ■ Cuvée Les Melleresses 2013 (3 300 b.) : des arômes fruités rehaussés de notes délicatement fumées et grillées. La bouche, bien structurée, se montre ronde, grasse et expressive. ⧗ 2015-2020

⊶ Jean-Pascal Godineau, Dom. des Petits Quarts, 49380 Faye-d'Anjou, tél. 02 41 54 03 00 V t.l.j. sf dim. 8h-12h 14h-18h

LOIRE

SAUMUR

• Superficie : 2 613 ha • Production : 161 278 hl (61 % mousseux, 24 % rouge)

Le vignoble s'étend sur 36 communes. Il couvre les coteaux de la Loire et du Thouet, implanté sur le blanc tuffeau qui marque aussi l'habitat local. Les vins blancs de Turquant et de Brézé étaient autrefois les plus réputés ; depuis le milieu des années 1970, les vins rouges se développent. Ils dominent en volume les blancs secs tranquilles. Ceux du Puy-Notre-Dame, de Montreuil-Bellay et de Tourtenay ont acquis une bonne notoriété. Les premiers bénéficient d'ailleurs d'une dénomination officielle figurant sur l'étiquette. L'appellation est beaucoup plus connue pour les vins effervescents, qui ont progressé en qualité. Les élaborateurs, tous installés à Saumur, possèdent des caves creusées dans le tuffeau, que l'on peut visiter.

DOM. LA BONNELIÈRE Tradition 2013 ★

■	7 000	🛢	5 à 8 €

Après un parcours diversifié dans des vignobles en France et à l'étranger, Anthony et Cédric Bonneau ont repris en 2000 les rênes de la propriété familiale. Implanté sur les terres argilo-calcaires de la butte des Poyeux dominant la jolie vallée du Thouet, affluent de la Loire, le domaine couvre 37 ha.

Ce saumur blanc au nez floral a séduit le jury par son attaque franche sur le fruit, par sa bouche ample, tonifiée par une belle acidité qui étire la finale et laisse une impression d'élégance. ⌛ 2014-2017 🍷 risotto d'asperges solognotes

Dom. la Bonnelière, EARL Bonneau et Fils, 45, rue du Bourg-Neuf, 49400 Varrains, tél. 02 41 52 92 38, bonneau@labonneliere.com V r.-v. Cédric et Anthony Bonneau

BOUVET Trésor 2010 ★★

●	100 000	🛢	11 à 15 €

Fondée par Étienne Bouvet en 1851, la maison Bouvet-Ladubay est un négoce emblématique du Saumurois. Ancienne propriété des Monmousseau, puis de Taittinger, elle est depuis 2005 dans le giron d'un poids lourd mondial des spiritueux, l'Indien UB Group.

Bouvet a été l'une des premières maisons à avoir introduit l'élevage en fût des vins de base. Cette cuvée offre un boisé harmonieusement allié aux arômes du raisin. Le séjour sur lattes durant plusieurs années confère au vin finesse et complexité aromatique. Richesse, intensité, élégance et longueur, mousse soyeuse : les dégustateurs sont comblés. ⌛ 2014-2017 🍷 moelleux au chocolat

Bouvet-Ladubay, 11, rue Jean-Ackerman, BP 65 Saint-Hilaire-Saint-Florent, 49426 Saumur, tél. 02 41 83 83 83, service.export@bouvet-ladubay.fr V t.l.j. 9h-12h30 14h-18h USL

B CH. DE BRÉZÉ Clos Mazurique 2013

■	20 000	🛢	8 à 11 €

Un imposant château dont les caves souterraines méritent un détour. En 2009, le comte de Colbert, propriétaire du château de Brézé, sollicite Yves Lambert et son fils Arnaud pour reprendre l'exploitation de son vignoble. Après le décès de son père, le fils remet en état les 20 ha de vigne et les convertit à l'agriculture biologique.

Ce vin arbore une robe rouge intense. Le nez, encore discret, libère à l'aération des nuances de petits fruits rouges. Très souple en attaque, la bouche est marquée par des tanins encore un peu jeunes. Un beau potentiel. ⌛ 2015-2018 🍷 poulet aux champignons

Vignoble du Ch. de Brézé, 12, rue de la Prée-Mollay, 49260 Saint-Just-sur-Dive, tél. 02 41 51 62 01, infos@st-just-net V r.-v. Arnaud Lambert

DOM. DE BRIZÉ 2012 ★

●	16 400	5 à 8 €

Cette propriété familiale, dont l'origine remonte au XVIII^e^s., est conduite depuis 1989 par Line Delhumeau et son frère Luc. Régulièrement présente dans le Guide, l'exploitation possède des vignes réparties dans plusieurs appellations de l'Anjou et du Saumurois.

Fort d'une expérience en Champagne, Luc Delhumeau met celle-ci à profit dans l'élaboration de ses cuvées. En témoigne ce saumur blanc aux parfums intenses d'agrumes et de fleurs blanches. Les 30 % de chardonnay ressortent en bouche, où les arômes perçus à l'olfaction prennent un caractère beurré. De la rondeur, de la longueur, de fines bulles persistantes : un effervescent de qualité. ⌛ 2014-2017 🍷 tarte aux quetsches

EARL Dom. de Brizé, Line et Luc Delhumeau, 36, rue des Jonchères – village de Cornu, 49540 Martigné-Briand, tél. 02 41 59 43 35, contact@domainedebrize.fr V r.-v. Luc et Line Delhumeau

DOM. DES CHAMPS FLEURIS Les Damoiselles 2012

■	2 100	🛢	5 à 8 €

Denis Rétiveau, sa sœur Catherine et son beau-frère Patrice Rétif président aux destinées de ce domaine de 45 ha. Les vignes sont situées sur les coteaux qui dominent la Loire, dans les communes de Turquant et de Montsoreau.

Ce chenin dévoile son élevage en fût par des arômes de noisette et de brioche. Minéral, voire légèrement salin, il laisse en bouche une impression de fraîcheur. ⌛ 2014-2017 🍷 saumon sauce hollandaise

EARL Rétiveau-Rétif, 54, rue des Martyrs, 49730 Turquant, tél. 02 41 38 10 92, domaine@champs-fleuris.com V t.l.j. sf dim. 10h-12h 14h-18h30

LYDIE ET THIERRY CHANCELLE 2013 ★

■	4 000	🛢	5 à 8 €

Lydie et Thierry Chancelle dirigent depuis 2000 la propriété familiale implantée sur la côte turonienne qui surplombe la Loire. Ils proposent une large palette de vins dans diverses appellations ligériennes.

Assez discret au nez, ce blanc s'épanouit en bouche. Souple en attaque, il montre un côté tendre souligné par des arômes de pêche, de poire et d'amande. Une pointe d'agrumes apporte fraîcheur et équilibre à ce vin « amical et plaisant ». ⌛ 2014-2019 🍷 escalope de veau au citron

Thierry Chancelle, 27, rue des Martyrs, 49730 Turquant, tél. 02 41 38 11 83, domaine-bourdin-chancelle@orange.fr V t.l.j. sf dim. 9h-12h 14h-18h

LES CLOS MAURICE La Licorne du clos 2013 ★★

	4 000		8 à 11 €

Après avoir travaillé à Châteauneuf-du-Pape, puis dans le Beaujolais et enfin avec son père pendant plusieurs années sur le domaine familial, Mickaël Hardouin a pris en 2007 la direction de ce vignoble de 21 ha et engagé la conversion bio.

Un vin au nez expressif de citron et de fruits bien mûrs (pêche, abricot). Acidulé en attaque, il offre une belle matière en bouche et laisse en finale une sensation de douceur. Une superbe expression d'un chenin récolté à maturité. ⧗ 2014-2019 🍴 mousseline de brochet beurre blanc

Mickaël Hardouin, 18, rue de la Mairie, 49400 Varrains, tél. 02 41 38 80 02, closmaurice@orange.fr V r.-v.

DOM. LA CROIX DE GALERNE ★

	2 300	5 à 8 €

Après une expérience dans le Bordelais, André Roger et son épouse Yvette, œnologue, s'installent en 1988 à Martigné-Briand, village dominant le Layon. Leur domaine est passé de 12 ha à 30 ha. Depuis 2009, leur fils Frédéric se charge des vinifications.

Fines et persistantes, les bulles font monter des arômes de fruits blancs et de fruits confits qui témoignent d'une belle maturité. On retrouve celle-ci dans une bouche ronde qui prolonge les arômes du nez rehaussés de notes toastées. Une belle complexité. ⧗ 2014-2017 🍴 clafoutis aux abricots

Roger, 20, rue du Pressoir, Maligné, 49540 Martigné-Briand, tél. 02 41 59 65 73, carl.roger@orange.fr V t.l.j. sf dim. 8h30-12h 14h-18h30

DOM. LA CROIX DES LOGES Eden 2008

	6 000	5 à 8 €

Régulièrement mentionné dans le Guide, ce domaine couvre 45 ha autour de Martigné-Briand. À sa tête, un couple d'œnologues formés à Montpellier, Jean-Christian et Sophie Bonnin.

Ce saumur blanc effervescent arbore une robe jaune pâle aux reflets or. Il dévoile des notes beurrées et toastées assorties d'une touche miellée. La bouche, ample et souple, offre une mousse abondante et onctueuse. ⧗ 2014-2016 🍴 pêches en sabayon

SCEA Sophie et Jean-Christian Bonnin, Dom. la Croix des Loges, 49540 Martigné-Briand, tél. 02 41 59 43 58, bonninlesloges@orange.fr V r.-v.

CH. DE LA DURANDIÈRE 2012 ★★

	15 000		- de 5 €

Le château de la Durandière, seigneurie au XVIIᵉs., fait face aux remparts de la cité médiévale de Montreuil-Bellay, dont le château surplombe le Thouet. Créé en 1900, ce domaine de 40 ha appartient depuis 1986 à Antoine Bodet.

À la robe rouge sombre répond un nez puissant sur la griotte et le pruneau qui témoigne de raisins récoltés à très bonne maturité. Généreux et doux, le palais s'adosse à des tanins bien fondus. ⧗ 2014-2017 🍴 macher kalia

SCEA Antoine Bodet, 51, rue des Fusillés, 49260 Montreuil-Bellay, tél. 02 41 40 35 30, durandiere.chateau@wanadoo.fr V t.l.j. 9h30-12h 14h-18h; sam. dim. sur r.-v.

DOM. DE L'ÉPINAY 2013 ★★

	8 000		5 à 8 €

Ce domaine de 30 ha conduit par la famille Menestreau est situé au sud de l'appellation, aux environs de Loudun. Si ce secteur de la Vienne fait partie administrativement de la région Poitou-Charentes, en matière de géologie et de viticulture, il se rattache bien au vignoble angevin.

Ce saumur blanc affiche une robe jaune pâle aux reflets verts. Il libère d'intenses arômes citronnés. La bouche tendue est encore vivifiée par un léger perlant. Un vin franc et frais. ⧗ 2014-2017 🍴 huîtres ■ Blanc Haut de gamme 2012 ★ (1 800 b.): un blanc frais, citronné, légèrement boisé. ⧗ 2016-2019

EARL de l'Épinay, 3, allée du Presbytère, 86120 Pouançay, tél. 05 49 22 98 08, menestreau-epinay@wanadoo.fr V t.l.j. sf dim. 9h-12h30 15h-18h30 Menestreau

CH. D'ÉTERNES Puy-Notre-Dame 2012 ★

	36 000		8 à 11 €

Située à Saix, dans le secteur nord-ouest de la Vienne inclus dans le vignoble saumurois, une très ancienne propriété mentionnée en 889 dans un diplôme du roi Eudes. Les 7 ha de la propriété sont ceints de murs et forment un clos exposé plein sud.

Une robe grenat jeune, un nez déjà ouvert sur des arômes de cassis et de groseille. L'attaque est fraîche et ronde à la fois, la structure tannique plutôt discrète. ⧗ 2014-2017 🍴 bavette grillée

SCEA Beaulieu, 15, Grand-Rue, 49400 Varrains, tél. 02 41 50 82 56, domaine.viticole@lvdomaine.com V r.-v. Lancien

DOM. DE FIERVAUX Tradition 2013 ★

	10 000		5 à 8 €

Installée en Saumurois au pied de la butte calcaire de Puy-Notre-Dame couverte de vignes, l'exploitation (34 ha) possède une cave creusée dans le tuffeau au Moyen Âge, sur plus de 600 m. Christian Cousin y élabore ses vins.

Une robe rubis intense et un nez tout en fruits rouges (cerise, groseille). Le palais riche est soutenu par des tanins qui se font plus présents en finale. ⧗ 2014-2017 🍴 grillade de bœuf

Christian Cousin-Maitreau, 235, rue des Caves-Oiré, 49260 Vaudelnay, tél. 02 41 52 34 63, christian@domainedefiervaux.com V r.-v.

♥ DOM. DES GARENNES
Les Clos aux dames 2013 ★★

	8 000		5 à 8 €

Une exploitation familiale implantée depuis quatre générations à Montreuil-Bellay, petit village célèbre pour son château et les vestiges de ses remparts. Deux cousins, Stéphane Manguin et Fabrice Baron, sont aujourd'hui à la tête du vignoble, qui couvre 40 ha.

LOIRE

Les artisans de cette cuvée issue d'un millésime délicat ont réalisé un magnifique travail. La robe rouge profond, presque noire, annonce une belle maturité. Le nez est plus nuancé, encore sur la réserve, mais il libère néanmoins quelques touches de framboise à l'aération. Solidement charpenté et d'une rare longueur, ce vin aux tanins encore fermes promet une superbe bouteille après un court séjour en cave. 2016-2019 grillade de bœuf

Dom. des Garennes, 156, av. Paul-Painlevé, 49260 Montreuil-Bellay, tél. 02 41 52 34 94, vignoble-baron@oange.fr V t.l.j. sf dim. 9h-12h 14h-19h

DOM. DE LA GIRARDRIE
Méthode traditionnelle ★★

●	6 000		5 à 8 €

Au Puy-Notre-Dame, on cultive la vigne depuis le XIIe s. C'est aujourd'hui la plus grande commune viticole du Saumurois. Gilles Falloux est à la tête d'un vaste domaine (45 ha) dont la cave a été aménagée dans un ancien site troglodytique.

Vêtu d'une robe corail aux reflets cuivrés, ce vin offre un nez intense et complexe mêlant les fruits rouges (cassis, fraise, grenadine) et les notes d'élevage sur lies (brioche, beurre). La bouche fraîche est animée par une bulle persistante et soyeuse. Le dosage ajusté apporte ce qu'il faut de douceur. Un équilibre remarquable. 2014-2017 soupe de fruits rouges

SCEA Falloux, Dom. de la Girardrie, 1, rue de la Fontaine, 49260 Le Puy-Notre-Dame, tél. 02 41 52 25 10, girardrie@orange.fr V r.-v. B

DOM. DU GRAND CLOS 2012 ★

■	6 000		5 à 8 €

Domaine installé au nord du département de la Vienne, rattaché administrativement à la région Poitou-Charentes et à la vallée de la Loire pour ses vins. Représentant la cinquième génération à la tête de l'exploitation, Damien Robert a passé sept mois en Australie après ses études d'œnologie. Son vignoble couvre 20 ha.

D'un rouge très sombre, ce 2012 libère des arômes intenses de baies noires agrémentés de réglisse et de menthe. Porté par des tanins soyeux, le palais offre du volume, beaucoup de complexité et une belle expression mentholée héritée du cabernet. Un ensemble harmonieux. 2014-2017 rôti de sanglier

Damien Robert, 12, rue des Vignes, Besse, 86120 Saint-Léger-de-Montbrillais, tél. 06 74 48 46 72, damien.robert16@sfr.fr V r.-v.

LOUIS DE GRENELLE Grande Cuvée

●	82 937	8 à 11 €

Dotée de caves situées à 12 m sous terre en plein cœur de Saumur, cette vénérable maison de négoce fondée en 1859 est aujourd'hui la dernière affaire familiale du Saumurois. Quatre millions de bouteilles reposent dans une ancienne carrière de tuffeau creusée au XVe s.

Ce saumur brut arbore une jolie robe jaune pâle et libère des arômes intenses de fleurs d'acacia mâtinés de notes minérales. La fraîcheur du nez se retrouve dans une bouche marquée par la salinité. Ce vin exprime le terroir et le chenin, qui compose 90 % de cette cuvée. 2014-2016 brochettes de gambas

Louis de Grenelle, 839, rue Marceau, 49400 Saumur, tél. 02 41 50 17 63, grenelle@louisdegrenelle.fr V t.l.j. sf dim. 9h30-12h 13h30-18h FLAO

DOM. DES MATINES
Cuvée la Falaiserie 2012 ★★

■	2 000		15 à 20 €

Michèle Mallard-Etchegaray, fille du fondateur, a transmis en 2010 les rênes du domaine (52 ha) à ses fils, Vincent et Hervé. La cave creusée dans le calcaire dur abrite tous les anciens millésimes de l'exploitation produits depuis 1950.

Discret au premier nez, ce 2012 révèle à l'aération des notes de fruits rouges et d'épices. La bouche soutenue par des tanins bien présents offre plénitude et puissance. Le bois est bien ajusté mais encore appuyé. Un beau potentiel de garde pour ce vin à carafer avant le service. 2015-2019 pavé de bœuf aux champignons

Dom. des Matines, 31, rue de la Mairie, 49700 Brossay, tél. 02 41 52 25 36, contact@domainedesmatines.fr V t.l.j. sf dim. 8h-12h 14h-18h; sam. sur r.-v. B Etchegaray

DOM. DE MONTFORT La Chapelle 2012 ★

■	2 500		8 à 11 €

Installée depuis la fin du XIXe s. à Montfort, la famille Huet semble avoir toujours cultivé la vigne. En 2011, la cinquième génération représentée par Anthony, œnologue, et sa compagne Stéphanie, a rejoint le domaine pour en écrire de nouvelles pages.

C'est son nez généreux de cassis que le jury a apprécié dans cette cuvée « très, très fruitée ». On retrouve le fruit dans un palais pour l'heure marqué par des tanins encore jeunes qui devraient se fondre dans les mois qui viennent. 2015-2017 cantal

Famille Huet, 4, rte de Brossay, 49700 Montfort, tél. 02 44 27 63 07, domainedemontfort@gmail.com V r.-v.

♥ CH. DE MONTGUÉRET Tête de cuvée 2012 ★★

●	n.c.	8 à 11 €

Le château de Montguéret est devenu la propriété des Grands Chais de France après le rachat en 2005 de la société Lacheteau. Son vaste vignoble couvre 101 ha.

Ce 2012 témoigne d'une remarquable maîtrise de l'élaboration des vins effervescents. D'un jaune pâle aux reflets verts, il s'annonce jeune et fougueux. Le nez offre un cocktail fruité où se mêlent citron, pamplemousse, litchi, figue et coing mâtinés de notes de brioche et de pain grillé. Vif en attaque, le palais révèle une effervescence élégante. Une très fine trame acide contribue au remarquable équilibre de cette cuvée et souligne sa longueur. Un vin racé et « extraverti », digne des plus grands. ⧗ 2014-2017 🍷 Saint-Jacques poêlées ● Ch. de Monguéret ★ (5 à 8 €) : de jolis arômes de litchi et de poire, une bouche fraîche. La cuvée classique rappelle la précédente avec moins de longueur. ⧗ 2014-2017

Ch. de Montguéret, 49560 Nueil-sur-Layon, tél. 02 41 59 26 26, jchailloux@igcf.fr GCF

DOM. DE NERLEUX Les Loups blancs 2012

	5 000		11 à 15 €

Valeur sûre du Saumurois, le domaine de Nerleux (« loups noirs » en ancien français) est ancré dans les terres de Saint-Cyr-en-Bourg depuis neuf générations. Couvrant aujourd'hui 48 ha, son vignoble est conduit par Régis et Élisabeth Neau, rejoints en 2011 par leur fille Amélie.

Ce saumur blanc présente un nez encore discret. Vif en attaque, il offre en bouche des arômes de fleurs et de fruits blancs mâtinés des notes léguées par un élevage d'un an sous bois. Une cuvée qui devrait s'arrondir dans peu de temps. ⧗ 2015-2017 🍷 coquilles Saint-Jacques

Dom. de Nerleux, SCEA Neau, 4, rue de la Paleine, 49260 Saint-Cyr-en-Bourg, tél. 02 41 51 61 04, contact@nerleux.fr V t.l.j. sf dim. 9h-18h

DOM. DE LA PALEINE Toccata 2012 ★★

	15 500		8 à 11 €

Établis depuis 2003 au Puy-Notre-Dame, le deuxième point le plus haut du Maine-et-Loire, Laurence et Marc Vincent conduisent un vignoble de 34 ha situé au pied d'une butte calcaire. En conversion bio.

Les reflets dorés de la robe témoignent d'une légère surmaturation que l'on retrouve au nez dans des notes de fruits secs et de fruits confits. La bouche, à l'unisson, est généreuse et suave, une pointe d'agrumes venant rafraîchir la finale. ⧗ 2014-2017 🍷 pavé de cabillaud sauce hollandaise ■ Puy-Notre-Dame 2012 ★ (7 800 b.) : des arômes de fruits rouges, une bouche corpulente et des tanins veloutés. ⧗ 2014-2019

Marc Vincent, Dom. de la Paleine, 9, rue de la Paleine, 49260 Le Puy-Notre-Dame, tél. 02 41 52 21 24, domaine.de.la.paleine@orange.fr V r.-v. Marc Vincent

CH. DE PARNAY Le Chemin des murs 2012 ★

	2 700		8 à 11 €

Ce domaine historique, ancienne propriété d'Antoine Cristal, célèbre pour son Clos d'entre les murs, a été racheté en 2006 par Mathias Levron, aux commandes du vignoble, et son associé Régis Vincenot, investisseur.

Limpide et brillant, ce saumur blanc offre un nez fin et élégant (vanille, fleurs blanches et agrumes). Franc et fruité en attaque, le palais dévoile une fine trame vive et un juste équilibre. ⧗ 2014-2019 🍷 gambas flambées

Ch. de Parnay, 1, rue Antoine-Cristal, 49730 Parnay, tél. 02 41 38 10 85, bureau@chateaudeparnay.fr V t.l.j. sf dim. (hors été) 10h-12h30 14h-18h30

LE PETIT SAINT-VINCENT Nobile 2012 ★★

	1 200		15 à 20 €

Dominique Joseph a repris en 1990 l'exploitation familiale de 13 ha située au cœur de l'appellation saumur-champigny, sur un coteau dominant la vallée de la Loire. Le vignoble est en conversion bio.

Ce 2012 aux reflets or libère des arômes d'agrumes et de miel. Franc en attaque, il associe au palais des notes de torréfaction liées à l'élevage et des notes de surmaturation (coing et pâte de fruits) qui se prolongent dans une finale raffinée. ⧗ 2014-2017 🍷 suprême de volaille à la crème

Le Petit Saint-Vincent, 10, rue des Rogelins, 49400 Varrains, tél. 02 41 52 99 95, d-joseph@petit-saint-vincent.com V t.l.j. 9h-12h 14h-18h

LYCÉE VITICOLE EDGARD PISANI DE MONTREUIL-BELLAY Cuvée des hauts de Caterne 2012

	8 400		5 à 8 €

En 2009, le lycée viticole de Montreuil-Bellay a été rebaptisé du nom d'Edgard Pisani, son fondateur en 1967, à l'époque maire de la commune, célèbre homme d'État qui fut ministre de l'Agriculture sous la présidence du général De Gaulle. Son vignoble de 13,8 ha est exploité en lutte raisonnée par les futurs professionnels de la région.

Cette cuvée affiche une robe sombre aux reflets violines. Au nez, la griotte s'allie à la groseille, prélude à une bouche tendre et légère. ⧗ 2014-2017 🍷 camembert

Lycée Viticole Edgard Pisani, rte de Méron, 49260 Montreuil-Bellay, tél. 02 41 40 19 24 V t.l.j. 9h-12h 14h-18h

LIONEL RENARD 2013 ★

	3 500		- de 5 €

À vingt-trois ans, Lionel Renard a repris en 1992, l'exploitation familiale. Son vignoble de 13 ha est implanté au nord de la Vienne – un secteur de la région Poitou-Charentes rattaché au Saumurois.

La robe doré intense, le nez de fruits confits, puis la bouche douce et ronde témoignent d'une vendange attendue jusqu'au 21 octobre. Un ensemble harmonieux. ⧗ 2014-2019 🍷 toasts au saumon

Lionel Renard, 24, rue des Vignes, Bessé, 86120 Saint-Léger-de-Montbrillais, tél. 05 49 22 41 03 V r.-v.

ROBERT ET MARCEL 2013 ★★★

	153 000		5 à 8 €

Créée en 1957 par quinze viticulteurs, la coopérative de Saint-Cyr-en-Bourg compte aujourd'hui 180 adhérents, vinifie la récolte de 1 800 ha et stocke ses vins dans une immense galerie longue de quelque 10 km.

Paré d'une robe cristalline, ce 2013 libère de frais parfums d'agrumes et de poire mâtinés d'une touche minérale. L'attaque est franche et l'expression aromatique en bouche puissante. Une belle trame acide souligne sa persistance. Une admirable expression du chenin.» Le coup de cœur fut mis aux voix. ⧗ 2014-2019 🍷 gratin d'écrevisses ■ Secrets de chai 2013 (120 000 b.) : nez sur

LOIRE

les fruits rouges, avec de délicates notes florales, bouche tendre et gourmande. 2014-2017

Cave des Vignerons de Saumur, La Perrière, 49260 Saint-Cyr-en-Bourg, tél. 02 41 53 06 18, boutique@robertetmarcel.com t.l.j. 9h30-19h

♥ DOM. DE ROCHEVILLE La Dame 2012 ★★

| 53 000 | 15 à 20 € |

Racheté en 2005 à un coopérateur, ce domaine s'étend sur 16 ha dans l'aire d'appellation saumur-champigny. Les châteaux de la Loire ont inspiré les nouveaux propriétaires qui ont nommé leurs cuvées « Le Roi », « Le Prince », « Le Fou du roi », « La Dame »...

Ce vin affiche une robe brillante et dorée. Il livre des parfums subtils et complexes, mélange de fruits jaunes (abricot) et d'ananas agrémenté de notes intenses de café et de torréfaction léguées par l'élevage. Franc en attaque, le palais séduit par sa vigueur et sa persistance. Un blanc tonique et complexe. 2014-2019 sole roulée sauce américaine La Jouvencelle 2013 ★ (8 à 11 € ; 80 000 b.) : une cuvée fraîche, florale, délicatement boisée. Des qualités proches de celles de La Dame, mais plus discrètes. 2014-2019

Philippe Porché, Dom. de Rocheville, Les Hauts-de-Valbrun, 49730 Parnay, tél. 02 41 67 27 03, contact@domainederocheville.fr r.-v.

DOM. DE LA SEIGNEURIE DES TOURELLES 2013 ★

| 40 000 | 5 à 8 € |

Sébastien Verdier représente la quatrième génération sur ce domaine créé en 1910 sur les coteaux bordant le Layon. Il a largement contribué à son développement : l'exploitation est passée de 18 ha à son arrivée en 1997 à 33 ha aujourd'hui.

Un nez tout en fruits rouges, une bouche souple aux tanins discrets et fondus. Un vin friand et léger, typique des rouges ligériens. 2014-2017 travers de porc grillés

SA Joseph Verdier, ZI Champagne Europe, 49260 Montreuil-Bellay, tél. 02 41 40 22 50, r.boileau@joseph-verdier.fr

ISABELLE SUIRE 2013

| 3 500 | - de 5 € |

Installée au sud du vignoble saumurois, dans la Vienne, Isabelle Suire conduit depuis 2006 l'exploitation (14 ha) créée par son grand-père quatre-vingts ans plus tôt. Ses vins sont élevés dans la fraîcheur de la cave troglodytique d'un ancien prieuré du XVᵉs.

Ce vin arbore une robe jaune aux reflets dorés. Le nez discret révèle à l'aération des notes de pamplemousse et de mangue. Souple en attaque, la bouche dévoile des arômes de pêche et de poire. Quelques sucres résiduels (5 g/l.) lui donnent de la rondeur jusque dans la finale. 2014-2017 pavé de cabillaud grillé

Isabelle Suire, 12, rue des Perrières, Pouant, 86120 Berrie, tél. 05 49 22 92 61, isabelle-suire@orange.fr r.-v.

BRUT DU CH. DE TARGÉ 2011 ★

| n.c. | 8 à 11 € |

Une ancienne résidence de chasse des secrétaires personnels des rois Louis XIV et Louis XV. Certains de leurs descendants, dont Edgard Pisani, furent au service de la République. Depuis 1978, Édouard Pisani-Ferry, ingénieur agronome, exploite les 24 ha du vignoble.

Plutôt spécialiste des rouges, Édouard Pisani signe ici un saumur brut très élégant, aux arômes de pomme verte et de fleurs blanches (jasmin, lilas). L'effervescence est bien présente en bouche. L'équilibre est plaisant, malgré un dosage sensible. 2014-2017 tartare de saumon

SCEA Édouard Pisani-Ferry, Ch. de Targé, chem. de Targé, 49730 Parnay, tél. 02 41 38 11 50, edouard@chateaudetarge.fr t.l.j. 10h-12h 14h-18h; f. du 1er nov. au 1er avril

DOM. DES TRAHAN 2012

| 2 600 | 5 à 8 € |

Ce domaine est situé au sud de l'appellation anjou, dans le département des Deux-Sèvres. Jean-Yves Trahan cultive 65 ha de vignes sur des sols de schistes plus ou moins altérés et propose toutes les appellations de l'Anjou.

D'un rose intense, ce 2012 présente un nez encore discret. La bouche, quant à elle, exprime nettement les arômes de fruits rouges (cassis, cerise) et de rose. La bulle est légère et fine, la bouche se montre onctueuse, équilibrée et de bonne longueur. 2014-2017 clafoutis aux cerises

SCEA les Magnolias des Trahan, 2, rue des Genêts, 79290 Cersay, tél. 05 49 96 80 38, domainesdestrahan@wanadoo.fr r.-v.

VEUVE AMIOT L'Esprit ★★

| 48 360 | 8 à 11 € |

Créée en 1884 par Élisa Amiot, devenue veuve prématurément, cette maison, reprise en 1990 par la Compagnie française des grands vins, est l'une des maisons dédiée au fines bulles les plus importantes du Saumurois.

Cette cuvée a frôlé le coup de cœur. C'est la maturité des raisins qui a séduit le jury. En témoigne la gamme aromatique très suave du nez : pêche, miel, cire. La bouche montre une douceur, une ampleur et une rondeur soulignées par un dosage généreux. 2014-2017 salade de fruits d'été

SAS Veuve Amiot, 19-21, rue Jean-Ackerman, 49400 Saint-Hilaire-Saint-Florent, tél. 02 41 83 14 14, infos@veuve-amiot.com t.l.j. 10h-13h 14h-18h

CFGV

DOM. DU VIEUX BOURG Clos Poinçon 2013 ★

| 7 500 | 5 à 8 € |

Jean-Marie Girard et son frère Noël ont créé en 1987 ce domaine établi à Varrains, qui a pour enseigne un pressoir à long fût datant du XVIIIᵉs. Leurs vignes implantées sur des sols argilo-sableux couvrent 18 ha.

Un nez encore discret, une bouche plus expressive et séduisante, franche à l'attaque et finement boisée. 2015-2018 poulet à la crème

EARL Girard Frères, 30, Grande-Rue, 49400 Varrains, tél. 02 41 52 91 89, nl-girard@vieux-bourg.com V r.-v.

DOM. DU VIEUX PRESSOIR
Puy-Notre-Dame 2012 ★

	11 000		8 à 11 €

Régulièrement mentionné dans le Guide, ce domaine de 26 ha conduit depuis 1976 par Bruno Albert est une valeur sûre du vignoble saumurois.

Ce 2012 offre un nez de raisin frais et d'épices. Le palais est généreux, concentré et étayé par des tanins souples et gourmands. Une vraie friandise. 2014-2017 brochettes d'agneau Les Silices 2013 (35 000 b.) : un vin plaisant par ses arômes intenses de cerise mûre qui se prolongent dans une bouche aux tanins soyeux. 2014-2017

EARL B & J Albert, Dom. du Vieux Pressoir, 205, rue du Château-d'Oiré, 49260 Vaudelnay, tél. 02 41 52 21 78, vieuxpressoir@wanadoo.fr V r.-v. 2

CABERNET-DE-SAUMUR

• Superficie : 79 ha • Production : 4 602 hl

Bien qu'elle ne représente que de faibles volumes, l'appellation cabernet-de-saumur tient bien sa place par la finesse de ce cépage cultivé sur terrains calcaires et élaboré en rosé.

DOM. LAVIGNE 2013 ★

	3 000		5 à 8 €

Pascale et Antoine Véron, fille et gendre de Gilbert Lavigne, sont aujourd'hui aux commandes de l'exploitation familiale qui s'étend sur 38 ha. Située au cœur de l'appellation saumur-champigny, elle est plantée majoritairement de cabernet franc.

Un rosé au nez expressif, amylique et floral, et au palais tout en vivacité. 2014-2015 apéritif

SCEA Lavigne-Véron, 15, rue des Rogelins, 49400 Varrains, tél. 02 41 52 92 57, scea.lavigne-veron@wanadoo.fr V t.l.j. sf dim. 9h-12h 14h-18h

LIONEL RENARD 2013

	3 500		- de 5 €

À vingt-trois ans, Lionel Renard a repris en 1992, l'exploitation familiale. Son vignoble de 13 ha est implanté au nord de la Vienne – un secteur de la région Poitou-Charentes rattaché au Saumurois.

Ce rosé légèrement orangé évoque les fruits rouges (groseille, framboise). Bien typé et équilibré. 2014-2015 saumon grillé

Lionel Renard, 24, rue des Vignes, Bessé, 86120 Saint-Léger-de-Montbrillais, tél. 05 49 22 41 03 V r.-v.

SAUMUR-CHAMPIGNY

• Superficie : 1 376 ha • Production : 74 442 hl

Entre Saumur et Montsoreau, ce vignoble s'insère dans l'aire du saumur, près de la Loire. Si son expansion est récente, les vins rouges de Champigny sont connus depuis plusieurs siècles. Produits dans neuf communes à partir du cabernet franc (ou breton) parfois complété de cabernet-sauvignon, ils sont fruités, charnus et souples. Ils sont à découvrir dans des villages typiques aux rues étroites et aux caves de tuffeau.

DOM. DES AMANDIERS Vieilles Vignes 2012 ★

	6 000		5 à 8 €

C'est dans un caveau troglodytique restauré en 2008 que Marc Rideau accueille les clients pour la dégustation. Il dirige un domaine de 12 ha de vignes réparties dans quatre communes : Montsoreau, Parnay, Souzay, Champigny et Turquant.

Pas trop de couleur, mais un bouquet complexe de fruits noirs (cassis). La bouche souple, ample et ronde est équilibrée par une agréable fraîcheur qui étire longuement la finale sur le fruit. 2014-2017 pâté de lièvre

Marc Rideau, 2, rue du Moulin-Château-Gaillard, 49730 Turquant, tél. 02 41 51 79 81, domaineamandiers@orange.fr V r.-v.

DOM. DU BOIS MIGNON Le Clos Mollet 2012 ★

	7 300		5 à 8 €

Le département de la Vienne, inclus dans la région Poitou-Charentes, pousse une pointe vers le Maine-et-Loire juste au sud de Fontevraud, dans l'appellation saumur. C'est dans ce secteur que Pascal Barillot conduit depuis 1997 ses 25 ha de vignes.

Ce vin se pare d'une belle couleur rubis et délivre d'agréables arômes de cassis. La bouche se révèle souple, ample et fruitée, sous-tendue par des notes de minéralité. Les tanins sont légers et fondus. Un vin typique de son appellation. 2014-2017 entrecôte

SCEA Charier-Barillot, Dom. du Bois Mignon, La Tourette, 86120 Saix, tél. 06 79 29 25 81, barillot.pascal@gmail.com V r.-v.

DOM. LA BONNELIÈRE Les Poyeux 2012 ★

	8 000		5 à 8 €

Après un parcours diversifié dans des vignobles en France et à l'étranger, Anthony et Cédric Bonneau ont repris les rênes de la propriété familiale en 2000. Implanté sur les terres argilo-calcaires de la butte des Poyeux dominant la jolie vallée du Thouet, affluent de la Loire, le domaine couvre 37 ha.

Cette cuvée à la robe rubis profond et limpide libère des arômes de fruits rouges et noirs bien mûrs agrémentés de notes vanillées. La bouche se montre ample, charnue et persistante, structurée par des tanins soyeux. 2014-2019 pigeon aux oignons

Dom. la Bonnelière, EARL Bonneau et Fils, 45, rue du Bourg-Neuf, 49400 Varrains, tél. 02 41 52 92 38, bonneau@labonneliere.com V r.-v.

DOM. DES BONNEVEAUX
Vieilles Vignes L09/14 2013 ★★

	10 200		8 à 11 €

Le gros village de Varrains, limitrophe de Saumur, abrite nombre de vignerons choyant le cabernet franc. Parmi eux, Nicolas Bourdoux, qui a repris les rênes du domaine

familial (17 ha) en 2002, après un stage de quelques mois au Québec.

D'un grenat très engageant aux reflets pourpres, ce 2013 livre un nez complexe et bien ouvert de petits fruits noirs et rouges nuancés d'une touche de poivron typique du cabernet franc. Après une attaque vive, on retrouve ce beau fruité dans une bouche ample, concentrée, étayée par des tanins soyeux. Un remarquable équilibre ⏳ 2014-2019 🍴 pot-au-feu d'agneau

⊶ Dom. des Bonneveaux, 79, Grande-Rue, 49400 Varrains, tél. 02 41 52 94 91, bourdoux@domainedesbonneveaux.com V 🚶 🍷 r.-v.

⊶ Nicolas Bourdoux

DOM. DU BOURG NEUF 2013

■	100 000	🍾	5 à 8 €

Domaine de 39 ha fondé en 1975 par Raymond Joseph, exploité depuis 1981 par son fils Christian et dédié aux appellations saumur et saumur-champigny.

D'un rouge cerise intense, ce 2013 livre des parfums puissants de griotte et de petites baies noires (mûre, cassis). La bouche est élégante, fraîche, souple et équilibrée. Un vin simple mais réussi. ⏳ 2014-2017 🍴 salade de gésiers de canard

⊶ Dom. du Bourg Neuf, 35, rue des Menais, 49400 Chacé, tél. 02 41 52 94 43, domaine.bourgneuf@orange.fr V 🚶 🍷 r.-v.

CH. DE CHAINTRES 2012

■	7 000	🍾	8 à 11 €

Ce sont les oratoriens de Notre-Dame-des-Ardilliers qui, en 1675, plantèrent ici les premières vignes de ce domaine de 19 ha entièrement clos de murs. Depuis 1938 propriété de la famille de Tigny, il est dirigé depuis 2007 par Richard Desouche. En conversion bio.

Ce vin rubis profond dévoile un nez puissant de fruits rouges, légèrement animal. Sa bouche tout en cassis mûr, fraîche et longue, est adossée à des tanins fondus. Une belle matière, qui demande un peu de patience. ⏳ 2015-2019 🍴 oie aux châtaignes

⊶ Ch. de Chaintres, 54, rue de la Croix-de-Chaintres, 49400 Dampierre-sur-Loire, tél. 02 41 52 90 54, info@chaintres.fr V 🚶 🍷 t.l.j. 9h-12h 14h-18h; sam. dim. sur r.-v. 🏠 B ⊶ de Tigny

DOM. DES CHAMPS FLEURIS Les Tufolies 2013 ★

■	72 000	🍾	5 à 8 €

Denis Rétiveau, sa sœur Catherine et son beau-frère Patrice Rétif président aux destinées de ce domaine de 45 ha. Les vignes sont situées sur les coteaux qui dominent la Loire dans les communes de Turquant et de Montsoreau.

Ce 2013 grenat aux reflets pourpres offre un nez de griotte très mûre. Délicat en attaque, le palais est puissant, ample, tout en rondeur. Belle finale fruitée et persistante. ⏳ 2014-2018 🍴 tarte aux fruits rouges ■ **Vieilles Vignes 2013 ★ (8 à 11 € ; 65 000 b.)** : un nez de fruits rouges frais relevé d'une pointe d'épices ; un palais à l'unisson, franc, souple et élégant. ⏳ 2014-2018

⊶ EARL Rétineau Rétif, 54, rue des Martyrs, 49730 Turquant, tél. 02 41 38 10 92, domaine@champs-fleuris.com V 🚶 🍷 t.l.j. sf dim. 10h-12h 14h-18h30

CLOS DES MORAINS 2013 ★

■	40 000	🍾	5 à 8 €

Gérée par un frère et une sœur, cette importante exploitation du Saumurois, fondée en 1824, couvre 77,3 ha.

La robe est d'un grenat profond et limpide. Le bouquet, expressif et flatteur, évoque la fraise bien mûre mâtinée de nuances réglissées. Portée par des tanins soyeux, la bouche fraîche offre un bon volume et un joli fruité. ⏳ 2014-2019 🍴 côte de bœuf grillée

⊶ SCEA Tessier, 14, rue Saint-Vincent, Sanziers, 49260 Le Puy-Notre-Dame, tél. 02 41 52 26 75, tessieretfils@wanadoo.fr V 🚶 🍷 r.-v.

DOM. DES CLOSIERS Cuvée Réserve 2013 ★★

■	26 600	🍾	5 à 8 €

Fondée en 1872, la maison de négoce Albert Bessombes-Moc-Baril a son berceau et son siège à Saumur, mais elle propose une large gamme de vins de Loire allant du muscadet au sancerre, en passant par les chinon et les rosé-d'anjou. Ces derniers représentent son cœur d'activité.

Ce 2013 revêt une robe rouge rubis intense et développe un nez complexe et expressif dominé par les fruits rouges et noirs (cassis, mûre). La bouche offre une remarquable structure bâtie sur des tanins soyeux, et une longueur flatteuse. ⏳ 2014-2019 🍴 paleron de bœuf

⊶ SAS Besombes-Moc-Baril, 24, rue Jules-Amiot, Saint-Hilaire-Saint-Florent, 49400 Saumur, tél. 02 41 50 23 23, emilien.boulfray@uapl.fr

LES CLOS MAURICE Vieilles Vignes 2013 ★

■	n.c.	8 à 11 €

Après avoir travaillé à Châteauneuf-du-Pape, puis dans le Beaujolais et enfin avec son père pendant plusieurs années sur le domaine familial, Mickaël Hardouin a pris en 2007 la direction de ce vignoble de 21 ha et engagé la conversion bio.

Une robe jeune d'un pourpre bleuté habille ce vin qui libère des parfums suaves de fruits noirs bien mûrs, voire compotés. Ample, ronde, souple, charnue, la bouche prolonge cette sensation fruitée et offre une finale harmonieuse sur le fruit rouge. ⏳ 2014-2019 🍴 crumble de fruits rouges

⊶ Mickaël Hardouin, 18, rue de la Mairie, 49400 Varrains, tél. 02 41 38 80 02, closmaurice@orange.fr V 🚶 🍷 r.-v.

DOM. DES COUTURES L'Épanouie 2013 ★

■	30 000	🍾	5 à 8 €

La commune de Turquant, qui s'étire contre une falaise de tuffeau percée de caves, abrite un grand nombre de vignerons. Parmi eux, Vincent Nicolas, ingénieur agronome, installé sur le domaine familial (15 ha) depuis 2008.

Ce 2013 à la robe lumineuse libère des notes subtiles de fruits rouges frais avant de dévoiler un palais à l'unisson, friand, équilibré et long. ⏳ 2014-2018 🍴 côtelettes d'agneau au romarin ■ **La Malicieuse 2013 ★ (20 000 b.)** : de jolies notes de fruits rouges bien mûrs qui se prolongent dans une bouche souple, ronde et équilibrée. ⏳ 2014-2017

⊶ SCA Nicolas – Dom. des Coutures, 53, rue des Martyrs, 49730 Turquant, tél. 02 41 38 11 29, domainedescoutures@orange.fr V 🚶 🍷 r.-v.

CH. DE LA FESSARDIÈRE
Le Clos 2012 ★

■ | 5 950 | | 5 à 8 €

Les caves cathédrales de ce domaine, qui vit naître en 1793 le navigateur et explorateur Abel Aubert du Petit Thouars, renferment quelques vestiges vinicoles du XVII[e]s. : pressoirs à vis en bois et imposantes cuves à vin creusées dans le tuffeau.

Cette cuvée se pare d'une robe au rouge profond et limpide. Elle dévoile un nez puissant qui marie les fruits noirs mûrs à des notes réglissées. La bouche riche et structurée révèle de jeunes tanins qui demandent à se fondre. ⧗ 2015-2019 ▼ civet de marcassin

SCEA Ch. de la Fessardière, 5, rue des Martyrs, 49730 Turquant, tél. 02 41 51 48 89, la-fessardiere@wanadoo.fr V r.-v. Poitevin

DOM. FILLIATREAU 2013

■ | n.c. | | 8 à 11 €

En 1967, Paul Filliatreau s'installe sur la propriété familiale. Il l'agrandit et l'oriente vers la production de vins rouges. Aujourd'hui épaulé par son fils Frederik, il conduit un vignoble de 45 ha devenu une référence en saumur-champigny.

Ce vin rouge vif et lumineux dévoile un nez tout en fruits rouges bien mûrs. La bouche, à l'unisson, se révèle fraîche, ample, souple et aromatique. ⧗ 2014-2017 ▼ boudin noir aux châtaignes

Paul Filliatreau, 1, ruelle des Fosses-de-Chaintres, 49400 Dampierre-sur-Loire, tél. 02 41 52 90 84, domaine@filliatreau.fr V t.l.j. 10h-18h

DOM. DES FRÉMONCLAIRS 2013 ★★

■ | 5 800 | | 5 à 8 €

Christophe Hallouin a pris en 1997 la tête de ce domaine de 22 ha qui se transmet de père en fils depuis cinq générations. Le vigneron conduit, selon les principes de l'agriculture raisonnée, un vignoble adossé à la falaise de Turquant.

De cette cuvée grenat profond s'échappent des senteurs intenses et complexes de fruits rouges compotés, de fruits secs et d'épices. Ample, ronde voire opulente, fruitée, la bouche offre un remarquable équilibre et une finale réglissée des plus plaisantes. ⧗ 2014-2019 ▼ crème de fruits rouges à la réglisse ■ La Matinière 2013 ★★ (2 000 b.) : une robe grenat foncé, presque noir, un nez expressif et flatteur dominé par le cassis ; au palais d'un beau volume, un fruité mûr intense et persistant. ⧗ 2015-2019 ■ Vieilles Vignes 2013 (5 800 b.) : un nez de griotte un peu réservé, une bouche franche et souple en attaque, tannique en finale ; il faudra l'attendre un peu. ⧗ 2015-2019

Christophe Hallouin, 45, rue des Martyrs, 49730 Turquant, tél. 02 41 38 14 81, dom.fremonclairs@wanadoo.fr V r.-v.

DOM. DES GALMOISES
Secret du caveau Le Clos 2013 ★

■ | 8 000 | | 5 à 8 €

Didier Pasquier a constitué son exploitation à partir de 1984 en regroupant diverses parcelles familiales, pour arriver à quelque 10,5 ha.

Ce vin se pare d'une robe grenat aux reflets violines. Il libère d'intenses arômes de framboise bien mûre agrémentés de notes épicées. La bouche volumineuse suit la même ligne aromatique. Les tanins encore un peu austères devraient s'arrondir avec le temps. ⧗ 2015-2019 ▼ bœuf bourguignon

Pasquier, 37, rue Émile-Landais, 49400 Chacé, tél. 02 41 52 99 98, dom.galmoises@gmail.com V r.-v.

DOM. DE LA GUILLOTERIE Tradition 2013 ★

■ | 45 000 | | 5 à 8 €

Voisin de la confluence de la Loire avec le Thouet, le domaine de la Guilloterie bénéficie de conditions climatiques très favorables. Régulièrement sélectionné en saumur-champigny ou en saumur, il est conduit depuis 1987 par Patrice et Philippe Duveau.

Ce vin revêt une élégante robe de couleur pourpre sombre et libère d'intenses arômes de fruits rouges et noirs. Soyeuse et fruitée, la bouche se montre riche et longue. Un 2013 très plaisant. ⧗ 2014-2017 ▼ foie de veau

Dom. de la Guilloterie, 63, rue Foucault, 49260 Saint-Cyr-en-Bourg, tél. 02 41 51 62 78, contact@domainedelaguilloterie.com V r.-v.

DOM. DES HAUTES VIGNES 2012 ★

■ | 10 000 | | 5 à 8 €

Créé en 1961 par André Fourrier, ce domaine est conduit depuis 1983 par son fils Alain, à la tête d'un vignoble de 41 ha.

D'un rouge clair et limpide, ce 2012 livre un nez ouvert de petits fruits rouges et noirs. Après une attaque fraîche, on retrouve ce beau fruité dans une bouche gourmande, souple, ronde, d'une belle longueur. ⧗ 2014-2017 ▼ rognons d'agneau

Alain Fourrier, 22, rue de la Chapelle, 49400 Distré, tél. 02 41 50 21 96, fourrieralain@wanadoo.fr V t.l.j. sf dim. 9h-12h 14h-18h

DOM. JOULIN Vieilles Vignes 2012

■ | 4 000 | | 5 à 8 €

Le domaine de Philippe Joulin est installé au cœur de l'appellation, à Chacé, tout près de Champigny. Il est passé de 4 à 17 ha en une vingtaine d'années.

Un 2012 rouge sombre aux reflets violines. Le nez de cassis assorti de parfums de cerise à l'eau-de-vie annonce une bouche souple, ronde et aromatique. Un bel équilibre. ⧗ 2015-2017 ▼ rillettes de canard

EARL Dom. Joulin, 58, rue Émile-Landais, 49400 Chacé, tél. 02 41 52 41 84, domaine.joulin@orange.fr V r.-v.

♥ RENÉ-NOËL LEGRAND Les Terrages 2013 ★★

■ | 10 000 | | 5 à 8 €

Les Legrand sont vignerons depuis cinq générations à Varrains, commune considérée par certains comme la capitale du saumur-champigny. Depuis 2013, ce domaine de 15 ha est conduit par Clotilde Legrand, qui a pris la suite de son père René Noël.

Premier millésime pour Clotilde Legrand et déjà un coup de cœur... Ce 2013 rubis foncé a d'emblée conquis le jury

LOIRE

par son nez intensément fruité, sur la fraise et la griotte. La suite est dans le droit fil : une attaque puissante, pleine, ronde, un palais persistant soutenu par des tanins délicats et fondus. Un vin remarquable par son équilibre et son élégance. 2014-2019 paupiettes de veau braisées

René-Noël et Clotilde Legrand, 13, rue des Rogelins, 49400 Varrains, tél. 02 41 52 94 11, renenoel.legrand@wanadoo.fr r.-v.

DOM. DES MARIGROLLES 2013 ★

■ | 46 667 | | 5 à 8 €

Après avoir travaillé dans l'exploitation de leurs parents pendant dix-huit ans, Stéphane Jordi et sa sœur Karina Thierry en ont repris les rênes en 2011. Leur domaine couvre 11,8 ha.

Un vin grenat intense qui libère des senteurs de bourgeon de cassis, puis de fruits rouges et noirs. Ample et ronde, la bouche prolonge cette sensation fruitée autour de tanins fondus à souhait. 2014-2018 bœuf bourguignon

EARL Dom. des Marigrolles, rte de Chaintres, 49400 Saumur, tél. 02 41 50 58 61 r.-v.

Nicole Jordi

DOM. DE NERLEUX
Clos des Châtains Vieilles Vignes 2012 ★★★

■ | n.c. | | 8 à 11 €

Valeur sûre du Saumurois, le domaine de Nerleux (« loups noirs » en ancien français) est ancré dans les terres de Saint-Cyr-en-Bourg depuis neuf générations. Couvrant aujourd'hui 48 ha, son vignoble est conduit par Régis et Élisabeth Neau, rejoints en 2011 par leur fille Amélie.

Le jury a d'emblée été séduit par le rouge sombre profond de cette cuvée et par son bouquet flatteur et intense de fruits rouges et noirs, délicatement épicé. Le fruit tapisse longuement un palais ample, gourmand et rond, soutenu par des tanins fondus et élégants. Une rare harmonie. 2014-2019 pot-au-feu d'agneau ■ Cuvée des Nerleux 2013 (5 à 8 €) : un vin structuré, qui demande à s'arrondir. 2015-2019

Dom. de Nerleux, SCEA Neau, 4, rue de la Paleine, 49260 Saint-Cyr-en-Bourg, tél. 02 41 51 61 04, contact@nerleux.fr t.l.j. sf dim. 9h-18h

DOM. DE LA PALEINE 2012 ★

■ | 5 560 | | 8 à 11 €

Établis depuis 2003 au Puy-Notre-Dame, le deuxième point le plus haut du Maine-et-Loire, Laurence et Marc Vincent conduisent un vignoble de 34 ha situé au pied d'une butte calcaire. En conversion bio.

Ce 2012 à la robe rouge d'une belle intensité et aux arômes de fruits rouges mûrs développe une bouche opulente, ronde, souple et fruitée, dont les tanins demandent à s'arrondir. 2015-2019 tournedos

Marc Vincent, Dom. de la Paleine, 9, rue de la Paleine, 49260 Le Puy-Notre-Dame, tél. 02 41 52 21 24, domaine.de.la.paleine@orange.fr r.-v.

CH. DE PARNAY Le Blason de Parnay 2013 ★★

■ | 60 000 | | 5 à 8 €

Ce domaine historique, ancienne propriété d'Antoine Cristal, célèbre pour son Clos d'entre les murs, a été racheté en 2006 par Mathias Levron, aux commandes du vignoble, et son associé Régis Vincenot, investisseur.

D'un pourpre moiré de noir, ce vin dévoile un bouquet à la fois riche et très frais de petits fruits rouges et noirs. La bouche, à l'unisson, offre du volume, une matière dense, fruitée, friande et persistante. Un vin plein de charme. 2014-2017 confit de canard

Ch. de Parnay, 1, rue Antoine-Cristal, 49730 Parnay, tél. 02 41 38 10 85, bureau@chateaudeparnay.fr t.l.j. sf dim. (hors été) 10h-12h30 14h-18h30

DOM. DE LA PERRUCHE Clos de Chaumont 2013

■ | 22 000 | | 8 à 11 €

Jacques Beaujeau, figure du vignoble de l'Anjou, également propriétaire du vaste domaine du château la Varière à Brissac, a acquis en 2000 cette propriété en saumur-champigny. À la tête de 45 ha de vignes, il s'illustre avec régularité dans ces cépages.

Ce 2013 à la robe pourpre profond exprime des notes complexes de fruits rouges et de fruits noirs. Le palais, rond en attaque, est soutenu par des tanins encore fermes qui devraient s'arrondir avec le temps. 2015-2019 paté de lièvre

Jacques Beaujeau, Dom. de la Perruche, 49730 Montsoreau, tél. 02 41 91 22 64, beaujeau@wanadoo.fr t.l.j. sf dim. 10h-12h 14h-17h; sam. sur r.-v.

DOM. DE LA PETITE CHAPELLE 2013 ★

■ | 10 000 | | 5 à 8 €

Perpétuant une lignée de vignerons installés en Val de Loire depuis le XVII[e]s., Laurent Dézé dirige avec son épouse Chantal ce domaine de 33 ha situé à Souzay-Champigny, au cœur de l'appellation.

En robe légère de couleur grenat, ce 2013 présente un joli nez de fraise. Le palais, à l'unisson, est souple et friand. Une légèreté charmeuse. 2014-2017 jambon à l'os

Laurent Dézé, 4, rue des Vignerons, 49400 Souzay-Champigny, tél. 02 41 52 41 11, deze.laurent@orange.fr r.-v.

LE PETIT SAINT-VINCENT 2012 ★

■ | 24 000 | | 8 à 11 €

Dominique Joseph a repris en 1990 l'exploitation familiale de 13 ha située au cœur de l'appellation saumur-champigny sur un coteau dominant la vallée de la Loire. Le domaine est en conversion bio.

Le nez, encore un peu fermé, demande à être aéré pour offrir un bouquet de fruits rouges et noirs aux nuances vanillées. Ample, fruitée, structurée, la bouche est agréable en dépit de tanins pour l'heure un peu austères, qui devraient s'arrondir d'ici peu. 2015-2019 côte d'agneau grillée

Le Petit Saint-Vincent, 10, rue des Rogelins, 49400 Varrains, tél. 02 41 52 99 95, d-joseph@petit-saint-vincent.com t.l.j. 9h-12h 14h-18h

DOM. DES SABLES VERTS
Cuvée ligérienne 2012

■ | 11 000 | 🍾 | 5 à 8 €

Le domaine de Dominique et d'Alain Duveau tire son nom de sables riches en glauconie, un minéral de couleur verdâtre présent dans le tuffeau. Couvrant 16 ha autour de Varrains, le vignoble est principalement dédié au saumur-champigny.

Dans le verre, une robe grenat intense ; un nez de bonne intensité sur la groseille et les fruits des bois. Au palais, une matière ronde, souple et fruitée. Un vin simple et plaisant. ⧗ 2014-2017 🍷 tourte à la viande

⊶ GAEC Dominique et Alain Duveau, 66, Grand-Rue, 49400 Varrains, tél. 02 41 52 91 52, duveau@domaine-sables-verts.com V r.-v.

DOM. DE SAINT-JUST
Montée des roches 2012 ★★

■ | 4 000 | 🍾 🛢 | 11 à 15 €

Ce domaine a été créé en 1996 par Yves Lambert, financier devenu vigneron, aujourd'hui disparu. Son fils Arnaud, œnologue, installé en 2005, a donné au domaine (41 ha) une nouvelle orientation en 2009 en engageant sa conversion bio. Une valeur sûre du Saumurois.

Paré d'une belle robe rubis soutenu, ce 2012 livre un nez intense, complexe et très frais de fruits rouges rehaussés de notes fumées et mentholées. En bouche, beaucoup de matière, de fraîcheur, de fruité et de longueur. Un vin harmonieux et enjôleur. ⧗ 2014-2019 🍷 entrecôte ■ Clos Moleton 2012 ★ (20 à 30 € ; 2 500 b.) : à l'aération une palette aromatique mêlant les fruits des bois à la compotée de pruneaux ; en bouche, des notes boisées apportent un surcroît de complexité. ⧗ 2015-2019

⊶ Dom. de Saint-Just, 12, rue de la Prée-Mollay, Mollay, 49260 Saint-Just-sur-Dive, tél. 02 41 51 62 01, infos@st-just.net V r.-v.

DOM. SAINT-VINCENT Les Adrialys 2012 ★

■ | 10 000 | 🍾 | 8 à 11 €

Le domaine Saint-Vincent fait partie du vignoble de la côte de Saumur qui borde la Loire. Patrick Vadé s'est installé sur l'exploitation familiale (30 ha) en 1984. Très régulier en qualité.

Ce 2012 aux reflets presque noirs offre un nez intense de pruneau mûr. Le fruit tapisse longuement un palais bien structuré dont les tanins encore fermes demandent à se fondre. ⧗ 2015-2019 🍷 lapin aux pruneaux ■ Les Trézellières 2013 (5 à 8 € ; 50 000 b.) : de jolis parfums de fruits rouges (cassis, framboise), une bouche ronde, fraîche et équilibrée, des tanins pour l'heure un peu austères. ⧗ 2015-2017

⊶ Patrick Vadé, Dom. Saint-Vincent, 49400 Saumur, tél. 02 41 67 43 19, pvade@st-vincent.com V r.-v.

DOM. DES SANZAY 2013 ★

■ | 20 000 | 🍾 | 5 à 8 €

Établi au cœur de l'appellation saumur-champigny, Didier Sanzay est à la tête du domaine familial depuis 1991. Il exploite aujourd'hui 28 ha avec Céline, son épouse. 25 ha sont plantés en cabernet franc, le reste en chenin et chardonnay. Leur saumur-champigny se voit régulièrement distingué dans le Guide.

Ce 2013 revêt une robe pourpre intense. Il présente un nez puissant et généreux de fruits rouges très mûrs. La bouche se révèle bien fruitée elle aussi, franche et vive, soutenue par des tanins veloutés. Une belle harmonie. ⧗ 2014-2019 🍷 baeckeoffe

⊶ Dom. des Sanzay, 93, Grand-Rue, 49400 Varrains, tél. 02 41 52 91 30, contact@domaine-sanzay.com V r.-v.

B ♥ LA SOURCE DU RUAULT
Les Champs fou 2012 ★★

■ | 4 000 | 🛢 | 11 à 15 €

Installé sur l'exploitation familiale en 1998, Jean-Noël Millon conduit un vignoble de 11 ha surtout planté en cabernet franc et dédié au saumur-champigny. En 2010, il a obtenu la certification bio. À la cave, pas de levurage ni de collage et de filtrations, et de longs élevages.

Paré d'une couleur pourpre aux reflets noirs, ce vin offre un nez séducteur et complexe : mûre, cassis, fruits rouges confits rehaussés de notes vanillées et épicées, que l'on retrouve avec intensité dans une bouche ample, souple, ronde, fraîche et longue. De l'équilibre et beaucoup de charme. ⧗ 2014-2019 🍷 cuisses de pintade aux cèpes ■ 2012 (8 à 11 € ; 20 000 b.) : avec sa robe rouge aux reflets violines, son nez où se côtoient la cerise, le pruneau et le cassis, et sa bouche ronde, plaisante et fruitée, cette cuvée est agréable et sympathique. ⧗ 2014-2017

⊶ Jean-Noël Millon, 29, rue du Ruau, 49400 Varrains, tél. 02 41 52 93 80, lasourceduruault@orange.fr V r.-v.

DOM. DU VAL BRUN
Bay rouge 2012 ★

■ | 10 000 | 🍾 | 5 à 8 €

Souvent mentionné dans le Guide, ce domaine, situé à 2 km de l'église romane de Parnay, est dans la même famille depuis 1722. Aujourd'hui, Éric Charruau exploite 30 ha sur le coteau calcaire de la rive gauche de la Loire.

Cette cuvée se pare d'une éclatante robe pourpre. Intense, complexe et élégant, le nez associe les fruits rouges bien mûrs à des touches végétales. Cette palette se prolonge dans une bouche souple, équilibrée et persistante. ⧗ 2014-2018 🍷 rognons de veau

⊶ Éric Charruau, 74, rue Val-Brun, 49730 Parnay, tél. 02 41 38 11 85, charruau.eric@orange.fr V r.-v. C

DOM. DES VARINELLES 2013

■ | 50 000 | 🍾 | 5 à 8 €

Implantée dans l'aire du saumur-champigny, cette exploitation est typique du Saumurois avec ses caves creusées dans le tuffeau. Représentant la cinquième génération sur le domaine, Laurent Daheuiller s'est installé en 2011. Le domaine (42 ha) est en conversion bio.

Ce 2013 s'habille d'une robe rouge aux reflets violines et délivre de frais arômes de cerise. Dans le même registre, le palais apparaît frais et souple, étayé de tanins bien fondus. Un vin plaisant. ⧗ 2014-2017 🍷 fromage de tête

SCA Daheuiller, 28, rue du Ruau, 49400 Varrains, tél. 02 41 52 90 94, daheuiller.vins@wanadoo.fr
V r.-v.

CH. DE VARRAINS 2012

■	20 000		8 à 11 €

Située à Saix, dans le secteur nord-ouest de la Vienne inclus dans le vignoble saumurois, une très ancienne propriété mentionnée en 889 dans un diplôme du roi Eudes. Les 7 ha de la propriété sont ceints de murs et forment un clos exposé plein sud.

Ce saumur-champigny offre au nez comme en bouche des parfums frais de fruits noirs. Construite sur des tanins déjà arrondis, agrémentée d'une pointe de minéralité, la bouche est très agréable. ⧗ 2014-2017 🍷 soufflé au fromage

SCEA Beaulieu, 15, Grand-Rue, 49400 Varrains, tél. 02 41 50 82 56, domaine.viticole@lvdomaine.com
V r.-v. Lancien

DOM. DES VERNES Vieilles Vignes 2013

■	2 000		5 à 8 €

Installé sur le domaine familial en 2002, Sébastien Sanzay représente la sixième génération à la tête de cette exploitation qui s'étend sur 30 ha répartis autour de Chacé. La propriété en pierre de tuffeau, typique du Saumurois, date de 1776.

Ce 2013 affiche une robe grenat aux reflets violines. Au nez, des arômes de fruits rouges bien mûrs (fraise, groseille). La bouche fait écho à l'olfaction. Ronde, elle offre une finale acidulée et épicée. Les tanins, encore un peu fermes, devraient se fondre prochainement. ⧗ 2015-2018 🍷 andouillette grillée

Sébastien Sanzay, 7, bd de Caulx, 49400 Chacé, tél. 02 41 52 99 13, domainedesvernes49@orange.fr
V r.-v.

La Touraine

Les intéressantes collections du musée des Vins de Touraine à Tours témoignent du passé de la civilisation de la vigne et du vin dans la région, et il n'est pas indifférent que les récits légendaires de la vie de saint Martin, évêque de Tours vers 380, émaillent la *Légende dorée* d'allusions viticoles ou vineuses... À Bourgueil, l'abbaye et son célèbre clos abritaient le « breton » ou cabernet franc, dès les environs de l'an mil, et, si l'on voulait poursuivre, la figure de Rabelais arriverait bientôt pour marquer de faconde et de bien-vivre une histoire prestigieuse. Celle-ci revit au long des itinéraires touristiques, de Mesland à Bourgueil sur la rive droite (par Vouvray, Tours, Luynes, Langeais), de Chaumont à Chinon sur la rive gauche (par Amboise et Chenonceaux, la vallée du Cher, Saché, Azay-le-Rideau, la forêt de Chinon).

Célèbre il y a donc fort longtemps, le vignoble tourangeau atteignit sa plus grande extension à la fin du XIX[e]s. Il se répartit essentiellement dans les départements de l'Indre-et-Loire et du Loir-et-Cher, empiétant au nord sur la Sarthe. Des dégustations de vins anciens, des années 1921, 1893, 1874 ou même 1858, par exemple, à Vouvray, Bourgueil ou Chinon, font apparaître des caractères assez proches de ceux des vins actuels. Cela montre que, malgré l'évolution des pratiques culturales et œnologiques, le « style » des vins de la Touraine reste le même ; sans doute parce que chacune des appellations n'est élaborée qu'à partir d'un seul cépage. Le climat joue aussi son rôle : les influences atlantique et continentale ressortent dans l'expression des vins, les coteaux formant un écran aux vents du nord. En outre, la succession de vallées orientées est-ouest, vallées du Loir, de la Loire, du Cher, de l'Indre, de la Vienne, multiplie les coteaux de tuffeau favorables à la vigne, sous un climat tout en nuances, et entretenant une saine humidité. Ce tuffeau, pierre tendre, est creusé d'innombrables caves. Dans les sols des vallées, l'argile se mêle au calcaire et au sable, avec parfois des silex ; au bord de la Loire et de la Vienne, des graviers s'y ajoutent.

Ces différents caractères se retrouvent donc dans les vins. À chaque vallée correspond une appellation, dont les vins s'individualisent chaque année grâce aux variations climatiques ; et l'association du millésime aux données du cru est indispensable.

Le classement des millésimes est à moduler, bien sûr, entre les rouges tanniques de Chinon ou de Bourgueil (plus souples quand ils proviennent des graviers, plus charpentés quand ils sont issus des coteaux) et ceux plus légers, et parfois diffusés en primeur, de l'appellation touraine ; entre les rosés plus ou moins secs selon l'ensoleillement, tout comme les blancs d'Azay-le-Rideau ou d'Amboise, et ceux de Vouvray et de Montlouis dont la production va des secs aux moelleux en passant par les vins effervescents. Les techniques d'élaboration des vins ont leur importance. Si les caves de tuffeau permettent un excellent vieillissement à une température constante d'environ 12 °C, les vinifications en blanc se font à température contrôlée ; les fermentations durent quelquefois plusieurs semaines, voire plusieurs mois pour les vins moelleux. Les rouges légers, de type touraine, sont issus de cuvaisons au contraire assez courtes ; en revanche, à Bourgueil et à Chinon, les cuvaisons sont longues : deux à quatre semaines. Si les rouges font leur fermentation malolactique, les blancs et les rosés, eux, doivent leur fraîcheur à la présence de l'acide malique.

TOURAINE

• Superficie : 4 470 ha • Production : 254 353 hl (30 % rouge, 14 % mousseux)

S'étendant des portes de Montsoreau à l'ouest jusqu'à Blois et Selles-sur-Cher à l'est, l'aire d'appellation régionale touraine est principalement localisée de part et d'autre des vallées de la Loire, de l'Indre et du Cher. Le tuffeau affleure rarement ; les sols surmontent le plus souvent l'argile à silex. Les vins rouges proviennent de gamay (cépage exclusif des touraines primeurs) ou d'assemblage de cépages plus tanniques, comme le cabernet franc et le cot. À base de deux ou trois cépages, ils ont une bonne tenue en bouteille. Nés du cépage sauvignon qui, depuis quarante ans, a détrôné les autres, les blancs sont secs. Une partie de la production des blancs et des rosés est élaborée en mousseux selon la méthode traditionnelle. Toujours secs, friands et fruités, les rosés sont élaborés à partir des cépages rouges.

GUY ALLION
Gamay Les Perdriettes 2013 ★

	8 000		- de 5 €

Cette ancienne ferme en polyculture s'est spécialisée dans la vigne et orientée vers la vente directe après l'installation en 1999 de Cédric Allion. Le vigneron exploite 30 ha couvrant les coteaux de Thésée sur la rive droite du Cher.

Récolte manuelle pour conserver le fruit, macération en grappes entières pour le révéler ; cette cuvée séduit grâce à son nez poivré et à son palais aux tanins souples et au fruité gourmand. 2014-2016 viandes rouges grillées Dom. du Haut-Perron cuvée Sonnemot 2013 (10 000 b.) : un rosé de pressurage gourmand et équilibré alliant fruits rouges et épices 2014-2015 Dom. du Haut-Perron Sauvignon 2013 (40 000 b.) : un vin sec plutôt « tendre », aux jolies notes d'agrumes. 2014-2015

EARL Guy Allion, 15, rue du Haut-Perron, 41140 Thésée, tél. 02 54 71 48 01, contact@guyallion.com V t.l.j. 8h-12h 14h-18h

DOM. JACKY AUGIS
Réserve des caillouteux 2012

	8 000		5 à 8 €

Propriété familiale créée en 1900 à Meusnes, la commune la plus orientale de l'appellation touraine, réputée pour ses sols riches en silex. Depuis 1987, Philippe Augis, cinquième du nom à la tête du domaine, exploite 19 ha en AOC touraine et valençay.

L'élevage en fût marque encore ce 2012 au nez comme en bouche. Au palais, le fruité arrive à se frayer un chemin, et la finale est agréablement fraîche. 2014-2018 faisan rôti

Dom. Augis, 1465, rue des Vignes, 41130 Meusnes, tél. 02 54 71 01 89, philippe.augis@wanadoo.fr V t.l.j. sf dim. 8h-12h 14h-19h

DOM. DE L'AUMONIER Sauvignon 2013 ★

	90 000		5 à 8 €

Sophie et Thierry Chardon ont repris en 1996 ce domaine qui a terminé en 2006 sa conversion bio. Ils ont porté la superficie du vignoble de 12 à 43 ha, une majorité de la production étant destinée à l'export.

Ce sauvignon mêle au nez les fleurs blanches et une note abricotée. Le palais, dans le droit fil, se montre délicat et suave. 2014-2015 poissons en sauce

Thierry Chardon, 44, rue de Villequemoy, 41110 Couffy, tél. 02 54 75 21 83, domaine.aumoniertchardon@wanadoo.fr V r.-v.

MARC BADILLER Brut ★

	5 000		5 à 8 €

Héritier d'une lignée de vignerons remontant à 1789, Marc Badiller s'est installé en 1984 sur le domaine familial entre la Loire et la forêt de Chinon. Il cultive 12 ha et propose une large gamme de vins de Touraine.

Un touraine effervescent qui doit presque tout au chenin. Intense au nez, sur les fleurs blanches et les agrumes, il allie au palais souplesse et fraîcheur, et offre un fruité tonique aux nuances d'agrumes et de gingembre. 2014-2017 tarte au citron

Marc Badiller, 29, Le Bourg, 37190 Cheillé, tél. 02 47 45 24 37, contact@vins-badiller.fr V r.-v.

DOM. BARON Le Baron rouge 2012

	3 000		5 à 8 €

Samuel Baron a rejoint en 2002 l'exploitation familiale (20 ha), dont il a pris la tête en 2011. Après le départ de la coopérative, un chai a été aménagé en 2003 et la conversion bio engagée en 2011.

Ce pur cot aux agréables senteurs de fruits rouges révèle un palais bien construit, à l'attaque tout en souplesse et aux arômes puissants et persistants de fruits cuits rehaussés de notes poivrées. 2014-2017 viandes rouges

Dom. Baron, 95, rue de Saint-Romain, 41140 Thésée, tél. 06 30 37 14 02, vignoblebaron@aol.com V r.-v.

DOM. BEAUSÉJOUR Sauvignon Les Grenettes 2013

	100 000		- de 5 €

Philippe Trotignon exploite un vignoble de 20 ha sur des terrains siliceux (sables, argiles à silex), sur la rive droite du Cher. Rouges ou blancs, ses touraine sont souvent mentionnés dans le Guide.

Ce sauvignon discret au nez s'ouvre en bouche sur les fruits blancs et les agrumes. Le palais délicat penche vers la rondeur mais reste équilibré. 2014-2015 rillons

Dom. Beauséjour, Philippe Trotignon, 14, rue des Bruyères, 41140 Noyers-sur-Cher, tél. 02 54 71 34 17, philippe.trotignon@free.fr V r.-v.

DOM. DE BELLEVUE 2013 ★★

	6 000		5 à 8 €

Représentant la cinquième génération, Raphaël Midoir a succédé à son père en 1997 sur la propriété familiale située au cœur de la Sologne viticole. Connu pour ses crémants, ce domaine se distingue également par ses touraine blancs et rosés.

Un pur cabernet franc au nez délicat de framboise. La fraise ajoute sa note dans un palais net et vif, avec ce qu'il faut de souplesse. De la finesse. 2014-2015 poulet gingembre et coriandre Sauvignon Confidence 2013 (8 à 11 € ; 15 000 b.) : nez frais sur les agrumes, palais souple et rond à la finale fraîche. 2014-2015

Dom. de Bellevue, 380, rue de la Grande-Brosse, 41700 Chémery, tél. 02 54 71 83 58, domainedebellevue41@orange.fr V t.l.j. 9h-12h30 14h-19h Midoir

DOM. BELLEVUE Sauvignon 2013

	120 000		- de 5 €

Patrick Vauvy exploite depuis 1985 un domaine de 30 ha à Noyers-sur-Cher, commune où l'on trouve une pépi-

LOIRE

nière d'excellents vignerons et des terroirs sableux au sous-sol argilo-calcaire donnant beaucoup de légèreté aux vins.

Ce sauvignon au nez très ouvert sur des notes de fruits exotiques déroule un palais gras et volumineux équilibré par une finale fraîche. 2014-2015 asperges de Sologne

Tradition 2012 (7 000 b.) : un assemblage de cot et de cabernet franc. Nez intense de fruits rouges, palais svelte sans maigreur, franc et frais. 2014-2018

Dom. Bellevue, 6, rue du Coteau, 41140 Noyers-sur-Cher, tél. 02 54 71 42 73, domainebellevue@orange.fr V r.-v.

Patrick Vauvy

DOM. DE LA BERGEONNIÈRE
Sauvignon Cuvée Olivier 2013

| 10 419 | | 5 à 8 €

Delphine et Laurent Benoist ont repris en 2003 le domaine familial, qui couvre 17 ha sur un terroir argilo-sablonneux. La première, œnologue, se charge des vinifications.

Un sauvignon au nez de fruits exotiques, à la fois gras et vif, à la finale fraîche. 2014-2015 brochettes de poisson

2013 (moins de 5 € ; 4 600 b.) : un rosé aux parfums de cerise et de fraise, souple, aromatique et frais. 2014-2015

Dom. de la Bergeonnière, EARL Bodin, 26, rte des Fourneaux, 41140 Saint-Romain-sur-Cher, tél. 02 54 71 70 43, jcbodin@wanadoo.fr V t.l.j. sf dim. 9h-12h30 14h-19h

Delphine et Laurent Benoist

DOM. DES BESSONS Sauvignon Arroma 2013 ★

| 7 500 | | 5 à 8 €

Établi sur la rive droite de la Loire tout près d'Amboise, François Péquin s'est lancé dans la vinification et dans la vente directe après son installation en 1980. Il exploite 9 ha de vignes en touraine et en touraine-amboise. Sa cave troglodytique est typique de la région.

Ce sauvignon présente un nez frais mêlant les fleurs blanches, les agrumes, les fruits exotiques et le genêt, avec une touche originale de mirabelle. La bouche équilibrée conjugue rondeur et fraîcheur. 2014-2015 rillettes de poisson

François et Brigitte Péquin, Dom. des Bessons, 113, rue de Blois, 37530 Limeray, tél. 02 47 30 09 10, francois.pequin@wanadoo.fr V t.l.j. sf dim. 9h-12h 14h-19h ; nov.-mars sur r.-v.

La Touraine

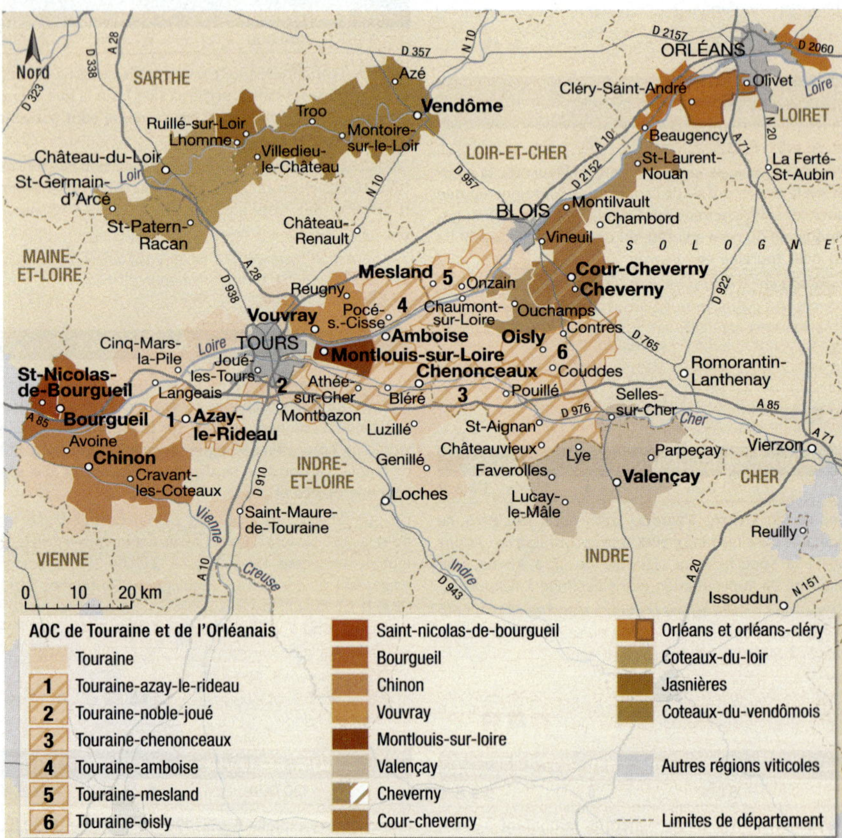

DOM. FRANÇOIS CARTIER Cabernet 2012 ★★

■	8 000	🍾	- de 5 €

François Cartier, qui gère le domaine familial depuis 1977, a été rejoint en 2011 par son fils Vincent. Ce dernier a complété sa formation en Australie avant de revenir travailler la vigne sur les coteaux du Cher.

Issu de cabernet franc âgé d'un demi-siècle, ce 2012 a tiré de son terroir de perruches (argiles à silex) la finesse et l'élégance. Nez complexe de cerise, de mûre et de cassis, palais ample et rond, étayé par des tanins soyeux, finale longue et fraîche : ce vin a enchanté les dégustateurs. ⧗ 2014-2018 🍴 gigot d'agneau à la broche ■ 2012 Cot ★ (8 000 b.) : de beaux parfums de cerise noire et de violette pour ce vin rond et soyeux. ⧗ 2014-2018

🔑 Dom. François Cartier, 13, rue de la Bergerie, 41110 Pouillé, tél. 02 54 71 51 54, cartier-francois@wanadoo.fr V ⛹ 🍷 t.l.j. sf dim. 9h-12h 14h-18h; f. 15 août-1er sept.

DOM. DE LA CHAPELLE Sauvignon 2013

■	5 000	- de 5 €

Constitué en 1935 par un cultivateur d'origine beauceronne, le domaine pratiquait la polyculture-élevage. Installé en 1996, Thierry Gosseaume, petit-fils du fondateur, l'a définitivement spécialisé en viticulture. Il exploite 25 ha à Choussy, au cœur de l'appellation touraine-oisly.

Bien dans son millésime, ce sauvignon s'ouvre timidement sur des arômes variétaux (fleurs blanches, agrumes, buis). En bouche, il se montre vif, avec ce qu'il faut de rondeur et de gras. ⧗ 2014-2015 🍴 risotto aux fruits de mer

🔑 Thierry Gosseaume, La Chapelle, 14, rte de la Gittonière, 41700 Choussy, tél. 02 54 71 32 43, fines-bulles@orange.fr V ⛹ 🍷 mer. sam. 9h-12h 14h-19h; autres j. sur r.-v.

LA CHAPINIÈRE Sauvignon 2013

■	24 000	🍾	5 à 8 €

Après une première vie professionnelle de cadre supérieur dans une grande entreprise, Florence Veilex a décidé de retourner sur les bancs de l'école afin de décrocher un BTS de viticulture-œnologie. En 2003, elle a acquis ce domaine situé sur les coteaux sud du Cher, qu'elle gère avec son mari Éric Yung, journaliste. Tournée vers l'œnotourisme, le domaine loue aussi des écuries.

Ce sauvignon séduit par l'élégance florale de son nez et par son palais fruité et bien équilibré : rondeur à l'attaque et fraîcheur en finale. ⧗ 2014-2015 🍴 fromage de chèvre

🔑 La Chapinière de Châteauvieux, 4, chem. de la Chapinière, 41110 Châteauvieux, tél. 02 54 75 43 00, contact@lachapiniere.com V ⛹ 🍷 t.l.j. sf lun. 10h-19h; dim. 10h-13h
🔑 Florence Veilex

DOM. DE LA CHARMOISE Sauvignon 2013

■	130 000	🍾	5 à 8 €

Installé en 1968 en Touraine orientale, aux confins de la Sologne, Henri Marionnet a donné à son domaine une réelle notoriété. Son fils Jean-Sébastien a pris en 2000 les rênes d'une forte exploitation de 62 ha de vignes. Un pilier de la Sologne viticole.

Ce sauvignon au nez discrètement floral se montre vif et perlant en attaque, bien fruité en bouche et minéral en finale. ⧗ 2014-2015 🍴 asperges

🔑 Henry et Jean-Sébastien Marionnet, Dom. de la Charmoise, 41230 Soings-en-Sologne, tél. 02 54 98 70 73, henry@henry-marionnet.com V ⛹ 🍷 t.l.j. 8h-17h

CLOS DU PORTEAU
Sauvignon Le Courlis 2013

■	20 000	🍾	5 à 8 €

Le Clos du Porteau appartenait au XVIIe s. à un juge et lieutenant de Tours. Les parcelles cultivées par Olivier Delétang ont été reprises en 2012 par Isabelle et Aynard de Clermont Tonnerre, dont la famille est présente depuis huit cents ans en Touraine. Le vignoble se répartit entre Montlouis-sur-Loire (en conversion bio) et côtes du Cher (AOC touraine).

Très ouvert sur les fruits exotiques, ce sauvignon confirme au palais les arômes du nez et se montre rond et élégant. ⧗ 2014-2015 🍴 fruits de mer

🔑 Clos du Porteau, 12, Le Porteau, 41400 Saint-Georges-sur-Cher, tél. 02 54 32 06 31, ayn.clermont@wanadoo.fr V ⛹ 🍷 r.-v. 🏠 B
🔑 Clermont Tonnerre

CONFRÉRIE DES CHEVALIERS DE LA GOURMANDIÈRE Cot Malbec 2012 ★

■	6 000	🍾	- de 5 €

Créée en 1925, cette structure coopérative, qui vinifie plus de 300 ha, est située sur la rive gauche du Cher. Derrière sa façade rétro, une salle de dégustation moderne et un équipement de pointe en font un acteur majeur de la production tourangelle.

L'étiquette donne les deux noms du cépage qui compose cette cuvée : cot et malbec. Paré de noir aux reflets lilas, ce vin issu des vignes du château de Montpoupon révèle au premier nez des arômes de fruits noirs relevés d'une note épicée. Dans le même registre, le palais repose sur une trame tannique souple. La finale est longue et légèrement réglissée. ⧗ 2014-2017 🍴 pavé de bœuf aux champignons ■ 2013 ★ (10 000 b.) : un rosé aux parfums intenses de fruits frais (abricot, pêche), à la fois rond et frais. ⧗ 2014-2015

🔑 SCA Les Maîtres Vignerons de la Gourmandière, 24, rue de Chenonceaux, 37150 Francueil, tél. 02 47 23 91 22, info@vignerons-gourmandiere.com V ⛹ 🍷 r.-v.

DOM. DES CORBILLIÈRES Les Demoiselles 2012

■	10 000	🍾	5 à 8 €

Situé à Oisly, en Sologne viticole, ce domaine est une des valeurs sûres de l'appellation touraine. Acquis dans les années 1920, le vignoble de 27 ha est aujourd'hui conduit par Dominique Barbou.

Dans ce vin droit où cot, pinot noir et cabernet franc se côtoient, le nez révèle des notes de cassis et d'épices. Le palais à l'attaque souple dévoile des tanins encore un peu sévères. La finale est fraîche et longue. ⧗ 2014-2017 🍴 bœuf bourguignon

🔑 EARL Barbou, Dom. des Corbillières, 41700 Oisly, tél. 02 54 79 52 75, contact@domainedescorbillieres.com V ⛹ 🍷 r.-v.

LOIRE

CROIX BOUQUIÉ 2013 ★

■	34 240	🍾	5 à 8 €

Alpha-Loire est une maison de négoce créée en 2009 par Fabienne et Philippe Angier, qui ont par ailleurs repris le domaine de la Croix Bouquié (17 ha).

Au nez, de la pêche blanche et des agrumes. Ceux-ci s'allient aux fruits exotiques dans un palais à la fois vif, gras et ample, émoustillé par un petit perlant. ⧗ 2014-2017 🍴 apéritif

🔑 Dom. Alpha-Loire, 230, rue des Grosses-Pierres, 37400 Amboise, tél. 09 64 19 93 50, alphaloire@ free.fr V t.l.j. sf sam. dim. 9h-12h30 14h-17h30

DOM. DE LA CROULE 2012

■	3 500		5 à 8 €

Après une carrière de commercial dans le vin, Christophe Garnier a racheté en 2000 cette petite propriété de 3 ha qu'il cultive selon une démarche bio (sans certification).

Du cabernet franc et un appoint de cot dans ce vin rouge mêlant les petits fruits noirs (mûre, cassis) à des notes fumées et épicées. Le palais, bien charpenté, est soutenu par des tanins puissants, qui demandent une petite garde pour s'arrondir. ⧗ 2015-2018 🍴 coq au vin

🔑 Christophe Garnier, 18, rue Inglessi, 37230 Fondettes, tél. 02 47 42 18 88, cgselection@ wanadoo.fr V r.-v.

DOM. JOËL DELAUNAY Sauvignon La Voûte 2013 ★

■	10 000	🍾	5 à 8 €

Joël Delaunay s'est lancé dans la vente en bouteilles en 1970. Ce vigneron réputé de l'AOC touraine a cédé en 2003, à son fils Thierry et à son épouse Marie une exploitation qui couvre 27 ha sur la première côte de la vallée du Cher. Une valeur sûre.

Cette cuvée développe au nez des parfums de fleurs blanches et dévoile un palais solide, rond et fruité, à la finale délicate et fraîche. ⧗ 2014-2016 🍴 filets de perche grillés

🔑 EARL Dom. Joël Delaunay, 48, rue de la Tesnière, 41110 Pouillé, tél. 02 54 71 45 69, contact@ joeldelaunay.com V t.l.j. sf dim. 9h-12h 14h-18h; sam. sur r.-v.

DOM. DESLOGES Sauvignon 2013 ★

■	40 000	🍾	- de 5 €

Campé sur les hauteurs dominant la vallée du Cher, ce domaine a doublé sa superficie depuis 1989, passant de 10 à 20 ha. À l'installation de Cyril Desloges en 1997, il s'est équipé d'un chai de vinification.

Ce sauvignon offre un nez typé, complexe et élégant d'aubépine, de fleurs de sureau et de buis. L'attaque est fruitée, la bouche équilibrée et fraîche. De l'élégance et de la personnalité. ⧗ 2014-2015 🍴 poissons en sauce ■ Harmonie 2012 (4 000 b.): du cot (75 %) associé au cabernet. Nez intense de cassis mâtiné de cuir, palais souple aux tanins assez vifs en finale. ⧗ 2014-2018

🔑 Cyril Desloges, Les Petits-Bois-Bernier, 41400 Monthou-sur-Cher, tél. 06 74 14 86 50, domainedesloges@orange.fr V t.l.j. sf dim. 9h-12h 14h-18h

DOM. DESROCHES Sauvignon 2013

■	6 000	🍾	- de 5 €

Saint-Georges-sur-Cher, au pied du coteau viticole, est l'une des plus importantes communes viticoles de Touraine. Installé ici depuis 1980, Jean-Michel Desroches représente la quatrième génération à la tête du domaine familial.

Ce 2013 s'ouvre avec discrétion sur les fruits exotiques. Le palais séduit par sa fraîcheur et par ses arômes délicats et persistants de pêche et de pomme. ⧗ 2014-2015 🍴 filet de sandre grillé ■ 2013 (3 000 b.): un rosé fruité et frais à la finale sur les agrumes. ⧗ 2014-2015

🔑 Jean-Michel Desroches, 8, imp. du Vieux-Porche, 41400 Saint-Georges-sur-Cher, tél. 02 54 32 33 13, desroches.jm@wanadoo.fr V r.-v.

VIGNOBLE DUBREUIL Cabernet franc 2012 ★

■	2 000	- de 5 €

En 2010, Stéphane Dubreuil a pris le relais de son père à la tête de l'exploitation familiale (35 ha) située au cœur de la vallée du Cher, à mi-chemin entre le zoo de Beauval et le château de Cheverny.

Beaucoup de charme dans ce pur cabernet franc: un nez subtil de framboise et de noyau, du volume dès l'attaque, des tanins soyeux et une finale épicée et fraîche. ⧗ 2014-2018 🍴 rosbif

🔑 EARL Vignoble Dubreuil, La Croix-de-la-Touche, 41700 Couddes, tél. 02 54 71 32 85, contact@ vignobledubreuil.fr V t.l.j. sf dim. 9h-12h30 14h-19h

DOM. DES ÉLÉPHANTS Harmonie 2012

■	8 000		5 à 8 €

Philippe Boucher, héritier de huit générations de vignerons, a créé en 2006 cette exploitation dont le nom évoque deux imposants éléphants en céramique qui se dressaient autrefois sur la route du domaine. Le vignoble couvre 37 ha.

Une élégante robe pourpre habille ce vin, assemblage de cot (50 %), de cabernet franc et de gamay. Le nez est complexe, finement épicé, avec une touche de bourgeon de cassis. En bouche, le fruité gourmand est souligné par des tanins soyeux. La finale est longue et agréable. ⧗ 2015-2018 🍴 entrecôte à l'échalote ● Méthode traditionnelle (moins de 5 €; 10 000 b.): un effervescent frais et droit aux notes de fleurs blanches. ⧗ 2014-2016

🔑 Dom. des Éléphants, 19, rte des Éléphants, 41400 Monthou-sur-Cher, tél. 06 81 33 51 34, philippe.boucher27@wanadoo.fr V t.l.j. sf dim. 8h30-12h30 14h30-18h30 🔑 EARL Boucher

LE CH. DE FONTENAY Sauvignon 2013 ★

■	17 000	🍾	5 à 8 €

Didier et Carole Corby ont repris en 1996 une exploitation située sur la rive gauche du Cher, à deux pas de Chenonceaux. Nathalie et Philippe Carli les ont rejoints à la tête de ce domaine commandé par un château des XVIIe et XIXe s. entièrement restauré.

Un nez délicat de fleurs blanches; un palais minéral et frais, au fruité persistant d'agrumes (pamplemousse) et de pomme golden. Un vin gracieux. ⧗ 2014-2015 escargots Clos des Sables 2013 ★ (4 500 b.) : un rosé fruité et acidulé à dominante de grolleau. 2014-2015

EARL Dom. de Fontenay, 3, Fontenay, 37150 Bléré, tél. 02 47 57 12 74, vin@lechateaudefontenay.fr r.-v. Carli

VALÉRIE FORGUES Cot 2012 ★

6 200 | - de 5 €

Installée en 1997 sur la rive gauche du Cher, Valérie Forgues a d'abord travaillé ses 23 ha en agriculture raisonnée avant d'engager en 2013 la conversion bio de son domaine.

La robe est sombre avec des reflets violines de jeunesse. Le nez complexe mêle la cerise noire à la mûre et à la framboise. Souple et ample en attaque, le palais s'adosse à une trame tannique encore ferme. 2015-2018 entrecôte persillée

Valérie Forgues, La Méchinière, 22, rte de Saint-Aignan, 41110 Mareuil-sur-Cher, tél. 02 54 75 15 80, domaine_mechiniere@yahoo.fr r.-v.

DOM. FRISSANT Sauvignon 2013

40 000 | - de 5 €

Installé depuis 1990 à Mosnes, en aval d'Amboise, Xavier Frissant cultive 29 ha de vignes. Un vigneron bien connu des lecteurs, grâce à ses vins souvent en bonne place dans le Guide.

Plein de fraîcheur et bien typé par ses senteurs de bourgeon de cassis, ce sauvignon vif, léger et minéral offre un équilibre tout en finesse. 2014-2015 tartare de saumon

Xavier Frissant, 1, chem. Neuf, 37530 Mosnes, tél. 02 47 57 23 18, xf@xavierfrissant.com r.-v.

ÉRIC ET OLIVIER GARNIER
Réserve de Chamberlin 2012

4 000 | 5 à 8 €

La famille Garnier cultive la vigne depuis 1822. Ce sont aujourd'hui les deux frères Éric et Olivier qui gèrent ce domaine de 25 ha, le premier au vignoble et le second à la cave. À leur carte, du touraine et du valençay.

Issu de cot majoritaire, ce vin rouge délivre au nez de fins arômes de fruits rouges. La bouche est franche, aromatique et fraîche, un peu tannique et sévère en finale. 2014-2017 cailles en cocotte

Dom. Garnier, Chamberlin, 81, rue Delacroix, 41130 Meusnes, tél. 02 54 00 10 06, olivier@oliviergarnier.com r.-v.

DOM. DE LA GIRARDIÈRE Prestige 2012 ★★

3 000 | - de 5 €

Domaine familial créé au début du XXᵉs. et implanté sur le territoire de Saint-Aignan-sur-Cher, sur la rive gauche. Patrick Léger, qui avait pris en 1988 la suite de trois générations, a cédé en 2014 son exploitation (16 ha) à Sylvie Lalizel.

Beaucoup d'intensité dans ce 2012 au nez de fruits mûrs et d'épices douces. Le palais, aromatique à souhait, séduit par ses tanins souples et soyeux, et par sa fraîcheur, qui donne de l'allonge à la finale. 2014-2018 volailles rôties

Patrick Léger, 283, rte de la Girardière, 41110 Saint-Aignan, tél. 02 54 75 42 44, domainedelagirardiere@wanadoo.fr t.l.j. 9h-19h; dim. sur r.-v. Sylvie Lalizel

♥ B LA GRANGE TIPHAINE
Cot Vieilles Vignes 2012 ★★

1 600 | 20 à 30 €

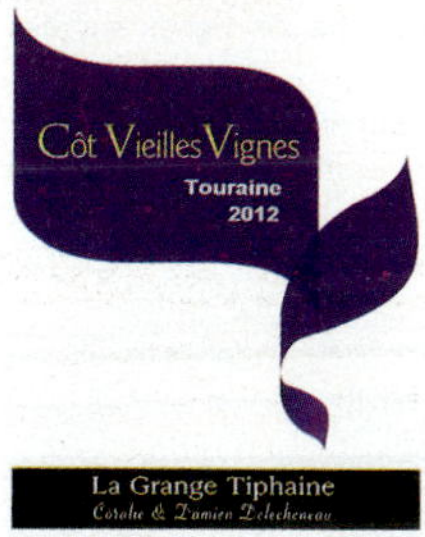

Coralie et Damien Delecheneau ont pris en 2002 la succession de trois générations sur ce domaine familial créé à la fin du XIXᵉs. et couvrant aujourd'hui 14 ha en AOC touraine et montlouis-sur-loire. L'exploitation est conduite en bio et en biodynamie.

Variété historique de la Touraine orientale, le cot se plaît fort bien sur les coteaux argilo-calcaires du secteur. Ici, les vignes ont plus de cent ans ! Le cépage donne le ton à cette cuvée d'un noir d'encre aux reflets violines, qui libère des parfums de cerise noire bien mûre assortis d'une touche de vanille. L'attaque soyeuse introduit un palais aromatique, tout en rondeur et persistant, à la trame tannique bien fondue. Un touraine enchanteur. 2014-2019 entrecôte sauce au vin

Coralie et Damien Delecheneau, EARL La Grange Tiphaine, 37400 Amboise, tél. 06 83 72 80 47, lagrangetiphaine@wanadoo.fr t.l.j. sf dim. 9h-12h 14h-18h

JOVLY Sauvignon 2013 ★

8 000 | 5 à 8 €

Cette maison de négoce créée en l'an 2000 appartient à Gilles Feray, par ailleurs propriétaire de plusieurs châteaux en Touraine. Jérôme Noisy est l'œnologue.

Ce sauvignon s'ouvre sur des parfums élégants de fleurs et de fruits blancs. Les agrumes complètent cette palette dans un palais d'une belle finesse, tout en fraîcheur. 2014-2015 crustacés Montfort Méthode traditionnelle Tête de cuvée (40 000 b.) : un effervescent vineux aux arômes complexes : agrumes, miel, noisette, grillé. 2014-2017

Caves du Val de France, rue du Petit-Coteau, 37210 Vouvray, tél. 02 47 52 60 77, infos@moncontour.com t.l.j. 10h-12h 15h-18h Gilles Feray

JEAN-CHRISTOPHE MANDARD 2013 ★★

10 000 | - de 5 €

Représentant la quatrième génération de vignerons sur le domaine, Jean-Christophe Mandard, installé en 1993, exploite 25 ha sur les premières côtes de la rive gauche du Cher, un terroir riche en silex et précoce.

Ce gamay révèle un nez intense et engageant, tout en fruits rouges, relevé de notes poivrées. Cette belle impression se confirme dans une bouche au fruité souligné par des tanins bien enrobés. Un vin structuré sans dureté, qui a frôlé le coup de cœur. 2014-2016 paupiettes de veau Sauvignon 2013 (30 000 b.) : un vin floral et frais alliant tendresse et générosité. 2014-2015

LOIRE

🔑 Jean-Christophe Mandard, 14, rue du Bas-Guéret, 41110 Mareuil-sur-Cher, tél. 02 54 75 19 73, mandard.jc@wanadoo.fr V r.-v.

DOM. DE MARCÉ Sauvignon 2013

	80 000		- de 5 €

Les vins blancs de domaine de Marcé sont souvent au rendez-vous du Guide. Installé depuis 1992 à Oisly, Christophe Godet exploite 30 ha de vignes sur des terrains argilo-siliceux.

Très typique de son appellation, ce sauvignon libère dès l'olfaction des notes de fruits exotiques et de bourgeon de cassis que l'on retrouve dans un palais vif à souhait. ⧗ 2014-2015 🍴 crevettes

🔑 EARL Godet, 10, rte de Marcé, 41700 Oisly, tél. 02 54 79 54 04, godet.viticulteur@orange.fr V t.l.j. 8h30-12h 14h-18h30

MONMOUSSEAU
Cuvée J.M. Méthode traditonnelle

	100 000		5 à 8 €

Fondées en 1886, les Caves Monmousseau sont spécialisées de longue date dans l'élaboration de vins effervescents. Dans le giron depuis 2010 de la société saumuroise Ackerman.

Cette cuvée à majorité de chenin libère un nez frais et intense d'orange amère, de noisette et d'agrumes confits. Le palais se montre rond et vineux, animé par une effervescence intense. ⧗ 2014-2016 🍴 apéritif

🔑 Monmousseau, 71, rte de Vierzon, BP 30025, 41400 Montrichard, tél. 02 54 71 66 66, monmousseau@monmousseau.com V r.-v.
🔑 Ackerman

DOM. NICOLAS PAGET Jajavanaise 2012

	2 740		5 à 8 €

Le domaine est établi près de la confluence de la Loire et de l'Indre, à la lisière de la forêt de Chinon. James Paget lui a donné une bonne notoriété. Son fils Nicolas lui a succédé en 2007 à la tête d'un vignoble dont il a engagé la conversion bio. À sa carte, des touraine, touraine-azay-le-rideau et chinon.

Le nez agréable libère des notes de fruits noirs surmûris agrémentés de quelques touches de griotte, de pivoine et de réglisse. Souple à l'attaque, le palais dévoile des tanins soyeux qui soutiennent un fruité marqué par le cassis jusqu'en finale. ⧗ 2014-2018 🍴 entrecôte ■ Côtcerto 2012 (8 à 11 € ; 3 000 b.) : un vin élevé en fût libérant des arômes de vanille et de fruits mûrs. Puissant, charpenté, il supportera la garde. ⧗ 2014-2018

🔑 Nicolas Paget, 7, rte de la Gadouillère, Armentière, 37190 Rivarennes, tél. 02 47 95 54 02, domaine.paget@wanadoo.fr V t.l.j. sf dim. lun. 9h30-12h 14h30-18h

CAVES DU PÈRE AUGUSTE 2013

	9 300		- de 5 €

Voici maintenant plus d'un siècle que le père Auguste, trisaïeul d'Alain Godeau, l'actuel vigneron, a creusé les caves dans le tuffeau. Ce domaine de 42 ha situé aux portes de Chenonceaux est régulièrement mentionné dans le Guide.

Ce sauvignon au nez très typé avec ses arômes de buis et de fruits exotiques continue de séduire au palais par sa fraîcheur citronnée. ⧗ 2014-2015 🍴 fruits de mer

🔑 Caves du Père Auguste, 14, rue des Caves, 37150 Civray-de-Touraine, tél. 02 47 23 93 04, contact@pereauguste.com V t.l.j. 8h30-19h30; dim. 10h-12h 🔑 Godeau

DOM. DE PIERRE 2013

	30 000		5 à 8 €

Lionel Gosseaume, après une quinzaine d'années au service d'autres producteurs, a sauté le pas en 2007 et s'est installé à Choussy, au cœur de la Sologne viticole.

Un sauvignon au nez discret mais élégant, sur les agrumes, et au palais vif et perlant sans manque de gras. ⧗ 2014-2015 🍴 toasts de fromage de chèvre ■ Dom. de Pierre 2013 (8 400 b.) : un vin fruité, souple et gouleyant. ⧗ 2014-2016

🔑 Lionel Gosseaume, 6, chem. des Étangs, 41700 Choussy, tél. 02 54 71 55 02, info@lionelgosseaume.fr V r.-v.

DOM. PRÉ BARON Gamay 2013 ★

	25 000		5 à 8 €

Jean-Luc Mardon, héritier de quatre générations est un ardent défenseur des vins du secteur de la Touraine qui borde la Sologne. Aux commandes du domaine depuis 1995, il poursuit les efforts de son père en agrandissant le vignoble (38 ha aujourd'hui). Ses vins sont souvent en bonne place dans le Guide.

Belle prestance pour ce gamay au nez puissant de fruits noirs (cassis, myrtille). Dès l'attaque, le vin révèle un joli fruité soutenu par une structure tannique qui lui confère de la tenue. ⧗ 2014-2016 🍴 rillons

🔑 Dom. Pré Baron, 9, rue des Ormeaux, 41700 Oisly, tél. 02 54 79 52 87, jean-luc.mardon@wanadoo.fr V t.l.j. sf dim. 9h15-12h15 14h15-18h30
🔑 Jean-Luc Mardon

DOM. DE LA RENAUDIE
Cuvée Albert Denis 2012 ★

	11 000		- de 5 €

Établis à Mareuil aux confins de la Touraine, du Berry et de la Sologne, Bruno et Patricia Denis exploitent 25 ha de vignes. Cette dernière est œnologue.

Ce pur cot à la robe sombre bien typée libère des parfums de cassis légèrement confitures rehaussés d'une note poivrée. Au palais, les tanins et le fruité sont accompagnés jusqu'en finale d'une ligne de fraîcheur. ⧗ 2014-2018 🍴 magret de canard

🔑 Dom. de la Renaudie, Patricia et Bruno Denis, 115, rte de Saint-Aignan, 41110 Mareuil-sur-Cher, tél. 02 54 75 18 72, domaine.renaudie@wanadoo.fr V t.l.j. sf dim. 9h-12h 14h-19h 🔑 Bruno Denis

DOM. DE LA RENNE Sauvignon 2013

	130 000		- de 5 €

En 1990, Guy Lévêque a pris les commandes du domaine familial établi sur la rive droite du Cher, aux portes de la Sologne. Il l'a largement développé : le vignoble est passé de 4 ha à 80 ha, et la surface du chai a été doublée.

Ce sauvignon libère au nez des parfums de fruits jaunes (pêche, abricot) bien mûrs. Au palais, c'est toute la vivacité du cépage qui s'exprime sur des notes d'agrumes. ⧗ 2014-2016 ¥ asperges de Sologne ■ Cuvée Éminence 2012 (5 à 8 € ; 8 000 b.) : mi-cabernet mi-cot, un rouge plutôt souple et bien construit. ⧗ 2014-2016

Dom. de la Renne, 1, chem. de la Forêt, 41140 Saint-Romain-sur-Cher, tél. 02 54 71 72 79, domaine.de.la.renne@wanadoo.fr V t.l.j. sf dim. 9h-12h 14h-18h

CH. DE LA ROCHE Sauvignon 2013

| 112 667 | - de 5 €

Situé sur la rive gauche du fleuve royal, près d'Amboise, cet élégant manoir Renaissance fut construit au XVe s. Il servit autrefois de poste de garde pour la surveillance d'un gué de la Loire. Aujourd'hui, il commande une exploitation viticole de 70 ha appartenant à Pierre Chainier.

Cet élégant sauvignon offre un nez intense de fruits mûrs. Le palais est gras, avec ce qu'il faut de fraîcheur. ⧗ 2014-2015 ¥ poisson grillé

Dom. Chainier, Ch. de la Roche, 37530 Chargé, tél. 02 87 70 30 70, domaine.chainier@pierrechainier.com V r.-v.

B CH. DE LA ROCHE EN LOIRE
Cuvée Adrien 2012

■ | 3 000 | 11 à 15 €

Implanté au centre de son vignoble sur un petit promontoire, aux portes d'Azay-le-Rideau, le château de La Roche est caractéristique de l'architecture du XVIe s. du Val de Loire. Installé en 2002, Jean-Louis Sylvos exploite 6 ha de vignes en biodynamie.

Une robe jeune et profonde pour cet assemblage à majorité de cot complété de cabernet franc, qui révèle au nez des parfums de fruits rouges, de réglisse et des notes animales. Le palais est tout en rondeur, un rien plus tannique en finale. ⧗ 2014-2016 ¥ saucisses aux lentilles

Ch. de la Roche en Loire, La Roche, D17, 37190 Cheillé, tél. 02 47 45 46 05, ljsylvos@gmail.com V t.l.j. 8h-20h; f. nov. à mars

♥ B LE ROCHER DES VIOLETTES
Cot Vieilles Vignes 2012 ★★

■ | 8 000 | 11 à 15 €

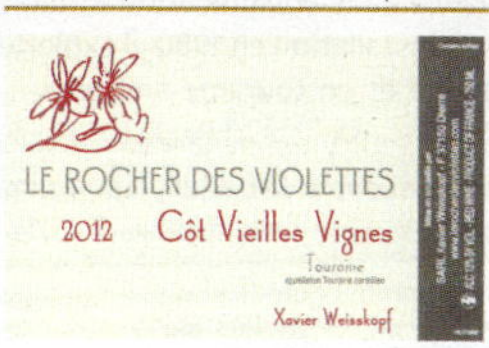

Xavier Weisskopf a créé son exploitation (15 ha) en 2005. Rien ne le destinait à ce métier, mais ses études à Chablis lui ont fait découvrir l'univers du vin, ce qui l'a conduit à la « Viti » de Beaune, puis à Gigondas et enfin sur les rives de la Loire.

De vieilles vignes de cot élevées à faible rendement sur des sols argilo-siliceux ont donné naissance à un vin épatant et plein de charme. D'un noir brillant orné de reflets lilas, ce 2012 libère à l'olfaction des notes de cassis et de cerise noire rehaussées d'épices douces. En bouche, les tanins, veloutés et doux, se fondent avec une remarquable harmonie dans une chair ronde et soyeuse, accompagnés d'arômes persistants de fruits rouges. ⧗ 2014-2019 ¥ rôti de bœuf

Weisskopf, 34, rue de la Roche, 37150 Dierre, tél. 02 47 23 52 08, xavier.weisskopf@hotmail.com V r.-v.

DOM. DE LA ROCHETTE
Sauvignon 2013

| 80 000 | - de 5 €

Établi dans le joli village viticole de Pouillé, sur la rive gauche du Cher, Vincent Leclair a rejoint son père François à la tête d'une exploitation qui conjugue la modernité du chai avec la tradition des caves creusées dans le tuffeau. Le vignoble couvre 46 ha.

Ce 2013 dévoile un nez minéral et fruité (fruits blancs). Le palais, à l'unisson sur la pomme et le silex, est frais à souhait. ⧗ 2014-2016 ¥ rillettes de poisson

Dom. de la Rochette, 79, rte de Montrichard, 41110 Pouillé, tél. 02 54 71 44 02, info@vin-rochette-leclair.com V t.l.j. sf dim. 8h-17h

ROUSSEAU FRÈRES
Brut Sensation 2012

● | 7 700 | 5 à 8 €

Ce domaine de 18 ha est conduit par deux frères. Leur démarche : travail mécanique du sol, maturité des raisins, élevage sur lies, utilisation limitée du soufre. Une spécialité : le touraine-noble-joué.

Ce vin naturel à 100 %, sans ajout de liqueur de tirage ou d'expédition, laisse s'échapper un fin chapelet de bulles. Un assemblage de pinot meunier et de pinot noir homogène et équilibré entre vivacité et onctuosité, et porté par d'agréables arômes de fleurs blanches. ⧗ 2014-2017 ¥ apéritif

Rousseau Frères, Le Vau, 37320 Esvres-sur-Indre, tél. 02 47 26 44 45, rousseau-freres@wanadoo.fr V t.l.j. sf dim. 9h-12h 14h-19h

B DOM. DES ROY
Fines Bulles Méthode traditionnelle 2012

● | 4 500 | 5 à 8 €

Anne-Cécile Roy, œnologue, a repris en 2005 les rênes du domaine familial situé sur la rive droite du Cher. Épaulée par son époux Yohann, technicien viticole et fils de vigneron, elle conduit son exploitation en agriculture biologique.

Cette cuvée au joli train de bulles libère un florilège d'arômes d'agrumes et de fruits secs (amande) qui apportent de la fraîcheur à l'olfaction. Intense et vif à l'attaque, le palais se révèle doux et rond, et dévoile de fines notes de citron qui viennent tonifier la finale. ⧗ 2014-2017 ¥ apéritif

Dom. des Roy, 3, rue Franche, 41400 Pontlevoy, tél. 02 54 32 51 07, domaine-des-roy@wanadoo.fr V r.-v. B

B DOM. SAUVÈTE
Malbec Antea 2012

■ | n.c. | 8 à 11 €

Jérôme et Dominique Sauvète exploitent 17 ha de vignes en agriculture biologique entre Chenonceaux, Cheverny et le zoo de Beauval.

Dans cette cuvée, où le cot règne sans partage, l'olfaction révèle une note de cuir qui se marie aux parfums de fruits rouges et de violette. Au palais, si les tanins sont encore accrocheurs, le vin dévoile une matière bien fruitée. ⏳ 2015-2018 🍴 magret de canard

🔑 Dom. Sauvète, 9, chem. de la Bocagerie, 41400 Monthou-sur-Cher, tél. 02 54 71 48 68, domaine-sauvete@wanadoo.fr V 🚶 🍷 t.l.j. sf dim. 10h-12h 14h-19h

SECRETS DE CHAI Sauvignon 2013

■	65 300	🍾	- de 5 €

Établi sur la rive droite du Cher, cette coopérative, qui regroupe une vingtaine d'adhérents, a été fondée en 1957. Elle dispose de quelque 200 ha de vignes.

Un touraine classique, simple et sympathique, bien marqué au nez par son cépage (citron, buis) et offrant un palais bien équilibré entre gras et fraîcheur. ⏳ 2014-2015 🍴 crevettes grises

🔑 Les Vignerons des Coteaux Romanais, 50, rue Principale, 41140 Saint-Romain-sur-Cher, vignerons.romanais@wanadoo.fr V 🚶 🍷 t.l.j. sf dim. lun. 9h-12h 14h-18h

A. SIMONEAU Méthode traditionnelle ★

●	26 000	🍾	5 à 8 €

Exploitation familiale de 52 ha implantée à 5 km du château de Chenonceaux. Elle s'est lancée dans la vente directe en 1994.

Cette cuvée issue de grolleau (80 %) et de gamay affiche une belle couleur pastel et livre des arômes fruités au nez. Animé par une effervescence persistante, le palais révèle une fraîcheur plaisante et un fruité soutenu. ⏳ 2014-2016 🍴 apéritif ● A. Simoneau (26 000 b.) : un effervescent de pur chenin aux notes d'agrumes, souple et doux. ⏳ 2014-2016

🔑 EARL Paris-Simoneau, 21, rue des Vignes, 41400 Saint-Georges-sur-Cher, tél. 02 54 71 36 14, contact@antoinesimoneau.com V 🚶 🍷 t.l.j. sf dim. lun. 9h-12h 14h-18h

LES CAVES DE LA TOURANGELLE 2013

■	78 933	- de 5 €

Établie au cœur de la Touraine, entre Amboise et Montrichard, cette maison créée en 1995 est la propriété de la famille Bougrier, négociant présent dans l'ensemble du Val de Loire.

Ce vin saumoné au nez ouvert sur les fruits rouges révèle au palais un bon équilibre entre suavité et fraîcheur, et persiste longuement sur le fruit. ⏳ 2014-2015 🍴 tapas au jambon

🔑 Les Caves de La Tourangelle, 26, rue de la Liberté, 41400 Saint-Georges-sur-Cher, tél. 02 54 32 31 36, st.georges@bougrier.fr

CH. DE VALLAGON 2012

■	5 500	🍾	- de 5 €

La Confrérie des Vignerons de Oisly & Thésée est une coopérative qui réunit 24 adhérents et 250 ha de vignes. Son vignoble s'étend sur les AOC cheverny et touraine.

Frais et léger, ce 2012, assemblage de cot et de cabernet, libère un nez fruité ouvert sur la framboise. Le palais se montre frais et solide, soutenu par une structure tannique encore un peu ferme qu'une courte garde devrait dompter. ⏳ 2015-2017 🍴 carré d'agneau

🔑 Confrérie des Vignerons de Oisly & Thésée, 5, rue du Vivier, 41700 Oisly, tél. 02 54 79 75 20, oisly@uapl.fr V 🚶 🍷 t.l.j. sf dim. 9h-12h 14h-18h

DOM. DU VIEUX PRESSOIR Cuvée des sourdes 2012 ★

■	10 000	🛢	5 à 8 €

Installé à deux pas du château de Chaumont-sur-Loire et de ses célèbres jardins, Joël Lecoffre exploite 26 ha de vignes plantées sur les meilleurs coteaux qui bordent la rive gauche de la Loire.

Assemblage de cabernet (70 %) et de cot, ce 2012 à la robe burlat brillant présente un nez boisé, épicé, un peu animal. Souple à l'attaque, ce vin passé un an en fût est encore un peu marqué par son élevage. La finale fraîche ne manque pas d'élégance. ⏳ 2014-2018 🍴 rôti de biche

🔑 Dom. du Vieux Pressoir, 27, rte de Vallières, 41150 Rilly-sur-Loire, tél. 02 54 20 90 84, joel.lecoffre@wanadoo.fr V 🚶 🍷 t.l.j. 8h-19h; f. janv. 🏠 ©

TOURAINE-AMBOISE

• Superficie : 165 ha • Production : 8 767 hl (83 % rouge et rosé)

De part et d'autre de la Loire, sur laquelle veille le château d'Amboise des XVe et XVIes., non loin du manoir du Clos-Lucé où vécut et mourut Léonard de Vinci, ce vignoble produit des vins rosés et rouges à partir du gamay, du cot et du cabernet franc. Ce sont des vins pleins, aux tanins légers ; lorsque cot et cabernet dominent, les rouges ont une certaine aptitude à la garde. Les mêmes cépages donnent des rosés secs et tendres, fruités et bien typés. Secs à demi-secs selon les années, les blancs peuvent également être gardés en cave.

BESSONS Les Chainées d'André 2012 ★

■	3 400	🍾	5 à 8 €

Établi sur la rive droite de la Loire tout près d'Amboise, François Péquin s'est lancé dans la vinification et dans la vente directe après son installation en 1980. Il exploite 9 ha de vignes en touraine et en touraine-amboise.

Un pur cot d'une grande maturité, au nez délicat d'épices et de fruits noirs, au palais suave à l'attaque, aux tanins fondus et à la finale minérale. Une belle finesse. ⏳ 2014-2017 🍴 rôti de bœuf

🔑 François et Brigitte Péquin, Dom. des Bessons, 113, rue de Blois, 37530 Limeray, tél. 02 47 30 09 10, francois.pequin@wanadoo.fr V 🚶 🍷 t.l.j. sf dim. 9h-12h 14h-19h; nov.-mars sur r.-v.

DOM. DUTERTRE Clos du pavillon 2012

■	5 000	🍾	5 à 8 €

Ce domaine établi à Limeray, l'un des villages viticoles importants de l'appellation, a vu se succéder cinq générations. Une valeur sûre.

Ce 2012 mêle au nez des notes dagrumes et de fruits confits que l'on retrouve au palais. Frais à l'attaque, il fait preuve d'un bel équilibre jusqu'à la finale, finement citronnée. ⌛ 2014-2017 🍴 poisson en sauce ■ **Plaisir 2013 (6 000 b.)**: un rosé souple, frais et élégant. ⌛ 2014-2015

🔑 Dom. Dutertre, 20-21, rue d'Enfer, 37530 Limeray, tél. 02 47 30 10 69, domainedutertre@9business.fr
V 🚶 🍷 t.l.j. 9h-12h30 14h-18h; dim. 10h-12h de mars à déc.

XAVIER FRISSANT
Les Pierres 2012 ★

■	4 000	⏺	5 à 8 €

Installé depuis 1990 à Mosnes, en aval d'Amboise, Xavier Frissant cultive 29 ha de vignes. Un vigneron bien connu des lecteurs, grâce à ses vins souvent une bonne place dans le Guide.

Ce 2012 séduit par un nez frais associant les agrumes à des notes mentholées, par son attaque finement citronnée et son palais bien équilibré entre le gras et la fraîcheur. ⌛ 2014-2017 🍴 apéritif ■ **Les Pierres 2013 ★ (4 000 b.)**: un rosé de cot expressif, aux parfums de fruits rouges, tout en rondeur. ⌛ 2014-2015

🔑 Xavier Frissant, 1, chem. Neuf, 37530 Mosnes, tél. 02 47 57 23 18, xf@xavierfrissant.com
V 🚶 🍷 r.-v. 🏠 ⓒ

DOM. DE LA GABILLIÈRE 2013

■	4 800	🍾	- de 5 €

Ce domaine d'application pédagogique du lycée viticole d'Amboise (20 ha) est également une structure de recherche à l'échelle de la région Centre, en lien avec les différents organismes viticoles.

Un nez discret de fruits rouges stimulé par une note mentholée, relayé par un palais frais, harmonieux et persistant. ⌛ 2014-2015 🍴 salade composée

🔑 Dom. de la Gabillière, 46, av. Émile-Gounin, 37400 Amboise, tél. 02 47 23 35 51, expl.lpa.amboise@educagri.fr V 🚶 🍷 r.-v. 🔑 Lycée viticole d'Amboise

DOM. DE LA GRANDE FOUCAUDIÈRE 2013

■	2 400	🍾	5 à 8 €

Après avoir passé quinze ans en région parisienne, Lionel Truet est revenu en 1992 sur les terres familiales situées dans la région d'Amboise. Il conduit aujourd'hui un petit vignoble niché au cœur d'un parc forestier de 40 ha.

Ce rosé libère au nez des parfums de fruits rouges frais. Bien équilibré au palais, il allie fraîcheur et rondeur. ⌛ 2014-2015 🍴 charcuterie

🔑 Lionel Truet, La Grande-Foucaudière, 37530 Saint-Ouen-les-Vignes, tél. 02 47 30 04 82, lioneltruet@orange.fr V 🚶 🍷 t.l.j. 9h-19h 🏠 ⓒ

Ⓑ DOM. DE LA GRANGE TIPHAINE
Clef de sol 2012 ★★

■	6 500	⏺	15 à 20 €

Coralie et Damien Delecheneau ont pris en 2002 la succession de trois générations sur ce domaine familial créé à la fin du XIXes. et couvrant aujourd'hui 14 ha en AOC touraine et montlouis-sur-loire. L'exploitation est conduite en bio et en biodynamie.

Cette cuvée, qui a flirté avec le coup de cœur, livre des parfums de fruits noirs (cassis, myrtille) discrets, et séduit au palais par sa structure tannique souple et mûre, par sa rondeur, sa suavité et sa persistance. ⌛ 2014-2018 🍴 viande rouge rôtie ■ **Bécarre 2012 (11 à 14 €; 2 250 b.)**: un vin expressif et bien structuré, aux arômes d'épices et de fruits noirs. ⌛ 2014-2020

🔑 Coralie et Damien Delecheneau, EARL La Grange-Tiphaine, 37400 Amboise, tél. 06 83 72 80 47, lagrangetiphaine@wanadoo.fr
V 🍷 t.l.j. sf dim. 9h-12h 14h-18h

DOM. DE LA TONNELLERIE
Manguitte 2012

■	1 000	⏺	5 à 8 €

Vincent Péquin a pris en 1994 la suite de quatre générations de vignerons. Situé à mi-chemin des châteaux d'Amboise et de Chaumont-sur-Loire, son petit vignoble de 4 ha est implanté sur des coteaux aux sols argilo-calcaires et argilo-siliceux.

Ce 2012 libère d'agréables parfums de citron et de coing. Au palais, l'attaque est nette et franche, puis le vin dévoile une belle fraîcheur et un léger boisé hérité de son élevage en fût. Encore un peu fermé lors de la dégustation, il révélera son potentiel dans les mois prochains. ⌛ 2015-2018 🍴 poisson de Loire

🔑 Vincent Péquin, 71, rue de Blois, 37530 Limeray, tél. 02 47 30 13 52, vincent.pequin@orange.fr
V 🚶 🍷 t.l.j. sf dim. 9h-12h30 14h-19h

TOURAINE-AZAY-LE-RIDEAU

• Superficie : 46 ha • Production : 1 705 hl (44 % blanc)

Nés sur les deux rives de l'Indre, les vins ont ici l'élégance du château qui se reflète dans la rivière et dont ils ont pris le nom. Les blancs, secs à tendres, particulièrement fins et de bonne garde, sont issus du cépage chenin. Les cépages grolleau (60 % minimum de l'assemblage), gamay, cot et cabernets (au maximum 10 %) donnent des rosés secs et très friands. Les vins rouges ont l'appellation touraine.

DOM. NICOLAS PAGET
Opus 2012 ★

■	2 500	⏺	8 à 11 €

Le domaine est établi près de la confluence de la Loire et de l'Indre, à la lisière de la forêt de Chinon. James Paget lui a donné une bonne notoriété. Son fils Nicolas lui a succédé en 2007 à la tête d'un vignoble dont il a engagé la conversion bio. À sa carte, des touraine, touraine-azay-le-rideau et chinon.

Beaucoup de charme dans ce vin sec et tendre à la fois, aux parfums abricotés assortis d'une note beurrée. La bouche révèle un bon volume et des arômes persistants d'agrumes et de fruits confits. ⌛ 2014-2017 🍴 poisson en sauce

🔑 Nicolas Paget, 7, rte de la Gadouillère, Armentière, 37190 Rivarennes, tél. 02 47 95 54 02, domaine.paget@wanadoo.fr V 🚶 🍷 t.l.j. sf dim. lun. 9h30-12h 14h30-18h

LA CAVE DES VALLÉES Trie de vendange 2012

| 2 000 | | 5 à 8 € |

Héritier d'une lignée de vignerons remontant à 1789, Marc Badiller s'est installé en 1984 sur le domaine familial entre la Loire et la forêt de Chinon. Il cultive 12 ha et propose une large gamme de vins de Touraine.

Ce vin gourmand au nez généreux de fruits confits se révèle tendre à l'attaque, gras et onctueux, équilibré par une fraîcheur citronnée. 2014-2017 apéritif 2013 (3 000 b.) : un rosé de grolleau, souple et équilibré. 2014-2015

Marc Badiller, 29, Le Bourg, 37190 Cheillé, tél. 02 47 45 24 37, contact@vins-badiller.fr V r.-v.

TOURAINE-CHENONCEAUX

• Production : 1 900 hl

Couvrant les premières « côtes » des deux rives du Cher, sur vingt-sept communes de l'Indre-et-Loire et du Loir-et-Cher, le vignoble touraine-chenonceaux est, avec touraine-oisly, le plus récent des sous-ensembles délimités dans la vaste appellation touraine (2011). Conscients du potentiel de leur terroir, les vignerons ont œuvré, des décennies durant, pour donner à leur vin une dimension qui les distingue de ceux de l'AOC régionale. Dans cette quête de qualité et d'authenticité, ils ont réservé l'encépagement au seul cépage sauvignon en blanc et ont privilégié le cot et le cabernet franc en rouge. Des parcelles sélectionnées riches en silex, des rendements plus faibles, des élevages plus longs en rouge contribuent également au caractère de ces vins, des rouges amples et complexes, et des blancs expressifs.

DOM. BEAUSÉJOUR 2012 ★

| 4 000 | | 8 à 11 € |

Philippe Trotignon exploite un vignoble de 20 ha sur des terrains siliceux (sables, argiles à silex), sur la rive droite du Cher. Rouges ou blancs, ses vins sont souvent mentionnés dans le Guide.

Ce sauvignon séduit par ses parfums puissants de fruits exotiques et d'agrumes, par son palais harmonieux et gras, tonifié en finale par une belle fraîcheur. 2014-2016 saint-jacques poêlées

Dom. Beauséjour, Philippe Trotignon, 14, rue des Bruyères, 41140 Noyers-sur-Cher, tél. 02 54 71 34 17, philippe.trotignon@free.fr V r.-v.

DOM. DU CHAPITRE 2012

| 7 000 | | 8 à 11 € |

Installé à Saint-Romain-sur-Cher, aux portes de la Sologne viticole et sur les terroirs de la vallée du Cher, François Desloges perpétue une tradition vigneronne qui remonte à deux siècles. Il cultive le gamay, le cabernet, le cot, le sauvignon et... la pêche de vigne.

Ce 2012 libère au nez des notes de fruits blancs caractéristiques du sauvignon. On retrouve ces fruits dans un palais bien équilibré entre fraîcheur et gras, de bonne persistance. 2014-2016 langoustines

Maryline et François Desloges, 82, rue Principale, 41140 Saint-Romain-sur-Cher, tél. 02 54 71 71 22, ledomaineduchapitre@wanadoo.fr V t.l.j. 9h-18h30

DOM. DES ÉCHARDIÈRES La Long Bec 2012

| 4 400 | | 8 à 11 € |

Luc Poullain, ancien ingénieur agricole et commercial, s'est installé en 2000 sur ce domaine (16 ha) situé à Pouillé, sur la rive gauche du Cher en amont de Chenonceaux.

Avec son nez discret de fruits noirs (cassis), ce 2012 révèle toute sa richesse dans un palais à l'attaque souple et fruitée, soutenu par une structure tannique bien présente mais déjà arrondie. 2014-2017 tendrons de veau braisés

Luc Poullain, 9, rue de la Brosse, 41110 Pouillé, tél. 02 54 71 46 66, info@domaine-echardieres.com V r.-v.

DOM. MICHAUD Éclat de silex Vieilles Vignes 2012 ★★

| 18 000 | | 5 à 8 € |

Installé depuis 1985 dans la vallée du Cher, Thierry Michaud exploite 24 ha de vignes et produit de jolis vins de terroir. Une valeur sûre pour ses crémant-de-loire et ses touraine.

Issu d'un terroir riche en silex jadis utilisé pour l'extraction de la pierre à fusil, ce 2012 séduit immédiatement par son intensité aromatique sur la mangue et la pêche. Le palais, à dominance de fruits exotiques (ananas) offre un équilibre remarquable entre gras, fraîcheur et structure, et deploie une longue finale sur de beaux amers. 2014-2017 sandre au beurre blanc Cuvée Ad Vitam Vieilles Vignes 2012 ★ (8 000 b.) : un vin aux notes de violette, frais et fringant. 2014-2018

Dom. Michaud, 20, rue les Martinières, 41140 Noyers-sur-Cher, tél. 02 54 32 47 23, thierry@domainemichaud.com V t.l.j. sf dim. 9h-12h 14h-19h

DOM. DES PIERRINES Armel 2012

| 1 800 | | 8 à 11 € |

Ce domaine familial de 18 ha situé sur la première côte du val de Cher est désormais conduit par Fabrice Delaunay, qui succède à ses parents Daniel et Pierrette.

Ce 2012 s'ouvre au nez sur les fruits noirs (cassis, mûre) agrémentés d'épices. Le palais dévoile des tanins soyeux accompagnés par un fruité agréable, rehaussé par des notes mentholées en finale. 2014-2017 andouillette grillée

Delaunay, Dom. des Pierrines, 2, rue de la Bergerie, 41110 Pouillé, tél. 02 54 71 46 93, fabricedelaunay@hotmail.com V t.l.j. sf dim. 8h-12h 14h-18h

DOM. DE LA RENAUDIE 2012

| 3 300 | | 8 à 11 € |

Établis à Mareuil aux confins de la Touraine, du Berry et de la Sologne, Bruno et Patricia Denis exploitent 25 ha de vignes. Cette dernière est œnologue.

Ce 2012, qui libère des parfums de petits fruits rouges frais à l'olfaction, affiche dès l'attaque une structure tannique bien présente et un indéniable fruité. Solide sans dureté, ce vin vieillira bien. ⌛ 2014-2018 🍴 coq au vin

🔑 Dom. de la Renaudie, Patricia et Bruno Denis, 115, rte de Saint-Aignan, 41110 Mareuil-sur-Cher, tél. 02 54 75 18 72, domaine.renaudie@wanadoo.fr V t.l.j. sf dim. 9h-12h 14h-19h

DOM. DE LA ROCHETTE 2012 ★

	6 000		8 à 11 €

Établi dans le joli village viticole de Pouillé, sur la rive gauche du Cher, Vincent Leclair a rejoint son père François à la tête d'une exploitation qui conjugue la modernité du chai avec la tradition des caves creusées dans le tuffeau. Le vignoble couvre 46 ha.

Ce sauvignon pimpant libère au nez des notes typées de fruits blancs et de bourgeon de cassis. Ample et bâti sur un subtil équilibre acide-gras, le palais dévoile d'intenses arômes d'agrumes qui persistent dans une longue finale. ⌛ 2014-2016 🍴 poulet au citron ■ 2012 (6 000 b.) : une belle attaque sur le fruit et des tanins qui devraient prochainement s'arrondir. ⌛ 2015-2018

🔑 Dom. de la Rochette, 79, rte de Montrichard, 41110 Pouillé, tél. 02 54 71 44 02, info@vin-rochette-leclair.com V t.l.j. sf dim. 8h-17h
🔑 Leclair

DOM. LES SOUTERRAINS 2012

	5 850	8 à 11 €

Ce domaine fondé en 1820 s'est agrandi au fil des générations, passant de 6 à 23 ha. Après avoir travaillé dans le secteur médical en Chine, Nicolas Mazzesi s'est reconverti dans le secteur du vin.

Ce sauvignon aux parfums suaves d'agrumes confits révèle un palais délicat, généreux et gras sans lourdeur, soutenu par une pointe de vivacité. ⌛ 2014-2016 🍴 fromage de chèvre

🔑 Nicolas Mazzesi, 37 bis, rue des Souterrains, La Haie-Jallet, 41130 Châtillon-sur-Cher, tél. 02 54 71 02 94, adm@domainedessouterrains.com V t.l.j. sf dim. 8h30-12h 13h45-17h30

TOURAINE-MESLAND

• Superficie : 100 ha • Production : 5 105 hl (82 % rouge et rosé)

Sur la rive droite de la Loire, au nord de Chaumont et en aval de Blois, le vignoble est implanté sur des sols perrucheux (argile à silex à couverture localement sableuse du miocène, ou limono-sableuse). Les rouges, très majoritaires, sont issus du gamay assemblé à du cabernet et à du cot : ils sont bien structurés. Les blancs doivent contenir une majorité de chenin, éventuellement complété de chardonnay et de sauvignon.

DOM. DE LA BESNERIE Vieilles Vignes 2013

■	10 000		5 à 8 €

Frédéric Pironneau a repris en 2008 les rênes du domaine (16 ha) acheté et remis en état à partir de 1976 par ses parents.

Ce 2013 dévoile un nez intense et bien typé associant framboise et poivron rouge. L'attaque, plaisante sur le fruit rouge, introduit une bouche d'une plaisante légèreté. ⌛ 2014-2016 🍴 charcuterie

🔑 EARL Pironneau, Dom. de la Besnerie, 41, rte de Mesland, 41150 Monteaux, tél. 02 54 70 23 75, pironneau.f@wanadoo.fr V t.l.j. sf mer. 9h-12h 14h30-19h; dim. sur r.-v.

(B) CH. GAILLARD 2013

■	100 000		5 à 8 €

Vincent Girault exploite son vignoble de 35 ha en biodynamie depuis 1990 et en bio certifié.

Ce 2013 présente un nez affirmé de fruits rouges. Sans avoir une structure imposante, il séduit par son attaque franche et sa bouche de bonne tenue, un peu austère en finale. ⌛ 2014-2017 🍴 rôti de porc aux pruneaux

🔑 Ch. Gaillard, 1 bis, rte de Seillac, 41150 Mesland, tél. 02 54 70 25 47, contact@closchateaugaillard.fr V t.l.j. sf sam. dim. 9h-12h 14h-17h30
🔑 Vincent Girault

DOM. DU PARADIS 2013

	4 500		- de 5 €

Cette exploitation familiale a été reprise en 1986 par Philippe Soucion, rejoint depuis par sa fille Laëtitia. La vigne y côtoie d'autres cultures et un élevage de vaches.

Ce 2013 au nez très plaisant de miel et de tilleul séduit par l'équilbre de son palais où une belle fraîcheur s'allie en finale à de suaves notes miellées qui font écho à l'olfaction. ⌛ 2014-2017 🍴 poisson en sauce ■ 2013 (5 000 b.) : un rosé tendre aux arômes de fruits rouges. ⌛ 2014-2015

🔑 EARL Philippe Soucion, 39, rue d'Asnières, 41150 Onzain, tél. 02 54 20 81 86, philipe.soucion@orange.fr V t.l.j. sf dim. 9h-12h 14h-18h

DOM. DE RABELAIS 2013 ★

■	8 000	- de 5 €

La famille Chollet est installée à Onzain depuis 1720. À la tête d'un vignoble de 20 ha situé face au majestueux château de Chaumont-sur-Loire, Cédric Chollet perpétue cette tradition viticole depuis 1999.

Ce vin dévoile un élégant nez floral (pivoine) et fruité (fruits rouges). L'attaque est franche, et le palais, fruité jusqu'en finale, est soutenu par une structure tannique encore ferme qui s'arrondira avec la garde. ⌛ 2015-2018 🍴 rôti de bœuf ■ 2013 (7 000 b.) : un rosé frais à souhait aux notes de bonbon anglais et de fraise. ⌛ 2014-2015 ■ 2013 (2 500 b.) : un vin aux parfums de fleur d'acacia et de pêche, équilibré et frais. ⌛ 2014-2015

🔑 Chollet, 60, rue de Meuves, 41150 Onzain, tél. 02 54 20 88 91, cedric.chollet0980@orange.fr V r.-v.

DOM. DES TERRES NOIRES 2013 ★

■	4 000		- de 5 €

Régulièrement mentionné dans le Guide, ce domaine conduit par les trois frères Rediguère depuis 1993 s'étend sur 15 ha.

LOIRE

Ce rosé libère un nez intense de fraise et de framboise. Le palais, dans le même registre, trouve son équilibre entre suavité et fraîcheur, et offre une finale gourmande. ⌛ 2014-2016 🍴 assiette de charcuterie ■ 2013 (3 000 b.) : un vin équilibré et frais, aux arômes de fleurs blanches, et de pêche de vigne. ⌛ 2014-2016 ■ 2013 (5 000 b.) : un rouge de caractère, marqué par le cot. ⌛ 2014-2018

🔑 GAEC des Terres Noires, 81, rue de Meuves, 41150 Onzain, tél. 02 54 20 72 87, gaec.terres.noires@orange.fr V r.-v.

TOURAINE-NOBLE-JOUÉ

• Superficie : 28 ha • Production : 1 908 hl

Présent à la cour du roi Louis XI, le noble-joué est au sommet de sa renommée au XIXe s. Grignoté par l'urbanisation de la ville de Tours, le vignoble, qui faillit disparaître, renaît sous l'impulsion de vignerons qui le reconstituent. Ce vin gris, issu des pinot meunier, pinot gris et pinot noir, a été reconnu en AOC.

DOM. B. BLONDEAU 2013

■	4 000		- de 5 €

Installé à Saint-Avertin, Bernard Blondeau fait de la résistance face à l'urbanisation galopante dans cette commune située aux portes de Tours, où il cultive ses 5 ha de vignes entre les maisons sur le plateau qui longe le Cher.

Ce 2013 au nez délicat et frais de fruits rouges révèle un palais ample, à l'attaque suave, marqué en finale par une pointe d'amertume de jeunesse. ⌛ 2014-2015 🍴 rillettes de Tours

🔑 EARL Dom. B. Blondeau, 42, rue de la Castellerie, 37550 Saint-Avertin, tél. 02 47 27 88 29
V r.-v.

RÉMI COSSON 2013

■	11 000		- de 5 €

Le vin garde ses droits à Esvres, où Rémi Cosson conduit depuis 1997 un domaine de 4 ha.

Ce 2013 dévoile d'intenses parfums de fruits exotiques au nez, et offre un palais charnu à l'attaque, vif et fruité (fruits rouges) dans son développement. ⌛ 2014-2015 🍴 assiette de charcuteries

🔑 Rémi Cosson, La Hardellière, 37320 Esvres-sur-Indre, tél. 02 47 65 70 63, remicosson@orange.fr
V r.-v.

ANTOINE ET VINCENT DUPUY 2013

■	40 000		- de 5 €

Vincent a rejoint son père Antoine Dupuy en 2007 pour exploiter les 11,5 ha de vignes du domaine familial.

Ce 2013 au nez discrètement fruité révèle un palais chaleureux et vif à la fois, où le fruit s'épanouit jusqu'en finale. ⌛ 2014-2015 🍴 crevettes roses

🔑 Antoine et Vincent Dupuy, Le Vau, 37320 Esvres-sur-Indre, tél. 02 47 26 44 46, dupuy.vignerons@orange.fr V r.-v.

ROUSSEAU FRÈRES 2013 ★

■	70 000		5 à 8 €

Ce domaine de 18 ha est conduit par deux frères. Leur démarche : travail mécanique du sol, maturité des raisins, élevage sur lies, utilisation limitée du soufre. Une spécialité : le touraine-noble-joué.

Belle harmonie pour ce rosé aux fraîches senteurs de poire et de fraise. Le palais, ample et gras, dévoile une agréable petite touche d'amertume en finale. ⌛ 2014-2015 🍴 poulet au gingembre et coriandre

🔑 Rousseau Frères, Le Vau, 37320 Esvres-sur-Indre, tél. 02 47 26 44 45, rousseau-freres@wanadoo.fr
V t.l.j. sf dim. 9h-12h 14h-19h

JEAN-JACQUES SARD 2013 ★

■	35 000		- de 5 €

Jean-Jacques Sard, qui a créé cette exploitation en 1978, passe le flambeau au jeune Jérôme Pierru, qui après quelques années dans d'autres vignobles s'est posé en Touraine.

Sous de discrets atours, ce 2013 est un bon représentant de son appellation : une robe saumonée, un nez floral, une bouche concentrée et équilibrée, à la finale fraîche et légèrement fumée. ⌛ 2014-2015 🍴 galette jambon fromage

🔑 EARL Jean-Jacques Sard, 3, La Chambrière, 37320 Esvres-sur-Indre, tél. 02 47 27 78 16, jpierru-noblejoue@orange.fr V t.l.j. 8h-19h; dim. sur r.-v.

TOURAINE-OISLY

• Production : 1 000 hl

Sur la rive gauche de la Loire, entre ce fleuve et le Cher, le terroir viticole d'Oisly s'étend sur dix communes de la partie orientale de l'aire d'appellation touraine. Cheverny est à une quinzaine de kilomètres au nord. La Sologne forestière, avec ses étangs et son gibier, est toute proche, à l'est. Le vignoble est implanté sur le plateau de la Sologne viticole. À l'est de Tours, les influences océaniques apparaissent très atténuées, et le climat est semi-continental. L'encépagement change également : en blanc, le chenin fait place au sauvignon. Les sols, graviers et formations dites « de Sologne » (sables, argiles, faluns) sont propices à ce cépage, le seul autorisé dans l'appellation créée en 2011.

DOM. DES CORBILLIÈRES Fabel Barbou 2012 ★

■	14 000		5 à 8 €

Situé à Oisly, en Sologne viticole, ce domaine est une des valeurs sûres de l'appellation touraine. Acquis dans les années 1920, le vignoble de 27 ha est aujourd'hui conduit par Dominique Barbou.

Complexe au nez avec ses arômes d'agrumes, de buis et de chèvrefeuille, ce vin révèle une attaque souple et un beau volume suivis d'une fine fraîcheur en finale. ⌛ 2014-2016 🍴 poissons en sauce

🔑 EARL Barbou, Dom. des Corbillières, 41700 Oisly, tél. 02 54 79 52 75, contact@domainedescorbillieres.com V r.-v.

LIONEL GOSSEAUME
Climat n°1 2012 ★

■	2 000		8 à 11 €

Lionel Gosseaume, après une quinzaine d'années au service d'autres producteurs, a sauté le pas en 2007 et s'est installé à Choussy, au cœur de la Sologne viticole.

Ce 2012 au nez intense et bien typé rappelant le buis et les agrumes. Une attaque souple ouvre sur un palais ample et frais, souligné par de fines notes citronnées. 2014-2015 fruits de mer

Lionel Gosseaume, 6, chem. des Étangs, 41700 Choussy, tél. 02 54 71 55 02, info@lionelgosseaume.fr V r.-v.

DOM. DE MARCÉ
Coulée galante 2012

■	15 000		5 à 8 €

Les vins blancs du domaine de Marcé sont souvent au rendez-vous du Guide. Installé depuis 1992 à Oisly, Christophe Godet exploite 30 ha de vignes sur des terrains argilo-siliceux.

Or pâle aux reflets verts, cet oisly est bien dans le ton de son millésime avec ses parfums de buis et d'agrumes finement mêlés. Les agrumes persistent dans une bouche vive, d'un beau volume. 2014-2016 risotto aux fruits de mer

EARL Godet, 10, rte de Marcé, 41700 Oisly, tél. 02 54 79 54 04, godet.viticulteur@orange.fr V t.l.j. 8h30-12h 14h-18h30

DOM. OCTAVIE
Sauvignon Prestige d'Octavie 2012 ★

■	17 000		5 à 8 €

Cette exploitation familiale créée en 1885 tient son nom de l'arrière-grand-mère à qui ont appartenu les premières parcelles. Aujourd'hui, Isabelle Rouballay exploite, avec son époux Noë, 30 ha de vignes (labellisées Terra Vitis depuis 2001) à la lisière de la Sologne.

Cette cuvée au nez intense de fleurs blanches mêlées de bourgeon de cassis offre un palais rond et gras aux nuances de pomme mûre. 2014-2015 gambas poêlées

Dom. Octavie-Rouballay Noë, SCEA Barbeillon-Rouballay, 7, rte de Marcé, 41700 Oisly, tél. 02 54 79 54 57, domaineoctavie@domaineoctavie.com V t.l.j. sf dim. 9h-12h30 14h-18h30 Noë Rouballay

BOURGUEIL

• Superficie : 1 356 ha • Production : 69 234 hl

Rouges et parfois rosés, les bourgueil sont produits à partir du cépage cabernet franc (breton), à l'ouest de la Touraine et aux frontières de l'Anjou, sur la rive droite de la Loire. Racés, dotés de tanins élégants, ils ont une très bonne aptitude au vieillissement, après une cuvaison longue, s'ils proviennent des sols sur tuffeau jaune des coteaux : au moins dix ans pour les meilleurs millésimes. Ils sont plus gouleyants et fruités s'ils proviennent des terrasses aux sols graveleux à sableux.

B YANNICK AMIRAULT La Coudraye 2012 ★★

■	26 000		8 à 11 €

Présent en saint-nicolas et en bourgueil, Yannick Amirault, rejoint en 2003 par son fils Benoît, fait partie des valeurs sûres de ces deux appellations. Le domaine de 19,5 ha s'est engagé sur la voie de l'agriculture biologique en 2009.

Sur 6 ha de terres sablonneuses, les Amirault ont vendangé à la main des cabernets d'âge mûr (trente-cinq ans) et les ont élevés un an en fût. Le résultat ? Un vin en robe rubis qui libère de fins arômes de fruits rouges et noirs. La bouche n'est pas en reste puisqu'elle associe un joli fruité à un léger boisé aux nuances de caramel. Un ensemble élégant épaulé par des tanins fondus. 2014-2019 volaille en cocotte

Yannick Amirault, 1, rte du Moulin-Bleu, 37140 Bourgueil, tél. 02 47 97 78 07, info@yannickamirault.fr V r.-v.

B AMIRAULT-GROSBOIS
La Croix d'Avault 2012 ★

■	5 500		8 à 11 €

Xavier et Thierry Amirault (par ailleurs gérants du domaine) ont créé cette structure de négoce en 2008 avec Nicolas Grosbois.

Ce vin arbore une jolie robe violine. Il libère de chaleureux arômes de fruits noirs légèrement confits. Franc en attaque, ce 2012 harmonieux offre une bonne structure tannique et se montre persistant. 2014-2020 bricks de bœuf épicé

Famille Amirault-Grosbois, allée des Quarterons, 37140 Saint-Nicolas-de-Bourgueil, tél. 02 47 97 75 25, agnes@amirault-grosbois.com V r.-v.

HENRI BOURDIN 2012 ★

■	3 130		5 à 8 €

Henri Bourdin privilégie l'accueil et la vente directe à la propriété. Les 15 ha du domaine sont répartis sur l'ensemble de l'appellation bourgueil, ce qui permet au vigneron de vinifier par terroir : argilo-calcaire, graviers, sable.

Ce vin de graviers est enjôleur. Sur fond floral, il délivre des fragrances complexes de fraise écrasée et de guimauve mâtinées de notes de végétal et relevées de nuances épicées. La bouche gourmande est étayée de tanins soyeux et offre une longue finale. « Une belle image de bourgueil », selon le jury. 2014-2019 ris d'agneau aux navets nouveaux

EARL Henri Bourdin, 7, Le Bourg-de-Paille, 37140 Bourgueil, tél. 02 47 97 96 69, bourdin.henri37@orange.fr V t.l.j. sf dim. 8h-13h 14h-19h

B DOM. DE LA CABERNELLE
Reflets de mémoire 2012

■	5 000		5 à 8 €

Les familles Caslot et Pontonnier ont associé leurs vignobles de saint-nicolas et de bourgueil à la suite d'un mariage. Implanté sur les coteaux qui dominent Benais, le domaine de 37 ha est exploité en agriculture biologique.

Né de vignes enracinées depuis soixante ans dans le tuffeau, ce vin s'ouvre à l'aération sur les fruits noirs et

LOIRE

rouges. La bouche finement acidulée et friande révèle bien le cabernet franc. 2014-2017 rôti de porc au four

Dom. de la Cabernelle, Caslot - Pontonnier, 3, rue du Machet, 37140 Benais, tél. 02 47 97 84 69, contact@cabernelle.com V t.l.j. sf dim. 10h-12h 14h-18h

CASLOT-BOURDIN
La Charpenterie 2012 ★

■ | 9 000 | | 5 à 8 €

Alain et Hélène Caslot se sont installés en 1970 sur 1 ha de vignes et 3 ha de vergers et de cultures maraîchères. Rejoint entre temps par leur fils Cyprien, le couple de vignerons dirige un beau domaine de 17 ha.

Cette cuvée est née sur un terroir argilo-siliceux. Elle libère des arômes de cassis et offre de la rondeur, une charpente assez solide et une belle persistance. 2015-2018 carbonade de bœuf

Caslot-Bourdin, 21, rue Brûlée, 37140 La Chapelle-sur-Loire, tél. 02 47 97 34 45, info@caslot-bourdin.com V t.l.j. sf dim. 9h-12h 14h30-19h

B LES CHAMPS DE LOUYS 2012 ★

■ | 7 800 | 8 à 11 €

Commandé par un château du XVIe s., ce vignoble transmis par les femmes est passé sous pavillon belge en 2010 avec son rachat par la famille Van Den Berghe. Le vignoble de 18 ha est passé, lui, sous pavillon « bio » (certification acquise en 2013).

Grenat aux reflets violines, ce vin présente un nez frais et floral qui s'ouvre à l'agitation sur des notes de cuberdon au cassis (un bonbon belge) et d'amande. La bouche, ample et ronde, épaulée de tanins encore un peu fermes, délivre des arômes de vanille. « Un bon vin promis à une belle garde », selon le jury. 2015-2019 foie de veau

SCEV du Ch. de Minière, rue de Minière, 37140 Ingrandes-de-Touraine, tél. 02 47 96 94 30, contact@chateaudeminiere.com V r.-v.
Van Den Berghe

DOM. DE LA CHANTELEUSERIE
Vieilles Vignes 2012 ★

■ | 13 000 | | 8 à 11 €

La fondation de la Chanteleuserie remonte à près de deux siècles (1822). Sept générations de vignerons s'y sont succédé. Aujourd'hui, Thierry Boucard gère le domaine de 22 ha implanté à Benais sur des terres argilo-calcaires près du coteau.

Cette cuvée a participé à la finale des prétendants aux coups de cœur. C'est par la complexité des arômes alliant cassis un brin confit, épices et notes vanillées que les jurés ont tout d'abord été séduits. Puis la bouche, volumineuse et étayée par des tanins fins, a charmé par sa belle matière très concentrée. À carafer. 2014-2024 rôti de porc au caramel ■ Beauvais 2012 (10 000 b.) : des arômes de fruits noirs, une bouche fraîche et persistante, structurée par des tanins encore un peu fermes. 2015-2017

Thierry Boucard, La Chanteleuserie, 37140 Benais, tél. 02 47 97 30 20, t-boucard@wanadoo.fr V t.l.j. sf dim. 9h-12h 14h-19h

B DOM. DU CHÊNE ARRAULT
Cuvée Vieilles Vignes 2012 ★

■ | n.c. | | 8 à 11 €

Christophe Deschamps a repris en 1990 le vignoble de ses grands-parents réparti sur deux communes de l'appellation : Benais et Restigné. L'exploitation de 10 ha est conduite en bio.

Issu de très vieilles vignes (plus de soixante-dix ans) exposées plein sud sur les coteaux argilo-calcaires de Benais, ce vin s'ouvre sur le cassis et la mûre. Franc en attaque, il offre un palais poivré, étayé par des tanins très solides qu'une courte garde saura assagir. 2015-2019 bœuf au poivron

EARL Christophe Deschamps, 4, Le Chêne-Arrault, 37140 Benais, tél. 02 47 97 46 71, domaine.du.chene.arrault@wanadoo.fr V r.-v.

♥ B DOM. DE LA CHEVALERIE
Busardières 2012 ★★★

■ | 2 000 | | 15 à 20 €

Quatorze générations de vignerons se sont succédé depuis 1640 sur l'exploitation. Le domaine, désormais conduit en agriculture biologique et biodynamique, est une valeur sûre de l'appellation bourgueil avec de nombreux coups de cœur à son palmarès.

Issu de vieux cabernets francs, ce vin est né sur un terroir argilo-calcaire. Sa robe sombre presque noire a charmé le jury. Le nez associe des parfums fruités à des notes torréfiées. Concentré et exubérant, le palais délivre des arômes de violette et de giroflée, et dévoile une agréable suavité veloutée. 2014-2029 gigot d'agneau ■ Galichets 2012 ★★ (8 à 11 € ; 9 000 b.) : des parfums de cassis et de griotte surmûris, une bouche ample et harmonieuse qui associe rondeur et fraîcheur. 2014-2025

Dom. de la Chevalerie, 7-14, rue du Peu-Muleau, La Chevalerie, 37140 Restigné, tél. 02 47 97 46 32, chevalerie@caslot.fr V t.l.j. 9h-12h 14h-18h; dim. sur r.-v. Caslot

DOM. DE LA CHOPINIÈRE DU ROY
Cuvée d'antan 2012 ★

■ | 5 300 | | 5 à 8 €

Installé en 1999, Christophe Ory a été rejoint en 2010 par son frère Nicolas à la tête du domaine équipé et développé par Michel Ory, leur père ; le vignoble compte désormais 24 ha.

Limpide et intense, ce 2012 présente un nez très frais aux notes de sous-bois. Des arômes de pruneau s'épanouissent dans un palais rond et intense, étayé par des tanins veloutés. 2014-2019 côte d'agneau grillée

Christophe et Nicolas Ory, Dom. de la Chopinière du Roy, 30, La Rodaie, 37140 Saint-Nicolas-de-Bourgueil, tél. 02 47 97 77 74, chopiniereduroy@aol.com V t.l.j. 8h-19h30

B CLOS DE L'ABBAYE 2012

■ | 20 000 | 5 à 8 €

Ancien vignoble de l'abbaye bénédictine de Bourgueil, qui aurait acclimaté le cabernet franc en Touraine au XIes., le Clos est la propriété de la congrégation des sœurs de Saint-Martin depuis 1975. Les vignes (6,8 ha) louées à Jean-Baptiste Thouet et Michel Lorieux sont cultivées selon les canons de l'agriculture biologique.

Drapé dans une robe pourpre limpide, ce 2012 libère de pimpants arômes de fruits rouges. Les tanins encore un peu fermes devraient se fondre après une petite garde. ⧗ 2015-2017 ▼ salade de fruits rouges

SCEA de la Dime, Clos de l'Abbaye, 6, av. Le Jouteux, 37140 Bourgueil, tél. 02 47 97 76 30, closdelabbaye@wanadoo.fr V t.l.j. sf dim. 10h30-12h 14h30-19h Sœurs Saint-Martin

DOM. DE LA CLOSERIE Vieilles Vignes 2012

■ | 10 000 | | 5 à 8 €

Ses ancêtres sont passés de la brasserie à la viticulture. Régulièrement distingué dans le Guide, Jean-François Mabileau sait mettre en valeur son domaine de Restigné, à l'est de Bourgueil.

Fruité au nez (groseille, fruits noirs), ce vin présente une bouche souple et ronde à la finale persistante sur les fruits noirs. ⧗ 2014-2017 ▼ steak grillé

Jean-François Mabileau, Dom. de la Closerie, 28, rte de Bourgueil, 37140 Restigné, tél. 02 47 97 36 29, j-f-mabileau@orange.fr V r.-v.; f. 15-31 août

LYDIE ET MAX COGNARD Les Tuffes 2012 ★

■ | 17 000 | | 5 à 8 €

Créée en 1974 par Lydie et Max Cognard aujourd'hui rejoints par leurs enfants, Estelle et Rodolphe, cette exploitation est située à Chevrette, un petit hameau de Bourgueil, à la limite de Saint-Nicolas. Elle s'étend désormais sur 13 ha.

Les jurés ont été sensibles à la richesse du nez mêlant fruits cuits et épices. En bouche, ce 2012 à la robe sombre tire de son terroir argilo-calcaire une bouche ample et équilibrée, soutenue par des tanins d'une belle fraîcheur. ⧗ 2014-2019 ▼ bœuf bourguignon

Estelle et Rodolphe Cognard, lieu-dit Chevrette, 37140 Saint-Nicolas-de-Bourgueil, tél. 02 47 97 76 88, vins.cognard@orange.fr V t.l.j. 9h-12h30 13h30-18h30; sam. dim. sur r.-v. C

LE COUDRAY LA LANDE Vieilles Vignes

■ | 9 300 | | 5 à 8 €

Ce domaine a été démantelé en 1905 puis reconstitué en 1980 lors de l'installation de Jean-Paul Morin. La vieille propriété familiale est dominée par une imposante maison en pierre de taille du XIXes. ; le vignoble couvre plus de 19 ha. Le fils de Jean-Paul a rejoint le domaine en juin 2014.

Ce vin séduit par un palais rond et gras étayé par des tanins souples. ⧗ 2014-2017 ▼ poule faisane

SCEA Morin F. et J.-P., Le Coudray La Lande, 30, rue de la Lande, 37140 Bourgueil, tél. 02 47 97 76 92, morin-jpf@hotmail.com V r.-v.

JÉRÔME DELANOUE 2012 ★

■ | 5 000 | 5 à 8 €

Jérôme Delanoue s'est lancé dans la viticulture en 1998 et s'est attaché depuis à parfaire la culture de ses vignes sur des sols de graviers très qualitatifs. Il exploite aujourd'hui 10 ha en bourgueil et saint-nicolas.

Ce bourgueil libère des senteurs de poivron, signature du cabernet franc. Le cassis et la fraise s'invitent dans un palais suave et bien équilibré. ⧗ 2014-2017 ▼ chèvre frais ■ 2013 ★ (moins de 5 € ; 5 000 b.) : ce « sec tendre » offre une fraîcheur qui persiste jusqu'en finale. ⧗ 2014-2019

Jérôme Delanoue, Le Port-Guyet, 37140 Saint-Nicolas-de-Bourgueil, tél. 06 16 95 16 55, vinjdelanoue@wanadoo.fr V t.l.j. 9h-19h

♥ DOM. DUBOIS Vieilles Vignes 2012 ★★

■ | 7 000 | | 5 à 8 €

Depuis son installation en 2002 sur le domaine (près de 14 ha aujourd'hui) créé par son grand-père dans les années 1950, Mickaël Dubois fait preuve d'une remarquable constance et, dans le Guide, ses vins ne manquent jamais à l'appel.

De ces vieilles vignes enracinées depuis soixante-dix ans sur des terroirs de graviers est né un vin au charme certain. Paré d'une robe profonde, il livre des parfums intenses de fruits rouges et de cassis. Rond en attaque, plein et puissant, le palais est épaulé par des tanins mûrs. Un millésime que les jurés ont décrit comme un « superbe vin, riche, complexe et harmonieux ». ⧗ 2014-2025 ▼ foie de veau à la vénitienne ■ Tradition 2012 ★ (26 000 b.) : des parfums de fruits noirs, une bouche souple et ronde aux tanins soyeux. ⧗ 2014-2018

Dom. Dubois, 49, rue de Lossay, 37140 Restigné, tél. 02 47 97 31 60, domaine.sergedubois@wanadoo.fr V r.-v. B

DUVAL VOISIN 2012 ★

■ | 6 984 | 5 à 8 €

Installée dans le paysage ligérien en 1932, cette exploitation de 7,5 ha ajoute à ses activités vitivinicoles celle de pépiniériste (400 000 boutures par an !), ce qui facilite le choix des plants et des porte-greffes pour le domaine.

Vendangé à la main, ce bourgueil est né sur des terres argilo-calcaires. Marqué par les fruits rouges et agrémenté d'un soupçon de caramel, il est épaulé par des tanins fondus. Un 2012 « simple et facile d'accès », selon le jury. ⧗ 2014-2017 ▼ pièce de bœuf rôtie au barbecue

SCEA Duval Voisin, 6, rue de Fontenay, 37140 Ingrandes-de-Touraine, tél. 02 47 96 95 91, contact@duvalvoisin.com V r.-v.

LAURENT FAUVY Vieilles Vignes 2012

■ | 3 600 | | 5 à 8 €

Laurent Fauvy est un vigneron discret, installé à Benais depuis 1991, dont les bourgueil sont souvent mentionnés dans le Guide.

LOIRE

Ce 2012 s'annonce par un nez de fruits rouges légèrement végétal. ⧗ 2014-2015 ⫯ curry d'agneau ■ 2012 (3 000 b.) : un vin gourmand, puissant et franc. ⧗ 2014-2018

⊶ EARL Laurent Fauvy, 14, rte de Saint-Gilles, 37140 Benais, tél. 02 47 97 46 67, earl.fauvy.laurent@wanadoo.fr V r.-v.

DOM. DES FONTENYS Vieilles Vignes 2012 ★

■ | 30 000 | | 5 à 8 €

Fondée en 1931, bien avant la reconnaissance de l'appellation, la Cave des Vins de Bourgueil est l'une des plus anciennes coopératives de la région. Les dix-huit domaines rassemblés sous sa bannière sont vinifiés séparément.

Ce bourgueil élégant offre des arômes de rose et de réglisse. Souple et agréable, étayée par des tanins fins, la bouche délivre une fraîcheur bienvenue. Un ensemble friand et sympathique. ⧗ 2014-2017 ⫯ rôti de porc aux pruneaux ■ Cornélius 2012 ★ (11 à 15 € ; 3 500 b.) : un vin élevé en fût. Ses arômes de groseille et d'épices agrémentés de notes grillées se retrouvent dans une bouche ronde qui offre une belle fraîcheur en finale. ⧗ 2014-2017 ■ Dom. de Matabrune 2012 (20 000 b.) : un nez de groseille et de fraise écrasée, une bouche souple et fraîche. ⧗ 2014-2017

⊶ Cave des Vins de Bourgueil, 16, rue des Chevaliers, 37140 Restigné, tél. 02 47 97 32 01, paulinefouchereau@cavedebourgueil.com V t.l.j. sf dim. 9h30-12h30 14h-17h30

DOM. DES GÉLERIES Vieilles Vignes 2012 ★

■ | 8 000 | | 5 à 8 €

Appartenant aux familles Meslet, Thouet et Rouzier, ce domaine de 30 ha se répartit dans trois AOC : chinon, bourgueil et saint-nicolas. En 2012, Germain Meslet a repris le domaine familial.

Cette cuvée, élevée douze mois en fût, dévoile des arômes de fruits noirs et délivre une bouche fraîche, légèrement boisée. ⧗ 2015-2019 ⫯ pot-au-feu sauce ravigote ■ Les Sablons 2012 (8 000 b.) : ce 2012 aux arômes de petits fruits rouges révèle une bouche acidulée épaulée par des tanins encore un peu serrés. ⧗ 2015-2017

⊶ Dom. des Géleries, 4, rue des Géleries, 37140 Bourgueil, tél. 02 47 97 74 83, domainedesgeleries@orange.fr V t.l.j. sf dim. 8h30-12h 14h-18h30 ⊶ Germain Meslet

DOM. DES GESLETS Les Geslets 2012

■ | 20 000 | | 5 à 8 €

Valeur sûre du Bourgueillois, ce domaine de 20 ha, dont les origines remontent à 1935, est cultivé en bio certifié. Installé en 1997, Vincent Grégoire perpétue la tradition familiale, tant en saint-nicolas-de-bourgueil qu'en bourgueil.

Ce 2012 libère des arômes de fruits rouges que l'on retrouve dans une bouche légèrement boisée, témoin de son élevage en foudre. Un vin sincère et aromatique. ⧗ 2014-2019 ⫯ plateau de charcuteries

⊶ EARL Vincent Grégoire, 12, Dom. des Geslets, 37140 Bourgueil, tél. 02 47 97 97 06, domainedesgeslets@orange.fr V t.l.j. 10h-12h 13h30-18h30; dim. sur r.-v.

DOM. DU GRAND CLOS 2012 ★★

■ | 35 000 | | 8 à 11 €

Installée depuis 1839 en Val de Loire, la famille Audebert exploite aujourd'hui un vignoble de 42 ha répartis en bourgueil, saint-nicolas et chinon, et conduit une activité de négoce. Les parcelles du domaine sont implantées dans tous les terroirs des trois appellations.

Le Grand Clos est un lieu-dit bien connu de l'AOC bourgueil, au pied du coteau. Cette cuvée 2012 a frôlé le coup de cœur : en robe presque noire, elle libère des arômes puissants de fruits noirs et offre une bouche riche marquée par la mûre et épaulée par des tanins soyeux. Belle longueur en finale. ⧗ 2014-2020 ⫯ paleron de bœuf braisé

⊶ Maison Audebert et Fils, 20, av. Jean-Causeret, 37140 Bourgueil, tél. 02 47 97 70 06, maison@audebert.fr V t.l.j. sf dim. 8h-12h 13h30-18h30

ALAIN ET ARNAUD HOUX Le Clos Barbin 2012 ★

■ | 4 000 | | 5 à 8 €

Cette propriété de Restigné régulièrement citée dans le Guide compte 17 ha de vignes implantées sur des sols argilo-calcaires. Arnaud Houx, à la tête du domaine familial depuis 2008, conserve les vins jugés « de garde » dans une cave taillée dans le roc.

Vêtu de rubis, tout en fruits rouges, ce vin ample caresse le palais de tanins soyeux. « Une vinification appliquée et un élevage bien fait », selon le jury. ⧗ 2014-2017 ⫯ rôti de veau en cocotte ■ Cuvée de la Chopinière 2012 ★ (5 000 b.) : des arômes de cassis et de mûre, un palais rond soutenu par des tanins veloutés. ⧗ 2016-2019 ■ Cuvée Malo 2012 (8 à 11 € ; 1 500 b.) : un vin marqué par le bois, structuré de tanins encore fermes. ⧗ 2016-2019

⊶ EARL Alain et Arnaud Houx, 21, Le Clos-Barbin, 37140 Restigné, tél. 02 47 97 30 95, earlalainarnaud.houx@yahoo.fr V r.-v.

LIEU-DIT LA CHOPINIÈRE En la vallée de l'Ormeau de Maure 2012 ★★★

■ | 7 300 | | 5 à 8 €

La maison Foucher-Lebrun, fondée en 1921 par un tonnelier, est aujourd'hui dans le giron du groupe Picard Vins et Spiritueux. Elle propose toute une gamme de vins du Val de Loire et du Centre.

Affichant une robe sombre, ce 2012 a séduit par ses remarquables arômes de fruits noirs et de pruneau cuit. En bouche, ce millésime se révèle riche, onctueux, concentré et dévoile une structure tannique des plus veloutées. Un vin superbe travaillé par un grand vinificateur, selon le jury. ⧗ 2014-2024 ⫯ magret de canard

⊶ Maison Foucher-Lebrun, 29, rte de Bouhy, 58200 Alligny-Cosne, tél. 03 86 26 87 27, foucher.lebrun@m-p.fr V t.l.j. sf sam. dim. 8h-12h 14h-18h; f. août ⊶ Picard Vins et Spiritueux

DOM. DE LA LANDE Les Graviers 2012 ★

■ | 5 000 | | 5 à 8 €

Propriété familiale depuis quatre générations, ce domaine s'étend sur 17 ha en bordure de la route du Vignoble. François Delaunay, qui a pris les rênes de l'exploitation en 1991, a engagé la conversion bio du domaine en 2010.

Ce bourgueil issu d'un terroir de graviers offre un nez généreux de fruits rouges confiturés et une bouche ample, assez concentrée. ⧗ 2014-2018 🍴 côte de veau à la crème

🔑 Delaunay Père et Fils, 20, rte du Vignoble, 37140 Bourgueil, tél. 02 47 97 80 73, earl.delaunay.pfils@wanadoo.fr V 🍷 r.-v.

B FRÉDÉRIC MABILEAU Racines 2012 ★

■	9 042	🍾 🛢	11 à 15 €

Frédéric Mabileau est l'une des figures de proue en bourgueil et en saint-nicolas depuis son installation en 1991, en marge de l'exploitation paternelle. En 2005, les deux domaines ont fusionné, si bien que le vignoble couvre 28 ha. Le producteur a adopté l'agriculture biologique en 2007 et la biodynamie en 2012.

Cette cuvée affiche une robe brillante grenat profond, prélude à un beau bouquet d'épices et de fruits noirs. Elle se montre un brin « sauvage » selon un juré, qui note par ailleurs que cela « lui donne un joli caractère ». Équilibrée et ronde, la bouche repose sur une trame finement boisée. ⧗ 2015-2020 🍴 magret de canard

🔑 Frédéric Mabileau, 6, rue du Pressoir, 37140 Saint-Nicolas-de-Bourgueil, tél. 02 47 97 79 58, contact@fredericmabileau.com V 🚶 🍷 t.l.j. sf dim. 8h30-12h 14h-17h30; sam. 10h30-12h30 14h-17h30

B DOM. DES MAINS VERTES
Aux 4 vents 2012 ★

■	5 750	5 à 8 €

Virginie Dufeu a planté 4,2 ha de vignes avec, en perspective, le projet de réunir ce domaine à celui de Bruno Dufeu, son époux. L'exploitation est conduite en bio.

Née sur 96 ares de sols sableux, cette cuvée revêt une saisissante tenue pourpre traversée d'éclairs violines. Discrète au nez, elle offre une bouche gourmande, ronde et soyeuse. ⧗ 2014-2020 🍴 côte de veau grillée

🔑 Virginie Dufeu, Les Neusaies, 37140 Benais, tél. 02 47 97 76 53, virginiedufeu@gmail.com
V 🚶 🍷 🏠 B

BERTRAND ET VINCENT MARCHESSEAU
L'Ormeau de Maure 2012 ★

■	18 000	🍾 🛢	8 à 11 €

Bertrand et Vincent Marchesseau ont repris l'exploitation familiale en 2001. Engagé depuis 2010 dans une démarche bio, leur vignoble (21 ha) couvre trois appellations : bourgueil, saint-nicolas-de-bourgueil et chinon.

Vêtu d'une robe sombre, ce vin présente un nez racé et complexe : parfums agrestes, évocateurs de sous-bois, fruits noirs, notes florales et vanillées. Ample, le palais impressionne par sa structure solide. Un 2012 que l'on peut attendre. ⧗ 2015-2020 🍴 joue de bœuf braisée

🔑 Marchesseau, 16, rue de l'Humelaye, 37140 Bourgueil, tél. 02 47 97 47 72, contact@vinmarchesseau.fr V 🚶 🍷 t.l.j. sf dim. 9h-12h 14h-19h

DOMINIQUE MESLET 2012 ★

■	3 500	🍾	5 à 8 €

Trois générations de vignerons sont à l'origine de ce domaine de près de 13 ha. Il est désormais conduit par Dominique Meslet installé à Bourgueil, qui possède également des parcelles à Saint-Nicolas.

Les jurys ont été séduits par cette cuvée sombre au nez de fruits mûrs évoquant la framboise écrasée et à la bouche ample et ronde, structurée par des tanins tendres. ⧗ 2014-2019 🍴 côte de bœuf

🔑 Dominique Meslet, 10, rue la Percherie, 37140 Bourgueil, tél. 02 47 97 42 95, ds.meslet@orange.fr V 🚶 🍷 r.-v.

DOM. OLIVIER Vieilles Vignes 2012

■	18 600	🍾	5 à 8 €

Créée en 1959, cette exploitation familiale, qui n'a cessé de se diversifier et de s'agrandir, couvre désormais 39 ha de vignes. Conduite depuis 1958 par Patrick Olivier et son épouse Agnès, elle est régulièrement distinguée dans le Guide.

Ce bourgueil libère des arômes fins et délicats de fruits noirs que l'on retrouve dans une bouche franche et ronde structurée par des tanins soyeux. Un 2012 à boire jeune pour apprécier son fruité et sa légèreté. ⧗ 2014-2017 🍴 magrets de canard

🔑 EARL Dom. Olivier, La Forcine, 37140 Saint-Nicolas-de-Bourgueil, tél. 02 47 97 75 32, patrick.olivier14@wanadoo.fr V 🚶 🍷 t.l.j. 9h-12h30 14h-19h; dim. sur r.-v.

NATHALIE OMASSON Vieilles Vignes 2012 ★

■	5 000	🍾	- de 5 €

Plantées sur les coteaux de Saint-Patrice, les vignes du domaine (8 ha) font face au romantique château d'Ussé. Nathalie Omasson s'y est installée en 2003 et, depuis, elle signe de jolies cuvées fréquemment retenues dans le Guide.

Cette cuvée libère des arômes de fruits rouges et noirs que l'on retrouve dans une bouche vive et tannique. ⧗ 2015-2019 🍴 entrecôte grillée ■ 2013 (600 b.) : un rosé au nez de bonbon anglais et un palais ample et gras. ⧗ 2014-2015

🔑 Nathalie Omasson, 3, rue de la Cueille-Cadot, 37130 Saint-Patrice, tél. 02 47 96 90 26, nathalie.omasson@gmail.com V 🚶 🍷 r.-v.

DOM. DES OUCHES Igoranda 2012

■	25 000	🍾	5 à 8 €

Établis à Ingrandes, village qui marque la limite entre les anciens duchés d'Anjou et de Touraine, les Gambier cultivent la vigne depuis 1980 : les parents Odile et Paul tout d'abord, leurs enfants Thomas et Denis aujourd'hui. Leur domaine couvre 16,5 ha.

Libérant à foison des arômes de fruits cuits, ce 2012 offre une attaque souple, riche et charnue. Structuré de tanins encore fermes, ce vin devrait s'arrondir avec un peu de garde. ⧗ 2015-2019 🍴 terrine de lapin ■ Les Clos Boireaux 2012 (8 à 11 € ; 6 600 b.) : élevé en fût, un vin aux arômes de fruits noirs, de pruneau et de réglisse et au palais gras, boisé et tannique. ⧗ 2015-2019

🔑 Dom. des Ouches, 3, rue des Ouches, 37140 Ingrandes-de-Touraine, tél. 02 47 96 98 77, contact@domainedesouches.com V 🚶 🍷 t.l.j. sf dim. 10h-12h 14h-18h; f. vendanges
🔑 Thomas et Denis Gambier

LOIRE

DOM. DU PETIT BONDIEU
Les Terres brunes 2012 ★★

■	4 000		5 à 8 €

Installée à Restigné, la famille Pichet s'évertue, depuis quatre générations, à produire des vins au plus près de la nature et des terroirs. Le domaine de 18 ha aujourd'hui géré par Thomas et son père Jean-Marc a engagé sa conversion bio en 2010.

Cette cuvée élevée quinze mois en fût offre un fruité opulent (cassis, mûre) agrémenté de notes vanillées. On retrouve la vanille dans une bouche finement boisée portée par des tanins veloutés. Ce vin harmonieux a suscité l'enthousiasme du jury qui a vanté son élégance et sa finesse. 2014-2020 lapin mijoté à la moutarde ■ **Petit Mont 2012** ★ (10 000 b.) : des parfums de fraise, un palais rond et généreux étayé par des tanins soyeux. 2014-2017 ■ **Les Couples 2012** ★ (8 à 11 € ; 5 500 b.) : un vin gourmand aux saveurs de fruits noirs. 2014-2017

Thomas Pichet, 30, rte de Tours, Dom. du Petit Bondieu, 37140 Restigné, tél. 02 47 97 33 18, thomaspichet@orange.fr V t.l.j. sf dim. 9h-12h 14h-18h 2

DOM. DE LA PETITE MAIRIE
Cuvée Ronsard 2012 ★

■	5 000		5 à 8 €

Établi à Restigné, James Petit a repris en 1997 le domaine de son oncle Jean Gambier aujourd'hui retiré. Le vignoble couvre 20 ha sur la première terrasse de l'appellation bourgueil.

Agréable et distingué, ce vin libère de légers arômes vanillés. Dès l'attaque, on est séduit par son caractère finement boisé et bien fondu. 2014-2019 tournedos ■ **2012** (6 000 b.) : un joli vin de graviers à la bouche croquante et fraîche, tout en fruits rouges. 2014-2017

EARL Dom. de la Petite Mairie, 9, rue de la Petite-Mairie, 37140 Restigné, tél. 02 47 97 30 13, jaco.petit@orange.fr V r.-v. James Petit

DOM. DU PETIT SOUPER 2013 ★

■	2 000		- de 5 €

Situé au cœur de Benais, là où les terres à forte teneur en argile sont disposées à produire des vins de garde, le domaine de Thierry Dupuis se distingue depuis quelques éditions déjà dans les pages du Guide.

Ce rosé franc intensément fruité révèle une fraîcheur bienvenue tout au long de la dégustation. 2014-2015 gambas sautées au poivre du Sichuan

EARL Dupuis, 13, rue de la Barbinière, 37130 Saint-Patrice, tél. 02 47 96 97 46, earl.thierrydupuis@gmail.com V r.-v.

LES PINS Le Clos 2012 ★★

■	6 000		5 à 8 €

Depuis cinq générations, la famille Pitault-Landry exploite ce domaine créé en 1890. Aujourd'hui, il est conduit par un tandem père-fils. Couvrant 23 ha presque d'un seul tenant, les vignes entourent les bâtiments, dont une bâtisse du XVIe s.

Ce vin a participé à la finale du grand jury qui désigne les coups de cœur. C'est son élégante palette de fruits rouges qui a charmé les jurés. Franc en attaque, il dispense une matière riche et concentrée épaulée de tanins déliés. 2014-2019 plateau de charcuteries ■ **Vieilles Vignes 2012** (8 à 11 € ; 6 000 b.) : de plaisants arômes de fruits rouges et noirs, tant au nez qu'en bouche. 2014-2019

Dom. les Pins, 8, rte du Vignoble, 37140 Bourgueil, tél. 02 47 97 47 91, philippe.pitault@wanadoo.fr V r.-v. Pitault-Landry

DOM. LE PONT DU GUÉ Tradition 2012 ★

■	2 300		5 à 8 €

Éric Ploquin dirige depuis 1991 cette exploitation de 12,6 ha. Ses vins vieillissent dans une cave voûtée creusée dans le tuffeau.

Ce 2012 puissant, vif et franc, offre un palais riche aux arômes de fruits rouges, épaulé par des tanins solides. 2015-2019 lapin au vin et aux noix ■ **Vieilles Vignes 2012** (2 000 b.) : des arômes de fruits rouges, une bouche souple étayée par des tanins fins. 2014-2017

Éric Ploquin, Le Pont du Gué, 19, rue de la Gitonnière, 37140 Bourgueil, tél. 02 47 97 90 82, ploquin.eric@free.fr V t.l.j. sf dim. 8h30-12h30 14h-18h

DOM. DES RAGUENIÈRES
Cuvée des Baiges 2012 ★

■	45 000		- de 5 €

Georges et Perrine Delachaux ont repris le domaine juste avant les vendanges 2012. Éric Roi, l'ancien propriétaire, reste en place comme maître de chai. Une maison de maître datant de la fin du XIXe s. trône au milieu du vignoble de 20 ha.

Élevée neuf mois en cuve suivis de trois mois en barrique, cette cuvée présente une robe sombre laissant augurer une grande intensité. Impression confirmée par un nez concentré libérant d'intenses arômes de fruits rouges. En bouche, le pruneau cuit s'allie au caramel jusqu'en finale. Un vin qualifié d'original par le jury conquis. 2014-2019 travers de porc sauce barbecue ■ **La Perrinelle 2012** (8 à 11 € ; 4 500 b.) : une cuvée appréciée pour sa vivacité fruitée et pour sa structure solide. 2014-2017

SARL Dom. des Raguenières, 11, rue du Machet, 37140 Benais, tél. 02 47 97 30 16, domaine@bourgueil-france.com V r.-v. Delachaux

DOM. DU ROCHOUARD Cuvée Coteau 2012

■	6 500		5 à 8 €

Guy Duveau a créé le domaine en 1976. Ses fils, Dominique et Jean-Luc, ont pris la relève respectivement en 1995 et en 2007. Le vignoble couvrant 20 ha a engagé en 2012 sa conversion à l'agriculture biologique.

Ce 2012 mêle au nez le pruneau et la guimauve. En bouche, il offre harmonie, fraîcheur et franchise. La finale tannique est typique d'un vin de coteau. 2015-2019 saint-félicien ■ **Le Clos 2012** (6 500 b.) : des arômes de fruits noirs mâtinés de réglisse, une bouche légère, un rien acidulée. 2014-2017

GAEC Duveau-Coulon Fils, 1, rue des Géléries, 37140 Bourgueil, tél. 06 68 70 20 75, domainedurochouard@wanadoo.fr V t.l.j. 8h30-12h30 13h30-19h; dim. 10h-12h30 15h-18h

SAINT-NICOLAS-DE-BOURGUEIL

• Superficie : 1 076 ha • Production : 61 307 hl

Malgré des caractéristiques proches de celles de l'aire contiguë de Bourgueil, la commune de Saint-Nicolas-de-Bourgueil (simple paroisse détachée de Bourgueil au XVIIIe s.) possède son appellation particulière.

Son vignoble croît, pour les deux tiers, sur les sols sablo-graveleux des terrasses de la Loire. Au-dessus, le coteau est protégé des vents du nord par la forêt ; le tuffeau y est surmonté d'une couverture sableuse. Bien que ce ne soit pas le cas des vins provenant exclusivement du coteau, les saint-nicolas-de-bourgueil, souvent issus d'assemblages, ont la réputation d'être plus légers que les bourgueil.

XAVIER ET THIERRY AMIRAULT
Les Quarterons 2012 ★★

■ | 30 000 | | 8 à 11 €

Installé en Touraine occidentale sur une terrasse ancienne de la Loire, le domaine est bien connu des lecteurs du Guide pour ses saint-nicolas-de-bourgueil. Thierry, Agnès et Xavier Amirault exploitent aujourd'hui 31 ha de vignes en agriculture biologique et biodynamique.

Issu de terres graveleuses, ce 2012 très aromatique libère des parfums de fruits noirs. C'est sa richesse qui a séduit les jurés. Franc en attaque et très fruité, le palais est étayé par de beaux tanins soyeux. ⧗ 2014-2017 ♆ quenelles de veau ■ Les Gravilices 2012 ★ (13 000 b.) : une cuvée fringante, bien campée sur les fruits rouges. ⧗ 2014-2017 ■ Le Clos des Quarterons Vieilles Vignes 2012 ★ (11 à 15 € ; 9 000 b.) : élevé sous bois, un vin aux arômes de violette, de café et de tabac, épaulé par des tanins fermes. ⧗ 2014-2017

Clos des Quarterons, 46, av. Saint-Vincent, 37140 Saint-Nicolas-de-Bourgueil, tél. 02 47 97 75 25, agnes.amirault@gmail.com V t.l.j. sf dim. 9h-12h 14h-17h30 Amirault

YANNICK AMIRAULT La Mine 2012 ★★

■ | 7 000 | 8 à 11 €

Présent en saint-nicolas et en bourgueil, Yannick Amirault, rejoint en 2003 par son fils Benoît, fait partie des valeurs sûres de ces deux appellations. Le domaine de 19,5 ha s'est engagé en 2009 sur la voie de l'agriculture biologique.

Ce vin au nez expressif a frôlé le coup de cœur. À l'agitation, il libère des senteurs de thym et de laurier soulignées de discrètes notes fumées, témoignant de son élevage de un an en foudre. Ample et voluptueuse – un des jurés la qualifie de « délice à croquer » –, la bouche délivre des arômes de griotte et d'amande sur une trame épicée. Très tannique, ce 2012 est un vin de garde dont l'équilibre maîtrisé ne souffrira pas du temps. À carafer avant de servir. ⧗ 2015-2025 ♆ volaille au four

Yannick Amirault, 1, rte du Moulin-Bleu, 37140 Bourgueil, tél. 02 47 97 78 07, info@yannickamirault.fr V r.-v.

DOM. DU BOIS MAYAUD
La Volupté Vieilles Vignes 2012 ★★

■ | 13 090 | | 5 à 8 €

Issus de familles vigneronnes, Françoise et Jean Boucher ont créé leur exploitation en 1994. Ludovic, leur fils, a rejoint l'aventure dix ans plus tard.

Cette cuvée arbore une robe intense qui annonce un vin chaleureux. Les puissants parfums de fruits rouges et noirs bien mûrs préludent à une bouche riche étayée par des tanins vigoureux. Une cuvée qui mérite bien son nom. ⧗ 2015-2019 ♆ tournedos de bœuf

Françoise et Ludovic Boucher, Dom. du Bois Mayaud, 1, allée du Bois-Mayaud, 37140 Chouzé-sur-Loire, tél. 02 47 95 17 23, domaineduboismayaud@orange.fr V r.-v.

HENRI BOURDIN 2012 ★

■ | 9 000 | | 5 à 8 €

Henri Bourdin privilégie l'accueil et la vente directe à la propriété. Les 15 ha du domaine sont répartis sur l'ensemble de l'appellation bourgueil, ce qui permet au vigneron de vinifier par terroir : argilo-calcaire, graviers et sable.

Ce 2012 issu de vieux cabernets francs plantés sur sol de graviers offre une bouche de fraise des bois ronde, épicée et élégante. Les tanins encore un peu sévères en finale devraient bientôt se fondre. ⧗ 2015-2017 ♆ rillettes de Tours au porc

EARL Henri Bourdin, 7, Le Bourg-de-Paille, 37140 Bourgueil, tél. 02 47 97 96 69, bourdin.henri37@orange.fr V t.l.j. sf dim. 8h-13h 14h-19h

CAVE BRUNEAU-DUPUY Tradition 2012

■ | 18 000 | | 5 à 8 €

Représentant la troisième génération de vignerons à travailler sur ce domaine de Saint-Nicolas, Sylvain Bruneau a engagé en 2012 la conversion bio du vignoble d'une vingtaine d'hectares. Réguliers en qualité, ses vins sont fidèles au rendez-vous du Guide.

À l'aération, cette cuvée s'ouvre sur les fruits rouges. Tendre en attaque, le palais est riche et étayé par des tanins soyeux. ⧗ 2015-2019 ♆ terrine de lapin

Sylvain Bruneau, 14, La Martellière, 37140 Saint-Nicolas-de-Bourgueil, tél. 02 47 97 75 81, info@cave-bruneau-dupuy.com V t.l.j. sf dim. 9h-12h30 13h30-18h

DOM. YVAN ET GHISLAINE BRUNEAU ET FILS Cuvée des Clos Vieilles Vignes Élevé en fût de Chêne 2012 ★

■ | 1 060 | | 8 à 11 €

Ghislaine et Yvan Bruneau, tous deux natifs de Saint-Nicolas et descendants de plusieurs générations de vignerons, perpétuent la tradition familiale depuis 1986. Ils sont aujourd'hui aidés par leur fils pour conduire les 20 ha de la propriété.

Élevé pendant près de un an en fût de chêne, non filtré, ce vin a impressionné le jury par sa stature imposante annoncée par une robe rubis intense. Encore dominé par le bois, ce 2012 déploie un doux parfum vanillé. En bouche, il s'affirme par sa solide charpente : un vin de garde. ⧗ 2014-2022 ♆ entrecôte ■ Cuvée des Clos 2012 (5 à 8 € ; 5 000 b.) : un nez fruité, une bouche fraîche structurée par des tanins fins. ⧗ 2014-2017

EARL Yvan et Ghislaine Bruneau et Fils, 50, av. Saint-Vincent, 37140 Saint-Nicolas-de-Bourgueil, tél. 02 47 97 90 67, yg.bruneau@orange.fr V r.-v.

LOIRE

DOM. DE LA CABERNELLE
D'une vigne à l'autre 2012 ★

■ | 9 000 | | 5 à 8 €

Les familles Caslot et Pontonnier ont associé leurs vignobles de saint-nicolas et de bourgueil à la suite d'un mariage. Implanté sur les coteaux qui dominent Benais, le domaine de 37 ha est exploité en agriculture biologique.

Ce beau représentant des meilleurs terroirs de tufs, de graviers et de sables affiche une robe sombre. Au nez, il libère des arômes complexes de fruits noirs. Souple, tendre et gourmande, la bouche est soutenue par des tanins qui demandent encore à se fondre. ⧗ 2015-2019 ▼ blanquette de veau

Dom. de la Cabernelle, Caslot - Pontonnier, 3, rue du Machet, 37140 Benais, tél. 02 47 97 84 69, contact@cabernelle.com V t.l.j. sf dim. 10h-12h 14h-18h

VIGNOBLE DE LA CHEVALLERIE
Cuvée Martial Vieilles Vignes 2012 ★

■ | 30 000 | | 5 à 8 €

Jean-Charles Bruneau a pris en 2007 les rênes des 22 ha de l'exploitation familiale, dont les premiers pas remontent à 1947. Son grand-père Martial cultivait alors 25 ares de vignes plantées sur sables et graviers.

Cette cuvée s'ouvre après aération sur des arômes de fruits noirs. Ample en attaque, le palais de bonne longueur est étayé par des tanins soyeux. Un ensemble élégant. ⧗ 2014-2019 ▼ blanquette de veau ■ 2013 (12 000 b.) : des arômes de pêche et une bouche suave. ⧗ 2014-2015

Jean-Charles Bruneau, 5, La Chevallerie, 37140 Saint-Nicolas-de-Bourgueil, tél. 02 47 97 81 19, bruneaujeancharles@yahoo.fr V t.l.j. sf dim. 9h-12h30 14h-19h

LA CHEVALLERIE Vieilles Vignes 2012 ★

■ | 12 000 | | 5 à 8 €

Établi à Saint-Nicolas-de-Bourgueil, Gaëtan Bruneau poursuit depuis 2008 l'œuvre de cinq générations vigneronnes. Le domaine familial est implanté en majorité sur un terroir de graviers profonds.

Cette cuvée dévoile à l'olfaction de puissants arômes de fruits noirs. Souple, frais et gourmand, le palais offre une finale suave. ⧗ 2014-2017 ▼ civet de lapin ■ 2012 (20 000 b.) : des parfums de fruits noirs, offre une attaque souple, des tanins encore un peu jeunes et fermes en finale. ⧗ 2015-2019

EARL Alain Bruneau, 2, La Chevallerie, 37140 Saint-Nicolas-de-Bourgueil, tél. 02 47 97 93 58, vin.chevallerie@gmail.com V r.-v.

DOM. DE LA CHOPINIÈRE DU ROY
Cuvée Coquelicot Élevé en fût de chêne 2012

■ | 11 500 | | 5 à 8 €

Installé en 1999, Christophe Ory a été rejoint en 2010 par son frère Nicolas à la tête du domaine équipé et développé par Michel Ory, leur père ; le vignoble compte désormais 24 ha.

Une robe intense et vive. Le bouquet agreste est marqué par une touche de fleur de sureau et de réséda. La bouche penche vers la rondeur et offre des arômes de framboise cuite. ⧗ 2014-2017 ▼ filet mignon de veau rôti ■ Cuvée Ludovic 2012 (35 000 b.) : ce vin offre du fruit et de la légèreté. ⧗ 2014-2015

Christophe et Nicolas Ory, Dom. de la Chopinière du Roy, 30, La Rodaie, 37140 Saint-Nicolas-de-Bourgueil, tél. 02 47 97 77 74, chopiniereduroy@aol.com V t.l.j. 8h-19h30

LE CLOS DU VIGNEAU D'or Ange 2012 ★★

■ | 1 500 | | 11 à 15 €

Depuis 1830, six générations de Jamet se sont appliquées à faire prospérer la vigne sur des parcelles de sables et de cailloux, terroirs nommés « graviers ». En 2012, la propriété de 23 ha a été cédée aux cousins Antoine et François Jamet du domaine des Vallettes.

Cette cuvée est l'aboutissement d'un travail méticuleux (petits rendements, macération en cuve ouverte, pigeage, long élevage de dix-huit mois en barrique), perceptible lors de la dégustation. Les jurés ont été séduits par son élégance, par sa tenue rubis sombre et par ses arômes de fruits frais rehaussés d'un délicat boisé. ⧗ 2015-2019 ▼ filet de bœuf

Le Clos du Vigneau, Le Vigneau, 37140 Saint-Nicolas-de-Bourgueil, tél. 02 47 97 44 44, contact@closduvigneau.com V t.l.j. sf dim. 9h-12h 14h-18h Jamet

DOM. DE LA CLOSERIE Vieilles Vignes 2012 ★

■ | 10 000 | | 5 à 8 €

Ses ancêtres sont passés de la brasserie à la viticulture. Régulièrement distingué dans le Guide, Jean-François Mabileau sait mettre en valeur son domaine de Restigné, à l'est de Bourgueil.

Le classique n'est pas forcément étriqué. Preuve en est, ce vin extrait de vieilles vignes plantées sur 3 ha de sables et de graves. Les jurés ont aimé sa robe rubis, son bouquet léger de baies sauvages et sa bouche fruitée, tonifiée en finale par des notes acidulées. ⧗ 2014-2018 ▼ terrine de gibier

Jean-François Mabileau, Dom. de la Closerie, 28, rte de Bourgueil, 37140 Restigné, tél. 02 47 97 36 29, j-f-mabileau@orange.fr V r.-v. ; f. 15-31 août

♥ LYDIE ET MAX COGNARD
Les Malgagnes 2012 ★★★

■ | 4 200 | | 8 à 11 €

Créée en 1974 par Lydie et Max Cognard entre-temps rejoints par leurs enfants Estelle et Rodolphe, cette exploitation est située à Chevrette, un petit hameau de Bourgueil à la limite de Saint-Nicolas. Elle s'étend désormais sur 13 ha.

Cette cuvée tire sa richesse de quelques arpents – 20 ares ! – de terres argilo-limoneuses sur lesquelles le cabernet franc a prospéré. Un patient et méticuleux élevage (quinze mois en cuve suivis de dix mois en barrique pour la moitié de la récolte) a peaufiné la matière de ce vin jugé exceptionnel par les dégustateurs. La parure sombre impressionne d'emblée. Les parfums complexes de baies sauvages annoncent une bouche pulpeuse et concentrée, extraite avec justesse. La finale, encore serrée, prédispose ce vin à une longue garde. ⧗ 2014-2020 ¥ bœuf en croûte ■ Cuvée Estelle 2012 ★ (5 à 8 € ; 40 000 b.) : ce vin tonique et équilibré offre fruité et souplesse. ⧗ 2014-2018

⊶ Estelle et Rodolphe Cognard, lieu-dit Chevrette, 37140 Saint-Nicolas-de-Bourgueil, tél. 02 47 97 76 88, vins.cognard@orange.fr V t.l.j. 9h-12h30 13h30-18h30; sam. dim. sur r.-v.

VIGNOBLE DE LA CONTRIE 2012 ★

■	26 000		8 à 11 €

Installée depuis 1839 en Val de Loire, la famille Audebert exploite aujourd'hui un vignoble de 42 ha répartis en bourgueil, saint-nicolas et chinon, et conduit une activité de négoce. Les parcelles du domaine sont implantées dans tous les terroirs des trois appellations.

Ce 2012 s'affiche en robe rouge profond. Il libère de jolis parfums de fruits noirs et de griotte. La bouche, ronde et veloutée, est soutenue par des tanins fins et offre une finale gourmande et persistante. ⧗ 2014-2019 ¥ rôti de bœuf

⊶ Maison Audebert et Fils, 20, av. Jean-Causeret, 37140 Bourgueil, tél. 02 47 97 70 06, maison@audebert.fr V t.l.j. sf dim. 8h-12h 13h30-18h30

DOM. DE LA COTELLERAIE
Vieilles Vignes Élevé en fût de chêne 2012 ★

■	20 000		8 à 11 €

En reprenant le domaine en 1995, Gérald Vallée a fait le choix des vendanges manuelles et de l'agriculture biologique. Propriété de sa famille depuis le XVIIIᵉ s., le vignoble couvre aujourd'hui 27 ha.

Cette cuvée en robe sombre libère un bouquet puissant et largement marqué par la cerise, que les arômes boisés de son élevage de un an en fût viennent rehausser. Dominant une bouche ronde, ce boisé devrait se fondre après une courte garde. ⧗ 2015-2019 ¥ poularde aux champignons ■ Les Mauguerets 2012 ★ (5 à 8 € ; 30 000 b.) : ce vin de garde encore marqué par le bois offre une bouche franche. ⧗ 2016-2019

⊶ Vallée, La Cotelleraie, 37140 Saint-Nicolas-de-Bourgueil, tél. 02 47 97 75 53, gerald.vallee@wanadoo.fr V t.l.j. sf dim. 9h-12h 14h-17h30

JÉRÔME DELANOUE 2012 ★

■	13 000	5 à 8 €

Jérôme Delanoue s'est lancé dans la viticulture en 1998 et s'est attaché depuis à parfaire la culture de ses vignes sur des sols de graviers très qualitatifs. Il exploite aujourd'hui 10 ha en bourgueil et saint-nicolas.

Ce 2012 a fait l'objet d'une thermovinification. Le résultat ? Une cuvée pourpre aux fringants parfums de fruits rouges. La bouche est ample et fraîche, structurée par des tanins souples. ⧗ 2014-2019 ¥ plateau de charcuterie tourangelle

⊶ Jérôme Delanoue, Le Port-Guyet, 37140 Saint-Nicolas-de-Bourgueil, tél. 06 16 95 16 55, vinjdelanoue@wanadoo.fr V t.l.j. 9h-19h

DOM. NATHALIE ET DAVID DRUSSÉ
Les Graviers 2012 ★

■	23 000		5 à 8 €

Issu d'une famille de viticulteurs de Saint-Nicolas, David Drussé a créé son domaine en 1996, rejoint ensuite par son épouse Nathalie. Depuis 2010, le couple a renoncé aux désherbages chimiques, premiers pas vers une viticulture plus écologique. Leur exploitation compte 21 ha.

Planté sur un sol de silex et de sables, le cabernet franc exprime avec cette cuvée le meilleur de ses qualités. Les jurés l'ont bien remarqué, louant, outre l'aspect séduisant de la robe, la fraîcheur gourmande et les arômes de baies sauvages. ⧗ 2014-2017 ¥ rillons ■ Les Vieilles Vignes 2012 (33 000 b.) : née sur un terroir argilo-calcaire, un « vin plaisir » à boire sur son fruit. ⧗ 2014-2017

⊶ Nathalie et David Drussé, 1, impasse de la Villatte, 37140 Saint-Nicolas-de-Bourgueil, tél. 02 47 97 98 24, drusse@wanadoo.fr V t.l.j. 9h-19h

DOM. DU FONDIS 2012 ★

■	30 000		5 à 8 €

À l'origine, le Fondis et les Vallettes ne formaient qu'un seul domaine. En 1986, le premier a pris son indépendance. Il couvre aujourd'hui 23 ha et c'est Laurent Jamet qui en assure la conduite depuis l'an 2000, rejoint par son épouse Géraldine en 2010.

Ce 2012 arbore une robe tuilée, indice d'évolution. Aérien en bouche, il offre un joli fruité surmûri et de la souplesse. ⧗ 2014-2016 ¥ mimolette vieille

⊶ Dom. du Fondis, 14, Le Fondis, 37140 Saint-Nicolas-de-Bourgueil, tél. 02 47 97 78 58, domainedufondis@wanadoo.fr V t.l.j. sf dim. 9h-18h

MAISON FOUCHER Lieu-dit La Perrée 2012 ★

■	6 400		5 à 8 €

La maison Foucher-Lebrun, fondée en 1921 par un tonnelier, est aujourd'hui dans le giron du groupe Picard Vins et Spiritueux. Elle propose toute une gamme de vins du Val de Loire et du Centre.

Un nez très agréable tout en fruits rouges. L'attaque dévoile un bel équilibre entre le fruit et des tanins sages que l'élevage en barrique n'a pas écrasés. Un vin convivial. ⧗ 2014-2018 ¥ rôti de veau

⊶ Maison Foucher-Lebrun, 29, rte de Bouhy, 58200 Alligny-Cosne, tél. 03 86 26 87 27, foucher.lebrun@m-p.fr V t.l.j. sf sam. dim. 8h-12h 14h-18h; f. août ⊶ Vins et Spiritueux Picard

LE VIGNOBLE DU FRESNE
Vieilles Vignes 2012 ★★

■	5 000	5 à 8 €

Trois générations de vignerons se sont succédé au Fresne pour constituer ce vignoble de 22 ha. Patrick Guenescheau, à la tête du domaine depuis 1980, exerce ses talents viticoles en saint-nicolas-de-bourgueil, en cabernet-d'anjou et en crémant-de-loire.

Ce vin né de vieilles vignes plantées sur sables et sur graviers, terroirs d'élection du cabernet franc, affirme ici un caractère fruité, souple et rond. Un ensemble particulièrement élégant. ⧗ 2014-2017 ¥ pot-au-feu

LOIRE

SCEA Patrick Guenescheau, 1, Le Fresne, 37140 Saint-Nicolas-de-Bourgueil, tél. 02 47 97 86 60, patrick.guenescheau@wanadoo.fr V r.-v.

JÉRÔME GODEFROY Vieilles Vignes 2012 ★

| 20 300 | | 5 à 8 € |

Après le départ à la retraite de son père en 2005, Jérôme Godefroy a pris les rênes de l'exploitation où se sont succédé cinq générations de vignerons. Il a ensuite entrepris un important travail de restauration de la propriété qui couvre 11 ha.

Issu de cabernets enracinés sur quelque 3 ha de graviers siliceux, ce vin aux arômes de cassis et de framboise présente une bouche fruitée, fraîche et légère. 2014-2015 coq au vin ■ Cuvée Prestige 2012 (8 500 b.) : un autre « vin plaisir » au nez de cassis et de mûre, et à la bouche tout en souplesse. 2014-2016

Dom. Jérôme Godefroy, 19, Le Plessis, 37140 Chouzé-sur-Loire, tél. 02 47 95 16 56, domaine.godefroy@orange.fr V r.-v.

DOM. DU GROLLAY Vielles Vignes 2012 ★

| 8 000 | | 5 à 8 € |

Jean Brecq et son épouse se sont lancés en 1976 avec un demi-hectare de vignes, simplement équipés « d'un sécateur, d'un seau et d'un pressoir manuel ». Ils n'ont pas compté leurs efforts pour agrandir et équiper leur domaine qui couvre aujourd'hui 14 ha.

Ce 2012 présente un nez gourmand de fruits rouges mâtinés de clou de girofle. Doux en attaque, il offre un palais souple et aux arômes exubérants de cassis épaulé par des tanins soyeux. 2014-2019 rosbif ■ Dom. du Grollay 2012 (moins de 5 € ; 25 000 b.) : un vin frais et long, tout en fruits rouges. 2014-2017

Jean Brecq, Le Grollay, 37140 Saint-Nicolas-de-Bourgueil, tél. 02 47 97 78 54, jean.brecq@orange.fr V t.l.j. 9h-12h 13h30-19h

HAUT DE LA GARDIÈRE 2012 ★★

| 14 000 | | 5 à 8 € |

Thierry Pantaléon s'est installé en 1983 sur la propriété de son grand-père, lui-même vigneron. Établi aux confins de l'Anjou et de la Touraine, le domaine étend ses 13 ha de vignes sur des sols divers : tufs, sables, graves, argilo-calcaires.

Drapé dans une robe pourpre, ce vin libère des parfums de fruits noirs légèrement compotés. La bouche séduit par sa rondeur, par sa trame tannique soyeuse et par sa longueur remarquable. 2014-2019 bœuf en daube

Thierry Pantaléon, La Gardière, 37140 Saint-Nicolas-de-Bourgueil, tél. 02 47 97 87 26, tpantaleon@gmail.com V r.-v.

JOËLLE ET MICHEL LORIEUX Chevrette 2012

| 3 000 | | 5 à 8 € |

Outre la gérance des vignes de l'abbaye de Bourgueil, qu'ils assurent en association avec un autre vigneron, Michel et Joëlle Lorieux conduisent avec leur fils Jérémy leur domaine de 15 ha transmis par le grand-père en 1979 et situé sur les hauts de la terrasse de Bourgueil.

Un nez de fruits noirs, une bouche souple et fruitée, discrètement épicée. Un vin bien typé de l'appellation. 2014-2019 sandre de Loire sauce au vin

Michel, Joëlle et Jérémy Lorieux, Chevrette, 26, rte du Vignoble, 37140 Bourgueil, tél. 02 47 97 85 86, lorieux.michel@wanadoo.fr V r.-v.

PASCAL LORIEUX Expression 2012

| 37 000 | | 5 à 8 € |

Alain et Pascal Lorieux ont fusionné leurs exploitations en 1993, l'une de 12 ha à Saint-Nicolas-de-Bourgueil, l'autre de 8 ha à Chinon, tout en gardant deux chais de vinification. Les deux frères exploitent leur vignoble en viticulture raisonnée.

Cette cuvée issue de sols sablonneux situés en lisière de forêt révèle une bouche souple et légère aux arômes de griotte. Ce vin suave offre un côté presque moelleux. 2015-2017 brochettes de poisson à l'aneth ■ Les Mauguerets-La Contrie 2012 (7 500 b.) : des parfums de fruits rouges, une attaque franche et des tanins encore un peu vifs. 2015-2018

Pascal et Alain Lorieux, 64, av. Saint-Vincent, 37140 Saint-Nicolas-de-Bourgueil, tél. 02 47 97 92 93, contact@lorieux.fr V r.-v.

DOM. LAURENT MABILEAU 2012 ★

| 113 600 | | 5 à 8 € |

Depuis 1985, Laurent Mabileau conduit un domaine de 28 ha en bourgueil et en saint-nicolas abrité des vents du nord par la forêt. Le vigneron s'évertue avec une remarquable régularité à produire des vins droits qui lui valent de fréquentes mentions dans le Guide.

Ce vin libère à l'aération des parfums fruités (framboise, cassis). La bouche, friande et fraîche, offre un doux boisé, témoin de douze mois d'élevage en fût. Structuré par des tanins fins, c'est un joli 2012. 2014-2017 bavette d'aloyau

Laurent Mabileau, La Croix-du-Moulin-Neuf, 37140 Saint-Nicolas-de-Bourgueil, tél. 02 47 97 74 75, domaine@mabileau.fr V t.l.j. 8h-12h 14h-18h; sam. dim. sur r.-v.

B **FRÉDÉRIC MABILEAU** Coutures 2012 ★

| 12 822 | | 11 à 15 € |

Frédéric Mabileau est l'une des figures de proue en bourgueil et en saint-nicolas depuis son installation en 1991, en marge de l'exploitation paternelle. En 2005, les deux domaines ont fusionné, si bien que le vignoble couvre 28 ha. Le producteur a adopté l'agriculture biologique en 2007 et la biodynamie en 2012.

Extrait d'un terroir de graviers, ce 2012 libère des notes boisées et épicées. La bouche souple et ronde est soutenue par des tanins bien fondus. 2014-2019 chapon rôti

Frédéric Mabileau, 6, rue du Pressoir, 37140 Saint-Nicolas-de-Bourgueil, tél. 02 47 97 79 58, contact@fredericmabileau.com V t.l.j. sf dim. 8h30-12h 14h-17h30; sam. 10h30-12h30 14h-17h30

JACQUES ET VINCENT MABILEAU
La Gardière - Vieilles Vignes 2012 ★★

| 13 300 | | 5 à 8 € |

Jacques Mabileau et son fils Vincent travaillent aux vignes depuis 1998, et c'est main dans la main qu'ils ont modernisé et agrandi leur exploitation, qui s'étend sur 19 ha aujourd'hui.

De beaux arômes de fruits rouges précèdent une bouche souple et veloutée, structurée par des tanins fondus. Un 2012 déjà grand, digne représentant de son appellation. ⧗ 2014-2019 🍴 cuissot de sanglier ■ La Gardière 2012 (70 000 b.) : de jolis arômes de griotte et un palais frais et léger. ⧗ 2014-2017

Jacques et Vincent Mabileau, La Gardière, 37140 Saint-Nicolas-de-Bourgueil, tél. 02 47 97 75 85, vincent.mabileau@wanadoo.fr V t.l.j. sf dim. 9h-12h 14h-18h

DOM. LYSIANE ET GUY MABILEAU Cuvée Domaine 2012 ★★

■ | 23 000 | | 5 à 8 €

Wilfried et Samuel Mabileau, qui incarnent la quatrième génération, ont rejoint en 2013 leur père Guy sur ce vignoble de 19 ha implanté sur les terrasses graveleuses de Saint-Nicolas.

Ce vin de prime abord discret libère à l'aération de jolis arômes de fraise des bois. La bouche, équilibrée, dispense un fruité agréable soutenu par des tanins tendres. ⧗ 2014-2017 🍴 tournedos de bœuf ■ Cuvée Vieilles Vignes 2012 ★ (9 300 b.) : un vin gourmand, souple et élégant. ⧗ 2014-2015 ■ Cuvée des quatre filles 2013 ★ (4 000 b.) : un vin, floral agréable et persistant. ⧗ 2014-2015

Guy et Lysiane Mabileau, 17, rue du Vieux-Chêne, 37140 Saint-Nicolas-de-Bourgueil, tél. 02 47 97 70 43, lysianeetguymabileau@gmail.com V t.l.j. sf dim. 9h-19h

DOM. MABILEAU-REZÉ Quintessence 2012

■ | 20 000 | | 8 à 11 €

Cinq générations de vignerons se sont succédé sur ce vignoble de 24,5 ha implanté en terre silico-argileuse, à la limite de l'Anjou et de la Touraine. Didier et Carine Rezé, à la tête du domaine depuis 2003, font preuve d'une grande régularité dans la qualité de leurs vins.

Ce 2012 libère d'élégants arômes de framboise que l'on retrouve dans une bouche souple et légère étayée par des tanins encore un peu serrés. ⧗ 2015-2017 🍴 noix de veau aux girolles ■ Vignoble de la Jarnoterie L'Élégante MR 2012 (5 à 8 € ; 60 000 b.) : cette cuvée bien typée de l'AOC présente une texture charnue et fraîche. ⧗ 2014-2018

Didier Rezé, La Jarnoterie, 37140 Saint-Nicolas-de-Bourgueil, tél. 02 47 97 75 49, mabileau.reze@wanadoo.fr V t.l.j. sf dim. lun. 9h-12h 14h-18h; sam. 17h30

HERVÉ MORIN Signature 2012 ★

■ | 4 000 | | 8 à 11 €

C'est à la veille de la Seconde Guerre mondiale que le grand-père d'Hervé Morin a créé le domaine de la Rodaie. Mais ce n'est qu'à partir de 1970 que la propriété, sous l'impulsion du petit-fils, s'est développée puis ouverte à la clientèle. L'exploitation couvre 22 ha.

D'un rubis foncé, ce vin libère de séduisants parfums de violette et de quetsche agrémentés de notes pâtissières. Charnu, il révèle en bouche des arômes de cerise finement boisés. ⧗ 2014-2017 🍴 bœuf braisé ■ Dom. de la Rodaie 2012 ★ (5 à 8 € ; 36 000 b.) : floral au nez, un « vin de printemps » à la bouche légère, un brin acidulée. ⧗ 2014-2015 ■ Farandole 2013 (5 à 8 € ; 4 000 b.) : ce joli rosé d'apéritif à la bouche onctueuse. ⧗ 2014-2015

Hervé Morin, 20, La Rodaie, 37140 Saint-Nicolas-de-Bourgueil, tél. 02 47 97 75 34, contact@hervemorin.com V t.l.j. 9h-19h; dim. sur r.-v.

DOM. DE LA NOIRAIE Les 7 Lieux-Dits 2012

■ | 35 000 | | 5 à 8 €

Le premier des Delanoue, vigneron à Benais, était métayer. Son fils acheta les bâtiments à ses propriétaires, ainsi que les premières vignes, et six générations plus tard, la famille exploite 43 ha à Bourgueil et à Saint-Nicolas.

Les 7 Lieux-Dits sont situés sur des terrasses de graviers, terroir fétiche du cabernet franc. Ce 2012 est tout en fruits rouges. Souple en bouche, il est structuré par des tanins tendres. Un « vin plaisir ». ⧗ 2014-2017 🍴 filet mignon de porc

Delanoue Frères, 19, rue du Fort-Hudeau, 37140 Benais, tél. 02 47 97 30 40, delanoue.freres@orange.fr V t.l.j. sf dim. 8h30-12h30 14h-19h30

DOM. OLIVIER 2012

■ | 110 000 | | 5 à 8 €

Depuis sa création en 1959, cette exploitation familiale, qui n'a cessé de se diversifier et de s'agrandir, couvre désormais 39 ha de vignes. Conduite depuis 1958 par Patrick Olivier et son épouse Agnès, elle est régulièrement distinguée dans le Guide.

Cette cuvée fraîche et nerveuse offre des saveurs épicées. Un peu tannique, elle mérite une courte garde. ⧗ 2015-2019 🍴 pavé de bœuf ■ Cuvée du mont des Oliviers 2012 (18 600 b.) : issu de coteaux, un vin généreux aux tanins encore fermes. ⧗ 2015-2020

EARL Dom. Olivier, La Forcine, 37140 Saint-Nicolas-de-Bourgueil, tél. 02 47 97 75 32, patrick.olivier14@wanadoo.fr V t.l.j. 9h-12h30 14h-19h; dim. sur r.-v.

DOM. DE LA PERRÉE Vieilles Vignes 2012

■ | 10 000 | | 5 à 8 €

Perrée est un vieux mot signifiant « pierre ». Conduit par Patrice Delarue, le domaine de 14 ha est implanté sur un terroir de graviers et de sables, où sont produits des vins tout en fruit et en rondeur.

Cette cuvée s'ouvre sur des arômes si intenses de fruits rouges qu'un juré a même évoqué des « notes de grenadine ». Rond en attaque, le palais gras offre une matière concentrée et aromatique. ⧗ 2014-2018 🍴 filet de bœuf Wellington

Patrice et Lydie Delarue, La Perrée, 37140 Saint-Nicolas-de-Bourgueil, tél. 02 47 97 94 74 V r.-v.

DOM. LES PINS 2012 ★

■ | 25 000 | | 5 à 8 €

Depuis cinq générations, la famille Pitault-Landry exploite ce domaine créé en 1890. Aujourd'hui, il est conduit par un tandem père-fils. Couvrant 23 ha presque d'un seul tenant, les vignes entourent les bâtiments, dont une bâtisse du XVIe s.

Né d'un terroir de sables et de graviers, ce vin gourmand vêtu de rouge aux reflets violines offre une bouche charnue et croquante. ⧗ 2014-2019 🍴 bavette grillée

Dom. les Pins, 8, rte du Vignoble, 37140 Bourgueil, tél. 02 47 97 47 91, philippe.pitault@wanadoo.fr V r.-v. Pitault-Landry

LES CAVES DU PLESSIS
Réserve Stéphane 2012 ★★

■	4 000		8 à 11 €

Valeur sûre de saint-nicolas-de-bourgueil, ce domaine est depuis janvier 2012 géré par Stéphane, fils de Chantal Renou. Le vignoble est conduit en lutte raisonnée, avec un enherbement de près de 80 % de la surface globale. La cave creusée dans le tuffeau date du XIIIe s.

Élevée douze mois en barrique, cette cuvée arbore une élégante tenue grenat. Elle délivre à l'olfaction des arômes de fruits noirs et dévoile une bouche, fraîche, structurée et dense, aux arômes de fruits. 2015-2019 jambon persillé ■ Vieilles Vignes 2012 ★★ (5 à 8 € ; 15 000 b.) : sa richesse et sa plénitude font de ce 2012 un bon vin de garde. 2014-2020

Stéphane Renou, 17, La Martellière, 37140 Saint-Nicolas-de-Bourgueil, tél. 02 47 97 85 67, lescavesduplessis@wanadoo.fr V t.l.j. sf dim. 9h-12h 14h-18h30

DOM. DU ROCHOUARD
Cuvée de la Pierre du Lane 2012 ★

■	14 300		5 à 8 €

Guy Duveau a créé le domaine en 1976. Ses fils, Dominique et Jean-Luc, ont pris la relève respectivement en 1995 et en 2007. Le vignoble couvrant 20 ha a engagé en 2012 sa conversion à l'agriculture biologique.

Ce 2012 libère de fins arômes de fruits noirs. En bouche, il se révèle printanier, jeune et tonique, épaulé par de vifs tanins, legs du terroir de silex qui l'a vu naître. 2015-2017 veau à la tourangelle

GAEC Duveau-Coulon Fils, 1, rue des Géléries, 37140 Bourgueil, tél. 06 68 70 20 75, domainedurochouard@wanadoo.fr V t.l.j. 8h30-12h30 13h30-19h; dim. 10h-12h30 15h-18h

VIGNOBLE DE LA ROSERAIE 2012 ★★

■	5 000		5 à 8 €

Ce domaine fondé en 1890 a vu se succéder cinq générations. Il étend son vignoble sur 33 ha conduits en agriculture raisonnée. Ses vins sont régulièrement sélectionnés dans le Guide en saint-nicolas ou en bourgueil.

Ce vin est né d'un élevage finement ajusté : trois mois en cuve Inox suivis de trois mois en barrique. Il en résulte de riches arômes de fruits rouges et noirs que l'on retrouve dans une bouche plaisante par ses tanins souples et veloutés. 2014-2017 rillettes de porc tourangelles

Vignoble de la Roseraie, 46, rue Basse, 37140 Restigné, tél. 02 47 97 32 97, vignobledelaroseraie@orange.fr V r.-v. Éric et Patrick Vallée

JOËL TALUAU Le Vau Jaumier 2012 ★★★

■	13 000		5 à 8 €

Joël et Clarisse Taluau se sont installés en 1970 sur 2,2 ha ; ils ont été rejoints en 1993 par leur fille Véronique et leur gendre Thierry Foltzenlogel. Valeur sûre des AOC bourgueil et saint-nicolas, ce domaine de 29 ha se distingue régulièrement dans le Guide.

Les jurés ont loué la superbe tenue de ce 2012 intense. Au nez, c'est un panier de fruits rouges d'une fraîcheur remarquable. On retrouve les fruits dans un palais gourmand et charnu adossé à des tanins mûrs. Un vin à la fois puissant et raffiné. 2014-2018 navarin d'agneau ■ Vieilles Vignes 2012 ★ (8 à 11 € ; 13 000 b.) : des arômes fins et élégants de fruits rouges, une bouche ample aux tanins soyeux. Du caractère. 2014-2017

EARL Taluau et Foltzenlogel, 11, Chevrette, 37140 Saint-Nicolas-de-Bourgueil, tél. 02 47 97 78 79, joel.taluau@wanadoo.fr V t.l.j. 8h-12h 13h30-18h; dim. sur r.-v. Véronique et Thierry Foltzenlogel

DOM. DES VALLETTES Évènement 2012 ★

■	5 000		8 à 11 €

Ce domaine a vu se succéder huit générations de vignerons. Dernier héritier de ce savoir-faire complété par des expériences en Australie et en Espagne, Antoine Jamet, œnologue, a rejoint son frère François à la tête de l'exploitation (26 ha).

Issu de vieux cabernets plantés sur une petite aire de sables et de graviers, ce vin est né d'un long élevage de dix-huit mois en fût. Le boisé domine une bouche étayée par des tanins encore fermes. Ce 2012 très réussi est frais et devrait s'arrondir avec un peu de garde. 2015-2017 côte de bœuf grillée

Dom. des Vallettes, Les Vallettes, 37140 Saint-Nicolas-de-Bourgueil, tél. 02 47 97 44 44, contact@vallettes.com V t.l.j. sf dim. 9h-12h 14h-18h Jamet

CHINON

• Superficie : 2 337 ha • Production : 119 239 hl (99 % rouge et rosé)

Autour de la vieille cité médiévale, qui lui a donné son nom, au pays de Gargantua et de Pantagruel, l'AOC chinon est produite sur les terrasses anciennes et graveleuses du Véron (triangle formé par le confluent de la Vienne et de la Loire), sur les basses terrasses sableuses du val de Vienne (Cravant), sur les coteaux de part et d'autre de ce val (Sazilly) et sur les terrains calcaires, les « aubuis » (Chinon). Le cabernet franc, dit breton, y donne des vins rouges racés aux tanins élégants. De moyenne garde, les chinon peuvent dépasser une, voire plusieurs décennies dans les meilleurs millésimes. L'appellation produit aussi quelques rosés secs et de très rares blancs secs tendres – certaines années – issus de chenin.

DOM. DE L'ABBAYE Vieilles Vignes 2012

■	25 000		8 à 11 €

Ce vaste domaine de 40 ha a été constitué en 1975 par Michel Fontaine. Il est désormais dirigé par son épouse Sylvie qui fait vieillir les vins en barrique dans de vastes caves en tuffeau.

Parée d'une jolie robe grenat traversée de reflets rubis, cette cuvée offre un palais ample étayé de tanins solides avec une finale fraîche et légèrement amère. Encore un peu jeune, ce 2012 devrait s'affirmer avec le temps. 2015-2019 entrecôte vigneronne

Sylvie Fontaine, 64, rue Ancien-Port, 37500 Chinon, tél. 02 47 93 35 96, sarl-fontaine@club-internet.fr V t.l.j. sf dim. 9h-12h 14h-18h30

L'ARPENTY Cuvée Prestige 2012 ★

■	8 000		5 à 8 €

C'est le grand-père de Francis Desbourdes qui a créé le domaine L'Arpenty. Ce dernier conduit aujourd'hui une exploitation de 17 ha, à flanc de coteau, qui conserve une cuve directement creusée dans le tuffeau. Son fils Émilien a lancé la conversion bio du vignoble.

Ce chinon à la robe rubis lumineuse évoque les fruits rouges et la réglisse. Souple en attaque, le palais offre une matière riche étayée de tanins soyeux. Un vin élégant. 2015-2020 magret de canard ■ 2013 (8 000 b.): beaucoup de fruits et de fraîcheur dans ce rosé aimable. 2014-2015

Francis et Françoise Desbourdes, Arpenty, 11, rue de la Forêt, 37220 Panzoult, tél. 02 47 95 22 86, ff.desbourdes37@gmail.com V r.-v. C

DOM. AUBERT MONORY 2013 ★★

■	4 000	- de 5 €

Affaire familiale créée en 1930 par Georges Morançais, à la tête de laquelle fils et gendres se sont succédé pour constituer aujourd'hui un beau domaine de plus de 15 ha. Cédric Monory en a la charge depuis 1990.

Le jury a pris un grand plaisir à déguster ce rosé issu de pressurage direct sans macération. Le nez ouvert sur les fruits rouges prélude à un palais à la fois suave et frais. Un agréable chinon rosé. 2014-2015 beignets de langoustine

SCEA Dom. Aubert-Monory, 4, rte de Malvault, 37500 Cravant-les-Coteaux, tél. 02 47 93 33 73, aubert.monory@yahoo.fr V t.l.j. 10h-12h 14h-18h

BAUDRY-DUTOUR Cuvée Marie-Justine 2013 ★

■	80 000		5 à 8 €

Christophe Baudry, représentant la sixième génération de vignerons, et Jean-Martin Dutour, ingénieur agronome et œnologue, gèrent une maison de négoce et quatre domaines à Chinon : le Château de Saint-Louans, le Château de la Grille, le domaine du Roncée et le domaine de la Perrière.

D'un rose pâle, ce 2013 libère des arômes de pamplemousse qui se retrouvent dans une bouche vive et fraîche. 2014-2015 salade de chèvre chaud

Baudry-Dutour, La Morandière, 37220 Panzoult, tél. 02 47 58 53 01, info@baudry-dutour.fr V t.l.j. sf dim. lun.10h-12h 14h-18h A

B **DOM. DES BÉGUINERIES** Réserve d'Élise 2012

■	8 000		8 à 11 €

Ayant effectué ses premières armes dans le domaine familial puis en tant que responsable de cave au Château de Saint-Louans, Jean-Christophe Pelletier s'est installé en 1995. Il conduit en bio depuis 2009 ses 12,5 ha de vignes.

Ce 2012 affiche une robe grenat très sombre. Les fruits rouges sont présents dès l'olfaction puis se retrouvent dans un palais souple et rond. 2014-2017 rôti de bœuf

J.-C. Édouard Pelletier, 52, rue de l'Ancien-Port, Saint-Louans, 37500 Chinon, tél. 02 47 93 37 16, domainedesbeguineries@wanadoo.fr V t.l.j. 10h-12h30 14h-18h30; dim. sur r.-v. B

VINCENT BELLIVIER Noune obstant 2011 ★

■	5 400		5 à 8 €

Vincent Bellivier conduit 6 ha dans cette partie de l'appellation irriguée par l'Indre, à proximité du confluent avec la Loire. Dans le voisinage, les bois de Chinon protègent le vignoble des vents du nord.

Ce 2011 issu d'un terroir argilo-calcaire affiche une robe brillante couleur grenat. Au nez, il dévoile un bouquet puissant de fruits noirs. En bouche, c'est une farandole d'arômes de fruits mûrs rehaussés d'une touche épicée qui enrobent des tanins soyeux. Une belle cuvée qu'une petite garde saura peaufiner. 2014-2018 côte de bœuf à l'échalote

Vincent Bellivier, 12, rue de la Tourette, 37420 Huismes, tél. 02 47 95 54 26, vincent.bellivier@wanadoo.fr V r.-v. 1

DOM. DES BOUQUERRIES Plaisir 2013

■	5 000		- de 5 €

Le nom du domaine rappelle que l'on abattait jadis en ces lieux les chèvres et les boucs. C'est le grand-père de Guillaume et de Jérôme Sourdais qui, dès 1935, a creusé les caves de l'exploitation de 29 ha située au bord de la Vienne, à Cravant-les-Coteaux.

Une couleur rose pâle brillante habille ce rosé de saignée aux parfums généreux de fruits rouges et de fleurs. En bouche, ce vin offre richesse et volume, lesquels s'affirment jusque dans la douce finale. 2014-2015 rillettes de Tours

GAEC des Bouquerries, Guillaume et Jérôme Sourdais, 4, les Bouquerries, 37500 Cravant-les-Coteaux, tél. 02 47 93 10 50, gaecdesbouquerries@wanadoo.fr V r.-v.

PHILIPPE BROCOURT Vieilles Vignes 2012

■	10 000		5 à 8 €

Implanté dans le petit village de Rivière, sur les bords de la Vienne, ce domaine s'étend sur 28 ha répartis dans cinq communes et une belle palette de terroirs de l'AOC chinon.

Né de vignes âgées de cinquante ans, ce vin affiche une robe sombre. Il libère de puissants arômes de cerise noire et offre une bouche ample au délicat boisé, étayée par des tanins bien fondus. 2015-2020 gigot de mouton de Barèges-Gavarny ■ Les Coteaux 2012 (20 000 b.) : ce vin friand, élégant et équilibré, montre une belle constance tout au long de la dégustation. 2014-2017

Philippe Brocourt, 3, chem. des Caves, 37500 Rivière, tél. 02 47 93 34 49, philippe.brocourt@hotmail.fr V t.l.j. sf dim. 10h-19h

CHRISTIAN CHARBONNIER 2012

■	4 000		- de 5 €

Christian Charbonnier représente la deuxième génération de viticulteurs à la tête de ce domaine conduit à l'origine en polyculture. L'exploitation dispose aujourd'hui de 13 ha de vignes implantées sur des sols argilo-siliceux.

LOIRE

Ce vin en robe grenat, bien campé sur le fruit offre fraîcheur et souplesse. Le type même du « vin plaisir ». ⧗ 2014-2016 ¥ tomates farcies

EARL Christian Charbonnier, 2, rue Balzac, 37220 Crouzilles, tél. 02 47 97 02 37, charbonnier.christian0083@orange.fr V t.l.j. sf dim. 9h-12h 14h-18h30

CLOS DE LA BONNELIÈRE 2012

	10 000		8 à 11 €

Le château de la Bonnelière (XVIe s.) est dans la famille depuis 1846. Le vignoble a été replanté en 1976 par Pierre Plouzeau. Son fils Marc a repris en 2002 les rênes du domaine (23 ha) qu'il conduit en agriculture biologique.

Cette cuvée est née d'une longue macération et d'un élevage de douze mois en barrique. Il en résulte une couleur grenat profond et un nez légèrement boisé. Rond en bouche, ce vin offre une matière dense et élégante non dénuée de fraîcheur. Les tanins encore un peu fermes devraient se fondre avec le temps. ⧗ 2016-2020 ¥ pièce de bœuf ■ **Chapelle 2012 (11 à 15 € ; 10 000 b.)** : un vin frais et gourmand aux notes de groseille et de framboise agrémentées de touches épicées. ⧗ 2014-2017

Marc Plouzeau, Ch. de la Bonnelière, rte des Basses-Vignes, 37500 La Roche-Clermault, tél. 02 47 93 16 34, marc@plouzeau.com V r.-v.

CLOS D'ISORÉ 2012 ★★

	10 000		8 à 11 €

Les ancêtres de Rodolphe Raffault cultivaient déjà la vigne sous Louis XIV. Aujourd'hui, le vigneron, qui a repris l'exploitation en 1997, dispose d'immenses caves et d'un vignoble de 50 ha répartis sur plusieurs terroirs qu'il vinifie séparément. Le domaine est en conversion bio.

Le jury est unanime pour qualifier ce 2012 de « beau vin de garde ». Un élevage en fût fort bien mené a donné naissance à ce chinon à la robe dense noir d'encre. Libérant des notes florales et quelques nuances boisées, ce 2012 offre un palais concentré et fruité, étayé de tanins solides, et une finale persistante. Rare pour un 2012 ! ⧗ 2014-2024 ¥ filet de bœuf Richelieu

EARL Jean-Maurice Raffault, 74, rue du Bourg, 37420 Savigny-en-Véron, tél. 02 47 58 42 50, rodolphe.raffault@wanadoo.fr V r.-v.

DOM. DU COLOMBIER Cuvée de la roche Bobreau 2012 ★★

	6 800		5 à 8 €

Yves Loiseau, représentant la quatrième génération de vignerons au Colombier, a laissé en 1999 les rênes à sa fille Christine et à son gendre Olivier Jouvault, qui conduisent un ensemble de 23 ha.

Ce 2012 arbore une robe cerise burlat et libère des arômes généreux de fruits confits agrémentés de noisette. On retrouve les fruits dans une bouche vive, étayée de tanins bien fondus. Un vin fort élégant. ⧗ 2014-2019 ¥ fromage de chèvre

EARL Loiseau-Jouvault, Dom. du Colombier, 16, rue du Colombier, 37420 Beaumont-en-Véron, tél. 02 47 58 43 07, contact@chinoncolombier.fr V t.l.j. sf dim. 9h-12h 14h-18h; f. fév. O. Jouvault

LES CORNUELLES Vieilles Vignes 2012 ★

	10 000		8 à 11 €

Installée depuis 1850 au Logis de la Bouchardière, la famille Sourdais a développé un vignoble qui atteint aujourd'hui 55 ha. Incarnant la sixième génération, Bruno a pris les rênes du domaine en 1992.

Paré d'une robe sombre aux reflets violets, ce 2012 dévoile un nez de petits fruits noirs relayé par un palais souple en attaque, frais et bien structuré par des tanins fins. ⧗ 2015-2019 ¥ magret de canard

EARL Serge et Bruno Sourdais, La Bouchardière, 37500 Cravant-les-Coteaux, tél. 02 47 93 04 27, info@sergeetbrunosourdais.com V t.l.j. sf dim. 8h-12h 14h-18h

COTEAU DE VILLEGRON Cuvée Lucile 2011

	6 000		5 à 8 €

Riche de quatorze ans d'expérience en tant que viticulteur sur différents domaines, Cyril Mary a repris en 2011 le vignoble exploité par ses parents viticulteurs, et créé ce domaine de 10,5 ha en 2014.

Ce 2011 en robe rubis profond dévoile un nez intense de fruits frais et de poivron rouge. Rond en attaque, d'une belle fraîcheur, le palais laisse une impression d'harmonie. ⧗ 2014-2017 ¥ rosbif

EARL Dom. Mary, 5, rue de Villégron, 37500 La Roche-Clermault, tél. 02 47 93 05 51, cyril.mary0327@orange.fr V r.-v.

CH. COUDRAY-MONTPENSIER L'Apogée Vieilles Vignes 2012 ★

	40 000		8 à 11 €

Situé à Seuilly où naquit Rabelais, le château Coudray-Montpensier, classé Monument historique, dispose d'un vignoble de 30 ha créé en 2001. Aux commandes, Gilles Feray, également à la tête de plusieurs domaines à Vouvray.

Ce 2012 évoque les fruits rouges et les épices mâtinés de notes de torréfaction. En bouche, il révèle une belle matière, même si l'élevage de sept mois en fût confère au vin des notes boisées encore dominantes. Finale agréable et longue, sur le café. ⧗ 2015-2020 ¥ pavé de bœuf

SARL Ch. du Coudray-Montpensier, 29, rue Pierre-et-Marie-Curie, 37500 Chinon, tél. 02 47 52 60 77, infos@moncontour.com V r.-v. Gilles Feray

PIERRE ET BERTRAND COULY V 2012

	25 000		8 à 11 €

Pierre et Bertrand Couly ont constitué en 2007 un vignoble sur les coteaux et le plateau de Chinon. Ils ont agrandi sa superficie (20 ha aujourd'hui) ; en 2010, ils ont aménagé, sur la route de Tours, un chai ultramoderne que l'on peut visiter.

De couleur grenat, ce vin évoque les fruits rouges, le cuir et le sous-bois, et offre de la fraîcheur tout au long de la dégustation. Un bon classique. ⧗ 2014-2018 ¥ côte de veau

Pierre et Bertrand Couly, 1, rond-point des Closeaux, rte de Tours, 37500 Chinon, tél. 02 47 93 64 19, contact@pb-couly.com V t.l.j. 10h-12h30 14h-18h30

♥ COULY-DUTHEIL Les Chanteaux 2013 ★★

25 000	11 à 15 €

La maison Couly-Dutheil a été créée en 1921 par Baptiste Dutheil ; elle est aujourd'hui dirigée par Jacques Couly-Dutheil et son fils Arnaud. Avec un vignoble de près de 87 ha aujourd'hui, un chai moderne aménagé dans le roc et des caves impressionnantes du Xe s. situées sous le château de Chinon, elle fait partie intégrante du paysage viticole chinonais.

En progression, la production de vins blancs à Chinon connaît un succès de curiosité mais elle reste confidentielle au regard de l'offre en rouges. Jacques et Arnaud Couly proposent ici un vin issu de vignes âgées de près d'un demi-siècle et élevé sur lies durant quatre mois. En robe jaune nuancée de vert, ce 2013 dévoile un séduisant nez floral agrémenté de notes d'agrumes et rehaussé d'une touche d'amande. Il offre du volume en attaque et un palais gras souligné par une touche fraîche et bienvenue de citron vert. ⧗ 2014-2017 ▼ poêlée de coquilles Saint-Jacques

⊶ Couly-Dutheil, 12, rue Diderot, BP 234, 37502 Chinon Cedex, tél. 02 47 97 20 20, info@coulydutheil-chinon.com V t.l.j. sf sam. dim. 8h-13h 14h-17h30

DOM. DE LA DOZONNERIE Vieilles Vignes 2012

8 000	5 à 8 €

Le grand-père a créé le domaine en 1936 et le père l'a agrandi. Installé en 1990, Jean-François Delalay exploite aujourd'hui les 12 ha de vignes dans le respect des traditions, sur les coteaux de Cravant qui dominent la Vienne.

Ce vin libère des arômes de cassis que l'on retrouve dans une bouche raffinée étayée de tanins veloutés. ⧗ 2014-2018 ▼ côte de bœuf à l'échalote confite ■ 2012 (13 000 b.) : un vin souple soutenu par des tanins encore un peu fermes en finale. ⧗ 2015-2018

⊶ Jean-François Delalay, La Dozonnerie, 142, rue de la Haute-Olive, 37500 Chinon, tél. 06 08 92 97 15, domainedelalay.vin@orange.fr V t.l.j. 9h-19h

ELYSIS 2012 ★

40 000	5 à 8 €

Fondée en 1872, la maison de négoce Albert Bessombes-Moc-Baril a son berceau et son siège à Saumur, mais elle propose une large gamme de vins de Loire allant du muscadet au sancerre, en passant par les chinon et les rosés-d'anjou. Ces derniers représentent son cœur d'activité.

Cette cuvée de belle facture affiche une superbe robe grenat presque noir. Elle libère des parfums de fruits compotés, rehaussés d'une légère nuance de cannelle et de poivre gris qui annoncent une matière élégante. Étayée de tanins soyeux, la bouche est svelte et fruitée. ⧗ 2014-2017 ▼ pâté en croûte ■ Albert Besombes 2012 ★ (68 667 b.) : une robe rouge très dense, des parfums de fruits rouges et de vanille, une bouche structurée, équilibrée et longue. ⧗ 2014-2018

⊶ SAS Besombes-Moc-Baril, 24, rue Jules-Amiot, Saint-Hilaire-Saint-Florent, 49400 Saumur, tél. 02 41 50 23 23, emilien.boulfray@uapl.fr

DOM. DES FALAISES 2012 ★

30 000	5 à 8 €

Plus connu sur le nom de Caves Angelliaume, ce domaine familial exploité depuis quatre générations dispose de caves remarquables par leur agencement et leurs dimensions, ainsi que d'un vignoble de 38 ha. Valeur sûre de l'appellation chinon, il fréquente régulièrement les pages du Guide.

D'un grenat foncé, cette cuvée libère des arômes de groseille assortis de touches mentholées. Les fruits prennent des accents plus mûrs dans un palais rond et suave à la finale chaleureuse. ⧗ 2014-2017 ▼ côte de veau

⊶ EARL Caves Angelliaume, La Croix-de-Bois, 37500 Cravant-les-Coteaux, tél. 02 47 93 06 35, caves.angelliaume@wanadoo.fr V t.l.j. sf dim. 8h30-12h 14h-18h ; sam. 8h30-12h

LE FAUTEUIL ROUGE 2012 ★

23 000	8 à 11 €

Regroupant une cinquantaine de viticulteurs répartis sur l'ensemble de l'appellation chinon, cette structure créée en 1989 commercialise sa production sous plusieurs marques dans la grande distribution et à l'export.

Une robe engageante, presque noire aux reflets rubis ; un nez aux parfums concentrés de café et de baies de sureau. Chaleureux à l'attaque, le palais épaulé de tanins soyeux offre de puissants arômes de fruits mûrs. La longue finale est marquée par une légère touche de sous-bois. ⧗ 2014-2020 ▼ tourte au boudin noir

⊶ SICA des Vins de Rabelais, Les Aubuis, Saint-Louans, 37500 Chinon, tél. 02 47 93 42 70, laurent.bourdin@uapl.fr V r.-v. ⊶ UAPL

DOM. DES GALUCHES Vieilles Vignes 2012

12 000	5 à 8 €

Laurence et Christian Millerand ont pris la suite de leurs parents sur un domaine de 13 ha, dont ils ont amélioré le chai et le matériel de vinification. Le nom de Galuches renvoie aux sols des bords de Loire riches en graviers et en galets.

Dans sa jolie robe cerise noire, ce 2012 libère des arômes de fruits rouges nuancés de thym et d'un boisé léger. Présent dès l'attaque, le boisé s'estompe pour révéler un fruité acidulé. Les tanins solides devraient se fondre avec le temps. ⧗ 2015-2020 ▼ lapin aux pruneaux

⊶ Christian Millerand, 2 bis, imp. des Galuches, 37420 Savigny-en-Véron, tél. 02 47 58 45 38, cmillerand@ozone.net V r.-v.

DOM. DES GÉLÉRIES Le Puy blanc 2012 ★

8 000	5 à 8 €

Appartenant aux familles Meslet, Thouet et Rouzier, ce domaine de 30 ha se répartit dans trois AOC : chinon, bourgueil et saint-nicolas. En 2012, Germain Meslet a repris le domaine familial.

Ce 2012 affiche une robe limpide couleur pourpre. Le nez vineux, associe les fruits rouges à des notes florales. On retrouve les fruits dans une bouche suave étayée de tanins encore un peu fermes. Un classique chinonais que l'on pourra oublier quelques années en cave. ⧗ 2014-2020 🍴 pigeon rôti

Dom. des Géléries, 4, rue des Géléries, 37140 Bourgueil, tél. 02 47 97 74 83, domainedesgeleries@orange.fr V t.l.j. sf dim. 8h30-12h 14h-18h30 Germain Meslet

DOM. ÉRIC HÉRAULT Tradition 2012 ★

■	4 534		- de 5 €

Une ancienne carrière du XIIIe s. découverte en 1975 sert de cave de vieillissement et de dégustation à Éric Hérault, qui exploite près de 24 ha de vignes implantées sur des terroirs argilo-calcaires ou graveleux.

Rubis brillant, ce 2012, où rien ne dépare, fait preuve d'un bel équilibre. Il s'ouvre sur des notes de cerise. Sa bouche également bien fruitée, étoffée et étayée de tanins soyeux laisse en finale une impression d'harmonie. ⧗ 2014-2020 🍴 filet de bœuf en croûte ■ Vieilles Vignes 2012 (5 à 8 € ; 7 372 b.) : un corps élégant encore légèrement tannique. ⧗ 2015-2020

Dom. Éric Hérault, Le Château, 37220 Panzoult, tél. 02 47 58 56 11, domaineherault@orange.fr V t.l.j. sf dim. 8h-12h 14h-18h30 E

DOM. LA JALOUSIE 2013

■	42 000		5 à 8 €

Rachetée en 2002 et partiellement rénovée deux années plus tard, cette propriété de 16 ha implantée dans le hameau de Briançon, en bordure de la Vienne, se voit régulièrement sélectionnée dans le Guide pour ses chinon rouges ou rosés.

Ce 2013 en robe claire présente une bouche ronde bien équilibrée par une vivacité bienvenue. Une vraie sensation de fraîcheur. ⧗ 2014-2015 🍴 fouaces au sainte-maure de Touraine

SCEA le Corre, 17, Briançon, 37500 Cravant-les-Coteaux, tél. 02 47 93 90 83, scea.lecorre@orange.fr V t.l.j. sf sam. dim. 8h-12h30 14h-18h; f. août

♥ CHARLES JOGUET
Les Varennes du grand clos 2012 ★★

■	n.c.		20 à 30 €

Artiste vigneron, Charles Joguet a créé ce vignoble en 1957. À sa retraite en 1997, il a cédé la propriété à Jacques Genet. Le domaine (40 ha) a mis en place très tôt la vinification par terroir, façonnant ainsi une gamme variée de la rive gauche de la Vienne. L'exploitation est en conversion bio.

Cette magnifique cuvée provient de vignes âgées d'un demi-siècle plantées sur un terroir mêlant graviers et calcaires. Une vinification soignée ainsi qu'un élevage de douze mois sous bois ont donné naissance à ce fringant chinon à la robe sombre tirant sur le noir et au nez de fruits rouges compotés agrémenté de notes épicées et boisées. En bouche, richesse et structure sont au rendez-vous : le fruit s'exprime librement et les tanins sont solides. En finale, une belle fraîcheur finit de convaincre. ⧗ 2014-2024 🍴 rôti d'agneau ■ Clos de la Dioterie 2012 ★ : un vin rond et élégant aux arômes de fruits cuits et de pain d'épice. ⧗ 2014-2020

SCEA Charles Joguet, La Dioterie, 37220 Sazilly, tél. 02 47 58 55 53, contact@charlesjoguet.com V t.l.j. sf dim. 9h-12h30 14h-18h; sam. 9h-12h30 l'hiver, 10h-18h l'été

B JOURDAN ET PICHARD
Les Gravinières 2012 ★

■	24 600	8 à 11 €

Philippe Pichard, qui avait repris en 1983 le vignoble acheté par ses grands-parents, a transmis celui-ci en 2012 à la famille Jourdan. Il se charge désormais d'en conduire et vinifier les vignes (16 ha) exploitées en agriculture biologique, puis en biodynamie.

Issu de sols sablo-graveleux, ce 2012 à la robe grenat intense séduit par des arômes de fruits des bois persistants et par des tanins fondus. ⧗ 2014-2018 🍴 épaule d'agneau farcie

SCEA Dom. Jourdan, 8, Le Puy, 37500 Cravant-les-Coteaux, tél. 02 47 58 66 73, francis@domainejourdan.fr V t.l.j. sf dim. 10h-12h 14h-18h30; sam. sur r.-v.

PATRICK LAMBERT Les Deuzelles 2012 ★

■	2 000		5 à 8 €

Patrick Lambert exploite un petit domaine de 6,5 ha (en conversion à l'agriculture biologique) adossé à un coteau calcaire dans lequel de très belles caves ont été creusées. Celles-ci accueillent fûts et foudres servant à l'élevage des vins.

Né sur des sols de sables et de graviers, ce 2012 à l'élégante robe sombre libère des arômes complexes de confiture de fraises et de cassis agrémentés de notes épicées. Plein en attaque, il offre un palais rond étayé de tanins élégants. Belle ampleur en finale. ⧗ 2014-2017 🍴 carré d'agneau

EARL Patrick Lambert, 6, coteau de Sonnay, 37500 Cravant-les-Coteaux, tél. 02 47 93 92 39, vins.lambert.patrick@orange.fr V r.-v.

B BÉATRICE ET PASCAL LAMBERT
Les Graves 2012

■	6 000		8 à 11 €

Installé en 1987, ce couple de vignerons réalise en amont un important travail de sélection des terroirs, étudiant leur climat et leur nature géologique pour conduire des vinifications et des élevages adaptés. En biodynamie depuis 2004, le domaine de 13 ha certifié bio approche la nature au plus près.

Ce 2012 à la robe sombre presque noire libère des arômes de fruits noirs très mûrs. On retrouve les fruits dans une bouche souple, fraîche et élégante, épaulée de tanins soyeux. ⧗ 2014-2020 🍴 gigot d'agneau

Béatrice et Pascal Lambert, Les Chesnaies, 37500 Cravant-les-Coteaux, tél. 02 47 93 13 79, contact@chinonlambert.com V r.-v.

ANGÉLIQUE LÉON 2012 ★

■	15 000	🍾	5 à 8 €

Angélique Léon a repris en 2002 un bien familial (6,2 ha) qui faisait partie de ces propriétés, nombreuses dans le Chinonais, vouées à la polyculture et à l'élevage. Elles se sont spécialisées dans la viticulture à partir des années 1980.

Ce 2012 à la belle robe rubis s'ouvre sur des parfums de framboise relevés d'une note épicée. La bouche se révèle ample et légère, étayée de tanins souples. Charmant. ⌛ 2014-2017 🍷 rillettes de Tours

🔑 Angélique Léon, 2, rue des Capelets, Le Bourg, 37420 Savigny-en-Véron, tél. 02 47 58 92 70, contact@leonchinon.fr V t.l.j. sf dim. 9h-12h 14h-19h

CH. DE LIGRÉ La Roche Saint-Paul 2012 ★

■	12 000	🍾	8 à 11 €

Ce domaine situé sur la rive gauche de la Vienne est dans la même famille depuis trois générations. Ayant pris la suite de son père en 1988, Pierre Ferrand conduit un vignoble de 33 ha commandé par un château de tuffeau du XIXᵉs.

Ce 2012 à la robe rubis très dense ornée d'un disque violine du plus bel effet libère des parfums complexes de fruits des bois. On retrouve les petits fruits agrémentés de notes épicées dans une bouche souple et franche. En finale, les tanins montrent un peu les dents, mais ils devraient se fondre avec une petite garde. ⌛ 2016-2020 🍷 rôti de sanglier aux airelles ■ 2013 (25 000 b.): un chinon blanc acidulé, citronné, tout en fraîcheur. ⌛ 2014-2017

🔑 Pierre Ferrand, Ch. de Ligré, 1, rue Saint-Martin, 37500 Ligré, tél. 02 47 93 16 70, chateau.de.ligre@wanadoo.fr V t.l.j. sf dim. 9h-12h 14h-18h

LES LOGES Cuvée Vieilles Vignes 2012

■	6 000	🍾	5 à 8 €

Le domaine de 10 ha de Marie-Pierre Raffault s'étend sur les pentes argilo-calcaires qui dominent la Vienne. Bien exposé au midi, il constitue un support de prédilection pour l'obtention de vendanges à point et de vins expressifs.

D'un rubis foncé, cette cuvée délivre des parfums de groseille et de framboise. À la fois souple et nerveuse en attaque, la bouche offre beaucoup de fraîcheur jusqu'en finale. ⌛ 2014-2017 🍷 tartare de bœuf

🔑 Marie-Pierre Raffault, 20, rue de la Haute-Olive, 37500 Chinon, tél. 02 47 98 36 38, mpraffault@aol.com V t.l.j. 8h30-12h30 14h-18h30

DOM. DE LA MARINIÈRE Réserve de la Marinière Élevé en fût de chêne 2012

■	4 000	🍾 🛢	8 à 11 €

Les parents de l'actuel propriétaire ont eu en 1965 un coup de cœur pour une ferme à l'écart de Panzoult. En 1999, Renaud Desbourdes a pris la relève, passionné non seulement par son vignoble (14,5 ha) mais aussi par les paysages environnants.

Paré d'une robe pourpre, ce 2012 libère des notes de fruits rouges bien mûrs et de caramel. Doux et puissant en attaque, le palais est étayé de tanins encore austères en finale. À attendre. ⌛ 2015-2020 🍷 brochettes de bœuf au miel ■ Vieilles Vignes 2012 (5 à 8 €; 9 000 b.): un vin léger, élégant et frais, sur les fruits rouges avec une pointe d'épices. ⌛ 2014-2017

🔑 Renaud Desbourdes, Dom. de la Marinière, 37220 Panzoult, tél. 02 47 95 24 75, domaine.la.mariniere@orange.fr V r.-v.

DOM. LA MASSONNIÈRE Vieilli en fût de chêne 2011

■	2 500	🍾 🛢	5 à 8 €

En 1980, Frédéric Delalande reprend une petite vigne, perpétuant ainsi la tradition familiale instaurée par son grand-père. Il développe son exploitation, et son fils Cyril le rejoint en 2006. Les deux vignerons disposent aujourd'hui de 15 ha.

Ce 2011 à la robe pourpre profond délivre des arômes de fruits noirs relevés de légères notes boisées héritées de son élevage en fût. La bouche équilibrée est soutenue par des tanins soyeux. Un vin gourmand. ⌛ 2014-2017 🍷 coq de Loué au vin

🔑 Frédéric et Cyril Delalande, 3, rte des Marais, 37420 Huismes, tél. 02 47 95 56 23, delalande.lamassonniere@orange.fr V r.-v.

DOM. DES MILLARGES 2013

■	9 600	🍾	5 à 8 €

Ce domaine de 26 ha rattaché au lycée agro-viticole de Fondettes près de Tours a la charge d'effectuer, en lien avec les professionnels, des recherches sur la conduite des vignobles. Une connaissance qui semble profiter à ses cuvées, régulièrement sélectionnées dans le Guide.

D'une belle couleur jaune pâle brillant, ce chinon blanc libère d'élégants parfums de chèvrefeuille agrémentés d'un soupçon de pierre à fusil et de notes d'amande fraîche. En bouche, il est vif et frais. ⌛ 2014-2017 🍷 nage de poissons sauce au safran

🔑 Dom. des Millarges, Lycée agricole Centre viti-vinicole, Les Fontenils, 37500 Chinon, tél. 02 47 93 36 89, contact@domaine-des-millarges.fr V r.-v.

DOM. DU MORILLY Vin de coteaux Vieilles Vignes 2012

■	10 000	🍾	5 à 8 €

André-Gabriel Dumont s'est installé sur l'exploitation familiale en 1986. Le domaine de 12 ha partagés entre la plaine et le coteau est commandé par une élégante maison tourangelle du XVIIIᵉs.

Ce 2012 arbore une belle robe sombre aux reflets violines. Discret au premier nez, il libère des senteurs de fruits rouges à l'aération. En bouche, il offre souplesse et légèreté. ⌛ 2014-2017 🍷 rôti de porc aux pommes

🔑 EARL André-Gabriel Dumont, Malvault, 37500 Cravant-les-Coteaux, tél. 02 47 93 24 93 V r.-v.

DOM. NAULET Les Pierres blanches Vieilles Vignes 2012 ★

■	6 000	🍾 🛢	5 à 8 €

Conduit par Vincent Naulet, ce domaine créé en 2001 couvre 9 ha. Son siège est en plein Véron (plaine entre Loire et Vienne), mais les vignes sont sur les pentes

LOIRE

argilo-calcaires chaudes de Chinon. Un nouveau chai a été construit en 2009.

Née sur le tuffeau, cette cuvée des Pierres blanches exprime parfaitement l'élégance ligérienne : un nez fin aux discrets arômes boisés, une bouche ample offrant une jolie matière étayée de tanins soyeux et une belle longueur. ⧗ 2014-2017 🍴 bavette d'aloyau

Vincent Naulet, rue des Rabottes, 37420 Beaumont-en-Véron, tél. 06 63 29 02 01, vincent.naulet@free.fr V r.-v.

DOM. DE LA NOBLAIE Pierre de tuf 2011 ★★

■ | 8 000 | | 11 à 15 €

Domaine acquis et remis en état à partir de 1952 par Jacqueline et Pierre Manzagol. Depuis 2008, leur petit-fils Jérôme Billard, œnologue, le conduit accompagné d'Élodie Peyrussie. Le vignoble couvre 19 ha d'un seul tenant sur la rive gauche de la Vienne.

Des vignes de soixante-quinze ans et une macération longue dans une cuve taillée à même le tuffeau ont donné naissance à ce charmant 2011 à la robe pourpre profond. Il présente un nez gourmand de fruits mûrs compotés. En bouche, il offre des saveurs riches et puissantes de fruits des bois soutenues par une solide armature tannique. ⧗ 2014-2020 🍴 rôti de bœuf en croûte

Dom. de la Noblaie, 21, rue des Hautes-Cours, Le Vau-Breton, 37500 Ligré, tél. 02 47 93 10 96, contact@lanoblaie.fr V t.l.j. sf dim. 10h-12h 14h-18h Billard

DOM. DE NOIRÉ Caractère 2012 ★

■ | 14 000 | | 11 à 15 €

Jean-Max Manceau, fort de vingt-huit ans d'expérience dans l'un des plus beaux châteaux de Chinon, se consacre désormais à la propriété familiale de 15 ha dont il a pris la tête avec son épouse Odile en 2002. Le domaine, conduit en biodynamie, est en conversion bio.

Issu de coteaux aux sols argilo-siliceux exposés au sud, ce vin est très bien travaillé : dans une belle robe grenat, il libère des arômes de cassis et révèle une bouche ronde et fruitée. ⧗ 2014-2017 🍴 onglet à l'échalote ■ Élégance 2012 (8 à 11 € ; 10 000 b.) : un vin puissant et tannique, de bonne longueur. ⧗ 2015-2018

Dom. de Noiré, 160, rue de l'Olive, Noiré, 37500 Chinon, tél. 02 47 93 44 89, domaine.de.noire@orange.fr V t.l.j. sf dim. 10h-12h 14h-19h

Jean-Max Manceau

DOM. DE NUEIL Cuvée des cigales 2012 ★

■ | 1 200 | | 5 à 8 €

Laurent Gilloire est le propriétaire de cette ancienne ferme fortifiée du XVIe s. qui comprend les ruines du manoir ayant appartenu à Marie de Mauléon. Le vignoble de 14,1 ha se répartit entre terrasses et coteaux.

Ce vin, en robe pourpre, libère des notes de petits fruits rouges bien mûrs. Avec son attaque pleine de panache et sa belle matière en bouche épaulée de tanins encore un peu fermes, ce 2012 est un charmant représentant de l'appellation. ⧗ 2015-2020 🍴 brochettes de bœuf

Laurent Gilloire, Dom. de Nueil, 37500 Cravant-les-Coteaux, tél. 02 47 93 19 24, laurent.gilloire@wanadoo.fr V t.l.j. sf dim. 8h-19h

CLOTHILDE PAIN Sans dessus sans dessous 2012

■ | 6 000 | | 11 à 15 €

Clothilde Pain s'est installée à Panzoult, à 12 km de Chinon, en 2012. Elle y conduit un vignoble de 5 ha avec l'envie « d'inscrire [ses] vins dans l'histoire de l'appellation ».

Cette cuvée au nom affriolant, drapée dans une robe pourpre, présente un nez puissant de fruits rouges et noirs. Tout aussi puissante, la bouche est étayée de tanins encore un peu austères qui devraient se fondre avec une courte garde. ⧗ 2015-2019 🍴 tournedos

Clotilde Pain, 2, rue de Chézelet, 37220 Panzoult, tél. 06 23 82 07 94, clotilde_pain@yahoo.fr V r.-v.

DOM. BRUNO PRÉVEAUX La Perle du Plessis 2013

■ | 6 000 | | 5 à 8 €

Bruno Préveaux est établi sur la rive gauche de la Vienne, à La Roche-Clermault, village cher à Rabelais. Le domaine de 9 ha commercialise la totalité de ses vins en vente directe à la propriété.

Ce vin d'un rose limpide aux beaux reflets rubis offre un nez de pamplemousse. Vif en attaque, il révèle une suavité non dénuée d'élégance jusqu'en finale. ⧗ 2014-2015 🍴 agneau aux légumes primeurs

Bruno Préveaux, 19, rue de Launay, 37500 La Roche-Clermault, tél. 02 47 93 23 19, bruno.preveaux@orange.fr V t.l.j. sf dim. 9h-12h 14h-18h ; f. 2e quinz. d'août B

DOM. DU PUY Cuvée Baptiste Vieilles Vignes 2012

■ | 9 000 | | 5 à 8 €

Établi à Cravant-les-Coteaux, Patrick Delalande est à la tête du domaine fondé par son aïeul Alexis Delalande en 1820. Il a été rejoint par son fils Baptiste en 2010. Le tandem conduit un vignoble de 27,5 ha sur les bords de la Vienne, face au midi.

D'un rubis profond, ce 2012 présente un nez flatteur de fruits mûrs et d'épices douces. Souple et tendre en bouche, un chinon frais et agréable. ⧗ 2014-2017 🍴 brochettes de bœuf

Patrick Delalande, 11, Le Puy, 37500 Cravant-les-Coteaux, tél. 02 47 98 42 31, domaine.du.puy@wanadoo.fr V r.-v. B

DOM. DU PUY RIGAULT Cuvée Vieilles Vignes 2012

■ | 10 000 | | 5 à 8 €

Jean-Louis Page, qui exploitait les vignes de son grand-père, a repris en 2006 le domaine de son père Michel parti à la retraite. Il a regroupé les deux vignobles implantés en pays de Véron, sur les sols de graviers et de sables entre Loire et Vienne.

Produit sur les sols alluvionnaires de l'appellation, ce 2012 garde encore l'empreinte de son élevage de dix mois en fût dans ses notes boisées et dans ses tanins fondus, mais le chêne laisse largement percer le fruit, au nez comme en bouche. ⧗ 2015-2020 🍴 rôti de biche

Dom. du Puy Rigault, 12, rte de Candes, 37420 Savigny-en-Véron, tél. 02 47 58 96 92, jl.page01@orange.fr V r.-v. Jean-Louis Page

DOM. DES QUATRE VENTS L'Excellence 2012 ★

■ | 3 500 | | 11 à 15 €

Ce domaine de 21 ha doit son nom à sa situation, au sommet d'une colline balayée par les vents. Philippe Pion conduit l'exploitation depuis 1984.

Parée d'une robe grenat aux reflets noirs, cette cuvée présente un nez fin et complexe de fruits rouges (fraise, framboise). Au palais, on retrouve les fruits rouges agrémentés de notes de cacao et de café. Structuré de tanins souples et fondus, ce vin est « très beau », selon le jury. 2014-2017 rôti de veau ■ Vieilles Vignes 2012 ★ (5 à 8 € ; 15 000 b.) : un joli vin aux parfums de tabac blond étayé de tanins fins et aux arômes de fruits rouges jusqu'en finale. 2014-2017

Philippe Pion, La Bâtisse, 37500 Cravant-les-Coteaux, tél. 02 47 93 46 79, pion375@gmail.com V t.l.j. 9h-12h 14h-18h30

OLGA RAFFAULT Les Barnabés 2012

■ | 80 000 | | 5 à 8 €

Olga Raffault, figure de la profession viticole à Chinon, a fondé son vignoble en 1920. Elle a transmis son savoir-faire à son fils et c'est sa petite-fille Sylvie, soutenue par son époux Éric, qui est à présent aux commandes. Ensemble, ils conduisent un domaine de 25 ha.

Parée d'une robe de velours noir ourlée de rubis, cette cuvée libère de puissants parfums de fruits noirs bien mûrs et de fruits secs. Franc en attaque, le palais offre une belle matière et renoue en finale avec les notes de fruits secs perçues à l'olfaction. 2014-2017 croustillant chèvre et noix ■ Les Peuilles 2012 (8 à 11 € ; 12 000 b.) : un vin aux arômes de fraise des bois étayé de tanins souples. 2014-2017

Dom. Olga Raffault, 1, rue des Caillis, 37420 Savigny-en-Véron, tél. 02 47 58 42 16, infos@olga-raffault.com V t.l.j. sf dim. 9h-12h 14h-18h; sam. sur r.-v.

DOM. DU RAIFAULT Les Allets 2012 ★

■ | n.c. | | 5 à 8 €

Situé dans le Véron, entre Loire et Vienne, ce domaine commandé par une gentilhommière de tuffeau est dans la même famille depuis le XIXᵉs. Après la disparition prématurée de son père, Julien Raffault a pris en main l'exploitation de 26 ha au sortir de ses études.

Ce 2012 en robe cerise burlat s'exprime sur de délicates notes de cassis. Fruité dès l'attaque, le palais étayé de tanins souples offre une matière riche. À boire maintenant sur son fruit, ou à garder pour le voir affirmer son caractère. 2014-2020 volailles ■ Clos du Villy 2012 (8 à 11 €) : cette cuvée marquée par la fraîcheur et l'élevage sous bois est un « vin plaisir ». 2014-2017

EARL Julien Raffault, 23-25, rte de Candes, 37420 Savigny-en-Véron, tél. 02 47 58 44 01, domaineduraifault@wanadoo.fr V t.l.j. 8h30-12h30 14h-19h; dim. sur r.-v.

B DOM. DE LA ROCHE HONNEUR Cuvée Rubis 2012

■ | 16 000 | | 5 à 8 €

Stéphane Mureau représente la huitième génération à la tête de ce vignoble du Véron (19,9 ha) créé au début du XIXᵉs. et conduit en bio depuis 2009. Grande fierté du domaine, la vaste cave entièrement sculptée dans le tuffeau, où sont élevés les vins.

Ce 2012 libère des arômes boisés et vanillés. Onctueux, le palais offre des notes de torréfaction, de café et de boisé, léguées par son élevage de dix mois en fût. À carafer avant de servir. 2014-2018 rôti de porc aux champignons

Dom. de la Roche Honneur, 1, rue de la Berthelonnière, 37420 Savigny-en-Véron, tél. 02 47 58 42 10, roche.honneur@club-internet.fr V r.-v. Stéphane Mureau

♥ B WILFRID ROUSSE Les Galuches 2012 ★★

■ | 35 000 | | 5 à 8 €

Établi depuis 1987 dans le Véron, entre Loire et Vienne, Wilfrid Rousse conduit avec succès un domaine de 20 ha. Le vigneron a obtenu la certification « agriculture biologique » en 2011.

Les Galuches figurent parmi les terroirs les plus favorisés en 2012. Cette cuvée à la robe violine a séduit le jury par la finesse de son nez de cassis. Elle dévoile une bouche à la fois suave, riche et fraîche, bien épaulée par des tanins soyeux. 2014-2017 carré de veau aux herbes

Wilfrid Rousse, 19-21, rte de Candes, La Halbardière, 37420 Savigny-en-Véron, tél. 02 47 58 84 02, wilfrid.rousse@wanadoo.fr V t.l.j. sf dim. 8h-12h 14h-18h; f. 15-30 août

CAVES DE LA SALLE Vieilles Vignes 2012

■ | 7 000 | | 5 à 8 €

Le domaine conduit par Rémi Desbourdes s'étend sur 13 ha et comprend un ancien corps de ferme du XVIIIᵉs. associé à un chai et à une cave modernisés.

Issue de terres argilo-calcaires, cette cuvée offre des notes grillées, une belle concentration et des tanins un peu fermes qui devraient se fondre avec le temps. Un chinon bien typé. 2016-2020 civet de lapin ■ Fief de la Rougellerie 2012 (5 000 b.) : un vin aux arômes de fruits rouges et de cuir étayé de tanins fins. 2014-2017

EARL Rémi Desbourdes, La Salle, 37220 Avon-les-Roches, tél. 02 47 95 24 30, remi.desbourdes@wanadoo.fr V t.l.j. 9h-12h 14h-19h; dim. 9h-12h

DOM. DE LA SEMELLERIE 2013 ★

■ | 15 000 | | - de 5 €

Ce domaine de 40 ha s'étend sur la meilleure partie de la commune de Cravant, dans le plus haut du coteau, là où les rayons du soleil « tombent droit », comme on dit dans le Midi. Le sol argilo-calcaire, chaud et sain, contribue à la maturation du raisin.

Les rosés s'émancipent à Chinon ! Ce 2012 à la couleur saumonée, structuré, en est un bon exemple. Il dévoile des arômes d'agrumes et de fleurs blanches, puis offre une chair ronde et fraîche à la fois. Un bel équilibre. 2014-2016 salade frisée rillons et chèvre ■ Cuvée Déborah Vieilles Vignes Élevé en fût de chêne 2012 (8 à 11 € ; 5 000 b.) : cette cuvée fraîche et généreuse à la fois délivre des arômes de fruits noirs et de vanille adossés à des tanins soyeux. 2014-2017

LOIRE

Fabrice Delalande, Dom. de la Semellerie, La Semellerie, 37500 Cravant-les-Coteaux, tél. 02 47 93 18 70, la-semellerie@wanadoo.fr V r.-v. D

DOM. DE LA TOUR Jeune Vigne 2012 ★

	3 000		5 à 8 €

Créée en 1900, une propriété (14 ha) implantée dans le Véron, située dans la pointe formée par la confluence de la Loire et de la Vienne. La tour ? Le corps d'un ancien moulin à vent qui se dresse dans le vignoble de Guy Jamet et qu'il exploitait à la suite de deux générations avant de le transmettre en 2014 à Gérald Tapin.

Une robe rouge intense pour cette cuvée issue principalement des jeunes vignes de l'exploitation. Il en résulte un vin frais et fruité (cassis) à la bouche ronde et élégante. 2014-2017 rôti de veau Orloff

Dom. de la Tour, 25, rue de la Buissonnière, 37420 Beaumont-en-Véron, tél. 02 47 58 47 61, gralviti@yahoo.fr V r.-v. Gérald Tapin

DOM. DE LA TRANCHÉE 2013 ★

	7 000		5 à 8 €

Ce domaine dirigé par Pascal Gasné étend son vignoble sur trois communes autour de Beaumont-en-Véron, où les terroirs de calcaires et de silex bien exposés au sud permettent une excellente maturation des raisins.

Drapé dans une robe rose pâle, ce 2013 offre un nez fin d'agrumes rehaussés d'une touche poivrée. Entre rondeur et acidité, la bouche présente un bel équilibre qui se prolonge jusqu'en finale. 2014-2015 truite fumée

Pascal Gasné, 33, rue de la Tranchée, 37420 Beaumont-en-Véron, tél. 02 47 58 91 78 V r.-v.

CH. DE VAUGAUDRY Clos du Plessis-Gerbault 2012

	3 000		8 à 11 €

Bâti sur un rebord de terrasse à flanc de coteau, sur la rive gauche de la Vienne, ce château fait face à la forteresse de Chinon. Le vignoble d'un seul tenant (12 ha) est entré en 1949 dans la famille des actuels propriétaires.

Un élan de sympathie de la part du jury pour ce vin de graviers au fruité affirmé qui offre une bouche souple étayée de tanins soyeux. 2014-2017 suprême de volaille sauce champignons ■ 2012 (5 à 8 € ; 40 000 b.) : ce vin léger offre du fruit et de la fraîcheur dans une belle harmonie. 2014-2017

SCEA Ch. de Vaugaudry, Vaugaudry, 37500 Chinon, tél. 02 47 93 13 51, chateau-vaugaudry@orange.fr V r.-v. C Belloy

COTEAUX-DU-LOIR

• Superficie : 79 ha • Production : 3 086 hl (55 % rouge et rosé)

Avec le jasnières, voici le seul vignoble de la Sarthe, sur les coteaux de la vallée du Loir. Il renaît après avoir failli disparaître dans les années 1970. Les vignes sont plantées sur l'argile à silex qui recouvre le tuffeau. Le pineau d'Aunis, assemblé aux cabernets, gamay ou cot, donne des rouges légers et fruités, tandis que le chenin produit des blancs secs.

DOM. DE CÉZIN 2013

	12 000		- de 5 €

Ce domaine créé en 1925 est une valeur sûre de la Sarthe viticole. François Fresneau a fait l'acquisition de sa première parcelle de jasnières en 1975 et, après un parcours sans faute, il vient de passer le flambeau à la quatrième génération : ses enfants Xavier et Amandine qui exploitent une quinzaine d'hectares en coteaux-du-loir et en jasnières.

Le pineau d'Aunis libère avec puissance ses notes épicées, complétées par des notes plus minérales et fruitées à l'agitation. Vif en attaque, le palais trouve son équilibre entre vivacité et suavité, la douceur étant renforcée en finale. 2014-2017 poitrine de porc

EARL Fresneau, rue de Cézin, 72340 Marçon, tél. 02 43 44 13 70, earl.francois.fresneau@orange.fr V t.l.j. sf sam. dim. 9h-12h 15h-18h

CHRISTOPHE CROISARD Rasné 2013 ★

	6 000		5 à 8 €

Depuis 1996, Christophe Croisard conduit l'exploitation de 23 ha installée depuis quatre générations à flanc de coteau, dans la commune de Chahaignes, au nord de La Chartre-sur-le-Loir. Le domaine dispose de magnifiques caves creusées dans le tuffeau.

Le blanc est une passion dans la vallée du Loir et Christophe Croisard propose un 2013 fruité, encore dans sa jeunesse, empreint de minéralité. Un nez aux notes grillées et exotiques, un palais à l'attaque souple dévoilant des arômes d'agrumes frais et persistants. 2014-2021 asperges tièdes

Dom. de la Raderie, La Raderie, 72340 Chahaignes, tél. 02 43 79 14 90, christophe.croisard@wanadoo.fr V r.-v. B Christophe Croisard

DOM. DES GAULETTERIES 2012

	5 000		- de 5 €

Établis dans le charmant village de Ruillé-sur-Loir, Francine et Raynald Lelais conduisent depuis 1984 ce joli domaine de 16,8 ha consacrés aux AOC jasnières et coteaux-du-loir, avec ses cinq caves anciennes creusées dans le tuffeau.

Beaucoup de fruits rouges et d'épices (cannelle, poivre gris), et de fruité au nez. Une attaque souple, un palais équilibré entre fraîcheur et suavité. Un vin au caractère enjoué. 2014-2016 assiette de charcuterie

Raynald Lelais, Dom. des Gauletteries, 41, rte de Poncé, 72340 Ruillé-sur-Loir, tél. 02 43 79 09 59, vins@domainelelais.com V t.l.j. 10h-12h 14h-19h

PASCAL JANVIER 2013

	4 000		5 à 8 €

Établi à Ruillé-sur-Loir, Pascal Janvier exploite environ 7 ha en coteaux-du-loir et en jasnières, un vignoble à taille humaine, qui lui permet de soigner ses produits.

Ce 2013 aux notes florales révèle une agréable minéralité et une belle fraîcheur, qui persiste en finale. 2014-2021 poisson en sauce

Pascal Janvier, La Minée, 72330 Ruillé-sur-loir, tél. 02 43 44 29 65 V r.-v.

JASNIÈRES

• Superficie : 66 ha • Production : 2 912 hl

C'est le cru des coteaux du Loir, bien délimité sur un unique versant plein sud de 4 km de long sur environ 65 ha. Seul cépage de l'appellation, le chenin ou pineau de la Loire peut donner des produits sublimes les grandes années. Curnonsky n'a-t-il pas écrit : « Trois fois par siècle, le jasnières est le meilleur vin blanc du monde. » Le jasnières accompagne la « marmite sarthoise », spécialité locale où il rejoint d'autres produits du terroir : poulets et lapins finement découpés, légumes cuits à la vapeur. Vin rare, à découvrir.

DOM. DE CÉZIN 2013 ★

| | 16 000 | | 5 à 8 € |

Ce domaine créé en 1925 est une valeur sûre de la Sarthe viticole. François Fresneau a fait l'acquisition de sa première parcelle de jasnières en 1975 et, après un parcours sans faute, il vient de passer le flambeau à la quatrième génération : ses enfants Xavier et Amandine qui exploitent une quinzaine d'hectares en coteaux-du-loir et en jasnières.

Cette cuvée libère au nez de surprenants et intenses arômes de fruits blancs associés à la fleur d'aubépine. Le palais déroule à la fois rondeur et vivacité sur des notes abricotées qui se prolongent dans une finale fraîche. 2014-2022 beignets de courgette

EARL Fresneau, rue de Cézin, 72340 Marçon, tél. 02 43 44 13 70, earl.francois.fresneau@orange.fr V t.l.j. sf sam. dim. 9h-12h 15h-18h

♥ CHRISTOPHE CROISARD Mont Idée 2013 ★★

| | 5 500 | | 5 à 8 € |

Depuis 1996, Christophe Croisard conduit l'exploitation de 23 ha installée depuis quatre générations à flanc de coteau, dans la commune de Chahaignes, au nord de La Chartre-sur-le-Loir. Le domaine dispose de magnifiques caves creusées dans le tuffeau.

Le nom de cette cuvée n'est pas une création commerciale mais bien un lieu-dit réputé du coteau de Jasnières où le silex domine l'argile. De ce sol ce vin a tiré une belle minéralité mêlée à un fruité remarquable (pamplemousse, pêche). Le palais gourmand du début à la fin de la dégustation révèle les saveurs annoncées au nez et un équilibre élégant entre rondeur et fraîcheur. 2014-2025 fromages de chèvre affinés

Dom. de la Raderie, La Raderie, 72340 Chahaignes, tél. 02 43 79 14 90, christophe.croisard@wanadoo.fr V r.-v. Christophe Croisard

DOM. DE LA GAUDINIÈRE 2013 ★

| | 5 000 | | 5 à 8 € |

Installés en 1980, Danielle et Claude Cartereau ont peu à peu agrandi la propriété familiale, qui reste toutefois un vignoble à taille humaine (5,2 ha) consacré aux AOC jasnières et coteaux-du-loir.

Un vin raffiné aux notes minérales et florales (fleurs blanches). À l'attaque, le vin se montre rond puis laisse la place à une fraîcheur nerveuse qui lui donne du tonus. 2014-2020 asperges à la sauce mousseline

C. et D. Cartereau, La Gaudinière, 72340 Lhomme, tél. 02 43 44 55 38, cartereaucetd@orange.fr V r.-v.

DOM. DES GAULETTERIES Le Tradition 2013 ★

| | 20 000 | | 5 à 8 € |

Établis dans le charmant village de Ruillé-sur-Loir, Francine et Raynald Lelais conduisent depuis 1984 ce joli domaine de 16,8 ha consacrés aux AOC jasnières et coteaux-du-loir, avec ses cinq caves anciennes creusées dans le tuffeau.

Beaucoup de grâce dans ce 2013 au nez discret mariant minéralité et fruits verts. La structure solide met en valeur l'harmonie du fruité, de la minéralité et de la fraîcheur, qui persiste dans la longue finale. 2014-2020 raviolis de la mer Cuvée Saint-Vincent 2013 (8 à 11 € ; 14 000 b.) : un vin pimpant et suave aux arômes de fruits blancs. 2014-2017

Raynald Lelais, Dom. des Gauletteries, 41, rte de Poncé, 72340 Ruillé-sur-Loir, tél. 02 43 79 09 59, vins@domainelelais.com V t.l.j. 10h-12h 14h-19h

DOM. J. MARTELLIÈRE Cuvée des Perrés 2012

| | 2 400 | | 5 à 8 € |

Jean-Vivien Martellière, qui a repris en 2004 cette exploitation familiale de 12 ha, vinifie exclusivement les trois AOC de la vallée du Loir : jasnières, coteaux-du-loir et coteaux-du-vendômois. Il perpétue ainsi la tradition familiale inaugurée avec son grand-père.

Porté par la fraîcheur des notes d'agrumes (pamplemousse) et de fruits exotiques au nez, ce 2012 offre en revanche une attaque ronde et la bouche, suave à souhait et au boisé fruité expressif, est rafraîchie par une finale acidulée. 2014-2017 crustacés

Dom. J. Martellière, 46, rue de Fosse, Fosse, 41800 Montoire-sur-le-Loir, tél. 02 54 85 16 91, contact@domainemartelliere.fr V r.-v.

CORINNE NOURY 2012 ★

| | 3 500 | 5 à 8 € |

Corinne Noury a repris ce domaine d'une douzaine d'hectares dans lequel elle était employée, succédant ainsi à Jean-Jacques Maillet, dont les vins ont maintes fois été mis en avant dans le Guide.

Ce 2012 séduit grâce à un nez intensément aromatique aux nuances d'agrumes bien mûrs. Au palais, il se distingue par une structure tout en souplesse mettant en valeur le fruité qui persiste jusqu'en finale. Un équilibre sobre et distingué. 2014-2020 cassolette de fruits de mer

Corinne Noury, 5, imp. du Ruisseau, lieu-dit Dauvers, 72340 Ruillé-sur-le-Loir, tél. 02 43 44 54 26 V r.-v.

PHILIPPE SEVAULT 2013 ★

| | 17 300 | | 5 à 8 € |

Pour les amateurs d'art (peinture, sculpture), de produits bio (farine) et de vins, bien sûr, Philippe Sevault,

LOIRE

installé en 2001, ouvre ses portes chaque année les 1er et 2 mai.

Ce 2013 libère au nez un fruité d'agrumes de belle intensité complété d'une note minérale. Équilibré dès l'attaque, le vin dévoile un beau volume dans une bouche qui met elle aussi en valeur le fruité. Un vin bien représentatif de son appellation. ⧗ 2014-2020 🍴 fromages de chèvre ■ Tradition 2013 (11 600 b.) : beaucoup de vitalité dans ce 2013 floral et pimpant au nez. Un palais svelte où la fraîcheur persiste. ⧗ 2014-2017

Philippe Sevault, rue Élie-Savatier, 72340 Poncé-sur-le-Loir, tél. 02 43 79 07 75, psevault@wanadoo.fr V r.-v.

MONTLOUIS-SUR-LOIRE

• Superficie : 447 ha • Production : 17 415 hl

La Loire au nord, la forêt d'Amboise à l'est, le Cher au sud sont les limites naturelles de l'aire d'appellation. Les sols « perrucheux » (argile à silex), localement recouverts de sable, sont plantés de chenin blanc (ou pineau de la Loire) et produisent des vins blancs vifs et pleins de finesse, tranquilles (secs ou doux), ou effervescents. Les premiers gagnent à évoluer longuement en bouteilles (une dizaine d'années).

PATRICE BENOIT Brut ★★

● | 30 000 | | 5 à 8 €

Patrice Benoit est issu d'une famille au service du vin depuis quatre générations. Pour s'installer, il a dû acheter des parcelles laissées par des vignerons âgés partant à la retraite. Il est maintenant à la tête d'une propriété de 12 ha.

Les bulles sont discrètes et mettent en valeur une couleur pâle à reflets verts. Le nez se partage entre raisins secs et épices. L'équilibre en bouche, magnifique, est allié à une finesse et à une douceur unanimement appréciées. ⧗ 2017-2024 🍴 chèvre chaud miel et raisins secs ■ La Cuvée Saint-Martin 2011 ★ (11 à 15 € ; 1 500 b.) : un liquoreux aux arômes de fruits confits, de coing et de pâte de fruits ; une attaque très douce relayée par une agréable fraîcheur. ⧗ 2017-2024

Patrice Benoit, 3, rue des Jardins, Nouy, 37270 Saint-Martin-le-Beau, tél. 02 47 50 63 93, patrice.benoit.vins@orange.fr V r.-v.

♥ FRANCK BRETON Sec Les Caillasses 2012 ★★

■ | 3 400 | | 8 à 11 €

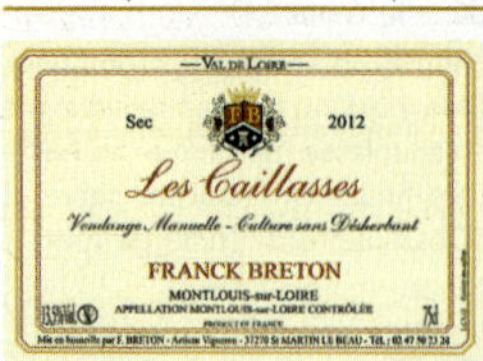

Franck Breton a pris la succession de son beau-père Claude Boureau en 2008. Il conduit un vignoble de 7,8 ha situé au sud de la Loire et propose des montlouis et des AOC touraine. Il fait partie aujourd'hui des noms qui comptent dans cette appellation.

Ce montlouis a été vinifié et élevé en demi-muid. Ce sont les levures du cru qui ont fait le travail. Le nez remarquable mêle le litchi, le citron et la vanille. La bouche, souple et ample, offre un superbe équilibre et une longue finale citronnée. ⧗ 2015-2019 🍴 soufflé au fromage ● La Cuvée Louane 2012 ★ (3 200 b.) : un effervescent au joli nez de fleurs blanches, frais et long. ⧗ 2014-2017

Franck Breton, 1 bis, rue de la Résistance, 37270 Saint-Martin-le-Beau, tél. 02 47 50 23 24, franckbretonvigneron@orange.fr V t.l.j. 10h-13h 14h-19h

CLOS DU PORTEAU L'Oie blanche 2012

■ | 6 000 | | 8 à 11 €

Ce domaine de 8 ha, ancienne propriété Olivier Delétang, a été repris en 2012 par Isabelle de Clermont-Tonnerre. L'objectif est de redonner vie au sol et pour cela, une conversion en agriculture biologique est amorcée. Au chai, la règle est d'être le moins interventionniste possible.

Le résultat pour ce millésime 2012 est un vin sec, un peu fermé à l'olfaction. À la douceur de l'attaque succède un palais plus vif aux accents citronnés. Un bel équilibre. ⧗ 2014-2017 🍴 escalope de veau citronnée

Le Clos du Porteau, 12 Le Porteau, 41400 Saint-Georges-sur-Cher, tél. 02 54 32 06 31, ayn.clermont@wanadoo.fr V r.-v.

COMPLICES DE LOIRE Clair de lune 2012 ★

■ | 5 000 | | 11 à 15 €

Ce négoce vinificateur créé en 2010 a vu le jour grâce à l'association de François-Xavier Barc et Gérald Vallée, vignerons à Saint-Nicolas-de-Bourgueil.

En accord avec le cahier des charges « bio », la vinification est aussi peu interventionniste que possible. Ce chenin s'exprime avec sa vivacité caractéristique et son caractère floral. On distingue aussi un léger boisé en rapport avec la vinification de trois ans en barrique. ⧗ 2015-2019 🍴 rillons

Complices de Loire, 4, rue de la Cotelleraie, 37140 Saint-Nicolas-de-Bourgueil, tél. 06 84 35 22 07, fxbarc@complicesdeloire.com V r.-v.
Barc et Vallée

DOM. DE LA CROIX MÉLIER Demi-sec 2012 ★

■ | 6 000 | | 5 à 8 €

Issu d'une lignée de vignerons établis à Husseau depuis cinq générations, Pascal Berthelot cultive depuis 1976 les 35 ha de vignes de la propriété familiale.

Ce demi-sec révèle d'intenses arômes de fruits mûrs. La bouche équilibrée offre des notes de fleurs et de fruits à chair blanche bien typées et vivifiées par un petit perlant. ⧗ 2015-2019 🍴 filet de saint-pierre rôti ■ 2012 ★ (6 000 b.) : au nez, des arômes de litchi et de poire légèrement fumés ; en bouche, de la pêche. Un vin léger et harmonieux. ⧗ 2015-2019

EARL Dom. de la Croix Mélier, 2, chem. Sainte-Catherine, Husseau, 37270 Montlouis-sur-Loire, tél. 02 47 45 12 14, pascal.berthelot.lacroixmelier@neuf.fr V t.l.j. 10h-12h30 14h-19h ; dim. 10h-12h Berthelot

B GABRIÈLE ET RÉGIS DANSAULT 2010 ★★

■ | 2 500 | | 15 à 20 €

Gabrièle et Régis Dansault sont installés depuis 1984 sur un domaine de 15 ha qu'ils conduisent en bio certifié depuis 2010.

D'un jaune intense, ce liquoreux brille encore avec discrétion. En bouche, il offre finesse, élégance et fraîcheur. Rien ne presse à le déguster, sa durée de vie ne semblant pas avoir de limite. Un superbe équilibre. 2015-2025 foie gras **Dom. de l'Ouche Gaillard, Jade 2011 (8 à 11 € ; 1 500 b.)** : une robe dorée, un nez discret de fleurs blanches et une bouche onctueuse équilibrée par une finale fraîche. 2015-2019

EARL Gabrièle et Régis Dansault, 1, rue Gaspard-Monge, 37270 Montlouis-sur-Loire, tél. 02 47 44 36 23, regis.dansault@wanadoo.fr V r.-v.

DOM. DE L'ENTRE-CŒURS 2011 ★

3 440 | 5 à 8 €

Alain Lelarge, vigneron et œnologue, sait mettre en valeur ses 14 ha de vignes implantées sur les coteaux du val de Cher, où les sols caillouteux appelés ici « perruches » restituent la nuit aux raisins la chaleur emmagasinée le jour.

Alain Lelarge s'est montré patient pour que son chenin atteigne la bonne maturité et signe un sec plutôt tendre, généreux et long, qui évoque les fruits bien mûrs. 2014-2017 cassolette de saint-jacques **Méthode traditionnelle (14 600 b.)** : un vin agréable, rond et équilibré, aux arômes de fruits mûrs. 2015-2019

Alain Lelarge, 10, rue d'Amboise, 37270 Saint-Martin-le-Beau, tél. 02 47 50 61 70, entre-coeurs@wanadoo.fr V r.-v.

DOM. FLAMAND DELÉTANG
Bouquet de bulles 2010 ★

8 000 | 8 à 11 €

Après avoir travaillé dans la vallée du Rhône, Olivier Flamand a rejoint le domaine familial situé à Saint-Martin-le-Beau. En 2003, avec son épouse Corinne, il a pris la tête des 8 ha de la propriété constituée au fil des années par Gérard et Guy Delétang.

Ce brut élégant et joyeux livre des senteurs de brioche et de fruits secs. Vive à l'attaque, la bouche est savoureuse et équilibrée. 2014-2017 apéritif

Dom. Flamand-Delétang, 19, rte d'Amboise, 37270 Saint-Martin-le-Beau, tél. 02 47 35 65 71, flamandolivier@sfr.fr V t.l.j. 9h-12h 14h-18h

B LA GRANGE TIPHAINE Clef de sol 2012

6 000 | 15 à 20 €

Coralie et Damien Delecheneau ont pris en 2002 la succession de trois générations sur un domaine familial créé à la fin du XIXe s. qui compte aujourd'hui 14 ha. L'exploitation est conduite en bio et en biodynamie.

D'un jaune pâle brillant, ce 2012 fait preuve de finesse tant au nez qu'en bouche et s'achève sur une agréable note boisée. 2014-2017 saint-jacques champignons-parmesan

Dom. La Grange Tiphaine, La Grange Tiphaine, 37400 Amboise, tél. 02 47 30 53 80, lagrangetiphaine@wanadoo.fr V r.-v.

JEAN-PAUL HABERT Brut 2011

5 300 | 5 à 8 €

En janvier 2009, après trente-six ans passés dans la fonction publique, Françoise Habert Gaultier a repris les vignes de son époux, poursuivant ainsi la tradition vigneronne de sa belle-famille inaugurée il y a sept générations. Le vignoble, implanté sur les coteaux du Cher exposés plein sud, couvre 4 ha.

Jean-Paul Habert a souvent présenté sa cuvée de brut avec succès. Le style varie avec les années : ce 2011 donne un vin que le jury a décrit comme « mature ». La bouche élégante se révèle complexe (prune, violette et coing) et s'étire dans une finale fraîche. Un vin d'amateur. 2014-2016 cabillaud à la crème safranée

Françoise Habert, 3, impasse des Noyers, Le Gros Buisson, 37270 Saint-Martin-le-Beau, tél. 02 47 50 26 47, caveduvieuxcange@aol.com V r.-v.

♥ ALAIN JOULIN ET FILS Brut ★★

12 000 | 5 à 8 €

Saint-Martin-le-Beau est une commune du sud de l'appellation montlouis-sur-loire, tournée vers les rives du Cher. Les coteaux en pente douce sont baignés de soleil. Alain Joulin et ses deux fils y exploitent 13,5 ha de vignes.

Cette cuvée est bien représentative de l'appellation. Les arômes évoquent le coing et les fruits secs. La bouche, savoureuse, fruitée à souhait, évolue avec douceur et rondeur, stimulée par une belle touche « terroitée » de pierre à fusil. L'équilibre est parfait. 2014-2017 risotto au thé et fruits secs **Sec 2012 (2 000 b.)** : une belle fraîcheur citronnée pour ce vrai blanc sec. 2015-2019

Alain Joulin et Fils, 58, rue de Chenonceaux, 37270 Saint-Martin-le-Beau, tél. 02 47 50 28 49, alain.joulin@yahoo.fr V t.l.j. sf dim. 8h30-12h 14h-19h

B DOM. LES LOGES DE LA FOLIE
Sec La Nef des fous 2012

2 000 | 11 à 15 €

Valérye Mordelet et Jean-Daniel Kloeckle ne sont pas issus de familles vigneronnes. Depuis 2005, ils pilotent selon les préceptes de l'agriculture biologique leur domaine de 7 ha, qui couvre les coteaux siliceux d'Husseau.

Pour ce 2012, la maturité naturelle des raisins a permis de produire ce joli sec. Reflet de son terroir, il n'a reçu aucun produit œnologique et ce sont les levures naturelles des raisins qui ont permis la fermentation du moût. Le vin est apprécié pour son équilibre, son ampleur et ses arômes fruités délicats. 2014-2017 aumônières de saint-jacques

Les Loges de la Folie, 21, rue des Rocheroux, Husseau, 37270 Montlouis-sur-Loire, tél. 02 47 45 18 30, contact@les-loges-de-la-folie.com V r.-v. Mordelet et Kloeckle

B BENOÎT MÉRIAS Sec La Loge 2012

1 400 | 11 à 15 €

Établis à Saint-Martin-le-Beau, Benoît et Julie Mérias ont repris en 2011 les vignes de Laurent Chatenay (6 ha).

LOIRE

Celles-ci sont cultivées en agriculture biologique et la fermentation est conduite par les levures indigènes.

La fermentation et l'élevage de ce 2012 ont eu lieu en barrique, ce qui a pu gêner légèrement certains membres du jury qui ont décelé une note boisée assez marquée. Cela n'enlève rien à ce sec qui offre une belle matière, présente dès l'attaque. ⧗ 2014-2017 ▼ pavé de sandre

EARL Benoît et Julie Mérias, Nouy, 41, rte de Montlouis, 37270 Saint-Martin-le-Beau, tél. 06 42 36 19 41, benoit.merias@orange.fr V r.-v.

LA CAVE DES PRODUCTEURS DE MONTLOUIS-SUR-LOIRE
Accord des anges Élevé en fût de chêne 2012 ★

	12 945		8 à 11 €

La coopérative de Montlouis-sur-Loire, créée en 1961, regroupe 15 viticulteurs adhérents pour une surface cultivée de 145 ha.

Cette cuvée, pour laquelle la fermentation et l'élevage ont été conduits en fût, a été récoltée sur 2,5 ha. Elle arbore une robe brillante et pâle. Son nez, fin et discret, évoque la pêche et l'abricot. Une certaine vivacité et une pointe d'amertume lui donnent du relief. Un beau vin sec classique. ⧗ 2017-2024 ▼ fromage de chèvre affiné

Cave des Producteurs de Montlouis-sur-Loire, 2, rte de Saint-Aignan, 37270 Montlouis-sur-Loire, tél. 02 47 50 80 98, espace@cave-montlouis.com V t.l.j. sf dim. 9h-12h30 14h-18h30

DOM. DE MONTORAY
Libreval 2011 ★★

	2 500		5 à 8 €

Ce domaine a été créé en 2007 par Claude Aupetit-gendre et Jacques Gozard, avec un groupe d'amateurs de chemin. Le vignoble est en conversion bio depuis 2011.

Le vignoble enherbé a permis de contrôler la fougue du chenin, puis les levures du cru ont pris soin de mener la fermentation qui s'est déroulée à l'ombre fraîche des caves de tuffeau. Que dire du vin ? Qu'il est plein, équilibré, et que c'est un vrai sec. ⧗ 2014-2017 ▼ rôti de porc aux pommes **L'Oiseau blanc Sec 2011 (8 à 11 € ; 2 500 b.)** : un sec au nez de pâte d'amande, au palais plein et de bonne longueur. ⧗ 2014-2017

SCEV Dom. de Montoray, 11, vallée Saint-Martin, 37400 Lussault-sur-Loire, tél. 02 47 30 93 19, contact@domaineaupetitgendre.com V r.-v.

DOM. MOSNY Brut ★★

	15 700		5 à 8 €

Au cœur du vignoble de Saint-Martin-le-Beau, Thierry Mosny, formé au lycée viticole d'Amboise, a repris en 2005 l'exploitation familiale (14 ha) fondée par son bisaïeul dans les années 1920.

Le nez, élégant et délicat, livre des arômes de fruits secs et de melon. Tout en fraîcheur, la bouche prolonge ces agréables perceptions olfactives. Un très beau classique, qui offre matière et persistance. ⧗ 2014-2017 ▼ apéritif

EARL Daniel et Thierry Mosny, 8, rue des Vignes, 37270 Saint-Martin-le-Beau, tél. 02 47 50 61 84, thierry.mosny@orange.fr V t.l.j. sf dim. 8h-18h B

DOM. MOYER 2012 ★

	n.c.		5 à 8 €

Un ancien rendez-vous de chasse du XVIIe s. construit pour le duc de Choiseul. Depuis 1830, c'est une propriété viticole renommée. Damien Moyer représente la huitième génération à la tête du domaine de 8 ha.

Ce millésime s'ouvre sur de jolies notes de pêche bien mûre. En bouche, il se révèle net, vif, et s'étire dans une longue finale aux accents de pamplemousse. ⧗ 2014-2017 ▼ gratin d'écrevisses **Edmond 2012 (8 à 11 €)** : cette cuvée, dont le nom est un hommage au grand-père, s'exprime sur les fruits et pourra attendre un peu pour se révéler. ⧗ 2015-2019

Dom. Moyer, 2, rue de la Croix-des-Granges, Husseau, 37270 Montlouis-sur-Loire, tél. 06 83 29 57 80, dom.moyer@wanadoo.fr V t.l.j. sf dim. 8h-19h

DOM. LA NÉGRETTE
Le Rocher des violettes 2012 ★

	8 000		15 à 20 €

Xavier Weisskopf a créé son exploitation (15 ha) en 2005. Rien ne le destinait à ce métier, mais ses études à Chablis lui ont fait découvrir l'univers du vin, ce qui l'a conduit à la « Viti » de Beaune, puis à Gigondas, et enfin sur les rives de la Loire.

Le nez, un peu sur la réserve, est floral. C'est en bouche que le vin révèle tout son caractère : puissant et équilibré, il offre de la finesse et des notes fruitées de pêche et d'ananas. D'aucuns ont remarqué une légère note boisée en finale. ⧗ 2014-2017 ▼ cuisses de pintade aux cèpes

Weisskopf, 34, rue de la Roche, 37150 Dierre, tél. 02 47 23 52 08, xavier.weisskopf@hotmail.com V r.-v.

VOUVRAY

• Superficie : 2 151 ha • Production : 126 272 hl (70 % mousseux)

Un long vieillissement en cave et en bouteilles révèle toutes les qualités des vouvray, blancs nés au nord de la Loire, presque en face de Tours, sur un vignoble qu'écorne l'autoroute A10 au nord (le TGV passe en tunnel) et que traverse la large vallée de la Brenne. Le cépage blanc de Touraine, le chenin, donne ici des vins tranquilles, colorés et très racés, secs ou moelleux selon les années, et des vins pétillants et effervescents, vineux, élaborés selon la méthode traditionnelle. Si ces derniers sont bus assez jeunes, les vins tranquilles sont aptes à une longue garde qui leur donne de la complexité. Poissons et fromages de chèvre iront bien avec les uns ; plats fins ou desserts légers avec les autres, qui feront aussi d'excellents vins d'apéritif.

B ABBAYE DE MARMOUTIER
Sec Clos de Rougemont 2012

	8 000	8 à 11 €

Outre les quelque 32 ha cultivés en biodynamie sur les coteaux de la vallée de la Brenne et de la vallée de Vaux à Chançay, Michel Vigneau exploite une vigne (1,3 ha) sise au-dessus de l'abbaye de Marmoutier, qui fut fondée en 372 par saint Martin.

Le nez de ce vouvray de couleur pâle est discret mais libère après quelques instants des notes originales rappelant la noix fraîche et le menthol. Élégant et fin, le vin surprend par son équilibre subtil entre rondeur et vivacité. ⧗ 2014-2017 🍴 rillettes de thon

🔑 Dom. Vigneau-Chevreau, 4, rue du Clos-Baglin, 37210 Chançay, tél. 02 47 52 93 22, contact@vigneau-chevreau.com V t.l.j. sf dim. 9h-12h30 14h-18h30

JEAN-CLAUDE ET DIDIER AUBERT Brut Réserve 2011 ★

●	70 000		5 à 8 €

Jean-Claude et Didier Aubert représentent respectivement les sixième et septième générations de vignerons installés au cœur de la vallée Coquette depuis 1823. Avec leurs épouses, ils exploitent 37 ha de vignes en majorité en coteaux.

Ce brut est un vin généreux: il offre une mousse onctueuse et des bulles abondantes. En bouche, il est bien fruité et se distingue par sa rondeur. ⧗ 2014-2015 🍴 fondant au chocolat ■ Sec 2012 (32 000 b.): un nez de fruits blancs, une bouche fraîche et légère. ⧗ 2014-2015

🔑 Jean-Claude et Didier Aubert, 10, rue de la Vallée-Coquette, 37210 Vouvray, tél. 02 47 52 71 03, aubert.jc.d@orange.fr V t.l.j. 9h-12h30 14h-19h, dim. 9h-12h30

DOM. DE BEAUCLAIR Brut 2011 ★

●	15 000		5 à 8 €

Christian Blot a succédé à son père en 1983 sur la propriété que celui-ci avait créée en 1955 et qui couvre 25 ha. Son fils Freddy l'a rejoint en 2006. Dominant le coteau de Noizay, la cave a été creusée dans le tuffeau par le grand-père et le père.

La fine bulle de la famille Blot a du tonus et se montre vive, avec une longue finale soutenue par une légère amertume. ⧗ 2014-2015 🍴 apéritif ■ Demi-sec 2012 (moins de 5 €; 5 000 b.): un vin fruité légèrement acidulé, vineux et persistant. ⧗ 2014-2017

🔑 Christian Blot, 306, coteau de Venise, 37210 Noizay, tél. 02 47 52 11 32, freddyblot@aol.com V t.l.j. 8h-12h 14h-19h; dim. 9h-12h

DOM. DE BEAUMONT Sec Promenard 2012 ★

■	3 000		8 à 11 €

Mathieu Cosme a pris en 2005 la suite de quatre générations à la tête du domaine familial (12,5 ha). Il conduit ses vignes et vinifie au rythme du calendrier lunaire et, comme ses ancêtres, il continue à creuser la roche pour agrandir ses caves.

Vinifié en tonnes de 400 l, ce vin libère des arômes de fleurs blanches. Grasse, structurée, portée par une légère acidité aux accents de mandarine, la bouche révèle de petites touches boisées très agréables et bien mariées au fruit. « Un vrai sec », conclut un dégustateur. ⧗ 2014-2017 🍴 homard grillé ■ Sec Les Enfers 2012 (3 000 b.): ce vin s'ouvre sur des arômes de vanille agrémentés de notes toastées et offre gras et rondeur dans une bouche aux accents boisés. ⧗ 2015-2019

🔑 Mathieu Cosme, 86, rue du Bois-de-l'Olive, 37210 Noizay, tél. 02 47 52 15 44, mathieucosme@orange.fr V r.-v.

PASCAL BERTEAU ET VINCENT MABILLE ★

●	n.c.	5 à 8 €

Les beaux-frères Pascal Berteau et Vincent Mabille se sont associés en 1990 afin de conduire ensemble ce domaine de 23 ha. Leur conception du métier est simple et efficace : « Avoir de beaux raisins pour faire du bon vin. »

La prise de mousse a été réalisée avec les sucres résiduels. La robe brillante ourlée de fines bulles est agréable à l'œil. Le nez est franc et typé, et la bouche de bonne tenue est harmonieuse. ⧗ 2014-2015 🍴 apéritif

🔑 Pascal Berteau et Vincent Mabille, 46, rue de Vaugondy, 37210 Vernou-sur-Brenne, tél. 02 47 52 03 43, vincent.mabille1@libertysurf.fr V r.-v.

DOM. BOUTET SAYLNIER Brut 2011

●	35 000		5 à 8 €

Blotti au cœur de la vallée Chartier, le domaine couvre 10,5 ha, ce qui est relativement modeste dans le Vouvrillon d'aujourd'hui. Les sols argileux peu épais peuvent souffrir de tassement par les roues d'un tracteur et l'on n'hésite plus aujourd'hui à revenir au travail du sol avec un cheval de trait. La lenteur n'effraie pas Christophe Boutet.

La robe de ce brut 2011 resté longtemps sur lattes est charmante, jaune paille avec une mousse très fine. Un « vin plaisir » onctueux et frais. ⧗ 2014-2015 🍴 cake au citron

🔑 EARL Boutet-Saulnier, 17, la Vallée-Chartier, 37210 Vouvray, tél. 02 47 52 73 61, christophe-boutet@wanadoo.fr V r.-v.

DENIS BREUSSIN Sec 2012 ★★

■	8 000		5 à 8 €

Depuis cinq générations, la famille Breussin cultive la vigne sur les hauteurs de Vernou-sur-Brenne. Yves et Denis s'efforcent de conduire leurs parcelles dans le respect du végétal et de la faune auxiliaire. Leur domaine couvre 16 ha.

Il est des vins qui soulèvent l'enthousiasme. Ce sec élaboré avec le souci de vinifier de beaux raisins et de laisser les levures du cru faire leur travail est de ceux-là. L'impression de croquer le fruit frais et la rondeur en bouche réjouissent unanimement les jurés. ⧗ 2014-2019 🍴 saint-jacques à la crème ■ Moelleux 2011 ★ (de 8 à 11 €; 4 000 b.): ce vin surprend un peu au nez par ses notes de sous-bois mais il ravit les dégustateurs quand apparaissent les arômes de fruits confits. ⧗ 2014-2017

🔑 Yves et Denis Breussin, 45, Vallée-de-Vaugondy, 37210 Vernou-sur-Brenne, tél. 02 47 52 18 75, breussindenis@aol.com V r.-v.

DOM. GEORGES BRUNET Extra-brut Cuvée Réserve 2010

●	20 000		8 à 11 €

De père en fils, on cultive ici la vigne sur les sols d'aubuis des coteaux de Vouvray. Georges Brunet et son fils Nicolas ont conservé les méthodes traditionnelles, labourant la terre et vendangeant à la main.

Avec cette cuvée, Georges Brunet suit une tendance qui se fait jour en moyenne vallée de la Loire et qui consiste

LOIRE

à élaborer des vins effervescents sans dosage, en ne comptant que sur la richesse initiale de la vendange. Après un élevage prolongé (trois ans) au cœur des caves fraîches du lieu (11 °C), cela donne un vouvray tout en tension où la finesse et la profondeur des arômes font toucher la vérité du vin. ⧗ 2014-2017 ▼ filet de sandre au beurre blanc

⊶ Dom. Georges Brunet, 12, rue de la Croix-Mariotte, 37210 Vouvray, tél. 02 47 52 60 36, info@vouvray-brunet.com V t.l.j. sf dim. 9h-12h 14h-18h30

B DOM. VINCENT CARÊME Brut 2011

●	27 300	8 à 11 €

Vincent Carême a créé son exploitation en 1999 avec quelques hectares repris de-ci, de-là. Le domaine couvre aujourd'hui 15 ha cultivés en agriculture biologique.

Pour cette cuvée, la bonne maturité des raisins de la récolte 2011 a permis de conserver à l'issue de la première fermentation en cuve 28 g/l de sucres résiduels pour assurer la seconde fermentation en bouteilles. C'est donc un vin tout à fait naturel, expressif au nez, avec sa jolie robe ourlée de fine « moustille » que l'on peut apprécier. L'attaque est équilibrée et la bouche se prolonge, soulignée par un soupçon d'amertume. ⧗ 2014-2017 ▼ tartare de saumon

⊶ Vincent Carême, 1, rue du Haut-Clos, 37210 Vernou-sur-Brenne, tél. 02 47 52 71 28, vin@vincentcareme.fr V t.l.j. sf dim. 9h-12h30 14h-17h; mer. sam. sur r.-v.

CHAMPALOU Demi-sec Les Fondraux 2012 ★★

■	13 000	◐	11 à 15 €

Établis à Vouvray, Catherine et Didier Champalou ont créé leur domaine en 1984 sur seulement 1,8 ha. Leur vignoble couvre aujourd'hui 21 ha. Leur fille Céline les a rejoints en 2006 à l'issue de ses études en viticulture et œnologie.

Ce 2012 or pâle dévoile un nez tout en douceur de fleurs blanches et de brioche. Le palais séduit par son attaque élégante et généreuse sur les fruits mûrs et trouve l'équilibre autour d'une fine minéralité et d'une touche citonnée qui apportent fraîcheur et longueur. Un « sec tendre » (25 g/l de sucres résiduels) très harmonieux. ⧗ 2015-2019 ▼ charcuteries vouvrillonnes

⊶ Champalou, 7, rue du Grand-Ormeau, 37210 Vouvray, tél. 02 47 52 64 49, champalou@orange.fr V r.-v.

DOM. DU CLOS DE L'ÉPINAY Brut Cuvée Le Clos de l'Épinay 2008 ★

●	6 100	▮	11 à 15 €

Le Clos de l'Épinay dominant le plateau de Vouvray jouit d'une situation privilégiée. Outre la maison bâtie en 1702 et les arbres centenaires qui l'entourent, le clos renferme une vigne également centenaire. Le domaine couvre 20 ha.

Pour que cette cuvée s'exprime pleinement, son vieillissement sur lattes dure quatre ans. C'est donc la récolte 2008 que l'on retrouve dans les flacons. La robe de couleur paille est animée de fines bulles. Le nez délivre des senteurs d'herbe sèche et de foin. Tout en rondeur et en finesse, ce vin a une beauté classique. ⧗ 2014-2017 ▼ apéritif et toasts au fromage ■ Cuvée Marcus 2012 (8 à 11 €; 4 000 b.): un demi-sec ample et élégant aux arômes discrets de fruits blancs. ⧗ 2014-2017

⊶ Dom. du Clos de l'Épinay, L'Épinay, 37210 Vouvray, tél. 02 47 52 61 90, domaine.clos.epinay@cegetel.net V t.l.j. sf dim. 14h-18h30; f. vac. fév. 3

⊶ Luc Dumange

CLOS DE NOUYS Sec 2012

■	24 500	▮	8 à 11 €

Fondé en 1900, ce vignoble de 25 ha conduit par François et Myrella Chainier depuis 1997 figure parmi les domaines les plus anciens de l'appellation vouvray. Ce clos est constitué de sols argilo-calcaires de faible profondeur reposant directement sur le tuffeau.

Ce vouvray sec libère des arômes de poire que l'on retrouve dans une bouche souple et raffinée. Des notes de menthol apportent une fraîcheur agréable. ⧗ 2014-2017 ▼ langoustines

⊶ François Chainier, Clos de Nouys, 46, rue de la Vallée-de-Nouy, 37210 Vouvray, tél. 02 47 52 73 35, closdenouys@orange.fr V r.-v.

DOM. DU CLOS DES AUMÔNES Brut ★

●	66 600	▮	5 à 8 €

Le domaine de Philippe Gaultier couvre 18 ha sur les premières côtes de la commune de Rochecorbon qui dominent la Loire, réputées pour donner des vins de caractère. Son chai se situe au cœur d'une petite zone artisanale.

Au nez, d'agréables notes florales printanières. Un vin ample, net et long. ⧗ 2014-2019 ▼ carpaccio d'ananas ■ Sec 2012 (6 000 b.): un nez intensément fruité, un bel équilibre et une finale acidulée. ⧗ 2014-2017

⊶ Philippe Gaultier, 18, rue Vaufoynard, 37210 Rochecorbon, tél. 02 47 54 69 82, dcagaultier@orange.fr V r.-v.

CLOS LA LANTERNE Sec 2012

■	4 000	◐	11 à 15 €

Installé en 1981, Benoît Gautier travaille 18 ha, dont le fameux Clos la Lanterne dominant la Loire. On trouve des Gautier sur le domaine depuis sept générations. Les caves datent du XIVe s. et le chai est du XIXe s.

Le vin est d'un jaune brillant tirant sur le vert. Les notes boisées, beurrées et vanillées dominent la dégustation. On perçoit aussi des nuances mentholées. Une petite acidité en finale réveille le palais. ⧗ 2014-2019 ▼ turbot rôti

⊶ Benoît Gautier, Dom. de la Châtaigneraie, 37210 Rochecorbon, tél. 02 47 52 84 63, info@vouvraygautier.com V t.l.j. sf dim. 8h-12h 13h30-18h30

DOM. DES CORMIERS ROUX Sec ★★

●	60 000	▮	5 à 8 €

Jean-Pierre et Éric Gaucher sont installés à Chançay. Ils dirigent un domaine de 19 ha dont le vignoble se situe sur des terres argilo-calcaires.

Cet effervescent de grande classe est une œuvre d'art. Couleur et bulles fines flattent l'œil. Équilibre, fraîcheur et longueur caractérisent la bouche. Une belle expression du terroir de Chançay. ⏳ 2014-2017 🍴 cabillaud à la crème

🔑 EARL Jean-Pierre et Éric Gaucher, Labaderie, Dom. des Cormiers roux, 37210 Chançay, tél. 02 47 52 22 89, jeanpierre.gaucher@orange.fr V t.l.j. sf dim. 8h-12h30 14h-19h

FLORENT COSME Sec Coup de fougue 2012

■	1 200		8 à 11 €

Florent Cosme est issu d'une famille présente depuis cinq générations dans le vignoble. Salarié la semaine chez d'autres vignerons, il est son propre patron le samedi et le dimanche lorsqu'il exploite les 2,7 ha de la propriété familiale, en conversion bio, reprise en 2011.

L'année 2012 lui donne l'occasion de présenter ce sec produit de façon très naturelle en fermentation spontanée. Le vin s'exprime librement. Les caractères fruité et boisé dominent. Un repos en cave permettra au vin d'évoluer tranquillement pour fondre le boisé dans la matière élégante et fine que l'on découvre en bouche. ⏳ 2015-2017 🍴 carpaccio de saint-jacques

🔑 Florent Cosme, 18 ter, rue de la République, 37210 Noizay, tél. 06 98 19 55 45, florent.cosme@gmail.com V r.-v.

DOM. THIERRY COSME Brut 2009 ★

●	15 000		5 à 8 €

Thierry Cosme est un homme discret qui travaille en agriculture raisonnée ses 19 ha de vignes sur les communes de Noizay et de Chançay. Il accueille les œnophiles dans les caves troglodytiques qu'il tient de ses grands-parents.

La vinification classique de ce vin conduit à une robe brillante soutenue par une effervescence légère. Le nez associe les fleurs blanches à des notes plus évoluées de noisette grillée. Souple en attaque, ce vouvray se développe longuement en bouche. Sans excès de vivacité, il n'en séduit pas moins par son tendre fruité. ⏳ 2014-2019 🍴 mousse de fruits exotiques ■ Sec 2012 (4 000 b.) : un sec discret au nez mais expressif en bouche, aux notes persistantes de fruits blancs. ⏳ 2014-2015

🔑 EARL Thierry Cosme, 1127, rte de Nazelles, 37210 Noizay, tél. 02 47 52 05 87, thierry.cosme@wanadoo.fr V r.-v.

DOM. DES COUDRIÈRES Demi-sec 2012

■	1 000		5 à 8 €

Depuis 1888, quatre générations de viticulteurs se sont succédé sur ce domaine de 18 ha. Conduit par Alain Delaleu, le vignoble s'étend dans plusieurs communes de l'appellation vouvray, ce qui permet de jouer sur une belle palette de terroirs.

Le moût est vinifié et élevé pendant huit mois en barrique. Il en ressort un vin pâle et net qui évoque les fleurs et le citron. Doux en attaque, le palais fait preuve ensuite d'une vivacité soulignée (en finale) par une touche d'amertume. C'est une cuvée qui a besoin de vieillir en cave pour se fondre et donner le meilleur d'elle-même. ⏳ 2015-2017 🍴 tajine de poisson

🔑 Alain Delaleu, Dom. des Coudrières, 44, rte de Chateaurenault, 37210 Vernou-sur-Brenne, tél. 02 47 52 13 70, alain.delaleu@wanadoo.fr V r.-v.

DOM. DE LA CROIX DES VAINQUEURS Sec Le Bouchet 2012 ★★

■	6 600		5 à 8 €

Ce domaine créé en 2003 par deux amis amoureux du vin et du Vouvray repose sur deux vignobles, Le Bouchet, 3 ha à Vouvray, et Les Déronnières, 5 ha à Vernou ; les cuvées sont vinifiées séparément.

Une cuvée vinifiée avec des levures indigènes, en barrique, avec bâtonnages. Il en résulte un nez marqué par des notes de fruits bien mûrs qui s'accordent à merveille avec le style « sec-tendre » de la bouche. Le boisé est tellement discret qu'il se laisse seulement deviner. Un vin qui « donne l'impression de croquer dans le raisin », selon un membre du jury. ⏳ 2014-2017 🍴 gambas au lait de coco épicé

🔑 Dom. de la Croix des Vainqueurs, 20 bis, rue d'Amboise, 37210 Chançay, tél. 06 77 41 51 75, lacroixdesvainqueurs@gmail.com V r.-v.

MAISON DARRAGON Brut

●	60 000		5 à 8 €

Christelle Darragon et son époux David Charbonnier ont repris le flambeau familial en 2008. Soucieux de la qualité et de l'environnement, ils sont en viticulture raisonnée et ont construit un chai moderne pour la vinification. L'élevage continue de se faire traditionnellement dans les caves troglodytiques. Ils exploitent 34 ha.

La cuvée revêt une intense robe jaune brillante ornée de fines bulles. Les arômes évoquent les fleurs et les fruits blancs agrémentés d'une note empyreumatique. La bouche est charpentée, volumineuse et bien équilibrée. Un vouvray à l'ancienne. ⏳ 2014-2017 🍴 crêpes au sucre

🔑 Maison Darragon, 34, rue de Sanzelle, 37210 Vouvray, tél. 02 47 52 74 49, scea.darragon@wanadoo.fr V t.l.j. 9h15-12h30 13h30-18h30

DOM. DE LA FONTAINERIE Brut 2011 ★

●	8 000		8 à 11 €

Chez Catherine Dhoye-Déruet, on travaille avec la nature : ni levurage ni chaptalisation durant la fermentation. Le domaine de 6 ha est installé dans une ancienne propriété viticole du XVe s. située dans la vallée Coquette, et les caves sont creusées dans le tuffeau.

Pour cette cuvée, la bonne maturité des raisins a permis d'obtenir, sans aucune correction, un vin à la robe d'un jaune assez marqué traversée de belles bulles. La dégustation révèle un vouvray souple et ce qu'il faut de fraîcheur. ⏳ 2014-2017 🍴 salade de mangues

🔑 Catherine Dhoye-Déruet, Dom. de la Fontainerie, 64, rue de la Vallée-Coquette, 37210 Vouvray, tél. 02 47 52 67 92, lafontainerie@orange.fr V r.-v.

RÉGIS FORTINEAU Demi-sec

●	5 000		5 à 8 €

Régis Fortineau représente la troisième génération établie à la Croix Mariotte, au cœur de Vouvray. Son domaine s'étend sur 12 ha et ses vins figurent régulièrement dans le Guide tantôt pour les fines bulles, tantôt pour les vins tranquilles.

LOIRE

Ce demi-sec a une robe d'un jaune soutenu animée de fines bulles. Ses arômes de fruits blancs sont plaisants et l'équilibre des saveurs est parfaitement atteint. Un vin léger. ⌛ 2014-2017 🍴 compote d'agrumes et biscuits

Régis Fortineau, 4, rue de la Croix-Mariotte, 37210 Vouvray, tél. 02 47 52 63 62, regis.fortineau@orange.fr V r.-v.

DOM. FRESLIER Brut ★

	30 000		5 à 8 €

Depuis 1971, Christine Freslier est à la tête du domaine de 10 ha niché au creux de la Vallée Coquette. La tradition prévaut en tout, pour la conduite de la vigne comme pour le travail en cave. Les vendanges se font à la main.

Paré d'une robe jaune doré traversée de fines bulles vives, ce brut évoque le miel au nez comme en bouche. Un vin gras et intense. ⌛ 2014-2017 🍴 crêpes miel-citron

Christine Freslier, 90 et 92, rue de la Vallée-Coquette, 37210 Vouvray, tél. 02 47 52 76 61, freslier.vouvray@sfr.fr V t.l.j. 8h30-19h30

CH. GAUDRELLE Sec 2012 ★

	10 000		8 à 11 €

Ce domaine de 22 ha a été fondé au XVIIes. par un riche soyeux de Tours, réputée alors pour ses soieries. Depuis 1931, la famille Monmousseau est propriétaire de ses vignes. Le respect des cycles végétatifs permet de vendanger des raisins à maturité optimale.

La robe est jaune pâle à reflets verts. Les odeurs florales de genêt et d'acacia annoncent une bouche fraîche et gourmande tout en finesse. ⌛ 2014-2017 🍴 queue de lotte pochée ● Brut 2011 ★ (60 000 b.) : un brut à la mousse énergique, qui offre un beau cordon crémeux. Des fruits à l'agitation (poire très mûre, coing) confirmés dans une bouche fraîche. ⌛ 2014-2019

Ch. Gaudrelle - Alexandre Monmousseau, Clos de l'Olivier, 12, quai de la Loire, 37210 Rochecorbon, tél. 02 47 25 93 50, chateaugaudrelle@free.fr V t.l.j. sf dim. 10h-13h 14h30-18h30

DOM. SYLVAIN GAUDRON Sec 2012 ★

	13 000		5 à 8 €

Sylvain Gaudron a débuté en 1958 sur 7 ha. Il a agrandi sensiblement son vignoble en acquérant le domaine actuel, avec maison bourgeoise et caves creusées dans le roc. Depuis 1993, le fils Gilles gère cet ensemble de 26 ha.

La robe est jaune pâle, le nez subtil avec des notes de fruits blancs bien nettes. La bouche est équilibrée, fraîche sans agressivité, d'une belle longueur. ⌛ 2014-2019 🍴 sole poêlée

EARL Dom. Sylvain Gaudron, 59, rue Neuve, 37210 Vernou-sur-Brenne, tél. 02 47 52 12 27, sylvain.gaudron@wanadoo.fr V r.-v.

DOM. DE LA GAVERIE Sec 2012 ★

	8 000		5 à 8 €

Héritiers du domaine familial créé en 1850, Philippe et Vincent Gasnier cultivent de façon traditionnelle leurs 20 ha de vignes implantées dans les communes de Parçay-Meslay et de Rochecorbon sur un sol argilo-calcaire et argilo-siliceux.

Fermentation en fût et élevage sur lies fines confèrent au vin longueur et rondeur. La fraîcheur que l'on attend d'un sec est au rendez-vous. Un ensemble charmant. ⌛ 2014-2017 🍴 fruits de mer

GAEC de la Pinsonnière, 13, rue de la Pinsonnière, 37210 Parçay-Meslay, tél. 02 47 29 14 43, lapinsonniere@aliceadsl.fr V r.-v.

DOM. GENDRON Brut ★

	25 300	5 à 8 €

Philippe Gendron est à la tête de l'exploitation familiale depuis 1982 et Mathieu, son fils, prendra bientôt la relève. Ce sera alors la sixième génération depuis 1882 à cultiver la vigne de la Fuye. Le domaine couvre aujourd'hui 23 ha et la plus vieille parcelle actuelle a été plantée en 1912.

Ce brut a convaincu tant par sa robe dorée animée d'une fine et généreuse effervescence que par ses arômes intenses et gourmands d'agrumes et de fruits blancs. ⌛ 2014-2019 🍴 toasts et saumon mariné

Dom. Philippe Gendron, 10, rue de la Fuye, 37210 Vouvray, tél. 02 47 52 63 98, gendronvinsvouvray@orange.fr V t.l.j. sf dim. 9h-12h 14h-19h; f. 8-24 août

C. GREFFE Brut

	87 000	5 à 8 €

Au cœur de la vallée Coquette, un haut lieu de production du vouvray, cette cave coopérative créée en 1953 regroupe 35 vignerons qui détiennent 450 ha de vignes.

C. Greffe est devenue une marque de la coopérative de Vouvray. La bulle légère et la couleur d'or pâle préparent agréablement à la découverte d'un nez expressif de pâtisserie et de fruits blancs. La bouche conserve ce caractère fruité et affiche une belle persistance. ⌛ 2014-2019 🍴 tarte aux mirabelles ■ La Javeline Sec 2012 (120 000 b.) : un vouvray bien vif aux parfums fruités et miellés. ⌛ 2014-2019

Cave des Producteurs de Vouvray, 38, La Vallée-Coquette, 37210 Vouvray, tél. 02 47 52 75 03, cavedesproducteurs@cavedevouvray.com V t.l.j. 9h-12h 14h-19h

DOM. GUERTIN Brut

	7 300		5 à 8 €

Thierry Guertin a repris en 1978 les vignes de son beau-père. Sur les 17 ha de son domaine, il recherche les petits rendements pour obtenir plus de concentration et pratique dans ce but l'enherbement.

D'une couleur jaune pâle, le vin libère de fines bulles. Le nez associe des arômes de coing et des impressions de fraîcheur. Le palais se montre acidulé, plaisant et léger. ⌛ 2014-2017 🍴 apéritif

Gérard Guertin, 3, RD 952, 37210 Vouvray, tél. 02 47 52 77 77, cellierverrine@aol.com V t.l.j. 10h-19h

HALLAY Brut 2012 ★

	15 000		5 à 8 €

Chez les Hallay, la culture de la vigne est une affaire de famille. Arrivé en 1982 sur l'exploitation, Éric est rejoint

par Christophe en 1992. Les deux frères ont pris les rênes du domaine (35 ha) en 1998 lors du départ à la retraite de leurs parents.

Une mousse généreuse et une robe claire; des parfums légèrement muscatés, un palais gourmand, plaisant et rond. ⧗ 2014-2017 Ψ apéritif

GAEC Hallay et Fils, 58, rte de Château-Renault, 37210 Vernou-sur-Brenne, tél. 02 47 52 03 75, gaec.hallay@orange.fr V r.-v.

DOM. DE LA JOUBARDIÈRE Cuvée Warren 2010

● | 16 000 | | 5 à 8 €

Jacquelin Rouvre est passé de la cuisine au vin qui l'accompagne, en reprenant les 5,3 ha de vignes du domaine familial.

La mousse est intense, fine et abondante. Le nez est simple mais généreux. En bouche, ce brut se montre onctueux et vif à la fois. ⧗ 2014-2017 Ψ apéritif

Jacquelin Rouvre, 6, pl. du Centenaire, 37210 Vernou-sur-Brenne, tél. 06 42 60 04 18, rouvreclaudie@orange.fr

♥ LAURENT KRAFT Demi-sec 2012 ★★

■ | 2 500 | | 5 à 8 €

Laurent Kraft a repris les vignes de son grand-père en 1992 à l'issue de ses études à Bordeaux, perpétuant ainsi le travail de sept générations de vignerons. La conduite du domaine de 19 ha se fait en lutte raisonnée.

Les fermentations lentes à l'aide de levures indigènes et l'élevage sur lies fines confèrent au vin cette longueur tant appréciée du jury. Le nez très délicat délivre des senteurs de fruits blancs mûrs. L'équilibre des saveurs est parfait pour ce demi-sec (23 g/l de sucres résiduels) qui se prolonge avec gourmandise. ⧗ 2014-2019 Ψ saint-jacques au jus de citron vert ■ Sec 2012 ★ (20 000 b.) : un beau fruité au nez, une belle rondeur, de l'étoffe et une finale légèrement citronnée. ⧗ 2014-2017

Laurent Kraft, 29, rue du Petit-Coteau, 37210 Vouvray, tél. 02 47 52 61 82, lkraft@wanadoo.fr V r.-v.

ALAIN ET CHRISTOPHE LE CAPITAINE Sec Les Perrières 2012

■ | 10 000 | | 5 à 8 €

Alain et Christophe Le Capitaine ont beaucoup progressé depuis leurs débuts en 1989 sur leur parcelle de 0,25 ha. Ils cultivent aujourd'hui 28 ha de terroirs différents vinifiés séparément et leurs vins bénéficient d'un élevage sur lies. Les assemblages se font peu de temps avant la mise en bouteilles.

D'un jaune pâle brillant, le vin livre une jolie gamme de fleurs blanches, de notes de fruits exotiques rappelant l'ananas. L'abricot et les agrumes apparaissent en bouche tandis qu'une touche minérale vient rappeler le terroir. ⧗ 2014-2017 Ψ poulet à l'ananas

Dom. Le Capitaine, 11, rue Saint-Georges, 37210 Rochecorbon, tél. 02 47 52 51 84, contact@domainelecapitaine.com V t.l.j. sf dim. 8h-12h 14h-18h30

MAILLET Brut Cuvée Prestige ★

● | 8 000 | | 5 à 8 €

Les deux frères Maillet ont succédé à leur père en 1991 sur un vignoble de 33 ha situé sur les hauts de la vallée Coquette. C'est avec régularité que les cuvées de méthode traditionnelle contribuent à la réputation du domaine.

D'un jaune soutenu aux reflets dorés, cette cuvée s'anime d'un joli cordon qui s'estompe vite. Sur fond floral évoquant un jardin au printemps (douceur miellée de l'acacia), quelques notes émergent rappelant le coing compoté. Charmeuse, l'attaque se montre tendre tout en restant équilibrée. La bouche suit le même fruité que le nez. ⧗ 2014-2017 Ψ tarte aux pommes

EARL Laurent et Fabrice Maillet, 101, rue de la Vallée-Coquette, 37210 Vouvray, tél. 02 47 52 76 46, vouvray.maillet@orange.fr V r.-v.

MAISON MIRAULT ★

● | 29 250 | | 5 à 8 €

Cette maison de négoce familiale est installée depuis 1959 à Vouvray. Elle sélectionne des moûts et des vins à la propriété avec rigueur et fidélité. Elle s'est spécialisée dans l'élaboration de vins effervescents et dispose d'imposantes caves creusées dans le roc.

Cette cuvée à la robe paille brillante présente un nez expressif rappelant la fleur d'acacia et de troène, la pêche blanche et la brioche. Ronde en attaque, elle offre un palais beurré et suave. ⧗ 2014-2017 Ψ bar en papillote à la vanille ● Demi-sec ★ (29 250 b.) : un demi-sec au palais suave montrant une légère touche de caramel. ⧗ 2014-2017

Maison Mirault, 15, av. Brûlé, 37210 Vouvray, tél. 02 47 52 71 62, maisonmirault@wanadoo.fr V t.l.j. 8h-12h 14h-18h; dim. sur r.-v.

CH. MONCONTOUR Brut ★

● | 224 000 | | 5 à 8 €

Balzac avait convoité ce domaine, propriété de l'évêque de Tours au temps de saint Martin (IVes.). La famille Feray l'a acquis en 1994. Gilles Feray dispose de 120 ha de vignes répartis dans différentes communes de l'AOC vouvray, ce qui permet aux vins de refléter toute la richesse du terroir. Le château bâti au XVes. trône sur la falaise de tuffeau de Vouvray.

Si la mousse semble plutôt fugace, les arômes fruités sont bien présents, agrémentés d'une note de miel. En bouche, le vin garde une vivacité alerte tout au long de la dégustation. ⧗ 2014-2017 Ψ queue de lotte pochée ● Prédilection Brut ★ (280 000 b.) : un brut au nez expressif de fruits secs et de fleurs blanches, délicat, vif, élégant et long. ⧗ 2014-2017

SA Vignoble Ch. Moncontour, Les Patys, rue de Moncontour, 37210 Vouvray, tél. 02 47 52 60 77, infos@moncontour.com V t.l.j. 10h-12h 15h-18h Gilles Feray

MONMOUSSEAU Brut

120 000	5 à 8 €

Fondées en 1886, les Caves Monmousseau sont spécialisées depuis longtemps dans l'élaboration de vins effervescents. Filiale depuis 2010 de la société saumuroise Ackerman, la maison organise des expositions de peinture sur son site de Montrichard.

Cette cuvée élaborée par la méthode traditionnelle offre une bulle délicate, de fins arômes et fleurs blanches et d'amande, et une bouche équilibrée et légère, avec une touche d'amertume en finale. ⌛ 2014-2017 🍷 lieu en croûte de fruits secs

🔑 Monmousseau, 71, rte de Vierzon, BP 30025, 41400 Montrichard, tél. 02 54 71 66 66, monmousseau@monmousseau.com V r.-v.

♥ CH. DE MONTFORT Brut ★★

29 300	5 à 8 €

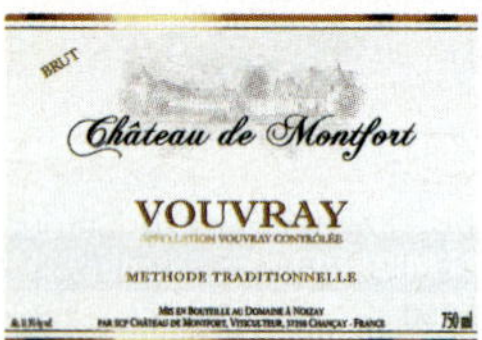

La famille Feray collectionne les châteaux et les vignobles. Monfort, commandé par un joli manoir fortifié du XVIe s., est conduit par Gilles Feray depuis 2011. Le domaine couvre 35 ha à Chançay. Chaque rang de vigne est orné d'un rosier qui, en plus d'être décoratif, permet de déceler l'arrivée éventuelle de maladies cryptogamiques.

Ce vin captivant affiche une robe couleur paille traversée de fines bulles et ornée d'un cordon persistant. Le nez expressif rappelle la pomme au four et la pâte de coings, l'aubépine et le miel. Après une attaque vive, le fruit s'épanouit et la finale prodigue une juste fraîcheur. ⌛ 2014-2019 🍷 verrines de poisson

🔑 SC Dom. Ch. de Montfort, rue du Petit-Coteau, 37210 Vouvray, tél. 02 47 52 60 77, infos@moncontour.com

MAISON PELTIER Brut 2011

29 000	5 à 8 €

La maison Peltier a été créée vers 1900 sur le site d'une ancienne carrière. Les caves du domaine ont été creusées dans le tuffeau au fil des générations. Un chai tout neuf y est associé depuis 2012. Aujourd'hui, trois frères dirigent l'exploitation.

La cuvée de brut élaborée à partir des raisins de la récolte 2011 possède une robe d'un jaune soutenu. Le nez évolué évoque les fruits mûrs. Une expression classique du terroir de Chançay. ⌛ 2014-2019 🍷 dos de cabillaud au miel de soja

🔑 EARL Peltier Frères, 43, rue de la Mairie, 37210 Chançay, tél. 02 47 52 93 34, maisonpeltier@orange.fr V t.l.j. sf dim. 8h30-12h30 14h-19h

Ⓑ DOM. DU PETIT COTEAU Brut Les Tuffières ★

47 400	5 à 8 €

Ce domaine de 15 ha appartenant à Gilles Feray a été créé en 2005 et il est certifié en agriculture biologique. Les vignes sont situées sur les sols argilo-siliceux des premières côtes de Vernou-sur-Brenne.

La robe très claire est parcourue par de fines bulles brillantes. Le nez délicat évoque les fruits blancs. La rondeur du vin en bouche étonne et domine, en harmonie avec des arômes de coing caractéristiques du chenin cultivé à Vouvray. ⌛ 2014-2019 🍷 filets de dorade marinés

🔑 SARL Dom. du Petit Coteau, 71, rue du Petit-Coteau, 37210 Vouvray, tél. 02 47 52 60 77, info@moncontour.com V t.l.j. 10h-12h 15h-18h 🔑 Gilles Feray

DOM. DU PETIT NOYER Demi-sec 2011 ★★

295	5 à 8 €

Michel Grenier, ancien éleveur de vaches laitières, cultive depuis 1983 une petite exploitation de 4 ha. La vinification est traditionnelle, en fût et en cuve, au creux des caves de tuffeau.

D'un jaune brillant, la robe chatoie. Le nez, un peu fermé encore, livre progressivement ses parfums de fleurs blanches et de miel. Rond en attaque, évolué, ce demi-sec (22 g/l de sucres résiduels) exprime des notes de caramel équilibrées par un trait d'acidité. ⌛ 2014-2019 🍷 salade d'oranges

🔑 Michel Grenier, 37, rue des Violettes, 37210 Chançay, tél. 02 47 52 20 52, michgren@hotmail.fr V r.-v.

DOM. DE LA POULTIÈRE Brut ★

63 200	5 à 8 €

Domaine familial créé en 1972 à Vernou-sur-Brenne. Installé en 2006, Damien Pinon représente la troisième génération à l'exploitation. Il laisse le soin aux levures de son terroir de transformer le moût en vin et intervient le moins possible au chai.

D'un jaune soutenu, cet effervescent présente un nez subtil mariant la fleur de pêcher, le miel, la nèfle et le coing. Rond en attaque, il donne une impression de « sec tendre » par ses arômes de fruits confits. Le palais est vineux, doux et traversé d'un trait acide bienvenu. ⌛ 2014-2019 🍷 poire au chocolat fondu **Tuffo Sec 2012** (27 000 b.) : un nez beurré, légèrement épicé ; en bouche, souplesse, rondeur et acidité. ⌛ 2014-2019

🔑 GAEC Michel et Damien Pinon, 29, rte de Château-Renault, 37210 Vernou-sur-Brenne, tél. 02 47 52 15 16, gaec.pinon@wanadoo.fr V r.-v.

VIGNOBLE ALAIN ROBERT ET FILS Brut Fines Bulles ★

46 700	5 à 8 €

Alain Robert cultive ses vignes depuis 1973 : il a été rejoint par son fils Cyril en 2000 et par sa fille Catherine en 2013. Il va maintenant pouvoir songer à se retirer et à laisser à ses enfants le soin de « bichonner » les 30 ha du domaine familial.

Enherbement et apport de matière organique sont les soins prodigués à la vigne. Quant au vin, une surveillance méthodique des opérations est mise en œuvre pour ne pas brusquer la vendange. Il en résulte un brut frais, vif et équilibré, avec du caractère. ⌛ 2014-2017 🍷 apéritif et cupkakes au saumon **Sec Les Charmes 2012** (2 445 b.) : souplesse, vivacité et belle longueur. ⌛ 2014-2017

Alain et Cyril Robert, Charmigny, 37210 Chançay, tél. 02 47 52 97 95, vignoblerobert@orange.fr V r.-v.

DOM. DE ROCHE BLONDE Brut 2010

●	12 300		5 à 8 €

Après sa formation au lycée viticole d'Amboise, Christophe Gaudron a repris en 1996 l'exploitation créée en 1963 par son père. Il cultive de façon traditionnelle ses 12 ha de vignes et utilise pour ses vinifications des caves creusées dans le tuffeau.

Cet effervescent distille un parfum floral par petites touches. Tendre en attaque, le palais fait preuve ensuite d'une vivacité relayée en finale par des impressions plus suaves, soulignées par des notes persistantes de fruits blancs. 2014-2015 poires au sirop ■ Sec 2012 (2 000 b.) : un vin fruité, d'une bonne fraîcheur. 2014-2017

EARL Christophe Gaudron, Dom. de Roche Blonde, 90, rue Neuve, 37210 Vernou-sur-Brenne, tél. 02 47 52 12 17, christophegaudron@wanadoo.fr V t.l.j. sf dim. 9h-12h30 14h-19h

DOM. DE LA ROULETIÈRE Sec 2012

■	12 000		5 à 8 €

Établi à Parçay-Meslay au nord-ouest de l'appellation vouvray, Jean-Marc Gilet conduit depuis 2001 ce domaine de 17 ha de vignes réparties dans divers terroirs. Il s'attache à vinifier séparément les différentes parcelles qu'il cultive. « Élaborer des vins d'âme et de plaisir nés d'efforts perpétuels et du cœur », telle est sa devise.

Le vin a une robe lumineuse et un nez de fruits blancs. Ce fruité se confirme en bouche, agréablement mis en valeur par une touche perlante. Un bel équilibre. 2014-2017 avocat au crabe ● Brut (80 000 b.) : un nez minéral et un palais gras et miellé. 2014-2017

Dom. de la Roulетière, 20, rue de la Mairie, 37210 Parçay-Meslay, tél. 02 47 29 14 88, jmgilet@domainedelarouletiere.com V t.l.j. sf dim. 9h-12h 14h-18h Jean-Marc Gilet

CAVES DU VAL DE FRANCE Cuvée Pauline ★

●	219 000		- de 5 €

Cette maison de négoce créée en l'an 2000 appartient à Gilles Feray, par ailleurs propriétaire de plusieurs châteaux en Touraine. Jérôme Noisy est l'œnologue.

Une effervescence fine fait monter de frais et discrets parfums de noisette. Vif et frais en attaque, ce vouvray développe de jolies notes de fruits blancs qui persistent agréablement. 2014-2019 salade de fruits exotiques

Caves du Val de France, rue du Petit-Coteau, 37210 Vouvray, tél. 02 47 52 60 77, infos@moncontour.com V t.l.j. 10h-12h 15h-18h

Gilles Feray

CH. DE VALMER ★★

●	15 000		5 à 8 €

Remarquable pour ses jardins à l'italienne datant du XVe au XVIIes., Valmer fut une très importante propriété viticole à l'aube du XXes. À la fin des années 1960, il n'en restait que quelques hectares. Aymar de Saint-Venant s'emploie depuis lors à restaurer ce domaine qui couvre aujourd'hui 28 ha en pente douce bien exposés le long de la vallée de la Brenne.

Résultant de fermentations à basse température à l'aide de levures indigènes, d'un élevage sur lies fines et de trois ans sur lattes, ce vin a enthousiasmé le jury par sa bonne tenue, sa franchise et son parfait équilibre. 2014-2019 beignets de homard

SCEA Ch. de Valmer, Ch. de Valmer, 37210 Chançay, tél. 02 47 52 93 12, vins@chateaudevalmer.com V r.-v.

de Saint-Venant

DOM. DE LA VARENNE Sec 2012

■	n.c.		5 à 8 €

Après une solide formation dans les lycées viticoles régionaux complétée de stages en France et en Australie, Pascal Perdrigeon a eu l'opportunité de réaliser son rêve en reprenant, en 2011, les vignes (13 ha) d'un ancien qui partait à la retraite.

Ce sec exprime des arômes doux et subtils de fleurs de printemps. Bien équilibré, il présente une bouche persistante, sur les fruits blancs. Un joli « sec tendre ». 2015-2019 saint-jacques poêlées ■ Cuvée Louis Moelleux 2011 ★ (11 à 15 € ; 1 400 b.) : des parfums de fruits confits et de miel, que l'on retrouve dans un palais vif et gras. 2014-2019

Pascal Perdrigeon, 833, rte de la Gare, 37210 Noizay, tél. 06 83 37 34 06, perdrigeon.pascal@orange.fr V r.-v.

DOM. DE VAUGONDY Sec 2012 ★★

■	15 500		5 à 8 €

Cette exploitation est située au cœur de l'AOC vouvray dans la commune de Vernou-sur-Brenne, au Val de Vaugondy. Les coteaux qui le bordent au nord bénéficient d'une exposition exceptionnelle. Gilles Feray possède depuis 2002 ce domaine qui couvre 7 ha de vignes.

Vêtu d'une robe jaune clair, ce 2012 présente un nez discret qui évoque les fruits blancs. Franc en attaque, il offre une bouche ronde et fruitée relevée par un trait acide en finale. Un vin gourmand. 2015-2019 fruits de mer

SARL Perdriaux, 73, rue du Petit-Coteau, 37210 Vouvray, tél. 02 47 52 60 77, infos@moncontour.com V t.l.j. 10h-12h 15h-18h

Gilles Feray

DOM. DE VODANIS Brut ★

●	30 000		5 à 8 €

Régulièrement présent dans le Guide, François Gilet est propriétaire depuis 2003 de ce domaine de 14 ha, dont le nom provient d'une parcelle autrefois nommée *Pagus Vaudanum* : la vallée des Roches.

Des raisins bien mûrs et une fermentation avec des levures indigènes, voilà tout ce qu'il faut pour exprimer le terroir. D'un jaune intense et brillant, ce brut mêle au nez les fruits mûrs, le miel, la vanille et le troène ; on apprécie la fraîcheur en bouche et les notes de pomme verte et de noisette. 2014-2019 sandre au beurre blanc

Dom. de Vodanis, 19, rue de la Mairie, 37210 Parçay-Meslay, tél. 02 47 29 10 74, vodanis@hotmail.fr V t.l.j. 9h-12h 14h-19h ; dim. sur r.-v.

François Gilet

LOIRE

CHEVERNY

• Superficie : 579 ha • Production : 26 961 hl (49 % rouge et rosé)

VDQS en 1973, Cheverny a bénéficié d'une AOC vingt ans plus tard. À dominante sableuse (des sables sur argile de la Sologne aux terrasses de la Loire), le terroir s'étend le long de la rive gauche du fleuve, de la Sologne blésoise jusqu'aux portes de l'Orléanais. Les cépages, nombreux, sont assemblés dans des proportions variant légèrement selon les terroirs. Les vins rouges, à base de gamay et de pinot noir, avec parfois un appoint de cabernet franc et de cot, sont fruités dans leur jeunesse et acquièrent, en évoluant, des arômes animaux... en harmonie avec l'image cynégétique de cette région. Les rosés, dominés par le gamay, sont secs et parfumés. Les blancs, où le sauvignon est associé à un ou plusieurs autres cépages, le chardonnay en général, sont floraux et fins.

DOM. DE L'AUMONIÈRE 2013

■	3 500	🍾	- de 5 €

Domaine créé en 1836 qui se transmet de génération en génération. Gérard Givierge, à la tête du vignoble depuis 1996, est installé à Cour-Cheverny sur la route des châteaux ; il exploite 18 ha.

Ce rosé réalisé à base de pinot noir et de gamay arbore une robe rose traversée de reflets orangés et libère des parfums de fruits frais acidulés. Franc en attaque, il révèle une bouche souple et fruitée. ⧗ 2014-2017 🍴 andouillette grillée ■ Cour-cheverny 2013 (4 000 b.) : un vin flatteur par son nez de pêche et sa bouche fraîche, encore un peu perlante. ⧗ 2014-2017

🔑 Gérard Givierge, Dom. de l'Aumonière, 41700 Cour-Cheverny, tél. 02 54 79 25 49, gerard.givierge@akeonet.com V 🚶 🍷 t.l.j. 8h-12h 14h-20h; r.-v. pour les groupes

CHRISTELLE ET CHRISTOPHE BADIN 2013

■	8 000	🍾	- de 5 €

En 1955, année de l'achat par le grand-père, l'exploitation comptait 4,5 ha ; elle s'étend aujourd'hui sur 16 ha. Représentant la troisième génération, Christophe Badin, associé avec son épouse, maintient la tradition familiale.

Ce rosé aux reflets orangés livre des arômes de fruits rouges et de bonbon anglais. Ample en attaque, il présente une bouche tout aussi fruitée et gouleyante. ⧗ 2014-2015 🍴 grillade de porc

🔑 EARL Christelle et Christophe Badin, L'Aubras, 41120 Cormeray, tél. 02 54 44 23 43, cavebadin@gmail.com V 🚶 🍷 t.l.j. sf dim. 8h-12h 14h-19h

PASCAL BELLIER 2013 ★

■	n.c.	🍾	5 à 8 €

Établis à Vineuil, Pascal et Véronique Bellier ont repris en 1995 l'exploitation familiale (45 ha) dont le chai entouré de hauts murs domine la Loire. Fidèle au rendez-vous du Guide, ce domaine est d'une régularité impressionnante.

Un vin raffiné aux parfums flatteurs d'agrumes et de poire complétés en bouche par d'agréables arômes de fruits exotiques et de fruits secs. Gras et frais à la fois, il offre une belle harmonie. ⧗ 2014-2017 🍴 asperges ■ Les Hauts de Léry 2013 : un vin ample, puissant et persistant, aux arômes de sauvignon. ⧗ 2014-2017

🔑 Dom. Pascal Bellier, 3, rue Reculée, 41350 Vineuil, tél. 02 54 20 64 31, vinsbellier@wanadoo.fr V 🍷 r.-v.

LA CHARMOISE 2013 ★★

■	15 000	5 à 8 €

Établis à Cour-Cheverny, Jacky et Laurent Pasquier, père et fils, travaillent en duo sur leurs 23 ha de vignes.

Cette jolie cuvée offre une robe jaune paille verdoyante. Le nez très expressif évoque les fleurs blanches et les fruits exotiques. Ce profil aromatique se confirme dans une bouche franche à la finale minérale. ⧗ 2014-2018 🍴 fromage blanc et fines herbes ■ Cour-cheverny 2012 (2 000 b.) : des arômes de muguet et une bouche souple et légère. ⧗ 2014-2019

🔑 Jacky et Laurent Pasquier, La Charmoise, 41700 Cour-Cheverny, tél. 06 87 11 15 19, gaec.pasquier@terre-net.fr V 🍷

DOM. CHESNEAU 2013

■	16 000	🍾	5 à 8 €

Établi à Sambin, à une quinzaine de kilomètres au sud-ouest de Cheverny, ce domaine s'étend sur près de 15 ha sur des sols argilo-siliceux.

Jaune clair aux reflets d'argent, ce vin libère des parfums traduisant la forte présence du sauvignon : buis et fleurs blanches agrémentés de notes de fruits à chair blanche. Un 2013 jeune, tonique et frais. ⧗ 2014-2017 🍴 langoustines rôties aux agrumes ■ 2013 (19 000 b.) : un assemblage pinot noir-gamay-cabernet qui offre un pêle-mêle de fruits et de fleurs. Les tanins devraient se fondre prochainement. ⧗ 2014-2019

🔑 EARL Chesneau et Fils, 26, rue Sainte-Néomoise, 41120 Sambin, tél. 02 54 20 20 15, contact@chesneauetfils.fr V 🚶 🍷 r.-v.

DOM. DU CROC DU MERLE 2013 ★

■	10 000	🍾	5 à 8 €

Transmise de père en fils depuis 1794, cette exploitation des bords de Loire se partage entre l'élevage de vaches laitières et la culture de la vigne. Elle produit vins, fromages, gelée et crème de cassis. En 2006, Damien Hahusseau a succédé à son père Patrice à la tête du vignoble de 10 ha.

Ce blanc bien typé sauvignon (80 %) livre des parfums de bourgeon de cassis et de fruits blancs. En bouche, il offre un bel équilibre entre l'ampleur et la vivacité. La finale fraîche et élégante. ⧗ 2014-2017 🍴 asperges ■ 2013 (10 000 b.) : une majorité de gamay dans ce rouge aux francs arômes de fruits noirs frais et à la bouche tout en souplesse. ⧗ 2014-2015 ■ 2013 (5 000 b.) : un rosé frais, fruité et gouleyant, aux saveurs de framboise et de réglisse. ⧗ 2014-2015

🔑 Damien Hahusseau, 38, rue de la Chaumette, 41500 Muides-sur-Loire, tél. 02 54 87 58 65, contact@domaineducrocdumerle.fr V 🚶 🍷 t.l.j. 9h-12h30 14h-19h; r.-v. pour les groupes 🏠 D

BENOÎT DARIDAN 2013 ★★

■	25 000	🍾	8 à 11 €

Situé aux portes de la Sologne, entre les châteaux de Cheverny et de Chambord, ce domaine familial de 15 ha

est conduit par Benoît Daridan, installé en 2001, qui s'impose comme une valeur sûre du Guide.

Paré d'une robe aux reflets dorés, cette cuvée affiche un nez flatteur et complexe où se mêlent la fleur d'acacia et les fruits exotiques. L'attaque est franche et dynamique, la bouche exprime un raisin mûr et la finale se prolonge sur une touche d'agrumes. ⧗ 2014-2018 ▼ quiche aux fruits de mer ■ Cour-cheverny Vieilles Vignes 2012 (10 800 b.) : un blanc puissant aux parfums de noisette et d'épices douces. ⧗ 2014-2019

Benoît Daridan, 16, voie de la Marigonnerie, 41700 Cour-Cheverny, tél. 02 54 79 94 53, benoit.daridan@wanadoo.fr V t.l.j. sf dim. 9h-12h30 14h-18h

♥ DOM. DE LA DÉSOUCHERIE
Concerto de la Désoucherie 2013 ★★

■ | 35 000 | | 5 à 8 €

Transmise de père en fils depuis le XVIIIᵉ s., cette propriété est gérée depuis 2010 par Fabien Tessier. Situé sur le plus haut plateau de Cour-Cheverny, le vignoble de 30 ha bénéficie d'un beau terroir silico-argileux et d'une exposition ensoleillée.

Dans la dernière édition du Guide, le cour-cheverny avait décroché un coup de cœur. Cette année, c'est au tour du cheverny rouge, assemblage de pinot noir (80 %) et de gamay. Un rouge pourpre habille cette cuvée au bouquet de griotte et de cassis. Chaleureux et très concentré, le palais est étayé de tanins soyeux. Un vin « distingué », selon un membre du jury. ⧗ 2014-2020 ▼ cailles farcies ■ Cour-cheverny Le Grand R 2012 ★ (10 000 b.) : un nez flatteur, floral et épicé (gingembre), une bouche fraîche et persistante. ⧗ 2014-2017 ■ Prélude 2013 ★ (30 000 b.) : un cheverny au nez complexe de litchi et de fleurs blanches et à la bouche acidulée sur le citron confit. ⧗ 2014-2017

Dom. de la Désoucherie, 47, voie de la Charmoise, 41700 Cour-Cheverny, infos@christiantessier.fr V t.l.j. 8h-12h 14h-19h

Christian et Fabien Tessier

DOM. HUGUET 2012 ★

■ | 3 100 | | 5 à 8 €

Situé dans le joli village de Saint-Claude-de-Diray, entre Blois et Chambord, ce domaine de 10 ha conduit par Patrick Huguet est implanté sur les terrasses de sables et de graviers sur la rive gauche de la Loire. Il est transmis de père en fils depuis 1875.

Assemblage de pinot noir, de gamay et de cot, ce vin arbore une jolie robe cerise puis dévoile un nez intense de fraise et de myrtille. Ronde et soyeuse, la bouche offre une agréable pointe épicée en finale. ⧗ 2014-2017 ▼ jambon à l'os ■ 2013 (15 000 b.) : un cheverny blanc aux parfums agréables de fleurs blanches agrémenté de notes de buis, très typé sauvignon, au nez comme en bouche. ⧗ 2014-2017

Patrick Huguet, 12, rue de la Franchetière, 41350 Saint-Claude-de-Diray, tél. 02 54 20 57 36, vin.p.huguet@orange.fr V r.-v.

B L'IMPROMPTU 2012

■ | 4 000 | | 11 à 15 €

Installé à Mont-près-Chambord, Cyrille Sevin, ancien professeur de mathématiques, a racheté en 2007 ce domaine à Pierre Parent, connu de nos anciens lecteurs. Il conduit en bio ses 10,5 ha de vignes.

Mi-gamay mi-pinot noir, cette cuvée revêt une robe grenat intense et s'ouvre au nez sur d'agréables senteurs de fruits noirs et rouges agrémentées d'une pointe de vanille et de cuir. En bouche, elle se révèle généreuse et soyeuse. ⧗ 2014-2018 ▼ côtes de porc grillées

Sevin, 282, rue de Chancelée, 41250 Mont-près-Chambord, tél. 06 88 33 43 44, cyr.sevin@wanadoo.fr V r.-v.

DOM. MAISON 2013 ★

■ | 200 000 | | 5 à 8 €

Les premières vignes ont été plantées en 1906 par Alphonse Pinon sur les sols argilo-siliceux du domaine. Aujourd'hui, son descendant Jean-François Maison exploite 72 ha, soit le plus grand vignoble indépendant de l'appellation cheverny.

Cette cuvée revêt une belle robe brillante aux reflets paille. Intense, elle libère des parfums de fruits exotiques et d'agrumes que l'on retrouve au palais complétés d'agréables notes de litchi. La bouche montre une belle fraîcheur. ⧗ 2014-2017 ▼ rillettes de saumon ■ 2013 ★ (13 500 b.) : de discrets parfums de fruits rouges mâtinés d'une touche épicée, une bouche souple, légère et fraîche. ⧗ 2014-2017 ■ 2013 (125 000 b.) : deux tiers de pinot noir dans ce rouge, sur les fruits noirs et les fleurs, révélant des tanins bien fondus. ⧗ 2014-2017

Dom. Maison Père et Fils, 22, rue de la Roche, 41120 Sambin, tél. 02 54 20 22 87, contact@domainemaison.com V t.l.j. sf sam. dim. 8h30-12h 13h30-17h; f. 15-31 août

Jean-François Maison

DOM. JÉRÔME MARCADET 2013 ★

■ | 6 000 | | 5 à 8 €

Dans les années 1900-1910, les arrière-grands-parents de Jérôme Marcadet travaillaient à la tâche dans les vignes de Chitenay. Ses grands-parents ont acquis la propriété située sur la route des vins qui relie les châteaux de Cheverny et de Chenonceaux.

Saumon intense, cette cuvée présente un nez léger, frais et agréable de fraise. Souple en attaque, la bouche est ample et offre une longue finale fruitée. ⧗ 2014-2016 ▼ rillons ■ Cuvée des gourmets 2012 (6 000 b.) : le pinot noir (cerise, fraise, framboise) ressort dans ce vin au palais gouleyant et frais. ⧗ 2014-2017

Jérôme Marcadet, 5, rte de l'Orme, Favras, 41120 Feings, tél. 02 54 20 28 42, info@marcadet-cheverny.fr V t.l.j. sf dim. 9h-12h30 14h-18h30

B DOM. DE MONTCY 2013 ★

■ | 20 000 | | 8 à 11 €

Après avoir fait ses armes dans l'agroalimentaire, Laura Semeria, d'origine italienne, a repris en 2007 cet ancien clos du Château de Troussay (21,2 ha), qu'elle a converti au bio – la certification a été acquise en 2012.

LOIRE

D'un jaune d'or attrayant, ce 2013 dévoile un nez complexe de fleurs blanches, d'épices et de cire d'abeille. Ample en bouche, il affirme son caractère sur une pointe de menthe poivrée en finale. Belle matière atypique. ⧗ 2014-2017 🍷 selles-sur-cher

Laura Semeria, 32, rte de Fougères, 41700 Cheverny, tél. 02 54 44 20 00, info@domaine-de-montcy.com V t.l.j. sf dim. 10h-18h30

VIGNERONS DE MONT-PRÈS-CHAMBORD 2013 ★

	300 000		5 à 8 €

Fondée en 1931, cette coopérative rassemble 23 apporteurs de raisins pour un vignoble de 142 ha. La cave est située sur la rive sud de la Loire, aux portes de la Sologne, des étangs et de la forêt, et en plein cœur du pays des châteaux.

Ce 2013 typé par le sauvignon (80 %) libère des notes de buis et de bourgeon de cassis. En bouche, la pointe de chardonnay (20 %) apporte des arômes de fruits blancs et de citron. Frais et souple, le palais finit sur une pointe acidulée. ⧗ 2014-2017 🍷 filet de sandre au beurre citronné ■ 2013 ★ (100 000 b.) : de frais parfums de fruits rouges ; une bouche tout aussi fruitée, délicate et vive, à la finale acidulée. ⧗ 2014-2017

SCA Vignerons de Mont-près-Chambord, 816, la Petite-Rue, 41250 Mont-près-Chambord, tél. 02 54 70 71 15, cavemont@orange.fr V t.l.j. sf dim. 8h-12h 14h-18h

DOM. DE LA PLANTE D'OR 2013

	4 000		5 à 8 €

Jadis, avant le développement de la viticulture sur les sols sableux de la Sologne, fleurissait le lupin jaune, « plante d'or », qui donne son nom au domaine de 12 ha conduit par Philippe Loquineau. La ferme du XIXᵉs. abrite le caveau de dégustation et un musée du Vin.

Ce rouge libère des arômes de cerise bien typés du pinot noir, agrémentés d'une touche épicée. Souple en attaque, la bouche élégante offre une finale persistante marquée par des tanins encore un peu stricts. ⧗ 2014-2017 🍷 côtes de porc grillées

Philippe Loquineau, 5, voie de la Démalerie, 41700 Cheverny

DOM. LE PORTAIL 2013

	50 000		5 à 8 €

Ce domaine, bâti à l'emplacement d'un ancien monastère et situé à 600 m du château de Cheverny, a été acquis en 1979 par Nicole et Michel Cadoux. En 2009, leur fils Damien a rejoint l'exploitation qui couvre aujourd'hui 32 ha.

Ce 2013 libère des parfums de bourgeon de cassis agrémentés de notes de citron. La bouche marquée par le buis est harmonieuse et tonique. Une belle expression du sauvignon, cépage majoritaire. ⧗ 2014-2017 🍷 cabillaud en papillote ■ Cour-cheverny 2012 (2 000 b.) : une robe dorée et des arômes de fruits et de fleurs jaunes au nez comme en bouche. ⧗ 2014-2017

Michel, Damien et Nicole Cadoux, Le Portail, 41700 Cheverny, tél. 02 54 79 91 25, leportailcadoux@wanadoo.fr V r.-v.

♥ DOM. DU SALVARD Delaille 2013 ★★

	90 000		5 à 8 €

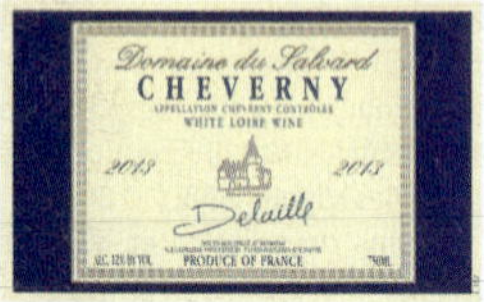

Cette propriété de 45 ha construite sur les ruines d'un ancien château de la seigneurie de Fougères remonterait à l'an 1000. Achetée en 1910 par Maurice Delaille, elle est aujourd'hui conduite par les frères Thierry et Emmanuel Delaille.

Plantées sur des sols sablo-argileux, les vignes ont engendré une remarquable cuvée aux reflets cristallins. Au nez, c'est une explosion de senteurs : pêche blanche, bourgeon de cassis et un subtil mélange de fruits exotiques. La bouche est, elle aussi, superbe par son intensité, son gras et son élégance. La longue finale est vivifiée par une touche minérale. ⧗ 2014-2019 🍷 saumon en papillote ■ Vieilles Vignes 2013 ★★ (50 000 b.) : des parfums d'ananas et de fleurs blanches, une bouche puissante, à la fois souple et fraîche. ⧗ 2014-2017 ■ L'Héritière 2012 ★ (11 à 15 € ; 3 000 b.) : un blanc élevé en fût aux senteurs d'acacia et de miel, et à la bouche ronde et souple. ⧗ 2014-2017

Dom. du Salvard, 41120 Fougères-sur-Bièvre, tél. 02 54 20 28 21, delaille@orange.fr V r.-v.
Emmanuel Delaille

DOM. SAUGER Tradition 2013 ★

	60 000		5 à 8 €

Valeur sûre de l'appellation, ce domaine familial situé aux portes de la Sologne, sur la route des châteaux de la Loire, se transmet de père en fils depuis 1870. Depuis 1988, Philippe Sauger cultive les 30 ha de vignes sur des sols sablo-argileux.

Cette cuvée cristalline livre des senteurs de fleurs blanches, de fruits mûrs et de miel. La bouche offre rondeur, puissance et élégance. La finale se prolonge sur des touches acidulées. Un vin typique de l'appellation. ⧗ 2014-2017 🍷 poêlée de gambas au miel ■ 2013 ★ (11 700 b.) : un rosé saumoné aux arômes de fruits rouges que l'on retrouve dans une bouche généreuse. ⧗ 2014-2017

Dom. Sauger , 4, rue des Touches, Les Touches, 41700 Fresnes, tél. 02 54 79 58 45, domaine.sauger@orange.fr V r.-v.

LE VIEUX CLOS 2013 ★★

	15 000		5 à 8 €

La structure de négoce du domaine Salvard créée en 2008.

Cette cuvée s'ouvre sur des senteurs de buis et de fleurs blanches bien typées du sauvignon. Dans le même registre, la bouche très puissante offre une finale nerveuse sur les agrumes. ⧗ 2014-2019 🍷 fruits de mer ■ Emmanuel Delaille 2013 ★ (10 000 b.) : un vin frais sur les fruits exotiques et le citron ; arômes complétés en bouche par les fruits blancs. ⧗ 2014-2017

Spirit of French Brothers, T. Delaille, Le Salvard, 41120 Fougères-sur-Bièvre, tél. 02 54 20 28 21, delaille@orange.fr V r.-v.

COUR-CHEVERNY

• Superficie : 55 ha • Production : 2 433 hl

Reconnue en 1993, l'appellation est réservée aux vins blancs issus du cépage romorantin et produits dans quelques communes situées au sud-est de Blois. Le terroir est typique de la Sologne (sable sur argile). Élégants, les cour-cheverny méritent souvent de vieillir quelques années.

LE MÛR MÛR DE LA GAUDRONNIÈRE 2012 ★★

	800		8 à 11 €

Christian Dorléans est depuis 1985 à la tête de cette propriété de 23 ha acquise par sa grand-mère paternelle en 1921. Son expérience et la qualité de ses cuvées lui permettent d'être fidèle au rendez-vous du Guide.

Née sur un sol argilo-calcaire, cette remarquable cuvée issue du cépage romorantin est vêtue d'une robe brillante aux reflets dorés. Complexe, le nez livre à profusion des arômes de fruits confits, de fruits blancs et de miel. Puissant en attaque, le palais offre une belle rondeur et une finale douce. ⧗ 2014-2019 🍴 foie gras ■ Cheverny cuvée Tradition 2012 ★ (5 à 8 € ; 8 280 b.) : un vin élégant aux arômes de fruits compotés. ⧗ 2014-2016 ■ Cheverny cuvée Tradition 2013 (5 à 8 € ; 6 600 b.) : un rosé discret, friand et gouleyant. ⧗ 2014-2016

EARL Dorléans, 34, rue de la Gaudronnière, 41120 Cellettes, tél. 02 54 70 40 41, earldorleans@orange.fr V r.-v.

DOM. DES HUARDS
Romo-Michel Gendrier 2012 ★★

	12 000		8 à 11 €

Très souvent distingué dans le Guide, ce domaine de 35 ha s'est transmis de père en fils depuis 1846. Il est conduit en bio et en biodynamie depuis 1990 par Jocelyne et Michel Gendrier.

Le nom de cette cuvée provient du cépage qui lui a donné naissance : le romorantin. Issu d'un terroir argilo-siliceux et calcaire, ce vin revêt une robe jaune pâle. Discret au premier nez, il libère à l'aération des notes puissantes de fruits secs et de pêche jaune bien mûre. On retrouve ces arômes dans une bouche ample et onctueuse soulignée par un trait acide qui se prolonge jusqu'en finale. Un remarquable équilibre. ⧗ 2014-2018 🍴 asperges ■ Cheverny Pure-Michel Gendrier 2013 ★ (30 000 b.) : ce vin aux notes végétales légèrement fumées offre une bouche souple et aromatique. ⧗ 2014-2017

Jocelyne et Michel Gendrier, Les Huards, 41700 Cour-Cheverny, tél. 02 54 79 97 90, infos@domainedeshuards.com V t.l.j. sf dim. 9h-12h 14h-19h

ORLÉANS

• Superficie : 80 ha • Production : 2 986 hl (69 % rouge et rosé)

Autrefois AOVDQS, ce vignoble a été reconnu en AOC en 2006. Parmi les « vins françois », ceux d'Orléans eurent leur heure de gloire à l'époque médiévale. À côté des jardins, des pépinières et des vergers, la vigne a encore sa place aujourd'hui. Les vignerons tirent parti des cépages mentionnés depuis le Xᵉs. – des plants que l'on disait venir d'Auvergne mais qui sont identiques à ceux de Bourgogne : auvernat rouge (pinot noir), auvernat blanc (chardonnay) et gris meunier. L'appellation s'étend des deux côtés de la Loire et s'applique aux trois couleurs. Les rouges et rosés assemblent une majorité de pinot meunier au pinot noir : des vins très originaux aux arômes de groseille et de cassis. On pourra boire les rouges sur un perdreau, un faisan rôti ou des pâtés de gibier de la Sologne voisine. Quant aux vins blancs, dominés par le chardonnay, ils accompagneront des fromages cendrés du Gâtinais.

♥ VIGNOBLE DU CHANT D'OISEAUX 2013 ★★

	6 500		5 à 8 €

Édouard Montigny, qui a pris la succession de Jacky Legroux, est à la tête de cette exploitation familiale depuis 2006. Valeur sûre de l'Orléanais, le domaine de 13 ha est régulièrement présent dans le Guide.

Le jury a été conquis par cette cuvée à la seyante robe jaune paille animée de reflets argent. Elle libère des parfums délicats de fleurs blanches et de litchi agrémentés de miel. Fraîche dès l'attaque, la bouche associe des arômes de fleurs et d'agrumes qui persistent longuement. ⧗ 2014-2019 🍴 tourte au saumon ■ Orléans-cléry 2012 ★ (10 000 b.) : un vin élevé en fût aux senteurs vanillées, souple et suave. ⧗ 2014-2017 ■ 2013 (6 500 b.) : un orléans rouge à la charpente soyeuse et aux arômes de griotte. ⧗ 2014-2017

Vignoble du Chant d'Oiseaux, 321, rue des Muids, 45370 Mareau-aux-Prés, tél. 02 38 45 60 31 V t.l.j. sf dim. 14h-19h Édouard Montigny

CLOS SAINT-FIACRE 2013 ★

	17 900		5 à 8 €

Créée en 1635, cette propriété familiale apparaît régulièrement dans le Guide aux meilleures places. Clos de murs, le domaine qui couvre 17,5 ha est conduit depuis 2001 par Hubert et Bénédicte Montigny-Piel.

Cette jolie cuvée revêt une robe jaune clair éclatante. Elle livre de puissants parfums de fleurs (narcisse) mâtinés de notes grillées. Acidulé en attaque, le palais offre de la rondeur sur des saveurs de fruits blancs. ⧗ 2014-2017 🍴 rillettes de saumon ■ 2013 ★ (5 600 b.) : un rosé gourmand, élégant et frais, aux puissants parfums de bonbon anglais. ⧗ 2014-2017 ■ 2013 (14 100 b.) : un rouge tendre, frais et fruité, aux nuances de griotte, de groseille et de fruits noirs. ⧗ 2014-2017

Clos Saint-Fiacre, 560, rue de Saint-Fiacre, 45370 Mareau-aux-Prés, tél. 02 38 45 61 55, contact@clossaintfiacre.fr V t.l.j. sf dim. 9h-12h30 14h-19h Montigny-Piel

JAVOY ET FILS 2013 ★

	n.c.	5 à 8 €

L'histoire vigneronne de cette famille du Loiret remonte à 1792. Pascal Javoy, héritier de cette longue tradition, conduit avec son épouse un peu plus de 15 ha de vignes en lutte raisonnée.

LOIRE

Une robe rose saumon brillante pour ce vin aux arômes de bonbon à la fraise et à la bouche élégante et vive. 2014-2017 terrine de volaille ■ Dom. St-Avit 2013 : ce vin qui libère des notes florales et grillées offre une bouche vive citronnée. 2014-2018 ■ Dom. St-Avit 2013 : un rouge aux arômes de griotte et de pivoine étayé par des tanins fins et soyeux. 2014-2018

Javoy et Fils, 450, rue du Buisson, 45370 Mézières-lez-Cléry, tél. 02 38 45 66 95, javoy-et-fils@orange.fr V t.l.j. sf dim. 9h-12h 14h-19h

ORLÉANS-CLÉRY

• Superficie : 34 ha • Production : 1 223 hl

Reconnue en 2006, l'appellation porte le nom de la commune de Cléry dont la basilique renferme le tombeau de Louis XI. Elle s'étend sur les terrasses sablo-graveleuses de la rive sud de la Loire et produit exclusivement des vins rouges issus de cabernet franc.

♥ VALÉRIE DENEUFBOURG Rencontres 2012 ★★★

■ | 7 300 | | 8 à 11 €

Installée en 2005, Valérie Deneufbourg exploite son domaine de 12 ha à Cléry-Saint-André près de la basilique qui renferme le tombeau de Louis XI.

2012, un millésime compliqué en raison de plusieurs épisodes de gel en hiver et au printemps. Valérie Deneufbourg s'est battue et présente ce magnifique orléans-cléry issu d'un terroir argilo-limoneux. Le jury a été séduit d'emblée par cette cuvée drapée dans une jolie robe rouge cerise. Au nez, les parfums intenses de fruits rouges sont soulignés de belles notes boisées et vanillées. Fraîche et franche en attaque, la bouche aux puissants arômes de cerise au kirsch est étayée par des tanins à la fois serrés et veloutés. Un vin de caractère. 2014-2019 feuilleté à la viande

Valérie Deneufbourg, 28, rue du Village, 45370 Cléry-Saint-André, tél. 06 14 57 37 61, valerie@deneufbourg.fr V r.-v.

LES VIGNERONS DE LA GRAND'MAISON 2013

■ | 25 000 | 5 à 8 €

Créée en 1931, cette cave coopérative est un acteur important de l'appellation orléans. Située au cœur du vignoble, elle vinifie 87,5 ha de vignes.

Ce vin discret au premier nez libère à l'aération des notes fraîches de fruits rouges. En bouche, il s'ouvre sur des arômes de bonbon acidulé, de cerise et de framboise. Un 2013 friand et gouleyant. 2014-2017 plateau de charcuteries ■ Orléans 2013 (moins de 5 € ; 14 000 b.) : des parfums de fruits confits, une bouche fruitée aux tanins un peu vifs. 2014-2017

Les Vignerons de la Grand'Maison, 550, rue des Muids, 45370 Mareau-aux-Prés, tél. 02 38 45 61 08, vignerons.orleans@free.fr V r.-v.

COTEAUX-DU-VENDÔMOIS

• Superficie : 125 ha • Production : 6 417 hl (82 % rouge et rosé)

Sur le cours du Loir, les coteaux sont truffés d'habitations troglodytiques et de caves taillées dans le tuffeau. Reconnue en 2001, l'AOC jouxte en amont de la vallée les aires des jasnières et coteaux-du-loir, sur un terroir similaire, entre Vendôme et Montoire. Elle produit des vins gris originaux aux arômes poivrés, issus de pineau d'Aunis, des blancs nés de chenin, et des rouges, devenus majoritaires. Vins d'assemblage, ces derniers allient la nervosité légèrement épicée du pineau d'Aunis, la finesse du pinot noir, les tanins du cabernet franc et le fruité du gamay.

DOM. BRAZILIER Gris Tradition 2013

■ | 10 000 | | 5 à 8 €

Thoré-la-Rochette mérite une visite pour sa chapelle troglodytique et ses maisons des XVe et XVIes. C'est dans ce village que Benoît Brazilier élabore ses vins. Installé depuis 1996, il est à la tête du domaine familial qui compte 25 ha.

De couleur saumon, ce Gris libère des arômes d'épices et de fruits frais typiques du pineau d'Aunis. En bouche, il offre une souplesse flatteuse et une finale agréable marquée par un joli retour poivré. 2014-2016 assiette de charcuteries

Dom. Brazilier, 5, rue de l'Orangerie, 41100 Thoré-la-Rochette, tél. 06 07 59 35 46, vinbrazilier@wanadoo.fr V r.-v.

B PATRICE COLIN Pierre à feu 2013

■ | 16 000 | 5 à 8 €

Thoré-la-Rochette, dans la vallée du Loir, abrite plusieurs vignerons de l'appellation, dont Patrice Colin, qui conduit en bio ses 25 ha de vignes.

Tirant son nom du terroir d'argile à silex, cette cuvée de pur chenin aux reflets argentés mêle au nez le citron et les fleurs blanches. Vive en attaque, puis ample, la bouche reste sur ce registre citronné. Un 2013 à attendre un peu. 2015-2020 plateau de fruits de mer

Patrice Colin, 5, imp. de la Gaudetterie, 41100 Thoré-la-Rochette, tél. 02 54 72 80 73, colinpatrice41@orange.fr V r.-v.

DOM. DU FOUR À CHAUX 2013

■ | 5 000 | | - de 5 €

Ce domaine de 30 ha, géré par la même famille depuis six générations, est conduit depuis l'année 2000 par Dominique Norguet. Il tire son nom du magnifique four à chaux situé sur la propriété.

Cette cuvée libère des arômes raffinés de fruits blancs et d'agrumes agrémentés de notes de miel. Elle déploie une attaque tendre, et la finale acidulée lui apporte la fraîcheur attendue. 2014-2020 terrine de poisson ■ 2013 (20 000 b.) : belle expression du pineau d'Aunis pour ce rosé intense aux notes de poivre rose. 2014-2016

EARL Dominique Norguet, lieu-dit Berger, 41100 Thoré-la-Rochette, tél. 02 54 77 12 52, dominique.norguet@orange.fr V t.l.j. sf dim. 9h-12h 14h-19h B

CHARLES JUMERT 2012

■ | 4 000 | - de 5 €

Créés en 1800, ce vignoble et sa cave en tuffeau sont gérés de père en fils depuis sept générations. C'est aujourd'hui Charles Jumert, installé en 1984, qui conduit l'exploitation de 13 ha.

Issu d'un assemblage de pineau d'Aunis (50 %), de cabernet franc (35 %) et de pinot noir (15 %), ce vin délivre des notes fraîches de fruits rouges et d'épices. Il suffira de le carafer pour que ses tanins s'assouplissent. ⧗ 2014-2017 🍷 rosbif froid

Charles Jumert, 4, rue de la Berthelotière, 41100 Villiers-sur-Loir, tél. 02 54 72 94 09, francoisejumert@live.fr V t.l.j. sf dim. 9h-12h30 14h-19h

♥ DOM. J. MARTELLIÈRE
Cuvée Jasmine 2013 ★★

■ | 5 000 | | - de 5 €

Jean-Vivien Martellière, qui a repris en 2004 cette exploitation familiale de 12 ha, vinifie exclusivement les trois AOC de la vallée du Loir : jasnières, coteaux-du-loir et coteaux-du-vendômois. Il perpétue ainsi la tradition familiale inaugurée avec son grand-père.

Cette très belle cuvée a conquis d'emblée le jury. Sa robe pâle aux reflets saumonés est caractéristique des vins gris. Quant aux parfums puissants de fruits frais et d'épices, ils sont typiques du pineau d'Aunis. Cette richesse aromatique se retrouve dans une bouche souple et fraîche. Un rosé complexe. ⧗ 2014-2016 🍷 moussaka ■ Réserve Jean Vivien 2012 ★ (5 à 8 € ; 5 500 b.) : ce vin rond et généreux offre des notes complexes d'épices et de boisé bien fondu. ⧗ 2014-2017 ■ Cuvée Balzac 2012 (2 600 b.) : ce vin léger aux arômes de pivoine et de fruits rouges est étayé de tanins encore un peu vifs. ⧗ 2014-2017

Dom. J. Martellière, 46, rue de Fosse, Fosse, 41800 Montoire-sur-le-Loir, tél. 02 54 85 16 91, contact@domainemartelliere.fr V r.-v.

MONTAGNE BLANCHE
Gris 2013 ★

■ | 110 000 | | 5 à 8 €

Créée en 1929, cette cave coopérative couvre 160 ha de vignes. Elle propose une gamme intéressante de cuvées mettant en valeur des « cépages rares et oubliés ». Ses vins sont souvent distingués dans le Guide.

Ce Gris d'un joli rose œil-de-perdrix livre de subtils parfums fruités et épicés. Franc en attaque, tout aussi fruité et épicé, le palais offre souplesse et bonne longueur. ⧗ 2014-2017 🍷 saumon grillé ■ Cuvée Prestige 2012 (13 000 b.) : des fruits rouges et des épices ; une bouche légère étayée par des tanins encore un peu fermes. ⧗ 2014-2017

Cave du Vendômois, 60, av. du Petit-Thouars, 41100 Villiers-sur-Loir, tél. 02 54 72 90 69, caveduvendomois@wanadoo.fr V t.l.j. sf dim. lun. 9h-12h 14h-18h

VALENÇAY

• Superficie : 143 ha • Production : 7 129 hl (63 % rouge et rosé)

Dans cette région marquée par le souvenir de Talleyrand, aux confins du Berry, de la Sologne et de la Touraine, la vigne alterne avec les forêts, la grande culture et l'élevage de chèvres.
Sur des sols à dominante argilo-siliceuse ou argilo-limoneuse, un encépagement classique de la moyenne vallée de la Loire donne des vins le plus souvent à boire jeunes. En blanc, le sauvignon complété par le chardonnay fournit des vins aromatiques aux touches de cassis ou de genêt. Les vins rouges assemblent gamay, cabernets, cot et pinot noir. La même appellation désigne un fromage de chèvre, qui a aussi obtenu l'AOC. Ces fromages en forme de pyramide s'accordent, selon leur degré d'affinage, avec les vins rouges ou les vins blancs.

DOM. AUGIS 2013

■ | 10 000 | | 5 à 8 €

Propriété familiale créée en 1900 à Meusnes, la commune la plus orientale de l'AOC touraine, réputée pour ses sols riches en silex. Depuis 1987, Philippe Augis, cinquième du nom à la tête du domaine, exploite 19 ha en AOC touraine et valençay.

En robe cerise noire, ce vin délivre un nez de fruits très mûrs (griotte, pruneau). La bouche d'une belle complexité associe la cerise et la framboise mûre, avec des tanins serrés en soutien. Un 2013 bien construit. ⧗ 2014-2019 🍷 cœur de Touraine

Dom. Augis, 1465, rue des Vignes, 41130 Meusnes, tél. 02 54 71 01 89, philippe.augis@wanadoo.fr V t.l.j. sf dim. 8h-12h 14h-19h

DOM. BARDON Paradis 2013 ★★

■ | 10 000 | | 5 à 8 €

Valeur sûre de l'appellation valençay, ce domaine (40 ha) conduit par Denis Bardon est situé à Meusnes, commune où l'on extrayait autrefois la pierre à fusil ; son petit musée permet de découvrir cette activité importante du XVIIIᵉs. jusqu'au début du XIXᵉ.

En robe rouge grenat intense, ce vin libère des parfums complexes de cuir, de griotte et d'épices douces. La bouche de fruits confiturés est élégante et longue. ⧗ 2014-2019 🍷 faisan au chou ■ Les Hauts Taillons 2013 (10 000 b.) : des parfums de fruits confits, un corps à la fois vif et rond. ⧗ 2014-2017 ■ 2013 (20 000 b.) : un pur sauvignon bien équilibré aux arômes de fleurs blanches. ⧗ 2014-2017

Denis Bardon, rue Anatole-France, 41130 Meusnes, tél. 02 54 71 01 10, denisbardon@vinsbardon.com V r.-v.

DOM. DU BOIS GAULTIER 2012 ★

■ | 15 000 | | 5 à 8 €

Tout près du magnifique château de Valençay, sur un terroir dit « de pierre à fusil », Marylène et Serge Leclair ont créé de toutes pièces en 1985 leur vignoble de 20 ha. Ils vendent la majorité de leur production à la propriété, dans les foires et sur les marchés.

LOIRE

Cette cuvée a été appréciée pour ses senteurs de fruits rouges confits associées à des notes poivrées. Franche en attaque, la bouche aux tanins bien fondus décline les arômes du nez et offre une bonne longueur. ⧗ 2014-2017 🍷 filet de bœuf mariné aux épices ■ 2013 ★ (moins de 5 € ; 8 000 b.) : un nez fruité et floral, une bouche vive et raffinée. ⧗ 2014-2017 ■ 2013 (moins de 5 € ; 10 000 b.) : un vin léger, frais et gouleyant. ⧗ 2014-2017

⊶ Marylène et Serge Leclair, Le Bois-Gaultier, 36600 Fontguenand, tél. 02 54 00 18 46, serge.leclair@orange.fr V r.-v.

♥ LE CLAUX DELORME 2013 ★★★

■ | 27 000 | 🍾 | 8 à 11 €

Vigneron à Menetou-Salon, Bertrand Minchin a été charmé en 2004 par ce domaine de 15 ha situé à Selles-sur-Cher, au carrefour du Berry, de la Sologne et de la Touraine. Depuis 2007, ses vins sont régulièrement mentionnés dans le Guide.

Le travail et la patience de toute l'équipe de ce chai ont donné naissance à un joli vin issu de l'assemblage des quatre cépages : gamay 40 %, cot 40 %, cabernet 10 % et pinot noir 10 %. Il en résulte une robe rubis intense et un nez puissant de fruits rouges bien mûrs, prélude à une bouche charnue, d'un beau volume aux tanins soyeux. Du caractère et du potentiel. ⧗ 2014-2020 🍷 rôti de bœuf ■ 2013 ★ (30 500 b.) : un pur sauvignon, frais et léger, marqué par des arômes d'agrumes et une pointe grillée. ⧗ 2014-2017

⊶ Le Claux Delorme, 8, rue des Landes, 41130 Selles-sur-Cher, tél. 02 48 25 02 95, ab.minchin.vins@orange.fr V r.-v. ⊶ Minchin

LE CLOS DU CHÂTEAU 2012

■ | 3 480 | 🍾 | 5 à 8 €

Figure de Reuilly, Claude Lafond est un fervent défenseur de l'appellation. Épaulé par sa fille Nathalie, il a diversifié sa production dans les vignobles de l'AOC valençay. Son domaine couvre plus de 30 ha.

En robe rubis brillante, ce 2012 livre d'élégants arômes de griotte typiques du pinot noir (33 %). Le palais étayé par des tanins bien fondus offre souplesse, rondeur et onctuosité. ⧗ 2014-2017 🍷 chaussons à la viande ■ 2013 (8 260 b.) : un nez citronné et acidulé, et une légère sucrosité en bouche : un contraste agréable. ⧗ 2014-2017

⊶ SARL Claude Lafond, 8, rte de Saint-Pierre-de-Jards, Le Bois-Saint-Denis, 36260 Reuilly, tél. 02 54 49 22 17, nathalie.lafond.reuilly@orange.fr V t.l.j. sf dim. 9h-12h30 13h30-18h

GARNIER FRÈRES Montbail 2013 ★

■ | 10 000 | 🍾 | - de 5 €

La famille Garnier cultive la vigne depuis 1822. Ce sont aujourd'hui les deux frères Éric et Olivier qui gèrent ce domaine de 25 ha, le premier au vignoble et le second à la cave. À leur carte, du touraine et du valençay.

Cette cuvée tient son nom d'un îlot viticole de 5 ha situé dans la commune de Lye. D'un rouge rubis, elle s'ouvre sur la cerise. La bouche, elle aussi, tout en fruit offre une finale légèrement épicée et acidulée de bonne longueur. ⧗ 2014-2017 🍷 travers de porc au barbecue ■ 2013 ★ (10 000 b.) : un blanc d'une belle fraîcheur aux arômes de fruits blancs et d'agrumes typés du sauvignon. ⧗ 2014-2017 ■ 2013 (6 000 b.) : un rosé élégant et tendre aux nuances de bonbon anglais. ⧗ 2014-2017

⊶ Dom. Garnier, Chamberlin, 81, rue Delacroix, 41130 Meusnes, tél. 02 54 00 10 06, olivier@oliviergarnier.com V r.-v.

Ⓑ VIGNOBLE GIBAULT 2013

■ | 20 000 | 🍾 | 5 à 8 €

Établi à Meusnes, à l'extrémité orientale de la vallée du Cher, Patrick Gibault exploite depuis 1982 le vignoble constitué par son père : 30 ha sur des sols d'argiles à silex. Il a converti le domaine à l'agriculture biologique.

Cette cuvée or pâle s'ouvre sur des parfums de chèvrefeuille mâtinés d'une touche de minéralité. La bouche légère présente un bel équilibre entre le sucre et l'acidité, et délivre des arômes de fruits exotiques qui se prolongent dans une finale fraîche et longue. ⧗ 2014-2018 🍷 pyramide de Valençay

⊶ Vignoble Gibault, 183, rue Gambetta, 41130 Meusnes, tél. 02 54 71 02 63, vg@vignoblegibault.com V t.l.j. sf dim. 9h-12h 14h-19h

FRANCIS JOURDAIN Chèvrefeuille 2013 ★

■ | 18 000 | 🍾 | 5 à 8 €

Fondé en 1960, ce domaine familial (25 ha) a été repris en 1990 par Francis Jourdain qui avait auparavant exercé durant une dizaine d'années une activité de conseil en arboriculture. Son chai est situé près d'une très belle « loge » de vigne, dans la commune de Lye.

Ce 2013 arbore une robe d'un bel or. Son nez, complexe et intense, mêle les fleurs blanches et les fruits exotiques. Frais en attaque, le palais offre du volume et une belle longueur. ⧗ 2014-2017 🍷 aumônière de saumon ■ Les Terrajots 2013 (10 000 b.) : un blanc gourmand et généreux auquel un soupçon de sauvignon gris donne des notes de fruits exotiques. ⧗ 2014-2019 ■ Les Griottes 2013 (20 000 b.) : un nez de fruits rouges agrémenté d'une pointe de réglisse ; une bouche encore jeune mais prometteuse. ⧗ 2014-2019

⊶ Dom. Francis Jourdain, Les Moreaux, 36600 Lye, tél. 02 54 41 01 45, contact@domainejourdain.com V t.l.j. sf dim. 9h30-12h30 15h-19h

JACKY ET PASCAL PREYS Cuvée Prestige 2013

■ | 30 000 | 🍾 | 5 à 8 €

Ce domaine situé sur les hauteurs de Meusnes est conduit depuis 1966 par Jacky Preys, aujourd'hui rejoint par son fils Pascal. Le tandem gère la plus grande propriété de l'appellation : 72 ha.

Cet assemblage de pinot noir, de gamay et de malbec libère des arômes de fruits rouges mâtinés d'une touche animale (cuir). La bouche, fruitée, dévoile une belle charpente de tanins bien fondus. ⧗ 2014-2017 🍷 aiguillettes de canard

Dom. Jacky Preys, 536, rue Debussy, Bois-Pontois, 41130 Meusnes, tél. 02 54 71 00 34, domainepreys@wanadoo.fr V r.-v.

CH. DE QUINÇAY La Millasse 2013 ★

■	6 000	5 à 8 €

Conduit par les frères Cadart, le château de Quinçay s'inscrit dans un joli parc arboré ; ses 26 ha de vignes sont implantés sur un sol riche en silex et apte à la production de vins de qualité, comme en témoigne la régularité des sélections du domaine dans le Guide.

Gamay, pinot noir et cot sont assemblés par tiers dans ce valençay rouge paré d'une robe rubis brillante qui s'ouvre sur les fruits rouges. Ces arômes (cerise, framboise) se retrouvent dans une bouche élégante étayée de tanins soyeux. 2014-2018 rôti de veau ■ Le Chêne rond 2013 (6 000 b.) : un blanc expressif associant les fruits exotiques et la typicité minérale des terroirs locaux. 2014-2017

Ch. de Quinçay, 41130 Meusnes, tél. 02 54 71 00 11, cadart@chateaudequincay.com V t.l.j. sf dim. 9h-12h 14h-19h B Cadart

JEAN-FRANÇOIS ROY 2013 ★★

■	25 000		5 à 8 €

Établi dans la commune de Lye dans l'Indre, Jean-François Roy gère depuis 1989 un domaine de 27 ha régulièrement sélectionné dans le Guide.

Vêtu d'une jolie robe rose saumon, ce rosé libère des senteurs de fruits rouges et de pamplemousse agrémentées de notes exotiques. Ces arômes gourmands se retrouvent dans une bouche suave soulignée d'une fraîcheur bienvenue. 2014-2017 côtes de porc au barbecue ■ Alliance 2012 ★ : ce vin élevé douze mois en fût mêle aux arômes de fruits rouges des notes de torréfié et de pain grillé. 2014-2017 ■ Symphonie 2013 (60 000 b.) : des arômes typés du sauvignon (buis et agrumes), une bouche vive. 2014-2017

Jean-François Roy, 3, rue des Acacias, 36600 Lye, tél. 02 54 41 00 39, jfr@jeanfrancoisroy.fr V t.l.j. 9h-12h 15h-19h

GÉRARD TOYER 2013

■	3 600		- de 5 €

Ce domaine (15 ha) créé en 1920 se transmet dans la famille depuis trois générations. Gérard Toyer, à la tête du vignoble depuis 1979, est installé à Selles-sur-Cher, village où l'on produit un fromage de chèvre AOP en accord avec les blancs du cru.

La robe aux reflets violets signe la jeunesse de cette cuvée. Le nez frais mêle les petits fruits rouges de l'été. Légère en attaque, la bouche se révèle douce et souple. Un « vin plaisir ». 2014-2017 poulet rôti ■ 2013 (4 000 b.) : un nez intense de pamplemousse et de fleurs blanches ; une bouche puissante, de bonne longueur. 2014-2017

Gérard Toyer, 63, Grande-Rue-Champcol, 41130 Selles-sur-Cher, tél. 02 54 97 49 23, gerard.toyer@orange.fr V t.l.j. sf dim. 9h30-12h 14h-18h

SÉBASTIEN VAILLANT Le Poirentin 2013

■	23 000		5 à 8 €

La petite coopérative de Valençay créée en 1964 regroupe trois adhérents et représente un vignoble de 42 ha. La production de chacun est récoltée et vinifiée séparément pour mettre en valeur l'expression des différents terroirs.

Ce vin libère des notes typées du sauvignon (buis, fruits blancs). Souple et rond au palais, il demande à s'ouvrir encore un peu. 2014-2017 feuilleté de cabillaud ■ Les Chailloux 2013 (45 000 b.) : quatre cépages (gamay, pinot, cot, cabernet) vinifiés ensemble. Des parfums de fruits rouges frais et une bouche ronde aux tanins soyeux. 2014-2017 ■ Domaine de Patagon 2013 (21 000 b.) : issu d'une autre propriété, un vin souple, frais et persistant. 2014-2017

SCA La Cave de Valençay, La Lié, 36600 Fontguenand, tél. 02 54 00 16 11, vigneronvalencay@aol.com V t.l.j. sf dim. 9h-12h 14h-18h

Les vignobles du Centre

Les secteurs viticoles du Centre occupent les endroits les mieux exposés des coteaux ou plateaux modelés au cours des âges géologiques par la Loire et ses affluents, l'Allier et le Cher. Ceux qui, sur les côtes d'Auvergne, à Saint-Pourçain (en partie) ou à Châteaumeillant, sont implantés sur les flancs est et nord du Massif central restent cependant ouverts sur le bassin de la Loire. Siliceux ou calcaires, les sols viticoles de ces régions portent un nombre restreint de cépages, parmi lesquels ressortent surtout le gamay pour les vins rouges et rosés, et le sauvignon pour les vins blancs. Quelques spécialités : tressallier à Saint-Pourçain et chasselas à Pouilly-sur-Loire pour les blancs ; pinot noir à Sancerre, Menetou-Salon et Reuilly pour les rouges et rosés, avec encore le délicat pinot gris dans ce dernier vignoble. Tous les vins du Centre ont en commun légèreté, fraîcheur et fruité, ce qui les rend particulièrement agréables, en harmonie avec la cuisine régionale.

CHÂTEAUMEILLANT

• Superficie : 82 ha • Production : 4 000 hl

Le gamay retrouve ici les terroirs qu'il affectionne, dans un site très anciennement viticole. La réputation de Châteaumeillant s'est établie grâce à son « gris », un rosé issu du pressurage immédiat des raisins de gamay présentant un grain, une fraîcheur et un fruité remarquables. L'appellation produit aussi des rouges nés de sols d'origine éruptive, des vins gouleyants à boire jeunes et frais.

DOM. DU CHAILLOT Rêvésens 2012 ★★

■	1 200	11 à 15 €

Vigneron depuis 1993, Pierre Picot dirige une exploitation de 6 ha. Les vignes se répartissent sur trois sites : deux reposent sur des micaschistes à 320 m d'altitude et un sur des terrasses sédimentaires à 280 m d'altitude.

Cerise noire aux reflets violines, la robe est d'une grande profondeur. Le nez est ouvert et complexe : liqueur de cassis, notes animales, pointe de café et de grillé. Ronde, concentrée et très onctueuse, révélant des tanins bien présents mais fondus et tapissants, la bouche renoue avec les sensations de fruits noirs bien mûrs. Grande maturité, extraction bien maîtrisée, texture soyeuse : un vin harmonieux. ⌛ 2014-2019 🍷 gigue de chevreuil ■ 2013 (2 800 b.) : nez d'armoise, de thym, de liqueur de fruits. Bouche ronde et souple en attaque, puis tanins frais. ⌛ 2014-2019

🔑 Dom. du Chaillot, pl. de la Tournoise, 18130 Dun-sur-Auron, tél. 02 48 59 57 69, pierre.picot@wanadoo.fr V r.-v. 🔑 Pierre Picot

CLOS LA GOUTTE NOIRE 2013 ★★

■	8 000	8 à 11 €

Après plusieurs années passées à l'INAO, Daniel Nairaud jette son dévolu sur les terres argilo-sableuses de Châteaumeillant et acquiert en 2011 un vignoble de près de 8 ha. Il dirige aussi la maison de négoce Bituriges Vins créée en 2013.

Ce vin arbore une robe rubis aux reflets violets, sombre et profonde. Le fruité (cassis, cerise cuite) domine le nez. Quelques notes végétales ajoutent de la fraîcheur. Après la rondeur, le palais découvre des tanins serrés. Concentré, un très beau retour fruité : ce vin a un bel avenir. ⌛ 2015-2019 🍷 sauté de sanglier ■ Le Beau Merle Vieilles Vignes Élevé en fût de chêne 2012 (11 à 15 € ; 6 000 b.) : belle alliance des notes fruitées (pruneau) et du bois où il a été élevé pendant douze mois. ⌛ 2014-2017

🔑 SCEA Nairaud-Suberville, 11, rue de la Liberté, 23270 Bétête, tél. 06 26 46 23 50, daniel.nairaud@free.fr V t.l.j. sf dim. 8h-12h 13h30-18h

DOM. DUTHEIL Coccinelle 2012 ★★★

■	1 200	🍾	11 à 15 €

Fils d'agriculteur, Benoît Dutheil a accompli son rêve de toujours en créant son exploitation viticole en 2012, avec une parcelle de 50 ares de micaschistes et de sédiments plantée en gamay.

Pour une première production, le résultat est impressionnant. Cerise noire à nuances violines, la teinte est foncée comme de l'encre. Le nez se révèle puissant et complexe : poivre prononcé, touche d'armoise, nuances de fruits très mûrs, notes animales. La rondeur et le gras sont en parfaite harmonie avec les tanins, denses et soyeux. Le retour aromatique sur la liqueur de fruits rouges est très long. Quelle grande richesse ! ⌛ 2015-2019 🍷 tournedos sauce au poivre

🔑 Benoît Dutheil, Le Pas, 36370 Bélabre, tél. 06 80 65 16 66, benoit.dutheilportable@orange.fr V t.l.j. 8h-12h 14h-17h

GOYER 2013 ★

■	800	🍾	5 à 8 €

Samuel Goyer s'est installé en 2013. Ingénieur agronome, il dirige avec Claire, son épouse, une exploitation de 1,2 ha située sur la colline d'Acre, dans un hameau qui offre une jolie vue sur Châteaumeillant.

Ce tout premier millésime a séduit le jury. D'apparence groseille à reflets saumonés, ce rosé affiche une belle brillance. Une intensité que l'on retrouve aussi à l'olfaction, sur le bonbon anglais nuancé d'ananas. La bouche se montre ample et fruitée, soulignée par une fine acidité qui lui confère longueur et fraîcheur. ⌛ 2014-2015 🍷 poulet thaï

🔑 Samuel Goyer, Acre, 36400 Neret, tél. 06 63 78 01 80, cave@domainegoyer.com V r.-v.

GRAND METIFEU Première 2012 ★

■	n.c.	🍾	8 à 11 €

Issu d'une famille d'agriculteurs, Thierry Perreau, aidé d'un exploitant de l'AOC châteaumeillant, s'est établi en 2012 à 10 km au sud-ouest d'Issoudun.

Premier millésime du domaine, ce vin affiche une robe intense cerise burlat. Le nez, élégant, libère des arômes de petits fruits noirs (mûre, myrtille, cassis) et d'épices. Il attaque avec rondeur et souplesse. Des tanins un peu vifs se montrent ensuite, avant de laisser la place à de beaux arômes fruités. ⌛ 2014-2017 🍷 gigot d'agneau

🔑 Thierry Perreau, Le Grand Metifeu, 36100 Chouday, tél. 02 54 21 70 78, thierry.perreau@free.fr V r.-v.

JOFFRE Nuance de gris 2013 ★★

■	800	🍾	5 à 8 €

Jean-Luc Joffre s'est lancé dans la viticulture en 2013. Vignes, chai et commercialisation, les travaux sont réalisés en famille.

Paré d'une belle robe aux reflets œil-de-perdrix, ce 2013 dévoile un nez fin qui allie le floral (muguet, lilas) au fruité

Le Centre

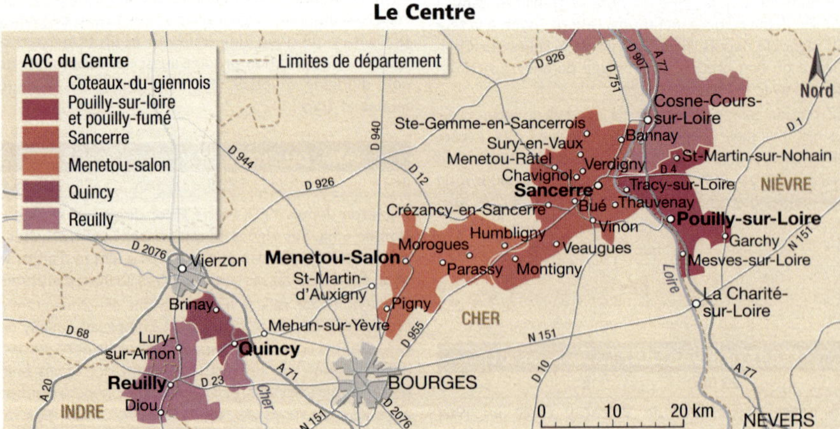

frais (salade de fruits). Franc en attaque, il offre beaucoup de volume et un gras presque crémeux. La finale fraîche et fruitée parachève ce beau tableau gourmand. ⌛ 2014-2017 🍴 gambas au wok ■ Aventure 2013 ★ (3 975 b.) : arômes de griotte et de kirsch, souple et gras en attaque, tanins austères en finale. Un vin consistant. ⌛ 2015-2017

🔑 EARL de Montvril - Dom Joffre, Montvril, 36130 Diors, tél. 02 54 26 01 64, montvril@orange.fr V r.-v.

ROUX Héritage 2013 ★

■	13 048		8 à 11 €

Producteur à Quincy depuis 1994, Jean-Claude Roux s'est étendu sur le vignoble de Châteaumeillant en 2009. Il cultive aujourd'hui 7 ha de quincy et 2 ha de châteaumeillant.

Ce 2013 revêt une robe rubis aux reflets chatoyants. Au nez, il libère des notes de liqueur de cassis, de pivoine et de fines touches fumées. Rond, souple et gras, avec des tanins frais, il révèle en fin de bouche des arômes de fruits rouges et de pivoine. Un vin équilibré, facile d'accès. ⌛ 2015-2017 🍴 pintade aux marrons

🔑 Dom. Roux, Puy-Ferrand, 18340 Arcay, tél. 02 48 64 76 10, jean.claude.roux@orange.fr V r.-v.

♥ SIRET-COURTAUD 2013 ★★

■	15 000		8 à 11 €

Vincent Siret, ingénieur agronome et œnologue, fait ses classes à Gaillac avant de s'installer en 2006 sur 10 ha, complétés par 2,8 ha de châteaumeillant en 2010. Depuis, il fréquente régulièrement les pages du Guide, dans les deux AOC.

D'un rubis violet intense, ce vin livre une superbe série aromatique faite d'armoise, de poivre et de cerise cuite. Il attaque avec rondeur et souplesse. Ample, charnu et corsé, il révèle ensuite des tanins fermes mais bien enrobés, qui s'effacent en fin de bouche pour laisser revenir un fruité persistant (framboise, mûre). Une très belle expression du terroir. ⌛ 2015-2019 🍴 pavé de bœuf sauce harissa

🔑 Dom. Siret-Courtaud, Le Grand-Rosières, 18400 Lunery, tél. 06 63 51 71 18, contact@domaines-siret.fr V r.-v.

TANNERIES 2013

■	6 000		8 à 11 €

Cette famille ancienne de vignerons fait partie des irréductibles du vignoble de châteaumeillant. Jean-Luc Raffinat poursuit avec la même passion l'œuvre de ses ancêtres. Il dirige une exploitation de 7,5 ha.

D'un rouge cerise burlat intense, ce vin libère des notes de poivre et de fruits rouges et noirs. En bouche, il se montre charnu tout en offrant souplesse et fraîcheur, avant de « montrer les muscles » en finale. ⌛ 2015-2017 🍴 plateau de fromages

🔑 Raffinat et Fils, Dom. des Tanneries, 12, rue des Tanneries, 18370 Châteaumeillant, tél. 02 48 61 35 16 V t.l.j. 9h-12h 14h-19h

COTEAUX-DU-GIENNOIS

• Superficie : 194 ha • Production : 5 928 hl (48 % rouge et rosé)

Sur les coteaux de la Loire réputés depuis longtemps, la viticulture a progressé, tant dans la Nièvre que dans le Loiret, attestant la bonne santé du vignoble. Les coteaux-du-giennois ont accédé à l'AOC en 1998. Plantés sur des sols siliceux ou calcaires, les cépages traditionnels, gamay, pinot noir et sauvignon, donnent des vins dans les trois couleurs. Les blancs, issus de sauvignon, sont légers et fruités. Tout aussi fruités, les rouges et les rosés assemblent le gamay et le pinot noir. Souples et peu tanniques, les premiers peuvent être servis jusqu'à cinq ans d'âge.

DOM. DES ATHÉNÉES Fût de chêne 2013

■	5 000		5 à 8 €

En 1994, le lycée viticole a repris l'ancien domaine de l'INRA. Depuis, le vignoble implanté sur des sols riches en silex a été entièrement rénové. Sous la houlette de son directeur d'exploitation Natacha Colinot, il présente souvent de belles cuvées.

Tout est encore jeune dans cette bouteille : la couleur rubis violet ; les arômes frais de petits fruits rouges (framboise) ; les tanins un peu sévères, qui doivent s'affiner pour faire place à une douceur présente mais restant à l'arrière-plan et au fruité, qui revient bien en finale. ⌛ 2015-2017 🍴 poêlée de champignons

🔑 Dom. des Athénées, Lycée viticole de Cosne-sur-Loire, 66, rue Jean-Monnet, 58200 Cosne-sur-Loire, tél. 03 86 26 99 84, expl.cosne@educagri.fr V t.l.j. sf sam. dim. 8h-12h 13h-17h

ÉMILE BALLAND Le Grand Chemin 2012

■	1 200		11 à 15 €

Installé en 2000, Émile Balland, ingénieur-agricole et œnologue, continue patiemment la construction de son domaine situé dans le Loiret, qui se répartit entre Giennois et Sancerrois.

Par ses notes briochées et vanillées, le boisé perce. En bouche, on retrouve ce trait de caractère agrémenté de notes exotiques (fruit de la Passion) et d'agrumes. La finale est de bonne persistance. ⌛ 2014-2017 🍴 saumon à l'aneth

🔑 Émile Balland, RN 7, 45420 Bonny-sur-Loire, tél. 03 86 39 26 51, emile.balland@orange.fr V r.-v.

BALLAND-CHAPUIS Les Montagnes blanches 2013 ★

■	25 000	5 à 8 €

Présent en Sancerrois depuis le XVII[e]s., le domaine Balland-Chapuis (12 ha) situé dans le charmant village vigneron de Bué est aujourd'hui propriétaire dans les aires d'appellation sancerre, pouilly-fumé et coteaux-du-giennois.

LOIRE

De bonne intensité, l'olfaction révèle de la finesse : à une fugace touche de buis succèdent des nuances de souci, de rhizome d'iris et d'orange bien mûre. À l'aération, les arômes persistent et s'amplifient. En bouche, la fraîcheur prend progressivement et harmonieusement sa place, pour finir dans une vivacité soutenue. ⧗ 2015-2019 ▾ plateau de fruits de mer

SCEA Dom. Balland-Chapuis, allée des Soupirs, 45420 Bonny-sur-Loire, tél. 02 48 54 06 67, balland-chapuis@wanadoo.fr r.-v.

EMMANUEL CHARRIER
Prémices 2013 ★

| 10 000 | 5 à 8 € |

Emmanuel Charrier, installé en 2004 avec quelques parcelles de vieilles vignes, étend progressivement son vignoble (5,5 ha) et sa renommée.

Ce vin exprime bien le terroir argilo-calcaire qui l'a porté. Riches, les arômes de tubéreuse, de fleurs blanches et de fruits blancs se dévoilent avec élégance. Rond en attaque, plein et onctueux, le palais s'équilibre autour d'une fine acidité et s'étire dans une longue finale fraîche. ⧗ 2014-2019 ▾ poisson de Loire en sauce

Emmanuel Charrier, allée des Sources, Paillot, 58150 Saint-Martin-sur-Nohain, tél. 03 86 22 57 15, contact@domaine-charrier.com t.l.j. sf dim. 8h30-12h 13h30-18h30

DOM. COUET Sélection 2012 ★

| 4 000 | 5 à 8 € |

Issu d'une famille de vignerons, Emmanuel Couet représente la cinquième génération. La partie la plus importante de l'exploitation ainsi que la cave se situent dans l'aire des coteaux-du-giennois. En 2005, le domaine s'est enrichi d'une parcelle de pouilly-fumé sur terroir calcaire.

D'un rubis intense, la couleur montre quelques reflets tuilés. Au nez, les notes de vanille et de moka reflètent l'élevage réussi en fût ; la griotte vient compléter le tableau. Ronde en attaque, la bouche se révèle ample, bien structurée et longue. ⧗ 2014-2017 ▾ gigot de sanglier

Emmanuel Couet, 23, Croquant, 58200 Saint-Père, tél. 03 86 28 14 80, domainecouet@gmail.com t.l.j. 8h-12h 13h30-18h; dim. sur r.-v.

MICHEL LANGLOIS
Les Charmes 2013

| 25 000 | 5 à 8 € |

Installé depuis 1996, Michel Langlois figure parmi les fervents promoteurs de l'AOC coteaux-du-giennois. Sur près de 17 ha, il produit aussi bien du pouilly-fumé et du coteaux-du-giennois que des vins de pays, des effervescents et des crèmes de fruit.

Au nez, nuances végétales (buis), notes d'agrumes et touches florales forment une composition agréable. La bouche est à l'unisson. Souple et facile à boire, ce 2013 a la séduction de sa jeunesse. ⧗ 2014-2017 ▾ hors-d'œuvre ■ Champ de la croix 2012 (11 000 b.) : un vin gourmand, frais et épicé. ⧗ 2014-2017

Michel Langlois, 17, rue de Cosne, 58200 Pougny, tél. 03 86 28 06 52, catmi-langlois@orange.fr t.l.j. 9h-12h30 14h30-19h; dim. sur r.-v.

JOSEPH MELLOT
La Gaupière 2013

| 30 000 | 5 à 8 € |

L'histoire de la maison Joseph Mellot débute en 1513 à Sancerre, avec Pierre-Étienne Mellot, qui pose les fondations d'un petit vignoble. Catherine Corbeau-Mellot préside aujourd'hui aux destinées de cet important négoce qui rayonne sur l'ensemble des vignobles du Centre et de la vallée de la Loire.

Sur un fond de lierre et de feuille de tomate, le nez de bonne intensité réunit des nuances fruitées (prune) et une touche de réglisse. La bouche souple est bien soutenue par une vivacité affirmée en finale. ⧗ 2014-2017 ▾ apéritif

SAS Joseph Mellot, rte de Ménétréol, 18300 Sancerre, tél. 02 48 78 54 54, josephmellot@josephmellot.com t.l.j. 8h15-12h 13h30-17h; sam. dim. sur r.-v.

♥ DOM. MONTBENOIT 2013 ★★

| 55 000 | 5 à 8 € |

Jean-Marie Berthier a créé en 1983 ce domaine, qu'il a progressivement étendu : 20 ha aujourd'hui en sancerre (Clairneaux) et coteaux-du-giennois (Montbenoît). Ses fils l'ont rejoint : l'aîné, Clément, s'occupe de la commercialisation, le cadet, Florian, conduit la vigne.

L'olfaction révèle d'emblée la complexité de ce 2013 : notes de fleurs blanches relevées par des touches d'agrumes (citron). Souple, droit et précis en attaque, il affirme un charnu et une douceur qui se prolongent et résistent à la nervosité typique du millésime, ici, remarquablement fondue. Un très beau vin de terroir. ⧗ 2015-2017 ▾ plateau de fruits de mer ■ Terre de silex 2013 ★ (8 à 11 € ; 5 000 b.) : buis et réglisse au nez et fermeté en bouche, un bon classique de l'appellation. ⧗ 2014-2017

Vignobles Berthier, Les Clairneaux, 18240 Sainte-Gemme, tél. 02 48 79 40 97, contact@vignoblesberthier.fr t.l.j. sf sam. dim. 8h-12h 13h30-18h

DOM. POUPAT ET FILS
Rivotte 2013 ★

| 20 000 | 5 à 8 € |

Établi à Briare, commune connue pour son canal et ses émaux, Philippe Poupat épaulé par son fils Xavier s'affirme comme l'une des valeurs sûres de l'appellation coteaux-du-giennois. Leur domaine couvre 10 ha.

Ce 2013 délivre une sensation de fraîcheur : les arômes de lierre s'épanouissent sur un fond de fleurs blanches et d'agrumes. Le petit plus ? Une pointe mentholée. La bouche est ronde, un trait de citron lui apportant de la vivacité. La finale est nerveuse, et le retour aromatique de bonne longueur. ⧗ 2014-2018 ▾ quenelles de brochet

Dom. Poupat et Fils, Rivotte, 45250 Briare, tél. 02 38 31 39 76, domainepoupat@hotmail.fr t.l.j. 14h-18h; sam. 9h30-18h30; matin et dim. sur r.-v.

♥ FLORIAN ROBLIN Champ Gibault 2012 ★★

| 8 000 | 🍾 | 5 à 8 € |

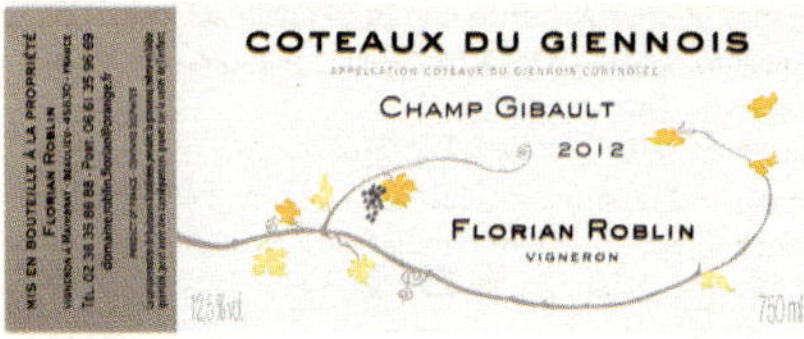

Établi à Beaulieu-sur-Loire, Florian Roblin fait partie de la génération montante des coteaux-du-giennois. Il dirige une exploitation de 3 ha.

Dès le premier nez, on est séduit par la fraîcheur remarquable des senteurs (mangue, fruit de la Passion, fleurs blanches) égayées d'une subtile touche de feuille de tomate. La bouche, à l'unisson, offre du gras et une douceur contrebalancée par une nervosité bien ajustée. Un 2012 dont la densité reflète la belle maturité du raisin. Vibrant. ⌛ 2014-2017 🍷 fromage de chèvre ■ Champ Gibault 2012 ★★ (2 000 b.) : arômes de fruits rouges et notes de pain grillé et de cacao, bouche charnue aux tanins soyeux. Un vin riche et racé. ⌛ 2014-2017 ■ Coulée des moulins 2012 ★ (2 000 b.) : nez expressif (fruit de la Passion, pâte de coings), bouche intense, fraîche et bien enrobée. ⌛ 2014-2017

🔑 Florian Roblin, 11, rue des Saint-Martin, Maimbray, 45630 Beaulieu-sur-Loire, tél. 06 61 35 96 69, domaine.roblin.florian@orange.fr V r.-v.

DOM. DE VILLARGEAU Sans complexe 2012 ★

| 5 000 | 🍾 | 8 à 11 € |

Depuis qu'ils ont commencé en 1991 à défricher un plateau aux sols d'argile à silex pour y planter de la vigne, les frères Jean-Fernand et François Thibault – auxquels est venu se joindre Marc, fils du premier – ont fait la renommée du domaine de Villargeau (22 ha).

Les arômes de fruits jaunes bien mûrs donnent, dès le premier nez, une impression de richesse. Ils sont égayés de notes florales et fumées. Rond et gras, le palais se termine sur une jolie note saline. Plein et équilibré, ce 2012 a du relief. ⌛ 2014-2017 🍷 merlu au beurre blanc

🔑 GAEC Thibault, allée des Noyers, Villargeau, 58200 Pougny, tél. 03 86 28 23 24, info@domaine-villargeau.fr V r.-v.

DOM. DE VILLEGEAI Frénésie 2013 ★★

| 4 500 | 🍾 | 5 à 8 € |

Habitués du Guide, avec plusieurs coups de cœur à leur actif, les frères Quintin à la tête de ce domaine de 10 ha depuis 1991 accueillent leurs clients dans une superbe cave voûtée en pierre de taille apparente datant de la fin du XIXᵉs.

D'un rose soutenu à reflets argentés, ce vin délivre ses arômes par petites touches. Tout en finesse et discrétion au départ, il s'ouvre à l'agitation sur des nuances fruitées et gourmandes (fraise des bois). Plein, vineux et complexe au palais, il s'étire en une longue finale poivrée. Un rosé de gastronomie. ⌛ 2014-2015 🍷 poulet tandoori ■ Dom. Quintin Cuvée du châlet 2012 ★★ (4 000 b.) : arômes fondus de griotte et de vanille, palais dense, riche et bien structuré. ⌛ 2014-2015

🔑 SCEA Quintin Frères, Villegeai, 58200 Cosne-Cours-sur-Loire, tél. 03 86 28 31 77, quintin.francois@wanadoo.fr V t.l.j. 8h30-12h 13h30-16h30; sam. dim. sur r.-v.

CÔTES-D'AUVERGNE

• Superficie : 258 ha • Production : 10 549 hl (90 % rouge et rosé)

Très vaste jusqu'à la crise phylloxérique, le vignoble des côtes-d'auvergne a accédé à l'AOVDQS en 1977, puis à l'AOC en 2011. Qu'ils soient issus de vignobles des puys, en Limagne, ou de vignobles des monts (dômes), en bordure orientale du Massif central, les vins d'Auvergne rouges et rosés proviennent du gamay cultivé ici de longue date, ainsi que du pinot noir. Le chardonnay produit quelques blancs. Dans les crus Boudes, Chanturgue, Châteaugay, Corent et Madargues, les vins peuvent prendre une ampleur et un caractère surprenants.

JACQUES ET XAVIER ABONNAT Boudes Les Rivaux 2013 ★

| 1 300 | 🍾 | 5 à 8 € |

Épaulé par son fils depuis 2007, Jacques Abonnat s'est installé en 1992 à Chalus, village pittoresque où mourut Richard Cœur de Lion en 1199 d'une flèche tirée depuis le château. Le vignoble couvre 6,5 ha.

Cette cuvée porte la marque de la concentration des raisins liée au millerandage. Le nez intense et généreux délivre de jolis arômes de cerise agrémentés d'une touche poivrée. On découvre ensuite les fruits confiturés et une pointe mentholée dans une bouche raffinée et bien structurée. ⌛ 2014-2017 🍷 truffade

🔑 Cave Abonnat, pl. de la Fontaine, 63340 Chalus, tél. 06 60 21 57 72, cave.abonnat@orange.fr V r.-v.

Ⓑ YVAN BERNARD Les Dômes 2013 ★

| 9 000 | 🍾 | 5 à 8 € |

Montpeyroux, commune classée parmi les « plus beaux villages de France », a été bâtie sur une butte d'arkose qui surplombe la vallée de l'Allier. C'est ici qu'Yvan Bernard installé en 2002 conduit en bio son domaine de 8 ha.

Cette cuvée 80 % gamay et 20 % pinot noir issue de deux terroirs (arkose et basalte) dévoile un joli nez de fruits rouges épicés. La bouche souple est soutenue par des tanins fondus et se prolonge sur des notes d'épices douces. ⌛ 2014-2017 🍷 steak au poivre

🔑 Yvan Bernard, pl. de la Reine, 63114 Montpeyroux, tél. 06 84 11 49 88, bernard_corent@hotmail.com V r.-v.

BONJEAN Châteaugay Cuvée Gabin 2012 ★

| 8 000 | 🍾 | 5 à 8 € |

Stéphane Bonjean, diplômé en « viti-œno » et héritier de six générations de vignerons, dirige depuis 2003 ce domaine familial de 5 ha.

Cette cuvée a été vinifiée lentement en macération carbonique. Il en résulte un vin gourmand aux arômes de fraise agrémentés d'épices. Le palais tendre et acidulé, et étayé de tanins soyeux est marqué en finale par un retour de la fraise et par un soupçon de figue. Un 2012 élégant et généreux. ⌛ 2014-2017 🍷 magret de canard aux figues

GAEC Bonjean, 88, rue du Clos, 63112 Blanzat, tél. 04 73 87 90 50, stephanebonjean@yahoo.fr
V r.-v.

NOËL BRESSOULALY Cuvée Albane 2012

■ | 2 000 | | 5 à 8 €

Conduit par Noël Bressoulaly, ce petit domaine de 4,5 ha, dont les origines remonteraient à la fin du XVIᵉs., est très attaché au patrimoine : un cuvage typique de l'époque et la présence sur l'exploitation du Conservatoire des anciens cépages d'Auvergne.

Cette cuvée fait honneur à Albane, la petite-fille de Noël Bressoulaly. En robe rouge cerise intense, elle libère des arômes de fruits rouges et noirs agrémentés de notes épicées. S'y ajoutent des nuances vanillées dans une bouche souple et de bonne longueur. ⌛ 2014-2017 🍷 coq au vin

Noël Bressoulaly, 4, imp. du Grand-Puy, 63118 Cébazat, tél. 04 73 24 18 01, n.bressoulaly@wanadoo.fr V r.-v.

A. CHARMENSAT 2013 ★★

■ | 4 500 | | 5 à 8 €

Installée dans la vallée des Saints appelée aussi le « Colorado auvergnat », cette exploitation a vu se succéder cinq générations depuis sa création en 1850. Les vignes couvrent 9 ha et sont exposées plein sud ; certaines, centenaires, sont cultivées en terrasses.

Cette cuvée issue de gamay (80 % des vignes ont plus de cent ans) revêt une belle robe saumon limpide. Des senteurs puissantes de litchi et de bonbon anglais ravissent le nez. Le palais offre une agréable fraîcheur et une finale abricotée. Un vin friand, gourmand et gouleyant. ⌛ 2014-2015 🍷 salade composée

EARL Charmensat, rue du Coufin, 63340 Boudes, tél. 04 73 96 44 75, cavecharmensat@orange.fr
V t.l.j. sf dim. 9h-12h 14h-18h30

DESPRAT La Légendaire En hommage à Jean Desprat 2012 ★

■ | 19 000 | | 8 à 11 €

Pierre Desprat représente la quatrième génération de négociants à la tête de cette maison auvergnate fondée en 1885. Jean, son grand-père, découvrit qu'enfouir le vin dans les hêtraies d'altitude contribuait à sa bonification. Le domaine couvre 180 ha.

Vieilli six mois en fût de chêne, ce vin est affiné six mois à 1 200 m d'altitude dans un buron cantalien. Complexe, il s'exprime sur des nuances de tabac, de vanille et de cerise acidulée. ⌛ 2014-2018 🍷 terrine de campagne

Desprat Vins, 10, av. Jean-Baptiste-Veyre, 15000 Aurillac, tél. 04 71 48 25 16, desprat.vins@wanadoo.fr t.l.j. sf dim. 8h-12h 14h-19h

DOM. DE LACHAUX Chardonnay 2013 ★★

■ | 2 500 | | 5 à 8 €

Thierry Sciortino est depuis 1998 à la tête de ce domaine de 6 ha. C'est dans une belle bâtisse en pierre d'arkose, avec une jolie vue sur le puy du Sancy, que le vigneron accueille ses clients.

Cette cuvée de chardonnay a ravi le jury. En robe jaune pâle à reflets argentés, elle dévoile un nez élégant et raffiné d'agrumes agrémenté de notes florales. La bouche, tendre et soyeuse, offre une belle finale acidulée. Un vin équilibré. ⌛ 2014-2017 🍷 truite aux amandes ■ Corent La Vigne de Nicolas 2013 (4 500 b.) : un vin agréable aux discrètes notes florales. ⌛ 2014-2015

GAEC du Dom. de Lachaux, 1, chem. du Domaine, Lachaux, 63270 Vic-le-Comte, tél. 06 64 18 48 84, thsciortino@aol.com V r.-v.
Thierry et Yolande Sciortino

♥ BENOÎT MONTEL Châteaugay Vieilles Vignes 2012 ★★

■ | 4 000 | | 8 à 11 €

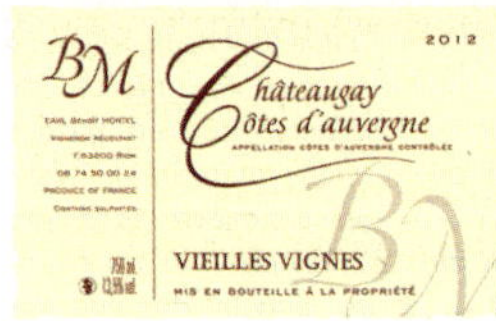

Après des études au lycée viticole de Beaune suivies de quatre ans de vinification à Puligny-Montrachet, Benoît Montel a créé son propre domaine en 1999. Son vignoble de 10 ha dispersé sur quatre crus s'étend de Riom à Clermont-Ferrand.

Benoît Montel a obtenu un coup de cœur en 2009 pour son blanc. Cette année, c'est son rouge qui a charmé le jury. Ce gamay est issu d'une sélection de vieilles vignes centenaires plantées sur de la roche granitique. Vêtu d'une robe grenat profond, il libère de puissantes notes de feuille de cassis et de myrtille cuite agrémentées d'une pointe de café. Cette complexité se retrouve dans une bouche parfaitement charpentée, intense et longue. ⌛ 2014-2020 🍷 magret de canard ■ Madargues 2013 ★ (5 à 8 € ; 6 000 b.) : un vin aux arômes de fruits rouges frais agrémentés d'une pointe épicée, soutenu par des tanins soyeux. ⌛ 2014-2018

EARL Benoît Montel, 6, rue Henri-et-Gilberte-Goudier, ZI La Varenne, 63200 Riom, tél. 06 32 00 81 05, benoit-montel@orange.fr V r.-v.

DAVID PÉLISSIER Boudes Un Boudes plaisir À mon grand-père 2012

■ | 1 500 | | 8 à 11 €

Établi dans le village vigneron de Boudes à proximité de l'église romane, David Pélissier est à la tête d'une propriété de 4,3 ha fondée en 1919, qui lui a été transmise par son père Michel en 1999.

Cet assemblage gamay-pinot noir élevé en fût pendant un an libère des arômes de grillé et de fruits à l'alcool, et dévoile un palais généreux par ses saveurs de fraise cuite. Encore jeune, il ne demande qu'à s'ouvrir. ⌛ 2015-2020 🍷 saint-nectaire fermier

David Pélissier, rue de Dauzat, 63340 Boudes, tél. 04 73 96 43 45, dfpelissier@hotmail.com
V t.l.j. 8h-12h 14h-19h

Ⓑ GILLES PERSILIER Celtil Vieilles Vignes 2012 ★

■ | 3 000 | | 5 à 8 €

Depuis 1995, Gérard Persilier, ancien technicien agricole, est installé à Gergovie, un haut lieu de l'histoire de la Gaule. Il exploite en bio un vignoble de 7 ha.

Ce vin est né de vieilles vignes plus que centenaires. En robe rouge intense, il dévoile un nez séduisant agrémenté d'épices et de nuances animales, prélude à une bouche structurée, généreuse et boisée (dix mois en fût). ⧗ 2014-2020 🍴 bœuf mijoté

Gilles Persilier, 27, rue Jean-Jaurès, 63670 Gergovie, tél. 06 77 74 43 53, gilles-persilier@wanadoo.fr V r.-v.

MARC PRADIER Chardonnay 2013

	4 200	- de 5 €

Après avoir travaillé quinze ans avec son frère, Marc Pradier reprend en 2005 l'exploitation créée en 1945 par son père Jean. Aujourd'hui, il conduit seul ce domaine de 4,5 ha, de la vigne à la commercialisation.

En robe jaune pâle à reflets gris, ce chardonnay libère des parfums de fleurs blanches et de fruit de la Passion agrémentés d'une note boisée bien fondue. En bouche, on retrouve les arômes de fruits exotiques soutenus par des agrumes. Un vin de belle intensité, souple et frais. ⧗ 2014-2015 🍴 filet de sandre en papillote

Marc Pradier, 9, rue Saint-Jean-Baptiste, 63730 Les Martres-de-Veyre, tél. 04 73 39 86 41, pradiermarc@orange.fr V sam. 8h30-12h

DOM. ROUGEYRON
Châteaugay Cuvée Bousset d'or 2012

	20 000	- de 5 €

Propriété installée sur le site de la Crouzette, nom donné à une petite croix érigée au début du XVIIIᵉs. En 2012, David Rougeyron s'est associé à son père Roland pour poursuivre la tradition viticole sur ces terres de cendres volcaniques. Le domaine couvre 14,3 ha.

Discret au premier nez, ce gamay libère à l'aération des notes fruitées et épicées. Le palais, sur le fruit, est franc et tendre, étayé de tanins soyeux. ⧗ 2014-2016 🍴 aiguillettes de poulet au paprika

Dom. Rougeyron, 27, rue de la Crouzette, 63119 Châteaugay, tél. 04 73 87 24 45, domaine.rougeyron@terre-net.fr V r.-v.

SAINT-VERNY
Privilège Élevé en fût de chêne 2011 ★★

	12 000		8 à 11 €

Le vignoble de cette coopérative se situe intégralement dans le département du Puy-de-Dôme. Grâce à ses 180 ha, elle fournit une grande partie des côtes-d'auvergne et figure régulièrement en bonne place dans le Guide.

Cet assemblage mi-gamay mi-pinot noir élevé en fût durant un an arbore une robe rouge cerise aux reflets tuilés. Au nez, il libère de puissants arômes d'épices et de cuir. La bouche se révèle ample, charnue et bien charpentée, portée par des tanins soyeux et un boisé ajusté. ⧗ 2014-2020 🍴 plateau de fromages d'Auvergne ■ L'Impromptu de Saint-Verny 2012★ (5 à 8 €; 20 000 b.): un gamay généreux sur les fruits confiturés agrémentés de notes de pruneau et de vanille. ⧗ 2014-2020

Selia Saint-Verny, 2, rte d'Issoire, 63960 Veyre-Monton, tél. 04 73 69 60 11, olivier.mignard@saint-verny.com V r.-v.

ANNIE SAUVAT
Chardonnay Prestige Élevage bois 2012 ★

	3 000		5 à 8 €

Ce vignoble créé en 1960 est implanté dans la vallée des Saints. C'est en 1987 qu'Annie Sauvat accompagnée de Michel, son époux, a rejoint son père Claude sur ce domaine de 10 ha.

Ce chardonnay vendangé à la main arbore une robe dorée. Il libère des parfums d'agrumes et de fleurs séchées soulignés par un fin boisé. Franc, souple et frais, le palais confirme les arômes du nez. ⧗ 2014-2017 🍴 apéritif

Dom. Annie Sauvat, rte de Dauzat, 63340 Boudes, tél. 04 73 96 41 42, sauvat@terre-net.fr V t.l.j. sf dim. 9h-12h 14h-19h

LA TOUR DE PIERRE Corent 2013 ★★

	4 000		5 à 8 €

Après dix ans d'expérience dans le Languedoc et en Provence, Pierre Deshors, ingénieur agronome et œnologue, revient en 2007 dans sa région d'origine pour reprendre cette exploitation de 7,5 ha. Sa cave est située au cœur du village.

Ce rosé de pressurage direct, d'une belle couleur saumon aux reflets gris, s'ouvre sur des notes complexes de fruits et de fleurs. La bouche, très équilibrée, est portée par des saveurs citronnées et acidulées. Très fin et élégant. ⧗ 2014-2015 🍴 grillades ■ Magma 2012 (8 à 11 €; 3 000 b.): en robe rouge grenat, ce vin présente un nez intense de notes torréfiées et de fruits noirs, et des tanins encore un peu jeunes. ⧗ 2015-2018

Pierre Deshors, 10, rue Neraud, 63450 Le Crest, tél. 06 32 86 23 67, pdeshors@yahoo.fr V r.-v.

CÔTE-ROANNAISE

• Superficie : 220 ha • Production : 10 000 hl

Des sols d'origine éruptive ; des vignes faisant face à l'est, au sud et au sud-ouest, sur les pentes d'une vallée creusée par une Loire encore adolescente : voilà un milieu naturel qui appelle le gamay. Quatorze communes situées sur la rive gauche du fleuve produisent d'excellents rouges et de frais rosés, plus rares. Des vins originaux de caractère qui intéressent les chefs les plus prestigieux de la région. On évoque les traditions viticoles de la Côte roannaise au musée Alice-Taverne d'Ambierle.

ALAIN BAILLON Rose sec 2013 ★

	4 000	- de 5 €

Alain Baillon, bien connu des lecteurs du Guide, est à la tête d'un domaine de 6,8 ha depuis 1989. Il est établi à Ambierle, cité historique dont l'abbaye bénédictine fut dédiée à saint Martin.

Alain Baillon a choisi de garder ses vieilles vignes, la moyenne d'âge de ses ceps dépassant les cinquante ans. C'est ainsi que la qualité du raisin éclate dans ce rosé à la robe saumonée, au nez de groseille et à la bouche grasse et ronde. Un gamay de terroir bien vinifié, qui ne cède pas au goût « techno ». ⧗ 2014-2017 🍴 quenelles de brochet

Alain Baillon, Montplaisir, 42820 Ambierle, tél. 04 77 65 65 51, alain.baillon.42@free.fr V r.-v.

MICHEL DÉSORMIÈRE ET FILS Les Têtes 2013 ★

■	6 500	5 à 8 €

Ce domaine familial a été créé en 1974 par Michel Désormière. Ses fils Éric et Thierry, aux commandes depuis 1996, ont développé la production et disposent aujourd'hui de 16,1 ha de vignes.

Cette cuvée, valeur sûre du domaine, est une sélection des meilleures parcelles plantées de vieilles vignes (75 ans) et éraflées à 75 %. Le vin offre une robe violacée et un nez de poivre blanc, de pêche de vigne et de fraise. La bouche est dense, très équilibrée, bâtie sur des tanins solides sans sécheresse. ⧗ 2016-2019 🍴 saucisson cuit dans le gène

🔑 Dom. Désormière, Le Perron, 42370 Renaison, tél. 04 77 64 48 55, domaine.desormiere@orange.fr V t.l.j. 8h-12h 14-19h; dim. sur r.-v.

VINCENT GIRAUDON Éponyme 2012 ★

■	3 500	⦶	5 à 8 €

Après des études de viticulture, d'œnologie et de commerce du vin, Vincent Giraudon s'installe en 2004 sur 0,5 ha de vignes en location. Aujourd'hui, son vignoble, dont une partie est plantée en aligoté depuis 2009, couvre 4 ha.

Ce vin affiche une robe pourpre intense et libère des arômes discrets de cerise et de framboise. En bouche, il se révèle net et frais. La finale déroule des tanins souples déjà plaisants, mais on prendra le temps de laisser vieillir ce vin pour qu'il développe plus d'arômes. ⧗ 2015-2019 🍴 bœuf bourguignon

🔑 Vincent Giraudon, 15, rue Robert-Barathon, 42370 Renaison, tél. 04 77 64 25 34, vincentgiraudon@free.fr V r.-v.

DOM. DE LA PAROISSE
Cuvée à l'ancienne 2013 ★★

■	7 000	⦶	5 à 8 €

Ce vieux vignoble de 7 ha créé en 1610 est bien connu des lecteurs, et ses vins sont souvent bien placés. Jean-Claude Chaucesse, représentant la treizième génération, est à la tête de l'exploitation depuis 1959.

Cette cuvée fait l'objet d'un pigeage au pied comme jadis. Le vin offre une robe rubis, un nez de fruits rouges légèrement épicé, une bouche bien charpentée et charnue. Un rouge de caractère déjà très accorte. ⧗ 2014-2019 🍴 poulet à la crème

🔑 Jean-Claude Chaucesse, La Paroisse, 42370 Renaison, tél. 04 77 64 26 10, la.paroisse@laposte.net V r.-v.

Ⓑ **DOM. DES POTHIERS** Domaine 2013 ★★

■	10 000	🛢	8 à 11 €

Cette propriété familiale exploitée en polyculture-élevage réunit depuis 2005 Romain Paire, le fils, et ses parents Georges et Denise. Le domaine, qui compte plus de 14 ha de vignes, est conduit en bio et en biodynamie depuis 2011.

Le vin d'un grenat profond déploie un nez de fruits noirs (cassis, mûre), de fraise et de réglisse. La bouche, souple et friande, est soutenue par d'élégants tanins épicés. Un vin ample et classique. ⧗ 2014-2019 🍴 entrecôte braisée

🔑 Dom. des Pothiers, Les Pothiers, 42155 Villemontais, tél. 04 77 63 15 84, contact@domainedespothiers.com V t.l.j. 9h-12h 14h-19h; dim. sur r.-v.

DOM. DE LA ROCHETTE Les Vieilles Vignes 2013

■	6 000	5 à 8 €

Dans cette famille, on est viticulteur de père en fils depuis 1630. Le domaine (13 ha) acheté en 1939 est conduit depuis 1984 par Pascal Néron, rejoint en 1991 par son frère Olivier et en 2013 par Antoine, le fils de Pascal.

Ce vin arbore une robe grenat et libère des arômes de mûre et d'épices douces. Le palais est soyeux, adossé à des tanins onctueux et élégants. ⧗ 2014-2017 🍴 poulet basquaise

🔑 GAEC de la Rochette, La Rochette, 42155 Villemontais, tél. 04 77 63 10 62, antoine.neron@orange.fr V t.l.j. 8h-19h Ⓑ 🔑 Néron

DOM. SÉROL Les Millérands 2012 ★

■	7 500	🛢	8 à 11 €

Stéphane Sérol a pris en 1996 la tête de ce domaine de 27 ha, dont les origines remontent à 1700 et que son père Robert a fait connaître dès 1971 en pratiquant la vente directe en bouteilles.

Cette cuvée libère les fruits rouges (griotte, groseille) et des notes de pivoine très caractéristiques du domaine. Franc en attaque, le palais offre harmonie et gourmandise. ⧗ 2014-2017 🍴 saucisson cuit ■ Les Vieilles Vignes 2013 ★ (3 500 b.) : un nez de pêche de vigne, de myrtille et d'épices douces, et une bouche souple et fraîche étayée de tanins qui devraient s'arrondir rapidement. ⧗ 2014-2017

🔑 EARL Dom. Sérol, Les Estinaudes, 42370 Renaison, tél. 04 77 64 44 04, contact@domaine-serol.com V t.l.j. sf dim. 9h-12h 14h-19h

CÔTES-DU-FOREZ

• Superficie : 168 ha • Production : 7 433 hl

C'est à une somme d'efforts intelligents et tenaces que l'on doit le maintien de ce vignoble abrité par les monts du Forez, qui s'étend sur dix-sept communes autour de Boën-sur-Lignon (Loire). Le climat y est semi-continental, les terrains sont tertiaires au nord et primaires au sud. Rosés et rouges, secs et vifs, les vins proviennent exclusivement du gamay et sont à consommer jeunes. Ils ont été reconnus en AOC en 2000.

CLOS DE CHOZIEUX Vieilles Vignes 2012 ★

■	6 000	🛢	5 à 8 €

Jean-Luc et Yves Gaumon ont pris la suite de leurs parents en 2001, sur 3 ha de vignes. Les deux hommes ont replanté jusqu'à atteindre 9 ha, en diversifiant les cépages.

Ce vin affiche une robe grenat. Minéral et épicé au nez, il offre une bouche friande, équilibrée et plaisante. ⧗ 2014-2017 🍴 saucisson lyonnais

🔑 Jean-Luc et Yves Gaumon, Chozieux, 42130 Leigneux, tél. 04 77 24 38 54, clos.chozieux@wanadoo.fr V t.l.j. 9h-12h 14h-18h30; f. dim. janv.-fév.

DOM. DE LA PIERRE NOIRE
Cuvée des Genettes 2013

■	4 500	🛢	- de 5 €

Maxime Gachet s'est installé en 1993. Il conduit un domaine de 4 ha.

Ce vin simple et gourmand libère des arômes plaisants de petits fruits rouges et offre une bouche vive et croquante. À boire sur le fruit. 2014-2016 saucisse au chou

Gachet, 890, rte de Margerie, 42610 Saint-Georges-Haute-Ville, tél. 06 33 41 18 86, domainedelapierrenoire@wanadoo.fr V t.l.j. sf dim. 9h-12h 15h-19h

DOM. DU POYET Les Senelles 2012

■	3 000		5 à 8 €

Jean-François Arnaud a repris cette exploitation de 8 ha en 1996, après une formation en viticulture-œnologie. Il pratique un égrappage partiel de ses cuvées de rouge afin d'allier le fruit aux tanins.

Sa cuvée des Senelles représente soixante ares plantés de gamay de trente-cinq ans. Elle livre un vin rubis au nez fruité et pimpant, et à la bouche ronde et charnue. 2015-2017 assiette de charcuteries

Dom. du Poyet, 255, rte de Sainte-Anne, 42130 Marcilly-le-Châtel, tél. 06 71 41 36 46, domainedupoyet@sfr.fr V t.l.j. sf dim. 8h-12h 14h-19h J.-F. Arnaud

TRADITION 2013

■	45 500		- de 5 €

En 1962, une centaine de viticulteurs décident de se réunir pour mettre en commun leurs moyens de production. La cave coopérative est aujourd'hui le principal opérateur du vignoble.

Cette cuvée est née d'un court élevage en cuve pendant trois mois. Elle affiche une robe rubis, un nez de fruits rouges et une bouche acidulée, simple et nette. Un joli « vin plaisir ». 2014-2017 jambon à l'os

Cave des Vignerons foréziens, 72, rte de Montbrison, 42130 Trelins, tél. 04 77 24 00 12, vignerons.foreziens@wanadoo.fr V t.l.j. 9h-12h 14h-18h; dim. 14h-18h

MENETOU-SALON

• Superficie : 473 ha • Production : 10 761 hl (60 % blanc)

Menetou-Salon doit son caractère viticole à la proximité de la métropole médiévale qu'était Bourges; Jacques Cœur y eut des vignes. À la différence de nombreuses régions jadis célèbres pour leurs crus, aujourd'hui disparus, ce secteur du Berry a gardé son vignoble, planté en coteaux. Menetou-Salon partage avec son prestigieux voisin Sancerre des sols favorables et des cépages nobles: sauvignon blanc et pinot noir sur kimméridgien. D'où ces blancs frais et épicés, ces rosés délicats et fruités, ces rouges harmonieux et bouquetés, à boire jeunes.

DOM. DE BEAUREPAIRE Cuvée du Grand Argentier 2012 ★

■	2 000		5 à 8 €

Créée en 1989 par le père de Jean-François Gilbon, cette exploitation s'étend aujourd'hui sur 13 ha de vignes. Les clients sont accueillis dans une salle aménagée dans un ancien bâtiment de ferme joliment restauré.

Profonde et dense, la teinte est cerise noire. Intense et non dénué de finesse, le nez associe des notes de fruits rouges et de poivre, et laisse aussi transparaître le boisé de son élevage. Large et puissante, la bouche offre des tanins soyeux et une finale chaleureuse. 2017-2022 côte de bœuf ■ **2013 (8 à 11 €; 50 000 b.)**: jolis arômes floraux et citronnés, bonne vivacité. 2014-2017

Cave Gilbon, Dom. de Beaurepaire, 18220 Soulangis, tél. 02 48 64 41 09, cave-gilbon@wanadoo.fr V t.l.j. sf sam. dim. 9h-12h 14h-18h; f. mi-août

DOM. BELLEVILLE 2013

■	n.c.	5 à 8 €

Alexandre et Fanny Belleville se sont installés en 2010, à la suite d'Alain Belleville, sur cette propriété de 6 ha de vignes.

Fermé au premier abord, ce 2013 s'ouvre peu à peu sur des notes de fruits au sirop. Une attaque franche, une acidité équilibrée, un retour aromatique sur les agrumes : ce menetou-salon est net et précis. 2014-2017 asperges sauce hollandaise

Belleville, 2, rue de la Vieille-Grange, 18220 Aubinges, tél. 02 48 64 88 95, alexandrebelleville@sfr.fr V t.l.j. 9h-12h 14h-19h; sam. dim. sur r.-v.

B DE BERTIN les Vignes nobles 2013 ★

■	17 000	8 à 11 €

Installé sur les terres de Thauvenay depuis plus de deux siècles, ce domaine (32 ha) abrite une cave voûtée en pierre du Morvan. Éric Louis cultive ses vignes sur les coteaux sud-est de l'aire d'appellation sancerre, constitués de silex et d'argilo-calcaires.

Ce 2013 dégage d'intenses senteurs de fruits exotiques (ananas, orange) mêlées de notes florales (lilas, violette). En bouche, les arômes s'intensifient. Une agréable acidité confère au vin du croquant. En finale, les notes d'orange se prolongent. 2014-2018 chevrotin

SARL Éric Louis, 26, rue de la mairie, 18300 Thauvenay, tél. 02 48 79 91 46, luce@sancerre-ericlouis.com V t.l.j. 9h-12h30 13h30-19h

RENÉ CARROI La Chandelière 2013 ★★

■	36 000		8 à 11 €

René Carroi est une marque de la Maison Saget-La Perrière, important négociant établi à Pouilly-sur-Loire.

Ce vin séduit par un nez de grande élégance qui marie senteurs exotiques (litchi, fruit de la Passion, agrumes) et toute une gamme de fines notes florales et fruitées. Une belle attaque, une acidité prometteuse : ce 2013 est d'une remarquable harmonie dans les saveurs et d'une grande puissance. 2014-2019 langoustines rôties aux agrumes

René Carroi, BP 26, 58150 Pouilly-sur-Loire, tél. 03 86 39 56 60

DOM. DE CHAMPARLAN 2013

■	15 000		5 à 8 €

Établis à Humbligny, les jeunes vignerons David Girard (installé en 2003) et son frère Luc (2011) conduisent un vignoble de 4,5 ha en phase de développement :

nouvelles plantations, nouveau chai de vinification et d'élevage.

Discret mais fin, le nez libère d'élégantes notes de fleurs et de fruits blancs. Incisif en attaque, il manifeste une nervosité persistante qui lui donne du caractère. ⌛ 2014-2017 🍷 plateau de fruits de mer

🔑 Dom. de Champarlan, Champarlan, 18250 Humbligny, tél. 02 48 69 58 44 V r.-v.
🔑 Girard Frères

CHÂTENOY Tradition 2012 ★

■ | 60 000 | | 11 à 15 €

Depuis plus de quatre siècles, les Clément cultivent la vigne à Menetou-Salon. Sébastien fut le premier vigneron de la lignée. En digne successeur, Pierre travaille ses cuvées sur un domaine de 60 ha plusieurs fois mentionné dans le Guide.

Les épices, la réglisse et la vanille apparaissent dès le premier nez, puis les fruits rouges (cerise burlat) se révèlent. En bouche, la douceur de la chair enrobe bien les tanins du raisin et du bois. L'ensemble est très équilibré. ⌛ 2015-2019 🍷 filet mignon de porc à la moutarde ■ 2013 ★ (8 à 11 € ; 250 000 b.) : des arômes élégants (fleurs, fruits frais, amande), du volume et de la fraîcheur. ⌛ 2014-2017

🔑 Isabelle et Pierre Clément, Dom. de Châtenoy, 18510 Menetou-Salon, tél. 02 48 66 68 70, info@clement-chatenoy.com V t.l.j. sf dim. 8h-12h 13h30-17h30

CHAVET 2013 ★

■ | 13 000 | | 8 à 11 €

La famille Chavet est une lignée de vignerons de renom, dont l'histoire remonte au XVIIIᵉs. Trois générations travaillent aujourd'hui de concert sur un vignoble de 25 ha.

Un beau fruité (orange, pêche de vigne) domine l'olfaction agrémentée de notes florales (muguet, pivoine) qui apportent de la complexité. Souple en attaque, la bouche est tendre et onctueuse. En finale, les notes de mirabelle persistent. Un menetou-salon bien mûr. ⌛ 2014-2019 🍷 rôti de porc au miel ■ 2013 ★ (13 000 b.) : un nez de petits fruits rouges et d'épices, une bouche à l'agréable vivacité. ⌛ 2016-2019 ■ 2013 ★ (60 000 b.) : un bon fruité et des tanins concentrés qui doivent se fondre. ⌛ 2016-2019

🔑 G. Chavet et Fils, GAEC des Brangers, 18510 Menetou-Salon, tél. 02 48 64 80 87, contact@chavet-vins.com V t.l.j. sf dim. 7h30-12h 13h30-18h

DOM. DE COQUIN 2013 ★

■ | 70 000 | | 5 à 8 €

Jean-Baptiste Audiot, l'aïeul de Francis, a fondé au début des années 1920 ce domaine rattaché au Moyen Âge au château éponyme, aujourd'hui disparu. Les visiteurs sont accueillis dans un ancien chai datant du XIXᵉs. Le vignoble couvre 14 ha.

Les arômes ne se dévoilent pas immédiatement ; l'aération libère des notes de fleurs et de fruits à chair blanche. Charnue et soutenue par une juste acidité, la bouche offre un beau volume. Les notes fruitées reviennent (pêche de vigne, agrumes), intenses et persistantes, dans une longue finale. Un vin bien construit. ⌛ 2014-2018 🍷 crottin de Chavignol ■ 2013 ★ (30 000 b.) : élégants arômes fruités et épicés, structure fine et harmonieuse. ⌛ 2014-2015

🔑 Francis Audiot, Dom. de Coquin, 18510 Menetou-Salon, tél. 02 48 64 80 46, domainedecoquin@orange.fr V t.l.j. sf dim. 9h-12h 14h-18h ; f. 15-31 août

♥ NICOLAS GIRARD 2013 ★★

■ | 10 000 | | 5 à 8 €

Nicolas Girard a repris en 2006 cette petite exploitation de 3 ha sur laquelle il produit du menetou-salon et du sancerre.

Une belle palette de senteurs intenses et élégantes dessine une olfaction complexe : raisin frais, fruits exotiques (kiwi), agrumes (orange sanguine). La bouche révèle de la concentration, et la vivacité bien présente se fond dans une matière charnue. Puissance, justesse, persistance, un superbe menetou-salon. ⌛ 2014-2019 🍷 pavé de cabillaud sauce verte

🔑 Nicolas Girard, Les Brosses, 18300 Veaugues, tél. 06 83 45 32 75, nicolasgirard7@yahoo.fr V t.l.j. sf dim. 9h-17h30

ANTHONY GIRARD La Clef du récit 2013 ★

■ | 2 400 | | 11 à 15 €

Après avoir acquis une solide expérience sur le domaine familial du Sancerrois et dans plusieurs pays viticoles, Anthony Girard a acheté en 2012 cette propriété qui couvre 8,5 ha.

Les parfums sont intenses et complexes, surtout composés de senteurs florales et végétales. Ronde et tendre, la bouche est dominée par des notes fruitées soulignées par une fraîcheur bien assise. ⌛ 2014-2018 🍷 palourdes farcies

🔑 Anthony Girard, Recy, 18300 Vinon, tél. 06 07 66 93 29, laclefdurecit@gmail.com V r.-v.

DOM. DU LORIOT 2013

■ | 12 000 | | 8 à 11 €

Propriétaires en Sancerrois, François et Jean-Marie Cherrier ont saisi l'opportunité de s'implanter à Menetou-Salon en 2010, en reprenant les 10 ha du domaine Loriot.

Le nez exprime des notes variétales (buis, genêt) agrémentées de nuances d'agrumes. Vif, voire nerveux, le palais reste équilibré. Avec une finale acidulée, c'est un tableau classique du sauvignon à Menetou-Salon. ⌛ 2014-2017 🍷 terrine de saumon

🔑 SCEV Les Chézeaux, 2, rue du Champ-de-Pierrette, 18510 Menetou-Salon, tél. 02 48 79 34 93, cherrier@easynet.fr V r.-v.

DOM. DE LOYE 2013

■ | 62 000 | | 8 à 11 €

Établi à Loye depuis 1970, Jean-Bernard Moindrot a transmis le flambeau à son fils Valentin en 1999, aux

commandes d'un vignoble de 15 ha créé par le grand-père, vigneron et... meunier.

Des arômes d'agrumes (citron vert) et des notes de buis émoustillent joliment l'olfaction. Dès l'attaque, une sensation de fraîcheur aux accents d'agrumes donne le ton du palais, jusqu'en finale. ⧗ 2014-2017 🍷 apéritif

Bernard et Valentin Moindrot, Dom. de Loye, 18220 Morogues, tél. 02 48 64 35 17, scev.domaine.loye@terre-net.fr V t.l.j. sf dim. 9h30-12h 14h-18h

♥ JOSEPH MELLOT Clos du pressoir 2012 ★★

■	10 000		8 à 11 €

L'histoire de la maison Joseph Mellot débute en 1513 à Sancerre, avec Pierre-Étienne Mellot qui pose les fondations d'un petit vignoble. Catherine Corbeau-Mellot préside aujourd'hui aux destinées de cet important négoce, qui rayonne sur l'ensemble des vignobles du Centre et de la vallée de la Loire, et possède aussi plusieurs domaines.

Ce 2012 s'affiche dans une robe d'un beau rubis intense. D'abord réservé, le nez libère à l'aération des arômes fins et bien mariés de fruits rouges et d'épices (poivre, vanille, curcuma). Ronde et bien équilibrée dès l'attaque, la bouche révèle des tanins soyeux qui poussent loin la finale. Un vin racé et de bonne garde. ⧗ 2015-2019 🍷 filet de bœuf

SARL Vignobles Joseph Mellot, rte de Ménétréol, 18300 Sancerre, tél. 02 48 78 54 54, josephmellot@josephmellot.com V t.l.j. 8h15-12h 13h30-17h; sam. dim. sur r.-v. Catherine Corbeau-Mellot

CAVE PRÉVOST 2013

■	8 000		5 à 8 €

Ce domaine produit du menetou-salon depuis 1959, année d'obtention de l'appellation. Maude Prévost (la fille) et Nicolas Jabaudon (le neveu) ont pris la suite de Gérard Prévost qui l'avait relancé à la fin des années 1970.

Cette cuvée s'affiche en robe pâle légèrement saumonée. Le nez exprime avec retenue des nuances de fruits cuits (pêche au sirop). Frais en attaque, le palais offre ensuite du gras et de la douceur, pour finir tout en légèreté. ⧗ 2014-2015 🍷 grillades

Cave Prévost, 3, rte de Quantilly, 18110 Vignoux-sous-les-Aix, tél. 02 48 64 68 36, contact@cave-prevost.com V t.l.j. sf dim. 9h-18h

LE PRIEURÉ DE SAINT-CÉOLS 2013 ★

■	57 000		5 à 8 €

Pierre Jacolin a créé ce vignoble de toutes pièces en 1986. Il l'a développé depuis, tant en surface qu'en notoriété. Le chai est installé dans les bâtiments d'un ancien prieuré bénédictin dépendant de l'abbaye de La Charité-sur-Loire.

Le nez, sur un fond variétal dominé par le buis, dévoile d'élégantes nuances de zeste d'orange et de pêche de vigne. Puissant en attaque, il révèle une belle vivacité en milieu de bouche et en finale. ⧗ 2014-2017 🍷 lasagnes au bar et fenouils

Pierre Jacolin, Le Prieuré de Saint-Céols, 18220 Saint-Céols, tél. 02 48 64 40 75, domaine.jacolin@gmail.com V t.l.j. 8h-19h; dim. sur r.-v.

DOM. JEAN TEILLER 2013 ★

■	8 000		8 à 11 €

Deux générations contribuent au succès de ce domaine familial de 17 ha, chaque année en bonne place dans le Guide : Jean-Jacques et Monique Teiller, les parents, Patricia et Olivier Luneau, la fille et le gendre.

Rose à reflets pelure d'oignon, la teinte est pâle. Le nez dévoile de la finesse par ses notes de fleurs et de petits fruits rouges (fraise). La bouche conjugue volume, fraîcheur et longueur sur des nuances de confiserie. ⧗ 2014-2015 🍷 carpaccio de poivrons

Dom. Jean Teiller, 13, rte de la Gare, 18510 Menetou-Salon, tél. 02 48 64 80 71, domaine-teiller@wanadoo.fr V t.l.j. sf dim. 8h30-12h 14h-18h Teiller et Luneau

LA TOUR SAINT-MARTIN Pommerais 2012 ★

■	24 000		11 à 15 €

Valeur sûre de l'appellation menetou-salon, Bertrand Minchin a planté son vignoble de 16,5 ha en 1987. Depuis, le domaine s'illustre régulièrement dans le Guide.

D'une teinte grenat profond, l'apparence de ce 2012 a de l'éclat. Les senteurs forment une belle harmonie : fruits à baies (cassis, fraise), épices, vanille. La structure tannique est encore sévère, ce qui ne nuit ni à son volume ni à sa gourmandise. ⧗ 2015-2019 🍷 perdrix au chou ■ Honorine 2012 ★ (20 à 30 € ; 7 122 b.) : fruité, légères notes boisées, très gras. ⧗ 2015-2019

La Tour Saint-Martin, Saint-Martin-des-Lacs, 18340 Crosses, tél. 02 48 25 02 95, ab.minchin.vins@orange.fr V r.-v.

POUILLY-FUMÉ

• Superficie : 1 237 ha • Production : 60 263 hl

JEAN-PIERRE BAILLY 2013

■	40 000		8 à 11 €

Installé en plein cœur du vignoble de Pouilly-sur-Loire, Jean-Pierre Bailly exploite depuis 1963 cette propriété située en bordure de Loire. Il conduit ses 16 ha en lutte raisonnée, avec son fils Patrice, œnologue.

Ce 2013 révèle de discrètes mais élégantes notes florales (violette, lilas, mauve) et fruitées (zeste de citron, pêche de vigne). Franc en attaque, il fait preuve d'un beau volume. La pêche de vigne domine, la groseille à maquereau apporte de la fraîcheur. Finale longue sur des nuances d'orange amère. ⧗ 2014-2018 🍷 brochet au beurre blanc

Jean-Pierre Bailly, Les Girarmes, 58150 Tracy-sur-Loire, tél. 03 86 26 14 32, domaine.jean-pierre.bailly@wanadoo.fr V r.-v.

CÉDRICK BARDIN 2013 ★

	50 000		5 à 8 €

Cédrick Bardin a acheté ses premières vignes (15 ares) en 1989 à l'âge de dix-huit ans. L'exploitation, qui s'étend aujourd'hui sur 12,5 ha répartis sur les deux rives de la Loire, apparaît régulièrement dans le Guide.

Les arômes se diversifient au fur et à mesure de l'aération. D'abord, le caractère sauvignon l'emporte (buis, bourgeon de cassis). Puis apparaissent d'élégantes senteurs de fleurs, de gingembre et de citron. Une vivacité ajustée vient dynamiser une bouche persistante sur les notes fruitées et mentholées. 2014-2017 pouligny saint-pierre Cuvée des Bernadats 2013 (8 à 11 €; 12 000 b.): nez floral (chèvrefeuille, genêt) et fruité (pêche, abricot), très rond en bouche. 2014-2017

Cédrick Bardin, 12, rue Waldeck-Rousseau, 58150 Pouilly-sur-Loire, tél. 03 86 39 11 24, cedrick.bardin@orange.fr V r.-v.

DOM. DES BERTHIERS Cuvée d'Ève 2012 ★

	20 000		11 à 15 €

Située au cœur du vignoble de Saint-Andelain, à 5 km du château de Tracy, cette propriété ancienne a été reprise en 1995 par la maison Fournier Père et Fils. Le domaine s'appuie sur 15 ha de vignes répartis sur les coteaux de la Loire.

L'élevage en fût est à peine perceptible et donc bien réussi. Les parfums sont intenses et complexes: les fleurs (rose) se mêlent aux fruits (orange, pêche, litchi, fruit de la Passion). Une petite touche grillée sur un fond minéral apporte de l'originalité. Le palais se montre frais et léger, et finit sur une touche boisée juste suggérée. 2014-2017 truite au bleu

Jean-Claude Dagueneau, SCEA Dom. des Berthiers, Les Berthiers, 58150 Saint-Andelain, tél. 03 86 39 12 85, claude@fournier-pere-fils.fr V t.l.j. 14h30-17h30; sam. dim. sur r.-v. Fournier

GILLES BLANCHET 2013 ★

	40 000	5 à 8 €

Ce domaine régulier en qualité est implanté à l'entrée des Berthiers, village vigneron de la commune de Saint-Andelain. Gilles Blanchet, installé en 1991, y cultive un vignoble de 10 ha.

Le nez typé s'exprime avec beaucoup de finesse et de fraîcheur: pêche blanche, pâte d'amandes, poivre, bonbon acidulé. Du volume et une belle tension marquent la bouche. La finale bien présente est dominée par un cocktail d'agrumes (pamplemousse, orange). 2014-2017 millefeuille de saumon Les Champs des plantes 2013 (6 000 b.): arômes assez intenses (groseille), nuances végétales (fenouil) et épicées au nez, vivacité et précision au palais, finale tonique et fruitée. 2014-2017

EARL Gilles Blanchet, 16, rue Saint-Edmond, 58150 Saint-Andelain, tél. 03 86 39 14 03, gilles.blanchet@wanadoo.fr V r.-v.

FRANCIS BLANCHET Kriotine 2013 ★

	5 000		5 à 8 €

Installé au cœur du village du Bouchot, Francis Blanchet perpétue la tradition viticole familiale depuis 1984. Son domaine couvre 9 ha.

Cette cuvée née sur des calcaires durs du Barrois, libère des arômes complexes de pamplemousse, de rhubarbe et de banane écrasée. Souple en attaque, ce 2013 emplit la bouche d'un beau volume. Agrumes, fruits exotiques, fleur de sureau et genêt terminent agréablement la dégustation. 2014-2017 fromages de chèvre Calcite 2013 ★ (35 000 b.): des arômes persistants à dominante d'agrumes, de la rondeur et du gras. 2014-2018

EARL Francis Blanchet, 33, rue Louis-Joseph-Gousse, Le Bouchot, 58150 Pouilly-sur-Loire, tél. 03 86 39 05 90, francisblanchet@orange.fr V t.l.j. 9h-12h 14h-18h; dim. sur r.-v.

BOUCHIÉ-CHATELLIER Argile à S 2013

	20 000		11 à 15 €

La butte de Saint-Andelain, où sont établies la cave et une grande partie du vignoble de la famille Bouchié, constitue l'un des terroirs de prédilection de l'appellation pouilly-fumé. Ce domaine, qui couvre 23 ha, est régulièrement distingué dans le Guide.

Le premier nez est marqué par des arômes très puissants de buis et de bourgeon de cassis. L'aération tend à les dissiper et à dévoiler des senteurs exotiques (fruit de la Passion, ananas). La bouche se révèle fraîche, équilibrée et de bonne longueur. 2014-2017 apéritif

Bouchié-Chatellier, La Renardière, 10, rue de Loire, 58150 Saint-Andelain, tél. 03 86 39 14 01, pouilly.fume.bouchie.chatellier@wanadoo.fr V r.-v.

B DOM. DU BOUCHOT 2013 ★

	50 000		11 à 15 €

En 1968, la famille Kerbiquet a repris ce domaine, alors en ruine, et s'est lancée en 1983, dans la viticulture. Pascal Kerbiquet exploite aujourd'hui 10 ha de vignes autour de Saint-Andelain, certifiés bio en 2009.

Les arômes démontrent la maturité du raisin: notes confites, exotiques et meringuées. En bouche, ce 2013 est onctueux mais surprend agréablement par une pointe d'amertume (pamplemousse, citron) qui lui donne du caractère. Un vin très élégant et persistant. 2015-2017 sandre cuit sur peau

EARL Dom. du Bouchot, 58150 Saint-Andelain, tél. 03 86 39 13 95, domaine-du-bouchot@orange.fr V r.-v. Kerbiquet

DOM. A. CAILBOURDIN Les Cris 2013 ★★

	40 000		11 à 15 €

À la tête de ce vignoble créé en 1980, Alain Cailbourdin exploite 20 ha de vignes répartis en plusieurs terroirs. Son fils Loïc l'a rejoint en 2010, après des études de viticulture-œnologie.

Issue de parcelles de calcaires durs (« les cris », selon la terminologie locale), cette cuvée offre des senteurs intenses et complexes: un fond fruité soutenu (clémentine, abricot) et de fines notes de brioche, de minéralité, de poivre et de gingembre. Franche et volumineuse, la bouche laisse peu à peu apparaître la vivacité. Dans une finale tout en tension, le fruité revient avec persistance. Un beau crescendo. 2015-2017 tartare de dorade à la citronnelle Triptyque 2012 ★ (15 à 20 € ; 4 000 b.) : élevage de douze mois sur lies totales en demi-muid ; arômes toastés et beurrés ; très gras en milieu de bouche et finale boisée. 2014-2016 Cuvée de Boisfleury 2013 (8 à 11 € ; 45 000 b.) : arômes floraux (lilas, sureau) et fruités (agrumes, pêche jaune), bouche fraîche et légère. 2014-2016

Alain Cailbourdin, 35, rte Nationale, Maltaverne, 58150 Tracy-sur-Loire, tél. 03 86 26 17 73, domaine-cailbourdin@wanadoo.fr t.l.j. 8h-12h 13h30-17h ; sam. dim. sur r.-v. ; f. 15-31 août

JACQUES CARROY ET FILS 2013 ★

4 500		5 à 8 €

Christophe et Sébastien Carroy ont pris en 2006 la suite de leur père Jacques sur ce domaine de 8,5 ha. Les deux frères se complètent, l'un œuvrant à la vigne, l'autre au chai.

C'est avec discrétion que s'expriment les arômes : dominante buis à l'ouverture, puis groseille à maquereau, agrumes et fleurs blanches. La bouche offre de la puissance et de l'élégance, soutenue par une fine acidité. 2014-2019 plateau de fruits de mer L'Éclat 2013 ★ (8 à 11 € ; 4 500 b.) : aérien, très floral (lilas), touches végétales (lierre) et iodées, rond en bouche, une fine vivacité en finale apportant l'équilibre. 2014-2019

Dom. Jacques Carroy et Fils, 9, rue Joseph-Renaud, 58150 Pouilly-sur-Loire, tél. 03 86 39 17 01, carroy-jacquesetfils@sfr.fr t.l.j. sf dim. 9h-12h 14h-18h

DOM. CHAMPEAU Silex 2013

n.c.		11 à 15 €

Deux cousins, Franck et Guy Champeau, se sont associés pour diriger ce domaine de 18 ha qui appartient à leur famille depuis 1942. Ils sont installés au cœur du village de Saint-Andelain, près de l'église.

Le nez exprime le buis, le genêt et la groseille. L'aération est bénéfique, elle révèle des notes d'agrumes. La bouche ferme se prolonge sur des arômes de zeste d'orange. Ce 2013 aura besoin d'un peu de temps pour montrer toutes ses qualités. 2014-2017 verrine au saumon

Dom. Champeau, 20, rue Saint-Edmond, 58150 Saint-Andelain, tél. 03 86 39 15 61, domaine.champeau@wanadoo.fr t.l.j. sf dim. 8h30-12h 14h-18h ; sam. 9h-12h 14h-18h

B DOM. CHATELAIN Les Charmes 2012 ★★

23 800		8 à 11 €

Régulièrement sélectionné dans le Guide, ce domaine de 30 ha est conduit par les Chatelain depuis douze générations. Jean-Claude Chatelain, qui continue de prodiguer ses conseils, a confié les rênes de la cave à son fils Vincent et la responsabilité du vignoble à Vincent Vatan, son gendre.

Cette cuvée libère un cortège complexe de senteurs : notes truffées au premier nez, puis nuances fruitées (litchi, ananas, orange), pointe d'abricot confit surlignée d'amande. Le palais développe beaucoup de douceur et de gras, sur un fond minéral fumé et stimulé par une subtile fraîcheur de coumarine. Riche et complexe, ce pouilly-fumé a de l'étoffe. 2014-2019 sandre au beurre blanc Les Vignes de Saint-Laurent L'Abbaye 2013 (8 à 11 € ; 38 900 b.) : arômes timides et élégants (agrumes, lilas), bel équilibre entre rondeur et vivacité. 2014-2017

SAS Dom. Chatelain, 24, rue du Mont-Beauvois, Les Berthiers, 58150 Saint-Andelain, tél. 03 86 39 17 46, contact@domaine.chatelain.com t.l.j. 8h-12h 13h30-17h30 ; sam. dim. sur r.-v.

DOM. CHAUVEAU Cuvée Sainte-Clélie 2012 ★

3 500		8 à 11 €

Benoît Chauveau reprend en 1995 une partie du vignoble de ses parents. Deux ans plus tard, il y ajoute des vignes de ses grands-parents, pour disposer d'un domaine de 15 ha aujourd'hui.

De bonne intensité, l'olfaction se dévoile avec beaucoup d'élégance : notes d'agrumes, de fruits blancs et de fleurs (tilleul) égayées par une agréable fraîcheur végétale (fougère). En retrait par rapport au nez, la bouche est soutenue par une fine acidité qui lui donne de l'allonge. 2014-2017 cuisses de grenouille à la crème

EARL Dom. Chauveau, 11, rue du Coin-Chardon, Les Cassiers, 58150 Saint-Andelain, tél. 03 86 39 15 42, domainechauveau@gmail.com t.l.j. 9h-18h ; sam. dim. sur r.-v.

GILLES CHOLLET Opaline 2012

880		8 à 11 €

Au cœur du Bouchot, vieux village vigneron pouillyssois, Gilles Chollet a pris la suite de son père en 1986. Rejoint par son fils Séverin en 2010, il est aujourd'hui à la tête d'un domaine de 11,5 ha.

Les senteurs variétales (buis, fougère, troène) font un beau mariage avec les arômes de fleurs blanches (acacia) et de fruits (melon, ananas, pamplemousse). Une fine vivacité donne de la vigueur à un palais qui finit sur des notes de miel et un soupçon de minéralité. Un joli vin de terroir. 2015-2019 sandre en croûte de sel

Gilles Chollet, 6 ter, rue Joseph-Renaud, Le Bouchot, 58150 Pouilly-sur-Loire, tél. 03 86 39 02 19, gilles.chollet@bbox.fr t.l.j. 8h-12h15 13h30-18h30

DOM. DE CONGY 2013

20 000		5 à 8 €

Le domaine de Congy est situé à proximité de Saint-Andelain, célèbre village vigneron. Christophe Bonnard a pris en 2002 la tête d'un vignoble de 8,6 ha acquis en 1951 par le grand-père maternel et développé dans les années 1990 par son père Jack.

Les notes de bonbon anglais, d'agrumes et de brioche dominent le nez. La bouche équilibrée est marquée par la vivacité. En finale, on retrouve la gamme olfactive, agrémentée d'un soupçon de groseille blanche. 2014-2017 gougères au fromage

Dom. Bonnard, 1, rue du Domaine, Congy, 58150 Saint-Andelain, tél. 03 86 39 14 20, c.bonnard@cerb.cernet.fr t.l.j. 10h-18h ; dim. sur r.-v.

DAGUENEAU ET FILLES Clos des Chaudoux 2012 ★★

5 000		15 à 20 €

Ce domaine créé par l'arrière-grand-mère Léontine au début du XXe s. a été repris en 2006 par Florence et Valérie Dagueneau, les filles de Serge. Florence disparue

LOIRE

prématurément, Valérie conduit seule les 17 ha de vignes familiales.

Le Clos des Chaudoux est une parcelle de marnes kimméridgiennes. Un long élevage de dix-huit mois sur lies a donné ce pouilly-fumé très abouti d'une grande finesse à l'olfaction : iris, buis, camomille. La bouche à la fois fraîche, soyeuse et charnue donne à croquer des fruits à chair blanche et s'achève sur une délicate minéralité. ⧗ 2014-2017 ‡ fricassée de pétoncles ■ La Léontine 2012 ★ (20 à 30 € ; 2 500 b.) : douze mois d'élevage en fût pour ce vin rond, crémeux, chaleureux, aux arômes mêlés de fruits mûrs et de boisé (vanille, café, chocolat). ⧗ 2014-2017 ■ Tradition 2013 (11 à 15 € ; 90 000 b.) : une belle intensité aromatique associant floral, variétal et fruité, un palais souple en attaque, plus pointu en finale. ⧗ 2014-2017

⊶ Dom. Serge Dagueneau et Filles, Les Berthiers, 22, rue du Mont-Beauvois, 58150 Saint-Andelain, tél. 03 86 39 11 18, sergedagueneaufilles@wanadoo.fr V r.-v.

MARC DESCHAMPS
Les Champs de cri 2013 ★

■	13 600	🍾	11 à 15 €

Marc Deschamps a repris en 1992 l'ancien domaine de Paul Figeat, qui fut président des vignerons de Pouilly. Chaque année présent dans le Guide, son savoir-faire et sa connaissance du terroir ne sont pas à prouver. Son domaine couvre 10,3 ha.

Ce vin libère d'agréables parfums de citron, de fleurs blanches, de mangue et de pêche jaune. Ample en attaque, la bouche gourmande est à la fois onctueuse, fraîche et fruitée. ⧗ 2014-2017 ‡ sole au beurre blanc ■ Les Porcheronnes 2013 ★ (8 à 11 € ; 13 000 b.) : belle expression de fruits blancs et de fleurs (violette) ; souplesse et plénitude au palais, finale plaisante. ⧗ 2014-2017

⊶ Marc Deschamps, Les Loges, 3, rue des Pressoirs, 58150 Pouilly-sur-Loire, tél. 03 86 69 16 43, marc@deschamps-pouilly.com V r.-v.

DOM. MICHEL DUTARTE 2013 ★★

■	18 000	🍾	5 à 8 €

Ce domaine de 10 ha situé au cœur du village des Loges a été créé en 1978. Gilles Forestier en a pris la tête en 2000.

Au nez, les notes d'agrumes (citron, pamplemousse) offrent de la fraîcheur. Puis des senteurs élégantes se révèlent : fruits exotiques (litchi) et fleurs blanches et jaunes se marient à l'ajonc et au fenouil. L'attaque est très fine. Les arômes fruités (pêche, poire, mangue) s'amplifient au palais. Complexe et long, ce « panier garni » est un séducteur. ⧗ 2014-2017 ‡ saumon fumé

⊶ Michel Dutarte, 31, rue Saint-Vincent, Les Loges, 58150 Pouilly-sur-Loire, tél. 03 86 39 13 55 V r.-v.

ANDRÉ & EDMOND FIGEAT
Les Chaumiennes 2013

■	20 000	🍾	8 à 11 €

À l'entrée de Pouilly-sur-Loire, au milieu de la côte du Nozet se trouve la cave d'Edmond Figeat et de son fils André. Représentant la septième génération sur le domaine, ce dernier propose des pouilly-fumé et des pouilly-sur-loire nés de 15 ha de vignes.

Ce 2013 libère des arômes de fruits jaunes bien mûrs (mirabelle) et de fruits exotiques (mangue, litchi). Souple en attaque, il se montre onctueux, puis vif en finale, délivrant de jolies notes amères de pamplemousse. ⧗ 2014-2017 ‡ langoustines à l'écorce d'orange

⊶ Dom. André & Edmond Figeat, côte du Nozet, 58150 Pouilly-sur-Loire, tél. 03 86 39 19 39, domaine.andre.figeat@wanadoo.fr V r.-v.

DOM. DES FINES CAILLOTTES 2013 ★

■	139 000	🍾	8 à 11 €

Installé dans une belle demeure au pied du village des Loges et à quelques pas de la Loire, Alain Pabiot, rejoint par son fils Jérôme en 2004, conduit un domaine constitué de plus de vingt parcelles, qui tire son nom des pierres blanches calcaires appelées localement « caillottes ».

Des notes intenses de fruits exotiques (mangue, litchi, cédrat) et une pointe variétale (bourgeon de cassis) donnent à ce 2013 un profil typé et plaisant. Les arômes fruités se retrouvent en bouche, mis en valeur par une fraîcheur qui se transforme en vivacité en finale. L'harmonie nez-palais est très réussie. ⧗ 2014-2017 ‡ brochet au beurre blanc ■ Prestige des fines caillottes 2012 ★ (11 à 15 € ; 11 000 b.) : nez surmûri de pêche jaune et de poire, agrémenté de menthe et de réglisse, relayé par un palais rond. ⧗ 2015-2017

⊶ Jean Pabiot et Fils, 9, rue de la Treille, Les Loges, 58150 Pouilly-sur-Loire, tél. 03 86 39 10 25, info@jean-pabiot.com V t.l.j. 8h-12h 14h-18h ; sam. dim. sur r.-v.

DOM. DE LA FORGE
Prédilection 2013 ★

■	2 600	🍾	5 à 8 €

Issu d'une longue lignée de viticulteurs, Michel Coulbois crée le domaine en 1995, à l'emplacement d'une forge. Son fils Fabien l'a rejoint en 2003. Ils exploitent un vignoble de 15 ha.

Riche et élégant, le nez offre un cocktail fruité (pêche, banane, kiwi). Ces arômes se prolongent dans une bouche souple et ronde relevée d'un trait de fraîcheur. Un 2013 bien vinifié, fruit d'une vendange à maturité. ⧗ 2014-2017 ‡ salade de crevettes aux baies roses

⊶ GAEC du Dom. de la Forge, 7, rue de l'Abreuvoir, Le Petit-Soumard, 58150 Saint-Andelain, tél. 03 86 39 17 50, fabien_coulbois@msn.com V t.l.j. 8h-12h 14h-19h

MAISON FOUCHER Les Vieilles Vignes
Cuvée de la Nature et du temps 2012 ★

■	3 200	🍾	8 à 11 €

La maison Foucher-Lebrun fondée en 1921 par un tonnelier est aujourd'hui dans le giron du groupe Picard Vins et Spiritueux. Elle propose toute une gamme de vins du Val de Loire et du Centre.

Le nez se distingue par sa finesse : les fruits frais (pêche blanche, abricot) sont accompagnés d'une délicate touche de réglisse. Rond et gras, le palis dévoile une vivacité progressive qui dessine un joli relief. La finale florale est de bonne longueur. Ce 2012 devrait gagner en complexité avec le temps. 2015-2018 cassolette de poissons

Maison Foucher-Lebrun, 29, rte de Bouhy, 58200 Alligny-Cosne, tél. 03 86 26 87 27, foucher.lebrun@m-p.fr V t.l.j. sf sam. dim. 8h-12h 14h-18h; f. août

GENETIN 2013 ★★

	32 000		8 à 11 €

À la tête du domaine familial depuis 1985, Annick Tinel-Blondelet, qui apparaît régulièrement dans le Guide pour son pouilly-fumé, a franchi le fleuve pour produire aussi du sancerre. Son domaine couvre 15 ha.

Née d'un terroir de calcaires durs, cette cuvée allie complexité et finesse : arômes fruités (pêche jaune bien mûre), nuances d'épices (clou de girofle). Le palais associe volume, densité, douceur et fine vivacité qui prend des accents plus nerveux en finale. Un vin très équilibré qui saura se patiner avec le temps. 2015-2019 poulet au curry

Dom. Tinel-Blondelet, La Croix-Canat, 58, av. de la Tuilerie, 58150 Pouilly-sur-Loire, tél. 03 86 39 13 83, contact@tinel-blondelet.fr V t.l.j. 9h-12h30 14h-18h30

LAPORTE
La Vigne de Beaussoppet 2012 ★★

	5 500		15 à 20 €

Située à Saint-Satur, la maison de négoce Laporte, dans le giron du groupe Henri Bourgeois, est propriétaire d'un domaine de 21 ha dédié aux appellations sancerre et pouilly-fumé. Elle exporte 60 % de sa production.

Les arômes intenses et bien fondus de pamplemousse, de souci, de musc et de crème de marrons révèlent un élevage en fût parfaitement maîtrisé et réussi. La bouche harmonieuse offre du gras, de la tension et de la structure. Complexe et persistante, cette cuvée faite pour la table a tout bon. 2015-2019 homard à l'armoricaine

SAS Laporte, Cave de la Cresle, rte de Sury-en-Vaux, BP 34, 18300 Saint-Satur, tél. 02 48 78 54 20, contact@laporte-sancerre.com V r.-v. Bourgeois

KARINE LAUVERJAT 2013 ★★

	8 000		5 à 8 €

Karine Lauverjat a créé en 2005 une structure de négoce qui lui permet d'étendre sa carte et d'exporter à l'étranger. Dans sa boutique implantée au cœur de Sancerre, elle fait découvrir ses vins aux visiteurs.

Le nez est très disert et complexe : poire, prune jaune bien mûre, mangue, fruit de la Passion. Des notes de pamplemousse et d'orange viennent rafraîchir l'ensemble. Un vrai panier de marché ! Tout aussi complexe, le palais offre du gras et du volume, mais aussi de la vivacité. Persistant sur des nuances crémeuses, ce 2013 est une expression originale et aboutie de l'appellation. 2015-2019 saint-jacques sauce thaï

Karine Lauverjat, Moulin des Vrillères, 18300 Sury-en-Vaux, tél. 02 48 79 38 28, lauverjat.christian@wanadoo.fr V t.l.j. sf dim. 9h-12h 14h-17h 2

♥ DOM. DE LA LOGE 2013 ★★★

	80 000		5 à 8 €

Domaine conduit par la même famille de vignerons depuis cinq générations. À la tête d'une exploitation de 20 ha, Hervé Millet et son fils David accueillent les œnophiles dans une cave aménagée au sein d'une grande bâtisse de XIXᵉs.

Le nez de ce 2013, véritable feu d'artifice, associe fleurs blanches (aubépine), fruits (pêche de vigne, notes exotiques) et nuances animales. Le palais se révèle gras, charnu, onctueux et volumineux, stimulé par une finale vive et saline. Tout y est. 2014-2017 feuilleté de bar sauce à l'aneth

SARL du Dom. de la Loge, Soumard, 58150 Saint-Andelain, tél. 03 86 39 05 49, david.millet0842@orange.fr V t.l.j. sf dim. 10h-18h30 Millet

LES LUMEAUX 2013

	n.c.		8 à 11 €

Philippe Raimbault cultive la vigne sur les deux rives de la Loire : sancerre rive gauche, coteaux-du-giennois et pouilly-fumé rive droite. Le domaine couvre 16 ha.

Aux arômes dominants de fleurs et de fruits blancs se mêlent des touches citronnées et une pointe muscatée. Souple en attaque, la bouche respire la fraîcheur saline et minérale. Un vin alerte. 2014-2017 huîtres

Philippe Raimbault, rte de Maimbray, 18300 Sury-en-Vaux, tél. 02 48 79 29 54, philipperaimbault@terre-net.fr V r.-v.

DOM. PIERRE MARCHAND ET FILS
Cuvée Calcaire 2013 ★

	12 000		8 à 11 €

Louis XIV n'avait que douze ans lorsque la lignée vigneronne des Marchand a débuté aux Loges… En 1989, Éric et Pascal ont pris la suite de leur père Pierre à la tête d'un domaine de 16,8 ha.

Plutôt réservé au premier abord, le nez s'ouvre à l'aération sur des parfums de fleurs mellifères, de jasmin et de chèvrefeuille. Des touches minérales et citronnées viennent tonifier l'olfaction. Très fine, marquée par une vivacité mesurée, de bonne longueur, la bouche est équilibrée. Un beau classique de l'appellation. 2014-2017 gambas à l'ail

Pierre Marchand et Fils, Les Loges, 9, rue des Pressoirs, 58150 Pouilly-sur-Loire, tél. 03 86 39 14 61, pierremarchandetfils@gmail.com V t.l.j. 9h-12h30 14h-19h

DOM. DES MARINIERS 2013 ★★

	91 000		11 à 15 €

Ce domaine doit son nom aux mariniers qui s'arrêtaient jadis dans ce village situé en bord de Loire pour charger les tonneaux. Acquise en 2005 par Catherine Corbeau-Mellot, l'exploitation s'étend sur 14,6 ha, dans les AOC pouilly-sur-loire et pouilly-fumé.

Ce vin captive par la richesse de ses arômes : fruits blancs (poire, pêche de vigne), citron confit et groseille. La bouche se livre par bribes, en plusieurs séquences : de la vivacité en attaque, puis de la douceur et un beau fruité, et une finale persistante aux tonalités épicées et mentholées. Un 2013 généreux et extraverti. ⌛ 2014-2019 Ψ saumon sauce teriyaki

⊶ SARL Jacques Marchand, 36, rte Nationale, Maltaverne, 58150 Tracy-sur-Loire, tél. 02 48 78 54 51, contact@domainedesmariniers.com V r.-v.

DOM. MASSON-BLONDELET
Villa Paulus 2012 ★

■ | 35 000 | | 11 à 15 €

Établis à Pouilly-sur-Loire depuis 1975, Jean-Michel et Michelle Masson sont aujourd'hui épaulés par leurs enfants : Jean-François à la vinification et Mélanie à la commercialisation.

Les arômes de ce 2012 ont conservé toute leur jeunesse et les notes variétales (rhubarbe, bourgeon de cassis) sont encore bien présentes, relayées à l'aération par des parfums exotiques (mangue, fruit de la Passion) et une jolie touche minérale. Rond et onctueux en attaque, le palais évolue vers, la vivacité. Un vin bien représentatif des marnes kimméridgiennes. ⌛ 2014-2017 Ψ paupiettes de veau

⊶ Dom. Masson-Blondelet, 1, rue de Paris, 58150 Pouilly-sur-Loire, tél. 03 86 39 00 34, info@masson-blondelet.com V t.l.j. 9h-12h30 14h-18h

JOSEPH MELLOT
Le Chant des vignes 2013 ★

■ | 10 000 | | 8 à 11 €

L'histoire de la maison Joseph Mellot débute en 1513 à Sancerre, avec Pierre-Étienne Mellot, qui pose les fondations d'un petit vignoble. Catherine Corbeau-Mellot préside aujourd'hui aux destinées de cet important négoce qui rayonne sur l'ensemble des vignobles du Centre et de la vallée de la Loire.

Le terroir argilo-calcaire marque un nez d'une forte minéralité (pierre à fusil) agrémenté de notes de groseille à maquereau et de genêt. En bouche, la tendresse et la générosité de l'attaque s'effacent rapidement devant une belle tension qui perdure jusqu'en finale. Un vin dynamique et agréable. ⌛ 2014-2017 Ψ salade de pamplemousses au crabe ■ Le Troncsec 2013 ★ (11 à 15 € ; 67 000 b.) : sur des notes de buis et de pamplemousse, de fleurs et d'anis, ce vin rond en attaque offre volume, vivacité et persistance. ⌛ 2014-2017

⊶ SAS Joseph Mellot, rte de Ménétréol, 18300 Sancerre, tél. 02 48 78 54 54, josephmellot@josephmellot.com V t.l.j. 8h15-12h 13h30-17h; sam. dim. sur r.-v.

♥ JEAN-PAUL MOLLET 2013 ★★

■ | 25 000 | | 8 à 11 €

Établi dans le village vigneron de Boisgibault, Jean-Paul Mollet cultive les 7 ha d'un domaine familial ancien qu'il a repris en 2000. Depuis, ses cuvées sont régulièrement retenues par le Guide.

Ce vin libère de jolis parfums variétaux (buis, agrumes) au premier nez relayés par des senteurs de fleurs blanches et de fruits. Dès l'attaque, le palais affirme son caractère charnu et frais. Les arômes de pêche et d'orange sanguine sont éloquents et persistants. Un pouilly-fumé aux saveurs de terroir à la fois riche et doté d'une grande finesse. ⌛ 2014-2018 Ψ fruits de mer en cassolette ■ Les Sables 2013 ★ (15 000 b.) : buis et pointe minérale au nez, attaque vive et bonne tenue en bouche. ⌛ 2014-2017

⊶ Jean-Paul Mollet, 11, rue des Écoles, 58150 Tracy-sur-Loire, tél. 02 48 54 13 88, jpmollet@wanadoo.fr V t.l.j. 8h-12h 14h-18h

PATRICE MOREUX 2013

■ | 65 000 | | 8 à 11 €

Issu d'une famille de vignerons, Patrice Moreux dirige un domaine de 35 ha, secondé par ses deux fils Arnaud et Julien.

Intense, le nez est dominé par d'agréables notes de fruits exotiques (litchi, mangue), complétés de subtiles nuances miellées et beurrées. La bouche ronde, onctueuse et chaleureuse, confirme la grande maturité du raisin. ⌛ 2014-2017 Ψ poularde bressanne

⊶ Patrice Moreux, Les Loges, 1, chem. des Vallées, 58150 Pouilly-sur-Loire, tél. 03 86 39 13 55, patrice.moreux@wanadoo.fr V t.l.j. sf dim. 8h-12h 13h30-17h30

CAVE COOPÉRATIVE DES MOULINS À VENT
La Mariée 2012 ★★

■ | 80 000 | | 8 à 11 €

La Cave coopérative des Moulins à Vent est une institution à Pouilly-sur-Loire, où elle participe au développement du vignoble depuis 1948.

La légère touche de buis s'estompe à l'aération pour laisser s'exprimer de délicates notes de souci, de fruits mûrs et de fleurs blanches. Rond et souple en attaque, le palais laisse ensuite la place à une agréable tension qui relie harmonieusement les saveurs fruitées et florales. Un vin élancé et persistant. ⌛ 2014-2018 Ψ crottin de Chavignol ■ Les Moulins à vent 2013 (80 000 b.) : nez fin et discret (pamplemousse), bon équilibre et franche vivacité en bouche. Un bon classique. ⌛ 2014-2017

⊶ Cave coop. Moulins à Vent, 39, av. de la Tuilerie, 58150 Pouilly-sur-Loire, tél. 03 86 39 10 99, caves.pouilly.loire@wanadoo.fr V t.l.j. 8h-12h 13h30-18h

DOMINIQUE PABIOT Les Vieilles Terres 2013 ★

■ | 80 000 | | 8 à 11 €

Le village des Loges, avec la Loire à proximité et ses caves anciennes, est au cœur de la tradition vigneronne ligérienne. C'est ici que s'est installé Dominique Pabiot en 1997, à la suite de son père Jean, à la tête de 11,2 ha de vignes.

Le nez a besoin d'aération pour faire apparaître d'élégantes senteurs de fruits mûrs, de buis et de bourgeon de cassis. Ces arômes, agrémentés de notes citronnées continuent de se développer dans une bouche montante à la vivacité soutenue. Un pouilly-fumé racé. ⌛ 2014-2017 Ψ apéritif

Dominique Pabiot, pl. des Mariniers, Les Loges, 58150 Pouilly-sur-Loire, tél. 03 86 39 19 09, contact@dominiquepabiot.com V t.l.j. 8h-12h 14h-18h

JONATHAN DIDIER PABIOT 2012

	80 000		15 à 20 €

Du haut d'une colline, au-dessus du vieux village des Loges, Didier Pabiot a une vue imprenable sur la Loire. Le vigneron, secondé par son fils Jonathan depuis 2005, applique les méthodes de la viticulture biologique, et son exploitation est certifiée en bio.

Le nez expressif est dominé par des arômes de lys et de fruits bien mûrs (orange, ananas). Une pointe végétale donne un trait de fraîcheur. La rondeur de l'attaque fait place à une fine vivacité qui se maintient jusqu'en finale, où le retour aromatique sur les fruits (abricot, pomme) est fort agréable. 2014-2017 brochette de noix de Saint-Jacques

Jonathan Didier Pabiot, 1, rue Saint-Vincent, Les Loges, 58150 Pouilly-sur-Loire, tél. 03 86 39 01 32, pabiot-jonathan@wanadoo.fr V r.-v.

DOM. DU PETIT SOUMARD Vieilles Vignes 2012 ★

	4 000		8 à 11 €

Créé en 1895, ce domaine de 19 ha est conduit par l'épouse et les fils (Thierry et Emmanuel) de Marcel Langoux, disparu en 1995.

Ce vin libère des parfums boisés mêlés de fleurs (rose et glycine) et de fruits exotiques. En bouche, la vanille s'exprime en douceur, puis la vivacité prend le relais. Un 2012 à la fois onctueux et dynamique. 2014-2019 vieux comté aux noix

EARL Marcel Langoux, Dom. du Petit Soumard, 1, rue de l'Abreuvoir, 58150 Saint-Andelain, tél. 03 86 39 11 17, domaine.langoux.marcel@orange.fr V t.l.j. sf dim. 9h-12h 14h-18h

RABICHATTES Les Chants de cri 2013 ★

	5 000	8 à 11 €

Plusieurs vieilles familles vigneronnes sont installées aux Loges, hameau de Pouilly-sur-Loire. Chez les Grebet, la cinquième génération est aux commandes d'un vignoble de 20 ha.

Au nez, de délicates notes de chèvrefeuille, de buis et de réglisse. Vive, flatteuse et consistante, la bouche déploie de jolis arômes de fleur de sureau et d'agrumes, qui se prolongent agréablement. 2014-2017 saint-jacques poêlées Dom. des Rabichattes 2013 ★ (10 000 b.) : nez de lilas et d'orange confite, bouche fraîche et agréable, agrémentée d'une touche de citron et de crème fouettée en finale. 2014-2017

SCEA Grebet Père et Fils, Domaine des Rabichattes, Les Loges, 58150 Tracy-sur-Loire, tél. 03 86 39 00 11, scea.grebet@orange.fr V t.l.j. 8h-12h 14h-19h

DOM. RAIMBAULT-PINEAU 2013 ★

	30 000		8 à 11 €

Jean-Marie Raimbault représente la dixième génération à la tête de cette exploitation de 18 ha qui, du Sancerrois, s'est étendu aux AOC coteaux-du-giennois et pouilly-fumé.

L'olfaction, intense, est d'une élégante fraîcheur fruitée (agrumes, ananas, fruit de la Passion) et végétale (fenouil, céleri, basilic). Nette en attaque, ferme dans son développement, la bouche offre de la puissance et de l'équilibre. 2015-2017 bouchées à la reine

Dom. Raimbault-Pineau, rte de Sancerre, 18300 Sury-en-Vaux, tél. 02 48 79 33 04, scev.raimbaultpineau@terre-net.fr V t.l.j. sf dim. 9h-12h 14h-18h; sam. sur r.-v. E

MICHEL REDDE ET FILS Petit Fumé 2013

	n.c.		8 à 11 €

Domaine créé au XVIIᵉs. par un certain François Redde, vigneron à Pouilly-sur-Loire. Son lointain héritier Michel Redde a relancé l'activité viticole dans les années 1950. Thierry, son fils, et ses petits-enfants Sébastien et Romain sont aujourd'hui aux commandes d'un domaine de 40 ha.

On ressent de la complexité et de la finesse au nez, à travers des nuances de fleurs blanches et de fruits (pêche, poire). Une belle attaque sur la rondeur introduit un palais ample et plein, égayé en finale par une juste vivacité. 2014-2018 carpaccio de saumon

Michel Redde et Fils, La Moynerie, RN7, La Route-Bleue, 58150 Saint-Andelain, tél. 03 86 39 14 72, commercial@michel-redde.com V t.l.j. sf dim. 8h30-12h 13h30-18h A

DOM. DE RIAUX Auguste 2012 ★

	6 900		11 à 15 €

Les Jeannot, vignerons à Saint-Andelain depuis plus de deux cents ans, se sont établis sur le domaine de Riaux en 1923. Alexis, fils de Bertrand, incarne la huitième génération à la tête d'un vignoble de 14 ha.

Le nez intense et complexe mêle les fruits (pêche jaune, fruit de la Passion, litchi) à des touches florales (souci). La bouche se révèle ronde et onctueuse en attaque, puis s'installe une agréable vivacité jusqu'en finale, où reviennent les senteurs perçues à l'olfaction. 2014-2017 œufs pochés sauce Nantua

SCEA Jeannot Père et Fils, Dom. de Riaux, 58150 Saint-Andelain, tél. 03 86 39 11 37, alexis.jeannot@wanadoo.fr V t.l.j. 8h-13h 14h-19h; dim. sur r.-v.

DOM. SAGET 2013 ★★

	18 000		11 à 15 €

La maison Saget-La Perrière, fondée en 1975, possède en propre 250 ha de vignes et rayonne sur toute la vallée de la Loire. Une grande salle de réception aménagée au cœur des caves lui permet d'accueillir banquets et séminaires dans un cadre vinicole original.

Très expressif, ce 2013 montre tout de suite ses superbes qualités aromatiques : mangue, pomelo et bergamote relevés d'épices. Les sensations gustatives sont progressives et harmonieuses : souplesse en attaque, puis beaucoup de gras et enfin de la fraîcheur aux évocations d'agrumes et de menthe en finale. Un pouilly-fumé au grand équilibre. 2014-2017 curry de poisson à la mangue 2013 ★ (29 000 b.) : salade de fruits et genêt au nez, attaque ronde et bonne relance par l'acidité, un vin frais et élégant. 2014-2015

SCEA Dom. Saget, 4 bis, rue René-Couard, 58150 Pouilly-sur-Loire, tél. 03 86 39 57 75, jl.saget@sagetlaperriere.com V r.-v.

DOM. CHRISTIAN SALMON
Clos des Criots 2013 ★★

	25 000		11 à 15 €

Constitué par Irénée Salmon, arrière-grand-père d'Armand, aux commandes depuis 1995, ce vignoble d'une vingtaine d'hectares s'étend sur les meilleurs coteaux de la commune de Bué et se transmet de père en fils depuis 1940.

D'emblée, le nez impressionne par son intensité, sa complexité et sa finesse : citron, notes de sous-bois, touche fumée. Une légère rondeur en attaque laisse rapidement la place à une vivacité qui émoustille les papilles. Riches de très belles saveurs fruitées (melon, pêche, pointe confiturée), les sensations persistent longuement. Un pouilly-fumé à la personnalité bien affirmée. 2014-2017 langoustines rôties à la coriandre

SAS Christian Salmon, rue Saint-Vincent, 18300 Bué, tél. 02 48 54 20 54, domainechristiansalmon@ wanadoo.fr V t.l.j. 9h-12h 13h30-17h

DOM. SEGUIN 2013

	90 000		8 à 11 €

Ce domaine datant de 1880 est conduit par Hervé Seguin et son fils Philippe, œnologue. Son vignoble étend ses 17,5 ha sur les principaux terroirs de l'appellation pouilly-fumé : calcaires, marnes kimméridgiennes et silex.

Les parfums se libèrent à l'aération sur des arômes de pêche et d'agrumes (écorce d'orange). Frais en attaque, la bouche s'accorde au nez, offrant finesse et vivacité. 2014-2015 verrine de crabe aux agrumes

Dom. Seguin, Le Bouchot, 58150 Pouilly-sur-Loire, tél. 03 86 39 10 75, herve.seguin@orange.fr V t.l.j. sf dim. 9h-12h 14h-18h

DOM. TABORDET Les Calcis 2012 ★

	1 300		11 à 15 €

Les deux frères Yvon et Pascal Tabordet ont repris l'exploitation familiale en 1980. La relève est assurée par leurs fils Gaël et Marius depuis 2008, à la tête de 16,5 ha de vignes en pouilly-fumé et en sancerre.

Au nez, ce vin libère des arômes légèrement boisés (un an en fût) avant d'évoquer les fruits mûrs presque confits et les fleurs blanches. Concentré et structuré, ce 2012 offre à la fois du gras et de la fraîcheur. Le fondu aromatique du boisé revient en finale. 2015-2017 poulet à la crème L'Autre Rive 2012 ★ (1 300 b.) : arômes très agréables de litchi et de pêche, bouche ronde et fruitée équilibrée pour une juste vivacité. 2014-2017

Yvon et Pascal Tabordet, rue du Carroir-Perrin, 18300 Verdigny, tél. 02 48 79 34 01, domaine.tabordet@wanadoo.fr V r.-v.

CH. DE TRACY 101 Rangs 2012 ★

	1 100		50 à 75 €

Propriété historique du vignoble de Pouilly, le château de Tracy appartient à la famille d'Assay. Son donjon date du XVᵉs. et son porche est de style Renaissance. La vigne présente sur ces terres depuis le XIVᵉs. couvre aujourd'hui 32 ha.

C'est une vigne de soixante ans et de 101 rangs qui donne naissance à cette cuvée. Le nez intense conjugue minéralité, agrumes, vanille et buis. La bouche séduit par sa richesse, sa puissance et sa persistance. Un ensemble complexe et harmonieux. 2014-2017 veau aux morilles et à la crème Haute Densité 2012 ★ (30 à 50 € ; 1 680 b.) : parfums soutenus de fruits très mûrs à confits, de coing et de vanille, bouche longue et équilibrée, associant rondeur et fraîcheur. 2014-2017

Ch. de Tracy, 58150 Tracy-sur-Loire, tél. 03 86 26 15 12, contact@chateau-de-tracy.com V t.l.j. 8h-12h 13h30-17h30; sam. dim. sur r.-v.

SÉBASTIEN TREUILLET 2013 ★

	30 000		5 à 8 €

Sébastien Treuillet installé depuis 1995 sur les terres de Tracy-sur-Loire produit du vin dans trois appellations : pouilly-fumé, pouilly-sur-loire et coteaux-du-giennois. Son domaine couvre 6 ha.

Les arômes d'agrumes et de confiserie se détachent de l'arrière-plan variétal. Rondeur, fraîcheur et fruité se côtoient en bouche dans un équilibre très réussi. En finale, des notes de fruits (poire), de fleurs et une touche végétale persistent agréablement. 2014-2017 flan de fruits de mer sauce homard

Sébastien Treuillet, Fontenille, 58150 Tracy-sur-Loire, tél. 03 86 26 17 06, domainetreuillet@orange.fr V t.l.j. sf dim. 8h-12h 14h-19h

POUILLY-SUR-LOIRE

• Superficie : 31 ha • Production : 1 331 hl

♥ JEAN-PIERRE BAILLY 2013 ★★

	2 000		5 à 8 €

Installé en plein cœur du vignoble de Pouilly-sur-Loire, Jean-Pierre Bailly exploite depuis 1963 cette propriété située en bordure de Loire. Il conduit ses 16 ha en lutte raisonnée, avec son fils Patrice, œnologue.

Ce 2013 affiche une belle robe or pâle à reflets argent. Il révèle de jolies notes florales, des touches de bonbon anglais et une pointe miellée. La bouche, droite et fraîche, dévoile des arômes typés d'amande. Longue et remarquablement équilibrée, elle s'achève sur une agréable note citronnée et minérale. Un vin longiligne, alerte et complexe. 2014-2017 toast au saumon et zeste de citron

Jean-Pierre Bailly, Les Girarmes, 58150 Tracy-sur-Loire, tél. 03 86 26 14 32, domaine.jean-pierre.bailly@wanadoo.fr V r.-v.

GILLES BLANCHET 2013 ★

	5 000	5 à 8 €

Ce domaine régulier en qualité est implanté à l'entrée des Berthiers, village vigneron de la commune de Saint-Andelain. Gilles Blanchet, installé en 1991, y cultive un vignoble de 10 ha.

Ce vin s'ouvre sur des notes végétales et florales. À l'attaque, il se révèle souple et fin. En milieu de bouche, il offre de l'onctuosité et de la rondeur, et en finale, une amertume légère et une minéralité intense. Un 2013 expressif et équilibré. ⧗ 2014-2017 ♈ filet de bar rôti

EARL Gilles Blanchet, 16, rue Saint-Edmond, 58150 Saint-Andelain, tél. 03 86 39 14 03, gilles.blanchet@wanadoo.fr V r.-v.

DOMINIQUE BRISSET 2013 ★★

	3 000		5 à 8 €

Pris dès l'âge de douze ans par la passion de la vigne, Dominique Brisset s'est installé en 1978 dans le hameau qui porte le doux nom de Boisfleury, à 5 km au nord de Pouilly-sur-Loire.

La robe dorée ornée de beaux reflets verts annonce une grande maturité d'arômes : fruits mûrs (abricot) notes de miel et de cire d'abeille agrémentés à l'aération de fleurs blanches et d'une agréable touche végétale. La bouche, ronde et dense, confirme la féerie des senteurs complexes jusque dans une finale longue et intense. ⧗ 2014-2017 ♈ blinis et tarama

EARL Dominique Brisset, 7, rue des Levées, Boisfleury, 58150 Tracy-sur-Loire, tél. 03 86 26 28 11, dominique.brisset@wanadoo.fr V r.-v.

GILLES CHOLLET 2013 ★

	1 050		5 à 8 €

Au cœur du Bouchot, vieux village vigneron pouillys-sois, Gilles Chollet a pris la suite de son père en 1986. Rejoint par son fils Séverin en 2010, il est aujourd'hui à la tête d'un domaine de 11,5 ha.

Primesautier au nez, ce vin mêle des notes d'agrumes et de fruits exotiques à d'intenses arômes de confiserie. À l'unisson, la bouche signe un pouilly dynamique, plein d'allant et de fraîcheur. ⧗ 2014-2015 ♈ huîtres

Gilles Chollet, 6 ter, rue Joseph-Renaud, Le Bouchot, 58150 Pouilly-sur-Loire, tél. 03 86 39 02 19, gilles.chollet@bbox.fr V t.l.j. 8h-12h15 13h30-18h30

DOM. DE RIAUX Vieilles Vignes 2013 ★

	3 300		5 à 8 €

Les Jeannot, vignerons à Saint-Andelain depuis plus de deux cents ans, se sont établis sur le domaine de Riaux en 1923. Alexis, fils de Bertrand, incarne la huitième génération à la tête d'un vignoble de 14 ha.

Ce vin offre un nez engageant et fin de pamplemousse rose. Des notes d'agrumes que l'on retrouve dans une bouche vive et alerte, longue et équilibrée. ⧗ 2014-2015 ♈ brochettes de fruits

SCEA Jeannot Père et Fils, Dom. de Riaux, 58150 Saint-Andelain, tél. 03 86 39 11 37, alexis.jeannot@wanadoo.fr V t.l.j. 8h-13h 14h-19h; dim. sur r.-v.

QUINCY

• Superficie : 249 ha • Production : 11 542 hl

C'est sur les bords du Cher, non loin de Bourges et près de Mehun-sur-Yèvre, lieux riches en souvenirs historiques du XVes., que s'étendent les vignobles de Quincy et de Brinay couvrant des plateaux de graves sablo-argileuses sur calcaires lacustres. Le seul cépage sauvignon fournit des vins légers et distingués, parmi les plus élégants de Loire dans le type frais et fruité, qui peuvent toutefois s'exprimer différemment selon a nature des sols.

RENÉ CARROI 2013 ★★

	12 000		8 à 11 €

René Carroi est une marque de la Maison Saget-La Perrière, important négociant établi à Pouilly-sur-Loire.

Une longue suite de senteurs subtiles et élégantes se dégage dès le premier nez : fleurs blanches (aubépine, sureau), genêt, pamplemousse, rhubarbe. Doux en attaque, gras et ample, ce 2013 offre en bouche une palette d'arômes tout aussi riche. Puis une fine acidité s'installe, soutenant des notes de fleur de buis et de fruits exotiques. Un vin expressif, à la forte personnalité. ⧗ 2014-2017 ♈ homard à l'américaine

René Carroi, BP 26, 58150 Pouilly-sur-Loire, tél. 03 86 39 56 60

DOM. DU CHÊNE VERT 2013

	33 300		8 à 11 €

Installé en 1999 sur 2,5 ha à cheval sur reuilly et quincy, Valéry Renaudat, qui exploite désormais 15 ha de vignes sous deux étiquettes (Valéry Renaudat et Dom. du Chêne vert), s'impose comme l'une des valeurs sûres de ces appellations.

Arômes de fruits confits, touche muscatée, le nez original annonce la grande maturité du raisin. Souple, expressif (fruits mûrs, pomme caramélisée et miel) et très rond en bouche, ce vin est atypique et gourmand. ⧗ 2014-2016 ♈ terrine de poisson

SARL Valéry Renaudat, 3, pl. des Écoles, 36260 Reuilly, tél. 02 54 49 38 12, domaine@valeryrenaudat.fr V t.l.j. sf dim. 9h-12h30 13h30-19h

DOM. DE CHEVILLY Cuvée Zoé 2013 ★★

	2 600		8 à 11 €

Yves et Antoine Lestourgie ont créé en 1994 ce domaine sur 1,5 ha et planté eux-mêmes l'essentiel du vignoble, qui couvre aujourd'hui 10,8 ha. La cave est aménagée dans des bâtiments agricoles datant du XVIIIes.

De belle intensité, les senteurs sont fraîches, typées et très plaisantes : citron mûr, pamplemousse, pêche blanche, bourgeon de cassis. Le gras et la nervosité se conjuguent harmonieusement dans une bouche qui s'achève sur des nuances persistantes de fruits blancs. Un quincy croquant au caractère affirmé. ⧗ 2014-2019 ♈ plateau de fruits de mer

Dom. de Chevilly, 52, rte de Chevilly, 18120 Méreau, tél. 09 60 51 47 96, domaine.de.chevilly@orange.fr V t.l.j. 9h-12h 14h-17h30; sam. dim. sur r.-v.

Lestourgie

♥ DOM. DE LA COMMANDERIE Cuvée Prestige 2013 ★★★

	5 000		5 à 8 €

Jean-Charles Borgnat passe en 1983 des plateformes pétrolières à la viticulture, s'appuyant sur sa formation de géologue. Il travaille d'abord sur le domaine familial,

puis crée ex nihilo cette exploitation en 1993, près de 9 ha en quincy complétés en 2008 par 1,4 ha en reuilly.

Bien qu'encore timide, l'olfaction apparaît complexe, d'une grande finesse : notes de fruits à chair blanche (poire), touche de fumé, pointe végétale et poivrée. À la fois onctueuse et ferme, la bouche monte en puissance, portée longuement par des senteurs intenses de bourgeon de cassis et surtout par une très belle minéralité. ⌛ 2014-2017 🍴 filet de cabillaud au four ■ 2013 ★ (68 000 b.) : arômes frais, fumés, citronnés et mentholés, du volume en bouche, de la rondeur et du charme. ⌛ 2014-2017

🔑 EARL de la Commanderie, 6, rue des Champs-Moreaux, Boisgisson, 18120 Cerbois, tél. 02 48 51 30 16, jcborgnat@aol.com [V] [🚶] [🍷] r.-v.
🔑 Borgnat

Ⓑ DOM. DU COUDRAY 2013

■	21 000	🍾	8 à 11 €

Ce domaine spécialisé en culture céréalière se diversifie en viticulture à partir de 1995 et se convertit à l'agriculture biologique en 2006. À sa tête, Vincent Nivet et Julien Jansen.

Cette cuvée libère des parfums soutenus de citron vert. En attaque, un vent de fraîcheur annonce un palais tendu marqué par les agrumes (citron, pamplemousse) jusqu'en finale. Un vin vif et alerte. ⌛ 2014-2017 🍴 huîtres

🔑 Dom. du Coudray, Le Coudray, 18290 Civray, tél. 02 48 55 62 80, info@domaineducoudray.com [V] [🍷] t.l.j. sf dim. 8h-12h 13h30-17h30 🏠 Ⓔ

DOM. LECOMTE 2013

■	40 000	🍾	8 à 11 €

Bruno Lecomte s'est lancé dans la viticulture en 1995, en achetant 1,5 ha de vignes en AOC quincy. Entre-temps, son fils Nicolas l'a rejoint sur un vignoble couvrant désormais 10 ha, dont une partie en châteaumeillant.

Les notes de fleur d'acacia et de fruits (pomme, banane) composent un nez agréable. Franc en attaque, le palais évoque les agrumes (pamplemousse) et, en finale, on décèle une pointe de zeste d'orange. Un quincy équilibré et frais. ⌛ 2014-2017 🍴 truite fumée à l'avocat

🔑 Bruno Lecomte, 105, rue Saint-Exupéry, 18520 Avord, tél. 02 48 69 27 14, quincy.lecomte@wanadoo.fr [V] [🚶] [🍷] r.-v.

DOM. MARDON 2013

■	75 000	🍾	5 à 8 €

Hélène Mardon, qui a repris les rênes de l'exploitation en 2003, est le dernier maillon d'une des plus anciennes familles de vignerons de Quincy. Elle dirige aujourd'hui une exploitation de 15 ha.

Au premier nez, on perçoit de discrets parfums variétaux (pointe végétale, agrumes). Puis des notes florales s'expriment, conférant au vin de l'élégance. Le palais vif en attaque déploie des arômes soutenus de fruits blancs et d'agrumes qui persistent dans une finale croquante. Un ensemble équilibré, bien typé par sa nervosité. ⌛ 2014-2017 🍴 fruits de mer

🔑 Dom. Mardon, 40, rte de Reuilly, 18120 Quincy, tél. 02 48 51 31 60, contact@domaine-mardon.com [V] [🚶] [🍷] r.-v.

ANDRÉ PIGEAT 2013 ★

■	12 000	🍾	5 à 8 €

Domaine situé dans une ancienne propriété de Charles VII. Depuis 2001, Philippe Pigeat est seul aux commandes de l'exploitation (7,5 ha) créée par son père en 1967.

Ce millésime dévoile de vivifiants arômes iodés qui tonifient les nuances d'agrumes et de fruits blancs. En bouche, la fraîcheur saline se confirme avec à l'arrière-plan, une touche citronnée qui se prolonge jusqu'en finale. Un vin frais et équilibré. ⌛ 2014-2017 🍴 cabillaud au citron

🔑 Dom. André Pigeat, 18, rte de Cerbois, 18120 Quincy, tél. 02 48 51 31 90, philippe-pigeat@orange.fr [V] [🚶] [🍷] t.l.j. sf dim. 9h-12h 14h-18h30

JACQUES ROUZÉ Vignes d'antan 2013 ★★

■	18 000	🍾	8 à 11 €

Figurant parmi les plus anciens vignerons de l'appellation quincy, Jacques Rouzé a étendu son exploitation (20 ha) sur Reuilly et Châteaumeillant. Depuis 2009, il est épaulé par son fils Côme.

De très vieilles vignes (soixante-dix à quatre-vingts ans) sont à l'origine de cette cuvée, d'où son nom. Le nez : une belle composition de fleurs et de fruits blancs sur un fond plus variétal (agrumes, pointe de genêt). La bouche est intense et riche de sensations : de la douceur, du gras, une vivacité bien équilibrée, des arômes de pêche de vigne et d'épices en finale, tout est bien en place. ⌛ 2014-2017 🍴 comté ■ 2013 ★ (60 000 b.) : un vin fruité (pêche, poire) et nerveux. ⌛ 2014-2017

🔑 Dom. Jacques Rouzé, 2 ter, chem. des Vignes, 18120 Quincy, tél. 02 48 51 35 61, rouze@terre-net.fr [V] [🚶] [🍷] t.l.j. sf dim. 9h-12h 14h-18h

DOM. ADÈLE ROUZÉ 2013 ★

■	26 000	🍾	5 à 8 €

Fille de Jacques Rouzé, Adèle exploite un domaine de 5,2 ha. Les cuvées qu'elle vinifie depuis 2003 s'invitent avec régularité dans ces pages.

Discret mais élégant, le nez est dominé par des nuances de fleurs blanches et de pêche enrichies de touches minérales et fumées. L'attaque se fait tout en douceur. La fine acidité perçue ensuite soutient bien la bouche, lui communiquant relief et fraîcheur. ⌛ 2014-2017 🍴 aumônière de noix de Saint-Jacques

🔑 Pollet-Rouzé, 2 ter, chem. des Vignes, 18120 Quincy, tél. 02 48 58 93 08, arouze@terre-net.fr [V] [🚶] [🍷] t.l.j. sf dim. 10h-12h 14h-18h

DOM. SIRET-COURTAUD 2013 ★

■	70 000	🍾	8 à 11 €

Vincent Siret, ingénieur agronome et œnologue, fait ses classes à Gaillac avant de s'installer en 2006 sur 10 ha complétés par 2,8 ha de châteaumeillant en 2010. Depuis, il fréquente régulièrement les pages du Guide, dans les deux AOC.

Ce vin respire la fraîcheur avec ses notes de genêt, de rhubarbe et de pamplemousse. Souple en attaque, plein en milieu de bouche, une vivacité qui monte progressivement: voilà qui constitue une bonne structure sur laquelle se greffent des arômes d'agrumes et de fruits exotiques bienvenus. ⌛ 2014-2017 🍷 saint-jacques à la plancha

Dom. Siret-Courtaud, Le Grand-Rosières, 18400 Lunery, tél. 06 63 51 71 18, contact@domaines-siret.fr V r.-v.

DOM. DU TREMBLAY Cuvée Sucellus 2012 ★★

	6 800		15 à 20 €

Chantal Wilk et Jean Tatin exploitent un domaine de 12 ha créé en 1990 à partir de parcelles initialement dépendantes du château de Brinay. Le grand corps de ferme du XVIIIes. abrite une cave enterrée et un caveau de dégustation pour les groupes.

Cette cuvée est marquée par un élevage très réussi de douze mois en fût. Les parfums toastés du premier nez se dissipent à l'aération pour laisser apparaître les fruits jaunes mûrs. La bouche, riche et ronde, est bien enrobée, harmonieuse, dynamisée par une finale fraîche et persistante, agrémentée d'une subtile touche épicée. ⌛ 2015-2019 🍷 plateau de fromages

Dom. du Tremblay, Le Tremblay, 18120 Brinay, tél. 02 48 75 20 09, contact@domaines-tatin.com V t.l.j. 8h-12h30 13h30-18h; sam. dim. sur r.-v. Jean Tatin

DOM. DE VILLALIN Cuvée Tradition 2013

	38 400		5 à 8 €

Marylin et Jean-Jacques Smith ont repris en 1998 cette propriété établie sur les graviers de la rive droite du Cher. Installés dans un ancien corps de ferme traditionnel représenté sur les étiquettes, ils conduisent un vignoble de 9 ha.

De bonne intensité, ce vin dévoile des notes subtiles d'épices, d'anis et de fleurs blanches, que l'on retrouve dans une bouche douce, dynamisée en finale par une vivacité à la tonalité mentholée. ⌛ 2014-2017 🍷 galettes aux pommes de terre

Dom. de Villalin, 1 bis, hameau du Grand-Villalin, 18120 Quincy, tél. 02 48 51 34 98, v.quincy@wanadoo.fr V t.l.j. 8h-18h; dim. sur r.-v. 1 B Smith

REUILLY

• Superficie : 202 ha • Production : 10 739 hl (53 % blanc)

Par ses coteaux accentués et bien ensoleillés, par ses sols remarquables, Reuilly semble prédestiné à la viticulture. L'appellation recouvre 7 communes situées dans l'Indre et le Cher, dans une région charmante traversée par les vertes vallées du Cher, de l'Arnon et du Théols. Le sauvignon produit des blancs secs et fruités, qui prennent ici une ampleur remarquable. Le pinot gris fournit localement un rosé de pressoir tendre et délicat, qui risque de disparaître, supplanté par le pinot noir dont on tire également d'excellents rosés, plus colorés, mais surtout des rouges pleins, toujours légers, au fruité affirmé.

DOM. AUJARD 2013 ★

	20 000		5 à 8 €

Régulièrement sélectionné dans le Guide, Bernard Aujard installé en 1988 est une valeur sûre du vignoble du Centre. Son fils Damien l'a rejoint en 2012 sur un domaine qui couvre aujourd'hui 6,2 ha.

La maturité de ce 2013 transparaît à travers un nez de pêche et d'orange mûres agrémenté de touches végétales et crayeuses. Équilibrée, la bouche révèle une jolie tension minérale et se prolonge agréablement sur le zeste d'orange. ⌛ 2014-2017 🍷 tajine aux abricots Les Varennes 2013 ★ (3 000 b.): fruité de sirop de pêche, rondeur et volume en bouche. ⌛ 2014-2017

EARL Bernard Aujard, 2, rue du Bas-Bourg, 18120 Lazenay, tél. 02 48 51 73 69, domaineaujard@wanadoo.fr V t.l.j. 8h30-12h 14h-18h30; dim. sur r.-v.

LES BERRYCURIENS 2012

	2 600	8 à 11 €

Vingt-huit amis ayant en commun l'amour de leur région, le Berry, et celui du vin ont formé le groupe des BerryCuriens et constitué en 1995 un domaine viticole à partir de parcelles de vignes âgées de plus de soixante ans.

Rubis grenat, la couleur de ce millésime est claire et lumineuse. Les arômes de fruits rouges dominent mais se livrent avec retenue. Tout en légèreté, ronde et équilibrée, la bouche se termine sur une pointe tannique mesurée. ⌛ 2014-2017 🍷 plateau de charcuteries

SAS Les BerryCuriens, Le Buisson-Long, rte de Quincy, 18120 Brinay, tél. 02 48 51 30 17, berrycuriens@yahoo.fr V r.-v.

GÉRARD BIGONNEAU 2013

	40 000		5 à 8 €

En s'installant en 1990, Gérard Bigonneau a transformé cette exploitation céréalière, par ailleurs tournée vers le tourisme à la ferme, en domaine viticole. Aujourd'hui, c'est sa fille Virginie, œnologue de formation, qui conduit les 16 ha de vignes.

Parfums de buis et d'agrumes (citron, pamplemousse) tendent à monopoliser l'olfaction tant ils sont intenses et persistants. La bouche, à l'unisson, dévoile une belle vivacité, qui prend des tonalités minérales en finale. ⌛ 2014-2017 🍷 taboulé de la mer

EARL Bigonneau, La Chagnat, 18120 Brinay, tél. 02 48 52 80 22, earl-bigonneau@orange.fr V r.-v. B

JEAN-CHARLES BORGNAT 2013

	6 500		5 à 8 €

Jean-Charles Borgnat est passé en 1983 des plateformes pétrolières à la viticulture, mettant également à profit dans cette nouvelle activité sa formation de géologue. Il travaille d'abord dans le domaine familial, puis crée ex nihilo cette exploitation en 1993 (près de 9 ha en quincy). En 2008, il acquiert un vignoble de 1,4 ha en reuilly.

Les nuances variétales (buis) dominent au premier abord. Des notes de fleurs et d'agrumes apparaissent ensuite. La souplesse de l'attaque s'efface assez vite devant une fraîcheur acidulée aux évocations de pêche tout juste mûre, renforcée en finale par des notes citronnées. ⌛ 2014-2016 🍷 quiche au saumon

LOIRE

Jean-Charles Borgnat, Boisgisson, 6, rue des Champs-Moreaux, 18120 Cerbois, tél. 02 48 51 30 16, jcborgnat@aol.com V r.-v.

FRANÇOIS CHARPENTIER ET FILS 2013 ★

| 10 000 | 5 à 8 € |

Habitué du Guide, François Charpentier est installé à Reuilly. Ses fils Gérard et Jean-Baptiste l'ont rejoint en 2011 sur le domaine (12,5 ha).

Pourpre violacé, la robe est soutenue. Intense, le nez évoque le cassis frais. Franche en attaque, de bonne amplitude, la bouche offre des arômes fruités agrémentés de notes épicées et fleuries, et dévoile des tanins encore un peu sévères en finale. 2015-2017 pâté de lapin Les Beaumonts 2013 ★ (8 à 11 € ; 5 000 b.) : un vin expressif (melon, bourgeon de cassis, fruits blancs) et frais. 2014-2017

François Charpentier et Fils, 12, rue Jean-Jaurès, 36260 Reuilly, tél. 06 71 90 66 43, jbcharpentier.vins@orange.fr V r.-v.

DOM. DU CHÊNE VERT 2013 ★

| 43 000 | 8 à 11 € |

Installé en 1999 sur 2,5 ha à cheval sur Reuilly et Quincy, Valéry Renaudat, qui exploite désormais 15 ha de vignes sous deux étiquettes (Valéry Renaudat et domaine du Chêne vert), s'impose comme l'une des valeurs sûres de ces appellations.

Le nez dégage une belle puissance à dominante de fruits mûrs à confits (abricot, mangue). Ample et intense, la bouche délivre un trait de fraîcheur évoquant les agrumes en finale. Avec un bel équilibre nez-bouche, ce 2013 saura évoluer favorablement. 2014-2017 ris de veau Dom. Valéry Renaudat Les Lignis 2013 ★ (8 600 b.) : nez opulent, palais gras et ample. 2015-2017

SARL Valéry Renaudat, 3, pl. des Écoles, 36260 Reuilly, tél. 02 54 49 38 12, domaine@valeryrenaudat.fr V t.l.j. sf dim. 9h-12h30 13h30-19h

DOM. CORDAILLAT 2013 ★

| 7 000 | 8 à 11 € |

Implanté sur des terroirs argilo-calcaires dans les communes de Chéry et de Reuilly, ce domaine créé en 1995 à partir de 2 ha et conduit par Michel Cordaillat compte aujourd'hui 10 ha de vignes bien exposées au sud-est.

Ce 2013 est dominé au premier nez par des notes amyliques. Le fruité du raisin (mûre, cassis) s'exprime ensuite avec éloquence. Par son attaque agréable, ses tanins légers et frais, et ses arômes fruités nuancés d'épices, ce reuilly arbore un très plaisant côté « primeur ». 2015-2017 côte de veau et girolles à la crème 2013 (18 000 b.) : arômes variétaux de bonne intensité, friand en bouche. 2014-2017

Dom. Cordaillat, Le Montet, 18120 Méreau, tél. 02 48 52 83 48, domainecordaillat@orange.fr V t.l.j. 14h-18h; mer. dim. sur r.-v.

MARC ET PHILIPPE DANIEL 2013 ★★

| 8 000 | 5 à 8 € |

Née en 2001, la société de la fratrie Daniel a débuté avec 2,5 ha de vignes et une récolte vendue sur pied. Associé à Marc, son frère, Philippe Daniel a vinifié son premier millésime en 2011, et conduit aujourd'hui un vignoble de 5,5 ha.

D'un seyant jaune doré, ce vin révèle d'intenses arômes de fleurs blanches et de fruits mûrs nuancés de touches épicées et grillées. Dense et charnue, la bouche voit peu à peu s'installer une fine fraîcheur qui apporte du croquant dans la longueur. 2014-2017 poulet aux morilles

SCEV Daniel, Épagnes, 36150 Meunet-sur-Vatan, tél. 06 61 83 90 36, SCEV.daniel.reuilly@orange.fr V r.-v.

CLAUDE LAFOND La Grande Pièce 2013 ★

| 40 000 | 8 à 11 € |

Figure de Reuilly, Claude Lafond est un fervent défenseur de l'appellation. Épaulé par sa fille Nathalie, il a diversifié sa production dans les vignobles de l'AOC valençay. Son domaine couvre plus de 30 ha.

Une parcelle située sur sol sablo-graveleux donne son nom à cette cuvée, parmi les plus renommées du domaine. D'un saumoné léger à reflets argentés, ce vin libère de beaux arômes de pamplemousse et de fruits rouges (framboise). Ample et frais, le palais révèle une touche anisée avant qu'un retour aromatique sur les fruits ne conclue la dégustation. 2014-2015 feuilleté au chèvre Les Grandes Vignes 2013 ★ (18 000 b.) : nez typique de fruits rouges, bouche fraîche et gouleyante. 2015-2017

SARL Claude Lafond, 8, rte de Saint-Pierre-de-Jards, Le Bois-Saint-Denis, 36260 Reuilly, tél. 02 54 49 22 17, nathalie.lafond.reuilly@orange.fr V t.l.j. sf dim. 9h-12h30 13h30-18h

MATTHIEU ET RENAUD MABILLOT 2013 ★★

| 11 500 | 5 à 8 € |

Habitué du Guide, Alain Mabillot, partisan de l'enherbement et de la lutte raisonnée, conduisait ce domaine depuis 1990. En 2012, il vinifie son dernier millésime avec ses deux fils, Matthieu et Renaud, avant de les laisser officier seuls.

Brillante et soutenue, la robe revêt de beaux reflets violines. Le nez déploie de superbes arômes de fruits noirs (cassis) et de violette. La bouche est harmonieuse : une puissance maîtrisée, de la mâche, des tanins soyeux et une très belle finale sur les fruits et les épices. Un reuilly très harmonieux, à la fois intense et fin. 2014-2017 volaille au chou

Matthieu et Renaud Mabillot, 3, chem. de l'Orme, Villiers-les-Roses, 36260 Sainte-Lizaigne, tél. 02 54 04 02 09, contact@vins-mabillot.fr V r.-v.

LA CUVÉE DU PÉ'MINIAU 2012 ★★

| 3 500 | 8 à 11 € |

Jean Tatin tient ce domaine de sa famille maternelle, qui en est propriétaire depuis 1873. Établi à Brinay, il y a fait ses premières vendanges dans les années 1950. Maroussia, la plus jeune de ses trois filles, l'a rejoint en 2010. Leur domaine couvre 4,8 ha.

Grenat à reflets violets, la couleur de ce 2012 est dense. Un superbe fruité de griotte et de cassis, légèrement fumé, se dégage sans exubérance. Les tanins tapissants et soyeux apparaissent avec finesse, et le boisé est bien fondu (neuf mois d'élevage en fût). La rétro-olfaction est dominée par des arômes fruités et épicés. ⧗ 2014-2017 ♆ pintade au chou ■ Les Demoiselles Tatin Les Lignis 2013 ★ (5 à 8 € ; 7 000 b.) : des arômes intenses de fruits blancs et de bergamote, et un palais franc, frais, de bonne longueur. ⧗ 2014-2015

Les Demoiselles Tatin, Le Tremblay, 18120 Brinay, tél. 02 48 75 20 09, contact@domaines-tatin.com V t.l.j. 8h-12h 14h-18h; sam. dim. sur r.-v.

ROMAIN ET JEAN-PIERRE PONROY
Insolite 2013 ★

■	3 400		5 à 8 €

C'est en 2004 que Jean-Pierre Ponroy, céréalier, convaincu par son fils Romain, commence l'aventure en louant des vignes. Depuis, le père et le fils, qui ont étendu leur domaine (3,2 ha) par leurs propres plantations, commercialisent eux-mêmes leurs vins.

La teinte pelure d'oignon scintille de beaux reflets saumonés. Le nez s'ouvre sur la framboise. Une attaque ronde dévoile un palais dynamisé par une fine acidité. La finale sur la groseille et le bonbon anglais est persistante. ⧗ 2014-2015 ♆ crevettes grises

SCEA Dom. Ponroy, 80, rue des Combattants-AFN, 36260 Reuilly, tél. 02 54 49 20 14, ponroy.jean-pierre@orange.fr V t.l.j. 10h-19h30; f. fin août

LES ROUESSES 2013 ★

■	25 000		5 à 8 €

Cette maison regroupe un domaine viticole (14 ha) et une activité de négoce qui connaissent le même succès. Repris en 1997 par la famille Joseph Mellot, qui a développé un espace œnotouristique au siège de l'exploitation.

De discrètes mais très fines senteurs de fruits (pêche) et de fleurs flattent le nez. La bouche se révèle ronde en attaque, avant de dévoiler une fine trame acide qui apporte de la structure et souligne un bon retour aromatique (zeste de citron, bergamote, pivoine). Un 2013 harmonieux. ⧗ 2014-2017 ♆ queue de lotte au basilic ■ 2013 (28 000 b.) : teinte pelure d'oignon, arômes de pêche et d'abricot, fraîcheur en bouche. ⧗ 2014-2015 ■ Jean-Michel Sorbe 2013 : un vin bien typé sauvignon (fleurs blanches, citron, buis), vif et tonique. ⧗ 2014-2016

Dom. Jean-Michel Sorbe, Le Buisson-Long, rte de Quincy, 18120 Brinay, tél. 02 48 51 30 17, jeanmichelsorbe@jeanmichelsorbe.com V r.-v. Mellot

DOM. DES TEMPLIERS 2013

■	5 500		5 à 8 €

Ce domaine est né en 2000 de l'association d'un viticulteur local, Franck Poirier, et d'un passionné de vin, Bernard Pousset. Le vignoble couvre 3,5 ha.

La robe est d'un rose très pâle à reflets or blanc. Le nez, discret, dévoile des notes de bonbon anglais. Bien équilibrée entre souplesse et vivacité, la bouche se termine sur un agréable retour aromatique fruité (abricot). ⧗ 2014-2015 ♆ tapas

Franck Poirier, L'Ormeteau, 36260 Reuilly, tél. 02 54 49 23 25, fpoirier@terre-net.fr V t.l.j. sf dim. 8h-19h

SAINT-POURÇAIN

• Superficie : 695 ha • Production : 21 297 hl (71 % rouge et rosé)

Le paisible et plantureux Bourbonnais (département de l'Allier) possède aussi un vignoble, sur 19 communes, au sud-ouest de Moulins. Les vignes croissent sur les coteaux de la vallée de la Sioule ou sur des plateaux calcaires, à proximité. Les blancs ont fait autrefois la réputation de Saint-Pourçain ; un cépage local, le tressallier, est assemblé au chardonnay et au sauvignon, donnant une grande originalité aromatique à ces vins. Aujourd'hui, les rouges sont les plus nombreux. Fruités et charmeurs, ils proviennent de l'assemblage de gamay et de pinot noir.

DOM. DE BELLEVUE Grande Réserve 2013 ★

■	39 000	5 à 8 €

Dès les années 1930, le grand-père de Jean-Louis Pétillat vendait ses vins en bouteilles. Incarnant la quatrième génération, ce dernier exploite aujourd'hui 21,6 ha de vignes. La propriété et ses bâtiments du XIXes. se situent au cœur du vignoble bourbonnais.

Ce vin s'affiche en robe rubis et dévoile des parfums soutenus de griotte et de pruneau. On retrouve ces arômes dans une bouche souple, fraîche et gouleyante. Un vin franc et harmonieux. ⧗ 2014-2017 ♆ tapas au jambon

Jean-Louis Pétillat, Bellevue, 03500 Meillard, tél. 04 70 42 05 56, espace-client@domaine-petillat.fr V t.l.j. sf dim. 9h-12h 14h-19h

DOM. DES BOURRATS Rouge Tradition 2013

■	4 000		5 à 8 €

Après avoir travaillé dix ans auprès de Robert Prelot, Laetitia Lachérade a repris le domaine (4,5 ha) début 2011. Elle entend conserver l'authenticité des vins de son prédécesseur.

Cette cuvée dévoile un nez complexe fruité et épicé. Des notes de chocolat et de thym apportent un surcroît de complexité à une bouche tout en souplesse. ⧗ 2014-2017 ♆ poulet bourbonnais

Dom. des Bourrats, lieu-dit Les Bourrats, rue des Acacias, 03500 Saint-Pourçain-sur-Sioule, tél. 06 25 29 01 01, domainedesbourrats@gmail.com V t.l.j. 9h-19h; dim. 10h-12h Lachérade

CH. COURTINAT Cuvée des pérelles 2012 ★★

■	5 600		5 à 8 €

Typiquement bourbonnais avec sa petite tour ronde et son pigeonnier, ce domaine créé à l'emplacement d'un ancien couvent du XVIes. a abandonné l'élevage et les céréales. Habitué du Guide, Christophe Courtinat exploite aujourd'hui 12 ha de vignes.

Cette cuvée issue de 60 % pinot noir et de 40 % gamay a été vinifiée puis élevée douze mois en fût. Elle séduit d'emblée par sa robe grenat soutenu. Le nez libère des arômes raffinés de fruits rouges et noirs agrémentés d'une pointe de réglisse. La bouche est charpentée mais déjà soyeuse à point. Un vin harmonieux, que l'on appréciera aussi bien jeune que patiné par la garde. ⧗ 2014-2020 ♆ gigot de sanglier ■ Les Sous-Bois 2012 (2 000 b.) : un nez de fleurs et d'agrumes mâtinés d'une pointe de miel précédant une bouche nerveuse et fraîche. 2014-2017

Christophe Courtinat, 11, rue de Venteuil, 03500 Saulcet, tél. 04 70 45 44 84, cavecourtinat@wanadoo.fr V r.-v.

DOM. GARDIEN FRÈRES
Réserve du domaine 2013 ★

5 000 | 5 à 8 €

Depuis 1924, les générations de cette famille vigneronne se succèdent. Aujourd'hui, les frères Olivier et Christophe Gardien ont arrêté la culture de céréales pour se consacrer à la vigne, qui couvre 23 ha sur un terroir argilo-siliceux.

Mi-gamay mi-pinot noir, ce vin, d'abord discret, libère à l'aération des notes fruitées et épicées. On retrouve les fruits rouges dans une bouche tendre aux tanins souples. 2014-2017 foie de veau poêlé Secret de Jaligny 2012 (8 à 11 € ; 7 000 b.) : ce vin élevé un an en fût s'exprime sur des notes de café au nez. Encore jeune en bouche, il demande un peu de temps pour s'arrondir. 2015-2017

Dom. Gardien Frères, 7, Chassignolles, 03210 Besson, tél. 04 70 42 80 11, c.gardien@03.sideral.fr V t.l.j. sf dim. 8h-12h 14h-19h

♥ DOM. GROSBOT-BARBARA
SAS Le Prince Charles Henri de Lobkowicz 2012 ★★

4 000 | 11 à 15 €

En 1996, Denis Barbara, venant de Bourgogne, s'installe dans la région en s'associant avec Élie Grosbot, vigneron du Bourbonnais aujourd'hui retraité. Ce domaine de 9,5 ha conduit en lutte intégrée est un habitué du Guide.

Issue d'une subtile association de 70 % de chardonnay et de 30 % de tressallier, cette très belle cuvée se présente vêtue d'un seyant jaune or. Le nez, puissant et riche, libère des arômes de miel associés à des nuances vanillées apportées par l'élevage en fût. La bouche, élégante, offre volume, structure et longueur. Un vin racé et intense, que l'on pourra attendre pour en apprécier toute sa richesse. 2014-2020 poulet aux morilles La Chambre d'Édouard 2012 ★★ (8 à 11 € ; 10 000 b.) : cette cuvée de pinot noir affiche une très jolie robe rubis foncé. Le nez puissant délivre des arômes de fruits noirs mêlés à des notes de café et de vanille. La bouche est structurée, profonde et élégante. 2014-2019

Dom. Grosbot-Barbara, Montjournal, RD 46, 03500 Cesset, tél. 04 70 45 39 92, barbaradenis@orange.fr V r.-v.

DOM. JALLET Les Ceps centenaires 2013 ★

5 000 | 5 à 8 €

Ce domaine de 7 ha créé en 1913 par Jean-Marie Jallet est situé à deux pas du pittoresque village de Verneuil-en-Bourbonnais. Il est conduit depuis 1990 par Philippe Jallet, qui incarne la quatrième génération à la tête de la propriété.

Ce 2013 revêt une jolie robe brillante grenat soutenu et libère de généreux parfums de fruits noirs confiturés. Souple en attaque, la bouche est étayée par des tanins fins et offre une belle longueur. 2014-2018 magret de canard Les Pierres brûlées 2012 (3 500 b.) : un vin élevé en fût et dominé par le pinot noir (70 %), rond et élégant, sur la griotte et la réglisse. 2014-2017

Dom. Jallet, 30, pl. des Cailles, 03500 Saulcet, tél. 06 18 79 55 23 V t.l.j. 8h-12h 14h-19h

FAMILLE LAURENT Calnite 2013

5 000 | 5 à 8 €

La famille Laurent est établie à Saulcet depuis plusieurs siècles. En 2005, Jean-Pierre et Corinne ont modernisé leur cave de vinification. Leur fils Damien les a rejoint en 2014 sur ce domaine de 27 ha régulier en qualité.

Ce vin est l'assemblage des trois cépages de l'appellation (chardonnay, tressallier et sauvignon). De couleur or, il libère des parfums frais de citronnelle et offre une bouche très tonique. 2014-2017 pâté à la pomme de terre

Famille Laurent, Montifaud, 03500 Saulcet, tél. 04 70 45 90 41, cave.laurent@wanadoo.fr V t.l.j. sf dim. 9h-12h 14h-18h

DOM. NEBOUT Séduction 2012

10 000 | 5 à 8 €

Succédant à quatre générations de vignerons, Julien Nebout a pris la tête en 2006 de cette propriété de 30 ha régulièrement mentionnée dans ces pages.

Cette cuvée de pur pinot noir s'exprime avec ardeur sur les fruits rouges. Des arômes que l'on retrouve en bouche, nuancés par une pointe de café et de vanille, et associés à une solide structure tannique. 2014-2020 fromage d'Auvergne

Dom. Nebout, rte de Montluçon, 03500 Saint-Pourçain-sur-Sioule, tél. 04 70 45 31 70, juliennebout@yahoo.fr V t.l.j. sf dim. 9h-12h 14h-18h30

DOM. RAY Cuvée des Gaumes 2012

20 000 | 5 à 8 €

Cette exploitation acquise par la famille Ray en 1929 s'est agrandie au fil des générations pour couvrir aujourd'hui 20 ha. En 2011, Fanny et Alexandre Pinet, fille et gendre de François Ray, rejoignent le domaine.

Ce vin s'affiche en robe grenat. Au nez, il affirme son caractère en offrant des arômes intenses de fruits rouges et de cuir. En bouche, les épices apportent une belle complexité. 2014-2017 grillade de porc

Dom. Ray, 8, rue Louis-Neillot, 03500 Saulcet, tél. 04 70 45 35 46, ray.francois@akeonet.com V r.-v. Ray et Pinet

UNION DES VIGNERONS DE SAINT-POURÇAIN
La Réserve spéciale 2012 ★

70 000 | - de 5 €

Créée en 1952, cette cave coopérative est la seule de l'appellation saint-pourçain. Rassemblant aujourd'hui 60 vignerons, elle vinifie les deux tiers des volumes sous la baguette de l'œnologue Sylvain Miniot.

Issue majoritairement de gamay teinté de 25 % de pinot noir, cette cuvée grenat foncé offre un nez de fruits noirs. La bouche ajoute des saveurs épicées et s'adosse à des tanins fins et mûrs. Un vin harmonieux et prêt à boire. ⌛ 2014-2017 🍷 salade de fruits rouges ■ **La Réserve spéciale 2013 ★ (100 000 b.)** : en robe jaune or brillante, cette cuvée libère des arômes de pomme acidulée et offre une bouche équilibrée, à la fois fraîche et ronde. ⌛ 2014-2017

🔑 Union des Vignerons de Saint-Pourçain, 3, rue de la Ronde, 03500 Saint-Pourçain-sur-Sioule, tél. 04 70 45 42 82, udv@udvstpourcain.com

V t.l.j. 8h30-12h30 13h30-18h

SANCERRE

• Superficie : 2 830 ha • Production : 135 393 hl (79 % blanc)

Perché sur un piton rocheux, Sancerre domine la Loire et son vignoble, réputé dès le Moyen Âge. Sur 14 communes s'étend un magnifique réseau de collines parfaitement adaptées à la viticulture, bien exposées et protégées. Les sols portent des noms locaux : « terres blanches » (marnes argilo-calcaires du kimméridgien) ; « caillottes » et « griottes » (calcaires) ; « cailloux » ou « silex » (sols siliceux du Tertiaire). Deux cépages règnent à Sancerre : le sauvignon en blanc et le pinot noir en rouge. Le premier s'épanouit dans des blancs frais, jeunes et fruités, qui prennent des nuances différentes selon les types de sols ; le second s'exprime dans des rosés tendres et subtils, et dans des rouges légers, parfumés et amples. Sancerre, c'est aussi un milieu humain particulièrement attachant. Il n'est pas facile, en effet, de produire un grand vin avec le sauvignon, cépage de deuxième époque de maturité, non loin de la limite nord de la culture de la vigne, à des altitudes de 200 à 300 m et sur des sols qui comptent parmi les plus pentus du pays, d'autant que les fermentations se déroulent en fin de saison dans des conditions délicates.

DOM. AUCHÈRE 2013 ★★★

■	40 000		8 à 11 €

Jean-Jacques Auchère, viticulteur à Bué, s'est installé à la suite de son père en 1987. Il possède 10 ha de vignes en AOC sancerre, dont 6 ha de sauvignon, sur sol argilo-calcaire. La cave se situe au pied du célèbre cirque de La Poussie.

Ce 2013 de haut vol dévoile un nez complexe qui mêle les agrumes, la pêche blanche, les notes fumées et des nuances pétrolées évoquant un riesling. La bouche onctueuse et vineuse trouve l'équilibre autour d'une minéralité tranchante et d'une persistance exceptionnelle. Un sancerre atypique de grande garde. ⌛ 2017-2024 🍷 dos de sandre rôti

🔑 Auchère, 18, rue de l'Abbaye, 18300 Bué, tél. 02 48 54 15 77, jean-jacques.auchere@terre-net.fr

V r.-v.

DOM. BAILLY-REVERDY Les Monts Damnés 2012 ★

■	n.c.		15 à 20 €

La famille Bailly est établie dans le village vigneron de Bué depuis les années 1950. C'est Franck, le fils de Bernard, qui conduit aujourd'hui le domaine de 23 ha. Son neveu Aurélien l'a rejoint en 2011.

Au nez, le pain grillé et le toasté cèdent peu à peu la place aux arômes de fruits confits. Le palais, dans un registre similaire, se révèle gras et puissant sans lourdeur. ⌛ 2015-2019 🍷 millefeuille saumon-fromage frais ■ **2012 ★ (8 à 11 € ; 18 000 b.)** : belles notes de fruits rouges, bouche équilibrée, à la fois ronde et fraîche. ⌛ 2014-2018

🔑 Dom. Bailly-Reverdy, 43, rue de Venoize, 18300 Bué, tél. 02 48 54 18 38, bailly.reverdy@wanadoo.fr

V t.l.j. 9h-12h 14h-18h; sam. dim. sur r.-v.

JEAN-PAUL BALLAND Grande Cuvée 2012 ★★

■	23 000		11 à 15 €

Issu d'une longue lignée de vignerons, Jean-Paul Balland, établi à Bué, est aujourd'hui accompagné de ses filles Isabelle, au chai, et Élise, au commercial. Leur domaine couvre 22 ha.

Le nez, très puissant, associe des arômes de surmaturité (coing confit, miel) aux notes grillées et fumées nées de l'élevage sous bois. Souple en attaque, le palais se révèle ample, plein, riche, doux et long. ⌛ 2015-2019 🍷 tartelettes au boudin blanc ■ **2013 (8 à 11 € ; 11 000 b.)** : fruité intense au nez comme en bouche, fraîcheur et gras. ⌛ 2014-2015

🔑 Dom. Jean-Paul Balland, 10, chem. de Marloup, 18300 Bué, tél. 02 48 54 07 29, balland@balland.com

V t.l.j. sf dim. 9h-12h 13h30-18h; f. vacances de Noël et jours fériés

♥ DOM. BIZET 2013 ★★

■	4 000		5 à 8 €

Célestin Bizet plante les premiers pieds de vigne en 1900. Incarnant la quatrième génération, Thibault Bizet s'est installé en 2005. Il gère un domaine de 8,5 ha au côté de sa mère Maryline.

Cette cuvée a enthousiasmé le jury. Rubis à reflets violets, elle exhale un magnifique fruité bien typé (cerise mûre) et délicatement agrémenté de touches épicées et fumées. Une fine trame tannique supporte une bouche pulpeuse, suave, délicate et friande, qui offre en finale un beau retour fruité et poivré. ⌛ 2015-2019 🍷 côte de bœuf

🔑 Dom. Thibault Bizet, Chambre, 18300 Sury-en-Vaux, tél. 02 48 79 34 43, domaine.bizet@orange.fr

V t.l.j. sf dim. 9h-12h 14h-18h

HENRI BOURGEOIS Les Baronnes 2013 ★

■	210 000		11 à 15 €

À sa création par Henri Bourgeois en 1950, la propriété comptait 1,5 ha de vignes. Aujourd'hui, la famille Bourgeois (Arnaud, Jean-Christophe et Lionel) est à la tête de 72 ha, sans compter les 30 ha acquis en Nouvelle-Zélande. Une valeur sûre du Sancerrois.

À l'olfaction, les arômes d'agrumes et de fruits (pêche, abricot) dominent, une délicate touche végétale apportant de la fraîcheur. Le palais offre du volume et du gras ainsi qu'un soupçon de minéralité qui confère longueur, équilibre et fraîcheur, celle-ci étant renforcée par une finale acidulée. 2014-2017 koulibiac de saumon ■ D'antan 2012 (20 à 30 € ; 18 000 b.) : au nez, des arômes intenses de bourgeon de cassis, de pêche, de vanille et de noisette grillée. Ample et encore tendue, la bouche se fondra avec le temps. 2015-2019 ■ Jadis 2012 (20 à 30 € ; 18 000 b.) : nez de fruits blancs, de citron et de coing, bouche ample et vive. 2015-2019

SAS. Henri Bourgeois, Chavignol, 18300 Sancerre, tél. 02 48 78 53 20, domaine@henribourgeois.com V r.-v.

HUBERT BROCHARD Terroir de silex 2013

■	40 000		11 à 15 €

Aimée et Hubert Brochard ont créé cette propriété dans les années 1900. Ce sont aujourd'hui leurs trois petits-enfants, Jean-François, Daniel et Benoît, qui conduisent les 57,5 ha de vignes répartis dans les aires d'appellation sancerre et pouilly-fumé.

Issue de plusieurs terroirs à silex de l'est du Sancerrois, cette cuvée délivre d'abord des notes de buis, puis de fleurs et de fruits (kiwi, prune). Suave en attaque, la bouche montre ensuite une fine acidité soulignée par une finale minérale et citronnée. 2014-2017 blanquette de lotte

Hubert Brochard, Chavignol, 18300 Sancerre, tél. 02 48 78 20 10, domaine@hubert-brochard.fr V t.l.j. 9h-12h 14h-18h

DOM. DES BROSSES 2013 ★

■	6 000		5 à 8 €

En 2007, Anthony et Nicolas Girard ont pris la suite de leur père Alain. Les deux grandes caves de 22 m de long datant de 1860 témoignent de l'ancienneté du domaine qui couvre 10,5 ha.

Ce 2013 affiche une robe rose bonbon soutenu. Le fruité (fraise, framboise) s'intensifie à l'aération. Souple et rond, le palais montre un beau volume et évolue vers plus de vivacité en finale. Un ensemble équilibré. 2014-2015 mousse de fruits rouges

SCEV Alain Girard et Fils, Dom. des Brosses, 18300 Veaugues, tél. 02 48 79 24 88, domainedesbrosses@yahoo.fr V t.l.j. sf dim. 9h-17h30

DOM. DES CHAINTRES 2013

■	28 000		11 à 15 €

Ce domaine est principalement situé sur des parcelles autour du piton de Sancerre. Il a été acquis par la maison Joseph Mellot en 2007.

Ce vin libère des parfums typés et intenses de bourgeon de cassis et de pamplemousse. La bouche confirme le côté exubérant des arômes dans un bon équilibre. Pour amateurs de vins aromatiques. 2014-2017 tourte au fromage

SCEA des Chaintres, 36, rte Nationale, Maltaverne, 58150 Pouilly-sur-Loire, tél. 02 48 78 54 54, contact@domainedeschaintres.com V r.-v.

FRÉDÉRIC CHAMPAULT La Barbotaine 2013

■	30 000		5 à 8 €

Frédéric Champault est fils et petit-fils de vignerons. Depuis son installation en 1994, il poursuit l'extension de l'exploitation familiale, qui couvre aujourd'hui 6 ha.

Joliment floral (fleurs blanches, rose anglaise) et légèrement poivré, le nez est printanier. Ample, rond et gras, le palais est maintenu en éveil par les arômes citronnés. Un ensemble bien équilibré. 2014-2017 huîtres

Frédéric Champault, 3, rue de la Barbotaine, 18300 Crézancy-en-Sancerre, tél. 02 48 79 02 32, earl.frederic.champault@orange.fr V t.l.j. sf dim. 9h-12h 14h-18h; f. 15-30 août

DANIEL CHOTARD Le Chant de l'archer 2012 ★

■	5 600		11 à 15 €

Vignerons et tonneliers, les ancêtres de Daniel Chotard ont toujours travaillé dans le monde du vin. Son fils Simon, œnologue, l'a rejoint en 2010. Leur domaine couvre 15 ha.

Rubis profond à reflets mauves, ce 2012 délivre des arômes élégants de fruits rouges (cassis, framboise) et des notes boisées (café). Souple en attaque, la bouche est onctueuse, presque moelleuse, soutenue par des tanins solides. 2015-2019 onglet à l'échalote

Daniel Chotard, hameau de Reigny, 5, rue des Fontaines, 18300 Crézancy-en-Sancerre, tél. 02 48 79 08 12, sancerresimonchotard@live.fr V t.l.j. 9h-12h 13h30-18h30 sf dim.; f. 15-31 août

DOM. DES CLAIRNEAUX 2013 ★

■	60 000		8 à 11 €

Jean-Marie Berthier a créé en 1983 ce domaine qu'il a progressivement étendu : 20 ha aujourd'hui en sancerre (Clairneaux) et coteaux-du-giennois (Montbenoît). Ses fils l'ont rejoint : l'aîné, Clément, s'occupe de la commercialisation, le cadet, Florian, conduit la vigne.

Le nez expressif mêle fleurs blanches, notes fruitées (pêche de vigne) et fines touches minérales et grillées. Dense et charnue, la bouche se révèle gourmande, tapissée de fruits. Le jury a aussi apprécié sa finesse et sa fraîcheur. 2015-2019 salade de noix de Saint-Jacques

Vignobles Berthier, Les Clairneaux, 18240 Sainte-Gemme, tél. 02 48 79 40 97, contact@vignoblesberthier.fr V t.l.j. sf sam. dim. 8h-12h 13h30-18h

DOM. DES COLTABARDS 2013 ★

■	47 000		11 à 15 €

L'histoire de la maison Joseph Mellot débute en 1513 à Sancerre, avec Pierre-Étienne Mellot, qui pose les fondations d'un petit vignoble. Catherine Corbeau-Mellot préside aujourd'hui aux destinées de cet important négoce, qui rayonne sur l'ensemble des vignobles du Centre et de la vallée de la Loire. La maison possède aussi plusieurs domaines.

Le domaine des Coltabards appartient à la maison Joseph Mellot depuis 2007. Les vignes couvrent 7 ha. De bonne intensité, le nez mêle les fruits mûrs (pêche, coing) de jolies touches florales et minérales. Rondeur, volume et onctuosité caractérisent un palais soutenu par une juste acidité. 2015-2017 paupiettes de turbot

SCEA des Coltabards, 36, rte Nationale, Maltaverne, 58150 Tracy-sur-Loire, tél. 02 48 78 54 54, contact@domainedescoltabards.com V r.-v.

ÉRIC COTTAT La Vallée des vignes 2013 ★★

	2 900		8 à 11 €

Éric Cottat conduit depuis 1990 cette exploitation située au hameau de Thou dans la commune de Sury-en-Vaux. Le domaine dispose depuis 2004 d'un nouveau chai climatisé, avec cuverie Inox thermorégulée.

Grenat soutenu aux reflets violets, la robe est intense, presque noire. Les arômes toastés du bois dominent pour l'heure les nuances vineuses de griotte à l'alcool. Bâtie sur des tanins mûrs et fins, la bouche séduit par sa douceur et sa concentration. ⌛ 2015-2019 🍴 gigot d'agneau ■ 2013 ★ (5 à 8 €; 1 800 b.) : fruits rouges très mûrs (cassis, groseille) au nez ; légèreté et persistance sur la fraîcheur des agrumes en bouche. ⌛ 2014-2015 ■ 2013 ★ (8 000 b.) : un vin jeune et prometteur à la bouche ample et encore nerveuse. ⌛ 2015-2017

🔑 Éric Cottat, Le Thou, 18300 Sury-en-Vaux, tél. 02 48 79 02 78, eric.cottat@free.fr V t.l.j. 8h-19h

DOM. DOMINIQUE ET JANINE CROCHET 2012 ★

	10 000		8 à 11 €

En 1982, ce domaine couvrait 2 ha; il compte aujourd'hui 11 ha. Depuis le décès de son époux, Janine Crochet dirige l'exploitation avec son fils Teddy.

La robe pourpre est intense. Le nez, gourmand, offre de la griotte confite, du cassis et de la vanille. Ronde en attaque, la bouche est vite reprise par la sévérité des tanins du bois que le temps va dompter. Un vin prometteur. ⌛ 2015-2019 🍴 côte de bœuf ■ 2013 ★ (5 500 b.) : teinte rose franc à reflets abricot, arômes discrets de pomelo, amplitude et juste acidité. ⌛ 2014-2015

🔑 Dom. Dominique et Janine Crochet, 64, rue de Venoize, 18300 Bué, tél. 02 48 54 19 56, earlcrochetdominiqueetjanine@wanadoo.fr V t.l.j. sf dim. 9h-12h 13h-19h

FRANÇOIS CROCHET 2012 ★

	8 800		11 à 15 €

Robert Crochet a pris sa retraite en 2006. C'est son fils François qui conduit désormais l'exploitation transmise de père en fils depuis le début du siècle dernier. À la tête de 11 ha, il a inauguré sa nouvelle cave en 2009.

Pourpre violet, la robe annonce la densité de ce 2012. Le nez la confirme : marmelade de fruits rouges, senteurs de violette et note de cuir. Le palais se montre charnu, ample, plein et très expressif, dans la continuité de l'olfaction, et s'appuie sur des tanins solides. Un vin qui allie puissance et élégance. ⌛ 2015-2019 🍴 pavé d'autruche ■ 2013 ★ (8 à 11 €; 7 339 b.) : nez frais de fruits rouges, de fleur de cerisier et de coing, bouche vive et tendue. ⌛ 2014-2015

🔑 François Crochet, Marcigoué, 42, rue de Venoize, 18300 Bué, tél. 02 48 54 21 77, francoiscrochet@wanadoo.fr V t.l.j. sf dim. 9h-12h 14h-18h

JEAN-MARC ET MATHIEU CROCHET 2013

	80 000		8 à 11 €

La famille Crochet cultive la vigne depuis le XVIes. Jean-Marc s'est associé à son père Bernard en 1981. Mathieu l'a rejoint en 2006 à la tête d'un vignoble de 12 ha.

Une belle intensité, de fines nuances florales, le nez est plaisant. Bâti sur une fine acidité, le palais se révèle alerte, persistant et de bonne longueur. Un beau classique de l'appellation. ⌛ 2014-2017 🍴 poisson sauce safranée

🔑 Jean-Marc et Mathieu Crochet, 40, rue Saint-Vincent, 18300 Bué, tél. 02 48 54 11 30, jmcrochet@terre-net.fr V r.-v.

DOM. LA CROIX SAINT-LAURENT 2013 ★

	34 000		8 à 11 €

La Croix Saint-Laurent est le quartier du village de Bué où vous trouverez la cave de Joël Cirotte, aujourd'hui aidé de son fils Fabien. Leur domaine couvre 10 ha.

Ce 2013 a besoin qu'on l'aère pour s'ouvrir. Se dévoilent alors des nuances très élégantes de pêche blanche. Bien structuré en bouche, réveillé par une belle vivacité, il pourra attendre un peu pour révéler tous ses arômes. ⌛ 2014-2019 🍴 volaille à la crème

🔑 Joël Cirotte, Venoize, 18300 Bué, tél. 02 48 54 30 95, scea-cirotte@wanadoo.fr V t.l.j. sf sam. dim. 8h-12h 14h-19h

DOM. DAULNY Le Clos de Chaudenay Vieilles Vignes 2012 ★

	7 000		8 à 11 €

Étienne Daulny a pris en 1972 la tête de ce vignoble qui se transmet de père en fils. Le vigneron a fait le choix d'élever ses vins en cuve Inox thermorégulée ou en fût selon les cuvées, et il exporte plus de 80 % de sa production.

D'une bonne intensité, le nez exprime de jolis arômes fruités égayés de notes variétales et citronnées. Frais en attaque, équilibré et bien présent en bouche, il se développe avec persistance sur de fines nuances anisées et poivrées. ⌛ 2014-2019 🍴 langoustines rôties aux agrumes ■ 2012 ★ (6 500 b.) : ce vin livre un nez intense de fruits rouges (framboise, cerise, pruneau) prolongé par un palais rond et gourmand. ⌛ 2014-2017

🔑 Étienne Daulny, Chaudenay, 18300 Verdigny, tél. 02 48 79 33 96, domaine-daulny@wanadoo.fr V r.-v.

DOM. VINCENT DELAPORTE Maxime Silex 2012 ★

	25 000		11 à 15 €

Conduit par Jean-Yves Delaporte et son fils Matthieu, ce domaine de 24 ha est installé à Chavignol, charmant village au cœur du Sancerrois réputé pour son fromage de chèvre.

Issue d'un terroir à silex, cette cuvée est dominée par des notes boisées (vanille, grillé) agrémentées d'arômes fruités et floraux. Souple en attaque, plein en milieu de bouche ; l'acidité et les tanins lui donnent de la fermeté. Bâti pour bien vieillir. ⌛ 2015-2019 🍴 poularde fermière farcie

🔑 Dom. Vincent Delaporte, Chavignol, 18300 Sancerre, tél. 02 48 78 03 32, delaportevincent.sancerre@wanadoo.fr V t.l.j. 8h-18h

ANDRÉ DEZAT ET FILS 2013 ★

	30 000		8 à 11 €

La famille Dezat, aujourd'hui représentée par les frères Simon et Louis et par leurs enfants Firmin et Arnaud, est

LOIRE

productrice dans l'AOC sancerre depuis plusieurs générations. Elle a créé le domaine Thibault en 1980 pour élargir sa gamme aux pouilly-fumé.

Grenat intense aux reflets violets, la robe est attrayante. Le boisé marque l'olfaction de son empreinte (pain grillé) et apporte de la présence à un palais dense, suave et onctueux, agrémenté de notes de griotte mûre. 2014-2019 coq au vin 2013 (100 000 b.) : de jolies senteurs de fleurs blanches, de fleur d'oranger et de citron vert relayées par une bouche vive. 2015-2019

SCEV André Dezat et Fils, rue des Tonneliers, Chaudoux, 18300 Verdigny, tél. 02 48 79 38 82, dezat.andre@terre-net.fr V r.-v.

PAUL DOUCET ET FILS 2012 ★

	2 000		5 à 8 €

Converti à la viticulture en 1978 après avoir longtemps été en polyculture-élevage, ce domaine de 10,5 ha conduit par Patrick Doucet est situé à Sury-en-Vaux, village cerné par de magnifiques coteaux viticoles.

Ce vin arbore une robe cerise et libère des parfums de fruits rouges et noirs. Tendre et fin, il séduit en bouche par son grain délicat, sa plénitude et ses arômes de fruits frais. Un vin charmeur en diable. 2014-2017 rôti de bœuf froid sauce moutarde

EARL Paul Doucet, Les Plessis, 18300 Sury-en-Vaux, tél. 02 48 79 33 40, earl.doucet@wanadoo.fr V r.-v.

♥ DOUDEAU-LÉGER 2013 ★★

	33 000		5 à 8 €

Installée dans le village des Giraults sur les hauteurs de la commune de Sury-en-Vaux, Christiane Doudeau a repris le domaine familial avec son époux Pascal au départ à la retraite de ses parents en 1988.

Le nez envoûte par ses arômes très flatteurs de fruits frais, de pamplemousse et de rose anglaise. À la fois riche et vif, puissant et velouté, le palais affiche une très grande finesse et une longueur remarquable. Un vrai sancerre de terroir, harmonieux et complet. 2014-2019 coquillages gratinés 2013 ★★ (2 400 b.) : teinte corail pâle, forte expression fruitée (fraise, framboise) et florale, fraîcheur appétante, longue persistance aromatique. Un rosé intense et équilibré. 2014-2015

Dom. Doudeau-Léger, Les Giraults, 18300 Sury-en-Vaux, tél. 02 48 79 32 26 V t.l.j. sf dim. 9h-12h 14h-18h

DOM. DES ÉMOIS 2012 ★

	2 800		8 à 11 €

L'histoire de la maison Joseph Mellot débute en 1513 à Sancerre, avec Pierre-Étienne Mellot, qui pose les fondations d'un petit vignoble. Catherine Corbeau-Mellot préside aujourd'hui aux destinées de cet important négoce, qui rayonne sur l'ensemble des vignobles du Centre et de la vallée de la Loire. La maison possède aussi plusieurs domaines.

Un domaine de 6,15 ha réparti sur les trois grands terroirs du Sancerrois et racheté en 2012 par la maison Joseph Mellot. Ce vin affiche une robe rubis sombre à reflets violets et libère des arômes fruités (cassis, groseille). La bouche se révèle souple, fondue, onctueuse, étayée par des tanins fins. Un sancerre gourmand. 2014-2019 crottin de Chavignol affiné

SCEA des Émois, Le Bourg, Amigny, 18300 Sancerre, tél. 02 48 78 54 54, christophe.berneau@sfr.fr V r.-v.

DOM. BERNARD FLEURIET ET FILS
Anthocyane 2012 ★

	3 500		15 à 20 €

En 1990, cette exploitation tournée vers l'agriculture et l'élevage a décidé de se consacrer également à la viticulture. Bernard Fleuriet et ses fils Benoît et Mathieu conduisent aujourd'hui un domaine de 22 ha produisant en sancerre et en menetou-salon.

Ce vin affiche une robe très foncée, pourpre aux reflets violets. Au nez se côtoient des arômes de fruits noirs, d'épices et de pain grillé. Souple et frais en attaque, le palais évolue sur des notes intenses de chocolat, avant de revenir sur le fruit (cassis) en finale. 2016-2020 fondant au chocolat Côte de Marloup 2012 (11 à 15 € ; 8 000 b.) : nez de fruits exotiques et confits, de pain d'épice ; bouche très ronde et onctueuse. 2014-2017 Tradition 2013 (8 à 11 € ; 100 000 b.) : nez sur le bourgeon de cassis et les fleurs blanches, et belle vivacité en bouche. 2014-2017

Dom. Bernard Fleuriet et Fils, La Vauvise, 18300 Menetou-Ratel, tél. 02 48 79 34 09, fleuriet.vauvise@wanadoo.fr V r.-v.

LA FORÊT GASSELIN 2013 ★

	5 000		5 à 8 €

Régis Godelu a pris la direction du domaine familial en 1991. Rejoint par son frère Laurent en 2002, il exploite aujourd'hui 9 ha de vignes.

Le nez révèle des arômes complexes de fruits rouges (framboise, cerise) agrémentés de touches épicées. Tendre en attaque, le palais dévoile une structure tannique légère et souple qui s'étire dans une longue finale fruitée. Un sancerre aimable et harmonieux. 2014-2017 rôti de porc au four

Dom. de La Forêt Gasselin, la Forêt, 18300 Menetou-Ratel, tél. 02 48 79 32 29, regis.godelu@wanadoo.fr V t.l.j. sf dim.

♥ B DOM. FOUASSIER
Le Clos de Bannon 2012 ★★

	16 200		11 à 15 €

Une longue histoire de famille dans ce domaine créé au milieu du XVIIIe s. Benoît et Jean-Michel Paul Fouassier, les deux cousins, ont rejoint leurs pères Pierre et Jean-Michel en 2000 et 2001 sur un vignoble de 57 ha conduit en bio et biodynamie certifiés.

Les argiles à silex ont imprimé une superbe maturité à cette cuvée. La palette aromatique d'une grande richesse développe une kyrielle de notes fruitées (litchi, fruits jaunes confiturés) enjolivées de touches de miel. Fondue et onctueuse, la bouche est voluptueuse et persiste longuement sur des notes de pêche et d'abricot portées par une subtile fraîcheur jusqu'en finale. ⧗ 2014-2019 🍴 poulet aux morilles ■ Les Grands Groux 2012 (31 000 b.) : discret au nez, rond au palais, fraîcheur d'agrumes en finale. ⧗ 2014-2017 ■ Les Chasseignes 2012 (42 000 b.) : souple en attaque, finale vive sur les agrumes. ⧗ 2014-2017

⊶ Dom. Fouassier, 180, av. de Verdun, 18300 Sancerre, tél. 02 48 54 02 34, contact@fouassier.fr V 🚶 🍷 t.l.j. 9h-12h 14h00-17h30; visites sur r.-v. 🏠 E

DOM. OLIVIER FOUCHER 2013 ★

■ | 8 600 | 🍾 | 5 à 8 €

Olivier Foucher a suivi un parcours professionnel classique : études de viticulture et d'œnologie, quelques années de collaboration avec ses parents et reprise en main du domaine familial à la retraite de son père en 2011. Il exploite aujourd'hui avec sa mère 7 ha de vignes.

Ce vin libère d'agréables arômes de fruits rouges bien mûrs (framboise, cassis). Les tanins sont soyeux et fondus. Retour bienvenu des fruits en finale. ⧗ 2015-2017 🍴 grillades aux herbes de Provence

⊶ Olivier Foucher, Les Guenoux, 18240 Sainte-Gemme-en-Sancerrois, tél. 02 48 54 09 21, olivier.foucher0851@orange.fr V 🚶 🍷 t.l.j. 9h-12h30 14h-18h30 sf dim. aps-midi

FOURNIER PÈRE ET FILS Cuvée Silex 2012 ★

■ | 30 000 | 🍾 | 15 à 20 €

Exploitation familiale créée au XIXe s. sur 2 ha de vignes. Claude Fournier, à la fois viticulteur et négociant, conduit aujourd'hui un domaine de 32,5 ha répartis sur trois appellations : pouilly-fumé, menetou-salon et sancerre.

Intensité et diversité qualifient la très belle expression olfactive de ce 2012 : notes de buis, d'aubépine et de pamplemousse mêlées de touches de pierre à fusil et de vanille. Souple et fraîche, la bouche est élégante. ⧗ 2014-2017 🍴 filet de merlan sauce citron

⊶ Fournier Père et Fils, rte de la Garenne, Chaudoux, 18300 Verdigny, tél. 02 48 79 35 24, claude@fournier-pere-fils.fr V 🚶 🍷 t.l.j. 8h-12h 13h30-18h; sam. dim. sur r.-v.

DOM. DE LA GARENNE 2013 ★

■ | 55 000 | 🍾 | 8 à 11 €

Bernard-Noël Reverdy et son épouse ont transmis en 2008 le flambeau à leur fille Fabienne et à leur gendre Benoît Godon, qui exploitent aujourd'hui un domaine de 12 ha.

Encore timide, le nez dévoile des arômes d'orange, de bonbon anglais et de fleurs blanches. La bouche, plus expressive, s'avère tonique et équilibrée, un rien plus nerveuse en finale. ⧗ 2014-2017 🍴 filet de poisson grillé et fritures ■ Les Bouffants 2012 (12 000 b.) : belle finesse aromatique, vivacité et pointe minérale, finale pamplemousse. ⧗ 2014-2017

⊶ Dom. de la Garenne, rue Saint-Vincent, 18300 Verdigny, tél. 02 48 79 35 79, contact@sancerrelagarenne.com V 🚶 🍷 t.l.j. sf dim. 9h-12h 14h-19h; f. 15-31 août

DOM. FERNAND GIRARD 2013 ★

■ | 3 000 | 🍾 | 5 à 8 €

Ce domaine regardant la colline de Sancerre est conduit par Alain Girard qui a pris la suite de son père à la fin des années 1990.

Corail à reflets roses et topaze, la robe de ce 2013 est soutenue. Le nez ? Notes intenses d'aubépine et de quetsche. La bouche offre de la consistance et de l'équilibre. La vivacité et une pointe tannique contrebalancent bien la douceur. ⧗ 2014-2015 🍴 escalope de veau

⊶ SCEV Fernand Girard et Fils, Chaudoux, rte de la Perrière, 18300 Verdigny-en-Sancerre, tél. 02 48 79 37 33, girardfernandetfils@orange.fr V 🚶 🍷 r.-v.

ANTHONY GIRARD La Clef du récit 2012

■ | 6 000 | 🍾 🛢 | 11 à 15 €

Après avoir acquis une solide expérience sur le domaine familial du Sancerrois et dans plusieurs pays viticoles, Anthony Girard a acheté en 2012 cette propriété qui couvre 8,5 ha.

Aromates (thym, laurier-sauce) et fraise dominent le nez. Rond en attaque, le palais dévoile des tanins équilibrés et une fine fraîcheur, avant de s'achever agréablement sur des notes de fruits rouges. ⧗ 2014-2017 🍴 potée bourguignonne

⊶ Anthony Girard, Recy, 18300 Vinon, tél. 06 07 66 93 29, laclefdurecit@gmail.com V 🚶 🍷 r.-v.

DOM. MICHEL GIRARD ET FILS 2013 ★

■ | 86 000 | 🍾 | 8 à 11 €

Ce domaine de 20 ha, propriété familiale depuis sept générations, est conduit par Michel Girard et ses fils Philippe et Benoît.

Le nez libère de fins arômes de fleurs blanches (acacia) mêlés de touches végétales et d'agrumes, avec une pointe de minéralité. Volumineux en attaque, ce 2013 révèle une vivacité qui s'impose peu à peu et qui se prolonge jusqu'en finale. ⧗ 2014-2017 🍴 saumon à l'oseille ■ Silex 2013 ★ (20 000 b.) : agrumes et bourgeon de cassis sur un fond minéral, du volume en attaque, de la tension, une belle finale anisée. ⧗ 2014-2019 ■ 2012 (11 000 b.) : jolis arômes de cherry et de framboise, tanins assez denses et tapissants. ⧗ 2014-2019

⊶ Dom. Michel Girard et Fils, rue du Carroir-Perrin, 18300 Verdigny, tél. 02 48 79 33 36, michelgirard.fils@wanadoo.fr V 🚶 🍷 t.l.j. 9h-12h 14h-18h; sam. dim. sur r.-v.

DOM. MICHEL GIRAULT La Silicieuse 2013 ★

■ | 4 600 | 🍾 | 8 à 11 €

Olivier et Anthony Girault ont repris en 2007 la suite de leur père Michel sur ce domaine de 16 ha producteur de sancerre et de pouilly-fumé.

Des parfums de pamplemousse, de pomme verte et de poire bien mûre composent un nez frais et engageant. Franc en attaque, le palais se montre souple, délicat et alerte, soutenu par une belle vivacité en finale. ⧗ 2014-2017 🍽 bar grillé aux aromates

🔑 Dom. Michel Girault, 1, chem. du Moulin, 18300 Bué, tél. 02 48 54 25 73, michel.girault@wanadoo.fr V t.l.j. 8h-12h 13h30-19h

JÉRÔME GODON Élégance 2013

■	20 000	▮	5 à 8 €

Transmise depuis dix générations de père en fils, l'exploitation couvre 12 ha. Jérôme Gondon est aux commandes depuis 2006.

Le nez reste discret mais subtil : notes végétales et touches de poivre vert sur une trame florale. Souple en attaque, la bouche se révèle ferme, ample et vive. Un sancerre caractéristique des terroirs d'argiles à silex. ⧗ 2014-2017 🍽 feuilletés aux fruits de mer

🔑 EARL Bernard et Jérôme Godon, Les Fouchards, 18240 Sainte-Gemme-en-Sancerrois, tél. 02 48 79 33 30, contact@vin-de-sancerre.com V t.l.j. 8h-19h

ALAIN GUENEAU Cuvée Éloi 2012 ★

■	3 000	◍	15 à 20 €

Alain Gueneau, qui a pris la suite de ses parents en 1970, est aux commandes d'un domaine qui étend ses 16 ha de vignes sur des coteaux pentus autour de Sury-en-Vaux, Sancerre et Chavignol. Sa fille Élisa l'a rejoint depuis quelques années.

Au premier nez, le boisé s'impose (pain grillé, vanille), mais les arômes de fleurs blanches et d'agrumes affleurent. L'élevage en fût confère au palais de la rondeur et du gras. Les tanins doivent se fondre encore un peu. ⧗ 2015-2017 🍽 gambas au curcuma ■ **La Guiberte 2013 ★ (8 à 11 € ; 60 000 b.)** : nez gourmand (agrumes, note minérale), bouche ronde et ferme en attaque ; un ensemble équilibré et agréable. ⧗ 2014-2015 ■ **2013 ★ (8 à 11 € ; 8 000 b.)** : un rosé très pâle au fruité puissant (orange, clémentine), long, vif et tendu en bouche. ⧗ 2014-2015

🔑 Alain Gueneau, Maison-Sallé, 18300 Sury-en-Vaux, tél. 02 48 79 30 51, agueneau@terre-net.fr V r.-v.

RÉGIS JOUAN 2013 ★

■	2 200	▮	8 à 11 €

Après avoir travaillé vingt ans au domaine familial, Régis Jouan a créé en 2010, avec son épouse, sa propre exploitation située à Sury-en-Vaux. Leurs vignes couvrent 3,65 ha.

Ce vin arbore une robe saumon pâle et limpide aux reflets argent. L'expression aromatique débute par des nuances de bonbon anglais relayées par des notes de fruits rouges. Le palais attaque avec souplesse et rondeur, avant de prendre des accents acidulés. Un rosé équilibré et pimpant. ⧗ 2014-2017 🍽 tajine de poisson

🔑 Régis Jouan, Maison-Sallé, 18300 Sury-en-Vaux, tél. 02 48 79 34 68, regis.jouan@wanadoo.fr V r.-v.

DOM. SERGE LALOUE Le Cul de Beaujeu 2012

■	3 500	▮	15 à 20 €

Christine et Franck Laloue, qui ont repris le domaine (21 ha) en 2000, poursuivent l'œuvre de leur père Serge en travaillant selon le même état d'esprit, dans le respect de l'environnement (enherbement, confusion sexuelle, traitements raisonnés...).

Le Cul-de-Beaujeu est un lieu-dit très pentu et très bien exposé. Cette cuvée affiche au nez une réelle fraîcheur et une bonne typicité : genêt, buis, menthe verte, citron. La bouche, souple et onctueuse, de belle ampleur, s'exprime en finale sur la vivacité. Un ensemble équilibré. ⧗ 2014-2018 🍽 huîtres ■ **2013 ★ (8 à 11 € ; 70 000 b.)** : arômes de pêche et légère note grillée au nez, bouche droite et tendue. Ce vin devrait s'étoffer avec le temps. ⧗ 2015-2018

🔑 Serge Laloue, rue de la Mairie, 18300 Thauvenay, tél. 02 48 79 94 10, contact@serge-laloue.fr V t.l.j. sf dim. 8h-12h 13h30-17h30; sam. sur r.-v.

DOM. SERGE LAPORTE Cuvée des M.a.g.e.s 2012 ★

■	4 000	▮	11 à 15 €

Cette exploitation familiale de 12 ha se situe en plein cœur de Chavignol. Serge Laporte et son fils Guillaume disposent de plus de quarante-cinq parcelles reposant sur presque autant de terroirs et de nuances géologiques.

Issu de marnes kimméridgiennes, ce vin a subi un élevage de plus de douze mois sur lies. Il libère des arômes raffinés de litchi, d'abricot confit et de fleur d'acacia. À l'attaque, il se révèle souple et onctueux, puis évolue vers une fraîcheur tonique, avant de finir agréablement sur une note de zeste d'orange. ⧗ 2014-2017 🍽 brochette de lotte ■ **Esprit 2012 ★ (8 à 11 € ; 5 000 b.)** : rondeur et tanins souples, beaux arômes de cerise compotés rehaussés d'une touche poivrée, un vin généreux et accorte. ⧗ 2014-2017

🔑 EARL Dom. Serge Laporte, Chavignol, 18300 Sancerre, tél. 02 48 54 30 10, domaine.serge.laporte@wanadoo.fr V t.l.j. 9h-12h30 14h30-19h

♥ LAPORTE Le Grand Rochoy 2012 ★★

■	4 900	▮	15 à 20 €

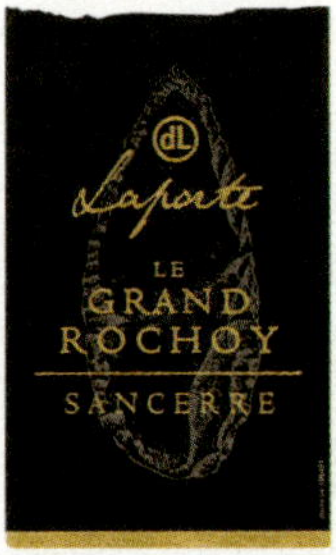

Située à Saint-Satur, la maison de négoce Laporte, dans le giron du groupe Henri Bourgeois, est propriétaire d'un domaine de 21 ha dédié aux appellations sancerre et pouilly-fumé. Elle exporte 60 % de sa production.

Le nez libère des arômes complexes : pêche, orange sanguine, genêt, bourgeon de cassis, clou de girofle. Une complexité et une intensité que l'on retrouve dans une bouche parfaitement équilibrée, à la fois riche, soyeuse et fraîche, agrémentée d'une touche de noisette en finale. Un blanc de gastronomie. ⧗ 2014-2019 🍽 escalope de veau forestière ■ **La Comtesse 2012 ★★ (15 à 20 € ; 2 800 b.)** : de la complexité là aussi (fruit de la Passion, buis, genêt, clou de girofle, cannelle) et une bouche dense, charnue et longue. ⧗ 2014-2019

🔑 SAS Laporte, Cave de la Cresle, rte de Sury-en-Vaux, BP 34, 18300 Saint-Satur, tél. 02 48 78 54 20, contact@laporte-sancerre.com V r.-v. 🔑 Arnaud Bourgeois

CHRISTIAN LAUVERJAT
Perle blanche 2013

	7 600		8 à 11 €

C'est dans un ancien moulin à grains que Christian Lauverjat a installé sa maison et son chai. Son domaine couvre 13 ha.

Intense, le nez est bien « sauvignonné » : buis, fougère, citron et fleurs blanches. L'équilibre en bouche est réussi : la vivacité bien présente reste sans excès et une pointe agréable d'amertume conclut la dégustation. 2014-2017 plateau de fruits de mer

Christian Lauverjat, Moulin des Vrillères, 18300 Sury-en-Vaux, tél. 02 48 79 38 28, lauverjat.christian@wanadoo.fr V t.l.j. sf dim. 9h-12h 14h-17h 2

FRANCINE LEMAIN-POUILLOT 2012

	2 500		8 à 11 €

Francine Lemain-Pouillot a repris en 2004 l'exploitation créée par son père, Clotaire, en 1960. Son fils Maxime la seconde.

Ce vin libère des parfums intenses de fruits rouges bien mûrs et de fleurs (rose, violette) agrémentés d'une petite touche animale. La bouche, pleine et onctueuse, est étayée par d'élégants tanins et par une pointe de vivacité qui vient tonifier la finale. 2014-2017 opéra

Francine Lemain-Pouillot, 20, rue des Juifs, 18300 Bué, tél. 02 48 54 11 09, francine-lemain-pouillot@orange.fr V r.-v.

DOM. MARTIN 2012 ★

	10 000		8 à 11 €

Pierre Martin a succédé à son père en 2012, apportant ses idées et les pratiques nouvelles de la viticulture. L'essentiel de son vignoble (18 ha en conversion bio) est situé autour du village de Chavignol.

Ce vin libère des arômes de fruits frais : au premier plan, le cassis ; en toile de fond, la framboise et la cerise. En bouche, il se révèle frais. Les tanins bien fondus soutiennent le fruit sans l'écraser. Un sancerre harmonieux et plaisant. 2014-2017 coq au vin

Dom. Pierre Martin, Chavignol-le-Bourg, 18300 Sancerre, tél. 02 48 54 24 57, chavipierrot@orange.fr V r.-v.

JOSEPH MELLOT
La Chatellenie 2013 ★

	210 000		11 à 15 €

L'histoire de la maison Joseph Mellot débute en 1513 à Sancerre avec Pierre-Étienne Mellot, qui pose les fondations d'un petit vignoble. Catherine Corbeau-Mellot préside aujourd'hui aux destinées de cet important négoce, qui rayonne sur l'ensemble des vignobles du Centre et de la vallée de la Loire, et possède aussi plusieurs domaines.

Cette importante cuvée née sur un terroir à silex dévoile un nez complexe et intense dominé par des notes de fruits mûrs et exotiques (ananas, litchi, fruit de la Passion, pamplemousse, cédrat) mêlées de touches florales (acacia) et végétales (lierre). Le palais se révèle onctueux, rond et souple, avant de se voir stimuler en finale par une belle fraîcheur citronnée. 2014-2017 cabillaud sauce beurre citron

SARL Vignobles Joseph Mellot, rte de Ménétréol, 18300 Sancerre, tél. 02 48 78 54 54, josephmellot@josephmellot.com V t.l.j. 8h15-12h 13h30-17h; sam. dim. sur r.-v.

FRANÇOIS MILLET 2013

	80 000		8 à 11 €

Établis à Bué, François et Monique Millet sont à la tête de ce domaine de 20 ha depuis 1976, désormais épaulés par leur fils Nicolas.

Des nuances de fleurs blanches, une note fumée (minéralité), des arômes de fruits mûrs : le nez est agréable et complexe. En bouche, fruité et vivacité sont de mise. Un sancerre tonique. 2014-2017 plateau de fruits de mer

Dom. François Millet, Le Carroir-Picard, 18300 Bué, tél. 02 48 54 39 09, nicolas-millet@wanadoo.fr V t.l.j. sf dim. 10h-18h30

GÉRARD ET PIERRE MORIN Ovide 2012

	4 780		11 à 15 €

Pierre Morin a repris l'exploitation familiale en 2013 à la suite du départ à la retraite de Gérard, son père. Le vignoble s'étend sur 9,5 ha.

Le vigneron qui a planté cette parcelle dans les années 1950 donne son nom à cette cuvée au nez attrayant : notes d'agrumes, de pêche blanche et de poire juteuse. La bouche offre à la fois du volume, de la rondeur et de la fraîcheur (citron, pamplemousse, mandarine). Un sancerre harmonieux et expressif. 2014-2017 ris de veau

Pierre Morin, 4, rue de l'Abbaye, 18300 Bué, tél. 02 48 54 36 75, morin.perefils@orange.fr V r.-v.

DOM. ANDRÉ NEVEU
Le Grand Fricambault 2013 ★★

	16 000		5 à 8 €

Valérie, fille d'André Neveu, et son mari Thomas Dezat ont pris la relève en 1998. Établis à Sancerre, ils ont réaménagé leurs cuveries. Leur domaine couvre 14 ha.

Œil-de-perdrix à reflets pelure d'oignon et argent, la robe de ce 2013 est brillante. Discret autant que délicat, le nez révèle de jolies senteurs de pêche, puis de groseille et de fleurs. La bouche offre souplesse, amplitude et fraîcheur. En finale, les arômes fruités persistent longuement. Un vin remarquable de finesse et d'équilibre. 2014-2015 brochettes de cabillaud Silex 2013 (25 000 b.) : un vin floral et fin à l'olfaction ; d'un bon volume et équilibré en bouche. 2014-2015

SCEV Dom. André Neveu, Chavignol, 18300 Sancerre, tél. 02 48 54 04 48, chavignol@wanadoo.fr V r.-v. Valérie Dezat

DOM. ROGER NEVEU
Pierre François Xavier Vieilles Vignes 2012 ★

	1 500		11 à 15 €

Ce domaine, dont les origines viticoles remonteraient au XIIe s., est conduit par Éric et Jean-Philippe Neveu secondés par leurs épouses Marie-Claire et Laurence, et par leurs enfants, en cours d'installation.

Au nez, ce 2012 libère des arômes de marmelade de fruits et des senteurs de vanille et de tabac. Ronde et onctueuse, la bouche offre beaucoup de relief, ce que renforcent des notes fumées, de cannelle et de thym qui se prolongent jusqu'en finale. ⌛ 2014-2018 🍴 salade de noix de saint-Jacques ■ Clos des Bouffants 2013 (8 à 11 €; 106 000 b.): nez dominé par le buis, bouche légère et tendue. ⌛ 2014-2015

Dom. Roger Neveu, rte des Monts-Damnés, 18300 Verdigny, tél. 02 48 79 40 34, neveu@terre-net.fr V t.l.j. 8h-12h 14h-19h; dim. sur r.-v.

PATRICK NOËL 2012

■	28 000		8 à 11 €

Patrick Noël, originaire de Chavignol, a créé ce domaine en 1988. Depuis 2009, sa fille Julie est à ses côtés pour exploiter une quinzaine d'hectares répartis entre les appellations sancerre, pouilly-fumé et menetou-salon.

Ce 2012 affiche une robe jaune pâle aux reflets dorés intenses. Le nez dévoile des parfums de buis et d'agrumes de bonne intensité. Souple en attaque, le palais s'appuie sur une fine trame acide et déploie des arômes soutenus de fruits blancs. La finale citronnée apporte un surcroît de fraîcheur. Un sancerre léger, dynamique et typé. ⌛ 2014-2015 🍴 poisson grillé risotto citronné

EARL Patrick Noël, av. de Verdun, rte de Bannay, 18300 Saint-Satur, tél. 02 48 78 03 25, patricknoel-vigneron@orange.fr V t.l.j. sf dim. 8h-12h 14h-19h; f. 23 déc.-3 janv.

LES CELLIERS DE LA PAULINE Éric Louis 2013

■	4 000		8 à 11 €

Installé sur les terres de Thauvenay depuis plus de deux siècles, ce domaine de 32 ha abrite une cave voûtée en pierre du Morvan. Éric Louis cultive ses vignes sur les coteaux sud-est de l'aire d'appellation sancerre constitués de silex et d'argilo-calcaires.

Le fond aromatique floral est nuancé de touches briochées. La bouche, ronde et onctueuse, est équilibrée par une fine fraîcheur fruitée. La finale offre des notes de buis et une touche de salinité qui confère son originalité à ce vin de bonne complexité. ⌛ 2015-2017 🍴 filet de turbot braisé

Les Celliers de la Pauline, 26, rue de la Mairie, 18300 Thauvenay, tél. 02 48 79 91 46, luce@sancerre-ericlouis.com V t.l.j. 10h-12h 13h30-19h; f. 24 déc.-2 janv.

COMTE DE LA PERRIÈRE Silex 2012 ★

■	10 000	15 à 20 €

Creusées dans le calcaire, les galeries à l'origine du nom de la propriété furent d'abord exploitées par les moines au XIIe s., puis par une champignonnière dans les années 1850, avant que Magloire Archambault n'y installe sa cave viticole en 1910. Le domaine, aujourd'hui propriété de Jean-Louis Saget, étend son vignoble sur 42 ha.

Discret au premier nez, ce vin offre à l'aération des parfums épicés agrémentés de jolies nuances de marmelade. La bouche, dense, associe onctuosité et tension. De fines notes de pistache grillée se fondent parmi les arômes de citron et de pamplemousse. Une composition élégante. ⌛ 2015-2019 🍴 brochet au court-bouillon

Dom. de la Perrière, Caves de la Perrière, 18300 Verdigny, tél. 02 48 54 16 93, domainelaperriere@wanadoo.fr V t.l.j. 8h-12h 14h-18h; f. sam. dim. 15 déc.-15 mars J.-L. Saget

DOM. JEAN-PAUL PICARD
Cuvée Prestige 2012

■	3 400		11 à 15 €

Domaine transmis de père en fils depuis 1750. À la tête de l'exploitation depuis 1976, Jean-Paul Picard, épaulé par son fils Mickaël, conduit 13 ha de vignes essentiellement plantées sur les coteaux de la commune de Bué.

Ouvert, le nez est dominé par une belle représentation de notes variétales: buis, groseille à maquereau, mangue, pointe d'eucalyptus. Volume et vivacité caractérisent la bouche, en accord avec l'olfaction. Un vin bien équilibré et alerte. ⌛ 2014-2016 🍴 apéritif ■ 2013 (8 à 11 €; 65 000 b.): arômes discrets de fruit de la Passion et de fleurs blanches; fraîcheur et équilibre au palais. ⌛ 2014-2016

Jean-Paul Picard et Fils, 11, chem. de Marloup, 18300 Bué, tél. 02 48 54 16 13, jean-paul.picard18@wanadoo.fr V t.l.j. sf dim. 8h-12h 13h30-18h30

DOM. DU PRÉ SEMELÉ
Cuvée Camille 2012 ★★

■	2 400		15 à 20 €

Situé dans la commune de Sury-en-Vaux, le hameau de Maimbray possède le charme des vieux villages vignerons. C'est ici que Rémy Raimbault et ses fils Julien et Clément élaborent leurs sancerre régulièrement sélectionnés dans le Guide.

Coup de cœur en 2009 et en 2010, cette cuvée Camille est encore un enchantement dans sa version 2012. La robe est d'un seyant rubis profond à reflets violets. Le nez mêle sans fausses notes des parfums de cerise et de pâte d'amandes, agrémentés d'un fin boisé toasté et brioché. La bouche étayée par de soyeux et fins tanins offre du volume, du gras et de la concentration, et s'étire dans une longue finale fruitée. ⌛ 2014-2019 🍴 ris de veau poêlés ■ Zeste 2012 ★★ (11 à 15 €; 2 650 b.): arômes exotiques et floraux (aubépine, acacia), bouche bien structurée, complexe et très harmonieuse. ⌛ 2014-2017 ■ Cuvée principale 2012 ★ (8 à 11 €): nez de fruits et de buis, palais suave et gras, « réveillé » par une finale vive. ⌛ 2014-2017

Dom. du Pré Semelé, Julien et Clément Raimbault, Maimbray, 18300 Sury-en-Vaux, tél. 02 48 79 33 50, rjc.raimbault@orange.fr V t.l.j. sf dim. 9h-12h 13h30-17h30

PAUL PRIEUR & FILS
Les Pichons 2012 ★

■	1 450		15 à 20 €

Vignerons sur les terres de Verdigny depuis onze générations, les Prieur, aujourd'hui Philippe et son neveu Luc, exploitent un domaine de 18 ha au pied de la célèbre colline des Monts Damnés.

La teinte grenat très foncée annonce la concentration du vin, qui libère des parfums de fruits rouges (fraise sauvage, mûre) et un soupçon de boisé bien fondu aux accents vanillés. Ample en attaque, la bouche révèle des tanins denses qui poussent loin la finale. Ce 2012 a un bel avenir devant lui. ⌛ 2015-2019 🍴 faisan rôti

Paul Prieur et Fils, rte des Monts-Damnés, 18300 Verdigny, tél. 02 48 79 35 86, domaine@paulprieur.com V t.l.j. 9h-12h 14h-18h; dim. sur r.-v.

DOM. DES CAVES DU PRIEURÉ
Les Panseillots 2013 ★

■	80 000	🍾	8 à 11 €

En 1971, Geneviève et Jacques Guillerault créent le domaine dans une ancienne vigneronnerie du XVIIIe s. Depuis 1995, c'est leur fils Gilles qui préside aux destinées de ce vignoble de 20 ha, secondé dès 2001 par son beau-frère Sébastien Fargette.

Le nez, printanier, mêle les fruits à chair blanche, la groseille à maquereau, la pomme et le pamplemousse. Une vivacité tranchante soutient la bouche sans nuire à son équilibre. Avec un retour aromatique sur des nuances fruitées (pêche, pomelo) et quelques notes variétales, la finale stimule agréablement les papilles. ⧗ 2017-2019 🍴 gravelax de saumon ■ 2012 (12 000 b.) : long élevage en cuve de seize mois, pour ce vin au nez crayeux et à la bouche soyeuse. ⧗ 2014-2018

🔑 Dom. des Caves du Prieuré, 2, rue du Lavoir, Reigny, 18300 Crézancy-en-Sancerre, tél. 02 48 79 02 84, caves.prieure@wanadoo.fr V 🚶 🍷 t.l.j. sf dim. 9h-12h15 14h-18h 🏠 2

PIERRE PRIEUR ET FILS
Cuvée Maréchal Prieur 2012

■	n.c.	🛢	15 à 20 €

Établis en plein cœur de Verdigny, tout près de la petite église, Thierry et Bruno Prieur conduisent un vignoble de 17 ha répartis sur différents terroirs sancerrois.

Les parfums de boisé dominent le premier nez (grillé, toasté, vanille, tabac). Les notes de fruits rouges (fraise, sureau) apparaissent peu à peu. Très rond en attaque, le palais offre un beau volume et des tanins serrés et solides, qui doivent encore se fondre. ⧗ 2016-2019 🍴 chevreuil en sauce

🔑 Pierre Prieur et Fils, rue Saint-Vincent, 18300 Verdigny, tél. 02 48 79 31 70, prieur-pierre@netcourrier.com V 🚶 🍷 t.l.j. sf dim. 8h-12h 14h-18h

DOM. DU P'TIT ROI 2013 ★

■	35 000	🍾	8 à 11 €

Le domaine est installé dans le village typiquement vigneron de Maimbray, sur des sols argilo-calcaires. Alain Dezat, qui a pris la relève de son père Pierre, y cultive un peu moins de 10 ha.

Intense, le nez dégage de belles notes de poire et de fruits exotiques (litchi, mangue) et d'agrumes. Séduisant par sa rondeur et sa douceur, le palais trouve l'équilibre autour d'une fine trame acide qui lui confère tonus et longueur. ⧗ 2014-2017 🍴 ris de veau

🔑 Pierre et Alain Dezat, Maimbray, 18300 Sury-en-Vaux, tél. 02 48 79 34 16, dezat.pierre@orange.fr V 🚶 🍷 r.-v.

NOËL ET JEAN-LUC RAIMBAULT 2013 ★★

■	4 800	🍾	5 à 8 €

Chambre est un hameau situé sur la route qui conduit de Sancerre à Sury-en-Vaux. C'est là que sont installés Noël, sa fille Charlotte et Jean-Luc Raimbault. Ils exploitent un domaine de 13 ha.

Ce 2013 s'affiche dans une robe rubis aux reflets violet soutenu. Il livre des arômes puissants et complexes de fraise, de framboise et de cassis bien mûrs. En bouche, douceur et fraîcheur cohabitent sans heurt ; les tanins se montrent caressants et soyeux ; le fruité revient avec persistance en finale. ⧗ 2014-2019 🍴 canard au miel ■ 2013 (3 000 b.) : un rosé gris léger au nez délicat de fruits rouges et de pêche, vif et tonique au palais. ⧗ 2014-2015

🔑 Dom. Noël et Jean-Luc Raimbault, lieu-dit Chambre, rte de Sancerre, 18300 Sury-en-Vaux, tél. 02 48 79 36 56, raimbault-sancerre@orange.fr V 🍷 r.-v.

ROGER ET DIDIER RAIMBAULT 2012 ★★

■	18 000	🍾	8 à 11 €

Exploitation viticole de 17 ha transmise de père en fils depuis plusieurs générations. La cave du domaine adossée à une colline est élevée sur trois étages, ce qui permet l'utilisation de la gravité pour un travail en douceur des raisins et des moûts.

La robe d'un pourpre profond miroite d'éclats violets. Au nez, ce 2012 révèle une délicate gamme d'arômes fruités (framboise, cassis et griotte) et quelques parfums de garrigue. Rondeur, vivacité et tanins soyeux composent un palais tout en finesse et en harmonie. ⧗ 2015-2019 🍴 potée bourguignonne ■ Vieilles Vignes 2012 ★ (11 à 15 € ; 13 000 b.) : arômes de fruits secs (amande, noisette) et d'agrumes confits, palais frais et charnu, un « vin plaisir », gourmand et équilibré. ⧗ 2014-2016 ■ 2013 (70 000 b.) : un vin minéral, vif et de bonne longueur. ⧗ 2014-2016

🔑 Roger et Didier Raimbault, Chaudenay, 18300 Verdigny, tél. 02 48 79 32 87, didier@raimbault-sancerre.com V 🚶 🍷 t.l.j 9h-12h 13h30-18h30; dim. sur r.-v.

DOM. HIPPOLYTE REVERDY 2012 ★

■	12 000	🛢	5 à 8 €

Valeur sûre de l'appellation, ce domaine conduit par Michel Reverdy est un habitué du Guide. L'exploitation couvre aujourd'hui 14 ha : 11 ha plantés en sauvignon blanc, 3 ha en pinot noir.

Ce 2012 arbore une robe rubis foncé aux reflets mauves et carminés. Il libère des arômes de cassis et des notes empyreumatiques. Séduisant en attaque, il révèle peu à peu une structure tannique un peu sévère qui s'arrondira avec le temps. La longue finale sur les fruits rouges mûrs apporte un surcroît de douceur. Prometteur. ⧗ 2016-2019 🍴 rôti de bœuf à l'ail ■ 2013 (5 000 b.) : rose pâle à reflets argentés, fruité (prune, pomme, pêche), ce vin offre une agréable vivacité. ⧗ 2015-2017

🔑 Dom. Hippolyte Reverdy, rue de la Croix-Michaud, Chaudoux, 18300 Verdigny, tél. 02 48 79 36 16, domaine.hreverdy@wanadoo.fr V 🚶 🍷 r.-v.

PASCAL ET NICOLAS REVERDY
Terre de Maimbray 2013 ★

■	63 000	🍾	8 à 11 €

Le village de Maimbray est entouré de coteaux abrupts aux sols de marnes kimméridgiennes. Après le décès, en 2007, de son époux Nicolas, Sophie Reverdy a intégré l'exploitation familiale aux côtés de Pascal, installé sur le domaine familial de 14 ha depuis le début des années 1990.

Gourmand dès les premières notes, ce vin exprime des parfums d'agrumes et de fleurs agrémentés d'une touche

LOIRE

grillée. Une attaque suave ouvre sur un palais ample et vif, qui déploie une finale longue et tonique. ⌛ 2015-2017 🍴 plateau de fruits de mer ■ Les Anges lots 2012 ★ (15 à 20 € ; 5 600 b.) : nez délicat (écorce d'orange) et bouche intense et élégante sur une fine trame acide. ⌛ 2015-2017 ■ À Nicolas 2012 (15 à 20 € ; 3 000 b.) : nez et bouche révèlent un boisé maîtrisé ; les fruits rouges sont bien présents, et les tanins en voie d'intégration. ⌛ 2015-2017

Pascal et Sophie Reverdy, Maimbray, 18300 Sury-en-Vaux, tél. 02 48 79 37 31, reverdypn@wanadoo.fr V t.l.j. sf dim. 10h-12h 14h-18h; mer. sur r.-v.

BERNARD REVERDY ET FILS 2013 ★★

■	12 000		8 à 11 €

L'arbre généalogique des Reverdy remontant au XVIes. trône dans la cave. Aucun doute : ici, le sancerre est une spécialité familiale. Le domaine couvre 12 ha.

Œil-de-perdrix légèrement orangé, ce vin dégage de puissants parfums de fruits rouges (groseille, fraise). Franc et net en attaque, il révèle volume et persistance sur les agrumes et la fraîcheur. Un 2013 de grande finesse. ⌛ 2014-2015 🍴 cabillaud au vin blanc ■ 2013 (70 000 b.) : bel ensemble floral, végétal et fruité au nez ; de la fraîcheur en bouche et une finale sur le zeste d'orange. ⌛ 2014-2017

SCEV Bernard Reverdy et Fils, rte des Petites-Perrières, Chaudoux, 18300 Verdigny, tél. 02 48 79 33 08, reverdybernard@orange.fr V r.-v.

DOM. DANIEL REVERDY ET FILS 2013 ★

■	45 000		5 à 8 €

Propriété implantée à Verdigny sur des marnes argilo-calcaires du kimméridgien. Depuis 2001, Cyrille, a rejoint son père Daniel sur l'exploitation familiale dont 50 % des vignes ont été plantées par Lucien, son grand-père. Le vignoble couvre 8 ha.

Le nez révèle une grande fraîcheur : parfums d'agrumes et de fruits exotiques et notes de buis et d'anis. La bouche, ample et dense, prend un tour acidulé : les arômes d'agrumes reviennent, nuancés de pêche de vigne. En finale, une note mentholée persistante réveille le palais. Très plaisant. ⌛ 2014-2019 🍴 andouillette au sancerre ■ 2012 (3 900 b.) : parfumé de quetsche, de fruits rouges et de notes florales, ce vin friand dévoile de la douceur et des tanins discrets. ⌛ 2014-2017

Dom. Daniel Reverdy et Fils, Chaudenay, 18300 Verdigny, tél. 02 48 79 33 29, daniel-et-fils.reverdy@wanadoo.fr V t.l.j. 8h-12h 13h30-17h30

DOM. JEAN REVERDY ET FILS
Les Villots 2013 ★

■	12 000		8 à 11 €

Les origines de cette propriété remontent à 1650. Christophe Reverdy, fils de Jean, perpétue la tradition familiale et dirige une exploitation de 12 ha. Un domaine régulier en qualité, témoin les différents coups de cœur obtenus depuis la création du Guide.

Ce 2013 s'affiche en robe saumonée très pâle. Au nez, il allie puissance et finesse sur des notes de fruits rouges légèrement épicées. Dans le même registre, la bouche révèle délicatesse, onctuosité et fraîcheur. De bonne longueur, ce vin offre une finale aux arômes d'agrumes et de groseille. ⌛ 2014-2015 🍴 anchoïade

Jean Reverdy et Fils, rue du Carroir-Perrin, Chaudoux, 18300 Verdigny, tél. 02 48 79 31 48, jreverdy@wanadoo.fr V r.-v.

ALBAN ROBLIN Héritage 2012 ★

■	2 000		11 à 15 €

Alban Roblin est un jeune vigneron installé depuis 2009, après la division du domaine familial, le château de Maimbray. Établi à Sury-en-Vaux, il conduit une exploitation de 11 ha.

Ce vin libère des arômes de pêche blanche et d'orange confite agrémentés de nuances florales et vanillées. Fraîche et droite en attaque, la bouche, longue et bien structurée, est marquée en finale par de plaisantes notes de torréfaction. ⌛ 2015-2017 🍴 navarin de homard ■ 2012 (8 à 11 € ; 6 260 b.) : arômes tout de fruits, bouche légère et tendre, un bon classique de l'appellation. ⌛ 2014-2017

Alban Roblin, La Rabotine, rte de Maimbray, 18300 Sury-en-Vaux, tél. 02 48 79 31 15, roblin.larabotine@orange.fr V t.l.j. 9h-12h 14h-19h

MATTHIAS ET ÉMILE ROBLIN
Grande Côte de la vallée 2012 ★★

■	2 400		15 à 20 €

Matthias Roblin a repris en 2000 ce domaine familial, dont l'origine remonte au XVIIIes. Son frère Émile l'a rejoint six ans plus tard. L'exploitation étend son vignoble sur 17 ha conduits « en culture raisonnée à tendance biologique ».

Ce vin arbore une robe très intense couleur cerise à reflets violets. Le nez, puissant, livre des parfums de fruits rouges bien mûrs (framboise, griotte) et des notes boisées. La bouche est remarquable par sa structure déjà fondue, sa rondeur, son gras et sa complexité. Un 2012 gourmand. ⌛ 2015-2019 🍴 épaule d'agneau ■ L'Enclos de Maimbray 2012 ★ (11 à 15 € ; 28 000 b.) : arômes frais et typés (bourgeon de cassis), bel équilibre entre gras et acidité. ⌛ 2014-2017

Matthias et Émile Roblin, Maimbray, 18300 Sury-en-Vaux, tél. 02 48 79 48 85, matthias.emile.roblin@orange.fr V r.-v.

DOMINIQUE ROGER
Cuvée La Jouline 2012

■	5 500		15 à 20 €

Chez les Roger, on est vigneron de père en fils depuis le XVIIes. Dominique pratique depuis 1996 la viticulture raisonnée sur son vignoble de près de 11 ha. Sa cave est installée au cœur du village de Bué, dans une ancienne « vigneronnerie » du XIXes.

Ce vin exhale des arômes raffinés de pêche bien mûre agrémentés de notes briochées et vanillées. À la fois ronde et vive, la bouche est équilibrée. Jolie fraîcheur d'agrumes en finale. ⌛ 2014-2017 🍴 apéritif

Dominique Roger, 7, pl. du Carrou, 18300 Bué, tél. 02 48 54 10 65, contact@dominique-roger.fr V t.l.j. 8h30-12h 14h-18h30; dim. sur r.-v.

DOM. JEAN-MAX ROGER
Cuvée La Grange dîmière 2013 ★

■	n.c.	🍾	11 à 15 €

Jean-Max Roger a repris en 1972 les 4 ha de vignes légués par ses parents. Rejoint en 2004 par deux de ses fils, Étienne et Thibault, il conduit désormais un domaine de 32 ha.

Rose pâle à reflets orangés, ce vin s'ouvre sur des notes de prune et de framboise agrémentées de touches de fleurs blanches et d'une pointe de raisins secs. Ronde et coulante, la bouche est réveillée en finale par un trait appréciable d'acidité. ⧗ 2014-2015 🍷 quiche à l'oignon ■ Vieilles Vignes 2012 (20 à 30 €; 8 000 b.): miel et orange confite, touches de torréfaction, très souple en attaque, finale encore un peu serrée. ⧗ 2015-2017

🔑 Jean-Max Roger, 11, pl. du Carrou, 18300 Bué, tél. 02 48 54 32 20, contact@jean-max-roger.fr V 🚶 🍷 t.l.j. 8h-12 13h30-18h; sam. dim. sur r.-v.

DOM. DE LA ROSSIGNOLE
L'Essentiel 2012 ★★

■	10 000	🍾	8 à 11 €

Le nom de la famille Cherrier est attaché au vignoble de Sancerre depuis 1848. Les frères François et Jean-Marie, fils de Pierre, sont installés depuis 1984 à la tête d'un domaine familial dont le vignoble s'étend sur 15 ha.

À la fois fin et riche au nez, ce 2012 exprime des arômes complexes de raisin frais et de fleurs blanches agrémentés d'une pointe végétale. Ample et frais, le palais est souligné par un très joli fruité et des notes épicées, mentholées et citronnées. Harmonie et longueur sont au rendez-vous. ⧗ 2014-2019 🍷 vol-au-vent de poisson ■ 2013 (4 000 b.): saumoné pâle à reflets argent, arômes de bonbon anglais au nez, fraîcheur des agrumes en bouche. ⧗ 2014-2015

🔑 Pierre Cherrier et Fils, rue de la Croix-Michaud, Chaudoux, 18300 Verdigny, tél. 02 48 79 34 93, cherrier@easynet.fr V 🚶 🍷 r.-v.

DOM. CHRISTIAN SALMON 2012

■	5 000	🛢	15 à 20 €

Constitué par Irénée Salmon, arrière-grand-père d'Armand, aux commandes depuis 1995, ce vignoble d'une vingtaine d'hectares s'étend sur les meilleurs coteaux de la commune de Bué et se transmet de père en fils depuis 1940.

Le nez, élégant, mêle parfums de griotte (tendance kirsch) et de cassis. S'y ajoutent à l'aération des notes de pâte d'amandes, de réglisse et de boisé. Des arômes que l'on retrouve dans une bouche solide aux tanins denses. ⧗ 2015-2017 🍷 bœuf grillé

🔑 SAS Christian Salmon, rue Saint-Vincent, 18300 Bué, tél. 02 48 54 20 54, domainechristiansalmon@wanadoo.fr V 🍷 t.l.j. 9h-12h 13h30-17h

CH. DE SANCERRE 2012 ★★

■	32 000	11 à 15 €

En 1920, Alexandre Marnier-Lapostolle, fondateur de la liqueur Grand-Marnier, a acquis le château de Sancerre, ainsi que la tour des Fiefs qui domine la ville. Ces deux édifices demeurent le symbole du domaine et illustrent les étiquettes de cette propriété, dont le vignoble couvre 56 ha.

Ce vin s'affiche dans une robe grenat aux reflets violets. Il libère des arômes de fruits rouges qui font place après aération à des senteurs d'épices douces. À l'attaque, le palais est gourmand: on retrouve le fruit agrémenté d'un soupçon d'épices. Onctueux, complexe, ce 2012 offre un équilibre remarquable entre arômes et structure. La finale persistant sur des touches de cassis et de mûre laisse le souvenir d'un sancerre riche et long. ⧗ 2014-2019 🍷 côte de bœuf au barbecue

🔑 Marnier-Lapostolle, Porte César, 18300 Verdigny, tél. 02 48 78 51 52, cherrier.g@grandmarnier.tm.fr V 🍷 t.l.j. sf dim. 8h-12h 13h30-18h

DOM. DE SARRY 2013 ★★

■	13 000	🍾	11 à 15 €

Domaine créé en 1907 par Théophile Pellé, successivement géré par les familles Millerioux et Théveneau. Repris en 1968 par Michel Brock, il est aujourd'hui conduit par son fils Nicolas qui exploite 20 ha de vignes.

Née de terres blanches, cette cuvée illustre remarquablement bien les caractères du terroir. Le nez discret et délicat s'ouvre à l'aération sur de belles notes de fruits à chair blanche (pêche, poire) et une subtile pointe minérale. Rondeur, gras et vivacité mesurée font de ce 2013 un vin à la fois dense, charnu et équlibré, qui saura se faire attendre. ⧗ 2015-2019 🍷 porc au gingembre ■ Les Mille Sens 2013 ★ (8 à 11 €; 13 000 b.): arômes intenses, rondeur et fraîcheur bien fondues. ⧗ 2014-2017

🔑 Dom. de Sarry, Le Briou, 18300 Veaugues, tél. 02 48 79 07 92, info@sarry.org V 🚶 🍷 r.-v.
🔑 Famille Brock

CH. DE THAUVENAY 2013 ★

■	80 000	🍾	15 à 20 €

Ce domaine a été créé en 1819 par Jean-Pierre de Montalivet, ami et ministre de l'Intérieur de Napoléon. Transmis de génération en génération, il est aujourd'hui la propriété du comte Georges de Choulot, à la tête d'un vignoble de 7,5 ha.

Cuvée principale de la propriété, ce vin s'ouvre avec élégance sur de belles notes fruitées: pêche de vigne, ananas, agrumes. Rond en attaque, il se développe en bouche avec ampleur et offre une fine acidité. Un sancerre très harmonieux. ⧗ 2015-2017 🍷 plateau de fromages

🔑 SCEV Comte Georges de Choulot, Ch. de Thauvenay, 18300 Thauvenay, tél. 02 48 79 90 33, chateaudethauvenay@wanadoo.fr V 🚶 🍷 r.-v.

GÉRARD ET HUBERT THIROT
La Doyenne 2012 ★

■	1 600	🛢	11 à 15 €

Les Thirot sont vignerons à Bué depuis trois siècles. Hubert a pris la suite de son père Gérard à la tête de ce domaine de 14 ha et pratique l'enherbement sur la quasi-totalité du vignoble.

Le boisé (douze mois d'élevage en fût) est omniprésent au nez. Seules émergent à l'aération quelques touches de raisin frais et d'acacia. En bouche, le vin s'affirme face au bois: il offre souplesse et arômes de fleurs blanches et d'agrumes. En finale, le boisé revient sans briser l'harmonie. ⧗ 2016-2019 🍷 crottin de Chavignol **Dom. de la Tonnellerie 2013 (5 à 8 € ; 75 000 b.)** : bonne intensité et finesse olfactive (citron, litchi, pointe végétale), du gras en bouche et une finale vive. ⧗ 2014-2015

Gérard et Hubert Thirot, allée du Chatiller, 18300 Bué, tél. 02 48 54 16 14, gerard.thirot@wanadoo.fr t.l.j. sf dim. 8h30-12h 14h-18h30

PAUL THOMAS Chavignol 2012

7 500 | 8 à 11 €

Ce domaine de 9 ha a vu le jour en 1965 sous l'impulsion de Jean Deniot Denizot, alors maître-vigneron à Chavignol. Il est aujourd'hui conduit par le petit-fils de ce dernier, Raphaël Thomas.

Au nez, les fruits rouges l'emportent (cassis, groseille, fraise, framboise). La bouche est fraîche, portée par des tanins jeunes et vifs qui devraient s'assagir avec le temps. ⧗ 2015-2019 🍷 rouelle de porc

Dom. Paul Thomas, Chavignol, 18300 Sancerre, tél. 02 48 54 28 13, paulthomas-sancerre@orange.fr r.-v.

DOM. MICHEL THOMAS ET FILS 2013 ★

16 000 | 5 à 8 €

Régulièrement mentionné dans le Guide, Laurent Thomas, qui a pris la suite de son père Michel, conduit une exploitation de 17 ha. La cave est implantée à l'entrée des Égrots, petit village vigneron entre Sury-en-Vaux et Verdigny.

Assemblage pour moitié de pressage direct pour moitié de macération, ce vin revêt une robe saumonée légèrement pêche. Un fruit que l'on retrouve au nez, associé à la groseille et aux agrumes. Souple en attaque, le palais offre du volume et une légère fraîcheur, et renoue avec les sensations olfactives. ⧗ 2014-2015 🍷 assiette de charcuterie **2012 (21 000 b.)** : fruité intense (cassis, cerise, griotte), bouche ronde à la première impression, apparition de tanins fougueux ensuite. Un vin qui vieillira bien. ⧗ 2015-2019

SCEV Michel Thomas et Fils, Les Égrots, 18300 Sury-en-Vaux, tél. 02 48 79 35 46, thomas.mld@wanadoo.fr t.l.j. 9h-18h30; sam. dim. sur r.-v.

♥ DOM. THOMAS ET FILS Terres blanches 2012 ★★

6 000 | 11 à 15 €

Transmis de génération en génération depuis le XVIIe s., ce domaine conduit par Jean et Julien Thomas compte aujourd'hui 14 ha, dont la moitié est conduite en biodynamie.

Ce vin arbore une robe rubis profond à reflets grenat. Il libère des notes empyreumatiques et des arômes de cerise et de poivre. Le palais, dense et onctueux, est bâti sur des tanins fermes et équilibrés qui soutiennent une longue finale marquée par les fruits rouges. Puissance, finesse et harmonie caractérisent ce 2012 promis à un bel avenir. ⧗ 2015-2019 🍷 pavé de bœuf **Le Pierrier 2013 (8 à 11 € ; 80 000 b.)** : nez variétal de buis et de bourgeon de cassis au premier abord, puis agrumes et fruits jaunes ; bouche dense et fraîche. ⧗ 2014-2019 **Grand'Chaille 2012 (10 000 b.)** : arômes d'agrumes, d'amande et touche de pierre à fusil prolongés par une bouche persistante et douce. ⧗ 2014-2019

Dom. Thomas et Fils, rue du Pressoir, 18300 Verdigny, tél. 02 48 79 38 71, contact@domainethomas.fr t.l.j. 8h30-12h 13h30-18h

CLAUDE ET FLORENCE THOMAS-LABAILLE Les Aristides 2013 ★

8 000 | 11 à 15 €

Claude et Florence Thomas-Labaille ont pris les rênes du domaine en 1994, à la suite du départ à la retraite de leur père. Les vignes couvrent 11 ha sur les coteaux pentus de Chavignol.

Ce vin libère des parfums de fleurs blanches et de rose anglaise accompagnés de notes de pamplemousse. Droit en attaque, il fait preuve d'une belle vivacité qui se confirme jusque dans la finale à la minéralité bien présente. Un sancerre dynamique et de bonne tenue. ⧗ 2015-2019 🍷 plateau de fruits de mer **L'Authentique 2013 (8 à 11 € ; 25 000 b.)** : au nez, des fruits mûrs relayés par des notes poivrées et une touche de bergamote. Au palais, du gras, de l'ampleur et une finale sur la pêche de vigne relevée d'un soupçon de menthol et de citron. ⧗ 2015-2018

Thomas-Labaille, Chavignol, 18300 Sancerre, tél. 02 48 54 06 95, thomas.labaille@wanadoo.fr r.-v.

JEAN-PIERRE VACHER & FILS 2013 ★

3 000 | 5 à 8 €

Jean-Pierre Vacher s'est installé en 1990 sur ce domaine du Sancerrois. Son fils Jérôme l'a rejoint en 2004. Ensemble, ils exploitent un vignoble d'une dizaine d'hectares répartis dans les communes de Verdigny et de Menetou-Ratel.

Rose pâle à reflets orangés, ce 2013 revêt une robe lumineuse. Les notes de petits fruits rouges (cassis, groseille) se libèrent sans réserve et avec intensité. Vif en attaque, le palais offre un bon équilibre et une belle fraîcheur renforcée par une finale sur le pamplemousse. ⧗ 2014-2015 🍷 travers de porc grillé

EARL Jean-Pierre Vacher & Fils, rte de Sancerre, 18300 Menetou-Ratel, tél. 02 48 79 38 89, earlvacher@aol.com r.-v.

DOM. VACHERON Les Romains 2012 ★

21 000 | 30 à 50 €

Les Vacheron – deux frères, Jean-Louis et Denis et leurs deux enfants respectifs Jean-Dominique et Jean-Laurent – exploitent un vignoble de 48 ha créé en 1950. Certifié depuis 2005 en bio et biodynamie, le domaine pratique la sélection parcellaire.

Cette cuvée porte le nom du célèbre terroir à silex qui l'a engendrée. Elle livre des parfums exotiques intenses et des notes vanillées bien fondues. La bouche, suave et onctueuse, s'équilibre autour d'une fine fraîcheur renforcée par une belle finale minérale. ⧗ 2015-2017 🍷 feuilleté de saint-Jacques ■ Chambrates 2012 ★ (5 000 b.) : né d'un terroir calcaire, ce 2012 offre un nez complexe (mangue, biscuit, brioche, réglisse et figue fraîche et un bel équilibre en bouche. ⧗ 2015-2017

Dom. Vacheron, BP 49 , 1, rue du Puits-Poulton, 18300 Sancerre, tél. 02 48 54 09 93, vacheron.sa@wanadoo.fr V t.l.j. 10h-12h 14h30-18h

DOM. DES VIEUX PRUNIERS
Fût de chêne 2012 ★★

■	2 500		11 à 15 €

Christian Thirot-Fournier a repris l'exploitation de ses parents en 1984 et exploite avec son épouse 10 ha de vignes. Le domaine établi au pied du coteau viticole de Bué offre aux visiteurs une belle vue sur le vignoble de Sancerre.

Tout en subtilité, le nez révèle de belles notes de mûre et de framboise agrémentées de parfums originaux de garrigue. En bouche, de solides tanins du vin impriment leur caractère sans nuire à l'équilibre. La longue finale fruitée et toastée laisse le souvenir d'un vin très harmonieux et intense. ⧗ 2016-2019 cailles rôties ■ **Cuvée P'tite Coûte 2012 (8 à 11 € ; 2 400 b.)** : de jolis arômes de pêche blanche et beaucoup de fraîcheur, ce que renforce une finale sur le citron vert. ⧗ 2014-2017

Christian Thirot-Fournier, 1, chem. de Marcigoi, Venoize, 18300 Bué, tél. 02 48 54 09 40, thirot.fournier-christian@wanadoo.fr V t.l.j. sf dim. 8h-12h 14h-19h; f. 15-31 août

LOIRE

La vallée du Rhône

73 500 ha

Production :

2 600 000 hl

Types de vins :

Rouges très majoritairement, rosés et quelques rares blancs ; vins doux naturels ; quelques effervescents (clairette-de-die).

Sous-régions :

Vallée du Rhône septentrionale (entre Vienne et la rivière Drôme au sud de Valence) et vallée du Rhône méridionale (du sud de Montélimar à Avignon et à la Durance).

Cépages principaux :

Rouges : syrah, grenache, mourvèdre, cinsault, carignan et de nombreux autres cépages devenus très rares (counoise, vaccarèse, muscardin...).

Blancs : viognier, roussanne, marsanne, grenache blanc, clairette blanche, bourboulenc...

LA VALLÉE DU RHÔNE

La vallée du Rhône porte des vignobles parmi les plus anciens de France. En matière de vins d'appellation, c'est la deuxième région viticole après le Bordelais. Les vins rouges, majoritaires, sont souvent chaleureux, souples ou de garde. Avec Tavel, le vignoble possède la plus ancienne appellation de rosés ; il produit aussi, des blancs de haute lignée comme les hermitage ou les condrieu. Enfin, les vins doux naturels montrent son appartenance à l'orbite méditerranéenne.

Le legs des Romains et des papes

C'est aux abords de Vienne que se trouve l'un des plus anciens vignobles du pays, développé par les Romains, après avoir été sans doute créé par des Phocéens de Marseille. Vers le IV^{e}s. avant notre ère, la viticulture est attestée aux environs des actuels hermitage et côte-rôtie ; dans la région de Die, elle apparaît dès le début de l'ère chrétienne. À la suite des Templiers (au XII^{e}s.), le pape Jean XXII et ses successeurs d'Avignon ont développé le vignoble de Châteauneuf-du-Pape. Quant aux vins de la Côte du Rhône gardoise, ils connurent une grande vogue aux XVIIe et XVIII^{e}s. ; les cités de Tavel et des environs édictèrent des règles de production tout en apposant sur leurs tonneaux les lettres « CDR » (pour « Côtes-du-Rhône ») – une anticipation de l'AOC.

XX^{e}s. : le renouveau

Produits loin de Paris et des grands axes commerciaux, les vins du Rhône furent longtemps mésestimés, malgré la réputation des hermitage ou côte-rôtie. La vigne était d'ailleurs concurrencée par les oliveraies et les vergers. Le côtes-du-rhône était souvent un gentil vin de comptoir, souvent issu de brèves cuvaisons. Son image s'est redressée tandis que son profil s'est diversifié, du primeur au vin de garde rappelant les crus. Le vignoble, qui s'était rétracté au XIX^{e}s., a regagné du terrain. La coopération, très présente dans la région avec 95 caves et 5 groupements de producteurs, participe largement à l'économie viticole de la vallée, produisant presque les deux tiers des volumes, aux côtés de quelque 1 560 caves particulières. Le négoce-éleveur, malgré le prestige de certaines maisons, est moins présent que dans d'autres vignobles (3 % des volumes).

Le nord et le sud

Certains experts différencient les vins de la rive gauche de la vallée, qui seraient plus capiteux, de ceux de la rive droite, plus légers. Mais on distingue surtout la vallée du Rhône septentrionale, au nord de Valence, et la vallée du Rhône méridionale, au sud de Montélimar, séparées l'une de l'autre par une zone d'environ cinquante kilomètres où la vigne est absente. Topographie, paysages, climat, sols, encépagement, culture : le nord et le sud de la vallée diffèrent nettement. Au nord de Valence, la vallée s'encaisse entre Alpes et Massif central ; le climat est tempéré, avec une influence continentale ; les coteaux sont souvent très pentus et les sols le plus souvent granitiques ou schisteux ; les vins sont issus du seul cépage syrah pour les rouges, des cépages marsanne et roussanne pour les blancs, ou encore du viognier (condrieu, château-grillet). Au sud de Montélimar, la vallée s'élargit, on arrive en Provence ; le climat est méditerranéen, les sols sur substrat calcaire sont très variés : terrasses à galets roulés, sols rouges argilo-sableux, molasses et sables ; le cépage principal est ici le grenache, mais les excès climatiques obligent les viticulteurs à utiliser plusieurs cépages pour obtenir des vins parfaitement équilibrés : en rouge, la syrah, le mourvèdre, le cinsault, le carignan... en blanc, la clairette, le bourboulenc, la roussanne.

DANS L'ORBITE DE LA VALLÉE DU RHÔNE

D'autres vignobles sont rattachés à la vallée du Rhône. Ce sont, sur la rive droite, les AOC grignan-les-adhémar, entre Montélimar et Bollène ; ventoux, entre Vaison-la-Romaine et Apt ; luberon, plus au sud, sur la rive droite de la Durance ; coteaux-de-pierrevert, dans le département des Alpes-de-Haute-Provence ; de la rive droite proviennent les côtes-du-vivarais, de part et d'autre des gorges de l'Ardèche ; les costières-de-nîmes, aux confins du Languedoc. Il faut encore citer la région de Die, dans la vallée de la Drôme, en bordure du Vercors. Plus montagneux, plus frais, le Diois, aux sols d'éboulis calcaires, est propice aux cépages blancs comme la clairette et le muscat.

DE L'APPELLATION RÉGIONALE AUX CRUS

Comme dans d'autres régions viticoles, il existe une hiérarchie des vins. Au sommet, les appellations communales. Côte-rôtie, condrieu, hermitage, saint-joseph, cornas... celles-ci constituent la quasi-totalité des vignobles de la partie septentrionale, beaucoup moins étendue. Au sud, le plus illustre de ces crus est châteauneuf-du-pape, mais sept villages occupent le même rang, comme Gigondas ou Tavel. À la base de la pyramide, l'appellation régionale côtes-du-rhône s'étend sur 171 communes, presque toutes situées au sud. Entre appellations communales et régionales, les côtes-du-rhônes-villages, également situés dans la partie méridionale, proviennent de 95 communes plus réputées.

Les appellations régionales de la vallée du Rhône

CÔTES-DU-RHÔNE

• Superficie : 37 465 ha • Production : 1 205 000 hl (97 % rouge et rosé)

Définie dès 1937, l'appellation régionale côtes-du-rhône figure au nombre des plus anciennes. C'est aussi l'une des plus vastes, la seconde en superficie après Bordeaux. Elle s'étend en effet sur six départements : Rhône, Loire, Ardèche, Gard, Drôme et Vaucluse. L'essentiel de la production provient des quatre derniers, situés dans la vallée du Rhône méridionale, au sud de Montélimar, les vignobles de la partie nord fournissant presque exclusivement des vins d'AOC locales. Sur la rive droite du Rhône, les vignes couvrent les pentes de collines ; sur la rive gauche, elles affectionnent des bassins à fond plat aux sols de galets mêlés d'argiles sableuses rouges.
Dans cette partie sud du vignoble, l'encépagement est bien méridional, le dernier décret (1996) renforçant l'importance du grenache (40 % minimum), de la syrah et du mourvèdre dans les rouges et rosés. Les cépages secondaires, qui sont ici légion, ne peuvent pas totaliser plus de 30 % de l'encépagement. Ce sont notamment le cinsault, le carignan et encore la counoise, le muscardin, le vaccarèse, le terret. Des cépages blancs peuvent même entrer dans la composition des rosés. Les côtes-du-rhône blancs font intervenir principalement les grenache blanc, clairette, marsanne, roussanne, bourboulenc et viognier.
À la diversité des sols, des microclimats et des cépages répond celle des vins : vins rouges de semi-garde, tanniques et généreux, à servir sur de la viande rouge, produits dans les zones les plus chaudes et sur des sols de diluvium alpin (Domazan, Estézargues, Courthézon, Orange...) ; vins rouges plus légers, fruités et plus nerveux, nés sur des sols eux-mêmes plus légers (Nyons, Sabran, Bourg-Saint-Andéol...) ; vins primeurs disponibles à partir du troisième jeudi de novembre. La chaleur estivale contribue à la rondeur des blancs et des rosés. Producteurs et œnologues cherchent aujourd'hui à extraire le maximum d'arômes et à obtenir des vins frais et délicats. On servira les blancs sur les poissons de mer, les rosés sur des salades composées ou de la charcuterie.

DUC D'AIGUILHON Réserve des Templiers 2012

■	45 000	◖◗	8 à 11 €

Fondé par les Templiers au XIII[e]s., ce domaine situé aux portes d'Avignon a conservé un souterrain qui leur permettait de s'échapper en cas d'attaque. Propriété des Charrière depuis 1985, il étend son vignoble sur 30 ha d'un seul tenant.

Hommage aux ducs d'Aiguilhon et de Comps qui séjournèrent en ces lieux, cette cuvée mi-carignan mi-mourvèdre mêle au nez fruits compotés, notes fumées et toastées, prolongés par une bouche suave et ronde. ⌛ 2014-2017 🍴 rôti de porc

⊶ Vignobles des Templiers, Dom. d'Aiguilhon, 30150 Sauveterre, tél. 04 66 89 60 51, aiguilhon@charriere-distribution.com V 🚶 🍷 r.-v. ⊶ Charrière

L'AMEILLAUD 2012 ★

■	18 000	🍾	5 à 8 €

Nick Thompson, d'origine britannique, et son épouse Sabine, originaire de Cairanne, ont repris en 1983 ce domaine de 45 ha d'un seul tenant, dont l'histoire viticole remonte à 1850.

La robe sombre annonce un vin généreux, qui libère à l'aération des arômes intenses de petits fruits cuits mâtinés d'épices douces. La bouche se révèle charnue et concentrée, soutenue par des tanins fins, gages d'un bon vieillissement. ⌛ 2016-2019 🍴 pot-au-feu de canard

⊶ SARL Ameillaud, rte de Rasteau, 84290 Cairanne, tél. 04 90 30 82 02, contact@ameillaud.com V 🚶 🍷 r.-v. 🏠 € ⊶ Sabine et Nick Thompson

DOM. DES ANDRINES Cuvée Manon 2012

■	2 064	🍾	5 à 8 €

Nicolas Issartier a pris la suite de ses parents en 2004 à la tête d'un vignoble de 30 ha dédié aux côtes-du-rhône et au *villages* Signargues.

Sur ce terroir gardois précoce, grenache, syrah et carignan atteignent sans difficulté leur maturité optimale dès les premiers jours d'automne. Ils donnent ici un vin de belle intensité, sur les fruits confits renforcés par de francs arômes de réglisse, au palais suave et généreux sans lourdeur. ⌛ 2014-2017 🍴 mijoté de bœuf aux épices

⊶ EARL Dom. des Andrines, 38, rue des Écoles, 30390 Domazan, tél. 04 66 57 01 89, andre.issartier@yahoo.fr V 🚶 🍷 t.l.j. sf dim. 9h-12h 14h-18h30; mer. sam. sur r.-v. ⊶ Issartier

DOM. DES ARCHES Esprit 2012

■	6 912	🍾	5 à 8 €

Situé au cœur du Nyonsais, ce domaine de 13 ha, dans la famille Ravoux depuis 1851, a été un précurseur, dès 1976, de la vente directe à la ferme (fruits, légumes, huile d'olive...). Daniel Ravoux est aux commandes depuis 1985.

Le nez libère sans réserve des parfums de fruits noirs (cassis) rehaussés d'épices. Le palais, frais et de bonne longueur, est en harmonie avec le bouquet. ⌛ 2014-2017 🍴 entrecôte grillée

⊶ GAEC Dom. des Arches, quartier Les Arches, 26110 Mirabel-aux-Baronnies, tél. 04 75 27 11 00, domainedesarches@club-internet.fr V 🍷 t.l.j. sf dim. 9h-12h 14h-18h30 ⊶ Daniel et Alain Bayoux

DOM. ARVIEUX Clémence Cuvée Tradition 2012 ★★

■	1 600	🍾	- de 5 €

Un vignoble familial de poche (3 ha) transmis depuis cinq générations et conduit depuis 2001 par Nicolas Arvieux, « artisan vigneron », comme il le revendique, ayant pour credo le moins de technologie possible.

Clémence ? L'arrière-grand-mère du vigneron. Dans le verre, un vin expressif à souhait, tendance fruits mûrs et violette. En bouche, la finesse de ce terroir argilo-sableux se manifeste par un caractère frais et léger souligné par des tanins souples et ronds. Une gourmandise à boire sur son fruit. ⌛ 2015-2017 🍴 magrets de canard

Nicolas Arvieux, 2, place de la Mairie, 30290 Saint-Victor-la-Coste, tél. 06 89 02 89 44, nicolas.arvieux@wanadoo.fr V r.-v.

DOM. ANDRÉ AUBERT
Cuvée Vieilles Vignes 2012 ★★

■	10 000		5 à 8 €

Les fils d'André Aubert – Claude, Yves et Alain – sont installés depuis 1981 à la tête d'un vaste ensemble de 250 ha, grâce auquel ils proposent une large gamme de vins de la vallée du Rhône méridionale.

Épices, réglisse, petits fruits noirs, le nez est trompeur – on pense à la syrah, or seul le grenache constitue cette cuvée –, mais fort engageant. Le palais, à l'unisson, offre une harmonie remarquable entre rondeur, charnu et solidité tannique. Un vin complet, que l'on peut attendre ou apprécier dès aujourd'hui. 2014-2021 filet de chevreuil aux cerises

Les Domaines André Aubert, RN7, rond-point Sud, Les Gresses, 26290 Donzère, tél. 04 75 51 78 53, vins-aubert-freres@wanadoo.fr V t.l.j. 10h-19h

DOM. DE L'AURE Tradition 2013 ★

■	6 000		5 à 8 €

Vigneron depuis 1961, Michel Cruze a confié en 2005 les rênes des 50 ha de vignes familiales à son fils Vivian, qui a créé un an plus tard un chai de vinification.

Ce vin né de la seule roussanne déploie d'intenses parfums de fruits blancs et de chèvrefeuille. En bouche, la vivacité des agrumes s'allie sans fausse note à la générosité typique des blancs méridionaux pour composer un ensemble harmonieux. 2014-2017 tartare de saumon

Dom. de l'Aure, 104, rte de la Carrière-de-Montfrin, rte de Fournes, 30210 Saint-Hilaire-d'Ozilhan, tél. 04 66 37 00 82, domaine-de-laure@orange.fr V t.l.j. sf dim. 9h-19h

DOM. AUTRAND 2012 ★★

■	20 000		- de 5 €

Christine Aubert a repris en 2002 ce domaine familial de 80 ha, dont 35 % des surfaces classés en vinsobres. Son fils Aurélien est désormais à ses côtés.

Une robe lisse, d'un seyant pourpre limpide, habille ce vin qui libère à l'olfaction un fruité généreux. Une entrée en matière des plus engageantes, qui se poursuit dans une bouche longue et très harmonieuse, structurée par des tanins souples, plus fermes en finale mais sans dureté. À noter : l'excellent rapport qualité-prix de ce vin. 2015-2020 rosbif aux champignons

Dom. Autrand, Les Ratiers, RD 94, rte de Nyons, 26110 Vinsobres, tél. 04 75 26 57 05, domaine.autrand@orange.fr V t.l.j. 10h-19h; f. dim. de nov. à mars

VIGNOBLES DE BALMA VENITIA
Légende des toques 2013

■	100 000		5 à 8 €

Actrice prépondérante du vignoble de Beaumes-de-Venise, cette coopérative fondée en 1953 représente aujourd'hui 160 producteurs pour une surface totale de 1 000 ha.

Ce duo grenache-syrah vise l'expression fruitée, et c'est réussi. Au nez, les fruits rouges donnent le ton, nuancés d'épices douces et de notes florales. Un caractère avenant qui se prolonge dans une bouche alerte, souple et fraîche. 2014-2017 escalope milanaise

SCA Vignerons de Balma Venitia, 228, rte de Carpentras, 84190 Beaumes-de-Venise, tél. 04 90 12 41 14, vignerons@balmavenitia.fr V r.-v.

DOM. DES BANQUETTES 2012 ★

■	25 000		5 à 8 €

Mécanicien dans les travaux publics, Patrice André rejoint son père en 1993 sur les 30 ha familiaux. En 2002, il choisit de sortir de la coopérative et de vinifier ses propres vins : côtes-du-rhône et *villages*, rasteau sec et vin doux naturel.

Construite sur un terrain au dénivelé important, la cave permet d'élaborer des vins par gravité. Le respect du raisin est un atout majeur dans cette cuvée qui s'ouvre sans détour sur les fruits mûrs, les épices et la réglisse. Une palette harmonieuse prolongée par une bouche soyeuse aux tanins fondus. 2014-2018 rôti de veau aux cèpes

Patrice André, 360, rte d'Orange, 84110 Rasteau, tél. 04 90 46 10 22, lesbanquettes@orange.fr V t.l.j. 9h30-19h

DOM. DE LA BASTIDE 2013

■	35 000		- de 5 €

Disparu en 2008, Bernard Boyer a laissé en héritage à son fils Vincent, à ses côtés depuis 1998, un domaine de 65 ha, ancienne ferme templière puis couvent, établi sur un site gallo-romain.

Ce rosé, né d'un assemblage classique de grenache, de syrah et de cinsault, séduit par son nez expressif, floral et fruité, et par sa bouche ronde et généreuse. 2014-2017 poulet sauté à la provençale

Dom. de la Bastide, 1250, chem. de la Bastide, 84820 Visan, tél. 04 90 41 98 61, vinboyer@wanadoo.fr V r.-v. Boyer

♥ LA BASTIDE SAINT-VINCENT 2013 ★★

■	18 000		5 à 8 €

Installé dans une ancienne ferme rénovée aux airs de bastide, dont certains éléments datent du XVII[e]s., Laurent Daniel est un habitué du Guide. Il conduit depuis 2001 ce vignoble familial de 22 ha répartis dans six communes.

Dans ce millésime difficile, touché par une coulure généralisée en vallée du Rhône, Laurent Daniel a su profiter de l'éparpillement de ses vignes. Il signe un vin déjà bien ouvert, qui libère à l'agitation des parfums soutenus de fruits noirs bien mûrs relevés d'épices. Une palette qui se prolonge avec intensité et persistance dans une bouche très équilibrée, à la fois ronde, suave et admirablement structurée. « Hors norme pour un 2013 », conclut un juré. 2014-2019 râble de lapin aux herbes

Laurent Daniel, La Bastide Saint-Vincent, 1047, rte de Vaison, 84150 Violès, tél. 04 90 70 94 13, bastide.vincent@free.fr V t.l.j. 9h-12h 14h-19h

CH. BEAUCHÊNE
Grande Réserve 2012 ★

■ | 100 000 | | 5 à 8 €

Héritiers d'une longue lignée vigneronne, Michel Bernard et son épouse Dominique ont repris en 1971 les vignes familiales (70 ha) et créé une structure de négoce. Leur fille Amandine les a rejoints en 2004.

Côté domaine, cette cuvée assemble grenache, syrah, carignan et cinsault. Un vin très épanoui sur le fruit et un brin d'épices, dans un esprit friand et rond. 2014-2017 paupiettes de veau ■ La Valse des épices 2012 ★ (100 000 b.) : issu du négoce, un vin fruité, rond, équilibré. 2014-2018 ■ Le Temps des cerises 2012 ★ (100 000 b.) : issu du négoce également, un « vin plaisir » tout en fruit. 2014-2018

Ch. Beauchêne, rte de Beauchêne, 84420 Piolenc, tél. 04 90 51 75 87, info@chateaubeauchene.com V t.l.j. sf dim. 9h-12h 14h-18h Bernard

DOM. BERTHET-RAYNE
Vieilles Vignes 2012 ★★

■ | 15 000 | | 5 à 8 €

Christian Berthet-Rayne a repris en 1980 une partie du domaine fondé par sa belle-famille. Sa fille Laure et son gendre Martial Capeau travaillent depuis 2004 à ses côtés sur 25 ha conduits en bio certifié depuis 2007.

Grenache, cinsault et mourvèdre composent ce vin sombre et intense, généreusement bouqueté autour de la compote de cerises et du kirsch. Les fruits en surmaturité tapissent aussi le palais, tendre, rond, charnu, où l'équilibre est maintenu par une fine fraîcheur qui persiste jusqu'en finale. 2014-2018 tajine d'agneau

Berthet-Rayne, 2334, rte de Caderousse, 84350 Courthézon, tél. 04 90 70 74 14, christian.berthet-rayne@wanadoo.fr V t.l.j. 8h-12h 13h30-18h; sam. dim. sur r.-v.

DOM. DU BOIS DE SAINT-JEAN Pur Cent 2012 ★★

■ | 6 000 | | 11 à 15 €

Établie à Jonquerettes depuis 1650, la famille Anglès se consacre à la vigne depuis 1910. Une tradition perpétuée avec grand talent par Vincent et son frère Xavier qui, à la tête de 50 ha de vignes, proposent des vins d'une constance remarquable.

Née de ceps centenaires plantés par l'arrière-grand-père, cette cuvée, dont le seul défaut est sa confidentialité, a conquis le jury par son caractère affirmé. Le nez, intense, révèle de subtiles notes animales aux côtés des fruits mûrs et des épices. Arômes auxquels fait écho un palais consistant et charnu, bien bâti pour vieillir, mais déjà si plaisant... 2014-2019 civet de lièvre ■ Les Vents 2013 ★★ (8 à 11 € ; 6 500 b.) : tout aussi remarquable par son nez accorte d'épices et de fruits rouges mûrs, par ses tanins suaves et sa longueur. 2014-2018

EARL Xavier et Vincent Anglès, 126, av. de la République, 84450 Jonquerettes, tél. 04 90 22 53 22, xavier.angles@wanadoo.fr V t.l.j. 8h-12h30 14h-19h; dim. 8h-12h30

♥ B DOM. BONETTO-FABROL
Mas Vincente 2012 ★★

■ | 8 000 | | 5 à 8 €

Un domaine de 15 ha régulier en qualité, né de la réunion de deux vignobles familiaux – Bonetto (en AOC grignan) et Fabrol (en côtes-du-rhône) – et conduit en bio et biodynamie par Philippe Fabrol, adepte des vinifications parcellaires.

Réussir une telle cuvée en bio réclame à n'en pas douter une attention de tous les instants portée à la qualité du raisin-récolté et vinifié à la parcelle. Grâce à quoi, le vigneron, œnologue de formation, signe un assemblage grenache-cinsault-syrah somptueux, au fruité franc et direct (fraise, cerise), ample, corsé mais pas trop, rond et soyeux. Un modèle d'équilibre. 2014-2018 côtes d'agneau au thym

Dom. Bonetto-Fabrol, quartier Les Jaffagnards, 26700 La Garde-Adhémar, tél. 04 75 52 14 38, domainebonettofabrol@orange.fr V r.-v.

MAISON BOUACHON Les Rabassières 2012 ★

■ | 20 000 | | 5 à 8 €

La famille Skalli s'initia à la vigne et aux cépages méridionaux en Algérie, dans les années 1920. Francis et surtout son fils Robert ont œuvré pour que cette maison de négoce soit aujourd'hui très implantée dans tout le sud de la France.

La maison Bouachon, fondée en 1898 à Châteauneuf-du-Pape, est entrée en 2001 dans le giron de Skalli. Elle propose ici une cuvée à la fois ferme et charnue, et très expressive, sur le Zan et les épices, du premier nez à la finale. 2014-2018 poulet à l'indienne ■ Pavillon Saint-Pierre 2012 (150 000 b.) : discret au nez, plus fruité en bouche, rond et équilibré. 2014-2017

Les Vins Skalli, av. Pierre-de-Luxembourg, BP 5, 84230 Châteauneuf-du-Pape, tél. 04 90 83 58 35, info@skalli.com V t.l.j. 10h-12h 15h-18h Boisset

CH. DE BOUSSARGUES 2013 ★

■ | 18 000 | | 5 à 8 €

Un domaine régulier en qualité, où vignes et oliviers sont cultivés depuis l'Antiquité. Aujourd'hui, un vignoble de 32 ha d'un seul tenant commandé par un château du XIIes. et sa chapelle romane parfaitement restaurés par la famille Malabre, installée ici en 1964.

Ce vin est à l'image de la bâtisse, solide et élégante, nichée dans un écrin attrayant. Un vin sombre aux reflets violines de jeunesse, qui fleure bon le sous-bois, la réglisse et les petits fruits frais, au palais intense, bien charpenté et persistant. Déjà charmeur, mais armé aussi pour durer. 2014-2019 filet de sanglier

Chantal Malabre, Ch. de Boussargues, Colombier, 30200 Sabran, tél. 04 66 89 32 20, malabre@wanadoo.fr V t.l.j. 9h-18h

DOM. DES BOUZONS La Félicité 2012 ★

■ | 15 000 | | 5 à 8 €

Ce domaine appartient aux Serguier depuis... 1632. Les premières vignes ont été plantées en 1956. Installés en

1982, Marc Serguier et son épouse Claudine, rejoints par leur fils Nicolas, conduisent aujourd'hui un vignoble de 30 ha.

La syrah, dominante, tire parti d'un boisé bien ajusté, qui se traduit au nez par de douces notes chocolatées; les fruits, noirs et compotés, sont aussi bien présents, vivifiés par une touche mentholée. À ce bouquet flatteur répond un palais gourmand, suave et rond sans manquer de structure. Bref, un vin équilibré et complet. 2015-2019 pavé de bœuf au cacao ■ La Friandise 2013 (20 000 b.) : plus souple, frais et fruité. 2014-2016

Marc Serguier, chem. des Manjo-Rassado, 30150 Sauveterre, tél. 04 66 90 04 41 V r.-v.

BROTTE Esprit Barville 2012 ★★

■	150 000		5 à 8 €

Cette maison réputée, fondée en 1931 par Charles Brotte, pionnier de la mise en bouteilles dans la vallée du Rhône, est aujourd'hui dirigée par Laurent, petit-fils du fondateur. Elle vinifie ses propres vignes et opère des sélections parcellaires pour son négoce.

Un rouge à dominante de grenache et aux accents du Midi, enchanteur par ses notes chaleureuses de fruits mûrs et d'épices douces. Non moins séduisant, le palais s'appuie sur de jolis tanins très soyeux, signes d'une vinification douce et soignée. 2015-2019 couscous royal

Brotte, Le Clos, rte d'Avignon, 84230 Châteauneuf-du-Pape, tél. 04 90 83 70 07, brotte@brotte.com V t.l.j. 9h-12h 14h-18h

DOM. BRUSSET Laurent B. 2013 ★

■	8 000		5 à 8 €

Soixante-huit terrasses exposées plein sud composent ce vignoble de 70 ha situé sous les Dentelles de Montmirail. Créé en 1947 par André Brusset, disparu en 1999, il est aujourd'hui conduit par son petit-fils Laurent. Une valeur sûre en gigondas et en Cairanne.

Ce rosé bien ficelé, sans défaut, laisse parler le fruit : la fraise des bois au nez, le pamplemousse en bouche. Un vin long, ample, alerte et harmonieux. 2014-2015 dinde basquaise

Dom. Brusset, Le Village, 84290 Cairanne, tél. 04 90 30 82 16, domaine-brusset@wanadoo.fr V t.l.j. sf sam. dim. 9h-12h 14h-18h

BURLE 2012 ★

■	12 000		5 à 8 €

Un domaine fondé en 1960, dans la même famille depuis trois générations. Florent et Damien Burle, installés en 1996, conduisent un vignoble de 20 ha.

Née de 4 ha de grenache et de syrah, cette cuvée dévoile de fines senteurs de violette et de réglisse attestant de la bonne maturité de la récolte. À l'unisson, le palais, ample, généreux et bien structuré, évolue sans rupture jusqu'à la finale. 2014-2018 carré d'agneau aux herbes

Florent et Damien Burle, La Beaumette, 84190 Gigondas, tél. 04 90 70 94 85, caroleetdamien.burle@sfr.fr V t.l.j. sf sam. dim. 8h-18h

CH. CABRIÈRES 2012 ★

■	3 900		5 à 8 €

Un domaine transmis depuis 1950 de père en fils – Louis Arnaud, vigneron et tonnelier, son fils, Louis également, et son petit-fils Guy, vigneron et courtier – et en... fille : Agnès, et son époux Patrick Vernier, aux commandes depuis 2009.

Le bouquet, intense et fin, mêle la violette aux fruits à noyau. La bouche, bien structurée et persistante, conjugue quant à elle arômes de cassis et de réglisse. L'ensemble est expressif et harmonieux. 2014-2017 tendrons de veau

Ch. Cabrières, chem. de Cabrières, BP 14, 84231 Châteauneuf-du-Pape Cedex 1, tél. 04 90 83 70 26, contact@chateau-cabrieres.fr V t.l.j sf sam. dim. 9h30-12h 14h-18h

Patrick Vernier

VIGNERONS DE CARACTÈRE L'Ombre des fontaines 2013 ★

■	40 000		5 à 8 €

Cette coopérative fondée en 1957 réunit quelque quatre-vingts familles de vignerons produisant dans l'essentiel des appellations de la vallée du Rhône méridionale, sur une surface totale de 800 ha.

Un trio classique syrah-grenache-cinsault pour ce rosé pâle, au nez frais, amylique, fruité et discrètement floral, souple et tonique en bouche. 2014-2015 brick de thon

Vignerons de Caractère, rte de Vaison, 84190 Vacqueyras, tél. 04 90 65 84 54, contact@vigneronsdecaractere.com V t.l.j. 9h-19h

LES VIGNERONS DU CASTELAS Les Mésanges 2013 ★

■	16 000		- de 5 €

Créée en 1956, cette coopérative, qui tire son nom d'une chapelle romane du XIe s. surplombant Rochefort-du-Gard, réunit aujourd'hui 40 viticulteurs pour 500 ha de vignes.

Ce blanc affirme dès l'olfaction un fruité exotique de jeunesse agrémenté de nuances florales. Sur les mêmes tonalités, le palais joue la surenchère et déploie une longue finale marquée par une agréable amertume. 2014-2017 rougets au gril

Les Vignerons du Castelas, 674, av. de Signargues, 30650 Rochefort-du-Gard, tél. 04 90 26 62 66, vcastelas@orange.fr V t.l.j. sf dim. 8h45-12h 14h-18h

DOM. CHAMP-LONG La Lauzerette 2012 ★★

■	4 000		8 à 11 €

Une propriété dans la même famille depuis le début du XIXe s. En 1964, Maurice Gély crée la cave de vinification ; en 1994, son fils Christian la rénove ; en 2004, son petit-fils Jean-Christophe rejoint le domaine (30 ha).

Paré d'une élégante robe pourpre profond, ce 2012 est aussi intense à l'œil qu'au nez. Ce dernier mêle la groseille, le cassis, la pivoine ou encore la réglisse, avant de prendre des tonalités plus douces et chocolatées. Ronde, riche, généreuse en diable, la bouche est gourmande à souhait, portée par des tanins fins et soyeux. Déjà d'une plénitude remarquable, ce vin vieillira bien. 2014-2019 feuilleté d'agneau

Christian et Jean-Christophe Gély, Dom. de Champ-Long, 1900, chem. de Champ-Long, 84340 Entrechaux, tél. 04 90 46 01 58, domaine@champlong.fr V t.l.j. sf dim. 9h-12h 14h-19h

DOM. DES CHANSSAUD
Charles de Valois 2012 ★★

	20 000		8 à 11 €

Dans la même famille depuis 1826, ce domaine de 46 ha, commandé par une bâtisse du XIVes., est dirigé par Patrick Jaume depuis 1981.

Un vin très méridional à dominante de grenache récolté à bonne maturité. Le nez, corsé et intense, sur les fruits cuits, la réglisse et le poivre, annonce un palais remarquable de suavité et de puissance maîtrisée, étayée par des tanins fins et caressants. À boire ou à attendre. ⌛ 2015-2022 🍴 ragoût de bœuf ■ Cuvée principale 2012 ★ (5 à 8 € ; 160 000 b.) : plus souple, rond et friand ; à boire jeune. ⌛ 2014-2017

Dom. des Chanssaud, quartier Cabrières, 84100 Orange, tél. 04 90 34 23 51, chanssaud@wanadoo.fr V t.l.j. sf sam. dim. 8h30-12h 13h30-17h30

DOM. DU CHAPITRE N°7 2012

	3 440		5 à 8 €

Formé en Bourgogne, Frédéric Dorthe conduit depuis 2000 ce domaine familial de 30 ha, qui tire son nom de la meilleure parcelle de côtes-du-rhône du vignoble.

Sur ce beau terroir des portes de l'Ardèche, grenache, syrah et mourvèdre donnent naissance à ce vin qui fleure bon les petits fruits et la garrigue. Le palais gras et vigoureux, encore un peu strict aujourd'hui, demande à s'assouplir. ⌛ 2015-2018 🍴 travers de porc laqués

Dom. du Chapitre, Font-de-Mazade, 07700 Saint-Marcel-d'Ardèche, tél. 06 10 60 28 54, fredericdorthe@orange.fr V r.-v.

CELLIER DES CHARTREUX
Chevalier d'Anthelme 2013

	40 000	- de 5 €

Née en 1929, la coopérative de Pujaut, bourgade des environs d'Avignon, vinifie 570 ha de vignes dans les crus lirac et tavel, en AOC régionales et en IGP.

Une cuvée bien connue des lecteurs. Ici, un vin clair aux reflets argent, partagé entre fleurs et fruits blancs légèrement mentholés, frais et léger en attaque, rond et charnu dans son développement. ⌛ 2014-2017 🍴 brandade

SCA Cellier des Chartreux, RD 6580, 30131 Pujaut, tél. 04 90 26 39 40, contact@cellierdeschartreux.fr V t.l.j. 8h30-12h 14h-19h

PIERRE CHAVIN Vallis Queyras 2013

	100 000	8 à 11 €

Une jeune maison de négoce créée en 2009 par Fabien Gross, présente sur différents vignobles français, qui vise des « créations haute couture » et du « prêt-à-consommer ».

Grenache blanc, roussanne, marsanne et viognier sont les « pièces » assemblées par cet « œnologue créateur », comme il se définit. Résultat : un vin « taillé » un peu court, mais une jolie robe brillante plissée de reflets verts, d'agréables tendances florales et fruitées, de l'équilibre et du soyeux. ⌛ 2014-2016 🍴 verrines de crevettes

Pierre Chavin, 2, bd Jean-Bouin, 34500 Béziers, tél. 04 67 90 12 60, fgross@pierre-chavin.com V r.-v.

DOM. LES CHÊNES BLANCS 2012 ★

	3 000		5 à 8 €

Si le vignoble est ancien (premières plantations début XXes.), les premières mises en bouteilles au domaine datent de l'installation de Jean Roux, en 1980, à la tête aujourd'hui de 12 ha de vignes.

Cette cuvée est issue du classique grenache et du plus atypique aubun, probablement originaire du Vaucluse, donnant des vins riches en alcool. Mais plutôt que la générosité, ce sont le fruité frais, agrémenté d'une originale note de bourgeon de cassis, la finesse et le soyeux qui caractérisent ce vin qualifié de... bourguignon. ⌛ 2014-2018 🍴 rôti de veau

Jean Roux, Dom. les Chênes blancs, 84190 Gigondas, tél. 04 90 65 85 04, jean.roux@domaine-les-chenes-blancs.fr V r.-v.

DOM. LE CLOS DES LUMIÈRES
Cuvée Valentin 2012 ★★

	11 000		5 à 8 €

Installé en 1997, Gérald Serrano spécialise le domaine familial, longtemps exploité en polyculture, et le sort de la coopérative en 2004. La propriété couvre 72 ha, dont 7 ha en conversion bio.

Le premier millésime de cette cuvée était prêt le jour de la Saint-Valentin, d'où son nom. La version 2012 est un vin intense, qui séduit d'emblée par sa finesse aromatique. Les fruits rouges sont très présents, les épices apportent du peps, la réglisse anime la finale, et le tout est étayé par une belle charpente. Complet et harmonieux. ⌛ 2016-2020 🍴 osso bucco

Dom. le Clos des Lumières, 14, rue des Cerisiers, 30210 Fournès, tél. 04 66 01 05 89, closdeslumieres@yahoo.fr V t.l.j. 9h30-12h 14h30-18h30; dim. 9h30-12h Gérald Serrano

CLOS DU CAILLOU
Bouquet des Garrigues 2013 ★

	7 300		11 à 15 €

La cave du domaine – des galeries creusées dans le safre – fut créée en 1867 par Élie Dussaud, collaborateur de Ferdinand de Lesseps. Depuis 1956, la famille Vacheron y élève ses vins. Installée en 1996, Sylvie Vacheron conduit 53 ha de vignes en bio certifié.

Un élevage court de trois mois pour cette cuvée qui, à l'instar des châteauneuf du domaine, se veut exaltante et pleine de fruits, des notes très fines de fruits blancs, ici. La bouche est douce, intense et persistante. « Sensuel et féminin », selon les jurés... ⌛ 2014-2017 🍴 lotte au safran

Clos du Caillou, 1600, chem. Saint-Dominique, 84350 Courthézon, tél. 04 90 70 73 05, closducaillou@wanadoo.fr V t.l.j. sf sam. mat. dim. 9h-12h 13h30-17h30 Sylvie Vacheron

DOM. DU CORIANÇON 2012

	15 000		5 à 8 €

Ce domaine familial créé dans les années 1900 porte le nom du petit torrent qui longe la propriété. Installé en 1976, François Vallot conduit 30 ha de vignes en biodynamie (certifiée depuis 2007) ; sa fille Anaïs est appelée à prendre la relève.

RHÔNE

Ce 2012 charmeur livre un bouquet discret mais fin de fruits rouges et d'épices douces. Mêmes tonalités harmonieuses dans une bouche souple et suave, équilibrée par une juste fraîcheur. ⌛ 2014-2017 🍴 empanadas

François Vallot, Dom. du Coriançon, Hauterives, 26110 Vinsobres, tél. 04 75 26 03 24, fvallot@domainevallot.com V t.l.j. sf dim. 9h-12h 14h-19h

CH. DES CORRÈGES 2012 ★

■	n.c.		5 à 8 €

Chez les Vidal, on est vigneron de père en fils depuis trois générations, bientôt quatre. Jean-Luc Vidal dirige aujourd'hui un domaine de 27 ha situé à Carme, l'un des hameaux de Sabran.

Issu de syrah (60 %) et de grenache, ce « vin plaisir » séduit par son nez floral, fruité et épicé, et par sa bouche suave aux tanins bien enrobés. ⌛ 2014-2017 🍴 tajine de veau

Jean-Luc Vidal, quartier de l'Amandier, 30200 Sabran, tél. 06 66 08 28 74, contact@chateaudescorreges.com V r.-v.

DOM. DE COSTE CHAUDE
Florilège 2012

■	16 000		5 à 8 €

Ce domaine de 22 ha bénéficie d'un terroir de cailloutis et d'argiles couvert de galets roulés, établi à 350 m d'altitude. Installée en 1994, Marianne Fues a engagé la conversion bio du vignoble, certifié en 2013.

Ce 2012 à la robe noire, intense et brillante, s'ouvre sur la réglisse et les fruits noirs. Le palais, d'un bon volume, se révèle doux et soyeux, porté par des tanins mûrs et fondus. ⌛ 2014-2017 🍴 burritos

SARL Dom. de Coste Chaude, 3100, Ch. de la Carne, 84820 Visan, tél. 04 90 41 91 04, info@domaine-coste-chaude.com V t.l.j. sf dim. 8h-12h 13h-18h Marianne Fues

LES COTEAUX DE FOURNÈS
Les Garrigues 2012 ★

■	20 000		- de 5 €

Une coopérative fondée en 1955 qui regroupe une trentaine de vignerons (une centaine aux origines) pour 450 ha de vignes en AOC régionales et en IGP.

Née d'un assemblage équilibré de grenache, de syrah et de cinsault, cette cuvée bien typée délivre un bouquet plein de fruits, cerise mûre en tête, égayé par les parfums de la... garrigue. En bouche, c'est rond, fin et soyeux. L'archétype du « vin plaisir ». ⌛ 2014-2017 🍴 charcuterie

SCA les Coteaux de Fournès, 50, Grande-Rue, 30210 Fournès, tél. 04 66 37 02 36, contact@lescoteauxdefournes.fr V r.-v.

LES COTEAUX DU RHÔNE
Cuvée des garrigues 2012

■	100 000		- de 5 €

Cette coopérative fondée en 1926 propose une large gamme allant des vins de pays aux vacqueyras, en passant par les côtes-du-rhône et les *villages*.

Ce vin sombre et profond dévoile un nez de cuir et de cacao, tandis que la bouche, dense et bien structurée, penche vers les fruits mûrs. L'ensemble est harmonieux mais gagnera à vieillir un peu. ⌛ 2015-2018 🍴 côtelettes d'agneau

Les Coteaux du Rhône, BP 7, 84830 Sérignan-du-Comtat, tél. 04 90 70 04 22, coteau.rhone@orange.fr V t.l.j. sf dim. 8h30-12h30 14h-19h

LA CÔTERIE 2012

■	48 000		- de 5 €

Maison de négoce créée en 1993, regroupant cinq coopératives et plusieurs domaines, et proposant une vaste gamme d'une vingtaine d'AOC rhodaniennes, septentrionales et méridionales.

Ce 2012 s'annonce par un joli bouquet de fruits mûrs, de menthe et de poivre. Gras, riche et rond, le palais ne laisse pas les papilles insensibles, stimulées par une bonne vivacité et par une finale réglissée. ⌛ 2014-2019 🍴 épaule d'agneau au thym

SICA Vignobles la Côterie, 228, rte de Carpentras, 84190 Beaumes-de-Venise, tél. 04 90 12 41 19, contact@lacoterie.fr V t.l.j. sf sam. dim. 8h-12h 14h-18h

CH. COURAC 2013 ★★

■	150 000	5 à 8 €

Ce château perché sur les hauteurs de Tresques est un habitué du Guide et le plus souvent aux meilleures places. Conduit par Joséphine et Frédéric Arnaud, il se distingue tant par ses côtes-du-rhône que par ses *villages* (Laudun).

La patte de la vinificatrice, Joséphine, et le travail minutieux du vigneron, Frédéric Arnaud, ont encore fait mouche. Dans la lignée de ses « grands frères », ce 2013 est excellent. Il s'ouvre sur un fruité intense et généreux de mûre et de cassis, avant de dévoiler une bouche solide où les tanins, bien que déjà policés, garantissent une bonne résistance à la patine du temps. ⌛ 2015-2020 🍴 civet de lièvre ■ Empreinte 2013 ★★ (80 000 b.) : nouvelle création du domaine, un vin dans le même registre, riche, charpenté et de bonne garde. ⌛ 2015-2020 ■ Quart du roy 2013 ★★ (70 000 b.) : un vin très racé, réglissé, élégant, soyeux et fin. ⌛ 2014-2019

SCEA Frédéric Arnaud, Ch. Courac, 30330 Tresques, tél. 04 66 82 90 51, scea.frederic.arnaud@orange.fr V r.-v.

DOM. DE CRISTIA
Les Garrigues Vieilles Vignes 2012 ★

■	15 000		11 à 15 €

Un domaine fondé en 1942 par le grand-père, agrandi et amélioré par le père, Alain Grangeon. Nouveau saut qualitatif à partir de 1999 avec la troisième génération (Baptiste, Dominique et Florent) : vente en bouteilles, abaissement des rendements, sélections parcellaires, conversion progressive au bio des 56 ha. Une référence en châteauneuf.

Ces vieux ceps ont cinquante ans : du grenache planté sur les argiles rouges et les galets roulés de Courthézon. La robe profonde est prometteuse, le nez, sur les fruits mûrs et les épices douces, aussi. Le palais ? Du fruit toujours, compoté, un boisé léger et des tanins discrets et soyeux. En deux mots, douceur et volupté. ⌛ 2015-2017 🍴 mijoté de paleron

Dom. de Cristia, 48, fg Saint-Georges, 84350 Courthézon, tél. 04 90 70 24 09, contact@cristia.com V r.-v.

DOM. NICOLAS CROZE
Notre-Dame de Melinas 2012 ★

| 10 000 | | 5 à 8 € |

Nicolas Croze s'est installé en 1994 sur le domaine familial situé aux portes des gorges de l'Ardèche. Il spécialise alors l'exploitation, opte pour la vente directe en bouteilles et agrandit le vignoble, qui s'étend aujourd'hui sur 27 ha.

Cette cuvée dévoile une palette vaste et complexe d'arômes : tapenade, cacao, épices douces, fruits confits... qui annoncent un palais ample, rond et généreux en attaque, plus frais (menthol) et tannique dans son développement. Au final, un vin solide et bien équilibré. 2015-2019 bœuf bourguignon L'Épicurienne 2012 (8 à 11 € ; 6 000 b.) : malgré ses dix-huit mois de fût, un vin souple, soyeux et déjà très agréable. 2014-2017

Nicolas Croze, 1, rue Max-Ernst, 07700 Saint-Martin-d'Ardèche, tél. 04 75 04 62 28, contact@domaine-nicolas-croze.com V r.-v.

B DOM. CROZE-GRANIER 2012

| 7 000 | | 5 à 8 € |

Un domaine familial depuis cinq générations, dont le vignoble, conduit en bio certifié, couvre 16 ha à Roquemaure et 4 ha à Châteauneuf.

L'encépagement non renseigné ne nous permet pas de connaître l'origine de ce vin. La robe profonde et les arômes soutenus de réglisse font penser à la syrah, les fruits noirs et la bonhomie chaleureuse du palais au grenache. Au final, un vin équilibré et de bonne intensité. Peu importe le flacon... 2014-2018 paleron sauce au vin

Dom. Croze-Granier, 13, rue de L'Escatillon, 30150 Roquemaure, tél. 04 66 82 56 73, contact@domainegranier.fr V r.-v.

DAUVERGNE RANVIER Vin gourmand 2013 ★★

| 10 000 | | 5 à 8 € |

Créé en 2004 par François Dauvergne et Jean-François Ranvier, professionnels du vin qui après avoir œuvré chez les autres ont décidé d'élaborer leurs propres cuvées, ce négoce s'affirme d'année en année comme une valeur sûre.

Cette sélection parcellaire de viognier et de grenache blanc conjugue avec élégance notes florales et fruitées (pêche, abricot), fraîcheur acidulée, suavité et concentration. Un vin d'une grande harmonie. 2014-2018 poisson à la plancha

Dauvergne Ranvier, Ch. Saint-Maurice, RN 580, L'Ardoise, 30290 Laudun, tél. 04 66 82 96 57, francois.dauvergne@dauvergne-ranvier.com

B VIGNOBLES DAVID Le Mourre de L'Isle 2012 ★

| 6 000 | | 8 à 11 € |

Frédéric David s'est installé en 2005 à la tête de la propriété familiale, 54 ha plantés de vignes et d'oliviers conduits en bio certifié.

Fruits rouges mûrs et cassis frais composent une jolie palette aromatique qui s'épanouit au nez comme en bouche, des tanins ronds et soyeux tapissant le palais. 2014-2018 tartare de bœuf Prieuré la Clastre 2012 ★ (11 à 15 € ; 4 000 b.) : apprécié pour son fruité compoté persistant et son équilibre. 2014-2017

Vignobles David, chem. de la Clastre, 30210 Saint-Hilaire-d'Ozilhan, tél. 04 66 37 03 99, vignobles.david@wanadoo.fr V t.l.j. 9h-18h

CORINNE DEPEYRE
Les Phacélies 2012 ★★

| 9 000 | | 8 à 11 € |

Souhaitant voler de ses propres ailes, cette vigneronne a créé son domaine en 2012 (15 ha) sur les terres paternelles, où elle a engagé la conversion bio des vignes.

Cette cuvée tire son nom d'une fleur utilisée aussi pour régénérer les sols de la propriété. Un vin de grenache et de carignan séducteur en diable par son bouquet à la fois « explosif » et fin de fruits rouges et de réglisse, et par son palais charnu, soyeux et persistant. 2014-2018 foie de veau à la vénitienne

Vignoble Depeyre, 872, chem. du Marquis-de-Cabassole, 26900 Tulette, tél. 06 11 70 50 81, depeyre.corinne@hotmail.fr V r.-v.

LA FERME DU MONT Première Côte 2012 ★

| 20 000 | | 5 à 8 € |

Un domaine créé en 2007 par Stéphane Vedeau. Autour de la ferme, 50 ha de vieilles vignes plantées sur des sols de cailloutis calcaires très minéraux.

Éraflage intégral, vinification séparée des cépages, fermentation en cuves béton très larges et très ouvertes pour favoriser le fruit plutôt que les tanins. Le résultat ? Un vin très expressif, riche en fruits (cassis, framboise), agrémentés de fines senteurs de violette et d'épices, franc, souple et soyeux en bouche. 2014-2017 saltimboccas

La Ferme du Mont, rte de Vinsobres, chem. Sainte-Croix - BP 80, 84602 Valréas Cedex, tél. 04 90 35 22 64, contact@lafermedumont.com V t.l.j. sf sam. dim. 9h-12h 14h-18h Vedeau

DOM. LA GARRIGUE 2012 ★★

| 31 600 | | 5 à 8 € |

La famille Bernard est installée à Vacqueyras depuis 1850 et six générations, sur un domaine de 80 ha plantés de vieilles vignes, souvent en vue dans ces pages pour ses gigondas et ses vacqueyras.

Issu de vendanges manuelles, ce vin de grenache et de syrah déploie un bouquet intense et harmonieux de fruits mûrs, mâtiné de notes florales. La bouche est puissante et concentrée, portée par des tanins jeunes et fermes fort prometteurs. 2016-2020 gigot de sanglier

SCEA A. Bernard et Fils, Dom. la Garrigue, 84190 Vacqueyras, tél. 04 90 65 84 60, info@domaine-la-garrigue.fr V t.l.j. 8h-12h 14h-18h30; dim. sur r.-v.

B CH. GIGOGNAN Les Vignes du prieuré 2013 ★

| 7 000 | | 8 à 11 € |

Un ancien prieuré devenu domaine viticole à partir de 1996 et de son acquisition par Anne et Jacques Callet. Le vignoble, certifié bio depuis 2010, s'étend sur 42 ha en côtes-du-rhône et 30 ha en châteauneuf-du-pape.

RHÔNE

Au nez, cet assemblage de roussanne, marsanne et clairette prend des accents exotiques évoquant le litchi. La même intensité fruitée caractérise le palais, ample, gras et long, équilibré par une pointe de vivacité. ⧗ 2014-2017 🍴 munster

Ch. Gigognan, 1180, chem. du Castillon, 84700 Sorgues, tél. 04 90 39 57 46, info@gigognan.fr V t.l.j. sf dim. 10h-12h 14h-17h30 Callet

DOM. DE GIVAUDAN Léa N°18 2013 ★

| 60 000 | 5 à 8 € |

David Givaudan conduit l'unique cave particulière de la commune de Cavillargues, un domaine de 23 ha créé de toutes pièces en 2001.

Léa N° 18 ? Un hommage à la majorité de la fille du vigneron. Un assemblage grenache-syrah (70-30) ouvert sur les épices douces et les fruits compotés ; fruits qui tapissent jusqu'en finale un palais souple en attaque, rond, gras et bien structuré. ⧗ 2014-2017 🍴 tajine ■ Garnet 2013 (8 à 11 € ; 20 000 b.) : 95 % de grenache pour ce vin puissant, riche et chaleureux. ⧗ 2014-2017

David Givaudan, Dom. de Givaudan, 30330 Cavillargues, tél. 04 66 82 44 58, givaudandavid@aol.com V r.-v.

DOM. DU GRAND TINEL 2012

| 33 000 | 8 à 11 € |

À l'origine du domaine, l'union de deux anciennes familles castelpapales, les Establet et les Jeune. On y a construit une vaste « tina » (cave ou tonneau) sur trois niveaux, en rapport avec les 74 ha de vignes de la propriété actuelle, créée en 1972.

Grenache, élevé en cuve, et 25 % de syrah, en foudre, composent ce 2012 qui se distingue par sa fraîcheur, sa souplesse et son expression aromatique de bonne intensité, sur les épices et les fruits confits. ⧗ 2014-2017 🍴 tartare de bœuf

Grand Tinel, SAS Les Vignobles Elie Jeune, 3, rte de Bédarrides, BP 58, 84232 Châteauneuf-du-Pape Cedex, tél. 04 90 83 70 28, beatrice@domainegrandtinel.com V r.-v.

DOM. GRAND VENEUR Les Champauvins 2012 ★

| 70 000 | 8 à 11 € |

D'origine castelpapale, Alain Jaume et ses fils Sébastien et Christophe perpétuent une tradition viticole qui remonte à 1826. Ils conduisent sur le mode bio un vignoble de 65 ha, pour deux étiquettes de renom (Grand Veneur et Clos de Sixte), et une activité de négoce.

Épices, fruits à l'eau-de-vie, violette, ce 2012 a tous les atours du vin méridional. Un nez généreux auquel fait écho une bouche ronde, suave et vineuse, portée par des tanins fins et veloutés, qui confèrent à la longue finale un caractère soyeux. ⧗ 2015-2019 🍴 souris d'agneau confite ■ Réserve Grand Veneur 2013 ★ (5 à 8 € ; 20 000 b.) : discrètement floral au nez, plus expressif en bouche, souple et rond. ⧗ 2014-2017

Vignobles Alain Jaume et Fils, 1358, rte de Châteauneuf-du-Pape, 84100 Orange, tél. 04 90 34 68 70, jaume@domaine-grand-veneur.com V t.l.j. sf dim. 8h-12h 14h-18h

DOM. DES GRAVENNES 2013

| 6 000 | 5 à 8 € |

Bernadette et Jean Bayon de Noyer ont repris en 1996 une partie de l'exploitation familiale, créant ainsi le domaine des Gravennes. En 2011, leur fils Luc les a rejoints et la conversion bio de leurs 20 ha a été engagée.

Un nez subtil de fruits à chair blanche (poire, pêche) ouvre la dégustation. Des arômes que l'on retrouve dans un palais tendre, sous-tendu de bout en bout par une fine vivacité. ⧗ 2014-2017 🍴 feuilleté de saumon

Dom. des Gravennes, 2933, rte de Baume, 26790 Suze-la-Rousse, tél. 04 75 04 84 41, domaine.des.gravennes@wanadoo.fr V r.-v. 2 Bayon de Noyer

DOM. DU GROS PATA Cuvée impériale 2012 ★

| 10 600 | 5 à 8 € |

Ancien octroi de Vaison au Moyen Âge, où il fallait verser quelques *patas* (ancienne monnaie provençale) pour passer de la cité romaine à Villedieu, ce domaine de 23 ha est conduit depuis 1992 par Sabine Garagnon.

Soigneusement élevée en foudre, cette cuvée à dominante de syrah s'affiche dans une robe sombre qui annonce un vin concentré. Au nez, la confiture de cerises s'associe à un boisé léger ; arômes qui apportent de la douceur à un palais riche, fondu et long, stimulé par une pointe de fraîcheur. ⧗ 2014-2018 🍴 potée auvergnate

Sabine Garagnon, Dom. du Gros Pata, 2885, rte de Villedieu, 84110 Vaison-la-Romaine, tél. 06 21 72 13 60, sabine.garagnon@free.fr V t.l.j. sf dim. 9h-12h 14h-18h

CH. HUSSON 2012 ★

| 30 000 | 5 à 8 € |

Un domaine de 20 ha établi à Oppède, charmant petit village du Vaucluse, acquis en 2008 par Anne et Jean-Pierre Hugues.

Faisant la part belle au grenache (95 %), ce vin rubis foncé livre des parfums suaves de fruits mûrs agrémentés d'originales notes mellifères. En bouche, de l'équilibre, de la rondeur, des tanins fondus et de la persistance sur le fruit. ⧗ 2014-2018 🍴 daube de bœuf

SCEA Anne Hugues, 375, rte de la Senancole, 84580 Oppède, tél. 04 90 76 87 76, info@royere.com V r.-v.

DOM. LAFOND ROC-ÉPINE 2012 ★

| 120 000 | 5 à 8 € |

Porte-drapeau des appellations tavel et lirac, ce domaine, dont les lointaines origines remontent à la fin du XVIIIe s., est conduit par Pascal Lafond depuis 1990. Son vaste vignoble cultivé en bio couvre aujourd'hui 82 ha répartis dans quatre AOC.

Ce duo grenache-syrah d'un rouge vif éclatant présente un nez chaleureux et flatteur de cerise à l'alcool nuancé de notes fumées. La bouche, tout aussi expressive, déploie de bons tanins mûrs et fins. ⧗ 2014-2017 🍴 sauté d'agneau aux aubergines

Dom. Lafond Roc-Épine, rte des Vignobles, 30126 Tavel, tél. 04 66 50 24 59, lafond@roc-epine.com V t.l.j. sf sam. dim. 8h-12h 13h30-17h30

VIGNOBLES LARGUIER 2013 ★

5 300 | 5 à 8 €

Fondé en 1962 par Joseph Larguier, ce domaine aujourd'hui conduit par son fils Francis s'est peu à peu agrandi pour couvrir désormais une coquette surface de 85 ha.

Né de grenache et de syrah plantés sur un terroir de grès sablonneux, ce 2013 livre un bouquet fin de réglisse et de fruits rouges mûrs. Suivant la même ligne aromatique, le palais déploie des tanins fins et soyeux qui autorisent une dégustation dès à présent, et qui permettront aussi à ce vin de bien évoluer. 2014-2018 méchoui d'agneau

Vignobles Larguier, rue des Esquirades, 30330 Tresques, tél. 04 66 82 40 77, cavelarguier@hotmail.fr V r.-v.

DOM. DE LASCAMP Le Sieur d'Ornac 2012

3 000 | 8 à 11 €

Bien implantée dans la viticulture locale, la famille Imbert est aux commandes de cette propriété établie au pied de la vallée de la Cèze, depuis... 1767. Huit générations plus tard, Laurent, Michel et Christophe Imbert conduisent un vignoble de 50 ha.

Une toute petite cuvée née de grenache et de syrah, un vin en devenir, encore sous l'emprise du bois (notes fumées et vanillées), qui devrait vite se fondre, à l'image de ses tanins déjà bien soyeux. 2015-2017 côte de bœuf

Dom. du Clos de Lascamp, hameau de Cadignac, 30200 Sabran, tél. 04 66 89 69 28, domainedelascamp@orange.fr V t.l.j. sf dim. 9h-12h 14h-18h Imbert

LAUDUN CHUSCLAN VIGNERONS Terra Vitis 2013

10 000 | - de 5 €

Coopérative créée en 1925, l'un des acteurs importants de la vallée sud du Rhône, elle regroupe près de 250 vignerons et quelque 3 000 ha. Depuis 2012, elle propose des vins issus du bio.

Un vin simple et droit, ouvert au nez sur les fruits rouges frais relevés de notes épicées, prélude à une bouche souple et harmonieuse. 2014-2017 charcuterie

Laudun Chusclan Vignerons, rte d'Orsan, 30200 Chusclan, tél. 04 66 90 11 03, contact@lc-v.com V t.l.j. 9h-12h 14h-18h30

DOM. DES LAURIBERT Le Merrandier 2012 ★★

15 000 | 5 à 8 €

Un domaine de 54 ha régulier en qualité, exploité par la même famille depuis cinq générations et sorti de la coopérative en 1997 par Laurent Sourdon.

Si vous passez près de ce domaine du nord Vaucluse, profitez-en pour apprécier l'exposition de sculptures métalliques et pour goûter ce vin, dont le nez de griotte fraîche sur fond minéral et légèrement boisé, aiguise les papilles. Des arômes que l'on retrouve, rehaussés d'épices douces, dans un palais rond, suave et bien étoffé. 2014-2017 canard laqué

Dom. des Lauribert, 2249, chem. du Roussillac, 84820 Visan, tél. 04 90 35 26 82, lauribert@wanadoo.fr V t.l.j. 8h30-12h 14h-18h30 Sourdon

CAVE DES VINS DU CRU LIRAC Tradition 2012

20 000 | - de 5 €

Coopérative créée en 1931, établie dans le village fortifié à Saint-Laurent-des-Arbres, elle est l'un des plus gros producteurs de l'AOC lirac, regroupant 55 adhérents et 300 ha de vignes.

Une forte majorité de grenache compose ce 2012 au nez agréable de fruits rouges compotés, souple, soyeux et persistant en bouche. 2014-2016 samoussas de bœuf

Cave des vins du Cru de Lirac, 685, av. Baron-Leroy, 30126 Saint-Laurent-des-Arbres, tél. 04 66 50 01 02, contact@cavelirac.fr V t.l.j. 9h-12h 14h-18h

DOM. DE LA LÔYANE 2013 ★★

n.c. | 5 à 8 €

Établi au pied du sanctuaire Notre-Dame-de-Grâce, à Rochefort-du-Gard, non loin des anciens marais asséchés par les moines au Moyen Âge, ce domaine, né en 1994 de la fusion de trois petites exploitations, fait preuve d'une grande constance dans la qualité.

Ce blanc à forte proportion de grenache (complété de 20 % de clairette, de roussanne, d'ugni et de viognier) porte beau dans sa robe cristalline. Le nez, subtilement floral, évoque à l'un des jurés, inspiré, l'univers printanier de... Laura Ashley. Des sensations prolongées avec force persistance dans un palais tout en finesse, alerte et très frais, bien marqué par la clairette. Et pour ne rien gâcher, le rapport qualité-prix est excellent... 2014-2018 turbot aux agrumes

Dom. de la Lôyane, chem. de la Font-des-Cavens, 30650 Rochefort-du-Gard, tél. 06 22 67 29 43, la-loyane-jean-pierre.dubois@orange.fr V t.l.j. sf dim. lun. mar. 9h-12h 14h-19h

DOM. MABY Variations 2012 ★★

50 000 | 5 à 8 €

Ce domaine très régulier en qualité, notamment pour ses tavel et ses lirac, a été créé en 1950 par Armand Maby. En 2005, son petit-fils Richard a pris les rênes du vignoble, 64 ha sur sables et galets roulés.

Cette cuvée issue d'un terroir de galets roulés du plateau de Vallongue dévoile un nez intense de fruits mûrs et d'épices douces prolongé par un palais soyeux, plein et généreux, aux tanins fins et fondus. Harmonieux, puissant et élégant. 2014-2018 dessert au chocolat

Dom. Maby, 249, rue Saint-Vincent, 30126 Tavel, tél. 04 66 50 03 40, domaine-maby@wanadoo.fr V t.l.j. 8h-12h 13h30-17h30; sam. dim. sur r.-v.

DOM. PATRICE MAGNI 2013 ★

5 300 | 5 à 8 €

Un domaine familial de 12 ha créé dans les années 1940 par Henri Pichot qui livrait ses raisins au négoce. Son arrière-petit-fils Patrice Magni a lancé en 1993 la mise en bouteilles à la propriété.

Ce 2013 se présente joliment bouqueté autour des fruits mûrs et des épices douces. Gras sans manquer de fraîcheur, bâti sur des tanins fondus, le palais est très équilibré. 2014-2017 daube de joues de bœuf

Dom. Patrice Magni, 13, rte de Bédarrides, 84230 Châteauneuf-du-Pape, tél. 06 89 35 67 22, domainepatrice.magni@wanadoo.fr V r.-v.

MAS DE LA LIONNE
Ombre du château Vieilles Vignes 2012 ★

n.c. | 5 à 8 €

Le seul domaine viticole du Rhône sud, devenu société de négoce en 2011, dirigé par un Américain retraité de l'industrie aérospatiale qui s'est installé en 2008 sur cette ancienne ferme du quartier de la Lionne, à Sorgues.

« Un très joli vin de soif », telle est la conclusion du jury, charmé par ce 2012 frais, intense, tout en fruit (mûre, framboise, cassis), agrémenté au nez de senteurs de sous-bois et de légères notes animales au palais. 2014-2017 tartare de bœuf

Mas de la Lionne, 948, chem. de la Lionne, 84700 Sorgues, tél. 04 90 39 50 32, doug@masdelalionne.com V t.l.j. sf dim. lun. 14h-18h

Douglas Graves

MAS DE SAINTE-CROIX
Douceur du fruit 2012 ★★

15 000 | 5 à 8 €

Un domaine de 25,5 ha, ancienne propriété d'un chapelain acquise en 2002 par Jacques Coipel. Après avoir parcouru le monde, Julien, le fils, a pris la conduite des vinifications en 2011.

« Fruit, plaisir, légèreté, douceur et rondeur », telle est l'ambition, simple mais pas simpliste, de ce trio grenache-cinsault-carignan. Dans le verre, tout y est : des fruits mûrs à souhait, un brin d'épices douces, un palais sphérique, harmonieux de bout en bout et très long. 2014-2017 penne all'arrabiata

Mas de Sainte-Croix, SCEA Jacques Coipel, rte de Vinsobres, 84600 Valréas, tél. 04 90 35 54 53, jacquescoipel@aol.com V t.l.j. sf dim. 14h-19h

DOM. JULIEN MASQUIN
Humeur 2012

3 400 | 8 à 11 €

Paul Masquin acquiert des vignes à Courthézon en 1936, qu'il met en métayage. En 1998, son petit-fils Julien reprend l'exploitation, porte les raisins à la coopérative locale, qu'il quitte en 2009 pour signer ses propres vins.

Dans cette cuvée élevée en foudre, grenache et syrah plantés sur sables et galets roulés expriment chaleur et maturité. Au nez, les fruits rouges mûrs s'agrémentent d'un toasté léger ; en bouche, place à la garrigue et à une rondeur avenante. 2014-2017 brochettes de bœuf

Masquin, 1408, chem. Saint-Dominique, 84350 Courthézon, tél. 06 22 92 01 07, julien@domainemasquin.com V r.-v.

MONGIN 2012 ★★

7 600 | 5 à 8 €

Créé en 1975, le Château Mongin est l'exploitation pédagogique du lycée viticole d'Orange. Son vignoble s'étend aujourd'hui sur 21 ha certifiés bio depuis 2012.

Mention très bien et félicitations du jury pour ce vin noir ébène. « Grenache à fond », écrit un juré dès le premier nez ; fruits rouges mûrs et épices (poivre) composent un bouquet en effet bien typé du cépage (60 % de l'assemblage aux côtés de la syrah et du carignan). Une attaque franche et alerte ouvre sur un palais ample, dense, généreux et très long, qui conserve jusqu'en finale une fraîcheur remarquable. Un vin complet, « pédagogique », qui joue dans la cour des grands. 2014-2018 tajine d'agneau aux figues

Ch. Mongin, Lycée viticole, 2260, rte du Grès, 84100 Orange, tél. 04 90 51 48 04, chateaumongin@chateaumongin.com V t.l.j. sf mer. 8h30-12h30 13h30-17h30; sam. dim. sur r.-v.

DOM. MONTMARTEL 2012

100 000 | 5 à 8 €

Situé sur les coteaux dominant Tulette et Visan, ce domaine étend son vignoble sur 90 ha en bio certifié depuis 2010. Damiens Marres (cinquième génération) est aux commandes depuis 2011.

Grenache, syrah et carignan sont associés dans ce vin aux arômes flatteurs de fruits rouges et d'épices, vigoureux et solidement charpenté. Encore un peu de patience. 2017-2021 entrecôte

SCEA Monnier-Marres, 2, rte de Saint-Roman, 26790 Tulette, tél. 04 75 98 01 82, vmarres@hotmail.com V t.l.j. sf sam. dim. 8h-12h 14h-18h

CH. MONT-REDON 2013 ★

80 000 | 8 à 11 €

On cultivait déjà la vigne à l'époque romaine sur le *muntem retendum* (montagne ronde). La famille Abeille-Fabre y est installée depuis 1923, conduisant aujourd'hui un vaste vignoble de 100 ha, réputé pour ses châteauneuf, mais aussi pour ses lirac et côtes-du-rhône.

D'agréables parfums de fruits noirs assortis d'épices montent du verre. Une attaque ample, riche et suave introduit un palais structuré par des tanins bien présents qui restent cependant souples et fins. 2014-2019 agneau grillé

Ch. Mont-Redon, BP 10, 84231 Châteauneuf-du-Pape Cedex, tél. 04 90 83 72 75, contact@chateaumontredon.fr V r.-v. Labeille-Fabre

DOM. DE LA MORDORÉE
La Dame rousse 2013

26 600 | - de 5 €

Un domaine créé en 1986 par Francis Delorme et son fils Christophe, entrepreneurs issus d'une famille vigneronne, rejoints par Fabrice en 1999. Le vignoble couvre 54 ha (en bio certifié depuis 2013) répartis sur 38 parcelles et 8 communes. Partisans des petits rendements, les Delorme déclinent les millésimes avec une aisance déconcertante. Incontournable.

Solide dans l'élaboration des grands vins de crus, La Mordorée propose ici un côtes-du-rhône bien en place, où les fruits rouges frais s'expriment avec élégance et générosité, au nez comme en bouche, épaulés par des tanins fins mais encore un peu stricts en finale. ⌛ 2015-2019 🍴 gigot d'agneau

🔑 Christophe Delorme, chem. des Oliviers, 30126 Tavel, tél. 04 66 50 00 75, info@domaine-mordoree.com V 🚶 🍷 t.l.j. 8h-12h 13h30-17h30

NICOLAS PÈRE & FILS Essentielle 2012 ★

■	50 000	🍾 🛢	5 à 8 €

Une jeune maison de négoce créée en 2011 par François-Xavier Nicolas et dédiée aux « vins de terroir » de la vallée du Rhône méridionale.

Le nez, complexe et intense, décline des notes fruitées, fumées, caramélisées et épicées. Le palais conserve ce caractère gourmand et finement boisé, soutenu par une agréable fraîcheur et des tanins fondus et soyeux. ⌛ 2014-2018 🍴 porc au caramel

🔑 Nicolas Père & Fils, 400, rue du Portugal, 84100 Orange, tél. 06 47 33 19 21, fxnicolasvins@orange.fr V 🍷 r.-v.

CH. NOËL SAINT-LAURENT 2013 ★

■	6 700	🍾 🛢	8 à 11 €

Une ancienne ferme fortifiée au sud d'Avignon, autrefois administrée par les moines chartreux qui fournissaient les papes en vin ; aujourd'hui un vignoble de 30 ha, dans la famille Noël depuis les années 1940.

Sur ce terroir précoce où naissent des vins de nature chaleureuse, ce blanc à dominante de viognier se distingue par un nez engageant de poire mûre sur fond miellé et par un palais équilibré, à la fois suave et frais, élégant et long. ⌛ 2014-2015 🍴 saint-jacques aux truffes

🔑 SCEA Dom. Saint-Laurent, Ch. Saint-Laurent, 1847, rte de Noves, 84310 Morières-lès-Avignon, tél. 06 09 10 42 68, argentines@wanadoo.fr V 🚶 🍷 r.-v. 🔑 A.-D. Noël

OGIER Héritages 2013 ★

■	100 000	🍾	5 à 8 €

Cette vénérable maison castelpapale de négoce-éleveur (1859), dans le giron du groupe Advini, propose une large gamme de vins rhodaniens, du nord et du sud. Elle possède aussi le Clos de l'Oratoire des papes (châteauneuf) et le domaine Notre-Dame de Cousignac (vivarais).

Ce rosé à dominante de grenache séduit d'emblée par sa finesse aromatique (agrumes, fruits rouges, bonbon anglais). Le palais tient, longuement, la note fruitée et acidulée, sans manquer ni de corps ni de rondeur. ⌛ 2014-2015 🍴 tielle sétoise

🔑 Ogier, 10, av. Louis-Pasteur, 84230 Châteauneuf-du-Pape, tél. 04 90 39 32 00, ogier@ogier.fr V 🚶 🍷 r.-v.

DOM. DE L'OLIVIER 2012 ★

■	20 000	🍾	5 à 8 €

Situé tout près du pont du Gard, ce domaine autrefois complanté d'oliviers a été créé par la famille Bastide en 1943. Depuis 1977, c'est Éric qui conduit le vignoble de 45 ha, rejoint en 2012 par son fils Robin.

Un assemblage grenache-syrah vinifié en cuve béton à basse température pour garder un maximum d'arômes. Le résultat ? Un vin expressif en effet, qui garde beaucoup de souplesse malgré ses tanins solides, bien enrobés par les fruits mûrs, les épices douces et la réglisse. ⌛ 2014-2019 🍴 fondue bourguignonne

🔑 Éric et Robin Bastide, 1, rue de la Clastre, 30210 Saint-Hilaire-d'Ozilhan, tél. 04 66 37 08 04, robin.bastide@wanadoo.fr V 🚶 🍷 t.l.j. sf dim. 9h-12h 14h-19h

DOM. PALON Cuvée Esparza 2012

■	9 000	🍾	5 à 8 €

Issu d'une famille vigneronne depuis un siècle et fils de l'ancien président de la « coop » de Gigondas, Sébastien Palon a décidé en 2003 de créer sa propre cave. Il conduit aujourd'hui un vignoble de 15 ha.

Au nez, la fraise mûre rehaussée de poivre blanc. En bouche, de la fraîcheur en soutien d'une chair souple et tendre. Au final, un vin friand et facile d'accès. ⌛ 2014-2017 🍴 charcuterie

🔑 Dom. Palon, Le Pot-du-Bary, D7, rte de Vacqueyras, 84190 Gigondas, tél. 04 90 62 24 84, contact@domainepalon.com V 🚶 🍷 t.l.j. sf mer. dim. 10h-12h 14h-18h

Ⓑ MAISON PHÉTISSON BONNEFOY Farandole 2013 ★

■	6 000	5 à 8 €

« Vignerons bio », Gilles Phétisson et Caroline Bonnefoy, unis dans la vie, vinifient leurs domaines séparément (Lumian pour lui, Bonnefoy pour elle). En 2012, ils se sont associés à travers une activité de négoce.

Cette association de talent (dont celui de la jeune fille du couple, qui a dessiné l'étiquette) débouche sur un vin « à la mode septentrionale », le viognier venant compléter le grenache. Au nez, des fruits et des épices ; en bouche, de la générosité, du corps et une fine vivacité en soutien. ⌛ 2014-2018 🍴 daube provençale

🔑 Maison Phétisson-Bonnefoy, rte de Montélimar, 84600 Valréas, tél. 06 87 14 21 48, domainedelumian@wanadoo.fr V 🚶 🍷 t.l.j. 9h-12h 14h-18h

MAISON PLANTEVIN 2012 ★

■	30 000	🍾	5 à 8 €

Un domaine de 17 ha créé en 2009 par Laurent Plantevin, BTS de « viti-œno » en poche. Le passage au bio est engagé depuis 2011.

Au nez, les épices donnent le ton, rejointes par la réglisse à l'aération. La note épicée est tenue dans une bouche ronde et généreuse, soulignée par des tanins soyeux et fins. Un vin très harmonieux, déjà fort engageant. ⌛ 2014-2018 🍴 épaule d'agneau au miel et au poivre

🔑 Plantevin, Les Granges-Neuves, 84110 Séguret, laurentplantevin@hotmail.fr V 🍷 r.-v. 🏠 ❷

DOM. DE LA PRÉSIDENTE Grands Classiques 2013 ★

■	20 000	🍾	5 à 8 €

Un domaine fondé en 1701 par « Madame la Présidente », épouse du président du parlement de Pro-

RHÔNE

vence, et acquis en 1968 par Max Aubert, dont la fille Céline conduit aujourd'hui les 120 ha de vignes. Une belle référence en AOC régionales et en châteauneuf-du-pape.

Ce blanc pâle et brillant doit être sollicité pour délivrer ses parfums complexes de pain d'épice et de tabac blond. Plus volubile en bouche, sur le miel et les épices douces, il séduit par sa rondeur et sa douceur avenantes, qu'équilibre une pointe de fraîcheur. ⌛ 2015-2019 🍴 terrine de foie gras

Dom. de la Présidente, rte de Cairanne, BP 1, 84290 Sainte-Cécile-les-Vignes, tél. 04 90 30 80 34, pbuffet@presidente.fr V t.l.j. sf dim. 9h-12h 14h-18h; sam. sur r.-v. Céline Aubert

DOM. DU PRIEURÉ SAINT-FRANÇOIS 2013 ★

■ | 70 000 | | 5 à 8 €

Affaire de négoce-éleveur créée en 1936 par Gabriel Meffre, cette maison est devenue un acteur incontournable, propriétaire de 800 ha de vignes dans toute la vallée du Rhône, ainsi qu'en Provence. Repris en 2009 par Éric Brousse, associé au groupe bourguignon Boisset.

Au nez, les fruits rouges s'allient avec justesse à de fraîches et plaisantes notes végétales. La bouche est dense et solide, portée par des tanins de qualité, gages d'un bon vieillissement. ⌛ 2015-2019 🍴 daube ■ Commandeur de Saint Michel 2013 (100 000 b.) : un « vin de soif » certes discret (foin coupé, fruits), mais friand, souple et fin. ⌛ 2015-2016

Gabriel Meffre, Le Village, 84190 Gigondas, tél. 04 90 12 32 47, gabriel-meffre@meffre.com V r.-v.

CELLIER DES PRINCES La Couronne du Prince Vieilli en fût de chêne 2012 ★★

■ | 15 000 | | 5 à 8 €

Le Cellier des Princes est l'unique coopérative à produire du châteauneuf-du-pape. Fondée en 1924, la cave regroupe aujourd'hui plus de 200 adhérents et vinifie les vendanges de 600 ha.

Cette cuvée couleur d'encre décline en un bouquet intense fruits rouges et épices. On retrouve ces arômes avec persistance dans un palais suave et gras, soutenu par une charpente solide sans dureté. Un vin déjà très harmonieux, qui pourra aussi rester quelque temps en cave. ⌛ 2014-2018 🍴 pintade rôtie

Cellier des Princes, 758, rte d'Orange, 84350 Courthézon, tél. 04 90 70 21 44, lesvignerons@cellierdesprinces.com V t.l.j. 8h-12h30 13h30-18h30

DOM. LA RÉMÉJEANNE Les Chèvrefeuilles 2012 ★

■ | 17 000 | | 8 à 11 €

Originaire d'Alsace-Lorraine et émigrée au Maghreb, la famille Klein s'est établie en 1960 à Sabran, à la tête de 5 ha de vignes. Aujourd'hui, Rémy Klein, installé en 1988 et rejoint par son fils Olivier en 2009, cultive 35 ha en bio.

Cette cuvée à dominante de syrah, complétée de quatre cépages (dont une touche originale de marselan), possède une constante : les fruits rouges, présents jusqu'en finale et bien épaulés par des tanins soyeux. Un ensemble harmonieux. ⌛ 2014-2017 🍴 colombo de porc

EARL Olivier et Rémy Klein, Cadignac, 30200 Sabran, tél. 04 66 89 44 51, contact@remejeanne.com V t.l.j. sf sam. dim. 9h-12h 14h-18h

LES VIGNERONS DE REMOULINS Moulin de Fergault 2012 ★★

■ | 3 000 | | - de 5 €

Fondée en 1927, la petite cave coopérative de Remoulins, village célèbre pour son pont du Gard, vinifie la production de 200 ha de vignes en AOC régionales et en IGP.

Ce vin né de grenache, syrah et carignan développe un bouquet expansif d'épices et de fruits compotés agrémenté de nuances florales. Une attaque fruitée et réglissée ouvre sur un palais plein, généreux, suave et très long, structuré par des tanins veloutés. L'alliance de la puissance et de la finesse. ⌛ 2014-2020 🍴 navarin d'agneau

Les Vignerons de Remoulins, 88, av. Geoffroy-Perret, 30210 Remoulins, tél. 04 66 37 14 51, cavevinic.remoulins@orange.fr V t.l.j. sf dim. 9h-12h 14h-18h

RÉVÉLATION FRUITÉE 2013

■ | 30 000 | | - de 5 €

Créée en 1936, cette coopérative regroupe 300 vignerons établis dans une vingtaine de communes environnant Sainte-Cécile-des-Vignes, pour une superficie de 2 000 ha.

Ce rosé de saignée assez soutenu en couleur propose un nez de fruits mûrs agrémenté de notes florales (rose). Le palais, au diapason, penche vers la rondeur et la générosité, sans toutefois manquer de fraîcheur. ⌛ 2014-2015 🍴 tapas

Caveau Cécile des Vignes, Cave des Vignerons réunis, 541, rte de Valréas, 84290 Sainte-Cécile-les-Vignes, tél. 04 90 30 79 36, caveau@ceciledesvignes.fr V t.l.j. 9h-12h 14h-18h30

ROCCA MAURA 1737 2012 ★

■ | 24 000 | | 5 à 8 €

C'est à Roquemaure, berceau historique des côtes-du-rhône grâce à son port fluvial, que les vignerons purent en 1737 marquer leurs tonneaux des lettres « CDR ». Fondée en 1922, la coopérative fédère aujourd'hui 60 adhérents pour 350 ha de vignes.

La syrah, élevée en foudre et barrique, accompagne le grenache, passé en cuve. Les fruits rouges confiturés s'expriment tout au long de la dégustation. Des tanins mûrs et élégants soutiennent un palais gras, qui allie puissance et douceur. ⌛ 2015-2018 🍴 bœuf cocotte

Les Vignerons de Roquemaure, 1, rue des Vignerons, 30150 Roquemaure, tél. 04 06 82 82 01, contact@vignerons-de-roquemaure.com V r.-v.

DOM. ROCHE-AUDRAN 2012

■ | n.c. | | 8 à 11 €

Dirigé par Vincent Rochette depuis 1998, ce domaine familial (cinq générations) étend ses vignes, conduites en biodynamie, sur 32 ha à flancs de collines sur trois terroirs (Visan, Buisson et Châteauneuf).

D'une belle profondeur, ce vin débonnaire, d'une aimable simplicité, dévoile des parfums plaisants de fruits noirs mûrs. Une attaque chaleureuse ouvre sur un palais fruité, rond et gourmand. ⧗ 2014-2017 ¥ raviolis bolognaise

Vincent Rochette, Dom. Roche-Audran, rte de Saint-Roman, 84110 Buisson, tél. 04 90 28 96 49, contact@roche-audran.com V r.-v.

CH. ROCHECOLOMBE 2013 ★

	6 000		5 à 8 €

Ancienne propriété de l'auteur-compositeur flamand Robert Herberigs, ce domaine ardéchois de 28 ha (en bio certifié) est conduit depuis 1998 par Roland Terrasse.

Ce pur viognier respire l'exotisme mâtiné de floral. À l'unisson, le palais se révèle ample et délicat, souligné par une fine acidité qui lui donne de l'allonge. ⧗ 2014-2017 ¥ saint-jacques aux asperges

Herberigs-Terrasse, Ch. Rochecolombe, 07700 Bourg-Saint-Andéol, tél. 04 75 54 50 47, rochecolombe@aol.com V t.l.j. sf dim. 9h-12h 14h-18h

♥ DOM. DE ROCHEMOND Viognier 2013 ★★

	30 000		5 à 8 €

Éric Philip, installé en 1995, et son fils Sylvain exploitent, essentiellement à Sabran, un vaste vignoble de 130 ha répartis entre les domaines de Rochemond et du Grand Bécassier.

Le vigneron a dû bichonner ses parcelles de viognier comme un jardin japonais à en juger par ce vin superbe. La robe pâle aux reflets d'or annonce la couleur, ce sera finesse et élégance. De fait, fleurs blanches et nuances de rose composent un bouquet subtil prolongé par un palais soyeux, rond, gras sans lourdeur, une juste vivacité apportant équilibre et longueur. ⧗ 2014-2018 ¥ risotto de la mer

EARL Philip Ladet, Cadignac Sud, 30200 Sabran, tél. 04 66 79 04 42, domaine-de-rochemond@wanadoo.fr V t.l.j. 9h-12h 13h-17h; sam. dim. sur r.-v.

LA ROMAINE Viognier 2013

	9 000		5 à 8 €

Une vénérable coopérative fondée en 1924, qui regroupe aujourd'hui 280 vignerons et plus de 1 400 ha de vignes.

Planté sur un terroir frais constitué de lœss et de sols sablonneux, le viognier se comporte bien. Témoin ce blanc cristallin au nez de fleur d'acacia et de fruits exotiques. Arômes prolongés par une bouche où la nature chaleureuse du cépage est complétée par une vivacité agréable. ⧗ 2014-2017 ¥ gambas à la plancha

Cave la Romaine, 95, chem. de Saumelongue, 84110 Vaison-la-Romaine, tél. 04 90 36 00 43, caveau@cave-la-romaine.com V t.l.j. 8h30-12h30 14h-18h30; dim. 9h-12h; f. dim. 1er jan.-31 mars

DOM. DE LA ROUETTE Héritage 2012 ★

	1 800		8 à 11 €

Un domaine de 20 ha créé en 1924 aux portes d'Avignon, conduit par quatre générations de Guigue : Sébastien, dès 1998, et son frère Mathieu, depuis 2010.

Cette cuvée de pure syrah, affinée dix-huit mois dans des fûts de trois vins, libère d'intenses notes boisées (grillé, vanille) et épicées, que relaie un palais solidement charpenté. ⧗ 2016-2020 ¥ civet de sanglier

Sébastien et Matthieu Guigue, 2, Sous-le-Barri, 30650 Rochefort-du-Gard, tél. 04 90 31 79 39, infodomainedelarouette@orange.fr V t.l.j. sf. dim. apr.-m. 9h-12h 15h-19h

♥ DOM. LA SABATIÈRE 2012 ★★

	25 000		5 à 8 €

La coopérative Costières et Soleil est devenue Vignerons Propriétés Associés en 2013. Regroupant les caves de Clavisson, Générac et Saint-Hilaire-d'Ozilhan, elle vinifie le produit de 150 adhérents et de 24 domaines, pour un total de 3 000 ha.

La Sabatière couvre 20 ha à Saint-Hilaire-d'Ozilhan, dont 6 ha de grenache et de syrah vinifiés par la cave pour élaborer cette cuvée d'une grande harmonie. Le nez, complexe, est ciselé autour des fruits mûrs, des épices, de la violette et de la réglisse. Suivant la même trame, le palais allie sans fausse note générosité, puissance et fraîcheur. Un équilibre parfait pour ce vin à servir aussi bien jeune que patiné par le temps. ⧗ 2014-2022 ¥ canard au miel ■ Dom. les Espérières 2012 ★★ (50 000 b.) : très aromatique, sur le floral, le fruit mûr et la réglisse, expression douce et épanouie d'un grenache mûr à souhait. ⧗ 2014-2018

SCA Vignerons Propriétés Associés, 9, rue Émile-Bilhau, 30510 Générac, tél. 04 66 01 79 68, sylviemerrien@vigneronsproprietesassocies.fr V t.l.j. sf dim. 10h-12h 14h30-19h

DOM. SAINT-AMAND Les Clapas 2012 ★★

	8 000		8 à 11 €

Ce domaine créé en 1992 par Nathalie et Jacques Wallut, chef d'entreprise à la retraite, étage ses 13 ha de vignes en terrasses, entre 400 et 600 m d'altitude, sur le flanc du mont Saint-Amant.

Du fruit, du fruit, encore du fruit pour cette cuvée « sans rides », croquante, fraîche et persistante, conçue pour les amateurs de vins gourmands. ⧗ 2015-2017 ¥ poulet basquaise

Dom. Saint-Amand, 84190 Suzette, tél. 04 90 62 99 25, contact@saint-amand.com V t.l.j. 9h-18h; sam. dim. sur r.-v.
Famille J. Wallut

DOM. SAINTE-ANNE 2013 ★

	8 000		5 à 8 €

Un ancien prieuré de la chartreuse de Valbonne acquis en 1965 et entièrement restructuré par Guy et Anne

RHÔNE

Steinmaier. Ces Bourguignons d'origine ont fait de ce domaine de 34 ha, désormais conduit par leur fils Jean, une référence incontournable, avec des vins d'une constance admirable.

Issu de viognier, roussanne et marsanne, ce 2013 en robe pailletée s'annonce au nez par des arômes délicats de fruits blancs sucrés, associés en bouche aux fruits secs et au citron mûr. Persistant et souligné par une fine minéralité, le palais penche vers la rondeur et le charnu. Un vin gourmand et harmonieux. ⧗ 2014-2017 🍴 fromage de chèvre au miel

⊶ EARL Dom. Sainte-Anne, Les Cellettes, 30200 Saint-Gervais, tél. 04 66 82 77 41, domaine.ste.anne@orange.fr V t.l.j. sf sam. dim. 9h-11h 14h-18h

DOM. SAINT-ÉTIENNE Les Albizzias 2013 ★★

■	30 000	🍾	5 à 8 €

À Montfrin, village gardois situé entre Nîmes et Orange, Michel Coullomb a créé ce domaine en 1988. Souvent en vue pour ses *villages* et ses côtes-du-rhône, il conduit aujourd'hui avec sa fille un vignoble de 40 ha en bio certifié.

Grenache, syrah et carignan sont assemblés dans cette cuvée au nez généreux de fruits noirs mûrs et de chocolat, bien typé du grenache, au palais ample, dense, velouté, soutenu par des tanins fondus. ⧗ 2014-2019 🍴 osso bucco ■ *Villages* Les Galets 2013 ★ (8 à 11 € ; 3 000 b.) : un vin en devenir, généreux, puissant et très concentré. ⧗ 2016-2020 ■ Les Albizzias 2013 ★ (3 000 b.) : un rosé saumoné brillant, délicat et frais, sur la groseille à maquereau et le cassis. ⧗ 2014-2015

⊶ Dom. Saint-Étienne, chem. des Agaches, 30490 Montfrin, tél. 04 66 57 50 20, domaine.st.etienne@orange.fr V r.-v.
⊶ Michel Coullomb

CH. SAINT-MAURICE Les Parcellaires 2013 ★

■	30 000	🍾	5 à 8 €

En 1963, André Valat quitte ses vignobles du Maghreb et acquiert ce domaine commandé par une jolie bâtisse du XIXᵉs. Ses enfants Christophe et Sophie exploitent aujourd'hui 100 ha de vignes complétés en 1988 par les 12 ha du Château Boucarut.

Le nez, complexe, associe les fruits rouges, le cassis, le tabac et une note animale. La bouche, corsée, chaleureuse, bâtie sur une charpente solide, s'équilibre grâce à une fine vivacité qui la sous-tend jusqu'en finale. ⧗ 2015-2019 🍴 rosbif aux cèpes

⊶ SNC du Ch. Saint-Maurice, RN 580 L'Ardoise, BP 24, 30290 Laudun-L'Ardoise, tél. 04 66 50 29 31, chateau.saint.maurice@wanadoo.fr
V r.-v. 4 ⊶ Valat

DOM. SAINT-PIERRE 2013 ★★

■	5 000	🍾	5 à 8 €

Jean-Claude Fauque a introduit la mise en bouteilles en 1972 sur ce domaine familial remontant à plusieurs générations. Ses fils Jean-François et Philippe ont pris la relève en 1984, pour conduire un vignoble de 50 ha.

Pas plus de 2 ha sont dédiés à cette cuvée confidentielle. Un rosé de caractère issu de grenache, cinsault et carignan, intensément bouqueté autour des fruits rouges, du cassis et du bonbon anglais, ample, riche, gras et long en bouche. ⧗ 2014-2015 🍴 curry de légumes

⊶ EARL Fauque, Dom. Saint-Pierre, 923, rte d'Avignon, 84150 Violès, tél. 04 90 70 92 64, domaine.saint-pierre@wanadoo.fr V t.l.j. sf dim. 8h-12h 13h30-18h30

CH. SAINT-ROCH 2012 ★★

■	30 000	🍾	5 à 8 €

Sur les coteaux silico-calcaires de Roquemaure, le vignoble de Saint-Roch couvre 40 ha. Réputé pour ses lirac, il appartient depuis 1998 aux frères Brunel, également propriétaires du Château la Gardine à Châteauneuf-du-Pape, autre valeur sûre de la vallée du Rhône sud.

Tout proche du coup de cœur, ce 2012 sombre et intense à l'œil se révèle d'une grande finesse à l'olfaction, mariant fruits mûrs et notes florales. Le palais ? Ample, dense et rond, avec en soutien des tanins soyeux et une vivacité qui lui donne du tonus et de l'allonge. Déjà irrésistible, ce vin vieillira bien. ⧗ 2014-2019 🍴 ragoût de paleron

⊶ Ch. Saint-Roch, Brunel Frères, chem. de Lirac, 30150 Roquemaure, tél. 04 66 82 82 59, brunel@chateau-saint-roch.com V t.l.j. sf sam. dim. 8h-12h 14h-17h; f. 1er-15 août
⊶ Maxime et Patrick Brunel

CH. DES SÉRAPHIN 2013 ★

■	66 000	🍾	- de 5 €

Cette maison de négoce créée en 1963, dans le giron du groupe Taillan, propose des vins (marques ou cuvées de domaine) dans de nombreuses AOC du Rhône, mais aussi de Provence et du Languedoc.

La syrah (60 %) et le grenache sont associés dans ce vin intensément bouqueté sur les fruits noirs, corpulent, généreux et suave, épaulé par des tanins souples et ronds. ⧗ 2015-2019 🍴 osso bucco ■ Excellence 2013 ★ (5 à 8 € ; 33 000 b.) : conçue pour les cinquante ans de la maison, une cuvée corsée, concentrée et « sphérique », avec cette petite pointe d'acidité qui l'aidera à bien vieillir. ⧗ 2015-2020 ■ Ferdinand Labarthe 2013 (133 000 b.) : cité pour son côté tendre et soyeux. ⧗ 2014-2017

⊶ La Compagnie rhodanienne, 19, chem. Neuf, CS 80002, 30210 Castillon-du-Gard, tél. 04 66 37 49 50, cie.rhodanienne@rhodanienne.com

LES VIGNERONS DE TAVEL Sol' Acantalys 2013 ★

■	20 000	🍾	5 à 8 €

Créée en 1937, cette cave historique fut la première coopérative agricole à être inaugurée par un président de la République (Albert Lebrun). Actrice importante de la production taveloise (près de la moitié), elle regroupe 85 adhérents et plus de 600 ha de vignes.

Ce blanc s'ouvre sur des parfums élégants de fruits blancs et de miel. La bouche, persistante sur le floral et le fruité, offre un bel équilibre entre rondeur, douceur et vivacité. ⧗ 2014-2018 🍴 cassolette de fruits de mer

⊶ Les Vignerons de Tavel, rte de la Commanderie, 30126 Tavel, tél. 04 66 50 03 57, contact@cavedetavel.com V r.-v.

TERRES D'AVIGNON
Les Cardinalices Grande Réserve 2012 ★★

■ | 37 000 | | 5 à 8 €

Coopérative anciennement nommée Vignerons des Coteaux d'Avignon, née en 1992 de la réunion des caves du Thor, de Morières-lès-Avignon et de Châteauneuf-de-Gadagne. Elle regroupe 260 adhérents pour 630 ha de vignes.

Jean-François Pasturel, maître de chai de la cave, est mis à l'honneur avec cette cuvée d'un grand équilibre. Robe luisante et pourpre; nez fruité et élégant; bouche tout aussi fruitée, ample, riche et ronde, soutenue par une fraîcheur bien dosée: tout y est. ⧗ 2014-2018 ꝩ bœuf bourguignon ■ Dom. des Mascarons 2013 ★ (54 000 b.): plus jeune et tannique que le précédent, de bonne garde. ⧗ 2016-2020 ■ La Combe Saint-Roch Vieilles Vignes 2013 ★ (60 000 b.): fruité et bien charpenté. ⧗ 2015-2019 ■ Dom. Les Argelas 2012 ★ (28 000 b.): frais, épicé, étoffé et solidement bâti. ⧗ 2016-2020

SCA Terres d'Avignon, 457, av. Aristide-Briand, 84310 Morières-lès-Avignon, tél. 04 90 33 55 25, vignoble@terresdavignon.com V t.l.j. sf dim. 9h-12h30 14h-19h

TROIS SAINTS
Grande Réserve 2012

■ | 10 000 | | - de 5 €

Cette coopérative fondée en 1929 regroupe les producteurs de Saint-Martin-d'Ardèche, de Saint-Marcel-d'Ardèche et de Saint-Just-d'Ardèche.

De vieux ceps de grenache et de syrah sont à l'origine de ce vin intense et chaleureux, sur les fruits rouges en marmelade, étayé par des tanins bien en place. ⧗ 2014-2015 ꝩ grillades ■ Trois Saints 2013 (10 000 b.): un rosé clair, fruité et généreux. ⧗ 2014-2017

Cellier des Gorges de l'Ardèche, rte de la Gare, 07700 Saint-Marcel-d'Ardèche, tél. 04 75 04 66 83, cave.stjust.stmarcel@wanadoo.fr V t.l.j. sf dim. 9h-12h 14h-18h

DOM. RAYMOND USSEGLIO Les Claux 2012 ★

■ | 13 000 | | 8 à 11 €

Des achats successifs ont permis à Raymond Usseglio de porter à 24 ha ce domaine castelpapal constitué par son père Francis venu d'Italie en 1931. La relève est assurée depuis 1999 par son fils Stéphane, et la conversion à la biodynamie est en cours.

Grenache (60 %), syrah et mourvèdre sont assemblés dans cette cuvée dominée par les fruits mûrs, ronde en attaque, plus tannique et vive dans son développement, de bonne longueur. Un ensemble équilibré. ⧗ 2016-2020 ꝩ cailles aux raisins

Dom. Raymond Usseglio, 84, chem. Monseigneur-Jules, Avril, 84230 Châteauneuf-du-Pape, tél. 04 90 83 71 85, info@domaine-usseglio.fr V r.-v.

♥ DOM. DE LA VALÉRIANE 2012 ★★

■ | 15 000 | | 5 à 8 €

Valérie Collomb a inspiré à ses parents Maryse et Mesmin Castan le nom de ce domaine qu'ils ont créé en 1982. Œnologue de formation, elle a pris en 2004, avec son mari Michel, la conduite de ce vignoble de 35 ha.

Grenache (60 %) et syrah, un assemblage classique pour un vin qui sort du lot. Ses arguments ? Un nez fort engageant de cassis et de prune relayé par un palais puissant, plein et très équilibré qui, bien que déjà charmeur, laisse deviner un fort potentiel. ⧗ 2016-2020 ꝩ gigot d'agneau ■ Vieilles Vignes 2012 ★★ (18 000 b.): un vin proche du précédent, riche, chaleureux, intense, épicé. ⧗ 2015-2020

Valérie Collomb, 82, rte d'Estézargues, 30390 Domazan, tél. 04 66 57 04 84, valeriane.mc@orange.fr V r.-v.

DOM. VENTAILLAC
Cuvée Venissat 2012 ★

■ | 3 000 | | 5 à 8 €

Issu d'une famille de vignerons et de maraîchers, Daniel Blanc a repris en 2005 une petite propriété aux terroirs diversifiés, entre Orange et Châteauneuf.

Cette cuvée livre un bouquet fruité et épicé agrémenté de légères nuances animales. À l'unisson, le palais s'adosse à des tanins bien extraits, fins et soyeux, qui confèrent une réelle élégance à ce vin. ⧗ 2014-2018 ꝩ pintade rôtie

Daniel Blanc, 245, rue des Chênes-Verts, 84100 Orange, tél. 06 20 75 27 73, domaine.ventaillac@laposte.net V r.-v.

DOM. LE VIEUX LAVOIR 2013

■ | 17 976 | | 5 à 8 €

Créé en 1956, ce domaine – dont la cave présente une architecture proche de celle du lavoir de Tavel – est dans la même famille depuis six générations. Sébastien Jouffret vinifie aujourd'hui la récolte de 68 ha de vignes.

Ce blanc à la robe d'or dévoile un premier nez exotique, relayé à l'aération par des notes de pamplemousse et de bonbon acidulé. Le palais dominé par des arômes de guimauve et stimulé par une pointe de fraîcheur penche vers le gras et la rondeur. ⧗ 2014-2017 ꝩ terrine de saumon

EARL Roudil-Jouffret, rte de la Commanderie, Le Palai-Nord, 30126 Tavel, tél. 04 66 82 85 11, roudil-jouffret@wanadoo.fr V t.l.j. sf sam. dim. 8h-12h 14h-18h

LA VINSOBRAISE 2013

■ | 20 000 | | - de 5 €

Fondée en 1949, la très qualitative cave de Vinsobres vinifie aujourd'hui plus de 95 000 hl produits sur près de 2 000 ha de vignes. Une valeur sûre de la vallée rhodanienne méridionale.

Ce 2013 à la robe légère, né de grenache, de viognier et de marsanne à parts égales, se distingue, au nez comme en bouche, par une franche minéralité qui lui confère un caractère frais et alerte. ⧗ 2014-2016 ꝩ gambas au fenouil

Cave La Vinsobraise, 26110 Vinsobres, tél. 04 75 27 64 22 V t.l.j. 8h-12h 14h-18h

CÔTES-DU-RHÔNE-VILLAGES

• Superficie : 10 240 ha • Production : 298 000 hl (98 % rouge et rosé)

À l'intérieur de l'aire des côtes-du-rhône, quelques communes ont acquis une notoriété certaine grâce à des terroirs qui produisent des vins de semi-garde dont les qualités sont unanimement reconnues. Les conditions de production de ces vins sont soumises à des critères plus restrictifs en matière notamment de délimitation, de rendement et de degré alcoolique par rapport à ceux des côtes-du-rhône. Au sein de l'aire d'appellation, 13 noms de communes historiquement reconnus peuvent figurer sur l'étiquette : Chusclan, Laudun et Saint-Gervais dans le Gard ; Cairanne, Sablet, Séguret, Roaix, Valréas et Visan dans le Vaucluse ; Rochegude, Rousset-les-Vignes, Saint-Maurice, Saint-Pantaléon-les-Vignes dans la Drôme. Ont été récemment reconnus Signargues, dans le Gard, Massif d'Uchaux, Plan de Dieu et Puyméras dans le Vaucluse. Sur le territoire de 70 autres communes du Gard, du Vaucluse et de la Drôme, dans l'aire côtes-du-rhône, une délimitation plus stricte permet de produire des côtes-du-rhône-villages sans nom de commune.

B DOM. ALARY Cairanne Tradition 2012 ★

■ | 25 000 | ▮ | 5 à 8 €

La famille Alary cultive la vigne à Cairanne depuis 1692 et dix générations. Installé en 1982, Denis Alaray conduit aujourd'hui 30 ha, en bio certifié depuis 2012, et signe des vins constants en qualité.

Ce 2012 déploie un bouquet net et frais de fruits noirs. La bouche se révèle ronde, longue et bien structurée par des tanins fins et veloutés. Un vin harmonieux et séduisant. ⌛ 2014-2018 🍷 aubergines farcies

🔑 Dom. Alary, rte de Rasteau, 84290 Cairanne, tél. 04 90 30 82 32, alary.denis@wanadoo.fr V t.l.j. sf dim. 9h-12h 14h-18h30; déc.-mars sur r.-v.

DOM. DES AMADIEU Cairanne Le Haut de Beauregard 2011 ★

■ | 2 500 | ◖◗ | 15 à 20 €

Ingénieurs agronomes, Corine et Yves-Jean Houser ont acquis en 2007 ce vignoble de 7 ha, pour lequel ils ont engagé la conversion biologique (certification en 2013) et biodynamique.

Dix-huit mois de fût pour ce vin au nez bien balancé entre fruits mûrs, grillé et torréfié. Une même harmonie boisé-fruité caractérise un palais concentré et structuré par des tanins ronds. ⌛ 2016-2019 🍷 daube provençale

🔑 SCEA Corine et Yves-Jean Houser, Dom. des Amadieu, quartier Beauregard, 84290 Cairanne, tél. 06 87 72 85 42, contact@domainedesamadieu.com V t.l.j. sf sam. dim. 10h-18h; f. août

DOM. DE L'AMAUVE Séguret Réserve 2011 ★★

■ | 4 000 | ◖◗ | 11 à 15 €

Héritier de plusieurs générations de vignerons, Christian Vœux, œnologue expérimenté et attaché à plusieurs domaines rhodaniens, a repris en 2006 les 10,5 ha du domaine familial.

Cette sélection parcellaire de grenache (80 %) et de syrah déploie un joli nez de fruits rouges compotés discrètement boisé. Intense et concentrée sans manquer de fraîcheur, la bouche s'appuie sur de beaux tanins fins. ⌛ 2016-2020 🍷 broufade ■ Séguret La Daurèle 2013 (8 à 11 € ; 2 500 b.) : un vin floral, fruité, frais et alerte. ⌛ 2014-2016

🔑 Christian Vœux, chem. du Jas, 84110 Séguret, tél. 06 10 71 26 72, contact@domainedelamauve.fr V r.-v.

B ART MAS Visan Il était une fois... 2012 ★★

■ | 8 000 | ▮ | 5 à 8 €

Un domaine créé en 2009 par Xavier Combe à partir des vignes familiales. Un « jardin sauvage » (*harmas* en provençal) de 7 ha en coteaux plantés de vieux ceps de plus de soixante ans et conduit en bio certifié.

Coup de cœur dans sa version 2011, cette cuvée raconte une fois encore une bien belle histoire : un nez généreux et avenant de cuir, de cerise mûre et d'épices, prolongé par une bouche ample, riche, soyeuse sans manquer de fermeté. ⌛ 2016-2020 🍷 cochon de lait rôti

🔑 Xavier Combe, 1099, chem. du Rastelet, 84820 Visan, tél. 06 71 02 42 86, artmas.lieudevie@gmail.com V r.-v.

LES ASSEYRAS Vieilles Vignes 2011

■ | 6 600 | ▮ ◖◗ | 5 à 8 €

Un vignoble de 35 ha établi sur les hauteurs de Tulette, dans la famille Blanc depuis 1975 et quatre générations, la dernière (Étienne) étant arrivée en 2014.

L'élevage partiel en fût a conféré un boisé discret et bien fondu à ce vin à dominante fruitée et d'un bon volume, rond et généreux sans manquer de fraîcheur. ⌛ 2014-2017 🍷 lapin chasseur

🔑 Dom. les Asseyras, 425, rte de Valréas, 26790 Tulette, tél. 04 75 98 30 81, daniel.blanc@cegetel.net V t.l.j. 9h-19h 🔑 Daniel Blanc

DOM. DE L'AURE Bois de Brignon 2012

■ | 6 000 | ◖◗ | 11 à 15 €

Vigneron depuis 1961, Michel Cruze a confié en 2005 les rênes des 50 ha de vignes familiales à son fils Vivian, qui a créé un an plus tard un chai de vinification.

Après dix-huit mois de fût, ce vin se présente le nez ouvert sur les fruits rouges, le caramel et le fumé. D'un style plutôt léger, le palais séduit par sa souplesse, son fruité et son boisé discret. ⌛ 2014-2017 🍷 kefta de bœuf

🔑 Dom. de l'Aure, 104, rte de la Carrière-de-Montfrin, rte de Fournes, 30210 Saint-Hilaire-d'Ozilhan, tél. 04 66 37 00 82, domaine-de-laure@orange.fr V t.l.j. sf dim. 9h-19h

DOM. DES AUZIÈRES Roaix Réserve 2011 ★★

■ | 4 000 | ▮ ◖◗ | 11 à 15 €

Christophe Cuer s'est installé en 2000 sur une petite colline à 300 m d'altitude où il conduit aujourd'hui un vignoble de 7 ha, à Roaix et Vinsobres.

Mi-grenache mi-syrah, ce 2011 complexe et intense mêle petits fruits, réglisse, épices, vanille et toasté. Ample, charnu, généreux, épaulé par des tanins délicats et par une fine acidité, le palais est un modèle d'équilibre. 2014-2019 côte de bœuf

Christophe Cuer, Les Auzières, 707, rte des Princes-d'Orange, 84110 Roaix, tél. 06 03 40 55 08, christophe@auzieres.fr V r.-v. 4

DOM. RENÉ BESSAC Plan de Dieu 2013

	25 000		- de 5 €

Établi aux portes du Luberon, ce négoce familial créé en 1987 par Roger Ravoire, fils de vigneron, propose une gamme de vins (marques et domaines) provençaux et rhodaniens.

Un nez fin d'épices, de fruits rouges et de garrigue ouvre le bal. En bouche, le vin se fait suave et soyeux, et offre une jolie finale sur le fruit. 2014-2017 gibelotte de lapin

Ravoire et Fils, Le Grand Jardin, 225, av. de la Gare, CS 60201, 84360 Lauris, tél. 04 90 08 76 31, contact@ravoire-fils.com V t.l.j. 11h-19h

DOM. DU BOIS DE SAINT-JEAN Gadagne 2012 ★★

	6 500		8 à 11 €

Établie à Jonquerettes depuis 1650, la famille Anglès se consacre à la vigne depuis 1910. Une tradition perpétuée avec grand talent par Vincent et son frère Xavier qui, à la tête de 50 ha de vignes, proposent des vins d'une constance remarquable.

Fidèles au rendez-vous du Guide, les frères Anglès signent un 2012 à dominante de syrah, généreux au nez (fruits macérés, épices), ample, dense, rond et long en bouche. Un vin intense, racé et très équilibré. 2017-2022 brouillade de truffes

EARL Xavier et Vincent Anglès, 126, av. de la République, 84450 Jonquerettes, tél. 04 90 22 53 22, xavier.angles@wanadoo.fr V t.l.j. 8h-12h30 14h-19h; dim. 8h-12h30

DOM. DU BOIS DES DAMES Plan de Dieu 2013 ★

	100 000		5 à 8 €

Cet ancien bois fut propriété des chartreusines de Prébayon, puis vendu comme bien national à la Révolution et transformé en vignoble en 1946. Le domaine (200 ha) est entré en 1956 dans la famille Meffre.

Ce vin expressif dévoile des parfums de fruits noirs mûrs et d'épices. Des sensations harmonieuses prolongées par un palais ample et bien balancé entre alcool et tanins. 2014-2018 agneau braisé

Dom. du Bois des Dames, 2600, rte de Cairanne, 84150 Violès, tél. 04 90 70 94 90, hmeffre@outlook.com V r.-v.

B DOM. DE BOISSAN Sablet 2012 ★★

	10 000		8 à 11 €

Établi à Sablet depuis 1981, Christian Bonfils conduit un domaine de 50 ha commandé par une bâtisse du XVIIes. Les vignes blanches sont en bio certifié, les rouges en lutte raisonnée.

Viognier, marsanne et roussanne composent ce vin limpide et brillant, au nez enchanteur de fleurs blanches, d'agrumes, de pêche et d'abricot. Le palais, ample et frais, est adouci par une jolie touche de miel et de genêt. Un ensemble très élégant. 2014-2017 dorade au four

Christian Bonfils, Dom. de Boissan, 3, rue de Saint-André, 84110 Sablet, tél. 04 90 46 93 30, c.bonfils@wanadoo.fr V t.l.j. sf dim. 8h30-12h 13h30-18h30

DOM. DE LA BOSQUETTE Cairanne 2013

	20 000		8 à 11 €

La maison Dénuzière, implantée à Condrieu depuis 1876, propose des vins rhodaniens destinés en grande partie à la restauration lyonnaise.

Le nez, de bonne intensité, mêle fruits noirs mûrs et épices. À l'unisson, le palais se révèle bien équilibré, à la fois rond et frais, étayé par des tanins fins et bien extraits. 2014-2017 charcuterie

Maison Dénuzière, 73, rue Nationale, 69420 Condrieu, tél. 04 74 59 50 33, dominique.morieux@m-p.fr V r.-v.

BROTTE
Laudun Ch. de Bord La Croix de Frégère 2012 ★

	26 600		8 à 11 €

Cette maison réputée, fondée en 1931 par Charles Brotte, pionnier de la mise en bouteilles dans la vallée du Rhône, est aujourd'hui dirigée par Laurent, petit-fils du fondateur. Elle vinifie ses propres vignes et opère des sélections parcellaires pour son négoce.

Sous cette étiquette bien connue, la maison Brotte propose un Laudun élevé en foudre et en barrique ; un vin bien fruité (cassis) et boisé sans excès, ample, frais et fin. Un ensemble élégant. 2014-2018 risotto aux cèpes

Brotte, Le Clos, rte d'Avignon, 84230 Châteauneuf-du-Pape, tél. 04 90 83 70 07, brotte@brotte.com V t.l.j. 9h-12h 14h-18h

♥ BRUNEL DE LA GARDINE Cairanne 2012 ★★

	10 000	8 à 11 €

Souhaitant renouer avec le passé de négociant de leur père Gaston, Patrick Brunel et son fils Maxime (Château de la Gardine à Châteauneuf-du-Pape) ont créé en 2007 cette maison de négoce, qui propose des vins de toute la vallée, du nord au sud.

Issu de grenache (55 %) et de syrah, ce Cairanne emporte d'emblée l'adhésion pour son nez engageant de framboise écrasée et de sous-bois. Le palais, savoureux et très long, s'adosse à des tanins fins et soyeux qui lui confèrent beaucoup de souplesse et d'élégance. 2014-2018 pintade farcie

Brunel Père et Fils, rte de Roquemaure, BP 51, 84232 Châteauneuf-du-Pape Cedex, tél. 04 90 83 73 20, contact@bpf-brunel.com V r.-v.

♥ CALENDAL Plan de Dieu 2012 ★★

	n.c.		15 à 20 €

Un petit domaine de 4 ha créé en 2006 au Plan-de-Dieu, par Philippe Cambie et Gilles Ferran, amis depuis leurs études d'œnologie à Montpellier.

Une étiquette déjà exception. Grenache (70 %) et mourvèdre composent ici un vin admirable d'équilibre, au nez généreux : cerise à l'eau-de-vie, réglisse, boisé toasté bien fondu, nuances animales. Le palais, sur la même ligne, impressionne par son volume, sa richesse, son soyeux et sa finesse tannique. Du velours. ⧗ 2014-2019 🍴 gigolette d'agneau à la crème d'ail

SCA Dom. Calendal, 111, Combe-de-l'Eoune, 84110 Rasteau, tél. 04 90 46 14 20, domaine.escaravailles@rasteau.fr V r.-v.

Gilles Ferran et Philippe Cambie

DOM. DU CAMP REVÈS
Terres d'Avignon 2013 ★

■ | 6 500 | | 5 à 8 €

Coopérative anciennement nommée Vignerons des Coteaux d'Avignon, née en 1992 de la réunion des caves du Thor, de Morières-lès-Avignon et de Châteauneuf-de-Gadagne. Elle regroupe 260 adhérents pour 630 ha de vignes.

Ce blanc à dominante de viognier s'ouvre sans réserve sur les agrumes et les fruits blancs, et séduit par sa fraîcheur, sa longueur et son équilibre. Un vin dynamique. ⧗ 2014-2016 🍴 poisson sauce citron ■ Ch. Grand Dignitaire Gadagne 2013 ★ (54 000 b.) : un vin fruité, frais et bien structuré. ⧗ 2014-2017 ■ Comte de Galléan Réserve des armoiries 2012 ★ (48 000 b.) : du fruit, du volume, une bonne charpente et de l'équilibre. ⧗ 2014-2017

SCA Terres d'Avignon, 457, av. Aristide-Briand, 84310 Morières-lès-Avignon, tél. 04 90 33 55 25, vignoble@terresdavignon.com V t.l.j. sf dim. 9h-12h30 14h-19h

DOM. CAMVAILLAN 2013

■ | 80 000 | | 5 à 8 €

Jadis possessions de l'évêché d'Orange, puis vendues comme biens nationaux à la Révolution, les domaines de l'abbaye de Prébayon et de Camvaillan sont entrés dans la famille Meffre en 1957 ; un ensemble de 90 ha sur le terroir du Plan-de-Dieu.

Ouvert jusqu'en finale sur les fruits rouges mûrs et les épices, ce 2013 plaît aussi par sa souplesse, ses tanins fondus et son équilibre. ⧗ 2014-2016 🍴 grillades

Dom. Camvaillan, Le Village, 84190 Gigondas, tél. 04 90 70 94 90, hmeffre@outlook.com V r.-v.

CAMILLE CAYRAN
Plan de Dieu La Réserve 2012 ★

■ | 20 000 | 5 à 8 €

Créée en 1929, la coopérative de Cairanne est un acteur de poids dans la région : 100 adhérents pour 700 ha de vignes et quelque 3,5 millions de cols par an.

Le « vin plaisir » par excellence. Du fruit de bout en bout agrémenté d'épices douces, de la souplesse, de la fraîcheur et de la suavité. De l'harmonie, en somme. ⧗ 2014-2017 🍴 ratatouille

Maison Camille Cayran, rte de Bollène, quartier La Laune, 84290 Cairanne, tél. 04 90 30 82 05, s.prouchet@cave-cairanne.fr V t.l.j. 9h-12h30 14h-18h

CLOS BELLANE
Valréas Les Échalas 2011 ★

■ | 8 000 | | 11 à 15 €

Plantées à 410 m d'altitude, les vignes côtoient ici les truffes et les abeilles (le domaine abrite 120 ruches). En 2010, la propriété a changé de mains, passant de celles d'Olivier Peuchot à celles de Stéphane Vedeau.

Ce vin à dominante de syrah dévoile un joli nez de fruits rouges frais soulignés par un boisé léger. Le palais, suivant la même trame aromatique, séduit par sa souplesse et sa persistance. ⧗ 2014-2017 🍴 cailles sur canapés

Clos Petite Bellane, rte de Vinsobres, chem. Sainte-Croix, BP 80, 84602 Valréas Cedex, tél. 04 90 35 22 64, clos-petite-bellane@wanadoo.fr V t.l.j. sf sam. dim. 9h-12h 14h-18h

Stéphane Vedeau

CLUB DES SOMMELIERS 2013

■ | 700 000 | - de 5 €

Moncigale est une marque ombrelle du groupe alcoolier Marie Brizard.

Derrière cette étiquette destinée à la grande distribution, un « vin plaisir » sur les fruits rouges surmûris et les épices, souple et onctueux, égayé en finale par une pointe de fraîcheur. ⧗ 2014-2017 🍴 charcuterie

Moncigale, 6, quai de la Paix, 30300 Beaucaire, tél. 04 66 59 74 39, pmartin@mabriz.com

LES COTEAUX DE FOURNÈS
Les Grès 2011 ★

■ | n.c. | | 5 à 8 €

Une coopérative fondée en 1955 qui regroupe une trentaine de vignerons (une centaine aux origines) pour 450 ha de vignes en AOC régionales et en IGP.

Cet assemblage classique de syrah (60 %) et de grenache dévoile un nez riche de fruits confiturés (fraise, cassis). Un même fruité généreux tapisse une bouche ronde, ample, longue, aux tanins soyeux. ⧗ 2014-2017 🍴 civet de lapin

SCA les Coteaux de Fournès, 50, Grande-Rue, 30210 Fournès, tél. 04 66 37 02 36, contact@lescoteauxdefournes.fr V r.-v.

B DOM. DES COTEAUX DES TRAVERS
Cairanne 2012

■ | 9 000 | | 11 à 15 €

Son grand-père cultivait la vigne en 1920. Robert Charavin conduit aujourd'hui, en bio certifié depuis 2010 (biodynamie en cours), un domaine de 14 ha régulier en qualité, qui tire son nom de ses coteaux exposés au soleil levant (« travers »).

Un vin d'une aimable simplicité, fruité et boisé sans excès, rond, souple et équilibré. ⧗ 2014-2017 🍴 poulet basquaise

Robert Charavin, Dom. des Coteaux des Travers, 15, rte de la Cave, 84110 Rasteau, tél. 04 90 46 13 69, coteaux-des-travers@rasteau.fr V t.l.j. sf dim. 10h-18h

CH. COURAC Laudun 2013 ★★

■ | 150 000 | 5 à 8 €

Ce château perché sur les hauteurs de Tresques est un habitué du Guide, le plus souvent aux meilleures places. Conduit par Joséphine et Frédéric Arnaud, il se distingue tant par ses côtes-du-rhône que par ses *villages*.

Ce Laudun livre un bouquet subtil de baies sauvages, de fruits noirs et de violette. En bouche, il affiche un superbe équilibre entre gras, fraîcheur et tanins fins, et déploie une longue finale gourmande et séduisante. ⧗ 2015-2020 🍴 côte de bœuf ■ Laudun Quart du roi 2013 ★★ (50 000 b.) : élégant, complexe (épices, sous-bois, truffe, fruits mûrs), très soyeux, intense et long. ⧗ 2015-2020 ■ Laudun 2013 ★ (8 à 11 € ; 10 000 b.) : cristallin, expressif (agrumes, fruits exotiques, genêt), conjuguant richesse et vivacité. ⧗ 2014-2017

SCEA Frédéric Arnaud, Ch. Courac, 30330 Tresques, tél. 04 66 82 90 51, scea.frederic.arnaud@orange.fr V r.-v.

CH. LA COURANÇONNE Séguret La Fiole du chevalier d'Elbène 2013 ★

■ | 8 000 | | 8 à 11 €

Ancienne propriété de l'évêché d'Orange, cette imposante bastide des XVIIe et XVIIIes. vendue comme bien national en 1791 commande le vaste (165 ha) vignoble de la famille Meffre (René, Gérard et Patrick).

Cette cuvée, hommage au messire François d'Elbène, propriétaire de ces terres au XVIIes., livre de délicats parfums de pêche et de citron, se fait douce en attaque, puis fraîche et alerte. Un vin harmonieux. ⧗ 2014-2016 🍴 pâtes au citron

Meffre, Ch. la Courançonne, 3618, rte de Cairanne, 84150 Violès, tél. 04 90 70 92 16, info@lacouranconne.com V t.l.j. 9h-12h30 14h-17h30; sam. dim. sur r.-v. Meffre

DOM. DE CRISTIA GSM 2012 ★

■ | 3 000 | | 11 à 15 €

Un domaine fondé en 1942 par le grand-père, agrandi et amélioré par le père, Alain Grangeon. Nouveau saut qualitatif à partir de 1999 avec la troisième génération (Baptiste, Dominique et Florent) : vente en bouteilles, abaissement des rendements, sélections parcellaires, conversion progressive au bio des 56 ha. Une référence en châteauneuf.

GSM ? Grenache, syrah, mourvèdre. Le nez, intense, s'ouvre sur les fruits noirs agrémentés d'un boisé noble. Le palais se révèle ample, dense, concentré, robuste. De bonne garde assurément. ⧗ 2015-2019 🍴 épaule d'agneau

Dom. de Cristia, 48, fg Saint-Georges, 84350 Courthézon, tél. 04 90 70 24 09, contact@cristia.com V r.-v.

DAUVERGNE RANVIER Valréas Grand Vin 2013 ★

■ | 20 000 | | 5 à 8 €

Créé en 2004 par François Dauvergne et Jean-François Ranvier, professionnels du vin qui après avoir œuvré chez les autres ont décidé d'élaborer leurs propres cuvées, ce négoce s'affirme d'année en année comme une valeur sûre.

Pâte de coings, cassis, sous-bois, ce 2013 conjugue finesse et générosité à l'olfaction. Des traits de caractère présents aussi en bouche, où le vin souligné par une juste vivacité offre du volume, de la rondeur et de la structure. ⧗ 2014-2018 🍴 tournedos ■ François Arnaud 2013 ★ (200 000 b.) : un beau fruité mâtiné de sous-bois, de l'amplitude et des tanins fins, sans dureté. ⧗ 2014-2017

Dauvergne Ranvier, Ch. Saint-Maurice, RN 580, L'Ardoise, 30290 Laudun, tél. 04 66 82 96 57, francois.dauvergne@dauvergne-ranvier.com

ROMAIN DUVERNAY Plan de Dieu 2012 ★★

■ | n.c. | 5 à 8 €

Issu d'une lignée de négociants en vins, Romain Duvernay a créé en 1998, avec son père Roland, une maison de négoce basée à Châteauneuf-du-Pape qui propose des vins de toute la vallée du Rhône.

Grenache, syrah et un peu de mourvèdre composent ce vin élégant, ouvert à l'olfaction sur les fruits noirs et le Zan. En bouche, une maturité optimale fait ressortir la quintessence du fruit, épaulée par des tanins satinés. Un ensemble velouté et très harmonieux. ⧗ 2014-2018 🍴 rôti de veau

Duvernay Vins Millésimés, 1, rue de la Nouvelle-Poste, BP 25, 84231 Châteauneuf-du-Pape Cedex, tél. 04 90 83 71 88, dvm.duvernay@wanadoo.fr V r.-v.

DOM. JULIEN DE L'EMBISQUE Cuvée Prestige 2012

■ | 4 800 | 5 à 8 €

L'histoire vigneronne des Gaïde a débuté en 1838, à Pauillac. Elle se poursuit dans le Haut-Var depuis 1972 et l'achat d'un domaine de 4 ha. La commercialisation en bouteilles ne date, en revanche, que de 2011.

Thierry Gaïde et son fils Fabien signent un 2012 chaleureux, sur les fruits mûrs et les épices, plutôt viril, sans dureté néanmoins, bâti sur de jolis tanins serrés. ⧗ 2016-2019 🍴 terrine de sanglier

Thierry et Fabien Gaïde, 1791, rte de l'Embisque, 84500 Bollène, tél. 06 77 50 68 56, domaine-st-julien@orange.fr V t.l.j. 10h-12h 14h-19h

DOM. DES ESCARAVAILLES Roaix Hautes Granges 2012 ★

■ | 5 000 | | 11 à 15 €

Situé sur les hauteurs de Rasteau, ce domaine de 64 ha très régulier en qualité, acquis en 1953 par Jean-Louis Ferran, a été défriché et planté par ses fils Jean-Pierre et Daniel, aujourd'hui épaulés par Gilles, fils de ce dernier.

De longues cuvaisons (28 à 35 jours) et un élevage de neuf mois en fût ont engendré un vin de bonne garde, au nez intense et fin de fruits noirs et de grillé, au palais ample, suave, long et solidement bâti. ⧗ 2016-2019 🍴 souris d'agneau

SCEA du Dom. des Escaravailles, 111, combe de l'Eoune, 84110 Rasteau, tél. 04 90 46 14 20, domaine.escaravailles@rasteau.fr V r.-v. Gilles Ferran

RHÔNE

♥ LES VIGNERONS D'ESTÉZARGUES
Signargues Les 40e Rugissants 2012 ★★★

■ | 10 000 | | 11 à 15 €

Située non loin du pont du Gard, cette très qualitative coopérative fondée en 1965 représente 520 ha de vignes. Elle s'est constituée une solide réputation grâce à la haute qualité des domaines adhérents.

Cinq cépages (dominante de grenache) composent cette cuvée sombre et dense, au nez à la fois généreux et élégant de fruits à l'alcool, de violette et de réglisse. La bouche, ample et imposante, conjugue avec une harmonie rare le charnu d'un fruit bien mûr, la fraîcheur du terroir et des tanins fondants à souhait. ⧗ 2015-2021 🍷 veau marengo ■ Dom. Grès Saint-Vincent Signargues 2012 ★★ (5 à 8 €; 20 000 b.): un fruité généreux, un gros volume et beaucoup de suavité; du caractère. ⧗ 2014-2020 ■ Dom. de la Coudette Signargues 2012 ★ (5 à 8 €; 16 000 b.): du caractère aussi, mais dans un registre plus tannique et serré que le précédent. ⧗ 2017-2022

Cave des Vignerons d'Estézargues, rte des Grés, 30390 Estézargues, tél. 04 66 57 03 64, caveau@vins-estezargues.com V t.l.j. 8h-12h 14h-18h

LA FERME DU MONT
Le Ponnant 2012

■ | 15 000 | | 8 à 11 €

Un domaine créé en 2007 par Stéphane Vedeau. Autour de la ferme, 50 ha de vieilles vignes plantées sur des sols de cailloutis calcaires très minéraux.

Grenache et syrah bien mariés dans ce 2012 fruité et boisé en finesse, juste ce qu'il faut pour apporter un surcroît de structure. Un ensemble harmonieux. ⧗ 2014-2017 🍷 volaille rôtie

La Ferme du Mont, rte de Vinsobres, chem. Sainte-Croix - BP 80, 84602 Valréas Cedex, tél. 04 90 35 22 64, contact@lafermedumont.com V t.l.j. sf sam. dim. 9h-12h 14h-18h
Stéphane Vedeau

B DOM. LA FLORANE
Visan Terre pourpre 2012 ★

■ | 10 000 | | 11 à 15 €

Installés en 2001 sur les terres familiales, Adrien et Françoise Fabre conduisent un vignoble (en bio certifié, tendance biodynamie) réparti entre les 24 ha du domaine la Florane à Visan et les 14,5 ha du domaine de l'Échevin à Saint-Maurice.

Dix-huit mois de barrique pour ce vin né de grenache et de mourvèdre. Un vin « solaire », boisé et épicé au nez comme en bouche, dense, ample, riche et vineux. ⧗ 2015-2020 🍷 civet de biche

Dom. la Florane, 199, chem. des Bourdeaux, 84820 Visan, tél. 04 90 41 90 72, contact@domainelaflorane.com V t.l.j. sf sam. dim. 8h-12h30 13h30-18h Fabre

B DOM. FOND CROZE Cuvée Shyrus 2011 ★

■ | 12 000 | | 8 à 11 €

Un domaine fondé dans les années 1920 par Charles Long. Ses petits-fils Bruno et Daniel, qui ont créé la cave en 1997, conduisent aujourd'hui un vignoble de 80 ha certifié bio. Leurs vins sont souvent en bonne place dans le Guide.

Cette pure syrah dévoile un nez puissant et complexe sur le cassis, le grillé et le balsamique. Rond, réglissé, vivifié par une pointe de fraîcheur, le palais s'appuie sur des tanins fondus et sur un boisé ajusté. ⧗ 2016-2018 🍷 gigot d'agneau ■ Cuvée romanaise 2012 ★ (12 000 b.): un pur grenache solide, dense, de bonne garde. ⧗ 2014-2019

Bruno et Daniel Long, Dom. Fond Croze, Le Village, 84290 Saint-Roman-de-Malegarde, tél. 04 90 28 97 07, fondcroze@hotmail.com V r.-v.

B DOM. LA FOURMENTE Visan Native 2012 ★

■ | 40 000 | | 8 à 11 €

Remi Pouizin s'installe en 1995 avec son père Jean-Louis sur ce domaine de 30 ha acquis par sa famille en 1922. Le chai est créé en 2000, le bio certifié depuis 2004 et la biodynamie à l'essai depuis 2002.

Ce vin biologique mêle subtilement la fraise confite, la violette et les épices douces. La bouche est généreuse et charnue, portée par des tanins fins et soyeux. Une gourmandise à découvrir dès aujourd'hui ou plus tard. ⧗ 2014-2018 🍷 filet mignon ■ Visan Garrigues 2012 ★ (11 à 15 €; 20 000 b.): un pur grenache dense et tannique. ⧗ 2016-2019

Pouizin, 3030, rte de Bouchet, 84820 Visan, tél. 04 90 41 91 87, info@domainelafourmente.com V t.l.j. 9h-12h 14h-18h; sam. dim. sur r.-v.

DOM. DU FOURNIER Signargues 2013

■ | 34 000 | | 5 à 8 €

Créée en 1956, cette coopérative, qui tire son nom d'une chapelle romane du XIes. surplombant Rochefort-du-Gard, réunit aujourd'hui 40 viticulteurs pour 500 ha de vignes.

Une dominante de syrah dans ce 2013 au nez de fruits noirs confits, mâtinés d'épices et de nuances animales. En bouche, de l'équilibre, du volume, des tanins ronds et soyeux. ⧗ 2014-2017 🍷 pavé de bœuf

Les Vignerons du Castelas, 674, av. de Signargues, 30650 Rochefort-du-Gard, tél. 04 90 26 62 66, vcastelas@orange.fr V t.l.j. sf dim. 8h45-12h 14h-18h

DOM. DE GALUVAL
Cairanne Cuvée Grand Cœur 2012 ★

■ | 2 500 | | 15 à 20 €

Vincent Moreau s'est établi en 2004 à la tête de Galuval, 20 ha de terroirs variés entre Cairanne et Rasteau. Il s'est agrandi en 2010 en acquérant les vastes terres du Château de Ruth (110 ha).

Un « grand cœur » en effet que cette cuvée mi-grenache mi-syrah. Un vin complexe, chaleureux (cerise à l'eau-de-vie, épices, réglisse, boisé) et solidement charpenté. ⧗ 2016-2019 🍷 osso bucco

Vincent Moreau, Dom. de Galuval, rte de Rasteau, 84290 Cairanne, tél. 04 32 80 97 18, galuval@galuval.com V t.l.j. sf sam. dim. 8h30-12h 14h-17h30

DOM. DE LA GAYÈRE
Cairanne Villa Romana 2012 ★

■ | 6 700 | | 8 à 11 €

Installée en 1997, après dix ans dans le marketing, Christèle Plantevin représente la cinquième génération à conduire ce domaine de 48 ha créé en 1902.

Né de vieux ceps de grenache et de syrah plantés sur les vestiges d'une ancienne villa romaine, ce 2012 est un vin fin, élégant et surtout très démonstratif, porté au nez comme en bouche sur le cassis et la violette. ⧗ 2014-2018 🍷 foie gras poêlé

🔑 Dom. de la Gayère, Les Garrigues, 84290 Cairanne, tél. 04 90 30 83 34, plantevin.christele@wanadoo.fr V t.l.j. sf dim. 9h-12h 15h-18h

DOM. DU GRAND DESTRÉ 2011 ★

■ | 22 000 | | 5 à 8 €

Une jeune maison de négoce fondée en 2012 par Didier Gaillet et Nathalie Baglietto.

Fruits mûrs, réglisse, chocolat, épices douces, le nez annonce un vin généreux, bien typé grenache. Ce que confirme le palais, ample, rond, riche et bien structuré. ⧗ 2014-2018 🍷 poitrine de veau confite

🔑 JB Vins et Associés, 109, rue des Charmettes, 69006 Lyon, tél. 06 31 20 09 18, jbvins_associes@yahoo.fr

GRANDES SERRES Jas des belles 2012

■ | 14 000 | | 5 à 8 €

Une maison de négoce castelpapale reprise en 2001 par Michel Picard, investisseur dans de nombreuses régions viticoles – jusqu'en Ontario.

Au nez, du fruit (prune notamment) et une note d'olive noire. En bouche, du fruit toujours, un bon volume et des tanins enrobés. Un vin déjà plaisant et équilibré. ⧗ 2014-2017 🍷 magret de canard

🔑 Grandes Serres, rte de L'Islon-Saint-Luc, 84230 Châteauneuf-du-Pape, tél. 04 90 83 72 22, marion.dubois@m-p.fr V r.-v.

DOM. LE GRAND RETOUR
Plan de Dieu L'Excellence 2012

■ | 150 000 | | 5 à 8 €

Les fils d'André Aubert – Claude, Yves et Alain – sont installés depuis 1981 à la tête d'un vaste ensemble de 150 ha, grâce auquel ils proposent une large gamme de vins de la vallée du Rhône méridionale.

Le Grand Retour ? Celui des anciens propriétaires, rapatriés d'Algérie, en 1962. Dans le verre, un bon classique, fruité et épicé, souple, soyeux et persistant. ⧗ 2014-2017 🍷 rôti de porc

🔑 Dom. le Grand Retour, RD 23, Plan-de-Dieu, 84850 Travaillan, tél. 04 90 70 90 16, legrandretour@wanadoo.fr V r.-v. 🔑 Gaec Autrand

B LA GRAND'RIBE Cuvée Centenaire 2011 ★

■ | 4 600 | | 11 à 15 €

Ce domaine de 40 ha, en bio depuis 2002, est resté dans la même famille pendant plus d'un siècle avant d'être repris en 2007 par Isabel et Jean-Claude Fromont.

Cette cuvée s'ouvre sans réserve sur les fruits rouges confits, le cacao et le poivre. Ce dernier, fil conducteur de la dégustation, se retrouve dans un palais généreux, à la structure impeccable. ⧗ 2015-2019 🍷 pavé de bœuf sauce chocolat ■ Cuvée principale 2011 ★ (8 à 11 € ; 6 600 b.) : un style proche pour ce vin suave, confituré, finement boisé et épicé. ⧗ 2015-2019

🔑 Dom. de la Grand'Ribe, 1711, rte de Bollène, 84290 Sainte-Cécile-les-Vignes, tél. 04 90 30 83 75, info@grandribe.com V t.l.j. sf dim. 9h-12h 14h-18h 🔑 Fromont

B DOM. LES GRANDS BOIS
Cairanne Cuvée Éloïse 2012 ★

■ | 9 000 | | 11 à 15 €

Fondé en 1929 par Albert Fonjon, ce domaine de 43 ha est aujourd'hui conduit par sa petite-fille Mireille et son mari Marc Besnardeau. Leur vignoble est certifié bio depuis le millésime 2011.

Si le nez est discret, le palais se montre plus prolixe : des arômes concentrés de fruits rouges et d'épices, du volume, de la matière, un boisé juste et des tanins fermes sans dureté. ⧗ 2016-2020 🍷 civet de lièvre

🔑 Dom. les Grands Bois, 55, av. Jean-Jaurès, 84290 Sainte-Cécile-les-Vignes, tél. 04 90 30 81 86, mbesnardeau@grands-bois.com V t.l.j. sf dim. 9h-12h 14h-18h30 🔑 Besnardeau

DOM. DES GRANDS DEVERS Visan 2012

■ | 4 420 | | 5 à 8 €

Issus d'une très ancienne famille vigneronne, les frères Bouchard – Paul-Henri, Louis-Pascal, Guillaume et Matthieu – ont acquis en 1999 ce domaine de 25 ha en coteaux.

C'est par un bouquet très provençal de garrigue et d'épices que s'annonce cette cuvée, relayé par une bouche harmonieuse aux tanins fins. ⧗ 2014-2017 🍷 boulettes de viande

🔑 Paul-Henri Bouchard et ses Frères, Dom. des Grands Devers, rte de Saint-Maurice, 84600 Valréas, tél. 04 90 35 15 98, phbouchard@grandsdevers.com V t.l.j. sf dim. 10h-13h 15h-19h

DOM. DE GRANGENEUVE
Esprit de grenache 2012

■ | 20 000 | | 8 à 11 €

Un vaste domaine de 85 ha, souvent en vue dans ces pages, créé de toutes pièces à partir de 1964 par les Alsaciens Odette et Henri Bour sur les vestiges d'une villa romaine. Depuis 1998, leur fils Henri et leur petite-fille Nathalie sont aux commandes.

Ce *villages* livre un bouquet intense et généreux de confiture de mûres et de cassis. À l'unisson, le palais se montre gras et encore un peu tannique en finale. ⧗ 2015-2017 🍷 agneau au four

🔑 Dom. Bour, Grangeneuve, D 252, 26230 Roussas, tél. 04 75 98 50 22, domaines.bour@wanadoo.fr V t.l.j. 9h-12h30 14h-19h 🔑 Famille Bour

DOM. LES HAUTES-CANCES
Cairanne Cuvée Tradition 2012 ★★

■ | 9 200 | | 8 à 11 €

En 1981, Anne-Marie Achiary-Astart a repris, avec son époux Jean-Marie, le domaine créé en 1902 par son arrière-grand-père. Ce couple de médecins à la retraite

RHÔNE

conduit, dans un esprit bio mais sans certification, un vignoble de 17 ha.

Fidèle au rendez-vous du Guide, ce domaine régulier en qualité signe un Cairanne né de cinq cépages, un vin complexe (truffe, fruits noirs, épices), intense, ample, finement tannique et minéral. De l'équilibre, du début à la fin. 2014-2019 filet de bœuf aux morilles ■ Cairanne Cuvée Col du Débat 2012 ★ (15 à 20 € ; 4 800 b.) : plus boisé et austère, mais de bonne constitution. 2014-2017

SCEA Achiary-Astart, quartier Les Travers, 84290 Cairanne, tél. 04 90 30 76 14, contact@hautescances.com V r.-v.

LES HAUTS DE LA BAUDE 2013

■ | 80 000 | | 5 à 8 €

Au nord de Vaison-la-Romaine, cette coopérative fondée en 1939 regroupe 668 ha (dont 40 % en bio certifié depuis 2013) cultivés par les vignerons de Villedieu et de Buisson.

Au nez, une note animale accompagne les fruits à l'alcool et la violette. La bouche, bien balancée entre fraîcheur, rondeur et tanins fondus, est à l'avenant. Harmonieux et facile d'accès. 2014-2017 côtes de porc

Les Vignerons de Villedieu-Buisson, Terre des Frères, 84110 Villedieu, tél. 04 90 28 92 37, cavevilledieu@wanadoo.fr V t.l.j. sf dim. 9h-12h 14h-18h

LES CAPRICES DE VALÉRIE JOURDAN Rochegude 2011 ★

■ | 2 000 | 5 à 8 €

Valérie et Jean-Pierre Jourdan ont créé en 1990 un domaine de 18 ha (en conversion bio) dans les communes de Bollène et de Rochegude, auquel ils ont adjoint une activité de négoce.

De bonne intensité, le nez livre des parfums généreux de crème de cassis et d'épices. À l'unisson, le palais se révèle rond et bien étoffé, pourvu de tanins fondus. Un vin harmonieux. 2015-2019 paupiettes de veau

Les Caprices de Valérie Jourdan, 1414, av. Émile-Lachaux, 84500 Bollène, tél. 04 90 40 15 68, bastidejourdan@live.fr V r.-v. E

VIGNOBLES LARGUIER Laudun 2013

■ | 2 000 | | 8 à 11 €

Fondé en 1962 par Joseph Larguier, ce domaine aujourd'hui conduit par son fils Francis s'est peu à peu agrandi pour couvrir désormais une coquette surface de 85 ha.

Fruits mûrs et réglisse introduisent la dégustation, qui se poursuit en bouche sur le registre de la puissance et de la générosité, avec des tanins bien enrobés. 2014-2017 mijoté de bœuf

Vignobles Larguier, rue des Esquirades, 30330 Tresques, tél. 04 66 82 40 77, cavelarguier@hotmail.fr V r.-v.

DOM. DES LAURIBERT Valréas La Carelette 2012 ★

■ | 15 000 | | 5 à 8 €

Un domaine de 54 ha régulier en qualité, exploité par la même famille depuis cinq générations et sorti de la coopérative en 1997 par Laurent Sourdon.

Épices et fruits confiturés composent un bouquet expressif et avenant. Suivant la même ligne, le palais se montre ample, généreux et rond, bâti sur des tanins fins et serrés. Déjà agréable, ce vin pourra aussi bien évoluer en cave. 2014-2020 curry d'agneau

Dom. des Lauribert, 2249, chem. du Roussillac, 84820 Visan, tél. 04 90 35 26 82, lauribert@wanadoo.fr V t.l.j. 8h30-12h 14h-18h30 E Sourdon

LES LAURIERS DU TERROIR Séguret 2012

■ | 120 000 | | 5 à 8 €

Un négoce créé en 2003 par Frédéric Chaulan et Serge Cosialls, qui proposent une gamme complète de vins de la vallée du Rhône du nord au sud.

Cet assemblage classique grenache-syrah s'ouvre sans exubérance sur la mûre et les épices douces. La bouche se révèle souple, ronde et persistante sur le fruité. Un ensemble harmonieux. 2014-2017 tian de légumes

Terranea, ZAC Crépon-Sud, rue des Negades, 84420 Piolenc, tél. 04 90 34 18 47, terranea.sarl@wanadoo.fr V t.l.j. sf dim. 10h-18h; sam. 10h-12h

LAVAU Valréas le Carré 2012 ★

■ | 15 000 | | 15 à 20 €

Maison de négoce fondée en 1964 par la famille Lavau d'origine saint-émilionnaise, qui vinifie dans ses trois chais la production de 300 vignerons de la vallée du Rhône méridionale.

Ce Valréas bien typé livre un bouquet puissant de fruits mûrs et de cacao, vivifié par une note mentholée. Une intensité qui se prolonge dans un palais gras, suave, épicé, équilibré et long. 2015-2019 cailles rôties

Lavau, rte de Cairanne, 84150 Violès, tél. 04 90 70 98 70, aurelie@lavau.fr V t.l.j. sf dim. 8h-17h; été 10h-19h

B DOM. DE LINDAS Chusclan 2012

■ | 6 700 | | 8 à 11 €

Un domaine de 18 ha créé en 1972 par Jean-Claude Chinieu. Sa fille Céline l'a rejoint en 2002. Le vignoble est en bio certifié depuis 2012.

Un joli nez généreux et fruité de guignolet annonce une bouche ronde, souple et fondante, soulignée par une fine vivacité. Un vin simple et gourmand. 2014-2016 tomates farcies

Céline Chinieu, Dom. de Lindas, rte de Pont-Saint-Esprit, BP 25, 30201 Bagnols-sur-Cèze Cedex, tél. 04 66 89 88 83, celine.chinieu@yahoo.fr V t.l.j. sf dim. 9h-19h

DOM. LA LÔYANE 2012 ★

■ | 2 000 | | 5 à 8 €

Établi au pied du sanctuaire Notre-Dame-de-Grâce, à Rochefort-du-Gard, non loin des anciens marais asséchés par les moines au Moyen Âge, ce domaine né en 1994 de la fusion de trois petites exploitations fait preuve d'une grande constance dans la qualité.

Confidentiel certes, mais très bon. Au nez, un fruité mûr à souhait, presque confit. En bouche, beaucoup de souplesse, des tanins fins et une longue finale fruitée et épicée. Gourmand. 2014-2017 coq au vin

Dom. la Lôyane, chem. de la Font-de-Cavens, 30650 Rochefort-du-Gard, tél. 06 11 60 86 36, la-loyane-jean-pierre-dubois@orange.fr V mer. au sam. 9h-12 15h-19h Dubois

DOM. MARIE BLANCHE Cuvée du Solitaire 2011 ★

10 000		11 à 15 €

Un domaine de 35 ha commandé par un château du XIIᵉs., classé monument historique et dirigé depuis 1977 par Jean-Jacques Delorme.

Les six mois de fût confèrent au nez un boisé charmeur, aux accents grillés en harmonie avec les fruits (cassis mûr). La bouche, au diapason, offre du volume et de la rondeur, bâtie sur des tanins solides sans dureté. 2015-2018 civet de lièvre

Dom. Marie Blanche, 19, allée des Platanes, 30650 Saze, tél. 04 90 31 77 26, domainemarieblanche@wanadoo.fr V t.l.j. 10h-12h 15h-19h30 E

CH. DE MARJOLET Laudun Cuvée Excellence 2012 ★★

7 500		8 à 11 €

Cette propriété de 80 ha se répartit sur les deux villages gardois de Gaujac et Laudun. Fondateur du domaine en 1978, Bernard Pontaud a laissé les rênes de l'exploitation à son fils Laurent.

Cette pure syrah livre un bouquet soutenu de violette, de fruits noirs, de vanille et de grillé (douze mois de fût). Une intensité à laquelle fait écho un palais solide, généreux, riche mais jamais lourd grâce à une fine acidité. 2016-2020 rosbif Laudun cuvée Tradition 2012 ★ (5 à 8 € ; 35 000 b.) : plus suave et chaleureux, mais bien équilibré. 2014-2018

Ch. de Marjolet, 30330 Gaujac, tél. 04 66 82 00 93, chateau.marjolet@wanadoo.fr V t.l.j. sf dim. 9h-12h 14h-18h E Pontaud

DOM. MARTIN Plan de Dieu 2012 ★

60 000		8 à 11 €

Les frères David et Éric Martin, installés depuis 2005 sur le domaine familial créé en 1905, exploitent aujourd'hui 70 ha de vignes.

Vieilli douze mois en foudre, ce 2012 libère des parfums subtils de petits fruits. Long et équilibré, le palais est à l'unisson, étayé par des tanins fins. 2014-2017 brochettes de grives Plan de Dieu Sélection Prestige Vieilles Vignes 2011 (5 000 b.) : plus puissant et rustique. 2015-2018

Dom. Martin, rte de Vaison, 84850 Travaillan, tél. 04 90 37 23 20, martin@domaine-martin.com V t.l.j. sf dim. 9h-12h 14h-18h

B MAS DE BOISLAUZON Les Deux Chênes 2012

24 000		8 à 11 €

Enclavé dans l'AOC châteauneuf, ce domaine familial est conduit depuis 1990 par Christine et Daniel Chaussy, à la tête de 24 ha en bio certifié depuis 2012.

Expressif et fin, le bouquet mêle harmonieusement les fruits noirs, le chocolat et une pointe de fraîcheur minérale. Suave, rond, équilibré, le palais est fidèle à l'olfaction. 2014-2018 veau marengo

EARL Christine et Daniel Chaussy, Mas de Boislauzon, 84100 Orange, tél. 04 90 34 46 49, masdeboislauzon@wanadoo.fr V t.l.j. sf dim. 10h-12h 14h-18h

MAS DE SAINTE-CROIX Tendresse d'un climat 2012

15 000		5 à 8 €

Un domaine de 25,5 ha, ancienne propriété d'un chapelain acquise en 2002 par Jacques Coipel. Après avoir parcouru le monde, Julien, le fils, a pris la conduite des vinifications en 2011.

Discret mais élégant, le nez évoque les petits fruits mûrs. Une même sensation de finesse caractérise le palais, souple, léger et équilibré. 2014-2016 tartare de bœuf

Mas de Sainte-Croix, SCEA Jacques Coipel, rte de Vinsobres, 84600 Valréas, tél. 04 90 35 54 53, jacquescoipel@aol.com V t.l.j. sf dim. 14h-19h E

B CH. MONGIN Les Peyrières 2012 ★

10 500		5 à 8 €

Créé en 1975, le Château Mongin est l'exploitation pédagogique du lycée viticole d'Orange. Son vignoble s'étend aujourd'hui sur 21 ha certifiés bio depuis 2012.

Ce vin à dominante de syrah offre un nez ouvert sur les fruits rouges écrasés (fraise, framboise). Un caractère gourmand (confiture au chaudron) qui se prolonge dans une bouche ample et ronde à souhait. 2014-2017 poulet sauté aux épices

Ch. Mongin, Lycée viticole, 2260, rte du Grès, 84100 Orange, tél. 04 90 51 48 04, chateaumongin@chateaumongin.com V t.l.j. sf mer. 8h30-12h30 13h30-17h30; sam. dim. sur r.-v.

DOM. MOUN PANTAÏ La Grande Garrigue 2012

4 000		8 à 11 €

***Moun Pantaï* ? « Mon rêve » en provençal, celui de Frédéric Penne qui, ayant créé sa cave de vinification en 1992 sur le domaine familial, conduit aujourd'hui 30 ha de vignes.**

Grenache et mourvèdre (20 %) composent un vin au nez chaleureux de fruits rouges à l'alcool, au palais tout aussi généreux, rond et suave. 2014-2017 moussaka

Frédéric Penne, Dom. Moun Pantaï, 156, imp. Gaston-Quenin, 84290 Sainte-Cécile-les-Vignes, tél. 06 25 41 19 62, frederic-penne@wanadoo.fr V r.-v.

CH. DE NASTE Saint-Gervais 2013 ★

40 000	5 à 8 €

Cette coopérative créée en 1925 regroupe près de 250 vignerons et quelque 3 000 ha. Depuis 2012, elle propose des vins issus du bio.

Un nez bien provençal (laurier, thym, épices, fruits mûrs) ouvre la dégustation. De la fraîcheur, des tanins souples et fins, le palais est tout aussi charmeur. 2014-2017 tomates farcies Clos de Taman Le Mazet Laudun 2013 ★ (8 à 11 € ; 20 000 b.) : du fruit, de la vivacité, de la souplesse. 2014-2017 Les Genêts Chusclan 2013 (8 à 11 € ; 50 000 b.) : un vin fruité, persistant et frais. 2014-2017 Terra Vitae Laudun 2013 (8 000 b.) : un vin floral et fruité (agrumes, poire), ample, frais et onctueux. 2014-2016

Laudun Chusclan Vignerons, rte d'Orsan, 30200 Chusclan, tél. 04 66 90 11 03, contact@lc-v.com V t.l.j. 9h-12h 14h-18h30

RHÔNE

♥ NOTRE DAME DES VIGNES Visan 2011 ★★

■ | 30 000 | 🍾 | 5 à 8 €

Cette ancienne cave particulière a été convertie par Ferdinand Deloye en coopérative en 1937. Depuis, sa direction est toujours restée entre les mains de la famille du fondateur.

Chaque année, une messe est dite dans la chapelle du village pour protéger le vignoble. Les dégustateurs, eux, ont béni ce Visan, plus péché de gourmandise que vin de messe. Un nez engageant de fruits noirs et d'épices annonce un palais remarquable d'équilibre, rond, concentré et frais à la fois, porté par des tanins fins et enrobés. ⧗ 2016-2020 🍷 sauté de veau au chorizo ■ Visan Confrérie Saint Vincent 2011 ★ (8 à 11 € ; 13 000 b.) : un style proche, gras, généreux, aux tanins serrés. ⧗ 2016-2019

⊶ Cave les Coteaux de Visan, chem. Peine, 84820 Visan, tél. 04 90 28 50 80, cave@coteaux-de-visan.fr V ⚑ ⚑ t.l.j. sf dim. 9h-12h 14h-18h

DOM. DE L'OBRIEU Visan Cuvée Les Antonins 2011

■ | 18 000 | 🍾 | 8 à 11 €

Jean-Yves Perez a signé en 2005 le premier millésime en propre sur ce domaine créé par ses grands-parents et développé par son père, 28 ha (certifiés bio en 2014) dont le fruit avait jusqu'alors été porté à la coopérative.

Grenache (90 %) et syrah composent un joli vin expressif (fruits noirs, réglisse, épices, violette), rond, souple et soyeux, équilibré par une agréable fraîcheur. ⧗ 2014-2017 🍷 médaillons d'agneau

⊶ Jean-Yves Perez, quartier de l'Obrieu, 850, chem. des Gleyze, 84820 Visan, tél. 04 90 41 92 82, domaine@lobrieu.fr V ⚑ ⚑ r.-v.

DOM. DE L'OLIVIER Orée du bois 2012 ★

■ | 5 800 | 🛢 | 11 à 15 €

Situé tout près du pont du Gard, ce domaine autrefois complanté d'oliviers a été créé par la famille Bastide en 1943. Depuis 1977, c'est Éric qui conduit le vignoble de 45 ha, rejoint en 2012 par son fils Robin.

Coup de cœur l'an dernier, ce domaine fait belle impression avec cette cuvée née de sa plus vieille parcelle de syrah. Un vin fruité, truffé et boisé avec élégance (vanille, torréfaction), ample, bien charpenté et persistant. ⧗ 2016-2020 🍷 carré d'agneau ■ Cuvée principale 2012 ★ (8 à 11 € ; 30 000 b.) : des qualités proches, un rien moins boisée et plus souple. ⧗ 2016-2019

⊶ Éric et Robin Bastide, 1, rue de la Clastre, 30210 Saint-Hilaire-d'Ozilhan, tél. 04 66 37 08 04, robin.bastide@wanadoo.fr V ⚑ ⚑ t.l.j. sf dim. 9h-12h 14h-19h

Ⓑ DOM. DE L'ORATOIRE SAINT-MARTIN Cairanne Haut-Coustias 2012 ★

■ | 10 000 | 🛢 | 15 à 20 €

Dix générations se sont succédé sur ce domaine créé en... 1692. Une tradition perpétuée de main de maître depuis 1984 par les frères Frédéric et François Alary, à la tête de 25 ha de vignes, en bio depuis 2009.

Élevé vingt-quatre mois en foudre, ce Cairanne déploie un nez « solaire » de fruits à l'eau-de-vie et de chocolat. Gras, suave, vineux, le palais est à l'unisson. ⧗ 2014-2019 🍷 civet de sanglier ■ Cairanne Les Douyes 2012 ★ (10 000 b.) : tout aussi charmeur que le précédent, mais dans un registre plus souple et frais. ⧗ 2016-2020

⊶ Frédéric et François Alary, rte de Saint-Roman, 84290 Cairanne, tél. 04 90 30 82 07, contact@oratoiresaintmartin.com V ⚑ t.l.j. sf dim. 9h-12h 14h-18h30

PANICAUT Plan de Dieu 2012 ★

■ | n.c. | 5 à 8 €

Cette coopérative fondée en 1926 propose une large gamme allant des vins de pays aux vacqueyras, en passant par les côtes-du-rhône et les *villages*.

Panicaut ? Le nom local d'un chardon poussant sur le Plan de Dieu. Dans le verre, un assemblage grenache-mourvèdre donnant un vin intense, fruité, épicé, gras et concentré, plus strict en finale. ⧗ 2014-2018 🍷 entrecôte marchand de vin

⊶ Les Coteaux du Rhône, BP 7, 84830 Sérignan-du-Comtat, tél. 04 90 70 04 22, coteau.rhone@orange.fr V ⚑ ⚑ t.l.j. sf dim. 8h30-12h30 14h-19h

DOM. DES PASQUIERS L'Envy 2011 ★

■ | 4 000 | 🛢 | 15 à 20 €

Jean-Claude et Philippe Lambert ont repris ce vignoble de 85 ha en 1998 et se sont lancés dans la vente en bouteilles quatre ans plus tard. La quatrième génération est arrivée en 2013, et la conversion bio est engagée.

Des notes intenses de fruits confits et de boisé montent du verre. En bouche, le vin, encore fougueux, se montre puissant, généreux et tannique. ⧗ 2016-2020 🍷 sanglier au chocolat

⊶ Dom. des Pasquiers, rte d'Orange, 84110 Sablet, tél. 04 90 46 83 97, domainedespasquiers@terre-net.fr V ⚑ ⚑ t.l.j. 8h-12h 13h30-18h, sam. dim. sur r.-v. 🏠 ④

FAMILLE PERRIN Cairanne Peyre blanche 2012 ★★

■ | 65 000 | 🍾 | 8 à 11 €

La Maison Perrin fondée en 1909 par l'aïeul Gabriel Tramier conjugue depuis cinq générations activité de négoce et exploitation de vignobles, dont le réputé Château de Beaucastel (châteauneuf-du-pape) et La Vieille Ferme, vaste domaine du Luberon.

Le nez, vineux, mêle les fruits confits et la violette. En bouche, le vin se révèle ample, charnu, riche et vigoureux. Un ensemble puissant et des plus méridionaux. ⧗ 2016-2020 🍷 gigot d'agneau

⊶ Famille Perrin, rte de Jonquières, 84100 Orange, tél. 04 90 11 12 00, perrin@familleperrin.com V ⚑ ⚑ r.-v.

♥ DOM. DU PETIT-BARBARAS Sélection 2012 ★★★

■ | 8 000 | 🍾 🛢 | 5 à 8 €

Créé en 1929, ce domaine familial de 30 ha est conduit par deux frères, Daniel et Robert Feschet.

« Explosif ! », tel est le premier mot noté par l'ensemble des dégustateurs en face de la case « Nez » ; finesse et élégance aussi. Du fruit, du fruit, encore du fruit, une touche d'épices et de truffe également, une ossature à la fois solide et soyeuse, une longueur et un volume exceptionnels. ⧗ 2018-2022 ¥ tournedos Rossini ■ Le Petit Barbaras Évolution 2012 ★★★ (8 à 11 € ; 2 000 b.) : un vin complet et racé, d'une rare harmonie, très fruité et boisé avec une grande justesse, suave et puissant. ⧗ 2018-2022

SCEA Feschet, chem. de Barbaras, 26790 Bouchet, tél. 04 75 04 80 02 t.l.j. sf dim. 9h-12h 14h-18h

MAISON PLANTEVIN Séguret 2012

■	4 000		8 à 11 €

Un domaine de 17 ha créé en 2009 par Laurent Plantevin, BTS de « viti-œno » en poche. Le passage au bio est engagé depuis 2011.

Grenache, mourvèdre et carignan par tiers composent ce vin au nez de garrigue, de menthol, un rien animal, dense, généreux et ferme en bouche. ⧗ 2014-2018 ¥ jarret de veau au paprika

Plantevin, Les Granges-Neuves, 84110 Séguret, laurentplantevin@hotmail.fr r.-v. 2

DOM. DU POURRA Séguret P'tite Pause 2012

■	4 133		11 à 15 €

Un domaine de 24,8 ha (en bio certifié) établi à 400 m d'altitude au pied des Dentelles de Montmirail acquis en 1998 par Jean-Christian Mayordome, ancien médecin généraliste.

« Un vin de copains », explique le vigneron. Un vin simple et plaisant, en effet, sur les fruits confiturés et les épices douces, souple, suave et fondu en bouche. ⧗ 2014-2016 ¥ charcuterie

Dom. du Pourra, 16, rte de Vaison, 84110 Sablet, tél. 04 90 46 93 59, domaine.du.pourra@wanadoo.fr r.-v. Mayordome

DOM. DE LA PRÉSIDENTE Cairanne Galifay 2012 ★★

■	7 000		11 à 15 €

Un domaine fondé en 1701 par « Madame la Présidente », épouse du président du parlement de Provence, et acquis en 1968 par Max Aubert, dont la fille Céline conduit aujourd'hui les 120 ha de vignes. Une belle référence en AOC régionales et en châteauneuf-du-pape.

Cette superbe cuvée ouverte sur le grillé, les épices, les fruits à noyau et le cassis, conjugue dans un équilibre remarquable suavité, richesse, tanins fins et fraîcheur minérale. La longue finale épicée achève de convaincre. ⧗ 2014-2018 ¥ chausson aux truffes ■ Cairanne Grands Classiques 2012 ★ (8 à 11 € ; 55 000 b.) : épicé, généreux et corpulent sans lourdeur. ⧗ 2014-2018

Dom. de la Présidente, rte de Cairanne, BP 1, 84290 Sainte-Cécile-les-Vignes, tél. 04 90 30 80 34, pbuffet@presidente.fr t.l.j. sf dim. 9h-12h 14h-18h; sam. sur r.-v. Céline Aubert

DOM. LE PUY DU MAUPAS Puyméras 2012 ★

■	2 125		8 à 11 €

Agriculteur jusqu'en 1987, Christian Sauvayre s'installe en cave particulière et débute avec 12 ha de vignes à Puyméras ; il conduit aujourd'hui 43 ha en bio certifié.

Chaleureux, le nez évoque les fruits mûrs à l'alcool. Tapissé de ce même fruité intense et généreux, le palais séduit par sa rondeur, sa richesse et ses tanins soyeux. ⧗ 2014-2018 ¥ daube provençale

Christian Sauvayre, Dom. le Puy du Maupas, 1678, rte de Nyons, 84110 Puyméras, tél. 04 90 46 47 43, sauvayre@puy-du-maupas.com r.-v. 2 E

DOM. RABASSE-CHARAVIN Cairanne 2012 ★

■	18 000		8 à 11 €

Vers 1890, Edmond Charavin, vigneron et chapelier, acquiert 3 ha de terres à Cairanne. Installée en 1984, Corinne Couturier conduit aujourd'hui, avec sa fille Laure, un vignoble de 40 ha.

Grenache, syrah, counoise et cinsault composent ce vin fruité et épicé, puissant et chaleureux de bout en bout. ⧗ 2014-2018 ¥ ragoût d'agneau

Laure et Corinne Couturier, Dom. Rabasse-Charavin, La Font-d'Estévenas, 84290 Cairanne, tél. 04 90 30 70 05, couturier.corinne@wanadoo.fr r.-v.

DOM. DE RABUSAS Laudun 2013 ★

■	10 000		5 à 8 €

À la tête d'un vaste vignoble de 150 ha (domaines Rabusas et Antonins), Bernard Perret s'est lancé en 2011 dans la mise en bouteilles.

Le vigneron signe un Laudun tout en finesse et très équilibré entre une fraîcheur élégante, la générosité des fruits macérés et une belle concentration. ⧗ 2014-2018 ¥ souris d'agneau

Bernard Perret, 432, av. de Fontresquières, 30200 Bagnols-sur-Cèze, tél. 04 66 90 59 00

DOM. LA RÉMÉJEANNE Les Églantiers 2011

■	2 500		15 à 20 €

Originaire d'Alsace-Lorraine et émigrée au Maghreb, la famille Klein s'est établie en 1960 à Sabran, à la tête de 5 ha de vignes. Aujourd'hui, Rémy Klein, installé en 1988 et rejoint par son fils Olivier en 2009, cultive 35 ha en bio.

Le nez mêle les fruits mûrs et les épices. Le cacao et le torréfié s'ajoutent à ces arômes dans un palais soyeux et chaleureux, aux tanins fondus. ⧗ 2014-2017 ¥ petits farcis

Dom. la Réméjeanne, EARL Olivier et Rémy Klein, Cadignac, 30200 Sabran, tél. 04 66 89 44 51, contact@remejeanne.com t.l.j. sf sam. dim. 9h-12h 14h-18h D

RÉSERVE DES BERGERS Séguret 2011

■	29 610		5 à 8 €

Cette cave coopérative, née en 1960 de l'union entre les vignerons de Séguret et ceux de Roaix, fédère 160 adhérents.

Ce 2011 s'annonce par un joli nez de fruits mûrs, de Zan et de poivre. En bouche, il se montre rond et fruité, avant de

RHÔNE

dévoiler des tanins encore un peu stricts en finale. L'ensemble reste harmonieux. ⧗ 2015-2018 ♈ steak au poivre

⊶ Les Vignerons de Roaix-Séguret, rte de Vaison, 84110 Séguret, tél. 04 90 46 91 13, vignerons.roaix-seguret@wanadoo.fr V ⬛ t.l.j. 8h-12h 14h-18h

B CH. ROCHECOLOMBE Vieilli en fût de chêne 2012

■	10 000	◖◗	8 à 11 €

Ancienne propriété de l'auteur-compositeur flamand Robert Herberigs, ce domaine ardéchois de 28 ha (en bio certifié) est conduit depuis 1998 par Roland Terrasse.

Mi-genache mi-syrah, ce 2012 offre un nez généreux de fruits confits et de violette soulignés par un bon boisé. Le palais se révèle gras, concentré et solide, encore un peu sévère en finale. ⧗ 2014-2017 ♈ tajine d'agneau

⊶ Herberigs-Terrasse, Ch. Rochecolombe, 07700 Bourg-Saint-Andéol, tél. 04 75 54 50 47, rochecolombe@aol.com V ⬛ ⬛ r.-v.

DOM. DE ROCHEMOND 2013

■	50 000	▮	8 à 11 €

Éric Philip, installé en 1995, et son fils Sylvain exploitent, essentiellement à Sabran, un vaste vignoble de 130 ha répartis entre les domaines de Rochemond et du Grand Bécassier.

Cerise burlat et fraise des bois confiturées, le nez est résolument fruité. La bouche, de bonne densité, est à l'avenant, persistante sur le fruit mûr. Un vin gourmand et harmonieux. ⧗ 2014-2017 ♈ tajine de poulet

⊶ EARL Philip-Ladet, Cadignac-Sud, 30200 Sabran, tél. 04 66 79 04 42, domaine-de-rochemond@wanadoo.fr V ⬛ ⬛ t.l.j. 9h-12h 13h-17h; sam. dim. sur r.-v.

B DOM. LA ROMANCE Chusclan N°1 2012 ★

■	2 300	◖◗	11 à 15 €

Après des expériences dans les vignobles de France et d'Afrique du Sud, Gilles Chinieu et son épouse Claire ont repris ce domaine familial de 11,1 ha, sur lequel sont élaborées de petites cuvées parcellaires.

Une forte dominante de syrah entre dans ce vin confidentiel (50 ares) au nez fruité, réglissé et épicé, dense, homogène et bien charpenté. ⧗ 2016-2019 ♈ gigot d'agneau

⊶ Dom. la Romance, chem. Saint-Roman, 30200 Bagnols-sur-Cèze, tél. 06 82 22 45 44, contact@domainelaromance.com V ⬛ ⬛ t.l.j. sf sam. dim. 17h-19h; oct.-Pâques sur r.-v. ⌂ D ⊶ Chinieu

B DOM. LA ROUBINE Sablet La Terre d'Yvonne 2013

■	2 000	▮	8 à 11 €

Éric Ughetto, installé en 1990 sur le domaine familial, et son épouse Sophie ont quitté la coopérative en 2000 pour vinifier le fruit de leurs 15 ha de vignes, en conversion bio depuis 2010.

Un trio marsanne-viognier-clairette pour ce 2013 expressif (muguet, pêche, agrumes, note iodée, anis), rond et gras, aiguillonné par une fine salinité en finale. ⧗ 2014-2017 ♈ lotte au safran

⊶ Éric Ughetto, Dom. la Roubine, quartier Santa-Duc, 84190 Gigondas, tél. 06 07 91 60 21, domaine.laroubine@laposte.net V ⬛ ⬛ r.-v.

B DOM. ROUGE GARANCE 2012

■	20 000	▮ ◖◗	11 à 15 €

Claudie et Bertrand Cortellini, anciens coopérateurs, ont acquis en 1997 en association avec l'acteur Jean-Louis Trintignant ce domaine de 28 ha, en bio certifié depuis 2010.

Un nez généreux de fruits des bois bien mûrs, de torréfié et d'olive noire, ouvre le bal. En bouche, des tanins soyeux et une même sensation chaleureuse équilibrée par une fine acidité. ⧗ 2016-2019 ♈ ragoût de bœuf

⊶ SCEA Dom. Rouge Garance, chem. de Massacan, 30210 Saint-Hilaire-d'Ozilhan, tél. 04 66 01 66 45, contact@rougegarance.com V ⬛ ⬛ r.-v.
⊶ Cortellini-Trintignant

DOM. ROUVRE SAINT-LÉGER Laudun 2012 ★★

■	3 350	▮ ◖◗	15 à 20 €

Petit domaine créé en 2008 par Adrien Borrelly et Didier Dumont à partir de 1,1 ha pris sur les 60 que compte le vignoble des Borrelly, famille établie à Laudun depuis 1683.

Cette cuvée s'ouvre sur un nez profond et original de raisin très mûr et de feuille de tabac, que prolonge un palais d'une grande maturité, suave, dense, complexe et long. « Au coin du feu avec un cigare, un soir de grand mistral », conseille un juré… ⧗ 2014-2022 ♈ civet de chevreuil ■ **Laudun 2013 (2 750 b.)** : expressif (fruits au sirop, fleurs blanches), rond et gras. ⧗ 2014-2017

⊶ Dom. Rouvre Saint-Léger, Ferme de la Rouveyrolle, rte de Saint-Laurent-des-Arbres, 30290 Laudun, tél. 06 17 06 06 26, a.borrelly@rouvresaintleger.com V ⬛ ⬛ r.-v.

DOM. SAINTE-ANNE Le Rouvières 2011 ★★★

■	n.c.	▮	11 à 15 €

Un ancien prieuré de la chartreuse de Valbonne acquis en 1965 et entièrement restructuré par Guy et Anne Steinmaier. Ces Bourguignons d'origine ont fait de ce domaine de 34 ha, désormais conduit par leur fils Jean, une référence incontournable, avec des vins d'une constance admirable.

Zan, gelée de cassis, nuances minérales, le bouquet est remarquable de finesse. On retrouve avec persistance ce caractère réglissé et cette fraîcheur venue du terroir dans un palais fermement charpenté mais sans dureté, élégant et long, très long… ⧗ 2018-2022 ♈ filet de bœuf ■ **Les Morillons 2011 ★★** : très expressif (fruits confiturés, vanille, réglisse), ample, suave et bien bâti. ⧗ 2017-2020 ■ **Cuvée principale 2012 ★ (5 à 8 € ; 10 000 b.)** : un nez délicatement fruité et épicé, du volume, des tanins soyeux et une finale longue et généreuse. ⧗ 2015-2019

⊶ EARL Dom. Sainte-Anne, Les Cellettes, 30200 Saint-Gervais, tél. 04 66 82 77 41, domaine.ste.anne@orange.fr V ⬛ ⬛ t.l.j. sf sam. dim. 9h-11h 14h-18h ⊶ Steinmaier

B CH. SAINT-ESTÈVE D'UCHAUX Massif d'Uchaux Vieilles Vignes 2012 ★

■	19 000	▮ ◖◗	15 à 20 €

Propriété de la famille depuis 1809, ce domaine s'étend sur 230 ha, dont 48 de vignes en bio certifiés, le reste étant

couvert des bois et de la garrigue du massif d'Uchaux. Marc Français est aux commandes depuis 1993.

Mi-syrah mi-grenache, ce 2012 livre un bouquet intense et chaleureux de fruits noirs macérés. La bouche, ample, puissante, concentrée, signe un vin de caractère. ⧗ 2015-2019 🍴 gigot de sanglier

🔑 Ch. Saint-Estève d'Uchaux, 1100, rte de Sérignan, D 172, 84100 Uchaux, tél. 04 90 40 62 38, chateau.st.esteve@wanadoo.fr V t.l.j. sf sam. dim. 9h30-12h 14h30-18h

LES VIGNERONS DE SAINT-GERVAIS
Saint-Gervais 2013

■ | 50 000 | 5 à 8 €

Cette cave coopérative fondée en 1924 vinifie aujourd'hui près de 500 ha de vignes.

Né de grenache, syrah et mourvèdre, ce 2013 propose un nez avenant de petits fruits confits. Il se révèle généreux et équilibré dans un palais souligné par des tanins veloutés, et livre une jolie finale sur le fruit. ⧗ 2014-2017 🍴 brochettes de bœuf

🔑 Cave des Vignerons de Saint-Gervais, 10, rue des Vignerons, 30200 Saint-Gervais, tél. 04 66 82 77 05, cave.saintgervais@orange.fr V t.l.j. sf dim. 9h-12h 14h30-18h30

SAINT-LAURENT Passion des anges 2012 ★

■ | 2 000 | | 15 à 20 €

Un mas du XVIIe s. commande cette ancienne propriété familiale qui se transmet depuis cinq générations et dont le vignoble (30 ha) est travaillé sans désherbant.

Mi-grenache mi-mourvèdre, cette cuvée mêle judicieusement au nez les fruits macérés et le moka. La bouche ? Ronde, charnue, très épicée (clou de girofle, noix de muscade). Un vin bien typé. ⧗ 2014-2018 🍴 sauté de bœuf au curry

🔑 EARL Robert-Henri Sinard et Fils, La Tamardière, chem. Saint-Laurent, 84350 Courthézon, tél. 04 90 70 87 92 V t.l.j. sf dim. 9h-12h 14h-18h

DOM. TOURBILLON
Plan de Dieu Querelle de clochers 2012

■ | 39 000 | | 5 à 8 €

Si le domaine créé par les grands-parents au milieu du XXe s. est ancien, Benjamin Tourbillon n'a signé la première vinification à la propriété qu'en 2012.

Pas de querelle autour de la table des dégustateurs. Ces derniers sont unanimes pour saluer ce vin tout en fruit, au nez comme en bouche, franc, ferme et équilibré. ⧗ 2014-2018 🍴 rôti de porc à la tomate

🔑 Benjamin Tourbillon, 433, rte du Plan-de-Dieu, 84150 Violès, tél. 06 80 08 53 56, domainetourbillon@orange.fr V r.-v.

DOM. LUCIEN TRAMIER
Plan de Dieu 2012

■ | 6 000 | | 5 à 8 €

Un domaine fondé en 1912 par Lucien Tramier, en cave particulière depuis 1952. Son héritier Max Thomas (quatrième génération), installé en 2007, conduit aujourd'hui un vignoble de 35 ha.

Un bon classique que ce 2012 équilibré, au nez floral, fruité et épicé, offrant de la souplesse et un joli toucher de tanins en bouche. ⧗ 2014-2017 🍴 poulet rôti

🔑 Dom. Lucien Tramier, Pied-Girod, 84150 Jonquières, tél. 04 90 70 65 80, max.thomas3@wanadoo.fr V r.-v.

(B) DOM. DU TRAPADIS Cairanne 2012

■ | n.c. | | 8 à 11 €

Né en 1950 de l'union des familles Brun et Charavin et de leurs vignes respectives, ce vignoble s'étend aujourd'hui sur 28 ha, en bio certifié, conduits par Helen Durand depuis 1996.

Grenache, syrah et carignan composent ce vin joliment bouqueté sur la cerise burlat, souple, rond et équilibré en bouche. Simple et de bon aloi. ⧗ 2014-2017 🍴 penne all'arrabiata

🔑 Dom. du Trapadis, 2302, rte d'Orange, 84110 Rasteau, tél. 04 90 46 11 20, durand.helen@wanadoo.fr V r.-v.

TROIS SAINTS 2012 ★★

■ | 13 000 | | 5 à 8 €

Cette coopérative fondée en 1929 regroupe les producteurs de Saint-Martin-d'Ardèche, de Saint-Marcel-d'Ardèche et de Saint-Just-d'Ardèche.

Né de grenache et de syrah récoltés à maturité poussée, ce 2012 s'ouvre sur les épices, le Zan et les fruits mûrs à souhait. Très équilibré, dense et fondant, plein de peps et de fruit, le palais fait l'unanimité : « Le petit Jésus en culotte de velours... », selon un juré ; « Amen », lui répond un autre... ⧗ 2014-2017 🍴 poulet tandoori

🔑 Cellier des Gorges de l'Ardèche, rte de la Gare, 07700 Saint-Marcel-d'Ardèche, tél. 04 75 04 66 83, cave.stjust.stmarcel@wanadoo.fr V t.l.j. sf dim. 9h-12h 14h-18h

DOM. DE VAL DES ROIS
Valréas Signature 2012 ★

■ | 20 000 | | 8 à 11 €

Héritier d'une longue lignée de vignerons, Romain Bouchard s'est installé en 1964 à Valréas, quittant sa Bourgogne natale. Après des études de biologie médicale, son fils Emmanuel lui a succédé en 1997, à la tête de 11 ha en conversion bio.

De subtiles notes de cassis et d'épices composent un bouquet élégant. La même finesse caractérise le palais, ample et équilibré, porté par des tanins soyeux. ⧗ 2014-2017 🍴 gigot d'agneau

🔑 Emmanuel Bouchard, Dom. du Val des Rois, 201, rte de Vinsobres, 84600 Valréas, tél. 04 90 35 04 35, info@valdesrois.com V r.-v.

PIERRE VIDAL Cairanne 2012 ★★

■ | 20 000 | | 5 à 8 €

Pierre Vidal, installé à Châteauneuf-du-Pape avec son épouse vigneronne, a créé son négoce en 2010. Une maison déjà bien implantée grâce aux sélections parcellaires vinifiées par ce jeune œnologue formé en Bourgogne.

Au nez, les fruits mûrs s'agrémentent d'un fin boisé aux accents torréfiés, grillés et vanillés. Les épices viennent s'ajouter à cette palette élégante et harmonieuse dans une bouche ample, longue et solidement bâtie. ⌛ 2016-2020 🍴 côte de bœuf ■ **Séguret 2012 ★ (10 000 b.)**: un vin souple, fin et fruité. ⌛ 2014-2018 ■ **Plan de Dieu 2013 ★ (100 000 b.)**: un vin expressif, soyeux, intense. ⌛ 2014-2019

EURL Pierre Vidal, 631, rte de Sorgues, 84230 Châteauneuf-du-Pape, tél. 06 88 88 07 58, contact@pierrevidal.com

VIEUX CLOCHER Cairanne Secret de terroir 2013

■	15 000		5 à 8 €

La famille Arnoux reçut en 1717 du seigneur de Lauris une parcelle de vignes. Aujourd'hui, elle exploite 40 ha en vacqueyras, tout en menant une activité de négociant dans plusieurs autres AOC rhodaniennes.

Ce 2013 s'ouvre sur un joli nez de poivre, de réglisse et de fruits rouges, repris par un palais rond, généreux, soyeux et de bonne longueur. ⌛ 2014-2018 🍴 veau aux olives

SA Arnoux et Fils, Cave du Vieux Clocher, 84190 Vacqueyras, tél. 04 90 65 84 18, info@arnoux-vins.com V t.l.j. 9h-12h30 14h-19h

La vallée du Rhône septentrionale

CÔTE-RÔTIE

• Superficie : 255 ha • Production : 10 603 hl

Situé à Vienne, sur la rive droite du fleuve, c'est le plus ancien vignoble de la vallée du Rhône. Il est réparti entre les communes d'Ampuis, de Saint-Cyr-sur-Rhône et de Tupin-et-Semons. La vigne y est cultivée sur des coteaux très abrupts, presque vertigineux. On distingue la Côte Blonde et la Côte Brune en souvenir d'un certain seigneur de Maugiron qui aurait, par testament, partagé ses terres entre ses deux filles, l'une blonde, l'autre brune. Les vins de la Côte Brune sont les plus corsés, ceux de la Côte Blonde les plus fins.

Le sol est le plus schisteux de la région. Les vins sont uniquement des rouges, obtenus à partir du cépage syrah, mais aussi du viognier, dans une proportion maximale de 20 %. Le côte-rôtie est d'un rouge profond, et offre un bouquet délicat à dominante de framboise et d'épices, avec une touche de violette. Vin de garde d'une bonne structure tannique et très long en bouche, il a indéniablement sa place au sommet de la gamme des vins du Rhône et s'allie parfaitement aux mets convenant aux grands vins rouges.

GUY BERNARD Côte Rozier 2012

■	2 000		30 à 50 €

Un petit domaine dans la famille Bernard depuis plusieurs générations, qui propose des vins dans les appellations côte-rôtie et condrieu.

Issu de vignes de plus de soixante ans plantées au lieu-dit Côte Rozier, à Ampuis, ce vin ne bat pas en retraite, mais propose au contraire un nez puissant de confiture de cerises et de boisé vanillé. Rond, porté par des tanins soyeux, il se montre plus sévère en finale. Encore dans sa jeunesse, il possède un bel avenir. ⌛ 2017-2021 🍴 rôti de bœuf aux champignons

Dom. Guy Bernard, 9, rte de Lyon, 69420 Tupin-et-Semons, tél. 04 74 59 54 04, domaineguybernard@orange.fr V r.-v.

DOM. DE BONSERINE La Vallière 2011 ★★

■	5 000		30 à 50 €

En acquérant en 2006 ce domaine fondé en 1961, agrandi et modernisé dans les années 1990, Marcel Guigal a ajouté un joyau à sa couronne déjà richement décorée : un vignoble de 13 ha plantés majoritairement de « serine », variété ancienne de la syrah : 9 ha en côte-rôtie et 1 ha en condrieu.

Cette cuvée a connu un élevage luxueux de vingt-quatre mois en fût. En découle un bouquet racé de café torréfié sur fond de fruits noirs. En bouche : beaucoup de suavité dès l'attaque, une chair tendre et moelleuse, un équilibre tanins-acidité remarquable pour le millésime et une longue finale réglissée. Ce vin offre la noblesse attendue. ⌛ 2019-2030 🍴 tournedos Rossini ■ **La Garde 2011 ★ (50 à 75 € ; 3 000 b.)**: un an de plus d'élevage pour cette cuvée encore sur la réserve, mais d'un potentiel certain, ample, riche et solidement bâtie. ⌛ 2019-2025 ■ **Les Sans Marche 2012 ★ (50 à 75 € ; 3 000 b.)**: issu de la partie négoce, un vin rond et charnu, qui monte en puissance, porté par des tanins fins et une belle fraîcheur. ⌛ 2017-2022

Dom. de Bonserine, 2, chem. de la Viallière, Verenay, 69420 Ampuis, tél. 04 74 56 14 27, bonserine@wanadoo.fr V t.l.j. sf dim. 9h-17h
Guigal

YVES CUILLERON Terres sombres 2011

■	12 000		30 à 50 €

Une référence de la vallée nord, notamment pour ses condrieu. Établi à Chavanay, Yves Cuilleron a repris en 1987 la propriété créée en 1920 par son grand-père paternel, puis gérée par son oncle Antoine. Il a progressivement agrandi le domaine (59 ha aujourd'hui), établi sur la rive droite du Rhône (condrieu, côte-rôtie, saint-joseph, saint-peray et cornas) et, depuis 2012, sur la rive gauche (crozes-hermitage).

Ces Terres sombres évoquent les couleurs brunes du sol schisteux à l'origine de ce vin passé dix-huit mois en barrique, dont 60 % en fûts neufs. Au nez, le boisé, tendance vanille, est sensible, accompagné de fruits rouges. Il en va de même dans une bouche charnue, étayée par de solides tanins et par une pointe de vivacité en finale. Armé pour bien vieillir. ⌛ 2018-2023 🍴 côte de bœuf

Yves Cuilleron, 58, RD 1086, Verlieu, 42410 Chavanay, tél. 04 74 87 02 37, cave@cuilleron.com V r.-v.

DAUVERGNE RANVIER Face sud 2012 ★

■	2 500		50 à 75 €

Créée en 2004 par François Dauvergne et Jean-François Ranvier, professionnels du vin qui ont décidé d'élaborer leurs propres cuvées après avoir œuvré chez les autres, cette maison de négoce s'affirme d'année en année à travers une gamme de qualité issue de sélections parcellaires.

S'il se montre encore sur la réserve à l'olfaction (discrètes notes de fruits noirs, d'humus et de vanille à l'aération), ce vin se révèle ample, plein, généreux et puissant en bouche, bâti sur des tanins encore austères mais prometteurs et sur une fine acidité. ⌛ 2017-2023 🍴 pintade aux cèpes

Dauvergne-Ranvier, Ch. Saint-Maurice, RN 580, 30290 Laudun-l'Ardoise, tél. 04 66 82 96 57, francois.dauvergne@dauvergne-ranvier.com

♥ **PIERRE GAILLARD** Rose pourpre 2012 ★★

■ | 4 000 | ◖◗ | 75 à 100 €

Pierre Gaillard acquiert ses premiers ceps en 1981 et constitue petit à petit son vignoble, défrichant et plantant de nouvelles parcelles. Établi aux portes du parc régional du Pilat, ce vigneron et négociant réputé du Rhône nord, présent aussi dans le Roussillon (Madeloc à Banyuls-sur-Mer, Cottebrune à Faugères), est à la tête de 77 ha, tous domaines confondus.

Coup de cœur en condrieu l'an passé, coup de cœur en côte-rôtie cette année, Pierre Gaillard prouve de nouveau que son talent s'exerce aussi bien dans les deux couleurs de la vallée septentrionale. Ce vin a tout d'un grand : un nez expressif et typé (vanille, fruits mûrs, épices, violette), un palais rond, onctueux et puissant à la fois, d'une longueur remarquable, et solidement arrimé à des tanins serrés et soyeux. ⧗ 2018-2030 🍴 filet de bœuf à la truffe noire

Pierre Gaillard, lieu-dit Chez-Favier, 42520 Malleval, tél. 04 74 87 13 10, vinsp.gaillard@wanadoo.fr V r.-v.

DOM. GARON Les Triotes 2012 ★

■ | 14 000 | ◖◗ | 30 à 50 €

Les Garon sont établis depuis le XVe s. sur les terres d'Ampuis. Jean-François, Carmen et leurs deux fils y exploitent un petit vignoble de 4,7 ha en côte-rôtie.

Très expressive, cette cuvée, dont la version 2007 fut coup de cœur, offre au nez une véritable corbeille de fruits confiturés (cassis, cerise, myrtille, quetsche). Une attaque franche et minérale ouvre sur une bouche ample, fruitée et généreuse, soulignée par un bon boisé vanillé. Un ensemble harmonieux. ⧗ 2017-2022 🍴 magret aux fruits rouges

Dom. Garon, 58, rte de la Taquière, 69420 Ampuis, tél. 04 74 56 14 11, vins@domainegaron.fr V r.-v.

LA LANDONNE 2010 ★★

■ | n.c. | ◖◗ | + de 100 €

Parmi les crus d'exception de la maison Guigal, La Landonne se distingue à double titre : c'est un vrai lieu-dit cadastré, planté uniquement de syrah sur les pentes vertigineuses de la Côte Blonde aux sols argilo-calcaires riches en oxyde de fer. Comme pour La Turque et La Mouline, l'élevage se prolonge quarante mois.

Plus réservée que ses « cousines » La Mouline et La Turque, cette Landonne en robe noire s'ouvre à l'aération sur le Zan et le goudron agrémentés de petits fruits noirs. Le palais, construit sur une trame de tanins serrés au grain fin, apparaît encore austère. La garantie d'une longue garde. ⧗ 2019-2030 🍴 bécasse rôtie

É. Guigal (La Landonne), Ch. d'Ampuis, 69420 Ampuis, tél. 04 74 56 10 22, contact@guigal.com V r.-v.

STÉPHANE MICHABEL VII 2012

■ | n.c. | ◖◗ | 20 à 30 €

Une structure de négoce créée en 2008 à Chaponost, près de Lyon, qui, grâce à une sélection rigoureuse, propose régulièrement des vins de qualité.

L'élevage en fût a laissé son empreinte dans ce vin au boisé encore très dominateur dès le premier nez. Il en va de même en bouche, où le fruit reste en retrait, mais sa matière bien étoffée et sa solide structure tannique devraient lui assurer une bonne évolution dans le temps. ⧗ 2018-2022 🍴 civet de biche

Vignobles et Domaines du Rhône, 14, rue Rhin-et-Danube, 69009 Lyon, tél. 04 37 24 24 50, contact@vignobles-domaines-du-rhone.fr

STÉPHANE MONTEZ DU MONTEILLET Fortis 2011 ★

■ | 11 000 | ◖◗ | 30 à 50 €

Si les origines du domaine remontent au XVIe s., les Montez y cultivent la vigne depuis 1741. Installé en 1999 à la suite de son père Antoine, Stéphane Montez conduit aujourd'hui un vignoble de 28 ha (cornas, côte-rôtie et saint-joseph) établi sur les hauteurs de Chavanay, à 320 m d'altitude. Une valeur sûre de la vallée septentrionale.

Né dans la Côte Blonde, ce 2011 dévoile un bouquet très expressif de fruits rouges et noirs à maturité, et d'épices douces. Le palais séduit par sa rondeur et son soyeux avenants, la finesse et l'amabilité de ses tanins. Un vin que l'on appréciera aussi bien jeune que vieux. ⧗ 2017-2023 🍴 canard rôti au miel

Stéphane Montez, Dom. du Monteillet 6, 42410 Chavanay, tél. 04 74 87 24 57, stephanemontez@aol.com V r.-v.

LA MOULINE 2010 ★★

■ | n.c. | ◖◗ | + de 100 €

S'accrochant aux pentes escarpées de la Côte Blonde, qui rappellent les gradins d'un amphithéâtre, La Mouline naît d'un terroir de gneiss. Parmi les « trésors » de la famille Guigal, ce côte-rotie est celui qui possède la part la plus importante de viognier dans l'assemblage : 11 %. L'élevage y est aussi luxueux (quarante mois) que pour les autres fleurons de la maison.

Affichant déjà une belle maturité, ce vin à la robe profonde joue sur la fumée, la suie et le menthol, et sur des arômes de griotte macérée. Elle possède la fraîcheur des grands côte-rôtie, une matière puissante et ample, soutenue par un boisé bien fondu et par des tanins veloutés. ⧗ 2018-2025 🍴 lièvre à la royale

É. Guigal (La Mouline), Ch. d'Ampuis, 69420 Ampuis, tél. 04 74 56 10 22, contact@guigal.com V r.-v.

CÉDRIC PARPETTE Montmain 2012 ★★

■ | 8 000 | ◖◗ | 20 à 30 €

Un petit domaine de 4 ha entièrement dédié à l'appellation côte-rôtie, créé en 1988 à Ampuis et conduit depuis 2003 par Cédric Parpette.

Les lecteurs les plus fidèles se rappelleront peut-être l'entrée en fanfare dans le Guide de ce domaine, coup de

RHÔNE

cœur pour sa côte-rôtie 2006. Le revoici avec un 2012 qui n'a pas à rougir au côté de son « grand frère ». Un Montmain – non, nous ne sommes pas à Chablis, mais bien dans un lieu-dit des environs d'Ampuis – qui se révèle lentement sur la confiture de cassis et la gelée de myrtille. Après une attaque franche et fraîche, la bouche se montre ample et généreuse, longuement portée par un boisé doux aux accents de caramel mou et par des tanins soyeux. ⧗ 2017-2024 agneau aux épices

Cédric Parpette, 9, rte du Lacat, 69420 Ampuis, tél. 04 74 20 17 86, cedric.parpette@orange.fr
V r.-v.

DOM. PICHAT
Champon's 2012 ★★

■	8 000		20 à 30 €

Stéphane Pichat a donné du souffle à ce domaine ancien, fondé par ses arrière-grands-parents. Installé en 2000, il lance la mise en bouteilles (1 000 au commencement, 15 à 20 000 aujourd'hui) et signe à partir de 4,5 ha en côte-rôtie et en condrieu des vins d'une qualité toujours irréprochable.

Cette fois encore, l'élevage long a eu la préférence du vigneron : vingt-quatre mois pour cet assemblage de parcelles (85 % proviennent des schistes du Champon). Dans le verre, un vin d'un noir profond. Au nez, un fruité mûr, qui évoque une tarte aux cerises noires, souligné par un fin vanillé. En bouche : beaucoup de volume, de l'onctuosité, un boisé bien maîtrisé, des tanins serrés et soyeux, plus fermes en finale, la promesse d'un avenir radieux. ⧗ 2019-2030 souris d'agneau confite

Dom. Pichat, 6, chem. de la Viallière, 69420 Ampuis, tél. 04 74 48 37 23, info@domainepichat.com
V r.-v.

DOM. CHRISTOPHE PICHON
Rozier 2012 ★

■	2 500		30 à 50 €

Christophe Pichon a travaillé au côté de son père avant de reprendre seul, en 1991, l'exploitation établie dans le parc du Pilat : 14 ha aujourd'hui répartis dans les appellations condrieu, dont il est l'actuel président, côte-rôtie et saint-joseph.

Cette cuvée portant le nom d'un lieu-dit cadastré a connu un élevage de quinze mois en fûts neufs qui apporte des notes de pain grillé et de moka côtoyant les fruits confiturés. Si pour l'heure les tanins restent vaillants, ils confèrent beaucoup de tenue et de volume à une bouche élégante et longue, et annoncent de beaux jours pour ce vin. ⧗ 2017-2024 filet de sanglier aux cèpes ■ La Comtesse en Côte Blonde 2012 (50 à 75 € ; 2 500 b.) : un boisé vanillé plaisant et un fruité chaleureux au nez, un palais doux et souple, aux tanins fondus. De moins longue garde. ⧗ 2016-2019

SARL Christophe Pichon, 36, Le Grand-Val, Verlieu, 42410 Chavanay, tél. 04 74 87 06 78, chrpichon@wanadoo.fr V t.l.j. 10h-12h 14h-18h

DOM. DES PIERRELLES 2011

■	4 700		75 à 100 €

Fondée en 1834, la vénérable maison Paul Jaboulet propose une large gamme issue de son négoce et de sa centaine d'hectares répartie dans plusieurs domaines septentrionaux, dont le mythique La Chapelle en hermitage. Rachetée en 2006 par la famille Frey, propriétaire en Champagne et dans le Bordelais (La Lagune), elle est dirigée par Caroline Frey.

Les pierrelles (ou chaillés) sont des terrasses de granite en coteaux. Ici, 2 ha en conversion bio plantés de syrah de trente-cinq ans d'âge, à l'origine d'un vin qualifié de « moderne » : de la fraîcheur, un fruité généreux (fraise mûre), un boisé présent mais bien intégré, des tanins souples et ronds. Un ensemble harmonieux. ⧗ 2017-2021 perdreau à la broche

Dom. Paul Jaboulet Aîné, RN 7 - Les Jalets, BP 46, 26600 Tain-l'Hermitage, tél. 04 75 84 68 93, info@jaboulet.com V t.l.j. 10h-19h

DOM. DE ROSIERS 2011 ★

■	20 000		30 à 50 €

Maxime Gourdain a pris en 2013 la suite de son oncle Louis Drevon sur ce domaine de 7,5 ha créé en 1976 par son grand-père André Drevon.

Assemblage de diverses parcelles, ce 2011 élevé dix-huit mois en fût associe 3 % de viognier à la syrah. Un vin de caractère au nez intense de violette et de cassis, ample, solide et soutenu par un boisé bien maîtrisé en bouche. Un beau mariage du charme et de la puissance. ⧗ 2018-2025 cuissot de chevreuil ■ Cœur de rose 2011 ★ (1 500 b.) : sélection de six fûts du domaine, faite sur dégustation avant assemblage de la cuvée principale. Un vin viril, tannique et long. ⧗ 2018-2025

Dom. de Rosiers, 3, rue des Moutonnes, 69420 Ampuis, tél. 04 74 56 11 38, domainederosiers@gmail.com V r.-v.

♥ LA TURQUE 2010 ★★★

■	n.c.		+ de 100 €

Le fleuron des vignobles Guigal. Une parcelle impressionnante implantée dans la Côte Brune, sur des sols de schistes riches en oxyde de fer. Négligée pendant des décennies, puis replantée en 1985 par Étienne Guigal, fondateur du domaine en 1946, suppléé par son fils Marcel en 1961. Des ceps de syrah associés à 7 % de viognier et un élevage luxueux de quarante mois donnent naissance à l'un des plus grands vins de la vallée du Rhône nord.

La maison Guigal, une fois de plus, nous régale avec cette Turque 2010 au nez intense et racé de fruits rouges macérés rehaussés de réglisse et soulignés par un boisé très fondu. Le palais montre un relief impressionnant et prouve que finesse et concentration ne sont pas antagonistes. Un dégustateur mélomane évoque Gerry Mulligan, saxo baryton et compositeur hors pair, passé maître dans l'art du contrepoint… ⧗ 2018-2030 gigot de sept heures

É. Guigal (La Turque), Ch. d'Ampuis, 69420 Ampuis, tél. 04 74 56 10 22, contact@guigal.com V r.-v.

Vallée du Rhône (partie septentrionale)

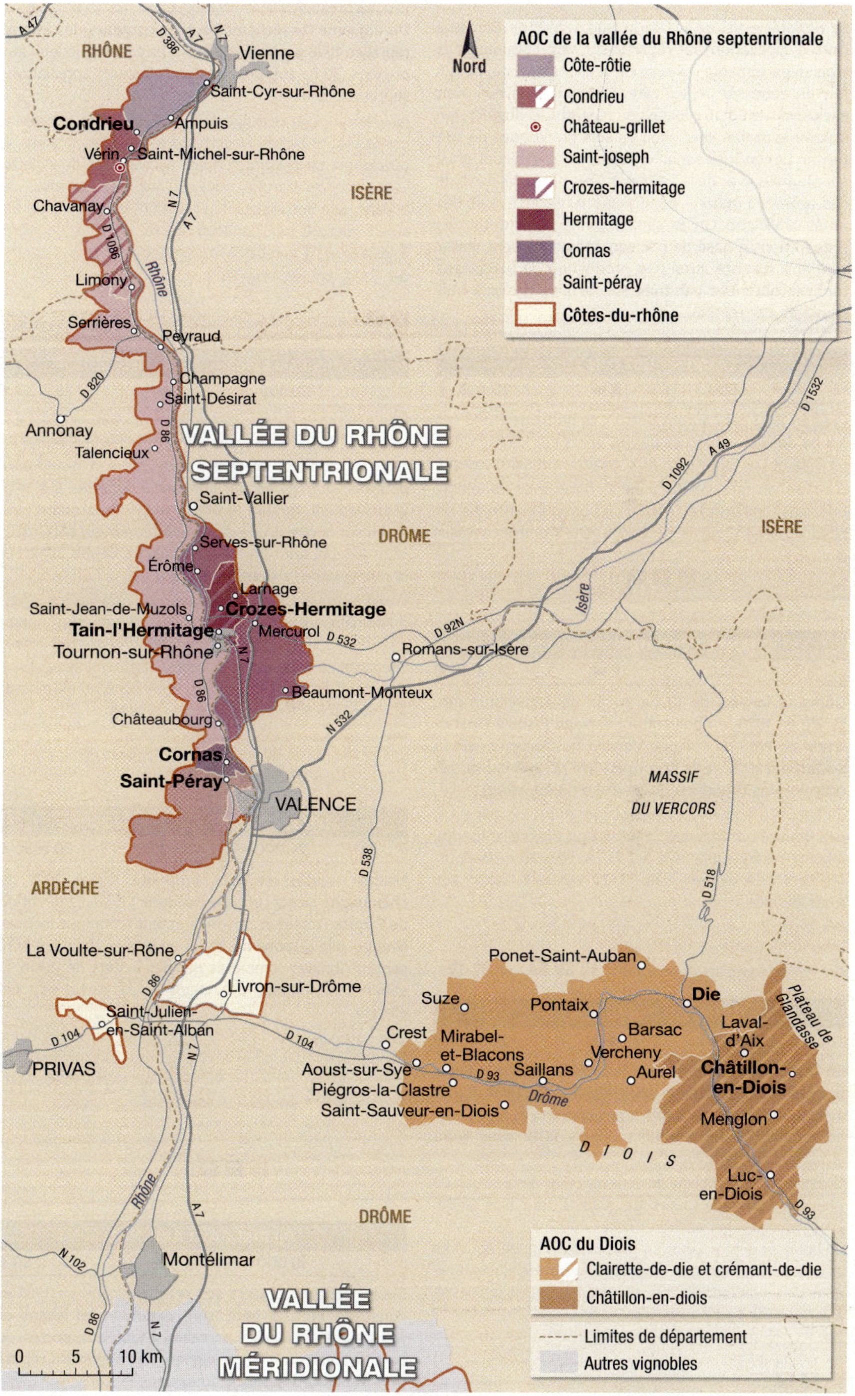

CONDRIEU

• Superficie : 145 ha • Production : 5 265 hl

Le vignoble est situé à 11 km au sud de Vienne. Bien que l'aire d'appellation soit répartie sur sept communes et trois départements, sa superficie est restreinte, ce qui fait du condrieu un vin rare. D'autant plus qu'il naît exclusivement d'un cépage peu répandu, le viognier, qui s'exprime parfaitement sur les sols granitiques de son terroir. Le condrieu est un vin blanc riche en alcool, gras, souple, mais avec de la fraîcheur. Très parfumé, il exhale des arômes floraux – où domine la violette – et des notes d'abricot. On le servira jeune, sur toutes les préparations à base de poisson, même s'il peut vieillir cinq ans. Il existe aussi une production de vendanges tardives obtenues par tries successives (jusqu'à huit passages par récolte).

LAUREN BETTON 2012

3 500		20 à 30 €

Créé en 1993 par Laurent Betton, ce domaine étend ses 3,8 ha de vignes battues par les vents sur les lieux-dits La Côte et Les Eguets, en AOC condrieu et saint-joseph.

C'est un vin frais, tendu, minéral, boisé avec discrétion, finement floral (rose) et fruité au nez comme en bouche. Un condrieu ciselé et équilibré. 2014-2017 omble chevalier

Laurent Betton, 5, La Côte, 42410 Chavanay, tél. 06 08 07 88 98 V t.l.j. 8h-12h 14h-19h; sam. dim. sur r.-v.

CHANTE-PERDRIX Authentic 2012

5 500		20 à 30 €

Domaine familial de 10 ha en fin de conversion bio, fondé en 1828, en polyculture-élevage jusqu'à l'installation en 1988 de Philippe Verzier, qui l'oriente vers la seule vigne et sort de la coopérative pour élaborer ses propres vins (condrieu, saint-joseph, côte-rôtie).

Cette cuvée s'ouvre sur l'abricot bien mûr et le coing. Un peu dominé par l'élevage, le palais doit encore se fondre, mais la matière première est là, et l'équilibre rondeur-fraîcheur déjà bien en place. 2014-2018 risotto aux fruits de mer

Vignoble Verzier, Chante-Perdrix, 7, Izeras, 42410 Chavanay, tél. 04 74 87 06 36, chanteperdrixverzier@wanadoo.fr V r.-v.

DOM. DU CHÊNE 2012 ★

13 000		20 à 30 €

En 1985, Marc et Dominique Rouvière ont acquis cette propriété située dans le parc régional du Pilat. Partis avec 5,5 ha en saint-joseph et en condrieu, ils exploitent aujourd'hui 16 ha, conduits depuis 2012 avec leurs enfants Anaïs et Julien.

Ce condrieu, assemblage de deux parcelles des coteaux de Chavanay, possède toutes les qualités pour bien vieillir. Fruits jaunes, léger vanillé et notes minérales composent un bouquet délicat. Le palais associe dans un bel équilibre gras, rondeur, fraîcheur « terroitée » et boisé ajusté. Bien dans le ton de l'appellation : du caractère et de la finesse. 2014-2020 raie au beurre blanc

Famille Rouvière, 8, Le Pêcher, 42410 Chavanay, tél. 04 74 87 27 34, rouviere.marc@wanadoo.fr V r.-v.

LOUIS CHÈZE Pagus Luminis 2012 ★

12 000		20 à 30 €

Un domaine familial établi sur les hauteurs de Limony, repris en 1978 par Louis Chèze : 1 ha en saint-joseph aux origines, 30 ha aujourd'hui, dans plusieurs appellations septentrionales.

La vinification et l'élevage de neuf mois en fût n'écrasent pas le vin ; le boisé est certes présent, mais il laisse se développer de plaisantes notes de pêche et de violette. Une structure bien en place, un joli gras en milieu de bouche, une fine minéralité et une finale élégante sur les amers signent un condrieu alerte et bien équilibré. 2014-2020 gambas à la citronnelle

SARL Louis Chèze, Pangon, 07340 Limony, tél. 04 75 34 02 88, contact@domainecheze.com V r.-v.

YVES CUILLERON Les Chaillets 2012 ★

20 500		20 à 30 €

Une référence de la vallée nord, notamment pour ses condrieu. Établi à Chavanay, Yves Cuilleron a repris en 1987 la propriété créée en 1920 par son grand-père paternel, puis gérée par son oncle Antoine. Il a progressivement agrandi le domaine (59 ha aujourd'hui), établi sur la rive droite du Rhône (condrieu, côte-rôtie, saint-joseph, saint-peray et cornas) et, depuis 2012, sur la rive gauche (crozes-hermitage).

Comme souvent, cette cuvée née des plus vieilles vignes du domaine met en avant la puissance, sans pour autant y perdre en élégance. La dégustation s'ouvre sur un nez intense et complexe, toasté, beurré, fruité (mangue), floral et minéral. En bouche, le vin se révèle riche, ample et long. 2015-2020 foie gras poêlé à l'ananas

Yves Cuilleron, 58, RD 1086, Verlieu, 42410 Chavanay, tél. 04 74 87 02 37, cave@cuilleron.com V r.-v.

DELAS FRÈRES La Galopine 2012

24 000		30 à 50 €

Maison fondée en 1835, propriété depuis 1977 du champagne Deutz (groupe Roederer). Sous la direction de Fabrice Rosset et de son directeur technique Jacques Grange, elle dispose de 30 ha en propre dans les AOC septentrionales complétés par des achats de raisin, la gamme méridionale provenant de la partie négoce-éleveur.

Une cuvée sans fard que cette Galopine, sans bois, d'une bonne typicité. Rose et abricot composent un bouquet frais et délicat, prolongé par un palais alerte et équilibré. 2014-2018 poulet aux écrevisses

Delas Frères, ZA de l'Olivet, 07300 Saint-Jean-de-Muzols, tél. 04 75 08 60 30, france@delas.com V t.l.j. sf dim. (ouv. en juil.-août) 9h30-12h 14h30-18h30 Champagne Deutz

PIERRE GAILLARD 2013

10 000		30 à 50 €

Pierre Gaillard acquiert ses premiers ceps en 1981 et constitue petit à petit son vignoble, défrichant et plantant de nouvelles parcelles. Établi aux portes du parc régional du Pilat, ce vigneron et négociant réputé du Rhône nord, présent aussi dans le Roussillon (Ma-

deloc à Banyuls-sur-Mer, Cottebrune à Faugères), est à la tête de 77 ha, tous domaines confondus.

Bien qu'encore un peu jeune pour être apprécié à sa juste valeur, ce vin affiche déjà de belles qualités, à commencer par son nez minéral et fruité (ananas, agrumes), avec un boisé fin en soutien. Un côté frais et tonique que l'on retrouve dans une bouche qui ne manque pas de rondeur et qui doit encore fondre ses notes d'élevage. ⧗ 2016-2019 ▼ poulet au citron

Pierre Gaillard, lieu-dit Chez-Favier, 42520 Malleval, tél. 04 74 87 13 10, vinsp.gaillard@wanadoo.fr V r.-v.

ANTOINE MARIN La Granitée 2012 ★★

10 000 | 20 à 30 €

Les Vins du Concours est une maison de négoce spécialisée dans les rosés du Sud-Est et les vins rhodaniens, fondée par Gérard Sauzon, autrefois vigneron dans le Beaujolais.

Nouveauté de la maison créée en 2012, ce condrieu élevé en barrique pendant un an, dont 25 % en bois neuf, séduit d'emblée par son bouquet ouvert sur le beurre, le toasté, le pamplemousse et les fleurs blanches, avec une belle fraîcheur minérale en soutien. Une fraîcheur qui se décline aussi en bouche, apportant du nerf et de l'équilibre. ⧗ 2015-2018 ▼ feuilleté au saumon

SARL Les Vins du Concours, 518, Chavanne, 69400 Arnas, tél. 04 74 06 87 01, gsauzon@wanadoo.fr r.-v. Gérard Sauzon

RÉMI NIERO Chéry 2012

4 400 | 30 à 50 €

En 1985, Robert Niero quitte le secteur bancaire pour reprendre le domaine fondé en 1973 par son oncle Jean Pinchon. Il s'attèle aux plantations et porte le vignoble à 4 ha (6 ha aujourd'hui, en condrieu et en côte-rôtie). Un développement que poursuit son fils Rémi, arrivé en 2004, aux commandes depuis 2010.

Cette cuvée mêle à l'olfaction l'abricot, l'amande et la rose. Des arômes délicats repris par un palais fin, gras sans lourdeur, encore un peu sous l'emprise du bois en finale. ⧗ 2015-2018 ▼ cassolette de fruits de mer

Rémi Niero, imp. du Pressoir, rue de la Mairie, 69420 Condrieu, tél. 04 74 56 86 99, domaine@vins-niero.com V r.-v.

♥ ANDRÉ PERRET Clos Chanson 2012 ★★

1 800 | 30 à 50 €

André Perret, alors biologiste, succède à son père en 1982 à la tête d'une petite vigne de 1,5 ha au lieu-dit Verlieu, à l'époque où Georges Vernay et quelques autres font renaître le condrieu. Il s'agrandit au fil des ans par achat, location et plantation – 12 ha de coteaux abrupts en terrasses aujourd'hui – et s'impose comme l'un des grands élaborateurs de vins blancs rhodaniens.

Coup de cœur en saint-joseph, André Perret double la mise avec ce condrieu dont le seul défaut est la confidentialité. Un vin proche de la perfection, qui met l'eau à la bouche par son bouquet élégant d'agrumes et d'épices douces sur fond brioché. Un vin élevé dans les règles de l'art, boisé mais pas trop, qui allie puissance, volume, générosité, persistance aromatique, tout en conservant un caractère aérien et une grande finesse. ⧗ 2015-2020 ▼ bar et flan d'asperges ■ Chéry 2012 ★ (12 000 b.) : ce lieu-dit réputé donne naissance à un vin expressif (brioché, floral et fruité), à la fois rond et minéral, encore un peu sous l'emprise du bois. ⧗ 2015-2020

André Perret, 17, RD 1086, Verlieu, 42410 Chavanay, tél. 04 74 87 24 74, andre.perret@terre-net.fr V r.-v.

DOM. RICHARD L'Amaraze 2012 ★

6 440 | 20 à 30 €

Installé en 1984 sur le domaine familial et succédant à deux générations de vignerons-arboriculteurs, Hervé Richard décide de se spécialiser dans la vigne. Avec son épouse Marité, il travaille aujourd'hui 8,5 ha de condrieu et de saint-joseph.

L'Amaraze est un lieu-dit de la commune de Saint-Michel-sur-Rhône, en friche jusqu'en 1985 puis remis en culture. Près de trente ans plus tard, les vignes donnent naissance à ce vin équilibré, qui développe un nez typé de pêche blanche et d'abricot. Le palais ample, souple et rond est soutenu par une pointe de fraîcheur avant de se montrer plus chaleureux en finale. ⧗ 2015-2020 ▼ filets de lieu jaune sauce safranée

Hervé et Marité Richard, 3, RD 1086, Verlieu, 42410 Chavanay, tél. 04 74 87 07 75, h.richard@42.sideral.fr V r.-v.

DOM. GEORGES VERNAY Les Terrasses de l'Empire 2012 ★★

20 000 | 30 à 50 €

Si l'histoire débute avec Francis Vernay, c'est son fils Georges, fer de lance du renouveau de l'AOC condrieu, qui convertit la vigne familiale en trésor en créant le domaine en 1953 : 1,5 ha au pied du coteau de Vernon, 18 ha aujourd'hui. Depuis 1997, sa fille Christine poursuit son œuvre, apportant sa patte aux vins rouges, tout en maintenant le condrieu comme cœur battant du domaine.

Référence à l'histoire de la région, lorsque le Rhône dessinait la frontière entre l'empire germanique et le royaume de France, cette cuvée se distingue avant tout par sa droiture. C'est un vin au nez très frais, minéral et citronné, relayé par une bouche tendue, dynamique, fine et longue. ⧗ 2014-2019 ▼ carpaccio de saint-jacques

Dom. Georges Vernay, 1, RN 86, 69420 Condrieu, tél. 04 74 56 81 81, pa@georges-vernay.fr V r.-v.

PIERRE-JEAN VILLA Jardin suspendu 2012 ★

2 200 | 30 à 50 €

Après avoir œuvré en Bourgogne – où il a créé un négoce avec Olivier Decelle (Mas Amiel) – et dans le Rhône (Vins de Vienne), Pierre-Jean Villa est revenu sur sa terre natale de Chavanay en 2009 pour créer son domaine : 1 ha à la frontière des AOC condrieu et saint-joseph, 11 ha aujourd'hui, et l'une des valeurs montantes du vignoble rhodanien.

Le nom de cette cuvée rappelle le temps pas si lointain où les terrasses de Condrieu étaient des jardins dans

RHÔNE

lesquels on faisait son potager... Le viognier, qui a pris le relais, pour le plus grand plaisir des œnophiles, donne ici un vin oscillant entre les agrumes, la pêche, l'abricot et la violette. En bouche : de la puissance, du volume, du gras et une fine acidité en finale qui apporte équilibre et tenue. ⧗ 2015-2020 🍷 poulet sauté au gingembre

Dom. Pierre-Jean Villa, 5, rte de Pelussin, 42410 Chavanay, tél. 04 74 54 41 10, contact@pierre-jean-villa.com V r.-v.

♥ FRANÇOIS VILLARD
Le Grand Vallon 2012 ★★

| 7 500 | 30 à 50 € |

Vigneron réputé de la vallée du Rhône nord, François Villard, ancien cuisinier, s'est installé en 1989 à Saint-Michel-sur-Rhône pour créer son vignoble : 29 ha aujourd'hui dans cinq crus, complétés par une petite activité d'achat de raisin. Dans son chai cathédrale naissent de beaux vins dans les deux couleurs.

Un élevage de 35 % en fûts neufs et 65 % en fûts de deux à quatre ans apporte à ce condrieu haut de gamme un vanillé délicat et fondu qui accompagne la pêche, les agrumes et une touche élégante d'iris. Ce boisé convaincant vient en soutien d'un palais sortant du lot par sa finesse, sa vitalité, son équilibre entre rondeur et minéralité. ⧗ 2015-2019 🍷 navarin de homard

François Villard, 330, rte du Réseau-Ange, 42410 Saint-Michel-sur-Rhône, tél. 04 74 56 83 60, vinsvillard@wanadoo.fr V r.-v.

SAINT-JOSEPH

• Superficie : 1 160 ha • Production : 42 110 hl (92 % rouge)

Sur la rive droite du Rhône, l'appellation saint-joseph s'étend sur 26 communes de l'Ardèche et de la Loire. Ses coteaux en pente escarpée offrent de belles vues sur les Alpes, le mont Pilat et les gorges du Doux. Les vignes croissent sur des sols granitiques. La syrah engendre des vins rouges élégants, relativement légers et tendres, aux arômes subtils de framboise, de poivre et de cassis, qui se révéleront sur les volailles grillées ou sur certains fromages. Les cépages roussanne et marsanne donnent des vins blancs gras, aux parfums délicats de fleurs, de fruits et de miel. Ils rappellent les hermitage mais sont à servir assez jeunes.

DOM. BLACHON Hommage Roger 2012 ★

| 3 400 | 15 à 20 € |

Roger Blachon crée le domaine en 1973 et se lance dans la commercialisation en bouteilles en 1984. Après son décès en 2006, son épouse et ses deux enfants poursuivent son œuvre sur un vignoble de 7 ha.

Hommage au fondateur, cette cuvée s'ouvre sans réserve sur le cassis un rien acidulé. Frais en attaque, le palais déploie une matière riche, suave et concentrée, étayée par des tanins fins et apte à une bonne garde. ⧗ 2018-2022 🍷 daube de bœuf

EARL Dom. Blachon, 31, chem. des Goules, 07300 Mauves, tél. 04 75 08 61 12, rblachon2@wanadoo.fr V t.l.j. sf dim. 8h-12h 14h-19h; f. août

DE BOISSEYT-CHOL Les Rivoires 2011

| 7 000 | 20 à 30 € |

Six générations se sont succédé sur cette propriété de Chavanay acquise par la famille en 1797. Aux commandes depuis 1988, Agnès et Didier Chol conduisent un vignoble de 11 ha en saint-joseph, condrieu et côte-rôtie.

Ce vin noir, qui a connu un élevage luxueux de vingt-trois mois en pièces de chêne, livre un bouquet intense de fruits noirs à l'alcool, vivifié par une touche minérale. Ample et charnu, le palais offre un grain de tanin soyeux avant de se révéler plus austère et boisé en finale. À laisser vieillir pour que l'ensemble se fonde. ⧗ 2017-2023 🍷 filet de sanglier à la tomate

De Boisseyt-Chol, 178, RD 1086, Les Prairies, 42410 Chavanay, tél. 04 74 87 23 45, infos@deboisseyt-chol.com V t.l.j. sf dim. 9h-12h 14h-18h; f. 15 août 15 sept. Didier Chol

BROTTE Marandy 2012

| 12 000 | 11 à 15 € |

Cette maison réputée, fondée en 1931 par Charles Brotte, pionnier de la mise en bouteilles dans la vallée du Rhône, est aujourd'hui dirigée par Laurent, petit-fils du fondateur. Elle vinifie ses propres vignes et opère des sélections parcellaires pour son négoce.

Ce vin, élevé pour une partie en cuve et une partie en foudre, se révèle net, souple et simple, sans recherche de concentration, ouvert sur les fruits rouges et les épices douces (vanille, cannelle) au nez, sur la muscade et la réglisse en bouche. À déguster dans sa jeunesse. ⧗ 2014-2017 🍷 tartare de bœuf

Brotte, Le Clos, rte d'Avignon, 84230 Châteauneuf-du-Pape, tél. 04 90 83 70 07, brotte@brotte.com V t.l.j. 9h-12h 14h-18h

LOUIS CHÈZE Ro-Rée 2012 ★

| 30 000 | 11 à 15 € |

Un domaine familial établi sur les hauteurs de Limony, repris en 1978 par Louis Chèze : 1 ha en saint-joseph aux origines, 30 ha aujourd'hui, dans plusieurs appellations septentrionales.

Le vin se livre avec retenue, offrant un bouquet discret mais délicat qui s'ouvre peu à peu sur la violette, les fruits rouges, le minéral et quelques touches grillées. Une attaque souple et alerte introduit un palais ample, tendre, aux tanins soyeux, parcouru jusqu'en finale par une belle fraîcheur. ⧗ 2017-2020 🍷 sauté d'agneau au poivre ■ Ro-Rée 2012 ★ (15 à 20 € ; 16 000 b.) : une cuvée saluée pour son expressivité (fleurs blanches, beurre, fruits secs), son gras et son boisé fondu. ⧗ 2014-2017

SARL Louis Chèze, Pangon, 07340 Limony, tél. 04 75 34 02 88, contact@domainecheze.com V r.-v.

DOM. COURBIS 2012 ★★

| 10 000 | 15 à 20 € |

Une valeur sûre de la vallée septentrionale, notamment dans les AOC cornas et saint-joseph. Dominique et Lau-

rent Courbis conduisent depuis la fin des années 1980, à la suite de leur père, un vignoble de 33 ha dont les origines remontent au XVIe s. L'essentiel des vignes est perché sur des coteaux très abrupts, à plus de 250 m d'altitude.

Ce vin à forte dominante de marsanne complétée par un soupçon de roussanne dévoile un nez intense et complexe : fruits mûrs, fumé, noisette, note minérale... Le palais, ample et long, affiche un équilibre remarquable entre le boisé, le gras et la fraîcheur. ⧗ 2015-2019 ♆ brandade de morue ■ 2012 ★ (50 000 b.) : un vin complet au fruité intense et mûr, concentré et bien charpenté en bouche. ⧗ 2017-2020 ■ Les Royes 2012 ★ (20 à 30 € ; 18 000 b.) : de belle tenue, à la fois fin, souple et riche. ⧗ 2017-2020 ■ Les Royes 2012 ★ (20 à 30 € ; 3 000 b.) : un fruité généreux et confituré, un boisé racé, de la sève, du gras et une juste vivacité. ⧗ 2016-2020

⊶ Dom. Courbis, rte de Saint-Romain, 07130 Châteaubourg, tél. 04 75 81 81 60, contact@domaine-courbis.fr V 🚶 🍷 t.l.j. sf dim. 9h-12h 14h-18h; sam. sur r.-v.

PIERRE ET JÉRÔME COURSODON Silice 2012 ★

■	35 000	◖◗	20 à 30 €

Établis depuis cinq générations à Mauves, berceau de l'appellation saint-joseph, Pierre Coursodon, le père, et Jérôme, le fils, installé en 2000, sont à la tête de 16 ha de vignes dédiés au seul saint-joseph, essentiellement dans sa version rouge. Depuis longtemps, le Guide sélectionne les vins de ce domaine d'une constance rare, abonné aux coups de cœur.

Après un blanc 2011 remarquable, coup de cœur dans la précédente édition, retour au rouge avec ce vin d'école par excellence, dont le nom évoque l'élément essentiel des terroirs granitiques du domaine. Un nez élégant et typé de fruits noirs, d'épices, de violette et de boisé fondu. Une bouche certes encore un peu dominée par l'élevage, mais bien balancée entre suavité, pointe de fraîcheur et tanins fins. ⧗ 2017-2021 ♆ pigeon rôti ■ L'Olivaie 2012 (8 000 b.) : de la finesse, de la fraîcheur, un joli fruit. ⧗ 2016-2019 ■ Le Paradis Saint-Pierre 2012 ★ (3 500 b.) : un vin expressif (fleurs blanches, miel, vanille) et « pédagogique » là aussi, pour son équilibre gras-acidité et pour la maîtrise de l'élevage. ⧗ 2015-2018

⊶ Dom. Coursodon, 3, pl. du Marché, 07300 Mauves, tél. 04 75 08 18 29, pierre.coursodon@wanadoo.fr V 🍷 r.-v.

DOM. DE LA CROIX DES VIGNES 2011 ★

■	4 700	▮ ◖◗	30 à 50 €

Fondée en 1834, la vénérable maison Paul Jaboulet propose une large gamme issue de son négoce et de sa centaine d'hectares répartie dans plusieurs domaines septentrionaux, dont le mythique La Chapelle en hermitage. Rachetée en 2006 par la famille Frey, propriétaire en Champagne et dans le Bordelais (La Lagune), elle est dirigée par Caroline Frey.

Cette cuvée, qui tire son nom d'une croix plantée au sommet du vignoble, dévoile un joli nez mêlant torréfaction et fruits très mûrs. La bouche est celle d'un vin encore jeune, mais déjà équilibré, puissant dès l'attaque, porté par de beaux tanins réglissés et par un boisé bien intégré. ⧗ 2017-2021 ♆ pavé de biche aux fruits rouges

⊶ Dom. Paul Jaboulet Aîné, RN 7 - Les Jalets, BP 46, 26600 Tain-l'Hermitage, tél. 04 75 84 68 93, info@jaboulet.com V 🍷 t.l.j. 10h-19h
⊶ Caroline Frey

CUILLERON Les Serines 2011

■	15 000	◖◗	20 à 30 €

Une référence de la vallée nord, notamment pour ses condrieu. Établi à Chavanay, Yves Cuilleron a repris en 1987 la propriété créée en 1920 par son grand-père paternel, puis gérée par son oncle Antoine. Il a progressivement agrandi le domaine (59 ha aujourd'hui), établi sur la rive droite du Rhône (condrieu, côte-rôtie, saint-joseph, saint-peray et cornas) et, depuis 2012, sur la rive gauche (crozes-hermitage).

Après une attaque fraîche et alerte, c'est la rondeur et le charnu qui qualifient cette agréable cuvée Les Serines (du nom local de la syrah) aux senteurs de griotte et de réglisse complétées par un boisé vanillé délicat. ⧗ 2014-2018 ♆ magret de canard aux cerises

⊶ Yves Cuilleron, 58, RD 1086, Verlieu, 42410 Chavanay, tél. 04 74 87 02 37, cave@cuilleron.com V 🚶 🍷 r.-v.

DAUVERGNE RANVIER Les Racines du ciel 2012 ★

■	20 000	▮ ◖◗	15 à 20 €

Créé en 2004 par François Dauvergne et Jean-François Ranvier, professionnels du vin qui après avoir œuvré chez les autres ont décidé d'élaborer leurs propres cuvées, ce négoce s'affirme d'année en année comme une valeur sûre.

Cette maison a pris ses marques dans le Guide. Elle propose avec ce saint-joseph un vin généreux et puissant, au nez complexe de fruits noirs confiturés, d'épices douces (muscade, cannelle), de grillé et de cacao, ample, suave et chaleureux en bouche, soutenu par des tanins soyeux. Un vin septentrional à l'accent méridional. ⧗ 2017-2021 ♆ joues de bœuf au vin rouge

⊶ Dauvergne Ranvier, Ch. Saint-Maurice, RN 580, L'Ardoise, 30290 Laudun, tél. 04 66 82 96 57, francois.dauvergne@dauvergne-ranvier.com

DELAS François de Tournon 2012 ★

■	19 000	▮	20 à 30 €

Maison fondée en 1835, propriété depuis 1977 du champagne Deutz (groupe Roederer). Sous la direction de Fabrice Rosset et de son directeur technique Jacques Grange, elle dispose de 30 ha en propre dans les AOC septentrionales complétés par des achats de raisin, la gamme méridionale provenant de la partie négoce-éleveur.

Ce vin au caractère très velouté évoque le fruit mûr, la truffe au chocolat, le caramel mou et offre un bel équilibre assuré par une juste fraîcheur. Un vin à la fois charmeur et « droit dans ses bottes ». ⧗ 2015-2019 ♆ civet de lièvre ■ Les Challeys 2012 (15 à 20 € ; 50 000 b.) : bien typé, quoique un un peu austère, ce vin joue sur la mûre... très mûre. ⧗ 2016-2019

⊶ Delas Frères, ZA de l'Olivet, 07300 Saint-Jean-de-Muzols, tél. 04 75 08 60 30, france@delas.com V 🚶 🍷 t.l.j. sf dim. (ouv. en juil.-août) 9h30-12h 14h30-18h30 ⊶ Champagne Deutz

DOM. ÉRIC ET JOËL DURAND
Les Coteaux 2012 ★

■ | 25 000 | | 15 à 20 €

Un domaine familial de 20 ha constant en qualité, établi au sud de l'appellation saint-joseph et aux portes de celle de cornas, conduit par les frères Éric et Joël Durand.

Encore sur la réserve à l'olfaction, ce 2012 délivre à l'aération des arômes de fruits frais (cerise) mêlés d'épices. L'élevage, discret (nuances de chocolat), est bien maîtrisé. Bâti sur des tanins fins, un rien plus austères en finale, le palais se singularise avant tout par sa fraîcheur, sans toutefois manquer de gras. ⧗ 2017-2022 ♈ pavé de biche aux airelles

Éric et Joël Durand, 2, impasse de la Fontaine, 07130 Châteaubourg, tél. 04 75 40 46 78, ej.durand@wanadoo.fr V r.-v.

GILLES FLACHER Terra Louis 2012 ★

■ | 6 000 | | 20 à 30 €

Un domaine fondé en 1806, repris en 1991 par Gilles Flacher qui a, depuis, porté sa superficie de 1,5 ha à 8 ha de vignes plantées en coteau, en saint-joseph et condrieu.

Un beau rouge profond habille ce vin très expressif et élégant à l'olfaction (fruits rouges sur un fond boisé), riche, concentré et solidement structuré par des tanins encore un peu stricts. ⧗ 2017-2020 ♈ épaule d'agneau aux épices douces ■ Cuvée Lucie 2012 ★ (1 200 b.) : un vin tout aussi riche et charpenté, mais plus boisé et chaleureux. ⧗ 2017-2021

EARL Gilles Flacher, 971, rue Principale, 07340 Charnas, tél. 04 75 34 09 97, secretariat-flacher@orange.fr V r.-v.

PIERRE GAILLARD Les Pierres 2012

■ | 4 900 | | 20 à 30 €

Pierre Gaillard acquiert ses premiers ceps en 1981 et constitue petit à petit son vignoble, défrichant et plantant de nouvelles parcelles. Établi aux portes du parc régional du Pilat, ce vigneron et négociant réputé du Rhône nord, présent aussi dans le Roussillon (Madeloc à Banyuls-sur-Mer, Cottebrune à Faugères), est à la tête de 77 ha, tous domaines confondus.

Ce « viticulteur à Malleval et autres pentes », comme il se définit, a sélectionné 1,5 ha de son terroir de granites altérés pour signer un vin profond et prometteur, qui devrait gagner en rondeur avec le temps. Pour l'instant, les notes boisées camouflent quelque peu l'expression du fruit, et le palais, bien texturé et structuré, est celui d'un vin encore dans sa jeunesse. ⧗ 2017-2020 ♈ curry d'agneau au cumin

Pierre Gaillard, lieu-dit Chez-Favier, 42520 Malleval, tél. 04 74 87 13 10, vinsp.gaillard@wanadoo.fr V r.-v.

FRANÇOIS GÉRARD Le Blanchard 2012

■ | 2 400 | | 15 à 20 €

Installé en 2006 sur une petite vigne de viognier de 1 ha, Xavier Gérard, fils de vigneron ayant grandi à Condrieu, s'est étendu à partir de 2012 (2 ha aujourd'hui) en saint-joseph, côte-rôtie et condrieu.

À partir de vignes prises en location à son ami Gérard Villano, parti à la retraite, le vigneron signe ici son premier saint-joseph. Une vinification bien assurée à l'origine d'un vin délicatement bouqueté autour des petits fruits rouges (fraise, framboise) et des épices, fin et frais en bouche, étayé par des tanins souples. ⧗ 2014-2018 ♈ viande rouge grillée

Xavier Gérard, 9, côte Châtillon, 69420 Condrieu, tél. 04 74 87 88 64, xaviergerard2005@yahoo.fr V t.l.j. sf mar. 9h-19h

♥ DOM. BERNARD GRIPA Le Berceau 2012 ★★

■ | 3 500 | | 30 à 50 €

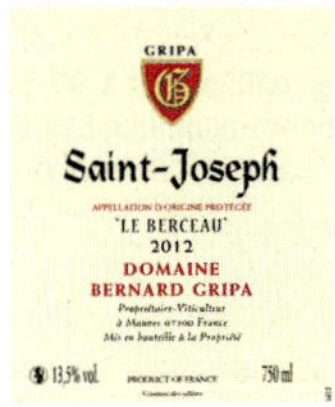

La famille Gripa arrive à Saint-Péray au XVIIe s., puis s'établit à Mauves vers 1850. Valeur sûre du Guide, tant pour ses saint-péray que pour ses saint-joseph, le domaine est conduit depuis 2006 par Fabrice Gripa, fils de Bernard, aujourd'hui à la tête de 16 ha de vignes.

Déjà bien fourni, le palmarès du domaine s'enrichit de deux coups de cœur nés de ce Berceau. Rouge, blanc, lequel mettre en avant ? Les jurés du Guide, des professionnels reconnus de la vallée nord, ont donné une (très) légère préférence au premier pour son harmonie admirable et pour le respect absolu du vin lors de l'élevage. Le nez : fruits noirs macérés, chocolat, menthe et truffe noire. Le palais : ample, riche, concentré, mais jamais lourd, bâti sur des tanins serrés et soyeux, et stimulé par la fraîcheur du terroir. De longue garde assurément ⧗ 2018-2025 ♈ pavé de biche sauce grand veneur ■ Le Berceau 2012 ★★ ♥ (20 à 30 € ; 2 500 b.) : une pure marsanne complexe (fleurs blanches, agrumes, vanille, amande...), ample, ronde, séveuse et longue. Un grand blanc de gastronomie. ⧗ 2016-2022

Dom. Bernard Gripa, 5, av. Ozier, 07300 Mauves, tél. 04 75 08 14 96, gripa@wanadoo.fr V r.-v.

VIGNOBLES DU MONTEILLET Fortior 2012 ★

■ | n.c. | | 20 à 30 €

Si les origines du domaine remontent au XVIe s., les Montez y cultivent la vigne depuis 1741. Installé en 1999 à la suite de son père Antoine, Stéphane Montez conduit aujourd'hui un vignoble de 28 ha (cornas, côte-rôtie et saint-joseph) établi sur les hauteurs de Chavanay, à 320 m d'altitude. Une valeur sûre de la vallée septentrionale.

Comme souvent, le vigneron a privilégié l'élevage en demi-muids (un tiers en bois neuf) pour préserver le fruit et le terroir, et pour perpétuer la tradition familiale. Toutefois, ce 2012 s'ouvre sur un boisé soutenu, mais racé, vanillé et fumé, qui s'accompagne à l'aération de violette et de fruits noirs. À l'unisson, le palais se révèle ample, gras, suave et finement tannique. ⧗ 2017-2021 ♈ tajine aux pruneaux

Stéphane Montez, Dom. du Monteillet 6, 42410 Chavanay, tél. 04 74 87 24 57, stephanemontez@aol.com V r.-v.

♥ ANDRÉ PERRET 2012 ★★

■ | 5 000 | | 11 à 15 €

André Perret, alors biologiste, succède à son père en 1982 à la tête d'une petite vigne de 1,5 ha au lieu-dit

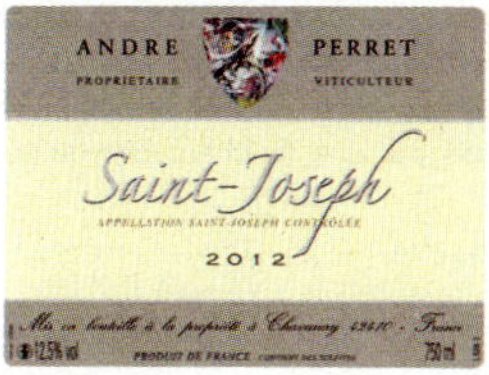

Verlieu, à l'époque où Georges Vernay et quelques autres font renaître le condrieu. Il s'agrandit au fil des ans par achat, location et plantation – 12 ha de coteaux abrupts en terrasses aujourd'hui – et s'impose comme l'un des grands élaborateurs de vins blancs rhodaniens.

De ce 2012 mi-marsanne mi-roussanne se dégage une réelle harmonie de bout en bout. Au nez, la pêche et l'abricot s'associent sans fausse note à la minéralité du terroir et au grillé léger de la barrique. En bouche, gras et fraîcheur s'équilibrent parfaitement, et la finale, longue, intense, rehaussée par une noble amertume, laisse le souvenir d'un vin ample et gracieux. ⧗ 2016-2022 🍴 homard bleu aux agrumes

André Perret, 17, RD 1086, Verlieu, 42410 Chavanay, tél. 04 74 87 24 74, andre.perret@terre-net.fr V r.-v.

MAISON NICOLAS PERRIN 2012

rouge | 15 000 | | 15 à 20 €

Maison de négoce spécialisée dans les vins de la vallée du Rhône septentrionale, née en 2009 de la rencontre entre la famille Perrin, propriétaire du Château de Beaucastel à Châteauneuf-du-Pape, et Nicolas Jaboulet, spécialiste des terroirs du Nord.

Première apparition dans le Guide avec ce vin qui joue sur la finesse – des arômes à dominante florale (violette, rose), comme des tanins – et sur la fraîcheur. Un vin harmonieux, que l'on pourra boire dans sa jeunesse. ⧗ 2014-2019 🍴 magret de canard

Maison Nicolas Perrin, 29, côte des Chapeliers, 26000 Valence, tél. 04 90 11 12 21, contact@nicolasperrin.com

CHRISTOPHE PICHON 2012 ★

blanc | 3 800 | | 15 à 20 €

Christophe Pichon a travaillé au côté de son père avant de reprendre seul, en 1991, l'exploitation établie dans le parc du Pilat : 14 ha aujourd'hui répartis dans les appellations condrieu, dont il est l'actuel président, côte-rôtie et saint-joseph.

Paré d'une robe jaune aux reflets argent, ce saint-joseph évolue au premier nez dans une atmosphère de fraîcheur exaltée par des notes iodées et mentholées, avant de se révéler plus floral et fruité à l'aération. Vif et alerte sans manquer de rondeur ni de gras, accompagné par un boisé discret, le palais affiche un bel équilibre et s'étire dans une longue finale sur les amers. ⧗ 2016-2019 🍴 saint-jacques et asperges vertes

SARL Christophe Pichon, 36, Le Grand-Val, Verlieu, 42410 Chavanay, tél. 04 74 87 06 78, chrpichon@wanadoo.fr V t.l.j. 10h-12h 14h-18h

DOM. DES PIERRES SÈCHES 2011

rouge | 5 000 | | 15 à 20 €

Sylvain Gauthier, originaire de Lorraine et fils d'un vigneron mosellan, a créé son domaine en 2007 après s'être formé en Bourgogne. Il conduit un vignoble de 5,2 ha.

Ce 2011 est un vin puissant, soutenu par une belle acidité. Encore dominé par le bois (moka) au premier nez, il libère à l'aération des parfums de mûre et de réglisse. Il faut que tout ceci s'arrondisse et s'affine, mais le potentiel est là. ⧗ 2017-2020 🍴 gigot d'agneau

Sylvain Gauthier, Le Village, 07300 Cheminas, tél. 06 89 42 37 09, domainedespierresseches@orange.fr V r.-v.

DOM. SAINT-CLAIR Les Abîmes de l'enfer 2012 ★

rouge | 2 500 | | 15 à 20 €

Un domaine récent, créé en 2007 par Denis Basset : 15 ha répartis entre des terroirs de galets roulés pour les crozes-hermitage et des terrasses granitiques pour les saint-joseph.

Une belle entrée dans le Guide avec cette cuvée dont le seul défaut est d'être confidentielle. Le bouquet, complexe, mêle le cacao, le grillé, les épices et les fruits, rehaussés par une vivifiante note saline. Il se dégage de la fraîcheur et de la puissance dans une bouche étayée par des tanins serrés. Un ensemble bien typé. ⧗ 2017-2021 🍴 tajine d'agneau

Dom. Saint-Clair, Denis Basset, 265, chem. de la Grange, 26600 Beaumont-Monteux, tél. 06 86 81 83 58, domainesaintclair@orange.fr V r.-v.

CAVE SAINT-DÉSIRAT Septentrio 2012 ★

rouge | 80 000 | | 11 à 15 €

Coopérative fondée en 1960, la cave Saint-Désirat représente à elle seule environ 40 % de la production en saint-joseph. Un acteur important de l'appellation donc, qui fait rimer quantité avec qualité.

Ce 2012 est un vin noir, qui s'ouvre sans réserve sur un boisé soutenu aux tonalités grillées et vanillées, quelques notes résinées et fruitées apparaissant à l'aération. Le palais est puissant, tannique, d'un beau volume, animé par une agréable fraîcheur et les fruits rouges en finale. ⧗ 2017-2020 🍴 cuissot de chevreuil

Cave Saint-Désirat, 07340 Saint-Désirat, tél. 04 75 34 22 05, maisondesvins@cave-saint-desirat.fr V t.l.j. 9h-12h 14h-18h30

CAVE DE TAIN Grand Classique 2013 ★

blanc | 25 000 | | 11 à 15 €

Créée en 1933 par Louis Gambert de Loche, la très qualitative cave coopérative de Tain-l'Hermitage rassemble 310 adhérents et vinifie plus de 1 000 ha de vignes répartis dans cinq appellations de la vallée du Rhône nord. Une valeur sûre.

Pour ses quatre-vingts ans, la cave se fait remarquer par ses blancs. Le Grand Classique séduit par son équilibre gras-fraîcheur, sa finesse aromatique (florale et fruitée), et son élégance de bout en bout. Une marsanne étincelante. ⧗ 2014-2017 🍴 bar au fenouil ■ Les Hauts de Pavières 2013 (5 000 b.) : une pure marsanne également, avec moins d'intensité mais une agréable fraîcheur et un joli caractère floral (iris). ⧗ 2014-2017

Cave de Tain, 22, rte de Larnage, 26600 Tain-l'Hermitage, tél. 04 75 08 20 87, contact@cavedetain.com V r.-v.

RHÔNE

TARDIEU-LAURENT 2012

■ | 5 000 | ◑ | 11 à 15 €

En 1994, Michel Tardieu s'est associé avec Dominique Laurent pour créer un négoce spécialisé dans l'élevage en fût de microcuvées, établi dans le village classé de Lourmarin. Depuis peu, la famille Tardieu est désormais seule aux commandes.

Le boisé de ce vin est agréable, très vanillé, accompagné de notes de cuir et de violette. Le palais se montre équilibré, de bonne concentration, suave et fondu, porté par des tanins soyeux. ⧗ 2014-2018 ¥ côte de bœuf

Maison Tardieu-Laurent, Les Grandes-Bastides, rte de Cucuron, 84160 Lourmarin, tél. 04 90 68 80 25, info@tardieu-laurent.com V r.-v.

TERRANEA Les Lauriers du terroir 2011

■ | 300 000 | ◑ | 8 à 11 €

Un négoce créé en 2003 par Frédéric Chaulan et Serge Cosialls, qui proposent une gamme complète de vins de la vallée du Rhône nord et sud.

Première apparition dans le Guide pour cette jeune maison, avec un vin qui a besoin d'être bien aéré avant la dégustation afin de libérer les fruits noirs, tendance confiturés, derrière le côté animal du premier nez. En bouche : de la rondeur, de la persistance sur les fruits et les épices, une bonne structure en soutien, de l'équilibre. ⧗ 2016-2019 ¥ navarin d'agneau

Terranea, ZAC Crépon-Sud, rue des Negades, 84420 Piolenc, tél. 04 90 34 18 47, terranea.sarl@wanadoo.fr V t.l.j. sf dim. 10h-18h; sam. 10h-12h

DOM. DU TUNNEL 2012 ★★

■ | 10 000 | ◑ | 15 à 20 €

Depuis son installation en 1994, Stéphane Robert s'est imposé comme une référence dans le paysage des crus septentrionaux. Il a créé son vignoble de toutes pièces, aujourd'hui 10 ha très morcelés, avec des vignes en cornas, saint-joseph et saint-péray, ces dernières longeant une ancienne voie ferrée et un tunnel de 160 m, toujours visible, qui donne son nom au domaine.

Le vigneron conforte, s'il le fallait, son statut d'excellent élaborateur de saint-joseph. Ici, un vin complexe, sur la réglisse, le cassis, la violette, l'olive noire et le toasté. Le palais, ample, gras, soyeux, est étayé par des tanins fermes et serrés, et déploie une longue finale sur le cuir. Un saint-joseph qui joue sur l'élégance, mêlant finesse et force contenue. ⧗ 2017-2023 ¥ sauté de bœuf aux olives

Stéphane Robert, Dom. du Tunnel, 20, rue de la République, 07130 Saint-Péray, tél. 04 75 80 04 66, domaine-du-tunnel@wanadoo.fr V r.-v.

DOM. VALLET Méribets 2012 ★

■ | 22 000 | ◑ | 11 à 15 €

Anthony Vallet a quitté la cave coopérative en 1990. Les 2,8 ha de vignes sont devenus 12 ha aujourd'hui, en saint-joseph et en condrieu.

Très animal de prime abord, ce vin a besoin d'une bonne aération pour révéler son fruit, qu'accompagnent un grillé léger et les épices douces. Le palais se montre bien équilibré, à la fois frais, rond et suave, étayé par des tanins fins. ⧗ 2016-2020 ¥ civet de lièvre ■ Méribets 2012 (8 000 b.) : une dominante de roussanne (70 %) pour ce vin rond, gras et généreux, porté sur les fruits mûrs (abricot, pêche) et vivifié par une fraîcheur bienvenue. ⧗ 2014-2017

Dom. Vallet, La Croisette, RD 86, 07340 Serrières, tél. 04 75 34 04 64, domaine.vallet@orange.fr V r.-v.

PIERRE VIDAL 2012 ★

■ | 10 000 | ▮ | 11 à 15 €

Pierre Vidal installé à Châteauneuf-du-Pape avec son épouse vigneronne a créé son négoce en 2010. Une maison déjà bien implantée grâce aux sélections parcellaires vinifiées par ce jeune œnologue formé en Bourgogne.

Un soupçon de roussanne (1 %) entre dans ce vin complexe et très expressif, oscillant au nez entre fraîcheur et chaleur avec ses notes de cassis confituré, d'iris, d'herbe coupée, de café et d'épices. Très réussi sur le plan aromatique, il séduit aussi en bouche par son attaque alerte, son volume, ses tanins fins et sa longue finale rehaussée par une pointe d'amertume. ⧗ 2018-2022 ¥ lapin aux olives

EURL Pierre Vidal, 631, rte de Sorgues, 84230 Châteauneuf-du-Pape, tél. 06 88 88 07 58, contact@pierrevidal.com

VIDAL-FLEURY 2012

■ | 37 500 | ▮ ◑ | 15 à 20 €

Le plus ancien négoce rhodanien en activité, fondé en 1781 et très vité réputé – Thomas Jefferson y fit un banquet mémorable en 1787. Propriété des Guigal depuis 1986, il dispose d'une cave monumentale, dont l'architecture est inspirée du site égyptien de Saqqarah.

Au solaire 2011, coup de cœur dans la précédente édition, succède un 2012 moins ambitieux qui a néanmoins des airs de famille avec son « grand frère » par son caractère riche, plein et soyeux, et par son fruité concentré et chaleureux. ⧗ 2016-2020 ¥ daube de joues de porc

Vidal-Fleury, 48, rte de Lyon, 69420 Tupin-et-Semons, tél. 04 74 56 10 18, contact@vidal-fleury.com V r.-v. Famille Guigal

LES VINS DE VIENNE Les Archevêques 2011 ★★

■ | 1 500 | ◑ | 20 à 30 €

Pour faire renaître le vignoble de Seyssuel situé en amont de Vienne, trois vignerons de renom, Yves Cuilleron, Pierre Gaillard et François Villard, ont créé cette affaire en 1996, à l'origine de beaux vins de propriété – IGP sur Seyssuel, sélections parcellaires en AOC septentrionales – et des vins de négoce de toute la vallée.

Ces Archevêques (référence aux ruines d'un château dominant les parcelles à l'origine du vin) dévoilent après aération des parfums de cassis, de réglisse et de violette. Un vin long, frais, puissant, solidement charpenté, encore bien boisé mais fort prometteur. Le temps jouera en sa faveur. ⧗ 2018-2023 ¥ filet de bœuf sauce au poivre ■ L'Arzelle 2011 ★ (7 800 b.) : un peu sous l'emprise du bois, animal et épicé, porté par de beaux tanins soyeux et « civilisés ». ⧗ 2017-2021

Les Vins de Vienne, 1, ZA de Jassoux, 42410 Chavanay, tél. 04 74 85 04 52, contact@lesvinsdevienne.fr V r.-v.

FRANÇOIS VILLARD Mairlant 2011 ★

■	15 000		15 à 20 €

Vigneron réputé de la vallée du Rhône nord, François Villard, ancien cuisinier, s'est installé en 1989 à Saint-Michel-sur-Rhône pour créer son vignoble, 29 ha aujourd'hui dans cinq crus complétés par une petite activité d'achat de raisin. Dans son chai cathédrale naissent de beaux vins dans les deux couleurs.

Cette cuvée élevée dix-huit mois en fût affiche une réelle complexité, au nez comme en bouche, mêlant cerise, poivre et réglisse, ainsi qu'une belle structure de tanins fondus, enrobée par une chair ronde et généreuse. 2016-2021 sauté d'agneau aux épices douces

François Villard, 330, rte du Réseau-Ange, 42410 Saint-Michel-sur-Rhône, tél. 04 74 56 83 60, vinsvillard@wanadoo.fr V r.-v.

CROZES-HERMITAGE

• Superficie : 1 495 ha • Production : 67 000 hl (92 % rouge)

Cette appellation, couvrant des terrains moins difficiles à cultiver que ceux de l'hermitage, s'étend sur 11 communes environnant Tain-l'Hermitage. C'est le plus vaste vignoble des appellations septentrionales. Les sols, plus riches que ceux de l'hermitage, donnent des vins moins puissants, fruités et à servir jeunes. Rouges, ils sont assez souples et aromatiques ; blancs, ils sont secs, frais et floraux, légers en couleur et, comme les hermitage blancs, ils iront parfaitement sur les poissons d'eau douce.

ALÉOFANE 2012 ★

■	28 000		15 à 20 €

Depuis son installation en 2004 sur les terres de Mercurol, Natacha Chave s'affirme comme une valeur montante dans les appellations crozes-hermitage et saint-joseph. Elle conduit aujourd'hui un vignoble de près de 8 ha, en fin de conversion bio.

La vigneronne continue de creuser son sillon avec une belle constance. Elle signe ici un vin d'une agréable intensité aromatique, portée sur les fruits rouges mûrs et les épices. On retrouve ces arômes dans une bouche ample et fraîche, étayée par des tanins doux et fins. 2015-2019 gigot d'agneau en croûte d'épices

Natacha Chave, 1150, chem. de la Burge, 26600 Mercurol, tél. 04 75 07 00 82, chavenatacha@yahoo.fr V r.-v.

DOM. BELLE Les Pierrelles 2012 ★

■	54 000		15 à 20 €

Un domaine familial établi sur les anciennes terres seigneuriales de Larnage, sorti du système coopératif en 1990 et dirigé depuis 2003 par Philippe Belle, à la tête de 25 ha de vignes répartis dans six communes et trois appellations (hermitage, crozes et saint-joseph).

Un nez puissant introduit la dégustation : quelques notes animales relayées à l'aération par les fruits rouges mûrs, les épices et un bon boisé. À l'unisson, le palais, plein et long, s'appuie sur une structure solide, gage d'un bon vieillissement. 2017-2021 ragoût de bœuf aux olives

Dom. Belle, 510, rue de la Croix, 26600 Larnage, tél. 04 75 08 24 58, contact@domainebelle.com V r.-v.

M. CHAPOUTIER 2012

■	25 000		8 à 11 €

Cette vénérable (XIXe s.) et incontournable maison, mise sur orbite internationale par Michel Chapoutier à partir des années 1990, propose une large gamme issue de ses propres vignes (350 ha, en biodynamie) ou d'achat de raisin dans la plupart des appellations phares de la vallée du Rhône, mais aussi dans le Roussillon et en Alsace.

Ce 2012 offre un joli nez très floral (pivoine, violette) et épicé. En bouche, il se montre léger, souple et suave. À boire dans sa jeunesse. 2014-2017 escalope de veau à la milanaise

Maison M. Chapoutier, 18, av. du Dr-Paul-Durand, 26600 Tain-l'Hermitage, tél. 04 75 08 28 65, chapoutier@chapoutier.com V r.-v.

B **YANN CHAVE** Le Rouvre 2012 ★

■	20 000		20 à 30 €

Un domaine créé en 1970 par Bernard et Nicole Chave, repris en 1996, restructuré et agrandi (20 ha aujourd'hui, en conversion bio) par leur fils Yann, qui en a fait l'une des belles références dans les appellations hermitage et crozes-hermitage.

Cette cuvée est issue du terroir des Chassis, à Pont-de-l'Isère, planté des plus vieilles vignes du domaine (plus de cinquante ans) sur un sol à dominante de galets roulés. Au nez, un fruité intense et mûr, que prolonge une bouche équilibrée, ronde, suave, portée par des tanins fins et par un boisé bien intégré. 2016-2019 tournedos sauce au poivre ■ Cuvée principale 2012 (15 à 20 € ; 60 000 b.) : un nez gourmand de moka et de petits fruits rouges, un palais frais, souple et discrètement tannique aux notes de pain d'épice. 2014-2017

Yann Chave, 1170, chem. de la Burge, 26600 Mercurol, tél. 04 75 07 42 11, chaveyann@yahoo.fr

MARLÈNE ET NICOLAS CHEVALIER
Marius 2012 ★★

■	3 200		11 à 15 €

Marlène Chevalier et son frère Nicolas ont repris en 2009 le domaine familial, qu'ils ont sorti de la coopérative locale pour créer leurs propres vins à partir de sélections parcellaires opérées sur un vignoble de 16 ha, dont ils n'exploitent pour l'heure qu'une petite partie.

Le domaine confirme l'excellente impression laissée l'an dernier avec son rouge 2011 La Motte (coup de cœur). La cuvée Marius, née de jeunes ceps de quinze ans, n'a pas non plus laissé indifférent : un joli nez de fruits noirs, de poivre et de boisé fumé, relayé par une bouche élégante, ample, puissante et très longue, épaulée par des tanins soyeux. Un beau travail d'élevage. 2016-2021 pastilla de pigeon ■ La Motte 2012 ★ (2 100 b.) : un boisé bien fondu, du fruit, un gras bien équilibré par la fraîcheur. 2014-2017

Marlène et Nicolas Chevalier, 840, chem. de l'Allier, Le Caire, 26600 Chanos-Curson, tél. 06 87 10 16 15, contact@cave-chevalier.com V r.-v.

CAVE DE CLAIRMONT Pionniers 2011 ★

■ | 9 400 | | 11 à 15 €

Cette petite structure coopérative née en 1972 de l'union de trois familles de vignerons rassemble aujourd'hui onze associés représentant sept familles, dont elle vinifie les 110 ha de vignes exclusivement en crozes-hermitage.

Hommage aux fondateurs de la cave (messieurs Borja et Defrance), cette cuvée est un vin puissant et chaleureux au nez (fruits à l'alcool, épices), encore assez tannique en bouche, mais avec de la fraîcheur et une belle longueur. ⧗ 2015-2018 ♈ colombo de porc ■ Immanence 2011 (15 à 20 € ; 7 200 b.) : un fruité net, une bouche ronde et déliée. ⧗ 2014-2017 ■ Classique de Clairmont 2011 (8 à 11 € ; 97 000 b.) : dans un style assez proche du précédent, fruité, souple et léger. ⧗ 2014-2017

Cave de Clairmont, 755, rte des Vignes, 26600 Beaumont-Monteux, tél. 04 75 84 61 91, contact@cavedeclairmont.com V t.l.j. sf dim. 9h-12h 14h-18h

DOM. DU COLOMBIER Cuvée Gaby 2012 ★

■ | 12 000 | | 15 à 20 €

Fort de 16 ha de vignes, Florent Viale élabore son propre vin depuis 1991, alors que son père vendait ses vendanges à la maison Guigal. Partisan d'une viticulture naturelle, il opte pour une démarche tendant vers le bio, mais sans certification. Il signe des hermitage et des crozes très réguliers en qualité.

L'élevage de douze mois en demi-muid a permis d'arrondir la structure de ce vin finement tannique, fruité et épicé, très équilibré de bout en bout. ⧗ 2017-2021 ♈ tournedos sauce au poivre ■ Cuvée principale 2012 (50 000 b.) : plus animal, bien structuré et d'une bonne longueur. ⧗ 2017-2020

Dom. du Colombier, SCEA Viale, 175, rte des Alpes, Mercurol, 26600 Tain-l'Hermitage, tél. 04 75 07 44 07, dom.ducolombier@gmail.com V r.-v.

JEAN-LUC COLOMBO La Tuilière 2012

■ | 13 000 | | 15 à 20 €

Œnologue-conseil (laboratoire créé en 1982), producteur (premier cornas en 1987), négociant (depuis 1995), Jean-Luc Colombo est une figure du vignoble rhodanien, où il conduit 20 ha avec son épouse Anne et sa fille Laure, auxquels il a ajouté en 1996 40 ha dans sa Provence natale.

Bien qu'élevé en fût, c'est bien le fruité intense (fraise), mâtiné de violette, qui séduit dans ce vin simple et facile. Un trait de caractère que conjugue aussi une bouche souple, fraîche et légère. À boire dans sa jeunesse. ⧗ 2014-2016 ♈ brochettes de bœuf et ratatouille

Vins Jean-Luc Colombo, 10-12, rue des Violettes, 07130 Cornas, tél. 04 75 84 17 10, colombo@vinscolombo.fr V t.l.j. 10h-12h 14h-18h30

♥ B LAURENT COMBIER Cap Nord 2011 ★★

■ | 3 000 | | 20 à 30 €

L'Ardéchois Camille Combier crée le domaine en 1936 et son fils Maurice, un pionnier, le convertit au bio dès 1970. En 1990, Laurent, le petit-fils, sort les 5 ha de la cave coopérative et conduit aujourd'hui, toujours en bio, 25 ha de vignes (et autant d'abricotiers) avec la finesse et la droiture des rouges de Bourgogne pour modèle.

Cette cuvée Cap Nord est issue de vignes de soixante ans plantées au nord de l'appellation, à Serves et Gervans. Parfaitement vinifiée et élevée, elle mêle à l'olfaction des parfums intenses et bien typés de violette et de mûre. Complexe, fraîche et d'une longueur remarquable, la bouche évoque quant à elle la fraise et la vanille mâtinées d'élégantes notes de cigare. Un petit bijou. ⧗ 2015-2019 ♈ sauté de veau aux épices ■ Clos des Grives 2011 ★★ (30 à 50 € ; 25 000 b.) : la cuvée prestige du domaine née au sud de l'AOC, un vin à la fois très net et généreux, sur le fruit confituré, profond et solidement bâti. ⧗ 2017-2022 ■ Dom. Combier 2012 ★ (15 à 20 € ; 80 000 b.) : très ouvert sur le cassis frais, porté par une structure bien en place. ⧗ 2016-2020

SARL Ets Combier, RN 7, 26600 Pont-de-l'Isère, tél. 04 75 84 61 56, domaine-combier@wanadoo.fr V r.-v.

CH. CURSON 2012 ★

■ | n.c. | | 15 à 20 €

Dans la famille Pochon depuis plus de deux siècles, ce château fut la propriété de Diane de Poitiers. Outre ses attraits architecturaux, ce domaine s'est installé dans le paysage de l'appellation crozes-hermitage par la qualité régulière de ses vins.

Ce 2012 est pour l'heure discret mais fin à l'olfaction, quelques notes grillées, florales et fruitées apparaissant à l'aération. Il se révèle dense et quelque peu austère en bouche, resserré, « cistercien », selon un juré, avec des tanins sévères qui demandent à s'assouplir. Un vin de caractère. ⧗ 2016-2020 ♈ gigot d'agneau

Étienne Pochon, Ch. de Curson, 80, chem. des Pierres, 26600 Chanos-Curson, tél. 04 75 07 34 60, domainespochon@wanadoo.fr r.-v.

EMMANUEL DARNAUD Mise en bouche 2012 ★★

■ | n.c. | | 15 à 20 €

Emmanuel Darnaud, installé en 2001 sur un domaine de 15 ha aujourd'hui, fait preuve d'une belle constance dans la qualité, notamment avec ses crozes-hermitage.

Une cuvée bien connue des lecteurs que cette Mise en bouche née de ceps de vingt-cinq ans d'âge. Un vin très expressif – violette, fruits noirs acidulés, épices – qui laisse le boisé en retrait et s'appuie sur une trame tannique fine, bien enrobée par une chair ronde et fruitée. ⧗ 2017-2021 ♈ faisan sauce aux fruits rouges

Emmanuel Darnaud, 21, rue du Stade, Lot. Rémy-Sottet, 26600 La Roche-de-Glun, tél. 04 75 84 81 64, emmanuel.darnaud26@orange.fr V r.-v.

DOM. DES ENTREFAUX Les Machonnières 2012 ★

■ | 6 400 | | 15 à 20 €

Sous l'étiquette Entrefaux ou Charles et Françoise Tardy, ce domaine de 26 ha, fondé en 1960, dont les

Tardy ont créé la marque en 1979, s'est imposé comme un spécialiste des crozes-hermitage, très réguliers en qualité. La conversion bio est en cours.

Ce vin sombre livre un bouquet très empyreumatique, laissant le fruit en retrait. La bouche, à l'unisson, offre une solide assise tannique et une finale tendue qui apporte un surcroît de fraîcheur. ⧗ 2017-2021 🍴 épaule d'agneau aux épices douces

Dom. des Entrefaux, 1050, chem. de Veaunes, 26600 Chanos-Curson, tél. 04 75 07 33 38, entrefaux@wanadoo.fr V r.-v. Tardy

FAYOLLE FILS ET FILLE
Les Pontaix 2012 ★★

| 3 500 | 15 à 20 € |

En 2002, Laurent Fayolle et sa sœur Céline ont repris le domaine familial créé en 1870, l'un des premiers à avoir vendu son vin en bouteilles (1959). Le vignoble s'étend aujourd'hui sur 10 ha en hermitage et en crozes exploités dans l'esprit bio, mais sans certification.

Le seul défaut de cette cuvée est sa confidentialité. Elle offre une belle complexité aromatique, bien balancée entre le floral, le fruit blanc mûr et le minéral. Le palais est dense, riche, puissant et long. Un blanc de caractère. ⧗ 2014-2019 🍴 pâtes aux fruits de mer ■ **Sens 2012** (11 à 15 € ; 22 000 b.) : fruité et épicé au nez, bâti sur des tanins serrés en bouche. ⧗ 2017-2020

Fayolle Fils et Fille, 9, rue du Ruisseau, 26600 Gervans, tél. 04 75 03 33 74, contact@fayolle-filsetfille.fr V t.l.j. sf sam. dim. 9h-12h 14h-18h

DOM. PHILIPPE ET VINCENT JABOULET 2011

| 45 000 | 11 à 15 € |

Philippe Jaboulet et son fils Vincent ont décidé de poursuivre l'aventure viticole après la vente de la maison familiale (Paul Jaboulet Aîné). Ainsi se sont-ils installés en 2005 sur une partie du domaine de Collonge, à la tête de 30 ha en crozes-hermitage, hermitage et cornas.

Serait-ce la marque de fabrique de cette maison ? Comme sa version 2009, ce crozes s'impose par son olfaction puissante aux accents boisés (20 % du vin est élevé en fût de trois à quatre vins), par son volume imposant, sa douceur et son côté chaleureux, le tout étayé par des tanins fermes. ⧗ 2016-2021 🍴 rosbif aux cèpes

Philippe et Vincent Jaboulet, 920, rte de la Négociale, 26600 Mercurol, tél. 04 75 07 44 32, jabouletphilippeetvincent@wanadoo.fr V r.-v.

GABRIEL MEFFRE
Les Murières 2012

| 20 000 | 11 à 15 € |

Affaire de négoce-éleveur créée à Gigondas en 1936 par Gabriel Meffre, cette maison est devenue un acteur incontournable, propriétaire de 800 ha de vignes au nord et au sud de la vallée du Rhône, ainsi qu'en Provence. Reprise en 2009 par Éric Brousse associé avec le groupe bourguignon Boisset.

Cette cuvée séduit par son bouquet d'épices (poivre) et de fruits rouges prolongé avec intensité par une bouche souple, ronde, aux tanins fermes, vivifiée par une agréable fraîcheur. ⧗ 2014-2017 🍴 brochette d'agneau

Gabriel Meffre, Le Village, 84190 Gigondas, tél. 04 90 12 32 47, gabriel-meffre@meffre.com V t.l.j. sf dim. lun. 10h-12h30 14h30-18h Éric Brousset

♥ DOM. MELODY
Étoile noire 2012 ★★★

| 10 000 | 15 à 20 € |

Ce jeune domaine de 15 ha, implanté sur trois terroirs plantés de vignes âgées de cinq à soixante ans, est né en 2010 de la rencontre entre trois vignerons, Marlène Durand, Marc Romak et Denis Larivière, qui semblent maîtriser leur sujet au vu de leurs premières cuvées très convaincantes. À suivre de près.

Une étoile qui n'a rien de filante, semble-t-il, plutôt une étoile montante : après une entrée renversante dans le Guide l'an dernier, le domaine fait aussi bien avec le 2012, qui laisse la même impression de plénitude que le 2011 : robe d'encre, nez intense de fruits mûrs, de fumé, d'épices et de menthol, palais puissant, profond, dense et riche, soutenu par un boisé très fin et des tanins soyeux et veloutés. Une œuvre majeure. ⧗ 2018-2025 🍴 mijoté de joues de bœuf ■ **Premier regard 2012** ★ (11 à 15 € ; 8 000 b.) : encore marqué par le bois (cacao, fumé), un vin intense et bien charpenté, étayé par une fine acidité. ⧗ 2014-2019 ■ **Friandise 2012** ★ (8 à 11 € ; 10 000 b.) : un vin bien nommé, gourmand, souple, tout en fruit. ⧗ 2014-2017

Dom. Melody, 570, chem. des Limites, 26600 Mercurol, tél. 04 75 08 16 51, lariviere.mm@hotmail.fr V r.-v.

DOM. MICHELAS-SAINT-JEMMS
Signature 2012 ★

| 14 000 | 8 à 11 € |

Fondée en 1972 par Robert et Yvette Michelas, cette exploitation ne compte pas moins de 53 ha répartis dans quatre appellations. Les enfants – Sylvie, Corinne, Florence et Sébastien – sont désormais aux commandes.

Cette cuvée séduit d'emblée par son nez bien typé de fruits noirs, d'épices et de violette. Un même fruité croquant mâtiné de réglisse et d'épices douces tapisse le palais, frais, élégant, bien structuré. ⧗ 2015-2019 🍴 boudin noir aux pommes ■ **Terres d'Arce 2012** ★ (20 à 30 € ; 3 000 b.) : née de parcelles ayant appartenu au marquis d'Arce, une cuvée ambitieuse, dense massive et encore très boisée, mais avec du fond pour digérer l'élevage. ⧗ 2016-2020 ■ **La Chasselière 2012** (11 à 15 € ; 14 800 b.) : un crozes vinifié en tronc conique, frais et encore très tannique, à laisser se bonifier avec l'âge. ⧗ 2016-2019

Dom. Michelas-Saint-Jemms, 557, rte de Bellevue, Les Châssis, 26600 Mercurol, tél. 04 75 07 86 70, michelas.st.jemms@wanadoo.fr V t.l.j. sf dim. 9h-12h 14h-18h

♥ DOM. MULE BLANCHE 2012 ★★

| 31 000 | 20 à 30 € |

Fondée en 1834, la vénérable maison Paul Jaboulet propose une large gamme issue de son négoce et de

sa centaine d'hectares répartie dans plusieurs domaines septentrionaux, dont le mythique La Chapelle en hermitage. Rachetée en 2006 par la famille Frey, propriétaire en Champagne et dans le Bordelais (La Lagune), elle est dirigée par Caroline Frey.

Cette remarquable cuvée est née d'un vignoble de 7 ha en conversion bio, que l'on labourait autrefois avec des mules, plus résistantes que les chevaux de trait. Un vin mi-roussanne mi-marsanne qui offre une olfaction complexe et explosive de fruits secs (amande), d'agrumes (clémentine) et de bergamote. En bouche : de l'élégance et de la tension, avec en soutien une fraîcheur intense à la tonalité citronnée. 2014-2018 ravioles de homard et citron confit

Dom. Paul Jaboulet Aîné, RN 7 - Les Jalets, BP 46, 26600 Tain-l'Hermitage, tél. 04 75 84 68 93, info@jaboulet.com V t.l.j. 10h-19h Caroline Frey

OGIER Héritages 2012

■	70 000		11 à 15 €

Cette vénérable maison castelpapale de négoce-éleveur (1859), dans le giron du groupe Advini, propose une large gamme de vins rhodaniens, du nord et du sud. Elle possède aussi le Clos de l'Oratoire des papes (châteauneuf) et le domaine Notre-Dame de Cousignac (vivarais).

Un vin de plaisir immédiat, ouvert sur les fruits (cassis, fruits rouges) et le torréfié, qui séduit en bouche par son côté velouté renforcé par le fondu des tanins et contrebalancé par une pointe de fraîcheur en finale. 2014-2017 sauté de porc aux épices

Ogier, 10, av. Louis-Pasteur, 84230 Châteauneuf-du-Pape, tél. 04 90 39 32 00, ogier@ogier.fr V r.-v. Advini

MAISON NICOLAS PERRIN 2012 ★

■	60 000		15 à 20 €

Maison de négoce spécialisée dans les vins de la vallée du Rhône septentrionale, née en 2009 de la rencontre entre la famille Perrin, propriétaire du Château de Beaucastel à Châteauneuf-du-Pape, et Nicolas Jaboulet, spécialiste des terroirs du Nord.

Ce vin d'une belle maturité se signale par une approche très flatteuse avec un nez complexe de poivre, de muscade, de pivoine et de violette. Dans la continuité, quelques notes truffées et boisées en plus, le palais se révèle souple, ample et suave, soutenu par des tanins élégants. 2015-2019 pavé de bœuf sauce truffée ■ 2012 ★ (4 500 b.) : un pur marsanne également très expressif (clémentine, mandarine, épices), frais et bien structuré par le bois. 2014-2017

Maison Nicolas Perrin, 29, côte des Chapeliers, 26000 Valence, tél. 04 90 11 12 21, contact@nicolasperrin.com

DOM. MICHEL POINARD
Les Saviaux 2012

■	28 500		8 à 11 €

Bourguignon d'origine et producteur dans la Côte de Nuits, Yves Cheron s'est installé en 2004 dans la vallée du Rhône. Propriétaire du Grand Montmirail à Gigondas, il possède deux domaines en crozes-hermitage : Les Hauts de Mercurol et le domaine Michel Poinard, dans la commune de La Roche-de-Glun.

Bien accompagné par l'élevage sous bois, ce 2012 offrant une belle continuité entre le nez et la bouche trouve son équilibre entre fraîcheur et tanins fondus, entre nuances de cacao et fruité généreux (mûre). 2014-2017 entrecôte sauce au vin

Dom. Michel Poinard, La Beaume, 26600 Mercurol, tél. 04 90 65 85 91 V r.-v. Yves Cheron

DOM. DES REMIZIÈRES
Cuvée Christophe 2012 ★★

■	18 800		11 à 15 €

Jusqu'en 1973, Alphonse Desmeure apportait sa vendange à la coopérative. Son fils Philippe développe la propriété à partir de 1977, généralise la production en bouteilles et accroît le vignoble : 33 ha aujourd'hui, disséminés sur plusieurs communes et conduits en bio non certifié, avec ses enfants, Émilie et Christophe. Une référence, avec des vins d'une rare constance.

Les quinze mois de barrique, dont 80 % de fûts neufs, ont laissé leur empreinte dans ce vin au nez toasté, vanillé et épicé, rehaussé par une fraîcheur mentholée. Le plaisir est pour l'heure plus à rechercher en bouche, où l'on apprécie la puissance, la densité, la richesse et l'élégance des tanins. Un vin profond et apte à une longue garde. 2017-2025 daube de bœuf ■ Cuvée particulière 2012 ★ (8 à 11 € ; 15 000 b.) : un crozes minéral, floral et délicatement boisé, ample, fin et racé. 2014-2017

Cave Desmeure, Dom. des Remizières, 1459, av. du Vercors, 26600 Mercurol, tél. 04 75 07 44 28, contact@domaineremizieres.com V r.-v.

DAVID REYNAUD
Les Croix Vieilles Vignes 2012 ★

■	20 000		15 à 20 €

Un domaine familial depuis le XVIIIe s., qui livrait sa vendange à la coopérative de Tain jusqu'en 2003. David Reynaud, installé en 2000, conduit aujourd'hui, en biodynamie, un vignoble de 20 ha (et 8 ha en achat de raisin).

Au nez, le boisé se fait encore légèrement sentir mais l'on perçoit surtout les fruits rouges confiturés mêlés d'épices. Il en va de même en bouche, où le vin se révèle ample et riche, soutenu par des tanins serrés. 2017-2021 tajine d'agneau ■ Georges Reynaud Vignes authentiques 2012 (11 à 15 €) : cuvée hommage au grand-père, qui développa le domaine, plus discrète, plus légère et plus vive. 2014-2017

David Reynaud, Dom. les Bruyères, 12, chem. du Stade, 26600 Beaumont-Monteux, tél. 04 75 84 74 14, domainelesbruyeres@orange.fr V t.l.j. sf dim. 9h-12h 14h-18h; sam. 9h-12h

GILLES ROBIN Les Marelles 2012

■	6 000		15 à 20 €

Un domaine familial depuis quatre générations : 18 ha en cours de conversion bio conduits depuis 1996 par Gilles Robin.

Ces Marelles dévoilent un bouquet charmeur et délicat de fleurs blanches et d'amande sur un fond boisé léger. Le palais, à l'unisson, affiche un bon équilibre entre le gras et la fraîcheur, le fruit et le merrain. ⧗ 2014-2017 ♈ poulet aux écrevisses ■ Cuvée Papillon 2012 (11 à 15 € ; 35 000 b.) : un vin qui n'a pas connu le bois (c'est assez rare pour le signaler), flatteur par son côté floral et fruité (litchi et petits fruits rouges), d'une fraîcheur printanière en bouche. ⧗ 2014-2017

⊶ Gilles Robin, 55, chem. des Sarments, 26600 Mercurol, tél. 04 75 08 43 28, gillesrobin@wanadoo.fr V r.-v.

DOM. SAINT-CLAIR Étincelle... 2012

■	30 000		11 à 15 €

Un domaine récent, créé en 2007 par Denis Basset : 15 ha répartis entre des terroirs de galets roulés pour les crozes-hermitage et des terrasses granitiques pour les saint-joseph.

Bien qu'élevé en fût de un à deux vins, c'est un crozes sur le fruit qui est ici proposé, un vin rond aux tanins bien fondus, égayé par une agréable fraîcheur. Simple mais pas simpliste, et prêt à boire. ⧗ 2014-2016 ♈ paupiettes de veau

⊶ Dom. Saint-Clair, Denis Basset, 265, chem. de la Grange, 26600 Beaumont-Monteux, tél. 06 86 81 83 58, domainesaintclair@orange.fr V r.-v.

DOM. DES SEPT CHEMINS Cuvée Tradition 2012 ★

■	30 000		11 à 15 €

Ce domaine situé au sud-est de Tain-l'Hermitage, dédié à la vigne (20 ha) et à la production fruitière, est dans la famille Buffière depuis les années 1930. La quatrième génération, avec les frères Jérôme et Rémy, est aux commandes depuis 2010.

Bien conseillés par l'œnologue Jean-Étienne Guibert, les deux frères confirment leurs qualités de vinificateurs avec ce 2012 très réussi, qui succède à un 2011 élu coup de cœur l'an passé. Un vin charmeur par son nez de pivoine, de fruits noirs et d'épices, par son élevage bien maîtrisé, par sa fraîcheur, sa souplesse et sa délicatesse en bouche. ⧗ 2014-2018 ♈ saltimboccas de veau

⊶ GAEC Jérôme et Rémy Buffière, Dom. des Sept Chemins, 26600 Pont-de-l'Isère, tél. 04 75 84 75 55, domainebuffiere@hotmail.fr V r.-v.

CAVE DE TAIN Grand Classique 2012 ★★

■	750 000		8 à 11 €

Créée en 1933 par Louis Gambert de Loche, la très qualitative cave coopérative de Tain-l'Hermitage rassemble 310 adhérents et vinifie plus de 1 000 ha de vignes répartis dans cinq appellations de la vallée du Rhône nord. Une valeur sûre.

Cette cave connaît ses classiques, témoin ce vin bien nommé qui affiche beaucoup d'intensité olfactive, mélange d'épices, de fumé et de framboise. Une intensité que reprend en chœur une bouche alliant puissance, richesse et tanins fins et soyeux. ⧗ 2016-2019 ♈ volaille rôtie aux herbes ■ Les Hauts de Pavières 2012 (40 000 b.) : plus simple et mois exubérant, mais fort plaisant par son fruité mâtiné de réglisse, sa fraîcheur et ses tanins fondus. ⧗ 2014-2017

⊶ Cave de Tain, 22, rte de Larnage, 26600 Tain-l'Hermitage, tél. 04 75 08 20 87, contact@cavedetain.com V r.-v.

PIERRE VIDAL 2012

■	10 000		8 à 11 €

Pierre Vidal installé à Châteauneuf-du-Pape avec son épouse vigneronne a créé son négoce en 2010. Une maison déjà bien implantée grâce aux sélections parcellaires vinifiées par ce jeune œnologue formé en Bourgogne.

L'archétype du « vin plaisir » : un fruité très intense de cassis et de framboise de bout en bout, une bouche souple, ronde et légère. Un crozes sans chichi. Une vraie gourmandise, comme on le dit d'un dessert aux fruits. ⧗ 2014-2017 ♈ tendrons de veau

⊶ EURL Pierre Vidal, 631, rte de Sorgues, 84230 Châteauneuf-du-Pape, tél. 06 88 88 07 58, contact@pierrevidal.com

VIDAL-FLEURY 2012

■	55 000		15 à 20 €

Le plus ancien négoce rhodanien en activité, fondé en 1781 et très vité réputé – Thomas Jefferson y fit un banquet mémorable en 1787. Propriété des Guigal depuis 1986, il dispose d'une cave monumentale, dont l'architecture est inspirée du site égyptien de Saqqarah.

Ce 2012 s'ouvre sur un fruité intense et net agrémenté de discrètes nuances boisées. Il se dégage beaucoup de fraîcheur et de volume du palais, soutenu par un boisé délicat et par des tanins fins. Un ensemble déjà ouvert et harmonieux, qui gagnera en complexité avec le temps. ⧗ 2016-2019 ♈ faisan rôti

⊶ Vidal-Fleury, 48, rte de Lyon, 69420 Tupin-et-Semons, tél. 04 74 56 10 18, contact@vidal-fleury.com V r.-v. ⊶ Famille Guigal

B DOM. DE LA VILLE ROUGE Inspiration 2012

■	36 000		11 à 15 €

Un domaine familial de 18 ha en crozes-hermitage et en saint-joseph, qui vinifie ses propres vins depuis 2006, sous l'impulsion de Sébastien Girard, fils des fondateurs, installé trois ans plus tôt. En bio depuis 2009.

Les dégustateurs ont loué l'intensité olfactive de ce vin portée sur les fruits rouges et l'iris. Ils en ont souligné aussi la souplesse, la générosité et la rondeur équilibrées par une agréable fraîcheur. ⧗ 2014-2017 ♈ boudin créole

⊶ Dom. de la Ville Rouge, 355, rte de la Ville-Rouge, 26600 Mercurol, tél. 04 75 07 33 35, la-ville-rouge@wanadoo.fr V r.-v. ⊶ Sébastien Girard

HERMITAGE

• Superficie : 135 ha • Production : 4 365 hl (75 % rouge)

Le coteau de l'Hermitage, très bien exposé au sud, est situé au nord-est de Tain-l'Hermitage. La culture de la vigne y remonte au IVe s. av. J.-C., mais on attribue l'origine du nom de l'appellation au chevalier Gaspard de Sterimberg qui, revenant de la croisade contre les Albigeois en 1224, décida de se retirer du monde. Il édifia un ermitage, défricha et planta de la vigne.

Le massif de Tain est constitué à l'ouest d'arènes granitiques, terrain propice à la syrah (les Bessards).

Plantées de roussanne et surtout de marsanne, les parties est et sud-est de l'appellation, formées de cailloutis et de lœss, ont vocation à produire des vins blancs (les Rocoules, les Murets).
L'hermitage rouge est un très grand vin de garde, tannique, extrêmement aromatique, qui demande un vieillissement de cinq à dix ans, voire de vingt ans, avant de développer un bouquet d'une richesse et d'une qualité rares. On le servira entre 16 °C et 18 °C, sur du gibier ou des viandes rouges. L'hermitage blanc est un vin très fin, peu acide, souple, gras et parfumé. Il peut être apprécié dès la première année mais atteindra son plein épanouissement après un vieillissement de cinq à dix ans. Cependant, les grandes années, en blanc comme en rouge, peuvent supporter une garde de trente ou quarante ans.

DOM. BELLE 2011 ★

■	4 000	◖◗	30 à 50 €

Un domaine familial établi sur les anciennes terres seigneuriales de Larnage, sorti du système coopératif en 1990 et dirigé depuis 2003 par Philippe Belle, à la tête de 25 ha de vignes répartis dans six communes et trois appellations (hermitage, crozes et saint-joseph).

Fidèle à sa tradition de l'élevage très long, le vigneron a opté pour vingt-six mois de fût pour ce 2011 encore austère mais fort prometteur. Sur la réserve, le nez laisse poindre à l'aération d'engageantes notes d'humus, de fruits noirs et d'épices. Le palais se révèle puissant, tannique, mais élégant, épaulé par une fine acidité. De longue garde assurément. ⧗ 2020-2030 🍷 civet de sanglier

⊶ Dom. Belle, 510, rue de la Croix, 26600 Larnage, tél. 04 75 08 24 58, contact@domainebelle.com V r.-v.

M. CHAPOUTIER Mure de Larnage 2012

■	2 500	▮ ◖◗	30 à 50 €

Cette vénérable (XIXe s.) et incontournable maison, mise sur orbite internationale par Michel Chapoutier à partir des années 1990, propose une large gamme issue de ses propres vignes (350 ha, en biodynamie) ou d'achat de raisin dans la plupart des appellations phares de la vallée du Rhône, mais aussi dans le Roussillon et en Alsace.

Principale propriétaire dans l'appellation, la maison Chapoutier est fidèle au rendez-vous du Guide avec cette cuvée jaune pâle, limpide et brillante, au bouquet « solaire » de fruits mûrs (pêche, abricot), d'amande et d'acacia. À l'unisson, le palais se montre gras, doux et chaleureux, étayé par un boisé bien intégré. ⧗ 2016-2020 🍷 poularde à la crème

⊶ Maison M. Chapoutier, 18, av. du Dr-Paul-Durand, 26600 Tain-l'Hermitage, tél. 04 75 08 28 65, chapoutier@chapoutier.com V r.-v.

♥ JEAN-LOUIS CHAVE 2011 ★★★

■	n.c.	◖◗	+ de 100 €

Au XVe s. déjà, les Chave cultivaient la vigne à Mauves. Aujourd'hui, Jean-Louis, fils de Gérard Chave, dirige un domaine de 12 ha dédié à l'hermitage. La réputation de ses vins dépasse depuis longtemps les frontières de l'Europe grâce à son travail méticuleux à la vigne comme au chai. Les vendanges sont toujours tardives pour récolter le raisin à parfaite maturité, et le travail à la cave privilégie une vinification et un élevage séparés pour chaque terroir.

Noir, c'est noir... À l'intensité de la robe répond celle d'un bouquet à la fois puissant et charmeur où les notes chocolatées de l'élevage accompagnent sans fausse note les liqueurs de cassis et de fraise. Une fraîcheur éclatante tonifie la bouche où le cassis mûr s'invite jusqu'en finale. Du raffinement, de la haute couture. ⧗ 2017-2030 🍷 canard aux cerises

⊶ Jean-Louis Chave, 37, av. du Saint-Joseph, 07300 Mauves, tél. 04 75 08 24 63

JEAN-LOUIS CHAVE 2011 ★★★

■	n.c.	◖◗	+ de 100 €

Au XVe s. déjà, les Chave cultivaient la vigne à Mauves. Aujourd'hui, Jean-Louis, fils de Gérard Chave, dirige un domaine de 12 ha dédié à l'hermitage. La réputation de ses vins dépasse depuis longtemps les frontières de l'Europe grâce à son travail méticuleux à la vigne comme au chai. Les vendanges sont toujours tardives pour récolter le raisin à parfaite maturité, et le travail à la cave privilégie une vinification et un élevage séparés pour chaque terroir.

Un hermitage enchanteur, qui montre une rare maîtrise du bois, où tout est ciselé de bout en bout. Les arômes, complexes et élégants, marient l'amande grillée de l'élevage aux fleurs blanches miellées. Une palette harmonieuse qui se prolonge dans un palais gras, dense, auquel une ligne de fraîcheur donne un côté aérien. ⧗ 2017-2025 🍷 risotto de saint-jacques

⊶ Jean-Louis Chave, 37, av. du Saint-Joseph, 07300 Mauves, tél. 04 75 08 24 63

♥ YANN CHAVE 2012 ★★

■	6 000	◖◗	50 à 75 €

Un domaine créé en 1970 par Bernard et Nicole Chave, repris en 1996, restructuré et agrandi (20 ha aujourd'hui, en conversion bio) par leur fils Yann, qui en a fait l'une des belles références dans les appellations hermitage et crozes-hermitage.

Né d'une syrah de quarante ans plantée sur un sol de loess, puis élevé en demi-muids neufs pendant un an, cet hermitage se présente avec noblesse dans une robe sombre et très profonde. Dès le premier nez, on ressent de la concentration et de la complexité dans ce vin, qui s'ouvre sans réserve sur les épices, les fruits noirs, la violette et la torréfaction. Le palais confirme : dense, riche, ample et très long, il s'adosse à des tanins d'une grande finesse et à un boisé ambitieux mais jamais écrasant. Tout indique ici une belle maturité de la vendange et une bouteille que l'on pourra apprécier relativement jeune, ou remiser longtemps dans sa cave. ⧗ 2019-2030 🍷 filet de bœuf au jus de truffe noir

⊶ Yann Chave, 1170, chem. de la Burge, 26600 Mercurol, tél. 04 75 07 42 11, chaveyann@yahoo.fr

DOM. DU COLOMBIER 2011 ★

9 000		50 à 75 €

Fort de 16 ha de vignes, Florent Viale élabore son propre vin depuis 1991, alors que son père vendait ses vendanges à la maison Guigal. Partisan d'une viticulture naturelle, il opte pour une démarche tendant vers le bio, mais sans certification. Il signe des hermitage et des crozes très réguliers en qualité.

Un élevage de dix-huit mois en demi-muids, dont 50 % dans du bois neuf et 50 % en fûts de un an, confère à ce vin une belle rondeur et un volume appréciable. On ressent également une bonne maturité de la vendange à travers des arômes généreux de mûre confite sur fond de boisé fondu et d'épices, et une finale chaleureuse. ⌛ 2019-2026 🍷 daube de bœuf à la sauge ■ 2011★ (900 b.) : dix-huit mois d'élevage en demi-muid (bois neuf uniquement) aussi pour ce vin élégant et complexe (miel, fleurs blanches, laurier), bien équilibré entre le gras et la fraîcheur. ⌛ 2018-2024

Dom. du Colombier, SCEA Viale, 175, rte des Alpes, Mercurol, 26600 Tain-l'Hermitage, tél. 04 75 07 44 07, dom.ducolombier@gmail.com V r.-v.

DOM. DES MARTINELLES 2011 ★★

1 500		30 à 50 €

Les Fayolle sont établis depuis le XV[e]s. à Gervans. Une longue histoire vigneronne poursuivie depuis 1998 par Pascal Fayolle, rejoint par son épouse Nadia en 2002, aujourd'hui à la tête d'un vignoble de 21,5 ha en AOC hermitage, crozes et saint-joseph.

Magnifique hermitage que ce 2011 élevé douze mois en barrique, charmeur en diable dans sa robe intense aux reflets violines de jeunesse. Le nez, encore timide, s'ouvre discrètement à l'aération sur les épices (poivre et muscade) et les fruits noirs. C'est en bouche que le vin donne sa pleine mesure, alliant volume, puissance et finesse dans un équilibre remarquable. Le temps lui appartient. ⌛ 2022-2030 🍷 filet de chevreuil aux raisins

SCEA Dom. des Martinelles, 2, rte des Vignes, 26600 Gervans, tél. 04 75 07 70 60, contact@domaine-des-martinelles.fr V r.-v.

DOM. DES REMIZIÈRES Cuvée Émilie 2012 ★

6 800		30 à 50 €

Jusqu'en 1973, Alphonse Desmeure apportait sa vendange à la coopérative. Son fils Philippe développe la propriété à partir de 1977, généralise la production en bouteilles et accroît le vignoble : 33 ha aujourd'hui, disséminés sur plusieurs communes et conduits en bio non certifié, avec ses enfants, Émilie et Christophe. Une référence, avec des vins d'une rare constance.

Abonnée aux étoiles et aux coups de cœur, la cuvée Émilie est au rendez-vous du Guide. Bien que l'élevage soit, comme à l'accoutumée, réalisé uniquement en fûts neufs, la présence du bois n'est pas le premier qualificatif retenu par le jury. Ce dernier loue plutôt la noblesse de ce vin, qui ne vise pas la puissance, mais cherche à ciseler ses composants : les tanins sont fins, le boisé ajusté, tendance vanillé, le fruité généreux et rehaussé d'épices et de Zan. ⌛ 2018-2026 🍷 filet de bœuf truffé

Cave Desmeure, Dom. des Remizières, 1459, av. du Vercors, 26600 Mercurol, tél. 04 75 07 44 28, contact@domaineremizieres.com V r.-v.

CAVE DE TAIN Gambert de Loche 2011 ★

10 000		50 à 75 €

Créée en 1933 par Louis Gambert de Loche, la très qualitative cave coopérative de Tain-l'Hermitage rassemble 310 adhérents et vinifie plus de 1 000 ha de vignes répartis dans cinq appellations de la vallée du Rhône nord. Une valeur sûre.

L'élevage de dix-huit mois en barrique neuve est pour l'heure bien présent et le vin ne s'exprime pas encore pleinement. Mais l'on perçoit une réelle finesse dans les notes de truffe, d'humus et d'épices qui apparaissent à l'aération, et de l'élégance aussi dans les tanins, certes sévères mais racés. ⌛ 2018-2026 🍷 rôti de sanglier aux navets

Cave de Tain, 22, rte de Larnage, 26600 Tain-l'Hermitage, tél. 04 75 08 20 87, contact@cavedetain.com V r.-v.

CORNAS

• Superficie : 115 ha • Production : 4 210 hl

En face de Valence, l'appellation s'étend sur la seule commune de Cornas. Les sols, en pente assez forte, sont composés d'arènes granitiques, maintenues en place par des murets. Issu de syrah récoltée à faibles rendements (30 hl/ha), le cornas est un vin rouge viril, charpenté, qu'il faut faire vieillir au moins trois années – mais il peut attendre parfois beaucoup plus – afin qu'il puisse exprimer ses arômes fruités et épicés sur des viandes rouges et du gibier.

BRUNEL DE LA GARDINE 2011

n.c.		20 à 30 €

Souhaitant renouer avec le passé de négociant de leur père Gaston, Patrick Brunel et son fils Maxime (Château la Gardine à Châteauneuf-du-Pape) ont créé cette maison de négoce en 2007, qui propose des vins de toute la vallée, du nord au sud.

Très expressif sur des notes de cassis, de laurier et de garrigue, ce cornas aux accents chauds revient aux fondamentaux de l'appellation et à une expression presque méridionale de la syrah, avec en soutien la fraîcheur septentrionale et des tanins encore un peu fougueux. ⌛ 2017-2021 🍷 faisan rôti à la forestière

Brunel Père et Fils, rte de Roquemaure, BP 51, 84232 Châteauneuf-du-Pape Cedex, tél. 04 90 83 73 20, contact@bpf-brunel.com V r.-v.

DOM. A. CLAPE 2012 ★

16 000	30 à 50 €

Sous des noms divers, ce domaine phare de l'appellation cornas a plus de deux cent cinquante ans d'existence. Pierre Clape, installé en 1990 à la suite de son père Auguste, perpétue avec talent la tradition familiale. Vigneron discret et peu interventionniste, il pratique l'élevage long en foudre ancien pour une expression aboutie de la syrah. Sur un vignoble de 8,5 ha, il en consacre 3,5 à son « grand vin ».

Dans ce domaine, la tradition est le maître-mot : vendanges en grappes entières, levures indigènes, douze jours de vinification en cuve béton, fermentation malolactique, puis élevage de vingt-deux mois en foudre. Le 2012, encore sur la réserve, montre un fort potentiel. Le nez mêle le Zan, le goudron et des nuances minérales. Adossé à des tanins denses et très serrés, le palais ne se laisse pas non plus apprivoiser, comme tout bon cornas de longue garde. ⧗ 2019-2030 🍴 lièvre à la royale

Yves SCEA Dom. Clape, 146, av. Colonel-Rousset, 07130 Cornas, tél. 04 75 40 33 64 r.-v.

JEAN-LUC COLOMBO Terroirs du vent 2012 ★

■ | 8 000 | | 15 à 20 €

Œnologue-conseil (laboratoire créé en 1982), producteur (premier cornas en 1987), négociant (depuis 1995), Jean-Luc Colombo est une figure du vignoble rhodanien, où il conduit 20 ha avec son épouse Anne et sa fille Laure, auxquels il a ajouté en 1996 40 ha dans sa Provence natale.

La dégustation s'ouvre sur un univers doux de gelée de mûre associée aux épices et au caramel. Une attaque fraîche introduit un palais à l'unisson, sur les fruits mûrs, porté par des tanins fins et soyeux qui ne se resserrent qu'en finale. On sent la recherche de l'équilibre et c'est très réussi. ⧗ 2017-2022 🍴 osso bucco

Vins Jean-Luc Colombo, 10-12, rue des Violettes, 07130 Cornas, tél. 04 75 84 17 10, colombo@vinscolombo.fr V t.l.j. 10h-12h 14h-18h30

♥ DOM. COURBIS Les Eygats 2012 ★★

■ | 5 000 | | 30 à 50 €

Une valeur sûre de la vallée septentrionale, notamment dans les AOC cornas et saint-joseph. Dominique et Laurent Courbis conduisent depuis la fin des années 1980, à la suite de leur père, un vignoble de 33 ha dont les origines remontent au XVIᵉs. L'essentiel des vignes est perché sur des coteaux très abrupts à plus de 250 m d'altitude.

Le domaine fait une nouvelle fois l'unanimité avec ses cornas bien typés, des vins au grand caractère que le temps domptera. Pour l'heure, ces Eygats, élevés dix-huit mois en barrique, dévoilent un bouquet intense, grillé et toasté, les fruits noirs et les épices apparaissant à l'aération. En bouche, le boisé est toujours présent, mais n'écrase pas la matière, généreuse, consistante, épaulée par la fraîcheur du terroir et par des tanins au grain fin et serré. Un vin long, ample et puissant, mais jamais austère. ⧗ 2019-2030 🍴 daube de sanglier au cassis ■ La Sabarotte 2012 ★★ (5 000 b.): un boisé très soutenu mais racé, une fraîcheur mentholée, des tanins puissants enrobés par une chair dense et un fruité mûr. ⧗ 2019-2030

Dom. Courbis, rte de Saint-Romain, 07130 Châteaubourg, tél. 04 75 81 81 60, contact@domaine-courbis.fr V t.l.j. sf dim. 9h-12h 14h-18h; sam. sur r.-v.

♥ YVES CUILLERON Les Vires 2011 ★★

■ | 2 700 | | 30 à 50 €

Une référence de la vallée nord, notamment pour ses condrieu. Établi à Chavanay, Yves Cuilleron a repris en 1987 la propriété créée en 1920 par son grand-père paternel, puis gérée par son oncle Antoine. Il a progressivement agrandi le domaine (59 ha aujourd'hui), établi sur la rive droite du Rhône (condrieu, côte-rôtie, saint-joseph, saint-peray et cornas) et, depuis 2012, sur la rive gauche (crozes-hermitage).

On peut réaliser un élevage de dix-huit mois en barrique (dont 60 % de fûts neufs), sans que cela n'écrase le vin. C'est bien le cas avec ce cornas charmeur en diable, qui déploie un bouquet captivant de fruits noirs, de poivre, de violette et de menthol: de la syrah dans le texte, sur fond de boisé fondu. La bouche associe élégance et intensité, et se montre charnue, douce et dense, épaulée par des tanins fins et serrés. Et les notes perçues à l'olfaction sont tenues jusqu'au bout. ⧗ 2017-2024 🍴 carré d'agneau miel et romarin

Yves Cuilleron, 58, RD 1086, Verlieu, 42410 Chavanay, tél. 04 74 87 02 37, cave@cuilleron.com V r.-v.

DOM. ÉRIC ET JOËL DURAND Empreintes 2012

■ | 15 000 | | 20 à 30 €

Un domaine familial de 20 ha constant en qualité, établi au sud de l'appellation saint-joseph et aux portes de celle de cornas, conduit par les frères Éric et Joël Durand.

Ce domaine présente deux cuvées de même profil qui permet d'aborder l'appellation avec facilité. La cuvée Empreintes séduit par son boisé doux aux accents grillés et son fruité généreux, et par sa bouche riche, égayée par une pointe de fraîcheur en attaque et plus resserrée en finale. ⧗ 2016-2020 🍴 sauté d'agneau aux olives ■ Cuvée Prémices 2012 (10 000 b.): du charme là aussi, du fruit, des épices, de la souplesse et des tanins soyeux. ⧗ 2015-2019

Éric et Joël Durand, 2, impasse de la Fontaine, 07130 Châteaubourg, tél. 04 75 40 46 78, ej.durand@wanadoo.fr V r.-v.

DOM. PHILIPPE ET VINCENT JABOULET 2011 ★

■ | 2 500 | | 30 à 50 €

Philippe Jaboulet et son fils Vincent ont décidé de poursuivre l'aventure viticole après la vente de la maison familiale (Paul Jaboulet Aîné). Ainsi se sont-ils installés en 2005 sur une partie du domaine de Collonge, à la tête de 30 ha en crozes-hermitage, hermitage et cornas.

Après vingt-quatre mois de fût, il est logique de voir le bois encore très présent, et c'est un grillé soutenu qui monte du verre, avec des notes de rose, de fruits noirs et de poivre à l'arrière-plan. En bouche, la même ligne aromatique, de la puissance, portée par des tanins serrés, et une belle fraîcheur mentholée qui donne du nerf et de l'allonge. Sans conteste un vin de garde. ⧗ 2017-2024 🍴 pavé de bœuf aux cèpes

Philippe et Vincent Jaboulet, 920, rte de la Négociale, 26600 Mercurol, tél. 04 75 07 44 32, jabouletphilippeetvincent@wanadoo.fr V r.-v.

DOM. LEMENICIER 2012 ★

■ | 10 000 | | 20 à 30 €

Double actif, Jacques Lemenicier s'est constitué à partir de 1984, parcelle par parcelle, un domaine de

6 ha en cornas et en saint-péray. Un nouveau nom dans le Guide.

Au nez, une minéralité évoquant la pierre chauffée au soleil et le poivre, nous sommes bien en terre de syrah. En bouche, des tanins bien en place, nous sommes bien en terre de cornas. ⧗ 2016-2024 🍴 daube de sanglier

Lemenicier, chem. des Peyrouses, 07130 Cornas, tél. 04 75 81 00 57, lemenicier@wanadoo.fr

JOHANN MICHEL 2012

■	9 000		15 à 20 €

Son arrière-grand-père François Michel, l'un des fondateurs de l'AOC cornas, créa le domaine en 1939, et son père Jean-Luc le remit en route en 1988 après une longue période de fermage (domaine Courbis). Johann, installé en 1997, exploite aujourd'hui 4,2 ha de vignes.

La présentation est impeccable, d'un beau rouge sombre aux reflets violets. Au nez comme en bouche, la netteté est le maître-mot, avec comme fils conducteurs l'intensité du fruit, la fraîcheur et une belle présence tannique. ⧗ 2017-2022 🍴 canette rôtie

Dom. Johann Michel, La Ferme-de-Chavaran, 115, chem. de Ploye, 07130 Saint-Péray, tél. 04 75 40 56 43, johann-michel@wanadoo.fr V r.-v.

DOM. MICHELAS SAINT-JEMMS
Les Murettes 2012 ★

■	4 000		20 à 30 €

Fondée en 1972 par Robert et Yvette Michelas, cette exploitation ne compte pas moins de 53 ha répartis dans quatre appellations. Les enfants – Sylvie, Corinne, Florence et Sébastien – sont désormais aux commandes.

Le premier nez est discret. L'aération libère les épices et les fruits noirs. Souple en attaque, le palais se révèle dense et gras, étayé par des tanins fermes et fins, plus stricts en finale, qui laissent augurer une bonne tenue à la garde. ⧗ 2018-2024 🍴 civet de lièvre

Dom. Michelas-Saint-Jemms, 557, rte de Bellevue, Les Châssis, 26600 Mercurol, tél. 04 75 07 86 70, michelas.st.jemms@wanadoo.fr V t.l.j. sf dim. 9h-12h 14h-18h

DOM. DE SAINT-PIERRE 2011 ★

■	5 300		50 à 75 €

Fondée en 1834, la vénérable maison Paul Jaboulet propose une large gamme issue de son négoce et de sa centaine d'hectares répartie dans plusieurs domaines septentrionaux, dont le mythique La Chapelle en hermitage. Rachetée en 2006 par la famille Frey, propriétaire en Champagne et dans le Bordelais (La Lagune), elle est dirigée par Caroline Frey.

Établi au sommet du coteau granitique de Cornas, à proximité d'une chapelle, ce domaine de 4 ha signe un vin qui rend pleinement l'expression du terroir. Un beau travail de vinification qui exalte le caractère minéral et terreux du vin, accompagné de notes de tapenade et de fruits noirs. Une fraîcheur « terroitée » que prolonge une bouche charnue, puissante sans dureté. ⧗ 2017-2024 🍴 daube de bœuf aux olives

Dom. Paul Jaboulet Aîné, RN 7 - Les Jalets, BP 46, 26600 Tain-l'Hermitage, tél. 04 75 84 68 93, info@jaboulet.com V t.l.j. 10h-19h

DOM. DU TUNNEL Vin noir 2012 ★★

■	2 000		30 à 50 €

Depuis son installation en 1994, Stéphane Robert s'est imposé comme une référence dans le paysage des crus septentrionaux. Il a créé son vignoble de toutes pièces, aujourd'hui 10 ha très morcelés, avec des vignes en cornas, saint-joseph et saint-péray, ces dernières longeant une ancienne voie ferrée et un tunnel de 160 m, toujours visible, qui donne son nom au domaine.

Pour ses vingt ans d'installation, Stéphane Robert n'a pas failli à sa réputation. Sa sélection de vignes centenaires plantées sur trois coteaux est dans la lignée du 2011, coup de cœur dans l'édition précédente. Encore un peu fermé au premier nez, ce vin – noir en effet – délivre, après aération, des senteurs engageantes de mûre, de cacao et d'épices douces. On ressent la présence de raisins très mûrs à travers une bouche concentrée, dense, suave et charnue, bâtie sur des tanins d'une finesse remarquable. ⧗ 2019-2030 🍴 chevreuil sauce grand veneur ■ Cuvée principale 2012 ★ (20 à 30 €; 15 000 b.): plus de souplesse et moins d'intensité, mais une belle pureté d'arômes et une fraîcheur très agréable. ⧗ 2017-2022

Stéphane Robert, Dom. du Tunnel, 20, rue de la République, 07130 Saint-Péray, tél. 04 75 80 04 66, domaine-du-tunnel@wanadoo.fr V r.-v.

LES VINS DE VIENNE Les Barcillants 2011

■	5 300		30 à 50 €

Pour faire renaître le vignoble de Seyssuel situé en amont de Vienne, trois vignerons de renom, Yves Cuilleron, Pierre Gaillard et François Villard, ont créé cette affaire en 1996, à l'origine de beaux vins de propriété – IGP sur Seyssuel, sélections parcellaires en AOC septentrionales – et des vins de négoce de toute la vallée.

Si le premier nez se montre réservé, l'aération révèle des notes de fruits noirs mâtinées d'épices et de nuances florales. C'est au palais que le vin donne sa pleine mesure : plus expressif (violette, poivre, fruits mûrs, touche mentholée), du gras, un bon volume, des tanins ronds et fondus, et une jolie fraîcheur en finale. ⧗ 2016-2020 🍴 mijoté de paleron

Les Vins de Vienne, 1, ZA de Jassoux, 42410 Chavanay, tél. 04 74 85 04 52, contact@lesvinsdevienne.fr V r.-v.

ALAIN VOGE Les Vieilles Vignes 2011

■	16 000		30 à 50 €

Alain Voge a rejoint son père sur le domaine familial en 1958. Abandon de la polyculture, replantation de coteaux abandonnés, vente directe en bouteilles, il met le vignoble sur les rails, 12 ha aujourd'hui cultivés en bio et biodynamie.

Les vingt mois d'élevage en barrique ont laissé leur empreinte sur ce cornas (vignes en conversion bio) : au nez, un grillé soutenu accompagne des notes de cuir et de menthol. Sans manquer de fruit et porté par des tanins encore un peu stricts, le palais renoue avec le bois et la fraîcheur, affichant une belle minéralité. ⧗ 2017-2021 🍴 gigot d'agneau

SARL Alain Voge, 4, imp. de l'Équerre, 07130 Cornas, tél. 04 75 40 32 04, contact@alain-voge.com V r.-v.

SAINT-PÉRAY

• Superficie : 75 ha • Production : 2 170 hl (10 % effervescents)

Situé face à Valence, le vignoble de Saint-Péray est dominé par les ruines du château de Crussol. Un microclimat un peu plus froid et des sols plus riches que dans le reste de la région sont favorables à la production de vins plus acides et moins riches en alcool, issus de marsanne et de roussanne, bien adaptés à l'élaboration de blanc de blancs par la méthode traditionnelle.

DOM. DU BIGUET Terres rouille 2012 ★

	1 200		11 à 15 €

Jean-Louis et Françoise Thiers ont repris en 1981 les quelques arpents plantés et loués par les parents dans les années 1970 sur les arènes granitiques de Toulaud. Ils exploitent aujourd'hui 5,5 ha en saint-péray, cornas et côtes-du-rhône, tout en maintenant vivace la tradition du saint-péray effervescent.

Cette cuvée confidentielle offre un beau reflet de l'appellation. Livrée dans un écrin paré d'or pâle, elle dévoile sans réserve ses parfums de pêche, d'agrumes et de pierre à fusil. En bouche, la minéralité est aussi très présente, apportant élégance, fraîcheur et longueur, le tout souligné par un boisé vanillé bien exécuté. 2014-2018 saumon gravlax

Dom. du Biguet, quartier Biguet, 07130 Toulaud, tél. 04 75 40 49 44, domainedubiguet.thiers@orange.fr V r.-v.

GUY FARGE Grain de silex 2012

	4 000		11 à 15 €

En 2006, Guy Farge a sorti de la cave coopérative de Tain l'Hermitage ce domaine de 20 ha acheté par son arrière-grand-père à un général normand.

Très expressif à l'olfaction, ce 2012 associe la pêche, l'acacia et le miel. Le tempo est un peu moins bien assuré en bouche, où la puissance l'emporte sur la finesse. Mais l'ensemble reste équilibré grâce à un boisé qui n'en fait pas trop et à la pointe d'amertume apportée par le soupçon de marsanne (roussanne à 95 %). 2014-2017 lotte à la crème

Guy Farge, 6, chem. de Halage, 07300 Saint-Jean-de-Muzols, tél. 06 08 21 31 72, guyfarge@orange.fr V r.-v.

DOM. BERNARD GRIPA Les Figuiers 2012 ★★

	9 000		15 à 20 €

La famille Gripa arrive à Saint-Péray au XVIIe s., puis s'établit à Mauves vers 1850. Valeur sûre du Guide, tant pour ses saint-péray que pour ses saint-joseph, le domaine est conduit depuis 2006 par Fabrice Gripa, fils de Bernard, aujourd'hui à la tête de 16 ha de vignes.

Pour cette cuvée, la fermentation s'est faite en fût, suivie d'un élevage de un an sur lie. La présentation est impeccable, brillante et dorée. Le vanillé délicat de la barrique laisse s'exprimer le fruité (confiture de pêches) et le floral (acacia). Du volume, du gras, une fraîcheur saline, qui apporte beaucoup de finesse et d'allonge, un boisé discret, tout est en équilibre en bouche. 2015-2019 filets de bar aux épices Les Pins 2012 ★ (11 à 15 € ; 12 000 b.) : plus sur la réserve au nez, mais beaucoup de justesse dans la composition du palais, ample et bien balancé entre l'alcool et l'acidité. 2015-2019

Dom. Bernard Gripa, 5, av. Ozier, 07300 Mauves, tél. 04 75 08 14 96, gripa@wanadoo.fr V r.-v.

♥ DOM. DU TUNNEL Roussanne 2012 ★★

	4 500		15 à 20 €

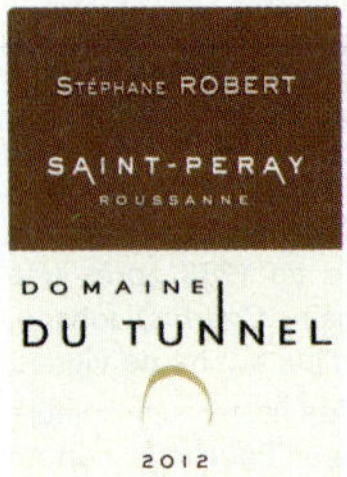

Depuis son installation en 1994, Stéphane Robert s'est imposé comme une référence dans le paysage des crus septentrionaux. Il a créé son vignoble de toutes pièces, aujourd'hui 10 ha très morcelés, avec des vignes en cornas, saint-joseph et saint-péray, ces dernières longeant une ancienne voie ferrée et un tunnel de 160 m, toujours visible, qui donne son nom au domaine.

Si ce vigneron n'a plus à prouver son talent de vinificateur en vin rouge, il montre aussi d'excellentes qualités en blanc. Ses vignes de roussanne lui ont inspiré un saint-péray de haute volée, ciselé autour de la mandarine confite et d'un boisé très élégant et fondu. La même finesse aromatique caractérise le palais, ample, long, parfaitement équilibré. 2014-2019 médaillons de lotte aux épinards Cuvée Prestige 2012 ★★ (2 000 b.) : un vin délicatement bouqueté (fleurs blanches, pêche, agrumes), d'un beau volume, rond à souhait, au boisé bien maîtrisé. 2014-2019 Marsanne 2012 ★ (11 à 15 € ; 2 000 b.) : un vin moins ambitieux, mais très agréable par son fruité, sa vitalité et sa minéralité. 2014-2017

Stéphane Robert, Dom. du Tunnel, 20, rue de la République, 07130 Saint-Péray, tél. 04 75 80 04 66, domaine-du-tunnel@wanadoo.fr V r.-v.

FRANÇOIS VILLARD Version longue 2011 ★

	3 000		15 à 20 €

Vigneron réputé de la vallée du Rhône nord, François Villard, ancien cuisinier, s'est installé en 1989 à Saint-Michel-sur-Rhône pour créer son vignoble, 29 ha aujourd'hui dans cinq crus complétés par une petite activité d'achat de raisin. Dans son chai cathédrale naissent de beaux vins dans les deux couleurs.

Version longue ? Sans doute une référence aux dix-huit mois de fût, dont 36 % de fûts neufs. Si cette pure marsanne a logiquement encore « le nez dans la barrique », elle propose un boisé très bien maîtrisé, dont les accents vanillés s'unissent sans fausse note avec la pêche et l'abricot. De la justesse aussi en bouche : le gras, l'acide, l'amer propre au cépage, le fruit et le bois sont en symbiose. 2014-2019 cabillaud aux pointes d'asperges

François Villard, 330, rte du Réseau-Ange, 42410 Saint-Michel-sur-Rhône, tél. 04 74 56 83 60, vinsvillard@wanadoo.fr V r.-v.

B DOM. ALAIN VOGE Terres boisées 2012 ★

	5 200		15 à 20 €

Alain Voge a rejoint son père sur le domaine familial en 1958. Abandon de la polyculture, replantation de coteaux abandonnés, vente directe en bouteilles, il met le

vignoble sur les rails, 12 ha aujourd'hui cultivés en bio et biodynamie.

Cette pure marsanne fermentée et élevée en barrique a d'abord fait débat entre ceux qui appréciaient son élégant boisé fumé et ceux qui attendaient plus d'expression du raisin. Le palais a mis tout le monde d'accord : de la vivacité, de la souplesse, de la finesse, une belle longueur et, au final, un vin très équilibré, de gastronomie, auquel une petite garde apportera plus de complexité encore. 2015-2019 calamars à la sétoise

SARL Alain Voge, 4, imp. de l'Équerre, 07130 Cornas, tél. 04 75 40 32 04, contact@alain-voge.com V r.-v.

CLAIRETTE-DE-DIE

• Superficie : 1 401 ha • Production : 84 272 hl

Le vignoble du Diois occupe les versants de la moyenne vallée de la Drôme, entre Luc-en-Diois et Aouste-sur-Sye. Sans doute héritière du vin doux pétillant des Voconces mentionné par Pline l'Ancien, la clairette-de-die méthode dioise ou ancestrale est un vin mousseux doux et à faible teneur en alcool, dominé par le cépage muscat (75 % minimum) et qui termine naturellement sa fermentation en bouteille, sans adjonction de liqueur de tirage. L'appellation autorise aussi l'élaboration d'effervescents à base de clairette selon la méthode traditionnelle, avec seconde fermentation en bouteille.

B ACHARD-VINCENT Tradition

●	50 000	8 à 11 €

Ce domaine, producteur de clairette-de-die depuis six générations, est une valeur sûre de l'appellation et un précurseur en termes d'agriculture bio, qu'il pratique depuis 1967. Installé en 2005, Thomas Achard a développé la biodynamie.

La bulle est légère et forme un cordon délicat. Si le nez est plutôt discret, la bouche se montre plus en verve et dévoile de jolies senteurs de fruits exotiques et de pamplemousse, persistantes jusqu'en finale. 2014-2015 tarte au citron meringuée

Achard, Le Village, 26150 Sainte-Croix, tél. 04 75 21 20 73, contact@domaine-achard-vincent.com V t.l.j. sf dim. 9h30-12h30 14h-18h

CAROD FRÈRES Brut Méthode dioise

●	41 066	5 à 8 €

À la fois propriété familiale et société de négoce, l'entreprise Carod s'est fortement développée depuis sa création en 1965, jusqu'à produire aujourd'hui 2 millions de cols par an. Un acteur de poids dans le Diois, acquis en 2008 par les Grands Chais de France.

L'univers aromatique de cette clairette tourne autour de la noisette, associée à une agréable pointe mentholée. Le palais se montre souple et franc, dynamisé par une légère amertume qui apporte une touche de fraîcheur et un supplément d'âme. 2014-2015 tarte poires-noisettes

Carod, quartier du Gap, 26340 Vercheny, tél. 04 75 21 73 77, bleberre@caves-carod.fr V t.l.j. 9h-12h 14h-18h; f. dim. oct.-mars GCF

CHAMBERAN ★★

●	105 000	5 à 8 €

Fondée en 1961, l'Union des jeunes viticulteurs-récoltants est une société coopérative (SCAEC) regroupant sept vignerons du Diois, qui ont mis en commun leurs vignes et leur matériel pour constituer un coquet vignoble de 63 ha aujourd'hui.

De fines bulles animent la robe jaune d'or de cette méthode ancestrale. Une entrée en matière engageante qui se poursuit sur un nez puissant et complexe de bergamote et de fleur d'oranger. Une ligne aromatique que l'on retrouve dans un palais intense et long. Un ensemble très harmonieux. 2014-2015 mille-feuille ● Cuvée César ★ (188 000 b.) : une clairette fraîche et élégante, sur l'abricot et la rose. 2014-2015

Union des Jeunes Viticulteurs-Récoltants, rte de Die, 26340 Vercheny, tél. 04 75 21 70 88, contact@ujvr.fr V t.l.j. 9h30-12h 14h-18h30

GRANON PONTAIX Tradition fruitée 2012 ★★

●	43 450	5 à 8 €

Un domaine familial depuis quatre générations, 20 ha au cœur du Diois conduits par les frères Patrice, Éric et Laurent Granon.

Ce 100 % muscat, d'un beau jaune paille aux reflets or traversé de fines bulles, livre un bouquet complexe de pivoine, de fleur d'oranger, de réglisse et de fruits exotiques. La bouche, ample et longue, laisse la même sensation d'harmonie et d'élégance, portée par des senteurs exotiques et florales. 2014-2015 panacotta aux fruits de la Passion

Gaec Granon Pontaix, Village, 26150 Pontaix, tél. 04 75 21 21 21, laurentgranon@hotmail.fr V r.-v.

MONGE GRANON Tradition 2013 ★

●	10 000		5 à 8 €

Un domaine de 38 ha dédié principalement à la clairette-de-die, né de l'association en 1984 des familles Mignon et Granon, vignerons de père en fils depuis quatre générations.

Cette clairette méthode ancestrale séduit d'emblée par son caractère très expressif de fruits exotiques (mangue, fruit de la Passion) agrémenté d'une touche friande de bonbon au cassis, que l'on retrouve aussi bien au nez qu'en bouche. Une bulle gourmande. 2014-2015 salade de fruits exotiques

Cave Monge Granon, RD 93, 26340 Vercheny, tél. 04 75 21 74 93, contact@clairette-mongegranon.com V t.l.j. 8h30-12h 14h-18h30 GAEC de Saint-Pierre

B JEAN-CLAUDE RASPAIL Must 2012 ★★

●	10 656		11 à 15 €

Formé en Champagne, Frédéric Raspail, petit-fils de Flavien, fondateur du domaine en 1942, est revenu en 2001 sur l'exploitation familiale – 15 ha dédié aux effervescences dioises et conduits en bio.

Une robe jaune paille chapeautée par une mousse fine habille cette méthode ancestrale. Notes iodées, vanille, réglisse, fleur d'oranger, jasmin, rose : le nez se révèle particulièrement riche et complexe. Le palais, tout aussi expressif, à dominante de fruits mûrs, se distingue par sa

RHÔNE

puissance et son volume. Un vin harmonieux et intense. ⧗ 2014-2015 🍴 bûche chocolat praliné

Jean-Claude Raspail et Fils, rte de Die, 26340 Saillans, tél. 04 75 21 55 99, contact@raspail.com V t.l.j. 9h-12h 14h-19h; f.5-31 janv.

CRÉMANT-DE-DIE

• Production : 1 993 hl

L'AOC a été reconnue en 1993. Le crémant-de-die est produit à partir du cépage clairette, selon la méthode traditionnelle qui consiste en une seconde fermentation en bouteille.

CHAMBERAN 2011

●	15 000	5 à 8 €

Fondée en 1961, l'Union des jeunes viticulteurs-récoltants est une société coopérative (SCAEC) regroupant sept vignerons du Diois, qui ont mis en commun leurs vignes et leur matériel pour constituer un coquet vignoble de 63 ha aujourd'hui.

Ce crémant déploie des bulles fines à l'ascension régulière. Le nez offre une belle montée en puissance aromatique : la noisette verte, puis l'anis et enfin des notes de chèvrefeuille. On retrouve ces sensations, accompagnées par une nuance originale de feuille de tomate, dans une bouche fraîche de bonne longueur. ⧗ 2014-2015 🍴 gâteau basque

Union des jeunes viticulteurs-récoltants, rte de Die, 26340 Vercheny, tél. 04 75 21 70 88, contact@ ujvr.fr V t.l.j. 9h30-12h 14h-18h30

MONGE GRANON 2011 ★

●	20 000	5 à 8 €

Un domaine de 38 ha dédié principalement à la clairette-de-die, né de l'association en 1984 des familles Mignon et Granon, vignerons de père en fils depuis quatre générations.

La parcelle à l'origine de ce crémant, située à plus de 500 m d'altitude, a été choisie pour son exposition plein sud et pour son caractère venté, garantissant la qualité sanitaire de la vendange. Le résultat est là : un beau vin jaune clair au nez complexe de noisette, de réglisse et d'anis. Des arômes plus fruités de muscat (2 %, aux côtés de la clairette et de l'aligoté) apparaissent dans un palais rond et gras, vivifié par une fine acidité en finale. ⧗ 2014-2015 🍴 crème au caramel anisé

Cave Monge Granon, RD 93, 26340 Vercheny, tél. 04 75 21 74 93, contact@clairette-mongegranon.com V t.l.j. 8h30-12h 14h-18h30 GAEC de Saint-Pierre

La vallée du Rhône méridionale

VINSOBRES

• Superficie : 450 ha • Production : 15 625 hl

Appartenant autrefois à l'appellation côtes-du-rhône-villages, Vinsobres a été promu en appellation locale en 2006. Celle-ci concerne uniquement les vins rouges nés sur la commune de Vinsobres, dans la Drôme. Les vins doivent provenir d'un assemblage d'au moins deux cépages principaux, dont le grenache, qui doit représenter 50 % minimum, la syrah et/ou le mourvèdre devant atteindre 25 % minimum à l'horizon 2015.

PIERRE AMADIEU
Les Piallats 2012 ★

■	14 000		8 à 11 €

Maison fondée en 1929 et restée familiale. Elle opère des sélections parcellaires pour son négoce et conduit deux propriétés : Grand Romane et La Machotte en AOC gigondas, dont elle est le plus grand producteur avec 137 ha de vignes.

Cette cuvée née sur les hauts de Vinsobres dévoile un nez de fruits rouges mêlés de cassis et de réglisse. Une attaque douce introduit un palais ample et élégant aux tanins mûrs, qui finit sur des notes de poivre et de griotte à l'alcool. Une bonne expression du cru. ⧗ 2015-2019 🍴 fricassée de pintade

Pierre Amadieu, quartier La Paillouse, 84190 Gigondas, tél. 04 90 65 84 08, pierre.amadieu@pierre-amadieu.com V t.l.j. 10h-12h 14h-18h; f. sam. dim. janv.-fév.

DOM. L'ANCIENNE ÉCOLE 2012

■	4 900		8 à 11 €

Un domaine de 12,8 ha (vinsobres et côtes-du-rhône) établi dans l'ancienne école du quartier et acquis en 2006 par la famille Thorburn, qui a rénové le vignoble et l'a converti au bio (certification en 2014).

Une charpente ferme et la concentration caractérisent ce vinsobres. Un peu sévère et sur la réserve au niveau aromatique : le vieillissement doit faire son œuvre. ⧗ 2016-2019 🍴 daube de bœuf

Dom. l'Ancienne École, Les Grands-Préaux, 26110 Vinsobres, tél. 04 75 26 39 05, info@domaine-lancienne-ecole.com V t.l.j. sf lun. mar. 15h-18h30; f. oct.-avr. (sur r.-v.)

Vignobles Thorburn

DOM. CONSTANT-DUQUESNOY
Confidence 2012 ★

■	6 000		15 à 20 €

Un vignoble de 12 ha (ancien domaine des Aussellons) acquis en 2004 par Gérard Constant, converti à la vigne après une carrière dans la finance internationale.

Cette Confidence est un dialogue grenache-syrah à 50-50, à l'ombre des barriques. Quelques nuances animales s'effacent après aération, puis une note de myrtille apparaît, mais le bouquet est encore timide. En bouche, douceur et générosité composent avec des tanins enrobés. ⧗ 2016-2018 🍴 mijoté de bœuf

Dom. Constant-Duquesnoy, Les Arches, rte de Nyons, 26110 Mirabel-aux-Baronnies, tél. 06 77 38 23 34, g.constant@skynet.be V r.-v.

DOM. JAUME Clos des Échalas 2012 ★

■	2 000		20 à 30 €

L'arrière-grand-père fut l'un des pionniers de l'appellation côtes-du-rhône créée en 1937. Depuis, les générations se

succèdent sur ce domaine de 80 ha, les sélections dans le Guide aussi, en AOC régionale ou en vinsobres.

Cet assemblage grenache-mourvèdre affiche d'emblée sa vocation de vin de garde. Au nez, les fruits rouges se mâtinent de notes boisées et épicées. La bouche est concentrée, solidement bâtie, égayée par une pointe de fraîcheur. 2016-2019 viande en sauce

EARL Dom. Jaume, 24, rue Reynarde, 26110 Vinsobres, tél. 04 75 27 61 01, vignoble@domainejaume.com t.l.j. sf dim. 9h-12h 13h30-18h30

DOM. DE MONTINE 2012

n.c. | | 11 à 15 €

Installés dans une ancienne ferme du château de Grignan, Jean-Luc et Claude Monteillet, également trufficulteurs, exploitent depuis 1987 ce domaine familial de 70 ha, très en vue pour ses grignan-les-adhémar.

Assemblage classique grenache-syrah, issu d'une cuvaison longue prolongée par un élevage en barrique. Au nez, les fruits des bois sont agrémentés de touches vanillées. En bouche, le boisé et les tanins sont encore en devenir, mais le potentiel est là. 2016-2019 civet de lièvre

Dom. de Montine, hameau de la Grande-Tuilière, BP5, 26230 Grignan, tél. 04 75 46 54 21, domainedemontine@wanadoo.fr t.l.j. 9h-12h 14h-19h Monteillet

DOM. DU MOULIN
Cuvée ++ 2011 ★

8 412 | | 8 à 11 €

Associé depuis 2010 à son fils Charles, Denis Vinson conduit depuis 1984 un vignoble de 21 ha. Habitué du Guide (plusieurs coups de cœur à son actif), le domaine présente régulièrement de belles cuvées, en appellations régionales comme en vinsobres.

Une cuvée qui porte bien son nom. Au nez, plus de fruits (griotte, framboise, cassis) que de bois malgré l'élevage. En bouche, du fruit toujours et un volume certain concourent à une harmonie déjà sensible. 2014-2018 omelette aux truffes

Denis et Charles Vinson, Dom. du Moulin, 26110 Vinsobres, tél. 04 75 27 65 59, denis.vinson@wanadoo.fr t.l.j. 8h-12h 13h30-19h; f. dim. a.-m.

DOM. SAINT-VINCENT
Cuvée Saint-Pierre 2012 ★★

1 600 | | 11 à 15 €

Un domaine de 50 ha (dont 10 de vinsobres), ancienne possession du couvent de Saint-Césaire de Nyons, repris en 2012 par la famille Lescoche.

Un premier millésime remarquable. Le seul défaut de cette cuvée mi-syrah mi-grenache: sa confidentialité. Entre fruits rouges mûrs et nuances empyreumatiques, le nez est engageant. Au palais, la concentration est au rendez-vous, l'élevage bien ajusté, la structure en place, sur des tanins ronds. Tout y est... 2016-2019 civet de sanglier

Philippe Lescoche, Dom. Saint-Vincent, 26110 Vinsobres, tél. 04 75 27 61 10, info@dsv-vinsobres.com r.-v.

♥ LA VINSOBRAISE
Diamant noir 2012 ★★

60 000 | | 5 à 8 €

Fondée en 1949, la très qualitative cave de Vinsobres vinifie aujourd'hui plus de 95 000 hl produits sur près de 2 000 ha de vignes. Une valeur sûre de la vallée rhodanienne méridionale.

Une pluie d'étoiles pour la Vinsobraise et son millésime 2012. En tête, ce Diamant noir, qui délivre de puissants parfums de fruits rouges mûrs, de cassis, de torréfaction et d'épices. Une complexité à laquelle fait écho un palais ample, concentré, aussi large que long, adossé à des tanins élégants. 2016-2020 gigot d'agneau ■ Excellius 2012 ★★ (15 à 20 € ; 5 000 b.) : très puissant et concentré, boisé avec noblesse, d'un volume imposant. 2017-2021 ■ Therapius 2012 ★★ (11 à 15 € ; 10 000 b.) : fruité, épicé, boisé avec justesse, porté par des tanins ronds. 2017-2020 ■ Ad vitam 2012 ★★ (8 à 11 € ; 10 000 b.) : un bon boisé torréfié et vanillé, un fruité frais, de la concentration là aussi, de la suavité. 2016-2019

Cave La Vinsobraise, 26110 Vinsobres, tél. 04 75 27 64 22 t.l.j. 8h-12h 14h-18h

RASTEAU SEC

• Superficie : 1 300 ha • Production : 29 000 hl

L'appellation d'origine contrôlée rasteau se décline désormais en VDN (voir section Les vins doux naturels du Rhône) et en vin rouge sec grâce à l'accession en 2009 des côtes-du-rhône-villages Rasteau (village reconnu depuis 1966) en cru des Côtes du Rhône, le seizième du secteur, qui s'étend sur la seule commune de Rasteau.
Les conditions bioclimatiques de cette zone géographique sont particulièrement favorables au cépage grenache, qui atteint ici naturellement la complète maturité nécessaire à l'élaboration de grands vins, plus particulièrement dans les situations où prédominent les sols sableux et caillouteux. Ces mêmes conditions sont également favorables à la syrah et au mourvèdre (cépage à maturité tardive), notamment lorsqu'ils sont plantés sur des marnes sableuses ou sablo-argileuses. Les vins, exclusivement rouges, sont riches en alcool, gras, puissants et très aromatique. Leur structure tannique est le gage d'un excellent potentiel de garde.

DOM. BEAU MISTRAL
Florianaëlle 2012 ★

6 000 | | 15 à 20 €

Côtes-du-rhône, *villages*, rasteau ou IGP de la principauté d'Orange, ce domaine familial très régulier en qualité étend son vignoble sur 25 ha plantés de vieux ceps, dont certains centenaires. Jean-Marc Brun est aux commandes depuis 1988.

Les premières senteurs vont de la cerise au romarin et à la sauge, pour finir dans les sous-bois. Un caractère bien méridional qui se prolonge dans une bouche généreuse et ronde, plus sévère en finale. Une nature qui conviendra au gibier et à la garde. 2017-2022 civet de marcassin

Dom. Beau Mistral, 91, rte d'Orange, 84110 Rasteau, tél. 04 90 46 16 90, domaine.beaumistral@rasteau.fr t.l.j. 9h-12h 14h-18h; r.-v. sam. dim.
Jean-Marc Brun

DOM. BRESSY-MASSON Souco d'or 2012 ★★

■ | 5 000 | ▮ | 8 à 11 €

Un domaine familial créé en 1948 par Marius Bressy et développé par son fils Émile. Depuis 1976, sa petite-fille Marie-France Masson et son mari Thierry sont aux commandes de 30 ha de coteaux caillouteux.

Au nez, la réglisse se mêle aux fruits confiturés (fraise, framboise) agrémentés d'épices douces. Celles-ci font le lien avec un palais gras, rond, tendre, long, bâti sur des tanins soyeux. Un vin équilibré et très velouté. ⧗ 2016-2019 Ψ canard aux épices

Marie-France Masson, Dom. Bressy-Masson, rte d'Orange, 84110 Rasteau, tél. 04 90 46 10 45, bressy-masson@rasteau.fr t.l.j. sf dim. 9h-12h30 14h-18h

DOM. DIDIER CHARAVIN Parpaiouns 2011

■ | 7 000 | ▮ | 11 à 15 €

Un domaine créé en 1985 par Didier Charavin, habitué du Guide pour ses côtes-du-rhône, ses *villages* et ses rasteau.

Cette cuvée rend hommage au père du vigneron, que l'on surnommait Papillon (*parpaioun* en provençal). Un bon classique : un vin gourmand, rond et suave, sur fond de fruits confiturés et de garrigue. ⧗ 2016-2019 Ψ côtes d'agneau

Didier Charavin, 267, rte de Vaison, 84110 Rasteau, tél. 04 90 46 15 63, didier.charavin@orange.fr t.l.j. 9h-12h 14h-18h; f. dim. nov.-avr.

(B) DOM. DES COTEAUX DES TRAVERS La Mondona 2012 ★

■ | 14 000 | ▮ ◍ | 11 à 15 €

Son grand-père cultivait la vigne en 1920. Robert Charavin conduit aujourd'hui, en bio certifié depuis 2010 (biodynamie en cours), un domaine de 14 ha régulier en qualité, qui tire son nom de ses coteaux exposés au soleil levant (« travers »).

Tout est affaire d'équilibre dans cette cuvée. Au nez, un triptyque puissant, fruité, épicé, floral, rehaussé d'un discret vanillé. En bouche, un boisé léger, des tanins soyeux et fondus, et une saine touche de fraîcheur. Déjà harmonieux, ce vin le sera plus encore avec le temps. ⧗ 2017-2020 Ψ lapin aux pruneaux

Robert Charavin, Dom. des Coteaux des Travers, 15, rte de la Cave, 84110 Rasteau, tél. 04 90 46 13 69, coteaux-des-travers@rasteau.fr t.l.j. sf dim. 10h-18h

CH. LA COURANÇONNE Magnificat 2012

■ | 5 300 | ◍ | 11 à 15 €

Ancienne propriété de l'évêché d'Orange, cette imposante bastide des XVIIe et XVIIIes. vendue comme bien national en 1791 commande le vaste (165 ha) vignoble de la famille Meffre (René, Gérard et Patrick).

Un vin qui « donne envie de chanter la gloire de Bacchus », selon un juré. Une ouverture de stentor sur un fruité chaleureux de cerise kirschée, prolongé par un palais fortissimo, concentré, ample, dense. En point d'orgue, un final tannique et austère. À attendre. ⧗ 2017-2021 Ψ daube de joues de bœuf

Meffre, Ch. la Courançonne, 3618, rte de Cairanne, 84150 Violès, tél. 04 90 70 92 16, info@lacouranconne.com t.l.j. 9h-12h30 14h-17h30; r.-v. sam. dim.

DOM. DES ESCARAVAILLES Héritage 1924 2012

■ | 5 000 | ▮ | 11 à 15 €

Situé sur les hauteurs de Rasteau, ce domaine de 64 ha très régulier en qualité, acquis en 1953 par Jean-Louis Ferran, a été défriché et planté par ses fils Jean-Pierre et Daniel, aujourd'hui épaulés par Gilles, fils de ce dernier.

Une très vieille dame que cette vigne de grenache plantée en... 1924. Le style est clair : beaucoup de fruit et de la

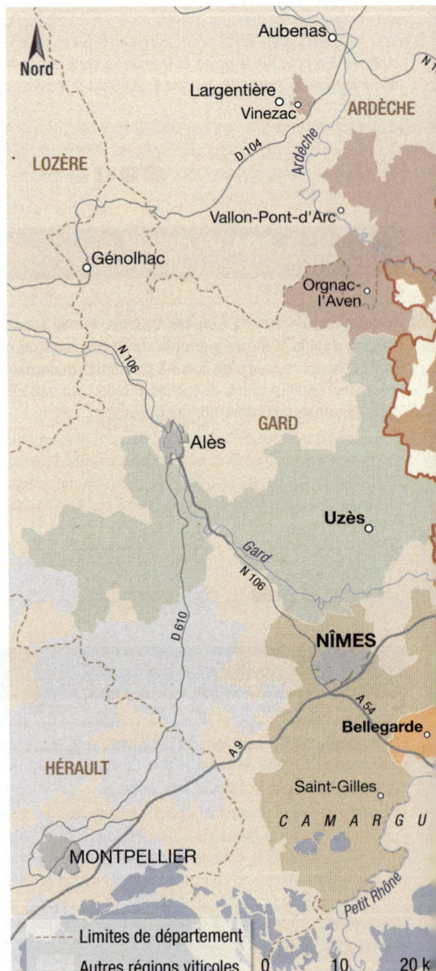

rondeur. Si la structure est légère, la finesse, la fraîcheur et l'équilibre sont aussi remarqués. ⧗ 2014-2017 🍴 poulet aux figues

🔑 SCEA du Dom. des Escaravailles, 111, combe de l'Eoune, 84110 Rasteau, tél. 04 90 46 14 20, domaine.escaravailles@rasteau.fr V r.-v. 🔑 Gilles Ferran

B DOM. FOND CROZE 2012 ★

■ | 12 000 | | 11 à 15 €

Un domaine fondé dans les années 1920 par Charles Long. Ses petits-fils Bruno et Daniel, qui ont créé la cave en 1997, conduisent aujourd'hui un vignoble de 80 ha certifié bio. Leurs vins sont souvent en bonne place dans le Guide.

Ce 2012 se livre sans réserve sur des notes de grenache mûr, de sous-bois, de poivre et de sauge. Après une attaque souple et fraîche, la rondeur prend le dessus pour composer un palais bien équilibré. ⧗ 2016-2019 🍴 couscous

🔑 Bruno et Daniel Long, Dom. Fond Croze, Le Village, 84290 Saint-Roman-de-Malegarde, tél. 04 90 28 97 07, fondcroze@hotmail.com V r.-v.

🔑 Bruno et Daniel Long

CH. DE LA GARDINE 2012 ★

■ | n.c. | 11 à 15 €

Le négociant Gaston Brunel, héritier d'une longue tradition vigneronne (XVII[e]s.), acquit La Gardine en 1945. Ses fils, Patrick et Maxime, et ses petits-enfants, Marie-Odile et Philippe, continuent de mettre en valeur ce domaine réputé, fort de 50 ha.

Des ceps dévalant de magnifiques coteaux sont à l'origine de cette cuvée à la robe soutenue. Cerise noire confiturée et pruneau composent un bouquet engageant, prolongé

Vallée du Rhône (partie méridionale)

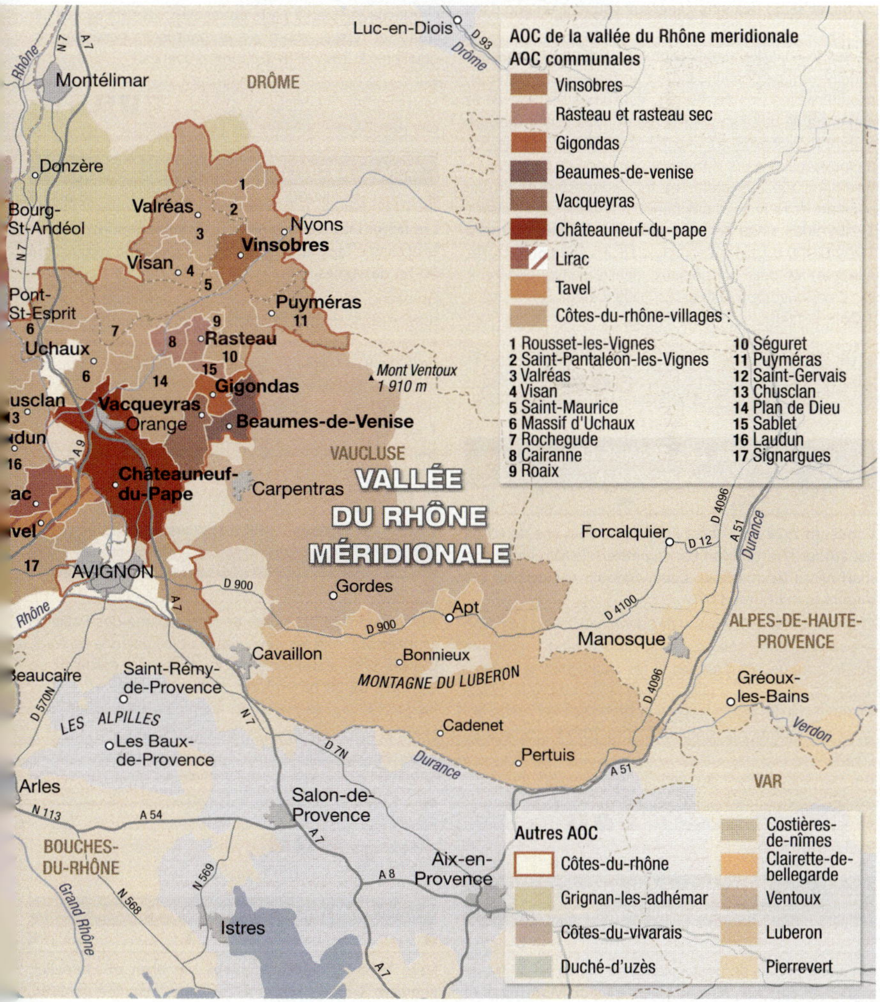

RHÔNE

par une bouche riche, dense, suave, charnue, structurée par des tanins soyeux. Quand rondeur et longueur riment avec bonheur... ⧗ 2016-2019 ▼ tajine d'agneau

⊶ Ch. de la Gardine, BP 35, rte de Roquemaure, 84231 Châteauneuf-du-Pape Cedex, tél. 04 90 83 73 20 V r.-v. ⊶ Brunel

♥ DOM. GRAND NICOLET
Les Esqueyrons 2012 ★★

■ | 6 600 | | 11 à 15 €

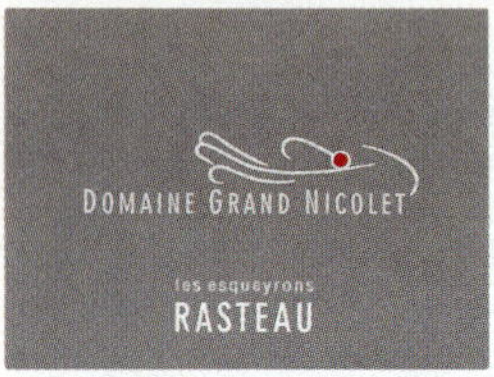

Créé en 1926, le plus vieux chai rastellain élabore des vins à partir d'un vignoble planté en 1875. Jean-Pierre Bertrand, marié à une Nicolet, est depuis 1999 à la tête de ce vignoble de 20 ha, et signe des vins généreux souvent en vue dans ces pages.

De ses très vieilles vignes septuagénaires enracinées aux Esqueyrons, ce domaine extrait un rasteau admirable au caractère bien trempé. Au nez, les fruits à l'eau-de-vie se marient à un boisé vanillé intense et noble (seule la syrah a connu la barrique). Après une attaque ronde, on retrouve les saveurs du merrain en appoint d'une structure tannique imposante et fort prometteuse. Un vin puissant et fougueux, qu'une longue garde apprivoisera. ⧗ 2019-2025 ▼ rôti de biche ■ Vieilles Vignes 2011 (8 à 11 € ; 40 000 b.) : un vin complexe (fruits compotés, truffe, garrigue) et déjà harmonieux, dense, suave, généreux, sans manquer de fraîcheur. Le 2009 a été coup de cœur. ⧗ 2016-2020

⊶ Dom. Grand Nicolet, 1174, rte de Violès, 84110 Rasteau, tél. 04 90 28 91 54, domainegrandnicolet@rasteau.fr V r.-v.
⊶ Jean-Pierre Bertrand

Ⓑ DOM. LES GRANDS BOIS
Cuvée Marc 2012 ★

■ | 9 000 | | 11 à 15 €

Fondé en 1929 par Albert Fonjon, ce domaine de 43 ha est aujourd'hui conduit par sa petite-fille Mireille et son mari Marc Besnardeau. Leur vignoble est certifié bio depuis le millésime 2011.

Chaque cuvée est personnifiée. Honneur ici au vigneron avec cette cuvée sombre, où la concentration se devine dès le bouquet. Le pruneau et les fruits noirs se mêlent à un subtil toasté vanillé. Suave à l'attaque, le palais s'appuie sur des tanins soyeux et un boisé bien fondu qui laissent s'exprimer la rondeur. ⧗ 2016-2019 ▼ moelleux au chocolat

⊶ Dom. les Grands Bois, 55, av. Jean-Jaurès, 84290 Sainte-Cécile-les-Vignes, tél. 04 90 30 81 86, mbesnardeau@grands-bois.com V t.l.j. sf dim. 9h-12h 14h-18h30

DOM. GRANGE BLANCHE
Cuvée Héritage 2012 ★★

■ | 3 500 | | 8 à 11 €

Un ancien relais de poste planté au milieu de 30 ha de vignes en coteaux, face aux Dentelles de Montmirail et au mont Ventoux, et conduit par la famille Biscarrat, vigneronne depuis 1850.

Entre les nuances généreuses de raisin sec et de marc, la subtile violette fait son chemin. Ces arômes tapissent longuement un palais souple en attaque, puis gras, puissant, charpenté jusqu'en finale. ⧗ 2016-2020 ▼ rôti de bœuf ■ Vieilles Vignes 2012 (5 000 b.) : nez intense de cassis et de réglisse, bouche vineuse, tannique, un peu sévère. ⧗ 2016-2020

⊶ Julian-Biscarrat, 52, chem. de Blonac, 84110 Rasteau, tél. 04 90 46 41 30, grangeblanche@orange.fr V r.-v.

LAVAU 2012

■ | 15 000 | | 8 à 11 €

Maison de négoce fondée en 1964 par la famille Lavau d'origine saint-émilionnaise, qui vinifie dans ses trois chais la production de 300 producteurs de la vallée du Rhône méridionale.

Grenache et syrah à parts égales participent à ce rasteau fruité et épicé, rond, riche, onctueux, persistant et équilibré. ⧗ 2015-2018 ▼ daube provençale

⊶ Lavau, rte de Cairanne, 84150 Violès, tél. 04 90 70 98 70, aurelie@lavau.fr V t.l.j. sf dim. 8h-17h; été 10h-19h

DOM. MARTIN Les Sommets de Rasteau 2011 ★

■ | 5 000 | | 8 à 11 €

Les frères David et Éric Martin, installés depuis 2005 sur le domaine familial créé en 1905, exploitent aujourd'hui 70 ha de vignes.

Grenache et syrah à parts égales conduits à petits rendements composent cette cuvée des hauteurs élevée en foudre. Au nez, des fruits mûrs, du grillé, du foin coupé, de la menthe fraîche : la garrigue en bouteille... En bouche, une attaque pleine et un équilibre très réussi entre puissance, tanins soyeux, rondeur et suavité. ⧗ 2016-2019 ▼ agneau au miel

⊶ Dom. Martin, rte de Vaison, 84850 Travaillan, tél. 04 90 37 23 20, martin@domaine-martin.com V t.l.j. sf dim. 9h-12h 14h-18h

DOM. NOTRE-DAME DES PALLIÈRES
Les Ribes 2011 ★

■ | 20 000 | | 8 à 11 €

Au Moyen Âge, la source de Notre-Dame-des-Pallières réputée prévenir les fièvres attirait les pèlerins du Midi. Depuis 1991, Jean-Pierre et Claude Roux y cultivent un vignoble de 60 ha en lutte « ultraraisonnée ».

De la maturité ressort de ce bouquet où les qualificatifs confit et macéré reviennent avec insistance. La suavité et la générosité s'installent jusqu'en finale, renforcées par une sensation chocolatée. ⧗ 2016-2019 ▼ lapereau aux noisettes

⊶ Jean-Pierre et Claude Roux, chem. de Lencieu, 84190 Gigondas, tél. 04 90 65 83 03, contact@pallieres.com V t.l.j. 9h-14h 12h-18h; r.-v. sam. dim.; f. oct.

DOM. RABASSE-CHARAVIN 2012 ★

■ | n.c. | | 8 à 11 €

Vers 1890, Edmond Charavin, vigneron et chapelier, acquiert 3 ha de terres à Cairanne. Installée en 1984,

Corinne Couturier conduit aujourd'hui, avec sa fille Laure, un vignoble de 40 ha.

Au nez, les fruits rouges compotés et la cerise à l'eau-de-vie se mêlent aux épices douces. Ce fruité généreux accompagne un palais ample, rond et gras, plus tannique en finale. De l'harmonie et du caractère. ⧗ 2016-2019 🍷 canard rôti

🔑 Laure et Corinne Couturier, Domaine Rabasse-Charavin, La Font-d'Estévenas, 84290 Cairanne, tél. 04 90 30 70 05, couturier.corinne@wanadoo.fr V 🍷 r.-v.

R DE RASTEAU 2012 ★★

■ | 35 000 | 🍾 | 5 à 8 €

Fondée en 1925, cette coopérative qui regroupe plus de 700 ha de vignes est l'une des plus anciennes caves rhodaniennes et le principal producteur de l'AOC rasteau. Ortas est sa marque ombrelle.

R comme Rasteau et comme... Remarquable. Un nez soutenu, orienté Zan et fruits noirs, ouvre la dégustation. Le palais, ample, rond, adossé à des tanins soyeux, tient la note. Un vin caressant et très harmonieux. ⧗ 2016-2022 🍷 pintade rôtie ■ Marquis de Teausar 2012 (8 à 11 € ; 20 000 b.) : plus simple et évolué, souple, rond et fin, sur les fruits compotés. ⧗ 2014-2018

🔑 Ortas - Cave de Rasteau, rte des Princes-d'Orange, 84110 Rasteau, tél. 04 90 10 90 14, rasteau@rasteau.com V 🍷 t.l.j. 9h-12h30 14h-18h; juil.-sept. 9h-19h

DOM. DE LA SOUMADE Cuvée Prestige 2011 ★

■ | 20 000 | 🍾 🛢 | 11 à 15 €

Valeur sûre du Rhône sud (rasteau et *villages*), ce domaine de 26 ha a été créé en 1979 par André Romero, épaulé depuis 2002 par son fils Frédéric et conseillé par l'œnologue bordelais Stéphane Derenoncourt.

Une sensation de maturité contraste avec une relative réserve au premier nez. La bouche est plus prolixe. Généreuse, voire chaleureuse, celle-ci est concentrée, consistante, bâtie sur des tanins denses et robustes qui poussent loin la finale. ⧗ 2017-2022 🍷 civet de biche

🔑 Frédéric Romero, Dom. la Soumade, 1655, rte d'Orange, 84110 Rasteau, tél. 04 90 46 13 63, dom-lasoumade@hotmail.fr V 🚶 🍷 t.l.j. sf dim. 8h-12h 14h-18h 🏠 ©

GIGONDAS

• Superficie : 1 225 ha • Production : 32 180 hl

Au pied des étonnantes Dentelles de Montmirail, le vignoble de Gigondas ne couvre que la commune du même nom. Il est constitué d'une série de coteaux et de vallonnements. La vocation viticole de l'endroit est très ancienne, mais son réel développement ne date que du XIXᵉs., sous l'impulsion d'Eugène Raspail. D'abord côtes-du-rhône, puis, en 1966, côtes-du-rhône-villages, Gigondas obtient ses lettres de noblesse en tant qu'appellation spécifique en 1971.

Les caractéristiques du sol et le climat donnent leurs caractères aux vins, le plus souvent rouges à forte teneur en alcool, puissants et charpentés, tout en présentant une palette aromatique d'une grande finesse où se mêlent épices et fruits à noyau. Bien adaptés au gibier, les gigondas mûrissent lentement et peuvent garder leurs qualités pendant de nombreuses années. Il existe également quelques vins rosés, eux aussi chaleureux.

PIERRE AMADIEU Romane Machotte 2012

■ | 100 000 | 🛢 | 11 à 15 €

Maison fondée en 1929 et restée familiale. Elle opère des sélections parcellaires pour son négoce et conduit deux propriétés : Grand Romane et La Machotte en AOC gigondas, dont elle est le plus grand producteur avec 137 ha de vignes.

Intensité et fraîcheur caractérisent le nez (fruits rouges surtout, boisé léger) de ce 2012. En bouche, un bon volume, un penchant vers la rondeur, de la structure sans que cela soit massif. ⧗ 2014-2018 🍷 grillades

🔑 Pierre Amadieu, quartier La Paillouse, 84190 Gigondas, tél. 04 90 65 84 08, pierre.amadieu@pierre-amadieu.com V 🚶 🍷 t.l.j. 10h-12h 14h-18h; f. sam. dim. janv.-fév.

LA BASTIDE SAINT-VINCENT Costevieille 2012 ★

■ | 2 600 | 🍾 🛢 | 15 à 20 €

Installé dans une ancienne ferme rénovée aux airs de bastide, dont certains éléments datent du XVIIᵉs., Laurent Daniel est un habitué du Guide. Il conduit depuis 2001 ce vignoble familial de 22 ha répartis dans six communes.

Né d'une sélection de vieux ceps de grenache, de syrah et de mourvèdre plantés sur coteaux, ce 2012 mêle le pain grillé, le fumé, la vanille et mûre confiturée. Ample et généreux, le palais est bien charpenté mais déjà emprunt de rondeur. ⧗ 2016-2020 🍷 bœuf bourguignon

🔑 Laurent Daniel, La Bastide Saint-Vincent, 1047, rte de Vaison, 84150 Violès, tél. 04 90 70 94 13, bastide.vincent@free.fr V 🍷 t.l.j. 9h-12h 14h-19h

DOM. LA BOUÏSSIÈRE 2012 ★

■ | 30 000 | 🍾 🛢 | 15 à 20 €

Établis au pied des Dentelles de Montmirail depuis 1990, les frères Gilles et Thierry Faravel conduisent à la suite de leur père un domaine de 12 ha fort régulier en qualité.

Un duo grenache-syrah et un élevage partiel en foudre pour ce vin harmonieux au nez, partagé entre des notes fraîches de violette et de menthol, et de plus chaleureuses nuances de fruits rouges mûrs et de cuir. Réglisé et fruité, le palais offre un bel équilibre entre rondeur et structure. ⧗ 2017-2020 🍷 curry d'agneau ■ La Font de Tonin 2012 ★ (20 à 30 € ; 7 000 b.) : grenache et mourvèdre élevés en fût pour ce vin expressif (fruits rouges, garrigue, épices, fine touche boisée), suave et bien charpenté. ⧗ 2017-2020

🔑 EARL Faravel, rue du Portail, 84190 Gigondas, tél. 04 90 65 87 91, labouissiere@aol.com V 🚶 🍷 t.l.j. sf dim. 10h-12h 14h-18h

BROTTE La Marasque 2012

■ | 17 000 | 🛢 | 15 à 20 €

Cette maison réputée, fondée en 1931 par Charles Brotte, pionnier de la mise en bouteilles dans la vallée du Rhône, est aujourd'hui dirigée par Laurent, petit-fils

RHÔNE

du fondateur. Elle vinifie ses propres vignes et opère des sélections parcellaires pour son négoce.

Baies de grenache, de syrah et de mourvèdre longuement macérées et un an de foudre ont donné un bouquet généreux de fruits rouges, de cuir et de cacao. Le palais, bien équilibré et charpenté, est en phase. Un vin harmonieux. ⧗ 2014-2019 Ÿ bœuf carottes

⊶ Brotte, Le Clos, rte d'Avignon, 84230 Châteauneuf-du-Pape, tél. 04 90 83 70 07, brotte@brotte.com V 🚶 🍷 t.l.j. 9h-12h 14h-18h

FLORENT ET DAMIEN BURLE Les Pallieroudas 2012 ★

■ | 6 000 | ▮ | 11 à 15 €

Un domaine fondé en 1960, dans la même famille depuis trois générations. Florent et Damien Burle, installés en 1996, conduisent un vignoble de 20 ha.

D'emblée, l'intensité de ce duo grenache-mourvèdre est perceptible : la fraise confite s'accompagne de notes minérales. Après une attaque ronde et généreuse, la structure tannique, solide mais fine, s'affirme, une amertume furtive apportant un surcroît de complexité et de longueur. Le vieillissement s'impose. ⧗ 2017-2023 Ÿ carré d'agneau

⊶ Florent et Damien Burle, La Beaumette, 84190 Gigondas, tél. 04 90 70 94 85, caroleetdamien.burle@sfr.fr V 🚶 🍷 t.l.j. sf sam. dim. 8h-18h

DOM. LE CLOS DES CAZAUX Prestige 2012 ★★

■ | 6 000 | ◍ | 15 à 20 €

Des origines templières pour ce domaine dans la famille Archimbaud-Vache depuis cinq générations. Aux commandes aujourd'hui, deux frères, Frédéric à la cave et Jean-Michel à la vigne, à la tête de 15 ha en gigondas et 25 ha en vacqueyras. Une valeur sûre.

Prestige est ici synonyme d'harmonie. Très fruité et finement boisé, le nez annonce la couleur. En bouche, les tanins sont soyeux à souhait, enrobés par une chair ronde et grasse. Un vin charnu et velouté, à boire ou à garder. ⧗ 2014-2022 Ÿ daube provençale

⊶ Famille Archimbaud-Vache, Dom. le Clos des Cazaux, chem. du Moulin, 84190 Vacqueyras, tél. 04 90 65 85 83, closdescazaux@wanadoo.fr V 🚶 🍷 t.l.j. sf dim. 9h-12h 14h-18h; ouv. sam. de mai à nov.

LA CÔTERIE 2012 ★

■ | 10 000 | ▮ | 8 à 11 €

Maison de négoce créée en 1993, regroupant cinq coopératives et plusieurs domaines, et proposant une vaste gamme d'une vingtaine d'AOC rhodaniennes, septentrionales et méridionales.

Épicé et fruité sont les deux qualificatifs à retenir, recherchés par le vinificateur et ressentis par le jury. La bouche, riche, suave, expressive, privilégie la rondeur. Un gigondas charmeur en diable et déjà agréable. ⧗ 2014-2019 Ÿ daube provençale ■ Dom. Chataubert 2012 ★ (10 600 b.) : même tonalité fruitée et épicée, palais plein, doux et gourmand. ⧗ 2014-2019

⊶ SICA Vignobles la Côterie, 228, rte de Carpentras, 84190 Beaumes-de-Venise, tél. 04 90 12 41 19, contact@lacoterie.fr V 🚶 🍷 t.l.j. sf sam. dim. 8h-12h 14h-18h

DOM. DE LA DAYSSE 2012 ★★

■ | 70 000 | ▮ | 11 à 15 €

L'un des nombreux domaines de la famille Meffre. Un vignoble de 15 ha acquis en 1934, situé sur la terrasse argilo-calcaire très caillouteuse qui domine la vallée du Trignon.

Un très beau classique : un fruité éclatant et généreux, un équilibre remarquable entre le gras, la rondeur et la fraîcheur. Un gigondas des plus gourmands. ⧗ 2014-2019 Ÿ épaule d'agneau ■ Dom. Sainte-Anne 2012 ★ (20 000 b.) : un style proche, un fruit là aussi très présent, de la fraîcheur, du volume, de l'équilibre. ⧗ 2014-2019

⊶ Dom. Jack Meffre et Fils, Le Village, 84190 Gigondas, tél. 04 90 70 94 90, hmeffre@outlook.com V 🚶 🍷 r.-v.

LA FERME DU MONT Jugunda 2012 ★

■ | 5 000 | ▮ ◍ | 15 à 20 €

Un domaine créé en 2007 par Stéphane Vedeau. Autour de la ferme, 50 ha de vieilles vignes plantées sur des sols de cailloutis calcaires très minéraux.

Au nez, du fruit, surtout, et un boisé bien fondu. En bouche, même harmonie des saveurs, une touche poivrée en agrément, de la structure, du gras, de la rondeur et un bel équilibre. Un vin harmonieux et élégant. ⧗ 2017-2021 Ÿ magret de canard

⊶ La Ferme du Mont, rte de Vinsobres, chem. Sainte-Croix - BP 80, 84602 Valréas Cedex, tél. 04 90 35 22 64, contact@lafermedumont.com V 🚶 🍷 t.l.j. sf sam. dim. 9h-12h 14h-18h ⊶ M. Vedeau

DOM. DES FLORETS 2012

■ | n.c. | ▮ | 11 à 15 €

Un domaine acquis en 2007 par Jérôme et Myriam Boudier, à la tête de 8,3 ha de vignes implantés sur les contreforts des Dentelles de Montmirail.

Ce 2012 intéresse par son registre aromatique complexe : à l'olfaction, cuir, notes animales et sous-bois, complétés d'épices, de réglisse et de cacao dans un palais harmonieux et bien structuré. ⧗ 2016-2019 Ÿ râbles de lapin

⊶ Dom. des Florets, rte des Dentelles, 84190 Gigondas, tél. 04 90 40 47 51, scea-domainedesflorets@orange.fr V 🚶 🍷 t.l.j. 10h-19h

B DOM. DE FONTAVIN Combe sauvage 2012

■ | 12 000 | ▮ | 11 à 15 €

Situé au nord de Courthézon, ce domaine familial de 45 ha répartis dans huit communes et cinq appellations est dirigé depuis 1997 par Hélène Chouvet, œnologue, qui a converti le vignoble à l'agriculture biologique.

Un gigondas né de cinq cépages plantés sur un site sauvage, à 400 m d'altitude, dans les Dentelles. Au nez, les fruits des bois se mêlent à une touche de cuir. Bien que solidement charpentée, la bouche penche vers la rondeur et un moelleux agréable. ⧗ 2014-2019 Ÿ rosbif

⊶ Dom. de Fontavin, 1468, rte de la Plaine, 84350 Courthézon, tél. 04 90 70 72 14, helene-chouvet@fontavin.com V 🚶 🍷 t.l.j sf dim. 9h-12h15 14h-18h15 ⊶ Hélène Chouvet

DOM. LA FOURMONE Le Secret 2012 ★

■	5 000	🍷 ⏺	15 à 20 €

Un domaine fondé en 1885, valeur sûre en gigondas et vacqueyras (avec plusieurs coups de cœur à son actif). Aux commandes des 37 ha de vignes, Marie-Thérèse Combe et ses deux enfants.

Ce 2012 livre un nez intense d'épices (poivre) et de fruits cuits soulignés par de discrètes notes d'élevage. La bouche se révèle ronde et suave, joliment épicée en finale. L'élégance et la douceur alliées à une puissance mesurée. ⧗ 2016-2019 🍴 foie de veau poêlé

⊶ Famille Combe, Dom. la Fourmone, rte de Violès, 84190 Vacqueyras, tél. 04 90 65 86 05, contact@fourmone.com V 🍷 t.l.j. sf dim. 9h30-18h; ouv. dim. de Pâques au 15 août et j. fériés 🏠 E

DIDIER GAILLET ET NATHALIE BAGLIETTO
Ivresse des anges 2012 ★

■	13 000	🍷	15 à 20 €

Une jeune maison de négoce fondée en 2012 par Didier Gaillet et Nathalie Baglietto.

Une première apparition dans le Guide très réussie pour ce négoce avec un vin au nez complexe et accueillant de fruits rouges cuits, de réglisse et de cannelle. Le palais, intense, s'équilibre entre une fraîcheur rectiligne en attaque et un développement chaleureux, sur les fruits mûrs et le poivre. ⧗ 2016-2020 🍴 côte de bœuf

⊶ JB Vins et Associés, 109, rue des Charmettes, 69006 Lyon, tél. 06 31 20 09 18, jbvins_associes@yahoo.fr

VIGNERONS DE GIGONDAS Le Forlancier 2012 ★

■	10 000	🍷	8 à 11 €

Créée en 1956 au pied des Dentelles de Montmirail, la coopérative de Gigondas vinifie aujourd'hui la production de quelque 260 ha de vignes, dont une partie en agriculture biologique.

De légères notes de fruits rouges et de confiserie se développent à l'olfaction. En bouche, de la suavité, de la rondeur, du volume, des tanins présents mais veloutés et un joli retour fruité en finale. ⧗ 2016-2019 🍴 rôti de porc ■ Les Hauts de la Queyronnière 2012 (25 000 b.) : fruité et épicé au nez, rond en attaque, plus tannique en finale. ⧗ 2016-2019

⊶ Gigondas là Cave, Les Blaches, D 7, 84190 Gigondas, tél. 04 90 65 86 27, infos@cave-gigondas.fr V 🚶 🍷 t.l.j. 9h30-12h30 14h-18h30

DOM. DU GOUR DE CHAULÉ
Cuvée Tradition 2012 ★

■	15 000	🍷 ⏺	11 à 15 €

Rolande Beaumet, puis sa fille Aline et, en 2007, sa petite-fille Stéphanie Fumoso : depuis 1970, ce domaine de 10 ha morcelé en 23 parcelles est conduit par des femmes.

Ce 2012 est un cocktail de fruits frais (fraise, cassis, framboise) mâtiné de tapenade, de cuir, de caramel brun et d'une note végétale qui signe une vendange non éraflée. Aux côtés des épices, cette dernière apporte de la fraîcheur à un palais dense, sans surextraction, soutenu par des tanins fins et veloutés. ⧗ 2017-2021 🍴 pigeon rôti

⊶ SCEA Beaumet-Bonfils, Dom. du Gour de Chaulé, quartier Sainte-Anne, 84190 Gigondas, tél. 04 90 65 85 62, contact@gourdechaule.com V 🚶 🍷 r.-v. ⊶ Stéphanie Fumoso

B DOM. DU GRAND BOURJASSOT
Cuvée Cécile 2012 ★

■	6 000	⏺	11 à 15 €

Sorti de la « coop » de Gigondas en 1992, Pierre Varenne crée son propre domaine en mettant en commun ses vignes et celles de son épouse Marie-Claude. En 2005, leur fille Cécile a pris la relève, conduisant en bio certifié un vignoble de 7 ha.

Au nez, de généreuses notes de raisin macéré, de fruits noirs confits et de cuir. Franc en attaque, le palais renoue avec les petits fruits agrémentés d'épices dans une finale où les tanins montrent les muscles. Du caractère et du potentiel. ⧗ 2016-2019 🍴 civet de lapin

⊶ Dom. du Grand Bourjassot, quartier Les Parties, 84190 Gigondas, tél. 04 90 65 88 80, grandbourjassot@free.fr V 🍷 r.-v. ⊶ Cécile Varenne

GRANDES SERRES
La Combe des marchands 2012 ★

■	6 600	⏺	15 à 20 €

Une maison de négoce castelpapale reprise en 2001 par Michel Picard, investisseur dans de nombreuses régions viticoles – jusqu'en Ontario.

Deux visages dans ce vin. Expressif et frais (cassis, myrtille) au nez et souple en attaque : voilà pour son côté d'ores et déjà aimable. Du volume, de la générosité, un boisé grillé soutenu et des tanins à la fois solides et veloutés : voilà pour son côté vin de garde. ⧗ 2016-2020 🍴 bœuf aux olives

⊶ Grandes Serres, rte de L'Islon-Saint-Luc, 84230 Châteauneuf-du-Pape, tél. 04 90 83 72 22, marion.dubois@m-p.fr V r.-v. ⊶ Gabriel Picard

DOM. DU GRAND MONTMIRAIL Mon rêve 2012

■	70 000	🍷	11 à 15 €

Productrice de la vallée du Rhône et de la Côte de Nuits, la famille Chéron, originaire de Bourgogne, conduit depuis 1981 ce vaste domaine de 72 ha en forme d'amphithéâtre au pied des Dentelles de Montmirail.

L'aération permet de dévoiler un nez de fruits rouges et de fruits secs. Le palais se révèle de facture robuste, assez vif et doté d'un bon volume. À attendre pour plus de fondu. ⧗ 2016-2019 🍴 entrecôte marchand de vin

⊶ Dom. du Grand Montmirail, Le Grand-Montmirail, 84190 Gigondas, tél. 04 90 65 85 91, contact@vignoblescheron.fr V 🚶 🍷 t.l.j. sf sam. dim. 8h-12h 14h-18h

DOM. DU GRAPILLON D'OR Excellence 2012 ★

■	8 000	🍷	20 à 30 €

Un vieux mas du XVIIIe s. abritant une étonnante collection de tire-bouchons commande ce domaine familial créé en 1806. À la tête de 20 ha de vignes depuis 1975, Bernard Chauvet est épaulé désormais par sa fille Céline.

Cette cuvée se veut une ode à l'expression du terroir : vieux ceps de grenache et de syrah (40 %), récoltés à la main, éraflés, longue macération, pas de fût. Il en découle de douces notes de pruneau et de fruits rouges, et un palais puissant et tannique. Encore jeune et prometteur, il ne demande qu'à s'arrondir. ⌛ 2017-2023 🍷 gibier ■ Cuvée 1806 2012 ★ (11 à 15 €; 56 000 b.): sur les fruits rouges macérés et les épices, un vin plus rond et généreux, plus classique et tout aussi délectable. ⌛ 2015-2020

🔑 EARL Bernard Chauvet, Dom. du Grapillon d'Or, Le Péage, 84190 Gigondas, tél. 04 90 65 86 37, c.chauvet@domainedugrapillondor.com V t.l.j. sf dim. 9h-12h 14h-18h

ALAIN JAUME ET FILS
Terrasses de Montmirail 2012 ★

■ | 20 000 | | 15 à 20 €

D'origine castelpapale, Alain Jaume et ses fils Sébastien et Christophe perpétuent une tradition viticole qui remonte à 1826. Ils conduisent sur le mode bio un vignoble de 65 ha, pour deux étiquettes de renom (Grand Veneur et Clos de Sixte), et une activité de négoce.

Cette cuvée affiche d'emblée sa richesse à travers des senteurs de petits fruits très mûrs. Une armature solide de tanins soutient un palais ample, concentré, puissant, rafraîchi par une pointe de vivacité. Un vin opulent mais équilibré. ⌛ 2016-2021 🍷 ragoût de bœuf

🔑 Vignobles Alain Jaume et Fils, 1358, rte de Châteauneuf-du-Pape, 84100 Orange, tél. 04 90 34 68 70, jaume@domaine-grand-veneur.com V t.l.j. sf dim. 8h-12h 14h-18h E

LEPLAN-VERMEERSCH 2012 ★

■ | 3 300 | 15 à 20 €

Dick Vermeersch, ancien pilote automobile flamand, a créé son vignoble en 2000, aujourd'hui 25 ha en conversion bio. Une bonne référence de la vallée méridionale.

Fruité et fumé sont les nuances qui émanent de ce gigondas à la couleur intense. Ample et aromatique, la bouche se révèle tannique et bien épaulée par une fine acidité. Un vin équilibré, armé pour la garde. ⌛ 2016-2019 🍷 gigot de sanglier

🔑 LePlan-Vermeersch, 100, chem. du Grand-Bois, 26790 Suze-la-Rousse, tél. 04 75 00 00 80, info@leplan.net V t.l.j. sf sam. dim. 14h-18h; r.-v hiver

LE MAS DES FLAUZIÈRES
La Grande Réserve 2012 ★

■ | 25 000 | | 15 à 20 €

Jérôme Benoît a pris les rênes en 1996 de ce domaine dans sa famille depuis 1919, établi au pied du mont Ventoux et étendant ses 35 ha de vignes sur plusieurs communes.

D'apparence sombre, ce 2012 mêle au nez les fruits rouges et un boisé soutenu. L'attaque assez souple contraste avec un développement puissant, tannique, concentré et intensément boisé. Un vin à attendre pour qu'il se livre pleinement. ⌛ 2016-2019 🍷 magret de canard

🔑 Le Mas des Flauzières, 1131, rte de Vaison-la-Romaine, 84340 Entrechaux, tél. 04 90 46 00 08, lemasdesflauzieres@yahoo.fr V t.l.j. sf dim. 10h-12h 14h-18h E 🔑 Jérôme Benoit

B MONTIRIUS
Confidentiel 2011

■ | 3 000 | | 30 à 50 €

Dans la même famille depuis six générations, ce domaine de 63 ha conduit par Christine Saurel est en biodynamie depuis 1996. Des vacqueyras et des gigondas vinifiés et élevés sans bois régulièrement en vue.

Fruits mûrs, épices douces, garrigue, touche de cuir: le nez est engageant et bien typé. Un caractère méridional auquel fait écho un palais rond et accorte pourvu d'un bon volume et de tanins soyeux. ⌛ 2014-2017 🍷 pintade au thym

🔑 Dom. Montirius, 1536, rte de Sainte-Edwige, 84260 Sarrians, tél. 04 90 65 38 28, saurel@montirius.com V r.-v.

♥ CH. DE MONTMIRAIL
Cuvée de Beauchamp 2012 ★★

■ | 30 000 | | 11 à 15 €

Ce domaine de 48 ha situé à l'emplacement d'une ancienne station thermale connue pour ses eaux sulfureuses et magnésiennes est conduit par la famille Archimbaud depuis quatre générations. Une valeur sûre en vacqueyras et gigondas.

Un vin de grande expression. Les fruits rouges macérés et le poivre composent un bouquet riche et intense, engageant et typé. La bouche, à l'unisson, est si ronde et suave qu'elle en paraît presque liquoreuse. Une harmonie remarquable, que rien ne vient perturber, du premier nez à la finale. Une gourmandise à boire ou à attendre. ⌛ 2015-2024 🍷 dessert chocolaté

🔑 Ch. de Montmirail, cours Stassart, BP 12, 84190 Vacqueyras, tél. 04 90 65 86 72, archimbaud@chateau-de-montmirail.com V t.l.j. sf dim. 9h-12h 14h-18h 🔑 Archimbaud

MOULIN DE LA GARDETTE
Cuvée Tradition 2011

■ | 16 200 | | 15 à 20 €

Ce domaine familial (cinq générations), régulier en qualité, conduit depuis 1994 par Jean-Baptiste Meunier étend ses 10 ha de vignes sur les collines de la Gardette et de Saint-Jean, au pied des Dentelles de Montmirail.

Les fruits à l'eau-de-vie et les épices mènent la danse, au nez comme en bouche, quelques nuances boisées en soutien. Douceur, rondeur, structure légère: ce gigondas est harmonieux et déjà appréciable. ⌛ 2014-2017 🍷 grillade de bœuf

🔑 Moulin de la Gardette, pl. Gabriel-Andéol, 84190 Gigondas, tél. 04 90 65 81 51, info@moulindelagardette.com V t.l.j. sf dim. 10h-13h 14h30-18h30 🔑 Jean-Baptiste Meunier

♥ DOM. NOTRE-DAME-DES-PALLIÈRES
Bois des Mourres 2011 ★★

■ | 5 000 | | 11 à 15 €

Au Moyen Âge, la source de Notre-Dame-des-Pallières réputée prévenir les fièvres attirait les pèlerins du Midi.

Depuis 1991, Jean-Pierre et Claude Roux y cultivent un vignoble de 60 ha en lutte « ultraraisonnée ».

Grenache (80 %), mourvèdre et cinsault composent une matière première de choix pour ce gigondas qui mêle au nez les fruits mûrs, le cuir, le sous-bois et le toasté. Le palais est imposant par son volume et par ses tanins vigoureux sans dureté, sur un fond de fraîcheur réglissée. Un bijou de densité et de complexité encore à polir, pour émousser son noble boisé. 2017-2024 civet de chevreuil

Jean-Pierre et Claude Roux, chem. de Lencieu, 84190 Gigondas, tél. 04 90 65 83 03, contact@pallieres.com V t.l.j. 9h-14h 12h-18h; r.-v. sam. dim.; f. oct.

DOM. PALON 2012 ★

■	12 000		11 à 15 €

Issu d'une famille vigneronne depuis un siècle et fils de l'ancien président de la « coop » de Gigondas, Sébastien Palon a décidé en 2003 de créer sa propre cave. Il conduit aujourd'hui un vignoble de 15 ha.

Au nez, un léger boisé se mêle aux fruits à noyau (cerise, prune). Ce fruité, nuancé de muscade et d'olive, se prolonge dans un palais structuré en finesse. Le boisé bien intégré participe à la réussite de ce 2012, dont la longue finale fraîche et fruitée indique la jeunesse. 2017-2020 daube de sanglier

Dom. Palon, Le Pot-du-Bary, D7, rte de Vacqueyras, 84190 Gigondas, tél. 04 90 62 24 84, contact@domainepalon.com V t.l.j. sf mer. dim. 10h-12h 14h-18h

DOM. DES PASQUIERS 2012 ★

■	4 500		11 à 15 €

Jean-Claude et Philippe Lambert ont repris ce vignoble de 85 ha en 1998 et se sont lancés dans la vente en bouteilles quatre ans plus tard. La quatrième génération est arrivée en 2013, et la conversion bio est engagée.

Ce duo de grenache et de syrah à parts quasi égales dévoile un nez intense, animal et fruité. En bouche, la fraîcheur est de mise, apportant dynamisme et longueur à ce vin ample et équilibré, qualifié de « féminin ». 2014-2018 wok de bœuf au poivron

Dom. des Pasquiers, rte d'Orange, 84110 Sablet, tél. 04 90 46 83 97, domainedespasquiers@terre-net.fr V t.l.j. 8h-12h 13h30-18h, sam. dim. sur r.-v. 4 Lambert

DOM. LE PÉAGE 2011

■	70 000		11 à 15 €

Ce vignoble familial de 38 ha s'étend sur deux domaines : le Péage, l'un des premiers à avoir mis en bouteilles à Gigondas (1945), et la Bouscatière. Aux commandes depuis 1978, Christian Saurel est rejoint en 2002 par son fils Laurent.

Le nez, intense, mêle fruits rouges mûrs et cuir. Une ligne aromatique qui se prolonge jusqu'en finale, avec un peu d'épices et de réglisse, enrobant des tanins solides sans dureté. Un vin équilibré et bien constitué. 2015-2019 entrecôte

Saurel-Chauvet, La Beaumette, 84190 Gigondas, tél. 04 90 70 96 80, contact@saurel-chauvet.com V r.-v.

B DOM. SAINT-DAMIEN
Les Souteyrades Vieilles Vignes 2012

■	14 000		11 à 15 €

Quatre générations ont œuvré depuis 1821 sur ce domaine familial, dont le nom évoque une ancienne chapelle aujourd'hui disparue. Joël Saurel, rejoint en 2013 par son fils Romain, conduit 45 ha de vignes, en bio certifié depuis 2012.

Né au lieu-dit Les Souteyrades, ce gigondas évoque la torréfaction et le pruneau à l'alcool. Un caractère chaleureux que vient égayer une pointe de fraîcheur bienvenue dans une bouche solidement structurée. 2017-2020 pastilla de pigeon

Joël Saurel, Dom. Saint-Damien, 84190 Gigondas, tél. 04 90 70 96 42, contact@domainesaintdamien.com V r.-v.

DOM. LA SOUMADE 2012

■	3 200		15 à 20 €

Valeur sûre du Rhône sud (rasteau et *villages*), ce domaine de 26 ha a été créé en 1979 par André Romero, épaulé depuis 2002 par son fils Frédéric et conseillé par l'œnologue bordelais Stéphane Derenoncourt.

Une vinification en cuve bois ouverte pour ce vin au nez original (fruits rouges, noix de coco, menthol, notes animales), rond et soyeux en bouche, plus concentré et tannique en finale. 2014-2018 souris d'agneau

Frédéric Roméro, Dom. la Soumade, 1655, rte d'Orange, 84110 Rasteau, tél. 04 90 46 13 63, dom-lasoumade@hotmail.fr V t.l.j. sf dim. 8h-12h 14h-18h G

TARDIEU-LAURENT Les Lauzières 2012

■	2 500		15 à 20 €

En 1994, Michel Tardieu s'est associé avec Dominique Laurent pour créer un négoce spécialisé dans l'élevage en fût de microcuvées, établi dans le village classé de Lourmarin. Depuis peu, la famille Tardieu est désormais seule aux commandes.

Au nez, les fruits macérés se mêlent à un boisé soutenu. Encore très marquée par l'élevage (vingt mois), la bouche se révèle sauvage, tannique et austère. Le temps l'assagira, mais le style restera. 2018-2022 rôti de sanglier

Maison Tardieu-Laurent, Les Grandes-Bastides, rte de Cucuron, 84160 Lourmarin, tél. 04 90 68 80 25, info@tardieu-laurent.com V r.-v.

DOM. TOURBILLON Vieilles Vignes 2012

■	22 200		15 à 20 €

Si le domaine créé par les grands-parents au milieu du XX^e^s. est ancien, Benjamin Tourbillon n'a signé la première vinification à la propriété qu'en 2012.

De vieilles vignes (certaines centenaires) sont à l'origine de ce gigondas, dont le nez fruité et floral annonce un style sur la finesse. De fait, domine d'abord en bouche une sensation de fondu, de délicatesse et de fraîcheur, avant que la finale ne montre quelque peu les muscles. 2014-2018 tajine

Benjamin Tourbillon, 433, rte du Plan-de-Dieu, 84150 Violès, tél. 06 80 08 53 56, domainetourbillon@orange.fr r.-v.

DOM. VARENNE 2011

| 4 000 | | 11 à 15 €

Un domaine familial de 7 ha d'un seul tenant dédié aux gigondas, vacqueyras et IGP. Aux commandes depuis 2006, Laurent Varenne.

La douceur des fruits compotés se mâtine de notes de cuir. Un profil généreux auquel fait écho la bouche : liqueurs de prune et de cerise agrémentées d'épices accompagnent des tanins fondus. Un vin du soleil. 2015-2018 chili con carne

SCEA Dom. Varenne, rte des Princes-d'Orange, 84190 Gigondas, tél. 04 90 65 86 55, info@domainevarenne.com r.-v.

VACQUEYRAS

• Superficie : 1 455 ha • Production : 42 325 hl (97 % rouge et rosé)

Consacré en AOC communale en 1990, le vignoble de Vacqueyras est situé dans le Vaucluse, entre Gigondas au nord et Beaumes-de-Venise au sud-est. Son territoire s'étend sur les deux communes de Vacqueyras et de Sarrians. Les vins rouges, largement majoritaires, sont élaborés à base de grenache, de syrah, de mourvèdre et de cinsault ; ils sont aptes à la garde (trois à dix ans). Les quelques rosés sont issus d'un encépagement similaire. Les blancs, confidentiels, naissent des cépages clairette, grenache blanc, bourboulenc et roussanne.

PIERRE AMADIEU
La Grangelière 2012 ★

| 20 000 | | 8 à 11 €

Maison fondée en 1929 et restée familiale. Elle opère des sélections parcellaires pour son négoce et conduit deux propriétés : Grand Romane et La Machotte en AOC gigondas, dont elle est le plus grand producteur avec 137 ha de vignes.

Malgré l'élevage en fût, ce sont bien les fruits, rouges et mûrs, qui se dégagent de ce vin, élégant de bout en bout. La bouche, à l'unisson, séduit par sa chair souple et délicate, son équilibre et sa longueur. 2017-2021 gigot d'agneau

Pierre Amadieu, quartier La Paillouse, 84190 Gigondas, tél. 04 90 65 84 08, pierre.amadieu@pierre-amadieu.com t.l.j. 10h-12h 14h-18h; f. sam. dim. janv.-fév.

BALMA VENITIA 2012 ★

| 183 000 | | 8 à 11 €

Actrice prépondérante du vignoble de Beaumes-de-Venise, cette coopérative fondée en 1953 représente aujourd'hui 160 producteurs pour une surface totale de 1 000 ha.

Au nez, un concentré de fruits rouges et noirs. En bouche, de la solidité et une belle persistance aromatique en accord avec l'olfaction. Un ensemble homogène de bonne garde. 2016-2022 souris d'agneau 2013 ★ (10 000 b.) : floral et exotique, ample, gras et onctueux, équilibré par une pointe de fraîcheur. 2014-2017

SCA Vignerons de Balma Venitia, 228, rte de Carpentras, 84190 Beaumes-de-Venise, tél. 04 90 12 41 14, vignerons@balmavenitia.fr r.-v.

♥ LA BASTIDE SAINT-VINCENT Pavane 2012 ★★

| 20 400 | | 8 à 11 €

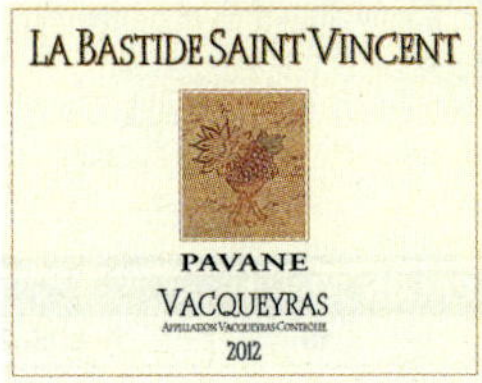

Installé dans une ancienne ferme rénovée aux airs de bastide, dont certains éléments datent du XVII[e]s., Laurent Daniel est un habitué du Guide. Il conduit depuis 2001 ce vignoble familial de 22 ha répartis dans six communes.

Cette Pavane majestueuse charme dès le premier nez avec ses parfums puissants de fruits noirs et rouges mâtinés d'épices douces. Une intensité et un équilibre aromatiques qui se prolongent avec force persistance dans une bouche ronde et souple en attaque, à la fois généreuse et fraîche. Un vin de grande harmonie bâti pour une longue garde. 2017-2023 pastilla de pigeon

Laurent Daniel, La Bastide Saint-Vincent, 1047, rte de Vaison, 84150 Violès, tél. 04 90 70 94 13, bastide.vincent@free.fr t.l.j. 9h-12h 14h-19h

DOM. LA BOUÏSSIÈRE 2012

| 8 000 | | 15 à 20 €

Établis au pied des Dentelles de Montmirail depuis 1990, les frères Gilles et Thierry Faravel conduisent à la suite de leur père un domaine de 12 ha fort régulier en qualité.

Ce 2012 apparaît d'emblée généreux avec ses arômes de fruits très mûrs rehaussés d'épices. Ce caractère chaleureux se retrouve dans une bouche puissante, encore un peu austère. 2017-2020 civet de biche

EARL Faravel, rue du Portail, 84190 Gigondas, tél. 04 90 65 87 91, labouissiere@aol.com t.l.j. sf dim. 10h-12h 14h-18h

BROTTE Bouvencourt 2012

| 20 000 | | 11 à 15 €

Cette maison réputée, fondée en 1931 par Charles Brotte, pionnier de la mise en bouteilles dans la vallée du Rhône, est aujourd'hui dirigée par Laurent, petit-fils du fondateur. Elle vinifie ses propres vignes et opère des sélections parcellaires pour son négoce.

Aux côtés des fruits rouges se déploient des notes animales, de torréfaction et d'épices. Une expression aromatique à laquelle fait écho un palais vif et charpenté, qui demande à s'arrondir. 2016-2019 canard rôti

Brotte, Le Clos, rte d'Avignon, 84230 Châteauneuf-du-Pape, tél. 04 90 83 70 07, brotte@brotte.com t.l.j. 9h-12h 14h-18h

DOM. BRUNELY Tradition 2012 ★

8 100 | 8 à 11 €

Offertes au XVes. à Pellegrin de Brunelis par le pape Martin V, ces terres ont été acquises en 1976 par les Carichon. Installé en 1986, Charles Carichon conduit aujourd'hui 49 ha morcelés en une mosaïque de terroirs. Une valeur sûre du Rhône sud.

Un nez intense et profond de fruits rouges mûrs et concentrés sur fond cacaoté introduit la dégustation. Une attaque puissante, dans le même registre, ouvre sur un palais généreux, suave et riche, adossé à des tanins fins. 2016-2021 noisette d'agneau à l'ail confit

Charles Carichon, 1272, rte de la Brunely, 84260 Sarrians, tél. 04 90 65 41 24, domaine-de-la-brunely@wanadoo.fr V r.-v.

♥ FLORENT ET DAMIEN BURLE La Muse 2012 ★★★

7 000 | 8 à 11 €

Un domaine fondé en 1960, dans la même famille depuis trois générations. Florent et Damien Burle, installés en 1996, conduisent un vignoble de 20 ha.

Cet assemblage grenache-syrah séduit d'emblée par sa complexité : les salves aromatiques passent ainsi de la fraise au clou de girofle et au camphre, pour finir sur le cuir. Groseille, épices, caramel au beurre salé, cette explosion d'arômes se prolonge dans une bouche riche et suave sans lourdeur, étayée par de beaux tanins ronds. Un vin d'une puissance et d'une complexité aromatiques exceptionnelles. 2014-2018 rôti de veau aux herbes

Florent et Damien Burle, La Beaumette, 84190 Gigondas, tél. 04 90 70 94 85, caroleetdamien.burle@sfr.fr V t.l.j. sf sam. dim. 8h-18h

DOM. CHAMFORT 2012

n.c. | 11 à 15 €

Situé au pied des Dentelles de Montmirail, ce domaine de 21 ha créé en 1993 par Denis Chamfort a été repris en 2010 par Vasco Perdigão, œnologue formé dans la vallée du Rhône septentrionale.

Intensité rime ici avec légèreté. Les senteurs de thym se mêlent aux fruits rouges frais. La bouche est élégante, souple et fine, et s'achève sur une jolie note de cerise. 2014-2019 côtes d'agneau

Dom. Chamfort, RD 977, 84110 Sablet, tél. 04 90 46 94 75, domaine-chamfort@orange.fr V t.l.j. 9h-12h 13h30-17h30; sam. dim. sur r.-v. SCEA Famille Perdigão

DOM. DE CHANTEGUT Les Clés de la magnaneraie 2012

16 000 | 11 à 15 €

Un domaine créé en 1959 par Rémy Marseille. Installé en 1981, son fils Pierre, pharmacien de formation, conduit aujourd'hui 68 ha de vignes, qu'il vinifie dans une ancienne magnaneraie du XVIIIes.

Une grande maturité se profile à travers un nez de fruits très confiturés et de torréfaction. En bouche, des notes toastées et une pointe d'épices accompagnent des tanins robustes. Un vin équilibré et structuré, armé pour la garde. 2016-2021 gibier à plume

Pierre Marseille, 436, bd du Comté-d'Orange, 84260 Sarrians, tél. 04 90 65 46 38, domainedechantegut@wanadoo.fr V t.l.j. sf dim. 9h-12h30 14h-19h EARL de Tourreau

B CLOS DE CAVEAU Carmin brillant 2011 ★

15 000 | 15 à 20 €

Pionniers en matière de viticulture biologique (certification en 1989), les Bungener conduisent un domaine de 14 ha d'un seul tenant au pied des Dentelles de Montmirail.

Née d'une longue macération et d'un élevage de dix-huit mois en fût, cette cuvée livre un nez intense et frais de cassis et de laurier. La bouche se révèle ample, longue et équilibrée, à la fois riche et fraîche. 2015-2020 bécasse en cocotte

Henri Bungener, chem. de Caveau, 84190 Vacqueyras, tél. 04 90 65 85 33, domaine@closdecaveau.com V t.l.j. sf dim. 8h-12h 14h-18h

DOM. LE CLOS DES CAZAUX Cuvée Saint-Roch 2011

20 000 | 8 à 11 €

Des origines templières pour ce domaine dans la famille Archimbaud-Vache depuis cinq générations. Aux commandes aujourd'hui, deux frères, Frédéric à la cave et Jean-Michel à la vigne, à la tête de 15 ha en gigondas et 25 ha en vacqueyras. Une valeur sûre.

Le nez s'ouvre à l'aération sur les fruits mûrs et le cacao. En bouche, le vin se montre chaleureux et suave, adossé à des tanins encore un peu rugueux mais prometteurs. À attendre. 2016-2019 épaule d'agneau

Famille Archimbaud-Vache, Dom. le Clos des Cazaux, chem. du Moulin, 84190 Vacqueyras, tél. 04 90 65 85 83, closdescazaux@wanadoo.fr V t.l.j. sf dim. 9h-12h 14h-18h; ouv. sam. de mai à nov.

DOM. LE COUROULU Vieilles Vignes 2011 ★★

8 000 | 11 à 15 €

Créé en 1921, ce domaine de 21 ha régulier en qualité est conduit par la famille Ricard depuis trois générations. Il tire son nom du courlis (*couroulu* en provençal), élégant échassier au long bec recourbé.

Des ceps âgés de soixante-quinze ans ont donné ce vin au nez intense et riche de fruits noirs, de cerise et de caramel. Après une attaque franche et vive se dévoile une bouche sans aspérité ni dureté, alliant puissance et harmonie, et qualifiée de « nordique » pour sa fraîcheur. 2016-2022 côte de taureau

EARL Le Couroulu, Guy Ricard, La Pousterle, 84190 Vacqueyras, tél. 04 90 65 84 83, couroulu@laposte.net V t.l.j. sf dim. 9h30-12h 14h-18h30; f. 7-27 janv.

LA FONT DE PAPIER 2012

	n.c.		11 à 15 €

Dany et Fernand Chastan conduisent leur domaine en bio et en biodynamie depuis ses origines, en 1980. Leurs vins se déclinent en gigondas (Clos du Joncuas), côtes-du-rhône Séguret (Garancière) et vacqueyras (La Font de Papier).

Au nez, une belle intensité: fruits rouges mûrs, épices, réglisse. En bouche, de la rondeur, de la générosité, de la mâche autour de tanins fondus offrant encore du potentiel de garde. 2014-2018 poulet au thym

Dany Chastan, Clos du Joncuas, 84190 Gigondas, tél. 04 90 65 86 86, contact@closdujoncuas.fr V r.-v.

DOM. FONT SARADE
Les Hauts de la Ponche 2012 ★

	10 000		8 à 11 €

Un domaine souvent en vue né en 1936 au nord de Vacqueyras de l'association de deux familles vigneronnes, les Devine et les Burle. Le vignoble conduit depuis 2002 par Bernard Burle couvre 35 ha.

Ce 2012 sombre et fougueux livre un bouquet intense et chaleureux de fruits à l'alcool et de réglisse. Au diapason, la bouche est puissante, virile, corsée. À mettre en réserve pour plus de fondu. 2016-2020 mijoté d'agneau Le Penchant 2013 (2 000 b.): premier vacqueyras blanc du domaine; un vin floral, au boisé léger, plein et rond en bouche, avec plus de vivacité en finale. 2014-2017

Dom. Font Sarade, quartier La Ponche, 84190 Vacqueyras, tél. 04 90 65 82 97, fontsarade@aol.com V r.-v. Bernard Burle

DOM. LA FOURMONE Le Poète 2012 ★

	40 000		8 à 11 €

Un domaine fondé en 1885, valeur sûre en gigondas et vacqueyras (avec plusieurs coups de cœur à son actif). Aux commandes des 37 ha de vignes, Marie-Thérèse Combe et ses deux enfants.

Le nez, intense et fin, mêle épices et fruits rouges. Le palais, robuste, puissant, est souligné par une belle fraîcheur qui apporte longueur et équilibre. 2017-2021 navarin d'agneau Les Ceps d'or 2012 ★ (11 à 15 €; 5 000 b.): un nez confituré relevé d'épices, un palais souple et frais à l'attaque, puis solidement campé sur des tanins fins. 2017-2022

Famille Combe, Dom. la Fourmone, rte de Violès, 84190 Vacqueyras, tél. 04 90 65 86 05, contact@fourmone.com V t.l.j. sf dim. 9h30-18h; ouv. dim. de Pâques au 15 août et j. fériés

DOM. DE LA GANSE 2012 ★★

	12 000		8 à 11 €

Après avoir œuvré sur d'autres domaines, Coralie Onde a créé en 2008 ce coquet vignoble de 7 ha, qu'elle convertit au bio.

Grenache et syrah sont associés dans ce vin d'une intensité aromatique très engageante, à dominante de fruits rouges mûrs nuancés d'épices. Rondeur, gras, volume et tanins soyeux composent un palais remarquable, généreux, long et très équilibré. Un tempérament de garde. 2017-2024 chili con carne

Coralie Onde, Dom. de la Ganse, 198, chem. de la Ganse, 84260 Sarrians, tél. 04 90 65 37 84, coralie.onde@laganse.fr V r.-v.

DOM. LA GARRIGUE 2011 ★★

	18 000		11 à 15 €

La famille Bernard est installée à Vacqueyras depuis 1850 et six générations, sur un domaine de 80 ha plantés de vieilles vignes, souvent en vue dans ces pages pour ses gigondas et ses vacqueyras.

Après dix-huit mois de cuve, ce vin très harmonieux et accorte décline une palette généreuse et complexe d'épices, de cerise et de... garrigue. Le palais, ample, souple, rond, onctueux sans lourdeur, reste dans cette tonalité ensoleillée et pleine de charme. 2015-2020 osso bucco

SCEA A. Bernard et Fils, Dom. la Garrigue, 84190 Vacqueyras, tél. 04 90 65 84 60, info@domaine-la-garrigue.fr V t.l.j. 8h-12h 14h-18h30; dim. sur r.-v.

GRANDES SERRES Les Hautes Vacquières 2012

	6 600		11 à 15 €

Une maison de négoce castelpapale reprise en 2001 par Michel Picard, investisseur dans de nombreuses régions viticoles – jusqu'en Ontario.

Le nez développe de légers arômes floraux et fruités. Équilibre, fraîcheur et finesse caractérisent une bouche portée par des tanins discrets. Déjà agréable et gourmand. 2014-2017 magrets et compotée de coings

Grandes Serres, rte de L'Islon-Saint-Luc, 84230 Châteauneuf-du-Pape, tél. 04 90 83 72 22, marion.dubois@m-p.fr V r.-v. Gabriel Picard

VIGNOBLE ALAIN IGNACE
Sous la robe 2012 ★★

	2 000		15 à 20 €

Alain Ignace et son épouse Nelly conduisent un domaine de 12 ha (vacqueyras et beaumes-de-venise), en cours de conversion bio.

« Sous la robe », pourpre et intense, un 2012 mi-grenache mi-mourvèdre qui déploie un torréfié soutenu aux côtés des petits fruits. Ample, gras, étayé par des tanins soyeux, le palais évolue vers le pruneau et la figue, pour revenir sur la torréfaction en finale. Un ensemble très élégant, pour amateurs de vins (bien) boisés. 2017-2024 canard au poivre vert

Vignoble Alain Ignace, 1727, rte de Vacqueyras, 84190 Beaumes-de-Venise, tél. 06 80 45 81 74, alain.ignace@wanadoo.fr V r.-v.

LESTOURS CLOCHER 2012

	8 700		20 à 30 €

La famille Arnoux reçut en 1717 du seigneur de Lauris une parcelle de vignes. Aujourd'hui, elle exploite 40 ha en vacqueyras tout en menant une activité de négociant dans plusieurs autres AOC rhodaniennes.

Animal, floral, épicé, fruité, ce 2012 expressif dévoile un palais équilibré et soutenu par une bonne vivacité et des tanins discrets. 2014-2017 cailles rôties Seigneur de Lauris 2012 (15 à 20 €; 9 000 b.): un nez floral et boisé, une bouche fraîche et aromatique (fruits mûrs, noisette, beurre). 2015-2018

SA Arnoux et Fils, Cave du Vieux Clocher, 84190 Vacqueyras, tél. 04 90 65 84 18, info@arnoux-vins.com V t.l.j. 9h-12h30 14h-19h C

LE MAS DES FLAUZIÈRES Le Pilon 2012 ★★

■	2 400		11 à 15 €

Jérôme Benoît a pris les rênes en 1996 de ce domaine dans sa famille depuis 1919, établi au pied du mont Ventoux et étendant ses 35 ha de vignes sur plusieurs communes.

Grenache et syrah à parts égales pour ce vin de caractère, au nez intense et chaleureux (fruits rouges à l'alcool, notes toastées et cacaotées). La bouche, ample et puissante dégage la même sensation d'opulence et de générosité. Taillé pour la garde. 2018-2022 ragoût de chevreuil

Le Mas des Flauzières, 1131, rte de Vaison-la-Romaine, 84340 Entrechaux, tél. 04 90 46 00 08, lemasdesflauzieres@yahoo.fr V t.l.j. sf dim. 10h-12h 14h-18h E

Jérôme Benoît

DOM. MONTIRIUS Minéral 2013 ★★

■	4 000		20 à 30 €

Dans la même famille depuis six générations, ce domaine de 63 ha conduit par Christine Saurel est en biodynamie depuis 1996. Des vacqueyras et des gigondas vinifiés et élevés sans bois régulièrement en vue.

« Minéral » indique l'étiquette. De fait, si le nez reste discret (fleurs blanches, épices et amande douce à l'aération), la bouche séduit par son volume et son équilibre entre onctuosité et fraîcheur « terroitée » renforcée par des nuances citronnées. 2014-2017 risotto aux fruits de mer ■ Garrigues 2011★ (15 à 20 €; 40 000 b.): fruité et un peu animal au nez, à la fois riche et frais en bouche. 2018-2022

Dom. Montirius, 1536, rte de Sainte-Edwige, 84260 Sarrians, tél. 04 90 65 38 28, saurel@montirius.com V r.-v.

CH. DE MONTMIRAIL
Cuvée des Deux Frères 2012

■	2 500		8 à 11 €

Ce domaine de 48 ha situé à l'emplacement d'une ancienne station thermale connue pour ses eaux sulfureuses et magnésiennes est conduit par la famille Archimbaud depuis quatre générations. Une valeur sûre en vacqueyras et gigondas.

Un 2012 fruité (fruits rouges) de bout en bout. En bouche, l'équilibre est fondé sur la fraîcheur et des tanins fins, un rien plus stricts en finale. 2014-2018 cailles farcies

Ch. de Montmirail, cours Stassart, BP 12, 84190 Vacqueyras, tél. 04 90 65 86 72, archimbaud@chateau-de-montmirail.com V t.l.j. sf dim. 9h-12h 14h-18h Archimbaud

DOM. MONTVAC Arabesque 2012

■	n.c.		8 à 11 €

Un domaine transmis de mère en fille depuis trois générations. Cécile Dusserre conduit aujourd'hui un vignoble de 21 ha (dont 17 en vacqueyras) en conversion bio.

Souvent à l'honneur pour ses blancs, le domaine s'illustre avec ce joli rouge. Un vin encore un peu réservé, qui, à l'aération, s'ouvre doucement sur les fruits. En bouche, rondeur et générosité sont de mise, un trait poivré marquant la finale. 2016-2020 daube

Cécile Dusserre, Dom. de Montvac, rte de Vaison, 84190 Vacqueyras, tél. 04 90 65 85 51, dusserre@domainedemontvac.fr V t.l.j. sf dim. 9h-12h 14h-18h

PIERRE-HENRI MOREL 2012

■	4 000		11 à 15 €

Une maison de négoce fondée en 2007 par Pierre-Henri Morel, bras droit de Michel Chapoutier.

Au nez, quelques nuances animales se mêlent à la violette, aux fruits rouges et à la réglisse. Des sensations harmonieuses qui se prolongent dans une bouche ample, bien structurée, équilibrée et longue. 2014-2019 pavé de bœuf

Pierre-Henri Morel, 13, rue de la Sizeranne, 26600 Tain-l'Hermitage, tél. 04 75 08 59 51, info@phmorel.com

DOM. DU PESQUIER 2012 ★

■	4 000		8 à 11 €

Implanté au cœur de l'AOC gigondas, ce vignoble appartenait aux princes d'Orange au XVIe s. Aujourd'hui, Guy et Mathieu Boutière exploitent un domaine de 24 ha, souvent en vue pour ses vacqueyras et gigondas.

Le nez très « sudiste », chaleureux, mêle les fruits rouges, les senteurs de garrigue, les épices et une fine note de violette. Rond et souple en attaque, le palais s'appuie sur des tanins présents mais soyeux et sur une agréable pointe de vivacité. 2015-2019 agneau de sept heures

Dom. du Pesquier, 84190 Gigondas, tél. 04 90 65 86 16, contact@domainedupesquier.com V r.-v.

DOM. DE LA PIGEADE 2012 ★★

■	5 000		15 à 20 €

En 1996, après leurs études viticoles et des stages en France et aux États-Unis, Thierry et Marina Vaute ont sorti le domaine familial de la coopérative et l'ont entièrement rénové (30 ha aujourd'hui).

Beaucoup de finesse s'exprime dans ce bouquet de fruits rouges un rien confiturés, de pruneau, de réglisse, d'épices et de torréfaction. Une richesse qui annonce un palais rond, généreux, concentré sans lourdeur, toujours élégant, élevé avec beaucoup de justesse. 2015-2020 tajine aux pruneaux

Thierry et Marina Vaute, Dom. de la Pigeade, 2439, rte de Caromb, 84190 Beaumes-de-Venise, tél. 04 90 62 90 00, contact@lapigeade.fr V t.l.j. sf dim. 9h-12h 14h-18h

DOM. LA RÊVERIE 2012 ★

■	40 000		8 à 11 €

Maison de négoce créée en 1993, regroupant cinq coopératives et plusieurs domaines, et proposant une vaste gamme d'une vingtaine d'AOC rhodaniennes, septentrionales et méridionales.

L'intensité de la robe sombre va de pair avec celle du nez, sur les fruits à l'alcool et les épices. De la vigueur en bouche également, avec des tanins solides sans dureté, de l'équilibre et de la longueur. 2017-2021 ragoût de bœuf Dom. l'Oustau des Lecques 2012 ★ (5 à 8 € ; 11 000 b.) : un caractère affirmé pour ce vin fruité et épicé, à la fois corpulent et onctueux. 2017-2022

SICA Vignobles la Côterie, 228, rte de Carpentras, 84190 Beaumes-de-Venise, tél. 04 90 12 41 19, contact@lacoterie.fr t.l.j. sf sam. dim. 8h-12h 14h-18h

♥ DOM. LA ROUBINE 2012 ★★★

10 000 | 11 à 15 €

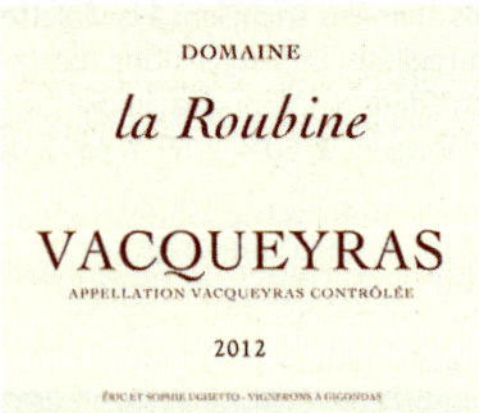

Éric Ughetto, installé en 1990 sur le domaine familial, et son épouse Sophie ont quitté la coopérative en 2000 pour vinifier le fruit de leurs 15 ha de vignes, en conversion bio depuis 2010.

Fruits rouges frais, nuances minérales, ce 2012 offre un véritable feu d'artifice aromatique, intense et complexe. Porté par des tanins soyeux et délicats, le palais conjugue avec une harmonie rare souplesse, rondeur, gras, finesse et volume. L'équilibre est parfait et la longueur exceptionnelle. De grande garde, assurément. 2018-2024 tournedos Rossini

Éric Ughetto, Dom. la Roubine, quartier Santa-Duc, 84190 Gigondas, tél. 06 07 91 60 21, domaine.laroubine@laposte.net r.-v.

DOM. SAINT-ROCH 2012 ★

26 000 | 5 à 8 €

Cette maison de négoce créée en 1963, dans le giron du groupe Taillan, propose des vins (marques ou cuvées de domaine) dans de nombreuses AOC du Rhône, mais aussi de Provence et du Languedoc.

Le premier nez dévoile d'intenses senteurs de fruits compotés relayées à l'aération par des nuances épicées et grillées. Ces arômes constituent le fil conducteur d'un palais gras de constitution solide, qui ne manque pas de finesse. Armé pour durer. 2018-2024 civet de lièvre

La Compagnie rhodanienne, 19, chem. Neuf, CS 80002, 30210 Castillon-du-Gard, tél. 04 66 37 49 50, cie.rhodanienne@rhodanienne.com

B DOM. DE LA TÊTE NOIRE 2012 ★★

6 350 | 11 à 15 €

Deux amis belges, Hubert Toint et Jean-François Lénelle, ont créé ce domaine en 2008, 17,5 ha en bio certifié, répartis sur douze parcelles à Gigondas, Vacqueyras et Cairanne.

Ce 2012 déploie un nez exubérant et généreux, « très grenache », de fruits mûrs, d'épices, de café et de cuir. Le palais, à l'unisson, dévoile une texture ronde et suave qui enrobe des tanins soyeux épaulés par une fine vivacité. Un vin déjà très équilibré, à boire ou à attendre. 2014-2019 bœuf bourguignon

Dom. de la Tête noire, La Payouse, 84190 Gigondas, tél. 04 90 41 91 70, domaine@latetenoire.fr t.l.j. sf lun. 10h-18h

Hubert Toint

DOM. DE VAL FRAIS 2012 ★

12 000 | 8 à 11 €

Un domaine de 54 ha régulier en qualité, créé en 1968 par André Vaque, conduit depuis 1993 par ses filles Sévérine (chai) et Corinne Vaque (administratif), et par son gendre Benoît Vaux (vigne).

Fruits rouges, épices, cacao, torréfaction, nuances animales, la dégustation s'ouvre sur un bouquet complexe et généreux. Une note de cuir s'ajoute à cette palette dans un palais ample et plein, appuyé sur des tanins fermes et une fine acidité qui donne de l'allonge à la finale. 2015-2019 civet de lièvre

SCEA André Vaque, Dom. de Val Frais, 84350 Courthézon, tél. 04 90 70 84 33, domaine.valfrais@cegetel.net r.-v.

PIERRE VIDAL
Grande Réserve 2012 ★

30 000 | 8 à 11 €

Pierre Vidal installé à Châteauneuf-du-Pape avec son épouse vigneronne a créé son négoce en 2010. Une maison déjà bien implantée grâce aux sélections parcellaires vinifiées par ce jeune œnologue formé en Bourgogne.

La robe, sombre et profonde, annonce la couleur. Celle d'un vin puissant, issu d'une longue macération et d'un élevage soigné, ample et long, bâti sur des tanins solides qui doivent encore se fondre. Prometteur. 2016-2019 daube

EURL Pierre Vidal, 631, rte de Sorgues, 84230 Châteauneuf-du-Pape, tél. 06 88 88 07 58, contact@pierrevidal.com

VIGNERONS DE CARACTÈRE
Vieilles Vignes 2012 ★★

12 000 | 20 à 30 €

Cette coopérative fondée en 1957 réunit quelque 80 familles de vignerons produisant essentiellement dans les appellations de la vallée du Rhône méridionale, sur une surface totale de 800 ha.

Ce 2012 né de ceps de cinquante ans s'annonce par un nez suave de fruits et d'épices (poivre) bien typé du grenache. La bouche se révèle ample, solidement charpentée et fraîche. Un beau vin de garde. 2016-2022 carré d'agneau Les Hauts de Castellas 2012 ★ (15 à 20 € ; 50 000 b.) : un nez soutenu (fruits, sous-bois, torréfaction) et un palais fin et robuste. 2017-2022 Dom. Mas du Bouquet 2012 ★ (15 à 20 € ; 60 000 b.) : complexe (fruits rouges, menthol, pruneau, poivre), chaleureux, vigoureux, voire un peu austère. 2017-2020

Vignerons de Caractère, rte de Vaison-la-Romaine, 84190 Vacqueyras, tél. 04 90 65 84 54, contact@vigneronsdecaractere.com t.l.j. 9h-19h

BEAUMES-DE-VENISE

• Superficie : 580 ha • Production : 19 880 hl

Reconnue en 2005, cette appellation concerne uniquement les vins rouges issus de quatre communes du Vaucluse limitrophes des AOC gigondas et vacqueyras : Beaumes-de-Venise, Lafare, La Roque Alric, Suzette, sur une surface délimitée de 1 456 ha. Les vins doivent provenir d'un assemblage de cépages principaux (au moins 50 % de grenache noir et 25 % de syrah à l'horizon 2015).

VIGNOBLES DE BALMA VENITIA
Terres du Trias 2012 ★

■ | 20 000 | | 8 à 11 €

Actrice prépondérante du vignoble de Beaumes-de-Venise, cette coopérative fondée en 1953 représente aujourd'hui 160 producteurs pour une surface totale de 1 000 ha.

Cette cuvée est une valeur sûre de la cave. À la richesse du nez, fruité et épicé, répond celle d'une bouche généreuse et charnue, aux tanins soyeux. ⧗ 2015-2019 ▼ osso bucco ■ Dom. de la Chêneraie 2012 (42 500 b.) : un vin plein, intense, chaleureux et persistant (fruits rouges à l'eau-de-vie). ⧗ 2014-2016

SCA Vignerons de Balma Venitia, 228, rte de Carpentras, 84190 Beaumes-de-Venise, tél. 04 90 12 41 14, vignerons@balmavenitia.fr V r.-v.

DOM. DE CASSAN Tradition 2012

■ | 41 300 | | 8 à 11 €

Logé au cœur des Dentelles de Montmirail, ce domaine créé en 1929 par un industriel lyonnais fut acquis en 1974 par Paul Croset. À la tête de l'exploitation depuis 2010, ses deux fils Jean-Charles et Vincent conduisent 17,5 ha de vignes.

Au nez, c'est un vin intense et tonique qui s'annonce, à travers des arômes de fruits frais et de laurier. La dégustation se poursuit sur un ton plus léger, mais toujours frais, porté par des notes d'épices. ⧗ 2014-2016 ▼ brochettes de bœuf

Dom. de Cassan, SCEA Saint-Christophe, 84190 Lafare, tél. 04 90 62 96 12, domainedecassan@wanadoo.fr V t.l.j. 10h-12h 14h-18h G

Famille Croset

B DOM. LA FERME SAINT-MARTIN
Les Terres jaunes 2012

■ | 48 000 | | 8 à 11 €

Un domaine familial et régulier en qualité construit en 1964 sur les ruines d'une ancienne chapelle. Installés en 1980, Guy Jullien et son fils Thomas exploitent 25 ha de vignes conduits en bio depuis 1998.

Des ceps de grenache, de syrah et de cinsault, plantés sur des « terres jaunes » issues des formations triasiques si singulières de l'appellation, ont donné ce vin agréable et équilibré, ouvert sur les fruits noirs et les petits fruits rouges acidulés. ⧗ 2014-2016 ▼ grillade de bœuf

Dom. la Ferme Saint-Martin, 84190 Suzette, tél. 04 90 62 96 40, contact@fermesaintmartin.com V t.l.j. sf dim. 10h-12h 14h-18h; f. 1er janv.-28 fév. G Thomas et Guy Jullien

DOM. LA GARRIGUE 2012 ★★

■ | 3 300 | | 8 à 11 €

La famille Bernard est installée à Vacqueyras depuis 1850 et six générations, sur un domaine de 80 ha plantés de vieilles vignes, souvent en vue pour ses gigondas et ses vacqueyras.

La robe, grenat foncé, est avenante. Déjà ouvert, le nez mêle petits fruits rouges mûrs et notes d'amande. Soutenue par une solide trame tannique, la bouche allie dans un bel équilibre vivacité, suavité et rondeur. Bien travaillé et racé. ⧗ 2016-2021 ▼ daube d'agneau

SCEA A. Bernard et Fils, Dom. la Garrigue, 84190 Vacqueyras, tél. 04 90 65 84 60, info@domaine-la-garrigue.fr V t.l.j. 8h-12h 14h-18h30; dim. sur r.-v.

DOM. DU GRAND MONTMIRAIL 2012 ★

■ | 10 000 | | 8 à 11 €

Productrice de la vallée du Rhône et de la Côte de Nuits, la famille Chéron, originaire de Bourgogne, conduit depuis 1981 ce vaste domaine de 72 ha en forme d'amphithéâtre au pied des Dentelles de Montmirail.

À peine plus de grenache que de syrah dans ce « beaumes de terroir ». Au nez, les fruits noirs progressent avec intensité, vivifiés par une pointe mentholée. La complexité vient en rétro-olfaction : aromates (laurier) et épices. Ample et fin, le palais offre un côté frais et tonique qui permet d'envisager une bonne garde. ⧗ 2016-2020 ▼ sauté de sanglier

Dom. du Grand Montmirail, Le Grand-Montmirail, 84190 Gigondas, tél. 04 90 65 85 91, contact@vignoblescheron.fr V t.l.j. sf sam. dim. 8h-12h 14h-18h

DOM. LE ROCHER DES DAMES 2012 ★★

■ | 5 000 | | 11 à 15 €

Un domaine de 22 ha exploité par la famille Bernard depuis quatre générations. Corinne et Jean-Luc Bernard ont adhéré en 2012 à la coopérative de Gigondas.

Les senteurs s'égrènent en plusieurs salves : fines nuances épicées, puis notes originales de genêt et fruité gourmand. La bouche ? De la dentelle et un grand équilibre des saveurs, fruitées et épicées, du gras et de la fraîcheur. ⧗ 2016-2021 ▼ filet mignon aux pruneaux

Jean-Luc Bernard, 292, chem. du Bois-Rond, hameau de Saint-Véran, 84190 Beaumes-de-Venise, tél. 04 90 62 95 84, jean_luc.bernard57@wanadoo.fr V r.-v.; f. vendanges 3

DOM. ROSEMERRY Le Dos d'âne 2012

■ | 3 000 | | 8 à 11 €

Coopérateurs depuis 1956, Denis Vial et son épouse ont décidé en 2012 de vinifier en cave particulière. Le vignoble couvre 10 ha, en beaumes sec et en muscat.

Premier millésime hors de la « coop » et première sélection pour ce vin qui s'ouvre sur un fruité généreux après aération. Agréable et équilibrée, la bouche penche vers une suavité rehaussée d'épices. ⧗ 2014-2016 ▼ tajine de veau

Denis Vial, quartier Roubiol, 84190 La Roque-Alric, tél. 06 26 59 37 24, denisvial84@gmail.com V r.-v.

RHÔNE

PIERRE VIDAL 2012 ★★

■	20 000	🛢	8 à 11 €

Pierre Vidal installé à Châteauneuf-du-Pape avec son épouse vigneronne a créé son négoce en 2010. Une maison déjà bien implantée grâce aux sélections parcellaires vinifiées par ce jeune œnologue formé en Bourgogne.

La couleur est sombre et secrète, malgré ses reflets jeunes. Au nez, les fruits noirs se liguent aux notes de torréfaction, d'épices, de truffe puis de petits fruits rouges. La bouche, séduisante, est gourmande, riche et complexe (vanille, cannelle, amande, fruits à l'eau-de-vie). À boire ou à attendre. ⧗ 2016-2020 🍷 filet de biche aux fruits rouges

EURL Pierre Vidal, 631, rte de Sorgues, 84230 Châteauneuf-du-Pape, tél. 06 88 88 07 58, contact@pierrevidal.com

CHÂTEAUNEUF-DU-PAPE

• Superficie : 3 155 ha • Production : 83 865 hl (95 % rouge)

Le vignoble, qui garde le souvenir des papes d'Avignon, est situé sur la rive gauche du Rhône, à une quinzaine de kilomètres au nord de l'ancienne cité pontificale. L'appellation fut la première à avoir défini légalement ses conditions de production, dès 1931. Son territoire s'étend sur la quasi-totalité de la commune qui lui a donné son nom et sur certains terrains de même nature des communes limitrophes d'Orange, de Courthézon, de Bédarrides et de Sorgues. Son originalité provient de son sol, formé notamment de vastes terrasses de hauteurs différentes, recouvertes d'argile rouge mêlée à de nombreux cailloux roulés. Parmi les cépages autorisés, très divers, prédominent grenache, syrah, mourvèdre et cinsault.

Les châteauneuf-du-pape s'apprécient mieux après une garde qui varie en fonction des millésimes. Amples, corsés et charpentés, ce sont des vins au bouquet puissant et complexe, qui accompagnent avec succès les viandes rouges, le gibier et les fromages. Les rares blancs savent cacher leur puissance par la finesse de leurs arômes.

DOM. LA BARROCHE 2011

■	30 000	🛢	30 à 50 €

Un domaine transmis de génération en génération depuis le XIVe s. Christian Barrot et son fils Julien conduisent aujourd'hui ces vignes couvrant 14,5 ha, essentiellement au nord et au nord-est de l'appellation châteauneuf-du-pape.

Au chai, grenache en vieux foudres, mourvèdre et syrah sur lies fines en demi-muids, cinsault en cuve acier. Dans le verre, un vin très méridional – épices, laurier, réglisse, olive noire, fruits sauvages –, concentré, dense et tannique, voire sévère. ⧗ 2017-2020 🍷 colvert aux navets

Dom. la Barroche, Laetitia et Julien Barrot, 19, av. des Bosquets, 84230 Châteauneuf-du-Pape, tél. 06 62 84 95 79, contact@domainelabarroche.com V r.-v. f. août Julien et Christian Barrot

B DOM. DE BEAURENARD Boisrenard 2012 ★

■	10 000	🛢	30 à 50 €

Depuis 1929, sept générations se sont succédé jusqu'à Daniel et Frédéric Coulon, à la tête d'un vignoble de 60 ha conduit en bio et biodynamie certifiés. Une valeur sûre de la vallée méridionale, en châteauneuf comme en rasteau (sec et doux) et en côtes-du-rhône.

Boisrenard ? L'ancien nom du domaine et aussi sa cuvée phare, hommage à la tradition castelpapale de l'assemblage (aujourd'hui peu appliquée par les vignerons locaux) de treize cépages, avec le grenache dans le rôle principal. Un vin qui conjugue générosité (fruits mûrs mâtinés de poivre et de vanille), volume et richesse, fermeté et finesse des tanins. Aucune urgence à le sortir de cave. ⧗ 2017-2024 🍷 agneau épicé aux pruneaux

SCEA Paul Coulon et Fils, Dom. de Beaurenard, 10, av. Pierre-du-Luxembourg, 84230 Châteauneuf-du-Pape, tél. 04 90 83 71 79, paul.coulon@beaurenard.fr V t.l.j. sf dim. 9h-12h 13h30-17h30

B DOM. BENEDETTI 2012

■	7 500	🛢	20 à 30 €

Conduit par Christian Benedetti, ce domaine sorti de la coopérative en 1998 s'est rapidement tourné vers le bio, en 2001, pour mettre en valeur ses 27 ha de vignes. Depuis 2010, les vinifications sont assurées par le fils Nicolas.

Un 2012 élevé un an en barrique. Le nez, de bonne intensité, mêle les petits fruits et les épices alliés au menthol et à une touche de cuir. La bouche est agréable, ronde, douce, vineuse, bâtie sur des tanins bien intégrés qui soutiennent une finale épicée. ⧗ 2017-2020 🍷 agneau sucré aux dattes

Dom. Benedetti, 25, chem. Roquette, 84370 Bédarrides, tél. 06 61 77 24 77, domainebenedetti@yahoo.fr V r.-v.

DOM. BOSQUET DES PAPES À la gloire de mon grand-père 2012 ★

■	5 600	🛢	20 à 30 €

Le nom de ce domaine familial fondé en 1860 provient des Bosquets, un quartier de Châteauneuf-du-Pape où sont établis les chais. Aujourd'hui, Maurice et Nicolas Boiron exploitent 31 ha, essentiellement dans la prestigieuse appellation.

Un soupçon de cinsault accompagne le grenache dans ce vin au caractère bien affirmé. Robe pourpre profond. Nez intense et « solaire » de fruits bien mûrs, d'épices, de sous-bois et de toasté. Bouche ample, riche, solidement bâtie autour de tanins jeunes et fermes, avec en soutien une pointe de fraîcheur qui donne du nerf. ⧗ 2016-2021 🍷 tourte au sanglier

EARL Maurice et Nicolas Boiron, Dom. Bosquet des Papes, 18, rte d'Orange, BP 50, 84232 Châteauneuf-du-Pape Cedex, tél. 04 90 83 72 33, bosquet.des.papes@orange.fr V t.l.j. sf sam. dim. 10h-12h 14h-18h

BROTTE Dom. Barville 2012 ★

■	50 000	🛢	20 à 30 €

Cette maison réputée, fondée en 1931 par Charles Brotte, pionnier de la mise en bouteilles dans la vallée

du Rhône, est aujourd'hui dirigée par Laurent, petit-fils du fondateur. Elle vinifie ses propres vignes et opère des sélections parcellaires pour son négoce.

La robe dévoile des reflets tuilés d'évolution. Au nez, le sous-bois, le grillé, le cassis et la réglisse. En bouche, un petit côté animal, du fruit, du toasté, pas de gros muscles mais de la rondeur, du gras et de la suavité, et une belle fraîcheur en soutien pour l'équilibre et la longueur. 2015-2019 cailles aux raisins

Brotte, Le Clos, rte d'Avignon, 84230 Châteauneuf-du-Pape, tél. 04 90 83 70 07, brotte@brotte.com V t.l.j. 9h-12h 14h-18h

CH. CABRIÈRES 2011 ★

19 178 | 15 à 20 €

Un domaine transmis depuis 1950 de père en fils – Louis Arnaud, vigneron et tonnelier, son fils, Louis également, et son petit-fils Guy, vigneron et courtier – et en... fille : Agnès, et son époux Patrick Vernier, aux commandes depuis 2009.

Un châteauneuf généreux et flatteur que ce 2011 au nez complexe et très méridional : garrigue, écorce d'orange, chocolat, fruits confiturés, pointe giboyeuse... Figue, pruneau, vanille, cigare, la bouche séduit elle aussi par sa palette aromatique, comme par son caractère rond, doux et concentré, qui rend ce vin déjà très aimable. 2014-2019 tajine aux pruneaux

Ch. Cabrières, chem. de Cabrières, BP 14, 84231 Châteauneuf-du-Pape Cedex 1, tél. 04 90 83 70 26, contact@chateau-cabrieres.fr V t.l.j sf sam. dim. 9h30-12h 14h-18h E

Patrick Vernier

LES CAILLOUX 2013 ★

5 000 | 20 à 30 €

Une famille vigneronne à Châteauneuf-du-Pape depuis le XVII^e^s. Le domaine, créé en 1954 par Lucien Brunel a été développé par son fils André à partir de 1972. Ce dernier conduit, avec son fils Fabrice depuis 2012, 40 ha en côtes-du-rhône, 21 ha en châteauneuf et 30 ha en IGP.

Une belle couleur dorée ; un nez intense et frais à dominante exotique (ananas), avec les agrumes, la pêche et l'abricot en complément ; une bouche pleine de fruit et très équilibrée, à la fois charnue, ronde et vive : cet assemblage roussanne-grenache ne manque pas d'harmonie ni de personnalité. 2014-2019 poisson en sauce

Dom. les Cailloux, 2648, chem. de l'Oiselay, 84700 Sorgues, tél. 04 90 83 72 62, contact@domaine-les-cailloux.fr V r.-v. André Brunel

DOM. CHANTE CIGALE Vieilles Vignes 2012

5 330 | 30 à 50 €

Alexandre Favier a pris en 2000 les rênes du domaine familial fondé en 1874. Son vignoble couvre aujourd'hui 42 ha disséminés sur 35 parcelles, offrant ainsi une vaste palette de terroirs.

Ce 2012, encore sur la réserve, laisse percer à l'agitation des notes de fruits rouges et d'épices douces. Sur les mêmes arômes mais avec moins de timidité, le palais plaît par son équilibre alcool-tanins-fraîcheur, par son volume et sa longueur. Un bon classique. 2017-2020 jarret de bœuf au vin rouge

Dom. Chante Cigale, 7, av. Pasteur, 84230 Châteauneuf-du-Pape, tél. 04 90 83 70 57, info@chante-cigale.com V t.l.j. sf sam. dim. 9h-18h

A. Favier

DOM. CHANTE-PERDRIX 2013

2 000 | 15 à 20 €

Une exploitation fondée en 1896 par Étienne Pécoul. À sa tête depuis 1992, la quatrième génération représentée par Frédéric Nicolet, qui conduit un vignoble de 20 ha d'un seul tenant en châteauneuf-du-pape.

Les blancs du domaine sont bien connus des lecteurs. Le 2013 s'exprime sur des notes intenses de vanille, qui signent les six mois de barrique. Suivant la même ligne aromatique, le palais se déroule avec ampleur, équilibre et longueur. Un vin déjà plaisant, qui pourra bien vieillir. 2015-2019 brandade de morue

Dom. Chante-Perdrix, Vignoble Nicolet, BP 6, 84231 Châteauneuf-du-Pape Cedex, tél. 04 90 83 71 86, chante-perdrix@wanadoo.fr V r.-v. D

♥ DOM. DE LA CHARBONNIÈRE 2012 ★★

3 700 | 20 à 30 €

En 1912, Eugène Maret achète ce domaine pour l'offrir à sa femme, châteauneuvoise et fille de vigneron. En 2013, son petit-fils Michel, aux commandes depuis 1972, a transmis les 30 ha (en bio certifié depuis 2012) à ses filles Caroline et Véronique. Une valeur sûre en vacqueyras et en châteauneuf.

Grenache blanc et roussanne à parité, avec la clairette en complément, composent ce 2012 racé, exemplaire en tous points. Le nez, expressif et délicat, mêle les fleurs blanches, les agrumes et une touche minérale. Le palais reste sur cette ligne aromatique harmonieuse et se montre à la fois ample, rond, gras et frais. Un équilibre parfait. 2015-2021 croustade de fruits de mer

EARL Michel Maret et Filles, Dom. de la Charbonnière, rte de Courthézon, BP 83, 84232 Châteauneuf-du-Pape Cedex, tél. 04 90 83 74 59, contact@domainedelacharbonniere.com V t.l.j. sf dim. hiver: 8h30-18h; été 8h30-18h30; sam. sur r.-v. f. vendanges

B LE CLOS DU CAILLOU Les Quartz 2012

6 100 | 30 à 50 €

La cave du domaine – des galeries creusées dans le safre – fut créée en 1867 par Élie Dussaud, collaborateur de Ferdinand de Lesseps. Depuis 1956, la famille Vacheron y élève ses vins. Installée en 1996, Sylvie Vacheron conduit 53 ha de vignes en bio certifié.

Après dix-huit mois de fût, cette cuvée affiche un nez d'épices et de fruits à l'alcool accompagnés par un boisé soutenu. Un caractère chaleureux que l'on perçoit aussi dans une bouche d'un bon volume et bien structurée. 2017-2019 osso bucco

Clos du Caillou, 1600, ch. Saint-Dominique, 84350 Courthézon, tél. 04 90 70 73 05, closducaillou@wanadoo.fr V r.-v. Sylvie Vacheron

RHÔNE

DOM. COMTE DE LAUZE 2012

■ | 20 000 | 🍷 | 20 à 30 €

Ce domaine acquis en 1976 par les actuels propriétaires a son siège au centre du village de Châteauneuf-du-Pape. Il a récemment modernisé sa cave de vinification, restructuré son vignoble (22 ha) et planté des cépages blancs.

Ce 2012 développe des notes de caramel et de gelée de cassis. Le palais, tout aussi épanoui que le nez, se révèle gras et velouté. Un vin harmonieux, où le boisé respecte le vin. ⏳ 2017-2020 🍴 gardiane de taureau

Dom. Comte de Lauze, 8, av. des Bosquets, BP 45, 84232 Châteauneuf-du-Pape Cedex, tél. 04 90 83 72 87, comtelauze@wanadoo.fr V t.l.j. sf sam. dim. 8h30-17h30

B DOM. DE CRISTIA 2012 ★

■ | 30 000 | 🍷 | 20 à 30 €

Un domaine fondé en 1942 par le grand-père, agrandi et amélioré par le père, Alain Grangeon. Nouveau saut qualitatif à partir de 1999 avec la troisième génération (Baptiste, Dominique et Florent) : vente en bouteilles, abaissement des rendements, sélections parcellaires, conversion progressive au bio des 56 ha. Une référence en châteauneuf.

Grenache, syrah, mourvèdre pour ce 2012 en robe sombre aux reflets rubis. Le nez, engageant, exalte le fruit (griotte, cassis) sur fond de caramel. Le palais confirme ces arômes, bâti sur des tanins souples et fins qui lui donnent un beau relief et un caractère déjà très avenant. ⏳ 2015-2019 🍴 risotto aux cèpes

Dom. de Cristia, 48, fg Saint-Georges, 84350 Courthézon, tél. 04 90 70 24 09, contact@cristia.com V r.-v.

B DOM. DE FONTAVIN cuvée David et Goliath 2011

■ | 2 000 | | 30 à 50 €

Situé au nord de Courthézon, ce domaine familial de 45 ha répartis dans huit communes et cinq appellations est dirigé depuis 1997 par Hélène Chouvet, œnologue, qui a converti le vignoble à l'agriculture biologique.

David et Goliath ? Les deux demi-muids de 600 l ayant servi à l'élaboration de ce 2011 confidentiel, d'autant que la moitié de la production part pour la Chine... Au nez, un côté animal, viandé, accompagne les fruits. En bouche, le vin se révèle équilibré entre une chair ronde, des tanins encore un peu sévères et une fraîcheur de bon aloi. ⏳ 2015-2020 🍴 canard laqué

Dom. de Fontavin, 1468, rte de la Plaine, 84350 Courthézon, tél. 04 90 70 72 14, helene-chouvet@fontavin.com V t.l.j sf dim. 9h-12h15 14h-18h15 Hélène Chouvet

B DOM. LOU FRÉJAU XIII cépages 2012 ★

■ | 4 000 | | 30 à 50 €

Un domaine créé en 1982 par la famille Chastan, qui lui a choisi un nom emblématique du terroir de Châteauneuf : *lou fréjau* signifie « galets roulés » en provençal ; cailloux qui recouvrent les 19 ha du vignoble, conduit en bio certifié et planté de treize cépages différents.

Profitant de leur réservoir ampélographique, les Chastan perpétuent avec cette cuvée la tradition de l'assemblage des treize cépages historiques de l'appellation. Dans le verre, un vin fermé au premier nez, plus ouvert à l'aération, sur les fruits rouges, les épices, le cacao et le grillé. En bouche, de la concentration, de l'équilibre entre alcool et fraîcheur et des tanins encore un peu fougueux. À attendre. ⏳ 2018-2022 🍴 côte de bœuf

SCEA Dom. Lou Fréjau, 1858, chem. de la Gironde, 84100 Orange, tél. 04 90 34 83 00, loufrejau@wanadoo.fr V r.-v. Serge Chastan

B CH. GIGOGNAN Clos du Roi 2012 ★

■ | 47 000 | 🍷 | 20 à 30 €

Un ancien prieuré devenu domaine viticole à partir de 1996 et de son acquisition par Anne et Jacques Callet. Le vignoble, certifié bio depuis 2010, s'étend sur 42 ha en côtes-du-rhône et 30 ha en châteauneuf-du-pape.

Né de grenache et de syrah, ce Clos du Roi affiche sa noblesse dans une seyante robe rubis. De la noblesse aussi au nez, sur les fruits mûrs et un boisé discret, comme en bouche, où le vin se montre ample, riche, charnu, structuré par des tanins soyeux et fondus le rendant déjà aimable. ⏳ 2014-2019 🍴 civet de lièvre

Ch. Gigognan, 1180, chem. du Castillon, 84700 Sorgues, tél. 04 90 39 57 46, info@gigognan.fr V t.l.j sf dim. 10h-12h 14h-17h30 Jacques Callet

B DOM. GRAND VENEUR Les Origines 2012

■ | n.c. | 🍷 | 30 à 50 €

D'origine castelpapale, Alain Jaume et ses fils Sébastien et Christophe perpétuent une tradition viticole qui remonte à 1826. Ils conduisent sur le mode bio un vignoble de 65 ha, pour deux étiquettes de renom (Grand Veneur et Clos de Sixte), et une activité de négoce.

Ce 2012 présente un nez agréable de poivre et de réglisse. Une touche fraîche de menthol s'ajoute à cette palette dans un palais aux tanins jeunes et vifs soutenu par un bon boisé. ⏳ 2017-2019 🍴 côtes de sanglier

Vignobles Alain Jaume et Fils, 1358, rte de Châteauneuf-du-Pape, 84100 Orange, tél. 04 90 34 68 70, jaume@domaine-grand-veneur.com V t.l.j. sf dim. 8h-12h 14h-18h

DOM. DE LA JANASSE Vieilles Vignes 2012 ★

■ | 10 000 | 🍷 | 50 à 75 €

Un habitué du Guide, souvent en bonne place pour ses châteauneuf-du-pape, ses côtes-du-rhône et ses vins de pays. Un vignoble de 90 ha éparpillés en de multiples parcelles, que conduisent Christophe et Isabelle Sabon, enfants d'Aimé Sabon, fondateur du domaine en 1973.

De vieux ceps de quatre-vingt-dix ans et plus sont à l'origine de cette cuvée s'ouvrant sur une petite touche végétale pas désagréable, avant que n'apparaissent la myrtille, les épices et la vanille. Le palais se révèle puissant, vineux et long, une pointe de fraîcheur à l'arrière-plan. De bonne garde, assurément. ⏳ 2017-2023 🍴 bœuf en daube

Dom. de la Janasse, 27, chem. du Moulin, 84350 Courthézon, tél. 04 90 70 86 29, lajanasse@gmail.com V r.-v.

CH. JAS DE BRESSY 2011 ★★

■ | 4 000 | ◖◗ | 20 à 30 €

L'histoire vigneronne des Mousset-Barrot débute dans les années 1930 avec l'achat par Louis Mousset des châteaux des Fines Roches, Jas de Bressy (AOC châteauneuf) et du Bois de la Garde (côtes-du-rhônes et *villages*). L'ensemble (125 ha) est aujourd'hui conduit par la troisième génération, Gaëlle et Amélie Mousset-Barrot.

Le Jas de Bressy, une ancienne bergerie, est la dernière acquisition de la famille (2003). Y est né ce châteauneuf complexe et intense: poivre, menthe, garrigue et griotte sur fond de boisé savamment dosé. Le palais se révèle charnu, puissant et élégant, porté par des tanins fermes, délicats, et par une fine fraîcheur qui apporte un surcroît de vigueur. Déjà très accorte, ce vin est bâti pour durer. ⌛ 2016-2024 🍷 civet de biche

⊶ Robert Barrot, 1, av. du Baron-Leroy, 84230 Châteauneuf-du-Pape, tél. 04 90 83 51 73, chateaux@vmb.fr V 🚶 🍷 t.l.j. 13h30-19h30; f. janv.-fév. sf vac. scolaires

Ⓑ DOM. LAFOND ROC-ÉPINE 2012 ★★

■ | 13 000 | ◖◗ | 20 à 30 €

Porte-drapeau des appellations tavel et lirac, ce domaine, dont les lointaines origines remontent à la fin du XVIIIᵉs., est conduit par Pascal Lafond depuis 1990. Son vaste vignoble cultivé en bio couvre aujourd'hui 82 ha répartis dans quatre AOC.

Assemblage classique de grenache, syrah et mourvèdre, ce 2012 dévoile un bouquet complet et complexe: fruits noirs cuits, épices douces, chocolat, caramel, menthol... Une attaque vineuse ouvre sur un palais rond et suave, bien servi par des tanins fermes, encore un peu stricts en finale. Un beau potentiel et de belles perspectives. ⌛ 2017-2024 🍷 tajine d'agneau aux pruneaux

⊶ Dom. Lafond Roc-Épine, rte des Vignobles, 30126 Tavel, tél. 04 66 50 24 59, lafond@roc-epine.com V 🚶 🍷 t.l.j. sf sam. dim. 8h-12h 13h30-17h30

MAS GRANGE BLANCHE
La Font de Bessounes 2012

■ | 10 000 | ◖◗ | 20 à 30 €

L'un des domaines de la famille Mousset-Barrot, propriétaire, entre autres, du Château des Fines Roches. Un vignoble de 22 ha acquis en 1996.

Une robe sombre annonce un nez intense et chaleureux de fruits cuits, de réglisse et de boisé. Même générosité dans un palais rond, gras et de bonne longueur, bâti sur des tanins souples et soyeux. ⌛ 2016-2019 🍷 côtes d'agneau au thym

⊶ EARL Cyril et Jacques Mousset, Ch. des Fines Roches, 84230 Châteauneuf-du-Pape, tél. 04 90 22 36 80, cyril.mousset@wanadoo.fr V 🚶 🍷 t.l.j. 10h-18h

DOM. MASQUIN Montplaisir 2011 ★

■ | 2 000 | ◖◗ | 20 à 30 €

Paul Masquin acquiert des vignes à Courthézon en 1936, qu'il met en métayage. En 1998, son petit-fils Julien reprend l'exploitation, porte les raisins à la coopérative locale, qu'il quitte en 2009 pour signer ses propres vins.

Le nez, intense, s'ouvre sur les fruits rouges, la cerise notamment, et les épices. Frais en attaque, le palais évolue ensuite vers plus de chaleur, porté par des tanins fermes et fins, et par un boisé vanillé bien intégré. De bonne garde, assurément. ⌛ 2017-2023 🍷 estouffade de bœuf

⊶ Masquin, 1408, chem. Saint-Dominique, 84350 Courthézon, tél. 06 22 92 01 07, julien@domainemasquin.com V 🚶 🍷 r.-v.

MAS SAINT-LOUIS Grande Réserve 2012

■ | 6 400 | ◖◗ | 20 à 30 €

Un domaine créé en 1890 par Jean-Louis Geniest, issu d'une longue lignée de tonneliers et de négociants. Le vignoble de 30 ha d'un seul tenant s'étend essentiellement au sud de l'appellation.

Cette cuvée née de grenache (80 %) et de mourvèdre a été élevée douze mois en demi-muids. Au nez, de jolies notes de poivre rose, de cassis mûr, de grillé et de vanillé. En bouche, de la violette et des épices, de la fraîcheur, des tanins et un boisé fondus. Un vin affable et harmonieux. ⌛ 2014-2019 🍷 chili con carne

⊶ Vignobles Louis Geniest, 28, av. Baron-le-Roy, 84230 Chateauneuf-du-Pape, tél. 04 90 83 73 12, geniest-chateauneuf@orange.fr V 🚶 🍷 t.l.j sf dim. hiver 9h-12h 13h-17h ; été 10h-12h 13h-18h

CH. MAUCOIL 2011 ★

■ | 12 000 | ◖◗ | 20 à 30 €

Un domaine aux origines anciennes – les Romains y installèrent une légion, les princes d'Orange leur archiviste –, acquis par Guy Arnaud en 1995. Sa fille Bénédicte et son mari Charles Bonnet, installés en 2009, ont engagé la conversion bio des 42 ha de vignes.

Une jolie robe rubis habille ce vin au nez engageant de fruits confiturés, d'épices douces et de truffe. Une combinaison aromatique harmonieuse qui se poursuit dans un palais bien équilibré, frais en attaque, plus chaleureux, rond et charnu dans son développement, soutenu par des tanins soyeux. ⌛ 2015-2019 🍷 risotto d'épeautre aux olives

⊶ Ch. Maucoil, chem. de Maucoil, 84100 Orange, tél. 04 90 34 14 86, bbonnet@maucoil.com V 🚶 🍷 t.l.j. 9h-12h 14h-18h; f. sam. dim. en janv.-fév.

⊶ Bénédicte et Charles Bonnet

DOM. LA MÉREUILLE Tradition 2012 ★

■ | 5 000 | ◖◗ | 20 à 30 €

C'est avec Michel Bouyer que ce domaine familial se lance dans la vente en bouteilles, en 1955. Installé à ses côtés en 1990, son gendre Philippe Granger est aux commandes depuis 2005, à la tête de 18 ha de vignes en châteauneuf-du-pape et côtes-du-rhône.

La tradition en question renvoie aux pratiques de Michel Bouyer: pas d'éraflage pour les ceps de grenache et de cinsault (20 %) composant cette cuvée. Mais aucune rusticité dans ce 2012. Au nez, une belle maturité (fruits confiturés et cuir) et des épices. En bouche, de la concentration, de la vinosité et des tanins puissants mais élégants. Un vin de bonne garde. ⌛ 2017-2022 🍷 stufatu de bœuf

RHÔNE

SCEA Dom. la Méreuille, quartier du Grès, impasse 2580, 84100 Orange, tél. 04 90 34 10 68, micbouyer@wanadoo.fr V t.l.j. sf dim. 8h-12h 14h-19h; r.-v. dim. Philippe Granger

DOM. DE LA MORDORÉE
La Reine des bois 2012 ★

■	20 000		30 à 50 €

Un domaine créé à partir de 1986 par Francis Delorme et son fils Christophe, entrepreneurs issus d'une famille vigneronne, qui ont constitué petit à petit un vignoble de 54 ha (en conversion bio) sur trente-huit parcelles réparties dans huit communes en lirac, tavel, châteauneuf-du-pape et côtes-du-rhône. Partisans des petits rendements, les Delorme déclinent les millésimes avec une aisance déconcertante. Incontournable.

Cette Reine des bois porte beau dans sa robe intense et lumineuse. Tout aussi intense est le nez, ouvert sur les fruits noirs et un boisé léger. La bouche, très équilibrée, ne manque pas de chair, ni de structure ni de fraîcheur. Un vin bien né, armé pour la garde. ⧗ 2017-2022 souris d'agneau au thym

Dom. de la Mordorée, Christophe Delorme, chem. des Oliviers, 30126 Tavel, tél. 04 66 50 00 75, info@domaine-mordoree.com V t.l.j. 8h-12h 13h30-17h30 E

NALYS Cuvée classique 2012

■	110 000		15 à 20 €

L'un des plus anciens domaines de Châteauneuf-du-Pape, répertorié dès le XVIIe s., alors propriété de la famille Nalys. Son vignoble très ancien a connu une renaissance à partir des années 1950. Il est aujourd'hui dans le giron de l'assureur Groupama.

Cette cuvée associe pas moins de sept variétés aux côtés de l'emblématique grenache (51 %). Le résultat : un vin encore fermé et dominé par le seul boisé à l'olfaction, plus ouvert sur le fruit en bouche. Pas de grosse concentration ici, mais une aimable rondeur, de la douceur et des tanins fins et veloutés. ⧗ 2015-2019 pavé de bœuf au poivre ■ Cuvée classique 2013 ★ (25 000 b.) : un assemblage de six cépages (dont 58 % de grenache blanc) pour ce chateauneuf tout en finesse et en fraîcheur aux arômes de fleurs blanches, d'agrumes et de miel. ⧗ 2015-2025

Dom. de Nalys, rte de Courthézon, BP 39, 84231 Châteauneuf-du-Pape Cedex, tél. 04 90 83 72 52, contact@domainedenalys.com V r.-v. pour groupes ; t.l.j. 9h-12h30 13h30-18h Groupama

♥ CH. LA NERTHE 2012 ★★

■	110 000		30 à 50 €

Un vaste domaine historique (90 ha en bio). Les Tulle de Villefranche, ses premiers propriétaires, mettaient déjà en bouteilles à la propriété en 1784 cet « excellent vin de La Nerthe », comme on le qualifiait à la cour de Louix XVI. Dévasté par le phylloxéra, le domaine est cédé en 1870 à Joseph Ducos, qui le remet sur pied. Depuis 1985, les Richard sont aux commandes et ont confié la direction à Alain Dugas. Un pilier de l'AOC châteauneuf.

Encore plein de la fougue de sa jeunesse, le 2012 de la Nerthe a de beaux jours devant lui. Au nez, les fruits rouges et noirs confiturés (cerise, mûre, cassis) se mâtinent d'épices et de senteurs des garrigues. On retrouve ces arômes généreux et bien mariés dans une bouche ample, dense et soyeuse, douce et pleine de fraîcheur, le mourvèdre n'étant pas étranger à cette dernière sensation. ⧗ 2018-2024 épaule d'agneau aux cèpes ■ Clos de Beauvenir 2012 ★ (50 à 75 € ; 2 500 b.) : Philippe Capelier, aux commandes du chai, est passé maître dans l'art de l'élevage sous bois, en témoigne cette cuvée briochée à souhait, ample, riche et savoureuse. ⧗ 2016-2022

SCA Ch. la Nerthe, rte de Sorgues, 84230 Châteauneuf-du-Pape, tél. 04 90 83 70 11, contact@chateaulanerthe.fr V r.-v.

DOM. DU PÈRE PAPE 2012

■	24 000		20 à 30 €

Aux origines du vignoble familial, Alphonse Mayard, dit « Père Pape », l'arrière-grand-père des actuels propriétaires, Didier, Françoise et Béatrice, à la tête de 43 ha en AOC châteauneuf-du-pape répartis sur une quarantaine de parcelles.

C'est un nez chaleureux, « très grenache », qui ouvre la dégustation : cacao, épices, fruits rouges à l'alcool. La bouche, à l'unisson, se révèle généreuse, persistante et structurée sans excès par des tanins fondus. ⧗ 2014-2019 bœuf bourguignon

Vignobles Mayard, 24, av. du Baron-Le-Roy, BP 16, 84231 Châteauneuf-du-Pape Cedex, tél. 04 90 83 70 16, contact@vignobles-mayard.fr V r.-v. pour les groupes ; t.l.j. 10h-12h30 14h-18h

DOM. ROGER PERRIN 2012

■	n.c.		15 à 20 €

Conduit depuis 1986 par Luc Perrin, fils de Roger, fondateur du domaine, ce cru de 39 ha régulier en qualité est dirigé depuis les vendanges 2010 par sa sœur Véronique, œnologue.

Pas moins de cinq cépages, grenache blanc en tête, pour ce 2012 au nez intense, généreusement fruité (poire, pêche, ananas) et un rien beurré. Ce fruité gourmand s'épanouit dans une bouche bien équilibrée entre l'alcool et une fine acidité. ⧗ 2016-2019 quasi de veau à l'orange

Dom. Roger Perrin, 2316, rte de Châteauneuf-du-Pape, 84100 Orange, tél. 04 90 34 25 64, dne.rogerperrin@wanadoo.fr V r.-v.

DOM. PORTE ROUGE 2012 ★

■	10 000		15 à 20 €

Un domaine de poche (2,5 ha exclusivement en châteauneuf) créé ex nihilo par Bernard Friedmann en 2003 et en conversion bio depuis 2011.

Pas de cuvées ici, mais un seul vin né du grenache (90 %) associé à un soupçon de syrah et de mourvèdre. Un 2012 au nez généreux de fruits rouges confiturés et d'épices douces, à la bouche très persistante sur le fruit, ample, concentrée, portée par des tanins fins et soyeux et par une belle finale sur les amers. ⏳ 2017-2020 🍴 tagliatta de bœuf à la truffe

Dom. Porte rouge, 9, av. des Bosquets, 84230 Châteauneuf-du-Pape, tél. 06 80 67 85 02, friedmann.bernard@wanadoo.fr V r.-v.

Bernard Friedmann

DOM. DE LA PRÉSIDENTE
Grands Classiques 2012

■ | 40 000 | | 20 à 30 €

Un domaine fondé en 1701 par « Madame la Présidente », épouse du président du parlement de Provence, et acquis en 1968 par Max Aubert, dont la fille Céline conduit aujourd'hui les 120 ha de vignes. Une belle référence en AOC régionales et en châteauneuf-du-pape.

Le nez, bien ouvert, mêle la liqueur de cassis, le café, les épices et une touche de cuir. En bouche, la fraîcheur est de mise, apportant de la vitalité à un vin qui, sans être un monstre de puissance et de concentration, a suffisamment de réserve pour bien vieillir. ⏳ 2016-2019 🍴 lapin chasseur ■ Patrick Galant Vieilles Vignes 2012 (6 000 b.) : une cuvée expressive (fruits, poivre, cacao, menthol), fraîche et équilibrée entre tanins du bois et du raisin. ⏳ 2016-2019

Dom. de la Présidente, rte de Cairanne, BP 1, 84290 Sainte-Cécile-les-Vignes, tél. 04 90 30 80 34, pbuffet@presidente.fr V t.l.j. sf dim. 9h-12h 14h-18h; sam. sur r.-v.

Céline Aubert

CELLIER DES PRINCES 2012

■ | 200 000 | | 11 à 15 €

Le Cellier des Princes est l'unique coopérative à produire du châteauneuf-du-pape. Fondée en 1924, la cave regroupe aujourd'hui plus de 200 adhérents et vinifie les vendanges de 600 ha.

Ce 2012 délivre des parfums de petits fruits noirs mâtinés d'épices. Les dégustateurs louent son attaque fraîche, son bon volume et sa trame tannique solide, encore un peu sévère en finale. ⏳ 2016-2019 🍴 rôti de biche

Cellier des Princes, 758, rte d'Orange, 84350 Courthézon, tél. 04 90 70 21 44, lesvignerons@cellierdesprinces.com V t.l.j. 8h-12h30 13h30-18h30

DOM. DE LA RONCIÈRE
Louis Geoffrey 2011

■ | 4 000 | | 20 à 30 €

Un domaine fondé en 1959 par Luis Canto, venu d'Espagne comme métayer à Châteauneuf. Son fils Jean-Louis s'installe sur le domaine en 1979, rejoint en 2002 par le petit-fils Geoffrey. Le vignoble s'étend aujourd'hui sur 20 ha, en conversion bio.

Sombre et intense à l'œil, ce 2011 déploie des parfums non moins soutenus de cerise et de cassis. À une attaque sur la fraîcheur succède un palais gras et chaleureux épaulé par des tanins consistants, qui doivent encore se fondre. ⏳ 2017-2020 🍴 souris d'agneau à la tomate

Dom. de la Roncière, quartier Mascaronnes, BP 86, 84230 Châteauneuf-du-Pape, tél. 04 90 83 78 08, caveaudelaronciere@free.fr t.l.j. 10h30-18h30 C

Canto

B DOM. DE SAINT-PAUL
Cuvée Jumille 2012

■ | 4 200 | | 20 à 30 €

Établie de longue date à Châteauneuf-du-Pape, la famille Jeune – domaine du Grand Tinel – exploite depuis 1998 ce domaine de 20 ha en bio certifié.

Assemblage classique de grenache (élevé en foudre et demi-muid) et de syrah (élevée en barrique), ce châteauneuf ne joue pas dans le registre de la force et de la concentration, mais dans celui de la fraîcheur, de la finesse et du fruit. Déjà plaisant, il pourra aussi être attendu. ⏳ 2014-2018 🍴 gigot d'agneau

Dom. de Saint-Paul, SCEA Élie Jeune, Clos Saint-Paul, rte de Sorgues, BP 58, 84232 Châteauneuf-du-Pape Cedex, tél. 04 90 83 70 28, beatrice@domainesaintpaul.com V r.-v.

DOM. SAINT-PRÉFERT
Réserve Auguste Favier 2012 ★

■ | 10 000 | | 30 à 50 €

Issue du milieu bancaire, Isabel Ferrando a racheté en 2002 un vignoble en châteauneuf-du-pape planté au début du XXᵉs. par un pharmacien d'Avignon. Elle exploite aujourd'hui 28 ha, en conversion bio.

Hommage au grand-père maternel de la vigneronne, cette cuvée a du caractère. Elle s'annonce par un nez complexe et généreux de fruits cuits, de violette et d'épices douces soulignés par les senteurs cacaotées et fumées de la barrique. Vineuse, dense, voluptueuse, la bouche s'appuie sur un boisé fondu, des tanins puissants mais fins et sur une pointe de salinité qui dynamise la finale. ⏳ 2017-2022 🍴 gigot d'agneau

Dom. Saint-Préfert, quartier des Serres, 84230 Châteauneuf-du-Pape, tél. 04 90 83 75 03, contact@st-prefert.fr V r.-v. E

Isabel Ferrando

CH. SAINT-ROCH 2012

■ | 5 200 | | 15 à 20 €

Sur les coteaux silico-calcaires de Roquemaure, le vignoble de Saint-Roch couvre 40 ha. Réputé pour ses lirac, il appartient depuis 1998 aux frères Brunel, également propriétaires du Château la Gardine à Châteauneuf-du-Pape, autre valeur sûre de la vallée du Rhône sud.

À peine 2 ha du domaine ont été consacrés à ce châteauneuf en robe sombre et dense, qui se livre sans réserve à l'olfaction sur les fruits noirs mûrs, le poivre et le cacao. Des arômes de fruits confiturés, de cuir et une note mentholée accompagnent une bouche généreuse et ronde aux tanins doux. ⏳ 2015-2019 🍴 rosbif sauce au poivre

Ch. Saint-Roch, Brunel Frères, chem. de Lirac, 30150 Roquemaure, tél. 04 66 82 82 59, brunel@chateau-saint-roch.com V t.l.j. sf sam. dim. 8h-12h 14h-17h; f. 1er-15 août

DOM. SERGUIER 2012 ★

■ | 11 000 | | 15 à 20 €

Daniel Nury a repris en 1997 le petit domaine familial, jusqu'alors exploité en métayage. Il conduit un vignoble

de 7 ha morcelé en treize parcelles et dédié à la seule AOC châteauneuf-du-pape.

Fruits noirs et épices douces composent un bouquet enjôleur. Porté par des tanins fins et par un joli boisé torréfié, agrémenté d'amande grillée et de fruits frais, le palais est fidèle à l'élégance perçue au nez. Un vin harmonieux et subtil. ⧗ 2016-2019 ▾ cailles rôties

Daniel Nury, Dom. Serguier, 10, rue Alphonse-Daudet, 84230 Châteauneuf-du-Pape, tél. 09 64 42 85 72, nury.daniel@wanadoo.fr V r.-v.

CH. SIMIAN
La Font d'Hippolyte 2012

	1 300		30 à 50 €

Dans la même famille depuis cinq générations, cette propriété sise au pied du massif d'Uchaux est dirigée depuis 1980 par Jean-Pierre Serguier. Conduit en bio et biodynamie, le vignoble couvre 25 ha dispersés sur quatre terroirs.

Un vin né de roussanne (80 %) et de clairette, élevé huit mois en fût. Au nez, le merrain est pour l'heure bien perceptible, laissant les fruits quelque peu en retrait. Riche et ronde, la bouche suit la même dominante boisée. À attendre pour plus de fondu. ⧗ 2016-2019 ▾ volaille à la crème

Ch. Simian, chem. Yves-Serguier, 84420 Piolenc, tél. 04 90 29 50 67, chateau.simian@wanadoo.fr V t.l.j. sf dim. 9h-12h30 14h-19h30

J.-P. Serguier

♥ DOM. RAYMOND USSEGLIO ET FILS
La Part des anges 2012 ★★

	4 000		30 à 50 €

Des achats successifs ont permis à Raymond Usseglio d'agrandir à 24 ha ce domaine castelpapal constitué par son père Francis venu d'Italie en 1931 pour travailler la terre. La relève par son fils unique, Stéphane, est assurée depuis 1999. La conversion à la biodynamie est en cours.

Un nom de cuvée qui évoque la part du vin s'évaporant lors de la mise en barrique. Ici, dix-huit mois de chêne, et un 2012 qui monte au paradis. Sa robe dense et profonde tirant sur le violet annonce un vin intense et concentré. La palette aromatique, complexe, mêle à un boisé vanillé soutenu mais fin les petits fruits noirs acidulés, les épices douces et une touche de graphite. Portée jusqu'en finale par une fraîcheur stimulante, la bouche offre un mariage harmonieux des tanins du bois avec ceux du raisin. ⧗ 2017-2024 ▾ magrets aux airelles ■ Cuvée Tradition 2012 ★★ (20 à 30 €; 25 000 b.): robe sombre, nez chaleureux et complexe (chocolat, baie de genièvre, fruits confiturés), palais dense, charnu, puissant, nous sommes bien en châteauneuf... ⧗ 2017-2024

Dom. Raymond Usseglio et Fils, 84, chem. Monseigneur-Jules-Avril, 84230 Châteauneuf-du-Pape, tél. 04 90 83 71 85, info@domaine-usseglio.fr V r.-v.

DOM. PIERRE USSEGLIO ET FILS 2013 ★

	n.c.		20 à 30 €

Dans les années 1930, Francis Usseglio, salarié viticole d'origine italienne, devient métayer et vinifie sa première récolte en 1949. Son fils Pierre agrandit le domaine et le transmet en 1990 à ses fils Jean-Pierre et Thierry, aujourd'hui à la tête de 38 ha de vignes.

Né de grenache blanc, clairette et bourboulenc, ce 2013 est apprécié pour son expression aromatique très florale, intense et élégante. Introduit par une belle fraîcheur, le palais, persistant sur les fleurs et les fruits blancs, penche ensuite vers le gras et la rondeur pour composer un ensemble bien équilibré. ⧗ 2015-2019 ▾ volaille en sauce

Dom. Pierre Usseglio et Fils, 10, rte d'Orange, 84230 Châteauneuf-du-Pape, tél. 04 90 83 72 98, domaine-usseglio@wanadoo.fr V r.-v.

DOM. DE VALORI 2012 ★★

	10 000		20 à 30 €

Ce domaine ancien, qui s'impliqua dès 1935 dans l'amélioration des conditions de production de l'AOC, est propriété depuis 1967 de la famille Meffre. Le vignoble s'étend sur 8 ha à Corthézon.

Grenache (75 %), syrah et mourvèdre sont assemblés avec grande justesse dans ce 2012 bien équilibré. Le nez très mentholé, également bien épicé et fruité (griotte), donne le ton. La fraîcheur est aussi de mise dans une bouche ample, charnue, dense et puissante comme attendu dans ce cru, sans lourdeur toutefois ni excès. ⧗ 2017-2024 ▾ épaule d'agneau de lait confit

Gabriel Meffre (Dom. de Valori), Le Village, 84190 Gigondas, tél. 04 90 12 32 47, gabriel-meffre@meffre.com V r.-v. Éric Brousse

CH. DE VAUDIEU 2013 ★★

	10 000		20 à 30 €

Édifié en 1767, ce château a été acquis en 1955 par Gabriel Meffre qui restructure et agrandit le vignoble: aujourd'hui 70 ha sur 32 parcelles. Depuis 1987, sa fille Sylvette Bréchet épaulée par ses fils Laurent et Julien est aux commandes.

Les châteauneuf blancs du domaine sont régulièrement au rendez-vous du Guide. Le grenache blanc (70 %) et la roussanne donnent ici naissance à un vin qui attire par son nez intense mêlant les agrumes et les fleurs blanches. Une bouche alerte et fraîche soutenue par une fine trame acide, un fruité assuré et persistant: un ensemble élégant et très harmonieux. ⧗ 2016-2019 ▾ brochettes de saint-jacques

Famille Bréchet, Ch. de Vaudieu, 501, rte de Courthézon, 84230 Châteauneuf-du-Pape, tél. 04 90 83 70 31, contact@famillebrechet.fr V t.l.j sf sam. dim. 8h30-12h30 14h-17h30

PIERRE VIDAL 2012 ★

	10 000		11 à 15 €

Pierre Vidal installé à Châteauneuf-du-Pape avec son épouse vigneronne a créé son négoce en 2010. Une maison déjà bien implantée grâce aux sélections parcellaires vinifiées par ce jeune œnologue formé en Bourgogne.

À la vigne, travail des sols et maîtrise des rendements dictent le choix des vignerons partenaires soucieux de révéler au mieux le terroir. Au chai, cuvaisons longues et élevage en foudre ou en fût de un à deux vins. Le résultat est ici un châteauneuf très harmonieux, intensément fruité et boisé avec justesse, fin et élégant. ⌛ 2014-2019 🍴 risotto safrané de saint-jacques

EURL Pierre Vidal, 631, rte de Sorgues, 84230 Châteauneuf-du-Pape, tél. 06 88 88 07 58, contact@pierrevidal.com

VIGNERONS DE CARACTÈRE
Roque Colombe 2012

■ | 15 000 | | 20 à 30 €

Cette coopérative fondée en 1957 réunit quelque 80 familles de vignerons produisant essentiellement dans les appellations de la vallée du Rhône méridionale, sur une surface totale de 800 ha.

Le passage en barrique a laissé son empreinte à l'olfaction: café, pain grillé, cacao. Le fruit prend le pas sur le boisé dans une bouche ample et équilibrée, à la fois ronde, fraîche et bien structurée. ⌛ 2016-2019 🍴 côte de bœuf

Vignerons de Caractère, rte de Vaison-la-Romaine, 84190 Vacqueyras, tél. 04 90 65 84 54, contact@vigneronsdecaractere.com V t.l.j. 9h-19h

LIRAC

• Superficie : 745 ha • Production : 19 440 hl (91 % rouge et rosé)

Située en face de Châteauneuf-du-Pape, sur la rive droite du Rhône, l'appellation regroupe les vignobles de Lirac, de Saint-Laurent-des-Arbres, de Saint-Geniès-de-Comolas et de Roquemaure, au nord de Tavel. Les vignerons de ces côtes du Rhône gardoises ont été pionniers, se regroupant dès le XVIIIes. pour défendre et valoriser leur production, déjà réputée au XVIes. Les magistrats locaux l'authentifiaient en apposant sur les fûts, au fer rouge, les lettres « C d R ». Terrasses de cailloux roulés et terrains calcaires produisent des vins dans les trois couleurs : les rosés et les blancs, tout de grâce et de parfums, se boivent jeunes avec des fruits de mer ; les rouges puissants et généreux accompagnent les viandes rouges.

DOM. AMIDO 2012 ★

■ | 8 000 | | 8 à 11 €

Un domaine créé par Christian Amido en 1987, repris à son décès en 2003 par ses filles Nathalie et Dominique, cette dernière assurant depuis 2012 la gérance du vignoble de 25,3 ha.

Une dominante de mourvèdre (55 %) et de carignan (35 %) dans ce lirac intense, sur les fruits noirs à maturité, ample, dense, solidement charpenté et long. Un vin de caractère certes, mais sans dureté. ⌛ 2016-2019 🍴 pigeonneaux rôtis

SCEA Dom. Amido, Le Palai-Nord, 30126 Tavel, tél. 04 66 50 04 41, domaineamido@cegetel.net V r.-v.

♥ CH. D'AQUERIA 2011 ★★★

■ | 27 000 | | 8 à 11 €

Jean Olivier acquiert ce domaine en 1920. Son gendre Paul de Bez restructure entièrement le vignoble autour

d'un château du XVIIes. et son parc à la française, 58,8 ha d'un seul tenant conduits depuis 1984 par ses petits-fils Vincent et Bruno. Une valeur sûre en lirac et en tavel.

Le dernier coup de cœur du domaine remonte à la cuvée principale en rouge 2003. Depuis, les étoiles ont continué de pleuvoir sur les vins du cru. Retour au sommet de l'affiche avec ce 2011 sombre et dense à l'œil, intense et complexe à l'olfaction (épices douces, fruits rouges, truffe, café), ample, charnu et puissant sans jamais céder à la dureté, ni à la lourdeur, grâce à des tanins veloutés et à une fine fraîcheur en soutien. La grandeur d'un vin est affaire d'équilibre, celui-ci fait figure de modèle. ⌛ 2017-2022 🍴 magret de canard aux cèpes

SCA Jean Olivier, Ch. d'Aqueria, 30126 Tavel, tél. 04 66 50 04 56, contact@aqueria.com V r.-v.

B DOM. DES CARABINIERS 2012 ★

■ | 30 000 | | 11 à 15 €

Occupé au XIVes. par les gardes italiens à cheval des papes d'Avignon, ce domaine, dans la même famille depuis quatre générations, est conduit depuis 1973 par Christian Leperchois, à la tête de 45 ha convertis à l'agriculture biologique dès 1997 et à la biodynamie en 2010.

Fruits noirs, épices, cacao, réglisse, le bouquet annonce un lirac bien typé et engageant. En bouche, le vin se révèle ample, suave et soyeux comme attendu, porté par des tanins veloutés et bien intégrés. ⌛ 2015-2018 🍴 osso bucco

Christian Leperchois, Dom. des Carabiniers, RN 580, 30150 Roquemaure, tél. 04 66 82 62 94, carabinier@wanadoo.fr V t.l.j. sf sam. dim. 9h-12h30 14h-18h

B DOM. DU CLOS DE SIXTE 2012 ★

■ | 60 000 | | 11 à 15 €

D'origine castelpapale, Alain Jaume et ses fils Sébastien et Christophe perpétuent une tradition viticole qui remonte à 1826. Ils conduisent sur le mode bio un vignoble de 65 ha, pour deux étiquettes de renom (Grand Veneur et Clos de Sixte), et une activité de négoce.

Un nez complexe ouvre la dégustation de ce 2012 : résine de pin, Zan, violette, cassis... En bouche : de la mâche, de la densité, de la rondeur, des tanins extraits en douceur et une jolie finale sur la mûre et le cacao. Un vin charnu et bien construit. ⌛ 2016-2019 🍴 côte de bœuf

Vignobles Alain Jaume et Fils, 1358, rte de Châteauneuf-du-Pape, 84100 Orange, tél. 04 90 34 68 70, jaume@domaine-grand-veneur.com V t.l.j. sf dim. 8h-12h 14h-18h

DOM. COUDOULIS 2012 ★★

■ | 36 000 | | 8 à 11 €

Établi sur une terrasse alluvionnaire dominant le village de Saint-Laurent-des-Arbres, ce domaine créé en 1960 –

28 ha d'un seul tenant implantés sur un sol de galets roulés – a été racheté en 1996 par Bernard Callet, issu du monde du BTP.

Douze mois d'élevage en cuve pour ce 2012 d'un beau pourpre foncé, au nez ouvert sur les fruits rouges et les épices. Une palette séduisante et bien typée que prolonge un palais ample, doux, soyeux et long, vivifié par une fine acidité. ⌛ 2016-2021 🍴 magret de canard aux cerises ■ Hommage 2011 ★★ (15 à 20 € ; 6 000 b.) : coup de cœur dans le millésime 2010, cette cuvée hommage aux plus vieux ceps de grenache et de syrah du domaine est à nouveau appréciée pour son caractère chaleureux, dense et puissant. Qualifié de « moderne » et de bonne garde. ⌛ 2017-2023

🔑 Dom. Coudoulis, rte de Saint-Victor-la-Coste, 30126 Saint-Laurent-des-Arbres, tél. 04 66 03 29 13, guillaumeperraud@orange.fr V r.-v.
🔑 Callet

CH. LA GENESTIÈRE
Cuvée Éliott 2011 ★

■	n.c.		15 à 20 €

Implanté sur le site d'une ancienne magnanerie, ce domaine fondé en 1935 par la famille Bernard a été repris en 1994 par Jean-Claude Garcin. Une bastide du XVIe s. commande un vaste vignoble de 100 ha.

Éliott, petit-fils du propriétaire, inspire cette cuvée généreusement bouquetée autour des fruits à l'alcool, des fruits secs, des épices et d'un boisé fumé. On retrouve ces sensations dans une bouche bien charpentée par des tanins de qualité mais encore un peu stricts. ⌛ 2016-2020 🍴 daube de taureau ■ Cuvée Raphaël 2012 ★ (4 000 b.) : un fruité mûr et doux (pêche, citron confit), un palais riche et rond, équilibré par une légère acidité. ⌛ 2014-2017

🔑 SCEA Genestière Saint-Anthelme, chem. de Cravailleux, 30126 Tavel, tél. 04 66 50 07 03, garcin-layouni@domaine-genestiere.com V t.l.j. sf sam. dim. 8h30-12h 13h30-17h30

Ⓑ DOM. DU JONCIER
Le Gourmand 2012 ★

■	25 000		11 à 15 €

Marine Roussel, après un parcours dans la filière artistique, reprend en 1996 le domaine créé par son père Pierre dans les années 1960. Elle conduit 32 ha en bio et en biodynamie, à petits rendements, et privilégie les extractions en douceur et les cuvaisons longues.

La vigneronne signe un lirac qui s'ouvre discrètement sur les fruits rouges et les épices à l'aération. Plus bavard, adossé à des tanins aimables, le palais, rond et soyeux, dévoile un fruité intense et mûr qui lui confère une générosité des plus accortes. Gourmand en effet. ⌛ 2014-2019 🍴 joues de bœuf tomate et olives ■ Le Classique 2012 ★ (35 000 b.) : un lirac joliment fruité, ample et rond en bouche, un peu plus ferme en finale. ⌛ 2015-2018

🔑 Marine Roussel, Dom. du Joncier, 5, rue de la Combe, 30126 Tavel, tél. 04 66 50 27 70, contact@domainedujoncier.com V r.-v.

Ⓑ DOM. LAFOND ROC-ÉPINE 2012 ★★

■	70 000		8 à 11 €

Porte-drapeau des appellations tavel et lirac, ce domaine, dont les lointaines origines remontent à la fin du XVIIIe s., est conduit par Pascal Lafond depuis 1990. Son vaste vignoble cultivé en bio couvre aujourd'hui 82 ha répartis dans quatre AOC.

Fidèle au rendez-vous, le domaine signe un lirac élégant de bout en bout. Au nez, les fruits noirs se marient harmonieusement avec les épices, des notes de sous-bois et celles fumées du merrain. En bouche, le vin se montre ample, fin, fondu, soyeux et les tanins sont veloutés. ⌛ 2016-2019 🍴 tajine d'agneau aux abricots

🔑 Dom. Lafond Roc-Épine, rte des Vignobles, 30126 Tavel, tél. 04 66 50 24 59, lafond@roc-epine.com V t.l.j. sf sam. dim. 8h-12h 13h30-17h30

CAVE DES VINS DU CRU DE LIRAC
Tradition 2011 ★

■	36 000		5 à 8 €

Cette coopérative créée en 1931, établie dans le village fortifié à Saint-Laurent-des-Arbres, est l'un des plus gros producteurs de l'AOC, regroupant 55 adhérents et 300 ha de vignes.

Après deux ans de cuve, cette cuvée aux cinq cépages livre un bouquet bien épicé et fruité (griotte, fruits noirs). À l'unisson, la bouche offre un beau volume et un équilibre assuré entre l'alcool, la fraîcheur et les tanins, un rien plus sévères en finale. ⌛ 2016-2020 🍴 ragoût d'agneau aux épices ■ Vieilles Vignes 2013 ★ (20 000 b.) : un rosé tout en fruit (orange sanguine, pêche, fruits rouges), rond et bien servi par une juste fraîcheur. ⌛ 2014-2015

🔑 Cave des vins du Cru de Lirac, 685, av. Baron-Leroy, 30126 Saint-Laurent-des-Arbres, tél. 04 66 50 01 02, contact@cavelirac.fr V t.l.j. 9h-12h 14h-18h

DOM. LA LÔYANE 2012 ★

■	7 500		8 à 11 €

Établi au pied du sanctuaire Notre-Dame-de-Grâce, à Rochefort-du-Gard, non loin des anciens marais asséchés par les moines au Moyen Âge, ce domaine né en 1994 de la fusion de trois petites exploitations fait preuve d'une grande constance dans la qualité.

Une fois encore, le lirac de la famille Dubois – Jean-Pierre, son épouse Dominique et leur fils Romain – ne déçoit pas. Né d'un assemblage de grenache (50 %), de syrah (40 %) et de carignan, ce 2012 livre un bouquet enjôleur de fruits noirs confits et de gelée de griotte. On retrouve ce fruité généreux (notes de kirsch), mâtiné de cacao, dans une bouche ample, onctueuse et bien bâtie autour de tanins fermes mais sans dureté. ⌛ 2016-2020 🍴 civet de lièvre

🔑 Dom. la Lôyane, chem. de la Font-de-Cavens, 30650 Rochefort-du-Gard, tél. 06 11 60 86 36, la-loyane-jean-pierre-dubois@orange.fr V mer. au sam. 9h-12 15h-19h 🔑 Dubois

DOM. MABY La Fermade 2012 ★

■	64 000		8 à 11 €

Ce domaine très régulier en qualité, notamment pour ses tavel et ses lirac, a été créé en 1950 par Armand Maby. En 2005, son petit-fils Richard a pris les rênes du vignoble, 64 ha sur sables et galets roulés.

Grenache (56 %), mourvèdre (30 %) et syrah sont associés dans cette cuvée au nez expressif et avenant de cerise confite, de cacao et de truffe. Le palais, ample, charnu, généreux, s'adosse à des tanins soyeux, enrobés des senteurs perçues à l'olfaction. Un ensemble homogène et harmonieux. ⏳ 2016-2021 🍴 épaule d'agneau confite

Dom. Maby, 249, rue Saint-Vincent, 30126 Tavel, tél. 04 66 50 03 40, domaine-maby@wanadoo.fr
V t.l.j. 8h-12h 13h30-17h30; sam. dim. sur r.-v.

CH. MONT-REDON 2012 ★

■	115 000		11 à 15 €

On cultivait déjà la vigne à l'époque romaine sur le *muntem retendum* (montagne ronde). La famille Abeille-Fabre y est installée depuis 1923, conduisant aujourd'hui un vaste vignoble de 100 ha, réputé pour ses châteauneuf, mais aussi pour ses lirac et côtes-du-rhône.

Les fruits rouges se mêlent au toasté léger de la barrique bourguignonne pour composer un bouquet élégant d'une belle intensité. La bouche suit le même tempo fruité et boisé, soutenue par des tanins soyeux et fondus. Un ensemble harmonieux et courtois. ⏳ 2015-2018 🍴 tendrons de veau au jus aillé

Ch. Mont-Redon, BP 10, 84231 Châteauneuf-du-Pape Cedex, tél. 04 90 83 72 75, contact@chateaumontredon.fr V r.-v.
Abeille-Fabre

DOM. DE LA MORDORÉE
La Reine des bois 2012 ★★

■	28 500		15 à 20 €

Un domaine créé à partir de 1986 par Francis Delorme et son fils Christophe, entrepreneurs issus d'une famille vigneronne, qui ont constitué petit à petit un vignoble de 54 ha (en conversion bio) sur trente-huit parcelles réparties dans huit communes en lirac, tavel, châteauneuf-du-pape et côtes-du-rhône. Partisans des petits rendements, les Delorme déclinent les millésimes avec une aisance déconcertante. Incontournable.

Pas de surprise, la Mordorée est au rendez-vous. Sa cuvée se distingue par un joli nez bien typé de réglisse, d'épices, de violette et de fruits rouges. La bouche est bien dans le style maison, ample, soyeuse et généreuse, tout en étant solidement bâtie. La finale, longue et fine, laisse le souvenir d'un vin aussi élégant que puissant. ⏳ 2018-2024 🍴 souris d'agneau au miel

Dom. de la Mordorée, Christophe Delorme, chem. des Oliviers, 30126 Tavel, tél. 04 66 50 00 75, info@domaine-mordoree.com V t.l.j. 8h-12h 13h30-17h30 E

OGIER Héritages 2012

■	70 000		15 à 20 €

Cette vénérable maison castelpapale de négoce-éleveur (1859), dans le giron du groupe Advini, propose une large gamme de vins rhodaniens, du nord et du sud. Elle possède aussi le Clos de l'Oratoire des papes (châteauneuf) et le Dom. Notre-Dame de Cousignac (vivarais).

Ce lirac se livre avec retenue à l'olfaction, laissant poindre quelques notes de fruits rouges mûrs à l'aération. Arômes que l'on retrouve dans une bouche ronde, douce, de bonne longueur. ⏳ 2014-2017 🍴 côtes d'agneau aux herbes

Ogier, 10, av. Louis-Pasteur, 84230 Châteauneuf-du-Pape, tél. 04 90 39 32 00, ogier@ogier.fr V r.-v. Advini

OLIVIER & LAFONT 2012

■	26 000		8 à 11 €

Lo Rhône est une jeune affaire de négoce créée en 2011 par Gérald Lafont et Baptiste Olivier, œnologues-consultants depuis plus de quinze ans.

Une première dans le Guide pour ce négoce, avec un lirac plaisant par son bouquet soutenu de fruits noirs et de réglisse. À l'unisson, le palais affiche un bon volume et une structure tannique bien en place. ⏳ 2015-2018 🍴 filet mignon de porc au miel

Lo Rhône, 9, rue de l'Église, 84230 Châteauneuf-du-Pape, tél. 06 64 42 87 56, lorhone@yahoo.fr

DOM. LA ROCALIÈRE 2011

■	11 000		8 à 11 €

Très régulier en qualité dans les appellations lirac et tavel, ce domaine familial est conduit depuis 2006 par Séverine Lemoine, qui a engagé la conversion bio de son vignoble de 50 ha.

Dans le verre, quelques nuances florales accompagnent les fruits rouges et les épices. En bouche, le vin montre du caractère à travers ses tanins serrés, sans excès de rigueur, et enrobés par une chair soyeuse et fruitée. ⏳ 2016-2019 🍴 mijoté de bœuf aux poivrons

Dom. la Rocalière, Séverine Lemoine, Le Palai-Nord, 30126 Tavel, tél. 04 66 50 12 60, rocaliere@wanadoo.fr V t.l.j. 9h-12h 14h-18h; sam. dim. sur r.-v.
Borrelly, Maby

♥ CH. SAINT-ROCH
Palmes 2012 ★★★

■	2 000	11 à 15 €

Sur les coteaux silico-calcaires de Roquemaure, le vignoble de Saint-Roch couvre 40 ha. Réputé pour ses lirac, il appartient depuis 1998 aux frères Brunel, également propriétaires du Château la Gardine à Châteauneuf-du-Pape, autre valeur sûre de la vallée du Rhône sud.

Une cuvée rare, à double titre: par sa qualité exceptionnelle et, plus frustrant, par son volume: 2 000 cols d'un vin d'une réelle intensité, sur les fruits noirs, les fruits à noyau et le tabac, généreux et concentré en bouche autour de tanins veloutés à souhait, enrobés de douces senteurs réglissées et fruitées. ⏳ 2017-2022 🍴 carré d'agneau au pistou ■ Les Sentes 2012 ★★ (5 à 8 €): un lirac très expressif (réglisse, fruits noirs), profond, long et structuré en finesse. ⏳ 2017-2020 ■ Tradition 2013 ★ (8 à 11 €; 7 000 b.): un rosé gourmand, rond et fruité (agrumes, pêche). ⏳ 2014-2015 ■ Confidentielle 2012 (3 000 b.): un vin bien équilibré, qui tend vers la rondeur et un boisé léger. ⏳ 2014-2017

Ch. Saint-Roch, Brunel Frères, chem. de Lirac, 30150 Roquemaure, tél. 04 66 82 82 59, brunel@chateau-saint-roch.com V t.l.j. sf sam. dim. 8h-12h 14h-17h; f. 1er-15 août
Maxime et Patrick Brunel

TAVEL

• Superficie : 945 ha • Production : 35 790 hl

Considéré par beaucoup comme le meilleur rosé de France, ce grand vin de la vallée du Rhône provient d'un vignoble situé dans le département du Gard, sur la rive droite du fleuve, à Tavel et sur quelques parcelles de la commune de Roquemaure. C'est la seule appellation rhodanienne à ne produire que du rosé. Sur des sols de sable, d'alluvions argileuses ou de cailloux roulés, grenache, cinsault, mourvèdre, syrah, accompagnés de carignan et aussi de cépages blancs donnent un vin généreux, au bouquet floral et fruité, qui accompagnera poisson en sauce, charcuterie et viandes blanches.

CH. D'AQUERIA 2013 ★★

■ | 215 400 | 🍾 | 8 à 11 €

Jean Olivier acquiert ce domaine en 1920. Son gendre Paul de Bez restructure entièrement le vignoble autour d'un château du XVII^e^s. et son parc à la française, 58,8 ha d'un seul tenant conduits depuis 1984 par ses petits-fils Vincent et Bruno. Une valeur sûre en lirac et en tavel.

Ce tavel né de six cépages, grenache en tête, attire l'œil dans sa robe couleur de fruits rouges. Des fruits que l'on perçoit aussi à l'olfaction, bien mariés aux épices douces et aux fruits exotiques. La bouche s'avère ronde, riche, charnue, avec une fine fraîcheur et une pointe agréable d'amertume qui lui apportent longueur et vitalité. ⌛ 2014-2016 🍴 baron d'agneau aux herbes ■ Vallognes d'Aqueria 2013 ★ (5 à 8 € ; 22 000 b.) : un vin plus vif et minéral, sur les petits fruits rouges acidulés. ⌛ 2014-2015

🔑 SCA Jean Olivier, Ch. d'Aqueria, 30126 Tavel, tél. 04 66 50 04 56, contact@aqueria.com
V 🚶 🍷 r.-v.

BROTTE Les Églantiers 2013

■ | 30 000 | 🍾 | 8 à 11 €

Cette maison réputée, fondée en 1931 par Charles Brotte, pionnier de la mise en bouteilles dans la vallée du Rhône, est aujourd'hui dirigée par Laurent, petit-fils du fondateur. Elle vinifie ses propres vignes et opère des sélections parcellaires pour son négoce.

Un assemblage classique grenache-clairette-syrah pour ce tavel dont le nom évoque les églantiers placés au bout des rangs de vignes. Un vin aux jolies nuances violines, au nez minéral et fruité, gras et empreint de douceur en bouche avec, en soutien, cette minéralité perçue à l'olfaction. ⌛ 2014-2015 🍴 terrine de poisson

🔑 Brotte, Le Clos, rte d'Avignon, 84230 Châteauneuf-du-Pape, tél. 04 90 83 70 07, brotte@brotte.com V 🚶 🍷 t.l.j. 9h-12h 14h-18h

RÉSERVE DES CHASTELLES 2013 ★

■ | 180 000 | 🍾 | 5 à 8 €

Cette maison de négoce créée en 1963, dans le giron du groupe Taillan, propose des vins (marques ou cuvées de domaine) dans de nombreuses AOC du Rhône, mais aussi de Provence et du Languedoc.

Ce tavel se pare d'une robe foncée, bien dans le ton de l'AOC. Au nez, les fruits mûrs se mêlent à des senteurs plus fraîches. En bouche, l'équilibre penche vers le gras et la rondeur. Un vin harmonieux et bien typé. ⌛ 2014-2016 🍴 wok de bœuf à la citronnelle

🔑 La Compagnie rhodanienne, 19, chem. Neuf, CS 80002, 30210 Castillon-du-Gard, tél. 04 66 37 49 50, cie.rhodanienne@rhodanienne.com

CH. LA GENESTIÈRE Cuvée Raphaël 2013

■ | 35 000 | 🍾 | 5 à 8 €

Implanté sur le site d'une ancienne magnanerie, ce domaine fondé en 1935 par la famille Bernard a été repris en 1994 par Jean-Claude Garcin. Une bastide du XVI^e^s. commande un vaste vignoble de 100 ha.

La robe rose pâle est nuancée de seyants reflets violines. Le nez, discret mais élégant, mêle les fruits rouges et les agrumes. La bouche s'équilibre entre le gras et une vivacité citronnée, en accord avec l'olfaction. ⌛ 2014-2015 🍴 brochettes de crevettes au sésame

🔑 SCEA Genestière Saint-Anthelme, chem. de Cravailleux, 30126 Tavel, tél. 04 66 50 07 03, garcin-layouni@domaine-genestiere.com V 🚶 🍷 t.l.j. sf sam. dim. 8h30-12h 13h30-17h30

Ⓑ DOM. LAFOND ROC-ÉPINE 2013 ★

■ | 100 000 | 🍾 | 8 à 11 €

Porte-drapeau des appellations tavel et lirac, ce domaine, dont les lointaines origines remontent à la fin du XVIII^e^s., est conduit par Pascal Lafond depuis 1990. Son vaste vignoble cultivé en bio couvre aujourd'hui 82 ha répartis dans quatre AOC.

Dans le verre, un vin limpide aux reflets violines. Au nez, un beau fruité frais de fruits rouges et d'agrumes, agrémentés de nuances amyliques et fumées. En bouche, de la rondeur et de la générosité, comme attendu d'un tavel, avec la fraîcheur « qui va bien » en soutien et une jolie finale sur les amers. ⌛ 2014-2016 🍴 filets de rouget au thym

🔑 Dom. Lafond Roc-Épine, rte des Vignobles, 30126 Tavel, tél. 04 66 50 24 59, lafond@roc-epine.com
V 🚶 🍷 t.l.j. sf sam. dim. 8h-12h 13h30-17h30

DOM. DE LANZAC Cuvée Prestige 2013

■ | 3 000 | 11 à 15 €

Un domaine familial de 30 ha créé en 1945 et conduit depuis 1978 par Norbert de Lanzac épaulé par son fils Lionel.

Un rose soutenu orné de reflets orangés d'évolution habille ce tavel. Une maturité que l'on perçoit à l'olfaction, à travers des notes de fruits compotés (fraise écrasée). Suivant la même trame aromatique, mais rehaussée d'épices, la bouche évolue dans un registre de rondeur et de douceur. ⌛ 2014-2015 🍴 tielle sétoise

🔑 Norbert de Lanzac, rte de Pujaut, 30126 Tavel, tél. 04 66 50 22 17, domainedelanzac@hotmail.com
V 🚶 🍷 t.l.j. 9h-19h

♥ DOM. MABY Prima Donna 2013 ★★

■ | 27 000 | 🍾 | 8 à 11 €

Ce domaine très régulier en qualité, notamment pour ses tavel et ses lirac, a été créé en 1950 par Armand Maby. En 2005, son petit-fils Richard a pris les rênes du vignoble, 64 ha sur sables et galets roulés.

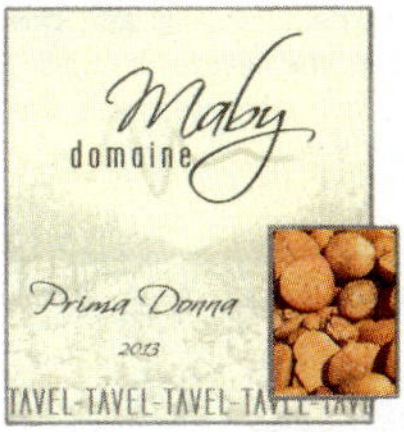

Après le coup de cœur obtenu dans le millésime 2012, de nouveau le haut de l'affiche pour cette Prima Donna née de grenache et de cinsault à parts quasi égales. La robe, toujours aussi élégante, est rose soutenu avec des reflets violines. Le répertoire olfactif est celui du fruit mûr un rien épicé. La bouche déploie une tessiture puissante, ample, généreuse sans être sépulcrale, grâce à une fine vivacité qui apporte longueur et équilibre. Vivaldi plutôt que Chopin. ⧗ 2014-2017 Y tajine d'agneau aux abricots ■ La Forcadière 2013 ★★ (85 000 b.) : un très joli tavel, dans un style plus souple, plus léger, plus frais et minéral. ⧗ 2014-2016

⊶ Dom. Maby, 249, rue Saint-Vincent, 30126 Tavel, tél. 04 66 50 03 40, domaine-maby@wanadoo.fr
V t.l.j. 8h-12h 13h30-17h30; sam. dim. sur r.-v.

B CH. DE MANISSY Terra Benita 2013 ★

■ | 10 000 | 11 à 15 €

Producteur de châteauneuf-du-pape, tavel, lirac et côtes-du-rhône, le jeune Florian André est installé depuis 2003 à la tête de ce vignoble tavellois de 40 ha (conduits en bio), ancienne propriété des pères missionnaires de la Sainte Famille.

Cette « terre bénie », un terroir argileux planté de grenache, clairette et cinsault, donne naissance à un tavel de belle facture : robe cerise, nez intense de framboise et d'agrumes, bouche à l'unisson, fraîche et longue. ⧗ 2014-2015 Y ratatouille

⊶ Ch. de Manissy, rte de Roquemaure, 30126 Tavel , tél. 04 66 82 86 94, info@chateau-de-manissy.com
V r.-v. ⊶ Florian André

♥ B DOM. DE LA MORDORÉE
La Dame rousse 2013 ★★★

■ | 36 800 | 11 à 15 €

Un domaine créé à partir de 1986 par Francis Delorme et son fils Christophe, entrepreneurs issus d'une famille vigneronne, qui ont constitué petit à petit un vignoble de 54 ha (en conversion bio) sur trente-huit parcelles réparties dans huit communes en lirac, tavel, châteauneuf-du-pape et côtes-du-rhône. Partisans des petits rendements, les Delorme déclinent les millésimes avec une aisance déconcertante. Incontournable.

2002, 2003, 2004, 2008, 2010, 2011, 2012 et donc 2013 : les millésimes des tavel de la Mordorée coups de cœur dans la décennie écoulée... La constance exceptionnelle de ce domaine fait rêver. Ici, un vin d'un rose éclatant, légèrement saumoné. Au nez, des parfums de cerise et de pêche de vigne assortis de nuances exotiques. En bouche, un volume et une richesse qui sortent du lot, un touché caressant et soyeux, un fruité délicat et une fraîcheur admirable qui porte loin la finale. À réserver pour la table. ⧗ 2014-2017 Y navarin de homard ■ La Reine des bois 2013 ★★ (10 000 b.) : un vin riche et rond, complexe (fruits rouges, fleurs blanches, grenade, châtaigne) et long, soutenu par une fine amertume qui lui apporte un supplément d'âme. ⧗ 2014-2017

⊶ Dom. de la Mordorée, Christophe Delorme, chem. des Oliviers, 30126 Tavel, tél. 04 66 50 00 75, info@domaine-mordoree.com V t.l.j. 8h-12h 13h30-17h30 E ⊶ Delorme

DOM. DES MURETINS 2013 ★

■ | 7 000 | 15 à 20 €

Les négociants François Dauvergne et Jean-François Ranvier ont coiffé la casquette de producteur en reprenant en 2013 cette propriété familiale de 10 ha morcelés sur onze parcelles en tavel et trois en lirac. La restructuration du vignoble en cours devrait être achevée en 2015.

Des débuts prometteurs pour ce jeune domaine, ce qui n'est pas surprenant au vu des vins de négoce cousus main que proposent habituellement les deux compères. Ici, un tavel au nez frais et délicat d'agrumes, léger, fin et soyeux en bouche. Un style aérien. ⧗ 2014-2015 Y poêlée de gambas au gingembre

⊶ Dom. des Muretins, 19, chem. de Vacquières, 30126 Tavel , tél. 06 03 24 74 19, muretins@gmail.com
⊶ Ranvier

B PRIEURÉ DE MONTÉZARGUES 2013 ★★

■ | 80 000 | 11 à 15 €

Après avoir parcouru les vignobles du monde entier (Californie, Australie, Argentine, Afrique du Sud...), Guillaume Dugas s'est installé en 2003 dans cet ancien prieuré de l'ordre de Gramont (XIIe s.) entouré d'un beau vignoble de 33 ha conduit en bio certifié.

Le vigneron a pratiqué une saignée suivie d'une pressée souple pour ce tavel associant le grenache, le cinsault, la clairette et une pincée de cépages divers. La robe est couleur pêche. Le nez, intense, mêle les fruits (abricot, groseille) et les fleurs blanches. Le palais se révèle ample, soyeux et très frais, longuement tapissé d'arômes fruités. ⧗ 2014-2016 Y poulet tandoori

⊶ Guillaume Dugas, Prieuré de Montézargues, rte de Rochefort-du-Gard, 30126 Tavel, tél. 04 66 50 04 48, contact@prieuredemontezargues.fr V t.l.j. 8h-12h 14h-18h; sam. dim. sur r.-v.

DOM. LA ROCALIÈRE Perle de culture 2013 ★★

■ | 3 600 | 8 à 11 €

Très régulier en qualité dans les appellations lirac et tavel, ce domaine familial est conduit depuis 2006 par Séverine Lemoine, qui a engagé la conversion bio de son vignoble de 50 ha.

Une perle, en effet... Une perle rare née de 70 ares de grenache, syrah et cinsault. Une perle brillante et intense, rose vif nuancé de violine. Une intensité qui se manifeste aussi à l'olfaction à travers des senteurs de fruits rouges mûrs (fraise, framboise). La bouche offre beaucoup de volume, du gras, de la générosité, de la puissance, sans lourdeur. Un rosé de gastronomie. ⧗ 2014-2017 Y colombo de veau

Dom. la Rocalière, Séverine Lemoine, Le Palai-Nord, 30126 Tavel, tél. 04 66 50 12 60, rocaliere@wanadoo.fr V t.l.j. 9h-12h 14h-18h; sam. dim. sur r.-v.
Borrelly-Maby

DOM. ROC DE L'OLIVET 2013

■	3 000		8 à 11 €

Ce domaine familial apportait ses raisins à la coopérative de Tavel. En 1995, Thierry Valente a repris une partie de ce vignoble conduit par son beau-père (5 ha) et créé sa cave de vinification. Depuis, Roc de l'Olivet fréquente régulièrement les pages du Guide.

Paré d'une robe litchi, ce 2013 livre un bouquet délicat de petits fruits rouges. Suivant la même ligne fruitée, le palais séduit par sa fraîcheur, sa finesse et sa persistance. Harmonieux. 2014-2015 carpaccio de bœuf

Thierry Valente, chem. de la Vaussière, 30126 Tavel, tél. 04 66 50 37 87, valente.thierry@wanadoo.fr V r.-v.

CH. DE SÉGRIÈS 2013 ★

■	40 000	8 à 11 €

Henri de Lanzac conduit un vignoble de 60 ha, dont 30 d'un seul tenant, commandé par le Château de Ségriès (XVIIe s.) acquis en 1994. Il assure aussi la gestion du Clos de l'Hermitage (3,5 ha), propriété depuis 1995 de l'ancien coureur automobile Jean Alesi. Deux étiquettes souvent en bonne place dans le Guide.

Paré d'un beau rose corail aux reflets violets, ce tavel déploie des parfums très intenses de fruits rouges. En bouche, il se révèle ample, gras, vineux, puissant, sans jamais perdre l'équilibre, grâce à la fine trame acide et à la noble amertume qui le sous-tendent jusqu'en finale. 2014-2017 épaule d'agneau au cumin

SCEA Henri de Lanzac, Ch. de Ségriès, chem. de la Grange, 30126 Lirac, tél. 04 66 39 11 98, chateaudesegries@wanadoo.fr V t.l.j. sf dim. 8h-12h 13h30-17h30

LES VIGNERONS DE TAVEL
Cuvée royale 2013 ★

■	70 000		8 à 11 €

Créée en 1937, cette cave historique fut la première coopérative agricole à être inaugurée par un président de la République (Albert Lebrun). Actrice importante de la production taveloise (près de la moitié), elle regroupe 85 adhérents et plus de 600 ha de vignes.

Paré d'une robe intense aux reflets cerise, ce vin livre un bouquet intensément fruité à dominante de cassis et de framboise agrémenté d'épices douces. Un fruité auquel fait écho une bouche riche et bien structurée. 2014-2016 canard à l'orange

Les Vignerons de Tavel, rte de la Commanderie, 30126 Tavel, tél. 04 66 50 03 57, contact@cavedetavel.com V r.-v.

DOM. LE VIEUX MOULIN 2013 ★

■	29 000		8 à 11 €

Créé en 1956, ce domaine – dont la cave a une architecture proche de celle du lavoir de Tavel – est dans la même famille depuis six générations. Sébastien Jouffret vinifie aujourd'hui la récolte de 68 ha de vignes.

Un assemblage de six cépages pour ce tavel aux jolies nuances violines, bien ouvert sur les fruits frais à l'olfaction. Tout aussi fruitée, la bouche se révèle fine, tendue, équilibrée. 2014-2015 poulet au satay

EARL Roudil-Jouffret, rte de la Commanderie, Le Palai-Nord, 30126 Tavel, tél. 04 66 82 85 11, roudil-jouffret@wanadoo.fr V t.l.j. sf sam. dim. 8h-12h 14h-18h

COSTIÈRES-DE-NÎMES

• Superficie : 3 950 ha • Production : 207 365 hl (92 % rouge et rosé)

Rouges, rosés ou blancs, les costières-de-nîmes naissent dans un vignoble établi sur les pentes ensoleillées de coteaux constitués de cailloux roulés – les cailloutis du villafranchien –, dans un quadrilatère délimité par Meynes, Vauvert, Saint-Gilles et Beaucaire, au sud-est de Nîmes, et au nord de la Camargue. L'appellation s'étend sur le territoire de vingt-quatre communes. Les cépages autorisés en rouge sont le carignan, le cinsault, le grenache noir, le mourvèdre et la syrah ; en blanc, ce sont la clairette, la marsanne, la roussanne et le rolle. Les rosés s'associent aux charcuteries de l'Ardèche, les blancs se marient fort bien aux coquillages et aux poissons de la Méditerranée, et les rouges, chaleureux et corsés, préfèrent les viandes grillées. Une route des Vins parcourt cette région au départ de Nîmes.

B CH. BEAUBOIS Élégance 2013 ★

■	8 000		8 à 11 €

Un domaine fondé au XIIIe s. par les moines cisterciens de l'abbaye de Franquevaux, sur le versant sud des Costières, et propriété des Boyer depuis quatre générations. Installés en 2000, Fanny et son frère François conduisent avec talent, et en bio, un vignoble de 50 ha.

Cette cuvée Élégance, coup de cœur dans sa version 2011, est fidèle à son nom et au rendez-vous du Guide. De l'élégance, ce vin n'en manque pas en effet. Robe pâle et cristalline. Nez éclatant et raffiné de pamplemousse rose et de cerise. Bouche à l'unisson, fraîche, fine et longue. 2014-2015 risotto aux écrevisses

Fanny et François Boyer, Ch. Beaubois, 30640 Franquevaux, tél. 04 66 73 30 59, chateau-beaubois@wanadoo.fr V t.l.j. 9h-12h 14h-18h E

CH. DE BEZOUCE 2013

■	12 000		- de 5 €

La famille Roux vinifie depuis 1951 et trois générations (Denis depuis 1980) dans les caves du château de Bezouce, dont le vignoble couvre 52 ha.

Ce rosé pâle et limpide dévoile un bouquet amylique et fruité. Des tonalités fraîches et acidulées que prolonge un palais souple de bonne longueur. Un costières alerte et pimpant. 2014-2015 aubergines à la provençale ■ 2013 (28 000 b.) : un vin très floral et bien structuré. 2014-2017

Denis Roux, Ch. Bezouce, 47, rte Nationale, 30320 Bezouce, tél. 06 70 01 85 38, chateaubezouce@wanadoo.fr V t.l.j. sf dim. 10h-12h 16h-18h00

CH. BOLCHET
Pierrick Cuvée Prestige 2013 ★

3 500 | 5 à 8 €

Cinquième du nom à conduire ce domaine familial créé en 1900, Béatrice Bécamel est installée depuis 1991 à la tête d'un vignoble de 36 ha.

À forte dominante de syrah (95 %), ce 2013 se livre sans réserve à l'olfaction sur les fruits mûrs et les épices douces. Une même intensité fruitée caractérise le palais, puissant, tannique et long. Un costières de caractère paré pour la garde. 2016-2029 magret de canard Capucine 2013 (3 500 b.) : un vin floral et fruité, frais et harmonieux. 2014-2015

Béatrice Bécamel, Ch. Bolchet, 30132 Caissargues, tél. 04 66 29 14 79, vin.chateau.bolchet@wanadoo.fr V t.l.j. sf dim. 9h-12h 14h-19h ; sam. 9h-12h

B DOM. CABANIS Tradition 2012 ★★

15 000 | 5 à 8 €

Le Mas de Madagascar ? *Maii-casca* en patois signifie « mal coiffé » (venté) ; une reine de l'île de l'océan Indien serait passée par là au XIXe s... Jean-Paul Cabanis y est établi depuis 1982, à la tête d'un vignoble de 17 ha qu'il conduit en bio depuis le début.

Assemblage équilibré de syrah, grenache et mourvèdre, ce costières déploie un nez intense de fruits rouges mûrs accompagnés de nuances animales et de sous-bois. La bouche, fruitée et épicée, se révèle dense, tendre et charnue, étayée par des tanins soyeux. 2014-2017 lapin aux pruneaux

Cabanis, Mas Madagascar, 30600 Vauvert, tél. 04 66 88 78 33, domaine.cabanis@orange.fr V r.-v.

DOM. DES CANTARELLES Terre de grès 2013 ★

11 000 | 5 à 8 €

Jean-François Fayel, qui a créé ce domaine en 1976, conduit aujourd'hui un vignoble de 32,2 ha.

Né de grenache, de syrah et d'un soupçon de rolle, ce 2013 couleur pétale de rose dévoile un joli bouquet de fleurs blanches, de fruits rouges et d'agrumes. Les mêmes arômes parcourent avec persistance un palais fin, tendre et léger. 2014-2015 carpaccio de bœuf

Jean-François Fayel, Dom. des Cantarelles, Le Balandran, 30127 Bellegarde, tél. 06 13 60 47 85, domaine.cantarelles@wanadoo.fr V r.-v.

DOM. COLOMBE D'OR 2013

110 000 | - de 5 €

Cette maison de négoce créée en 1963, dans le giron du groupe Taillan, propose des vins (marques ou cuvées de domaine) dans de nombreuses AOC du Rhône, mais aussi de Provence et du Languedoc.

Du fruit, du fruit, encore du fruit. De la cerise et de la fraise surtout, une pointe d'épices pour corser ce vin fringant, souple, frais et bien équilibré. 2014-2016 tartare de bœuf

La Compagnie rhodanienne, 19, chem. Neuf, CS 80002, 30210 Castillon-du-Gard, tél. 04 66 37 49 50, cie.rhodanienne@rhodanienne.com

CH. LA COURBADE 2013 ★

50 000 | - de 5 €

L'œnologue Sylvain Jean élabore les cuvées de cette maison de négoce créée en 1976 à Gigondas qui accompagne à la vigne et au chai une quarantaine de vignerons partenaires.

Amateurs de vins généreux, ce costières est pour vous. Robe intense et profonde. Nez gourmand et soutenu de fruits rouges confiturés, de violette et d'épices. Bouche à l'unisson, riche sans lourdeur, ronde et soyeuse. 2014-2016 civet de lièvre

Louis Bernard, Le Village, 84190 Gigondas, tél. 04 90 12 32 42, louis-bernard@gmdf.fr
Éric Brousse

B DOM. GALUS 2013 ★★

13 000 | 5 à 8 €

Bourguignons d'origine, Fanette Fessy et Jean-Baptiste Paquet se sont installés en 2002 à la tête d'un vignoble de 10 ha converti au bio.

Cet assemblage de grenache (60 %), syrah et carignan, dévoile un bouquet rhodanien à souhait : fruits mûrs, cassis en tête, poivre, violette. En bouche, la rondeur et l'amabilité sont de mise ; on y retrouve les saveurs méridionales perçues à l'olfaction, qui donnent à un juré des envies... de farniente. 2014-2017 rôti de porc à la sauge G.2012 ★ (11 à 15 € ; 3 000 b.) : un vin corpulent et riche, mais un peu austère. 2015-2017

Dom. Galus, rte de Redessan, Pazac, 30840 Meynes, tél. 06 21 15 85 83, fanette@domainegalus.fr V r.-v. Fessy-Paquet

♥ CH. GRANDE CASSAGNE La Civette 2012 ★★

70 000 | 5 à 8 €

Un domaine ancien situé non loin de l'abbatiale de Saint-Gilles et acquis en 1887 par Hyppolyte Dardé, négociant en vins à Paris. Ses lointains héritiers Benoît et son fils Paul sont aux commandes depuis 1991.

Né des plus jeunes ceps de grenache et de syrah du domaine (quinze ans) plantés à flanc de coteaux argilo-calcaires, ce costières a fait sensation. La robe d'un rouge intense et d'une belle densité annonce un vin puissant ; ce que confirme le nez, réglissé, animal, truffé. Le palais suit la même ligne aromatique, avec persistance ; les tanins sont bien en place, robustes et racés. Voilà qui promet une belle bouteille après un repos en cave. 2016-2019 pigeonneau rôti Les Rameaux 2012 ★ (30 000 b.) : issue des vignes les plus âgées, une cuvée fruitée, épicée et réglissée, ample et solide. 2016-2020 2013 (100 000 b.) : fruité, floral et rond. 2014-2015

Dardé, Ch. Grande Cassagne, 30800 Saint-Gilles, tél. 04 66 87 32 90, chateaugrandecassagne@wanadoo.fr V r.-v.

CH. GRAND ESCALION 2013 ★

40 000 | 8 à 11 €

Propriété de la maison de négoce Gabriel Meffre, ce domaine bâti en 1884 étend son vignoble d'un seul

RHÔNE

tenant sur 44 ha en pente douce (*escalion* signifiant « montée » en provençal), sur des croupes argilo-calcaires riches en galets roulés.

Syrah, grenache et mourvèdre pour ce costières engageant avec son nez généreux de fruits compotés rehaussés d'épices. La bouche, à l'unisson, se révèle ronde, grasse et longue. 2014-2017 gardiane de taureau

Gabriel Meffre, Le Village, 84190 Gigondas, tél. 04 90 12 32 47, gabriel-meffre@meffre.com V r.-v. Éric Brousse

LAMARGUE Les Grandes Cabanes 2013 ★

26 000 | 5 à 8 €

Lamargue, vaste propriété de 70 ha entièrement restaurée au début des années 2000, fait aujourd'hui partie du pôle vitivinicole du groupe alcoolier italien Campari.

Ce rosé clair s'ouvre sur des parfums raffinés de fleurs blanches et de fruits rouges. Toujours florale et fruitée, plus amylique aussi, la bouche conserve ce caractère délicat, « aérien et féminin » selon un juré. Un vin élégant et harmonieux. 2014-2015 tartare de saumon

SARL Lamargue, rte de Vauvert, 30800 Saint-Gilles, tél. 04 66 84 48 26, info.lamargue@campari.com V t.l.j. sf sam. dim. 9h-12h 14h-17h Campari

LES LAURIERS DU TERROIR Terranea 2012 ★

300 000 | - de 5 €

Un négoce créé en 2003 par Frédéric Chaulan et Serge Cosialls, qui proposent une gamme complète de vins de la vallée du Rhône du nord et au sud.

Nouvelle venue dans le Guide, cette jeune maison propose un assemblage syrah (60 %), grenache et mourvèdre qui séduit par son bouquet pimpant de fruits rouges, d'épices et de violette, comme par son palais souple, fruité et épicé, à la fois doux et frais. Un ensemble équilibré. 2014-2016 brochettes de bœuf et poivron

Terranea, ZAC Crépon-Sud, rue des Negades, 84420 Piolenc, tél. 04 90 34 18 47, terranea.sarl@wanadoo.fr V t.l.j. sf dim. 10h-18h; sam. 10h-12h

CUVÉE DU MAS 2013

3 000 | 5 à 8 €

Un domaine créé en 2009 par le jeune œnologue suisse Matthias Utzinger, aujourd'hui à la tête de 12 ha de vignes conduits selon les principes bio, mais sans certification.

Un vin issu de grenache blanc (60 %) et de roussanne, ouvert sur les agrumes et les fruits exotiques, d'un bon volume, gras et fruité en bouche. 2014-2016 dorade au fenouil

Dom. de Boissière, JPM Boissière SARL, rte de Bezouce, 30300 Jonquières-Saint-Vincent, tél. 06 06 59 71 88, info@domainedeboissiere.com V r.-v.

MAS CARLOT C 2013

40 000 | 5 à 8 €

Ancienne propriété de l'amiral de Grasset, qui fut au service de Ferdinand II de Bourbon, ce joli domaine de 66 ha a été acquis et rénové par Paul Blanc en 1986. Sa fille, Nathalie Blanc-Mares, œnologue, en a pris la direction en 1998. Une valeur sûre des costières-de-nîmes.

Des notes de bourgeon de cassis apportent de la vigueur au bouquet, complété de nuances de fruits rouges et de sous-bois. Une vitalité que l'on retrouve dans une bouche tannique et sévère. Un potentiel qui doit encore se révéler. 2016-2019 entrecôte à l'échalotte

Nathalie Blanc-Marès, Mas Carlot, rte de Redessan, 30127 Bellegarde, tél. 04 66 01 11 83, mascarlot@aol.com V r.-v.

DOM. DU MAS DE LA TOUR 2012

60 000 | - de 5 €

La coopérative Costières et Soleil est devenue Vignerons Propriétés Associés en 2013. Regroupant les caves de Calvisson, Générac et Saint-Hilaire d'Ozilhan, elle vinifie le produit de 150 adhérents et de 24 domaines pour un total de 3 000 ha.

Le Mas de la Tour est la propriété des Cavalier depuis plusieurs générations : 25 ha dans la commune de Milhaud, au sud-ouest de Nîmes. Syrah et grenache composent ce vin fruité, floral et épicé, d'une bonne intensité dans une bouche portée par des tanins fondus. 2014-2016 émincé de bœuf à la plancha

SCA Vignerons Propriétés Associés, 9, rue Émile-Bilhau, 30510 Générac, tél. 04 66 01 79 68, sylviemerrien@vigneronsproprietesassocies.fr V t.l.j. sf dim. 10h-12h 14h30-19h

MAS DES BRESSADES Cuvée Excellence 2012 ★★

18 000 | 8 à 11 €

Du Languedoc à l'Afrique du Nord, de l'Afrique du Nord au Médoc et à la vallée du Rhône, la famille Marès cultive la vigne sans frontières depuis six générations. Xavier est installé depuis 1996 à la tête d'un vignoble de 40 ha dont les vins sont régulièrement en vue.

Excellence : cette cuvée ne ment pas sur la marchandise. Dominée par la syrah (95 %), elle dévoile un nez flatteur de fruits rouges confiturés, de pruneau et de poivre. Confirmation en bouche : un fruité généreux, de la concentration, de la mâche, du volume et des tanins soyeux qui portent loin la finale. Un costières de caractère. 2015-2019 civet de sanglier Cuvée Tradition 2013 ★ (5 à 8 € ; 50 000 b.) : un rosé expressif (cerise, amande), tendre et rond. 2014-2015

Cyril Marès, Mas des Bressades, Le Grand Plagnol, RD 3 de Bellegarde, 30129 Manduel, tél. 04 66 01 66 00, masdesbressades@aol.com V r.-v.

MIRAVINE 2013 ★★

30 000 | - de 5 €

Costières et Garrigues est le nouveau nom de la coopérative de Vauvert (fondée en 1939), qui vinifie la production de quelque 800 ha de vignes.

La cave de Vauvert signe un très beau rosé de syrah et de grenache. Un vin à la couleur soutenue et orné de reflets pelure d'oignon, au nez intense et engageant de petits fruits rouges, d'une rondeur avenante en bouche et d'une réelle persistance. 2014-2015 filets de rouget

Maîtres Vignerons de Costières et Garrigues, 152, rue Ausselon, 30600 Vauvert, tél. 04 66 88 20 31, maurel.lesmaitresvignerons@gmail.com V t.l.j. sf dim. 9h-12h 15h-18h

CH. MOURGUES DU GRÈS Galets rosés 2013 ★★

	60 000		5 à 8 €

Propriété du couvent des Ursulines de Beaucaire jusqu'à la Révolution, cette exploitation de 68 ha (en conversion bio) est entrée dans la famille Collard en 1963. François y est arrivé en 1994 pour les premières mises en bouteilles au domaine. Un habitué du Guide, avec des vins souvent en très bonne place.

Ces Galets rosés s'ouvrent sans réserve sur les petits fruits rouges (fraise, framboise) relevés d'une pointe épicée. Ce même fruité alerte et élégant tapisse longuement un palais à la fois consistant, ample et d'une grande fraîcheur. 2014-2015 tartare de thon Galets dorés 2013★ (60 000 b.) : un blanc minéral, fumé et fruité, bien équilibré entre vivacité et rondeur. 2014-2016 Ch. La Tour de Béraud 2013 (7 200 b.) : un rosé chaleureux et intense. 2014-2015

François Collard, Ch. Mourgues du Grès, 1055, chem. Mourgues-du-Grès, 30300 Beaucaire, tél. 04 66 59 46 10, chateau@mourguesdugres.com V r.-v.

CH. D'OR ET DE GUEULES La Charlotte 2012 ★

	8 000		8 à 11 €

Le nom de ce domaine créé en 1998 par Diane de Puymorin évoque les couleurs du blason familial rayé d'or et de rouge (gueules). Le vignoble couvre 50 ha, en conversion bio depuis 2012.

De jeunes vignes de quinze ans sont à l'origine de ce costières intense à l'olfaction, sur les fruits rouges, le poivre et la réglisse. Une ligne très méridionale que prolonge un palais non moins soutenu, ample, généreux, charnu, bien épaulé par des tanins soyeux. 2016-2020 gigotin d'agneau au romarin

Ch. d'Or et de Gueules, chem. des Cassagnes, 30800 Saint-Gilles, tél. 04 66 87 32 86, chateaudoretdegueules@wanadoo.fr V t.l.j. sf dim. 9h-19h Diane de Puymorin

B DOM. PASTOURET Cuvée de Mathieu 2013 ★★

	6 600		5 à 8 €

La famille Pastouret a créé son domaine au début du XXes. Jeanne et Michel Pastouret s'y sont établis en 1981, à la tête de 23 ha de vignes convertis à l'agriculture biologique depuis 1993.

Mi-syrah mi-grenache, ce costières déploie un bouquet joli et très typé de cerise mûre et d'épices (poivre, clou de girofle) sur fond de senteurs de garrigue. La bouche suit la même ligne aromatique et séduit par sa rondeur, sa souplesse et son charnu. 2014-2017 lapin à la moutarde Cuvée spéciale 2012★ (20 000 b.) : dans un style proche, fruité, très épicé et généreux. 2014-2017 2013 (6 600 b.) : très floral, un peu miellé, persistant et d'un bon volume. 2014-2015

EARL Dom. Pastouret, rte de Jonquières, 30127 Bellegarde, tél. 04 66 01 62 29, contact@domaine-pastouret.com V r.-v.

B DOM. DE LA PATIENCE Les Nouvelles 2012

	5 000		8 à 11 €

Christophe Aguilar a repris le domaine familial en 1994, alors 12 ha en vins de pays apportés à la coopérative. Après des travaux de réencépagement et l'achat d'un domaine voisin, il conduit aujourd'hui 69 ha (en bio certifié), dont une vingtaine en costières-de-nîmes.

Nullement besoin de patienter pour déguster ce vin passé trois mois en cuve, vinifié et élevé sans soufre, y compris lors de la mise en bouteilles. Un costières d'une aimable simplicité, souple, fruité et épicé, au nez comme en bouche. 2014-2015 poulet basquaise

EARL Dom. de la Patience, RD 6086, 30320 Bezouce, tél. 04 66 75 95 94, domainedelapatience@orange.fr V t.l.j. sf dim. 9h-12h30 14h-19h Aguilar

CAVE PAZAC Le Pigeonnier 2013 ★

	25 000		- de 5 €

Située aux confins orientaux de l'AOC costières-de-nîmes, la petite coopérative de Meynes (huit adhérents et 250 ha de vignes) créée en 1968 occupe un ancien relais de diligence puis de chasse transformé en domaine viticole.

Syrah (65 %), mourvèdre, grenache et carignan composent cette cuvée tout en fruits (framboise, fraise), un rien réglissée, ronde et intense. Une gourmandise à découvrir dans sa jeunesse. 2014-2016 cannellonis Le Pigeonnier 2013 (20 000 b.) : du fruit et une touche muscatée, de la fraîcheur et de la persistance. 2014-2015

SCA des Grands Vins de Pazac, Route de Redessan, 30840 Meynes, tél. 04 66 57 59 95, cavedepazac@aol.com V t.l.j. sf dim. 8h-12h15 14h-19h

DOM. DE POULVAREL 2012

	13 000		5 à 8 €

Pascal Glas et son épouse Élisabeth ont repris le domaine familial en 2004 après la fermeture de la coopérative de Sernhac. Ils exploitent aujourd'hui un vignoble de 42 ha.

Assemblage classique de syrah (70 %) et de grenache, ce costières livre des parfums intenses de fruits rouges et de pruneau à l'alcool. La bouche se révèle tout aussi chaleureuse, vineuse et puissante. 2014-2016 viande rouge en sauce

Pascal et Élisabeth Glas, 110, chem. de la Soubeyranne, 30210 Sernhac, tél. 04 66 01 67 46, domaine.poulvarel@wanadoo.fr V t.l.j. sf sam. 10h-12h 17h-19h; dim. sur r.-v.

CH. ROUBAUD Cuvée Plaisir 2013 ★

	150 000		5 à 8 €

Un domaine familial fondé en 1927 et l'un des premiers de la région à avoir mis en bouteilles sur la propriété. Le vignoble s'étend aujourd'hui sur 50 ha d'un seul tenant.

« Le vin plaisir », c'est ainsi que le vigneron présente cette cuvée. Un costières rond et gourmand en effet, sur les fruits rouges et les épices agrémentés d'une note de sous-bois, qui ne manque pas non plus de structure. Un ensemble équilibré, à boire ou à attendre. 2014-2018 magret aux figues

Vignobles Molinier, Ch. Roubaud, Gallician, 30600 Vauvert, tél. 04 66 73 30 64, chateau-roubaud@wanadoo.fr V t.l.j. sf dim. 9h-12h 14h-17h; sam. matin sur r.-v.

CH. ROUSTAN 2012 ★

75 000 | 5 à 8 €

Ancien banquier et fils de vigneron, Michel Castillon a repris en 1989 les terres familiales, 20 ha de vignes implantés sur le versant sud des Costières. Son fils Jérôme a en charge les 80 ha du Château l'Ermitage établi sur le site d'un ancien monastère.

Syrah et mourvèdre à parts égales, le grenache en complément pour ce 2012 joliment bouqueté autour des fruits rouges et des épices douces. En bouche, du gras, de la rondeur, un corps souple et de la longueur. 2014-2017 lapin chasseur 2013 ★ (30 000 b.) : un rosé floral et fruité, doux, gras et persistant. 2014-2015 Ch. l'Ermitage Tradition 2013 (79 500 b.) : un rosé rond et aromatique (fruits rouges, fleurs blanches). 2014-2015

Michel Castillon, Ch. Roustan, 1301, chem. dit de La Saou, 30800 Saint-Gilles, tél. 04 66 87 04 49 V t.l.j. sf dim. 9h-12h 13h30-17h30

SAINT-DOMINIQUE 2012 ★

20 000 | 5 à 8 €

Nés en 2009 de la fusion des caves coopératives gardoises de Bellegarde, Jonquières-Saint-Vincent, Manduel et Saint-Gilles, les Vignerons Créateurs représentent aujourd'hui 160 vignerons coopérateurs pour 1 300 ha de vignes.

Cette cuvée, qui fait la part belle à la syrah (95 %), déploie un bouquet généreux de fruits mûrs agrémentés d'épices et de nuances animales. En bouche, elle se montre intense, ample et charpentée sans dureté par des tanins soyeux et un boisé ajusté. 2015-2018 daube de bœuf

SCA Les Vignerons créateurs, 31 bis, rte d'Arles, 30127 Bellegarde, tél. 04 66 01 10 39, f.senac@vigneronscreateurs.com V t.l.j. sf dim. 9h-12h 14h-18h

♥ SIRACANTA 2012 ★★

8 000 | 5 à 8 €

Installé depuis 1980 sur le domaine de la Cadenette, Pierre Dideron a entrepris en 2009 la conversion bio de son vignoble de 61 ha. La charte de vinification bio est appliquée depuis les vendanges 2012 en IGP et elle le sera sur les costières 2013.

Siracanta ? La syrah, 90 % de l'assemblage de cette cuvée (le grenache en appoint), et... les pyracanthas, qui entourent le mas. Dans le verre, des parfums puissants de fruits rouges et noirs confits, de confiserie et d'épices douces. En bouche, une même complexité aromatique, beaucoup de chair et de générosité, des tanins soyeux et fondus. Un vin jovial et très méditerranéen. 2014-2017 osso bucco

Vignobles Dideron, Dom. de la Cadenette, 30600 Vestric-et-Candiac, tél. 04 66 88 21 76, lacadenette@orange.fr V t.l.j. sf dim. 8h-12h 14h-18h

CH. DES TOURELLES La Cour des glycines 2012 ★★

13 000 | 5 à 8 €

Implanté sur un site datant du Ier s. après J.-C., ce domaine de 92 ha appartient depuis 1726 à la famille Durand. Dans une cave reconstituée à l'identique de l'époque gallo-romaine, Hervé Durand et son fils Guilhem élaborent selon les méthodes antiques des vins « archéologiques ». Ils signent aussi des cuvées « modernes », souvent en vue dans ces pages.

Née des meilleures parcelles de syrah et de mourvèdre de la propriété, cette cuvée dévoile un bouquet intense et complexe de fruits rouges, de sauge, d'épices et de vanille. Le palais se révèle puissant, généreux, racé, bâti sur des tanins sans rugosité extraits avec doigté. 2016-2019 canard aux olives Le Grand Amandier 2013 (5 000 b.) : un vin fruité (agrumes), frais et persistant. 2014-2015

Hervé et Guilhem Durand, Ch. des Tourelles, 4294, rte de Saint-Gilles, 30300 Beaucaire, tél. 04 66 59 19 72, tourelles@tourelles.com V t.l.j. sf sam. dim. 9h-12h 14h-17h30

CH. DE VALCOMBE Prestige 2012

20 000 | 11 à 15 €

Un domaine de 75 ha (dont une partie en conversion bio), l'un des plus importants de l'appellation costières-de-nîmes, propriété de la même famille depuis 1740. Basile et Nicolas Ricome, fils de Dominique, sont depuis 2009 aux commandes de ce cru régulier en qualité.

Un costières à dominante de syrah porté par des tanins et un boisé fondus, auquel les fruits à l'alcool, mâtinés de notes animales, apportent un caractère rond et chaleureux. Pour amateurs de vins opulents. 2014-2017 daube de bœuf

EARL Les Vignobles Dominique Ricome, Dom. de Valcombe, 30510 Générac, tél. 04 66 01 32 20, valcombe@wanadoo.fr V r.-v.

CH. VESSIÈRE 2012 ★

80 000 | 5 à 8 €

Situé au cœur des Costières, ce domaine de 65 ha est dans la famille Teulon depuis sept générations. Vincent Teulon, installé en 2007, a engagé la conversion bio du vignoble, certifié depuis 2013.

Pas de logo AB sur ce 2012, ce sera sur la prochaine étiquette. Dans le verre, un vin intense, qui mêle fruits rouges et notes fumées et épicées. En bouche, de l'équilibre, de la chair, du gras et une belle longueur sur les épices et le grillé. Un costières de caractère. 2016-2018 épaule d'agneau rôtie au thym 2013 (25 000 b.) : un rosé discrètement fruité, fin et équilibré. 2014-2015

Vincent Teulon, Ch. Vessière, rte de Montpellier, 30800 Saint-Gilles, tél. 04 66 73 30 66, chateauvessiere@aol.com V t.l.j. sf sam. dim. 9h-12h 14h-18h

PIERRE VIDAL Font des garrigues 2013 ★

100 000 | - de 5 €

Pierre Vidal installé à Châteauneuf-du-Pape avec son épouse vigneronne a créé son négoce en 2010. Une maison déjà bien implantée grâce aux sélections parcellaires vinifiées par ce jeune œnologue formé en Bourgogne.

Déjà présente l'an dernier, cette cuvée revient en pleine forme dans sa version 2013. Un nez intense mais sans exubérance de fruits mûrs mâtinés d'épices douces et de cacao. Une bouche généreuse, ronde, structurée par des tanins fins et dynamisée par une pointe de vivacité en finale. ⌛ 2014-2017 🍷 lapin aux olives

🔑 EURL Pierre Vidal, 631, rte de Sorgues, 84230 Châteauneuf-du-Pape, tél. 06 88 88 07 58, contact@pierrevidal.com

DUCHÉ D'UZÈS

Située au nord de Nîmes, la dernière-née des AOC (2013) a fourni d'abord des vins de pays. Depuis 1989, les viticulteurs de l'Uzège oeuvraient pour obtenir l'accession de leurs vins à l'appellation d'origine. Ils se sont fixé de nombreuses contraintes et n'ont pas ménagé leurs investissements sur leurs exploitations. L'appellation, fondée sur un cahier des charges strict, ne vise pas les volumes, mais un vin de haut de gamme. La région viticole est située au carrefour des Cévennes, du Languedoc et de la Provence, sur la rive droite du Rhône, elle livre des vins rouges généreux, épicés et réglissés, surtout marqués par la syrah et le grenache, des rosés puissants et aromatiques, marqués par le grenache, ainsi que des blancs intenses, aux arômes de pêche et d'abricot, issus de grenache blanc et de viognier.

DOM. CAMP-GALHAN
Amanlie 2013

■ | 13 000 | | 5 à 8 €

Situé dans la commune de Ribaute-les-Tavernes, au cœur du vignoble du duché d'Uzès, le domaine de Camp-Galhan (31 ha) trouve ses racines sur d'anciennes terrasses du Gardon.

Selon les vignerons du domaine, ce terroir très chaud, constitué de gros galets roulés, permet une grande maturité des raisins sans altérer leur potentiel aromatique. Ce que traduit bien ce 2013 à la robe brillante. Le vin, équilibré et long en bouche, déroule des parfums séducteurs d'agrumes et de fleurs blanches agrémentés de notes minérales. ⌛ 2014-2015 🍷 plateau de pélardon

🔑 EARL de la Roque, 305, chem. de Camp-Galhan, 30720 Ribautes-les-Tavernes, tél. 06 15 22 42 95, campgalhan@voila.fr V t.l.j. sf dim. 14h-18h

🔑 Pourquier

LE DUCHÉ 2012 ★

■ | 35 000 | | 5 à 8 €

Meilleur sommelier de France en 1986, Philippe Nusswitz travaille depuis plusieurs années à l'élaboration de cuvées en collaboration avec la cave de Dufort. Déjà plusieurs fois sélectionnés dans le Guide, les vins de cette cave sont une valeur sûre.

Ce 2012 élaboré par Philippe Nusswitz est un vin harmonieux, au bouquet intense et délicat qui offre une jolie complexité : abricot confit, notes épicées). La bouche, ample, trouve un juste équilibre entre rondeur et fraîcheur, et dévoile des saveurs gourmandes de fruits mûrs et d'abricot. ⌛ 2014-2015 🍷 dorade au four

🔑 SCA Les Coteaux Cévenols, rte de Canaules, 30170 Durfort, tél. 04 66 77 50 55, coteaux.cevenols@wanadoo.fr V t.l.j. sf sam. dim. 9h-12h 14h-18h; juil.-août ouv. sam.

♥ DOM. DU GRAND CHEMIN 2013 ★★

■ | 15 000 | | 5 à 8 €

Au pied des Cévennes, le domaine du Grand Chemin est exploité depuis plus de trois cents ans par la famille Floutier, de père en fils. Le vignoble s'étend sur une superficie de 70 ha.

Ce 2013 affiche un beau rouge aux reflets violines. Au nez, il libère une palette aromatique complexe et séductrice marquée par les fruits rouges. Ce que confirme une bouche bien équilibrée, adossée à une structure tannique présente mais sans agressivité, et tapissée d'arômes de fruits caramélisés, de violette et de réglisse. ⌛ 2014-2016 🍷 viande grillée

🔑 Emmanuel Floutier, Dom. du Grand Chemin, rue des Vins, 30350 Savignargues, tél. 04 66 83 42 83, domainedugrandchemin@wanadoo.fr V t.l.j. sf dim. 9h-12h 13h30-18h30

MAS DES VOLQUES
Volcae 2012

■ | 6 200 | | 11 à 15 €

C'est en 2010, avec l'aide et les conseils de l'œnologue Philippe Cambie, que Nicolas Souchon donne naissance à ce vignoble qui doit son nom aux vestiges découverts sur les lieux d'un petit village gaulois, les Volques Arécomiques. Dans cette propriété familiale se sont succédé quatre générations de vignerons.

Ce vin est un assemblage de syrah, de grenache et de carignan issus de vignes de quarante ans. À la fois vif et charpenté, il s'exprime sur des arômes de fruits rouges et d'épices qui persistent longuement en finale. ⌛ 2014-2016 🍷 lièvre à la royale

🔑 Mas des Volques, Le Colombier, 30350 Aigremont, tél. 06 87 28 98 95, masdesvolques@orange.fr V r.-v.

🔑 Nicolas Souchon

DOM. REYNAUD
Cuvée Arpège 2013 ★

■ | 10 000 | | 5 à 8 €

Entre les Reynaud et la vigne, c'est une histoire qui s'écrit depuis trois générations. Luc Reynaud a forgé sa vocation auprès de son grand-père cultive un vignoble de 50 ha vignes.

Voilà un vin charmeur en diable : un nez délicat teinté d'arômes de fleurs blanches et d'agrumes que confirme un palais frais, éqlibré et harmonieux. ⌛ 2014-2016 🍷 ravioles de foie gras truffé ■ Cuvée Pomeyron 2012 (6 000 b.) : de jolies notes réglissées, de la structure, de la longueur et un certain potentiel. ⌛ 2014-2017

🔑 EARL Luc Reynaud, Dom. Reynaud, lieu-dit Les Carrelets, 30700 Saint-Siffret, tél. 04 66 03 18 20, luc.reynaud@wanadoo.fr V r.-v.

RHÔNE

CH. DE ROUX Les Rocals 2013 ★

■ | 5 000 | ▮ | 5 à 8 €

Propriété familiale depuis plusieurs générations, le vignoble couvre une vingtaine d'hectares d'un seul tenant, autour d'un château du XVIIe s.

Cet assemblage de syrah, de grenache et de cinsault libère un bouquet de fruits compotés. Après une attaque flatteuse, ronde, ce vin équilibré charme par sa fraîcheur et sa longue finale florale. ⧗ 2015-2017 🍷 magret de canard aux champignons

⊶ Hubert de Morogues, Ch. de Roux, 30260 Bragassargues, tél. 06 73 70 55 74, hdemorogues@domainederoux.fr V 🚶 🏠 t.l.j. 10h-12h 17h-19h; f. janv.

LES VIGNES DE L'ARQUE 2013 ★★

■ | 8 000 | ▮ | - de 5 €

Le nom du domaine est inspiré du château médiéval du IXe s. qui surplombe la cave créée en 1994 et située au cœur du pays d'Uzège.

Ce 2013 charme d'emblée par ses arômes complexes de pêche, de litchi et d'agrumes. Une attaque souple et ronde ouvre sur un palais plein de finesse, qui fait écho à l'olfaction. ⧗ 2014-2016 🍷 filets de rascasse en papillote

⊶ Les Vignes de l'Arque, rte d'Alès, 30700 Baron, tél. 04 66 22 37 71, vigne-de-larque@wanadoo.fr V 🚶 🏠 t.l.j. 9h-12h 14h-19h ⊶ Fabre Rouvey Rulles

GRIGNAN-LES-ADHÉMAR

• Superficie : 1 900 ha • Production : 36 500 hl (93 % rouge et rosé)

Longtemps appelée coteaux-du-tricastin, cette appellation est située au sud de Montélimar, dans la partie nord de la vallée du Rhône méridionale, à la limite du climat méditerranéen. Les vignes sont implantées sur des terrains caillouteux d'alluvions anciennes et des coteaux sableux, sur 22 communes de la rive gauche du fleuve, de La Baume-de-Transit au sud, en passant par Saint-Paul-Trois-Châteaux, jusqu'aux Granges-Gontardes, au nord. Assemblant les cépages grenache et syrah, complétés par le cinsault, le mourvèdre et le carignan, les vins rouges, largement majoritaires, sont pour la plupart à consommer jeunes.

Ⓑ PHILIPPE BONETTO-FABROL Héritage 2012 ★

■ | 2 800 | ▮ | 11 à 15 €

Un domaine de 15 ha régulier en qualité, né de la réunion de deux vignobles familiaux – Bonetto (en AOC grignan) et Fabrol (en côtes-du-rhône) – et conduit en bio et biodynamie par Philippe Fabrol, adepte des vinifications parcellaires.

Beaucoup de soin a été apporté à cette cuvée, où la syrah s'exprime avec intensité. Sa richesse apparaît dès les premières senteurs marquées par les fruits noirs et les épices (poivre). À l'unisson, le palais se révèle ample, solide et long. ⧗ 2016-2020 🍷 gigot d'agneau

⊶ Dom. Bonetto-Fabrol, quartier Les Jaffagnards, 26700 La Garde-Adhémar, tél. 04 75 52 14 38, domainebonettofabrol@orange.fr V 🏠 r.-v.

ESPRIT D'ESCALIN 2012 ★

■ | 200 000 | ▮ ◍ | 8 à 11 €

Revenus d'Algérie, où ils étaient propriétaires d'un vignoble créé par un ancêtre cévenol, les frères Jean et Georges Vergobbi s'installent en 1966 sur ces anciennes terres du baron d'Escalin et y implantent un vaste vignoble couvrant aujourd'hui 85 ha.

Réputé pour sa bravoure, le plus célèbre représentant de la dynastie des Adhémar inspire une cuvée intense et généreuse. À un nez chaleureux et vineux de fruits à l'alcool répond ainsi un palais riche, concentré et puissant. Un grignan de caractère. ⧗ 2014-2018 🍷 tajine d'agneau

⊶ SAS Baron d'Escalin, 980, rte des Charrettes, 26290 Les Granges-Gontardes, tél. 04 75 98 58 40, info@barondescalin.com V 🏠 t.l.j. sf dim. 9h-12h 13h30-18h30

DOM. DE GRANGENEUVE V 2013 ★★

■ | 12 000 | ◍ | 11 à 15 €

Un vaste domaine de 85 ha, souvent en vue dans ces pages, créé de toutes pièces à partir de 1964 par les Alsaciens Odette et Henri Bour sur les vestiges d'une villa romaine. Depuis 1998, leur fils Henri et leur petite-fille Nathalie sont aux commandes.

Rouge, rosé, blanc, le domaine s'illustre en technicolor. Le V (pour viognier, avec un soupçon de marsanne) dévoile un bouquet séduisant de fleurs blanches, de fruits mûrs à noyau et d'agrumes. Long, fin et très équilibré, épaulé par un boisé bien intégré aux accents vanillés, le palais allie sans fausse note gras et fraîcheur. ⧗ 2014-2018 🍷 loup aux agrumes ■ Terre d'épices 2012 ★★ (30 000 b.) : très expressif (fruits noirs compotés, sous-bois, épices, toasté), riche, ample et puissant. ⧗ 2014-2020 ■ Le Rosé de Grangeneuve 2013 ★ (5 à 8 € ; 40 000 b.) : élégant et équilibré, floral et fruité, vif sans oublier d'être généreux. ⧗ 2014-2015

⊶ Dom. Bour, Grangeneuve, D 252, 26230 Roussas, tél. 04 75 98 50 22, domaines.bour@wanadoo.fr V 🚶 🏠 t.l.j. 9h-12h30 14h-19h

DOM. GUITON Marquise 2012

■ | 18 600 | ▮ | 5 à 8 €

Les raisins du domaine Guiton établi à Chamaret sont vinifiés par le Bourguignon Yves Cheron, propriétaire du Grand Montmirail à Vacqueyras.

Cette belle Marquise se pare de rubis et dévoile un nez séduisant de fruits rouges frais, cerise en tête, qui se prolonge dans une bouche souple, vive et légèrement pimentée. Le « vin plaisir » par excellence. ⧗ 2014-2017 🍷 ratatouille

⊶ Jean-Luc Guiton, rte de Gigondas, 84190 Vacqueyras, tél. 04 90 65 85 91 V 🚶 🏠 r.-v. ⊶ Yves Cheron

Ⓑ MAS THÉO Cuvée To 2012 ★

■ | 20 000 | 5 à 8 €

Laurent Clapier a repris le domaine familial en 1999, développé la mise en bouteilles en 2005 et choisi la biodynamie (certifiée en 2011) pour conduire ses 41 ha de vignes. Depuis 2012, il vinifie dans les caves cathé-

drales creusées dans la roche crayeuse de Saint-Restitut.

À l'œil, intensité et profondeur. Au nez, un fruité expansif de cassis et autres fruits noirs mûrs mâtiné d'épices. Au palais, du charnu, une puissance maîtrisée, bâtie sur des tanins fondus. Un ensemble équilibré. ⧗ 2014-2017 Ÿ rôti de porc aux pruneaux

Mas Théo, Les Caves-Cathédrales, 2620, rte du Belvédère, 26130 Saint-Restitut, tél. 04 75 46 04 59, contact@caves-cathedrales.fr V t.l.j. sf dim. 10h-12h 14h-19h Clapier

DOM. DE MONTINE Viognier 2013 ★

| | 30 000 | | 8 à 11 € |

Installés dans une ancienne ferme du château de Grignan, Jean-Luc et Claude Monteillet, également trufficulteurs, exploitent depuis 1987 ce domaine familial de 70 ha, très en vue pour ses grignan-les-adhémar.

Ce viognier joue sur la finesse. La couleur est limpide, le nez sans exubérance, discrètement floral (rose) et fruité; la bouche, très équilibrée, associe fraîcheur et rondeur. ⧗ 2014-2017 Ÿ saumon en croûte ■ Gourmandises 2013 (5 à 8 €; 30 000 b.): un rosé pâle, sur les notes d'agrumes, les fruits exotiques et la cerise, à la fois rond et tonique en bouche. ⧗ 2014-2015

Dom. de Montine, hameau de la Grande-Tuilière, BP5, 26230 Grignan, tél. 04 75 46 54 21, domainedemontine@wanadoo.fr V t.l.j. 9h-12h 14h-19h D Monteillet

DOM. DES ROSIER Plaisir 2012 ★

| | n.c. | | 5 à 8 € |

Bruno Rosier est établi depuis 1991 dans ce mas de pierres blanches entouré de vignes, de lavandin et de chênes truffiers. Le domaine implanté au pied du petit village perché de Chantemerle-lès-Grignan couvre 30 ha.

Ce vin sombre nuancé de violine livre un bouquet voluptueux et bien typé grenache de fruits noirs à l'alcool et d'épices. Havre de douceur relevé d'une pointe d'épices, la bouche se révèle ample, généreuse et ronde, campée sur des tanins soyeux. ⧗ 2014-2018 Ÿ navarin d'agneau ■ Bergère des viogniers 2013 (8 à 11 €; 10 000 b.): au nez soutenu de pêche, de fruits exotiques, d'agrumes et de vanille répond avec intensité et persistance un palais rond et gras. ⧗ 2014-2017

Dom. des Rosier, 335, rte des Vignes, 26230 Chantemerle-lès-Grignan, tél. 04 75 98 53 84, marc.domaine.des.rosier@gmail.com V t.l.j. sf dim. 9h-12h 14h-18h B

DOM. SAINT-LUC
La Grande Clémence 2013

| | 9 400 | | 5 à 8 € |

Stéphane Hémard, œnologue, a repris en 2006 ce domaine créé en 1977 autour d'un mas du XVIIIes. par un couple originaire de la Drôme provençale, aujourd'hui 25 ha en *villages* et en grignan-les-adhémar.

Pêche, framboise, abricot, peu importe le flacon pourvu qu'on ait... du fruit. Et du fruit, ce rosé un peu fugace mais très frais, presque acidulé, en regorge au nez comme en bouche. ⧗ 2014-2015 Ÿ poulet teriyaki

Stéphane Hémard, 132, chem. des Étangs, 26790 La Baume-de-Transit, tél. 04 75 98 11 51, info@domainesaintluc.com V t.l.j. 9h-19h 4 D

♥ B DOM. SERRE DES VIGNES
Secret de syrah 2012 ★★

| | 13 800 | | 8 à 11 € |

Un domaine familial patiemment planté de vignes à partir des années 1970 par les frères Jean-Louis et Daniel Roux, rejoints en 1994 par leur fil respectif Jérôme et Vincent, qui sortent les raisins de la coopérative en 2003 et convertissent le vignoble au bio, certifié depuis 2008.

Ce Secret de syrah se livre sans réserve: l'élevage en barrique apporte sa touche vanillée, le cépage ses notes de réglisse, d'épices et de fruits confiturés. Tonalités harmonieuses et complexes que prolonge un palais très long, ample, gras, consistant et fermement charpenté mais sans dureté. Un modèle d'équilibre, bâti pour durer. ⧗ 2016-2020 Ÿ tourte de chevreuil

Dom. Serre des Vignes, 505, traverse du Serre-des-Vignes, 26770 Roche-Saint-Secret, tél. 09 65 27 30 87, info@serredesvignes.com V r.-v. Roux

CELLIER DES TEMPLIERS
Grignandises 2013

| | 8 000 | | 5 à 8 € |

Fondée en 1967, la coopérative de Richerenches, située dans l'Enclave des papes, portion du département du Vaucluse enchâssée dans la Drôme, regroupe aujourd'hui 600 ha en côtes-du-rhône, *villages* et grignan-les-adhémar.

La finesse va de pair avec une belle intensité aromatique dans cette cuvée à dominante de viognier, souple et fraîche, aux accents de pomme verte. ⧗ 2014-2016 Ÿ poisson à l'oseille

Cellier des Templiers, rte de Valréas, 84600 Richerenches, tél. 04 90 28 01 00, caveau.templiers@orange.fr V t.l.j. sf dim. 9h-12h 14h30-18h30

DOM. TERRES D'ÉMOTIONS
Les Brunes 2012 ★

| | 2 700 | | 5 à 8 € |

Un petit domaine de 5 ha en AOC grignan-lès-adhémar, créé de toutes pièces en 2009 par la famille Escoffier.

Grenache et syrah à parts égales composent un grignan au nez intense de fruits noirs à l'eau-de-vie, tandis que les épices s'invitent dans un palais ample, rond et vineux, équilibré par une pointe de vivacité. Bien que présentant une certaine structure, il reste un « vin plaisir » à boire sur son fruit. ⧗ 2014-2017 Ÿ brochettes de bœuf au poivron

Dom. Terres d'Émotions, 100, chem. de la Grangeonne, 26790, 26790 La Baume-de-Transit, tél. 06 76 70 80 87, terresdemotions26@orange.fr V r.-v.

VENTOUX

• Superficie : 6 235 ha • Production : 226 300 hl (96 % rouge et rosé)

À la base du massif calcaire du Ventoux – le Géant du Vaucluse (1 912 m) –, des sédiments tertiaires portent ce vignoble qui s'étend sur 51 communes entre Vaison-la-Romaine au nord et Apt au sud. Le climat, plus froid que celui des côtes-du-rhône, entraîne une maturité plus tardive. Les vins rouges sont frais et élégants dans leur jeunesse ; ils sont davantage charpentés dans les communes situées le plus à l'ouest (Caromb, Bédoin, Mormoiron). L'AOC produit de plus en plus des rosés à boire jeunes ainsi que des blancs.

DOM. DES ANGES 2013 ★

■	13 500	🍾	5 à 8 €

Gabriel MacGuinness, Irlandais de Kilkenny, a acquis en 1986 ce vignoble de 20 ha aux sols variés situé en haut d'une colline sous la protection d'une chapelle qui donne son nom au domaine.

Notre-Dame des Anges continue de veiller sur ce domaine souvent en vue dans le Guide et sur ses trois angelots que sont ici le grenache, le bourboulenc et la roussanne à l'origine d'un vin expressif et harmonieux alliant fleurs blanches et agrumes, gras et fraîcheur. ⌛ 2014-2017 🍴 saint-jacques crémées

SCA Dom. des Anges, 2342, chem. Notre-Dame-des-Anges, 84570 Mormoiron, tél. 04 90 61 88 78, contact@domainedesanges.com V t.l.j. sf sam. dim. 8h-12h 13h-17h

AURETO Maestrale 2012 ★

■	14 000	🛢	15 à 20 €

Ce domaine (35 ha) créé en 2007 est rattaché au complexe hôtelier de luxe de La Coquillade établi au cœur du parc du Luberon et propriété des Wunderli. La vinification est confiée à l'œnologue Aurélie Julien.

Ce vin à dominante de syrah livre un bouquet complexe d'épices, de garrigue, de grillé et de camphre. À l'unisson, la bouche se révèle ronde et suave, et étayée par des tanins soyeux et un boisé fondu. ⌛ 2014-2019 🍴 veau à la tomate ■ Autan 2012 ★ (8 à 11 €; 14 100 b.): de la complexité là aussi (réglisse, noix muscade, confiserie fruitée), de la fraîcheur, du relief. ⌛ 2014-2017

Aureto, hameau La Coquillade-Perrotet, 84400 Gargas, tél. 04 90 74 54 67, info@aureto.fr V t.l.j. 10h-13h 13h30-19h
Werner Wunderli

DOM. JULIETTE AVRIL 2012

■	12 000	5 à 8 €

Succédant à sa mère Juliette Avril en 1988, Marie-Lucile Brun, épaulée par son fils Stephan depuis 2000, conduit un vignoble de 30 ha, avec la biodynamie en ligne de mire.

Laurier, camphre, épices douces, fruits rouges, confiserie : c'est à un « banquet aromatique » que convie ce vin. Le palais ? Souple, friand et frais, aiguillonné en finale par une pointe minérale. ⌛ 2014-2017 🍴 paupiettes de veau

Dom. Juliette Avril, 8, av. Pasteur, 84230 Châteauneuf-du-Pape, tél. 04 90 83 72 69, info@julietteavril.com V t.l.j. sf sam. dim. 8h-12h 14h-17h30; f. 5 janv. 1er avr. Marie-Lucile Brun

DOM. DE LA BASTIDONNE 2013

■	6 000	🍾	5 à 8 €

Installé en 1990, Gérard Marreau représente la quatrième génération à conduire ce domaine familial de 25 ha fondé en 1903, souvent en vue pour ses ventoux et ses IGP.

Roussanne, grenache blanc, viognier, ce trio développe un bouquet complexe de fleurs blanches, de miel, de fruits exotiques et autres fruits à chair blanche ; une intensité qui se poursuit dans un palais riche et rond. ⌛ 2014-2017 🍴 brandade ■ 2013 (10 000 b.): un rosé frais, acidulé, fruité, aux accents exotiques. ⌛ 2014-2015

Dom. de la Bastidonne, 206, chem. de la Bastidonne, 84220 Cabrières-d'Avignon, tél. 04 90 76 70 00, domaine.bastidonne@orange.fr V t.l.j. sf dim. 9h-12h 14h-18h Gérard Marreau

CH. BLANC À mon père 2012 ★

■	13 000	🍾	8 à 11 €

Créé en 1990, le vignoble de Jean-Claude Chasson couvre 66,5 ha répartis entre le Château Blanc, face aux Ocres de Roussillon (AOC ventoux), et le domaine Chasson (luberon) que complète une petite production en IGP.

De vieux ceps de carignan (70 %) et de grenache ont donné ce vin de bonne garde, animal, camphré et poivré à l'olfaction, puissant et solidement charpenté en bouche. ⌛ 2015-2019 🍴 canard rôti

SCEA Ch. Blanc, quartier Grimaud, 84220 Roussillon, tél. 04 90 05 64 56, chateaublanc-chasson@wanadoo.fr V t.l.j. 8h-12h 14h-19h Lelièvre

CANTEPERDRIX 2013 ★

■	45 000	🍾	- de 5 €

Cette coopérative fondée en 1928 à Mazan, où l'on peut visiter le château du marquis de Sade, compte 150 coopérateurs pour un vignoble de 900 ha.

Une belle intensité émane du nez centré sur la poire, la pêche, le cédrat et les fleurs blanches. On retrouve cette palette à dominante fruitée dans un palais frais et alerte. ⌛ 2014-2017 🍴 curry de poisson

Cave Les Vignerons de Canteperdrix, 890, rte de Caromb, 84380 Mazan, tél. 04 90 69 70 31, oenologue@cotes-du-ventoux.com V t.l.j. 9h-12h30 14h30-19h

DOM. CHAMP-LONG Autrefois 2012

■	1 500	🛢	15 à 20 €

Une propriété dans la même famille depuis le début du XIXe s. En 1964, Maurice Gély crée la cave de vinification ; en 1994, son fils Christian la rénove ; en 2004, son petit-fils Jean-Christophe rejoint le domaine (30 ha).

Une forte proportion de syrah entre dans cette cuvée élevée dix-huit mois en fût. Le merrain est encore très présent, de bout en bout, mais le vin a suffisamment de réserve pour le « digérer ». Patience donc... ⌛ 2016-2019 🍴 rôti de marcassin

Christian et Jean-Christophe Gély, Dom. de Champ-Long, 1900, chem. de Champ-Long, 84340 Entrechaux, tél. 04 90 46 01 58, domaine@champlong.fr V t.l.j. sf dim. 9h-12h 14h-19h

LA CÔTERIE 2012

	110 000		- de 5 €

Maison de négoce créée en 1993, regroupant cinq coopératives et plusieurs domaines, et proposant une vaste gamme d'une vingtaine d'AOC rhodaniennes, septentrionales et méridionales.

Au nez, la réglisse se mêle aux fruits mûrs. La bouche se révèle ample, ronde, élégante et équilibrée, mais encore un peu stricte en finale. ⌛ 2015-2018 🍴 carré d'agneau

SICA Vignobles la Côterie, 228, rte de Carpentras, 84190 Beaumes-de-Venise, tél. 04 90 12 41 19, contact@lacoterie.fr V t.l.j. sf sam. dim. 8h-12h 14h-18h

B LA COURTOISE
B-Attitude 2013

	10 000	5 à 8 €

Cette coopérative fondée en 1924 regroupe les vignerons de Saint-Didier, Malemort, Venasque et Pernes-les-Fontaines.

B-Attitude ? La nouvelle gamme bio de la cave. Ici, un 2013 rose bonbon, vif et expressif, sur le fruit, la violette, l'amylique et une délicate note de caramel. ⌛ 2014-2015 🍴 tarte à la tomate

SCA la Courtoise, 976, rte de la Cave, 84210 Saint-Didier, tél. 04 90 66 01 15, cave.la.courtoise@wanadoo.fr V t.l.j. sf dim. 8h30-12h 14h-18h

B DOM. DE FENOUILLET
Cuvée Oversant 2013 ★

	13 600		5 à 8 €

Vigneronne depuis le début du XXe s., la famille Soard exploite, en bio certifié depuis 2012, un domaine de 25,5 ha. En 1989, Patrick et Vincent ont pris la suite de leur père Yvon.

Trois cépages – grenache, syrah et carignan – et trois terroirs différents sont à l'origine de cette cuvée tout en fruits (cerise et prune), souple, alerte et très équilibrée. ⌛ 2014-2018 🍴 poulet mafé

Patrick et Vincent Soard, Dom. de Fenouillet, 123, allée Saint-Roch, 84190 Beaumes-de-Venise, tél. 04 90 62 95 61, contact@domaine-fenouillet.fr V t.l.j. sf dim. 9h-12h 14h-19h (hiver 13h30-18h30)

B DOM. LA FERME SAINT-MARTIN
Les Estaillades 2012 ★

	8 000		8 à 11 €

Un domaine familial et régulier en qualité construit en 1964 sur les ruines d'une ancienne chapelle. Installés en 1980, Guy Jullien et son fils Thomas exploitent 25 ha de vignes conduits en bio depuis 1998.

Grenache et un soupçon de counoise (5 %) composent cette cuvée qui met la générosité et la rondeur à l'honneur. Les fruits frais sont aussi de la partie, avec finesse et persistance. Un vin harmonieux et avenant. ⌛ 2014-2018 🍴 tendrons de veau

Dom. la Ferme Saint-Martin, 84190 Suzette, tél. 04 90 62 96 40, contact@fermesaintmartin.com V t.l.j. sf dim. 10h-12h 14h-18h; f. 1er janv.-28 fév. Thomas et Guy Jullien

B DOM. DE FONDRÈCHE
Nadal 2012 ★

	30 000		11 à 15 €

Nanou Barthélemy et son fils Sébastien Vincenti ont acquis en 1993 cette propriété, ont construit puis régulièrement perfectionné une cave, et recomposé le vignoble – 40 ha conduits en bio et biodynamie – faisant ainsi de Fondrèche l'une des références de l'AOC ventoux.

Un an sur lies en cuve ovoïde pour le grenache, un an en fût et demi-muid pour la syrah et le mourvèdre. Cette cuvée doit être sollicitée pour sortir de sa réserve et dévoiler son fruit. C'est en bouche qu'elle se révèle pleinement, sur la cerise confite, la rondeur et le soyeux. ⌛ 2014-2017 🍴 veau marengo ■ Persia 2013 (15 à 20 € ; 4 000 b.) : un vin prometteur par son équilibre gras-vivacité, mais encore sous l'emprise du bois. ⌛ 2015-2018

Dom. de Fondrèche, quartier Fondrèche, 84380 Mazan, tél. 04 90 69 61 42, contact@fondreche.com V t.l.j. sf sam. dim. 8h-12h 14h-18h M. Vincenti

DOM. LES HAUTES BRIGUIÈRES
Prestige 2012 ★

	5 100		5 à 8 €

Sa famille cultive la vigne depuis 150 ans ; François-Xavier Rimbert s'est installé en 1998 sur le domaine familial, 15 ha de vignes en terrasses et en conversion bio, au pied du Ventoux.

Cette cuvée évoque les fruits sauvages, la minéralité du lieu et la fumée d'un havane. Une introduction complexe et engageante qui mène à un palais rond, charnu, suave et finement boisé (caramel au lait). ⌛ 2015-2019 🍴 épaule d'agneau boulangère

François-Xavier Rimbert, Dom. les Hautes Briguières, 89, chem. de Canebier, 84570 Mormoiron, tél. 06 13 24 27 18, fxrimbert@aol.com V t.l.j. 9h-19h; hiver 9h-17h

ÉTIENNE IMBERT 2013 ★

	18 000	5 à 8 €

En 1993, Étienne Imbert a décidé d'élaborer lui-même ses vins issus des 27 ha de vignes familiales s'étalant sur les contreforts sud des monts du Vaucluse.

Une belle intensité aromatique pour ce rosé à dominante de grenache : au nez, les fruits rouges (fraise des bois) s'allient aux épices, tandis que la pêche jaune se développe en bouche. Un style fruité et élégant renforcé par une vivacité de bon aloi. ⌛ 2014-2015 🍴 brick de thon

Étienne Imbert, quartier Les Cousins, 84220 Gordes, tél. 06 85 76 99 91, gaec.imbert@terre-net.fr V t.l.j. sf lun. mer. dim. 9h30-12h 14h30-18h

CH. JUVENAL Les Ribes du Vallat 2012 ★★

30 000 | 8 à 11 €

Établi sur le piémont sud du Graveyron, ce domaine est depuis 2001 propriété de la famille Forestier, qui s'est associée en 2011 avec Sébastien Alban dont les terres jouxtent celles du château.

Un nez très engageant de fruits mûrs introduit une bouche ample, charnue, généreuse et suave, qui finit sur une jolie note réglissée. Un vin qui donne envie d'y revenir… ⧗ 2014-2018 ▼ hachis parmentier ■ La Terre du petit homme 2012 ★ (11 à 15 €; 18 000 b.): expressif (fruits rouges, épices douces), frais, dense, fin et velouté. ⧗ 2015-2019

SCEA le Graveyron, 1080, rte de Caromb, 84330 Saint-Hippolyte-le-Graveyron, tél. 04 90 28 12 57, graveyron@gmail.com V t.l.j. 10h-12h 16h-18h Alban Forestier

CAVE DE LUMIÈRES Aubépine 2013 ★

40 000 | 5 à 8 €

Fondée en 1925 à Goult, à la limite du Luberon et du Ventoux, cette coopérative produit des vins dans les deux appellations, sur une surface totale de 580 ha.

Cette cuvée déploie un nez soutenu de genêt en fleur bien typé clairette (50 %) assemblée au grenache blanc. Tout aussi intense, de bonne longueur, le palais offre beaucoup de fraîcheur. ⧗ 2014-2017 ▼ lotte au fenouil ■ Lumières 2012 (8 à 11 € ; 12 000 b.) : bien équilibré entre la rondeur du grenache et la structure apportée par la syrah. ⧗ 2015-2018

Cave de Lumières, 84220 Goult, tél. 04 90 72 20 04, info@cavedelumieres.com V t.l.j. 8h-12h 14h-18h

DOM. LOU MAGNAN 2013

8 000 | 5 à 8 €

Après ses études d'œnologie, Daniel Favetier revient en 1992 avec son épouse, sur ses terres familiales, sort de la coopérative et créé sa propre cave. Aujourd'hui, il vinifie le fruit de 20 ha.

Ce 2013 met les fruits rouges à l'honneur, au nez comme en bouche, et séduit par sa rondeur, son bon volume et son équilibre. ⧗ 2014-2017 ▼ filet mignon à la provençale

EARL Dom. Lou Magnan, 283, rte de Modène, 84330 Caromb, tél. 04 90 62 34 78, loumagnan@wanadoo.fr V r.-v. Favetier

VIGNERONS DU MONT VENTOUX Vieilles Vignes 2012 ★

50 000 | - de 5 €

Cette coopérative fondée en 1924 regroupe 110 vignerons, pour plus de 1 000 ha en AOC ventoux, IGP et vins de France. Le vignoble est essentiellement planté sur le versant sud-ouest du mont Ventoux, bien à l'abri du mistral.

Né de « vieilles » vignes âgées de vingt-cinq ans, ce ventoux livre un beau bouquet de fruits rouges mûrs agrémenté d'épices, qui se prolonge dans une bouche solide et concentrée. ⧗ 2015-2018 ▼ rosbif

VMV Vignerons du Mont Ventoux, 620, rte de Carpentras, 84410 Bédoin, tél. 04 90 12 88 00, nmilioto@bedoin.com V r.-v.

OLIVIER ET LAFONT 2013

13 300 | - de 5 €

Lo Rhône est une jeune affaire de négoce créée en 2011 par Gérald Lafont et Baptiste Olivier, œnologues-consultants depuis plus de quinze ans.

Le nez fait la part belle aux fruits à chair blanche. Cette tonalité renforce le côté délicat et subtil du palais, rond et long. ⧗ 2014-2017 ▼ poisson grillé

Lo Rhône, 9, rue de l'Église, 84230 Châteauneuf-du-Pape, tél. 06 64 42 87 56, lorhone@yahoo.fr B. Olivier et G. Lafont

♥ CH. PESQUIÉ Terrasses 2013 ★★

400 000 | 8 à 11 €

Acquis en 1970 par Odette et René Bastide, ce domaine régulier en qualité est conduit depuis 2003 par la troisième génération (Frédéric et Alexandre). Une moitié du vignoble est certifié bio, l'autre en conversion.

Ces Terrasses prennent à nouveau de la hauteur après le coup de cœur obtenu par la version 2011. Un vin qui sort du lot par son intensité aromatique – fruits rouges nuancés de grillé et de vanille rappelant l'élevage (partiel et modéré) en barrique –, par son équilibre et sa longueur. ⧗ 2014-2018 ▼ tendrons de veau ■ Quintessence 2012 ★ (15 à 20 €; 70 000 b.): encore sous l'emprise du bois, un vin dense, concentré et tannique. ⧗ 2016-2020

SARL Famille Chaudière, Ch. Pesquié, 1365 b, rte de Flassan, 84570 Mormoiron, tél. 04 90 61 94 08, aurelia@chateaupesquie.com V t.l.j. sf dim. 9h-12h 14h-18h

DOM. DE LA PIGEADE Les 3 Cœurs 2012 ★

5 000 | 15 à 20 €

En 1996, après leurs études viticoles et des stages en France et aux États-Unis, Thierry et Marina Vaute ont sorti le domaine familial de la coopérative et l'ont entièrement rénové (30 ha aujourd'hui).

Cette cuvée (hommage aux trois enfants des Vaute) s'éveille autour des fruits rouges compotés assortis d'une note grillée. Souple à l'attaque, le palais évolue sur un vanillé léger et déploie une belle finale soyeuse et ronde. ⧗ 2014-2017 ▼ magrets ■ 2013 ★ (5 à 8 €; 9 000 b.): centré sur les agrumes au nez, rond et long en bouche. ⧗ 2014-2016

Thierry et Marina Vaute, Dom. de la Pigeade, 2439, rte de Caromb, 84190 Beaumes-de-Venise, tél. 04 90 62 90 00, contact@lapigeade.fr V t.l.j. sf dim. 9h-12h 14h-18h

DOM. LE PORTAIL DES OISEAUX 2012 ★

50 600 | 5 à 8 €

Actrice prépondérante du vignoble de Beaumes-de-Venise, cette coopérative fondée en 1953 représente aujourd'hui 160 producteurs pour une surface totale de 1 000 ha.

La palette aromatique est riche : fumé, pâte d'olives, fruits très mûrs et nuances végétales. Franc à l'attaque, le palais se développe avec équilibre et volupté, pour finir sur une longue note réglissée. ⏳ 2014-2017 🍴 bavette à l'échalote

SCA Vignerons de Balma Venitia, 228, rte de Carpentras, 84190 Beaumes-de-Venise, tél. 04 90 12 41 14, vignerons@balmavenitia.fr V r.-v.

DOM. DU PUY MARQUIS Tradition 2013

■ | 10 000 | | 5 à 8 €

Claude Leclercq, ancien cycliste professionnel, a posé son vélo en 1980 sur ce domaine de 12 ha planté à 450 m d'altitude, face au Luberon.

Issu de grenache et de syrah à parts égales, ce 2013 conjugue au nez des nuances d'olive et de fruits rouges. On retrouve jusqu'en finale ces notes fruitées, qui agrémentent un palais souple et équilibré. ⏳ 2014-2017 🍴 lasagnes

Claude Leclercq, Dom. du Puy Marquis, rte de Rustrel, 84400 Apt, tél. 04 90 74 51 87, domainedupuymarquis@yahoo.fr V t.l.j. 9h-12h30 14h-19h

LA ROMAINE 2013 ★

■ | 6 000 | | - de 5 €

Une vénérable coopérative fondée en 1924, qui regroupe aujourd'hui 280 vignerons et plus de 1 400 ha de vignes.

Un vin original que cet assemblage grenache-clairette-bourboulenc. Au nez, de subtiles notes de safran côtoient la truffe blanche. Des nuances miellées aux accents de nougat prennent le relais dans une bouche ronde et gourmande. ⏳ 2014-2016 🍴 chèvre frais

Cave la Romaine, 95, chem. de Saumelongue, 84110 Vaison-la-Romaine, tél. 04 90 36 00 43, caveau@cave-la-romaine.com V t.l.j. 8h30-12h30 14h-18h30; dim. 9h-12h; f. dim. 1er jan.-31 mars

B DOM. SOLENCE Les 3 Pères 2012 ★★

■ | 15 000 | | 8 à 11 €

Un petit domaine de 12 ha créé en 1992 au pied du Ventoux par Jean-Luc Isnard, œnologue, et son épouse Anne-Marie, qui ont opté pour le bio dès le départ.

Ce vin né de jeunes ceps de quinze ans nécessite un peu d'aération pour libérer ses senteurs de truffe et de suie sur fond de minéralité. Le poivre ajoute une pointe de complexité dans une bouche ronde, suave et non dénuée de fraîcheur. Racé et harmonieux. ⏳ 2017-2020 🍴 gigot d'agneau

Dom. Solence, 172, chem. de la Lègue, 84380 Mazan, tél. 04 90 60 55 31, domaine@solence.fr V t.l.j. sf dim. 10h-18h30; hiver sur r.-v.

Isnard

B TERRAVENTOUX V.E.N.T.V.R.I. Le vin des dieux 2012 ★

■ | 20 000 | | 11 à 15 €

Née en 2003 de la fusion des caves Les Roches Blanches à Mormoiron et La Montagne Rouge à Villes-sur-Auzon, toutes deux fondées en 1929, cette coopérative propose une jolie gamme de ventoux, idéale pour découvrir l'appellation.

Ce 2013 « pointilliste » livre par touches des notes de fruits rouges, d'épices douces, de foin ou encore de fougère. Si le penchant est au fruité et à la souplesse en bouche, il offre aussi une bonne mâche et s'achève sur une jolie nuance réglissée. ⏳ 2014-2017 🍴 sauté de dinde aux olives

Cave TerraVentoux, rte de Carpentras, 84570 Villes-sur-Auzon, tél. 04 90 61 80 07, sommelier@terraventoux.com V t.l.j. sf dim. 9h-12h 14h-18h

DOM. DU TIX Cuvée de Bramefan 2012 ★★

■ | 12 000 | | 11 à 15 €

En 2001, les Pirsch, entrepreneurs dans le textile, décident de changer de vie et créent ex nihilo leur domaine (10 ha aujourd'hui) au sud du mont Ventoux, sur la colline de Notre-Dame-des-Anges, à 350 m d'altitude.

Avec la syrah prédominante (90 %), ce vin de caractère s'ouvre doucement sur des notes de violette, de fourrure, d'olive noire et de grillé, avant de dévoiler un palais concentré, séveux, vigoureux et boisé avec maîtrise. ⏳ 2017-2022 🍴 rôti de sanglier ■ Garrigue 2012 ★ (8 à 11 € ; 3 000 b.) : né de jeunes vignes et proche du précédent par sa concentration, sa bonne charpente et son élevage ajusté. ⏳ 2016-2020

SCEA Dom. du Tix, 209, chem. du Col-Blanc, 84570 Mormoiron, tél. 04 90 61 84 43, contact@domaine-du-tix.fr V t.l.j. 9h-12h 15h-19h; dim. sur r.-v. Mme Pirsch

DOM. DU VAS Cuvée Les Fontainiers 2012

■ | 3 300 | | 5 à 8 €

Un petit domaine de 8 ha cultivés depuis plusieurs générations, par la famille Gontard, qui a vinifié à la propriété dès 2007, année de création de la cave.

Au nez se glisse une agréable nuance végétale entre les fruits à l'eau-de-vie et la violette. En bouche, le vin se montre friand, souple, léger. ⏳ 2014-2016 🍴 aubergines farcies

Dom. du Vas, 1741, chem. du Vas, 84810 Aubignan, tél. 04 90 62 61 86, gontard.freres@wanadoo.fr V t.l.j. 9h-18h30

Dominique et Thierry Gontard

DOM. DE LA VERRIÈRE Saint-Michel 2012

■ | 2 100 | | 15 à 20 €

Le roi René de Provence, alors propriétaire des lieux, fit venir ici des verriers italiens en 1470. Le domaine appartient aux Maubert depuis 1969 et étend ses 28 ha de vignes en coteaux sur les contreforts du Ventoux.

Un « vin de chasseur », selon un juré. Entendez un vin intense sur les fruits confiturés et le sous-bois, un brin sauvage, ample, riche et bien charpenté. ⏳ 2015-2019 🍴 civet de lièvre

Jacques Maubert, Dom. de la Verrière, chem. de la Verrière, 84220 Goult, tél. 04 90 72 20 88, laverriere2@wanadoo.fr V t.l.j. sf dim. 9h-12h 14h-18h

VIDAL-FLEURY 2012

■ | 34 600 | | 5 à 8 €

Le plus ancien négoce rhodanien en activité, fondé en 1781 et très vité réputé – Thomas Jefferson y fit un

banquet mémorable en 1787. Propriété des Guigal depuis 1986, il dispose d'une cave monumentale, dont l'architecture est inspirée du site égyptien de Saqqarah.

L'aération libère des senteurs agréables de fruits rouges mêlés d'épices. Le palais est équilibré, fruité, de bonne longueur. 2014-2017 volaille rôtie

Vidal-Fleury, 48, rte de Lyon, 69420 Tupin-et-Semons, tél. 04 74 56 10 18, contact@vidal-fleury.com V r.-v. Famille Guigal

LA VIEILLE FERME 2013

	n.c.	5 à 8 €

La Maison Perrin fondée en 1909 par l'aïeul Gabriel Tramier conjugue depuis cinq générations activité de négoce et exploitation de vignobles, dont le réputé Château de Beaucastel (châteauneuf-du-pape) et La Vieille Ferme, vaste domaine du Luberon.

Épices et fruits rouges, une association classique et sûre dont ce ventoux use sans réserve. Un charme certain que renforcent son équilibre et sa belle finesse en bouche. 2014-2017 grillades

Famille Perrin, rte de Jonquières, 84100 Orange, tél. 04 90 11 12 00, perrin@familleperrin.com V r.-v.

VIEUX CLOCHER 2013

	80 000		- de 5 €

La famille Arnoux reçut en 1717 du seigneur de Lauris une parcelle de vignes. Aujourd'hui, elle exploite 40 ha en vacqueyras, tout en menant une activité de négociant dans plusieurs autres AOC rhodaniennes.

Au nez, ce 2013 fleure bon la griotte à l'alcool et autres fruits rouges. Un fruité chaleureux que l'on retrouve dans un palais souple, équilibré et persistant. 2014-2017 côte de porc charcutière

SA Arnoux et Fils, Cave du Vieux Clocher, 84190 Vacqueyras, tél. 04 90 65 84 18, info@arnoux-vins.com V t.l.j. 9h-12h30 14h-19h

LUBERON

• Superficie : 3 200 ha • Production : 140 000 hl (80 % rouge et rosé)

Le vignoble, AOC depuis 1988, est implanté sur 36 communes des versants nord et sud du massif calcaire du Luberon, entre les vallées de la Durance au sud et du Calavon au nord. Les vins rouges et rosés portent l'empreinte du grenache et de la syrah, cépages obligatoires éventuellement complétés par des variétés secondaires comme le cinsault et le carignan. Le climat plus frais qu'en vallée du Rhône et les vendanges plus tardives expliquent la part relativement importante des vins blancs, qui naissent principalement des cépages grenache blanc, clairette, vermentino et roussanne.

AURETO Cuvée Petit Miracle 2012

	14 000		11 à 15 €

Ce domaine (35 ha) créé en 2007 est rattaché au complexe hôtelier de luxe de La Coquillade établi au cœur du parc du Luberon et propriété des Wunderli. La vinification est confiée à l'œnologue Aurélie Julien.

Les miracles se font toujours attendre. Celui-ci ne déroge pas à la règle et ne se livre pour l'instant qu'avec réserve à l'olfaction. Le palais reste aussi assez fermé, austère, un peu « brut de décoffrage », mais sa solidité laisse entrevoir de belles perspectives. 2016-2019 daube de bœuf

Aureto, hameau La Coquillade-Perrotet, 84400 Gargas, tél. 04 90 74 54 67, info@aureto.fr V t.l.j. 10h-13h 13h30-19h Werner Wunderli

CAVE DE BONNIEUX Les Safres 2013 ★★

	16 000		- de 5 €

Créée en 1920, la cave de Bonnieux est la doyenne des coopératives du Vaucluse. Aujourd'hui, elle exploite quelque 700 ha de vignes au cœur du parc du Luberon, dont 70 % dans les appellations ventoux et luberon.

Fidèle au rendez-vous du Guide, la cave de Bonnieux propose un blanc éclatant aux parfums exubérants d'acacia et de pêche blanche. Ample et délicate, très équilibrée, la bouche dénote agréablement par ses senteurs originales de buis et de fleur de sureau. 2014-2017 sushis **Les Safres 2013 (25 000 b.)** : un rosé friand, frais, fruité (agrumes, fraise), un rien amylique. 2014-2015 **Dom. les Chapelins 2012 ★ (5 à 8 € ; 14 000 b.)** : très ouvert sur les fruits rouges à l'olfaction, du gras et de la longueur. 2014-2017

Cave de Bonnieux, quartier de la Gare, 84480 Bonnieux, tél. 04 90 75 80 03, caveau@cavedebonnieux.com V t.l.j. sf dim. 9h-12h 14h-18h30

CAVE DES BONS SACHANTS 2013 ★

	3 000		- de 5 €

En 2011, la Cave coopérative de Pertuis, fondée en 1922, a changé de nom pour devenir la cave des Bons Sachants. Elle exploite 350 ha de vignes en AOC luberon et en IGP Vaucluse.

Beaucoup de vermentino (90 %) et une touche de grenache blanc composent ce vin alerte et friand, ouvert sur le fruité (citron, abricot) et le floral, plein de vivacité en bouche. 2014-2016 salade de fruits de mer

Cave des Bons Sachants, 191, av. Pierre-Sémard, 84120 Pertuis, tél. 04 90 79 00 93, coopvinspertuis@wanadoo.fr V t.l.j. sf dim. lun. 9h-12h 15h-19h

♥ B CH. LA CANORGUE 2012 ★★

	92 000		8 à 11 €

Ce domaine familial depuis cinq générations, l'une des références de l'appellation luberon, est d'une régularité sans faille. Jean-Pierre Margan, pionnier de l'agriculture biologique dans la région, exploite avec sa fille Nathalie un vignoble de 40 ha converti dès 1980.

Si le Guide fête cette année sa trentième édition, Jean-Pierre Margan célèbre, lui, ses quarante ans à la tête de cette propriété qu'il a portée au sommet de l'AOC. Et ce de la plus belle des façons avec deux coups de cœur la même année, ce que peu de domaines réalisent. Honneur à la cuvée principale, un assemblage syrah-grenache-carignan d'une grande intensité olfactive (fruits rouges mûrs, réglisse, épices, violette, grillé), puissant, riche et long en bouche, bâti sur des tanins et un boisé parfaitement intégrés. ⧗ 2015-2019 🍴 carré d'agneau ■ Le Coin perdu 2012 ★★ ♥ (15 à 20 € ; 4 000 b.) : un air de famille dans cette cuvée, avec là aussi beaucoup de puissance, de richesse, de persistance et un équilibre admirable. ⧗ 2015-2019 ■ 2013 ★ (34 000 b.) : une belle complexité (acacia, miel, pêche, abricot), de l'élégance et de la fraîcheur. ⧗ 2014-2017

EARL J.-P. et N. Margan, Ch. la Canorgue, 84480 Bonnieux, tél. 04 90 75 81 01, chateaucanorgue.margan@wanadoo.fr V t.l.j. sf dim. 9h-19h

DOM. CHASSON 2012

■	20 000		5 à 8 €

Créé en 1990, le vignoble de Jean-Claude Chasson couvre 66,5 ha répartis entre le Château Blanc, face aux Ocres de Roussillon (AOC ventoux), et le domaine Chasson (luberon) que complète une petite production en IGP.

Mi-grenache mi-syrah, un élevage de douze mois en fût : voilà pour les informations techniques de ce vin. Les fiches des dégustateurs, quant à elles, décrivent des arômes de torréfaction, de poivre et de garrigue, et un palais pour l'heure tannique et sévère. Encore un peu patience. ⧗ 2016-2019 🍴 côtes d'agneau ■ 2013 (20 000 b.) : un nez franc sur le fruit, du gras et de la fraîcheur en bouche, avant une finale plus chaleureuse. ⧗ 2014-2015

SCEA Ch. Blanc, quartier Grimaud, 84220 Roussillon, tél. 04 90 05 64 56, chateaublanc-chasson@wanadoo.fr V t.l.j. 8h-12h 14h-19h Lelièvre

DAUVERGNE RANVIER Vin gourmand 2013 ★

■	30 000		- de 5 €

Créée en 2004 par François Dauvergne et Jean-François Ranvier, professionnels du vin qui ont décidé d'élaborer leurs propres cuvées après avoir œuvré chez les autres, cette maison de négoce s'affirme d'année en année à travers une gamme de qualité issue de sélections parcellaires.

Ce blanc impeccable dans sa présentation, jaune clair aux reflets verts, se révèle très ouvert sur le floral et les épices (poivre), au nez comme en bouche, souple, frais, délicat et persistant. Un ensemble harmonieux. ⧗ 2014-2017 🍴 saint-jacques snackées

Dauvergne Ranvier, Ch. Saint-Maurice, RN 580, 30290 Laudun-l'Ardoise, tél. 04 66 82 96 57, francois.dauvergne@dauvergne-ranvier.com

DOM. LA GARELLE La Cuvée du solstice 2013 ★

■	20 000		5 à 8 €

Un domaine créé en 1995 et repris en 2008 par l'ingénieur agronome Alain Audet, qui exploite aujourd'hui une vingtaine d'hectares au pied du Luberon.

Ce vin issu de grenache (60 %) et de syrah se pare d'une élégante robe brillante, rose aux nuances cerise. Le nez, de bonne intensité, mêle les agrumes, les fruits blancs et les fleurs blanches. Le palais trouve son équilibre entre le gras et une fine fraîcheur minérale. Un ensemble harmonieux. ⧗ 2014-2015 🍴 tomates farcies

Dom. la Garelle, 4803, rte de Ménerbes, 84580 Oppède, tél. 04 90 72 31 20, info@lagarelle.fr V r.-v. Alain Audet

MARRENON Sépia 2012 ★

■	30 000		5 à 8 €

Le Cellier Marrenon a été fondé en 1966 par Amédée Giniès, l'un des principaux artisans de la reconnaissance en AOC des vins du Luberon. Il regroupe neuf coopératives dans les AOC luberon et ventoux.

Comme souvent, ce groupement réalise un beau tir groupé. En tête, cette cuvée au nez intense de fruits rouges (cerise, notamment) rehaussé par une note mentholée, riche, bien charpentée et longuement épicée en bouche. ⧗ 2014-2017 🍴 ragoût de bœuf aux épices ■ Amédée À l'ombre des platanes 2012 ★ (40 000 b.) : intensément floral et épicé, généreux en bouche, avec une pointe de vivacité en soutien. ⧗ 2014-2017 ■ Amédée L'Excellence 2013 ★ (moins de 5 € ; 130 000 b.) : un rosé gourmand au nez amylique et fruité, rond et gras en bouche. ⧗ 2014-2015 ■ L'Aiguebrun 2013 ★ (moins de 5 € ; 200 000 b.) : un joli nez de citron et de pêche blanche relayé par un palais alerte, frais et minéral. ⧗ 2014-2017

Marrenon, rue Amédée-Giniès, 84240 La Tour-d'Aigues, tél. 04 90 07 40 65, marrenon@marrenon.com V t.l.j. 8h30-12h30 14h30-19h

♥ MAS DES INFERMIÈRES Source 2012 ★★

■	5 000		11 à 15 €

Fondée en 1925 à Goult, à la limite du Luberon et du Ventoux, cette coopérative produit des vins dans les deux appellations, sur une surface totale de 580 ha.

Le Mas des Infermières, non loin d'Oppède, n'est autre que la propriété du réalisateur Riddley Scott, également auteur de l'étiquette. Mais la remarquable réussite de ce vin repose avant tout sur trois hommes de grande expérience : Jean-Luc Romero pour surveiller les vignes, Robert Vincent pour piloter la vinification et Denis Langue pour diriger le domaine. Il n'aura pas fallu longtemps pour que ce trio fasse mouche, chacun à son poste ayant insufflé son savoir-faire. Le vin, mi-grenache mi-syrah, tutoie la perfection, alliant dans une atmosphère généreuse de Zan et de fruits très mûrs une grande élégance à une puissance certaine. ⧗ 2015-2019 🍴 civet de lièvre

Cave de Lumières, 84220 Goult, tél. 04 90 72 20 04, info@cavedelumieres.com V t.l.j. 8h-12h 14h-18h

DOM. DE MAYOL 2013 ★

■	10 000		8 à 11 €

Une propriété très ancienne (Xe s.), sur laquelle Bernard Viguier, installé en 1976, poursuit une longue tradition vigneronne née dans sa famille il y a quatorze générations. Le vignoble s'étend aujourd'hui sur 36 ha cultivés dans un esprit bio.

Ce blanc se distingue par ses arômes intenses de pamplemousse rose tout au long de la dégustation, agrémentés de notes de pêche blanche à l'olfaction. Une

RHÔNE

ligne aromatique qui ferait penser à un rosé et qui confère à l'ensemble fraîcheur et dynamisme. ⧗ 2014-2016 ▼ salade de poulpe ■ Esprit Sauvan 2012 ★ (11 à 15 € ; 6 600 b.) : un vin bien typé syrah (violette, épices) et solidement charpenté. ⧗ 2015-2018

Bernard Viguier, Dom. de Mayol, rte de Bonnieux, D 3, 84400 Apt, tél. 04 90 74 12 80, domaine.mayol@free.fr V r.-v. E

TERRES VALDÈZE Keras 2012 ★

■	13 000		5 à 8 €

Issue en 2005 de la réunion des deux caves de La Tour-d'Aigues, la Valdèze a fusionné en janvier 2010 avec la coopérative de La Motte-d'Aigues. L'ensemble – 350 vignerons et premier producteur de l'AOC luberon – est renommé Terres Valdèze en 2014.

Sur les nouvelles étiquettes de la « coop », un rhinocéros, animal qui peuplait les contrées du Luberon il y a 30 millions d'années. Dans le verre, un vin bien ouvert sur les fruits rouges mûrs, la garrigue et le poivre, souple en attaque, plus puissant dans son déroulé, soutenu par des tanins fondus enrobés d'épices et de notes balsamiques. ⧗ 2014-2017 ▼ tajine d'agneau ■ Keras 2013 ★ : un vin charmeur par ses arômes de miel, d'acacia et de pêche jaune, par sa rondeur et son volume. ⧗ 2014-2016

SCA Valdèze, 288, bd de la Libération, 84240 La Tour-d'Aigues, tél. 04 90 07 42 12, valdeze@valdeze.fr V t.l.j. sf dim. lun. 9h-12h30 15h-19h

CH. TURCAN
Cuvée Louis Turcan 2013 ★★

■	1 200		15 à 20 €

Fondé dans les années 1860 par le « pharmacien-viticulteur » Louis Turcan, le domaine est resté dans la même famille. Constamment agrandi et modernisé, il dispose aujourd'hui de 25 ha d'un seul tenant groupés autour des chais.

Ce blanc – vermentino, roussanne et viognier par tiers – se distingue d'emblée par son nez expressif de fleurs blanches et de réglisse, prolongé par une bouche élégante, à la fois vive et onctueuse, qui s'étire dans une jolie finale poivrée et mentholée. ⧗ 2014-2017 ▼ tian de légumes aux trois fromages ■ 2012 ★ (8 à 11 € ; 2 000 b.) : apprécié pour son fruité intense et fin, et pour son équilibre. ⧗ 2014-2015 ■ Louis Turcan 2012 (6 500 b.) : un nez plaisant de garrigue et de fruit, une bouche chaleureuse et grasse, plus sévère en finale. ⧗ 2014-2017

SCEA Ch. Turcan, rte de Pertuis, 84240 Ansouis, tél. 04 90 09 83 33, chateau-turcan@wanadoo.fr V t.l.j. sf lun. mer. dim. 9h30-12h 14h30-18h; t.l.j. en juil. et août E D. Laugier

B DOM. LES VADONS 2013

■	6 500	5 à 8 €

Issu d'une longue lignée d'agriculteurs, Louis-Michel Brémond a repris en 1998 le domaine familial, dédié aussi à la production d'huile d'olive, créé la cave de vinification et orienté le vignoble (8 ha) vers l'agriculture biologique.

Pas moins de six cépages composent ce rosé. Le grenache noir en majorité (50 %), pour la rondeur, le carignan (20 %) pour la fraîcheur et la structure, la syrah (10 %) pour le fruité et les épices, autant de grenache blanc pour renforcer la bonhommie, un soupçon de roussanne et d'ugni blanc pour un saupoudrage d'arômes. Au final, un vin harmonieux. ⧗ 2014-2015 ▼ planche de charcuterie

Dom. les Vadons, La Resparine, 84160 Cucuron, tél. 06 03 00 10 29, les.vadons@wanadoo.fr V t.l.j. sf lun. dim. 10h30-12h30 15h30-18h30 3

DOM. LES VAISSES 2013 ★

■	3 800	5 à 8 €

Fondée en 1925, la coopérative de Cucuron a fusionné en 2009 avec les caves de Lourmarin, Cadenet et Lauris pour former Louérion Terres d'Alliances, qui regroupe la production de 190 vignerons.

Issu d'une sélection parcellaire de 2 ha, ce rosé confidentiel et cristallin livre des parfums bien mariés d'agrumes et de bonbon anglais. L'attaque pleine de fraîcheur ouvre sur un palais friand et élégant, que souligne une fine minéralité. ⧗ 2014-2015 ▼ carpaccio de thon

SCA Louérion Terres d'Alliance, quartier Châteauvieux, 84160 Cucuron, tél. 04 90 77 21 02, contact@luberon-provence.com V r.-v.

CH. VAL JOANIS Tradition 2013 ★

■	50 000		5 à 8 €

Cet ancien et vaste domaine (350 ha, dont 180 de vignes) a longtemps porté les armoiries de Jean de Joanis, secrétaire du roi Louis III de Naples. Entièrement restructuré en 1976 après son acquisition par la famille Chancel, il est une référence de l'AOC luberon. Acquis en 2001 par Léonard Roozen.

Ce rosé pâle à dominante de syrah (85 %) dévoile un bouquet délicatement amylique et fruité (groseille), avec une note de buis en appoint. Le palais se révèle rond et gras, équilibré par une juste fraîcheur. ⧗ 2014-2015 ▼ brick au thon

Ch. Val Joanis, 2404, rte de Villelaure, 84120 Pertuis, tél. 04 90 79 20 77, info@val-joanis.com V t.l.j. 10h-12h30 14h-17h30; f. nov.-mars Léonard Roozen

CH. LA VERRERIE
Grand Deffand 2012 ★

■	13 300	20 à 30 €

Établi dans une ancienne verrerie acquise en 1981, l'entrepreneur Jean-Louis Descours a étendu son vignoble de 30 ha vinifiés par la coopérative de Lauris à l'origine à 48 ha aujourd'hui (en conversion bio), et s'est doté d'une cave construite à flanc de colline.

« Un joli rouge de syrah », note un dégustateur. De fait, le cépage compose 99 % (associé à un soupçon de grenache) de ce 2012 qui a passé vingt-quatre mois en foudre. Un vin au nez en effet bien typé d'épices et de fruits rouges, ample, onctueux et soyeux en bouche. ⧗ 2015-2019 ▼ agneau de sept heures

Ch. la Verrerie, 1810, rte de Luberon, 84360 Puget, tél. 04 90 08 32 98, la-verrerie@wanadoo.fr V r.-v.

LA VIEILLE FERME 2013 ★

■	n.c.		5 à 8 €

La Maison Perrin fondée en 1909 par l'aïeul Gabriel Tramier conjugue depuis cinq générations activité de

négoce et exploitation de vignobles, dont le réputé Château de Beaucastel (châteauneuf-du-pape) et La Vieille Ferme, vaste domaine du Luberon.

Assemblage de grenache, de bourboulenc, d'ugni blanc et de roussanne, ce blanc a beaucoup de nerf, porté de bout en bout par une belle tension minérale, accompagnée de fruits blancs et de cardamone. Un vin persistant, aguicheur et démonstratif, « qui sait qu'il est beau et qui n'hésite pas à le montrer », conclut un juré : un Méridional, en somme... ⌛ 2014-2017 🍴 linguine alle vongole

Famille Perrin, rte de Jonquières, 84100 Orange, tél. 04 90 11 12 00, perrin@familleperrin.com
V r.-v.

PIERREVERT

• Superficie : 360 ha • Production : 15 541 hl (90 % rouge et rosé)

Dans le département des Alpes-de-Haute-Provence, la majeure partie des vignes se trouve sur les versants de la rive droite de la Durance (Corbières, Sainte-Tulle, Pierrevert, Manosque...). Les conditions climatiques, déjà rigoureuses, cantonnent la culture de la vigne dans une dizaine de communes sur les quarante-deux que compte légalement l'aire d'appellation. Les vins rouges, rosés et blancs, d'assez faible degré alcoolique et d'une bonne nervosité, sont appréciés par ceux qui traversent cette région touristique. Les coteaux-de-pierrevert ont été reconnus en appellation d'origine contrôlée en 1998.

DOM. LA BLAQUE 2013

rosé	50 000	5 à 8 €

Valeur sûre de l'AOC pierrevert, ce domaine a été créé en 1987 par Gilles et Laurence Delsuc, œnologues formés à Dijon, à la tête d'un vignoble de 51 ha en conversion bio depuis 2011, implanté jusqu'à 600 m d'altitude sur les contreforts du Luberon.

Robe pâle et olfaction discrète en première impression. L'aération libère des notes fruitées et amyliques. Une touche iodée s'ajoute à cette palette dans une bouche plus vive que ronde, qui reste néanmoins équilibrée. ⌛ 2014-2015 🍴 filets de rouget

Dom. la Blaque, 04860 Pierrevert, tél. 04 92 72 39 71, domaine.lablaque@wanadoo.fr
V t.l.j. sf dim. 8h-12h 14h-18h

PETRA VIRIDIS Terroir de Quintius 2012 ★★

rouge	2 000	🍾	5 à 8 €

Cette coopérative créée en 1925 par un riche bourgeois marseillais, Auguste Bastide, fédère aujourd'hui 120 vignerons et 338 ha, pour une dizaine de communes autour de Pierrevert.

« Très typé syrah », indique un juré. Bien vu, ce cépage compose 70 % de cette cuvée née au bord du Verdon sur le site de Quinson, dont les terres sont en bio certifié depuis 2013. Le nez intense et complexe conjugue petits fruits (cerise, mûre, cassis), poivre et violette. Un registre septentrional que confirme un palais équilibré, aux tanins fins et doux. ⌛ 2016-2019 🍴 perdrix rôtie

Cave Petra Viridis, 1, av. Auguste-Bastide, 04860 Pierrevert, tél. 04 92 72 19 06, technique@cave-pierrevert.com V t.l.j. sf dim. 9h-12h 14h-18h

CH. RÉGUSSE 2013 ★★

blanc	12 000	🍾	5 à 8 €

Créé en 1970, ce domaine étend sur plus de 200 ha son vaste vignoble commandé par une bâtisse provençale ancienne. En 2003, ses fondateurs l'ont cédé à un groupe d'investisseurs qui ont confié la direction à Patrice Jérôme.

Des senteurs élégantes de pêche et de fleurs blanches, suivies de nuances d'agrumes à l'aération. Un palais franc en attaque, qui penche vers la fraîcheur, sans manquer ni de rondeur ni de suavité. Un ensemble harmonieux. ⌛ 2014-2017 🍴 quenelles de brochet

SAS Régusse, Dom. de Régusse, 04860 Pierrevert, tél. 04 92 72 30 44, domaine-de-regusse@wanadoo.fr
V r.-v. Munier

CH. SAINT-JEAN LÈS DURANCE Hommage à Jean Giono 2013 ★

rosé	5 600	🍾	8 à 11 €

Cette famille cultive la vigne depuis cinq générations sur ce domaine au passé viticole ancien (XVIIe s.) En 2013, Jean-Guillaume d'Herbès a pris les rênes d'un vignoble de 24 ha en conversion bio.

Premier millésime pour ce vigneron avec cet Hommage à Jean Giono, grand ami de son grand-père. Un rosé pâle, ouvert sur les fruits exotiques et les fruits à chair blanche, vif, tonique et long en bouche. ⌛ 2014-2015 🍴 escalope milanaise ■ Rosé des quatre reines 2013 (5 à 8 € ; 9 000 b.) : un nez puissant d'ananas et de litchi, en accord avec une bouche fraîche. ⌛ 2014-2015

d'Herbès, Dom. de Saint-Jean, 04100 Manosque, tél. 04 92 72 50 20, jgdherbes@hotmail.com
V t.l.j. sf dim. 9h-12h 14h-18h30

CÔTES-DU-VIVARAIS

• Superficie : 439 ha • Production : 12 000 hl (95 % rouge et rosé)

À la limite nord-ouest des Côtes du Rhône méridionales, les côtes-du-vivarais chevauchent les départements de l'Ardèche et du Gard. Les vins, produits sur des terrains calcaires, sont essentiellement des rouges à base de grenache (30 % minimum), de syrah (30 % minimum), et des rosés, caractérisés par leur fraîcheur et à boire jeunes. Ce VDQS a été reconnu en AOC en 1999.

B DOM. GALLETY 2012 ★

rouge	57 000	🍾 ⦀	15 à 20 €

Alain Gallety et son fils David-Alexandre conduisent à quatre mains un domaine de 15 ha dédié aux côtes-du-vivarais et converti au bio depuis 1979.

Mi-syrah mi-grenache, ce 2012 dévoile une palette riche et complexe : sous-bois, nuances animales, cassis, myrtille, olive noire. La bouche, du même acabit, se montre charnue, suave, concentrée, puissante sans lourdeur. Un vin de caractère, à laisser un peu en cave. ⌛ 2016-2019 🍴 civet de sanglier

Gallety, La Montagne, 07220 Saint-Montan, tél. 04 75 52 63 18, contact@gallety.fr V r.-v.

CAVE COOPÉRATIVE D'ORGNAC-L'AVEN
Réserve 2013 ★

■	6 000	🍾	5 à 8 €

Cave née en 2010 de la fusion de quatre coopératives. Elle est située au cœur des gorges de l'AOC côtes-du-vivarais, à Orgnac, village réputé pour son aven gigantesque.

Soutenue, vive, la robe annonce la couleur. Le nez est ouvert sur les fruits rouges mûrs. Le palais se révèle ample, rond et gras. Sa concentration et sa longueur en font un rosé de repas. ⧗ 2014-2015 🍴 tajine de veau

🔑 Cave coopérative d'Orgnac-l'Aven, 07150 Orgnac-l'Aven, tél. 04 75 39 98 00, uvica@uvica.fr V 🚶 🍷 t.l.j. sf dim. 9h-12h 14h-18h ; lun. 14h-18h 🔑 Vigneron ardéchois

DOM. VIGIER 2013

■	15 000	🍾	- de 5 €

L'un des plus anciens domaines (1789) du sud de l'Ardèche, établi dans la vallée de l'Ibie, acquis par les Dupré en 1975. Les enfants, trois fils et une fille, sont désormais aux commandes d'un vaste ensemble de 100 ha.

Ce vin saumoné égrène de jolies notes de fruits rouges et de fruits à chair blanche, soulignées par une touche minérale. À l'unisson, le palais se révèle rond, gras, vineux. Un rosé de bouche. ⧗ 2014-2015 🍴 filets de rouget

🔑 Dupré et Fils, Dom. de Vigier, 07150 Lagorce, tél. 04 75 88 01 18, duprefils@wanadoo.fr V 🚶 🍷 r.-v.

Les vins doux naturels de la vallée du Rhône

RASTEAU

• Superficie : 38 ha • Production : 1 045 hl

Tout au nord du département du Vaucluse, ce vignoble s'étale sur deux formations distinctes : des sables, marnes et galets au nord ; des terrasses d'alluvions anciennes du Rhône (quaternaire), avec des galets roulés, au sud. Le grenache (90 % minimum) y fournit un vin doux naturel rouge ou doré.

CAVE DE RASTEAU Signature 2010 ★

■	18 000	🍾 🛢	11 à 15 €

Fondée en 1925, cette coopérative qui regroupe plus de 700 ha de vignes est l'une des plus anciennes caves rhodaniennes et le principal producteur de l'AOC rasteau. Ortas est sa marque ombrelle.

Truffe et chocolat sont la signature aromatique de cette cuvée élevée plus de deux ans pour partie en cuve pour partie en barrique. Des tonalités intenses, généreuses et douces contrebalancées par une belle fraîcheur en bouche. Un rasteau équilibré. ⧗ 2014-2024 🍴 fondant au chocolat ■ **Vintage 2010 (20 000 b.)** : de belles notes de noix et de pruneau et un palais soyeux. ⧗ 2014-2020

🔑 Ortas, Cave de Rasteau, rte des Princes-d'Orange, 84110 Rasteau, tél. 04 90 10 90 14, rasteau@rasteau.fr V 🍷 t.l.j. 9h-12h30 14h-18h

MUSCAT-DE-BEAUMES-DE-VENISE

• Superficie : 490 ha • Production : 9 265 hl

Au nord de Carpentras, se découpent les impressionnantes Dentelles de Montmirail. Le vignoble est implanté sur leur versant sud, dans un paysage qui doit ses couleurs à des calcaires grisâtres et à des marnes rouges. Une partie des sols est formée de sables, de marnes et de grès, une autre de terrains tourmentés datant du trias et du jurassique. Le seul cépage est le muscat à petits grains ; mais dans certaines parcelles, une mutation donne des raisins roses. Mutés à l'eau-de-vie comme les autres vins doux naturels, les vins doivent avoir au moins 110 g/l de sucre. Aromatiques, fruités et fins, ils trouvent toute leur place à l'apéritif et sur certains fromages ou desserts.

DOM. DES ENCHANTEURS Ambre Céleste 2012

■	2 000	🍾	11 à 15 €

Un domaine de poche de 3 ha (AOC ventoux, muscat-de-beaumes-de-venise et IGP) créé en 2009 par deux passionnés, Catherine Desbois-Mouchel et Bertrand Seube.

Ce muscat séduit d'emblée par son nez frais aux accents d'abricot sec. Un charme qui continue d'opérer dans une bouche ample et ronde. ⧗ 2014-2018 🍴 foie gras poêlé

🔑 Dom. des Enchanteurs, 52, chem. d'Aubignan, 84330 Saint-Hippolyte-le-Graveyron, tél. 04 90 11 69 92, bertrand@domainedesenchanteurs.fr V 🚶 🍷 r.-v.

Ⓑ **DOM. DE FENOUILLET** 2013

■	22 200	🍾	11 à 15 €

Vigneronne depuis le début du XXᵉ s., la famille Soard exploite, en bio certifié depuis 2012, un domaine de 25,5 ha. En 1989, Patrick et Vincent ont pris la suite de leur père Yvon.

Ce muscat offre un bel équilibre jusqu'en finale, porté au nez comme en bouche par des notes discrètes et élégantes de fleurs blanches et d'abricot. ⧗ 2014-2018 🍴 nougat glacé aux amandes

🔑 Patrick et Vincent Soard, Dom. de Fenouillet, 123, allée Saint-Roch, 84190 Beaumes-de-Venise, tél. 04 90 62 95 61, contact@domaine-fenouillet.fr V 🚶 🍷 t.l.j. sf dim. 9h-12h 14h-19h (hiver 13h30-18h30)

DOM. FONT SANTE 2012

■	40 000	🍾	11 à 15 €

Un domaine dans la famille de Pierre Rougon depuis 1956, dont le vignoble de 52 ha s'étage sur des terrasses situées à une altitude entre 150 et 330 m.

Ce muscat à la robe d'or livre à l'olfaction des notes intenses de camphre et de menthol. La bouche, à l'unisson, se montre onctueuse et longue. ⧗ 2014-2018 🍴 gâteau aux noix

🔑 Pierre Rougon, 142, chem. de Font-Sante, 84190 Beaumes-de-Venise, tél. 04 90 12 11 11, commercial@lesvinspierrerougon.fr

DOM. DU GRAND MONTMIRAIL 2012 ★

	8 000		11 à 15 €

Productrice de la vallée du Rhône et de la Côte de Nuits, la famille Chéron, originaire de Bourgogne, conduit depuis 1981 ce vaste domaine de 72 ha en forme d'amphithéâtre au pied des Dentelles de Montmirail.

Élevé douze mois en cuve, en partie sur lies fines, cette cuvée possède un nez de fruits frais agrémentés de notes de raisin sec. Un fruité que prolonge avec persistance une bouche élégante. 2014-2020 tarte au citron

Dom. du Grand Montmirail, Le Grand-Montmirail, 84190 Gigondas, tél. 04 90 65 85 91, contact@vignoblescheron.fr V t.l.j. sf sam. dim. 8h-12h 14h-18h

DOM. DE LA PIGEADE 2013 ★

	100 000		11 à 15 €

En 1996, après leurs études viticoles et des stages en France et aux États-Unis, Thierry et Marina Vaute ont sorti le domaine familial de la coopérative et l'ont entièrement rénové (30 ha aujourd'hui).

Fin et élégant, ce muscat s'annonce par des notes de litchi et de poire mûre. La bouche, bien équilibrée, s'étire longuement sur ces mêmes sensations fruitées. 2014-2018 fondant au chocolat

Thierry et Marina Vaute, Dom. de la Pigeade, 2439, rte de Caromb, 84190 Beaumes-de-Venise, tél. 04 90 62 90 00, contact@lapigeade.fr V t.l.j. sf dim. 9h-12h 14h-18h

CH. SAINT-SAUVEUR
Cuvée des Moines 2012 ★

	6 000		11 à 15 €

Un domaine de 58 ha (en conversion au bio), ancien fief d'une famille de la noblesse du Comtat venaissin et propriété des Rey depuis 1936. Le caveau est installé dans une chapelle du XIIe s. et la cave de vinification dans un ancien monastère.

Une belle robe dorée sert d'écrin à ce muscat au nez expressif de mandarine et de pamplemousse, au palais généreux et soyeux, sur l'amande et la cannelle. 2014-2020 tarte aux mirabelles

Ch. Saint-Sauveur, EARL Les Héritiers de Marcel Rey, 1451, av. Joseph-Vernet, 84810 Aubignan, tél. 04 90 62 60 39, vins@domaine-st-sauveur.fr V t.l.j. 9h15-12h15 14h15-19h; dim. sur r.-v.

Guy Rey

PIERRE VIDAL 2012

	12 000		8 à 11 €

Pierre Vidal installé à Châteauneuf-du-Pape avec son épouse vigneronne a créé son négoce en 2010. Une maison déjà bien implantée grâce aux sélections parcellaires vinifiées par ce jeune œnologue formé en Bourgogne.

Pierre Vidal est décidément un vinificateur inspiré, et « tout terrain ». Il signe un joli muscat aromatique, aux notes d'orange confite et de noix, harmonieux de bout en bout. 2014-2018 gâteau à l'orange

EURL Pierre Vidal, 631, rte de Sorgues, 84230 Châteauneuf-du-Pape, tél. 06 88 88 07 58, contact@pierrevidal.com

Les vins de pays/IGP

Production : 12 Mhl, dont environ 80 % en rouge et rosé.

Principales régions : Languedoc-Roussillon (85 % des volumes), PACA (9 %), Midi-Pyrénées (8 %).

Répartition par catégories : 49 % en vins de pays de région, 27 % comme vins de zone local, 24 % en vins de pays de département.

LES VINS DE PAYS/IGP

Depuis la réforme de classification des vins de 2009, les vins de pays (VDP) – qui faisaient partie jusqu'alors de la même catégorie que les vins de table – sont devenus des IGP (indications géographiques protégées). Ils rejoignent ainsi les AOC, inclus comme elles dans la famille des vins dotés d'une indication géographique. Ils fournissent aussi bien des vins de cépage que des vins « d'auteurs » issus de cépages oubliés ou d'assemblages inovants.

Des vins de pays aux IGP

Créés à la fin des années 1960 pour résoudre la crise des vins de table boudés par les consommateurs, les vins de pays étaient à l'origine de simples vins de table personnalisés par une provenance géographique. Ils sont depuis le 1er août 2009 des indications géographiques protégées (IGP). À ce titre, ils rejoignent les AOC (AOP selon la terminologie européenne) dans la catégorie des vins à indication géographique et sont donc gérés par l'Inao, organisme responsable de tous les signes d'origine et de qualité. Néanmoins, cette mutation de vin de pays en IGP n'est pas automatique, et chaque syndicat viticole gérant un VDP avait jusqu'à fin juin 2011 pour déposer un dossier de passage en IGP auprès de l'Inao, qui devait le transmettre après validation à la Commission européenne, pour étude et enregistrement. Pendant cette période de transition, les producteurs ont le choix pour l'étiquetage : ils peuvent conserver la mention « vin de pays », utiliser la mention « indication géographique protégée » ou les deux conjointement.

Trois catégories

Il existe trois catégories d'IGP, selon l'extension de la zone géographique dans laquelle ils sont produits et qui compose leur dénomination : IGP « régionaux », issus de six grandes zones regroupant plusieurs départements (Val de Loire, Atlantique, Comté tolosan, Pays d'Oc, Méditerranée, Comtés rhodaniens et Franche-Comté) ; IGP de département, à l'exclusion toutefois des départements dont le nom est aussi celui d'une appellation (Jura, Savoie, Corse) ; enfin, IGP de zone provenant d'une entité restreinte correspondant parfois à un ou plusieurs cantons, une vallée ou une commune (ex. : Côte Vermeille, Côtes de Meuse, Cité de Carcassonne).

Le Languedoc en tête

Les vins de pays représentent un gros quart de la production française en volume (entre 25 et 30 % selon les millésimes). La première région de production est le Languedoc-Roussillon, avec 85 % des volumes, très loin devant les régions PACA (9 %) et Midi-Pyrénées (8 %).

Des vins de cépages ou des vins d'assemblage originaux

Le principal intérêt des vins de pays est la souplesse d'utilisation des cépages dont ils disposent. C'est ainsi que s'est développée la catégorie des « vins de cépage », cuvées élaborées à partir d'une unique variété de raisin fièrement affichée sur l'étiquette. Pour le producteur, les vins de pays offrent une possibilité de s'exprimer différemment, en dehors des canons de l'appellation d'origine, soit parce que les variétés qu'il utilise sont interdites dans les AOC locales, soit parce qu'il les emploie dans des proportions différentes de celles prévues en appellation. C'est également un moyen de compléter une offre en proposant une entrée de gamme, car les vins de pays, moins coûteux à produire, sont souvent vendus moins cher que les vins d'appellation. Les coopératives s'en sont d'ailleurs fait une spécialité et on y trouve des cuvées de vins de pays agréables, permettant une première approche des cépages et de la région.

Vallée de la Loire

Les vins de pays du Val de Loire, dénomination régionale, représentent à eux seuls 95 % de l'ensemble des IGP produites en vallée de la Loire ; une vaste région qui regroupe quatorze départements : Maine-et-Loire, Indre-et-Loire, Loiret, Loire-Atlantique, Loir-et-Cher, Indre, Allier, Deux-Sèvres, Puy-de-Dôme, Sarthe, Vendée, Vienne, Cher, Nièvre. À ces vins s'ajoutent les vins de pays de départements et les vins de pays de petites zones : Côtes de la Charité, Coteaux de Tannay (Nièvre), Coteaux du Cher et de l'Arnon (entre l'Indre et le Cher) et Calvados (Basse-Normandie).

La production globale repose sur les cépages traditionnels de la région. Les vins blancs qui représentent 50 % de la production sont secs, frais et fruités, et principalement issus des cépages chardonnay, sauvignon et grolleau gris. Les vins rouges et rosés proviennent le plus souvent des cépages gamay, cabernet franc, pinot noir et grolleau noir. Ces vins de pays sont, en général, à servir jeunes. Cependant, dans certains millésimes, le cabernet peut se bonifier en vieillissant.

CALVADOS

ARPENTS DU SOLEIL Grisy Auxerrois 2013

	18 000		8 à 11 €

Gérard Samson est « le » vigneron du Calvados, installé depuis 1995 sur les terres argilo-calcaires de Saint-Pierre-sur-Dives, à la tête d'un petit vignoble de 5 ha. Fidèle au rendez-vous du Guide, il propose un auxerrois issu de jeunes vignes (onze ans), élégant tant par sa robe jaune paille que par ses arômes de fleurs blanches. Arômes que l'on retrouve dans une bouche fraîche, équilibrée et persistante. (Bouteilles de 50 cl.) 2014-2016 tripes à la mode de Caen

Gérard Samson, Arpents du Soleil, Grisy, 14170 Saint-Pierre-sur-Dives, tél. 02 31 40 71 82, gerard.samson979@orange.fr V lun. ven. 14h-18h30 ; 1er sam. du mois 10h-17h

CÔTES DE LA CHARITÉ

SERGE DAGUENEAU ET FILLES
Les Montées de Saint-Lay Pinot noir 2012 ★

5 000 | 8 à 11 €

Ce domaine, créé par l'arrière-grand-mère Léontine au début du XXᵉs., a été repris en 2006 par Florence et Valérie Dagueneau, les « filles » de l'étiquette. Florence étant disparue prématurément, Valérie perpétue la tradition familiale et signe ici un vin expressif de fruits rouges (cerise) agrémentés d'épices et d'un léger boisé. On retrouve ces arômes dans une bouche fraîche, très légèrement vineuse et finement marquée par le bois en finale. ⌛ 2014-2016 🍷 côtelettes d'agneau

Dom. Serge Dagueneau et Filles, Les Berthiers, 22, rue du Mont-Beauvois, 58150 Saint-Andelain, tél. 03 86 39 11 18, sergedagueneaufilles@wanadoo.fr V r.-v.

DOM. LA PETITE FORGE Pinot noir 2012

2 200 | 5 à 8 €

C'est à l'emplacement d'une ancienne forge qui dépendait du prieuré de La Charité-sur-Loire, que le vignoble des Côtes de la Charité a connu sa renaissance, sous l'impulsion de la famille Pabion. Ce 2012 exhale des parfums de fruits rouges agrémentés de notes épicées (poivre noir), relayés par un palais frais et léger, souligné de discrètes notes boisées (dix mois de fût). ⌛ 2014-2016 🍷 pot-au-feu

Daniel et Katrin Pabion, 136, chem. de la Petite-Forge, 58400 Raveau, tél. 03 86 70 30 80, petiteforge@yahoo.fr V r.-v.

PUY-DE-DÔME

♥ YVAN BERNARD Arkose Gamay 2012 ★★

3 500 | 8 à 11 €

Yvan Bernard est installé depuis 2002 – hors du cadre familial, ce n'est pas si courant – à la tête d'un domaine de 8 ha à Montpeyroux, village construit sur une butte rocheuse dominant la vallée de l'Allier. Il signe ici une cuvée de pur gamay qui tire son nom d'une pierre (famille des grès) longtemps extraite dans ce village. L'intensité est le fil rouge de toute la dégustation. La robe est d'un seyant grenat profond. Le nez s'ouvre sans réserve sur des parfums exubérants de fruits rouges. La bouche se révèle ample, riche et concentrée, finement boisée (douze mois de fût), parfaitement équilibrée et d'une grande longueur. ⌛ 2014-2017 🍷 assiette de charcuterie ■ Petrosus Pinot noir 2012 ★ (4 000 b.) : au nez, des fruits rouges mâtinées d'une note épicée ; une bouche vive et persistante, soutenue par des tanins présents mais bien fondus. ⌛ 2014-2016

Yvan Bernard, pl. de la Reine, 63114 Montpeyroux, tél. 06 84 11 49 88, bernard_corent@hotmail.com V r.-v.

VAL DE LOIRE

♥ ALLARD-BRANGEON
Le Chaillou - Chardonnay 2013 ★★★

1 500 | - de 5 €

La quatrième génération officie aujourd'hui sur les terrains vallonnés et rocailleux de Vallet. Si son chardonnay présente une robe discrète, il charme par l'intensité de ses parfums fruités (fleurs blanches, fruits exotiques, poire). La bouche n'est pas en reste puisqu'elle attaque avec panache et qu'on y retrouve les fruits blancs. Des arômes, du gras, un bel équilibre. Un vin prometteur très bien fait. Que demander de plus ? ⌛ 2014-2019 🍷 choucroute de la mer

Allard-Brangeon, La Guertinière, 44330 Vallet, tél. 02 40 36 27 43, allard-brangeon@orange.fr V r.-v.

DONATIEN BAHUAUD
La Diva - Sauvignon 2013 ★

40 000 | 5 à 8 €

Une cuvée en robe pâle gorgée de fruits exotiques (fruits de la Passion notamment) qui révèle une bouche ronde plus fraîche en finale. Un bel équilibre. ⌛ 2014-2015 🍷 fromage de chèvre

SA Ackerman, 19, rue Léopold-Palustre, 49400 Saint-Hilaire-Saint-Florent, tél. 02 41 53 03 10, contact@ackerman.fr V t.l.j. 9h30-12h30 14h-18h30

DOM. DE BEAUREGARD
Gourmand - Sauvignon 2013 ★★

8 000 | - de 5 €

Éric, le fils de la famille Macé, a pris les rênes du domaine familial angevin en 2003. Il présente un sauvignon bien typé au nez de fleurs blanches, consistant et nerveux en bouche. ⌛ 2014-2017 🍷 moules marinières

Dom. de Beauregard, Beauregard, 49600 La Chaussaire, tél. 02 41 56 73 84, beauregard.viticulteur@orange.fr V r.-v.
Macé

DOM. DE BELLEVUE 2013 ★

12 000 | - de 5 €

Raphaël Midoir a repris le domaine en 1997 à la suite de son père. Après des études au lycée viticole d'Amboise, il s'est spécialisé dans les blancs et les rosés. Il présente un rosé pâle et limpide qui libère à l'aération des notes de groseille. La bouche est dominée par les fruits rouges et soulignée par une fine minéralité. ⌛ 2014-2017 🍷 salade de tomates

Dom. de Bellevue, 380, rue de la Grande-Brosse, 41700 Chémery, tél. 02 54 71 83 58, domainedebellevue41@orange.fr V t.l.j. 9h-12h30 14h-19h

Les vins de pays

IGP régionale

- Val de loire
- Franche-comté
- Comtés rhodaniens
- Méditerranée
- Pays d'oc
- Comté tolosan
- Atlantique

VAR IGP départementale

1 à 38 IGP de zone

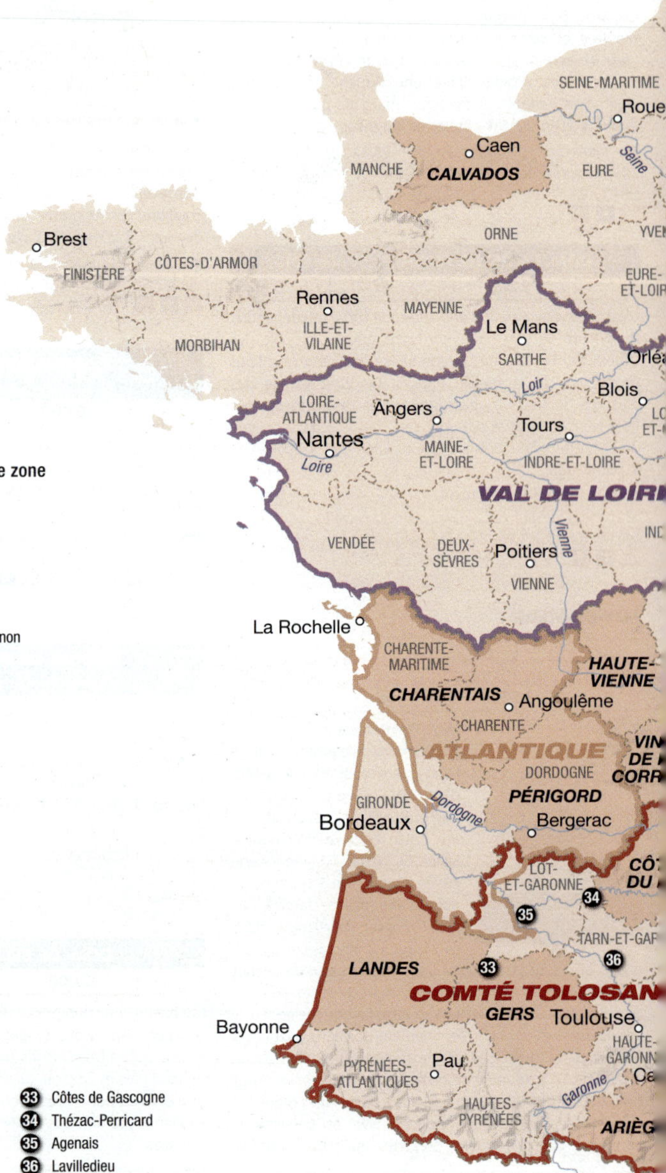

Dénominations des IGP de zone

1. Côtes de Meuse
2. Coteaux de Coiffy
3. Sainte-Marie-la-Blanche
4. Coteaux de l'Auxois
5. Coteaux de Tannay
6. Côtes de la Charité
7. Coteaux du Cher et de l'Arnon
8. Vin des Allobroges
9. Urfé
10. Collines rhodaniennes
11. Coteaux des Baronnies
12. Maures
13. Mont Caume
14. Alpilles
15. Cévennes
16. Coteaux du Pont du Gard
17. Sable de Camargue
18. Côtes de Thongue
19. Côtes de Thau
20. Coteaux du Libron
21. Coteaux d'Ensérune
22. Vicomté d'Aumelas
23. Saint-Guilhem-le-Désert
24. Haute Vallée de l'Orb
25. Coteaux de Narbonne
26. Cité de Carcassonne
27. Vallée du Paradis
28. Vallée du Torgan
29. Haute Vallée de l'Aude
30. Coteaux de Peyriac
31. Le Pays Cathare
32. Côte Vermeille
33. Côtes de Gascogne
34. Thézac-Perricard
35. Agenais
36. Lavilledieu
37. Côtes du Tarn
38. Coteaux de Glanes

----- Limites de département

Nord
Lille
NORD
Amiens
SOMME
AISNE
ARDENNES
OISE
Reims
MEUSE
Metz
Châlons-en-Champagne
MOSELLE
PARIS
MARNE
Nancy
SEINE-ET-MARNE
MEURTHE-ET-MOSELLE
BAS-RHIN
Strasbourg
AUBE
Troyes
Seine
Yonne
HAUTE-MARNE
Moselle
Colmar
HAUT-RHIN
Rhin
LOIRET
Loire
Marne
Auxerre
HAUTE-SAÔNE
TERR. DE BELFORT
YONNE
Saône
CÔTE-D'OR
Dijon
Besançon
DOUBS
CHER
NIÈVRE
Nevers
Beaune
Cher
FRANCHE-COMTÉ
JURA
SAÔNE-ET-LOIRE
ALLIER
Mâcon
COTEAUX DE L'AIN
Roanne
HAUTE-SAVOIE
Annecy
RHÔNE
Clermont-Ferrand
Lyon
COMTÉS RHODANIENS
Rhône
Chambéry
PUY-DE-DÔME
LOIRE
Vienne
SAVOIE
Allier
CANTAL
HAUTE-LOIRE
Loire
ISÈRE
Valence
DRÔME
Die
HAUTES-ALPES
ARDÈCHE
Montélimar
LOZÈRE
Rhône
AVEYRON
ALPES-DE-HAUTE-PROVENCE
GARD
VAUCLUSE
Nîmes
Avignon
ALPES-MARITIMES
Montpellier
Nice
Bastia
BOUCHES-DU-RHÔNE
VAR
PAYS D'HÉRAULT
Marseille
MÉDITERRANÉE
HAUTE-CORSE
Narbonne
Toulon
ÎLE DE BEAUTÉ
AUDE
PAYS D'OC
PYRÉNÉES-ORIENTALES
Ajaccio
CORSE-DU-SUD
Perpignan
CÔTES CATALANES
1 2 3 4 5 6 8 9 10 11 12 13 14 15 16 17 18 19 20 21 22 23 24 25 27 28 30 32
0 50 100 km

DOM. DU BOIS-PERRON
Merlot 2013 ★★

1 200 | - de 5 €

Situé sur la route touristique des moulins, dans un territoire vallonné, le vignoble du Bois-Perron a pris de l'ampleur depuis sa création en 1949. Couvrant à l'origine 2 ha, il en compte aujourd'hui 34 dont 1,5 ha est consacré à ce merlot qui affiche une robe chatoyante. Sur des notes de fruits rouges, il offre une bouche gourmande, tendre et fondue. 2014-2019 hamburger maison **Chardonnay 2013 ★ (3 000 b.)** : un beau fruité (pamplemousse) au nez comme en bouche, une belle vivacité et de la longueur. 2014-2017

GAEC du Bois-Perron, Le Perron, 44430 Le Loroux-Bottereau, tél. 02 51 71 90 63, du-bois-perron@orange.fr V r.-v.

DOM. BOUFFARD Sauvignon 2013 ★

5 500 | - de 5 €

Producteurs de muscadet et de gros-plant, les Bouffard élargissent leur palette avec des vins de pays. Leur sauvignon s'affiche en robe dorée et libère des arômes intenses de genêt et de litchi. On retrouve les fruits exotiques dans une bouche puissante, onctueuse et longue. 2014-2017 cabillaud sauce au beurre blanc

GAEC Gilles et Frédéric Bouffard, 8, La Brosse, 49230 Saint-Crespin-sur-Moine, tél. 02 41 70 43 42, gaec.bouffard@orange.fr V r.-v.

HENRY BROCHARD
Les Carisannes - Pinot noir 2013 ★★

3 260 | 5 à 8 €

Henry Brochard plante les premières vignes en 1959. À la tête de 5,47 ha aujourd'hui, ses petites-filles Caroline, Isabelle et Anne-Sophie unissent leurs talents et leurs prénoms pour proposer cette gamme sélectionnée dans les deux couleurs. C'est le rosé qui a la préférence. Il séduit par sa robe légèrement saumonée et par son nez intense de fruits noirs. En bouche, il évoque plutôt les fruits rouges et offre une belle vivacité ! 2014-2017 salade exotique **Sauvignon blanc 2013 ★ (46 000 b.)** : un vin net, nerveux et persistant. 2014-2016

Henry Brochard, Chavignol, 18300 Sancerre, tél. 02 48 78 20 10, lesvins-henrybrochard@wanadoo.fr V t.l.j. 9h-12h 14h-18h

LA CHAUME Bellae Domini - Vendée 2009 ★

7 000 | 15 à 20 €

Le vignoble le plus « sudiste » du Val de Loire, à équidistance entre la Loire et le Médoc, d'où sans doute le choix du merlot comme cépage principal sur les terres de ce domaine, acquis en 1997 par Estelle et Christian Chabirand et entièrement replanté (3 ha) par leurs soins. Le seul cépage aussi à entrer dans la composition de ce 2009 né d'un élevage luxueux en fût (vingt-quatre mois). Un nez intense de fruits rouges mûrs, d'épices et de grillé. Dès l'attaque, le palais se montre puissant et solidement charpenté sans manquer d'onctuosité. Un vin que l'on pourra apprécier aussi bien jeune que patiné par une petite garde. 2014-2016 côte de boeuf

Prieuré la Chaume, 35, chem. de la Chaume, 85770 Vix, contact@la-chaume.net V r.-v.

DOM. DE LA CHAUSSÉRIE Sauvignon 2013 ★

6 000 | - de 5 €

Au cœur de l'appellation muscadet-côtes-de-grand-lieu, ce domaine est situé dans la petite commune de Saint-Léger-les-Vignes, en bordure de L'Acheneau, sur la route de Pornic. Kristel et Patrick Gobin ont élaboré un sauvignon aux senteurs exotiques mâtinées de notes d'agrumes. On retrouve les fruits dans une bouche élégante, harmonieuse et longue. 2014-2017 plateau de fruits de mer

Kristel et Patrick Gobin, 35, rue de la Chaussérie, 44710 Saint-Léger-les-Vignes, tél. 02 40 32 67 81, earl.gobin@wanadoo.fr V t.l.j. 15h-19h ; sam. 9h-12h

DOM. DE LA CHESNAIE Merlot 2012 ★★

10 000 | 5 à 8 €

Ce domaine célèbre et ancien, qui s'illustre en muscadet-sèvre-et-maine, montre ici son savoir-faire en rouge, avec ce merlot au nez expressif et intense de vanille. On retrouve la vanille dans une bouche suave et élégante. Un vin à la fois charpenté et soyeux qui a fait mouche. 2014-2017 apéritif

Bernard Chéreau, Ch. de Chasseloir, 44690 Saint-Fiacre-sur-Maine, tél. 02 40 54 81 15, contact@chereau-carre.fr V r.-v.

DOM. DU CLERAY Sauvignon 2013 ★

28 000 | 5 à 8 €

Les Sauvion ne se disent pas vignerons ni négociants, mais « façonneurs de plaisirs ». Du plaisir, c'est ce qu'a ressenti le jury à la dégustation de ce vin en robe très claire, au nez franc et à la bouche vive et élégante. 2014-2017 poisson grillé et jus de citron

SCEA Champteloup, 49700 Brigné-sur-layon, tél. 02 40 36 66 00, contact@lacheteau.fr GCF

VIGNOBLE COGNÉ Pinot noir 2013 ★

22 000 | - de 5 €

L'une des valeurs sûres de l'IGP Val de Loire, connue aussi sous l'étiquette Dom. de la Couperie, avec laquelle la famille Cogné a déjà décroché plusieurs coups de cœur. Cette cuvée a été remarquée pour son nez très flatteur de cerise. Le palais rond offre des notes poivrées bien typées du pinot noir. Un 2013 agréable. 2014-2017 assiette de charcuteries

SCEV Claude Cogné, 227, La Couperie, 49270 Saint-Christophe-la-Couperie, tél. 02 40 83 73 16, cogne.vin@orange.fr V r.-v.

DOM. LES COINS Chardonnay 2013 ★

15 000 | - de 5 €

Didier Malidain s'est installé en 1996 sur le domaine familial, conduit en lutte raisonnée. Il signe un chardonnay raffiné aux parfums de fleurs blanches et à la bouche ample et de bonne longueur. 2014-2017 dos de cabillaud rôti **Fié Gris 2013 (4 000 b.)** : ce cépage n'est autre que le sauvignon gris, qui a donné naissance à un vin discret mais élégant. 2014-2016

EARL Jean-Claude et Didier Malidain, 5, Grossève, 44650 Corcoué-sur-Logne, tél. 02 40 05 95 95, domaine.les.coins@wanadoo.fr V r.-v.

DOM. DU COLOMBIER
Pinot gris - Demi-sec 2013 ★

	2 500	5 à 8 €

Situé en Maine-en-Loire, aux portes de la région nantaise, ce domaine propose un pinot gris au nez marqué par les fleurs blanches, les fruits blancs et des notes amyliques. On retrouve ces arômes dans une bouche onctueuse qui ne manque pas de fraîcheur. 2014-2017 salade exotique ■ Sauvignon gris 2013 (moins de 5 €; 12 000 b.) : une bouche tout en finesse sur les agrumes. 2014-2017

Jean-Yves Bretaudeau, 3, Le Colombier, 49230 Tillières, tél. 02 41 70 45 96, contact@lecolombier.com V r.-v.

DOM. DE LA COUCHETIÈRE
Sauvignon 2013 ★

	8 000		- de 5 €

Établi à Notre-Dame-d'Allençon, village jouxtant au nord le cru réputé de Bonnezeaux, ce domaine, qui produit de nombreuses appellations sur ses 30 ha, est reconnu pour la qualité régulière de ses vins. Ce sauvignon ne déroge pas à la règle. Revêtu d'une robe éclatante, il libère d'emblée des senteurs de fruits exotiques complétées à l'aération par des notes d'amande fraîche. Puis la pêche de vigne fait son entrée dans une bouche vive, de belle longueur. 2014-2015 salade de crevettes

EARL Brault Père et Fils, Dom. de la Couchetière, 49380 Notre-Dame-d'Allençon, tél. 02 41 54 30 26, domaine.de.la.couchetiere@wanadoo.fr V t.l.j. sf dim. 8h-12h 14h-18h30

DAHERON
Épicure 2013 ★

	2 000		5 à 8 €

Situé entre Corcoué-sur-Logne et Rocheservière, sur un terroir de roches vertes, ce domaine familial date de la fin du XVIIIes. Sylvie et Gaël Dahuron ont élaboré un assemblage sauvignon (78 %) - chardonnay qui s'exprime sur des notes de fruits frais légèrement citronnés. Une attaque ample introduit un palais fruité, non dénué de fraîcheur. Un vin simple, mais sincère et très plaisant. 2014-2015 apéritif

EARL Pierre Daheron, 9, Le Parc, 44650 Corcoué-sur-Logne, tél. 02 40 05 86 11, contact@vignoble-daheron.fr V r.-v.

DROUET
Privilège - Chardonnay 2013 ★

	90 000		- de 5 €

Cette maison de négoce bien connue dans la région nantaise et habituée de nos colonnes présente un chardonnay intense aux notes de fleurs blanches légèrement vanillées. Prometteur. 2015-2017 lotte rôtie au beurre blanc ■ Sauvignon 2013 (130 000 b.) : de jolis arômes de fruits exotiques et une finale acidulée. 2014-2015

Drouet Frères, 4, rue de la Loge, 44195 La Chapelle-Heulin, tél. 02 40 36 65 20, drouet@loirewines.fr V t.l.j. sf dim. lun. 9h30-12h30 15h-19h (sam. 14h-18h) Borie Manoux

DOM. DE L'ESPÉRANCE
Cabernet franc 2013 ★

	5 000		- de 5 €

Le domaine de l'Espérance (31 ha) est installé depuis 1913 aux confins orientaux du vignoble nantais. Anne-Sophie et Patrice Chesné ont tiré du cabernet franc cette cuvée au nez intense de fruits rouges et noirs. Le palais, à la fois gras et frais, offre de jolis arômes de cassis. 2014-2017 rôti de boeuf

GAEC Patrice et Anne-Sophie Chesné, 4, L'Espérance, 49230 Tillières, tél. 02 41 70 46 09, gaecchesne@orange.fr V t.l.j. sf mer. dim. 9h-12h30 14h-18h30

DOM. DE FLINES Chardonnay 2013 ★

	30 000	- de 5 €

Originaire du Loir-et-Cher, la famille Motheron cultive la vigne en Anjou depuis 1968. Son chardonnay offre un nez suave de fruits blancs et de miel, arômes que l'on retrouve dans une bouche onctueuse légèrement vanillée en finale. 2014-2017 paupiettes de saumon

EARL Dom. de Flines, 102, rue d'Anjou, 49540 Martigné-Briand, tél. 02 41 59 42 78, domaine.de.flines@wanadoo.fr V r.-v. C. Motheron

DOM. DU FRESNE Sauvignon 2013 ★

	20 000	- de 5 €

Situé dans la vallée du Layon, le Fresne est un vrai petit château, édifié en 1436 en pierre de schistes. Longtemps exploité par la famille Robin Bretault, il est géré depuis 2010 par Nicolas Richez, David Maugin et Yannis Bretault. Ils proposent un sauvignon au nez de fruits jaunes et à la bouche ronde soulignée d'une fine minéralité. 2015-2017 huîtres

Ch. du Fresne, 25 bis, rue des Monts, 49380 Faye-d'Anjou, tél. 02 41 54 30 88, contact@chateaudufresneanjou.com V t.l.j. sf dim. 8h-12h 14h-19h ; f. 3e sem. janv.

DOM. LE GRAND FÉ Grolleau 2013

	20 000		- de 5 €

À la tête de l'exploitation depuis 2003, Jean Boutin propose gros-plants, muscadets et une belle gamme de vins de cépages et de cuvées. Son grolleau en robe saumonée offre un nez fin de fruits rouges frais et une bouche qui conjugue rondeur et fraîcheur dans un bel équilibre. 2015-2017 escalope de veau

EARL Jean Boutin, 8, Le Poirier, 44310 La Limouzinière, tél. 06 80 08 69 40, jean.boutin1@bbox.fr V t.l.j. sf dim. 10h-12h30 15h-19h30; sam. 10h-12h30

DOM. DU HAUT BOURG
Sauvignon 2013 ★★

	45 000		- de 5 €

Un vignoble de 39 ha situé près du lac de Grand-Lieu. Hervé et Nicolas Choblet proposent un sauvignon élégant au nez floral (fleurs blanches) et végétal (genêt, buis) bien typé du cépage, qui offre fraîcheur, vigueur et bonne longueur. 2014-2017 fromage de chèvre

Dom. du Haut Bourg, 11, rue de Nantes, 44830 Bouaye, tél. 02 40 65 47 69, contact@hautbourg.fr V t.l.j. sf dim. 9h-12h 14h-18h30
Choblet

DOM. DE LA HOUSSAIS Cabernet franc 2012 ★

	7 300		- de 5 €

David et Bernard Gratas, établis au cœur de l'appellation muscadet-sèvre-et-maine, ont élaboré un cabernet franc au nez de fruits noirs et d'épices. Une attaque franche introduit un palais persistant aux beaux arômes de fruits mûrs. 2014-2017 chaource Gamay 2013 (9 000 b.) : un vin vif et très fruité, aux arômes de fraise et de groseille. 2014-2015

EARL Bernard et David Gratas, La Houssais, 44430 Le Landreau, tél. 02 40 06 46 27, domainedelahoussais@orange.fr V r.-v.

♥ JEAN-LOUIS LHUMEAU Chardonnay 2012 ★★★

	2 000		5 à 8 €

Depuis la reprise de ce domaine par Jean-Louis Lhumeau en 1991, l'exploitation est passée de 3 ha de vignes à 60 ha. Cette expansion n'a pas été menée au détriment de la qualité, comme en témoignent de nombreuses sélections, aussi bien en AOC qu'en IGP, et plusieurs coups de coeur. Ce chardonnay a déjà brillé dans le millésime 2008. Le 2012 arbore une robe soutenue, qui annonce un nez intense de fruits blancs confiturés accompagnés d'une note boisée. La bouche opulente est en accord parfait avec le nez. Un vin équilibré très cohérent. 2014-2019 croustillant de cabillaud

Vins Jean-Louis Lhumeau, 7, rue Saint-Vincent, Linières, 49700 Brigné, tél. 02 41 59 30 51, dnehauteshouches@wanadoo.fr V r.-v.

♥ B MARIGNY-NEUF Sauvignon 2013 ★★

	100 000		8 à 11 €

Frédéric Brochet crée à vingt-trois ans, alors qu'il rédige sa thèse de doctorat en œnologie, son petit domaine à partir de 49 ares. C'est l'origine d'Ampelidae. Aujourd'hui, son vignoble en couvre plus de 100, en bio certifié. Et son objectif est atteint : (re)donner ses lettres de noblesse viticole à une région méconnue comme le Poitou – même si le manoir de Lavauguyot (XIVe s.), d'où provient cette cuvée, a connu une certaine notoriété à la fin du XIXe s., car il fut la propriété de Rodolphe Salis, fondateur du cabaret Le Chat noir à Montmartre. Les jurés confirment, à l'aveugle, les qualités de ce sauvignon, pourtant issu de vignes assez jeunes. Ce vin a convaincu, tant par son nez précis de fleurs blanches et de genêt, que par son palais à la fois consistant, vif et élégant. 2014-2017 huîtres

Ampelidae, Manoir de Lavauguyot, 86380 Marigny-Brizay, tél. 05 49 88 18 18, ampelidae@ampelidae.com V t.l.j. sf dim. 9h-17h30
F. Brochet

MARQUIS DE GOULAINE Sauvignon 2013 ★

	20 000		- de 5 €

Vin de marque de Lacheteau, société dans le giron des Grands Chais de France, ce sauvignon revêt une robe aux légers reflets dorés. Il exhale de délicats parfums de fruits exotiques et de genêt et révèle un palais puissant et rond. 2014-2017 filets de sole grillés

Lacheteau, Ch. du Cléray, 44194 Vallet, tél. 02 40 36 66 00, contact@lacheteau.fr V t.l.j. sf dim. 9h-12h30 13h30-18h ; sam. sur r.-v.
Grands Chais de France

DOM. DU MOULIN CAMUS Chardonnay 2013 ★

	5 000		- de 5 €

Catherine Boulanger, qui a pris la suite de son père sur l'exploitation familiale, est aujourd'hui épaulée par son mari François pour conduire les 40 ha du vignoble, situé dans la région nantaise. Affichant une robe limpide et brillante, son chardonnay libère des arômes de poire et des notes anisées. On retrouve la poire dans une bouche vive de bonne longueur. 2014-2017 apéritif

Huteau-Boulanger, 41, rue Saint-Vincent, 44330 Vallet, tél. 02 40 33 93 05, domainedumoulincamus@wanadoo.fr V r.-v.

LE MOULIN DE LA TOUCHE Chardonnay 2013 ★★

	10 000		- de 5 €

Ce domaine a été créé en 1970 sur les coteaux sud qui dominent le marais breton et la baie de Bourgneuf-en-Retz ; 16 ha de vignes entourent aujourd'hui un ancien moulin érigé en 1745 et transformé en caveau par la famille Hérissé. Vincent est arrivé en 2009 pour s'occuper des vinifications. Il signe un chardonnay au nez intense et complexe de fleurs blanches et de fruits blancs. Franc en attaque, le palais est frais, dominé par des arômes d'agrumes. 2015-2017 apéritif Grolleau 2013 (10 000 b.) : un rosé aux arômes de fruits rouges frais, vif et légèrement perlant. 2014-2015

Joël et Vincent Hérissé, Le Moulin de la Touche, 44580 Bourgneuf-en-Retz, tél. 02 40 21 47 89, contact@lemoulindelatouche.com V t.l.j. 10h-12h 15h-18h

DOM. DE LA NOË Egiodola 2013 ★

	25 000		- de 5 €

Les frères Drouard (Pascal, Laurent, Denis et Jean-Paul) ont de nouveau surpris cette année avec cette cuvée issue de l'egiodola, un cépage rare et récent, obtenu par croisement en 1954 à l'INRA de Bordeaux. Il couvrirait quelque 300 ha seulement en France… Ce rosé prodigue de puissants parfums de bonbon anglais et offre une bouche bien équilibrée. 2014-2017 barbecue

Dom. de la Noë, La Noë, 44690 Château-Thébaud, tél. 02 40 06 50 57, domainedelanoe@free.fr V t.l.j. sf dim. 8h-12h30 14h-19h E
Drouard

OSEZ [ODAS]
Gamay - Cuvée Prestige 2013 ★

10 000 | - de 5 €

Établi dans la région nantaise, au château La Chevillardière sur un domaine de 92 ha, Claude-Michel Pichon commercialise ce gamay dans un flacon blanc (que les dégustateurs n'ont pas pu voir) qui laisse voir la teinte grenat intense de ce vin au nez de fruits rouges et au palais ample et puissant. ⧗ 2014-2016 🍴 jambon persillé **Claude-Michel Pichon Chardonnay 2013 (16 000 b.)** : un nez intense de fleurs blanches et une bouche remarquée par son bel équilibre entre l'acidité et la douceur. ⧗ 2014-2017

SCEA Claude-Michel Pichon, 60, La Chevillardière, 44330 Vallet, tél. 02 53 55 73 39, cmpichon@orange.fr V t.l.j. sf dim. 9h-12h30 14h-19h ; f. 1-15 août

VIGNOBLE DE LA PATELIÈRE
Pinot gris 2013 ★★

6 000 | - de 5 €

Installé en 2003 sur les 9 ha hérités de son père, Gwenaël Bricard travaille aujourd'hui 15 ha et commercialise plus de la moitié de sa production en vente directe. Son pinot gris présente un nez puissant de bonbon à la fraise. Très rond en bouche, il est marqué par les fruits blancs mâtinés d'une touche vanillée. ⧗ 2014-2017 🍴 foie gras **Chardonnay 2013 (3 000 b.)** : un nez très fin sur les fleurs blanches et les fruits blancs, une bouche onctueuse au fruité exubérant. ⧗ 2014-2017

Gwenaël Bricard, La Patelière, 49270 Saint-Laurent-des-Autels, tél. 06 61 77 01 58, gwenael.bricard@orange.fr V r.-v.

DOM. DU PETIT CLOCHER
Sauvignon 2013 ★★

22 000 | - de 5 €

Ce domaine angevin situé dans le haut Layon collectionne les sélections, les étoiles et les coups de cœur, tant en AOC qu'en vins de pays. Parmi ces derniers, un sauvignon jaune paille aux arômes de fruits blancs qui offre un remarquable équilibre entre le gras et la fraîcheur. ⧗ 2014-2017 🍴 caviar d'aubergines

Dom. du Petit Clocher, 1, rue du Layon, 49560 Cléré-sur-Layon, tél. 02 41 59 54 51, petit.clocher@wanadoo.fr V t.l.j. sf dim. 8h30-12h30 14h-18h

VIGNOBLE POIRON-DABIN
Pinot noir 2013 ★

14 000 | 5 à 8 €

Jean Poiron et Thérèse Dabin ont pris leur retraite depuis quelques années, cédant leur place en 2004 à leurs deux fils Laurent et Jean-Michel, à la tête d'un vaste vignoble implanté sur des granites. Ces derniers présentent un pinot noir à la robe intense qui libère des arômes puissants de fruits noirs mâtinés d'une touche poivrée. Rond et fruité (pruneau), le palais est étayé par des tanins encore un peu fermes en finale. ⧗ 2015-2019 🍴 côte de veau au thym

Poiron-Dabin, Chantegrolle, 44690 Château-Thébaud, tél. 02 40 06 56 42, dom.poiron@wanadoo.fr V r.-v.

RÉTHORÉ DAVY
Les Parcelles - Cabernet-sauvignon 2013 ★★

5 000 | - de 5 €

À partir de 2003, le domaine s'est orienté vers la production de vins de pays. Dix millésimes plus tard, il nous régale de ces Parcelles aux intenses notes de fruits rouges (fraises écrasées) que l'on retrouve dans une bouche très bien équilibrée entre le sucre et l'acidité. Un réel savoir-faire. ⧗ 2014-2019 🍴 croustillant de cabillaud

Vignoble Réthoré Davy, Les Vignes, 49110 Saint-Rémy-en-Mauges, tél. 02 41 30 12 58, rethore.c@wanadoo.fr V r.-v.

DOM. ROBINEAU CHRISLOU Sauvignon 2013 ★

8 960 | - de 5 €

Établi sur 22 ha dans la vallée du Layon, ce domaine angevin signe un sauvignon doré aux intenses parfums de litchi que l'on retrouve dans un palais frais, de bonne longueur. ⧗ 2014-2017 🍴 poulet au curry

Louis Robineau, 24, rue du Bon-Repos, 49750 Saint-Lambert-du-Lattay, tél. 02 41 78 36 04, robineau-chrislou@voila.fr V

DOM. DE LA ROCHE BLANCHE
Chardonnay 2013 ★

10 000 | - de 5 €

À Vallet, en plein pays du muscadet, quelques propriétés consacrent encore une surface importante au chardonnay. Pierre Lechat en présente un très réussi. Le nez droit mêle des arômes de fleurs blanches et de fruits blancs à une touche d'herbe fraîchement coupée. Une attaque franche introduit un palais davantage marqué par les fruits jaunes (pêche, abricot) à la finale citronnée. ⧗ 2014-2017 🍴 saint-jacques au beurre blanc

EARL Lechat et Fils, 12, av. des Roses, 44330 Vallet, tél. 02 40 33 94 77, earl-lechat@orange.fr V r.-v.

♥ DOM. LA TOUR BEAUMONT
Gamay 2013 ★★

13 000 | 5 à 8 €

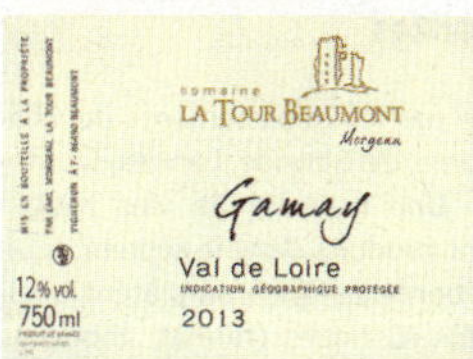

Depuis 2011, Pierre Moreau vinifie en duo avec son père Gilles sur ce domaine familial (26 ha aujourd'hui) créé en 1860 dans le haut-Poitou. Si le cabernet franc est le cépage de l'AOC haut-poitou, le gamay peut donner de très jolis vins de pays. Celui-ci livre parfums de fruits rouges bien typés du cépage, agrémentés d'une touche minérale. La bouche friande prend le relais sur des notes de framboise mûre associées à une touche poivrée. Une grande élégance. ⧗ 2014-2017 🍴 fricassée d'escargots **Chardonnay 2013 ★ (9 000 b.)** : des arômes puissants de fruits blancs et une bouche fraîche et bien fruitée. ⧗ 2014-2017

Gilles et Brigitte Morgeau, 2, av. de Bordeaux, 86490 Beaumont, tél. 05 49 85 50 37, tour.beaumont@terre-net.fr V t.l.j. sf dim. 9h30-12h 14h30-19h (18h sam. et en hiver)

DOM. DE LA TOURETTE Passionnément 2013 ★

■ | 5 000 | 🍾 | - de 5 €

Installés dans la région nantaise, Gaëtan Leroy et Laurent Freuchet conduisent un vignoble de 28 ha planté sur un sol granitique. Ils signent une cuvée mi-cabernet franc mi-merlot aux arômes intenses de fruits rouges surmûris que l'on retrouve dans une bouche franche et ronde aux tanins bien fondus. ⌛ 2014-2017 🍴 boeuf braisé ■ **Cabernet franc 2013** ★ **(6 500 b.)** : un rosé agréable, fruité et frais. ⌛ 2014-2015

⊶ GAEC Leroy-Freuchet, 11 bis, Le Gast, 44690 Maisdon-sur-Sèvre, tél. 02 40 06 62 48, contact@domainetourette-vins.com V 🚶 🍷 t.l.j. sf dim. 8h-12h30 14h-19h

DOM. DE LA TOURLAUDIÈRE Chardonnay 2013 ★

■ | 7 000 | 🍾 🛢 | 5 à 8 €

Établi dans la région nantaise, ce domaine familial repris en 2012 par Romain Petiteau est un habitué du Guide. Il présente un chardonnay au nez de fruits blancs et à la bouche onctueuse, tout aussi aromatique. ⌛ 2014-2017 🍴 suprêmes de volaille à la crème

⊶ EARL Petiteau-Gaubert, Dom. de la Tourlaudière, 174, Village Bonne-Fontaine, 44330 Vallet, tél. 02 40 36 24 86, vignoble@tourlaudiere.com V 🚶 🍷

DOM. VERDIER Sauvignon 2013 ★

■ | 6 000 | - de 5 €

Établi dans la vallée du Layon, à Saint-Lambert-du-Lattay, l'une des communes viticoles les plus importantes de l'Anjou, Sébastien Verdier propose un sauvignon récolté à complète maturité le 2 octobre 2013. Élevé sur lies, ce vin libère des arômes intenses de bourgeon de cassis mâtinés de notes beurrées. En bouche, il se révèle à la fois tendre et frais. Un ensemble élégant. ⌛ 2014-2017 🍴 bricks de chèvre

⊶ EARL Sébastien Verdier, 26 bis, rue Rabelais, 49750 Saint-Lambert-du-Lattay, tél. 02 41 74 01 77, sebastien@domaineverdier.com V 🍷 r.-v.

Aquitaine et Charentes

Cette région est formée par les départements de Charente et Charente-Maritime, de Gironde, Landes, Dordogne et Lot-et-Garonne. Une majorité de vins rouges souples et parfumés sont produits dans le secteur aquitain, issus des cépages bordelais que complètent quelques cépages locaux plus rustiques (tannat, abouriou, bouchalès, fer). Charentes et Dordogne donnent surtout des vins de pays blancs, légers et fins (ugni blanc, colombard), ronds (sémillon en assemblage avec d'autres cépages) ou corsés (baroque). Charentais, Agenais, Terroirs landais et Thézac-Perricard sont les dénominations sous-régionales ; Dordogne, Gironde et Landes constituent les dénominations départementales.

À l'origine, le Bordelais n'était pas autorisé à proposer des vins de pays. Un décret de 2006 créant les vins de pays de l'Atlantique met fin à cette situation. Ces vins, rouges, rosés ou blancs, proviennent d'une zone qui inclut la Gironde, les deux Charentes, la Dordogne et quelques cantons de l'ouest du Lot-et-Garonne.

AGENAIS

DOM. LOU GAILLOT
Réserve Élevé en fûts de chêne 2011 ★

■ | 5 500 | 🛢 | 5 à 8 €

Aux confins du Lot et du Périgord, Gilles Pons, incarnant la sixième génération, conduit depuis 1999 un vignoble de 12 ha en conversion bio. Assemblage équilibré des deux cabernets et du merlot, ce 2011 dévoile un nez puissant et complexe de fruits rouges mûrs, agrémentés de touches vanillées et épicées. En bouche, tout est bien en place : attaque franche et vive, du volume, du gras, un beau fruité, des tanins fondus et soyeux, et une agréable touche réglissée en finale. ⌛ 2015-2018 🍴 carré de mouton

⊶ Gilles Pons, Les Gaillots, 47440 Casseneuil, tél. 05 53 41 04 66, lougaillot@wanadoo.fr V 🚶 🍷 t.l.j. sf mer. dim. 9h-12h 14h-19h

ATLANTIQUE

DAGUET DE BERTICOT Sauvignon 2013 ★

■ | 788 666 | 🍾 | - de 5 €

Principale opérateur de l'appellation duras, la cave de Berticot compte 120 vignerons répartis sur 1 000 ha de vignes, dont 200 orientés vers l'agriculture biologique. Elle présente ici un vin de pays issu du seul sauvignon, au nez intense de fleurs blanches, de pêche, d'agrumes et de litchi. Un fruité croquant, de la souplesse et du gras, une fine vivacité en soutien, qui prend des accents acidulés en finale : la bouche séduit par son équilibre. ⌛ 2014-2015 🍴 poêlée de saint-jacques ■ **Daguet de Berticot Merlot 2013 (176 000 b.)** : cité pour son fruité (fraise, framboise) et sa rondeur. ⌛ 2014-2015 ■ **Daguet de Berticot 2013 (268 000 b.)** : un fruité printanier (fraise des bois), de la souplesse et une fine fraîcheur acidulée. ⌛ 2014-2015

⊶ Cave de Berticot, rte de Sainte-Foy-la-Grande, 47120 Duras, tél. 05 53 83 75 47, contact@berticot.com V 🚶 🍷 r.-v.

DOM. DU FEYNARD Sauvignon 2013

■ | 15 000 | 🍾 | - de 5 €

François Bertrand donne naissance en 1848 au domaine du Feynard, constitué alors de 2 ha de vignes. Depuis, sept générations se sont succédé et le vignoble s'étend aujourd'hui sur 110 ha. Ce pur sauvignon exhale des senteurs bien typées de pamplemousse, de fleurs d'acacia, de buis et de litchi). La bouche se montre fraîche et fringante, agréablement acidulée et fruitée (pêche blanche et litchi). ⌛ 2014-2015 🍴 choucroute

⊶ EARL Dom. du Feynard, Le Feynard, 17210 Chevanceaux, tél. 05 46 04 61 08, contact@vignobles-bertrand.fr V 🍷 r.-v.

CHARENTAIS

DOM. DES CLAIRES Merlot Cabernet 2013

■ | 8 500 | 🍾 | - de 5 €

Bien que ce domaine soit viticole depuis six générations et orienté vers la production de cognac (le seul bouilleur de cru de la presqu'île d'Arvert), c'est l'activité ostréicole et l'affinage des huîtres en claires qui prédominent jusque dans les années 1970. Jonathan Guillon, son diplôme d'œnologue en poche, s'installe en 2010 et diversifie l'encépagement. Les premières mises en bouteilles à la propriété de vins de pays, de cognac et de pineau voient alors le jour. Ici, un joli rosé issu de merlot et de cabernet franc, au nez épicé, fruité (agrumes, fraise, groseille) et minéral (silex), souple et suave en bouche, soutenu par une fine vivacité. ⧗ 2014-2015 ♈ tomates farcies

Dom. des Claires, 2, rue des Tonnelles, 17530 Arvert, tél. 05 46 47 31 87, contact@domainedesclaires.fr V t.l.j. sf dim. 10h-12h30 14h30-19h ; hors saisons 16h-19h sf mar. dim.

♥ DOM. COURPRON Merlot 2013 ★★

40 000 | - de 5 €

Thierry Courpron représente la septième génération à conduire la vigne et à élaborer des vins de pays et de l'eau-de-vie de cognac. Dans l'édition précédente, il entrait pour la première fois dans le Guide. Cette année, il franchit un cap avec ce remarquable rosé couleur saumon, au nez intense et complexe de fruits frais (pêche, pamplemousse, kiwi), de fleurs blanches et de bonbon acidulé. Le charme continue d'opérer dans une bouche douce et riche, bien équilibrée par une fine trame acidulée. Un vin frais, alerte et délicat, d'une grande harmonie. ⧗ 2014-2015 ♈ crevettes au curry

EARL Courpron, 10, rue de Chez-Mothay, 17260 Saint-André-de-Lidon, tél. 05 46 90 82 72, tcourpron@sfr.fr V t.l.j. sf dim. 9h-12h30 13h-19h

B FAVRE ET FILS Vignot des Pertuis 2013 ★

40 000 | - de 5 €

Le domaine créé en 1900 et implanté sur l'île d'Oléron est conduit en bio certifié depuis 2013. La famille Favre a élaboré un rosé plaisant tant par sa robe soutenue aux reflets cerise claire que par ses parfums de fruits rouges, d'œillet et de violette, et par son palais ample et de bonne longueur. ⧗ 2014-2015 ♈ salicorne sautée

SCEA Favre et Fils, village La Fromagerie, 17310 Saint-Pierre-d'Oléron, tél. 05 46 47 05 43, vignoble.favre@orange.fr V t.l.j. sf dim. 9h-12h30 14h30-19h

DOM. GARDRAT Rosae 2013 ★★

40 000 | - de 5 €

Ce domaine, un habitué du Guide, notamment pour ses vins de pays charentais, est dans la famille Gardrat depuis 1894. À sa tête depuis 2007, le dynamique Lionel Gardrat signe ici un très beau rosé saumoné frangé d'orangé, qui fleure bon les agrumes, les fruits jaunes (abricot, pêche) et les fleurs blanches. Une attaque ronde introduit une bouche ample, dense et suave, non dénuée de fraîcheur. Un ensemble élégant, équilibré et jovial. ⧗ 2014-2015 ♈ anguilles aux tomates ■ Villanova 2013 (8 à 11 € ; n.c.) : un blanc souple et harmonieux, au boisé bien maîtrisé, qui n'écrase pas le fruit. ⧗ 2014-2016

Lionel Gardrat, 13, rue de la Touche, 17120 Cozes, tél. 06 22 47 10 42, lionelgardrat@hotmail.com V r.-v.

THIERRY JULLION Merlot 2013 ★

15 000 | - de 5 €

Également producteur de cognac et de pineau-des-charentes – régulièrement sélectionné dans ces pages –, Thierry Jullion signe ici un élégant vin rosé de merlot à la teinte œil de perdrix. Le nez dévoile de délicats parfums de fruits rouges agrémentés d'une touche mentholée. Minérale et épicée, l'attaque introduit une bouche fruitée, douce et charnue, soutenue par une fine fraîcheur acidulée. Un ensemble sympathique, gourmand et très plaisant. ⧗ 2014-2015 ♈ quiche lorraine

EARL Dom. de Montizeau, Montizeau, 17520 Saint-Maigrin, tél. 05 46 70 00 73, jullion@wanadoo.fr V t.l.j. sf sam. dim. 14h-19h 2 C

DOM. DE LA LURE 2013

21 000 | - de 5 €

Plusieurs générations se sont succédé sur ce domaine de 40 ha situé à la limite de la Charente-Maritime, tout proche du Blayais. Philippe Boule a passé en 2003 les commandes à son fils Vincent, qui a élaboré un agréable 100 % merlot au nez puissant et généreux de fruits rouges mûrs, au palais rond, souple et charnu, aux tanins soyeux et fondus. ⧗ 2014-2017 ♈ saucisses aux mogettes ■ 2013 (48 000 b.) : des notes de fruits cuits et d'amande fraîche précèdent une bouche onctueuse et riche appuyée sur une légère trame tannique. ⧗ 2014-2015

Vignobles Boule et Fils, 3, La Verrerie, 17150 Boisredon, tél. 05 46 49 64 64, boule.fils@orange.fr V r.-v.

CAVE DE SAINT-SORNIN Fenêtre sur l'Histoire Sauvignon 2013

30 000 | 5 à 8 €

Le nom de cette cuvée évoque le coteau de la Fenêtre qui surplombe la vallée de la Tardoire, entre Montbron et Vilhonneur, un endroit riche en sites préhistoriques. Ce terroir a donné naissance à un vin agréable, qui libère des notes d'agrumes (pamplemousse, citron vert) et de fleurs blanches. Franc et plaisant en attaque, la bouche est bien construite autour de la fraîcheur et de bonne longueur. ⧗ 2014-2015 ♈ filets de sole à la bourguignonne

SCA Cave de Saint-Sornin, Les Combes, 16220 Saint-Sornin, tél. 05 45 23 28 11, pointuraud@charentes-alliance.fr V t.l.j. sf dim. 8h-12h 14h-18h Charentes Alliance

LANDES

MICHEL GUÉRARD Rouge de Bachen 2012 ★

30 500 | 11 à 15 €

Référence en vins de pays rouges des Landes, le chef étoilé Michel Guérard collectionne aussi depuis longtemps les étoiles du Guide. Conseillé par l'éminent Jean-Claude Berrouet (ancien vinificateur de Petrus), le domaine propose ici une cuvée d'un seyant rubis profond, aux senteurs intenses de fruits rouges, de cassis et de violette. Ample, suave et ronde, la bouche est à l'avenant, portée par des tanins souples et élégants. Un ensemble fin et très harmonieux. ⧗ 2014-2017 ▼ cochon de lait à la broche ■ Barocco 2012 ★ (15 à 20 € ; 24 200 b.) : un bon boisé cacaoté, des fruits rouges, du volume, du gras et des tanins fondus, un vin bien construit et complet. ⧗ 2014-2017

⊶ Michel Guérard, Cie hôtelière et fermière d'Eugénie-les-Bains, 40320 Eugénie-les-Bains, tél. 05 58 71 76 76, direction@michelguerard.com V r.-v.

DOM. DE LABAIGT
Coteaux de Chalosse Cabernet 2013

■	18 600		- de 5 €

Dominique Lanot conduit depuis 1979 ce vignoble de 11,5 ha. Né du terroir argilo-limoneux des coteaux de Chalosse, ce pur cabernet se présente dans une robe couleur pelure d'oignon et dévoile de discrètes notes florales (acacia), réglissées et mentholées. La bouche, dominée par les fruits rouges frais, se révèle suave et tendre, soulignée par une touche d'acidité en finale. ⧗ 2014-2015 ▼ barbecue ribs

⊶ Dominique Lanot, 1127, rte du Grand-Arrigan, 40290 Mouscardès, tél. 06 80 03 18 58, dominique.lanot@wanadoo.fr V r.-v.

LABALLE Sables fauves 2013 ★

■	120 000		5 à 8 €

Fondé en 1820 par Jean-Dominique Laudet, ce domaine du bas Armagnac (40 ha) a été repris en 2007 par Cyril Laudet, huitième génération, et son épouse Julie. Cet assemblage associe le sauvignon (30 %), le gros manseng, le chardonnay et le colombard. Drapé dans une robe jaune clair, il libère des senteurs fines et discrètes d'agrumes, de fruits blancs et de fruits exotiques agrémentés d'une touche minérale. La bouche, vive et pimpante, n'est pas non plus avare en fruits et forme une belle harmonie avec l'olfaction. ⧗ 2014-2015 ▼ pétoncles sautées échalote

⊶ Dom. de Laballe, Chai de Laballe, 40310 Parleboscq, tél. 05 58 73 81 57, contact@laballe.fr V r.-v.

⊶ Laudet

PÉRIGORD

♥ LE HAUT PAÏS Merlot 2013 ★★

■	n.c.	- de 5 €

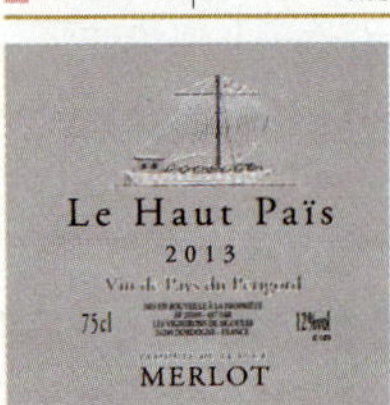

La cave de Sigoulès signe un magnifique rosé de pur merlot à la teinte framboise. Le nez libère des arômes intenses de pêche de vigne, de pamplemousse et d'épices agrémentés d'une touche florale très avenante. La bouche offre un beau mariage entre une matière ample, dense et bien équilibrée, un fruité friand et élégant, et une fraîcheur acidulée bien contenue. Un ensemble distingué, harmonieux et délicat. ⧗ 2014-2015 ▼ grillades au barbecue ■ 2013 ★ (14 000 b.) : un blanc très fruité, croquant et frais. ⧗ 2014-2015

⊶ Cave de Sigoulès, Mescoules, 24240 Sigoulès, tél. 05 53 61 55 00, contact@vigneronsdesigoules.fr V t.l.j. sf dim. 9h-12h30 14h-18h30

LES RAISINS OUBLIÉS 2013 ★

■	16 000		- de 5 €

Comme son nom l'indique, cette cuvée de négoce est un vrai liquoreux, né de l'oubli, volontaire bien sûr, des raisins sur leurs grappes afin que la pourriture noble produise son effet. Vendangées le 14 octobre 2013, les baies de sémillon ont donné naissance à un vin jaune doré brillant. Le bouquet exhale d'agréables parfums d'abricot sec, de pêche blanche et de miel soulignés par une touche minérale. Les fruits secs s'invitent dès l'attaque puis s'affirment dans une bouche ronde et onctueuse, très aromatique et bien équilibrée par une fraîcheur acidulée en finale. ⧗ 2014-2018 ▼ foie gras de canard

⊶ SAS Vins fins du Périgord, rte de Marmande, Les Séguinots, bât. Unidor, 24100 Saint-Laurent-des-Vignes, tél. 05 53 63 78 50, contact@vinsfinsduperigord.fr

THÉZAC-PERRICARD

VIN DU TSAR Cuvée du Millénaire 2012

■	13 330		8 à 11 €

Situé aux confins du Lot et du Lot-et-Garonne, cet étonnant terroir de causses (40 ha) produit un vin de qualité, prisé d'illustres connaisseurs : Napoléon III, le président Fallières et même Nicolas II, tsar de Russie qui a inspiré le nom de cette marque de la coopérative de Thézac. Un 2012 à la fois classique et complexe. Classique par sa couleur sombre et soutenue aux franges violines ; complexe par la richesse et la diversité de ses arômes de fruits noirs (cassis), de cacao et de grillé. La bouche est tendre, ronde, charnue, très fruitée, étayée par des tanins fermes sans dureté. Un ensemble plein et généreux. ⧗ 2014-2017 ▼ onglet grillé sauce barbecue

⊶ Vignerons de Thézac-Perricard, Vin du Tsar, Plaisance, 47370 Thézac, tél. 05 53 40 72 76, info@vin-du-tsar.fr V t.l.j. sf dim. 9h15-12h15 14h-18h

Pays de la Garonne

Avec Toulouse en son cœur, cette région regroupe dans la dénomination régionale « vins de pays du Comté tolosan » les départements suivants : Ariège, Aveyron, Haute-Garonne, Gers, Landes, Lot, Lot-et-Garonne, Pyrénées-Atlantiques, Hautes-Pyrénées, Tarn et Tarn-et-Garonne. Les dénominations sous-régionales ou locales sont : côtes du Tarn, coteaux de Glanes (Haut-Quercy au nord du Lot : rouges pouvant vieillir), coteaux et terrasses de Montauban, côtes de Gascogne (zone de production de l'armagnac dans le Gers et quelques communes des départements limitrophes), côtes du Condomois et de Montestruc, et enfin Bigorre.

La diversité des sols et des climats, des rivages atlantiques au sud du Massif central, alliée à une gamme particulièrement étendue de cépages, en fait un territoire aux vins de pays d'une variété extrême : c'est à la fois son originalité et son attrait. L'ensemble de la région produit environ 1,5 million d'hectolitres, dont plus de 800 000 hl de blancs en Côtes de Gascogne et 250 000 hl en Comté tolosan.

ARIÈGE

COTEAUX D'ENGRAVIÈS
Syrah Fleur de Cailloux 2012 ★★

■ | 6 000 | | 8 à 11 €

Face aux Pyrénées, ce vignoble de 10 ha planté en 1998 sur des terres en friches est cultivé en bio par Philippe Babin qui signe une cuvée 100 % syrah des plus abouties. La robe est élégante, noire aux reflets pourpres. Le nez libère des senteurs intenses de fruits noirs bien mûrs (cassis). Ample et riche, la bouche associe ces arômes de petits fruits à d'élégantes notes grillées et épicées, témoins de son élevage en fût (un an). Des tanins bien fondus structurent l'ensemble. Une bouteille déjà appréciable mais qui vieillira bien. 2014-2018 fromage ariégeois ■ **Roc des Maillols 2012 ★(10 000 b.)** : un vin élégant aux arômes de fleurs et d'épices. 2014-2017

Philippe Babin, 8, rue Rescanières, 09120 Vira, tél. 05 61 68 68 68, contact@coteauxdengravies.com V r.-v.

DOM. DE LASTRONQUES
Merlot Élevé en fût de chêne 2012 ★★

■ | 8 000 | | 5 à 8 €

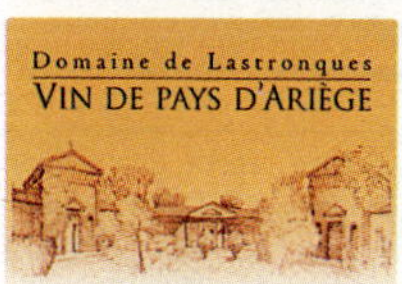

Situé sur des coteaux argilo-calcaires exposés plein sud face aux Pyrénées, ce domaine de 13 ha, régulièrement distingué dans le Guide, est une valeur sûre de l'IGP. Cette cuvée de pur merlot élevée en fût de chêne s'affiche dans une robe d'un rouge profond, presque noir. Le nez libère des parfums généreux de fruits rouges et noirs bien mûrs, de cacao et d'épices. On retrouve ces arômes dans une bouche ample et puissante, structurée par des tanins déjà enrobés plus fermes en finale. 2014-2019 cassoulet

Andrea et Christian Zeller, Dom. de Lastronques, 09210 Lézat-sur-Lèze, tél. 05 61 69 12 13 V r.-v.

DOM. DU SABARTHÈS Moraines 2012 ★

■ | 8 000 | | 5 à 8 €

Ce domaine de 26 ha géré par l'APAJH (Association pour adultes et jeunes handicapés) signe ici un blanc issu de chardonnay (60 %) complété à parité de sauvignon et de chenin. Une cuvée pâle aux reflets verts, au nez intense et plaisant de bourgeon de cassis et d'agrumes légèrement minéral. La bouche, bien fraîche et ample à la fois, retrouve en finale une belle minéralité. Un vin de caractère. 2014-2017 foie gras ■ **2012 (9 000 b.)** : un « vin plaisir » gouleyant et facile. 2014-2017

Entreprise adaptée Le Sabarthès, lieu-dit Bourmaud, 09120 Montégut-Plantaurel, tél. 05 61 05 33 33, terroirs@apajh09.asso.fr V t.l.j. sf dim. 9h-12h 13h30-18h ; sam. 9h-12h30 Apajh

COMTÉ TOLOSAN

COMTE PHILIPPE DE NAZELLE
Cabidos Petit manseng doux 2011 ★★

■ | 13 500 | | 15 à 20 €

En 1995, Vivien de Nazelle a restauré le vignoble de cette propriété familiale, abandonné depuis deux siècles. Depuis, c'est un abonné aux coups de cœur, particulièrement pour cette cuvée 100 % petit manseng qui s'affiche pour ce millésime 2011 en robe brillante aux beaux reflets dorés. Le nez expressif, complexe et intense évoque les fruits jaunes bien mûrs, les fruits exotiques (ananas, mangue) et les agrumes (orange), associés à des touches de miel et à quelques nuances boisées. Dans le même registre, la bouche, concentrée et généreuse, offre du gras heureusement relevé d'une pointe d'acidité. Un moelleux très parfumé, gourmand et persistant. 2015-2019 foie gras ■ **Petit manseng sec 2011 ★ (de 11 à 15 € ; 2 600 b.)** : un vin charmant, aux parfums d'écorce d'orange confite, agréablement acidulé en bouche. 2014-2016

Vivien de Nazelle, Dom. viticole du Ch. de Cabidos, Ch. de Cabidos, 64410 Cabidos, tél. 05 59 04 43 41, vin.de.cabidos@wanadoo.fr V t.l.j. sf sam. dim. 8h-12h 14h-18h

DOM. DU CRAMPILH Cuvée l'Obra 2013 ★

■ | 3 300 | | 8 à 11 €

Dans la salle de dégustation, avec sa promenade ouverte offrant une vue dégagée sur les Pyrénées, vous pourrez goûter les vins de Bruno et Marie Oulié, notamment en blanc, cette cuvée l'Obra intense et dorée au nez expressif et légèrement vanillé d'abricot, de pêche, d'agrumes et de miel d'acacia. Dans le même registre, la bouche se révèle ample, souple et ronde, vivifiée en finale par une note citronnée. 2014-2017 queue de lotte au beurre blanc

SCEA Oulié, Dom. du Crampilh, chem. dép. 205, 64350 Aurions-Idernes, tél. 05 59 04 00 63, madirancrampilh@orange.fr V t.l.j. sf sam. dim. 9h-12h 14h-18h

L'ESCUDÉ 2013 ★★

■ | 3 000 | | 8 à 11 €

En 2004, Laurent et Murielle Caubet décident d'apporter un nouveau souffle à cette ancienne ferme béarnaise. Ils louent alors des parcelles de vieilles vignes et transforment le poulailler en chai. Depuis, ils produisent avec brio dans toutes les couleurs. Avec en vins de pays, une petite préférence cette année pour ce moelleux jaune paille bien doré. Son nez intense et complexe est une corbeille de fruits exotiques bien mûrs (ananas, manque) assortis d'une touche de vanille et d'un soupçon de boisé. À l'unisson, la bouche envoûte par son ampleur, sa concentration et sa puissance aromatique. L'harmonie s'installe et persiste. ⧗ 2015-2019 🍴 fromage des Pyrénées ■ 2013 ★★ (de 5 à 8 € ; 7 000 b.) : un rouge vraiment étonnant, brillamment maîtrisé, riche en arômes (fruits noirs et réglisse), parfaitement équilibré et long. ⧗ 2014-2015 ■ 2013 ★★ (de 5 à 8 € ; 7 000 b.) : ce blanc sec séduit par sa fraîcheur aromatique et sa bouche ample, ronde et savoureuse. ⧗ 2014-2015 ■ 2013 ★ (de 5 à 8 € ; 7 000 b.) : un rosé gourmand, frais et tout en fruits (fraise, groseille, melon). ⧗ 2014-2015

Murielle et Laurent Caubet, L'Escudé, 64410 Cabidos, tél. 06 07 47 10 27, vin.lescude@orange.fr V t.l.j. sf dim. lun. 9h-12h 14h-18h ; sam. sur r.-v.

ISATIS Premium ★★

■ | 20 000 | | 5 à 8 €

Bien connus des habitués du Guide pour leurs gaillac, Alain et Vincent Gayrel – le père et le fils – signent un assemblage bigarré : duras, braucol, syrah, merlot et cabernet-sauvignon. Dans une belle robe grenat très sombre, ce vin présente un nez ouvert et riche de fruits en surmaturation (fruits rouges et noirs) associés à des notes boisées. En bouche, il se révèle goûteux, soutenu par des tanins présents mais bien fondus. Un plaisir durable. ⧗ 2014-2019 🍴 pigeon aux girolles

Alain et Vincent Gayrel, 103, av. Foch, 81600 Gaillac, tél. 05 63 81 21 11, cave-gaillac@wanadoo.fr V t.l.j. 9h30-12h30 14h30-19h30

♥ LE CADET DE LABASTIDE 2013 ★★

■ | 51 800 | - de 5 €

Cette coopérative, la plus ancienne cave de vinification du Tarn, est à l'origine de la création du gaillac perlé en 1957. Outre ses gaillac effervescents, elle propose des vins de pays, notamment blancs, comme ce superbe 2013 d'un or clair très brillant. Issu de sauvignon (55 %) et de loin-de-l'œil (un cépage très ancien qu'on ne trouve qu'à Gaillac), il présente un nez délicat de pomme, de coing et de citron légèrement miellé. Une bouche agréable et concentrée, bien équilibrée entre douceur et fraîcheur, dans le même registre que le nez. ⧗ 2014-2017 🍴 carpaccio de saumon ■ **Les Producteurs de la Nouarié 2013 (5 à 8 € ; 5 040 b.)** : un vin aux parfums de fruits rouges étayé de tanins encore un peu fermes. ⧗ 2015-2017

Cave de Labastide, BP 12, 81150 Marssac-sur-Tarn, tél. 05 63 53 73 73, commercial@cave-labastide.com V r.-v.

SO CHIC Fer servadou 2013 ★

■ | 17 500 | | - de 5 €

Cette cuvée 100 % fer servadou arbore une jolie robe grenat aux reflets violines et libère des arômes intenses de fruits noirs (cassis) et de fruits à noyau (prune). Dans le même registre, le palais se révèle suave en attaque, svelte et frais, adossé à des tanins fins. ⧗ 2014-2017 🍴 grillade de porc au piment d'Espelette ■ 2013 ★ (640 000 b.) : un vin charmant, fruité et frais. ⧗ 2014-2015

Vinovalie – Cave de Técou, 100, rte de Técou, 81600 Técou, tél. 05 63 33 00 80, passion@cavedetecou.fr V t.l.j. sf dim. 8h-12h 14h-18h

COTEAUX DE GLANES

♥ LES VIGNERONS DU HAUT-QUERCY
Quatre saisons Élevé en fût de chêne 2012 ★★

■ | 12 200 | | 8 à 11 €

À la fin des années 1960, sept vignerons ont réuni leurs compétences pour fonder cette coopérative, recréant un vignoble qui existait au IXe s., et offrir une belle gamme de vins, dans les trois couleurs. Ils signent un rouge de pur merlot, qui a conquis les dégustateurs. Le nez intense marie des senteurs de fruits rouges (cerise, fraise, groseille) et de réglisse accompagnées de notes toastées et vanillées, témoins de son élevage de treize mois en fût. On retrouve ces arômes dans une bouche tout en rondeur et en fruits rouges, soulignée par de fines touches boisées. ⧗ 2014-2018 🍴 agneau du Quercy

Les Vignerons du Haut-Quercy, Le Bourg, rte du Pontouillac, 46130 Glanes, tél. 05 65 39 73 42, coteauxdeglanes@wanadoo.fr V t.l.j. sf dim. 10h-12h 14h-18h

COTEAUX ET TERRASSES DE MONTAUBAN

LE MAS DES ANGES 2012 ★★

■ | 7 300 | | 8 à 11 €

Le Mas des Anges est un vignoble récent quand Juan Kervyn le reprend en 2007. Les vignes, dans l'âge tendre – à peine dix ans – couvrent alors 4,5 ha. Comptant aujourd'hui 9,5 ha, le domaine fait naître des vins remarquables comme cet assemblage de merlot (60 %), de cabernet-sauvignon (30 %) et de tannat, élevé neuf mois en fût. Drapé dans une robe soutenue, il délivre un nez intense et complexe de fruits rouges et noirs bien mûrs. On retrouve les fruits noirs (cassis, mûre) dans une bouche ample, ronde et étayée de tanins fondus. Une réelle harmonie. ⧗ 2014-2019 🍴 confit de canard

Juan Kervyn, Mas des Anges, 1623, rte de Verlhac-Tescou, 82000 Montauban, tél. 05 63 24 27 05, info@lemasdesanges.com V r.-v. 3

DOM. DE MONTELS Prestige 2013

■ | 10 000 | | - de 5 €

Philippe et Thierry Romain ont repris en 1990 le vignoble implanté par leur mère Aline, en 1973. Ils signent un pur sauvignon en robe cristalline. Expressif au nez, ce vin libère des parfums de fleurs blanches et de fruits blancs, associés à des notes d'agrumes. Suave en attaque, sur des notes de fruits exotiques et de miel, la bouche est vivifiée par une touche citronnée en finale. ⧗ 2014-2017 🍴 plateau de fruits de mer

Philippe et Thierry Romain, Dom. de Montels, 82350 Albias, tél. 06 82 10 78 92, philippe@vignoblesromain.com V t.l.j. 9h-12h 14h-19h

CÔTES DE GASCOGNE

BELLEVUE 2012 ★★

■	28 800		11 à 15 €

Pierre Seillan a une longue expérience de vinification : il a notamment exercé ses talents en Saumurois, à Saint-Émilion (Ch. Lassègue), en Californie et en Toscane. Il a racheté en 2010 une propriété familiale en Lomagne, d'où il a tiré ce vin rouge dominé par le merlot, assemblé au cabernet-sauvignon et au malbec. Le nez, sur les fruits rouges confiturés, annonce un palais souple, riche, épicé et long, soutenu par des tanins serrés mais dénués d'agressivité. Une remarquable harmonie. 2016-2018 côte de bœuf

Pierre Seillan, Bellevue, 32390 Montestruc, tél. 05 57 24 19 49, pierre.seillan@gmail.com V r.-v.

BRUMONT
Gros Manseng doux Sauvignon 2013 ★

■	1 200 000		- de 5 €

Incontournable en madiran et en pacherenc, Alain Brumont fournit aussi de très bons vins de pays, comme ce côtes-de-gascogne blanc, issu de gros manseng et de sauvignon à parts égales, au nez subtil et frais d'agrumes, de fruit de la Passion et de pêche. Le palais est aromatique, bien équilibré entre souplesse et vivacité. 2014-2015 fromage de chèvre frais ■ **Cirus Merlot-tannat 2013 (280 000 b.)** : les deux cépages à égalité dans un vin aux délicats parfums de fruits rouges, de réglisse et de menthol, tout en fraîcheur et en fruits rouges en bouche. 2014-2017 ■ **Gros manseng 2013 (5 à 8 € ; 25 000 b.)** : un peu fermé au nez, mais d'un beau volume, ample, aromatique (ananas, pêche) et long. 2014-2017

Vignobles Brumont, Ch. Bouscassé, 32400 Maumusson-Laguian, tél. 05 62 69 74 67, contact@brumont.fr V t.l.j. sf sam. dim. 9h-12h 14h-18h

DOM. DES CASSAGNOLES
Gros Manseng Sélection 2013 ★

■	85 000		- de 5 €

Propriété de la famille Baumann depuis 1974, ce domaine dédié à l'origine à la production d'armagnac a su se diversifier. Comptant aujourd'hui 75 ha, c'est une valeur sûre en floc-de-gascogne et en vins IGP côtes-de-gascogne. Déjà en vue dans des éditions antérieures, ce gros manseng séduit par son nez intense et précis d'agrumes et de fruit de la Passion, arômes que l'on retrouve dans une bouche franche, alerte, minérale et persistante. 2014-2015 truite grillée ■ **Colombard Sauvignon 2013 ★ (9 000 b.)** : un vin aux parfums intenses de pêche, bien équilibré entre suavité et fraîcheur. 2014-2015

Dom. des Cassagnoles, Famille Baumann, BP 13, 32330 Gondrin, tél. 05 62 28 40 57, j.baumann@domainedescassagnoles.com V t.l.j. sf dim. 9h-12h30 14h-18h ; sam. 9h30-12h30 14h-17h30

DOM. DE CASSAIGNE 2012 ★★

■	40 000		5 à 8 €

Couvrant 13 ha, ce domaine, adhérent de la coopérative Plaimont Terroirs et Châteaux, est l'ancienne résidence des évêques de Condom. Il signe un rouge remarquable. La syrah, qui n'entre qu'à hauteur de 20 % aux côtés du merlot, ressort dans les notes de fruits noirs et d'épices du nez, qui a un côté un peu sauvage avec ses nuances de gibier. La réglisse s'invite dans une bouche riche, puissante, mûre et longue, aux tanins déjà enrobés. 2016-2019 pavé de biche sauce chocolat ■ **2013 (12 000 b.)** : un blanc bien typé du colombard (70 %), allié au gros manseng. Nez délicat d'agrumes (citron, pamplemousse) et de fleurs blanches, palais vif et aromatique à souhait. 2014-2015

Plaimont Terroirs et Châteaux, 32100 Cassaigne, tél. 05 62 69 62 87, d.caillard@plaimont.fr t.l.j. 9h-12h 14h-19h

DOM. DE CAUDE Moelleux Perles d'or 2012 ★

■	5 400		5 à 8 €

Propriété de la famille de Jérôme et Lydie Bédouret depuis plusieurs générations, le domaine, à 6 km de Montréal-du-Gers, est implanté sur un terroir hétérogène qui permet un encépagement varié. C'est de pieds de petit manseng, nés sur des boulbènes, qu'est issu ce 2012 au nez intense de fruits à chair blanche (coing) et de fleurs d'acacia. Le palais est tapissé d'une matière délicate qui laisse à la fois de la rondeur et de la fraîcheur. L'élevage en fût a marqué subtilement le vin d'un boisé déjà bien fondu. 2014-2017 foie gras poêlé ■ **Cuvée Jean Daillon 2012 (5 000 b.)** : un assemblage de merlot (80 %) et de cabernet-sauvignon au nez de cassis, un peu fumé, et au palais bien équilibré, assez tannique en finale. 2014-2018

Jérôme Bedouret, Caude, 32250 Montréal-du-Gers, tél. 05 62 29 49 77, jerome.bedouret@nordnet.fr V t.l.j. 8h30-19h ; mer. ven. jeu. de déc. à mai

DOM. CHIROULET Terres blanches 2013 ★

■	20 000		5 à 8 €

Bien connu pour ses flocs, ce domaine gersois, conduit depuis cinq générations par la famille Fezas, dispose de 38,5 ha de vignes sur un coteau exposé au sud face aux Pyrénées. Tirant son nom d'une parcelle d'argiles blanches, ce blanc assemble le gros manseng (50 %) et le sauvignon, avec un appoint d'ugni blanc. Le cépage dominant lui lègue ses jolis arômes de fruits à chair blanche, avec une touche végétale, et son palais aromatique et frais, légèrement perlant. 2014-2015 plateau d'huîtres ■ **Terroir Gascon 2012 (65 000 b.)** :né d'un assemblage de merlot (50 %), de cabernet franc et de tannat, un vin charpenté et long, mêlant les fruits rouges et les notes boisées héritées d'un élevage de dix mois en barrique. 2014-2017

EARL Fezas, Dom. Chiroulet, 32100 Larroque-sur-l'Osse, tél. 05 62 28 02 21, chiroulet@wanadoo.fr V t.l.j. sf dim. 8h30-12h 14h-18h30

COLOMBELLE L'Original 2013 ★★

■	100 000		- de 5 €

À l'origine de cette marque bien connue, qui se décline en plusieurs cuvées, les vignerons de la coopérative Plaimont, née en 1979 et devenue un des poids lourds des vins de Gascogne. Son assemblage privilégie le colombard, allié au sauvignon et à l'ugni blanc. Le cépage majoritaire lui lègue des parfums intenses de fruits exotiques, de pomme, de poire et de fleurs blanches. Le palais est tout aussi aromatique, ample et frais. 2014-2015 poulet au gingembre et à la coriandre **Dom. Bergeyre-Labadie 2013 ★ (5 à 8 € ; 60 000 b.)** : un assemblage de colombard et de sauvignon au service d'un vin un peu discret au nez mais aromatique (fruits exotiques, agrumes et fruits blancs) et frais au palais. 2014-2015

Plaimont Producteurs, 32400 Saint-Mont, tél. 05 62 69 62 87, d.caillard@plaimont.fr V t.l.j. 9h-12h30 14h-19h

DOM. DE DANIS Colombard-Sauvignon 2013 ★★

	40 000		- de 5 €

Le vignoble de 35 ha, transmis de génération en génération, est implanté au nord-ouest du département du Gers, à l'orée de la forêt landaise. Victoire et Vincent Piquemal, frère et sœur, sont à sa tête. Dans cette cuvée d'assemblage à majorité de colombard, le nez est intensément aromatique, sur les fruits exotiques. Vive en attaque, aussi aromatique que le nez, la bouche est concentrée et longue. 2014-2015 volaille aux agrumes

EARL Dom. de Danis, 32440 Castelnau-d'Auzan, tél. 05 62 29 21 27, domaine.danis@orange.fr V t.l.j. 9h-13h 14h-18h ; dim. sur r.-v.

DOM. D'EMBIDOURE
Cuvée des Filles d'Embidoure 2013 ★

	6 600		8 à 11 €

Domaine viticole conduit par la famille Menegazzo depuis trois générations et conduit depuis 2006 par les deux sœurs Sandrine et Nathalie. Leur cuvée des Filles d'Embidoure est originale par son assemblage qui privilégie le chardonnay (60 %) allié au sauvignon. Le cépage dominant ressort dans les arômes de fleurs blanches, de beurre frais et de vanille, et dans la rondeur de la bouche. 2014-2016 tartare de saumon **2013 Moelleux ★ (5 à 8 € ; 8 000 b.)** : né d'un assemblage dominé par le petit manseng, un moelleux au nez d'agrumes confits, de coing et de fleurs blanches, au palais gras et frais en finale, aux nuances de fruits exotiques. 2014-2016

EARL Menegazzo Filles, Dom. d'Embidoure, 32390 Réjaumont, tél. 05 62 65 28 92, menegazzo.embidoure@wanadoo.fr V t.l.j. 9h-12h 14h-18h30 ; sam. dim. sur r.-v.

ESPÉRANCE Cuvée rosée 2013 ★★★

	20 000		5 à 8 €

Claire de Montesquiou, à la tête du domaine (30 ha) depuis 1990, a fait appel au talent de Jean-Charles de Castelbajac pour dessiner l'étiquette qui habille ses cuvées. Les jurés, qui ne l'ont pas eue sous les yeux, n'en ont pas moins loué ce joli rosé issu des deux cabernets. Ils ont salué sa couleur tendrement saumonée, son nez franc et intense, alliant des fragrances suaves de pêche blanche et des senteurs plus fraîches de framboise, et son palais gras et vif, qui associe une belle matière et un côté aérien. 2014-2015 melon du Gers **Cuvée d'or Sauvignon Gros manseng 2013 ★** : un blanc sec souple à l'attaque et bien frais en finale, aux arômes intenses et flatteurs évoquant les deux cépages qui le constituent : buis, genêt, pomelo, mangue et autres fruits exotiques. 2014-2015

Dom. d'Espérance, Espérance, 40240 Mauvezin-d'Armagnac, tél. 05 58 44 85 93, info@esperance.fr V lun. mer. ven. 8h-12h Claire de Montesquiou

DOM. DE L'HERRÉ Sauvignon 2013 ★★★

	200 000		5 à 8 €

Créé en 1974, ce domaine couvre 100 ha sur le versant sud d'une ligne de crête offrant un vaste panorama sur les Pyrénées. Il a été acquis en 2010 par le Parisien Pascal Debon, qui a exercé trente ans dans les télécoms. Le nouveau propriétaire mise sur les blancs, et en particulier sur le sauvignon. Des vendanges mécaniques pratiquées au petit matin ont préservé la belle fraîcheur de ce vin au nez intense d'agrumes, de fruits à chair blanche et de fruits de la Passion, teinté de touches minérales et végétales. Tout aussi complexe, le palais est à la fois gras et frais, délicat et persistant. Une superbe harmonie. 2016-2017 tarte aux fruits d'été

Dom. de l'Herré, lieu-dit Herré, 32370 Manciet, tél. 09 77 72 42 02, mblanchard@lherre.fr V t.l.j. sf sam. dim. 8h-12h30 14h-18h

♥ **DOM. HORGELUS**
Sauvignon & Gros Manseng 2013 ★★★

	50 000		- de 5 €

Œnologue diplômé, Yoan Le Menn a repris à vingt-sept ans le domaine fondé par son grand-père entre Ténarèze et Bas-Armagnac, qui couvre aujourd'hui 66 ha. Tout a été mis en œuvre pour préserver les arômes et la fraîcheur de ce blanc : vendanges mécaniques au petit matin, macération pelliculaire et fermentation à basse température. D'un jaune pâle limpide et brillant, ce vin enchante par l'intensité de son nez qui tire le meilleur du gros manseng et du sauvignon, jouant avec le pamplemousse, les fleurs blanches, l'ananas, la mangue et le fruit de la Passion. Tout aussi croquant, gras et persistant, le palais suit la même ligne vive et aromatique 2014-2016 buisson de langoustines **Colombard-Sauvignon 2013 ★ (400 000 b.)** : un nez d'agrumes et de fruits exotiques où perce la touche de buis du sauvignon (pourtant minoritaire) ; un palais aromatique, frais et acidulé. 2014-2016

Yoan Le Menn, lieu-dit Cassou, 32250 Montréal-du-Gers, tél. 06 62 09 95 94, horgelus@orange.fr V r.-v.

DOM. DE LAGAJAN Cuvée des Ortolans 2012 ★★

	5 000		5 à 8 €

Situé dans le Bas-Armagnac, sur une ligne de crête, ce domaine familial (40 ha), conduit depuis 1992 par Georges Caracos et ses enfants, est dans la famille depuis le XVII^{e}s. Planté sur des sols de boulbène, le gros manseng a été vendangé à la fin du mois d'octobre pour donner un moelleux aux arômes intenses de fruits à chair blanche et de mangue. Dans le même registre, le palais montre un beau volume et une finale fraîche. ⧗ 2014-2017 ♈ poisson aux agrumes

EARL Georges Caracos Filles et Fils, Dom. de Lagajan, 32800 Eauze, tél. 05 62 09 81 69, domaine.lagajan@cegetel.net V r.-v.

♥ DOM. DE MALARTIC
Vintus Colombard-Sauvignon 2013 ★★

| | 20 000 | | - de 5 € |

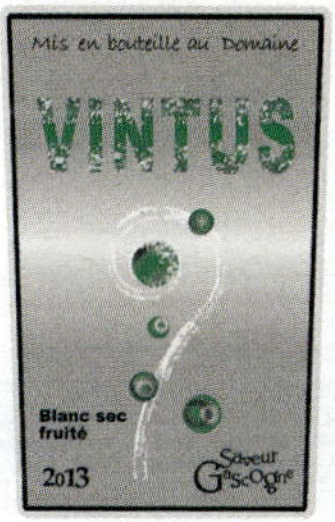

Cinq générations se sont succédé sur ce domaine créé en 1901 dans le Bas-Armagnac, qui a ajouté à sa production traditionnelle d'eau-de-vie le floc-de-gascogne et, depuis 2001, les côtes-de-gascogne. L'exploitation, qui couvre aujourd'hui 40 ha, est conduite par Sébastien Périssé depuis 1997. Vendangés la nuit, le colombard (66 %) et le sauvignon ont permis d'obtenir cette remarquable cuvée au nez intense de fleurs blanches, de fruits exotiques et d'agrumes (pamplemousse, citron), qui s'épanouissent à l'aération. Le fruit de la Passion entre en scène dans un palais à la fois rond et vif, à la longue finale fraîche. ⧗ 2014-2015 ♈ filet de sandre **Vintus Gros manseng 2013 (5 à 8 € ; 13 000 b.)** : un moelleux franc et équilibré, aux jolis arômes d'agrumes, de fruit de la Passion et d'abricot. ⧗ 2014-2016

Dom. de Malartic, EARL Perissé Père et Fils, 32400 Sarragachies, tél. 05 62 69 75 72, malartic@aol.com V r.-v.

DOM. DE MAOURIES Autan 2013 ★

| | 9 000 | | 5 à 8 € |

Situé aux confins du Gers, des Hautes-Pyrénées et des Pyrénées-Atlantiques, ce domaine familial qui couvre aujourd'hui 28 ha de vignes est géré par Pascal, Philippe et Isabelle Dufau. À sa carte des vins, les AOC madiran, saint-mont et pacherenc-du-vic-bilh, et des IGP. Cette cuvée, qui porte le nom du vent qui souffle du sud-est, associe le sauvignon (60 %) et le chardonnay. Au nez, des arômes intenses de fruits exotiques et de pêche, qui se prolongent dans un palais suave et bien équilibré. ⧗ 2014-2016 ♈ volaille fermière aux herbes fraîches **Foehn 2013 (14 000 b.)** : un vent de fraîcheur souffle sur ce moelleux suave aromatique à souhait, alliant les deux mansengs et le petit courbu. ⧗ 2014-2015

Dom. de Maouries, Maouries, 32400 Labarthète, tél. 05 62 69 63 84, domainedemaouries@alsatis.net V t.l.j. sf dim. 9h-12h30 14h-18h30

DOM. DE MAUBET 2013 ★★

| | 240 000 | | 5 à 8 € |

En 1982, Aline et Jean-Claude Fontan ont spécialisé en viticulture la vieille exploitation familiale qui vivait jusqu'alors de la polyculture. Le domaine de 80 ha est aujourd'hui conduit par les enfants, Nadège (relations clients) et Sylvain (vinification). Issue d'un assemblage de quatre cépages (colombard, ugni blanc, gros manseng et sauvignon), cette cuvée libère des parfums intenses de pamplemousse, de fruits exotiques (Passion). Les fruits blancs complètent cette palette dans un palais équilibré et long, vif et gras à la fois. ⧗ 2014-2015 ♈ poulet rôti à l'estragon **Gros Manseng Cuvée Coup de cœur 2013 ★ (40 000 b.)** : de la suavité dans cette cuvée de gros manseng, mais aussi de la vivacité. Un palais ample et aromatique. ⧗ 2014-2015

EARL Vignobles Fontan, Dom. de Maubet, 32800 Noulens, tél. 05 62 08 55 28, contact@vignoblesfontan.com V t.l.j. sf dim. 8h-12h 14h-18h

DOM. DE MILLET
Sauvignon blanc Sélection 2013 ★★

| | 27 000 | | 5 à 8 € |

D'abord voué à la polyculture, ce domaine fondé en 1880 à Eauze, en Bas-Armagnac, (80 ha aujourd'hui) s'est spécialisé en viticulture et a diversifié sa production : outre la célèbre eau-de-vie, il propose des flocs et des vins de pays, comme ce remarquable sauvignon. Le nez puissant associe les agrumes, les fleurs et fruits blancs à des senteurs fraîches et balsamiques rappelant la résine de pin et le laurier, avec quelques touches mentholées. Plus fruité (agrumes), légèrement amylique, le palais montre un bon volume et une vivacité tonique. ⧗ 2014-2015 ♈ mont-d'or

EARL du Ch. de Millet, av. de Parlebosq, 32800 Éauze, tél. 05 62 09 87 91, info@chateaudemillet.com V t.l.j. sf dim. 9h-12h 14h-18h Famille Dèche

DOM. DE MISELLE Petit Manseng 2012 ★★★

| | 16 000 | | 5 à 8 € |

Ce domaine est voué depuis le XVIIIes. à la viticulture et élabore des armagnacs depuis le XIXes. En 1998, la famille Chevallier, originaire du nord de la France, a acquis la propriété qui couvre aujourd'hui 28 ha de vignes. Avec ce moelleux de pur petit manseng, les Chevallier montrent tout leur talent. Des vendanges fin octobre, une macération pelliculaire suivie d'une fermentation à basse température nous valent ce nez intense et complexe de fruits exotiques, d'abricot sec et de noisette. Franc en attaque, ample et gras, tonifié par une agréable fraîcheur, le palais offre un superbe équilibre. ⧗ 2014-2015 ♈ tarte aux fruits d'été **Colombard-gros manseng 2013 ★ (moins de 5 € ; 106 000 b.)** : un nez intense et complexe de litchi et d'agrumes et un palais à l'unisson, franc, concentré et frais. ⧗ 2014-2016

Dom. Chevallier, Dom. de Miselle, 32110 Caupenne-d'Armagnac, tél. 05 62 08 84 56, contact@miselle.com V r.-v.

PERRÉOU
Émotion Sauvignon Gros Manseng 2013 ★

| | 40 000 | | 5 à 8 € |

Constituée en 1998, cette propriété est située dans le Bas-Armagnac. Ses 53 ha sont conduits depuis 2006 par Jean-Pierre Montelieu, fils de vignerons et ancien commercial, qui signe une belle cuvée à base de sauvignon (80 %) complété de gros manseng. Le nez intense mêle les fruits blancs mûrs (poire, pomme) et le pomelo à des touches végétales et épicées. L'abricot s'invite dans un palais gras, équilibré par une finale fraîche. ⧗ 2014-2016 ♈ poulet au citron **Émotion Chardonnay Gros Manseng 2013 ★ (40 000 b.)** : un vin souple alliant les fruits blancs et des notes beurrées et vanillées, un palais suave, du bon volume. ⌛ 2014-2016

SCEA Jean-Pierre Montelieu - Dom. de Perréou, La Pélinguette, 32800 Cazeneuve, tél. 05 62 08 93 09, jean-pierre.montelieu@orange.fr V r.-v.

DOM. DE PICARDON Bréna 2013 ★

	30 000		- de 5 €

Propriété de la famille Randé, viticulteurs de père en fils, ce domaine connaît un nouveau souffle avec Jean-Pierre Randé qui le conduit depuis 1986 : ce dernier a restructuré et agrandi le vignoble (76 ha) et développé la commercialisation en élargissant sa gamme (armagnac, floc-de-gascogne et vins de pays). Le jury a apprécié ce rosé de pressurage, assemblage à parts égales de cabernet franc et de cabernet-sauvignon. Le nez associe des parfums intenses et frais de fruits rouges. D'un beau volume, la bouche est croquante, aromatique, ample et vive. ⌛ 2014-2015 brochettes de poulet **Bréna 2013 cité** (30 000 b.) : un blanc sec issu de colombard majoritaire. Nez d'agrumes, palais vif et franc. ⌛ 2014-2015

Jean-Pierre Randé, Picardon, 32800 Réans, tél. 05 62 09 95 52, domainedepicardon@wanadoo.fr V t.l.j. sf dim. 9h-12h30 14h-18h

RIGAL L'Instant Passion 2013 ★

	100 000		- de 5 €

Établie à Cahors depuis le XVIIIe s., la maison Rigal, aujourd'hui dans le giron du groupe Advini, rayonne sur tout le Sud-Ouest. Elle signe un pur sauvignon au nez intense de fruits exotiques, d'agrumes et de fleurs blanches teintés d'une pointe de minéralité. La poire mûre s'invite dans un palais à la fois rond et frais, à la finale persistante et légèrement amère. ⌛ 2014-2016 feuilleté d'asperges

SAS Rigal, Ch. Saint-Didier, 46140 Parnac, tél. 05 65 30 70 10, audrey.boguslawski@rigal.fr

DOM. SAINT-LANNES Signature 2013 ★★

	25 000		5 à 8 €

En 1955, un salarié viticole, Edilbert Duffour, fonde dans le Gers un domaine qui vit presque en autarcie, entre cultures et élevage. Son fils Michel, qui le reprend en 1973, le spécialise, développant une gamme d'armagnacs, de flocs et de vins de pays. Il conduit aujourd'hui 70 ha et exporte 90 % de sa production. Il signe une cuvée dominée par le colombard. Un vin fort loué, tant pour son nez d'agrumes, d'ananas et de fleurs blanches que pour son palais à la texture soyeuse, au remarquable équilibre entre gras et vivacité, et à la finale longue à souhait. ⌛ 2014-2015 loup vapeur sauce mousseline **Prélude d'hiver 2013** (10 000 b.) : issu de gros manseng, un moelleux au nez de coing, d'abricot sec et de miel, à la bouche ronde et légère, agréable par sa finale fraîche. ⌛ 2014-2015

EARL Vignobles Duffour, Saint-Lannes, 32330 Lagraulet-du-Gers, tél. 05 62 29 11 93, contact@saint-lannes.fr V r.-v.

DOM. DU TARIQUET Dernières Grives 2012 ★★★

	20 000		15 à 20 €

À l'origine de ce domaine très célèbre, un montreur d'ours ariégois, émigré aux États-Unis, qui achète à son retour en France cette propriété gersoise ruinée par le phylloxéra. Sa petite-fille épouse Pierre Grassa ; le couple et ses enfants développent la production d'armagnac puis mise dans les années 1980 sur les vins de pays, essentiellement blancs, qui connaissent un grand succès. Cette cuvée phare du domaine est un vin doux issu de petit manseng. D'un jaune soutenu, elle associe au nez des notes de surmaturation (fruits confiturés, ananas rôti, mandarine et abricot) aux nuances vanillées et grillées de l'élevage. Le palais, où l'on retrouve les fruits jaunes, s'impose par son volume, sa concentration et son gras, tonifié par une longue finale vive. ⌛ 2014-2015 salade de fruits frais **Côté Chardonnay et sauvignon 2013 ★★** (5 à 8 € ; 150 000 b.) : un assemblage de sauvignon et de chardonnay à parts égales aux jolis arômes de fruits exotiques. De la vivacité et de la longueur. ⌛ 2014-2015

SCV Ch. du Tariquet, Saint-Amand, 32800 Eauze, tél. 05 62 09 87 82, s.dupuy@tariquet.com V t.l.j. sf dim. 9h30-12h 14h30-18h Grassa

DENIS TASTET Cuvée Tradition 2013 ★★

	10 000		- de 5 €

Couvrant sur 46 ha les coteaux du Bas-Armagnac, le domaine géré par Denis Tastet depuis 1994 est dans la famille depuis plus d'un siècle. Le vigneron signe un assemblage dominé par le colombard (avec 20 % de sauvignon en appoint) qui offre à profusion tout ce que l'on attend de ce type de vin : un nez intense, net et vif d'agrumes (pamplemousse, orange) et de fruits exotiques (ananas, litchi), un palais dans le même registre, alerte et tonique, teinté de minéralité en finale. ⌛ 2014-2015 langoustines **Tel quel 2013** (29 000 b.) : un sauvignon au nez frais d'agrumes (pamplemousse, citron vert), et au palais tendu jusqu'en finale. ⌛ 2014-2015

Denis Tastet, Dom. de Guilhon d'Aze, 32150 Larée, tél. 05 62 09 53 88, contact@denis-tastet.fr V t.l.j. 8h-12h 14h-19h

CÔTES DU TARN

COMTE DE THUN La Tarabelle 2009

	1 500		30 à 50 €

En 1999, le comte de Thun et Hohenstein, de vieille noblesse tyrolienne, a acheté le Château de Frausseilles, dont la vocation viticole remonte au Moyen Âge, et remis en état la cave historique complétée d'équipements modernes. Son but est de proposer des vins haut de gamme à partir de cépages internationaux, hors des canons de l'appellation - sur le modèle des supertoscans. Ici, une syrah à la robe profonde animée de reflets rouges et noirs. Le nez intense associe les fruits rouges compotés et les notes léguées par un élevage de deux ans en barrique. Suave en attaque, bien construite, la bouche repose sur des tanins encore fermes et vifs qui devraient se fondre avec un peu de garde. ⌛ 2015-2017 pavé de chevreuil aux airelles

Dom. du Comte de Thun, Ch. de Frausseilles, 81170 Frausseilles, tél. 05 63 56 14 02, info@comtedethun.com V t.l.j. sf ven. sam. dim. 8h-12h30 14h-16h30 Ferdinand von Thun

♥ DOM. D'EN SÉGUR Cuvée Germain 2011 ★★

	60 000		5 à 8 €

Disparu en 2013, Pierre Fabre, pharmacien castrais de renommée mondiale, voulant promouvoir les vins de sa région natale, avait créé ce domaine de 36 ha, géré depuis 2004 par l'oenologue Caroline Schaller. Portant le prénom du père du fondateur, cette cuvée issue d'un assemblage de style bordelais (merlot dominant et cabernet-sauvignon), s'est attiré tous les suffrages. La robe est profonde et brillante, le nez bien ouvert sur des arômes complexes révélant un mariage réussi entre le vin et le bois : fruits noirs compotés, épices, humus et notes toastées. La bouche, suave et tendue à la fois, offre des arômes gourmands de fruits rouges bien mûrs soulignés de notes épicées et vanillées. Une belle fraîcheur et une trame tannique solide, qui devrait s'arrondir avec un peu de garde, portent loin la finale. ⌛ 2017-2024 🍷 parmentier de canard ■ **Grande Réserve 2012 (15 à 20 € ; 3 000 b) :** un vin bien élevé, structuré par des tanins soyeux. ⌛ 2014-2018

Dom. d'En Ségur, rte de Saint-Sulpice, 81500 Lavaur, tél. 05 63 58 09 45, ensegur@wanadoo.fr V t.l.j. sf dim. 8h-17h

Pierre Rabre

TERRANE Cunac 2013 ★

	5 000		5 à 8 €

Créée en 1949, la plus ancienne coopérative du Tarn. Quant au terroir de Cunac, d'où provient cette cuvée, il porte des vignes depuis l'époque gallo-romaine. Gamay et duras à parité, complétés de braucol (20 %) sont à l'origine de ce vin pourpre aux reflets violines. Le nez expressif évoque les fruits rouges et noirs. Suave en attaque, le palais développe d'intenses saveurs de petits fruits des bois et finit sur une fraîcheur réglissée. ⌛ 2014-2017 🍷 entrecôte de bœuf ■ **Terrane 2013 ★ (moins de 5 € ; 73 600 b.) :** un rosé au nez discret, frais, délicat et aromatique en bouche, sur les agrumes et les fleurs blanches. ⌛ 2014-2015

Cave de Labastide, BP 12, 81150 Marssac-sur-Tarn, tél. 05 63 53 73 73, commercial@cave-labastide.com V r.-v.

GERS

DOM. DE GENSAC Cuvée Piaffer 2012 ★

	20 000		8 à 11 €

Un domaine de 300 ha acheté en 2011 par Hans Dieter Vontobel, homme d'affaires suisse qui a remis les vignes à l'honneur (23 ha) avec l'appui de l'œnologue alsacien Jacques Hauller. Il est équipé d'un manège et les figures de l'équitation donnent leurs noms aux cuvées. Celle-ci assemble cinq cépages : tannat, merlot, cabernet-sauvignon, malbec et syrah. Le vin a tiré d'une macération longue et d'un élevage en barrique une robe intense et un nez puissant aux arômes de fruits noirs (mûre) et de vanille. Le palais, franc en attaque, est fruité à souhait (cassis, fruits mûrs), porté par des tanins qui donnent un côté strict à la longue finale. ⌛ 2016-2019 🍷 ossau iraty et confiture de cerises ■ **Quadrille 2012 (1 800 b.) :** un moelleux fruité et boisé, issu de l'assemblage de quatre cépages : petit manseng, sauvignon gris, sémillon et petit courbu. ⌛ 2014-2019

Dom. de Gensac, Gensac, 32100 Condom, tél. 05 62 28 43 94, contact@domaine-de-gensac.com V t.l.j. sf sam. dim. 8h-12h 14h-17h30

T. Vontobel

CÔTES DU LOT

NOZIÈRES Le Gravis 2013 ★★

	10 000		- de 5 €

Installée au cœur de l'appellation cahors, la famille Guitard propose des vins dans les trois couleurs grâce à l'IGP côtes du Lot. Ce rosé de malbec évoque la fraise, tant par la couleur de sa robe que par son nez, qui associe avec exubérance ce petit fruit à la groseille et au bonbon anglais. Vive dès l'attaque, la bouche gagne en ampleur et développe avec persistance ce fruité intense. ⌛ 2014-2015 🍷 poivrons marinés à l'huile d'olive

EARL de Nozières, Maradenne-Guitard, Bru, 46700 Vire-sur-Lot, tél. 05 65 36 52 73, chateaunozieres@wanadoo.fr V t.l.j. sf dim. 9h-12h 14h-19h

DOM. SAINT-SERNIN Varua Maohi 2013

	2 800		5 à 8 €

Un nom exotique pour ce chardonnay honorant la Polynésie, terre d'origine de Jean-Michel Swartvagher, fils de restaurateur, qui gère le domaine avec son épouse Anne Cavalié, héritière de la propriété. Une robe pâle brillante ; un nez frais et parfumé, aux nuances d'agrumes, de fleurs et de fruits blancs ; une bouche dans le même registre, à la fois ronde et fraîche. ⌛ 2014-2015 🍷 poisson mariné au citron vert

SCEA Cavalié, Les Landes, 46140 Parnac, tél. 05 65 20 13 26, saint.sernin@sfr.fr V t.l.j. sf sam. dim. 10h-12h 14h-18h

CH. VINCENS L'Instant Malbec 2013 ★

	50 000		- de 5 €

Créé au lendemain de la Première Guerre mondiale, ce domaine bien connu pour ses cahors vinifie en cave particulière depuis les années 1980. Isabelle et Philippe Vincens se sont lancés dans la production de rosé avec le millésime 2005. Né du malbec, cépage du cahors, celui-ci, issu d'un pressurage direct, affiche une robe claire et brillante, un nez bien présent, frais et fruité. Franc en attaque, le palais déroule cette ligne fruitée avec ampleur et fraîcheur. ⌛ 2014-2015 🍷 salade de crevettes aux agrumes

Ch. Vincens, Foussal, 46140 Luzech, tél. 05 65 30 51 55, philippe@chateauvincens.fr V t.l.j. sf dim. 9h-12h 14h-19h

LAVILLEDIEU

• Superficie : 56 ha • Production : 2 228 hl

Au nord du Frontonnais, sur les terrasses du Tarn et de la Garonne, le vignoble de Lavilledieu produit des vins rouges et rosés à partir des cépages négrette (30 %), cabernet franc, gamay, syrah et tannat.

DOM. DU GAZANIA 2013

	4 000		- de 5 €

Installée en cave particulière depuis 2006, la famille Colombié exploite 10 ha de vignes en IGP lavilledieu et pratique également l'horticulture (serre exotique à visiter). Elle signe un rosé de saignée assemblant les quatre cépages principaux de Lavilledieu, appécié pour son nez de framboise et de groseille et pour son palais léger et frais à la finale poivrée. 2014-2015 paella

Dom. du Gazania, 793, chem. de Sainte-Livrade, 82100 Labastide-du-Temple, tél. 05 63 31 63 25 V t.l.j. sf dim. 9h-12h 14h-19h 1

Colombié

Languedoc et Roussillon

Vaste amphithéâtre ouvert sur la Méditerranée, la région Languedoc-Roussillon décline ses vignobles du Rhône aux Pyrénées catalanes. Premier ensemble viticole français, elle produit près de 80 % des vins de pays de France. Le vin de pays régional « IGP d'Oc », constitué en majorité des vins de cépage avec six variétés principales (cabernet-sauvignon, merlot, syrah en rouge et chardonnay, sauvignon, viognier en blanc), représente 3,5 millions d'hectolitres.

Obtenus par la vinification séparée de cuvées, les vins de pays de la région Languedoc-Roussillon sont issus non seulement de cépages traditionnels (carignan, cinsault et grenache, syrah pour les vins rouges et rosés, clairette, grenache blanc, macabeu, muscat, terret pour les blancs) mais aussi de cépages non méridionaux : merlot, cabernet-sauvignon, cabernet franc, cot, petit verdot et pinot noir pour les vins rouges ; chardonnay, sauvignon et viognier pour les vins blancs.

CATHARE

DOM. DES CATHARES 2013 ★

	n.c.		8 à 11 €

Situé dans l'aire d'appellation corbières-boutenac, le Château Aigues Vives, l'une des nombreuses propriétés de Gérard Bertrand, exploite 6 ha en IGP Pays cathare. Merlot, cabernet franc et syrah composent ce vin sombre, bien ouvert sur des arômes intenses de fruits noirs (mûre, cassis, myrtille), au palais rond, gras et suave, épaulé par une fine acidité et des tanins extraits avec mesure. 2014-2017 fricassée d'agneau

Gérard Bertrand, Ch. l'Hospitalet, rte de Narbonne-Plage, 11100 Narbonne, tél. 04 68 45 36 00, c.fuchs@gerard-bertrand.com V t.l.j. 9h-19h

CÉVENNES

DOM. DU CHÊNE Léthé 2013 ★★

	12 000		5 à 8 €

Un chêne millénaire trône au centre du domaine ; tel un phare, il veille sur les 25 ha de vignes. Sylvain Ozil (troisième génération) est aux commandes depuis 1998. Il signe ici un 100 % grenache bien « trendy » dans sa robe rose pâle. Le nez libère des parfums complexes allant du fruit à chair blanche aux notes d'agrumes, en passant par le fenouil sauvage. Tout aussi intense et complexe (écorce d'orange, fleurs blanches, touche anisée en finale), la bouche séduit par sa fraîcheur, sa souplesse et sa finesse. Un très beau vin, élégant et délicat. 2014-2015 filets de rougets

Dom. du Chêne, rue Mistral, 30190 Castelnau-Valence, tél. 04 66 83 21 91, sylvain.ozil@free.fr V t.l.j. 9h-12h 14h-18h30

Sylvain Ozil

B LES CLARIS 2013 ★

	n.c.		5 à 8 €

Entre Cévennes et garrigues, à deux pas du Pic Saint Loup, cette cave coopérative fondée en 1956 vinifie les vendanges de quelque 190 ha, dont une partie en bio certifiée. C'est le cas de cette cuvée associant la syrah, le grenache et le merlot à parts égales. Elle s'affiche dans une robe rubis traversée de reflets violets. Le nez, intense, mêle les fruits rouges (griotte) et le sous-bois. La bouche se montre douce, souple et soyeuse. Un vin friand et facile d'accès, à déguster sur le fruit. 2014-2015 Magret de canard à la pêche

Les Terrasses Cévenoles, rte de Nîmes 10, 30170 Saint-Hippolyte-du-Fort, tél. 04 66 77 21 30, cave-st-hippolyte@wanadoo.fr V t.l.j. sf dim. 9h-12h 14h-18h30

DOM. LES LYS La Grande 2012 ★

	2 800		15 à 20 €

À proximité d'Uzès et du Pont du Gard, ce domaine appartient depuis 2009 à Ray Monahan et Olivier Privat. À leur disposition, 30 ha de vieilles vignes plantés sur des sols argilo-calcaires. Ici, 1 ha de syrah, passé dix-huit mois en cuve tronconique en bois. Dans le verre, un joli vin pourpre, au nez intense de fruits noirs mâtinés d'épices et d'une touche de réglisse. Des arômes que l'on retrouve, agrémentés de notes de truffe et de sous-bois, dans un palais ample et suave, aux tanins soyeux. Un 2012 équilibré, long et d'une bonne complexité. 2014-2017 Pigeon rôti

Les vignes du Lys, Domaine du Lys, rte d'Uzes, 30700 Blauzac, tél. 04 66 03 16 37, contact@les-lys.fr V t.l.j. sf dim. 9h-18h Privat

MAS SEREN Lilith 2012 ★★

	5 600		11 à 15 €

Ce domaine, créé en 2010 par Emmanuelle Schoch, ancienne technicienne viticole, étend son vignoble sur 6 ha perchés à 300 m d'altitude sur la commune de Monoblet dans le Gard, à proximité d'Anduze. Mi-grenache mi-cinsault, cette cuvée dévoile un nez tout en finesse de cassis, de cerise, de violette et de réglisse. Des arômes prolongés avec intensité par un palais souple et rond, aux tanins fondus et soyeux, témoin d'une belle maîtrise de la vinification. Un vin harmonieux, expressif et long. ⧗ 2014-2016 🍴 Carré d'agneau fermier

Emmanuelle Schoch, 1820 rte de St. Jean du Gard, 30140 Anduze, tél. 06 79 41 13 29 V r.-v.

COTEAUX D'ENSÉRUNE

CHAPELLE DE NOVILIS Néus 2013 ★

| 1 800 | | 11 à 15 € |

L'histoire de ce domaine débute en l'an 800 ; il fut la propriété de puissantes familles seigneuriales, dont une femme, Jeanne de Novilis, au XIVᵉs. Une autre femme, Nathalie Jeannot, issue de l'industrie pharmaceutique, est aux commandes depuis 2011. Établi à quelques kilomètres de l'oppidum d'Ensérune, le vignoble s'étend sur 15 ha (en conversion bio), en plaine, le long de l'Orb, et en petits coteaux, et bénéficie d'un micro-climat influencé à la fois par la mer et les contreforts du Massif central. Dans le verre, un assemblage vermentino (80 %) marsanne. Un blanc intensément bouqueté autour des fruits frais (ananas, poire) agrémentés d'une pointe de guimauve. Tout aussi expressif (fleurs blanches, fruits exotiques, fine note boisée, touche minérale), souple et frais, le palais signe un vin léger, agréable et raffiné. ⧗ 2014-2016 🍴 risotto aux calamars

Chapelle de Novilis, Domaine de Villenouvette, rte de Villenouvette, 34370 Maraussan, tél. 06 74 74 38 42, nathalie.jeannot@chapelledenovilis.com V r.-v.

DOM. DE CIBADIÈS Cabernet Sauvignon 2013 ★

| 80 000 | | - de 5 € |

Domaine capestanais de la famille Bonfils, vigneronne depuis cinq générations, Cibadiès, idéalement implanté entre le Canal du Midi et l'oppidum d'Ensérune, étend ses 80 ha de vignes entre mer et garrigue. Jean-Michel Bonfils signe ici un 100 % cabernet-sauvignon bien typé : fruits noirs, poivron grillé, épices (poivre noir) à l'olfaction, bouche ample et bien charpentée. Un vin encore un peu jeune mais prometteur. ⧗ 2015-2018 🍴 Daube de bœuf

SCEA Vignobles J.-M. Bonfils, Domaine de Cibadiès, 34310 Capestang, tél. 04 67 93 10 10, bonfils@bonfilswines.com

DOM. DE LA GRANDE COURTADE Tempranillo 2013

| 8 000 | | 5 à 8 € |

Le vignoble du domaine occupe une sorte d'amphithéâtre bien exposé au midi. Les vignes y sont en plein soleil et à l'abri, comme dans une petite cour, une courtade. Établie dans le Languedoc depuis... 1605, la famille Fabre est aujourd'hui à la tête de 360 ha répartis sur plusieurs domaines (la Grande Courtarde lui appartient depuis 1763), ce qui lui offre une très large palette de terroirs et de cépages. Ici, un 100 % tempranillo, star du vignoble ibérique, qui se plaît aussi dans l'Aude. Témoin, cette cuvée pourpre brillante, au nez tendrement fruité (groseille confiturée), au palais intense, centré sur le cassis, et d'une agréable fraîcheur. ⧗ 2014-2017 🍴 tapas de jambon

Famille Fabre, Ch. de Luc, 1, rue du Château, 11200 Luc-sur-Orbieu, tél. 04 68 27 10 80, info@famille-fabre.com V t.l.j. 9h-12h 14h-18h ; sam. dim. sur r.-v. 3

DOM. PAIN DE SUCRE Terra Carmina 2009 ★

| 23 000 | | 8 à 11 € |

Ancienne propriété du Bailly de Suffren, chevalier de l'Ordre de Malte, stratège et navigateur au XVIIIᵉs., ce domaine doit son nom à une bataille près du Pain de sucre de Guadeloupe. Issue d'une famille de vignerons, Françoise Bousquet abandonne son métier de pharmacienne pour reprendre en 2001 ce vignoble de 30 ha d'un seul tenant. Elle a sélectionné 7 ha de syrah, de merlot et de cabernet-sauvignon (par tiers) pour élaborer cette cuvée expressive et finement boisée (douze mois de barrique) : tabac, cuir, vanille, caramel. Une attaque souple ouvre sur un palais ample, rond, aromatique (noyau de cerise et sous-bois), adossée à des tanins soyeux et fondus. Un vin déjà très aimable, qui pourra aussi s'apprécier après une petite garde. ⧗ 2014-2018 🍴 cassoulet

Françoise Bousquet, Dom. Pain de Sucre, rte de Carcassonne, 34310 Capestang, tél. 04 67 93 75 51, domainepaindesucre@free.fr V t.l.j. 11h-19h (15 juin-30 sep.) ; sur r.-v. 1ᵉʳ oct. 14 juin E

COTEAUX DU LIBRON

DOM. PREIGNES LE NEUF Chardonnay Prestige 2013 ★★

| 50 000 | | 5 à 8 € |

Au cœur du Languedoc, le château de Preignes le Neuf veille sur un vaste vignoble de 200 ha d'un seul tenant, qui s'étend en pente douce sur les coteaux du Libron, un petit cours d'eau tranquille. La famille Vic y est établie depuis 1898. Elle présente ici une cuvée couleur or paille, au nez complexe, torréfié et grillé, floral et miellé. Ample et fraîche, l'attaque introduit un palais aux notes de coing confit assorties d'une touche finement boisée et d'une pointe anisée. Un vin élégant, friand et équilibré. ⧗ 2014-2015 🍴 pélardon

Dom. de Preignes le Neuf, rte de Béziers, 34450 Vias, tél. 04 67 21 51 48, contact@preignesleneuf.com V t.l.j. sf sam. dim. 8h-12h 13h-17h

DOM. LES TERRES D'ARMELLE Coteaux de Béziers Amazone 2013 ★

| 2 800 | | 8 à 11 € |

Armelle Tafoiry a réalisé son rêve : après quinze années passées à vendre du vin aux quatre coins du monde, elle a décidé de devenir vigneronne et acquis en 2013 ce vignoble situé sur les coteaux de Corneilhan, 5 ha en cours de conversion bio. Elle présente donc ici son premier millésime. Un pur grenache blanc en robe très claire traversée de beaux reflets verts. Le nez, très intense, s'exprime sur les fleurs blanches, la pêche blanche et les agrumes (orange, mandarine). Une attaque fraîche introduit un palais souple, alerte et fruité à souhait, à l'unisson du bouquet. Un vin aromatique, harmonieux et élégant. ⧗ 2014-2015 🍴 dorade grillée

Dom. Les Terres d'Armelle, 112, rue de Revel, 34370 Maraussan, tél. 06 08 89 98 49, contact@lesterresdarmelle.fr V r.-v.

COTEAUX DE MIRAMONT

DOM. DE FONTENELLES
Cuvée du Poète Renaissance 2013 ★

■ | 50 000 | 8 à 11 €

Domaine familial situé sur le versant nord de l'Alaric. En cinq générations, sa surface est passée de 7 à 40 ha. Aux commandes depuis 1993, Thierry et Nelly Tastu misent sur la qualité. Cette cuvée rouge sombre déploie au nez une palette aromatique complexe : notes mentholées, réglissées et épices (poivre). La bouche ample et souple ajoute le Zan à ces arômes. Un vin de caractère souvent repéré par les dégustateurs depuis plusieuens années. ⌛ 2014-2017 🍴 viande en sauce

🔑 Thierry Tastu, Ch. de Fontenelles,
78, av. des Corbières, 11700 Douzens,
tél. 04 68 79 12 89, t.tastu@fontenelles.com
V 🚶 🍷 t.l.j. 9h-12h 14h-18h ; sam. dim. sur r.-v.

COTEAUX DE NARBONNE

DOM. JEAN GLEIZES
Ovilius 2012 ★★

■ | 12 000 | 🛢 | 11 à 15 €

Jean Gleizes, propriétaire du domaine dans l'entre-deux-guerres, fut le premier viticulteur à mettre son vin en bouteilles à Ouveillan, village qui doit son nom au soldat romain Ovilius, auquel cette cuvée rend hommage. Une cuvée signée Pierre-Philippe Callegarin, aux commandes depuis 2005. Ce vin dominé par la syrah (80 %, le grenache en complément) dévoile un nez chaleureux de griotte à l'eau-de-vie, de fruits confits et de chocolat. Une générosité à laquelle fait écho un palais ample, intense, charpenté par des tanins bien présents mais sans dureté. Un vin « solaire ». ⌛ 2014-2017 🍴 carré d'agneau aux épices

🔑 Dom. Jean Gleizes, 2, av. de Capestang,
11590 Ouveillan, tél. 04 68 46 02 69, info@domaine-jean-gleizes.com V 🚶 🍷 t.l.j. sf dim. 9h-12h 14h-18h

DOM. LALAURIE
Alliance 2013 ★★

■ | 40 000 | 🍾 | - de 5 €

Transmis depuis dix générations, ce vaste domaine familial de 50 ha est conduit depuis 2007 par les sœurs jumelles Camille et Audrey. Elles présentent ici une « alliance » très aboutie entre le sauvignon (70 %), le colombard et un soupçon de chardonnay. Dans le verre, un blanc au nez intense et bien typé sauvignon de buis, de fruits à chair blanche et d'agrumes, au palais frais, minéral et long. Un vin dynamique et harmonieux. ⌛ 2014-2017 🍴 tellines à la persillade ■ **Alliance 2013 ★ (77 000 b.)** : un vin fruité (cassis), épicé (poivre) et réglissé, ample et bien structuré par des tanins fins et soyeux, un rien plus stricts en finale. ⌛ 2014-2017

🔑 Jean-Charles Lalaurie,
2, rue Le-Pelletier-de-Saint-Fargeau, 11590 Ouveillan,
tél. 04 68 46 84 96, lalaurie@domaine-lalaurie.com
V 🚶 🍷 t.l.j. sf dim. 10h-12h30 15h-19h

COTEAUX DU PONT DU GARD

DOM. MABY Baroques 2012 ★

■ | 11 000 | 🍾 | 5 à 8 €

Ce domaine très régulier en qualité, notamment pour ses tavel et ses lirac, a été créé en 1950 par Armand Maby. En 2005, son petit-fils Richard a pris les rênes du vignoble, 64 ha sur sables et galets roulés. Cette cuvée mi-syrah mi-cinsault dévoile un bouquet très soutenu de fruits rouges (cerise) et noirs (mûre) agrémentés d'une touche de violette. La bouche, à l'unisson, se montre ample, suave et riche. Un vin généreux et harmonieux. ⌛ 2014-2017 🍴 charcuterie de montagne

🔑 Dom. Maby, 249, rue Saint-Vincent, 30126 Tavel,
tél. 04 66 50 03 40, domaine-maby@wanadoo.fr
V 🚶 🍷 t.l.j. 8h-12h 13h30-17h30 ; sam. dim. sur r.-v.

CÔTES CATALANES

ARCADIE TP3 2012 ★

■ | 5 200 | 🍾 | 5 à 8 €

L'ancien camion de l'armée française, le TP3, qui sert à transporter la vendange du domaine, a donné son nom à cette cuvée élaborée par Agnès Graugnard, négociante installée depuis 2010 à Saint-Paul-de-Fenouillet. Œnologue, elle travaille à la parcelle, montrant une grande maîtrise des terroirs de la vallée de l'Agly. Issu de pur macabeu planté sur des marnes schisteuses, ce blanc s'habille d'une robe claire aux reflets verts et délivre des fragrances délicates de fleurs blanches, de zeste de citron, avec des touches minérales. Ces fleurs blanches s'épanouissent dans une bouche fraîche et équilibrée, plus intense que le nez. ⌛ 2014-2016 🍴 gambas à la plancha

🔑 Arcadie, 18, av. Jean-Moulin,
66220 Saint-Paul-de-Fenouillet, tél. 06 76 54 22 49,
contact@vinarcadie.com V 🚶 🍷 r.-v.
🔑 Agnès Graugnard

DOM. ARGUTI Ugo 2012 ★

■ | 3 000 | 🛢 | 11 à 15 €

Après avoir longtemps dirigé un grand château de Saint-Émilion, Hugo Arguti a convaincu sa femme Marie-Christine de venir au cœur des Fenouillèdes, un très grand terroir, difficile à dompter. Il signe une cuvée d'un jaune soutenu, née d'un assemblage de grenaches blanc et gris, et élevée en barrique sur lies. Le nez délicat associe l'acacia à une touche fumée. La poire et des notes beurrées s'ajoutent à cette palette dans une bouche franche en attaque, équilibrée et fraîche, à la longue finale minérale. ⌛ 2015-2017 🍴 papilote de saumon d'Écosse

🔑 Dom. Arguti, 14, av. du 16-Août-1944,
66220 Saint-Paul-de-Fenouillet, tél. 06 73 85 17 93,
domaine.arguti@orange.fr V 🚶 🍷 r.-v.

DOM. LA BEILLE Mourvèdre 2012 ★

■ | 2 000 | 🍾 | 8 à 11 €

La cave est née de la rencontre en Australie d'Agathe Larrère, viticultrice dans les Pyrénées-Orientales et de Ashley Hausler, winemaker aux antipodes. Le couple s'est installé en 2005 à Corneilla-la-Rivière. Leur mourvèdre, né sur schistes, se pare d'une robe intense et livre au premier nez des notes évoluées : sous-bois, fruits confiturés et notes balsamiques. Puis s'invitent des arômes plus frais de cassis et de myrtille. Après une attaque souple, la bouche dévoile progressivement une structure tannique dense et vive, bien typée du cépage. De la personnalité. ⌛ 2014-2017 🍴 tajine d'agneau aux figues ■ Macabeu 2012 ★ (2 500 b.) : un vin frais aux parfums de fleurs blanches. ⌛ 2014-2017

Agathe Larrère et Ashley Hausler, 18, rue Saint-Jean, 66550 Corneilla-la-Rivière, tél. 06 80 07 25 88, la-beille@neuf.fr V r.-v.

DOM. BOUDAU Muscat sec 2013 ★★

■	22 000	5 à 8 €

Créé dans les années 1920, ce domaine géré par Véronique et Pierre Boudau, frère et sœur, s'est développé après la Seconde Guerre mondiale. Situé à l'entrée de la vallée de l'Agly, il compte aujourd'hui 50 ha en production. Son muscat sec assemble à parts égales muscat à petits grains et muscat d'Alexandrie. La robe est bien typée, jaune clair aux reflets verts, le nez intense exprime le cépage dans des tonalités de fleurs blanches. La bergamote, la citronnelle et l'abricot frais soulignent la fraîcheur du palais qui montre beaucoup de gras et une finale très longue. ⌛ 2014-2015 🍴 asperge de pays sauce hollandaise ■ Le Petit Closi 2013 ★★ (6 000 b.) : un vin élégant, frais et riche, aux notes florales intenses, mettant en valeur le macabeu. ⌛ 2014-2015

Dom. Boudau, 6, rue Marceau, 66600 Rivesaltes, tél. 04 68 64 45 37, contact@domaineboudau.fr V t.l.j. sf dim. 10h-12h 15h-19h ; sam. 15h-19h en hiver

DOM. BRIAL Rozy 2013 ★★

■	55 000		5 à 8 €

Marque de la coopérative de Baixas, née en 1923 : 380 adhérents et 2 500 ha de vignes, sur des terroirs variés, des galets roulés aux terres rouges, en passant par les schistes et les argilo-calcaires. Sous une étiquette un peu kitsch – que n'ont pas vue nos dégustateurs – évoquant la plage et ses bikinis, cette cuvée issue de syrah majoritaire affiche une robe pâle et brillante. Le nez est frais et explosif, sur la rose et le litchi, tandis que la bouche, tout aussi aromatique, joue sur la fraise et le bonbon. Un rosé frais, bien fait et flatteur. ⌛ 2014-2015 🍴 apéritif ■ Vin de mi-nuit Chardonnay 2013 ★ (29 000 b.) : un vin gras et long, aux parfums citronnés, exotiques et vanillés. ⌛ 2014-2015

Vignobles Dom Brial, 14, av. Maréchal-Joffre, 66390 Baixas, tél. 04 68 64 22 37, contact@dom-brial.com V r.-v.

DOM. DE CALADROY Expression 2013 ★

■	9 000		5 à 8 €

Le château de Caladroy est une imposante forteresse médiévale, qui gardait jadis la frontière entre la France et l'Espagne. C'est maintenant un domaine de 560 ha d'un seul tenant, dont 130 de vignes. Son blanc Expression marie le chardonnay (60 %) au macabeu (35 %) et à un soupçon de muscat. La robe est claire et jeune, le nez, puissant, mêle la pêche et les fleurs blanches. Ces arômes s'épanouissent et s'attardent longuement dans une bouche ample et fraîche. ⌛ 2014 🍴 poulet fermier à la crème ■ Rosée des vignes 2013 ★ (13 000 b.) : un pur grenache aux parfums délicats de fleurs et de litchi, frais et équilibré. ⌛ 2014-2015

SCEA Ch. de Caladroy, lieu-dit Caladroy, 66720 Bélesta, tél. 04 68 57 10 25, chateau.caladroy@wanadoo.fr V t.l.j. sf sam. dim. 8h-12h 14h-18h

Mézerette

Ⓑ DOM. CARLE COURTY Le XIII 2013 ★

■	900		5 à 8 €

Installé sur le promontoire de Força Réal, Frédéric Carle conduit avec son épouse 12 ha de vignes en bio. Il signe une étonnante cuvée de muscat d'Alexandrie, produite sans artifices et autres levures exogènes. Or pâle, ce blanc offre un nez tout en finesse mêlant la poire, les épices douces, le thym et le basilic. On retrouve ces notes d'herbes de Provence dans une bouche très aromatique, ample, vive et longue, marquée par de beaux amers. Une belle expression du cépage. ⌛ 2014-2017 🍴 omelette aux asperges ■ Planes Altes 2013 (2 000 b.) : un vin aux parfums de fruits rouges, rond et frais. ⌛ 2014-2017

Dom. Carle Courty, 6, rte de Corneilla, 66170 Millas, tél. 04 68 57 21 79, domaine.carlecourty@orange.fr V t.l.j. sf dim. 9h30-12h 14h30-19h ; f. janv.

Ⓑ DOM. DES CONQUES Toine 2013 ★

■	4 700		5 à 8 €

Installé sur 9 ha dans les Aspres, François Douville, passionné d'écologie, aime défendre les intérêts de l'agriculture biologique. Sa cuvée Toine, dédiée à son fils aîné, est composée de carignan (75 %) et de syrah (25 %), un assemblage qui lui apporte une robe carmin très profond. Le nez libère d'intenses parfums de fruits noirs (mûre, myrtille) nuancés de notes épicées et minérales. Le fruit noir s'épanouit dans une bouche fraîche et longue, qui montre une certaine fermeté tannique en finale. Un vin sincère. ⌛ 2014-2017 🍴 onglet de boeuf

Douville, 5, place de la Mairie, 66300 Fourques, tél. 04 68 52 82 56, francois.douville@wanadoo.fr V r.-v.

Ⓑ DOM. DES DEMOISELLES Cairo 2012 ★

■	6 000		5 à 8 €

C'est la grand-mère d'Isabelle Raoux qui a commercialisé les premières bouteilles en 1975 et qui a choisi le nom du domaine, allusion aux trois générations de vigneronnes qui ont œuvré sur l'exploitation. Isabelle, à la tête du domaine depuis 1998, a été rejointe par Didier van Ooteghem. Tandis que son conjoint travaille en bio les 30 ha de vignes, elle élabore les vins. Celui-ci assemble le carignan (70 %) et le grenache (30 %). Son nez, mêlant les fruits rouges et des notes d'épices et de garrigue, respire le Roussillon. La bouche, vive à l'attaque, équilibrée et fraîche, développe des arômes floraux d'une grande finesse. ⌛ 2014-2017 🍴 filet de porc braisé petits légumes

Isabelle Raoux, Mas Mulès, 66300 Tresserre, tél. 06 83 04 34 62, domaine.des.demoiselles@nordnet.fr V r.-v.

DOM. DEPEYRE Symphonie 2012 ★

■	2 000		15 à 20 €

Brigitte Bile et Serge Depeyre se sont rencontrés pendant leurs études. Ils exploitent aujourd'hui 13 ha dans la vallée de l'Agly sur des schistes noirs et des marnes calcaires.

C'est sur des sols calcaires que sont cultivés les grenaches blanc et gris à l'origine de cette cuvée or clair, au nez élégant d'abricot et de fruits confits. Ample à l'attaque, la bouche fait preuve d'une belle complexité, mêlant les fleurs blanches, la pêche de vigne et une touche vanillée discrète, parfaitement intégrée. Une note d'amertume contribue à l'équilibre de l'ensemble. 2014-2017 saint-pierre retour des Indes

Dom. Depeyre, 1, rue Pasteur, 66600 Cases-de-Pène, tél. 04 68 28 32 19, brigitte.bile@orange.fr r.-v.

DOM. DEVEZA Harmonie 2012 ★★

■	2 000		8 à 11 €

Chantal et Jean-Michel Deveza vinifient en cave particulière depuis 2008 et ont engagé la conversion bio de leur vignoble. Rejoints par leur fils Jordan, ils exploitent 25 ha sur des terroirs très variés de la vallée de l'Agly. Une parcelle de grenache gris âgé de soixante ans est à l'origine de ce vin jaune doré, associant au nez des senteurs citronnées et la délicate note fumée et vanillée d'un élevage en fût bien maîtrisé. Puissante, pleine d'énergie et complexe, avec ses nuances miellées, florales et minérales, la bouche finit sur une légère et noble amertume. 2014-2017 gambas à la plancha

GAEC Dom. Deveza, rue Pierre-Mendès-France, 66310 Estagel, tél. 04 68 29 15 60, domainedeveza@orange.fr r.-v.

♥ DOM. DE L'ENCANTADE Sirius 2012 ★★★

■	1 830		11 à 15 €

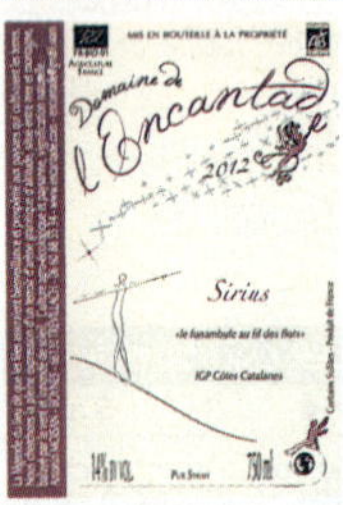

Créé en 2009 par reprise de vieilles parcelles, ce domaine (8 ha) installé en altitude dans un site sauvage répond à un projet agro-écologique : cave en matériaux naturels, électricité solaire, pratiques bio à la vigne comme au chai. Issu de syrah cultivée sur des granites et des gneiss, ce vin, après six semaines de macération en douceur et un élevage sur lies en vieux fût, affiche une robe profonde aux reflets de jeunesse. Le nez s'ouvre sur d'intenses parfums d'épices (poivre), de garrigue, de fruits rouges et noirs confiturés. Souple à l'attaque, la bouche est soutenue par une magnifique trame acide mettant en valeur des tanins veloutés, qui soutiennent la finale longue et élégante. Un vigneron à suivre. 2014-2017 épaule d'agneau aux herbes

Antonin Moisan, Boynes, 66130 Trevillach, tél. 06 60 88 55 34, encantade@gmail.com r.-v.

DOM. DES ENFANTS Le Jouet 2012 ★★

■	6 000		8 à 11 €

Ancien banquier à Zurich, Marcel Bulher est parti vivre en harmonie avec la nature dans la vallée de l'Agly, où il a repris en 2007 de vieilles parcelles – 25 ha aujourd'hui. Sa cuvée Le Jouet met en scène le lladoner pelut (80 %), cousin du grenache planté sur des arènes granitiques surplombant Maury. À une robe presque noire aux reflets mauves répond un nez intense et riche mariant fruits noirs confiturés, graphite, tapenade et sous-bois. On retrouve les fruits noirs dans une attaque d'un beau volume, relayée par une fraîcheur qui signe le terroir d'altitude. La structure tannique est affirmée mais d'une qualité irréprochable. Une certaine vision d'un grand vin dans la vallée de l'Agly. 2014-2016 tajine d'agneau

Dom. des Enfants, 8 bis, rue Pierre-Bascou, 66220 Saint-Paul-de-Fenouillet, tél. 09 62 32 35 58, marcel@domaine-des-enfants.com

M. Buhler

DOM. FERRER RIBIÈRE Empreinte du temps syrahnosaurus rex 2013 ★

■	2 000		8 à 11 €

Bruno Ribière, ancien du syndicat viticole du Roussillon, et Denis Ferrer se sont rencontrés en 1993. Ensemble, ils ont créé un domaine de 44 ha sur différents terroirs des Aspres, cultivé en bio (certification en 2007). Ils s'essaient à la biodynamie. Déclinant les cépages du Sud en cuvées IGP, les vignerons ont élaboré cette syrah née de sols argilo-calcaires. D'un rubis sombre, le vin s'annonce par un nez fin et flatteur de framboises et d'épices. La framboise se prolonge dans une bouche suave à l'attaque, construite sur des tanins soyeux et d'une bonne persistance. 2015-2016 grillades catalanes

Dom. Ferrer-Ribière, SCEA des Flo, 20, rue du Colombier, 66300 Terrats, tél. 04 68 53 24 45, domferrerribiere@orange.fr r.-v.

DOM. LAFAGE Cadireta 2013 ★

■	10 000		8 à 11 €

La famille Lafage, qui a commercialisé ses premières bouteilles en 1995, est une habituée du Guide. Elle signe une cuvée composée de 95 % de chardonnay, avec un soupçon de viognier, qui a connu brièvement le bois (trois mois). D'un or jaune intense, ce blanc séduit par l'élégance de son nez mêlant l'abricot et les fruits exotiques à une touche vanillée. On retrouve l'abricot dans un palais rond et gras, équilibré par une belle vivacité. 2014-2015 poulet aux gambas

Dom. Lafage, Mas Miraflors, rte de Canet, 66000 Perpignan, tél. 04 68 80 35 82, contact@domaine-lafage.com t.l.j. sf dim. 10h-12h 15h-18h

♥ MAS DE LA DEVÈZE Malice 2013 ★★

■	4 800		8 à 11 €

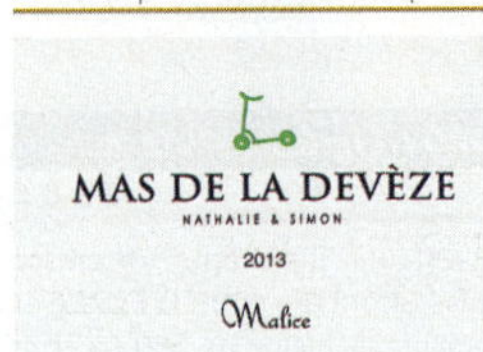

Nathalie et Simon Hugues ont eu un coup de cœur en 2012 pour la vallée de l'Agly et pour l'ancien mas de la Devèze, qu'ils ont racheté. De 6 ha, ils sont vite passés à 30. Ce blanc issu de cépages locaux – macabeu (80 %), grenache blanc et gris – a lui aussi décroché un coup de cœur. Or pâle aux légers reflets gris, il libère des arômes de chèvrefeuille et de pêche blanche d'une grande fraîcheur. Cette fraîcheur florale et fruitée séduit encore dans une bouche aérienne et pourtant persistante, tonifiée par une pointe perlante. 2014-2015

🍴 verrine crevettes pamplemousse ■ Mas de la Devèze 2012 (4 300 b.) : un pur macabeu floral, équilibré et frais. ⏳ 2014-2015

🔑 Nathalie et Simon Hugues, Mas de la Devèze, rte des Mas, 66720 Tautavel, tél. 04 68 61 04 58, contact@masdeladeveze.fr V 🍷 r.-v.

MAS LAVAIL Carignan Ballade 2012 ★

■	n.c.	🍾	5 à 8 €

Nicolas Battle a pris en 1999 la tête de ce vaste domaine (80 ha) situé sur le terroir de Maury. Si le grenache règne sur ce village, le vieux carignan y donne de très beaux vins, comme celui-ci, au nez intense et bien typé, mêlant les petits fruits des bois (fraise, framboise, cassis et mûre) à des touches d'épices et de garrigue évocatrices des cigales de la vallée de l'Agly. En bouche, en bon carignan qui se respecte, il affiche une trame tannique solide, avec de la fraîcheur et des arômes fruités. ⏳ 2014-2017 🍴 brochettes de magret

🔑 Dom. Mas de Lavail, Mas de Lavail, RD 117, 66460 Maury, tél. 04 68 59 15 22, masdelavail@wanadoo.fr V 🍷 t.l.j. sf dim. 10h30-12h 15h-18h30

🔑 Batlle

DOM. MOUNIÉ 2013 ★★

■	5 000	🍾	5 à 8 €

Au cœur de la vallée de Tautavel, cette exploitation de 22 ha produit des vins très élégants de qualité constante avec l'aide de Brigitte Soriano, œnologue exigeante. Ce rosé à dominante de grenache (ave la syrah en complément) arbore une couleur rose pivoine. Il séduit par son nez élégant où les fruits mûrs le disputent à la rose. La bouche charme tout autant, avec son attaque suave, ses arômes de framboise et de fraise rehaussés en finale d'une touche épicée. ⏳ 2014-2015 🍴 araignée de mer

🔑 Dom. Mounié, 1, av. du Verdouble, 66720 Tautavel, tél. 04 68 29 12 31, domainemounie@free.fr V 🚶 🍷 r.-v. 🔑 Claude Rigaill

DOM. PIQUEMAL Clarisse 2013 ★★

■	4 000	🍾	5 à 8 €

La famille Piquemal, qui conduit un vignoble de 48 ha, vient de s'équiper d'un chai très moderne, où officie Marie-Pierre. Portant le nom de la petite dernière, ce blanc assemble le grenache blanc (60 %) et le viognier. Une robe pâle et brillante, un nez complexe de miel, de fleurs blanches, de genêt, de fruits exotiques et de résine, un palais tout aussi complexe, gras, équilibré et persistant composent cette bouteille remarquable. ⏳ 2014-2015 🍴 dos de cabillaud grillé

🔑 Dom. Piquemal, RD 117, km 7, 66600 Espira-de-l'Agly, tél. 04 68 64 09 14, contact@domaine-piquemal.com V 🚶 🍷 t.l.j. sf dim. 9h-12h 14h-18h

Ⓑ **DOM. RANCY** Le Grenache noir 2012 ★

■	n.c.	🍾	8 à 11 €

Imaginez un village de la vallée de l'Agly perché sur une colline, une ruelle qui mène au caveau des Verdaguer. À Latour-de-France, ces vignerons sont les maîtres des vins doux, notamment des ambrés et rancios longuement vieillis. Les rois du macabeu présentent ici un grenache noir à la robe rubis léger, au nez séducteur de fruits noirs et rouges nuancés d'orange confite. En bouche, l'attaque est souple et soyeuse : c'est bien du grenache. Le palais offre avec générosité des arômes de fraise et de framboise portés par des tanins fins jusqu'à la finale chaleureuse. ⏳ 2014-2016 🍴 marmite de thon

🔑 Dom. Rancy, 8, place du 8 mai 1945, 66720 Latour-de-France, tél. 06 87 11 15 18, info@domaine_rancy.com V 🚶 🍷 r.-v. 🔑 Verdaguer

CH. DE REY C29 2013 ★

■	2 800	🍾	5 à 8 €

Cathy et Philippe Sisqueille cultivent 36 ha de vignes sur des galets roulés, non loin du littoral. Ils ont baptisé cette cuvée d'un nom très épuré : le numéro de cuve où elle a été élaborée. Issu de muscat d'Alexandrie, cépage emblématique du Roussillon, ce moelleux affiche une robe jeune, brillante, aux reflets verts. Le nez intense et pur offre une très belle expression du cépage élevé sur un de ses terroirs de prédilection. La bouche offre une attaque ronde et suave, de frais arômes de fruits exotiques et de pêche blanche et un bel équilibre entre douceur et vivacité. ⏳ 2014-2015 🍴 crumble au pêches ■ Oh de syrah ★ (2 740 b.) : des parfums de fruits cuits et d'épices, un palais au fruité frais et à la structure légère. ⏳ 2014-2015

🔑 Cathy et Philippe Sisqueille, Ch. de Rey, rte de Saint-Nazaire, 66140 Canet-en-Roussillon, tél. 04 68 73 86 27, contact@chateauderey.com V 🚶 🍷 t.l.j. sf dim. 10h-12h 15h-18h 🏠 Ⓔ

DOM. RIÈRE CADÈNE Fileos 2013 ★

■	6 000	🍾	5 à 8 €

Cette propriété familiale qui vinifiait ses vins à sa création en 1904 a confié par la suite ses raisins à la coopérative. Avec l'arrivée de Jean-François Rière en 1994, elle a repris les vinifications au domaine. Elle signe une cuvée mi-syrah mi-grenache au nez de petits fruits rouges et de cacao. Les fruits noirs s'ajoutent à cette palette dans un palais rond à l'attaque, ample et bien construit, avec ce qu'il faut de tanins et d'acidité. ⏳ 2014-2016 🍴 magret de canard aux airelles

🔑 Dom. Rière Cadène, Mas Bel Air, chem. de Saint-Génis-de-Tanyères, 66000 Perpignan, tél. 04 68 63 87 29, contact@domainerierecadene.com V 🚶 🍷 🏠 Ⓓ

DOM. SEMPER Regain 2012 ★

■	5 000	🍾 🛢	8 à 11 €

Le domaine Semper compte 20 ha dans la vallée de l'Agly, aux pieds des châteaux cathares de Quéribus et de Peyrepertuse. À Maury, le grenache noir est roi, mais Mathieu Semper vinifie aussi le grenache gris (75 %) qu'il assemble au grenache blanc, au macabeu et au rare carignan blanc pour obtenir cette cuvée au nez puissant de fruits mûrs (pêche blanche, poire). Le palais ample est soutenu par une fraîcheur salutaire jusqu'à la finale minérale. ⏳ 2014-2017 🍴 blanquette de veau

🔑 Dom. Semper, 2, chem. du Rec, 66460 Maury, tél. 04 68 59 14 40, domaine.semper@wanadoo.fr V 🚶 🍷 t.l.j. 10h30-12h 15h30-19h

SERRE ROMANI Carignan 2013 ★★

■	4 000	🍾	5 à 8 €

Laurent et Cylia Pratx se sont rencontrés lors de leurs études d'ingénieurs agronomes à Toulouse. Après avoir acquis une expérience dans des domaines réputés, ils ont créé le leur en 2008 à Maury. De cette terre où le grenache est roi, ils ont tiré une cuvée accomplie de pur carignan. Ce vin séduit d'emblée par sa robe profonde et par son nez élégant de fruits noirs confiturés (cassis, mûre). Ample en attaque, le palais montre un remarquable équilibre grâce à sa fraîcheur. Les tanins soyeux soulignent la longue finale, laissant une impression d'harmonie. ⧗ 2014-2017 🍴 canard à l'orange

Serre Romani, 8, rue Ludovic-Ville, 66600 Rivesaltes, tél. 04 68 50 12 36, serre-romani@orange.fr V r.-v. Laurent Pratx

PIERRE TALAYRACH Lumière de Pierre 2013 ★★

	1 200		15 à 20 €

Pierre Talayrach, installé autour de Pézilla-la-Rivière, dans la vallée de la Têt, perpétue la tradition vigneronne familiale en la renouvelant : conversion au bio, préférence appuyée pour les variétés blanches, vinifiées en vins de cépage, et donc en IGP. Il montre une nouvelle fois son talent avec ce pur viognier. Séducteur en diable avec son nez de pêche, de papaye et le doux vanillé d'un court élevage, ce vin confirme ses attraits en bouche où l'on apprécie son bel équilibre entre gras et vivacité et ses arômes intenses et persistants de fruits exotiques. On ne peut que regretter sa petite production... ⧗ 2014-2017 🍴 cabillaud rôti à la vanille

Pierre Talayrach, Mas de Blanes, 66370 Pézilla-la-Rivière, tél. 06 09 31 89 01, contact@pierre-talayrach.com V r.-v.

DOM. TRILLES Initiation 2013 ★★

	2 000		5 à 8 €

Jean-Baptiste Trilles s'est installé en 2000 à Tresserre, dans les Aspres, sur 40 ha, avant de créer sa cave en 2007. Ce rosé de syrah et de grenache se pare d'une robe pêche. Le nez franc, intensément aromatique, mêle la framboise et les agrumes. Avec ses arômes de fraise, de citron et de pamplemousse, la bouche séduit elle aussi par son fruité et sa fraîcheur acidulée. ⧗ 2014-2015 🍴 poulet aux agrumes ■ Calignan 2012 ★ (1 000 b.) : issu de carignan centenaire, un vin riche et long aux parfums de cerise noire et de tapenade. ⧗ 2014-2017

Jean-Baptiste Trilles, chem. des Coulouminettes, 66300 Tresserre, tél. 06 15 46 64 71, contact@domainetrilles.fr V mer. 10h-12h 14h-18h

DOM. DES TROIS ORRIS Sirissime 2011 ★

	3 000		20 à 30 €

Arrivé de sa Hollande natale en 2003, Joep Graler cultive en agriculture biologique 15 ha de vignes entre 400 m et 600 m d'altitude à Tarerach. Il signe cette cuvée Sirissime, issue d'une parcelle d'arènes granitiques où la syrah s'exprime pleinement. Une extraction délicate combinée à une longue macération a fait naître ce vin rouge très intense au nez profond de réglisse et de fruits rouges. En bouche, le vin est suave, équilibré par une remarquable acidité et porté par des tanins élégants. Les arômes de fruits noirs soutenus par une touche boisée persistent longuement. ⧗ 2014-2017 🍴 gigot de sept heures

Dom. des Trois Orris, rte de Marçevol, 66320 Tarerach, tél. 06 75 02 51 00, troisorris@wanadoo.fr V r.-v. Graler

VIEILLE MULE PAR JEFF CARREL 2013 ★

	9 000		5 à 8 €

Conseiller en communication viticole et négociant, Jeff Carrel fait preuve d'audace et d'originalité dans le graphisme de ses étiquettes, sans pour autant manquer de rigueur dans la sélection des cuvées. Il propose une gamme de vins qui attire par son contenant et séduit par son contenu. Nos dégustateurs, qui n'ont pas eu l'habillage sous les yeux, ont beaucoup aimé ce grenache noir né à l'entrée de la vallée de l'Agly : robe intense, nez chaleureux de fruits rouges et noirs, attaque suave, ample et épicée, jolis arômes de fraise et de framboise, tanins soyeux. ⧗ 2014-2015 🍴 côtelettes d'agneau ■ Vieille mule par Jeff Carrel 2013 (15 000 b.) : assemblage dominé par le macabeu. Un blanc gras et puissant, légèrement anisé. ⧗ 2014-2015 ■ Vieille mule par Jeff Carrel 2013 ★ (6 930 b.) : des fleurs, de la framboise et une belle vivacité. ⧗ 2014-2015

SARL The Way of Wine - Toowo, 12, quai de Lorraine, 11100 Narbonne, tél. 06 78 25 56 33, info@jeffcarrel.com

LES VIGNES DE MARTIN
Les vendanges Merlot 2013 ★

	20 000	5 à 8 €

Le domaine Cazes dispose d'un vaste vignoble de 220 ha cultivé en biodynamie et a créé en outre des partenariats avec des vignerons suivant la même démarche. Il propose ici un merlot à la robe vermillon et au nez d'une belle finesse, sur les petits fruits rouges (fraise), nuancés d'une touche de garrigue et d'amande amère. On retrouve avec intensité les fruits rouges dans une bouche suave à l'attaque, aux tanins enrobés. Une belle harmonie. ⧗ 2014-2017 🍴 rôti de boeuf

Maison Cazes, 4, rue Francisco-Ferrer, 66600 Rivesaltes, tél. 04 68 64 08 26, info@cazes.com V r.-v.

RANCIO SEC

Le Roussillon est une province française de culture catalane correspondant à la plus grande partie du département des Pyrénées-Orientales, à l'extrême sud de la France. Bien avant la naissance des vins doux naturels, fierté des Catalans, on y produisait des vins secs à fort degré, élevés sans ouillage dans de vieux fûts de bois (élevage oxydatif). Au bout de longues années, ce vin prenait ce que l'on appelle des notes de rancio, arômes très complexes évoquant notamment la noix fraîche et les fruits secs, tandis que des reflets verts apparaissaient dans leur robe. Ces vins faillirent tomber dans l'oubli. Cependant, de nombreux vignerons en conservaient un tonneau au fond de leur cave, car ces rancios étanchaient la soif des anciens, coupés d'eau et, surtout, servaient à élaborer une cuisine typique. Aujourd'hui, cette saveur authentiquement catalane redevient à la mode et séduit un public de plus en plus nombreux. Après les vignerons de l'IGP Côte Vermeille, qui ont été les premiers à disposer d'un cahier des charges précisant les conditions de production de ces rancios, ceux de l'autre Indication géographique protégée départementale, l'IGP Côtes catalanes, en ont défini en 2011, avec l'aide de l'INAO, le mode d'élaboration : ce cahier des charges impose cinq ans d'élevage

minimum, liste les cépages autorisés, qui sont ceux de la région (grenaches, carignan, tourbat, macabeu...), et prévoit quelques variantes dans l'élaboration, ouvrant la possibilité d'un élevage sous voile ou en solera, système où les vins vieux reçoivent régulièrement un apport de vins plus jeunes. Pour le plus grand bonheur des initiés, les rancios secs resurgissent ainsi du fond des caves comme un trésor caché, pour accompagner jambons bellota, anchois salés de Collioure, fromages très affinés ou simplement, pour les amateurs, un bon cigare.

DOM. DANJOU BANESSY Vi Ranci 2002 ★★★

| 250 | 30 à 50 €

Les frères Danjou (Benoît et Sébastien), héritiers d'un long passé viticole et d'un domaine dans leur famille depuis 1850, signent un rancio drapé dans une robe acajou aux reflets verts. Très intense, le nez délivre des senteurs de pruneaux, de café, de fruits secs, de noix et de vieux bois : un vrai festival d'arômes tertiaires. On retrouve le pruneau, accompagné d'épices douces, dans un palais très soyeux et puissant, soutenu par une belle acidité en finale. Un vin élégant et racé. 2017-2030 jambon ibérique

Dom. Danjou-Banessy, 1 bis, rue Thiers, 66600 Espira-de-l'Agly, tél. 04 68 64 18 04, bendanjou@hotmail.fr V r.-v.

DOM. EY So'c 2006 ★★

| 2 000 | | 15 à 20 €

Outre leur production de vins bio, Patrice Ey et son épouse sont producteurs de fruits et légumes (bio eux aussi) et de volaille fermière. Ils ne pouvaient passer à coté du rancio qui représente si bien leurs racines et leur amour de la terre catalane. Ce 2006 issu du seul grenache blanc revêt une robe jaune cuivré et présente un nez typique de noix, de fruits secs et d'épices (curry). La bouche, très équilibrée, offre beaucoup de volume, une belle matière et une intensité aromatique remarquable qui fait écho à l'olfaction. En finale, de très beaux amers apportent un surcroît de longueur et de complexité. 2017-2030 vieux salers

Patrice Ey, rte de Perpignan, Saveurs paysannes, 66240 Saint-Estève, tél. 04 68 51 35 13, patrice.ey@wanadoo.fr V t.l.j. sf dim. lun. 9h30-12h30 16h-19h

RANCY Macabeu ★

| n.c. | | 15 à 20 €

Dans un village de la vallée de l'Agly perché sur une colline, une ruelle mène devant le caveau des Verdaguer. À Latour-de-France, ils sont maîtres ès vins doux. Le rancio, ici, c'est du macabeu, un cépage typiquement catalan choisi pour la finesse de ses arômes. De son passage dans de très vieux fûts, le vin en a tiré une robe acajou foncée. Le nez est très complexe : épices douces, grillé, nougat, amande, écorce d'orange, fruits secs... L'attaque est riche et puissante. Le palais dispense d'intenses notes de figue confite puis de noix. Un rancio à la personnalité bien affirmée. 2017-2028 mendiant noix et amandes grillées

Dom. de Rancy, 8, place du 8-mai-1945, 66720 Latour-de-France, tél. 04 68 29 03 47, info@domaine-rancy.com V t.l.j. 10h-13h 15h-19h ; dim. sur r.-v.

DOM. DE ROMBEAU 2008 ★★

| 1 000 | | 15 à 20 €

Le vaste (130 ha) et ancien (1800) domaine de Rombeau est une institution dans le département des Pyrénées-Orientales. Pierre-Henri de la Fabregue signe ici un rancio issu de muscat à petits grains, qui se présente dans une belle robe ambrée aux reflets cuivrés. Le nez s'ouvre sur des notes d'agrumes (orange amère, mandarine, kumquat), de raisins secs, d'épices et de tabac. On retrouve les agrumes dans une bouche ample, soutenue par une fine acidité. La finale, puissante, dévoile de beaux amers et une pointe de salinité qui apporte un supplément de longueur et de complexité. 2017-2028 viande en sauce moutarde

SCEA Dom. de Rombeau, 2, av. de la Salanque, 66600 Rivesaltes, tél. 04 68 64 05 35, domainederombeau@wanadoo.fr V t.l.j. 8h-20h 3

♥ DOM. DES SCHISTES ★★★

| n.c. | | 15 à 20 €

Installés dans la vallée de l'Agly, Jacques et Nadine Sire, accompagnés de leur fils Mickaël, présentent un rancio qui séduit d'emblée par sa robe dorée et cuivrée zébrée de reflets orangés. Tout aussi engageant, le nez offre des parfums élégants de pommes très mûres, d'épices, d'eau de vie, de vanille, agrémentés de notes iodées. Franc et intense en attaque, le palais finit de convaincre par ses arômes complexes fidèles au nez et par sa finale iodée et saline, très salivante. Un vin puissant à la longueur extraordinaire. 2017-2030 anchois et calamars à la plancha

Dom. des Schistes, 1, av. Jean-Lurçat, 66310 Estagel, tél. 04 68 29 11 25, sire-schistes@wanadoo.fr V r.-v. Sire

CÔTES DE THONGUE

DOM. DE L'ARJOLLE Synthèse 2012 ★★

| 35 000 | | 11 à 15 €

Ce domaine, conduit en agriculture raisonnée, s'est réveillé en 1974 avec l'arrivée de Prosper et Louis-Marie Teisserenc. Issu de merlot, ce vin à la robe sombre et profonde libère au nez des arômes de fruits confiturés, de chocolat et d'épices. Franche à l'attaque, la bouche offre un boisé fin et fondu, une belle ampleur et une réelle harmonie. 2015-2019 gigot d'agneau aux figues

SARL l'Arjolle, 7 bis, rue Fournier, 34480 Pouzolles, tél. 04 67 24 81 18, domaine@arjolle.com V t.l.j. sf dim. 9h-18h

DOM. BOURDIC Grenache 2012 ★

| 2 400 | | 8 à 11 €

Christa Vogel et Hans Hürlimann avaient imaginé vivre dans le Midi de la France et c'est comme vignerons qu'ils se sont finalement installés sur ce domaine de 14 ha. Ils ont vinifié ce vin rubis profond, au nez intense, riche et complexe. En bouche, la fraîcheur de l'attaque n'a d'égale que le charme de la palette aromatique aux parfums de fruits rouges et d'épices. 2014-2016 lapin à la moutarde

Christa Vogel et Hans Hürlimann, Dom. Bourdic, 34290 Alignan-du-Vent, tél. 04 67 24 98 08, info@domainebourdic.com r.-v.

DOM. CONDAMINE L'EVÊQUE
Léon - Viognier 2013 ★

15 000 | 5 à 8 €

Guilhem Bascou a sillonné le monde avant de reprendre le domaine familial (6 ha) situé en bordure du village médiéval de Nézignan-l'Évèque. Il signe une cuvée d'une belle clarté, brillante aux reflets verts. Le nez, délicat, offre des senteurs de fruits exotiques et de fleurs blanches. Le palais se montre gras et onctueux, dominé par des saveurs de fruits exotiques. Un vin bien typé viognier. 2014-2015 asperges sauce hollandaise

Guilhem Bascou, Dom. de la Condamine, 34120 Nézignan-l'Évêque, tél. 04 67 98 27 61, guilhem.bascou@wanadoo.fr t.l.j. sf dim. 9h-13h

DOM. LA CROIX BELLE
Le Champ des lys 2013 ★

55 000 | 5 à 8 €

En 1977, Jacques et Françoise Boyer ont repris le vaste (110 ha) domaine familial de Puissalicon, petit village féodal accroché aux flancs des Cévennes. Issu d'une parcelle parsemée d'iris sauvages (appelés « lys »), cet assemblage de viognier (50 %), grenache blanc, chardonnay et sauvignon arbore une robe jaune pâle. Le nez libère des senteurs délicates de fleurs blanches, de fruits exotiques et d'agrumes. Une jolie palette aromatique prolongée par une bouche souple et harmonieuse. 2014-2017 Coquilles saint jacques

Dom. la Croix Belle, SCEA Jacques et Françoise Boyer, 160, av. de la Gare, 34480 Puissalicon, tél. 04 67 36 27 23, information@croix-belle.com t.l.j. sf dim. 9h-12h 14h-18h ; sam. sur r.-v. Jacques Boyer

DOM. LES FILLES DE SEPTEMBRE
Delphine de Saint-André 2011 ★★

9 000 | 5 à 8 €

Le nom du domaine ? Deux des quatre filles Géraud sont nées en septembre, le vigneron aussi. Et c'est bien sûr le mois des vendanges. La syrah et le carignan ont donné naissance à ce vin d'un rouge intense et profond au nez puissant relevé de notes épicées. Une mise en carafe permettra de libérer son magnifique potentiel aromatique et d'apprécier son palais généreux et riche. 2014-2017 sauté d'agneau

Roland Géraud, 30, av. Georges-Guynemer, 34290 Abeilhan, tél. 04 67 39 01 65, les-filles-de-septembre@club-internet.fr t.l.j. sf dim. 10h-12h 14h-18h ; f. fév.

DOM. DE MONT D'HORTES
Cuvée des 4 Saisons 2013 ★

14 000 | - de 5 €

Situé à l'emplacement d'une ancienne villa romaine, le domaine de Mont d'Hortes étend son vignoble de 30 ha sur des sols essentiellement argilo-calcaires. 4 ha de grenache ont été sélectionnés pour ce 2013 rose tendre, qui libère de jolis parfums de fraise et de framboise, relayés par un palais bien équilibré, souple et rond, friand à souhait. 2014-2015 tarte à la tomate

Jean-Victor et Roch Anglade, Dom. de Mont d'Hortes, rte de Valros, 34630 Saint-Thibéry, tél. 04 67 77 88 08, mont-dhortes@wanadoo.fr t.l.j. 8h-12h 14h-18h

DOM. DE MONTMARIN Viognier 2013 ★★

80 000 | - de 5 €

La famille Sarret est aux commandes de cette ancienne seigneurie royale depuis treize générations, aujourd'hui un vaste domaine viticole de 80 ha qui s'étale sur une ligne de coteaux dominant plein sud le golfe du Lion. Ce pur viognier affiche une belle robe claire. Il libère à l'olfaction de fines senteurs d'agrumes et d'amande amère. Le palais se montre élégant et frais, animé par de persistantes notes d'abricot sec. Un vin délicat et harmonieux. 2014-2017 cabillaud au citron confit Le Grand Blanc 2012 ★ (5 à 8 € ; 13 000 b.) : un 2012 aux parfums beurrés et vanillés, rond et généreux. 2014-2017

Dom. de Montmarin, Dom. de Montmarin, 34290 Montblanc, tél. 04 67 77 47 70, montmarin@terre-net.fr r.-v. de Bertier

DOM. SAINT GEORGES D'IBRY
Cuvée 1860 2012 ★

3 500 | 11 à 15 €

Ce domaine familial développé au XIX^{e}s., établi sur la commune d'Abeilhan, entre Agde et Pézenas, étend ses vignes sur 38 ha. À sa tête depuis 1985, Michel Cros signe ici une cuvée composée de 90 % de syrah plantée sur des terrasses villafranchiennes. Robe rouge profond, nez très intense de poivre, de violette et de fruits noirs sur fond boisé. En bouche, un fruité généreux mâtiné d'épices, du gras et des tanins fondus. Un ensemble gourmand et harmonieux. 2014-2017 perdreau aux petits pois Muscat sec 2013 ★ (5 à 8 € ; 8 000 b.) : un blanc expressif (fruits exotiques, orange confite, fleurs blanches), frais sans manquer de rondeur. 2014-2017

Michel Cros, Dom. Saint-Georges d'Ibry, rte d'Espondeilhan, 34290 Abeilhan, tél. 04 67 39 19 18, info@saintgeorgesdibry.com t.l.j. sf dim. 9h-12h 14h-18h30

VILLA DELMAS Le petit grain 2013 ★

4 000 | 5 à 8 €

Achat de vignes de 1998 à 2005, construction de la cave et du caveau de 2009 et 2011 : les frères Jocelyn et Fabrice Delmas conduisent aujourd'hui un domaine de 8,5 ha sur lequel ils entendent mettre en valeur des cépages traditionnels, d'autres plus ou moins oubliés, certains plus « exotiques ». Ils proposent ici une cuvée issue du muscat à petits grains qui arbore une élégante une robe pâle aux reflets verts. Le nez, d'une belle intensité, libère des arômes de fruits blancs et de bourgeon de cassis. La bouche, centrée sur les fruits exotiques, offre volume et onctuosité. 2014-2017 couteaux à la persillade

Delmas, Villa Delmas, rte de Valros, 34630 Saint-Thibéry, tél. 06 76 47 70 80, earldelmas@wanadoo.fr t.l.j. 8h-19h ; sf dim. 8h-12h

GARD

CLOS DES AMÉRICAINS Tempranillo 2012 ★★

■	2 550		8 à 11 €

En 2008, Annette et Bruno François s'installent sur ce domaine partiellement en ruine, rénovent l'intégralité des bâtiments datant des XVIIe et XVIIIe s. et se lancent dans la production (costières-de-nîmes et IGP). Situé à mi-chemin entre Nîmes et Montpellier, le vignoble (20 ha) offre une superbe vue sur les étangs de Camargue et le Pic Saint Loup. Ce 100 % tempranillo se présente dans une robe sombre aux reflets violines. Au nez, de fines notes de fruits rouges. En bouche, de l'élégance, de la rondeur, de la douceur, une touche bienvenue de fraîcheur, le tout sur un léger fond vanillé. Un tempranillo bien dompté par une vinification impeccable. ⧗ 2014-2017 ▼ daube de boeuf

François, Clos des Américains, chem. des Salines, 30600 Vauvert, tél. 04 66 88 85 61, contact@clos-des-americains.com V t.l.j. 9h-12h 13h-19h ; dim. sur r.-v.

PAYS D'HÉRAULT

DOM. AFFANIES Chardonnay 2013 ★

■	26 600		5 à 8 €

Alain Borda dirige le domaine Affanies (107 ha) depuis 1964 ainsi que le domaine Rouge Gorge (AOC faugères) qu'il a créé en 1982. Son chardonnay jaune brillant s'ouvre sur de subtils arômes de fleurs blanches et de notes beurrées agrémentés à l'agitation de senteurs d'épices de garrigue. L'attaque vive introduit un palais rond et fruité, très harmonieux. ⧗ 2014-2016 ▼ sole au beurre blanc

SCEA Alain et Philippe Borda, Les Affanies, Dom. du Rouge Gorge, 34480 Magalas, tél. 04 67 36 22 86, sceaborda@orange.fr V t.l.j. 8h-12h 13h-18h ; sam. dim. sur r.-v.

♥ DOM. DU CHAPITRE Délice 2012 ★★

■	8 100		8 à 11 €

Legs de la comtesse Sabatier d'Espeyran à l'école d'agronomie de Montpellier en 1968, le domaine du Chapitre (35 ha) a conservé des bâtiments caractéristiques de l'architecture viticole languedocienne, dont un ancien chai recélant des foudres de 200 hl. Cette cuvée composée à majorité de marselan (un croisement de cabernet-sauvignon et de grenache) a été élevée onze mois en fût. Il en résulte un vin couleur cerise noire intense. Le nez, exubérant avec élégance, mêle les fruits noirs, des notes mentholées et torréfiées nuancées d'une touche d'eucalyptus. Très souple, l'attaque introduit un palais suave et fruité bâti sur des tanins soyeux. Un vrai concentré de plaisir que l'on peut apprécier de suite ou conserver un peu. ⧗ 2014-2019 ▼ civet de cerf ■ Marselan 2012 ★ (5 à 8 € ; 5 300 b.) : ce vin généreux aux parfums de cassis confituré, de sous-bois et d'épices offre de la souplesse et une structure tannique solide qui devrait se fondre. ⧗ 2015-2017

Dom. du Chapitre, 170, bd du Chapitre, 34750 Villeneuve-lès-Maguelone, tél. 04 67 69 48 04, chapitre@supagro.inra.fr V t.l.j. sf dim. lun. 9h-12h 13h-18h ; sam. 9h-12h30

DOM. DES CONQUÊTES Guillaume Aniane 2012 ★

■	4 000		5 à 8 €

Philippe Ellner, Champenois d'origine, s'est établi en 1997 sur ce domaine de 13 ha situé au pied des contreforts du Larzac, près du village de Saint-Guilhem-le-Désert et du Pont du Diable. Sur ces terres d'Aniane très graveleuses, le merlot (60 %) accompagné de la syrah (30 %) et du grenache ont donné naissance à cette cuvée rubis aux légers reflets tuilés. Le nez, puissant et complexe, est un florilège d'arômes variés : fruits rouges (groseille), cassis, fruits secs et épices. Souple et veloutée, l'attaque introduit un palais qui marie fruits rouges, réglisse et épices douces. Une bonne acidité soutient le vin et lui donne de l'allonge. ⧗ 2015-2016 ▼ tajine d'agneau

Dom. des Conquêtes, chem. des Conquêtes, 34150 Aniane, tél. 04 67 57 35 99, ellner.philippe@neuf.fr V t.l.j. sf dim. lun. 9h-12h 15h-19h

DOM. DES CRÈS RICARDS Mont Baudile Alexaume 2013 ★

■	9 600		5 à 8 €

Repris par Jean-Claude Mas en 2010, ce domaine (39 ha aujourd'hui) est situé au cœur des Terrasses du Larzac, sur des terrasses alluviales aux sols de galets roulés. Assemblage de merlot, de cabernet-sauvignon et de carignan, ce 2013 dévoile un nez d'une bonne intensité, finement boisé et fruité (framboise, cassis). Suivant la même trame aromatique, le palais se montre souple et suave en attaque, plus solide dans son développement, soutenu par des tanins serrés, que l'on attendra pour plus de fondu, mais l'équilibre est déjà là. ⧗ 2016-2019 ▼ côte de bœuf

Dom. des Crès Ricards, 34800 Ceyras, tél. 04 67 90 16 10, contact@cresricards.com V r.-v. Jean-Claude Mas

DOM. DES DEUX PLATANES Carignan Vieilles Vignes 2012 ★

■	2 800		11 à 15 €

À proximité de Saint-Guilhem-le-Désert et des gorges de l'Hérault, ce petit domaine de 4,5 ha, créé en 2005, possède de jolis terroirs argilo-calcaires. Conçu à l'origine comme un passe-temps, il se développe et a engagé sa conversion bio. Il présente un assemblage de carignan (55 %) et de grenache. La robe est soutenue. Le nez intense offre des parfums de fruits noirs cuits associés à des notes vanillées. Dès l'attaque, on retrouve le fruit associé au menthol, aux épices douces et au clou de girofle. Cette palette et une belle trame de tanins fondus témoignent d'un élevage sous bois bien maîtrisé. ⧗ 2014-2017 ▼ magret de canard aux agrumes

Dom. des Deux Platanes, rte de Montpeyroux, 34150 Saint-Jean-de-Fos, info@deuxplatanes.com

B DOM. DES GRECAUX Arghan 2013 ★

	1 000		11 à 15 €

Établi à Saint-Jean-de-Fos, village célèbre pour ses toits de tuiles vernissées, Arnaud et Sophie Sandras ont pris les rênes de ce domaine en 2009. Leur vignoble de 7 ha situé au cœur du terroir de Montpeyroux est conduit en bio. Leur chardonnay a fait mouche : sa robe est limpide et brillante ; le nez, très élégant, associe l'acacia et les fruits à chair blanche. Dans le même registre (fleurs blancjes, pêche), le palais se montre rond et ample : une belle structure et une belle harmonie. ⧗ 2014-2017 ♈ filet de rouget

Dom. des Grecaux, 4, av. du Monument, 34150 Saint-Jean-de-Fos, tél. 04 67 57 38 83, contact@domainedesgrecaux.com V r.-v.

L'HORTGRAND Mont Baudile 2013 ★

	1 200		5 à 8 €

Le domaine se situe à Montpeyroux, à la frontière de deux paysages : les contreforts calcaires du Larzac et la plaine alluviale de l'Hérault. Les vignes et la cave sont situées au Barry, l'un des hameaux les plus anciens du village, dominé par un château du XIe s. Catherine et Marc Cros ont décidé en 2002 de vinifier une partie de leur production afin « d'avoir une idée plus précise du potentiel de leurs vignes ». Ils ont sélectionné 25 ares de cinsault (50 %), de carignan (35 %) et de mourvèdre pour élaborer cette cuvée discrète au premier nez. L'agitation révèle des arômes de fraise combinés à des notes animales et épicées. En bouche, du fruit et des épices également, de la souplesse et de la rondeur, une bonne fraîcheur en soutien ; bref, de l'équilibre. ⧗ 2014-2017 ♈ côtelettes d'agneau grillées

Marc Cros, 1, rue Fontvieille, 34150 Montpeyroux, tél. 04 67 96 68 40, cros.marc34@orange.fr V r.-v. D

DOM. JORDY Marselan 2011 ★

	2 000		8 à 11 €

Frédéric Jordy a repris en 1998 le domaine familial (15 ha). Il signe un pur marselan issu d'un terroir de schistes. D'un beau rouge aux reflets violets, ce vin libère des arômes de fruits noirs confiturés (le cassis notamment) agrémentés de notes grillées, témoin de son élevage de deux ans en fût. On retrouve le cassis dans une bouche souple et soyeuse en attaque, structurée par des tanins fondus. Un vin intense et bien construit. ⧗ 2014-2017 ♈ tajine

Jordy, Loiras, 9, rte de Salelles, 34700 Le Bosc, tél. 04 67 44 70 30, frederic.jordy@orange.fr V r.-v.

MAS D'AGAMAS Mourvèdre 2012

	4 000		8 à 11 €

Viticulteurs depuis plusieurs générations à Lagamas, les Visseq sont coopérateurs. Depuis 2009, ils vinifient une petite partie de leur production. Issu d'un terroir argilo-calcaire, ce mourvèdre affiche une robe noir d'encre traversée de reflets violets. Il exhale des parfums frais de fruits noirs mâtinés de notes d'amande amère et de vanille. Très douce, l'attaque introduit un palais aux arômes de fruits rouges et de fruits secs, soutenu par une belle trame acide et par des tanins soyeux. Belle finale aux nuances de réglisse et de garrigue. ⧗ 2015-2017 ♈ joue de porc confite sauce aux vins

Colette Visseq, Mas d'Agamas, rue des Treilles, 34150 Lagamas, tél. 06 22 05 04 78, c.visseq@ sfr.fr V r.-v.

MAS DE MADAME 2013 ★

	n.c.		5 à 8 €

Les archives municipales de la commune de Frontignan attestent la présence de muscat sur les terres de ce mas languedocien en 1170. Le muscat petit grain a été ici associé au grenache pour donner naissance à cette cuvée en robe pâle. La palette aromatique est dominée par des notes variétales rappelant le pamplemousse et le litchi. Franc à l'attaque, le palais est également marqué par le cépage, agrémenté de notes de pomelo. Un vin frais bien équilibré. ⧗ 2014-2015 ♈ salade exotique

Dom. du Mas de Madame, rte de Montpellier, 34110 Frontignan, tél. 06 07 38 77 89, jacques.sourina@mas-de-madame.com V t.l.j. 9h-12h30 14h-20h

B MAS DES TANNES Coteaux de Bessilles 2013

	13 000		8 à 11 €

Situé sur les collines entre la vallée de l'Hérault et la côte méditerranéenne, près du village de Montagnac, le vignoble des Tannes, 30 ha certifiés bio, fait partie du vaste ensemble des domaines Paul Mas. Issu d'un terroir protégé par les pinèdes et la garrigue, cet assemblage grenache-mourvèdre-carignan se présente dans une robe pourpre intense traversée de reflets violets. Le nez, intense et fin, libère des parfums de fruits rouges (groseille) et noirs (cassis) assortis d'un soupçon de réglisse, de fruits secs et d'amande amère. Une attaque souple et fraîche introduit une bouche fruitée et réglissée, en harmonie avec l'olfaction, adossée à des tanins encore un peu fermes. À attendre un peu. ⧗ 2015-2018 ♈ Saint nectaire fermier

SCEA J.-C. Mas, Ch. de Conas, 34120 Pézenas, tél. 04 67 90 16 10, info@paulmas.com V t.l.j. sf dim. lun. 10h30-19h30 à Montagnac

DOM. MASPIQUET Initial 2012 ★★

	3 600		- de 5 €

Situé à Grabels, aux portes de Montpellier, le domaine Maspiquet (15 ha) est l'exploitation pédagogique du lycée Frédéric Bazille – Agropolis. Il présente un assemblage audacieux mariant carignan (65 %), marselan (25 %) et petit verdot. Ce vin a séduit le jury par sa robe grenat aux reflets violets et par son nez très confituré (cassis, fraise), nuancé de touches épicées et réglissées. Ample à l'attaque, le palais achève de convaincre par ses arômes intenses de fruits rouges et par ses tanins bien enrobés. ⧗ 2015-2017 ♈ gigot d'agneau de pré-salé

Dom. Maspiquet, Lycée Agropolis, Ancienne rte de Ganges, 34790 Grabels, tél. 04 67 52 26 59, pascal.brunier@educagrif.fr V jeu. ven. 14h-18h

NIGLO Pays de Bessan 2013 ★

	42 000		- de 5 €

Cette coopérative fondée en 1938 regroupe 115 adhérents pour une surface totale de près de 450 ha. Implantées sur des sols argilo-graveleux prolongeant l'ancien volcan du mont Ramus, les vignes à l'origine du rosé de Bessan bénéficient de l'ensoleillement de la région et d'un climat tempéré par la proximité de la Méditerranée et du fleuve Hérault. À contre-courant des rosés *trendy*, ce 2013 affiche une robe soutenue. Il libère d'intenses arômes de fruits rouges un rien confits, agrémentés de senteurs amyliques et florales. En bouche, le grenache (50 %, aux côtés du cinsault et de la syrah) apporte une agréable rondeur soulignée par un trait plus vif de pamplemousse. Un vin équilibré, souple, tendre et frais. ⧗ 2014-2015 🍷 pissaladière

SCA Le Rosé de Bessan, rue de la Coopérative, 34550 Bessan, tél. 04 67 77 42 03, le.rose.de.bessan@wanadoo.fr V t.l.j. sf dim. 9h-12h30 15h-19h

CAVE DE L'ORMARINE Villemarin 2013 ★

■	200 000	- de 5 €

Le vignoble de la coopérative de Pinet borde l'étang de Thau, sur un sol graveleux. La syrah et le carignan se sont associés pour donner naissance à cette cuvée très sombre aux reflets violets. Si la mûre empreint le nez au premier abord, la fraise domine ensuite. En bouche, le vin est souple, tout en fruits rouges. Un 2013 simple et bien fait. ⧗ 2014-2015 🍷 pissaladière

Cave de l'Ormarine, 13, av. du Picpoul, 34850 Pinet, tél. 04 67 77 03 10, caveormarine@wanadoo.fr V r.-v.

PEUT-ÊTRE Mont Baudile L'Impavido 2012 ★★

■	n.c.		8 à 11 €

A l'aube de l'an 2000, Jean-Pascal Conduzorgues est tombé par hasard sur une bergerie cathédrale qui deviendra en 2012 sa cave de vinification. Un retour aux sources pour cet entrepreneur dans l'industrie médicale dont le grand-père était vigneron dans le Gard. Carignan, cinsault, grenache : magnifique triptyque sudiste pour cette cuvée qui séduit d'emblée par son bouquet d'une remarquable complexité : notes grillées, chocolat, épices, kirsch, bois de rose. La bouche ne déçoit pas : une attaque tout en douceur, beaucoup de volume, une puissance « sous contrôle », des tanins fins et soyeux, un boisé bien fondu et très élégant, une longueur admirable. Pas de peut-être, mais un grand oui… ⧗ 2015-2020 🍷 médaillon de bœuf sauce chocolat

SCEA Larzac et Dourbie, 4004, bd Paul-Valéry, 34070 Montpellier Cedex, tél. 06 85 77 64 79, p.chalier.ibero@gmail.com

LE PRÉ AUX ANGES
Œillade en Méjanelle 2012

■	5 000		5 à 8 €

Implanté aux portes de Montpellier, sur un terroir de galets roulés dominant la petite Camargue et la mer Méditerranée, le mas du Ministre (35 ha) offre des vins généreux. Cette cuvée issue de cinsault à port droit, appelé aussi « œillade », arbore une robe rubis nuancée de reflets grenat. Discret au premier abord, le nez s'ouvre à l'aération sur des arômes de fruits rouges et de sous-bois, avec des notes animales. L'attaque ample introduit un palais discrètement fruité, structuré par des tanins solides. ⧗ 2014-2017 🍷 charcuterie de pays

SCEA Ch. Ministre, Mas du Ministre, 34130 Maugio, tél. 04 67 12 19 09 V r.-v.

DOM. LES QUATRE AMOURS
Le Carignan de Paul 2012 ★

■	5 120	8 à 11 €

Les quatre amours s'appellent Paul, Olga, Louis et Rose. Ils ont inspiré le nom du domaine (18 ha) qui a vu naître quatre générations de vignerons. Graves et alluvions anciennes constituent les sols de cette exploitation qui bénéficie depuis 2012 d'un nouveau chai construit en pierres de Provence. Ce pur carignan affiche une robe très profonde aux nuances pourpres. Discret au premier abord, il libère à l'aération des notes de figue et de cacao. Souple à l'attaque, ample, complexe, la bouche s'appuie sur une belle trame de tanins enrobés. De la personnalité. ⧗ 2014-2017 🍷 canard à la broche

Dom. les Quatre Amours, 8, rte de Croix-de-Saint-Antoine, 34230 Belarga, tél. 04 67 24 60 89, fmsiohan@wanadoo.fr V r.-v. Siohan

DOM. DE LA RENCONTRE
Philosophe 2013 ★★

■	n.c.		8 à 11 €

C'est ici, en 1854, que Gustave Courbet a peint son chef-d'œuvre *La Rencontre*. Rencontre encore, au Mexique, entre Pierre Viudes qui courait le monde et Julie, une Anglaise exilée. Puis les jeunes mariés « rencontrent » ces vignes de Vic-la-Gardiole et créent ce domaine de 12 ha en 2008. Cette cuvée de moelleux, née du muscat à petits grains, a été élevée huit mois en cuve et un an en fût de chêne. Drapée dans une robe très claire, elle offre un nez d'une rare complexité mêlant miel, acacia, pêche, abricot et vanille. Une belle homogénéité que l'on retrouve dans une bouche parfaitement équilibrée entre le sucre et l'acidité. Beaucoup d'harmonie et une longue persistance aromatique. ⧗ 2014-2017 🍷 fromage de montagne ■ **Rencontre 2013 ★ (4 500 b.) :** ce pur muscat s'ouvre sur de doux arômes de miel et offre une bouche souple vivifiée par des notes d'agrumes. ⧗ 2014-2017

Pierre et Julie Viudes, 50, chem. de la Condamine, 34110 Vic-la-Gardiole, tél. 06 24 05 39 46, pierre@domainedelarencontre.com V r.-v.

DOM. SAINTE-CÉCILE DU PARC
Pays de Caux Notes Pures 2012 ★

■	1 500		11 à 15 €

Les cuvées ont des accents mélomanes, et pour cause : le domaine (10 ha) est installé au lieu-dit Sainte-Cécile, patronne des musiciens. Christine Mouton-Bertoli l'a racheté en 2005 et a engagé une restructuration sans attendre : plantations sur la moitié du domaine, construction d'une cave, conversion bio. Cette cuvée est issue d'une petite parcelle de sauvignon installée sur des terrasses nichées dans les premières collines cévenoles. La robe jaune clair est limpide et brillante. Au nez, les agrumes dominent (citron). La bouche offre la belle expression d'un sauvignon raffiné, bien équilibré entre rondeur et fraîcheur. La longue finale sur des notes d'agrumes est très persistante. ⧗ 2014-2017 🍷 filet de saint-pierre au beurre

Dom. Sainte-Cécile du Parc, rte de Caux, 34120 Pézenas, tél. 06 79 18 68 56, cmb@stececileduparc.com V r.-v.

SABLE DE CAMARGUE

COMMANDEUR DE JARRAS
Gris de gris Tête de cuvée 2013 ★

| 26 000 | 11 à 15 € |

C'est dans un magnifique paysage de Camargue, d'une biodiversité exceptionnelle que les Domaines Listel – le plus grand propriétaire récoltant d'Europe – ont élaboré cette cuvée. D'une jolie couleur pétale de rose, ce vin au nez floral et fruité offre en bouche des arômes subtils qui, associés à un beau volume et à une notable longueur, en font un incontournable des repas en plein air. 2014-2015 melon

Domaines Listel, Ch. de Villeroy, RN 112, BP 126, 34200 Sète, tél. 04 67 46 84 00, jpougett@listel.fr V t.l.j. 10h-12h 14h-18h Vranken

DUNE Gris de gris 2013

| 100 000 | - de 5 € |

Ce vin est proposé par la cave Sabledoc, une coopérative qui vinifie depuis 1952. Sa couleur pétale de rose est typique des vins IGP Sable de Camargue. Le nez très aromatique mêle les fleurs, le melon et l'abricot. La bouche séduit par sa franchise à l'attaque, par sa souplesse, son intensité et sa longueur. 2014-2015 risotto de la mer

SCA Sabledoc, rte d'Arles, 30220 Aigues-Mortes, tél. 04 66 53 75 20, sabledoc@wanadoo.fr V t.l.j. 9h-12h 14h-18h

DOM. DE FIGUEIRASSE Gris de gris 2013 ★

| 70 000 | - de 5 € |

Ce domaine de 55 ha, acquis en 1905 par les aïeux des actuels propriétaires, a résisté au phylloxéra. Cultivés sur son terroir sableux, les grenaches noirs et gris et le cinsault ont donné naissance à un vin ample et frais à souhait, aux arômes de fleurs blanches et d'agrumes, marqué par une petite rondeur. 2014-2015 filet mignon de veau

SCEA de la Figueirasse, Dom. de la Gigueirasse, 30240 Le Grau-du-Roi, tél. 04 67 70 20 48, cavesdemoulines@orange.fr

B DOM. DE MONTCALM
Rouge de sables Prestige 2012 ★

| 40 000 | - de 5 € |

Ce vin, issu de 40 ha de vignes conduites en bio, a l'originalité d'être rouge dans ce terroir sableux où les vins gris et gris de gris sont très répendus. Avec son nez intense aux notes de framboise ou de cassis confiturés, et sa bouche de belle ampleur aux arômes de réglisse et de fruits rouges, il est très séduisant. 2014-2015 gardiane de taureau Prestige Gris de sable 2013 ★ (moins de 5 € ; 40 000 b.) : un vin agréable et équilibré aux arômes très fruités. 2014-2015

EARL Vignobles Jeanjacques, Dom. de Montcalm, 197, rue du Château, 30600 Montcalm, tél. 04 66 73 51 52, domainedemontcalm@hotmail.fr V t.l.j. 8h-18h

B DOM. DU PETIT CHAUMONT
Mamz'elles gri-gri..s 2013

| 6 650 | 5 à 8 € |

La famille Bruel est la tête de ce vignoble de 120 ha d'un seul tenant situé entre mer et étangs. Elle a habillé d'une étiquette originale ce vin biologique au nez intense de pamplemousse et de fruits exotiques. Une belle attaque, un palais vif et ample, des notes d'agrumes persistantes. 2014-2015 tapas de poissons

GAEC Bruel, Dom. du Petit Chaumont, 30220 Aigues-Mortes, tél. 04 66 53 60 63, gaec.bruel@wanadoo.fr V t.l.j. sf dim. 9h-12h 14h-18h

B DOM. LE PIVE Gris 2013 ★★

| 400 000 | - de 5 € |

Ce vin bio se montre charmeur avec son nez fin, léger, aux notes de fleurs blanches, de fruits exotiques et de pamplemousse. Tout aussi aromatqiue, la bouche est vive, ample, fraîche et longue. 2014-2015 plancha de légumes et crevettes 2013 ★ (moins de 5 € ; 15 000 b.) : un blanc vif et citronné. 2014-2015

SCEA Mas de Pive, Mas de Pive, 30600 Montcalm, tél. 04 67 88 80 00, elise.bellot@vignobles-jeanjean.com V t.l.j. sf dim. 9h-12h 13h30-19h au Caveau vignerons passion à St-Félix-de-Lodez Jeanjean

SAINT-GUILHEM-LE-DÉSERT

B DOM. CAVALIER
Val de Montferrand 2013 ★

| 7 500 | 5 à 8 € |

Jean-Benoît Cavalier, agronome de formation, a relancé le domaine familial au milieu des années 1980, marchant dans les pas de plus de dix générations de vignerons. Issu d'un terroir de cailloutis calcaires, le sauvignon majoritaire (80 %), associé à la roussanne et à la marsanne à parité, a donné naissance à ce vin au nez intense de fleurs blanches et de fruits exotiques ; arômes que l'on retrouve dans une bouche équilibrée qui penche en finale vers la douceur. 2014-2017 apéritif

Jean-Benoît Cavalier, pl. de l'Église, 34270 Vacquières, tél. 04 67 59 00 08, info@chateau-lascaux.com V t.l.j. sf sam. dim. 10h-12h 14h-18h

MAS DE DAUMAS GASSAC
Cité d'Aniane 2013 ★★

| 73 000 | 30 à 50 € |

Bel exemple de la percée des vins du Languedoc à travers les cinq continents, ce domaine a suscité l'étonnement il y a une trentaine d'années en proposant des vins de pays au même prix que des grands bordeaux. Il est resté en haut de l'affiche avec des vins d'une qualité constante et d'un potentiel de garde remarquable. Issu d'un terroir de grèzes calcaires accroché à un contrefort du Larzac, ce blanc naît d'un asemblage savant de multiples cépages : viognier, chardonnay, petit manseng, chenin, avec une petit proportion de variétés rares. Il séduit grâce à son équilibre, à la finesse de ses arômes de fruits frais, à sa longueur en bouche et à sa belle intensité. 2014-2017 crumble poire-chocolat

Mas de Daumas Gassac, Haute-Vallée-du-Gassac, 34150 Aniane, tél. 04 67 57 71 28, prives@daumas-gassac.com V t.l.j. sf sam. dim. 10h-12h30 14h-18h30 Famille Guibert

DOM. DE RIEUSSEC LACROIX DELTORT
Orangerie 2012 ★★

■ | 2 000 | 8 à 11 €

Le domaine est une ancienne villa romaine, protégé au titre des monuments historiques. Il appartient à la même famille depuis cinq siècles. Madame Deltort, avocate, a repris le flambeau en 2002 et a recréé la cave de vinification. La cuvée Orangerie a séduit le jury par sa robe aux reflets rosés. Le nez exprime le terroir par ses senteurs épicées de garrigue assorties de la note vanillée de l'élevage. En bouche, les fruits rouges et noirs sont soutenus par une solide charpente tannique. La finale est marqué par une agréable touche réglissée. Un vin puissant et bien construit. 2017-2020 grillades

Marie-Hélène Deltort, Dom. de Rieussec la Croix Deltort, rte d'Aniane, 34150 Gignac, tél. 04 67 57 54 11, domainederieussec@gmail.com V sam. dim. 10h-19h; en saison t.l.j. 10h-20h

VAL DE MONTFERRAND

LES AUGUSTINS
Les Bambins 2012 ★★★

■ | 7 000 | 8 à 11 €

Les cuvées du domaine portent toutes le nom d'un membre de la famille : Sourire d'Odile, Secret de Monique, les deux Roger, Joseph, les Gamins ou encore les Bambins. Frédéric Mézy a créé le domaine en 1999 : 28 ha aujourd'hui, après arrachages, replantations et achats, qu'il travaille selon les méthodes de l'agriculture biodynamique (non certifiée). Son assemblage vermentino-chardonnay-roussanne a fait l'unanimité. Ce vin séduit d'emblée par sa robe jaune clair et limpide. Le charme opère aussi à l'olfaction, fine et élégante : des notes boisées fondues cèdent la place à l'aération à de délicates senteurs florales (acacia, aubépine) et fruitées (pêche jaune). On retrouve les fleurs blanches et un boisé bien intégré, aux accents grillés, dans une bouche tout en rondeur et parfaitement équilibrée par une fine fraîcheur. 2014-2017 terrine de poissons

Clos des Augustins, 111, chem. de la Vieille, 34270 Saint-Mathieu-de-Tréviers, tél. 04 67 54 73 45, closdesaugustins@wanadoo.fr V t.l.j. 9h-12h30 14h-18h

DOM. DE L'HORTUS
Grande Cuvée 2012 ★★

■ | 20 000 | 20 à 30 €

Un vin blanc de Jean et Marie-Thérèse Orliac, bien connus en pic-saint-loup. Ce vin aux jolis reflets dorés révèle un bouquet finement boisé, vanillé et grillé. Le palais, où le boisé se fond avec le fruit, est marqué par une belle fraîcheur qui se prolonge jusqu'à une finale grillée et épicée. Un ensemble raffiné. 2014-2016 bourride de baudroie à la sétoise

EARL Vignoble Orliac, Dom. de l'Hortus, 34270 Valflaunès, tél. 04 67 55 31 20, orliac.hortus@wanadoo.fr V r.-v.

PAYS D'OC

BERNARD ALIAS Cabernet franc 2012 ★

■ | 7 000 | 5 à 8 €

Cette douzième cuvée de la famille Alias, à la tête de 34 ha de vignes en conversion bio, a été vinifiée par macération pelliculaire, ce qui a permis une extraction optimale de la couleur et des arômes. Sous une robe grenat très profonde, le bouquet mêle les fruits rouges, la cerise confite, puis des notes végétales et épicées. La bouche ne déçoit pas : attaque franche et fruitée, texture ronde et finale vive, un brin poivrée, qui laisse une impression de fraîcheur. 2014-2017 grillades de bœuf

Bernard Alias, 36, av. des Corbières, 11700 Douzens, tél. 04 68 79 09 00, d.alias11@orange.fr V t.l.j. 9h-18h; sam. dim. sur r.-v.

ANNE DE JOYEUSE Original Malbec 2013 ★

■ | 50 000 | 5 à 8 €

Ses vins de malbec, cépage séculaire, cultivé au pied des Pyrénées dans la haute vallée de l'Aude, ont fait la réputation de cette vénérable coopérative fondée en 1929. Ici, une cuvée qui n'a rien de confidentiel et porte bien son nom. Originale par son nez intense de fruits noirs et de violette. Par son palais ample et généreux, aux accents de cacao, de pruneau et de mûre, soutenu par des tanins soyeux. Un ensemble bien orchestré et harmonieux. 2014-2018 osso bucco

Oustal Anne de Joyeuse, 41, av. Charles-de-Gaulle, BP 39, 11303 Limoux Cedex, tél. 04 68 74 79 40, commercial.france@cave-adj.com t.l.j. 9h-12h 15h-19h

LA BASTIDE AUX OLIVIERES
Puech cremat 2013 ★

■ | 16 000 | 5 à 8 €

La trentaine de volières présentes sur le domaine explique l'emblème du perroquet qui orne les étiquettes. Jean-Luc Quinquarlet, dentiste à Saint-André-de-Sangonis, et Martine, son épouse, retraitée de la Poste, ont débuté leur activité de vignerons indépendants en 2002, après plusieurs années de travail en cave coopérative. Ils signent une cuvée couleur griotte, au nez très élégant d'épices douces, de cacao, d'orange confite et de fruits noirs. On retrouve les fruits noirs (cerise noire) combinés à des notes truffées dans une bouche harmonieuse, soutenue par une fine vivacité et par une belle trame de tanins soyeux. 2015-2019 daube de chevreuil aux airelles

Jean-Luc Quinquarlet, La Bastide aux oliviers, 3, rue Familongue, 34725 Saint-André-de-Sangonis, tél. 04 67 57 59 71, contact@domainedefamilongue.fr V r.-v.

DOM. DE BEAUVIGNAC Chardonnay 2013 ★

■ | 280 000 | - de 5 €

La cave des Costières de Pomerols, coopérative regroupant 400 adhérents, a choisi un mode de vinification (macération pelliculaire puis bâtonnage en cuve pendant trois mois) qui laisse à la cuvée une empreinte aromatique riche et variée : des arômes variétaux, floraux et fruités (ananas), des notes grillées et des touches de fruits secs. La bouche fait preuve de générosité, avec du gras et du volume, jusque dans la finale chaleureuse, aux accents toastés et beurrés. 2014-2016 poisson en sauce

⊶ Cave les Costières de Pomérols, av. de Florensac, 34810 Pomérols, tél. 04 67 77 01 59, info@cave-pomerols.com V r.-v.

BÉBIAN L'Autre versant 2011 ★

■ | 4 000 | 🍾 | 11 à 15 €

Etabli dans le Piscénois, ce domaine fondé en 1152, l'un des plus anciens du Languedoc, étend ses vignes sur 32 ha. L'œnologue maison, Karen Turner, a sélectionné 3 ha de merlot et de cabernet, qui se trouvent à l'aise sur « l'autre versant » : la Méditerranée. Le nez se révèle généreux, kirsché et épicé, agrémenté d'une touche de poivron rouge « océanique » (legs du cabernet bordelais) et d'une nuance minérale qui signe le terroir. En bouche, on découvre un vin abouti, patiné par quinze mois de fût, aux tanins soyeux et fondus. Sur le cadran solaire du domaine on peut lire : *nihil sine sole* (rien sans le soleil) ; ce 2011 est dans l'esprit. ⧗ 2014-2017 🍷 souris d'agneau aux épices

⊶ Prieuré Saint-Jean-de-Bébian, rte de Nizas, 34120 Pézenas, tél. 04 67 98 13 60, info@bebian.com V t.l.j. sf dim. 10h-12h 14h-17h ; sam. sur r.-v.

DOM. BISCAYE Bis by Biscaye Syrah 2013 ★

■ | 20 000 | 🍾 | - de 5 €

Installé sur des sols sablo-limoneux le domaine familial (30 ha) a été constitué au début du XXᵉs.. Il signe un rosé de pure syrah, à la robe très claire et d'une belle expression amylique et fruitée (pêche, abricot). La bouche, d'une agréable rondeur, ofre une finale légèrement amère qui contribue à l'équilibre de l'ensemble. ⧗ 2014-2016 🍷 poissons grillés

⊶ SCEA Biscaye, 490, chem. du Clos de l'Armet, 34170 Castelnau-le-Lez, tél. 04 67 64 51 32, emmanuel.biscaye@wanadoo.fr V t.l.j. sf dim. 9h-19h

DOM. DE BOISSIÈRE Plaine d'Arnaud 2012 ★★

■ | 3 000 | 🍾 | 8 à 11 €

Un domaine créé en 2009 par le jeune œnologue suisse Matthias Utzinger, aujourd'hui à la tête de 12 ha de vignes conduits selon les principes bio, mais sans certification. Issu du terroir de galets roulés de la Costière, à l'est de Nîmes, un vin étonnant, tant par son mode de vinification (fermentation alcoolique et élevage en fût de chêne et dans des amphores) que par la complexité de la palette aromatique qui en découle. Assemblage de roussanne (70 %), de grenache blanc (20 %) et de viognier (10 %), il mêle des arômes de pêche et de poire, de fleurs jaunes (immortelles) et de garrigue à des notes de miel, de cire, et de résine. L'abricot s'épanouit dans une bouche d'une rare ampleur, équilibrée par une belle fraîcheur, qui finit sur des accents d'épices douces. ⧗ 2014-2017 🍷 crustacés, asperges, poisson en sau

⊶ Dom. de Boissière, JPM Boissière SARL, rte de Bezouce, 30300 Jonquières-Saint-Vincent, tél. 06 06 59 71 88, info@domainedeboissiere.com V r.-v.

VIGNOBLES BONFILS
Capitoul Les Terrasses Chardonnay 2013

■ | 200 000 | 🍾 | 5 à 8 €

La cuvée Les Terrasses est issue de parcelles de chardonnay implantées sur différents terroirs des vignobles Bonfils. D'un jaune paille intense aux reflets vifs et brillants, elle dévoile un bouquet d'agrumes et de fruits à chair blanche assortis de touches végétales. Bien équilibrée, la bouche est portée par la fraîcheur. Un vin original et harmonieux, d'une grande finesse aromatique, à apprécier dès à présent. ⧗ 2014-2015 🍷 plateau de fruits de mer

⊶ SCEA Vignobles JM Bonfils, Domaine de Cibadiès, 34310 Capestang, tél. 04 67 93 10 10, bonfils@bonfilswines.com

CLOS SAINT-JOSEPH Muscat sec 2013 ★★

■ | 37 500 | 🍾 | - de 5 €

Cette coopérative fondée en 1904 regroupe aujourd'hui quelque 170 producteurs et vinifie 80 % de la production de muscat-de-frontignan. Si les douceurs sont sa spécialité, elle montre aussi ses qualités en matière de blanc sec. Ici, un muscat à petits grains en robe scintillante, au bouquet généreux d'abricot et de citron vert. La bouche, d'une grande finesse, associe la fraîcheur de la pomme verte à la douceur de la nectarine. De l'harmonie à revendre. ⧗ 2014-2017 🍷 poisson au curry

⊶ SCA Frontignan Muscat, 14, av. du Muscat, BP 136, 34112 Frontignan Cedex, tél. 04 67 48 12 26, contact@frontignanmuscat.fr V t.l.j. 9h30-12h30 14h30-18h30

DOM. CONDAMINE BERTRAND
Petit verdot 2012 ★

■ | 4 000 | 🍾 | 15 à 20 €

Commandé par un château du XVIIᵉs resté depuis 1792 dans la même famille, ce vignoble de 40 ha s'étend sur un terroir de galets roulés aux pentes douces et bien exposées. Fort de ces racines, le domaine garde le regard tourné vers l'avenir, associant une technologie poussée à la tradition. Ce petit verdot signe une belle maîtrise de la vinification. Au nez, des notes vanillées se mêlent à des nuances minérales de silex. En bouche, de la rondeur, du volume, de la générosité et de la douceur, avec une pointe de fraîcheur bienvenue en soutien. Un ensemble équilibré et élégant. ⧗ 2014-2018 🍷 pavé de bœuf

⊶ Bertrand Condamine, 2, av. Wladimir-d'Ormesson, 34120 Lézignan-la-Cèbe, tél. 04 67 25 27 96, export@condamine-bertrand.com V t.l.j. 9h-12h30 13h30-18h

ESCATTES Les Roches bleues 2012 ★★

■ | 2 000 | 🍾 | 11 à 15 €

François Robelin a pris la tête de ce domaine familial de 24 ha en 2009 ; il a engagé sa conversion bio en 2010. Le mas et le parc à la française datant du XVIIIᵉs. valent le coup d'œil. Plantés sur des marnes calcaires, ces ceps de chardonnay de trente ans ont donné naissance à cette cuvée brillante et dorée. Le nez, très intense, s'ouvre sur des notes florales et exotiques mâtinées d'une fine note boisée. Tendre et complexe, le palais délivre des arômes de gingembre confit et de citron accompagnés d'une touche vanillée. Soutenu par une superbe trame minérale, ce vin offre fraîcheur et finesse. ⧗ 2014-2017 🍷 saint-pierre

⊶ Dom. de l'Escattes, Mas d'Escattes, 2300, rte de Saint-Étienne-d'Escattes, 30420 Calvisson, tél. 04 66 01 40 58, smc.robelin@wanadoo.fr V t.l.j. sf dim. lun. 8h30-12h30 14h30-18h30
⊶ Robelin

L'ESPRIT D'ÉLOI Petit verdot 2012 ★★

■ | 4 000 | | 8 à 11 €

Clin d'œil au « vigneron-philosophe » Montesquieu, l'auteur de *L'Esprit des lois*, ainsi qu'au petit Éloi Guéry, né le jour de la première vendange des ceps de petit verdot à l'origine de cette cuvée. Un esprit bienveillant a, semble-t-il, veillé sur ce vin, qui a fière allure dans sa tenue pourpre sombre. Un vin « au bagou énorme » aussi, ouvert sur d'intenses notes de fruits confiturées. La bouche est plus insolite, mais tout aussi plaisante : violette d'abord, puis rose Du volume, de la rondeur, de la chair et de la générosité. « Du potentiel sous les tanins et des chevaux à l'accélération », conclut un juré... ⧗ 2015-2019 🍴 tajine d'agneau

Ch. Guéry, 4, av. du Minervois, 11700 Azille, tél. 04 68 91 44 34, rh-guery@chateau-guery.com V t.l.j. sf dim. 10h-12h 16h-19h

DOM. LA FADÈZE Grenache 2013 ★

■ | 33 000 | | - de 5 €

Domaine familial (45 ha) situé au bord de l'étang de Thau. D'une belle couleur mandarine, vive et nette, ce rosé de saignée de pur grenache révèle des arômes de fraise, de groseille et de fleurs blanches, soulignés d'une pointe vive de pomelo. Le palais ample et rond est équilibré par une belle fraîcheur. ⧗ 2014-2015 🍴 grillades d'agneau

Dom. de la Fadèze, rte de Mèze, 34340 Marseillan, tél. 04 67 77 26 42, lentheric@lafadeze.fr V t.l.j. sf dim. 9h-12h 14h-18h Lenthéric

LES FLEURS DE MONTBLANC Sauvignon 2013 ★

■ | 30 000 | | - de 5 €

Témoin d'une époque, l'imposante cave coopérative de Montblanc regroupe 450 adhérents cultivant 1500 ha de vignes. Elle propose de nombreuses cuvées, en IGP Côtes de Thongue et en IGP Oc – dont se prévaut ce pur sauvignon. D'un jaune clair et limpide, il présente une belle expression de fleurs blanches et d'agrumes (pamplemousse). Finesse et puissance se conjuguent dans une bouche nerveuse et ronde à la fois, qui finit sur une touche citronnée. À servir dès l'apéritif. ⧗ 2014-2015 🍴 coquillages

Les Vignerons de Montblanc, 447, av. d'Agde, 34290 Montblanc, tél. 04 67 98 50 26, cavecoop.montblanc@orange.fr V t.l.j. sf sam. dim. 8h-12h 14h-17h

LES VIGNERONS DE FLORENSAC Assemblage 2012 ★

■ | 20 000 | | 5 à 8 €

Le chardonnay (50 %) et le viognier (40 %) sont assemblés aux muscats et sauvignon dans cette cuvée à l'expression aromatique intense sur les fleurs et les fruits à chair blanche. La bouche, nette et bien équilibrée entre rondeur et fraîcheur, s'agrémente d'une note beurrée et d'une finale sur le zeste de pamplemousse. ⧗ 2014-2016 🍴 langoustines

Les Vignerons de Florensac, 5, av. des Vendanges, 34510 Florensac, tél. 04 67 77 00 20, cave.florensac@wanadoo.fr V t.l.j. 9h-18h ; dim. 10h-15h

B FOLLE AVOINE Cantarille 2012 ★

■ | 2 000 | | 5 à 8 €

Un domaine familial exploité depuis cinq générations par les Daumond. Les 12 ha de vignes, (en bio certifié) sont disséminés sur trois sites. Guillaume Daumond a sélectionné 1,15 ha pour cette Cantarille, une terre ingrate en occitan, de celle qu'il faut cajoler pour en obtenir les faveurs. C'est chose faite avec ce 2012 au nez opulent de fruits rouges et noirs bien mûrs, agrémentés de notes de réglisse. Le palais se montre dense, concentré, suave, épicé, et s'étire dans une longue finale chaleureuse. ⧗ 2014-2018 🍴 civet de lièvre

Guillaume Daumond, 15, rue des Chevaliers-de-Malte, 34740 Vendargues, tél. 06 26 48 30 64, folle-avoine@orange.fr V r.-v.

♥ FORTANT DE FRANCE Terroir de collines Malbec 2013 ★★★

■ | 60 000 | | 5 à 8 €

La famille Skalli s'initia à la vigne et aux cépages méridionaux en Algérie, dans les années 1920. Francis et surtout son fils Robert ont contribué à l'essor dans tout le sud de la France de cette maison de négoce, leader des vins de cépage. Trois mots pour résumer cette belle cuvée : harmonie, maturité et intensité. D'un grenat profond, elle libère des arômes de fruits rouges bien mûrs (cerise) et d'épices (poivre et cannelle). La bouche reprend ces mêmes accents fruités et épicés, agrémentés d'une douce note de cacao. Avec ses tanins fondus, sa rondeur et sa longue finale mentholée et fraîche, elle offre un remarquable équilibre. ⧗ 2014-2016 🍴 gibiers en sauce ■ **Terroir de collines Syrah 2013 ★★** (5 à 8 € ; 60 000 b.) : des arômes de fruits rouges, de chocolat et d'épices douces, une bouche puissante et fine à la fois, agrémentée de notes vanillées et torréfiées, reposant sur des tanins encore jeunes. ⧗ 2014-2016

Les Vins Skalli, av. Pierre-de-Luxembourg, BP 5, 84230 Châteauneuf-du-Pape, tél. 04 90 83 58 35, info@skalli.com V t.l.j. 10h-12h 15h-18h

DOM. GALLIÈRES Belle Histoire 2012 ★

■ | 2 000 | | 5 à 8 €

Un domaine de 17 ha établi sur le plateau villafranchien entre Montpellier et la Méditerranée, en bordure du fleuve côtier le Lez. Un havre de paix au sein de la nature face aux jaillissements du béton urbain, où l'on nous conte une belle histoire en effet. Mi-chardonnay mi-viognier, ce 2012 déploie un bouquet riche qui évoque les champs d'abricotiers et autres fruits gorgés de soleil, ou encore la douceur du miel de mille fleurs. Douceur que l'on retrouve dans un palais chaleureux et long, avant qu'une délicate fraîcheur ne vienne apporter un surcroît de dynamisme en finale. ⧗ 2014-2017 🍴 crevettes au lait de coco

Esteban, 1292, rue du Mas-Rouge, 34000 Montpellier, tél. 04 67 64 77 30 V r.-v.

Ⓑ GENS ET PIERRES Sud Sud 2013 ★

■	19 000	🍾	5 à 8 €

Jean Natoli, œnologue, et Peter Riegel, négociant allemand, ont uni leur savoir-faire à celui d'amis vignerons « bio » pour élaborer cette cuvée d'assemblage (grenache, syrah, merlot, mourvèdre) à la robe éclatante ornée de reflets pourpres. Le nez expressif et gourmand mêle des arômes de fruits rouges et noirs (cerise noire), relayés par des notes épicées, grillées et torréfiées d'une grande finesse. La bouche aux arômes de garrigue séduit par sa tenue : elle conjugue volume et fraîcheur et finit par une pointe de sucrosité. Un vin harmonieux qui invite au partage dès aujourd'hui. ⏳ 2014-2017 🍷 épaule d'agneau à la fleur de thym

🔑 SAS Gens et Pierres, 425, av. Saint-Sauveur-du-Pin, 34980 Saint-Clément-de-Rivière, tél. 06 61 08 22 02, jean@mas-des-quernes.com V 🚶 🍷 r.-v.

LES HAUTS DE JANEIL 2013 ★

■	80 000	🍾 🛢	- de 5 €

Issu d'une grande famille bordelaise et présent sur plusieurs continents, le négociant et propriétaire François Lurton est aussi, depuis les années 1990, implanté dans le Languedoc-Roussillon. Associé jusqu'en 2007 avec son frère Jacques, il y dirige seul aujourd'hui plusieurs domaines. Référence à sa propriété de Tautavel (Mas Janeil), cette cuvée est issue de syrah et de grenache plantés sur un beau terroir granitique. Loin d'être monolithique, ce vin rouge profond dévoile un nez éclatant de jeunesse, sur les petits fruits rouges. Un caractère primesautier qu'il conserve dans une bouche croquante, fraîche et fine. ⏳ 2014-2016 🍷 grillade de bœuf ■ **Dom. Les Salices 2013 ★ (50 000 b.)** : un nez boisé (grillé) et épicé, un palais fruité, charnu et onctueux, bien souligné par le merrain. ⏳ 2014-2017

🔑 François Lurton, Dom. de Poumeyrade, 33870 Vayres, tél. 05 57 55 12 12, communication@francoislurton.com

VIEILLES VIGNES DE LA JASSE 2012 ★★

■	50 000	🍾 🛢	8 à 11 €

Situé sur des terroirs d'anciennes défriches de garrigues, le domaine de la Jasse (30 ha aujourd'hui) a été restructuré par un importateur hollandais avant d'être repris par Bruno Le Breton en 2010. À dominante de cabernet-sauvignon, cette cuvée arbore une robe aux légers reflets orangés. Le nez est dominé par les fruits rouges et noirs (cassis, groseille), relayés à l'agitation par des notes poivrées. Le bouche se révèle ample, puissante, généreuse, riche, tout en restant très élégante, tapissée de saveurs d'épices et de réglisse mâtinées de fines notes fumées et boisées. Du caractère et un bon potentiel de garde ⏳ 2017-2022 🍷 épaule d'agneau aux herbes ■ **Dom. Montlobre 2012 ★★ (50 000 b.)** : du même propriétaire, ce domaine de 15 ha, situé dans la haute vallée de la Mosson, propose un vin à dominante de merlot, au bouquet d'épices (poivre, clou de girofle), de fruits noirs confiturés, de sous-bois et de vanille, au palais gras, rond, chaleureux, soutenu par des tanins fins. Un vin au profil méridional, gorgé de soleil. ⏳ 2015-2019

🔑 BLB Vignobles, La Jasse, 34980 Combaillaux, tél. 04 67 67 04 04, info@blb-vignobles.com V 🚶 🍷 r.-v.

DOM. JOUCLARY Chardonnay 2013 ★

■	20 000	🍾	5 à 8 €

Ce producteur en cabardès, également président de l'AOC cabardès, a pratiqué pour ce chardonnay une macération pelliculaire sur des baies à parfaite maturité, suivie d'un élevage de quatre mois sur lies fines. Ce qui a donné naissance à ce vin complexe et consistant. D'un jaune doré, il offre un bouquet de fleurs blanches, de fruits exotiques, d'amande fraîche, le tout rehaussé d'une pointe anisée. Cette belle farandole d'arômes se retrouve en bouche, agrémentée de notes de fruits secs (noisette et abricot sec). Onctueux et frais à la fois, ce blanc termine sur une agréable amertume qui laisse une empreinte fraîche. ⏳ 2014-2015 🍷 tajine aux abricots

🔑 Gianesini, Dom. Jouclary, rte de Villegailhenc, 11600 Conques-sur-Orbiel, tél. 04 68 77 10 02, chateau.jouclary@orange.fr V 🚶 🍷 t.l.j. sf dim. 11h-19h

LAROCHE Pinot noir de la Chevalière 2013

■	400 000	🍾	8 à 11 €

De Chablis au Languedoc-Roussillon, la famille Laroche a le sens des extrêmes, mais les trois vignobles sudistes maintenant en leur possession attestent la réussite de leur entreprise. Le Mas de la Chevalière, ceint d'un mur rappelant les clos bourguignons, se situe a proximité de Béziers. Autre rappel bourguignon, c'est le pinot noir, planté ici sur un terroir argilo-calcaire, qui est à l'honneur dans cette cuvée en robe légère et brillante. Le nez, intense, s'ouvre sans réserve sur les fruits rouges ; à l'agitation, apparaissent des notes épicées rappelant le safran et le curry. Une attaque fraîche agrémentée de nuances de violette introduit un palais souple et soyeux, aux tanins ronds, qui s'étire dans une longue finale enrobée de fruits ⏳ 2014-2017 🍷 pigeon grillé

🔑 Mas la Chevalière, rte de Murviel, 34500 Béziers, tél. 04 67 49 88 30, camille-devergeron@larochewines.com V 🚶 🍷 r.-v.

DOM. DE LARZAC Sauvignon roussanne 2013

■	6 500	5 à 8 €

Le château de Larzac, largement rénové au XXe s., est surtout connu pour son parc classé Monument historique. C'est en 1999 que la famille Bonafé décide de restructurer le vignoble (75 ha aujourd'hui), le matériel et le chai. Le sauvignon et la roussanne font bon ménage dans cette cuvée limpide et brillante. Le nez, léger et élégant, délivre des notes florales et une étonnante touche de chocolat blanc. Frais en attaque, le palais évolue vers la rondeur, offrant d'onctueuses notes beurrées. ⏳ 2014-2016 🍷 tajine de poisson

🔑 Dom. de Larzac, rte de Roujan, 34120 Pézenas, tél. 04 67 90 76 29, contact@chateau-larzac.fr
🔑 M. et Mme Bonafé

DOM. DES LAURIERS Chardonnay viognier 2013 ★

■	n.c.	- de 5 €

À Castelnau-de-Guers, le vignoble (45 ha) de Marc Cabrol, valeur sûre de l'appellation languedoc, est situé au milieu de la garrigue et des pinèdes. Issue de coteaux marneux, cette cuvée mi-chardonnay mi-viognier s'affiche en robe jaune pâle brillante. Des arômes délicats de violette et d'abricot s'échappent du verre. On retrouve l'abricot accompagné de notes citronnées dans une bouche fraîche et bien bâtie. ⧗ 2014-2016 ¥ poisson sur le gril

⊶ EARL Dom. des Lauriers, 15, rte de Pézenas, 34120 Castelnau-de-Guers, tél. 04 67 98 18 20, contact@domaine-des-lauriers.com V t.l.j. sf sam. dim. 8h30-12h 14h-17h30

DOM. LA MADELEINE SAINT-JEAN Viognier 2013

10 000		5 à 8 €

Signée par un domaine familial (30 ha) dominant le bassin de Thau, cette cuvée d'un jaune soutenu présente des reflets verts lumineux. Le nez, tendrement fruité, mêle la pêche et l'abricot à des notes subtiles de fruits secs. Le palais, à l'unisson, est plein et rond jusqu'en finale. ⧗ 2014-2016 ¥ carpaccio de saumon

⊶ Dom. la Madeleine Saint-Jean, rue Édouard-Adam, Port Rive-Gauche, 34340 Marseillan, tél. 04 67 26 12 42, lamadeleinesaintjean@orange.fr V t.l.j. 9h30-12h30 14h30-19h30

DOM. MARTINOLLES Mauzac 2013 ★★★

3 000		5 à 8 €

Autrefois propriété de la famille Vergnes, et jadis des moines de Saint-Hilaire, qui inventèrent la blanquette en 1531, le Ch. Martinolles (60 ha) a été racheté en 2010 par Jean-Claude Mas, déjà à la tête de nombreux autres domaines dans la région. C'est en vin tranquille que le domaine décline le cépage traditionnel de la blanquette. D'un abord timide, ce pur mauzac devient généreux avec un peu de sollicitude et livre alors sans réserve une large palette fruitée : pomme, poire, coing, le tout souligné par une pointe d'épices douces. Dans un palais tendre, raffiné et soyeux, place à la douceur du miel, avant que la fraîcheur minérale ne vienne stimuler la finale et nous ramène à ses origines argilo-calcaires. ⧗ 2014-2017 ¥ tajine de poulet

⊶ Ch. Martinolles, 11250 Saint-Hilaire, tél. 04 68 69 41 93, info@martinolles.com V t.l.j. 9h-12h 14h-18h ⊶ Jean-Claude Mas

MAS DE MADAME Muscat sec 2013 ★★

15 000		- de 5 €

Ce vignoble de coteaux (46 ha) est l'un des plus anciens de Frontignan. Le Mas de Madame, édifié au XVIe s, méritait une cure de jouvence, il a été restauré en 2003 et les chais modernisés en 2006. Le muscat est implanté ici de longue date, des archives municipales attestent sa présence dès... 1170. Ici, des ceps de vingt-cinq ans, à l'origine d'un vin intensément bouqueté autour des fleurs blanches et du litchi. La bouche offre un subtil équilibre entre douceur, densité, fraîcheur et légère amertume (pomelo). Un ensemble bien typé du cépage. ⧗ 2014-2017 ¥ plateau de fruits de mer

⊶ Dom. du Mas de Madame, rte de Montpellier, 34110 Frontignan, tél. 06 07 38 77 89, jacques.sourina@mas-de-madame.com V t.l.j. 9h-12h30 14h-20h ⊶ M. Sourina

MAS DES DAMES Le Blanc 2012 ★★

n.c.		8 à 11 €

Les bâtiments du domaine datent du XVIIIe s., et son vignoble, en conversion au bio, a gardé la structure de petites parcelles cernées de garrigue. Il a été acquis par la famille néerlandaise van Wilgen et doit son nom aux trois filles de ladite famille. Une parcelle abritant des huîtres fossiles est à l'origine de ce pur grenache blanc. Un vin qui surprend agréablement par ses senteurs d'orange mâtinées de notes poivrées. En bouche, l'élevage en demi-muid apporte une jolie rondeur et d'harmonieuses notes réglissées et vanillées, soulignées par une fine vivacité aux senteurs d'agrumes. Un ensemble très harmonieux et complexe. ⧗ 2014-2017 ¥ poularde à la cème

⊶ van Wilgen, Mas des Dames, rte de Causses et Veyran, 34490 Murviel-les-Béziers, tél. 04 67 37 26 69, mas.desdames@orange.fr V r.-v.

MAS DES TANNES Réserve blanc 2013 ★★

n.c.		8 à 11 €

Acquis en 2006 par Jean-Claude Mas, propriétaire de plusieurs domaines dans la région, ce vignoble de 30 ha certifié bio est vierge de tout produit de synthèse depuis toujours, cultivé dans le respect total de l'équilibre naturel des sols. Après quatre mois de fût, ce vin de grenache blanc livre des parfums soutenus et engageants de fruits mûrs, de vanille et de coco. Le palais poursuit avec gourmandise sur des notes généreuses de brioche chaude, bientôt accompagnées de saveurs fraîches d'orange et de nectarine. En deux mots, finesse et charme. ⧗ 2014-2017 ¥ côte de veau à l'estragon

⊶ SCEA J.-C. Mas, Ch. de Conas, 34120 Pézenas, tél. 04 67 90 16 10, info@paulmas.com V t.l.j. sf dim. lun. 10h30-19h30 à Montagnac

DOM. MASSILLAN Cuvée du Nautile 2012

5 000		8 à 11 €

La robe est rouge sombre à reflets violines. Le nez exprime de belles notes de cassis surmûri, de groseille, de garrigue et de cacao. Après une attaque réglissée, le palais dévoile une trame de tanins serrés et une longue finale sur les épices et le laurier. Un vin puissant et riche dont la matière généreuse s'exprimera mieux après une petite garde. ⧗ 2015-2017 ¥ daube de bœuf

⊶ Dom. Massillan, D 67, 34820 Teyran, tél. 04 67 04 46 76, guillaume@massillan.fr V t.l.j. sf dim. 10h-12h 16h-19h

MÉDITÉO Chardonnay 2013 ★★

15 000		5 à 8 €

Affaire de négoce-éleveur créée en 1936 par Gabriel Meffre, cette maison est devenue un acteur incontournable, présent non seulement dans toute la vallée du Rhône, sa région de naissance, mais aussi en Provence et dans le Languedoc. Avec la gamme Méditéo, elle propose des vins de cépages « résolument fruités et plein de gourmandise ». Ici, un pur chardonnay joue une partition florale, qui s'efface à l'aération devant d'intenses senteurs fruitées (pêche, puis fruits exotiques). La bouche évolue sur un même registre fruité mais plutôt acidulé, agrémenté de notes minérales. Pas de bémol, du volume, de la fraîcheur, de l'équilibre et une finale enlevée qui achève de convaincre. ⧗ 2014-2017 ¥ saint-jacques aux agrumes ■ **Gabriel Meffre La Châsse Syrah 2013** (moins de 5 € ; 30 000 b.) : au nez, fruits noirs (cassis) et rouges, épices, vanille ; en bouche, de la puissance, des tanins encore un tantinet fougueux et dissipés, mais prometteurs, que le temps disciplinera. 2016-2018

Gabriel Meffre, Le Village, 84190 Gigondas, tél. 04 90 12 32 47, gabriel-meffre@meffre.com V t.l.j. sf dim. lun. 10h-12h30 14h30-18h

DOM. MIQUEL
Vérité Grande Cuvée Viognier 2012 ★

	17 000		15 à 20 €

Née aux environs de Saint-Chinian, cette cuvée, couleur or aux reflets verts, est issue des meilleures parcelles de viognier du domaine familial. Elle ne cache pas son élevage de six mois en fût : la dominante complexe d'arômes boisés au nez comme en bouche se décline en doux parfums de vanille et de café torréfié. Puis s'invitent les épices et le fruit mûr, l'abricot confit et une note résinée fermant la marche. Un vin ample et généreux. 2014-2017 fromage de chèvre

Laurent Miquel, hameau Cazal-Viel, 34460 Cessenon-sur-Orb, tél. 04 67 89 74 93, laurent@laurent-miquel.com V t.l.j. sf sam. dim. 9h-12h 13h-17h B

B MON PRÉ CARRÉ Marselan 2012 ★

	30 000		8 à 11 €

La robe est d'un pourpre profond orné de reflets cuivrés. Le nez expressif associe des notes fruitées et épicées. Après une attaque ample et ronde, sur les fruits rouges, apparaît une charpente solide aux tanins serrés. La finale légèrement amère appelle une petite garde. 2014-2017 cassoulet

Vignobles Gilles Louvet, ZA Bonne-Source, 30, rue Ernest-Cognacq, 11100 Narbonne, tél. 04 68 90 12 80, contact@gilleslouvet.com

MORIN-LANGARAN Syrah Prestige* 2013 ★

	6 000	5 à 8 €

Établi sur les coteaux dominant le Bassin de Thau et longeant la Via Domitia, ce domaine existe depuis 1330 et compte aujourd'hui 60 ha de vignes. Cette exposition exceptionnelle et la fraîcheur des embruns est propice à l'élaboration de rosés charmeurs, friands et aromatiques. À l'image de ce 2013 à dominante de syrah, complété d'un soupçon de cinsault, qui dévoile des parfums de pêche juteuse, relayés par un palais rond, souple et généreux. 2014-2015 pissaladière

Albert Morin, Dom. Morin-Langaran, rte de Marseillan, 34140 Mèze, tél. 04 67 43 71 76, domainemorin-langaran@wanadoo.fr V t.l.j. 10h-18h (19h d'avr. à sept.); f. dim. jan.-fév.

DOM. DE L'OSTAL CAZES 2013 ★★

	150 000	5 à 8 €

Dans l'ancienne langue d'oc, *ostal* désigne à la fois le groupe familial et la maison qui l'abrite. Repris en 2002 par Jean-Michel Cazes, propriétaire du Ch. Lynch-Bages à Pauillac, ce vignoble des contreforts de la montagne Noire a été entièrement reconstitué. Grenache et syrah à parts égales composent ce rosé aux arômes intenses et délicats de fleurs blanches et de fraise, agrémentés d'une touche de fruits exotiques. Tout aussi friand (fraise écrasée et framboise), le palais offre rondeur et vivacité dans une rare harmonie. Un des finalistes du coup de cœur. 2014-2015 grillades de bœuf

L'Ostal Cazes, Tuilerie Saint-Joseph, 34210 La Livinière, tél. 04 68 91 47 79, contact@lostalcazes.com V t.l.j. sf dim. 10h-12h 14h-18h

MARQUIS DE PENNAUTIER
Terroirs d'altitude 2012 ★★

	93 000		8 à 11 €

À l'origine, les fastueux Bernard et Pierre-Louis Pennautier, trésoriers des États du Languedoc au Grand Siècle. Ils bâtirent à leur gloire un Versailles en Languedoc. Le Vau et Le Nôtre y travaillèrent. Louis XIII y vint, puis Molière. L'imposant château de Pennautier est le centre des six domaines gérés par leurs descendants, Nicolas et Miren de Lorgeril. Il étend son vignoble sur 146 ha, dont 18 dédiés à ce pur chardonnay, qui tutoie les sommets, au propre (né à 360 m d'altitude) comme au figuré. Un vin brillant comme l'or, au nez riche et complexe, empyreumatique et mentholé, au palais ample, suave et tout aussi expressif (orange, abricot confit), qui s'achève sur une fine douceur vanillée. 2014-2017 tarte aux légumes ■ **Viognier de Penautier 2013** ★ (5 à 8 €; 20 000 b.): un blanc vif, alerte et exubérant, sur l' abricot et le pomelo. 2014-2017

Ch. de Pennautier, BP 4, 11610 Pennautier, tél. 04 68 72 65 29, contact@lorgeril.com V r.-v. D

LE PIGEONNIER Chardonnay 2013 ★

	20 000		- de 5 €

C'est d'Argeliers que partit la révolte vigneronne de 1907. Quatre-vingt-sept vignerons du village, emmenés par Marcellin Albert, furent les premiers à manifester. Ils seront 800 000 trois mois plus tard à Montpellier... Le Pigeonnier ? Une parcelle plantée en chardonnay, à l'origine d'un vin de haute volée, à la robe pâle et cristalline. Le nez invite au voyage et à l'exotisme : mangue, fruit de la Passion et épices douces. En bouche, de la rondeur, de la douceur, de la finesse et une pointe bien sentie de vivacité qui apporte l'équilibre. 2014-2017 terrine de poisson

La Languedocienne et ses vignerons, 10, av. Pierre-de-Coubertin, 11120 Argeliers, tél. 04 68 46 11 14, lang-vin@wanadoo.fr V t.l.j. 10h-12h 15h-18h

DOM. DES POURTHIÉ 2013 ★★

	50 000		- de 5 €

Jean Pourthié a repris l'exploitation familiale en 2000 : 45 ha aujourd'hui, établis sur un terroir de moraines glaciaires au nord d'Agde, à 4 km de la Méditerranée. Ce rosé ambré a donc pris l'air du large, vivifiant et tonique. Des vagues successives de nectarine, de cerise burlat et autres fruits frais composent un bouquet intense et engageant. D'une réelle plénitude, le palais se révèle ample, tendre et finement fruité (pêche toujours). Un vin harmonieux et délicat. 2014-2015 rougets grillés ■ **Chardonnay 2013** ★ (50 000 b.) : un vin suave et très expressif, à dominante de fruits exotiques (ananas, fruit de la Passion). 2014-2017

Pourthié, Dom. des Pourthié, 34300 Agde, tél. 04 67 94 21 76, contact@delt-domaines.com V t.l.j. 9h-18h

DOM. RAISSAC Ostrea 2013

	15 000		5 à 8 €

Ce producteur présent en AOC languedoc a donné à cette cuvée un nom latin signifiant « huître », en référence à de très grandes huîtres fossilisées que l'on trouve dans les sols du domaine. Un sauvignon aux arômes d'agrumes et de fruits exotiques (papaye), gourmand et frais. 2014-2015 plateau d'huîtres

Ch. Raissac, rte de Murviel, 34500 Béziers, tél. 04 67 28 15 61, info@raissac.com V t.l.j. sf dim. 9h-12h 14h30-18h 5 E

ROCHE MAZET 2013 ★★★

	3 200 000		- de 5 €

La marque Roche Mazet décline une gamme de sélections dominée par des vins de cépages. Quant à ce rosé tendrement saumoné, il se partage entre cinsault (majoritaire, à 60 %) et grenache. Il libère des parfums délicats de fleurs du verger et de pêche blanche que l'on retrouve dans un palais soyeux. Suave à l'attaque, le vin montre une vivacité friande et enjôleuse, jusqu'à la finale un peu douce. 2014-2015 apéritif

Société des Vins de France, av. Jean-Foucault, 34536 Béziers Cedex, tél. 01 45 60 76 00, j.martinez@castel-freres.com A. Castel

SAINT-CYR Grenache 2012 ★★

	6 700		11 à 15 €

Béatrice Althoff s'est installée en 2003 sur ce domaine de 17,5 ha aujourd'hui conduit en bio et biodynamie certifiés ; des vignes disséminées en une centaine de petites parcelles entourées d'oliveraies et de garrigue, ceintes de murets et parsemées de capitelles. Le bio exige de la méthode et de la rigueur, une présence assidue à la vigne dès la « levée des couleurs ». La bataille est parfois rude pour obtenir une vendange parfaite. Au chai, pas de sulfitage : il faut monter la garde devant les cuves... Grâce à quoi, on obtient comme ici un vin (100 % grenache) très persuasif avec son bouquet riche de cassis et de groseille. Une attaque ample et suave ouvre sur un palais souple aux accents de la garrigue et de notes chaudes de griotte en confiture. Un ensemble généreux et gourmand. 2014-2017 daube de bœuf

Béatrice Althoff, Dom. de Costes-Cirgues, 1531, rte d'Aubais, 30250 Sommières, tél. 06 77 14 09 69, althoff.beatrice@orange.fr V t.l.j. sf dim. 10h-13h 15h-19h E

SECRET ROUGE 2012

	70 000		8 à 11 €

Cette cuvée de la coopérative de Cers-Portiragnes (issue de la fusion des caves de Portiragnes et de Villeneuve-lès-Béziers) livre à l'olfaction une palette aromatique complexe : fruits rouges (cerise) et noirs (cassis), cacao et réglisse, tabac et épices. La bouche ample et généreuse reprend les mêmes arômes. Un ensemble friand, rond et équilibré. 2014-2016 entrecôte

Les Vignerons de Cers-Portiragnes, 3, av. de l'Égalité, 34420 Portiragnes, tél. 04 67 90 91 90, caveau.portiragnes@codewine.com V t.l.j. sf dim. 9h-12h 15h-19h

VIGNERONS DU SOMMIÉROIS Viognier 2013 ★

	30 000		5 à 8 €

Située au cœur de la cité médiévale de Sommières, la cave coopérative exploite un vignoble de près de 600 ha répartis dans sept communes avoisinantes. Elle consacre une petite parcelle de 3,5 ha de viognier à ce 2013 en robe doré scintillant, au nez ouvert sur l'abricot, la pêche de vigne et la mirabelle. Toute aussi pimpante, la bouche donne dans l'exotisme (litchi en tête, quelques épices douces aussi) et les agrumes (orange), avant de déployer une finale chaleureuse et caressante. 2014-2017 noix de Saint-Jacques aux poireaux

Les Vignerons du Sommiérois, 2, rue de l'Arnède, 30250 Sommières, tél. 04 66 80 03 31, charlotte.d@les-vignerons-du-sommierois.com V t.l.j. sf dim. 9h-12h30 15h-19h

LA VENDÉMIAIRE Gewurztraminer 2013 ★

	4 000		5 à 8 €

Cette coopérative regroupe les vignerons de Fleury-d'Aude et Salles-d'Aude, au cœur du massif de la Clape. Elle fait découvrir une expression inédite et harmonieuse de ce cépage alsacien cultivé sur 5 ha de ce terroir méditerranéen proche de la mer. Il se dégage à l'olfaction des arômes intenses et tout en finesse de fleurs (tilleul), de fruits exotiques, puis de miel. Vive et équilibrée, la bouche s'étire en une longue finale gourmande. 2014-2015 apéritif

Caveau de la Vendémiaire, 3, rue Jean-Jaurès, 11560 Fleury-d'Aude, tél. 04 68 33 61 21, caveau@lavendemiaire.com V r.-v.

VERMEIL DU CRÈS Muscat sec 2013 ★

	44 500		- de 5 €

Située à 3 km des « éco-plages » de Sérignan, cette coopérative regroupe quelque 990 ha de vignes établis sur le plateau caillouteux de Sauvian, Sérignan et Vendres. Le village possède aussi un musée d'Art contemporain, œuvre de Daniel Buren. Une belle composition aussi que ce muscat diaphane aux reflets verts, au nez exubérant de fleurs blanches et d'arbustes en floraison. En bouche, de la générosité, tempérée par une fine vivacité qui apporte équilibre et allonge. 2014-2017 asperges sauce mousseline

SCAV Les Vignerons de Sérignan, 114, av. Roger-Audoux, 34410 Sérignan, tél. 04 67 32 24 82, gestion@vignerons-serignan.com V t.l.j. sf dim. 9h-12h 15h-18h

VIGNERONS CATALANS
Rafale Né au pays des vents Merlot 2013

	350 000		- de 5 €

Groupement de producteurs installé à Perpignan depuis 1964, partenaire d'une centaine de caves coopératives et particulières du département. Il sisgne une cuvée de merlot à l'éclatante robe violine. Le nez d'une belle intensité associe les fruits noirs et des notes amyliques, arômes que l'on retrouve en bouche. L'ensemble est souple et élégant, gourmand. Un vin moderne à apprécier dans sa jeunesse. 2014-2015 spaghettis bolognaise

Vignerons Catalans, 1870, av. Julien-Panchot, BP 29000, 66962 Perpignan Cedex 9, tél. 04 68 85 04 51, contact@vigneronscatalans.com

LES VIGNES DE L'ARQUE Cuvée Amélie 2012 ★

	6 000		5 à 8 €

Créé en 1994 par deux vignerons, ce domaine couvre 72 ha (en conversion bio) en IGP Pays d'Oc, Duché d'Uzès et Cévennes. Il doit son nom à l'Arque de Baron, château médiéval du IXes. qui surplombe la cave. Le chardonnay est majoritaire dans cette cuvée jaune intense aux reflets verts, au nez riche de senteurs épicées, florales et fruitées. Le palais, ample et souple, conjugue en toute harmonie gras, rondeur, fraîcheur minérale et arômes de garrigue. Un vin équilibré, orignal, long et très aromatique. 2014-2018 colin sauce aux agrumes

Les Vignes de l'Arque, rte d'Alès, 30700 Baron, tél. 04 66 22 37 71, vigne-de-larque@wanadoo.fr V t.l.j. 9h-12h 14h-19h Fabre

DOM. LES YEUSES Ô d'Yeuses 2011 ★

	2 000		8 à 11 €

Une cuvée majoritairement issue du cépage marselan (croisement de cabernet-sauvignon et de grenache noir). Le nez intense associe la fraîcheur des baies rouges et la douceur chaleureuse de la vanille et du cacao. Ronde et équilibrée, la bouche complète la palette aromatique de notes de tapenade, d'épices et de fruit à l'alcool. 2014-2017 viande en sauce

GAEC du Dom. les Yeuses, rte de Marseillan, RD 51, 34140 Mèze, tél. 04 67 43 80 20, contact@lesyeuses.fr V t.l.j. sf dim. 9h-12h 15h-19h Dardé

DOM. DE LA YOLE Quintessence 2012 ★★

	10 000		15 à 20 €

Situé à quelques encablures de la Méditerranée, ce domaine familial établi sur un site gallo-romain figurait déjà sur le cadastre napoléonien. Installé en 1999, Jean-Christophe Gassier (cinquième génération) est aujourd'hui à la tête d'un vaste vignoble de 110 ha. Cette Quintessence est issue d'un quatuor de cépages dominé par le traditionnel carignan, qui donne son caractère corsé. À ses côtés, les bordelais merlot et cabernet-sauvignon apportent rondeur, finesse et fruité; la syrah complète l'ensemble avec ses parfums de réglisse et de violette. Un ensemble des plus complexes et complets, généreux et intense, auquel dix-huit mois de barrique ont légué une touche supplémentaire de structure. 2015-2019 terrine de chevreuil

SCEA Dom. la Yole, CS 10715, av. de la Méditerranée, 34350 Vendres, tél. 04 67 37 37 85, infowinery@layolewineresort.com V r.-v. Gassier

Provence, basse vallée du Rhône, Corse

On retrouve dans ces régions la diversité des cépages méridionaux, mais ceux-ci sont rarement utilisés seuls ; en proportions variables et selon les conditions climatiques et pédologiques, ils sont assemblés à des cépages internationaux : chardonnay, sauvignon, cabernet-sauvignon ou merlot, auxquels s'ajoute la syrah venue de la vallée du Rhône. Les dénominations départementales s'appliquent au Vaucluse, aux Bouches-du-Rhône, au Var, aux Alpes-de-Haute-Provence, aux Alpes-Maritimes et aux Hautes-Alpes. Le vin de pays de Méditerranée, à vocation régionale, couvre les régions PACA (à l'exception du département des Bouches-du-Rhône) et Corse, ainsi que la Drôme et l'Ardèche dans la région Rhône-Alpes.

ALPES-DE-HAUTE-PROVENCE

DOM. DE SAINT-JEAN Rose Liberty 2013

	3 500		5 à 8 €

Ce domaine de 24 ha revendique le titre de plus ancienne propriété viticole de haute Provence : la ferme date du XVIIes. et a été agrandie au XIXes. Dans la cave, des foudres vieux de plus d'un siècle. Aux commandes depuis 2013, Jean-Guillaume d'Herbès incarne la cinquième génération. Il signe donc ici son premier millésime. Un rosé issu du seul muscat de Hambourg, connu aussi sous le nom de muscat du Ventoux. Au nez, des fruits exotiques et quelques notes mentholées. En bouche, les mêmes tonalités exotiques, agrémentées de nuances florales (rose, fleurs blanches) – d'où le Liberty –, beaucoup de fraîcheur et une belle longueur. 2014-2015 salade de pamplemousse

d'Herbès, Dom. de Saint-Jean, 04100 Manosque, tél. 04 92 72 50 20, jgdherbes@hotmail.com V t.l.j. sf dim. 9h-12h 14h-18h30

ALPILLES

DOM. DE LANSAC Sanit Louis Élevé en fût de chêne 2012 ★

	1 200		11 à 15 €

Certaines des premières vignes plantées à l'orée du XXes. fournissent encore de leurs baies les vins du domaine, depuis 1817 dans la noble famille de Sabran, dont les aïeux furent comtes de Provence. À l'entrée du domaine (40 ha), une tour templière du XIIes. élevée sur des bases romaines. Dans le verre, un pur chardonnay né de vignes de vingt ans vendangées de nuit, élevé huit mois en barrique. Un vin à l'olfaction boisée (notes grillées et fumées), agrémenté de nuances mentholées, au palais ample et riche sans lourdeur, sous-tendu par une fine fraîcheur aux accents d'agrumes. Un blanc de caractère, à réserver pour la table. 2014-2017 blanquette de poisson

Dom. de Lansac, Hameaux de Lansac, 13150 Tarascon, tél. 04 90 91 35 38, contact@domaine-lansac.com V r.-v.

MAS SAINTE-BERTHE Blanc de blancs 2013 ★

	24 000		5 à 8 €

Ce domaine de 40 ha, situé au pied du village des Baux-de-Provence, est une valeur sûre qui produit sous cette AOC du vin et de l'huile d'olive. Il tire son nom d'une chapelle érigée en 1538 sur ses terres. La vigne, plantée à partir des années 1950, est conduite par Christian Nief. Ce dernier propose ici un joli vin à dominante de grenache blanc, ouvert sur les fruits (pêche, abricot, poire) et les fleurs blanches. Une jolie palette aromatique que prolonge un palais franc en attaque, ample, riche et rond dans son développement. 2014-2017 brandade de morue

Mas Sainte-Berthe, chem. de Sainte-Berthe, 13520 Les Baux-de-Provence, tél. 04 90 54 39 01, info@mas-sainte-berthe.com V t.l.j. 9h-12h 14h-18h Rolland

LES VIGNERONS DE SAINT-AUGUSTIN 2013

	5 000		- de 5 €

Située dans la partie la plus septentrionale de l'appellation coteaux-d'aix, aux portes des Alpilles, cette petite cave coopérative a été fondée en 1925. Elle propose un joli blanc très aromatique, sur la rose et le litchi, frais et alerte. Parfait pour la cuisine exotique. 2014-2016 crevettes au lait de coco

Cellier Saint-Augustin, quartier de la Gare, 13560 Sénas, tél. 04 90 57 20 25, staugustin3@wanadoo.fr V r.-v.

DOM. DU VAL DE L'OULE
Rouge Séduction 2012 ★

	8 400		5 à 8 €

Établie dans le parc naturel des Alpilles, la famille Benoît dirige un domaine de 47 ha, planté de pins, de chênes verts, d'oliviers et de 13,5 ha de vignes conduites en bio certifié depuis 2001. Grenache (50 %), marselan, syrah et merlot sont réunis dans ce vin au nez généreux de fruits rouges mûrs, de figue et de raisins secs. Une générosité à laquelle fait écho un palais riche, rond et bien structuré. Un rouge « solaire et sphérique ». 2014-2017 tajine d'agneau aux abricots secs

SCIEV Benoît, Cave Longchamp, quartier de la Gare BP 17, 13940 Mollégès, tél. 04 90 95 19 06, costebonne@wanadoo.fr V t.l.j. sf dim. 9h-12h 14h-18h

VALDITION
Cuvée du Bâtonnier 2013 ★

	25 900		8 à 11 €

Cet important domaine de 250 ha est une ancienne propriété de François Ier, qui l'offrit en dot à sa fille Caroline du Prévôt. Commandé par une bastide surmontée d'un clocher du XIIes., le vignoble est certifié bio depuis 2012. Une dominante de grenache (50 %), de la syrah, du cinsault et une touche plus originale de chasan (10 %) pour cette cuvée qui rend hommage au bâtonnier Gontier, ancien propriétaire des lieux. Au nez, la fraîcheur intense des agrumes. En bouche, de la vivacité en attaque, puis du gras et de la rondeur, et de beaux amers pour relever la finale. Un ensemble harmonieux. 2014-2016 dos de cabillaud sauce citron

Dom. de Valdition, rte d'Eygalières, 13660 Orgon, tél. 04 90 73 08 12, valdition@valdition.com V t.l.j. 9h30-12h30 14h-18h

BOUCHES-DU-RHÔNE

LES VIGNERONS DU GARLABAN Grenache 2013

	20 000	- de 5 €

Regroupement des caves du pays d'Aubagne jusqu'aux portes de Marseille, cette coopérative créée en 1924 étend son vignoble entre les collines du Garlaban et de la Sainte-Baume. Elle propose avec ce pur grenache un vin finement bouqueté autour des fleurs blanches et des agrumes, souple, léger et frais en bouche. 2014-2015 salade avocat crevettes

Les Vignerons du Garlaban, 8, chem. de Saint-Pierre, 13390 Auriol, tél. 04 42 04 70 70, vignerons.garlaban@orange.fr V t.l.j. sf dim. 9h-12h 15h-19h

DOM. JAS DE COLLAVERY 2013

	5 000	- de 5 €

Petite cave coopérative fondée en 1923, le Cellier d'Éguilles regroupe une quarantaine de producteurs et quelque 230 ha de vignes. Elle propose ici un rosé issu de muscat à petits grains (90 %) et de grenache noir. Un bouquet floral (fleur de sureau) et muscaté (fruits exotiques) ouvre la dégustation, qui se poursuit sur la même ligne aromatique dans un palais vif et persistant. Un joli rosé, fin et alerte. 2014-2015 pizza au thon

Le Cellier d'Éguilles, 1, place Lucien Fauchier, 13510 Éguilles, tél. 04 42 92 51 12, celliereguilles@orange.fr V t.l.j. sf dim. 9h-12h30 14h-19h

DOM. LA MICHELLE
Gris Rosé 2013 ★

	10 000		5 à 8 €

Entre la Sainte-Victoire et la Sainte-Baume, ce domaine familial de 18 ha (en bio certifié depuis 1996) occupe un site en terrasses, dont les plus anciennes remontent à l'époque gallo-romaine. Un environnement sauvage à quelques minutes du centre de Marseille, où Jean-François et Nelly Margier sont installés depuis 1990. Ils proposent ici un rosé issu de muscat de Hambourg (80 %) et de grenache, bien ouvert sur les fruits exotiques (litchi) et de légères notes muscatées. Mêmes sensations en bouche : de la finesse, de la rondeur, du gras et la fraîcheur « qui va bien », bref, un vin gourmand et équilibré. 2014-2015 crevettes sautées au curry

Dom. la Michelle, 1090 Chem. la Michelle, 13390 Auriol, tél. 04 42 04 74 09, margier@domainelamichelle.com V r.-v.

HAUTES-ALPES

DOM. ALLEMAND 2013 ★

	6 000	5 à 8 €

Un domaine familial de 12 ha créé en 1954 ; le premier à avoir commercialisé des vins en bouteilles dans les Hautes-Alpes. Marc Allemand, installé en 1984, est un ardent défenseur d'un cépage oublié, le mollard. Ce dernier entre à hauteur de 10 % dans ce vin, aux côtés du cabernet franc. Au nez, beaucoup de fruits, rouges (fraise, framboise) et exotiques (mangue). En bouche, du fruit toujours, une fraîcheur intense, voire de la nervosité en finale, avec de la chair. Un rosé gourmand, alerte et équilibré. 2014-2015 carpaccio de thon

Dom. Allemand, La Plaine de Théüs, 05190 Théüs, tél. 04 92 54 40 20, marc.allemand@wanadoo.fr V t.l.j. sf dim. 9h-12h 14h-18h

ÎLE DE BEAUTÉ

DOM. CASABIANCA
Muscat Cantabilé Nectar d'automne 2013 ★

	10 000		8 à 11 €

Issu de vendanges surmûries sur pied, ce vin jaune doré laisse découvrir à l'aération de beaux parfums de fruits exotiques et de miel. Le festival aromatique continue dans une bouche agréable par sa fraîcheur et sa longueur. 2014-2017 salade de fruits frais

Dom. Casabianca, RN 198, 20230 Bravone, tél. 04 95 38 96 00, domaine-casabianca@orange.fr V t.l.j. sf sam. dim. 8h-17h; l'été ouv. sam.

DOM. CASANOVA Gris 2013 ★

	893 333		- de 5 €

Les vignerons d'Aghione sont de grands spécialistes des IGP, et particulièrement en rosé. Ils en font cette année encore la démonstration avec ce gris né d'un assemblage à parts égales de sciaccarellu, de grenache, de niellucciu et de merlot. D'un rose clair brillant, ce vin s'ouvre sur une palette aromatique élégante de fruits rouges, agrémentée d'une pointe anisée. Le fruit se prolonge en bouche, associé à une agréable fraîcheur et à un petit perlant. 2014-2015 brochettes d'agneau aux herbes

Cave Coopérative d'Aghione, Samuletto, 20270 Aghione, tél. 04 95 56 60 20, coop.aghione.samuletto@yahoo.fr V t.l.j. sf sam. dim. 8h-17h

DOM. D'E CROCE YL 2013

	13 000		15 à 20 €

Yves Leccia, vigneron de renom en appellation patrimonio, signe cette cuvée en IGP, assemblage de vermentinu et de biancu gentile à parts égales. De couleur jaune clair limpide, ce blanc s'ouvre au nez sur des notes de miel et de fleurs blanches. Un léger perlant contribue à la fraîcheur à l'ensemble. 2014-2015 loup au fenouil

EARL Yves Leccia, Dom. d'E Croce, lieu-dit Morta-Piana, 20232 Poggio-d'Oletta, tél. 04 95 30 72 33, leccia.yves@wanadoo.fr V t.l.j. sf dim. 9h-12h 15h-18h

GASPA MORA 2013 ★

	250 000	- de 5 €

La coopérative Saint-Antoine signe ce 2013, assemblage de niellucciu, de syrah et de merlot, chaque cépage apportant ses caractères pour obtenir un vin harmonieux sur les fruits rouges et les épices. 2016-2017 apéritif 2013 (moins de 5 €; 130 000 b.): un blanc rond et frais à la fois. 2014-2015

Coop. Saint-Antoine, Saint-Antoine, 20240 Ghisonaccia, tél. 04 95 56 61 00, info@cavesaintantoine.com V r.-v.

DOM. LISCHETTO Chardonnay 2013 ★★

	150 000		5 à 8 €

La coopérative de la Marana propose ici un pur chardonnay, belle expression du cépage, avec sa palette aromatique alliant miel et abricot sec. On retrouve ces nuances dans un palais souple à souhait. 2016-2019 fromage à pâte persillée

Cave coopérative de la Marana, lieu-dit Rasignani, 20290 Borgo, tél. 04 95 58 44 00, uval-sica@corsicanwines.com V t.l.j. sf dim. 9h-12h 14h-19h; lun. 14h-19h

LOUIS MONTEMAGNI
Muscat petits grains 2013 ★

	10 000		8 à 11 €

Non contente de produire des muscats en appellation, la propriété en propose aussi en IGP. Celui-ci présente une riche gamme aromatique allant de la fleur d'oranger au miel de printemps en passant par la pêche blanche. La bouche est suave, bien équilibrée et fraîche. 2014-2016 salade de fruits

Montemagni, Puccinasca, 20253 Patrimonio, tél. 04 95 37 14 46, domainemontemagni@orange.fr V t.l.j. 9h-18h 3

DOM. POLI Niellucciu 2012 ★★

	33 000		- de 5 €

Ce domaine, situé à Bravone dans la commune de Lingguizzetta, est l'autre propriété d'Éric Poli, par ailleurs producteur à Patrimonio. Son niellucciu est bien typé, avec sa riche palette aromatique de fruits rouges et de réglisse, son palais équilibré, charpenté et persistant. 2014-2015 assiette de charcuterie corse **Sciaccarellu 2013 (moins de 5 €; 4 000 b.)**: rond et équilibré, un vin aux arômes de fruits frais, légèrement amylique. 2014-2016 **Vermentinu (moins de 5 €; 20 000 b.)**: un blanc floral et miellé. 2014-2016

Éric Poli, Imm Palazzo, 20217 Saint-Florent, tél. 09 66 52 24 07, clos.alivu@orange.fr t.l.j. 9h-12h00 16h-20h; f. oct.-avr.

GILLES SEROIN Mino 2013 ★

	20 000		8 à 11 €

Né d'un assemblage de niellucciu et de syrah, ce rouge affiche sa jeunesse dans un fruité très agréable. Le palais est rond, équilibré et soyeux. 2014-2016 grillade d'agneau aux herbes **Mino 2013 (8 à 11 €; 10 000 b.)**: un blanc au nez puissant, bien rond en bouche. 2014-2015

EARL Sant'Armettu, 9, av. Napoléon, 20110 Propriano, tél. 04 95 76 24 47, contact@santarmettu.com V t.l.j. sf sam. dim. 8h-12h 14h-18h E Seroin

DOM. DE TERRA VECCHIA 2013 ★

	40 000		- de 5 €

Jean François Renucci exploite avec grand soin ses 200 ha de vignes qui bordent les abords de l'étang de Diana. Il signe un blanc aux arômes délicats de miel et de cire d'abeille et au palais frais en bouche, bien équilibré entre rondeur et acidité. 2014-2017 coquilles Saint-Jacques **2013 (moins de 5 €; 200 000 b.)**: un rosé clair, amylique, d'une fraîcheur très agréable. 2014-2015 **2013 (60 000 b.)**: un rouge aux notes de cuir et de café grillé, très souple en bouche. 2014-2015

Dom. Terra Vecchia, lieu-dit Terra Vecchia, 20270 Aléria, tél. 04 95 57 20 30, contact@poggiale.fr V t.l.j. sf sam. dim. 9h-12h 13h30-18h Renucci

TERRAZZA D'ISULA Nielluciu merlot 2013

	200 000	- de 5 €

Un rouge 2013 d'une belle puissance aromatique, gourmand, souple, avec ce qu'il faut de structure. 2014-2017 brochettes de bœuf **Mulinu di Rasignani Muscat 2013** (5 à 8 € ; 200 000 b.) : une vendange passerillée tout en finesse, sans exubérance. 2014-2016

UVAL Les Vignerons corsicans, lieu-dit Rasignani, 20290 Borgo, tél. 04 95 58 44 00, uval.sica@corsicanwines.com V t.l.j. sf dim. 9h-12h 14h-19h ; lun. 14h-19h

DOM. DES TERRES ROUGES 2013 ★

	41 000		- de 5 €

De ces Terres Rouges naissent de jolis rosés comme celui-ci, issu de pur sciaccarellu. Le nez s'ouvre sur les suaves parfums de la pêche jaune. Quant au palais, il est tonique et frais. 2014-2015 salade de fruits frais

SCA du Dom. Sainte-Anne, Dom. Sainte-Anne, 20270 Tallone, tél. 04 95 57 04 18, scasteanne@aliceadsl.fr V r.-v. Gandoin

DOM. VETRICCIE 2013 ★★

	150 000		- de 5 €

Ce domaine, dont le nom signifie l'osier dont on fait les paniers, confie ses vendanges à la coopérative. Le talent d'œnologue d'Alain Leymarie se traduit par la qualité de ce rouge, assemblage de merlot, de nielluccìu, de syrah et de grenache. À la complexité de l'assemblage répond celle des arômes de ce ce vin, qui offre au nez un florilège de petits fruits. Le tanin est fin, velouté. 2014-2017 civet de sanglier 2013 ★ (95 000 b.) : un blanc frais, porté sur la fleur de jasmin. 2014-2015

SCA UVIB, Padulone, 20270 Aléria, tél. 04 95 57 02 48, aleymarie@uvib.fr V t.l.j. 8h30-12h30 14h-18h

MAURES

DOM. D'ASTROS 2013 ★

	139 800		- de 5 €

Sur cette propriété, se sont succédé une commanderie templière, une bâtisse de la Renaissance et enfin ce château à l'architecture italienne, qui servit de lieu de tournage pour le film d'Yves Robert, Le *Château de ma mère*. Ses 80 ha, conduits par la famille Martin-Maurel, sont implantés sur les contreforts argilo-calcaires dominant la plaine des Maures. Dans le verre, un rosé intensément bouqueté autour des agrumes, des fruits exotiques et des fleurs blanches. À l'unisson, le palais se montre rond, gras et long. Un ensemble harmonieux et charmeur en diable. 2014-2015 tarte à la tomate

SCEA du Ch. d'Astros, rte de Lorgues, 83550 Vidauban, tél. 04 94 99 73 00, contact@astros.fr V t.l.j. sf dim. 8h30-12h30 14h-18h
Maurel

DOM. LE BASTIDON Chardonnay 2013

	14 666		5 à 8 €

Sous le regard des îles de Port-Cros et de Porquerolles, une imposante bastide provençale, ancienne propriété des chartreuses de la Verne au XVIII[e]s., commande un vignoble de 72 ha et quelque 3 000 oliviers. C'est sur ce terroir de schistes réputé de La Londe-les-Maures que Jean-Pierre Rose, dont les ancêtres récoltaient des pommes pour le cidre et le calvados, s'est installé en 1995. Il signe ici un pur chardonnay au nez discret mais fin de fruits exotiques, d'agrumes et de fleurs blanches. Une attaque vive et alerte introduit un palais d'un bon volume, qui penche vers la douceur. Un blanc gourmand et flatteur. 2014-2016 poulet à la crème

Jean-Pierre Rose, Ch. le Bastidon, chem. du Pansard, 83250 La Londe-les-Maures, tél. 04 94 66 80 15, vigneronvar@aol.com V t.l.j. sf dim. 9h-12h 15h-18h30

MÉDITERRANÉE

LA BASTIDE SAINT-DOMINIQUE Grenache Vielles Vignes 2013

	6 000		5 à 8 €

Créé en 1979 sur les vestiges d'une ancienne chapelle du XVI[e]s. par Gérard et Marie-Claude Bonnet, ce domaine s'étend sur 50 ha. Aux commandes depuis 1999, leur fils Éric, qui a engagé la conversion du vignoble à l'agriculture biologique. De vieux ceps de grenache âgés de soixante ans sont à l'origine de ce vin fruité (cassis, fruits rouges) et épicé, au palais charnu et solide, bâti sur des tanins encore un peu stricts en finale et souligné par une fine trame acide. Il gagnera son étoile en cave. 2015-2019 côte de bœuf

Éric Bonnet, 1358, chem. Saint-Dominique, 84350 Courthézon, tél. 04 90 70 85 32, contact@bastidesaintdominique.com V t.l.j. 8h30-12h 13h30-18h ; sf sam. dim. sur r.-v.

B LES BEYNES Merlot 2013

	200 000		5 à 8 €

Une très ancienne propriété, mentionnée dès 1683 dans le cadastre royal d'Arles. La légende raconte que Saint Louis, de retour de croisade, se reposa sous l'un de ses chênes séculaires... Côté vignes, un domaine précurseur, en bio depuis 1983. Dans le verre, un pur merlot au bouquet plaisant de cassis, de violette et de réglisse, au palais chaleureux, charnu et bien étoffé, étayé par des tanins au joli grain, un rien plus sévères en finale. 2015-2019 souris d'agneau

de Roux - Cavard, Dom. de l'Attilon, rte de port St. Louis du Rhône, 13104 Mas-Thibert, tél. 04 90 98 70 04, dcontact@attilon.fr V r.-v.

CAVE DES COTEAUX DE GRAMBOIS Merlot 2013

	15 000	- de 5 €

Cette cave coopérative fondée en 1924 regroupe aujourd'hui une centaine de producteurs répartis sur onze communes, pour une surface totale de 580 ha. Ce pur merlot s'ouvre sans réserve sur les fruits rouges, framboise en tête. Un fruité qui persiste dans un palais frais et de bonne longueur. Un rosé pimpant. 2014-2015 sardines grillées

Cave des Coteaux de Grambois, Moulin-du-Pas, 84240 Grambois, tél. 04 90 77 92 04, cave@cavegrambois.com V r.-v.

VDP/GP

ESTANDON VIGNERONS Brise Marine 2013

	295 000		- de 5 €

Le Cercle des Vignerons de Provence a adopté le nom de sa marque emblématique et s'affiche désormais sous la nouvelle dénomination Estandon Vignerons. Assemblage classique de grenache (60 %), cinsault (25 %) et syrah, ce rosé dévoile un nez délicat de fruits rouges, de fruits exotiques et de fleurs blanches. Une attaque fraîche et minérale ouvre sur un palais plus rond et chaleureux jusqu'en finale. Un rosé riche et gourmand. ⏳ 2014-2015 🍷 grillades de bœuf et ratatouille

Estandon Vignerons, 727, bd Bernard-Long, BP 90300, 83175 Brignoles Cedex, tél. 04 94 37 21 00, lfourastie@estandon-vignerons.fr

VIGNERONS DU MONT VENTOUX Viognier 2013

	12 000		5 à 8 €

Cette coopérative fondée en 1924 regroupe 110 vignerons, pour plus de 1 000 ha en AOC ventoux, IGP et vins de France. Le vignoble est essentiellement planté sur le versant sud-ouest du mont Ventoux, bien à l'abri du mistral. Au nez, des fruits blancs (pêche de vigne). En bouche, de la finesse, de la fraîcheur et de la minéralité. Un blanc alerte et bien équilibré. ⏳ 2014-2017 🍷 salade de la mer

VMV Vignerons du Mont Ventoux, 620, rte de Carpentras, 84410 Bédoin, tél. 04 90 12 88 00, nmilioto@bedoin.com V r.-v.

TERRES DES AMOUREUSES Black Sublim 2012 ★

	44 000		30 à 50 €

Racheté en 2011 par Jean-Pierre Bedel, ce domaine établi à Bourg-Saint-Andéol, sur les bords du Rhône, étend son vignoble sur 58 ha. Plus souvent en vue pour ses côtes-du-rhône rouges, avec plusieurs coups de cœur à la clé, il propose ici un vin de pays de belle tenue, issu du trio syrah-grenache-merlot et d'un élevage luxueux de dix-huit mois en barrique. Au nez, le boisé est sensible (toasté, vanille), les épices et les fruits rouges pointant discrètement à l'aération. Un boisé de qualité qui apporte un surcroît de structure et de complexité à un palais ample et suave, aux tanins veloutés. Un vin généreux, bien élevé et harmonieux. ⏳ 2015-2019 🍷 carré d'agneau au thym

SCEA Ch. les Amoureuses, chem. de Vinsas, 07700 Bourg-Saint-Andéol, tél. 04 75 54 51 85, contact@terresdesamoureuses.fr V t.l.j. sf dim. 8h-13h 14h30-19h

VIGNELAURE le Page Cabernet-Sauvignon Merlot 2013 ★

	12 000		5 à 8 €

Ce château de belle notoriété fut créé en 1960 par Georges Brunet, ancien propriétaire du Château La Lagune, cru classé du Médoc. Les vignes, qui s'étendent sur 58 ha, sont situées entre 350 m et 480 m d'altitude, au pied de la montagne Sainte-Victoire. Propriétaire depuis 2007, Bengt Sundström, est aussi amateur et marchand d'art. Il signe ici une œuvre plutôt confidentielle mais aboutie. Nuances florales et touche minérale en première approche, fruits rouges (framboise et groseille) à l'aération, le bouquet est engageant. Le palais se révèle ample, frais et long, souligné en finale par de beaux amers qui amènent un surcroît de complexité. Un vin bien construit, complexe et dynamique. ⏳ 2014-2015 🍷 melon à l'italienne

Ch. Vignelaure, rte de Jouques, 83560 Rians, tél. 04 94 37 21 10, info@vignelaure.com V r.-v.

Sundström

MONT-CAUME

LA CADIÉRENNE Cuvée speciale 2013

	100 000		- de 5 €

Quelque trois cents coopérateurs et 650 ha de vignes, des vins en AOC bandol et côtes-de-provence, en IGP Var, Méditerranée et Mont-Caume : la Cadiérenne, créée en 1929, est un acteur qui compte dans le paysage provençal. Elle présente ici un rosé léger et pimpant, plaisant par son fruité (agrumes) et sa fraîcheur. ⏳ 2014-2015 🍷 rougets grillés

SCV la Cadiérenne, quartier Le Vallon, 83740 La Cadière-d'Azur, tél. 04 94 90 11 06, cadierenne@wanadoo.fr V r.-v.

DOM. PEY-NEUF 2012 ★

	55 000		5 à 8 €

Guy Arnaud, héritier de trois générations de vignerons sur ces terres familiales de La Cadière-d'Azur, non loin du port de Bandol, a pris les rênes du domaine et de ses 70 ha de vignes en 1982. Il cultive une partie du vignoble selon les principes de la biodynamie, sans certification. Assemblage de carignan (40 %), de mourvèdre, de grenache et de cinsault, ce 2012 s'ouvre sur un bouquet intense, boisé (huit mois de barrique) et fruité (cerise et autres petits fruits rouges cuits). À l'unisson, le palais se révèle puissant, riche, généreux, stimulé en finale par une fine amertume et quelques notes épicées. On peut déjà en profiter ou attendre un peu que le merrain se fonde. ⏳ 2015-2018 🍷 daube de bœuf

Guy Arnaud, Ch. Pey-Neuf, 1947, rte de la Cadière-d'Azur, 83270 Saint-Cyr-sur-Mer, tél. 06 03 58 35 33, domaine.peyneuf@wanadoo.fr V t.l.j. 9h-12h30 15h-18h

PRINCIPAUTÉ D'ORANGE

B DOM. ALARY L'Exclu d'Alary 2012

	2 000		8 à 11 €

La famille Alary cultive la vigne à Cairanne depuis... 1692 et dix générations ! Installé en 1982, Denis Alary conduit aujourd'hui 30 ha en bio certifié depuis 2012 et signe des vins constants en qualité. Ici, un 100 % counoise ouvert sur les fruits rouges et le pruneau soulignés d'un trait vanillé (vinification en demi-muids puis élevage douze mois en barrique). Des arômes que l'on retrouve dans un palais souple, aimable, aux tanins fondus et soyeux. ⏳ 2014-2018 🍷 curry d'agneau

Dom. Alary, rte de Rasteau, 84290 Cairanne, tél. 04 90 30 82 32, alary.denis@wanadoo.fr V t.l.j. sf dim. 9h-12h 14h-18h30 ; déc.-mars sur r.-v.

DOM. DE DIONYSOS
Toute nue... pour votre plaisir 2013

■ | 5 955 | | 8 à 11 €

1720 : les Farjon fuient Marseille et l'épidémie de peste qui y sévit, et s'installent au nord d'Uchaux. 1974 : Robert Farjon créé son domaine, placé sous le signe de Dionysos. 1980 : son fils André prend la relève. 2011 : place aux jeunes ; Benjamin, fils d'André, est aux commandes. « Toute nue » ? Une pure syrah sans artifice, au naturel, sans sulfite. Dans le verre, un vin au nez gourmand de fruits confits (cerise, mûre), au palais léger, souple rond et bien fruité. Pour un plaisir immédiat. 2014-2016 magrets de canard aux cerises

Dom. de Dionysos, 55, impasse de la Cave, Les Farjon, 84100 Uchaux, tél. 04 90 40 60 33, benjamin.farjon@domainededionysos.com V t.l.j. sf dim. 9h-12h 14h-18h

DOM. FOND CROZE Merlot 2012

■ | n.c. | | - de 5 €

Un domaine fondé dans les années 1920 par Charles Long. En 1997, ses petits-fils Bruno et Daniel ont créé la cave et conduisent aujourd'hui un vignoble de 70 ha certifié bio. Leurs vins sont souvent en bonne place dans le Guide. Ici, un pur merlot au nez charmeur d'amande et de fruits rouges mûrs (griotte notamment). Le palais se montre suave, rond et long, porté par des tanins fondus et veloutés. 2014-2016 lapin aux herbes de Provence

Bruno et Daniel Long, Dom. Fond Croze, Le Village, 84290 Saint-Roman-de-Malegarde, tél. 04 90 28 97 07, fondcroze@hotmail.com V r.-v.

VAR

HAMEAU DES VIGNERONS DE CARCÈS
Grenache Cinsault 2013

■ | 15 000 | | - de 5 €

Nommée la Carçoise avant 2007, cette coopérative fondée en 1910 s'est orientée au milieu des années 1980 vers la production de rosés et a renouvelé en grande partie son encépagement vers des cépages aromatiques et à faibles rendements, vinifiant aujourd'hui quelque 530 ha. Elle propose ici un rosé à la robe soutenue, au bouquet expressif de fruits rouges (groseille, fraise), de rose et de bonbon acidulé. Le palais se révèle tout aussi aromatique, rond et suave. Une jolie gourmandise. 2014-2015 côtes d'agneau

Hameau des Vignerons de Carcès, 66, av. Ferrandin, 83570 Carcès, tél. 04 94 04 50 04, c-lefevre@hameaudecarces.com V t.l.j. sf dim. 9h-12h 13h30-18h30

LES CAVES DU COMMANDEUR Syrah 2013

■ | n.c. | 5 à 8 €

Cette coopérative née en 1912 regroupe 800 ha de vignes exploités par 120 viticulteurs. Elle produit, à l'image de l'ensemble de la Provence viticole, plus de 85 % de rosés. Ici, un 100 % syrah bien bouqueté autour des agrumes, des fruits rouges et du bonbon anglais, rond, gras et d'un bon volume. 2014-2015 tomates farcies

Les Caves du Commandeur, 18, rue de Moulin, 83570 Montfort-sur-Argens, tél. 04 94 72 62 61, eurlcommandeur@orange.fr V t.l.j. sf dim. 9h-12h30 14h30-18h30

ESCARAVATIERS 2013

■ | 10 800 | | 5 à 8 €

Jules César donna ces terres à l'un des vétérans de la neuvième légion, Caïus Norellius, qui y implanta les premières vignes. Un héritage que cultive depuis 1928 la famille Costamagna, à la tête d'un vignoble de 36 ha planté sur argilo-calcaire. Ce rosé aux reflets violines dévoile un nez plaisant, amylique et muscaté - 16 % de muscat de Hambourg entrent dans l'assemblage, dominé par le merlot. Suivant la même ligne aromatique, le palais se montre rond et suave, un rien plus chaleureux en finale. 2014-2015 poulet au curry

Dom. des Escaravatiers, 514, chem. de Saint-Tropez, 83480 Puget-sur-Argens, tél. 04 94 19 88 22, escaravatiers@wanadoo.fr V t.l.j. sf dim. lun. 10h-12h 14h-18h Costamagna SNC Dom.

DOM. JACOURETTE
Les Ailes d'un Ange Muscat 2013 ★

■ | 2 400 | 5 à 8 €

Hélène Dragon, quatrième du nom à conduire l'exploitation familiale, œuvre au chai et à la vente, tandis que son mari Frédéric Arnaud conduit la vigne. Le duo est installé depuis 1997 à la tête d'un domaine 18 ha, situé à 5 km de la montagne Sainte-Victoire. Une agréable douceur se dégage de cette cuvée qui rend hommage au fils des vignerons. Un pur muscat en robe jaune pâle, au nez intense et frais de citron, de fruits exotiques et de fleurs blanches, au palais ample, « sous contrôle », comprenez sans excès de richesse (55 g/l de sucres résiduels), bien épaulé par une fine trame acide. 2014-2018 galette des rois

Dom. Jacourette, rte de Trets, RD 23, 83910 Pourrières, tél. 04 94 78 54 60, helene.dragon@jacourette.com V r.-v. E Hélène Dragon

LES VIGNERONS DE LA SAINTE-BAUME
Cabernet-Sauvignon 2013

■ | 8 400 | | - de 5 €

L'une des plus anciennes « coop » de la région. Construite en 1913 au sein du massif de la Sainte-Baume, elle fait partie de l'inventaire général du patrimoine culturel de Rougier et regroupe quarante adhérents pour un vignoble de plus de 150 ha. Elle présente ici un joli rosé de cabernet-sauvignon, floral (rose, fleurs blanches) et fruité (agrumes), souple et bien équilibré entre gras et fraîcheur acidulée. 2014-2015 tian de légumes

Les Vignerons de la Sainte-Baume, rte de Brignoles, 83170 Rougiers, tél. 04 94 80 42 47, cave.saintebaume@orange.fr V t.l.j. sf dim. 9h-12h 15h-18h

TRIENNES Les Auréliens 2011

■ | 51 000 | | 8 à 11 €

À l'origine de ce domaine, deux Bourguignons, Jacques Seysses (Dujac) et Aubert de Villaine (Romanée-Conti), et un ami parisien, Michel Macaux. En 1989, ils découvrent, à l'est d'Aix, le domaine du Logis de Nans et son beau terroir argilo-calcaire. Un domaine de 46 ha aujourd'hui, rebaptisé Triennes en référence aux Triennia, bacchanales qui se déroulaient tous les trois ans sous l'empire romain et qui évoquent le trio de vignerons. Un duo dans ce vin en revanche : syrah et cabernet-sauvignon à parts égales. Au nez, des parfums intenses de fruits rouges confiturés soulignés par un fin boisé. En bouche, de la puissance, des tanins solides, encore un peu austères. 2015-2018 gigot d'agneau

Triennes, 4669 RN 560, 83860 Nans-les-Pins, tél. 04 94 78 91 46, triennes@triennes.com V t.l.j. sf dim. 9h-12h 13h-18h (17h30 l'hiver) ; sam. 10-18h (19h l'été)

DOM. LES VALLONS DE FONTFRESQUE Cuvée Soleil Rouge 2012 ★

2 100 | 8 à 11 €

Depuis 2006, Claire et Denis Sicamois n'ont pas ménagé leurs efforts pour ranimer un domaine presque à l'abandon. Établi à l'emplacement d'un ancien camp romain, celui-ci tire son nom (« fontaine froide ») de la présence de nombreuses sources sur ses terres. Le vignoble couvre aujourd'hui 12 ha, dont 2,75 réservés à cette cuvée à dominante d'alicante (42 %), cépage en désuétude, puissant teinturier aux rendements élevés, réputé donner des vins généreux en alcool. De fait, ce 2012 dévoile un nez intense et chaleureux (fruits rouges à l'alcool, épices, notes animales), relayé par un palais puissant et solidement charpenté. Un vin de caractère, à encaver quelque temps. 2016-2019 daube de boeuf

Les Vallons de Fontfresque, quartier Camp-Redon, RD 64, 83170 Tourves, tél. 04 94 69 01 22, domaine@lvdf.fr V t.l.j. 10h-18h C. Sicamois

VAUCLUSE

♥ DOM. DES ANGES Chérubin 2012 ★★★

2 300 | 8 à 11 €

En 1986, G. McGuiness, Irlandais de Kilkenny, tombait sous le charme des somptueux paysages offerts par ce site, sur fond de mont Ventoux et de Dentelles de Montmirail... Il y conduit aujourd'hui un vignoble de 20 ha planté sur des sols variés, le tout sous la protection de Notre-Dame-des-Anges, chapelle établie en haut d'une colline dominant la propriété. Les anges ont, semble-t-il, veillé sur ces jeunes ceps de viognier (six ans), à l'origine de ce superbe Chérubin. Un vin expressif et fin, ouvert sur les fleurs blanches, agrémentées d'un boisé parfaitement ajusté et d'une douce note beurrée. Le palais se montre souple, élégant, soyeux et frais. Un blanc racé, aux accents presque bourguignons. 2014-2017 risotto aux saint-jacques

SCA Dom. des Anges, 2342, chem. Notre-Dame-des-Anges, 84570 Mormoiron, tél. 04 90 61 88 78, contact@domainedesanges.com V t.l.j. sf sam. dim. 8h-12h 13h-17h

AURETO Tramontane 2013

8 200 | 8 à 11 €

Ce domaine (35 ha) créé en 2007 est rattaché au complexe hôtelier de luxe *La Coquillade*, établi au cœur du parc du Luberon et propriété des Wunderli. La vinification est confiée à l'œnologue Aurélie Julien. Cette dernière a élaboré une cuvée originale, à dominante (85 %) de caladoc associé au grenache. Le résultat : un vin au nez discret de fruits rouges et d'épices, souple, rond et soyeux en bouche, relevé par une jolie pointe d'amertume en finale. 2014-2015 tajine de poulet

Aureto, hameau La Coquillade-Perrotet, 84400 Gargas, tél. 04 90 74 54 67, info@aureto.fr V t.l.j. 10h-13h 13h30-19h Wunderli

DOM. JULIETTE AVRIL Le merlot 2012 ★

6 000 | 5 à 8 €

Succédant à sa mère Juliette Avril en 1988, Marie-Lucile Brun, rejointe par son fils Stephan en 2000, conduit un vignoble de 30 ha, avec la biodynamie en ligne de mire. Elle a sélectionné 1,4 ha de merlot planté sur sable pour cette cuvée gourmande à souhait. Nez intense et généreux de fruits rouges mûrs, de violette, d'épices et de réglisse. Bouche souple, suave et soyeuse, sans toutefois manquer de structure, agrémentée d'un joli fruité croquant et d'une fine vivacité qui vient stimuler la finale. Un vin accort et très équilibré. 2014-2018 sauté de veau aux olives

Dom. Juliette Avril, 8, av. Pasteur, 84230 Châteauneuf-du-Pape, tél. 04 90 83 72 69, info@julietteavril.com V t.l.j. sf sam. dim. 8h-12h 14h-17h30 ; f. 5 janv.-1er avr. Marie-Lucile Brun

DOM. DE LA BASTIDONNE Chardonnay 2013 ★

2 500 | 5 à 8 €

Installé en 1990, Gérard Marreau représente la quatrième génération à conduire ce domaine familial de 25 ha fondé en 1903, souvent en vue pour ses ventoux et ses IGP. Il signe ici deux jolies cuvées de blancs, en monocépages. En tête, ce chardonnay au nez finement floral (fleurs blanches) et fruité (pêche blanche), à la fois gras, souple et frais en bouche, dynamisé par une finale pleine de nervosité. 201-4201 pâtes aux fruits de mer **Viognier 2013 (4 000 b.)** : un joli blanc alerte et fin. 2014-2016

Dom. de la Bastidonne, 206, chem. de la Bastidonne, 84220 Cabrières-d'Avignon, tél. 04 90 76 70 00, domaine.bastidonne@orange.fr V t.l.j. sf dim. 9h-12h 14h-19h Gérard Marreau

DOM. DES CAMBADES Ivoire 2012 ★★

6 900 | 8 à 11 €

Au départ, en 2005, 2 ha en AOC ventoux. Aujourd'hui, Fabrice Charasse et Hervé Vincent conduisent un coquet domaine de 18 ha. En 2010, la voie du bio est engagée : 7,6 ha sont désormais certifiés, 8 ha étant en conversion. C'est de cette dernière partie qu'est issue cette cuvée de pur viognier. Au nez, le court passage en barrique de quatre mois laisse une fine empreinte vanillée qui souligne plutôt qu'elle ne domine les arômes variétaux de fruits (pêche, abricot) et de fleurs blanches. En bouche, de la souplesse, du gras, de la douceur, une belle longueur. Un ensemble des plus harmonieux. ⧗ 2014-2017 🍴 rôti de dinde à la crème

Dom. des Cambades, 1298, chem. Carpentras-à-Malemort, 84200 Carpentras, tél. 06 89 07 13 03, cambades@orange.fr V t.l.j. 9h-12h 14h-18h ; sam. dim. sur r.-v.

LA CÉLESTIÈRE 2012

| | 23 604 | | 5 à 8 € |

Un jeune domaine créé en 2008 (en conversion bio) à l'entrée de la cité papale, mais complanté de vieilles vignes, dont certaines presque centenaires. Pour cette cuvée, des ceps d'un âge vénérable (cinquante ans) – grenache, syrah, cinsault, alicante. Au nez, des fruits rouges confiturés. En bouche, du fruit, des tanins soyeux et fondus, et une jolie finale, longue et fine. Un ensemble harmonieux. ⧗ 2014-2017 🍴 bavette à l'échalote

La Célestière, 1956, rte de Roquemaure, 84230 Châteauneuf-du-Pape, tél. 04 90 25 28 92, info@lacelestiere.fr V t.l.j. sf sam. dim. 9h-12h 13h-18h Béatrice Joyce

FAMILLE CHAVIN Vallis Queyras Grenache syrah 2013

| | 400 000 | 8 à 11 € |

Une jeune maison de négoce créée en 2009 par Fabien Gross, présente sur différents vignobles français, qui vise des « créations haute couture » et du « prêt à consommer ». Ici, un vin rond, suave et velouté, soutenu par une fine fraîcheur qui souligne des arômes gourmands d'épices et de truffe au chocolat. Équilibré et avenant. ⧗ 2014-2017 🍴 moussaka

Dom. Pierre Chavin, 2, bd Jean-Bouin, 34500 Béziers, tél. 04 67 90 12 60, fgross@pierre-chavin.com V r.-v.

DOM. DU COULET ROUGE Merlot 2012

| | 7 000 | | 5 à 8 € |

Un domaine de 7 ha à sa création en 1937, qui en compte 85 aujourd'hui, sur fond de collines ocre (les « coulets » rouges), parsemées de pins. Aux commandes, Alain Bonnelly et son fils Lionel, deuxième et troisième générations. Dans le verre, un pur merlot au nez généreux de fruits rouges confiturés (cassis, notamment), au palais rond et soyeux. ⧗ 2014-2017 🍴 mijoté de bœuf au thym

Bonnelly et Fils, Dom. du Coulet rouge, Les Bâtiments Neufs, 84220 Roussillon, tél. 04 90 05 61 40, le.coulet.rouge@wanadoo.fr V t.l.j. sf dim. 8h-12h 14h30-19h

DOM. DES ENCHANTEURS Songe d'or Viognier et grenache blanc 2012 ★

| | n.c. | | 15 à 20 € |

Un domaine de poche de 3 ha (AOC ventoux, muscat-de-beaumes-de-venises et IGP), créé en 2009 au pied des Dentelles de Montmirail et du mont Ventoux par Catherine Desbois-Mouchel et Bertrand Seube. Sur ce terroir atypique pour le secteur, avec un sol plutôt acide caractérisé par de nombreux éclats de silex, les deux associés ont sélectionné 80 ares de viognier et de chardonnay, à l'origine d'un vin au nez généreux de fruits blancs et jaunes bien mûrs, plus marqué par l'élevage de dix mois en barrique au palais. Gras et riche mais sans lourdeur, celui-ci est étayé par une fine vivacité. ⧗ 2014-2018 🍴 tourte au saumon

Dom. des Enchanteurs, 52, chem. d'Aubignan, 84330 Saint-Hippolyte-le-Graveyron, tél. 04 90 11 69 92, bertrand@domainedesenchanteurs.fr V r.-v.

DOM. FONTAINE DU CLOS Certitude 2013 ★

| | 15 000 | | - de 5 € |

La famille Barnier est enracinée depuis toujours sur ses terres de Sarrians, dans un lieu chargé d'histoire : s'y déroula le 17 avril 1791 la bataille de Sarrians entre Avignonnais et Carpentrassiens. Au cœur de l'exploitation, une fontaine qui donne son nom au domaine ; un domaine riche de quelque quarante cépages. Jean-François Barnier a sélectionné 1,9 ha de jeunes ceps (quinze ans) de sauvignon et de gewurztraminer. Cela donne un 2013 très aromatique (fruits secs, abricot, fruits exotiques, fleurs blanches) au nez comme en bouche, ample, souple, gras, avec ce qu'il faut de fraîcheur : un vin équilibré et complet. ⧗ 2014-2017 🍴 poulet au curry

Jean-François Barnier, 735, bd du Comté-d'Orange, 84260 Sarrians, tél. 04 90 65 59 39, cave@fontaineduclos.com V t.l.j. sf dim. 9h30-12h 15h-18h30

DOM. LA GARELLE Viognier 2013

| | 7 000 | | 8 à 11 € |

Un domaine de 20 ha créé en 1995 au pied du Luberon, repris en 2008 par l'agronome Alain Audet. Ce dernier signe un 100 % viognier au bouquet discret mais fin de fruits blancs et jaunes et de fleurs blanches, au palais tout aussi délicat, frais et long. ⧗ 2014-2017 🍴 risotto aux fruits de mer

Dom. la Garelle, 4803, rte de Ménerbes, 84580 Oppède, tél. 04 90 72 31 20, info@lagarelle.fr V r.-v. Audet

DOM. DES MARCHANDS Chardonnay 2013

| | 520 | | - de 5 € |

Elle est parisienne, lui auvergnat ; ils ont quitté la capitale pour créer ce domaine en 2003, étendu aujourd'hui sur 20 ha. Leur ambition : élaborer des « vins plaisir, des vins amicaux, souples et fruités ». Ici, plutôt que du fruit, des fleurs blanches et de fines notes minérales et iodées, de la finesse, de la fraîcheur et de l'équilibre. Parfait pour les produits de la mer. ⧗ 2014-2017 🍴 bar au fenouil

EARL Pichot et Fils, Les Castes, 84240 Ansouis, tél. 04 90 07 57 03, pichotst@wanadoo.fr V t.l.j. 9h-19h

DOM. MARTIN Yves Martin Syrah 2012

| | 1 200 | | 15 à 20 € |

Établi au Plan de Dieu, ce domaine familial fondé en 1905 étend ses vignes sur 70 ha. Aux commandes depuis 2005, les frères Éric et David Martin incarnent la quatrième génération. Ils ont sélectionné 80 ares de syrah pour élaborer cette cuvée confidentielle. Et c'est bien là son seul défaut : nez harmonieux de fruits rouges et de boisé, bouche à l'unisson, ample, dense et bien structurée. Le vin est généreux, solide et bien construit, mais encore un peu sous l'emprise du merrain. Il gagnera son étoile au vieillissement. ⧗ 2016-2020 🍴 côte de bœuf

Dom. Martin, rte de Vaison, 84850 Travaillan, tél. 04 90 37 23 20, martin@domaine-martin.com V t.l.j. sf dim. 9h-12h 14h-18h

DOM. DU PUY MARQUIS Viognier 2013

| 3 000 | | 11 à 15 € |

Claude Leclercq, ancien cycliste professionnel, a posé son vélo en 1980 sur ces terres argilo-calcaires, à 450 m d'altitude, face au Luberon, et conduit aujourd'hui un vignoble de 12 ha. Il a sélectionné 80 ares de viognier pour cette cuvée qui ne cache pas son court passage de quatre mois en fût. Au nez, du toasté et de la vanille, quelques notes d'agrumes en appoint. En bouche, le merrain est aussi bien présent, les agrumes aussi, apportant une agréable fraîcheur. À réserver aux amateurs de vins boisés. 2014-2017 poisson à la crème

Claude Leclercq, Dom. du Puy Marquis, rte de Rustrel, 84400 Apt, tél. 04 90 74 51 87, domainedupuymarquis@yahoo.fr V t.l.j. 9h-12h30 14h-19h

TERRES VALDÈZE Merlot 2013

| 5 000 | | - de 5 € |

Issue en 2005 de la réunion des deux caves de La Tour-d'Aigues, la Valdèze a fusionné en janvier 2010 avec la coopérative de La Motte-d'Aigues. L'ensemble – 350 vignerons et premier producteur de l'AOC luberon – est renommé Terres Valdèze en 2014. Ce pur merlot dévoile un nez élégant et léger de fruits rouges, auquel fait écho un palais souple, fin et frais, qualifié de « féminin ». 2014-2017 carpaccio de bœuf

Terres Valdèze, 288, bd de la Libération, 84240 La Tour-d'Aigues, tél. 04 90 07 42 12, valdeze@valdeze.fr V t.l.j. 9h-12h30 15h-19h ; dim. 9h-12h30

LE VAN Secret de Juliette 2013

| 4 500 | 8 à 11 € |

Un petit domaine de 9,5 ha au pied du mont Ventoux, créé en 1994 à l'emplacement d'une ancienne chapelle du XIIe s. Juliette ? La grand-mère de Jean-Pierre Froissard. Le vin ? Un bouquet léger et plaisant d'agrumes et autres fruits frais, relayé par un palais équilibré, ni trop gras ni trop vif. 2014-2016 salade de la mer

Jean-Pierre Froissard, 1710, rte de Carpentras, 84410 Bédoin, tél. 04 90 12 82 56, domaine.le.van@gmail.com V r.-v. 5

DOM. DE LA VERRIÈRE Viognier 2012 ★

| 5 500 | | 8 à 11 € |

Le roi René de Provence, qui fut propriétaire des lieux, fit venir ici des verriers italiens, en 1470. Le domaine appartient aux Maubert depuis 1969 et étend ses 28 ha de vignes en coteaux, sur les contreforts du Ventoux. Une petite parcelle de 1,5 ha de viognier est à l'origine de cette cuvée au nez élégant de fleurs blanches et de citron, au palais fin, bien équilibré entre gras et fraîcheur, aiguillonné par une finale plus nerveuse. 2014-2017 saumon à la plancha

Jacques Maubert, Dom. de la Verrière, chem. de la Verrière, 84220 Goult, tél. 04 90 72 20 88, laverriere2@wanadoo.fr V t.l.j. sf dim. 9h-12h 14h-18h

Alpes et pays rhodaniens

De l'Auvergne aux Alpes, la région regroupe les départements de Rhône-Alpes. La diversité des terroirs y est donc importante et se retrouve dans l'éventail des vins régionaux. Les cépages bourguignons (pinot, gamay, chardonnay) et les variétés méridionales (grenache, cinsault, clairette) se rencontrent. Ils côtoient les enfants du pays que sont la syrah, la roussanne et la marsanne dans la vallée du Rhône, ainsi que la mondeuse, la jacquère ou le chasselas en Savoie, ou encore l'étraire de la Dhuy et la verdesse, curiosités de la vallée de l'Isère. L'usage des cépages bordelais (merlot, cabernet, sauvignon) se développe également.
Ain, Ardèche, Drôme et Isère sont les dénominations départementales. Il existe également deux vins de pays régionaux : le vin de pays des Comtés rhodaniens, qui peut être produit sur les huit départements de la région ; le vin de pays de Méditerranée, qui est revendiqué dans la région Provence-Alpes-Côte-d'Azur, en Corse, mais aussi dans la Drôme et en Ardèche.

ALLOBROGIE

DOM. DEMEURE-PINET Jacquère 2013 ★

| 12 000 | | - de 5 € |

D'abord tourné vers la polyculture, le domaine de Pierre Demeure et de son épouse a été replanté de vignes. Aujourd'hui conduit par leur fille Chrystèle et son mari, le vignoble s'est agrandi (7,5 ha). Ces derniers signent une cuvée au nez discrètement fruité, au palais souple, vif et long, dominé par des saveurs persistantes de pomme. 2014-2017 friture du lac Chardonnay 2013 ★ (5 700 b.) : un vin gourmand à souhait, frais et très aromatique, entre agrumes et pêche. 2014-2015 Gamay 2013 ★ (3 000 b.) : un vin vif et fruité (pamplemousse, cerise), souligné par une agréable touche minérale. 2014-2015

Dom. Demeure-Pinet, 1275, rte de Joudin, 73240 Saint-Genix-sur-Guiers, tél. 04 76 31 61 74, philippepinet73@orange.fr V t.l.j. 8h-12h 14h-19h ; dim. 9h-11h45

MAISON GALLICE Molette 2013

| 9 600 | | - de 5 € |

Sur les 13 ha que compte le domaine, les Gallice ont sélectionné 87 ares de molette pour cette cuvée florale (fleurs blanches) et fruitée (litchi) au nez, d'une belle fraîcheur minérale et citronnée en bouche. Sympathique et alerte. 2014-2015 gougères

Gallice, 236, rue des Peupliers, Latrille, 01420 Corbonod, tél. 04 50 59 25 73, mgallice@orange.fr V r.-v.

LE CELLIER DU PALAIS
La Ronzière Mondeuse 2013 ★

| 1 200 | 5 à 8 € |

Des 8 ha de vignes que compte leur propriété, René et Béatrice Bernard ont réservé 16 ares à cette mondeuse, bien bouquetée autour des fruits rouges et noirs (cassis, myrtille). Des arômes que l'on retrouve, agrémentés en finale de légères notes végétales et épicées, dans une bouche savoureuse, soutenue par des tanins tendres. ⧗ 2014-2018 ▼ carré d'agneau au thym

⊶ Le Cellier du Palais, René et Béatrice Bernard, village de l'Église, 73190 Apremont, tél. 04 79 28 33 30 V r.-v.

ARDÈCHE

L'ABBÉ DUBOIS Cuvée Vitalys 2012 ★

■	1 997		5 à 8 €

L'abbé Dubois fut missionnaire en Inde au XVIIIᵉs. avant de revenir dans son village natal de Saint-Remèze. Il y fit construire une maison provençale qui commande aujourd'hui un domaine de 25 ha, propriété de Claude Dumarcher depuis 1986. Mi-merlot mi-syrah, cette cuvée confidentielle (et c'est bien dommage) s'ouvre sans réserve sur des parfums soutenus et complexes de fruits rouges mûrs, de pruneau, d'épices (muscade) et de truffe. Le palais se révèle charnu et puissant, étayé par une solide charpente et une fraîcheur ajustée. « Il en a encore sous les tanins », conclut un dégustateur qui lui voit une belle évolution. ⧗ 2015-2019 ▼ magret de canard aux cèpes

⊶ Claude Dumarcher, Clos de l'abbé Dubois, Le Village, 07700 Saint-Remèze, tél. 04 75 98 98 44, claudedumarcher@orange.fr V t.l.j. 10h-12h 15h-18h30

CAVE D'ALBA-LA-ROMAINE Chaud-abri Syrah 2012

■	6 500		5 à 8 €

Le territoire de cette coopérative fondée en 1949 s'étend sur un rayon de 8 km autour d'Alba-la-Romaine et dles communes d'Aubignas, Saint-Jean-le-Centenier, Saint-Pons, Saint-Thomé et Le Teil ; son vignoble couvre environ 600 ha aujourd'hui, dont 5 consacrés à cette cuvée florale (violette), épicée et fruitée. Un nez bien typé syrah prolongé par un palais souple, léger, à peine boisé, aux tanins enrobés. L'archétype du « vin plaisir », à boire sur son fruit. ⧗ 2014-2016 ▼ salade de gésiers

⊶ Cave coop. d'Alba-la-Romaine, La Planchette, 07400 Alba-la-Romaine, tél. 04 75 52 40 23, contact@caveau-alba.fr V t.l.j. sf dim. 9h-12h 14h-19h

DOM. DU COLOMBIER Réserve Viognier Vinifié en barrique 2013

■	7 200		5 à 8 €

Cette propriété, dans la famille depuis sept générations, étend son vaste vignoble sur 80 ha ; à sa tête depuis 1984, Ludovic Walbaum. Ce dernier a sélectionné 2 ha de viognier, unique cépage blanc du domaine, pour élaborer cette cuvée vinifiée puis élevée en fût. Au nez, petites fleurs blanches et boisé vanillé. En bouche, du bois toujours, des nuances beurrées, du gras, un bon volume et une pointe vive en finale pour équilibrer le tout. ⧗ 2014-2017 ▼ velouté de châtaigne

⊶ Ludovic Walbaum, Dom. du Colombier, 07150 Vallon-Pont-d'Arc, tél. 04 75 88 01 70, contact@domaineducolombier.fr V t.l.j. 9h30-12h30 15h-18h30 ; hiver sur r.-v.

CUVÉE EQUUS 2011

■	5 000		- de 5 €

Fondée en 1928, la cave des Vignerons Sud Ardèche regroupe les producteurs d'une douzaine de communes autour de Ruoms et Vallon-Pont-d'Arc (pour quelque 600 ha) et fait partie des quinze caves de vinification qui composent l'Union des Vignerons des Coteaux de l'Ardèche. Elle propose ici un 100 % merlot au bouquet riche et bien typé de garrigue, d'épices et de fruits rouges mûrs, prolongé par un palais souple et équilibré, bâti sur des tanins fondus. ⧗ 2014-2017 ▼ poulet basquaise

⊶ Vignerons Sud Ardèche, rte de Pradons, 07120 Ruoms, tél. 04 75 39 61 27, vignerons.sudardeche@gmail.com V r.-v.

GUY FARGE Bousquet de Blanc 2012

■	3 500		8 à 11 €

Un domaine familial racheté à un général normand par l'arrière-grand-père de Guy Farge. Jusqu'en 2006, la vendange était portée à la cave coopérative de Tain. Le vignoble couvre 20 ha aujourd'hui, dont 75 ares dédiés à cet assemblage par tiers de marsanne, roussanne et viognier. Nez plaisant d'abricot mûr et de litchi. Palais à l'unisson, bien fruité, gras et soyeux. Un ensemble harmonieux. ⧗ 2014-2016 ▼ bourride de lotte

⊶ Guy Farge, 6, chem. de Halage, 07300 Saint-Jean-de-Muzols, tél. 06 08 21 31 72, guyfarge@orange.fr V r.-v.

LOUIS LATOUR Grand Ardèche 2012 ★

■	350 000		8 à 11 €

Cette célèbre maison de négoce bourguignonne (fondée en 1797) s'est installée en Ardèche en 1979, le chardonnay dans ses bagages, dont elle a débuté l'implantation dans l'ampélographie locale. Le chardonnay ardéchois de Latour est désormais bien établi dans le paysage local, comme dans ces pages. Ici, une version 2013 aux accents… bourguignons. Nez vanillé, beurré et floral, avec quelques notes d'agrumes en appoint. Palais gras, ample et boisé avec élégance (pain toasté). Un vin racé et de bonne garde. ⧗ 2014-2018 ▼ poule au pot

⊶ Louis Latour, La Téoule, RN 102, 07400 Alba-la-Romaine, tél. 04 75 52 45 66, aberthon@louislatour.com V t.l.j. sf dim. 9h-12h 14h-18h

MAS D'INTRAS Cuvéé Ferdinand 2011

■	7 000		8 à 11 €

Dans la famille Pradal depuis plus d'un siècle, ce domaine, établi à proximité du village médiéval de Valvignères, ne vinifie à la propriété « que » depuis 1982. Son vignoble couvre 25 ha aujourd'hui, dont 1,5 ha dédiés à cet assemblage grenache-syrah-carignan. Au nez, des fruits mûrs, de la réglisse et du moka. En bouche, un bon volume, de la chair et une structure tannique bien en place, encore un peu sévère en finale toutefois. Prometteur. ⧗ 2015-2019 ▼ daube provençale

⊶ GAEC du Mas d'Intras, Denis Robert et Sébastien Pradal, Intras, 07400 Valvignères, tél. 04 75 52 75 36, contact@masdintras.fr V t.l.j. sf dim. 13h30-18h30

DOM. JEROME MAZEL Magie noire 2012 ★

■	2 600		8 à 11 €

Jérôme Mazel a repris en 2007 le petit domaine familial, 5,5 ha de parcelles établis sur des coteaux arides et caillouteux dominant l'entrée des gorges de l'Ardèche. De 80 ares de syrah de quarante ans, il a extrait un vin de caractère, puissant et généreux. Au nez, des parfums intenses de fruits rouges et noirs macérés et d'épices (cannelle, vanille). En bouche, de la richesse, du volume, des tanins solides mais sans dureté et un boisé fondu. De bons arguments pour la garde. ⌛ 2015-2020 🍴 gigot de sept heures

🔑 Mazel, chem. de la Coustace, 07120 Pradons, tél. 06 73 78 70 66 V r.-v.

LES VIGNERONS DE MONTFLEURY
Cuve La Phaline 2013

	8 000		- de 5 €

Proposé par la coopérative de Mirabel, ce 2013 passé pour partie six mois en barrique livre un bouquet discret et fin de fleurs blanches et d'agrumes sur fond de vanille. À l'unisson, le palais se révèle équilibré et d'une honorable longueur. ⌛ 2014-2016 🍴 quiche aux fruits de mer

🔑 SCA Les Vignerons de Montfleury, quartier Gare, 07170 Mirabel, tél. 04 75 94 82 76, cooperative-montfleury@wanadoo.fr V t.l.j. 9h-12h 14h-18h

BENOIT SALEL ET ÉLISE RENAUD
Coteaux de l'Ardèche Trefol 2011 ★

	6 000		11 à 15 €

Un jeune domaine, créé en 2008 par Benoit Salel et Élise Renaud. Ces derniers ont sélectionné 2 ha de merlot (50 %), de syrah et de grenache pour cette cuvée au nez intense et complexe de cerise kirshée, d'épices (clou de girofle) et de menthol. le palais se montre riche, gras, puissant, bâti sur de solides tanins et sur un bon boisé. Du caractère et de la générosité. ⌛ 2015-2019 🍴 sauté d'agneau miel et romarin

🔑 Dom. Salel et Renaud, la Charrière, 07230 Faugères, tél. 04 75 39 48 19, domainesalel@free.fr V r.-v.

SAVEURS D'ARDECHE "EPICÉES"
Coteux de l'Ardèche 2012 ★

	6 600		5 à 8 €

Aux portes du Parc régional des monts d'Ardèche, cinq caves coopératives se sont unies sous la même bannière des Vignerons des Coteaux d'Aubenas. Grenache, syrah (40 % chacun) et merlot composent cette cuvée au nez généreux de fruits rouges mûrs mâtiné d'épices et de nuances animales. La bouche se montre intense et charnue, bien épaulée par des tanins fermes et par une pointe de fraîcheur bien ajustée. ⌛ 2015-2018 🍴 tajine d'agneau

🔑 Les Vignerons des Coteaux d'Aubenas, 240 rte de la Cave Coopérative, 07200 Saint-Étienne-de-Fontbellon, tél. 04 75 35 17 58, caves.vivaraises@wanadoo.fr V t.l.j. sf dim. 8h30-12h 14h-18h30

CH. DE LA SELVE Madame de 2012

	2 400		20 à 30 €

Le château médiéval de La Selve fut à son origine (XIIIe s.) une maison forte puis un relais de chasse du duc de Joyeuse, avant de devenir un domaine viticole (40 ha aujourd'hui, en bio certifié). Benoît Chazallon est aux commandes depuis 2002, à la suite de ses parents. Il signe un pur viognier d'une belle intensité olfactive (fleurs blanches, agrumes), boisé sans excès (six mois de fût), gras sans lourdeur grâce à une fine acidité en soutien. ⌛ 2014-2017 🍴 quenelles de brochet

🔑 Benoît Chazallon, Ch. de la Selve, Comps, 07120 Grospierres, tél. 04 75 93 02 55, contact@chateau-de-la-selve.fr V t.l.j. sf dim. 9h-13h 14h-18h

♥ DOM. VIGIER Cuvée Ines 2012 ★★

	6 000		5 à 8 €

L'un des plus anciens domaines (1789) du sud de l'Ardèche, établi dans la vallée de l'Ibie, acquis par les Dupré en 1975. Les enfants, trois fils et une fille, sont désormais aux commandes d'un vaste ensemble de 100 ha. Après Mathilde l'an dernier, c'est au tour d'Inès de s'inviter dans ces pages, et de la plus belle des façons. Ce pur viognier élevé pour partie en barrique livre un bouquet charmeur en diable de fleurs blanches et d'agrumes, souligné par un vanillé délicat. En bouche, du gras, de la rondeur, du volume, un beau soutien boisé, sans excès, et une fine fraîcheur pour rehausser l'ensemble. De l'harmonie à revendre. ⌛ 2014-2017 🍴 truite aux amandes

🔑 Dupré et Fils, Dom. de Vigier, 07150 Lagorce, tél. 04 75 88 01 18, duprefils@wanadoo.fr V r.-v.

VIGNERONS ARDÉCHOIS Cuvée d'une nuit 2013 ★

	190 000		- de 5 €

Une récolte « à la fraîche », aux heures les plus tempérées de la mâtinée, pour ce rosé de saignée issu à parts égales de grenache et de cabernet-sauvignon. La robe est séduisante, clair aux reflets violines. Le nez, non moins charmeur, évoque les fruits rouges (fraise, framboise) et les fruits exotiques. Le palais est à l'avenant, bien fruité, frais et alerte. ⌛ 2014-2015 🍴 pissaladière

🔑 Cave coop. de Vogüe, Le Village, 07200 Vogüé, tél. 04 75 39 98 00, uvica@uvica.fr V t.l.j. sf dim. 9h-12h 14h-18h ; lun. 14h-18h

COLLINES RHODANIENNES

JEANNE GAILLARD Petit Merle 2012 ★

	2 600		5 à 8 €

Installée en 2008, Jeanne Gaillard, fille de Pierre, bien connu pour ses vins de la vallée du Rhône nord, se fait petit à petit un prénom à la tête de son propre domaine. Ce Petit Merle n'en est pas à sa première apparition dans le Guide. Un pur merlot expressif, ouvert sur les fruits rouges cuits, les épices et le toasté, souple, rond et charnu, étayé par des tanins soyeux et fondus. ⌛ 2014-2018 🍴 paupiettes de veau à la tomate

🔑 Dom. Jeanne Gaillard, Chez Favier, 42520 Malleval, tél. 04 74 87 13 10, domainejeannegaillard@gmail.com V r.-v.

MOUTON PÈRE ET FILS Viognier 2012 ★

	2 500		11 à 15 €

Issu d'une ancienne famille de vignerons, Jean-Claude Mouton vinifiait avant que son père ne prenne sa retraite. Aujourd'hui, c'est lui qui dirige ce petit domaine de 6 ha, dont les terrasses exposées plein sud sont au cœur du village de Condrieu. Autant dire qu'il connaît son viognier sur le bout du sécateur. Ici, une version très réussie, expressive et complexe (tilleul, agrumes, menthe, sous-bois), au nez comme en bouche, ample, riche et suave, stimulée par une jolie finale pleine de fraîcheur. Un blanc racé et harmonieux. ⧗ 2014-2017 🍴 blanquette de poisson

🔑 André et Jean-Claude Mouton, 23 montée du Rozay, 69420 Condrieu, tél. 04 74 87 82 36, contact@domaine-mouton.com V r.-v.

DOM. PIERRE SECRÈTE 2013 ★

■	40 000		5 à 8 €

Créée en 1933 par Louis Gambert de Loche, la très qualitative cave coopérative de Tain-l'Hermitage rassemble 310 adhérents et vinifie plus de 1 000 ha de vignes dans la vallée du Rhône nord. Elle présente avec ce 100 % syrah un vin très expressif (cassis, cerise, groseille, iris, épices), rond, suave et charnu, étayé par des tanins veloutés et par une fine vivacité. Un ensemble charmeur et très équilibré. ⧗ 2014-2017 🍴 cannelloni à la viande

🔑 Cave de Tain, 22, rte de Larnage, 26600 Tain-l'Hermitage, tél. 04 75 08 20 87, contact@cavedetain.com V r.-v.

VIGNOBLES DE SEYSSUEL Saxeolum 2011

■	7 000		20 à 30 €

Cette syrah est née sur la rive droite du Rhône, sur les coteaux schisteux de Seyssuel renommés depuis l'époque romaine (le *saxeolum optimum vinum* évoqué par Pline l'Ancien ou Plutarque). Après un élevage luxueux de vingt-deux mois en barrique, elle dévoile un nez intense de grillé, de vanille, de tabac blond et de fruits rouges mûrs. Lui aussi à dominante boisée, le palais se montre rond et charnu. On attendra un peu que l'ensemble se patine. ⧗ 2016-2019 🍴 sauté d'agneau

🔑 SCEA Les Vignobles de Seyssuel, Les Lacs Est, 07340 Charnas, tél. 04 75 34 02 88, contact@domainecheze.com V r.-v.

DOM. GEORGES VERNAY Fleurs de mai Syrah 2012 ★

■	6 000		11 à 15 €

Christine Vernay, fille de Georges, maîtrise la syrah sur le bout des doigt, voyez ses côtes-rôtie. Elle en propose ici une version très aboutie, finement florale (violette), fruitée (cassis, cerise) et épicée au nez, ample, dense et généreuse en bouche, portée par de beaux tanins soyeux. Un ensemble bien typé et harmonieux. ⧗ 2014-2018 🍴 ragoût de boeuf aux épices

🔑 Dom. Georges Vernay, 1, RN 86, 69420 Condrieu, tél. 04 74 56 81 81, pa@georges-vernay.fr V r.-v.

LES VINS DE VIENNE Sotanum 2012 ★

■	8 700		30 à 50 €

À l'origine de la renaissance du vignoble de Seyssuel, situé en amont de Vienne, trois vignerons de renom, Yves Cuilleron, Pierre Gaillard et François Villard, ont créé cette affaire en 1996, à l'origine de beaux vins de propriété - IGP nés sur Seyssuel, sélections parcellaires en AOC septentrionales - et des vins de négoce de toute la vallée. Cette cuvée Sotanum est issue de sept parcelles de syrah en propriété. Elle dévoile un nez intense de vanille, de toasté et de fruits mûrs ; arômes qui se prolongent dans un palais rond, dense et charnu, soutenu par des tanins soyeux et un boisé fondu. La finale, longue et épicée, laisse le souvenir d'un vin bien typé et harmonieux. ⧗ 2014-2018 🍴 civet de lièvre

🔑 Les Vins de Vienne, 1, ZA de Jassoux, 42410 Chavanay, tél. 04 74 85 04 52, contact@lesvinsdevienne.fr V r.-v.

COTEAUX DES BARONNIES

Ⓑ DOM. DU FAUCON DORÉ Lou Sanglié 2012

■	4 000		8 à 11 €

Ce domaine, créé en 1985 par Jean Beaumont, étend ses vignes sur 28 ha, conduit en bio certifié depuis 1999 et en biodynamie depuis 2008. Jean et son fils Damien, installé en 2012, signent ici un rouge dont le nom laisserait penser à un vin trapu et bien tannique. C'est pourtant plutôt en souplesse qu'il évolue, même si le palais ne manque ni de générosité (fruits rouges à l'alcool, épices) ni de chair. Les tanins se montrent soyeux et fondus, sans aucune dureté. ⧗ 2014-2017 🍴 ragoût de boeuf

🔑 Dom. du Faucon doré, EARL Jean Beaumont, 92, chem. du Jas, 84110 Faucon, tél. 04 90 46 46 01, faucon.dore@gmail.com V r.-v.

LA NYONSAISE Merlot 2012 ★

■	16 000		- de 5 €

Coopérative fondée en 1923, la Nyonsaise fédère quelque 1 400 agriculteurs à la tête de 1 000 ha de vignes et 600 ha d'oliviers. Côté cave, elle propose ici un pur merlot élevé huit mois en cuve. Un vin au nez joliment fruité (cassis) et floral (violette), au palais souple, frais et charnu. Un vin pimpant et charmeur. ⧗ 2014-2016 🍴 carpaccio de boeuf

🔑 Coop. Agricole de Nyons, pl. Olivier-de-Serres, 26110 Nyons, tél. 04 75 26 95 00, sca_du_nyonsais@wanadoo.fr V r.-v. t.l.j. 9h-12h 14h-18h30

♥ Ⓑ RIEU FRAIS Viognier 2013 ★★

□	10 000		5 à 8 €

Ce domaine de 30 ha (aujourd'hui certifié bio) a été façonné à partir de 1983 par Jean-Yves Liotaud qui a débuté sur une ancienne propriété familiale : création du vignoble, construction des chais, aménagement de la cave de vieillissement, tout était à faire. Depuis, le domaine est devenu l'une des références de des Coteaux des Baronnies. Planté sur un terroir d'altitude (450 à 600 m), le viognier a donné naissance à une cuvée remarquable d'équilibre et de complexité. Au nez, un fruité soutenu (pêche, coing, abricot) se mêle à de fines nuances de rose et d'amande. Rond, gras, soyeux et tout aussi expressif que l'olfaction, le palais trouve le juste équilibre autour d'une fraîcheur parfaitement dosée, qui donne de l'allonge et du tonus à l'ensemble. Un blanc très élégant, que l'on réservera à la table. ⧗ 2014-2017 🍴 bar sauce truffe blanche

Dom. du Rieu Frais, 26110 Sainte-Jalle, tél. 04 75 27 31 54, jean-yves.liotaud@wanadoo.fr V t.l.j. 9h-12h 14h-18h ; f. dim. nov.-fév.

DRÔME

CLOS DU PÈRE CLÉMENT Viogner 2012

| 6 000 | | 8 à 11 € |

Situé à proximité de la chapelle Notre-Dame-des-Vignes (XVIe s.), ce domaine acquis en 1978 par les Depeyre, étend son vaste vignoble sur 72 ha. Il propose ici un pur viognier auquel une fermentation en demi-muid apporte un surcroît de complexité. Au nez, fleurs blanches et nuances toastées et beurrées. Des arômes que l'on retrouve, agrémentés de notes d'abricot et d'amande, dans un palais rond et gras, stimulé par une pointe de fraîcheur en finale. ⧗ 2014-2017 🍴 poisson sauce crémée

SCEA Clos-du-Père-Clément, 911, rte Maison-la-Romaine, 84820 Visan, tél. 04 90 41 93 68, info@clos-pere-clement.com V r.-v. E

ISÈRE

DOM. MEUNIER
Balmes dauphinoises Chardonnay 2011

| 11 000 | | - de 5 € |

Ce domaine familial, conduit depuis 2008 par Martine Meunier (sixième génération), propose un chardonnay au nez intense de pêche et de poire en sirop, souligné de discrètes notes épicées. On retrouve ces arômes dans un palais souple, frais, minéral et de bonne longueur. ⧗ 2014-2015 🍴 terrine de poisson **Pinot gris 2011 ★ (5 à 8 € ; 2 900 b.)** : un nez intense de fruits blancs et de mirabelle ; un palais minéral, fruité (mirabelle toujours) et un rien épicé. ⧗ 2014-2015

Dom. Meunier, 81, rue du Mont Dolet, 38510 Sermerieu, tél. 04 74 80 15 81, domainemeunier@free.fr t.l.j. sf dim. 8h-12h 14h-19h

Régions de l'Est

On trouvera ici des vins originaux, issus de vignobles décimés par le phylloxéra mais qui eurent leur heure de gloire, bénéficiant du voisinage prestigieux de la Bourgogne ou de la Champagne. Ce sont d'ailleurs les cépages de ces régions que l'on retrouve, avec ceux de l'Alsace ou du Jura, vinifiés le plus souvent individuellement ; les vins ont alors le caractère de leur cépage : auxerrois, chardonnay, pinot noir, gamay ou pinot gris.

CÔTE DE LA MEUSE

E. ET PH. ANTOINE 2012 ★

| 6 600 | | - de 5 € |

Ce petit domaine de 5,2 ha, conduit de père en fils depuis deux siècles, propose ici un assemblage à parts égales de gamay et de pinot noir. Robe claire et parfums de fruits noirs, d'épices et de réglisse composent une entrée en matière sympathique. Une attaque souple ouvre sur un palais aromatique (fruits noirs et épices toujours, une touche de cèdre et de vanille aussi) structuré par des tanins encore un brin austères mais de qualité. Un peu de patience. ⧗ 2015-2018 🍴 terrine de lapin **Gris 2013 (6 000 b.)** : nez léger de fleurs blanches et de fruits rouges ; palais souple, et délicatement floral (rose) ; finale un rien tannique. ⧗ 2014-2015 **2013 (6 600 b.)** : nez timide mais fin de fleurs blanches et d'agrumes, palais souple, rond et équilibré, aux tonalités exotiques. ⧗ 2014-2015

Dom. de la Goulotte, chez Philippe et Évelyne Antoine, 6, rue de l'Église, 55210 Saint-Maurice-sous-les-Côtes, tél. 03 29 89 38 31, domainedelagoulotte@orange.fr V t.l.j. 8h-12h 13h30-18h30 Ph. Antoine

DOM. DE COUSTILLE Auxerrois 2013 ★

| 9 700 | | - de 5 € |

Cet auxerrois couleur or pâle dévoile un nez expressif et charmeur de fruits jaunes et de confiserie. En bouche, il se montre suave et rond dès l'attaque et garde ce caractère gourmand jusqu'en finale. ⧗ 2014-2015 🍴 friture de poissons **Gris 2013** : un nez léger de petits fruits rouges relayé par un palais souple et rond, discrètement épicé. ⧗ 2014-2015

SCEA de Coustille, 23, Grande-Rue, 55300 Buxerulles, tél. 03 29 89 33 81, jean.philippe55@orange.fr V r.-v. Jean Philippe

DOM. DE GRUY Auxerrois 2013 ★★

| 4 500 | | - de 5 € |

D'abord un peu timide, le nez s'ouvre à l'aération sur de belles notes exotiques (mangue, ananas). En bouche, de la rondeur, une pointe de douceur et une superbe fraîcheur aux accents de citron vert se conjuguent en toute harmonie. ⧗ 2014-2015 🍴 moules marinière

Dom. de Gruy, 7, rue des Lavoirs, 55210 Creuë, tél. 03 29 89 30 67, laurent.degeneve@wanadoo.fr V t.l.j. sf dim. 8h-12h 14h-18h Degenève

DOM. DE MONTGRIGNON
Pinot gris auxerrois 2013

| 6 000 | | - de 5 € |

Régulièrement présent dans le Guide, ce domaine de 8 ha a participé à la relance du vignoble meusien dans les années 1970. Assemblage à parts égales de pinot gris et d'auxerrois, cette cuvée dévoile un nez discret de fleurs blanches. Discrétion aussi en bouche, mais de la finesse, assurément. ⧗ 2014-2015 🍴 gougères

Dom. de Montgrignon, 9, rue des Vignes, 55210 Billy-sous-les-Côtes, tél. 03 29 89 58 02, info@domaine-montgrignon.com V r.-v.

♥ DOM. DE MUZY Pinot noir 2012 ★★

■ | 5 000 | | 5 à 8 €

Jean-Marc Lienard a fait renaître le vignoble de son père et de son grand-père au cœur du village de Combres-sous-les-Côtes : quelque 10 ha aujourd'hui, conduits selon les préceptes de la biodynamie, avec une partie certifiée en bio. Cette cuvée limpide, couleur cerise aux reflets violines, dévoile un nez intense et complexe de fruits noirs mâtinés de nuances camphrées et vanillées, legs de son élevage de douze mois en fût. À une attaque souple, succède un palais puissant, chaleureux (fruits à l'eau-de-vie), boisé avec noblesse (cèdre, épices douces), et soutenu par des tanins soyeux. Déjà très appréciable, cette bouteille est armée pour la garde. ⧗ 2015-2019 ♈ faisan en cocotte ■ **Terre amoureuse 2013 ★ (moins 5 € ; 18 000 b.)** : issu de vignes (gamay, pinot noir et auxerrois) certifiées bio, un vin au nez expressif de fruits rouges et de fleurs blanches, au palais souple, ample et bien fruité. ⧗ 2015-2018 ■ **La Côte 2011 ★ (11 à 15 € ; 2 000 b.)** : au nez, des parfums de pruneau et de cerise agrémentés d'un boisé léger ; un palais souple et soyeux, sur les fruits rouges compotés et les épices. ⧗ 2015-2018

⊶ Jean-Marc Lienard, 3, rue de Muzy, 55160 Combres-sous-les-Côtes, tél. 03 29 87 37 81, info@domainedemuzy.fr V ⚐ ⚐ t.l.j. sf mer. dim. 9h-18h

FRANCHE-COMTÉ

VIGNOBLE GUILLAUME
Pinot noir Collection réservée 2012 ★★

■ | 5 500 | | 15 à 20 €

La famille Guillaume cultive la vigne depuis le XVIIIe s. sur les terres de Charcenne. Un long passé viticole, complété à la fin du XIXe s. par une activité de pépiniériste viticole. Autant dire que ce vaste domaine de 40 ha dispose d'un matériau de premier choix pour élaborer ses cuvées ; cuvées très souvent en vue dans ces pages, notamment celles issues de pinot noir. Celui-ci, élevé onze mois en fût, dévoile un nez très expressif de framboise et de mûre souligné d'un fin vanillé. Vif et fruité en attaque, le palais monte « gentiment » en puissance, porté par des tanins solides mais sans dureté, offrant juste ce qu'il faut de vigueur pour bien affronter la garde. ⧗ 2014-2018 ♈ oeufs en meurette ■ **Pinot noir Vieilles Vignes 2012 (8 à 12 € ; 20 000 b.)** : un nez fruité (cerise), floral (rose) et boisé ; un palais frais et bien charpenté. ⧗ 2014-2017 ■ **Chardonnay Collection réservée 2012 ★ (15 à 20 € ; 5 500 b.)** : un nez complexe (zeste d'orange, fleurs blanches, vanille, pointe miellée ; en bouche, de la fraîcheur, du volume, un boisé encore un peu dominateur mais de qualité, et une agréable pointe saline en finale. ⧗ 2014-2017

⊶ Vignoble Guillaume, 32, Grande-Rue, 70700 Charcenne, tél. 03 84 32 77 22, vignoble@guillaume.fr V ⚐ ⚐ t.l.j. sf dim. 9h-12h 14h-18h

HAUTE-MARNE

♥ LE MUID MONTSAUGEONNAIS
Chardonnay Cuvée Exception 2012 ★★

■ | 1 600 | | 8 à 11 €

Après un long sommeil dû à la crise phylloxérique de la fin du XIXe s., le vignoble de la Haute-Marne renaît de ses cendres depuis la fin des années 1980 grâce à l'action d'une poignée d'hommes du terroir. Fidèle au rendez-vous du Guide, les vins du Muid Montsaugeonnais proposent une nouvelle fois une très belle sélection. En tête, cette remarquable cuvée de chardonnay élevée dix-huit mois en fût. Le nez discret mais élégant mêle les fleurs blanches (tilleul, acacia), le citron et de fines notes vanillées. Le palais ? De la souplesse, une agréable fraîcheur (pamplemousse), une pointe de minéralité et ce qu'il faut de gras et de douceur pour enrober le tout. Un vin d'une réelle harmonie. ⧗ 2014-2017 ♈ vol-au-vent

⊶ Le Muid Montsaugeonnais, 23, av. de Bourgogne, 52190 Vaux-sous-Aubigny, tél. 03 25 90 04 65, muidmontsaugeonnais@orange.fr V ⚐ ⚐ r.-v.

SAÔNE-ET-LOIRE

Ⓑ JEAN-CLAUDE BERTHILLOT
Vin des Fossiles 2013

■ | n.c. | | 5 à 8 €

Jean-Claude Berthillot a relancé dans les années 1990 ce vignoble étendu aujourd'hui sur 8 ha et converti au bio. Il signe ici un auxerrois de belle facture, au nez d'agrumes (zeste de mandarine), de pêche et de fleurs blanches. Le palais se montre frais, alerte, bien fruité, sans manquer de gras et de soyeux. Un ensemble équilibré. ⧗ 2014-2015 ♈ quenelles de brochet

⊶ Berthillot, Les Chavannes, 71340 Mailly, tél. 03 85 84 01 23, jean-claude.berthillot@orange.fr V ⚐ ⚐ r.-v.

Le Luxembourg

Superficie :

1 295 ha

Production :

101 000 hl

Types de vins :

Blancs secs et moelleux ultramajoritaires (vendanges tardives, vins de glace, vins de paille) ; vins effervescents (crémant-de-luxembourg) ; rouges et rosés.

Cépages principaux :

Rouges : pinot noir (parfois vinifié en blanc).

Blancs : auxerrois, riesling, pinot blanc, rivaner, elbling, pinot gris, gewurztraminer, chardonnay.

LES VINS DU LUXEMBOURG

Petit État prospère au cœur de l'Union européenne se situant à la charnière des mondes germanique et latin, le Grand-Duché de Luxembourg est un pays viticole à part entière. La consommation de vin par habitant y est proche de celles que l'on observe en France et en Italie. Le vignoble s'inscrit le long du cours sinueux de la Moselle, dont les coteaux portent des ceps depuis l'Antiquité. Longtemps pourvoyeur de vins ordinaires, le Grand-Duché s'est orienté depuis les années 1930 vers une politique de la qualité. La production vinicole du Grand-Duché est confidentielle, à la mesure de sa superficie modeste. Essentiellement des vins blancs, vifs et aromatiques.

Dès l'Antiquité

On sait l'importance que prit le vignoble mosellan au IVe s., lorsque Trèves – très proche de la frontière actuelle du Grand-Duché de Luxembourg – devint une résidence impériale et l'une des quatre capitales de l'empire romain. Aujourd'hui, sur 42 km, de Schengen à Wasserbillig, les coteaux de la rive gauche de la Moselle forment un cordon continu de vignobles, autour des cantons de Remich et de Grevenmacher. Orientés au sud et au sud-est, ceux-ci bénéficient de l'effet bienfaisant des eaux du fleuve, qui estompent les courants d'air froid venant du nord et de l'est, et modèrent l'ardeur du soleil de l'été. En raison de leur latitude septentrionale (49 degrés de latitude N), ils produisent presque exclusivement des vins blancs. Près de 26 % d'entre eux proviennent du cépage rivaner (ou müller-thurgau). L'elbling, cépage typique du Luxembourg (7 % de la surface viticole), donne un vin léger et rafraîchissant. Les vins les plus recherchés proviennent des cépages auxerrois, riesling, pinot blanc, chardonnay, pinot gris, pinot noir et gewurztraminer.

Une stricte politique de la qualité

Créée en 1935, la marque nationale des vins de la Moselle luxembourgeoise a pour objet d'encourager la qualité et de permettre au consommateur de réaliser ses choix sous la garantie officielle de l'État. En 1985 est apparue l'appellation contrôlée moselle luxembourgeoise et en 1991, le crémant-de-luxembourg. Il existe aussi une hiérarchie des vins (marque nationale, appellation contrôlée, vin classé, premier cru, grand premier cru). L'originalité du classement des vins, en fonction de leur notation lors de chaque agrément, mérite d'être soulignée : les vins qui ont obtenu entre 18 et 20 points sont qualifiés de grand premier cru, entre 16 et 17,9 de premier cru, entre 14 et 15,9 de vin classé, entre 12 et 13,9 de vin de qualité sans mention particulière et en dessous de 12 points de simple vin de table. Depuis 2001, les viticulteurs peuvent produire des vins de vendanges tardives, des vins de glace et des vins de paille.
Les vins sont produits par des viticulteurs coopérateurs (59 % de la production), par des vignerons indépendants (28 %) et par des négociants (13 %). Remich est le siège d'un centre de recherches et de l'organisation officielle de la viticulture.

MOSELLE LUXEMBOURGEOISE

DOM. MATHIS BASTIAN
Wellenstein Foulschette Pinot gris 2013

Gd 1er cru	2 400		11 à 15 €

Mathis Bastian et sa fille Anouk cultivent les vignes d'un domaine familial de 14,5 ha sur les hauteurs de Remich. La famille Bastian est aussi propriétaire du domaine Clos des Églantiers.

Ce pinot gris au nez de noisette offre un palais vif et bien équilibré qui laisse présager une belle garde. 2014-2020 curry de crevettes

Mathis Bastian, 29, rte de Luxembourg, 5551 Remich, tél. 23 69 82 95, domaine.mathisbastian@pt.lu V r.-v.

BERNA Vogelsang Pinot gris 2013 ★

Gd 1er cru	4 000	8 à 11 €

Les caves Berna se situent au cœur du village d'Ahn, sous la maison des vignerons. Aujourd'hui épaulé par son fils Marc, Albert Berna exploite un vignoble de près de 7 ha.

En robe jaune pâle, ce pinot gris présente un nez d'abricot très expressif et plaisant. On retrouve ces arômes dans une bouche savoureuse et persistante. 2014-2019 salade aux magrets de canard

Caves Berna, 7, rue de la Résistance, 5401 Ahn, tél. 76 02 08, info@cavesberna.lu V r.-v.

♥ DOM. DESOM
Remich Maateberg Pinot blanc 2013 ★★★

Gd 1er cru	n.c.	8 à 11 €

En 1922, la famille Desom s'est installée en tant que négociant à Remich. Peu de temps après, elle a commencé à se consacrer également à la viticulture en exploitant son propre vignoble qui couvre aujourd'hui 13 ha. Albert, Georges et Marc Desom sont à la tête de la propriété.

Ce pinot blanc arbore une robe vert pâle traversée de reflets jaunes. Il séduit par son nez élégant et intense de fruits jaunes. Gras et ample, ce vin aux arômes de pamplemousse rose révèle une parfaite harmonie et une grande maturité. 2014-2020 tarte flambée mosellane ■ Remich Hopertsbour Pinot gris Gd 1er cru 2012 ★★ : un vin aux arômes de fruits jaunes et de vanille, plein de rondeur et long en bouche. 2014-2017 ■ Remich Hopertsbour Pinot gris Gd 1er cru 2013 : ce vin libère des arômes très expressifs de fleurs et de fruits exotiques, et offre un palais d'une grande fraîcheur. 2014-2017

Dom. Desom, 9, rue Dicks, 5521 Remich, tél. 23 60 40, desom@pt.lu V r.-v.

♥ DESOM
Pinot Gris Stadtbredimus Dieffert 2013 ★★★

Gd 1er cru | n.c. | 5 à 8 €

Installées dans une ancienne tisserie ayant appartenu au poète luxembourgeois Dicks, ces caves sont situées à Remich, face à la Moselle.

Ce pinot gris aux reflets jaunes et verts présente un nez remarquable (amande, olive verte). Gourmand et bien charpenté, le palais aux riches saveurs de fruits mûrs (pêche de vigne) réjouira tous les amateurs du cépage. 2014-2019 lasagnes au poisson Wellenstein Foulschette Pinot gris Gd 1er cru 2013 ★★★ : un nez de fleurs et de cassis, une bouche ronde et onctueuse. 2014-2017

Caves Saint-Remy-Desom, 9, rue Dicks, 5521 Remich, tél. 23 60 40, desom@pt.lu V r.-v.

MME ALY DUHR ET FILS Machtum Hohfels
Domaine & Tradition Pinot gris 2012 ★

Gd 1er cru | 3 500 | | 11 à 15 €

En 2011, les frères Ben et Max Duhr ont repris les rênes de ce domaine familial de 11 ha créé en 1872.

Ce 2012 jaune intense libère au nez de puissants arômes de fruits exotiques, d'abricot et de miel que l'on retrouve dans un palais gras et opulent, long et gourmand. 2014-2019 foie gras

Mme Aly Duhr et Fils, 9, rue Aly-Duhr, 5401 Ahn, tél. 76 00 43, info@alyduhr.lu V r.-v.

DOM. GALES
Domaine & Tradition Riesling 2013 ★★

| 1 400 | | 11 à 15 €

L'origine des Caves Gales remonte à l'année 1916, date à laquelle Nicolas Gales, fils de vigneron, crée ce domaine qui deviendra un complexe viti-vinicole à Bech-Kleinmacher, sur les bords de la Moselle. Depuis 2011, c'est Isabelle Gales, incarnant la troisième génération, qui le dirige.

Paré d'une robe jaune pâle brillante, ce riesling libère des parfums de fleur d'acacia. Franche en attaque, la bouche concentrée et fraîche se révèle tout en finesse et en élégance. 2014-2019 soufflé au poisson

SA Caves Gales, 6, rue de la Gare, 5690 Ellange-Gare, tél. 23 69 90 93, info@gales.lu V t.l.j. sf lun. 10h-12h 13h-17h30; f. nov.-mars

DOMAINE VITICOLE HÄREMILLEN EHNEN
Mertert Herrenberg Pinot gris 2013 ★★★

| 6 900 | 8 à 11 €

Ce domaine fondé en 1978 par la famille Mannes-Kieffer est l'un des plus récents bordant la Moselle. Sis dans l'ancien moulin du chanoine (Häremillen) de Trèves, il est entouré de 15 ha de vignes.

Discret au premier nez, ce pinot gris libère à l'aération des notes minérales et florales. Rond en attaque, le palais évolue sur un gras souligné par des arômes d'orange, de fruits exotiques et d'épices. Un vin à attendre pour en savourer toute la complexité. 2015-2022 rillettes de saumon

Dom. Viticole Häremillen, 3, op der Borreg, 5419 Ehnen, tél. 76 84 36, info@haeremillen.lu r.-v.

DOM. ALICE HARTMANN
Clos du Kreitzerberg-Grevenmacher Pinot noir 2012 ★★

| 4 000 | 15 à 20 €

Ce domaine fondé dans les années 1900 couvre 3,5 ha. Une partie du vignoble est située sur les terrasses Wormeldange en bordure de la Moselle.

Ce vin s'affiche dans une robe rouge grenat aux reflets tuilés. Le nez flatteur libère des arômes délicats de cerise, de café et de vanille assortis d'une touche fumée. Franc et frais en attaque, il offre une bouche finement boisée,

Le Luxembourg

structurée par des tanins soyeux. Il s'étire en finale sur des notes fruitées soulignées de saveurs d'épices douces. ⧗ 2014-2017 🍴 entrecôte de bœuf grillée

SA Dom. Alice Hartmann, 72-74, rue Principale, 5480 Wormeldange, tél. 76 00 02, domaine@alice-hartmann.lu V r.-v.

♥ DOM. VITICOLE KOHLL-LEUCK
Ehnen Kelterberg Pinot gris 2013 ★★★

Gd 1er cru | 6 150 | 8 à 11 €

Marie-Cécile et Raymond Kohll-Leuck ont transmis leur vignoble de 12 ha à la quatrième génération. C'est leur fils Luc et son beau-frère Claude Scheuren qui dirigent aujourd'hui l'exploitation.

Ce vin libère des senteurs de safran agrémentées d'une touche anisée. Ronde en attaque, la bouche révèle une fine trame minérale qui procure une belle fraîcheur et étire longuement la finale. À carafer. ⧗ 2014-2022 🍴 sauté de veau aux champignons

Dom. Viticole Kohll-Leuck, 4 An der Borreg, 5419 Ehnen, tél. 76 02 42, domaine@kohll.lu V r.-v.

KRIER FRÈRES
Domaine privé de la maison Riesling 2013 ★★

Gd 1er cru | 1 350 | 8 à 11 €

Fondé en 1914 par Jean Krier, négociant, vigneron et tonnelier, ce domaine de 12 ha est dirigé depuis 1989 par Marc Krier, petit-fils du fondateur.

Habillé de jaune pâle, ce riesling libère un nez floral agrémenté de touches végétales. Net et franc en attaque, le palais évolue avec finesse sur des notes de citron, de pomme et de poire, soulignées par un trait de minéralité. Un vin frais et très élégant. ⧗ 2014-2019 🍴 roulade de veau Gd 1er cru **Pinot gris 2013** ★ (6 750 b.) : nez intense d'abricot et de feuille de cassis ; bouche minérale et puissante qui s'étire sur des notes d'agrumes. ⧗ 2014-2019

Caves Krier Frères, Remich SA, 1, montée Saint-Urbain, 5501 Remich, tél. 23 69 601, caves@krierfreres.lu V r.-v.

DOM. JEAN LINDEN-HEINISCH Ehnen Wousselt
Riesling Vieilles Vignes en terrasses 2013 ★★

Gd 1er cru | 3 000 | 5 à 8 €

Ehnen est un joli village viticole qui mérite le détour. Jean Linden-Heinisch, valeur sûre de l'appellation, y possède 8,3 ha. Ses vignes sont situées à Wousselt, Ehnerberg et Brômelt.

Jaune à reflets verts, ce riesling présente un nez expressif et fin de fruits exotiques (ananas, mangue). Plaisant et velouté en attaque, le palais évolue vers une remarquable minéralité adoucie par des notes de pêche et de miel qui s'étirent longuement en finale. ⧗ 2014-2019 🍴 roulades de veau

Dom. Viticole Jean Linden-Heinisch, 8, rue Isidore-Comes, 5417 Ehnen, tél. 76 06 61 V r.-v.

DOM. MATHES
Wormeldange Koeppchen Riesling 2013 ★

Gd 1er cru | 7 400 | 8 à 11 €

Fondées en 1907 par Jean-Pierre Mathes, les caves du domaine cultivent leurs 8 ha de vignes exclusivement en cépages nobles dans la commune de Wormeldange aux lieux-dits Wousselt, Mohrberg, Heiligenhäuschen, Elterberg et la prestigieuse Koeppchen.

Ce riesling jaune pâle limpide libère un nez fin de fleurs et de fruits jaunes associés à une touche de framboise. La bouche, bien équilibrée, se révèle ronde et portée par des arômes d'ananas, d'abricot et de pêche blanche. Un trait de pamplemousse lui apporte une pointe de vivacité avant une finale poivrée. ⧗ 2014-2019 🍴 pintade à la vigneronne

Dom. Mathes, 73, rue Principale, L-5480 Wormeldange, tél. 76 93 93, info@mathes.lu V r.-v.

CAVES SAINT-MARTIN
De nos rochers Pinot gris 2013 ★★★

Gd 1er cru | 4 200 | 8 à 11 €

Depuis 1984, ces caves appartiennent à la famille Gales. Les galeries creusées dans la falaise entre 1919 et 1921 s'étendent sur près de 1 km. Un restaurant rattaché aux caves offre une vue sur la Moselle. Le vignoble couvre 12 ha.

Ce vin de couleur claire aux reflets jaune or libère un nez très frais et harmonieux. Au palais, de fins arômes de fruits jaunes et une pointe de fraîcheur qui laisse présager un très bel avenir. ⧗ 2014-2019 🍴 bouchées aux escargots

SA Caves Saint-Martin, 53, rte de Stadtbredimus, 5570 Remich, tél. 26 60 991, info@cavessaintmartin.lu V t.l.j. sf lun. 10h-12h 13h-17h30; f. nov.-mars

CH. DE SCHENGEN Schengen Pinot gris 2013 ★★

17 000 | 8 à 11 €

Avec ses 14 ha de vignes, ce domaine est l'une des plus grosses exploitations du Luxembourg. C'est en 1986 que le groupe Bernard-Massard a acheté ce château dont le vignoble se trouve à Wintrange et à Schwebsange.

Ce pinot gris s'ouvre sans retenue sur les agrumes et les fruits exotiques. Franc et rond en attaque, le palais développe une palette aromatique qui mêle le bonbon anglais à la vanille et aux fleurs blanches. Soutenu par une belle fraîcheur, ce vin harmonieux est déjà prêt à boire et saura aussi bien évoluer. ⧗ 2014-2022 🍴 homard en belle vue

Dom. Thill, 8, rue du Pont, 6773 Grevenmacher, tél. 75 05 45 400, info@chateau-de-schengen.com V t.l.j. 9h-18h; f. nov.-mars

DOM. SCHUMACHER-LETHAL ET FILS
Wormeldange Wousselt Riesling 2013 ★

Gd 1er cru | n.c. | 8 à 11 €

Dans la famille Schumacher, Ern et son épouse Monika conduisent le vignoble étendu sur 10 ha. Leur fils Tom travaille à la cave.

Une robe jaune pâle habille ce 2013 au nez bien parfumé de fruits exotiques. Franc en attaque, le palais évolue vers une agréable acidité et s'étire en finale sur une pointe citronnée. Un vin qui saura attendre. ⧗ 2014-2019 🍴 écrevisses à la luxembourgeoise

Dom. Viticole Schumacher-Lethal et Fils, 117, rte du Vin, 5481 Wormeldange, tél. 26 74 76 90, contact@schumacher-lethal.lu V r.-v.

DOM. SUNNEN HOFFMANN
Wintrange Felsbierg Riesling Vieilles Vignes 2013

| 700 | 15 à 20 € |

Fondé en 1872 par Anton Sunnen, ce domaine couvre 8,2 ha de vignes conduites en bio (depuis 2001) et en biodynamie. Cinq générations se sont succédé à la tête de ce vignoble : Corinne Kox-Sunnen et son frère Yves Sunnen dirigent aujourd'hui l'exploitation avec leurs conjoints Henri Kox et Chantal Sunnen.

Ce riesling pâle aux reflets dorés est encore un peu discret au premier nez ; puis il libère à l'aération de fines notes d'agrumes légèrement poivrées. Vif et citronné en attaque, le palais déroule des saveurs de fruits exotiques (ananas) et de fruits secs (amande) soutenues par une trame minérale. Bonne longueur en finale. 2014-2017 pâté au riesling

Dom. Sunnen-Hoffman, 6, rue des Prés, 5441 Remerschen, tél. 23 66 40 07, info@caves-sunnen.lu V t.l.j. sf sam. dim. 8h-12h 14h-17h

DOM. VINSMOSELLE Wormeldange Mohrberg Pinot gris 2013 ★★★

| Gd 1er cru | 10 500 | 8 à 11 € |

Créée en 1930, la cave de Wormeldange est devenue en 1991 le « Centre d'élaboration des crémants Poll-Fabaire ». Elle fait partie des Domaines Vinsmoselle qui rassemblent six caves coopératives, 130 collaborateurs et 300 familles de vignerons cultivant plus de 800 ha de vignes.

Ce pinot gris de grande maturité s'affiche dans une seyante robe jaune doré à reflets verts. Un nez de fruits confits précède un palais sur les fruits secs, riche, gras, étoffé, presque crémeux mais sans lourdeur. Un vin de haute expression, à reserver pour la table. 2014-2019 poularde à la crème

Dom. Vinsmoselle, Caves de Wormeldange, 115, rte du Vin, 5481 Wormeldange, tél. 76 82 11, info@vinsmoselle.lu V t.l.j. 7h-18h

DOM. VINSMOSELLE
Coteaux de Schengen Riesling 2013 ★★

| Gd 1er cru | 9 700 | 8 à 11 € |

Créée en 1948, la cave de Remerschen se situe le plus au sud de la Moselle luxembourgeoise. Sur son territoire se trouve, entre autres, la localité de Schengen devenue célèbre par les accords signés entre 1985 et 1990. Elle fait partie des Domaines Vinsmoselle qui rassemblent six caves coopératives, 130 collaborateurs et 300 familles de vignerons cultivant plus de 800 ha de vignes.

Paré de jaune pâle à reflets dorés, ce 2013 présente un nez fin et élégant à dominante de citronnelle. Frais en attaque, il évolue vers la rondeur, porté par les saveurs puissantes d'ananas mûr, de mangue et d'abricot vivifiées en finale par des notes d'agrumes. 2014-2019 friture mosellane

Dom. Vinsmoselle, Caves du Sud Remerschen, 32, rte du Vin Remerschen, 5440 Remerschen, tél. 23 66 41 65, h.schmitt@vinsmoselle.lu V r.-v.

CRÉMANT-DE-LUXEMBOURG

DOM. MATHIS BASTIAN ★★★

| 8 750 | 11 à 15 € |

Mathis Bastian et sa fille Anouk cultivent les vignes d'un domaine familial de 14,5 ha sur les hauteurs de Remich. La famille Bastian est aussi propriétaire du domaine Clos des Églantiers.

Dorée avec des reflets verts, la robe est séduisante, comme le nez, ouvert sur les fruits jaunes. Franc en attaque, le palais libère des saveurs de pomme et de poire soutenues par une fine et agréable vivacité citronnée. Un crémant bien structuré et équilibré, qui offre un bon potentiel de garde. 2014-2019 crêpes au saumon

Mathis Bastian, 29, rte de Luxembourg, 5551 Remich, tél. 23 69 82 95, domaine.mathisbastian@pt.lu V r.-v.

GALES Héritage ★★★

| 16 700 | 8 à 11 € |

L'origine des Caves Gales remonte à l'année 1916, date à laquelle Nicolas Gales, fils de vigneron, crée ce domaine qui deviendra un complexe viti-vinicole à Bech-Kleinmacher, sur les bords de la Moselle. Depuis 2011, c'est Isabelle Gales, incarnant la troisième génération, qui le dirige.

Un joli cordon de bulles persistant anime la robe jaune pâle aux reflets verts. Discret au premier nez, ce crémant libère de fines notes florales pour s'ouvrir à l'aération sur les fruits blancs. Bien équilibrée, la bouche vive à souhait porte loin les arômes de pêche et de poire. 2014-2017 tortilla luxembourgeoise

SA Caves Gales, 6, rue de la Gare, 5690 Ellange-Gare, tél. 23 69 90 93, info@gales.lu V t.l.j. sf lun. 10h-12h 13h-17h30; f. nov.-mars

DOM. VITICOLE KRIER-BISENIUS
Cuvée Saint-Pierre et Paul

| 12 000 | 8 à 11 € |

Jean-Paul Krier conduit un petit domaine familial, dont le vignoble couvre 7 ha au sud de Remich.

Paré de jaune pâle, ce crémant libère des arômes complexes floraux et fruités que l'on retrouve dans une bouche à la fois suave et fraîche qui s'étire longuement en finale. 2014-2017 toast mosellan

Dom. Viticole Krier-Bisenius, 91, rte du Vin, 5405 Bech-Kleinmacher, tél. 23 66 92 06, krierjp@ pt.lu V r.-v.

DOM. MATHES Steel ★★★

| 5 300 | 11 à 15 € |

Fondées en 1907 par Jean-Pierre Mathes, les caves du domaine cultivent leurs 8 ha de vignes exclusivement en cépages nobles dans la commune de Wormeldange aux lieux-dits Wousselt, Mohrberg, Heiligenhäuschen, Elterberg et la prestigieuse Koeppchen.

Animée de bulles très fines, ce crémant revêt une robe jaune cristallin. Le nez expressif associe la pêche et la mangue. En bouche, de la structure, de la vivacité, des arômes subtils de fruits exotiques, de la longueur et un équilibre admirable. ⧗ 2014-2017 ▼ filet de sole au crémant

Dom. Mathes, 73, rue Principale, L-5480 Wormeldange, tél. 76 93 93, info@mathes.lu V r.-v.

SCHUMACHER-KNEPPER 1714 ★

●	1 428	▮	20 à 30 €

Ce domaine se transmet de père en fils depuis 1714. En 1965, il s'agrandit grâce au rachat du vignoble du notaire Constant Knepper. C'est en 2003 que Frank et Martine Schumacher, représentant la septième génération, prennent la direction de cette exploitation de 8,5 ha.

Jaune pâle aux reflets verts, ce crémant livre un nez subtil qui marie les fruits blancs et les agrumes. En bouche, il réussit l'harmonie entre fruité et vivacité. Un vin bien structuré, de belle longueur. ⧗ 2014-2017 ▼ snack de pommes de terre

Dom. Viticole Schumacher-Knepper, 28, rte du Vin, 5495 Wintrange, tél. 23 60 451, contact@schumacher-knepper.lu V t.l.j. sf dim. 9h-12h 14h-17h30

DOM. VINSMOSELLE - CAVES DE GREVENMACHER
Poll-Fabaire - Cuvée Chardonnay Brut ★★

●	30 000	8 à 11 €

Fondée en 1921, cette cave est la plus ancienne de la Moselle luxembourgeoise. Elle fait partie des Domaines Vinsmoselle qui rassemblent six caves coopératives, 130 collaborateurs et 300 familles de vignerons cultivant plus de 800 ha de vignes.

Ce pur chardonnay jaune doré à la belle mousse fine s'ouvre sans retenue sur d'intenses arômes de framboise et révèle un palais frais évoluant vers la rondeur. Un crémant de garde. ⧗ 2014-2019 ▼ roulé de crêpes saumon fines herbes

Domaines Vinsmoselle, Grevenmacher, rue des Caves, 6718 Grevenmacher, tél. 75 01 75, info@pollfabaire.lu V t.l.j. sf lun. 8h-12h 13h-18h

DOM. VINSMOSELLE - CAVES DE STADTBREDIMUS
Poll-Fabaire - Cuvée Brut ★★★

●	95 000	8 à 11 €

Cette cave fait partie du Centre d'élaboration des crémants Poll-Fabaire. Elle compte parmi les six caves des Domaines Vinsmoselle qui rassemblent 130 collaborateurs et 300 familles de vignerons cultivant plus de 800 ha de vignes.

Un crémant à la mousse fine et régulière. Teinté d'un jaune discret aux reflets verts, il libère des arômes de pomme verte mûre et des notes de pamplemousse. Franc en attaque, le palais harmonieux, élégant et frais s'étire longuement en finale. ⧗ 2014-2017 ▼ salade piémontaise

Domaines Vinsmoselle, Caves de Stadtbredimus, Kellereiswee, 5450 Stadtbredimus, tél. 23 69 66, info@pollfabaire.lu

♥ DOM. VINSMOSELLE - CAVES DE WORMELDANGE
Poll-Fabaire Cuvée Brut ★★★

●	95 000	8 à 11 €

Créée en 1930, la cave de Wormeldange est devenue en 1991 le « Centre d'élaboration des crémants Poll-Fabaire ». Elle fait partie des Domaines Vinsmoselle qui rassemblent six caves coopératives, 130 collaborateurs et 300 familles de vignerons cultivant plus de 800 ha de vignes.

Une mousse fine et discrète anime la robe jaune pâle aux reflets verts. Agréablement crémeux, cet effervescent aux arômes intenses et complexes de fruits jaunes mûrs, de poire et de fruits exotiques révèle une grande harmonie et une remarquable longueur en bouche. ⧗ 2014-2017 ▼ toast mosellan

Poll-Fabaire, Caves des Crémants, 115, rte du Vin, 5481 Wormeldange, tél. 76 82 11, info@pollfabaire.lu V t.l.j. 7h-18h

La Suisse

Superficie :

14 900 ha

Production :

1 270 000 hl

Types de vins :

Blancs secs, moelleux et liquoreux, rouges (de garde et légers, quelques liquoreux), rosés.

Cépages principaux :

Rouges : pinot noir, gamay, merlot, gamaret, cornalin, humagne rouge, syrah, diolinoir, garanoir, mondeuse, cabernet-sauvignon.

Blancs : chasselas (fendant), müller-thurgau, johannisberg (sylvaner), amigne, arvine, pinot blanc, pinot gris, savagnin (heida, païen), marsanne.

LES VINS SUISSES

Le vignoble suisse s'étend à la naissance des trois grands bassins fluviaux drainés par le Rhône à l'ouest des Alpes, par le Rhin au nord et par le Pô au sud de cette chaîne. Si sa superficie est modeste, comparable à celle du vignoble alsacien, il bénéficie d'une grande diversité de sols et de climats qui forment autant de terroirs différents malgré leur relative proximité. Traditionnellement cultivée sur les coteaux ensoleillés, très pentus ou en terrasses, la vigne compose de superbes paysages de piémont et de coteaux, dominant souvent lacs et cours d'eau. Surtout connue pour ses vins blancs de chasselas, la Suisse offre une production diverse et originale, grâce à des cépages locaux. Vins liquoreux flétris, rosés œil-de-perdrix, rouges puissants et aromatiques... Le pays offre de belles occasions de découvertes.

Bassins linguistiques

On distingue trois régions viticoles principales en fonction du découpage linguistique du pays. Cependant celles-ci sont loin d'être uniformes, tant les contrastes qu'elles présentent sont saisissants. À l'ouest, le vignoble de la Suisse romande couvre plus des trois quarts de la surface viticole du pays. De Genève, il s'étire jusqu'au cœur des Alpes dans le canton du Valais, en longeant les rives du lac Léman, dans le canton de Vaud. Plus au nord, il s'approprie encore les rives des lacs de Neuchâtel, de Morat et de Bienne (Canton de Berne) sur les contreforts du Jura. Beaucoup plus éparpillé, le vignoble de la Suisse alémanique totalise 17 % de la surface viticole. Il s'égrène tout au long de la vallée du Rhin où, à partir de Bâle, il remonte le cours du fleuve jusqu'à l'est du pays. Il pénètre également loin à l'intérieur du territoire sur les meilleurs sites des coteaux dominant de nombreux lacs et vallées. En Suisse italophone, la vigne se concentre dans les vallées méridionales du Tessin où les conditions naturelles du versant sud des Alpes se distinguent nettement de celles des autres régions viticoles.

Un encépagement très divers

Outre toute une gamme de spécialités (les cépages locaux), les vignerons de Suisse romande privilégient par tradition le cépage blanc chasselas. Le pinot noir est ici le cépage rouge le plus cultivé, suivi du gamay. Le pinot noir domine également en Suisse alémanique où il côtoie le cépage blanc müller-thurgau et diverses variétés locales très recherchées par les amateurs. En Suisse italienne, c'est le merlot qui fait la renommée des vins de cette partie du pays où les cépages blancs sont peu représentés.

CANTON DE VAUD

Au Moyen Âge, les moines cisterciens ont défriché une grande partie de cette région de la Suisse et constitué le vignoble vaudois. Si, au milieu du siècle passé, celui-ci était le premier canton viticole devant le vignoble zurichois, les ravages du phylloxéra imposèrent une reconstitution complète. Aujourd'hui, le canton de Vaud occupe la deuxième place derrière le Valais.

Depuis plus de quatre cent cinquante ans, le vignoble vaudois s'est donné une véritable tradition viticole reposant aussi bien sur ses châteaux - on en compte près d'une cinquantaine - que sur l'expérience des grandes familles de vignerons et de négociants. En juin 2007, le paysage de vignes en terrasses de Lavaux a été inscrit au patrimoine mondial par l'Unesco.

Les conditions climatiques déterminent quatre grandes zones viticoles. Les rives vaudoises du lac de Neuchâtel et celles de l'Orbe produisent des vins friands aux arômes délicats. Les rives du Léman, entre Genève et Lausanne, protégées au nord par le Jura et bénéficiant de l'effet de régulation thermique du lac, donnent naissance à des vins tout en finesse. Les vignobles de Lavaux, entre Lausanne et Château-de-Chillon, avec en leur cœur les vignobles en terrasses du Dézaley, bénéficient à la fois de la chaleur accumulée dans les murets et de la lumière reflétée par le lac ; ils produisent des vins structurés et complexes qui se distinguent souvent par des notes de miel et des saveurs grillées. Enfin, les vignobles du Chablais sont situés au nord-est du Léman et remontent la rive droite du Rhône. Les terroirs se caractérisent par des sols pierreux et un climat très marqué par le fœhn ; les vins sont puissants, avec des arômes de pierre à fusil.

La spécificité du vignoble vaudois tient à son encépagement. C'est la terre d'élection du chasselas (70 % de l'encépagement) qui atteint ici sa pleine expression. Les cépages rouges représentent quant à eux 27 % : 15 % de pinot noir et 12 % de gamay. Ces deux variétés souvent assemblées sont connues sous l'appellation d'origine contrôlée salvagnin.

Quelques spécialités (variétés) représentent 3 % de la production : pinot blanc, pinot gris, gewurztraminer, muscat blanc, sylvaner, auxerrois, charmont, mondeuse, plant-robert, syrah, merlot, gamaret, garanoir, etc.

RICHARD AGUET
Féchy Curzille 2013 ★

Gd cru | 2 500 | | 8 à 11 €

La famille Aguet cultive la vigne depuis 1867 et six générations. Installé en 2010, Richard Aguet conduit aujourd'hui un vignoble réparti sur les communes de Féchy, Aubonne et Saint-Livres : 5 ha plantés en chasselas (80 %), pinot noir et charmont.

Robe jaune pâle et nez ouvert sur des notes de tilleul, de foin, de pomme et de poire, l'approche est engageante. La bouche ne déçoit pas : de la souplesse, du fruit (pêche, abricot) et une plaisante finale minérale, un peu crayeuse. Un ensemble alerte et harmonieux. 2014-2017 gruyère

Richard Aguet, Chem. du Martheray-Dessus 5, 1173 Féchy, tél. 79 218 96 25, richard@vins-aguet.ch
V t.l.j. sf jeu. ven. 16h-19h

HENRI BADOUX
Chablais Aigle les Murailles 2012 ★

■ | 60 000 | 🍾 | 15 à 20 €

Vénérable maison de négoce fondée en 1908 par Henri Badoux, développée par son fils Henri Emile à partir des années 1940, également propriétaire de plus de 50 ha dans les appellations réputées d'Aigle, Yvorne, Ollon et Saint-Saphorin.

Les Murailles est la marque-phare et historique de la maison Badoux, née sur les terrasses vertigineuses d'Aigle. La version 2012 séduit d'emblée par sa robe jaune à reflets dorés, comme par son bouquet discret mais fin de fleurs blanches, de banane mûre et de fruits jaunes en marmelade. Le charme opère aussi dans une bouche ample, souple, soyeuse, presque crémeuse, miellée et épicée (safran), avec une fine acidité en soutien. Un vin intense et complexe. ⧗ 2016-2019 🍷 blanquette de veau

SA Henri Badoux, rte d'Ollon 8, CP 448, 1860 Aigle, tél. 024 68 88, info@badoux-vins.ch V r.-v.

DOM. BLONDEL Calamin L'Arpège 2013 ★★

■ Gd cru | 5 000 | 🍾 | 11 à 15 €

Un domaine familial établi sur le terroir de Lavaux depuis 1920, que Jean-Luc Blondel, installé en 1987, a agrandi petit à petit, en reprenant les vignes de son épouse (famille Duboux) et par l'achat de parcelles. Le vignoble couvre aujourd'hui 7,5 ha.

Ce pur chasselas en robe jaune clair et brillant s'ouvre sans réserve sur des notes d'herbe sèche mâtinés de nuances minérales. Ample et souple en attaque, le palais se montre gras, puissant, dense et fin à la fois. Un vin bien typé, intense et long. ⧗ 2016-2019 🍷 rillettes de lapin

Jean-Luc Blondel, chem. du Vigny 12, 1096 Cully, tél. 21 799 31 92, info@domaine-blondel.ch

V r.-v. 2

♥ BOLLE
Chablais Aigle Collection Chandra Kurt 2012 ★★★

■ Gd cru | 2 000 | 🍾 | 15 à 20 €

Établie à Morges, sur les bords du lac Léman, la maison Bolle & Cie possède un vignoble de 44 ha, dans les appellations Morges et Luins, et développe aussi une activité de négociant importateur.

Après un coup de cœur l'an dernier pour ses Larmes de Licorne 2011, la maison Bolle « récidive » avec un vin blanc sec cette fois-ci. Un pur chasselas jaune lumineux, au nez bien ouvert sur les fruits jaunes, les agrumes et les épices. Une attaque souple et pleine de vivacité précède un palais dense, riche et rond jusqu'en finale. Un vin d'une grande harmonie, amène et charmeur en diable. ⧗ 2014-2017 🍷 poularde à la crème ■ **Épesses Grand cru Lavaux Collection Chandra Kurt 2012 ★** (3 000 b.) : fleurs blanches, foin coupé et touche de vanille à l'olfaction ; palais ample, sur les épices, la poire et les amandes ; un beau vin de son terroir. ⧗ 2014-2017 ■ **Féchy Grand cru La Côte Collection Chandra Kurt 2012 ★** (11 à 15 € ; 3 500 b.) : joli bouquet de tilleul mâtiné d'une touche de miel ; bouche fruitée (fruits jaunes, poire) et épicée (gingembre confit) ; finale fraîche et saline. ⧗ 2014-2017 ■ **La Côte Mont-sur-Rolle Caprice de Madame 2013 ★** (8 à 11 € ; 35 000 b.) : au nez, d'intenses notes florales et minérales ; en bouche, du volume, de la fraîcheur, du fruit (citron vert), de la minéralité et de la persistance. ⧗ 2014-2017

SA Bolle et Cie, rue Louis-de-Savoie 75, 1110 Morges, tél. 21 801 27 74, bolle@bolle.ch

V r.-v.

La Suisse

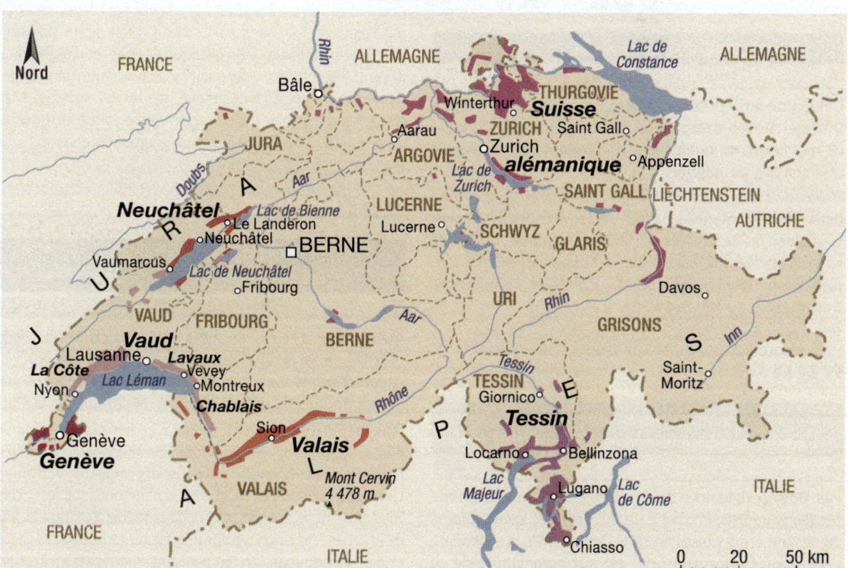

CAVE DES VITICULTEURS DE BONVILLARS
Bonvillars Les Nonnes 2013 ★

Gd cru	22 000		5 à 8 €

Fondée en 1943, la coopérative de Bonvillars fédère aujourd'hui une trentaine de vignerons et une centaine d'hectares de vignes.

Robe jaune clair. Nez discret de fleurs blanches et de fruits jaunes. Palais souple, ample et tendre, sur le citron, les fruits à noyaux mûrs et la noisette grillée. Un beau représentant du chasselas planté sur le terroir argilo-calcaire de Bonvillars. ⌛ 2014-2017 🍷 charcuterie

Cave des viticulteurs de Bonvillars, Chem. de la Cave 1, 1427 Bonvillars, tél. 24 436 04 36, cvb@cavedebonvillars.ch V t.l.j. sf dim. 8h-12h 13h30-18h; sam. 8h-12h

♥ DOM. ANTOINE BOVARD
Lavaux Epesses 2013 ★★★

Gd cru	4 500		11 à 15 €

Un domaine familial de 7,2 ha (dont une partie cultivée en biodynamie), situé dans le petit hameau de Treytorrens, au pied du vignoble de Lavaux, au bord de Lac Léman. Installé en 1983, Antoine Bovard a passé le relais à son fils Denis en 2011.

Ce superbe chasselas, jaune brillant à reflets dorés, dévoile un bouquet intense et gourmand de fruits jaunes, de pêche notamment. Une attaque vive, sur le perlant, ouvre sur un palais ample et très tonique, stimulé en finale par une note saline. Un vin d'un grand équilibre et plein de dynamisme. ⌛ 2015-2019 🍷 sushis

Dom. Antoine Bovard, c/o Denis Bovard, rte de Treytorrens 4, 1096 Cully, tél. 78 612 54 75, denis.bovard@gmail.com V r.-v. 3

PHILIPPE BOVET Gamaret 2012 ★★

	3 800		20 à 30 €

Cinquante ans après la dernière vinification, l'œnologue Philippe Bovet a repris en 2002 le domaine familial (8 ha), construit une cave ultra moderne et développé une activité de négoce.

Après douze mois de barrique, ce gamaret se présente dans une élégante robe carmin soutenu, le nez ouvert sur la réglisse et le toasté. Riche dès l'attaque, douce et longue, portée sur des arômes de chocolat, de moka et d'épices, la bouche signe un vin qualifié de « moderne ». ⌛ 2017-2024 🍷 filet d'agneau

Cave Philippe Bovet, rte de Genolier 7, La Cour, 1271 Givrins, tél. 22 369 38 14, info@philippebovet.ch V en sem. sur r.-v.; sam. 9h30-12h30; f. jan.

DOM. BOVY
Lavaux Saint-Saphorin Vieilles Vignes 2012 ★★

	5 000		15 à 20 €

Les Bovy, originaires de Chexbres, sont une ancienne famille vaudoise ; la cave date du XVIe s. et les premières vignes ont été acquises en 1779. Depuis 1997, la quatrième génération (Vincent et Éric) est aux commandes de ce vignoble de 11 ha planté à 450 m d'altitude.

De vieux ceps de chasselas de quarante ans ont donné naissance à cette cuvée au nez intense de gingembre et de fruits exotiques (ananas). Fraîche et souple en attaque, la bouche se révèle ample, riche, ronde et puissante, égayée en finale par des notes de safran. ⌛ 2016-2019 🍷 crevettes au curry doux

Dom. Bovy, Les Frères Bovy, rue du Bourg-de-Plaît 15, 1071 Chexbres, tél. 21 946 51 25, info@domainebovy.ch V r.-v. E

B DOM. LA CAPITAINE
Begnins La Côte Chardonnay 2012

Gd cru	7 000		15 à 20 €

Ancien maître de pratiques viticoles à l'école d'ingénieurs de Changins, Reynald Parmelin a repris le domaine familial au début des années 1990, après des expériences à l'étranger. Il exploite aujourd'hui un vignoble de 21 ha, cultivé en bio certifié depuis 1994.

Jaune à reflets gris argenté, ce 2012 dévoile un nez d'agrumes et de citronnelle. Après une attaque souple, on retrouve les arômes du nez, agrémentés de notes d'herbe fraîche et de menthe. La finale, bien enrobée, apporte un surcroît de douceur. ⌛ 2014-2017 🍷 crevettes sauce thaï

Dom. la Capitaine, En Marcins 2, 1268 Begnins, tél. 366 08 46, info@lacapitaine.ch V t.l.j. sf dim. 8h-18h; sam. 9h-12h

LES CELLIERS DU CHABLAIS
Aigle Chablais Pinot noir 2012 ★★

	7 000		15 à 20 €

Coopérative fondée en 1904, l'Association viticole d'Aigle – devenue Celliers du Chablais en 2009 – rassemble aujourd'hui 135 vignerons pour une surface totale de 50 ha.

Une robe dense, rouge carmin, habille ce pinot noir élevé douze mois en barrique. Le nez est encore un peu marqué par l'élevage, mais des parfums de cerise noire pointent derrière le merrain. Une attaque fraîche et souple, aux accents mentholés, ouvre sur un palais gourmand, gras, d'une bonne puissance, étayé de tanins fondus. Une longue finale sur les fruits rouges juteux laisse le souvenir d'un vin élégant. ⌛ 2017-2019 🍷 magret de canard

Les Celliers du Chablais, av. Margencel 9, 1860 Aigle, tél. 24 466 24 51, info@celliersduchablais.ch V r.-v.

DOM. CHANTEGRIVE
La Côte Crescendo Symphonie 2011 ★★★

	2 470		15 à 20 €

Alain Rolaz a repris en 1993 cette propriété familiale tournée vers la viticulture dès le début du XIXe s. Aujourd'hui, le vignoble s'étend sur 15 ha, répartis sur les communes de Gilly, Tartegnin, Mont-sur-Rolle, Perroy, Féchy et Aubonne.

Gamaret, garanoir et pinot noir composent cette cuvée rouge intense, au nez toasté (douze mois de barrique). Une attaque souple, fraîche et dynamique, sur les fruits rouges et noirs, introduit un palais solide, aux tanins fins et enrobés, qui s'achève sur une élégante note de réglisse et d'épices douces. Un vin puissant et énergique. ⌛ 2019-2024 🍷 côte de boeuf

Alain Rolaz, Dom. de Chantegrive, La Place 18 , 1182 Gilly, tél. 21 824 15 87, info@chantegrive.ch V r.-v.

ALEXANDRE CHAPPUIS ET FILS
Saint-Saphorin Lavaux Diolinoir Barrique 2012 ★

Gd cru | 1 200 | | 15 à 20 €

Un domaine familial créé en 1910, conduit aujourd'hui par les frères Guy-Louis et Jean-Philippe Chappuis. Le vignoble couvre quelque 7 ha, essentiellement sur Saint-Saphorin, Épesses et Dézaley.

Ce diolinoir s'ouvre sur un joli nez d'épices, de cassis et d'eucalyptus. Une note de lierre introduit un palais gras, intense, aux tanins fermes, qui déploie une longue finale réglissée. Un bon potentiel de garde en perspective. 2016-2019 civet de chamois

Alexandre Chappuis et Fils, Bons Voisins 22, 1071 Rivaz, tél. 21 946 13 06, info@vins-chappuis.ch V r.-v. 2 B

MERLOT DE LA CHÂTAIGNERAIE
La Côte Etoy 2012 ★

Gd cru | 1 000 | | 20 à 30 €

Un petit domaine de 5 ha acquis par Marco Trippi en 2009, cultivé selon les préceptes de Vitiswiss, sans désherbants ni insecticides.

Rouge profond frangé de violacé, la robe est élégante. Tout comme le nez, ouvert sur des notes de tabac, de terre et de truffe. Une attaque souple et juteuse introduit un palais agréable et frais, aux tanins déjà fondus, marqué en finale par les notes de toasté et le moka de l'élevage. 2015-2019 entrecôte

Marco Trippi, La Romanèche 12, 1163 Etoy, tél. 07 96 55 65 83, m.trippi@lachataigneraie.ch V r.-v.

DOM. CHATELANAT
Féchy La Côte Clos de la Dame 2013 ★

Gd cru | 6 000 | | 11 à 15 €

Entre Perroy et Bougy-Villars, Raymond Metzener cultive 9 ha de vignes selon les principes écologiques. Une propriété familiale vieille de cent cinquante ans, qui fait la part belle au chasselas.

Une robe or pâle habille ce 100 % chasselas né sur un terroir argileux et caillouteux. Un vin ample, frais et dynamique, minéral (pierre mouillée) et fruité (pêche, abricot), tendu par une finale acidulée et saline. Un ensemble fringant. 2014-2017 filets de perche

Dom. Chatelanat, Grand-Rue 16, 1166 Perroy, tél. 21 825 17 21, metzener4@bluewin.ch V r.-v.
R. Metzener

OLIVIER CHAUTEMS
Côtes de l'Orbe Gamey Émotion 2012 ★

| 8 000 | | 5 à 8 €

Olivier Chautems a créé ce vignoble de poche en 2010 : 2 ha sur lequel il cultive sept cépages : chasselas, gamay, pinot noir, garanoir, gamaret, merlot et galotta.

Robe carmin brillant. Nez marqué par les épices douces et le poivre noir. À une attaque souple, succède un palais vif et tannique, encore un peu refermé sur lui-même, plus ouvert en finale sur le sureau noir. Prometteur. 2016-2019 croûte aux champignons

Olivier Chautems, chem. des Dumières 1, 1443 Champvent, tél. 79 383 24 04, o.c.chautems@bluewin.ch V r.-v.

♥ CAVE CIDIS La Côte Pinot gris
Vendange de la Saint-Martin 2012 ★★★

| 4 000 | | 15 à 20 €

Fondée en 1933, cette coopérative couplée à une importante structure de négoce est établie à Tolochenaz, près de Morges, au bord du lac Léman. Elle fédère 420 vignerons-sociétaires et propose une très vaste gamme de vins de toute la Suisse.

Jaune doré soutenu, ce liquoreux issu de pinot gris dévoile un nez complexe d'épices (safran) et de pommes cuites. Des arômes que prolonge un palais ample, riche et gras, mais sans lourdeur, sous-tendue jusqu'en finale par une juste fraîcheur. Un modèle d'équilibre. 2019-2024 foie gras Luins Bravade La Côte 2013 ★ (8 à 11 € ; 7 000 b.) : légère note anisée à l'olfaction ; bouche souple et bien équilibrée entre le fruité frais et l'acidulé ; notes de poire Williams en finale. 2014-2017

Cave Cidis, chem. du Saux 5, 1131 Tolochenaz, tél. 21 804 54 54, cidis@cidis.ch V t.l.j. sf dim. 9h-12h 13h30-18h30 Uvavins

CLOS DE CHÂTONNEYRE
Lavaux Chardonne Chasselas 2012 ★

Gd cru | 10 000 | | 11 à 15 €

Fondée en 1916, cette petite coopérative rassemble une cinquantaine d'adhérents établis dans l'appellation Chardonne, à l'extrémité orientale du coteau de Lavaux.

Ce 2012 dévoile un joli nez de fruits mûrs, de mangue et de pêche au sirop. Un fruité généreux que l'on retrouve dans un palais souple en attaque, ample, gras, soutenu par la fraîcheur d'un perlant encore bien perceptible et par une finale minérale. 2016-2019 vacherin mont-d'or Lavaux Pinot gris de Corveaux 2012 (5 000 b.) : nez discrètement floral ; attaque souple ; du gras, de l'ampleur et une finale sur la minéralité, agrémentée d'une pointe de douceur. 2014-2017

Cave des Vignerons de Corseaux-en-Lavaux, Rue du village 20, 1802 Corseaux-en-Lavaux, tél. 21 921 31 85, info@avc-vins.ch V r.-v.

UNION VINICOLE DE CULLY
Lavaux Cuvée des Helvètes 2013 ★★

Gd cru | 10 000 | | 8 à 11 €

La cave coopérative de Cully, fondée en 1937, exploite un vignoble de 28 ha étagé sur les coteaux en terrasses de Lavaux.

Ce pur chasselas revêt une élégante robe pâle à reflets dorés. Le nez, complexe, est à dominante florale, agrémenté d'une pointe d'anis et d'herbes sèches. Des arômes que l'on retrouve dans une bouche fraîche et perlante en attaque, élégante et équilibrée, stimulée en finale par de discrètes notes d'agrumes. 2014-2017 cuisses de grenouilles persillées

Union vinicole de Cully, rue de la Gare 10, 1096 Cully, tél. 21 799 12 96, info@uvc.ch V r.-v.

DOM. DELAHARPE
La Côte Coteaux de Vincy Soleil rouge 2012 ★

Gd cru | 3 500 | | 8 à 11 €

Ce domaine familial de 7,5 ha doit son nom à un terroir réputé de Bursins, en appellation vinzel. Incarnant la troisième génération, Yann Menthonnex y est installé depuis 2000.

Un assemblage de gamaret, garanoir, pinot noir et cabernet franc. Au nez, de la groseille, des épices et des nuances florales. En bouche, une attaque sur les fruits rouges, de la souplesse, de la fraîcheur et une jolie finale sur le sureau. Un vin simple et gourmand. 2016-2019 pièce de veau aux chanterelles

Yann et Karine Menthonnex, Dom. Delaharpe, rue de l'Église 11, 1183 Bursins, tél. 21 824 22 30, yannmenthonnex@hotmail.com V r.-v.

♥ DOM. DES FRÈRES DUBOIS
Dézaley-Marsens de la Tour 2012 ★★★

Gd cru | 20 000 | | 15 à 20 €

Quatre générations de Dubois se sont succédés sur ce domaine fondé en 1927, conduit depuis 2005 par les frères Frédéric et Grégoire. Les vins sont élevés dans les caves profondes du Petit Versailles, bâtiment construit au début du XIXe s.

Sur le vignoble très ancien du Dézalay (défriché au XIIe s. par les moines cisterciens) et ses terrasses surplombant le lac Léman, la vigne s'étage en petits parchets consolidés par de grands murs. Les frères Dubois ont sélectionné 2 ha de chasselas pour élaborer cette superbe cuvée jaune à reflets or. Le nez conjugue de délicats parfums de fleur de sureau et des nuances minérales de pierre chaude et de silex. Le palais se révèle ample, dense, souple, parfaitement équilibré entre richesse et acidité, et déploie une longue finale saline. 2017-2019 pochouse Dézaley-Marsens de la Tour Vase N° 4 2011 ★★ (20 à 30 € ; 8 000 b.) : au nez, ananas, chocolat blanc, léger grillé ; palais fruité (ananas toujours, mangue, citron confit), dense, ample et gras. 2019-2024 Lavaux Quentus 2011 ★ (20 à 30 € ; 1 800 b.) : un liquoreux né de müller-thurgau et de chardonnay, élaboré par cryoextraction puis fermenté et élevé en barrique. Nez sur le toast et la pâtisserie. Palais d'une grande douceur, sur l'ananas mûr et les fruits confits, rehaussé par une finale acidulée. (Bouteiles de 37,5 cl.) 2019-2024

SA Les Frères Dubois, chem. de Versailles 1, 1096 Cully, tél. 21 799 22 22, office@lfd.ch V t.l.j. sf dim. lun. 10h-12h30 15h-18h30; sam. 10h-16h

♥ OLIVIER DUCRET
Lavaux Saint-Saphorin Doral 2012 ★★★

| 1 000 | | 20 à 30 €

Ce petit domaine familial commercialise sa production en bouteille depuis 1952. Le vignoble, étendu sur 3,5 ha en terrasses, accueille pas moins de onze cépages. Un bel exemple de la richesse ampélographique helvétique.

« Aux âmes bien nées, la valeur n'attend point le nombre des années ». Né jeunes ceps de douze ans, ce 2012 couleur jaune or a fait forte impression. Le nez, intense et complexe, rappelle le viognier par ses parfums soutenus d'abricot mûr, agrémentés ici de notes de curry, de safran et de noix de coco. Le palais ? Ample, riche, dense, bien épaulé par une vivacité dynamique. Un blanc très original et aromatique. 2016-2019 lapin à la moutarde

Olivier Ducret, rue du village 61, 1803 Chardonne, tél. 21 921 55 68, info@vins-ducret.ch V r.-v.

LES FRÈRES DUTRUY
La Côte Les Romaines Gamey 2011 ★

| 3 000 | | 20 à 30 €

La famille Dutruy s'est installée au début du siècle dernier dans cette région du sud-ouest de l'arc lémanique, dans le village de Founex. Quatre générations se sont succédé à la tête du domaine : un vignoble de 25 ha aujourd'hui, conduit par les frères Christian et Julien.

Ces Romaines se présentent dans une robe rouge carmin soutenu, le nez empreint de senteurs complexes de vanille, de fruits rouges, de girofle, de truffe et d'humus. Souple en attaque, le palais, bien structuré, associe la confiture de mûres et le toasté. Encore un brin austère, la finale appelle la garde. 2016-2019 lapin aux olives

Les Frères Dutruy, 1297 Founex, tél. 22 776 54 02, dutruy@lesfreresdutruy.ch V r.-v.

JEAN-MARC FAVEZ Lavaux Montreux
Assemblage de nobles cépages Réserve 2012 ★★

| 2 500 | | 11 à 15 €

Ce domaine de création récente (2004), établi au cœur de Lavaux, étend son vignoble sur 6 ha.

Les nobles cépages en question sont le gamaret (50 %), le merlot et le cabernet franc (25 % chacun). Et de la noblesse, ce vin n'en manque pas. Robe dense et profonde, aux reflets violacés. Nez frais, fruité (cassis) et épicé (poivre blanc). Palais au diapason, alerte et fruité dès l'attaque, bâti sur des tanins fins et soyeux et prolongé par une longue finale épicée, agrémentée d'une note de graphite et de camphre. Un ensemble élégant et complexe, armé pour la garde. 2018-2024 filet de pigeon

Jean-Marc Favez, Sentier des Curtis 2, 1806 Saint-Légier, tél. 79 647 77 49, jm.favez@bluewin.ch V r.-v.

CHRISTOPHE FRANCEY
Lavaux Saint-Saphorin Burignon 2013

Gd cru | n.c. | 11 à 15 €

Un petit domaine familial de 3 ha établi à Saint-Saphorin, au cœur de Lavaux, conduit par la même famille depuis... 1384. Une tradition perpétuée depuis 2001 par Christophe Francey.

Le nez ouvert et intense mêle parfums de tilleul et nuances minérales. Ferme et citronné en attaque, le palais offre du gras, de la structure et une légère amertume en finale. Du relief et de la personnalité. 2014-2017 tartare de saumon

Christophe Francey, rue du Bourg-de-Plaît 4, 1071 Chexbres, tél. 21 946 12 56, franceyc@bluewin.ch r.-v.

CAVE DU CH. DE GLÉROLLES Lavaux Saint-Saphorin Planète de Saint-Saphorin 2013 ★★

| 12 000 | | 11 à 15 €

An 563 : un raz-de-marée déferle sur les rives du Léman et détruit le paisible village de Glérolles, qui renaîtra sous le nom de Saint-Saphorin. Seul le château porte encore le nom de l'ancienne bourgade. Longtemps propriété de l'évêché de Lausanne, il entre en 1803 dans la famille Ruchonne, qui le conserve jusqu'en 1977. Depuis 2010, il appartient à un groupe d'investisseurs de la région. Son vignoble couvre près de 5 ha adossés aux fortes pentes qui plongent dans le lac Léman.

Une seyante robe jaune pâle habille ce vin au nez discret mais élégant de fleur de tilleul. Ouvert sur l'ananas et l'abricot, le palais offre du volume, du gras, de la densité, de la minéralité et s'étire dans une longue finale saline et épicée. 2014-2017 crevettes sauce aigre-douce

Cave du Ch. de Glérolles, Ch. de Glérolles, rte du Lac 27, 1071 Saint-Saphorin, tél. 21 943 23 50, info@glerolles.ch r.-v.

HEGG ET FILS Lavaux Épesses Les Mariages Pinot noir 2012 ★★★

| 2 400 | | 11 à 15 €

Un petit domaine familial fondé en 1932, établi au cœur du bourg d'Épesses. Le vignoble de 5 ha est dispersé entre les différentes appellations de Lavaux : Dézaley, Épesses et Calamin.

Frédéric Hegg signe à partir du seul pinot noir un vin admirable, très élégant dans sa robe carmin à reflets grenat. Une élégance que l'on retrouve dans un bouquet intense de fruits rouges (cerise notamment), prolongé par un palais souple, rond, gourmand à souhait et très long. Un superbe représentant de ce noble cépage. 2016-2019 émincé de veau à la zurichoise

Hegg et Fils, rte de la Corniche 48, 1098 Épesses, tél. 21 799 14 51, hegg-fils@bluewin.ch r.-v.

CAVE DE L'HÔPITAL Dézaley 2013

Gd cru | 7 000 | | 15 à 20 €

Cédé en 1362 par les Seigneurs de Billens à la Ville-État de Fribourg, le domaine fut offert par celle-ci à l'hôpital de Notre-Dame, qui en est toujours propriétaire. Agrandi à partir du XVe s., le vignoble couvre aujourd'hui 6 ha.

Un nez gourmand de pâtisserie et de tarte au citron nuancé de discrètes notes florales ouvre la dégustation. Souple en attaque, ample, riche et gras sans manquer de fraîcheur, le palais affiche un bon équilibre. 2014-2017 filet de féra

Hôpital des Bourgeois de la ville de Fribourg, rue du Collège 22, 1097 Riex, tél. 79 943 11 67, bourgeoisie@ville-fr.ch r.-v.

CH. MAISON BLANCHE Yvorne Chablais Savagnin blanc 2013 ★★

Gd cru | 1 500 | | 20 à 30 €

1573 : Sieur Antoine d'Erlach et son frère Borckhardt font construire une maison blanche, à l'écart du petit village d'Yvorne. 4 mars 1584 : un dramatique glissement de terrain anéantit presque intégralement la bourgade et le château. Un grand désastre et une chance : le domaine (8 ha aujourd'hui), reconstruit en 1609, bénéficie depuis d'un terroir complexe mêlant des sols calcaires anciens à des dépôts alluvionnaires récents.

Ce pur savagnin en robe jaune clair dévoile un nez discret de citron frais. Une attaque vive sur le citron confit, agrémentée de notes balsamiques, ouvre sur une palais gras, intense, structuré, marqué par une légère douceur en finale. Un vin complexe, au potentiel certain. 2017-2024 crevettes thaïes au curry vert Yvorne Grand cru 2013 ★ (15 à 20 € ; 62 000 b.) : un pur chasselas expressif et complexe (poire Williams, silex, fruits jaunes mûrs), souple et charmeur, gourmand et plein. 2014-2017

SA Ch. Maison Blanche, La Maison blanche, 1853 Yvorne, tél. 24 466 32 10, info@maison-blanche.ch r.-v.

DOM. DE MARCELIN La Côte Morges 2013 ★★

| 12 000 | | 11 à 15 €

Créé en 1921 et propriété de l'État, ce domaine est celui de l'école d'Agriculture et de Viticulture de Morges. À sa disposition, un bon terrain d'apprentissage pour les étudiants du bassin lémanique : un peu plus de 7 ha au lieu-dit Marcelin, déjà mentionné au XIVe s., face au Mont-Blanc sur un coteau exposé plein sud.

Seyante robe jaune léger et nez frais de tilleul et autres fleurs blanches, l'approche est charmante. Souple et vive en attaque, la bouche prolonge ces senteurs florales notes, y ajoute une touche de menthe et une note acidulée en finale. Un vin tonique, très belle expression du chasselas, à la fois fine et gourmande. 2015-2019 poisson en sauce

École d'agriculture et de viticulture Marcelin, c/o Office cantonal de la Viticulture, av. Marcelin 29, CP 849, 1110 Morges, tél. 21 557 92 68, info.ocvp@vd.ch r.-v.

♥ DOM. DU MONTET Bex La lieue Merlot Vieilles Vignes 2012 ★★★

Gd cru | 3 000 | | 20 à 30 €

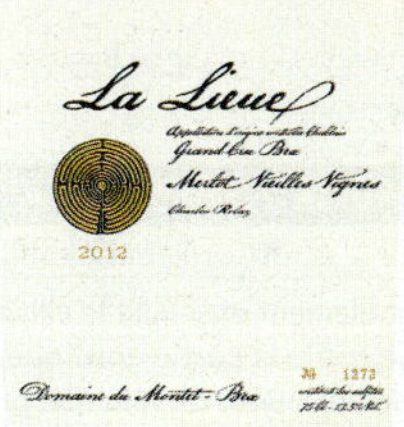

Une maison de négoce-éleveur familiale créée en 1947. Un acteur important du vignoble suisse, qui vinifie la récolte de près de 350 ha, dont un tiers issu de domaines en propre dans les cantons de Vaud (La Côte et Chablais) et Valais, ainsi qu'en Bourgogne (domaine des Varoilles à Gevrey-Chambertin).

Une robe rouge dense et profonde aux reflets violets habille ce vin au nez complexe, épicé (poivre, clou girofle) et fruité (cerise noire et mûre). Suave en attaque, le palais, puissant, dévoile une très belle matière, bien enrobée. Un vin en devenir, auquel il faut laisser du temps. 2019-2024 côte de bœuf Clos du ChâtelardVilleneuve Grand cru Merlot Apicius Vieilles Vignes 2012 ★★ (4 500 b.) : nez épicé et toasté ; attaque souple et charmeuse, sur le moka, ouvrant sur un palais bien construit, fruité, solide et flatteur à la fois. ⧗ 2016-2019 ■ L'Ovaille 1584 Yvorne Grand cru 2012 ★★ (15 à 20 € ; 7 500 b.) : nez complexe (fleurs blanches, herbes sèches, notes iodées) ; palais ample et souple, dynamisé par un léger perlant et très fruité (pêche et abricot mûrs). ⧗ 2016-2019

Hammel - Terres de Vins, chem. des Cruz 1, 1180 Rolle, tél. 21 822 07 07, office@hammel.ch V r.-v.

ALAIN NEYROUD ET GIANNI BERNASCONI
Lavaux Chardonne Perle Rouge 2013 ★★

■	2 300		11 à 15 €

Implantés à Chardonne depuis le XIVe s., les Neyroud y exploitent la vigne dès le XVIIIe s. Une tradition ancestrale perpétuée depuis 1974 par Alain Neyroud, associé à Gianni Bernasconi, en 2004, à la tête aujourd'hui d'un domaine de 5 ha.

Cette Perle rouge associe 10 % de gamaret au gamay. La robe est intense et violine. Le nez mêle notes de poivre et de mûre sauvage à quelques nuances animales. La bouche, tout aussi savoureuse et épicée, se montre dense et bien charpentée par des tanins fermes au grain fin. ⧗ 2016-2019 🍴 pintade grillée au jus

Alain Neyroud et Gianni Bernasconi, rte du Vignoble 28, 1803 Chardonne, tél. 21 921 81 27, a.neyroud@infomaniak.com V r.-v.

OBRIST La Tour Blanche 2012 ★

■	5 000		11 à 15 €

L'histoire de cette maison débute en février 1854 lorsque Emmanuel Obrist fonde à Vevey le négoce Obrist & Cie. L'entreprise familiale se développe rapidement et devient dès le début du XXes. un acteur viticole incontournable en Suisse romande. Elle le demeure toujours aujourd'hui, avec aussi en propriété 55 ha de vignes allant des terrasses de Lavaux au coeur du Valais, en passant par le Chablais.

Chardonnay (50 %), pinot gris et pinot noir à parts égales pour cette cuvée élevée neuf mois en fût. Au nez, de la vanille, du toasté et des épices douces. En bouche, du volume, du gras, des arômes de citron confit et d'amande, et une belle finale sur la vivacité. « Un vin de style international », selon un juré. ⧗ 2016-2019 🍴 saumon gravlax à l'aneth

SA Obrist, av. Reller 26, 1800 Vevey, tél. 21 925 99 25 V t.l.j. sf dim. 10h-18h; sam. 10h-13h

DOM. DE L'OVAILLE Chablais Yvorne 2013 ★★

■ Gd cru	35 000		15 à 20 €

En 1584, un gigantesque éboulement ensevelit le village d'Yvorne. Cette catastrophe coiffa la partie nord-ouest du village d'un vaste cône de déjection. C'est là que prit pied le vignoble de l'Ovaille (« orvaille » signifiant « désastre » en vieux français), un domaine de 2,3 ha planté de chasselas, conduit par Frédéric et Philippe Deladoey.

Robe jaune pâle à reflets verts. Au nez, des senteurs délicates de tilleul et de melon, agrémentées des notes minérales de ce terroir d'éboulis riches en silex. À une attaque acidulée succède un palais riche, ample et gourmand, à la finale tendre et élégante ; « un vin qui redemande », selon un juré... ⧗ 2016-2019 🍴 filet de veau au citron

Dom. de L'Ovaille, Les Maisons Neuves 6, 1853 Yvorne, tél. 24 466 88 88, deladoey@ovaille.com V r.-v. Deladoey Fils

LUC PELLET
La Côte Mont-sur-Rolle Haute-Cour 2013 ★★

■ Gd cru	8 000		8 à 11 €

Un domaine de familial de 7 ha, dont l'essentiel planté sur le coteau de Mont-sur-Rolle, le reste sur les coteaux pentus du vallon de l'Aubonne, à Saint-Livres (appellation Morges). Neuf cépages sont cultivés ici, mais le chasselas, cépage roi de cette région de La Côte, y a la part belle.

Pâle et brillant aux reflets argentés, ce chasselas dévoile un nez élégant, floral et citronné, agrémenté d'un léger grillé. La bouche est vive dès l'attaque, longue et fruitée (pêche blanche), mais encore un peu sur la retenue. La garde révèlera tout son potentiel. ⧗ 2016-2019 🍴 féra du lac Léman

Luc Pellet, chem. du Stand 11, 1185 Mont-sur-Rolle, tél. 21 825 44 48, luc.pellet@bluewin.ch V r.-v.

DOM. DU PRIEURÉ La Côte Perroy 2013 ★

■	6 000		8 à 11 €

Perroy est une très ancienne bourgade viticole de 140 ha située au cœur de La Côte. Construit par les moines de Tournus entre 1132 et 1172, le domaine du Prieuré et son vignoble faisant face au lac Léman est aujourd'hui propriété de la commune.

Le nez discret mêle de délicates notes florales à une fine minéralité. La bouche se révèle ample, fraîche (citron) et bien équilibrée. Une pointe de noble amertume bien fondue dans la minéralité marque la finale. ⧗ 2015-2018 🍴 raclette

Commune de Perroy, Le Prieuré 5, 1166 Perroy, tél. 02 18 25 38 45, info@c-d-c.ch V r.-v.

DOM. RUCHONNET
Lavaux Saint-Saphorin La Ruchonnette 2013

■	3 800		11 à 15 €

Ce domaine familial étend son vignoble d'environ 4 ha sur les spectaculaires terrasses des appellations Saint-Saphorin et Dézaley, au cœur de Lavaux.

La dégustation s'ouvre sur un nez plaisant et intense de fleur de vigne et de pêche agrémenté d'une note anisée. Une attaque sur la pomme et la poire, du volume, une finale agréablement épicée, le palais a de la tenue. ⧗ 2014-2017 🍴 soufflé au fromage

Anne-Catherine et Sébastien Ruchonnet, Place du collège 5, Vieux-Pressoir, 1071 Rivaz, tél. 21 946 23 27, info@vins-de-st-saphorin.ch V r.-v.

DOM. DE TERRE NEUVE
La Côte Saint-Prex Gamalys 2013 ★

■	n.c.		11 à 15 €

Un domaine ancien, fondé en 1830, situé dans la région La Côte, sur l'appellation Morges, entre Sait-Prex et Lully. David Kind, agriculteur, viticulteur et œnologue, y est établi depuis 1996.

Le nez, intense, évoque la groseille et la framboise. Un fruité croquant que l'on retrouve dans une bouche fraîche, légère, très agréable. Un vin accort, à boire sur le fruit. ⧗ 2014-2017 🍴 terrine de campagne

David Kind, Dom. de Terre-Neuve, 1162 Saint-Prex, tél. 79 216 94 44, info@terreneuve.ch V r.-v.

TREIZE CÔTEAUX Côtes de l'Orbe Chasselas 2013

| 50 000 | 5 à 8 € |

Coopérative fondée en 1948, regroupant trente adhérents pour une surface de 50 ha. Une partie des raisins est vendue en négoce, l'autre vinifiée par la cave.

Jaune pâle à reflets gris, ce chasselas livre un bouquet de citron et de fleurs coupées. À l'unisson, le palais se révèle vif, sec, alerte. 2014-2017 asperges vertes

Cave des Treize Côteaux, pl. du Village 1, 1321 Arnex-sur-Orbe, tél. 24 441 39 93, caveautreizecoteaux@freesurf.ch V r.-v.

CAVE VEVEY-MONTREUX Lavaux Frairié 2013 ★★

| 5 000 | 8 à 11 € |

La cave coopérative de Montreux regroupe soixante-huit propriétaires dont les vignes s'étendent entre Montreux et Chardonne.

Robe jaune pâle et nez intense de fruits jaunes et de pêche de vigne, agrémenté d'une discrète note d'amande douce : l'entrée en matière est séduisante. La bouche tient la note : des fruits mûrs, du volume, de la densité et une finale longue et suave. Un chasselas fin et élégant, qui vieillira bien. 2015-2019 omble chevalier au beurre blanc Lavaux Montreux Gobelins Pinot noir 2011 ★ (6 000 b.) : un nez de fruits rouges bien mûrs, marqué par une légère évolution ; un palais souple, tendre et léger, doté d'un bon soutien acide. 2014-2017 Saint-Légier La Chiésaz 2013 ★ (5 000 b.) : un bouquet très ouvert de fruits jaunes ; une bouche ample, souple, fruitée (pomme) et épicée (cannelle). 2014-2017

La Cave Vevey-Montreux, av. de Belmont 28, 1820 Montreux, tél. 21 963 13 48, cvm@lave-vevey-montreux.ch V r.-v.

ARTISANS VIGNERONS D'YVORNE Chablais Yvorne Pinot noir Feu d'amour 2012 ★

| 40 000 | 11 à 15 € |

Cette cave coopérative fondée en 1902 regroupe la vendange de cent-vingt adhérents, dédiée à la seule appellation Yvorne Chablais : 55 ha (85 % de chasselas, le reste en cépages rouges) sur les 160 ha que compte l'aire de production.

Une robe rubis plutôt légère habille ce pinot noir au nez frais de fruits rouges et de cassis. Le palais se montre souple et floral (pivoine), porté par des tanins soyeux et fondus, un rien plus stricts en finale. 2016-2019 entrecôte grillée

Artisans vignerons d'Yvorne, Les Maisons-Neuves 5, 1853 Yvorne, tél. 24 466 23 44, info@avy.ch V r.-v.

CANTON DU VALAIS

Pays de contrastes, la vallée du haut Rhône a été façonnée au cours des millénaires par le retrait du glacier. Un vignoble a été implanté sur des coteaux souvent aménagés en terrasses.

Le Valais, un air de Provence au cœur des Alpes : à proximité des neiges éternelles, la vigne côtoie l'abricotier et l'asperge. Sur le sentier des bisses (nom local des canaux d'irrigation), le promeneur rencontre l'amandier et l'adonis, le châtaignier et le cactus, la mante religieuse et le scorpion ; il peut palper le long des murs l'absinthe et l'armoise, l'hysope et le thym.

Plus de quarante cépages sont cultivés dans le Valais, certains introuvables ailleurs tels l'arvine et l'humagne, l'amigne et le cornalin. Le chasselas se nomme ici fendant et, dans un heureux mariage, le pinot noir et le gamay donnent la dôle, tous deux crus AOC qui se distinguent selon les divers terroirs par leur fruité ou leur noblesse.

CAVE ARDÉVAZ Johannisberg 2013 ★★

| 12 000 | 15 à 20 € |

Domaine fondé en 1955 par Henri Boven à Chamoson. Son fils Michel prend le relais à partir de 1977. Suite à son décès en 2010, sa famille poursuit son œuvre, avec aux commandes des vinificiations l'oenologue Rodolphe Roux

A l'œil, un beau jaune à reflets dorés. Au nez, de l'amande douce. En bouche, une attaque souple, sur la mirabelle, une belle densité et une finale ample et fraîche à la fois. Un vin parfaitement équilibré. 2018-2024 émincé de veau au paprika Païen 2013 ★★ (20 à 30 € ; 7 500 b.) : nez expressif et alerte (fruit de la Passion, note minérale) ; palais ample, gras et corpulent sans lourdeur ; puissant et élégant à la fois. 2016-2019 Fendant 2013 ★ (9 000 b.) : nez sur les herbes sèches ; attaque sur les fruits blancs ; bonne densité en milieu de bouche ; finale fraîche et tonique. 2016-2019 Dôle 2012 ★★ (5 000 b.) : un bouquet de fruits sauvages ; une attaque suave et un développement plus strict, sur des tanins jeunes et fermes ; jolie finale sur le sureau. « Une interprétation agréable et moderne de la Dôle traditionnelle ». 2016-2019

Cave Ardévaz, rue de l'Église 29, Saint-Pierre-de-Clages, 1955 Chamoson, tél. 27 306 28 36, info@boven.ch V r.-v.

Rachel Bouen

ANTOINE ET CHRISTOPHE BÉTRISEY Heida Affinité blanche 2013 ★★

| 3 000 | 15 à 20 € |

Issu d'une famille vigneronne, les frères Antoine et Christophe Bétrisey ont créé leur propre cave en 1993. Ils conduisent aujourd'hui un vignoble de 15 ha niché sur les coteaux plein sud et très pentus des rives de la Lienne.

Robe jaune soutenu à reflets dorés. Nez complexe de fruits exotiques mûrs (fruit de la Passion, mangue). Palais souple en attaque, gras, suave et persistant. Un ensemble très harmonieux, gourmand et armé pour bien vieillir. 2016-2019 brandade de morue

Antoine et Christophe Bétrisey, rue des Vergers 22, 1958 Saint-Léonard, tél. 79 409 27 94, info@betrisey-vins.ch V r.-v.

ALBERT BIOLLAZ Petite arvine Réserve du chassuer 2013

| 3 000 | 11 à 15 € |

Fondée en 1917 par Albert Biollaz, cette maison de négoce occupe aujourd'hui une place importante en Valais central.

Star du Valais, la petite arvine serait originaire du Val d'Aoste, dont elle aurait quitté les coteaux au Moyen Âge pour s'installer sur ceux, ensoleillés, du Valais. Ici, une version fort plaisante, jaune à reflets dorés ouverte sur des parfums de fleurs coupées et de foin séché. Une attaque tendre et souple, marquée par une légère sucrosité prélude à un palais ample et alerte, aiguillonné par une finale sur le citron vert. ⧗ 2014-2017 🍴 toasts au saumon fumé

SA Albert Biollaz, CPP 333, 1955 Chamoson, tél. 27 30 628 86, info@biollaz-vins.ch
Alphonse Ebiner

SANDRINE, ANNE-CAROLE ET CONRA CALOZ
La Mourzière 2013 ★★

■ | 3 000 | 🍾 | 8 à 11 €

Premières vinifications au domaine en 1960 par Fernand Caloz. 1987 : arrivée de son fils Conrad, qui valorise les cépages autochtones, avec une place de choix réservée au fendant. 2013 : premier millésime de Sandrine, fille de Conrad et œnologue fraîchement diplômée.

Premier millésime et déjà une belle réussite avec ce fendant jaune à reflets dorés, au nez délicat de verveine. Dès l'attaque, le palais se révèle ample, riche, opulent et bien enveloppé, porté sur le citron jaune confit. Une finale souple, fruitée (fruits jaunes) et minérale laisse le souvenir d'un vin harmonieux. ⧗ 2016-2019 🍴 plateau de fromages affinés

Sandrine, Anne-Carole & Conrad Caloz, ancienne rte de Sierre 1, 3972 Miège, tél. 27 455 22 06, caloz.conrad@bluewin.ch V r.-v.

♥ FERNAND CINA
Humagne blanc Réserve du caveau 2013 ★★★

■ | 2 500 | 15 à 20 €

Un domaine créé en 1956 par Fernand Cina, conduit depuis 1987 par ses fils Damian et Manfred, à la tête aujourd'hui d'un vignoble de 18 ha.

Le millésime 2013 a semble-t-il parfaitement réussi au domaine. En tête, ce vin admirable, d'un seyant jaune soutenu, ouvert sans réserve sur les fruits à noyau, sur la reine-claude notamment. Le palais en impose dès l'attaque : beaucoup de volume, une élégante trame minérale en soutien et une superbe finale sur l'amande amère. Un digne représentant de ce rare cépage blanc typiquement valaisan. ⧗ 2017-2024 🍴 fromage de chèvre frais ■ Johannisberg Réserve du caveau 2013 ★★★ (11 à 15 € ; 7 500 b.) : nez d'allumette frottée ; beaucoup de matière, de la richesse, de la minéralité, une discrète amertume, une longue finale sur les fruits à noyau. Un très beau vin de terroir. ⧗ 2016-2019 ■ Gamay Réserve du caveau 2013 ★★ (11 à 15 € ; 7 000 b.) : un bouquet puissant de sous-bois (fougère), une attaque sur les fruits rouges et une bouche longue et dense, aux tanins serrés mais amènes ; un gamay tout en finesse. ⧗ 2016-2019 ■ Syrah Réserve du caveau 2013 ★★ (8 000 b.) : au nez, du cassis et du clou de girofle ; un palais ample et enveloppant, aux tanins suaves. Un vin exubérant, presque oriental. ⧗ 2016-2019

SA Fernand Cina, Bahnhofstrasse 27, 3970 Salgesch, tél. 27 455 09 08, caves@fernand-cina.ch V t.l.j. sf dim. 9h-17h sf sam. 9h-13h

♥ CAVE CORBASSIÈRE Saillon Syrah 2012 ★★★

■ | 1 900 | 🍾 | 20 à 30 €

Cette propriété familiale créée en 1981 dispose d'un vignoble de 7 ha établi sur la rive droite du Rhône, planté de onze cépages. On y propose, outre les classiques valaisans, des « spécialités tardives ». Aux commandes depuis 2011, Nicolas Cheseaux.

Onze mois de cuve pour cette cuvée née d'une syrah de trente ans. Dans le verre, un vin admirable, d'un beau rouge profond nuancés de violine, au nez intense et élégant, fruité (fruits noirs) et épicé. Une attaque fraîche dévoile un palais dense et puissant, bien corseté par la barrique, présente sans excès, qui s'étire dans une longue finale poivrée. Un vin d'une grande personnalité, au potentiel certain. ⧗ 2019-2024 🍴 côte de bœuf ■ Petite arvine 2012 ★★ (940 b.) : nez ouvert sur l'ananas ; une bouche fraîche, légèrement perlante en attaque, bien structurée, dominée par la rhubarbe ; finale un rien saline. ⧗ 2016-2019

Cave Corbassière, Fam. J.-L. Cheseaux-Sierro, rte de Traux 11, 1913 Saillon, tél. 27 744 14 03, info@corbassiere.ch V r.-v.

GHISLAINE CRITTIN
Chamoson Gamay Vielles Vignes 2013

■ | 5 000 | 🍾 | 15 à 20 €

Aux origines, Jean-Bernard Crittin, qui créé la Cave du Vieux Pressoir en 1992 et vend son vin jusqu'en 1998. Dix ans plus tard : arrivée de sa fille Ghislaine, qui développe sa gamme, relance la vente au détail et conduit aujourd'hui un vignoble de 8 ha.

Pourpre profond à reflets violacés, ce 2013 né de ceps de quarante ans livre un nez puissant et minéral, marqué par une légère évolution. Une attaque sur le sureau et la canneberge ouvre sur une bouche solide, aux tanins encore un peu sévères et à la finale chaleureuse. ⧗ 2016-2019 🍴 assiette de viande séchée d'Hérens

Ghislaine Crittin, rue Pommey 6, 1955 Chamoson, tél. 78 865 53 14, ghislaine@caveduvieuxpressoir.ch V r.-v.

CAVE LA DANSE Petite Arvine de Sierre 2013 ★★

■ | 1 000 | 15 à 20 €

Francis Salamin est un « artisan vigneron » qui a créé son domaine en 2001 et cultive, à la main, un petit vignoble en terrasses de 1 ha entre Sierre et Saint-Léonard, planté de... quatorze cépages. Un concentré du vignoble helvétique.

Cette petite arvine jaune soutenu déploie un nez puissant et complexe : allumette frottée, silex, puis fruits exotiques (mangue, fruit de la Passion). En bouche, une attaque saline, du volume et une longue finale sur le grapefruit. ⧗ 2016-2019 🍴 crevettes citronnelle et gingembre

Cave Francis Salamin, rue de la Signes 246, Sierre, 1958 Saint-Léonard, tél. 27 203 16 48, francis.salamin@netplus.ch r.-v.

DEFAYES ET CRETTENAND
Leytron Humagne blanc 2012 ★★

■	4 500		15 à 20 €

Un domaine créé en 1965 par les familles Edmond Defayes et Jean Crettenand. Le vignoble couvre aujourd'hui 6 ha plantés sur les terres graveleuses de Leytron, village de l'Humagne situé au pied de l'Ardèvaz, et sur le cône de déjection de Saillon.

Joli tir groupé pour Stéphane Defayes. En tête, cette humagne jaune soutenu à reflets or, qui évoque l'allumette frottée à l'olfaction. Une attaque souple introduit une bouche ample, large et puissante, épaulée par une fine acidité. ⧗ 2017-2019 🍴 raclette de fromage d'alpage ■ Cornalin 2012 ★★ (20 à 30 € ; 3 500 b.) : robe dense, presque noire ; nez frais de cerise noire ; attaque acidulée, sur le sureau ; palais juteux et frais, sur les mûres sauvages et le cassis, pointe de café en finale. ⧗ 2014-2017 ■ Leytron Muscat 2013 ★ (11 à 15 € ; 1 080 b.) : un vin sec et fringant, au nez ouvert sur la rose fanée et le citron confit, au palais souple et léger, un peu beurré, offrant beaux amers en finale. ⧗ 2014-2017

Defayes et Crettenand, Arche 44, 1912 Leytron, tél. 27 306 28 07, vins@defayes.com r.-v.

♥ GILBERT DEVAYES
Petite arvine de Leytron 2013 ★★★

■	6 000		15 à 20 €

Aux origines du domaine (1959), Ulrich Devayes, qui s'est battu pendant des années pour que le Valais conserve l'appellation Dôle blanche. Son fils Gilbert a pris le relais en 1996, à la tête aujourd'hui d'un vignoble de 10 ha.

Superbe dans sa robe dorée, cette petite arvine née sur les schistes noirs du Logger dévoile un bouquet discret mais élégant de citron vert. Le prélude à une bouche vive et tonique, longuement parcourue d'arômes de grapefruit et de pomelos. Un vin plein d'allant et de spontanéité. ⧗ 2016-2019 🍴 tartare de féra à l'aneth ■ Amigne de Vétroz 2013 ★ (11 à 15 € ; 1 000 b.) : un vin souple, ample et droit, marqué par une agréable pointe d'amertume aux accents d'écorce de mandarine. ⧗ 2018-2024 ■ Syrah de Leytron 2012 ★★ (11 à 15 € ; 3 000 b.) : un nez de pain de seigle (du Valais AOP !) et une bouche ample, riche, florale (pivoine) et épicée (poivre noir), aux tanins jeunes et fermes. Un vin encore sur la retenue, qui a besoin d'un peu de temps pour s'exprimer. ⧗ 2018-2024

Gilbert Devayes, ruelle de la Cotze 5, 1912 Leytron, tél. 79 220 34 68, info@gilbertdevayes.ch r.-v.

(B) DUBUIS ET RUDAZ Petite arvine 2013 ★

■	5 500		20 à 30 €

Un domaine né en 1985 de la passion d'amis oenophiles. D'activité secondaire, la culture de la vigne devient principale en 1994. Aujourd'hui, le vignoble couvre 17 ha, conduits selon les normes biologiques Vitiswiss, et 10 ha sont en cours de conversion à la biodynamie.

Cette petite arvine jaune soutenu dévoile un nez de fruits jaunes agrémenté de notes minérales (silex). À une attaque fraîche aux accents de citron vert, succède une bouche puissante et structurée, qui déploie une finale complexe, sur la rhubarbe et une pointe de salinité typée de ce grand cépage valaisan. ⧗ 2016-2019 🍴 filet de thon sauce huître

Cave Dubuis et Rudaz, chem. des Perdrix 18, 1950 Sion, tél. 27 321 13 13, philippe.dubuis@dubuis-rudaz.ch r.-v.

♥ CAVE LA FONTANNAZ
Vétroz Fendant 2013 ★★★

■ Gd cru	6 000	11 à 15 €

Créée en 1991 par André Fontannaz, la cave La Madeleine est située dans le village de Vétroz, terroir de l'amigne, au cœur des grands crus valaisans. Le vignoble couvre environ 16 ha, plantés en terrasses sur le coteau escarpé de Vétroz, ainsi que sur les graviers d'alluvions de la Lizerne (Balavaud).

Jaune à reflets dorés, cette superbe cuvée de chasselas dévoile un nez original, presque empyreumatique. La bouche ? Riche, soyeuse, d'un volume imposant, stimulée par un fin perlant et par une élégante note d'amande amère en finale. ⧗ 2018-2024 🍴 volaille à la crème ■ Syrah du Valais Élevé en barrique 2012 ★★ (20 à 30 € ; 3 000 b.) : nez puissant sur le torréfié, le tabac et les épices douces ; attaque vive ouvrant sur un palais dynamique et long, où l'élevage s'efface derrière le fruit et des tanins présents mais fondus ; finale chaude et enveloppante. ⧗ 2018-2024

André Madeleine, André Fontannaz, 1963 Vétroz, tél. 27 346 46 54, info@fontannaz.ch r.-v.

MAURICE GAY
Chamoson Heida Valais d'Or 2013 ★★

■	9 000		15 à 20 €

Un domaine et maison de négoce créé en 1883, établi au milieu des vignes de Chamoson, plus grande commune viticole du Valais. Aux commandes de l'ensemble depuis 2001, Claude Crittin.

Robe jaune doré ; nez ouvert sur les fruits jaunes bien mûrs et la mangue : une belle entrée en matière. La bouche ? Une bouche vive, tonique et longue, sur le citron vert. Bien typé petite arvine ⧗ 2016-2019 🍴 crevettes au curry ■ Gamay du Valais La Guérite 2013 ★ (11 à 15 € ; 5 000 b.) : un gamay frais, fringant et agréable, sur les fruits rouges agrémentés d'un léger viandé. ⧗ 2014-2017

Vins Maurice Gay, rue de Ravanay 1, 1955 Chamoson, tél. 27 306 53 53, mauricegay@mauricegay.ch r.-v.

JEAN-RENÉ GERMANIER
Amigne de Vétroz 2013 ★

	80 000		15 à 20 €

Première vendange en 1896 par Urbain Germanier. Aujourd'hui, les troisième et quatrième générations – Jean-René Germanier et son neveu Gilles Besse, tous deux œnologues – poursuivent la tradition familiale du vin, mais aussi celle du Bon Père William, eau-de-vie issue de la poire éponyme.

Jaune clair à reflets verdâtres, ce 2013 s'ouvre sur un nez puissant d'abricot et d'écorce de mandarine. Tout aussi puissante est le palais, gras et long, « adouci » par les sucres résiduels (21 g/l). De longue garde assurément. 2018-2024 tarte aux pommes Fendant Balavaud Grand cru 2013 ★ (11 à 15 € ; 25 000 b.) : un nez de foin coupé, du gras et de l'intensité en bouche, et une belle minéralité en finale pour ce chasselas dense, au bon potentiel. 2016-2019

SA Jean-René Germanier, Balavaud, 1963 Vétroz, tél. 27 346 12 16, info@jrgermanier.ch V r.-v.

ROBERT GILLIARD
Marsanne les Tonneliers 2012 ★★

	n.c.		20 à 30 €

Une vénérable maison familiale fondée en 1885, qui propose une vaste gamme de vins issue d'un vaste vignoble de 50 ha répartis en une mosaïque de terrasses, dont certains murs en pierre sèche atteignent 20 m de hauteur.

Joli tir groupé pour le domaine. En tête, cette marsanne jaune doré, au nez marqué par les douze mois de barriques (notes empyreumatiques et noix de coco). Gras et ample en attaque, le palais se montre dense, riche et bien bâti, souligné par un boisé vanillé « qui va bien ». Un vin puissant, au style international. 2019-2024 émincé de poulet au curry vert thaï Dôle des Monts 2013 ★ (11 à 15 € ; 200 000 b.) : nez discret de fruits rouges et de sous-bois ; attaque juteuse et fraîche ; milieu de bouche ample et épanoui ; finale sur des tanins fondus et les fruits rouges frais ; un vin tendre et agréable. 2014-2017 Œil de perdrix Bal musette 2013 ★ (15 à 20 € ; 200 000 b.) : un rosé saumoné aux reflets cuivrés ; nez de fruits frais et d'herbes sèches sur un léger fond anisé ; palais frais et bien structuré, sur les fruits rouges. 2014-2017

SA Robert Gilliard, rue de Loèche 70, 1950 Sion, tél. 27 329 89 29, vins@gilliard.ch V t.l.j. sf dim. 9h30-12h 13h30-18h30

JOHANNITERKELLERI
Humagne blanche du Valais 2013 ★

	900		11 à 15 €

La plus ancienne maison de négoce de Salquenen, née en 1913 de la coopération de trois vignerons locaux qui se décidèrent à faire cave commune. Une entreprise restée familiale, avec à sa tête depuis près de quarante ans Thomas Grichting, incarnant la troisième génération.

Jaune soutenu, ce vin dévoile un nez plaisant de pomme verte. Une attaque fruitée ouvre sur un palais gras, puissant, expressif (amande amère, fleurs blanches, pêche de vigne), qui offre en finale une légère impression de douceur. 2016-2020 poisson sauce crémée

Johanniterkellerei, Kuonen & Grichting Ag, Unterdorfstrasse 8, 3970 Salgesch, tél. 27 455 14 07, info@johanniterkellerei.ch V r.-v.

LEUKERSONNE Dôle 2013 ★

	12 000		11 à 15 €

Ce domaine fondé en 1976 exploite 24 ha de vignes, complantés de pas moins de dix-huit cépages. Un bel exemple de la diversité du vignoble helvétique.

Robe pourpre à reflets brillants. Joli nez de fruits rouges (cerise confite). Bouche souple, gourmande et veloutée, rehaussée en finale par une pointe de vivacité. Une version bien typée de cet assemblage valaisan traditionnel et très populaire. 2015-2018 carpaccio de veau Œil de perdrix 2013 (3 000 b.) : un rosé saumoné, sur les fruits rouges frais, au palais à la fois acidulé, souple et enrobé. 2014-2016

Kellerei Leukersonne, Sportplatzstrasse 17, 3952 Susten-Leuk, tél. 27 473 20 35, info@leukersonne-dag.ch V r.-v.

MAGLIOCCO Chamoson Païen 2013 ★

	2 000		15 à 20 €

Si l'exploitation a été créée dans les années 1950 par Silvio, émigré d'Italie, les premières mises à la propriété datent de 1982, sous l'impulsion de son fils Daniel Magliocco. De 1 ha aux origines, le domaine compte 6,5 ha aujourd'hui, éparpillés en une vingtaine de parcelles différentes. Une valeur sûre du Valais et un habitué du Guide.

Ce Païen fut coup de cœur dans sa version 2012 ; le 2013, sans atteindre les mêmes sommets, a quelques atouts à faire valoir. Robe jaune à reflets dorés ; nez complexe à dominante d'asperge blanche ; attaque ample et grasse, de la matière et une jolie finale sur une note de grapefruit, qui évoque... une petite arvine. 2014-2017 terrine de brochet

Daniel Magliocco et Fils, av. de la Gare 10, 1955 Saint-Pierre-de-Clapes, tél. 27 306 35 22, daniel@magliocco.ch V r.-v.

CAVE MANDOLÉ Fesses d'Ange 2013

	3 000		11 à 15 €

Domaine fondé en 1957, dont le nom désigne le lieu de production d'amandiers dans le patois local. Le vignoble couvre aujourd'hui 8 ha, conduit par les frères Angelin et Didier Thétaz, leur père Noël leur prodiguant toujours ses précieux conseils.

Jaune pâle à reflets verts, ce chasselas livre un bouquet plaisant de pomme et de poire. Un léger perlant introduit un palais vif et dynamique, à l'unisson de l'olfaction (Grany Smith), agrémentée d'une touche de minéralité en finale. 2014-2017 apéritif

Cave Mandolé, Noël Thétaz et Fils, rue des Troeys 46, 1913 Saillon, tél. 27 744 14 23, info@thetaznoel-vins.ch V r.-v.

DIEGO MATHIER Syrah 2012 ★★

	12 000		20 à 30 €

Les Mathier sont établis de très longue date à Salquenen ; on les mentionne dès le XIVe s. Le domaine dans sa version « moderne » a été fondé par l'arrière-grand-père Ferdinand Mathier, inspecteur des vignobles suisses. Les générations suivantes - Oskar, Adrian et, depuis

2001, Diego Mathier - ont successivement acquis des parcelles dans le vignoble valaisan pour étendre le vignoble à 35 ha aujourd'hui.

Ce 100 % syrah élevé dix-huit mois en barrique revêt une seyante robe rouge profond à reflets violacés. Le nez, complexe, mêle les épices orientales, le cèdre et la coriandre fraîche. Vive en attaque, la bouche se révèle puissante et tout aussi complexe : notes empyreumatiques, pâtisserie, chocolat noir et café. Un vin intense et flatteur. ⌛ 2016-2019 🍷 canard laqué ■ Ambassadeur des Dom. Diego Mathier 2012 ★ (18 000 b.) : nez de vanille et de cèdre qui trahit l'élevage en bois ; palais ample, boisé lui aussi (note fumée) et solidement bâti. Pour amateurs de vins corsés, qui privilégient la structure plutôt que l'élégance du fruit. ⌛ 2018-2024

Adrian Mathier Nouveau Salquenen Ag, Bahnhofstrasse 50, 3970 Salgesch, tél. 27 455 75 75, info@mathier.com V t.l.j. sf dim. 8h-12h 13h30-17h30

ALBERT MATHIER ET FILS
Aphrodine Petite arvine 2013 ★

■ | 11 000 | | 15 à 20 €

L'une des plus anciennes entreprises vinicoles de Salquenen, fondée par Albert Mathier en 1928 : une maison de négoce et un domaine, qui dispose d'un vignoble de 30 ha.

Cette petite arvine « adolescente » (quinze ans) revêt une robe jaune clair à reflets verts. Au nez, des parfums de citron jaune confit. En bouche, une attaque fraîche, un développement ample, sur des arômes de zeste de citron qui rappellent l'olfaction et une finale tendre et fruitée. ⌛ 2014-2017 🍷 carpaccio de saumon

SA Albert Mathier et Fils, Bahnhofstrasse 3, 3970 Salgesch, tél. 27 455 19 19, info@mathier.ch V t.l.j. sf dim. 8h-12h 13h30-17h30

CAVE DU MONT DE LENS Cornalin 2013 ★

■ | 950 | 20 à 30 €

Petit domaine familial créé en 2000 par Élisabeth et Christian Besse. Le vignoble couvre 2,5 ha en terrasses, sur les coteaux ensoleillés de la rive droite du Rhône, entre Sion et Sierre.

Robe pourpre profond à reflets violines, nez élégant de pivoine et de fruits rouges, l'entrée en matière est engageante. Le palais ne déçoit pas : attaque fraîche et fruitée et jolie finale sur l'herbe sèche, la réglisse et le sureau noir. ⌛ 2016-2019 🍷 rôti de porc aux pruneaux

Elisabeth et Christian Besse, rte de Crans 39, 1978 Lens, tél. 78 723 64 39, cavedumontdelens@gmail.com V r.-v. Cave du Mont de Lens

DOM. DU MONT D'OR
Petite arvine Sous l'escalier 2011 ★★★

■ | 4 200 | | 20 à 30 €

Aux portes de Sion, la colline de Montorge est couverte de 24 ha de vignes du domaine. Au sommet, les vestiges restaurés d'un château du XIIIes. Une colline défrichée en 1848 par François-Eugène Masson ; aujourd'hui un superbe vignoble composé de 220 terrasses retenues par des murs de pierres sèches, chacune plantée d'un cépage adapté à l'altitude, à l'exposition et au sol.

Après vingt-quatre mois de fût, ce 2011 doré à souhait dévoile un nez puissant de grapefruit confit. Le palais dévoile une grande liqueur parfaitement balancée par une fine trame acide et d'intenses arômes d'abricot, de cassonade et de la rhubarbe. Un grand vin de méditation... (Bouteilles de 50 cl.) ⌛ 2018-2030 ■ Johannisberg Saint-Martin 2011 ★★ (3 900 b.) : robe vieil or, nez puissant de fruits confits, palais ample, gras et très élégant, sur la poire confite. (Bouteilles de 50 cl.)

SA Dom. du Mont d'or, rue de Savoie 64, CP 415, 1951 Sion, tél. 27 346 20 32, montdor@montdor.ch V t.l.j. 7h30-17h30 sf sam. dim. 10h30-06h

DOM. DES MUSES
Fendant Tradition 2013 ★

■ | 7 700 | | 15 à 20 €

Un domaine de 9 ha, créé en 1992 par Nicole et Louis Taramarcaz, repris en 2002 par leur fils Robert, œnologue formé en Nouvelle-Zélande et en France, à Dijon.

Issu de vieux ceps de soixante ans, ce fendant (chasselas pour les lecteurs français) se présente dans une élégante robe jaune à reflets verts. Le nez se révèle minéral à souhait, marqué par la pierre chaude et le silex. Une attaque souple et ample ouvre sur un palais bien ouvert, flatteur, mûr et gras, avec une pointe de douceur en finale. ⌛ 2014-2017 🍷 raclette de fromage d'alpage

Dom. des Muses, île Falcon, rue du Manège 2, 3960 Sierre, tél. 27 455 73 09, info@domainedesmuses.ch V r.-v.
Famille Taramarcaz

FRÈRES PHILIPPOZ
Leytron Fendant Les Chênes 2013

■ | 2 400 | | 8 à 11 €

Un domaine régulier en qualité, fondé en 1964 par Rémy Philippoz, conduit aujourd'hui par ses fils André, Freddy et Roger. A la carte, une vaste gamme de plus de trente cuvées.

Jaune pâle à reflets verts, ce fendant dévoile un nez de fruits jaunes. A une attaque minérale répond un palais corsé et long, mais un peu sur la réserve en terme aromatique, qui s'exprime avec plus de d'intensité en finale, sur les fruits blancs. ⌛ 2015-2018 🍷 raclette

Frères Philippoz, rte de Riddes 13, 1912 Leytron, tél. 79 301 06 68, r.philippoz@bluewin.ch V r.-v.

♥ LA PLEINE LUNE Johannisberg 2013 ★★★

■ | 3 500 | | 20 à 30 €

Un domaine fondé en 1888 au cœur du vignoble de Chamoson, conduit par la famille Crittin depuis cinq générations. Aux commandes depuis 1989, Christian Crittin, œnologue.

Une seyante robe dorée habille ce vin au nez d'abord discret, qui s'ouvre à l'aération sur des parfums de fleurs de sureau. C'est en bouche que le vin s'impose : du gras, de la douceur, un volume imposant, le tout subtilement équilibré par une fine acidité et une trame minérale en finale. Un blanc puissant et de longue garde. ⌛ 2019-2024 🍷 grenadin de veau à la crème

Christian Crittin, Cave La Pleine Lune, rue de l'Église 9, 1955 Saint-Pierre-de-Clages, tél. 27 306 17 34, info@lapleinelune-vins.ch V r.-v. 3

JEAN-MARIE PONT Johannisberg 2013 ★

1 000 | 20 à 30 €

Un domaine récent, créé en 2006 par Jean-Marie Pont, dix ans après sa sortie de l'Ecole d'ingénieur en œnologie de Changins.

Des ceps de dix-huit ans sont à l'origine de ce vin au nez puissant de fleurs blanches et de poivre blanc, au palais plein de fraîcheur, alerte et expressif (fruits exotiques, menthol), qui s'achève sur une agréable note d'herbe juste coupée. Un vin vif et friand, qualifié de « moderne ». 2014-2017 crevettes à l'ail

Jean-Marie Pont, chem. des Cyprès17, 3960 Sierre, tél. 79 262 02 43, cave@jmpont.ch V r.-v.

CAVE DES REMPARTS Gamay Vieilles Vignes 2013

3 000 | 11 à 15 €

Un petit domaine de 3 ha, créé en 1986 dans le village médiéval de Saillon (d'où les remparts), par l'« artisan du vin » – ce sont ses termes – Yvon Cheseaux.

Pourpre profond à reflets violacés, ce gamay se montre encore un peu rustique et fermé à l'olfaction, et demande de l'aération. Une attaque sur les groseilles rouges dévoile un palais à la trame serrée et plutôt stricte. À attendre. 2016-2019 assiette valaisanne Malvoisie flétrie 2012 (15 à 20 € ; 1 000 b.) : robe dorée étincelante ; nez discret de fruits jaunes, avec une légère note grillée ; attaque sur l'ananas frais et le coing confit ; beaucoup de douceur et finale chaleureuse. 2016-2019

Cave des Remparts, Yvon Cheseaux, chem des Dunes 2, 1913 Saillon, tél. 79 401 48 37, cave.des.remparts@saillon.ch V r.-v.
Yvon Cheseaux

CAVE LA ROMAINE Cornalin Cuvée des Empereurs 2013 ★★

5 000 | 20 à 30 €

La Cave la Romaine a été fondée en 1989 par Joël Briguet. À sa disposition, un vignoble étendu de Sion à Sierre, sur les coteaux de la rive droite du Rhône, avec des parcelles de renom comme le Castel d'Uvrier, Orgival ou le Champ du Mur, et une large palette de vingt-quatre cépages.

Une belle robe dense à reflets violets habille ce vin sur la réserve au premier nez, qui s'ouvre à l'aération sur la griotte et la cerise noire. Le palais attaque sur le sureau et la canneberge, soutenu par une vivacité rapicolante. Un vin encore très jeune, un peu « brut de décoffrage », avec des notes sauvages propres à ce grand cépage valaisan (et de la vallée d'Aoste). Patience... 2019-2024 côte de bœuf Johannisberg 2013 ★★ (11 à 15 € ; 3 800 b.) : nez d'amande douce ; une attaque sur la mirabelle ouvrant sur un palais gras, puissant, aux arômes de poire williams, légèrement suave en finale, mais bien équilibré par l'amertume du sylvaner (johannisberg en Valais). 2018-2024 Humagne blanche Cuvée des Empereurs 2013 ★ (15 à 20 € ; 1 500 b.) : un vin bien construit, au nez vanillé, trahissant l'élevage en bois, boisée et bien structurée en bouche. De longue garde. 2018-2024

Joel Briguet, rte de Granges 124, 3978 Flanthy, tél. 79 21 40 877, info@cavelaromaine.ch V r.-v.

♥ DAVID ROSSIER Ermitage de Leytron 2013 ★★★

1 300 | 15 à 20 €

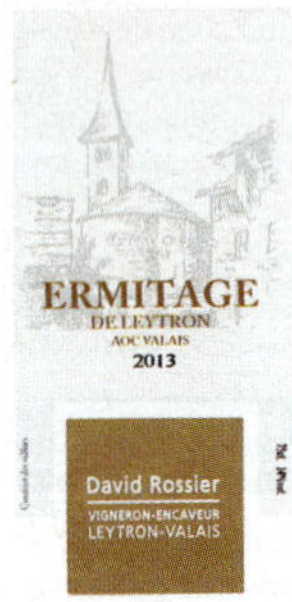

David Rossier acquiert une petite propriété viticole en 1999. Il crée la cuverie en 2008 et le caveau de dégustation un an plus tard. Le vignoble s'étend aujourd'hui sur 6 ha.

Ce 100 % marsanne se présente dans une élégante robe jaune à reflets dorés, le nez ouvert sur l'ananas mûr. L'attaque est souple, le développement ample, gras, riche et puissant, et la finale longue et suave. Une bouteille de caractère et de gastronomie, qui devrait vieillir admirablement. 2018-2024 poularde aux morilles

Cave David Rossier, rte de Chamoson 43, 1912 Leytron, tél. 79 204 17 45, info@david-rossier-vins.ch V r.-v.

SAINT-JODERN KELLEREI Wallis Mélodic 2012

20 000 | 15 à 20 €

Le vignoble de Visperterminen est le plus haut d'Europe. La cave coopérative locale regroupe aujourd'hui quelque 500 adhérents, qui exploitent d'impressionnantes vignes en terrasses établies à... 1 150 m d'altitude. Le porte-drapeau des vignobles de montagne.

Assemblage de païen (90 %) et de gewurztraminer, ce 2013 des hauteurs revêt une robe jaune clair. Le nez, intense, évoque la fleur de sureau. Une attaque ample, riche et puissante introduit un vin de style demi-sec (28 g/l de sucres résiduels), stimulé en finale par des notes de zeste de citron et léger perlant. 2014-2017 tarte au citron

Saint-Jodern Kellerei, Unterstalden, 3932 Visperterminen, tél. 412 79 48 43 48, info@jodernkellerei.ch V t.l.j. sf dim. 9h-12h 14h-18h

CAVE SAINT-PHILIPPE 2012 ★★

1 500 | 20 à 30 €

En 1987, Philippe Constantin reprend les vignes de son père Maurice et créé sa cave. Un vigneron ardent défenseur de la création du grand cru Salgesch et l'un des pionniers de la lutte intégrée à Salquenen. À sa disposition, un vignoble de 6 ha.

Robe dense à reflets violacés. Le nez mêle les fruits noirs compotés à une note fumée. La bouche, vive en attaque, se montre complexe (fumée froide, amande amère, graphite) et encore un rien austère ; jolie retour fruité en finale. 2016-2019 civet de chevreuil Pinot noir de Salquenen Saint-Jean-Baptiste 2012 ★ (11 à 15 € ; 11 000 b.) : nez intense de fruits rouges et de rose rouge, palais souple et soyeux, aux tanins fondus ; un pinot noir déjà à son apogée, mais qui garde une agréable fraîcheur. fromage sec ⧗ 2014-2017

Cave Saint-Philippe, Philippe Constantin, Pachienstrasse 19, 3970 Salgesch, tél. 27 455 72 36, info@cave-st-philippe.ch V r.-v.

♥ DOM. SAINT-THÉODULE
Les Serpentines Martigny Cornalin 2012 ★★★

| | 3 500 | | 20 à 30 € |

Début de l'aventure en 1979, avec l'achat de quelques vignes. Première « vinif » en 1984, dans une grange transformée en chai, modifiée petit à petit. Aujourd'hui, la famille Besse exploite 19 ha (et 14 cépages) sur le coteau très pentu de Montingy.

Ce cornalin élevé onze mois en barriques séduit d'emblée par sa robe pourpre profond à reflets violets, comme par son nez vanillé et floral (lilas). Ample dès l'attaque, séveux, dense et complexe (confiture de cerise noire, pointe de menthol en finale), le palais signe un superbe vin d'une grande maturité, tout en offrant un potentiel de garde certain. ⧗ 2016-2019 🍷 filet d'agneau en croute

Gérald et Patricia Besse, rte de la Combe 14, Les Rappes, 1921 Martigny-Combe, tél. 27 722 78 81, info@besse.ch V r.-v.

CAVE LES SENTES
Coteaux de Sierre Dôle blanche 2013 ★★

| | 1 500 | 8 à 11 € |

Les Sentes ? Un petit sentier qui sillonne le vignoble sierrois, mais aussi les senteurs des premières pousses, du raisin mûr, du vin... Premier millésime dans la cave familiale de Réchy par Lucie Heymoz en 1985. Dix ans plus tard, le domaine « émigre » sur la rive gauche du Rhône, sur les hauts de Sierre, et dispose aujourd'hui de 5 ha de vignes.

Une dôle blanche classique, issue du pinot noir (90 %) et du gamay. Robe pâle à reflets cuivrés. Nez agréable de fraise des bois et d'églantine. Une attaque sur les fruits macérés, du gras, de la densité, mais aussi de la finesse, et une jolie finale sur les fruits jaunes. Un ensemble des plus harmonieux. ⧗ 2014-2016 🍷 tapas de poissons

Serge Heymoz, Cave Les Sentes, Entre-deux-Torrents 39, 3960 Sierre, tél. 79 607 60 01, serge@heymozvins.ch V r.-v.

LES CELLIERS DE VÉTROZ
Vétroz Fendant grand cru 2013 ★★

| | 1 500 | | 11 à 15 € |

Un domaine créé en 2002 et conduit en famille – Jean et Yvette Fontannaz et leurs cinq enfants. Le vignoble couvre 3,5 ha, planté essentiellement sur le coteau de Vétroz, patrie de l'amigne.

Jaune pâle à reflets dorés, ce fendant libère des parfums complexes et frais d'herbes sèches, de verveine et de menthe sauvage. La bouche se révèle ample, mûre et structurée, puis s'étire dans une longue finale d'une agréable minéralité. ⧗ 2016-2019 🍷 tartare de saumon à l'aneth

Les Celliers de Vétroz, famille Fontannaz, rte cantonale 65, CP 56, 1963 Vétroz, tél. 27 346 72 07, info@celliersdevetroz.ch V r.-v.

CANTON DE GENÈVE

Déjà présente en terre genevoise avant l'ère chrétienne, la vigne a survécu aux vicissitudes de l'Histoire pour s'épanouir pleinement dès la fin des années 1960. Elle bénéficie d'un climat tempéré dû à la proximité du lac, d'un très bon ensoleillement et d'un sol favorable, et se partage entre 32 appellations. Les efforts entrepris pour améliorer le potentiel des vins genevois par des méthodes culturales respectueuses de l'environnement, le choix de cépages moins productifs et appropriés à un sol généralement caractérisé par une forte teneur en calcaire permettent de garantir au consommateur un vin de haute qualité. Les exigences contenues dans les textes de loi traduisent autant la volonté des autorités que celle de la profession de mettre sur le marché des vins qui satisfont aux normes des AOC. Outre les principaux crus provenant du chasselas pour les blancs, du gamay et du pinot noir pour les rouges, les spécialités comme le chardonnay, le pinot blanc, l'aligoté, le gamaret et le cabernet rencontrent un franc succès auprès de l'amateur avisé.

JEAN BATARDON Pinot noir 2013 ★★

| | 2 000 | | 15 à 20 € |

Un domaine créé en 1990 par Jean Batardon, situé à Laconnex, à environ 10 km de Genève, sur la rive gauche du Rhône.

Des ceps de quinze ans ont donné naissance à ce 2013 couleur rubis, au nez subtil et bien typé de griotte. La bouche reste dans le même ton et séduit par sa finesse et sa fraîcheur. Un vin précis et avenant. ⧗ 2015-2018 🍷 paupiettes de veau

Jean Batardon, 13, rte du Lavoir, 1287 Laconnex, tél. 79 637 62 71, jbatardon@bluewin.ch V r.-v.

CH. DES BOIS
Coteau de Bourdigny Chardonnay 2013 ★

| 1er cru | 1 600 | | 11 à 15 € |

Ce domaine fort ancien, fondé en 1630, est toujours resté dans la famille des descendants de Jacques Furretini, fils du Gonfalonier de Lucques en Toscane, réfugié à Genève en 1592. Treize générations plus tard, les Van Berchem y exploitent un vignoble de 5 ha sur les coteaux de Bourdigny et de Peney.

Un vin exotique à souhait : mangue et pamplemousse composent un joli bouquet, élégant et frais. En bouche, des agrumes toujours, de la finesse et un bel équilibre. Un chardonnay cohérent et sans fausse note. ⧗ 2014-2017 🍷 cassolette de moules au safran

Guy van Berchem, Ch. des bois, chem. Combe d'Ornex 10, 1242 Satigny, tél. 79 658 49 21, cave@chateaudesbois.ch V r.-v.

DOM. DES CHARMES
Coteaux de Pessy Sauvignon blanc 2013 ★★

| 1er cru | 4 400 | | 11 à 15 € |

Ingénieur agronome et négociant en vin, Bernard Conne « fait le saut » en 1988 et chausse la casquette de

vigneron. Son vignoble couvre aujourd'hui 10 ha de vignes en pente douce, plantés sur une colline de moraines glacières dominant le Rhône et la plaine, à 480 m d'altitude.

Une élégante robe jaune pâle aux reflets argentés habille ce 2013 bien typé sauvignon à l'olfaction, qui libère des parfums intenses de bourgeon de cassis et de buis. À l'unisson, la bouche évolue tout en finesse et en fraîcheur, stimulée en finale par une pointe acidulée. ⧗ 2014-2018 🍴 friture de poisson

🔑 Dom. des Charmes – Bernard Conne, 11, rte de Crédery, Peissy, 1242 Satigny, tél. 22 753 22 16, info@domainedeschaumes.ch
V 🚶 🍷 r.-v.

CH. DU CREST Merlot 2012 ★

■	1 000	⏺	11 à 15 €

Ce « vrai » château (fossés, pont-levis, murs crénelés), construit vers 1220, fut au cœur des luttes entre Genève et la Savoie au XVIes. Démantelé en 1590, il renaît en 1624 grâce au poète baroque Théodore Agrippa d'Aubigné. Au décès de ce dernier en 1637, le Crest entre dans la famille Micheli et n'en est plus sortie depuis dix générations. Côté vignes, le domaine couvre 16 ha plantés de dix-huit cépages.

Élevé sept mois en foudre, ce pur merlot en robe carminée dévoile un bouquet plaisant de fruits noirs et de réglisse. À l'unisson, le palais se montre velouté à souhait, soutenu par des tanins fondus et soyeux. ⧗ 2015-2019 🍴 poêlée de cèpes

🔑 Dom. du Ch. du Crest – Meyher et Cie, rte du Château-du-Crest 40, 1254 Jussy, tél. 22 759 11 23, info@domaineducrest.ch
V 🚶 🍷 r.-v.

STÉPHANE DUPRAZ
Sauvignon blanc 2013 ★★★

■	3 000	🍾	11 à 15 €

Issu d'une lignée de vignerons depuis quatre générations, Stéphane Dupraz, après avoir débuté une carrière commerciale, change de cap en 2008 pour reprendre le domaine familial, qu'il dote aussitôt d'une cave moderne. Son vignoble couvre aujourd'hui 8 ha.

Magnifique sauvignon, d'une grande maturité. Au nez, de subtiles notes de bourgeon de cassis et de litchi. En bouche, de la fraîcheur, de la souplesse et cette même ligne aromatique, fine et élégante. Un vin d'une grande harmonie. ⧗ 2014-2018 🍴 tartare de saumon

🔑 Stéphane Dupraz, 41, rte de Rougemont, 1286 Soral, tél. 76 374 41 00, stephanedupraz@bluewin.ch
V 🚶 🍷 r.-v.

DOM. DU FAUBOURG
Le Crêt Cabernet-sauvignon 2012 ★

■	1 000	⏺	15 à 20 €

Un domaine de 5 ha, familial depuis trois générations, conduit depuis 1995 par Christophe et Jean-Claude Egger.

Onze mois de barrique pour ce pur cabernet-sauvignon. Un vin en robe sombre et profonde, au nez complexe de fruits noirs, de menthol et de paprika, frais en attaque, puissant et massif dans son développement. Un beau classique de garde. ⧗ 2017-2020 🍴 côte de bœuf

🔑 Christophe Egger, 32, rue du Faubourg, 1286 Soral, tél. 79 691 42 31, domaine@dufaubourg.ch
V 🚶 🍷 r.-v.

Ⓑ BERTRAND FAVRE
Gewürztraminer Éléonore 2013 ★

■	520	⏺	15 à 20 €

Cet ancien domaine genevois a été repris en fermage en 1997 par Bertrand Fabre, qui a remis en état le vignoble et créer la cave. Les vignes couvrent 4 ha et sont conduites en bio certifié depuis 2007.

Éléonore ? Il s'agit de la deuxième fille du vigneron. Elle donne son nom à un liquoreux issu de passerillage, puis élevé six mois en fût, qui s'ouvre sans réserve sur des parfums bien typés de rose et de fruits exotiques mâtinés de vanille. Une ligne aromatique prolongée par une bouche fine, fraîche et croquante, sans lourdeur aucune malgré ses 166 g/l de sucres résiduels. ⧗ 2016-2022 🍴 foie gras

🔑 Bernard Favre, Dom. de Miolan, chem. des Princes 83, 1244 Choulex, tél. 79 449 05 74, favrebertrand@hotmail.com V 🍷 ven. sam. 10h-12h 17h-19h

PATRICK ET MARC FAVRE Laudy 2012 ★

■	2 000	⏺	15 à 20 €

Ce domaine familial créé en 1993 étend ses 9 ha de vignes sur le coteau de Bernex, qui ménage un beau point de vue sur la ville de Genève.

Merlot (60 %), gamaret et garanoir (20 % chacun) et douze mois de barrique pour cette cuvée couleur prune, au nez toasté, épicé et fruité (petits fruits noirs). La bouche déploie de fins tanins et une agréable fraîcheur, qui prend en finale des accents mentholés. Un ensemble élégant, sur la finesse plutôt que sur la puissance. ⧗ 2015-2018 🍴 axoa de veau

🔑 Patrick et Marc Favre, 13, chem. des Grands-Buissons, Sézenove, 1233 Bernex, tél. 22 757 10 20, info@grands-buissons.ch
V 🚶 🍷 ven. 17h-19h; sam. 10h-12h

CAVE DE GENÈVE Côtes de Russin 2013 ★

■ 1er cru	3 000	🍾	8 à 11 €

Fondée en 1994, la cave de Genève, établie à Satigny, entre lac Léman et montagne, vinifie la récolte de quelque quatre-vingts vignerons pour un total de 350 ha de vignes, soit environ 30 % du vignoble genevois.

Né de ceps de gamay plantés sur le terroir argilo-calcaire et très pentu des Côtes de Russin, ce 2013 livre un bouquet frais et fruité de fraise des bois. La bouche, à l'unisson, offre lui aussi un joli fruité croquant, soutenu par des tanins fins et soyeux. ⧗ 2014-2017 🍴 sauté de veau à la tomate

🔑 La Cave de Genève, rue Pré-Bouvier 30, 1242 Satigny, tél. 22 753 11 33, info@cavedegeneve.ch
V 🚶 🍷 t.l.j. sf sam. dim. lun. 16h-18h30

HAMMEL La Dîme Chardonnay 2013 ★★

■	5 000	🍾	8 à 11 €

Une maison de négoce-éleveur familiale créée en 1947. Un acteur important du vignoble suisse, qui vinifie la récolte de près de 350 ha, dont un tiers issu de domaines en propre dans les cantons de Vaud (La Côte et Chablais) et Valais, ainsi qu'en Bourgogne (Dom. des Varoilles à Gevrey-Chambertin).

Ce 2013 passé huit mois en cuve se présente dans une élégante robe jaune d'or, le nez ouvert sur la mandarine et l'orange mûres. Structurée, très fine et bien typée chardonnay, la bouche tient la note. Un ensemble très équilibrée et armé pour bien vieillir. ⧗ 2015-2019 🍴 sandre au beurre d'agrumes

Hammel - Terres de Vins, chem. des Cruz 1, 1180 Rolle, tél. 21 822 07 07, office@hammel.ch V r.-v.

♥ LES HUTINS
Coteaux de Dardagny Ilios 2011 ★★★

| 1 000 | 20 à 30 € |

Fondé en 1901, ce domaine familial est l'une des valeurs sûres du canton de Genève. Son vignoble couvre 19 ha et offre une grande diversité de cépages, à l'origine de près d'une trentaine de cuvées.

Fidèle à sa réputation, le domaine signe un admirable liquoreux issu de raisins passerillés de pinot gris (70 %), de gewurztraminer et de chardonnay. Après un élevage luxueux de vingt-quatre mois en barrique, le vin se présente dans une élégante robe or platine ornée de reflets ambrés. Intense et complexe, il dévoile un bouquet de fruits confits et d'épices (cannelle, vanille), prolongé par un palais riche sans lourdeur, soyeux et caressant. ⧗ 2017-2024 🍴 roquefort

Dom. les Hutins, Émilienne Hutin, chem. de Brive 8, 1283 Dardagny, tél. 22 754 12 05, info@domaineleshutins.ch V vend. 17h-12h30; sam. 9h-12h

ÉRIC LEYVRAZ
Le Vieux Clocher Pinot noir 2013 ★★★

| 13 000 | 8 à 11 € |

Éric Leyvraz s'est installé en 1971 sur ce domaine familial hérité de son grand-père, qu'il conduit depuis 2009 avec sa fille Laure. Le vignoble, qui couvre aujourd'hui 29 ha, a été exploité en bio de 1995 à 2006. Depuis, il a renoncé au label pour des « raisons idéologiques ».

Le nom de cette cuvée évoque les vestiges d'une ancienne église du XIe s. dont le clocher domaine toujours le hameau de Peissy. Dans le verre, un vin rubis profond, au nez généreux de cerise noire confite, très bien structuré en bouche et admirablement équilibré, conclu par une longue, très longue, note épicée. ⧗ 2016-2019 🍴 suprêmes de pintade

Dom. des Bossons, rte de Maison rouge 27, Peissy, 1242 Satigny, tél. 22 753 11 60, info@domaine-des-bossons.com V r.-v. Leyvraz

CAVES DES OULAINES Chardonnay 2013 ★

| 1 500 | 8 à 11 € |

Ce domaine, dans la même famille depuis 1914, n'élabore ses propres vins que depuis 1985 et la création de la cave par Daniel et Nadine Tremblet. À sa disposition, un vignoble de 5,5 ha situé sur le coteau de Lully et planté de treize cépages.

Un chardonnay élégant, ouvert sur de délicates senteurs de fleurs d'oranger. Suivant la même ligne aromatique, le palais séduit par sa fraîcheur et sa finesse. Un ensemble harmonieux et bien ciselé. ⧗ 2014-2017 🍴 saumon à l'oiseille

Cave des Oulaines, Daniel Tremblet, rte de Soral 10, Lully, 1233 Bernex, tél. 22 757 61 53, daniel.tremblet@bluewin.ch V r.-v.

DOM. LES PERRIÈRES Peissy Muscat 2012 ★★★

| 1 500 | 15 à 20 € |

Fondé en 1794 et dans la même famille depuis cette date, ce vaste domaine de près d'une centaine d'hectares (planté de dix-sept variétés de cépages) est exploité depuis 1972 par Bernard Rochaix, aujourd'hui assisté de la jeune génération.

Raisin de Corinthe, agrumes, épices douces : le bouquet intense et complexe de ce muscat est une entrée en matière des plus engageantes. Le charme continue d'opérer dans une bouche ample, puissante, riche sans lourdeur, une fine fraîcheur aux accents de mandarine lui apportant un parfait équilibre. ⧗ 2017-2024 🍴 foie gras

Cave et Domaine les Perrières, rte de Peissy 54, Peissy, 1242 Satigny, tél. 22 753 90 00, info@lesperrieres.ch V r.-v.

DOM. DE LA RÉPUBLIQUE ET CANTON DE GENÈVE
Chasselas 2013 ★★

| 5 000 | 11 à 15 € |

Si l'histoire du vignoble genevois est multiséculaire, celle du domaine de l'État de Genève est beaucoup plus récente. Créé en 1971, celui-ci s'est donné pour missions principales la réalisation d'essais – notamment en matière de protection de l'environnement et d'amélioration de l'encépagement – et la production de vins de haut rang, vitrine du canton oblige. À sa disposition, un vignoble de 6 ha entièrement situé sur la commune de Bernex.

Ce chasselas d'une belle typicité se présente dans une seyante robe cristalline, le nez ouvert sur des arômes délicats de fleurs de tilleul. En bouche, la fraîcheur est de mise, une fraîcheur aux accents toniques de citronnelle. Un ensemble harmonieux et très élégant. ⧗ 2014-2017 🍴 dorade au fenouil

Vignoble République et canton de Genève, rte de Soral 93, 1233 Bernex, tél. 22 388 71 09, vignoble@etat.ge.ch V r.-v.

LES VALLIÈRES Deux Louis Réserve 2011 ★★

| 8 000 | 15 à 20 € |

Si la famille Serex cultive la vigne depuis plus de cinq générations, ce n'est qu'en 1984 que la première cuvée du domaine Les Vallières est créée par Louis Serex, figure de la viticulture genevoise. Son fils André a pris le relais en 2002 et conduits aujourd'hui un vignoble de 14 ha à Satigny, plus grande commune viticole de Suisse située sur la rive droite du Rhône, dans la région du Mandement.

Le gamaret (80 %) et les deux cabernets composent l'assemblage de cette cuvée d'un noir profond, au nez empyreumatique et épicé (clou de girofle). Des arômes que l'on retrouve dans une bouche solidement charpentée mais sans dureté, bâtie sur des tanins fins qui assureront à cette bouteille une belle tenue à la garde. 2017-2024 civet de sanglier

Les Vallière, rte de Charny 36, 1242 Satigny, tél. 22 753 16 04, lesvallieres@bluewin.ch r.-v. Louis et André Serex

♥ LA VIGNE BLANCHE Gamay 2013 ★★★

	3 300		5 à 8 €

À l'origine dédié à la culture et au bétail, le domaine s'ouvre à la vigne en 1971 lorsque Roger Meylan plante le premier cep. Depuis, le domaine n'a cessé de grandir pour atteindre aujourd'hui 7,5 ha, répartis en quatre parcelles surplombant la rade de Genève. Aux commandes depuis 2014, Sarah Meylan Favre, œnologue et fille de Roger.

Un vin aussi délicat que le laisse deviner cette élégante étiquette. La robe, d'un beau rouge profonde, s'orme de seyants reflets violines. Le nez, bien typé, dévoile des parfums intenses et frais de fruits rouges. Bâti sur de très jolis tanins, fins et veloutés, le palais fait longuement écho à l'olfaction, y ajoutant de fines notes épicées. Un gamay racé et parfaitement équilibré. 2014-2018 carpaccio de bœuf

Dom. de la Vigne blanche, rte de Vandœuvres 13, 1223 Cologny, tél. 22 736 80 34, sarahmeylan@bluewin.ch r.-v. Sarah Meylan Favre

PHILIPPE ET CHRISTINE VOCAT
Les Secrets du soleil Rosé de gamay 2013 ★★

	3 000		11 à 15 €

Philippe Vocat s'est installé en 1999 sur ce domaine dans sa famille depuis plusieurs générations. À sa disposition, un vignoble de 10 ha.

Robe rose pâle, bouquet intense et gourmand de bonbon anglais, l'approche est flatteuse. Le palais ? Friand, frais et fruité (framboise) à souhait. Un très joli rosé de gamay, à savourer de l'apéritif au dessert. 2014-2015 tartare de légumes

Philippe Vocat, Les Secrets du Soleil, 1283 Dardagny, tél. 22 754 13 84, philippe.vocat@informaniak.ch r.-v.

CANTON DE NEUCHÂTEL

Proche du lac qui reflète le soleil, adossé aux premiers contreforts du Jura qui lui offrent une exposition privilégiée, le vignoble neuchâtelois s'étire sur une étroite bande de 40 km entre Le Landeron et Vaumarcus. Le climat sec et ensoleillé de cette région, de même que les sols calcaires jurassiques ou morainiques qui y prédominent, conviennent bien à la culture de la vigne, ce qu'attestent les historiens qui nous apprennent que la première vigne y fut officiellement plantée en 998 ; à Neuchâtel, la vigne est donc plus que millénaire. Dans ce vignoble de 600 ha, le pinot noir et le chasselas règnent en maîtres. On trouve également quelques spécialités blanches (pinot gris, chardonnay, sauvignon blanc, gewurztraminer, doral, viognier) et rouges (gamaret, garanoir). Leur culture occupe aujourd'hui 15 % des surfaces. Cet encépagement riche est à l'origine d'une très large palette de vins et de saveurs différentes, grâce au savoir-faire des vignerons et à la diversité des terroirs. Le très typique œil-de-perdrix, un rosé local inimitable, ainsi que la perdrix blanche, une spécialité protégée obtenue par pressurage sans macération, sont tous les deux issus du pinot noir, la valeur sûre du vignoble neuchâtelois. Les vins rouges issus de ce cépage, élégants et fruités, souvent racés, sont aptes au vieillissement. Les gamaret et garanoir, fréquemment assemblés, parfois également avec le pinot noir, conviennent très bien à l'élevage en barrique et donnent des vins rouges charpentés. Ces deux cépages n'ont d'ailleurs que récemment acquis leurs lettres de noblesse en faisant leur entrée dans l'arrêté de l'AOC. Cette décision survient alors que les premières plantations dans le canton remontent à une vingtaine d'années. Cela démontre le souci de qualité de l'Interprofession vitivinicole neuchâteloise, qui a préféré attendre que ces cépages aient fait leurs preuves. Il en est de même pour les cépages blancs charmont et viognier. La variété des sols du canton, d'est en ouest, ainsi que les styles personnels des vinificateurs, sont à l'origine d'une grande diversité de goûts et d'arômes des vins blancs de chasselas et promettent à l'amateur curieux plus d'une découverte intéressante. On relèvera encore une spécialité locale issue du même cépage : le « Non filtré », vin primeur qui rafraîchit les palais l'été venu et réjouit les gastronomes amateurs de cuisine exotique. Chacune des dix-huit communes viticoles produit sa propre appellation, alors que l'appellation Neuchâtel est applicable à l'ensemble des productions du canton.

ABBAYE DE BEVAIX Chasselas 2013 ★★★

	12 000		8 à 11 €

En 1973, la famille Keller crée sa cave à l'entrée ouest du canton de Neuchâtel, tout près du château de Vaumarcus. Conduit depuis 2001 par Boris Keller, le domaine couvre aujourd'hui 28 ha situés entre Onnens et Auvernier, et propose une large palette de vins.

Boris Keller signe avec ce chasselas issu du vignoble ancestral de l'abbaye de Bevaix (créé en 998) un vin remarquable, au nez frais et minéral agrémenté de senteurs de miel et de citron. Harmonieuse, la bouche offre des arômes intenses de mandarine, avec en fond toujours cette fine trame minérale, fil rouge de la dégustation. Si les vins de l'abbaye de Bevaix se boivent traditionnellement jeunes, ils peuvent aussi être appréciés après un peu de garde. 2014-2017 filet de cabillaud aux agrumes

Boris Keller, rte du Camp 3, 2028 Vaumarcus, tél. 32 835 19 92, boris.keller@net2000.ch r.-v.

♥ CH. D'AUVERNIER Œil de perdrix 2013 ★★★

	100 000		11 à 15 €

Construit en 1559, le château d'Auvernier appartient à la même famille depuis 1603. Propriété de Thierry Grosjean (quatorzième génération), l'exploitation est dirigée par Yann Künzi. Situé en bordure du lac de Neuchâtel, le domaine commercialise la production issue de ses 45 ha de vignes en propre, complétée par des achats de raisins.

Ce superbe représentant de l'œil-de-perdrix neuchâtelois se présente dans une belle robe saumon animée de fines

bulles. Le nez dévoile des senteurs intenses et gourmandes de gelée de coing, de cire d'abeille et de miel. La bouche évoque la pâte de fruits et s'appuie sur une fine vivacité qui lui apporte longueur et équilibre. Un 2013 tendu à souhait et très harmonieux. ⧗ 2014-2017 🍴 salade composée

⊶ Caves du ch. d'Auvernier, Thierry Grosjean et Cie, pl. Épancheurs 6, 2012 Auvernier, tél. 32 731 21 15, wine@chateau-auvernier.ch V t.l.j. sf dim. 7h30-12h 13h30-17h30

CAVES DE CHAMBLEAU
Pur Sang Pinot noir 2011 ★★★

■	2 500		50 à 75 €

Cette exploitation créée en 1940 fournissait ses raisins à la coopérative avant de devenir une cave à part entière en 2006, sous l'impulsion de Louis-Philippe Burgat. Le domaine surplombe le lac de Neuchâtel, non loin de l'imposant château de Colombier.

Ce Pur Sang est issu de trois petites parcelles couvrant 2 ha. Un pur pinot noir en seyante robe rubis, au nez complexe de fruits rouges mâtinés de notes de torréfaction, de tabac blond et de chocolat légués par un élevage luxueux de vingt-quatre mois en fût neuf. En bouche, un volume imposant, de la concentration et de généreux arômes de pruneau d'Agen qui s'étirent dans une longue, très longue finale. ⧗ 2019-2025 🍴 osso bucco aux épices douces

⊶ Dom. de Chambleau, Louis-Philippe Burgat, À Ceylard, 2013 Colombier, tél. 32 731 16 66, info@chambleau.ch V r.-v.

♥ CAVE DES LAURIERS 2013 ★★★

■	10 000		8 à 11 €

Les cousins Christian Fellmann et Jean-Marc Jungo (cinquième génération) conduisent ce domaine familial créé en 1879 au pied du château de Cressier. À leur disposition, un vignoble de 7 ha orienté plein sud, planté sur un terroir calcaire au cœur de la région de l'Entre-deux-Lacs.

Ce chasselas s'ouvre sur des notes intenses de poire et d'agrumes. Généreux en attaque, le palais s'appuie sur une belle vivacité aux accents citronnés et sur une fine trame minérale qui lui confère une longueur admirable. Un ensemble des plus friands et harmonieux. ⧗ 2014-2017 🍴 émincé de lotte vapeur

⊶ Jungo & Fellmann, Cave des Lauriers, rue du Château 6, 2088 Cressier, tél. 32 757 11 62, info@75cl.ch V r.-v.

LA MAISON CARRÉE
Auvernier Le Lerin 2011 ★★★

■	2 100		20 à 30 €

Six générations de vignerons-encaveurs se sont succédé à la Maison carrée, bâti très reconnaissable dans le village d'Auvernier. Ce patrimoine familial est aujourd'hui dirigé par Jean-Denis et Christine Perrochet. Une curiosité du domaine : ses anciens pressoirs verticaux conservés dans leur état d'origine fonctionnent toujours. Le vignoble couvre près de 10 ha en appellation Auvernier, répartis sur deux sites distants de 10 km, à l'ouest de Neuchâtel et Hauterive à l'est.

La parcelle qui a donné naissance à ce pinot noir d'exception est conduite en biodynamie au lieu-dit Le Lerin. Le résultat ? Un vin surprenant d'intensité, qui dévoile à l'olfaction des parfums exubérants de petits fruits rouges et de fleur de sureau. On retrouve les fruits dans une bouche ample et concentrée, bâtie sur de beaux tanins enrobés. ⧗ 2015-2019 🍴 tournedos

⊶ Dom. de la Maison carrée, J.-D. et Ch. Perrochet, Grand-Rue 33, 2012 Auvernier, tél. 32 731 21 06, info@lamaisoncarree.ch V r.-v.

J.-CH. PORRET
Cortaillod Élevé en fût de chêne 2012 ★★★

■	900		15 à 20 €

Fondé en 1858 à Cortaillod, le domaine des Cèdres est dirigé depuis 1998 par Jean-Christophe et Nicole Porret (cinquième génération). La demeure, située au pied de deux cèdres du Liban, offre une vue époustouflante sur les coteaux et sur le lac de Neuchâtel. Les vignes (7 ha) sont réparties sur les communes de Cortaillod, Boudry et Bevaix.

Ce chardonnay a impressionné le jury par son équilibre, son expression bien typée du cépage (fleurs blanches, beurre) et par la maîtrise de l'élevage sous bois (douze mois), lequel accompagne le fruit sans l'écraser. Un vin ample et tout en finesse, tendu sans excès, agrémenté en finale d'agréables notes de pain d'épice. ⧗ 2014-2019 🍴 coquilles Saint-Jacques au beurre

⊶ J.-Ch. Porret, Goutte d'Or 20, 2016 Cortaillod, tél. 32 842 10 52, porretvins@bluewin.ch V r.-v.

♥ DOM. SAINT-SÉBASTE
Fût de chêne Pinot noir 2011 ★★★

■	7 000		30 à 50 €

Alice et Jean-Claude Kuntzer créent en 1954 un domaine à La Coudre (Neuchâtel). S'y sentant à l'étroit, ils construisent une nouvelle cave à Saint-Blaise. C'est en 1992 que Jean-Pierre Kuntzer, épaulé par son épouse Anja, reprend la direction de ce domaine de 19 ha (en cours de conversion bio), dont le vignoble s'étend sur les communes de Cortaillod, Colombier, Auvernier, Hauterive, Saint-Blaise, Cressier et Le Landeron.

Ce pur pinot arbore une robe rubis de belle intensité. Un pinot qui « pinote » à souhait, centré sur les fruits mûrs agrémentés d'une touche de menthol et de notes de tabac et de cacao léguées par la barrique. Souple et gras, soutenu par des tanins bien fondus, le palais, superbe, déploie d'intenses arômes de griotte mûre. Un très beau vin soyeux et plein de fruit. ⧗ 2017-2022 🍴 châteaubriand au poivre

Dom. Saint-Sébate, rue Daniel-Dardel 11, 2072 Saint-Blaise, tél. 32 753 14 23, info@kuntzer.ch V t.l.j. sf sam. dim. 9h-12h 14h-18h; f. mi-juil.-fin août J.-P. Kuntzer

VALENTIN Œil de perdrix 2013 ★★★

| 10 000 | 11 à 15 €

Nicolas Ruedin a repris en 2012 les rênes de ce domaine familial créé en 1614. L'exploitation est située sur les premières pentes du Jura, dans le village de Cressier, entre les lacs de Neuchâtel et de Bienne. Le vignoble couvre 6 ha, complétés par l'apport en raisins (3 ha) de vignerons de la région.

Cet œil-de-Perdrix présente une robe saumonée délicate et dévoile un nez tout aussi raffiné, sur les agrumes. Complexe, puissant et gras, le palais dispense de discrètes notes d'orange amère sur un fond de fraîcheur des plus plaisants. Un vin de gastronomie. 2014-2017 terrine de poisson

Nicolas Ruedin, rte de Troub 4, 2088 Cressier, tél. 32 757 11 51, info@ruedinvins.ch V t.l.j. sf sam. dim. 9h-12h 13h30-17h30

CANTON DU TESSIN

• Superficie : 1 024 ha

Le vignoble tessinois s'étend de Giornico au nord à Chiasso au sud. Une grande partie des 3 800 viticulteurs du canton possèdent de petites parcelles auxquelles ils consacrent leurs loisirs ; une centaine travaillent leurs vignes à plein temps et vendent leur raisin aux coopératives, tandis qu'une trentaine vinifient et commercialisent leur production. Le cépage roi du canton est le merlot d'origine bordelaise, introduit dans le Tessin dans les premières années du XXe s. et qui recouvre aujourd'hui 85 % de la surface viticole du canton. Ce cépage permet la production de vins blancs, rosés et rouges. Ces derniers, les plus répandus, sont plus ou moins légers ou corsés, parfois élevés en barrique. Leur aptitude à la garde varie en fonction du temps de cuvaison.

CHIODI ASCONA Rompidée Merlot 2011 ★

| n.c. | 20 à 30 €

Cette maison de négoce fondée en 1880 est, depuis son rachat en 2009 de la société Carlevaro Bellinzona, l'une des dix plus importantes entreprises viticoles du Tessin. Outre ses achats de raisins et son activité d'importateur de vins suisses, italiens et français, elle possède aussi des vignes en propre sur les terres granitiques de Pedimonte.

Des ceps de quarante ans sont à l'origine de cette cuvée élevée dix-huit en barriques de chêne français. Au nez, de la griotte, de la confiture de prune et d'intenses notes épicées. La bouche se montre riche et chaleureuse mais sans excès, solide mais sans dureté, étayée par des tanins élégants et fins. 2017-2020 poitrine de veau braisée

Chiodi Ascona SA, via Delta 24, 6612 Ascona, tél. 91 791 56 56, info@chiodi.ch V r.-v.

ANGELO DELEA Carato Riserva 2011 ★★

| 7 000 | 30 à 50 €

Fondée en 1983, la maison Angelo Delea comprend une structure de négoce et des vignobles en propre, répartis sur une vingtaine d'hectares. À Losone, le siège de l'entreprise dispose d'une vaste cave voûtée de 3 000 m^2 abritant plus de 800 barriques et tonneaux. Outre le vin, sont produits ici du vinaigre balsamique, de la grappa et des distillats de fruits.

Un pur merlot élevé dix-huit mois en carati (barrique de chêne français). Robe rubis profond et nez intense de prune et de cerise noire confiturée sur un léger fond vanillé : la présentation est engageante. La bouche se révèle chaleureuse et solidement charpentée, longue et équilibrée, encore un brin austère en finale. 2017-2020 côte de bœuf

Vini e Distillati Angelo Delea, Zandone 11, 6616 Losone, tél. 91 791 08 17, vini@delea.ch V r.-v. 5

GEMMA DELL'EST Merlot 2011 ★

| 1 000 | 30 à 50 €

La Tenuta Luigina, créée en 2008, regroupe trois vignobles distincts : Gemma dell'Est, à Vacallo, Ronco delle Noci, siège de l'exploitation, à Stabio, et à une petite vigne de viognier à Morbio Superiore, qui est entrée en production en 2014.

Une pointe de cabernet-sauvignon (8 %) accompagne le merlot dans ce 2011 ouvert sur les fruits des bois confiturés et sur la griotte à l'alcool, auquel une fine touche vanillée apporte un surcroît de complexité. Ample, riche, chaleureuse, la bouche tient la note fruitée et boisée (dix mois de barriques), soutenue par des tanins bien en place mais sans dureté. De bons arguments pour évoluer sereinement en cave. 2016-2019 sauté d'agneau aux épices douces

Tenuta Agricola Luigina SA, via Laveggio, 6855 Stabio, tél. 76 324 23 69, info@tenutaluigina.ch Fabio Bruni

CANTINA GIUBIASCO
Merlot Monte Carasso 2011 ★

| n.c. | 20 à 30 €

Cette maison de négoce historique, fondée en 1926, sélectionne les raisins de quelque 450 producteurs et vinifie un dixième de la production totale du Tessin. Une production issue essentiellement de vignobles en terrasses anciens, situés dans diverses communes aux alentours de Bellinzona. Elle est aussi à l'origine de la vinification du merlot en blanc.

La robe hésite entre le pourpre et le rubis. Pas d'hésitation à l'olfaction en revanche : du fruit, intense et frais, à dominante de prune et de griotte. La bouche, puissante, charnue et très longue, convie les épices léguées par la barrique, qui apportent un « supplément d'âme » et de complexité. 2017-2020 rosbif aux chanterelles

SA Cagi – Cantina Giubasco, via Linoleum 11, 6512 Giubiasco, tél. 97 857 25 31, info@cagivini.ch V r.-v.

CANTINA SOCIALE MENDRISIO La Trosa Vigne Vecchie dei colli del Mendrisiotto 2012 ★★

| 6 000 | 15 à 20 €

Située à l'extrême sud de la Suisse, cette coopérative fondée en 1949 est la seule du canton tessinois, regroupant 450 adhérents établis essentiellement dans la zone du Mendrisiotto, ainsi que dans la Riviera et le

Val di Blenio. Elle dirige aussi la Tenuta Montalbano, 20 ha de vignes plantés sur les collines de San Pietro di Stabio, un véritable laboratoire de recherche considéré comme l'un des plus fleurons de la Suisse viticole.

Douze mois de barrique (fût neuf et fût d'un vin) pour ce 2012 issu de vieux ceps de merlot. Un bien typé du cépage avec son nez intense et généreux de fruits compotés (cerise noire, prune) rehaussés de fines nuances épicées. En bouche, une bonne structure, sans excès de vigueur, bâtie sur des tanins bien fondus et soyeux, un rien plus stricts en finale. Une petite garde « arrondira les angles ». ⧗ 2015-2017 🍷 coq au vin

Cantine Sociale Mendrisio, Matteo Rigatti, via Bernasconi 22, 6850 Mendrisio, tél. 91 646 46 21, info@cantinamendrisio.ch r.-v.

CANTINE DI MORCOTE 16 Lune 2012 ★

■	1 300		20 à 30 €

Après ses études d'œnologie, Adrien Stevens œuvre comme indépendant auprès de différents domaines, tout en commençant à vinifier ses propres vins à partir d'achats de vieilles vignes à San Vittore, Breganzona et Canobbio. En 2013, il s'installe dans une ancienne cave à Morcote et crée son petit domaine, qu'il conduit dans un esprit biodynamiste.

Des ceps de merlot de vingt-cinq ans sont à l'origine de cette cuvée dominée à l'olfaction par les fruits rouges compotés, mâtinés de nuances balsamiques et chocolatées. Une richesse aromatique prolongée par un palais solide, étayé par des tanins jeunes et fermes qui commencent à peine à se fondre. De bonne garde, assurément. ⧗ 2018-2024 🍷 gigot d'agneau

Cantine di Morcote, riva da Codaa 12, 6922 Morcote, tél. 79 685 76 08, info@cantinemorcote.ch r.-v. Stevens Adrien

CASTELLO DI MORCOTE 2011 ★

■	20 000		30 à 50 €

Ce château, construit par les ducs de Milan au XVe s., est conduit par la famille Gianini depuis quatre générations. Le vignoble en vonversion bio s'étend sur 7 ha.

Une pointe de cabernet franc (10 %) entre aux côtés du traditionnel merlot dans ce 2011. Un nez riche et complexe ouvre la dégustation : cerise noire, cassis, prune, vanille et chocolat (quatorze mois de barrique). Une attaque chaleureuse introduit un palais ample et long, soutenu par des tanins encore un peu jeunes et fougueux. Prometteur. ⧗ 2017-2020 🍷 navarin d'agneau

SA Tenuta Castello di Morcote, via Strada al Castel 27, 6921 Vico-Morcote, tél. 91 996 12 30, info@castellodimorcote.com r.-v.

TENIMENTO LA PRELLA Merlot Riserva 2011 ★★★

■	n.c.		20 à 30 €

Meinrad Perler est à la tête de deux vignobles. Le Tenimento dell'Ör, un domaine très ancien mentionné dès le XVIIIe s. acquis en 1981, étend son vignoble de 9 ha au pied du mont San Giorgio. Acheté en 2003, le Tenimento La Prella couvre quant à lui 11 ha sur la commune de Genestrerio. Un ensemble planté de près d'une trentaine de cépages (une majorité de noirs), complété par un jardin ampélographique à des fins expérimentales.

Né de ceps de trente ans plantés sur un sol d'argile et de tuf, ce 2011 a connu dix-huit mois de barrique. La robe est d'un seyant rubis intense et vif. Le bouquet profond et intense mêle les fruits rouges compotés aux épices. Des tanins fermes et fort prometteurs soutiennent un palais charnu et chaleureux, dont la longue finale fait écho aux sensations fruitées et épicées de l'olfaction. Un ensemble solide et bâti pour bien évoluer. ⧗ 2017-2020 🍷 civet de lièvre

Agriloro SA, via Prella, 6852 Genestrerio, tél. 91 640 54 54, info@agriloro.ch r.-v. Meinrad Perler

SAN GIORGIO Crescendo 2012 ★★

■	6 700		20 à 30 €

Si la création du domaine date de 1990, Mike Rudolph, Américain ayant grandi à Zurich, a réalisé sa première vinification à la propriété en 2002. Les 8 ha de vignes sont implantés essentiellement au-dessus du golfe d'Agno, sur le lac de Lugano.

Le merlot du Tessin trouve ici une expression élégante, centrée sur les classiques petits fruits rouges agrémentés d'une très légère note végétale et de fines nuances épicées. La bouche se révèle ample et généreuse, adossée à des tanins policés et soyeux, et offre en finale un long retour fruité et épicé. Un ensemble des plus harmonieux. ⧗ 2016-2019 🍷 entrecôte marchand de vin

Mike Rudolph, Tenuta San Giorgio, via al Bosco 39, 6990 Cassina-d'Agno, tél. 91 605 58 68, info@tenutasangiorgio.ch r.-v. 2

♥ TAMBORINI Comano Merlot 2012 ★★★

■	2 900		30 à 50 €

L'histoire débute en 1944 avec Carlo Tamborini, qui fonde sa société à Lamone. Restée familiale, l'entreprise est dirigée depuis 1968 par Claudio Tamborini et regroupe aujourd'hui plusieurs vignobles dans les meilleures zones du Tessin, pour une surface totale de 23 ha.

À l'origine de ce superbe 2012, le Vigneto ai Brughi, une parcelle de 1,25 ha bien exposée au sud-sud-ouest, sur le flanc d'une colline de la Commune de Comano à une hauteur de 400 m. Après dix-huit mois de barrique, le vin se présente dans une robe rubis profond aux reflets pourpres. Le bouquet est d'une extrême élégance, intense et complexe : cerise noire, prune, mûre, notes balsamiques et épicées. La bouche se révèle très riche et parfaitement équilibrée, soutenue par des tanins bien présents mais soyeux et fondus. Une longue finale, ample et savoureuse, laisse le souvenir d'un vin d'une grande harmonie. Le 2009 fut coup de cœur. ⧗ 2017-2020 🍷 daube de bœuf

SA Eredi Carlo Tamborini, via Serta 18, 6814 Lamone, tél. 91 935 75 45, info@tamborini-vini.ch r.-v. 4

Les mots du vin

A

Acescence
Maladie provoquée par des micro-organismes et donnant un vin piqué.

Acidité
1) Ensemble des acides présents dans le vin. 2) Saveur acide, l'une des quatre saveurs élémentaires, avec l'amer, le sucré et le salé. Présente sans excès, l'acidité est nécessaire à l'équilibre du vin, en lui apportant fraîcheur et nervosité. Mais lorsqu'elle est très forte, elle devient un défaut, en lui donnant un caractère mordant et vert. En revanche, si elle est insuffisante, le vin est mou.

Aérer
Exposer à l'air le vin avant le service, pour lui permettre de s'ouvrir davantage, d'épanouir ses arômes et d'arrondir ses tanins.

Agressif
Se dit d'un vin montrant trop de force et attaquant désagréablement les muqueuses.

Aigre
Se dit d'un vin présentant un caractère acide trop marqué, assorti d'une odeur particulière rappelant celle du vinaigre.

Aimable
Se dit d'un vin dont tous les aspects sont agréables et pas trop marqués.

Alcool
Composant le plus important du vin après l'eau, l'alcool éthylique apporte au vin son caractère chaleureux. Mais s'il domine trop, le vin devient brûlant.

Alcooleux
Se dit d'un vin déséquilibré où la sensation chaleureuse, voire brûlante, de l'alcool apparaît trop marquée.

Ambré
1) D'une couleur proche de l'ambre prise parfois par les vins blancs vieillissant longuement, ou s'oxydant prématurément. 2) Mention désignant sur l'étiquette les rivesaltes ou rasteau blancs élevés longuement en milieu oxydatif.

Amertume
Sensation gustative, l'une des quatre saveurs élémentaires, elle est aussi nécessaire à l'équilibre des vins et participe de leur longueur. Normale pour certains vins rouges jeunes et riches en tanins, l'amertume est dans les autres cas un défaut dû à une maladie bactérienne.

Ampélographie
Science étudiant les cépages.

Ample
Se dit d'un vin harmonieux donnant l'impression d'occuper pleinement et longuement la bouche.

Amylique
Désigne un arôme évoquant la banane, les bonbons acidulés (« bonbons anglais ») ou le vernis à ongles (dans ce cas, c'est un défaut), présent dans certains vins primeurs ou jeunes.

Analyse sensorielle
Nom technique de la dégustation.

Animal
Qualifie l'ensemble des odeurs du règne animal : musc, venaison, cuir..., surtout fréquentes dans les vins rouges vieux.

Anthocyanes
Pigments bleus contenus dans la pellicule des raisins noirs et qui, solubles dans l'alcool, donnent leur couleur aux vins rouges au cours de la fermentation. Avec le temps, le bleu s'estompe et la couleur du vin passe du violacé au tuilé.

AOC
Appellation d'origine contrôlée. Système réglementaire français garantissant l'authenticité de certains produits – en particulier le vin – issus d'un terroir donné et dont les caractères tiennent également à des « usages loyaux et constants ». Les grands vins proviennent de régions d'AOC. Voir AOP.

AOP
Appellation d'origine protégée. Terme équivalent de l'AOC à l'échelle européenne, et qui souligne la protection juridique (contre les fraudes et contrefaçons) dont jouissent les produits d'appellation. Voir AOC.

Apogée
Période très variable selon les types de vin et les millésimes, et qui correspond à l'optimum qualitatif d'un vin. Après l'apogée vient le déclin.

Âpre
Se dit d'un vin procurant une sensation rude, un peu râpeuse, provoquée par un fort excès de tanins.

Aromatique
Se dit d'un cépage (muscat, gewurztraminer...) ou d'un vin caractérisé par des arômes intenses.

Arôme
Dans le langage technique de la dégustation, ce terme devrait être réservé aux sensations olfactives perçues en bouche. Mais le mot désigne aussi fréquemment les odeurs en général.

Assemblage
Mélange de plusieurs vins pour obtenir un lot unique. Faisant appel à des vins de même origine, l'assemblage est très différent du coupage – mélange de vins de provenances diverses –, qui a une connotation péjorative.

Astringent
Se dit d'un vin présentant un caractère un peu âpre et rude en bouche. L'astringence apparaît souvent dans de jeunes vins rouges riches en tanins, ayant besoin de s'arrondir.

Attaque
Premières impressions perçues après la mise du vin en bouche.

Austère
Se dit d'un vin rouge généralement jeune, encore fermé aromatiquement, très marqué par les tanins et astringent. Cette sévérité s'estompe en principe avec le temps.

B

Balsamique
Qualificatif d'odeurs venues de la parfumerie et comprenant, entre autres, l'encens, la résine et le benjoin.

Ban des vendanges
Fixation par une autorité (autrefois le seigneur) de la date du début des vendanges. Il est aujourd'hui fixé par arrêté préfectoral sur proposition de l'INAO, à maturité des raisins.

Barrique
Fût bordelais de 225 litres, ayant servi à déterminer le tonneau (unité de mesure correspondant à quatre barriques, soit 900 litres).

Beurré
Se dit d'un arôme rappelant le beurre frais, présent dans certains vins blancs, notamment ceux élevés sous bois.

Biodynamique (agriculture)
Agriculture biologique s'inscrivant dans une vision du monde liant la plante et tous les êtres vivants au cosmos et fondant les travaux à la vigne et au chai sur les cycles de la lune.

Biologique (agriculture)
Agriculture n'utilisant aucun fertilisant ou pesticide de synthèse.

Biologique (vin)
Vin issu de raisins biologiques et élaboré en respectant les règles de vinification adoptées par l'UE en 2012. Ce règlement européen prohibe certaines pratiques, limite les intrants et additifs, notamment le soufre.

Boisé
Se dit d'un vin élevé en barrique et présentant les arômes résultant d'un séjour dans le bois : vanille et notes empyreumatiques telles que bois brûlé, café torréfié, cacao.

Botrytis cinerea
Nom d'un champignon entraînant la pourriture des raisins. Apparaissant par temps strictement pluvieux, la pourriture est dite grise ; elle est néfaste pour le raisin. Due à l'alternance de brouillard (ou de petites précipitations) suivi de soleil, la pourriture, qualifiée de noble, produit une concentration des raisins qui est à la base de l'élaboration des vins blancs liquoreux.

Bouche
Terme désignant l'ensemble des caractères du vin perçus dans la bouche.

Bouchon (goût de)
Défaut irrémédiable du vin se traduisant par un goût de moisi, de vieux papier, de liège, résultant d'une contamination du bouchon de liège par un composé chimique appelé trichloroanisole (TCA). Des produits de traitement du bois (palettes, charpentes utilisées dans les installations de vinification) peuvent produire des effets analogues.

Bouquet
Caractères odorants se percevant au nez lorsque l'on flaire le vin dans le verre, puis dans la bouche sous le nom d'arôme. À l'origine réservé aux vins vieux, ce terme s'applique aujourd'hui à tous types de vins.

Bourbe
Éléments solides en suspension dans le moût. Voir débourbage.

Brillant
Se dit d'une robe très limpide dont les reflets brillent fortement à la lumière.

Brûlé
Qualificatif, parfois équivoque, d'odeurs diverses, allant du caramel au bois brûlé.

Brut
Se dit d'un vin effervescent comportant très peu de sucre (juste assez pour tempérer l'acidité du vin, soit entre 6 et 12 g/l) ; brut zéro (brut nature) désigne un champagne non dosé. Voir dosage.

C

Capiteux
Caractère d'un vin très riche en alcool, jusqu'à en être fatigant.

Carafe
1) Récipient de verre de forme ventrue et à col étroit utilisé pour aérer ou décanter le vin. 2) Vins de carafe : vins qui se boivent jeunes et qu'autrefois on tirait directement au tonneau. Par exemple, certains muscadets ou beaujolais.

Casse
Accident (oxydation ou réduction) provoquant une perte de limpidité du vin.

Caudalie
Unité de mesure de la durée de persistance en bouche des arômes après la dégustation (1 caudalie = 1 seconde).

Cépage
Nom de la variété, en matière de vignes.

Chai
Bâtiment dédié à l'élaboration et à l'élevage des vins.

Chair
Caractéristique d'un vin donnant dans la bouche une impression de plénitude et de densité, sans aspérité.

Chaleureux
Se dit d'un vin procurant, notamment par sa richesse alcoolique, une impression de chaleur.

Chapeau
Dans la vinification des vins rouges, désigne les pellicules et autres parties solides du raisin qui remontent et s'amassent à la surface de la cuve après quelques jours de fermentation.

Chaptalisation
Addition de sucre dans la vendange, contrôlée par la loi, afin d'obtenir un bon équilibre du vin par augmentation de la richesse en alcool lorsque celle-ci est trop faible.

Charnu
Se dit d'un vin ayant de la chair.

Charpente
Bonne constitution d'un vin avec une prédominance tannique ouvrant de bonnes possibilités de vieillissement.

Chartreuse
Dans le Bordelais, petit château du XVIIIe siècle ou du début du XIXe.

Château
Terme souvent utilisé pour désigner des exploitations vinicoles, même si parfois elles ne comportent pas de véritable château.

Clairet
Vin rouge léger et fruité, ou vin rosé produit en Bordelais et en Bourgogne.

Claret
Nom donné par les Anglais au vin rouge de Bordeaux.

Clavelin
Bouteille de forme particulière et d'une contenance de 62 cl, réservée aux vins jaunes du Jura.

Climat
Nom de lieu-dit cadastral dans le vignoble bourguignon.

Clone
Ensemble des pieds de vigne issus d'un pied unique par multiplication (bouturage ou greffage).

Clos
Très usité dans certaines régions pour désigner les vignes entourées de murs (Clos de Vougeot), ce terme a pris souvent un usage beaucoup plus large, désignant parfois les exploitations elles-mêmes.

Collage
Opération de clarification réalisée avec un produit (blanc d'œuf, colle de poisson) se coagulant dans le vin en entraînant dans sa chute les particules restées en suspension.

Complexe
Se dit d'un vin déployant tout au long de la dégustation (du premier nez à la finale) une succession d'arômes variés tout en étant fondus, en harmonie les uns avec les autres et avec la texture. Un vin complexe laisse une impression durable de charme et de profondeur.

Concentré
Se dit d'un vin riche dans tous ses composants (sucres dans les vins liquoreux, tanins dans les vins rouges, composés aromatiques) et qui laisse une impression de densité, d'intensité et de profondeur.

Cordon
Mode de conduite des vignes palissées.

Corps
Caractère d'un vin alliant une bonne constitution (charpente et chair) à de la chaleur.

Corsé
Se dit d'un vin ayant du corps.

Coulant
Voir gouleyant.

Coulure
Non-transformation de la fleur en fruit due à une mauvaise fécondation, pouvant s'expliquer par des raisons diverses (climatiques, physiologiques, etc.).

Coupage
Mélange de vins de provenances diverses (à ne pas confondre avec l'assemblage).

Courgée
Nom de la branche à fruits laissée à la taille et qui est ensuite arquée le long du palissage dans le Jura (en Mâconnais, elle porte le nom de queue).

Court
Se dit d'un vin laissant peu de traces en bouche après la dégustation (on dit aussi « court en bouche »).

Crémant
Vin effervescent d'AOC élaboré par méthode traditionnelle, avec des contraintes spécifiques, dans les régions d'Alsace, du Bordelais, de Bourgogne, de Die, du Jura, de Limoux et dans le Val de Loire, ainsi qu'au Luxembourg.

Cru
Terme dont le sens varie selon les régions (terroir ou domaine), mais contenant partout l'idée d'identification d'un vin à un lieu défini de production.

Cuvaison
Période pendant laquelle, après la vendange en rouge, les matières solides restent en contact avec le jus en fermentation dans la cuve. Sa longueur détermine la coloration et la force tannique du vin.

D

Débourbage
Clarification du jus de raisin non fermenté, séparé de la bourbe.

Débourrement
Ouverture des bourgeons et apparition des premières feuilles de la vigne.

Décanter
Transvaser un vin de sa bouteille dans une carafe pour lui permettre d'abandonner son dépôt.

Déclassement
Suppression du droit à l'appellation d'origine d'un vin ; celui-ci est alors commercialisé comme Vin de France.

Décuvage
Séparation du vin de goutte et du marc après fermentation (on dit aussi écoulage).

Dégorgement
Dans la méthode traditionnelle, élimination du dépôt de levures formé lors de la seconde fermentation en bouteille.

Degré alcoolique
Richesse du vin en alcool exprimée en pourcentage de volume d'alcool contenu dans le vin.

Demi-sec
Vin comprenant une certaine proportion de sucres résiduels sans être pour autant moelleux. Les champagnes et mousseux demi-secs, dont le dosage est compris entre 32 et 50 g/l, sont des vins conseillés pour le dessert.

Dépôt
Particules solides contenues dans le vin, notamment dans les vins vieux (où il est enlevé avant dégustation par la décantation).

Dosage
Apport de sucre (exprimé en g/l) sous forme de liqueur d'expédition à un vin effervescent, après le dégorgement. Il varie selon le degré de vivacité souhaité (voir extra-brut, brut, extra-dry, sec, demi-sec).

Doux
Terme s'appliquant à des vins sucrés.

Dur
Un vin dur est caractérisé par un excès d'astringence et d'acidité, pouvant parfois s'atténuer avec le temps.

E

Échelle des crus
Système complexe de classement des communes de Champagne en fonction de la valeur des raisins qui y sont produits.

Écoulage
Voir décuvage.

Effervescent
Synonyme de mousseux.

Égrappage
Séparation des grains de raisin de la rafle.

Élégant
Se dit d'un vin qui, au-delà de l'équilibre, présente des qualités de charme et d'harmonie, sans la moindre lourdeur.

Élevage
Clarification, stabilisation et affinage du vin (en cuve, en fût ou dans d'autres récipients) effectués après la fermentation.

Empyreumatique
Famille d'arômes évoquant le brûlé ou le fumé : bois brûlé, fumée, cendre, goudron, et aussi les denrées qui résultent de la torréfaction, comme le café, le thé ou le cacao, ou encore le pain grillé et le tabac.

Encépagement
Ensemble des cépages cultivés dans un vignoble ; proportion relative des différents cépages dans un domaine ou un vignoble donné.

Enveloppé
Se dit d'un vin riche en alcool, mais dans lequel le moelleux domine.

Épais
Se dit d'un vin donnant en bouche une impression de lourdeur et d'épaisseur.

Épanoui
Qualificatif d'un vin équilibré qui a acquis toutes ses qualités de bouquet.

Épicé
Se dit d'un arôme évoquant les épices : poivre, cannelle, noix muscade, clou de girofle...

Équilibré
Se dit d'un vin présentant un bon équilibre entre tous ses constituants et saveurs, en particulier : alcool et acidité dans les vins blancs secs, alcool, acidité et sucres dans les vins blancs moelleux, alcool, acidité et force tannique dans les vins rouges.

Éraflage
Séparation des baies de raisin de la rafle (la partie ligneuse de la grappe) avant fermentation pour éviter la présence de tanins rustiques dans le vin. Synonyme : égrappage.

Étampage
Marquage des bouchons, des barriques ou des caisses à l'aide d'un fer.

Évent (goût d')
Défaut caractérisant un vin exposé à l'air, et qui a perdu ses qualités aromatiques.

Éventé
Se dit d'un vin ayant perdu tout ou partie de ses arômes à la suite d'une oxydation.

Évolué
Se dit d'un vin montrant par sa couleur (tuilée chez les rouges, ambrée chez les blancs), par ses arômes ou sa structure qu'il amorce la fin de son apogée et demande à être consommé rapidement.

Expressif
Se dit d'un vin épanoui et offrant des arômes bien marqués.

Extra-brut
Se dit d'un champagne très vif, dont la teneur en sucres est inférieure à 6 g/l. (Voir dosage.)

Extraction
Au cours de la fermentation des vins rouges, absorption par le moût des composés contenus dans les pellicules des baies, comme les tanins et les pigments colorés. Cette absorption peut être favorisée par diverses opérations, comme les pigeages et remontages (voir ces mots). Lorsqu'elle est excessive, on parle de surextraction.

Extra-dry
Se dit d'un champagne très légèrement moelleux dont le dosage est compris entre 12 et 17 g/l. (Voir dosage.)

F

Fatigué
Terme s'appliquant à un vin ayant perdu provisoirement ses qualités (par exemple après un transport) et nécessitant un repos pour les recouvrer.

Féminin
Caractérise les vins dont l'agrément résulte de l'élégance et de la finesse plus que de la puissance.

Fermé
S'applique à un vin de qualité encore jeune, n'ayant pas acquis un bouquet très prononcé et qui nécessite donc d'être attendu pour être dégusté.

Fermentation
Processus permettant au jus de raisin de devenir du vin, grâce à l'action de levures transformant le sucre en alcool.

Fermentation malolactique
Transformation, sous l'effet de bactéries lactiques, de l'acide malique du vin en acide lactique et en gaz carbonique ; elle a pour effet de rendre le vin moins acide.

Fillette
Nom donné dans le Val de Loire à la demi-bouteille (37,5 cl).

Filtration
Clarification du vin à l'aide de filtres.

Finale
Impressions plus ou moins durables que l'on ressent en bouche une fois le vin avalé (ou recraché dans le cas d'une dégustation professionnelle). La finale peut être courte ou persistante.

Finesse
Qualité d'un vin délicat et élégant.

Fleur
Maladie du vin se traduisant par un voile blanchâtre et un goût d'évent.

Floral
Se dit d'un vin dominé par des arômes évoquant les fleurs ; suivant les cas, fleurs blanches (aubépine, acacia, jasmin, chèvrefeuille...), rose, pivoine, violette...

Fondu
Désigne un vin, notamment un vin vieux, dans lequel les différents caractères se mêlent harmonieusement entre eux pour former un ensemble bien homogène.

Foudre
Tonneau de grande capacité.

Foulage
Opération consistant à faire éclater la peau des grains de raisin.

Foxé
Désigne l'odeur, entre celle du renard et celle de la punaise, que dégage le vin produit à partir de certains cépages hybrides.

Frais
Se dit d'un vin légèrement acide, mais sans excès, qui procure une sensation de fraîcheur.

Franc
Désigne l'ensemble d'un vin, ou l'un de ses aspects (couleur, bouquet, goût...) sans défaut ni ambiguïté.

Friand
Qualificatif d'un vin à la fois frais et fruité.

Fruité
Se dit d'un vin, en général jeune, dont la palette aromatique est dominée par des arômes de fruits frais. Selon la couleur et le style des vins : arômes de fruits rouges (cerise, griotte, framboise, groseille, fraise...), noirs (cassis, myrtille, mûre), jaunes (abricot, pêche jaune, mirabelle), exotiques (mangue, litchi, ananas), blancs (pomme, poire, pêche blanche), agrumes (citron, pamplemousse, mandarine...).

Fumé
Qualificatif d'odeurs proches de celle des aliments fumés, caractéristiques, entre autres, du cépage sauvignon ; d'où le nom de blanc fumé parfois donné à cette variété.

Fumet
Synonyme ancien de bouquet.

G

Garde (vin de)
Désigne un vin montrant une bonne aptitude au vieillissement.

Garrigue
Notes évoquant les herbes aromatiques méditerranéennes telles que le thym ou le romarin, décelées dans de nombreux vins méridionaux.

Généreux
Se dit d'un vin riche en alcool, mais sans être fatigant, à la différence d'un vin capiteux.

Générique
Terme pouvant avoir plusieurs acceptions, mais désignant souvent un vin de marque par opposition à un vin de cru ou de château, employé parfois abusivement pour désigner les appellations régionales (par exemple bordeaux, bourgogne...).

Gibier
Famille d'arômes animaux évoquant la venaison, et présents dans certains vins rouges vieux. Voir venaison.

Glace (vin de)
Vin liquoreux obtenu par pressurage de baies gelées récoltées au cœur de l'hiver.

Glycérol
Tri-alcool légèrement sucré, issu de la fermentation du jus de raisin, qui donne au vin son onctuosité.

Gouleyant
Se dit d'un vin souple et agréable, glissant bien dans la bouche.

Gourmand
Se dit d'un vin flatteur et aromatique, qui invite à la dégustation immédiate.

Goutte (vin de)
Dans la vinification en rouge, vin issu directement de la cuve au décuvage (voir presse).

Gras
Synonyme d'onctueux.

Gravelle
Terme désignant le dépôt de cristaux de tartre dans les vins blancs en bouteille.

Graves
Sol composé de cailloux roulés et de graviers, très favorable à la production de vins de qualité, que l'on trouve notamment en Médoc et dans les Graves.

Greffage
Méthode employée depuis la crise phylloxérique, consistant à fixer sur un porte-greffe résistant au phylloxéra un greffon d'origine locale.

Gris (vin)
Vin obtenu en vinifiant en blanc des raisins à la pellicule colorée (noire ou grise), par pressurage direct, sans macération. Il s'agit d'un rosé très peu coloré.

H

Harmonieux
Se dit d'un vin équilibré laissant une impression flatteuse d'élégance.

Hautain (en)
Taille de la vigne en hauteur.

Herbacé
Se dit d'un arôme végétal peu flatteur évoquant l'herbe ou les feuilles fraîches. Voir végétal.

Hybride
Terme désignant les cépages obtenus à partir de deux espèces de vignes différentes.

I

IGP
Indication géographique protégée, catégorie définie en 2009 et correspondant aux vins de pays. Elle désigne des vins issus d'une zone géographique délimitée, mais dont le lien au terroir est moins fort que pour les vins AOC. L'IGP s'applique à d'autres denrées dont la notoriété et le caractère sont liés à un territoire donné mais dont certaines phases d'élaboration peuvent se dérouler en dehors de cet espace géographique.

Impériale
Voir Mathusalem.

INAO
Institut national de l'origine et de la qualité (autrefois Institut national des appellations d'origine). Organisme français dépendant du ministère de l'Agriculture et ayant en charge les signes de

qualité : AOC, IGP, STG (spécialités traditionnelles garanties), labels rouges et agriculture biologique.

J

Jambes
Synonyme de larmes.

Jéroboam
Grande bouteille contenant l'équivalent de quatre bouteilles.

Jeune
Qualificatif très relatif pouvant désigner un vin de l'année déjà à son optimum, aussi bien qu'un vin ayant passé sa première année mais n'ayant pas encore développé toutes ses qualités.

L

Lactique (acide)
Acide obtenu par la fermentation malolactique.

Larmes
Traces laissées par le vin sur les parois du verre lorsqu'on l'agite ou l'incline.

Léger
Se dit d'un vin peu coloré et peu corsé, mais équilibré et agréable. En général, à boire assez rapidement.

Levures
Champignons microscopiques unicellulaires provoquant la fermentation alcoolique.

Lies
Dépôt constitué par les levures mortes après la fermentation. Certains vins blancs sont élevés sur leurs lies, ce qui rend leurs arômes et leur structure plus complexes et plus riches.

Limpide
Se dit d'un vin de couleur claire et brillante ne contenant pas de matières en suspension.

Liqueur d'expédition
Dans le champagne et les vins élaborés selon la méthode traditionnelle, ajout précédant le bouchage de vin destiné à combler le vide dans la bouteille créé par le dégorgement. Ce vin ajouté est souvent édulcoré par du sucre, incorporé en proportion variable selon le style de vin recherché, brut, demi-sec, etc. (voir dosage). Synonyme : liqueur de dosage.

Liqueur de tirage
Dans le champagne et les mousseux de méthode traditionnelle, liqueur ajoutée au vin au moment de la mise en bouteille (tirage) ; elle est composée de sucres et de levures dissous dans du vin. Ces composants provoqueront la seconde fermentation en bouteille aboutissant à la formation de bulles de gaz carbonique.

Liquoreux
Vins blancs riches en sucre, souvent obtenus à partir de raisins sur lesquels s'est développée la pourriture noble, et se distinguant entre autres par un bouquet spécifique (notes confites ou rôties). Les vins liquoreux peuvent aussi provenir d'un passerillage des baies sur souche ou sur claies (vins de paille).

Long
Se dit d'un vin dont les arômes laissent en bouche une impression plaisante et persistante après la dégustation. On dit aussi : d'une bonne longueur.

Lourd
Se dit d'un vin excessivement épais, trop chargé en tanins ou en sucres, manquant selon les cas de souplesse ou de fraîcheur.

M

Macération
Contact du moût avec les parties solides du raisin pendant la cuvaison.

Macération carbonique
Mode de vinification en rouge par macération de grains entiers dans des cuves saturées de gaz carbonique ; il est utilisé notamment pour la production de certains vins primeurs.

Macération pelliculaire
Technique consistant à laisser macérer les baies de raisin à l'abri de l'air et à basse température avant la fermentation, ce qui a pour résultat de favoriser l'expression aromatique du vin.

Mâche
Terme s'appliquant à un vin possédant à la fois épaisseur et volume et qui donne l'impression qu'il pourrait être mâché.

Madérisé
Se dit d'un vin blanc qui, en vieillissant, s'oxyde et prend une couleur ambrée et un goût rappelant celui du madère.

Magnum
Bouteille contenant l'équivalent de deux bouteilles ordinaires.

Malique (acide)
Acide présent à l'état naturel dans beaucoup de vins et qui se transforme en acide lactique par la fermentation malolactique.

Marc
Matières solides restant après le pressurage.

Mathusalem
Autre nom pour la bouteille impériale, équivalant à huit bouteilles ordinaires.

Maturation
Transformation subie par le raisin quand il s'enrichit en sucre et perd une partie de son acidité pour arriver à maturité.

Merrain
Bois de chêne fendu utilisé dans la fabrication des barriques.

Méthode traditionnelle
Technique d'élaboration des vins effervescents comprenant une prise de mousse en bouteille, conforme à la méthode d'élaboration du champagne. Autrefois abusivement appelée « méthode champenoise ».

Mildiou
Maladie provoquée par un champignon parasite qui attaque les organes verts de la vigne.

Millerandage
Anomalie dans la maturation du raisin, conduisant à la présence, dans une même grappe, de baies de taille inégale et souvent réduite. Ce phénomène, dû à de mauvaises conditions climatiques au moment de la floraison, a pour conséquence de diminuer les rendements et parfois d'améliorer la qualité du vin, grâce à l'importance relative des pellicules qui contiennent les composés les plus intéressants du vin.

Millésime
Année de récolte d'un vin.

Minéral
Se dit d'un vin présentant une note aromatique évoquant les roches (dans les blancs : silex, craie, note saline, voire pétrole dans certains rieslings évolués ; dans les rouges : graphite, schiste chauffé au soleil...). Cette série aromatique est souvent associée à des sensations de vivacité. La minéralité pourrait être un effet du terroir (exemple : touches de pierre à fusil des vins de Loire issus de sauvignon planté sur argiles à silex).

Mistelle
Moût de raisin frais, riche en sucre, dont la fermentation a été arrêtée par l'adjonction d'alcool. Synonyme : vin de liqueur.

Moelleux
Qualificatif s'appliquant généralement à des vins blancs doux se situant entre les secs et les liquoreux proprement dits. Se dit aussi, à la dégustation, d'un vin à la fois gras et peu acide.

Mordant
Caractère d'un vin très vif et/ou astringent, légèrement agressif.

Mou
Se dit d'un vin déséquilibré par son manque d'acidité.

Moût
Désigne le liquide sucré extrait du raisin.

Musquée
Se dit d'une odeur rappelant celle du musc.

Mutage
Opération consistant à arrêter la fermentation alcoolique du moût en y ajoutant de l'alcool vinique, pratiquée notamment pour obtenir vins doux naturels et vins de liqueur.

N

Nabuchodonosor
Bouteille géante équivalant à vingt bouteilles ordinaires.

Négoce
Terme employé pour désigner le commerce des vins et les professions s'y rapportant. Est employé parfois par opposition à viticulture.

Négociant-éleveur
Dans les grandes régions d'appellations, négociant ne se contentant pas d'acheter et de revendre les vins mais, à partir de vins très jeunes, réalisant toutes les opérations d'élevage jusqu'à la mise en bouteilles.

Négociant-manipulant
Terme champenois désignant le négociant qui achète des vendanges pour élaborer lui-même un vin de Champagne.

Nerveux
Se dit d'un vin marquant le palais par des caractères bien accusés et une pointe d'acidité, mais sans excès.

Net
Se dit d'un vin franc, aux caractères bien définis.

Nez
Terme regroupant l'ensemble des odeurs perçues en respirant le vin. Le « premier nez » désigne les premières senteurs humées, avant l'agitation du verre.

Nouveau
Se dit d'un vin des dernières vendanges, et plus particulièrement d'un vin primeur.

O

Odeur
Perçues directement par le nez, à la différence des arômes de bouche, les odeurs du vin peuvent être d'une grande variété, rappelant aussi bien les fruits ou les fleurs que la venaison.

Œil
1) Synonyme de bourgeon. 2) Terme désignant l'aspect visuel du vin. Synonyme : robe.

Œnologie
Sciences (chimie, biologie, microbiologie) appliquées à l'élaboration et à la conservation du vin.

Œnologue
Titulaire du diplôme national d'œnologie, chargé d'élaborer le vin, parfois conseil des propriétés ou des maisons de négoce.

Œnophile
Amateur de vin.

Oïdium
Maladie de la vigne provoquée par un petit champignon et qui se traduit par une teinte grise et un dessèchement des raisins ; se traite par le soufre.

OIV
Organisation internationale de la vigne et du vin. Organisme intergouvernemental étudiant les questions techniques, scientifiques ou économiques soulevées par la culture de la vigne et la production du vin.

Onctueux
Qualificatif d'un vin se montrant en bouche agréablement moelleux, gras.

Organoleptique
Désigne les qualités ou propriétés perçues par les sens lors de la dégustation, comme la couleur, l'odeur ou le goût.

Ouillage
Opération consistant à rajouter régulièrement du vin dans chaque barrique pour la maintenir pleine et éviter l'oxydation du vin au contact de l'air.

Ouvert
Se dit d'un vin au nez épanoui et expressif, en général à son apogée.

Oxydatif (élevage)
Méthode d'élevage visant à faire acquérir au vin certains arômes d'évolution (fruits secs, orange amère, café, rancio...) en l'exposant à l'air ; on l'élève alors soit dans des barriques, demi-muids ou foudres non ouillés, parfois entreposés en plein air, soit dans des bonbonnes exposées au soleil et aux variations de températures. Ce type d'élevage caractérise certains vins doux naturels, portos et autres vins de liqueur.

Oxydation
Résultat de l'action de l'oxygène de l'air sur le vin. Excessive, elle se traduit par une modification de la couleur (tuilée pour les rouges, ambrée pour les blancs) et du bouquet.

P

Paille (vin de)
Vin liquoreux obtenu grâce à un passerillage après récolte de grappes de raisins déposées sur des claies ou suspendues dans des locaux bien aérés.

Parfum
Synonyme d'odeur avec, en plus, une connotation laudative.

Passerillage
Dessèchement du raisin à l'air s'accompagnant d'un enrichissement en sucre. Les baies passerillées (ou flétries) donnent des vins liquoreux.

Perlant
Se dit d'un vin dégageant de petites bulles de gaz carbonique.

Persistance
Phénomène se traduisant par la perception de certains caractères du vin (saveur, arômes) après que celui-ci a été avalé. Une bonne persistance est un signe positif.

Pétillant
Désigne un vin légèrement effervescent dont la pression du gaz carbonique est moins forte que dans les autres vins mousseux.

Phylloxéra
Puceron qui, entre 1860 et 1880, ravagea le vignoble français en provoquant la mort des racines par sa piqûre.

Pièce
Nom du fût utilisé en Bourgogne (capacité de 228 litres).

Pierre à fusil
Se dit d'un arôme qui évoque l'odeur du silex venant de produire des étincelles.

Pigeage
Au cours de la vinification des vins rouges, opération consistant à enfoncer dans le moût du raisin le chapeau (voir ce mot) constitué par les parties solides du raisin, ce qui favorise une extraction des composants du raisin. Voir aussi : extraction, remontage.

Piqué
Qualificatif d'un vin atteint d'acescence, maladie se traduisant par une odeur aigre prononcée.

Piqûre (acétique)
Synonyme d'acescence.

Plat
Se dit d'un vin déséquilibré, trop faible en alcool.

Plein
Se dit d'un vin ayant des qualités d'ampleur, qui donne en bouche une sensation de plénitude.

Pommadé
Se dit d'un vin déséquilibré, pâteux, sirupeux, dont la trop grande richesse en sucres donne une impression de lourdeur.

Pourriture noble
Nom donné à l'action du Botrytis cinerea sous certaines conditions atmosphériques (matinées brumeuses et journées ensoleillées) grâce à laquelle les baies de raisin se concentrent en sucres, permettant d'élaborer des vins blancs liquoreux.

Presse (vin de)
Dans la vinification en rouge, vin tiré des marcs par pressurage après le décuvage. Voir goutte (vin de).

Pressurage
En blanc ou en rosé de pressurage, action de presser le raisin pour en tirer du jus. En rouge, opération consistant à presser le marc de raisin pour en extraire le vin.

Primeur (achat en)
Achat fait peu après la récolte et avant que le vin soit consommable.

Primeur (vin)
Vin élaboré pour être bu très jeune, mis en bouteille et commercialisé très peu de temps après la fermentation (environ deux mois). Synonyme : nouveau.

Prise de mousse
Nom donné à la deuxième fermentation alcoolique que subissent les vins mousseux. Elle donne lieu à un dégagement de gaz carbonique dans la bouteille.

Puissance
Caractère d'un vin qui est à la fois plein, corsé, généreux et d'un riche bouquet.

R

Racé
Caractère d'un grand vin remarquable par son élégance et sa finesse.

Rafle
Terme désignant dans la grappe le petit branchage supportant les grains de raisin qui, lors d'une vendange non éraflée, apporte des tanins et une certaine acidité au vin.

Raisonnée (agriculture)
Agriculture conventionnelle mais soucieuse de limiter au maximum les traitements de synthèse.

Rancio
Caractère particulier pris par certains vins doux naturels (arômes de noix) au cours de leur vieillissement.

Râpeux
Se dit d'un vin très astringent, donnant l'impression de racler le palais.

Récoltant-manipulant
En Champagne, vigneron élaborant lui-même ses cuvées à partir des raisins de sa propriété exclusivement.

Réduction
Évolution d'un vin en bouteille, à l'abri de l'air. Elle permet l'apparition d'arômes plus éloignés du fruité originel, dits arômes tertiaires (venaison, truffe, sous-bois...).

Réduit
Se dit d'un vin présentant des arômes rappelant le renfermé, qui peuvent se dégager à l'ouverture d'une bouteille longtemps fermée. Ils s'estompent généralement à l'aération.

Remontage
Opération consistant, en début de fermentation, à soutirer le moût hors de la cuve par le bas, puis à l'y réincorporer par le haut. Elle a pour but d'apporter de l'oxygène au moût pour favoriser la multiplication des levures responsables de la fermentation, tout en humidifiant le chapeau (voir ce mot) qui pourrait s'oxyder ou s'altérer. Enfin elle met en contact les jus avec les pellicules des baies, riches en pigments colorés, en composés aromatiques et en tanins.

Remuage
Dans la méthode traditionnelle, opération visant à amener les dépôts contre le bouchon par le mouvement imprimé aux bouteilles placées sur des pupitres. Le remuage peut être manuel ou mécanique (à l'aide de gyropalettes).

Riche
Qualificatif d'un vin coloré, généreux, puissant et en même temps équilibré.

Rimage
Désigne un vin doux naturel mis en bouteille précocement pour lui conserver son fruité, à la différence de ceux élevés en milieu oxydatif (voir ce mot).

Robe
Terme employé souvent pour désigner la couleur d'un vin et son aspect extérieur.

Rognage
Action de couper le bout des rameaux de vigne en fin de végétation.

Rond
Se dit d'un vin dont la souplesse, le moelleux et la chair donnent en bouche une agréable impression de rondeur.

Rôti
Caractère spécifique donné par la pourriture noble aux vins liquoreux, qui se traduit par un goût et des arômes de confit.

S

Saignée (rosé de)
Vin rosé tiré d'une cuve de raisin noir au bout d'un court temps de macération.

Salmanazar
Bouteille géante contenant l'équivalent de douze bouteilles ordinaires.

Sarment
Rameau de vigne de l'année.

Saveur
Sensation (sucrée, salée, acide ou amère) produite sur la langue par un aliment.

Sec
Pour les vins tranquilles, caractère dépourvu de saveur sucrée (moins de 4 g/l). Dans l'échelle de

douceur des vins effervescents, il s'agit d'un caractère très légèrement sucré (dosage entre 17 et 35 g/l).

Sévère
Se dit d'un vin rouge généralement jeune, très marqué par les tanins et astringent. Voir austère.

Solera
Méthode d'élevage pratiquée en Andalousie pour certains xérès, et qui vise à assembler en continu vins anciens et vins plus jeunes. Elle consiste à empiler plusieurs étages de barriques ; celles situées au niveau du sol (solera) contiennent les vins les plus âgés, les plus jeunes étant entreposés dans les barriques de l'étage supérieur. On prélève dans les tonneaux du niveau inférieur le vin à mettre en bouteille, qui est remplacé par du vin plus jeune de l'étage supérieur, et ainsi de suite.

Solide
Se dit d'un vin bien constitué, possédant notamment une bonne charpente.

Souple
Se dit d'un vin dans lequel le moelleux l'emporte sur l'astringence.

Soutirage
Opération consistant à transvaser un vin d'un contenant (cuve ou fût) dans un autre pour en séparer la lie.

Soyeux
Qualificatif d'un vin souple, moelleux et velouté, avec une nuance d'harmonie et d'élégance.

Stabilisation
Ensemble des traitements destinés à la bonne conservation des vins.

Structure
Désigne à la fois la charpente et la constitution d'ensemble d'un vin.

Sulfatage
Traitement, jadis pratiqué à l'aide de sulfate de cuivre, appliqué à la vigne pour prévenir les maladies cryptogamiques.

Sulfitage
Introduction de solution sulfureuse ($SO2$) dans un moût ou dans un vin pour le protéger d'accidents ou maladies, ou pour sélectionner les ferments.

Surmaturité
Caractère de raisins récoltés tardivement, riches en sucres, qui donnent des vins souvent moelleux et marqués par des arômes confits.

T

Taille
Coupe des sarments pour régulariser et équilibrer la croissance de la vigne afin de contrôler la productivité.

Tanin
Substance se trouvant dans le raisin, et qui apporte au vin sa capacité de longue conservation et certaines de ses propriétés gustatives.

Tannique
Caractère d'un vin laissant apparaître une note d'astringence due à sa richesse en tanins.

Tendu
Se dit d'un vin vif et nerveux.

Terroir
Territoire s'individualisant par certaines caractéristiques physiques (sol, sous-sol, exposition...) déterminantes pour son vin.

Thermorégulation
Technique permettant de contrôler et de maîtriser la température des cuves pendant la fermentation.

Tirage
1) Synonyme de soutirage. 2) Mise en bouteille du champagne avant la prise de mousse.

Tonneau
Unité de mesure pour le transport et la commercialisation des vins en vrac et correspondant à 4 barriques de 225 litres, soit 900 litres.

Tranquille (vin)
Désigne un vin non effervescent.

Tries (vendanges par)
Vendanges effectuées en plusieurs passages successifs pour récolter à leur concentration optimale les raisins touchés par la pourriture noble. Elles permettent l'élaboration de grands vins liquoreux.

Tuilé
1) Caractère des vins rouges évolués qui, en vieillissant, prennent une teinte rouge jaune. 2) Plus spécialement, mention sur l'étiquette désignant un rivesaltes rouge élevé au moins trente mois en milieu oxydatif.

V

VDQS
Devenu AOVDQS. Appellation d'origine vin délimité de qualité supérieure, produit dans une région délimitée selon une réglementation précise. Antichambre des AOC, cette catégorie a disparu en 2011.

Végétal
Se dit du bouquet ou des arômes d'un vin (principalement jeune) rappelant l'herbe ou la végétation. Les arômes végétaux peuvent traduire un manque de maturité de la récolte ou une extraction trop forte.

Venaison
S'applique au bouquet d'un vin rappelant l'odeur de grand gibier.

Vert
Se dit d'un vin trop acide.

Vieux
Terme pouvant avoir plusieurs acceptions, mais désignant en général un vin ayant plusieurs années d'âge et ayant vieilli en bouteille après avoir séjourné en tonneau.

Vif
Se dit d'un vin frais et léger, avec une petite dominante acide mais sans excès, et agréable.

Village
1) Terme employé dans certaines régions pour individualiser un secteur particulier au sein d'une appellation plus large (côtes-du-rhône, côtes-du-roussillon, beaujolais). 2) En Bourgogne, vin d'appellation communale non classé en premier cru.

Vin de liqueur
Vin doux ne répondant pas aux normes réglementaires des vins doux naturels, ou vin obtenu par mélange de moût et d'eau-de-vie (pineau des charentes, floc-de-gascogne, macvin-du-jura).

Vin de pays
À l'origine, vin appartenant au groupe des vins de table, mais dont on mentionnait sur l'étiquette la région géographique d'origine. Devenus IGP (indication géographique protégée) en 2009, les vins de pays sont désormais classés dans la catégorie des vins avec indication géographique, comme les AOC. La mention « vin de pays » peut subsister sur l'étiquette. Voir IGP.

Vin de table
Catégorie de vin n'affichant aucune indication géographique sur l'étiquette et provenant souvent de coupages entre des vins de différents vignobles de France ou de l'UE. Ces vins sont désormais appelés « vins sans indication géographique » (et « vins de France » s'ils proviennent du territoire national).

Vin doux naturel
Vin obtenu par mutage à l'alcool vinique du moût en cours de fermentation, souvent issu des cépages muscat et/ou grenache et correspondant à des conditions strictes de production, de richesse et d'élaboration.

Vineux
Se dit d'un vin possédant une certaine richesse alcoolique et présentant de façon nette les caractéristiques distinguant le vin des autres boissons alcoolisées.

Vinification
Méthode et ensemble des techniques d'élaboration du vin.

Viril
Se dit d'un vin à la fois charpenté, corsé et puissant.

Volume
Caractéristique d'un vin donnant l'impression de bien remplir la bouche.

VQPRD
Vin de qualité produit dans une région déterminée. Correspondait au vin AOC dans le langage réglementaire de l'Union européenne. Aujourd'hui, l'UE distingue les vins avec indication géographique (IG), qui incluent les anciens vins de pays, des vins sans indication géographique (VSIG).

VSIG
Vin sans indication géographique. Dans le langage réglementaire de l'UE, désigne aujourd'hui les anciens vins de table, qui peuvent être issus de coupages de différents vignobles. Cette catégorie exclut désormais les vins de pays (IGP) qui proviennent obligatoirement d'une zone géographique.

Les cépages

A

Aligoté
Cépage blanc principalement planté en Bourgogne où il constitue le cépage unique de deux appellations : bourgogne-aligoté et bouzeron. On le trouve également en assemblage dans certains crémants. Il donne un vin léger et vif, à boire jeune, qui est aussi traditionnellement associé à la crème de cassis pour composer le kir.

Altesse
Cépage blanc cultivé en Savoie et dans le Bugey, donnant des vins secs, corsés, élégants et aromatiques. Il est vinifié seul dans les AOC roussette-de-savoie et roussette-du-bugey et peut être associé à d'autres variétés de ces régions pour produire des vins tranquilles ou mousseux. Synonyme : roussette.

Aragnan
Cépage blanc très rare, que l'on peut trouver dans les assemblages de l'appellation palette (Provence).

Aramon
Cépage noir extrêmement productif, surtout en plaine, donnant des vins peu colorés et légers. Il s'est répandu en Languedoc à partir de la seconde moitié du XIXe siècle pour produire des vins ordinaires : il occupait une superficie de 150 000 ha en 1958. Exclu de l'encépagement des vins d'appellation, il a été massivement arraché.

Arbane
Cépage blanc de l'Aube donnant des vins nerveux et bouquetés. Il peut entrer dans l'encépagement du champagne, mais a presque disparu en raison de faibles rendements et d'une maturité tardive.

Arrufiac
Cépage blanc local des vignobles de la région du Béarn, à l'origine d'un vin riche en alcool et bouqueté. Il s'accorde bien avec les autres cépages blancs de la région (petit et gros mansengs, courbu). C'est un cépage secondaire du pacherenc-du-vic-bilh et du saint-mont blanc.

Auxerrois
Cépage blanc d'origine lorraine donnant un vin plutôt souple, aux arômes de fleurs et de fruits blancs. Il est souvent vinifié seul dans les appellations de Lorraine (côtes-de-toul, moselle) et les vins de la Moselle luxembourgeoise, et parfois assemblé au pinot blanc en Alsace.
Cépage noir : voir malbec.

B

Baco 22A
Cépage blanc issu de l'hybridation de la folle blanche et du noah. C'est le seul hybride à rester autorisé dans un vignoble français d'appellation, celui de l'armagnac, où il prospère notamment sur les sables fauves du Bas-Armagnac. Distillé, son vin donne des eaux-de-vie rondes, suaves et aromatiques, aux nuances de fruits mûrs.

Barbarossa
Cépage noir de cuve et de table cultivé en Corse, qui entre notamment dans l'appellation ajaccio.

Barbaroux
Cépage noir cultivé en Provence, dont les raisins étaient autrefois utilisés pour la table. On peut le trouver dans l'appellation côtes-de-provence, mais il est devenu très rare.

Baroque
Cépage blanc du Sud-Ouest, cultivé dans les Landes, à la base des blancs de l'appellation tursan. Il donne un vin sec et nerveux au bouquet agréable rappelant celui du sauvignon.

Bergeron
Voir roussanne.

Bouchy
Voir cabernet franc.

Bourboulenc
Cépage blanc produisant un vin de qualité aux légers parfums floraux. Ses raisins étaient autrefois utilisés à table en Provence, car ils se conservaient bien durant l'hiver. Il joue un rôle en assemblage dans de nombreuses AOC du sud de la France : en Provence, dans la vallée du Rhône, et particulièrement en Languedoc. Synonyme : doucillon.

Brachet
Voir braquet.

Braquet
Cépage noir de Provence qui contribue à la personnalité des vins rouges de l'AOC bellet, près de Nice. Il donne un vin peu coloré mais corsé, gagnant à vieillir. Synonyme : brachet.

Braucol
Voir fer-servadou.

Breton
Voir cabernet franc.

C

Cabernet franc

Cépage noir originaire du Bordelais et répandu dans le monde entier. Dans le Bordelais, il est surtout cultivé sur la rive droite de la Dordogne, en Libournais (appellations pomerol, saint-émilion, castillon-côtes-de-bordeaux...) ; généralement minoritaire, il est assemblé au merlot et parfois au cabernet-sauvignon. Dans le Sud-Ouest, il occupe une place non négligeable dans les appellations voisines du Bordelais et en coteaux-du-quercy. Dans le Val de Loire, il est appelé breton. Souvent vinifié seul, il donne leur caractère à de nombreux vins de Touraine (chinon, bourgueil, saint-nicolas-de-bourgueil). Il est très présent aussi dans les rouges d'Anjou-Saumur, seul ou en assemblage. Ce cépage est à l'origine de vins rouges et rosés moyennement tanniques et très parfumés, rappelant la framboise et la violette, parfois teintés de notes de poivron lorsqu'ils naissent de terres plus froides. Synonymes : breton, bouchy.

Cabernet-sauvignon

Cépage noir le plus diffusé dans le monde après le merlot. Il tient ses lettres de noblesse du Bordelais, notamment du Médoc et des Graves, où il trouve son terroir de prédilection : de belles croupes de graves, terres chaudes et bien drainées particulièrement propices à cette variété tardive. En Bordelais, le cabernet-sauvignon n'est jamais vinifié seul, mais il peut représenter jusqu'à 75 % du total, le solde étant généralement fourni par le merlot, le cabernet franc ou le petit verdot. Il donne des vins très colorés, denses et tanniques, aux arômes de cassis et de cèdre, qui doivent attendre quelques années pour donner leur pleine mesure. L'élevage en barrique renforce leur complexité. Le cabernet-sauvignon participe aussi aux assemblages de nombreux vins du Sud-Ouest et à quelques appellations provençales (côtes-de-provence et coteaux-d'aix-en-provence par exemple). Il est également admis dans de nombreuses appellations d'Anjou, du Saumurois et de Touraine.

Camaralet

Cépage blanc originaire du Béarn, variété accessoire et rare de l'appellation jurançon. Il donne un vin fin aux arômes épicés (poivre ou cannelle).

Carignan

Cépage noir originaire d'Aragon en Espagne. Le carignan s'est répandu depuis des siècles dans les régions méditerranéennes de France. Pouvant donner des rendements astronomiques, il s'est diffusé dans les plaines languedociennes jusque dans les années 1970. On en tirait des vins de table alcooliques, acides et neutres, qui ont nuit à sa réputation alors qu'il donne de bons résultats lorsqu'il naît de petits rendements et de vieilles vignes plantées sur ses terroirs de prédilection (schistes, argilo-calcaires). Il a été massivement arraché mais garde droit de cité dans les appellations méditerranéennes, de la Provence au Roussillon en passant par la vallée du Rhône méridionale, où il entre dans des assemblages avec d'autres variétés comme le grenache noir, la syrah, le mourvèdre. Il confère aux vins de la couleur, de la chaleur, une belle charpente et des arômes de fruits rouges, d'épices et de garrigue. Il est très présent dans les assemblages des appellations fitou, corbières, corbières-boutenac, côtes-du-roussillon, côtes-du-roussillon-villages.

Carmenère

Cépage noir d'origine bordelaise donnant des vins de belle qualité, à la robe profonde et à la bouche ronde et ample. Jadis très cultivée en Médoc, la carmenère a fortement régressé à cause de rendements faibles. On n'en trouve plus que quelques hectares en Gironde alors qu'elle est devenue une des variétés vedettes du Chili.

César

Cépage noir de l'Yonne introduit, selon la tradition, par les légions romaines. Il entre à hauteur de 10 % maximum dans l'AOC irancy (Bourgogne), assemblé au pinot noir. Il donne un vin très coloré, aux arômes de fruits rouges et à la structure tannique particulièrement solide.

Chardonnay

Le chardonnay est un des premiers cépages blancs de qualité au monde. C'est la variété presque exclusive des vins blancs de Bourgogne dont les plus illustres (chablis, corton-charlemagne, meursault, montrachet, pouilly-fuissé) l'ont rendu mondialement célèbre. Il donne des vins élégants, souvent arrondis par une fermentation malolactique, aux arômes complexes de fleurs, de fruits blancs, d'agrumes, de fruits secs et de pain grillé, qui prennent mille nuances selon les terroirs et l'élevage (souvent boisé). Vifs et minéraux dans les régions septentrionales, ils se font beurrés et miellés dans les secteurs plus chauds. Le chardonnay compose aussi près de 30 % de l'encépagement de la Champagne où il est assemblé au pinot noir ou vinifié seul (blanc de blancs). Il peut aussi entrer dans la composition d'autres vins effervescents (certains crémants notamment). Dans le Jura, le chardonnay est vinifié seul ou assemblé au savagnin ; dans le Sud, il se plaît sur les terres fraîches de Limoux. On le trouve encore dans le Bugey, en Centre-Loire (orléans, cheverny, saint-pourçain, côtes-d'auvergne). On en tire plus rarement des vins liquoreux à partir de raisins surmûris, dont les plus connus sont produits en Autriche.

Chasselas
Raisin de table blanc très apprécié en Europe (l'un des rares à bénéficier d'une appellation d'origine contrôlée, à Moissac). C'est aussi un raisin de cuve, cultivé principalement en Suisse (sous le nom de fendant dans le Valais) et en Savoie dans les secteurs proches du lac Léman (Crépy). En Alsace, il est devenu rare et entre souvent dans des assemblages. On le trouve aussi dans le Centre-Loire (Pouilly-sur-Loire), où il a cependant décliné au profit du sauvignon. Son vin frais et floral se termine souvent par une agréable amertume. Synonyme : fendant, gutedel.

Chenin blanc
Cépage blanc vigoureux et précoce du Val de Loire, cultivé en Touraine occidentale (appellations vouvray, montlouis-sur-loire, touraine-azay-le-rideau...), dans le Saumurois (saumur blanc et mousseux, coteaux-de-saumur) et en aval du fleuve, en Anjou (anjou blanc, bonnezeaux, quarts-de-chaume, coteaux-du-layon, coteaux-de-l'aubance, anjou-coteaux-de-la-loire, savennières) ; on le trouve aussi dans la vallée du Loir, son affluent de rive droite (jasnières, coteaux-du-loir). Le chenin donne des vins fruités, dont la vivacité contribue au potentiel de garde. Il peut être vinifié en effervescent ou en vin tranquille sec, demi-sec ou moelleux. La pourriture noble se développe aisément sur ses baies et permet d'obtenir de grands vins liquoreux (bonnezeaux, quarts-de-chaume...) caractérisés par une fine acidité qui leur donne de la fraîcheur. À Savennières et à Jasnières, il donne des vins secs réputés. En vin tranquille, il est le plus souvent vinifié seul, parfois assemblé avec un peu de chardonnay ou de sauvignon (anjou blanc). Le chenin se rencontre aussi en Languedoc-Roussillon (à Limoux) et dans de petits vignobles aveyronnais (vins-d'entraygues-et-du-fel). Il a fait souche dans plusieurs pays du monde, notamment en Afrique du Sud. Synonyme : pineau de la Loire.

Cinsault
Cépage noir méridional, le cinsault peut participer aux assemblages de la plupart des appellations méditerranéennes, mais le plus souvent comme cépage accessoire. C'est dans certaines cuvées de rosé (en corbières, côtes-de-provence...) qu'il est sans doute le plus présent : il donne à ces vins des arômes fort appréciés de fraise, de pêche et de framboise. En vin de pays (IGP), il est souvent vinifié seul, en général en rosé.

Clairette
Cépage blanc méridional donnant un vin floral, souple et rond, à la finale amère et fraîche. Il est vinifié seul dans les appellations clairette-de-bellegarde (Gard), clairette-du-languedoc (Hérault) et clairette-de-die méthode traditionnelle (Drôme), et constitue le cépage principal du crémant-de-die. Il n'intervient qu'à titre accessoire dans la clairette-de-die méthode ancestrale, dominée par le muscat à petits grains. Il se mêle à d'autres cépages dans de nombreux vins blancs d'appellation (châteauneuf-du-pape, côtes-du-provence, côtes-du-rhône, bandol, cassis, palette...).

Colombard
Cépage blanc d'origine charentaise, le colombard a perdu du terrain au profit de l'ugni blanc mais reste encore utilisé pour l'élaboration des vins destinés au cognac et à l'armagnac, eaux-de-vie auxquelles il apporte un caractère fruité. Il entre dans la composition du pineau-des-charentes et du floc-de-gascogne, et sert aussi d'appoint dans certaines AOC bordelaises de blancs secs (côtes-de-blaye, bordeaux, entre-deux-mers...). Il est vinifié seul ou en assemblage pour produire certains vins de pays aromatiques (côtes-de-gascogne notamment).

Cot
Voir malbec.

Counoise
Cépage noir figurant parmi les nombreux cépages autorisés pour l'appellation châteauneuf-du-pape, mais devenu très rare. Il n'intervient que dans des proportions minimes dans certains assemblages de cette appellation et dans quelques vignobles proches (côtes-du-rhône, gigondas, coteaux-d'aix-en-provence). Il donne des vins à la robe foncée, aux arômes de fruits noirs et d'épices.

Courbu
Cépage blanc cultivé essentiellement dans les Pyrénées-Atlantiques, le plus souvent associé au petit manseng et à quelques autres cépages de la même région dans les appellations locales comme le jurançon. Il donne un vin élégant, corsé, vieillissant bien.

D

Doucillon
Voir bourboulenc.

Duras
Cépage noir du Tarn généralement vinifié en assemblage avec les autres cépages locaux. C'est une des variétés de l'appellation gaillac. Il donne un vin coloré, riche en alcool, nerveux, à saveur poivrée.

F

Fer-servadou

Cépage noir du Sud-Ouest donnant un vin aux tanins épicés et aux arômes de cassis et de framboise. Sous le nom de mansois, c'est le cépage principal du marcillac ; c'est aussi une des variétés importantes du Gaillacois, où il est appelé braucol. Il intervient également dans les assemblages d'autres appellations du Sud-Ouest (fronton, estaing, madiran, saint-mont...). Synonymes : braucol, pinenc, mansois.

Folle blanche

Cépage blanc à la base d'eaux-de-vie de grande qualité (cognac, armagnac), mais qui a largement régressé pour céder la place à l'ugni blanc après la crise phylloxérique. Il donne des vins légers en alcool et d'une bonne vivacité dans l'appellation gros-plant-du-pays-nantais. Synonyme : gros plant.

Fuella nera

Vieux cépage noir de Provence donnant un vin très coloré, bouqueté et rond, généralement assemblé avec d'autres cépages méridionaux. C'est une des deux variétés principales de l'appellation bellet, au-dessus de Nice.

G-J

Gamay

Cépage noir à l'origine d'un vin fruité, gouleyant et d'une agréable vivacité, le plus souvent de courte ou moyenne garde. C'est le cépage unique des rouges du Beaujolais. On le trouve encore dans la vallée de la Loire (Anjou et Touraine notamment) dans le Centre et le Massif central. Il est associé avec le pinot noir dans le bourgogne-passetout-grain et la dôle du Valais. Il entre également dans les assemblages de plusieurs vins du Sud-Ouest.

Gewurztraminer

Cépage blanc caractéristique de l'Alsace. Il donne des vins à la robe dorée, à la bouche puissante et ample et aux arômes aussi exubérants que caractéristiques (nuances de rose, de litchi et d'épices). On le vinifie en vin sec ou en vin doux (vendanges tardives et sélection de grains nobles notamment).

Grenache blanc

Cépage blanc cultivé principalement en Espagne et un peu dans le sud de la France (vallée du Rhône méridionale, Languedoc-Roussillon). C'est la variété blanche du grenache noir. Il entre dans l'assemblage de plusieurs vins blancs (vins secs ou vins doux naturels) auxquels il confère richesse, gras et notes florales.

Grenache gris

Variété grise du grenache cultivée dans les Pyrénées-Orientales, l'Aude et le sud de la vallée du Rhône. Ses vins puissants et ronds entrent dans l'assemblage de blancs ou rosés secs et de vins doux naturels.

Grenache noir

Cépage noir originaire d'Espagne, l'une des grandes variétés de qualité du sud de la France. Parfois vinifié seul, il est le plus souvent assemblé à un ou plusieurs autres cépages rhodaniens ou méridionaux aux qualités complémentaires comme la syrah, le mourvèdre, le carignan ou le cinsault. Ses vins sont chaleureux, empreints d'arômes de fruits rouges (cerise) et d'épices ; ils s'oxydent avec le temps. Vinifié seul ou en très grande proportion, le grenache noir donne aussi de grands vins doux naturels en Roussillon (rivesaltes, banyuls, maury) et dans la vallée du Rhône (rasteau).

Grenache poilu

Voir lledoner pelut.

Gringet

Cépage blanc de la vallée de l'Arve en Haute-Savoie. Confidentiel, c'est le cépage principal du vin-de-savoie Ayze (tranquille ou effervescent).

Grolleau

Cépage noir de la vallée de la Loire à l'origine de vins légers. Il entre surtout dans l'assemblage de rosés mais peut aussi être associé à d'autres variétés dans des vins effervescents de la région (crémant-de-loire, saumur). Synonyme : groslot.

Gros manseng

Cépage blanc du Sud-Ouest surtout cultivé dans les Pyrénées-Atlantiques où il entre principalement dans l'assemblage des jurançon et pacherenc-du-vic-bilh secs. Voisin du petit manseng, il donne un vin jugé moins fin tout en étant bien équilibré, charpenté, vif et fruité.

Gros plant

Voir folle blanche.

Groslot

Voir grolleau.

Gutedel

Voir chasselas.

Jacquère

Cépage blanc de Savoie qui donne des vins légers et frais, aux arômes de fleurs blanches et d'agrumes nuancés de touches de pierre à fusil. Variété principale de l'appellation vin-de-savoie, il est vinifié seul ou en assemblage. On le rencontre également, à titre accessoire, dans le Bugey.

L

Len de l'el

Cépage blanc du Sud-Ouest ayant contribué à la renommée des gaillac. Son nom occitan (« loin de l'œil ») s'explique par un pédoncule très long qui place la grappe loin du bourgeon (œil) qui lui a donné naissance. S'il peut produire des vins secs, les vignerons laissent volontiers surmûrir ses grosses grappes pour en tirer des vins moelleux ou liquoreux. Il peut être vinifié seul ou assemblé à un ou plusieurs cépages de l'appellation : mauzac, muscadelle, ondenc ou sauvignon. Synonyme : loin de l'œil.

Lledoner pelut

Cépage noir originaire d'Espagne, qui tire son nom de l'aspect de ses feuilles. Il peut figurer dans l'encépagement de plusieurs appellations du Languedoc-Roussillon. Il donne un vin peu coloré, assez proche du grenache, légèrement moins riche en alcool. Synonyme : grenache poilu.

Loin de l'œil

Voir len de l'el.

M

Macabeu

Cépage blanc d'Espagne (Catalogne) introduit en Roussillon il y a fort longtemps. Il participe à l'assemblage de plusieurs vins blancs AOC du Languedoc-Roussillon. Vendangé tôt et associé à d'autres cépages comme le grenache blanc, il fournit des vins blancs secs, floraux et fruités, d'une bonne fraîcheur. Vendangé plus tard, il entre dans la production de certains vins doux naturels comme le rivesaltes blanc. Synonyme : maccabéo.

Malbec

Cépage noir du Sud-Ouest de la France devenu le principal cépage rouge de l'Argentine. Majoritaire dans le cahors (au moins 70 % de l'encépagement), il est associé notamment aux cabernets et au merlot dans de nombreuses AOC du Sud-Ouest (bergerac, pécharmant...) et du Bordelais (médoc, graves, côtes-de-bourg...). Dans la vallée de la Loire (Touraine), le malbec est appelé côt. Il est vinifié seul ou assemblé avec le cabernet franc et le gamay. Il fournit des vins colorés, aromatiques, charpentés. Synonymes : côt, auxerrois.

Malvoisie

Nom donné localement à différents cépages, notamment le pinot gris (Pays nantais) et le vermentino (Provence et Corse).

Mansois

Voir fer-servadou.

Marsanne

Cépage blanc de la vallée du Rhône septentrionale donnant des vins amples et assez chaleureux. La marsanne est assemblée à la roussanne dans les appellations crozes-hermitage, hermitage ou saint-péray (tranquilles et effervescents). Elle entre également dans l'assemblage de nombreux vins blancs de la vallée du Rhône méridionale (mais pas dans le châteauneuf-du-pape blanc) et du Languedoc-Roussillon.

Mauzac

Cépage blanc du Sud-Ouest, à l'origine de vins aux nuances de pomme. Intimement liée à l'appellation gaillac, c'est la variété exclusive du gaillac mousseux méthode ancestrale ; le mauzac est également très présent dans les vins blancs de l'appellation, où il est associé notamment au len de l'el et à la muscadelle. Il s'est diffusé en Languedoc (blanquette-de-limoux).

Melon de Bourgogne

Cépage blanc bourguignon, peu utilisé dans sa région d'origine mais ayant gagné la région nantaise. C'est le cépage exclusif du Muscadet. Il donne un vin sec jaune pâle, souple et vif, au bouquet intense, auquel un élevage sur lie confère gras et complexité aromatique.

Merlot

Cépage noir le plus cultivé en France, principalement en Gironde, où il est assemblé au cabernet-sauvignon et parfois à d'autres variétés comme le cabernet franc et le malbec. Dans le Bordelais, il est étroitement associé aux appellations de la rive droite de la Dordogne telles que pomerol et saint-émilion, où il est majoritaire, mais il a progressé partout, jusqu'en Médoc. Il domine les assemblages en AOC régionales (bordeaux, bordeaux supérieur). Ses vins sont ronds ; leurs arômes de fruits rouges plus ou moins confiturés évoquent le pruneau lorsque le raisin est très mûr et prennent des nuances de sous-bois, de cuir et d'épices avec le temps. Assemblé au cabernet-sauvignon, le merlot confère de la souplesse au vin qui peut ainsi être bu plus rapidement. Le merlot a connu une explosion de ses plantations en Languedoc-Roussillon, où il fournit surtout des vins de pays (IGP).

Il est très présent en Europe de l'Est, en Italie et en Amérique.

Meunier
Voir pinot meunier.

Molette
Cépage blanc cultivé en Haute-Savoie et dans l'Ain, qui produit quelques vins tranquilles (AOC seyssel molette) et qui entre dans la composition du seyssel mousseux et du bugey blanc mousseux.

Mondeuse
Cépage noir cultivé depuis longtemps en Savoie, d'où il s'est propagé dans l'Isère et dans l'Ain. Avec le gamay et le pinot noir, il entre dans l'encépagement des appellations vin-de-savoie et bugey où il fournit des cuvées monocépages (notamment en Savoie à Arbin et à Saint-Jean-de-la-Porte). Il donne un vin coloré, solide, chaleureux et de garde, aux arômes de fraise, de framboise et de cassis agrémentés de notes florales et épicées.

Montils
Cépage blanc charentais qui, distillé, donne une eau-de-vie appréciée pour la finesse et l'intensité de ses arômes. Il est devenu cependant très minoritaire pour l'élaboration du cognac.

Mourvèdre
Cépage noir méridional très cultivé en Espagne (où il est appelé morastell ou monastrell). Il entre dans la composition de plusieurs vins de Provence, en particulier le bandol rouge (au moins 50 % de l'assemblage), aux côtés notamment du grenache et du cinsault. On le trouve aussi dans la vallée du Rhône, où il fait partie des cépages autorisés du châteauneuf-du-pape. Il a été implanté plus récemment en Languedoc-Roussillon. Il est à l'origine de vins colorés, tanniques, chaleureux, complexes (cerise noire, fruits mûrs, poivre, cuir...) et de longue garde.

Muscadelle
Cépage blanc cultivé en Gironde et en Dordogne, donnant des vins fruités discrètement muscatés. Très rarement vinifié seul, il peut être assemblé au sauvignon et au sémillon dans toutes les appellations de vins blancs secs ou doux du Bordelais (bordeaux sec, entre-deux-mers, sauternes...), du Bergeracois (bergerac, monbazilllac...) et d'autres AOC de ce secteur (côtes-de-duras, buzet blanc...).

Muscardin
Cépage noir de la vallée du Rhône méridionale, donnant des vins d'une belle fraîcheur, au bouquet floral. Rare, il fait partie des cépages du châteauneuf-du-pape et peut entrer dans l'encépagement des appellations voisines (gigondas, vacqueyras...) et des côtes-du-rhône.

Muscat blanc à petits grains
Cépage blanc cultivé depuis l'Antiquité sur les bords de la Méditerranée, considéré comme le plus noble des muscats. On en tire surtout des vins doux, souvent issus de mutage. En France, c'est le cépage unique de nombreux vins doux naturels : muscat-de-frontignan, muscat-de-mireval, muscat-de-lunel, muscat-de-saint-jean-de-minervois, muscat-de-beaumes-de-venise, muscat-du-cap-corse. Associé au muscat d'Alexandrie, il donne le muscat-de-rivesaltes. Il entre aussi dans la composition de blancs effervescents (clairette-de-die ; moscato d'asti et asti spumante en Italie) et secs (alsace-muscat). Puissamment aromatiques et complexes, ses vins évoquent le raisin frais, la rose, les fruits exotiques, les agrumes, les épices.

Muscat d'Alexandrie
Cépage blanc qui serait originaire d'Égypte. Il est consommé en raisin de table, en jus et en vins doux. Cultivé principalement dans les Pyrénées-Orientales, il participe à la production de vins doux naturels et notamment au muscat-de-rivesaltes (associé au muscat à petits grains). Il entre aussi à titre accessoire dans d'autres vins doux naturels blancs comme le rivesaltes. Ses vins onctueux présentent un bouquet évoluant vers le raisin passerillé et la figue sèche.

Muscat ottonel
Cépage blanc cultivé en Alsace où il entre dans l'encépagement de l'alsace muscat (avec le muscat à petits grains, qui a régressé car un peu trop tardif pour la région). Il donne un vin aromatique finement muscaté, souvent vinifié en vin sec. On peut aussi récolter les grappes surmûries et/ou botrytisées pour obtenir des vendanges tardives et des sélections de grains nobles.

N-O

Naturé
Voir savagnin.

Négrette
Cépage noir du Sud-Ouest cultivé au nord de Toulouse, donnant des vins colorés et aromatiques, dont le fruité s'accompagne de notes caractéristiques de violette et de réglisse. C'est le cépage principal de l'AOC fronton. Il y est vinifié seul ou assemblé à une ou plusieurs des variétés suivantes : syrah, côt, cabernets, fer-servadou (et

accessoirement gamay). Il entre aussi dans l'encépagement des fiefs vendéens.

Nielluccio

Cépage noir très planté en Italie où, sous le nom de sangiovese, il participe à la notoriété du chianti, du brunello di Montalcino et du vino nobile di Montepulciano. Il est également cultivé en Corse pour la production de rouges et de rosés. C'est le cépage principal (90 % au moins en vin rouge) de l'AOC patrimonio. Dans les AOC vins-de-corse et ajaccio, il est assemblé à d'autres cépages insulaires comme le sciaccarello ou méridionaux comme le grenache. Colorés, chaleureux et tanniques, ses vins rouges supportent bien la garde. Synonyme : sangiovese.

Noah

Hybride blanc américain qui produit un vin désagréable aux arômes foxés. Sa culture est aujourd'hui interdite en France.

Ondenc

Cépage blanc du Sud-Ouest devenu assez rare. Rarement vinifié seul, il fait partie de l'encépagement du gaillac (notamment du doux) et d'autres appellations du Sud-Ouest (bergerac, côtes-de-duras, montravel, monbazillac).

P

Petit manseng

Cépage blanc cultivé dans les Pyrénées-Atlantiques, où il fait notamment la renommée des jurançon moelleux, assemblé ou non avec d'autres cépages locaux comme le gros manseng et le courbu. Les vins, même moelleux, présentent une pointe d'acidité agréable et le cépage apporte de belles notes de fruits mûrs (pêche, agrumes), de fruits exotiques et d'épices. Le petit manseng entre aussi dans l'encépagement d'autres AOC du piémont pyrénéen (béarn, irouléguy, pacherenc-du-vic-bilh, saint-mont).

Petit meslier

Cépage blanc de Champagne dont les vins, nerveux et fruités, prennent facilement la mousse. Il est devenu confidentiel.

Petit verdot

Cépage noir du Bordelais pouvant entrer en petite quantité dans l'assemblage des AOC girondines, notamment en Médoc, en complément des cabernets et du merlot. Il fournit un vin de qualité, coloré, tannique et élégant tout à la fois.

Picardan

Cépage blanc très rare qui fait partie de l'encépagement du châteauneuf-du-pape.

Picpoul

Voir piquepoul.

Pineau d'Aunis

Cépage noir de la vallée de la Loire, produisant des vins peu colorés, jadis appréciés des rois de France et d'Angleterre. Il a régressé au profit du cabernet franc, mais entre encore dans l'assemblage de certains rouges et rosés de la Touraine et de l'Anjou. C'est le cépage principal des vins rouges et rosés en AOC coteaux-du-loir et coteaux-du-vendômois (et même le cépage exclusif du gris du Vendômois, typique par son fruité vif et poivré).

Pineau de la Loire

Voir chenin blanc.

Pinenc

Voir fer-servadou.

Pinot blanc

Variation blanche du pinot noir, ce cépage donne des vins secs caractérisés par une acidité modérée, des arômes de fleurs et de fruits blancs. En France, il est essentiellement cultivé en Alsace où il est vinifié seul ou en assemblage avec l'auxerrois. Il fournit également des vins de base pour l'élaboration des crémants-d'alsace.

Pinot gris

Cépage aux baies gris-rose qui est une variation grise du pinot noir. Il est cultivé en Alsace, en Allemagne, en Suisse, en Italie du nord et en Europe orientale. D'une belle couleur jaune doré, ses vins possèdent beaucoup de corps, une certaine rondeur et des arômes caractéristiques de fruits jaunes, de fruits secs, de miel, de fumé, de sous-bois. On en tire aussi bien des vins secs que des vins moelleux (alsace vendanges tardives) et liquoreux (alsace sélection de grains nobles). On le trouve également dans la région nantaise (coteaux-d'ancenis) sous le nom de malvoisie. en AOC orléans, châteaumeillant (gris)...

Pinot meunier

Cultivé au XIXe siècle dans tous les vignobles septentrionaux, ce cépage noir a largement régressé depuis. Très présent dans la vallée de la Marne, il constitue un tiers de l'encépagement en Champagne, aux côtés du pinot noir et du chardonnay avec lesquels il est souvent assemblé. Il apporte aux champagnes de la rondeur et des arômes de fruits rouges ou jaunes. Le pinot meunier est aussi le cépage dominant des vins rouges et rosés en

AOC orléans et du rare touraine-noble-joué, un vin gris. Synonyme : meunier.

Pinot noir
Cépage noir à l'origine des grands vins rouges de Bourgogne (chambertin, romanée-conti, clos-de-vougeot, corton, pommard...). Peu productif mais hautement qualitatif, il fournit des vins d'une belle couleur quoique peu intense. Leur bouquet de griotte et de petits fruits rouges et noirs évolue avec le temps vers la cerise à l'eau-de-vie, le gibier et le cuir. Sa maturation précoce permet au pinot noir de produire des vins d'une grande finesse dans les régions septentrionales alors qu'il réussit moins dans les secteurs chauds. Il s'est répandu en Alsace, en Champagne et dans la vallée de la Loire (surtout en amont de Blois), en Allemagne, en Suisse et dans d'autres pays voisins. Plus récemment, il a été acclimaté avec succès dans des régions fraîches du Nouveau Monde (Oregon, Nouvelle-Zélande...). En Bourgogne, le pinot noir est le cépage presque exclusif des vins rouges ; il ne concède une petite place à d'autres variétés que dans certaines AOC régionales et en mâcon. Il exprime une multitude de nuances selon le terroir où il est planté. En Champagne, il constitue près de 40 % de l'encépagement et entre dans de nombreux assemblages, aux côtés du chardonnay et parfois du pinot meunier.

Piquepoul
Cépage languedocien existant en noir, en blanc et en gris. Il fait aussi partie de l'encépagement des châteauneuf-du-pape, côtes-du-rhône et autres AOC voisines, ainsi que des palette (Provence). Le vin de piquepoul noir, chaleureux, assez vif, floral, utilisé en assemblage à titre accessoire, est en régression. Le piquepoul blanc, qui entre dans l'encépagement d'appellations languedociennes, est surtout connu en AOC languedoc Picpoul-de-Pinet, car il y est vinifié seul. C'est un vin nerveux aux arômes floraux. Synonyme : picpoul.

Ploussard
Voir poulsard.

Poulsard
Cépage noir cultivé dans le Jura et le Bugey. Même vinifié en rouge, il fournit un vin clairet presque rosé, peu tannique, frais et fruité. Seul ou associé au trousseau et au pinot noir, il constitue les vins arbois et les côtes-du-jura rouges. Vinifié en blanc dans l'appellation l'étoile (avec le chardonnay et le savagnin), il apporte de la rondeur en bouche et de la finesse aromatique. Il peut aussi entrer dans la composition des vins de paille et du macvin de la même région. Synonyme : ploussard.

R

Riesling
Cépage blanc qui a fait la réputation des vins du Rhin, de la Moselle et de l'Alsace. Il est devenu le premier cépage blanc cultivé en Allemagne et représente aujourd'hui plus de 20 % du vignoble alsacien. Il produit des vins vifs, racés, élégants et de garde aux fines notes de citron, de fleurs, de pêche et de tilleul, agrémentées de nuances minérales. On en tire également des vins moelleux (alsace vendanges tardives) et liquoreux (alsace sélection de grains nobles issus de baies botrytisées et vins de glace issus de raisins gelés).

Rolle
Voir vermentino.

Romorantin
Cépage blanc qui n'est pratiquement cultivé que dans le Loir-et-Cher pour la production de l'appellation cour-cheverny, dont il est le cépage exclusif. Il fournit un vin vif, dont les arômes évoquent le raisin bien mûr, le miel et l'acacia.

Roussanne
Cépage blanc de la vallée du Rhône et de la Savoie où il est appelé bergeron. La roussanne produit des vins élégants aux arômes de miel, d'abricot et d'aubépine, dont l'acidité permet une bonne aptitude à la garde. Elle est généralement assemblée à la marsanne dans les appellations rhodaniennes hermitage, crozes-hermitage, saint-joseph et saint-péray, mais elle peut aussi être vinifiée seule. Elle s'est répandue dans la vallée du Rhône méridionale (châteauneuf-du-pape par exemple) et en Languedoc-Roussillon où on l'assemble à diverses variétés comme le grenache blanc et la clairette. En Savoie, elle est le cépage unique du vin-de-savoie Chignin-Bergeron. Synonyme : bergeron.

Roussette
Voir altesse.

S

Sacy
Voir tressallier.

Sangiovese
Voir nielluccio.

Sauvignon
Cépage blanc à l'origine de vins secs très aromatiques, aux nuances de buis, de bourgeon de cassis et, selon les terroirs, de fleurs blanches, d'agrumes et de pierre à fusil. Dans la vallée de la Loire et le Centre-Loire, il est vinifié seul dans la plupart des appellations (sancerre, pouilly-fumé, quincy, reuilly et menetou-salon blancs, touraine-sauvignon...). Dans le Bordelais et le Bergeracois,

il est soit vinifié seul soit, le plus souvent, associé au sémillon et parfois à la muscadelle. Cet assemblage est habituel lorsqu'il s'agit de vins moelleux et liquoreux (dominés par le sémillon) comme le sauternes en Bordelais ou le monbazillac dans la région de Bergerac ; le sauvignon apporte alors sa fraîcheur et ses arômes à l'assemblage. Le sauvignon fournit des vins de pays monocépages dans d'autres régions de France et s'est répandu dans les nouveaux pays viticoles jusqu'en Nouvelle-Zélande. Synonyme : blanc fumé.

Savagnin

Cépage blanc du Jura, originaire du Tyrol et cultivé aussi en Allemagne et en Suisse. Il donne des vins de bonne conservation dont le célèbre vin jaune du Jura (AOC arbois, côtes-du-jura, l'étoile et château-chalon, la plus réputée). Ce vin de très longue garde au bouquet caractéristique de noix et d'épices résulte d'un élevage sous voile et vieillit plus de six ans avant sa commercialisation. Le savagnin peut aussi être assemblé à tous les autres cépages jurassiens, notamment au chardonnay, pour donner des vins blancs secs, des vins de paille, du macvin-du-jura, voire du crémant-du-jura. Synonyme : naturé.

Sciaccarello

Cépage noir cultivé en Corse donnant des vins peu colorés mais bien charpentés et fruités (groseille, cassis, mûre, framboise) qui s'apprécient plutôt jeunes. C'est l'une des variétés de l'AOC vin-de-corse et le principal cépage de l'AOC ajaccio.

Sémillon

Cépage blanc du Bordelais qui a fait la réputation des vins de ce vignoble et du Bergeracois voisin (monbazillac), notamment en matière de liquoreux (sauternes, barsac...). Dans ces régions, il est assemblé au sauvignon et à la muscadelle pour donner des vins de qualité, secs ou doux (il est majoritaire dans ces derniers). Moins aromatique que le sauvignon, il délivre des notes de miel, de cire d'abeille, de fruits secs, et apporte beaucoup de rondeur et de gras en bouche. Le sémillon s'est répandu dans les vignobles du Nouveau Monde, où il est parfois vinifié seul (Australie).

Shiraz

Voir syrah.

Sylvaner

Cépage blanc répandu en Allemagne et en Alsace, principalement dans le Bas-Rhin. Il donne des vins frais et légers aux arômes d'agrumes et de fleurs blanches, parfois accompagnés de notes minérales. Cultivé en coteau, il engendre des vins plus consistants, notamment sur le Zotzenberg, seul grand cru alsacien où le sylvaner est autorisé.

Syrah

Cépage noir de la vallée du Rhône septentrionale, donnant un vin charpenté et de garde, à la robe sombre, aux arômes puissants et complexes de fruits rouges et noirs, de violette, de réglisse et d'épices (poivre). C'est la variété des côte-rôtie, des cornas, des hermitage et des crozes-hermitage et des saint-joseph rouges. Sa culture a littéralement explosé en France depuis 1960 : la syrah s'est propagée dans le sud de la vallée du Rhône, en Provence et en Languedoc-Roussillon où elle entre dans l'encépagement de toutes les AOC de vins rouges, le plus souvent assemblée aux cépages de ces régions comme le grenache ou le mourvèdre. Elle s'est même diffusée dans les secteurs orientaux du Sud-Ouest (AOC gaillac et fronton). Elle est également très cultivée dans tous les vignobles du Nouveau Monde où elle fournit nombre de cuvées monocépages. Synonyme : shiraz.

T

Tannat

Cépage noir du Sud-Ouest donnant des vins de garde charpentés, riches en tanins, qui demandent plusieurs années de vieillissement pour s'arrondir et développer un parfum de framboise et de mûre. Originaire du Béarn, il est surtout cultivé dans les Pyrénées-Atlantiques et les départements limitrophes : il constitue le cépage principal des AOC madiran et saint-mont, et il participe à l'encépagement des irouléguy et tursan. C'est une variété accessoire du cahors. Le tannat est également très cultivé en Uruguay.

Terret

Cépage noir, gris ou blanc du Languedoc. Le terret figure dans la liste des variétés autorisées des AOC châteauneuf-du-pape, côtes-du-rhône et corbières, mais il n'est pratiquement plus cultivé.

Tibouren

Cépage noir cultivé en Provence, donnant des vins peu colorés, délicats et frais. Associé au cinsault, au grenache, au mourvèdre ou à la syrah, il est surtout utilisé pour élaborer des rosés (AOC côtes-de-provence et palette).

Tourbat

Cépage blanc catalan devenu rare, donnant des vins vifs et fruités. Il peut entrer dans l'assemblages de plusieurs AOC (collioure, côtes-du-roussillon blanc rivesaltes ambré, rosé, tuilé). Synonyme : malvoisie du Roussillon.

Tressallier

Cépage blanc de l'Allier identique au sacy cultivé en Bourgogne. Rarement vinifié seul, il entre dans l'assemblage des vins blancs de Saint-Pourçain, associé au chardonnay, cépage principal de l'appellation. Synonyme : sacy.

Trousseau

Cépage noir du Jura donnant des vins pourpre intense, corsés et de bonne garde. Il est vinifié seul ou en assemblage avec le poulsard et le pinot noir dans les AOC arbois et côtes-du-jura ; il peut aussi contribuer aux vins de paille et au macvin de ce vignoble.

U-V

Ugni blanc

Cépage blanc d'origine italienne, et principale variété blanche cultivée en France. Ses grandes grappes donnent des vins fins, légers et vifs, adaptés à la distillation : c'est aujourd'hui le cépage principal pour l'élaboration des cognac et armagnac. L'ugni blanc, un peu plus riche en alcool lorsqu'il est cultivé dans les régions méditerranéennes, peut entrer dans l'assemblage des appellations de Provence et de l'AOC vin-de-corse, souvent associé à d'autres cépages qui apportent des arômes et de la structure, comme la clairette ou le vermentino. L'ugni blanc entre aussi, à titre accessoire, dans la production de certains vins blancs en Gironde (AOC bordeaux, entre-deux-mers...).

Vaccarèse

Cépage noir, l'une des nombreuses variétés de Châteauneuf-du-Pape, pouvant être utilisé en assemblage dans cette appellation et d'autres AOC voisines (côtes-du-rhône, gigondas...). Il produit un vin floral, élégant et frais, qui équilibre la chaleur du grenache. Il est rare.

Vermentino

Cépage blanc de qualité donnant des vins aromatiques. Très cultivée en Corse, c'est la variété exclusive du patrimonio blanc ; elle domine dans les AOC ajaccio, vin-de-corse, dans plusieurs appellations de Provence (bellet, coteaux-d'aix-en-provence...) et s'est répandue en Languedoc-Roussillon. En Italie, le vermentino est cultivé en Ligurie et en Sardaigne. Synonymes : rolle, malvoisie.

Viognier

Cépage blanc de la partie septentrionale de la vallée du Rhône, cultivé depuis fort longtemps en terrasses, sur la rive droite du fleuve. Il est à l'origine du condrieu et du château-grillet, des vins le plus souvent secs aux arômes de pêche, d'abricot, de miel et d'épices, d'une belle rondeur en bouche. Cépage en vogue, il est aujourd'hui également vinifié seul en côtes-du-rhône blanc et en vin de pays. Il s'est étendu dans le sud de la vallée du Rhône et au delà, jusqu'aux États-Unis. Le viognier peut être assemblé à d'autres cépages blancs, et même à la syrah en AOC côte-rôtie (à hauteur de 20 %).

Index des appellations

INDEX DES APPELLATIONS

L'indexation ne tient pas compte de l'article défini

APPELLATIONS

Index des communes

INDEX DES COMMUNES

C

COMMUNES

COMMUNES

N

O

P

COMMUNES

W

Y

Z

Index des producteurs

INDEX DES PRODUCTEURS

L'indexation ne tient pas compte de l'article défini

PRODUCTEURS

B

PRODUCTEURS

PRODUCTEURS

PRODUCTEURS

PRODUCTEURS

PRODUCTEURS

E

F

PRODUCTEURS

PRODUCTEURS

M

PRODUCTEURS

N

PRODUCTEURS

Q

R

PRODUCTEURS

W

Index des vins

INDEX DES VINS

L'indexation ne tient pas compte de l'article défini

VINS

B

VINS

VINS

VINS

VINS

VINS

VINS

VINS

VINS

G

VINS

I

VINS

J

VINS

VINS

M

VINS

VINS

P

VINS

VINS

Q

S

VINS

VINS

VINS

W

VINS

Y

Z

PROLONGEZ VOTRE PASSION DU VIN SUR **HACHETTE-VINS.COM**

le site de référence des amateurs de vin !

OFFRE privilège
réservée aux acheteurs du Guide Hachette des Vins 2015

Que vous soyez débutant ou connaisseur averti, retrouvez sur le site les informations indispensables pour connaître et bien choisir les vins.

Rendez-vous sur

- **Plus de 140 000 vins sélectionnés par le Guide Hachette des Vins** avec leurs caractéristiques, leur note, leur commentaire de dégustation et les coups de coeur du Guide.

- Un **large choix d'accords mets vins**, avec **de savoureuses recettes** et **conseils de sommelier pour accorder sans fausse note vos plats et vins**.

- Et aussi : un guide des régions et appellations, des cépages, des millésimes, et bien d'autres informations pour tout savoir sur l'univers du vin !

En tant qu'acheteur du Guide Hachette des Vins 2015, bénéficiez de notre offre privilège :

▶ 1 AN D'ACCÈS ILLIMITÉ ◀

à tout le site hachette-vins.com avec accès à **l'intégralité des 140 000 vins du Guide Hachette**

pour 5 € Seulement

www.hachette-vins.com

vins, la Bible de l'œnologie

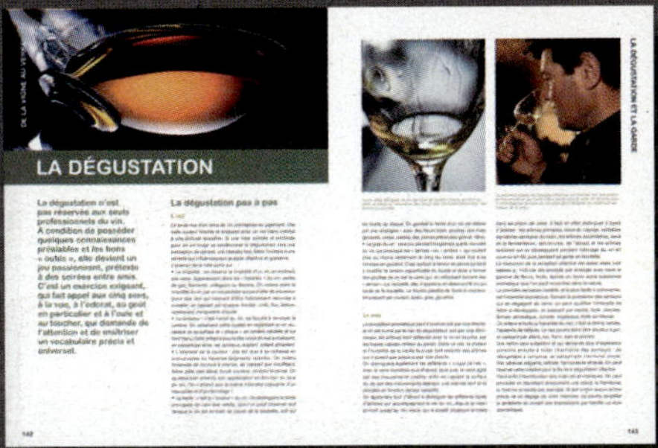

hachette
VINS

Imprimé en Italie - Dépôt légal : Août 2014
Achevé d'imprimer : Août 2014 – 38.8889.8/01 – ISBN 978.2.01.231487.0